ನಾಭಸ nâbhasa. (fr. ನಭಸ್). Celestial, heavenly, appearing in the sky. (Ĉpr. 4, 30).

ನಾಭಿ nâbhi. *The navel.* 2, *the nave of a wheel.* 3, the centre, focus, central point, middle; chief, head. 4, the close connection of relations, near relationship, community of race or family; a near relation. 5, a sovereign, an emperor; *a Kshatriya.* ನಾಭಿಪರಿಯನ್ತರ ಉಟ್ಟು ಕ್ಷಣ ಲೋಭತ್ವ ಹೋದೀತೇ? (Prv.). See ಹೊಕ್ಕುಳ್. — ನಾಭಿಗೋಲ್. -ಕೋಲ್. The measure of two cubits. ಮೊದಿನೆರಡಾಗೆ ನಾಭಿಗೋಲೆ ನ್ದೆನಿಕ್ಕು (Mr. 325).

ನಾಭಿನಾಲ nâbhi-nâla. The umbilical cord. (My.).

ನಾಭಿರಾಜ nâbhi-râja. An ancient king mentioned by Jainas (Abh. P. 1, after 89).

ನಾಮ nâma. 1. Bending. See ಪರಿಣಾಮ, ಪ್ರಣಾಮ.

ನಾಮ nâma. 2. *A name* (ಹೆಸರ್ Nn. 16; ಪೆಸರ್ 162). 2, *a noun* (Ŝmd. 6. 63. 88. 98; Kâvy. I, 6; I, 1b, 1-5; I, 2, 1 seq.); a word. 3, *by name.* 4, *possibly, perhaps.* 5, *agreed, granted* (ಅಹುದೆನಿಪಾ ಕಾರ್ಯ 162). 6, *an expression of anger, contempt, reproach, etc.* 7, the sectarian mark applied by Vaishṇavas to their forehead, etc. (My.). 8, the white clay used for applying that mark (My.). ನಾಮವಿದ್ದವಗೆ ಕಾಮ ಕಡಿಮೆಯೇ?— ನಾಮವಿದ್ದವ ಗ್ರಾಮದವರಿಗೆ ಬೇಕು.— ನಾಮವಿದ್ದಾಗ್ಯೂ ನಮ್ಬಿಗೆಯಿರ ಬೇಕು.— ನಾಮವಿಲ್ಲದ ಅರಸನಿಗೆ ನೇಮವಿಲ್ಲದ ಪ್ರಧಾನಿ.— ನಾಮವುಳ್ಳವ ನಾಕ ಪಡೆಯನೇ? (Prvs.). See Prv. s. ಬಡ ದಾಸ. — ನಾಮಗೋಟ್. -ಕೋಟ್. The pigmy cormorant, Carbo pygmens (Bḍ.). — ನಾಮದ ಪೆಟ್ಟಿಗೆ. A box containing the necessaries for putting on the Vaishṇava marks (My.). — ನಾಮದ ಬೇರು. A twining shrub, the country Sarsaparilla, Hemidesmus indicus R. Br. (St. & Pl.; My.). — ನಾಮದ ಹಾವು. The snake Trimeresurus stricatus (My.). — ನಾಮ ಹಾಕು. To put on the Vaishṇava marks (My.). 2, to cheat (My.). ನಾಮ ಹಾಕಿದವನಾದರೆ ಹೋಮಾ ಮಾಡ್ಯಾನೆ? (Prv.).

ನಾಮಕ nâmaka. = ನಾಮ. See ಅ-.

ನಾಮಕರಣ nâma-karaṇa. Naming a child after birth; the ceremony of naming a child after birth (My.). ನಾಮಕರಣವಿದ್ದಲ್ಲಿ ಹೋಮಕರಣ (Prv.).— ನಾಮಕರಣಂಗೆಯ್. -ಂ-ಗೆಯ್. To name a child after birth (J. 28, 60).

ನಾಮಧಾರ nâma-dâra. Renowned, famed (My.; B. 4, 116; Mhr., H.).

ನಾಮಧಾರಿ nâma-dhâri. Having a name, renowned. 2, having the same name as another. 3, having only the name; nominal. 4, a person who wears the sectarian Vaishṇava marks, a Vaishṇava (My.). 5, a class of Vaishṇavas who apply three marks to their forehead, etc., and are followers of Râmânuja (My.). — ನಾಮಧಾರಿ ಸೀರೆ. A black sîre with white stripes (My.).

ನಾಮಧೇಯ nâma-dhêya. *A name, a title, an appellation.*

ನಾಮನಕ್ಷತ್ರ nâma-nakshatra. The constellation corresponding to a person's name. The natal constellation (janmanakshatra) of a person, when forgotten, is found out from the initials his name bears, and certain corresponding syllables denoting the constellations (My.).

ನಾಮಪದ nâma-pada. A complete word, *i. e.* an inflected word with the case-terminations added (Ŝmd. 47. 61. 97. 194; Kâvy. I, 3, 1-4).

ನಾಮಪ್ರಕೃತಿ nâma-prakṛiti. An uninflected noun or word (Ŝmd. 98).

ನಾಮರೂಢಿ nâma-rûḍhi. The conventional meaning of a word (Ŝmd. 62).

ನಾಮರ್ದಾ nâ-mardâ. Unmanliness, cowardice; a coward (also ನಮರ್ದು; My.; Br.; Mhr., H. ನಮರ್ದ, ನಮರ್ದೀ).

ನಾಮಲಿಂಗ nâma-linga. A nominal base, an uninflected word (Ŝmd. 47. 88. 90. 94).

ನಾಮವಚ nâma-vaĉa. = ನಾಮವಾಚಕ. ವಸ್ತುನಿಕಾಯನಾಮವಚನಿರ್ದಿಷ್ಟಂಗಳ್ (ಲೋಕವಸ್ತುಗಳ ಹೆಸರು ಹೇಳುವವು Nr. 117).

ನಾಮವಾಚಕ nâma-vâĉaka. Expressing a name: a noun; a proper name. (My.).

ನಾಮವಿಭಕ್ತಿ nâma-vibhakti. A nominal affix (Ŝmd. 47. 61. 89. 115).

ನಾಮಸಂಕೀರ್ತನ nâma-sankîrtana. Celebrating the name of a god, king, etc. (My.).

ನಾಮಸ್ಮರಣ nâma-smaraṇa. Bearing in or calling up into the mind the name or names of a god, king, etc. (My.).

ನಾಮಾಂಕ nâma-anka. Marked with a name. 2, N. of a vṛitta (Ĉh.).

ನಾಮಾಂಕಿತ nâma-ankita. Renowned (B. 4, 146. 222; My.).

ನಾಮಾನ್ತರಿತ nâma-antarita. N. of one of the pêlikês (Kâvy. III, 2, B, 82 seq.).

ನಾಮಿ nâmi. 1. Bending; changing a dental to a cerebral: a name given to all the vowels except ಅ and ಆ (Ŝmd. 16. 17; Kâvy. I, 1a, 12-14).

ನಾಮಿ nâmi. 2. Tbh. of ನವಮಿ (Ŝmd. 352. 361; Ŝm. 19; see ಮಾ-).

ನಾಮಿಕ nâmika. Relating to a name or noun. 2, having only the name (of being a religious person, Bp. 50, 48).

ನಾಮೂಷಿ nâmûshi. Disgrace, shame (My.; Br., H.).

ನಾಮೆ nâmĕ. A deed: letters patent (My.; Br., H.).

ನಾಮ್ಬ nâmba. 1. See s. ನಾನ್ 2 and G. s. ತೋಸು.

ನಾಮ್ಬ nâmba. 2. An idle, slothful man (ಸುಮ್ಬ, ಅಲಸುಗೆಗಾಱ Ŝs.; ಸೊಮ್ಬ, ಅಲಸುಗೆಗಾಱ Kk. 38; ಸೊಮ್ಬ, ಅಲಸುಗಾಱ Ŝm. 47; T. ನಾಮ್ಬು = ನಮೆ; ನಾಲು = ನೇಲು; see ನೇಲ್).

ನಾಮ್ಬು nâmbu. To be slack, devoid of energy, slothful or idle (ಅಲಸ್ಯ Ŝmd. Dh.).

ನಾಯ್ nây. = ನಾಯಿ. A dog (My.; M.; T. ಞಮಲಿ, ಞಾಳಿ, ನಾಯ್, ನಾಳಿ). ತಾಯನ್ತಾ ಕರು, ನಾಯನ್ತಾ ಬಾಲ (Prv.). ನಾಯ್ಕು ಸೋವ್ವವುದು (ಪಟ್ Ŝmd. I). ನಾಯ ಬಾಲ ಸೆಡೆಯಂ ಕಟ್ಟಲ್ಕೆ ಚನ್ನಪ್ಪದೇ? (Ŝŝ. 85). ನಾಯಂ ಕರೆವುತ (Bp. 20, 13). ನಾಯ್ಗಳ್ (J. 28, 41. 46). See Bp. 21, 44; 55, 48; 60, 48. 51; ಕೂರ್ನಾಯ್, ಗಬ್ಬಿ-, ತುಡುಗುಣಿ-, ದೊಡ್ಡ-. — ನಾಯತ್ತಿ. -ಅತ್ತಿ. The opposite-leaved fig-tree, Ficus oppositifolia (ಕಾಕೋದುಮ್ಬರಿಕೆ, ಫಲ್ಗು, ಮಲಪು, ಜಘನೇಫಲೆ Nr.). — ನಾಯ್ಗಟಿಯ. -ತಟಿಯ. A kind of fetid Mimosa, Vachellia farnesiana W. & A. (ಅರಿಮೇದ, ವಿಟ್ಖದಿರ Nr.). — ನಾಯ್ಹೊಳೆ. A kind of worm (ಗಣ್ಡುಪದ, ಕಿಂಚುಲಕ Hlâ.). — ನಾಯ್ಬದುಕು. The life of a dog, a wretched, miserable existence or livelihood, etc. (Bp. 61, 19; My.). — ನಾಯ್ಬಾಳು. = ನಾಯ್ಬದುಕು. (My.). — ನಾಯ್ಬೇಲ. = ನಾಯಿಬೇಲ. (My.). — ನಾಯ್ಪಾಲ್. -ಪಾಲ್. Dog's milk (Bp. 54, 30). — ನಾಯ್ಪೆಸರ್. -ಪೆಸರ್. A dog's or the dog's name (Ŝm. 31).

ನಾಯ nâya. 1. *Leading, conducting, guiding, directing.*

ನಾಯ nâya. 2. = ನೇಯ 1, q. v. Tbh. of ನ್ಯಾಯ. A lawsuit (My.), etc. ಇಬ್ಬರ ನಾಯ ಒಬ್ಬನಿಗಾಯ (Prv.).

ನಾಯಕ nâyaka. = ನಾಯಿಕ. *A guide, a leader; a chief, a master, a lord, a head;* a general, a commander; a husband. 2, pre-eminent, principal, chief. 3, a title for a man of the bêḍa or hunter-caste (My.). 4, *the central gem of a necklace.* ನಾಯಕನಿಲ್ಲದ ಊರಲ್ಲಿ ಕಾಯಕ ಸಿಕ್ಕೀತೇ?— ನಾಣ್ಯವಿದ್ದವ ನಾಯಕನು (Prvs.).

ನಾಯಕತ್ವ nâyakatva. Leadership, headship, chieftainship. (My.).

ನಾಯಕನರಕ nâyaka-naraka. The principal hell (Abhâ. 2, 21).

ನಾಯಕಮಣಿ nâyaka-maṇi. = ನಾಯಕ No. 4. (My.; Si. 217).

ನಾಯಕಮಣ್ಡಲೀಕ nâyaka-maṇḍalika. The chief governor or lord of a district (Bp. 59, 27).

ನಾಯಕವಾಡಿ nâyaka-vâḍi. A chief, a headman, as of a caste, a village, etc. (My.; Bh. 6, 4, 110; 8, 23, 6; Tě. ನಾಯಕವಾಡಿ, -ವಾಳಿ).

ನಾಯಕಸಾನಿ nâyaka-sâni. A dancing-girl, a whore (My.; ಪಾತರದವಳು, ವಾರಸ್ತ್ರೀ G.).

ನಾಯಕಿ nâyaki. = ನಾಯಿಕೆ. (My.; J. 6, 37; 26, 21).

ನಾಯಕಿತ್ತಿ nâyaka-itti. = ನಾಯಕಿ. (Bh. 7, 2, 20).

ನಾಯನ್ದ nâyanda. Tbh. of ನಾಪಿತ. ನಾಯನ್ದರವನು (ಗ್ರಾಮಣಿ, ನಾಪಿತ Si. 419; *only* in Si.).

ನಾಯಬು nâyaba. A deputy (B. 5, 268. 269; My.; Mhr., H. ನಾಈಬ, ನಾಯಬು). — ನಾಯಬುಶಿರಸ್ತೆದಾರ. A native head clerk in an assistant collector's office (My.).

ನಾಯಿ nâyi. = ನಾಯ್. (ಕೌಲೇಯಕ, ಸಾರಮೇಯ, ಶುನಕ, ಭಷಣ, ಶ್ವನ್, ಕುರ್ಕುರ, ಶಾಲಾವೃಕ, ಮೃಗದಂಶ Hlâ.; Si. 343; C.). ಬೇಣ್ಟೆಯ ನಾಯಿ (ವಿಶ್ವಕದ್ರು); ಪೇಂಕುಳಿಯ ನಾಯಿ (ಅಲರ್ಕ Hlâ.). ಮದ್ದಿನ್ದ ಹೇಕುಳಿಗೊಣ್ಡಿದ್ದ ನಾಯಿ (ಅಲರ್ಕ Nr.). ನಾಯಿ ಕೂಗಿದರೆ ದೇವಲೋಕ ಹಾಳಾದೀತೇ?— ನಾಯಿಗೆ ಕೆಲಸವಿಲ್ಲ, ಕುಣ್ತ್ರಲಿಕ್ಕೆ ಸಮಯವಿಲ್ಲ.— ನಾಯಿಗೆ ನರೆ ಬನ್ದರೆ ಅಜ್ಜ ಅನ್ನಿಸಿ ಕೊಣ್ಡೀತೇ?— ನಾಯಿಗೆ ನಾರಂಗದ ಉಪ್ಪಿನ ಕಾಯೇ?—ನಾಯಿ ತಿನ್ದ ಕಜ್ಜಾಯದ ಹಾಗೆ.— ನಾಯಿ ಬಡೀಲಿಕ್ಕೆ ಬಣ್ಣದ ಕೋಲೇ?— ನಾಯಿ ಬಲ್ಲದು, ತೊಗಲು ಬಲ್ಲದು (I do not meddle with the affair).— ನಾಯಿ ಬಲ್ಲದೆ ದೇವರ ಜಗಲಿಯ?— ನಾಯಿ ಬೊಗಳಿ, ಪಾಳ್ಯಕ್ಕೆ ಕೇಡು ತನ್ತು.— ನಾಯಿಯ ಬಾಲಾ ನಳಿಗೆಯಲ್ಲಿ ಹಾಕಿದರೆ ಡೊಂಕು ಬಿಟ್ಟೀತೇ?— ನಾಯಿ ಹಸಿದಿತ್ತು, ಹಿಟ್ಟು ಹಳಸಿತ್ತು.— ನಾಯಿಯ ಬೊಜ್ಜಕ್ಕೆ ಅಮೇಧ್ಯದ ಹೋಳಿಗೆ.— ನಾಯಿಯೆತ್ತ? ನಾಗಲೋಕವೆತ್ತ?—(The mad) ನಾಯಿ ಸಾಯೋ ವರೆಗೆ ಕಾಲು ಕೊಟಿಯದೇ?— ನಾಯಿ ಸನ್ತೆಗೆ ಹೋಗಿ, ನಳಿಗೇಲಿ ಬಡಿಸಿ ಕೊಣ್ಡಿತು.— ನಾಯಿಹುಣ್ಣಿಗೆ ಬೂದಿಯೇ ಮದ್ದು.— ನಾಯಿಾ ತಲೆಯ ಮೇಲಣ ಬುತ್ತಿಯ ಹಾಗೆ.— ಮೊಣ್ಡನ ಕೊನ್ದವರಿಲ್ಲ, ನಾಯಿಯ ತಿನ್ದವರಿಲ್ಲ.— ಜಾತಿಗೆ ಜಾತಿ ಹಗೆ, ನಾಯಿಗೆ ನಾಯಿ ಹಗೆ.— ದಣ್ಡಿಗೆಯ ಮೇಲೆ ನಾಯಿಾ ಕುಣ್ಡ್ರಿಸಿದರೆ ಹೇಲು ಕಣ್ಡು ಹಾರಿ'ತು.— ತಾಯಿಗೆ ಸೇರದ್ದು ನಾಯಿಗೂ ಸೇರದು.— ಸೋಕಿದ ನಾಯಿ ಒಡೆಯನ ಗುರುತ ಬಲ್ಲಿತೇ (or ಬಲ್ಲುದೇ)?— ಹಗೆಯದೊಳಗೆ ಬಿದ್ದ ನಾಯಿ ಹಾಕುವವರನ್ನ ಬಿ'ಯದು, ತೆಗಿಯುವವರನ್ನ ಬಿ'ಯದು (Prvs.). See Bp. 55, 25; B. 2, 4; Si. 167. 342; ಹೆಣ್ಣು-, ಹೆಬ್ಬಾರೆ-; Prvs. s. ಓದಾಟ, ಕಚ್ಚು 1, ತಿಗಳಗಿತ್ತಿ, ನೆಣ್ಣ, ನೋವು, ನ್ಯಾಯ, ಪ್ರಾಯ, ಬಗುಳು 1, ಬಣ್ಣ 5, ಬಲಾತ್ಕಾರ, ಬಾಲ, ಬಾಯಿ 1, ಬೆಟ್ಟ 1, ಬೊಗಳು 1, ಮಟ್ಟು 1, ಮೊಟ್ಟೆ 1, ಲೊಲ್ಲೊಟ್ಟೆ. — ನಾಯಿಕುನ್ನಿ. = ನಾಯಿಮರಿ'. (My.). — ನಾಯಿಕೊಡೆ. A mushroom (My.). — ನಾಯಿಗೆಮ್ಮಲು. ನಾಯಿಗೆಮ್ಮು. -ಕೆಮ್ಮಲು, -ಕೆಮ್ಮು. The hooping cough (My.). — ನಾಯಿತುಲಸಿ. The herb Ocimum album L. (St. & Pl.; My.). — ನಾಯಿತೊಣಚಿ. The dog-fly (My.). — ನಾಯಿತೊಳಚಿ. = ನಾಯಿತುಲಸಿ. (My.). — ನಾಯಿತ್ಯಾಗದ ಮರ. ಫಂಜಿಕೆ, ಬ್ರಾಹ್ಮಣಿ, ಪದ್ಮೆ, ಭಾರ್ಗಿ, etc. ಎನ್ದರೆ ಬಾರಂಗಿ; ಕಿರುದೇಗುಗಿಡವೆನ್ದು ಕೆಲವರನ್ನುವರು, ನಾಯಿತ್ಯಾಗದ ಮರ (Si. 143; My.). — ನಾಯಿನೇರಳು. = ನಾಯಿನೇರಳೆ. (My.). — ನಾಯಿನೇರಳೆ. = ನಾಯಿನೇರ'ಲ್. (ನಾದೇಯಿ, ಭೂಮಿಜಮ್ಬುಕೆ Si. 130. 151; My.). — ನಾಯಿನೇರ'ಲ್. A kind of Eugenia tree the fruit of which is somewhat sour, perhaps Eugenia operculata, Van Someren (ನಾದೇಯಿ, ಭೂಮಿಜಮ್ಬುಕೆ Nr.). — ನಾಯಿನೊಳಲೆ. = ನಾಯ್ನೊಳಲೆ. (ಮಹೀಲತೆ, ಗಣ್ಡೂಪದ, ಕಿಂಚುಲಕ Nr. *a;* ಸಾರಮೊಳಲೆ Nr. *b;* ಗಣ್ಡೂಪದ, ಕಿಂಚುಲಕ Mr. 411). ಗಣ್ಡುನಾಯಿನೊಳಲೆ (ಶಿಲಿ, ಗಣ್ಡೂಪದಿ Nr. *a*). ಹೆಣ್ಣುನಾಯಿವೊಳಲೆ (ಶಿಲಿ, ಗಣ್ಡೂಪದಿ Nr. *b*). 2, a mushroom (My.). — ನಾಯಿ ಪಾಯಿ. reit. (My.). — ನಾಯಿಬೆಳೆಗಿಡ. An annual herb, Cleome viscosa L. (St. & Pl.). — ನಾಯಿಬೇಲ. = ನಾಯ್ಬೇಲ. The plant Flacourtia sapida R. (My.; ಸ್ವಾದುಕಣ್ಟಕ, ವಿಕಙ್ಕತ, ವ್ಯಾಘ್ರಪಾತ್, etc. Si. 130; *cf.* ಹುಳಿಬೇಲ). — ನಾಯಿಮರಿ'. A puppy, a whelp (My.). ಕೇಡುಗಾಲಕ್ಕೆ ನಾಯಿಮರಿ' ಮೊಟ್ಟೆ ಇಕ್ಕಿತು (Prv.). — ನಾಯಿಯುಳ್ಳಿ. A bulbous plant, Scilla indica Roxb. (St. & Pl.). — ನಾಯಿರಾಗಿ. A grass often cultivated for its grain, Eleusine stricta Roxb. (Z.). — ನಾಯಿವಿಡು. -ಬಿಡು. To set on a dog or dogs (J. 28, 45). — ನಾಯಿಸೊಣಗುಗಿಡ. An annual plant, stinging like nettles, Mucuna pruriens D. C. (St. & Pl.). — ನಾಯಿಹಕ್ಕರಿ'ಕೆಗಿಡ. An annual milky plant, Sonchus oleraceus L. (Z.; My.).

ನಾಯಿ nâyi. (ನಾಯಿನ್). Leading, guiding; master. *Cf.* ನಾಯಿನಾರ್.

ನಾಯಿಕ nâyika. = ನಾಯಕ No. 3. (My.).

ನಾಯಿಕೆ nâyikĕ. = ನಾಯಕಿ. A mistress; a wife; a noble lady (Sk.; My. as ನಾಯಿಕಿ).

ನಾಯಿತನ nâyitana. Doggishness (Bh. 4, 4, 13).

ನಾಯಿನಾರ್ nâyinâr. (fr. ನಾಯ 1 or ನಾಯಿ). = ನಯ್ಯನಾರ್, etc. See ಮೊನೆಯಿಸು-.

ನಾಯಿನ್ದ nâyinda. Tbh. of ನಾಪಿತ. (My.; Si. 339; see ನಾವಿದ). — ನಾಯಿನ್ದಗತ್ತಿ. -ಕತ್ತಿ. A razor (My.). — ನಾಯಿನ್ದಮುಱುವ. A broken, imbecile barber. See Prv. s. ಬಾಯ್.

ನಾಯಿನ್ದಗಿತ್ತಿ nâyinda-gitti. = ನಾಪಿತಿ. (My.).

ನಾಯ್ಯ nâyya. To be led or guided, etc. See ಅ-, ಪ್ರಣಾಯ್ಯ.

ನಾರ್ nâr. (Šmd. 58). = ನಾರು, (ನಾರಿ). **A fibre: fibres or hemp of plants, strings in mangoes and other fruits;—cloth made of fibres or hemp** (ತ್ವಕ್, ವಲ್ಕ, ವಲ್ಕಲ Nr.; Si. 122; My. as ನಾರು; T.; M. ನಾರ[illegible]. ನಾರು; *cf.* ನವಿರ್). ನಾರ್ಗಳ್ (Šmd. 51).

ನಾರ nâra. (fr. ನರ). Relating or belonging to men, human, mortal; (a man). 2, water (*cf.* ನೀರ್). 3, a calf.

ನಾರಕ nâraka. (fr. ನರಕ). *Relating to hell; being or abiding in hell;* hellish, infernal. 2, *an inhabitant of the infernal regions.* 3, *hell.* See Čpr. 5, 36.

ನಾರಂಗ nâraṅga. = ನಾಗರಂಗ, ನಾರಿಂಗ. The orange tree; an orange (especially a sour one, a citron, ಈಳೆ Kk. 71, Šm. 25, Mr. 112; ಭೂಮಿಜಮ್ಬುಕೆ, ನಾದೇಯಿ, ನಾಗರಂಗ, ಐರಾವತ Nr.; Bp. 19, 66; T. ನಾರತ್ತೈ). ನಾಯಿಗೆ ನಾರಂಗದ ಉಪ್ಪಿನ ಕಾಯೇ? (Prv.).

ನಾರಣ nâraṇa. Tbh. of ನಾರಾಯಣ. (My.). — ನಾರಣಾರ್ಯ. -ಆರ್ಯ. N. (Bp. 56, 42).

ನಾರದ nârada. *N. of a dêvarshi* (ಕಲಹಪ್ರಿಯ Ŏt. I, 87; see ರವಕಾಯ; Grj. 4, 37. 38; Ŏ. Bp. 47, 15; J. 7, 26) who like

Mercury appears on the earth as a messenger from the gods to men or vice versâ, is considered as fond of creating quarrels and the inventor of the viṇâ or lute. 2, ನಾರ-ದ, water-giving: a cloud.

ನಾರದಪುರಾಣ nârada-purâṇa. N. of a Purâṇa (Bp. 48, 76).

ನಾರದವೀಣೆ nârada-viṇĕ. Nârada's lute: a kind of lute (My.).

ನಾರಯಣ nârayaṇa. Tbh. of ನಾರಾಯಣ. (Bh. 1, 1, 1; 2, 10 sum.).

ನಾರಸ nârasa. Tbh. of ನಾರಸಿಂಹ. (Tĕ.; see ಕೊಂಕಯ-).

ನಾರಸಿಂಹ nârasimha. (fr. ನರಸಿಂಹ). = ನಾರಸ. Referring or belonging to Vishṇu in his man-lion avatâra; that avatâra itself; Vishṇu. (My.; Bp. 56, 34; J. 12, 1).

ನಾರಾ nârâ. (T. ನಾರೈ, a heron; ನಾರೈಕನ್ರು, a lean calf). — ನಾರಾಗೋರ. A dreadfully meagre man (My.). 2, Nârâ and Gôra, two sons of a Brâhmaṇa called Ajamiḍha (My.). — ನಾರಾಗೋರಿ. A dreadfully meagre woman (My.).

ನಾರಾಚ nârâča. = ನಾಲೀಕ. *A long iron arrow* (Bh. 8, 13, 26); an iron style to write with (ಪತ್ರಿ, ಕಣ್ಣ Mr. 359).

ನಾರಾಚಿ nârâči. *A goldsmith's scales.*

ನಾರಾಟ nârâṭa. A certain musical tone (Bp. 19, 10).

ನಾರಾಯಣ nârâyaṇa. = ನರಯಣ, ನಾಣ, ನಾರಣ, ನಾರಯಣ. The personified purusha or first living being: Brahmâ. 2, *Vishṇu,* Kṛishṇa (ಮುರಜಿತ್ Kâvy. V, 62).

ನಾರಾಯಣಾಸ್ತ್ರ nârâyaṇa-astra. N. of a mystical weapon. (J. 8, 45. 49).

ನಾರಾಯಣಿ nârâyaṇi. = ನಾಣಿ. Lakshmî. 2, Durgâ. 3, *the plant Asparagus racemosus* Willd.

ನಾರಿ nâri. (= ನಾರ್). (A rope, a cord): a bow-string (My.; Tĕ.; T. ನಾಣಿ, ನಾರ್, ನಾರಿ; M. ഞാണ്; ತಿರು, ಬಿಲ್ಲ ಹದೆ Nn. 74 as Sk.; J. 6, 17; 20, 59). 2, the web which surrounds the stipes of a palm-tree branch (T.). ಬಿಲ್ಲ ನಾರಿ (ಶಿಂಜಿನಿ Nr.; ಜೀವ Nn. 517; ತಿರು, ತಿರ್ಪು Kk. 39; ತಿರು, ತಿರ್ಪು, ಹದೆ Šm. 43). ತಾವರೆನೂಲ ನಾರಿ (Šmd. 66. 133).

ನಾರಿ nâri. 1. *A woman, a wife* (ವನಿತೆ, ಸ್ತ್ರೀ Nn. 74). ನಾರಿಯಾಗಿ ಸಮ ನಡೆಯುದಿದ್ದವಳೇ ಮೂರಿ.—ನಾರಿಯಿಲ್ಲದ ಮನೆ, ನೀರು ಇಲ್ಲದ ಊರು ನೂಱು ಬನ್ದರೂ ತಾರಕ್ಕೆ ಬೇಡ.—ನಾರೀ ಮೋಱೆ ನೋಡಿ, ಊಟ ಕೊಡತರೆ ನೀರು ಸಿಕ್ಕೀತೇ? (Prvs.). See Prv. s. ಬಾರು; Sp. s. ಮೂರಿ.

ನಾರಿ na-ari. 2. Who has no enemies (ಅಜಾತಶತ್ರು, ಹಗೆಗಳಿಲ್ಲದವನು Nn. 74).

ನಾರಿಕೇರ nârikêra. = ನಾಡಿಕೇರ, ನಾರಿಕೇಲ, ನಾರಿಕೇಲಿ, ನಾರಿಯಳಿ, ನಾಳಿಕೇರ, ನಾರೀಕೇಲ. *The cocoa-nut tree, Cocos nucifera; the cocoa-nut.*

ನಾರಿಕೇಲ nârikêla. = ನಾರಿಕೇರ. (ನಾರಿಯಳಿ, ತೆಂಗು Mr. 112; Tĕ. ನಾರಿಕೇಡ).

ನಾರಿಕೇಲಿ nârikêli. = ನಾರಿಕೇಲ. (Sk.).

ನಾರಿಂಗ nâriṅga. = ನಾರಂಗ. See ನೆಲ-.

ನಾರಿಯಳಿ nâriyaḷi. = ನಾರಿಕೇಲ, q. v. (Mhr. ನಾರಳ, ನಾರಳೀ).

ನಾರೀಕೇಲ nârikêla. = ನಾರಿಕೇಲ. — ನಾರೀಕೇಲಪಾಕ. A kind of rather complicated poetical composition (My.).

ನಾರು nâru. = ನಾರ್. (C.; Bp. 42, 3; 60, 49). ನಾರು ನೂಲು ಕ್ರಿಮಿಜ ರೋಮಗಳಿಂ ಪುಟ್ಟುವುವು (ಸೀರೆಗಳ್) ನಾಲ್ಕು ತೆಱನ್ ಅಕ್ಕುಂ (Hlâ.). ನಾರು ನೂಲು ಕ್ರಿಮಿಜ ರೋಮಂಗಳಿನ್ದ ನೆಯಿದ ಆ ಸೀರೆ ನಾಲ್ಕು ತೆಱನ್ ಅಕ್ಕು (Mr. 341). ಎಲೆಯ ನಾರು (ಮಾಧಿ Nr.). ತೆಂಗಿನ ನಾರು (B. 2, 42). ನಾರು ಉಟ್ಟಾ ಕ್ಷಣ ನಾಱಿದವನಾದಾನೇ?—ಹೂವಿನಿನ್ದ ನಾರು ಸ್ವರ್ಗಕ್ಕೆ ಹೋಯಿತು.—ಹೂವಿನಿನ್ದ ನಾರು ಮಣ್ಡೆಯ ಮೇಲೆ (Prvs.). See ಕಲ್ಲು-, ಗೋಗಿ-. — ನಾರ ಮಡಿ. = ನಾರುಮಡಿ. (ಚೀರ, ಧಟಿ G.; My.). — ನಾರ ಸೀರೆ. A garment made of the fibres of the bark of certain trees (ವಲ್ಕಲ Bhn. 24). — ನಾರು ಕಟ್ಟು. Fibre-like pus to form in or around a sore (My.). ನಾರು ಕಟ್ಟಿದರೆ ನಾಱಿಹೋದು ಬಿಟ್ಟೀತೇ? (Prv.). — ನಾರು ಬೇರು. Fibres (bark) and roots (My.). — ನಾರುಮಡಿ. Cloth made of the fibres of plants (My.; T. ನಾರ್ಪಟ್ಟು; M. ನಾರ್ಪಟ್ಟ). — ನಾರುಸೀರೆ. = ನಾರ ಸೀರೆ. (ವಲ್ಕಲ, ಶಲ್ಕ Si. 407; My.). — ನಾರುಹುಣ್ಣು. The guinea-worm (ನಾಡೀವ್ರಣ Si. 200; C.; Tĕ. ನಾರಿಕುರುಪು; Mhr., H. ನಾರೂ; Mhr. also ನಾರಾಯಣ).

ನಾರುಗ nâr-uga. (Šmd. 240). A man who deals in fibres.

ನಾಱ nâṟa. = ನಾಱು 2. — ನಾಱಿವ್ಪೇಳೆ. -ಂ-ಬೇಳೆ. = ನಾಱುವ ಬೇಳೆ. A strongly smelling annual herb, Cleome pentaphylla L. (or Gynandropsis p. Dec., ವರ್ವರೆ, ಕವರಿ, etc., ವಾಯಿಣ್ಟಚೆಟ್ಟು Si. 157; My.).

ನಾಱು nâṟu. 1. ನಾಱ್ nâṟ. To yield a smell, to smell;—to stink (ಗನ್ಧ Šmd. Dh.; My.; T., M.; Tu. ನಾದು). P. ps. ನಾಱಿ (Bp. 44, 25; My.), ನಾತು (My.). ನಾಱುವ (Bp. 40, 70), ನಾರ್ವ (4, 25; 46, 58). ನಾಱುವ ಮಾಂಸ (ವಿಸ್ರ Hlâ.). ಅವುದೊನ್ದು ಹಸುಳು ನಾಱುವದುಣ್ಟು, ಅದು ವಿಸ್ರ, ಆಮಗನ್ಧಿ (Nr.). ದುರ್ಗನ್ಧಮಂ ಗಾಳಿಯೊಳ್ ತಡೆಯಲ್ ನಾಱಿದೆ? (Šš. 85). ಯಾತಱ ಹೂವು ಏನು? ನಾತರದು ಸಾಲದೇ? ಜಾತಿ ವಿಜಾತಿ ಎನಬೇಡ! ದೇವನೊಲಿದಾತನೇ ಜಾತ (Sp.). ಒಕ್ಕಲಿಲ್ಲದ ಊರು ಕೊಟ್ಟಿತು ನಾಱುವ ನೀರು (Dp. 54). — ನಾಱುವ ಬೇಳೆ. = ನಾಱಿವ್ಪೇಳೆ, ನಾಱುವ್ಪೇಳೆ, ನಾಬಳ್ಳಿ. (ಬರ್ಬರ, ಬಬ್ಬರ Šmd. 345; ವರ್ವರೆ, ಕವರಿ, ತುಂಗಿ, ಖರಪುಷ್ಪೆ, ಅಜಗನ್ಧಿಕೆ Nr.). — ನಾಱುವ ಹುಲ್ಲು. = ಕನಗಿನ ಸಟ್ಟು. (My.).

ನಾಱು nâṟu. 2. = ನಱು, (ನಾ 3, ನಾತ, etc.). Smell. — ನಾಱುವ್ಪೇಳೆ. -ಂ-ಬೇಳೆ. = ನಾಱಿವ್ಪೇಳೆ. — ನಾಱುವ್ಪೇಳೆಮರ. A tree, wild and cultivated, Cratraeva religiosa, var. nirvala Ham. (St. & Pl.).

ನಾಱು nâṟu. 3. ನಾಱ್. = (ನಾನ್ 2, etc.), ನಾದು 2. To moisten, to wet (ಆರ್ದ್ರೀಕರಣ Šmd. Dh.; T. ನನೈ, ನಱವು, ನದಾ, ನದೈ, ഞാളി, ನಾಳಿ, ನಾಡ್ಡ, palm-tree sap).

ನಾಲ್ nâl. (Šmd. 224). = ನಾ 2, etc. Four. (T., M. ನಾಲ್, ನಾಲು). — ನಾಲ್ತಿಂಗಳ್. -ತಿಂಗಳ್. Four months (Ššv. 2, 99). — ನಾಲ್ದೆಸೆ. The four points of the compass. See Šmd. 79; Bp. 5, 38; Râv. 6, 32; J. 5, 60; 7, 41. — ನಾಲ್ದೋಳ್. -ತೋಳ್. Four arms (Ššv. 1, 61). — ನಾಲ್ದೋಳ. -ತೋಳ. The four-armed one: Vishṇu (ಉಪೇನ್ದ್ರ Šm. 6). — ನಾಲ್ನೂಱು. Four hundred (B. 4, 206). ನಾಲ್ನೂಱಾ ಅಯ್ವತ್ತು (4, 117). — ನಾಲ್ಮೊಗ. The four-faced one: Brahmâ (ಬೊಮ್ಮ, etc., ಅಜ Čt. II, 3; ಬೊಮ್ಮ Kk. 9; ಬ್ರಹ್ಮ Šm. 8). — ನಾಲ್ವಟ್ಟೆ. -ಬಟ್ಟೆ. Four roads, or a place where four roads meet (ಚೌಪದಿ Čt. II, 88). — ನಾಲ್ವಡಿ. -ಮಡಿ. (Šmd. 224). Four folds or times; fourfold (Grj. 6, 48). ಭಾಸ್ಕರಸುತನಿಂ ನಾಲ್ವಡಿ (Šmd. 81). — ನಾಲ್ವತ್ತನೆಯ. ನಾಲ್ವತ್ತು-ಅನೆಯ. Fortieth (J. 32, 37). — ನಾಲ್ವತ್ತು. -ಪತ್ತು. (Šmd. 224). Forty (C.). ನಾಲ್ವತ್ತು ಅಯ್ವತ್ತು (B. 3, 66). ನಾಲ್ವತ್ತೆರಡೂ ಕಾಲು (4, 100). ನಾಲ್ವತ್ತೇಱ್ (Šmd. 45). ನಾಲ್ವತ್ತಱ ಮೇಲೆ ನಡಿಕೆ (after forty years good conduct uses to begin), ಎಮ್ಬುತ್ತಣ ಮೇಲೆ ಬಡಿಕೆ (Prv.). — ನಾಲ್ವರ್. ನಾಲ್ವರು. Four persons; the four persons (Bp. 40, 71; J. 10, 44; 29, 39; B. 3, 101; My.). — ನಾಲ್ವೆರಲ್. -ಬೆರಲ್. Four fingers (Čpr. 1, 14). ನಾಲ್ವೆರಲನಿತಂ ಕಳೆದು (Šmd. 224). — ನಾಲ್ವೆರಳ್. -ಬೆರಳ್. ನಾಲ್ವೆರಳು (Bp. 44, 7). = ನಾಲ್ವೆರಲ್. ಗೇಣೆರಡಾಗಲ್ ಒನ್ದು ಮೊದಿನಕ್ಕು, ಅದಕೆ ಮಿಕ್ಕ ನಾಲ್ವೆರಳು ಪೆಚ್ಚಲ್ಕೆ ಗಜಮುಕ್ಕು (Mr. 325). ನಾಲ್ವೆರಳುದ್ದ (Bp. 57, 45). — ನಾಲ್ಸಾಸಿರ. Four thousand (Abh. P. 1, 67).

ನಾಲ nâla. 1. = ನಳ್ಳು, ನಾಡ, ನಾಳಿ, ನಾಳ 1, ನಾಳು, ಲಾಳ 1. (fr. ನಲ). Consisting or made of reed or reeds. 2, *a hollow or tubular stalk, especially the stalk of a lotus, of a pot-herb, etc.* (ದಣ್ಟು Mr. 372; ಸಾರಸದ ದಣ್ಟು 420). 3, *any pipe or tube or tubular vessel of the body*, the windpipe, urethra, etc. 4, a handle. 5, a water-channel, a rivulet or nallah; a drain, a gutter (My.). 6, yellow orpiment (= ಅಲ, ತಾಲ).

ನಾಲ nâla. 2. = ನಾಳ 2, ಲಾಡ 2, ಲಾಳ 2. A horse or bullock-shoe (My.; Br.; Mhr., H.).

ನಾಲಗಾಱ nâla-gâṛa. = ನಾಲಬನ್ದಿ Nr. 2. (S. Mhr.).

ನಾಲಗೆ nâlagĕ. = ನಾಲಿಗೆ. The tongue (ರಸಜ್ಞೆ, ರಸನೆ, ಜಿಹ್ವೆ Hlâ., Nr.; ಜಿಹ್ವೆ, ಅರ್ಚಿಸ್ Hlâ.; Bp. 49, 21; 59, 10; Mr. 277; T., M. ನಾ, ನಾಕ್ಕು, ನಾವು; Tĕ. ನಾಲಿಕೆ, ನಾಲುಕ). ಉರಿಯ ನಾಲಗೆ (ಅರ್ಚಿಸ್, ಕೀಲೆ, ಜ್ವಾಲೆ, ವರ್ಚಸ್, etc.); ಹಿರಣ್ಯಕೆ, ಕನಕೆ, ರಕ್ತೆ, ಕೃಷ್ಣೆ, ಸುಪ್ರಭೆ, ಅತಿರಿಕ್ತೆ, ಬಹುರೂಪೆ ಇವು ಅಗ್ನಿಯ (ಏೞು) ನಾಲಗೆಗಳು (Hlâ.). ಕೆನ್ದಳಿರ ನಾಲಗೆ (Šmd. 81). See ಎತ್ತು-, ಕಡಲ-, ಕಿಱು-, ನಿಡಿಯ-; Prv. s. ಮಗ 1; Čpr. 1, 41; 4, 86; 5, 69. 97. — ನಾಲಗೆತೀಟ್ಟೆ. Desire of the tongue (V. 8, after 3).

ನಾಲಬನ್ದಿ nâla-bandi. = ನಾಲುಬನ್ದಿ, ನಾಲುಬನ್ದು, ನಾಳಬನ್ದಿ, ಲಾಳಬನ್ದಿ. Horse or bullock shoeing (My.; Mhr., H.). 2, one who shoes horses or bullocks (My.).

ನಾಲಿ nâli. = ನಲ್ಲಿ, ನಾಡಿ, ನಾಳಿ. A hollow or tubular stalk, the stalk or culm of a plant. 2, any tubular vessel of the body; a tube. 3, a lotus flower. 4, an instrument for perforating an elephant's ear. 5, a period of twenty-four minutes. 6, a gong.

ನಾಲಿಕ nâlika. A lotus flower. 2, a kind of wind instrument. (R.).

ನಾಲಿಕಾಪಾತ್ರ nâlikâ-pâtra. A tubular vessel (V. 9, 27).

ನಾಲಿಕೆ nâlikĕ. ನಾಲಿಕಾ. A stalk, a tube.

ನಾಲಿಗೆ nâligĕ. = ನಾಲಗೆ. (ರಸಜ್ಞೆ, etc. Mr. 318; Si. 214; C.). ನಾಲಿಗೆಯ ಬುಡಂ (ಜಿಹ್ವಾಮೂಲಂ Šmd. 43 Cm.). ತನು ವಾದ್ಯಂ, ನಾಲಿಗೆ ವಾದನದಣ್ಡಂ (45, o. r. ನಾಲಗೆ). ನಾಲಿಗೆ ಬಾಜಸುವ ಕುಡುಹು (46, o. r. ನಾಲಗೆ). ನಾಲಿಗೆಯಲ್ಲಿ ಸವಿಹ (ರಸ Nr.). ಹಲ್ಲು ನಾಲಿಗೆಯಿಲ್ಲ, ಸೊಲ್ಲು ಸೋಜಿಗಮಲ್ಲ, ಕೊಲ್ಲದೆ ಮೃಗವ ಹಿಡಿಯುವುದು (a net, Sp.). ಕಣ್ಣು ಮುನ ನಾಲಿಗೆಯು ತನ್ನದೆ ಸ್ದನ ಬೇಡ! ಅಸ್ಸರು ಕೊನ್ದರೆನ ಬೇಡ! ಇವು ಮೂಱು ತನ್ನ ಕೊಲ್ಲುವವು (Sp.). ನಾಲಿಗೆಯಿಲ್ಲದವನು ನಾರಾಯಣ ಅನ್ದಾನೇ?— ನಾಲಿಗೆಯಿಲ್ಲದಿದ್ದರೆ ಆಲಿಗೆ ಬಡತನವೇ?— ನಾಲಿಗೆ ಒಳ್ಳೇದಾದರೆ ನಾಡೆಲ್ಲ ಒಳ್ಳೇದು (Prvs.). See Bp. 18, 60; 38, 19; 60, 28; B. 3, 60; 4, 48; 5, 71; Prv. s. ಚಿಂಚ; ಉರಿ-, ಎತ್ತು-, ಏಱು-, ಕಡಲ-, ಕೆನ್-, ತುದಿ-, ಮುಚ್ಚೆ-; Prv. s. ಬಟ್ಟೆ 2. 2, the tongue or clapper of a bell (My.). — ನಾಲಿಗೆಕಲ್ಲು. A projecting stone-slab (My.). — ನಾಲಿಗೆ ಕೆಡು. The tongue to be diseased so that it has no taste for any thing (My.). 2, a promise to fail (My.). — ನಾಲಿಗೆಗೂಟ. The right-hand leg of a weaver's web beam (R.). — ನಾಲಿಗೆ ತಪ್ಪು. A promise to fail. ನಾಲಿಗೆ ತಪ್ಪಿದವನು ನಾಯಿಗಿನ್ತ ಕಡೆ (Prv.). — ನಾಲಿಗೆ ತಿರುಗು. The tongue to turn round well: to be able to speak fluently or properly. ಅವನ or ಅವನಿಗೆ ನಾಲಿಗೆ ತಿರುಗುವದಿಲ್ಲ (My.). — ನಾಲಿಗೆಪ್ರಮಾಣ. Confidence derived from or placed in (another's) words or promise (My.). — ನಾಲಿಗೆ ಬೀೞು. The tongue to lose its power or become unable to speak (My.). — ನಾಲಿಗೆಯುೞಿಸು. To keep one's promise (My.). — ನಾಲಿಗೆನಾಸಿ. Trustworthiness, faithfulness in fulfilling a promise (My.). ನಾಲಿಗೆ ವಾಸಿಯಿದ್ದವನ ಮಾತು ಹಾಲಿಗಿನ್ತ ಹೆಚ್ಚು (Prv.). — ನಾಲಿಗೆ ಹೋಗು. A promise to fail (My.). 2, the tongue to be unable to speak (My.).

ನಾಲೀಕ nâlîka. = ನಾರಾಚ. A long iron arrow; a dart, a javelin, a pike. 2, the fibrous stalk of the lotus;—a lotus.

ನಾಲೀಜಂಘ nâlî-jangha. Having stalk-like legs: a raven, the carrion crow; a monkey (Rŝv. 9, 29).

ನಾಲುಕು nâluku. = ನಾ 2, etc. Four (Čh. vs. 320. 338; My.).

ನಾಲುಬನ್ದಿ nâlu-bandi. = ನಾಲಬನ್ದಿ. (My.).

ನಾಲುಬನ್ದು nâlu-bandu. = ನಾಲಬನ್ದಿ. (My.).

ನಾಲೆ nâlĕ. *The hollow or tubular stalk of a plant.* 2, = ನಾಲ 1 No. 5. (My.; Mhr., H. ನಾಲಾ). ನಾಲೆಯಿಲ್ಲದ ಊರೂ ಮೂಲೆಯಿಲ್ಲದ ಪ್ರಸ್ತವೂ ಒನ್ದೇ (Prv.).

ನಾಲ್ಕು nâlku. (Šmd. 224). = ನಾಲುಕು, etc. The state of being four; four (C.; Tĕ. ನಾಲುಗು; M. ನಾಂಗು; T. ನಾನ್ಗು), occasionally used indefinitely (*cf.* the English "half a dozen"), and in the sense of "all". ತೋಳ್ ನಾಲ್ಕುಂ ಕರಮ್ ಎಸೆದಿರ್ಕುಂ ಪದ್ಮೋದರಂಗೆ (Šmd. 18). ಅದು ನಾಲ್ಕುಂ ಭೇದವನಾಳ್ದು ಇರ್ಕುಂ (155). ಒನ್ದು ನಾಲ್ಕು or ಒನ್ದು ನಾಲ್ಕುಗಳ್ (170). ನಾಲ್ಕು ರೂಪಂ (279). ನಾಲ್ಕಱ (Bp. 21, 27); ನಾಲ್ಕಱಿಲ್ಲಿ (Šmd. 32 Cm.); ನಾಲ್ಕಱಿಂ (135); ನಾಲ್ಕಱಲಿ (Bp. 35, 32); ನಾಲ್ಕರ್ಕೆ (Šmd. 224). ನಾಲ್ಕಕ್ಕೆ, ನಾಲ್ಕಕೆ (My.), ನಾಲ್ಕನು, ನಾಲ್ಕನ್ನು (My.). ಬೆಲ್ಲವಿದ್ದ ಕಡೆ ನೊಣ, ಪಡೆ ನಾಲ್ಕಕ್ಕೆ ಮೊಣ (Prv.). ಚತುರ್ವರ್ಗವೆನ್ದು ಮೋಕ್ಷದೊಡಗೂಡಿದ ಧರ್ಮ ಕಾಮ ಅರ್ಥಗಳು ನಾಲ್ಕಕ್ಕೂ ಒನ್ದೇ ಹೆಸರು (Si. 255). ನಾಲ್ಕು ಭಾಗದೊಳಗೆ ಒನ್ದು ಭಾಗ ನೀರ ಬೆರಸಿದ ಮಜ್ಜಿಗೆ (ತಕ್ರ Nr.). ತತ ಮುರಜ ಸುಷಿರ ಘನಗಳ್ ಎಮ್ಬ ನಾಲ್ಕು ವಾದ್ಯಗಳಿಗೂ ಪೆಸರು (Si. 62). See Šmd. 32. 44; Bp. 40, 73; J. 4, 2; ಅಮ್ಬುಧಿ, ಯುಗ, ಶ್ರುತಿ; Si. 256. — ನಾಲ್ಕಡಿ. -ಅಡಿ. Four feet (Bp. 2, 5; J. 11, 2). ನಾಲ್ಕಡಿಯಪೆಲ್ಲಂ ಪಶುಗಳಕ್ಕು (Mr. 186). — ನಾಲ್ಕನೆಯ. -ಅನೆಯ. Fourth (J. 18, 26). ದೊರೆ ಕೊಳ್ಗುಂ ನಾಲ್ಕನೆಯಕ್ಕರದ ಅತ್ವಕ್ಕೆ ಒತ್ವವೃತ್ತಿ (Šmd. 374). ಶೂದ್ರನಂ ನಾಲ್ಕನೆಯ ವರ್ಣಮೆಮ್ಬುದು (Hlâ.). ನಾಲ್ಕನೆಯವನು (My.). ನಾಲ್ಕನೆಯವನೊಬ್ಬ (B. 3, 71). — ನಾಲ್ಕಯ್ದುಂ. -ಅಯ್ದುಂ. Nine (Bp. 5, 64). — ನಾಲ್ಕಪ್ಪು. -ಅಪ್ಪು. Four times as much or many (My.); so much or many as four (B. 4, 117; My.). — ನಾಲ್ಕಾಱು. -ಆಱು. Four or six: several, some (B. 2, 18; 4, 19. 43; My.). — ನಾಲ್ಕು ಆಶ್ರಮ. The four periods in the religious life of a Brâhmaṇa. ಬ್ರಹ್ಮಚಾರಿ ಮೊದಲಾದ ನಾಲ್ಕು ಆಶ್ರಮಂ ವೇದದಲ್ಲಿ ಪೇೞ್ ಪಟ್ಟುವು (Hlâ.). ಬ್ರಾಹ್ಮಣನೊಳ್ ಅಕ್ಕು ನೆಗಳ್ದ ಬ್ರಹ್ಮಚಾರಿ ಗೃಹಸ್ಥ ವಾನಪ್ರಸ್ಥ ಯತಿ ಎನಿಪ್ಪ ನಾಲ್ಕಾಶ್ರಮಗಳ್ (Mr. 249). — ನಾಲ್ಕುಂ 1. -ಉಂ 1. = ನಾಲ್ಕೂ. (Čpr. 5, after 76). — ನಾಲ್ಕು ಕೆಲಸ. Every kind of work; many kinds of work (My.). — ನಾಲ್ಕುಗಚ್ಚೇ ಹೂ. The four-o'clock flower or marvel of

Peru, Mirabilis jalappa L. (St. & Pl.). — ನಾಲ್ಕು ಜನ. Four persons; all persons, every body (My.). — ನಾಲ್ಕು ಜಾತಿ. = ನಾಲ್ಕು ವರ್ಣ. The four castes: Brâhmaṇa, etc. (Śi. 27). — ನಾಲ್ಕು ಜಾವ. Four periods or watches of three hours (Bp. 43, 25). — ನಾಲ್ಕು ದಿಕ್ಕು. The four points of the compass (My.). — ನಾಲ್ಕು ದಿವಸ. Four days; some days (My.). — ನಾಲ್ಕು ದೆಸೆ. = ನಾಲ್ಕು ದಿಕ್ಕು. (Bp. 24, 35; 43, 10). — ನಾಲ್ಕು ನೀರ್. The water used for bathing on the fourth day of menstruation (Abh. P. 15, 62; My.). — ನಾಲ್ಕು ನೂಱು. Four hundred (B. 4, 80. 98; My.). — ನಾಲ್ಕು ಬೀದಿ. Four streets that form a square (My.). — ನಾಲ್ಕು ಮಾಡು. To divide into four parts (My.). — ನಾಲ್ಕು ಮಾತು. Four words; some words (My.; B. 4, 56). — ನಾಲ್ಕು ಮುಕ್ತಿ. The four kinds of final beatitude: sâlôkya, sâmîpya, sârûpya, sâyujya (Bp. 24, 18). — ನಾಲ್ಕು ರಸ. The four principal tastes. ಕಟ್ (ಕಟು), ತಿಕ್ತ, ಆಮ್ಲ, ಕಷಾಯ ಅನ್ದರೆ ಕಾರ, ಕಹಿ, ಹುಳಿ, ಒಗರುಗಳೆಮ್ಬ ನಾಲ್ಕು ರಸಂಗಳು (Nn. 119). — ನಾಲ್ಕು ಲಕ್ಷ. Four lacs (Bp. 22, 52). — ನಾಲ್ಕುವರೆ. ನಾಲ್ಕುಂ-ಅರೆ. Four and a half (My.; B. 4, 191). — ನಾಲ್ಕು ವರ್ಣ. = ನಾಲ್ಕು ಜಾತಿ. ನಾಲ್ಕು ವರ್ಣಂಗಳೊಳು ಬ್ರಾಹ್ಮಣಂ ಕ್ಷತ್ರಿಯಂ ವೈಶ್ಯನ್ ಎನ್ದು ಈ ಮೂಱು ವರ್ಣಂ ದ್ವಿಜಾಖ್ಯಮಕ್ಕುಂ; ತೋರ್ಕುರ್ ನಾಲ್ಕನೆಯ ವರ್ಣಂ ಶೂದ್ರಗೆ; ಅವನಿನ್ದಲಕ್ಕು ಅನ್ತ್ಯಜಾತಿಭೇದಂಗಳ್ (Mr. 248. 249). — ನಾಲ್ಕೂ. -ಊ 7. = ನಾಲ್ಕುಂ. Even the four, all the four (My.). ನಾಲ್ಕೂ ಕಡೆ (B. 4, 57. 98; B. 5, 62. 162). ನಾಲ್ಕೂ ಕಾಲು (S, 123). 2, all. ನಾಲ್ಕೂ ಜನರು (B. 5, 192; My.). — ನಾಲ್ಕೂ ಕಾಲು. Also: 4¼ (My.). — ನಾಲ್ಕೆಣ್ಟು. -ಎಣ್ಟು. Four or eight, from four to eight (My.); some (My.). ನಾಟುವ ಅಣ್ಬುಗಳು ನಾಲ್ಕೆಣ್ಟು ದಿವಸದಲ್ಲೆ ನೆಲೆಗೊಮ್ಬುವವು (Prv.). See B. 2, 34; 3, 29. 40.

ನಾಲ್ವರು nâlvaru. See s. ನಾಲ್.

ನಾವ nâva. = ನೌ, ನಾವು, ನಾವೆ. A boat, a ship, a vessel.

ನಾವದಿಗೆ nâvadigĕ. (Tbh. of ನಾಪಿತ್ಯ, the trade or business of a barber?). — ನಾವದಿಗೆಯೂರ್. N. (Bp. 57, 57). — ನಾವದಿಗೆಪುರ. N. (Bp. 57, 64).

ನಾವಲಿಗ nâvaliga. = ನಾವಳಿಗ. Tbh. of ನಾಪಿತ. (ಅನ್ತಾವಸಾಯಿ, ಕೆಲಸಿ, ಗ್ರಾಮಣಿ, ದಿವಾಕೀರ್ತಿ, ನಾಪಿತ, ಮುಣ್ಡಿ, ಕ್ಷೌರಿಕ G.; ನಾಪಿತ, ನಾಪಿಗ Čb.). Plural also ನಾವಲಿಗೆರು: ನಾವಲಿಗೆರ ಹಸಿಬಿ (ಹಡಪ G.). Feminine ನಾವಲಿಗಳು (ನಾಪಿತಿ Čb.).

ನಾವಳಿಗ nâvaḷiga. = ನಾವಲಿಗ. (Čb. 34).

ನಾವಾಡಿಗ nâvâḍiga. A boatman; a helmsman (B. 5, 164. 227; Mhr. ನಾವಾಡೀ, ನಾವಾಡ್ಯಾ).

ನಾವಾರ nâvâra. Coarse and broad tape (My.; Mhr., H.).

ನಾವಾರೋಹ nau-ârôha. *A passenger on board ship: a sailor, etc.*

ನಾವಿಕ nâvika. *A passenger on board ship: a navigator, a sailor, the steersman, a pilot* (ಡೋಣಿಯೋಟುವ Mr. 247).

ನಾವಿದ nâvida. Tbh. of ನಾಪಿತ. (ಕ್ಷುರಿ, ನಾಪಿತ, etc. Nr.; ದಿವಾಕೀರ್ತಿ, ನಾಪಿತ, etc. Hlâ.; ದಿವಾಕೀರ್ತಿ, ಕ್ಷೌರಕ Nn. 152; ಅಮ್ಬಟ Čt. I, 61). — ನಾವಿದಗತ್ತಿ. -ಕತ್ತಿ. A razor (ಕ್ಷುರ Nr.). — ನಾವಿದವಾಳ್. -ವಾಳ್. (Śmd. I). A razor.

ನಾವಿದಿತಿ nâvida-iti. (Śmd. 246). A barber's wife.

ನಾವಿನ್ದ nâvinda. = ನಾವಿದ. (ದಣ್ಡಿಲ, etc. Mr. 376). ನಾವಿನ್ದರಾಲಯ (ಕ್ಷೌರಗೃಹ 197).

ನಾವು nâvu. = ನಮ್, etc. The plural of ನಾನ್ 1, ನಾನು 1 (C.). We. See its declension s. ನಮ್. ನೀವು ಕೊಳ್ಳಿರೆ! ನಾವು ಕೊಡುವೆವು (Bp. 58, 38). ನಾವಿಬ್ಬರ್, ನಾವಿಬ್ಬರೂ (Bp. 43, 10; B. 4, 6. 7). See Bp. 2, 18; 3, 56; 23, 30; 24, 28. 85; 40, 83; 48, 23; Bh. 2, 13, 36; J. 7, 38; 29, 16. 17.

ನಾವು nâvu. Tbh. of ನಾವ. (B. 3, 66; 4, 30; ವಹಿತ್ರ Čb.).

ನಾವೆ nâvĕ. = ನಾವ. (ನೌ Śmd. 67 Mdb. MS.; My.). ನಾವೆ ದಾಟಿಸುವದಕ್ಕೆ ನಾಳವಾದೀತೇ? (Prv.).

ನಾವ್ಯ nâvya. *Navigable.*

ನಾಶ nâśa. (= ನಾಸ 2). *Disappearance, vanishing; destruction, annihilation, ruin, loss; death.* ನಾಶವಾಗೋ ವರೆಗೆ ಅತಿ ಬಿಡದು (Prv.). See ನಸ್ದು. — ನಾಶಗೊಳಿಸು. -ಕೊಳಿಸು. To destroy, to ruin, to kill (ಪ್ರಮಾಪಣ, ನಿಹನನ, ಘಾತ, ವಧ, etc. Śi. 297). — ನಾಶ ಮಾಡು. = ನಾಶಗೊಳಿಸು. ನಾಶ ಮಾಡುವವನು ದಾಸನಾದರೆ ಲೇಸು ಮಾಡ್ಯಾನೇ? (Prv.). — ನಾಶ ಹೊನ್ದು. To be ruined, etc. (B. 4, 39). ನಾಶ ಹೊನ್ದಿದ (ಕ್ಷೀಣ G.).

ನಾಶಕ nâśaka. Destroying, destructive, causing to perish. See ಕುಲ-.

ನಾಶನ nâśana. Destroying, annihilating, etc.; removing; —ruin, perishing. (My.).

ನಾಶ್ಯ nâśya. Liable to be destroyed, destructible. (R.).

ನಾಷ್ಟ nâshṭa. = ನಾಸ್ತ. (My.).

ನಾಸ nâsa. 1. Tbh. of ನಾಸೆ. (Mr. 318; My.).

ನಾಸ nâsa. 2. (Tbh. of ನಾಶ). A man who destroys. See ಸುಡ-.

ನಾಸತ್ಯ (na-asatya). N. of one of the Aśvins. ನಾಸತ್ಯಂಗಳ್, *N. of the two Aśvins.*

ನಾಸಾಪುಟ nâsâ-puṭa. Nose-cup: the nostril. (J. 18, 36).

ನಾಸಿ nâsi. 1. A woman who destroys. See ಬಿಕ-, ಸುಡ-. (ಚಣ್ಡಿ Bhn. 27).

ನಾಸಿ nâsi. 2. Snuff (Mhr., H. ನಾಸ; Br. ನಾಸು). ನಾಸೀ ಪುಡಿ ಬಣ್ಣ (B. 4, 181).

ನಾಸಿಕ nâsika. = ನಾಸಿಕೆ. (ಮೂಗು Nn. 50). — ನಾಸಿಕವಡ್ಡಂ. -ಂ-ಅಡ್ಡಂ. (Śmd. 128). Across, or opposite to, the nose; the nose being across or in the way. ನಾಸಿಕವಡ್ಡಮ್ ಬನ್ದನ್ದಮನ್ ಈಕ್ಷಿಸಿ (128). ಒನ್ದೊನ್ದಱ ಸೌನ್ದರ್ಯಮನ್ ಒಣ್ದೀಕ್ಷಿಸಲೆನ್ದು ಬಯಸೆ ನಾಸಿಕವಡ್ಡಂ ಬನ್ದಿರೆ ಪೊದವಳಸಿನ್ದಂ ಬನ್ದಪುದೆನೆ ನಿಮಿರ್ದುವವಳ ನಿಡುವಲರ್ಗಣ್ಗಳ್ (Lilv. 1, 41). ಒನ್ದೊನ್ದಱ ಸೌನ್ದರ್ಯಮನ್ ಒನ್ದೊನ್ದೀಕ್ಷಿಸಲೊಡರ್ಚೆ ನಾಸಿಕವಡ್ಡಂ ಬನ್ದನ್ದಮನ್ ಈಕ್ಷಿಸಿ ಪೆಱಗಿನ್ದನ್ದೀಕ್ಷಿಸುವುವವಳ ನಿಡಿಯಸಲ್ಗಣ್ಗಳ್ (Čh. as v. 50 in two MSS., and as v. 60 in another one). — ನಾಸಿಕವೆರಳು. -ಬೆರಳು. The tip of the nose (Bh. 8, 28, 5).

ನಾಸಿಕಾಗ್ರ nâsikâ-agra. The tip of the nose (J. 18, 52).

ನಾಸಿಕಾಚೂರ್ಣ nâsikâ-čûrṇa. Snuff (My.).

ನಾಸಿಕಾಪುಟ nâsikâ-puṭa. = ನಾಸಾಪುಟ. (Bp. 47, 58).

ನಾಸಿಕೆ nâsikĕ. ನಾಸಿಕಾ. *The nose;* a trunk, a proboscis.

ನಾಸೀರ nâsîra. Advancing or skirmishing in front of an army, leaving the line and defying or challenging the enemy by shouts and gestures. (R.).

ನಾಸೆ nâsĕ. ನಾಸಾ. = ನಾಸ 1. *The nose;* a proboscis, the trunk of an elephant. 2, *a piece of wood over a door projecting like a nose, the upper timber of a door.*

ನಾಸ್ತ nâsta. = ನಾಷ್ಟ. Breakfast; luncheon; refreshment (S. Mhr.; Br., H.).

ನಾಸ್ತಿ na-asti. It is not, there is not (Bp. 51, 50); —non-existence.

ನಾಸ್ತಿಕ nâstika. Any one who denies the deity, the authority of the vêdas and purâṇas, and a future life; an atheist, an infidel (J. 5, 63; B. 4, 186; 5, 168; My.). ನಾಸ್ತಿಕನ ಮನಸ್ಸು ಸ್ವಸ್ಥವಿದ್ದೀತೇ? (Prv.).

ನಾಸ್ತಿಕತನ nâstikatana. = ನಾಸ್ತಿಕತೆ. (My.).

ನಾಸ್ತಿಕತೆ nâstikatĕ. Denial of the deity, of a future state, of the authority of the vêdas, etc.; *infidelity, disbelief, atheism.* 2, Buddhism, Jainism, etc.

ನಾಸ್ತಿಕತ್ವ nâstikatva. = ನಾಸ್ತಿಕತೆ. (My.).

ನಾಸ್ತಿಕಾಲಯ nâstika-âlaya. A Bauddha or Jaina temple; a mosque (ಜೈತ್ಯ, ಬೌದ್ಧರ ಮನೆ, ಜೈನರ ಬಸ್ತಿ, ತುರುಕರ ಮಶೀತಿ Si. 108).

ನಾಸ್ತಿಕ್ಯ nâstikya. = ನಾಸ್ತಿಕತೆ. (My.).

ನಾಸ್ಯೆ nâsyĕ. A nose-cord, the rope or rein of a draught-ox passed through the septum of the nostrils. See ಮೂಗುನೇಣ್.

ನಾಹ nâha. Binding, confinement; obstruction; a trap. See ಆ-, ಪರಿಣಾಹ, ಸನ್-.

ನಾಹಲ nâhala. *A man of a barbarous or outcast tribe.* See Hlâ. s. ಬೇಡ 1.

ನಾಹ್ಯ nâhya. To be bound, put or gird on, etc. See ಸನ್-.

ನಾಳ್ nâḷ. ನಾಳು. A day; time (Tĕ. ನಾಡು; T. ನಾಣ್ಣು, ನಾಳ್, a day; time in general; an astrological day; M. ನಾಣ್ಣು, ನಾಳ್, day; see ತಿರು-, and ಏಡು).

ನಾಳ nâḷa. 1. = ನಾಲ 1. Any pipe or tube or tubular vessel of the body; the stalk of the lotus (see Šmd. I. s. ನಾಟಿ; My.; see Prv. s. ನಾವೆ); a tube (My.); a nostril (Bp. 18, 44; 46, 57). 2, yellow orpiment. 3, the prow of a vessel (Mhr.; ಅರಿತ್ರ, ಕಟ್ಟ G.).

ನಾಳ nâḷa. 2. = ನಾಲ 2, etc. (My.).

ನಾಳಬನ್ದಿ nâḷa-bandi. = ನಾಲಬನ್ದಿ, etc. (My.).

ನಾಳಿ nâḷi. = ನಾಡಿ (Šmd. II, 127), ನಾಲಿ, ಲಾಳಿ. Further: a tube; a water-channel, see ಹರಿ-. 2, a weaver's shuttle (T. ನಾಡಾ; M., Tĕ. ನಾಡೆ). ನೆಯ್ಗೆಕಾಱನ ನಾಳಿ (ವೇಮ, ವಾಯದಣ್ಡ Nr.). 3, N. of a plant (ಡೊಣ್ಕೊಳಿ Mr. 110). — ನಾಳಿಯಕೋಲ್. An arrow formed of a tubular stalk (Abh. P. 13, 61).

ನಾಳಿಕೇರ nâḷikêra. = ನಾಡಿಕೇರ. (Ĉpr. 1, after 101).

ನಾಳಿದ್ದು nâḷiddu. = ನಾಡದು, etc. (My.).

ನಾಳಿನ್ಧಮ nâḷi-n-dhama. = ನಾಡಿನ್ಧಮ. (ಕಲಾದ, etc., ಅಕ್ಕಸಾಲೆಯ Mr. 376).

ನಾಳಿಪತ್ರ nâḷi-patra. Any tubular vessel of the body, a blood-vessel, an artery, etc. (ಮಾಢಿ, ಸಿರೆ, ಸೆರೆ Hlâ.; ಸಿರೆ, ನರೆ Mr. 456).

ನಾಳಿರ್ದು nâḷirdu. = ನಾಡದು, etc. (Bp. 14, 12; My.).

ನಾಳು nâḷu. = ನಾಲ 1, No. 5. ನಾಳೆ, ನಾಳೆ (only a rivulet I am!) ಎನ್ನುತ, ನಾಳು ಹೋಗಿ, ಹೊಳೆ ಬನ್ದದ್ದು ಕೊಳ್ಳೇಲಿ ಹೋದೀತೇ? (Prv.).

ನಾಳೆ nâḷ-ĕs. (Šmd. 400). The very next day: to-morrow (My.; M.; T. ನಾಳೈ; Tĕ. ಎಲ್ಲಿ). ಅವರ್ ನಾಳೆ ಕಾಣ್ಬಂ (Šmd. 267). Declension: ನಾಳಿನ, ನಾಳಿಂಗೆ (Šmd. 401). ನಾಳಿನ (Bp. 41, 15; 46, 20; J. 17, 21); ನಾಳಿಗೆ (B. 3, 49; My.); ನಾಳಿನಲಿ (Râm. 3, 2, 19); exceptional genitive ನಾಳೇ, in ನಾಳೇ ದಿನ (ಶ್ವಃ Si. 477). ನಾಳಿನ ದಿನದೊಳ್ ನೀನುಮ್ ಅತನುಂ ಕೂಡಿದಪಿರ್ (Šmd. 262). ನಾಳಿಯೆಮ್ಬ ದಿನದಲ್ಲಿ ಶ್ವಃ ಎನಿಸುಗು (Nr.). ಮಗನ ಮದುವೆ ನಾಳೆ, ಮತ್ತೊಬ್ಬ ಮಗನ ಉಪನಯನ ನಾಳೆ (Dp. 4). ನಾಳೆ ನಾಲೆಗೆ ಹೋದರೆ ಕಟ್ಟು ತಿಮ್ಬೋದು ಯಾರು? — ಗಣಪತೀ (or ಬೆನಕನ) ಮದುವೆ ನಿತ್ಯ ನಾಳೆ. — ನಾಳೆಯೆಮ್ಬುವದು ಗಣಪತೀ ಮದುವೆಯ ಹಾಗೆ. — ನಾಳೆ ಮಾಳಹಬ್ಬ, ಹೋಳಿಗೆ ಬೇಕಾದಷ್ಟು. — ನಾಳೆ ನಾಳೆಯೆನ್ದು, ಹೇಟಿ, ಹೋಳಿಗೆ ತಪ್ಪಿಸಿದಿ (Prvs.). See Bp. 46, 15. 17; 49, 28; 53, 17; 60, 17; J. 10, 26. 27. — ನಾಳೆ ನಾಡಿದ್ದು. To-morrow or the day after to-morrow; any day after to-morrow (My.).

ನಾಱ್ nâṟ. = ನಾಡು, etc. ನಾಱ್ಕಿ (Šmd. 140). ನಾಱ್ಗಳ್ (124). ನಾಱ್ಗಳ್ (Ĉpr. 1, 76). — ನಾಱ್ಕಡೆ. = ನಾಡುಕಡೆ. (Šmd. 28. 217). — ನಾಱ್ಕಡೆವೋಗು. -ಪೋಗು. To go to the country: to disappear, to be lost (Abh. P. 11, 136). — ನಾಱ್ಕೊಡೆಯ. = ನಾಡೊಡೆಯ. (Šmd. 167). — ನಾಱ್ತುಡುಗುಣಿ. (Šmd. 80). That lives on stolen things of the country, etc. — ನಾಱ್ಣಡಿ. (= ನಾಣ್ಣುಡಿ). See Mr. s. ಕೌಲಿಕ. — ನಾಱ್ಪಗರಣ. (Šmd. 80). A country-drama.

ನಾಱಿ nâṟa. (*cf.* ನಾಲ 1). ನಾಱಿಂ ತುಮ್ಬಿನೊಳಂ ಕಟ್ಟಿನೊಳಂ ಬಿಱಿಂ; ನಾಱಿವಾಸಗೆಯೆನ್ದು ಕಳ್ಳವಾಸಗೆ; ನಾಳಂ ಸಂಸ್ಕೃತದೊಳ್ ಕ್ಷಳಂ (Šmd. I; other readings of two MSS. are: ನಾಱ್ ತುಮ್ಬಿನೊಳಂ ಕಱಿನೊಳಂ ಬಿಱಿಂ; ನಾಱವಾಸಗೆಯೆನ್ದು ಕಳ್ಳವಾಸಗೆ; ನಾಳಶಬ್ದಂ ಸಂಸ್ಕೃತದೊಳ್ ಕ್ಷಳಂ; one MS. has ಕಳ್ಳಿವಾಸಗೆ). 2, the (stem or) clapper of a bell. ನಾಱಿಮಿಲ್ಲದ ಗಣ್ಟೆ ಬಾಳವಾಗಿರಲೇನು? (Dp. 148). — ನಾಱಿವಾಸಗೆ. -ಪಾಸಗೆ. = ನಾಱಿವಾಸಗೆ, ಕಳ್ಳವಾಸಗೆ, ಕಳ್ಳಿವಾಸಗೆ. See above.

ನಾಱಿ nâḻi. See s. ನಾಱಿ. (T., M. ನಾೞ್, a tube, a bamboo, anything hollow).

ನಾೞಿ nâḻi. Tbh. of ನಾಡಿ (Šmd. 28. Mḍb.). A period or hour of twenty-four minutes (ನಾಡಿ, ಗಱಿಗೆ Kk. 58. 86; Šm. 18). 2, = ನಾಲಿ, an instrument for perforating an elephant's ear (?); or = ನಾಲಿ, a lotus flower (?); or = ನಾಡಿ, a sort of bent grass (?). — ನಾೞಿವಾಸಗೆ. = ನಾಱಿವಾಸಗೆ. See s. ನಾಱಿ.

ನಾೞಿಗೆ nâḻigĕ. Tbh. of ನಾಡಿಕೆ. (Šmd. 28). (ನಾಡಿಕೆ, ಗಱಿಗೆ Šmd. 28).

ನಿ ni. Down, downwards, under, back; on, upon; in, into, within. 2, sometimes = ನಿಃ: without, deprived of. 3, an abbreviation of ನಿಷಾದ, one of the notes of the gamut (Mr. 76).

ನಿಃ niḥ. = ನಿ No. 2, ನಿರ್, ನಿಱ್, ನಿಶ್, ನಿಷ್, ನಿಸ್ q. v., ನೀ.

ನಿಃಕಣ್ಟಕ niḥ-kaṇṭaka. = ನಿಷ್ಕಣ್ಟಕ. (Ĉpr. 2, after 49).

ನಿಃಕರುಣ niḥ-karuṇa. = ನಿಷ್ಕರುಣ. (Ĉpr. 8, 75).

ನಿಃಕಾಸಿತ niḥ-kâsita = ನಿಷ್ಕಾಸಿತ, q. v.

ನಿಃಪಕ್ಷಪಾತ niḥ-pakshapâta. = ನಿಷ್ಪಕ್ಷಪಾತ. (B. 5, 267).

ನಿಃಪೀಡನ niḥ-pîḍana. = ನಿಷ್ಪೀಡನ. Pressing out; see ಹಿಣ್ಡು. 2, probably meant for ನಿಪೀಡನ, pressing together, squeezing; see ತೀಡು.

ನಿಃಪ್ರತ್ಯೂಹ niḥ-pratyûha. = ನಿಷ್ಪ್ರತ್ಯೂಹ. (Ĉpr. 1, after 101).

ನಿಃಪ್ರಪಂಚ niḥ-prapańĉa. = ನಿಷ್ಪ್ರಪಂಚ. (Ĉpr. 4, 86).

ನಿಃಪ್ರಭ niḥ-prabha = ನಿಷ್ಪ್ರಭ. *Deprived of light or radiance, gloomy, obscured.*

ನಿಃಫಲ niḥ-phala. = ನಿಷ್ಫಲ. (Bp. 39, 24).

ನಿಃಶಂಕ niḥ-šańka. = ನಿಶ್ಶಂಕ, ನಿಸ್ಸಂಕ. Free from fear, fearless, without hesitation, misgiving or apprehension, without care. 2, = ನಿಃಶಂಕೆ. (B. 4, 167).

ನಿಃಶಂಕತೆ niḥ-šańkatĕ. = ನಿಶ್ಶಂಕತೆ. The state of being free from fear, hesitation, etc.

ನಿಃಶಂಕೆ niḥ-šańkĕ. = ನಿಶ್ಶಂಕೆ, ನಿಸ್ಸಂಕೆ. Fearlessness, boldness, confidence.

ನಿಃಶಠ niḥ-śaṭha. (= ನಿಶ್ಶಠ). See ನಿಶಠ.

ನಿಃಶಬ್ದ niḥ-śabda. = ನಿಶ್ಶಬ್ದ. Noiseless, not making a noise; soundlessness, silence, a calm. (Bp. 8, 5).

ನಿಃಶಲಾಕ niḥ-śalâka. = ನಿಶ್ಶಲಾಕ. Free from talking birds, as parrots, jays, or crows: *solitary, private.*

ನಿಃಶಲ್ಯ niḥ-śalya. = ನಿಶ್ಶಲ್ಯ. Freed or free from an arrow, pike, or thorn; without pain or difficulty.

ನಿಃಶಾಠ್ಯ niḥ-śâṭhya. Free from wickedness, dishonesty or deceit; true (ದಿಟದುದು, ಅನವಸ್ಕರ Hlâ., o. r. ನಿಃಶೋಧ್ಯ).

ನಿಃಶೇಷ niḥ-śêsha. = ನಿಶ್ಶೇಷ. *Having no remainder, without remainder, complete, entire, whole, all* (ಸ್ವಕ್ಷ್ಟ, ಉಱಿಯುದಿಹುದು Mr. 458). 2, completely spent or destroyed, entirely consumed, annihilated. See ಸಮೆ.

ನಿಃಶೋಧ್ಯ niḥ-śôdhya. *Not to be purified, not requiring cleansing; clean, pure.*

ನಿಃಶ್ರೇಣಿ niḥ-śrêṇi. = ನಿಚ್ಚಣಿಕೆ, ನಿಚ್ಚಣಿಗೆ. *A ladder; a flight of stairs or steps* (ಅಧಿರೋಹಿಣಿ, ನಿಚ್ಚಣಿಕೆ, ಏಣಿ Mr. 199).

ನಿಃಶ್ರೇಯಸ niḥ-śrêyasa. Having nothing better or superior; *supreme felicity in the life to come, final beatitude* (ಮುಕ್ತಿ, ಮೋಕ್ಷ, etc. Mr. 26).

ನಿಃಶ್ವಸಿತ niḥ-śvasita. = ನಿಶ್ವಸಿತ No. 2. Breathed out; sighed.

ನಿಃಶ್ವಾಸ niḥ-śvâsa. = ನಿಶ್ವಾಸ No. 2, ನಿಶ್ಶ್ವಾಸ. Breathing out, expiration; breath; sighing, a sigh.

ನಿಃಷಮ niḥ-shama. Uneven, unequal. ನಿಃಷಮಂ, improperly; *at the wrong time, unseasonably.*

ನಿಃಸಂಶಯ niḥ-samśaya. = ನಿಸ್ಸಂಶಯ. Undoubted, infallible, unerring, certain; not doubting, not doubtful.

ನಿಃಸಂಸಾರಿ niḥ-samsâri. = ನಿಸ್ಸಂಸಾರಿ. A person not engaged in worldly or secular occupations, or the cares of a family.

ನಿಃಸಂಗ niḥ-sanga. = ನಿಸ್ಸಂಗ. Unattached, unconnected; not attached, not devoted, regardless, indifferent to; free from worldly attachment or selfish desires, unselfish, disinterested; freed from all ties and bounds; single (as an ascetic, etc.). 2, absence of attachment, disinterestedness; freedom from worldly attachment, freedom from all ties and bounds.

ನಿಃಸಂಗತ್ವ niḥ-sangatva. = ನಿಸ್ಸಂಗತ್ವ. Absence of attachment, etc. (= ನಿಃಸಂಗ No. 2).

ನಿಃಸಂಗಿ niḥ-sangi. = ನಿಸಂಗಿ, ನಿಸ್ಸಂಗಿ. Free from worldly attachment or selfish desires, etc. (= ನಿಃಸಂಗ No. 1).

ನಿಃಸತ್ವ niḥ-satva. = ನಿಸ್ಸತ್ವ. Without strength, unenergetic, weak; insignificant; unsubstantial;—absence of power, etc.

ನಿಃಸನ್ತಾನ niḥ-santâna. = ನಿಸ್ಸನ್ತಾನ. Destitute of posterity, childless.

ನಿಃಸನ್ದೇಹ niḥ-sandêha. = ನಿಸ್ಸನ್ದೇಹ. Free from uncertainty, doubtless, certain; certainty, etc.

ನಿಃಸನ್ದೇಹಿ niḥ-sandêhi. = ನಿಸ್ಸನ್ದೇಹಿ. Entertaining no doubt; being free from despair or danger.

ನಿಃಸರಣ niḥ-saraṇa. = ನಿಸ್ಸರಣ. *Going forth or out, exit.* 2, *the egress or outlet from a building, market-place, town, etc.;* the gate, the gate-way. See ಪುಲಿಮುಖ.

ನಿಃಸಹಾಯ niḥ-sahâya. = ನಿಸ್ಸಹಾಯ. Without helpers or associates, unassisted.

ನಿಃಸಾರ niḥ-sâra. = ನಿಸ್ಸಾರ. Sapless; insipid; pithless; worthless, vain, vapid, unsubstantial; saplessness, insipidity, etc.

ನಿಃಸೀಮ niḥ-sîma. = ನಿಸ್ಸೀಮ. Having no boundaries or limits, imeasurable; excessive, extravagant.

ನಿಃಸ್ಪೃಹ niḥ-spṛiha. = ನಿಸ್ಪೃಹ. Free from desire. 2, disregarding, indifferent to. 3, content, unenvious. 4, impartial.

ನಿಃಸ್ರಾವೆ niḥ-srâvĕ. = ನಿಸ್ರಾವ. *The moisture or water of boiled rice.* See Nr. s. ನಿಧಿ 2.

ನಿಃಸ್ವ niḥ-sva. = ನಿಸ್ಸ್ವ. *Deprived of one's own, having no property, poor.*

ನಿಕಟ ni-kaṭa. Situated at the side: *near, proximate;* proximity.

ನಿಕರ ni-kara. A heap; *a flock, a multitude* (ಜಾಲ, ಪಟಲ Nn. 34; ಸ್ತೋಮ Mr. 423); excess. 2, pith, sap, essence, substantiality. 3, a suitable gift. 4, = ನಿಗರ, a treasure; the best of anything (ಸಾರ).

ನಿಕರ್ಷ ni-karsha. Excess, excessiveness; blind determinedness of purpose or action, extreme headiness of action, the violence of oppression or injustice (Mhr.; ನೀಚಜನ G.).

ನಿಕರ್ಷಣ ni-karshaṇa. (also ನಿಕರ್ಷ). Drawing down, drawing in or on; see ಸನ್-. 2, *an open place in a town or its vicinity;* a court at the entrance of a house. 3, a neighbourhood.

ನಿಕಷ ni-kasha. (= Sk. ನಿಕರ್ಷ). *The touchstone;* the streak of gold or test made on it (ಸಮಯನಿಕಷಂಗಳು ತಾ ಕರಂ ಮಯ್ಮೆತ್ತಿ ನಿನ್ನುದಟಗೊಳಕ್ಕು Mr. 535).

ನಿಕಷಾ ni-kashâ. *Near to, proximate, in the middle.*

ನಿಕಷಾತ್ಮಜ nikashâ-âtmaja. Born of Nikashĕ: *a râkshasa.*

ನಿಕಷೆ ni-kashĕ. = ನಿಕಸೆ. The mother of Râvaṇa; *the mother of the râkshasas in general.*

ನಿಕಸೆ nikasĕ. = ನಿಕಷೆ. (ರಕ್ಕಸರ ವೃನ್ದಮುಂ ಪಡದಾಕೆ Mr. 24).

ನಿಕಾಮ ni-kâma. Desire, wish. ನಿಕಾಮಂ, *according to pleasure or to one's satisfaction, to one's heart's content; willingly.*

ನಿಕಾಯ ni-kâya. *A heap, an assemblage, a group, a class, a set; a flock, a multitude* (ಗಣ Čt. I, 102; ಸ್ತೋಮ Mr. 428). 2, a house, a habitation.

ನಿಕಾಯ್ಯ ni-kâyya. *A dwelling, a house.*

ನಿಕಾರ ni-kâra. 1. Putting down, bringing down; *subjugation, humiliation; injury, insult, wrong.*

ನಿಕಾರ ni-kâra. 2. (fr. ನಿಕರ). *Piling up or winnowing corn.*

ನಿಕಾರಣ ni-kâraṇa. *Killing, slaughter.*

ನಿಕಾಲಸು nikâlasu. Plain, blunt, open, as a person, speech, etc.; certainly, etc. (My.; Mhr., H. ನಿಕಾಲಸ).

ನಿಕಾವು nikâvu. An inferior kind of marriage amongst Mahomedans (My.; Mhr., H. ನಿಕಾ).

ನಿಕಾಶ ni-kâśa. = ನಿಕಾಸ, ನೀಕಾಶ. Appearance, sight. 2, having the appearance of, similar, like.

ನಿಕಾಸ ni-kâsa. = ನಿಕಾಶ. (Kâvy. V, 32).

ನಿಕುಂಚಕ ni-kuñčaka. *A measure of capacity equal to $\frac{1}{4}$ of a kuḍava* (ಸೊಲಗೆ Śi. 329).

ನಿಕುಂಜ ni-kuñja. *A place overgrown with shrubs and creepers, an arbour, a thicket.* 2, a cave (see Mr. s. ಕೊಳ್ಳ 1).

ನಿಕುಮ್ಭ ni-kumbha. N. of a Dânava, etc. (Č. Bp. 47, 21). 2, *the plant Croton polyandrum* Spr.

ನಿಕುಮ್ಭಿಣಿ ni-kumbhiṇi. N. of a form of Bhadrakâlî (Râm. 6, 42, 3).

ನಿಕುಮ್ಭಿಲೆ ni-kumbhilĕ. ನಿಕುಮ್ಭಿಲಾ. A place where oblations are offered; a grove at the western gate of Lankâ for the performance of sacrificial rites. (Râm. 6, 42, 3. 4. 5).

ನಿಕುರಮ್ಬ ni-kuramba. *A flock, a mass, a multitude* (ಗೊನ್ದಣ Čt. II, 47).

ನಿಕುರುಮ್ಬ ni-kurumba. = ನಿಕುರಮ್ಬ. *A flock, etc.*

ನಿಕೃತ ni-kṛita. Put or brought down; *humbled; insulted; injured;* tricked, cheated. See s. ದೈನ್ಯಪ್ಪುಡು.

ನಿಕೃತಿ ni-kṛiti. *Dishonest practice, deception, fraud.*

ನಿಕೃಷ್ಟ ni-kṛishṭa. Drawn down; *debased, low, base, vulgar.*

ನಿಕೇತನ ni-kêtana. *A habitation, a house.*

ನಿಕೇವಲ ni-kêvala. = ನಿಷ್ಕೇವಲ. (Kâvy. V, 1).

ನಿಕೋಚಕ ni-kôčaka. *The tree Alangium decapetalum* Lam.

ನಿಕ್ಕ nikka. Tbh. of ನಿಷ್ಕ. (See Mr. s. ಪಾಗ, o. r. ನಿಲ್ಕ).

ನಿಕ್ಕುವ nikkuva. Truth, certainty; truly, certainly (ನಿಸದ, ಸತ್ಯ Čt. II, 11; ನನ್ನಿ, ನಿಸದ, ಸತ್ಯ Kk. 64; ನಿಶ್ಚಯ 79; ನಿಸದ, ನನ್ನಿ, ನನಸು, ವಲಂ, ದಿಟಂ, ದಲ್, ಸಾಜ, ದಿಟ Šm. 34; Tĕ. ನಿಕ್ಕಮು, ನಿಕ್ಕೆಮು, ನಿಕ್ಕುವ). See Šmd. 128; Šm. 66; Ššv. 5, 32.

ನಿಕ್ಕುಳಿಸು nikkuḷisu. To bend one's self from coquetry or in a coquettish manner (ವಿಲಾಸಾವನಮ್ರ Šmd. Dh.; ವಿಲಾಸದಿಂ ಬಾಗುವತನ Cm.; M. ನಿಗಳ್, ಞಾಳಿ, to stretch one's self, to strut, to swell; Tĕ. ನಿಕ್ಕು, to walk erect; to strut; to stand on tiptoe; *cf.* ನಿಗುರ್ and ನಿಲುಕು).

ನಿಕ್ತ nikta. Washed, cleaned; sprinkled. See ನಿರ್ಣಿಕ್ತ.

ನಿಕ್ವಣ ni-kvaṇa. *A tone or sound.*

ನಿಕ್ವಾಣ ni-kvâṇa. *A tone or sound.*

ನಿಕ್ಷಿಪ್ತ ni-kshipta. Thrown down, put down, laid down or in, placed, put, deposited, pledged, etc. (Šâstrasâra in W. v. 1301).

ನಿಕ್ಷೂಣ nikshûṇa. Positively, plainly, peremptorily (Mhr.; B. 5, 175).

ನಿಕ್ಷೇಪ ni-kshêpa. Placing, putting, depositing; *a deposit, a pledge, a trust.* 2, a buried or hidden treasure (My.). See Bp. 48, 20; ಬಯ್ಕ್.

ನಿಕ್ಷೇಪಿಸು nikshêpisu. To deposit; to bury (Bp. 5, 57; 47, 8; My.).

ನಿಖಿಲ ni-khila. *Complete, all, whole, entire.*

ನಿಗ niga. = ನಿಗಿ. Glow (*cf.* ನೆಗಟ್ 2; Mhr. ನಿಧಾ). — ನಿಗನಿಗ. rep. Very glowingly or brightly (My.; Tĕ.). ನಿಗನಿಗ ಉರಿ (My.).

ನಿಗ niga. Tbh. of ನಿಘ. Sin (Râm. 6, 53, 103).

ನಿಗಡ ni-gaḍa. = ನಿಗಲ, ನಿಗಳ. A chain for the feet, especially *the chain used to secure the hind feet of an elephant;* a fetter or shackle in general; an ornamental foot-chain.

ನಿಗಡಿ nigaḍi. = ನೆಗಡಿ, etc. (ಪೀನಸ Mr. 386, o. r. ನೆಗಡಿ).

ನಿಗಣ್ಟು nigaṇṭu. Tbh. of ನಿಘಣ್ಟು (Šmd. 338). See *e. g.* Mr. 5. 6. 2, certainty (My.).

ನಿಗದ ni-gada. Reciting; *a prayer or sacrificial formula recited aloud.*

ನಿಗದಿ nigadi. Fixing. (as daily hire, salary, or tribute); deciding, decision (in a discussion, My., H.). ನಿಗದಿಯಿದ್ದವನಿಗೆ ಪಗದಿಯಿದ್ದೀತು. — ಪಗದಿ ಕೊಡದವನಿಗೆ ನಿಗದಿ ಮಾಡಿ ಏನು? (Prvs.). — ನಿಗದಿ ಮಾಡು. To fix; to decide (My.).

ನಿಗದಿತ ni-gadita. Recited; told, said. (R.).

ನಿಗಮ ni-gama. 1. Going into, entering. 2, insertion, especially of the name of a deity into a liturgical formula. 3, a passage of the vêdas. 4, *the vêda* (ಶ್ರುತಿನಿಕರ, ವೇದಸಮೂಹ Nn. 40); a sacred precept. 5, metrical science, prosody (ಛನ್ದ, ಛನ್ದಸ್ಸು 40). 6, *a town* (ನಗರ 40). 7, *a road, a market road* (ಪೇಟೆಬೀದಿ, ಹೆಬ್ಬಟ್ಟೆ 40). 8, *a trader, a merchant.* 9, a snake (ಭುಜಂಗ, ಸರ್ಪ 40).

ನಿಗಮ ni-gama. 2. (= ನಿರ್ಗಮ). Issued from; loosed, liberated, set free (ವಿಮುಕ್ತ, ಬಿಟ್ಟುದು Nn. 40).

ನಿಗಮಗೋಚರ nigama-gôčara. Šiva; Vishṇu (My.).

ನಿಗಮಾಗಮ nigama-âgama. The vêdas and šâstras (J. 7, 13).

ನಿಗರ nigara. = ನಿಗುರ, ನಿಗುರು 2, q. v. — ನಿಗರಗಿವಿ. -ಕಿವಿ. An erect ear (B. 5, 12).

ನಿಗರ nigara. Tbh. of ನಿಕರ No. 4. The uppermost or best of any thing, the state of being very charming, beautiful or good, excellence (ಅತ್ಯುತ್ತಮ Čt. I, 18, o. r. ಅತ್ಯುನ್ನತ; ಒಳ್ Čt. II, 24; ಉತ್ತಮ II, 77; ಮನೋಹರ Šs.; Râm. 3, 6, 33; 6, 48, 39).

ನಿಗರಿಕೆ nigarikĕ. The state of being stretched or lengthened out, etc. (My.).

ನಿಗರಿಸು nigarisu. = ನಿಗುರಿಸು. (My.; ನಿಮಿರ್ಚು G.). ಲಕ್ಕಾ ಎಮ್ಬ ಪಾರಿವಾಳಗಳು ಎದೆ ಹಾಯಿಸಿ ಕೊಣ್ಡು, ಹಿಂಗಡೆಯನ್ನು ನಿಗರಿಸಿ ಕೊಣ್ಡು, ಹಿನ್ದಕ್ಕೆ ಸೆಟೆದಿರುತ್ತವೆ (B. 3, 114). ತಹಾಮೃಗವು ಎದೆ ಉಬ್ಬಿಸಿ ಕೊಣ್ಡು, ಚಿಕ್ಕೆಗಳನ್ನು ಹಡಗವರಗಳ ತೆಟಿವಲ್ಲಿ ಹರವಿ, ಹಿಂಗಡೆಗಳನ್ನು ನಿಗರಿಸಿ (4, 191).

ನಿಗರು nigaru. = (ಎಗರು), ನಿಗುರ್, etc. (My.). ಕುದುರೆಯ ಕಿವಿ ಯಾವಾಗಲು ನಿಗರಿ ಇರುತ್ತವೆ (B. 3, 55). ತೋಳಗಳ ಕಿವಿ ನಿಗರಿರುತ್ತವೆ (3, 85).

ನಿಗರುವಿಕೆ nigaruvikĕ. = ನಿಗರಿಕೆ. (My.).

ನಿಗರ್ಭ ni-garbha. The entire belly: the belly (Bp. 85, 18).

ನಿಗರ್ವ ni-garva. = ನಿರ್ಗರ್ವ (My.). — ನಿಗರ್ವಿ. = ನಿರ್ಗರ್ವಿ (My.).

ನಿಗಲ ni-gala. = ನಿಗಡ, ನಿಗಳ. (Sk.).

ನಿಗಳ ni-gaḷa. = ನಿಗಲ, etc. (ಕರಿಯ ಸಂಕಲಿ Čt. I, 64; Bp. 14, 15; J. 2, 7). ನಿಗಳೆ, a woman with ornamental foot-chains (J. 30, 3).

ನಿಗಾ nigâ. = ನಿಗಾವಾನಿ, ನಿಗಾವು, ನಿಗೆ, ನಿಗೇವಾನಿ. Care in looking after; tending; regard to (My.; Br.; Mhr., H. ನಿಗಾ, ನಿಘಾ).

ನಿಗಾದ ni-gâda. Reciting; *a prayer or sacrificial formula recited aloud.*

ನಿಗಾರ ni-gâra. *Swallowing.*

ನಿಗಾಲ ni-gâla. *The throat or neck of a horse.*

ನಿಗಾವಾನಿ nigâvâni. = ನಿಗಾ, etc. (My.).

ನಿಗಾವು nigâvu. = ನಿಗಾ, etc. (My.).

ನಿಗಿ nigi. = ನಿಗ. — ನಿಗಿ ನಿಗಿ. = ನಿಗ ನಿಗ. (My.).

ನಿಗುತು nigutu. = ನಿಗುರ್ದು. P. p. of ನಿಗುರು 1.

ನಿಗುಮ್ಬಿಸು nigumbisu. A heap to be formed of miscellaneous things, to assemble in large numbers (ಸಂಕೀರ್ಣರಾಶಿ Šmd. Dh.; Čpr. 4, 71; 6, 90).

ನಿಗುಮ್ಬು nigumbu. = ನಿಲುಮ್ಬು 1. To heap, to lay in a heap, to amass (ಪುಂಜೀಕರಣ Šmd. Dh.); (to assemble, v. i.).

ನಿಗುರ್ nigur. = ನಿಗರು, ನಿಗುರು 1, (ನಿಗುಳ್), ನಿಮಿರ್, ನಿಮಿರು. To be stretched forth, to be extended, to lengthen out to the full; to spread, to expand; to become erect; to raise one's self, to take an upright position; to rise; to swell, to become proud, to strut (cf. ನಿಡು; see s. ನಿಕ್ಕುಳಿಸು). Present rel. P. ನಿಗುರ್ವ (see ನಿಗುವ); P. ps. (ನಿಗುತು, My.), ನಿಗುರ್ದು (Bp. 56, 16); ನಿಗುರ್ದಪವು (46, 27). See Bp. 27, 13; 31, 16; 47, 58; 59, 20. — ನಿಗುರ ತೆಗೆ. To make go out to the full length (Bp. 38, 50).

ನಿಗುರ nigura. = ನಿಗರ, etc. — ನಿಗುರಗಿವಿ. = ನಿಗರಗಿವಿ. (B. 5, 30).

ನಿಗುರಿಸು nigurisu. = ನಿಗರಿಸು, ನಿಗುರ್ಚು, ನಿಮಿರ್ಚು. To stretch forth (v. t.), stretch out to its full length, etc. (Râm. 6, 10, 12; My.; Tĕ. ನಿಗುಡಿಂಚು, ನಿವುಡಿಂಚು).

ನಿಗುರು niguru. 1. = ನಿಗುರ್, etc. (My.; Tĕ. ನಿಗಡು, ನಿಗುಡು, ನಿವುಡು, ನೆಗಡು). P. ps. ನಿಗುರಿ (Bp. 42, 15; My.), ನಿಗುತು (My.). ನಿಗುರುವ (Bp. 50, 48). ನಿಗುರಿದ ಕೆಯ್ವೆರಸಿದ ಮುಂಗೆಯ್ (ಹಸ್ತ); ನಿಗುರಿದ ಬೆರಳುಗಳುಳ್ಳ ಅಂಗೆಯ್ (ಚಪೇಟ, ಪ್ರತಲ, etc. Nr.). See Bp. 57, 16; Bh. 8, 23, 12; Râm. 3, 8, 68.

ನಿಗುರು niguru. 2. = ನಿಗರ, etc. The state of being stretched forth or lengthened out, etc. — ನಿಗುರು ತೆಗೆ. = ನಿಗುರ ತೆಗೆ. To stretch (v. t.), etc. (Bp. 15, 9).

ನಿಗುರ್ಚು nigurču. = ನಿಗುರಿಸು, etc. — ನಿಗುರ್ಚು ನಿಗುರ್ಚು. rep. (Bp. 38, 38).

ನಿಗುವ niguva. = ನಿಗುರ್ವ of ನಿಗುರ್. (Bp. 19, 10).

ನಿಗುಳ್ nigul̤. (= ನಿಗುರ್, etc., ನೀಳ್). To take an upright position, to stand erect; to expand, to increase. ನಿಗುಳ್ದು (Bp. 2, 12; 35, 8).

ನಿಗೂಢ ni-gûḍha. Hidden, concealed, secret; profound, recondite; mysterious, obscure.

ನಿಗೂಢಚತುರ್ಥ nigûḍha-čaturtha. One of the čitras in poetical composition (Kâvy. III, 2, B, 75 seq.).

ನಿಗೂಹನ ni-gûhana. *Hiding, concealing.* 2, a term used in arthâlaṅkâra (= ಲೇಶ, Kâvy. III, 3, B, 35). See ಅವಿ.

ನಿಗೃಹ್ಯ ni-gṛihya. To be held back or restrained; to be punished, punishable, deserving chastisement. (My.).

ನಿಗೆ nigĕ. = ನಿಗಾ, etc. (My.).

ನಿಗೇವಾನಿ nigêvâni. = ನಿಗಾವಾನಿ, etc. (My.; ಅವೇಕ್ಷೆ, etc., ಎಚ್ಚರಿಕೆ Si. 397).

ನಿಗ್ಗಮ niggama. = ನಿಗ್ಗವ. (ಗಜದನ್ತ Čt. II, 95).

ನಿಗ್ಗರ niggara. (Tbh. of ನಿಗ್ರಹ). Coercion, compulsion (B. 1, 6).

ನಿಗ್ಗವ niggava. (fr. ನಿಡು-ಕವೆ). = ನಿಗ್ಗಮ. The tusks of an elephant: ivory (ಗಜದನ್ತ Šmd. II; Čt. I, 4; Kk. 77; Šm. 41; Abh. P. 10, 152; Rŝv. 5, 71; Šŝv. 3, 27). ನಿಗ್ಗವದ ಕರಣ್ಡಕಂ (Rŝv. 5, after 25). ಯೂವರಸವನೂಡಿದ ನಿಗ್ಗವದ ಬಲೆಗಳ, ಓಲೆಗಳ ಮಿಣ್ಡೆವೆಣ್ಡಿತಿಯರ್ (Râghč. 17, 65).

ನಿಗ್ಗೆಡಿ niggĕḍi. A shameless (or foolish) person (? Abh. P. 6, 35).

ನಿಗ್ರನ್ಥನ ni-granthana. = ನಿರ್ಗ್ರನ್ಥನ. *Killing, destroying, slaughter.*

ನಿಗ್ರಹ ni-graha. (= ನಿಗ್ಗರ). *Keeping down or under, keeping in check; seizing, confinement, holding fast; coercion; restraint; subjugation; humbling; punishing, punishment, chastisement.* 2, rebuke, rebuff, reprimand, blame; squeezing, oppressing, paining (ಪೀಡನ, ಸ್ಪರ್ಶನ, ಗ್ರಹಣ, ಹಿಡಿಹಂ Mr. 489). 3, *aversion, dislike, disgust;* mental pain (ಮನಸ್ತಾಪ, ಅನ್ತಸ್ತಾಪ Nn. 160). 4, a boundary, a limit. 5, a strait, an obstruction (ಇಟ್ಟಳ, ಇಟ್ಟೆಡೆ 160). 6, debt (ಸಾಲ 160). See Čpr. 7, 27; Bp. 21, 38; 53, 2; 54, 86; 61, 35. — ನಿಗ್ರಹಪ್ಪಡು. -ಂ-ಪಡು. To suffer mental pain (Bp. 56, 45).

ನಿಗ್ರಹಗ್ರಹಣ nigraha-grahaṇa. Seizing or holding with restraining or binding force. See ಇಡುಕು.

ನಿಗ್ರಹಿಸು nigrahisu. To seize; to restrain, to subdue, to subjugate, to keep in check (Bp. 21, 38; Šŝv. 4, 66; Si. 69. 380); to punish, etc.;—to suffer mental pain (Bp. 49, 40). ಇನ್ದ್ರಿಯವ ನಿಗ್ರಹಿಸೆ ಬ್ರಹ್ಮಚರ್ಯಮೆನಿಕ್ಕು (Mr. 248).

ನಿಗ್ರಹಿಸುವಿಕೆ nigrahisuvikĕ. Keeping in check, restraining. ರೂಪರಸಾದಿವಿಷಯಗಳ ದೆಸೆಯಿನ್ದ ಕಣ್ಣು ಕಿವಿ ಮೊದಲಾದ ಇನ್ದ್ರಿಯಗಳನ್ನು ಹಿನ್ದಿರಿಗಿಸಿ ನಿಗ್ರಹಿಸುವಿಕೆ (ಪ್ರತ್ಯಾಹಾರ, etc. Si. 392).

ನಿಗ್ರಾಹ ni-grâha. = ನಿಗ್ರಹ.

ನಿಘ ni-gha. = ನಿಗ. As high as broad; *anything whose height and circumference are equal, as a ball;* a ball. 2, sin.

ನಿಘಣ್ಟು ni-ghaṇṭu. = ನಿಗಣ್ಟು. A vocabulary (Šmd. 97. 98).

ನಿಘರ್ಷಣ ni-gharshaṇa. Rubbing; friction, grinding, trituration. (Čpr. 6, 61).

ನಿಘರ್ಷಿಸು ni-gharshisu. To rub, to pound, to grind; to consider again and again (Čpr. 2, after 49).

ನಿಘಸ ni-ghasa. Eating; *food, victuals.*

ನಿಘಾತ ni-ghâta. A blow, a stroke; killing, destroying (Bp. 40, 65).

ನಿಘೃಷ್ಟ ni-ghṛishṭa. Rubbed, ground; chafed; worn. See ಸನ್-.

ನಿಘ್ನ ni-ghna. Struck into, infixed; *dependent, subject;* dependent on.

ನಿಂಗ niṅga. = ಲಿಂಗ. N. (My.). — ನಿಂಗಪ್ಪ. -ಅಪ್ಪ. N. (My.; B. 4, 74).

ನಿಂಗಿ niṅgi. = ಲಿಂಗಿ. N. (My.). — ನಿಂಗವ್ವ. -ಅವ್ವ. N. (My.).

ನಿಚಯ ni-čaya. 1. Piling up; a collection, a heap; assemblage, assemblage or collection of parts constituting a whole (ಸನ್ತಾನ, ಸಮೂಹ Nn. 92; see ಏಗು-).

ನಿಚಯ ni-čaya. 2. = ನಿಶ್ಚಯ. (Sk.).

ನಿಚಿತ ni-čita. 1. Piled up, heaped up; *full of, filled; covered, overspread.*

ನಿಚಿತ ni-čita. 2. = ನಿಶ್ಚಿತ. Determined, settled, established; innate, inherent (ನಿಶ್ಚಯಿಸಲ್ ಪಟ್ಟ Šmd. 107 Cm.; ಸಹಜ Čt. I, 74).

ನಿಚುಲ ni-čula. = ನಿಚೋಲ. 2, *the tree Barringtonia acutangula* Gaertn. (ನಿರ್ಜುಲ, ಆರ Mr. 112; ತೊರೆಗಣಗಿಲೆ Nr.; see ಇಜ್ಜ ಲ, ಹಿಜ್ಜ ಲ).

ನಿಚೋಲ ni-čôla. A cover, wrapper; *a sort of jacket, a bodice, a mantle, a soldier's jacket serving as a cuirass or breast-plate.*

ನಿಚೋಲಕ ni-čôlaka. = ನಿಚೋಲ. A cover; *a sort of jacket, etc.*

ನಿಚ್ಚ niċča. Tbh. of ನಿತ್ಯ (Šmd. 348; Čt. I, 89; Čh. v. 16. 206; My.). See Čpr. 2, 57; 8, 11; Bp. 26, 18; 43, 47; 60, 15; J. 3, 21; ಎಡೆನಿಚ್ಚ. — ನಿಚ್ಚ ನಿಚ್ಚ. rep. (Čpr. 8, 45). — ನಿಚ್ಚಲುಂ. -ಲುಂ. Even always: continually (Čpr. 3, 37; Bp. 6, 1; 23, 4; 30, 5).

ನಿಚ್ಚಟ niččaṭa. (Tbh. of ನಿಃಶಠ). The state of being without deceit, sincerity (Bh. 4, 2, 67; 6, 5, 46; J. 23, 40; 27, 29; 31, 68). 2, natural state: nakedness (J. 26, 19).

ನಿಚ್ಚಣಿಕೆ niččaṇikĕ. = ನಿಚ್ಚಣಿಗೆ. (ನಿಃಶ್ರೇಣಿ, ಅಧಿರೋಹಿಣಿ, ಏಣಿ Mr. 199; B. 4, 150).

ನಿಚ್ಚಣಿಗೆ niččaṇigĕ. = ನಿಚ್ಚಣಿಕೆ. Tbh. of ನಿಃಶ್ರೇಣಿ. A ladder (ನಿಃಶ್ರೇಣಿ Hlâ., Nr.; Si. 112; My.). See Prv. s. ಮಾತು.

ನಿಚ್ಚಯ niččaya. = ನಿಜಯ 2. Tbh. of ನಿಶ್ಚಯ. (My.; T.).

ನಿಚ್ಚಲ niččala. = ನಿಚ್ಚಳ. Tbh. of ನಿಶ್ಚಲ (Šmd. 348; Bp. 29, 9; 35, 8; J. 6, 10).

ನಿಚ್ಚಳ niččaḷa. = ನಿಚ್ಚಲ. (J. 3, 10. 24; 8, 5; 13, 18; B. 4, 63). 2, the powder to make the middle sectarian mark on the forehead of a Vaishṇava (My.).

ನಿಚ್ಚಿಂತ niččinta. Tbh. of ನಿಶ್ಚಿಂತ (Šmd. 348).

ನಿಜ ni-ja. Innate, native, congenital, indigenous. 2, *own;* my own, his own, our own, etc.; my, his, our, etc. 3, own, peculiar. 4, own or native state, natural state, nature, inherence (Šmd. 15-18). 5, very self: real, true, actual, genuine; real state or shape; reality, truth (ಪ್ರಕೃತ, ನಿಬದ್ಧಿ, ನಿಜಮೂದುದು Nn. 111; ಪ್ರಕೃತಿ Mr. 500; My.). 6, *continual, perpetual.* ಎರವು ನಮ್ಮ, ನಿಜಾ ಮಜಿತ. — ನಿಜವಾಗಿ ಸಾಯುವವನ ಹಾಗೆ ಮನೆ ತುಮ್ಬ ಹೇತ. — ನಿಜವಾದಿದರೆ ನಿಷ್ಠುರ (Prvs.). See Šmd. 155; Čpr. 1, 83; Bp. 28, 44; 29, 15; 50, 70; 51, 17; B. 3, 82. 96; 4, 77. 198. 7, a short syllable (Čh.). — ನಿಜಗಲಿ. -ಗಲಿ. A truly valiant person (Bp. 51, 45). — ನಿಜವೆಱು. -ವೆಱು. Truth to be born: to be true (Bp. 60, 33).

ನಿಜಕರ್ತೃ nija-kartṛi. The agent indicated by a verb as doing anything himself (in opposition to ಅನ್ಯ-, ಭಿನ್ನ- or ಪರ-, Šmd. 273).

ನಿಜಗುಣ nija-guṇa. A man endowed with truthful qualities: N. (My.); also ನಿಜಗುಣಿ (B. 3, 121).

ನಿಜಗೋಪಾಲಿ nija-gôpâli. N. of the author of a vocabulary (Nn. 3, o. r. ನಿಜಗೋಪಾಲ).

ನಿಜಪ್ರಿಯ nija-priya. A continually firm, true friend (see Mr. 271 s. ದುರ್ಬಲ).

ನಿಜಬಿನ್ದು nija-bindu. = ನಿತ್ಯಬಿನ್ದು. (Šmd. 47).

ನಿಜಮಾರ್ಗ nija-mârga. The proper, orderly way or method (ಜಾಡಿ Čt. I, 77).

ನಿಜರೂಪ nija-rûpa. One's own shape (My.).

ನಿಜಲಿಂಗ nija-linga. N. (My.; Bp. 59, 1).

ನಿಜವಿದ್ಯ nija-vidya. One's own learning or merits (ಫಲ, ತನ್ನ ಸಮ್ಬನ್ಧವಾದ ವಿದ್ಯಗಳು Nn. 92).

ನಿಜಸಾಕ್ಷಿ nija-sâkshi. True evidence; a true witness (My.).

ನಿಜಸ್ಥ nija-stha. Being in (something as one's) own; abiding in truth; a truthful man (Bp. 33, 9; My.).

ನಿಜಾಗಾರ nija-âgâra. One's own habitation. See ನೆಲೆ.

ನಿಜಾಮ nijâma. ನಿಜಾಮು. nijâmu. Ruler: the title of the native sovereign of Hyderabad (B. 4, 161; H.).

ನಿಟಲ ni-ṭala. = ನಿಟಿಲ. (Sk.).

ನಿಟಿಲ ni-ṭila. The forehead (ಫಾಳ Bhn. 66; Abh. P. 10, 159). 2, = ತಟಿಸು, q. v. (o. r. ನಿಟಲ).

ನಿಟಿಲತಟನಯನ niṭila-taṭa-nayana. Šiva (Bp. 56, 32).

ನಿಟಿಲನಯನ niṭila-nayana. = ನಿಟಿಲತಟನಯನ. (Bp. 44, 20; 50, 26; 51, 61).

ನಿಟಿಲಲೋಚನ niṭila-lôčana. Šiva (My.). ನಿಟಿಲಲೋಚನೆ, Šiva's wife Pârvatî (Grj. 9, after 35).

ನಿಟಿಲಾಕ್ಷ niṭila-aksha. = ನಿಟಿಲನಯನ. (Grj. 3, 81; Bp. 27, 32).

ನಿಟಿಲಾಮ್ಬಕ niṭila-ambaka. = ನಿಟಿಲಾಕ್ಷ. (Bp. 24, 1).

ನಿಟಿಲೇಕ್ಷಣ niṭila-îkshaṇa. = ನಿಟಿಲಾಕ್ಷ. (Grj. 8, 46).

ನಿಟ್ಟನೆ niṭṭanĕ. Whirlingly, etc. (ಬಟ್ಟನೆ, etc. Čt. I, 15; T. ಇಟಲಿ, to turn rapidly). *Cf.* ನೀಡಱು.

ನಿಟ್ಟಯ್ಸು niṭṭaysu. = ನಿಟ್ಟಿಸು. (Grj. 6, 57).

ನಿಟ್ಟಿಸು niṭṭisu. To look at; to look at much, scrutinously, inquisitively, or sternly; to stare (ನಿರ್ಧಾರಾಲೋಕ Šmd. Dh.; T. ನಾಟ್ಟ, the eye; inquiry; the aim of a thing, intention; see s. ನಾಡೆ). ನಿಟ್ಟಿಸಿದಂ (278). See Čpr. 1, 119; 4, 81; 5, 6; Grj. 9, 16; Bp. 24, 75; 35, 21; 60, 32; Č. Bp. 42, 14; Rêv. 5, after 120; J. 7, 56; 8, 17; 9, 9; 13, 54; 16, 34; 23, 26. *Cf.* ನೀಣ್ಣಿಸು.

ನಿಟ್ಟು niṭṭu. = ನಿಡು, (ನೆಟ್ಟು 1). Another form of ನಿಡಿದು or ನಿಡು (Šmd. 214). (T. ನೆಟ್ಟು, long; ನೆಡಿಲ್, length; M. ನಟ್ಟು, straight, perpendicular; *cf.* ನೆಟ್ಟಗೆ). — ನಿಟ್ಟಡಕಿಲ್. -ಅಡಕಿಲ್. (Šmd. 215). A long or high pile. — ನಿಟ್ಟಮ್ಬುಧಿ. -ಅಮ್ಬುಧಿ. An extensive sea (Râm. 6, 38, 15). — ನಿಟ್ಟಯ್ದೆ. -ಅಯ್ದೆ. (Šmd. 214). A woman of many years whose husband is still living; a woman who is going to live many years with her husband (ಅಯ್ದೆ Čt. I, 50; Grj. 10, after 82; 10, 97). — ನಿಟ್ಟಿರ್ಕೆ. -ಇರ್ಕೆ. (Šmd. 215). A long, extensive abode. — ನಿಟ್ಟುಸುರ್. -ಉಸುರ್. ನಿಟ್ಟುಸುರು. A drawn out, long, deep sigh (My.; B. 4, 176; Tê. ನಿಟ್ಟೂರ್ಪು). — ನಿಟ್ಟುಸುರ್ವಿಡು. -ಬಿಡು. To sigh deeply (J. 6, 2). — ನಿಟ್ಟೆಲು. -ಎಲು. = ನಿಟ್ಟೆಲುವು. (ಪೃಷ್ಠಾಸ್ಥಿ Mr. 398). — ನಿಟ್ಟೆಲುವು. -ಎಲುವು. = ನಟ್ಟೆಲುವು, ನಿಟ್ಟೆಲ್ವು, ನೆಟ್ಟೆಲುವು. The spine, the backbone (ಪೃಷ್ಠಾಸ್ಥಿ, ವಂಶ Hlâ.; ವಂಶ, ಬೆನ್ನಸ್ಥಿ Nn. 54). ಬೆನ್ನ ನಿಟ್ಟೆಲುವಿನೊಳ್ ವಂಶಂ (Mr. 474). — ನಿಟ್ಟೆಲ್ವು. = ನಿಟ್ಟೆಲುವು. (Abh. P. 11, 143). — ನಿಟ್ಟೆಸಳ್. -ಎಸಳ್. (Šmd. 214). A long leaf or petal. — ನಿಟ್ಟೆಸಳುಗಣ್. -ಕಣ್. A long eye that resembles a flower-petal (J. 2, 48). — ನಿಟ್ಟೋಟ. -ಓಟ. A long run (My.; Rêv. 6, after 11). ಆನೆಯ ನಿಟ್ಟೋಟಮುಹ ನಡೆ (ಸ್ಥೂಲೋಚ್ಚಯ Mr. 158). See Prv. s. ನೆಟ್ಟಾನ.

ನಿಟ್ಟು niṭṭu. (Tbh. of ನಿಷ್ಠ). A side or slope (of a roof, My.).

ನಿಟ್ಟುರ niṭṭura. = ನಿಟ್ಟೂರ. Tbh. of ನಿಷ್ಠುರ (Šmd. 370; Čt. II, 15; ಪೊಲ್ಲೆಯ, ನಿಷ್ಠುರ Šm. 49; ಪೊಲ್ಲಣ, ಪೊಲ್ಲೆಯ, ನಿಷ್ಠುರ Kk. 57, o. r. ಹೆಲ್ಲಣ; ಹೆಲ್ಲಣೆ, ನಿಷ್ಠುರ Šs.; Grj. 2, 76).

ನಿಟ್ಟೂರ niṭṭūra. = ನಿಟ್ಟುರ. (ವೃಜನ, ನಿಷ್ಠುರ Nn. 54).

ನಿಟ್ಟೂರಿ niṭṭūri. A harsh, cruel, etc. person (ಕ್ರೂರ Nn. 151).

ನಿಟ್ಟೆ niṭṭe. Tbh. of ನಿಷ್ಠೆ (Šmd. 370; Šs.; Abh. P. 9, 25; Grj. 4, 93; T.). — ನಿಟ್ಟೆ ವಡು. To be excellent (Čpr. 3, 37); to be full of devotion (3, 34).

ನಿಡಿ niḍi. 1. = ನಿಡು. (J. 30, 14). — ನಿಡಿಗುರುಳ್. -ಕುರುಳ್. Long hair (J. 30, 17). — ನಿಡಿದೋಳ್. -ತೋಳ್. (Šmd. 117. 64, o. r. ನಿಡು-). = ನಿಡುದೋಳ್. — ನಿಡಿಮೂಗ. (Šmd. 95, o. r. ನಿಡು-). = ನಿಡುಮೂಗ. — ನಿಡಿಯ. -ಅ ತ. (Šmd. 154. 184). A tall man. — ನಿಡಿಯ ನಾಲಗೆ. (Šmd. 201). A long tongue. — ನಿಡಿಯಲರ್ಗಣೆ. -ಅಲರ್ಗಣೆ. A long flower-arrow. ಮದನನ ನಿಡಿಯಲರ್ಗಣೆಗಳನೆ ಪೋಲ್ತುವು ಅಳೆಯ ಕಣ್ಗಳ್ (Šmd. 81). — ನಿಡಿಯೆಸಳ್ಗಣ್. -ಎಸಳ್ಗಣ್. A long petal-like eye. See Čh. s. ನಾಸಿಕವಡ್ಡಂ, and *cf.* ನಿಟ್ಟೆಸಳು-.

ನಿಡಿ niḍi. 2. Scum, froth, whey, etc. ಮೊಸರ ಮೇಲಣ ನಿಡಿ (ಮಣ್ಡ, ಮಸ್ತ Šmd. 338; ಮಸ್ತು Nr.). ಓಗರದ ಮೇಲಣ ನಿಡಿ (ಮೂಸರೆ, ಆಚಾಮ, ನಿಸ್ರಾವ; ಓಗರದ ಗಂಜಿ ಎನ್ನೂ, ಎಪ್ಪರು Nr.). ಕೂಟಿ ಮೇಲಣ ನಿಡಿ (ಪಿಷ್ಟ Nr.). ಮದ್ಯದ ಮೇಲಣ ನಿಡಿ (ಕಾರೋತ್ತರ, ಸುರಾಮಣ್ಡ Nr.).

ನಿಡಿ niḍi. 3. A strong, pungent, stifling smell, as that of tobacco or tobacco-smoke, of cayenne pepper or its vapour (when being roasted, My.; T. ನೆಡಿ).

ನಿಡಿದು niḍidu. (Šmd. 96. 214). (= ನಿಡು). That which is extended, long, etc.; length, etc. (ನೀಳ್ಪು Čt. II, 53; ಜೆಲ್ಲಿ Kk. 51; Šm. 49; Tč. ನಿಡುದು). ನಿಡಿದಹುದು (ಆರೋಹ Nr.). ದಣ್ಡೆ ನಿಡಿದಾಗಿರಲು ಸ್ರಗುವಕ್ಕು (Mr. 384). ಚಿರ್ಬುಗಳು ಇಪ್ಪತ್ತು ಇಂಚು ಎತ್ತರ, ಮೂಱುವರೆ ಪೂಟು ನಿಡಿದು ಇರುವವು (B. 3, 99). ಊದೀ ಬಣ್ಣದ ಕರಡಿಗಳು ಅಯ್ಗೇಣು ನಿಡಿದು, ಮೂಱು ಗೇಣು ನಿಲವು (3, 108). ಆನೆಗಳ ನಿಡಿದು ಸುಮಾರು ಹನ್ನೆರ್ಡು ಪೂಟ ಇರುತ್ತದೆ (5, 239). See ಬಿಲ್-; Rśv. 5, after 55.

ನಿಡು niḍu. (Šmd. 214). = ನಿಟ್ಟು, ನಿಡಿ 1, ನಿಪ್, ನಿಬ್. The state of being drawn out in length, stretched or extended; that of being long, length; that of being tall; extensiveness; greatness, bigness (T., M. ನೆಡು; Tč. ನಿಡಿ; *cf.* ನಿಗುರ್, ನೀಟ, ನೀಡು 2, ನೀಳ). — ನಿಡುಕರ. A stretched-out or long arm or hand (Bp. 45, 29). — ನಿಡುಕೋಲ್. A long arrow (J. 25, 31). — ನಿಡುಗಣ್. -ಕಣ್. A long eye (Šśv. 4, 37). — ನಿಡುಗಣೆ. -ಕಣೆ. = ನಿಡುಕೋಲ್. (J. 12, 23). — ನಿಡುಗರುಳ್. -ಕರುಳ್. A long entrail (J. 22, 28). — ನಿಡುಗಲ್. -ಕಲ್. A large rock (Rām. 4, 4, 22). — ನಿಡುಗವಣೆ. -ಕವಣೆ. A long sling (Bh. 1, 6, 2). — ನಿಡುಗಬಿಲೆ. -ಕಬಿಲೆ. A long thorny branch (Šśv. 3, 37). — ನಿಡುಗಾರಣೆ. -ಕಾರಣೆ. Long linear coloration (Rām. 1, 18, 5). — ನಿಡುಗಿಚ್ಚು. -ಕಿಚ್ಚು. An extensive, large fire (Rām. 5, 8, 62). — ನಿಡುಗೇಶ. -ಕೇಶ. Long hair (ಬಾಲ, ಉದ್ದಿಯ ಕೂದಲು Nn. 128; ಬಾಲಕ Mr. 225). — ನಿಡುಗೊಮ್ಬು. -ಕೊಮ್ಬು. A long branch (Šśv. 3, after 35). 2, a large horn or trumpet (Bh. 8, 21, 8). — ನಿಡುಗೊರಲ್. -ಕೊರಲ್. A long neck (Mr. 283; Rśv. 6, 9). — ನಿಡುಗೋಡು. -ಕೋಡು. A long branch (Rśv. 9, 24). — ನಿಡುಗೋಲು. -ಕೋಲು. A long staff; a long arrow (ಪ್ರಕ್ಷ್ವೇಡನ, ನಾರಾಚ Si. 289). — ನಿಡುಚಾಪೆ. A long mat (Bp. 38, 11). — ನಿಡುಜಂಗೆ. A long stride (Bp. 26, 31). — ನಿಡುಜಡೆ. Long matted hair or braided tresses (Rśv. 1, 185; 5, after 19; Šśv. 2, 87). — ನಿಡುಡೊಳ್ಳು. = ನಿಡುದೊಳ್ಳು. (Nr. *b*). — ನಿಡುದನಿ. A long-drawn, high, plaintive sound, note or voice (Bp. 46, 22). — ನಿಡುದೆರೆ. -ತೆರೆ. A long, high wave (Bp. 11, 34). — ನಿಡುದೊರಳೆ. -ತೊರಳೆ. A large spleen (Rām. 6, 45, 61). — ನಿಡುದೊಳ್ಳು. A pot-belly. ನಿಡುದೊಳ್ಳುಳ್ಳವನು (ತುಣ್ಡಿಲ, ಬೃಹತ್ಕುಕ್ಷಿ, etc. Nr. *a*). — ನಿಡುದೋಳ್. -ತೋಳ್. (Šmd. 215). A long arm (Šśv. 2, after 42). *Cf.* ನಿಡಿ-. — ನಿಡುನಡಿಗೆ. One of a horse's paces: cantering (ರೇಚಿತ Si. 274). — ನಿಡುನರ. A long sinew, etc. (J. 12, 44). — ನಿಡು ನಿಡು. rep. (J. 18, 38; 22, 44). — ನಿಡುನಿದ್ರೆ. The long sleep: death (Bh. 7, 4, 14; *cf.* ದೀರ್ಘ-). — ನಿಡುಪತಾಕೆ. A tall banner (J. 20, 37). — ನಿಡುಪುರ್ಬು. A long brow (J. 19, 21). — ನಿಡುಬತ್ತಳಿಕೆ. A long or high quiver (Rśv. 5, 24). — ನಿಡುಬಾವಿ. A deep well (Bp. 16, 11). — ನಿಡುಬೊಬ್ಬೆ. A long-drawn, loud cry (Bp. 32, 28; 52, 47; 56, 14). — ನಿಡುಮಾರ. N. of a king (Bp. 50, 43. 46. 52). — ನಿಡುಮಾಳ. -ಒ-ಆಳ. (Šmd. 215). A long intervening tract of country, as between two villages (ಗ್ರಾಮಾನ್ತರದೀರ್ಘ, ಪ್ರಾನ್ತರ Hlā.). — ನಿಡುಮೀನ್. A long, big fish (Rśv. 2, after 8). — ನಿಡುಮೂಗಿ. (Šmd. 198. 221). A person with a long nose. — ನಿಡುಮೂಗು. A long nose. ನಿಡುಮೂಗ. A man with a long nose (see ನಿಡಿ-). — ನಿಡುಮೊಲೆ. A lengthy breast (J. 16, 36). — ನಿಡುವಯಣ. -ಪಯಣ. (Šmd. 215). A long journey. — ನಿಡುವಡಿ. -ಪಡಿ. A long pace. ನಿಡುವಡಿಯು ಗಜ (Rām. 3, 6, 15). — ನಿಡುವಲೆ. -ಬಲೆ. A long net (Šśv. 3, 24). — ನಿಡುವಾಸಿ. -ಜಾಸಿ. Long tresses of braided hair (Rśv. 2, after 8). — ನಿಡುವುರ್ಬು. -ಪುರ್ಬು. = ನಿಡುಪುರ್ಬು. (Čpr. 6, after 64). — ನಿಡುವೆರಲ್. -ಬೆರಲ್. A long finger (Rśv. 11, 85). — ನಿಡುಸರ. = ನಿಡುದನಿ. (Rśv. 13, after 102; J. 3, 32; 28, 38). — ನಿಡುಸರಳ್. A long arrow (ನಿಡುಗೋಲು, etc. Si. 289; J. 12, 40; 13, 18; 28, 45). — ನಿಡುಸುಯ್ 1. To draw a deep sigh (Čpr. 7, 40). 2, = ನಿಡುಸುಯಿಲ್. (5, 51; Šśv. 4, 77). — ನಿಡುಸುಯಿಲ್. A drawn out, deep sigh (Bp. 17, 19; 26, 42; 35, 32). — ನಿಡುಸುಯ್ಲು. = ನಿಡುಸುಯಿಲ್. (Bh. 2, 10, 28). — ನಿಡುಸೂಳು. A long-drawn, loud sound (Bh. 8, 23, 3).

ನಿಡುಕ niḍu-ka. (Šmd. 241). A tall man (?).

ನಿತಮ್ಬ ni-tamba. *The buttocks or posteriors,* especially of a woman. See ಪೊಱವಾಱ್. 2, *the ridge, or slope, of a mountain* (ಸಾನು etc., ಗಿರಿಯ ಪೊರೆ Mr. 97).

ನಿತಮ್ಬಸ್ಥ nitamba-stha. *Being on the buttocks.*

ನಿತಮ್ಬಿನಿ nitambini. Having handsome hips: *a woman* (ಹೆಂಗೂಸು Mr. 301).

ನಿತಾನ್ತ ni-tānta. *Extraordinary, excessive, much* (Čh. v. 96). ನಿತಾನ್ತಂ, *exceedingly.*

ನಿತ್ತರಿಸು nittarisu. Tbh. of ನಿಸ್ತರಿಸು, q. v. (Abh. P. 4, 74; 7, 144; 9, after 39; 14, 31; Šāstrasāra in W. v. 1456; Grj. 6, 76).

ನಿತ್ತು nittu. = ನಿನ್ತು 1, ನಿನ್ದು. P. p. of ನಿಲ್ಲು. See Prvs. s. ನಕ್ಷತ್ರ, ನವಮಾಸ, ನಾಡಿ, ನಾಡು, ನೆಗಡಿ, ಬೀಜ; Čpr. 4, 87.

ನಿತ್ರಾಣ nittrāṇa. = ನಿತ್ರಾಣ. Tbh. of ನಿಸ್ತ್ರಾಣ. (My.).

ನಿತ್ರಾಣಿ nittrāṇi. = ನಿತ್ರಾಣಿ. Tbh. of ನಿಸ್ತ್ರಾಣಿ. (My.).

ನಿತ್ಯ nitya. *Continual, perpetual; regularly repeated, of regular and close recurrence; endless, eternal, everlasting* (ಅನಶ್ವರ, ಕೇಡಿಲ್ಲದುದು Nn. 132; ಕೇಡಿಲ್ಲದುದು 18. 41. 59); *necessary, obligatory, essential;* regularly prescribed, handed down by vedic tradition (ಅಜಸ್ರ, ಅನುಶ್ರುತ 132). ನಿತ್ಯಂ, *perpetually.* ನಿತ್ಯಾ ಸಾಯುವವರಿಗೆ ಅಳುವವರು ಯಾರು? (Prv.). — ನಿತ್ಯಗಟ್ಟಳೆ. -ಕಟ್ಟಳೆ. A perpetual or standing order, daily observance (My.). — ನಿತ್ಯದಸ್ತೆ. -ಅಸ್ತೆ. As usual, as ever, as before (B. 4, 154. 183; My.). — ನಿತ್ಯದರಿದ್ರ. One who is or has been ever or always poor. ನಿತ್ಯ ದರಿದ್ರನಿಗೆ ಚಿನ್ತೆಯೇನು?— ನಿತ್ಯದರಿದ್ರನಿಗೆ ನಿಶ್ಚಿನ್ತೆ (Prvs.). — ನಿತ್ಯ ಪಯಣ. Constant travelling. ನಿತ್ಯಪಯಣ ಬುತ್ತೀ ಕೇಡು (Prv.). — ನಿತ್ಯಮುಣ್ಡೆ. Widows who customarily are forbidden to remarry. ನಿತ್ಯಮುಣ್ಡೇ ಪಟ್ಟದಲ್ಲಿ ಎಚ್ಚ ಱದ್ದ ವನೇ ಜಾಣ (Prv.). — ನಿತ್ಯಮುತ್ತೈದೆ. A wife whose husband lives till her death (My.). 2, a dancing-girl or whore (My.).

ನಿತ್ಯಕರ್ಮ nitya-karma. Constant business, especially used of daily rites, etc. of Brâhmaṇas (My.).

ನಿತ್ಯಜೀವಿ nitya-jîvi. Always living: an epithet of Aśvatthâma, Bali, Vyâsa, Hanumanta, Vibhîshaṇa, Kṛipa, and Paraśurâma (My.).

ನಿತ್ಯತೆ nityatĕ. = ನಿತ್ಯತ್ವ. (Čpr. 4, after 51).

ನಿತ್ಯತ್ವ nityatva. *Invariableness, perpetuity, eternity,* eternal life (Bp. 15, 36); continual repetition; inevitableness, necessity.

ನಿತ್ಯದಾನ nitya-dâna. Daily alms-giving (My.).

ನಿತ್ಯನೇಮ nitya-nêma. (Sk. ನಿತ್ಯನಿಯಮ). Fixed rule, constant (religious) observance (Bp. 49, 4; 50, 53).

ನಿತ್ಯನೈಮಿತ್ತಕ nitya-naimittaka. Constant and occasional (My.).

ನಿತ್ಯಬಿನ್ದು nitya-bindu. = ನಿಜಬಿನ್ದು. An obligatory or inherent anusvâra (Šmd. 48).

ನಿತ್ಯಯಾತ್ರೆ nitya-yâtrĕ. The daily begging of rice: wandering about begging alms (My., also ನಿತ್ಯಾತ್ರೆ).

ನಿತ್ಯಶ್ರಾದ್ಧ nitya-śrâddha. A śrâddha which is daily to be performed for a whole year (My.).

ನಿತ್ಯಾತ್ಮ nitya-âtma. The eternal soul, the supreme soul: Vishṇu (Bhâgavata 5, 6, 42; 5, 8, 48). — ನಿತ್ಯಾತ್ಮಶುಕಯೋಗಿ. N. of the author of the Kannaḍa Bhâgavata (1 at the end, etc.).

ನಿತ್ಯಾರ್ಥ nitya-artha. The meaning of ನಿತ್ಯ. ನಿತ್ಯಾರ್ಥಾವಲಮ್ಬಿ. -ಅವಲಮ್ಬಿ. Clinging to, resting upon or having the sense of ನಿತ್ಯ (Šmd. 395).

ನಿತ್ರಾಣ nitrâṇa. = ನಿತ್ರಾಣ. (My.).

ನಿತ್ರಾಣಿ nitrâṇi. = ನಿತ್ರಾಣಿ. (My.).

ನಿದರ್ಶನ ni-darśana. Pointing to, showing; indicating; a simile. 2, an example or illustration (Čpr. 4, after 51); a kind of upamĕ (Kâvy. III, 3, B, 61. 99 seq.). 3, view; vision. 4, a foreboding, sign, mark, omen (Bp. 18, 5).

ನಿದಾಘ ni-dâgha. Burning down. 2, *heat.* 3, *the hot season.* 4, *sweat.*

ನಿದಾನ ni-dâna. 1. A tie, a rope. 2, *a first or original cause, a primary or remote cause.* 3, pathology (ರೋಗಂಗಳಂ ತಿಳಿವುದು Mr. 390). 4, *end, termination, cessation.* Feminine ನಿದಾನೆ, she who is tied (by, J. 30, 3).

ನಿದಾನ nidâna. 2. Tbh. of ನಿಧಾನ (Šmd. 339; My.; Tĕ.). ನಿದಾನವಿದ್ದವನು ಸ್ವಾಧೀನ ತಪ್ಪೋನೇ? (Prv.). — ನಿದಾನಂಗೆಯ್. -ಂ-ಗೆಯ್. To desire (Čpr. 3, after 77).

ನಿದಾನವನ್ತ nidâna-vanta. A not hasty, slow, deliberate or patient man (My.).

ನಿದಾನಸ್ತ nidâna-sta. = ನಿದಾನವನ್ತ. (My.; Tĕ.).

ನಿದಾನಿ nidâni. = ನಿದಾನಸ್ತ. (My.).

ನಿದಾನಿಸು nidânisu. To pause, to wait, to ponder (My.; Tĕ. ನಿದಾನಿಂಚು).

ನಿದಿ nidi. Tbh. of ನಿಧಿ (Šmd. 339).

ನಿದಿಗ್ಧ ni-digdha. *Smeared, anointed, plastered; sticking or clinging to.* See Nr. s. ಒದಗಿಸು.

ನಿದಿಗ್ಧಿಕೆ ni-digdhikĕ. *A species of prickly nightshade, Solanum jacquini* Willd.

ನಿದೇಶ ni-dêśa. Pointing out; *order, command, direction, instruction.*

ನಿದ್ದೆ niddĕ. Tbh. of ನಿದ್ರೆ (Šmd. 345; C.; Si. 74). — ನಿದ್ದೆಗಣ್ಣು. -ಕಣ್ಣು. Sleepy eyes: drowsiness (My.). — ನಿದ್ದೆಗೆಡು. -ಕೆಡು. Sleep to be spoiled. ನಿದ್ದೆ ಗೆಟ್ಟವನೋ? ಬುದ್ಧಿ ಗೆಟ್ಟವನೋ? (Prv.). — ನಿದ್ದೆಗೆಯ್. = ನಿದ್ದೆ ಮಾಡು. (J. 30 sum.; Si. 254. 361). — ನಿದ್ದೆ ಬರು. Sleep to come. ಆ ಪಣ್ಡಿತನಿಗೆ ದಿನದಿನಕ್ಕೆ ಚನ್ನಾಗಿ ಜಾಡಿಸಿ ಹಾಸಿಗೆ ಹಾಸದಿದ್ದರೆ ನಿದ್ದೆ ಬರುತ್ತಿದ್ದಿಲ್ಲ (B. 4, 154). — ನಿದ್ದೆ ಮಾಡು. To sleep. ನಿದ್ದೆ ಮಾಡಿದರೆ ಏನು? ಒದ್ದೆಬಟ್ಟೆ ಕೊಡಬಾರದೇ?— ನಿದ್ದೆ ಮಾಡಿದವನ ಕಾಲು ಒತ್ತಿದ ಹಾಗೆ (Prvs.). — ನಿದ್ದೆ ಮೊಬ್ಬು. Drowsiness (My.). — ನಿದ್ದೆಯೆೞ್ಚಱು. To become awake with regard to sleep: to awake. ಗಣ್ಟೆ ರಾಗಮಾಲಿಕೆ ಮುನ್ತಾದ ವಾದ್ಯಗಳಿನ್ದ ನಿದ್ದೆಯೆೞ್ಚಱುವನ್ತೆ ಮಾಡುವವನು (ಚಾಕ್ರಿಕ, etc. Si. 292). — ನಿದ್ದೆ ಹತ್ತು. Sleep to come to, touch, or take possession of (My.). — ನಿದ್ದೆ ಹೋಗು. To fall asleep (My.). ನಿದ್ದೆ ಹೋಗುವವನು (ನಿದ್ರಾಣ, ಶಯಿತ Si. 361).

ನಿದ್ರಾಂಗಧ್ವನಿ nidrâ-aṅga-dhvani. A sound of the body when asleep. See ಕೊರೆ.

ನಿದ್ರಾಣ ni-drâṇa. *Sleeping, asleep; sleepy, drowsy.*

ನಿದ್ರಾಭಾವ nidrâ-abhâva. Non-existence of sleep; cessation of sleep. See ಎೞ್ಚಱ್. 2, the state of being asleep (Čpr. 8, after 4).

ನಿದ್ರಾಲು nidrâ-âlu. *Sleeping; sleepy, drowsy; slothful.*

ನಿದ್ರಾಲೋಲ nidrâ-lôla. Longing for sleep (J. 30, 19).

ನಿದ್ರಾವಧೂಟಿ nidrâ-vadhûṭi. Sleep looked upon as a woman (Čpr. 2, 40).

ನಿದ್ರಾವಿಕಾರ nidrâ-vikâra. Perturbation or disquietness in one's sleep. See ಕನವರಿಸು.

ನಿದ್ರಿತ nidrita. Sleeping, asleep.

ನಿದ್ರಿಸು nidrisu. To sleep (Bp. 18, 3; 46, 21; 47, 57; Šŝv. 2, 104).

ನಿದ್ರೆ ni-drĕ. ನಿದ್ರಾ. = ನಿದ್ದೆ. *Sleep;* slumber. 2, *sleepiness, sloth.* 3, one of the sañcâribhâvas (Kâvy. IV, 2, 16). See Prv. s. ರುದ್ರ. — ನಿದ್ರೆ ಗೆಯ್. To sleep (Bp. 47, 22). ಪಾಸಿನೊಳ್ ನಿದ್ರೆ ಗೆಯ್ದಂ (Šmd. 163). ನಿದ್ರೆ ಗೆಯ್ದಾತನು (ನಿದ್ರಾಣ, ಶಯಿತ); ಅವನಾನೊಬ್ಬ ಎಪ್ಪನು ನಿದ್ರೆ ಗೆಯ್ಯುತ್ತಿರಲು ನೇಸಱು ಅಸ್ತಮಯಮ್ ಆದುಹುದು ಅವನು ಅಭಿನಿರ್ಮುಕ್ತ ಎನಿಸುಗು (Nr.). — ನಿದ್ರೆಗೇಡು. -ಕೇಡು. Disturbance of sleep (My.). See Prv. s. ಬಡೀ ಗುಲ್ಲು. — ನಿದ್ರೆ ತಿಳಿ. Sleep to be brightened up or be known, sleep to pass away or cease; to be brightened up as to (one's) sleep or to know about it, *i. e.* to become awake, to awake (ಎಚ್ Šmd. I; ಎೞ್ಚಱ್ I). ನಿದ್ರೆ ತಿಳಿದಂ

(ಎದ್ದಿಂ I). ಡಿಕ್ಕನೆ ತರುಣನ್ ಆಗಳೆ ನಿದ್ದೆ ತಿಳಿದೆದ್ದು (Bp. 47, 8). ನನಗೆ ನಿದ್ರೆ ತಿಳಿಯಿತು (My.). See Bp. 35, 9; 46, 22; Bh. 1, 10, 23; 3, 13, 32. — ನಿದ್ರೆ ಮಾಡು. = ನಿದ್ರೆ ಗೆಯ್. (My.; B. 5, 24). — ನಿದ್ರೆ ಮುಸುಕು. Sleep to cover, fall upon or take possession of (Bp. 35, 9). — ನಿದ್ರೆ ಹತ್ತು. = ನಿದ್ದೆ ಹತ್ತು. ಚಿನ್ನೆ ಪ್ರಾಪ್ತಿಯಾದ ಕಾರಣ ಅತಗೆ ನಿದ್ರೆ ಹತ್ತದೆ (B. 5, 41).

ನಿಧನ ni-dhana. 1. Place of residence; = ನಿಧಾನ No. 4. 2, *race, family*. 3, *conclusion, end*. 4, *death;* destruction, loss. See ಕಡಿ.

ನಿಧನ ni-dhana. 2. = ನಿರ್ಧನ. — ನಿಧನವಡೆ. -ಪಡೆ. To become poor or wretched (Ćpr. 7, 150).

ನಿಧಾನ ni-dhâna. = ನಿದಾನ 2. Putting down, laying aside, depositing. 2, *a place where anything is laid, a vessel in which anything is deposited, a receptacle*. 3, *a treasure, a hoard, wealth* (ಧನ, ವಿತ್ತ Nn. 144; ನಿಧಿ, ಶೇವಧಿ Mr. 56; ಕಡವರ Ćt. II, 33), especially the treasures of Kubêra (see ನವನಿಧಿ). 4, *a place of cessation or rest;* a place of residence (ನಿವಾಗಾರ, ನೆಲೆ Śm. 106). 5, a completed work; a fulfilled intention (ಮುಗಿದ ಕಾರ್ಯ 144; ಮುಗಿದ ಬಗೆ Mr. 488). 6, effort, labour, work (ಮಾಟ, ಮಾಡುವಸ್ಥಾದು 144; mistake for ವಿಧಾನ?). 7, directing the thoughts upon, desire (ಇಚ್ಛೆ, ಬಯಕೆ 144). 8, keeping down or back, acting with restraint: slowness, deliberation, patience, pausing, pondering (not Sk., but in general use). See Prv. s. ಪ್ರಧಾನಿ.

ನಿಧಿ ni-dhi. = ನಿದಿ. Putting down, etc.: *a place where anything is laid or deposited, a receptacle*. 2, *a treasure, a hoard, wealth;* a store (ರಾಸಿ Mr. 372). See ಬಯ್. 3, the number 9 (Ćh.; ಒಬ್ಬತ್ತು Mr. 347; Bp. 61, 92; see ನವನಿಧಿ). 4, the ocean. ನಿಧಿಯಿದ್ದರೂ ನಿಧಾನವಿರ ಬೇಕು (Prv.).

ನಿಧೀಶ nidhi-îśa. Kubêra. (My.).

ನಿಧುವನ ni-dhuvana. Shaking to and fro. 2, *sexual intercourse*. See ಓಲ್, ಕೇ.

ನಿಧುವನಕರಣ nidhuvana-karaṇa. Performing sexual intercourse. See ಕೊಸೆ (where o. r. ವಿ-).

ನಿಧ್ಯಾನ ni-dhyâna. *Intuition, looking at, beholding.*

ನಿನ್ nin. (Śmd. 178). = ನಿನ್ನು, ನೀ, ನೀಂ 1, ನೀನ್, ನೀನು. **(Thou).** See its plural ನಿಮ್. Genitive: ನಿನ್ (My.), ನಿನ (My.), ನಿನ್ನ (J. 6, 30; C.), of thee, thine, thy; ನಿನ್ನಗ, ನಿನ್ನನೆ, etc. (My.). — ನಿನತು. -ಅತು. = ನಿನತ್ತು, ನಿನ್ನದು (Śmd. 178. 179; ನಿನ್ನದು Kk. 61). That of thee, thine, thy. ನಿನ ತು ಬಲಮ್, ಎನತು ಶೌರ್ಯಂ (Śmd. 179). — ನಿನತ್ತು. = ನಿನತು, q. v. ಮುನಿಸಿದು ನಿನತ್ತು, ಸಯ್ರಣೆ ಎನತ್ತು (Śmd. 179). — ನಿನ ದು. = ನಿನ್ನದು. (My.). — ನಿನ್ನ. Of thee, thine. ನಿನ್ನ ಅಧಿಕಾರ ಹೋದರೆ ನನ್ನ ಆಧಿಕಾರ ಹೋಯಿತೋ? — ನಿನ್ನ ಸಾಲಕ್ಕೆ ನನ್ನ ಹಲಸಿನ ಹಣ್ಣು. — ನಿನ್ನ ಹೊಟ್ಟೆಗೆ (or also ಹೊರೆಗೆ) ನನ್ನ ಮೆಟ್ಟೇ? (Prvs.). See Śmd. 155. — ನಿನ್ನತು. = ನಿನತು. ಎಲೇ, ಅಮೆಗವ, ನಿನ್ನತಂ ನೆರವನೋಡಿನ ಕಬ್ಬಮನ್ ಓದಡಿರ್ ಸುಧಾನಿಲಯದ ಮುನ್ದೆ (Hariśvara's girijâkalyâṇa 1, 26). — ನಿನ್ನದು. = ನಿನತು, q. v. (C.). — Dative: ನಿನಗೆ, ನಿಂಗೆ (My.). ನಿನಗೆ ಎನಗೆ ತನಗೆ ತೀರ್ಗುಮೆ ಹನುಮನ್ತನ ಶಕ್ತಿಸಾಹಸಂ ರಿಪುವಿಜಯಂ? (Śmd. 178). See Śmd. 139. 150; Ópr. 7, 41. — Accusative: ನಿನ್ನ, ನಿನ್ನನು, ನಿನ್ನನ್ನು (My.), ನಿನ್ನಂ. — Locative: ನಿನ್ನಲಿ, ನಿನ್ನಲ್ಲಿ (My.). — Ablative: ನಿನಿನ್ದ, ನಿನ್ನಿನ್ದ (My.), ನಿನ್ನಿನ್ದಂ, ನಿನ್ನಿನ್ದೆ. ನಿನ್ನಿನ್ದ ಎತ್ತು ಮಾಡಿತು, ನನ್ನಿನ್ದ ಒಟ್ಟೆ ಮಾಡಿತು (Prv.).

ನಿನದ ni-nada. *Sound, noise, cry*, etc. (ಕಿರ್ Ćt. II, 92).

ನಿನದತ್ ni-nadat. Sounding, resounding, ringing, crying, etc. (Śmd. 188).

ನಿನಾದ ni-nâda. = ನಿನದ. *Sound, etc.*

ನಿನ್ತು nintu. 1. = ನಿತ್ತು, ನಿನ್ದು. P. p. of ನಿಲ್ಲು.

ನಿನ್ತು nintu. 2. = ನಿನ್ತಿತು, ನಿನ್ದಿತು. Third person singular neuter of the imperfect of ನಿಲ್ಲು.

ನಿನ್ದಕ nindaka. Blaming, defaming, abusing; a man who ridicules or blames, a scorner (Bp. 4, 55).

ನಿನ್ದನೆ nindanĕ. (ನಿನ್ದನ). Reproach, censure, blame, abuse. ನಿನ್ದನೆ ಮಾಡುವವನಿಗೆ ವನ್ದನೆಯಿಲ್ಲ (Prv.).

ನಿನ್ದಿತ nindita. Blamed, abused, reviled; low, despicable; forbidden.

ನಿನ್ದಿತಕ್ರಮ nindita-krama. A wrong form of vâstava (Kâvy. III, 3, B, 16).

ನಿನ್ದಿದನು nindidanu. = ನಿನ್ದನು. He stood (Râm. 4, 3, 6).

ನಿನ್ದಿರಿಸು nindirisu. See s. ನಿಲ್ಲು.

ನಿನ್ದಿಸು nindisu. To blame, to censure, to abuse, etc. (Bp. 6, 4; 50, 74; 57, 40; 61, 17; J. 13, 41; My.). — ನಿನ್ದಿಸಿಕೊಳ್. To blame one's self (Abh. P. 15, 16; 15, after 77 & 79).

ನಿನ್ದು nindu. = ನಿನ್ತು 1, etc. P. p. of ನಿಲ್, ನಿಲ್ಲು. — ನಿನ್ದ ಆಳಿ. See s. ನಿಲ್.

ನಿನ್ದೆ nindĕ. Blame, censure, reproach, abuse, defamation, scorn, reviling (ವಡು Ćt. II, 46; ತೆಗಡು Kk. 64; ಹುಸ್ನ Ćt. II, 66). See ಹುಸ್ನ, ತೆಗಡ್, ತೆಗಡಾಸು, ಪಡೆ, ಪದು.

ನಿನ್ದ್ಯ nindya. Blamable, to be censured, reprehensible, despicable; bad; forbidden.

ನಿನ್ದ್ಯವಾಕ್ಯ nindya-vâkya. A blamable, etc. word or speech (ನಿನ್ದ್ಯಾರುತ Nn. 89).

ನಿನ್ದ್ಯಾರುತ nindyâ-ruta. = ನಿನ್ದ್ಯವಾಕ್ಯ, q. v.

ನಿನ್ನ ninna. See s. ನಿನ್.

ನಿನ್ನು ninnu. (= ನಿನ್, etc.; but see ಉವಂ 2). — ನಿನ್ನುವಂ. (Bp. 2, 41; 10, 8; 12, 50; 15, 35; 18, 58; 30, 28; 42, 7; 45, 8; Râm. 3, 4, 27; 6, 51, 89).

ನಿನ್ನೆ ninnĕ. (Śmd. 400). Yesterday; time lately passed (ಹ್ಯಸ್ತನದಿನ, ಕಲ್ಯ Hlâ.; ಕಲ್ಯ, ಪೂರ್ವವಾಸರ Nn. 105; Bp. 57, 34; Dp. 4, 2; J. 9, 18; C.; Tĕ.; T. ನೆನ್ನಲ್, ನರುನಲ್, ನೇಟ್ಟು). Declension: ನಿನ್ನಿಂಗೆ, ನಿನ್ನಿನ (Śmd. 401); ನಿನ್ನಿನ (Śmd. 133; Bp. 51, 74; My.); ನಿನ್ನೆಗೆ, ನಿನ್ನೆಯ (My.). ನಿನ್ನೆಯ ದಿನ (ಹ್ಯಸ್ Śl. 316). ನಿನ್ನೆ ಕಡೆದ ಹಾಲಿನ್ದಾದ ಬೆಣ್ಣೆ ತುಪ್ಪವು (ಹೈಯಂಗವೀನ Nr.). ನಿನ್ನಿನವು (B. 4, 187). ನಿನ್ನೆ ಉಣ್ಣದ್ದು ಬಯಸೋದು ಯಾಕೆ? — ನಿನ್ನೆಗೆ ಮೊನ್ನೆಗೆ ಚನ್ನಕ್ಕ (Prvs.).

ನಿಪ್ nip. = ನಿಡು. — ನಿಪ್ಪುರಿ. -ಉರಿ. Great heat (Râm. 6, 53, 78). — ನಿಪ್ಪೆಣ. A tall corpse (Râm. 6, 48, 29).

ನಿಪ ni-pa. Where is drunk in: *a water-jar* (ಕುಮ್ಭ, ಕುಟ, ಕಲಶ, ಕೊಡ Mr. 209).

ನಿಪಠ ni-paṭha. *Reading, recitation, studying.*

ನಿಪತನ ni-patana. Flying down, falling down, falling; descending; alighting. — ನಿಪತನಂಗೆಯ್. -ಂ-. To throw down (J. 14, 18).

ನಿಪತಿತ ni-patita. Fallen down, fallen; descended, alighted. (Bp. 19, 35; 26, 42).

ನಿಪತ್ತಿ ni-patti. Falling down, throwing one's self down. See ಪ್ರಣಿಪತ್ತಿ.

ನಿಪಾಠ ni-pâṭha. = ನಿಪಠ.

ನಿಪಾತ ni-pâta. Falling down, falling, descending; attacking; casting; dying, death; ruined state (My.). 2, putting down as irregular or exceptional, as the occurrence of a word at the beginning instead of the end of a compound, etc. 3, *a particle, the term for all adverbs including conjunctions and interjections* (Śmd. 12. 67. 70. 76; Kâvy. I, 15, 15-22). See s. ಮಂಗಲ. — ನಿಪಾತ ಮಾಡು. To destroy (My.).

ನಿಪಾತನ ni-pâtana. *Causing to fall, throwing down, dropping, etc.;* destroying. 2, falling down.

ನಿಪಾನ ni-pâna. Drinking. 2, *any reservoir of water, any place or trough near a well for watering cattle;* a well, a pool (ಉದಪಾನ, ಉದ್ಪಾಪ್ಯ, ಬಂಜೆ Mr. 421).

ನಿಪೀಡನ ni-pîḍana. See s. ನಿಷ್ಪೀಡನ.

ನಿಪುಣ ni-puṇa. Perfect, complete; accurate; careful. 2, *clever, adroit, skilled in, conversant with;* skilfulness, etc. (Bp. 51, 31). Feminine ನಿಪುಣೆ (My.). ನಿಪುಣನಾದವನು ಕೃಪಣನಾಗ ಬಾರದು.—ಉಪಕಾರವಱಿಯದವನ ನಿಪುಣನೆನ್ನು ಹೇದಿ ಬೇಡ (Prvs.).

ನಿಪುಣತನ nipuṇatana. = ನಿಪುಣತೆ. (ನೈಪುಣ್ಯ G.; My.).

ನಿಪುಣತೆ nipuṇatĕ. Skilfulness, cleverness, adroitness; carefulness, accuracy. (My.).

ನಿಪುಣತ್ವ nipuṇatva. = ನಿಪುಣತೆ. (My.).

ನಿಪ್ಪಡಿ nippaḍi. (fr. a ನಿಷ್ಪರ್ಣೀ?). — ನಿಪ್ಪಡಿಗಿಡ. A thorny leafless shrub with red flowers, Capparis aphylla Roxb. (Z.).

ನಿಪ್ಪಸರ (nip-pasara?). Severity, vehemence, impetuousity, coarseness, harshness (ಉರವಣೆ, ನಿಷ್ಠುರ Ss.; Kk. 65, where one MS. has ಉರವಣೆಯೆ ನಿಪ್ಪಸರದಿಂ ಪೋಪುದು; Râm. 6, 51, 66. 91; J. 27, 13). ಇನ್ನು ರಿಪುನಿಪ್ಪಸರದಲಿ ಕಲಿಯೇಱಿದನು, ಕೆಯ್ಯೊಳ್ಳನೀಶ್ವರನ (Bh. 8, 23, 45).

ನಿಪ್ಪಾಳೆಯ nip (*i. e.* ನಿಃ) -pâḷĕya. Absence of settlement: expulsion (Bh. 1, 4, 31).

ನಿಬ್ nib. = ನಿಡು. — ನಿಬ್ಬೆಱಗು. Amazement (ತಳವೆಳಗು Ss.; Bp. 17, 1; Tĕ. ನಿವ್ವೆಱಗು).

ನಿಬದ್ದಿ ni-baddi. ನಿಬದ್ದ. Certainty, truth, reality (ಪ್ರಕೃತ, ನಿಜ Nn. 111; ಅಂಜಸಾ, ಡಿಟ 129; Tĕ., T.; not in Sk.; see ನಿಬದ್ಧ).

ನಿಬದ್ಧ ni-baddha. Bound in or on, bound; fastened, connected, bound together; caught, fettered; coherent; stopped; confined; checked; composed, written; inlaid, enchased, set; etc. 2, not movable or fluctuating: a fixed rule, demonstrated truth, truth (ಕಟ್ಟಳೆ, ಸತ್ಯ Mr. 358; not in Sk.). 3, destroyed. See Bp. 19, 10. 12; 56, 9; Kâvy. IV, 1. 2. *Cf.* ನಿರ್ಬದ್ಧ.

ನಿಬನ್ಧ ni-bandha. = ನಿಬನ್ಧನ.

ನಿಬನ್ಧನ ni-bandhana. Binding, ligation; constructing, building; etc. 2, syntax. 3, *a composition, a treatise.* 4, = ನಿರ್ಬನ್ಧ, rule, governing (Ĉpr. 4, 21).

ನಿಬನ್ಧನೆ ni-bandhanĕ. = ನಿರ್ಬನ್ಧ. Appointing, ordering; a rule, an order (My.).

ನಿಬರ್ಹಣ ni-barhaṇa. = ನಿವರ್ಹಣ. (Bp. 38, 43*b*; My. Amara).

ನಿಬಾಯಿಸು nibâyisu. Tbh. of ನಿರ್ವಾಹಿಸು. (My.).

ನಿಬಾವು nibâvu. (Tbh. of ನಿರ್ವಾಹ; *cf.* Mhr., H. ನಿಭಾವ). The state of lasting (used of cloth, My.).

ನಿಬಿಡ ni-biḍa. = ನಿವಿಡ. (Bp. 42, 22; J. 3, 23. 40; My. Amara).

ನಿಬಿಡತೆ ni-biḍatĕ. The state of being close, etc. (Śśv. 3, after 35).

ನಿಬಿಡಿತ ni-biḍita. Filled, etc. (Ĉpr. 7, 151).

ನಿಬಿಡೀಕೃತ nibiḍî-kṛita. Made close, dense, full, etc. (My.).

ನಿಬುದ್ಧಿ nibuddi. = ನಿಬ್ಬುದ್ಧಿ. Tbh. of ನಿರ್ಬುದ್ಧಿ (Śmd. 380).

ನಿಬ್ಬಣ nibbaṇa. (= ದಿಬ್ಬಣ 1). (Tbh. of ನಿರ್ವಪಣ?). A marriage festival with all its display, especially with its processions and gifts. 2, the display of the gifts or the gifts themselves (ತೆಲ್ಲಣ್ಣೆ Śmd. II). ಅಬ್ಬೆಗರುಪಣವೇಕೆ? ಕಬ್ಬೇಕೆ ಬೋಡಂಗೆ? ನಿಬ್ಬಣವು ಯಾಕೆ ಕುರುಡಂಗೆ? ವನದೊಳು ಬೊಬ್ಬುಲಿಯು ಯಾಕೆ? (Sp.).

ನಿಬ್ಬಣಿಗ nibbaṇiga. The friend or attendant or companion of a bridegroom (ಜನ್ಯ Nr.).

ನಿಬ್ಬನ್ದಿಗ nibbandiga. Tbh. of ನಿರ್ಬನ್ಧಿಕ (Śmd. 380).

ನಿಬ್ಬರ nibbara. Tbh. of ನಿರ್ಭರ. (ನಿರ್ಭರ Bhn. 44; ಒಚ್ಚತಮಿಲ್ಲೆಮ್ಮುದರ್ಥ Ĉt. I, 89; Bp. 34, 11; 35, 48; 36, 1; 44, 21; 52, 20; 56, 14; Bh. 8, 23, 3; Râm. 4, 7, 10; J. 6, 17).

ನಿಬ್ಬಾರ nibbâra. Tbh. of ನೀಹಾರ. (ಮಂಜು Ĉt. I, 87).

ನಿಬ್ಬುದ್ಧಿ nibbuddi. = ನಿಬುದ್ಧಿ. Tbh. of ನಿರ್ಬುದ್ಧಿ (Śmd. 345).

ನಿಭ ni-bha. = ನೆಪ, ನೆವ, ನೆವನ, ನೆವನು. Having the shine or appearance of: *resembling, like, similar.* 2, *pretence, pretext, fraud, sham, trick, disguise.* 3, appearance, light, manifestation.

ನಿಭಾಯಿಸು nibhâyisu. To get through or over; to endure, to suffer, to bear (My.; Br. ನಿಭಾಯಿಂಚು; Mhr., H. ನಿಭಣೇಂ, ನಿಭಾವಣೇಂ; *cf.* ನಿರ್ವಾಹ); to succeed (Mhr., etc.).

ನಿಭಾಲನ ni-bhâlana. *Seeing, sight, perception.*

ನಿಭೃತ ni-bhṛita. Borne or placed down, deposited; concealed, hidden; filled with, full of (Ĉpr. 1, 69. 79; 6, 2).

ನಿಮ್ nim. = ನಿಮ್ಮು, ನೀಂ 2, ನೀಮ್, ನೀವು 1. The plural of ನಿನ್. (You). Genitive: ನಿಮ್ (My.), ನಿಮ (Śmd. 178; My.), ನಿಮ್ಮ (Śmd. 178; C.). ನಿಮ್ಮನೇ ಕಾಟಕ್ಕೆ ನಮ್ಮನೇ ಬಟ್ಟೆಯೇ?—ನಿಮ್ಮನೆಯೆಮ್ಮೆ ಇದ್ದರೆ ನಮ್ಮನೇ ಕೊಮ್ಮೆ ಇದೆ.—ನಿಮ್ಮನೆಯೆಮ್ಮೆ, ನಮ್ಮನೇ ಕಱು; ತಾ, ತಿಮ್ಮಕ್ಕಾ, ಪಂಜೇರು ತುಪ್ಪವ!—ಒಮ್ಮೆ ನಮ್ಮನೆಯಕ್ಕಿಯ ಕೊಟ್ಟು, ಅಮ್ಮಾ, ನಿಮ್ಮನೇ ಪ್ರಸಾದವೇ?—ನಿಮ್ಮ ಚಿತ್ತ ಮುಡೀ ಬೇಕಾದರೆ ನಮ್ಮ ಸತ್ತ ಎಮ್ಮೆ ಒರ ಬೇಕು (Prvs.). ಜೀಯ್ಯ, ನಿಮ್ಮಡಿಗಳ ನಿರೂಪಮಂ ಪ್ರತಿಪಾಲಿಸಿದೆಂ (J. 31, 34). ನಿಮ್ಮನಿಬರ್ (ನಿಮ್ಮ ಇನಿಬರ್, Bp. 57, 80). ನಿಮ್ಮಿಬ್ಬರು (ನಿಮ್ಮ ಇಬ್ಬರು, B. 3, 127); ನಿಮ್ಮನಿಬ್ಬರಂ (ನಿಮ್ಮನ್ ಇಬ್ಬರಂ, Bp. 26, 61; 52, 37); ನಿಮ್ಮವಂ (9, 40). — ನಿಮುತು. -ಅತು. = ನಿಮುತ್ತು (Śmd. 178. 179), ನಿಮದು, ನಿಮ್ಮತು, ನಿಮ್ಮದು. That of you, yours, your. — ನಿಮುತ್ತು. = ನಿಮುತು, q. v. — ನಿಮದು. -ಅದು. = ನಿಮತು. (My.). — ನಿಮ್ಮತು. = ನಿಮತು. (Kk. 61). — ನಿಮ್ಮದು. = ನಿಮದು. (My.). — ನಿಮ್ಮುತು. -ಉತು. (Śmd. 180). That of you who are in the middle, yours, your. ನಿಮ್ಮು ತಿರ್ವರುಮ್ ಎಮ್ಮುತುಮ್ಬರುಂ ತಮ್ಮುತಱುವರುಂ (180). Dative: ನಿಮಗೆ (C.). ಕುಡದ ನಿಮಗೆ ಈ ಎಡಱಾಯ್ತೇ? (Śmd. 125). Accusative: ನಿಮ್ಮ, ನಿಮ್ಮನು, ನಿಮ್ಮನ್ನು (My.), ನಿಮ್ಮಂ. Locative: ನಿಮಲಿ, ನಿಮಲ್ಲಿ, ನಿಮ್ಮಲಿ, ನಿಮ್ಮಲ್ಲಿ (My.). ನಿಮ್ಮಲ್ಲಿ ಎಷ್ಟು ರೊಕ್ಕ

ಉಣ್ಬೋೀ, ನಮ್ಮಲ್ಲಿ ಅಷ್ಟು ಲೆಕ್ಕ ಉಣ್ಟು (Prv.). Ablative: ನಿಮಿನ್ದ, ನಿಮ್ಮಿನ್ದ (My.), ನಿಮ್ಮಿನ್ದಂ, ನಿಮ್ಮಿನ್ದೆ.

ನಿಮಗ್ನ ni-magna. Plunged in or into, immersed, submerged, sunk; sunk in, depressed, not prominent. See ಮುಡುಗು.

ನಿಮಜ್ಜನ ni-majjana. Diving, immersion, sinking. 2, causing to immerse. See ಅಟ್.

ನಿಮತು nimatu. ನಿಮತ್ತು nimattu. See s. ನಿಮ್.

ನಿಮನ್ತ್ರಣ ni-mantraṇa. Inviting, invitation, bidding to a feast, especially a śrâddha (My.); summoning, calling.

ನಿಮಯ ni-maya. *Barter, change, exchange.* See ವಿ-.

ನಿಮರ್ದನ ni-mardana. Crushing; destroying (ಸಂಹರ, ಮರ್ದಿಸುವುದು Nn. 105).

ನಿಮಾಜು nimâju. = ನಮಾಜು, ನಿವಾಜು. (My.; Mhr., H., Br.). — ನಿಮಾಜುಗಟ್ಟೆ. -ಕಟ್ಟೆ. A wall-like structure (on an elevation) whereat Mussulmans yearly perform worship (My.). — ನಿಮಾಜುದೋರೆ. The elevation whereon the nimâjugaṭṭĕ stands (My.).

ನಿಮಾನಿಮಿ nimânimi. Exact, quite correct; exactly, etc. (My.; H.).

ನಿಮಿ nimi. N. of a king of Vidêha (Râm. 1, 16, 21). 2, N. of a son of Ikshvâku, who lost his body through the curse of Vaśishṭha, etc. 3, winking of the eyes, twinkling.

ನಿಮಿತ್ತ ni-mitta. A mark, an aim; *an archer's butt, target.* 2, sign, token. 3, an omen. 4, cause, motive, reason; *instrumental or efficient cause, causa efficiens* (opposed to upâdâna). ನಿಮಿತ್ತಂ, because of, on account of. ಅವನ ಮನೋವೃತ್ತಿನಿಮಿತ್ತಮಾಗಿ (Šmd. 45).

ನಿಮಿತ್ತಗಾಱ nimitta-gâṟa. A fortune-teller (My.).

ನಿಮಿತ್ತಸ್ಥಲ nimitta-sthala. The place where the man has to stand who is the representative of the deceased one at the sâpiṇḍyaśrâddha (My.).

ನಿಮಿತ್ಯ nimitya. = ನಿಮಿತ್ತ. (Mhr.). ಇದು ನಿಮಿತ್ಯಂ, on account of this, therefore (Bp. 37, 15). ಅವನ ಬೆಟ್ಟೆಯನ್ನು ತೆಗೆದುಕೊಳ್ಳುವ ನಿಮಿತ್ಯದಿನ್ದ (B. 5, 60). ಅವರು ನಿಮಿತ್ಯವಿಲ್ಲದೆ ಸಾವಿರಾರು ಜನರನ್ನು ಕೊಲ್ಲಿಸುವರು (5, 108). See Prv. s. ಬೇಗೆ ಹತ್ತು.

ನಿಮಿತ್ಯಗಾಱ nimitya-gâṟa. = ನಿಮಿತ್ತಗಾಱ. (My.).

ನಿಮಿರ್ nimir. = ನಿಗುರ್, etc. To be stretched; to become straight; to stand up to one's full length; to become erect; to grow high, to be lifted up; to be unfurled; to become extensive, to spread, etc. (ಪ್ರಸಾರಣ Šmd. Dh.; T. ಞಿಮಿರ್, ನಿಮಿರ್, ನಿವರ್; M. ನಿವಿರು). P. p. ನಿಮಿರ್ದು (Šmd. 55). ನಿಮಿರ್ದುವು, ಪೊರೆದುವು, ಅಲುಂಕಿದುವು.... ಅವಳ ಧವಳಕಟಾಕ್ಷಂ (264). ನಿಮಿರ್ದ ಹಾವು (ಆಶೀರ್ವಿಷ, ದೀರ್ಘಪೃಷ್ಠ Hlâ.). ಪುಡಿಯದರೆ ನಿಮಿರ್ದ ಪುತ್ತಿನ ಕುಡಿ ಕೆಡೆದತ್ತು (Lîlv. 3, 3). ನಿಮಿರ್ದ ಕಾನ್ತಾರದಲ್ಲಿಯ ಕಿಚ್ಚು (ದಾವ Mr. 48). ಮರಳಿ ಮರಳಿ ನಿಮಿರ್ದು ವನ್ದಿಸಿ (Bp. 4, 47). ಅದಱ ಬೇರುಗಳ್ ಅಯ್ದೆ ಕೆಳಯಕಿಱುದು, ನಿಮಿರ್ದಿರೆ (84, 5). ಬಂಕತನ್ದೆಗೆ ಕೊರಡು ಕೊನರಿ ನಿಮಿರ್ದವೋಲ್ (88, 40). ಅವಿರಲಿತಶಿವಭಕ್ತಿಯೆಲ್ಲಾ ಬುವಿಗಳೊಳು ಪಸರಿಸಿ, ನಿಮಿರ್ದಿರೆ (58, 13). ಕುಡಿ ನಿಮಿರ್ದ ಪುರ್ಬು (Rsv. 6, 36). See Ŏpr. 1, 112; 2, 52; 6, 65; 7, 32. 134; Grj. 1, 96; Rsv. 5, 85; J. 8, 18; 11, 25.

ನಿಮಿರು nimiru. = ನಿಮಿರ್, etc. P. p. ನಿಮಿರಿ. ತನಯನ್ ...ಸುದತಿಯ ನಿಮಿರಿದುದರದೊಳ್ ಇರಲ್ (Bp. 3, 1). ಪುರುಷತ್ವಮ್ ಅಳವಟ್ಟು, ನಿಮಿರಿ (35, 25). ಗುರುಭಕ್ತ ನಿಮಿರಿ (39, 62). ಅಮಿತಕರ್ಣಂಗಳೊಳ್ ಅನೇಕಂ ನಿಮಿರಿ ಫಣಫಣ ಎನ್ದು ಮೊರೆವಾಕ್ರಮಿಪ ಫಣ್ಟಿಗಳಿನ್ದ ಫಣ್ಟಾಕರ್ಣನೆನ್ದೆಸೆದ (53, 37). See Bp. 58, 25.

ನಿಮಿರ್ಕೆ nimirkĕ. (Šmd. 246). The state of being stretched, of being spread abroad, of being increased, etc. (Ŏpr. 6, 32; Grj. 6, 11).

ನಿಮಿರ್ಚು nimirču. (= ನಿಗುರಿಸು, etc.). To cause to be stretched, etc.; to lengthen; to lift up, to raise; to enlarge; to cause to spread or increase, etc. (ಪ್ರಸಾರಣ Šmd. Dh., ನಿಗುರಿಸು Cm.). ನಿಮಿರ್ಚಿದಂ (Šmd. 255). ಅತ್ತನ್ಯಾಗಿರ್ದ ಪಂಚಮಿಯನ್, ಅತ್ತಣಿನ್ ಎನ್ದು, ನಿಮಿರ್ಚುವರ್ (141). ಕಬ್ಬಿಗಂಗೆ ನೆಲನಂ ನಿವ್ವಾರ್ಜಿದಿನ್ದಂ ನಿರ್ಮಿಚಿದಗೆ, ಎಲ್ಲಂ ಭುವನೈಕರಾಮುಮಹಿಪಂಗೆ ಅಕ್ಕುಂ (188). See Ŏpr. 1, 49. 108; 2, 14; 4, 77; Abh. P. 2, 38; 3, 108. 145; Rsv.-10, after 31; s. ಬಯಲುಗ.

ನಿಮಿಷ ni-misha. = ನಿಮಿಸ, ನಿಮುಸ, ನಿವಿಸ. Twinkling, winking; *the twinkling of an eye considered as a measure of time, a moment* (ನಿಮೇಷ, ಪಳಚುವ ಅಕ್ಷಿ Mr. 317). ನಿಮಿಷ ತಡದರೆ ಅನಿಮಿಷನಾದಾನೇ? (Prv.). 2, a minute (My.).

ನಿಮಿಷಭೇದ nimisha-bhêda. A distinction (consisting) of moments (ಕಾಲ, ಸಮಯ Nn. 56).

ನಿಮಿಸ nimisa. Tbh. of ನಿಮಿಷ (Šmd. 335. 357; My.).

ನಿಮೀಲನ ni-mîlana. Shutting the eyelids, winking or twinkling of the eyes, winking. 2, shutting, closing, as flowers; closing the eyes, looking down (ಅಕ್ಷಿಯಿಂ ಕೆಳಗೆ ನೋಡಲು Mr. 317); *closing the eyes in death; dying, death.* See ಮುಗುಳ್. 3, a kind of vâstava (Kâvy. III, 3, B, 3. 57-59).

ನಿಮೀಲಿಕೆ ni-mîlikĕ. = ನಿಮೀಲನ No. 1. (Sk.; R.).

ನಿಮುಸ nimusa. Tbh. of ನಿಮಿಷ. (My.).

ನಿಮೇಷ ni-mêsha. = ನಿಮಿಷ. Twinkling; *a moment.*

ನಿಮ್ನ nimna. Depth, low ground; a slope; *a gap, a chasm or cavity in the ground;* a depression, deepening. 2, *deep;* low, sunk. See ತಗ್ಗು, ಕುೞಿ.

ನಿಮ್ನಕುಕ್ಷಿ nimna-kukshi. A sunk, hollow belly. See ಅಳ್ಳಳಿಸು.

ನಿಮ್ನಗೆ nimna-gĕ. She who goes downwards: *a river* (ನದಿ, etc., ತೊಱೆ Mr. 413).

ನಿಮ್ನಪತನ nimna-patana. Downwards-falling. See ಉರುಳ್.

ನಿಮ್ನಭೂಮಿ nimna-bhûmi. A low or deep, depressed place. See ಕುೞಿ.

ನಿಮ್ನಾಗಮಕರಣ nimna-âgama-karaṇa. Causing to course downwards. See ಉರುಳ್ಚು.

ನಿಮ್ನಾವತರಣ nimna-avataraṇa. Going downwards, descending. See ಇೞಿ.

ನಿಮ್ಬ nimba. *A tree with bitter fruits, the Nimb-tree, Azadirachta indica* Juss. See ಬೇವು.

ನಿಮ್ಬತರು nimba-taru. *The coral tree, Erythrina fulgens* Hortul. (or, according to others, Melia sempervirens), one of the trees of svarga.

ನಿಮ್ಬಿ nimbi. 1. = ನಿಮ್ಬೆ, ಲಿಮ್ಬೆ. (Sk. ನಿಮ್ಬೂಕ, the common lime, Citrus acida). See ಕಂಚಿ-.

ನಿಮ್ಬಿ nimbi. 2. (= ನಮ್ಬಿ). N. (Bp. 3, 82; 9, 41; 18, 90; 24 sum.; 24, 52. 64; 54, 78). — ನಿಮ್ಬಿಯಕ್ಕ. -ಅಕ್ಕ. N. (Bp.

24, 1. 60. 75. 85; 47, 37; 48, 26). — ನಿಮ್ಬಿಯಮ್ವೆ. -ಅಮ್ವೆ. N. (Bp. 48, 26).

ನಿಮ್ಬೆ nimbĕ. = ನಿಮ್ಬಿ 1, etc. The acid lime, Citrus medica L., var. acida (ಜಮ್ಬೀರ Mr. 112; ಜಮ್ಬೀರ, ಜಮ್ಭೀರ, ಜಮ್ಭ, ಜಮ್ಭಲ, ದನ್ತಶಠ Sl. 126; My.; Tĕ. ನಿಮ್ಮ; *cf.* ಇಲಿಮಿಂಚಿ). See ಗಜ-. — ನಿಮ್ಬೇ ಗಿಡ. The lime tree (My.). — ನಿಮ್ಬೇ ಹಣ್. -ಹಣ್ಣು. A ripe lime (Bp. 18, 16). ನಿಮ್ಬೇ ಹಣ್ಣಾದರೆ ಹಮ್ಬಲಿಸಿದರೆ ಬದ್ದೀತೇ? (Prv.). ಅವನಿಗೆ ನಿಮ್ಬೇ ಹಣ್ಣಿನ ಸಮ್ಬನ್ಧ ಉಣ್ಟು, he is foolish or mad (My.).

ನಿಮ್ಮ nimma. See s. ನಿವ್.

ನಿಮ್ಮಳ nimmaḷa. Tbh. of ನಿರ್ಮಲ (Šmd. 345). Pureness; serenity: quiet, ease, comfort (My.; Tĕ. ನಿಮ್ಮಳ).

ನಿಮ್ಮು nimmu. (= ನಿಮ್, etc.; but see ಉಪಂ 2). — ನಿಮ್ಮುವಂ (Bp. 22, 37; 14, 19; 48, 15; 55, 32).

ನಿಯತ ni-yata. Checked, restrained; governed, controlled, self-governed. 2, fixed, settled, constant, permanent, incessant. (My.). 3, certain, established, sure (ನಿಶ್ಚಿತ Šmd. 88 Cm.; ನಿಶ್ಚಯ, ನಿಶ್ಚಿತ Mr. 435); positive, definite. 4, restraint; self-restraint; a religious duty or obligation (ಗುಣ Nn. 78, one MS. ನೀತಿ; ನೀತಿ 89); the state of being fixed, settled, etc., etc. See Šmd. 77. 82. 167. 342; Kâvy. II, 2, B, 27; III, 2, B, 88; Čh. v. 93; Bp. 2, 49; 35, 40; Mr. 524; Šm. 85. — ನಿಯತಂ, *always, constantly, decidedly, positively* (ಆಟ್ಟಾಗಿ Šmd. 82 Cm.).

ನಿಯತದ್ವಿತ್ವ niyata-dvitva. A constant or obligatory reduplication (Šmd. 48).

ನಿಯತಹಾರಿ niyata-hâri. A person who removes or shakes off all self-restraint, a malevolent person (ಕುಚರ, etc., ವಕ್ರ Mr. 244).

ನಿಯತಿ ni-yati. = ನೀತಿ. Restraint, restriction; regulation, precept, rule (*e. g.* of being changed into, ನಿಯತ Šmd. 348 Cm.). 2, the fixed order of things: *destiny, fate.* 3, self-command, self-restraint. 4, a religious duty or obligation (Bp. 9, 6).

ನಿಯತೇನ್ದ್ರಿಯ niyata-indriya. Having the passions restrained or subdued (My.).

ನಿಯತ್ತು niyattu. Tbh. of ನಿಯತ. Right state of mind, truthfulness (My.; H.). ನಿಯತ್ತಿದ್ದವನಲ್ಲಿ ನ್ಯಾಯ ಚನ್ದ (Prv.).

ನಿಯನ್ತ niyanta. Tbh. of ನಿಯನ್ತೃ. (My.).

ನಿಯನ್ತೃ ni-yantṛi. Who or what restrains, subdues, tames, governs or guides; a ruler, etc. 2, *a driver, a charioteer*.

ನಿಯನ್ತ್ರ niyantra. Tbh. of ನಿಯನ್ತೃ. (Čpr. 7, 146).

ನಿಯಮ ni-yama. = ನೇಮ 1. Restraining, checking, curbing, subduing, ruling; restraint, restriction. 2, fixing, establishing (ಸಂಸ್ಥೆ Mr. 480); defining; fixed rule, a rule, a law, a precept; established order; a regular practice; appointment; certainty, ascertainment. 3, *agreement, contract, assent, promise.* 4, *any self-imposed restraint or religious observance voluntarily practised, as fasting, watching, pilgrimage, praying, etc.* ನಿಯಮವುಳ್ಳವನ್ನ ಕಣ್ಡರೆ ಯಮನಿಗೂ ಭಯ (Prv.). See Šmd. 28; Kâvy. III, 2, B, 33; B. 4, 214; ಶಿಕ್ಷಿಸು.

ನಿಯಮನ ni-yamana. Restraining, subduing; ruling, regulating; order (My.).

ನಿಯಮನಿಷ್ಠೆ niyama-nishṭhĕ. Regular and rigid observance of prescribed or meritorious rites and works. (My.).

ನಿಯಮವನ್ತ niyama-vanta. = ನೇಮವನ್ತ. A man who practises or observes religious obligations (My.).

ನಿಯಮವ್ಯವಸ್ಥೆ niyama-vyavasthĕ. A settled order of things or circumstances: one of the rules of kâvyasamaya (Kâvy. V, 40 seq.).

ನಿಯಮಸ್ಥ niyama-stha. = ನಿಯಮವನ್ತ, ನೇಮಸ್ತ. (My.; Bp. 43, 36).

ನಿಯಮಸ್ಥಿತಿ niyama-sthiti. *Steady observance of religious obligations.*

ನಿಯಮಿತ ni-yamita. = ನೇಮಿತ. Restrained, checked, subdued, ruled; being bound to a vow (Bp. 6, 31); — regulated, prescribed; fixed, appointed (Bp. 33, 2; B. 4, 87. 184).

ನಿಯಮಿಸು ni-yamisu. = ನೇಮಿಸು. To restrain, to subdue. ಎಲ್ಲಾ ಇನ್ದ್ರಿಯಂಗಳಂ ನಿಯಮಿಸುವುದು (ಬ್ರಹ್ಮಚರ್ಯ Hlâ.). 2, to appoint, to fix; to lay down a rule; to give orders, to order; to nominate (Bp. 39, 14; My.).

ನಿಯಾಮ ni-yâma. = ನಿಯಮ. See ಉಯ್; Šmd. 12. 27. 28.

ನಿಯಾಮಕ ni-yâmaka. = ನಿರ್ಯಾಮಕ, ನೇಮಕ. Restraining, subduing; guiding, governing; who or what restrains, regulates or rules; a ruler. 2, a charioteer. 3, *a boatman; a helmsman; a pilot.* See ಸರ್ಗ-. 4, order, rule (My.).

ನಿಯಾಮಿತ ni-yâmita. Ordered (Rŝv. 6, after 43).

ನಿಯಾಮಿಸು ni-yâmisu. = ನಿಯಮಿಸು No. 2. To give orders or an order, to order, to command (ಆಜ್ಞಾಪನ Šmd. Dh.; My.).

ನಿಯುಕ್ತ ni-yukta. Fastened to, joined to, attached to; appointed; employed, assigned (ಕೂಡಲ್ಪಟ್ಟ Šmd. 24. 256 Cm.; ಒಡನೆ ಕೂಡಿದ 343 Cm.); — engaged in, attached to; — directed, enjoined; — authorized, appointed; ascertained (Čh. v. 95).

ನಿಯುಕ್ತಿ ni-yukti. The state of being joined to or endowed with (Bp. 38, 50); that of being attached to or engaged in (39, 8; 52, 10). 2, injunction, order, command. 3, appointment, charge, office.

ನಿಯುತ ni-yuta. Joined. 2, a great number: *a hundred thousand*, or *a million*, or *greater numbers*.

ನಿಯುದ್ಧ ni-yuddha. *Close fight or combat;* wrestling; pugilism. See ಮಲ್ಲಗಾಳಗ, ಮುಷ್ಟಾಮುಷ್ಟಿ.

ನಿಯೋಗ ni-yôga. Joining or attaching to; setting to. 2, application, use, employment. 3, appointment, order, command. 4, any trust or appointed task or duty, any business or function committed to one's charge. ನಿಯೋಗ ನಡೆಯಿಸುವಂ (Šmd. 234). See Šmd. 232; Bp. 5, 4. 19; 9, 49; 52, 10; ಉತ್ತ-, ಬಲು-.

ನಿಯೋಗಿ ni-yôgi. Appointed, employed, engaged in any duty or business; a functionary, an official, a minister, etc. (ಮನ್ತ್ರಜ್ಞ Mr. 268; Šmd. 232; Čpr. 2, after 49; Bp. 59, 30). 2, a class of Ârvêli Brâhmaṇas who profess to be sorcerers (My.).

ನಿಯೋಗಿಸು ni-yôgisu. To join or put to; to urge towards (B. 4, 154); to put on (somebody) or deliver over (to him, J. 29, 27), to assign; to employ; to order, to command (My.).

ನಿಯೋಜನ ni-yôjana. Uniting, attaching to; ordering; urging; appointing to. (My.).

ನಿಯೋಜಿಸು ni-yôjisu. To join or put to; to assign, to appoint, etc. (Čpr. 3, 54; 4, after 24; 6, 96; Abh. P. 3, after 92; Bp. 35, 37; 48, 2; My.).

ನಿಯೋಜ್ಯ ni-yôjya. To be joined to; fit to be appointed or employed in; proper to be enjoined. 2, *a functionary, a servant.*

ನಿರ್ nir. = ನಿಃ, etc.

ನಿರಕ್ಷ nir-aksha. Having no latitude; the terrestrial equator.

ನಿರಕ್ಷದೇಶ niraksha-dêśa. A first meridian, as Lankâ; the equatorial region. (My.).

ನಿರಕ್ಷರ nir-akshara. Illiterate (My.).

ನಿರಕ್ಷರಕುಕ್ಷಿ nirakshara-kukshi. An illiterate person (My.).

ನಿರಖು nirakhu. = ನಿರುಖು. Current price, market-rate (My.; Br., Mhr., H.). — ನಿರಖುಪಟ್ಟಿ. A price-list, a price-current (My.).

ನಿರಘ nir-agha. Sinless, blameless (Bp. 61, 44; Śśv. 2, 97).

ನಿರಂಕುಶ nir-ankuśa. Not held by a hook: *unchecked, unfettered, uncontrolled, independent, self-willed* (ಅಯನ್ತ್ರಿತ, ಉದ್ದಾಮ, etc. Hlâ.).

ನಿರಂಗ nir-anga. Having no body (Abhâ. 6, 24; Śśv. 4, 181); having no resources, deprived of expedients.

ನಿರಜ ni-raja. = ನೀರಜ. (Bp. 61, 44).

ನಿರಜೆ ni-rajĕ. = ನೀರಜೆ. (J. 18, 54).

ನಿರಜ್ಞ nir-ajña. Intelligent, wise (Bp. 61, 43).

ನಿರಂಜನ nir-añjana. Without collyrium or paint (Čpr. 3, 54): unstained, untinged, pure; free from falsehood; artless;—Śiva; Vishṇu. (Śm. 1; J. 13, 28; My.). — ನಿರಂಜನದ ಧವಳಾಯಿ. N. (Bp. 59, 6).

ನಿರತ ni-rata. Delighting in; engaged or interested in; attached or devoted to; pleased, delighted;—rested, ceased. Frequently used as a noun neuter, and occasionally as an adverb. See Bp. 38, 43; 39, 71; 48, 5. 67; 44, 38; 61, 44; J. 29, 21.

ನಿರತಿಶಯ nir-atiśaya. Unsurpassed (Kâvy. III, 1); that is unsurpassed (Čh. v. 234); the state of being unsurpassed, unsurpassedness (Čh. v. 196). See Bp. 33, 21; 35, 8; 61, 43. Feminine ನಿರತೆ (Čpr. 6, after 64).

ನಿರಧಿಕ nir-adhika. Having none above one's self, supreme (Bp. 61, 44).

ನಿರನುನಾಸಿಕ nir-anunâsika. Not nasal (Śmd. 24. 25).

ನಿರನ್ತ nir-anta. Without end, endless (Bp. 61, 44; Śśv. 5, 24).

ನಿರನ್ತರ nir-antara. Without any intermediate space, closely contiguous, close, having contact with; continuous; *without interstices, compact, dense, tight, coarse;* uninterrupted, continual, constant, incessant (Čh. v. 30). ನಿರನ್ತರಂ, without interruption, continuously, constantly, incessantly (Śmd. 230; ಸದಾ, ಅನುಶ್ರುತ Nn. 186). ನಿರನ್ತರ ಬರುವವ ಪರ್ಯನ್ತರ ಬಾರನೇ? (Prv.).

ನಿರನ್ತರಗುರೂಪದೇಶ nirantara-guru-upadêśa. Doctrine uninterruptedly transmitted from one teacher to another, traditional instruction, tradition (ಸಮ್ಪ್ರದಾಯ, ಪಾರಮ್ಪರ್ಯ Mr. 252).

ನಿರನ್ತರಾವಲಿಯಮಕ nirantara-âvali-yamaka. A kind of yamaka (Kâvy. III, 2, B, 24 seq.).

ನಿರನ್ತರಿತ nir-antarita. Having no intermediate space, closely contiguous (Čpr. 5, 92).

ನಿರಪರಾಧಿ nir-aparâdhi. A faultless, guiltless or blameless person (Bp. 28, 29; 38, 30; My.; B. 5, 266).

ನಿರಪಾಯ nir-apâya. Free from misfortune, harm, trouble or danger (My.); imperishable.

ನಿರಪೇಕ್ಷೆ nir-apêkshĕ. Absence of regard, desire or expectation (My.).

ನಿರಭಿಮಾನ nir-abhimâna. Humbleness. ನಿರಭಿಮಾನವುಳ್ಳ (ವಿಶುದ್ಧ Čb.).

ನಿರಭಿಮಾನಿ nir-abhimâni. A person exempt from pride, a lowly, humble person (My.; B. 5, 184. 217).

ನಿರಯ nir-aya. Without happiness: *hell.*

ನಿರರ್ಗಲ nir-argala. *Unbarred, unobstructed, unrestrained* (Bp. 30, 3; 57, 94).

ನಿರರ್ಥ nir-artha. Devoid of meaning (Śmd. 89); nonsensical, purposeless, vain (see s. ನಿರರ್ಥಕ).

ನಿರರ್ಥಕ nir-arthaka. *Nonsensical, purposeless, useless, vain, unprofitable* (ನಿಷ್ಫಲ, ಮೋಘ, ವೃಥೆ Mr. 462, o. r. ನಿರರ್ಥ). ನಿರರ್ಥಕವಾದ ಕೆಲಸಕ್ಕೆ ಸ್ವಾರ್ಥ ಪಡೋದು ಯಾಕೆ? (Prv.).

ನಿರವಗ್ರಹ nir-avagraha. *Without obstruction, unrestrained, unchecked, uncontrolled; self-willed, head-strong* (ಸ್ವರುಚಿ, ಸ್ವಚ್ಛನ್ದ, ತನ್ನಿಚ್ಛೆಗಾರ Mr. 230).

ನಿರವದ್ಯ nir-avadya. Unblamable, blameless, unobjectionable; unblamably, etc. (ಅವಧಿಯಿಲ್ಲದೆ Śmd. 127 Cm.; J. 17, 51).

ನಿರವಧಿ nir-avadhi. Without bounds, unlimited, interminable (Bp. 6, 16; J. 6, 1; My.).

ನಿರವಧಿಕ nir-avadhika. Boundlessness, etc. (Bp. 7, 1).

ನಿರವಮಾನ nir-avamâna. Free from disrespect or contempt, not meriting disrespect (Bp. 61, 43).

ನಿರವಯ nir-avaya. = ನಿರವಯವ. (Bp. 1, 29; 61, 44). 2, a kind of upamĕ (Kâvy. III, 3, B, 31 seq.).

ನಿರವಯವ nir-avayava. Without limbs or members; without component parts, indivisible. (My.).

ನಿರವಶೇಷ nir-avaśêsha. Without a residue, complete, whole. See ಅಪ್ರಾಕ್ಯ.

ನಿರವಸ್ಥ nir-avastha. Being devoid of circumstances, of age or position, etc. (Śśv. 2, 103).

ನಿರವಿಸು niravisu. Tbh. of ನಿರೂಪಿಸು (Śmd. 373). ನಿರವಿಪ (ಹೇಳ್ವ Śmd. 297 Cm.). See Čpr. 1, 103. 112; 5, 185.

ನಿರಶನ nir-aśana. Abstaining from food; fasting, a fast. (My.).

ನಿರಸ ni-rasa. = ನೀರಸ. (My.). See Prv. s. ಪರಸು.

ನಿರಸತೆ ni-rasatĕ. Want of juice, dryness (Čpr. 3, after 9); insipidity.

ನಿರಸನ nir-asana. Casting out, off or away; tearing out; expelling; removing; *rejection, denial; extermination, destruction.* (Čpr. 8, 99; Bp. 38, 3; 40, 64; 57, 92).

ನಿರಸನೇನ್ದ್ರಿಯ nirasana-indriya. Having rejected or set aside, or being not attached to, the organs of sense (Bp. 61, 43).

ನಿರಸೂಯ nir-asûya. Free from envy, etc. (Bp. 61, 43).

ನಿರಸ್ತ nir-asta. Cast out, off or away; *shot off, discharged, as an arrow; rejected, repudiated;—uttered hurriedly or rapidly.* (Bp. 39, 54; 47, 61). See ಮರುಳಾಟನುಡಿ.

ನಿರಹಂಕರಣ nir-ahaṅkaraṇa. Free from egotism, selfishness or pride, humble, lowly (Bp. 2, 31; 53, 55; 54, 54).

ನಿರಹಂಕಾರ nir-ahaṅkâra. Absence of egotism, selfishness or pride. (My.).

ನಿರಹಂಕಾರಿ nir-ahaṅkâri. = ನಿರಹಂಕರಣ. (My.).

ನಿರಹಂಕೃತ nir-ahaṅkṛita. Unselfish; humble. (My.).

ನಿರಾಕರಣ nir-â-karaṇa. = ನಿರಾಕೃತಿ 2. (My. as ನಿರಾಕರಣೆ). ನಿರಾಕರಣ ಮಾಡುವವ (ನಿರಾಕರಿಷ್ಣು); ನಿರಾಕರಣವಾದದ್ದು (ನಿರಾಕೃತ G.).

ನಿರಾಕರಿಷ್ಣು nir-â-karishṇu. Pushing or driving away; *a person who repudiates, spurns, disdains or despises.*

ನಿರಾಕರಿಸು nir-â-karisu. To push away, to repudiate, etc. (Bp. 44, 54; My.).

ನಿರಾಕಾಂಕ್ಷೆ nir-âkâṅkshĕ. Absence of desire (My.).

ನಿರಾಕಾರ nir-â-kâra. 1. Rebuke, reproach, censure, blame (ಪರಾಭವ, ಪರಿಭವ, etc., ಜರಿಹಂ Mr. 428).

ನಿರಾಕಾರ nir-âkâra. 2. Devoid of form or figure, formless, shapeless; deformed, ugly. 2, heaven; Vishṇu; Śiva; the universal soul. ನಿರಾಕಾರವಾದ್ದು ಪ್ರತ್ಯಕ್ಷವಾದರೆ ಆಕಾರವಾದ್ದು ಕಾಣದೆ ಹೋದೀತು (Prv.).

ನಿರಾಕುಲ nir-âkula. Unconfused; unperplexed, unbewildered; steady, calm, quiet; clear, perspicuous. ನಿರಾಕುಲಂ, clearly, with perspicuity (Śmd. 31). See s. ನೋನಿಸು; Čpr. 3, 103; 5, 10; Grj. 10, 115.

ನಿರಾಕೃತ nir-â-kṛita. *Pushed away, removed, set aside, rejected, despised, spurned.*

ನಿರಾಕೃತಿ nir-âkṛiti. 1. Formless, shapeless; deformed, ugly. 2, a Brâhmaṇa who has not gone through a course of study (ಅನಧ್ಯಾಯ, ಓದಿಲ್ಲದಂ Mr. 253); *a Brâhmaṇa who neglects the forms or duties of his caste by not going through a regular course of studies.*

ನಿರಾಕೃತಿ nir-â-kṛiti. 2. *Repudiation, rejection.*

ನಿರಾಕ್ಷೇಪ nir-âkshêpa. Unblamable, unobjectionable, doubtless, unquestionable (My.); the state of being unobjectionable, etc. (My.).

ನಿರಾಕ್ಷೇಪಣೆ nir-âkshêpaṇĕ. The state of being unblamable, etc. (My.).

ನಿರಾಗ ni-râga. = ನೀರಾಗ. Passionless, dispassionate, devoid of lust.

ನಿರಾಗಮ nir-âgama. Not resting on the vêdas (Bp. 51, 19).

ನಿರಾಜಿ nirâji. Furnished with kalâbatu, as a cloth (My.; H.). — ನಿರಾಜಿಪರಿವಟ್ಟ. A kalâbatu cloth for the head of persons who come to visit an idol (My.).

ನಿರಾಜಿಸು ni-râjisu. = ನೀರಾಜಿಸು. To wave lights before an idol, etc. as an act of adoration (ಆರಾತ್ರಿಕಕ್ರಿಯೆ Śmd. Dh.).

ನಿರಾತಂಕ nir-âtaṅka. Not feeling pain or uneasiness; not causing pain, ailment or disagreeable feelings. (Čpr. 2, after 49; My.).

ನಿರಾದರಣೆ nir-âdaraṇĕ. Want of respect, showing no honour (My.).

ನಿರಾಧಾರ nir-âdhâra. Void of foundation; destitute of support; poorness, etc. (My.).

ನಿರಾಧಾರಿ nir-âdhâri. A person without support; a poor person (My.).

ನಿರಾಭಾರಿ nir-â-bhâri. One who is free from burdens (Bp. 20, 23).

ನಿರಾಮಯ nir-âmaya. *Free from illness, healthy, hale;* free from defects; health, happiness, welfare. (Bp. 61, 43).

ನಿರಾಯಸ nir-âyasa. Tbh. of ನಿರಾಯಾಸ. (Bp. 4, 73; My.).

ನಿರಾಯಾಸ nir-âyâsa. Not causing trouble; not requiring efforts; not fatiguing; facility (Si. 285; My.).

ನಿರಾಲಮ್ಬ nir-âlamba. Having no prop or support; standing alone, friendless (J. 28, 19).

ನಿರಾಲಸ್ಯ nir-âlasya. Not slothful. 2, without fatigue (My.).

ನಿರಾವರಣ nir-âvaraṇa. Being free from any covering or obstruction; free from illusion (Abhâ. 5, 56; J. 13, 28).

ನಿರಾಶೆ nir-âśĕ. Freedom from desire or lust; hopelessness, despair (My.). ನಿರಾಶೆಯುಳ್ಳವನಲ್ಲಿ ಆಶೆ ಮಾಡಿದರೆ ಭೋಜ ಹೋಗದೇ? (Prv.).

ನಿರಾಶ್ರಯ nir-âśraya. Supportless; unsupported, self-supported;—without shelter or refuge, friendless, destitute. (Śśv. 5, 24; My.).

ನಿರಾಸಕ nir-âsaka. Removing; destroying (Bp. 46, 71).

ನಿರಾಹಾರ nir-âhâra. Foodlessness; not eating, fasting, abstaining from food (J. 28, 38; My.).

ನಿರಾಹಾರಿ nir-âhâri. A person who is without food, who has nothing to eat (My.); a person who abstains from food or fasts (My.).

ನಿರಾಳ nirâḷa. (Tbh. of a ನಿರಾವಿಲ, ನಿರ್-ಅವಿಲ). The state of being devoid of (turbidness, *i. e.*) obscurity: the state of the mind when free from doubt or uncertainty, calmness of the mind (My.; Tĕ.). 2, the sky (Mhr.). — ನಿರಾಳದೇವ. N. (Bp. 59, 2). See ನಿಸಂಗಿ-. — ನಿರಾಳಪುರ. The sky-town (Bp. 25, 7).

ನಿರಿಲೆ nirilĕ. (ನಿಟ್ಟಿಲೆ). A certain bird (Bh. 1, 20, 53).

ನಿರೀಕ್ಷಣ nir-îkshaṇa. Looking at, regarding, seeing (Čpr. 2, 31; 6, 96), beholding closely and attentively; looking towards, expecting (My.); a look (Bp. 18, 77; My. also as ನಿರೀಕ್ಷಣೆ).

ನಿರೀಕ್ಷಿಸು nir-îkshisu. To look at, to behold, to gaze at, to behold closely and attentively (Čpr. 4, 31; 8, 38; Grj. 6, after 56). ಇನ್ತೆಸೆವ ಅನರ್ಘ್ಯಮಣಿಯಂ ನೃಪತಿರೋಮಣಿ ನಿರೀಕ್ಷಿಸಿ, ಕೌತುಕಮನ್ ಆಳ್ದು (Rśv. 5, after 27). See Râm. 2, 7, 4; Rśv. 5, after 114, 120 & 127; 7, after 21; 8, 88; 10, 5; 10, after 5; 11, 106; 11, after 175; 13, after 61; J. 2, 52. 2, to expect (My.).— ನಿರೀಕ್ಷಿಸಲ್ ಪಡೆ. To look at (Abh. P. 13, 44).

ನಿರೀಕ್ಷಿಸುವಿಕೆ nir-îkshisuvikĕ. Looking at, regarding closely (ಆಲೋಕನ, ಈಕ್ಷಣ, etc., ಚೆನ್ನಾಗಿ ನೋಡುವಿಕೆ Si. 398).

ನಿರೀಕ್ಷೆ nir-îkshĕ. Looking at, regarding; consideration (Sk.; ನೋಡೋಣ G.). 2, looking towards, expectation, waiting for (Sk.; My.).

ನಿರೀಶ nir-îśa. ನಿರೀಷ. *The body of the plough, without the pole and ploughshare.*

ನಿರೀಶ್ವರ nir-îśvara. Having no master, supreme (Bp. 61, 43). 2, godless, atheistic.

ನಿರೀಶ್ವರವಾದ nirîśvara-vâda. Atheism. (My.). — ನಿರೀಶ್ವರವಾದಿ. An atheist. (My.).

ನಿರೀಹ nir-îha. Effortless; desireless. (Śśv. 5, 17. 24).

ನಿರೀಹತೆ nir-îhatĕ. Absence of desire or effort, indifference. (Čpr. 2, 85).

ನಿರುಕು niruku. = ನಿರಖು. (My.).

ನಿರುಕ್ತ nir-ukta. Uttered; explained. 2, *one of the vêdâṅgas.* 3, N. of a commentary by Yâska.

ನಿರುಗ niruga. N. of a bird. See Mr. s. ದಾತ್ಯೂಹ.

ನಿರುಜ ni-ruja. = ನೀರುಜ. (ರೋಗವಿಲ್ಲದವನು Nn. 112).

ನಿರುತ (ni-ruta). (Uncut, unbroken, undivided); undoubted, true; undoubtedness, truth, certainty; unfailingness; straightness, rectitude; properness (ಸತ್ಯ Bhn. 46; ಸೌಧ, ಸಟಿನ, ನೇರಿತು Nn. 94; ಪ್ರತ್ಯಯ, ನೇರಿತು 137; ಪ್ರತ್ಯಕ್ಷ, ಸಟಿನ, ತಪ್ಪದೆಮ್ಬುದು 162). ನಿರುತಂ, according to truth, in the true way (Čh. v. 227). See Bp. 2, 15; 22, 11; Mr. 349. 509. 523; J. 1, 12; 5, 62; 15, 11. 2, a man of rectitude, a truthful, pious man, a sage (ಸಂಯ್ತ Čt. I, 39; Bp. 6, 16).

ನಿರುತಿ niruti. Tbh. of ನೈಋತ, ನೈಋತಿ, (ನಿಋತಿ). A râkshasa, a fiend (ನಿಶಾಚರ, ರಾಕ್ಷಸ, ನೈಕಷೇಯ, etc. Mr. 49). 2, the regent or guardian of the south-western quarter (ದಿಶಾಧಿಪ Mr. 57; Šmd. 292; ಮೂನಿಸದೇರ, ಕೊನ್ತಗೆಯ್ಯ, ಪಿಚ್ಚವಣಿಗ Šm. 12. 13, Kk. 15).

ನಿರುತ್ತರ nir-uttara. Without a reply, being at a loss for an answer; silenced, posed (B. 4, 54; My.). 2, having no superior (Bp. 61, 43).

ನಿರುದ್ಧ ni-ruddha. Stopped, restrained, obstructed, opposed; confined. See ಅ-. 2, obstruction, impediment, etc. (J. 12, 2).

ನಿರುದ್ಯೋಗ nir-udyôga. Effortless, inactive; the state of being effortless, etc. (J. 5, 68).

ನಿರುದ್ಯೋಗಿ nir-udyôgi. One who is effortless (My.); one who is destitute of employment (My.).

ನಿರುಪದ್ರ nir-upadra. = ನಿರುಪದ್ರವ. (My.).

ನಿರುಪದ್ರವ nir-upadrava. Free from molestation, undisturbed (Sk.; My.);—harmless, inoffensive (Mhr.; B. 5, 130);—the state of being free from molestation, etc.—ನಿರುಪದ್ರವದಿನ್ದ ಇರು. To be undisturbed, etc. (My.; B. 5, 267).

ನಿರುಪಧಾವಿ nir-upadhâvi. Not running near to, not following; not having recourse to for assistance (Bp. 7, 3; 30, 3).

ನಿರುಪಮ nir-upama. Peerless, matchless, unequalled (Čh. v. 153. 308; Bp. 7, 4). 2, N. of a vṛitta (Čh.).

ನಿರುಪಮಾನ nir-upamâna. = ನಿರುಪಮ No. 1. (Čh. v. 153; Bp. 61, 44).

ನಿರುಪಮಿತ nir-upamita. = ನಿರುಪಮ No. 1. (Bp. 7, 13; 46, 71; 50, 70).

ನಿರುಪಯುಕ್ತ nir-upayukta. Useless (My.; B. 3, 19).

ನಿರುಪಾಧಿ nir-upâdhi. Free from cares, free from trouble (My.).

ನಿರುಪಾಧಿಕ nir-upâdhika.. = ನಿರುಪಾಧಿ. (Bp. 35, 34; My.).

ನಿರುಹರಣ niruharaṇa. Tbh. of ನಿರ್ಹರಣ. (Bp. 47, 61; see ನಿರ್ನಿರುಹರಣ).

ನಿರೂಢ ni-rûḍha. Inherent; conventional, accepted (Sk.); versed in; famed (Bp. 22, 23; 41, 6; 58, 16).

ನಿರೂಢಿ ni-rûḍhi. Skilfulness, versedness (Tĕ.). 2, fame, celebrity (Sk.).

ನಿರೂಪ ni-rûpa. 1. An appointment, order, command (Bp. 43, 16; 48, 8; J. 9, 12; 10, 21; 30, 52); a representation in writing, a written order (My.; Tĕ.). ನಿರೂಪವಿದ್ದರೆ ಸ್ವರೂಪ (Prv.).

ನಿರೂಪ ni-rûpa. 2. = ನೀರೂಪ. (Bp. 61, 45).

ನಿರೂಪಣ ni-rûpaṇa. ನಿರೂಪಣೆ. nirûpaṇĕ. Performing; representing; defining, determining; investigation; determination, definition; ascertaining (Kâvy. I, 1*a*, 5; Čh. v. 71; see ಶಬ್ದ-); sight, seeing, looking for or at (ನೋಟ G.); describing; telling, narrating (Mhr.).

ನಿರೂಪಿತ ni-rûpita. Seen, beheld; discovered, found; appointed; ascertained (Kâvy. III, 2; Bp. 53, 60); described; told (Mhr.).

ನಿರೂಪಿಸು ni-rûpisu. = ನಿರವಿಸು. To order, to command, to tell (see ಪೇಳ್);—to make known, to tell; to define. See Šmd. 3. 335; Bp. 28, 38; 30, 23; 39, 48; J. 9, 2; 11, 27; 14, 28; 32, 57.

ನಿರೂಪ್ಯಮಾನ ni-rûpyamâna. Being defined, determined, ascertained, etc. (Kâvy. III, 3, B, 121).

ನಿರೆ nirĕ. To kill (Abh. P. 7, 80; T. ನೆರುಂಗು; T., M. ನೆರಿ, to be crushed; *cf.* ನೇರ್ 1). ನಿರದಂ (ಕೊನ್ದಂ Šmd. II; ಕೊನ್ದವಂ Kk. 91). ನಿರೆದಪ್ಪಂ ಮುಗಧೇಶನಂ (Šmd. 276 Mḍb.).

ನಿರೋಗ ni-rôga. = ನೀರೋಗ. (Bp. 49, 28; 4, 135; My.; Mhr.).

ನಿರೋಗಿ ni-rôgi. = ನೀರೋಗಿ. (Bp. 15, 34; 47, 65; My.; Mhr.).

ನಿರೋಧ ni-rôdha. Shutting in; enclosing; check, restraint, coercion, hindrance, obstruction; destruction; hurting. ನಿರೋಧವಲ್ಲದಹಂಗೆ (ಕೆಡದ ಪೊಲ್ Šmd. 334 Mḍb. Cm.). See ಮನೋ-; Grj. 9, 117. — ನಿರೋಧಮ್ಪಡೆ. -ಂ-ಪಡೆ. To be checked or impeded (Čpr. 1, after 81).

ನಿರೋಧಕ ni-rôdhaka. Obstructive, hindering, etc. (Kâvy. IV, 2, 52. 53).

ನಿರೋಧಾವರಣ nirôdha-âvaraṇa. Obstructing by shutting in. See ಮುತ್ತು.

ನಿರೋಧಿಸು ni-rôdhisu. To obstruct, to impede, to restrain, to keep back (My.).

ನಿರೋಪ nirôpa. (Tbh. of ನಿರೂಪ). A message; honourable dismission; permission to depart (Mhr.; G. 512. 514; B. 5, 284). Also ನಿರೋಪ್ಪ (5, 67).

ನಿರೋಷ್ಠ nir-ôshṭha. A kind of viččhitticitra (Kâvy. III, 2, B, 58. 69 seq.).

ನಿಱ್ niṟ. = ನಿಃ, etc. See ನಿಱ್ಪಿನ್ದ, ನಿಱ್ಪಿಸ್ನ, ನಿಱ್ಪಾವಳ.

ನಿಱಿಡವು niṟaḍavu. The water-plant Pistitia stratiotes Lin. (ವಾರಿಪರ್ಣೆ, ಕುಮ್ಭಿಕೆ, ಅನ್ತರವಳ್ಳಿ Nr.; *cf.* ಅನ್ತರಗಂಗೆ).

ನಿಱತೆ niṟatĕ. = ನೀಱತೆ. Properness: beauty, charm, prettiness, elegance (ದೆಸಿ, ಗಾಡಿ, ಸೊಬಗು Šs.; ಗಾಡಿ, ಸೊಬಗು, ಸುಭಗತೆ Kk. 54; ಗಾಡಿ, ಚೊಕ್ಕಟು, ಸೊಬಗು, ಗರಗರಿಕೆ, ಸುಭಗ Šm. 47; see ನೀಟು; T. ನಿಱ್ಮೈ, excellency = ಮಹಿಮೆ; a constant rule; integrity; ನೆಱ್, the proper way; straightness).

ನಿಱಿ niṟi. 1. (= ನಿಱು 1). To be properly arranged or prepared, to be ready (see ಸೆಯ್- s. ಸೆಯ್ 4, & *cf.* ನೆಱ್ 2). ಮಣ್ಡಲವ್ಯೂಹಮನ್ ಒಡ್ಡಿ, ನಿನ್ದು, ನಿಱಿಯಲ್ (Šmd. 281 Mḍb.).

ನಿಱಿ niṟi. 2. = ನಱ್, ನಱಿಗೆ, ನಿಱಿಗೆ 1, ನೀಱಿಗೆ, ನೆಱ್ 1, ನೆಱಿಗೆ, ನೆಱ್ 4. (A fold, as of a dôtra, M. ಞೊಱಿ; Mhr.

ನಿಱೀ; M. ಞೊಱು, to plait, to tuck or fold a cloth; to knit, as the brows); foldings: the folds of a garment, as of a dôtra or sîrĕ, to be tucked into the waist-band in front (ನೀವಿ Nn. 105; My.; Tĕ. ನೆಱಿ, ನೆಱಿಕೆ; M. ನೆಱಿವು, folded front of a gown; see ಬಲ್-); plaits or folds made by drawing a thread through cloth, garthers (My.). ಸ್ತ್ರೀಯ ಉಡಿಯ ಸೀರೆಯ ಕಣೆ (ಸ್ತ್ರೀಕಟೀಬನ್ಧ, ನೀವಿ, ನಿಱಿ Hlâ.). ನಡ ನಡುಗೆ ನಿಱಿ (Bp. 5, 28). ನಿಱಿ ಅತ್ತ ಸಡಲುತ್ತಿರಲು (40, 22). ಮುಱಿಯಿ ಕುನಿಕಿಲನ್! ಅದಱ ಮೇಲಣ ನಿಱಿಯನ್ ಒಡನೊಡ ಸೀಳ್ದು, ಕಟ್ಟಿದ ಮಿಱುಪ ತೋರಣಕೇತನಂಗಳ ನೆಱೆ ಪಱಿದು, ಕಳಯಿ! ಇಱಿದೆ ನೀಮ್ ಆ ಬಣ್ಣಿಯುಂ ಕುಸಿಕಱಿದು, ಬರಲೀಸದಿರಿ! (56, 29). ನಿಱಿಯ ಸಿಂಗರದುಡಿ (J. 11, 9). ನಿಱಿಯನ್ ಓಸರಿಸುತ್ತ (Râm. 3, 4, 8). See Čpr. 7, 126. 136; 8, after 4; J. 10, 50; 11, 19; 18, 25; 26, 12. — ನಿಱಿಚಲ್ಲಣ. Breeches with garthers (ಚೋಣ್ಣಾಲ Mr. 343; My.). — ನಿಱಿವಿಡಿ. -ಪಿಡಿ. = ನೆಱೆವಿಡಿ. To lay hold of the niṟi (Čpr. 6, after 64 & 86; Ršv. 7, 6; 8, after 5).

ನಿಱಿ niṟi. 3. = ನಿಱು 2, ನೆಱಿ 2. Orderly arrangement; beauty, fineness, elegance (*cf.* ನಟ್ಟಗೆ; Tĕ. ನೆಱಿ, goodness, excellence; greatness, eminence, excess; see T. s. ನಿಱತೆ). — ನಿಱಿಗುರುಳ್. -ಕುರುಳ್. = ನಿಱುಗುರುಳ್. Well-trimmed hair (Šs.; Bh. 1, 13, 18). — ನಿಱಿದಲೆ. -ತಲೆ. = ನಿಱುದಲೆ. (Šmd. 78, o. r. ನಿಱು-, q. v.; Bh. 1, 13, 30). A fine head. — ನಿಱಿದಳಿರ್. -ತಳಿರ್. Beautiful young leaves (Ššv. 3, after 35). — ನಿಱಿಮುಗಿಲ್. = ನೆಱಿಮುಗಿಲು. A beautiful sky (Čpr. 6, after 64).

ನಿಱಿಗ niṟiga. = ನಿಱುಗ. A sweet mango (ಒನ್ದು ಮಾವು Šmd. II; ಮಾಕನ್ದ, ಇಮ್ಮಾವು Šm. 26).

ನಿಱಿಗೆ niṟigĕ. 1. = ನಿಱಿ 2, etc. (My.). ಗಣ್ಡಕದ ಕಾಲುಗಳ ತೊಗಲಿಗೆ ದೊಡ್ಡ ದೊಡ್ಡ ನಿಱಿಗೆಗಳಿರುತ್ತವೆ; ಕೆಲವುಗಳಿಗೆ ಎಡೊಂ ಹೆಗಲ ಮೇಲೆ ಒನ್ದು ಸಣ್ಣ ನಿಱಿಗೆ ಇರುತ್ತದೆ (B. 5, 249).

ನಿಱಿಗೆ niṟigĕ. 2. = ನಿಱುಗೆ. Display (Bb. 4, 3, 16).

ನಿಱಿಲು niṟilu. = ನೆಱಿಲ್, q. v. — ನಿಱಿಲು ನಿಟಿಲು ಎನ್. To crash (Râm. 4, 3, 8).

ನಿಱಿಸು niṟisu. 1. (= ಇಱಿಸು). To put down, to place (Čpr. 3, 30; 9, after 42; Abh. P. 3, 6; 10, 60); to arrange; to adjust; to prepare (ನಿಱುಗೆ ಮಾಡು Šmd. 92. 97 Cm.). ತತ್ಪುರುಷ ಕರ್ಮಧಾರಯ ದ್ವಿಗು ದ್ವನ್ದ್ವ ಅವ್ಯಯೀಭಾವ ಬಹುವ್ರೀಹಿಗಳಂ ನಿಱಿಸಿ, ಸಪ್ತವಿಭಕ್ತಿಗಳಂ ಪತ್ತಿಸೂದು (Šmd. 89 Mdb.). ವಿನುತಕ್ರಿಯಾತ್ಮಕಂಗಳುಮ್ ಎನಿಸುವ ಸಂಸ್ಕೃತದ ಭಾವವಚನಂಗಳನ್ ಆಯ್ದು, ಅನಿತರ್ಕಮ್ ಇಸುಪ್ರತ್ಯಯವನೆ ಪತ್ತಿಸಿ, ನಿಱಿಸೆ ಬರ್ಕುಮ್ ಆ ಕ್ಲೀಲ್ಲಿಂಗಂ (92). ಅದು ಇದು ಅವುದು ಎಲ್ಲದು ಪೆಱತು ಏನ್ ಪೆಱದು ಎನಿಪ್ಪ ಶಬ್ದಂಗಳ್ ತಪ್ಪದೆ ಸರ್ವನಾಮಮ್ ಅಕ್ಕುಂ; ವಿದಗ್ಧರ್ ಇವನ್ ಅಱಿದು ನಿಱಿಕೆ ಲಿಂಗಸ್ಥಿತಿಯೊಳ್! (97). ತ್ವತ್ತ್ವಧನ ತದ್ವಚನ, etc. ಈ ತೆಱದಿಂ ನಿಱಿಸಿ, ಸಮಾಸಮುಂ ಮಾಡಿ, ವಿಭಕ್ತಿಯುಂ ಪತ್ತಿಸುವುದು (100 Mdb.). ಗ್ರೀವ ಗ್ರೀವೆ, ಭಿಕ್ಷ ಭಿಕ್ಷೆ ಎನ್ದು, ನಿಱಿಸುವುದು (102 Mdb.). (ಕುದುರೆಯ) ಎರಡು ಕರ್ಣದ ಮೊದಲೊಳ್ (ಸುೞಿ) ಇರೆ ಶುಭಂ, ಪಣೆಯಲ್ಲಿ ನಿಱಿಸಿದ ಒನ್ದಾದಿ ಅಯ್ದಿರೆ ಜಯಂ (Mr. 279).

ನಿಱಿಸು niṟisu. 2. Arrangement; display (Râm. 1, 5, 30). — ನಿಱಿಸು ಕೆಯ್. To arrange, to make ready (Čpr. 5, after 76).

ನಿಱು niṟu. 1. (= ನಿಱಿ 1). See P. ps. ನಿತುರ್ (Šmd. 79, o. r. ನಿಱ್ತು; Kâvy. I, 1b, 27), ನಿದುರ್ (Abh. P. 11, 97).

ನಿಱು niṟu. 2. = ನಿಱಿ 3. — ನಿಱುಗುರುಳ್. = ನಿಱಿಗುರುಳ್. (J. 30, 6, o. r. ನಿಱಿ-). — ನಿಱುದಲೆ. = ನಿಱಿದಲೆ. ನಿಱುದಲೆ ಸೀಳ್ದು ಪೆತ್ತ ನಗೆಗಣ್ (Šmd. 78, o. r. ನಿಱಿ-).

ನಿಱುಗ niṟuga. = ನಿಱಿಗ. (ಮಾಮರ Čt. I, 62; ಇಮ್ಮಾವು Kk. 19, o. r. ನಿಱಿಗ; ಮಾವು 86).

ನಿಱುಗೆ niṟugĕ. = ನಿಱಿಗೆ 2. Putting down; arrangement; orderly arrangement (ವಿನ್ಯಾಸ Šmd. 5 Cm.); properness. ಪ್ರಾಸದ ಛನ್ದದ ಅನ್ವಯದ ನಿಱುಗೆಯಿಂ ಶಬ್ದಂಗಳ್ ವ್ಯತ್ಯಯಮಾಗಿಪ್ಪುವು (5). ನಿಱುಗೆಯಿಂ ಪಚೆವೆಣ್ಣು ಬಂಜೆಯೆನಿಸುಗು (Šm. 73).

ನಿಱ್ಪನ್ದ niṟ-panda. = ನಿಷ್ಪನ್ದ. — ನಿಱ್ಪನ್ದತಾರತ್ವ. The state of the pupil of the eye being motionless (Čpr. 8, 86).

ನಿಱ್ಪನ್ನ niṟ-panna. = ನಿಷ್ಪನ್ನ. (Čpr. 2, 65).

ನಿಱ್ಪಾವಕ niṟ-pâvaka. = ನಿಷ್ಪಾವಕ. (Hlâ. MS.).

ನಿರ್ಋತಿ nir-ṛiti. (= ನಿರುತಿ). Decay; *decay, destruction or adversity personified, goddess of death and corruption and regent of the south-western quarter.*

ನಿರ್ಗತ nir-gata. Gone out, come forth. 2, gone away; disappeared, extinct. 3, freed from.

ನಿರ್ಗತಜ್ವಾಲೆ nirgata-jvâlĕ. That is kindled, but does not flame: a fire-brand (ಉಲ್ಕೆ, ಕೊಳ್ಳಿ Nr.).

ನಿರ್ಗತಿ nir-gati. Helplessness, misery, poverty (My.; Tĕ.).

ನಿರ್ಗಮ nir-gama. = ನಿಗಮ 2. Going forth or out, setting out; going away, receding; — departure, vanishing; — exit, outlet. See ಜಲ-.

ನಿರ್ಗಮನ nir-gamana. = ನಿರ್ಗಮ. (Čpr. 5, after 67; Bp. 51, 47; J. 32, 56).

ನಿರ್ಗರುಳ (nir-karuḷa = karaḍa, of ಕರಡು 1?). A man of mild disposition (ಕೋಮಲನು Bhn. 61).

ನಿರ್ಗಲಿತ nir-galita. Flowed out, poured forth. (Čpr. 8, 77).

ನಿರ್ಗರ್ವ nir-garva. = ನಿಗರ್ವ. Free from pride, humble. 2, humbleness (My.).

ನಿರ್ಗರ್ವತೆ nir-garvatĕ. The state of being free from pride, humbleness (Bp. 51, 47).

ನಿರ್ಗರ್ವಿ nir-garvi. = ನಿಗರ್ವಿ. An humble person (Bp. 28, 2).

ನಿರ್ಗಹನ nir-gahana. Without difficulty, easy (Čpr. 5, after 105).

ನಿರ್ಗಾದಿಗೆ nir-gâdigĕ. = ಗಾದಿಗೆ. (Abh. P. 1, 113. 114).

ನಿರ್ಗುಣ nir-guṇa. Without qualities or attributes; the supreme soul (My.); Šiva (Ššv. 5, 24). 2, devoid of good qualities.

ನಿರ್ಗುಣಿ nir-guṇi. A being or person without qualities or attributes (Bp. 8, 13; 51, 44).

ನಿರ್ಗುಣ್ಡಿ nirguṇḍi. *A shrub or small tree, the five-leaved chaste-tree, Vitex negundo* Lin. (ಸಿನ್ದುವಾರ, ಇನ್ದ್ರಾಣಿ, ಲೊಕ್ಕಿ Mr. 114, o. r. ಲಕ್ಕಿ; ಇನ್ದ್ರಾಣಿ, ಲೊಕ್ಕಿ Nn. 28). 2, the three-leaved chaste-tree, Vitex trifolia Lin. (St. & Pl.). 3, *the small tree Nyctanthes arbor tristis* Lin.

ನಿರ್ಗ್ರನ್ಥ nir-grantha. Freed from all ties or hindrances: *a Jaina religious mendicant* (ಸವಣ Hlâ.); a Jaina guru (Mr. 222).

ನಿರ್ಗ್ರನ್ಥನ nir-granthana. = ನಿಗ್ರನ್ಥನ. *Killing, slaughter.*

ನಿರ್ಘಾತ nir-ghâta. A severe stroke (Abh. P. 13, after 54; Bp. 34, 25; 54, 39). 2, a violent gust of wind. 3, a thunder-stroke.

ನಿರ್ಘೋಷ nir-ghôsha. *Sound, noise, a loud noise.*

ನಿರ್ಘೋಷಣ nir-ghôshaṇa. = ನಿರ್ಘೋಷ. (Čpr. 4, 35).

ನಿರ್ಘೋಷಾಯಮಾಣ nir-ghôshâyamâṇa. Sounding, roaring (Čpr. 3, after 94).

ನಿರ್ಜಡ nir-jaḍa. Devoid of stupidity or dulness (Šśv. 5, 24).

ನಿರ್ಜನ nir-jana. Unpeopled, uninhabited, desolate. (My.).

ನಿರ್ಜನ್ತುಕ nir-jantuka. = ನಿರ್ಜನ. (Abh. P. 7, 32).

ನಿರ್ಜರ nir-jara. Not becoming old; undecaying, immortal. 2, *a god, a deity.*

ನಿರ್ಜರೇನ್ದ್ರ nirjara-indra. Indra (J. 25, 35).

ನಿರ್ಜಲ nir-jala. *Destitute of water,* dry (B. 5, 35).

ನಿರ್ಜಾಡಿಸು nir-jâḍisu. To sweep away; to shake vehemently; etc. (Bp. 54, 37).

ನಿರ್ಜಿತ nir-jita. *Conquered, overcome.* 2, unconquered. See Bp. 26, 56; 47, 61.

ನಿರ್ಜಿತೇನ್ದ್ರಿಯಗ್ರಾಮ nirjita-indriya-grâma. *A man who has subdued the whole assemblage of the organs of sense: a saint, a muni.*

ನಿರ್ಜೀವ nir-jîva. Lifelessness; that has no life (My.); lifeless, inanimate (Č. Bp. 47, 20; B. 5, 131).

ನಿರ್ಜೀವಿ nir-jîvi. A lifeless, dead or dying being or person (Bp. 14, 18; My.).

ನಿರ್ಜುಲ nirjula. = ನಿಜುಲ No. 2, q. v.

ನಿರ್ಝರ nir-jhara. *A waterfall, a cataract, a mountain-torrent.*

ನಿರ್ಝರಿಣಿ nir-jhariṇi. *A torrent, a river.*

ನಿರ್ಣಯ nir-ṇaya. Leading or taking away; removal. 2, tracing out; settling: *ascertainment, decision, determination* (ನಿಶ್ಚಯ Šmd. 178 Cm.); precise definition (Čh. v. 340). 3, sentence, decree, verdict. 4, final settlement, the end (ನಿರ್ವಾಹ Šmd. 173 Cm.). See ತಬ್ಸಲ್, ತಬ್ಸಲು. — ನಿರ್ಣಯ ಮಾಡು. To make an ascertainment of, to come to a decision about; to form a resolution; to decree (B. 4, 222; 5, 263; My.).

ನಿರ್ಣಯಿಸು nirṇayisu. (Šmd. 65). = ನಿರ್ಣಯ್ಸು. To settle, to come to a decision, to decide; to give a verdict; to order; etc. (B. 4, 39. 93. 186; My.).

ನಿರ್ಣಯ್ಸು nirṇaysu. = ನಿರ್ಣಯಿಸು. (J. 7, 61; 12, 19; B. 3, 43; My.).

ನಿರ್ಣಾಮ nirṇâma. = ನಿರ್ನಾಮ. (J. 2, 42).

ನಿರ್ಣಾಯಕ nir-nâyaka. A man who ascertains, decides, etc. (Śi. 258).

ನಿರ್ಣಿಕ್ತ nir-nikta. *Washed, cleansed, purified, cleaned* (ಧೌತ, ಪ್ರಕ್ಷಾಲಿತ, ತೊಳವದು Mr. 255).

ನಿರ್ಣೀತ nir-nîta. Brought to a conclusion, ascertained, settled (Kâvy. V, 2). Fem. ನಿರ್ಣೀತೆ (Bp. 2, 47).

ನಿರ್ಣೀತಿ nir-nîti. Ascertainment, demonstration; narration, description (Kâvy. IV, 1).

ನಿರ್ಣೇಜಕ nir-nêjaka. *A washerman.*

ನಿರ್ದಯ nir-daya. Pitiless, unmerciful, unkind. (J. 16, 22). 2, = ನಿರ್ದಯೆ (My.).

ನಿರ್ದಯೆ nir-dayĕ. Unmercifulness; cruelty (Šmd. 345; My.).

ನಿರ್ದಳನ nir-dalana. Splitting, breaking (Bp. 59, 38).

ನಿರ್ದಾಯ nir-dâya. The state of being without a division, completeness (Bh. 1, 10, 11; J. 2, 36).

ನಿರ್ದಿಷ್ಟ nir-dishṭa. Pointed out; assigned; ordered, directed; described, declared, told; ascertained (Kâvy. II, 2, B, 27. 30).

ನಿರ್ದಿಷ್ಟಿತ nir-dishṭita. = ನಿರ್ದಿಷ್ಟ. (Bp. 1, 13).

ನಿರ್ದುಷ್ಟ nir-dushṭa. Free from fault (My.; Śi. 48. 236).

ನಿರ್ದೇಶ nir-dêśa. Pointing out; denoting, indicating, marking; directing, ordering; *order, command, direction;* numeration; telling, declaring; *description, designation;* description, depicting. See ಕ್ರೋಢ-.

ನಿರ್ದೇಶಿಸು nir-dêśisu. To point out, to show; to order; to enumerate, to specify, etc. (My.; Śi. 67).

ನಿರ್ದೇಹ nir-dêha. Without a body, bodiless, incorporeal (Bp. 8, 5).

ನಿರ್ದೈವ nir-daiva. Luckless (Râm. 6, 14, 26; Mhr.).

ನಿರ್ದೋಷ nir-dôsha. Faultless, without defect or blemish (ಅಮಲಿನ Šmd. 15; 15. 188; Kâvy. IV, 2, 54-56); innocent, guiltless. (J. 2, 13).

ನಿರ್ದೋಷತೆ nir-dôshatĕ. Guiltlessness, innocence, etc. (Čpr. 1, 47).

ನಿರ್ದೋಷಿ nir-dôshi. A person without blemish or guilt (Šmd. 163; Bp. 7, 4).

ನಿರ್ದ್ರವ nir-drava. The state of being or becoming devoid of juice or moisture. See ಆಱ್, ಬತ್ತು.

ನಿರ್ದ್ರವಕರಣ nirdrava-karaṇa. Depriving of juice or moisture. See ಪುರಿ, ಹಿಱ್, ಹುರಿ.

ನಿರ್ಧನ nir-dhana. = ನಿಧನ 2. Without money or property, poor; poverty.

ನಿರ್ಧನಿಕ nir-dhanika. A poor man (Bp. 44, 59).

ನಿರ್ಧರ nir-dhara. = ನಿರ್ಧಾರ. — ನಿರ್ಧರಂಗೆಯ್. -ಂ-. To settle in one's mind (Rśv. 13, after 26).

ನಿರ್ಧರಿಸು nir-dharisu. To determine, to ascertain, to settle, to make sure, etc. (see ನನು; Śi. 265; Râm. 1, 16, 29; My.).

ನಿರ್ಧರ್ಮಿ nir-dharmi. An unjust, unrighteous, impious or irreligious person (Bp. 22, 60; 25, 31).

ನಿರ್ಧಾಟಿಸು nir-dhâṭisu. To cast or throw out (W.).

ನಿರ್ಧಾರ nir-dhâra. Taking out from, particularizing;—determining, defining, settling, ascertaining;—certainty; settledness of mind or judgment regarding anything.

ನಿರ್ಧಾರಣ nir-dhâraṇa. ನಿರ್ಧಾರಣೆ. = ನಿರ್ಧಾರ. Particularizing individuals according to their degree of merit, specifying one out of many (Šmd. 163; Kâvy. I, 2, 41-43); settling; emphasizing (Šmd. 57. 64. 68. 395).

ನಿರ್ಧಾರಿತ nir-dhârita. Particularized, specified (Kâvy. III, 3, B, 54); settled, ascertained.

ನಿರ್ಧಾರ್ಯ nir-dhârya. To be settled, determinable, ascertainable. 2, not to be restrained, acting resolutely or fearlessly, energetic (Sk.; G.).

ನಿರ್ಧಾವನ nir-dhâvana. Streaming forth from, springing from; running out, escaping from; running away. 2, washing off, washing away, cleansing. See ಪಾಱ್ಱೋಱ್.

ನಿರ್ಧೂತ nir-dhûta. Shaken off; removed; rejected, etc. (Bp. 7, 2).

ನಿರ್ಧೂಮ nir-dhûma. Smokeless.

ನಿರ್ಧೂಮಧಾಮ nirdhûma-dhâma. A smokeless home: utter ruin and ashes, utter destruction (Bp. 28, 17; 56, 36). 2, a man who ruins or destroys (58, 52).

ನಿರ್ನಾಕಿ nirnâki. = ನಿರ್ನೋಕಿ, q. v.

ನಿರ್ನಾಮ nir-nâma. = ನಿರ್ಣಾಮ. Without a name, nameless. 2, ruined; ruin (ನಾಶ Bhn. 19; Bp. 56, 36; Râm. 3, 6, 54; My.). 3, unnamable (Bp. 8, 5).

ನಿರ್ನಿಮಿತ್ತ nir-nimitta. Without reason or motive, causeless, groundless (Šmd. 389); causelessness (143). ನಿರ್ನಿಮಿತ್ತಂ, causelessly, without cause (111; Bp. 48, 11; Kk. 93).

ನಿರ್ನಿರ್ nirnir. = ನಿರ್ನಿರ, ನಿರ್ನೇರ್, ನಿರ್ನೇರ, ನೆರ್ನೇರ್, ನೆರ್ನೇರ. Causelessly, without cause (ನಿರ್ನಿಮಿತ್ತಾಥೋರ್ಗಲ್ಲಿಸಿತಂ Šmd. 389, o. r. ನೆರ್ನೇರಂ; Šmd. II, o. r. ನೆರ್ನೇರಂ).

ನಿರ್ನಿರ nirnira. = ನಿರ್ನಿರ್, etc. (ನೆರ್ನೇರಂ, ನಿರ್ನಿಮಿತ್ತಂ Kk. 93).

ನಿರ್ನಿರುಹರಣ nir-niruharaṇa. Tbh. of a ನಿರ್ನಿರ್ಹರಣ. Not taking away (Bp. 61, 43).

ನಿರ್ನೇರ್ nirnĕr. = ನಿರ್ನಿರ್, etc. (Šmd. 389, Šmd. II, as o. r.).

ನಿರ್ನೇರ nirnĕra. = ನಿರ್ನಿರ್, etc. (Šmd. 389, Šmd. II, o. r. ನೆರ್ನೇರ). ನಿರ್ನೇರಂ ಬನ್ದಂ (ನಿರ್ನಿಮಿತ್ತಂ ಬನ್ದಂ 111, o. r. ನೆರ್ನೇರಂ). ದೇವಿಯರಿರಾ, ಕಡು ಕೆಯ್ದು ಕೃತಾನ್ತನ್ ಇನ್ತು ನಿರ್ನೇರಮ್ ಎಱೆದು ಯ್ಯೆ ಬಾರಿಸದೆ, ಕೆಮ್ಮನೆ ಉಪೇಕ್ಷಿಸಿ, ನೋಡುತಿರ್ಪಿರೇ? (112).

ನಿರ್ನೋಕಿ nirnôki. = ನಿರ್ಮೇಕಿ, q. v.

ನಿರ್ಬದ್ಧ nir-baddha. (= ನಿಬದ್ಧ). Fixed or fastened upon; directed on; clung to; pressed hard.

ನಿರ್ಬನ್ಧ nir-bandha. Insisting upon; persistence, perseverance, pertinacity; obstinacy (Sk.). 2, determination (Mhr.). 3, restraining, hindrance, obstruction (ಅಡ್ಡಿ My.). 4, pressing or urging, importunity (Sk.). 5, force, violence (ಬಲಾತ್ಕಾರ Šmd. 72, Cm.: abnormity; Čpr. 5, 28; My.). 6, a rule, an ordinance (Mhr.; B. 4, 215; My.); control (Mhr.). ನ್ಯಾಯನಿರ್ಬನ್ಧದಿನ್ದ ಹಾದಿ ಹೋಗುವದು (ಲಂಖಣ, ಸ್ಖಲನ Si. 74). ನಿರ್ಬನ್ಧ ಮಾಡಿದವನ ಸ್ವಬನ್ಧ ಹೋದೀತೇ? (Prv.). — ನಿರ್ಬನ್ಧಗೊಳಿಸುವಿಕೆ. -ಕೊಳಿಸುವಿಕೆ. Using force (ಪ್ರಸಭ, ಬಲಾತ್ಕಾರ, etc., ಬಲವನ್ತ ಮಾಡುವಿಕೆ Si. 295).

ನಿರ್ಬನ್ಧನ nir-bandhana. = ನಿರ್ಬನ್ಧ. (My.).

ನಿರ್ಬನ್ಧಿಕ nir-bandhika. = ನಿಬ್ಬನ್ದಿಗ. A man who insists upon or persists in, etc.

ನಿರ್ಬನ್ಧಿಸು nir-bandhisu. To restrain, to hinder, to impede; to press, to urge, to force (My.).

ನಿರ್ಬಲ nir-bala. Powerless (Sk.; My.); want of power (My.).

ನಿರ್ಬಾಧ nir-bâdha. Free from opposition or contradiction (Kâvy. III, 3, B, 30). 2, freedom from trouble or annoyance (My., also ನಿರ್ಬಾಧೆ).

ನಿರ್ಬುದ nirbuda. Tbh. of ನ್ಯರ್ಬುದ. (My.).

ನಿರ್ಬುದ್ಧಿ nir-buddhi. = ನಿಬುದ್ಧಿ, ನಿಬ್ಬುದ್ಧಿ. Senseless, unwise, stupid, dull.

ನಿರ್ಭಂಗ nir-bhaṅga. Free from defeat or ruin (Šsv. 5, 26).

ನಿರ್ಭಯ nir-bhaya. Fearless, undaunted; secure; safe;— fearlessness (My.); freedom from danger. See Bp. 59, 41; 61, 44; Šsv. 5, 24; B. 4, 104.

ನಿರ್ಭರ nir-bhara. = ನಿಬ್ಬರ. Excessive, vehement, violent; *beyond measure, much;* ardent; full, filled with;— excess; vehemence, violence (Bp. 61, 11; Šsv. 3, 57; 4, 10. 11); intent and pertinacious pursuit or purpose.

ನಿರ್ಭರಾಲೋಕ nirbhara-âlôka. Viewing excessively, etc. See ನಿಟ್ಟಿಸು.

ನಿರ್ಭವ nir-bhava. Birthless (Bp. 61, 44; Šsv. 5, 24).

ನಿರ್ಭರ್ತ್ಸನ nir-bhartsana. Threatening; *threat, menace; abuse; reproach.* See ಕೊಕ್ಕರಿಸು.

ನಿರ್ಭಾಗ್ಯ nir-bhâgya. *Unlucky, destitute of fortune.* — ನಿರ್ಭಾಗ್ಯದಾಮೋದರ. A wretched vagrant (My.).

ನಿರ್ಭಾವ nir-bhâva. = ನಿರ್ಭವ. (Bp. 54, 21).

ನಿರ್ಭಿನ್ನ nir-bhinna. Broken asunder, pierced, divided, destroyed (Sk.; My.). 2, = ಅಭಿನ್ನ, adhering closely, clinging to; undivided; unchangeable (Bp. 35, 7; 53, 3; Bh. 5, 3, 26).

ನಿರ್ಭೀತ nir-bhîta. Fearless, undaunted (J. 4, 26; My.; ಅಂಜಿಕೆಯಿಲ್ಲದವ G.).

ನಿರ್ಭೀತಿ nir-bhîti. Fearlessness (My.).

ನಿರ್ಮಜ್ಜ nir-majja. Marrowless, fatless, meagre. 2, N. of a plant (ಗೊಡ್ಡ Mr. 116).

ನಿರ್ಮದ nir-mada. Unintoxicated, sober; not proud, humble (Šsv. 5, 24); *not in rut,* as an elephant.

ನಿರ್ಮನ್ಥ nir-mantha. *Churning; rubbing.*

ನಿರ್ಮನ್ಥಕಾಷ್ಠ nirmantha-kâshṭha. *The wood used for kindling fire by friction.*

ನಿರ್ಮನ್ಥ್ಯ nir-manthya. *To be churned, rubbed, or excited by friction.*

ನಿರ್ಮರಣ nir-maraṇa. Deathless (Bp. 61, 44).

ನಿರ್ಮಲ nir-mala. = ನಿಮ್ಮಳ. Spotless, free from dirt or impurities, stainless, unsullied;— virtuous;— clear, clean, pure, serene;— shining, splendent, bright; charming, lovely (ರಾಮ, ವಿಮಲ Nn. 24; ಮನೋಹರ 91; ಪಳಕನೆ, ಜಳಕನೆ Čt. II, 30). See ತಿಳಿ, ಬೆಳ್ಪಳಿ, ಬ್ರಹ್ಮ. — ನಿರ್ಮಲ ಮಾಡು. To clean, as a house, etc. (B. 4, 25; My.).

ನಿರ್ಮಲತರ nirmala-tara. Uncommonly clear or bright, etc. (Čpr. 6, 3).

ನಿರ್ಮಲತೆ nir-malatĕ. Stainlessness, purity, cleanness (Bp. 3, 48).

ನಿರ್ಮಲತ್ವ nir-malatva. = ನಿರ್ಮಲತೆ. (ರಜತ, ವಿಮಲ Nn. 104; ಪ್ರಸನ್ನತೆ G.; My.).

ನಿರ್ಮಲಿತ nir-malita. Not stained or sullied, pure (Bp. 7, 9; 49, 34; J. 15, 28).

ನಿರ್ಮಲಿನ nir-malina. = ನಿರ್ಮಲ. (My.).

ನಿರ್ಮಲೀಕೃತ nirmalî-kṛita. Freed from impurity, cleansed, cleared. (Grj. 4, after 12).

ನಿರ್ಮಲೆ nir-malĕ. A spotless female (J. 18, 52). 2, the river Šôṇa (Mr. 414).

ನಿರ್ಮಳಿ nir-maḷi. = ನೆಮ್ಮದಿ. Pureness; serenity; shine, splendour, brightness (ಬೆಳ್ಪಳಿ Kk. 86).

ನಿರ್ಮಳಿಕೆ nir-maḷikĕ. Pureness, etc. (ಬೆಳ್ಪಳಿ Kk. 53).

ನಿರ್ಮಾಂಸ nir-mâṁsa. Fleshless, emaciated. ಉದುರೆಯ ನಿರ್ಮಾಂಸಜಂಘೆಗಳ್ (Mr. 283).

ನಿರ್ಮಾಣ nir-mâṇa. Measuring or meting out; building, forming, making, fabricating, creating; creation. (My.).

— ನಿರ್ಮಾಣ ಮಾಡು. To fabricate, to produce (B. 4, 112; My.); to create (4, 13; My.).

ನಿರ್ಮಾತೃ nir-mâtṛi. A maker, a builder, a creator. (My.).

ನಿರ್ಮಾನುಷ್ಯ nir-mânushya. Uninhabited, desolate (My.; Sk. ನಿರ್ಮಾನುಷ).

ನಿರ್ಮಾಪಣ nir-mâpaṇa. Causing to be built, formed, or made (Čpr. 2, 57). See ಮಾಡಿಸು.

ನಿರ್ಮಾಯ nir-mâya. Free from illusion (Bp. 61, 44; J. 7, 18).

ನಿರ್ಮಾಲ್ಯ nirmâlya. Stainlessness, purity, cleanness; that is considered as pure: the remains of an offering to an idol, as flowers, etc., flowers and other articles of an offering now become stale (Bp. 18, 96. 104; 43, 65. 66. 70; 46, 62; 49, 16; 61, 89; My.). See ಶಿವ-.

ನಿರ್ಮಿಚು nirmiču. = ನಿರ್ಮಿಸು. To make, to fashion, to form, to produce, to fabricate, to create (Šmd. 141).

ನಿರ್ಮಿತ nir-mita. Measured out; built, formed, made, produced, created (Čpr. 1, 108. 129; Bp. 1, 35; My.).

ನಿರ್ಮಿಸು nirmisu. = ನಿರ್ಮಿಚು. (Čpr. 1, 66; Bp. 54, 36; J. 2, 23; 6, 19; B. 4, 59; My.). ಅಭಿನವನಿಗಣ್ಣನ್ ಅಭಿನವಮಂಗಂ ನಿರ್ಮಿಸಿದಂ (Mr. 540).

ನಿರ್ಮುಕ್ತ nir-mukta. Loosed, set free, liberated, disjoined, separated. 2, *a snake which has lately cast his skin.* 3, not requiring final emancipation, being always in its possession (Bp. 51, 28).

ನಿರ್ಮುಕ್ತಿ nir-mukti. Liberation, deliverance. (Čpr. 4, after 24).

ನಿರ್ಮೂಲ nir-mûla. Rootless, deprived of its root; eradicated; unfounded; eradication, extirpation (Bp. 50, 65). — ನಿರ್ಮೂಲ ಮಾಡು. To eradicate, to extirpate (B. 4, 8; My.). — ನಿರ್ಮೂಲವಾಗು. -ಆಗು. To be extirpated. ಭೂವರನನ್ನನರು ನಿರ್ಮೂಲವಾದರು (Bp. 31, 22).

ನಿರ್ಮೂಲನ nir-mûlana. The condition of being eradicated or ruined (ಪ್ರಲಯ, ಲಯವಹುದು Nn. 100). 2, uprooting, extirpating (Sk., My.).

ನಿರ್ಮೂಲಿತ nir-mûlita. Uprooted, eradicated, etc. (Bp. 29, 1; 61, 39).

ನಿರ್ಮೂಲಿಸು nirmûlisu. To uproot, to pluck out or up, to extirpate. See ಕೀಳ್.

ನಿರ್ಮೇಕಿ nirmêki. (ಕಾಡ ತುಪ್ಪ Mr. 134, o. rs. ನಿನೋೕಕಿ, ನಿರ್ಾಕ್ಕಿ).

ನಿರ್ಮೇಘ nir-mêgha. Cloudless (Bp. 35, 10).

ನಿರ್ಮೋಕ nir-môka. Setting loose or free, solving from. 2, *the cast off skin or slough of a snake* (ಹಾವಿನ ಪೊರೆ Nn. 44).

ನಿರ್ಮೋಕ್ಷ nir-môksha. Liberation, deliverance (ಬಿಡುಗಡೆ Nr.).

ನಿರ್ಮೋಹ nir-môha. Absence of love (Bp. 14, 33; My.).

ನಿರ್ಯತ್ nir-yat. Going out or forth, going off, departing. (Čpr. 1, after 31; 1, 130).

ನಿರ್ಯತ್ತ್ರಾಣ niryat-trâṇa. Remitted force or energy: standing still (ನಿನ್ದಿಹದು Mr. 464).

ನಿರ್ಯಾಣ nir-yâṇa. Going forth or out, setting out, departure. 2, the cessation of a journey (ನಿಲುಪಯಣ, ಉಪ್ಪಯಣ Nn. 79; ಉಪ್ಪಯಣ, ನಿಲುಪಯಣ 90). 3, vanishing, disappearance. 4, division, separation (ಭಾಗ, ವಿಭಾಗ 79; ವಿಭಾಗ, ಭಾಗವ ಮಾಡುವುದು 90). 5, death (ಮೃತಿ, ಸಾವು 79; ಮೃತ, ಸಾವು 90). 6, *the outer corner of an elephant's eye* (ಆನೆಯ ಕಡೆಗಣ್ಣು Mr. 156).

ನಿರ್ಯಾತ nir-yâta. Gone forth or out, departed, gone (Rśv. 5, after 120).

ನಿರ್ಯಾತನ nir-yâtana. *Giving back, returning, restitution, delivery of a deposit, replacing anything lost.* 2, *a gift.* 3, *requital, revenge.*

ನಿರ್ಯಾಮ nir-yâma. *A sailor; a pilot; a helmsman.*

ನಿರ್ಯಾಮಕ nir-yâmaka. = ನಿಯಾಮಕ, ನಿರ್ಯಾಮ. ತುಡಿಯ ಕೂಕಪ್ಪುದವನು (ನಿರ್ಯಾಮಕ, ಕರ್ಣಧಾರಕ Mr. 407).

ನಿರ್ಯಾಸ nir-yâsa. *Exudation of trees or plants, as gum, resin, juice, milk, etc.* (ಮರದ ಅಂಟು Si. 487).

ನಿರ್ಯೂಹ nir-yûha. = ನಿರ್ವ್ಯೂಹ. *A peg or bracket projecting from a wall to hang or place anything upon.* 2, *a chaplet worn on the crown of the head, a crest, a head-ornament;* see ಬಾಸಿಗ. 3, *a door.* 4, *extract, decoction.*

ನಿರ್ಯೋಗ nir-yôga. Inconnection, disconnection (Šâstrasâra in W. v. 1508).

ನಿರ್ಲಕ್ಷ್ಯ nir-lakshya. Disregard, contempt (My.).

ನಿರ್ಲಜ್ಜೆ nir-lajjĕ. Want of shame, indecency, impudence (My.).

ನಿರ್ಲಜ್ಜೆತನ nir-lajjĕtana. = ನಿರ್ಲಜ್ಜೆ. (ಸ್ತ್ರೀಯಾತ್ಮ G.).

ನಿರ್ಲೇಪ nir-lêpa. Unsmeared; uncontaminated, stainless, spotless; the state of being uncontaminated, spotlessness, etc. (Jńs. 22, 53; My.).

ನಿರ್ಲೋಟಿಸು nir-lôṭisu. To roll or move about (Bh. 2, 9, 17).

ನಿರ್ಲೋಭ nir-lôbha. Free from desire (Sk.); freedom from desire, unavariciousness, unselfishness (My.).

ನಿರ್ಲೋಭಿ nir-lôbhi. Uncovetous, unselfish (B. 5, 228).

ನಿರ್ಲ್ವಯನಿ nir-lvayani. *The cast off skin of a snake.*

ನಿರ್ವಕ್ರ nir-vakra. Straightness, uprightness, justice (Bp. 5, 8). 2, not ambiguous, plain, evident, as guilt (22, 50).

ನಿರ್ವಂಗ nir-vaṅga. A kind of good horse (Mr. 281; ವಂಗ = ವ್ಯಂಗ?).

ನಿರ್ವಂಚಕ nir-vańčaka. Without fraud or deceit, sincere (Bp. 1, 31; My.). 2, sincerity (Bp. 28, 4; 36, 21; 59, 49).

ನಿರ್ವಂಚಕತ್ವ nir-vańčakatva. = ನಿರ್ವಂಚಕ No. 2. (Bp. 6, 22; My.).

ನಿರ್ವಂಚನೆ nir-vańčanĕ. = ನಿರ್ವಂಚಕತ್ವ. (My.).

ನಿರ್ವಪಣ nir-vapana. Pouring out, sprinkling, scattering; libation, oblation;—*spending, bestowing presents;—gift, donation.*

ನಿರ್ವರ್ಣನ nir-varṇana. *Looking at, regarding, seeing.*

ನಿರ್ವರ್ತನ nir-vartana. *Completing, effecting, accomplishment, completion, execution.*

ನಿರ್ವರ್ತಿತ nir-vartita. Finished, completely done, accomplished (Čpr. 2, after 39; 7, after 148; 8, after 24).

ನಿರ್ವರ್ತಿಸು nir-vartisu. To complete, to accomplish, to finish (Abh. P. 7, after 47; My.).

ನಿರ್ವರ್ತ್ಯ nir-vartya. To be accomplished, to be executed or produced (adj., Šmd. 155. 156).

ನಿರ್ವಹಣ nir-vahana. *Conclusion, completion, end;* the state of being spent. 2, carrying out; effecting, completing. See ಮುಗಿ, ಸಮೆ; Bp. 58, 19; 59, 33; (Šmd. 177, o. r. ನಿರ್ವಾಹಣ).

ನಿರ್ವಹಿಸು nir-vahisu. To carry out; to accomplish, to effect (Bp. 10, 54; J. 20, 7; 31, 42; St. 238. 256. 267; My.).

ನಿರ್ವಾಣ nir-vâṇa. *Blown out, extinguished;* becoming extinguished. 2, *liberated from existence.* 3, dead, defunct. 4, extinction of life: *the delivery of the individual soul from the body and further transmigration, and its reunion with the universal or supreme soul* (ಕೈವಲ್ಯ, ಮೋಕ್ಷ Nn. 19; ಮುಕ್ತಿ, ಮೋಕ್ಷ, etc. Mr. 26). 5, the end of life, death (ಜನ್ಮಾಂತ, ಜನ್ಮದ ಕಡೆ 19, o. r. ಪ್ರಾಣಾಂತ್ಯ; ಜನ್ಮದಪಹಣೆ Mr. 507). 6, calm; complete satisfaction or pleasure, highest felicity. 7, vacuity, vacuum. 8, setting, vanishing from sight; evening, eventide (ಅಸ್ತಮಯಸಮಯ, ಅಸ್ತಮಾನ, ಸಾಯಂಕಾಲ 19; ಅಸ್ತಮಯ 507). 9, sinking under, diving, immersion (ಮಜ್ಜನ 507). 10, a kind of penance, sanctification of the body by penance (ತಪ, ತಪೋಭೇದ 19; ವಪುಸಿದ್ಧಿ 507). 11, a Jina (507). 12, the soul (ಜೀವನು, ಆತ್ಮನು 19). 13, the body (ದೇಹ 19). 14, an elephant (ಸಾಮಜ, ಆನೆ 19; ಗಜ 507). 15, vairavaśa (ವೈರದ ವಶ 19, o. rs. ವೈರದ ತಮ, ವೈರದ ಸಮ). 16, presenting funeral oblations; funeral rites (ಉತ್ತರಕರ್ಮ, ಉತ್ತರಕ್ರಿಯೆ 19; one MS. ಉತ್ತರ= ಪ್ರತಿವಾದ; ಕರ್ಮ=ಕ್ರಿಯೆ). 17, works or performances in general (ಕಾರ್ಯ, ಕೆಲಸ, ಕಾರ್ಯಂಗಳ್ 19). 18, nakedness, nudity (My.).

ನಿರ್ವಾಣಕ್ಷೇತ್ರ nirvâṇa-kshêtra. A place where penance is performed (Śâstrasâra in W. v. 1259).

ನಿರ್ವಾಣರೇಖೆ nirvâṇa-rêkhĕ. A life-like stripe (Čpr. 6, after 64).

ನಿರ್ವಾಣಿ nir-vâṇi. A person who goes naked and is exonerated whilst living from future birth and all ritual ceremonies (Bp. 20, 16). 2, N. of an Arhat. 3, N. (My.). — ನಿರ್ವಾಣಿದೇವ. N. (Bp. 59, 3).

ನಿರ್ವಾತ nir-vâta. Free from wind; *not windy, calm, still.*

ನಿರ್ವಾದ nir-vâda. Speaking out: *obloquy, censure.* 2, *rumour, report.* 3, asseveration.

ನಿರ್ವಾಪ nir-vâpa. Pouring out, etc.; *offering oblations, especially funeral oblations;* gift, giving, alms.

ನಿರ್ವಾಪಣ nir-vâpana. 1. = ನಿರ್ವಾಪ.

ನಿರ್ವಾಪಣ nir-vâpana. 2. Blowing out, putting out, extinguishing; *extinction, annihilation; slaughter.*

ನಿರ್ವಾರ್ಯ nir-vârya. *Irresistible; acting fearlessly.*

ನಿರ್ವಾಸನ nir-vâsana. Expelling or driving from home, banishment. 2, *hurting, killing, slaughter, annihilation.*

ನಿರ್ವಾಹ nir-vâha. (= ನಿಬಾವು). Causing one's self to be brought out of: bringing one's self out of, extricating one's self; a way out, an escape (My., not Sk.). ಆದಕ್ಕೆ ಆ ಮೃಗಗಳೆಲ್ಲ ನಿರ್ವಾಹವಿಲ್ಲದೇ ಒಪ್ಪಿ ಕೊಳ್ಳ ಬೇಕಾಯಿತು (B. 4, 12). ನಿಮ್ಮ ಮಾತಿನ ಪ್ರಕಾರ ಮಾಡುವೆನು, ನಿರ್ವಾಹವಿಲ್ಲ (My.). ಅವನಿಗೆ ನಿರ್ವಾಹವಿಲ್ಲ (for him there is no escape, he is going to die, My.). 2, accomplishment, achievement; effecting, doing; managing. ನನ್ನಿಂದ ನಿರ್ವಾಹವಿಲ್ಲ (I cannot accomplish it, My.). ಹಾಗೆ ಮಾಡದೇ, ನಿರ್ವಾಹವಿಲ್ಲ (B. 4, 45). ಬರೆದು ತಿಳಿಸದಿದ್ದರೆ ನಿರ್ವಾಹವಿಲ್ಲ (4, 196). See Śmd. 156. 160. 173. 3, supporting, maintaining (J. 18, 15). 4, subsisting on. 5, sufficiency, adequacy, competent provision or means of living. 6, accomplished, finished (ಸಿದ್ಧ Nn. 24); completion, end. See ವಾಕ್ಯ-. — ನಿರ್ವಾಹ ಆಯಿಸು. To effect, to bring into being (Bp. 37, 58). — ನಿರ್ವಾಹ ಮಾಡು. = ನಿರ್ವಾಹಿಸು. 2, (to shift), to live frugally or economically, to be content with so much as is absolutely necessary to sustain life (B. 4, 74). — ನಿರ್ವಾಹ ಸಾಗಿಸು. To obtain, or supply, the means of sustenance; to maintain, to sustain (B. 3, 110; 5, 88. 186). — ನಿರ್ವಾಹ ಸಾಗು. Maintenance or sustenance to take place (B. 4, 108).

ನಿರ್ವಾಹಕ nir-vâhaka. Accomplishing, performing, affecting (adj., Sk.; My.).

ನಿರ್ವಾಹಣ nir-vâhana. = ನಿರ್ವಾಹ. (Śmd. 177, see ನಿರ್ವಹಣ).

ನಿರ್ವಾಹಶಾಲಿ nirvâha-śâli. A person who has the power of accomplishing anything (My.).

ನಿರ್ವಾಹಿಸು nir-vâhisu. = ನಿಬಾಯಿಸು. To accomplish, to effect.

ನಿರ್ವಿಕಲ್ಪ nir-vikalpa. Not admitting an alternative (Kâvy. V, 70). 2, free from change (Bp. 18, 100; My.).

ನಿರ್ವಿಕಾರ nir-vikâra. Unchanged; unchangeable, immutable (Bp. 38, 27; 61, 43; My.).

ನಿರ್ವಿಕಾರತೆ nir-vikâratĕ. Unchangeableness, uniformity. (Śśv. 2, after 105).

ನಿರ್ವಿಕಾರಿ nir-vikâri. = ನಿರ್ವಿಕಾರ. (ಅವಿಕೃತಿ Śmd. 67. 68).

ನಿರ್ವಿಘ್ನ nir-vighna. Unobstructed, free from obstructions or difficulties; absence of obstruction or impediment (Bp. 61, 43; J. 18, 15; My.).

ನಿರ್ವಿಘ್ನತೆ nir-vighnatĕ. Absence of obstructions or difficulties (J. 1, 3).

ನಿರ್ವಿಘ್ನದಾಯಕ nirvighna-dâyaka. Gaṇêśa. (My.).

ನಿರ್ವಿಣ್ಣ nir-viṇṇa (-vinna). = ನಿರ್ವಿಣ್ಣ. Despondent; disgusted with anything; loathing; self-disparaged, overcome with fear or sorrow.

ನಿರ್ವಿಣ್ಯ nirviṇya. Tbh. of ನಿರ್ವಿಣ್ಣ. (J. 14, 10; 18, 60).

ನಿರ್ವಿಂದ nir-vinda. = ನಿರ್ವೇದ. (Čpr. 5, 96).

ನಿರ್ವಿಭವ nir-vibhava. Devoid of substance or wealth, etc. (Bp. 51, 18).

ನಿರ್ವಿರಲ nir-virala. Having no interstices (Bp. 61, 44).

ನಿರ್ವಿವಾದ nir-vivâda. Absence of contention or controversy. (My.).

ನಿರ್ವಿಶೇಷ nir-viśêsha. Absence of difference;—showing no difference, without distinction; indiscriminate (Kâvy. V, 57); without any specification (ಅವಿಶೇಷ Śmd. 123).

ನಿರ್ವಿಶೇಷಶಬ್ದ nirviśêsha-śabda. A term which does not specify (the quantity, etc., Śmd. 123).

ನಿರ್ವಿಷ nir-visha. Without venom, poisonless; innocuous (Śmd. 224; Bp. 13, 4).

ನಿರ್ವಿಷಯ nir-vishaya. Not attached to any object; separated from, or not attached to, sensual objects (Bp. 61, 43).

ನಿರ್ವೀರೆ nir-virĕ. *A woman whose husband and children are dead.*

ನಿರ್ವೀರ್ಯೆ nir-vîryĕ. = ನಿರ್ವೀರೆ. (ಪತಿ ಪುತ್ರರಿಲ್ಲದಳ್ Mr. 303).

ನಿರ್ವೃತಿ nir-vṛiti. = ನಿವೃತ್ತಿ. Complete satisfaction, bliss, happiness; final emancipation. (Čpr. 9, 37).

ನಿರ್ವೃತ್ತ nir-vṛitta. *Finished, completely done, accomplished.*

ನಿರ್ವೃದ್ಧ nir-vṛiddha. Not growing old, always young (Bp. 61, 44).

ನಿರ್ವೇಗ nir-vêga. Without violent motion or impetuosity, not waving, quiet, calm. (Čpr. 2, after 24).

ನಿರ್ವೇದ nir-vêda. Disgust, satiety. 2, *despondency, self-disparagement;* grief, sorrow (ಖೇದ, ಉಮ್ಮಳಿಕೆ Mr. 455). 3, one of the sañčâribhâvas (Kâvy. IV, 2, 16).

ನಿರ್ವೇಶ nir-vêśa. Entering into; gaining, obtaining. 2, *wages, hire.* 3, payment; expiation, atonement. 4, *enjoyment, enjoying* (ಉಪಭೋಗ, ಭೋಕ್ತ Mr. 457).

ನಿರ್ವೇಶನ nir-vêśana. = ನಿರ್ವೇಶ. (ಭೋಗ Mr. 514, one MS. ನಿವೇಶ).

ನಿರ್ವ್ಯಗ್ರ nir-vyagra. Not bewildered or distracted; not agitated or alarmed; steady (Čpr. 8, after 97); not eagerly engaged in (Kâvy. III, 1, A, 12).

ನಿರ್ವ್ಯಥನ nir-vyathana. *A chasm, a hole.* 2, freedom from pain.

ನಿರ್ವ್ಯಸನ nir-vyasana. The state of being unconcerned or careless (My.).

ನಿರ್ವ್ಯಾಕುಲ nir-vyâkula. Not troubled or disquieted, calm. (Čpr. 1, 91).

ನಿರ್ವ್ಯಾಜ nir-vyâja. Without deceit, candid, honest, plain, exact (Čh. v. 98. 200); honesty, etc. (Šmd. 188); without a pretext. 2, without a cause or reason (My., not Sk.).

ನಿರ್ವ್ಯಾಪಾರ nir-vyâpâra. *Without employment or business, unoccupied.*

ನಿರ್ವ್ಯೂಹ nir-vyûha. = ನಿರ್ಯೂಹ. (G.).

ನಿರ್ಹರಣ nir-haraṇa. = ನಿರುಹರಣ. Taking forth or out, rooting up, taking away, removing.

ನಿರ್ಹಾರ nir-hâra. = ನಿರ್ಹರಣ. *Extracting, extraction;* rooting up, destruction; carrying away or out; taking away, removing.

ನಿರ್ಹಾರಿ nir-hâri. *Diffusely fragrant.*

ನಿರ್ಹೇತುಕ nir-hêtuka. Causeless, reasonless. (Čpr. 8, 65).

ನಿಲ್ nil. = ನಿಲು 1, ನಿಲ್ಲು. Not to walk, to stand still; to stand; to stand up; to cease to go on, to stop; to continue in a place, to stay; to be; to wait; to remain, to be left as a remainder;—to stand or last, to continue unimpaired, as colour;—to stand, to remain fixed or without injury, as the garbha; to remain, as life; to cease, to come to an end, as rain; to cease, not to occur again, as pregnation, etc.; to make an interruption in one's work, to rest;—to endure, to be able to resist unimpaired, as the force of a blow, etc. (ಗತಿಮುಕ್ತ Šmd. Dh.; ಇರ್ Šmd. 6. 135. 174 Cm.; ನೆಲೆಗೊಳ್ 24. 70 Cm.; ನೆಲಸು 65. 122; ತಡೆ 150; My. as ನಿಲ್ಲು; T. ನಿಲ್, ನಿಲ್; M. ನಿಲ್; Tĕ. ನಿಲು; *cf.* ನೆಲೆ). P. ps. ನಿಲ್ತು, ನಿನ್ದು (Šmd. 281). ನಿಲ್! (272), ನಿಲಲ್ (174), ನಿಲೆ (65. 70. 135), ನಿಲ್ಕುಂ (258), ನಿಲ್ಕೆ (408), ನಿಲ್ವುದು (258 Cm.), ನಿಲ್ಲದೆ (150), ನಿಲ್ಲವು (291). ಬೆನ್ನೊಳ್ ನಿಲ್ತಂ ಗಾಣ್ಡೀವಿ (288). ಗಿರಿಯುಂ ಶರಿಯುಂ ನಿಲ್ಲವು ಪವಿಮುಖದ ಕೋಲ್ಗಳ್ ಆತನ ಬಾಳ್ಗಂ (291). ನಿನ್ದು ಇರ್ದಪ (ಊರ್ಧ್ವಜಾನು, ಸಮುತ್ಥಿತ Hlâ.). ನಿನ್ದಂ (ಸಮುತ್ಥಿತ Mr. 246). ಮುಂಬದೊಳ್ ನೃಪಗೆ ನಿನ್ದು ಸೇವೆ ಮಾಳ್ಪ ಬೊಮ್ಮೆಗಳು ಪಾಂಚಾಲಿಕೆಗಳು ಪುತ್ರಿಕೆಗಳಕ್ಕುಂ (204). ನಿನ್ದ ಗೆರೆ (ಲಘು 364). ನಿನ್ದುದು (ಕುಣ್ಠಿತ 453). ನಿನ್ದುದು (ಅಮೃತ 511). ನಿನ್ದಿತು (Bp. 37, 50). ತನೆ ನಿಲಲು ಪ್ರಷ್ಠಾಹಿ (180). ನಿನ್ದ ಬಸುಱು (ಕೃಪೀಟ Nn. 85; Mr. 484). ದೇಶಿಗನಾಗಿ ನಿಲ್ವಿನಂ (J. 28, 20). ಅವುದು ಸಂಕಟಂ ನಿನಗೆ? ನಿಲ್ಲಜ, ನಿಲ್ಲಜ! (Šmd. 139). See Šmd. 6. 24. 153. 281; Čh. vs. 131. 140. 147. 150; Čpr. 1, 111. 136; 4, 47; 8, after 4; Bp. 12, 47; 14, 7. 21; 18, 55; 32, 28; 37, 27; 39, 62; 42, 28. 37; 43, 26; 45, 34; 54, 12. 36; 86, 38; Bh. 1, 10, 34; 2, 13, 11. 37. 39. 46; Râv. 5, 21. 129; 8, 112; J. 15, 3; 26, 4; 28, 26. 33. 35. 36; 31, 28; Râm. 1, 14, 1. — ನಿಲ್ ನಿಲ್. rep. (Bp. 26, 30). — ನಿಲೆ ನುಡಿ. To tell to stand or stop (Abh. P. 7, after 21). — ನಿನ್ದ ಬೀಸೆ. -ಅಬೀಸೆ. Authority, proof (ಸನ್ದ ಪವಣಂ Bhn. 46).

ನಿಲ nila. 1. = ನಿಲು 2. Standing. 2, that stands upright: the side-post of a door (My.; T. ನಿಲೈ). 3, remainder; balance; arrears (Tĕ. ನಿಲವೆ; T. ನಿಲುವೈ; M. ನಿಲವು). ನಿಲವಿಲ್ಲದೆ ಹಲದಿನ್ದ ಹೊಲದ ಉಕ್ಕೆ; ನಿಲ ನೋಡಿ ಸಂಸಾರ (Prv.). — ನಿಲಕಡೆ. = ನಿಲಗಡೆ, ನಿಲು-. Standing; attitude (see Mr. s. ತ್ರಿಭಂಗಿ). 2, cessation: leisure (My.). 3, waiting: patience, composure (My.). ನಿಲಕಡೆಯಿಲ್ಲದವನಲ್ಲಿ ಊಟಕ್ಕೆ ಹೋಗಿ (as a mendicant, etc.), ಇದ್ದ ಹಲ್ಲು ಉದುರಿಸಿ ಕೊಣ್ಡ (Prv.). — ನಿಲಗಡೆ. = ನಿಲಕಡೆ. (My.). — ನಿಲಬಾಕಿ. = ನಿಲ No. 3. ನಿಲಬಾಕಿ ಕೇಳಲಿಕ್ಕೆ ಹೋಗಿ, ಗೊಲ್ಲಮಿಣ್ಡ ನಿನ್ದ ಪೆಟ್ಟು ತಿನ್ದ (Prv.).

ನಿಲ nila. 2. = ನೆಲಹು, etc. (My.).

ನಿಲಕಿಸು nilakisu. = ನಿಲಿಕಿಸು, ನಿಲುಕಿಸು. To cause to come within reach, to make reachable (My.). 2, to cause to stretch one's self (My.). 3, to come within reach (My.).

ನಿಲಕು nilaku. = ನಿಲುಕು, etc. (My.). ನಾಲಿಗೆಗೆ ನಿಲಕದ ಹಾಗಿದ್ದರೆ (B. 3, 31). ಆತನ ಕೆಯ್ಗೆ ನಿಲಕದ್ದ ಬೀನ್ದ (3, 44).

ನಿಲಯ ni-laya. Lying or settling down; hiding one's self. 2, *a dwelling, an abode, a residence.*

ನಿಲಯವಾನ್ nilaya-vân. (ನಿಲಯವನ್ತ). The householder who performs the domestic rites (ಗೃಹಮೇಧಿ, ಗೃಹಸ್ಥ Mr. 242).

ನಿಲವು nilavu. (Šmd. 247). = (ನಿಲ 1), ನಿಲುವು 1. Standing (Šŝv. 2, 101). 2, position, state, condition (Bp. 51, 25; Râm. 3, 6, 33). 3, height, as that of a man, a tree, etc.; high (ಉನ್ನತ, ಉದ್ದ G.; My.; Bp. 19, 29). 4, = ನಿಲ 1, No. 2 (My.). 5, = ನಿಲ 1, No. 3 (My.). 6, cessation: leisure (My.; see Prv. s. ನಿಲ 1). ಕರಡಿಗಳು ಅಯ್ಗೇಣು ನಿಡಿದು, ಮೂಱು ಗೇಣು ನಿಲವು (B. 3, 108). ತೋಳ ಸುಮಾರು ಎಡುಗಾವರೆ ಪೂಟ ನಿಲವಾಗಿಯೂ ಮೂಱುವರೆ ಪೂಟ ನಿಡಿದಾಗಿಯೂ ಇರುತ್ತದೆ (5, 252). 7, a resting place; a seat, a place of abode; an apartment in a house (ಸಂಸ್ಥಾನ, ಸನ್ನಿವೇಶ Hlâ.; ಸಂಸ್ಥಾನ Mr. 461; J. 8, 2). ಮನೆಯ ನಿಲವು (ಕಕ್ಷಾನ್ತರ, ಪ್ರಕೋಷ್ಠ Mr. 201). — ನಿಲವಂಗಿ. -ಅಂಗಿ. = ನಿಲುವಂಗಿ. A garment of a person's own height, a long, loose garment (My.). — ನಿಲವುಗೆಡಿಸು. -ಕೆಡಿಸು. To destroy one's standing, position, etc. (J. 2, 12).

ನಿಲಿ nili. An abbreviation of the P. p. ನಿಲಿಕಿ of ನಿಲಿಕು. — ನಿಲಿ ನಿಲಿಕು. rep. (Bp. 31, 5; 60, 29).

ನಿಲಿಕಿಸು nilikisu. = ನಿಲಕಿಸು, etc. (Bp. 47, 59; My.).

ನಿಲಿಕು niliku. = ನಿಲಕು, etc. See ನಿಲಿ ನಿಲಿಕು.

ನಿಲಿಮ್ಪ ni-limpa. = ನಿಳಿಮ್ಪ. A god, a deity (Mr. 8; Bp. 10, 33).

ನಿಲಿಮ್ಪನಿಲಯ nilimpa-nilaya. Heaven (ಬರ್ದಿಲ Čt. II, 62).

ನಿಲಿಸು nilisu. = ನಿಲ್ಲಿಸು. To cause to stand, stop, cease, stay, etc. ನಿಲಿಸಿದಪಂ or ನಿಲಿಸಿದಪ್ಪಂ (Šmd. 276). ನಿಲಿಸುವರ್ಥಂ (ನಿವಾರಣಾರ್ಥಂ 394 Cm.). See Čpr. 6, after 28; Bp. 16, 9; 18, 11; 22, 14; 28, 42; 32, 22; 40, 40; 42, 20. 28; 45, 12; 47, 58; 50, 12. 21; 51, 8. 31; 58, 14; 59, 13. 55; ಹಾ; Bh. 1, 8, 9; Rśv. 6, after 11; J. 5, 25. 43; 28, 54; 29, 32; Râm. 1, 14 sum.

ನಿಲು nilu. 1. = ನಿಲ್, etc. ನಿಲುವೆ (Bp. 44, 9). — ನಿಲು ನಿಲ್. rep. (Bp. 17, 11). — ನಿಲು ನಿಲ್ಲು. (Bp. 9, 31).

ನಿಲು nilu. 2. = ನಿಲ 1. — ನಿಲುಕಡೆ. = ನಿಲಕಡೆ. Patience, composure (ತಾಳುವದು Šm. 113; My.). 2, cessation: leisure (My.). — ನಿಲುಗಣ್ಣು. -ಕಣ್ಣು. A staring condition of the eye (My.). — ನಿಲುಗನ್ನಡಿ. -ಕನ್ನಡಿ. A full length mirror (My.; Tĕ.). — ನಿಲುಗಮ್ಬ. -ಕಮ್ಬ. A post or pillar that is standing (My.). — ನಿಲುಗಮ್ಬಳಿ. -ಕಮ್ಬಳಿ. A cumley that reaches to the feet (My.). — ನಿಲುಪಯಣ. Cessation of a journey (ನಿರ್ಯಾಣ, ಉಪ್ಪಯಣ Nn. 79. 90).

ನಿಲುಕಿಸು nilukisu. = ನಿಲಕಿಸು, etc. (My.).

ನಿಲುಕು niluku. = ನಿಲಕು, ನಿಲಿಕು, ನಿಲ್ಕು, (ನಿಳ್ಕು). To stretch one's self (Bp. 3, 10; My.; see s. ನಿಕ್ಕಳಿಸು); to stretch one's self or one's limbs, from fatigue, etc. (Bp. 32, 25; 38, 16; 59, 20); to be extended to one's full height, to reach, so as to obtain something, etc., to stand upon one's tiptoes (My.; Bp. 26, 30; 42, 3; Râm. 3, 8, 69; 6, 14, 25; J. 8, 19); ನಿಲುಕಿದರೆ ಸಿಕ್ಕಡೆ ಇದ್ದದ್ದು ಕೂತರೆ ಸಿಕ್ಕೀತೇ? (Prv.);—to rise up to, to rush up to or at (Bh. 3, 13, 27). 2, to come or be within reach, to be reachable (My.). ಅದು ನನಗೆ ನಿಲುಕು ವದಿಲ್ಲ (it is not within my reach, My.). ಗೊನೆಗಳು ಬಾಯಿಗೆ ನಿಲುಕಲಿಲ್ಲ (B. 2, 16). ಕಣಿಕೆ ನನ್ನ ಕೈಗ್ಗೆ ನಿಲುಕುವ ಹಾಗಿಲ್ಲ (2, 19). ಸಾರವಾನನ ಕಾಲು ಅವನಿಗೆ ನಿಲುಕಲಿಲ್ಲ (4, 181). 3, to come within the reach of, or in contact with, something. ಯಾವ ಪ್ರಕಾರದ ದೋಷಗಳಿಗೂ ನಿಲುಕದನ್ಥ ಪರಮೇಶ್ವರನು (B. 4, 89). 4, to apply one's self to, to begin. ಕೆಲಸಕ್ಕೆ ನಿಲುಕಿದನು (My.). 5, to apply one's thoughts unto (Bh. 4, 6, 26). — ನಿಲುಕು ನಿಲುಕು. rep. (Bp. 26, 30).

ನಿಲುಮ್ಬು nilumbu. 1. (Šmd. 48). = ನಿಗುಮ್ಬು. To heap up, to heap together, to amass (ಪುಂಜೀಕರಣ Šmd. Dh.). 2, to crowd (v. i.), to swarm, to be numerous (Rśv. 1, after 135; 2, after 8; Šśv. 2, after 42; 2, 47). 3, to coil, as a serpent (Rśv. 5, after 55). See s. ಉಪ್ಪಳಿಸು 1.

ನಿಲುಮ್ಬು nilumbu. 2. = ನಿಲುವು 2. To jump, to caper. See ಉಪ್ಪಳಿಸು 1 & 2.

ನಿಲುವಿಕೆ niluvikĕ. Standing. 2, = ನಿಲವು No. 3, height, tallness. ನಿಲುವಿಕೆಯಲ್ಲಿ ನಾಯಿಗಳೆಲ್ಲ ಒನ್ದೇ ಸವನೆ ಇರುವದಿಲ್ಲ (B. 3, 39). ಯಾವನಾದರೂ ಎತ್ತರವಾದ ನಿಲುವಿಕೆಯ ಮನುಷ್ಯನು (4, 65).

ನಿಲುವು niluvu. 1. = ನಿಲವು, etc. (Šśv. 1, after 81; My.; ಎತ್ತರ, ಸ್ಥಲ G.). ಹುಲಿಗಳ ನಿಲುವು ಸಾಧಾರಣವಾಗಿ ಎರಡು ಎರಡುವರೆ ಮೊಳ ಇರುತ್ತದೆ (B. 4, 35). — ನಿಲುವಂಗಿ. = ನಿಲವಂಗಿ. (My.). — ನಿಲುವು ಬೀಳು. To fall into, *i. e.* entering, the standing (of corn, *i. e.* entering or hiding in standing corn). ತುಡುಗ ಆವು ಗಪ ಗಪ ತಿನ್ದು, ಹೊಲ ಕಾಯುವವರ ಸುಳಿವು ಕಣ್ಡ ಕೂಡಲೆ ಜೋಳದ ನಿಲುವು ಬಿದ್ದು, ಓಡಿ ಹೋಯಿತು (B. 3, 22).

ನಿಲುವು niluvu. 2. = ನಿಲುಮ್ಬು 2. (Bp. 32, 37; 52, 42).

ನಿಲ್ಕ nilka. = ನಿಕ್ಕ, q. v.

ನಿಲ್ಕು nilku. = ನಿಲುಕು, etc. (Čpr. 7, 108; Grj. 5, 49).

ನಿಲ್ತು niltu. P. p. of ನಿಲ್, q. v.

ನಿಲ್ಲಿಸು nillisu. = ನಿಲಿಸು. (My.; Si. 91. 288. 393; B. 4, 13. 80. 104. 121. 134).

ನಿಲ್ಲಿಸುವಿಕೆ nillisuvikĕ. Placing, etc. (Si. 284).

ನಿಲ್ಲು nillu. = ನಿಲ್, q. v. (C.; B. 4, 195; J. 28, 45; Bp. 12, 12; 26, 28). P. ps. ನಿತ್ತು (My.), ನಿನ್ತು (C.; B. 2, 47; 3, 11. 33), ನಿನ್ದು. ನಿನ್ತಿತು (Bp. 11, 47), ನಿನ್ತು (My.), ನಿತ್ತಿತು (My.). ಚಿಕ್ಕ ಹಳ್ಳದಲ್ಲಿ ನೀರು ನಿನ್ತ ಪುಟ್ಟ ಪುಟ್ಟ ಕುಣ್ಟೆ (ಪಲ್ವಲ, etc. Si. 91). ಹೊಲೆ ನಿನ್ತು ಹೋದ ಮುದಕಿಯನ್ಥವಳು (ನಿಷ್ಕಲೆ 188). ನಿನ್ತು ಹೋದ ಗಾಳಿ (ನಿರ್ವಾತ, ಗತಾನಿಲ 380). ನಿಲ್ಲುತ (Bp. 20, 13). ನಿಲ್ಲುವ, ನಿಲ್ಲುವದು, ನಿಲ್ಲುತೇನೆ, ನಿಲ್ಲುತ್ತೇನೆ (My.). ನಾಲ್ವತ್ತು ಅಯ್ವತ್ತು ವರುಷದ ಹಿನ್ದೆ ಭಾಗವತದ ಪುಸ್ತಕವು, ನೂರೂ ಇಪ್ಪತ್ತಯ್ದು ನೂರೂ ಅಯ್ವತ್ತು ರೂಪಾಯಿ ಕೊಡಲಿಕ್ಕೆ ನಿನ್ತಾಗ್ಯೂ, ಹೊತ್ತಿಗೆ ದೊರೆಯುತ್ತಿದ್ದಿಲ್ಲ (B. 4, 208). ನಿಲ್ಲದಿರುವ ಮಲ್ಲನ ಸಂಗಡ (to a malla who is in too great a hurry to give an answer) ಕಲ್ಲು ಹೊತ್ತೀಯಾ? ಅನ್ದ ಹಾಗೆ. — ನಿಲ್ಲಲಾರದ ಗುಲ್ಲು ಮಾಡಿ, ಕೊಲ್ಲಿಸಿ ಕೊಣ್ಡ. — ನಿಲ್ಲು! ಎನ್ದರೆ ಹಲ್ಲು ಕಿಸಿದು, ಗುಲ್ಲು ಮಾಡಿದ (Prvs.). — ನಿನ್ದರು. 1. = ನಿನ್ತರು. 3rd pers. plural imperf. They stood. — ನಿನ್ದರು. 2. = ನಿದ್ದಿರು. ನಿನ್ದರಗೊಡು (B. 5, 187). — ನಿದ್ದಿರಿಸು. (-ಇರಿಸು). To cause to stand, to place, etc. (Bp. 27, 11. 12; Râm. 4, 4, 6; 6, 40, 7). — ನಿದ್ದಿರು. -ಇರು. To stand, to remain, etc. (Bp. 27, 31; B. 5, 132). — ನಿಲ್ಲಗೊಡಿಸು. -ಕೊಡಿಸು. To allow to stand, etc. (B. 4, 45). — ನಿಲ್ಲು ನಿಲು. rep. (Bp. 44, 9). — ನಿಲ್ಲು ನಿಲ್ಲು. rep. (Bp. 21, 40; 22, 33).

ನಿಲ್ಲುವಿಕೆ nilluvikĕ. Standing, etc. (Si. 288).

ನಿವಡಿಸು nivaḍisu. To become conspicuous (for good or evil qualities, Râm. 3, 5, 3; 6, 53, 99; Mhr. ನಿವಟಣೇಂ, ನಿವಡಣೇಂ).

ನಿವರಿಸು nivarisu. To cause to pass the hand gently over, etc.

ನಿವರು nivaru. To pass the hand gently over, to stroke or rub gently (My.; Tĕ. ನಿಮುರು, ನಿವುರು, ನೆಮುರು; *cf.* ನೀವು 2, ನೇವರಿಸು).

ನಿವರ್ತಕ ni-vartaka. Completing, finishing, causing to cease (Bp. 55, 19); turning back; returning; retreating, retiring; desisting from; ceasing.

ನಿವರ್ತನ ni-vartana. (also ನಿವರ್ತನೆ, My.). Accomplishment, completion;—turning back; ceasing, not happening;

desisting from; repenting;—causing to come back or return. See ಮುಗುಡ್.

ನಿವರ್ತಿ ni-varti. = ನಿವೃತ್ತಿ. See ಅ-.

ನಿವರ್ತಿಸು ni-vartisu. To turn away, to drive back, to repel; to leave off, to desist from, to remove (My.). 2, to turn back; to disappear, to cease; to be removed. ಆಪಿಧ್ವಜಂ ನಿಲ್ಕೆ ನಿವರ್ತಿಸುತ್ತುಮಿರೆ (Šmd. 280).

ನಿವರ್ಹಣ ni-varhaṇa. = ನಿಬರ್ಹಣ. Throwing down; destroying; removing; *destruction, eradication, extirpation.*

ನಿವಸನ ni-vasana. 1. *A dwelling, a habitation, a house* (ಮನೆ Mr. 194).

ನಿವಸನ ni-vasana. 2. Putting on clothes; *clothes, raiment.* 2, *an under garment.* See ಅಬ.

ನಿವಸನೋದ್ವಹನ nivasana-udvahana. Raiment at weddings. See ತೆರಣ್ಣು.

ನಿವಹ ni-vaha. Bringing near; *a multitude, a quantity, a heap* (Bp. 35, 6; 36, 38; 46, 58; 52, 41; Šm. 118).

ನಿವಳಿತ ni-vaḷita. ನಿವಲಿತ. Moved, waved (Čpr. 8, after 24).

ನಿವಳಿಸು ni-vaḷisu. (= ನಿವಾಳಿಸು). To wave (a burning lamp, Čpr. 3, after 102).

ನಿವಾಜು. = ನಿವಾಜು, etc. (My.).

ನಿವಾಡ nivâḍa. Settlement, decision (Mhr. ನಿವಾಡಾ). See Bp. 45, 26; 50, 38; 53, 52; Râm. 3, 7, 39.

ನಿವಾತ ni-vâta. *Inaccessible to the wind, not reached by the wind, calm.* 2, *a place sheltered from the wind, a sheltered spot, an asylum.* 3, *an impenetrable coat of mail.* 4, N. of a demon.

ನಿವಾತಕವಚ nivâta-kavača. A class of Dânavas or Râkshasas (J. 13, 19).

ನಿವಾಪ ni-vâpa. Pouring out; scattering; seed. 2, *an oblation or offering of water, etc. to the manes of deceased parents or relatives* (see ಪ್ರೇತತರ್ಪಣ).

ನಿವಾರ ni-vâra. = ನಿವಾರಣ. (Bp. 12, 47; see ಅ-).

ನಿವಾರಕ ni-vâraka. Keeping off, warding off, removing. (My.).

ನಿವಾರಣ ni-vâraṇa. (ನಿವಾರಣೆ). *Keeping back or off, warding off, averting;* preventing, hindering, impeding, stopping, checking, interdicting, prohibiting, suppressing. See Šmd. 398; Bp. 3, 68; B. 4, 63; 5, 20; ವ್ಯಾಘಾತ-, ತರ್ಜಸು, ಮಾಣ್, ಸೊಪ್ಪು.

ನಿವಾರಿಕೆ ni-vârikĕ. = ನಿವಾರಣ. (G.).

ನಿವಾರಿತ ni-vârita. Hindered, prevented, checked, forbidden, etc. (Bp. 41, 6; Rśv. 10, after 1).

ನಿವಾರಿಸು ni-vârisu. To keep back or off, to ward off, to avert, to prevent, etc. See Grj. 10, after 61; Bp. 2, 20; 22, 29. 40; 28, 60; 37, 37; 50, 76; Šśv. 1, after 79; J. 14, 7; ಕೃಡೆ.

ನಿವಾಸ ni-vâsa. = ನಿವಸನ 1. (ಮನೆ Nn. 91; Mr. 194; Bp. 28, 48; 35, 58; 37, 84).

ನಿವಾಸಸ್ಥಾನ nivâsa-sthâna. A place of residence (J. 10, 6).

ನಿವಾಸಿ ni-vâsi. Dwelling, residing; an inhabitant (Bp. 37, 21; My.; B. 3, 110).

ನಿವಾಸಿಸು ni-vâsisu. To dwell, to reside (My., occasionally).

ನಿವಾಳಿ ni-vâḷi. The act of waving (a thing, as boiled rice, salt, pepper, a lamp, a weapon, blood, a sheep's or buffalo's head, etc., etc.) downwards in front of a person or persons, or of the goddess Kâḷi, either to ward off or remove any evil or to create a feeling of satisfaction or pleasure, etc. (Grj. 10, after 79; J. 31, 14; My.; Tê. ನಿವಾಳಿ, ನಿವ್ವಾಳಿ). ನಿವಾಳಿಗೆ ತನ್ನ ಬಟ್ಟೆ (for wicks) ಕಳ್ಳಿಗೆ ಆದರೆ ದಿವಾಳಿಗೆ ಏನು ಮಾಡ್ಯಾನು? (Prv.). — ನಿವಾಳಿ ತೆಗೆ. = ಇಡುದೆಗೆ, ನಿವಾಳಿ ಮಾಡು. (My.). — ನಿವಾಳಿ ಮಾಡು. = ನಿವಾಳಿಸು. (My.). ನಿವಾಳಿ ಮಾಡೋಕ್ಕೆ ಹೋಗಿ, ದಿವಾಳಿಯಾದ (Prv.). — ನಿವಾಳಿಯ ಬೊಮ್ಮಿದೇವಯ್ಯ. N. (Bp. 58, 2).

ನಿವಾಳಿಸು ni-vâḷisu. = ನಿವಳಿಸು. To wave (a thing) slowly downwards (in front of etc.), to perform nivâḷi (Grj. 10, after 79; Bp. 4, 6; 39, 6; 48, 20; J. 22, 7; My.). ಯುದ್ಧಪ್ರಯಾಣಾದಿಗಳಲ್ಲಿ ಆಯುಧಗಳನ್ನು ಧರಿಸಿದ ಅರಸುಗಳಿಗೆ ರಕ್ಷೆಯಾಗಿ ಆರತಿಯನ್ನು ನಿವಾಳಿಸಿ ಬೆಳಗುವಿಕೆ (ಲೋಕಾಭಿಸಾರ, ಅಸ್ತ್ರಭೃತ್ಪ್ರಾಜನೀರಾಜನಾವಿಧಿ Si. 291; *cf.* ನಿರಾಜಿಸು).

ನಿವಾಳಿಸುಹ nivâḷisuha. = ನಿವಾಳಿ. ಶಸ್ತ್ರಧರರಹ ಅರಸುಗಳಿಗೆ ಪರಿವಾರ ಕೆಯ್ವುಗಳ ನಿವಾಳಿಸುಹಂ (ಲೋಕಾಭಿಸಾರ Nr.).

ನಿವಿಡ ni-viḍa. (ni-vila). = ನಿಬಿಡ. *Without interstices, close, contiguous, tight, compact, thick, crowded, impervious, dense, full.*

ನಿವಿಡೀಶ ni-viḍîśa. = ನಿವಿರೀಶ.

ನಿವಿರೀಶ ni-virîśa. = ನಿವಿಡ, ನಿವಿಡೀಶ. *Without interstices, etc.*

ನಿವಿಷ್ಟ ni-vishṭa. Entered; seated; fixed on, intent upon. (Bp. 38, 51).

ನಿವಿಸ nivisa. Tbh. of ನಿಮಿಷ (Šm. 18).

ನಿವಿಸು nivisu. (fr. ನಿಭ). To disguise (Čpr. 6, 78).

ನಿವೀತ ni-vîta. Wearing the sacrificial thread round the neck (ಜನ್ನಿವಾರಮಂ ಕೊರಲಲಿಕ್ಕುವದು Mr. 255). 2, *that thread so worn.* 3, *a wrapper, a mantle, a veil* (see ಪ್ರಾವೃತ).

ನಿವೀತಿ ni-vîti. Wearing the sacrificial thread round the neck (Sk.). 2, that thread so worn (My.).

ನಿವೃತ ni-vṛita. *Surrounded, enclosed.* 2, = ನಿವೀತ No. 3.

ನಿವೃತ್ತ ni-vṛitta. Returned; returning; turned back; gone, vanished; *ceased, refrained from, abstained;* prohibited; abstaining, abstracted or abstained from this world and its acts;—finished, completed.

ನಿವೃತ್ತಿ ni-vṛitti. = ನಿವೃ್ತತಿ, ನಿವರ್ತಿ. Return; disappearance, ceasing, *cessation, abstaining from action, inactivity;*—leaving off, desisting from; resigning; abstinence; rest; cessation from worldly concerns and engagements. 2, felicity, bliss, beatitude. See Čpr. 4, after 18.

ನಿವೃದ್ಧಿ ni-vṛiddhi. Great increase or growth (? o. r. ನಿವರ್ಧಿ). See ಬೇಳ್.

ನಿವೇದಕ ni-vêdaka. Communicating, relating, telling (adj.). (Čpr. 2, 90; 9, 17).

ನಿವೇದನ ni-vêdana. Making known; communication, announcement; information. (My.);—delivering, offering; an offering or gift to men or idols. (My.). See ಅತ್ಮ-.

ನಿವೇದಿತ ni-vêdita. Made known, announced, told;—presented, given. See Čpr. 6, after 18; Bp. 33, 8; Rśv. 10, after 1.

ನಿವೇದಿಸು ni-vêdisu. To make known, to tell, to state (Čpr. 3, 62; 6, after 25). 2, to present, to offer (Bh. 1, 10, 4).

ನಿವೇದ್ಯ ni-vêdya. To be communicated; fit to be reported. 2, an oblation, a gift of food to an idol. (Čpr. 6, 104).

ನಿವೇಶ ni-vêśa. Entering; settling in a place; a settlement; a dwelling-place, a house (Sk.; My.); *a halting place, a camp.*

ನಿವೇಶನ ni-vêšana. = ನಿವೇಶ. Entering, etc.; *a habitation, an abode*, etc.; building ground (My.; Si. 113).

ನಿವೇಶಿತ ni-vêšita. Made to enter; entered; placed in or upon. (Čpr. 2, after 56).

ನಿಶ್ niš. = ನಿಃ, etc.

ನಿಶ niša. *Night.*

ನಿಶಠ ni-šaṭha. = ನಿಃಶಠ. Not false, candid, honest; honesty, sincerity; N. (J. 7, 2).

ನಿಶಠೆ ni-šaṭhĕ. Truth, honesty. See ಅಶಿಠಿಟ.

ನಿಶರಣ ni-šaraṇa. *Killing, slaughter.*

ನಿಶಾ niśâ. = ನಿಷಾ. Intoxication (My.; Mhr.). 2, = ನಿಶೆ. — ನಿಶಾಖೋರ. A man who takes any intoxicating substance (My.).

ನಿಶಾಕರ niśâ-kara. The night-maker: *the moon.*

ನಿಶಾಕಾನ್ತ niśâ-kânta. The moon (Ršv. 11, 10).

ನಿಶಾಚರ niśâ-čara. Moving about by night. 2, the moon (ಮೃಗಾಂಕ, ಚನ್ದ್ರ Nn. 23). 3, a thief (ತಸ್ಕರ, ಕಳ್ಳ, ಕಳ್ಳಬಣ್ಣ 23). 4, an owl (ಘೂಕ, ಗೂಗೆ 23). 5, a kind of owl (ಪಾಲ್ವಕ್ಕಿ, ಹಾಲುವಕ್ಕಿ 23). 6, a vicious snake (ಉಗ್ರಾಹಿ, ಕ್ರೂರಸರ್ಪ 23). 7, a kind of sheat-fish (ಪಾಠೀನ, ಮೀನ್ 23). 8, a fiend, a râkshasa (ದನುಜ, ರಾಕ್ಷಸ 23). See Prv. s. ಪಿಶಾಚ.

ನಿಶಾಚರಿ niśâ-čari. A female râkshasa (J. 2, 58).

ನಿಶಾಚೂರ್ಣ niśâ-čûrṇa. A black powder (V. 9, 110).

ನಿಶಾಟ niśâ-aṭa. A demon (Abh. P. 18, 66); an owl. — ನಿಶಾಟದಲ್ಲಣ. -ತಲ್ಲಣ. Who causes demons to tremble: Vishṇu or Kṛishṇa (J. 18, 43).

ನಿಶಾಟನ niśâ-aṭana. *An owl.*

ನಿಶಾತ ni-šâta. *Sharpened, whetted, sharp.*

ನಿಶಾದರ್ಶಿ niśâ-darśi. Seeing at night: an owl. (R.).

ನಿಶಾದಿ niśâ-âdi. = ನಿಸಾದಿ 1. The beginning of night, evening.

ನಿಶಾನಾಥ niśâ-nâtha. = ನಿಶಾಪತಿ. (My.).

ನಿಶಾನಿ niśâni. An ensign, a flag, a standard (My.; Mhr., H. ನಿಶಾಣ; Si. 84. 281. 293; B. 5, 136. 155).

ನಿಶಾನ್ತ niśâ-anta. 1. The end of night, break of day. (My.).

ನಿಶಾನ್ತ ni-šânta. 2. Quiet. 2, *a house, a habitation.*

ನಿಶಾಪತಿ niśâ-pati. *The moon.*

ನಿಶಾಮಣಿ niśâ-maṇi. The moon. (R.).

ನಿಶಾಮನ ni-šâmana. *Seeing, sight; looking at, beholding; observing; hearing.*

ನಿಶಾರಣ ni-šâraṇa. *Killing, slaughter.*

ನಿಶಾಸ್ವೈರಿಣಿ niśâ-svairiṇi. A harlot. ಭೀತಿಯಿಂ ನಿಶಾಸ್ವೈರಿಣಿ ಪೋಗೆ ಬಿದ್ದ ಕವಿಯೋಲೆಯ ಮಾತ್ರಕವತ್ರಮೋ? (Lilv. 3, 4).

ನಿಶಾಹ್ವೆ niśâ-âhvĕ. *Turmeric.*

ನಿಶಿ niśi. 1. (= ನಿಸಿ). Night (Mr. 65; My.).

ನಿಶಿ niśi. 2. Together with, along with, accompanied by (My.; Mhr. ನಿಶೀಂ).

ನಿಶಿಕರ niśi-kara. The moon (Mr. 36).

ನಿಶಿಚರ niśi-čara. A thief (ಕನ್ನಗಳ Mr. 226).

ನಿಶಿತ ni-šita. *Sharpened, whetted, sharp, pointed* (Bp. 39, 64); virulent, as poison (58, 67); penetrating, keen (59, 37).

ನಿಶಿತತರ niśita-tara. Uncommonly sharp (Ššv. 4, 19).

ನಿಶಿವೈರಿ niśi-vairi. The sun (Mr. 84).

ನಿಶೀಥ ni-šîtha. The time of sleep, *midnight.*

ನಿಶೀಥಿನಿ ni-šîthini. *Night.*

ನಿಶೀಥಿನೀನಾಥ niśîthinî-nâtha. *The moon.*

ನಿಶುಮ್ಭ ni-šumbha. N. of a Dânava (Bp. 47, 21).

ನಿಶುಮ್ಭನ ni-šumbhana. *Killing, slaying.*

ನಿಶೆ niśĕ. ನಿಶಾ. = ನಿಸಿ. *Night.* 2, *turmeric.*

ನಿಶ್ಚಂಚಲ niš-čančala. = ನಿಶ್ಚಂಚಲಿತ. (My.).

ನಿಶ್ಚಂಚಲಿತ niš-čančalita. Unmoved, fixed, firm, steady (Bp. 24, 3).

ನಿಶ್ಚಯ niš-čaya. = ನಿಚಯ 2, ನಿಚ್ಚಯ. Ascertainment, investigation, inquiry; — accurate or certain knowledge, a firm conviction; — *certainty, positiveness* (ನಿಶ್ಚೈವ Kk. 79); — determination, resolution, final decision, settlement (ನಿಶ್ಚಿತ, ನಿಯತ Mr. 435; My.); — fixed intention, design, purpose. See ತಬ್ಸಲ್. ನಿಶ್ಚಯಕ್ಕೆ ಪಕ್ಷಪಾತವೇ? (Prv.). — ನಿಶ್ಚಯಂಗೆಯ್. -ಂ-ಗೆಯ್. To regard as decided, to fix upon, to settle (Abh. P. 14, after 81). — ನಿಶ್ಚಯ ಮಾಡು. To ascertain, to arrive at a certain decision (B. 5, 219); to make certain to the mind, to satisfy one's self by proof (5, 219; My.); to resolve (4, 56; My.); to appoint (My.).

ನಿಶ್ಚಯಿಸು niščayisu. = ನಿಶ್ಚಯ್ಸು. (My.). To ascertain; to investigate; to settle; to come to a certain decision, to regard as decided (B. 2, 53); to determine, to resolve (B. 3, 97); to appoint (My.). ನಿಶ್ಚಯಿಪುದು (Šmd. 253).

ನಿಶ್ಚಯ್ಸು niščaysu. = ನಿಶ್ಚಯಿಸು. (Bp. 27, 2; 28, 51; 43, 81; 53, 22; 57, 58; My.). ನಿಶ್ಚಯ್ಸಲ್ ಪಟ್ಟುದು (ನಿಶ್ಚಿತ, ನಿಯತ Hlâ.).

ನಿಶ್ಚಲ niš-čala. = ನಿಚ್ಚಲ, ನಿಚ್ಚಳ. *Immovable, not moving, still, fixed, steady* (ಚಲಿಸದೆ ಇದ್ದುದು Nn. 33). 2, not subject to motion or fluctuation, *unchanging, invariable, unchangeable.* 3, a mountain (ಅಚಲ, ಪರ್ವತ Nn. 46). 4, an ascetic (ಸಂಯಮಿ, ಯತಿ 46). 5, the earth (= Sk. ನಿಶ್ಚಲಾ; ಇಳೆ, ಭೂಮಿ 46).

ನಿಶ್ಚಲತೆ niš-čalatĕ. The state of being immovable, etc. (Ššv. 4, 46).

ನಿಶ್ಚಲಾಂಗ niščala-aṅga. Having immovable limbs, firm-bodied, firm (Sk.); an immovable body (Ššv. 2, 79).

ನಿಶ್ಚಲಿತ niš-čalita. Unmoved; unchanged; etc. (Grj. 4, 33; Bp. 16, 27; 35, 19. 36; 44, 37; 52, 27).

ನಿಶ್ಚಿತ niš-čita. = ನಿಚಿತ 2. *Ascertained, settled, decided, established, certain* (ನಿಯತ, ನಿಶ್ಚಯ್ಸಲ್ಪಟ್ಟುದು Hlâ.); certainty (Sk.; B. 4, 16). ನಿಶ್ಚಿತಂ, decidedly, positively.

ನಿಶ್ಚಿತನಾಮ niščita-nâma. A word known from customary usage (ರೂಢನಾಮ Šmd. 94).

ನಿಶ್ಚಿತಾರ್ಥ niščita-artha. = ನಿಸ್ತಾರ್ತ. A fixed matter; — the ceremony of betrothing two persons in which the terms of the future marriage are settled, etc. (My.). 2, a man who has the firm conviction of getting something (Ššv. 2, 117).

ನಿಶ್ಚಿನ್ತ niš-činta. = ನಿಚ್ಚಿನ್ತ. Thoughtless, inconsiderate, careless, unconcerned. 2, free from solicitude, free from care or anxiety (Bp. 39, 17; 61, 44; My.). Fem. ನಿಶ್ಚಿನ್ತಳು (My.). 3, = ನಿಶ್ಚಿನ್ತೆ (Bp. 24, 34; 41, 15; 61, 54).

ನಿಶ್ಚಿನ್ತತೆ niš-čintatĕ. = ನಿಶ್ಚಿನ್ತೆ. (Čpr. 7, 3).

ನಿಶ್ಚಿನ್ತೆ niś-čintĕ. Freedom from anxiety or solicitude, ease (My.; B. 3, 96). ನಿತ್ಯದರಿದ್ರನಿಗೆ ನಿಶ್ಚಿನ್ತೆ (Prv.).

ನಿಶ್ಚೇತನ niś-čêtana. Without consciousness; without reflection; unreasonable, (foolish); without animation. (Čpr. 4, 53; Bp. 8, 12; 54, 14).

ನಿಶ್ಚೇಷ್ಟ niś-čêshṭa. Motionless; powerless, helpless; incapable of motion or effort. (Bp. 36, 14).

ನಿಶ್ಚೇಷ್ಟಾವಲಮ್ಬನ niśčêshṭâ-avalambana. Hanging down motionless. See ನೆಬಿಲ್.

ನಿಶ್ಚೇಷ್ಟಿತ niś-čêshṭita. = ನಿಶ್ಚೇಷ್ಟ. (Bp. 3, 25).

ನಿಶ್ಚೇಷ್ಟೆ niś-čêshṭĕ. Motionlessness; incapability of motion or effort; want of power. See ಬದಿಲ್ಲು.

ನಿಶ್ಚೈತನ್ಯ niś-čaitanya. Want of strength or power (My.).

ನಿಶ್ವಸಿತ ni-śvasita. Breath having been drawn in, inspired (Sk.). 2, = ನಿಃಶ್ವಸಿತ (Čpr. 3, 54).

ನಿಶ್ವಾಸ ni-śvâsa. Inspiration, inhaling; sighing (Sk.). 2, = ನಿಃಶ್ವಾಸ (Čpr. 3, after 32; 4, 40; 5, after 9; 5, 98; J. 14, 22).

ನಿಶ್ವಾಸೋಚ್ಛ್ವಾಸ niśvâsa-uččhvâsa. Inhaling and exhaling (Čpr. 4, after 76).

ನಿಶ್ಶಂಕ niś-śaṅka. = ನಿಃಶಂಕ. (Šmd. 335; Bp. 53, 55; My.).

ನಿಶ್ಶಂಕತೆ niś-śaṅkatĕ. = ನಿಃಶಂಕತೆ. (Bp. 16, 18). — ನಿಶ್ಶಂಕತೆ ವೆಟ್. -ಪೆಟ್. To obtain freedom from fear, etc. (Šsv. 4, 58).

ನಿಶ್ಶಂಕೆ niś-śaṅkĕ. = ನಿಃಶಂಕೆ, ನಿಸ್ಸಂಕೆ. (My.).

ನಿಶ್ಶಬ್ದ niś-śabda. = ನಿಃಶಬ್ದ. (My.).

ನಿಶ್ಶಲ್ಯ niś-śalya. = ನಿಃಶಲ್ಯ. (My.).

ನಿಶ್ಶೇಷ niś-śêsha. = ನಿಃಶೇಷ. (My.).

ನಿಶ್ಶ್ವಾಸ niś-śvâsa. = ನಿಃಶ್ವಾಸ. (My.).

ನಿಷ್ nish. = ನಿಃ, etc.

ನಿಷಂಗ ni-saṅga. Union. 2, *a quiver.*

ನಿಷಂಗಿ ni-saṅgi. A bowman, an archer (ಬಿಲ್ಲಾಳು G.).

ನಿಷಣ್ಣ ni-sanna. Seated, sitting, perched, etc.; gone to. (Čpr. 3, after 2).

ನಿಷತ್ ni-sat. Sitting down; sinking down.

ನಿಷದ್ಯೆ ni-sadyĕ. A couch. 2, *a market-place.*

ನಿಷದ್ವರ nishat-vara. *Mud, mire.*

ನಿಷಧ nishadha. *N. of a mountain.* 2, N. of the kingdom of Nala; Nala (Râm. 3, 2, 17).

ನಿಷಾ nishâ. = ನಿಶಾ No. 1. (My.).

ನಿಷಾದ ni-sâda. *N. of a wild aboriginal tribe, described as hunters, fishermen, robbers, etc.,* a Hŏlĕya (ಜನಂಗಮು, ದುಷ್ಕರ್ಮ, ಹೊಲೆಯ Mr. 381; Bp. 57, 77). 2, *the last note of the musical scale* (Mr. 76, see ಸಪ್ತಸ್ವರ). 3, = ನಿಷದ್ವರ, mud, clay (Bp. 21, 27).

ನಿಷಾದಿ ni-sâdi. = ನಿಸಾದಿ 2. Sitting down or on. 2, *an elephant-driver* (ಉದ್ಧಣ್ಡಗಜವೇಱುವಂ Mr. 247).

ನಿಷಿಕ್ತ ni-sikta. Sprinkled, sprinkled or poured upon (Bp. 39, 68).

ನಿಷಿದ್ಧ ni-siddha. Prohibited, forbidden, kept back, prevented, denied. (My.). ನಿಷಿದ್ಧವಾದ ವಸ್ತು ಅಶುದ್ಧವೆನ್ದರೆ ಕಸೂತಿ ಹಾಕಿದ್ದು ಯಾಕೆ? (Prv.). See Prv. s. ಪ್ರಸಿದ್ಧ.

ನಿಷೂದನ ni-shûdana. = ನಿಸೂದನ. (Sk.; My.).

ನಿಷೇಕ ni-sêka. Sprinkling, pouring upon or into; impregnation. 2, a ceremony performed before impregnation at the first menstruation (My.). 3, a ceremony performed upon impregnation (Sk.).

ನಿಷೇಧ ni-sêdha. *Prohibition, forbidding, keeping off or back, hindering, preventing; negation, denial* (Šmd. 291); discontinuance (ಬಾಧ, ಮಾಣಿಸುವುದು Nn. 64; ಮಾಣಿಸುಹ 93); exception.— ನಿಷೇಧರೂಪ. The negative form of a verb (My.).

ನಿಷೇಧಪರ nishêdha-para. Intent upon objection or denial (Kâvy. III, 3, B, 92).

ನಿಷೇಧಿಸು nishêdhisu. To prohibit, to forbid (My.).

ನಿಷೇವಣ ni-sêvana. Waiting on, serving, service, worship. (My.);—enjoying, using. See ಮರುನ್.

ನಿಷೇವ್ಯಮಾಣ ni-sêvyamâṇa. Being waited upon, served, attended, etc. Feminine ನಿಷೇವ್ಯಮಾಣೆ (Čpr. 3, after 50).

ನಿಷ್ಕ nishka. = ನಿಕ್ಕ. *A golden ornament for the neck or breast.* 2, *a weight of gold varying in value at different times.* 3, *gold.* See Sî. s. ಬೆಸೆ 1.

ನಿಷ್ಕಣ್ಟಕ nish-kaṇṭaka. = ನಿಃಕಣ್ಟಕ. Thornless; free from danger or trouble.

ನಿಷ್ಕಪಟ nish-kapaṭa. Guileless, free from deceit or fraud. (My.). 2, guilelessness (My.).

ನಿಷ್ಕಪಟತನ nish-kapaṭatana. Guilelessness (My.; ದಾಕ್ಷಿಣ್ಯ G.).

ನಿಷ್ಕಪಟಸ್ಥ nishkapaṭa-stha. = ನಿಷ್ಕಪಟ No. 1. (My.).

ನಿಷ್ಕಪಟಿ nish-kapaṭi. A guileless, candid person (My.).

ನಿಷ್ಕಮ್ಪ nish-kampa. Not shaking, motionless, immovable (Šmd. 251).

ನಿಷ್ಕರ nish-kara. Taking away, removing; preparing, accomplishing. See ಉಪ.

ನಿಷ್ಕರುಣ nish-karuṇa. = ನಿಃಕರುಣ. Pitiless, unmerciful, merciless, cruel.

ನಿಷ್ಕರುಣಿ nish-karuṇi. A pitiless, unmerciful, cruel person (Bp. 4, 55; My.).

ನಿಷ್ಕರ್ಮ nish-karma. Inactive. 2, sinless (Bp. 54, 20).

ನಿಷ್ಕರ್ಮಿ nish-karmi. Sinless (Bp. 22, 60; 51, 27).

ನಿಷ್ಕರ್ಷ nish-karsha. Drawing out, extracting; extraction of the essence: the essence of a thing, chief point, main point. 2, ascertainment, certainty, decision, settlement. (My., as ನಿಷ್ಕರ್ಷೆ).

ನಿಷ್ಕರ್ಷಿಸು nish-karshisu. To ascertain, to determine, to settle (My.).

ನಿಷ್ಕಲ nish-kala. Without parts, undivided, indivisible. (Bp. 7, 14; 51, 27; 61, 44; Šsv. 5, 24). 2, waned; impotent, barren; infirm.

ನಿಷ್ಕಲಂಕ nish-kalaṅka. Stainless, spotless, sinless, without blemish. (Bp. 46, 76; 61, 44; Šsv. 5, 24; My.).

ನಿಷ್ಕಲಂಕೇನ್ದು nishkalaṅka-indu. The moon without spots (J. 15, 36).

ನಿಷ್ಕಲೆ nish-kalĕ. *An elderly woman past childbearing or in whom menstruation has ceased* (ಹೊಲೆ ಕೆಡಲು Mr. 302). 2, absence of fine arts or skill in ನಿಷ್ಕಲಾತಿವರು (Bp. 58, 13).

ನಿಷ್ಕಾಪಟ್ಯ nish-kâpaṭya. Guilelessness (My.).

ನಿಷ್ಕಾಮ nish-kâma. Free from desire; disinterested, unselfish;—absence of desire or lust (My.).

ನಿಷ್ಕಾಮಿ nish-kâmi. A person free from desire or lust (Šmd. 64; Bp. 44, 54; My.).

ನಿಷ್ಕಾರಣ nish-kâraṇa. Causeless; groundless (Čt. II, 121; Bp. 43, 15; B. 5, 180; My.).

ನಿಷ್ಕಾಸ nish-kâsa. Going out, exit. 2, a veranda. 3, *waning, disappearance.*

ನಿಷ್ಕಾಸಿತ nish-kâsita. = ನಿಃಕಾಸಿತ. *Turned out, expelled.* 2, gone forth or out. 3, reviled, reproached. 4, blown, expanded. See Mr. s. ಅವಕುಂಚಿತ.

ನಿಷ್ಕುಟ nish-kuṭa. *The hollow of a tree* (ಕೋಟರ, ಮರದ ಪೊಳಲು, ಪೋಟೆ Nn. 142). 2, *a garden* (or yard) *attached to a house* (ಪಿತ್ತಿಲ್, ಹಿತ್ತಲ 142; ಹಿತ್ತಲ Mr. 480).

ನಿಷ್ಕುಟಿ nish-kuṭi. *Large cardamoms.*

ನಿಷ್ಕುಹ nish-kuha. *The hollow of a tree.*

ನಿಷ್ಕೃತಿ nish-kṛiti. Doing away, removing. 2, *expiation, atonement; compensation, discharge of a debt or obligation.*

ನಿಷ್ಕೇವಲ nish-kêvala. = ನಿಕೇವಲ. Belonging exclusively.

ನಿಷ್ಕ್ರಮ nish-krama. Going out, coming forth. 2, *any intellectual faculty.*

ನಿಷ್ಕ್ರಮಣ nish-kramaṇa. Going out or forth; exit. See ಜಲ-, ತೋಃಡು. 2, the ceremony of taking a child out of the house for the first time to see the sun.

ನಿಷ್ಕ್ರಾಮಿತ nish-krâmita. Caused to go out, driven out (ಹೊರಗೆ ಹಾಕಿಸಿ ಕೊಣ್ಡವ G.).

ನಿಷ್ಟಪ್ತ nis-tapta. Purified by heat, free from impurities (Cpr. 4, after 75); burnished, made bright.

ನಿಷ್ಟ್ಯ nishṭya. *An outcast, a barbarian, a mlêččha.*

ನಿಷ್ಠ ni-stha. (= ನಿಟ್ಟು). Staying or being in or on, situated on, grounded on, fixed in; firm; intent on; devoted to, practising (My.); skilled in; believing in. 2, the state of being intent on, intention, aim, object (Šmd. 94).

ನಿಷ್ಠಾನ ni-sthâna. *Sauce, condiment* (ಅಮ್ಬಲಿ Mr. 215). See ಪಳಿದ್ಯ.

ನಿಷ್ಠಿತ ni-sthita. = ನಿಷ್ಠ. (Bp. 3, 78; 6, 16; 21, 5; 61, 43; J. 7, 14).

ನಿಷ್ಠೀವ ni-shṭhîva. *Spitting, spitting out.*

ನಿಷ್ಠೀವನ ni-shṭhîvana. *Spitting, spitting out.*

ನಿಷ್ಠುರ ni-shṭhura. = ನಿಟ್ಟುರ, ನಿಟ್ಟೂರ, ನಿಷ್ಠೂರ. *Hard, rough, rugged; harsh, coarse, gruff, unkind, cruel, severe;* contumelious (ಕಠೋರ, ವಿಷ Nn. 11; ಕುಮುದ, ಕಠೋರ 29; ಪರುಷ, ತೀಕ್ಷ್ಣ 119; ಜೇಯು, ಕೋಪ 137; Kâvy. III, 1, A, 15). ದುಷ್ಟನಿಗೆ ಕಷ್ಟ ಬನ್ದರೂ ನಿಷ್ಠುರಗುಣ ಬಿಡಲಾರ (Prv.). See Prv. s. ಮುನಿಸು.

ನಿಷ್ಠುರತನ ni-shṭhuratana. = ನಿಷ್ಠುರತೆ. (B. 4, 73; G. 348).

ನಿಷ್ಠುರತೆ ni-shṭhuratĕ. Harshness, gruffness (of speech); coarseness; reviling, abuse (Sk.); severity (Grj. 9, after 88).

ನಿಷ್ಠುರತ್ವ ni-sṭhuratva. = ನಿಷ್ಠುರತೆ. (Sk.; My.).

ನಿಷ್ಠೂರ ni-shṭhûra. = ನಿಷ್ಠುರ, etc. (ವೃಜಿನ Nn. 64; ಜರಠ 146; My.). — ನಿಷ್ಠೂರನಂಜಯ. o. r. of ನಿಷ್ಠೂರಸಂಜಯ (in a My. MS.). — ನಿಷ್ಠೂರಸಂಜಯ. N. of the commentator of the Šabdamaṇidarpaṇa (see IV. XIII). The probably oldest copy of the Šmd. at Mḍb. does not give the commentator's name; that copy's commentary, though essentially identical with the others used by the editor, differs, however, from them in many particulars.

ನಿಷ್ಠೆ ni-sthĕ. = ನಿಟ್ಟೆ. Position, station; *condition, state;* stand-point, basis. 2, devotion or attachment to, devotedness; *ordinary and uniform practice;* religious duty; believing in, faith, reliance. 2, conversancy with, skill; *eminence, excellence, perfection.* 3, *conclusion, the end or catastrophe of a drama, etc.* 4, *destruction, death.* 5, *fixed or certain knowledge, certainty.* 6, *trouble, affliction.* ನಿಷ್ಠೆಯಿದ್ದವನಿಗೆ ನಷ್ಟವಿಲ್ಲ. — ನಿಷ್ಠೆಯಿಲ್ಲದವ ಭ್ರಷ್ಟನಾದಾನು (Prvs.). See ಮಜ್ಜಾಸಾರ.

ನಿಷ್ಠೇವ ni-shṭhêva. *Spitting, spitting out.*

ನಿಷ್ಠೇವನ ni-shṭhêvana. *Spitting, spitting out.*

ನಿಷ್ಠ್ಯೂತ ni-shṭhyûta. *Spit out, ejected, thrown out.*

ನಿಷ್ಠ್ಯೂತಿ ni-shṭhyûti. *Spitting, spitting out.*

ನಿಷ್ಣಾತ ni-snâta. Immersed; *deeply versed in, conversant with, learned.*

ನಿಷ್ಪಕ್ವ nish-pakva. *Decocted, boiled.*

ನಿಷ್ಪಕ್ಷಪಾತ nish-pakshapâta. = ನಿಃಪಕ್ಷಪಾತ. Impartial; impartiality (My.; B. 5, 8).

ನಿಷ್ಪತ್ತಿ nish-patti. Going forth or out; birth. 2, being prepared; *completion, conclusion, termination, consummation.* See ತೀರ್ಚು.

ನಿಷ್ಪನ್ದ ni-spanda. = ನಿಷ್ಪಂದ. Motionless, immovable. (Šśv. 4, 20).

ನಿಷ್ಪನ್ನ nish-panna. = ನಿಷ್ಪನ್ನ. Gone forth or out; sprung up, arisen, born; *accomplished, done, finished, ready.*

ನಿಷ್ಪಾದ್ಯ nish-pâdya. To be effected or accomplished; achievable; to be produced; to be ripened (ವೃಷ್ಟಿನಿಷ್ಪಾದ್ಯ Hlâ. II, 6).

ನಿಷ್ಪಾಪ nish-pâpa. Free from sin, sinless, guiltless. (J. 32, 16).

ನಿಷ್ಪಾವ nish-pâva. *Fanning, winnowing, cleaning corn, etc.* 2, = ನಿಷ್ಪಾವಕ (ಅವರೆ Nr.).

ನಿಷ್ಪಾವಕ nish-pâvaka. = ನಿಷ್ಪಾವಕ. *A species of pulse, Phaseolus radiatus* (also Dolichos lablab, see ಅವರೆ).

ನಿಷ್ಪೀಡನ nish-pîḍana. = ನಿಃಪೀಡನ No. 1. (My.). See ಮುಷ್ಟಿ-.

ನಿಷ್ಪೇಷಣ nish-pêshaṇa. Rubbing together, grinding, pulverizing. (My.).

ನಿಷ್ಪ್ರತ್ಯೂಹ nish-pratyûha. = ನಿಃಪ್ರತ್ಯೂಹ. Unobstructed, unimpeded.

ನಿಷ್ಪ್ರಪಂಚ nish-prapañča. = ನಿಃಪ್ರಪಂಚ. Without prapañča; without deceit, pure, honest. (Bp. 29, 33).

ನಿಷ್ಪ್ರಭ nish-prabha. = ನಿಃಪ್ರಭ.

ನಿಷ್ಪ್ರಯೋಜಕ nish-prayôjaka. Useless; needless (My.). Fem. ನಿಷ್ಪ್ರಯೋಜಕಳು.

ನಿಷ್ಪ್ರಯೋಜನ nish-prayôjana. Without motives; causeless, groundless; — useless; needless; uselessness (My.).

ನಿಷ್ಪ್ರವಾಣಿ nish-pravâṇi. Fresh from the loom, *quite new and unbleached.*

ನಿಷ್ಫಲ nish-phala. = ನಿಃಫಲ. *Bearing no fruit, fruitless, barren;* — useless, unprofitable (ವ್ಯರ್ಥ, etc. Mr. 462; My.). See Bp. 23, 38; 57, 15.

ನಿಷ್ಫಲೆ nish-phalĕ. *A woman in whom menstruation has ceased.*

ನಿಷ್ಯನ್ದಿ ni-syandi. Moving, blowing (used of the wind, Čpr. 4, 30).

ನಿಸ್ nis. = ನಿಃ, etc. *Out, forth, outward, out of, out from, away from; no, not, without.*

ನಿಸಂಗಿ ni-saṅgi. = ನಿಃಸಂಗಿ. — ನಿಸಂಗಿನಿರಾಳದೇವ. N. (Bp. 58, 7).

ನಿಸದ nisada. (Tbh. of ನಿಶ್ಚಯ?). **Certainty, truth; certainly** (ನಿಶ್ಚಯ, ಸತ್ಯ Čt. II, 11; ನಿಶ್ಚಯ, ನನ್ನಿ, ಸತ್ಯ Kk. 64; ನಿಶ್ಚಯ, ನನ್ನಿ, ನನಸು, ವಲಂ, ವೆಱಂ, ದಲ್, ಸಾಜ, ದಿಟ Šm. 84; Čpr. 2, 28; 3, 37). ನಿಸದದಿಂ (Šm. 87).

ನಿಸರ್ಗ ni-sarga. Letting go; relinquishment; evacuation, voiding excrement (ವರ್ಜನ, ವಿಮುಕ್ತ Mr. 488, one MS. ವಿಸರ್ಗ). 2, giving away, bestowing; a grant. 3, creation. 4, *the natural state, natural or peculiar character, true or natural form* (ನಿಜ್ಜಯಾಕಾರ Šmd. 32 Cm.; 38. 45; Râm. 1, 16, 28).

ನಿಸಾದಿ nisâdi. 1. Tbh. of ನಿಶಾದಿ. (Šmd. 385).

ನಿಸಾದಿ nisâdi. 2. Tbh. of ನಿಷಾದಿ. (Šmd. 385).

ನಿಸಿ nisi. To squeeze with the thumb and forefinger (My.).

ನಿಸಿ nisi. Tbh. of ನಿಶೆ. (Šmd. 357). — ನಿಸಿವಗೆಯ. -ವಗೆಯ. The sun (ಸಪ್ತಾಶ್ವ Kk. 45; ಸೂರ್ಯ Šm. 14).

ನಿಸೂದನ ni-sûdana. = ನಿಷೂದನ. *Killing, destroying.*

ನಿಸೃಷ್ಟ ni-sṛishṭa. Let go, dismissed, set free; delivered; deposited; given, bestowed; allowed (ಬಿಟ್ಟದ್ದು G.).

ನಿಸೃಷ್ಟಾರ್ಥ nisṛishṭa-artha. Finished, accomplished (Čpr. 8, after 92). 2, an envoy; a messenger (6, after 18; Sk.).

ನಿಸ್ತರಂಗ nis-taraṅga. Waveless, without waves (Čpr. 1, 188).

ನಿಸ್ತರಣ nis-taraṇa. Going out or forth, coming out (of danger); crossing over; passing or spending time.

ನಿಸ್ತರಿಸು nis-tarisu. = ನಿತ್ತರಿಸು. To spend or pass time, to wait, to bear or endure (Abh. P. 11, after 107).

ನಿಸ್ತರುಣ nis-taruṇa. Not becoming a young man or boy (Bp. 61, 44).

ನಿಸ್ತರ್ಹಣ nis-tarhaṇa. *Crushing, destroying, slaughter.*

ನಿಸ್ತಲ nis-tala. *Not flat, round, globular.*

ನಿಸ್ತಾರಕ nis-târaka. Causing to pass over; rescuing, delivering; a saviour. (Bp. 58, 52).

ನಿಸ್ತಾರ್ತ nistârta. Tbh. of ನಿಶ್ಚಿತಾರ್ಥ. (My.).

ನಿಸ್ತುಲ nis-tula. Unequalled, unrivalled (Šśv. 5, 24).

ನಿಸ್ತೂಕ nis-tûka. Without weight, light, pithless, weak; weakness (My.). ನಿಸ್ತೂಕವಾದವನು ಮಸ್ತಕವನ್ನು ಎತ್ತಲಾಱ (Prv.).

ನಿಸ್ತೇಜ nis-têja. Devoid of brilliancy or energy; dull; impotent;—want of brilliancy. — ನಿಸ್ತೇಜಮೈದು. -ಪಡು. To become devoid of brilliancy (Abh. P. 2, 66).

ನಿಸ್ತ್ರಾಣ nis-trâṇa. = ನಿತ್ರಾಣ, ನಿತ್ತ್ರಾಣ. Want of strength, weakness.

ನಿಸ್ತ್ರಾಣಿ nis-trâṇi. = ನಿತ್ರಾಣಿ, ನಿತ್ತ್ರಾಣಿ. A weak person.

ನಿಸ್ತ್ರಿಂಶ nis-triṁśa. More than thirty; more than thirty fingers in length: *a sword, a scimitar, a sacrificial knife.*

ನಿಸ್ತ್ರಿಗುಣ nis-triguṇa. Destitute of the three qualities (Bp. 61, 44).

ನಿಸ್ಪೃಹ ni-spṛiha. = ನಿಃಸ್ಪೃಹ. (My.).

ನಿಸ್ಪೃಹತೆ ni-spṛihatĕ. = ನಿಸ್ಪೃಹೆ. (Bp. 20, 27).

ನಿಸ್ಪೃಹೆ ni-spṛihĕ. Freedom from desire; absence of covetousness (My.).

ನಿಸ್ರಾವ ni-srâva. = ನಿಃಸ್ರಾವ. Flowing down or off; *the scum of boiled rice.*

ನಿಸ್ವನ ni-svana. *Noise, sound, voice.* See ಶಬ; Šśv. 4, 71.

ನಿಸ್ವಾನ ni-svâna. = ನಿಸ್ವನ. *Noise, etc.*

ನಿಸ್ಸಂಶಯ nis-saṁśaya. = ನಿಃಸಂಶಯ. (My.).

ನಿಸ್ಸಂಸಾರಿ nis-saṁsâri. = ನಿಃಸಂಸಾರಿ. (Bp. 33, 17).

ನಿಸ್ಸಂಕ nis-saṅka. Tbh. of ನಿಶ್ಶಂಕ (Šmd. 385).

ನಿಸ್ಸಂಕೆ nis-saṅkĕ. Tbh. of ನಿಃಶಂಕೆ. Boldness; disrespect (ಅವಜ್ಞೆ Šmd. II; Kk. 91).

ನಿಸ್ಸಂಗ nis-saṅga. = ನಿಃಸಂಗ. (My.).

ನಿಸ್ಸಂಗತ್ವ nis-saṅgatva. = ನಿಃಸಂಗತ್ವ. (My.).

ನಿಸ್ಸಂಗಿ nis-saṅgi. = ನಿಃಸಂಗಿ. (Bp. 7, 3; 27, 42; My.).

ನಿಸ್ಸತ್ವ nis-satva. = ನಿಃಸತ್ವ. Without strength, etc., pithless, sapless; absence of power, want of energy, weakness (My.; ವಿತಾನ Čb.).

ನಿಸ್ಸನ್ತತಿ nis-santati. = ನಿಸ್ಸನ್ತಾನ. (My.).

ನಿಸ್ಸನ್ತಾನ nis-santâna. = ನಿಃಸನ್ತಾನ. (Bp. 61, 38; My.).

ನಿಸ್ಸನ್ದೇಹ nis-sandêha. = ನಿಃಸನ್ದೇಹ. (My.).

ನಿಸ್ಸನ್ದೇಹಿ nis-sandêhi. = ನಿಃಸನ್ದೇಹಿ. (Bp. 51, 29; My.).

ನಿಸ್ಸರಣ nis-saraṇa. = ನಿಃಸರಣ. (My.).

ನಿಸ್ಸಹಾಯ nis-sahâya. = ನಿಃಸಹಾಯ. (Šśv. 4, after 65).

ನಿಸ್ಸಾಣ nissâṇa. = ನಿಸ್ಸಾಳ. (G.; Tĕ.; M. ನಿಷಾಣ; T. ನಿಜಾನ).

ನಿಸ್ಸಾರ nis-sâra. = ನಿಃಸಾರ. (ಲಘು Nn. 145, Mr. 528; Bp. 24, 41; 40, 80; B. 3, 36; My.).

ನಿಸ್ಸಾಳ nissâḷa. = ನಿಸ್ಸಾಣ. A kettle-drum (ಭೇರಿ Bhn. 81; Bp. 5, 39; Bh. 1, 12, 7; 8, 23, 8; J. 4, 18. 30; 7, 3; 12, 5. 12; 18, 24. 41).

ನಿಸ್ಸೀಮ nis-sîma. = ನಿಃಸೀಮ. (Bp. 24, 74; 26, 56; 61, 48; J. 27, 1).

ನಿಸ್ಸ್ವ nis-sva. = ನಿಃಸ್ವ. (My.).

ನಿಹನನ ni-hanana. *Slaying, killing.*

ನಿಹಾಕೆ ni-hâkĕ. *An iguana,* or *the Gangetic alligator* (= ಗೋಧಿಕೆ).

ನಿಹಿಂಸನ ni-hiṁsana. *Killing, slaughter.*

ನಿಹಿತ ni-hita. *Placed, laid, deposited;* fixed; infixed, attached; treasured up (Čpr. 2, after 59; 6, 97; Bp. 19, 4).

ನಿಹೀನ ni-hîna. Deprived of;—*low, vile, of low origin.*

ನಿಹ್ನವ ni-hnava. *Denial, abnegation;* concealment, secrecy; *deception; mistrust; doubt, suspicion;* a secret;—atonement, expiation. See ಅಪನಮ್ಬುಗೆ, ಬಾಯಾರುಹ.

ನಿಹ್ರಾದ ni-hrâda. *Sound, noise.*

ನಿಳಿಮ್ಪ ni-ḷimpa. = ನಿಲಿಮ್ಪ. (Čpr. 1, 34; 4, 74; Grj. 6, 6).

ನಿಳಿಮ್ಪಕಾನ್ತೆ niḷimpa-kântĕ. The wife of a god (Šśv. 3, 22).

ನಿಳ್ಕು niḷku. (= ನಿಲುಕು, etc.). **To stretch one's self upwards, to rise up to one's full height, to stretch one's self** (ಉಪಸರ್ಪಣ Šmd. Dh.; Čpr. 7, 127; Šśv. 1, 7). ಕಪಿಧ್ವಜಂ ನಿಳ್ಕಿ, ನಿವರ್ತಿಸುತ್ತುಮಿರೆ (Šmd. 280). ನಲಿನಿಯಂ ನೆಟ್ ನೆಗೆವ ನಿಮಿಷಮಿನ್ನಣ್ಣಿಲಿಂ ನಿಳ್ಕಿ ನೋಡಿ (Rśv. 2, after 8). ತಡಿಯೊಳ್ ನಿಸ್ದು ನಿಳ್ಕಿ ನೀಡಿದ ಮದಗಜದ ಕರದ ಮಾರ್ಪೊಣಿವೆ

(6, after 24). **2,** to come or be within reach, to be reachable (Čpr. 7, 102; Šśv. 2, 80). *Cf.* ನೀೞ್.

ನಿೞಿ niḻi. = ನೆಟಿಲ್. — ನಿಟ್ ನಿಟಿಲ್. rep. The sound of breaking. ಹೂಡಿದನ್ ಅಹಿತರೆದೆ ನಿಟ್ ನಿಟಿಲೆನಲು ಧನುವ (Râm. 3, 6, 6).

ನೀ nî. = ನಿನ್, etc. Thou (My.). Plural ನೀವು. See its declension s. ನಿನ್. ನೀ ಕಪಟಿಯಾದರೆ ನಿನಗೆಲ್ಲರು ಕಪಟಿಗಳೇ! (Prv.).

ನೀ nî. = ನಿಃ, etc.

ನೀಂ nîṁ. 1. = ನೀ, etc. Thou (Šmd. 262. 263). ಕಳೆ ನೀಂ! (45). ನೀಂ ಪಶು (109). ನೀಂ ಕಾಮುಂ (110).

ನೀಂ nîṁ. 2. = ನಿಮ್, etc. You (Šmd. 262. 263; Bh. 2, 13, 36). Also ನೀಂಗಳ್ in one Šmd. MS.

ನೀಕರಿಸು nî-karisu. To disrespect, to contemn (Bp. 49, 8; Râm. 6, 53, 84; Tĕ. ನ್ಯಕ್ಕಾರ, disrespect, contempt).

ನೀಕಾಶ nî-kâśa. = ನಿಕಾಶ. *Like, resembling.*

ನೀಗಿಸು nîgisu. To cause to quit, etc. (My.).

ನೀಗು nîgu. To quit, to leave, to abandon, to give up, to get rid of; to lose; to remove, to take away, to do away; to squander (ತ್ಯಜನ Šmd. Dh.; My.; Tĕ.; T. ನೀಕ್ಕು, ನೀಂಗು, ನಿಯುದು; M. ನೀಕ್ಕು). (**2,** to be got rid of, to go off or away, to vanish; Tĕ. ನಿಗ್ಗು; T. ನೀಂಗು; M. ನೀಙ್ಙು). ಸಂಕಟಗಳನ್ನು ನೀಗುವದು (B. 3, 70). ಕಷ್ಟವನ್ನು ನೀಗುವದು (5, 104. 202. 205). ಚಳಿಯನ್ನು ನೀಗು (5, 296). ಅಸು ನೀಗಿತು ಅಸುರನ ತನುವ (Bh. 1, 10, 38). ಕರ್ಕೋಟಕನ ದೆಸೆಯಿನ್ದ ಅಸುವ ನೀಗದೆ, ಸಾರಿದನು ಋತುಪರ್ಣಭೂಪತಿಯು (Râm. 3, 2, 14). ಅಭಿಮಾನವಂ ನೀಗು (Bp. 21, 47). ಛಾಪೆಯುಂ ನೀಗು (39, 17). ನೀಗಿದರೂ (though I want to get rid of it) ಬಡತನ ಬಿಡದು.— ನೀಗುವವನಿಗೆ ಭಾಗ ಸಿಕ್ಕಿದರೂ ಭೋಗಕ್ಕೆ ಬಾರದು (Prvs.). See Bp. 1, 36; 31, 21; 34, 10; 36, 19; 40, 8. 48; 42, 13; 54, 61; 60, 25; Č. Bp. 32, 44; Bh. 8, 22, 44; Rśv. 14, 28; V. 14, 61; J. 13, 40; 14, 17; 22, 41. — ನೀಗಾಡು. -ಆಡು. To renounce. ಒಡಲ ಹೋಗಾಡಿದರು (though—) ನುಡಿ ನೀಗಾಡಿದರು (though—) ನಡೆಯೊಳು ಎಚ್ಚಱಿನು ಬಿಡದಿರಲು (though—) ಪರವಶ, ದೃಢಮನವಿಡಿದು (though—, Sp.).

ನೀಚ nîča. *Low, not high, short, small;* deep, lowered, bass (in music); situated below; *low, base, vile, mean.* ನೀಚನ ಸಂಗವೂ ಈಚಲ ನೀರೂ ನಾಚಿಗೆ ಕೆಡಿಸುವದು.— ನೀಚರ ಸಭೆಗೆ ಹೋದರೆ ನಾಚಿಕೆಗೇಡಾಗುವದು.— ನೀಚರ ಸಂಗ ಅಭಿಮಾನಭಂಗ.— ನೀಚನಿಗೆ ಊಚುವಸ್ತು ಕೊಟ್ಟರೂ ನಾಚಿಕೆಗೇಡಿತನ ಹೋದೀತೇ? (Prvs.). 2, the lowest point of a planet, the seventh house from the highest point. — ನೀಚಾಟ. -ಆಟ. Base conduct (My.). See Prv. s. ಪೇಚಾಟ.

ನೀಚಕಿ nîčaki. The top; *the head of an ox.*

ನೀಚತನ nîčatana. Lowness, meanness, vileness (My.; B. 4, 89; ನಿಕರ್ಷ G.).

ನೀಚಾತ್ಮ nîča-âtma. A mean person (B. 5, 73).

ನೀಚೈರ್ಗತ nîčais-gata. (Šmd. 99). Gone downwards.

ನೀಚೈಸ್ nîčais. (Šmd. 99). Low, down, downwards, deep;— *short, small, little, dwarfish.*

ನೀಟ nîṭa. 1. = ನೀಳ. Length (ನೀಳ Bhr. 31; My.; T. ನೀಟ್ಟು; M. ನೀಟ್ಟ, ನೀಡು; see ನಿಡು).— ನೀಟಸಾಲು. A long line or row (My.).

ನೀಟ nîṭa. 2. = ನೀಟು No. 2. (My.).

ನೀಟು nîṭu. = ನೀಟ 2. Straightness: the state of not being curved, that of standing upright; the rêpha (ರ್, ವಿಸರ್ಜ Nn. 62, o. r. ಗೀಟು). **2,** properness; neatness, elegance, beauty, tidiness (My.; Tĕ. ನೀಟು, ನೇಟು; T. ನೇತ್ತಿ, ನೇರ್ಚ್ಚಿ; M. ನೇರ್ಚ್ಚಿ; Mhr. ನೀಟ; *cf.* ನಿಜಿತ, ನೆಟ್ಟ, ನೇರ್ 3). ಆಡಿನ ಕೋಡುಗಳು ಮೇಲುಗಡೆಗೆ ನೀಟಾಗಿರುತ್ತವೆ (B. 5, 23). ನೀಟಾಗಿ ನಡೆದರೆ ಕಾಟ ಬಾರದು.— ಊಟದಲ್ಲಿ ನೀಟಾಗಿರ ಬೇಕು (Prvs.). — ನೀಟುದಾರಿ. A nice road (My.).

ನೀಟುಗಾತಿ nîṭu-gâti. A tidy woman (My.).

ನೀಟುಗಾಱ nîṭu-gâṟa. A tidy man (My.).

ನೀಡ nîḍa. = ನೀಡು, ನೀಳ. A resting place; *a bird's nest.*

ನೀಡಜ nîḍa-ja. = ನೀಳಜ. Nest-born: *a bird.*

ನೀಡಱ್ nîḍaṟ. Whirling; giddiness; swoon (Abh. P. 14, after 34; *cf.* ನಿಟ್ಟಿನೆ). ನೀಡಱಿನ್ ಎಚ್ಚತ್ತು (Abh. P. 16, 15).

ನೀಡಿಸು nîḍisu. To cause to put (Bp. 57, 35); to cause to give (My.); etc.

ನೀಡು nîḍu. 1. = ನೀೞ್. To extend, to stretch out, as the fingers, the arms, the tongue, etc. (ಪ್ರಸಾರಣ Šmd. Dh.; My.; T., M. ನೀಟ್ಟು; *cf.* ನಿಗುರ್). **2,** to hold out, to offer, to present, to give; to serve out, to set (before one, as rice); to put (My.; T., M. ನೀಟ್ಟು). ನೀಡಿದ ಬೆರಳ ತಳಂ (ಪಾಣಿ Hlâ.). ನೀಡದವನಲ್ಲಿ ಹೋಗಿ ಬೇಡಿ ಕೊಳ್ಳುವವ ಮೂಢನು.— ಚಾಪೆಯಿರುವಷ್ಟಕ್ಕೆ ಕಾಲು ನೀಡ ಬೇಕು (Prvs.). See Čpr. 5, 63. 96; Bp. 1, 46. 51; 5, 41; 8, 15; 10, 2; 11, 11; 12, 35; 14, 32; 21, 32; 24, 82; 26, 62. 67; 27, 40; 33 sum.; 33, 11; 40, 42; 43, 84; 47, 29. 39; 48, 24; 50, 4. 36; 57, 34; 59, 2. 20; 60, 23. 28; Râm. 5, 8, 57; Rśv. 2, 48; 5, 21. 39; 6, after 24; J. 11, 1; 15, 20; 16, 18. 41; 29, 33. 43; Si. 288; B. 5, 41.

ನೀಡು nîḍu. 2. = (ನಿಡು, ನೀಳ), ನೀೞ್. Extension, length (ದೀರ್ಘತೆ Čt. I, 38; M., T.); delay (Grj. 6, 34; 8, 29; Šśv. 2, 64. 122). **2,** further (Šm. 24); abundantly, much, etc. (ಅಧಿಕಾರ್ಥಂ Šmd. 291; ಕರಂ, ನೆಱೆ, etc., ಪಿರಿದು Kk. 49; Rśv. 6, 2; 13, after 86). **3,** presenting. — ನೀಡಡಿ. -ಅಡಿ. A long foot: a stretched leg (Grj. 7, 57; 8, 24). — ನೀಡಡಿಗೊಳ್. -ಕೊಳ್. To stretch a leg (Šśv. 3, 52; 4, after 19 & 24). — ನೀಡುಂ. -ಉಂ. = ನೀಡು No. 2. (Šmd. 391; ವಿಶೇಷವಾಗಿ 172 Cm.; Čpr. 3, after 102; 8, 43. 49). — ನೀಡು ಕರಿಸು. = ನೀಟ್ಕರಿಸು, q. v. (Šmd. 28). — ನೀಡು ಮಾಡು. To make long: to raise (J. 12, 4). — ನೀಡು ಬೊನೆ. Long, persevering fighting (Bh. 3, 10, 52). — ನೀಡುಮ್ಮಾಡು. -ಂ-ಮಾಡು. Idleness, sloth (ಆಲಸ್ಯಂ Čt. I, 51). 2, to delay.

ನೀಡು nîḍu. Tbh. of ನೀಡ. (ಕರಕ, ಗೂಡು Nn. 50).

ನೀಡುಕಾಱ nîḍu-kâṟa. A man who presents (arrows to a warrior, Bh. 8, 26, 11).

ನೀಡೋದ್ಭವ nîḍa-udbhava. *A bird.*

ನೀಣ್ಟಿಸು nîṇṭisu. = ನಿಟ್ಟಿಸು. (J. 4, 9).

ನೀಣ್ಚು nīṇṭu. To throw away (ಬಿಸುಡು Čt. I, 42, o. r. ಪೀಣ್ಚು).

ನೀತ nīta. Led, conducted, guided; carried; brought; well-behaved. See ಅ-, ಪ್ರಣೀತ, ವಿ-.

ನೀತಿ nīti. Leading, guiding, guidance;—conduct, propriety;—right or moral or prudent behaviour;—political wisdom or science, political economy, policy, statesmanship;—moral philosophy, ethics, precepts for prudent and moral behaviour; prudence;—acquirement, acquisition. See Nn. s. ನಿಯತ. ಸುಮ್ಮನಿಹುದಿದು ನೀತಿಯೇ ನಿನಗೆ? (Bp. 61, 18). ನೀತಿಗಳ್ (55, 6). ನೀತಿಯುಳ್ಳವನ ಮನೆದೀಪದಲ್ಲಿ ಜಾತಿಭೇದವೇನು?— ನೀತಿಯುಳ್ಳವನ ಮಾತು ಶೋತ್ರಿಯಾದೀತೇ?— ನೀತಿಯುಳ್ಳವನು ಖ್ಯಾತಿ ಪಟ್ಟಾನು.— ಜಾತಿ ಕೆಟ್ಟರೂ ನೀತಿ ಬಿಡ ಬಾರದು (Prvs.). See Prvs. s. ಪ್ರೀತಿ, ಮತ. — ನೀತಿ ಗೀತಿ. reit. (Bh. 1, 5, 15).

ನೀತಿಕೆ nītikĕ. N. of a vṛitta (Čh.).

ನೀತಿಗ nītiga. A well-conducted, virtuous man (ಸಚ್ಚರಿತ Čt. I, 89).

ನೀತಿಪರ nīti-para. Engrossed in or intent upon political wisdom, etc. (Šmd. 188).

ನೀತಿಮಾರ್ಗ nīti-mārga. The path of morality; moral conduct (My.).

ನೀತಿಯುತೆ nīti-yutĕ. A woman possessed of proper or prudent behaviour (Čh. vs. 127. 221).

ನೀತಿವನ್ತ nīti-vanta. A man who knows the rules of moral or prudent behaviour, a moral, just or prudent man (My.). ಮಾತು ಮಾತಿಗೆ ತಪ್ಪುವವನು ನೀತಿವನ್ತನಲ್ಲ (Prv.).

ನೀತಿವಿದ nīti-vida. A man versed in political science, etc. (J. 11, 32).

ನೀತಿವಿಹೀನ nīti-vihīna. Devoid of propriety, etc. (Bp. 45, 21).

ನೀತಿವೇದಿ nīti-vēdi. Knowing proper behaviour, etc.; *knowing policy, a politician.*

ನೀತಿಶಾಸ್ತ್ರ nīti-šāstra. The science of ethics or politics; any work on political economy, ethics or morals (My.).

ನೀಧ್ರ nīdhra. = ನೀವ್ರ. *The edge of a thatch, the edge of a roof.*

ನೀನ್ nīn. (Šmd. 59). = ನಿನ್, etc. Thou. The form of ನೀಂ 1 which appears before vowels. ನೀನ್ ಆರ ಮಗಳ್? (153). See Šmd. 109. 148. 155. 177. 178. 262. 268. 292. 298. 299; J. 31, 33.

ನೀನು nīnu. = ನೀನ್, etc. Thou. The present form of ನೀಂ 1 (C.); see its declension s. ನಿನ್. Its plural is ನೀವು. ನೀನು ನಾನು ಎಮ್ಬ ಭೇದ ಜ್ಞಾನಿಗುಣ್ಟೇ?— ನೀನೇ ಸೆಟ್ಟ ಅನ್ದರೆ ಮಾನದ ಅಣ್ಡೆನಲ್ಲಿ (the lower bottom part of a bamboo māna) ಅಳದ ಹಾಗೆ (Prvs.).

ನೀಪ nīpa. Situated low, deep. 2, *the Kadamba tree, Nauclea cadamba* Roxb.

ನೀಮ್ nīm. = ನಿಮ್, etc. You. The form of ನೀಂ 2 before vowels. ನೀಮಿರೆ (Šmd. 263). ಈಪೊಡೆ ನೀಮ್ ಬಲ್ಲಿದಿರ್ (298). ನೀಮ್ ಇರಲ್ ಪಟ್ಟಿರ್ (299).

ನೀರ್ nīr. = (ಈರ್), ನೀರು, ನೀಱ್. (Said to be Tbh. of ನೀರ Šmd. 365; Čt. II, 81). Water (ಅಪ, ತೋಯ, ಘನರಸ, ಪಯಸ್, ಪುಷ್ಕರ, ಮೇಘಪುಷ್ಪ, ಕ, ಪಾನೀಯ, ಸಲಿಲ, ಉದಕ, ವಾರಿ, ವಾರ್, ಶಮ್ಬರ, ಅರ್ಣಸ್, ಪಾಥಸ್, ಕುಶ, ಜಲ, ವನ, ಕ್ಷೀರ, ಅಮ್ಭಸ್, ಅಮ್ಬು, ನೀರ, ಭುವನ, ಅಮೃತ, ಜೀವನೀಯ, ದಕ Hlā.; ಕುಶ, ಉದಕ, etc. Mr. 404; ಕೃಪೀಟ 484; ಜಲ Nn. 26; ಉದಕ 43; ಕಾಣ್ಡ 116; see Si. 31; Tě. ನೀರು; Tu., T. ನೀರ್; M. ನೀರ್, ನೀಲು); the colour or lustre of a gem (My.). Declension: ನೀರ, ನೀರಂ, ನೀರ್ಗೆ, ನೀರಲ್ಲಿ, ನೀರಿನ್ದ, ನೀರಿಂ; ನೀರ್ಗಳ್ (Rśv. 13, 88). ನೀರೊಳ್ ಮುಮುಂಗಿದಂ (Šmd. I). ಮರಳ್ಕೆ ಎಱ ನೀರಂ! (115). ನೀರಲ್ಲಿ ಕೀಲಾಲ ಎಮ್ಬುದು (Hlā.). ನೀರಿಲ್ಲದ ಭೂಮಿ (ಮರು, ಧನ್ವ); ನೀರ ದೋಣಿ (ಅವಗಾಹ, ಜಲದ್ರೋಣಿ); ತೊಱೆಯ ನೀರಿಂ ಬೆಳವ ಭೂಮಿ (ನದೀಮಾತೃಕ); ಮುಗಿಲ ನೀರಿಂ ಬೆಳವ ಭೂಮಿ (ದೇವಮಾತೃಕ); ನೆಲದೊಳಗುಳ್ಳ ಪ್ರಾಣಿಗಳೆಲ್ಲಂ ನೀರೊಳಗೊಳವು (Hlā.). ನೀರ ಸುೞ (ಆವರ್ತ); ನೀರ ಹೆಚ್ಚುಗೆ (ಪೂರ); ನೀರೊಳಗಣ ಹಕ್ಕಿ (ಶಂಕು); ನೀರೊಳಗಣ ಬೆಕ್ಕು (ಉದ್ರ); ನೀರೊಳಗಣ ಚಿಪ್ಪು (ಜಲಶುಕ್ತಿ); ಬಾವಿಯ ನೀರನೆತ್ತುವ ಜನ್ತ್ರವಿಶೇಷವು (ಸಲಿಲೋದ್ವಾಹನ, etc.); ನೀರ ಬೊಬ್ಬುಳಿಕೆ (ಬುದ್ಬುದ); ನಾವೆಯೊಳಗಣ ನೀರ ಚಲ್ಲುವ ಮರಗೆ (ಸೇಕಪಾತ್ರ); ನೀರ ಹರಿಯಲೀಯದೆ ಕಟ್ಟಿದ ಕಟ್ಟೆ (ಆಧಾರ); ನೀರ ನಡುವೆ ಕಟ್ಟಿದ ಕಟ್ಟೆ (ಸೇತು); ನಾಲ್ಕು ಭಾಗದೊಳಗೊನ್ದು ಭಾಗ ನೀರ ಬೆರಸಿದ ಮಜ್ಜಿಗೆ (ತಕ್ರ Nr.). ನೀರ ತೆರೆ (ಧಾರ, ತರಂಗ Nn. 12). ನೀರ ಹರಹು (ಅರ, ಧಾರೆ, ಪ್ರವಾಹ, etc. Mr. 415). ನೀರ ಮುರುಹು (ಚಕ್ರಾದಿ 416). ನೀರ ಹರುಕುಣಿ (ಯಾಸ, etc. 422). ನೀರು ನೆಲಿಲಿಲ್ಲದ ಠಾವು (ಮರು Nr.). ನೀರ್ ಪೊಸತಪ್ಪ ಮೌಕ್ತಿಕಂಗಳ ತೊಡವು (Abh. P. 8, 72). ಹಿರಿದು ಪಾಪವ ಮಾಡಿ, ಹರಿವ ನೀರೊಳು ಮುಮುಗೆ ಕರಗೊದೇ ಪಾಪ? (Sp.). ನೀರ ಬೊಬ್ಬುಳಿ ನೆಚ್ಚಿ, ಸಾರಿ, ಕೆಡದಿರು, ಮರುಳೆ! (Sp.). ನೀರಂ (Bp. 42, 4; 57, 80; 60, 8); ನೀರಲಿ (28, 65). See Öpr. 4, 15; 5, 63; Rśv. 3, 124; 13, after 95; J. 12, 8; 15, 2; 28, 17. 55; ಎಳ-, ಕಣ್-, ಕುಡಿ-, ತಿಳಿ-, ನಡು-, ಪನ್-, ಪೊಯ್-, ಬಿಸು-, ಬೆನ್-, ಮುನ್-, ಸೊಕ್ಕು-. — ನೀರಡಕಿ. -ಅಡಕಿ. A woman who brings water to the house (ಘೋಟೆ Mr. 304, o. r. ನೀರಡಿಕಿ). — ನೀರಡಿಕೆ. -ಅಡಿಕೆ. = ನೀರಱ್ಕೆ (Šmd. 28). Thirst (ತೃಷೆ Nr.; ತರ್ಷ, ಪಿಪಾಸ Mr. 235; ಉದನ್ಯೆ, etc. Si. 317; ತೃಷ್ಣೆ 420; J. 28, 35; My.; B. 1, 18; 5, 133). — ನೀರಡಿಸು. -ಅಡಿಸು. To be thirsty (Abh. P. 7, 103; J. 26, 76; My.; B. 2, 13). ನೀರಡಿಸಿದಾತ (ತೃಷಿತ, ತರ್ಷಿತ, ಪಿಪಾಸು, ಪಿಪಾಸಿತ Hlā.). ನೀರಡಿಸಿದಂ (ತರ್ಷಿತ, ಪಿಪಾಸಿತ Mr. 235). — ನೀರಣುಗ. -ಅಣುಗ. The moon (ಹನ್ವ Šm. 15. 16). — ನೀರ ತೇರ್. A cloud (ಮೇಘ Šs.; Rśv. 13, after 77). — ನೀರ ನಾಯಿ. = ನೀರು-. A water-dog, (an otter? My.; B. 4, 132; *cf.* ನೀರ ಬೆಕ್ಕು). — ನೀರ ಪೊಟ್ಟಣ. A black cloud, a cloud—of the rainy season (ಕಾರ ಮುಗಿಲ್ Čt. I, 87). — ನೀರ ಬಟ್ಟೆ. A water-passage (ಕೋಡಿ Bhn. 4). — ನೀರ ಬೆಕ್ಕು. = ನೀರು-. (My.; ಉದ್ರ G.). — ನೀರ ಬೆತ್ತ. The tree Barringtonia acutangula (ಹಿಜ್ಜಲ G., sic!). — ನೀರ ಮಡಿ. Cloth that is simply washed in water without the addition of soap, etc. (My.). ನೀರ ಮಡಿ ತೊಳೆಯುವದು (B. 5, 287). — ನೀರ ಮಾಡು. To liquefy (My.; B. 4, 97). — ನೀರ ಹಿಪ್ಪಲಿ. The plant Jussiaea repens Lin. (ತೋಯಪಿಪ್ಪಲಿ, ಶಾರದಿ G.). — ನೀರಲೇ ಹಾವು. = ನೀರುಳ್ಳಿ-, ನೀರೊಳ್ಳೆ-. A kind of snake (ಅಲಗರ್ದ, ಜಲವ್ಯಾಲ Si. 77). — ನೀರಱ್ಕೆ. -ಅಱ್ಕೆ. = ನೀರಡಿಕೆ (Šmd. 28). (ಉದನ್ಯೆ, etc. Hlā.; Abh. P. 1, 108). — ನೀರಾಗು. -ಆಗು. To become liquid, to melt, as metals, sugar, salt, etc. (My.; B. 4, 97). 2, the bath after menstruation to be taken. ಆಕೆಗೆ ನೀರಾಗ ಬೇಕು (My.). — ನೀರಾಟ. -ಆಟ. Sporting or gamboling in water (ಜಲಕ್ರೀಡೆ Šs.; Rśv. 2, after 8; Šśv. 1, 7). ಆನೆ ನೀರಾಟದಲಿ ಮೀನ ಕಣ್ಡು, ಅಂಜುವದೆ? (Sp.). ನೀರಾಟಕ್ಕೆ ಹೋಗಿ, ಹೇಡಾಟ ಕಳಕೊಣ್ಡ (Prv.). — ನೀರಾನೆ. -ಆನೆ. A kind of aquatic animal (J. 6, 7; Č. Bp. 2, 3; Si. 88). — ನೀರಾಮೆ. -ಆಮೆ. A turtle. — ನೀರಾಮೆಬಳ್ಳಿ. A species of medicinal plant (ವಾರ್ಷಿಕ, ತ್ರಾಯಮಾಣೆ, ತ್ರಾಯನ್ತಿ, ಬಲಭದ್ರಿಕೆ Si. 159). — ನಿರಾವ್ಪು, -ಅವ್ಪು. = ನೀರೆಸರು. (My.). — ನೀರಾರವ್ಪು. Wet cultivation

(My.; Tĕ.). — ನೀರಾವರಿ. -ಆವರಿ. ನಿರಾವರಿಕೆ. -ಆವರಿಕೆ. Abundance of water: soil fit for wet cultivation (My.). ನೀರಾವರೀ ಬೆಳೆ (Si. 119); ನೀರಾವರೀ ಭೂಮಿ (138. 300). — ನೀರಿಡು. -ಇಡು. = ನೀರೆಱೆ. (Śśv. 2, 72). — ನೀರಿಪ್ಪೆ. -ಇಪ್ಪೆ. = ನೀರುಹಿಪ್ಪೆ. A kind of Bassia which grows in watery places (ಮಧೂಲಕ Nr.). — ನೀರಿೞಿ. -ಇೞಿ. To descend into water: to bathe (after mourning). ನೀರಿೞಿದವನು (ಅವಸ್ನಾತ, ಮೃತಸ್ನಾತ Nr.). 2, water to grow less (My.). — ನೀರಿೞಿಹ. -ಇೞಿಹ. Bathing (after mourning, ಅಪಸ್ನಾನ, ಮೃತಸ್ನಾನ Hlâ.). — ನೀರುಡ. -ಉಡ. = ನೀರುಡು. (Si. 89). — ನೀರುಡು. -ಉಡು. The aquatic iguana (ನಿಹಾಕೆ, ಗೋಧಿಕೆ Nr.; Č. Bp. 2, 3). — ನೀರುಣ್. -ಉಣ್. To drink water (used of beasts, Čpr. 2, 22; Śśv. 2, 55). — ನೀರುಪ್ಪು. -ಉಪ್ಪು. Salt water. ನೀರುಪ್ಪಿನಲಿ ಕಲಸಿದವು (ಎಲೆ, ಕಾಯಿ, etc., ಲವಣೋದಕ Mr. 216). — ನೀರುಪ್ಪಿಗಿಡ. -ಉಪ್ಪಿ-. = ಗೊಳಗೊಳಿಕೆಗಿಡ. Barleria longiflora Lin. (St. & Pl.). — ನೀರುಳ್ಳಿ. 1. -ಉಳ್ಳಿ. The onion, Allium cepa Lin. (ಲತಾರ್ಕ, ದುದ್ರುಮ, ಹರಿತವರ್ಣವಾದ ಉಳ್ಳಿ Nr.; Si. 159; My.). *Cf.* ಈರುಳ್ಳಿ. ನೀರುಳ್ಳಿ ನೀರಲ್ಲಿ ತೊಳದರೆ ನಾಱೋದು ತಪ್ಪೀತೇ?— ನೀರುಳ್ಳಿಯುವನ ಸಂಗಡ ಹೋರಾಟಕ್ಕೆ ಹೋದರೆ ಮೋಱೆಯೆಲ್ಲ ನಾಱದೇ? (Prvs.). — ನೀರುಳ್ಳಿ. 2. = ನೀರಳೆ, ನೀರೊಳ್ಳೆ. ನೀರುಳ್ಳೀ ಹಾವು (= ನೀರಳೇ ಹಾವು My., occasionally). — ನೀರೂಣ್ಬ. -ಊಣ್ಬ. Drinking of water (said of plants, Čpr. 1, 94). — ನೀರೂೞಿಗ. -ಊೞಿಗ. The service of bringing water (My.). — ನೀರೆಱೆ. -ಎಱೆ. To pour water. ಮರಕ್ಕೆ ನೀರೆಱೆವ ಹರಿಕಣಿ (ಆಲವಾಲ Hlâ.). (ಕೂಸಿಗೆ) ಹೆಚ್ಚು ನೀರೆಱೆದು, ಇಟ್ಟು ತೊಟ್ಟಿಲೊಳ್ (Prll. 3, 26). ಎಲ್ಲರ ಬಾಯ್ಗೆ ನೀರನೆಱೆದು (*i. e.* ಅದನ್ನು ಮುಱುಗಿಸಿ or ಕೆಡಿಸಿ), ಆರುಂ ಕಾಣದೇ (*i. e.* ಕದ್ದು ಕೊಣ್ಡೋ) ಭಕ್ಷಿಪಾ ಗಣಿಕಂ ಹೆಗ್ಗಣಕಂ ಸಮಂ (Śś. 94). ನೀರೆಱೆವಂ (ನೀರ್ಕುಟಿಗ Kk. 37). ಉತ್ತಮರುಗಳ ಒಕ್ಕಲಿಗೆ ನೀರೆಱೆವಂ (Abhâ. 2, 52). See Čpr. 1, 95; J. 7, 29; 15, 5. — ನೀರೆಸರು. -ಎಸರು. A kind of plain pepper-water (without the addition of pulse, My.). — ನೀರೇಱು. -ಏಱು. Water to rise (Čpr. 7, 127); to rejoice (7, 2. 127). — ನೀರೊಟ್ಟಿಲ್. -ಒಟ್ಟಿಲ್. The ocean. — ನೀರೊಟ್ಟಿಲಾಣ್ಮ. Lord of the ocean: Neptune (ವರುಣ Kk. 15, o. r. ಸೀರೊಟ್ಟಿಲಾಮ್ಬು). — ನೀರೊತ್ತು. -ಒತ್ತು. Tide (ವೇಲೆ, ವಾರಿವೃದ್ಧಿ Hlâ.). — ನೀರೊಳ್ಳೆ. = ನೀರುಳ್ಳಿ 2. A harmless water-snake (My.). — ನೀರೋಟ. -ಓಟ. Stream, current (My.). 2, the condition of a place being so as to let water run off (My.). — ನೀರೋಡು. -ಓಡು. Water to run off or dry up (Čpr. 4, 85).

ನೀರ nīra. *Water* (ನೀರ್ Šmd. 365; Čt. II, 81).

ನೀರಜ nīra-ja. 1. The garden plant Costus speciosus Sm. (ಕೋಷ್ಠ Mr. 143). 2, a lotus (Čpr. 1, 79. 81). ನೀರಜದ ಕೈರವದ ಬಳ್ಳಿ (ಬಿಸಿನಿ Mr. 420). 3, a pearl.

ನೀರಜ nī-raja. 2. = ನಿರಜ. Free from passion or impurity; free from dust (Abh. P. 3, 110); not menstruating.

ನೀರಜಮಿತ್ರ nīraja-mitra. = ನೀರಜಸಖ. (Abh. P. 3, 110).

ನೀರಜಶರ nīraja-śara. Kâma (J. 16, 10).

ನೀರಜಸಖ nīraja-sakha. Lotus-friend: the sun. (My.).

ನೀರಜೆ nīrajĕ. = ನಿರಜೆ. A woman free from impurity, etc.

ನೀರದ nīra-da. 1. Water-giving: a cloud. (Čpr. 4, 41; Rśv. 13, 19).

ನೀರದ nī-rada. 2. Toothless. (Rśv. 8, 116).

ನೀರದಮಾರ್ಗ nīrada-mârga. The sky (Čpr. 8, 39).

ನೀರದರವ nīrada-rava. (ತಿಱುಕುಸಾಲೆ, etc. Mr. 142; *cf.* ಮೇಘನಿನದ).

ನೀರದಾಧ್ವ nīrada-adhva. The sky (Č. Bp. 47, 15).

ನೀರಧರ nīra-dhara. A cloud (Čpr. 4, 40; Bp. 61, 85).

ನೀರಧಿ nīra-dhi. The ocean. (Bp. 5, 68).

ನೀರನ್ಧ್ರ nī-randhra. Having no openings, close, uninterrupted; coarse, thick. (My.).

ನೀರರುಹ nīra-ruha. A lotus. (Čpr. 8, 9).

ನೀರಸ nī-rasa. = ನಿರಸ. Without juice, sapless, withered; powerless, unsavoury, insipid; weak. See Čpr. 7, 67; Čh. v. 40; Kâvy. II, 1, A, 12, 20-28; Bp. 1, 18; J. 16, 10.

ನೀರಸನಿ nī-rasani. (ಭಾಳವರ್ಣ, ಕುಟನ್ನಟ, ಲವಂಗ Mr. 142).

ನೀರಾಗ nī-râga. = ನಿರಾಗ. (Čpr. 6, 11).

ನೀರಾಗಿ nī-râgi. A person free from passion, anger, or envy (Bh. 2, 13, 36).

ನೀರಾಜನ nī-râjana. = ನೀರಾಜನೆ No. 1. (Čpr. 8, after 24; Bp. 47, 16; V. 9, after 21; J. 7, 17; 15, 24).

ನೀರಾಜನೆ nī-râjanĕ. Waving lights before an idol, a king, etc. as an act of adoration; the lamp used for it. 2, lustration of arms, a military and religious ceremony held by kings or generals on the 19th of Âśvina before taking the field. See ಲೋಹಾಭಿಸಾರ.

ನೀರಾಜಿತ nī-râjita. Illuminated (Čpr. 6, 43).

ನೀರಾಜಿಸು nī-râjisu. = ನಿರಾಜಿಸು, q. v. (V. 9, after 21).

ನೀರಾಂಜನ nī-rânjana. = ನೀಲಾಂಜನ. The lamp lighted before an idol (My.).

ನೀರು **nīru.** = ನೀರ್, etc. (C.). ಕಣ್ಣ ನೀರು (ಅಶ್ರು, etc.); ಹಱುಗಲಿಕ್ಕುವ ನೀರು (ನಾವ್ಯ); ಅಗರ್ತೆಯ ನೀರು (ದ್ರಾಗ್ಭೃತಕ Hlâ.). ನೀರುಗಳು (Si. 83). ನೀರಿನ (81. 83). ನೀರಿಗೆ (C.), ನೀರಿಂಗೆ Mr. 40, 4). ಒಕ್ಕಲಿಲ್ಲದ ಊರು ಕೊಱೆತು ನಾಱುವ ನೀರು (Dp. 54). ಮೀನು ಬಲ್ಲುದೆ ನೀರು ಹವುಳು ಸೋದೆಮ್ಬುದನು? (76). ನೀರ ಕಡೆಗೆ ನಾಟಿದ ಮರ ಚಿಗುರದೇ ಬಿಟ್ಟೀತೇ?— ನೀರಲ್ಲಿ ನೋಡಿದವನ್ನ ಊರಲ್ಲಿಡ ಬಾರದು, ಎಣ್ಣೆಲಿ ನೋಡಿದವನ್ನ ಕಣ್ಣಲಿ ನೋಡ ಬಾರದು (a proverb resting on superstition). — ನೀರಲ್ಲಿ ಬರದ ಬರಹಾನ ಹಾಗೆ. — ನೀರಾದರೂ ನಾಱ ಬಾರದು. — ನೀರಿನ ಒಳಗಣ ಮುಳ್ಳಿನ ಹಾಗೆ. — ನೀರಿನ ಮೇಲಣ ಗುಳ್ಳೇ ಹಾಗೆ. — ನೀರಿನಿನ್ದ ಪಾಪ ಹೋದರೆ ನೀಱೆಯಿನ್ದ ಪಾಪ ಹೋಗದೇ?— ನೀರಿನೊಳಗಣ ಕಪ್ಪೆ ಬಯ್ಲಿಗೆ ಹಾಕಿದ ಹಾಗೆ. — ನೀರಿಲ್ಲದ ತಾವು ಊರು ಕಟ್ಟಿದ ಹಾಗೆ. — ನೀರು ಇದ್ದರೆ ಊರು, ನಾರಿ ಇದ್ದರೆ ಮನೆ. — ನೀರು ಎಲ್ಲಾ ಒನ್ದೇ, ಬಡಿದ ಕೋಲು ಮಾತ್ರ ಬೇಱೆ. — ನೀರು ಹಳ್ಳಕ್ಕೆ ಹೋದೀತೇ ಹೊರ್ತು ದಿನ್ನೆಗೆ ಹೋದೀತೇ?— ನೀರಾದರೂ ಮಜ್ಜಿಗೆ, ಮರುಳಾದರೂ ತಾಯಿ. — ನೀರಿನದು ನೀರಿಗೆ ಹೋಯಿತು, ಹಾಲಿನದು ಹಾಲಿಗೆ ಹೋಯಿತು. — ನೀರು ಹೊಱುವ ಬಡ್ಡಿಗೆ ಊರ ಪಾರುಪತ್ಯವು ಯಾಕೆ?— ನೀರೊಳಗಣ ಕಪ್ಪೆ ನೀರು ಕುಡಿಯದೆ ಬಿಟ್ಟೀತೇ?— ನೀರೊಳಗೆ ಮೋಱೆ ನೋಡಿ, ಮರನೇಱಿದ ಹಾಗೆ. — ನೀರು ಸೇದಿದ ಹಾಗೆ ಬರುತ್ತದೆ, ಮಾತು ಆಡಿದ ಹಾಗೆ ಬರುತ್ತದೆ. — ನೀರೊಳಗೆ ಹೋಮ ಮಾಡಿದ ಹಾಗೆ (Prvs.). See Bp. 54, 11; 60, 25; Si. 81. 82. 83. 85. 90. 91. 116. 383; B. 1, 18; 3, 84; 4, 97; 5, 154. — ನೀರಿನವ. -ಅವ. A water-man (My.); ನೀರಿನವಳು, a water-woman (My.). — ನೀರುಎಮ್ಮೆ. A kind of aquatic animal (Si. 88). — ನೀರುಬಣ್ಟೆ. A kind of aquatic animal (Si. 88). — ನೀರುಕಟ್ಟೆ. = ನೀರುಗಣ್ಟೆ, q. v. (My. occasionally). — ನೀರು ಕಟ್ಟು. To apply water, to water, to turn water (on land, My.). — ನೀರುಕಾಗಿ. 1. = ನೀರುಗಾಗೆ, ನೀರ್ಗಾಗೆ. (ಮದ್ಗು Si. 177; My. as -ಕಾಗೆ). — ನೀರುಕಾಗಿ. 2. The plant Pistia stratiotes (ವಾರಿಪರ್ಣಿ, ಕುಮ್ಭಿಕೆ Si. 95). — ನೀರುಕಾರು. Tongs for coals, also for putting water on them, used by goldsmiths (My.; Tĕ.). — ನೀರುಕಾಲುವೆ. A channel (My.; Si. 116). — ನೀರುಕುದುರೆ. A kind of aquatic animal (Si. 88). — ನೀರುಕೊಕ್ಕರೆ. A curlew

(ಕ್ರೌಂಚ್, ಕ್ರೌಂಚ Si. 174). — ನೀರುಕೋೞಿ. = ನೀರುಗೋೞಿ. (My.; Si. 174). ಚಿಕ್ಕ ನೀರುಕೋೞಿ (ಪ್ಲವ 177). — ನೀರುಗಂಗಾಳ. A circular vessel for holding water, a basin (C.). — ನೀರುಗಣಿಗಿಲು. -ಕಣಿಗಿಲು. The water hog-weed, Barringtonia acutangula (My.). — ನೀರುಗಟ್ಟೆ. -ಕಟ್ಟೆ. = ನೀರುಕಟ್ಟು, ನೀರುಗಟ್ಟಿಗ. A man who, according to the rates fixed by government, has to turn water from a reservoir on the surrounding fields (My.). — ನೀರುಗಟ್ಟಿಗ. -ಕಟ್ಟಿಗ. = ನೀರುಗಟ್ಟೆ. (My.). — ನೀರುಗಣ್ಣು. -ಕಣ್ಣು. A small opening in a well or in the soil from which water issues: a spring (My.). — ನೀರುಗರಗ. A kind of garaga (My.). — ನೀರುಗಾಗೆ. -ಕಾಗೆ. = ನೀರುಕಾಗಿ 1, etc. A kind of cormorant, shag, diver (ಮದ್ಗು Nr.; ಮದ್ಗು, ಜಲವಾಯಸ Hlâ.);—the Javan cormorant, Crabo javannica (Bḍ.). — ನೀರುಗಾಳಿ. A cold wind that comes over water (My.). — ನೀರುಗೋಡಗ. -ಕೋಡಗ. The Gangetic porpoise, Delphinus gangeticus. ಶಿಶುಮಾರ ಎನ್ದು, ಮೊಸಳೆ; ನೀರುಗೋಡಗ ಎನ್ದೊ, ಎಮ್ಬರು (Nr.). — ನೀರುಗೋಳಿಗಿಡ. A small potherb growing wild in watery places, Portulaca oleracea L. (St. & Pl. & Z.). — ನೀರುಗೋೞಿ. -ಕೋೞಿ. = ನೀರುಕೋೞಿ. A water-fowl. ಪ್ಲವ ಎನ್ದು, ಮುಣ್ಡುಮುಱುಕ; ನೀರುಗೋೞಿ ಎನ್ದೊ, ಎಮ್ಬರು (Nr.). — ನೀರುಚಂಚಲಿ. The potherb Marsilia quadrifolia (ವಿತುನ್ನ, ಸುನಿಷಣ್ಣಕ Si. 159). — ನೀರುಚಲ್ಲಾಟ. Throwing water about (ಸೂಸಾಟ G.). — ನೀರುಚೀಲ. The bladder (ತಿಲಕ, ಕ್ಲೋಮ Si. 205). — ನೀರುತುಳಸಿಗಿಡ. = ಕಾಮಕಸ್ತೂರಿಗಿಡ. (St. & Pl.). — ನೀರುತೊಟ್ಟಿ. A water-trough (ನಿಪಾನ, ತೀರ್ಥ Si. 429; My.). — ನೀರುದಗೆ. Thirst (My.). — ನೀರುದಾರಿ. A water-course (ಜಲಮಾರ್ಗ Si. 82; My.). 2, a path leading to water (My.). — ನೀರುನಾಯಿ. = ನೀರ ನಾಯಿ. The river otter, Lutra nair (Gz.). — ನೀರು ಬಿಡು. To let on water, as from a tank; to pour water, to make a libation; to discharge, or ooze out, as water. ದಾನವನ್ನು ಕೊಟ್ಟು ನೀರ ಬಿಡೋಣ (ತರ್ಪಣ); ತನ್ದೆಯ ಹೆಸರ್ಲೆ ನೀರ ಬಿಡೋಣ (ಪಿತೃತರ್ಪಣ); ಬೆಳದಿಂಗಳಿಗೆ ನೀರು ಬಿಡುವ ಕಲ್ಲು (ಬಿದುಗಲ್ಲು G.). — ನೀರುಬೆಕ್ಕು. = ನೀರ-. An otter (ಉದ್ರ Si. 88). — ನೀರುಬೊಕ್ಕೆ. A water-pit (Si. 88). — ನೀರುಬ್ಬರ. -ಉಬ್ಬರ. A spring. ಬೆಟ್ಟದಲ್ಲಿ ಹುಟ್ಟುವ ನೀರುಬ್ಬರ (ಉತ್ಸ, ಪ್ರಸ್ರವಣ Si. 115). — ನೀರುಬ್ರಹ್ಮಿ. A herb growing on the margin of tanks, etc., the Thyme-leaved Gratiola, Herpestis moniera H. B. (St. & Pl.). — ನೀರುಮಜ್ಜಿಗೆ. Butter-milk made thin with water (My.). See Prv. s. ಯಾರ್. — ನೀರುಮುೞೆ. = ನೀರ್ಮೞೆ. Rain that brings water to fields, tanks, etc. (C.). — ನೀರು ಮುಟ್ಟು. To touch water after voiding urine or purging: to void urine (My.; Tĕ.); to discharge the bowels (My.). — ನೀರುಮೊಸರು. Diluted curds (ತ್ರಪ್ಸ್ಯ, ದ್ರಪ್ಸ್ಯ Nr.). — ನೀರುಮ್ಬಳಿ. A rent-free grant of government to one who has built a tank, a well, a water-course, etc. for the public welfare (My.). — ನೀರುವರಿ. 1. -ಪರಿ. Stream, current (ವೇಗ, ಪ್ರವಾಹ Nr.). — ನೀರುವರಿ. 2. Water-cess (My.). — ನೀರುವಱಿಗೋಲ್. -ಪಱಿಗೋಲ್. A rudder (ಅರಿತ್ರ Mr. 416). — ನೀರುಸೀನಿನಗಿಡ. A half shrub, Clorodendron serratum Spr. (Z.). — ನೀರುಹಕ್ಕಿ. = ನೀರ್ವಕ್ಕಿ. A water-bird: the Indian or Siberian crane, Ardea sibirica (ಪುಷ್ಕರಾಹ್ವ, ಸಾರಸ Si. 174). ಬಣ್ಣಗಳಿನ್ದ ಚಿತ್ರಮಾಗಿರುವ ನೀರುಹಕ್ಕಿ (ಕಾರಣ್ಡವ 177). — ನೀರುಹನ್ದಿ. The skate fish (ಶಂಕು Si. 88). — ನೀರುಹಬ್ಬೆ. The water-reed Calamus fasciculatus Roxb. (ಪರಿವ್ಯಾಧ, ವಿದುಲ, ಶೀತ, ವಾನೀರ, ವಂಜುಲ Si. 128). — ನೀರುಹಲಸು. A small tree growing in wet soil, Barringtonia acutangula Gaertn. (ನಿಚುಲ, ಅಮ್ಬುಜ, ಇಜ್ಜಲ Si. 136). — ನೀರುಹಾವು. = ನೀರ್ವಾವು. A water-snake (My.). — ನೀರುಹಿಪ್ಪೆ. = ನೀರಿಪ್ಪೆ. (ಮಧೂಲಕ Si. 127). — ನೀರುಹೊಗೆ. Fog arising from water (My.).

ನೀರುಜ nī-ruja. = ನಿರುಜ. Free from sickness, well; painless.

ನೀರೂಪ nī-rûpa. = ನಿರೂಪ 2. Formless, shapeless; misshapen.

ನೀರೇಜ nīrê-ja. Born in water: a lotus (Čpr. 8, 10).

ನೀರೇಜಜ nīrêja-ja. = ನೀರೇಜಭವ.

ನೀರೇಜಜಾಣ್ಡ nīrêjaja-aṇḍa. The universe (Râm. 5, 8, 57).

ನೀರೇಜಭವ nīrêja-bhava. Brahmâ (Bp. 54, 48).

ನೀರೇರುಹ nīrê-ruha. = ನೀರೇಜ. (Abh. P. 8, 105).

ನೀರೋಗ nī-rôga. = ನಿರೋಗ. Free from sickness, healthy, well.

ನೀರೋಗಿ nī-rôgi. = ನಿರೋಗಿ. A healthy person (ಸಜ್ಯ, ಅರುಜ Nn. 101).

ನೀಱ nīṟa. A fine, gay man, a beau; a gallant; a lover; a dear man. ಮಾಡಿಱಾಳಿಯುಮ್ ಓಡಾಳಿಯುಮ್ ಏಱಾಳಿಯುಮ್ ಅಪ್ಪನಾಗಿ, ಪಡಪಾಳಿಯೆ ಕೇಳ್, ನೀಱಿಂ ಜೂದಾಳಿಕರಂ, ನೀಱೆಗೆ ಮಾತಾಳಿ; (ಅವಳಂ) ಕಳೆಯೆ ಸಿಗ್ಗಾಳಿಯುವಂ! (Śmd. 289; Kâvy. I, 4, 32). ನಗೆವಡಿಕಾಱಿಂ ನೀಱಿಂ ಬಗೆಕಾಱಿಂ ಬಾಱೆಕಾಱಿನ್ ಒಳ್ನುಡಿಕಾಱಿಂ ಪಗೆಕಾಱಿನ್ ಅಗಿಯುಂ ಕೆಯ್ಮೆಗೆ ತಕ್ಕಂ, ಕೆಯ್ದುಕಾಱಿನ್ ಎನಿಸಲ್ಕಾಱಿಂ (235; Kâvy. I, 4, 4). See Abh. P. 1, 118; Râv. 6, after 24; 7, 15; 18, 104; ಕಡು-.

ನೀಱತೆ nīṟatĕ. = ನಿಱತೆ. (ಸೊಬಗು Čt. I, 77; ಬಲ್ಲ ತೆಱನದು I, 97; see ನೀಱು).

ನೀಱಿಲು nīṟalu. = ನೀಱಲೆ, ನೀರ್ಲು, ನೇಱಲ್, etc. A common tree with purple berries, Eugenia jambolana Lam. — ನೀಱಲ ಬಣ್ಣ. A purple colour (B. 4, 70). — ನೀಱಿಲ ಮರ = ನೀಱಿಲು. (ಜಮ್ಬು G.).

ನೀಱಲೆ nîṟalĕ. = ನೀಱಿಲು. (Z.).

ನೀಱಿಗೆ nīṟigĕ. = ನಿಱಿಗೆ (G.). ಉಟ್ಟುಕೊಣ್ಡ ಸೀರೆಯ ನೀಱಿಗೆ (ನೀವಿ G.). ಸೈಲ ಅಂಗಿಯ ಎದೆಯ ಮೇಲೆ ಹಾಗೂ ಹೆಗಲ ಮೇಲೆ ನೀಱಿಗೆಗಳು ಬೀಳುವ ಹಾಗೆ ಮಾಡಿರುತ್ತಾರೆ (B. 5, 298). — ನೀಱಿಗೆಗಟ್ಟು. -ಕಟ್ಟು. Folds, or wrinkles, to be formed. ಮೆಯ್ ಮೇಲಿನ ನೀಱಿಗೆಗಟ್ಟಿದ ಚರ್ಮ (ತೆರೆ); ನೀಱಿಗೆಗಟ್ಟಿದ್ದು (ಬಲಿ); ನೀಱಿಗೆಗಟ್ಟಿದವನು (ಬಲಿನ G.).

ನೀಱು nīṟu. Powder; ashes (T.; M. ನೀಱು, ನೂಱು; Tĕ. ನಿಗುಱು, ನಿವ್ವುಱು, ನೀಱು; T. ನೀಱು, M. ನೀಱು, ನೂಱು, to be reduced to powder; T. ನೀಱ್ಱು, ನೂಱು, M. ನೀಱು, Tĕ. ನೂಱು, to reduce to powder; cf. ನುಗ್ಗು 2, etc.). See ತಿರು-; Bp. 56, 85.

ನೀಱೆ nīṟĕ. A fine, beautiful woman, a beauty; a damsel; a gay woman; a courtesan. See Śmd. s. ನೀಱ; Abh. P. 8, 40; 5, 6; 9, 162; Grj. 8, after 91; Râv. 7, 11; 7, after 18; 7, 17; 11, 84; J. 6, 25. 28; 8, 17. 20; 16, 8; 30, 2. 14; ಕಡು-; Prv. s. ನೀರು.

ನೀರ್ nīr. = ನೀರ್, etc. — ನೀರ್ಕಡೆ. A public necessary (My.). — ನೀರ್ಕುಟಿಕ. 1. A boatman (ಅಮ್ಬಿಗ Śs.). — ನೀರ್ಕುಟಿಕ. 2. = ನೀರ್ಕುಟಿಗ, q. v. — ನೀರ್ಕುಟಿಗ. (Śmd. 287). A man who (gratuitously) gives water (to drink, ನೀರೆಱೆವಾತ Śm. 46, o. r. ನೀರ್ಗುಟಿಕ; ನೀರೆಱೆವ Kk. 37, o. r. ನೀರ್ಕುಟಿಕ). — ನೀರ್ಗಾಗೆ. -ಕಾಗೆ. = ನೀರುಗಾಗೆ. (ಮದ್ಗು, ಜಲಕಾಕ Mr. 171). — ನೀರ್ಗಾಯ್. -ಕಾಯ್. An unripe cocoanut that contains water (Čpr. 1, after 101). — ನೀರ್ಗಿಚ್ಚು. -ಕಿಚ್ಚು. (Šmd. 218). Submarine fire. — ನೀರ್ಗುಟಿಕೆ. -ಕುಟಿಕೆ. = ನೀರ್ಕುಟಿಗ, q. v. — ನೀರ್ಗುಡಿ. -ಕುಡಿ. = ನೀರಂ ಕುಡಿ (Šmd. 195). To drink water (Čpr. 5, after 39; Bp. 60, 24; J. 3, 40). — ನೀರ್ಗುಡಿಸು. -ಕುಡಿಸು. To give water to drink. ನೀರ್ಗುಡಿಪುದು (ನಿವಾಪ, ಪಿತೃತರ್ಪಣ Hlâ.). — ನೀರ್ಗುಳ್ಳೆ. A water-bubble (My. as ನೀರ್ಗುಳ್ಳೆ). ನೀರ್ಗುಳ್ಳೆ, ಗಾಳೀ ಸೊಡರ್... ಇವಂ ಸಿರಿ ಪುಲ್ಲಗ್ರದ ತುಸ್ತುಬಿಯ್! (Šš. 74). — ನೀರ್ಗೊಳ್. -ಕೊಳ್. To take water, to drink (Ršv. 6, 23). — ನೀರ್ತಿಳಿ. Water to become clear. ಬೆಳಗಿದುದೆಣ್ಬಂ ದೆಸೆ, ನೀರ್ತಿಳಿದುದು (Šmd. 219). ಹಾವಸೆ ಕಿಡಲೊಡಂ ನೀರ್ತಿಳಿವುದು (295). — ನೀರ್ದಳಿ. -ತಳಿ. To sprinkle water (Čpr. 1, 123; Ršv. 12, 22). — ನೀರ್ದಾಣ. -ತಾಣ. Any piece of water, a pond, etc. (ಜಲಾಶಯ Nr.; Šśv. 3, 49; Bh. 3, 13, 15). — ನೀರ್ದೆಗೆ. -ತೆಗೆ. To draw in, as water (Čpr. 7, 140). 2, to dry up (Čpr. 5, 132; Ršv. 5, 36). — ನೀರ್ದೇರ್. -ತೇರ್. Water-vehicle: a cloud (ಮುಗಿಲ್, ಪೋಢ, ಮೇಘ Šm. 14; Kk. 12). — ನೀರ್ನೆಲೆ. A place to rest upon in water. ನೀರ್ನೆಲೆ ತಪ್ಪ (ಆಗುಬ್ Šmd. I). — ನೀರ್ನಡಿಸು. To soak (Šâstrasâra in W. v. 1643. 1644. 1645). — ನೀರ್ವೊಯ್. = ನೀರ್ವೊಯ್. To pour water (J. 29, 31). — ನೀರ್ಮುಚಿ. = ನೀರುಮುಚಿ. — ನೀರ್ಮುಗಿ. -ಕಚಿ. To let fall abundant rain (J. 10, 8). — ನೀರ್ಮಿಂದು. To bathe in water (Bp. 56, 54). — ನೀರ್ಮುಟ್ಟು. Water to touch (J. 9, 25). — ನೀರ್ಮೊಗೆ. To scoop or draw water (J. 3, 38; 6, 6). — ನೀರ್ಲಕ್ಕಿಗಿಡ. A large shrub, the three-leaved chaste-tree, Vitex trifolia L. (St. & Pl.). — ನೀರ್ವಕ್ಕಿ. -ಹಕ್ಕಿ. = ನೀರುಹಕ್ಕಿ. (J. 15, 9). — ನೀರ್ವನಿ. -ಪನಿ. A water-drop (Abh. P. 13, 11; Šśv. 2, 55; J. 6, 3; 19, 5). — ನೀರ್ವಾಸಸೆ. -ಮಾಸಸೆ. A mermaid, a nymph (Čpr. 3, 20). — ನೀರ್ವಾನಿಸ. -ಮಾನಿಸ. A merman (Čpr. 5, after 39). — ನೀರ್ವಾನಿಸೆ. -ಮಾನಿಸೆ. (Šmd. 216, o. r. ನೀರ್ವಾಸಸೆ). = ನೀರ್ವಾನಸೆ. — ನೀರ್ವಾವು. -ಹಾವು. = ನೀರಳೇ ಹಾವು, etc. A water-snake (ಅಲಗರ್ದ, ಜಲವ್ಯಾಳ Hlâ., Nr.). — ನೀರ್ವುಗು. -ಪುಗು. To enter, or go into, water (Ršv. 6, after 24; 9, 11). — ನೀರ್ವುಟ್ಟು. -ಪುಟ್ಟು. A paddle (Šśv. 1, 43). — ನೀರ್ವೂ. -ಪೂ. = ನೀರ್ವೂವು. (Čpr. 1, after 101; Abh. P. 1, 114). — ನೀರ್ವೂವು. -ಪೂವು. A lotus (ಕಮಲ Šs.; ತಾವರೆ Kk. 13). — ನೀರ್ವೆರಸು. -ಬೆರಸು. Water to be mixed with (Bp. 14, 9). — ನೀರ್ವೊಗಿಸು. -ಪೊಗಿಸು. To cause to go into water (Ršv. 14, 147). — ನೀರ್ವೊನಲ್. -ಪೊನಲ್. A stream, a rivulet (Abh. P. 1, 117; 9, 151). ಬೀರ್ವೆರಸು ಕಾಯ್ತ ಪಲಸು, ಎಳನೀರ್ವೊನಲಂ ಕಚಿವ ತೆಂಗು (Šmd. 81). — ನೀರ್ವೊಯ್. = ನೀರ್ವೊಯ್. (Abh. P. 16, 55; J. 30, 35).

ನೀಱ್ಲು nīṟlu. = ನೀಟಲು, etc. ನೀಱ್ಲ ಹಣ್ಣು (ಜಾಮ್ಬವ G.).

ನೀಲ nīla. = ನೀಳ. (ಉದ್ದ Nn. 30).

ನೀಲ nīla. *Dark-blue or black* (ವರ್ಣ, ವರ್ಣಭೇದ Nn. 30; ಕಪ್ಪು Mr. 511); dyed with indigo. 2, a gem, the sapphire (ಸುರತ್ನ, ರತ್ನಭೇದ 30; ರತ್ನ 511). 3, the blue mountain (ಅಚಲ, ಪರ್ವತಭೇದ 30; ಶೈಲ 511). 4, one of the monkeys attending on Râma (ವಾನರಕುಲ, ವಾನರಭೇದ 30). 5, bad; wicked, vicious; vile, low; sin, crime (ಪಾಪ, ಪಾತಕ 30; ಅಧರ 511). 6, slow, lazy, dull (ಮನ್ದ 511). 7, a vicious or silly horse (ಕಿಱುಬೆಳ್ಪುದೋಱಿದ ನೀಲಂ Mr. 275). 8, one of the treasures of Kubêra. 9, a kind of house (ಗೃಹಭೇದ 30). 10, indigo. 11, ten palas (halas) of copper. ಪತ್ತು ಪಲ ತಾಮ್ರದೊಳು ನೀಲಂ (Mr. 60). ಎಳೆಯ ನೀಲ (ರಾಜಾವರ್ತ Kk. 85; Šm. 69). ನೀಲದ ಮಣಿ ಪವಣಿಸಿದ ನೂಲಾದರೆ ನೀಲದ (*i. e.* ನೀಲದ ಮಣಿಯ) ಕ್ರಯ ಬಾಡೀತೇ? — ನೀಲ ಬಾಲಕಗೆ ಚನ್ದ, ಕೋಲು ಓಲೆಕಾಟಿಗೆ ಚನ್ದ. — ನೀಲ ಮಾಡಿ, ಓಲೆ ಮಾಡಿದರೂ ಸಾಲದ ಉಪದ್ರ ನಿಲ್ಲಲಿಲ್ಲ (Prvs.). — ನೀಲಗಿಡ. A low undershrub, Indigofera aspalathoides Vahl. (St. & Pl.).

ನೀಲಕಣ್ಠ nīla-kaṇṭha. Blue-necked: *a peacock* (ಮಯೂರ, ನವಿಲ್ Nn. 49; ಕೇಕಿ Mr. 512). 2, *a sparrow* (ಗುಬ್ಬಿ 49; 512). 3, a quail (ಲಾವುಗೆ 49). 4, a serpent (ಭೋಗಿ, ಸರ್ಪ 49; ಕಾದ್ರವೇಯ 512). 5, a locust or grass-hopper (ಮಿಡಿಚೆ 49). 6, *Šiva* (ವೃಷಧ್ವಜ, ಈಶ್ವರ 49; ರುದ್ರ 512); N. (My.). ನೀಲಕಣ್ಠನ ಮದಿವೆಗೆ ನೀಲೀ ಸೊಪ್ಪಿನ ಪಳದೆ (Prv.). 7, sign for a long letter (Čh.). 8, the nape, the neck (ಕಣ್ಠ, ಕೊರಳು 49; ಗ್ರೀವ 512). — ನೀಲಕಣ್ಠಂ. The metrical foot — ◡ — — (Čh.). — ನೀಲಕಣ್ಠಯ್ಯ. -ಅಯ್ಯ. N. (Bp. 59, 2).

ನೀಲಕನ್ಧರ nīla-kandhara. = ನೀಲಕಣ್ಠ. (My.).

ನೀಲಕೇತು nīla-kêtu. = ನೀಲಧ್ವಜ. (J. 9, 5. 11).

ನೀಲಗಲ nīla-gala. = ನೀಲಕನ್ಧರ. (Bp. 1, 66; 25, 11).

ನೀಲಗಾಱ nīla-gâṟa. = ನೀಲಿಗಾಱ. (S. Mhr.).

ನೀಲಗಿರಿ nīla-giri. The Neilgherries. (My.). See Prv. s. ನೀಲಮಣಿ.

ನೀಲಗ್ರೀವ nīla-grīva. *Šiva.*

ನೀಲಂಗು nīlaṅgu. *A species of worm growing in the inside of animals.* 2, an insect in general (ಪುಲ್ಲಕ, ಕ್ರಿಮಿ, ಕೀಟ, etc., ಪುಱ Mr. 396, o. r. ಪುಱು); a caterpillar (ಕೋಱೀ ಹುಱು G.).

ನೀಲತೆ nīlatĕ. Blueness, blackness. See ಐ-.

ನೀಲಧ್ವಜ nīla-dhvaja. (= ಅಸಿತಧ್ವಜ). N. of a prince (J. 8, 1 seq.).

ನೀಲಮಣಿ nīla-maṇi. The sapphire. (Čpr. 1, 39). ನೀಲಮಣಿ ಬೇಕಾದರೆ ನೀಲಗಿರಿಗೆ ಹೋಗ ಬೇಕೇ? (Prv.).

ನೀಲಮೇಘಶ್ಯಾಮ nīla-mêgha-šyâma. Kṛishṇa or Vishṇu (My.).

ನೀಲಮೇಘಶ್ಯಾಮಲ nīla-mêgha-šyâmala. = ನೀಲಮೇಘಶ್ಯಾಮ. (J. 13, 23).

ನೀಲಲೋಹಿತ nīla-lôhita. Dark-blue mixed with red: purple, dark-red. (Abh. P. 13, after 133). 2, *Šiva.*

ನೀಲಾಂಗ nīla-aṅga. Dark-bodied: Kṛishṇa; Râma (J. 18, 48). 2, the Indian crane. 3, the blue jay.

ನೀಲಾಚಲ nīla-aċala. The blue mountain (ಕಱಿವೆಟ್ಟು Šs.).

ನೀಲಾಂಜನ nīlâñjana. Tbh. of ನೀರಾಜನ. (My.).

ನೀಲಾಬ್ಜ nīla-abja. = ನೀಲಾಮ್ಬುಜನ್ಮ. (Čpr. 8, 101; Šśv. 1, 43).

ನೀಲಾಬ್ದ nīla-abda. A dark cloud (Šśv. 1, 43).

ನೀಲಾಮ್ಬರ nīla-ambara. *Balarâma* (ಬಲ Mr. 21).

ನೀಲಾಮ್ಬರಿ nīlâmbari. N. of a râga (My.).

ನೀಲಾಮ್ಬುಜನ್ಮ nīla-ambujanma. *The blue water-lily.* See ಕನ್ನೆಯ್ದಿಲು.

ನೀಲಾಲಕಿ nīla-alaki. A woman with dark locks (J. 16, 1).

ನೀಲಾಶ್ಮ nīla-ašma. = ನೀಲಮಣಿ. (Čpr. 1, 137).

ನೀಲಿ nīli. *The indigo shrub, Indigofera tinctoria* Lin. (ರಂಗಿಣಿ Mr. 131). 2, a kind of disease, black and blue marks on the body from bruises, etc. 3, indigo, the dye. (My.). 4, a female gnome or evil spirit (Kâlī) that uses to speak lies (My.; Tĕ., T.). 5, dark-blue (Čpr. 8, 30). — ನೀಲವ್ವ. -ಅವ್ವ. Kâlī (S. Mhr.). — ನೀಲಿಗಣ್. -ಕಣ್. A kind of eye disease (Bp. 18, 66). 2, an eye with a bluish pupil (My.). — ನೀಲಿಗಪ್ಪಡ. -ಕಪ್ಪಡ. A dark-blue cloth (Bp.). — ನೀಲೀ ಗಿಡ. = ನೀಲಿ No. 1. (My.; B. 4, 54). — ನೀಲೀ ಬೀಜ. The seed of Cassia tora L., used by indigo dyers (Z.; My.). — ನೀಲೀ ಮಾತು. A word of Nili: a falsehood (My.). ನೀಲೀ ಮಾತು ನಿಜವಲ್ಲ (Prv.). — ನೀಲೀ ವಾರ್ತೆ. A false report (My.).

ನೀಲಿಕೆ nīlika. A blue-flowering Barleria (ಬಾಣ, etc., ಗೋರಟೆ Mr. 123).

ನೀಲಿಕೆ nīlikĕ. *The small tree Nyctanthes arbor tristis* Lin. 2, the five-leaved chaste tree, Vitex negundo L. (ಕರೀ ಲಕ್ಕಿ G.).

ನೀಲಿಗಾಱ nīli-gāṟa. = ನೀಲಗಾಱ. A manufacturer of indigo (My.); an indigo dyer (My.).

ನೀಲಿನಿ nīlinī. *The indigo shrub.*

ನೀಲೀರಾಗ nīlī-rāga. Having the colour of indigo; as unchangeable as the indigo colour: *constant in affection;* a firm and constant friend (ಸ್ಥಿರವಾಗಿ ಸ್ನೇಹ ಮಾಡ್ಬುವನು Hlā.; ಎಡೆವಿಡದ ವಿನಯಿತಂ Mr. 241).

ನೀಲೋತ್ಪಲ nīla-utpala. *The blue water-lily, Nymphaea cyanea* Roxb. (ಕುಮುದ, ಕಪ್ಪೇದ್ ಇರ್ದ ನೆಯ್ದಿಲ್ Mr. 420); a blue lotus. See ಕನ್ನೆಯ್ದಲು.

ನೀಲೋತ್ಪಲಸಖ nīlōtpala-sakha. The moon (Bp. 35, 24).

ನೀವಾಕ nī-vāka. *The increased demand for grain in times of dearth, competition of buyers in consequence of scarcity* (ಧಾನ್ಯಾದಿಗಳ ಅರ್ಘಮಂ ಪಾರ್ವುದು; ಮೇಣು ಧಾನ್ಯದ ಪೊಯಿವುದಱ ಪೆಸರು Nr.); *dearth, scarcity;* collecting or laying up grain in times of dearth.

ನೀವಾರ nīvāra. *Rice growing wild* (ಜೊಡೆ Mr. 372).

ನೀವಿ nīvi. *A cloth worn round a woman's waist; the ends of the cloth passed round the loins so as to hold the whole together* (ನಿಱಿ Nn. 105; ಉಟ್ಟುಡಿಯ Mr. 348; see ನೆಱಿ 1). 2, *capital, principal, stock.* 3, a stake at play, a wager (ಪಣ, ಒಡ್ಡಿದು 105). 4, junction, union (ಯೋಗ, ಕೂಟ 105). 5, a pair (ಯುಗ್ಮ, ಎರಡು 105). 6, compassion (ಕರುಣ 105). 7, a saddle (ಪಲ್ಲಣ, ಹಲ್ಲಣ 105). 8, sexual intercourse (ಮೋಹನ 105).

ನೀವಿಸು nīvisu. To cause to use gentle friction, etc. (My.).

ನೀವು nīvu. 1. = ನೀಂ 2, ನೀಮ್, etc. You. The plural of ನೀನು (C.). See its declension s. ನಿಮ್. ನೀವಾದರೇನು, ನಾವಾದರೇನು? ಬಾವಿಲಿ ನೀರು ಬನ್ದರೆ ಸರಿ.— ನೀವು ನಾಗಲೋಕದವರಾದರೆ ನಾವು ನಾಕಲೋಕದವರು (Prvs.). ನೀವಿಬ್ಬರೂ (B. 4, 6). See Bp. 14, 25; 22, 41. 61; 23, 30; 24, 24. 28; 32, 48; 37, 5; 40, 84; 47, 66; 48, 23; 58, 38; Bh. 2, 13, 36.

ನೀವು nīvu. 2. To rub softly, to use gentle friction, to stroke down any member of the body, to make straight or smooth by stroking, as the hair, the beard, cloth, etc. (ಎಱವು Śmd. I; Čpr. 7, 127; My.; T.; *cf.* ನಿವರು).

ನೀವೃತ್ nī-vṛit. *An inhabited country.*

ನೀವ್ರ nīvra. = ನೀಧ್ರ. *The edge of a thatch, the edge or side of a sloping roof, eaves.* 2, a thatch, a roof.

ನೀಶಾರ nī-śāra. *A warm cloth, a blanket* (ಹಚ್ಚಡ G.; ರಜಾಯಿ G.). 2, curtains. 3, an outer tent or screen.

ನೀಸು nīsu. (Tbh. of ನಯಿಸು). To cause to go: to manage, to accomplish, to fulfil (My.).

ನೀಹಾರ nī-hāra. = ನಿಪ್ಪಾರ. *Fog, mist; frost, hoar-frost; dew.* 2, evacuation (Čpr. 3, after 36).

ನೀಳ್ nīḷ. = (ನಿಗುಳ್), ನೀಡು 1. To grow long or high, to extend, to extend one's self, to be stretched out, to spread, etc. (ಪ್ರಸಾರಣ Śmd. Dh.; Čpr. 1, after 79; 1, 93. 106; 5, 40; 6, 2; 7, 44; 8, 57; Abh. P. 3, 97; 14, 106; T., M. ನೀಳ್, ನೀಳು). ನಿಜತೇಜಂ ನೀಳ್ದ ಕರ್ಣೆಯ್ದಿಲ ಪೊಲಿರೆ (Śmd. 251, o. r. ನೀಲ್ದು). ನೆಗೆದಯ್ ಲೋಕದ ನೀಳ್ದ ತುತ್ತತುದಿಯಂ ನೀಂ (229). (ಭೃಂಗಶಿತು) ನೀಳ್ದಿಬಗಿದ (ನೀರಜದ) ಕೀಲ್‌ಸಿಳ್ವಬಿಯೊಳ್ ಒಯ್ಯನೆ ಜಾಱ್ (Čpr. 7, 60). ನೀಳ್ದಲರ್ದ ಪಾಲ (ಲಲಾಮ Mr. 498). ನೀಳ್ದ ಕುರುಳ್ (Čt. II, 98). See Grj. 3, 46; Rśv. 3, 17; 5, 85; 6, after 11; 8, 47; Č. Bp. 47, 18; Śmd. s. ಬಳ್ಪಳ; J. 3, 5; 17, 29.

ನೀಳ nīḷa. = ನೀಟ 1, ನೀಡು 2, ನೀಲಿ, ನೀಳು, (ನೀಳ್ಪು), ನೀಟ್. Extension, length, height, tallness (ದೀರ್ಘ, ಆಯತ Nr.; Mr. 446; ಆಯತಿ Śi. 425; ನೀಟ Bhn. 31; My.; T., M.). ಹಿರಿಯ ನೀಳ (ದೈರ್ಘ್ಯ, ಆಯಾಮ, ಆನಾಹ Nr.). ನೀಳವಾದದು (ದೀರ್ಘ, ಆಯತ Śi. 372). ಬಹಳ ನೀಳವಾದದು (ದ್ರಾಘಿಷ್ಠ 384). ನೂಱು ಗಾವುದ ನೀಳವಾದ ದೊಡ್ಡ ಬೆಟ್ಟದನ್ಥಾ ಮಹಾ ಮೀನು (ತಿಮಿ 88). ನೀಳವಾದ ತುಂಗೇ ಗಡ್ಡೆ (ಕುರುವಿನ್ದ, etc. 162). ನೀಳಕೆಯ್ (Bp. 50, 68); ನೀಳತೋಳ್ (58, 25); ನೀಳನಾಲಿಗೆ (18, 16). ನೀಳವಾದರೂ ಗಾಳಿಗೆ ಏನು? (Prv.). See Bp. 20, 1; 35, 49; 48, 6; 51, 31; 53, 68; 60, 48.

ನೀಳ nīḷa. = ನೀಡ.

ನೀಳಜ nīḷa-ja. = ನೀಡಜ. (ಪಕ್ಷಿ Mr. 167).

ನೀಳಿತು nīḷitu. That is long (ದೀರ್ಘ, ಆಯತ Hlā.).

ನೀಳು nīḷu. (ನೀಳ್). = ನೀಳ, etc. (T.; M. ನೀಳ್, ನೀಳ್, ನೀಟ್). — ನೀಳದು. -ಅದು. That is long, high or tall. ನೀಳದಱ ನೆರಳೂ ಬೋದ್‌ಯ ಮಾತೂ ಗಾಳಿಯ ಹಾಗೆ.— ನೀಳದಱ ಮೇಲೆ ನಿನ್ತರೆ ಗಾಳಿಗೇನು? (Prvs.).

ನೀಳ್ಕೊಳಿ nīḷ(nīḷu)-kōḷi. (Extension-seizure): distraction; wandering. — ನೀಳ್ಕೊಳಗೊಳ್. -ಕೊಳ್. To become distracted, to wander or rove (J. 19, 29).

ನೀಳ್ಪು nīḷpu. Length, etc. (ನಿಡಿದು Čt. II, 53; Čpr. 3, 81). — ನೀಳ್ಪುವೆಱ್. -ಪೆಱ್. To grow long, to extend. ನಿಡುದಲೆ, ನೀಳ್ಪುವೆತ್ತ ನಗೆಗಳ್ (Śmd. 78).

ನೀಱ್ nīḷ. = ನೀಡು 2, etc. Length, etc. — ನೀಱ್ಕರಿಸು. = ನೀಡು ಕರಿಸು (Śmd. 23). To make long, to lengthen, to uncoil, etc. ನೀಱ್ಕರಿಸಿದಂ (217). ಬಱುರಿಡಿತನೀರ್ಗೆ, ಪಱ್ ಪಟ್ಟಿರ್ಕೆಯ ಪಣ್ಣಲೆಯ ಮುಱುಗೆ ದೇಸಿಗರಂ ದೇವರ್ಕಳ್ಗೊಡೆಯರ್ (o. r. -ರ) ಮಾಡ್ಪಾರೆ? ನೀಱ್ಕರಿಸದೆ ನಿನ್ನು (o. r. ನಿಮ್ಮ) ಜೊಲೆಗೆ ಬೋಱ್‌ಯಗ್ ಒಳರೇ? (39. 345). See Śśv. 2, 71. — ನೀಱ್ಕೆಯ್ಯು. To make long, to extend, to spread out (Grj. 1, 107).

ನು nu. 1. = ಅಂ 1 (aṁ 1), etc., *e.g.* ಇರ್ದವನು (Hlā. s. ಅಗಿ), ತಿವಿದನು (Bh. 1, 10, 38), ಕೊಡುವನು (Bp. 21, 35), ಆದನು, ಮಾಡಿದನು (22, 47).

ನು nu. 2. = ಅಂ 3 (aṁ 3), etc., *e.g.* ಅಧಿಪನು (Bp. 3, 18), ಪುತ್ರನು (3, 24), ಆತನು (18, 74), ಅದನು (20, 24), ಅಯ್ಯನು (21, 3), ಅರ್ಥಕನು (24, 34), ಬಿಜ್ಜಳನು (37, 66); ವಿಪ್ರನು, ಬ್ರಾಹ್ಮಣನು, ಅಭ್ಯುದಿತನು (Nr. s. ಅಗು); ಕ್ಷತ್ರಿಯನು (Hlā. s. ಅಗದು), ಶೂದ್ರನು (s. ಅಗಿ);— ನೊಗನು (Nr. s. ಅರು 4), ಎರನು (s. ಎರ 1), ನೆಣನು (s. ನೆಣ), ನೊಣನು (s. ನೊಣ), ಮರನು (s. ಬಂಜೆಮರ), ತೋಳನು (see ವನಾಶ್ವ), ಮೊಲನು (My.), ಹೆಣನು (s. ಪರೇತ).

ನು nu. *Now? what? indeed?* 2, indeed, certainly. 3, *or.*

ನುಗಿ nugi. (= ನುಗ್ಗು 2). To reduce to fine particles, to powder, with the fingers, stones, etc. (My.).

ನುಗಿಚು nugiču. = ನುಣ್ಚು. To get out of (the hand, etc.) by wriggling (as a bird), to slip (from the hand, as a rope, generally ನುಗಿಚಿ ಕೊಳ್ಳು, My.).

ನುಗುಳ್ nugu!. =(ನುಗ್ಗು 1), ನುಸುಳ್ 1, etc. To enter a door or a small, narrow passage or opening, to go in with difficulty, to squeeze through, to creep in, to get into, to enter (ದ್ವಾರಪ್ರವೇಶ Šmd. Dh.; see T., M. s. ನೊಟಿ). P. p. ನುಗುಳ್ದು.

ನುಗುಳ್ಚು nuguḷču. To cause to enter a small, narrow passage, etc. (ಸೂಕ್ಷ್ಮದ್ವಾರಪ್ರವೇಶ Šmd. Dh.).

ನುಗ್ಗಿ nuggi. = ನುಗ್ಗೆ. (ಮೋಚಕ Mr. 510). See ಕಾಡು-. — ನುಗ್ಗೀ ಗಿಡ. (ಅಕ್ಷೀವ, ತೀಕ್ಷ್ಣಗನ್ಧಕ, ಮಧುಶಿಗ್ರು, ಶಿಗ್ರು G.). — ನುಗ್ಗೀ ಬೀಜ. (ಶಿಗ್ರುಜ, ಶ್ವೇತಮರಿಚ G.).

ನುಗ್ಗಿಸು nuggisu. 1. To cause to creep in or squeeze through (My.).

ನುಗ್ಗಿಸು nuggisu. 2. To cause to powder, etc. (My.).

ನುಗ್ಗು nuggu. 1. =(ನುಗುಳ್), ನುರ್ಗು 1. To pass by pressing, to squeeze through, to force one's self into, to enter without permission, as a door, a house, to creep into, as into a hole (J. 8, 32; My.). ನುಗ್ಗಿದವನಿಗೆ ಹಗ್ಗ ತಪ್ಪೀತೇ?—ಕಿವಿ ಕಿತ್ತ ಮೂಟ ಬೇಲಿ ನುಗ್ಗ ಹೆದಱುವಳೇ? (Prvs.). ದನ ಬೇಲಿ ನುಗ್ಗಿತು (My.). — ನುಗ್ಗಾಡು. -ಆಡು. To be addicted to passing through by force, as cattle through a hedge or fence (My.).

ನುಗ್ಗು nuggu. 2. =(ನುಗಿ, ನುಱು 1), ನುಱಿಸು, ನುಱುಕು, ನುಱುಗು, ನುರ್ಗು 2, ನುರ್ಚು 1, ನುಚ್ಚು. To reduce to small bits or powder by pressing with the hand, etc. or by pressing or beating with a stone, a piece of wood, etc., to crush, to powder, to grind (My.; Të.; T. ನುಕ್ಕು, ನುಣಂಗು, ನುಱಿ, ನುಱುಕ್ಕು, ನೊಱುಕ್ಕು; Të. also ನುಱುಚು, ನುಱುಮು, ನುಲುಚು; cf. ನೀಱು; see ನಱುಚು). 2, to be crushed, etc. (Čpr. 2, 44; T. ನುಱುಂಗು, ನೊಱುಂಗು; M. ನುಱುಙ್ಙು). — ನುಗ್ಗೊತ್ತು. ನುಗ್ಗ ಒತ್ತು. = ನುರ್ಗೊತ್ತು. To press so as to crush (Bp. 23, 26; 52, 48).

ನುಗ್ಗು nuggu. 3. =(ನುಚ್ಚು), ನುಱು 2, ನುರ್ಗು 3, ನುರ್ಚು 2, ನುಸಿ 1, ನೊಕು 3, ನೂಗು 2, ನೂಱು 2. The state of having been, or being, crushed, etc. (My.; Të.). See ನೂಕು-. — ನುಗ್ಗಾಗು. -ಆಗು. To be broken to pieces, to crumble, to fall to ruin, etc. ತಗ್ಗಿದವ ಎದ್ದಿಗೂ ನುಗ್ಗಾಗ (Prv.). See Bh. 7, 6, 56. — ನುಗ್ಗು ನುಗ್ಗು. rep. (B. 4, 134; My.). — ನುಗ್ಗು ನುಚ್ಚು. dupl. = ನುಗ್ಗು ನುಸಿ. (My.). — ನುಗ್ಗು ನುಱು. = ನುಗ್ಗು ನುಚ್ಚು. (My.). — ನುಗ್ಗು ನುಸಿ. dupl. (Bh. 1, 10, 38; 6, 7, 46; 7, 10, 68; My.).

ನುಗ್ಗೆ nuggĕ. = ನುಗ್ಗಿ. (That is proverbially brittle and weak): the horse-radish, Moringa pterigosperma Gaert. (ಶಿಗ್ರು Mr. 119; My.; Të. ಮುನಗೆ; T. ಮುರುಂಗೈ; M. ಮುರಿಙ್ಙ). ನುಗ್ಗೆ ಕೆಮ್ಪಾದೊಡೆ ಮಧುಶಿಗ್ರು ಎನಿಸಿಗು (Nr.). ನುಗ್ಗೆಯಾದರೂ ಮಗ್ಗುಲಿಗೆ ಬನ್ದೀತೇ? (Prv.). — ನುಗ್ಗೆಯ ಬಿತ್ತು. The seed of the moringa (ಶಿಗ್ರುಜ, ಶ್ವೇತಮರಿಚ Nr.). — ನುಗ್ಗೆಯ ಮರ. The moringa tree (ಶೋಭಾಂಜನ, ಶಿಗ್ರು, ತೀಕ್ಷ್ಣಗನ್ಧಕ, ಅಕ್ಷೀವ, ಮೋಚಕ Nr.; Si. 128). — ನುಗ್ಗೇ ಕಾಯಿ. A moringa pod (My.; see Prv. s. ಮುಗ್ಗಿ). — ನುಗ್ಗೇ ಗಿಡ. = ನುಗ್ಗೆಯ ಮರ. ಕೆಮ್ಪು ಹುವ್ವುಗಳುಳ್ಳ ನುಗ್ಗೇ ಗಿಡ (ಮಧುಶಿಗ್ರು Si. 128). — ನುಗ್ಗೇ ಬೀಜ. = ನುಗ್ಗೆಯ ಬಿತ್ತು. (ಶಿಗ್ರುಜ Si. 335). — ನುಗ್ಗೇ ಸೊಪ್ಪು. Moringa leaves (My.).

ನುಂಗು nuṅgu. = ನೊಣೆ 1, (ಮಿಂಗು). To swallow; to devour (ಗಿಲನ Šmd. Dh.; C.; T. ನುಗರ್, ನುಂಗು, ನೊಣ್ಣು; M. ನುಗರು; Të. ಮಿಂಗು). ಅರ್ಕೇನ್ದುಗಳಂ ತವೆ ನುಂಗಿ ಕರ್ಮಂ ಕಟ್ಟಿಲೆ (Šmd. 267). ನುಂಗುವುವುಮ್ ಒಳವು ದಧಿಯೊಳೆ ಮಹಾಮತ್ಸ್ಯಂಗಳ್? (292). ಅಕ್ಷರವ ನುಂಗಿ ಆಡುವ ನುಡಿ (ಲುಪ್ತವರ್ಣಪದ, ಗ್ರಸ್ತ); ತಿಮಿಯೆಮ್ಬ ಮೀನ ನುಂಗುವ ಮೀನು (ತಿಮಿಂಗಿಲ Nr.). ನುಂಗಲ್ ಪಟ್ಟದು (ಗಿಲಿತ Si. 384). ನುಂಗುವದಕ್ಕೆ ತಕ್ಕ ಆಹಾರವು (ಗ್ರಾಸ, ಕಬಲ, ತುತ್ತು 317). ನುಂಗ ಬಾರದ ತುತ್ತು ತುಟಿ ಮೀಟದ ಹಲ್ಲು ಸಮ.—ನುಂಗಿದ ತುತ್ತಿನ ರುಚಿ ಮತ್ತೆ ಬಯಸಿದ ಹಾಗೆ.—ಕೋಟಿ ನುಂಗಿದ ಕಲ್ಲಿನ ಹಾಗೆ (Prvs.). See Čpr. 8, 15; Bp. 21, 17; 39, 52; 48, 15; 59, 21. 48; Rśv. 5, after 120; 6, 9; 13, 64; J. 6, 8; 8, 47; B. 2, 11; Sl. 88; Prv. s. ಬೆರಳು; Sp. s. ಬೊಳ್ಳಿದು; Sś. s. ಮೆಲ್ಲು.

ನುಂಗುವಿಕೆ nuṅguvikĕ. Swallowing (ನಿಗಾರ Si. 400).

ನುಂಗುಹ nuṅguha. Swallowing (ಗೀರ್ಣ, ಗಿರಿ, ಗಿಲಿ Nr.).

ನುಚೆ nu-či. (nu-čit). Never! certainly not! (ತ್ಯಜ, ಬಿಡುವುದು Nn. 166; ಬಿಟ್ಟಲ್ಲಿ Mr. 536). 2, is it not? (ಕೇಳ್ವೆಡೆ, ಕೇಳುಹ 166; ಕೇಳ್ವಲ್ಲಿ 536). 3, could it be? (ಸಂಶಯ, ಸನ್ದೇಹ 166).

ನುಚ್ಚು nuččn. (= ನುಗ್ಗು 3, etc.). That is reduced to small pieces; fragments, bits: grit, grits of any grain (ಕಣ, ಧಾನ್ಯಾಂಶ Nr.; Si. 418; ಕಣ Hlā., Mr. 372; ಕಣ, ಕ್ಷುದ್ರತಣ್ಡುಲ Nr., Hlā.; ತಣ್ಡುಲಚೂರ್ಣ Šm. 86; C.; M. ನುಚ್ಚು, ನುಱುಙ್ಙು, ನೊಚ್ಚು, ನೊಯ್; T. ನೊಜ, ನೊಯ್, ನೊಱುಂಗು; Të. ನುಗ್ಗು, ನುಱುಮು, ನೂಕೆ, ನೆಚ್ಚು). ಇಚ್ಛೆಯಱಿದಿತ್ತ ನುಚ್ಚೊನ್ದು ಮಾಣಿಕವು; ಇಚ್ಛೆಯು ತೀರದ ಬಡಿಸಿತ್ತ ಮಾಣಿಕವು ನುಚ್ಚಿಗು ಕಷ್ಟಂ (Sp.). 2, wasting away, ruin, etc. (ಕ್ಷೀಣತ್ವ Šm. 86). ನುಚ್ಚು ಉಣ್ಡ ಮಗನು ಇಚ್ಛೆಲಿ ಇರುವನು, ತುಪ್ಪ ಸಕ್ಕರೆ ಉಣ್ಡ ಅಳಿಯ ತಿಪ್ಪೇಲಿ ನಿನ್ತು ಬೊಗಳುವನು.—ಕಿಚ್ಚು ನುಂಗುವವ ನುಚ್ಚು ಬಿಟ್ಟಾನೇ?—ನುಚ್ಚಾದರೂ ಹುಚ್ಚಗೆ ಬೇಕು.—ನುಚ್ಚು ಒನ್ದು ಮಾಣಿಕವು.—ನುಚ್ಚಾದರೂ ಹೆಚ್ಚಿನ್ತ ಛಾವಿಸ ಬೇಕು.—ನುಚ್ಚಿಗೆ ಬೆಚ್ಚುವವ ನೊಚ್ಚಗೆ ಮಾತಾಡಿದರೂ ನಚ್ಚಿಗೆ ಸಾಲದು (Prvs.). See Prv. s. ಪಚ್ಚೆ. — ನುಚ್ಚಕ್ಕಿ. -ಅಕ್ಕಿ. Broken rice (My.). — ನುಚ್ಚುಗಂಜಿ. Ganji made of nuččn (My.). See Prv. s. ವೆಂಕಪ್ಪ. — ನುಚ್ಚುಗೋಣಿ. = ನುಚ್ಚುಗೋಳಿ. (My.). — ನುಚ್ಚುಗೋಳಿ. The herb Portulaca quadrifida L. (Z.). See ಕಲ್ಲು-. — ನುಚ್ಚು ನುಱು. = ನುಚ್ಚು ನುಸಿ. dupl. (Bp. 51! 72; My.). — ನುಚ್ಚು ನುಸಿ. dupl. (J. 8, 32). — ನುಚ್ಚು ನೂಱು. = ನುಚ್ಚು ನುಱು. (J. 21, 34).

ನುಡಿ nuḍi. 1. To sound; to utter; to speak; to say (ವಚನ Šmd. Dh.; ಹೇಟ್ 88 Cm.; ಹೇಟ್ 229 Cm.; C.; T., M. ನೊಡಿ; Të. ನುಡುಚು, ನುಡುವು, ನೊಡುವು). ಬಿಡಿಲೆ ನುಡಿದು (Šmd. 28). ಸತ್ಯಮಂ ನುಡಿ, ಗಡಾ, ನೀನ್ ಅತನೊಳ್,

(143). ಭೂವಲಯಾಧಿಪಂ ನುಡಿಗುಮ್ ಆ ದ್ಯೂತಂಗೆ ಸ್ವಚಿತ್ತಗತಾರ್ಥಮಂ (267). ಸಮಂ ನುಡಿವೊಡೆ ಅವಂ ಪಿರಿಯಂ (297). ನುಡಿವೊಡೆ ಎಲ್ಲರುಂ ಮೂತಱಿಯರ್ (298). ಗೆಲೆ ನುಡಿವವನು (ಪ್ರಸಕ್ತ, ಪ್ರಸ್ಯತ); ಸೋಲೆ ನುಡಿವವನು (ಅಧರ, ಹೀನವಾದಿ); ಇನಿದಂ ನುಡಿವವ (ಶ್ಲಕ್ಷ್ಣ, ಮಧುರವಾಕ್); ಹೊಲ್ಲಾಗಿ ನುಡಿವವ (ಕದ್ವದ, ಗರ್ಹ್ಯವಾದಿ Hlâ.). ತನ್ನ ಸೋಲವ ನುಡಿದು ಕೊಬ್ಬುಂ (ಅಧರ Mr. 237). ಅಡಿಗಡಿಗೆ ನುಡಿವ ನುಡಿ (ಅನುಲಾಪ); ಹಱಸಿ ಕೊಬ್ಬ ನುಡಿಯ ನುಡಿವಂ (ಗರ್ಹ್ಯವಾದಿ, ಕದ್ವದ); ನುಡಿಯಲ್ ಅಱಯದೆ ಕೇಳಲ್ ಅಱಯದೆ ಇರ್ಪವಂ (ಕಲ್ಲಮೂಕ); ನುಡಿಯ ಬಲ್ಲಾತನು (ವದ, ವದಾವದ); ಮಿಗೆ ನುಡಿಯ ಬಲ್ಲಾತನು (ವಾಗೀಶ, ವಾಕ್ಪತಿ); ಕೆರಳೆ ನುಡಿವುದು (ಅಧಾಪಣ, ಅಲಾಪ); ನುಡಿಯಲ್ ಆಗದ ನುಡಿ (ಅನಕ್ಷರ, ಅವಾಚ್ಯ Nr.). ನುಡಿವ ನವಿಲ ಧ್ವನಿ (ಕೇಗು Kk. 24). ಎಲ್! ಎನ್ದು, ಅನಿಲಜಗೆ ನುಡಿದ (Bh. 3, 15, 18). ಕೊಟ್ಟೆಂ, ಕೊಟ್ಟೆನ್ ಎನ್ದು, ಸಿಂಹಳೇನ್ದ್ರಂ ನುಡಿದು (Rév. 6, after 98). ನುಡಿದನು ತಕುನಿಕರ್ಣಜಯ ದ್ರಥಾದ್ಯರಿಗೆ (Bh. 1, 8, 4). See Śmd. 61. 68. 71. 90. 112. 200. 228. 272; Čpr. 2, after 44; 7, 27; Bp. 1, 57; 4, 65; 25, 15; 31, 10; 47, 19. 28; 51, 48; Rév. 6, 33; 13, after 23 & 95; Bh. 1, 8, 45; 2, 13, 39; J. 2, 9. 21; 29, 16; 31, 28. 31; Dp. 148, 6; Śi. 58. 362. 363. 383. 384.

ನುಡಿ nuḍi. 2. Sounding, uttering; a voice; speaking, speech; a word; a term; a promise; a language; a line in poetry that forms a complete sentence, especially one of a saṅkîrtana (ವಚನ Nn. 52; ವಾಕ್ಯ Śmd. 187 Cm.; C.; Tě.; T. ನೊಡಿ; Tě. ನುಲಿವು, sound, voice). ನುಡಿಗೆಲ್ಲಂ ಸಲ್ಲದ ಕನ್ನಡದೊಳ್ (in Kannaḍa, although it does not contain all the required words, there is) ಜತ್ತಾಣಮುಂ ಬೆಡಗ್ಗೆಯುಮ್! ಎನ್ದು, ಈಗಡಿನ ನೆಗಟ್ತೆಯ ಕಬ್ಬದೊಳ್ (by their poems that at present are so renowned) ಒಡಮ್ಬಡಂ ಮಾಡಿದರ್ ಪುರಾತನಕವಿಗಳ್ (Śmd. 121). ಅಭಿಧಾನ ವ್ಯಾಹಾರ ಉದೀರಣ ಕಥನ ಈ ೪ ಮೊದಲಾಗಿ ಉಳ್ಳವು ನುಡಿಯ ಭೇದಂಗಳು; ವ್ಯಾಕುಲಮಪ್ಪ ಧ್ವನಿ, ಮನ ಬನ್ದನ್ತೆ ನುಡಿವ ನುಡಿಯುಂ (ಕೋಲಾಹಲ, ಕಲಕಲ, ತುಮುಲ); ಪ್ರಿಯಮಪ್ಪ ನುಡಿ (ಸೂನೃತ); ಸ್ಪಷ್ಟಮಲ್ಲದ ನುಡಿ (ಮ್ಲಿಷ್ಟ); ಉಗುಳು ಸಿಡಿವ ನುಡಿ (ಅಮ್ಬೂಕೃತ); ಕೊಂಕುವೆರಸಿದ ನುಡಿ (ಉಲ್ಲಾಪ); ಅಡಿಗಡಿಗೆ ನುಡಿವ ನುಡಿ (ಅನುಲಾಪ, ಮುಹುರ್ಭಾಷೆ); ಸೂಱನುಡಿ (ಸಲ್ಲಾಪ); ಎರಡು ಮೂಱು ಸೂಱು ನುಡಿವ ನುಡಿ (ಅಮ್ರೇಡಿತ Hlâ.). ಉಗುಳುವೆರಸಿದ ನುಡಿ (ಅಮ್ಬೂಕೃತ); ಒಳ್ಳಿಹ ನುಡಿ (ಸುವಚನ); ಒಳ್ಳಿಹ ನುಡಿಯುಳ್ಳಾತನು (ವಚನೇಷ್ಠಿತ); ಚಾಟುತನದ ನುಡಿ (ಚಾಟು, ಚಟು, ಶ್ಲಾಘೆ); ದಿಟದ ನುಡಿ (ಸತ್ಯ, etc.); ನಗೆವೆರಸಿದ ನುಡಿ (ಸೋಲ್ಲುಣ್ಠನ); ಅಕ್ಷರವ ನುಂಗಿ ಆಡುವ ನುಡಿ (ಗ್ರಸ್ತ, ಲುಪ್ತವರ್ಣಪದ); ಹುಸಿಯೆ ಅಭಿಪ್ರಾಯವಾಗಿ ನುಡಿವ ನುಡಿ (ಅನೃತ, etc. Nr.). ಕನ್ನಡದ ನುಡಿಯನ್ನು, ಉಪೇಕ್ಷಿಸಲ್ ಹಿರಿಯರಿಗೆ ಉಚಿತಮಲ್ಲ! (Abhâ. 1, 4). ಅಱದ ಉಪ್ಪದ ಹಾಲಿನನ್ದದಿ ಸುಲಭಮೂಗಿರ್ದ ಲಲಿತಮಹ ಕನ್ನಡದ ನುಡಿ (1, 5). ಕನ್ನಡದ ನುಡಿ (Čt. I, 1). ಹಿನ್ದೆ ಆಡುವ ನುಡಿಯು ಘೋರವಿಷ, ಮನವೆ! (Dp. 172). ಎಪ್ಪರಿನ್ದ ನುಡಿ ತಪ್ಪದು (J. 28, 29). ಸಹಜಮಿಹ ನುಡಿ! (Bh. 1, 8, 11). ನವಿಲ ನುಡಿ (ಕೇಕಾರವ (Mr. 168); ಪಕ್ಷಿಗಳ ನುಡಿ (ವಿರುತ 168). ನುಡಿಯಾದರೂ ಕಡೆಯ ಬಾರದು.— ನುಡಿಗೆ ನಡೆ ಸರಿ ಬೀಳಬೇಕು.— ನುಡಿ ಪುರಾತನದು, ನಡೆ ಕಿರಾತನದು.— ನುಡಿಯಿನ ಊರು, ನುಡಿಯಿನ್ದ ಕಾಡು (Prvs.). See Śmd. 392; Čpr. 4, 2. 33. 35; Grj. 2, after 106; Bp. 37, 25; 40, 15; 45, 43; 56, 20; 59, 14; Kk. 68; Śm. 45. 55. 60. 64; Nn. s. ಕಿಲೆ; J. 28, 19. 28. 45; 29, 23. 37. 44; ಅಗು-, ಊರುಗ-, ಎಡೆ-, ಒಳ್-, ಚುನ್ನ-, ಜವಳಿ-, ತಪ್ಪು-, ತಳರ್-, ತೊದಳ್-, ನಾಣ್-, ಬಲು-, ಬಿನುಗು-, ಬಿಱು-, ಬಿಱುಸು-, ಬೇಸಱ್-, ಮರುಳಾಟ-, ಮೆಲ್-, ಹೊಳಹು-. — ನುಡಿಗಲ್. -ಕಲ್. To learn words; to learn to speak. ಗಿಳಿಯೊಡನೋಡಿಯೋಡಿ ನುಡಿಗಲ್ತು (Śmd. 230). — ನುಡಿಗಲಿ. -ಕಲಿ. = ನುಡಿಗಲ್. (Bp. 11, 40; 47, 21; 58, 48). — ನುಡಿಗಲಿಸು. -ಕಲಿಸು. To teach to speak (Abh. P. 1, 79). — ನುಡಿಗೇಡು. -ಕೇಡು. The state of words or admonitions being lost or ineffectually employed (My.). — ನುಡಿಗೇಳ್. -ಕೇಳ್. To hear a word, etc. (Čpr. 8, 33; Bp. 13, 9). — ನುಡಿಗೊಡು. -ಕೊಡು. To give one's word, to promise (My.). — ನುಡಿಜಾಣ. Talkative; eloquent (ಸಮುಖ Hlâ.; My.). Fem. ನುಡಿಜಾಣೆ (My.). — ನುಡಿ ನುಡಿ. rep. (Čpr. 6, 98). — ನುಡಿಮೆಚ್ಚು. Assent by word (Abh. P. 6, 99). — ನುಡಿಮೇಳ. A wind-instrument. See s. ಪಂಚಮಹಾವಾದ್ಯ. — ನುಡಿವಡೆ. -ಪಡೆ. To be spoken of, to become notorious (Čpr. 1, 74). — ನುಡಿವೆಣ್. -ಪೆಣ್. The goddess of speech, Sarasvatî (ಶಾರದೆ Kk. 9; ಸರಸತಿ, ಸಾರದೆ, ಅರವಿನ್ದಭವನ ಅರಸಿ Śm. 3). — ನುಡಿವೆಣ್ಣಾಳ್ದ. -ಆಳ್ದ. Brahmâ (ಬೊಮ್ಮ, etc., ಅಜ Čt. II, 3). — ನುಡಿವೆಣ್ಣಿನಿಯ. -ಇನಿಯ. Brahmâ (ಬ್ರಹ್ಮನ್ Śs.).

ನುಡಿಕಾಱ nuḍi-kâṟa. A man who utters words or speaks. See ಒಳು-, ಒಳ್-.

ನುಡಿಗಾಱ nuḍi-gâṟa. = ನುಡಿಕಾಱ. See ತಿವಿ-.

ನುಡಿತ nuḍita. Speech (My.).

ನುಡಿಯಿಸು nuḍiyisu. = ನುಡಿಸು. To cause or induce to utter, speak, etc., to address (Grj. 2, after 106; 3, 54). ನುಡಿಯಿಸಿದಂ (Śmd. 278).

ನುಡಿಯುವಿಕೆ nuḍiyuvikĕ. Speaking, etc. (Śi. 391. 395. 397).

ನುಡಿವಳಿ nuḍi-vaḷi. (Śmd. 252). Uttering, speaking, the way of speaking.

ನುಡಿವಳಿಕಾಱ nuḍivaḷi-kâṟa. (Śmd. 235). A man occupied in speaking.

ನುಡಿಸು nuḍisu. = ನುಡಿಯಿಸು. To cause to sound, utter or speak; to perform music upon, to play (ಬಾಜಿಸು Čt. II, 74; My.). ದಿಗ್ವಿಜಯ ನುಡಿಸುವ ಸರ್ವಸನ್ನಹವಿಜಯಬಲ (Bh. 6, 2, 3). ವೀಣೆಯನ್ನು ನುಡಿಸುವವನು (ವೀಣಾವಾದ, ವೈಣಿಕ Śi. 340). See Čpr. 8, after 52; Bp. 5, 50; 12, 42; 28, 43; 40, 39; J. 1, 8; ಪಂಚಮಹಾವಾದ್ಯ.

ನುಡಿಸುಹ nuḍisuha. Making speak; addressing (ಅಧಾಪಣ, ಅಲಾಪ Nr.).

ನುಡಿಹ nuḍiha. Uttering, telling, etc. ಹಲವು ಪದಾರ್ಥಂಗಳ್ ಒಬ್ಬುಳಿಗೂಡಿ ಕ್ರಿಯೆಯ ನುಡಿಹ ಎಮ್ಬುದಱಿಲ್ಲಿ ಚತುರ್ದ್ವಮ್ ಎನಿಸುಗು; ಇಲ್ಲದ ಹೊಲ್ಲಹಂ ಮೇಲಿಕ್ಕಿ ನುಡಿಹ (ಮಿಥ್ಯಾಭಿಶಂಸನ, ಅಭಿಶಾಪ Nr.). ಮರಳಿ ನುಡಿಹ (ಪುನರ್ವಚ Nn. 167).

ನುಣ್ nuṇ. = ನುಣು. Smoothness, softness, fineness; niceness, neatness, subtilty; gentleness; etc. (Tě. ನುನು, ನುಲಿ, ನೂ, ನೂಗು; T. ನುಣ್, slender, taper, fine; ನುಣ್ಮೈ, subtilty, nicety, delicateness, neatness; ನುನಿ, subtilty, nicety, keenness; ನುವಣ, ನುಟ್ಪೈ, ನೂಟ್ಪೈ, ನುಣಂಗು, ನುಚಿತ್ತಲ್, subtilty; ನುಣುಕ್ಕು, any minute thing; ನುಜ್ಜ, smallness, minuteness; M. ನುಣ್ಮೈ, minuteness; T. ನೊಯ್, ನೊಚಿವು, fineness, subtilty, minuteness, delicateness, slenderness = ನುಣ್ಮೈ; M. ನೊಯ್, what is minute, trifling, small, thin, weak, delicate, poor; see s. ನುಚ್ಚು). — ನುಣ್ಗಟಕ. -ಕಟಕ. Bland irony (V. 37, 13). — ನುಣ್ಗದಪು. -ಕದಪು. A soft or smooth cheek (Rév. 13, 61; J. 19, 21; 28, 18). — ನುಣ್ಗದಿರ್. -ಕದಿರ್. A fine lustre (Rév. 4, 31; 6, after 11). — ನುಣ್ಗಱ. A tender, delicate wing; a delicate leaf (Čpr. 8, 9; Ršv. 5, 46; 8, 98; 10, after 31; V. 4, 52). — ನುಣ್ಣಚಿ. -ಚಿ. A fine, slight spot or stain (Čpr. 8, 58; Abh. P. 5, 39). — ನುಣ್ಣಲ್ಲ. = ನುಣ್ಣದಪ್ಪ. (J. 30, 37). — ನುಣ್ಗಾರೆ. = ನುಣುಗಾರೆ. (My.). — ನುಣ್ಗುರುಳ್. -ಕುರುಳ್. Smooth or fine curls (Ršv. 1, after 135; 4, 25). — ನುಣ್ಗೂಡು. A smooth, soft nest (J. 18, 13). — ನುಣ್ಗೊದಳ್. -ಕೊದಳ್. Pleasant stammering (of children, Čpr. 3, 44). — ನುಣ್ಗೊನೆ. -ಕೊನೆ. A smooth point (Čpr. 8, 103). — ನುಣ್ಗೊರಲ್. -ಕೊರಲ್. A pretty neck or throat (Ršv. 3, 17; 8, 47; V. 5, after 14); a soft, gentle sound or voice (V. 9, 43). — ನುಣ್ಚರ. -ಸರ. (Šmd. 83). A soft, gentle sound or voice (Čpr. 1, 118; 3, 90. 95; Ršv. 1, after 135; Ššv. 2, 40). — ನುಣ್ಜಗಲಿ. A smooth, soft seat (Čpr. 8, 62). — ನುಣ್ಣರಿಸಿನ. -ಅರಿಸಿನ. (Šmd. 214). Fine turmeric. — ನುಣ್ಣುಡಿ. -ನುಡಿ. A gentle word or speech (Čpr. 3, 61; 6, 85; 7, 78; Ršv. 7, 16). — ನುಣ್ಣೆಸಳ್. -ಎಸಳ್. A smooth flower-leaf (V. 14, 29). — ನುಣ್ಣೊಸಲ್. -ಒಸಲ್. A fine forehead (Ršv. 3, 17). — ನುಣ್ದನಿ. (Šmd. 289). = ನುಣ್ಚರ. (Čpr. 6, 64; Grj. 3, 118; J. 6, 24). — ನುಣ್ದೊಡೆ. -ತೊಡೆ. (Šmd. 52; Čt. II, 98). A soft or slender thigh (Čpr. 4, 77; 8, after 4; Ršv. 8, 82; V. 4, 18; J. 6, 21). — ನುಣ್ನುಡಿ. = ನುಣ್ಣುಡಿ. (Čpr. 8, 70). — ನುಣ್ಬಟ್ಟ. Smooth and round. ನುಣ್ಬಟ್ಟಮೊಲೆಗಳ ಮೇಲೆ ಕಿನ್ನರಿಯನಿಟ್ಟು (Râghč. 17, 66). — ನುಣ್ಬದನೆಗಾಯ್. A small, smooth brinjal fruit (V. 6, 4). — ನುಣ್ಬನಿ. -ಪನಿ. A small, fine drop (Čpr. 4, 38). — ನುಣ್ಬಸಲೆ. -ಪಸಲೆ. Soft grassy ground (Abh. P. 7, after 31; Ršv. 5, 105). — ನುಣ್ಬಸೆ. -ಪಸೆ. A soft bed (Čpr. 8, 8). — ನುಣ್ಬಳೆ. A smooth arm-ring (Ršv. 5, 110). — ನುಣ್ಬುಡಿಲ್. -ಪುಡಿಲ್. Fine sand (Čpr. 7, 106; V. 4, 52). — ನುಣ್ಬೆಮರ್ವನಿ. A fine drop of sweat (Ršv. 5, after 19). — ನುಣ್ಬೆಳಗು. A delicate, pleasant shine or lustre (Ršv. 4, after 14; 13, 72). — ನುಣ್ಬೊಗರ್. -ಪೊಗರ್. = ನುಣ್ಬೆಳಗು. (Čpr. 1, 95; Ršv. 1, 112; J. 3, 25). — ನುಣ್ಬೊಗರಿ. A smooth top or globular projection (Ršv. 10, after 31). — ನುಣ್ಬೊಡೆ. -ಪೊಡೆ. To be possessed of elegance (Kk. 20). — ನುಣ್ಮಣಲ್. = ನುಣ್ಮಳಲ್. (Ššv. 4, 107). — ನುಣ್ಮಣಿ. A delicate, beautiful gem (Ršv. 11, 23). — ನುಣ್ಮರಲ್. Fine, soft sand (Ršv. 3, 102). — ನುಣ್ಮಲ್ಲ. A fine, clever wrestler (Grj. 2, after 106). — ನುಣ್ಮಳಲ್. = ನುಣ್ಮರಲ್. (Grj. 3, 93; Ršv. 3, 15). — ನುಣ್ಮಾತು. = ನುಣ್ಣುಡಿ. (Ršv. 11, after 157). — ನುಣ್ಮುತ್ತು. A fine pearl (Ršv. 4, 71; Ššv. 2, 55). — ನುಣ್ಮೊಗ. A fine face (Ršv. 11, 189; J. 11, 19). — ನುಣ್ಮೊಲೆ. A smooth, fine breast (Ršv. 11, 185).

ನುಣಚು nuṇaču. = ನುಣುಚು, etc. ಕೆಯ್ಯೊಳಗಿನ್ದ ನುಣಚು (Čb. 66).

ನುಣು nuṇu. = ನುಣ್. — ನುಣುಗಾರೆ. = ನುಣ್ಗಾರೆ. Fine, smooth plaster (My.).

ನುಣುಚು nuṇuču. = ನುಣ್ಚು, etc. To slip, to slide, as out of the hand (ಜಾಱು G.). ಕೆಯ್ಯೊಳಗಿನ್ದ ನುಣುಚು (G. 284). 2, to slip away, to glide or move off, to escape.

ನುಣುಪು nuṇupu. = ನುಣ್ಪು. Smoothness; delicateness, fineness, etc. (ಒಪ್ಪ, ನುಣ್ G.; My.; Si. 306; Tč. ನುನುಪು). ತಿಳುವಾದ ಅಱುವೆಯನ್ನು ತಿಕ್ಕಿ ನುಣುಪು ಮಾಡಿ (B. 1, 15). ಬಾಚೀ ಸುಱುಗಳು ಬಹು ನುಣುಪಾಗಿಯೂ ಕೋಮಲವಾಗಿಯೂ ಒಪ್ಪುವವು (2, 37). ಬೆಕ್ಕುಗಳು ಕುಳಿತಾಗ ತಮ್ಮ ಮೆಯ್ಯನ್ನು ನೆಕ್ಕಿ ನುಣುಪು ಮಾಡಿ ಕೊಳ್ಳುವವು (8, 31).

ನುಣ್ಚು nuṇču. = ನುಗಿಚು, ನುಣುಚು, ನುಣುಚು q. v., ನೊಣಚು. (ಅವಸರಣ Šmd. Dh.; ಜಗುಟ್, ಜಾಱು Šs.).

ನುಣ್ಣಗೆ nuṇṇagĕ. Smooth; smoothness (ನುಣ್ಪು G.; My.); in a levelling, razing, or sweeping off manner: completely (My.). ಮನೆಯೂ ಬದುಕೂ ನುಣ್ಣಗೆ ಹಾರಿಹೋಗುತ್ತದೆ (B. 4, 62). ಹೊಲದೊಳಗಿನ ಪಯ್ರು ಎಲ್ಲಾ ನುಣ್ಣಗೆ ಕೆಟ್ಟು ಹೋಗುವದು (8, 184). ದೂರಕ್ಕೆ ಬೆಟ್ಟ ನುಣ್ಣಗೆ (Prv.). 2, the state of being powdered. ಅರಿಸಿನ, ಅಕ್ಕಿ, etc. ನುಣ್ಣಗೆ ಮಾಡು (My.). 3, the state of being smooth by shaving, baldness; bald. ಅವನ ತಲೆ ನುಣ್ಣಗೆ ಮಾಡು (My.).

ನುಣ್ಣನೆ nuṇṇanĕ. = ನುಣ್ಣಗೆ. (J. 18, 34; My.; Tč. ನುನ್ನನೆ). ನುಣ್ಣನೆಯ ಅಱುವೆ, etc. (My.).

ನುಣ್ಣಿತು nuṇṇitu. = ನುಣ್ಣಿತ್ತು (Šmd. 96). That is smooth, etc.

ನುಣ್ಣಿತ್ತು nuṇṇittu. = ನುಣ್ಣಿತು, q. v.

ನುಣ್ಪು nuṇ-pu. (Šmd. 248). = ನುಣುಪು, ನುಮ್ಪು. ನುಣ್ಪುಳ್ಳಂ or ನುಣ್ಪನುಳ್ಳಂ (165). ಲತಾಂಗಿಯ ಜಠರಮ್ ಅದು ದಿನದಿನಕೆ ನುಣ್ಪುಂ ಪೆಮ್ಪುಮ್ ಇಮ್ಪುಂ ಕೊನರಿ (Bp. 3, 4). ಸಮ್ಪುಲ್ಲ ಕಮಲದಲಂಗಳುಂ ನುಣ್ಪಲ್ಲವೋ? (47, 14). ಎಳೆಲತೆಗಳ ನುಣ್ಪುಗಳ, ನವಪರಿಮಳದ ಪವನನ ಸೊಮ್ಪುಗಳ ಬೆಗ್ಗಳಿಕೆ (Bh. 1, 5, 8). See Čpr. 7, 102; J. 6, 32. — ನುಣ್ಪಡರ್. -ಅಡರ್. Smoothness, fineness or pleasantness to be joined to or appear (Čpr. 1, 51). — ನುಣ್ಪಿಡು. To smoothen, etc. (ನುಣುಪು ಮಾಡು G.). — ನುಣ್ಪುವೆಱ್. -ಪೆಱ್. To obtain smoothness, fineness, etc. (Ššv. 1, 21). — ನುಣ್ಪೇಱ್. -ಏಱ್. Smoothness or bareness to be brought about (Bp. 38, 14).

ನುತ nuta. Praised, commended (ಒಳ್ಪಿಹ Nn. 163); praise (ಸ್ತೋತ್ರ 142; ಕೊಣ್ಡಾಟ 154). See Šmd. 158; Čh. v. 108.

ನುತಿ nuti. *Praise, laudation, eulogium;* worship, reverence. — ನುತಿಗೆಯ್. To praise (Grj. 4, 72; Č. Bp. 47, 3; J. 8, 42). — ನುತಿವೆಱು. -ಪೆಱು. To get praise, to be lauded, etc. (Bp. 18, 93; 19, 4; 36, 44; 61, 76; Ršv. 2, 32).

ನುತಿಸು nutisu. To praise, etc. (Bp. 4, 57; 5, 59; 30, 14; 43, 49; 54, 70; J. 8, 48). — ನುತಿಸು ನುತಿಸು. rep. (Bp. 6, 26).

ನುತ್ತ nutta. *Pushed away, pushed on, impelled, propelled; thrown; removed; sent.*

ನುದ್ nud. Pushing away; removing. See ತಮೋನುದ್.

ನುನ್ದಿಸು nundisu. = ನೊನ್ದಿಸು, etc. To extinguish (B. 5, 44. 164).

ನುನ್ದು nundu. = ನೊನ್ದು 1, etc. To be extinguished or go out, as fire (B. 5, 154).

ನುನ್ನ nunna. = ನುತ್ತ. *Pushed away,* etc. (ಕ್ಷಿಪ್ತ, ನೂಕಲ್ Mr. 484).

ನುಮ್ಪು numpu. = ನುಣ್ಪು, etc. (Bp. 27, 5; 43, 26; J. 29, 28). ವಿಮಲಾಚಾರಮಾರ್ಗದ ನುಮ್ಪು (Bp. 36, 29). — ನುಮ್ಪಿಡು. = ನುಣ್ಪಿಡು. (J. 31, 6).

ನುಱಿತ nuṟata. = ನುಱಿ 2, etc. (My.).

ನುಱಿತು nuṟatu. = ನುಱಿದು. P. p. of ನುಱಿ 1. ಒಕ್ಕಲಿಗರು ಹುಟ್ಟಿದಾರಭ್ಯವಾಗಿ ಒಕ್ಕಲತನದ ಕೆಲಸದೊಳಗೆ ನುಱಿತವರಾಗಿರುತ್ತಾರೆ (B. 5, 121).

ನುಱಿ nuṟi. 1. (= ನುಗ್ಗು 2, etc.). To be reduced to small bits or powder, to be crushed, etc.

(ಸಂಚೂರ್ಣ Šmd. Dh.; My.). P. ps. ನುಱಿತು, ನುಱಿದು. ನುಱಿದ (ಗನ್ಧದ) ಕೊರಡು ಪರಿಮಳಿಸುವದು.—ಹಲ್ಲಿದ್ದ ಮಾತ್ರಕ್ಕೆ ಕಲ್ಲು ನುಱಿ ದೀತೇ? (Prvs.). 2, to be harassed or exercised: to become familiar with, to be inured to, to be well versed in, as in work, science, etc. (My.).

ನುಱಿ nuṟi. 2. = ನುಗ್ಗು 3, etc. (My.). See ನುಗ್ಗು-, ನುಚ್ಚು-.

ನುಱಿಸು nuṟisu. = ನುಗ್ಗು 2, No. 1. ಕುದುರೆಗಳು ಮೊದಲು ಪವಡಿಗಳನ್ನ ನುಱಿಸಿ, ಆ ಮೇಲೆ ನುಂಗುತ್ತವೆ (B. 3, 57; 5, 14).

ನುಱು nuṟu. The state of being harassed or exercised, etc. — ನುಱುಪಡ. Familiarity with, etc. (My.).

ನುಱುಕು nuṟuku. (= ನುಗ್ಗು 2, No. 2). To wane away, to become devoid of growth or increase (ವೃದ್ಧಿ ಹೀನ Šmd. Dh.; cf. ನುಚ್ಚು No. 2). 2, = ನುಗ್ಗು 2, No. 1, to reduce to small bits or powder, etc. (My.).

ನುಱುಗು nuṟugu. = ನುಱಿ 1, No. 2. (My.).

ನುಱುಜು nuṟuju. = ನಱುಜು, ನೊಱಜು. Gravel (My.).

ನುರ್ಗು nurgu. 1. (Šmd. 50). = ನುಗ್ಗು 1. (ಇಟ್ಟೆಡೆಯ ಗಮನ Šm. 84). (ಗಜಂಗಳ್) ಕೇಗರ್ಗಳಂ ನುರ್ಗಿ (Rśv. 6, after 11).

ನುರ್ಗು nuṟgu. 2. = ನುಗ್ಗು 2, etc. (Grj. 10, 74; Šśv. 1, 47; 8, 19; 4, 5). ಮದಗಜಮೆರದಟ ದಾಲದ ಮೊದಲಂ ಪಿಡಿದೆತ್ತಿಯೊತ್ತಿ ನುರ್ಗುತ್ತಿರೆ ಅಸ್ಥಿದಿನೊಗುವ ರಕ್ತಮ್ ಉರಿಯೆನೆ ತಿದಿಯೊತ್ತುವ ಕಮ್ಮಟಿಂಬೊಲ್ ಇರ್ದಂ ಭೀಮಂ (Šmd. 91). — ನುರ್ಗೊತ್ತು. ನುರ್ಗಿ ಒತ್ತು. = ನುಗ್ಗೊತ್ತು. (Bp. 84, 85).

ನುರ್ಗು nuṟgu. 3. = ನುಗ್ಗು 3, etc. ತಾಮಸಗೆ ತಾಗಿದ ಸುರನ (or ಅಸುರನೆ?) ಕಾಮಕರಂ ಕರಮ್ ಅಡಂಗಿ ನುರ್ಗಪ್ಪಿನೆಗಂ ಕಾಮದನ್ ಅಡಂಗೆವೊಯ್ದಂ (Šmd. 293. 406).

ನುರ್ಚು nuṟču. 1. = ನುಗ್ಗು 2, etc. (Rśv. 6, 47).

ನುರ್ಚು nuṟču. 2. = ನುಚ್ಚು. (ನುಚ್ಚು G.).

ನುಲ nula. P. p. of ನುಲಿ 1, in ನುಲ ಕೊಳ್ಳು (My.).

ನುಲಿ nuli. 1. To twist, as a rope, etc., to wring, as clothes in washing, to twist off, as a twig, to twist or curl the whiskers, to twist or wrench a bullock's tail, to turn round, as the back, to roll (as cotton, etc.) between the hands (My.; Tě. ನುಲುಮು; M. ನುಳ್ಳು, to pinch; cf. ನೂಲ್ 1). P. p. ನುಲಿದು. ಬೆನ್ನನ್ ಒಯ್ಯನೆ ನುಲಿದು ಕೊಳುತ ಆತಂ ನಿಗುರೆ (Bp. 47, 58). 2, the intestines to gripe (My.).

ನುಲಿ nuli. 2. = ನುಲಿದು. P. p. of ನುಲಿ 1, in ನುಲಿ ನುಲಿದು. ಬಾಲವಂ ನುಲಿ ನುಲಿದು ಕೊಳುತ (Bp. 51, 59).

ನುಲಿ nuli. 3. = ನುಲಿಕೆ, ನುಲಿಗೆ, (ನೂಲ್ 2). The state of being twisted (V. 4, 19); a twist, a cord, a thread, twine. ಎಡ್ಡಿಸ್ವದ್ದು, ಹೊರಸಿನ ನೆಯ್ಗೆಯ ಊಳೆಯ ನುಲಿಯಳ್ಳಂ (Šmd. I). 2, griping pain in the intestines (Tě.). — ನುಲಿಮಂಚ. A cot with a corded bottom (R.; Tě. ನುಲಕಮಂಚು). — ನುಲಿಯ ಚನ್ದಯ್ಯ. N. (Bp. 36, 58; 58, 7).

ನುಲಿಕೆ nulikĕ. = ನುಲಿ 3. (ಹುರಿ Čt. I, 66).

ನುಲಿಗೆ nuligĕ. = ನುಲಿಕೆ. — ನುಲಿಗೆಕಪ್ಪ. A kappa formed of three twisted wires (My.). — ನುಲಿಗೆ ಮಾಡು. To twist (My.). — ನುಲಿಗೆಯುಗಣಿ. -ಉಗಣಿ. The twisting pin that elevates or depresses the shaft of the oil-mill (My.). — ನುಲಿಗೆಯುಡಿದಾರ. -ಉಡಿದಾರ. An uḍidâra formed by twisting (My.).

ನುಲಿಸು nulisu. To cause to twist, etc. (My.).

ನುಸಿ nusi. 1. = ನುಗ್ಗು 3, etc. The state of being crushed, strengthless, etc.; powder, dust (My.; Tě., M. ನುಸು, small, minute). See ನುಗ್ಗು-, ನುಚ್ಚು-. — ನುಸಿಗಣೆ. -ಕಣೆ. An arrow devoid of strength (Bh. 8, 23, 45).

ನುಸಿ nusi. 2. A minute insect that destroys wool, any cloth, and paper (My.); one that destroys grain (S. Mhr.). 2, = ನೊರಜು, an eye-fly, a gnat (Bh. 7, 10, 118; Tě. ನುಸುಮು). ನುಸಿಗೆ ಯಾಕೆ ಕಸಕಸೇ ಪಾಯಸ? (Prv.). — ನುಸಿಹುಳು. = ನುಸಿ No. 1. (My.; Tě. ನುಸಿಪುರುಗು, an insect found in timber; M. ನುಚ್ಚುಪುಱು, a minute insect in clothes and grains).

ನುಸಿ nusi. 3. = ನುಸುಳ್ 1, etc. To enter a door, etc., etc. (My.). P. ps. ನುಸಿದು, ನುಸ್ತು. ಊರು ಸುತ್ತಾ ಸುತ್ತಿದರೂ ಊರ ಬಾಗಲಲ್ಲಿ ನುಸಿಯ ಬೇಕು (Prv.).

ನುಸು nusu. = ನುಸಿದು. P. p. of ನುಸಿ 3, in ನುಸು ಕೊಳ್ಳು (My.).

ನುಸುಳ್ nusuḷ. 1. = ನುಗುಳ್ q. v., ನುಸಿ 3, ನುಸುಳು 1. (ದ್ವಾರಪ್ರವೇಶ Šmd. Dh.); also: to retreat, to hide one's self, to slink, to go (Bp. 24, 65; 59, 10; My. as ನುಸುಳು). ನುಸುಳ್ದಂ, ನುಸುಳ್ದಪಂ (Šmd. 49. 55). ತೋರಣದೊಳ್ ನುಸುಳ್ವನ್ತೆ (Rśv. 6, after 11). See Čpr. 5, 64; 5, after 64.

ನುಸುಳ್ nusuḷ. 2. = ನುಸುಳು 2. Entering a door or small, narrow opening. 2, an artful play in not directly naming an object: one of the pêlikĕs (Kâvy. III, 2, B, 82 seq.). 3, = ನೊಳ್, evasion, subterfuge, falsehood (V. 28, 78).

ನುಸುಳಿಸು nusuḷisu. To cause to enter a door, etc. (My.).

ನುಸುಳು nusuḷu. 1. = ನುಸುಳ್ 1 q. v., etc. (My.). P. p. ನುಸುಳಿ. ದೇವ, ಮಱಿ ಹೊಕ್ಕವರನ್ ಓವದೆ, ನುಸುಳಿ ಪೋಪುದು ಇದು ಶೈವವೀರವ್ರತಕೆ ಯೋಗ್ಯವೇ? (Bp. 46, 47). ಎಪಿನದಲ್ಲಿ ನುಸುಳಿದನು (Râm. 3, 2, 14). ನುಸುಳಿದವು ಬೊಲನ್ ಉರಿಯ (Bh. 8, 13, 21). ಕಿಟಕಿಯಿನ್ದ ನುಸುಳುವವ ಹೆಬ್ಬಾಗಲಿನ್ದ ಬಾರನೇ? (Prv.). ಇಲಿ ತನ್ನ ಹೋರಿನೊಳಗೆ ನುಸುಳಿತು (B. 4, 91). See Râm. 4, 2, 1.

ನುಸುಳು nusuḷu. 2. = ನುಸುಳ್ 2, ನುಗುಳು 2. Entering, etc. 2, evasion, etc. (Bp. 40, 60; Râm. 1, 5, 31; J. 2, 5; 6, 34). — ನುಸುಳುಗಣ್ಡಿ. A small passage (in a thicket, etc.) to squeeze through (My.).

ನುಸ್ತು nustu. = ನುಸಿದು. P. p. of ನುಸಿ 3. (My.).

ನುಳ್ಗು nuḷgu. (ನುಱ್ಗು). = ನುಗ್ಗು 2, No. 2. To be reduced to small fragments, to be powdered (ಸಂಚೂರ್ಣ Šmd. Dh.).

ನೂಕದು nûkadu. = ನೂಂಕದು, q. v.

ನೂಕಿಸು nûkisu. = ನೂಗಿಸು, ನೂಂಕಿಸು. To cause to push or turn away, etc.; (generally with ಕೊಳ್): to be pushed, etc. ಮಂಚದ ಮೇಲಿನ್ದ ನನ್ನ ನೂಕಿಸುತ್ತಾ (B. 5, 49). ನೂಕಿಸಿ ಕೊಣ್ಡವನು (ಅಧಿಕ್ಷಿಪ್ತ, ಪ್ರತಿಕ್ಷಿಪ್ತ Nr.). ನೂಕಿಸಿ ಕೊಣ್ಡು ಹೋಗೋದಕ್ಕಿನ್ತ ಮೇಕೆ ಕಾಯೋದು ಲೇಸು (Prv.). See Prv. s. ಬೇಕಾಗು.

ನೂಕು nûku. 1. = ನೂಗು 1, ನೂಂಕು 1. To shove, to push; to push away; to push aside; to put into shade; to push on, to drive onwards, to urge on (J. 5, 31; 11, 29; My.; Tĕ., T.; M. ನಿರಕ್ಕು; T. also ನೆಕ್ಕು, ನೆಟ್ಟು, Tĕ. also ನೆಟ್ಟು; T. ನುಡಂಗು, ನುಣಂಗು, to move, v. i.). ನೂಕುವುದು (ಕ್ಷಿಪೆ, ಕ್ಷೇಪಣ); ನೂಕಲು ಪಟ್ಟುದು (ನುತ್ತ, ನುನ್ನ, ಅಸ್ತ, ಕ್ಷಿಪ್ತ, etc. Nr.; Si. 377). ನೂಕಲ್ (ಕ್ಷಿಪ್ತ, ನುನ್ನ Mr. 484). ಬಿಲುವಿಡಿದು ನೂಕುವ ಕರಂ (ದಣ್ಡೆ Mr. 297). ಪಾದದಿಂ ಕವಿದ ಕಸವಂ ನೂಕಲೊಡನೆ (Bp. 24, 59). ರಿಪುಗಳನ್ ಅನಲಕ್ಕೆ ನೂಕಲು (44, 47). ಆತನಂ ದನ್ತಾವಲಕ್ಕೆ ನೂಕೆ (49, 38). ನೂಕಿದೊಡೆ (52, 21). ನಿದ್ರೆಯ ನೂಕುವನು (Bh. 1, 9, 8). ನಾಯ್ ನೂಕಿದವು ಹಾಸವ (3, 13, 20). ಅಖಿಲನ್ನಪಸಂಹಾರಬೀಜದ ಕರ್ಮಫಲಸಂಸ್ಕಾರಮ್ ಅಳ್ಳಿಯಲಿಱಿದು ನೂಕಿತು ಧರ್ಮನನ್ದನನ (2, 13, 41). ಹೀಗೆ ನೂಕ ಬೇಕೇ? (B. 3, 82). ನಿನ್ನನ್ನು ನಾನು ನೂಕಲಿಲ್ಲ (3, 4). ದಱಾ ನಡಿಸೋ ಬಣ್ಣ ಬತ್ತಿ ನೂಕ್ಯಾನೇ? — ನೂಕುವವನ ಮನೆಯೂಟಕ್ಕಿನ್ತ ದೋಕಿಯ ಊಟ ಲೇಸು. — ನೂಕುವವನು ಹಾಕನು, ದೋಕಿಯವನು ಕೊಡನು (Prvs.). ಕೆಲಸವನ್ನು ನೂಕು (My.). See ಇಱಿಸು. **2,** to pass away, to spend, as time (Bh. 1, 10, 3; My.). ಆ ದಿವಸವನು ಮಧುರಗೇಯವಿನಾದದಲಿ, ಕವಿವಾದಿವಾಗ್ಮಿವಿನೋದದಲಿ ನೂಕಿದರು (Bh. 2, 13, 16). **3,** to dash, to fall upon (J. 12, 40; 13, 1). ನೀಲಧ್ವಜಂ ತಾನೆ ತುಱುಗಿದ್ದ ಸಕಲಬಲಸಹಿತ ನೂಕಿದಂ ಫಲ್ಗುಣನ ಪಡೆಯ ಮೇಲೆ (J. 8, 36). **4,** to fare, to happen well or ill, to be accomplished. ಎಮ್ಮನಿಬರನು ದೇಶಾನ್ತರಕೆ ನೇಮಿಸು, ಜೀಯ! ನೂಕದು ಭೀಮನೊಡನೆ (Bh. 1, 8, 57). ಅನಿಬರಿಂ ನೂಕದೊಡೆ (J. 2, 29). — ನೂಕಾಡು. -ಆಡು. To shove mutually, to dash against one another. ಆಡುವಾಗ ಒಬ್ಬರಿಗೊಬ್ಬರು ನೂಕಾಡುವದುಣ್ಟು (B. 3, 82). — ನೂಕು ನೂಕು. rep. (J. 4, 21).

ನೂಕು nûku. 2. = ನೂಂಕು 2. Shoving, etc.; a push, a shove. ಒನ್ದು ನೂಕನ್ನು ನೂಕು (My.). ಒನ್ದೇ ನೂಕಿಗೆ ಹೋಗಿ ಹಳ್ಳದಲ್ಲಿ ಬಿದ್ದ (My.). — ನೂಕು ನುಗ್ಗು. dupl. Shoving and crushing. ನೂಕು ನುಗ್ಗಿನಲ್ಲಿ ಮಾತನಾಡ ಬಾರದು, ನಾಚಿಸುವವರ ಮುನೇ ದಾಗಲು ತುಱಿಯ ಬಾರದು (Prv.).

ನೂಕು nûku. 3. = ನೂಗು 2, etc. (My.).

ನೂಕುವಿಕೆ nûkuvikĕ. Shoving, etc. (ಕ್ಷಿಪೆ, ಕ್ಷೇಪಣ Si. 390).

ನೂಗಿಸು nûgisu. = ನೂಕಿಸು. ಆ ಮುವ್ವರು ಒನ್ದು ದೋಣಿಯನ್ನು ನೀರೊಳಗೆ ನೂಗಿಸಿ (B. 5, 156).

ನೂಗು nûgu. 1. = ನೂಕು 1. See ನೂಗಿಸು.

ನೂಗು nûgu. 2. = ನುಗ್ಗು 3, etc. Fragments, grit, etc. (My.).

ನೂಂಕದು nûṅkadu. = ನೂಕದು. An adverb with final ಅದು (Šmd. 389).

ನೂಂಕಿಸು nûṅkisu. = ನೂಕಿಸು. ಜನಬಸದಿಗಳ ಮೇಲಳವ ಡಿಪ ಶಿಬಿರಂಗಳಂ ಭೂತಲಕಿಱಿಯ ನೂಂಕಿಸುತವೆಲ್ಲಂ ನುಚ್ಚುನುಱಿ ಮಾಡಿ (Bp. 51, 72).

ನೂಂಕು nûṅku. 1. = ನೂಕು 1. (ಪ್ರೇರಣ Šmd. Dh.; ಕ್ಷೇಪಣ, ಕ್ಷೇವಣ 346; ಪಳುಂಕು Šmd. II, Kk. 92). See Šmd. 130. 168; Čpr. 5, 36; Abh. P. 13, 73. 74; Grj. 4, 104; Bp. 18, 32. 34; 21, 30; 43, 29; 48, 29; 59, 52; Č. Bp. 31, 32; Rŝv. 6, after 11; 13, after 77; 13, 84. 86.

ನೂಂಕು nûṅku. 2. = ನೂಕು 2. — ನೂಂಕುದಱಿ. -ತಱಿ. A clog or cudgel for repelling (Čpr. 5, 104).

ನೂಂಕುಹ nûṅkuha. Pushing away, removing, etc. ನೂಂಕುಹಂ (ಅಧಿಹಾರ Nn. 151).

ನೂತ nûta. = ನುತ. Praised. See ವಿ-.

ನೂತನ nûtana. *New, novel, recent, modern: fresh, young:* curious, strange; novelty, etc. (ಪೊಸತು Ŏt. II, 41). ನೂತನವಾದದಕ್ಕೆ ಸೋತವನು ನಾತದ ವಸ್ತುವಿಗೆ ಸೋತಾನೇ? (Prv.). — ನೂತನಮ್ಬಡೆ. -ಂ-ಪಡೆ. To manifest novel ways (Grj. 2, after 106).

ನೂತನಗಾಱ nûtana-gâṟa. A schemer (My.).

ನೂತನಮಾರ್ಗ nûtana-mârga. A novel way (Kâvy. III, 3, B, 172).

ನೂತನಾಮ್ಬರ nûtana-ambara. New cloth (ದಶೆ, ಹೊಸ ವಸ್ತ್ರ Nn. 27).

ನೂತಿ nûti. Tbh. of ಊತಿ or ಊತೆ. A venereal, cancerous disease (My.). See ಕಣ್ಣು-, ಕೆಯ್-. — ನೂತಿಗಣ್ಣು. -ಕಣ್ಣು. Nûti about and in the eye (My.).

ನೂತು nûtu. = ನೂಲ್ತು. P. p. of ನೂಲು 1.

ನೂತ್ನ nûtna. = ನೂತನ. *New, etc.*

ನೂದ nûda. *The mulberry tree, Morus indica.*

ನೂನ nûna. Tbh. of ನ್ಯೂನ (Šmd. 368).

ನೂನಂ nûnam. *Probably, perhaps.* 2, *surely, indeed.*

ನೂನವಕ್ಷ nûna-vaksha. The son of a step-mother (Bh. 2, 2, 72).

ನೂನಾಟ nûnâṭa. (ಸರುಂಕೆಳೆ Ks.).

ನೂಪುರ nûpura. = ನೇವುರ. *An anklet* (ತುಲಾಕೋಟಿ, ಎಸುವ ಗೆಜ್ಜೆ Mr. 344; ಕಟಿಲ್, ನೇವುರ Ks.; ಅನ್ದುಗೆ Šm. 72).

ನೂಱು nûṟu. 1. = ನೂರ್ (Šmd. 226). A hundred (ಶತ Nn. 129; Čpr. 6, 37; C.; Tĕ., T., M.; ಹತ್ತು ಹತ್ತುಗಳು Si. 327; Tu. ನೂದು). ನೂಱಱ (Šmd. 196). ನೂಱರ್ಕೆ (226). ನೂಱಱಲ್ಲಿ (Nn. 129; My.). ನೂಱನ್ನು, (ನೂಱ, ನೂಱಾ), ನೂಱಿಕ್ಕೆ, ನೂಱ'ಗೆ, ನೂಱಿಲ್ಲಿ, ನೂಱ'ನ, ನೂಱ'ನ್ದ, ನೂಱಱ'ನ್ದ (My.). ನೂಱುಗಳ್ (Šmd. 170). ನೂಱು ಸರದ ಮುತ್ತು (ದೇವಚ್ಛನ್ದ Hlâ.). ನೂಱು ಯೋಜನವನುಳ್ಳ ಮೀನು (ತಿಮಿ); ನೂಱು ಮಾರಳತೆಯ ಬಟ್ಟೆ (ಘಣ್ಟಾಪಥ); ವಸಿಷ್ಠಪುತ್ರ ಕೊರಳಲ್ಲಿ ಕಲ್ಲ ಕಟ್ಟಿ ಕೊಣ್ಡು ಬಿದ್ದರೆ ನೂಱು ತೆಱನಾದ ನದಿ (ಶತದ್ರು Nr.). ನೂಱು ಆರು ಇದ್ದರೂ ಕೇರಿ ಬೇಕು. — ನೂಱು (ತೊನ್ದರೆ) ಹಾಱಿ ಹೋಯಿತು, ಎರಡು ಬೆನ್ನಟ್ಟಿತು. — ನೂಱ'ಗೆ ನೂಱಾದರೂ ಕೆಟ್ಟವನ್ನ ನಮ್ಬ ಬಾರದು (Prvs.). — ನೂಱಿಂ ಪದಿನಾಱು. 116 (Čh. v. 334). — ನೂಱ ನಾಲ್ವತ್ತು ನಾಲುಕು. 144 (Čh. v. 338). — ನೂಱನೆಯ. -ಅನೆಯ. Hundredth. ನೂಱನೆಯಂ (Šmd. 243). ನೂಱನೆಯದು (My.). — ನೂಱಯ್ವತ್ತಲು. -ಅಯ್ವತ್ತಲು. Fifty times hundred (My.). — ನೂಱಯ್ವತ್ತು. -ಅಯ್ವತ್ತು. 150 (My.). — ನೂಱರ್. = ನೂರ್ವರ್. (Bh. 1, 8, 3). — ನೂಱಾ ಅಯ್ವತ್ತು. 150 (My.; B. 4, 208). — ನೂಱಾ ಅಯ್ವರು. 105 persons. ತಮ್ಮ ಕಲಹಕ್ಕೆ ತಾವು ಅಯ್ವರು, ಪರರ ಕಲಹಕ್ಕೆ ನೂಱಾ ಅಯ್ವರು (Prv.). — ನೂಱಾ ಇಪ್ಪತ್ತಯ್ದು. 125 (My.; B. 4, 208). — ನೂಱಾ ನಾಲ್ಕು. 104 (My.; B. 5, 51). — ನೂಱಾನುಂ. -ಆನುಂ. (Šmd. 391). Though it be a hundred, even also a hundred. — ನೂಱಾರು. -ಆರು. Fully a hundred, at least a hundred (My.; B. 3, 29. 50; 5, 50. 122). — ನೂಱಾಳು. -ಆಳು. A hundred persons (J. 20, 44). — ನೂಱು ನೂಱು. rep. (J. 21, 19). 2, 10,000 (My.). — ನೂಱು ಪಟ್ಟು. A hundred fold (B. 5, 106). — ನೂಱುಪತ್ತು. = ನೂಱ ಱ ಪತ್ತು (Šmd. 196. 201). 110, or 1000. — ನೂಱುಮಡಿ. = ನೂರ್ಮಡಿ. (Bp. 4, 30). — ನೂಱು ಯಜನದ ಜಾಣ. Indra (Râm. 2, 1, 6). — ನೂಱುಸರಮುತ್ತು. (ದೇವಚ್ಛಂದ Mr. 338). — ನೂಱು ಹತ್ತುಗಳು. 1000 (ಸಾವಿರ Si. 327). — ನೂಱೆಣ್ಟು. -ಎಣ್ಟು. 108 (Sl. 407; My.). — ನೂಱೆರಡು. -ಎರಡು. 102 (Ĉh. v. 330. 333). — ನೂಱೆಲೆ. -ಎಲೆ. The hundred-leaved: a lotus (cf. ಶತಪತ್ರ). ನೂಱೆಲೆಗೆಳೆಯ, the sun (J. 3, 41). ನೂಱೆಲೆವಗೆಯ, -ವಗೆಯ, the moon (G.). — ನೂಱೊನ್ದು. 101. ನೂಱೊನ್ದು ಕು ಲದವರ್ (Č. Bp. 47, 43). ನೂಱೊನ್ದು ತಾಳಂ, ನೂಱೊನ್ದು ರಾಗಂ ಗಳ್ (Mr. 78).

ನೂಱು nûṟu. 2. = ನುಱ್ 2, etc. See ನುಚ್ಚು-.

ನೂರ್ nûṟ. = ನೂಱು 1, q. v. (Kâvy. I, 3, 80-83). — ನೂ ರ್ಗಣ್ಡುಗ. A hundred kaṇḍugas (Bp. 10, 5). — ನೂರ್ಛಾಸಿ ರ. -ಸಾಸಿರ. 100,000 (Šmd. 22. 83. 227). — ನೂರ್ಬಸದಿ. See ಏಱು-. — ನೂರ್ಮಡಿ. (Šmd. 227). A hundred fold (Abh. P. 3, 108; Bp. 5, 60; 45, 3). — ನೂರ್ಮಾತು. (Šmd. 227). A hundred words. — ನೂರ್ಲಿಂಗ. See ಸಾವಿರದೇಱು-. — ನೂರ್ವಸ್ತ್ರ. See ಏಱ್-. — ನೂರ್ವರ್. (Šmd. 122). A hundred persons (Bh. 1, 8, 60).

ನೂಲ್ nûl. 1. = (ನುಲಿ 1), ನೂಲು 1. To make thread, to spin (ತನ್ತುಕರಣ Šmd. Dh.; T. ನೂಟ್, ನೂಲ್; M. ನೂ ಳ್, ನೂಲ್ಬು). ನೂಲ್ತು (Šmd. 287 Cm.).

ನೂಲ್ nûl. 2. (Šmd. 58). = (ನುಲಿ 2), ನೂಲು 2. Yarn, thread (of cotton, ತನ್ತುಮಾತ್ರ Šmd. Dh.; ಗುಣ Čt. I, 21; ಸೂತ್ರ, ತನ್ತು Nr.; Si. 343; ತನ್ತ್ರ, ತನ್ತು Nn. 75; ಗುಣ, ತನ್ತು 78; ಗುಣ Mr. 501; T., M.). ನೂಲಂ (Šmd. 84). ನೂಲ ಪಿಂಜ (ಕಳ್ Šm. 112). ನೂಲ ಕಂಕಣ (ಕಂಕಣ, ಹಸ್ತಸೂತ್ರ, ಪ್ರತಿ ಸರ Hlâ.). ಊತ ಸ್ಯೂತ ಇವು ನೂಲ ನೆಯ್ಗೆಯಲ್ಲಿಯೂ ಹೊಲಿಗೆಯ ಲ್ಲಿಯೂ ವರ್ತಿಸುಗು; ದೊಡ್ಡ ನೂಲ ಸೀರೆ (ಸ್ಥೂಲಶಾಟಕ); ಕಾರ್ಪಾಸ ವಾದರ ಎಮ್ಬ ಎ ಫಲದಿನ್ದ ಆದ ನೂಲ ಸೀರೆ (ಫಾಲ Nr.). ತಾವರೆನೂ ಲ ನಾರಿ (Šmd. 66. 133). ತಾವರೆಯ ನೂಲಿಂ ಕೀಲಿಸಿದ ಎಳೆವಾಱ ಯ ಸುೞಿಯೆಲೆಯ ತಳತಳಿಪ ಮೇಲ್ಗಟ್ಟು (Ĉpr. 7, after 92). ನೂ ಲೆಱ (ಎಱ Šmd. I). See Bp. 18, 38; J. 31, 16; ಉಡಿ-. — ನೂಲ ತೊಂಗಲೆ. (ಕಟಿಸೂತ್ರ Šs.).

ನೂಲಿಗ nûliga. (That is thread-like). — ನೂಲಿಗನ ಹಾವು. The common, not venomous green tree-snake, the green whip-snake, the eye-snake, Passerita mycterizans (Bḍ.). 2, a kind of green, venomous coluber, Trimeresurus erythrurus (Bḍ.); — the green tree viper, Trimeresurus viridis (Bḍ.). See ಹಸರು-.

ನೂಲಿಗು nûligu. — ನೂಲಿಗಿನ ಹಾವು. = ನೂಲಿಗನ-. (Bḍ.).

ನೂಲಿಗೆ nûligĕ. Spinning. — ನೂಲಿಗೆನ ಪಲ್ಲ. = ನವಿಲು ಮೆಟ್ಟಿನ ಪಲ್ಲ (Z.). — ನೂಲಿಗೆನ ಹುಲ್ಲು. A common grass, Apluda aristata L. (Z.).

ನೂಲಿಸು nûlisu. To cause to spin (My.).

ನೂಲು nûlu. 1. = ನೂಲ್ 1. (C.; Tĕ.). P. p. ನೂತು (C.). ನೂತ ನೂಲ ಎೞೆ (ತನ್ತು Mr. 530). ನೂತದ್ದೆಲ್ಲ ಹಂಜಿ, ಕಲಿತದ್ದೆ ಲ್ಲ ಗಂಜಿ. — ನೂಲೋ ಹೆಣ್ಣತಿಯ ಬಿಟ್ಟು, ಹೇಲೋ ಮೂದೇಯ ತನ್ದ (Prv.). ಅರಳೆಯ ನೂತು (B. 4, 28). ಹತ್ತೀ ಅರಿದು, ನೂತು, ಪಟ್ಟೆಗಳನ್ನು ಮಾಡಿದರು (4, 178). ನೂಲುವ ನೇಯುವ ಯನ್ತ್ರಗಳು (4, 103).

ನೂಲು nûlu. 2. = ನೂಲ್ 2. (ಸೂತ್ರ G.). ನೂಲು ಮೊದಲಾದ ವಱ ಕಟುಕು (ವಕ್ಷ್ಮನ್ Nr.). ನಾರು ನೂಲು ಕ್ರಿಮಿಜ ರೋಮಂಗ ಳಿನ್ದ ನೆಯಿದ ಆ ಸೀರೆ ನಾಲ್ಕು ತೆಱನಕ್ಕು (Mr. 341). ನೂಲಿಗೆ (Bp. 23, 36). ನೂಲಿನ (Si. 96). ಸಾಧಾಜೋಡುಗಳು ಬಟೇ ನೂಲಿನವು (B. 3, 102). ನೂಲಿನ (or ನೂಲಿಗೆ) ತಕ್ಕ ಶೀಲೆ, ಸಾಲಿನ (or ಸಾಲಿ ಗೆ) ತಕ್ಕ ಎಡೆ. — ನೂಲು ಹಿಡಿದು ಜೋಲುವವನ ಕಾಲು ಹಿಡಿದು ನೇತಾ ಡಿದ (Prvs.). — ನೂಲ ಹಬ್ಬ. A feast in the śrâvaṇa month at which wrestlers make a heap of red earth (like a hutta) in the garuḍi, worship it, and tie a thread round the wrist of their right hand (My.). 2, a feast on the eighth day of the śuklapaksha of the śrâvaṇa month when a figure of Durgâ is made of thread by wives over a small metal pot and worshipped, and the thread is tied to the wrist of their right hand (Bp. 42, 11). — ನೂಲುಕಣ್ಟಿಕೆ. = ನೂಲುಕಣ್ಡಿಕೆ. (My.). — ನೂಲುಕ ಣ್ಡಿಕೆ. An (oblong) ball of thread (Si. 343; My.). — ನೂಲು ಕಣ್ಡು. = ನೂಲುಕಣ್ಡಿಕೆ. (My.). — ನೂಲುಬಟ್ಟೆ. Cotton cloth (My.; Si. 221; B. 4, 163). — ನೂಲುಹುಣ್ಣಿಮೆ. The day of full moon in the śrâvaṇa month on which all who wear the janivâra use to renew it (My.). — ನೂಲೇಣಿ. -ಏಣಿ. A ladder made of cotton cords for scaling a fort (My.).

ನೂಳ್ nûḷ. = ನುಸುಳ್ 2, No. 3. Falsehood, a lie (ಕಟ್ಟುಕ, ತೊದಲ್, ಹುಸಿ, ಅನೃತ Kk. 60; ತೊದಲ್, ಹುಸಿ Šm. 46). — ನೂಳ. -ಅ 3. A liar (ಹುಸಿಗ Čt. I, 58).

ನೂಳದು nûḷadu. (Šmd. 389). Much, exceedingly, etc. (ಅಧಿಕ 391; ಪಿರಿದು II; ಪಿರಿದು Kk. 84; ಅತಿಶಯ Šs.; ಅ ಗುಣ್ದಲೆ, ಕರಂ, ನೆಱ, ಅಯ್ದೆ. etc., ಪಿರಿದು Kk. 49; ಕರಂ, etc., ಅಧಿಕ Šm. 58; T. ನೂಂಗು, greatness; abundance; ನೂಱಲ್, a heap).

ನೃ nṛi. *A man.*

ನೃತ್ತ nṛitta. = ನೃತ್ಯ. (Si. 62).

ನೃತ್ಯ nṛitya. *Dancing, acting, pantomime* (ಕುಣಿವುದು Nn. 129).

ನೃತ್ಯಸ್ಥಾನ nṛitya-sthâna. *A place for dancing.*

ನೃತ್ಯೇಕ್ಷಣ nṛitya-îkshaṇa. *Viewing an exhibition of dancing.*

ನೃಪ nṛi-pa. A protector of men: *a king, a prince.*

ನೃಪಕುವರ nṛipa-kuvara. A king's son (Mr. 263).

ನೃಪಕೂಟ nṛipa-kûṭa. A royal city (ಸನ್ಧಿ, ಅರಸುಗಳ ಸ್ಥಾನ Nn. 164).

ನೃಪಖಗ nṛipa-khaga. A kind of bird (ಮಯ Mr. 174).

ನೃಪತಿ nṛi-pati. = ನೃಪ. *A king.*

ನೃಪತಿಲಕ nṛipa-tilaka. A distinguished king (Ĉpr. 2, 10; 5, 2).

ನೃಪತುಂಗ nṛipa-tuṅga. The most prominent one or chief of kings (Šmd. 171).

ನೃಪಭಾಗ nṛipa-bhâga. The king's portion: tax, revenue (ಕರ Mr. 507).

ನೃಪಲಕ್ಷ್ಮ nṛipa-lakshma. *A mark or symbol of a king, especially the white parasol with a golden staff.*

ನೃಪವಿದ್ಯೆ nṛipa-vidyĕ. State policy, political wisdom (Kâvy. II, 2, B, 24).

ನೃಪಸಭ nṛipa-sabha. *An assembly of princes.* 2, *a king's palace.*

ನೃಪಾಲ nṛi-pâla. = ನೃಪ. (Bp. 21, 46; 55, 24).

ನೃಪಾಲಕ nṛi-pâlaka. = ನೃಪಾಲ. (Bh. 1, 19, 19).

ನೃಪಾಸನ nṛipa-âsana. *A throne.*

ನೃಪೇನ್ದ್ರ nṛipa-indra. An excellent king (My.).

ನೃವಾಹ nṛi-vâha. Kubêra (Mr. 54).

ನೃಶಂಸ nṛi-šaṁsa. Hurting men: *malicious, cruel, mischievous, wicked* (ಕ್ರೂರಕರ್ಮ, ಬಿಱುಸಿನವಂ Mr. 285).

ನೃಸಿಂಹ nṛi-siṁha. = ನರಸಿಂಹ. (J. 11, 36); N. (My.).

ನೃಸೇನ nṛi-sêna. *An army of men.*

ನೃಹರಿ nṛi-hari. Man-lion: Vishṇu in his fourth avatâra (Mr. 19).

ನೆಕ್ಕರೆ nĕkkarĕ. = ದೊಡ್ಡ ನೆಕ್ಕರೆ. (Tu.).

ನೆಕ್ಕಿ nĕkki. = ಲಕ್ಕಿ, etc. (My.). See ಕರಿ-, ಬಿಳೀ-.

ನೆಕ್ಕಿಸು nĕkkisu. To cause to lick (My.).

ನೆಕ್ಕು nĕkku. 1. = ನಕ್ಕು 1. To lick (My.). ನೆಕ್ಕೋ ನಾಯಿಗೆ ಲಿಂಗವೇನು? ಪೀಠವೇನು?—ನಕ್ಕರೂ ನೆಕ್ಕೋದು ಬಿಡದು.—ಕತ್ತೀ ಬಾಯಲ್ಲಿದ್ದ ತುಪ್ಪ ನೆಕ್ಕಿ, ನಾಲಿಗೆ ಸೀಳಿ ಕೊಣ್ಡ (Prvs.). See B. 3, 31. 94; Bp. 32, 28; 60, 34; Ššv. 2, 31.

ನೆಕ್ಕು nĕkku. 2. = ನಗ್ಗು 1, ನೆಗ್ಗು 1, ನೆಱ್ಗು. To be depressed, to sink, (to disappear, to vanish, ಅನ್ತರ್ಲೀನ Šmd. Dh.; *cf.* the Tĕ. s. ನಕ್ಕು 3).

ನೆಗ nĕga. = ನೆಗದು, ನೆಗೆ 3, ನೆಗೆದು. P. p. of ನೆಗೆ 2 No. 2, in ನೆಗ ನೆಗೆದು (Bp. 47, 41), ನೆಗ ನೆಗದು (My.).

ನೆಗಚು nĕgaču. = ನೆಗಸು, ನೆಗಿಸು. To cause to jump or jump away. ನೆಗಚಿ ಹೋದದ್ದು ಮಗಚಿ ಬನ್ದೀತೇ? (Prv.).

ನೆಗಡಿ nĕgaḍi. = ನಗಡಿ, ನಿಗಡಿ. A cold, a catarrh (ಕಫ, ಶ್ಲೇಷ್ಮ, ಪ್ರತಿಶ್ಯಾಯ, ಪೀನಸ Hlâ.; ಪ್ರತಿಶ್ಯಾಯ, ಪೀನಸ Nr.; My.; ಪ್ರತಿಶ್ಯಾಯ G.). ನೆಗಡಿಯಾದರೆ ಲವಂಗದ ಕಷಾಯ ಕುಡಿಯುವರು (B. 3, 13). ನೆಗಡಿಯವ ಸೀನುವಾಗ್ಯೆ, ದಗಡೀ ಮಗ! ಎನ್ದರೆ, ನಿತ್ತಾನೇ?—ನೆಗಡಿಯನ್ಥ ಬಡ್ಡು ಇಲ್ಲ, ಬುಗುಡಿಯನ್ಥ ಒಡವೆ ಇಲ್ಲ (Prvs.).

ನೆಗತ nĕgata. = ನೆಗೆತ. The act of leaping or having leaped (My.).

ನೆಗದು nĕgadu. = ನೆಗೆದು. P. p. of ನೆಗೆ 2 No. 2.

ನೆಗಪು nĕgapu. = ನೆಗವು, ನೆಗಹು 1, ನೆಗೆಪು. To raise, to lift up; to hold uplifted or elevated. (T. ನೆಕ್ಕು, ನೆಮ್ಬು; Te. ನಿಗುಡಿಂಚು). ಬನ್ದ ಬಸನ್ತಂಗನ್ದು ಅರವಿನ್ದಿನಿ, ಸೇಸಿಕ್ಕಲೆನ್ದು, ನೆಗಪಿದ ಹಸ್ತಕ್ಕೆಂ ದೊರೆವನ್ದವೊ ಜಲಲವದಿನ್ದೆಸೆವ ಉನ್ನಾಲವಿಕಚಕೋಕನದಂಗಳ್ (Čpr. 7, 59). ನೆಗಪಿದ ಕಹಳೆಯ ಆಕಾರದ ಹಾಗೆ (Šmd. 7 Cm.). ನೆಗಪಿದದು (ಊರ್ಧ್ವನಿಕ್ಷಿಪ್ತ, ಉದಂಚಿತ Mr. 449). ನೃಪರಂ ನೆಗಪಿ ತಾಳ್ದುದಾನೆ (ಔಪವಾಹ್ಯ 156). ನೆಗಪಿ ನೆಟ್ಟ ಘನತ್ರಿಶೂಲಂ (Ršv. 6, after 11). See Čpr. 5, 51; 7, 60; 8, after 4; Grj. 5, 20; Bp. 2, 13; 4, 12; 54, 47; Č. Bp. 47, 46; Ršv. 6, after 11; 10, after 31; J. 5, 8. 60; Ššv. 2, 42. 56.

ನೆಗವು nĕgavu. = ನೆಗಪು, etc. (G. 549).

ನೆಗಸು nĕgasu. = ನೆಗಚು, etc. To cause to jump or jump over (My.).

ನೆಗಹು nĕgahu. 1. = ನೆಗಪು, etc. ನೆಗಹಿ ಬಾಱಿಸುಹ (ಊರ್ಧ್ವಗ); ನೆಗಹುವುದು (ಉನ್ನಾಯ, ಉನ್ನಯ, ಸಮುದ್ಧರಣ); ನೆಗಹಲ್ ಪಟ್ಟುದು (ಉದ್ಗೂರ್ಣ, ಉದ್ಯತ); ಬಲದ ಕೆಯ್ಯ ನೆಗಹಿ ಇಕ್ಕಲು ಪಟ್ಟನ್ತಹ ಯಜ್ಞಸೂತ್ರವು (ಉಪವೀತ); ಎಡದ ಕೆಯ್ಯ ನೆಗಹಲು ಪಟ್ಟ ಜನಿವಾರವು (ಪ್ರಾಚೀನಾವೀತ Nr.). See Bp. 10, 6; 19, 26; 64, 75; 61, 61; Bh. 8, 25, 8; 8, 26, 21; Râm. 5, 8, 57; 6, 9, 19; 6, 44, 51.

ನೆಗಹು nĕgahu. 2. Lifting up, etc. (Č. Bp. 19, 35; Bh. 2, 2, 104). ಕಡುಗದ ನೆಗಹಿನಲಿ, .. ಬಾಳ ನೆಗಹಿನಲಿ (Râm. 3, 6, 15). See ಕೆಯ್-.

ನೆಗೞ್ nĕgaḻ. 1. To undertake; to engage in; to prepare; to perform, to do, to make, to cause to act (ಉದ್ಯೋಗ Šmd. Dh.; Šm. 115; Tĕ. ನೆಗ್ಗಿಂಚು, ನೆಗ್ಗು; T. ನಿಗೞ್, to go, go on = ನಡೆ; Tĕ. ನಿಗ್ಗು, ನೆಗ್ಗು, to go on well, be effected). ನೆಗೞ್ದಿಂ, ನೆಗೞ್ಗೆ, ನೆಗೞ್ಗಿಂ (Šmd. 49. 55). ತಪದೊಳ್ ನೆಗೞ್ದಿಂ (163). ಪರಿಣಯಮಂ ನೆಗೞ್ದು (Bp. 32, 39). ದುರ್ಧರಗ್ರೀಷ್ಮರಾಜಂ ನೆಗೞ್ದ ಚತುರಂಗಂ (J. 15, 4). See Čpr. 2, 48; 3, 62; 6, 88; Ršv. 13, 4. 11. 12. 2, (= ನೆಗೞ್ 2?) to come; to be used (ಬರ್ Šmd. 294. 344 Cm.; ಪ್ರಾಪ್ತಿಸು 175 Cm.). ಎಯ್ಯ ಮುಳ್ಳಿನಲ್ಲಿ ತಲಲ, ತಲ ನೆಗೞ್ಗು; ಮನೆಯ ಮುನ್ನಣ ಇಕ್ಕೆಲದಲ್ಲಿ ಪ್ರಘಾಣ, ಅಲಿನ್ದ ನೆಗೞ್ಗಿಂ; ಕರೆದು ಬೆಸಸುವುದು ಆವುದಾನೊನ್ದು ಉಣ್ಟು, ಅದಱಲ್ಲಿ ಪ್ರತಿಶಾಸನಶಬ್ದಂ ನೆಗೞ್ಗು; ಮನಕ್ಕೆ ಬಾರದುದನ್ ಒಡಮ್ಬಡುವಲ್ಲಿ ಕಾಮಂ ಎಮ್ಬ ಅವ್ಯಯಂ ನೆಗೞ್ಗು (Nr.). See Šm. 10. 87; J. 5, 45; 28, 63.

ನೆಗೞ್ nĕgaḻ. 2. = ನೆಗೞು 1. To become manifest, notorious, well known, renowned or famous; to shine; to appear; to be finished (ಖ್ಯಾತ Šmd. Dh.; ಖ್ಯಾತಿ Šm. 115; ಪ್ರಸಿದ್ಧಿ Čt. II, 90; ಪ್ರಸಿದ್ಧಿವಡೆ Šmd. 39. 137. 194. 213. 260. 344 Cm.; Tĕ. ನೆಗಡು; T. ನಿಗೞ್, to shine; ನಿಗರ, light; ನೆಗಿಡಿ, ಞೆಗಿೞ್, fire; ನೆಗಿೞ್, to bloom; ನೆರುಪ್ಪು, fire; Tĕ. ನೆರೆ, to shine). P. ps. ನೆಗೞ್ದ (Šmd. 66), ನೆಗೞ್ತು (Čt. II, 90). See Šmd. 130. 133; Ch. v. 4; Čpr. 2, 1; Čpr. s. ಅರ್ಗಳದೇವ; Abh. P. 9, 60; Bp. 55, 25; Č. Bp. 5, 2; Ršv. 5, 40; 8, 116; 13, after 64; J. 4, 7.

ನೆಗೞ್ nĕgaḻ. 3. = ನೆಗೞು 2, ನೆಗೞ್. An alligator (ನಕ್ರ Šmd. Dh.; Šm. 115; ಅವಹಾರ, ಗ್ರಾಹ Hlâ.; Mr. 410; ಮಕರ Nr.). — ನೆಗೞ್ದೇರ. -ತೇರ. Varuṇa (Kk. 15; Šm. 13).

ನೆಗೞಿಸು nĕgaḻisu. = ನೆಗೞ್ಚು 2. (Bp. 36, 42).

ನೆಗೞು nĕgaḻu. 1. = ನೆಗೞ್ 2. P. p. ನೆಗೞ್. See Bp. 10, 14; 14, 34; 46, 27; 49, 42; Č. Bp. 47, 33.

ನೆಗೞು nĕgaḻu. 2. = ನೆಗೞ್ 3, etc. (ವೃಜಿನ, ನಕ್ರ Nn. 64; ಶಿಂಶುಮಾರ Si. 88; ನಕ್ರ, ಕುಮ್ಭೀರ, ಮೊಸಳೆ 89; My.; Tĕ. ನೆಗಡು). See Sp. s. ಮುಗುಳಿ.

ನೆಗೞೆ nĕgaḻĕ. = ನೆಗೞು 2, etc. (My.). ನೆಗೞೆ ಹಾಱಿದರೆ ಮುಗಿಲಿಗೆ ಮುಟ್ಟೀತೇ? (Prv.).

ನೆಗೞ್ಚು nĕgaḻču. 1. To cause to undertake or do; to cause one's self to undertake, to begin; to perform; to compose, to produce, to cause (ಉದ್ಯೋಗ Šmd. Dh.; Ršv. 8, after 5; J. 2, 23; 4, 17. 50; 5, 62. 67; J. 18, 41).

ನೆಗೞ್ಚು nĕgaḻču. 2. = ನೆಗೞಿಸು. To make well known, to praise;—to make one's self renowned; to cause one's self to appear, to shine (ವಿಖ್ಯಾತಿ Šmd. Dh.; Čpr. 8, after 63; Ršv. 2, 46).

ನೆಗೞ್ತೆ nĕgaḻ-tĕ. 1. (Šmd. 247). Action; work; practice; rites; conduct (ಆಚಾರಾಧಿಕ್ರಮ, ಕ್ರಿಯೆ Hlâ.; ಕ್ರಿಯೆ Mr. 458; ಚರಿತ್ರ Šmd. II; Čpr. 3, 54; 6, 88).

ನೆಗಳ್ತೆ nĕgaḻtĕ. 2. Fame, notoriety, accomplishment (ಪ್ರಸಿದ್ಧಿ Šmd. 56 Cm.; Šmd. I; ಪ್ರಸಿದ್ಧ Čt. I, 98). ನೆಗಳ್ತೆಯ ಸಮೃದ್ಧಮೋನ್ನತದ ಜನಪದಂ (Mr. 271). See Šmd. 51. 61. 121; Abh. P. 11, 78. — ನೆಗಳ್ತೆವಡೆ. -ಪಡೆ. To acquire fame, to become conspicuous, famous, etc. (Rśv. 6, after 11). — ನೆಗಳ್ತೆವೆಱ್. -ಪೆಱ್. = ನೆಗಳ್ತೆವಡೆ. (Abh. P. 2, 51; Šśv. 4, after 17).

ನೆಗಿಸು nĕgisu. = ನೆಗಸು, etc. (My.).

ನೆಗೆ nĕgĕ. 1. = ನೆಸೆ 1. To be purified, to become clear, to shine (ಉಜ್ವಲನ Šmd. Dh. in all MSS.; is ಉಜ್ವಲನ and ನೆಗೆ 2 meant?).

ನೆಗೆ nĕgĕ. 2. = ನೆಸೆ 2. To rise (also used of light), to ascend, to go upward (ಎಱ್ Šmd. I; Tĕ. ಎಗಿ, see s. ಎಕ್ಕಟಿಗ; M. ನಿಗ್). P. p. ನೆಗೆದು. ಉದ್ಧಂ ನೆಗೆದುದು (ಉದಂಚಿತ, ಊರ್ಧ್ವಕ್ಷಿಪ್ತ Hlâ.). See Šmd. 294; Čpr. 4, 31; 5, after 39 & 42 (twice); Abh. P. 8, 77; 9, 41. 73; 10, 20; Kâvy. 1, 3, 76; Grj. 4, after 104; Bp. 12, 48; 19, 26; 21, 21; 25, 51; 44, 30. 32. 51. 72; 46, 59; 56, 32; 57, 18. 48. 82; 58, 36. 59; Rśv. 5, 69; 6, 6; 8, 105; 9, 4; 11, 7; 13, 19; 13, after 77; 13, 80. 90; Râm. 6, 13, 6. 2, to jump up, to bound, to jump (ಮಿಳಿರ್ Čt. I, 36; ಬಿಂಕಿಸು I, 80; ಮಿಳ್ಳಿಸು Kk. 54; Abh. P. 11, after 143; My.; Tĕ. ಎಗೆ, ನೆಗೆ). P. ps. ನೆಗದು, ನೆಗೆದು. ನೆಗದ ನೀರು ಅಗದು ನೋಡ ಬೇಕೆನ್ನು ಬಗದ (Prv.). See Bp. 34, 28; 39, 62; 58, 61; 59, 22; Rśv. 5, 116. 117; Prv. s. ನೇಯಿಗೆ. 3, to raise, to lift up (Grj. 6, 9; 8, 24; Bp. 60, 9).

ನೆಗೆ nĕgĕ. 3. = ನೆಗ, in ನೆಗೆ ನೆಗೆದು (Bp. 60, 25; J. 8, 39). — ನೆಗೆ ತರ್. = ನೆಗೆದು ಕೊಣ್ಡು ಬರ್. To rise (Rśv. 6, 44).

ನೆಗೆ nĕgĕ. 4. Jumping, etc. — ನೆಗೆವಾವು. -ಪಾವು. A snake that jumps (Šśv. 1, after 79).

ನೆಗೆ nĕgĕ. 5. (= ನಸೆ 3). — ನೆಗೆಣ್ಣೆ. = ನಗೆವೆಣ್. (ಯಾತೃ, ಅಣ್ಣ ತಮ್ಮನ್ದಿರ ಹೆಣ್ಡರು G.). — ನೆಗೆಳ್ಳು. = ನಗೆಯೆಳ್ಳು. (My.). Cf. ಎಳ್ಳುಬೆಲ್ಲ.

ನೆಗೆತ nĕgĕta. = ನೆಗತ. (My.).

ನೆಗೆಪು nĕgĕpu. = ನೆಗಪು, etc. ನೆಗೆಪುವುದು (ಉಚ್ಛ್ವಾಸ Šm. 66; Kk. 74, o. r. ನೆಗಪುವುದು).

ನೆಗೆಯುವಿಕೆ nĕgĕyuvikĕ. Rising, etc. (ಪ್ರಡೀನ, ಹಾರಾಡುವಿಕೆ Si. 178).

ನೆಗೆಹ nĕgĕha. Raising, etc. (ಉನ್ನಾಯ, ಉನ್ನಯ Nr.).

ನೆಗ್ಗಲಿ nĕggali. = ನೆಗ್ಗಲು, etc. — ನೆಗ್ಗಲಿಮುಳ್ಳು. = ನೆಗ್ಗಿಲು-. (Z.).

ನೆಗ್ಗಲು nĕggalu. = ನೆಗ್ಗಿಲ್, etc. (My.). See ಆನೆ-.

ನೆಗ್ಗಿಲ್ nĕggil. -ಲು. = ನಗ್ಗಿಲು, ನೆಗ್ಗಲಿ, ನೆಗ್ಗಲು, ನೆಗ್ಗುಲು, ನೆರಿಂಗಿಲು. A prostrate herb, bearing spinous fruits, the small caltrops, Tribulus terrestris or lanuginosus Lin. (ಗೋಕ್ಷುರ, ಸ್ಥಲಶೃಂಗಾಟ, ಶ್ವದಂಷ್ಟ್ರ, ತ್ರಿಕಣ್ಟಕ Hlâ.; ಪಲಂಕಷ, ಇಕ್ಷುಗನ್ಧ, ಶ್ವದಂಷ್ಟ್ರ, ಸ್ವಾದುಕಣ್ಟಕ, ಗೋಕಣ್ಟಕ, ಗೋಕ್ಷುರಕ, ವನಶೃಂಗಾಟ Nr.; ತ್ರಿಕಣ್ಟಕ, ಗೋಕ್ಷುರ, ದಂಷ್ಟ್ರ Mr. 124; My.; T. ನೆರುಂಜಿ, ನೆರುಂಜಿಲ್; M. ಞೆರುಞ್ಞಿಲ್). See ಆನೆ-, ಕೆನ್-, ದೊಡ್ಡ-. — ನೆಗ್ಗಿಲುಮುಳ್ಳು. = ನೆಗ್ಗಿಲಿ-, ನೆಗ್ಗುಲು-. Tribulus lanuginosus (St. & Pl.; My.).

ನೆಗ್ಗು nĕggu. 1. = ನೆಕ್ಕು 2, etc. To be curved or bent inward, to sink in, to sink; to disappear; to get a bruise; to be bruised (My.; M. ಞೆಳುಙ್ಙು). ನೆಗ್ಗಿದುದು (ನ್ಯಂಚಿತ, ಅಧಃಕ್ಷಿಪ್ತ Hlâ.). ಕಚ್ಛಪಂ ನೆಗ್ಗಿದನು (Bp. 28, 55). ಪಾದಘಾತದೊಳ್ ಅಡಿಗಡಿಗೆ ನೆಗ್ಗಿದುದು ನೆಲಂ (Bh. 3, 13, 32). ಮನದ ಮುದವಕ್ಕಟಿನ ವಿಷಯದ ನೆನಹು ನೆಗ್ಗಿತು (Râm. 3, 4, 24). ರಥಂ ನೆಗ್ಗಿದುದು (J. 7, 46). See J. 8, 38; Bh. 3, 2, 2; 3, 24, 47.

ನೆಗ್ಗು nĕggu. 2. = ನಜುಗು, etc. To crush, to smash, to break, to destroy (My.; M. ಞೆಳುಕ್ಕು; T. ನೆರಿ, see s. ನಗ್ಗು 1; ನೆಗಿದ್, ನೆರು, to be ground small). ರಿಪುಸೈನ್ಯಕಾನನವನು ನೆಗ್ಗಿದರ್ (J. 8, 32). ನೆಗ್ಗಿದ್ದು ಬಗ್ಗೀತೇ? (Prv.).

ನೆಗ್ಗು nĕggu. 3. = ನಗ್ಗು 2. (My.).

ನೆಗ್ಗುಲು nĕggulu. = ನೆಗ್ಗಿಲ್, etc. (ಪಲಂಕಷ, etc. Si. 145; My.). — ನೆಗ್ಗುಲುಮುಳ್ಳು. = ನೆಗ್ಗುಲು. (ಪಲ್ಲೀಕುಗಿಡ, etc. Si. 145).

ನೆಗ್ರೋಧ nĕgrôdha. Tbh. of ನ್ಯಗ್ರೋಧ (Sś.).

ನೆಚ್ಚಿಕೆ nĕččikĕ. = ನಚ್ಚಿಕೆ, etc. (My.).

ನೆಚ್ಚಿಗೆ nĕččigĕ. = ನಚ್ಚಿಕೆ, etc. (My.).

ನೆಚ್ಚಿಸು nĕččisu. = ನಚ್ಚಿಸು. (My.).

ನೆಚ್ಚು nĕččn. 1. = ನಚ್ಚು 1. (J. 6, 31; My.). ನೆಚ್ಚಿದ ಎಮ್ಮೆ ಕೋಣನಾಯಿತು.— ನೆಚ್ಚಿದ ಕಾರ್ಯ ಪಚ್ಚಾದರೆ ಕಿಚ್ಚು ಯಾತಕೆ?— ನೆಚ್ಚಿದ ಸಿಪಾಯಿಗೆ ಬಚ್ಚಿದ ಕುದುರೆ (Prvs.). See Sp. s. ಯಾತ.

ನೆಚ್ಚು nĕččn. 2. = ನಚ್ಚು 2. (My.).

ನೆಟಿಕೆ nĕṭikĕ. = ನಟಿಕೆ, etc. (My.).

ನೆಟ್ಟಗೆ nĕṭṭagĕ. = ನೆಟ್ಟನೆ (Šmd. 389). Straightly, straight, erect; orderly, regularly; rightly, properly; nicely, neatly; plainly, clearly, distinctly (ಪರಿಸ್ಫುಟ Šmd. 398; ವ್ಯಕ್ತ Cm.; ವ್ಯಕ್ತಮಾಗಿ 265 Cm.; My.; see ನಿಟ್ಟು, ನಿಟ್ 1 & 2, ನೀಟು, ನೇಟು; Mhr. ನಿಟಸ, regular, neat; ನಿಟಾಈ, ನಿಟಾವಾ, straightness, neatness, rightness; ನೇಟಕ, neat, handsome, right, becoming). ನೆಟ್ಟಗೆ ಇರುವದು (ಋಜು, ಅಜಿಹ್ಮ Si. 372). ನೆಟ್ಟಗೆ ಹೋಗಿ, ಮುಟ್ಟಿ ಬನ್ದನ್ತೆ (Prv.). See Rśv. 18, 26; Si. 30. 230. 252. 306; B. 1, 8. 16; 2, 39; 3, 19. 30. 67. 79; 4, 37. 139; 5, 205. 238. — ನೆಟ್ಟಗಾಗು. -ಆಗು. To become straight, erect, etc. ಮೆಯ್ಯುದಲು ನೆಟ್ಟಗಾಗೋಣ (ಪುಳಕ, ರೋಮಾಂಚ G.).

ನೆಟ್ಟನ nĕṭṭu-ana2. = ನೆಟ್ಟನ್ನ (G. 550).

ನೆಟ್ಟನೆ nĕṭṭanĕ. = ನೆಟ್ಟಗೆ (Šmd. 389. 398; ವ್ಯಕ್ತಮಾಗಿ 104. 114. 243. 388 Cm.; ಅಮಲ, ವ್ಯಕ್ತಿ Čt. II, 87; My.; Tĕ.). Straightness, etc.; straightly, etc. ನೆಟ್ಟನೆ ಎಲ್ಲರುಂ ಪೋದರ್ (Šmd.). ನೆಟ್ಟನೆ ಮನಮುಬ್ಬುಗುವ ನುಡಿ (ಹೃದಯಂಗಮ Mr. 85). ನೆಟ್ಟನೇ ದಾರಿ (My.). See Čpr. 4, 14; 8, 67; Bp. 6, 7; 24, 82; 27, 11; 60, 29. 32; Rśv. 13, 82. 97; Kk. 61; J. 17, 11; 19, 18. — ನೆಟ್ಟನೇ ತೆಗೆ. To make straight (Bp. 38, 50).

ನೆಟ್ಟನ್ನ nĕṭṭu-anna1. Straight, regular, proper, etc. (ಋಜು, ನೆಟ್ಟಗೆ G.). ನೆಟ್ಟನ್ನ ದಾರಿ (My.). ನೆಟ್ಟನ್ನ ಗೆರೆ (B. 3, 97).

ನೆಟ್ಟಾನ nĕṭṭu-âna2. = ನೆಟ್ಟನ್ನ. ನೆಟ್ಟಾನ ಮಾತು (My.). ನೆಟ್ಟಾನ (straight and long) ಕಲ್ಲು ನಿಟ್ಟೋಟಾ ಓಡೀತೇ? (Prv.).

ನೆಟ್ಟಾನೆ nĕṭṭu-ânĕ4. = ನೆಟ್ಟನೆ. ನೆಟ್ಟಾನೇ ಊಟ, ನೆಟ್ಟಾನೇ ಹೆಣ್ಣು (My.).

ನೆಟ್ಟೆ nĕṭṭi. = ನಟ್ಟೆ 1. Niceness, beauty, charm (ಮನೋಹರ Ks.; *cf.* ನೀಟು).

ನೆಟ್ಟು nĕṭṭu. 1. (or ನೆಟ್ಟ್). = ನಟ್ಟು, or ನಿಟ್ಟು. — ನೆಟ್ಟಿಲುವು. = ನಟ್ಟಿಲ್ವು, ನಿಟ್ಟಿಲುವು. (Bp. 21, 28. 44; 29, 4; 54, 43; Tĕ. ನಿಟ್ಟಿಮ್ಮು, ನೆಟ್ಟಿಮ್ಮು).

ನೆಟ್ಟು nĕṭṭu. 2. = ನಟ್ಟು 2. P. p. of ನೆಡು.

ನೆಟ್ಟು nĕṭṭu. 3. = ನೆಡು. ದನಗಳು ಜಾರದನ್ತೆ ಸುತ್ತಲೂ ಗೂಟಗಳು ನೆಟ್ಟಲ್ ಪಟ್ಟಿ ಗುಡಿ (ಕುಕೂಲ Si. 457, *only* in Si.).

ನೆಟ್ಟು nĕṭṭu. 4. = ನೆಟಿಕೆ, etc. (My.).

ನೆಡಿಗೆ nĕḍigĕ. A post or pillar fixed in the ground (My.).

ನೆಡಿಸು nĕḍisu. = ನಡಿಸು 2. (J. 26, 50; My.). ಬಲಿದ ಶೂಲವನ್ ಒನ್ದನ್ ಆಗಳೆ ತರಿಸಿ, ನೆಡಿಸಿ (Bp. 39, 46). ತೊಡವನ್ ಆಂತೋರ್ಪೆನ್ ನಿಶಾಚರ ಪಡೆಯು ಭಾಗ್ಯದ ಫಾಲಲಿಪಿಯನು, ನೆಡಿಸುವೆನು ಸೈಶಾಟವಿಜಯಸ್ತಮ್ಭಡಮ್ಬರವ (Râm. 3, 6, 4).

ನೆಡು nĕḍu. = ನಡು 2, etc. To fix firmly, etc. (J. 4, 23. 44; 30, 30; My.). P. p. ನೆಟ್ಟು. ಬನ್ದು ಪಸಿ ಅಂಗಾಲ ನೆಟ್ಟೊಡೆ (Bp. 43, 34). ಎರಡು ಕಮ್ಬಂಗಳಂ ನೆಟ್ಟು (49, 44). ನೆಟ್ಟನಿಷ್ಠಾ ಶಿವಪಸಾದಮ್ ಅದೆಟ್ಟಿದನ್ನರಿಗೆ (58, 39). ನೆಗಪಿ ನೆಟ್ಟ ಘನತ್ರಿಶೂಲಂ (Rśv. 6, after 11). ಪೊಡವಿ ಕಡಿಯದೆ ಬೆಳೆಯ ನೆಡುವದೇನೊ? (Dp. 148). ಅವನ ಮಾತು ಕಿಸಬಿನಲ್ಲಿ ನೆಟ್ಟ ಕಮ್ಬ (Prv.).

ನೆಡೆ nĕḍĕ. To be fixed or planted. ಕಣ್ಡಿಯದ ಮೊಳೆ ನೆಡೆದ ಖಡ್ಗದ ಹಿಣ್ಣುಗಳ ತೋಱಿಸುವೆನ್; ಏಱ! (Bh. 3, 13, 18; ನೆಡೆದ may be a mistake for ನೆಟ್ಟ or ಪಡೆದ).

ನೆಣ nĕṇa. Fat, marrow, etc. (ವಶೆ, ಬಸೆ Śmd. 342; ವಪೆ, ಮೇದಸ್, ವಶೆ Hlâ.; ಮೇದಸ್, ಮೆದಡು Si. 204; ಮೇದ, ವಸೆ Mr. 398; Abh. P. 13, after 54; 14, 7; J. 12, 44. 45; 13, 18; 24, 34; My.; T. ನಿಣ; M. ನಿಣ, coagulated blood; blood; *cf.* ನೆಯ್ 2 & ನೆತ್ತರ್). ನೆಣನು (ಮೇದಸ್, etc. Nr.). ಮಾಂಸದಿನ್ದಾದ ನೆಣ (ಮೇದಸ್ G.).

ನೆಣ್ಟ nĕṇṭa. = ನಣ್ಟ. (J. 6, 53; My.). ನೆಣ್ಟರ ಗುಮ್ಪು (ಬನ್ಧುತೆ Si. 193). ಬಸವ, ಬಸವಾ! ಎನ್ದಡೆ. . . ಮಸದ ಹಗೆಗಳು ನೆಣ್ಟರಪ್ಪರು (Bp. 3, 25). ಕಣ್ಣು ಕರೆಯದ ನೆಣ್ಟ ಗಣ್ಡುಕತ್ತೆಯ ತಣ್ಟ (Dp. 54). ನೆಣ್ಟರು ದೂರವಿರ ಬೇಕು, ಬಾವಿ ಹತ್ತರವಿರ ಬೇಕು.— ಊರಿಗೆ ಬರುವನಕಾ ಒಟ್ಟು ನೆಣ್ಟ, ಊರಿಗೆ ಬನ್ದ ಮೇಲೆ ಎಲ್ಲರೂ ನೆಣ್ಟರು.— ನೆಣ್ಟರೆಲ್ಲ .ಖರೆ, ಕಣ್ಟಲೆಚೀಲಕ್ಕೆ ಕೆಯ್ ಹಾಕ ಬೇಡಿ!— ನೆಣ್ಟರ ಮನೆಗೆ ನಾಯಿ ಹೊಕ್ಕರೆ ಎಣ್ಟು ಊರಿಗೆ (or ಮನೆಗೆ) ಬೆರಕೆ.— ನೆಣ್ಟರೊಳಗಣ ಸಾಲ ಮೆಟ್ಟಿನೊಳಗಣ ಕಲ್ಲು.— ನೆಣ್ಟ ನೆಣ್ಟಗೆ ಮಾರಿ, ಕುಣ್ಟೆತ್ತು ಹೊಕ್ಕಲಕ್ಕೆ (or ಹೊಲಕ್ಕೆ) ಮಾರಿ (Prvs.). ನೆಣ್ಟ ಪುರನ್ದರವಿಠಲನು, ಪ್ರಾಣಿ! (Dp. 38, 3). See Prvs. s. ಬಾಡಿಗೇ ಮನೆ and ತಣ್ಟ. Feminine ನೆಣ್ಟಳು (My.). — ನೆಣ್ಟರಿಪ್ಪರು. -ಇಪ್ಪರು. Relations and other beloved ones (Dp. 38, 3; 40, 2).

ನೆಣ್ಟತನ nĕṇṭatana. = ನಣ್ಟತನ. (My.; ಬನ್ಧುತೆ Si. 193).

ನೆಣ್ಟಸ್ತನ nĕṇṭastana. = ನೆಣ್ಟತನ. (My.).

ನೆಣ್ಟಸ್ತಿಕೆ nĕṇṭastikĕ. = ನೆಣ್ಟಸ್ತನ. (My.).

ನೆಣ್ಟಿತಿ nĕṇṭiti. = ನಣ್ಟಿತಿ. (My.).

ನೆಣ್ಟು nĕṇṭu. = ನಣ್ಟು. (My.). ಒಕ್ಕಲಿಗನ ನೆಣ್ಟು ಒಡವೆಗೇಡು.— ಕನಸಿನ ನೆಣ್ಟು ಕನ್ನಡಿಯೊಳಗಣ ಗಣ್ಟು (Prvs.). See Prv. s. ಅಕ್ಕ 1.

ನೆಣ್ಪು nĕṇpu. = ನಣ್ಪು 1, q. v.

ನೆತ್ತ nĕtta. = ಲೆತ್ತ. Tbh. of ನೇತ್ರ (Śmd. 345). The eye; an eye. 2, that which has an eye, eyes or numbers: a die; a cowry used in gaming (My.). 3, gambling (Grj. 2, after 106; Bp. 43, 2. 3; 44, 61; Tĕ.). See J. 6, 39; Dp. 2, 3. — ನೆತ್ತದ ಸಾರಿ. A piece used at a kind of backgammon (or at chess, or at draughts, ಶಾರಿಕೆ Nr.); a die (ಅಕ್ಷ Nr.). — ನೆತ್ತದ ಹಲಿಗೆ. = ನೆತ್ತವಲಗೆ. (Bp. 4, 29). — ನೆತ್ತದ ಹಾಸಂಗಿ. A die (ಆಕರ್ಷ Nn. 134). — ನೆತ್ತದಾಟ. -ಆಟ. Playing at backgammon, etc. (Bp. 43, 12). — ನೆತ್ತವಲಗೆ. -ಪಲಗೆ. A checkered board (or cloth) used in playing with dice (or at chess, or draughts, ಅಷ್ಟಾಪದ, ಶಾರಿಫಲ Nr.; ಆಕರ್ಷ Nr., Mr. 492; Bp. 43, 11; Râm. 5, 8, 72). — ನೆತ್ತವಾಡು. -ಆಡು. To play at backgammon, etc. (Bp. 43, 8. 13; 44, 60; Bh. 2, 13, 34). ನೆತ್ತವಾಡುವ ಹಲಿಗೆ (ಅಷ್ಟಾಪದ, ಶಾರಿಫಲ, ಲೆತ್ತಸಾಲೆ Si. 349). — ನೆತ್ತಸಾರಿ. = ನೆತ್ತದ ಸಾರಿ, ಲೆತ್ತಸಾಲೆ. (Bh. 2, 13, 45).

ನೆತ್ತರ್ nĕttar. = ನೆತ್ತರ, ನೆತ್ತರು, ನೆತ್ರ್. Blood (ಕ್ಷತಜ, ಲೋಹಿತ, ಅಸ್ರ, ರುಧಿರ, ಅಸೃಕ್, ಶೋಣಿತ, ರಕ್ತ Hlâ., Mr. 394, Nr.; ಕೆನ್ನೀರ್, ರಗುತ, ಶೋಣಿತ Śm. 44; ಕೀಲಾಲ, ರಕ್ತ Nn. 54; ರಕ್ತ 126; Tĕ. ನೆತ್ತುರು; T. ನೆಯ್; see ನೆಣ). ಸೂಸಿದ ನೆತ್ತರ್ (Čpr. 8, 27). ನೆತ್ತರ ಪೆರ್ಮುಗಿಲ್ (Abh. P. 9, 66). ನೆತ್ತರ ತೊಱೆ (13, after 54; 13, 66). ನೆತ್ತರ ಪೆರ್ವೊನಲ್ Rśv. 5, after 25). See Bp. 15, 19; 27, 4; 32, 20; 38, 10; Śśv. 4, 88; J. 4, 32; 12, 44; 21, 49; 22, 23; 23, 40; 25, 35. 40; 28, 35. 44. 55; 30, 15; 34, 16; ಬಿಸು-.

ನೆತ್ತರ nĕttara. = ನೆತ್ತರ್, etc. (B. 2, 26. 47).

ನೆತ್ತರು nĕttaru. = ನೆತ್ತರ್, etc. (My.). ಗಲ್ಲಿಗಟ್ಟದ ನೆತ್ತರು (ಉಲ್ಬ, ಕಲಲ Hlâ.). ನೆತ್ತರಾ ನೋಡಿದರೆ ಗೋತ್ರಾ ತಿಳಿದೀತೇ? (Prv.). See Bp. 22, 10; 38, 28; 46, 58. — ನೆತ್ತರುಕುರು. An abscess or boil, which when opened discharges only blood (My.). ನೆತ್ತರುಕುರುವಿನ ನೋವು ಸಲ್ಲ, ಮನ್ತ್ರಾ ಮಾಡುವವರ ಸೋಗು ಸಲ್ಲ (Prv.). — ನೆತ್ತರುಮಾನ್ಯ. = ರಕ್ತಕೊಡಿಗೆ. (My.).

ನೆತ್ತಿ nĕtti. The forehead (My.; T., M. ನೆಱ್ಱಿ); the head (ಉತ್ತಮಾಂಗ, ಮಸ್ತಕ, etc. Mr. 315; ತಲೆ, ಮಣ್ಡೆ Śm. 71; Tĕ.); the crown of the head (Bp. 38, 35; My.; M. ನೆಟ್ಟಾನಿ, ನಿಱುಗೆ, ನೆಱುಗೆ). ಹತ್ತು ಸಾವಿರ ಕಣ್ಣು ನೆತ್ತಿಲಿಯಾದರು ಜಾಲ (a peacock, Sp.). ತಿಗುಳಗೆ ತುತ್ತಿಗೆ ತತ್ವಾರವಾದರೂ ನೆತ್ತಿ ತುಮ್ಬಾ ನಾಮಕ್ಕೆ ಕಡಿಮೆ ಇಲ್ಲ.— ಗಾಣಿಗಿತ್ತಿ ಅಯ್ಯೋ ಅನ್ದರೆ ನೆತ್ತಿ ತಣ್ಣಗಾದೀತೇ?— ನೆತ್ತಿಯ ವಾಸನಿಸಿದರೆ ಸತ್ತಿಗೆ ಹಿಡಿದ ಹಾಗೆಯೇ! (Prvs.). See Čpr. 3, 44; 5, 78; Abh. P. 7, 152; Bp. 2, 52; 15, 12; 38, 56; 39, 51; Rśv. 5, 46; 6, after 11; J. 20, 6. 21; ನಡು-. — ನೆತ್ತಿಕೋಡು. A horn on the head (J. 16, 20). — ನೆತ್ತಿಮುತ್ತು. A pearl in the head (of an elephant, Śśv. 3, 58). — ನೆತ್ತಿಯೊತ್ತು. -ಒತ್ತು. The head to pain (Bp. 18, 51). — ನೆತ್ತಿವಟ್ಟಿಗೆ. -ಪಟ್ಟಿಗೆ. The periphery of a wheel (ಚಕ್ರಧಾರೆ, ಪ್ರಧಿ, ನೇಮಿ Hlâ.). — ನೆತ್ತಿವಣಿ. -ಮಣಿ. A gem in the head (of a snake, V. 4, 69). — ನೆತ್ತಿವತ್ತು. -ಪತ್ತು. To touch or affect the head (Śśv. 4, 111).

ನೆತ್ತಿಗ nĕtta-iga. A gambler. — ನೆತ್ತಿಗರಪಸಿ. -ಅಪಸಿ. The keeper of a gaming-house (ದ್ಯೂತಕಾರಕ Nr. *b*). — ನೆತ್ತಿಗರ ಹಿಸ. -ಅಹಿಸ. = ನೆತ್ತಿಗರಪಸಿ. (Nr. *a*).

ನೆತ್ತು nĕttu. = ನತ್ತು. (My.).

ನೆತ್ರ nĕttra. = ನೆತ್ತರ್, etc. (My.; Tĕ. ನೆತ್ತುರು). ಸೊಕ್ಕಿದರೆ ನೆತ್ರಾ ಕುಡಿದೇನು, ಮುಕ್ಕಿದರೆ ಮೂತ್ರಾ ಕುಡಿದೇನು ಎನ್ದನನ್ತೆ (Prv.).

ನೆನ nĕna. 1. = ನೆನದು 1, ನೆನೆ 2. P. p. of ನೆನೆ 1, in ನೆನನೆನದು (Bp. 42, 27; J. 6, 2; B. 5, 146; Si. 71; My.), ನೆನಕೊಳ್ಳು (My.).

ನೆನ nĕna. 2. = ನೆನದು 2. P. p. of ನೆನೆ 3, in ನೆನ ಕೊಳ್ಳು (My.).

ನೆನ nĕna. 3. = ನೆನೆ 4. The state of being moistened or soaked. — ನೆನಗಡಲೆ. -ಕಡಲೆ. Soaked kaḍalĕ (My.). — ನೆನಗಡ್ಲೆ. -ಕಡ್ಲೆ. = ನೆನಗಡಲೆ. (My.).

ನೆನದು nĕnadu. 1. = ನೆನ 1, ನೆನೆದು. P. p. of ನೆನೆ 1. (My.).

ನೆನದು nĕnadu. 2. = ನೆನ 2, ನೆನೆದು, ನೆನ್ದು. P. p. of ನೆನೆ 3. (My.).

ನೆನಪು nĕnapu. = ನೆನವಿ, ನೆನವು, ನೆನಹ, ನೆನಹು, ನೆಪ್ಪು 1. Thought, reflection; recollection, remembrance (ಸ್ಮರಣೆ G.; My.; T. ನಿನೈಪ್ಪು, ನಿನೈವು; M. ನಿನವು; Tĕ. ನೆಳವು, ನೆಳುವು, information, acquaintance, knowledge, experience). ನೆನಪಿಲ್ಲದ ಕೆಲಸ ಹಣಿಕಿದರೆ ಆದೀತೇ? (Prv.). ದೇವರ ಬಗ್ಗೆ ನಿಮಗೇನಾದರೂ ನೆನಪುಂಟೋ? (B. 3, 2). ಈ ಸಿದ್ಧಾಂತವನ್ನು ಎಲ್ಲರೂ ಆಗಾಗ್ಗೆ ನೆನಪಿಗೆ ತನ್ದು ಕೊಳ್ಳ ಬೇಕು (4, 49). ಅದು ನೆನಪಾಯಿತು (4, 79). ಅದನ್ನು ನೆನಪು ಮಾಡಿ ಕೊಣ್ಡು (5, 149). See Bp. 2, 34; 6, 2; 8, 12; 35, 7; 40, 11; 43, 72. — ನೆನಪಿಡು. -ಇಡು. To think about, to consider; to remember (My.). ನೆನಪಿಡ ತಕ್ಕ ಮಾತುಗಳು (B. 3, 1). ಇವುಗಳನ್ನು ಎಲ್ಲ ವಿದ್ಯಾರ್ಥಿಗಳು ನೆನಪಿಡ ಬೇಕು (3, 3). ಅವುಗಳನ್ನು ಚನ್ನಾಗಿ ನೆನಪಿಡಿರಿ, ಮರೆಯ ಬೇಡಿರಿ! (4, 97). See s. ಲೆಕ್ಕ ಕೊಡು.

ನೆನವಿ nĕnavi. = ನೆನಪು, etc. (Čpr. 4, after 72).

ನೆನವು nĕnavu. = ನೆನಪು, etc. (Čpr. 5, 16; My.). — ನೆನವರಿಕೆ. -ಅರಿಕೆ. Knowing a memorandum or notice: recollection (My.). ನೆನವರಿಕೆಯಾಯಿತು, ನೆನವರಿಕೆಗೆ ಬನ್ತು (My.).

ನೆನಸು nĕnasu. 1. = ನೆನೆಯಿಸು. To think; to imagine; to think of, to remember (C.; J. 2, 85). ನೆನಸಿ ಕೊಳ್ಳುವಿಕೆ (ಸ್ಮರಣೆ Si. 476). ಇವರ ಉಪಕಾರವನ್ನು ನೆನಸ ಬೇಕು (B. 1, 14). ಅವರ ಉಪಕಾರವನ್ನು ನೆನಸಿ (1, 25). ನಾವು ಅವರ ಉಪಕಾರವನ್ನು ಯಾವಾಗಲೂ ನೆನಸ ಬೇಕು (2, 40). ನಿನ್ನ ಕಣ್ಠದ ಸ್ವರವು ಸುಸ್ವರವೇ ಇರ ಬಹುದೆನ್ದು ನಾನು ನೆನಸುತ್ತೇನೆ (3, 12). ನೆನಸಿದರೆ ಮನಸ್ಸು ಸ್ವಸ್ಥವಾದೀತೇ?—ಚೋಟು ತುಟುಟು ನೆನಸಿ ಕೊಣ್ಡ ಹಾಗೆ (Prv.).

ನೆನಸು nĕnasu. 2. = ನನಸು 2. To make wet, to moisten, to soak (My.). ತಲೆ ಮುನ್ತಾದ ಸರ್ವಾಂಗವನ್ನು ನೀರಲ್ಲಿ ನೆನಸಿ ತೊಳೆಯುವಿಕೆ (ಅಪ್ಲಾವ, ಸ್ನಾನ Si. 225).

ನೆನಸು nĕnasu. 3. = ನನಸು 1, q. v.

ನೆನಹ nĕnaha. = ನೆನಪು, etc. ಅರ್ಥ ನೆನಹಂ (ಗತಿ Mr. 468).

ನೆನಹು nĕnahu. = ನೆನಪು, etc. (ಸ್ಮರಣ Šmd. 158 Cm.; ಸ್ಮೃತಿ Si. 467; ಚಿನ್ತೆ G.; My.). See Bp. 35, 20; 51, 46; Râm. 3, 4, 24; J. 13, 22; 26, 10; 27, 17; Si. 388; ಬಯು-.

ನೆನೆ nĕnĕ. 1. To think; to think upon, to bear in mind; to be mindful of; to wish; to remember, to recollect (ಸ್ಮರಣ Šmd. Dh.; ಸಂಕಲ್ಪ Mr. 456; ಹಾ, ಸ್ಮರಣೆ Nn. 140; My.; T. ನಿನೈ; M. ನಿನೆ). P. ps. ನೆನದು, ನೆನೆದು. ನೆನೆಯಲು ಪಟ್ಟುದು (ಸ್ಮೃತ Nr.). ನೆನವ ಸುಧ್ಯಾನ (ಯೋಗ Mr. 514). ಮನದೊಳ್ ಪೊಲ್ಲಮನ್ ಎನ್ದುಂ ನೆನೆಯರ್ (Šmd. 216). ನೆನದ ಕೆಲಸಕ್ಕೆ ಮನವೇ ಸಹಾಯ (Prv.). See Šmd. 68. 159. 184. 203. 270. 280. 294. 395; Čh. v. 60; Čpr. 2, 6; 5, 31. 84; 6, 28. 88; Bp. 2, 20; 30, 19; 34, 12; 35, 26; 42, 20; 43, 72; 51, 8. 22; Bh. 1, 8, 32. 55. 65. 84. 86. 87; Rŝv. 6, after 11; 13, after 77; 13, 100; J. 2, 17; 29, 34. 36; 31, 36; Dp. 1, 5; 4, pallavi. — ನೆನೆ ನೆನೆ. rep. (Bp. 35, 25).

ನೆನೆ nĕnĕ. 2. = ನೆನ 1. P. p. of ನೆನೆ 1, in ನೆನೆ ನೆನೆ (Bp. 35, 26), ನೆನೆ ನೆನೆದು (36, 3; Čpr. 5, 33).

ನೆನೆ nĕnĕ. 3. = ನನೆ 1. To become wet, etc. (J. 13, 34; My.). P. ps. ನೆನದು, ನೆನೆದು, ನೆನ್ದು. ಅಪ್ಪಗಳ್ (-ಳಿಂ) ನೀ ನೆನೆಯಲೇಕೆ? (Bp. 18, 57; see also 27, 47). ತೇವದಲ್ಲಿ ನೆನದದು (ಆರ್ದ್ರ, ತಿಮಿತ, etc. Si. 383). ನೆನೆದ ಕಲ್ಲು ಮೆತ್ತಗೆ ಆದೀತೇ? (Prv.). — ನೆನದಕ್ಕಿರದ್ದಿ ಗಿಡ. (ಕ್ಷೀರಾವಿ, ದುಗ್ಧಿಕೆ Si. 146). — ನೆನೆ (i. e. ನೆನೆಯ) ಹಾಕು. To put into a fluid for soaking (My.). ಅಬಿಕಲ್ಲು ನೆನೆ ಹಾಕಿದನ್ತೆ (Prv.).

ನೆನೆ nĕnĕ. 4. = ನೆನ 3. — ನೆನೆಯಕ್ಕಿ. -ಅಕ್ಕಿ. Soaked rice; a kind of sweetmeat (My.).

ನೆನೆಯಿಸು nĕnĕyisu. = ನೆನಸು 1. To think, etc. (Čpr. 3, 100; 7, 45; 8, 12; 9, 25; Abh. P. 3, after 83; 5, 30; 9, 166).

ನೆನೆಯುವಿಕೆ nĕnĕyuvikĕ. Becoming wet, etc. ನೀರು ಮುನ್ತಾದವುಗಳಲ್ಲಿ ನೆನೆಯುವಿಕೆ (ತೇಮ, ಸ್ತೇಮ, ಸಮುನ್ದನ Si. 397).

ನೆನ್ದು nĕndu. = ನೆನದು 2, etc. P. p. of ನೆನೆ 3 (My.; Si. 383).

ನೆಪ nĕpa. = ನೆವ. Reason; pretext (My.; Tĕ.).

ನೆಪ್ಪು nĕppu. 1. = ನೆನಪು, etc. Recollection (My.). ನನಗೆ ನೆಪ್ಪು ಸಾಲದು (My.). **2,** acquaintance. ನನಗೀ ಊರಲ್ಲಿ ನೆಪ್ಪಿನವರಿಲ್ಲ (My.; see Tĕ. s. ನೆನಪು).

ನೆಪ್ಪು nĕppu. 2. (= ನೆರ್ಪು). A place of (usually) coming together (Bp. 20, 14; Tĕ.).

ನೆಮರು nĕmaru. = ನಮಲು 2. (My.).

ನೆಮಲಿ nĕmali. = ನವಿಲ್, etc. — ನೆಮಲಿಕೂಗು. (ಕೇಕೆ Si. 177).

ನೆಮ್ಬಿ nĕmbi. (= ನಮ್ಬಿ, ನಿಮ್ಬಿ 2). (Bp. 36, 28).

ನೆಮ್ಬುಗೆ nĕmbugĕ. = ನಮ್ಬಿಕೆ, etc. (My.).

ನೆಮ್ಮದಿ nĕmmadi. (= ನಿಮ್ಮಳ). Serenity: quiet, ease (of mind), comfort, happiness (My.; Tĕ.).

ನೆಮ್ಮದಿವನ್ತ nĕmmadi-vanta. A happy man (My.).

ನೆಮ್ಮದಿಸ್ತ nĕmmadi-sta. = ನೆಮ್ಮದಿವನ್ತ. (My.).

ನೆಮ್ಮಿ nĕmmi. Tbh. of ನೇಮಿ. The tree Dalbergia oujeinensis Roxb. (ತಿನಿಶ, ಸ್ಯನ್ದನ, ನೇಮಿ, ರಥದ್ರು, ಅತಿಮುಕ್ತಕ, ವಂಜುಲ, ಚಿತ್ರಕೃತ್ Si. 127; Tĕ.).

ನೆಮ್ಮಿಸು nĕmmisu. To impose upon a person's back: to charge with, to attribute. ಅವರ್ ಎಮ್ಮವರ ಮೇಲೆ ಇನಿತು ತಪ್ಪಂ ನೆಮ್ಮಿಸಿದೊಡೆ (Bp. 28, 35).

ನೆಮ್ಮು nĕmmu. 1. = ನೆರ್ಮು. To place the back to: to lean on or upon, to take for one's support; to come upon (ಪೃಷ್ಠಸ್ಥಾಪನ Šmd. Dh., MSS. ಪೃಷ್ಟ-; Abh. P. 3, 108; Grj. 3, 73; J. 26, 57). ನೆಮ್ಮಲು ಪಟ್ಟುದು (ಅವಲಮ್ಬಿತ, ಅವಷ್ಟಬ್ಧ Nr.). ನೀ ನೆಮ್ಮಿ ಕೋ ಬನ್ದ ಈ ಮರನಂ (Bp. 44, 14). ಏ ಪರಿಯೊಳುಂ ಮಾತಾಡನ್ ಅಯ್ಯನು ಕಪ್ಪುಮಂ ನೆಮ್ಮಿ (47, 26). ಸುಮ್ಮನೇ ಪಥಶ್ರಾನ್ತನ್ ಒನ್ದಂ ನೆಮ್ಮಿ ನಿದ್ರಿಸಲ್ (47, 57). ಬಸವರಾಜು, ಮೆಲ್ಲನೆ ಹಬಿವಿಗೆಯ ನೆಮ್ಮಿದನು (Bh. 3, 27, 15). ಮುತ್ತಿನ ಮತ್ತವಾರಣಮಂ ತ್ರಿಭಂಗಿಯಿಂ ನೆಮ್ಮಿ ನಿನ್ದು (Rŝv. 11, after 36). ಬ್ರಹ್ಮವಿದ್ಯಾಭ್ಯಾಸದಲಿ ಮನ ನೆಮ್ಮದ ದಬಿನ್ದಾತ್ಮಸುಖಮ್ ಅದು ದುರ್ಮತಿಗಳಿಗೆ ದೂರವಾಗಿಹುದು (Abhâ. 1, 44). See ಕೆನ್ದು 2.

ನೆಮ್ಮು nĕmmu. 2. Leaning upon; an object to lean upon, a support (Râm. 6, 40, 1).

ನೆಮ್ಮುಗೆ nĕmmugĕ. = ನಮ್ಬಿಕೆ, etc. (ಅಂಕೆ, ಅಡರ್ಪು Kk. 74; Šm. 66; ಅಂಕೆ Šm. 80; ಅಡೆ 91).

ನೆಯ್ nĕy. 1. = ನೆಯಿ 1, ನೆಯ್ಯು, ನೇ 1, ನೇಯ್ 1, ನೇಯಿ, ನೇಯು. To weave (ವಸ್ತ್ರಕ್ರಿಯೆ Šmd. Dh.; ತನ್ತುಕ್ರಿಯೆ Šm. 102; T., M.); to entwine (see ನೆಯ್ಗೆ). P. p. ನೆಯ್ದು (Bp. 11, 86; B. 3, 108; My.). ನೆಯ್ಯರ್ (Šmd. 86), and, as an exception from the general rule, ನೆಯ್ಯಲ್ (86). ತೆರಳೆಯ ಹುಡಿ ಮುಕುಲಾಕಾರದಿನ್ದ ಮಾಡಿದುದ ಬಿಡಿಸಿ ನೆಯ್ದ ಸೀರೆ (ಕಾಶೇಯ Nr.).

ನೆಯ್ nĕy. 2. = ನೇಯ್ 2. (Tbh. of ಸ್ನೇಹ? cf. ನೇಹ 1). Ghee (ಘೃತ Šmd. Dh.; Šm. 102; T. ನೆಯ್, blood, see ನೆಣ & ನೆತ್ತರ್; fat, grease, oil; ghee; ಞೇಯ, ನೇ, ಸ್ನೇಯ, love, friendship; ghee; M. ನೆಯಿ, ನ್ನೆ, Tē. ನೆಯ್ಯಿ, fat, grease, oil; ghee). See ನಣು-.

ನೆಯಿ nĕyi. 1. = ನೆಯ್ 1, etc. P. p. ನೆಯಿದು (B. 4, 163; My.; Si. 334). ನಾರು ನೂಲು ಕ್ರಿಮಿಜ ರೋಮಂಗಳಿನ್ದ ನೆಯಿದ ಆ ಸೀರೆ ನಾಲ್ಕು ತೆರನಕ್ಕು (Mr. 341).

ನೆಯಿ nĕyi. 2. = ನೇ 2, ನೇಯ. Weaving; a web. See ನೆಯಿಕಾಱ.

ನೆಯಿಕಾಱ nĕyi-kāṟa. A weaver (ಕುವಿನ್ದ, ಜೇಡ G.).

ನೆಯಿಗೆ nĕyigĕ. = ನೆಯ್ಗೆ, ನೇಗೆ, ನೇಯಿಗೆ, ನೇಯ್ಗೆ. Weaving; a web (My.). — ನೆಯಿಗೆಯವ. -ಅವ. = ನೇಯಿಗೆಯವ. A weaver (Si. 337. 396; My.). — ನೆಯಿಗೆಹುಳು. A spider (ತನ್ತುವಾಯ, ಊರ್ಣನಾಭ, ಮರ್ಕಟಕ Si. 171).

ನೆಯ್ಗೆ nĕygĕ. = ನೆಯಿಗೆ, etc. (ಊತೆ Šm. 78; ವಾಣಿ, ವ್ಯೂತಿ Nr.; My.); entwining or being entwined. ಹೊರಸಿನ ನೆಯ್ಗೆಯ ಊತೆಯ ಸುಲಿ (ಎಬ್ಬು Šmd. I). ಊತ ಸ್ಯೂತ ಇವು ನೂಲ ನೆಯ್ಗೆಯಲ್ಲಿಯೂ ಹೊಲಿಗೆಯಲ್ಲಿಯೂ ವರ್ತಿಸುಗು (Nr.). — ನೆಯ್ಗೆಗೊಳ್. -ಕೊಳ್. To be entwined. ನೆಯ್ಗೆಗೊಣ್ಡಿರ್ದ ಹೊದಱ್ (ವೀರುಧ, ಗುಲ್ಮ, etc. Mr. 108).

ನೆಯ್ಗೆಕಾಱ nĕygĕ-kāṟa. A weaver (My.). ನೆಯ್ಗೆಕಾಱನ ನಾಳಿ (ವೇಮ, ವೇಮದಣ್ಡ Nr.).

ನೆಯ್ದಲ್ nĕydal. -ಲು. = ನೆಯ್ದಲೆ, ನೆಯ್ದಿಲ್, ನೆಯ್ದಿಲೆ. A water-lily (ಇನ್ದೀವರ, ಉತ್ಪಲ Hlā.; ಕೋಮಳೆ Šmd. II; ಕೋವಳ್ Šm. 26; Čpr. 1, 44; 2, 36; 9, 26; T., M.). ನೆಯ್ದಲ ವರ್ಣ (ಶ್ಯೇನಿ Hlā.). See ಕನ್-, ಬಿಳಿಯ-. — ನೆಯ್ದಲ್ಗೊಳ. -ಕೊಳ. A pond abounding with lilies (ಕುಮುದ್ವತಿ, ಕುಮುದಿನಿ, ಕೈರವಿಣಿ Hlā.; Abh. P. 5, 80).

ನೆಯ್ದಲೆ nĕydalĕ. = ನೆಯ್ದಲ್. (Si. 446; My.).

ನೆಯ್ದಿಲ್ nĕydil. -ಲು. = ನೆಯ್ದಲ್. (ಉತ್ಪಲ, ಕುವಲಯ Nr.; ಕದುಲ, ಉತ್ಪಲ Nn. 29; ಕುಮುದ 29; ಪದ್ಮ, ಉತ್ಪಲ 54; ಕುಮುದ Mr. 506; ಕೋಮಳೆ Kk. 85). ನೆಯ್ದಿಲ ಗಡ್ಡೆ (ಶಾಲೂಕ); ತಾವರೆಯ ನೆಯ್ದಿಲ ಕಾವು (ನಾಲ Nr.). See ಕನ್-, ಕರ್-, ಬಿಳಿಯ-; Rŝv. 9, 4. — ನೆಯ್ದಿಲ ನಲ್ಲ. The moon (ಇರುಳೆಱೆಯ Čt. II, 6). — ನೆಯ್ದಿಲ ಮಯ್ದುನ. = ನೆಯ್ದಿಲ್ಗೆಳೆಯ. The moon (Bh. 1, 7, 19). — ನೆಯ್ದಿಲ್ಗೆಳೆಯ. The moon (ಚನ್ದ್ರ Kk. 44; Šm. 16). — ನೆಯ್ದಿಲ್ಗೊಳ. -ಕೊಳ. = ನೆಯ್ದಲ್ಗೊಳ. (Abh. P. 1, 105). — ನೆಯ್ದಿಲ್ನಲ್ಲ. = ನೆಯ್ದಿಲ ನಲ್ಲ (ಚನ್ದ್ರ Čt. I, 107).

ನೆಯ್ದಿಲೆ nĕydilĕ. = ನೆಯ್ದಲ್. (ಇನ್ದೀವರ, ಉತ್ಪಲ Mr. 419; ಉತ್ಪಲ, ಕುವಲಯ Si. 95; My.). ನೆಯ್ದಿಲೆಯಾದರೂ ಕೊಯ್ದರೆ ಬಯ್ದಾಟೇ ಮೇಲೆ (Prv.). See Si. 94. 95. 96. 153; Rŝv. 9, 9; J. 2, 65; 8, 21; 26, 24. — ನೆಯ್ದಿಲೆಗಣ್ಣ. -ಕಣ್ಣ. The water-lily on account of the eye (sic! J. 30, 4).

ನೆಯ್ನಾರ್ nĕynār. = ನಯ್ಯಿನಾರ್, etc. (Bp. 9, 41). See ಇಡುಗುಡಿಯ-, ಜೊಕ್ಕ-, ತಿರುವಾರೂರ-, ನಕ್ಕ-, ಪಿಳ್ಳೆ-.

ನೆಯ್ಯಿನಾರ್ nĕyyinār. = ನೆಯ್ನಾರ್. See ಪಿಳ್ಳೆಯ-.

ನೆಯ್ಯು nĕyyu. = ನೆಯ್ 1, etc. (My.). ನೆಯ್ಯುವವನಿಗೆ ಲಾಳಿ, ನಗಕ್ಕೆ ಗಾಳಿ (Prv.).

ನೆಯ್ಸು nĕysu. = ನೇಯಿಸು. (My.).

ನೆರ nĕra. 1. = ನೆರದು, ನೆರೆ 2, ನೆರೆದು. P. p. of ನೆರೆ 1, in ನೆರ ನೆರದು (Bp. 18, 62).

ನೆರ nĕra. 2. = ನೆರವು, ನೆರೆ 3, ನೆರೆವು 2. ನೆರಂ or ನೆರವೆ (Šmd. 56). Adjoining, being next to or contiguous, nearness; joining, coming near (to assist); assistance (Čpr. 3, 93). — ನೆರನಾಡು. An adjoining district (B. 5, 20; My.). — ನೆರಮನೆ. = ನೆರೆ-. A neighbouring house: next door (My.; G. 108). ನೆರಮನೆ ಹಾದಿಹಾದರೆ ಕಡುಗಳ ಕಟ್ಟುವೆನು. — ನೆರೆಮನೇ ಜಕಣಿಗೆ ತವರ ಮನೇ ಸೀರೆಯೋ? — ಎರವು ಸಿರಿಯಲ್ಲ, ಚಾವು ಜೊಳ್ಳಲ್ಲ, ನೆರಮನೇ ಅಕ್ಕನ ಗಣ್ಡ ಭಾವನಲ್ಲ. — ನೆರಮನೇ ಹೋಳಿಗೆಗೆ ತುಪ್ಪ ಕಾಯಿಸಿದ ಹಾಗೆ (Prvs.). See Bp. 25, 27; 48, 20; 53, 73; J. 5, 57; Prv. s. ಪರಮಗತಿ. — ನೆರಮನೆಯವ. -ಅವ. A neighbour (Bp. 47, 8; My.). — ನೆರವ್ವಡೆ. -ಂ-ಪಡೆ. To accept (with pleasure, Abh. P. 10, after 160); to take for one's assistance (12, 49). — ನೆರವ್ವರ್. -ಂ-ಬರ್. To come to assist (Abh. P. 14, after 128). — ನೆರವ್ವಿಡಿ. -ಪಿಡಿ. To lay hold on (something) as auxiliary (Čpr. 2, 27). — ನೆರವಲ. -ಬಲ. An auxiliary force (Abh. P. 10, 62). — ನೆರವೂರು. -ಊರು. = ನೆರೆ-. A neighbouring village (Bp. 44, 72). — ನೆರ ಹೊರೆಯವರು. -ಅವರು. = ನೆರೆ-. Next door and other neighbours. ನೆರ ಹೊರೆಯವರು ಕೂಡಿದರೂ ಬರುವ ಕೇಡು ತಪ್ಪಿಸಲಾಱರು (Prv.).

ನೆರಕೆ nĕrakĕ. = ನೆರಿಕೆ. A fence or a wall of bamboo, palm branches, etc. (My.; T. ನಿರ್ಕೆಟ್ಟಲ್, ನಿರ್ಕೆತ್ತಲ್; M. ನಿರೆ; T. ನಿರ್ಕೆ, M. ನಿರೆ, to put in rows, to range in a line; to fence). ಮೆತ್ತಿದ ನೆರಕೆ (ಏಡೂಕ Nr. b).

ನೆರತು nĕratu. P. p. of ನೆರೆ 5.

ನೆರದು nĕradu. = ನೆರೆದು. P. p. of ನೆರೆ 1.

ನೆರಪು nĕrapu. = ನೆರಯಿಸು, ನೆರಸು, ನೆರಹು, ನೆರೆಪು, ನೆರೆವು 1. To bring or put together, to join, to collect, to convene (Čpr. 3, 11; Abh. P. 10, 37; Bp. 1, 11; 50 sum.; 50, 42; Rŝv. 6, after 11; 13, 15; 13, after 65; J. 18, 5).

ನೆರಯಿಸು nĕrayisu. = ನೆರಪು, etc. (Bp. 16, 14).

ನೆರವಿ nĕravi. (= ನೆರವು). A union, a mass, a meeting, a crowd, a multitude, a flock, etc. (ಗುಮ್ಪು Šmd. II, Kk. 81, Šm. 95; ಗೊಣ್ಡಣಿ, ತೆರಳ್ಕೆ, ಸಾಲ್, etc., etc., ಶ್ರೇಣಿಕೆ Šm. 54, Kk. 17; ಮೊತ್ತ Bhn. 10; My.). ಬೆಸದರ ನೆರವಿ (ಕೊತ್ತಳಿ Šmd. I). ಕಾಗೆಯ ನೆರವಿ (ಕೊತ್ತಳಿ Kk. 82; Šm. 30). See Čpr. 1, after 101; 5, after 39; 5, 78; 8, after 4; Grj. 10, after 79; Bp. 22, 29; 57, 45; 58, 50; Čh. v. 78; Bh. 1, 10, 18; J. 7, 4; 23, 22. — ನೆರವಿದೊಱೆ. -ತೊಱೆ. A crowd that resembles a river (J. 6, 9).

ನೆರವು nĕravu. = ನೆರ 2 (Šmd. 56). A mass. ಎಲೇ, ಆದಿಗವಿ, ನಿನ್ನತಂ ನೆರವನೋದಿನ ಕಟ್ಟಮನ್ ಓಡದಿರ್ ಸುಧಾನಿಲಯದ ಮುನ್ದೆ! (Grj. 1, 26). 2, assistance, help (Čpr. 2, 54; 5, 98; Abh. P. 3, after 61; ಸಹಾಯ G.; C.). ಸರಸ್ವತಿ ಕೆಯ್ಮೆರವಾಗೆ ಪೇಳ್ದಪಳ್ (Šmd. 109). ಸಂಕಟದಲ್ಲಿ ನೆರವಾಗುವವನೇ

ಗೆಳೆಯನು (B. 1, 8). ಅವರು ತಮ್ಮ ಗಣ್ಡನ್ದಿರಿಗೆ ಯಾವಾಗಲು ಕೆಯ್ಲಾದ ಮಟ್ಟಿಗೆ ನೆರವಾಗುವರು (3, 32). ನನಗೆ ನೀನು ನೆರವಾಗುವಿಯಾ? (4, 139). ಅವನು ನನಗೆ ನೆರವಾಗಿ ಬರುತ್ತಾನೆ, ಅವನು ನನ್ನ ನೆರವಿಗೆ ಬರುತ್ತಾನೆ (My.). See Grj. 3, after 91; Bp. 29, 30; 33, 58; 57, 13; Śāv. 5, 60; B. 4, 108. 153.

ನೆರಸು nĕrasu. = ನೆರಪು, etc. (Bh. 4, 5, 26).

ನೆರಹು nĕrahu. = ನೆರಪು, etc. (Bh. 1, 10, 15; Rām. 4, 6, 29; J. 17, 57). ನೆರಹಿದ ಉಪಕರಣ (ಪರಿಕರ್ಹ, ಪರಿಚ್ಛದ Mr. 202). ಕುಱಿಗಳ ಹಿಣ್ಡು ಹಿಣ್ಡಂ ಛನ್ದದಲಿ ನೆರಹಿ (Bp. 28, 21).

ನೆರಳ್ nĕraḷ. = ನೆರಳು 2, etc. (J. 8, 5; 18, 28).

ನೆರಳು nĕraḷu. 1. = ನರಲ್, etc. (My.). See Prv. s. ಮರುಳ.

ನೆರಳು nĕraḷu. 2. = ನೆೞಲ್ 1, etc. Shade, etc. (ಛಾಯ, ಪ್ರತಿಬಿಮ್ಬ Si. 446; ಛಾಯೆ G. 214; C.). ತಪ್ಪ ಸಾಧಿಸುವನಲ್ಲಿ ಪ್ಪವನೆ ಕಡುಹೆಡ್ಡ, ಸರ್ಪನ ಉಱಿಹೆಡೆಯ ನೆರಳಲ್ಲಿ ಸೇರಿದ ಕಪ್ಪೆಯನ್ತಕ್ಕು (Sp.). ಮದುಕವಿಲ್ಲದ ಹೆಣ್ಣತಿಗಿನ್ತ ಮರದ ನೆರಳು ಲೇಸು (Prv.). ಒನ್ದು ನಾಯಿ ಮಾಂಸದ ಕರಣೆಯನ್ನು ಕಚ್ಚಿ ಕೊಣ್ಡು, ಹಳ್ಳಾ ದಾಟುವಾಗ ನೀರೊಳಗೆ ತನ್ನ ನೆರಳು ಕಣ್ಡಿತು (B. 2, 4). ಆಲದ ಮರದ ನೆರಳು ದಟ್ಟವಾಗಿ, ಬಹು ತಮ್ಪಿರುತ್ತದೆ (2, 22). ಕೆಟ್ಟ ಹುಡುಗರ ನೆರಳಿಗೆ ಸಹ ಹೋಗ ಬಾರದು (4, 1).

ನೆರಿಕೆ nĕrikĕ. = ನೆರಕೆ. (My.).

ನೆರಿಗಿಲು nĕrigilu. = ನೆಗ್ಗಿಲ್, etc. (St. & Pl.).

ನೆರೆ nĕrĕ. 1. To join (v. i.), to be united; to come together, to assemble; to associate with (ಸಂಯೋಗ Śmd. Dh.; ಸಮ್ಮೇಲನ Śm. 102; T. ನೆರುಂಗು, M. ഞെരുങ്ങു to be pressed, thronged). P. ps. ನೆರೆದು (Śmd. 264), ನೆರದು. ನೆರೆದ ಅರಸುಗಳನಿಬರುಮಂ ಕಾದಿಗೆಲ್ದನ್ ಬಿರ್ಪನೆ ಪಾರ್ಥಂ (Śmd. 122). ಜಾಣ್ ನೆರೆದುದು or ಜಾಣ್ಣೆರೆದುದು (190). ಯಾಗಂಗಳಲ್ಲಿ ಬ್ರಾಹ್ಮಣರು ನೆರೆದು ಸ್ತುತಿಯಿಸುವ ಠಾವು ಅವುದಾನೊನ್ದುಣ್ಟು, ಅದು ಸಂಸ್ತಾವ (Nr.). ಪರಿಜನಂಗಳು ಪುರಜನಂಗಳು ನೆರದು (Bp. 46, 35). ಜಯಜಯಧ್ವನಿ ನೆರೆಯೆ (58, 26). ಸನ್ತೆ ನೆರೆಯುವದಕ್ಕಿನ್ತ ಮುಂಚೆ ಗಣ್ಟುಗಳ್ಳರು ನೆರೆದರು (Prv.). ಸನ್ತೆ or ಸಭೆ ನೆರೆಯಿತು (My.). See Čh. v. 78; Čpr. 5, 55. 60. 61; 7, after 4; Bh. 1, 10, 39; 2, 13, 31; Bp. 27, 5; 58, 49; 61, 8; Rām. 1, 18, 12; Rāv. 6, after 11 (twice); 18, after 70; J. 1, 12; 11, 17; 16, 4; 18, 38. 2, to have sexual intercourse (ಸುರತ Śm. 102; Čpr. 2, 40; 4, 80; 6, 79. 83; 8, after 67; Bp. 35, 30. 31; 40, 16; 42, 32; Rāv. 11, 94. 105; J. 2, 65; 5, 56; 26, 25; 28, 5; Si. 182; My.).

ನೆರೆ nĕrĕ. 2. = ನೆರ 1, etc. P. p. of ನೆರೆ 1, in ನೆರೆ ನೆರೆದು (Rāv. 6, after 11; 18, after 77; J. 8, 37; 19, 5; 29, 46).

ನೆರೆ nĕrĕ. 3. = ನೆರ 2, etc. Adjoining; proximity, neighbourhood; union, company (coition; ಕೂಟ Śmd. Dh.; Śm. 102). ಪಾರಿಜಾತಂ ನೆರೆಯೊಳ್ ಇರುತಿರೆ ಭೂರುಹಂಗಳ ನೆೞಲನರ್ಥಿಸಿ ಸಾರಿದವನ ಪೊಲು (Bp. 60, 46). ಕೊಂಕುಬಿಲ್ಲಿ ಕುರು ಸಲ್ಲ, ಕೊಂಕಣಿಗರ ನೆರೆ ಸಲ್ಲ.—ತಿಗಳ ತಾ ಕೆಡುತ್ತಾ ಏರು ನೆರೆೀ ಕೆಡಿಸಿದ (Prvs.). See Sp. s. ತರಹೀನ; Prv. s. ಅಭಿಚಾರಿ. — ನೆರೆ ಕರೆ. Neighbours and people within calling (My.). — ನೆರೆಮನೆ. = ನೆರಮನೆ. (B. 1, 9; 2, 7; 3, 59; My.). — ನೆರೆಯವ. -ಅವ. A neighbour (My.). — ನೆರೆಯುಪ್ಪರಿಗೆ. -ಉಪ್ಪರಿಗೆ. An adjoining palace (Bh. 1, 7, 14). — ನೆರೆಯೂರ್. -ಊರ್. = ನೆರೆಪೂರ್. (V. 9, after 69). — ನೆರೆಪೂರ್. -ರು. = ನೆರವೂರು. (Bp. 14, 2; 16, 1; 46, 5; B. 2, 13). — ನೆರೆಶಬ್ದ. A word with an altered initial joined to another to amplify its meaning (My.). — ನೆರೆಹಳ್ಳಿ. A neighbouring hamlet (B. 3, 121). — ನೆರೆ ಹೊರೆ. dupl. (J. 5, 59; Abhā. 2, 52). ನೆರೆ ಹೊರೆಯ ಹಲವು ರಾಜ್ಯಗಳನ್ನು ಜಯಿಸಿ (B. 4, 218). — ನೆರೆ ಹೊರೆಯವರು. = ನೆರ-. (B. 2, 41; 3, 28; 4, 158; My.).

ನೆರೆ nĕrĕ. 4. (ನೆಱ). To move about, to whirl about, to be confused, to be eager or possessed of impetuous ardour (ಸಮ್ಭ್ರಮ Ks.; see ನಿಟ್ಟನೆ).

ನೆರೆ nĕrĕ. 5. = ನರೆ 1. To become grey. ನೆರತ ಕೂದಲು (My.). ಕೂದಲು ನೆರತು ಹೋಗುವಿಕೆ (ಪಲಿತ Si. 195).

ನೆರೆ nĕrĕ. 6. = ನರೆ 2. Greyness (J. 10, 38; My.).

ನೆರೆಪು nĕrĕpu. = ನೆರಪು, etc. To bring together, etc. (ಸಂಗ್ರಹ Śmd. Dh., o. r. ನೆರಪು; 402).

ನೆರೆವು nĕrĕvu. 1. = ನೆರೆಪು, etc. (Bp. 40, 89).

ನೆರೆವು nĕrĕvu. 2. = ನೆರವು, etc. Assistance (Bp. 61, 23).

ನೆಱ nĕṟa. 1. = ನೆಱು. A vital point, member or organ; a secret (ಜೀವಸ್ಥಾನ, ಮರ್ಮ Hlā.; T. ನೆಱ, the vitals; a swelling on the hip, or under the arm, or on the neck, caused by a boil, or wound in another part of the body). See ಕಡು-; Abh. P. 11, after 140; 14, after 100.

ನೆಱ nĕṟa. 2. = ನೆಱೆ 3. See ನೆಱವಣಿಗೆ. ನೆಱಂ, completely, altogether (Čpr. 7, 48). — ನೆಱಜಾಣ. Replete with wisdom (My.).

ನೆಱತೆ nĕṟatĕ. Fullness, completeness (ಪರಿಪೂರ್ಣ, ಭೋಗ Mr. 454, o. r. ಅಭೋಗ, probably ಆಭೋಗ; Bh. 8, 5, 15; Rām. 6, 58, 27).

ನೆಱದು nĕṟadu. = ನೆಱೆದು. P. p. of ನೆಱೆ 2.

ನೆಱನ್ nĕṟan. = ನೆಱಲ್. — ನೆಱನೆನೆ, with a crash (Abh. P. 9, 67).

ನೆಱಪು nĕṟapu. To complete (Čpr. 3, 78; 4, 19; 7, 26. 69. 74).

ನೆಱಯಿಸು nĕṟayisu. To make complete; to supply. ತಪ್ಪಾಜೆಯು ಕೊಱತೆ ನೆಱಯಿಸುವಂ (Bp. 36, 18).

ನೆಱಲ್ nĕṟal. (= ನೆಱೆ 1, etc., ನೇಲ್) To hang down motionless or powerless; to faint (ನಿಶ್ಚೇಷ್ಟಾವಲಮ್ಬನ Śmd. Dh.; ಜೋಲ್ Śmd. II; ನೇಲ್ Kk. 74; T., M. ನಿಱು, to weigh, poise, balance). See Kāvy. II, 1, 25; Čpr. 5, 17; 7, 102; 8, 7.

ನೆಱವಣಿಗೆ nĕṟa-vaṇigĕ (or aṇigĕ). = ನೆಱೆವಣಿಗೆ. Fullness, completeness; accomplishment; nicety, propriety; goodness, good state (ಆಭೋಗ, ಪರಿಪೂರ್ಣತೆ Hlā.; ಚೊಕ್ಕಳಿಕೆ Śmd. 387 Mdb. Cm.; ಒಳ್ಪನ Bhn. 84; see Bh. 5, 11, 8; 6, 6, 6; 8, 5, 15; 10, 7, 31; Rām. 6, 47, 26). ಆಚಾರದ ಓದಿನ ನೆಱವಣಿಗೆ (ಬ್ರಹ್ಮವರ್ಚಸ Hlā.).

ನೆಱವು nĕṟavu. Fullness, completeness. (T., M. ನಿಱವು; T. also ನಿಱೈವು). — ನೆಱವೇಱಿಸು. -ಏಱಿಸು. To make complete, to fulfil, to accomplish (My.; T. ನಿಱವೇಱ್ಱು). ಇದನ್ನಷ್ಟು ನೆಱವೇಱಿಸುವದಕ್ಕಾಗಿ (B. 4, 18). ನೆಱವೇಱಿಸಲ್ ಪಟ್ಟಿರುವದು (ಸಿದ್ಧ, ನಿರ್ವೃತ್ತ, ನಿಷ್ಪನ್ನ Si. 382). ಮಾತನ್ನು ನೆಱವೇಱಿಸು (My.). — ನೆಱವೇಱು. -ಏಱು. To be completed, fulfilled or accomplished, as a work, a thought, a word, etc. (My.; Si. 404; Tĕ., T.).

ನೆಱಿ nĕṟi. 1. = ನಿಱಿ 2, etc. (My.). ನೆಱಿಯುಡಿಗೆಗಳ್ (Bh. 1, 10, 2). ಹೆಂಗಳ ಸೀರೆನೆಱಿಯ ಗಣ್ಟು (ನೀವಿ Si. 459).

ನೆಱಿ nĕṟi. 2. = ನಿಱಿ 3. — ನೆಱಿಮುಗಿಲು. = ನಿಱಿಮುಗಿಲ್. (Bh. 8, 23, 36).

ನೆಱಿ nĕṟi. 3. = ನೆಱೆ 1. To suspend (Čpr. 1, after 101; 8, after 44).

ನೆಱಿಗೆ nĕṟigĕ. = ನಿಱಿ 2, etc. (My.).

ನೆಱು nĕṟu. = ನೆಱ 1. A vital organ, etc. (ಮರ್ಮ Nr.). *Cf.* ನೆಱೆ ಕೊಳ್ No. 2 s. ನೆಱೆ 3.

ನೆಱೆ nĕṟĕ. 1. = (ನೆಱಲ್), ನೆಱಿ 3. To hang down, to be suspended. ನೆಱದನೆನೆ ಜೋಲ್ದಂ (Kk. 91).

ನೆಱೆ nĕṟĕ. 2. = ನೆಱ. To become entire, full, complete, accomplished, ready, perfect, full-grown, mature, sufficient; to arrive at the age of menstruating (ಸಮಗ್ರತ್ವ Šmd. Dh.; ಸಮಗ್ರತೆ Šm. 116; ಸಮ್ಪೂರ್ಣ Kk. 71; My.; T. ನಿಱೈ; M. ನಿಱೆ; *cf.* ನಿಱಿ 1); to be realized, to occur (ಬರ್ Šmd. 183 Cm.); to become replete or plenteous, to prevail (ಪೆರ್ಚುಗೆಯಾಗು Šmd. 3 Cm.; ಬಹುಲ Šm. 116; T., M.); to suffice (Bp. 59, 2). P. ps. ನೆಱದು, ನೆಱೆದು. ಮೆಯ್ಗರೆಯಲ್ ಪಾಣ್ಡವರ್ಗೆ ನೆಱೆದುವು ಬರಿಸಂ (Šmd. 73). ಮೆಯ್ ನೆಱೆಯಲ್ ಆದವಳು (ನಗ್ನಿಕೆ, ಅದೃಷ್ಟರಜಸಾರಿ); ಕುಡಲ್ ನೆಱೆದ ಕೂಸು (ವರ್ಯೆ, ಪತಿಂವರೆ Hlā.). ಮೆಯ್ ನೆಱೆಯಲ್ ಆದವಳು (ಗೌರಿ, ನಗ್ನಿಕೆ, ಅನಾಗತಾರ್ತವೆ Nr.). ನೆಱೆದ ಪೆಣ್ (ತುಱುಮಿಣ್ಡೆ Šm. 73). ಹೆಣ್ಣು ನೆಱೆಯಿತು, ಅವಳು ನೆಱೆದಳು (My.). See Šmd. 118. 135. 291; Čpr. 1, 46. 48. 81. 95; 2, 16; 4, 18. 62; Abh. P. 4, after 58; Bp. 8, 8; 35, 32; Grj. 9, 51; Ŏ. Bp. 11, 4; Rŝv. 4, 117; 5, 65; 8, 98. 116; J. 11, 17; Si. 184. 195. 422; ಎಡೆ ನೆಱೆ.

ನೆಱೆ nĕṟĕ. 3. = ನೆಱ 2, ನೆರ್. Completeness; maturity, etc.; (a vital organ, *cf.* ನೆಱು, etc.);— completely, perfectly, fully, well, exceedingly, much, etc. (ಅಧಿಕ Šmd. 391; Šm. 58; ಬಹುಳ Šm. 116; ಚ ನ್ನಾಗಿ Šmd. 31. 70. 194 Cm.; occasionally used only to complete a verse, ಪಾದಪೂರಣಾರ್ಥಂ Čt. I, 19; II, 34). ನೀನೆ ನಗೆ ವಸನ್ತನಾಗಮನಂ ನೆಱೆ ಸೂಚಿಸಿ (Čpr. 7, 41). See Šmd. 71. 230. 272; Ŏpr. 2, 20. 35. 81; Bp. 18, 18; 20, 22; 23, 27; 43, 50; Bh. 1, 5, 8; 2, 4, 12; Šm. 30. 53. 73. 83. 109. 119; Rŝv. 5, 21. 44; 6, 36; J. 2, 12; 25, 5; 28, 4. 18; 29, 49; Dp. 54. 2, a great flow of water (in a river), a flood (My.). —ನೆಱೆ ಕೊಳ್. To seize or use the whole substance or essence of anything, to use for one's self to the utmost (ಸರ್ವಸ್ವಹರಣ Šmd. Dh.; Šâstrasâra in W. v. 1254; Rŝv. 5, after 55). 2, = ನೆಱೆಗೊಳ್, to pierce or penetrate the vitals, to pierce to the quick (ಮರ್ಮಭೇದ Šmd. Dh., o. r. ವರ್ಮಭೇದ; Abh P. 14, 60). — ನೆಱೆಗಚ್ಚು. -ಕಚ್ಚು. To bite excessively (Râm. 5, 8, 59). — ನೆಱೆಗೊಳ್. = ನೆಱೆ ಕೊಳ್ No. 2. (Čpr. 8, 65; Abh. P. 9, 158; Kâvy. II, 1, 25). — ನೆಱೆಜಾಣ. = ನೆಱ-. (My.). — ನೆಱೆದಿಂಗಳ್. = ನೆಱೆವೆಱೆ. (Abh. P. 5, 66; J. 30, 9). — ನೆಱೆವೆಚ್ಚು. -ಬೆಚ್ಚು. A puncheon, a tool having a figure on it with which impressions are made (ಪಡಿಯಚ್ಚು Šm. 68; Kk. 47). — ನೆಱೆವೆಱೆ. -ಪೆಱೆ. The full moon (Rŝv. 11, 148; V. 5, 18).

ನೆಱೆ nĕṟĕ. 4. = ನಿಱಿ 2, etc. (My.). — ನೆಱೆವಿಡಿ. = ನಿಱಿವಿಡಿ. (Bh. 4, 8, 12).

ನೆಱೆಯುವಿಕೆ nĕṟĕyuvikĕ. Menstruation to take place. ಹೆಂಗಳು ತಿಂಗಳು ತಿಂಗಳಿಗೆ ಮೆಯ್ ನೆಱೆಯುವಿಕೆ (ಋತು Si. 422, *only* in Si.).

ನೆಱೆವಣಿ nĕṟĕ-vaṇi (or aṇi). = ನೆಱೆವಣಿಗೆ. (ಜೊಕ್ಕಳಿಕೆ Šmd. 387).

ನೆಱೆವಣಿಗೆ nĕṟĕ-vaṇigĕ (or aṇigĕ). = ನೆಱವಣಿಗೆ. (Šmd. 219).

ನೆರ್ nĕṟ. = ನೆಱೆ 3, etc. — ನೆರ್ಗಿಱಿಯ. -ಕಿಱಿಯ. A full (*i. e.* perfectly equal) younger brother (Abh. P. 14, 22).

ನೆರ್ನೆರ್ nĕrnĕr. = ನಿರ್ನಿರ್ q. v., etc.

ನೆರ್ನೆರ nĕrnĕra. = ನೆರ್ನೆರ್, etc. (ನಿರ್ನಿರ, ನಿರ್ನಿಮಿತ್ತಂ Kk. 93; see Šmd. s. ನಿರ್ನೆರ).

ನೆರ್ಪು nĕrpu. (Šmd. 50). (= ನೆಪ್ಪು 2).

ನೆರ್ಮು nĕrmu. = ನೆಮ್ಮು 1. (Abh. P. 5, 115; 16, 14; Šŝv. 3, after 35). ಶರೀರಿಯುಂ ನೆರ್ಮದ ಕುತ್ತಂ (Šâstrasâra in W. v. 1269).

ನೆಲ್ nĕl. (Šmd. 58). = ನೆಲ್ಲು. Paddy, rice in its husk, rice as growing; a grain of paddy (ವ್ರೀಹಿ, ಸ್ತಮ್ಬಕರಿ Hlā.; ಅಣು Hlā.; ಆಶು, ವ್ರೀಹಿ Nn. 36; M. ನೆಲ್; T. ನೆಲ್, ನೆಲ್ಲು). ನೆಲ್ಲುಂ ಕೌಂಗುಂ (Šmd. 84. 256). ನೆಲ್ಲ ಗದ್ದೆ (ವ್ರೈಹೇಯ Hlā.). ಒಸ್ಸು ನೆಲ್ಲನಿತು (Bp. 40, 77).

ನೆಲ nĕla. 1. (fr. ನಿಲ್). Ground, soil; land; ground, floor; a portion of the earth: a country, a kingdom; the earth (ಅಲ್ಪವಸುಧೆ Bhn. 48; ರಾಜ್ಯ Čt. II, 63; ಇಳೆ 44; ಎಳೆ, ಬುವಿ, ಪೊಡವಿ, etc., ಮೇದಿನಿ Šm. 37; ಪೊಡವಿ, ಬೂವಿ, etc., ಧರೆ Kk. 16; C.; T., M. ನಿಲ; Tĕ. ನೆಲವು). ನೆಲದಿನ್ದುಮ್ಬಂ (Šmd. 63). ನೆಲದೊಳಗುಳ್ಳ ಪ್ರಾಣಿಗಳೆಲ್ಲಂ ನೀರೊಳ ಗೊಳವು (Hlā.). ತಗ್ಗಿದ ನೆಲ (ಪ್ರವಣ); ನೆಲದಲ್ಲಿ ಅಡಿಗಡಿಗೆ ನೆಲ್ಲ ಹಿಸುವುದು (ಉಛಿತ, etc. Nr.). ಜವುಗಿನ ನೆಲ (ಪಿಪ್ಪಲ, ಶ್ಲಕ್ಷ್ಣ Nn. 62). ಉದ್ದದ ನೆಲ (ತೆವರ್ Čt. II, 35). ನೆಲದ ಪವಣ್ (ಮತ್ತರ್ II, 102). ಯಾವ ಪುರುಷನು ವ್ರತದ ವರದಿನ್ದ ನೆಲದಲ್ಲಿ ಮಲಗು ತ್ತಾನೋ, ಅನ್ತಾವನು ಸ್ಥಾಣ್ಡಿಲಶಾಯಿ, etc. (Si. 250). ಉಬಿಡೇ ಇರುವ ನೆಲ (ಖಿಲ 100). ಗೆಯ್ದ ನೆಲ (ಸೀತ್ಯ, ಕೃಷ್ಟ, ಹಲ್ಯ 301). ನೆಲನುಮ್ ಆಗಸಮಿನ್ತು ಹಾಳಾಹಳದಹನಮಯಮ್ ಆಗಲ್ (Bp. 58, 64). ನೆಲಕ್ಕೆ ಹಲ, ರಾಜ್ಯಕ್ಕೆ ಬಲ.—ನೆಲದಲ್ಲಿ ಉಣ್ಣುವವನ ಸಂ ಗಡ ಎಲೇ ಕೇಳಿದ ಹಾಗೆ.—ನೆಲದ ಸಂಗಡ ಸಾಲ ಮಾಡಿ, ಪಲಾಯನ ಮಾಡಿದನ್ತೆ.—ನೆಲದೊಳಗೆ ಇದ್ದರೂ ಖಲನಿಗೆ ಹೆದಱ ಬೇಕು.—ನೆಲ ಬಲವನ್ತನಿಗೆ, ಕುಲ ನೇಮವನ್ತನಿಗೆ.—ನೆಲು ಹಱಿದರೆ ನೆಲದ ಮೇಲೆ (Prvs.). See Šmd. 28. 94. 127. 130. 188. 225; Čpr. 1, 75. 89; 1, after 101; Bp. 42, 2; 45, 6; 52, 33; 54, 81; 55, 28. 29; 57, 48; 60, 4; Rŝv. 5, 34. 42; 6, 34; Bh. 1, 8, 15. 59. 86; J. 4, 12; 17, 4; Dp. 1; B. 4, 14. 25. 26; 5, 295; Prvs. s. ಬಲ 2. — ನೆಲಕಂಚಿಗಿಡ. A small shrub, Naregamia alata W. A. (St. & Pl.). — ನೆಲಕಡಲೆ. A frequently cultivated annual plant, the earth-nut or Manilla-nut, Arachis hypogaea Lin. (St. & Pl.; My.; ಕಲಾಯ, ಸತೀಲಕ, ಹರೇಣು, ಖಣ್ಡಿಕ Si. 304, sic!). — ನೆಲಗಟ್ಟ. = ನೆಲಗಟ್ಟು. ನೆಲಗಟ್ಟಗಟ್ಟಿಸು. -ಕಟ್ಟಿಸು. (Bp. 53, 29). — ನೆಲಗಟ್ಟು. -ಕಟ್ಟು. = ನೆಲೆಗಟ್ಟು. Ground smoothed and plastered, pavement (ಕುಟ್ಟಿಮ, ಬದ್ಧಭೂಮಿಕ Hlā.; ಕುಟ್ಟಿಮ Nr., Mr. 192; G.; My.; Bh. 2, 13, 25; B. 4, 121). — ನೆಲಗನ್ನ. -ಕನ್ನ. A hole made in the ground by burglars (Bp. 31, 5). — ನೆಲಗುಮ್ಬಳ. -ಕುಮ್ಬಳ. A creeper, Ipomaea digitata L. (Z. ad St. & Pl.; Batatas paniculata Chois., St. & Pl.; Convolvulus paniculatus Lin.; Si. 161). — ನೆಲಗುಮ್ಮ. A kind of bird (S. Mhr.). — ನೆಲಗುಳ್ಳ. A kind of prickly nightshade, Solanum jacquini Lin. (Solanum xantocarpum Schr. & W., ನಿದಿಗ್ಧಿಕೆ, ಕಣ್ಟಕಾರಿಕೆ, ವ್ಯಾಘ್ರಿ Hlâ.; ನಿದಿಗ್ಧಿಕೆ, ಸ್ಪೃತಿ, ವ್ಯಾಘ್ರಿ, ವೃಹತಿ, ಕಣ್ಟಕಾರಿಕೆ, ಕುಲಿ, ಕ್ಷುದ್ರೆ, etc. Nr.; My.). See ಕಿಱಿಯ-, ಬಿಳಿಯ-. — ನೆಲತಾಟಿ. = ನೆಲತಾಳೆ, ನೆಲದಾಟ್. (Si. 151). — ನೆಲತಾಳೆ. = ನೆಲದಾಟ್. (ಮುಸಲಿ, ತಾಲಮೂಲಿಕೆ Si. 151). — ನೆಲದಗಲ. -ಅಗಲ. The breadth of the ground, etc. (Č. Bp. 47, 47). — ನೆಲದಮರ್ದುಣಿಸು. = ನೆಲನಮರ್ದುಣಿಸಿ. (ಬ್ರಾಹ್ಮ Ke.). — ನೆಲದಾಣ್ಮ. -ಆಣ್ಮ. A king (J. 27, 39). — ನೆಲದಾವರೆ. 1. -ತಾವರೆ. The plant Hibiscus mutabilis Lin. (ಅವ್ಯಥೆ, ಅತಿಚರೆ, ಪದ್ಮಚಾರಿಣಿ, etc. Nr.). — ನೆಲದಾವರೆ. 2. -ಅವರೆ. = ನೆಲಾವರೆ. (St. & Pl.). — ನೆಲದಾಟ್. -ಟು. -ತಾಟ್. The plant Curculigo orchioides Roxb. (ತಾಲಮೂಲಿಕೆ, ಮುಸಲಿ Nr.). — ನೆಲನೆಱೆಯ. -ಎಱೆಯ. A king (J. 14, 9). — ನೆಲನಮರ್ದುಣಿ. -ಅಮರ್ದುಣಿ. A Brâhmaṇa (ದ್ವಿಜ Kk. 34, o. r. ನೆಲನಮರ್ದುಣಿಸಿ). — ನೆಲನಮರ್ದುಣಿಸಿ. = ನೆಲನಮರ್ದುಣಿ. q. v. — ನೆಲನಾರಿಂಗ. = ನೆಲಕಂಚಿ. (St. & Pl.). — ನೆಲನೆಲ್ಲಿ. A small herb, Phyllanthus madraspatensis L. (St. & Pl.). 2, a small creeping plant, Polygonum elegans Roxb. (Z.; My.). 3, = ಅಜ್ಝಟೆ, ಅಮಲಿ, ಝಟೆ, ಏತುನ್ನಕ (G.; see ಕಿಱಿಯ ನೆಲ್ಲಿ). — ನೆಲನೇಬಳೆ. (ನಾದೇಯಿ, ಭೂಮಿಜಮ್ಬುಕೆ Si. 130. 151). — ನೆಲನೊಡೆಯ. -ಒಡೆಯ. (Šmd. 240). The lord or owner of the land. — ನೆಲಬಣ್ಬುಣಿ. The large black bee (Čt. I, 28). — ನೆಲಬೇವು. The plant Gentiana cherayta Roxb. (ಕಿರಾತತಿಕ್ತ, ಭೂನಿಮ್ಬ, ಅನಾರ್ಯತಿಕ್ತ Nr., Si. 157; ಭೂತಿಕ, ಭೂನಿಮ್ಬ 405; see Mr. 147 s. ಪನ್ನಂಗಿ). 2, the country chirayit, Andrographis paniculata Nees. (St. & Pl.; *cf.* ದೇಶಾವರ). — ನೆಲಮನೆ. An apartment in the ground, a cellar (My.; B. 4, 61; 5, 212; ಗುಪ್ತಿ G.; *cf.* ನೆಲಮಾಳಿಗೆ); a dungeon (ಸುರಂಗ G.). — ನೆಲಮಾಗಳಿಬೇರು. The plant Fluggea leucopyrus Willd. (St. & Pl.; My.). — ನೆಲಮಾಳಿಗೆ. = ನೆಲವಾಳಿಗೆ. A subterraneous apartment; a granary (My.; ಗರ್ತ, ಅವಟ, ನೆಲದೊಳಗಿರುವ ಕಣಜ, ಹಗೇವು Si. 75; ಗುಪ್ತಿ 426). — ನೆಲಮುಕ್ಕಚಿಕ್ಕ. A kind of demon (Šâstrasâra in W. v. 1269). — ನೆಲವರೆ. -ಅವರೆ. The plant Cassia abovata Collad., which is used like nĕlâvarĕ (Z.; My.). — ನೆಲವಲ. -ಬಲ. (Šmd. 386). A land-force. — ನೆಲವಾಳಿಗೆ. = ನೆಲಮಾಳಿಗೆ. (Čpr. 5, 105). — ನೆಲವೆಣ್. -ಪೆಣ್. The earth personified as a woman (Râv. 6, 24). ನೆಲವೆಣ್ಣುಮಗಳ್, Sîtâ (J. 18, 60). — ನೆಲಸಮ. = ನೆಲಸಮಾನ. (My.). — ನೆಲಸಮಾನ. Level with the ground (My.). ಹಳ್ಳಿದೊಳಗಿನ ಮನೆಗಳನ್ನೂ ಮೇಲುಪ್ಪರಿಗೆಗಳನ್ನೂ ಗುಡಿಗಳನ್ನೂ ಕೆಡವಿಸಿ, ನೆಲಸಮಾನ ಮಾಡಿಸಿದನು (B. 5, 45). — ನೆಲಸಮ್ಪಿಗೆ. A fragrant garden-flower, Kaemferia rotunda L. (St. & Pl.; My.). — ನೆಲಸರಿ. = ನೆಲಸಮಾನ. (Râv. 6, 34; My.). — ನೆಲಹಲಸು. The ananas (My.; S. Mhr. occasionally). — ನೆಲಹಾಗ. A sexton's fees (My.). — ನೆಲಹಾದಿ. A land-way (B. 4, 160). — ನೆಲಹಿಪ್ಪಲಿಬಳ್ಳಿ. A creeping herb, Lippia nodiflora Rich. (St. & Pl.). — ನೆಲಾವರಿಕೆ. -ಅವರಿಕೆ. = ನೆಲಾವರೆ. (St. & Pl.; My.). — ನೆಲಾವರೆ. -ಅವರೆ. (Šmd. 345). A plant furnishing the cathartic Senna leaves, Tinnevelly Senna, Cassia lanceolata Forsk. (St. & Pl.; T. ನಿಲ ಅವರೈ).

ನೆಲ nĕla. 2. = ನೆಲವು, etc. (My.).

ನೆಲಕಲ (nĕla-kala). (A man like a stone of the ground?): a miser (ಲೋಭಿ Šmd. 25; II; Čt. I, 10; II, 17; Kk. 84; Šm. 57).

ನೆಲವು nĕlavu. = ನೆಲಹು, etc. (My.).

ನೆಲಸು nĕlasu. To become established; to take up habitation, to settle; to stay, to stand; to obtain (ನೆಲೆಗೊಳ್ Šmd. 6. 94. 187. 205. 225. 289. 351 Cm.; ನಿಲ್ 65 Cm.; My.; T. ನಿಲ್ಕೈ, M. ನಿಲ). See Šmd. 69. 170. 352; Čh. v. 99. 188; Čpr. 1, 76. 131; 3, 55. 84; 6, 92; Abh. P. 9, 55; Grj. 10, 115; Bp. 38 sum.; 44, 4; 50, 25; 53, 21; 56, 47; 59, 55; Râv. 18, 4; J. 5, 65. 67.

ನೆಲಹು nĕlahu. (fr. ನೆಱ್1? or ನೇಲ್?). = ನಿಲ2, ನೆಲ2, ನೆಲವು, ನೆಲು, ನೆಲುವು, ನೆಲುಹು. A net-work of rope (or rattan), in which pots and other things are suspended from the beams of the house, or from either end of the pole on the shoulder of a carrier or porter (ಕಾಚ, ಶಿಕ್ಯ Hlâ.; My.). ಕಮ್ಬಿಯನ್ ಅವಲಮ್ಬಿಸಿರ್ಪ ನೆಲಹು (ವಿಹಂಗಿಕಾಲಮ್ಬಿ, ಕಾಚ); ನೆಲಹಿನಲ್ಲಿ ಇರಿಸಲ್ ಪಟ್ಟುದು (ಕಾಚಿತ, ಶಿಕ್ಯಿತ Nr.).

ನೆಲು nĕlu. = ನೆಲಹು, etc. (My.). ನೆಲು ಹಱಿದರೆ ನೆಲದ ಮೇಲೆ.— ನೆಲು ಹಱಿದು, ಬೆಕ್ಕಿನ ಮುನ್ದೆ ಬಿದ್ದ ಹಾಗೆ (Prvs.).

ನೆಲುವು nĕluvu. = ನೆಲಹು, etc. (My.). (ಕಾಚ, ಶಿಕ್ಯ Si. 412). ಕಾವಡಿದಬ್ಬೆಯಲ್ಲಿ ನೆಲುವು (ಶಿಕ್ಯ, etc. 344).

ನೆಲುಹು nĕluhu. = ನೆಲಹು, etc. ನೆಲುಹಿನ ಗಡಿಗೆ (Bp. 14, 11). ಕಮ್ಬಿಯ ನೆಲುಹು (43, 25).

ನೆಲೆ nĕlĕ. Standing; standing place; a place of residence, an abode; an apartment of a house; a story of a house; a place; place; ground; footing; basis: firmness; certainty; certain knowledge; bottom: a mystery, a secret (ಪೊಟಲ್, ಇಕ್ಕೆ, ಹಕ್ಕೆ, ಚಾವಡಿ, ತಾಣ, ಬೀಡು, etc., ಆಶ್ರಯ Šm. 58; ನಿಜಾಗಾರ, ನಿಧಾನ 106; ಗವಿ, ಗರುಡಿ, etc., ಆಶ್ರಯ Kk. 64; ಸ್ಥಾನ Šmd. 24. 80 Cm.; ಕಕ್ಷಾನ್ತರ, ಪ್ರಕೋಷ್ಠ Hlâ.; My.; T. ನಿಲೈ, M. ನಿಲ). ಅವನಿಗೆ ನೆಪ್ಪ ನೆಲೆ ತಿಳಿಯುವದಿಲ್ಲ (My.). ಮನೆಯ ನೆಲೆ (ಗೃಹಭೂಮಿ, ವಾಸ್ತು Hlâ.). ನೆಲೆಯ ತೀವಿದ ಉಪ್ಪರಿಗೆ (ಸುಧಾಧವಲಿತ, ಸೌಧ Mr. 193). ಅದು ನೆಲೆ! (Bp. 10, 2; 58, 19). ನೆಲೆಯಿಲ್ಲದವನ ಮಾತು ಹೊಲೆಗಿನ್ತ ಹೆಚ್ಚು (Prv.). See Čpr. 1, 77; Abh. P. 3, after 17 and 26; 4, 11; 7, after 62; Bp. 1, 30; 10, 16; 40, 40; 48, 24; 57, 15; 60, 61; Râm. 1, 7, 14; J. 26, 41; 30, 41; ಕಲ್ನೆಲೆ. — ನೆಲೆಕಟ್ಟು. = ನೆಲೆಗಟ್ಟು. (J. 17, 28). — ನೆಲೆಗಟ್ಟು. -ಕಟ್ಟು. = ನೆಲಗಟ್ಟು. (ಕುಟ್ಟಿಮ, ನಿಬದ್ಧಭೂಮಿ Nr.; Č. Bp. 5, 48; My.). 2, a fixed abode. ಕೋಪವೆಮ್ಬುದು, ಕೇಳಿ, ಪಾಪದ ನೆಲೆಗಟ್ಟು! ಕೂಪದೊಳು ನೇಣು ಹಱಿದನ್ತೆ ನರಕಕೆ ಕೋಪಿ ತಾನ್ ಇೞಿವ (Sp.). — ನೆಲೆಗಾಣ್. -ಕಾಣ್. The bottom to appear;—to see the bottom (also figuratively, My.). ನೆಲೆಗಾಣ ಬಾರದುದು (ಅಗಾಧ Nr.). — ನೆಲೆಗಿಡು. -ಕಿಡು. The foundation to be destroyed, to be ruined (Abh. P. 6, 83). — ನೆಲೆಗೆಡಿಸು. -ಕೆಡಿಸು. To destroy one's firm position, station or welfare (J. 8, 32). — ನೆಲೆಗೆಡು. -ಕೆಡು. Footing, firm position, etc. to be impaired; to lose ground, etc. (J. 28, 40). — ನೆಲೆಗೊಳ್. -ಗೊಳ್ಳು. -ಕೊಳ್. To take footing; to take root, as plants, etc.; to take one's place; to occupy, as one's place; to touch the ground; to become established or settled; to take up habitation (ನೆಲಸು, q. v.; ನಿಲ್ Šmd. 24. 70 Cm.; My.). ಸಿರಿ ನೆಲೆಗೊಣ್ಡುದಲ್ಲಿ (Šmd. 145). ಚಿತ್ತದಲ್ಲಿ ನೆಲೆಗೊಣ್ಡುದು (ಎರ್ದೆವತ್ತಿದುದು Ct. II, 12). ವರ್ತಕನ ಮನಸ್ಸಿನಲ್ಲಿ ಅವನ

ಮೇಲೆ ಸಂಶಯುವು ಪೂರಾ ನೆಲೆಗೊಂಡಿತು (B. 4, 169). ನಾಟುವಣ್ಬುಗಳು ನಾಲ್ಕೆಣ್ಬು ದಿವಸದಲ್ಲಿ ನೆಲೆಗೊಮ್ಬುವವು (Prv.). See Śmd. 209. 365; Bp. 17, 13; 46, 58; 47, 57; 50, 31; 54, 76; J. 6, 34; 18, 51; 24, 78. — ನೆಲೆಗೊಳಿಸು. -ಕೊಳಿಸು. To put down, to place, to establish, etc. (ಊಱು G.; Bp. 2, 11; Rśv. 6, after 11; J. 2, 64; 13, 37. 42; 30, 50; My.). ನೆಲೆಗೊಳಿಸೋಣ (ಸ್ಥಾಪನ G.). — ನೆಲೆದೀಪ. A lamp that is never removed from the niche in which it stands, and is adored when lighted, etc. (My.). — ನೆಲೆದೀವಿಗೆ. = ನೆಲೆದೀಪ. (My.). — ನೆಲೆ ನೆಲೆ. rep. (Ć. Bp. 5, 3). — ನೆಲೆಮನೆ. An abode, a place of residence (Bp. 30, 22; Bh. 1, 8, 23). — ನೆಲೆಮಾಡ. = ನೆಲೆವಾಡ. An upper story with various apartments (Abh. P. 1, 124; Rśv. 11, after 124). — ನೆಲೆಮೊಲೆ. A stout, full breast (Śm. 118; Rśv. 7, 17; 10, after 57; J. 8, 20; 30, 7). — ನೆಲೆಯಾಗು. To become a basis, etc.; to be established, to get a firm footing, to obtain, to be in use (Čpr. 1, 93. 109; Bp. 24, 2; 51, 47; Śm. 118). — ನೆಲೆಯುಪ್ಪರಿಗೆ. An upper story with its various apartments (Bh. 1, 8, 69; 1, 7, 14). — ನೆಲೆವಡೆ. -ಪಡೆ. To take footing, to stand (Śśv. 3, after 35). — ನೆಲೆವನೆ. -ಮನೆ. A house furnished with stories (ಕರುವಾಡ, ಉಪ್ಪರಿಗೆ Śs.). 2, = ನೆಲೆಮನೆ (Bp. 19, 25; Râm. 4, 2, 40; J. 18, 1). — ನೆಲೆವಾಡ. = ನೆಲೆಮಾಡ. (J. 10, 50; V. 5, 5. 12). — ನೆಲೆವೀಡು. -ಬೀಡು. = ನೆಲೆಮನೆ. (Čpr. 1, 99). — ನೆಲೆವೆಱ್. -ಪೆಱ್. To become constant or continual (V. 14, 27). — ನೆಲೆವೆರ್ಚಿಸು. -ಪೆರ್ಚಿಸು. To increase (v. t., Čpr. 3, 102). — ನೆಲೆವೆರ್ಚು. -ಪೆರ್ಚು. To increase in or to obtain ground, to extend, to increase (v. i., Čpr. 6, 81; 7, 127; Abh. P. 3, 52; 9, 109; 14, 2. 71; 16, 42).

ನೆಲ್ಲಿ nĕlli. The emblic myrobalan, Phyllanthus emblica Lin. (Emblica officinalis Gaert., ಧಾತ್ರಿ, ಆಮಲಕಿ, ಶಿವೆ Hlâ.; Nr., except ಶಿವೆ; Mr. 122; ಆಮಲಕ Nn. 6; My.; Tĕ., T., M.; Bp. 45, 39; Śśv. 3, 32; J. 19, 6). See ಅಡವಿ-, ಅರ-, ಅಡ-, ಕಿಱಿಯ-, ಕಿಱು-, ನೆಲ-, ಭೂ-. — ನೆಲ್ಲಿಚಟ್ಟು. = ಚಟ್ಟು 3. (My.). — ನೆಲ್ಲಿಯ ಕಾಯಿ. Its fruit (ಧಾತ್ರೀಫಲ Nn. 166; B. 2, 17). ನೆಲ್ಲೀ ಕಾಯಿ ಹುಲ್ಲಿಗೆ ಆದೀತೇ?—ಗಟ್ಟದ ಉಪ್ಪು, ಬೆಟ್ಟದ ನೆಲ್ಲೀ ಕಾಯಿ (Prvs.). — ನೆಲ್ಲಿಯ ಮರ. The nĕlli tree (ತಿಷ್ಯಫಲೆ, ಆಮಲಕಿ, ಅಮೃತೆ, ವಯಸ್ಥೆ Nr.; Si. 135; ಆಕ್ಷ Nn. 37; ತ್ರೀಪರ್ಣಿ Si. 420). — ನೆಲ್ಲಿಹಿಂಡಿ. A kind of nĕlli pickles (My.).

ನೆಲ್ಲು nĕllu. = ನೆಲ್. (ಶಾಲಿ, ವ್ರೀಹಿ, ಸ್ತಮ್ಬಕರಿ Mr. 373; My.; Si. 304. 305. 484; ಭಕ್ತ, ವ್ರೀಹಿ G.; Oryza sativa L., Z.). ಬೇಗ ಬೆಳೆವ ನೆಲ್ಲು (ಪಾಟಲ); ಕರಿಯ ನೆಲ್ಲು (ಅಣು); ಷಷ್ಟಿಕಮೆಮ್ಬ ನೆಲ್ಲುಗಳು ಬೆಳೆವ ಭೂಮಿ (ಷಷ್ಟಿಕ್ಯ); ನೆಲ್ಲು ಕಱವೆಯೂ ಬೆಳೆವ ಭೂಮಿ (ವ್ರೈಹೇಯ, ಶಾಲೇಯ Nr.). ನೆಲ್ಲಪ್ಪ ಗದ್ದೆ (ವ್ರೈಹೇಯ, Mr. 94). ಸಿತಶಾಲಿ ಕೆಂಗಱವೆ ಕೆಮ್ಬುತ್ತಿ ರಾಜಾನ್ನಮ್ ಬಯಿಲಮ್ ಎಮ್ಬಿವು ನೆಲ್ಲ ಭೇದಂಗಳಕ್ಕು (373). ರಾಜಾನ್ನನೆಲ್ಲಿಂಗೆ (Bp. 27, 16). ನೆಲ್ಲನ್ನು, ನೆಲ್ಲಿನ, ನೆಲ್ಲಿಗೆ (My.). ನೆಲ್ಲೂ ಮೊಸರೂ ಕಲಸಿದ ಹಾಗೆ (Prv.). — ನೆಲ್ಲಕ್ಕಿ. -ಅಕ್ಕಿ. Rice (My.). ನಲ್ಲನ್ ಒಲ್ಲೀ ಒಲ್ಲ, ನೆಲ್ಲಕ್ಕಿಬೋನೊಲ್ಲ, ಅಲ್ಲನೆ ಒಲ್ಲ, ಮೊಸರೊಲ್ಲ; ಯಾಕೊಲ್ಲ? ಇಲ್ಲದಕ್ಕೊಲ್ಲ (Sp.). — ನೆಲ್ಲುಊಬುಮುಳ್ಳು. A bristle of a beard of rice (ಕಿಂಶಾರು, ಧಾನ್ಯಶೂಕ Si. 448). — ನೆಲ್ಲುಗದ್ದೆ. A paddy-field (ವಪ್ರ, ಕೇದಾರ, ಕ್ಷೇತ್ರ Si. 302). — ನೆಲ್ಲುಹುಲ್ಲುಸರವೆ. A band of paddy straw (My.). ನೆಲ್ಲುಹುಲ್ಲುಸರವೆ ಹಾಕು, to tie a cord of paddy straw to the right leg as a challenge, expressing that all opponents are like straw (My.).

ನೆವ nĕva. = ನೆಪ, ನೆವನ, ನೆವನು. Tbh. of ನಿಭ. A pretence, a pretext, a plea (ಅಪದೇಶ Nr.; Si. 460; ನಿಭ, etc. Hlâ.; ವ್ಯವಧಾನ, ತಿರೋಧಾನ, ಅಪವಾರಣ Mr. 435; ಕೂಟ, ಕಪಟ Nn. 152; C.; Tĕ.; ನಿಮಿತ್ತ G.). ಒನ್ದಱಿನ್ದ ತಿಳಿಸದನ್ತೆ ಮತ್ತೊನ್ದಱಿನ್ನು ತೋಱುವದು ಮುನ್ತಾದ ನೆವವು (ವ್ಯಾಜ, ಅಪದೇಶ Si. 72). ನೆವದಿನ್ದ ಹೋದರೆ ನೋವು ತಪ್ಪೀತೇ? (Prv.). See Čpr. 1, after 101; 2, 13; 8, 29; Bp. 3, 18; 5 sum.; 35, 44. 48; 36, 47; 38, 19; 47, 19. 25. 56; J. 3, 12; 19, 50. — ನೆವಂಗೊಳ್. -ಂ-ಕೊಳ್. = ನೆವ ತೆಗೆ. (Rśv. 4, after 14). — ನೆವ ತೆಗೆ. To take a pretext, to hold out as a pretext (B. 4, 80; My.). — ನೆವ ಮಾಡು. To make a pretext, to pretend (B. 4, 6; My.). — ನೆವ ಹೇಳು. To utter a pretext, etc. (B. 4, 6; My.).

ನೆವನ nĕvana. = ನೆವ, etc. (My.; B. 1, 14).

ನೆವನು nĕvanu. = ನೆವನ. (My.; G. 87. 302). Abl. ನೆವನಿನ್ದ (My.).

ನೆವರು nĕvaru. = ನವಿಲು 1. ನೆವರಿ ಕೊಣ್ಡು ಹೋಗುವವ ಬವರಕ್ಕೆ ಬನ್ದಾನೇ? (Prv.).

ನೆಸೆ nĕsĕ. 1. = ನೆಗೆ 1. (ಉತ್ಪವನ Śmd. Dh. in all MSS.; see remarks ad ನೆಗೆ 1).

ನೆಸೆ nĕsĕ. 2. = ನೆಗೆ 2. To go upwards, to jump, to jump or fly about. P. ps. ನೆಸದು, ನೆಸೆದು, ನೆಸ್ತು. (Bp. 17, 2; 24, 44; 44, 7. 47; 49, 39; 57, 45). 2, to raise. ಬಾಲಂಗಳಂ ನೆಸದು (60, 32). — ನೆಸ್ತಾಟ. -ಆಟ. Jumping about (from anger). ನೆಸ್ತಾಟಕ್ಕೆ ಹೋಗಿ, ಮುಸ್ತಾಟ ಹೆಚ್ಚಿತು (Prv.). — ನೆಸ್ತಾಡು. -ಆಡು. To jump about (My.).

ನೆಸೆ nĕsĕ. = ನಸಿ, etc. (My.). ನೆಸೆ ಕೊಟ್ಟವ ಹಸೆ ಕದ್ದು ಕೊಣ್ಡು ಹೋದ (Prv.).

ನೆಳ್ಳು nĕḷḷu. 1. = ನರಲ್, etc. (My.).

ನೆಳ್ಳು nĕḷḷu. 2. = ನೆೞಲ್ 1, etc. (My.).

ನೆೞಲ್ nĕḻal. 1. = ನಳ್ಳು 3, ನೆರಳ್, ನೆರಳು 2, ನೆಳ್ಳು 2, ನೆೞಲು. Shade; shadow; shelter, protection (ಆತಪತ್ರಾದಿ ಛಾಯೆ Śmd. I; T. ನಿೞಲ್, ನೀೞಲ್; M. ನಿೞಲ್; Tĕ. ನೀಡ); a reflection, a reflected counterpart (ಜಲದರ್ಪಣ ಪ್ರತಿಬಿಮ್ಬ Śmd. I; T., M., Tĕ.). ನೆೞಲ್ಗಳ್ (J. 8, 5; 15, 2). ನೀರು ನೆೞಲಿಲ್ಲದ ಠಾವು (ಮರು Nr.). See Śmd. 284; Čpr. 1, 72. 90; 6, 47; 7, 125; 8, after 4; Abh. P. 7, 52; Bp. 20, 14; 42, 5; 51, 32; 60, 46; Rśv. 5, 42; 6, after 11; J. 30, 19; ತಣ್ಣೆೞಲ್, ಪಡಿ-. — ನೆೞಲ್ಗವಿ. -ಕವಿ. Shadow to spread over (J. 29, 45).

ನೆೞಲ್ nĕḻal. 2. = ನೇೞಲ್. A certain tree (ಒನ್ದು ಮರಂ Śmd. Dh.). ನೆೞಲ ಮರ (ಶ್ಯಾಮೆ, ಮಹಿಲೆ, ಲತೆ, ಗೋವನ್ದನಿ, ಗುನ್ದ್ರ, ಪ್ರಿಯಂಗು, ಫಲಿನಿ, ಫಲಿ, ವಿಷ್ವಕ್ಸೇನೆ, ಗನ್ಧಫಲಿ, ಕಾರಮ್ಭೆ, ಪ್ರಿಯಕ Nr.; Si. 135, which adds = ಪ್ರೇಂಕಣಾಗಿಡ; cf. T., M. ಞಾವಲ್).

ನೆೞಲು nĕḻalu. = ನೆೞಲ್ 1, etc. (My.). ನೆೞಲುಗಳು (Bh. 1, 5, 5). ನೆೞಲು ಇದ್ದ ಮರ ಚನ್ದ, ನಳಿನವಿದ್ದ ಕೊಳ ಚನ್ದ.—ನೆೞಲು ಬೂರ ಇಲ್ಲದ ಬೞೀಲಿ ಬಲವುಳ್ಳವನಾದರೂ ಕಳಕಳಿಸನೇ?—ನೆೞಲು ಸೇರ ಬೇಕೆನ್ದು, ಹಱುವಕ್ಕೆಗಕ್ಕಿಲ್ಲ, ಕೂೞಿಗೆ ನೀತಿಯಿಲ್ಲ.—ನೆೞಲು ನೋಡಿ, ನಿಜ ಮಱಿತ (Prvs.). ಪಾಣ್ಡವರ ಹೋದ ಹಾಗೆ.—ನೆೞಲು ನೋಡಿ, ನಿಜ ಮಱಿತ (Prvs.). ಪಾಣ್ಡವರ ನೆೞಲಿರಲು ನಿನಗೆ ರಾಜ್ಯವನಾಳ್ವ ಫಲ ಜನಿಸಲಱಿಯದು (Bh. 1, 8, 32). See Bp. 19, 46; 22, 29; 32, 26; Bh. 2, 13, 28. — ನೆೞಲುಗೆಡು. -ಕೆಡು. Shadow to be impaired or gone (Bp. 60, 51).

ನೆೞಿಲ್ nĕḻil. = ನಿಱಿಲು, ನಿಱ್, ನೆಱನ್. A sound imitating that of breaking (cf. ನಱ 2; M. ಞೆಱುಟ್ಟು, to crash, burst; ನೊಟ್ಟು, ನೊಳ್ಳು, ನೊಡೆ, crashing, etc.; T. ನೊಮಿರ್, to break). — ನೆಬೊಲೆನೆ. With a crash. ನೆಬೊಲೆನೆ ನೆಟ್ಕನೆಯ ಮುಬೊಡುದು (Śmd. I).

ನೆಟ್ಕನೆ nĕḷkanĕ. = ನೆಬೊಲೆನೆ, q. v.

ನೆಳ್ಗು nĕḷgu. = ನೆಕ್ಕು 2, etc. To sink, etc. (ಅನ್ತರ್ಲೀನ Śmd. Dh.; see M. s. ನಳ, ನೆಗ್ಗು 1; M. also ನಾಮುಬ್ಬು = T. ನಮುಬ್ಬು).

ನೇ nê. 1. = ನೆಯ್ 1, etc. (My.). P. p. ನೇದು (My.; B. 5, 122). ಮಗ್ಗ ನೇಯಲಿಕ್ಕೆ ತಿಳಿಯದಿದ್ದರೂ ಹಗ್ಗ ನೇಯಲಿಕ್ಕೆ ತಿಳಿಯದೇ? (Prv.).

ನೇ nê. 2. = ನೆಯಿ 2, etc.

ನೇಕಾಱ nê-kâṟa. = ನೆಯಿಕಾಱ. (B. 4, 178. 188).

ನೇಗಲ್ nêgal. ನೇಗಲು. = ನೇಗಲ, ನೇಗಲಿ, ನೇಗಿಲ್, ನೇಗಿಲು. Tbh. of ಲಾಂಗಲ. A plough (ಲಾಂಗಲ, etc. Si. 303; My.; Tĕ. ನಾಗಲಿ, ನಾಗೇಲು; T. ನಾಂಜಲ್, ನಾಯಿಲ್, ನಾಂಜಲ್; M. ನೇಞ್ಞಿಲ್, ನೆಞ್ಞಿಲ್; Mhr. ನಾಗರ, ನಾಂಗರ). ನೇಗಲ ಮೂಗು (ಪೋತ್ರ Si. 452). ನೇಗಲಿನ್ದ ಉಬುವವನು (ಹಾಲಿಕ 320). ನೇಗಲು ಉತ್ತರೆ ಹೊಲ, ಹಾಲು ಇದ್ದರೆ ಗೋವು (Prv.). — ನೇಗಲ ಹೊಡೆ. To drive the plough: to plough (B. 5, 99; My.). ಹೊಲವನ್ನು ನೇಗಲ ಹೊಡೆದು ಹಸನು ಮಾಡಿ (5, 115).

ನೇಗಲ nêgala. = ನೇಗಲ್, etc. (ಗೋದಾರಣ G.).

ನೇಗಲಿ nêgali. = ನೇಗಲ್, etc. (S. Mhr.). ನೇಗಲಿಯ ತುದಿ (ಪೋತ್ರ); ನೇಗಲಿಯ ಕುಡ (ನಿರೀಶ, ಕೃಷಕ, ಕುಟಕ); ನೇಗಲಿಯ ದಿಣ್ಣು (ಈಶೆ, ಈಶ್ವರಿ); ಹೊಲದೊಳಗೆ ನೇಗಲೀ ಹೊಡೆದ ಗೆರೆ (ಸೀತೆ G.).

ನೇಗಿಲ್ nêgil. ನೇಗಿಲು. = ನೇಗಲ್, etc. (ಹಲ, ಲಾಂಗಲ, ಸೀರ Hlâ., Mr. 370, Nr.; ಗೋದಾರಣ Nr.; ಶೀರ G.; My.). ನೇಗಿಲ ಈಸು (ಹಲದಣ್ಡ Nn. 7). ನೇಗಿಲ ಮುಖ (ಪೋತ್ರ 151; Mr. 487). ನೇಗಿಲ ಸಾಲು (ಸೀತೆ Hlâ., Nr.). ನೇಗಿಲ or ನೇಗಿಲು ಹೊಡೆ (ಉಬು G.). ನೇಗಿಲ ಹೊಡೆದದ್ದು (ಹಲ್ಯ G.). ಪೊನ್ನ ನೇಗಿಲೊಳ್ ಉತ್ತು, ಗುಳ್ಳದ ಬೀಜಮಂ ನಡೆ ಬಿತ್ತುವ ಅನ್ದದಿ (Bp. 60, 50). ಊರ ಮುನ್ದೆ ನೇಗಿಲ ಹೂಡಿದರೆ ಕಣ್ಣ ಕಣ್ಣವರಿಗೆ ಒನ್ದೊನ್ದು ಮಾತು (Prv.).

ನೇಗಿಲ nêgila. = ನೇಗಿಲ್, etc. (ಸೀರ G.).

ನೇಗೆ nêgĕ. = ನೇಯಿಗೆ, etc. (My.).

ನೇಜಕ nêjaka. A man who washes. See ನಿರ್ಣೇಜಕ.

ನೇಜಯ nêjaya. A short spear, a lance (Râv. 6, after 11; 6, 64. 65; H. ನೇಜಾ, ನೇಜಾರ್, ನೇರಿಜಾ, ನೇರುಜಾ; cf. ನಾರಾಚ).

ನೇಜಿ nêji. = ನಾಟಿ. (Tu.).

ನೇಟು nêṭu. (= ನೀಟು, q. v.). Straightness; directness; truth (My.). ಅಳಕುಗಳ ಕೋಡುಗಳು ನೇಟಾಗಿ ಅಥವಾ ಡಾಗಿ ಇರುವವು (B. 5, 18). — ನೇಟುಸುದ್ದಿ. Direct news; true news (My.).

ನೇಣ್ nêṇ. = ನೇಣು. A cord; a rope (ಶುಲ್ವ, ರಜ್ಜು, ವಟಾರ, ವಟ, ಗುಣ, ತನ್ತ್ರಿ Hlâ., Nr., Si. 383; Grj. 1, 95; J. 11, 27; 28, 47; T. ನಾಣ್, ನಾಣಿ, ನಾಣ್; M. ನಾಣ್). ಮೂಗುನೇಣಿಕ್ಕಿದ ಹೋರಿ (ನಸ್ತಿತ, ನಸ್ಯೋತ Hlâ.). ಕುಡಯುರವಣಿಸಿ, ಕೊರಳ ನೇಣಂ ಪಱಿದು (Bp. 28, 9). — ನೇಣ ಹೊಲೆಯ. An outcast with a sacrificial cord: a Brâhmaṇa (Bp. 55, 18). — ನೇಣ್ಗಯ್ಯ. -ಕೆಯ್ಯ. He who has a rope or noose in his hand: Varuṇa (Śm. 18).

ನೇಣು nêṇu. = ನೇಣ್. (My.). ಎತ್ತುಗಳ ಮೂಗುನೇಣು (ನಾಸ್ಯೆ); ಗಾಳದ ನೇಣು (ತಣಸೂತ್ರ, ಪವಿತ್ರಕ Nr.). ಕೋಪವೆಮ್ಬುದು, ಕೇಳಿ, ಪಾಪದ ನೆಲೆಗಟ್ಟು! ಕೂಪದೊಳು ನೇಣು ಹಡಿದನ್ತೆ ನರಕಕೆ ಕೋಪಿ ತಾನಿಬೊವ (Sp.). See Bp. 2, 28; 3, 49; 35, 6; 57, 79; Si. 76. 452. — ನೇಣಿನ ಹೊಲೆಯ. = ನೇಣ-. (Bp. 60, 9). — ನೇಣು ಹಾಕಿ ಕೊಳ್ಳು. To hang one's self. ನೇಣು ಹಾಕಿ ಕೊಳ್ಳುವವನ ಹತ್ತರ ಕೋಣ ಕೇಳಿದ ಹಾಗೆ. — ಅಪ್ಪ ನೆಟ್ಟ ಆಲದ ಮರವಾದರೆ ನೇಣು ಹಾಕಿ ಕೊಳ್ಳ ಬಹುದೋ? (Prvs.).

ನೇಣುಗ nêṇ-uga. (Śmd. 240). A man who deals in ropes.

ನೇತಾರ nêtâra. Tbh. of ನೇತೃ (Śmd. 104).

ನೇತಿ nêti. Tbh. of ನಿಯತಿ. — ನೇತಿಗಳೆ. -ಕಳೆ. To shake the fetters off, to reject. ದುರಿತವೆಲ್ಲನಿತನಾದರು ನೇತಿಗಳೆವುದೆ ಚಸ್ದ! (Kp. III, 3).

ನೇತು nêtu. P. p. of ನೇಲು.

ನೇತೃ nêtṛi. = ನೇತಾರ. Leading; *a leader, a guide; a chief, a master.*

ನೇತೃತ್ವ nêtṛitva. Leadership. (My.).

ನೇತ್ರ nêtra. = ನೆತ್ತ, ಲೆತ್ತ. A leader; leading, conducting. 2, *the eye* (ಕಣ್ Nn. 3. 29; ಅಮ್ಬಕ, ಕಣ್ಣು 66; ಅಕ್ಷಿ Mr. 516). 3, the number two (ಎರಡು Mr. 347). 4, renowned (ಖ್ಯಾತ, ಪ್ರಖ್ಯಾತ 66). 5, a good quality (ಸದ್ಗುಣ, ಒಳ್ಳೆಯ ಗುಣ 66). 6, the string with which a churning-stick is whirled round (ಗುಣ 516). 7, *the root of a tree* (ಮೂಲ, ಬೇರುಗಳು 66; ಬೇರ್ Mr. 471). 8, a pendent root (ಜಟಾಜಟೆ, ಮರದ ಬೀಳೊಲು 66). 9, *cloth, or a kind of cloth* (ಚೇಲ, ವಸ್ತ್ರ 66; ಸೀರೆ 516; *cf.* ನೆಯ್ 1). 10, the areca-nut tree (ಪೂಗ, ಅಡಕೆಯ ಮರ 66). 11, N. of a mountain (ಕುಧೃತ್, ಪರ್ವತಭೇದ 66).

ನೇತ್ರಚ್ಛದ nêtra-c̆-c̆hada. *The eyelid.*

ನೇತ್ರತ್ರಯ nêtra-traya. Śiva (My.).

ನೇತ್ರಪುತ್ರಿಕೆ nêtra-putrikĕ. The pupil of the eye (Čpr. 6, after 64; Abh. P. 11, 164).

ನೇತ್ರಬನ್ಧ nêtra-bandha. Binding or blinding the eye (by magic, ಕಣ್ಣುಗಟ್ಟು Mr. 226).

ನೇತ್ರಮೂಲಿ nêtra-mûli. A small creeping herb with sky-blue flowers, growing on the roadside, Evolvulus alsinoides Lin. (ವಿಷ್ಣುಕ್ರಾನ್ತಿ, ಜಯನ್ತಿ Mr. 128).

ನೇತ್ರರುಜ್ nêtra-ruj. *Disease of the eyes.*

ನೇತ್ರವಿರೋಧಕರಣ nêtra-virôdha-karaṇa. Causing hinderance or opposition to the eye. See ಹರಳ್ಳು.

ನೇತ್ರವೈದ್ಯ nêtra-vaidya. An oculist (My.).

ನೇತ್ರಾಮ್ಬು nêtra-ambu. Eye-water: *tears.*

ನೇತ್ರಾವತಿ nêtrâvati. N. of a river in South Canara (My.).

ನೇತ್ರಾವಳಿ nêtrâvaḷi. A kind of sîrĕ (Bp. 11, 25).

ನೇತ್ರಿ nêtri. N. of a plant (ಕೃಕವಾಕು, ಮಸ್ತಕ, ಚಮ್ಮಿ Mr. 140).

ನೇದಿಷ್ಠ nêdishṭha. *Very near, next.*

ನೇದು nêdu. P. p. of ನೇ 1.

ನೇಪಥ್ಯ nêpathya. (= ನೈಪಥ್ಯ). *An ornament, decoration, attire* (see Hlâ. s. ತುಡುಗೆ). 2, the postscenium; the tiring-room; a stage (ರಂಗಭೂಮಿ G.).

ನೇಪಾಲ nêpâla. ನೇಪಾಳ. N. of a country, Nepal (Bp. 6, 18; 61, 30). 2, the purgative-nut plant (Mhr.; see ಜಾಪಾಳ). ನೇಪಾಳದೇಶದ ಭೂಪಾಲನಾದರೆ ಗೋಪಾಳದವನಿಗೆ ಏನು? (Prv.). — ನೇಪಾಳದ ಬೇರು. A creeper, the vomiting swallow-wort, Tylophora asthmatica W. & A. (St. & Pl.).

ನೇಮ nêma. 1. Tbh. of ನಿಯಮ (Śmd. 357. 361; Bp. 43, 21; My.; Tĕ., T., Mhr.). A rule, an order, an appointment, etc. ನೇಮವಿದ್ದರೆ ವ್ರತ, ಹೋಮವಿದ್ದರೆ ಶೋಭನ.— ನೇಮ ಹೆಚ್ಚಿ, ಹೋಮ ವಿೞಿಱ್, ಶ್ವಾನನ ಹಾಗೆ ತಿರಿಗಾಡುವದಾಯಿತು (Prvs.). — ನೇಮುಗಲೆ. -ಕಲೆ. Prescribed skill (? J. 11, 21). — ನೇಮ ತೆಗೆ. To find out or lay down as a rule (B. 5, 171). — ನೇಮದ ವೀರಸಂಗವ್ವೆ. N. (Bp. 59, 6). — ನೇಮನಿಷ್ಠೆ. = ನಿಯಮನಿಷ್ಠೆ. (My.). — ನೇಮವೊಯ್ಯು. -ಂ-ಪೊಱು. To take an observance upon one's self (Bp. 50, 53; 57, 34).

ನೇಮ nêma. 2. *Half;* a part, a portion. 2, fraud, deceit (*cf.* ನೆವ; Tē. ನೇವ).

ನೇಮಕ nêmaka. Tbh. of ನಿಯಾಮಕ. Ruling, etc.; a rule; an order, an appointment (My.).

ನೇಮಣೂಕ nêmaṇûka. Appointment, as to a post; allowance, stipend (Mhr.; B. 5, 269).

ನೇಮಣೂಕಿ nêmaṇûki. = ನೇಮಣೂಕ. (B. 5, 269. 272).

ನೇಮವನ್ತ nêma-vanta. Tbh. of ನಿಯಮವನ್ತ. A man who practises religious observances, caste-rules, etc. (My.). ನೆಲ ಬಲವನ್ತನಿಗೆ, ಕುಲ ನೇಮವನ್ತನಿಗೆ (Prv.).

ನೇಮಸ್ತ nêma-sta. Tbh. of ನಿಯಮಸ್ಥ. = ನೇಮವನ್ತ. (My.). 2, moderate, temperate (My.).

ನೇಮಿ nêmi. = ನೆಮ್ಮಿ, ನೇಹಿ. *The circumference or ring or felly or outer rim of a wheel. 2, a windlass or framework for the rope of a well. 3, the tree Dalbergia oujeinensis* Roxb. 4, a large tree, frequently cultivated for its eatable fruit, Mimusops kauki L. (St. & Pl.). — ನೇಮಿರಾಯ. N. (see s. ಅಮ್ಮ 1).

ನೇಮಿತ nêmita. Tbh. of ನಿಯಮಿತ. (My.).

ನೇಮಿಸು nêmisu. Tbh. of ನಿಯಮಿಸು. (Čh. v. 333; Bp. 2, 46; 57, 54; B. 4, 79. 143; 5, 171. 236; Šśv. 4, 46; J. 2, 66; My.). ನೇಮಿಸಲಾರದ ಸೊಸೆಗೆ ಪಾಯಸವೇ ಕಹಿ (Prv.).

ನೇಯ್ nêy. 1. = ನೆಯ್ 1, etc. P. p. ನೇಯ್ದು (My.; B. 4, 138). ನೇಯ್ದುದೇ ಬಟ್ಟೆ, ಉಟ್ಟದದೇ ಕರೆ (Prv.).

ನೇಯ್ nêy. 2. = ನೆಯ್ 2. (ಅಜ್ಯ Šs.).

ನೇಯ nêya. = ನೆಯಿ 2, etc. See ನೇಯಕಾಱ.

ನೇಯ nêya. 1. = ನಾಯ 2. Tbh. of ನ್ಯಾಯ (Šmd. 368, o. r. ನಾಯ. 175).

ನೇಯ nêya. 2. To be conducted or guided, to be governed. See ಪ್ರಣೇಯ; ಕೆಯ್-.

ನೇಯಕಾಱ nêya-kâṟa. = ನೆಯಿಕಾಱ. (B. 3, 103).

ನೇಯಿ nêyi. = ನೇಯ್ 1, etc. P. p. ನೇಯಿದು (B. 4, 178; My.). ನೇಯಿದವರೆ ಬಟ್ಟೆ, ಕಟ್ಟಿದವರೆ ಮೊಟ್ಟೆ (Prv.).

ನೇಯಿಗೆ nêyigĕ. = ನೆಯಿಗೆ, etc. (My.). ನೇಯಿಗೆ ನೇಯ್ದರೆ ಕೂಡೀತಲ್ಲದೆ ನೆಗದರೆ ಕೂಡೀತೇ? — ನೇಯಿಗೆಯಾದರೂ ನಯವಿದ್ದರೆ ನಾಣ್ಯ ಸಿಕ್ಕೀತು (Prvs.). — ನೇಯಿಗೆಯವ. -ಅವ. = ನೆಯಿಗೆಯವ. (ತನ್ತುವಾಯ, ಕುವಿನ್ದ Si. 338; My.). ನೇಯಿಗೆಯವನ ಕೆಯ್ಯೂ ಓದುವವನ ಬಾಯೂ ಚುಟುಕಾಗಿರ ಬೇಕು. — ನೇಯಿಗೆಯವನ ಮಟ್ಟು ಕಟ್ಟುವವ ಬಲ್ಲ. — ನೇಯಿಗೆಯವನಿಗೆ ಯಾಕೆ ಕೋತೀ ಮಱಿ? (Prvs.).

ನೇಯಿಸು nêyisu. = ನೆಯ್ಯಿಸು. To cause to weave (My.; B. 4, 159).

ನೇಯು nêyu. = ನೇಯ್ 1, etc. (My.; B. 3, 9; 4, 165; Tē.). ನೇಯುವದು (ವಾಣ, ವ್ಯೂತಿ); ನೂಲುಕಣ್ಡಿಕೆಯನಿರಿಸಿ ನೇಯುವ ಕೊಬಿ (ವೇಮ Si. 848).

ನೇಯ್ಗೆ nêygĕ. = ನೇಯಿಗೆ, etc. (My.).

ನೇರ್ nêr. 1. To cut, to cut off (ಕೃನ್ತನ Šmd. Dh.; ಅಱಿ Šmd. II; Kk. 88; Čpr. 6, 49; 8, 41; Abh. P. 13, 47; *cf.* ನಿಱಿ). ನೇರ್ದಂ (Šmd. 50. 55). ಬಾದುಣ್ಣೆನ್ನು, ಹತ್ತನೆಯ ತಲೆಯುಮಂ ನೇರ್ದಾಗಳ್ (288).

ನೇರ್ nêr. 2. To accord, to agree; to yield assent, to agree to. (T., M.). ಶಾರದೆ ವಿನಾಯಕರ್ ನೇರದೆ (Mr. 2).

ನೇರ್ nêr. 3. = ನೇರ, ನೇರು, ನೇ. Straightness, (length T.); union; agreement; harmony; rightness, propriety, fitness, order (T., M.; *cf.* ನಿಗುರ್; ನಿಱ್ 3, ನೀಟು; ನೆರೆ 1). ನೇರ್ಗೞ್ (Šmd. 51). — ನೇರ್ಗೋಲ್. -ಕೋಲ್. A long staff: a lance (J. 4, 35). — ನೇರ್ಪಡಿಸು. To make fit or nice (Šśv. 2, 60). — ನೇರ್ಪಡು. 1. To be united; to agree; to be fitting, to fit, to be proper, becoming, or pleasant (ಸಂಶ್ಲೇಷ Šmd. Dh.; ಅಮರ್ 76; ಪೊರ್ದುಗೆಯಾಗು 76 Cm.; T.: to occur, meet, appear, happen); to be obtained or gained (My.). ಅರ್ಥೋರ್ಜುಕಂ ನೇರ್ಪಡೆ, ಚೆಲ್ವಂ ಬೀಱೆ (Rśv. 13, 70). ವನದ ನಡುವೆ ದಿಟ್ಟಿಗೆ ಕಟ್ಟೆ ನೇರ್ಪಟ್ಟ ಬಾಳ ವೇರ ಕೇಗಟ್ಟು (Čpr. 7, after 92). See Abh. P. 10, 67; 12, 60; 16, 81; Rśv. 14, 47; Šśv. 1, 53. — ನೇರ್ಪಡು. 2. Propriety, etc. ನೇರ್ಪಡುಗಿಡು. -ಕಿಡು. Propriety, etc. to be lost (Abh. P. 7, 81; 9, 35). — ನೇರ್ಪಡು. -ಪಡು. = ನೇರ್ಪಡು. 1. (Čpr. 3, 20. 85).

ನೇರ nêra. = ನೇರ್ 3. Straightness; propriety, etc., pleasantness. ಅವನು ಮಾಡುವ ಕೆಲಸ ಬಹಳ ನೇರ (My.). ಅವನ ಮಾತಿನ ನೇರವೆಷ್ಟೆನ್ತ ಹೇಱಲಿ? (My.). ನೇರದಿಂ ಸ್ವರಗೆಯ್ವ ಕಲಪಿಕೋಚ್ಚಾರದಿಂ... ತೀರದೆಲ್ಲೆಲ್ಲಿಯುಂ ನನ್ದನದೊಳು (J. 3, 28). — ನೇರ ನೇರ. rep. Quite proportionate (My.); face to face (My.). — ನೇರಬೊಟ್ಟು. A mark made with coloured clay upon the middle of the forehead of females exactly under the division of hair, either round, or slightly pointed towards that division (above which the baitalĕ bŏṭṭu is worn, ತಿಂಗಳಿಗೆ, ಜೂಳಿಯ Kk. 27; Šm. 72).

ನೇರಿತು nêritu. = ನೇರಿತ್ತು (Šmd. 96. 184). That which is straight, fit, proper or right (ಸರಲ, ಸರಿಸ Nn. 63; ಸೌಧ, ಸಸಿನ, ನಿರುತ 94; ಪ್ರತ್ಯಯ, ನಿರುತ 137; ನೇರ್ಪು Čt. I, 52; Abh. P. 11, 176). Plural ನೇರಿದುವು. ನೇರಿದುವು ಬೆರಲ್ (Šmd. 170).

ನೇರಿತ್ತು nêrittu. = ನೇರಿತು, q. v. ನೇರಿತ್ತಿದು (Šmd. 109). — ನೇರಿತ್ತಂ ಮಾಡು. To make proper, to correct (ತಿರ್ದು Šmd. 4 Cm.).

ನೇರಿದು nêridu. Propriety, rectitude, religious loyalty (ಭಕ್ತಿ Čt. I, 75). — ನೇರಿದ. -ಅ 3. (Šmd. 109. 184). A Brâhmaṇa (ಸದ್ಧು Šmd. II, Kk. 93; ದಿಮ್ಮದ, ಸದ್ದು, ಗನಹ, ಇಳೆಯ ಪಿರಿಯ, ದ್ವಿಜ Kk. 34, Šm. 52; Abh. P. 4, 13). ನೇರಿದರಿರ್ (Šmd. 258). — ನೇರಿದಳ್. (Šmd. 109). A Brâhmaṇa woman.

ನೇರು nêru. = ನೇರ್ 3. (Rśv. 5, after 19).

ನೇರೆ nêrĕ. A breakfast (Mhr. ನ್ಯಹಾರೀ, ನ್ಯಾಹಾರೀ; B. 5, 287).

ನೇಱಲ್ nêṟal. ನೇಱಲು. = ನೇಱಲ್, etc. See ಜಮ್ಬು-; Šśv. 3, 32. — ನೇಱಲುಮರ. A common tree with purple berries, Eugenia jambolana Lam. (Calyptranthes caryophyllata Swartz, My.; Tē. ನೇರೆಡು, ನೇರೇಡು; T. ನಾವಲ್; M. ಞಾವಲ್).

ನೇಱಲೆ nêṟalĕ. = ನೇಱಲ್. (My.).

ನೇಱಿಳು nêṟaḷu. = ನೇಱಲ್. See ಪನ್ನೇಱಿಳು.

ನೇಱಿಳೆ nêṟaḷe. = ನೇಱಿಲ್. (My.). See ಕಾಗಿ-, ಕುಣ್ಣ-, ಗನ್-, ಗುಡ್ಡ-, ನಾಯಿ-, ನೆಲ-. — ನೇಱಿಳೆಹಣ್ಣು. (ಜಮ್ಬು, ಜಾಮ್ಬವ Si. 125).

ನೇಱಿಲ್ nêṟil. **ನೇಱಿಲು.** = ನೀಱಲು, ನೀಱಲೆ, ನೀಱ್ಲುರ್, ನೇಱಲ್, ನೇಱಲೆ, ನೇಱಿಳು, ನೇಱಿಳೆ, ನೇಱುಳೆ, ನೇಱ್ಲುರ್. The tree Eugenia jambolana Lam. (ಜಮ್ಬು Mr. 115; Śmd. 176; B. 4, 54; My.). See ಅರ-, ಅರಸು-, ನಾಯಿ-, Rśv. 2, 46. 47. — ನೇಱಿಲ ಹಣ್ಣು. (ಜಮ್ಬು, ಜಾಮ್ಬವ Nr.).

ನೇಱಿಳೆ nêṟiḷe. = ನೇಱಿಲ್. (Bp. 18, 16).

ನೇರ್ nêr. = ನೇರ್ 3, q. v.

ನೇರ್ಪು nêrpu. Straightness; propriety; regular course, order, way; rectitude, uprightness (ನೇರಿತು Ċt. I, 52; ಸಯ್ಪು II, 53; ಸಮ್ತೆ Śs.; Ċpr. 8, 83). — ನೇರ್ಪುವೆಱ್. -ಪೆಱ್. To become proper, etc. (Abh. P. 16, 97).

ನೇಱ್ಲುರ್ nêṟlu. = ನೇಱಿಲ್. (My.).

ನೇಲ್ nêl. = (ನೆಲ್), ನೇಲು. To be suspended, to hang, to swing, to dangle (ಅಲಮ್ಬನ Śmd. Dh.; ನೆಱಿಲ್ Kk. 74; ಎದಿರ್ 72; T. ತೂಲು, ನಾಲು; M. ತೂಲು, ತೂಙು; Tě. ವೇಲು; cf. ನಾವ್ಸು 2). ನೇಲ್ವಂ (Śmd. 288). ನೇಲ್ವು ದು (Kk. 72). See Rśv. 5, after 55; 5, 79.

ನೇಲಿಸು nêlisu. To suspend, etc. (Mg.).

ನೇಲು nêlu. = ನೇಲ್. P. p. ನೇತು (My.). ಜಡ್ಡಿಕೆಯಲ್ಲಿ ಕಟ್ಟಿ ನೇಲುವ ಹೂಮಾಲೆ (ಪ್ರಭ್ರಷ್ಟಕ); ಬಯ್ತಲೆಯಲ್ಲಿ ನೇಲುವ ಹೂಮಾಲೆ (ಲಲಾಮಕ Nr.). — ನೇತಾಡು. -ಆಡು. = ನೇಲು. To hang, etc. (My.). ಜುಟ್ಟಿನಲ್ಲಿ ನೇತಾಡುವ ಹುವ್ವಿನ ಸರ (ಪ್ರಭ್ರಷ್ಟಕ, ಶಿಖಾಲಮ್ಬ Si. 229); ಕೊರಳಲ್ಲಿ ನೇತಾಡುವ ಒಡವೆ (ಲಮ್ಬನ, ಲಲನ್ತಿಕೆ 218). ನೇತಾಡುವವನ ಹತ್ತರ ಮಾತಾಡಲಿಕ್ಕೆ ಹೋದರೆ ಜೋತಾಡುವದು ಸಿಕ್ಕಿತು.—ಕಾಟನಾಯಕನ ಮನೆಗೆ ಕನ್ನ ಹಾಕಿದರೆ ನೇತಾಡುವದೆರಡು ಥಂಗೀ ಚೀಲ.—ನೂಲು ಹಿಡಿದು ಜೋಲುವವನ ಕಾಲು ಹಿಡಿದು ನೇತಾಡಿದ (Prvs.). See Prv. s. ಬೇತಾಳ.

ನೇವಣ nêvaṇa. = ನೇವಳ, etc. (Râm. 6, 53, 95).

ನೇವಣಿಸು nêvaṇisu. To make a necklace of (Bh. 10, 10, 10).

ನೇವರಿಸು nêvarisu. = ನಿವರಿಸು. To make straight, smooth or proper by gently rubbing with the hand or by fingering; to rub gently with the hand, to stroke (My.; Tě. ನೇವರಿಂಚು; cf. ನಿವರು). ಕರಡಿ ನೇವರಿಸುವಲ್ಲಿ ತಡವೆಮ್ಪು ಶಬ್ದಮದು (Śm. 108). ಕುರುಳಂ ಕೊರುಗುರಿನ್ದೆ ನೇವರಿಸುತಂ (Rśv. 7, 10). ಕುರುಳಂ ನೇವರಿಸಿ (8, after 82). ಧನುವ ನೇವರಿಸಿದನು (Râm. 3, 6, 7). See Ċpr. 7, 127; Râm. 8, 8, 28; 6, 12, 37; 6, 53, 29. 101; Rśv. 4, after 14; J. 26, 12.

ನೇವಳ nêvaḷa. (Śmd. 157). = ನೇವಣ, ಲೇವಳ, ಲೇವಾಳ. A necklace of silver or gold (Tě. ನೇವಳ, ನೇಹಳ; Grj. 3, after 91; Bp. 4, 37; 42, 11; 44, 48; cf. ನೇಲ್? M. ತೋಙ್ಙಲ್, ornamental hangings). 2, a silver or gold girdle or zone (Tu.). ನೇವಳವಾದರೆ ಹವಳದ್ದು ಆದೀತೇ? (Prv.).

ನೇವುರ nêvura. Tbh. of ನೂಪುರ q.v. (ಅನ್ದುಗೆ Bhn. 21; Grj. 3, 118; 4, 19; Bp. 42, 11; V. 4, 86). See ಎೞರ-.

ನೇಸಱ್ nêsaṟ. (Śmd. 59). **ನೇಸಱು.** The sun (ಪೊತ್ತು, ಸೂರ್ಯ Śmd. I; ದಾನ ಜೊತರ್ Ċt. I, 91; ರವಿ I, 95. 103; II, 20; ನಿಸಿವಗೆಯ, ತಾವರೆಗೆಳೆಯ, ಪೊತ್ತು, etc., ಸೂರ್ಯ Śm. 14 Kk. 45; ಇನ, ಸೂರ್ಯ Si. 435; T. ಞಾಯಿಱು, ನಾಯಱು, ನಾಯಿಱು; M. ಞಾಯಱು, ಞಾಯಿಱು; T. ನೀಱಲ್ light; M. ನೇರ, the sun, daylight; cf. ನೆಗಱ್ 2). ನೇಸಱ ಬಟ್ಟಂ (ಪೊತ್ತು Ċt. I, 35). ಆವನಾನೊಬ್ಬ ವಿಪ್ರ ನಿದ್ರೆಗೆಯ್ಯುತ್ತಿರಲು ನೇಸಱು ಅಸ್ತಮಯ ಮಾದುಹುದು, ಆವನೊಬ್ಬ ಬ್ರಾಹ್ಮಣನು ಮಲಗಿರಲು ನೇಸಱು ಉದಯ ಮಾದುಹುದು, ಆ ಇಬ್ಬರು ತದುವಾಯಿನ್ದ ಅಭಿನಿರ್ಮುಕ್ತನು ಅಭ್ಯುದಿತನು ಎನಿಸುಗು (Nr.). ಕುಮುದಂಗಳ ನಗೆ ಬತ್ತಿದುವು ಪಾಯ್ತು ನೇಸಱಿನ್ ಆಗಳ್ (Lilv. 3, 5). ತಱಿ ತಱಿನೆ ನೇಸಱ್ ಮೂಡಿದುದು (Śmd. I & 229). See Śmd. 156. 264; Ċpr. 4, 72; Abh. P. 9, 112; J. 7, 50; Si. 255; ಪಡು-, ಮುನ್-. — ನೇಸಱಿಣುಗ. -ಅಣುಗ. Yama (ಜವ, ಅಱಿ, etc., ಅನ್ತಕ Śm. 12). — ನೇಸಱುಗಲ್. -ಕಲ್. The sun-stone: crystal (ಸೂರ್ಯಕಾನ್ತ Śs.). — ನೇಸರ್ಗಲ್. = ನೇಸಱುಗಲ್. (ಮಾರ್ತಾಣ್ಡೋಪಲ Ċt. II, 81). — ನೇಸರ್ಗುವರ. -ಕುವರ. Yama (Kk. 15). — ನೇಸರ್ಪಡು. The sun to set (Abh. P. 15, after 38). — ನೇಸರ್ಮುಯಣ. (Śmd. 217). The sunny season of spring.

ನೇಸ್ತ nêsta. = ನೇಹ. Love (My.).

ನೇಸ್ತಗಾತಿ nêsta-gâti. A female friend (My.).

ನೇಸ್ತಗಾಱ nêsta-gâṟa. A male friend (My.).

ನೇಹ nêha. Tbh. of ಸ್ನೇಹ. (ತಕ್ಕ Ċt. II, 36; ಅಕ್ಕಱು II, 72; ಕಾದಲ್ಮೆ II, 81; Kk. 88; ಕಾದಲ್ಮೆ, ನಲ್ಮೆ, ಒಲಿಪ್, ಕೂರ್ಮೆ Śm. 75; Kk. 30; Grj. 2, after 106; Râm. 6, 53, 101). 2, a sexual organ (Bp. 42, 15). — ನೇಹಗಲಹ. -ಕಲಹ. A lover's quarrel, mere wanton quarrelsomeness (J. 26, 5).

ನೇಹಿ nêhi. Tbh. of ನೇಮಿ. A large timber tree, Ougeinia dalbergioides Benth. (St. & Pl.).

ನೇೞಲ್ nêḻal. = ನೆೞಲ್ 2. (ಪ್ರಿಯಂಗು, ಶ್ಯಾಮ, ಫಲಿನಿ Mr. 111).

ನೈ nêi, nay. For Kannaḍa (or Tbh.) words that appear with this initial in writ see ನಯ್ or ನಯ್.

ನೈಋತ್ಯ nairitya. Tbh. of ನೈರ್ಋತ್ಯ. (J. 15, 11; B. 4, 115).

ನೈಕ na-êka. *Not one, more than one, several, many, manifold.*

ನೈಕಭೇದ naika-bhêda. *Of many kinds, various.*

ನೈಕಷೇಯ naikashêya. (fr. ನಿಕಷೆ). A child of Nikashâ: *a râkshasa, a fiend.*

ನೈಗಮ naigama. (fr. ನಿಗಮ). Relating or belonging to the vêda. 2, *a road.* 3, *a townsman, a citizen.* 4, *a trader, a merchant* (see s. ವಣಿಜ).

ನೈಚಿಕೆ naičikě. (fr. ನೀಚಿಕೆ). *An excellent cow* (ತಲೆಯಾವು Hlâ.). 2, the head or forehead of an ox (ಹಣೆ Mr. 179).

ನೈಚ್ಯ naičya. (fr. ನೀಚ). Lowness, vileness; humility (My.; Tě.).

ನೈಜ naija. (fr. ನಿಜ). *Own, one's own,* inherent. 2, real; reality, truth (ನಿಕ್ಕಿ, ಸತ್ಯ Kk. 48). See Bp. 3, 68; 57, 19; J. 9, 27; 26, 9; 27, 20; Śâ. s. ಬೇಡ 2.

ನೈಜಾಮು naijâmu. (fr. ನಿಜಾಮು). Relating or belonging to the nijâmu, Nizâm (My.).

ನೈಪಥ್ಯ naipathya. = ನೇಪಥ್ಯ. (J. 2, 27; 10, 6; Tě.). — ನೈಪಥ್ಯಂಗೆಯ್. -ಂ-. To attire one's self (Rśv. 5, after 19). — ನೈಪಥ್ಯನ್ದಳೆ. -ತಳೆ. To put on ornaments (Rśv. 6, after 11). — ನೈಪಥ್ಯಮ್ಬಡೆ. -ಂ-ಪಡೆ. To be decorated (Rśv. 6, after 11).

ನೈಪಾಲಿ naipâli. (fr. ನೇಪಾಲ). Nepaulese. 2, *red arsenic.*

ನೈಪುಣ್ಯ naipuṇya. (fr. ನಿಪುಣ). Dexterity, cleverness, skill; dexterous, etc. (Čpr. 3, 27; 4, after 12; Bp. 46, 39).

ನೈಮಿತ್ತಕ naimittaka. (fr. ನಿಮಿತ್ತ). Accidental, occasional, produced by particular circumstances. (My.).

ನೈಮಿಷ naimisha. (fr. ನಿಮಿಷ). Momentary. 2, N. of a forest. (J. 22, 22).

ನೈಮೇಯ naimêya. = ನಿಮಯ. *Barter, exchange.*

ನೈಯಗ್ರೋಧ naiyagrôdha. (fr. ನ್ಯಗ್ರೋಧ). *Belonging to or made of the nyagrôdha.*

ನೈಯಾಯಿಕ naiyâyika. (fr. ನ್ಯಾಯ). Knowing the nyâya philosophy or the laws of logic; a dialectitian, a logician. (Čpr. 1, 25).

ನೈರಸ nairasa. (fr. ನೀರಸ). The state of being devoid of taste, unsavory; saplessness (Bp. 56, 57).

ನೈರುತಿ nairuti. Tbh. of ನೈರ್ಋತಿ. (My.).

ನೈರುತ್ಯ nairutya. Tbh. of ನೈರ್ಋತ್ಯ. (Bp. 1, 64; 2, 28; My.).

ನೈರ್ಋತ nairṛita. (fr. ನಿರ್ಋತಿ). (= ನಿರುತಿ). Relating to nirṛiti; south-western. 2, *the ruler of the south-west quarter.* 3, a child of Nirṛiti: *a râkshasa, a demon.*

ನೈರ್ಋತಿ nairṛiti. = ನೈರುತಿ. The south-west quarter. 2, a râkshasa.

ನೈರ್ಋತ್ಯ nairṛitya. = ನೈಋತ್ಯ, ನೈರುತ್ಯ. Relating to nirṛiti; south-western.

ನೈರ್ಮಲ್ಯ nairmalya. (fr. ನಿರ್ಮಲ). Stainlessness, purity; virtue (ಪುಣ್ಯ, ನಿರ್ಮಲ Nn. 68; Bp. 54, 59). See ತಿಳಿ.

ನೈಲ್ಯ nailya. (fr. ನೀಲ). Blueness; dark-blue, blackness. (My.).

ನೈವೇದ್ಯ naivêdya. (fr. ನಿವೇದ್ಯ). = ನಿವೇದನ. An offering of eatables presented to a deity, an idol or any deified object. (Bp. 33, 10; J. 30, 40; Si. 242; My.). ನೈವೇದ್ಯಕ್ಕೆ ನಾಯಿ ಮುಟ್ಟಿದರೆ ನೈಷಧಪತಿ ಏನು ಮಾಡ್ಯಾನು? (Prv.). See Jńs. s. ಎಬ್ಬಿಸು. — ನೈವೇದ್ಯ ಈ. To present a naivêdya (Bp. 33, 10). — ನೈವೇದ್ಯ ಕೊಡು. = ನೈವೇದ್ಯ ಈ. (B. 4, 133). — ನೈವೇದ್ಯ ತೋರಿಸು. To show eatables at one's dinner to a deity (liṅga, etc.) before eating them (B. 5, 61; My.). — ನೈವೇದ್ಯ ಮಾಡು. = ನೈವೇದ್ಯ ಕೊಡು. (My.).

ನೈಶಾಟ naiśâṭa. (fr. ನಿಶಾಟ). Relating to a demon or demons (Râm. 3, 6, 4).

ನೈಷಧ naishadha. (fr. ನಿಷಧ). Relating to Nishadha. 2, Nala (see Prv. s. ನೈವೇದ್ಯ). 3, an epic poem treating on Nala's adventures (My.).

ನೈಷ್ಕಿಕ naishkika. (fr. ನಿಷ್ಕ). *A mint-master.*

ನೈಷ್ಠಿಕ naishṭhika. (fr. ನಿಷ್ಠೆ). Steady, firm, devoted; vowing abstinence and chastity. (My.).

ನೈಷ್ಠಿಕತನ naishṭhikatana. Constancy, steady adherence to rule, firm belief (My.).

ನೈಸರ್ಗಿಕ naisargika. (fr. ನಿಸರ್ಗ). Natural, innate, inherent, original. (My.).

ನೈಸ್ತ್ರಿಂಶಿಕ naistriṁśika. (fr. ನಿಸ್ತ್ರಿಂಶ). *A swordsman.*

ನೊಗ nŏga. = ನಗ 3. Tbh. of ಯುಗ (Šmd. 343). A yoke (ಯುಗ Nn. 90; ಸಂಯು, ಸಾಮ್ಯ, ಯುಗ Mr. 286; ಕೂಬರ, ಯುಗನ್ಧರ Si. 277; J. 25, 26; C.; Tĕ.; T., M. ನುಗ). ನೊಗನು ತಲೆಯೂರು ಬಣ್ಡಿ ಎಮ್ಬವೆಲ್ಲಂ ಹೂಡುವ ಎತ್ತುಗಳು ಕ್ರಮದಿನ್ದ ಯುಗ್ಯಪತ್ರಸಂಗ್ಯ ಶಾಕಟ ಎನಿಸುಗು; ನೊಗದ ಕೀಲು (ಯುಗಕೀಲಕ); ತಿದ್ದಲೆನ್ನು ನೊಗದ ಕೆಲದಲ್ಲಿ ಕಟ್ಟಿದ ಹೋರಿ (ಯುಗಪಾರ್ಶ್ವಗ, ಪೃಷ್ಠವಾಹ್ Nr.). ಬಣ್ಡಿಯ ನೊಗ (ಯುಗ Si. 410). ನೊಗ ಇದ್ದರೆ ನೇಗಲು, ಮುಗ ಇದ್ದರೆ ತನ್ದೆ (Prv.). — ನೊಗಪಟ್ಟಿ. The broad strap attached to a yoke and passed round the ox's neck (My.).

ನೊಚ್ಚಗೆ nŏččagĕ. = ಲೊಚ್ಚಗೆ. Agreeableness, pleasant feeling arising *e. g.* for the body from sitting before a fire, for the mouth from eating betel-nut, or for the ear from hearing pleasant words (My.; *cf.* ನಚ್ಚು 1). ನುಚ್ಚಿಗೆ ಬೆಚ್ಚುವವ ನೊಚ್ಚಗೆಮಾತಾಡಿದರೂ ನಚ್ಚಿಗೆ ಸಾಲದು (Prv.).

ನೊಚ್ಚಿತು nŏččitu. That is one's desire: that is to the full satisfaction of one's desire (Abh. P. 10, 158).

ನೊಣ nŏṇa. = ನೊಣವು, ನೊಳ, ನೊಳವು. A fly (Bp. 46, 59; 60, 48; My.; T., M. ನುಳಮ್ಬು, ನೊಳ್ಳಲ್, a musquito or gnat; M. ನುರಿಮ್ಬು, a gnat, chiefly an eye-fly, *cf.* ನೊರಜು). ಕಾಡ ನೊಣ (ದಂಶ, ವನಮಕ್ಷಿಕೆ); ಕರಿಯ ನೊಣ (ನೀಲಮಕ್ಷಿಕೆ, ಚರ್ವಣೆ); ದೊಡ್ಡ ನೊಣ (ಪತಂಗಿಕೆ, ಪುತ್ರಿಕೆ); ಜೇನ ನೊಣನು (ಸರಘೆ, ಮಧುಮಕ್ಷಿಕೆ Nr.). ನೊಣ ಕೂಡಿಸಿದ ಜೇನು ಮಣುವಾದರೆ ಜೆಣ ಹೊತ್ತವನಿಗೇನು? — ನೊಣ ಕೂತರೆ ಪ್ರಣ ಹೊರ್ತು ಹೆಣ ಜೀವಿಸೀತೇ? — ನೊಣದನ್ತೆ ತಾನೂ ಕೆಟ್ಟು, ಪರರನ್ನೂ ಕೆಡಿಸುತ್ತಾನೆ. — ನೊಣ ಬಿದ್ದ ಊಟಾ ಮಾಡಿ ಕಳಕಳಿಸಿದ ಹಾಗೆ. — ನೊಣ ಮಣುವಾದೀತೇ? — ಬೆಲ್ಲವಿದ್ದ ಕಡೆ ನೊಣ, ದಡೆ ನಾಲ್ಕಕ್ಕೆ ಮಣ (Prvs.). See Si. 175. 176. 367. — ನೊಣಕಸ. A common plant, Plectranthos cordifolius Don. (Z.). — ನೊಣಗಿಚ್ಚಿಯಾಟ. A play at which one loses when a fly sits down on his peg (My.). — ನೊಣದ ಗಿಡ. = ನೊಣಕಸ. (Z.). — ನೊಣಬೇಸಚಿಕ್ಕಯ್ಯ. N. (Bp. 58, 11).

ನೊಣಚು nŏṇaču. = ನುಣ್ಚು, etc. (My.).

ನೊಣಬ nŏṇaba. A man of a caste-division of the Kuṟubas (My.).

ನೊಣವು nŏṇavu. = ನೊಣ. ನೊಣವಿಂಗೆ (Bp. 23, 6).

ನೊಣೆ nŏṇĕ. 1. (= ನುಂಗು). To swallow (ಗಿಲನ Šmd. Dh.; Čpr. 4, 34; Abh. P. 13, 45; Rśv. 8, 120; V. 4, 120).

ನೊಣೆ nŏṇĕ. 2. To clean with the tongue the teeth of substances lodged between them (My.).

ನೊತ್ತು nŏttu. = ನತ್ತು. (My.).

ನೊದೆ nŏdĕ. = ಮೊದೆ. (My.).

ನೊನ್ದಿಸು nŏndisu. = ನನ್ದಿಸು, ನುನ್ದಿಸು. To extinguish, to quench (Bp. 19, 58; My.; B. 4, 60; T. ನುದು, ನೊದು, ನೂರ್). ನೊನ್ದಿಸಿದಷ್ಟು ಉರಿದರೆ ಹನ್ದಿ ಏನು ಮಾಡೀತು? (Prv.).

ನೊನ್ದು nŏndu. 1. = ನನ್ದು 1, ನುನ್ದು. To be extinguished, to go out, to be quenched (My.; B. 4, 31. 60; T. ನೂರ್). 2, = ನೊನ್ದಿಸು (My.).

ನೊನ್ದು nŏndu. 2. P. p. of ನೋ.

ನೊಪ್ಪ nŏppa. = ನೊಪ್ಪನೆ (Šmd. 229). ನೊಪ್ಪ ನೆಗೆದು (Grj. 1, 104). — ನೊಪ್ಪ ನೊಪ್ಪನೆ. (Šmd. 229). ನೊಪ್ಪ ನೊಪ್ಪನೆ ಪೇೞ್ (229 Mḍb.). — ನೊಪ್ಪನೆ. = ನೊಪ್ಪ, q. v.

ನೊಯ್ nŏy. ನೊಯು. = ನೋ, etc. ನೊಯ್ಯವೇ ಕರಬಿಸರುಹಂಗಳ್? (Bp. 38, 36).

ನೊಯಿಸು nŏyisu. = ನೋಯಿಸು. To cause to feel pain (Tĕ. ನೊಂಚು). ನಿಷ್ಠುರನುಡಿಯಿನ್ದ ಅವರ ಮನಸ್ಸು ನೊ

ಯಿಸ ಬಾರದು (B. 4, 72). ನೊನ್ದವನಿಗೆ ನೋಯಿಸಿದರೆ ಕೊನ್ದ ಪಾಪ ವಲ್ಲವೇ? (Prv.).

ನೊಯ್ಯು nŏyyu. = ನೊಯ್. (My.). P. p. ನೊನ್ದು.

ನೊರಜು nŏraju. = ನೊರಂಜು (Šmd. 48), ನುಸಿ 2, No. 2. A (musquito or) gnat, an eye-fly (ತುಷ Mr. 177; ಶೃಂಗಾರಿ G.; Bh. 6, 5, 38; Ššv. 5, 45; C.; see s. ನೊಣ). ಕುರುಜು ಮೇರುವೆ ಇಲ್ಲ, ನೊರಜುಗಳ ಸ್ವರ ಹೆಚ್ಚು (Prv.).

ನೊರಂಜು nŏrañju. = ನೊರಜು, q. v.

ನೊರೆ nŏrĕ. Foam, froth, scum (ಫೇನ, ಡಿಣ್ಡೀರ, ಅಬ್ಧಿಕಫ Hlâ., Nr., Mr. 415; ಫೇನ Nn. 6; ಜತ್ತುಳ Kk. 13, Šm. 35; C.; Tĕ. ನುರುಗು, ನುರುವು, ನುರ್ವು; M. ನುರೆ, T. ನುರೈ). ಸಮುದ್ರದ ನೊರೆ (ಫೇನ, etc. Sì. 334). ನೊರೆ ಕಾಯಿವಾಗ್ಯೆ ಹರ ಎನ್ದರೆ ಬಿಟ್ಟೀತೇ? (Prv.). See Čpr. 8, after 4; 8, 97; Bp. 51, 56; 61, 66; Č. Bp. 42, 14; Bh. 3, 6, 25; J. 6, 3. 9; ಬೆಳ್ನೊರೆ. — ನೊರೆಗಟ್ಟು. -ಕಟ್ಟು. Foam, etc. to be formed (My.). — ನೊರೆಗಡಿಯಣ. -ಕಡಿಯಣ. A bit full of foam (Râm. 6, 30, 10). — ನೊರೆನೆತ್ತರ್. Foamy or scummy blood (Abh. P. 13, 47). — ನೊರೆಮಾಲೆ. A garland of foam (Ršv. 13, after 77). — ನೊರೆವಾಯ್. -ಬಾಯ್. A mouth covered with or containing foam (Bp. 20, 11; 46, 56; V. 11, 61). — ನೊರೆವಾಲು. = ನೊರೆಹಾಲು. Frothing milk fresh from the cow (My.). — ನೊರೆವಿಣ್ಣು. -ಪಿಣ್ಣು. A foam-mass (Ršv. 6, after 24). — ನೊರೆವುಲ್. -ಪುಲ್. Frothy, soft grass (Čpr. 4, 47). — ನೊರೆಹಪ್ಪಳ. A kind of rice-happaḷa (C.). — ನೊರೆಹಾಲು. = ನೊರೆವಾಲು. See Sp. s. ಉಣ್ಣೆ 2.

ನೊಱಜು nŏṟaju. = ನಱುಜು, etc. (My.).

ನೊಸಲ್ nŏsal. = ನೊಸಲು. The forehead (ಲಲಾಟ, ಅಲಿಕ, ಗೋಧಿ Nr., Hlâ.; ಪಣೆ, ಹಣೆ Šm. 71. 96; T., M. ನುದಲ್; Tĕ. ನುದುರು; Tu. ನೆಸಲ್; *cf.* ಮುಸುಡು). ನೊಸಲನ್ ಅಲೆವ ಕುರುಳು (ಭ್ರಮರಕ Hlâ.). ನೊಸಲೊಳ್ ಅಲೆವ ಕುರುಳ್ಗಳ್ (ಅಲಿ Mr. 320). ನೊಸಲ ಇಲುವು (ಲಲಾಟಾಸ್ಥಿ, ಶಂಖ Nr.). See Čpr. 2, 89; 4, 14; 5, 127; Bp. 4, 28; 38, 41; 36, 23; 43, 32; 46, 13; Ršv. 6, after 11; 13, 63; J. 5, 7; ಪೆರ್-. — ನೊಸಲಕ್ಕರ. -ಅಕ್ಕರ. The writ of destiny on the forehead (Šmd. 69; Čpr. 8, 87). — ನೊಸಲ ಕಣ್ಣು. An eye on the forehead (Bp. 27, 14). ನೊಸಲ ಕಣ್ಣ, who has an eye on the forehead: Šiva (9, 30). ನೊಸಲ ಕಣ್ಣ ದೇವ, Šiva (Šmd. 162). — ನೊಸಲಪಟ್ಟ. A plate on which a favourite god's name is written and put on the forehead by the bride and bridegroom; a plate on which some laudatory words are written, put on the forehead of horses; etc. (ಲಲಾಟಿಕೆ Nr.). — ನೊಸಲಬರಹ. = ನೊಸಲಕ್ಕರ. (Bp. 61, 7). — ನೊಸಲ ಬೊಟ್ಟು. A mark made with sandal, etc. on the forehead. ಗೋರೋಚನ ಸುಗನ್ಧದಿನ್ದ ರಚಿಸಿದ (ಬೇಡತಿಯರ) ನೊಸಲ ಬೊಟ್ಟು (Râghĕ. 17, 65).

ನೊಸಲು nŏsalu. = ನೊಸಲ್. (Bp. 47, 31; My.). ಆನೆಯ ನೊಸಲು (ಅವಗ್ರಹ, ಲಲಾಟ Hlâ.). ನೊಸಲಿನ ಬರಹ ಬಸಲೆಯಿನ್ದ ಒರಸ ಬಹುದೇ? (Prv.).

ನೊಳ nŏḷa. = ನೊಳವು (Šmd. 56), ನೊಣ, etc. (ಮಚ್ಚು Kk. 85; Šm. 44. 85).

ನೊಳಲೆ nŏḷalĕ. (ನೊಬಲೆ). = ಮೊಳಲೆ. A shell or tube (?; see ನಾಯ್-, ನಾಯಿ-; *cf.* ನಳ್ಳಿ? Tu. ನೊಲ್ಲು, a kind of water-snake).

ನೊಳವು nŏḷavu. = ನೊಳ, q. v. ಸಂಚರಿಸುವ ನೊಳವು (Šmd. 56).

ನೊೞೆ nŏḻĕ. = ನುಗುಳ್. To creep in, etc. (T. ನುೞೈ, M. ನುೞ; My. occasionally).

ನೋ nô. = ನೊಯ್, ನೊಯ್ಯು, ನೋಯು. To feel or suffer pain, to ache; pain to be felt; to be afflicted or grieved (ವ್ಯಥನ Šmd. Dh.; M.; T. ನೋ, ನೋಗು). P. p. ನೊನ್ದು (Šmd. 276). ಕಣ್ ನೊನ್ದಪುದು (190). ಕಿಮುಟ್ಟಿದ ತಳಿರನ್ತೆ ನೊನ್ದು (39). ನೋವುದು (ಆದೀನವ, ಆಸ್ರವ, ಕ್ಲೇಶ Nr.). ಹಸ್ತಂ ನೊನ್ದಿತು (Bp. 38, 37). ಕೆಯ್ಗಳು ನೋಯೆ (38, 36). ನೋವನ್ದು (13, 52). ಬಿಱುಹೊಯಿಲಿನಿಂ ನೊನ್ದು ಅಖಿಲ ಜ್ಜನರು (52, 15). ಆಪತ್ತಿನ್ದೆ ನೊನ್ದು (29, 12). ನೊನ್ದು ಮನದಲಿ (36, 8). ಚಿತ್ತದಲಿ ನೊನ್ದಪರು (38, 8). ಮನಸು ನೊನ್ದಪುದೋ? (38, 35). ನೋಯಲೊಡೆಬುವ ಶರಭ ಸಿಂಹ etc. (Bh. 3, 13, 28). ಶಂಕರಶರಣಜನಂ ನೋಯೆ (Ršv. 13, 25). ಮಾಯದ ವೀರನಂ ನೋಯಲಿದಾದು (6, after 11). ಮನ ನೊನ್ದು ನುಡಿದನು (Bh. 1, 8, 4). ಚನ್ದನದ ಕರಗಿಸಲು ನೊನ್ದು ಪರಿಮಳಮುಕ್ಕು, ಸನ್ನಡೆವನದಿದ ಸತ್ಪುರುಷರೆನಿಪರು ಸಯ್ರಿಪರು (Sp.). See Bp. 38, 9. 10; Ršv. 13, after 96; J. 20, 20; 26, 18. 35; ಕಡು-.

ನೋ nô. *Nor; not.*

ನೋಚ್ಚು nôččn. (= ನೋಂಪಿಸು). (Abh. P. 3, 56).

ನೋಟ nôṭa. (fr. ನೋಡು). Looking at or on; viewing, beholding, seeing; (pondering); examination; a sight, a spectacle; sight, the power of seeing; a look; appearance (ನಿಭಾಲನ, ನಿಶಾಮನ, ನಿಧ್ಯಾನ, ಅವಲೋಕನ, ಈಕ್ಷಣ, ದರ್ಶನ, ದ್ಯೋತನ, ದೃಷ್ಟಿ Hlâ., Nr.; ದರ್ಶನ, ಧ್ಯಾನ, ಅವಲೋಕನ, ಲಕ್ಷಣ Mr. 316; ಸದೃಕ್ಷ Nn. 158; ಪ್ರೇಕ್ಷಣ, ಪೆಕ್ಖಣ Kk. 59; ದೃಷ್ಟಿ, ದರ್ಶನ Sì. 415; ಅವಲೋಕ, ಅವೇಕ್ಷೆ G.; C.; T., M. ನೋಟ್ಟ). ಒಳ್ಳಿಹ ನೋಟವು (ವಲ್ಗುದರ್ಶನ Nr.). ಕಡೆಗಣ್ಣ ನೋಟ (ಕಟಾಕ್ಷ Hlâ.; ಕಟಾಕ್ಷ, ವಿಕ್ಷೇಪ Mr. 316). ಸಿಟ್ಟಿನ ನೋಟ (ಆದೃಷ್ಟಿ G.). ಮುನಿದು ನೋಡುವ ನೋಟ (ಆದೃಷ್ಟಿ Nr.). ಆಟಂ ಪಾಟಂ ತೀಟಂ ನೋಟಂ (Šmd. 250). ಅವನ ನೋಟ ದೂರ ಹರಿಯುವದಿಲ್ಲ (My.). ನೋಟವಿಲ್ಲದೆ ಓಟ ಮಾಡಿದರೆ ಕಾಟಾ ತಪ್ಪದು.—ನೋಟಕ್ಕೆ ನಾಟ್ಯ, ಊಟಕ್ಕೆ ಕೂಟ.—ನೋಟಕ್ಕೆ ಹೋಗಿ, ಊಟಾ ಬಿಟ್ಟು, ಕಾಟಾ ತನ್ದು ಕೊಣ್ಡ.—ನಾಣ್ಯದ ನೋಟ ಬಲ್ಲವನೇ ಸೆಟ್ಟಿ.—ನೋಟದಿನ್ದ ಕಣ್ಣು ಓಟೆ ಆಯಿತು.—ನೋಟ ನಟ್ಟಗಿದ್ದರೆ ಕಾಟ ಹ್ಯಾಗೆ ಬನ್ದೀತು?—ನೋಟ ನೋಡಿದರೆ ಕಾಟ ಉಣ್ಟು.—ನೋಟ ಪೆಬರಿಷ್ಟೆ, ಊಟ ಮನದಿಷ್ಟೆ (Prvs.). See Šmd. 244; Čpr. 8, 53. 56; Bp. 9, 12; 10, 55; 18, 83; 34, 9; 35, 21. 23; 35, 34; 40, 4; 47, 65; 48, 31; J. 5, 60; 7, 6; 15, 43; ಕಣ್ನೋಟ, ಬಿಱು-, ಮೆಯ್-, ಸವಿ-. — ನೋಟನ್ದೆಗೆ. -ಂತೆಗೆ. To look at one another (Grj. 4, 69). — ನೋಟ ಬೇಟ. Looks and love-gestures (Abhâ. 2, 78).

ನೋಟಕ nôṭaka. A looker-on, a spectator; an eye-witness. ನೆಲನ್ ಅದಿರೆ, ನೋಟಕರ್ ಕಣ್ಣಲಸೆ, ಮನಂಗೊರಗೆ (Šmd. 294). See Čpr. 5, after 76; 8, 48; Abh. P. 3, 39; Bp. 28, 50; 57, 32; 60, 32; Bh. 2, 2, 94; 3, 19, 50; Râm. 5, 8, 29; J. 15, 39; 17, 9.

ನೋಟಕಾಱ nôṭa-kâṟa. = ನೋಟಕ. (Bh. 6, 4, 26).

ನೋಟಗಾಱ nôṭa-gâṟa. A looker-on, a spectator (My.). 2, an examiner: a shroff (My.). ಕತ್ತೆ ಚಿತ್ರಗಾಱನ ಮಿಣ್ಣ, ಹಣ ನೋಟಗಾಱನ ಮಿಣ್ಣ, ಟವಣೆ ಶಾನಭೋಗನ ಮಿಣ್ಣ (Prv.).

ನೋಡಿಸು nôḍisu. To cause to look at or on, to cause to examine (ಲೋಚನಕ್ರಿಯೆ Šmd. Dh.; Bp. 2, 48; J. 30, 53; My.).

ನೋಡು nôḍu. = ನೋಟ್. To look; to look on; to look at, to view, to behold; to look after; to examine; to consider; to take care; to see (ಪ್ರೇಕ್ಷಣ Šmd. Dh.; C.; T., M. ನೋಕ್ಕು; *cf.* ಚೂಪು 1). ಅಕ್ಷಿಯಿಂ ಕೆಳಗೆ ನೋಡಲು (ನಿಮೀಲನ Mr. 317). ಮೇಲು ಕೆಳಗಂ ನೋಡುವುದು (ದೇವದತ್ತ 52). ಕೋಪಿಸಿ ನೋಡಿದಂ (ಕಿಸುಗಣ್ಣಿದಂ Čt. II, 107). ನೋಡುವಂ or ನೋಳ್ಪಂ (Šmd. 28). ಯಕಾರ ಲಕಾರಂಗಳ್ಗೆ ನೋಡಿ ಕೊಳ್ವುದು (59). ಮೊಗನ್ನೋಡಿದಂ or ಮೊಗ ನೋಡಿದಂ (200). ಸಸಿಯಂ ನೋಡಿ (267). ಹೆಚ್ಚು ಕುಸ್ತುಗಳ ನೋಡುವವರು (ಸದಸ್ಯರ್); ಮುನಿದು ನೋಡುವ ನೋಟ (ಅದೃಷ್ಟಿ Nr.). ನಿನ್ನಂ ನೋಡುವೆನ್ನ ಕಣ್ಣೋಡೆಯುದಿರದಕಟ! (J. 28, 17). ಲೀಲೆ ಮಿಗೆ ನೋಡುವಚ್ಚರಿಗಳಂ ನೋಡುವಂ (28, 22). ಕಣ್ಗೆಡಿ ಸಾಲಿಡೆ ನೋಡಿ ಬೇಡರಂ (Rśv. 5, 116). ಉಲ್ಲಾಸದಿನ್ದ ಜಗಿದಾಡುವ ಕುಟೀ ಮಟಗಳನ್ನು ನೋಡುತ್ತೀವೆ (B. 3, 90). ನೋಡುವ ಕನ್ನಡಿ (4, 226). ಅವನು ಊರೊಳಗಿನ ಬಡವರ ಸಾಲೆಗಳನ್ನು ನೋಡುತ್ತಿರ ಬೇಕು (5, 281). ನೋಡದ ಕಣ್ಣಿಗೆ ಕಾಣದ ಗೊಪ್ಪೆ.— ನೋಡದ ಕೆಲಸಕ್ಕೆ ಆಡದ (unfixed) ಸಪ್ಪಳ.— ನೋಡದ ವಸ್ತು ಆಡಿದರೆ ಬನ್ದೀತೇ?— ನೋಡದೆ ಆಡಿದರೆ ಕೇಡು ತಪ್ಪದು.— ನೋಡಿ ಕೊಣ್ಡು ಉಣ್ಣದಿದ್ದರೆ ಮಾಡಿದವಳಿನ್ದ ಏನು?— ನೋಡಿದರೆ ಕಾಣದ್ದು ಓಡಿದರೆ ಸಿಕ್ಕೀತೇ?— ನೋಡಿದಷ್ಟೂ ಮಗ ಬಡವನಾದರೆ ಮಾಡಿದವರ ಪುಣ್ಯ (simply: fruit of former actions).— ನೋಡಿ ನಡೆಯೋನಿಗೆ ಕೇಡು ಬಾರದು.— ನೋಡಿ ಬರದರೆ ಪರರನ್ನು ತಿನ್ದಿತು, ನೋಡದೆ ಬರದರೆ ತನ್ನನ್ನೇ ತಿನ್ದಿತು.— ನೋಡಿ ಗೇಯೋಕೆ ಉಣ್ಣು ಮಲಗೋಕೆ ಯಾರೂ ಕಲಿಸಬೇಡ.— ನೋಡಿ ಬಾ! ಎನ್ದರೆ ಸುಟ್ಟು ಬನ್ದ (Prvs.). See Šmd. 98. 112. 153. 255. 260. 272; Ǒpr. 1, 95; 2, 79; Bp. 4, 65. 66; 14, 18; 19, 85; 20, 13; 37, 52; 40, 14. 16. 36. 42; 45, 31. 32. 33; 49, 17; 50, 25; 52, 36; 53, 17; 54, 81; 57, 32; 58, 36; 60, 27; Bh. 2, 13, 23; Šm. 24. 33. 75; Râm. 3, 2, 19; Rśv. 5, 39; 6, 32; J. 2, 65; 28, 35. 44; 31, 35; Si. 237. 356. 363. 378.— ನೋಡ ನೋಡು, rep. (B. 2, 30).— ನೋಡು ನೋಡು. rep. (Šmd. 230; Bp. 19, 24; 33, 3; 35, 2; 36, 51; 55, 37; J. 3, 37; 28, 26; B. 5, 143. 169).— ನೋಡೇ ನೋಡಿ. = ನೋಡಿಯೇ ನೋಡಿ. (B. 3, 2).

ನೋಡುವಿಕೆ nôḍuvikĕ. Looking, etc. (ಆಲೋಕ, ದರ್ಶನ Si. 404). ಹುಡಿಕಿ ನೋಡುವಿಕೆ (ಅನ್ವೀಕ್ಷಣ, ವಿಚಯನ, ಮಾರ್ಗಣ, etc. 398).

ನೋತ nôta. Ache, pain (My.). ನೋತವಾದರೆ ಹೇತರೆ ತಪ್ಪೀತೇ?— ನೋತವುಳ್ಳವನು ಕೋತಿಯ ಹಾಗೆ (Prvs.). See Prv. s. ಮಣ್ಡಿ; ಮೆಯ್-.

ನೋತು nôtu. = ನೋನ್ತು. P. p. of ನೋನು.

ನೋದ nôda. Pushing, impelling, inciting. See ಪ್ರ-.

ನೋನ್ nôn. = ನೋನು. To observe a vow or religious obligation, to perform any (thing as a) meritorious act of devotion or austerity (ವ್ರತಾಚರಣ Šmd. Dh.; Tĕ. ನೋಚು, ನೋಮು; T., M. ನೋಲ್). P. p. ನೋನ್ತು (Šmd. 287 Cm.; Ǒpr. 1, 32. 75; Abh. P. 15, after 54; Bp. 2, 48. 51. 57; J. 18, 19). ನೋನ್ಪಂ (Šmd. 275).

ನೋನಿಸು nônisu. To cause to perform something as a meritorious act, etc. ಆಯಿರ್ದ ಮಾಟ್ಕೆಯೊಳೆ ಪರಮಾಯುಷ್ಯಾನ್ತಪ್ಪುದಂ ನಿರಾಕುಲಮಾಗಿರ್ಪಾಯಿರವಿನ ಜ್ಯೆನಾಭಿಪ್ರಾಯಂ ಪ್ರಾಯೋಪಗಮನಮಂ ನೋನಿಸಿದಂ (Šmd. 64. 128; Kâvy. I, 15, 7).

ನೋನು nônu. = ನೋನ್. ನಿನ್ನಂ (*i. e.* ನಿನಗಾಗಿ) ನೋನುವೆವು (Bp. 48, 19). P. p. ನೋತು (My.).

ನೋಮ್ಪಿ nômpi. = ನೋಮ್ಪು. Any religious act or obligation enjoined by the gods; any meritorious act of devotion or austerity (Abh. P. 15, after 54; Bp. 2, 48. 49; 3, 14; J. 30, 40; My.; Tĕ. ನೋಮು; T., M. ನೋನ್ಪು; see ಉಗ್ರ).

ನೋಮ್ಪು nômpu. = ನೋಮ್ಪಿ. (V. 14, 56; My.).

ನೋಯಿಸು nôyisu. (Šmd. 25). = ನೊಂಬಿಸು. To cause to suffer pain, to pain; to afflict, to distress (C.). ನೋಯಿಸಿದಂ (Šmd. 64. 273). ನೋಯಿಸುವವನು (ಅರುನ್ತುದ, ವ್ಯಥಕ Hlâ.; Mr. 236). ನೋಯಿಸಲ್ ಪಟ್ಟುದು (ತುನ್ನ, ಪೀಡಿತ Hlâ.). ಮರ್ಮವ ನೋಯಿಸುವುದು (ಅರುನ್ತುದ, ಮರ್ಮಸ್ಪೃಶ್ Nr.). ಗಾಳೀ ಗುದ್ದಿ, ಮೆಯ್ ನೋಯಿಸಿ ಕೊಣ್ಡ ಹಾಗೆ (Prv.). ಅಳುಮಕ್ಕಳಿಗೂ ಇತರರಿಗಾಗಲಿ ಕೆಟ್ಟ ಮಾತು ಆಡಿ, ಮನಸ್ಸು ನೋಯಿಸ ಬಾರದು (B. 4, 34). ನೀನ್ ಅವರುಗಳ ನಾನಾರ್ಥನ್ದಲಿ ನೋಯಿಸಿದೆ (Bh. 1, 8, 20). See Bp. 22, 17; 38, 10. 12. 34; J. 21, 34; Si. 89.

ನೋಯಿಸುಹ nôyisuha. Inflicting pain, etc. ಶತ್ರುಗಳ ನೋಯಿಸುಹ (ದಣ್ಡ Nr.).

ನೋಯು nôyu. = ನೋ, etc. (My.; B. 2, 24). P. p. ನೊನ್ದು. See Prv. s. ಚಿತ್ತ.

ನೋರು nôru. Fare, haulage: freight (Mhr., H.; Mg.).

ನೋವು nôvu. Ache, pain; affliction (ಪೀಡೆ, ಬಾಧೆ, ವ್ಯಥೆ Nr.; ಪ್ರಸರ Nn. 108; ವೇದನ 156; ವೇದನೆ Šmd. 393 Cm.; ಕ್ಲಮಥು, ಗ್ಲಾನಿ Mr. 384; ತುನ್ನ, ಪೀಡಿತ 448; ಕೋಟಲೆ Bhn. 41; Bp. 28, 11. 14; J. 13, 38; 19, 35; C.; T. ನೊ, ನೋಚವು, ನೋಯ್; M. ನೋಯ್, ನೋಯಿ; Tĕ. ನೊಪ್ಪಿ, ನೊಪ್ಪಿ). ಕಾಲಿಗೆ ನೋವು ಆಯಿತು (B. 1, 12). ನೋವು ಕಾಮಿಸುವರಿಲ್ಲ, ನಾಯಿ ಬೊಗಳಿಸುವರಿಲ್ಲ.— ಕಾವು ಕೊಟ್ಟು, ನೋವು ಪಡ ಕೊಣ್ಡ (Prvs.). ನಡುವಿನ ವಾಯುನೋವು (ಗೃಧ್ರಸಿ Si. 485). See ತಲೆ-, ಮಣ್ಡೆ-; Prv. s. ತನು.— ನೋವು ಕೊಡು. = ನೋಯಿಸು. (G. 304; My.).— ನೋವು ಮಾಡು. = ನೋಯಿಸು. ಜೇನೆಗಳು ಬನ್ದು ನೋವು ಮಾಡುವಾಗ (B. 5, 190; My.).

ನೋಳ್ nôḷ. To precede, to take the lead (ಅಗ್ರಗಮನ Šmd. Dh.).

ನೋಳ್ದು nôḷdu.— ನೋಳ್ದು ಕೊಣ್ಡನ್ತೆ ಬೆನ್ನೊಳ್ ನಿಲ್ತಂ ಗಾಣ್ಡೀವಿ (Šmd. 288 Mdb., o. r. ನೊಳ್ಗಿ).

ನೋಳ್ಪು nôḷpu. To go fronting somebody, to go forward to meet (ಇದಿರ್ಚ ನಡೆ Šmd. II; ಇದಿರ್ಚು Kk. 87).

ನೋೞ್ nôḻ. = ನೋಡು. ನೋೞ್ಪಂ or ನೋಡುವಂ (Šmd. 28). ನೋೞ್ಪಂ (217. 275). ನೋೞ್ಪೊಡೆ (ನೋಡುವಡೆ 198 Cm.). ನೋೞ್ಪೊಡೆ ಅವಳ್ ಕಿಬ್ಬಯಳ್ (297). ನೋೞ್ಪಡೆ (Čt. II, 72). ನೋೞ್ದು (Ǒpr. 1, 93; Bp. 2, 18; Rśv. 6, after 11; 13, after 77). ನೋೞ್ಪುದು (Rśv. 2, 48). ನೋೞ್ಪಾಗಳ್ (5, after 27). See Bp. 10, 55; 32, 6; 42, 20.

ನೌ nau. For Kannaḍa words with this initial in writ see ನವ or ನವು.

ನೌ nau. *A ship, a boat.*

ನೌಕರ naukara. = ನವುಕರ, etc. (My.).

ನೌಕಾದಣ್ಡ naukâ-daṇḍa. *An oar.*

ನೌಕಾನಯನ naukâ-nayana. Ship-leading (or building, B. 5, 194).

ನೌಕೆ naukĕ. ನೌಕಾ. *A small ship, a boat.*

ನೌತಾರ್ಯ nau-târya. *Navigable.*

ನೌದಣ್ಡ nau-daṇḍa. *An oar.*

ನ್ಯಕ್ nyak. = ನ್ಯಂಚ್.

ನ್ಯಕ್ಕು nyakku. Tbh. of ನ್ಯಂಚ್ (ನ್ಯಚ್ Śmd. 106).

ನ್ಯಕ್ಷ ni-aksha. *Low, inferior.* 2, *whole, entire.*

ನ್ಯಗ್ರೋಧ nyak-rôdha. = ನೆಗ್ರೋಧ. Growing downwards: *the Indian fig-tree or banyan tree, Ficus bengalensis* Lin. (Ficus indica Roxb., ವಟ, ಆಲದ ಮರ Nn. 42). 2, the tree Butea frondosa (ಪಲಾಶ, ಮುತ್ತಗ 42). 3, the moon (ಶಶಿ, ಚನ್ದ್ರ 42). 4, *a fathom, measured by the arms extended.* 5, a road (ಮಾರ್ಗ, ಹಾದಿ 42). 6, a point of the compass (ದಿಕ್, ದಿಕ್ಕು 42). 7, fraud, etc. (ಛಲ 42). 8, a forest (ವನ, ಅರಣ್ಯ 42).

ನ್ಯಗ್ರೋಧಿ nyak-rôdhi. *The tree Salvinia cucullata* Roxb.

ನ್ಯಂಕು ni-aṅku. = ನಂಕು. *A deer, an antelope* (*cf.* ಜಿಂಕೆ). See Nr. s. ಬಿಳುಪು.

ನ್ಯಂಚ್ ni-añč. ನ್ಯಚ್. = ನ್ಯಕ್, ನ್ಯಕ್ಕು. *Going downwards, downwards, down.*

ನ್ಯಂಚಿತ ni-añčita. *Thrown or cast down, bent down.*

ನ್ಯರ್ಬುದ ni-arbuda. = ನಿರ್ಬುದ. One hundred millions.

ನ್ಯಸನ ni-asana. Casting, putting or laying down, depositing; delivering, giving up. (Kâvy. III, 3, B, 80).

ನ್ಯಸ್ತ ni-asta. *Thrown or cast down, put, placed.* 2, *delivered, deposited, consigned.*

ನ್ಯಾದ ni-âda. *Food.*

ನ್ಯಾಯ ni-âya. = ನಾಯ 2, ನೇಯ 1. *Method, way, rule, manner, system, plan.* 2, right or fit manner: *fitness, propriety, right, justice;* law; a lawful act. 3, *a lawsuit;* a dispute, a quarrel (My.). 4, judicial sentence, judgment. 5, a logical argument; a complete argument or syllogism; logic, logical philosophy; a system of philosophy delivered by Gôtama or Gautama (Bp. 51, 12; 53, 8; see ವೈಶೇಷಿಕ). 6, a general or universal rule in grammar, an axiom which precedes and must be kept in view in the explanation of special rules. ನ್ಯಾಯದಿನ್ದ ಆಯ ಹುಟ್ಟುವದು.—ನ್ಯಾಯಕ್ಕೆ ಸಹಾಯವೇ ಬಲ.—ನ್ಯಾಯವಿಲ್ಲದವ ನಾಯಿಗಿನ್ತ ಕಡೆ.—ನಿಯತ್ತಿಲ್ಲದವನಲ್ಲಿ ನ್ಯಾಯ ಚನ್ದ (Prvs.). See Kâvy. II, 2, B, 24. — ನ್ಯಾಯಖಾತೆ. A judicial department (B. 5, 263). — ನ್ಯಾಯತೀರಿಕೆ. A lawsuit or case being settled or decided (My.; also ನ್ಯಾಯತೀರುವಿಕೆ). — ನ್ಯಾಯ ತೀರಿಸು. To settle or decide a case or quarrel (My.; B. 4, 6; 5, 228. 262). ನ್ಯಾಯ ತೀರಿಸೋಣ (ಸಾಟಿವ್ಯ G.). — ನ್ಯಾಯ ತೀರಿಸುವಿಕೆ. Settling or deciding a case (My.). — ನ್ಯಾಯದ ಕಟ್ಟು. A system of rules, a rule (My.). — ನ್ಯಾಯದೂರ. A man who is a long way off from justice, who does not care for it at all (Bp. 28, 62). — ನ್ಯಾಯವಾಡು. -ಆಡು. To engage in lawsuits (My.); to altercate, to quarrel (My.). — ನ್ಯಾಯಾಡು. -ಆಡು. = ನ್ಯಾಯವಾಡು. (B. 5, 232).

ನ್ಯಾಯಕಾರ nyâya-kâra. A quarrelsome man (Bp. 59, 37).

ನ್ಯಾಯನಿರ್ಣಯ nyâya-nirṇaya. A decision in a lawsuit, a sentence or verdict (My.).

ನ್ಯಾಯನಿರ್ಣಾಯಕ nyâya-nirṇâyaka. A judge (ಪ್ರಾಡ್ವಿವಾಕ, ಅಕ್ಷದರ್ಶಕ Sl. 258).

ನ್ಯಾಯಪದ್ಧತಿ nyâya-paddhati. A guide-book on proper conduct (My.).

ನ್ಯಾಯಪ್ರಮಾಣ nyâya-pramâṇa. A standard of rules or law (My.).

ನ್ಯಾಯಮಾರ್ಗ nyâya-mârga. The way of propriety or justice (My.; ಸಂಸ್ಥೆ G.). ನ್ಯಾಯಮಾರ್ಗದಿನ್ದ ನಡೆಯೋಣ (ಮರ್ಯಾದೆ, ಸ್ಥಿತಿ G.).

ನ್ಯಾಯವನ್ತ nyâya-vanta. A properly behaving man (My.).

ನ್ಯಾಯವರ್ತಿ nyâya-varti. Well-behaved. 2, N. (J. 10, 44).

ನ್ಯಾಯವಿಚಾರಕ nyâya-vičâraka. A judge (My.).

ನ್ಯಾಯವಿಚಾರಣೆ nyâya-vičâraṇĕ. Investigation of a lawsuit (My.).

ನ್ಯಾಯವಿದ nyâya-vida. A man who knows the law: a judge (My.).

ನ್ಯಾಯವಿಧ nyâya-vidha. An arranger about lawsuits: a judge (ಅರ್ಥದೃಕ್, etc. Mr. 268).

ನ್ಯಾಯವಿಧಾಯಕ nyâya-vidhâyaka. Legislative (My.). — ನ್ಯಾಯವಿಧಾಯಕಸಭೆ. Legislative council (My.).

ನ್ಯಾಯಸಭೆ nyâya-sabhĕ. A court of justice (My.; B. 4, 169).

ನ್ಯಾಯಸ್ಥ nyâya-stha. = ನ್ಯಾಯವನ್ತ. (My.). See Prv. s. ಪ್ರಾಯಸ್ಥ.

ನ್ಯಾಯಸ್ಥಾನ nyâya-sthâna. A court, a cutcherry (My.).

ನ್ಯಾಯಾಧಿಪತಿ nyâya-adhipati. A judge; a magistrate (My.).

ನ್ಯಾಯಾಧೀಶ nyâya-adhîśa. = ನ್ಯಾಯಾಧಿಪತಿ. (My.; B. 4, 7. 169).

ನ್ಯಾಯಾಸನ nyâya-âsana. The judgment-seat, the bench (My.; B. 5, 280).

ನ್ಯಾಯಾಸ್ಥಾನ nyâya-âsthâna. = ನ್ಯಾಯಸ್ಥಾನ. (My.).

ನ್ಯಾಯ್ಯ ni-âyya. *Regular, adapted, fit, proper.*

ನ್ಯಾಸ ni-âsa. Putting down, placing; depositing; laying aside; putting on, as colour; impressing, stamping; striking in, as the claw; consigning. 2, *a deposit, a pledge.* See *e. g.* ವಿ-, ಸಂ-. 3, certain religious ceremonies consisting in putting the fingers into various forms (Mhr.).

ನ್ಯಾಸಕರಣ nyâsa-karaṇa. Putting down, placing. See ಸ್ಥಾಪಿಸು.

ನ್ಯಾಸಾರ್ಪಣ nyâsa-arpaṇa. *Delivery of a deposit.*

ನ್ಯುಂಖ nyuṅkha. *Sixfold repetition of the syllable Ôm.* 2, *proper; pleasing.*

ನ್ಯುಬ್ಜ ni-ubja. *Bent downwards;* lying on the face; crooked; *hump-backed, gibbous from disease.*

ನ್ಯೂನ ni-ûna. = ನೂನ. *Lessened, diminished, deficient, defective, wanting, deprived of.* 2, *inferior, low; vile, blamable.*

ನ್ಯೂನತೆ nyûnatĕ. Deficiency, incompleteness, want. (My.; B. 5, 1).

ಪ್

P

ಪ್ p. The forty-first letter of the Alphabet (Śmd. 12. 21). It often changes places with initial ಹ್, *e. g.* ಪಲಗೆ, ಹಲಗೆ; ಪನ್ದರ್, ಹನ್ದರ್; ಪಾಸು, ಹಾಸು; ಪನ್ದಿ, ಹನ್ದಿ; ಪುಲಿ, ಹುಲಿ; ಪಲಸು, ಹಲಸು (Śmd. 191), etc., etc.; and is replaced by ಹ್ in ಅನ್ತಹ, ಇನ್ತಹ, etc. (191); it becomes ಬ್, *e. g.* in ಕಣ್ಬನಿ, ತಣ್ಬುಳಿಲ್ (78); and ವ್, *e. g.* in ಮನವುಬ್ಬುಗು, ಬಗೆವುಗು (8), ಎಳೆನೀರ್ವೊನಲ್, ಎಳವೆರ್ಚು (81), ತಮರೂರ್ಗೆವೋಗು (82), ಅಡುವ್ವೊಲಂ, ಮಿಂಚುವುಬ್ಬುಯಿ (204), ಮಾನವುಬ್ಬುಯಿ (205), ಮುಂಗಳವಚ್ಚು (207), ಪಿವೇಚಿ, ಪಿವೋಗು (211), ಬೆಳ್ವಲ್ (213), ನಿಡುವಯಣಂ (215), ಕುಡುವುರ್ವು, ಬಿಯುವೊಯಲ್ (218), ನಾಣಿಲಿವೆಣ್ (221), ಅಯಿವತ್ತು, ನಾಲ್ವತ್ತು (224), ಮುತ್ತಿಲ್ವೇಟಿ (277), ಉಡವೇಟಿ, ಉಡಲ್ವೇಟಿ, ತರವೇಟಿ, ತರಲ್ವೇಟಿ (278; ಕಿಟಿಪ್ಪೊಡೆ would be wrong, it is to be ಕಿಟಿಪ್ಪೊಡೆ 81). *Cf.* ತಪ್ಪಂ = ತಪ್ಪಂ, ತಪ್ಪವಂ = ತದ್ಭವಂ (286); and see ಇಹ, ತಹ, ಬಹ, ಬೇಹ, etc.; ದಪ 2, ದಹ; ವ್.

ಪ pa. 1. The letter ಫ pronounced with a short a, as is generally done at school.

ಪ pa. 2. (ಫ-ಅ 17). = ಪ್ಪ, ಬ 2, ವ 2, (ಉವ 2). A syllable used in the formation of the future tense and of the present or future relative participle (Śmd. 274), *e. g.* ಕೂರ್ಪ, ಬರ್ಪ, ಇರ್ಪ (of ಕೂರ್, etc.);— ಆರ್ಪ, ತೋರ್ಪ, ಮೂರ್ಪ (of ಆಟ್ etc.);— ಅಗಟ್ಪ, ಕೀಟ್ಪ, (of ಅಗಟ್, etc.);— ಬೆಗಟ್ಪ, ಬಿಸುಟ್ಪ (of ಬೆಗಡು, etc.); ನೋಟ್ಪ, ಬೇಟ್ಪ, ಮಾಟ್ಪ (of ನೋಡು, etc.);— ಅನ್ಪ, ನೋನ್ಪ, ಸೀನ್ಪ (of ಅನ್, etc.);— ಪೋಪ, ತಾಪ, ತೂಪ (of ಪೋಗು, etc.);— ಮಿಱುಪ, ತೊಳಪ, ಬೆಳಪ (of ಮಿಱುಗು, etc.);— ಓಪ (of ಓ);— ಬೆಸಪ (of ಬೆಸಸು); ಕಾಪ (of ಕಾಸು);— ತರಿಪ, ಬರಿಪ, ಇರಿಪ (of ತರಿಸು, etc.);— ಉದಯಿಪ (of ಉದಯಿಸು, Śmd. 275). See further ಉದ್ಘಾಟಿಪ (1), ಅವಧರಿಪುದು (3), ಅಂಗೀಕರಿಪುದು (5), ಆಕಾಂಕ್ಷಿಪ (8), ಪರಿಹರಿಪರ್ (141), ಪೋಪುವು (195), ಆಚರಿಪರ್ (206), ಅಗ್ಗಲಿಪುದು (209), ಸನ್ನಿಪುದು (212), ಉದಯಿಪುದು (217), ನಿರವಿಪ (297), ತೂಕಡಿಪ (Lfiv. 3, 3), ಸೇವಿಪ (Rśv. 5, 26), ಮಿಱುಪ (J. 25, 5). ಪರಿಯಿಪ ನೆಟ್ಟನೆ ಅಟ್ಟುವ ಇದಿರೇಱಿಪ ಪಾಱಿಪ ಕಿಟ್ಟಿ ಪಾಣ್ಬಿಪ ಇರ್ಬಗಿಯೊಳ್ ಸುತ್ತಿಪ ಆಯತಿಕೆಯಿಂ ಮಿಗೆ ನರ್ತಿಪ ಪಿಣ್ಡುವಾಯಲುಪ್ಪರಿಪ ಬೆಡಂಗಿನಿಂ ನಡಯಿಪ ಅಂಗವು ಲುಂಗದೆ ಪಂಚಧಾರೆಯೊಳ್ ಪರಿಣತಿದೋರ್ಪ ವಾಹಳಿತನಂ (Rśv. 13, 32).

ಪ pa. 3. A letter used in reiteration, *e. g.* ಅಕ್ಕ ಪಕ್ಕ, ಎತ್ತು ಪತ್ತು, ಕಲ್ಲು ಪಲ್ಲು, ಕಾಯಿ ಪಾಯಿ, ಜಡ್ಡು ಪಡ್ಡು, ತಣ್ಣನೆ ಪಣ್ಣನೆ, ಲೆಕ್ಕ ಪಕ್ಕ, ಸಕ್ಕರೆ ಪಕ್ಕರೆ, ಸುಳ್ಳು ಪಳ್ಳು (My.).

ಪ pa. 1. Guarding, protecting, ruling. See *e. g.* ಅಧಿಪ, ನೃಪ. 2, the number 1 (Mr. 349).

ಪ pa. 2. Drinking. See *e. g.* ಅಂಘ್ರಿ-, ನಿ-, ಪಾದ-.

ಪ pa. 3. An abbreviation of ಪಂಚಮ, the fifth note of the gamut (Mr. 76).

ಪಂ paṁ. = ಪಸ್ 2, etc. Greenness, etc. (ಪಚ್ಚನೆ, ಪಚ್ಚು, ಪಸು Śmd. 215).

ಪಂಸೆ paṁsĕ. = ಹಂಸೆ. (ಹಂಸ Mr. 505).

ಪಕ paka. Imitation of the sound of laughter: ha, ha! — ಪಕ ಪಕ ನಗು. To laugh very loudly, to giggle (C.; Tĕ.). ಪಕ ಪಕ ನಗುವವರನ್ನು ನೋಡಿ, ಬಿಕ್ಕಿ ಬಿಕ್ಕಿ ಅತ್ತ (Prv.). — ಪಕ ಪಕನೆ ನಗು. = ಪಕ ಪಕ-. (My.).

ಪಕ paka. = ಪ 1. See ಹಸ್ತ-.

ಪಕಳಿ pakaḷi. A corolla or row of petals (B. 3, 36; Mhr. ಫಕಡೀ).

ಪಕಾನ pakâna. (=ಪಕ್ವಾನ್ನ). (ಉಬ್ಬು, etc. Si. 313).

ಪಕಾರ pa-kâra. 1. The letter ಪ (Śmd. 11. 190).

ಪಕಾರ pakâra. 2. Tbh. of ಪ್ರಕಾರ. (My.).

ಪಕಾಲಿ pakâli. ಪಕಾಳಿ. A double water-skin carried on a bullock (My.; B. 5, 286; Br., T.; Mhr., H. ಪಖಾಲ; *cf.* ಕಪಾಲಿ 2). — ಪಕಾಲಿನೀರು. Pakâli-water. ಪಕಾಲಿನೀರು ಕುಡಿಯುವವಗೆ ಪಕ್ಷಪ್ರಾಯಶ್ಚಿತ್ತ ಯಾಕೆ? (Prv.).

ಪಕಾಸ pakâsa. Tbh. of ಪ್ರಕಾಶ. (S. Mhr.).

ಪಕೀರ pakîra. = ಫಕೀರ. (My.).

ಪಕ್ಕ pakka. = (ಪಕ್ಕಿ 2), ಪಕ್ಕು 1, ಪಕ್ಕೆ, ಪಂಕ 1. Tbh. of ಪಕ್ಷ (Śmd. 346). A wing (ಗರುತ್, ಛದ, ಪತ್ರ, etc. Nr.; ಎಱಂಕೆ Kk. 69, Śm. 78; Čpr. 8, after 101; Grj. 3, after 103; C.; B. 2, 9). ಪಕ್ಕವಿದ್ದರೆ ಪಕ್ಕಿ, ಹಿಡೀಲಿ ಕೊಟ್ಟ ರೊಕ್ಕಕ್ಕೆ ದುಕ್ಕವೇನು?— ಪಕ್ಕವಿಲ್ಲದ್ದಕ್ಕೆ ಕೊಕ್ಕು ಇದ್ದರೆ ಪ್ರಯೋಜನವೇನು? (Prvs.). 2, the shoulder (ಬಿಟ್ಟೆ Kk. 69). 3, the flank or side; a side, party, faction (ಬದಿ Kk. 32; ಕೆಲ Śm. 59; ಬದಿ 70. 73. 98; C.). 4, proximity, neighbourhood (ಸಮೀಪ Kk. 33; ಪೊರೆ, ಪೊರ್ದುಗೆ, ಸನಿಹ, ಸಮೀಪ Śm. 59; ಪೊರೆ 73; ಸನಿಹ 103). 5, favour, support (ಪೋಷಣ Śm. 103). 6, the half of a lunar month (ಕಾಲಭೇದ Śm. 78). — ಪಕ್ಕಜಲ್ಲಿ. Side-hangings (Śśv. 3, 16). — ಪಕ್ಕವೆಟ್ಟು. -ಬೆಟ್ಟು. The western mountain (Abh. P. 11, 177). — ಪಕ್ಕಶೂಲೆ. Severe pain in the right or left side of the body; pleurisy (C.).

ಪಕ್ಕಡಿ pakkaḍi. The flank or side. ಹೊಟ್ಟೆಯೊಳಗೆ ಎಡಗಡೆ ಪಕ್ಕಡಿಯಲ್ಲಿ ಗಣ್ಣು ಆಗುತ್ತದೆ, ಆ ರೋಗವು ಗುಲ್ಮ (Čb. 42).

ಪಕ್ಕಣ pakkaṇa. *The hut or abode of a savage* (ಶಬರರ ಶಾಲ Śm. 32).

ಪಕ್ಕನೆ pakkanĕ. ಫಕ್ಕನೆ. Suddenly; without a why or wherefore (C.; Tĕ. ಪಕ್ಕುನ). ಆಕೆಯ ಬಾಯೊಳಗೆ ಮಾತು ನಿಲ್ಲುವದಿಲ್ಲ, ಪಕ್ಕನೆ ಎಲ್ಲಾದರೂ ಎರಡನೆಯವರ ಮುನ್ದೆ ನಮ್ಮ ಗುಟ್ಟು ಒಡೆವಾಳು (B. 4, 138). ಕೋಟೆಯೊಳಗಿನ ಪಟುಬರು ಪಕ್ಕನೆ ಹೊಱ ಬಿದ್ದು (4, 217). — ಪಕ್ಕನೆ ನಗು. To burst out a laughing (My.; Tĕ.; T. ಪಕ್ಕು ಪಕ್ಕೆನ್ನು ನಗು).

ಪಕ್ಕರಕೆ pakkarakĕ. = ಪಕ್ಕರಕ್ಕೆ, ಪಕ್ಕರಿಕೆ, ಪಕ್ಕರಿಕ್ಕೆ, ಹಕ್ಕರಿಕೆ, (ಪಕ್ಕರೆ). Tbh. of ಪಕ್ಷರಕ್ಷೆ. ಬಿಂಜೆ ಗುಱಿಗಳು ಕುದುರೆ ಆನೆಗಳ ಪಕ್ಕರಕೆ (Śm. 41, o. r. ಪಕ್ಕರಿಕೆ). ಗುಱಿಮೆಸ್ದು ಆನೆ ಕುದುರೆಗಳ ಪಕ್ಕರಕೆ (Śmd. I, 32, o. rs. ಪಕ್ಕರಿಕೆ, ಪಕ್ಕರಕ್ಕೆ).

ಪಕ್ಕರಕ್ಕೆ pakkarakkĕ. = ಪಕ್ಕರಕೆ, q. v. (ಗುಱಿ, ಬಿಂಜೆ, ತಂಗುಡ Kk. 58). ಗುಱಿಮೆಸ್ದು ಬಿಂಜೆಮೆಸ್ದೊಡಮ್ ಆನೆ ಕುದುರೆಗಳ ಪಕ್ಕರಕ್ಕೆ (42, o. r. ಪಕ್ಕರಿಕ್ಕೆ). ಮಿಸುನಿಯ ಪಕ್ಕರಕ್ಕೆ (Rśv. 13, 62).

ಪಕ್ಕರಿಕೆ pakkarikĕ. = ಪಕ್ಕರಕೆ, q. v. (ಆನೆ ಕುದುರೆಗಳ ಜೂಲ G.).

ಪಕ್ಕರಿಕ್ಕೆ pakkarikkĕ. = ಪಕ್ಕರಕ್ಕೆ, q. v.

ಪಕ್ಕರೆ pakkarĕ. 1. (= ಪಕ್ಕರಕೆ, etc.? Grj. 7, 46; Tĕ.: armour, mail, housings). ಪದಿನೆಣ್ಟಾಸಿರ ಲೋಹಪಕ್ಕರೆಯ ಜಾತ್ಯಶ್ವಂಗಳ್ (Šmd. 22. 83). ಲೋಹಪಕ್ಕರೆಯು....ಕಾನ್ತಿ (Abh. P. 13, 60).

ಪಕ್ಕರೆ pakkarĕ. 2. = ಪಕ್ಕಲೆ, q. v.

ಪಕ್ಕಲೆ pakkalĕ. = ಪಕ್ಕರೆ 2. A kind of vessel (ಬಗರಗೆ Čt. I, 86, o. rs. ಪಕ್ಕರೆ, ಬಗರಿಗೆ; ಬಗರಗೆ, ಬಕ್ಕರೆ Kk. 56, o. r. ಬಗರಿಗೆ; ಬಗರಿಗೆ, ಬಕ್ಕರೆ Šm. 62; ಪಾತ್ರ Bhn. 24; ಕೊಪ್ಪರಿಗೆ 65). ಸೊದೆಗಳ ಬಾವಿಗಳ, ಪಕ್ಕಲೆಯ ಪನ್ನೀರುಗಳ (ಬಣ್ಣಿಗಳು) ಪಿಡಿದವು (Bh. 1, 12, 17). (ಭೀಮಂ) ಕುಡಿದು ಪಕ್ಕಲೆನೀರಂ (1, 10, 30). 2, a temporary well in a stream, etc. (ವಜ್ಜರ, ಒರತೆ Ks.).

ಪಕ್ಕಾ pakkâ. Tbh. of ಪಕ್ವ (Mhr.). — ಪಕ್ಕಾಖರಡೆ. The regular account compiled from the diary (Mhr.; R.). — ಪಕ್ಕಾಪದನ. -ಆದನ. A shrewd, cunning man (My.). — ಪಕ್ಕಾಪಾವು. A large measuring-pâvu (ಪಾವು My.). — ಪಕ್ಕಾಮಾತು. An accomplished, ready word (My.). — ಪಕ್ಕಾರಂಗು. Lasting colour (My.). — ಪಕ್ಕಾಸಿಪಾಯಿ. An accomplished, adept sipâhi (My.). — ಪಕ್ಕಾಸೇರು. A large measuring-sêru (My.).

ಪಕ್ಕಿ pakki. 1. = ಪಕ್ಕ, ಹಕ್ಕಿ. Tbh. of ಪಕ್ಷಿ. (ಎಕ್ಕರ Šmd. 350). ಪಕ್ಕಿ ಮಿಗಂಗಳ್ (89). See Šmd. I, 60. 61; Šm. 30; ಅಮಳ್ವಕ್ಕಿ, ಎಣೆವಕ್ಕಿ, ಕನ್ನಡ-, ಕೆಂಗಣ್ಣಲರ್-, ಜಕ್ಕ-, ಜೊನ್ನ-, ತಣ್ಣಿದಿರ್-, ಪಡಿಯಣಿ-, ಪಣ್ಡಿತ-, ಪೊಕ್ಕುಣಿ-, ಪೊಣರ್-, ಬಿಸುಬ್-, ಹಂಜರ-. — ಪಕ್ಕಿಗಳರಸ. -ಅರಸ. (ಗರುಡ Šm. 6). — ಪಕ್ಕಿಗಳಾಣ್ಮ. -ಅಣ್ಮ. (ಗರುಡ Kk. 8).

ಪಕ್ಕಿ pakki. 2. A manner, a way, a means (My.; Tĕ. ಫಕ್ಕಿ, ಫಕ್ಕಿಕ; Mhr. ಪಕ್ಷ).

ಪಕ್ಕು pakku. 1. = ಪಕ್ಕ, etc., ಪಕ್ಕೊ. Tbh. of ಪಕ್ಷ. (M.; T. ಪಕ್ಕರ್, relations). — ಪಕ್ಕುಗುಡು. -ಕುಡು. To give support, to nourish, etc. (Abh. P. 8, after 54).

ಪಕ್ಕು pakku. 2. Tbh. of ಪಕ್ವ. (Čpr. 1, 5; 5, after 35; Abh. P. 16, after 39; Grj. 9, 56; J. 16, 13; Rśv. 1, 45; 6, after 11).

ಪಕ್ಕುವಣಿ pakku1-vaṇi. A person of one's own side, a kinsman (ಪಕ್ಕೂವಣಿ, ಬನ್ಧು Ks.).

ಪಕ್ಕೂ pakkû. = ಪಕ್ಕು 1.

ಪಕ್ಕೂವಣಿ pakkû-vaṇi. = ಪಕ್ಕುವಣಿ, q. v.

ಪಕ್ಕೆ pakkĕ. 1. = ಪಟ್ಕೆ 1 q. v., ಹಕ್ಕೆ. Lying down, reposing; bending downwards (see ನಸುಪಕ್ಕೆ); a place (J. 20, 52). 2, a place for reposing: a dormitory (ಸೆಜ್ಜೆಮನೆ Šm. 79; Čpr. 1, 128; Tĕ.); the lair of a wild beast (see ಮಿಗಪಕ್ಕೆ); a nest (Grj. 4, 66). 3, a cow-pen, or a herd of kine (ತುರು ಮನ್ದೆ Šm. 79). — ಪಕ್ಕೆವನೆ. -ಮನೆ. A dormitory (ಸೆಜ್ಜೆವನೆ, ತಯ್ಯಾಗೃಹ Ks.).

ಪಕ್ಕೆ pakkĕ. 2. (fr. ಪಡು 1). (= ಪಟ್ಕೆ 2). Meeting with: closeness, contact, vicinity (ಪೊರ್ದುಗೆ Šm. 79; Tĕ. ಪಜ್ಜೆ). ನಿನ್ನಿನಿಯನ ಪಕ್ಕೆಯೊಳ್ ಇರು! ಎನ್ದು, ಸಖಿ ಕೊಲಗುವ್ವದುಂ (Šmd. 73, o. r. ಪಟ್ಕೆ). See ಮಡಪಕ್ಕೆ. — ಪಕ್ಕೆಮರಿ. A young one that is near (J. 28, 44).

ಪಕ್ಕೆ pakkĕ. 3. The tamarisk tree, Tamarix indica (Tĕ.; ಪಿಚುಲ, ಝಾವುಕ Sl. 131).

ಪಕ್ಕೆ pakkĕ. = ಪಕ್ಕ, etc. The side (My.; Tĕ.); the page of a book (My.; Tĕ.).

ಪಕ್ಕೆಗ pakkĕ-ga. = ಪಟ್ಕೆಗ. A man who rests or reposes on. See ಎರಲೆಪಕ್ಕೆಗ, ಎಲರುಣಿ-, ನಾಗರ-, ಮಿಗ-, ಮುನ್ನೀರ್-.

ಪಕ್ವ pakva. = ಪಕ್ಕಾ, ಪಕ್ಕು 2. *Cooked, roasted, boiled, baked;* warmed. 2, *digested.* 3, *mature, ripe.* 4, *accomplished, come to perfection,* perfect, fully developed, ready, fair, adept; shrewd, experienced; strong, durable. 5, ripe for destruction: *on the eve of decay.* 6, grey, as the hair. See ತೊರೆ 2; Hlâ. s. ತುಪ್ಪ.

ಪಕ್ವಕೃತ್ pakva-kṛit. Cooking, etc. 2, the tree Azadiracta indica (ನಿಮ್ಬ). (R.).

ಪಕ್ವಧಾನ್ಯರಸ pakva-dhânya-rasa. The liquid of boiled grain. See ಕಟ್ಟು.

ಪಕ್ವಶ pakvaśa. (= ಪುಲ್ಕಸ). *N. of a barbarous tribe.*

ಪಕ್ವಾನ್ನ pakva-anna. Boiled rice, cooked or dressed food, a dish; a cake (ಪೂಪ, ಅಪೂಪ, ಪೂಪಲಿಕೆ Hlâ.; My.; B. 3, 46; Bp. 36, 46). ಆಯತದ ಪಕ್ವಾನ್ನ (ಅಪೂಪ, ಪೂಪ Mr. 215). See ಪಂಚ-.

ಪಕ್ಷ paksha. = ಪಕ್ಕ, etc. *A wing.* 2, *a feather; the feathers of an arrow* (ಗರಿ Nn. 112; Mr. 497). 3, *the side of anything; a side; the flank or side of a man, etc.* (ಬದಿ, ಮಗ್ಗುಲು 112; ಬದಿ 497). 4, *a side, a part; a party, a faction* (ಪಕ್ಷೀಕರ, ಅಂಗೀಕರಿಪುದು 112). 5, *a partisan, a follower.* 6, favour; partiality (ಪರಿಗ್ರಹ 497). 7, *case: one of two cases, one side of argument, an alternative; a case in general, a supposition.* 8, *proximity, neighbourhood* (ಸಮೀಪ, ಹತ್ತಿರೆ 112; ಸಮೀಪ 497). 9, *a wall* (ಭಿತ್ತಿ, ಗೋಡೆ 112; ಗೋಡೆ 497). 10, *the half of a lunar month,* comprising fifteen days (ಮಾಸಾರ್ಧ, ಹದಿನಯ್ದು ದಿನ 112; ಮಾಸಾರ್ಧ 497). 11, the number 15 (Čh.; ಪದಿನಯ್ದು Mr. 348). 12, a multitude, a host. 13, *quantity* in composition with words signifying hair (ಅಕ್ಷಮುಡಿ Mr. 320). ಪಕ್ಷ ಪಾಣ್ಡವರಲ್ಲಿ, ಊಟ ಕೌರವರಲ್ಲಿ.—ಪಕ್ಷವಿಲ್ಲದವಗೆ ಲಕ್ಷವೇನು?—ಪಕ್ಷವಿಲ್ಲದಿದ್ದರೂ ಭಕ್ಷಕ್ಕೆ ಕಡಿಮೆಯೇ?—ನಕ್ಷತ್ರ ತಿಳಿದವ ಪಕ್ಷಾ ತಿಳಿಯಲಾರನೇ? (Prvs.). See Šmd. 62. 143. 278. — ಪಕ್ಷ ಉಡು. To leave a side or party (Bp. 27, 33). — ಪಕ್ಷ ಮಾಡು. To be partial. ಪಕ್ಷಾ ಮಾಡುವವ ರಕ್ಷಕನಾದಾನೇ? (Prv.). — ಪಕ್ಷ ಹಿಡಿ. To side with, to espouse a side (B. 5, 234).

ಪಕ್ಷಕ pakshaka. *A side door, a private or back door.* 2, a sidesman; a partisan.

ಪಕ್ಷಘಾತ paksha-ghâta. A stroke with the wings; moving of the wings (J. 14, 19).

ಪಕ್ಷಜ paksha-ja. The moon. (R.).

ಪಕ್ಷತಿ pakshati. *The root or insertion of a wing, the pit of a bird's wing* (ಎರಕೆಯ ಮೊದಲ್ Hlâ.; ಮೊದಲ ಗರಿ Mr. 168). 2, *the first day of the half month.*

ಪಕ್ಷದ್ವಾರ paksha-dvâra. *A side door, an inner or back door, a private entrance.*

ಪಕ್ಷಪಾತ paksha-pâta. Espousing a side: partisanship, partiality. (My.). ನಿಶ್ಚಯಕ್ಕೆ ಪಕ್ಷಪಾತವೇ? (Prv.). 2, falling off of the feathers: the moulting of birds. 3, the flapping of wings (Čpr. 2, after 7). — ಪಕ್ಷಪಾತ ಮಾಡು. To show partiality (My.; B. 5, 8).

ಪಕ್ಷಪಾತಿ paksha-pâti. A person who sides with, or adheres to, the party of any one, a partisan, an adherent, a friend (Bp. 40, 66; 57, 28; My.; B. 4, 107. 126).

ಪಕ್ಷಪ್ರಾಯಶ್ಚಿತ್ತ paksha-prâyaśčitta. An expiatory act performed at the śuklapaksha of a month, an offering of cooked rice, etc. being made (My.). See Prv. s. ಪಕಾಲಿ.

ಪಕ್ಷಭಾಗ paksha-bhâga. The side or flank, especially *the flank of an elephant.*

ಪಕ್ಷಭೇದ paksha-bhêda. A distinction between two parties. — ಪಕ್ಷಭೇದ ಮಾಡು. To be partial, to show partiality. ಪಕ್ಷಭೇದಾ ಮಾಡಿದವನಗೆ ಶಿಕ್ಷೆ ತಪ್ಪದು (Prv.).

ಪಕ್ಷಮೂಲ paksha-mûla. *The root or articulation of a wing.*

ಪಕ್ಷರಕ್ಷೆ paksha-rakshĕ. = ಪಕ್ಕರಕೆ, etc. Flank-protection: the armor or gear of horses or elephants.

ಪಕ್ಷಸ್ವೀಕಾರ paksha-svîkâra. Taking or espousing the side of any one. See ಒಲವರಂಗೊಳ್.

ಪಕ್ಷಾನ್ತ paksha-anta. *The last day of the half month.*

ಪಕ್ಷಾನ್ತರ paksha-antara. Another case or supposition (Šmd. 297); another way or manner (ಮತ್ತೊನ್ದು ಪರಿ Nr.).

ಪಕ್ಷಾಪರಪಕ್ಷ paksha-apara-paksha. Siding with another party (My.).

ಪಕ್ಷಾರ್ಥ paksha-artha. The meaning of a case or supposition: a case or supposition (Šmd. 297).

ಪಕ್ಷಿ pakshi. = ಪಕ್ಕಿ 1, etc. Furnished with wings: *a bird.* 2, siding with. ಪಕ್ಷಿಗೆ ಆಕಾಶವೇ ಬಲ, ಮತ್ಸ್ಯಕ್ಕೆ ನೀರೇ ಬಲ. — ಪಕ್ಷಿಗೆ ಗೂಡು, ಮಕ್ಕಳಿಗೆ ತಾಯಿ (Prvs.). See Prv. s. ಬಲೆ.

ಪಕ್ಷಿಕ pakshika. = ಪಕ್ಷ. See ಕ್ಷುದ್ರ-.

ಪಕ್ಷಿಜ್ಯೇಷ್ಠ pakshi-jyêshṭha. A vulture (ಗೃಧ್ರ, ಹದ್ದು Mr. 175).

ಪಕ್ಷಿಣಿ pakshiṇi. *A night with the two days enclosing it.*

ಪಕ್ಷಿಭೇದ pakshi-bhêda. A kind of bird. See ಕುಕಿಲ್, ಕುಕ್ಕು, ಕೊಂಚೆ.

ಪಕ್ಷಿರಾಜ pakshi-râja. *Garuḍa.*

ಪಕ್ಷಿವಾಹನ pakshi-vâhana. Vishṇu (Bp. 54, 87; J. 26, 3).

ಪಕ್ಷೀಕರ pakshî-kara. Taking the side of or siding with (any body, ಪಕ್ಷ, ಅಂಗೀಕರಿಪುದು Nn. 112).

ಪಕ್ಷೀಕರಣ pakshî-karaṇa. = ಪಕ್ಷೀಕರ. (My.).

ಪಕ್ಷೀಕರಿಸು pakshî-karisu. To espouse a side, to become a partner (Bh. 8, 22, 6; My.).

ಪಕ್ಷೀನ್ದ್ರ pakshi-indra. = ಪಕ್ಷಿರಾಜ. (J. 14, 20).

ಪಕ್ಷ್ಮ pakshma. A wing. 2, *an eyelash* (ಕಣ್ಣಿನ ಎವೆ Nn. 86; ಅಕ್ಷಿರೋಮ, ಎವೆ Mr. 317). 3, *the filament of a flower.* 4, *the point of a thread; a thin thread.*

ಪಖ್ಖಾಳ pakhkhâḷa. (Šmd. 28). = ಪಚ್ಚಳ 2. Tbh. of ಪ್ರಕ್ಷಾಲ (346, o. r. ಪಖ್ಖಳ).

ಪಗಡಿ pagaḍi. A turban (My.; Mhr., H.). See Prv. s. ಯಾತ.

ಪಗಡೆ pagaḍĕ. = ಪೊಗಡೆ. A tree, frequently cultivated, Mimusops elengi Lin. (St. & Pl.; My.; Tĕ. ಪೊಗಡ). 2, a small tree, wild and cultivated, Nyctanthes arbor tristis Lin. (Tĕ.).

ಪಗಡೆ pagaḍĕ. A mark on a die (Mhr. ಪಗಡಾ; T. ಪಗಟ್ಟೆ, M. ಪಗಡೆ, ಪಗಿಡೆ, Tĕ. ಪಗಡೆ, an ace on a die); a die (or cowry) for playing a kind of back-gammon (ಅಕ್ಷ G.); a piece used at that play (My.; *cf.* Sk. ಪಟಿಕಾ). ಆಟದೊಳಗೆ ಪಗಡೇ ತಿರುಗಿಸೋಣ (ಪರಿಣಾಯ G.). 2, the play itself (My.; ದ್ಯೂತ G.). — ಪಗಡೆಯ ಕಾಯಿ. A piece used in playing pagaḍĕ (My.). ಪಗಡೇ ಕಾಯಿ ನಡಿಸುವದು (ಪರಿಣಾಯ Si. 461). — ಪಗಡೆಯ ಕೋಟೆ. The centre of a dice-cloth or board (My.). — ಪಗಡೆಯ ಪಟ್ಟಿ. (ಹಾಸಂಗಿ Čb., sic!). — ಪಗಡೆಯ ಬೀದಿ. = ಪಗಡೆಯ ಸಾಲು. (My.). — ಪಗಡೆಯ ಮನೆ. A square on the dice cloth or board. ಪಗಡೇ ಮನೆಯುಳ್ಳ ವಸ್ತ್ರ (ಹಾಸಂಗಿ, ಪಟ G., sic!). — ಪಗಡೆಯ ಲೆತ್ತ. A die (or cowry) at pagaḍĕ (ಅಕ್ಷ Si. 461). — ಪಗಡೆಯ ಸಾಲು. The line of squares a player's pieces have to cross to arrive at the centre of a dice-cloth or board (My.). — ಪಗಡೆಯಾಟ. -ಆಟ. The pagaḍĕ-play (My.). ಲೆತ್ತ ಪಗಡೆ ಮುನ್ತಾದ ಆಟಗಳನ್ನು ಆಡುವವ (ಅಕ್ಷದೇವಿ G.). — ಪಗಡೆಯಾಡು. To play at pagaḍĕ (J. 6, 31). ಪಗಡೆಯಾಡುವ ಪಟ (ಅಷ್ಟಾಪದ G.). ಪಗಡೆಯಾಡಿ, ಪಾಣ್ಡವರು ಕೆಟ್ಟರು (Prv.).

ಪಗದಸ್ತಿ pagadasti. Immovable, as in a determination or promise; cautious, wary, as in speech; painstaking (My.; Mhr.).

ಪಗದಸ್ತಿಗಾಱ pagadasti-gâṟa. A painstaking man (My.).

ಪಗದಿ pagadi. = ಪೊಗದಿ q. v. Tribute, tax (My.; Tĕ. ಪಂಗ, ಪಂಚ, ಪಗಿಡಿ, ಪಗಿದಿ, ಪನ್ನು; T. ಪಗುದಿ, ಪನ್ನು; if "share, portion" be concerned, as would appear fr. T. ಪಗುದಿ, division, equal share, *cf.* T. ಪಗು, M. ಪಗು, ಪಯಿ, to divide; ಪಂಗು, part, portion, share; see ಪಸು 3; ಬಗಿ 1; *cf.* ಬಗ್ 2?). ಪಗದಿ ಕೊಡದವನಿಗೆ ನಿಗದಿ ಮಾಡಿ, ಏನು? — ನಿಗದಿಯಿದ್ದವನಿಗೆ ಪಗದಿಯಿದ್ದೀತು (Prvs.).

ಪಗರಣ pagaraṇa. Tbh. of ಪ್ರಕರಣ. See ನಾಟ್ಯಪಗರಣ, ರಕ್ಕಸಪಗರಣ.

ಪಗಲ್ pagal. ಪಗಲು. = ಹಗಲು. Day time; a day (ದಿವಸ, ದಿವಸ Šm. 18; T., M.; Tĕ. ಪಗಲು, ಪವಲು, ಪಗುಲು; *cf.* ಪಱೆ 2). ಪಗಲ or ಪಗಲಿನ (Šmd. 134). ಪಗಲನ್ತಿರ್ದ ಅಜ್ಜವೆಳ್ದಿಂಗಳನ್ ಇನಕಿರಣಶ್ರೇಣಿ ಗೆತ್ತಾಗಳ್ ಮುನಿವನ್ದಂ (134). ಪಗಲಿನ ರವಿಕಿರಣಂಗಳ್ ಮುಗುಳ್ದೀಗಳ್ (134). See Čpr. 2, 52; 3, 81; Bp. 28, 57; Rśv. 8, 112; 9, 9; J. 15, 18; 28, 4. 40; ಕಡೆವಗಲ್, ನಟ್ಟ-, ನಡು-, ಪಿಮ್ಪಗಲ್, ಮುಮ್-. — ಪಗಲ ಕೆಯ್ದಿವಿಗೆ. = ಹಗಲುದೀವಟಿಗೆ. (Rśv. 6, after 11). — ಪಗಲ ಬೊಜಂಗ. The sun (ಸೂರ್ಯ Čt. I, 46; ನೇಸಱ್, etc., ಸಪ್ತಾಶ್ವ Kk. 45). — ಪಗಲ ಸಿರಿ. The sun (Abh. P. 7, after 69). — ಪಗಲಿರುಳ್. -ಇರುಳ್. Day and night (J. 17, 26). — ಪಗಲುಳ್ಕ. -ಉಳ್ಕ. A day-meteor (Čpr. 6, 16; Abh. P. 13, 63; 14, 122). — ಪಗಲುಳ್ಕು. -ಉಳ್ಕು. = ಪಗಲುಳ್ಕ. (Rśv. 5, 80). — ಪಗಲೆಱೆಯ. -ಎಱೆಯ. The sun (Šm. 14). — ಪಗಲೊಡೆಯ. -ಒಡೆಯ. = ಪಗಲೆಱೆಯ. (Bp. 11, 47). — ಪಗಲ್ಜೋಳ. N. (Rśv. 13, 100). — ಪಗಲ್ವಗೆಯ. The moon (ಚನ್ದ್ರ Čt. I, 107). — ಪಗಲ್ವಗೆಯ. = ಪಗಲ್ಪಗೆಯ. (ಇರುಳೆಱೆಯ Čt. II, 6).

ಪಗಾರ pagâra. Pay, salary (Mhr., Port.; My.; ಭೋಗ್ಯ, ವರ್ತನ, ಸಮ್ಬಳ Čb.).

ಪಗಿನ pagina. = ಪಗಿನು, etc. (Čpr. 5, after 64; Rśv. 5, after 55).

ಪಗಿನು paginu. = ಪಗಿನ, ಹಗಿನು. Gum, resin, exudation of trees (ರಸ Nn. 83; Mr. 499; see ಪಗಿಲ್ 1). ಪಗಿನಿನೊಳ್ (Mr. 499).

ಪಗಿಲ್ pagil. 1. (= ಜಿಗಿಲ್ 1). To be sticky, viscid, glutinous, or adhesive, to adhere, to join (ಸ್ನಿಗ್ಧ Šmd. Dh.; ಪತ್ತು Šm. 21; Čpr. 6, 70; Abh. P. 7, 165; V. 3, 2; Šśv. 4, 74; T. ಪಶ್ಯೈ, ಪಯಿನ್, ಪಿಜನ್, M. ಪನ್ಶ, ಪಯಿ, ಪಶೆ, Tĕ. ಪಸೆ, viscous matter, gum, resin; M. ಪಗಲೆ, ಪಯಲೆ, the pulp inside the shell forming the cocoanut). ಪಗಿಲ್ದುದು (ಪತ್ತಿದುದು Kk. 22).

ಪಗಿಲ್ pagil. 2. (= ಜಿಗಿಲ್ 2). To be afflicted, to suffer distress, etc. (ಸಂಕ್ಲೇಶ Šmd. Dh.).

ಪಗೆ pagĕ. (Šmd. 109). = ಹಗೆ. Hatred, enmity (Tĕ.,

M.; T. ಪಡಿ, ಪಬು, ಪಡರ್, ಪಗ್ಗೆ). 2, an enemy, an opponent (ಮಱುವಸಲ, ಮಾಱಿಡಿ Kk. 60, Šm. 40; see Šs. s. ಬೀರ 1; if "division" is concerned, see s. ಪಗಡಿ). ನೆಲದೊಳ್ ಪಗೆ ಪುಗೆ (Šmd. 28). ಪಗೆಯತ್ತಣಿಂ ಬನ್ದನಂ ಬನ್ದುದು (160). ಪಗೆಯನ್ತೆ ಇರ್ಪುದಂ ಕೆಡಿಸಿ (195). See Ŏpr. 1, 122; Bh. 1, 8, 24; Rŝv. 9, 9; J. 5, 28; 7, 29; 9, 13; 28, 40; 29, 36. — ಪಗೆ ಕೆಳೆ. A foe or friend (Abh. P. 5, 4). — ಪಗೆಗೊಳ್. -ಕೊಳ್. To become hostile, to fall out with. ಅಕ್ಕಟಾ! ಮರುಳ್ವುಳ್ವಿಗಳ್ ಏಕೆ ಸಮ್ಮಗೆಗಳೊಳ್ ಪಗೆಗೊಣ್ಡಪೊ ನಿರ್ನಿಮಿತ್ತದಿಂ? (Šmd. 148). — ಪಗೆಯ. -ಅ 3. An enemy. See ಅಮರ್ದಣಿಪಗೆಯ, ಕಟ್ಟಿಲ-, ಜತಿ-, ನಿಸಿ-, ಬೆಟ್ಟು-, ರಕ್ಕಸ-. — ಪಗೆವ. = ಪಗೆಯ. (Abh. P. 11, 76; 12, 28). — ಪಗೆವಡೆ. -ಪಡೆ. A hostile army (ಮಱುವಕ್ಕ Ŏt. I, 103; Abh. P. 5, 4; 14, 159).

ಪಗೆಕಾಱ pagĕ-kāṟa. (Šmd. 235). An enemy.

ಪಗೆತನ pagĕtana. = ಹಗೆತನ. Hatred, enmity (Rŝv. 2, 54).

ಪಂಕ paṅka. 1. = ಪಕ್ಕ. See ಎಡವಂಕ, ತೆಂಕವಂಕ, ಬಲವಂಕ.

ಪಂಕ paṅka. 2. = ಪಂಖೆ. A large fan, a punka (My.; Mhr. ಪಂಖಾ).

ಪಂಕ paṅka. 3. *Mud, mire* (ಕೆಸಱು Nn. 45. 94; ಅಱಲ್ Šm. 106). 2, *sin.*

ಪಂಕಜ paṅka-ja. *A lotus.* ಪಂಕಜವಾದರೆ ಮುಂಚಿಗೆ ದೊಡ್ಡದೇ? (Prv.). 2, N. of a vṛitta (Ŏh.).

ಪಂಕಜಗರ್ಭ paṅkaja-garbha. Brahmâ (My.).

ಪಂಕಜಜ paṅkaja-ja. = ಪಂಕಜಗರ್ಭ. (My.).

ಪಂಕಜನಾಭ paṅkaja-nâbha. Vishṇu. (My.).

ಪಂಕಜಭವ paṅkaja-bhava. = ಪಂಕಜಜ. (Bp. 2, 25).

ಪಂಕಜವೈರಿ paṅkaja-vairi. The moon (My.).

ಪಂಕಜಾಕರ paṅkaja-âkara. A lotus pond (Rŝv. 13, 43).

ಪಂಕಜಾಕ್ಷ paṅkaja-aksha. Vishṇu (My.).

ಪಂಕಜಾಗನ್ಧಿ (paṅkaja-âgandhi). A woman who is fragrant like a lotus (see Sp. s. ಮುಂಕು).

ಪಂಕಜಾತ paṅka-jâta. = ಪಂಕಜ. (Rŝv. 13, 90).

ಪಂಕಜಾನನ paṅkaja-ânana. The eyes of which are lotuses (J. 25, 4).

ಪಂಕಜಾನನೆ paṅkaja-ânanĕ. A woman with lotus-like eyes (Bp. 51, 7).

ಪಂಕಜಾಪ್ತ paṅkaja-âpta. The sun (My.).

ಪಂಕಜಾರಿ paṅkaja-ari. = ಪಂಕಜವೈರಿ. (My.).

ಪಂಕಜಾಸನ paṅkaja-âsana. Brahmâ (ಅಜ, ಬ್ರಹ್ಮನು Nn. 47; J. 5, 27).

ಪಂಕಜಾಸ್ತ್ರ paṅkaja-astra. Kâma (My.).

ಪಂಕಜಿನಿ paṅkajini. A lotus; a lotus pond. (R.).

ಪಂಕಜೋದರ paṅkaja-udara. Vishṇu (My.).

ಪಂಕರುಹ paṅka-ruha. = ಪಂಕೇರುಹ. (Ŏh. v. 298).

ಪಂಕರುಹಗರ್ಭ paṅkaruha-garbha. = ಪಂಕಜಗರ್ಭ. (Bp. 46, 13).

ಪಂಕಿ paṅki. A perennial plant, Tephrosia purpurea Pers. (St. & Pl.).

ಪಂಕಿಲ paṅkila. *Muddy;* mud (ಜರಠ, ಕೆಸಱು Nn. 146).

ಪಂಕೇಜ paṅkĕ-ja. = ಪಂಕೇಜಾತ. (My.).

ಪಂಕೇಜಾತ paṅkĕ-jâta. = ಪಂಕಜಾತ. (Kk. 2; J. 5, 9).

ಪಂಕೇರುಹ paṅkĕ-ruha. *A lotus.*

ಪಂಕ್ತಿ paṅkti. = ಪನ್ತಿ, ಪನ್ತೆ, ಪಙ್ತಿ, ಪಯ್ತಿ, ಬನ್ತಿ, ಹನ್ತಿ. A row or set of five, the number five. 2, *a metre of four lines, each line consisting of 10 syllables* (Ŏh.; Mr. 362). 3, *the number 10.* 4, *a line, a range, a row, a series* (ಸಾಲು Nn. 138; ಪರಿವಿಡಿ, ತಗಹು Šm. 105). 5, *a group, a flock, a troop, a multitude.* 6, *a row of people sitting down at a meal: a company, a body,* a sodality. 7, fame, celebrity. ಪಂಕ್ತೀ ಊಟವಾದರೂ ಸಂಗ್ತೀ ಗುಣ ಬಿಡಲಿಲ್ಲ. — ಪಂಕ್ತೀಲಿರುವವನಿಗೆ ಪನ್ತ ಇರ ದಾರದು. — ಪಂಕ್ತಿಗೆ ತಕ್ಕ ಪಕ್ವ ಬಡಿಸುವವನೂ ಮುಖಕ್ಕೆ ತಕ್ಕ ಮಾತಾಡುವವನೂ ಸಮ ಸಮ (Prvs.). See ಕೇಱು, ಪಾದು.

ಪಂಕ್ತಿಕೆ paṅktikĕ. = ಪನ್ತಿಗೆ. A row, a line.

ಪಂಕ್ತಿಗ್ರೀವ paṅkti-grîva. Râvaṇa (My.).

ಪಂಕ್ತಿಭೇದ paṅkti-bhêda. Partiality in serving guests (Bp. 45, 14; My.).

ಪಂಕ್ತಿಭೋಜನ paṅkti-bhôjana. A meal at which people sit in a row or in rows (My.).

ಪಂಕ್ತಿಯೋಗ್ಯ paṅkti-yôgya. A man who deserves to sit in the row of people at meals, who is fit for intercourse (My.).

ಪಂಕ್ತಿರಥ paṅkti-ratha. = ಪನ್ತಿರಥ. Daśaratha (My.).

ಪಂಖೆ paṅkhĕ. = ಪಂಕ 2. (ವೀಜನ G.).

ಪಂಗ paṅga. The state of being astride or forked: a fork, the forked branch of a tree (Tĕ. ಪಂಗೆ). — ಪಂಗನಾಮ. A large sprawling forehead-mark (Tĕ.; My.). — ಪಂಗನಾಮ ಬೀಳು. To be tricked (My.). ಅವನಿಗೆ ಪಂಗನಾಮ ಬಿತ್ತು (My.). — ಪಂಗನಾಮ ಹಾಕು. To trick, to deceive (My.).

ಪಂಗಡ paṅgaḍa. Astride, apart, distinct (Tĕ. ಪಂಗಡು). 2, a separate mass or heap; a party or faction of people (My.). ಪಂಗಡವಾದವ ಸಂಗಡ ಬಂದಾನೇ? (Prv.). *Cf.* ಪಂಗಡ?

ಪಂಗಿ paṅgi. = ಪಪ್ಪಾಯಿ, etc. (St. & Pl.).

ಪಂಗು paṅgu. = (ಅಗು 2, ಅಗುವು), ಅಂಗು, ಹಂಗು. The state of being bound by some favor rendered, that of being obliged, that of being indebted for an act of favor or kindness, obligation (Rŝv. 8, 122; 12, 51).

ಪಂಗು paṅgu. *Lame, crippled.* 2, *the planet Saturn.* ಪಂಗುವಿನಾತ್ರಯ ಮಾಡಿ, ಅಂಗ ಕಳಕೊಣ್ಡ. — ಪಂಗುವಾದರೂ ಲಿಂಗಪೂಜೆ ಇದ್ದರೆ ಭಂಗವಾಗ. — ಪಂಗುವಿಗೆ ಪರಮಹಂಸೆ ಅಲ್ಲವೇ? (Prvs.).

ಪಚ paća. = ಪಚೆ 2, ಪಿಚೆ. The sound proceeding from treading or walking in mud (C.; Mhr. rep. ಪಚಕನ, ಪಚಪಚ). — ಪಚ ಪಚ ತುಳು. To tread with the sound of paća paća (C.). — ಪಚ ಪಚಾ ತುಳು. ಪಚ ಪಚಿ ತುಳು. = ಪಚ ಪಚ ತುಳು. (C.).

ಪಚ paća. = ಪಚನ. See ಮಿತಪ್ಪಚ, ಪಚಪ್ಪಚ.

ಪಚಕ್ಕನೆ paćakkanĕ. (fr. ಪಚ). With the sound of paćak in treading (My.).

ಪಚಗಾರಿಸು paćagârisu. = ಪಚಾರಿಸು. (My.).

ಪಚಡಿ paćaḍi. = ಪಚ್ಚಡಿ. (My.).

ಪಚಣ್ಡ paćaṇḍa. Tbh. of ಪ್ರಚಣ್ಡ. (My.).

ಪಚನ paćana. Cooking, boiling; roasting; dressing; ripening; maturing; digesting, digested (My.). 2, fire. 3, a cooking utensil; a frying-pan. See ಅಡು, ಕುದಿ.

ಪಚನೆ pačanĕ. = ಪಚನ. (My.).

ಪಚಮ್ಪಚೆ pača-m-paćĕ. *A species of Curcuma, Curcuma aromatica, or Curcuma xanthorrhiza* Roxb. (ಮರದ ಅರಿಸಿನ Mr. 130).

ಪಚಾರ pačâra. Upbraid, reproach (Râm. 1, 5, 31).

ಪಚಾರಿಸು pačârisu. To upbraid, to reproach, to chide, to jeer (Râm. 5, 8, 48; 6, 10, 10; 6, 14, 28; J. 28, 19. 31; 25, 28. 52; 27, 8. 45; Mhr. ಪಚ್ಚೀ, disgracing, jeering).

ಪಚಿ pači. 1. = ಪಚ್ಚೆ 1 q. v., etc. See ಒಪ್.

ಪಚಿ pači. 2. = ಪಚ. — ಪಚ ಪಚಿ ತುಟ್. = ಪಚ-. (My.).

ಪಚೆ pačĕ. = ಪಚ್ಚ, (ಪಚ್ಚನೆ), ಪಚ್ಚೆ q. v., etc. Greenness; unripeness, etc. (T. ಪಚ್ಚೈ). — ಪಚೆವೆಣ್. -ವೆಣ್. A woman never having the menstrual courses; a barren or childless woman (ಬಂಜೆ Kk. 28, o. rs. ಬಚ್ಚೆವೆಣ್, ಬಚ್ಚೆ-, ಪಚ್ಚೆ-; ಬಂಜೆ Šm. 73, o. r. ಪಚ್ಚೆವೆಣ್). *Cf.* ಬಿಚ್ಚೆವೆಣ್.

ಪಚೆ pačĕ. *Cooking, maturing,* etc.

ಪಚ್ಚ paččа. = ಪಚೆ, etc. Greenness; fair colour; etc. (Čpr. 7, 42; Ršv. 2, 22; Tĕ.); an emerald (Ršv. 1, 36; B. 4, 174; Tĕ.). — ಪಚ್ಚಕರ್ಪೂರ. Crude camphor, a brilliantly white drug (ಕರ್ಪೂರ, ಘನಸಾರ, etc. Si. 228; ಚನ್ನ 452; J. 31, 2; My.; Tĕ.; T. ಪಚ್ಚೈ-; see ಪಚ್ಚೆ No. 6). — ಪಚ್ಚಗುಪ್ಪಸ. -ಕುಪ್ಪಸ. = ಪಚ್ಚೆ-. A green bodice (Bp. 34, 22). — ಪಚ್ಚಟೊಪ್ಪಿಗೆ. A green hat (Bp. 34, 22). — See Prv. s. ಹುಚ್ಚ.

ಪಚ್ಚ pačča. = ಪಚ್ಚೆ, (ಪಂಚೆ, ಪಸ). Tbh. of ಪ್ರಚ್ಛದ or ಪ್ರಸಾಧನ. Dressing; dress; embellishing, adorning; an ornament (ತೋಡ Čt. I, 21; ತೊಡುವ ಆಭರಣ II, 54; ಪಸದನ, ತೊಡ, ಆಭರಣ Šs.; ತೊಡ, ಪಸದನ, ತೊಡಿಗೆ Kk. 26; ಪಸದನ, ತೊಡ, ತೊಡಿಗೆ Šm. 72; ತುಡುವುದು 92). See ಪಸ್ಥಲೆವಚ್ಚ; Ršv. 2, 22. — ಪಚ್ಚವಡಿಸು. -ವಡಿಸು. = ಪಚ್ಚೆವಡಿಸು. (Čpr. 6, after 71; 7, 70).

ಪಚ್ಚಗಾಱ pačča-gâṛa. = ಪಚ್ಚಗಾಱ. A man whose occupation is embellishing or adorning, a dresser, a master of the robes (ಪಚ್ಚಾಯ್ಲ Šmd. II).

ಪಚ್ಚಡ paččaḍa. = ಅಚ್ಚಡ, (ಪಚ್ಚವಡ), ಹಚ್ಚಡ. Tbh. of ಪ್ರಚ್ಛದ. A large wrapper: a stout cotton cloth, generally twenty-four cubits long and two cubits broad; to make it broader, it is cut crosswise, and the two halves are sewn together; it is used as a wrapper or cover at night (My.; Tĕ. ಪಚ್ಚ; T., M. ಪಚ್ಚವಡ, *i. e.* ಪಚ್ಚ-ಪಟ).

ಪಚ್ಚಡಿ paččaḍi. = ಪಚಡಿ. A kind of pickles generally made of green (raw), minced vegetable substances (cucumbers, unripe mangoes, plantain marrow, etc., My.; Tĕ., T., M.); a piece of the minced substances (My.).

ಪಚ್ಚಡಿಸು paččaḍisu. = (ಪಚ್ಚೆವಡಿಸು), ಪಚ್ಚಡಿಸು. To dress, to adorn. ಪಚ್ಚಡಿಪಂ (ಪಚ್ಚಾಯ್ಲಂ Kk. 36). ಪಚ್ಚಡಿಸುವಂ (ಪಚ್ಚಾಯ್ಲಂ Šm. 45).

ಪಚ್ಚನೆ paččanĕ. (Šmd. 109). = ಪಂ, ಪನ್ 2, ಪಸು, ಪಚ್ಚು 1 (215), ಪಚ್ಚಗೆ, ಪಚ್ಚನೆ, (ಪಚೆ, etc.). Greenness, etc. (Tĕ.). ಪಚ್ಚನೆಯ ಬಣ್ಣ (ಪಲಾಶ, ಹರಿತ, ಹರಿತ್ Nr.). See Šmd. 112; Čpr. 1, 98.

ಪಚ್ಚಇಲ pačča-ila. (Šmd. 241, o. r. ಪಚ್ಚಾಯಿಲ). = ಪಚ್ಚಗಾಱ.

ಪಚ್ಚಪಡ (pačča-paḍa). = ಪಚ್ಚಡ, etc. (My.). *Cf.* ಹಚ್ಚವಡ.

ಪಚ್ಚವಡತಿ pačča-paḍati. A woman whose occupation is dressing or adorning, a mistress of the robes (ಪಚ್ಚಡಿಸುವಾಕೆ Šmd. II; ಪಚ್ಚೆವಡಿಪಾ ಸತಿ Kk. 92).

ಪಚ್ಚವಣ paččavaṇa. O. r. of ಪುಚ್ಚವಣ 1 in Šmd. II, No. 179.

ಪಚ್ಚಳ paččaḷa. 1. Tbh. of ಪ್ರಚಲ. (J. 28, 46).

ಪಚ್ಚಳ paččaḷa. 2. = ಪಖ್ಖಾಳ (ಪಖ್ಖಳ). Tbh. of ಪ್ರಕ್ಷಾಲ. ಪಚ್ಚಳದ ಮನೆ (ಶೌಚಾಲಯ Mr. 196). *Cf.* ಬಚ್ಚಲ್.

ಪಚ್ಚಾಯಿಲ (pačča-â-ila). = ಪಚ್ಚಯಿಲ, q. v.

ಪಚ್ಚಾಯ್ಲ pačča-âyla. = ಪಚ್ಚಯಿಲ, ಪಚ್ಚಾಯಿಲ, ಪಸಾಯಿತ 2, etc. A master of the robes, etc. (ಪಚ್ಚಗಾಱ Šmd. II; ಪಚ್ಚಗಾಱ Kk. 75; ಪಚ್ಚಡಿಪ 36; ಪಚ್ಚಡಿಸುವ Šm. 45).

ಪಚ್ಚಾರಿ paččâri. N. of a tree (Ršv. 5, 56).

ಪಚ್ಚಿ pačči. 1. (fr. ಪಸು 3). = ಪಚಿ 1, ಪಚ್ಚು 4. A part, a portion. See ಒಪ್ಪಚ್ಚಿ.

ಪಚ್ಚಿ pačči. 2. (fr. ಪತ್ತಿಸು, ಹಚ್ಚು?). The condition of a precious stone being set in gold, etc. by simply bending the edge of the metal over it (My.).

ಪಚ್ಚಿಮ paččima. Tbh. of ಪಶ್ಚಿಮ. (My.). — ಪಚ್ಚಿಮದ ದೆಸೆಗೊಡೆಯ. Varuṇa (Kk. 15, o. r. ಪಶ್ಚಿಮದ-).

ಪಚ್ಚೀಸು paččîsu. Twenty-five (My.; Mhr., H. ಪಂಚವೀಸ್). 2, a game with cowries, used instead of dice, and named from the highest throw, which is 25 (My.).

ಪಚ್ಚು paččü. 1. = ಪಚ್ಚನೆ, ಪಸು 2, ಪಂ (Šmd. 215), ಪಚ್ಚೆ, etc. Greenness, etc. — ಪಚ್ಚಡಕೆ. -ಅಡಕೆ. (Šmd. 216). A green betel-nut. — ಪಚ್ಚೆಲೆ. -ಎಲೆ. (Šmd. 216). A green, fresh leaf (J. 9, 32). — ಪಚ್ಚೋಲೆ. -ಓಲೆ. (Šmd. 216). A green cadjan leaf (Ršv. 5, 112).

ಪಚ್ಚು paččü. 2. P. p. of ಪಸು 3.

ಪಚ್ಚು paččü. 3. = ಪೆರ್ಚು, q. v. (Čpr. 4, 83; 7, after 93).

ಪಚ್ಚು paččü. 4. = ಪಚ್ಚಿ 1, etc., (ಪಂಚು 2). — ಪಚ್ಚುಗುಡು. -ಕುಡು. To apportion (Abh. P. 7, after 80). — ಪಚ್ಚುಗೊಳ್. -ಕೊಳ್. To partake (Čpr. 3, 53).

ಪಚ್ಚು paččü. = ಪೆಚ್ಚು. (My.). ನೆಚ್ಚಿದ ಕಾರ್ಯ ಪಚ್ಚಾದರೆ ಕಿಚ್ಚು ಯಾತಕೆ? — ಪಚ್ಚ ಮಾತಾಡುವವನು ಬಿಚ್ಚು ಬೀಳಿಸನೇ? (Prvs.).

ಪಚ್ಚುಗೆ paččugĕ. = ಪೆಚ್ಚುಗೆ 2, ಪೆರ್ಚುಗೆ 2, ಹಚ್ಚು 1. A lonely, retired, secret or private place; privacy; counselling, or consulting, in private (M. ಪಯ್ಯೆ, T. ಪೈ, gently; secretly; quietly; T. ಪದುಂಗು, M. ಪದುಙ್ಙು, to sneak, crouch, conceal, skulk, be cautious; *cf.* ಅಡಂಗು 2?). — ಪಚ್ಚುಗೆಗಾತಿ. -ಗಾತಿ. = ಪೆರ್ಚುಗೆಗಾತಿ. A woman who lives in privacy, is consulted and advises (ಮನ್ತ್ರಣಗಾತಿ, ಏಕಾನ್ತದವಳ್ Šs.; ಏಕಾನ್ತದವಳ್ Kk. 28, o. r. ಪೆಚ್ಚುಗೆಗಾತಿ).

ಪಚ್ಚೆ paččĕ. = ಅಚ್ಚೆ 2, ಪಂ, ಪಚೆ, ಪಚ್ಚ, (ಪಚ್ಚನೆ), ಪಚ್ಚು 1, ಪಸ್ 2, ಪಸ್, ಪಸಿ 3, ಪಸು 2, (ಹಚ್ಚಗೆ, ಹಚ್ಚನೆ), ಹಚ್ಚೆ, ಹಸಿ 1. Greenness; the colour green; a yellowish colour, a golden colour (ಜಾಗ, ಪಸುರ್ Šm. 69; ಪೀತ, ಗೌರ, ಹರಿದ್ರಾಭ, ಹಸುರುಬಣ್ಣ Si. 51; J. 6, 31; My.; M.; T. ಪಚ್ಚೈ; see ಮಾಸ್ಬಣ್ಣ). **2,** young sprouts or new leaves, and their colour (ಪ್ರವಾಲ, ಹಸುರು

Nn. 7). ಎಲೆಪಚ್ಚೆಬಣ್ಣ (ಪಾಲಾಶ, ಪಲಾಶ, ಹರಿತ, ಜಂಗಾಲ್ Si. 51). 3, growing corn, etc., and their colour. ಸಕಲಮೂದ ಪಯ್ರು ಪಚ್ಚೆಗಳಿನ್ದ ಸಮ್ಪೂರ್ಣಮಾದ ಕ್ಷೇತ್ರಯುಭೂಮಿ (ಉರ್ವರೆ Si. 100; My.). 4, freshness; unripeness, crudeness, rawness; youngness (T., M.; Tē. ಪಚ್ಚಿ). 5, an emerald (ಅಶ್ಮಗರ್ಭ, ಮರಕತ, ಹರಿನ್ಮಣಿ Hlâ., Mr. 101; ಗಾರುತ್ಮತ, ಮರಕತ, etc. Nr., Si. 330; ಪಸುರ್ಗಲ್ Čt. II, 112; My.; M.; T. ಪಚ್ಚೆ; Mhr. ಪಾಚೂ). ಪಸಾಯದಪಚ್ಚ ಮುತ್ತಿನ ಪೊಸ ಪಚ್ಚೆಯಿಂ ತಳೆದ ಪೊಲ್ ಅದಿರ್ಪುತ್ತೆ ಮುಗುಳ್ದುದು (Čpr. 7, 41). See Čpr. 6, 49; Abh. P. 4, 17; Bh. 2, 13, 25; Č. Bp. 5, 8. 48; Rśv. 2, 47; J. 8, 4. ಪಚ್ಚೆಯಾದರೂ ಮೆಚ್ಚು ತೆಗದು ಕೋಬೇಕು.— ಪಚ್ಚೆಯಾದರೆ ಸುಚ್ಚಗಿನ್ನ ಕಡಿಮೆಯೇ? (Prvs.). 6, camphor (ಪ್ರಾಲೇಯ, ಘನಸಾರ Mr. 336). 7, N. of a plant with fragrant ears (ದೇವಕಣಿಕ Mr. 132; Rśv. 10, 2). 8, cane or ratan, Calamus fasciculatus or rotang (ವೇತಸ, ವಂಜುಲ, ವಿದುಲ, ವಾಸರ, ಶೀತ Mr. 124; ವಾಸರ = ವಾನೀರ; cf. ಪಚ್ಚೆ). 9, any figure punctured or tatooed into the skin because green, tattoo (My.; Tē.). See ಕರ್ಪೂರಪಚ್ಚೆಗಿಡ; ಪುಮಿಪಚ್ಚೆ. — ಪಚ್ಚೆಕಾಯಿಗಿಡ. A climbing herb, Cucumis pubescens Willd. (St. & Pl.). — ಪಚ್ಚೆಗಬ್ಬುನ. -ಕಬ್ಬುನ. The yellow-coloured metal: gold (Abh. P. 4, 83). — ಪಚ್ಚೆಗುಪ್ಪಸ. = ಪಚ್ಚಗುಪ್ಪಸ. (Śśv. 3, 27). — ಪಚ್ಚೆತೆನೆಗಿಡ. = ಪಚ್ಚೆ No. 7. (My.). — ಪಚ್ಚೆವಿಮಿರ್. -ತಿಮಿರ್. Gold-coloured unguent (Čpr. 7, 43). — ಪಚ್ಚೆದೋರಣ. -ತೋರಣ. (Šmd. 385; Kk. 97). A festoon of green leaves. — ಪಚ್ಚೆಮಾಲೆ. (Šmd. 386; Kk. 96). A garland of emeralds. — ಪಚ್ಚೆಯ ವರ್ಣ. (ಹರಿತ Nn. 60). — ಪಚ್ಚೆಪಡಿಗ. -ಪಡಿಗ. A spittoon of emerald (Rśv. 2, 70). — ಪಚ್ಚೆಪರಲ್. -ಪರಲ್. An emerald (Čpr. 1, after 101; Śśv. 2, after 42). — ಪಚ್ಚೆಪರಿಗೆ. -ಪರಿಗೆ. A shield of emerald (Grj. 6, after 56). — ಪಚ್ಚೆಬಿಲ್ಲ. -ಬಿಲ್ಲ. Kâma: a libidinous man (Rśv. 1, after 135). — ಪಚ್ಚೆವೇಣ್. = ಪಚೆವೇಣ್, q. v. — ಪಚ್ಚೆಹೆಸಱು. = ಹೆಸಱು. (St. & Pl.).

ಪಚ್ಚೆ paččĕ. = ಪಚ್ಚ. — ಪಚ್ಚೆಪಡಿಸು. -ಪಡಿಸು. = ಪಚ್ಚಪಡಿಸು. To decorate, to adorn. ಪಚ್ಚೆವಡಿಪಾ ಸತಿ (ಪಚ್ಚವಡಿಪ Kk. 92).

ಪಚ್ಚೆಗಾಱ paččĕ-gâṟa. = ಪಚ್ಚಗಾಱ. (ಪಚ್ಚಾಯ್ಲ Kk. 75).

ಪಜಕ pajaka. A kind of tree. ಕ್ರಮುಕ, ಪಟ್ಟಿಕೆ, ಪಟ್ಟಿ, ಲಾಕ್ಷಾ ಪ್ರಸಾದನ ಎನ್ನು, ಕೆಮ್ಪುಅರಗಿನ ಗಿಡ; ಪಜಕದ ಮರ ಎನ್ನು, ಕೆಲವರನ್ನುವರು (Si. 131, *only* in Si.).

ಪಜ್ಜ pad-ja. Born from the feet: *a Śûdra.*

ಪಜ್ಜಳ pajjaḷa. Tbh. of ಪ್ರಜ್ವಲ (Šmd. 351; Kk. 65). — ಪಜ್ಜಳಮ್ಬಡೆ. -ಪಡೆ. To obtain lustre or fame (Grj. 2, after 106).

ಪಜ್ಜಳಿಸು pajjaḷisu. Tbh. of ಪ್ರಜ್ವಲಿಸು. (Čpr. 3, 94; 6, 52; 7, 8; Abh. P. 16, 82; Rśv. 10, after 31; 11, after 1; 13, after 1; J. 18, 30).

ಪಜ್ಜೆ pajjĕ. = ಪೆಜ್ಜೆ, ಹಜ್ಜೆ, ಹೆಜ್ಜೆ. Tbh. of ಪದ್ಧತಿ (Šmd. 370). A footstep, a foot-print, a trace; a stride. (Tē. ಅಂಜೆ). See ಅಡಿಪಜ್ಜೆ, ಅಡಿವಜ್ಜೆ; Śśv. 3, 45. 49. — ಪಜ್ಜೆದೋಱು. -ತೋಱು. To be marked or noticed (J. 18, 30). — ಪಜ್ಜೆವಿಡಿ. -ಪಿಡಿ. To track (Čpr. 5, after 64; Abh. P. 9, after 33; Grj. 3, after 103; Śâ. 97; J. 28, 45).

ಪಂ paṅ. Five. — ಪಂಚೇರು. -ಸೇರು. Five sêrs. ದುಡ್ಡಿಗೆ ಪಂಚೇರು.— ನಿಮ್ಮನೆಯೆಮ್ಮೆ, ನಮ್ಮನೇ ಕಱು; ತಾ, ತಿಮ್ಮಕ್ಕಾ, ಪಂಚೇರು ಹುಪ್ಪವ! (Prvs.).

ಪಂಚ pańča. 1. *Five.* 2, incomparable, wonderful (ಅಪೂರ್ವ Šmd. II, c. r. ಪೂರ್ವ; Kk. 58. 77; Šm. 57; *cf.* ಪಂಚಮ No. 7). 3, a jury (Mhr.). — ಪಂಚಕಚೇರಿ. An office of jury (B. 4, 146). — ಪಂಚಬಾಬು. Five items of revenue, viz. toddy, spirituous liquor, opium, hemp, and excise (My.). — ಪಂಚಬಾಬುಕಚೇರಿ. An office of the ಪಂಚಬಾಬು (My.). — ಪಂಚವಣ್ಣಿಗೆ. -ಪಣ್ಣಿಗೆ. Wonderful or very beautiful decoration (Abh. P. 13, 59; Rśv. 8, after 5).

ಪಂಚ pańča. 2. Spreading. See ಪ್ರ-.

ಪಂಚಕ pańčaka. Consisting of five, relating to five, made of five; any collection or aggregate of five; *the number five.* See Šmd. 21. 101. 345; Kâvy. III, 2, B, 24; Čh. v. 131. 2, a field of battle. 3, a pack of five, as of paper (My.).

ಪಂಚಕಜ್ಜಾಯ pańča-kajjâya. The five pleasant articles of food: avalakki, ĕḷḷu, kaḍlĕ, kŏbari, bĕlla (My.).

ಪಂಚಕಲ್ಯಾಣ pańča-kalyâṇa. N. of writings of the Jainas (Čpr. 3, 92).

ಪಂಚಕಾರುಕ pańča-kâruka. The five artificers or artisans: carpenters, goldsmiths, blacksmiths, stone-cutters (masons), and braziers (see Nr. s. ಕಲುಕುಟಿಗ). ಶಿಲ್ಪಿ, ಕಾರು, ಪ್ರಕೃತಿ ಈ 3 ಪಂಚಕಾರುಕರು; ಪಂಚಕಾರುಕರು ಕೆಲಸಂಗೆಯ್ವ ಮನೆ (ಕರ್ಮಶಾಲೆ, etc. Hlâ.). ಪಂಚಕಾರುಕರ ಮನೆ (ಕರ್ಮಶಾಲೆ Mr. 197). *Cf.* ಪಂಚಾಳ. — ಪಂಚಕಾರುಕಕರ್ಮದಾರು. A piece of wood for the work of artisans. See ಅಡೆ.

ಪಂಚಕೋಣ pańča-kŏṇa. A pentagon. (My.).

ಪಂಚಗವ್ಯ pańča-gavya. Five things derived from the cow: milk, curds, ghee, urine, and dung. (My.).

ಪಂಚಗುಪ್ತ pańča-gupta. A tortoise, turtle, as drawing in its four feet and head under its shell. (R.).

ಪಂಚಗುರುಗಳ್ pańča-gurugaḷ. The five great Jaina gurus (Čpr. 4, 86; Kâvy. III, 1). See ಪಂಚಪರಮೇಷ್ಠಿ.

ಪಂಚಗೌಡ pańča-gauḍa. = ಪಂಚಗೌಳ. (My.; Tē.).

ಪಂಚಗೌಳ pańča-gauḷa. = ಪಂಚಗೌಡ. Bengal and the northern provinces; the collective name for Brâhmaṇas of those countries (Bh. 2, 4, 11).

ಪಂಚಚಾಮರ pańča-čâmara. N. of a vṛitta (Čh.).

ಪಂಚಜನ pańča-jana. The five kinds of beings: gods, men, gandharvas, apsarasas, serpents and pitṛis. 2, *man, mankind;* a man (ಮಾನವ, ಮರ್ತ್ಯ, ನರ, etc., ಗಣ್ಡುಗೂಸು Mr. 222). 3, N. of a demon in the form of a conch shell.

ಪಂಚಜನೀನ pańča-janîna. *An actor, a mimic, a buffoon* (ಆಡಿಗ Hlâ.; ಆಡಿ ಬದುಕುವನು Mr. 238).

ಪಂಚತನ್ತ್ರ pańča-tantra. N. of a collection of stories and fables in five books or chapters. (My.; B. 4, 135).

ಪಂಚತೆ pańčatĕ. ಪಂಚತಾ. Fivefoldness; the aggregate of five; the five elements collectively: earth, air, fire, water and ether. 2, separation into the five elements of which the body consists: *dissolution, death.*

ಪಂಚತೋದಂಚನ pańčatâ-udańčana. The rising of death (Čpr. 5, 135).

ಪಂಚತ್ವ pańčatva. = ಪಂಚತೆ. Fivefoldness, etc. 2, *death.* ಛೀಮು, ಛೀಮು, ಗದೆಯಿಂ ಪಂಚತ್ವಮಂ ಪೊರ್ದಿದಯ್! (Šmd. 255).

ಪಂಚದಶ pańča-daśa. Fifteenth. 2, fifteen (Mr. 64).

ಪಂಚದಶಿ pańča-daśi. *The fifteenth day of a half month, the day of full or new moon.*

ಪಂಚದಾರ (pañca-dâra). Sugar (Tĕ.; ತವರಾಜ Si. 311).

ಪಂಚದ್ರಾವಿಡ pañca-drâviḍa. The five so-called drâviḍa Brâhmaṇas. See ದ್ರಾವಿಡ.

ಪಂಚಧಾರೆ pañca-dhârĕ. The five paces of a horse: dhôrita, valgita, pluta, uttêjita, uttêrita (Rśv. 13, 82). See s. ನಡಿಕೆ.

ಪಂಚನಖ pañca-nakha. Five-clawed: an elephant; a tiger; a tortoise. (Śâstrasâra in W.).

ಪಂಚನಮಸ್ಕಾರ pañca-namaskâra. Obeisance made with the arms, knees, head, voice, and look (Abh. P. 16, after 39).

ಪಂಚಪಕ್ವಾನ್ನ pañca-pakvânna. Five pakvânnas (Bp. 8, 14; they are enumerated ad libitum, My.). *Cf.* ಪಂಚವಿಧ-, ಪಂಚಭಕ್ಷ್ಯ.

ಪಂಚಪತ್ರೆ pañca-patrĕ. N. of a plant (ದೇವಪತ್ರ, ಸಾವಿತ್ರಿ, ಗಾನ್ಧಾರಿ Mr. 132, o. r. ಮುಂಚಿಪತ್ರೆ); a kind of čaṇḍâlakanda or bulbous plant (Sk. as ಪಂಚಪತ್ರ).

ಪಂಚಪದ pañca-pada. A cold, indifferent relationship, indifference, apathy (Čpr. 4, 86).

ಪಂಚಪರಮೇಷ್ಠಿ pañca-paramêshṭhi. The five chief Jaina gurus: (sarasijavâsa), arha, âčârya, upâdhyâya, sarvasâdhu (Nn. 150).

ಪಂಚಪರ್ವ pañca-parva. Five fixed days in a month on which Brâhmaṇas perform special idol-worship (My.).

ಪಂಚಪಲ್ಲವ pañca-pallava. The aggregate of young shoots of the âmra, jambû, kapittha, vîjapûraka, and vilva. — ಪಂಚಪಲ್ಲವದ ವಾಜಿ. A horse which a king mounts (ರಾಜವಾಹನ Śmd. II; Kk. 78; Śm. 41).

ಪಂಚಪಾಂಡವ pañca-pâṇḍava. The five sons of Pâṇḍu: Yudhishṭhira, Bhîma, Arjuna, Nakula, and Sahadêva (C.), who are worshipped by peasants in the form of stones (S. Mhr.).

ಪಂಚಪಾತ್ರೆ pañca-pâtrĕ. Five cups or vessels collectively. 2, a metal vessel of a cylindric form (C.; Mhr.; Si. 309).

ಪಂಚಪ್ರಮೆ pañca-pramĕ. Five true perceptions (Rśv. 4, 104).

ಪಂಚಪ್ರಾಣ pañca-prâṇa. The five vital airs: prâṇa, apâna, samâna, vyâna, and udâna. (My.).

ಪಂಚಬಾಣ pañca-bâṇa. *Kâma.*

ಪಂಚಬ್ರಹ್ಮ pañca-brahma. Śiva (Rśv. 4, 104).

ಪಂಚಭಕ್ಷ್ಯ pañca-bhaksha. Five kinds of cake (Bp. 2, 53; 43, 20).

ಪಂಚಭೂತ pañca-bhûta. (Śmd. 101). The five elements: earth, fire, water, air, and ether (âkâśa). ಆಕಾಶ ಹೊರಗಾದ ಪಂಚಭೂತ (ಅಮ್ಬರವರ್ಜಿತಪಂಚಭೂತ, ಧಾತು Nn. 82).

ಪಂಚಭೂತಾತ್ಮಕ pañcabhûta-âtmaka. Consisting of the five elements, as the âtman or person (Bp. 51, 30; ಪೃಥ್ವ್ಯಾದಿಪಂಚಭೂತ Nn. 78).

ಪಂಚಮ pañčama. The fifth (Bp. 54, 48). 2, the fifth letter of a varga (Kâvy. I, 2, 110-112). 3, forming the fifth part; a fifth. 4, a Śûdra (ಪದ್ಯ Mr. 375 sic!); a Čâṇḍâla (My.). 5, *the fifth* (or seventh) *note of the gamut;* see ಸಪ್ತಸ್ವರ. 6, the note of the cuckoo (ಕೋಗಿಲರವ Ôt. II, 66). 7, beautiful, brilliant, elegant, pleasing (*cf.* ಪಂಚ No. 2). 8, dexterous, clever. 9, one of the râgas or musical modes. 10, copulation. ಪಂಚಮದ ಶನಿ (śani when in the fifth constellation) ಹಂಚಿನಲ್ಲಿ ಉಣಿಸ್ಯಾನು (Prv.). See ತುರುಪ್ಪಲ್. — ಪಂಚಮುಪ್ಪೊರೆ. -ಂ-ಪೊರೆ. The fifth note to join (Čpr. 1, 118).

ಪಂಚಮಜಾತಿ pañčama-jâti. The fifth caste: that of the Čâṇḍâlas or Hŏlĕyas (My.).

ಪಂಚಮಶಾಲೆ pañčama-śâlĕ. A brazier's shop. See ಪಂಚಾಳ. — ಪಂಚಮಶಾಲೆಯವ. -ಅವ. A brazier. ಪಂಚಮಶಾಲೆಯವರ ಕಂಚು ಪನ್ನಕ್ಕೆ ಸಿಕ್ಕೀತೇ? (Prv.).

ಪಂಚಮಸ್ವರ pañčama-svara. = ಪಂಚ No. 5. ಪಂಜರದಲ್ಲಿ ಕಾಗೆಯಿಟ್ಟರೆ ಪಂಚಮಸ್ವರ ಕೊಟ್ಟೀತೇ? (Prv.).

ಪಂಚಮಹಾನಿನದ pañča-mahâ-ninada. = ಪಂಚಮಹಾಶಬ್ದ. (Bp. 16, 14).

ಪಂಚಮಹಾಪಾತಕ pañča-mahâ-pâtaka. The five heinous sins: killing a Brâhmaṇa, drinking intoxicating liquors, stealing gold, committing adultery with the wife of a guru (or incest with one's mother), and associating with any one guilty of these crimes (Bp. 51, 54; My.).

ಪಂಚಮಹಾಪಾಪ pañča-mahâ-pâpa. = ಪಂಚಮಹಾಪಾತಕ. See Prv. s. ಪ್ರಪಂಚ.

ಪಂಚಮಹಾಯಜ್ಞ pañča-mahâ-yajña. Sacrifices or devotional acts having reference severally to the vêda, the gods, the manes of ancestors, men, and all created beings (My.).

ಪಂಚಮಹಾವಾದ್ಯ pañča-mahâ-vâdya. Five great musical instruments: a horn, a tabor, a conch-shell, a kettle-drum, and a gong. ತನ್ತ್ರಿಯಂ ಕಟ್ಟಿ ನುಡಿಸುವ ವೀಣಾದಿಕವೇ ತತವೆನಿಸುವದು, ಚರ್ಮವ ಕಟ್ಟಿ ನುಡಿಸುವ ಮುರಜಾದಿಕವೇ ಆನದ್ಧವೆನಿಸುವದು, ಕಂಚಿನ ತಾಳಾದಿಕವೇ ಘನವೆನಿಸುವದು, ಊದಿ ಬಾರಿಸುವ ನುಡಿಮೇಳ ಮೊದಲಾದುದೇ ಸುಷಿರವೆನಿಸುವದು, ಇನ್ತು ಚತುರ್ವಿಧವಾದ್ಯಂಗಳಂ,— ಅವುಗಳಲ್ಲಿ ಅವಾನ್ತರಭೇದಗಳಾದ ಶೃಂಗವಾದ್ಯವೆಮ್ಬ ಕೊಮ್ಬು, ತಮ್ಮಟವೆಮ್ಬ ಹಲಿಗೆ, ಶಂಖವೆಮ್ಬ ದವಳ, ಭೇರಿಯೆಮ್ಬ ಬಾಜಾ, ಜಯಘಂಟೆಯೆಮ್ಬ ಜಾಗಟೆ ಇತ್ತೆನಿಪ ಪಂಚಮಹಾವಾದ್ಯಂಗಳಂ,— ಭದ್ರವೆಮ್ಬ ಕರಡೆ, ಶಾಸಕವೆಮ್ಬ ನಗಾರಿ, ಭೀಷಣವೆಮ್ಬ ತ್ರಸಾ, ಘೋಷಣವೆಮ್ಬ ಹುಡುಕ್ಕಾ, ಡಿಣ್ಡಿಮವೆಮ್ಬ ಡಿಕ್ಕಿ, ಡಮರುವೆಮ್ಬ ಜೋಲು, ಝುರ್ಝುರವೆಮ್ಬ ಝುಣಾಯಿ, ಕಾಹಲವೆಮ್ಬ ಗವುರಿಕಾಳೆ, ದುನ್ದುಭಿಯೆಮ್ಬ ಢೋರ, ಘಂಟಿಕೆಯೆಮ್ಬ ಗಣ್ಟೆ ಇತ್ತೆನಿಪ ದಶವಾದ್ಯಂಗಳಂ ಬಾರಿಸಲುಳ್ಳ ವಿಚಕ್ಷಣರ್ (Vivêkačintâmaṇi, 4th prakaraṇa).

ಪಂಚಮಹಾವಿಸರವಾದ್ಯ pañča-mahâ-visara-vâdya. The five great musical instruments of far-spreading sound (Bp. 59, 58).

ಪಂಚಮಹಾಶಬ್ದ pañča-mahâ-śabda. = ಪಂಚಮಹಾನಿನದ. The sound of the ಅಯ್ದು ಉತ್ತಮವಾದ್ಯ, q. v.; or: the loud sound of the five (great musical instruments).

ಪಂಚಮಹೋರುವಾದ್ಯ pañča-mahâ-uru-vâdya. = ಪಂಚಮಹಾವಿಸರವಾದ್ಯ. (Bp. 11, 49).

ಪಂಚಮಾಸ್ಯ pañčama-âsya. The kôgilĕ or cuckoo. (R.).

ಪಂಚಮಿ pañčami. = ಪಂಚವೆ. *The fifth day of the half month.* 2, the ablative (Śmd. 115. 141. 159; Kâvy. I, 3, 33-35). 3, a chequered cloth or board for playing at draughts, etc.

ಪಂಚಮಿಗ pañčama-iga. A Śûdra (see ಪಂಚಮ No. 4).

ಪಂಚಮಿಗಿತಿ pañčamiga-iti. (Śmd. 244). A Śûdra woman.

ಪಂಚಮುಖ pañča-mukha. Five-faced; Śiva (Bp. 36 sum.); a lion.

ಪಂಚಮುದ್ರೆ pañča-mudrĕ. Five gestures of the fingers to be made in presenting offerings to an idol. 2, five sectarian marks of Śaivas (Bp. 27, 34; 49, 41); such of Mâdhvas (My.).

ಪಂಚಯಜ್ಞ pañča-yajña. = ಪಂಚಮಹಾಯಜ್ಞ. (My.).

ಪಂಚರಂಗು pañča-raṅgu. = ಪಂಚವರ್ಣ No. 1. (C.; V. 8, 33).

ಪಂಚರತ್ನ pañča-ratna. A collection of five jewels or precious things, as gold, the diamond, sapphire, ruby, and pearl (Abh. P. 1, 64). 2, a collection of five verses on ethical and other subjects. ಪಂಚರತ್ನಕ್ಕೆ ಮುಂಚಿದ ಕಾಲು ಕ್ರಯವೇ? (Prv.).

ಪಂಚರಸ pañča-rasa. Five fluids: *e. g.* ghee, milk, honey, oil, and spirituous liquor (ಘೃತಾದಿರಸಪಂಚಕ, ತುಪ್ಪ ಮೊದಲಾದ ಅಯ್ದು ರಸಂಗಳು Nn. 33).

ಪಂಚರಾತ್ರ pañča-râtra. Lasting five nights or days. 2, a general term for the doctrinal books of various Vaishṇava sects. (My.). 3, a pûjâri of a superior position among Vaishṇavas (My.).

ಪಂಚರಾಶಿ pañča-râśi. ಪಂಚರಾಶಿಕ pañča-râśika. The double rule of three. (My.).

ಪಂಚಲಕ್ಷಣ pañča-lakshaṇa. *Possessing five characteristics, as a purâṇa which should comprehend five topics: the creation of the universe, its destruction and renovation, the genealogy of gods and patriarchs, the reigns of the Manus and the legends of the solar and lunar races.*

ಪಂಚಲವಣ pañča-lavaṇa. Five kinds of salt: kâča, saindhava, sâmudra, viḍa, and sauvarčala. (My.).

ಪಂಚಲೋಭಿ pañča-lôbhi. A very avaricious person (ಕದರ್ಯ, ಕೀನಾಶ, ದೀನ Mr. 228).

ಪಂಚಲೋಹ pañča-lôha. A metallic alloy containing five metals: copper, brass, tin, lead, and iron (Sk.). 2, the five metals: gold, silver, copper, tin (lead), and iron (My.; ಧಾತು Nn. 32; Mr. 498). ಪಂಚಲೋಹದ ಹಂಚು ಆದರೆ ಸಂಚಗಾರ ಕೊಡ ಬಾರದೇ? (Prv.).

ಪಂಚವಕ್ತ್ರ pañča-vaktra. = ಪಂಚಮುಖ. A lion (ಸಿಂಹ Mr. 159); Śiva.

ಪಂಚವಟಿ pañča-vaṭi. The five fig-trees; N. of a place at the source of the Gôdâvarî where Râma resided. (Râm. 3, 1 sum.).

ಪಂಚವಣ್ಣ pañča-baṇṇa. Tbh. of ಪಂಚವರ್ಣ. (Râv. 6, after 11).

ಪಂಚವದನ pañča-vadana. = ಪಂಚಮುಖ. (Bp. 28, 4).

ಪಂಚವರ್ಗ pañča-varga. A class, group or series of five; the five classes of consonants in the alphabet (from kavarga to pavarga, Śmd. 21).

ಪಂಚವರ್ಣ pañča-varṇa. = ಪಂಚವಣ್ಣ. The five colours: white, black, red, yellow, and green (ಧಾತು Mr. 498; Nn. 32; Râv. 14, 79). 2, five letters (Śmd. 21); five syllables (Râv. 14, 79; *cf.* ಪಂಚಾಕ್ಷರಿ). 3, five castes.

ಪಂಚವಾದ್ಯ pañča-vâdya. The bhêri, śaṅkha, kahaḷĕ, gaṇṭĕ, and vîṇĕ (My.). 2, beating one's own mouth whilst lamenting (My.). — ಪಂಚವಾದ್ಯತಟ್ಟು. A pony that walks only when all sorts of noises and other efforts are made (My.).

ಪಂಚವಿಂಶತಿ pañča-vimśati. Twenty-five. — ಪಂಚವಿಂಶತಿತತ್ತ್ವ, the twenty-five sâṅkhya first principles (see ತತ್ತ್ವ; Vivêkačintâmaṇi 1, 109).

ಪಂಚವಿಧಪಕ್ವಾನ್ನ pañča-vidha-pakvânna. = ಪಂಚಪಕ್ವಾನ್ನ. (Bp. 24, 3).

ಪಂಚವಿಧಾಕ್ಷರ pañča-vidha-akshara. The five kinds of letters: vowels, etc. (Śmd. 48).

ಪಂಚವಿಶಿಖ pañča-viśikha. = ಪಂಚಶರ. (My.).

ಪಂಚವಿಷಯ pañča-vishaya. The five objects of sense: rasa, rûpa, gandha, śabda, and sparśa (Mr. 501).

ಪಂಚವೆ pañčavĕ. Tbh. of ಪಂಚಮಿ (Śmd. 365; Śm. 19).

ಪಂಚಶರ pañča-śara. = ಪಂಚಸರ. Five-arrowed: *Kâma.*

ಪಂಚಶಾಖ pañča-śâkha. Five-branched: *the hand* (Mr. 321).

ಪಂಚಶಿಖ pañča-śikha. A man who wears the pañčaśikhâ. (My.).

ಪಂಚಶಿಖೆ pañča-śikhĕ. Five tufts of hair left by vaidika Brâhmaṇas on the head, etc. (My.).

ಪಂಚಸರ pañča-sara. Tbh. of ಪಂಚಶರ (Śmd. 376; ಅಯ್ಯಪ್ಪ Čt. I, 92; II, 52).

ಪಂಚಸಾಯಕ pañča-sâyaka. = ಪಂಚಶರ. (My.).

ಪಂಚಸೂನಂಗಳ್ pañča-sûnaṅgaḷ. The five things in a house by which animal life may be accidentally destroyed: the fire-place, the slab on which condiments are ground, the broom, the pestle, the mortar, and the water-pot. (R.).

ಪಂಚಾಕ್ಷರಿ pañča-akshari. The Śaiva mantra or formula of five syllables: ನಮಃ ಶಿವಾಯ (reverence to Śiva, Bp. 18, 8; 41, 23; 46, 3. 64; 49, 29; 53, 73; Śm. 1; Râv. 4, 104).

ಪಂಚಾಗ್ನಿ pañča-agni. The five fires collectively amidst which a devotee performs penance or devotion (Grj. 9, 9. 10; Bp. 2, 13; 19, 81). 2, the vaidika fires called anvâhâryapačana, gârhapatya, âhavanîya, sabhya, and âvasathya.

ಪಂಚಾಂಗ pañča-aṅga. Five-membered. 2, a calendar or almanac treating chiefly of five things: solar days, lunar days, asterisms, yôgas, and karaṇas. (Mr. 68; My.; B. 5, 151). ಪಂಚಾಂಗ ನೋಡಿದರೆ ನಕ್ಷತ್ರ ಹೋದೀತೇ? (Prv.). — ಪಂಚಾಂಗದವ. -ಅವ. An astrologer. 2, a poor man (My.). See Prv. s. ಪಂಚಾಲ. — ಪಂಚಾಂಗ ಹೇಳು. To tell all the things of an almanac (My.). 2, to tell circumstantially and verbosely (My.).

ಪಂಚಾಂಗುಲ pañča-aṅgula. Measuring five fingers. 2, *the ricinus or castor-oil plant, Ricinus communis.*

ಪಂಚಾಚಾರ pañča-âčâra. Five rules or institutes (Râv. 4, 104).

ಪಂಚಾನನ pañča-ânana. Five-faced: Śiva; *a lion.* (Abh. P. 10, 29; Śâv. 5, 81).

ಪಂಚಾನನವಿಷ್ಟರ pañčânana-vishṭara. Lion-seat: a throne (Čpr. 4, after 75).

ಪಂಚಾಮೃತ pañča-amṛita. The five nectarious substances: milk, curds, ghee, honey, and sugar (Sk., Mhr.), and a compound made of them (My., wherein, instead of curds, plantains are used; Bp. 18, 35; 35, 11).

ಪಂಚಾಯಿತ pañčâyita. A member of an assembly of arbritation (My.; Mhr., H.).

ಪಂಚಾಯಿತಿ pañčâyiti. An assembly of five (or more) persons to settle a matter by arbitration (My.; Br.); arbitration (My.).

ಪಂಚಾರ್ತಿ pañča-ârti. A platter with five wicks burning in ghee, and the act of waving it (My.). ತುಟಿಗೆ ತುಪ್ಪವಿಲ್ಲ, ಕಟಿಗೆ (or ತರಡಿಗೆ) ಪಂಚಾರ್ತಿ ಬಯಸಿದ ಹಾಗೆ (Prv.).

ಪಂಚಾಲ pañčâla. N. of a tribe and their country in the north (Bp. 61, 30); a prince of the Pañčâlas. ಪಂಚಾಲದೇಶದ ಪಾಲಕನಾದರೆ ಪಂಚಾಂಗದವನಿಗೇನು? (Prv.).

ಪಂಚಾವರಣ pañča-âvaraṇa. Five positions of distance in

standing around a person (Bp. 25, 46; 54, 18). 2, five powers of illusion.

ಪಂಚಾವಸ್ಥೆ pañca-avasthĕ. Five states or conditions of humanity: childhood, boyhood, youth, manhood, and old age (My.).

ಪಂಚಾಶತ್ pañcâšat (pañca-dašat). Fifty. (My.). ಪಂಚಾಶತ್ತಮ, the 50th.

ಪಂಚಾಸ್ತ್ರ pañca-astra. Kâma (Ršv. 4, 104).

ಪಂಚಾಸ್ಯ pañca-âsya. = ಪಂಚಾನನ. Five-faced; *a lion.*

ಪಂಚಾಳ pañcâḷa. = (ಪಂಚಕಾರುಕ), ಪಾಂಚಾಲ. The five classes or castes of artificers: goldsmiths, carpenters, blacksmiths, braziers, and stone-cutters (My.; Mhr.); the first three classes (My.). ಪಂಚಾಳರು ಪಣ್ಣಿಗೆ ಹತ್ತಿದ ಹಾಂಗೆ (Prv.). 2, a goldsmith (My.).

ಪಂಚಿ pañci. = ಹಂಚಿ. Five or a cinque, at a game (Bp. 43, 6; Dp. 99, 5; see ಚೌ-).

ಪಂಚೀಕರಿಸು pañcî-karisu. To render fivefold (Ššv. 5, 31).

ಪಂಚು pañcu. 1. = ಅಂಚು 1, ಪಸು 3, ಹಂಚು. To divide, to share, to distribute (Bp. 43, 6; J. 26, 61; Tĕ.).

ಪಂಚು pañcu. 2. (= ಪಚ್ಚು 4). Distribution: unfair distribution (J. 6, 34, o. r. in one copy ಸಂಚು).

ಪಂಚೆ pañcĕ. = ಅಂಚೆ, (ಪಚ್ಚೆ), ಪಂಚಾ 1, ಪಂಜೆ. A small dôtra, used for various purposes (ಅಡುವೆ Kk. 54; My.; Tĕ.; Mhr. ಪಂಚಾ). ಚಿಕ್ಕ ಪಂಚೆ (ಕರ್ಪಟ Si. 495). See Mr. s. ಪಟಭೇದ.

ಪಂಚೇಂದ್ರಿಯ pañca-indriya. The five organs of sense: the eye, ear, nose, tongue, and skin (Bp. 43, 6; ಇಸ್ರ್ಯಾಣಿ Nn. 28). 2, the five objects of sense (ಶಬ್ದ ಮೊದಲಾದ ಪಂಚೇಂದ್ರಿಯ Nn. 78; see ಪಂಚವಿಷಯ). 3, = ಅಂಗಜ (Nn. 58).

ಪಂಚೇಂದ್ರಿಯಾತ್ಮಕ pañcĕndriya-âtmaka. Having the nature of the five organs of sense (Bp. 51, 30).

ಪಂಚೇಷು pañca-ishu. Five arrows (Abh. P. 9, 84). 2, *Kâma.*

ಪಂಜರ pañjara. 1. = ಹಂಜರ (Šmd. 342), (ಪಿಂಜರ), ಹನ್ದರ. *A cage,* an aviary, a dove-cot, etc. (ದಸ್ತಿ Čt. I, 11; *cf.* ಪನ್ದರ). 2, *a skeleton;* see ಅಸ್ಥಿ-. ಪಂಜರದಲ್ಲಿ ಕಾಗೆಯಿಟ್ಟರೆ ಪಂಚಮಸ್ವರ ಕೊಟ್ಟೀತೇ? (Prv.).

ಪಂಜರ pañjara. 2. A claw, of a cat, etc. (B. 3, 30; 4, 90; Mhr. ಪಂಜಾ, a claw, the hand of a monkey, the hand as spread abroad).

ಪಂಜರಪಕ್ಷಿ pañjara-pakshi. = ಹಂಜರಪಕ್ಕಿ. A bird in a cage.

ಪಂಜರಾಖೇಟ pañjara-âkhĕṭa. A sort of basket or wicker trap in which fish are caught. (R.).

ಪಂಜಲ pañjala. A mode used in sangîta (V. 11, 9).

ಪಂಜಾ pañjâ. 1. = ಪಂಚೆ, etc. ಗಣ್ಣುಗಜ್ಜೆಯ ಹಾಕಿ, ತಲೆಗೆ ಪಂಜಾ ಸುತ್ತಿ ಕೊಣ್ಣು (B. 4, 179).

ಪಂಜಾ pañjâ. 2. The metal hand of Mohammadans, representing their five holy personages (My.; Mhr., see ಪಂಜರ 2).

ಪಂಜಾಬು pañjâbu. The Panjab (C.).

ಪಂಜಾರ pañjâra. Sweet cakes, fritters, pastry (T. ಪಣಿಗಾರ, ಪಣಿಯಾರ, ಪಣ್ಣಾ, ಪಣ್ಣಿಗಾರ; Tĕ. ಪಣ್ಣೀರ, ಪಣ್ಯರ, ಪಣ್ಯಾರ; R.).

ಪಂಜಿ pañji. = ಪಂಜಿಕೆ, etc. (My.; T., M. ಪನ್ನು).

ಪಂಜಿಕೆ pañjikĕ. = ಅಂಜಿ, ಪಂಜಿ, ಹಂಜಿ. *The ball or roll of cotton from which the thread is spun.* (My.). 2, *a perpetual commentary.* 3, *an almanac.* 4, *a journal; a register.*

ಪಂಜು pañju. = ಪೊಂಜು. A torch (Č. Bp. 47, 37; V. 10, 12; My.; Tĕ.; T., M. ಪನ್ದ; Br., H. ಪಂಜಾಯಿ). ಕಟ್ಟು ಪಜಿ'ದ ಪಂಜು.— ತನ್ದೇ ಮದಿವೆಗೆ ಪಂಜು ಹಿಡಿಯುವ ಮಗ (Prvs.). ಏರಿಮೇಲಣ ಪಂಜು ನೀರೊಳಗೆ ಉರಿದನ್ತೆ, ನಾರಿಯರೊಲುವೆ ತನಗೆಮ್ಬ ಮರುಳಂಗೆ ಮಾರಿ ಹೊಡವನ್ತೆ (Sp.). — ಪಂಜುಗಳ್ಳ. -ಕಳ್ಳ. = ದೀವಟಿಕಳ್ಳ. (My.). — ಪಂಜುವಿಡಿವ. -ಪಿಡಿವ. A torch-bearer (ದೀವಟಿಗ Čt. 1, 58).

ಪಂಜೆ pañjĕ. A poor, helpless, weak person (My.; Tĕ.; T. ಪಂಜೈ; *cf.* ಪಜಿ³ 3); a wretch, a coward (Tĕ.; *cf.* ಪನ್ದೆ).

ಪಂಜೆ pañjĕ. = ಪಂಚಾ 1, etc. (C.). ಹುಡುಗರ ಸಲುವಾಗಿ ನೆಯ್ದು ರೇಶ್ಮೀ ಅಂಚಿನ ಸಣ್ಣ ದೋತರಜೋಡುಗಳಿಗೆ ಬಚಕಾನಿಯೆನ್ನುತ್ತಾರೆ; ಉದ್ದವೂ ಅಗಲವೂ ಕಡಿಮೆಯಾಗಿ ಉರುಟುನೂಲು ಇದ್ದರೆ ಅವುಗಳಿಗೆ ಪಂಜೆಗಳೆನ್ನುತ್ತಾರೆ; ನಾಲ್ಕು ಪಂಜೆಗಳನ್ನು ಕೂಡಿಸಿ ನೆಯ್ದಿದ್ದರೆ ಅವುಗಳಿಗೆ ಹೊರೆಯೆನ್ನುತ್ತಾರೆ (B. 3, 103).

ಪಂಜೆತನ pañjĕtana. Poverty; parsimoniousness (My.; Tĕ.; M. ಪಂಜ, ಪಞ್ಞ, famine, scarcity, poverty).

ಪಟ paṭa. = ಪಟಿ, (ಪಟಾರನೆ, ಪಟೀರ್, ಪಟ್ಟನೆ, ಪಠಿಲ್), ಪಡ 3. A sound imitating those of the flapping of wings or suspended clothes when fluttering in the wind, of a dog shaking his body, of applying blows or kicks, and of bursting.— ಪಟ ಪಟ. = ಪಡ ಪಡ. The repeated sound of ಪಟ (My.; Tĕ.; Mhr. ಫಡ ಫಡ; Bp. 51, 81). — ಪಟ ಪಟನೆ. With the repeated sound of ಪಟ (My.; Bp. 23, 16).

ಪಟ paṭa. = (ಪಟ್ಟ), ಪಡ, ಪಡು. *Cloth.* 2, *fine cloth;* = ಪಟವೆ, ಪಟ್ಟ No. 2, silk cloth, see ಪಟಾವಳಿ 2. 3, = ಪಟ್ಟ No. 7, *a veil or screen* (ತೆರೆ Šm. 105; see ಅಪಟಾನ್ತರ). 4, a sheet, an expanse; vastness, length, breadth. 5, a piece of cloth or tablet or plate on which anything may be written or painted. 6, a thatch, a roof. 7, a sail (ಹಾಜೆ Mr. 408; B. 3, 117). 8, a paper-kite (My.; Tĕ., T.). ಪಟ ಹಾರಿದರೆ ಮತ ಹಾರೀತೇ? (Prv.). 9, a picture (My.; Tĕ., T.; Bp. 58, 31). 10, = ಪಟ್ಟ No. 8, a chequered cloth or board to play at chess, etc. (Mhr.; ಅಷ್ಟಾಪದ, ಅಕಸ್ಟ G.). 11, a basin or channel for watering plants and trees (My.); = ಪಟ್ಟಿ 3, No. 8, & ಪಡ, No. 3, a plat (My.). 12, *the tree Buchanania latifolia* (Chironjia sapida). 13, = ಪಟ್ಟ No. 5 (see Mr. s. ಕುಥ). 14, anything well made, finished, or polished (see ಚೌಪಟ, ಚೌಪಟ No. 2).

ಪಟಕ paṭaka. 1. = ಪಟಿಕ 2, ಪಟಿಕೆ 1. Tbh. of ಸ್ಫಟಿಕಾ. Sulphate of alumina or alum (My.; Mhr. ಫಟಕೀ).

ಪಟಕ paṭaka. 2. = ಪಟಿಕೆ 2, ಪಳಿಗೆ. Cotton cloth. See ಪಡಿಹ 2. 2, a camp, encampment.

ಪಟಕಾರ paṭa-kâra. 1. A weaver; a painter. (R.).

ಪಟಕಾರ paṭakâra. 2. (*i. e.* ಪಟಕ1 -ಕಾರ). = ಪಟಕ 1, etc., ಪಟಗಾರ. (My.).

ಪಟಕಾರು paṭa-kâru. Tongs, pincers (Tĕ. ಪಟಕಾರು, ಪಟುಗಾರು; T. ಪಟ್ಟಿಟ್ಟೈ, ಪಟ್ಟಿರುಮ್ಬು, ಪಟ್ಟುಕುಟಿಡು; My. occasionally).

ಪಟಕುಟಿ paṭa-kuṭi. *A tent.*

ಪಟಕ್ಕನೆ paṭakkanĕ. With the sound of ಪಟಕ್,

that is used to express "suddenly and with a noise", as ಪಟಕ್ಕನೆ ಕಿತ್ತು ಕೊಳ್ಳು, ಪಟಕ್ಕನೆ ದೀಪ ನೊನ್ದಿಸು, ಪಟಕ್ಕನೆ ಹಗ್ಗ ಹಱಿ (My.).

ಪಟಗೃಹ paṭa-gṛiha. = ಪಟಕುಟಿ. (My.).

ಪಟಚೌರ paṭa-čaura. *A cloth-stealer, a shop-lifter.*

ಪಟಚ್ಚರ paṭaččara. A thief. 2, *old or ragged clothes* (ಪೊಸ ತಱಿದುದು Mr. 842).

ಪಟಣೆ paṭaṇĕ. Tbh. of ಪಠನ. (My.).

ಪಟತ್ಕಾರ paṭat-kâra. A sound in imitation of that of flapping flags (Grj. 8, after 8).

ಪಟಭಿತ್ತಿ paṭa-bhitti. The canvas-wall of a tent (ಗುಡಿಯ ಸುತ್ತಣ ಸರಾತಿ Mr. 288).

ಪಟಭೇದ paṭa-bhêda. Different kinds of cloth or garments. ದಸರಿ ಗಬ್ಬಂ (o. r. ಗಬ್ಬುಳ, ದಬ್ಬುಳಿ for ಗಬ್ಬಂ) ಗನ್ಧನೀಲಿ ಸನ್ಧ್ಯಾರಾಗ ಕುಸುರಿ (one MS. ಕುಸುಮಿ) ಆವಂಜೆ ದೋರಿಯ ನಾಗವಲ್ಲಿ ಪಟ್ಟೆ ಸುವರ್ಣಪಱಿ ಮದವಿ ಮುಂಜಿಷ್ಟೆ ದೇವಾಂಗಮ್ ಎನ್ದು, ಪಟಭೇದಮುಕ್ಕು (Mr. 842).

ಪಟಲ paṭala. 1. *A roof, a thatch.* 2, a cover, a covering, a veil. 3, *a film over the eyes.* 4, *a heap, a mass, a multitude.* 5, a basket (Abh. P. 12, after 2).

ಪಟಲ paṭala. 2. Tbh. of ಪಟೋಲ. (My.).

ಪಟಲಕ paṭalaka. = (ಪಟ್ಟಳಿಗೆ), ಪಡಲಿಕೆ, ಪಡಲಗೆ, ಪಡಲಿಗೆ, ಹಡಲಗೆ, ಹಡಲಿಗೆ. A heap, a mass, a multitude; a kind of basket (Čpr. 7, after 151; 9, 2); a jar (see ಪಟ್ಟಳಿಗೆ).

ಪಟಲಪ್ರಾನ್ತ paṭala-prânta. *The edge of a thatch.*

ಪಟವಾಸ paṭa-vâsa. 1. A tent. (My.). 2, a petticoat.

ಪಟವಾಸ paṭa-vâsa. 2. = ಪಟವಾಸಕ.

ಪಟವಾಸಕ paṭa-vâsaka. *Perfumed powder.*

ಪಟವೆ paṭavĕ. = ಪಟ, No. 2. Silk. — ಪಟವೆಗಾಱ. -ಗಾಱ. A man who dyes silk yarn, makes silken tassels, etc. (C.).

ಪಟವೇಶ್ಮ paṭa-vêśma. A tent. (R.).

ಪಟಸ್ತಮ್ಭ paṭa-stambha. A mast (B. 3, 117; My.).

ಪಟಹ paṭaha. = ಪಟಿಹ 1. *A kettle-drum,* a war-drum, a drum, a tabor.

ಪಟಹಾರಿ paṭa-hâri. (ಜಱಿಲಿ Mr. 165).

ಪಟಾ paṭâ. = ಪಟೆ 1, etc. A stripe, a line, a streak (Mhr., H. ಪಟ್ಟಾ). — ಪಟಾಪಟಿ. Striped, etc. — ಪಟಾಪಟಿಕಬ್ಬು. Sugar-cane with stripes (My.). — ಪಟಾಪಟಿತೆರೆ. A striped curtain (My.).

ಪಟಾಕಾಶ paṭa-âkâśa. The ether within any cloth (Bp. 51, 33; *cf.* ಘಟಾಕಾಶ).

ಪಟಾಕಿ paṭâki. = ಪಟಾಕ್ಷಿ, ಪಟಾಸು. A cracker, a squib (My.; Tĕ.; Mhr., H. ಫಟಾಕಡಾ, ಫಟಾಕಾ).

ಪಟಾಕೆ paṭâkĕ. = ಪತಾಕೆ. (Sk.). See ಪಟಿಯಿಗೆ, etc.

ಪಟಾಕ್ಷಿ paṭâkshi. = ಪಟಾಕಿ. (S. Mhr.).

ಪಟಾಟೋಪ paṭa-âṭôpa. Pride on account of one's dress, ostentatious display of it (My.).

ಪಟಾಣ paṭâṇa. A Pathân, an Afghân (My.; Mhr., H. ಪಠಾಣ; B. 5, 38. 41). — ಪಟಾಣಿ. = ಪಟಾಣ (My.). 2, relating to the Pathâns.

ಪಟಾಯಿತ paṭâyita. Striped, as a tiger (B. 5, 245; Mhr. ಪಟ್ಟಾಈತ).

ಪಟಾರನೆ paṭâranĕ. = ಪಟ, etc. ಅವಗೆ ಪೆಟ್ಟು ಪಟಾರನೆ ಬಿತ್ತು (My.).

ಪಟಾಲಂ paṭâlaṁ. A battalion, a regiment, an army (My.; Br.; M. ಪಟ್ಟಾಳಂ).

ಪಟಾವಳಿ paṭa-âvaḷi. 1. = ಪಟ್ಟಾವಳಿ 1. Stripes, lines. — ಪಟಾವಳಿಸೀರೆ. A sîrĕ with coloured stripes (My.).

ಪಟಾವಳಿ paṭa-âvaḷi. 2. = ಪಟ್ಟಾವಳಿ 2. Woven silk. — ಪಟಾವಳಿಸೀರೆ. A silk-sîrĕ (My.).

ಪಟಾಸು paṭâsu. = ಪಟಾಕಿ. (My.; Br.; M. ಪಟ್ಟಾಸ್).

ಪಟಿ paṭi. = ಪಟ, etc. — ಪಟಿ ಪಟಿ. = ಪಟ ಪಟ. (My.).

ಪಟಿ paṭi. = ಪಡಿ 1. ಪಱಿ 2. A kind of cloth; coarse thick cloth; a coloured, fine garment; a curtain. See ಯೋಗ-.

ಪಟಿಕ paṭika. 1. = ಪಳಿಕ, etc. Tbh. of ಸ್ಫಟಿಕ. Crystal (Bp. 51, 38; Tĕ.; T., M. ಪಡಿಗ).

ಪಟಿಕ paṭika. 2. = ಪಟಿಕ 1, etc. (My.).

ಪಟಿಕೆ paṭikĕ. 1. = ಪಟಿಕ 2, etc. (My.).

ಪಟಿಕೆ paṭikĕ. 2. = ಪಟಿಕ 2. Woven cloth (Sk.).

ಪಟಿಗಾರ paṭigâra. (*i. e.* ಪಟಿಕ2-ಕಾರ). = ಪಟಿಕ 2, etc. (My.).

ಪಟಿಗೆ paṭigĕ. = ಪಟ್ಟೆಗೆ 1, etc. See ಗರಪಟಿಗೆ.

ಪಟಿಂಗ paṭiṅga. A man without family or retinue (Mhr. ಫಟಿಂಗ). 2, a vile wretch, an unprincipled fellow, a lecher (My.; ಅನುಕ, ಅಧಿಕ, ಕಾಮುಕ, ಜಾರ, ನರ್ಮದ G.; B. 2, 25). ಪಟಿಂಗನ ಸಂಗಡ ಪಟ್ಟಾಂಗಕ್ಕೆ ಹೋದರೆ ಪಡಿದವನ ಕೇಡು. — ಪಟಿಂಗ ಪಟ್ಟೆಯುಟ್ಟು ಕೊಣ್ಡರೆ ಪಟ್ಟಕ್ಕೆ ಸನ್ದಾನೇ? (Prvs.).

ಪಟಿಂಗತನ paṭiṅgatana. The state and conduct of a paṭiṅga (My.; ಆಕಾರ್ಯ, ಗುಹ್ಯ, ಕೌಪೀನ Si. 487).

ಪಟಿಮ paṭima. Sharpness, smartness, ability. (R.).

ಪಟಿಷ್ಠ paṭishṭha. Sharpest, very clever or able. (R.).

ಪಟೀಯಸ್ paṭîyas. Sharper, more clever. (R.).

ಪಟೀರ್ paṭîr. = ಪಟ, etc. (My.).

ಪಟೀರ paṭîra. Sandal wood (Bp. 1, 7; 12, 4). 2, Kâma. 3, the belly. 4, a sieve. 5, a field. 6, a cloud. 7, bamboo manna. 8, a ball for playing with. 9, rheumatism; catarrh. 10, height.

ಪಟು paṭu. (Śmd. 109). Sharp, pointed, as a ray of light. 2, *fierce; pungent, hot; violent; busy, active; strong; intense, great;* shrill, ringing, sharp-sounding, clear-sounding, crackling, rustling (said of sound). 3, *sharp, clever, smart, dexterous, skilful;* crafty, sly, cunning. 4, eloquent; loquacious, talkative. 5, *hale, healthy.* 6, contumelious, as speech, etc. 7, blown, expanded. 8, cruel. 9, *the cucumber Trichosanthes dioeca* Roxb. (= ಪಟೋಲ). — ಪಟು ಮಾಡು. To kindle (My.). ಇಂಗಳವ ಪಟು ಮಾಡು (ಪೊತ್ತು Śm. 97).

ಪಟುಕ paṭuka. = ಪಟು No. 9. (Sk.; R.).

ಪಟುತಮ paṭu-tama. = ಪಟಿಷ್ಠ. (R.).

ಪಟುತರ paṭu-tara. More sharp, uncommonly sharp, etc. (Bp. 50, 26; J. 4, 18; Śśv. 4, after 6).

ಪಟುತೆ paṭutĕ. = ಪಟುತ್ವ. (Čpr. 4, 17).

ಪಟುತ್ವ paṭutva. Sharpness, keenness; cleverness, skilfulness; eloquence. (My.; see ಗೋ-, ವಾಕ್-).

ಪಟುಪರ್ಣಿ paṭu-parṇi. *A cucurbitaceous plant, Bryonia grandis* Lin.

ಪಟುವೇಕವಾಕ್ಯ paṭu-êka-vâkya. (Śmd. 63). One clever word.

ಪಟೂಕರಣ paṭû-karaṇa. Making sharp, hot, etc.; kindling. See ಅಗ್ನಿ-, ಶಿಖಿ-.

ಪಟೂಕ್ತಿ paṭu-ukti. A clever word (My.).

ಪಟೆ paṭĕ. 1. = ಪಟಾ, ಪಟ್ಟಾ 2, ಪಟ್ಟೆ 3 No. 1, ಪಟ್ಟೆ 1 No. 2. See ಪಟಾವಳಿ 1.

ಪಟೆ paṭĕ. 2. = ಪಟ್ಟ No. 2, etc. Silk. See ಪಟಾವಳಿ 2. — ಪಟೆಗಾಱ. -ಗಾಱ. A man who dyes silk yarn, and weaves silk cloth (S. Mhr.).

ಪಟೆ paṭĕ. 3. = ಪಟ್ಟಾ 1. A kind of sword (ತೋಮರ, ಪಟ್ಟಿಶ G.).

ಪಟೇಲ paṭêla. The head managing officer of a village (My.; Br.; Mhr., H. ಪಾಟೀಲ).

ಪಟೋಲ paṭôla. = ಅಡಲ, ಅಡ್ಲ, ಪಟಲ 2, ಪಟ್ಲ, ಪಡಲ, ಪಡವಲ 1, ಪಡುವಲ, ಪೊಟ್ಲ, ಹಡಲ, ಹಾಲೆ. *A species of cucumber, Trichosanthes dioeca* Roxb.;—the snake-gourd, Trichosanthes anguina Lin. (St. & Pl. and Z. s. ಪಡವಲ 1).

ಪಟೋಲಿ paṭôli. = ಪಟೋಲ. (ಹಡಲ Hlâ.; ಹಾಲೆ Mr. 123).

ಪಟೋಲಿಕೆ paṭôlikĕ. *The cucumber Trichosanthes dioeca* Roxb. (= ಜಾಲಿ, ಜೋಕ್ಷ್ಮಿ);— = ಪಡವಲ (Si. 141).

ಪಟ್ಟ paṭṭa. (= ಪಟ). It is one of the *tatsamas* (Šmd. 384; Ct. II, 480; Kk. 95; Šm. 77). Cloth. 2, = ಪಟೆ 2, ಪಟ್ಟೆ 2, ಪಟ್ಟು 2, ಪಟ್ಟೆ 2, coloured cloth, fine cloth; woven silk, silk. 3, an upper or outer garment. 4, a tablet for painting, a plate of metal for inscription or engraving royal edicts, grants, etc.; a royal order or grant. 5, a frontlet or fillet with a golden tablet, with which a king is decorated at coronation and his principal wife at the time of marriage; it is also worn by the prince, and the general, and by others who receive it as a token of royal favor; it is further tied to the head of the king's favourite horse (see ಭಾಳ-) or elephant; and the purôhita affixes it to the forehead of the bride and bridegroom at marriages (My.); the chief office of the state, royalty; a royal throne; dignity, authority, office. 6, a place where four roads meet; see ಚತುಃಪಟ್ಟ. 7, = ಪಟ No. 3, a curtain or screen; see ದ್ವಾರಪಟ್ಟ. 8, = ಪಟ No. 10. See ಪಗಡೆಯ ಪಟ್ಟ. 9, = ಪಟ್ಟಣ, a city, town, village. ಅಮ್ಮನವರು ಪಟ್ಟಕ್ಕೆ, ಅಯ್ಯನವರು ಚಟ್ಟಕ್ಕೆ (Prv.). See Šmd. 155. 292; ಕೆಯ್ವಟ್ಟ, ಪರಿವಟ್ಟ, ಮೇಲ್ವಟ್ಟ; Čpr. 4, 14. 25; J. 8, 24; 16, 1. — ಪಟ್ಟ ಕಟ್ಟು. To tie the frontlet of dignity or authority, etc. (to a person's forehead, Bp. 44, 32; 56, 6; My.). ಪಟ್ಟ ಕಟ್ಟಿದರೂ ಪಟ್ಟು ಹೋಗಲಿಲ್ಲ (Prv.). — ಪಟ್ಟಕ್ಕೆ ಕುಳಿತು ಕೊಳ್ಳು. To sit down on or come to the throne (My.; B. 4, 3. 79). — ಪಟ್ಟಕ್ಕೆ ಕೂಡಿರಿಸು. To place on the throne (B. 5, 42. 48. 57; My. as -ಕೂಡ್ರಿಸು). — ಪಟ್ಟ ಕೊಡು. To grant any dignity or office (My.). ದೇವರಾಜನು ಒಬ್ಬ ಶ್ರೀವೈಷ್ಣವಬ್ರಾಹ್ಮಣನಿಗೆ ಪ್ರಧಾನಿಪಟ್ಟ ಕೊಟ್ಟು (B. 4, 31). — ಪಟ್ಟ ಗರ್ದುಗೆ. (Šmd. 385). A throne. — ಪಟ್ಟಗೂಱ. -ಕೂಱ. (Šmd. 385. Mḍb., o. r. ಪಟ್ಟಗಾಱ, which appears also Kk. 99). Silk raiment, etc. — ಪಟ್ಟಂಗಟ್ಟು. -ಂ-ಕಟ್ಟು. = ಪಟ್ಟ ಕಟ್ಟು. (Bp. 2, 25; Rŝv. 4, 119). — ಪಟ್ಟದ ಚರ. = ಪಟ್ಟದಯ್ಯ. (V. 8, after 25). — ಪಟ್ಟದ ಮೇಲಿಂದ ತೆಗದು ಹಾಕು. To throw from the throne, to dethrone (B. 5, 52; My.). — ಪಟ್ಟದ ಮೇಲೆ ಕುಳಿತು ಕೊಳ್ಳು. = ಪಟ್ಟಕ್ಕೆ- -. (B. 4, 3; My.). — ಪಟ್ಟದಯ್ಯ. -ಅಯ್ಯ. A jangama who has been formally installed as a spiritual guide or principal of a maṭha (My.). — ಪಟ್ಟದರಸಿ. -ಅರಸಿ. The first or properly consecrated wife of a râja, the queen (ಮಹಿಷಿ Mr. 301). — ಪಟ್ಟದರಸು. -ಅರಸು. A formally installed king (J. 31, 50). — ಪಟ್ಟದ ರಾಣಿ. = ಪಟ್ಟದರಸಿ. (J. 1, 4; 28, 14; Si. 182. 183; C.). — ಪಟ್ಟದಾನೆ. -ಆನೆ. An elephant with a paṭṭa on its forehead: a distinguished elephant, or a king's favourite, or a white elephant (ಪಟ್ಟವರ್ಧನಗಜ, ಪುನ್ನಾಗ Nn. 61). — ಪಟ್ಟಪುಚಿಜ. (ಕರ್ಣಜಲೌಕ, ಶತಪದಿ Nr., see ಜಱಿಲೆ). — ಪಟ್ಟವಣೆ. -ಮಣೆ. (Šmd. 385; Kk. 99). A throne (ಗದ್ದುಗೆ, ನರೇನ್ದ್ರಾಸನ Ct. II, 51; ಸಿಂಹಪೀಠ 87; ಬಿತ್ತರಿಗೆ, ಸಿಂಹಾಸ Šs.; ಗದ್ದುಗೆ, ಸಿಂಹಾಸನ Kk. 26; ಗರ್ದುಗೆ, ಸಿಂಹಾಸನ Šm. 37). See Čpr. 6, 53; 6, after 71; Abh. P. 3, after 83; Rŝv. 4, after 55; 6, after 10; 10, after 5. — ಪಟ್ಟವಾಗು. -ಆಗು. Royal power, etc. to come into one's possession (My.). ಆತನ ಮಗನಿಗೆ ಪಟ್ಟವಾಯಿತು (B. 4, 3). — ಪಟ್ಟವೇಱು. -ಏಱು. To ascend the throne (My.; B. 4, 8. 216; 5, 50).

ಪಟ್ಟಕಾನ್ತಾರ paṭṭa-kântâra. A large forest (Čpr. 5, after 39; see ಪಟ No. 4).

ಪಟ್ಟಗೆ paṭṭagĕ. (fr. ಪಡು 1). = ಪಟ್ಟಿಗೆ 1, etc. Obtaining, catching, incurring, undergoing, etc. (*cf.* ಪಟ್ಟತನ). See ಮೂಗುವಟ್ಟಿಗೆ.

ಪಟ್ಟಡಿ paṭṭu 2-aḍi 4. = ಪಟ್ಟಡೆ, q. v. (My.; Si. 399). 2, = ಪಟ್ಟಡಿಮನೆ (My.). — ಪಟ್ಟಡಿಮನೆ. A workshop (ಆವೇಶನ, ಶಿಲ್ಪಶಾಲೆ Si. 108; My.).

ಪಟ್ಟಡೆ paṭṭaḍĕ. (ಪಟ್ಟು 2-ಅಡೆ 8). = ಪಟ್ಟಡಿ. An anvil, etc. (My., Tĕ.; T. ಪಟ್ಟಡೈ, ಪಟ್ಟಡಯಿ).

ಪಟ್ಟಣ paṭṭaṇa. = (ಪಟ್ಟ No. 9), ಪಟ್ಟನ. Tbh. of ಪತ್ತನ (Šmd. 363. 364; ನಗರ Nn. 22. 40; ಪುರ 23; My.; Tĕ., T.). ಪಟ್ಟಣಕ್ಕೆ ಅರಸು ಬಲ, ಕಟ್ಟಣಕ್ಕೆ ಕಲ್ಲು ಬಲ. — ಪಟ್ಟಣಕ್ಕೆ ಹೋದರೂ ಕುಟ್ಟೋದು ತಪ್ಪದು. — ಪಟ್ಟಣದಲ್ಲಿ ಪಟ್ಟಾಭಿಷೇಕವಾದರೆ ನಟ್ಟಡವಿಯಲ್ಲಿದ್ದವರಿಗೆ ಏನು? (Prvs.). See ಸಂಸ್ಥಾನವಟ್ಟಣ, ಸನ್ತೆವಟ್ಟಣ.

ಪಟ್ಟಣಿಗೆ paṭṭaṇigĕ. Cloth; dress, attire (ಹುಟ್ಟಿಗೆ, ದುಗುಲ, ಉಳ್ಳುಡಿಗೆ, ವಸನ Šs.; Čpr. 8, after 4; 8, 52; Abh. P. 3, 72).

ಪಟ್ಟತನ paṭṭatana. (fr. ಪಡು 1). Obtaining, incurring, feeling, etc. ಧೀರ ಪಟ್ಟತನ (ಧೈರ್ಯ Nn. 106).

ಪಟ್ಟನ paṭṭana. = ಪಟ್ಟಣ. (Sk.).

ಪಟ್ಟನೆ paṭṭanĕ. = ಪಟಾರನೆ, etc. (My.). ಇಱುವೆಗಳನ್ನು ಪಟ್ಟನೆ ಬಡಿದು (B. 2, 48).

ಪಟ್ಟಬದ್ಧ paṭṭa-baddha. A man to whose forehead the paṭṭa has been tied: a king, etc. (Bp. 52, 40; 55, 3).

ಪಟ್ಟಬದ್ಧೋತ್ಸವ paṭṭa-baddha-utsava. The festival of formally installing a king (Čpr. 4, after 24).

ಪಟ್ಟಮಹಿಷಿ paṭṭa-mahishi. (Šmd. 385; Kk. 99). The first wife of a king: the queen (My.).

ಪಟ್ಟಮಾರ್ಗ paṭṭa-mârga. A principal street, a main road (Čpr. 1, 124).

ಪಟ್ಟಲೆ paṭṭalĕ. A district, a community. (R.).

ಪಟ್ಟವರ್ಧನ paṭṭa-vardhana. (Šmd. 385). Elevated by the paṭṭa: a distinguished elephant (ಪೂಜಾಗಜ II, 50; Šm. 38; Kk. 92; Čpr. 2, after 91). 2, a vaidika Brâhmaṇa of much reading, but devoid of any practical knowledge (My.).

ಪಟ್ಟವರ್ಧನಗಜ paṭṭavardhana-gaja. = ಪಟ್ಟವರ್ಧನ. (ಪುನ್ನಾಗ, ಪಟ್ಟದಾನೆ Nn. 61).

ಪಟ್ಟವರ್ಧನನಾರಸಿಂಹ paṭṭavardhana-nârasiṁha. N. (Bp. 56, 34).

ಪಟ್ಟಶರ paṭṭa-šara. (Šmd. 385). = ಪಟ್ಟಸರ. A large tank.

ಪಟ್ಟಶಾಲೆ paṭṭa-śâlĕ. = ಪಟ್ಟಸಾಲೆ. A reading-hall (Ŏpr. 1, 117). 2, a silk-shop.

ಪಟ್ಟಸ paṭṭasa. Tbh. of ಪಟ್ಟಿಶ. (J. 12, 24).

ಪಟ್ಟಸರ paṭṭa-sara. (Kk. 99). = ಪಟ್ಟಶರ.

ಪಟ್ಟಸಹಣಿ paṭṭa-sahaṇi. A distinguished groom (Grj. 2, after 106; Rāv. 13, after 61).

ಪಟ್ಟಸಾಲಿಗ paṭṭa-sâliga. (Śmd. 283). A silk-weaver.

ಪಟ್ಟಸಾಲೆ paṭṭa-sâlĕ. = ಪಟ್ಟಶಾಲೆ (Śmd. 376). A reading-hall (Abh. P. 7, after 47; V. 4, 54).

ಪಟ್ಟಳಿಗೆ paṭṭaḷigĕ. (Tbh. of ಪಟಲಕ). A jar (ಕರಗ Ŏt. II, 88).

ಪಟ್ಟಳೆ paṭṭaḷĕ. (= ಪಟ್ಟ 1 No. 2). The broad strap tied round an ox's or horse's body, a girth, a martingal (ಉರಪಾತ Mr. 350; Tĕ. ಪಟ್ಟಡಿ, ಪಟ್ಟಡ; cf. ಪಟ್ಟ 3, No. 2; ಪಟ್ಟ 1, No. 3).

ಪಟ್ಟಾ paṭṭâ. 1. = ಪಟ 3, ಪಟ್ಟಿಯು. A long and broad sword (Mhr., H.; Tĕ. ಪಟ್ಟಿಯ, ಪಟ್ಟಿ, ಪಟ್ಟಸ; T. ಪಟ್ಟಿಯು; M. ಪಟಯು, ಪಟ್ಟಸ = Sk. ಪಟ್ಟಿಶ). — ಪಟ್ಟಾಕತ್ತಿ. = ಪಟ್ಟಾ. (My.; Si. 289). — ಪಟ್ಟಾವರಸೆ. Brandishing of a paṭṭâ (My.).

ಪಟ್ಟಾ paṭṭâ. 2. = ಪಟ 1, etc. See ಪಟ್ಟಾವಳಿ 1.

ಪಟ್ಟಾಂಶುಕ paṭṭa-aṁśuka. Silk cloth (Ŏpr. 9, 4).

ಪಟ್ಟಾಂಗ paṭṭâṅga. Idle talk (Tu. ಪಟ್ಟಂಗ, ಪಟ್ಟಾಂಗ). ಪಟಂಗನ ಸಂಗಡ ಪಟ್ಟಾಂಗಕ್ಕೆ ಹೋದರೆ ಪಡಿದವಸ ಕೇಡು (Prv.).

ಪಟ್ಟಾಭಿಷಿಕ್ತ paṭṭa-abhishikta. Having the paṭṭa sprinkled or consecrated: formally installed, as a king, etc. (My.). ಪಟ್ಟಾಭಿಷಿಕ್ತಳಾದ ರಾಣಿ (ದೇವಿ Si. 65).

ಪಟ್ಟಾಭಿಷೇಕ paṭṭa-abhishêka. The act of sprinkling water on the paṭṭa (which has been affixed to the forehead) and thereby consecrating it, as is done at the installation of a king or guru, formal inauguration, coronation (ರಾಜ್ಯಪದ, ಶುಭ Nn. 139; My.). 2, a ceremony that takes place after a reading of the whole vâlmîki-râmâyaṇa, when all persons present put flowers, akshatĕ, etc. on the book (My.).

ಪಟ್ಟಾಭಿಷೇಚನ paṭṭa-abhishêčana. = ಪಟ್ಟಾಭಿಷೇಕ. (J. 18, 11).

ಪಟ್ಟಾವಳಿ paṭṭâ-âvaḷi. 1. = ಪಟಾವಳಿ 1. (Bp. 11, 25; 27, 18; 61, 26). — ಪಟ್ಟಾವಳಿಸೀರೆ. A sîrĕ with stripes (My.).

ಪಟ್ಟಾವಳಿ paṭṭa-âvaḷi. 2. = ಪಟಾವಳಿ 2. (My.).

ಪಟ್ಟಿ paṭṭi. = ಹಟ್ಟಿ. (fr. ಪಡು 3). **A place of lying down: a pen or fold, an abode; a hamlet.** (T., M.; Tĕ., T. also ಪಟ್ಟು; cf. ಪಟ್ಟಿ No. 9). ತುರುಕಾಪರ ಪಟ್ಟಿ (ಗೋಷ್ಠ, ಆಭೀರಪಲ್ಲಿ Hlâ.).

ಪಟ್ಟಿ paṭṭi. 1. An ornament of the forehead (Sk., = ಪಟ್ಟ No. 5). 2, a martingal, a horse's girth (Sk.). 3, *a species of the lôdhra or lodh plant* (see ಪಚಕ).

ಪಟ್ಟಿ paṭṭi. 2. = ಪಟ್ಟ No. 2, etc. Silk; silk-cloth. ಪಟ್ಟವಸ್ತ್ರ (ಕ್ಷೌಮ, ರೇಶ್ಮೇ ವಸ್ತ್ರ G.).

ಪಟ್ಟಿ paṭṭi. 3. = ಪಟ 1, etc. A stripe, a line (B. 2, 26; 3, 31. 48; G. 319. 335; My.). ಪಟ್ಟಚರ್ಮ (B. 3, 98; 5, 254). 2, = ಪಟ್ಟ 1, No. 3, a strip, a slip, a strap, as of lace, cloth, etc. (Mhr. ಪಟ್ಟಾ, ಪಟ್ಟೀ; see ನೊಗ-); ಮುಲಾಮಿನ ಪಟ್ಟಿ (My.); a narrow and long piece, as of cloth, leather, metal, wood, etc., a band, etc. (Mhr. ಪಟ್ಟೀ; G. 193; My.); a bar of iron (B. 4, 148; My.); a rail for a railroad (4, 164; My.); each of the pieces of timber of a door-frame (My.); an, at least partially, squared rafter, a collar-beam, a joist, etc. (My.; Si. 111; cf. ಪಟ್ಟ 1 No. 4). 3, = ಪಟ್ಟ 1, No. 5, a zone for females made of a flat piece of metal (My.; B. 4, 125); ನಡುವಿನ ಪಟ್ಟಿ (ಕಕ್ಷ್ಯ, ರಶನೆ, ಸಪ್ತಕಿ G.); a collar of the same description for dogs, etc. (My.; see ಕೊರಳುಪಟ್ಟಿ, ಕೊಳ್-). 4, a skein of yarn (B. 4, 178). 5, a few leaves of betel joined into a packet, or a roll of them (Mhr. ಪಟ್ಟೀ; My.; Tĕ., T.). 6, a fold or plait, as of a turban (My.; Mhr.; Tĕ. ಪಟ್ಟ). 7, a strip (or strips) of silk-cloth or other fine cloth hung up for decoration's sake on festive occasions (Ŏ. Bp. 5, 2. 3. 51; My.). 8, = ಪಟ್ಟ 1, No. 6, a plat, or a bed, in gardens or fields (B. 5, 97; My. as ಪಟ್ಟ). 9, a roll of a general collection, as by government from a village; of a general contribution for a charitable or other purpose; of an assessment in general (Mhr.; My. also as ಪಟ್ಟ). 10, the paper containing the list of a general assessment, collection, or contribution (My.; Mhr.). ಪಟ್ಟಿ ಹಾಕು, to collect money by a subscription-list (My.; B. 5, 157). 11, the money of subscription itself (B. 5, 218). 12, pay, salary (My.). ಪಟ್ಟಿಯಿಲ್ಲದಿದ್ದರೆ ಬಟ್ಟೆಗೆ ಬಡತನವೇ? (Prv.). 13, a roll or list, as of names, etc. (My., Tĕ.; M. ಪಟ್ಟಿಗ; Mhr. ಪಟ). 14, information, charging with fraud, informing against others (Br. as H. ಪಟ್ಟಾ; (My.). — ಪಟ್ಟಿಖೋರ. A slanderer (My.). — ಪಟ್ಟಿಗವಣೆ. -ಕವಣೆ. A flat-bottomed sling (V. 4, 19). — ಪಟ್ಟೀ ಎಳ್ಳ. = ಪಟ್ಟಿ No. 5. ಪಟ್ಟೀ ಎಳ್ಳಕ್ಕೆಂತ್ತ ಹೋಗಿ, ಕುಟ್ಟಿಸಿಕೊಂಡು ಬನ್ದ. — ಪಟ್ಟೀ ಎಳ್ಳವಾದರೆ ಬಟ್ಟಿರಿಗಾಗದೇ? (Prvs.).

ಪಟ್ಟಿಕಾಖ್ಯ paṭṭikâ-âkhya. *A species of the lôdhra plant.*

ಪಟ್ಟಿಕೆ paṭṭikĕ. = ಪಟ್ಟಿಗೆ, ಹಟ್ಟಿಕೆ. A tablet; a plate of metal; a kind of necklace (see ಲೇವಳ). 2, a document. 3, a bandage, a ligature. 4, a frontlet. 5, a piece of cloth; cloth. 6, a piece of wove silk, silk cloth. 7, a board: the pieces of wood across a door (Tĕ., = ಪಟ್ಟ 3 No. 2). See ಚರ್ಮ-, ದ್ವಿ-, ರತ್ನ-.

ಪಟ್ಟಿಗೆ paṭṭigĕ. 1. = ಪಟಿಗೆ, ಪಟ್ಟಸೆ, ಪೊಟ್ಟಸೆ. See ಗರವಟ್ಟಿಗೆ.

ಪಟ್ಟಿಗೆ paṭṭigĕ. 2. = ಹಟ್ಟಿಗೆ, q. v. See ಪರಣಪಟ್ಟಿಗೆ, ಮುಸಣಪಟ್ಟಿಗೆ. Cf. ಪಟ್ಟ 3.

ಪಟ್ಟಿಗೆ paṭṭigĕ. Tbh. of ಪಟ್ಟಿಕೆ. See ಗನ್ಧವಟ್ಟಿಗೆ, ಜೋಗ-, ಜು-, ಜೂ-, ಮುದ-, ರನ್ನ-. A woman's zone (My.; T., = ಪಟ್ಟಿ 3, No. 3).

ಪಟ್ಟಿಶ paṭṭiśa. = ಪಟ್ಟಸ. A sort of weapon, a kind of axe; *a spear with a sharp edge* (cf. ಪಟ 3, etc.).

ಪಟ್ಟಿಸ paṭṭisa. = ಪಟ್ಟಿಶ. *A spear with a sharp edge.* 2, a certain feat of wrestlers (Śśv. 4, 75).

ಪಟ್ಟು paṭṭu. 1. (= ಪಡು 1, ಪತ್ತು 1). **To seize, to catch, to hold, to take hold of;—to be held or contained; to stick to, etc.** (Tĕ.). — ಪಟ್ಟಾಡು. -ಆಡು. To stick to one's own opinion, to be obstinate, to wrangle; to fight, to come to blows (My.).

ಪಟ್ಟು paṭṭu. 2. (= ಪತ್ತು 2). **Hold, seizure; a gripe, a firm grasp** (My.; Tĕ.; see ಪಾಳೆಯ-, ಮೂಖ-). **2, persistence; firmness, resolution** (My.; Tĕ.); **pertinacy, obstinacy, stubbornness** (My.); ಪಟ್ಟ ಕಟ್ಟಿದರೂ ಪಟ್ಟು ಹೋಗಲಿಲ್ಲ (Prv.);—**habit, character** (see ಎಡಪಟ್ಟು). **3, an application to a swelling, etc. to allay pain** (My.; Tĕ.; T. ಪಟ್ಟು, M. ಪತ್ತಿ, ಪಟ್ಟು;

see ಕಣ್ಣು-). 4, coherence, suitable connection. ನತ್ತಿ ಮಾತಾಡುವವನ ಮಾತು ಸುತ್ತಿ ತೊಡಿಲಿದರೆ ಪಟ್ಟು ಆದೀತೇ? (Prv.). 5, a callous spot (My.). — ಪಟ್ಟುಗಟ್ಟು. -ಕಟ್ಟು. A callous spot to be produced (My.).

ಪಟ್ಟು paṭṭu. 3. P. p. of ಪಡು 1.

ಪಟ್ಟು paṭṭu. 4. P. p. of ಪಡು 2.

ಪಟ್ಟು paṭṭu. 5. (fr. ಪಡು 3). Lying down, etc. — ಪಟ್ಟಿರಿಸು. -ಇರಿಸು. To put in a lying position, to lay down, to place, etc. (Ŗšv. 4, 60; V. 9, 25; J. 19, 50; 21, 11).

ಪಟ್ಟು paṭṭu. 1. The state of a quantity taken as often as the prefixed numeral denotes: so much as; time, repetition (Mhr. ಪಟ; My.). ನೂಱು ಪಟ್ಟು (ನೂರ್ಮಡಿ G.). ಇಸ್ಥಾ ದೇಶದೊಳಗೆ ಪ್ರತಿವರುಷ ನೂಱು ಪಟ್ಟು ಜನರು ಚೆಚ್ಚಿಗೆ ಸಾಯುತ್ತಾರೆ (B. 5, 106).

ಪಟ್ಟು paṭṭu. 2. = ಪಟ್ಟ, Nos. 1 & 2, etc. Cloth (see ಎರೆವಟ್ಟು); silk; woven silk (Tě., T., M.; Mhr. ಪಟ್ಟ; see ಮಣಿವಟ್ಟು).

ಪಟ್ಟೆ paṭṭě. 1. The rind or bark of trees (My.; Tě., M.; T. ಪಟ್ಟೈ).

ಪಟ್ಟೆ paṭṭě. 2. Plantain fibres folded up so as to hold snuff, etc. (My.; cf. ಪೊಟ್ಟಣ).

ಪಟ್ಟೆ paṭṭě. 3. (= ಪಟ್ಟೆಗೆ 2). See ಮಸಣಪಟ್ಟೆ.

ಪಟ್ಟೆ paṭṭě. 1. = ಪಟ್ಟ, No. 4. A plate, *i. e.* a place without hair, on the head (My.; Tě.; in former days such bare places used to be produced on the head of culprits as a punishment, My.). ಪಟ್ಟೆ ತೆಗೆ, to shave the hair so as to produce a paṭṭě or paṭṭěs (My.).—ಪಟ್ಟೆದಲೆ. -ತಲೆ. A head with a paṭṭě or paṭṭěs (My.). 2, = ಪಟ್ಟ 3, No. 1, etc., a stripe, as of colour (My.; M., T.). ಪಟ್ಟೆಕಮ್ಬಳಿ, a striped cumbly (My.). 3, = ಪಟ್ಟ 3, No. 2, broad tape, in ಪಟ್ಟೆಮಂಚ, a cot with a tape bottom (Kk. 96, o. r. ಪಟ್ಟ-; Bp. 39, 41. 42. 43. 45; My.; Si. 230); a strap, a girth, a girdle (Si. 279; Tě.). ಎಱ್ಱನ ಪಟ್ಟೆ (ಬಿಗಿ Šm. 81). ಕುದುರೆಗಳ ಪಟ್ಟೆ (ಮಳಾರ Kk. 78; cf. ಪಟ್ಟ 1, No. 2). 4, a palmyra rafter or spar, an areca bough (Tě., M., T.; cf. ಪಟ್ಟ 3, No. 2). 5, = ಪಟ್ಟ 3, No. 3, a zone, a sash (Si. 279; M., T.). 6, = ಪಟ್ಟ 3, No. 8, a plat (My.). 7, the outer iron rim of a wheel (My.). 8, = ಪಟ್ಟ 3, No. 9, a roll of an assessment in general (My.). — ಪಟ್ಟೆಹಾವು. The venomous snake Callophis maclellandii (My.). 2, the venomous snake Bungarus fasciatus (Bḍ.).

ಪಟ್ಟೆ paṭṭě. 2. = ಪಟ್ಟ No. 2, etc. Silk; woven silk (ಎರೆವಟ್ಟು Ct. II, 78; ದುಕೂಲ Mr. 341; Čpr. 7, 43; My.). ಪಟಿಂಗ ಪಟ್ಟೆಯುಟ್ಟು ಕೊಣ್ಡರೆ ಪಟ್ಟಕ್ಕೆ ಸನ್ದಾನೇ?.—ಪಟ್ಟೆಗೆ ಮಯ್ಲಿಗೆ ಸಲ್ಲ, ಮುತ್ತಯ್ದೆಗೆ ಪಾದರ ಸಲ್ಲ.—ಪಟ್ಟೆಯುಟ್ಟರೂ ಮಟ್ಟೆಯವನು ಶ್ರೇಷ್ಠ ನೇ? (Prvs.). See Si. 221. 222; Prv. s. ಬಟ್ಟೆ 2. — ಪಟ್ಟೇ ಮಡಿ. Woven silk; a silk garment (Si. 222; My.). — ಪಟ್ಟೇ ಸೀರೆ. A precious silk sīrě (Si. 222). ತೆಂಗಿನ ಮರಕ್ಕೆ ಪಟ್ಟೇ ಸೀರೆ ಕಟ್ಟಿದ.—ಆದರೆ, ಹೋದರೆ, ಹತ್ತಿ ಬೆಳದರೆ, ಅಜ್ಜೀ, ನಿನಗೊನ್ದು ಪಟ್ಟೇ ಸೀರೆ.—ಪಟ್ಟೇ ಸೀರೆಯುಟ್ಟರೂ ಮೊಟ್ಟೆ ಹೊಱುವದು ತಪ್ಪಲಿಲ್ಲ (Prvs.).

ಪಟ್ಟೆ paṭṭě. 3. = ಪರಟೆ, etc. See ಕಲ ಪಟ್ಟೆ s. ಕಲು.

ಪಟ್ಟೆಯ paṭṭěya. = ಪಟ್ಟಾ 1, etc. (Ŗšv. 6, after 11). — ಪಟ್ಟೆ ಯಮೊಂಗಲ್. -ತೊಂಗಲ್. A cluster, or tassel, of long and broad swords (Abh. P. 13, 59).

ಪಟ್ರೆ paṭṭrě. = ಪೊಟ್ಟರೆ, etc. A hollow in a tree or between stones (ನಿಷ್ಕುಹ, ಕೋಟರ Si. 122).

ಪಟ್ಣ paṭṇa. = ಪಟ್ಟಣ. Tbh. of ಪತ್ತನ. (C.; Tě.).

ಪಟ್ಲ paṭla. = ಪಟಲ 2. The snake-gourd, Trichosanthes anguina Lin. (My.; St. & Pl.).

ಪಠ paṭha. = ಪಠನ. See ಸಿ-.

ಪಠನ paṭhana. = ಪಟಣೆ. Reciting, reading.

ಪಠನಾಗಾರ paṭhana-āgāra. A school (V. 14, after 37).

ಪಠಿಯಿಸು paṭhiyisu. = ಪಠಿಸು. (Bp. 53, 39).

ಪಠಿಲ್ paṭhil. = ಪಟೀರ್, etc. (My.; Tě. ಪಠಿಲ್, ಪಟೀಲ್, ಫಳೀಲ್; T. ಪಡೀರ್, ಪಳೀರ್; *cf.* ಫಟಿಲ್). — ಪಠಿಲ್ಲನೆ. -ಎನೆ. (Šmd. 22). Bang! slap!

ಪಠಿಸು paṭhisu. = ಪಠಿಯಿಸು. To read or repeat aloud; to recite;—to read, to study;—to mention, to cite;—to enumerate;—to express, to describe. ಊಟ ಪಠಿಸಿದ ಹಾಗೆ (but going without one, Prv.). See Bp. 18, 106; 45, 55; 47, 70; Prv. s. ವೇದ.

ಪಠ್ಯ paṭhya. To be read, etc. (adj.); reading, reciting (Bp. 19, 8; Sk. ಪಠಿ).

ಪಡ paḍa. 1. = ಪಡದು, ಪಡೆ 2, ಪಡೆದು. P. p. of ಪಡೆ 1, in ಪಡ ಕೊಳ್ಳು (My.; B. 3, 105; 4, 174; ತಳೆ G.).

ಪಡ paḍa. 2. = ಪದಿ 5, ಫಡ. A sound imitating that of angry language; ha! fy! (Bp. 41, 15). — ಪಡ ಪಡ. ಪಡ ಪಡಾ. = ಪಡಿ ಪಡ, ಫಡ ಫಡ, q. v. Ha, ha! oh, oh! fy, fy! (Bp. 22, 31; Bh. 4, 5, 51; 8, 23, 37; Râm. 4, 7, 10; Ššv. 4, 14; *cf.* Mhr. ಫಟಫಟ, ಫಡಾಫಡ).

ಪಡ paḍa. 3. (= ಪಟ). A sound imitating that of a cracker or squib. — ಪಡ ಪಡ. rep. = ಪಟ ಪಟ. (S. Mhr.).

ಪಡ paḍa. = ಪಡು. Tbh. of ಪಟ. Cloth, etc.; see ಪಜ್ಜವಡ, ಪಡವಳ. 2, a thatch, a roof; see ಪಡಸಾಲೆ. 3, = ಪಟ No. 11, a plat, or a bed, in gardens or fields (B. 3, 45; Mhr., H. ಫಡ, a plantation). 4, a cut with a right angle made at the end of a beam, etc. (in joinery, My.).

ಪಡಕ paḍaka. (fr. ಪಡೆ 1). A man who gets, feels, etc. See ಅಸೆಬಡಕ.

ಪಡಕು paḍaku. = ಪಡಿಕೆ. One half of a folding window (see ಕಿಡಕಿ-; Mhr. ಫಡಕಾ, a flap, of a wing, etc.).

ಪಡಗು paḍagu. = ಪಡಂಗು, ಹಡಗ, ಹಡಗು. A ship, a large boat, a proa or prow (Tě. ಪಡವ; T., M. ಪಡಗು, ಪಡವು; Tu. ಅಡಗು, ಪಡಾವು; ಪಡ, a boat; Mhr. ಪಡ ಗೀ, a small kind of canoe; Mhr., H. ಪಡಾವ, a kind of boat). See ಪೆರ್ವಡಗು.

ಪಡಗು paḍagu. Tbh. of ಪಡಹು (Šmd. 348, o. r. ಪಡಹು = ಪ ಡಗು).

ಪಡಂಗು paḍaṅgu. (Šmd. 48). = ಪಡಗು, etc. (Šśv. 1, 34; 2, 44).

ಪಡಚ paḍača. = ಪಡಿಚ, q. v. (My.).

ಪಡಡಕ್ಕೆ paḍaḍakkě. Tbh. of ಪಟಡಕ್ಕೆ (Šmd. 352, o. r. ಪಡ ಡಕ್ಕೆ = ಪಡಡಕ್ಕೆ). A kettle-drum (ಆನಕ, ಪಟಹ Hlâ.).

ಪಡತಿ paḍati. A woman. (Tě.). See ಪಜ್ಜ ಪಡತಿ.

ಪಡದು paḍadu. = ಪಡೆದು. P. p. of ಪಡೆ 1.

ಪಡದೆ paḍadĕ. = ಪರದ, ಪರದೆ, ಪರ್ದಾ. A curtain; a veil (ಜವನಿಕೆ, ಪರದೆ, ತಿರಸ್ಕರಿಣಿ, ಯಮನಿಕೆ G.; My.; Mhr., H. ಪಡದಾ).

ಪಡಪಾಳಿ paḍapu-âḷi. (Šmd. 239). = ಪಡಪುಗಾರ್ತಿ. (A meretrix). See Šmd. s. ಸೀಲಿ.

ಪಡಪು paḍapu. (fr. ಪಡೆ 1). = ಪಡೆಪು. Getting, acquiring, attaining, gaining; gain, acquisition, wages (Bp. 52, 34; 53, 12).

ಪಡಪುಗಾರ್ತಿ paḍapu-gâṛti. = ಪಡೆಪುಗಾರ್ತಿ. A woman who acquires, makes acquisitions, or is industrious (ಗಡಿಸಾದಿ‌ವೆಳ್ Kk. 29); (a meretrix; Tĕ. ಪಡುಪು, prostitution).

ಪಡಪೋಸಿ paḍapôsi. Inattention, thoughtlessness, carelessness (My.; H.).

ಪಡಮ paḍama. A stuff or coarse cotton, used for bags, etc. (Mhr.; B. 3, 117).

ಪಡರಕ್ paḍarak. A sound produced when easing nature (S. Mhr.).

ಪಡಲ್ paḍal. 1. (fr. ಪಡು 3). A lying or falling down. — ಪಡಲಿಡು. -ಇಡು. To fall down here and there; to fall (ವಿಶೀರ್ಣಪತನ Šmd. Dh.; ಬೀಳ್ Šm. 60). ಪಡಲಿಟ್ಟುಡು (ಬಿದ್ದುದು Čt. II, 21; ಬಿದ್ದುದು Kk. 60). ಪಡಲಿಟ್ಟನ್ತಿರೆ ಪೂಟ್ಟಿನ್ ಓವಡೆ ಪಯಿಂಥಾಸಿರ್ಪರಂ ಯುದ್ಧದೊಳ್ (Šmd. 226 Mdb.). See Čpr. 7, 68; Abh. P. 13, 69. 75; V. 10, 5; Ššv. 2, 10; 3, 59. — ಪಡಲ್ಪಡಿಸು. To cause to fall (Abh. P. 2, 20; 4, 48; 5, 4; 7, 58; 14, after 141). — ಪಡಲ್ಪಡು. = ಪಡಲಿಡು. (Abh. P. 13, 45; Ršv. 5, 84; 9, 22).

ಪಡಲ್ paḍal. 2. (fr. ಪಡು 1). An incurring or suffering. — ಪಡಲ್ಪಡಿಸು. -ಪಿಡಿಸು. To trouble, to harass (Ršv. 3, 39; o. r. ಪಡಲ್ಪಡಿಸು in MS.).

ಪಡಲ paḍala. = ಅಡಲ, etc. Tbh. of ಪಟೋಲ. (ಪಟೋಲ Mr. 146; ಕುಲಕ, ಪಟೋಲ, ತಿಕ್ತಕ, ಪಟು Nr.; My.; see ಕಹಿ-).

ಪಡಲಿಗೆ paḍalagĕ. = ಪಡಲಿಗೆ. (Abh. P. 5, 108).

ಪಡಲಿಕೆ paḍalikĕ. = ಪಡಲಿಗೆ, q. v.

ಪಡಲಿಗೆ paḍaligĕ. Tbh. of ಪಟಲಕ. (ಚಿಬ್ಬುಲ್ Mr. 207, o. rs. ಪಡಲಿಕೆ & ಚಿಬ್ಬಿಲ್). See Bp. 12, 12.

ಪಡವಲ್ paḍaval. -ಲು. = ಪಡುವಲ್, etc. The west (ವಾರುಣಿ Si. 420; My.). ಪಡವಲಲ್ಲಿ (Si. 114).

ಪಡವಲ paḍavala. 1. = ಪಡಲ, etc. (ಪಟೋಲಿಕೆ, etc. Si. 151; ಜ್ಯೋತ್ಸ್ನಿಕೆ 405; ಜಾಲಿ 456; My.; Mhr. ಪಡವಳ, the snake-gourd; see ಕಯ್-, ಕಲ್ಲು-, ಹುಚ್ಚು-). ಪಡವಲಕಾಯಿಯೆಸರು ಎನ್ದು, ನಡುವುನೆ ಬಿಟ್ಟು ಓಡಿ ಹೋದ (he thought it was snake-broth etc. Prv.).

ಪಡವಲ paḍavala. 2. The trumpet flower, Bignonia suaveolens (ಕುಬೇರಾಕ್ಷಿ, ಕೃಷ್ಣವೃನ್ತೆ, ಸ್ಥಾಪನಿ G.).

ಪಡವಳ paḍa-vaḷa. A dresser, a master of the robes (ವಸ್ತ್ರಾಯತ Čt. II, 40. 108; ಪಡಿಯಳ II, 34).

ಪಡಸಾಲೆ paḍa-sâlĕ. = ಪಡುಸಾಲೆ. A roof-hall: a veranda (My.; B. 3, 82; Mhr. ಪಡವೀ; Tĕ.: a hall, portico; T. ಪಟ್ಟಶ್ಶಾಲೈ, a hall, saloon, place of audience; Mhr. ಪಡಶಾಳಾ, ಪಡಸಾಳ, an out-house; a building contiguous to a temple for travellers, etc.).

ಪಡಹು paḍahu. = ಪಡಗು, q. v.

ಪಡಾವು paḍâvu. Wholesale merchandise (My.; H.). — ಪಡಾವುದಾರ. A wholesale merchant (My.).

ಪಡಿ paḍi. 1. = ಪಡಿಕೆ, ಪಡು 2, ಪಳಿ, (ವಣಿ, ವಳಿ). Incurring, undergoing, obtaining, etc. See e. g. ತಿದ್ದುಪಡಿ, ತೀರುಪಡಿ, ನಗೆಪಡಿ, ಪರಿಪಡಿ. 2, manner, way, method (T., M.; see ಅಚ್ಚುಪಡಿ). 3, a stirrup (T.; see ಅಂಗಪಡಿ). — ಪಡಿಪಾಟು. = ಪಡುಪಾಟು (C.).

ಪಡಿ paḍi. 2. A measure of capacity, equal to half a seer (sêru; My.; ಕುಡುಬ Šm. 95; Si. 327; Bp. 27, 70; Tĕ., T.: a seer and a half). ಪಟಂಗನ ಸಂಗಡ ಪಟ್ಟಾಂಗಕ್ಕೆ ಹೋದರೆ ಪಡಿಪಡವಸ ಕೇಡು (Prv.). ಪಡಿಯಾಸೆ ಹರದಂಗೆ, ನುಡಿಯಾಸೆ ವೇಶೆಗೆ, ಜೆಡೆಯಾಸೆ ಬೂದಿಗೊರವಗೆ, ಹಾಪರಕೆ ಎಡೆಯಾಟದಾಸೆ (Sp.).

ಪಡಿ paḍi. 3. = ಹಡಿ 2. A door-joining (ದ್ವಾರಬನ್ಧ Šm. 95): the leaf or panel of a door (ಕವಾಟ Šs.; ಕದ Čt. I, 84; Čpr. 4, 62. 63; Abh. P. 10, 8; T., M. ಪಡಿ, a sill of a door or window); a door (see ಜವಳಿಪಡಿ, ಬಲ್ಪಡಿ). — ಪಡಿದೆಱ್. -ತೆಱ್. To open a door (Čpr. 4, 62; Abh. P. 10, 8; V. 29, after 86).

ಪಡಿ paḍi. 4. (Probably Tbh. of ಬತ್ತ 2, ಭಾಟಿ, or ಭೃತ್ಯ). An (extra) allowance in food (grain, salt, vegetables and all that is required to prepare a meal, also the fire-wood), sometimes also in money, to servants (T.); a gift of the mentioned articles to friends or poor people (Bp. 9, 37; 11, 20; 25, 10; 26, 14. 18. 21; 29, 11; 47, 5. 38; 53, 12. 16. 78; My.). ಬಲ್ಲೆನೆಮ್ಬುವ ಮಾತು ಬಲ್ಲಿತಾಗಿಯೆ ಇರಲು, ತಲ್ಲಣಂ ನಿಲ್ಲಿ ದೇವ್ರಿತ್ತ ಪಡಿ ತಾನಿದ್ದಲ್ಲಿಗೇ ಬಳ್ಕು (Sp.). ಪಡಿ ಕೊಟ್ಟರೂ ಪರಡೋದು ಬಿಡ. — ಪಡಿಗೆ ಬನ್ದವಗೆ ಕಡಿಯಕ್ಕಿ ಆಗದೇ? — ಊಟ ಬೇಱ, ಪಡಿ ಬೇಱ (a meal, and a paḍi in addition, Prvs.). — ಪಡಿಕಟ್ಲೆ. A fixed allowance in grain (My.). — ಪಡಿ ಗಿಡಿ. reit. (Bp. 29, 14). — ಪಡಿತರ. Daily allowance at a temple (My.; Tĕ., T.).

ಪಡಿ paḍi. 5. = ಪಡ 2, etc. — ಪಡಿ ಪಡ. = ಪಡ ಪಡ. (ಕೋಪವಾಚಿ Čt. I, 84).

ಪಡಿ paḍi. 1. Tbh. of ಪಟಿ. See ಪಡಿಯಳ 2.

ಪಡಿ paḍi. 2. = ಪಡ್ 1. Tbh. of ಪ್ರತಿ. Equality, likeness, resemblance, comparison, par (ಪೋಲ್, ಅನ್ತೆ, ತೋಱು, ಸಾಮ್ಯ Čt. I, 88; ಸಮಾನ Kk. 16; ಪಾಟಿ, ಪಾಂಗು, ಪಾಸಟಿ, etc., ಸಾಮ್ಯ Šm. 55; ಸಾಮ್ಯ 95); in the place of, instead of, in substitution; beside; against; down upon. See Grj. 10, 50; Bp. 2, 57; 27, 4; 28, 5; 36, 27; J. 17, 14; 23, 59; 31, 12. — ಪಡಚ್ಚು. = ಪಡಿಯಚ್ಚು. (My.; Tĕ.). — ಪಡಿ ಕಟ್ಟು. To produce equipoise (My.). — ಪಡಿಕಲ್ಲು. A stone, etc. used to produce equipoise (My.). — ಪಡಿಗಟ್ಟು. -ಕಟ್ಟು. To make similar, to cause to resemble; — to compare (J. 6, 21). — ಪಡಿಗುಣ್ಡು. A round stone used to break another one (My.). 2, stones used for the foundation of a building (My.). — ಪಡಿಗೋಟೆ. -ಕೋಟೆ. Another fort (Bh. 3, 19, 50). — ಪಡಿಚನ್ದ. Tbh. of ಪ್ರತಿಚ್ಛನ್ದ (Šmd. 376; Čh. v. 21). — ಪಡಿತೊತ್ತು. A servant in lieu of, an extra servant. ತೊತ್ತಿಗೆ ಒನ್ದು ಪಡಿತೊತ್ತು (Prv.). — ಪಡಿನೆೞಲ್. A reflection, a reflected counterpart (ಪ್ರತಿಬಿಮ್ಬ, ಮಾರ್ಪೊರಳಪು Kk. 62; Šm. 64; Ršv. 2, 49; 6, after 24; Ššv. 3, after 35). — ಪಡಿಬಲ. Tbh. of ಪ್ರತಿಬಲ. (J. 4, 25; Bh. 8, 21, 22; Ršv. 6, after 115). — ಪಡಿಭವಿಸು. Tbh. of ಪ್ರತಿಭವಿಸು. (Râm. 6, 30, 31). — ಪಡಿಮುಚ್ಚು. = ಪಡಿಮೆಚ್ಚು,

q. v. — ಪಡಿಮಾತು. An answer (Rśv. 6, 33; Śśv. 4, 97). 2, a simile (Abh. P. 1, 113; 9, 15. 44). — ಪಡಿಮುಖ. Tbh. of ಪ್ರತಿಮುಖ. (Bh. 8, 24, 29; Râm. 6, 30, 13. 34). — ಪಡಿಮೆಚ್ಚು. Counter-approbation: irresolution, doubt (ಸಂಶಯ (Bhn. 52, o. r. ಪಡಿಮಚ್ಚು). — ಪಡಿಯಚ್ಚು. -ಅಚ್ಚು. A puncheon or tool having a figure on it with which impressions are struck (ನೆಱೆವೆಟ್ಟು Kk. 47; Śm. 68). — ಪಡಿಯಟ್ಟಣೆ. -ಅಟ್ಟಣೆ. A corresponding parapet (Ŏ. Bp. 42, 24). — ಪಡಿಯಿಡು. -ಇಡು. To make equal to (Abh. P. 7, 13). — ಪಡಿಯುತ್ತರ. Tbh. of ಪ್ರತ್ಯುತ್ತರ. (Râm. 4, 2, 49). — ಪಡಿವಾಘೆ. Another bridle (J. 4, 12).

ಪಡಿಕಿ paḍiki. A woman who obtains, experiences or feels. See ಅಸೆಬಡಿಕಿ.

ಪಡಿಕೆ paḍikĕ. = ಪಡಿ 1, etc., ಪಳಿಕೆ. Incurring, etc. See ಅಳವಡಿಕೆ, ಒಡಬಡಿಕೆ, ಒಡಮ್ಬಡಿಕೆ, ನಡವಡಿಕೆ, ಪೆರ್ಬಡಿಕೆ.

ಪಡಿಕೆ paḍikĕ. = ಪಡಕು. A piece of cloth, a strip, a rag, etc.; a sort of gown (Mhr. ಫಡಕಾ, ಫಡಕೇಂ). ಹೆಂಗಸರು ಉಟ್ಟು ಕೊಳ್ಳುವ ಪಡಿಕೆ (ಚಣ್ಡಾತಕ G.).

ಪಡಿಗ paḍiga. (= ಪಳಿಗ, ಪೆನೆಗ, etc.). One who incurs, etc.

ಪಡಿಗ paḍiga. Tbh. of ಪ್ರತಿಗ್ರಹ or ಪತದ್ಗ್ರಹ. A spitting-pot, spittoon (ಪ್ರತಿಗ್ರಾಹ, ಪತದ್ಗ್ರಹ Nr.; Śi. 231; ಥೇಲಿಪಾತ್ರೆ Mr. 212; T. ಪಡಿಕ್ಕ, ಪಡಿಯಗ; M. ಪಡಿಕ್ಕ; Tĕ. ಪಟಿಕ, ಪಡಿಕ, ಪಡಿಗ, ಪಡಿಗಮ್ಬು). See Ĉpr. 6, after 86; Bp. 12, 7. 12; Bh. 2, 8, 7; Ŏ. Bp. 51, 9; ಪಜ್ಜೆವಡಿಗ.

ಪಡಿಚ paḍiĉa. = ಪಡಚ. Clearance, settlement (of a debt); settled state (of an affair); consumption (of articles of provision, My.; Mhr., H. ಫಡಶಾ).

ಪಡಿತಳ (paḍi-taḷa). Effort, exertion, zeal (Râm. 3, 6, 3; 6, 31, 22).

ಪಡಿತಳಿಸು (paḍi-taḷisu). To make effort (Grj. 6, after 67; Bh. 3, 13, 30; 3, 19, 45; 7, 17, 29; Rśv. 13, after 77; J. 26, 45); to show off, to be conspicuous (Rśv. 6, after 11). 2, to grasp, to seize (Râm. 6, 14, 22; Mhr. ಪಡತಳಣೇಂ); to grasp and frighten (Râm. 6, 13, 2).

ಪಡಿಯಱ paḍiyaṟa. = ಪಡಿಯಳ 1, ಪಡಿವಳ, ಪಡಿಹಾಱ. Tbh. of ಪ್ರತಿಹಾರ. A male door-keeper (ಕಬ್ಬಿಗ Ŏt. I, 13; ಪ್ರತೀಹಾರ Kk. 37; ಪ್ರತಿಹಾರ Śm. 45; Abh. P. 7, after 48; 8, 24; Grj. 2, 107). — ಪಡಿಯಱಗಟ್ಟಿಗೆ. -ಕಟ್ಟಿಗೆ. A door-keeper's stick (Śmd. 16). — ಪಡಿಯಱವಕ್ಕಿ. -ಪಕ್ಕಿ. The cuckoo (ಕೋಗಿಲೆ Śmd. II; Ŏt. I, 62; Kk. 79; Śm. 28).

ಪಡಿಯಱತಿ paḍiyaṟati. A female door-keeper (Rśv. 5, after 19).

ಪಡಿಯಳ paḍiyaḷa. 1. = ಪಡಿಯಱ, etc. (ಪ್ರತೀಹಾರ Śs.).

ಪಡಿಯಳ paḍiyaḷa. 2. = ಪಡವಳ. (Ŏt. II, 84).

ಪಡಿವಳ paḍivaḷa. = ಪಡಿಯಱ, etc. — ಪಡಿವಳಗಟ್ಟಿಗೆ. = ಪಡಿಯಱಗಟ್ಟಿಗೆ. (Ĉpr. 7, after 81).

ಪಡಿಸಣ paḍisaṇa. Tbh. of ಪರೀಕ್ಷಣ. (ಪರೀಕ್ಷೆ Bhn. 3; Grj. 10, after 26; Bp. 9, 40; Bh. 7, 10, 119).

ಪಡಿಸು paḍisu. = ಪಳಿಸು. To cause to get, incur, etc. (C.). ವ್ಯಕ್ತ ಪಡಿಸು (B. 4, 49); ಬಾಧೆ- (4, 91); ಸುಖ- (4, 152); ಶ್ರುತ- (5, 159); ಕಷ್ಟಬಡಿಸು (5, 201). ಹಸ್ತವಿನ್ಯಾಸಾದಿಗಳಿನ್ದ ಭಾವಾರ್ಥಗಳನ್ನು ತಿಳಿಯ ಪಡಿಸುವದು (ವ್ಯಂಜಕ, etc. Śi. 66). ಭಾವವನ್ನು ತಿಳಿಯ ಪಡಿಸುವ ಮುಖವಿಕಾಸಾದಿಗಳು (ಅನುಭಾವ 68). ಇತರರನ್ನು ಸ್ವಾಧೀನ ಪಡಿಸಿ ಕೊಳ್ಳಲು ಆಶೆ ಹುಟ್ಟಿಸುವದಕ್ಕಾಗಿ ಕೊಡುವಿಕೆ (ವಿಲಮ್ಬ, etc. 397). ಎಳೇ ಮಕ್ಕಳು ಪಡಿಸುವ ವೇದೆ (ಈತಿ 424). ಸಮ್ಬನ್ಧ ಪಡಿಸು (229); ಪ್ರಕಟ- (294). ತೃಪ್ತಿ ಪಡಿಸುವದು (ಆತಂಚನ 436). See ಒಡಬಡಿಸು, ಒಡಮ್ಬಡಿಸು, ಒಳಪಡಿಸು, ಪಱಿವಡಿಸು, ಭಂಗ ಪಡಿಸು, ಸನ್ತಾಪಬಡಿಸು, ಸನ್ತೋಷಪಡಿಸು, etc.

ಪಡಿಸುವಿಕೆ paḍisuvikĕ. Causing to get, etc. ಸುಖ ಪಡಿಸುವಿಕೆ (Śi. 388). ಹಿಂಸೆ ಪಡಿಸುವಿಕೆ (ಹಿಂಸೆ); ಪ್ರಕಾಶ ಪಡಿಸುವಿಕೆ (ಗನ್ಧ 436). ಬೇಕಾದದನ್ನು ತಿಳಿಯ ಪಡಿಸುವಿಕೆ (ಪ್ರವೇದನ 474). See ಒಡಮ್ಬಡಿಸುವಿಕೆ.

ಪಡಿಸುಹ paḍisuha. = ಪಡಿಸುವಿಕೆ. See ಬೇರ್ಪಡಿಸುಹ.

ಪಡಿಹಱಿ paḍihaṟi. = ಪಡಿಹಾಱಿ. (Bp. 53, 16). ಪಡಿಹಱಿಯ ದಾಸನ್ವೆ (12, 42).

ಪಡಿಹಾಱ paḍihāṟa. = ಪಡಿಯಱ, etc. (ದ್ವಾಃಸ್ಥ, ಕ್ಷತ್ತೃ Nr.; ಪ್ರತೀಹಾರ, ದ್ವಾರಪಾಲ, etc. Nr., Hlā.). See Bp. 35, 56; 37, 22; B. 4, 155.

ಪಡಿಹಾಱಿ paḍihāṟi. = ಪಡಿಹಱಿ. A door-keeper (and, perhaps, a king's buffoon, see s. ಪ್ರತಿಹಾರಿ). See Bp. 9, 48; 36, 19; 37, 4. 13. 14. 16. 20; 53, 16; ಬಾಚ-. — ಪಡಿಹಾಱಿಬಾಚಿ. N. (36, 9).

ಪಡು paḍu. 1. (= ಪಡೆ 1). To get, to obtain; to catch (see ಮೂಗುವಡು); to incur, to undergo; to experience, to feel; to suffer (C.; Tĕ., T., M.); — (to be touched, to hit; to be caught; to be obtained, Tĕ., T., M.; *cf.* ಪಟ್ಟು 1 & 2). P. p. ಪಟ್ಟು. See *e. g.* ಅನುತಯಮ್ಬಡು, ಅಳವಡು, ಒಡಮ್ಬಡು, ಕಡೆವಡು, ದೈನ್ಯಮ್ಬಡು, ನೇರ್ಪಡು, ಪಡಲ್ಪಡು, ಪಱಿಪಡು, ಪ್ರಿಯಪಡು, ಬಡಪಡು, ಬೆಕ್ಕಸಮ್ಬಡು, ಬೇರ್ಪಡು, ಸನ್ತಸಮ್ಬಡು, ಹೆಸರುವಡು, etc. As in Tĕ., T. and M., so in Kannaḍa this verb (like ಪಡೆ 1) is used to form a kind of *passive voice* (ಕರ್ಮಣಿವಾಚ್ಯ; *cf.* remark *b*, ad ಕೊಳ್ 1), a use that is old, although this peculiar formation had not yet got the grammatical name of passive voice at the time of the composition of the Śabdamaṇidarpaṇa, because the sûtra which refers to it in that grammar (251*b*), is an interpolation based on the (later) Śabdânuśâsana, as it does not occur in the best MSS. (*e. g.* in that of Mûḍabidaru), and where it occurs, is introduced as an *anuktasûtra*. The author of the Śmd. has: ಅವನಿಂ ಮಾಡೆ ಪಟ್ಟುದು (154, o. r. -ಮಾಡಲ್-); ಪದಕಮ್ ಅಕ್ಕಸಾಲೆಯಿಂ ಮಾಡಲ್ ಪಟ್ಟುದು (157, o. rs. -ಮಾಡೆ-, -ಮಾಡ-). ಕಾವ್ಯಮ್ ಎನ್ನಿಂ ಪೇೞಲ್ ಪಟ್ಟುದು (157, o. r. -ಪೇೞೆ-). ಬಿಡಲ್ ಪಡು (ಬಿಡ್ಡುಂಕು I). Its commentator uses it frequently, *e. g.* 7. 11. 23. 27. 61. 92. 93. 107. 120. 125. 132. 243. 283. — ಬ್ರಹ್ಮಚಾರಿ ಮೊದಲಾದ ನಾಲ್ಕು ಆಶ್ರಮಂ ವೇದದಲ್ಲಿ ಪೇೞೆ ಪಟ್ಟುವು (Hlā.). ಬಿಡಲು ಪಟ್ಟುದು (ಅವಕೀರ್ಣ, ಅಪಧ್ವಸ್ತ, ತ್ಯಕ್ತ, etc.); ಔದಾಸೀನಂ ಮಾಡಲ್ ಪಟ್ಟುದು (ಅನಾದೃತ, etc.); ಪರಿಹರಿಸಲ್ ಪಟ್ಟುದು (ಪ್ರತಿಕ್ಷಿಪ್ತ, ನಿರಸ್ತ, etc.); ನೂಕಲ್ ಪಟ್ಟುದು (ನುನ್ನ, ಕ್ಷಿಪ್ತ); ಸುತ್ತಲು ಪಟ್ಟುದು (ನಿವೃತ, ವೇಷ್ಟಿತ, etc.); ಮುಚ್ಚಲ್ ಪಟ್ಟುದು (ಪ್ರಚ್ಛಾದಿತ, etc. Hlā.). ಬಿಡಲ್ ಪಟ್ಟುದು (ತ್ಯಕ್ತ, etc.); ಮುಚ್ಚಲ್ ಪಟ್ಟುದು (ಪ್ರಚ್ಛಾದಿತ, etc.); ಸುತ್ತಲು ಪಟ್ಟುದು (ನಿವೃತ, etc.); ಅಗಲಕ್ಕೆ ಹರಹಲು ಪಟ್ಟುದು (ಪ್ರವೃದ್ಧ, etc.); ಪೊಗೞಲ್ ಪಟ್ಟುದು (ಸ್ತುತ); ಹೊಱವಡಿಸಲು ಪಟ್ಟವನು (ಅಪಕೃಷ್ಟ, etc. Nr.). ಕಟ್ಟಲು ಪಟ್ಟ ಕರ್ಮ (ಸಮ್ಪಾದಿತಕರ್ಮ Nn. 148). ಸಾಧಿಸಲು ಪಟ್ಟ ಬುದ್ಧಿ (ಸಾಧಿತಬುದ್ಧಿ 148). ಹುಟ್ಟಲು ಪಟ್ಟ (ಸಂಜನಿತ 159). See ಅಱಿಸಲ್ ಪಡು, ಆಱಿಯಲ್-, ಅಲುಗಲು-, ಅದಿಲಿಸಲ್-, ಉಣಲ್ಪಡು, ಎಱಿಸಲ್ ಪಡು, ಒಡೆಯಲ್-, ಒದಗಿಸಲ್-, ಕೀಲಿಲ್-, ಕೆತ್ತಲ್-, ತಗ್ಗಿಸಲ್-, ತೊಳೆಯಲ್-, ಮುಸೆಯಲ್-, ಪಡಿಯಲ್-; Bp. 8, 16; 14, 29; 26, 38; 33, 19; 36, 60; 50, 19; 54, 10; 56, 55; 60, 20; B. 4, 58. 59. 92; 5, 255; Śi. 79. 141. 293. 300.

884; G. 17. 18. 23. 28. 30, etc., etc. See also the peculiar way of expressing the passive s. ಪೇಟ್ (Šmd. 61; Šm. 27).—For ಕಾಮ್ ಇರಲ್ ಪಟ್ಟರ್, etc., *without the meaning of the passive* (Šmd. 299) *cf.* remark at the end of ಪಡೆ 1.

ಪಡು paḍu. 2. = ಪಡಿ 1, etc. Getting, etc. See ನೇರ್ಪಡು 2. — ಪಡುಪಾಟು. = ಪಡಿಪಾಟು. (My.). — ಪಡುಪಾಟ್ಲು. Sufferings, troubles (My.).

ಪಡು paḍu. 3. = ಹಡು. To lie down, to repose;—to go down, to set, as the sun; to wear away, to be spent (as the day);—to have sexual intercourse;—to fall (in battle), to die (ಶಯನ Šmd. Dh., Šm. 92; ಮರಣ Šmd. Dh., Šm. 92; Abh. P. 7, after 7; 13, 44; V. 9, after 107; Tē., T., M.). ಪುಡಿಯಡರೆ ನಿಮಿರ್ದ ಪುತ್ತಿನ ಕುಡಿ ಕೆಡೆದತ್ತಾಲಮ್ ಒಲೆದುದದಟಡಿಯೊಳ್ ತೂಂಕಡಿದ ಮಿಗಂ ಮುನ್ದಣಗೊರ್ಗುಡಿಸಿದುದೋ ಪಡುವ (in the west) ಪಡುವ ಮೃಗಲಾಂಛನನಾ? (Lilv. 8, 2).

ಪಡು paḍu. 4. Setting: the west (My.); dying. — ಪಡುಗಡಲ್. -ಕಡಲ್. The western sea (V. 8, 42; J. 26, 4. 5). — ಪಡುಗಡೆ. -ಕಡೆ. The western side or point of the compass (My.). — ಪಡುನೇಸಱ್. The setting sun (ಪಿಮ್ಮೊಬ್ಬಿತ್ತು Šs.; Čpr. 8, 6; Abh. P. 7, 89). — ಪಡುಮಿಗ. A wild beast doomed to die. — ಪಡುಮಿಗಂಗುಡು. -ಒ-ಕುಡು. To deliver (one's self into the hand of the huntsman) as a doomed beast (Čpr. 5, after 64). — ಪಡುವೆಟ್ಟು. -ಬೆಟ್ಟು. The western mountain (ಪಶ್ಚಿಮಾದ್ರಿ Šs.).

ಪಡು paḍu. 5. (fr. ಪಡು 3?). = ಪಡೆ 4. A place (hollow or hole) of refuge (for wild animals) between stones or in rocks (ಕಲ್ಲ ಮಱ್ Šs.; *cf.* M. ಪಡುಡು, a hole?).

ಪಡು paḍu. = ಪಡ. Tbh. of ಪಟ. See ಪಡುಸಾಲೆ.

ಪಡುವ paḍuva. = ಪಡವಲ್, ಪಡು 4, (ಪಡುವಣ), ಪಡುವಲ್ (Šmd. 145; My.), ಪಡುವು. The region of sunset: the west. Declension: ಪಡುವಣ, ಪಡುವಣಿಂ (Šmd. 135). ಪಡುವ ಮೂಡ ತೆಂಕ ಬಡಗ ಪೊಡವಿಪತಿಗಳಿಲ್ಲೆನಲ್ ನಡೆದು, ಗೆಲ್ದು (145). ಪಡುವಣ ಗಿರಿ (Bp. 24, 43). ಪಡುವಣ ಮನೆಗೆ ಮೂಡಣ ದೀಪ (Prv.). — ಪಡುವಣಂ. -ಅಂ. A man of the west (Šmd. 136). — ಪಡುವಣ ದೆಸೆ. The western quarter (ವಾರುಣಿ, ಪ್ರತೀಚಿ, ಪ್ರತ್ಯಂಚ್ Hlā.). — ಪಡುವಣ ದೆಸೆಗೊಡೆಯ. -ಒಡೆಯ. Varuṇa (Šm. 13). — ಪಡುವಣ ಬಡಗಣ ದೇಶ. The north-west (ಪಶ್ಚಿಮೋತ್ತರದೇಶ Nr.).

ಪಡುವಣ paḍuvaṇa. = ಪಡುವ. ಪಡುವಣದಲ್ಲಿ (B. 3, 114; 4, 67).

ಪಡುವಲ್ paḍuval. -ಲು. = ಪಡುವ (Šmd. 145; My.), etc. (ಪ್ರತ್ಯಕ್, ಪ್ರತೀಚಿ Mr. 58; ಪ್ರತೀಚಿ Si. 28; Tē. ಪಡಮರೆ; T. ಪಡುಞಾಯಿಱು, ಪಡುನಾಯಿಱು; M. ಪಡಿಞ್ಞಾಯಱು, ಪಡಿಞ್ಞಾಱು; see ನೇಸಱ್). ಪಡುವಲಾದುದು (ಪ್ರತ್ಯಕ್, ಪ್ರತೀಚೀನ Hlā.; ಪ್ರತೀಚೀನ Mr. 58). ಪಡುವಲಲ್ಲಿ ಹುಟ್ಟಿದದು (ಪ್ರತೀಚೀನ Si. 29).

ಪಡುವಲ paḍuvala. Tbh. of ಪಟೋಲ (ಕೋಶಾತಕಿ, ಜಾಲಿ, ಪಟೋಲ G.).

ಪಡುವಿಕೆ paḍuvikĕ. Getting, incurring, experiencing, etc. ಆಶೆ ಪಡುವಿಕೆ (ದೋಹದ, ಇಚ್ಛೆ, etc. Si. 70). ಆತುರ ಪಡುವಿಕೆ (ಸಮ್ಭ್ರಮ, etc., ತ್ವರೆ ಪಡುವಿಕೆ 397). See ಬಡಪ್ಪುಡುವಿಕೆ.

ಪಡುವು paḍuvu. = ಪಡುವ, etc. ಪಡುವಿನ, ಪಡುವಿಗೆ, ಪಡುವಿನಲ್ಲಿ (My.).

ಪಡುಸಾಲೆ paḍu-sālĕ. = ಪಡಸಾಲೆ. ಪಡುಸಾಲೇ ಊಟ, ನಡುಸಾಲೇ ನಿದ್ರೆ (Prv.).

ಪಡುಹ paḍuha. = ಪಡುವಿಕೆ. See ಉಪಕಾಪಟಬಡುಹ, ಒತ್ತೆ-, ತಪಪ್ಪುಡುಹ.

ಪಡೆ paḍĕ. 1. = ಅಡೆ 5, (ಪಡು 1), ಹಡಿ 1, ಹಡೆ. To get; to incur, to undergo, to experience; to acquire, to gain, to obtain (ಉಪಾರ್ಜನ Šmd. Dh.; ಪಡೆ 11 Cm.; ಪೆಱು 141 Cm.; ತಾಳ್ 141 Mdb. Cm.; My.; Tē.; T. ಪಡ್ಯ, ಪಯ). 2, to beget: to generate, to procreate, as a father; (but especially) to bear, to give birth to, as a mother (My.; T., M.). P. ps. ಪಡದು, ಪಡೆದು. ಇನ್ನುಂ ಪೊನ್ನನೆ ಪಡೆವುದು! (Šmd. 84). ಪಡೆದಂ ಪದ್ಮಜನಿ ಜಗತ್ರಯಮಂ (155). ಪಡೆದಪಂ (260). ಜಯವನ್ನು ಪಡೆಯುವನು (Si. 263). ಪಡದ ತಾಯನ್ತೆ ಅಲಂಕಾರಛನ್ದಮನ್ ಈವುದು (Mr. 6). ವೃನ್ದಾರಕರ ಪಡದ ಸತಿ ಅದಿತಿಯೆನ್ದಿನಿಕ್ಕುಂ; ದಾನವರ ತಾಯಿ ದನುವೆನಿಕು; ರಕ್ಕಸರ ವೃನ್ದಮಂ ಪಡದಾಕೆ ನಿಕಸೆಯೆಕ್ಕು; ಅಸುರರ ಪಡೆದಾಕೆ ದಿತಿಯೆನಿಕ್ಕುಂ; ಇನ್ದ್ರಾರಿಯಂ ಪಡದವಳು ವಿನತೆಯಕ್ಕು; ಉರಗಸನ್ದೋಹಮಂ ಪಡದವಳು ಕದ್ರುವಕ್ಕು (24). ಪಡದ ಮಗನಿಗೆ ಕಡದ ಬೆಣ್ಣೆ ಆಗದೇ? — ಪಡದವಪ್ಪೂ, ಹಡದದ್ದಕ್ಕೆ ಹೋಗೆ, ಕಡೆಗೆ ಬಡತನ ತಪ್ಪಲಿಲ್ಲ (Prvs.). See Šmd. 14. 123. 128. 157; Čpr. 1, 47; 2, 19. 22; Bp. 11, 23; 29, 29; 46, 48; 47 sum.; 49, 12. 13. 46; 50, 77. 78; 52 sum.; 52, 35. 36. 56; 53, 54; 57, 58; 59, 14; 60, 60; J. 18, 19; Dp. 5, 2; 63, 1; B. 5, 50; ಅನ್ತಃಕರಣಮ್ಪಡೆ, ಮುತುವಡೆ, ಎಸೆವಡೆ, ಕಡಿವಡೆ, ಗಾಯವಡೆ, ಜಾಣ್ಪಡೆ, ಪೂಜೆವಡೆ, etc., etc. In the same manner as ಪಡು 1, ಪಡೆ is used to form a sort of *passive voice, e. g.* ಪೇಟಿಲ್ ಪಡೆಗುಂ (Šmd. 16. 61); ಪ್ರಯೋಗಿಸ ಪಡೆಗುಂ (135. 394); ಪೇಟಿಲ್ ಪಡೆದ ತಬ್ದಂಗಳ್ (358); ಅಯ್ದುಲ್ ಪಡೆವುದು (156). *Without the meaning of the passive* this form appears *e. g.* in ಗೆಲಲ್ ಪಡೆ s. ಗೆಲ್ 1, and in ನಿರೀಕ್ಷಿಸಲ್ ಪಡೆ s. ನಿರೀಕ್ಷಿಸು; *cf.* remark at the end of ಪಡು 1.

ಪಡೆ paḍĕ. 2. = ಪಡೆದು. P. p. of ಪಡೆ 1, in ಪಡೆ ಪಡೆದು. ಪಡೆ ಪಡೆದಪ್ಪರಿಯಂ (Šmd. 272).

ಪಡೆ paḍĕ. 3. Getting, etc. See ಮೆಯ್ಪಡೆ. — ಪಡೆಮಾತ. An originating, *i. e.* principal, great man (Abh. P. 7, 2).

ಪಡೆ paḍĕ. 4. = ಪಡು 5. (ಕಲ್ಲ ಮಱ್ Kk. 70; Šm. 90; Tē.: an orifice or hole, as in a mountain; *cf.* ಪೊಡಗು).

ಪಡೆ paḍĕ. 5. A multitude, a host, a force, an army (ಬಲ Šmd. Dh., Šm. 40; ಪೃತನೆ, ಸೇನೆ, ಧ್ವಜಿನಿ, ವಡಾಕಿನಿ, ವಾಹಿನಿ, ಬಲ, ಸೈನ್ಯ, ಚಕ್ರ, ಚಮು, ವರೂಥಿನಿ, ಅನೀಕಿನಿ, ಅನೀಕ Hlā.; ಕಟಕ Hlā., Mr. 466; ಸೇನೆ Nn. 114. 127; ಬಲ, ಚಮು, etc. Mr. 291; ದಣ್ಡ 481; My.; M.; T. ಪಡೈ). ಪಡೆಯ ಹಿನ್ದಣ ಮೆಯ್ (ಪ್ರತಿಗ್ರಹ Hlā.). See Bh. 2, 4, 12; 3, 13, 30; Rāv. 6, after 11; 6, 54; 13, after 95; ಕುಱುವಡೆ, ಬೇಡವಡೆ, etc. — ಪಡೆಯ. -ಅ 3. A man who has a multitude. See ಪೆಣ್ಪಡೆಯ. — ಪಡೆವೆರಸು. -ಬೆರಸು. To be together with an army. ಪಡೆವೆರಸಿ ನಡೆವುದು (ಅಭಿಷೇಣನ Hlā.).

ಪಡೆಪು paḍĕpu. = ಪಡಪು.

ಪಡೆಪುಗಾರ್ತಿ paḍĕpu-gārti. = ಪಡಪುಗಾರ್ತಿ. (ಗರ್ಭಸಾಳೆವೆಣ್ Šm. 74).

ಪಡೆಯಿಲ paḍĕ-ila. (Šmd. 241). A soldier.

ಪಡೆಯುವಿಕೆ padĕyuvikĕ. = ಹಡೆಯುವಿಕೆ. Obtaining, gaining, etc. (ಪ್ರಾಪ್ತಿ Si. 424; ಸಾಧನ 437).

ಪಡೆವಳ padĕ-vaḷa. = ಪಡೆವಳ್ಳ (Śmd. 234). A general (ಸೇನಾಧಿಪತಿ Kk. 37; ಸೇನಾನಿ Śm. 45; Abh. P. 10, after 134; Tĕ. ಪಡೆವಾಲು).

ಪಡೆವಳ್ಳ padĕ-vaḷḷa. = ಪಡೆವಳ, q. v.

ಪಡ್ಡಮಿ paḍḍami. = ಪಾಡ್ಯಮಿ. (My.).

ಪಡ್ಡಳಿ paḍḍaḷi. (Tbh. of ಪ್ರತಿಪಾಸ). The sweet-scented oleander, Nerium odorum Ait. (ಕರವೀರ Ćt. I, 11; ಕಣಲಿಗೆ Ćt. II, 38; Kk. 22; Śm. 27; T. ಪಟ್ಟೆಡ್ಳು). See Grj. 5, 56; 7, 53; Bp. 12, 18; 19, 65; Śśv. 3, 9.

ಪಡ್ಡೆ paḍḍĕ. Maturity; fitness for breeding (My.; Tĕ.), as ಪಡ್ಡೆಯಾಕಳು, ಪಡ್ಡೆಯೆಮ್ಮೆ, ಪಡ್ಡೆಹಾವು, ಪಡ್ಡೆಹುಡುಗ, ಪಡ್ಡೆಹುಡುಗಿ, ಪಡ್ಡೆಹುಲಿ (My.). (*Cf.* Mhr. ಪಾಡಾ, ಪಾಡಿ).

ಪಣ್ pan. 1. Ripe fruit to be produced (ಪಣ್ಣು ಡೋಟು Śm. 22; ಪಣ್ಣಾಗು Kk. 20; Tĕ. ಪಣ್ಣು; T., M. ಪಱು; see ಪಱು). P. p. ಪಣ್ತು (Śm. 22; Kk. 20; Ćpr. 8, 28; Śśv. 1, 27; 2, after 42). ತಳಿಯ ಕೂಟ್, ಇದಿರೊಳ್ ಪಣ್ತಾರವೆ (Śmd. I).

ಪಣ್ pan. 2. = ಪಣ್ಣು 2, ಹಣ್ಣು. A ripe fruit; ripeness (ಫಲ Śmd. Dh.; ಮೆಲ್ Ćt. II, 28; Tĕ. ಪಣ್ಣು; T., M. ಪಱು). ಮುರದದು ಪಣ್ (Śmd. 115). ಮುರದತ್ತಣಿಂ ಪಣ್ಣುರುಳ್ದುದು (160). ಪಣ್ಗಳ್ (Ćpr. 1, after 101; 2, 84. 86; 7, 48; Rśv. 2, 46). See Rśv. 9, 23; ತನಿವಣ್, ಪಲ-, ಪಾಟ್-, etc. — ಪಣ್ಗಾಯ್. -ಕಾಯ್. Ripe fruit and nuts, heads, etc. (Ćpr. 1, 102; J. 15, 17). ಪಣ್ಗಾಯಿ (J. 18, 13). — ಪಣ್ಣಾಗು. -ಆಗು. Ripe fruit to be produced (see s. ಪಣ್ 1); to become ripe. ಮಿಡಿ ಪಣ್ಣಾಗದೆ? (Śś. 44). — ಪಣ್ಣೆಲೆ. -ಎಲೆ. A ripe, full-grown leaf (Śmd. 39. 345). — ಪಣ್ಣೊತ್ತರ. -ಒತ್ತರ (s. ಒತ್ತ್). One of the divisions in a ripe fruit (ತೊಳೆ Ćt. I, 23). — ಪಣ್ದೆನೆ. -ತೆನೆ. A ripe ear of corn (J. 25, 5).

ಪಣ paṇa. 1. = ಬಣ 2. Any tribe; a sectarian division (My.; Tĕ. ಫಣ; Mhr. ಫಡ, a company of actors, dancers, etc.). — ಪಣಕಟ್ಟು. Caste rules (My.).

ಪಣ paṇa. 2. = ಹಣ. Play, gaming, playing with dice, playing for a stake. 2, *a stake at play, a wager* (ಸೀವಿ, ಒಡ್ಡಿದುದು Nn. 105; Bh. 2, 13, 49). 3, *wages, hire.* 4, a sum, reckoned in coins or cowries. 5, a fanam, a small coin of silver or gold (T.): four Aṇĕs and eight Kâsus (My. as ಹಣ): four Pâgas (Mr. 355). 6, *a coin of a certain weight, equivalent to 80 cowries.* 7, a weight: two tolas. 8, *price.* 9, *money, wealth, property* (ದುಡ್ಡು G.). 10, a commodity for sale. 11, business, trade. 12, a shop, a stall (ಪಣ್ಯ, ವಿಪಣಿ, ಅಂಗಡಿ Mr. 195). 13, a particular measure (see Mr. 60). See ಇಪ್ಪಣ, ಒಪ್ಪಣ. — ಪಣ ಕಟ್ಟು. To wager. ಪಣ ಕಟ್ಟುವವನ ಹತ್ತರ ಹೆಣಗ ಬಹುದು, ಪಣ ಕೊಡುವವನ ಹತ್ತರ ನಿಲ್ಲಲಾಗದು (Prv.).

ಪಣ paṇa. 3. (= ಪಣೆ 5). Tbh. of ಪಣವ 1 in ಬದ್ದವಣ 1.

ಪಣಕಾನ್ತೆ paṇa-kântĕ. A venal woman, a harlot (V. 8, 25).

ಪಣತೆ paṇatĕ. = ಪಣಿತೆ. Tbh. of ಪ್ರಣೀತೆ. An earthen or metal saucer-formed receptacle for the oil and wick of a lamp (My.; Mhr. ಪಣತೀ; Tĕ. ಪ್ರಮಿತೆ).

ಪಣಮ್ಬು paṇambu. — ಪಣಮ್ಬೂರು. N. of a village in South Canara. See Prv. s. ಪೆಂಕು.

ಪಣವ paṇava. 1. = ಪ್ರಣವ. *A small drum or tabor or a kind of cymbal, one used to accompany singing* (ಪಟಹ, ಡಿಣ್ಡಿಮ Hlâ.; ಬೊಮ್ಬುಳಿಕೆ Nr.).

ಪಣವ paṇava. 2. Tbh. of ಪ್ರಣವ No. 3 (Bp. 41, 23).

ಪಣವಕ paṇavaka. N. of a vṛitta (Ćh.).

ಪಣವಧು paṇa-vadhu. = ಪಣಕಾನ್ತೆ. (Ćpr. 8, 46).

ಪಣವಧೂಟಿ paṇa-vadhûṭi. = ಪಣವಧು. (V. 8, 20).

ಪಣಾಯಿತ paṇâyita. *Praised, honored.*

ಪಣಾರ್ಪಣ paṇa-arpaṇa. Retaining-fee; earnest-money (ಸಂಚಕಾರ Mr. 345). 2, making an agreement, contract.

ಪಣಿ paṇi. 1. A stout stick or bat. See ಚಣಿ-. (*Cf.* ಪಣೆ 2?). — ಪಣಿಚೆಣ್ಡು. A play at which a paṇi and ćĕṇḍu are used (C.).

ಪಣಿ paṇi. (T. ಪಣ್ಯೆ, Ficus religiosa). — ಪಣಿಯಾಲ. (ಗರ್ದಭಾಣ್ಡ, ಕನ್ದರಾಲ, ಪ್ಲಕ್ಷ, etc., ಬಸರೀ ಗಿಡ, ಜಡೇ ಬಸರೀ ಗಿಡ Si. 132; My.).

ಪಣಿ paṇi. Tbh. of ಫಣಿ (Śmd. 338).

ಪಣಿತ paṇita. 1. *Praised, honored.*

ಪಣಿತ paṇita. 2. = ಪನ್ತ 1. Betted; risked or hazarded; a bet, a wager, a stake.

ಪಣಿತವ್ಯ paṇitavya. *To be bought, vendible.*

ಪಣಿತೆ paṇitĕ. = ಪಣತೆ. (ಮಲ್ಲಿಕೆ Nr.; My.).

ಪಣೆ paṇĕ. 1. = ಅಣೆ 2, ಹಣೆ 3. The forehead (ನೊಸಲ್ Śm. 71; Si. 214; Ćpr. 7, 87; J. 2, 28; 8, 8; 29, 40). — ಪಣೆ ಕುರುಳು. A look of hair on the forehead (J. 28, 18). — ಪಣೆಗಟ್ಟು. -ಕಟ್ಟು. A forehead-band. ಮಣಿಯುಡಿದೊವಲುಂ ಪಿರಿಯ ಪಣೆಗಟ್ಟುಂ (Śmd. 78). — ಪಣೆಗಣ್. -ಕಣ್. An eye in the forehead (Grj. 8, 47; J. 20, 17). — ಪಣೆಗಣ್ಣ. Śiva (ಉಮೆಯಾಳ್ದ Ćt. II, 5). — ಪಣೆಗತ್ತುರಿಬೊಟ್ಟು. -ಕತ್ತುರಿ-. A boṭṭu of musk on the forehead (Rśv. 3, 29). — ಪಣೆಯಕ್ಕರ. -ಅಕ್ಕರ. Brahmâ's writ on a man's forehead: fate (J. 24, 29). — ಪಣೆವಾಸಟಿ. -ಪಾಸಟಿ. A forehead like a flag-stone (Rśv. 6, after 11). — ಪಣೆವೆಟ. -ಪೆಟ. A forehead like the moon (Rśv. 14, after 14).

ಪಣೆ paṇĕ. 2. = ಹಣೆ 1, ಹಣೆ 1. The upper part of the stem of a tree. ಪಣೆಯಿಂ ಕೊನೆವರೆಗಂ ಪೂತುವು, ಅರರೆ, ಪಮ್ಪುಕನಿಕರಂ (Ćpr. 7, 53).

ಪಣೆ paṇĕ. 3. = ಹಣೆ 2. A haunt or lair of wild beasts (ಮಿಗಮಿಪ್ಪ ತಾಣ Kk. 73; Śśv. 3, after 44; T. ಪಣ್ಯೆ, ಪಣ್ಣೈ, litter or straw laid for animals).

ಪಣೆ paṇĕ. 4. (= ಪಣ್ಣೆಯ). Ground that is worked; tillage; a quarry (M.; T. ಪಣ್ಯೆ, ಪಣ್ಣೈ; see ಪಣ್ಣು 1) See ಕಲ್ಪಣೆ.

ಪಣೆ paṇĕ. 5. (= ಪಣ 3). (T. ಪಣ್ಯೆ, a drum). See ರಿಗ್ಗವಣೆ.

ಪಣ್ಟಿಸು paṇṭisu. To tumble, to turn over, to make a somerset (Bh. 1, 14, 21; 3, 17, 35; 8, 25, 6; see ಪೈಟಿ).

ಪಣ್ಡ paṇḍa. = ಹಣ್ಡ. *A eunuch, an impotent man.*

ಪಣ್ಡಕ paṇḍaka. *A eunuch.*

ಪಣ್ಡಿತ paṇḍita. *A Pandit, a scholar, a learned or wise man, a learned Brâhmaṇa, a doctor* (ವಿದ್ವಾಂಸ Nn. 126). 2, a physician (ಮೂಲಿಕ, ವೈದ್ಯ Nn. 44; My.). ಪಣ್ಡಿತರೆನ್ದರೆ ಹೆಣ್ಡತಿ ಕೊಟ್ಟು ಹೋಗು! ಅನ್ದ.—ಪಣ್ಡಿತನಾದರೂ ಕಣ್ಣಾಬಟ್ಟೆ ಆಡಿದರೆ ಕುಣ್ಡೆ ಪೆಟ್ಟು ತಿನ್ದು ಹೋಗ ಬೇಕಾದೀತು (Prvs.). — ಪಣ್ಡಿತಯ್ಯ. -ಅಯ್ಯ. N. (Bp. 9, 43). — ಪಣ್ಡಿತವಕ್ಕಿ. -ಪಕ್ಕಿ. A parrot (ಕನ್ನಡವಕ್ಕಿ, ಗಿಳಿ Śmd. II; ಗಿಳಿ Ćt. I, 97; ಕನ್ನಡವಕ್ಕಿ, ಪುರುಳಿ, ಗಿಳಿ Kk.

24; Śm. 28; Śśv. 1, 52). — ಪಣ್ಡಿತಳು. A female Pandit (My.; Śi. 186).

ಪಣ್ಡೆ paṇḍĕ. Wisdom; science, learning. (R.).

ಪಣ್ಣನೆ paṇṇanĕ. To some extent, etc. (ಅರಮ, ಕೆಲ Śs.; Čpr. 2, 83; Rśv. 1, 128).

ಪಣ್ಣಿಕ paṇṇika. = ಪಣ್ಣಗೆ, ಪಣ್ಣುಗೆ. Arranging, putting in order, making ready, equipping (ಸಂವರಣೆ Śm. 42; Kk. 62, o. r. ಕೆಯ್ತ; T. ಪಣಿಕ್ಕ, a plan, design, accurate performance). 2, an ornamental mark on the forehead (ತಿಲ Śs.).

ಪಣ್ಣಿಗೆ paṇṇigĕ. = ಪಣ್ಣಿಕ. See ಪಂಚಪಣ್ಣಿಗೆ.

ಪಣ್ಣಿಸು paṇṇisu. To cause to make ready, etc. (Kâvy. 5, 26).

ಪಣ್ಣು paṇṇu. 1. To make ready, to prepare; to array; to equip; to dress, to decorate, to trim; to put on armour (ಸಜ್ಜೀಕರಣ Śmd. Dh.; Tĕ. ಪನ್ನು; T., M. ಪಣ್ಣು, to make, perform, produce; T. also ಪಣ್). P. p. ಪಣ್ಣಿ. ಪಣ್ಣಿದ ಮೌಕ್ತಿಕ (ಕೆತ್ತಿಸಿದ ಮುತ್ತು, ರಚಿತ Nn. 104). See Čpr. 2, after 91; 7, after 79; Abh. P. 2, 11; 13, 95; Rśv. 6, after 11 (twice); V. 5, after 4; J. 16, 17; 18, 61; 21, 12; 29 sum.; 30, 35.

ಪಣ್ಣು paṇṇu. 2. = ಪಣ್ 2, etc. — ಪಣ್ಣುದೋಱು. -ತೋಱು. Ripe fruit to appear or be produced (ಪಣ್ Śm. 22).

ಪಣ್ಣುಗೆ paṇṇu-gĕ. (Śmd. 248). = ಪಣ್ಣಗೆ, etc.

ಪಣ್ಣೆಯ paṇṇĕya. = (ಪಣ 4), ಪಣ್ಯ. A farm, a landed estate (My.).

ಪಣ್ಯ paṇya. = ಪಣ್ಣೆಯ. (My.).

ಪಣ್ಯ paṇya. 1. To be purchased or bought; to be sold, saleable, vendible. 2, *an article of trade, a ware.* 3, a shop (ಪಿಪಣಿ, ಅಂಗಡಿ Mr. 195).

ಪಣ್ಯ paṇya. 2. To be praised or honored.

ಪಣ್ಯವನಿತೆ paṇya-vanitĕ. = ಪಣ್ಯಾಂಗನೆ. (Mr. 514).

ಪಣ್ಯವಿಕ್ರಯಶಾಲೆ paṇya-vikraya-śâlĕ. *A hall for buying and selling.*

ಪಣ್ಯವೀಥಿ paṇya-vîthi. = ಪಣ್ಯವೀಥಿಕೆ. (My.).

ಪಣ್ಯವೀಥಿಕೆ paṇya-vîthikĕ. *A market-street, a bazar.*

ಪಣ್ಯಸ್ತ್ರೀ paṇya-strî. = ಪಣ್ಯಾಂಗನೆ. (My.).

ಪಣ್ಯಾಂಗನೆ paṇya-aṅganĕ. *A venal woman, a prostitute.*

ಪಣ್ಯಾಜೀವ paṇya-âjîva. *A tradesman.*

ಪಣ್ಯಾಜನ paṇyâ-jana. A harlot (Râm. 5, 8, 22).

ಪಣ್ಯೆ paṇyĕ. ಪಣ್ಯಾ. A venal woman. 2, *the heart-pea, Cardiospermum halicacabum* Lin.

ಪತ pata. 1. Tbh. of ಪಥ (Śmd. 338). See ಮಾ-.

ಪತ pata. 2. *Flying, flight.*

ಪತಗ pata-ga. *A bird.*

ಪತಂಗ pata-ṅ-ga. 1. = ಪದಗ. *A bird* (ವಿಹಂಗ, ಪಕ್ಷಿ Nn. 61). 2, *a grasshopper* (ಶಲಭ Mr. 176). 3, a fire-fly (ಶಲಭ, ಮಿಂಚುಬುಳು 61). 4, *any flying insect, especially a moth, that is attracted by a light.* 5, *the sun* (ರವಿ, ಸೂರ್ಯ 61). 6, an arrow (ಬಾಣ, ಅಮ್ಬು 61). 7, a sort of paper-kite (Mhr.; My.; B. 5, 219). — ಪತಂಗದ ಹುಳ. -ಹುಳು. = ಪತಂಗ No. 4. (My.; Śi. 175. 176).

ಪತಂಗ pataṅga. 2. Tbh. of ಪತ್ತ್ರಾಂಗ. A small prickly tree yielding Sappan wood, Caesalpinia sappan L. (Mhr.; St. & Pl.). 2, red-sanders, Pterocarpus santolinus (ಪತ್ತ್ರಾಂಗ, ರಕ್ತಚನ್ದನ Nr.; G.; My.; Śśv. 3, 32).

ಪತಂಗಿಕೆ pata-ṅ-gikĕ. A small bird; *a small bee.*

ಪತಂಜಲಿ patañjali. N. of a muni, teacher of the yôga philosophy. (My.).

ಪತತ್ patat. ಪತನ್ತ್. Flying; alighting; falling. 2, *a bird.*

ಪತತ್ರ patatra. *A wing.*

ಪತತ್ರಿ patatri. *A bird.*

ಪತದ್ಗ್ರಹ patat-graha. Receiving what falls: *a spittoon.*

ಪತನ patana. Flying down; falling down; falling; going down; hanging down, becoming flaccid (ಮುಗಿಲ, ಬೀಳುವುದು Nn. 154). See ಉದಿರ್, ಕೆಡಪು, ಕೆಡೆ, ತೀರ-, ನಿಮ್ನ-, ಬಿನ್ದು-, ಬೀಳ್, ಮುಗ್ಗು; ಪಿಪರೀತ-.

ಪತನಕ್ರಿಯೆ patana-kriyĕ. The act of falling. See ಬೀಳ್.

ಪತಯಾಲು patayâlu. *Flying, falling, liable to fall.*

ಪತಾಕ patâka. = ಪತಾಕೆ (Mr. 287).

ಪತಾಕಿ patâki. *A standard-bearer, an ensign.*

ಪತಾಕಿನಿ patâkini. *An army.*

ಪತಾಕೆ patâkĕ. = ಪಟಾಕೆ. *A flag, a banner, a standard* (ಟೆಕ್ಕೆ Nn. 18. 42). See ನನ್ದಿ-.

ಪತಿ pati. 1. *A master, an owner, a possessor.* 2, *a governor, a ruler, a lord, a sovereign* (ಒಡೆಯ Nn. 91). 3, *a husband.* ಪತಿಯಿದ್ದವಳೇ ಸತಿ, ಯತಿಯಿದ್ದದ್ದೇ ಕ್ಷೇತ್ರ. — ಪತಿಯಿಲ್ಲದ ಸತಿ, ಗತಿಯಿಲ್ಲದ ದಾತಾರ (Prvs.).

ಪತಿ pati. 2. Tbh. of ಪ್ರತಿ (Čt. I, 71; My.). — ಪತಿಮಾತು. A word to the contrary (My.).

ಪತಿಂವರೆ patim-varĕ. *A young woman who has the privilege of choosing her husband.*

ಪತಿಕರಿಸು pati-karisu. Tbh. of ಪ್ರತಿಕರಿಸು. To return, etc. 2, to help, to alleviate, to succour; to favor with; to treat kindly (Bp. 8, 14; 10, 10; 28, 11; 35, 58; 40, 48; 44, 70; 46, 48; 48, 31; 50, 18; 54, 8; 55 sum.; 60, 35; Râm. 4, 2, 49; Bhâgavata 3, 2, 42; J. 21, 52).

ಪತಿಘ್ನಿ pati-ghni. A woman who murders her husband. (R.).

ಪತಿತ patita. *Fallen.* 2, *defeated in battle, overthrown.* 3, fallen (from virtue), wicked. (J. 5, 56). 4, sin (Bp. 8, 45). 5, sprung from.

ಪತಿತತ್ವ patitatva. Unrighteousness, wickedness (My.).

ಪತಿತಪಾವನ patita-pâvana. Purifier and restorer of the fallen (used of God, My.).

ಪತಿತ್ವ patitva. Mastership, lordship. 2, conjugal state, matrimony. See ಎಱ್.

ಪತಿಪತ್ನಿ pati-patni. = ಪಡಿಬತ್ತೆ. A woman who has the husband or is the legitimate wife.

ಪತಿಬಿಮ್ಬ pati-bimba. Tbh. of ಪ್ರತಿಬಿಮ್ಬ. (Bp. 57, 40).

ಪತಿಬ್ರತೆ pati-bratĕ. = ಪತಿವ್ರತೆ, ಪಡಿಬಡೆ.

ಪತಿಮೆ patimĕ. Tbh. of ಪ್ರತಿಮೆ. (My.).

ಪತಿಮೋಹಿ pati-môhi. N. of a minister (Rśv. 7, after 97 & 98).

ಪತಿಯಿನ pati-ina. A mock-sun, parhelion (Bp. 61, 12).

ಪತಿವತ್ನಿ pati-vatni. *A woman whose husband is living* (ಅಯ್ದೆ Mr. 303).

ಪತಿವ್ರತಾಧರ್ಮ pativratâ-dharma. Loyalty to a husband (My.).

ಪತಿವ್ರತಾಸ್ತ್ರೀ pativratâ-strî. = ಪತಿವ್ರತೆ. (My.).

ಪತಿವ್ರತೆ pati-vratĕ. -ವ್ರತಾ. = ಹದಿಬತೆ, ಹದಿಬದೆ. *A devoted and virtuous wife who is faithful to her husband* (ತೀರ್ಥ Nn. 48).

ಪತಿಷ್ಣು patishṇu. Flying. See ಉತ್-.

ಪತಿಶೂನ್ಯಳು pati-śûnyaḷu. A woman who is deprived of her husband. ಪತಿಶೂನ್ಯಳಾದರೂ ಮತಿಶೂನ್ಯಳಾಗ ಬಾರದು (Prv.).

ಪತಿಸಮ್ಬನ್ಧ pati-sambandha. Association with, or concern of, ownership (Šmd. 161).

ಪತ್ತ patta. 1. = ಪತ್ತೆ. (My.).

ಪತ್ತ patta. 2. Tbh. of ಪತ್ರ. See ಬೆಲ್ಲವತ್ತ.

ಪತ್ತನ pattana. = (ಪಟ್ಟ No. 9), ಪಟ್ಟಣ, ಪಟ್ಟನ, ಪಟ್ಲ. *A town, a city.*

ಪತ್ತಲ pattala. A lower garment of females (My.; Mhr. ಪಾತಳ).

ಪತ್ತಳಿಕೆ pattaḷikĕ. 1. = ಬತ್ತಳಿಕೆ, etc. A quiver (T. ಪಟ್ಟಿಕ್ಕೈ, a cord tied round a bundle of arrows). ಅಮ್ಬಿನ ಪತ್ತಳಿಕೆ (ಕಲಾಪ, ತೂಣೀರ Nr.).

ಪತ್ತಳಿಕೆ pattaḷikĕ. 2. = ಪತ್ತಳೆ. A Tbh. of ಪತ್ರಿಕೆ. (ಕಾಗದ Mr. 359).

ಪತ್ತಳೆ pattaḷĕ. Leavings, etc. (ಎಂಜಲ್, etc. Šs.).

ಪತ್ತಳೆ pattaḷĕ. = ಪತ್ತಳಿಕೆ 2, ಪಳ್ಳಿ. See ಬಿನ್ನವತ್ತಳೆ.

ಪತ್ತಾರಿ pattâri. An examiner of tax money and measurer of public corn. See s. ಆಯಗಾಱ.

ಪತ್ತಿ patti. = ಪರ್ತಿ, ಪಟ್ಟಿ, ಹಂಜಿ, ಹತ್ತಿ. Cotton in the pod, or not cleared from the seed (Tĕ.; T. ಪಂ, ಪಂಜಿ, ಪಂಜು, ಪರುತ್ತಿ; M. ಪಞ್ಞಿ, ಪರುತ್ತಿ); cotton in general.

ಪತ್ತಿ patti. 1. *Going, moving, walking.* 2, *a footman, a foot-soldier, infantry.* 3, *a company consisting of 1 chariot, 1 elephant, 3 horses, and 5 foot-soldiers.*

ಪತ್ತಿ patti. 2. A share of some joint concern (Mhr. ಪಾತೀ).

ಪತ್ತಿ patti. 3. Tbh. of ಪತ್ರ. See ಎಕ್ಕವತ್ತಿ, (ಕಟ್ಟವತ್ತಿ s. ಕಟ್ಟ 3).

ಪತ್ತಿಗ pattiga. A partner (My.).

ಪತ್ತಿಗಾಱ patti-gâṛa. = ಪತ್ತಿಗ. (My.; Mhr. ಪಾತೀದಾರ).

ಪತ್ತಿಗೆ pattigĕ. = ಪತ್ತುಗೆ. Joining; a hold: a wall-shelf (My.). See ಮೇಲುವತ್ತಿಗೆ. — ಪತ್ತಿಗೆಯಾರಮ್ಬ. -ಆರಮ್ಬ. A joint farming concern (My.).

ಪತ್ತಿಗೆ pattigĕ. Tbh. of ಪತ್ರಿಕೆ. The blade of a sword; a knife; etc. See ಕಟ್ಟವತ್ತಿಗೆ, ಲಿಂಗವತ್ತಿಗೆ, ಹೆಗ್ಗಟ್ಟವತ್ತಿಗೆ.

ಪತ್ತಿಸಂಹತಿ patti-saṁhati. A body of infantry; *infantry.*

ಪತ್ತಿಸು pattisu. = ಹತ್ತಿಸು, (ಹಚ್ಚು). To cause to adhere or join; to join (v. t.), to affix, etc.; to cause to climb or ascend (ಪೊರ್ದುಗೆಯುಂ ಮಾಡು Šmd. 141 Cm.). See Šmd. 55. 89. 91. 118. 135; Čpr. 5, 79; 6, after 64; 7, after 92; Bp. 1, 85; Ršv. 10, after 81). ಬೆಗಲಂ ಪತ್ತಿಪಾಟ (ಪಱಮುಱ Šs.).

ಪತ್ತು pattu. 1. = (ಪಟ್ಟು 1), ಪರ್ತು, ಹತ್ತು 1. To hold to by cleaving to the surface, to stick to, to adhere; to be united, to join, to be joined to; to follow, as one's back; to be included in a number of other things; to take effect, as fire, or fire or light to catch or be kindled; to take effect, as dye; to come about, to arise, as a quarrel; to come home to, to touch, as the mind; to come toward up attack, to close with an enemy (ಸಂಶ್ಲೇಷ, ಪೊರ್ದುಗೆ Šmd. Dh.; ಪಗಿಲ್ Kk. 23; ಪಗಿಲ್ Šm. 21; ಪೊರ್ದುಗೆ 97; T., M. ಪಟ್ಟು). See Šmd. 115, 136. 176. 195; Čpr. 5, 48; 8, 18; Abh. P. 9, 64; Čh. v. 170; Ršv. 5, 93; 6, after 115; 13, 78. 84. 91; V. 9, 56; J. 19, 29; ಎರ್ದೆವತ್ತು, ಬೆಮ್ಬತ್ತು. 2, to ascend, to climb, as a tree; to scale, as a fort (ಆಡರ್ Šm. 97; C. Bp. 42, 13; J. 2, 65). ಕೋಟೆಯುಂ ಪತ್ತುವೆಂ (Šmd. 259).

ಪತ್ತು pattu. 2. = (ಅತ್ತು 2, ಪಟ್ಟು 2), ಹತ್ತು 2. Adhesion, sticking to, hold. (T., M. ಪಟ್ಟು). 2, a close, a grapple in fight, a fight (ಕಲಹ Šmd. Dh.). 3, friendship (T. M.); trust (ನಮ್ಬಿಗೆ G.). ಎರಡನೆಯವರ ಪತ್ತು ಕೆಡಿಸಿದ ದೋಷವು (B. 4, 49). — ಪತ್ತುವಿಡಿಸು. To cause to leave, to remove (Abh. P. 10, after 195). — ಪತ್ತುವಿಡು. -ಬಿಡು. To let go the hold of; to be loosened from; to leave; to cease. ಒದೆದು, ಆದ್ರಿ ಕ್ಷಿತಿಸನ್ಧಿ ಪತ್ತುವಿಡೆ ಘೈ ಘೈಯೆ ಮ್ಬಿನಂ ಕಿಱ್ತು (Šmd. 64). ಆಗುರ್ವಿಪ ಪನ್ದಿಯ ಕೋಡ್ಗಳಿಂ ಪತ್ತುವಿಟ್ಟು ಅಗನಿಕಾಯದೊಳ್ ಒಕ್ಕ ಎಳಮುತ್ತನ್ ಅಯ್ಯುತ್ತುಮ್ ಇರ್ಪ ಶಬರವಿಪ್ರಿಯಕಾಮಿನಿಯರ್ಕಳ್ (166). ಪತ್ತುವಿಡೆ ಮೂರ್ಛೆ (Abh. P. 14, 70). See Abh. P. 6, after 19 & 56; 11, 20; 14, 70. 118.

ಪತ್ತು pattu. 3. = ಪದಿ, ಪದಿನ್, ಪನ್ 1, ಪಯ್, ಪಯಿನ್, ಹತ್ತು 3, ಹದಿ, ಹದಿನ್, ಹನ್. Ten (ಸಂಖ್ಯೆ Šmd. Dh.; Šm. 97; T., M.; Tĕ. ಪದಿ). ಪತ್ತು ದೆಸೆ or ಪತ್ತು ದೆಸೆಗಳ್; ಪತ್ತು ನೂಱು or ಪತ್ತು ನೂಱುಗಳ್ (Šmd. 170). ಪತ್ತಂ (45). ಪತ್ತರ್ಕೆ (226. 227). ಪತ್ತಾನುಂ (391). ಪತ್ತಱಿಮೊಳ್ (Ršv. 9, 60). See Šmd. 13; Ššv. 5, 51; J. 20, 42; 28, 57; ಅಯ್ವತ್ತು, ಅಱುವತ್ತು, ಇರ್ಪತ್ತು, ಎಪ್ಪತ್ತು, ಎಮ್ಬತ್ತು, ಎಪ್ಪತ್ತು, ಏಪ್ಪತ್ತು, ಒಮ್ಬತ್ತು, ತೊಮ್ಬತ್ತು, ನಾಲ್ವತ್ತು, ನೂಱು ಪತ್ತು, ಮೂವತ್ತು.

ಪತ್ತು pattu. 4. = ಪೊತ್ತು 2, etc. See ಈವತ್ತು, ಒಪ್ಪತ್ತು.

ಪತ್ತು pattu. 1. = ಬತ್ತ 3, etc. See ಕಲ್ಪತ್ತು.

ಪತ್ತು pattu. 2. Credit, reputation for probity especially among mercantile people (S. Mhr.; Mhr. ಪತ).

ಪತ್ತುಗೆ pattu-gĕ. (Šmd. 248). = ಪತ್ತಿಗೆ. The state of being joined, etc., connexion (Abh. P. 14, 118). — ಪತ್ತುಗೆಗಿಡು. -ಕಿಡು. Connexion or union to be dissolved (Čpr. 8, 80). — ಪತ್ತುಗೆಗೊಳ್. -ಕೊಳ್. To be joined, etc. (ಪೊರ್ದುಗೆಗೊಳ್ Šmd. 226 Cm.; ಪೊರ್ದುಗೆಯಾಗು 288 Cm.; Ššv. 1, after 81; 2, after 42).

ಪತ್ತುವಳಿ pattu-vaḷi. The amount of frauds on the government or embezzlements (stuck to or) charged to a public functionary (My.).

ಪತ್ತೆ pattĕ. = ಪತ್ತ 1. Tidings; trace; clew; guide; a person's address (My.; Mhr., H. ಪತ್ತಾ).

ಪತ್ತೆದಾರ pattĕ-dâra. A detective (My.).

ಪತ್ತೇಮಾರಿ pattêmâri. A Pattimar, a large native sailing-vessel with one mast (My.; M.; B. 3, 116; Mhr. ಪತೇಮಾರಿ).

ಪತ್ನಿ patni. *A wife.* ಪತ್ನಿಯಿದ್ದವನು ಯತ್ನ ಮಾಡಿದರೆ ರತ್ನ ಸಿಕ್ಕೀತೇ? (Prv.).

ಪತ್ಯ patya. Tbh. of ಪಥ್ಯ. (My.). ಪತ್ಯ ಹಾಕುವವನ ಬೆರಳು ಕಚ್ಚಿದ ಹಾಗೆ (Prv.).

ಪತ್ರ patra. = ಪತ್ತ 2, ಪತ್ತಿ 3. *A wing; a feather* (ಗರಿ Nn. 39). 2, *a vehicle in general: a chariot, car, cart, horse, camel, etc.* (ವಾಹನ 39). 3, *a leaf* (ಪರ್ಣ, ಎಲೆ 39). 4, *the leaf of the Laurus cassia.* 5, a leaf prepared for writing on (ಓಲೆ Mr. 359). 6, *a letter, a note;* a written paper or deed. 7, the leaf of a book. 8, *the blade of a sword, knife, etc.* 9, *a knife, a dagger.* 10, = Sk. ಪತ್ರೀ, a bird. See ಪತ್ರವಾಹನ. 11, staining the person as a decoration, lines and figures painted on the face. ಪತ್ರೆಯಿಲ್ಲದ ಪೂಜೆ, ಪತ್ರವಿಲ್ಲದ ಸಾಲ (Prv.). — ಪತ್ರದ್ವಾರಾ. By means of a letter (My.; B. 5, 157).

ಪತ್ರನಾಡಿಕೆ patra-nâḍikĕ. The fibre or vein of a leaf. (R.).

ಪತ್ರಪರಶು patra-parašu. *A fine file or saw used by silver smiths, etc.*

ಪತ್ರಪಾಲಿ patra-pâli. *The feather of an arrow* (ಅಮ್ಬಿನ ಗರಿ Mr. 295).

ಪತ್ರಪಾಶ್ಯೆ patra-pâšye. *An ornament on the forehead.*

ಪತ್ರಪುಟಿಕೆ patra-puṭikĕ. A basket made of leaves (Čpr. 2, after 59).

ಪತ್ರಭಂಗ patra-bhanga. = ಪತ್ರಲೇಖೆ. (Čpr. 2, after 14; 6, after 64; Abh. P. 1, 117).

ಪತ್ರರಥ patra-ratha. *A bird.*

ಪತ್ರಲೇಖೆ patra-lêkhĕ. (= ಪತ್ರಭಂಗ, ಪತ್ರವಲ್ಲಿ). *Drawing lines or figures on the face and person with fragrant pigments.*

ಪತ್ರವತಿ patra-vati. N. of a plant, or of a pod (ಸೆಮ್ಬೆ Mr. 150).

ಪತ್ರವಲ್ಲಿ patra-valli. *Lines drawn with fragrant pigments on the arms, breast, and neck* (ತೋಳು ಮೊಲೆ ಕೊರಳ್ಗಗಳಲ್ಲಿ ಅನುಲೇಪನದಿನ್ದಂ ಬರೆದ ರೇಖೆ Hlâ.; see Mr. s. ಮಕರಿಕೆ).

ಪತ್ರವಾಹನ patra-vâhana. Vishṇu (Bp. 11, 56).

ಪತ್ರವಾಹನಪುತ್ರ patravâhana-putra. Kâma (Bp. 11, 56).

ಪತ್ರವ್ಯವಹಾರ patra-vyavahâra. Correspondence (My.).

ಪತ್ರಾಂಗ patra-anga. = ಪತಂಗ 2. *Sappan wood, Caesalpina sappan.* 2, *red sanders, Pterocarpus santolinus.*

ಪತ್ರಾಂಗುಲಿ patra-anguli. = ಪತ್ರಲೇಖೆ. *Drawing lines or figures etc.*

ಪತ್ರಾವಳಿ patra-âvaḷi. A plate formed of leaves (G. 6; My.; Mhr. ಪತ್ರಾವಳ). 2, a mass of leaves (J. 3, 22).

ಪತ್ರಾಶ್ರಯ patra-âšraya. The lobe of the ear (ಲಮ್ಬಿಕಾಖ್ಯ, ಹಾಲೆ Mr. 319).

ಪತ್ರಿ patri. 1. Having wings, feathers, or leaves: *a bird.* 2, *a hawk or falcon.* 3, *an arrow.* 4, a palm tree (ಕಲ Mr. 111). 5, a mountain. 6, ನಾರಾಚ, ಕಣ್ಣ (Mr. 359).

ಪತ್ರಿ patri. 2. The coat of the nutmeg, mace (My.; Mhr.; B. 3, 52). — ಪತ್ರಿಗಿಡ. A herb, the thick-leaved lavender, Anisochilus carnosus Wall. (St. & Pl.).

ಪತ್ರಿಕ patrika. A man who prepares writing-leaves (ಓಲೆಗಳ ಮಾಡ್ಪವಂ Mr. 377). 2, painting lines or figures on the body by way of decoration.

ಪತ್ರಿಕೆ patrikĕ. = ಪತ್ರಳಿಕೆ 2, ಪತ್ತಿಗೆ. A leaf for writing upon, a leaf on which anything has been written. 2, a letter. (J. 30, 24; My.). 3, = ಪಟ್ಟೆ No. 5 (for a horse, J. 20, 4). 4, = ಪತ್ರ No. 8.

ಪತ್ರೀನ್ದ್ರ patri-indra. Garuḍa.

ಪತ್ರೀನ್ದ್ರವಾಹನ patrîndra-vâhana. Vishṇu (J. 2, 47).

ಪತ್ರೆ patrĕ. = ಪತ್ರಿ 2. (ಜಾಜೀ ಕಾಯ ಪತ್ರಿ G.; My.). 2, the leaves of the bilva or Bael tree (My., especially with the Lingavantas). ಪತ್ರೆಯಿಲ್ಲದ ಪೂಜೆ, ಪತ್ರವಿಲ್ಲದ ಸಾಲ (Prv.). See Bp. 34, 21; 43, 60. 67. 68. 83.

ಪತ್ರೋರ್ಣ patra-ûrṇa. *The tree Calosanthes indica* Blum. 2, *wove silk.*

ಪತ್ವ patva. The letter or syllable ಪ (Šmd. 248. 274. 340. 369).

ಪಥ patha. *A path, a way, a road.* See ಪೊಲ³, ಬಟ್ಟೆ, ಬಟ³.

ಪಥಕಲ್ಪನೆ patha-kalpanĕ. *Juggling tricks, conjuring.*

ಪಥವರ್ತಿ patha-varti. A person who moves or goes on a path (Bp. 46, 77).

ಪಥಭೇದ patha-bhêda. A kind of road, or a division of a road. See ಅಂಜೆ; Nn. 112.

ಪಥಶ್ರಾನ್ತ patha-šrânta. Exhausted from marching (Bp. 24, 54; 47, 57).

ಪಥಿ pathi. *A way, a road.*

ಪಥಿಕ pathika. *A traveller, a wayfarer.*

ಪಥಿತ pathita. Gone, moved (Bp. 51, 39).

ಪಥಿದೇಯ pathi-dêya. *A toll levied on public roads.*

ಪಥ್ಯ pathya. = ಪತ್ಯ. Suitable for the way or course of anything: proper, fit, suitable, wholesome, agreeing with, as diet, regimen, etc. (Sk.). 2, diet; dietetics (My.). 3, the food or meal of a person under a regimen (B. 5, 206; Mhr.). See Prv. s. ತಥ್ಯ. — ಪಥ್ಯಂಗೊಡು. -ಂ-ಕೊಡು. To give suitable food (Bp. 17, 8). — ಪಥ್ಯ ಮಾಡಿಸು. To cause to eat and drink dietetically (B. 3, 32). — ಪಥ್ಯ ಮಾಡು. To eat according to prescribed rules (My.). 2, to observe dietetical rules (My.).

ಪಥ್ಯಕರ pathya-kara. Wholesome (My.).

ಪಥ್ಯೆ pathyĕ. *The tree Terminalia chebula or citrina.*

ಪದ್ pad. Going; going to; obtaining. 2, *a foot.*

ಪದ pada. = ಹದ, (ಹಸ). Proper or good state or condition; proper degree or temperature; the tempering, or seasoning, of any food; the right degree of ripeness; keenness of edge or sharpness (T., M.; Tĕ. ಪದನು, ಪದುನು; *cf.* ಪದ್ 1, ಪದುಳ; M. ಪದು also: to become well tempered, red-hot). — ಪದಗುಡು. -ಕುಡು. = ಪದಂಗುಡು. (Šmd. 200, o. r. in Mdb. ಪದಗೊಳ್, ಪದಂಗೊಳ್). To give the proper state, etc. — ಪದಗೊಳ್. ಪದಂಗೊಳ್. -ಕೊಳ್. -ಂ-ಕೊಳ್. (Šmd. 200 Mdb.; *cf.* 78, where Kâvy. has ಪುದುಂ-). To get the proper state, etc. — ಪದಗೊಳಿಸು. -ಕೊಳಿಸು. To bring to the proper condition; to temper; to fertilize (Šâv. 3, 41); to sharpen. ನೆಲನ ಮೂಗಿಂಗೂಡಿ ಹಿಣ್ಣಾನೊದೆದೆಕ್ಕಲಂ ಪಳಿಗದಿರ್ಗಲ್ಲಿನೊಳು ಪಾಡಿಯಂ ಮಸೆದು ಪದಗೊಳಿಸುವನಿತಕ್ಕೆ (Râghâ. 17, 72). — ಪದಂಗುಡು. -ಂ-ಕುಡು. = ಪದಗುಡು. (Šmd. 200). — ಪದಂಗೊಳ್. -ಕೊಳ್. = ಪದಗೊಳ್. See Šmd. s. ಪದಗುಡು. —

ಪದಂಗೊಳಿಸು. -ಂ-ಕೊಳಿಸು. = ಪದಗೊಳಿಸು. (Ršv. 8, after 5; 13, 66). — ಪದಪ್ಪಡೆ. -ಂ-ಪಡೆ. = ಪದಗೊಳ್. (Čpr. 3, 90). — ಪದ ಪಡಿಸು. -ಪಡಿಸು. = ಪದಗೊಳಿಸು. (Čpr. 3, 30). — ಪದವಿಲ್. -ಬಿಲ್. = ಹದವಿಲ್. A duly tempered bow, or a bow well adapted to arrows (Čpr. 7, 115; Ršv. 5, 52; Ššv. 3, 4. 10. 23). ಪದವಿಲ್ಲ. -ಅ 3. Kâma (Abh. P. 9, 164).

ಪದ pada. = ಪಯ 1. *A step, a stride.* 2, a footstep, a footprint; *a trace, a track, a mark.* 3, *a foot* (ಚರಣ, ಕಾಲು Nn. 34). 4, the number two (ಯುಗ, ಎರಡು 84). 5, a verse-line (Čh.). 6, a verse-quarter (Čh.; ವೃತ್ತಭೇದ 84). 7, a footing, a stand-point, position, station, site. 8, *an abode, a home* (ಸದನ, ಮನೆ 84). 9, a place, a post, an office, rank, degree; dignity (ಸಮೃದ್ಧಿಶೇಷ, ಐಶ್ವರ್ಯದ ಹೆಚ್ಚುಗೆ 84). 10, *an object, a thing.* 11, *occasion, cause, subject.* 12, *a pretext.* 13, *a business, an affair, a matter.* 14, *shelter, protection;* favour (ಒಲುಮೆ Mr. 267). 15, *a word* (Šmd. 8; see Kâvy. I, 3, 18-20. 64-68; II, 1, 6. 8-11; II, 2, B, 1. 2; III, 2, B, 33. 54. 55). 16, a complete word, *i. e.* an inflected word, or a word with the case-terminations added (Šmd. 46; Kâvy. I, 1*a*, 28. 29). 17, a verse, a stanza (Čh.); a piece of metrical composition (My.). ಪದ ಕಸ, ಸ್ವರ ಸರ.—ಪದ ತಪ್ಪಿದರೆ ಪ್ರಾಸು ತಪ್ಪೀತೇ?—ಪದದನ್ತೆ ತಾಳ, ಮದದನ್ತೆ ಗರ್ವ.—ಪದ ಬಾರದಿದ್ದರೆ ಮದ ಹೋದೀತೇ? (Prvs.). See ಅಡಿ 2; Prv. s. ರೂಢಿ. — ಪದಮಿಡು. -ಇಡು. To compose verses or poetry (Čh. vs. 37. 71). 2, to put down the feet, to walk, to proceed (v. 17; Ššv. 5, 51). — ಪದವಿಡು. -ಇಡು. = ಪದಮಿಡು No. 1. (Šmd. 407; Bh. 1, 1, 9). — ಪದವೆಟ್. -ಪೆಟ್. To obtain a place, to stand (Šmd. 170; Ššv. 1, 76).

ಪದಕ padaka. An ornament hanging over the breast like a medal (Sk.; My., Tě., T., M.; ಕಂಕಣ, ಕೌಸ್ತುಭ Nn. 45; see ಲೀವಳ; Šmd. 157). ಪದಕದ ಮಣಿ (ತರಲ, ಹಾರಮಧ್ಯಗ Šl. 217). ಪದಕ ಹೋಯಿತನ್ತ, ಬದುಕಲಾರನೇ?—ಪದಕಕ್ಕಿನ್ತ ಬದುಕು ಲೇಸು (Prvs.). 2, relating to, or consisting of, metrical stanzas (see ಪದಕವಾದ). 3, an index, a table (My.; Tě.).

ಪದಕಮಲ pada-kamala. = ಪದರಾಜೀವ. (My.).

ಪದಕವಾದ padaka-vâda. Poetical speech (Bp. 3, 78).

ಪದಕ್ರಮ pada-krama. A mode in saṅgîta (V. 11, 9).

ಪದಗ pada-ga. Going on foot; *a pedestrian; a foot-soldier.*

ಪದಗತ pada-gata. Gone on foot; described or recorded in a line or stanza.

ಪದಗತಪಾತ padagata-pâta. One of the viččhittičitras (Kâvy. III, 2, B, 57. 60 seq.).

ಪದಗತಿ pada-gati. = ಪಯಗತಿ. Going on foot; manner of going, gait.

ಪದಘಟ್ಟಿ pada-ghaṭṭi. Firm or well-ordered construction of a stanza (Čh.).

ಪದಘಾತ pada-ghâta. A blow with the foot (Ššv. 4, 78).

ಪದಚತುರೂರ್ಧ್ವ pada-čatur-ûrdhva. N. of a vṛitta (Čh.).

ಪದಚ್ಛೇದ pada-č-čhêda. Separation of words, resolving a sentence into its elementary parts; parsing (Šmd. 1, etc.).

ಪದಜಾತ pada-jâta. A class of words; *a mass of words, a period.*

ಪದಡಕ್ಕೆ padaḍakkĕ. = ಪಡಡಕ್ಕೆ, q. v.

ಪದದೋಷ pada-dôsha. A fault or defect in words, or in stanzas (Kâvy. II, 1, A, 12 seq.).

ಪದಪದಾರ್ಥ pada-pada-artha. Various nice dishes, especially vegetable curries (Bp. 36, 46; 52, 2. 5; 60, 3; My.).

ಪದಪಾಠ pada-pâṭha. A peculiar method of reading and writing vedic texts. (My.).

ಪದಪಾತ pada-pâta. A foot-fall: a tread (Čpr. 7, 75); step, pace. 2, = ಪದಗತಪಾತ (Kâvy. III, 2, B, 60 seq.).

ಪದಪು padapu. (fr. ಪದೆ 1). = ಪದಪ್ಪು. Eagerness, zeal; pleasurable excitement, agreeable emotion; pleasure; charm (ಸೌರಮ್ಯ Čt. II, 44). ಅಲ್ಲಿ ಗಲ್ಲಿ ಗೊಸ್ಡೊಸ್ಡು ಕೆನ್ದಾವರೆಯೆಸಳ್ಗಳಂ ಕೋದು, ಕೊಸಗಿನೆಸಳ್ಗಳಂ ಬೀದಿಗಟ್ಟಿ, ಪೊಸಯಿಸಿ, ಮನಕ್ಕೆ ಪದಪನ್ ಈವ ನವಪದಂಗಳ್ (Čpr. 7, after 92). See Čpr. 1, 97; Abh. P. 4, 27; 7, 30; 10, 214; Grj. 1, 43; Šm. 71; Kk. 20; Ršv. 2, 5; 3, 38; Ššv. 3, 64; Č. Bp. 2, 4; J. 14, 27; 17, 46; 20, 37; 24, 72.

ಪದಪುಗಾರ್ತಿ padapu-gârti. A woman who causes pleasurable excitement, etc., a charming woman (ಹೊನಹುಗಾರ್ತಿ, ಸೌರಮ್ಯವತಿ Šs.; ಹೊನಹುಗಾರ್ತಿ Kk. 29; Šm. 74).

ಪದಪೂರ pada-pûra. Filling out a verse, serving to complete a verse, expletive (ಪಾದ, ಪಾದಪೂರಣ Nn. 130).

ಪದಪೂರಕ pada-pûraka. A mere expletive (Bp. 1, 13).

ಪದಪ್ಪು padappu. = ಪದಪು. (Čpr. 8, 83).

ಪದಬನ್ಧ pada-bandha. A footstep, a step. 2, the proper construction of verses (Čt. II, 121).

ಪದಮಧ್ಯಸನ್ಧಿ pada-madhya-sandhi. Euphonic coalition of letters when terminations are added to nominal bases or to verbal forms (Šmd. 60. 61).

ಪದಮಸ್ತಕ pada-mastaka. A flying-fox, a bat (ಬಾವುಲ್ Mr. 177).

ಪದಯುಗಲೋಚ್ಚರಣ pada-yugala-uččaraṇa. Repetition of words (Šmd. 230).

ಪದರ padara. = ಪದರು, q. v. (ಹೊರೆ Šm. 103; My.).

ಪದರಾಜೀವ pada-râjîva. The foot considered as a lotus; a foot beautiful as a lotus (Čpr. 9, 26).

ಪದರು padaru. = ಪದರ. A fold, as of cloth (Mhr. ಪದರ; My.); a division, *e. g.* ಪದರದ ಚೀಲ, a pouch with divisions (My.); a thin layer or scale of stone (My.; B. 3, 58); a scale or coat of an onion (My.); a scale of a fish or of a crocodile (My.). 2, the lap (Mhr.) in the sense of protection (My.), *e. g.* ಒಬ್ಬನನ್ನು ತನ್ನ ಪದರಿನಲ್ಲಿ ಇಟ್ಟು ಕೊಳ್ಳುವದು (My.). — ಪದರುಗಟ್ಟು. -ಕಟ್ಟು. Scales to be formed, to be scaly, as the back of a crocodile (My.; B. 4, 131). — ಪದರುಗಾಣಿಸು. -ಕಾಣಿಸು. A coat or cover to appear or exist. ಪದರುಗಾಣಿಸಿದ ಬುದ್ಧಿ ಗದಬಿಸಿದರೂ ಹೋಗದು (Prv.).

ಪದಱು padaṟu. To be overhasty, to be precipitate (T., Tě., M.). 2, to speak unadvisedly, to blabber, to talk nonsense (My.). — ಪದಱಾಡು. -ಆಡು. = ಪದಱು No. 2. (My.).

ಪದವರ್ಣವ್ಯಾವೃತ್ತಿ pada-varṇa-vyâvṛitti. The frequent repetition in the same stanza of letters, syllables (or words, ಯಮಕ Kâvy. III, 2, B, 3).

ಪದವಿ padavi. *A path, a road, a way.* 2, station, situation, rank, post, office (Bp. 2, 19. 25; B. 4, 5. 81; My.); wealth (My.). ಪದವಿ ಸಿಕ್ಕಿದ ಮೇಲೆ ಪದುಮನಾಭನ ಗೊಡವೆ ಏನು? (Prv.). — ಪದವಿ ಗಿದವಿ. reit. (Bp. 2, 24; 29, 14).

ಪದವಿಧಿ pada-vidhi. Word-rule, *i. e.* the rule that governs the changes of letters in the composition of words or that composition itself (ಸಮಾಸವಿಧಿ, ಸಮಾಸವಿಷಯ Šmd. 77. 78. 80. 99. 206; Kâvy. I, 1*b*, 23-31; I, 3, 98-108).

ಪದವಿನ್ಯಾಸ pada-vinyâsa. Putting down the feet, stepping. See ಮೆಟ್ಟು. 2, orderly arrangement of words (My.).

ಪದವಿರುದ್ಧ pada-viruddha. A perverse or repugnant word or composition (Kâvy. I, 3, 84-88).

ಪದವಿಸೃತಿ pada-visṛiti. The course of a verse (Kâvy. II, 2, B, 27-29; III, 1, A, 12).

ಪದಶಯ್ಯೆ pada-śayyĕ. The placing of words (Bp. 1, 19).

ಪದಸನ್ಧಾನ pada-sandhâna. The combining of words, or the composing of verses (Čh. v. 18).

ಪದಸಿದ್ಧಿ pada-siddhi. The correctness of a word, an accurate term (Šmd. 8).

ಪದಹತಿ pada-hati. (= ಪದ್ಧತಿ). Striking or beating with the foot. See ಚಟ್ಟಕಾರ.

ಪದಾಗಮಜ್ಞ pada-âgama-jña. A man who knows the rules of metrical composition (Kâvy. II, 1, A, 12).

ಪದಾಜಿ pada-âji. *A footman, a foot-soldier.*

ಪದಾತಿ pada-âti. *A pedestrian; a foot-soldier.*

ಪದಾತಿಕ padâtika. *A footman, a foot-soldier.*

ಪದಾದಿ pada-âdi. The beginning or first letter or syllable of a word (Šmd. 361).

ಪದಾನ್ತ pada-anta. The end or last letter or syllable of a word (Šmd. 363).

ಪದಾನ್ತರ pada-antara. *An interval of one step.* 2, another word or other words (Kâvy. I, 5, 38; II, 1, 24; IV, 1, 11; Čpr. 1, 77).

ಪದಾನ್ತಿಕೆ pada-antikĕ. A kind of metre (Čh. p. 75, o. r. ಪದಾನ್ತಿಕೆ).

ಪದಾನ್ತ್ಯ pada-antya. = ಪದಾನ್ತ; final. (Šmd. 219. 363. 365. 380; Kâvy. I, 3, 49-52).

ಪದಾನ್ತ್ಯಸನ್ಧಿ padântya-sandhi. Euphonic coalition of a final letter or syllable with the vowel of the next word (Šmd. 60. 61).

ಪದಾಪೂರಣ pada-âpûraṇa. The filling up or continuation of words or sentences (Šmd. 398).

ಪದಾಬ್ಜ pada-abja. = ಪದರಾಜೀವ. (J. 5, 35).

ಪದಾಮ್ಬುಜ pada-ambuja. = ಪದಾಬ್ಜ. (Nn. 1; J. 7, 62; 8, 19).

ಪದಾಮ್ಬುರುಹ pada-amburuha. = ಪದಾಮ್ಬುಜ. (Čpr. 6, 20).

ಪದಾಯುಧ pada-âyudha. A cock (ಕೋಟಿಕುಂಜ Nn. 121).

ಪದಾರವಿನ್ದ pada-aravinda. = ಪದಾಬ್ಜ. (My.).

ಪದಾರ್ಥ pada-artha. The meaning of a word (ಅನ್ತ, ಪದದ ಅರ್ಥ Nn. 88; ಭಾವ, ಪದದ ಅರ್ಥ 100; J. 1, 5). 2, a thing, an object. (Čpr. 5, 88; My.; B. 2, 9; 3, 30). 3, a head or topic; a category or predicament in logic. 4, a nice dish; a dish of any vegetables; curry (Bp. 8, 16; 24, 30; 33, 4. 11; 47, 17. 44; My.; Mhr.). ಪದಾರ್ಥದ ರುಚಿಯಿಲ್ಲದ ವಗೆ ಕದನ್ನವು ಯಾಕೆ? (Prv.).—See Šmd. 6. 116. 155. 197. 402; Kâvy. III, 3, B, 122.

ಪದಾವೃತ್ತಿ pada-âvṛitti. The repetition of a word (Kâvy. III, 3, B, 48).

ಪದಿ padi. = ಪತ್ತು 3, etc. (Šmd. 227). Ten.— ಪದಿನಾಲ್ಕು. = ಹದಿನಾಲ್ಕು. Fourteen. ಪದಿನಾಲ್ಕುಂ ಸ್ವರಂಗಳ್ (Šmd. 13). ಪದಿನಾಲ್ಕುಂ ಸ್ವರಂ (44). See 227; ಮನು; J. 13, 2.— ಪದಿಮೂಱನೆಯ. Thirteenth (Bp. 26, 3).— ಪದಿಮೂಱು. = ಹದಿಮೂಱು. Thirteen (Šmd. 227; see ಏಶ್ವ).— ಪದಿಮೂವರ್. Thirteen persons (Bp. 27, 34; 51, 70).— ಪದಿರ್ಮಡಿಸು. -ಇರ್ಮಡಿಸು. To multiply by ten (Abh. P. 13, 9).

ಪದಿಕ padika. (= ಪಯಿಕ, ಪಯ್ಕ). A pedestrian; *a foot-soldier.* 2, containing only one division.

ಪದಿಟೆ padiṭĕ. = ಹದಿಟೆ, q. v.

ಪದಿನ್ padin. = ಪತ್ತು 3, etc. (Šmd. 227). Ten. (T., M.). — ಪದಿನಯ್ದು. -ಅಯ್ದು. = ಹದಿನಯ್ದು. Fifteen (Šmd. 228; Čh. v. 289; Bp. 48, 3; see ಪಕ್ಷ).— ಪದಿನಾಱನೆಯ. Sixteenth (Šmd. 243).— ಪದಿನಾಱು. -ಆಱು. = ಹದಿನಾಱು. Sixteen (Šmd. 228; Čh. v. 250; Čpr. 1, 76).— ಪದಿನೆಣ್. -ಎಣ್. = ಪದಿನೆಣ್ಟು. ಪದಿನೆಣ್ಟಾಸಿರ ಲೋಹವಕ್ಕರೆಯ ಚಾತ್ಸಕ್ಷ್ವಂಗಳ್ (Šmd. 32. 83).— ಪದಿನೆಣ್ಬರ್. Eighteen persons; the eighteen nobles in close attendance on a king (see Mr. 272 s. ಅಷ್ಟಾದಶಪ್ರಧಾನ).— ಪದಿನೆಣ್ಟು. -ಎಣ್ಟು. = ಹದಿನೆಣ್ಟು. Eighteen (Šmd. 228; Bp. 3, 73; see ಜಾತಿ).— ಪದಿನೆಣ್ಟು ವರ್ಣ. = ಅಷ್ಟಾದಶಜಾತಿ, ಅಷ್ಟಾದಶವರ್ಣ, ಹದಿನೆಣ್ಟು ಜಾತಿ. (Bp. 55, 20; see ಜಾತಿ).— ಪದಿನೇೞು. -ಏೞು. = ಹದಿನೇೞು. Seventeen (Šmd. 228).— ಪದಿವ್ಬರ್. Ten persons (Abh. P. 10, after 106).

ಪದಿರ್ padir. = (ಪುದುರು), ಹದರ. Speech that admits of a double meaning (Grj. 4, after 70; Rāv. 11, 32). 2, a variety of sounds. ಪದಿರ ಪಡೆ (Abh. P. 18, after 34).

ಪದುಗು padugu. = ಹದುಗು. To bend (v. i.), to bow (J. 18, 47).

ಪದುಮ paduma. Tbh. of ಪದ್ಮ (Šmd. 336 Mdb.; My.).

ಪದುಮನಾಭ paduma-nâbha. Tbh. of ಪದ್ಮನಾಭ. See Prv. s. ಪದವಿ.

ಪದುಳ paduḷa. = ಹದುಳ, q. v. Well-being, prosperity, happiness, welfare; tranquillity; security, safety (ಮುಟ್ಟ or ಮುಟ್ಟಮೆ Čt. II, 79; Grj. 5, 12. 45; Bp. 1, 8; 2, 9; 3, 39; 12, 16; 13, 18; 27, 21; 41, 17; 45, 16; 49, 27; 51, 68; 53, 54; J. 7, 19. 20; 18, 53; 19 sum.; T. ಪದು, prosperity; *cf.* ಪದ). ಏರ್ತೆತ್ತರೇರ್ತೆತ್ತರಂ ಪದುಳಂ ಮಾಱ್ಪುದುಚಿತಂ (Šmd. 79. 217).— ಪದುಳಮೊಳ್ಪೋಗು. -ಂ-ಪೋಗು. To become happy, etc. (Grj. 6, 39).

ಪದುಳಿಗ paduḷiga. = ಹದುಳಿಗ. A happy man (J. 17, 13).

ಪದುಳಿರ್ paduḷir. ಪದುಳಿರು. To cheer up, to become tranquil (Bp. 3, 20; *cf.* ಹದುಳಿದ, ಪದುಳಿಸು).

ಪದುಳಿಸು paduḷisu. = ಹದುಳಿಸು. To become well or happy; to be calmed or soothed, as sorrow (Bp. 24, 66); to feel refreshed, to recover one's strength (J. 19, 48; 24, 69).

ಪದೆ padĕ. 1. To desire, to wish, to strive, to be eager (ಈಪ್ಸೆ Šmd. Dh.; *cf.* ಪಸ; T. ಪಚ್ಚ, desire, love, affection; Tĕ. ಪಸ, inclination, addiction, devotion to, see s. ಪಗಲ್ 1; *cf.* ಅದೆ 1?). See Čh. v. 226; Čpr. 6, 24; Grj. 5, 83; Kk. 20; Rāv. 13, 77. 87; Šâv. 1, after 79.

ಪದೆ padĕ. 2. P. p. of ಪದೆ 1.— ಪದೆ ಪೊಯ್. To beat or kill with pleasure (Čpr. 6, 27. 29).

ಪದೆ padĕ. 3. Desire, wish. — ಪದಪೆಜ್. -ಪೆಟ್. To get desire, etc. (Čpr. 6, 83).

ಪದೆಯಿಸು padĕyisu. To cause to desire, etc. (ಈಪ್ಸೆ Šmd. Dh.; T. ಪಜಪ್ಪು, to charm, allure, deceive).

ಪದೇ padê. At a step. ಪದೇ ಪದೇ, at every step, everywhere, on every occasion. (My.). ಪದೇ ಪದೇ ಹೇಬಿ'ಪರೂ ಸದೆ ಕೂಡಿಸೋದು ಬಿಡ (Prv.).

ಪದೋದಕ pada-udaka. Water for washing the feet; water in which the feet have been washed. (Bp. 28, 7).

ಪದ್ಗ pad-ga. *A pedestrian; a foot-soldier.*

ಪದ್ದಂಚಿ paddañči. A swallow (S. Mhr. Gulēdagudda).

ಪದ್ದು paddu. = ಪರ್ದು, ಹದ್ದು. A kite; a hawk or falcon; a vulture (J. 7, 28; 15, 19; 17, 18; 23, 29; 24, 34; ದಾಕ್ಷಾಯ್ಯ, ಗೃಧ್ರ Si. 173).

ಪದ್ಧತಿ pad-d-hati. = ಪಜ್ಜೆ. (A foot-stroke: a step; a footprint). 2, *a way, a path, a road.* 3, manner, mode, usage, custom (Šmd. 97; My.). 4, a ritual, a manual. 5, *a row, a line.*

ಪದ್ಧತಿಕೆ paddhatikĕ. = ಪದ್ಧತಿ No. 3. (Kâvy. V, 965).

ಪದ್ಮ padma. = ಪದುಮ. *A lotus, Nelumbium speciosum* (ನಲಿನ, ತಾವರೆ Nn. 54; ಕಂಜ Mr. 507). 2, the water-lily, Nymphaea alba (ಉತ್ಪಲ, ನೆಯ್ದಿಲು 54). 3, *whitish or coloured marks on the body of elephants* (ಗಜಬಿನ್ದು, ಆನೆಯ ಚುಬ್ಬು 54; ದ್ವಿಪದ ಚುಬ್ಬು 507). 4, *a species of fragrant plant used in medicine.* 5, water (ವಾರಿ, ಉದಕ 54; ಉದಕ 507). 6, one of the treasures of Kubêra. 7, an army arrayed in the form of a lotus (ವ್ಯೂಹ, ಬಿಪ್ಪಭೇದ 54; ವ್ಯೂಹ 507). 8, a species of serpent (ಫಣಿ, ಸರ್ಪಭೇದ 54; ಫಣಿ 507; see ಎಣ್ಟು ಕುಲ). 9, crookedness, etc. (ವಕ್ರ, ಡೊಂಕು 54; ವಕ್ರ 507). 10, the moon (ಚನ್ದ್ರ 54). 11, a pond (ಸರ, ಕೊಳನು 54). 12, a peculiar posture of the body in religious meditation (ಆಸನ, ಕುಳಿರುವುದು 54). 13, an ascetic or N. of an ascetic (ಮುನೀನ್ದ್ರ, ಯತಿ 54). 14, thousand billions (ಸಂಖ್ಯಾಭೇದ, ಗಣನಾಭೇದ 54; ಲೆಕ್ಕಿಪ ಸಂಖೆ 507; see Mr. s. ಖರ್ವ). 15, a steady or bold man (ಧೀರನು 54). — ಪದ್ಮದ ಹಾವು. A small venomous snake on the head of which is a padma like that of the cobra (Bd.).

ಪದ್ಮಕ padmaka. *Whitish or coloured spots on the body of elephants.*

ಪದ್ಮಗನ್ಧಿ padma-gandhi. A woman fragrant as a lotus. (My.).

ಪದ್ಮಗರ್ಭ padma-garbha. Brahmâ. (My.).

ಪದ್ಮಚಾರಿಣಿ padma-čâriṇi. *The tree Hibiscus mutabilis.*

ಪದ್ಮಜ padma-ja. Brahmâ (Šmd. 128; Bp. 1, 51).

ಪದ್ಮಜನಿ padma-jani. = ಪದ್ಮಜ. (Ršv. 4, 113).

ಪದ್ಮಜಾಣ್ಡ padmaja-aṇḍa. The universe (Čpr. 6, 32).

ಪದ್ಮನಾಭ padma-nâbha. *Vishṇu.* 2, N. of a king (Čpr. 2, 15; 2, after 21 & 48; 2, 53).

ಪದ್ಮನಾಲ padma-nâla. A lotus-stalk. (R.).

ಪದ್ಮಪತ್ರ padma-patra. *Costus speciosus.*

ಪದ್ಮಪಾಣಿ padma-pâṇi. Lakshmî (My.); Pârvatî (My.); Vishṇu; Brahmâ.

ಪದ್ಮಪುರಾಣ padma-purâṇa. N. of a Purâṇa (Bp. 43, 76).

ಪದ್ಮಪ್ರಿಯೆ padma-priyĕ. Lakshmî (My.).

ಪದ್ಮಬನ್ಧು padma-bandhu. The sun. (My.).

ಪದ್ಮಭವ padma-bhava. Brahmâ (Bp. 2, 19; 10, 31; 53, 9).

ಪದ್ಮಭವಗಣ padmabhava-gaṇa. A class of metrical feet (Ch.).

ಪದ್ಮಭು padma-bhu (bhû). *Brahmâ.*

ಪದ್ಮಮುಖಿ padma-mukhi. A woman with a lotus-like face (Ch. v. 184).

ಪದ್ಮಮುದ್ರೆ padma-mudrĕ. A certain intertwining of the fingers in devotion (My.). 2, the sectarial mark of a lotus applied by Mâdhvas to their forehead, etc. (My.).

ಪದ್ಮರಾಗ padma-râga. Lotus-coloured; *a ruby.*

ಪದ್ಮರಿಪು padma-ripu. The moon (Ršv. 4, 112).

ಪದ್ಮರೇಖೆ padma-rêkhĕ. A line in the palm of the hand indicating the acquisition of great wealth. (My.). 2, a kind of bandha; see ರಂಗವಾಲಿ.

ಪದ್ಮಲಾಂಛನ padma-lâñčhana. A king; Brahmâ; Kubêra; the sun. (R.).

ಪದ್ಮಲೋಚನ padma-lôčana. Lotus-eyed. 2, Vishṇu (Ššv. 5, 50).

ಪದ್ಮವಾಸೆ padma-vâsĕ. *Lakshmî.*

ಪದ್ಮವ್ಯೂಹ padma-vyûha. = ಪದ್ಮ No. 7. (J. 12, 10).

ಪದ್ಮಸಖ padma-sakha. The sun (Ršv. 6, after 11).

ಪದ್ಮಸದ್ಮ padma-sadma. = ಪದ್ಮಾಕರ. (Čpr. 5, 40). 2, Brahmâ (5, 96).

ಪದ್ಮಸಮ್ಭವ padma-sambhava. Brahmâ. (My.).

ಪದ್ಮಾಕರ padma-âkara. *A lotus-pond.*

ಪದ್ಮಾಕ್ಷ padma-aksha. Lotus-eyed; N. of a king (J. 31, 77; 32, 2. 7). 2, the seed of the lotus.

ಪದ್ಮಾಟ padma-âṭa. *The medicinal plant Cassia tora* (or alata) Lin.

ಪದ್ಮಾಭಿಧಾನ padma-abhidhâna. N. of a Brahmâ (J. 32, 37).

ಪದ್ಮಾಲಯೆ padma-âlayĕ. *Lakshmî.*

ಪದ್ಮಾವತಿ padmâ-vati. N. of a beautiful woman (My.); N. of a town, Patna (My.). ಊರಿಗೆ ಒಬ್ಬ ಸೂಳೆ (ಮಾತ್ರ ಇದ್ದರೆ ಅವಳು) ಪದ್ಮಾವತಿ (Prv.).

ಪದ್ಮಾಸನ padma-âsana. A particular posture (in religious meditation), sitting with the thighs crossed with one hand resting on the left thigh, the other held up with the thumb upon the heart, and the eyes directed to the tip of the nose. (Bp. 3, 5).

ಪದ್ಮಿ padmi. Possessing lotuses (J. 15, 12); having coloured marks. 2, *an elephant.* 3, the husband of Padmâ, Vishṇu (J. 15, 12).

ಪದ್ಮಿನಿ padmini. *A lotus.* 2, *a multitude of lotuses; a lake abounding in them.* 3, a woman of the first and most excellent class (Grj. 7, after 11).

ಪದ್ಮಿನೀಕಾನ್ತ padminî-kânta. The sun. (Ršv. 11, 10, as ಪದ್ಮಿನಿ-).

ಪದ್ಮಿನೀಜಾತೆ padminî-jâtĕ. A female born of a padminî woman (Bp. 41, 2).

ಪದ್ಮಿನೀಮಿತ್ರ padminî-mitra. The sun. 2, the number 12 (Ch.). See ದ್ವಾದಶಾದಿತ್ಯ, and *cf.* ಪನ್ನೆರಡಿನ.

ಪದ್ಮಿನೀವಲ್ಲಭ padminî-vallabha. The sun. (My.).

ಪದ್ಮೆ padmĕ. ಪದ್ಮಾ. *Lakshmi* (ಗೋಮಿನಿ, ಮಹಾಲಕ್ಷ್ಮಿ Nn. 54; ಇನ್ದಿರೆ Mr. 507). 2, *the plant Clorodendrum siphonantus* R. Br. 3, *the plant Hibiscus mutabilis* Lin.

ಪದ್ಮೇಶಯ padmĕ-śaya. Vishṇu. (R.).

ಪದ್ಮೋದರ padma-udara. Vishṇu (Šmd. 18).

ಪದ್ಮೋದ್ಭವ padma-udbhava. Brahmâ. (My.).

ಪದ್ಯ padya. Relating to the foot, to feet, or to a word. 2, *a Šûdra.* 3, *a verse;* metre; poetry; a piece of metrical composition (Bp. 5, 37; Šmd. 72). ಪದ್ಯ ತಿಳಿಯ ದಿದ್ದರೆ ಗದ್ಯವಾದರೂ ತಿಳಿಯದೇ? (Prv.).

ಪದ್ಯಾರ್ಧ padya-ardha. The end of half a verse (Šmd. 73).

ಪದ್ಯೆ padyĕ. *A path, a road.*

ಪನ್ pan. 1. = ಪತ್ತು 3, etc. (Šmd. 227). Ten. (T., Tĕ.). — ಪನ್ನಿಬ್ಬರ್. -ಇಬ್ಬರ್. = ಪನ್ನಿರ್ವರ್. (Bp. 5, 18. 63). — ಪನ್ನಿರ್ಬರ್. -ಇರ್ಬರ್. = ಪನ್ನಿರ್ವರ್. (Abh. P. 10, after 39). — ಪನ್ನಿರ್ವರ್. -ಇರ್ವರ್. Twelve persons (Šmd. 17). — ಪನ್ನೆರಡಿನ. -ಇನ. The twelve suns (Bp. 10, 31; see ದ್ವಾದಶಾದಿತ್ಯ). — ಪನ್ನೆರಡು. -ಎರಡು. = ಹನ್ನೆರಡು. Twelve (Šmd. 227 Mdb.; Čh. v. 285). — ಪನ್ನೆರಡು ಸಾವಿರ. 12000 (Bp. 6, 33; 51, 68; 57, 12). — ಪನ್ನೊನ್ದು. -ಒನ್ದು. Eleven (Šmd. 227). — ಪನ್ನೊನ್ದು ಇನ್ದ್ರಿಯ. Eleven indriyas (Bp. 43, 2). — ಪನ್ನೊನ್ದು ರುದ್ರರ್. The eleven rudras (Bp. 10, 31; see ಏಕಾದಶರುದ್ರರ್).

ಪನ್ pan. 2. = ಪಂ, ಪಚೆ, ಪಚ್ಚ, ಪಚ್ಚನೆ, ಪಚ್ಚು 1, ಪಚ್ಚೆ, etc. (Šmd. 215). Greenness; freshness; etc. — ಪನ್ದಲೆ. -ತಲೆ. (Šmd. 216). A newly decapitated head (ಪಸಿಯ ತಲೆ Šm. 44; Kk. 41, o. r. ಪಸಿದಲೆ). See Abh. P. 4, 60; 13, after 54; 13, 62. 100; Rśv. 13, 137. — ಪನ್ದಲೆದರ್. -ತರ್. To bring such a head (Abh. P. 13, 135). — ಪನ್ದಲೆಪಾಣಿ. Śiva (V. 37, 33). — ಪನ್ದಲೆವಚ್ಚ. -ಪಚ್ಚ. He who is decorated with fresh skulls: Śiva (Kk. 5; ಈಶ್ವರ Šm. 23). — ಪನ್ದಳಿರ್. -ತಳಿರ್. (Šmd. 216). Fresh young leaves. — ಪನ್ದೊವಲ್. -ತೊವಲ್. (Šmd. 216). A fresh hide. — ಪನ್ದೋಲ್. -ತೋಲ್. (Šmd. 216). = ಪನ್ದೊವಲ್. — ಪನ್ನೇಡಿಲುಮರ. A small evergreen tree with a very fragrant white flower, Guettarda speciosa L. (St. & Pl.; My. as ಪನ್ನೇಡಿಲು; T. ಪನ್ನೀರ್ಮರ). See ಗುಡ್ಡ-.

ಪನ್ pan. 3. An abbreviation of ಪನಿ 2. — ಪನ್ನೀರ್. -ರು. Dew-water: water distilled from various flowers, perfumed water: rose-water, etc. (ಹಿಮವಾರಿ Mr. 336; My.; Tĕ., T.; M. ಪನಿನೀರ್). See Šm. 118; Bp. 4, 35; Bh. 1, 12, 17; Râm. 1, 13, 5. 9; Č. Bp. 5, 2. 5; J. 11, 41; 31, 2; 33, 15. — ಪನ್ನೀರ್ಗೊಡ. -ಕೊಡ. A pot filled with pannîr (Rśv. 8, after 5). — ಪನ್ನೀರ್ದಳಿಪ. -ತಳಿಪ. Sprinkling of pannîr (V. 5, after 43).

ಪನವು panavu. (ಪನ). A place appointed for meeting, a place of assignation (ಸಂಕೇತಸ್ಥಲ Šmd. II; ಕೊಳ, ಕೊಮ್ಮು, ಸಂಕೇತಸ್ಥಲ Kk. 74; ಕೊಮ್ಮು, ಸಂಕೇತದ ಸ್ಥಲ Šm. 57; Tĕ. ಪನುಪು, to send; ಪನುಪು, ಪಮ್ಪು, sending, mission, command, order; bewitching; see ಅಮ್ಪಕ).

ಪನಸ panasa. = ಪಲಸ, ಫಲಸ, ಪಲಸು, ಹಲಸು. *The jaka or jack tree, Artocarpus integrifolia* Lin. (M. ಪಿಲಾವು).

ಪನಾಯಿತ panâyita. *Praised.*

ಪನಿ pani. 1. = ಹನಿ 1. To drop. (T.). P. p. ಪನಿತು (Čpr. 5, 125; 8, 23).

ಪನಿ pani. 2. = ಪನ್ 3, ಹನಿ 2. A drop, of water, dew, etc. (T., M.). See ಎಲೆವನಿ, ಕಣ್ಬನಿ, ಕಮ್ಬನಿ, ಗಜುವನಿ, ನಟ್ಟಿವನಿ, ನೀರ್ವನಿ, ನುಣ್ಬನಿ, ಪಾಱುಮ್ಬನಿ, ಬೆಮರ್ವನಿ, ಮಱೆವನಿ, ಮುಮ್ಬನಿ; Rśv. 5, 41.

ಪನಿತ panita. *Praised.*

ಪನಿಯಾಣ paniyâṇa. = ಪನಿವಾರ. A sweet cake, a fritter (V. 6, 36; T. ಪಣಿಗಾರ, ಪಣಿಯಾರ; Tĕ. ಪಣ್ಣೇರಮು, ಪಣ್ಯಾರ, ಪಣ್ಯಾರ).

ಪನಿವಾರ panivâra. = ಪನಿಯಾಣ. (My.).

ಪನೀರು panîru. Cheese (B. 5, 287; Mhr., H. ಪನೀರ, ಪನೀರಿ, ಪನ್ನೀರ).

ಪನೆ panĕ. 1. A bud-like, pointed, or sharp tooth (ಮೊನೆವಲ್ Kk. 70; ಮೊನೆವಲ್ Šs.; *cf.* ಪದಿಗೆ).

ಪನೆ panĕ. 2. = ಪಯ್ನೆ, etc. (Rśv. 5, 58; Šśv. 3, 32; T. ಪನ್ನೈ, a palmyra tree, Borassus flabelliformis = ತಾಲ).

ಪನ್ತ panta. 1. ಪನ್ಥ. = ಪನ್ಥಕ. Tbh. of ಪಣಿತ 2. A bet, a wager (My.; Tĕ. ಪನ್ತ, ಪನ್ದೆಮು, ಪನ್ನಿದ; M. ಪನ್ತಯ; T. ಪನ್ತಯ, ಪನ್ದೆಯ). 2, an asseveration; an engaging for by declaration; a vaunt of what one is able to do or to do better than others; a declaration resting on truth; a promise or vow, of allegiance, etc. (Tĕ. ಪದ್ದು, ಪನ್ತ); a challenge; a song expressing allegiance, etc. (ಪಾಡು Bhn. 4; ಪಾಸಿ 9). ಪಂಕ್ತಿಲಿಯಿರುವವನಿಗೆ ಪನ್ತವಿರ ಬಾರದು. — ಪಂಚಮುಖಾಲೆಯವರ ಕಂಚು ಪನ್ತಕ್ಕೆ ಸಿಕ್ಕೀತೇ? (Prvs.). See Čpr. 5, 41; Bp. 24, 88; Bh. 8, 25, 17. 34; 8, 26, 20; Râm. 5, 9, 1; J. 22, 7. 12. — ಪನ್ತ ಕಟ್ಟು. To bet, to wager (My.). — ಪನ್ತ ಪಾಡು. dupl. = ಪನ್ತ No. 2. (J. 4, 50; 9, 15; 22, 6). ಪನ್ತ ಮಾಡು. = ಪನ್ತ ಹಾಕು. (My.). — ಪನ್ತವೊಡ್ಡು. -ಒಡ್ಡು. To put a stake or as a stake at play (My.). — ಪನ್ತ ಹಾಕು. To engage for by declaration, to vaunt to be able to do something better than others, to challenge, to vow (My.). ಹಾಕಿದ ಪನ್ತಕ್ಕೂ ಆಡಿದ ಜುಗಾರಿಗೂ ಅನ್ತರವಿಲ್ಲ. — ಪನ್ತ ಹಾಕಿದವರ ಹತ್ತರ ಶಾನ್ತನಾಗಿರ ಬೇಕು (Prvs.).

ಪನ್ತ panta. 2. A learned man, a pandit (My.; Mhr.); a schoolmaster (B. 1, 21; My.).

ಪನ್ತಗಾಱ panta-gâṟa. A proud, obstinate assertor (My.); a wagerer (My.).

ಪನ್ತಿ panti. = ಪನ್ತೆ, ಪನ್ನಿ, ಬನ್ತಿ, ಹನ್ತಿ. Tbh. of ಪಂಕ್ತಿ. (ಆಳಿ, ಶ್ರೇಣಿ, ಆವಳಿ, ಪಂಕ್ತಿ, etc. Hlâ.; ಆಳಿ, ವೀಥಿ, ರಾಜಿ Mr. 359, o. r. ಪನ್ನಿ; ಪಂಕ್ತಿ Kk. 57; ಪಾದು, ಕೇದು 90; Šm. 53; ಪಾಲಿ Sl. 456). ಪನ್ತಿಯಲ್ಲಿ ಉಣ್ಣುವದು (ಸಹಭೋಜನ Sl. 317). See ಇರವನ್ತಿ. — ಪನ್ತಿಕಣ್ಠ. = ಪಂಕ್ತಿಗ್ರೀವ. (Bp. 54, 59). — ಪನ್ತಿದಪ್ಪು. -ತಪ್ಪು. A line or an orderly state to be lost (Čpr. 8, 73). — ಪನ್ತಿರಥ. = ಪಂಕ್ತಿರಥ. (My.).

ಪನ್ತಿಗೆ pantigĕ. Tbh. of ಪಂಕ್ತಿಕೆ. See ಇರವನ್ತಿಗೆ, etc.

ಪನ್ತು pantu. (Tbh. of ಪನ್ಥ). — ಪನ್ತುವರಾಳಿ. N. of a tune (Tĕ.; My.; M. ಪನ್ತುವರಾಡಿ).

ಪನ್ತೆ pantĕ. = ಪನ್ತಿ. (ಸೇಣಿ, ಹನ್ತಿ, etc., ಸಮೂಹ Šs.).

ಪನ್ತೋಜಿ pantôji. A schoolmaster (Mhr.; My.).

ಪನ್ಥ pantha. = ಹನ್ತ 1. A path, a road (ಮಾರ್ಗ, etc., ಬಟ್ಟೆ Mr. 187).

ಪನ್ಥಿ panthi. (= ಪಥಿ). See ಪಥಿ.

ಪನ್ದರ್ pandar. -ರು. = ಅನ್ದರ 1, ಪನ್ದರ, ಪನ್ದಲ್, ಹಂಜರ, ಹನ್ದರ್, ಹನ್ದರ. A pandal, a temporary shed of leaves, cloth, etc., erected for marriages, etc.; a trellis for vines or creepers (ಕಾವಣ, ಚಪ್ಪರ Šm. 59; Čpr. 8, after 64; Abh. P. 4, 60; Tĕ. ಪನ್ದಿರಿ, ಪನ್ದಿಲಿ; T. ಪನ್ದರ್, ಪನ್ದಲ್; M. ಪನ್ದಲ್). ಹನ್ದರ್ or ಪನ್ದರ್ (Šmd. 191). See ಪಸುರ್ವನ್ದರ್.

ಪನ್ದರ pandara. = ಪನ್ದರ್, etc. (ಚಪ್ಪರ, ಹನ್ದರ Nu. 143). See ತಳಿರ್ವನ್ದರ.

ಪನ್ದಲ್ pandal. = ಪನ್ದರ್, etc. (ಚಪ್ಪರ, ಕಾವಣ Kk. 26, one MS. ಪನ್ದರ್; ಕಾವಣ Čt. II, 93).

ಪನ್ದಿ pandi. = ಹನ್ದಿ. A hog; a pig, a swine (ಸೂಕರ, ವರಾಹ, etc. Mr. 161; Tĕ.; T. ಪನ್ಡಿ; M. ಪನ್ನಿ). See Šmd. 142. 166; J. 16, 37; 28, 44. 46. 52. — ಪನ್ದಿದಲೆ. -ತಲೆ. A pig's head: a certain means of defence (Č. Bp. 42, 22. 23; Rŝv. 6, 116). — ಪನ್ದಿಮೀನ್. A sort of fish (Rŝv. 5, 115).

ಪನ್ದೆ pandĕ. = ಹನ್ದೆ. A coward (Abh. P. 3, 150; 12, 74; Rŝv. 13, 20; J. 17, 52. 54; Tĕ.; T. ಪನಿ, trembling, fear; to tremble; *cf.* ಪಂಜೆ). ಪನ್ದೆ, ಹುಹುಹು! (Grj. 1, 23).

ಪನ್ದೆತನ pandĕtana. Cowardice (Kâvy. I, 4, 121; Abh. P. 6, 113).

ಪನ್ದ್ಯ pandya. = ಪನ್ತ 1. (ದುರೋದರ Si. 450). ಕೋಡ್ ಮೊದಲಾದ ಜನ್ತುಗಳ ಪನ್ದ್ಯ (ಪ್ರಾಣಿದ್ಯೂತ, ಸಮಾಹ್ವಯ); ಜೂಜದಲ್ಲಿ ಪನ್ದ್ಯ (ಗ್ಲಹ Si. 349). ಜೂಜು ಕೋಡ್ ಪನ್ದ್ಯ ಮುನ್ತಾದವುಗಳಲ್ಲಿ ಇಡಲ್ ಪಡುವ ಪಣದ್ರವ್ಯ (ಪಣ 418).

ಪನ್ನ panna. Pride, haughtiness (ಕಾಮುಕರ, ಗಬ್ಬ, ಬಿಂಕ, ಮುಕ್ಕು, ಗರ್ವ Šm. 38; *cf.* ಪದೆ 1?).

ಪನ್ನ panna. 1. *Fallen* (ಪತಿತ, ಬಿರ್ದುದು Mr. 448); falling; creeping on the ground. 2, gone to. 3, obtained, attained, gained.

ಪನ್ನ panna. 2. The breadth of cloth (My.; Mhr., H. ಪನ್ನಾ).

ಪನ್ನಗ panna-ga. *A snake, a serpent.* See Bp. 46, 25. 26. 28.

ಪನ್ನಗಕನ್ನಿಕೆ pannaga-kannikĕ. A serpent-virgin, a female serpent-demon (Bp. 27, 10).

ಪನ್ನಗಭೂಷಣ pannaga-bhûshaṇa. Šiva (My.).

ಪನ್ನಗರಾಜ pannaga-râja. The chief of serpents, Šêsha. 2, the number 1 (Čh.).

ಪನ್ನಗಶಯನ pannaga-šayana. Vishṇu (My.).

ಪನ್ನಗಾನ್ತಕ pannaga-antaka. Garuḍa (My.).

ಪನ್ನಗಾಭರಣ pannaga-âbharaṇa. Šiva (Bp. 33, 16; Č. Bp. 47, 3).

ಪನ್ನಗಾರಿ pannaga-ari. Garuḍa.

ಪನ್ನಗಾರಿಧ್ವಜ pannagâri-dhvaja. Vishṇu or Kṛishṇa (J. 6, 40; 12, 11).

ಪನ್ನಗಾಶನ pannaga-ašana. *Garuḍa.* 2, a peacock.

ಪನ್ನಗಾಶನವಾಹನ pannagâšana-vâhana. Vishṇu; Shaṇmukha (My.).

ಪನ್ನಗೇನ್ದ್ರ pannaga-indra. = ಪನ್ನಗರಾಜ.

ಪನ್ನಗೇನ್ದ್ರಸಮ್ಭವೆ pannagêndra-sambhavĕ. N. of a wife of Arjuna (J. 24, 1).

ಪನ್ನಗೇನ್ದ್ರಾಭರಣ pannagêndra-âbharaṇa. = ಪನ್ನಗಾಭರಣ. (Bp. 27, 13).

ಪನ್ನಗೇಶ್ವರ pannaga-îšvara. = ಪನ್ನಗರಾಜ. (J. 24, 25).

ಪನ್ನಂಗ pannaṅga. (Tbh. of ಪಲ್ಯಂಕ). The canopy over an open palanquin (Č. Bp. 47, 39; Tĕ. ಪನ್ನಾಗ; T. ಪನ್ನಾಂಗು, ಪಡಂಗು; M. ಪನ್ನಗ).

ಪನ್ನಂಗಿ pannaṅgi. (= ಗೌರಿ, ಗೋಟಟಿ, ನೆಲದೇವು Mr. 147; o. rs. ಪನ್ನೆಗ, ಗೊಟ್ಟಚಿ, and, for ಗೌರಿ, ಕಾರಪತಿ).

ಪನ್ನತಿಕೆ pannatikĕ. Prowess, valor, courage, etc. (ಪರಾಕ್ರಮ Šmd. II; Čt. I, 70. 100; ವಿಕ್ರಮ II, 15; ಅಣ್ಮು, ಪರಾಕ್ರಮ Kk. 41, Šm. 38; Rŝv. 5, after 114 & 120; 6, after 11 & 115; 13, 97). — ಪನ್ನತಿಕೆವೆಟ್. -ಪೆಟ್. To become valorous, to take courage, etc. (Rŝv. 6, after 81).

ಪನ್ನಲಿನ pad-nalina. = ಪದಾಮ್ಬುಜ. (Bp. 45, 50).

ಪನ್ನಾಡೆ pannâḍĕ. The web which surrounds the lower part of the stem-leaves of a palm-tree (My.; M.; T. ಪನ್ನಾಡೈ).

ಪನ್ನಿ panni. Bragging, boasting; self-conceit (Tu.). ಬನ್ನಿ! ಎನ್ದರೆ ಪನ್ನಿ ಹೆಚ್ಚು (Prv.).

ಪನ್ನಿ panni. = ಪನ್ತಿ, q. v. (Čpr. 3, 51).

ಪನ್ನೆ pannĕ. Camphor (ಚೀನಿ, ತುಹಿನ, ಹಿಮವಾಲುಕ Mr. 336).

ಪನ್ನೆ pannĕ. The state of having the whiskers cleared away in a peculiar funny manner (My.; H.).

ಪಪಿ papi. Drinking. 2, the moon. (R.).

ಪಪ್ಪ pappa. Arrogance, pride (ದರ್ಪ Šm. 30, o. r. ದಪ್ಪ; ದರ್ಪ Kk. 94, o. r. ದಪ್ಪ).

ಪಪ್ಪಂ pappaṁ. = ಪಂಗಿ, ಪಪ್ಪಾಯಿ q. v., ಪೊಪ್ಪಾಯ. — ಪಪ್ಪಂಗಾಯಿಮರ. -ಕಾಯಿ-. = ಪಪ್ಪಾಯಿಮರ, q. v. (St. & Pl.).

ಪಪ್ಪಕ pappaka. = ಪಪ್ಪುಕ, q. v.

ಪಪ್ಪಡಿ pappaḍi. = ಪಪ್ಪಳ. See ಗುಳ-.

ಪಪ್ಪರಿಕೆ papparikĕ. = ಪರ್ಪರಿಕೆ, q. v.

ಪಪ್ಪಳ pappaḷa. = ಅಪ್ಪಡ, ಅಪ್ಪಳ, ಪಪ್ಪಡ, (ಪಾಪಟಿ), ಪಾಪಡೆ, ಹಪ್ಪಳ. Tbh. of ಪರ್ಪಟ. A thin crisp cake made of the flour of uddu or other pulse, with spices (Mhr. ಪಾಪಡ, ಪಾಪಡೀ; M. ಪಪ್ಪಡ; R.).

ಪಪ್ಪಳಿ pappaḷi. (ಪಟೆ 1-ಪಳಿ = ಪಟ). = ಪೊಪ್ಪಳಿ, ಪೊಪ್ಪಿ. A chequered garment, worn by females, the stuff called "poplin" (My.; T.).

ಪಪ್ಪಾಯಿ pappâyi. = ಪಪ್ಪಂ, etc. The Papaya (of Hayti) or Papaw (M. ಪಪ್ಪಾಯ; Tĕ. ಪಪಯೆ, ಪಪ್ಪಾಯೆ; Mhr. ಪೋಪಯು). — ಪಪ್ಪಾಯಿಮರ. The Papaw tree, Carica papaya L. (Z.).

ಪಪ್ಪು pappu. Split pulse of any kind, split almonds, etc. (Tĕ.; T. ಪರುಪ್ಪು; M. ಪರಿಪ್ಪು). See ಗೇರು-.

ಪಪ್ಪುಕ pappuka. (Šmd. 48). = ಪಪ್ಪಕ, ಪೊಪ್ಪಕ. Beating the bushes, in hunting (ಸೊಪ್ಪುಗುಟ್ಟುಹಂ Šmd. II, o. r. ಪೊಪ್ಪಕ; Kk. 94, o. r. ಪಪ್ಪಕ; ಸೊಪ್ಪುಗುಟ್ಟುವುದು Šm. 30).

ಪಬು pabu. Tbh. of ಪ್ರಭು. (Bp. 61, 86; Č. Bp. 11 sum.).

ಪಮ್ pam. = ಪಚ್ಚೆ, etc. ಪಮ್ಮನೆ ಪಸಿಯಾಗಿಯಿರ್ದುದು (Čt. I, 90).

ಪಮಾಣ pamâṇa. Tbh. of ಪ್ರಮಾಣ. — ಪಮಾಣಕೋಟಿ. N. of a place (Bh. 1, 6, 8).

ಪಮ್ಪು pampa. (fr. ಪಸು 3). Equal share or division (ಸಮಭಾಗ Čt. I, 105; II, 9; Tĕ. ಪಮ್ಪಕ, distribution). 2, N. of a Kannaḍa author (Čpr. 1, 66).

ಪಮ್ಪಾಕ್ಷೇತ್ರ pampâ-kshêtra. The place of pilgrimage called Pampâ or Hampĕ (My.).

ಪಮ್ಪಾಪುರ pampâ-pura. The town of Pampâ (Hampĕ; see Râghč. s. ಅನ್ತುಟು).

ಪಮ್ಪಾಪುರಾಗಾರ pampâpura-âgâra. Šiva (Kk. 1).

ಪಮ್ಪಾವಿರೂಪಾಕ್ಷ pampâ-virûpâksha. Šiva of Pampâ (Č. Bp. 47, 1).

ಪಮ್ಪಾಸರೋವರ pampâ-sarôvara. The lake at Pampâ (Râm. 3, 12 sum.; My.).

ಪಮ್ಪೆ pampĕ. ಪಮ್ಪಾ. = ಹಮ್ಪೆ. The river, lake, or town of Pampâ or Hampĕ. — ಪಮ್ಪೆಯಾಳ್ಪ. -ಆಳ್ವ. Šiva (Čt. II, 1).

ಪಮ್ಬಲ್ pambal. (fr. ಪಡೆ 1). = ಹಮ್ಬಲ, ಹಮ್ಬಲು. Ardent desire; lookout; having the mind intently fixed on; solicitous or grievous thought (Čpr. 6, 87).

ಪಮ್ಬಲಿಸು pambalisu. = ಹಮ್ಬಲಿಸು. To desire; to look out for, to crave for; to be full of solicitous or painful thought, etc. (Čpr. 3, after 50; Abh. P. 9, 152; Rśv. 13, after 130; 13, 134; J. 13, 59; 24, 26).

ಪಯ್ pay. = ಪತ್ತು 3, etc. Ten. See ಒಮ್ಬಯ್.

ಪಯ paya. 1. Tbh. of ಪದ (Šmd. 352). ಪಯಂಗಳ್ or ಪಯಗಳ್ (126). See ಬತ್ತುಮ್ಬಯ. — ಪಯಪಾಡು. Manner of (placing) the feet (Bh. 1, 7, 27; 10, 6, 22).

ಪಯ paya. 2. Tbh. of ಪಯಸ್ (Šmd. 107). (ಘೃತ, ಅಮೃತ, ಹಾಲು Nn. 24; ಅಮೃತ, ಉದಕ 65).

ಪಯಃಕೇಲಿ payas-kêli. Playing or gamboling in water (Čpr. 7, 147).

ಪಯಃಪತಿ payas-pati. Varuṇa (Šśv. 1, 67).

ಪಯಃಪೂರ payas-pûra. A stream of milk (Čpr. 8, 39). 2, a lake (Sk.).

ಪಯಗತಿ paya-gati. Tbh. of ಪದಗತಿ (Šmd. 376).

ಪಯಣ payaṇa. Tbh. of ಪ್ರಯಾಣ (Šmd. 359; ಯಾತ್ರೆ, ವ್ರಜ್ಯೆ, etc. Nr.; ಯಾತ್ರೆ, ಪ್ರಯಾಣ, etc. Hlâ.; ಪ್ರಸ್ಥಾನ, ಯಾತ್ರೆ Mr. 268; J. 2, 67; 4, 68; 5, 70; 6, 1; 18, 62). ಕಡಲ ಪಯಣ (B. 4, 104). ನಿತ್ಯಪಯಣ ಬುತ್ತಿ ಕೇಡು.— ಪಯಣಕ್ಕೆ ಹೋಗುವ ವಗೆ ಅಯನದ ಸುದ್ದಿ ಯಾಕೆ? (Prvs.). ಪಯಣದ ರಥ (ಪಾರಿಯಾತ್ರಿಕ, ಕರ್ಣೀರಥ Hlâ.). See Prv. s. ಒಣ್ಣಿಗ. — ಪಯಣಗತಿ. Travelling (J. 3, 1; 6, 1; 7, 13). — ಪಯಣಮ್ಬೋಗು. -ಂ-ಪೋಗು. To enter upon a journey (Abh. P. 7, after 7). ಪಯಣಮ್ಬೋದಂ (Šmd. 200).

ಪಯಶ್ಚರ payas-čara. A fish (Šśv. 4, 110).

ಪಯಸ್ payas. = ಪಯ 2, ಪಯಸ್ಸು. *Water.* 2, *milk.* 3, a certain metrical foot (Čh.).

ಪಯಸ್ಯ payasya. *Made of milk,* as curds, butter, etc.

ಪಯಸ್ವಿನಿ payasvini. A milch cow; a river; N. of a river; the night. ಪಯಸ್ವಿನಿನದಿಗೆ ಹೋದರೆ ಪಾಯಸ ಸಿಕ್ಕೀತೇ? (Prv.).

ಪಯಸ್ಸು payassu. Tbh. of ಪಯಸ್ (Šmd. 107).

ಪಯಿಕ payika. = ಪಯ್ಕ. (Tbh. of ಪದಿಕ). A division; a district (ವಿಷಯ, ಕಮ್ಪಣ Mr. 189).

ಪಯಿನ್ payin. = ಪಯ್, etc. Ten (Šmd. 226). — ಪಯಿಂಛಾಸಿರಂ. Ten thousand (Šmd. 226). — ಪಯಿಂಛಾಸಿರ್ವರ್. Ten thousand persons (121. 226).

ಪಯಿರ್ payir. ಪಯಿರು. = ಪಯ್ರು, (ಪಸುರ್ 2, etc.). Green corn, growing corn; any green, growing crop (My.; Tĕ., M., T.; *cf.* ಪೆಸರ್).

ಪಯೋಜ payas-ja. A cloud. 2, the lotus (Nn. 1).

ಪಯೋಜಜ payôja-ja. Brahmâ (Čpr. 6, 80).

ಪಯೋಜನಾಭ payôja-nâbha. Vishṇu (Bp. 54, 86).

ಪಯೋಜನ್ತು payas-jantu. An aquatic animal (ಜಲಚರ Nn. 87).

ಪಯೋಜನ್ಮ payas-janma. A cloud. (R.).

ಪಯೋಜಮಿತ್ರ payôja-mitra. The sun (Nn. 1).

ಪಯೋಜಾಯತ payôja-âyata. Extended like a lotus (Nn. 95. 149).

ಪಯೋದ payas-da. A cloud. (Čpr. 4, 82; Rśv. 6, 3).

ಪಯೋಧರ payas-dhara. *A cloud* (ಅಭ್ರ, ಮೇಘ Nn. 6). 2, *a breast* (ಕುಚ, ಸ್ತನ 6). 3, the ocean (ಅಮ್ಬುಧಿ, ಸಮುದ್ರ 6). 4, the eye (ನಯನ, ಕಣ್ 6).

ಪಯೋಧಿ payas-dhi. The ocean. (Rśv. 18, 19).

ಪಯೋನಿಧಿ payas-nidhi. = ಪಯೋಧಿ. (J. 6, 6). 2, the milk-sea (10, 35).

ಪಯೋಭೃತ್ payas-bhṛit. A breast (Čpr. 8, 34).

ಪಯೋಮಯ payas-maya. Full of water (Čpr. 5, 37).

ಪಯೋಮುಚ್. -ಚ payas-muč. A cloud. (R.).

ಪಯೋಮ್ಬುಧಿ payas-ambudhi. The milk-sea (Čh. v. 24).

ಪಯೋರಾಶಿ payas-râši. The ocean (Bp. 36, 50; 39, 1).

ಪಯೋರುಹ payas-ruha. The lotus (Čh. v. 70. 139).

ಪಯೋವ್ರತ payas-vrata. The act of subsisting on mere milk in consequence of a vow (My.).

ಪಯ್ಕ payka. = ಪಯಿಕ. A division, a set, a number of things or beings ranged under a common denomination (Bh. 4, 8, 5; Mhr.; Tĕ. ಪೈಕ). ಪಯ್ಕಪಯ್ಕವಾಗಿಹುದಱಿಲ್ಲಿ ವರ್ಗ (Nn. 159).

ಪಯ್ತಿ payti. Tbh. of ಪಙ್ಕ್ತಿ. See ಇರುವಯ್ತಿ.

ಪಯ್ನೆ paynĕ. = ಬಯ್ನೆ, etc. (St. & Pl.).

ಪಯ್ರು payru. (ಪೈರು). = ಪಯಿರ್. (C.; Tĕ.; Sl. 100. 118). ನೀಲಿಯ ಪಯ್ರು ಬೆಳೆಸುತ್ತಾರೆ (B. 4, 55). ಹತ್ತೀ ಪಯ್ರು ಬೆಳೆದು ಒಡೆದ ಬಯ್ಕ (4, 178). ಮಡೆಯಿಲ್ಲದ ಪಯ್ರು ಮಾತೆಯಿಲ್ಲದ ಕೂಸೂ ಸಮ (Prv.). See Prv. s. ಬಿತ್ತು 1.

ಪಯ್ರುದಾರ payru-dâra. A broker in grain and pulse (My.).

ಪಯ್ಸರ paysara. Slipping, sliding; forfeiture, loss (Bh. 2, 2, 114; 4, 2, 62; 8, 26, 18; T. ಪಱುಕ್ಕು, ಪಱುವು, M. ಪಱುದು, to slip, etc.; *cf.* ಪಡು 3?).

ಪಯ್ಸರಿಸು paysarisu. To slip, to slide; to go to one side; to be forfeited or lost (ಜಾಱು Bhn. 26; Č. Bp. 5, 13; Bh. 1, 5, 16; 3, 19, 42; J. 11, 19; Šśv. 4, 73).

ಪರ para. (= ಪೆಱ 5, ಪಱ್ 1). See ಅತ್ತ-.

ಪರ para. 1. *Distant, remote, removed, far.* 2, *opposite, ulterior, beyond, further, on the other side of* (ಪಾರ, ನದಿಯಾಚೆ Mr. 415). 3, *subsequent, succeeding, following;* next, after, future. 4, *other, another, different, foreign, alien;* a stranger. 5, *inimical, hostile; an adversary, an enemy.* 6, *very high or excellent, most excellent, best, supreme, chief.* 7, the highest point or degree; final beatitude (môksha). 3, having anything as the highest object, completely devoted to or occupied with, intent upon, engrossed in. ಪಾಪಿ ಪರಕ್ಕೆ ಹೋದಾನೇ? — ಪರರನ್ನು ಕಾಯೋಕ್ಕಿನ್ತ ಪಶುಗಳ ಕಾಯೋದು ಲೇಸು.— ಪರರ ಕೇಡು ತನ್ನ ಕೇಡು.— ಪರಕೆ ಹೇಟಿ ಕೊಣ್ಡರೆ ಪರಕ್ಕೆ ಹೋದಾನೇ? (Prvs.). ಅನ್ನವನ್ನು ಹಾಕುವದು, ನನ್ನಿಯನು ನುಡಿಯುವದು, ತನ್ನನ್ತೆ ಪರರ ಬಗೆದಡೆ ಕೈಲಾಸ ಬಿನ್ನಣವಕ್ಕು (Sp.). — ಪರನಾಡು. Another or foreign country (B. 3, 64; My.). — ಪರಪರಿ. -ಪರಿ. A far run: great extension (Abh. P. 1, 64). — ಪರವಿಹ. -ಇಹ. The other and this (world, Bp. 43, 12). — ಪರವೂರು. -ಊರು. Another or foreign village or town (B. 5, 270; My.). — ಪರವೆಣ್. -ಪೆಣ್. = ಪರವನಿತೆ. See Šmd. s. ಪವಣ್ಣರಿ.

ಪರ para. 2. = ಪರುವ. (My.). ಬಟಿಗಟ್ಟ ದೇವರಿಗೆ ಪರ ಮಾಡಿದ ಹಾಗೆ (Prv.).

ಪರಂಶತ param-śata. *More than a hundred.*

ಪರಂಸಹಸ್ರ param-sahasra. *Above a thousand.*

ಪರಃ paraḥ. = ಪರಸ್.

ಪರಃಶತ paraḥ-śata. *More than a hundred.*

ಪರಃಶ್ವಸ್ paraḥ-śvas. *The day after to-morrow.*

ಪರಃಸಹಸ್ರ paraḥ-sahasra. *More than a thousand.*

ಪರಕ paraka. Tbh. of ಪರೋಕ್ಷ (Šmd. II; Kk. 84; Čt. 1, 63).

ಪರಕರ parakara. (= ಪರಿಕರ). A sort of gown of little girls (Mhr.; B. 5, 297).

ಪರಕರ್ತೃ para-kartṛi. Another agent: the agent indicated by a verb as causing anything to be done by another (Šmd. 272).

ಪರಕರ್ತೃಕ para-kartṛika. = ಪರಕರ್ತೃ (Šmd. 273).

ಪರಕಾಯ para-kâya. Another's body; another body.

ಪರಕಾಯಪ್ರವೇಶ parakâya-pravêśa. Entering into the body of another, looked upon as a science (My.).

ಪರಕಾವಣೆ parakâvaṇĕ. = ಪಾರಕಾವಣೆ. Proving coin, shroffing (My.; Br., H.; Mhr. ಪರಾಖ).

ಪರಕಾಳೆ parakâḷĕ. A kind of cloth, a long cloth (My.; Tĕ.; Mhr. ಪರಕಳಾ).

ಪರಕೀಯ parakîya. Relating or belonging to another; another; a stranger. (My.; B. 4, 161); hostile.

ಪರಕೆ parakĕ. 1. = ಹರಕೆ, ಹರಿಕೆ 1. A benediction, a blessing (Čpr. 9, after 28; Abh. P. 15, after 27; Bp. 61, 22; see ನಲ್ವರಕೆ, ನಲವರಕೆ). 2, a vow (J. 3, 22). — ಪರಕೆಗೊಳ್. -ಕೊಳ್. To take or receive a blessing (J. 8, 11; 12, 4). — ಪರಕೆಯಂ ಕೊಳ್. = ಪರಕೆಗೊಳ್. (Rśv. 5, 133). — ಪರಕೆಯೆನ್. -ಎನ್. To utter a benediction (Čpr. 7, after 95). — ಪರಕೆವೆಟ್. -ಪೆಟ್. To get or receive a benediction (J. 18, 62; 29, 40). — ಪರಕೆ ಹೇಟು. To utter a vow. ಪರಕೆ ಹೇಟಿ ಕೊಣ್ಡರೆ ಪರಕ್ಕೆ ಹೋದಾನೇ? (Prv.).

ಪರಕೆ parakĕ. 2. = ಪರಿಕೆ 1, ಪರಿಗೆ 2, ಪೊರಕೆ 2, ಪೊರಿಗೆ, ಪೋರಿಗೆ. A broom (My.; ಸಮ್ಮಾರ್ಜನಿ, ಶೋಧನಿ Si. 112; M., T. ಪೆರುಕ್ಕು, to sweep).

ಪರಗ para-ga. Being with another, present with another. See ಮಿಗೆವರಗ.

ಪರಗಣೆ paragaṇĕ. A district (My.; Mhr., H. ಪರಗಣಾ; B. 4, 81).

ಪರಗಾಮಿ para-gâmi. *Belonging or relating to another.*

ಪರಂಗಿ parangi. = ಪರಂಗಿ. A Frank: — a European generally (My.; T., M. ಪರಂಗಿ; Tĕ. ಪರಂಗಿ, ಪಿರಂಗಿ, ಫಿರಂಗಿ; Sk., Mhr., H. ಫಿರಂಗೀ). ಪಿರಂಗೀ ಗುಣ ಪರಂಗಿ ಅಱಿಯನೇ? (Prv.). — ಪರಂಗಿಚೆಕ್ಕೆ. The drug called China root, Smilax china (Br.; My.). — ಪರಂಗಿಹಣ್ಣು. = ಪಪ್ಪಾಯಿ. (My.). — ಪರಂಗಿಹಲಸು. = ಪರಂಗಿಹಣ್ಣು. (My.). — ಪರಂಗಿಹುಣ್ಣು. Syphilis (My.).

ಪರಚಕ್ರ para-čakra. *The army of an enemy.* (Abh. P. 2, 32). 2, a hostile prince.

ಪರಚು paraču. = ಪರಡು 3. (My.).

ಪರಚು paraču. = ಪರಜು, q. v.

ಪರಚಿತ್ತಗ್ರಹಣ para-čitta-grahaṇa. Seizing, or comprehending, the thoughts of another (Kâvy. III, 1, A, 12).

ಪರಚ್ಛನ್ದ para-ŏ-čhanda. *Subject to the will of another, dependant.*

ಪರಜಾತ para-jâta. Born of another; *nourished or maintained by a stranger, fostered by strangers, dependant on others for sustenance.*

ಪರಜಿ paraji. = ಪರಜು. See ತೊಂಗಲ್ವರಜಿ.

ಪರಜಿತ para-jita. Conquered or subdued by another; *nourished by a stranger.*

ಪರಜು paraju. = ಪರಚು, ಪರಜಿ, ಪರುಜು. Tbh. of ಪರಂಜ. The blade of a sword or knife; a sword or scymitar. 2, a sword-hilt (ಪಾಲಿ, ಮೋಹರ Mr. 297; Mhr. ಪರಜ; T. ಪರಿಂಜು; M. ಪರಿಬ್ಬು, ಪರಿಞ್ಞು; Tĕ. ಪರಂಜು, ಪರುಜು, ಪರುಂಜು); the sharp edge or point of a sword (ಪಾಲಿ, ಆಯುಧದ ಪರಜುಗಳ್ Nn. 31, o. rs. ಪರಚು, ಪರುಜು).

ಪರಂಜ (para-ṅ-ja). = ಪರಜು. The blade of a sword or knife. 2, a sword. 3, an oil-press. 4, froth, foam.

ಪರಂಜನ para-ṅ-jana. Varuṇa. (R.).

ಪರಂಜಯ para-ṅ-jaya. Foe-conquering. 2, Varuṇa. (R.).

ಪರಂಜ್ಯೋತಿ para-ṅ-jyôti. The supreme light (My.).

ಪರಂಜ್ಯೋತಿಸ್ಸ್ವರೂಪ paranjyôti-svarûpa. Having the supreme light as one's own form, having the nature or character of the supreme light (Bp. 61, 45).

ಪರಂಜ್ಯೋತಿಸ್ವರೂಪಿ paranjyôti-svarûpi. = ಪರಂಜ್ಯೋತಿಸ್ಸ್ವರೂಪ. ಶ್ರೀಪರಂಜ್ಯೋತಿಸ್ವರೂಪಿಗೆ ದೀಪವೊನ್ದಂ ಪತ್ತಿಸಿದ ಪೋಲ್ (Bp. 1, 35).

ಪರಟೆ paraṭĕ. = ಪಟ್ಟೆ 3, ಪರ್ಟೆ. A platter, a pot (Mhr. ಪರಟೇಂ, ಪರಳ; Tĕ. ಪರುಟು; see ಕಲ್-). 2, the bowl of a spoon (Mhr. ಪರಡೇಂ); the blade of a hoe (My.). 3, an enclosure around a house (Mhr. ಪರಡೇಂ), a low wall around a house (My., as ಪರಟೆಗೋಡೆ).

ಪರಡಿ paraḍi. 1. A kind of dish: wheaten sâvigĕ (S. Mhr.; Bh. 1, 15, 7; J. 6, 44; *cf.* Mhr. ಪರವಡ, varied preparations of victuals). ಪರಡೀ ರುಚಿ ಕರಡಿಗೆ ತಿಳಿದೀತೇ? (Prv.).

ಪರಡಿ paraḍi. 2. = ಪರಟೆ. The bowl, *i. e.* nape, of the neck (My.).

ಪರಡು paraḍu. 1. To scrape together with the hand or a hoe and take completely away (My.). ಪಡಿ ಕೊಟ್ಟರೂ ಪರಡೋದು ಬಿಡ (Prv.).

ಪರಡು paraḍu. 2. = ಅರಡು, ಹರಡು 1. To spread, to spread out (v. t., ಪ್ರಸಾರಣ Šmd. Dh.; Bp. 21, 8; 36, 47; Tĕ. ಪರಚು). 2, to spread (v. i.), to extend, to be diffused (ಪ್ರಸರಣ Šm. 95).

ಪರಡು paraḍu. 3. = ಪರಚು, ಹರಡು 2. To scratch with the fingers or nails, to claw (ಅಂಗುಲಿಖನನ Šmd. Dh.; T. ಪಱಾಣ್ಡು, ಪುಱಾಣ್ಡು, ಪಱಣ್ಡು; Tĕ. ಬರುಕು; *cf.* ಬಗರು, ಬೆರಣ್ಡು).

ಪರಡು paradu. 4. = ಹರಡು 3, ಹರಡೆ. The ankle (ಗುಲ್ಫ Šmd. Dh.; Šm. 95; Bp. 40, 19; T. ಕರಡು, ಪರಡು; *cf.* ಪರಲ್, ಪರಳ್, etc.).

ಪರಡೆ paradĕ. = ಹರಡೆ 1. (Šśv. 3, 33).

ಪರಣ paraṇa. = ಹರಣ. Tbh. of ಪ್ರಾಣ. (Bp. 26, 47; 36, 57; 46, 48; 48, 81; 67, 69; My.). — ಪರಣದಾನ. Tbh. of ಪ್ರಾಣದಾನ. (Bp. 46, 41. 46; 47, 68). — ಪರಣವಟ್ಟಿಗೆ. -ಪಟ್ಟಿಗೆ. The seat of life (Bp. 48, 54).

ಪರತನ್ತ್ರ para-tantra. *Subject to another, dependant upon another* (Šmd. 174).

ಪರತನ್ತ್ರತನ paratantratana. The state of being subject to another, etc. (B. 5, 190).

ಪರತರ para-tara. Greater, higher, uncommonly excellent; farther. (Bp. 61, 45; Šśv. 4, 119). ಪರತರವಾದದ್ದು ಹರದರಲ್ಲಿ ಸಿಕ್ಕೀತೇ? (Prv.).

ಪರತೆ paratĕ. The state of being pre-eminent; highest degree; comprehensiveness, absoluteness; posteriority; separateness, distinction; hostility; priority; the state of having anything as the highest object. (Kâvy. II, 1, 7).

ಪರತ್ರ para-tra. Elsewhere; in a future state; in the other or next world; hereafter; farther on; otherwise;— the other world. (Bp. 3, 7).

ಪರತ್ರಸೌಖ್ಯ paratra-saukhya. Future happiness, happiness in the other world (Čpr. 2, 35).

ಪರತ್ರೆ paratrĕ. The other world (Abh. P. 6, 111).

ಪರತ್ವ paratva. = ಪರತೆ. (Bp. 38, 13; 55, 42). 2, influence, sway. ಪರತ್ವದಿನ್ದ, by virtue of, by the influence of, through (B. 5, 233; Mhr. ಪರತ್ವೇಂ).

ಪರದ paradu3-a3. = ಹರದ. A dealer, a merchant (Abh. P. 16, after 37; Č. Bp. 47, 41; T.). See ಪೊಮ್ಪರದ, ಸೀರೆವರದ, ಸೊನ್ನೆವರದ.

ಪರದ parada. = ಪರಡೆ. (My.).

ಪರದರ್ಶನ para-darśana. Another doctrine or system (Bp. 53, 57).

ಪರದಾರ para-dâra. Another's wife. (My.).

ಪರದಿತಿ parada-iti. A merchant woman (Abh. P. 16, after 37).

ಪರದು paradu. 1. = ಪರೆದು. P. p. of ಪರೆ 1.

ಪರದು paradu. 2. = ಪರಿದು. P. p. of ಪರಿ 1.

ಪರದು paradu. 3. = ಹರದು. Trade, traffic. — ಪರದುಗೆಯ್. To trade (V. 6, after 8).

ಪರದೆ paradĕ. = ಪಡದೆ, etc. (My.; B. 5, 292; G. 220, etc.). — ಪರದೇಘಾಡಾಬಟ್ಟೆ. A kind of cloth (Sl. 223).

ಪರದೇಶ para-dêśa. A foreign country; a remote country. (My.; B. 4, 165; 5, 93. 301). ಪರದೇಶಕ್ಕೆ ಹೋದರೆ ಪರವಾಸ ತಪ್ಪದು (Prv.).

ಪರದೇಶಸ್ಥ paradêśa-stha. A man residing abroad (B. 4, 167; My.).

ಪರದೇಶಿ para-dêśi. A foreigner (Sk.; My.); a poor wanderer, a homeless and friendless person; a wretch. ಒಕ್ಕಳ ಹೊನ್ನಿನ ಪರದೇಶಿ (Prv.). See Bp. 21, 19; 32, 53; 43, 45; 51, 69; 55, 17. 26; B. 3, 25; 4, 199; Prv. s. ಬಾದ್ೕ ಹಣ್ಣು.

ಪರದೈವ para-daiva. Another deity (Bp. 53, 49. 50. 54; 54, 9).

ಪರನಾಳ para-nâḷa. Another stalk (Abh. P. 16, 89).

ಪರನಿನ್ದೆ para-nindĕ. Reviling others. ಪರನಿನ್ದೆ ಗೃಹಕ್ಷಯ, ಯತಿನಿನ್ದೆ ಕುಲಕ್ಷಯ (Prv.).

ಪರನ್ತಪ para-n-tapa. Paining enemies; vexing and annoying others; subduing a foe; a conqueror, etc. (My.).

ಪರನ್ತು param-tu. But yet, however (Mhr.; My.; B. 5, 16).

ಪರನ್ಧಾಮ para-n-dhâma. Another abode; another, or better, world. (My.). See ತಿರು-.

ಪರಪಕ್ಷ para-paksha. The side or party of an enemy or adversary; (treachery, perfidy). ಪರಪಕ್ಷ ಮಾಡುವವನಿಗೆ ಪರಲೋಕವಿಲ್ಲ (Prv.). — ಪರಪಕ್ಷದವನು. -ಅವನು. A perfidious man (ಉಪೇಕ್ಷ Mr. 248).

ಪರಪಂಚ parapańča. Tbh. of ಪ್ರಪಂಚ. (My.).

ಪರಪಾಕ para-pâka. Anything cooked by another. (My.).

ಪರಪಾಷ್ಟಕ parapâshṭaka. = ಪರ್ಪಾಟಕ. (My.).

ಪರಪಿಣ್ಡಾದ para-piṇḍa-âda. Taking another's cake or food: *feeding at another's cost; a parasite, a hanger-on;* a servant.

ಪರಪಿಣ್ಡಿ para-piṇḍi. = ಪರಪಿಣ್ಡಾದ. Maintained by others (ಪರೈಧಿತ, ಪರಾನ್ನ, ಪೆಬಿರ್ ಆರಿಕ್ಕಿಮುದ ತಿಮ್ಬುವಂ Mr. 231).

ಪರಪು parapu. = ಪರೆಪು 1. To spread about (v. t.; Čpr. 7, 39; Abh. P. 15, after 72; Rśv. 5, after 120; 13, 15; J. 6, 12; 21, 47; T. ಪರಪ್ಪು). 2, to be spread about or be divulged (Čh. v. 22; T. ಪರವು).

ಪರಪುಟ್ಟ para-puṭṭa. Tbh. of ಪರಪುಷ್ಟ. (ಪರಜಿತ, ಪರಿಸ್ಕನ್ದ, ಪರಜಾತ, ಪರೈಧಿತ Nr.; J. 28, 21. 22). 2, (ಕೋಗಿಲೆ Čt. I, 62; Kk. 79; Šm. 28; Rśv. 5, 59).

ಪರಪುಟ್ಟೆ para-puṭṭĕ. A female cuckoo (Bp. 45, 44).

ಪರಪುರುಷ para-purusha. Another man, a stranger. 2, the husband of another woman. 3, Vishṇu. (My.).

ಪರಪುಷ್ಟ para-pushṭa. = ಪರಪುಟ್ಟ. Fostered or nourished by a stranger. 2, *the kôkila or cuckoo.*

ಪರಪೂರ್ವೆ para-pûrvĕ. A woman who has had a former husband. (R.).

ಪರಪ್ರಕಾಶ para-prakâśa. One who has excellent lustre (Šśv. 4, 119).

ಪರಬಲ para-bala. A hostile army. ಪರಬಲವನ್ನು ಭಂಗಮಾಡಲೆನ್ದು, ಜೋದರು ಮಾಡುವ ಸಿಂಹನಾದವು (ಕ್ಷ್ವೇಡೆ Nr.).

ಪರಬೊಮ್ಮ para-bŏmma. Tbh. of ಪರಬ್ರಹ್ಮ (Šmd. 376; Grj. 3, after 91).

ಪರಬ್ರಹ್ಮ para-brahma. = ಪರಬೊಮ್ಮ. The supreme soul (Bp. 55, 39. 41; 61, 45).

ಪರಭಾಗ para-bhâga. *Superior merit, excellence* (ಗುಣೋತ್ಕರ್ಷ, ಒಳುಹು Mr. 456, o. r. ಒಳುರೂಪು).

ಪರಭಾರಿ parabhâri. ಪರಭಾರೆ. Elsewise, in some other way (My.; Mhr. -ರೀ, -ರೇ; ಪರಸ್ಪರ Ŏb.); assignment to others (My.). — ಪರಭಾರಿಪತ್ರ. A deed of transfer (My.).

ಪರಭಾಷೆ para-bhâshĕ. Another or foreign language (B. 5, 196; My.).

ಪರಭೃತ್ para-bhṛit. Nourishing another: *a crow* (said to nourish the cuckoo).

ಪರಭೃತ para-bhṛita. Nourished by another: *a cuckoo.*

ಪರಮ parama. Most distant. 2, highest, most excellent, best, greatest, superior. 3, extreme. 4, the utmost or highest: the supreme soul (ಗುಣ, ಪರಮಾತ್ಮನು Nn. 78). ಪರಮಂ, *yes, very well.*

ಪರಮಗತಿ parama-gati. Any chief object or a most excellent condition; final beatitude. ಪರಮಗತಿಯೆಮ್ಬುದು ನೆರಮನೇ ಹಟ್ಟಯೋ? (Prv.).

ಪರಮಜಿನೇನ್ದ್ರ parama-jinêndra. A most excellent, or the highest, jinêndra (Šmd. 109).

ಪರಮಜ್ಞಾನ parama-jñâna. Superior wisdom (My.). ಪರಮಜ್ಞಾನಿ, a person of superior wisdom (My.).

ಪರಮಣ್ಡಲ para-maṇḍala. Another or foreign district or country (J. 2, 54; 17, 30).

ಪರಮಣ್ಡಲಿಕ para-maṇḍalika. The ruler of another province or country (My.).

ಪರಮತ para-mata. The opinion or doctrine of another; another doctrine; heterodoxy, heresy. (My.).

ಪರಮತ್ವ paramatva. The highest position or rank; highest end or aim. (Bp. 37, 49).

ಪರಮಪದ parama-pada. The highest rank or station; final beatitude. (My.).

ಪರಮಪದವಿ parama-padavi. = ಪರಮಪದ. (My.).

ಪರಮಪರ parama-para. Most supreme, highest of all (Bp. 61, 45).

ಪರಮಪಾತಕ parama-pâtaka. A very great crime (Bp. 28, 30).

ಪರಮಪಾತಕಿ parama-pâtaki. A person guilty of heinous sin (Bp. 52, 7).

ಪರಮಪಾವನ parama-pâvana. Most pure (Bp. 51, 60).

ಪರಮಪುರುಷ parama-purusha. A very excellent man; the supreme soul (Bp. 61, 45); Vishṇu (My.).

ಪರಮಪ್ರದೀಪಿ parama-pradîpi. A woman full of lustre (Grj. 8, 19).

ಪರಮಯೋಗಿ parama-yôgi. A very great devotee, an ascetic of the highest order (ಅಚಲ, ಎತಿ Nn. 41).

ಪರಮರ್ಷಿ parama-ṛishi. A very great ṛishi (J. 5, 32).

ಪರಮಶ್ರೀ parama-śrî. = ಪರಮಸಿರಿ. The highest prosperity, etc.

ಪರಮಸಿರಿ parama-siri. Tbh. of ಪರಮಶ್ರೀ (Šmd. 376).

ಪರಮಹಂಸ parama-haṁsa. An ascetic of the highest order. (My.).

ಪರಮಹಿತ parama-hita. Most proper or worthy (ತಕ್ಕ Šm. 47).

ಪರಮಾಗಮ parama-âgama. Holy writ of Jainas (Čpr. 3, 30).

ಪರಮಾಚಾರ್ಯ parama-âčârya. A supreme guru (Čpr. 1, 67).

ಪರಮಾಣು parama-aṇu. A infinitesimal particle, an atom. (My.).

ಪರಮಾತ್ಮ parama-âtma. The supreme soul, the soul of the universe (ಗುಣ, ಪರಮ Nn. 78; ಬ್ರಹ್ಮ, ಆತ್ಮನು 79; ಭಾವ 100; ಅನಾಧಾರತೆ, ಆಧಾರವಿಲ್ಲದುದು 157). 2, a jinêśvara (157). 3, the sun (ಇನ 120). 4, a man armed for battle (? ಸನ್ನಾಹ 105). 5, a siddha (157). ಪರಮಾತ್ಮನನ್ನ ತಿಳಿಯದಿದ್ದರೆ ಪರಮಾನ್ನ ತಿನ್ನಲಿಕ್ಕೆ ಕಡಿಮೆಯೇ? (Prv.). See Bp. 51, 30; 55, 39. 40; 61, 45; J. 6, 45; 14, 7; Dp. 1, 5; Prvs. s. ಪಾಪ, ಪಾಪಾತ್ಮ.

ಪರಮಾನನ್ದ parama-ânanda. Supreme felicity; the supreme soul; N. (My.).

ಪರಮಾನ್ನ parama-anna. Best food, *e. g.* rice boiled in milk with sugar (My.; see Hlâ. & Nr. s. ತುಯ್ಯಲ್, Prvs. s. ಪರಮಾತ್ಮ, ಮಾದಿಗ).

ಪರಮಾಯು parama-âyu. The longest period of life. ಪಾಪಿಗೆ ಪರಮಾಯು, ಲೋಭಿಗೆ ಚಿರಾಯು (Prv.).

ಪರಮಾರ್ಥ parama-artha. The highest or most sublime truth, real truth, reality, truth (ತನ್ತ್ರ, ನಿಶ್ಚಯ Nn. 75; see Mr. s. ಬಲ್ಲವ). 2, the highest and most excellent object or end of man.

ಪರಮಾವಧಿ parama-avadhi. Utmost term or limit, the extremity. (My.; B. 4, 40).

ಪರಮೆ paramĕ. The best female. 2, N. of a vṛitta (Čh.).

ಪರಮೇಶ parama-îśa. = ಪರಮೇಶ್ವರ. (ಪಾಲಿ Nn. 31, o. r. ಶಿವ). ಪರಮೇಶನಾದರೂ ಸ್ಮಶಾನ ತಪ್ಪಲಿಲ್ಲ (Prv.). See Bp. 27, 51; 54, 27; 55, 39.

ಪರಮೇಶ್ವರ parama-îśvara. Supreme lord: *Šiva;* Vishṇu; Indra. See Bp. 52, 24. 26; 61, 45; B. 4, 186.

ಪರಮೇಷ್ಠಿ paramê-sthi. Standing at the top or head, highest, chief: *Brahmâ* (ಸರಸಿಜವಾಸ, ಬ್ರಹ್ಮನು Nn. 150). 2, a Jaina guru (150; see ಪಂಚಪರಮೇಷ್ಠಿ). — ಪರಮೇಷ್ಠಿಸ್ವಾಮಿ. N. of an author (Šmd. 125).

ಪರಮೋತ್ಸವ parama-utsava. Very great joy (Čpr. 6, after 48).

ಪರಮ್ಪದ param-pada. = ಪರಮಪದ. (My.).

ಪರಮ್ಪರ param-para. One following the other, proceeding from one to another; successive, one after another, repeated. See Čh. G. MS. v. 3; Bp. 36, 49; 39, 66; 58, 26.

ಪರಮ್ಪರಾಕ param-parâka. *Immolating an animal at a sacrifice.*

ಪರಮ್ಪರಾವಾಹನ paramparâ-vâhana. *An indirect means of conveyance,* as a porter carrying a litter, a horse dragging a carriage, etc.

ಪರಮ್ಪರೆ param-parĕ. -ರಾ. An uninterrupted series, a row, a regular series, succession, order, method; race, lineage. 2, *mediate or indirect condition.* 3, injuring, killing.— See Kâvy. III, 3, B, 22-29; V, 1; ಉಪವೀತ-.

ಪರಯಿಸು parayisu. (fr. ಪರೆ 1). To spread (v. t.); to disperse, to dismiss, as an assembly (Râv. 10, after 5).

ಪರರಾಯ para-râya. Another, or hostile, king (My.; B. 5, 109).

ಪರರಾಷ್ಟ್ರ para-râshṭra. A (partly) hostile country (ಬೆಸಕೆಯ್ಯುದಲ್ಲದೆ ಇದಿರಿಪ್ಪ ಸೀಮೆ Mr. 189); another kingdom (My.).

ಪರಲ್ paral. = ಪರಳ್ (Šmd. 41), ಪರಳು, ಹರಳು. A pebble, a stone (Râv. 2, 47; T., M.; *cf.* ಪರಡು 4). ಪರಲೆಲ್ಲಂ ಮುತ್ತು ಮಾಣಿಕಂ (Šmd. 85 Mdb.). See ಅಲಿವರಲ್, ಕೆಮ್ಬರಲ್, ಜಾಗವರಲ್, ರನ್ನವರಲ್. — ಪರಲ್ಮೊಲೆ. A pebble-like breast (Č. Bp. 10, 19).

ಪರಲೋಕ para-lôka. The other world, the next world, the future state (whether good or bad, Sk.; My.). ಇಹಲೋಕ ಪರಲೋಕಂಗಳಿಗೆ ಜಗದೇಕರಕ್ಷಕಶಿಕ್ಷಕಂ ನೀನಲ್ಲದಾರ್ ಉಣ್ಟು? (Bp. 28, 64). ದುಷ್ಟನಾದ ಮನ್ತ್ರಿ ಈ ಲೋಕದಲ್ಲಿ ಅರಸನನ್ನು ಕೆಡಿಸಿ, ಪರಲೋಕದಲ್ಲಿ ತಾನು ಕೆಡುವನು (Pañčatantra, edited by J. Garrett, pp. 48. 49). See ಪರಲೋಕಯಾನ. 2, paradise (Sk.), heaven (J. 2, 36; B. 4, 195; 5, 94; My.). ಪರಪಕ್ಷಮಾಡುವವಗೆ ಪರಲೋಕವಿಲ್ಲ.— ಪರಲೋಕಕ್ಕೆ ಹೋದವಗೆ ನರಲೋ

ಕದ ಗೊಡವೆಯೇ?—ಪರಲೋಕವೆಮ್ಬುದು ಪಲಹಾರದ ಗುಡ್ಡೆಯೇ?—ಪರ್ವತವೇರಿದವನು ಪರಲೋಕಕ್ಕೆ ಹೋದಾನೇ? (Prvs.). See Prvs. s. ಪಾಪಿ, ಪ್ರಸಾದ.

ಪರಲೋಕಯಾನ paralôka-yâna. Going to the other world, death, dying (Sk.).

ಪರವತ್ para-vat. *Dependant upon another, being under the command of another.*

ಪರವನಿತೆ para-vanitĕ. Another's wife (Bp. 4, 65).

ಪರವರ್ಷಿ paravarshi. (Tbh. of ಪರಾಮರ್ಶ). Nourishing, supporting (My.; Mhr., H. ಪರವರಿಶೀ).

ಪರವಶ para-vaśa. = ಹರವಸ. *Subject to another, depending on the will of another, dependant, subservient, subject;* dependence, dependency (ಪಾರವಶ್ಯ Čt. II, 115). Feminine ಪರವಶೆ (J. 5, 61). — ಪರವಶದವ. -ಅವ. A man depending upon or subject to the will of another, a dependant or subservient man (ಪರಚ್ಛನ್ದ Mr. 228).

ಪರವಶತೆ para-vaśatĕ. Dependence on another or on the will of another (Čpr. 1, after 101; 6, after 91; 8, after 67).

ಪರವಶೀಭೂತ paravaśî-bhûta. = ಪರವಶ. (Bp. 8, 4).

ಪರವಶೀಯುತ paravaśî-yuta. = ಪರವಶ. (Bp. 61, 59).

ಪರವಾ paravâ. = ಪರವೆ, ಪರ್ವಾ. Care, concern about; regard, heed; anxiety (My.; Br.; M. ಪರಿವಾ; Mhr., H.). ಪರವಾ ಇಲ್ಲ, there is no anxiety, *i. e.* there is no cause for anxiety, it is of no consequence, never mind (C.).

ಪರವಾದಿ para-vâdi. A person who makes an adverse statement or raises an objection, a controversialist, a dissenter (Bp. 23, 23; 28, 47; 32, 61; 36, 43; 44, 34; 53, 32).

ಪರವಾನಾ paravânâ. ಪರವಾನೆ. An order, a pass; a commission, a sealed paper of authority (My.; Br.; Mhr., H.).

ಪರವಾರ್ಕೆ paravârkĕ. (paravâṛkĕ). See ದೋಸರ.

ಪರವಾಸ para-vâsa. A foreign place, abode or house. ಪರದೇಶಕ್ಕೆ ಹೋದರೆ ಪರವಾಸ ತಪ್ಪದು (Prv.). — ಪರವಾಸ ಮಾಡು. To stay or abide in a foreign place, etc. ಪರವಾಸ ಮಾಡಿದರೂ ಸಹವಾಸ ಬೇಕು.— ಪರವಾಸ ಮಾಡುವವನ ಘರವಸ ಸಲ್ಲದು (Prvs.).

ಪರವಿ paravi. = ಹರವಿ, ಹರುವಿ. An earthen water-vessel of the form of the kŏḍa, but larger (ಘಟ, ಹರವಿ Nn. 109).

ಪರವೆ paravĕ. = ಪರವಾ, etc. (B. 5, 205). 2, N. of a place (?). — ಪರವೆನಾಟ. N. (Bp. 26, 5).

ಪರವೇಶ್ಮಸ್ಥ para-vêśma-stha. *Staying or living in another's house.*

ಪರಶಕ್ತಿ para-śakti. Pârvatî. 2, he who possesses Pârvatî (Ššv. 4, 19).

ಪರಶು paraśu. = ಪರಸು. *An axe, a hatchet.*

ಪರಶುಧರ paraśu-dhara. A soldier armed with an axe. 2, Paraśurâma. 3, *Gaṇêśa.*

ಪರಶುರಾಮ paraśu-râma. Râma, the son of Jamadagni (ಖಣ್ಡಪರಶು, ಜಾಮದಗ್ನ್ಯ Nn. 165; J. 2, 33), the sixth avatâra of Vishṇu (Mr. 19).

ಪರಶ್ವಧ paraśvadha. *An axe, a hatchet.*

ಪರಶ್ವಸ್ para-śvas. *The day after to-morrow.*

ಪರಸ್ paras. = ಪರ. Beyond, further on, on the other or opposite side, etc. See ಪರೋಕ್ಷ.

ಪರಸಮಯ para-samaya. Another, different body, congregation or sect (Bp. 29, 5; 36, 39; 49, 14; 50, 17).

ಪರಸಮಯಿ para-samayi. A person belonging to a different body, etc. (Bp. 50, 79; 53, 50. 61).

ಪರಸಾಧಕ para-sâdhaka. A means of obtaining final beatitude (My.).

ಪರಸು parasu. = ಹರಸು. To utter a benediction; to bless. (T. ಪರಚು, ಪರ್ಶು, to praise). ಪರಸುತ್ತಬನ್ದಂ (Šmd. 280). See Čpr. 3, 45. 71; 5, 116; 6, 91; 9, 27; Abh. P. 9, after 15; Bp. 1, 34; 4, 43; 32, 12; 46, 8. 12; J. 2, 14. 45; 10, 54; 11, 1; 20, 22; 28, 25; 30, 25; 31, 31; 34, 37.

ಪರಸು parasu. Tbh. of ಪರಶು (Šmd. 335). 2, = ಪರುಸ 1, the philosopher's stone (Tu.). ಪರಸು ಸಿಕ್ಕಿದರೂ ನಿರಸವಿದ್ದವಗೆ ಸಲ್ಲದು (Prv.).

ಪರಸೆ parasĕ. = ಪರಿಶೆ, ಪರಿಷೆ, ಪರಿಸೆ. Tbh. of ಪರಿಷದ್. People assembled at the festival of an idol (My.; Tĕ. ಪರಸೆ, ಪರುಸೆ; M. ಪರಿಶೆ). ಪರಸೇ ಯಜಮಾನನನ್ನು, ಪರರ ಹೇಸಿಗೆ ತೆಗಸಿದ ಹಾಗೆ.—ಹತ್ತರ ಕೂಡ ಹನ್ನೊನ್ದು, ಪರಸೇ ಕೂಡ ಗೋವಿನ್ದ (Prvs.). See Prv. s. ವರುಷ.

ಪರಸ್ತ್ರೀ para-strî. = ಪರವನಿತೆ. (My.). Also ಪರಸ್ತ್ರೀಯಳು. ಪರಸ್ತ್ರೀಯಳ ಮಗನು (ಪಾರಸ್ತ್ರೈಣೇಯ G.).

ಪರಸ್ತ್ರೀಗಮನ parastrî-gamana. Approaching the wife of another, adultery (My.).

ಪರಸ್ಥಲ para-sthala. A foreign, strange place, not one's own residence (My.; B. 4, 155).

ಪರಸ್ಥಾನ para-sthâna. Removing the baggage for a journey, on an auspicious day, to another house, when it is not convenient to start immediately one's self (My.; Tĕ.).

ಪರಸ್ಪರ paras-para. Another-another: *one another, each other, mutual; with one another, from each other, against one another, to one after another, one after the other, to one another, mutually, reciprocally.* 2, one of the vâstavas (Kâvy. III, 3, B, 3. 54-56). ಪರಸ್ಪರಂ, *mutually.*

ಪರಸ್ಪರಬನ್ಧನ paraspara-bandhana. Mutual holding fast, clasping or embracing (ಕಳ್ಳ, ಒಬ್ಬರನೊಬ್ಬರು ಕಟ್ಟುವುದು Nn. 105).

ಪರಸ್ಪರಾಸಂಗತಕ paraspara-âsaṅgataka. Strongly attached to one another. 2, one of the atiśayas (Kâvy. III, 3, B, 121. 140 seq.).

ಪರಸ್ಪರೋಪಕಾರ paraspara-upakâra. Mutual assistance or benefit (My.).

ಪರಸ್ಮೈಪದ parasmai-pada. Word to or for another: the form of the word that relates to another; the active or transitive verb. (My.).

ಪರಸ್ವ para-sva. Another's property.

ಪರಸ್ವಹರಣ parasva-haraṇa *Seizing another's property.*

ಪರಸ್ವಾಧೀನ para-svâdhîna. = ಪರಾಧೀನ. (Mhr.; My.).

ಪರಸ್ವಾಪಹರಣ parasva-apaharaṇa. = ಪರಸ್ವಹರಣ. (My.).

ಪರಹ para-ha. (ಪರಹನ್). Killing others or enemies. (R.).

ಪರಹತ್ತ para-hatta. Tbh. of ಪರಹಸ್ತ. (Čpr. 8, 82).

ಪರಹಸ್ತ para-hasta. Another's hand (B. 4, 77).

ಪರಹಿಂಸೆ para-himsĕ. Injuring others (My.).

ಪರಹಿತ para-hita. Friendly to others, benevolent (Šmd. 129). 2, benevolence; the welfare of another (My.; B. 5, 210). ಪರಹಿತ ಮಾಡಿ, ತನ್ನ ಹಿತ ತಪ್ಪಿಸಿ ಕೊಣ್ಡ (Prv.).

ಪರಹಿತಂ para-hitam. The metrical foot ◡ ◡ ◡— (Čh.).

ಪರಹೇದವ parahêda-ava. = ಪಹರೇದವ. (ವಿಶಾಯ, ಕಾವಲದವ G.).

ಪರಳ್ paraḷ. Vulgar form of ಪರಲ್ (Šmd. 41). See ಕಂಕಳವರಳ್; Abh. P. 7, 27.

ಪರಳಿಗ paraḷiga. = ಹರಳಿಗ. A gallant, a paramour, a whoremonger (ಪಾಙ್ಬ Čt. I, 43; II, 24; ಸಿತಗ, ಜೋಡ, ಪಾಙ್ಬ, ಜಾರ Šs.; *cf.* ಪಡು 3?).

ಪರಳು paraḷu. = ಪರಲ್, etc. — ಪರಳುಗಾಯಿ. -ಕಾಯಿ. Stone-fruit: a still hard, unripe fruit (ಮಿಡಿ Bhn. 58).

ಪರಾ parâ. Away, off; to, towards; over, on; back; inverted order; aside.

ಪರಾಕೆ parâka. Distance. See ಪರಮ್-.

ಪರಾಕು parâku. 1. Attention! take heed! listen! (My.; Tĕ.; J. 30, 46).

ಪರಾಕು parâku. 2. = ಪರಾಂಚ್. Carelessness, forgetfulness (My.; Tĕ.), inattentiveness (My.; T.).

ಪರಾಕ್ರಮ para-krama. Marching forth; advancing against, attacking. 2, *heroism, prowess, valour, courage, power, strength* (ಪನ್ನತಿಕೆ Čt. I, 70. 100; Kk. 77; ರಯ್ಯು Čt. I, 92; ಪನ್ನತಿಕೆ, ಅಣ್ಮು Kk. 41, Šm. 38; ಸತ್ವಗುಣ Nn. 67; ಮಿಡುಕು Bhn. 3). 2, *exertion;* endeavour, effort, enterprise.

ಪರಾಕ್ರಮಪ್ರಥಿತ parâkrama-prathita. A man famous for his power or valour (ಬಲ್ಗೆಯ್ಯ Čt. II, 52).

ಪರಾಕ್ರಮಶಾಲಿ parâkrama-šâli. Endowed with prowess, etc. (My.).

ಪರಾಕ್ರಮಿ parâkrami. Powerful, displaying strength or courage, valorous, etc. (Šmd. 251; J. 2, 28; My.; B. 5, 51).

ಪರಾಖ್ಯಾನ para-âkhyâna. Another's story: a kind of upamĕ (Kâvy. III, 3, B, 61. 96 seq.).

ಪರಾಗ parâga. *The pollen or farina of a flower* (ಮಲರ್ವುಡಿ Šm. 23; ರಜ Mr. 108). 2, *dust, powder* (ರೇಣು, ಧೂಳು Nn. 113). 3, the nectar or honey of flowers (ಮಧು, ಹೂವಿನ ಬಣ್ಣು Nn. 13, instead of ಹೂವಿನ ಬಣ್ಣು o. r. ಪುಷ್ಪರಜ and ಪರಿಮಳ; ಉದ್ಗಮಸಾರ, ಪುಷ್ಪರಸ 113, o. r. ಪುಷ್ಪದ ಮಕರನ್ದ; ಬಣ್ಣು Šm. 23. 93). 4, fragrant powder used after bathing. 5, tawny or red colour (ಕೆಮ್ಪು, ಅರುಣ Nn. 113). 6, gold (ಕನಕ, ಚಿನ್ನ 113; ರಜತ Mr. 476). 7, an eclipse of the sun or moon.

ಪರಾಂಗನೆ para-anganĕ. = ಪರವನಿತೆ. See s. ಪುಸಿ 2.

ಪರಾಙ್ಮುಖ parâṅč-mukha. *Having the face turned away or averted, turning the back upon, averted, turned away* (ತಿರಿಗಿದನ್ನ G.); taking to flight, retreating. See ಪೆಡಮುಗುಟ್, ಮರಲ್, ಮಲರ್; Bp. 60, 51. 2, averse from; disinclined towards, not caring about, regardless of.

ಪರಾಙ್ಮುಖತೆ parâṅč-mukhatĕ. Turning away or averting the face; disinclination, repugnance, dislike, aversion, disgust (Sk.).

ಪರಾಙ್ಮುಖೀಕರಣ parâṅmukhî-karaṇa. Turning away or averting the face; turning the back upon, retreating. See ಮಗುಚ್ಚು, ಮರಳ್ಚು.

ಪರಾಚೀನ parâčîna. *Turned away, turned in an opposite direction, averted;* having the hind part before (ವಿಪರೀತ, ಹಿನ್ನು ಮುನ್ನು Mr. 437).

ಪರಾಜಯ parâ-jaya. Conquest, victory. 2, *defeat.* 3, loss, losing (at play, etc.). See ಸೋಲ್. — ಪರಾಜಯ ಪಡು. To be defeated (B. 4, 216).

ಪರಾಜಿತ parâ-jita. *Defeated, overcome;* condemned by law.

ಪರಾಂಚ್ parâṅč. ಪರಾಕ್. = ಪರಾಕು 2. Turned away, averted; turning the back upon; departing or retiring from; distant; (not caring about).

ಪರಾತ parâta. = ಪರಾತು. A circular and edged dish (My.; B. 4, 55; Mhr.). See Prv. s. ಪರಾತ.

ಪರಾತು parâtu. = ಪರಾತ. (My.; B. 4, 141).

ಪರಾತ್ಪರ parât-para. Higher than the highest, of the greatest excellence, superior to the best (ಶ್ರೇಷ್ಠಕ್ಕೆ ಶ್ರೇಷ್ಠ G.; My.; Bp. 2, 17; 51, 80).

ಪರಾಧಿ parâdhi. Hunting, the chase. (R.).

ಪರಾಧೀನ para-âdhîna. *Depending on another, dependant, subject, subservient.* ಪರಾಧೀನನಾದರೆ ನರಜನ್ಮ ಹೋದೀತೇ? (Prv.). 2, alienation, transfer, as of property (My.).

ಪರಾಧೀನತನ parâdhînatana. Dependence upon another, subjection (Čb. 10).

ಪರಾಧೀನತೆ parâdhînatĕ. = ಪರಾಧೀನತನ. (Sk.; My.).

ಪರಾನ್ನ para-anna. The food of another, food supplied by or belonging to another. ಪರಾನ್ನಕ್ಕೆ ಹೋಗಿ, ಪ್ರಾಣಸಂಕಟ ಬನ್ತು (Prv.). 2, *eating the food of another, sponging* (ಪರ್ಕ್ಯಿಥಿತ, ಪರಪಿಣ್ಡ, ಹೆಬಿರ್ ಆರಿಕ್ಕುದುದ ತಿಮ್ಬುವಂ Mr. 231).

ಪರಾಪರ para-apara. Remote and proximate, best and worst, etc. 2, = ಪರಾತ್ಪರ (T., My.; Bp. 18, 79).

ಪರಾಭವ parâ-bhava. Passing away, vanishing, disappearance, dissolution. 2, *defeat, overthrow, humiliation.* 3, the fortieth year in the cycle of sixty (Mr. after 540; My.). 4, contempt, disrespect; reproach (ನಿರಾಕಾರ, etc., ಜಿಹಾಹಂ Mr. 428).

ಪರಾಭವಿಸು parâbhavisu. To defeat, to overthrow (Šsv. 4, after 99).

ಪರಾಭೂತ parâ-bhûta. *Defeated, overcome;* degraded, treated with contempt.

ಪರಾಭೂತಿ parâ-bhûti. Defeat, humiliation. — ಪರಾಭೂತಿವೆಱ್. -ಪೆಱ್. To be defeated (Šsv. 4, 95).

ಪರಾಮರಿಕೆ parâmarikĕ. = ಪರಾಮ್ಬರಿಕೆ. (Tbh. of a ಪರಾಮರ್ಶಿಕೆ). = ಪರಾಮರ್ಶ, q. v. (My.; Tĕ., T.; G. 373; B. 2, 39; 3, 128).

ಪರಾಮರಿಸು parâmarisu. = ಪರಾಮ್ಬರಿಸು, ಪರಾಮ್ಮರಿಸು. Tbh. of ಪರಾಮರ್ಶಿಸು, q. v. (My.; B. 4, 142).

ಪರಾಮರ್ಶ parâ-marša. = ಪರಾಮರ್ಶೆ. Seizing, dragging, pulling; injuring, assault. 2, remembering, recollection; reflection, consideration, thought; discrimination, judgment (Sk.). 3, kindly inquiring into and relieving the wants, etc. of the poor, sick, etc.; inquiring into the health and welfare of friends (Mhr.; My.; B. 5, 95). — ಪರಾಮರ್ಶ ಮಾಡು. = ಪರಾಮರ್ಶಿಸು. (ಉಪಚರಿಸು G.).

ಪರಾಮರ್ಶಿಸು parâ-maršisu. = ಪರಾಮರಿಸು, ಪರಾಮ್ಬರಿಸು, ಪರಾಮ್ಮರಿಸು. To treat or attend kindly, to tend or take care of, to console;—to investigate, to examine, to inquire, to be considerate (My.; G. 315); to discriminate; to draw conclusions.

ಪರಾಮರ್ಶೆ parâ-maršĕ. = ಪರಾಮರ್ಶ. (ಸ್ಮರಣ Šmd. 202 Cm.; My.).

ಪರಾಮೋಷಿ parâmôshi. An unintentional fault or mistake (H. ಫರಾಮೋಷಿ; My.).

ಪರಾಮ್ಬರಿಕೆ parâmbarikĕ. = ಪರಾಮರಿಕೆ. (My.).

ಪರಾಮ್ಬರಿಸು parâmbarisu. = ಪರಾಮರಿಸು. (My.).

ಪರಾಮ್ಮರಿಸು parâmmarisu. = ಪರಾಮರಿಸು. (My.). ಕಣ್ಣಾರೆ ಕಣ್ಡರೂ ಪರಾಮ್ಮರಿಸಿ ನೋಡಬೇಕು (Prv.). See Prv. s. ಪ್ರತ್ಯಕ್ಷ.

ಪರಾಯ parâ-aya. = ಪರಾಯಣ. See ಸಂ-.

ಪರಾಯಣ parâ-ayana (or para-ayana). Going away; going towards; etc. 2, principal, being the chief or final end or aim. 3, *making anything one's chief object, wholly devoted to, zealously engaged in, intent on.* 4, principal object or aim. See Bp. 25, 16; 55, 24; 57, 21.

ಪರಾಯತ್ತ para-âyatta. *Dependant upon another, subject to another, subservient.*

ಪರಾಯಿ parâyi. Other, foreign; strange, new (My.; Mhr., H. ಪರಾವಾ).

ಪರಾರಿ parâri. *The year before last.*

ಪರಾರ್ಥ para-artha. The profit or interest of another. (My.).

ಪರಾರ್ಥೈಕವೃತ್ತ parârtha-êka-vṛitta. Working only for the interest of others (Ŏpr. 8, 3).

ಪರಾರ್ಧ para-ardha. The ulterior part, the other part. 2, a hundred thousand billions, or a lac of lacs or crores, or half the term of Brahmâ's life. 3, = ಪರಾರ್ಧ್ಯ.

ಪರಾರ್ಧ್ಯ para-ardhya. Most remote; *highest in rank, most excellent.*

ಪರಾವೃತ್ತ parâ-vṛitta. Turned back, returned, retreated; turned round, revolved; *rolling one's self.*

ಪರಾಶರ parâ-śara. N. of the father of Vyâsa (Sk.; J. 33, 39); N. of the author of a smṛiti or law-book (Sk.; My.); Vyâsa (ವೈಶಮ್ಪಾಯನ, ಸತ್ಯವತಿಜ, ವ್ಯಾಸ Mr. 257, sic! one MS. ಪಾರಾಶರ).

ಪರಾಶರಸುತ parâśara-suta. Vyâsa (J. 5, 70).

ಪರಾಶರಿ parâ-śari. An ascetic (ತಪಸ್ವಿ Mr. 256); a wandering mendicant.

ಪರಾಶ್ರಯ para-âśraya. Dependence, or reliance, upon another (My.).

ಪರಾಶ್ರಿತ para-âśrita. Having taken recourse to another, relying upon another; dependant, subject. (My.).

ಪರಾಸನ parâ-asana. *Killing, slaughter.*

ಪರಾಸು parâ-asu. *Dying; lifeless, dead.*

ಪರಾಸ್ಕನ್ದಿ para-âskandi. Assailing another: *a robber, a thief.*

ಪರಾಹ್ಣ para-ahna. The afternoon. (My.).

ಪರಾಳ parâḷa. = ಪಲಹಾರ, etc. (Mhr. ಫರಾಳ; ತಪ್ಪುಲ G.).

ಪರಿ pari. 1. = ಅರಿ 5, ಹರಿ 1. (To move); to run; to flow (ಧಾವನ Šmd. Dh.); to proceed, to advance in a satisfactory manner, as work, etc.; to go away, to disappear, as trouble; to be discharged, as a debt. P. ps. ಪರದು, ಪರಿದು. ಅರೆಗಾವುದಮುಂ ಪರಿದಂ (Šmd. 157). ಗಟಿಗಟಿನೆ ಗುಡುಗುಡುಮೆನುತುಂ ಪರಿವ ಪೊನಲ್ ಸೊಗಯಿಸುಗುಂ (65). ಆನೆಯ ಮೇಲೆಯುಮ್ ಆಳ ಮೇಲೆಯುಂ ಕುದುರೆಯ ಮೇಲೆಯುಂ ಪರಿದುದು ಒಸ್ಟೆ ಗಜಂ ಭುವನೈಕರಾಮನಾ (146). ಬೆಟ್ಟದ ತಪ್ಪಲೊಳ್ ಪುಟ್ಟಿದ ಪರಿವ ತೊರೆ (ನಿರ್ಝರ Hlâ.). ಪರಿದವು ಅರುಣಾಮ್ಬುಗಳ್ (J. 22, 11). See Čpr. 1, after 101; 1, 112; Abh. P. 18, 64. 66. 74; Bp. 32, 28. 32. 38; 50, 40; 61, 22; Č. Bp. 11, 4; Râv. 5, 122; 6, 10; 6, after 11 (several times); 13, 90; 13, after 96; J. 3, 2. 8. 21; 25, 3; 28, 44; ಉರಿವರಿ, ಪೊನಲ್ವರಿ, ಬೀದಿವರಿ, ಮುನ್ದುವರಿ, ಮುಮ್ಬರಿ, ಮೇಲ್ವರಿ, ವಿಸಟಮ್ಬರಿ, ಸಯ್ವರಿ. — ಪರದಾಟ. -ಆಟ. Running about (My.). See Prv. s. ಫಲ. — ಪರಿದಯ್ದು. -ಅಯ್ದು. To go running or with celerity (Bp. 32, 58). — ಪರಿದಾಟ. = ಪರದಾಟ. (My.). — ಪರಿದಾಡು. -ಆಡು. = ಹರಿದಾಡು. To move about, to run about (Bp. 3, 40; Ššv. 5, 15).

ಪರಿ pari. 2. = ಹರಿ 2. P. p. of ಪರಿ 1, in ಪರಿ ಪರಿದು (Bp. 3, 40; J. 3, 9). — ಪರಿ ತರ್. (*i. e.* ಪರಿದು ತರ್). = ಹರಿ ತರ್. To come running or with celerity, to hasten (Tĕ. ಪರತೆಂಚು). See Čpr. 7, 79; 8, after 101; Abh. P. 14, 159; Grj. 3, 94; Bp. 2, 16; 16, 23; 22, 13; 27, 17; 32, 41; 46, 21; 60, 31; Râv. 5, 26; 6, after 11; J. 28, 59. — ಪರಿವರಿ. -ವರಿ. (Grj. 5, 7).

ಪರಿ pari. 3. = (ಪಱ 4), ಹರಿ 3. Moving, running (Bp. 32, 26; see ಅಸಗವರಿ, ಬೀದಿವರಿ 2; T.: haste, swiftness); pacing (see ನಿಡುವರಿ); flowing, streaming; stream, current (Râv. 6, after 24; see ನೀರುವರಿ); a channel; a run or course, as a measure of distance. 2, a course: a way, a manner, a kind (ಭಂಗಿ, ವ್ಯಾಕೂತಿ Hlâ., MS. ವ್ಯಾಕೃತಿ; ರೀತಿ Nr.; Čpr. 3, 47; 8, 72; My.; T., M.; Mhr. ಪರೀ). ಮತ್ತೊನ್ದು ಪರಿ (ಪಕ್ಷಾನ್ತರ Nr.). — ಪರಿಕಾಲ್. A running channel or brook (V. 4, 4; 10, 2). — ಪರಿಗಿಡು. -ಕಿಡು. A current to be impaired; to be impaired in one's current (Abh. P. 7, 86). — ಪರಿದಿಟ್ಟಿ. A roving look or eye (Râv. 1, after 135). — ಪರಿ ಪಡಿ. Running condition: fate (Abh. P. 6, 128). — ಪರಿ ಪರಿ. rep. Various ways or manners (Bp. 6, 27; 12, 45; 26, 44; 28, 57; 39, 30; 45, 42; 61, 25; Bh. 1, 8, 69). — ಪರಿಮುಱ. = ಪಱಮುಱ, q. v. (Čpr. 6, 49; 7, 34; Abh. P. 9, 80). — ಪರಿಮುತ್ತ. A rush and falling upon: plundering, robbing (ಕವರ್ದುದು, ಇಱ್ದುದು, ಸುಲಿವುದು, ಸೆಳೆವುದು Šm. 63; ಸೆಳೆವುದು Kk. 71). — ಪರಿಯಿಡು. -ಇಡು. To run (Abh. P. 10, 162; Râv. 18, 91). — ಪರಿವಡೆ. -ಪಡೆ. To become mannerly, to grow becoming or fit (ಒಪ್ಪು Šm. 62; Kk. 65). ಪರಿವಡೆದಿರೆ ಕರ್ಣಾಟಕಸರಸಕವೀನ್ದ್ರರ್ಕಳ್ ಒಳ್ಪಿತಾದುದೆನೆಲ್ ಬಿತ್ತರಿಸಿದನ್ ಅಭಿಧಾನಮುಂ ಬೊಮ್ಮರಸಂ (Ŏt. II, 122). See Grj. 2, after 106; Bp. 26, 68; 32, 29; 51, 66. — ಪರಿವಿಡಿ. -ಪಿಡಿ. Course-seizing: regular course or succession, row, order, method, etc. (ಪರಿಪಾಟಿ, ಅನುಪೂರ್ವ, ಪರ್ಯಾಯ, etc. Hlâ., Mr. 441; ತಱುವಾಯ್ Šmd. 9 Cm.; ತಱುವಾಯು, ತರ, ಕ್ರಮ Šm. 53; ತಗಹು, ಪಂಕ್ತಿ 105; Tĕ. ಪರುವಡಿ). See Šmd. 112. 255. 269; Grj. 2, after 106; Bp. 14, 3; Č. Bp. 5, 5; Râm. 1, 13, 4; Râghŏ. 17, 54; Bh. 1, 7, 41. — ಪರಿವಿಡಿಗೆಯ್. To form a regular course, row, etc. (Čpr. 1, after 101; 8, 71). — ಪರಿವೆಟ್. -ವೆಟ್. = ಪರಿವಡೆ. (Čpr. 4, 64).

ಪರಿ pari. 4. = ಪರೆ 1 (occasionally in MSS. and prints).

ಪರಿ pari. 5. = ಪೊರೆ 5, etc. A spider's web (B. 4, 113).

ಪರಿ pari. (ಪರೀ). Round, around, about, round about; further, in addition to; against, opposite to, towards, to; beyond, more than; from; after, successively, severally; outside of, except, with exception of; on account of, for the sake of; according to, in accordance with; much, excessively. 2, ornament, decoration, embellishment (*cf.* ಪಱ 5 & 6). — ಪರಿಪಾಡು. Fully equal (Râm. 6, 9, 20).

ಪರಿಃಕೃತ pari-ḥ-kṛita. = ಪರಿಷ್ಕೃತ. (Čpr. 5, after 2). Feminine ಪರಿಃಕೃತೆ (3, after 50).

ಪರಿಕರ pari-kara. (= ಪರಕರ). Surrounding: *attendants, dependants, retinue, train, followers;* a follower, etc. (Grj. 7, 61; Bp. 57, 51). 2, preparation. ರಚನೆಯ ಪರಿಕರ (ರಂಜನೆ Čt. I, 63). 3, *a cloth worn round the loins; a girth.* 4, beginning, commencement; effort. 5, a multitude, a crowd. 6, apparatus, articles, as the vessels, flowers, perfumes, etc. used at pûjâ (My.; Abh. P. 16, 52).

ಪರಿಕರ್ಮ pari-karma. A servant. 2, attending on, worship, adoration. 3, *personal decoration, dressing, painting, or perfuming the body;* cleansing, purifying.

ಪರಿಕಲಿಸು parikalisu. (= a. ಪರಿಕರಿಸು). To become plentiful or excessive; to surround, to inclose, to extend over (Rśv. 7, after 17; V. 3, 5; Śśv. 2, after 2 & 42).

ಪರಿಕಲ್ಪಿತ pari-kalpita. Settled, decided, fixed. (J. 5, 62).

ಪರಿಕಾಂಕ್ಷಿತ pari-kâṅkshita. Much desired (My.). 2, a devotee (Sk.).

ಪರಿಕಾಂಕ್ಷೆ pari-kâṅkshĕ. Great desire (My.).

ಪರಿಕಾರ pari-kâra. Attendants, retinue (ಪರಿವಾರ, ಪರಿಸ್ಪಂದ, ಪರಿಗ್ರಹ Mr. 202; Čpr. 8, 33). 2, preparation: seasoning food with salt, pepper, etc.; condiment, spice or seasoning (ಉಪಸ್ಕರ, etc., ಊಟದ ಪರಿಕಾರ Hlâ.; My.).

ಪರಿಕಾಱ pari3-kâṟa. = ಹರಿಕಾಱ, q. v. (Abh. P. 4, 118; Mhr., Persian ಹರಕಾರ, a courier). ಪರಿಕಾಱರೊಳ್ ಈತಂ ಕಾಲ್ವಲ್ಲಿದಂ (Śmd. 163).

ಪರಿಕಿಸು parikisu. Tbh. of ಪರೀಕ್ಷಿಸು. (ವಿಚಾರಿಸು Śmd. 20. 297 Cm.; Čh. v. 38; Čpr. 1, 42; 3, 23; Bp. 3, 64; 22, 64; 31, 6; Mr. 434).

ಪರಿಕೀರ್ಣ pari-kîrṇa. Scattered or strewn about; spread, diffused; crowded, full (ಪ್ರಪೂರ್ಣ, ಭರಿತ, etc., ಸನ್ನಣಿ Mr. 431). See ಸೂಸು.

ಪರಿಕೂಟ pari-kûṭa. *An embankment at the gate of a city or fort;* a large gate (ಹಸ್ತಿನಖ, ಪೆರ್ಬಾಗಿಲ್ Mr. 191).

ಪರಿಕೆ parikĕ. 1. = ಪರಕೆ 2, etc. (My.).

ಪರಿಕೆ parikĕ. 2. Running; or: speaking (*cf.* ಪರಿಸು 2). See ಕನವರಿಕೆ.

ಪರಿಕೆ parikĕ. 1. Tbh. of ಪರೀಕ್ಷೆ (Śmd. 346).

ಪರಿಕೆ parikĕ. 2. Tbh. of ಪರಿಖೆ (Śmd. 338); a sort of lake or pond (ದೀರ್ಘಿಕೆ Mr. 418).

ಪರಿಕ್ರಮ pari-krama. *Walking round or about,* walking for pleasure, etc.

ಪರಿಕ್ರಿಯೆ pari-kriyĕ. *Surrounding, encompassing, inclosing.*

ಪರಿಕ್ಷಿತ್ pari-kshit. = ಪರೀಕ್ಷಿತ್. N. of several kings. (My.).

ಪರಿಕ್ಷಿಪ್ತ pari-kshipta. Thrown about, scattered. 2, *surrounded.*

ಪರಿಕ್ಷುಬ್ಧ pari-kshubdha. Greatly agitated, stirred up, etc. (Rśv. 6, 47).

ಪರಿಕ್ಷೆ parikshĕ. Tbh. of ಪರೀಕ್ಷೆ. (My., Tĕ.).

ಪರಿಖಚಿತ pari-khačita. = ಖಚಿತ. (Čpr. 3, 17; Rśv. 14, after 106).

ಪರಿಖೆ pari-khĕ. = ಪರಿಕೆ 2. A dug-round: *a moat, a ditch* (ಗಾರಿಗೆ Śs.).

ಪರಿಖ್ಯಾತಿ pari-khyâti. Reputation, fame, celebrity (My.).

ಪರಿಗಣನ pari-gaṇana. Complete or accurate enumeration, accurate calculation. (My.). 2, deliberate consideration (My.).

ಪರಿಗಣಿತ pari-gaṇita. Enumerated, calculated, reckoned. (My.). 2, deliberately considered (My.).

ಪರಿಗಣಿಸು pari-gaṇisu. To calculate; to consider deliberately (My.).

ಪರಿಗತ pari-gata. Gone round; spread on all sides, spread, diffused, extended (Śmd. 98; Čpr. 2, 81; 4, after 18); filled with, possessed of; obtained; entered upon, having anything as one's object (ಅಯ್ದುಲ್ಪಟ್ಟ 395 Cm.); known, uderstood; walking to (Râm. 3, 2, 19).

ಪರಿಗಲಿತ pari-galita. Tumbled down; sunk; flowing, fluid; melted. (Rśv. 14, after 106).

ಪರಿಗೆ parigĕ. 1. (ಪಱಿಗೆ). Roughness, the state of being unsmooth (ಕರ್ಕಶ Čt. I, 86; *cf.* ಪರ್ಪರಿಕೆ, etc.). — ಪರಿಗೆಮುಳ್ಳು. A thorny shrub, Zizyphus oenoplia Mill. (Z., as ಪರಿಗಿ-).

ಪರಿಗೆ parigĕ. 2. = ಪರಕೆ 2, etc. See ಕಸಬರಿಗೆ.

ಪರಿಗೆ parigĕ. = ಅರಿಗೆ, ಅಲಿಗೆ, ಪಲಗೆ, ಪಲಿಗೆ, ಹರಿಗೆ, ಹಲಗೆ, ಹಲಿಗೆ. Tbh. of ಫಲಕ. A shield (ಅಡ್ಡಣ Čt. I, 11; T. ಪರಿಶೈ; M. ಪರಿಚ, ಪರಿಶ). See ತಲೆವರಿಗೆ, ಪಚ್ಚೆವರಿಗೆ, ಮೊಗವರಿಗೆ, ಮೋಹರ-.

ಪರಿಗ್ರಹ pari-graha. Laying hold of, seizing, grasping; surrounding; embracing, spanning. 2, taking; accepting, receiving, acceptance; anything received, a gift (ದಾನ, ದಾನವ ಕೊಮ್ಬುದು Nn. 166); taking possession of, obtaining. 3, *possession, property.* 4, *taking a wife, marrying.* 5, honouring, favouring; grace, favour, patronage (ಪಕ್ಷ Mr. 497). 6, *a wife.* 7, *adherents, attendants, retinue.* 8, the rear or reserve of an army (ಸೇನೆ, ಸೇನೆಯ ಭೇದ Nn. 166). 9, *root, origin.* 10, a fan (ವ್ಯಜನ, ಬೀಸಣಿಗೆ 166). 11, a curse, an imprecation, *an oath;* etc. (ತನ್ತು, ಬಲುತನ್ತ್ರ Mr. 530; see ಬಯ್ಗುಳ್). 12, an eclipse of the sun.

ಪರಿಗ್ರಹಣ pari-grahaṇa. = ಪರಿಗ್ರಹ 1 & 2.

ಪರಿಗ್ರಹಿಸು pari-grahisu. To lay hold of, to take, to receive, to accept (Mr. 539; J. 13, 7. 8).

ಪರಿಘ pari-gha. *A bolt or bar for locking a door* (ಅಗ್ಗಲ, ಅಗುಳಿ Mr. 199; see ಲಾಳವಿಣ್ಡಿಗೆ). 2, *an iron club, a bludgeon armed with iron.* 3, *beating, killing, injuring;* a blow.

ಪರಿಘಾತ pari-ghâta. *Beating, killing;* removing. 2, = ಪರಿಘ No. 2.

ಪರಿಘಾತನ pari-ghâtana. *A bludgeon armed with iron* (ಪರಿಘ, ಪಿಲ್ಲಣಿಗೆ Mr. 298). 2, = ಪರಿಘಾತ No. 1. 3, = ಪರಿಘ No. 1 (see ಲಾಳವಿಣ್ಡಿಗೆ).

ಪರಿಚಯ pari-čaya. *Acquaintance, intimacy* (ಸಂಸ್ತವ, ಮೊಗಪರಿಚೆ Mr. 454; B. 4, 34).

ಪರಿಚರ pari-čara. Roaming about. 2, *an attendant;* a guard, *a body-guard.*

ಪರಿಚರಣ pari-čaraṇa. Attendance, homage, service (Bp. 22, 4; 34, 1; 35, 1; 39, 68; 47, 3; 57, 31). 2, an attendant, a servant.

ಪರಿಚರಣತೆ pari-čaraṇatĕ. Service, etc. (Bp. 39, 8).

ಪರಿಚರಿಯ pari-čariya. ಪರಿಚರಿಯೆ. Tbh. of ಪರಿಚರ್ಯೆ. (ಸೇವೆ Mr. 27; Bp. 4, 47; 22, 25; 39, 7; 48, 24; My.). See ಅತಿ-.

ಪರಿಚರ್ಯ pari-čarya. = ಪರಿಚರ್ಯೆ. See ಅತಿ-; J. 10, 24.

ಪರಿಚರ್ಯೆ pari-čaryĕ. *Waiting upon, attendance, service;* devotion, worship.

ಪರಿಚಾಯ್ಯ pari-čâyya. *A sacrificial fire heaped or arranged in a circle.*

ಪರಿಚಾರ pari-čâra. Attendance, service (Bp. 34, 7). 2, an attendant, a servant.

ಪರಿಚಾರಕ pari-čâraka. *An attendant, a servant.* See ಅಭ್ಯುತ್ಥಾಯ್ಯ.

ಪರಿಚಾರಿಕೆ pari-čârikĕ. A female servant. (Čpr. 3, after 50; 6, after 80). 2, attendance; service (My.).

ಪರಿಚಿತ pari-čita. 1. Heaped, accumulated, filled with. (Čpr. 6, 2; J. 2, 13).

ಪರಿಚಿತ pari-čita. 2. Known, acquainted or familiar with. (J. 19, 11; My.).

ಪರಿಚಿತಿ pari-čiti. = ಪರಿಚಯ. (Sk.; My.).

ಪರಿಚುಮ್ಬಿಸು pari-čumbisu. To kiss heartily, to cover with kisses; to touch (Bh. 3, 18, 40).

ಪರಿಚ್ಛದ pari-č-čhada. A cover; a garment. 2, surroundings: *domestic utensils or implements, goods and chattels, furniture,* etc. (see ಪರಿವರ್ಹ). 3, *retinue, train, attendants.*

ಪರಿಚ್ಛನ್ನ pari-č-čhanna. Covered, enveloped; clothed; concealed; surrounded with. (My.).

ಪರಿಚ್ಛಾದನೆ pari-č-čhâdanĕ. Covering, wrapping round; a cover, a cloth (My.).

ಪರಿಚ್ಛಿನ್ನ pari-č-čhinna. Cut on both sides or off, cut through, divided, etc.; see ಅ-. 2, positively, absolutely, expressly (Mhr.; B. 4, 75).

ಪರಿಚ್ಛೇದ pari-č-čhêda. Cutting on both sides, clipping round, cutting through, cutting off, cutting to pieces; mutilating. 2, *limit, boundary;* moderation. 3, *the division of a book, a section or chapter.* 4, exact discrimination, decision; discernment, discretion. See ಪ್ರಾಣ-.

ಪರಿಚ್ಛೇದನ pari-č-čhêdana. = ಪರಿಚ್ಛೇದ. — ಪರಿಚ್ಛೇದನಂಗೆಯ್. -ಂ-. To cut to pieces, etc. (Abh. P. 9, after 144).

ಪರಿಚ್ಛೇದಿಸು pari-č-čhêdisu. To cut on both sides, etc. (Čpr. 4, after 59; 6, after 39; Abh. P. 4, after 41; 9, after 142 & 146).

ಪರಿಚ್ಯುತ pari-čyuta. Fallen from or down; deprived of, lost, etc. See ಚರ-.

ಪರಿಜನ pari-jana. *A surrounding company of people, attendants, servants, suit;* a servant. (Čpr. 4, 23; Bp. 46, 85; 54, 1).

ಪರಿಜು pariju. Manner (see ಪರಿ೩); form, shape (ರೂಪು Čt. I, 69; ರೂಪ 100; ಆಕಾರ Kk. 32; ಪಾಂಗು, ಆಕಾರ Šm. 71; Čpr. 3, 59; Tĕ. ಪರಸು; T. ಪರಿಜು; M. ಪರಿಶು). See ಎಣ್ಪರಿಜು, ಗಣ್ಡುಪರಿಜು, ಬಿಗುರ್ಪರಿಜು, ಮಾನಿಸಪರಿಜು.

ಪರಿಟವ pariṭava. = ಪರುಟವ. (Bh. 1, 4, 16).

ಪರಿಣತ pari-nata. Bent or bowed down; changed or transformed (Kâvy. I, 2, 58); *ripened, matured, advanced in age;* proficient, well-skilled (ಪ್ರೌಢ Šmd. 249 Cm.). See ವಾರ್-. 2, *an elephant who gives a side-blow with his tusks* (ಅಡ್ಡಇರಿವಾನೆ Hlâ.).

ಪರಿಣತಿ pari-nati. Bending down, bowing; change, alteration, transmutation, (use or form, Šmd. 152. 153); ripeness, maturity, full growth, proficiency, perfection. See Čpr. 2, after 24; 2, 33; 4, after 18; Bp. 24, 89; Ršv. 13, after 82. — ಪರಿಣತಿದೋಱು. -ತೋಱು. To exhibit proficiency (Ršv. 13, 82).

ಪರಿಣತೆ pariṇatĕ. A proficient female. See ಕನ್ಯಾ-.

ಪರಿಣಮಿಸು pari-namisu. To bend down, to bow (v. i., Bp. 9, 18; 15, 17; 21, 45; 44, 69; 47, 5; 53, 28). 2, to be changed or transformed into (Čpr. 4, after 18; My.); to get the form of (Šmd. 340); to appear in the form of, to become (Šmd. 153 Cm.; 270. 400). 3, to become ripe or mature, to ripen, to come to perfection, as virtue (My.). 4, to become old (Grj. 1, 62); to elapse, to come to its end, as age (My.).

ಪರಿಣಯ pari-naya. Leading round, especially leading the bride round the sacred fire; *marrying, marriage.*

ಪರಿಣಯನ pari-nayana. = ಪರಿಣಯ. *Marrying, marriage.*

ಪರಿಣಾಮ pari-nâma. Bending down or aside. 2, *change, alteration, transformation* (Šmd. 177). 3, turning round about, spreading far: expansion, magnitude (ಬೆಳಸು Hlâ.; ವಿಶಾಲತೆ, ಸುತ್ತು Mr. 456; *cf.* ಪರಿಣಾಹ). 4, change for the better: health, alleviation, ease, welfare (ಸುಖ Šm. 78; Bp. 25, 2; My.). 5, end, close, termination, last stage or state, conclusion. (Čpr. 3, 66. 75). 6, end, result, consequence (Sk., Mhr.; B. 3, 97). 7, happy conclusion, as of a work (Mhr.; My.). — ಪರಿಣಾಮ ನೆಟ್ಟಗೆ ಆಗು. Welfare, etc. to thrive (C.; B. 5, 187). 2, last stage or ruin to be sure to come (My.). — ಪರಿಣಾಮಗಾಣು. -ಕಾಣು. To experience or find ease (B. 4, 43).

ಪರಿಣಾಮಶೂಲೆ pariṇâma-šûlĕ. Pain resulting from the changes of the food in indigestion, violent and painful indigestion, flatulence with pain, colic. (My.).

ಪರಿಣಾಮಿ pari-nâmi. Changing into, being transformed into; altering, subject to alteration (Šmd. 260; Bp. 8, 12). — ಪರಿಣಾಮಿದೇವಯ್ಯ. N. (Bp. 59, 1).

ಪರಿಣಾಮಿಸು pari-nâmisu. To be changed, to change, to appear in different forms (Šmd. 115. 177). 2, to be healthy or at ease, to enjoy pleasure (Bp. 4, 61. 66; 43, 57); to thrive (B. 5, 14).

ಪರಿಣಾಯ pari-nâya. Leading round; *moving a piece at chess, draughts, etc.*

ಪರಿಣಾಹ pari-nâha. Binding round, encircling; compass, extent, *width, breadth;* circumference, periphery. *Cf.* ಪರಿಣಾಮ No. 3 and see Nr. s. ಅಗಲ.

ಪರಿಣೀತ pari-nîta. Led round; married (Čpr. 4, after 12); completed.

ಪರಿತ parita. Tbh. of ಪರೀತ. (Bp. 18, 45).

ಪರಿತಸ್ pari-tas. *All round, from all sides.*

ಪರಿತಾಪ pari-tâpa. Burning excessively; *glow, heat, fever; pain, anguish, affliction.*

ಪರಿತುಷ್ಟಿ pari-tushṭi. = ಪರಿತೋಷ. — ಪರಿತುಷ್ಟಿವಡೆ. -ಪಡೆ. To obtain complete satisfaction, etc. (Ršv. 4, after 14).

ಪರಿತೋಷ pari-tôsha. Complete satisfaction, gratification, pleasure, delight, glee. (J. 31, 79; My.).

ಪರಿತೋಷಿ pari-tôshi. Completely satisfied, delighted; taking great delight in (Bp. 7, 4).

ಪರಿತ್ಯಜನ pari-tyajana. Abandoning, leaving, resigning; giving away. (My.).

ಪರಿತ್ಯಜಿಸು pari-tyajisu. To abandon, etc. (My.).

ಪರಿತ್ಯಾಗ pari-tyâga. Abandoning, leaving, quitting, rejecting, resigning, letting go; giving away, liberality. (My.). See ಸೂಸು.

ಪರಿತ್ಯಾಗಿ pari-tyâgi. A person who abandons, leaves, etc. (Bp. 21, 3).

ಪರಿತ್ರಾಣ pari-trâṇa. Protecting, protection, preservation, defence; means of defence. 2, *self-defence.*

ಪರಿತ್ರಾಸ pari-trâsa. Much trembling, terror, fright. (Rśv. 5, after 120).

ಪರಿದಲಿತ pari-dalita. Full-blown (Bh. 1, 5, 8).

ಪರಿದಾನ pari-dâna. *Barter, exchange.*

ಪರಿದೇವನ pari-dêvana. *Lamentation, wailing.*

ಪರಿಧಾನ pari-dhâna. Putting or wrapping round, putting on; a garment, clothes, vesture (ತನ್ತ್ರ, ಹೊದಕೆ Nn. 75); *an under-garment.*

ಪರಿಧಾವಿ pari-dhâvi. = ಪರೀಧಾವಿ. Running about; the forty-sixth year of the cycle of sixty. (My.).

ಪರಿಧಿ pari-dhi. Surrounding, enclosing. 2, a fence, a wall, a rampart (ವೇಗ, ಕೋಟೆ Nn. 97; ಶಾಲ, ಕೋಟೆ 121). 3, *a halo or circle round the sun or moon* (ಪರಿವೇಷ 121). 4, the horizon. 5, a circle; the circumference of a circle. 6, the periphery of a wheel. 7, *pieces or branches of fresh wood laid round a sacrificial fire;* the point of a branch of a tree (ವೃಕ್ಷಶಾಖಾಗ್ರ, Mr. 475); a tree (ಭೂಜ, ಮರ 121). 8, water (ಅಮ್ಬುಸ, ಉದಕ 121).

ಪರಿಧಿಸ್ಥ paridhi-stha. A number of sentinels posted in a circle; *a body-guard; an aide-de-camp.*

ಪರಿನರ್ತನ pari-nartana. Dancing about, dancing. — ಪರಿನರ್ತನಂಗೆಯ್. -ಂ-. To dance. ಪರಿನರ್ತನಂಗೆಯ್ಯುತಿರೆ ನವಿಲು (Râghč. 17, 71).

ಪರಿನಿರ್ಮಿಸು pari-nirmisu. To make, to fabricate, to compose (ಮಾಡು Śmd. 232).

ಪರಿನಿರ್ವೃತಿ pari-nirvṛiti. Final liberation, môksha. (Čpr. 9, 20).

ಪರಿನಿಷ್ಕ್ರಮಣ pari-nishkramaṇa. = ನಿಷ್ಕ್ರಮಣ. (Čpr. 4, after 18).

ಪರಿನ್ಯಸ್ತ pari-nyasta. Stretched out, extended; placed upon (Bp. 39, 54).

ಪರಿಪಕ್ವ pari-pakva. Completely cooked or dressed; quite ripe, quite mature; highly cultivated or educated, very knowing. (Čpr. 6, after 55; Kâvy. II, 2, B, 45).

ಪರಿಪಠನ pari-paṭhana. Complete enumeration (Čpr. 4, 17).

ಪರಿಪಠಿತ pari-paṭhita. Detailed, described, mentioned (Rśv. 14, after 106).

ಪರಿಪಣ pari-paṇa. *Capital, principal, stock.*

ಪರಿಪನ್ಥಂ pari-panthaṁ. By the way; in the way. See ಪಾರಿಪನ್ಥಿಕ.

ಪರಿಪನ್ಥಿ pari-panthi. *An antagonist, an enemy.* (Čpr. 4, after 18).

ಪರಿಪಾಕ pari-pâka. Being completely cooked or dressed; perfect maturity, perfection; the fruit or result of actions; cleverness. (My.).

ಪರಿಪಾಟ pari-pâṭa. = ಪರಿಪಾಠ. (ರೂಢಿ G.).

ಪರಿಪಾಟಿ pari-pâṭi. = ಪರಿಪಾಟು, ಪರಿಪಾಟಿ. *Regular course, succession; order, method, proper arrangement.*

ಪರಿಪಾಠ pari-pâṭha. = ಪರಿಪಾಟಿ. Custom, practice; fashion, rule, way (Mhr.; B. 5, 274).

ಪರಿಪಾಣ್ಡುರ pari-pâṇḍura. Very white or pale (Čpr. 8, 77; 9, 6).

ಪರಿಪಾರ್ಶ್ವ pari-pârśva. Being at or by one's side. See ಪಾರಿಪಾರ್ಶ್ವಿಕ.

ಪರಿಪಾಲ pari-pâla. A guardian, a protector, a defender (Bp. 38, 67).

ಪರಿಪಾಲಕ pari-pâlaka. = ಪರಿಪಾಲ. See ತಿಷ್ಟ್ರ.

ಪರಿಪಾಲನೆ pari-pâlanĕ. Protecting, guarding, nourishing, sustaining, ruling (ಭೋಗ, ರಕ್ಷಿಸುವುದು Nn. 118).

ಪರಿಪಾಲಯ pari-pâlaya. Protect! guard! (My.).

ಪರಿಪಾಲಿಸು pari-pâlisu. To protect, to guard, to keep, to maintain, to govern (Śmd. 269; Čpr. 1, 89; Bp. 19, 4; 21, 31; 38, 77; 49, 13).

ಪರಿಪಾಳಿ pari-pâḷi. Tbh. of ಪರಿಪಾಟಿ. (Râm. 1, 13, 1).

ಪರಿಪೀಡನ pari-pîḍana. Pressing all round, squeezing; tormenting greatly, torturing (ಸವತ್ಸ್ರಾಕರಣ, ಜೋಗರನು ಬಧ್ಧಿಸಲ್ Mr. 454).

ಪರಿಪುಷ್ಟ pari-pushṭa. Nourished, fostered, cherished, furthered; amply provided with, abounding in. (Kâvy. IV, 2, 54; Bp. 33, 3).

ಪರಿಪೂತ pari-pûta. Completely purified, pure (Bp. 37, 57; J. 34, 17).

ಪರಿಪೂರ pari-pûra. = ಪರಿಪೂರ್ಣ. (Bp. 38, 4).

ಪರಿಪೂರಿತ pari-pûrita. = ಪರಿಪೂರ್ಣ. (Bp. 11, 10; 43, 3).

ಪರಿಪೂರಿಸು pari-pûrisu. To fill completely (v. t., Čpr. 4, 67).

ಪರಿಪೂರ್ಣ pari-pûrṇa. Completely filled, quite full, entire, complete, perfect (Śmd. 12. 251; Čh. v. 1; Čpr. 7, 73; Bp. 40, 69; see ನೆಟಿತೆ).

ಪರಿಪೂರ್ಣತೆ pari-pûrṇatĕ. *Completion, completeness, entireness, fulness;* satiety, satisfaction.

ಪರಿಪೂರ್ಣತ್ವ pari-pûrṇatva. = ಪರಿಪೂರ್ಣತೆ. (G. 43. 321; My.).

ಪರಿಪೂರ್ತಿ pari-pûrti. = ಪರಿಪೂರ್ಣತೆ. (Bp. 36, 32; 44, 42; 47, 22; My.).

ಪರಿಪೇಲ pari-pêla. = ಪರಿಪೇಲವ.

ಪರಿಪೇಲವ pari-pêlava. Very small, fine or delicate. 2, *the fragrant grass Cyperus rotundus.*

ಪರಿಪೋಷಣ pari-pôshaṇa. Nourishing, cherishing, furthering, promoting. (Bp. 39, 2).

ಪರಿಪೋಷಿತ pari-pôshita. = ಪರಿಪುಷ್ಟ. (Bp. 60, 56).

ಪರಿಪ್ರಶ್ನ pari-praśna. *Question, interrogation, inquiry.*

ಪರಿಪ್ಲವ pari-plava. Swimming about; moving to and fro; running about; *vibrating, waving, trembling, shaking, unsteady, restless.* 2, oppression, tyranny.

ಪರಿಬವಣಿಗೆ pari-bavaṇigĕ. (Tbh. of ಪರಿಭ್ರಮಣ). Turning round, revolving (of wheels, Bh. 3, 6, 79).

ಪರಿಬಾಟಿ paribâṭi. Tbh. of ಪರಿಪಾಟಿ. (Bh. 2, 7, 21).

ಪರಿಬೋಧಿಸು pari-bôdhisu. To take notice or care of (Abh. P. 14, 143).

ಪರಿಭವ pari-bhava. Becoming *i. e.* passing round, paying no attention to: *disregard, disrespect, contempt, contumely, insult, offence, disgrace.*

ಪರಿಭವಿಸು pari-bhavisu. To disregard, to slight, to disrespect, to despise, to disgrace, etc. (Čpr. 3, 59; 8, 57;

Abh. P. 9, 44; Grj. 7, 66; Bp. 23, 22; 59, 51; Rāv. 5, 27; 6, after 11; J. 14, 5).

ಪರಿಭಾಗಿಸು pari-bhâgisu. To divide; to distinguish (Bp. 57, 69).

ಪರಿಭಾವ pari-bhâva. = ಪರಿಭವ. *Disregard, disrespect, etc.* See ಅಲೆ. 2, = ಪರಿಭಾವನ; see ಬಗೆ.

ಪರಿಭಾವನ pari-bhâvana. = ಪರಿಭಾವ No. 2. Thinking about, thought, reflection, idea, opinion, supposition, conjecture, meditation. See ಆಲಿಸು, ಗಿಜ್.

ಪರಿಭಾವಿತ pari-bhâvita. = ಪರಿಭೂತ. (Kâvy. II, 2, B, 44). 2, contained, included; pervaded. 3, conceived.

ಪರಿಭಾವಿಸು pari-bhâvisu. = ಪರಿಭವಿಸು (Rāv. 13, 11). 2, to think, to reflect, to meditate; to consider, to investigate, to mind, to pay attention to (ವಿಚಾರಿಸು Śmd. 44. 260 Cm.; Čpr. 3, 7. 74; 4, 21; Bp. 2, 8; 8, 26; 24, 85; 51, 27; Rāv. 6, 132; Si. 71).

ಪರಿಭಾಷಣ pari-bhâshaṇa. Speaking much; *admonition, expression of censure or contempt, reproof, abuse;* talking, conversing with.

ಪರಿಭಾಷೆ pari-bhâshĕ. Speech; explanation, definition. (My.). 2, censure. 3, a table or list of abbreviations or signs used in any work. 4, prognosis, in medicine.

ಪರಿಭೂತ pari-bhûta. *Disregarded, despised, treated with contempt;* overpowered, conquered.

ಪರಿಭ್ರಂಶ pari-bhraṁśa. Falling off, falling from; escaping, escape. (Kâvy. V, 32).

ಪರಿಭ್ರಮಣ pari-bhramaṇa. Wandering round, roving or roaming about; wandering, roaming, used also of the mind (My.); turning round; revolving. See ಸುಳ್; J. 10, 20.

ಪರಿಭ್ರಾನ್ತಿ pari-bhrânti. = ಪರಿಭ್ರಮಣ. (My.).

ಪರಿಮಣ್ಡಲಿಸು pari-maṇḍalisu. To move round (v. i., Bh. 10, 6, 22).

ಪರಿಮರ್ದಿಸು pari-mardisu. To rub, to grind (Śmd. 225).

ಪರಿಮಲ pari-mala. ಪರಿಮಳ. *Exquisite fragrance, perfume, fragrant scent* (ಕಮ್ಮಿತು Kk. 68; ಸವುಸವ, ಕಮ್ಮು, ಕಮ್ಮಿತು, ಘುಗಮಘಿಸು, ನಱು Śm. 23). 2, *the pounding or trituration of perfumes* (ಮಿದಿವುದು Hlâ.; ಸಮ್ಮರ್ದ, ಮಿದಿವುದು Mr. 456). ಪರಿಮಳದ ಹೂ ಪರಿಮಳವಲ್ಲೇ ಇರ ಬೇಕು (Prv.). — ಪರಿಮಳದ ರುಚ. -ತಿರುಚ. The large black bee (ತುಮ್ಬಿ Čt. I, 27).

ಪರಿಮಲಾಶೋಕ parimala-aśôka. (ಕಪಿಲೆ, ಧಸ್ಮಗರ್ಭೆ, ಪರಿಮಲ ಯುಕ್ತಮಾದ ಅಗುರು Si. 136).

ಪರಿಮಲಿತ pari-malita. Perfumed, scented. (Čpr. 8, after 72).

ಪರಿಮಳಿಸು parimaḷisu. To be exquisitely fragrant, to be highly perfumed (Bp. 14, 8; 18, 29; 43, 25; 44, 26; My.).

ಪರಿಮಳಿಸುಹ parimaḷisuha. Being exquisitely fragrant; smell, as one of the objects of sense (see Nr. s. ಸವಿಹ).

ಪರಿಮಾಣ್ parimâṇ. Tbh. of ಪರಿಮಾಣ. ಪರಿಮಾಣಿನನ್ನದೊಳ್ ಗೇಣಕ್ಕು (Śm. 96).

ಪರಿಮಾಣ pari-mâṇa. = ಪರಿಮಾಣ್. Measuring; *measure; quantity; compass; weight.* See Śmd. 94; ಅಳ.

ಪರಿಮಾರ್ಜ pari-mârja. Wiping all round; wiping off, cleaning; stroking, rubbing. See ತುಡ್ಡ-.

ಪರಿಮಾರ್ಜನ pari-mârjana. = ಪರಿಮಾರ್ಜ. (also: the act of smearing with cow-dung, My.).

ಪರಿಮಿತ pari-mita. Measured, meted; circumscribed, limited; adjusted; moderate. (Čh. v. 308; Bp. 1, 23; 5, 52; J. 16, 11).

ಪರಿಮಿತಿ pari-miti. Measure, limitation. (My.).

ಪರಿಮಿಲಿತ pari-milita. Mixed or combined with, pervaded by (Bp. 61, 45).

ಪರಿಮುಕ್ತ pari-mukta. Unloosened, unfastened, released, liberated. (My.).

ಪರಿಮುಖಂ pari-mukhaṁ. Round or about the face, round, about. (R.). ಪರಿಮುಖವಾಗಿ, through, by means of (My.; Tě.).

ಪರಿಮೃಜ pari-mṛija. = ಪರಿಮಾರ್ಜ. See ತುಡ್ಡ-.

ಪರಿಮೋಷ pari-môsha. *Theft, robbing.*

ಪರಿಮೋಷಿ pari-môshi. *A thief, a robber.*

ಪರಿಯ pariya. (= a. ಪರಿಹ). Running. See ಬಿಡಿಯ ಪರಿಯ.

ಪರಿಯಂಕ pariyaṅka Tbh. of ಪರ್ಯಙ್ಕ. (Mr. 202; Bp. 39, 61; My.).

ಪರಿಯಂಕಾಱ pari-aṅka-kâṟa. A good warrior (Bh. 6, 2, 10).

ಪರಿಯಟನ pariyaṭana. Tbh. of ಪರ್ಯಟನ. (J. 25, 6).

ಪರಿಯಣ pariyaṇa. = ಪರಿಯಳ, ಪರಿಯಾಣ, ಪರಿವಾಣ q. v., ಪರ್ಯಣ, ಪರ್ಯಾಣ, ಹರಿಯಣ, ಹರಿವಾಣ. (Abh. P. 16, 90; Č. Bp. 47, 40; V. 14, 54).

ಪರಿಯನ್ತ pariyanta. Tbh. of ಪರ್ಯನ್ತ. (My.; J. 2, 18; 28, 19).

ಪರಿಯನ್ತರ pariyantara. = ಪರ್ಯನ್ತ. Tbh. of ಪರ್ಯನ್ತರ. (My.; Tě.; Bp. 52, 43; 54, 72).

ಪರಿಯನ್ತ್ರ pariyantra. = ಪರಿಯನ್ತರ. (My.).

ಪರಿಯಳ pariyaḷa. = ಪರಿಯಣ, etc. (Čpr. 6, after 86).

ಪರಿಯಾಣ pariyâṇa. = ಪರಿಯಣ, etc. (Abh. P. 12, after 2; Bp. 9, 40; 12, 12. 35; 38, 11. 16; 37, 49; 59, 18. 22; ಸರಾವ G.).

ಪರಿಯಾನ pari-yâna. Going about; circumambulating. See ಪಾರಿಯಾನಿಕ.

ಪರಿಯಾಪ್ತ pariyâpta. Tbh. of ಪರ್ಯಾಪ್ತ. (ಉಪಪನ್ನ, ಭೋಜನದ ದಣಿವು Mr. 220).

ಪರಿಯಾಪ್ತಿ pariyâpti. Tbh. of ಪರ್ಯಾಪ್ತಿ. (Bh. 1, 6, 27).

ಪರಿಯಾಯ pariyâya. Tbh. of ಪರ್ಯಾಯ. (My.).

ಪರಿಯಾಸಕ pariyâsaka. Tbh. of ಪರಿಹಾಸಕ. (My.; Tě.; T. ಪರಿಯಾಚ = ಪರಿಹಾಸ).

ಪರಿಯಿಸು pariyisu. (= ಪರಿಸು 1, ಹರಿಸು). To cause to run; to cause to flow. See Abh. P. 18, 126; Rāv. 6, after 11 (twice); 18, 82. 87; ಅಡ್ಡಮ್ಬರಿಯಿಸು, ಕವಲ್ವರಿಯಿಸು; ತುಮ್ಬುವರಿಯಿಸು, ಪೊನಲ್ವರಿಯಿಸು, ವಿಸಟಮ್ಬರಿಯಿಸು, ಸಯ್ತುವರಿಯಿಸು.

ಪರಿಯುತ pari-yuta. Completely fastened to or bound (Abhâ. 1, 52).

ಪರಿಯೋಗ pari-yôga. (= ಪರ್ಯನುಯೋಗ). Asking (for something) with words of abuse: overreaching (ಪ್ರಲಮ್ಭ, ಹುಸ್ಸವಾಡಿ ಬೆಸಗೊಮ್ಬುದು Mr. 90).

ಪರಿಯೋಗಿಸು pari-yôgisu. To join well; to bring about (Bp. 45, 3).

ಪರಿರಕ್ಷೆ pari-rakshĕ. Rescue, protection, preservation, guarding. See ಪಾರಿರಕ್ಷಿಕ.

ಪರಿರಂಜಿಸು pari-ranjisu. To cause delight; to shine (Rāv. 6, after 24; 7, after 17).

ಪರಿರಮ್ಭ pari-rambha. *Embracing, an embrace.*

ಪರಿರಮ್ಭಣ pari-rambhaṇa. *Embracing, an embrace.* — ಪರಿರಮ್ಭಣಂಗೆಯ್. -ಂ-. To embrace (Râghô. 17, 71).

ಪರಿರಾಜಿಸು pari-râjisu. To shine on all sides, to be very resplendent (Râghô. 17, 64).

ಪರಿಲಕ್ಷಿತ pari-lakshita. Greatly marked, characterized, or distinguished (Šśv. 1, 67).

ಪರಿಲಬ್ಧ pari-labdha. = ಲಬ್ಧ. (My.).

ಪರಿಲುಲಿತ pari-lulita. = ಲುಲಿತ. (My.).

ಪರಿವಟ್ಟ pari-paṭṭa. A piece of cloth put round the head of persons at a temple on particular occasions (My.; Tĕ., T.).

ಪರಿವರ್ಜನ pari-varjana. Abandoning, giving up, resigning, avoiding. 2, *killing, slaughter.*

ಪರಿವರ್ತ pari-varta. Turning round, revolving; roaming or wandering about. 2, = ಪರಿವರ್ತನ No. 2, *revolution, end of a period of time,* the periodical destruction or dissolution of the universe (Mr. 71; ಸಂವರ್ತನ 472). 3, *a year.*

ಪರಿವರ್ತನ pari-vartana. Turning round; moving to and fro, moving (ಚಲನ, ಚಂಚಲ, ಚರಿಸುವುದು Nn. 158). 2, = ಪರಿವರ್ತ No. 2 (ಸಂವರ್ತನ, ಪ್ರಲಯ 158). 3, interchanging (ಪಲ್ಲಟ, ಪ್ರತಿಪಲ್ಲಟ 158); *change, exchange, barter.* 4, inverting, taking or putting anything in a wrong direction (? ವ್ಯಸನಂಗಳು 158).

ಪರಿವರ್ತಿಸು pari-vartisu. To move; to engage in (Čpr. 2, 31); to be used (ಪ್ರವರ್ತಿಸು Šmd. 112 Cm.; ಲೇಸಾಗಿ ವರ್ತಿಸು Mdb. Cm.; Bhn. 57).

ಪರಿವರ್ಧಿತ pari-vardhita. Increased, augmented, enlarged (Rśv. 14, after 106).

ಪರಿವರ್ಧಿನಿ pari-vardhini. Increasing, augmenting.

ಪರಿವರ್ಧಿನಿಷಟ್ಪದಿ parivardhini-shaṭpadi. N. of a metre (Čh.).

ಪರಿವರ್ಹ pari-varha. That which surrounds or encompasses: *retinue, train, attendants.* 2, *goods, furniture, implements* (ಪರಿಚ್ಛದ, ನೆರಹಿದ ಉಪಕರಣ Mr. 202). 3, royal insignia; attire, trim; wealth, property. See ಬಿರುದು.

ಪರಿವಳಿಗೆ (pari-paḷigĕ). N. of a place (Bp. 52, 1. 29).

ಪರಿವಾಣ parivâṇa. = ಪರಿಯಣ, etc. A plate-like vessel of metal or wood (ಪುರುಪಾತ್ರ Mr. 212; see ಪೊಮ್-).

ಪರಿವಾದ pari-vâda. *Abuse, reproach, reproof* (ನಿನ್ದೆ Mr. 87); charge, accusation.

ಪರಿವಾದಕ pari-vâdaka. A complainant, an accuser, a plaintiff, a calumniator. (R.). 2, one who plays on the lute.

ಪರಿವಾದಿ pari-vâdi. = ಪರಿವಾದಕ.

ಪರಿವಾದಿನಿ pari-vâdini. *A vînâ or lute of seven strings* (Mr. 80).

ಪರಿವಾಪ pari-vâpa. = ಪರೀವಾಪ. *Furniture.* 2, *sowing.* 3, *a piece of water, a pond, a reservoir.* 4, shaving.

ಪರಿವಾಪಿತ pari-vâpita. *Shaven, shorn.*

ಪರಿವಾರ pari-vâra. What surrounds: *train, suite, retinue, followers;* an army (ಭೋಗ, ಸೇನೆ, ಪಡೆ Nn. 113).

ಪರಿವಾಸ pari-vâsa. Excellent perfume (Abh. P. 4, 27).

ಪರಿವಾಹ pari-vâha. = ಪರೀವಾಹ. Overflow, an inundation. 2, *a water-course or drain to carry off excess of water; a sluice* (ಜಲೋಚ್ಛ್ವಾಸ, ಕಡೆಗೋಡಿ Mr. 418).

ಪರಿವಿತ್ತಿ pari-vitti. *An unmarried elder brother whose younger brother is married.*

ಪರಿವಿಲೀನ pari-vilîna. = ವಿಲೀನ. (Rśv. 14, after 106).

ಪರಿವಿಸ್ತರ pari-vistara. = ವಿಸ್ತರ. (Râm. 1, 13, 5).

ಪರಿವೀತ pari-vîta. Surrounded; overspread. 2, the bow of Brahmâ. (R.).

ಪರಿವು parivu. = ಹರಿವು. Running; flowing, streaming; current (J. 19, 5; Tĕ. ಪರುವು); force (ಯತ್ನ Mr. 490). ಪರಿವಲ್ಲಿ (490).

ಪರಿವೃಢ pari-vṛiḍha. *A superior; a master* (ಒಡೆಯ Nn. 161; Bp. 36, 53).

ಪರಿವೃತ pari-vṛita. Surrounded, encompassed, encircled; combined. See Šmd. 345; Čpr. 1, 129; 2, 92. 93; Bp. 4, 52; 18, 38; 53, 30; Rśv. 13, after 61.

ಪರಿವೃತ್ತ pari-vṛitta. Revolved, gone round; turned back; exchanged, bartered; ended. 2, *surrounded, encompassed.*

ಪರಿವೃತ್ತಯಮಕ parivṛitta-yamaka. A kind of yamaka (Kâvy. III, 2, B, 24 seq.).

ಪರಿವೃತ್ತಿ pari-vṛitti. Revolution; return. 2, *exchange* (Kâvy. III, 3, B, 3. 13-15), *barter* (ವಿನಿಮಯ, ಮಾರಾಟ Mr. 346). 3, end. 4, surrounding, encompassing.

ಪರಿವೇತೃ pari-vêtṛi, *A younger brother married before the elder.*

ಪರಿವೇಷ pari-vêsha. Surrounding, encompassing, etc.; a circle, a wreath, crown. 2, a circle; the circumference of a circle; etc. (ವಪ್ರ Nn. 61). 3, *a halo round the sun or moon* (ವೇಷ್ಟನ, ನಾನಾರೂಪು Nn. 23; Bp. 61, 11). — ಪರಿವೇಷಂಗೊಳ್. -ಂ-ಕೊಳ್. To get a halo (Abh. P. 9, after 62; Grj. 2, after 106).

ಪರಿವೇಷ್ಟಿತ pari-vêshṭita. Surrounded, enclosed, encompassed (Čh. v. 6).

ಪರಿವೇಷ್ಟಿಸು pari-vêshṭisu. To surround (Čpr. 4, 64; Grj. 5, 30; Bp. 10, 32).

ಪರಿವ್ಯಾಧ pari-vyâdha. *A species of reed, Calamus fasciculatus* Roxb. 2, *the tree Pterospermum acerifolium* Willd.

ಪರಿವ್ರಜ್ಯೆ pari-vrajyĕ. Strolling; *leading the life of a religious mendicant;* ascetic devotion, religious austerity.

ಪರಿವ್ರಾಜ್ pari-vrâj. A vagrant; *a mendicant devotee.*

ಪರಿವ್ರಾಜಕ pari-vrâjaka. *A mendicant devotee.*

ಪರಿಶಂಕೆ pari-šaṅkĕ. Apprehension, distrust, fear (Čpr. 1, 92).

ಪರಿಶಿಷ್ಟ pari-šishṭa. Left, remaining; finished (Sk.); finished state (J. 33, 37).

ಪರಿಶೀಲನ pari-šîlana. Fond pursuit of, or attachment to, study. (My.).

ಪರಿಶುದ್ಧ pari-šuddha. Completely cleansed, cleaned, purified, pure, in one's clothes, religious observances, and mind (ಪವಿತ್ರ, ಪ್ರಯತ, ಪೂತ Si. 250; J. 31, 78; 34, 18. 26; My.; *cf.* ಪರಿಶೋಧನ). 2, acquitted, discharged. 3, cleared off, paid. *Cf.* ಅತಿಶುದ್ಧ. Feminine ಪರಿಶುದ್ಧೆ (J. 18, 52; 21, 63).

ಪರಿಶುದ್ಧವನ್ತ parišuddha-vanta. A clean, pure man (My.).

ಪರಿಶುದ್ಧಿ pari-šuddhi. Complete purification, purity. (My.).

ಪರಿಶುಷ್ಕ pari-śushka. Perfectly dried up or parched, withered, emaciated, shriveled. (R.).

ಪರಿಶೆ pariśĕ. = ಪರಸೆ, etc. (My.). See Prv. s. ತೇರು.

ಪರಿಶೇಷ pari-śêsha. Remnant, remainder. (Kâvy. I, 7). 2, sequel, supplement. 3, conclusion, termination.

ಪರಿಶೋಧಕ pari-śôdhaka. A man who scrutinizes or searches (not Sk.; My.); one who corrects (My.).

ಪರಿಶೋಧನ pari-śôdhana. -ನೆ. Completely cleansing, purifying (Sk.); clarifying, straining, sifting (My.). 2, searching, seeking after, enquiry (not Sk.; My.). 3, correction (not Sk.; My.).

ಪರಿಶೋಧನಿ pari-śôdhani. A broom (ಕಸಬಿಲ್, ಸಮ್ಮಾರ್ಜನಿ Mr. 202).

ಪರಿಶೋಧಿತ pari-śôdhita. Cleaned; sifted, strained; scrutinized, searched; corrected (My.).

ಪರಿಶೋಧಿಸು pari-śôdhisu. To purify; to sift, to strain (My.). 2, to scrutinize; to correct (My.).

ಪರಿಶೋಭಿತ pari-śôbhita. Very beautiful, made very splendid, etc. (J. 10, 5).

ಪರಿಶೋಭಿಸು pari-śôbhisu. To shine greatly (J. 5, 12. 58; 15, 8).

ಪರಿಶೋಭೆ pari-śôbhĕ. Great lustre or beauty, etc. — ಪರಿಶೋಭೆವಡೆ. -ವಡೆ. To be ornamented (Râv. 13, after 77). — ಪರಿಶೋಭೆವೆಟ್. -ವೆಟ್. To become full of lustre (Śâv. 1, 70).

ಪರಿಶ್ರಮ pari-śrama. Fatigue; laborious exertion; distress. (My.). — ಪರಿಶ್ರಮ ಮಾಡು. To toil, to labor (B. 4, 222).

ಪರಿಶ್ರಾನ್ತ pari-śrânta. Thoroughly fatigued, overcome with fatigue or distress, worn out, wearied. (Čpr. 1, after 81).

ಪರಿಶ್ರಾನ್ತಿ pari-śrânti. Fatigue, exhaustion. (My.).

ಪರಿಶ್ರುತ pari-śruta. Heard; known, renowned (Râm. 1, 1, 17).

ಪರಿಷತ್ತು pari-shattu. Tbh. of ಪರಿಷದ್ (Šmd. 106).

ಪರಿಷದ್ pari-shad. = ಪರಸೆ, ಪರಿತೆ, ಪರಿಷತ್ತು, ಪರಿಷೆ, ಪರಿಸೆ. Sitting round. 2, *an assembly, a meeting, a congregation.* 3, an expiatory act, atonement (My.).

ಪರಿಷೆ parishĕ. = ಪರಸೆ, etc. (Bp. 6, 13).

ಪರಿಷೇಕ pari-sêka. Sprinkling over. (Čpr. 2, 37).

ಪರಿಷೇಚನ pari-sêčana. Sprinkling round. (My.).

ಪರಿಷ್ಕರಿಸು pari-sh-karisu. To prepare; to adorn; to perfect, to finish, to polish (My.).

ಪರಿಷ್ಕಾರ pari-sh-kâra. *Adorning, ornament, decoration, embellishment;* finishing, polishing.

ಪರಿಷ್ಕೃತ pari-sh-kṛita. = ಪರಿಃಕೃತ. Surrounded; prepared, equipped; adorned; highly finished, polished; *cleansed, purified* (by initiatory rites).

ಪರಿಷ್ವಂಗ pari-svaṅga. *Embracing, an embrace.*

ಪರಿಸ parisa. = ಪರುಸ 1, etc. Tbh. of ಸ್ಪರ್ಶ. (Čpr. 1, 46; Śâv. 3, 30).

ಪರಿಸಂಖ್ಯೆ pari-saṅkhyĕ. Enumerating one by one, computation; sum; total, a number. (Čh. v. 248).

ಪರಿಸನ parisana. = ಪರುಷನ. Tbh. of ಸ್ಪರ್ಶನ. See ಅಬ್ಬು, ಮುಟ್ಟು; V. 41, 24.

ಪರಿಸಮಾಪ್ತಿ pari-samâpti. Full completion, accomplishment, conclusion, end (ಪೂರಣೆ, ಮುಕ್ತಾಯ, ಸಮ್ಪೂರ್ಣ Nn. 157). 2, leaving, quitting, giving up (ತ್ಯಜ, ಬಿಡುವುದು 157).

ಪರಿಸರ pari-sara. Going round; standing-place, position; environs, bounds, border; *proximity, neighbourhood.* 2, death. 3, rule, precept.

ಪರಿಸರ್ಪ pari-sarpa. Going or walking round or about; *perambulation; surrounding, encircling;* going after, following.

ಪರಿಸರ್ಯೆ pari-saryĕ. Going about; *perambulation;* near approach; service.

ಪರಿಸು parisu. 1. = (ಪರಿಯಿಸು), ಹರಿಸು. To cause to move, run or flow. See ಎಡಪರಿಸು, (ಕನಪರಿಸು), ತಡಪರಿಸು, ಬೀದಿಪರಿಸು.

ಪರಿಸು parisu. 2. (= ಪಚರ್ಚ ?). To speak, to chat (? T. ಪೆರುವು, to speak in sleep; ಪಡಿಂಗು, to speak; Tĕ. ಪಲುಕು, to speak; cf. ಪರಿಕೆ 2, ಪಚ್ 1). See ಕನಪರಿಸು (?).

ಪರಿಸುಪ್ತಿ pari-supti. Sleep (Grj. 8, 70).

ಪರಿಸೂತ್ರ pari-sûtra. An enclosure (? Abh. P. 7, after 47).

ಪರಿಸೆ parisĕ. = ಪರಸೆ, etc. (My.).

ಪರಿಸೇವೆ pari-sêvĕ. = ಸೇವೆ. (Čpr. 4, 77).

ಪರಿಸ್ಕನ್ದ pari-skanda. *Maintained or nourished by strangers; a servant;* a day-laborer (ಪ್ರೇಷ್ಯ, ಕೂಲಿಕಾಱ Hlâ.; ಕೂಲಿಕಾಱ Mr. 236).

ಪರಿಸ್ತರಣ pari-staraṇa. Strewing round, strewing, as the darbhĕ. (Grj. 10, after 97; My.). 2, a line drawn with red clay, etc. at the foot of a wall (J. 17, 27).

ಪರಿಸ್ತೋಮ pari-stôma. *A cover, a coverlet; an elephant's coloured housings.*

ಪರಿಸ್ಪನ್ದ pari-spanda. Throbbing, trembling; movement. 2, *train, retinue.* 3, *decoration of the hair.*

ಪರಿಸ್ಫುಟ pari-sphuṭa. Very clear or manifest, quite evident or plain or distinct (Šmd. 392; Čh. v. 248).

ಪರಿಸ್ಯನ್ದ pari-syanda. Flow, stream. 2, *train, retinue.* 3, decoration of the hair.

ಪರಿಸ್ರವಣ pari-sravaṇa. Flowing, streaming, oozing, trickling.

ಪರಿಸ್ರವಣಿ pari-sravaṇi. (= ಪರಿಸ್ರುತ್). Toddy, vinous liquor (ಮೈರೇಯ, etc., ಕಳ್ Mr. 221).

ಪರಿಸ್ರುತ್ pari-srut. Flowing, dropping, trickling; *vinous or distilled liquor.*

ಪರಿಸ್ರುತ pari-sruta. Flowed, oozed.

ಪರಿಸ್ರುತೆ pari-srutĕ. *Vinous or distilled liquor.*

ಪರಿಹರ pari-hara. = ಪರಿಹಾರ. (Bp. 13, 4; 29, 12; 45, 38; My.).

ಪರಿಹರಣೀಯ pari-haraṇîya. To be shunned or avoided; avoidable. (Râv. 13, 13).

ಪರಿಹರಿಸು pari-harisu. To abandon, to leave, to shun, to reject (ಬಿಡು Šmd. 78. 141; ನೀಗು G.); to destroy, as a paper (My.); to take away, to remove, to set aside, to clear away, to avert, to remedy (ತೀರ್ಚು Kk. 68; Šm. 51; My.); to clear off, as a debt (My.). ಈ ಯೋಗದೊಳ್ ಅವ ರೋಗಮಂ ಪರಿಹರಿಕುಂ? (Šmd. 268). ಪರಿಹರಿಸಲ್ ಪಟ್ಟುದು (ಪರಿಹೃತ, etc. Hlâ.). ಗಣ್ಡಾನ್ತರ ಬನ್ದಾಗ ಹೆದರಿದೆ, ಅದನ್ನು ಪರಿಹರಿಸಬೇಕು (B. 4, 60). ಮಂಜು ಗಾಳಿ ಇವುಗಳ ಬಾಧೆಯನ್ನು ಪರಿಹರಿಸುವ ಪಚ್ಚಡ ಮುನ್ತಾದ ವಸ್ತ್ರವಿಶೇಷವು (ನಿಶಾರ Sl. 224). ಸಮಸ್ತಪಾಪಗ

ಳನ್ನು ಪರಿಹರಿಸುವ ಶಕ್ತಿಯುಳ್ಳ ಜಪಿಸ ತಕ್ಕ ಮನ್ತ್ರಗಳು (ಅಘಮರ್ಷಣ 251). See Šmd. 77; Čpr. 2, 48; Bp. 2, 27; 3, 19. 46; 6, 6; 16, 3; 32, 44; 40, 8; 43, 67; 45, 15; 46, 28; 49, 29; 50, 31; 51, 4; 54, 42; 56, 55; 57, 49; J. 2, 39; 5, 12; 9, 34; 11, 35; 15, 37. 2, to be taken away, etc. (Bp. 45, 8).

ಪರಿಹರ್ತವ್ಯ pari-hartavya. To be shunned or avoided (adj.). (Čpr. 1, 45).

ಪರಿಹಸಿತ pari-hasita. Laughed at, ridiculed (Ršv. 14, after 106).

ಪರಿಹಾರ pari-hâra. Abandoning, leaving, avoiding, shunning. 2, taking away, removing, averting; remedying or atoning for any improper action (ಪರಿಹೃತ, ನಿರಾಕೃತ, etc. Mr. 431; ದೂರ ಮಾಡೋಣ G.; Bp. 60, 57; My.). 3, exemption from taxes, immunity.

ಪರಿಹಾರಕ pari-hâraka. He who removes, averts, or remedies (My.).

ಪರಿಹಾರಣೆ pari-hâraṇĕ. = ಪರಿಹಾರ. (ದೂರ ಮಾಡೋಣ G.).

ಪರಿಹಾರ್ಯ pari-hârya. To be abandoned, shunned or avoided; to be escaped from; to be taken off or away; to be severed or separated. 2, *a bracelet.*

ಪರಿಹಾಸ pari-hâsa. = ಪರೀಹಾಸ, ಪರ್ಯಾಸ 2. Jesting, joking; a jester, a buffoon (ದ್ರುತ, etc., ನೃಪರಂ ನಗಿಸುವಂ Mr. 270; see Hlâ. s. ಮೇಳದಾತ). 2, *mirth, merriment, jest, sport;* laughter; laughing at, deriding. 3, one of sthâyibhâvas (Kâvy. IV, 2, 15).

ಪರಿಹಾಸಕ pari-hâsaka. = ಪರಿಯಾಸಕ. A jester, a buffoon (ಸಚ್ಚವಶಾಲಿ Šm. 48; Bp. 59, 29).

ಪರಿಹಾಸ್ಯ pari-hâsya. Laughable, ridiculous (Sk.). 2, = ಪರಿಹಾಸ No. 2. (My.).

ಪರಿಹೃತ pari-hṛita. Abandoned, quitted; *set aside, removed, rejected;* taken away. See Bp. 36, 37; 37, 64.

ಪರಿಹೃತಿ pari-hṛiti. Shunning, avoiding; removing, averting. — ಪರಿಹೃತಿಗೆಯ್. To avert (V. 9, 44).

ಪರೀಕ್ಷಕ parî-kshaka. Looking round, *inspecting carefully, testing, examining;* a prover, a tester, an examiner.

ಪರೀಕ್ಷಣ parî-kshaṇa. = ಪಡಿಸಣ, (ಪುಚ್ಚವಣ 1). *Trying, testing, examining, inspecting carefully* (ಧಾತು, ಅರಯ್ಕೆ Mr. 437).

ಪರೀಕ್ಷಿತ್ parî-kshit. = ಪರಿಕ್ಷಿತ್. N. of a king, son of Abhimanyu and father of Janamêjaya (Bh. 1, 2, 13).

ಪರೀಕ್ಷಿತ parî-kshita. Carefully or accurately inspected, tried, examined, tested, proved. 2, a touch-stone (ವೇತ್ರಿ, ಒರೆಗಲ್ಲು Mr. 358).

ಪರೀಕ್ಷಿಸು parî-kshisu. = ಪರಿಸಿಸು. To inspect carefully, to examine, to test; to investigate (Čpr. 5, 81; Bp. 18, 19; 22, 7; 31, 5; B. 4, 51. 126; 5, 20; My.).

ಪರೀಕ್ಷಿಸುವಿಕೆ parîkshisuvikĕ. = ಪರೀಕ್ಷಿಸುಹ. ಪ್ರಮಾಣದಿನ್ದ ಅರ್ಥವನ್ನು ಪರೀಕ್ಷಿಸುವಿಕೆ (ಚರ್ಚೆ, ವಿಚಾರಣೆ, etc. Si. 47).

ಪರೀಕ್ಷಿಸುಹ parîkshisuha. Trying, testing, etc. ಧರ್ಮಾದಿಗಳಿನ್ದ ಅರಸು ಮನ್ತ್ರಿಗಳ ಚಿತ್ತಮಂ ಪರೀಕ್ಷಿಸುಹಂ (ಉಪಕ್ರಮ Nr.).

ಪರೀಕ್ಷೆ parî-kshĕ. = ಪರಿಕೆ, ಪರಿಕ್ಷೆ. Investigation, examination, test, trial (ಪುಚ್ಚವಣ Kk. 83; Šm. 56; ಪಡಿಸಣ Bhn. 3); trial by ordeal of various kinds. — ಪರೀಕ್ಷೆ ಆಗು. An examination to take place (My.; B. 5, 278). — ಪರೀಕ್ಷೆ ಕೊಡು. To undergo an examination (My.); to pass an examination with success (My.; B. 5, 272). — ಪರೀಕ್ಷೆ ತೆಗೆ. = ಪರೀಕ್ಷೆ ಮಾಡು. (My.). ಅವರ ಪರೀಕ್ಷೆಯನ್ನು ತೆಗದು ಕೊಳ್ಳುತ್ತಾರೆ (B. 5, 273). — ಪರೀಕ್ಷೆ ಮಾಡು. To examine (My.; B. 4, 51). ಪರೀಕ್ಷೆ ಮಾಡುವವನು (ಪರೀಕ್ಷಕ G.).—See Prv. s. ವಿಜಾನು.

ಪರೀಕ್ಷೆಗಾಱ parîkshĕ-gâṛa. An examiner (My.).

ಪರೀತ parî-ita. = ಪರಿತ. Past, elapsed, expired; departed; surrounded, encompassed; filled; taken possession of, seized. (Čpr. 5, 92; Ršv. 6, 35). See Mr. s. ಜೋಗ.

ಪರೀಧಾವಿ parî-dhâvi. = ಪರಿಧಾವಿ. (My.).

ಪರೀವಾಪ parî-vâpa. = ಪರಿವಾಪ.

ಪರೀವಾಹ parî-vâha. = ಪರಿವಾಹ. (See Si. s. ಮೇಲುಹೊರು).

ಪರೀಷಹ parî-saha. The act of sustaining or bearing up against (Čpr. 1, 3; Abh. P. 16, 61).

ಪರೀಷ್ಟಿ pari-ishṭi. *Investigation, research, inquiry.* 2, *reverence, respect, homage.* 3, willingness, readiness, inclination.

ಪರೀಸಾರ parî-sâra. ಪರಿಸಾರ. *Going round or about, perambulation.*

ಪರೀಹಾಸ parî-hâsa. = ಪರಿಹಾಸ.

ಪರು paru. = ಪರುಸ್. (ಪರ್ವ, ಗ್ರನ್ಥಿ, ಗಣ್ಣು Mr. 109).

ಪರುಜು paruju. = ಪರಜು, q. v.

ಪರುಟವ paruṭava. = ಪರಿಟವ. (Tbh. of ಪ್ರಥಿಮನ್ or ಪಾರ್ಥವ). Spreading, extension; prolixity, diffuseness; verbosity; extensive work (ವಿಸ್ತರ Bhn. 11; Bh. 2, 7, 14).

ಪರುಟವಣೆ paruṭavaṇĕ. = ಪರುಟವ. (Bh. 1, 8, 70; Ršv. 6, after 11; My.).

ಪರುಟವಿಸು paruṭavisu. To spread, or put, about; to give the details of, to tell in detail (Bh. 1, 12, 7; Râm. 1, 7, 8. 9; 1, 16, 34; Šsv. 4, 29; J. 5, 20).

ಪರುತ್ parut. *Last year.*

ಪರುವ paruva. = ಪರ 2. Tbh. of ಪರ್ವ. A yearly feast at which villagers, for money raised by subscription, buy rice, have it boiled and heaped up outside of the village in front of an idol, and eat it in common (My.).

ಪರುಷ parusha. 1. Knotted, knotty; rough, rugged, uneven, shaggy; *harsh, unkind, cruel, stern, rude, severe* (ತೀಕ್ಷ್ಣ, ನಿಷ್ಠುರವಾದುದು Nn. 119; ಕೂರ Mr. 515, o. r. ಕ್ರೂರ). 2, an enemy (ದ್ವಿಟ್, ವೈರಿ 119). 3, theft, trickery (ಚೌರ್ಯ 515). 5, courage (ಧೈರ್ಯ 119; 515). 6, spotted, variegated, party-coloured (ಪೀತ 515; the MSS. ಪೀತ & ವೀರ); dirty. 7, gold (ಜಾಮ್ಬೂನದ, ಸುವರ್ಣ 119; ಪೊನ್ 515). 8, pure (ಶುದ್ಧ 515). See ಬಿಱಿಸು.

ಪರುಷ parusha. 2. = ಪರುಸ 1. A touch-stone; the philosopher's stone (Grj. 8, after 91; 3, 110; Bp. 1, 39; 23, 32; 30, 27; 36, 2; 38, 45; 39, 2; Mhr. ಪರೀಸ).

ಪರುಷನ parushana. = ಪರಿಸನ. Tbh. of ಸ್ಪರ್ಶನ. (Bp. 60, 32).

ಪರುಷವೇದಿ parusha-vêdi. = ಪರುಸವೇದಿ. Tbh. of ಸ್ಪರ್ಶವೇದಿ. The philosopher's stone (Bp. 31, 19).

ಪರುಷೆ parushĕ. = ಪರಸೆ, etc. Tbh. of ಪರಿಷದ್. (Bp. 18, 9).

ಪರುಷೋಕ್ತಿ parusha-ukti. Harsh or abusive language. (My.).

ಪರುಸ್ parus. = ಪರು. *A knot or joint of a cane or reed.*

ಪರುಸ parusa. 1. = ಪರಿಸ, ಪರುಷ 2. Tbh. of ಸ್ಪರ್ಶ (Šmd. 358).

ಪರುಸ parusa. 2. = ಹರುಸ. Tbh. of ಹರ್ಷ (Šmd. 335 Mdb.).

ಪರುಸವೇದಿ parusa-vêdi. = ಪರುಷವೇದಿ. (My.; Tĕ.).

ಪರೆ parĕ. 1. = (ಪರಿ 4), ಹರೆ 1. To spread (v. i.), to extend, to be diffused; to spread out or run, as creepers or roots; to disperse (v. i.), as an assembly, darkness, etc.; to be dishevelled, as hair (ಪ್ರಸಾರಣ Šmd. Dh.; M.). P. ps. ಪರದು, ಪರೆದು. ಓಲಗಂ ಪರೆವುದುಮ್ ಆಲೋಚನೆಗೆ ಪ್ರೋಕ್ತಂ (Šmd. 295). ಪರೆಯದೆ ಸುತ್ತುತ್ತಿಹ ಕತ್ತಲೆ (ಸನ್ತಮಸ, ಅವತಮಸ Mr. 67). ಭುವನದುನ್ ಆವಗಂ ಪರೆದು ತೀವಿದ ತಣ್ಣಳಿರ್ಗಳ್ (Lîlv. 8, 7). See Šmd. 408; Čpr. 8, 29. 32. 101; Grj. 4, after 104; 10, 100; Abh. P. 6, 118; Bp. 1, 51; Rŝv. 4, 25; 7, after 17 (twice); J. 2, 65; 17, 20; 19, 88; 22, 25; ಕರಿಕುವರೆ, ಕಿಸುನಂಜೆವರೆ, ಕುಡಿವರೆ, ಕೊನೆವರೆ, ತಡವ್ಪುರೆ s. ತಡ 1, ಬೇರ್ವರೆ, ಹಿಳ್ಳೆವರೆ. — ಪರೆಗಡಿ. -ಕಡಿ. (i. e. ಪರೆಯ-). To cut and scatter about (J. 20, 13; 28, 48. 45). — ಪರೆ ಮಾಡು. (i. e. ಪರೆಯ-). To scatter about (Abh. P. 18, 142).

ಪರೆ parĕ. 2. = ಹರೆ 2. To dawn (ಕಾಲ್ಯ Šmd. Dh.; Tĕ. ಬರ್ವು, ಪರಲು, ವೆಲಯು, T. ವಯಂಗು, to shine; T. ಎಡಿ, to break, to dawn; to be divided, as the night from the day; cf. ಎರೆ 1?).

ಪರೆ parĕ. 3. Extension, stretch. See ತಡವ್ಪುರೆ s. ತಡ 4.

ಪರೆ parĕ. 4. = ಎರೆ 5, ಪರಿ 5, ಪೊರೆ 5, etc. A fold (see ಹೊರೆ s. ಪದರ); a scale or coat of an onion; a web or film on the eye; the skin or slough of a snake (My.); a caul (G.); the web of a spider (My.); a thin layer or scale of stone, a lamina; dry scab of a sore or on the skin (My.); scurf of the head, dandruff (My.). ಬಲಿದುದೋ (ಕಣ್ಣ) ಪರೆ? (Bp. 18, 66). ಗರ್ಭದೊಳಗಿನ ಶಿಶುವಿಗೆ ಸುತ್ತಿದ ಪರೆ (ಜರಾಯು G.). ಕೊಡಲಿಯೊಳಗೆ ಹಾಕಿದ ಪರೆ (chip, ಜೀವಾಳ G.). ಹುಳುಗಳು ತತ್ತಿಯಿಡುವದಕ್ಕೆ ಎಲೆಗಳ ಮೇಲೆ ಮಾಡಿದ ಬಿಳೇ ಪರೆಯ ಗೂಡು (G. 494). ಜೇಡಹುಳದ ಪರೆ (ಸನ್ತಾನಿಕೆ G.). See ಕಿಪ್ಪರೆ. — ಪರೆಗಳೆ. -ಕಳೆ. To cast its slough, as a snake. ಪರೆಗಳೆದ ಹಾವು (ನಿರ್ಮುಕ್ತ, ಮುಕ್ತಕಂಚುಕ G.). — ಪರೆ ಬಿಡು. = ಪರೆಗಳೆ. (My.).

ಪರೆಂಗಿ parĕngi. = ಪರಂಗಿ. (My.). — ಪರೆಂಗಿಜಾಲಿಗಿಡ. A prickly shrub or small tree with yellow flowers, frequent on roadsides, Parkinsonia aculeata L. (Z.). — ಪರೆಂಗಿಮೆಣಸಿನ ಕಾಯಿ. Chilli, the pod of the Spanish or Cayenne pepper, Capsicum annuum L. (St. & Pl.; My.). — ಪರೆಂಗಿಯಿಚಲಮರ. The African oil-palm, Elaeis guineensis L. (St. & Pl.). — ಪರೆಂಗಿಹರಳುಗಿಡ. A shrub used to make hedges, native of Brazil, Jatropha curcas L. (St. & Pl.). — ಪರೆಂಗಿಹಲಸು. The pine-apple, Ananas sativus Mill. (St. & Pl.; cf. ನೆಲಹಲಸು).

ಪರೆಪು parĕpu. 1. = ಪರಪು. To spread (v. t., ಪ್ರಸಾರ Šmd. Dh.).

ಪರೆಪು parĕ-pu. 2. (Šmd. 248 Mdb.). = ಹರೆವು. Spreading, the state of being extended, diffusion, etc.

ಪರೇಂಗಿತ para-ingita. A hint or sign to another (Kâvy. III, 8, B, 30).

ಪರೇತ parâ-ita. *Departed, deceased, defunct, dead.* 2, a corpse (ಶವ, ಕುಣಪ, ಹೆಣನು Mr. 395). 3, a ghost, a spirit, a goblin.

ಪರೇತಕೃತ್ಯ parêta-kṛitya. Any rite connected with a deceased person, funeral rites (Bh. 1, 5, 25; Râm. 8, 12, 10).

ಪರೇತಪತಿ parêta-pati. = ಪರೇತರಾಜ್. (Bp. 41 sum.; Râm. 5, 9, 22).

ಪರೇತರಾಜ್ parêta-râj. *Yama.*

ಪರೇತವನ parêta-vana. A cemetery (Čpr. 9, 16).

ಪರೇದ್ಯವಿ parê-dyavi. *On the next day, to-morrow.*

ಪರೇಶ para-îŝa. = ಪರೇಶ್ವರ. (My.).

ಪರೇಶ್ವರ para-îŝvara. The supreme lord; Šiva (Bp. 61, 46); etc.

ಪರೇಷ್ಟುಕೆ parêshṭukĕ. *A cow which has often calved* (ಹಲವು ಸೂಡಿಾಕಳು Mr. 181).

ಪರೈಧಿತ para-êdhita. *Nourished by a stranger, maintained by others* (ಪರಾನ್ನ, ಪರಪಿಣ್ಡಿ, ಹೆಱರ್ ಅರಿಕ್ಕದುದ ತಿಪ್ಪುವಂ Mr. 281). 2, the cuckoo.

ಪರೋಕ್ಷ paras-aksha. = ಪರಕ. Beyond the range of sight, invisible, imperceptible, escaping observation; invisibility; secrecy.

ಪರೋಪಕಾರ para-upakâra. The act of assisting others, doing good to another, benevolence, charity; a favour, a kindness. (J. 24, 18. 25; My.; B. 4, 181; 5, 95).

ಪರೋಪಕಾರಿ para-upakâri. A person who assists others or does good to them, a beneficient, philanthropic person (My.; B. 3, 121; 4, 3; 5, 200).

ಪರೋಷ್ಣಿ parôshṇi. *A cockroach.* See ಜಿರ್ಲೆ ಮೂಗಕ್ಕ.

ಪಱ್ paṟ. = ಪಱ 1. — ಪಱ್ ಪಱ್. = ಪಱ ಪಱನೆ. (S. Mhr.).

ಪಱ paṟa. 1. A sound imitating that produced by rending or tearing cloth. — ಪಱ ಪಱನೆ. rep. With the repeated sound of paṟa (My.; M. ಪಱುಪಱೆ).

ಪಱ paṟa. 2. Short P. p. of ಪಱಸು. — ಪಱ ಪಱಸು. rep. To cause one's self to run and run, to try to outrun: to emulate, etc. — ಪಱಪಱಸುಹ. Emulation, rivalry, competition (ಸ್ಪರ್ಧೆ, ಸಂಹರ್ಷ Hlâ.).

ಪಱಕಲು paṟakalu. (fr. ಪಱ್ 3). The state of being emaciated or lean (My.). — ಪಱಕಲ. -ಅ 3. A lean man (My.). — ಪಱಕಲಿ. A lean woman (My.).

ಪಱಕು paṟaku. = ಪಱುಕು, ಹಱಕು, etc. (My., in ಪಱಕು-).

ಪಱಟೆ paṟaṭĕ. The state of being rough, harsh, bristled, bushy, or curly (M. ಪಱು, rough, harsh; see ಪರ್ಗರಿಕೆ). — ಪಱಟೆದಲೆ. -ತಲೆ. A rough, etc., head (T. ಪಱಟ್ಟೆತ್ತಲೈ; M. ಪಱುದಲೆ; R.).

ಪಱನೆ paṟanĕ. With the sound of ಪಱ 1. — ಪಱನೆ ಹಱ್. To rend with the sound of paṟa, as cloth, paper (My.).

ಪಱಮೆ paṟamĕ. The large black bee (ಅಲರ್ಗಕ್ಕ, ಅಱಿ Čt. I, 62; ಬಣ್ಣುಣಿ, ಭೃಂಗ II, 68; ತುಮ್ಬಿ Šmd. II; ಬವರ, etc. Kk. 14; ಅಱಿ, ಅಲರ್ಗಕ್ಕ, ಮೇಳವ್ಪು, ಪಲ್ಲ, ಅಳಿ, ಬವರ, ಬಿಂಗ, ಬಣ್ಣುಣಿ, ಅಲರುಣಿ, ಚಿತ್ರವಿಹಂಗ Šm. 27, Kk. 90; ಬಿಂಗ Šm. 88; Grj. 2, after 71; Č. Bp. 11, 5; J. 17, 25; T. ಪಱವೈ, M. ಪಱವ, a bird). — ಪಱಮೆವಱ್. -ಮಱ್. A young black bee (Čpr. 7, 84; Rŝv. 2, after 8; 4, after 14; 8, after 5). — ಪಱಮೆವಱ್ಮುಱುಗಲ್. -ತುಱುಗಲ್. A swarm of young black bees (Rŝv. 2, after 8; Šŝv. 3, after 35).

ಪಱಿ pa̱ri. 1. = ಅಱ್ 2, ಹಱ್ 1. To tear asunder, to tear, to rend, to break, to slit; to cut asunder; to cut off, to sever, to cut; to break off, as fruits, etc. from a tree (ವಿಚ್ಛಿತ್ತಿ Šmd. Dh.; ಉಗಿ Čt. 1, 29; Bp. 22, 6. 29; 27, 18; 28, 9. 38; 39, 10; 49, 33; 54, 46; Ršv. 6, after 11; T., M.). 2, to be torn asunder, to be torn, etc.; to cut, as a knife, etc. (Čpr. 1, 94; 2, 83; 5, after 64; 6, 35; Bp. 32, 44; Ršv. 5, 119; J. 33, 22). ಬೇರ್ ಪಱಿದುದು (Šmd. 219). — ಪಱ್ ಪಱ್. rep. (Bp. 56, 28). — ಪಱಿಯಲಿಸು. -ಇಸು. To shoot so that (anything) is cut asunder or off (Bp. 34, 35). — ಪಱಿಯುಲಿಸು. -ಎಸು. = ಪಱಿಯಲಿಸು. (Bp. 44, 3). — ಪಱಿಯ ಹೊಡೆ. To beat so that (the head, etc.) be severed (Bp. 28, 26). — ಪಱಿಯಿಸು. -ಇಸು. = ಪಱಿಯಲಿಸು. (Abh. P. 11, 52; 13, 87). — ಪಱಿಯೊದೆ. -ಒದೆ. To kick so as to rend or break (Čpr. 9, 13).

ಪಱಿ pa̱ri. 2. = ಹಱ್ 2. P. p. of ಪಱ್ 1, in ಪಱ್ ಪಱಿದು (Bp. 13, 53).

ಪಱಿ pa̱ri. 3. = ಹಱ್ 3. Tearing, etc. (T., M.). — ಪಱಿಗಡ್ಡ. A torn, dishevelled beard (V. 11, 61). — ಪಱ್ ಪಱ್. -ಪಱ್. rep. Torn and scattered state (Čpr. 8, 24).

ಪಱಿ pa̱ri. 4. = (ಪರಿ 3), ಪಱು, etc. Flying, (jumping); running swiftly, etc., (floating, swimming across). (T., M. ಪಱ, to fly; to run very swiftly; to flee; *cf.* ಪಾಱು 1). — ಪಱಿಗೋಲ್. = ಪಱುಗೋಲ್. See ನೀರುವಱಿಗೋಲ್. — ಪಱಿಮಱ್. = ಪರಿಮಱ್. A certain game that at present (as ಹಾಱುಗುಪ್ಪೆ) is played as follows: boys form two parties both of which make a heap of sand in their front, when one of the party is ordered to jump from one heap to the other; if he is not successful, one jumps on his shoulders and drives him about (ಪೆಗಲಂ ಪತ್ತಿ ಪಾಟ Šs.; ಹಾಱುಗುಪ್ಪೆ Kk. 71, Šm. 56). ಧುರದೊಳ್ ಪಱಿಮಱಿಯಾಡುವ ತೆಱದಿನ್ದುಱಿದಿಱಿದಂ (Šmd. 28, o. r. in Mdb. ಪರಿಮಱ್-). See Grj. 5, after 76; Ršv. 5, after 19. — ಪಱಿಮಱಿಗೊಳ್. -ಕೊಳ್. To undertake that game (Ššv. 1, after 79; 3, after 35).

ಪಱಿ pa̱ri. 5. To adorn, to decorate (ಭೂಷಣ Šmd. Dh.).

ಪಱಿ pa̱ri. 6. Ornament, decoration, embellishment. (T. ಪಱ್, gold; ಪೊಱ್, beauty = ಪೊಲಿವು, ಅಱಗು; ಪೊಱ್ = ಪೊನ್, metal; beauty; ಪೊಲ್ಪು, beauty; ornament; *cf.* Sk. ಪರಿ No. 2). — ಪಱ್ ಪಡಿಸು. = ಪಱಿವಡಿಸು, q. v. — ಪಱ್ ಪಡು. To be ornamented or decorated; to grow accomplished, finished, perfect, adept, full, fully developed, agreeable or proper; to appear; to come to an end. ಒಕ್ಕುಡಿತೆನೀರ್ಗೆ, ಪಱ್ ಪಟ್ಟೆರ್ಕೆಯ ಪಕ್ಕಿಲೆಯ ಮುಱಿಗೆ ದೇಸಿಗರಂ ದೇವರ್ಕಳ್ಗೊಡೆಯರ (o. r. ಒಡೆಯರ್) ಮಾಡ್ಪರೆ? (Šmd. 345). ಅಱುದಿಂಗಳಾಯುಮುಕ್ಕೆನೆ ಮಱುಗುವುದುಂ, ನಲ್ಲರ್ (o. r. ನಲ್ಲಳ್) ಅಲ್ಲಿ ತಮ್ಮಂ ಮುನ್ನಂ ಪಱ್ ಪಟ್ಟು ಬಱೆ ಕನಲ್ವುದುಮ್, ಅಱಿವನೆ ಸುರಜನರ್ಗೆ ನರಕದುಃಖದ ತೆಱನಂ? (225; Kāvy. 1, 3, 72). See Čpr. 4, 13; Abh. P. 2, 21; 3, 60; 8, 53; 14, after 13; V. 2, after 9. — ಪಱ್‌ನಣ್ಪಾರ್ತನ. Perfect, close friendship (Čpr. 5, 86). — ಪಱಿವಡಿಸು. -ಪಡಿಸು. To cause to become or appear beautiful or charming. — ಕಿಱುಮುಡುಗೊಣ್ಡಿ ಬಣ್ಣಿಸೊಳಗೀಸಿ, ಪೊದಱ್ದಾರ್ದ ಕುತ್ತಿಸಲ್ಗುಱುವದೊಳಯ್ದಿ ಮಯ್ಗುರೆದು, ಕೇಸರದೊಳ್ ನಲುವಿಂ ಪೊರಳ್ದು, ನೀಳ್ದಿಱಿಗಿದ ಕೀಲ್‌ಸಲ್ವಱಿಯೊಳೊಯ್ಯನೆ ಜಾಱ್, ಪರಾಗಪುಂಜದೊಳ್ ಪಱಿವಡಿಸಿತ್ತು ಭೃಂಗಶಿಶು ನೀರಜದೊಳ್ ನಿಜಪಾಂಸುಕೇಲಿಯಂ (Čpr. 7, 60, o. r. ಪಱ್ ಪಡಿಸು).

ಪಱಿಕೆ pa̱rikĕ. = ಪಱ್ 6. See ತೊಡವಱಿಕೆ.

ಪಱಿವು pa̱rivu. Tearing, rending, etc. (J. 12, 31).

ಪಱಿಸು pa̱risu. To cause one's self to run. See ಪಱಿ ಪಱಿಸು s. ಪಱಿ 2.

ಪಱು pa̱ru. = ಪಱ್ 4 q. v., (ಪಾಱು 2), ಪೊಱಿ 1, ಹಱಿ 2, ಹಱ್ 4, ಹಱು. Flying, etc. — ಪಱುಗುಳ್. -ಕುಳ್. = ಪಱುಗೋಲ್. (Abh. P. 9, 81). — ಪಱುಗೋಲ್. -ಕೋಲ್. = ಪೊಱಿಗೋಲ್, ಹಱಿಗಲ್, ಹಱಿಗೋಲ್, ಹಱಿಗಲ್, ಹಱಿಗೋಲ್, ಹಱುಗಲ್, ಹಱುಗೋಲ್, ಹಱುಗೋಲ್. A round basket boat lined with leather, a boat made of wicker work covered with hides (Tē. ಅರಿಗೋಲು, ಹರಿಗೋಲು; T. ಪರಜಲ್, ಪರಜ್ಜೆ, ಪರಿಚು; T. ಪೊಱ್, a boat = ದೋಣಿ). ಪಱುಗೋಲೊಳ್ ಕುಳ್ಳಿರ್ದರ್ (Šmd. 163). — ಪಱುಗೋಲ್. -ಕೋಲ್. = ಪಱುಗೋಲ್. (Ššv. 1, 43).

ಪಱುಕು pa̱ruku. = ಪಱಕು, etc. See ಹಱುಕು-.

ಪಱುಂಕು pa̱ruṅku. ಪಱುಂಕಿದಂ (Šmd. 48, o. r. ಪಱುಂಕಿದಂ; see ಪಳುಂಕು).

ಪಱೆ pa̱rĕ. 1. = (ಪರ), ಹಱೆ. A drum (ವಾದ್ಯ Šm. 117; M.; T. ಪಱೈ; T. also: a word; T. ಪಱೈ, to speak; ಅಱೈ, the beating of a drum, tom-tom, *cf.* ಅಱೆ 1). See ಅಂಕವಱೆ, ಕೆಯ್ವಱೆ, ಡವಣೆವಱೆ, ಡೊಮ್ಮವಱೆ, ಪಲ್ಲಱೆ, ಮಂಗಳವಱೆ, ಲಗ್ಗೆವಱೆ, ಹೆಬ್ಬಱೆ; Čpr. 8, 30; Abh. P. 7, 82; 13, after 34; 13, 100. — ಪಱೆಗುಟ್ಟು. -ಕುಟ್ಟು. To beat a drum (Abh. P. 10, 144).

ಪಱೆ pa̱rĕ. 2. Abuse, censure, blame (ನಿನ್ದೆ Šm. 117).

ಪಱೆ pa̱rĕ. 3. Leanness, thinness, weakness, feebleness (ಕೃಶ Šm. 117; *cf.* ಪಂಜೆ; M. ಪಂಜ, ಪಞ್ಞ, poverty, scarcity, famine).

ಪಱೆ pa̱rĕ. 4. An eyelid (ಱೆಪ್ಪೆ Šm. 117; T. ಪಱೈ, a feather = ಇಱಗು).

ಪಱೆಯ pa̱rĕya. See Šmd. II s. ಪೆಱಂ. (T. ಪಱೈಯ, a Pariah).

ಪಱ್ಱ pa̱rr̥. (= ಹಱ್ಱ). The sound of fluttering. — ಪಱ್ಱನೆ. With the sound of pa̱rr̥. ಪಱ್ಱನೆ ಹಾಱು (used of birds, My.). — ಪಱ್ಱೆನ್ನು. -ಎನ್ನು. To produce the sound of pa̱rr̥ (My.).

ಪರ್ಕಟಿ parkaṭi. *The waved-leaved fig-tree, Ficus infectoria* Willd. (ಬಸುರಿ Mr. 122; see ಕಬ್ಬಸುರಿ).

ಪರ್ಕುಳ್ parkuḻ. = ಪೊರ್ಕ್ಮುಳ್, etc. See ಸುಱಿವರ್ಕುಳ್.

ಪರ್ಚು parču. (pa̱rču). = ಪಚ್ಚು 3. To whisper; to communicate by whispering (ಅವ್ಯಕ್ತಧ್ವನಿ Šmd. Dh.; Abh. P. 13, 48; *cf.* ಪಂಸು 2? T. s. ಪಱ್ 1?). ಕಿವಿಯೊಳ್ ಪರ್ಚಿದಂ (Šmd. 163).

ಪರ್ಜನಿ parjani. *The plant Cucumis aromatica* Salisb. or *C. xanthorrhiza* Roxb.

ಪರ್ಜನ್ಯ parjanya. *A rain-cloud, a thunder-cloud,* a cloud (ವಾರಿಧರ, ಮೇಘ Nn. 57). 2, the muttering of clouds, thunder (ಮೇಘಧ್ವನಿ 57; ಅಭ್ರಗರ್ಜನೆ Mr. 480). 3, *Indra* (ಪುರನ್ದರ, ಇನ್ದ್ರ 57). 4, violent, fierce, etc. (ತೀವ್ರ, ನಿಷ್ಠುರ 57).

ಪರ್ಜನ್ಯಜಪ parjanya-japa. A prayer for rain (My.).

ಪರ್ಜಿ parji. A king's councillor or minister: the queen at chess (My.).

ಪರ್ಟೆ parṭe. = ಪರಟೆ, etc. See ಕಲ- s. ಕಲು.

ಪರ್ಣ parṇa. *A wing.* 2, *a leaf* (ಎಲೆ Nn. 9. 39). 3, *the tree Butea frondosa* Roxb. (ಮುತ್ತುಲ ಗಿಡ G.).

ಪರ್ಣಕುಟಿ parṇa-kuṭi. A hut made of leaves and grass. (G., Mhr.).

ಪರ್ಣಘಟಿಕೆ parṇa-ghaṭikĕ. A water-pot made of a (lotus-) leaf (Abh. P. 7, 105).

ಪರ್ಣಭೋಜನ parṇa-bhôjana. Eating leaves, feeding upon leaves. (My.).

ಪರ್ಣಮನ್ದಿರ parṇa-mandira. = ಪರ್ಣಶಾಲೆ. (Râm. 3, 6, 57. 58).

ಪರ್ಣವಿಕ್ರಯಿ parṇa-vikrayi. A woman who sells (betel-) leaves (J. 5, 58).

ಪರ್ಣಶಾಲೆ parṇa-śâlĕ. *An arbour or hut made of leaves and grass,* a hermitage (ಉಟಜ Nn. 80); a similar structure for an assembly (ಸಭೆಯಿಪ್ಪುದು Mr. 193).

ಪರ್ಣಾಶನ parṇa-aśana. Feeding upon leaves. (My.). 2, a cloud.

ಪರ್ಣಾಸ parṇâsa. (ಪರ್ಣಾಸಿ). *A species of Basil with small leaves* (ಕಠಿಂಜರ, ಕುಟೇರಕ, ಕಗ್ಗೊರ್ಲೆ, ಕಾಮುಕಸ್ತೂರಿ, ಕಮ್ಮಗಗ್ರೆ Śi. 141).

ಪರ್ಣಾಹಾರ parṇa-âhâra. Feeding upon leaves. (My.).

ಪರ್ಣಿಕೆ parṇikĕ. A kind of vegetable. See ಅಂಪ್ಪಿ-.

ಪರ್ಣೆ parṇĕ. = ಪರ್ಣ. A leaf (Mr. 89).

ಪರ್ಣೋಟಜ parṇa-uṭaja. = ಪರ್ಣಶಾಲೆ. (R.).

ಪರ್ತಿ parti. = ಪತ್ತಿ, etc. See ಎಳವತಿ.

ಪರ್ತು partu. = ಪತ್ತು 1, etc. See ಎನೆವರ್ತು.

ಪರ್ದಾ pardâ. = ಪಡದೆ, etc. (My.).

ಪರ್ದು pardu. (Śmd. 49). = ಪದ್ದು, etc. (ಎಲರುಣಿವಗೆಯ, ಪಕ್ಕಿಗಳಾಣ್ಮ, ಬಲಗರುಡ Kk. 8; ಗರುಡ, ಎಲರುಣಿವಗೆಯ, ಪಕ್ಕಿಗಳರಸ Śm. 6; Abh. P. 5, after 15; 9, after 15; 9, 56; Rśv. 13, after 104; Tĕ. ಪಸ್ಸೆ, a vulture, an eagle; ಬನ್ದು, a vulture; T. ಪಣಪ್ಪೆ, a vulture; ಪರುನ್ದು, ಪಾಡು, a kite; M. ಪರನ್ದು, ಪರುನ್ದು, a kite). — ಪರ್ದುದೇರ. -ತೇರ. He whose vehicle is a kite: Vishṇu (ಉಪೇನ್ದ್ರ Kk. 7; Śm. 5).

ಪರ್ಪಟ parpaṭa. = ಪಪ್ಪಳ, etc. A thin crisp cake made of any pulse. 2, = ಪರ್ಪಟಕ, (ಪಾಪಟಿ), a species of medicinal plant with bitter leaves (Oldenlandia biflora?).

ಪರ್ಪಟಕ parpaṭaka. A species of medicinal plant with bitter leaves, probably Oldenlandia biflora. See Mr. s. ಕೃತ್ತಿಕಣ್ಣಿಕೆ.

ಪರ್ಪಟಿ parpaṭi. = ಪಾಪಡಿ, etc. A sort of fragrant substance or perfume (ಜತುಕೆ, ಪಾಪಡಿ Mr. 141, o. r. ಪಾಪಟಿ).

ಪರ್ಪರಿಕೆ parparikĕ. (Śmd. 50). = ಪಪ್ಪರಿಕೆ. **Roughness, the state of being unsmooth; harshness, unkindness, rough manners, cruelty** (ಪೆಕ್ಕಸ Ĉt. I, 12; ಕರ್ಕಶತೆ Śmd. II; ಕರ್ಕಶತೆ Kk. 87, o. rs. ಪಪ್ಪರಿಕೆ and ಕಕ್ಕಸತೆ; see ಪಱಬು).

ಪರ್ಪಾಟಕ parpâṭaka. = ಪರಪಾಷ್ಟಕ. A herb, Mollugo cerviana Spr. (St. & Pl.).

ಪರ್ಬ parba. Tbh. of ಪರ್ವ. (Bp. 5, 50; 48, 16; 56, 4; 59, 6).

ಪರ್ಬತ parbata. Tbh. of ಪರ್ವತ. — ಪರ್ಬತಾಯ್. -ಅಯ್. N. (Bp. 59, 6).

ಪರ್ಬು parbu. 1. (fr. ಪರಿ1). = ಪರ್ವು 1, ಹಬ್ಬು. **To spread, to be extended, to be diffused, to prevail; to spread out or run, as creepers, etc.** (ವಿಸ್ತಾರ Śmd. Dh.; ಮಡಲಿಜ್ Ĉt. I, 8; ಮಡಲ್ Śm. 23; Tĕ. ಪಮ್ಮು, ಪಮ್ಮು, ಪ್ರಬ್ಬು; T. ಪಮ್ಮು, ಪರಮ್ಮು; M. ಪಡರು). ಪರ್ಬಿದುದು ತಮಂ (Śmd. 181). See Abh. P. 2, 23; 13, 62; 14, 7; Grj. 4, 88; Bp. 57, 82; 61, 61; Rśv. 5, 44; 9, 7; 18, 61. 65; J. 25, 27. **2, to spread or run over** (c. Acc., Abh. P. 14, 7; Bp. 13, 19).

ಪರ್ಬು parbu. 2. = ಪರ್ಬುಗೆ, ಪರ್ವು 2. (Grj. 10, 49).

ಪರ್ಬುಗೆ parbugĕ. = ಹಬ್ಬುಗೆ. **Spreading, running, being extended, extension, etc.** (J. 6, 4; 22, 2; 28, 41).

ಪರ್ಯಂಕ paryaṅka. = ಪರಿಯಂಕ, ಪಲ್ಯಂಕ. *A couch, a bedstead, a bed* (ಮಂಚ Mr. 202). 2, a palanquin. 3, *a cloth worn round the loins.*

ಪರ್ಯಟನ pari-aṭana. = ಪರಿಯಟನ. *Roaming, wandering or roving about.* — ಪರ್ಯಟನ ಮಾಡು. To wander about (B. 4, 5; My.).

ಪರ್ಯಣ paryaṇa. = ಪರಿಯಣ, etc. (Abh. P. 12, 7).

ಪರ್ಯನುಯೋಗ pari-anuyôga. (= ಪರಿಯೋಗ, q. v.). *Blame, censure, reproach,* etc. (ಜುನ್ನವಾಡಿ ಬೆಸಗೊಳುಜ Hlâ.).

ಪರ್ಯನ್ತ pari-anta. = ಪರಿಯನ್ತ. *An encircling boundary: bounds, border, limit.* ಪರ್ಯನ್ತಂ, ಪರ್ಯನ್ತ, until or unto, used of time or space; throughout (Śmd. 408; My.).

ಪರ್ಯನ್ತಭೂ paryanta-bhû. *Surrounding country, contiguous ground.*

ಪರ್ಯನ್ತರ pari-antara. = ಪರಿಯನ್ತರ, ಪರಿಯನ್ತ. A distance or period towards. ಪರ್ಯನ್ತರಂ, ಪರ್ಯನ್ತರ, until or unto (J. 23, 16; My.). ನಿರನ್ತರ ಬರುವವ ಪರ್ಯನ್ತರ ಬಾರನೇ? (Prv.). ಅಲ್ಲಿಪರ್ಯನ್ತರ, ಮನೆಪರ್ಯನ್ತರ, ಒನ್ದು ವರ್ಷಪರ್ಯನ್ತರ (My.). See Prv. s. ಹೊಟೆ[3].

ಪರ್ಯಯ pari-aya. (= ಪಲ್ಲಟ). Going round; encompassing, encircling; revolution of time, lapse, expiration. 2, change, mutation, alteration. 3, inverted order, confusion; contrariety. 4, *deviation from enjoined or customary observances, neglect of duty.*

ಪರ್ಯಯಣ pari-ayaṇa. Going round. 2, = ಪಲ್ಯಯನ, ಪರ್ಯಾಣ. (R.).

ಪರ್ಯವಸಾನ pari-avasâna. End, termination, conclusion, issue. (My.).

ಪರ್ಯವಸ್ಥಾತೃ pari-avasthâtṛi. *An antagonist, an adversary.*

ಪರ್ಯವಸ್ಥೆ pari-avasthĕ. *Opposition; contradiction.*

ಪರ್ಯಷ್ಟಿ pari-ashṭi. Food (Abh. P. 7, 21).

ಪರ್ಯಾಟನ paryâṭana. Tbh. of ಪರ್ಯಟನ. (ಪ್ರಚ್ಯೆ G.; B. 5, 147).

ಪರ್ಯಾಣ paryâṇa. = ಪರಿಯಣ, etc. (ಕರಾವ G.).

ಪರ್ಯಾಣ (pari-yâna). *A saddle* (ಪಲ್ಯಯನ, ಪಲ್ಲಣ Mr. 274).

ಪರ್ಯಾಪ್ತ pari-âpta. = ಪರಿಯಾಪ್ತ. Obtained, gained. 2, made an end of: finished, ended. 3, *adequate, enough, sufficient, abundant.* ಪರ್ಯಾಪ್ತಂ, *willingly, readily;* satisfactorily.

ಪರ್ಯಾಪ್ತಿ pari-âpti. = ಪರಿಯಾಪ್ತಿ. Attaining, obtaining, acquisition. 2, end, conclusion, close. 3, *adequacy, competency*. 4, satisfaction, repletion, satiety. 5, protecting; *warding off a blow, self-defence*. 6, willingness.

ಪರ್ಯಾಯ pari-âya. = ಪರಿಯಾಯ. Going or turning round. 2, revolution, passing away, course, expiration. 3, regular recurrence, repetition. 4, *succession, turn; — regular order, methodical disposition, method*; style; way, manner, mode; generic or specific character. 5, *a synonym*. 6, *opportunity, occasion*. 7, a kind of vâstava (Kâvy. III, 3, B, 3. 17-20). 8, formation, creation, preparation, artificial production.

ಪರ್ಯಾಯನಾಮ paryâya-nâma. A convertible term, a synonym (Šmd. 10).

ಪರ್ಯಾಯಶಯನ paryâya-šayana. Alternate sleeping and watching. (R.).

ಪರ್ಯಾಸ pari-âsa. 1. End, conclusion; rotation, revolution; inverted order or position. See ವಿ-.

ಪರ್ಯಾಸ paryâsa. 2. Tbh. of ಪರಿಹಾಸ. (My.).

ಪರ್ಯಾಹಾರ pari-âhâra. *A bamboo, etc. provided with strings at each end, used for carrying various articles across the shoulders*. 2, a load on the head (ವಿವಧ, ವೀವಧ, ಭಾರ, ತಲೆಹೊರೆ Hlâ.). 3, conveying, taking. See Nr. s. ಎಡೆಯಾಡು.

ಪರ್ಯುದಂಚನ pari-udañčana. *Debt*.

ಪರ್ಯುಪ್ತಿ pari-vapti. *Scattering seed, sowing*.

ಪರ್ಯುಷಿತ pari-ushita. Having passed the night, stale, not fresh. (My. as ಪರ್ಯೂಷಿತ).

ಪರ್ಯುಷಿತಭೋಜನ paryushita-bhôjana. Eating stale food (My.).

ಪರ್ಯುಷಿತಭೋಜಿ paryushita-bhôji. The eater of stale food (said to become a maggot or worm in the next birth). (My.).

ಪರ್ಯುಷಿತಾನ್ನ paryushita-anna. Stale rice (My., as ಪರ್ಯೂ-).

ಪರ್ಯೇಷಣೆ pari-êshaṇĕ. Seeking about for: *search, inquiry, research*. 2, serving, waiting upon, service. See G. s. ಶ್ರಾದ್ಧ.

ಪರ್ವ parva. = ಪರ 2, ಪರುವ, ಪರ್ಬ, ಹಬ್ಬ. *A knot or joint of a cane or reed* (ಪರು, ಗ್ರಂಥಿ, ಗಣ್ಣು Mr. 109); a joint of the body; a member. 2, a section, a chapter, a book. 3, a division of time: *the days of the four changes of the moon, i. e.* the full and change of the moon and the eighth and fourteenth of each half month; *the days of conjunction and opposition* or eclipse of the sun and moon. 4, a religious offering presented on the occasion of a change of the moon (ಬಲಿ, ಪರ್ವಗಳು, ನಾನಾ ಬಲಿಗಳ ಕೊಡುವುದು Nn. 16). 5, a particular period of the year, as the equinox, solstice, etc.; the moment of the sun's entering a new sign. 6, *a festival, a holiday* (ಉತ್ಸವ Si. 437). 7, opportunity, occasion (ಪ್ರಸ್ತಾಪ 437).

ಪರ್ವಕಾಲ parva-kâla. The time of any of the parvas (My.). ಪರ್ವಕಾಲದಲ್ಲಿ ಹಾರ್ವನಾದರೆ ಗರ್ವ ಯಾಕೆ? — ಪರ್ವಕಾಲದಲ್ಲಿ ಹರ್ವೆಸೊಪ್ಪು ತಿನ್ನರೂ ಗರ್ವ ಹೋದೀತೇ? (Prvs.).

ಪರ್ವತ parvata. *A mountain* (ಗೋ, ಬೆಟ್ಟ Nn. 5; ಬೆಟ್ಟ 53. 106; see ಬೆಟ್ಟ). 2, N. of the number 7 (from the 7 principal mountains; *cf.* ಎಣ್ಬು ನಗ). ಪರ್ವತದ ಅಗ್ರ (ಶೃಂಗ, ಬೆಟ್ಟದ ತುದಿ Nn. 28). ಪರ್ವತವೇರಿದವನು ಪರಲೋಕಕ್ಕೆ ಹೋದಾನೇ? — ಪರ್ವತ ಅಳಿವತ್ತು ಗಬಿಗೆ ಪ್ರಸವವೇದನೆ ಪಟ್ಟು ಕಡೆಗೆ ಚುಣ್ಣಿಲಿ ಹೆತ್ತಿತನ್ತೆ (Prvs.). See Prv. s. ಅಂಗುಷ್ಠ. — ಪರ್ವತಯ್ಯ. -ಅಯ್ಯ. N. (Bp. 59, 4). — ಪರ್ವತಹಕ್ಕಿ. = ಕರ್ಕೊಂಚೆ. (My.).

ಪರ್ವತಕಾಕ parvata-kâka. A raven. (R.).

ಪರ್ವತನಾಥ parvata-nâtha. The Himâlaya; Mêru. — ಪರ್ವತನಾಥನಣುಗ. -ಅಣುಗ. Mainâka (Bp. 38, 21).

ಪರ್ವತಮಲ್ಲಿಕಾರ್ಜುನ parvata-mallikârjuna. Šiva of Šrîgiri (Bp. 44, 7).

ಪರ್ವತಾರಿ parvata-ari. Indra. (My.).

ಪರ್ವತಾಶಯ parvata-âšaya. Resting on the mountains: a cloud. (R.).

ಪರ್ವತೋಪತ್ಯಕ parvata-upatyaka. Table-land, etc. (ಕಟಕ, ಬೆಟ್ಟದ ತಪ್ಪಲು Nn. 127).

ಪರ್ವದಿನ parva-dina. A day on which any of the parvas takes place (My.).

ಪರ್ವಸನ್ಧಿ parva-sandhi. *The junction of the fifteenth and first of a lunar fortnight or the precise moment of the full and change of the moon*.

ಪರ್ವಳಿಸು parvaḷisu. To go to one side or aside (ಕೆಲಕೆ ಪಾಯ್ Bhn. 28).

ಪರ್ವಾ parvâ. = ಪರವಾ, etc. (My.).

ಪರ್ವು parvu. 1. = ಪರ್ಬು 1, etc. To spread (v. i.), etc.; to spread or run over (ಕುಡಿವರೆ Čt. II, 50; ಮಡಲ್ Kk. 22). ಭೇರಿಧ್ವನಿ ಪರ್ವಿತ್ತು (Šmd. 145). ಎಲ್ಲಾ ಕಡೆಯಲ್ಲಿಯೂ ಪರ್ವಿದ ಕತ್ತಲೆ (ಸನ್ತಮಸ Nr.). See Čpr. 1, after 101; 4, 29; 5, 46; Abh. P. 2, 23; Grj. 3, 112; Bp. 12, 37; 34, 5; J. 3, 5.

ಪರ್ವು parvu. 2. = ಪರ್ಬು 2. — ಪರ್ವುಗಿಡು. -ಕಿಡು. To cease from spreading (Čpr. 4, 46).

ಪರ್ಶುಕೆ paršukĕ. *A rib*.

ಪಲ್ pal. = ಹಲ್, ಹಲು, ಹಲ್ಲು. A tooth (ಜನ್ತ, ರದನ Šm. 70; T. ಪಲ್, ಪಲ್; M. ಪಲ್, ಪಲ್ಲು; Tĕ. ಪಲು, ಪಲ್ಲು; Tu. ಪರು). ಪಲ್ಗಳ್ (Bp. 20, 11; Ršv. 8, 124). See Bp. 38, 15; 46, 57; 59, 54; ಬೆಳ್ವಲ್, ಮೊನೆವಲ್, ಮೊಳೆವಲ್, ಸುಲಿಪಲ್. — ಪಲ್ಕಿರಿ. = ಪಲ್ಗಿರಿ. ತೆಕ್ಕೆಯಿಲ್ಲದ ಎತ್ತು ಬಿಕ್ಕ ಪಲ್ಕಿರಿದನ್ತೆ (Prv.). — ಪಲ್ಗಡಿ. -ಕಡಿ. To gnash the teeth (J. 31, 30). — ಪಲ್ಗಿರಿ. -ಕಿರಿ. To show the teeth, to grin (Bp. 1, 49; J. 13, 35; 27, 40). ಒಳಕೆಯ್ಯೊಳಿರ್ದು, ಪಲ್ಗಿರಿದು, ಒಳವಾಲಂಗೊಣ್ಣು (Šmd. 78). — ಪಲ್ಗುಟ್ಟುಹ. -ಕುಟ್ಟುಹ. Striking or breaking (another's) teeth. ಪಲ್ಗುಟ್ಟುಹಂ ಮೊದಲಾದುದು (ನಿಕಾರ, ವಿಪ್ರಕಾರ Nr.). — ಪಲ್ದುದಿ. -ತುದಿ. The point of a tooth (Ššv. 3, 54). — ಪಲ್ದೆರೆ. -ತೆರೆ. To uncover or show the teeth (Ršv. 9, 29). — ಪಲ್ಪರೆ. The teeth looked upon as a drum. ಪಲ್ಪರೆಗುಟ್ಟು. -ಕುಟ್ಟು, to beat that drum. ಪಲ್ಪರೆಗುಟ್ಟಿದಂ (Šmd. 82). — ಪಲ್ಮೊರೆ. To gnash or grind the teeth (Ršv. 2, after 8; Ššv. 2, after 42; J. 12, 33; 19, 20). — ಪಲ್ಲ. See it separately. — ಪಲ್ಲಿಲಿ. See it separately.

ಪಲ pala. 1. = ಪಲವು (Šmd. 211), ಹಲ, ಹಲವು. Much; many, several, various (Šm. 119; T.; M. ಪಲ; Tĕ. ಪಲು). — ಪಲ ಕಾಲ. Much time, a long time (Čpr. 5, 36; J. 8, 19; 23, 51). — ಪಲಗಣ್. -ಕಣ್. = ಪಲವು ಕಣ್ (Šmd. 211). Many eyes. ಪಲಗಣ್ಣ, who has many eyes: Indra (ಇನ್ದ್ರ, ಬಲವೈರಿ, etc. Kk. 10b). — ಪಲ ತೆಱ. Many kinds, etc. (Šmd. 10; Čpr. 5, after 76; 7, 56; Bp. 34, 36). — ಪಲದೆವಸ. = ಪಲವು ದೆವಸ (Šmd. 202. 211). Several days. —

ಪಲ ಬಗೆ. Various kinds (Rśv. 6, after 11). — ಪಲಬರ್. = ಪಲವ್ಬರ್, ಪಲರ್ (Šmd. 122), ಪಲವರ್ (123). Many or several persons (J. 7, 11; 32, 38). — ಪಲ ಬಿರುದು. Various badges of honor (Rśv. 6, after 11). — ಪಲ ಮಾತು. Many words (Bp. 3, 56). — ಪಲ ಮೊಗ. Many faces (J. 8, 39). — ಪಲವ್ಬರ್. = ಪಲಬರ್, q. v. (Čpr. 4, after 24). — ಪಲರ್. = ಪಲಬರ್, q. v. ಪಲರ ನುಡಿ (ಜನಶ್ರುತಿ, ಕಿಂವದನ್ತಿ Mr. 36). — ಪಲ ರೂಪು. Various forms (Šśv. 5, after 57). — ಪಲಮ್ಗೆ. Several times (Šmd. 243; Čpr. 3, 45). — ಪಲವಂಗ. -ಅಂಗ. = ಪಲ ಬಗೆ. (Bp. 12, 38; 25, 8; 40, 69). — ಪಲವಜ್ಜೆ. -ಪಜ್ಜೆ. Many steps (Šśv. 3, after 46). — ಪಲವಣ್. -ಪಣ್. Many ripe fruits. ಪಾದರಿಗಂ ಪಲವಣ್ಣನ್ ಆದೇನೀವಂ (Šmd. 211 Mdb.). — ಪಲವನರ್ಥಿಸು. -ಅರ್ಥಿಸು. To desire, or ask for, many things (Bp. 44, 22). — ಪಲವನ್ದ. -ಅನ್ದ. = ಪಲವಂಗ. (Bp. 40, 84; 47, 54; 53, 7; Šśv. 4, after 99). ಪಲವನ್ದ ಮಾಡುದು (ನಾನಾ ರೂಪ Nr.). — ಪಲವರ್. = ಪಲಬರ್, q. v. — ಪಲವರ್ಥ. -ಅರ್ಥ. Various meanings (Šmd. 288). — ಪಲವಾಕಾರ. -ಆಕಾರ. Various forms (Šmd. 11). — ಪಲವಾಡು. -ಆಡು. To utter much, to speak many or various things or words (Bp. 61, 15; Rśv. 13, after 104; 13, 134). — ಪಲವು. = ಪಲ (Šmd. 211; ಹಲವು Nn. 162). See Šmd. 59. 123. 172; Čpr. 1, after 101; 8, 70. — ಪಲವು ಕಣ್. = ಪಲಗಣ್, q. v. — ಪಲವು ತೆಱ. = ಪಲ ತೆಱ. (Šm. 119). — ಪಲವು ದೆವಸ. = ಪಲ ದೆವಸ, q. v. — ಪಲವುಪಾಯ. -ಉಪಾಯ. Many means (J. 31, 37). — ಪಲವು ಮಾತು. = ಪಲ ಮಾತು. (Bp. 28, 38). — ಪಲವು ಮೃಗಜಾತಿ. Various kinds of wild animals (J. 28, 52). — ಪಲವು ರೂಪು. = ಪಲ ರೂಪು. (Rśv. 13, after 77; J. 28, 40). — ಪಲವುಸುರ್. -ಉಸುರ್. = ಪಲವಾಡು. (Bp. 51, 8). — ಪಲವು ಸೂಟ್. Many times (Bp. 52, 12). — ಪಲವೆಣಿಕೆ. -ಎಣಿಕೆ. Much thinking, many thoughts (J. 24, 45). — ಪಲವೇಣ್ಟೆ. -ಬೇಣ್ಟೆ. Many chases (Rśv. 5, after 114; Šśv. 3, after 63).

ಪಲ pala. 2. A sound in imitation of the chirping of birds at dawn. — ಪಲ ಪಲವೆನ್ನು. -ಎನ್ನು. To produce the repeated sound of pala (My.).

ಪಲ pala. *A particular weight,* = 4 *karshas* = $\frac{1}{100}$ *of a tulá;* the 8th part of a sêr or 3 tôlas or rupees (My.); 4 tôlas or 320 guñjĕs (G.); see ಒಪ್ಪಲ and ರೂಪಾಯಿ. 2, = ಪಳ 2, a particular measure of time (the 60th part of a ghaṭikâ, Mhr.; see ಗೋಧೂಳಿ). 3, *flesh.* 4, = ಪಲಾಲ.

ಪಲಗಣ್ಡ palagaṇḍa. *A plasterer, a bricklayer* (ಮುಟ್ಟಿಗ Mr. 379).

ಪಲಗೆ palagĕ. = ಪಲಿಗೆ, etc. A plank, a board (Rśv. 10, after 31); a tabor, a small drum; a shield (J. 20, 27). See ಅಡ್ಡಪಲಗೆ, ಒಡ್ಡುಪಲಗೆ, ಕಾಳಗಪಲಗೆ, ನೆತ್ತಪಲಗೆ, ಪವಳಪಲಗೆ, ರಕ್ಷಪಲಗೆ. — ಪಲಗೆಗಟ್ಟು. -ಕಟ್ಟು. A structure of boards (Čpr. 7, after 92).

ಪಲಂಕಷ pala-ṅ-kasha. A flesh-eater, a râkshasa. 2, *bdellium.*

ಪಲಂಕಷೆ pala-ṅ-kashĕ. *The plant Asteracantha longifolia* Nees. See ನೆಗ್ಗಿಲ್.

ಪಲಂಗ palaṅga. Tbh. of ಪಲ್ಯಂಕ. (Mhr., H.; ಪರ್ಯಂಕ, ಮಂಚ, ಖಟ್ವಾ G.).

ಪಲಂಗು palaṅgu. = ಪಲಂಗ. (My.).

ಪಲಮ್ಬರ್ palambar. ಪಲರ್. ಪಲಮ್ಗೆ. See s. ಪಲ 1.

ಪಲಲ palala. 1. *Flesh, meat* (= ಪಲ). 2, a râkshasa. 3, mud, mire.

ಪಲಲ palala. 2. Tbh. of ಪಲ್ವಲ. A small pond (ದೊಣೆ, ಅಲ್ಪ ಸರಸಿ Šm. 35).

ಪಲವರ್ palavar. ಪಲವು. See s. ಪಲ 1.

ಪಲಸ palasa. = ಪನಸ, etc. (Sk.).

ಪಲಸು palasu. Tbh. of ಪನಸ. (Rśv. 2, 36; Râghč. 17, 56; see ಬಕ್ಕೆಪಲಸು).

ಪಲಹಾರ palahâra. = ಪರಾಳ, ಪಲಾರ, ಪಳಾರ. Tbh. of ಫಲಾಹಾರ. (My.; Tĕ., M.). ಊಟ ಹಾಗ, ಪಲಹಾರ ಮುಪ್ಪಾಗ. — ಪರಲೋಕವೆಮ್ಬುದು ಪಲಹಾರದ ಗುಡ್ಡೆಯೇ? (Prvs.).

ಪಲಾಣ್ಡು palâṇḍu. *An onion* (ಗೃಂಜನ, etc., ಉಳ್ಳಿ Mr. 137).

ಪಲಾದ pala-ada. = ಪಲಂಕಷ No. 1. (My.).

ಪಲಾಯನ palâ (= parâ)-ayana. Fleeing, flying, running away, flight; a run (ಸರಿ Čt. I, 48; B. 4, 19; My.). See ಓಡು, ತೆಗೆ, ಪೋಱಿಮಾಟ್, ಸರಿ.

ಪಲಾಯನಸೂಕ್ತ palâyana-sûkta. A hymn of flight. — ಪಲಾಯನಸೂಕ್ತ ಜಪಿಸು or ಪಠಿಸು, to run away (My.).

ಪಲಾಯಿತ palâyita. Fled, run away. (My.).

ಪಲಾರ palâra. = ಪಲಹಾರ. (My.).

ಪಲಾಲ palâla. *Straw;* the stalk of millet or sorghum.

ಪಲಾವು palâvu. The dish called Pulâo or Pillaw (My.; Br., H.).

ಪಲಾಶ pala-âśa. 1. = ಪಲಾದ. (My.).

ಪಲಾಶ palâśa. 2. *A leaf* (ಪತ್ರ, ಎಲೆ Nn. 147). 2, *the tree Butea frondosa* Roxb. (ಮುಳುಮುತ್ತ, ಮುತ್ತಗ 147; ಮುತ್ತುಗ 42, o. r. ಮುತ್ತಗ). 3, *the plant Curcuma zedoaria* Rosc. 4, sharp (ಕಟು, ಖಾರ 147); bitter (ತಿಕ್ತ, ಕಹಿ 147).

ಪಲಾಶದಲ palâśa-dala. The leaf of the Butea frondosa. 2, N. of a vṛitta (Čh.).

ಪಲಾಶವೃಕ್ಷ palâśa-vṛiksha. = ಪಲಾಶ No. 2. (ಮುತ್ತುಗ Šs.).

ಪಲಾಶಿ palâśi. = ಪಲಾಶ 1. (My.). 2, leafy; a tree. 3, a species of climbing plant.

ಪಲಿಕ್ನಿ palikni. *A grey-haired, or old, aged woman.* 2, *a cow for the first time with calf* (ತನೆ ಬಲಿಯಿತು Mr. 180).

ಪಲಿಗೆ paligĕ. = ಪಲಗೆ, etc. See ಕಾಳೆಗಪಲಿಗೆ s. ಅತ್ತಪರ.

ಪಲಿತ palita. (= ಪಳಿತ). Grey, grey-haired; old, aged (*cf.* ಪಱಿ); *grey hair;* old age (ಜರೆ, ನರೆ Mr. 320). 2, mud, mire (= ಪಲಲ).

ಪಲಿತಾಂಕುರ palita-aṅkura. A sprout or bud of old age (Čpr. 2, 17).

ಪಲುಗುಣ paluguṇa. = ಪಲ್ಗುಣ. Tbh. of ಫಲ್ಗುನ (Šmd. 338. 364; J. 5, 10; 8, 26).

ಪಲುಮ್ಬಿ palumbi. A crier, lamenter: a peacock (?). ಪಲುಮ್ಬಿಯ ಗಱ (Rśv. 6, after 11).

ಪಲುಮ್ಬು palumbu. (Šmd. 48). = ಹಲುಬು. To lament (Čpr. 3, after 50; 3, 65. 80; Grj. 3, after 73; Rśv. 13, 134; 13, after 104; T., M. ಪುಲಮ್ಬು, to sound, to clamour; to lament; *cf.* ಉಲಿ 1).

ಪಲ್ಗುಣ palguṇa. = ಪಲುಗುಣ. (J. 8, 36).

ಪಲ್ಯ palya. = ಪಲ್ಯೆ, ಪಲ್ಲೆ, ಪಲ್ಲೆಯ, (ಪಲ್ಲೆಹ), ಪಲ್ಲ್ಯೆ. (Perhaps connected with ಪಯಿರ್; Sk. ಫಲ್ಯ: a flower, a bud). Any garden green, any vegetable; a vegetable dish (My.; ಶಾಕ Śi. 156. 310; B. 2, 87; T. ಪಚ್ಚೆ, ಪಚಿರಿ, ಪಯಿರಿ, ಪಚ್ಚೆ, ಪಯುಳ್ಳೆ, spinage; Mhr. ಪಾಲಾ, leaves, blades, tuft of leaves).

ಪಲ್ಯಂಕ pali (= pari)-aṅka. = (ಪರ್ಯಂಗ), ಪರ್ಯಂಕ, ಪಲಂಗ, ಪಲಂಗು, ಪಲ್ಲಕಿ, ಪಲ್ಲಕ್ಕಿ, (ಪಾಲಕಿ, etc.). *A couch, a bedstead.* 2, a palanquin. 3, a cloth for wrapping round the loins while sitting.

ಪಲ್ಯಯನ pali (= pari)-ayana. = ಪಲ್ಲಣ, ಹಲ್ಲಣ. *A saddle.*

ಪಲ್ಯೆ palyĕ. = ಪಲ್ಯ, etc. Genitive also ಪಲ್ಯೆದ. ಪಲ್ಯೆದ ಮಡಿ (G. 398).

ಪಲ್ಲ pal-as. 1. One with tusks: an elephant. — ಪಲ್ಲಮಱಿ. The young of an elephant (ಕಲಭ Ĉt. I, 30. 99; II, 23; ಆನೆಯ ಮಱಿ Śmd. II; Kk. 78, o. r. ಪಲ್ಲವಱಿ; ಆನೆವ ಱಿ Śm. 41; Ĉpr. 5, 64; Śśv. 3, 43; *cf.* ಪಲ್ಲವ No. 8). — ಪಲ್ಲ ಮಱಿರಕ್ಕಸ. Gajâsura (Śśv. 5, 9).

ಪಲ್ಲ palla. 2. The large black bee (ಅಲಿಬಿ, ಅಲರ್ವಕ್ಕಿ, ಮೋಳವ್ವು, ಅಳಿ, ಬವರ, ಪಱಮೆ, etc., ಚಿತ್ರವಿಹಗ Śm. 27).

ಪಲ್ಲ palla. Tbh. of ಪಲ್ಲವ No. 11 (My.).

ಪಲ್ಲಕಿ pallaki. = ಪಲ್ಲಕ್ಕಿ. (My.).

ಪಲ್ಲಕ್ಕಿ pallakki. = ಪಲ್ಲಕಿ, ಪಾಲಕಿ, etc. Tbh. of ಪಲ್ಯಂಕ. A palanquin (My.; Tĕ.; M. ಪಲ್ಲಕ್ಕು, ಪಲ್ಲಂಕಿ, ಪಲ್ಲಾಕ್ಕು; T. ಪಲ್ಲ ಕ್ಕು; Ĉ. Bp. 47, 39; J. 7, 3. 5; B. 4, 9; 5, 286). ನೃಪರ ಪಲ್ಲ ಕ್ಕಿ (ಆನ್ದಣ, ಡೋಲ Mr. 262). ಕಱಿದಿನಲ್ಲೇ ಪಲ್ಲಕ್ಕೀ ಸೇವೆ. — ಪಲ್ಲ ಕ್ಕೀಲಿ ಕೂತರೂ ನಲ್ಲನಲ್ಲಿ ಹೋಗೋದು ತಪ್ಪಲಿಲ್ಲ (Prvs.). — ಪಲ್ಲ ಕ್ಕಿಬೋಯಿ. A palanquin bearer (My.).

ಪಲ್ಲಟ pallaṭa. (Tbh. of ಪರ್ಯಯ). Inversion, inverted order, irregular order, irregularity, change, confusion (ಅನ್ತಿನ್ತು, ವ್ಯತ್ಯಯ Śmd. 5; Bp. 37, 11; Bh. 2, 2, 19; J. 30, 27; My; Tĕ.). See ಪ್ರತಿ-. — ಪಲ್ಲಟವ್ಪಾಯ್. -ಂ-ಪಾಯ್. = ಪ ಲ್ಲಟವ್ಪೋಗು. (Ĉpr. 8, 69). — ಪಲ್ಲಟವ್ಬಿಱ್. -ಂ-ಬೀಱ್. = ಪಲ್ಲ ಟವ್ಪೋಗು. ಪಲ್ಲಟವ್ಬಿದ್ದುರ್ (Ĉpr. 5, after 64). — ಪಲ್ಲಟವ್ಪೋ ಗು. -ಂ-ಪೋಗು. To get inverted, etc. (Śmd. 14 Mḍb.).

ಪಲ್ಲಟಿತ pallaṭita. Inverted, confused (J. 7, 64).

ಪಲ್ಲಟಿಸು pallaṭisu. To get or be inverted in order, to change places, to be changed, etc. (Śmd. 163. 164; ಪಲ್ಲಟವಾಗು 164 Cm.; Abh. P. 8, 14; Grj. 2, after 106; Bp. 57, 54; Bh. 8, 27, 24; My.). 2, to invert, to put in an irregular order, etc. (Bp. 39, 18). ಇವಂ ಕ್ರಮದಿನ್ದೆ ಪಲ್ಲಟಿಸೆ (Mr. 352).

ಪಲ್ಲಣ pallaṇa. = ಹಲ್ಲಣ. Tbh. of ಪಲ್ಯಯನ (Śmd. 352 Mḍb.; Ĉt. II, 18; ನೀವಿ, ಹಲ್ಲಣ Nn. 105; ಪರ್ಯಾಣ, ಪಲ್ಯಯನ Mr. 274; Rśv. 6, after 11; 11, 7; 13, 62).

ಪಲ್ಲಣಿಸು pallaṇisu. To saddle (Abh. P. 4, after 119; Grj. 6, 56; Rśv. 13, after 61).

ಪಲ್ಲವ pallava. *A sprout, a shoot;* young foliage or leaves (ತಳಿರ್ Nn. 7. 130); spreading, expanding. 2, coral (ವಿ ದ್ರುಮ, ಹವಳ 130). 3, a lute (ವೀಣೆ 130). 4, pearls (ರತ್ನ ನಿಚಯ 130). 5, a tail (ಲಾಂಗೂಲ 130). 6, hair (ಕೇಶ 130). 7, a libertine, a paramour (ವಿಟ 130). 8, the young of an elephant (ಕಲಭ, ಮಱಿಯಾನೆ 130). 9, a boy (ಬಾಲಕ, ಸಣ್ಣವ 130). 10, a collection of words, a vocabulary (ಶ ಬ್ದಸಮೂಹ, ಶಬ್ದಸಂಗ್ರಹ 130). 11, a refrain (Ĉh.). See ಕರ-, ಪಂಚ-. — ಪಲ್ಲವಝುಲ್ಲರಿ. A tassel or hangings of young leaves (Râm. 1, 13, 4). — ಪಲ್ಲವಸತ್ತಿಗೆ. An umbrella of young leaves (Bh. 1, 12, 8).

ಪಲ್ಲವಕ pallavaka. *A libertine, a gallant* (ಬೊಜಗ Mr. 239). 2, *a species of fish, Cyprinus denticulatus.* 3, N. of a country (Bp. 6, 19).

ಪಲ್ಲವಜಂಗಮ pallava-jaṅgama. A lascivious Jaṅgama (V. 8, 20).

ಪಲ್ಲವಪಾಣಿ pallava-pâṇi. A hand like a fresh shoot (My.).

ಪಲ್ಲವಪ್ರಾಪ್ತಿ pallava-prâpti. Getting shoots or young leaves. See ಎಲೆತಳಲ್.

ಪಲ್ಲವಾಂಕುರ pallava-aṅkura. *A leaf-bud* (ಎಳೆಯ ಕೊನರ್ Mr. 106).

ಪಲ್ಲವಾಧರೆ pallava-adharĕ. A woman whose underlip is like a sprout, etc. (Bp. 3, 17; 40, 14).

ಪಲ್ಲವಾಸ್ತ್ರ pallava-astra. Kâma. (My.).

ಪಲ್ಲವಿ pallavi. = ಪಲ್ಲವ No. 1. (ಕೆನ್ದಳಿರ್ Mr. 120). 2, = ಪಲ್ಲ ವ No. 11. (My.).

ಪಲ್ಲವಿತ pallavita. Sprouted, sprouting; spread, extended. (Ĉpr. 1, 141; Abh. P. 12, after 2; Bp. 31, 31; 36, 49; J. 21, 36).

ಪಲ್ಲವಿಸು pallavisu. To sprout; to spread (Ĉpr. 2, 10; 7, 113; Grj. 4, 87; Bp. 35, 17; 37, 55; 50, 79; Bh. 8, 25, 7; J. 9, 12).

ಪಲ್ಲವೋತ್ಪತ್ತಿ pallava-utpatti. Sprouting, budding, shooting. See ಕೊನರ್, ಚಿಗುರ್, ತಳಿರ್.

ಪಲ್ಲವೋತ್ಸವ pallava-utsava. A yearly feast at which young foliage is worshipped in a temple, presented to an idol, and taken back as prasâda (My.).

ಪಲ್ಲಾ pallâ. A measure of capacity of 100 sêrs (My.), of 120 sêrs (Mhr., H.).

ಪಲ್ಲಿ palli. = ಹಲ್ಲಿ. The small house-lizard, Lacerta gecko (Sk.; My.; M., T., Tu.; Tĕ. ಪಲ್ಲಿ, ಬಲ್ಲಿ; Mhr. ಪಲ್ಲಿ, ಪಾಲ). ಪಲ್ಲೀ ಶಕುನ ಕೇಳಿ, ಕಲ್ಲಿನಿನ್ದ ಹೊಡಿಸಿ ಕೊಣ್ಡ (Prv.).

ಪಲ್ಲಿ palli. = ಪಳ್ಳಿ 1, ಹಳ್ಳಿ. A hut, a house. 2, a settlement, a small village. 3, a small house-lizard. 4, a creeping plant. See ಅಭೀರ-. — ಪಲ್ಲಿದೊಂಗಲ್. -ತೊಂಗಲ್. A cluster of creepers (Ĉpr. 7, after 31).

ಪಲ್ಲಿಮ್ಬ pallimba. N. of a country. ಪಲ್ಲಿಮ್ಬದೇಶಾಧಿಪ (ಮ ಯ್ಯಾರಿದೇವ Mr. 15).

ಪಲ್ಲಿಲಿ pal-ili. Toothless. 2, the sun (ಸೂರ್ಯ Śm. 14). — ಪಲ್ಲಿಲಿವಾಯ್. -ಬಾಯ್. A toothless mouth. ಸೊಗಯಿಸುಗುಮೆ ಪಲ್ಲಿಲಿವಾಯ್? (Śmd. 221).

ಪಲ್ಲೆ pallĕ. = ಪಲ್ಯ, etc. (My.; B. 2, 5; 4, 177; 5, 278). — ಪಲ್ಲೇ ಸಪ್ಪ. dupl. ತಾನು ತಿಮ್ಬೋದು ಪಲ್ಲೇ ಸಪ್ಪ, ಹಿರೇ ಕುದುರೇ ಜೇಷ್ಟ (Prv.).

ಪಲ್ಲೆಯ pallĕya. = ಪಲ್ಲೆ, etc. (My.).

ಪಲ್ಲೆಹ pallĕha. (= ಪಲ್ಯ, etc.). — ಪಲ್ಲೆಹದಪ್ಪಿದೇವ. -ಅಪ್ಪಿ-. N. (Bp. 58, 12).

ಪಲ್ಲೇರು pallêru. The plant Ruellia longifolia Roxb. (Te.; ಪಲಂಕಷೆ, ಇಕ್ಷುಗನ್ಧೆ, ಶ್ವದಂಷ್ಟ್ರೆ, etc. Si. 145).

ಪಲ್ಲ್ಯೆ pallyĕ. = ಪಲ್ಯ, etc. (B. 5, 128. 203). ಕಹಿಪಲ್ಲ್ಯೆ (ತಿಕ್ತ ಶಾಕ G.).

ಪಲ್ವಲ palvala. = ಪಲಲ 2. *A small pond* (ಬೆಂಜೆ, ಅಲ್ಪಸರಸಿ Kk. 13; *cf.* ಪಳ್ಳ?).

ಪವ pava. *Winnowing, cleaning;* purity. 2, mud, mire (*cf.* ಪಂಕ, ಪಲಲ). 3, cow-dung.

ಪವಡಿಸು pavaḍisu. = ಪವಳಿಸು. To lie down, to recline in order to rest, to repose (Bp. 46, 21; 47, 22; J. 6, 36; 8, 4; 21, 36; 29, 49; My.; Mhr. ಪಹುಡಣೇಂ, ಪೌಢಣೇಂ). See ಉಪ್ಪವಡಿಸು.

ಪವಣ್ pavaṇ. (Šmd. 58). = ಪವಣ, ಹವಣ್. Tbh. of ಪ್ರಮಾಣ (Šmd. 365; Kk. 46; Šm. 68; also = ಪ್ರಮಾಣವಾಚಿ Šmd. 122 Cm.). ಪವಣಂ (Šmd. 122), ಪವಣ್ಗೆ (134), ಪವಣೊಳ್ (121). ಪವಣಿಲ್ಲ (85). ಪವಣ್ಗಳಂ (Abh. P. 13, 11). ಮಿಕ್ಕ ಪವಣ್ (ಘನ Mr. 510). ನೆಲದ ಪವಣ್ (ಮುತ್ತರ್ Čt. II, 102). See Čpr. 1, 57; Bp. 1, 9; 28, 63; 38, 72; 49, 25; 56, 20; 58, 37. — ಪವಣ್ಬಡಿಸು. -ವಡಿಸು. To measure; to compare (Abh. P. 11, 103; 14, 85); to prove (13, 11). — ಪವಣ್ಮೀರು. To exceed measure (Čpr. 7, 106). — ಪವಣ್ಸರಿ. Proof-straightness: exact proof or certainty. ಕಣ್ಕೋಲಲಮನಬಿಯುಂ (i. e. ಅಬಿಯೆ-ಉಂ) ಪರವೆಣ್ ಸುರವಧುಗೆಣೆಯೆನಿಪ್ಪೊಡಂ, ತೊಡರ್ದಾತಂ ಮೇಣ್ ಸುರನಕ್ಕುಮೆ? ಅಚಲಪವಣ್ಸರಿಯೆ, ಕೇಳ್, ಸರಿಗೆವಾರನಹಿತಕೃತಾನ್ತಂ! (Šmd. 83; Kâvy. I, 1 b, 44).

ಪವಣ pavaṇa. = ಪವಣ್, etc. ಸನ್ನ ಪವಣಂ (ನಿಸ್ಸಣಿಕೆ Bhn. 46).

ಪವಣಿಗೆ pavaṇigĕ. Joining, entering, being threaded. (T. ಪಯಿನಿ, connexion = ಕೂಟ, cf. ಪಗಿಲ್ 1). — ಪವಣಿಗೆಯಾಗು. -ಆಗು. To enter or be threaded (ಕೋ Šmd. 398 Cm.).

ಪವಣಿಸು pavaṇisu. = ಪೋಣಿಸು. To thread, as a needle, a bead, etc. ನೀಲದ ಮಣಿ ಪವಣಿಸಿದ ನೂಲಾದರೆ ನೀಲದ ಕ್ರಯ ಬಾರೀತೇ? (Prv.).

ಪವನ pavana. *Winnowing; purifying.* 2, *wind, air* (ಎಲರ್ Čt. II, 10). 3, a certain metrical foot (Čh.).

ಪವನಜ pavana-ja. = ಪವನಸುತ. (Bh. 1, 10, 23).

ಪವನಜೆ pavana-jĕ. The tree Terminalia catappa Ainslie (ಇಂಗಳ Mr. 185, o. r. ಇಂಗುಳ).

ಪವನನನ್ದನ pavana-nandana. = ಪವನಸುತ. (Šmd. 130. 133).

ಪವನಸುತ pavana-suta. Bhima (Bh. 3, 13, 15). 2, Hanumat.

ಪವನಾತ್ಮಜ pavana-âtmaja. = ಪವನಸುತ. (My.).

ಪವನಾಶ pavana-âša. = ಪವನಾಶನ.

ಪವನಾಶನ pavana-ašana. Feeding on air: *a snake.*

ಪವನಾಶನಾಶ pavanâša-nâša. Snake-destroyer: *Garuḍa;* a peacock.

ಪವನು pavanu. A "pound" in money, the gold sovereign (My.).

ಪವಮಾನ pavamâna. *Wind, air.* 2, a certain metrical foot (Čh.).

ಪವಮಾನಸೂನು pavamâna-sûnu. = ಪವನಸುತ. (Šmd. 133).

ಪವರ pavara. = ಶಾನ (Bhn. 17).

ಪವರ್ಗ pa-varga. The labial series of consonants (Šmd. 30. 337).

ಪವಳ pavaḷa. = ಹವಳ. Tbh. of ಪ್ರವಾಲ. (ಪ್ರವಾಲ Čt. II, 70; ಪ್ರವಾಲ, ಹವಳ Nn. 7; ಪ್ರವಾಲ, ಕಪೋತಾಂಘ್ರಿ, ವಿದ್ರುಮ Mr. 148; ಪ್ರವಾಲ, ವಿದ್ರುಮ, ಹವಳ Si. 331; T. ಪವಳ, ಪವಬಿ; M. ಪವಿಬ, ಪವಿಬಿ; Tĕ. ಪಗಡ, ಪವಡ). — ಪವಳವಲಗೆ. -ಪಲಗೆ. A coral-board (Č. Bp. 5, 3). — ಪವಳಬಾಯ. -ಬಾಯ. A kind of fish (Ršv. 5, 115). — ಪವಳಹುವ್ವಿಗಿಡ. (ಕೇಸರ, ವಕುಲ Si. 137).

ಪವಳಿಸು pavaḷisu. = ಪವಡಿಸು. (My.; Si. 108. 292).

ಪವಾಡ pavâḍa. A vow or determination to effect an object; fanatical, obstinate, pompous, or marvellous words or acts (My.; Tĕ.; T. ಪಾವಾಡ; Mhr. ಪವಾಡಾ, a panegyric or encomiastic piece in a kind of recounting the achievements of a warrior, the talents of a scholar, the virtues of a person). ಪವಾಡಗಳಂ ಮಾಡಿ, ಶಿವನ ಕೃಪೆಯಂ ಪಡೆದರ್ (Č. Bp. 55, 47). See Bh. 1, 7, 2; ವೀರ-. — ಪವಾಡಪುರುಷ. A man of marvellous words or acts (Č. Bp. 6, 47).

ಪವಾಡಿ pavâḍi. A panegyrist (Bh. 7, 17, 30).

ಪವಿ pavi. *A thunderbolt.*

ಪವಿಘಾತ pavi-ghâta. The stroke of a thunderbolt (J. 6, 1).

ಪವಿತ್ರ pavitra. A means of purification: a filter, a strainer, etc.; purifying. 2, *the kuša grass* (ದರ್ಭೆ Nn. 111). 3, a ring of kuša grass worn on the fourth finger on particular occasions (My.); a gold-ring worn on that finger (My.). 4, the middle finger (ಮಧ್ಯಾಂಗುಲಿ Mr. 324, o. r. ಪವಿತ್ರ). 5, the sacrificial thread. 6, a kind of ear-ornament (ತಿವಿಡುಡಿಗೆ Šmd. II; Kk. 85). 7, *pure, clean,* as cloth, a house, water, etc. (ಧಗ, ಶುದ್ಧ ಮುಪ್ಪುಡು Nn. 52; My.); pure in mind, sinless, holy (Sk.; ವಿಸ್ತರ, ಸಾದ್ಗುಣ Nn. 140; Mhr.); cleanness, purity (ಶುಚಿ, ಶುದ್ಧತ್ವ Nn. 111). See Bp. 54, 85; B. 5, 279. 301; Prv. s. ಪಶು.

ಪವಿತ್ರಕ pavitraka. *Pack-thread, or a rope or net made of pack-thread.* 2, at the end of a compound = ಪವಿತ್ರ.

ಪವಿತ್ರತೆ pavitratĕ. Cleanness, purity (Čpr. 1, 75; Bp. 4, 30).

ಪವಿತ್ರಾಂಗುಲಿ pavitra-anguli. = ಪವಿತ್ರ No. 4. The middle or ring-finger. ಗೇಣಿನೊಳ್ ಪವಿತ್ರಾಂಗುಲಿ (ಗೋಕರ್ಣ Mr. 324).

ಪವಿತ್ರಿತ pavitrita. Cleansed, purified, clean, pure. (My.).

ಪವಿತ್ರೆ pavitrĕ. = ಪವಿತ್ರ No. 4, q. v.

ಪವಿಧರ pavi-dhara. Indra (Bp. 19, 27).

ಪವಿಮೂರ್ತಿ pavi-mûrti. = ಕಾಕೇರಿ, q. v.

ಪವುಜು pavuju. = ಪೌಜು. (My.).

ಪವುಂಚಿ pavuñči. = ಪೊಹಚಿ, ಪೋಚಿ, ಪೋಂಚಿ. An ornament for the wrist of females (My.; Si. 219; Mhr., H. ಪೋಂಚೀ,—of males).

ಪವುಡ pavuḍa. Tbh. of ಪ್ರೌಢ. (Č. Bp. 63, 38).

ಪವುಡವತಿ pavuḍa-vati. Tbh. of ಪ್ರೌಢವತಿ. (Bp. 40, 3. 6. 23. 88).

ಪವುಡೆ pavuḍĕ. Tbh. of ಪ್ರೌಢೆ. (Bp. 40, 13).

ಪವುತಿ pavuti. Deceased, defunct (My.).

ಪವುಥೀಯ pavuthiya. Wove silk (ಪತ್ರೋರ್ಣ, ಕೌಶೇಯ Mr. 341).

ಪವುಸೆ pavusĕ. — ಮೊಲೆ ಗಲ್ಲ ತೋಳ್ ಕೊರಳಲ್ಲಿ ತೀವಿ ಸಬಿಯಿಂ ಬರದ ಪವುಸೆ ಲತೆಗಳ್ (ಪತ್ರವಲ್ಲಿ, ಮಕರಿಕೆ Mr. 339). 2, N. of a tree (My.).

ಪವುಳಿ pavuḷi. ಪೌಳಿ. A parapet or low wall of stones loosely thrown up (Mhr. ಪೌಳ), a surrounding wall, an enclosure; a rampart (Bp. 26, 30; My.; ಪ್ರಾಕಾರ, ವರಣ, ಸಾಲ Si. 107; see Si. 113. 262).

ಪವ್ವನೆ pavvanĕ. = ಹವ್ವನೆ, q. v. Suddenly, unexpectedly (ಆಕಸ್ಮಿಕ Čt. I, 33; Kk. 50; Čpr. 5, 7; Abh. P. 9, 28; V. 3, after 21; Ššv. 4, 112).

ಪಶು pašu. = ಪಸು, ಹಸ, ಹಸಿವು, ಹಸು, ಹಸುವು. Cattle, both singly and collectively (especially a cow); any domestic animal; *a brute, a beast;* a mere animal in sacred things, an ignorant person; a victim. ಪಶುವಿದ್ದರೆ ಪವಿತ್ರ, ಹಸಿವಿದ್ದರೆ ಊಟ (Prv.).

ಪಶುಕರ್ಮ pašu-karma. Acting like cattle, conduct of cattle; copulation; sacrifice.

ಪಶುಕರ್ಮಜೀವಿ pašukarma-jîvi. A person who lives or behaves like cattle (Bp. 54, 7).

ಪಶುಕರ್ಮಿ paśu-karmi. A person who acts like cattle (Bp. 50, 47; 57, 77; 60, 40).

ಪಶುತುಂಡ paśu-tuṇḍa. A cow's mouth (ಗೋಮುಖ, ಗೋವಿನ ಮುಖ Nn. 20).

ಪಶುಪ paśu-pa. = ಪಶುಪತಿ. (Bp. 2, 6; 22, 60; 32, 29; 37, 29; 50, 47).

ಪಶುಪತಿ paśu-pati. = ಪಸುಪತಿ. *Śiva;* a bull. (Bp. 51, 36).

ಪಶುಪಾಲ paśu-pâla. = ಪಶುಪಾಲಕ. See ಪಾಶುಪಾಲ್ಯ.

ಪಶುಪಾಲಕ paśu-pâlaka. A keeper of herds, a herdsman (ಗೋಪ, ಗೋರಕ್ಷಕ Nn. 53).

ಪಶುಪ್ರೇರಣ paśu-prêraṇa. *The driving of cattle.*

ಪಶುರಜ್ಜು paśu-rajju. *A cord for tethering cattle.*

ಪಶುರೋಗ paśu-rôga. A cattle-disease. See ಕುನ್ನು.

ಪಶುವ್ರಜ paśu-vraja. A station for cattle, a cow-pen; a herd of kine, kine (ಗೋತ್ರ, ಗೋಸಮೂಹ Nn. 16; ಮೃಗ, ಗೋವುಗಳ್ 81).

ಪಶುಸ್ತನಿ paśu-stani. = ಗೋಸ್ತನಿ. (ದ್ರಾಕ್ಷೆ Mr. 112).

ಪಶ್ಚಾತ್ paśčât. From behind; *behind;* after, afterwards (ಚರಮ, ಬಳಿಕ Mr. 484). 2, from the west; *westward.*

ಪಶ್ಚಾತ್ಕರಿಸು paśčât-karisu. To come behind (Śšv. 1, 16).

ಪಶ್ಚಾತ್ತಾಪ paśčât-tâpa. After-pain: *sorrow, regret, repentance, remorse.* ಪಶ್ಚಾತ್ತಾಪಗೊಳ್ಳು. -ಕೊಳ್ಳು. (My.; B. 3, 38). ಪಶ್ಚಾತ್ತಾಪ ಪಡು (My.; B. 5, 53). ಪಶ್ಚಾತ್ತಾಪ ಹುಟ್ಟು (My.; B. 5, 94).

ಪಶ್ಚಾದರ್ಥ paśčât-artha. The meaning of paśčât. See ಹಿಂಬು; ಬಳಿಕ, etc.

ಪಶ್ಚಾದ್ವಿವೇಕ paśčât-vivêka. Knowledge that comes after an act (J. 11, 39).

ಪಶ್ಚಿಮ paśčima. = ಪಚ್ಚಿಮ. Being behind, hinder, hindmost; the back (ಪೃಷ್ಠ, ಬೆನ್ನು Mr. 327). 2, *western; the west.* — ಪಶ್ಚಿಮಘಟ್ಟ. The western ghauts (B. 3, 29; 4, 163; My.). — ಪಶ್ಚಿಮದ ದೆಸೆಗೊಡೆಯ. = ಪಚ್ಚಿಮದ-, q. v.

ಪಶ್ಚಿಮಾಚಲ paśčima-ačala. = ಪಶ್ಚಿಮಾದ್ರಿ. (J. 8, 46).

ಪಶ್ಚಿಮಾದ್ರಿ paśčima-adri. The western mountain (ಪಡುವೆಟ್ಟು Ss.).

ಪಶ್ಚಿಮಾಬ್ಧಿ paśčima-abdhi. The western sea (J. 8, 49).

ಪಶ್ಚಿಮೋತ್ತರ paśčima-uttara. *North-western; the north-west.*

ಪಶ್ಯ paśya. Seeing, beholding. See ಉತ್-.

ಪಶ್ಯತ್ paśyat. = ಪಶ್ಯ.

ಪಶ್ಯತೋಹರ paśyataḥ-hara. *Stealing in the very sight of the possessor; a thief* (ಎಲ್ಲರೊತ್ತಿನಲ್ಲಿ ಕಳುವವಂ Mr. 226).

ಪಸ pasa. Wish, great desire, eagerness (ಬಾಕುಳಿ, ಮೊಗಸು, ಇಚ್ಛೆ Ss.; ಆರ್ತ Kk. 55; ಉರವಣಿಗೆ Šm. 62; see ಪಡೆ 1). — ಪಸವಡು. -ಪಡು. To desire (Abh. P. 7, 141).

ಪಸ pasa. (= ಪಚ್ಚ). See ಪಸಾಯುತ 2, ಪಸಾಯಿತ 2, ಪಸಾಯ್ತ 1, (ಕಡಪಸ).

ಪಸದನ pasadana. Tbh. of ಪ್ರಸಾಧನ (Šmd. 373, Čt. II, 40; ತೊಡ, ಪಚ್ಚ, ತೊಡಿಗೆ Kk. 26, Šm. 72; Tĕ.). See ಗಣ್ಡಪಸದನ, ಬೆಳ್ಪಸದನ, ಮಂಗಳಪಸದನ; Čpr. 6, 67; Ršv. 6, after 11. — ಪಸದನಂಗೊಳ್. -ಂ-ಕೊಳ್. = ಪಸದನಮ್ಬಡೆ No. 1. (Čpr. 7, after 115). 2, to decorate (Grj. 5, after 76; Ršv. 8, after 5). — ಪಸದನಮ್ಬಡೆ. -ಂ-ಪಡೆ. To decorate one's self (Ršv. 18, after 65). 2, to become beautiful (Ršv. 8, after 5).

ಪಸನ pasana. See ಗಣ್ಡಪಸನ.

ಪಸನ್ದು pasandu. Approved, admitted; agreeing to (Mhr., H. ಪಸನ್ತ, ಪಸನ್ದ); agreeable, comely, pleasing (My.; Br.).

ಪಸರ pasara. = ಹಸರ. Tbh. of ಪ್ರಸರ (Čt. II, 40; ಪ್ರಸರಣ Šm. 103; ಸಮೂಹ Šs., Šm. 103; ಪ್ರಚುರತೆ Čt. I, 74; ಸನ್ದಣಿ, ಪಿಣ್ಡು, ಸೇಣಿ, ಮೊತ್ತ, ಮೊಕ್ಕಳ, etc. Šm. 54; ಸೇಣಿ, ಪಿಣ್ಡು, etc., ಶ್ರೇಣಿಕೆ Kk. 17; Čpr. 5, after 39; 6, after 88; Bp. 30, 6; 37, 65. 66; 61, 40). 2, = ಪಸಾರ, a shop (J. 6, 19; My. as ಹಸರ). See ದೂಸಿಗಪಸರ; ರನ್ನಪಸರ. ಒಸೆದೆಣ್ಬು ದಿಕ್ಕಿನಲಿ ಮಿಸುನಿಗಿಣಿಲುಗಿಣ್ಡೆ ಹುಸಿದು ಮಾಡುವವನ ಪೂಜೆ ಬೋಗಾಟಿ ಪಸರ ವಿಟ್ಟನ್ತೆ (Sp.). 3, a gift (ಉಪಹಾರ Bhn. 54). — ಪಸರಮ್ಬಡೆ. -ಂ-ಪಡೆ. To spread (v. i.), etc. ಪಸರಮ್ಬಡೆದಂ (Šmd. 200). — ಪಸರಮ್ಬೆಟ್. -ಪೆಟ್. To extend (v. i.), to form a multitude (V. 8, 35).

ಪಸರಿಕೆ pasarikĕ. = ಪಸರ No. 1. (Râm. 6, 12, 37). 2, articles of a shop (1, 16, 36).

ಪಸರಿಗ pasariga. One who spreads about (Abh. P. 3, 19).

ಪಸರಿಸು pasarisu. = ಪ್ರಸರಿಸು, ಹಂಚರಿಸು. To proceed; to spread (v. i.), to spread abroad (Čpr. 2, after 93; 6, 58; 7, after 92; Bp. 46, 59; 60, 21). ಕೂಪಾದಿಗಳಿನ್ದುದಕ ಹೊಟಿವಟ್ಟು ಚಕ್ರಾಕಾರದಿನ್ದೆಲ್ಲಾ ದೆಸೆಯಲ್ಲಿ ಪಸರಿಸುತ್ತಿದ್ದದು (ಚಕ್ರ, ಪುಟಭೇದ, ಮೊರಹು Nr.). ಪಸರಿಸಿದತ್ತು ಮೂಡಣ (o. r. ಮೂಡ) ದೆಸೆಯೊಳ್ ಬೆಳಗೆರ್ಮ್ಬುದಯಂ (Šmd. 266). ಪಸರಿಸಿದ ಬೇರ್ (ಪಾದ, ಮೂಲ Mr. 104). 2, to spread, etc. (v. t., Čpr. 1, after 101; Bp. 2 sum.; 18, 107; 61, 79; Č. Bp. 47, 10; B. 4, 113). ಮಾಟಿಲ್ ಬೀಡಿ ಅಂಗಡಿಯಲ್ಲಿ ಪಸರಿಸಿದ ದ್ರವ್ಯವು (ಕ್ರಯ್ಯ Nr.).

ಪಸಲೆ pasalĕ. = ಹಸಲೆ. Young, green grass, pasturage, a place overgrown with grass (Grj. 5, after 67; Ršv. 5, 108; Bhâgavata 10, 18, 8; M. ಪಯುಟ್; *cf.* ಪಸುರ್). See ನುಣ್ಬಸಲೆ, ಬಳ್ಳಿಪಸಲೆ.

ಪಸಾ pasâ. A sound produced when digging. — ಪಸಾ ಪಸಾ. rep. (S. Mhr.).

ಪಸಾದ pasâda. = ಪಸಾಯ, ಹಸಾದ. Tbh. of ಪ್ರಸಾದ. See Čpr. 7, 107; 8, 56; Bp. 29, 7; 31, 6; 37, 65; 58, 32; ಶಿವ-.

ಪಸಾಯ pasâya. = ಪಸಾದ, etc. A present of clothes or other articles (ಉಡುಗೊರೆ Šs.). ನನ್ದನವನಲಕ್ಷ್ಮಿ ಕೀರರವದಿಂ ಪೊಗಟ್ದು, ಇತ್ತ ಪಸಾಯದಚ್ಚಮುತ್ತಿನ ಪೊಸ ಪಚ್ಚೆಯಂ ತಳೆದ ಪೋಲ್ ಅದಿರ್ಮುತ್ತೆ ಮುಗುಳ್ದುದೆತ್ತಲುಂ (Čpr. 7, 41). See Bh. 1, 7, 13; ಶಿವ-. — ಪಸಾಯಂಗೊಡು. -ಂ-ಕೊಡು. To give presents (V. 8, 25).

ಪಸಾಯುತ pasâyata. 1. = ಪಸಾಯಿತ 1, ಪಸಾಯ್ತ 2. Tbh. of ಪ್ರಸಾದಿತ. See Grj. 10, after 110; ಶಿವ-.

ಪಸಾಯುತ pasa-âyata. 2. = (ಪಚ್ಚಾಯ್ಲ), ಪಸಾಯಿತ 2, ಪಸಾಯ್ತ 1. A master of the robes (ಪಡವಳ Čt. II, 40. 108).

ಪಸಾಯನ pasâyana. Tbh. of ಪ್ರಸಾದನ. A gift, a present (Grj. 4, after 104). ತೋಟವಾಳಂಗೆ ಪಸಾಯಮನ್ನಿತ್ತು (Ršv. 10, after 5).

ಪಸಾಯಿತ pasâyita. 1. = ಪಸಾಯುತ 1, etc. See ಲಿಂಗ-, ಶಿವ-, ಸಂಕರ-.

ಪಸಾಯಿತ pasa-âyita. 2. = ಪಸಾಯುತ 2, etc. (Bp. 59, 26).

ಪಸಾಯ್ತ pasa-âyta. 1. = ಪಸಾಯಿತ 2, etc. (Bh. 2, 13, 15. 31).

ಪಸಾಯ್ತ pasâyta. 2. = ಪಸಾಯುತ 1, etc. (Bh. 8, 21, 26).

ಪಸಾಯ್ತೆ pasa-âytĕ. A mistress of the robes (Bh. 2, 13, 12).

ಪಸಾರ pasâra. = ಪಸರ No. 2, ಪಸಾರೆ. (Tbh. of ಪ್ರಸಾರ). Spread out state: things lying spread about; a sort of tray to hold the measures, etc. of a shop (Mhr. ಪಸಾರಾ); a grocer's shop (Tĕ.; Mhr. ಪಸಾರೀ, a grocer; H. ಪಸಾರ, ಪಂಸಾರ, the trade of a druggist; ಪಸಾರಿ, ಪಂಸಾರಿ, a druggist).

ಪಸಾರೆ pasârĕ. = ಪಸಾರ, etc. A grocer's shop (My.; Tĕ.).

ಪಸಿ pasi. 1. = ಹಸಿ 1. To hunger (Čpr. 5, 68; Šśv. 2, 65; J. 19, 50; T. ಪಚ, M. ಪಯಿ). ಪಸಿದುಣ್ಣಂ (Šmd. 63).

ಪಸಿ pasi. 2. = ಪಸಿವು, ಪಸು 1, ಹಸಿವಿ, ಹಸಿವು, ಹಸುವು. Hunger (T. ಪಚ; M. ಪಯಿ, ಪೈ. ಪೈಕ್ಕ). — ಪಸಿವೆಡ್. -ಪೆಡ್. To get hungry (Rśv. 5, 79).

ಪಸಿ pasi. 3. = ಪಚ್ಚೆ, etc. Greenness, etc. (Grj. 5, 59; Rśv. 5, after 55; Tĕ.; T. ಪೈ; M. ಪಯಿ, ಪೈ). ಪಸಿಯ ಬಣ್ಣಂ (Šmd. 201). ಪಸಿಯ ತಳಿ (ಪನ್ದಳೆ Kk. 41; Šm. 44). — ಪಸಿದೊಗಲ್. -ತೊಗಲ್. A fresh hide (J. 16, 24). — ಪಸಿವರೆ. -ಪರೆ. Greenness or freshness to go away (Rśv. 2, 22).

ಪಸಿಮೆ pasimĕ. Freshness: the state of being not yet dry (used of grain and wood, My.).

ಪಸಿಯಿಸು pasiyisu. = ಕೊನಯಿಸು 2. To stir up, to rub, to excite, to shake, to churn. (ಬ್ರಹ್ಮನು) ಲಿಂಗಮಂ ಪಿಡಿದು, ಪಸಿಯಿಸಿ, ಜಡಿಯಲ್ ಮತ್ತಿನ್ದ್ರಿಯಂ ಪದ್ಮದೊಳೊಕ್ಕೊಡೆ (Śâstrasâra in W. v. 1896).

ಪಸಿರ್ pasir. = ಪಸುರ್ 2, etc. — ಪಸಿರ್ಗಲ್. -ಕಲ್. An emerald (Šśv. 3, 30). — ಪಸಿರ್ನವಿಲ್. A green-coloured peacock (Abh. P. 7, 141 MS.).

ಪಸಿವು pasivu. = ಪಸಿ 2, etc. (J. 28, 35).

ಪಸು pasu. 1. (ಪಸುವು). = ಪಸಿ 2, etc. (Bp. 8, 1).

ಪಸು pasu. 2. (Šmd. 215). = ಪಚ್ಚೆ, etc. Greenness, etc.; youngness (T., M. ಪಚು; T. also ಪಾಚು). — ಪಸುಗೂಸು. -ಕೂಸು. = ಹಸುಗೂಸು. A young child (Abh. P. 2, 46; Bp. 52, 37). — ಪಸುಂಗಟ್. -ಂಗಟ್. (Šmd. 216). A green leaf of a palm, etc. — ಪಸುಸಂಜೆ. A gold-coloured evening (Abh. P. 9, 71, o. r. in MS. ಕಸು-).

ಪಸು pasu. 3. (Šmd. 90). = ಪಂಚು 1, etc. To divide, to separate, to part, to cut; to apportion, to distribute, to assign, to share (ವಿಭಜನ Šmd. Dh.; Šm. 109; see s. ಪಗಡಿ); to be divided, etc. P. p. ಪಚ್ಚು (Šmd. 284. 287; Čpr. 5, 42; Abh. P. 13, 142). See ಮನಪ್ಪುಸು; Šmd. s. ಪಿಟ್ಟು. — ಪಸೆಯಿಲ್. -ಇಲ್. To be ready or willing to share in or with. ಪಸೆಯಿರ್ದಂ ಗರುಡ ವೇಗನೃಪನನ್ದನೆಯೊಳ್ (Šmd. 64. 282).

ಪಸು pasu. Tbh. of ಪಶು (Šmd. 335). (ಜೀವಧನ Šmd. II; ಜೀವಧನ, ಅಜ್ಞಾನಿ Šm. 109; Tĕ. ಪಸಿ, ಪಸು; M. ಪೈ).

ಪಸುಗೆ pasu-gĕ. (Šmd. 248) = ಹಸಿಗೆ, ಹಸುಗೆ. Dividing, separating; division; part, portion, share; apportionment; arrangement, disposition. See ಪಿಂಚು; Čpr. 8, after 87; Abh. P. 4, 11; 6, 165; 16, after 5; J. 5, 44; 19, 49; ತೋಳ್ಪಸುಗೆ.

ಪಸುಪತಿ pasu-pati. Tbh. of ಪಶುಪತಿ (Šmd. 376).

ಪಸುಬ pasuba. (fr. ಪಸು 2) = ಪಸುಮ್ಬ, ಹಸುಬ, ಹಸುಮ್ಬ. A kind of bird with greenish plumage (ಪಂಚುಕ Mr. 174; Tĕ. ಪಸಪು, a goldfinch; a bottle-nest bird).

ಪಸುಬೆ pasubĕ. (fr. ಪಸು 3). = ಪಸುಮ್ಬೆ, ಹಸಿಬೆ, ಹಸುಬೆ, ಹಸುಮ್ಬೆ. A long bag that has its opening in the midst and is thrown over the shoulder so as to form two divisions (M. ಪಯಿಮ್ಪ, ಪೈ; T. ಪೈ; Tĕ. ಆಸಿಮಿ-ಸಂಚಿ).

ಪಸುಬೆವಳ pasubĕ-vaḷa. A man who carries a pasubĕ: a merchant (ವೈಶ್ಯ Kk. 34; Šm. 67).

ಪಸುಮ್ಬ pasumba. = ಪಸುಬ, etc. ಗಿಳಿ ಪಸುಮ್ಬಗಳ ಗಡಿಯನ್ತಪ್ಪ ವರ್ಣಂ (ಹರಿಣಿ Mr. 444; Šśv. 3, 33).

ಪಸುಮ್ಬೆ pasumbĕ. = ಪಸುಬೆ, etc. ಕಕಾರನುಚ್ಚಾರಣಾರ್ಥಮಾಗಿ ಉದಿಂದ, ಪಸುಮ್ಬೆಯ ಲಕ್ಷಣದನ್ತಿರ್ದ ವರ್ಣಂ ಜಿಹ್ವಾಮೂಲೀಯಮೆಮ್ಬುದು (Šmd. 26).

ಪಸುರ್ pasur. 1. To be green (ಹರಿತಭಾವ Šmd. Dh.; T. ಪೈ).

ಪಸುರ್ pasur. ಪಸುರು. 2. = (ಪಯಿರ್, ಪಯ್ರು), ಪಸಿರ್, ಹಸರು, ಹಸಿರು, ಹಸುರು, ಹಸುರ್. Green colour, greenness, yellowishness; youngness, freshness; unripeness; tenderness; young, green grass; an emerald (ಜಾಗ, ಪಚ್ಚೆ Šm. 69; see Čt. II s. ಪೊಮ್ಬಣ್ಣ; ಮೆಯ್ಪಸುರ್). ಪಸುರ್ಗಳ್ (Šmd. 52). ಪಸುರ್ಗೆ (J. 20, 5). ತನೆಸೋಗೆವಸುರ ಕಟ್ಟಿನ ಕೊರ್ಬು (Č. Bp. 11, 11). — ಪಸುರಂಗಿ. -ಅಂಗಿ. A green coat (Šśv. 3, 16). — ಪಸುರುಗೂಡು. -ಕೂಡು. Rice mixed with green-colouring substances and used for nivâḷi (Râm. 1, 16, 44). — ಪಸುರುಡಿಗೆ. -ಉಡಿಗೆ. A green cloth (J. 3, 22). — ಪಸುರುವಡು. -ಪಡು. To grow green (Bp. 26, 41). — ಪಸುರುವಣಿ. -ಮಣಿ. = ಪಸುರ್ವಣಿ. (ಜಾಗವರಲ್, ಮರಕತ Šm. 68). — ಪಸುರುವೊಗರ್. -ಪೊಗರ್. A green lustre (J. 3, 5). — ಪಸುರೆಸಳ್. -ಎಸಳ್. A green leaf or petal (J. 15, 10). — ಪಸುರ್ಗಂಕಣ. -ಕಂಕಣ. An emerald bracelet (Abh. P. 9, 171). — ಪಸುರ್ಗಲ್. -ಕಲ್. An emerald (ಪಚ್ಚೆ Čt. II, 112). — ಪಸುರ್ಗಾಯ್ದೊಡಮ್ಬೆ. -ಕಾಯ್-ತೊಡಮ್ಬೆ. A cluster of young fruits (Šśv. 2, after 42). — ಪಸುರ್ಮಿಡಿ. A green, very small fruit (Čpr. 7, after 115; V. 2, 43). (ಮಾಮರಂ) ಪಸುರ್ಮಿಡಿಯಿನ್ದಮೊರ್ಮೆ, ಕಾಯ್ಗಳಿನಿರದೊರ್ಮೆ, ಪಣ್ಗಳಿನ್ದದೊರ್ಮೆ ಜನಕ್ಕೆ ಮನಃಪ್ರಮೋದಮಂ ಬಳಯಿಸಿ (Čpr. 7, 49). — ಪಸುರ್ವಣಿ. -ಮಣಿ. An emerald (ಜಾಗವರಲ್, ಮರಕತ Kk. 48). — ಪಸುರ್ವಣ್ಣ. -ಬಣ್ಣ. Green, yellowish colour. 2, a male person so coloured: Vishṇu (ಪೊಡೆಯಲರಂ Čt. II, 31). — ಪಸುರ್ವನ್ದರ್. -ಪನ್ದರ್. (Šmd. 216). A green pandal (Čpr. 1, after 101; Rśv. 8, after 5). — ಪಸುರ್ವರಲ್. -ಪರಲ್. = ಪಸುರ್ಗಲ್. (V. 4, 14; Šśv. 1, 45). — ಪಸುರ್ವಿಡಿ. -ಪಿಡಿ. To get green foliage. ಉರುತಮ್ಮುಪಸುರ್ವಿಡಿದ ಮಾವು (Râghô. 17, 54). — ಪಸುರ್ವುಲ್. -ಪುಲ್. Green grass (Abh. P. 7, 157). — ಪಸುರ್ವೆಳಗು. -ಬೆಳಗು. Green or fresh light or lustre (Čpr. 6, 52; J. 8, 4).

ಪಸುರ್ಪು pasur-pu. (Šmd. 248). Greenness, the colour of the emerald (ಜಾಗ Kk. 25; Abh. P. 8, after 33; Grj. 7, 39; V. 4, 14; T. ಪಚಪ್ಪು, ಪಯಪ್ಪು, ಪಚುಪ್ಪು). — ಪಸುರ್ಪುವೆಡ್. -ಪೆಡ್. To become green (Šśv. 3, 9).

ಪಸುಳ pasuḷa. = ಪಸುಳೆ. ಪಸುಳರ್ (Bp. 24, 63).

ಪಸುಳೆ pasuḷĕ. (fr. ಪಸು 2). = ಹಸುಳೆ. A child (T. ಪಚಲ್, ಪಯಲ್, ಪೈದಲ್, ಪೈಯಲ್; M. ಪೈದಲ್). See J. 4, 34. 40; 7, 42; 19, 23; 20, 14. 16. 20; 21, 24; 28, 16. 19. 22. 25. 27. 33. 35; 29, 24. — ಪಸುಳೆವಿಸಿಲ್. -ಬಿಸಿಲ್. = ಎಳೆವಿಸಿಲ್. (J. 9, 14).

ಪಸುಳೆತನ pasuḷĕtana. Childhood (J. 28, 61).

ಪಸೆ pasĕ. 1. (fr. ಪಡು 3). = ಹಸೆ. A layer; a bed; a beautiful seat. ಕುಸುಮದೆಸಳ ಪಸೆಗಳೊಳ್ ಅಮರ್ದ ತಾವರೆಯ ನೂಲಿಂ ಕೀಲಿಸಿದೆಳೆವಾೞಿಯ ಸುೞಿಯೆಲೆಯ ತಳತಳಿಪ ಮೇಲ್ಗಟ್ಟು (Čpr. 7, after 92). See Šmd. 214; Čpr. 6, after 77; 8, after 53; Grj. 5, after 67; ಆಲವರ್ಪಸೆ, ಎಸಳ್ವಸೆ, ತಳಿರ್ವಸೆ, ತಾವರೆವಸೆ, ನುಣ್ಬಸೆ, ಪೂವಸೆ, ಪೊಸವಸೆ. — ಪಸೆಗೆಯ್. To make (something) one's bed (J. 22, 14). — ಪಸೆ ನಿಲ್. To be on a seat (V. 8, 35). — ಪಸೆಯಿಕ್ಕು. -ಇಕ್ಕು. To put a seat (Grj. 4, after 159).

ಪಸೆ pasĕ. 2. A meaningless, vain word (ಪುರುಳಿಲ್ಲದ ಮಾತು Čt. I, 72, o. r. ಹು-; *cf.* ಪದಱು, ಪಱ³ 2).

ಪಸೆ pasĕ. 3. = ಪಸಿಮೆ. (My.).

ಪಸ್ತಕ pastaka. Tbh. of ಪುಸ್ತಕ. (My.).

ಪಸ್ತಗ pastaga. = ಪಸ್ತಕ. (My.).

ಪಸ್ತ್ಯ pastya. *A house.*

ಪಸ್ನೆ pasnĕ. Tbh. of ಪ್ರಶ್ನ. (Bp. 51, 16; My.).

ಪಹಡು pahaḍu. A hill (My.; Mhr., H. ಪಹಾಡ).

ಪಹರೆ paharĕ. (fr. ಪ್ರಹರ). = ಪಾರಾ, ಪಾರೆ 1, ಪಾಹರೆ. A period of three hours, a watch; a watch or a guard; the business of a guard, the state of guarding (Mhr., H. ಪಹಾರ, ಪಹಾರಾ; Si. 268. 278; My.; Br. ಪಾರಾ). — ಪಹರೆ ಕೊಡು. To watch (My.). — ಪಹರೇ ಕಾಯು. To watch. ಕೋಟೆ ಹೋದ ಮೇಲೆ ಪಹರೇ ಕಾದರು (Prv.). — ಪಹರೇ ತಿರುಗು. To go about on guard. ಪಹರೇ ತಿರುಗುವ ಕಾವಲುಗಾಱರು (Si. 398). — ಪಹರೇದವ. -ಅವ. A guard, a sentinel (My.).

ಪಳ paḷa. = ಪಱ 1. The sound of rain or tears falling in big drops, that of fruits falling in numbers when shaking a tree (My.); that of leaves agitated by wind (S. Mhr.). — ಪಳ ಪಳ. rep. (S. Mhr.). — ಪಳ ಪಳನೆ. With the repeated sound of ಪಳ (My.).

ಪಳ paḷa. 1. Tbh. of ಫಲ (Šmd. 338).

ಪಳ paḷa. 2. = ಪಲ No. 2. (Mhr. also ಪಳ; B. 5, 226).

ಪಳಕ್ paḷak = ಟೊಳಕ್. A sound produced when an earthen vessel with water breaks (S. Mhr.).

ಪಳಕನೆ paḷakanĕ. = ಪಳಚನೆ, ಪಳಚ್ಚನೆ, ಪಳಂಚೆ. With a glitter, with pure brightness, with a flash; brightness, pureness, etc. (ಜಳಕನೆ, ನಿರ್ಮಲಾರ್ಥಂ Čt. II, 30; T. ಪಳಬಳ, ಪಳಿಚ್ಚು; Tĕ. ಪಳಪಳ; M. ಪಳುಬ್ಬು, to glitter).

ಪಳಕು paḷaku. = ಪಳುಕು, etc. (Č. Bp. 5, 48; J. 8, 4; 17, 23).

ಪಳಂಕು paḷaṅku. = (ಪಳಂಚು 1, etc.), ಪಳುಂಕು (ಪಱುಂಕು). To touch with force or roughly, to strike or dash against, to strike, to push, etc. (ಗಾಢಸ್ಪರ್ಶನ Šmd. Dh., o. r. ಪಳುಂಕು; T. ಪಱುಕ್ಕು, to beat; to dash against).

ಪಳಚನೆ paḷačanĕ. = ಪಳಕನೆ, etc. (Ršv. 6, 2).

ಪಳಚು paḷaču. = ಪಳಂಚು 1, etc. ಪಳಚುವ ಅಕ್ಷಿ (ನಿಮಿಷ, ನಿಮೇಷ Mr. 317).

ಪಳಚ್ಚನೆ paḷaččanĕ. = ಪಳಕನೆ, etc. (ಜಲಕ್ಕನೆ, ನಿರ್ಮಲ Kk. 52; Ššv. 1, 46; 5, 8). — ಪಳಚ್ಚನಾಗು. -ಆಗು. To become bright (Čpr. 1, 123); to become pure (V. 3, 18).

ಪಳಂಚು paḷañču. 1. (Šmd. 48). = (ಪಳಕು), ಪಳಚು, ಹಳಚು. To strike against, to strike, to touch, to dash against; to clash together, to encounter; to oppose, to resist (ಸಂಘಟ್ಟನ Šmd. Dh.; ತಾಂಗು, ಸಂಘಟ್ಟನ Kk. 58, o. r. ತಾಗು; Šm. 44; ಅಣ್ಣಲೆ, etc., ಪ್ರತಿಹತ Šs.). ಪಳಂಚಿದಪ್ಪೊಡೆ ಕೊನ್ದಪಂ (Šmd. 298). See Abh. P. 8, 51; 10, 57; 13, 38. 144; Grj. 2, after 106; Ršv. 5, 77. 123; 6, after 11 (twice); 13, after 54; 13, 61; 13, after 71; 13, 83; 13, after 83; 13, 85. 92; J. 3, 3; 22, 28; 26, 10. — ಪಳಂಚಲೆ. -ಅಲೆ. To strike against and shake or put into commotion (Čpr. 1, 33; 2, 7; 7, 127; Abh. P. 12, 11; 16, 42).

ಪಳಂಚು paḷañču. 2. Opposition, resistance, backwardness (J. 6, 34).

ಪಳಂಚೆ paḷañčĕ. = ಪಳಕನೆ, etc. (ವಿಮಲಾರ್ಥಂ Čt. II, 59).

ಪಳದಿ paḷadi. = ಹಳದಿ. Tbh. of ಹರಿದ್ರೆ or ಹಲದಿ. Turmeric; the colour of turmeric, yellow (Ršv. 6, after 11, twice; J. 6, 31; 8, 4; Mhr. ಹಳದ; Tĕ. ಪಸಪು, *cf.* ಪಸುರ್ಪು).

ಪಳದಿಯ paḷadiya. = ಪಳದೆ, etc. (My.).

ಪಳದೆ paḷadĕ. = ಪಳದಿಯ, ಪಳಿದೇಯ, ಪಳಿದ್ಯ. (Perhaps connected with Sk. ಫಾಣಿ, ಫಾಣಿತ, flour or meal mixed with curds; a decoction; or Tbh. of ಪ್ರಣೀತ?). Boiled and seasoned vegetables mixed with flour, curds, etc. and used as sauce (ತೇಮನ, ಪ್ರಣೀತ G.). ಮೊಸರ ಪಳದೆ (ಸೂದ G.). See G. s. ಜಾಡಿಸು 1.

ಪಳಮಂಜರಿ paḷa-mañjari. N. of a râga (J. 21, 56).

ಪಳಯ paḷaya. Tbh. of ಪ್ರಲಯ. (Bp. 59, 49; Č. Bp. 48, 28). — ಪಳಯವಹ್ನಿ. = ಪ್ರಲಯವಹ್ನಿ. (Bp. 56, 37).

ಪಳಯಿಸು paḷayisu. = ಪಳವಿಸು, ಹಳವಿಸು. Tbh. of ಪ್ರಲಪಿಸು. To talk incoherently or deliriously, to cry, to lament, to wail (Grj. 8, 79; Ršv. 13, after 104, 110 & 130; Tĕ. ಪಲವಿಂಚು).

ಪಳವಿಸು paḷavisu. = ಪಳಯಿಸು, etc. (Grj. 8, after 73).

ಪಳವೆ paḷavĕ. (or ಪಱವೆ?). (Šmd. 247).

ಪಳಾರ paḷâra. = ಫಲಹಾರ, etc. (G. 490; My.).

ಪಳಾಳ paḷâḷa. Cunning, deceit, craft (ಟಕ್ಕು Šmd. II; Abh. P. 11, 8).

ಪಳಿ paḷi. = ಪಡಿ 1, etc. See *e. g.* ನಗೆವಳಿ, ನಡವಳಿ, ಸಾಗುವಳಿ.

ಪಳಿಕ paḷika. = ಪಟಿಕ 1, ಪಳಕು, ಪಳಿಕು, ಪಳುಕು. Tbh. of ಸ್ಫಟಿಕ. Crystal (Šmd. 31; T. ಪಳಿಂಗು, M. ಪಳುಂಗು).

ಪಳಿಕು paḷiku. = ಪಳಿಕ (Šmd. 358. 364; see ಅಚ್ಚವಳಿಕು, ತೆಳ್ವಳಿಕು, ಜಾಮ್ಪುಳಿಕು; Čpr. 1, 120; 6, after 71).

ಪಳಿಕೆ paḷikĕ. = ಪಡಿಕೆ, etc. See ಅಳವಳಿಕೆ (s. ಅಳ 2), ನಡವಳಿಕೆ, (ಪರಿವಳಿಗೆ).

ಪಳಿಗ paḷiga. (= ಪಡಿಗ, ಪಣಿಗ, etc.).

ಪಳಿಗೆ paḷigĕ. Tbh. of ಪಟಕ 2. See ಜೌಪಳಿಗೆ.

ಪಳಿತ paḷita. (**ಪಡಿತ**). = ಪಳಿಕೆ, etc. See ನಡವಳಿತ.

ಪಳಿತ paḷita. A certain measure of time (Abh. P. 1, 62).

ಪಳಿತೋಪಮ paḷita-upama. Equal to a paḷita (Abh. P. 1, 67. 68; 1, after 68).

ಪಳಿದೇಯ paḷidêya. = ಪಳದೆ, etc. (ರಸಮ್ ಅದಿಗಳು ಪಾಕಗೊಣ್ಡಿರಲು Mr. 217).

ಪಳಿದ್ಯ paḷidya. = ಪಳಿದೇಯ, etc. (ವ್ಯಂಜನ, ನಿಷ್ಪಾನ Nr.; ತೇಮನ, ನಿಷ್ಪಾನ Si. 318; Č. Bp. 5, 60; J. 6, 44; My.). ಮಜ್ಜಿಗೆಯ ಪಳಿದ್ಯ (ತೇಮನ, ನಿಷ್ಪಾನ Nr.; Si. 486). ಮಕ್ಕಳಿಗೆಲ್ಲ ಬೆಕ್ಕಿನ ಪಳಿದ್ಯವೇ? (Prv.).

ಪಳಿಸು paḷisu. = ಪಡಿಸು. See ಅಳವಳಿಸು.

ಪಳುಕು paḷuku. = ಪಳಿಕ, etc. (ಸ್ಫಟಿಕ Čt. II, 84; Nn. 13, o. r. ಪಳಿಕು; J. 8, 4; Rsv. 5, after 55). — ಪಳುಕುಗೊಡ. -ಕೊಡ. A water-pot of crystal (Rsv. 13, 55; Šsv. 2, 103). — ಪಳುಕುಮಣಿ. -ಮಣಿ. A bead of crystal (V. 37, 16). — ಪಳುಕುಪಾಸಱ್. -ಪಾಸಱ್. A flag-stone of crystal (Rsv. 1, after 130).

ಪಳುಂಕು paḷuṅku. = ಪಳಂಕು, q. v. (ನೂಂಕು Šmd. II; Kk. 92).

ಪಳ್ಳ paḷḷa. (fr. ಪಡು 3). = ಹಳ್ಳ. Depth (T.; My. as ಹಳ್ಳ); a pit, a hole in the ground, or in the surface of a thing (T., also ಪಡುಗರ್; M.; Tĕ. ಪಲ್ಲ; My. as ಹಳ್ಳ); low ground (Šsv. 4, 23; J. 10, 8; 5, 6; M.; Tĕ. also ಪಡುವೆ; My. as ಹಳ್ಳ); a nullah, a stream (Bp. 55, 28; My. as ಹಳ್ಳ).

ಪಳ್ಳಿ paḷḷi. 1. (fr. ಪಡು 3). = Sk. ಪಲ್ಲಿ Nos. 1 & 2, ಹಳ್ಳಿ. A settlement, an abode; a hamlet, a village (Bp. 18, 7; J. 6, 47; T., M.; Tĕ. ಪಲ್ಲಿಯ, ಪಲ್ಲೆ; T., M. also: a couch, bed, dormitory). ಬೇಡರ ಪಳ್ಳಿ (ಪಕ್ಕಣ, ಶಬರಾಲಯ Hlâ.). See ತುಱು-.

ಪಳ್ಳಿ paḷḷi. 2. (fr. ಪಡು 1?). A play at which two boys mutually seize their left hands and try to hold them fast in spite of the contrary endeavours of others (Tu.). ಪಳ್ಳಿಯಾಡಿದರೂ ತಳ್ಳಿಬಿಟ್ಟು ಹೋಗದು (Prv.).

ಪಳ್ಳಿ paḷḷi. = ಪತ್ತಳೆ. See ಎಮುರ್ಪಳ್ಳಿ.

ಪೞ್ pa!. = ಪೞ 1, q. v. — ಪೞ್ಪೞ. rep. = ಪೞ ಪೞ. (Šmd. 65). — ಪೞ್ಪೞನೆ. = ಪೞ ಪೞನೆ. (Šmd. I).

ಪೞ pa!a. 1. = ಪಳ, ಪೞ್. A sound in imitation of the rattling or pattering of the fall of loose or single things, as of hail-stones. — ಪೞ ಪೞ. rep. The repeated sound of pa!a. ಪೞ ಪೞ ಪೞ್ಪೞಯೆನ್ಸುಅಲಿಕಲ್ಗಳ್ ಉದಿರ್ದುವು ನಭದಿಂ (Šmd. 65). — ಪೞ ಪೞನೆ. With the repeated sound of pa!a (ವಿರಲಾರ್ಥಂ Šmd. I). ಗಗನಸ್ಥಲದಿನ್ಪುಡುಗಳ್ ಪೞ ಪೞನುದುರ್ವ ಪೋಲ್ ಎಡೆವಿಡದಿದಿರ್ವ ಆಲಿವರಲ ಮೞ್ (Rsv. 8, 118).

ಪೞ pa!a. 2. (Šmd. 70). = ಪೞ್, ಹೞ, ಹೞ್. (Ripeness): old; worn out; ancient (T.; M. ಪೞ್; Tĕ. ಪ್ರಾ; see ಪೞ್ 1 & 2; T., M. ಪೞು, to ripen; to grow old). — ಪೞಅಲಗು (Šmd. 70). An old knife-blade. — ಪೞಗನ್ನಡ. -ಕನ್ನಡ. Ancient Kannaḍa (Šmd. 78). — ಪೞನೆಲ್. Old paddy (ಅಜ, ಹೞೆಯ ನೆಲ್ಲು Nn. 47). — ಪೞಮಾನಿಸ. -ಮಾನಿಸ. An old man. ಕಳೆಯಲ್ಕಾಗದು ನರಪತಿಕುಲವನ್, ಆಱುವ ಪೞಮಾನಿಸನಂ (Šmd. 81).

ಪೞಕ pa!aka. (= ಬೞಕೆ). Use, practice, habit, custom (My.; M.; T. ಪೞಕ್ಕ, ವೞಕ್ಕ, ಪೞಕ್ಕು).

ಪೞಕಿಸು pa!akisu. = ಪೞಗಿಸು. To accustom, to make familiar by use, to habituate, to inure one to anything, to train; to practise; to use (T. ಪೞಕ್ಕು, ಪಯಿಲು; M. ಪೞಕ್ಕು; R.; T. ಪೞ, to become habitual by learning or exercising; ಪೞಗು, ಪೞಂಗು, to be used to, etc.; to be in use; M. ಪಯುಕ್ಕು, to bring into use; M. ತೞ್, to be habituated, practised; ತೞಕ್ಕು, to exercise, habituate, train; cf. ಬಳಕ 1).

ಪೞಗ pa!aga. A withered or dry leaf (ಒಣಗಿದೆಲೆ Šmd. I; M. ಪೞುತ್ತಿಲೆ; T. ಪೞುಪ್ಪು, the withering of leaves, the ripening of fruit).

ಪೞಗಿಸು pa!agisu. = ಪೞಕಿಸು. (My.).

ಪೞಗು pa!agu. To become used to or familiar with, to be trained, etc.; to be in use. ಪೞಗಿದ ಎತ್ತು (My.). ಪೞಗಿದ ಪಾತ್ರ (My.).

ಪೞದು pa!adu. (Šmd. 70). = ಹೞದು, ಹೞ್ದು. That is old, worn out, faded or decayed (ಜೀರ್ಣ Šmd. I; T. ಪೞದು).

ಪೞಪು pa!apu. A black colour applied to grey hair (ನರೆಗಿಕ್ಕುವ ಕರ್ಪು Šmd. I; cf. ತಳಪ; T. ಪೞುಪ್ಪು, that which has a yellow colour, as withering leaves; a yellow sulphuret = ಅರಿತಾರ; ಪಯುಪ್ಪು, ಪೞಪ್ಪು, a yellow paleness; a golden colour; colour; Tĕ. ಪಲ್ಲೆ, reddish; ಪಯ್ಯಿ, ಪಯ್ಯೆ, dun, sorrel; red colour = ಪಾಟಲ; cf. ಪಸುರ್ಪು).

ಪೞಯಿಗೆ pa!ayigĕ. = ಪೞವಿಗೆ, ಹೞಯಿಗೆ, ಹೞವಿಗೆ. Tbh. of ಪಟಾಕೆ (or a ಪತಾಕಿಕೆ). A banner, a flag (ಕೇತನ Šmd. I, o. r. ಪೞವಿಗೆ; ಕೇತು, ಕೇತನ Nr., o. r. ಪೞವಿಗೆ; ಕೇತನ Bhn. 32). See Abh. P. 3, 60; 13, 68; Rsv. 6, after 11; 13, 69; 13, after 71; ಕೆಮ್ಮುಱಯಿಗೆ, ಗೋಣ್ಡೆವೞಯಿಗೆಯ, ಪೊಗೆವೞಯಿಗೆಯ, ಮಾಮ್ಪುಱಯಿಗೆಯ.

ಪೞವಿಗೆ pa!avigĕ. = ಪೞಯಿಗೆ, q. v. See J. 12, 51; 16, 9; ಮಾಮ್ಪುಱವಿಗೆಯ. — ಪೞವಿಗೆಗೆಯ್. -ಕೆಯ್. A flag-staff (J. 17, 9). — ಪೞವಿಗೆದುದಿ. -ತುದಿ. The point of a flag (16, 88).

ಪೞಸು pa!asu. = ಹೞಸು. To become old or worn out, to decay, to go to ruin, to be spoiled (ಬಿದ್ Šmd. I). ನವವಿಧರತೋಪಚಾರದಿನ್ ಎನ್ದುಂ ಪೞಸದು ದೇಟಿಂ (291).

ಪೞಹ pa!aha. 1. Tbh. of ಪಟಹ. (ವಾದ್ಯವಿಶೇಷ Šmd. I; ಡಿಣ್ಡಿಮ, ಪಣವ Hlâ.; V. 5, after 21).

ಪೞಹ pa!aha. 2. (Tbh. of ಪಟಕ 2). A screen for hunting purposes (ಬೇಣ್ಟೆಯ ತೆರೆ Šmd. I; T. ಪಡಂಗು, a tent; any cloth covering).

ಪೞಿ pa!i. 1. = ಹೞಿ. To revile, to scold, to rebuke, to scorn, to upraid, to deride (ನಿನ್ದೆ Šmd. Dh.; ದೂಷಣ, ತೆಗಳ್ Šmd. I; ಕಿಟ್ಟಾಡು Čt. II, 22; ತೆಗಳ್ Šm. 115; T., M.). ಪೆಱರಂ ಪೞಿದಲ್ಲದೆ ನಿಲ್ಲಂ (Grj. 1, 28). See Čpr. 7, 31; Bp. 4, 25; Râghô. 17, 66; Rsv. 1, 45; 7, after 98; 13, 60; Šsv. 4, 54; J. 4, 1; 9, 4; 15, 10; Jns. 1, 16.

ಪೞಿ pa!i. 2. = ಪೞಿವು, ಹೞಿವು. Blame, rebuke; fault, guilt (Rsv. 1, 45; 13, 12; 14, after 14; T., M.). — ಪೞಿಕೆಯ್. To revile (Šsv. 1, 19; 5, 4; see ಪಿಮ್ಪುಱಿಕೆಯ್). — ಪೞಿವೊಱಿಸು. -ಪೊಱಿಸು. To bring blame upon (J. 13, 15).

ಪೞಿ pa!i. 3. To beat or drive dogs (ನಾಯ್ಯ ಸೋವುವುದು Šmd. I; T. ಅಡಿ, ಪಡಿ, to beat).

ಪೞಿ pa!i. 4. A pig or bar of metal (ಲೋಹದ ಘಟ್ಟಿ Šmd. I; T. ಪಾಳಕ್ಕಟ್ಟಿ; see ಪಾಳ).

ಪೞಿ pa!i. 5. (ಪಳಿ). = ಪೞು 2. (ಕಳೆ Čt. I, 60, o. r. ಪಳಿ).

ಪಟಿ paḷi. 1. = ಪಡಿ 2. Tbh. of ಪ್ರತಿ. Equality, likeness; a counterpart; an equivalent; compensation for injury, amends (ಸರಿ, ದೊರೆ, ಪಡಿ, ಪಾಸಟಿ, ಎಣೆ, ಪೂರ್ವಡೆ, ಜೋಡು, etc., ಸಮಾನ Ss.). ಎನ್ನ ಶಿರಮ್ ಇವರ್ಗೆ ಪಟಿ! (Ršv. 14, after 14). See ಪಟಿಪಾವುಗೆ, ಪಟಿಹತ್ತ, ಚೆಟ್ಟಪಟಿ. — ಪಟಿ ಈ. = ಪಟಿ ಗೊಡು. To give or offer as an equivalent. ಈ ಶಿರಕೆ ಪಟಿಯನ್ ಎನ್ನಯ ಶಿರನುಂ ಪದೆದೀವುದು ಉಚಿತಂ (Ršv. 14, 14). — ಪಟಿಗೊಡು. -ಕೊಡು. = ಪಟಿ ಈ. ಈತನ ಶಿರಮನ್ ಅರಿದು, ಈ ಶಿಶು ಶಿರಕ್ಕೆ ಪಟಿಗೊಡುವುದು! (Ršv. 14, after 14). — ಪಟಿ ನೋಡು. To look upon as an equivalent (Ršv. 14, 75).

ಪಟಿ paḷi. 2. Tbh. of ಪಟ. (ವಸ್ತ್ರವಿಶೇಷ Šmd. Dh., Šmd. I; Čt. II, 46; ದೂಸು Šm. 115). See ಜೋನೆಗಪಟಿ, ವೀರಪಟಿ. ನವರಂಗದ ಸುವರ್ಣಪಟಿ (Ršv. 6, after 11). — ಪಟಿಯುಡೆ. -ಉಡೆ. A garment of paḷi (V. 37, 16).

ಪಟಿಪಾವುಗೆ paḷi-pâvugĕ. Tbh. of ಪ್ರತಿಪಾದುಕ (Šmd. 30).

ಪಟಿವು paḷivu = ಪಟಿ 2, etc. (ನಿಸ್ಡೆ Čt. II, 46; ಹೇಲಿ, ಜಟಿವುದು Nn. 108; J. 7, 10; 18, 42; 28, 62).

ಪಟಿಹತ್ತ paḷi-hatta. Tbh. of ಪ್ರತಿಹಸ್ತ (Šmd. 30).

ಪಟು paḻu. 1. (Šmd. 59). = ಪಟುವ, ಹಟುವ. A forest, a jungle (ಅಡವಿ Šmd. I; ಬಿಂಜ, ಅರಣ್ಯ Čt. II, 62; ಕಾನನ, ಕಾಡು, ಬಿಂಜ, ಅಡವಿ Šm. 21; ಬಿಂಜ 112). ಪಟುವಂ ಕಡಿದಂ (Šmd. 156). See ವೇಂಗಿ-; Abh. P. 1, 102. — ಪಟುಗಟಿ. -ಕಟಿ. A forest to be left far behind (Abh. P. 7, 130). — ಪಟುವಡು. -ವಡು. To get into a forest (Abh. P. 8, after 5; 8, 15).

ಪಟು paḻu. 2. (ಪಳು). = ಪಟಿ 5. Rubbish, sweepings, weeds (ಕಸ Šm. 112).

ಪಟುಂಕು paḻuṅku. See ಪಟುಂಕು, ಪಳುಂಕು.

ಪಟುವ paḻuva. = ಪಟು 1, etc. — ಪಟುವಗಿಚ್ಚು. -ಕಿಚ್ಚು. Jungle-fire (ಕಾಡ್ಗಿಚ್ಚು Čt. II, 113).

ಪಟಿ paḻĕ. = ಪಟ 2 (Šmd. 185), etc. (T. ಪಟ್ಟಿಯ). — ಪಟಿಗಬ್ಬ. -ಕಬ್ಬ. Ancient poetry (Čt. I, 1). — ಪಟಿಗರ್ಪಡ. -ಕರ್ಪಡ. An old ragged garment (V. 12, 20). — ಪಟಿಗೊಳ್ಳಿ. -ಕೊಳ್ಳಿ. An old fire-brand (J. 31, 55). — ಪಟಿಗೋಣ್ಡೆ. An old ox (V. 10, 7). — ಪಟಿದಾಮ್ರ. -ತಾಮ್ರ. Old copper (ಕಿಸುವೊನ್ Čt. I, 32). — ಪಟಿಯಂ. -ಅಂ 3. An old man; ಪಟಿಯಳ್, an old woman (Šmd. 185). — ಪಟಿಯೋಲ್. -ಓಲ್. As before (J. 30, 29). — ಪಟಿವಾತು. -ಮಾತು. = ಹಟಿವಾತು. The vêda (Kk. 70; Šm. 34; Šsv. 2, 12).

ಪಟ್ಕೆ paḻkĕ. 1. (fr. ಪಡು 3). = ಪಕ್ಕೆ 1, etc. Lying down, etc. (ಶಯನ, ಶಯನಸ್ಥಾನ Šmd. I; ಶಯನ Ss.; ಸೆಜ್ಜೆ, ಶಯ್ಯೆ Kk. 30; Šm. 76, o. r. ಸಜ್ಜೆ).

ಪಟ್ಕೆ paḻkĕ. 2. = (ಪಕ್ಕೆ 2). — ಪಟ್ಕಿ ತಟ್ಕಿಯ್ಯು. To embrace closely (see Šmd. s. ತಡಕೆಯ್). — ಪಟ್ಕುಟಿ. -ಇಟಿ. To come about (Grj. 6, 7, ಪಟ್ಕುಟಿ in print).

ಪಟ್ಕೆಗ paḻkĕga. = ಪಕ್ಕೆಗ. See ಎರಲುಣಿಪಟ್ಕೆಗ, ಮುನ್ನೀರ್ವಟ್ಕೆಗ.

ಪಟ್ಗಿ paḻgi. = ಹಟ್ಗಿ, q. v. (M. ಪಟುಕ್ಕ, a fruit put to ripen; see ಪಟ 2).

ಪಟ್ತಿ paḻti. = ಪತ್ತಿ, etc. (ಕಾರ್ಪಾಸ Šmd. I; Tĕ. ಪ್ರತ್ತಿ; cf. Sk. ಬದರೀ, ಬದರಾ).

ಪಾಂಶು pâṁšu. = ಪಾಂಸು. Dust, etc. See ಕೃತ್ತಿಕಣ್ಠಿಕೆ.

ಪಾಂಶುಲೆ pâṁšulĕ. = ಪಾಂಸುಲೆ. *An unchaste woman.*

ಪಾಂಸು pâṁsu. *Dust, powder, sand;* dung, manure. 2, a species of plant (= ಪರ್ಪಟಿಕ).

ಪಾಂಸುಲೆ pâṁsulĕ. A menstruous woman. 2, *a licentious, unchaste woman.*

ಪಾಕ್ pâk. = ಪವಡಿಸು, in ಪಾಕ್ಕೊಳ್ಳು, to lie down (My.).

ಪಾಕ pâka. (T.: a village near Madras, inhabited only by Brahmans; M. ಪಾಕ್ಕನಾರ್, a famous low-caste sage). — ಪಾಕನಾಡು. N. of a country or district. — ಪಾಕನಾಡು ಜೋಗಿ. A sort of Šûdra beggars, who hunt, sell palmyra writing-leaves and drugs, and are fortune-tellers (My.).

ಪಾಕ pâka. 1. Very young (*cf.* K. ಪಸು 2); simple; honest; ignorant. 2, *the young of animals;* a child (see Hlâ. s. ಮಗವು). 3, N. of a daitya.

ಪಾಕ pâka. 2. *Cooking, baking, roasting, boiling, dressing food, maturing.* 2, the state of being well boiled, etc.; *maturity, ripeness, perfect development;* completion, perfection, accomplishment. ಪಕ್ವಾನ್ನಂಗಳ್ ಅವು ಪಾಕಕ್ಕೆ ಬರೆ (Bp. 36, 46). ತೂಕಕ್ಕೆ ದಯವಿಲ್ಲ, ಪಾಕಕ್ಕೆ ಹಸಿಯಿಲ್ಲ (Prv.). 3, digestion. 4, decoction (Mhr.). 5, syrup (My.; Mhr., also ಪಾಂಕ). — ಪಾಕಗೊಳ್. -ಕೊಳ್. To become well boiled, etc. ರಸಮ್ ಅದಿಗಳು ಪಾಕಗೊಣ್ಡಿರಲು (ಪಳಿದೇಯ Mr. 217). — ಪಾಕಂಗೆಯ್. -ಂ-. = ಪಾಕ ಮಾಡು. (J. 10, 29). — ಪಾಕ ಮಾಡು. To cook, to roast, etc. (Bp. 57, 34). ಪಾಕಾ ಮಾಡಿದವನು ನಾಕವನೇಟುವನೋ? (Prv.).

ಪಾಕಯಜ್ಞ pâka-yajña. A simple or domestic sacrifice. 2, cooking (My.).

ಪಾಕರಿಪು pâka-ripu. Indra.

ಪಾಕರಿಪುತನಯ pâkaripu-tanaya. Arjuna (Šsv. 4, 82).

ಪಾಕಲ್ pâkal. Tbh. of ಪ್ರಕಾರ (Šm. 57).

ಪಾಕಲ pâkala. *The drug Costus speciosus or arabicus.*

ಪಾಕಲಾಲಿತ್ಯ pâka-lâlitya. Accomplished charm (in poetry, Grj. 2, after 106).

ಪಾಕಶಾಲೆ pâka-šâlĕ. A cook-room, a kitchen. (My.).

ಪಾಕಶಾಸನ pâka-šâsana. Punisher of the daitya Pâka: *Indra.*

ಪಾಕಶಾಸನಿ pâka-šâsani. Indra's son *Jayanta;* Arjuna.

ಪಾಕಶಾಸ್ತ್ರ pâka-šâstra. A book on cookery (My.).

ಪಾಕಸ್ಥಾನ pâka-sthâna. *A place for cooking, a kitchen.*

ಪಾಕಾರಿ pâka-ari. Indra (Šsv. 1, 83).

ಪಾಕಿ pâki. 1. = ಪಾಕು 2. A side of a roof (Mhr. ಪಾಖ, ಪಾಖೀಂ; see ಓರ-).

ಪಾಕಿ pâki. 2. Being cooked, becoming mature, ripening; being digested. 2, a cook (My.).

ಪಾಕೀಟು pâkîṭu. A "pocket" (My.).

ಪಾಕು pâku. 1. An exclamation of praise (ಕೊಣ್ಡಾಟದ ನುಡಿ Bhn. 88, o. r. ಪಾಯ್ಕು).

ಪಾಕು pâku. 2. = ಪಾಕಿ 1. See ಓರ-.

ಪಾಕ್ಯ pâkya. To be cooked; obtained by cooking; *factitious salt; saltpetre.*

ಪಾಖಣ್ಡ pâkhaṇḍa. = ಪಾಷಣ್ಡ. (Sk., Mhr.; ನಾಸ್ತಿಕ G.).

ಪಾಖಣ್ಡಿ pâkhaṇḍi. = ಪಾಷಣ್ಡಿ. Heterodox, heretic (Mhr.; B. 5, 170. 176).

ಪಾಗ pâga. = ಹಾಗ. Tbh. of ಪಾದ. The fourth part of a paṇa: 1 aṇĕ 2 kâsus (My.). ಸಿಕ್ಕಸಲು ಬೇಳೆಯೆರಡುಮನ್ ಒನ್ದು ಪಾಗಮ್, ಅವು ನಾಲ್ಕಾಗೆ ಪಣಮ್ ಎನಿಕ್ಕು; ಅವು ದಶಂ ತೂಕ

ಕ್ಕೆ ನಿಕ್ಕಮ್ (o. r. ನಿಲ್ಕಮ್); ಈರೆಣ್ಬಾಗೆ ಪಲಮ್ ಆಕ್ಕು; ಅವು ಇಪ್ಪತ್ತೆನಲ್ಕೆ ಬೀಸಿಗೆಯೆನಿಕ್ಕು; ನಿಕ್ಕಮ್ ಅಯ್ದಾಗಲ್ಕೆ ತೊಲೆ; ಅನ್ತವು ಇಪ್ಪತ್ತಿರಲ್ಕೆ ಭಾರಂ; ನಾಲ್ಕು ಸೊಲ್ಲಿಗೆಗೆ (o. r. ಸೊಲ್ಲಗೆಗೆ) ಮಾನಮ್; ಅವು ನಾಲ್ಕಾಗೆ ಬಳ್ಳಮ್; ಅವು ನಾಲ್ಕೆನಲು ಕೊಳಗಮ್; ಅವು ವಿಂತಿಗೆ ಕಣ್ಡುಗಾಕ್ಕುಂ (Mr. 355). See ಮುಪ್ಪಾಗ.

ಪಾಗದ pâgada. Tbh. of ಪ್ರಾಕೃತ (Šmd. 338. 353; Kk. 58; Šm. 44).

ಪಾಗರ pâgara. = ಪಾಗಲ್, etc. (My.).

ಪಾಗಲ್ pâgal. = ಪಾಗರ, ಪಾಗಲ, ಪಾಗಾರ. Tbh. of ಪ್ರಾಕಾರ (Šmd. 367; Kk. 93).

ಪಾಗಲ pâgala. = ಪಾಗಲ್, etc. (ಪ್ರಾಕಾರ Šmd. II).

ಪಾಗಾ pâgâ. A horse stable (Mhr., H.). ಕುದುರೇ ಪಾಗಾ (ಮನ್ದುರೆ, ವಾಜಶಾಲೆ G.).

ಪಾಗಾರ pâgâra. = ಪಾಗಲ್, etc. (Bh. 2, 13, 25). ಪಾಗಾರಾ ಹಾರಿದವನು ಸಾಗರ ಹಾರ್ಬ್ಯಾನೇ? (Prv.).

ಪಾಗು pâgu. A kind of turban (My.; Si. 217. 461; T. ಪಾಗು, ಪಾಗ್ಗೆ; Br. ಪಾಗಾ; Mhr., H. ಪಾಗೋಟೇಂ; see ಕುಸುಮ್ಬೆ-).

ಪಾಗುಡ pâguḍa. = ಪಾವಡ 2, ಪಾವುಡ 2. Tbh. of ಪ್ರಾಭೃತ. (ಪ್ರಾಭೃತ, ಪ್ರದೇತನ Nr.; ಉಪದೆ, ಪ್ರಾಭೃತ, ಉಪಗ್ರಾಹ್ಯ, etc. Hlâ.).

ಪಾಂಕ್ತೇಯ pâṅktêya. (fr. ಪಂಕ್ತಿ). Fit to sit in the general row at meals, fit to be associated with. (My.).

ಪಾಂಗು pâṅgu. Manner, form, shape (ಆಕಾರ Šmd. 7. 8; ಪರಿಬು, ಆಕಾರ Šm. 71; ಆಕಾರ 83; Čh. v. 232); (fittingness, fitness, propriety, agreement; beauty T.; M. ಪಾಂಗು, ಪಾಙ್ಙು); likeness, similitude, resemblance (ಬಂಗಿ, ಸಾಮ್ಯ Čt. II, 101; ಪೋಲ್, etc., ಸಾಮ್ಯ II, 82; ಸದೃಶ Kk. 31; ಪಡಿ, ಪಾಟಿ, ಪಾಸಟಿ, etc., ಸಾಮ್ಯ Šm. 55; ಸಾಮ್ಯ 83; *cf.* ಪಾಡು 3). ಪಿನಾಕಿಯುಂ ನಾಕಿಯುಮೆನ್ದ ಪಾಂಗಿಂ, ಘನಸ್ತನೇ, ಕೇಳ್, ಅದುಪೇನ್ದ್ರ ವಜ್ರಂ (Čh. v. 133). ಮುನಿಸಿಲ್ಲಿಮುಗಾತನೊಳ್ ಆವ ಪಾಂಗಿನಿಂ (Šmd. 290, o. r. ಮುನಿಸಲ್ಲು). ಬರ್ದ ಬಿನ್ನಣಿಯಪ್ಪ ಬಡಗಿಯ ಪಾಂಗಿನಿನ್ದೆಲ್ಲವಂ ಮಾಡ್ಪಿ ತಾಮಿರ್ವರುಂ ಕೆಯ್ದುವಂ ಬಿಸುಟರ್ (121). ಕಣ್ಸೋಲ್ತುದೆನಲ್ ಒಲ್ದ ಪಾಂಗು (Čt. II, 26). See Čpr. 5, 90; 6, 72. — ಪಾಂಗಱ್. -ಅಱ್. To know, or follow, the proper manner or method (ಪ್ರಕಾರಗಮನ Šmd. Dh.; Čpr. 6, 83). — ಪಾಂಗಱ್. -ಅಱ್. To deviate from the proper manner. ಜಡಿದು ಸಾರಥಿಯಂ, ಪಾಂಗಱಿದು, ನಿಲಲೀಯದೆ, ಅಲ್ಲಿನ್ದೆಟಿದೊಯ್ವನ್ತೆ ಒಯ್ದನ್ ಆತ್ಮವರನಂ ನರನಂ (Šmd. 28). — ಪಾಂಗುಗಿಡು. -ಕಿಡು. To lose one's form, to be defaced (Čpr. 5, 19).

ಪಾಚಕ pâčaka. Cooking; maturing; digestive (Sk.; B. 4, 25); a cook (Sk.; My.).

ಪಾಚಿ pâči. 1. = ಪಾಸಿ, etc. (My.).

ಪಾಚಿ pâči. 2. Milk, in children's language (My.; Tĕ., T., M.).

ಪಾಚಿ pâči. Tbh. of ಪ್ರಾಚಿ. (My.).

ಪಾಚಿಕೆ pâčikĕ. Tbh. of ಪಾಚಕ. (Si. 349. 441. 461; Tĕ.; T. ಪಾಚ್ಚಿ, ಪಾಚ್ಚಿಕ್ಕೆ; M. ಪಾಚ್ಚಗೆ).

ಪಾಚಿಸು pâčisu. To cook, boil or roast (J. 26, 49).

ಪಾಚ್ಛ pâččha. = ಪಾತಷಾಹ, ಪಾದಷಹ. A king, a Pasha (My.; Mhr., H. ಪಾಚ್ಛಾಯ, ಪಾದಶಾಹಾ; Br. ಪಾದುಷಾ; M. ಪಾರ್ಶಾವು). *Cf.* ಬಾದಶಹ.

ಪಾಜಿ pâji. Low, mean; a scrub, a sorry fellow (My.; Mhr., H., Br.). ಕಾಜಿ ಪಾಜಿ, ಪಾಜಿ ಕಾಜಿ (Prv.).

ಪಾಂಚಜನ್ಯ pâñčajanya. (fr. ಪಂಚಜನ). *N. of the conch of Krishṇa which was taken by him from the demon Pañčajana* (ಶಂಖ Nn. 65). 2, relating or belonging to the five classes of beings (ಕುಲಭೇದ 65). 3, fire (ಅನಲ, ಅಗ್ನಿ 65). 4, the moon (ಹಿಮಾಂಶು, ಚನ್ದ್ರ 65).

ಪಾಂಚಜನ್ಯಧರ pâñčajanya-dhara. Krishṇa. (My.).

ಪಾಂಚರಾತ್ರ pâñčarâtra. (fr. ಪಂಚರಾತ್ರ). A vaishṇava sect following the doctrine of the pañčarâtra books. (My.).

ಪಾಂಚಾಲ pâñčâla. (fr. ಪಂಚಾಲ). Relating or belonging to pañčâla (Bp. 40, 18); the country of the pañčâlas (Bp. 6, 18) or a ruler of them. 2, = ಪಂಚಾಳ No. 1, an association of five guilds, viz. those of the carpenter, weaver, barber, washerman, and shoemaker (Sk.), or those of the carpenter, brazier, ironsmith, goldsmith, and stonemason (My.). 3, a kind of poetical rîti (Kâvy. IV, 2. 5. 6. 9).

ಪಾಂಚಾಲತನಯ pâñčâla-tanaya. The brother of Draupadî (Bh. 5, 11, 34).

ಪಾಂಚಾಲತನುಜೆ pâñčâla-tanujĕ. = ಪಾಂಚಾಲಿ. (J. 32, 56).

ಪಾಂಚಾಲಿ pâñčâli. Draupadî. (Sk.; My.).

ಪಾಂಚಾಲಿಕಾನೀಕ pâñčâlikâ-anîka. An image (ಪ್ರತುಮೆ Nn. 102).

ಪಾಂಚಾಲಿಕೆ pâñčâlikĕ. = ಪಾಂಚಾಲ No. 3 (Kâvy. IV, 9). 2, *a doll, a puppet* (see Mr. s. ಪುತ್ರಿಕೆ).

ಪಾಂಚಾಲೆ pâñčâlĕ. = ಪಾಂಚಾಲಿ. (J. 2, 50; 4, 72; 8, 43).

ಪಾಟ್ pâṭ. *An interjection used in calling.*

ಪಾಟ pâṭa. (fr. ಪಾಡು, Šmd. 246. 250). Singing; a song (Tĕ. ಪಾಟ; T., M. ಪಾಟ್ಟು). ಆಟ ಪಾಟ ಕೂಟಂಗಳ ಕೇಲಿ (193).

ಪಾಟ pâṭa. 1. Breadth, expanse, extension. See ಪಾಟಿಸು 1.

ಪಾಟ pâṭa. 2. Tbh. of ಪಾಠ. (My.). See ಪಠ-.

ಪಾಟಂಚರ pâṭañčara. (fr. ಪಟಚ್ಚರ). *A shop-lifter, a thief.*

ಪಾಟನ pâṭana. Splitting, cleaving; breaking, destroying; tearing. See ಉತ್-.

ಪಾಟಲ pâṭala. = ಪಾದರಿ. *Pale red, pink-coloured.* 2, the trumpet flower, Bignonia suaveolens. 3, *a species of rice ripening in the rains.*

ಪಾಟಲಿ pâṭali. ಪಾಟಳಿ. = ಪಾಟಲ. *The trumpet flower, Bignonia suaveolens* (ಪಾಟಲ, ಪಾದರಿ Mr. 116; ಪಾದರಿ Šm. 25; ಹರಸುಪಾದರೀ ಗಿಡ Si. 134).

ಪಾಟಲಿತ pâṭalita. = ಪಾಟಲ No. 1. (Abh. P. 12, after 2, Ššv. 4, after 70).

ಪಾಟಲಿಪುತ್ರ pâṭali-putra. The capital of Magadha, Palibothra, the modern Patna. (My.).

ಪಾಟಲಿಮ pâṭalima. A pale-red or rose colour. (Čpr. 4, after 88).

ಪಾಟವ pâṭava. (fr. ಪಟು). Sharpness, acuteness; cleverness; energy; rashness; health. (My.). See ಅ-.

ಪಾಟಾ pâṭâ. = ಪಾಟಿ 2. Ruin, demolition (Mhr.). 2, a line as drawn through a letter (My.; Mhr., H. ಫಾಟಾ, ಫಾಕಾ; Br.); a mark put to an item in an account (My.).

ಪಾಟಿ pâṭi. 1. = (ಪಾಟು 2), ಪಾಣ್ಟಿ. Manner, form, shape (My.; Tĕ.); degree, extent, size (My.; Tĕ.); fitness, propriety, agreeableness (Bh. 1, 12, 20; J. 34, 30); likeness, similitude, resemblance (ಪಡಿ, ಪಾಂಗು, ಪಾಸಟಿ, etc., ಸಾಮ್ಯ Šm. 55; ಸಾಮ್ಯತ್ವ 90; Bp. 6, 10; 35, 55; 54, 17; *cf.* ಪಾಡಿ 2, ಪಾಟ್). ಪಾಟಿಯಿಲ್ಲದವನು

ಸಾಟಿಯೊಗದಾನೇ? (Prv.). — ಪಾಟಿಕುವ್ಪು. A proper vessel (Bp. 9, 12). — ಪಾಟಿದ್ಯೆವ. A fit deity (Bp. 51, 75).

ಪಾಟಿ pâṭi. 2. (fr. ಪಡು 3). Downfall, ruin, defeat, discomfiture (ಭಂಗ Šm. 90; *cf.* ಪಾಟು 1).

ಪಾಟಿ pâṭi. 1. = ಪಾಟಿ, (ಪಾಟು). See ಪರಿಪಾಟಿ.

ಪಾಟಿ pâṭi. 2. = ಪಾಟಾ No. 2. (My.).

ಪಾಟಿ pâṭi. 3. = ಪಾಡಿ. A gang of workmen (My.).

ಪಾಟಿತ pâṭita. Split, cleft, broken, torn, plucked. See ಉತ್-.

ಪಾಟಿಸು pâṭisu. 1. (fr. ಪಾಟಿ 1). To extend (v. t.), to spread out, to build on a large scale (Bp. 16, 11). 2, to be excessive, to surpass, to excel (J. 34, 10).

ಪಾಟಿಸು pâṭisu. 2. Tbh. of ಪಾಠಿಸು. (Bp. 51, 75; J. 6, 37).

ಪಾಟು pâṭu. 1. (fr. ಪಡು 3). (= ಪಾಟ್). Falling; a fall (Tě.; M. ಪಾಡು). See ಔಪ್ಪೆ-. 2, a declining state (Tě.). 3, the ebb of the tide (Tě.).

ಪಾಟು pâṭu. 2. (fr. ಪಡು 1). = ಪಾಡು 3, ಹಾಡು 3. Obtaining, incurring, undergoing, experiencing, feeling, suffering (Tě.; T., M. ಪಾಡು). See ಏರ್ಪಾಟು, ತಿದ್ದು-, ತೀರು-, ಪಡಿ-, ಪಡು-. 2, manner of being, state, nature, manner, mode (My.; Tě.; T. ಪಾಟ್ಟು; M. ಪಾಡು; see ಹೊಲೆ-). 3, proper state, fitness (My.; M. ಪಾಡು). 4, measure of space and time (M.); time, occasion (Tě.). 5, capture (T.); obstruction, detaining, arresting (M.).

ಪಾಟೆ pâṭĕ. = ಪಾಟಿ 1. Regular or successive order, series, succession. *Cf.* ಪಾಟ್.

ಪಾಟ್ಲಿ pâṭli. A bracelet of gold, pearls, etc. (Mhr. ಪಾಟಲೀ; My.).

ಪಾಠ pâṭha. (fr. ಪಠ). = ಪಾಟಿ 2. *Recitation, recital;* declaration. 2, *reading, perusal, study.* 3, a lesson (My.; Mhr.; B. 3, 1). 4, the text of a book. ಪಾಠದಲ್ಲಿ ಕಡಿಮೆಯಾದರೂ ಮಾತಿನಲ್ಲಿ ಕಡಿಮೆಯಿಲ್ಲ.— ಪಾಠ ಬಾರದಿದ್ದರೂ ಆಟ ಬರುತ್ತದೆ.— ಪಾಠವಿಲ್ಲದಿದ್ದರೂ ನೋಟವಿರ ಬೇಕು.— ಪಾಠಾ ಹೇಳುವವಗೆ ಕೋಟಿದ ಸುದ್ದಿ ಯಾಕೆ?— ಪಾಡ್ಯ ಪಾಠಕ್ಕಾಗದು, ಮೌಢ್ಯ ಕೆಲಸಕ್ಕಾಗದು (Prvs.). — ಪಾಠ ಮಾಡು. To learn by heart. 2, to instruct, teach (My.).

ಪಾಠಕ pâṭhaka. A reciter; a reader; a student (ಓದಾಳಿ Čt. II, 39); a lecturer; a teacher. See ಮಂಗಲ-; Čpr. 6, after 97; Bp. 59, 29.

ಪಾಠಕ್ರಮ pâṭha-krama. The way or manner of reading (Šmd. 11).

ಪಾಠದೋಷ pâṭha-dôsha. An error in a text, a false reading. (My.).

ಪಾಠಶಾಲೆ pâṭha-šâlĕ. A school, a college. (My.).

ಪಾಠಾನ್ತರ pâṭha-antara. Another reading, a variation of reading in a book or MS. (My.).

ಪಾಠಿ pâṭhi. One who has read or studied; conversant with. 2, *lead-wort, Plumbago zeylanica.*

ಪಾಠಿಸು pâṭhisu. = ಪಾಟಿಸು 2. To recite; to learn; to declare.

ಪಾಠೀಣ pâṭhiṇa. = ಪಾಠ Nos. 1 & 2 (Bp. 27, 80).

ಪಾಠೀನ pâṭhina. A public reader, a lecturer. 2, *a kind of sheat fish, Silurius pelorius* B. Mss., or *Si. boalis* Ham. (ನಿಶಾಚರ, ಮೀನ್ Nn. 23; ಮಕರ Mr. 410).

ಪಾಠೆ pâṭhĕ. *A climbing plant possessing various medicinal properties, Clypea hernandifolia* W. & A. (see ಅಗುಲುಸುಟ್ಟಿ). 2, the root of Bignonia suaveolens.

ಪಾಡ್ pâḍ. = ಪಾಡು 1. P. p. ಪಾಡ್ದು (J. 21, 57).

ಪಾಡ pâḍa. (= ಪಾಟು 2). Place, situation (M.; see ಕೆಯ್ವಾಡ No. 1). 2, = ಪಾಡು 3. See ಕೆಯ್ವಾಡ No. 2. 3, a frame. See ಬಾಗಲವಾಡ.

ಪಾಡಗ pâḍaga. = ಹಾಡಗ. The teak tree (ತೇಗಿನ ವೃಕ್ಷ Šs.; ತೇಗು Kk. 71).

ಪಾಡಗ pâḍaga. Tbh. of ಪಾದಕಟಕ. An anklet worn by children and women (ಪಾದಾಂಗದ, ಪಾದಕಟಕ, etc. Si. 220; Grj. 3, after 91; My.; Tě., T., M.).

ಪಾಡಾವಳಿಬಳ್ಳಿ pâḍâvaḷi-baḷḷi. (= ಪಾಠೆ). A climbing shrub, Clypea burmanni W. & A. (St. & Pl., Kônkaṇi).

ಪಾಡಿ pâḍi. (fr. ಪಡು 3). A settlement, a hamlet, a village (T.; My. at the end of many compounds; Mhr. ಪಾಡಾ). See *e. g.* ಕನ್ನಮ್ಬಾಡಿ, (ಬಲ್ಲವಾಡಿ), ಬಾಗವಾಡಿ, ಹಾಗಲವಾಡಿ.

ಪಾಡಿ pâḍi. = ಪಾಟಿ 3. (My.).

ಪಾಡಿಯ pâḍiya. = ಪಾಡ್ಯ, etc. (Mr. 68; My.; Mhr. ಪಾಡವಾ).

ಪಾಡಿವ pâḍiva. = ಪಾಡಿಯ. See ಎಳೆಪಾಡಿವ.

ಪಾಡಿಸು pâḍisu. = ಹಾಡಿಸು. To cause to sing (ಗಾನ Šmd. Dh.).

ಪಾಡು pâḍu. 1. = ಪಾಡ್, ಹಾಡು 1. To sing (ಗಾನ Šmd. Dh.; Šm. 93; Tě., T., M.). ಅಮರಾಂಗನೆಯರ್ ಜೋಯೆನು ಪಾಡಿದರ್ ಜೋಗಳಮಂ (Šmd. 64). ಪಾಡಿದುದು ತುಮ್ಬಿ (169). ಗಾಯಕಂ ಪಾಡೆ ದೇವಂ ಮೆಚ್ಚಿದಂ (296). ಪಾಡುವೆಂ (91). ಬಧಿರ ಕೇಳುವನೆ ಸಂಗೀತವನು ಪಾಡಿದರೆ? (Dp. 87). See Šmd. 153. 201. 255. 272; Čpr. 2, 7; Grj. 2, after 106; Č. Bp. 4, 7; Rśv. 12, 23; 13, after 45; J. 2, 65; 5, 57; 8, 16; 28, 22. — ಪಾಡು ಆಡು. (Bp. 28, 56). — ಪಾಡು ಹಾಡು. (Bp. 6, 26).

ಪಾಡು pâḍu. 2. = ಹಾಡು 2. Singing; a song (J. 21, 57). 2, = ಪನ್ತ 1 (Bhn. 4; Bh. 1, 8, 1). See Kâvy. V, 963; ಪನ್ತ-. — ಪಾಡುಗಬ್ಬ. -ಕಬ್ಬ. A kind of poetical composition (Kâvy. V, 964). — ಪಾಡು ಪನ್ತ. = ಪನ್ತ ಪಾಡು. (Râm. 4, 3, 6).

ಪಾಡು pâḍu. 3. = ಪಾಟು 2, etc. Obtaining, etc.; suffering, trouble (ಬಲಬಲಿಕೆ Šm. 93; My.); state, manner, mode, form (Bh. 2, 13, 32; My.); proper state; fitness (My.). 3, likeness, similarity, resemblance (ಸದೃಶ Bhn. 30; Bp. 5, 41; 27, 44; 37, 68; 42, 6; 50, 36; 51, 9; J. 21, 2; 27, 35). See ಅಣಿ-, ಏರ್ಪಡು, ಪಯ-, ಪರಿ- (s. Sk. ಪರಿ). — ಪಾಡುಗೆಯ್. To make proper (Râm. 5, 9, 1). — ಪಾಡಟು. -ಅಱ್. The proper state or form to be lost (Grj. 6, 30; J. 19, 38).

ಪಾಡು pâḍu. Ripeness and readiness to be gathered (My.; ಹಣ್ಣಿಗೆ ಬನ್ದದ್ದು G.; Mhr. ಪಾಡ). ಕಾಯಿಗಳು ಪಾಡಾಗಿ ಬೀಟಿ ಹತ್ತಿದ ಬಯಿಕ (B. 2, 51). ಕಾಯಿಗಳು ಪಾಡಿಗೆ ಬನ್ದು (3, 37).

ಪಾಡುಂಗಾಱ pâḍu-ṅ-gâṟa. (Šmd. 236). = ಹಾಡುಗಾರ. A singer, a minstrel.

ಪಾಡ್ಯ pâḍya. = ಪಾಡಿಯ, ಪಾಡಿವ. Tbh. of ಪ್ರತಿಪದ್. The first day of a lunar fortnight (ಪ್ರತಿಪತ್ತು Šm. 19; ಪ್ರತಿಪದಿ Nn. 155; Si. 39). ಪಾಡ್ಯ ಪಾಠಕ್ಕಾಗದು, ಮೌಢ್ಯ ಕೆಲಸಕ್ಕಾಗದು.— ಪಾಡ್ಯವಾದರೂ ಸಪ್ತ್ಯವಿರ ಬಾರದು (Prvs.).

ಪಾಡ್ಯಮಿ pâḍyami. = ಪಡ್ಡಮಿ, ಪಾಡ್ಯ, etc. (Si. 39; My.; Tĕ.; *cf.* Mhr. s. ಪಾಡಿಯ).

ಪಾಣವಿಕ pâṇavika. A man who beats the paṇava (Čpr. 6, after 36).

ಪಾಣಿ pâṇi. 1. *The hand.* 2, holding in one's hand, wearing; see ಶೂಲ-. See Prv. s. ಪ್ರಾಣ.

ಪಾಣಿ pâṇi. 2. = ಪಾಣಿಯ. — ಪಾಣಿವಟ್ಟಲು. -ಬಟ್ಟಲು. A pedestal with a spout (for a liṅga, to carry off the water, My.).

ಪಾಣಿಗೃಹೀತಿ pâṇi-gṛihîti. *He whose hand has been taken hold of: a woman married according to the ritual,* a bride, a wife.

ಪಾಣಿಗ್ರಹಣ pâṇi-grahaṇa. *Taking by the hand: marrying, marriage.* ಪಾಣಿಗ್ರಹಣವಾದರೆ ಗಾಣಗಿತ್ತಿಗೆ ಏನು? (Prv.). — ಪಾಣಿಗ್ರಹಣಂಗೆಯ್. -ಂ-. To take by the hand, to marry (Šâstrasâra in W. after v. 1559).

ಪಾಣಿಘ pâṇi-gha. *Striking the, or with the, hands: one who plays on a tabor or other hand-instrument; one who claps the hands together.*

ಪಾಣಿಜ pâṇi-ja. *A finger-nail.*

ಪಾಣಿತಲ pâṇi-tala. The palm of the hand (ಅಂಗೆಯ್ Mr. 322).

ಪಾಣಿದಣ್ಡ pâṇi-daṇḍa. An oar (ಗಟಿ, ಹುಟ್ಟು Mr. 416).

ಪಾಣಿನಿ pâṇini. N. of an eminent grammarian. (My.). ಪಾಣಿನಿಯ ಸೂತ್ರ (Bp. 35, 29).

ಪಾಣಿನ್ಧಮ pâṇi-n-dhama. Blowing through or into the hands. (G.).

ಪಾಣಿಪೀಡನ pâṇi-pîḍana. *Pressing the hand: marrying, marriage.*

ಪಾಣಿಮುಕ್ತ pâṇi-mukta. *A weapon thrown by the hand.*

ಪಾಣಿಮೂಲ pâṇi-mûla. The root of the hand: *the extremity of the arm,* the wrist (ಮಣಿಕಟ್ಟು Mr. 322, o. r. ಮಣಿಬನ್ಧ).

ಪಾಣಿಯ pâṇiya. = ಪಾಣಿ 2. Tbh. of ಪಾನೀಯ. See ಪಾಣಿಯ ಬಾರ.

ಪಾಣಿಯಬಾರ pâṇiyahâra. Tbh. of ಪಾನೀಯದ್ವಾರ (Šmd. 384).

ಪಾಣಿಲಾಘವ pâṇi-lâghava. Manual readiness, smartness, legerdemain (J. 22, 6. 12).

ಪಾಣಿವಾದ pâṇi-vâda. *One who plays on a tabor or other hand-instrument; one who claps the hands together.*

ಪಾಣಿಶಾಖಾಪರ್ವ pâṇiśâkhâ-parva. A finger-joint (ಬೆರಳುಗಳ ಗಣ್ಣು Mr. 322).

ಪಾಣಿಶಾಖೆ pâṇi-śâkhĕ. A hand-branch: a finger (ಅಂಗುಲಿ, ಬೆರಳ್ Mr. 322).

ಪಾಣ್ಟಿ pâṇṭi. = ಪಾಟಿ 1. (ಪೋಲ್ವೆ Čt. I, 42).

ಪಾಣ್ಡರ pâṇḍara. *Whitish-yellow, whitish, white, pale.* 2, a white-robed mendicant. 3, red chalk.

ಪಾಣ್ಡವ pâṇḍava. A descendant or son of Pâṇḍu; see ಪಂಚ-. 2, a partisan of the sons of Pâṇḍu. ಪಾಣ್ಡವನಾಗಿ ಕಾಣ್ಡವ ನಾ ದಹಿಸಲಿಲ್ಲವೇ? — ಪಾಣ್ಡವರನ್ದರೆ ವಣ್ಡಾರಕಮ್ಬಳದ ಕೋಣಗಳೋ? — ಪಗಡೆಯಾಡಿ ಪಾಣ್ಡವರು ಕೆಟ್ಟರು. — ಪಕ್ಷ ಪಾಣ್ಡವರಲ್ಲಿ, ಊಟ ಕೌರವರಲ್ಲಿ (Prvs.). See Šmd. 78. 287. 288. 292; J. 2, 4. 47; 5, 8. — ಪಾಣ್ಡವಮದ್ದು. (ಪೌಣ್ಡರೀಕ, ಪೌಣ್ಡರ್ಯ, ಪೆಣ್ಡಾರೇ ಗಡ್ಡೆ, ಬಿಳಿನೆಯ್ದಿಲೇ ಗಡ್ಡೆ Si. 153).

ಪಾಣ್ಡಿ pâṇḍi. ಪಾಣ್ಡ್ಯ. A village-officer (Mhr. ಪಾಣ್ಡ್ಯಾ; see ದೇಶ-).

ಪಾಣ್ಡಿತ್ಯ pâṇḍitya. (fr. ಪಣ್ಡಿತ). Scholarship, erudition; cleverness, skill. (Bp. 2, 31; J. 2, 27; B. 2, 8; My.).

ಪಾಣ್ಡು pâṇḍu. *Yellowish-white, white, pale.* 2, yellow disease: jaundice (ಪಾಣ್ಡುಕ Mr. 387, o. r. ಪಿಣ್ಡಿಕ). 3, N. of a son of Vyâsa, brother of Dhṛitarâshṭra and Vidura, father of the Pañčapâṇḍavas. (Bh. 1, 5 sum.). 4, Dhṛitarâshṭra (ಅನ್ಧರಾಜ, ಧೃತರಾಷ್ಟ್ರ Mr. 264).

ಪಾಣ್ಡುಕ pâṇḍuka. A yellowish-white or pale colour. 2, jaundice (see ಪಾಣ್ಡು No. 2). 3, a kind of cucumber (ಕುಲಕ, ಕಹಿಪಡಲ Mr. 146).

ಪಾಣ್ಡುಕಮ್ಬಲ pâṇḍu-kambala. *A white blanket.*

ಪಾಣ್ಡುಕಮ್ಬಲಿ pâṇḍu-kambali. *A carriage covered with a white woolen cloth.*

ಪಾಣ್ಡುತನುಜ pâṇḍu-tanuja. A son of Pâṇḍu (Šmd. 266).

ಪಾಣ್ಡುಪುತ್ರ pâṇḍu-putra. = ಪಾಣ್ಡುತನುಜ. Arjuna (J. 8, 38).

ಪಾಣ್ಡುಭೂಮ pâṇḍu-bhûma. *A country with a yellowish soil.*

ಪಾಣ್ಡುರ pâṇḍura. *Yellowish-white, white, pale.* 2, jaundice. 3, *the white leprosy, vitiligo.*

ಪಾಣ್ಡುರಂಗ pâṇḍu-raṅga. Having a yellowish-white colour: Kṛishṇa (My.). 2, N. of a man (Bp. 4, 5; 9, 43; 50, 18; 61, 33). — ಪಾಣ್ಡುರಂಗವಿಟ್ಠಲ. Kṛishṇa (My.).

ಪಾಣ್ಡುರತರ pâṇḍura-tara. Uncommonly white (Čpr. 8, 34).

ಪಾಣ್ಡುರಿತ pâṇḍurita. = ಪಾಣ್ಡುರ No. 1. (Abh. P. 12, after 2).

ಪಾಣ್ಡುರೋಗ pâṇḍu-rôga. = ಪಾಣ್ಡುರ No. 3. (C.).

ಪಾಣ್ಡುಸುತ pâṇḍu-suta. = ಪಾಣ್ಡುತನುಜ. (J. 24, 16).

ಪಾಣ್ಡ್ಯ pâṇḍya. N. of a people and of the country in the Dekhan inhabited by them (T. ಪಾಣ್ಡಿ, ಪಾಣ್ಡಿಯ); a prince of the Pâṇḍyas. See Bp. 6, 18; 11, 16. 17; ಕೂಸ-, ಸೌನ್ದರ-, ಹೊರಟ-, and s. ಮಂಗಳಾಪುರ. — ಪಾಣ್ಡ್ಯಮಣ್ಡಲ. The country of the Pâṇḍyas (Bp. 27, 20). — ಪಾಣ್ಡ್ಯಮಹೀತಲ. = ಪಾಣ್ಡ್ಯಮಣ್ಡಲ. (Bp. 50, 50). — ಪಾಣ್ಡ್ಯವಸುಮತಿ. = ಪಾಣ್ಡ್ಯಮಹೀತಲ. (Bp. 50, 45).

ಪಾಣ್ಬ pâṇba. A whoremonger; an adulterer (ಜೋಡ, ಸಿತಗ Šmd. II; Kk. 89; ಸಿತಗ Čt. I, 16; ಪರಳಿಗ Čt. I, 48; II, 24; Abh. P. 8, after 50; 15, 39; *cf.* ಪಡು 8; ಪಾಱು 3).

ಪಾಣ್ಬೆ pâṇbĕ. (Šmd. 245). A whore; an adulteress (ಜೋಡೆ, ಸಿತಗೆ Šmd. II; Kk. 89; ಜೋಡೆ Čt. I, 38; ಹಾದರಗಿತ್ತಿ, ಜೋಡೆ, ಬೆದೆಗಾತಿ, ಸಿತಗೆ, ಜಾರೆ Kk. 29; Šm. 75).

ಪಾತ pâta. 1. Flying; falling, fall; a cast, a throw; a stroke; an attack; defect, fault. See ಅತಿ-, ಉತ್-, ತಾಲ-, ನಿ-, ಪಾದ-, Šmd. 112.

ಪಾತ pâta. 2. Watched, protected, preserved.

ಪಾತಕ pâtaka. Causing to fall or sink; *sin, crime* (ಸೆರಗ Čt. I, 59). — ಪಾತಕ ಅಱ್. Sin to be destroyed or blotted out (Bp. 30, 14). — ಪಾತಕಂಗೆಯ್. -ಂ-ಗೆಯ್. To commit a sin (J. 19, 27). — ಪಾತಕ ಪರಿಹರಿಸು. Sin to be removed (Bp. 45, 8). — ಪಾತಕ ಹಿಡಿ. Sin to take possession of one, or to undertake or incur sin (Bp. 28, 24).

ಪಾತಕತನ pâtakatana. Sinful state or behaviour; sin (My.; Jmt. 22 s. ಕೇಡು).

ಪಾತಕಿ pâtaki. Guilty of a crime, sinful; a sinner (Bp. 14, 30; 52, 7; J. 13, 31).

ಪಾತನ pâtana. Causing to fall, etc. See ನಿ-.

ಪಾತರ pâtara. Tbh. of ಪಾತ್ರ. (Sp. s. ಬಾಯು; My.; Tĕ.). — ಪಾತರದವಳು. -ಅವಳು. = ಪಾತ್ರದವಳು. A dancing girl, a harlot (ಗಣಿಕೆ, ಪಣ್ಯಸ್ತ್ರೀ, ವಾರಸ್ತ್ರೀ, ವೇಶ್ಯೆ G.; My.). ಸ್ವರ್ಗಲೋ

ಕದ ಪಾತರದವಳು (ಸ್ವರ್ವೇಶ್ಯೆ G.). ಪಾತರದವರ ಮನೆ (ವೇಶ); ಪಾತರದವರ ಸಮುದಾಯ (ಗಾಣಿಕ್ಯ G.).

ಪಾತರಗಿತ್ತಿ pâtara-gitti. = ಪಾತರದವಳು. (My.). 2, a butterfly (C.; B. 4, 1).

ಪಾತಲಿಮರ pâtali-mara. = ಪಾದರಿಮರ. (St. & Pl.; *cf.* ಪಾದರಿ 1).

ಪಾತಷಾಹ pâtashâha. = ಪಾಚ್ಛ. (B. 5, 38. 108). — ಪಾತಷಾಹಿ, relating to or granted by a Pasha; kingly; grand, noble; royalty, reign of a king (B. 5, 266; Mhr., H. ಪಾದಶಾಹೀ).

ಪಾತಾಲ pâta-âla (= âlaya). = ಪಾತಾಳ. *One of the seven regions under the earth and the abode of the nâgas or serpents and demons;* a general name for the seven regions, hell (ಭೋಗವತಿ, ಅಧೋಲೋಕ Nn. 22). 2, *submarine fire.* ಸ್ವರ್ಗ ಮರ್ತ್ಯ ಪಾತಾಲದೊಳಗುಳ್ಳಖಿಲಶಬ್ದಪ್ರವರ್ತನೆಯನ್ ಅಭಿಧಾನವಾಗಿ ಪೇಳ್ದಂ (Mr. 2).

ಪಾತಾಲಗಂಗೆ pâtâla-gaṅgĕ. The Ganges of the lower regions. (Bp. 19, 55).

ಪಾತಾಲನಿಲಯ pâtâla-nilaya. *An asura, a demon;* a nâga.

ಪಾತಾಲಲೋಕ pâtâla-lôka. The pâtâla region (ಅಧೋಭುವನ, etc. Mr. 392).

ಪಾತಾಳ pâtâḷa. = ಪಾತಾಲ. ಪಾತಾಳವಾದರೆ ಪಾತ್ರಮೇಳದವರಿಲ್ಲವೇ?— ಪಾಪಿಯಿದ್ದಲ್ಲಿ ಪಾತಾಳ (Prvs.). — ಪಾತಾಳಗಡ. A grappling hook or drag to catch things under water (My.; B. 3, 118). — ಪಾತಾಳಗರಡಿ. = ಪಾತಾಳಗಡ. (My.). — ಪಾತಾಳಗರುಡ. = ಗರುಡಪಾತಾಳ. A medicinal herb, said to be an antidote to snake-bites, Ophiorrhiza mungos L. (St. & Pl.). 2, = ಪಾತಾಳಗರಡಿ (My.). — ಪಾತಾಳಭೇದಿ. = ಪಾತಾಳಗಡ. (Tĕ.; My.). — ಪಾತಾಳಲಂಕೆ. The Laṅkâ of the lower regions (Abh. P. 9, 196).

ಪಾತಿ pâti. A basin for water round the foot of a tree, etc. (Bp. 57, 91; My.; Tĕ. ಪಾತಿ, ಪಾತು, ಪಾದಿ, ಪಾದು; T., M. ಪಾತ್ತಿ). 2, a garden bed (My.; Tĕ., T., M.).

ಪಾತಿ pâti. 1. Tbh. of ಪಾರ್ವತಿ. (My.). — ಪಾತಮ್ಮ. -ಅಮ್ಮ. N. of women (My.).

ಪಾತಿ pâti. 2. = ಪತಿ. (Sk.).

ಪಾತಿತ pâtita. Made to fall, felled, thrown down, etc. (Čpr. 4, 27).

ಪಾತಿವ್ರತೆ pâti-vratĕ. = ಪಾತಿವ್ರತ್ಯ. (Bp. 25, 37).

ಪಾತಿವ್ರತ್ಯ pâtivratya. (fr. ಪತಿವ್ರತಾ). Devotedness or loyalty to a husband, conjugal fidelity. (My.; B. 5, 292).

ಪಾತುಕ pâtuka. *Apt or disposed to fall;* falling.

ಪಾತ್ರ pâtra. = ಪಾತರ, ಪಾತ್ರೆ. A drinking vessel; a goblet, a cup, etc. 2, *a vessel in general.* ಪಾತ್ರವಿದ್ದಷ್ಟೆ ನೀರು ಸಿಕ್ಕೀತು (Prv.). 3, *any kind of sacrificial vessel.* 4, *the channel or bed of a river* (ತೊಱೆಯ ನಡುವು Mr. 415). 5, a utensil (ಅಡ್ಡಣಿಗೆ 212). 6, a receptacle, a recipient or a person in whom any quality is contained: *a fit or competent or worthy person or man,* a person or man worthy to receive gifts; fit for; a recipient or subject also of curses, blame, etc. Feminine ಪಾತ್ರಳು (My.). ತರಹರಿಸಲಾಱದವಳು ಮರಣಕ್ಕೆ ಪಾತ್ರಳು (Prv.). 7, a king's counseller or minister. 8, an actor, dramatis persona. ಪಾತ್ರವಾಡೆ ವಾದಕಂ ಬಾಜಿಸಿದಂ (Šmd. 296). 9, a part in a play (Sk.); a disguise, an assumed character (My.; Mhr.); performing, dancing (Mhr. ಪಾತ್ರಾ, a dancing girl). ಪಾತ್ರವನಾಡುವವಳು (ನರ್ತಕಿ, ಲಾಸಿಕೆ Nr.). ಕೊತ್ತೀ ಪಾತ್ರ ಒಲೇ ಮುನ್ದೆ.— ಅನುಗದಲ್ಲಿ ಪಾತ್ರವಾಡುವಾಗ ಮದ್ದಳೇ ಎರವು ಬೇಡಿದರನ್ತೆ (Prvs.). — ಪಾತ್ರದವಳು. = ಪಾತರದವಳು. (My.). — ಪಾತ್ರಪನಿವಿ. A shrub with long continuous rows of circular bracts hiding the flowers, Desmodium pulchellum Benth. (Z.).

ಪಾತ್ರತೆ pâtratĕ. Capacity, fitness, worthiness. (My.).

ಪಾತ್ರತ್ವ pâtratva. = ಪಾತ್ರತೆ. (My.).

ಪಾತ್ರದ pâtra-da. A balance (ತ್ರಾಸು Mr. 358).

ಪಾತ್ರವಿಶೇಷ pâtra-visêsha. A distinguished person (Šmd. 125).

ಪಾತ್ರೀಭೂತ pâtrî-bhûta. Having become a fitting receptacle or recipient, fit for (Abh. P. 1, 4).

ಪಾತ್ರೆ pâtrĕ. = ಪಾತ್ರ Nos. 1-3. (ತಟ್ಟೆ Mr. 212; My.; B. 5, 142). See ಜಲ-, ಮೃಣ್ಮಯ-, ಸು-.

ಪಾಥಸ್ pâthas. *Water.*

ಪಾಥೇಯ pâthêya. (fr. ಪಥಿ). *Provisions for a journey* (ಸನ್ಬುಳ Mr. 234).

ಪಾಥೋದ pâthas-da. A cloud. (My.).

ಪಾಥೋಧರ pâthas-dhara. A cloud. (My.).

ಪಾಥೋಧಿ pâthas-dhi. The ocean. (My.).

ಪಾಥೋನಿಧಿ pâthas-nidhi. The ocean. (My.).

ಪಾಥೋಭೃತ್ pâthas-bhṛit. A cloud (ಮೋಡ G.; My.).

ಪಾಥೋರುಹ pâthas-ruha. The lotus.

ಪಾಥೋರುಹಾಕ್ಷ pathôruha-aksha. Vishṇu (J. 7, 56).

ಪಾದ್ pâd. = ಪಾಯ್. A foot. See ಗೂಢ-, ಬಹು-.

ಪಾದ pâda. = ಪಾಗ, ಪಾಯ 1, ಪಾವ 1, ಪಾವು. *A foot* (ಅಂಘ್ರಿ, ಕಾಲು Nn. 130; ಕಾಲು 77; ಅಡಿ, ಕಾಲ್ Šm. 70). 2, *an affix to proper names as a title of respect.* 3, *the foot of a mountain, a hill at the foot of a mountain.* 4, *the root of a tree* (Mr. 104). 5, *a ray of light;* lustre (ತೇಜ, ತೇಜಸ್ಸು Nn. 130). 6, *a quarter, a fourth part.* 7, a verse-quarter (Čh.). 8, a verse-line (Čh.). 9, a quarter of a weight of gold. 10, = ಪದಪೂರ, ಪಾದಪೂರಣ (Nn. 130). 11, a part in general. 12, combination (ಪಿ ಬೆರಕೆ Mr. 460). ಪಾದಕ್ಕೆ ತಕ್ಕ ಪಾಪೋಸು, ಪಾಪಕ್ಕೆ ತಕ್ಕ ಪ್ರಾಯಶ್ಚಿತ್ತ.— ಪಾದಕ್ಕೆ ಬಿದ್ದರೂ ನಾಗಪ್ಪ ಕಚ್ಚದೆ ಬಿಡ. — ಪಾದಗಾಣಿಕೆ. -ಕಾಣಿಕೆ. A gift placed at the feet of a guru (My.). 2, price (of a thing, My.).

ಪಾದಕಟಕ pâda-kaṭaka. (= ಪಾಡಗ). *An anklet.*

ಪಾದಗ್ರಹಣ pâda-grahaṇa. *Laying hold of or clasping the feet of a person, as a mark of respectful salutation.*

ಪಾದಚಾರಿ pâda-čâri. *Walking on foot;* a footman.

ಪಾದಜ pâda-ja. A Šûdra. (My.).

ಪಾದತಲ pâda-tala. The sole or lower part of the foot. (Kk. 98).

ಪಾದತೀರ್ಥ pâda-tîrtha. Water in which the feet (of superiors) have been washed (My.).

ಪಾದತ್ರಾಣ pâda-trâṇa. Foot-protecting: a sandal, a shoe, a boot. See ಮೆಟ್ಟು.

ಪಾದನ pâdana. Causing to go or to obtain. See ಪ್ರತಿ-

ಪಾದಪ pâda-pa. Drinking with the root: *a tree* (ಮರ Nn. 28).

ಪಾದಪಟ್ಟ pâda-paṭṭa. = ಪಾಯವಟ್ಟ. A badge of honour for the foot; an ornament for it.

ಪಾದಪದ್ಮ pâda-padma. A lotus-like foot, a foot beautiful as a lotus. (My.).

ಪಾದಪಯೋಜ pâda-payôja. = ಪಾದಪದ್ಮ. (Ŝâv. 5, 56).

ಪಾದಪಾಗ್ರ pâdapa-agra. The top of a tree (ಶಿಖಿ, ಮರದ ತುದಿ Nn. 4).

ಪಾದಪಾತ pâda-pâta. A foot-fall, a tread, a kick (Čpr. 5, after 76).

ಪಾದಪಾಶ pâda-pâŝa. = ಪಾದಪಾಸ. A foot-rope for cattle, etc.; an anklet of small bells, etc.

ಪಾದಪಾಶನ pâdapa-aŝana. Eating trees: fire. 2, a certain metrical foot (Čh.).

ಪಾದಪೀಠ pâda-pîṭha. A foot-stool. (My.).

ಪಾದಪೂಜೆ pâda-pûjĕ. Homage paid to the feet of gurus (My.).

ಪಾದಪೂರಣ pâda-pûraṇa. Filling out a part or a line of a verse, expletive; the act of filling out a line or the measure of a verse; *an expletive*, like ನೆಟ್, ಸಲೆ, etc. (Ŝt. I, 19; II, 34).

ಪಾದಪ್ರಹರಣ pâda-praharaṇa. A kick. See ಒದೆ.

ಪಾದಬನ್ಧ pâda-bandha. *Any tie for the foot.*

ಪಾದಬನ್ಧನ pâda-bandhana. *Any tie for the foot.* 2, *a stock of cattle.* See ಗುದಿ.

ಪಾದರ pâdara. = ಹಾದರ. (Tbh. of ಪಾರದಾರ್ಯ?). **Adultery** (J. 2, 5). (*Cf.* ಪಾಡು 3 ?).

ಪಾದರಕ್ಕೆ pâda-rakkĕ. Tbh. of ಪಾದರಕ್ಷೆ (Ŝmd. 376).

ಪಾದರಕ್ಷಣ pâda-rakshaṇa. Foot-guarding: *a sandal, a shoe, a boot.*

ಪಾದರಕ್ಷೆ pâda-rakshĕ. = ಪಾದರಕ್ಕೆ, ಪಾದರಕ್ಷಣ. (ಉಪಾನಹ್, ಪಾದರಕ್ಷಣ Hlâ.; ಪಾದು, ಪಾದುಕೆ, ಉಪಾನಹ್ Ŝi. 344; Bp. 55, 57).

ಪಾದರಸ pâda-rasa. Quicksilver, mercury (ಸೂತ Nn. 32; ಪಾರದ 88; ಸೂತ, ರುಚಿರಾಮ 131; ಚಪಲ, ರಸ, ಪಾರದ, etc. Ŝi. 332; My.).

ಪಾದರಿ pâdari. An adulteress (J. 5, 61).

ಪಾದರಿ pâdari. 1. = ಹಾದರಿ. Tbh. of ಪಾಟಲ (Ŝmd. 364, o. r. ಹಾದರಿ; ಪಾಟಲ, ಪಾಟಲಿ Mr. 118; ಪಾಟಲಿ Ŝm. 25; ಪಾಟಲಿ, etc. Ŝi. 134; ಮೋಘ G.; Čpr. 7, 56. 69; Tĕ., T., M. ಪಾದಿರಿ). — ಪಾದರೀ ಮರ. A high tree, Stereospermum chelonoides D. C. (St. & Pl.).

ಪಾದರಿ pâdari. 2. = ಪಾದ್ರಿ. A padre or priest (Portuguese; My.; M.; B. 5, 272).

ಪಾದರಿಗ pâdara-iga. = ಹಾದರಿಗ. **An adulterer.** ಪಾದರಿಗಂ ಪಲವಣ್ಣನ್ ಆದೇನ್ ಈವಂ? (Ŝmd. 211. Mdb.).

ಪಾದವಲ್ಮೀಕ pâda-valmîka. *Elephantiasis.* See ಒಟಲೆಗಾಲ್.

ಪಾದವಾಸ pâdavâsa. Tbh. of ಪಾದಪಾಶ (Ŝmd. 380).

ಪಾದವಿನ್ಯಾಸ pâda-vinyâsa. = ಪದವಿನ್ಯಾಸ. 2, the putting down or spreading of rays (Čpr. 1, 47).

ಪಾದಶಾಖೆ pâda-ŝâkhĕ. A toe. (R.).

ಪಾದಶೃಂಖಲೆ pâda-ŝṛinkhalĕ. = ಪಾದಸಂಕಲೆ. A chain for the foot.

ಪಾದಷಹ pâdashaha. = ಪಾಚ್ಛ, etc. (My.).

ಪಾದಸಂಕಲೆ pâda-sankalĕ. Tbh. of ಪಾದಶೃಂಖಲೆ (Ŝmd. 176).

ಪಾದಸಂಘಟ್ಟನ pâda-sanghaṭṭana. Striking or crushing with the foot. See ತುಡ್.

ಪಾದಸರೋಜ pâda-sarôja. = ಪಾದಪದ್ಮ. (Ŝâv. 2, 100).

ಪಾದಸ್ಫೋಟ pâda-sphôṭa. *A blister or sore on the foot.*

ಪಾದಾಗ್ರ pâda-agra. *The point or extremity of the foot.*

ಪಾದಾಂಗದ pâda-angada. *An ornament for the feet or toes, an anklet.*

ಪಾದಾತ pâda-âta. *A foot-soldier.* 2, *infantry.*

ಪಾದಾತಿ pâdâti. = ಪಾದಾತಿಕ. (Sk.; R.).

ಪಾದಾತಿಕ pâdâtika. *A foot-soldier.*

ಪಾದಾದಿಯಮಕ pâda-âdi-yamaka. A kind of yamaka (Kâvy. III, 2, B, 3 seq.).

ಪಾದಾಮ್ಬುಜ pâda-ambuja. = ಪಾದಪದ್ಮ. (J. 9, 27).

ಪಾದಾಮ್ಬುರುಹ pâda-amburuha. = ಪಾದಾಮ್ಬುಜ. (Čpr. 8, 72).

ಪಾದಾವರ್ತ pâda-âvarta. *A wheel worked with the feet for raising water from a well.*

ಪಾದಿ pâdi. 1. (fr. ಪಾಯ್ 1). = ಪಾಯ್ 2, etc., ಹಾದಿ. **A road.** ಗಜಂ ಪೋದ ಪಾದಿಯಿದು! (Râghô. 17, 68).

ಪಾದಿ pâdi. 2. (= ಪಾಟಿ 1; ಪಾದಿ 1?). (ಸರಿ, ದೊರೆ, ಪಡಿ, ಗಡೆ, ಪಾಸಟಿ, ಎಣೆ, etc., ಸಮಾನ Ŝs.).

ಪಾದಿತ pâdita. Gone to; obtained. See ಆ-.

ಪಾದು pâdu. ಪಾದೂ. = ಪಾದುಕೆ. *A shoe, etc.*

ಪಾದುಕ pâduka. = ಪಾದುಕೆ, ಪಾವುಗೆ, ಹಾವಿಗೆ, ಹಾವುಗೆ, q. v. (ಅನುಪದೀನ, ಹಾವಿಗೆ Mr. 205, o. r. ಹಾವುಗೆ).

ಪಾದುಕಾಕಾರ pâdukâ-kâra. *A shoemaker.*

ಪಾದುಕಾಸಿದ್ಧಿ pâdukâ-siddhi. A magical slipper or shoe, supposed to have the power of conveying the wearer wherever he likes. ಪಾದುಕಾಸಿದ್ಧಿಯಿದ್ದರೂ ಸಾಟೋಡು ತಪ್ಪದು (Prv.).

ಪಾದುಕೆ pâdukĕ. = ಪಾದುಕ, etc. *A wooden shoe, a shoe, a slipper* (ಎಕ್ಕವಡ Kk. 39). 2, an impression of a foot on stone or wood, worshipped as the trace of some god or guru (My.; Mhr.).

ಪಾದೂಕೃತ್ pâdû-kṛit. *A shoemaker.*

ಪಾದೆ pâdĕ. — ಪಾದೆಮುಳ್ಳುಗಿಡ. A perennial herb, Polycarpea corymbosa Lam. (St. & Pl. = M. ಪಾದಮುಳ್).

ಪಾದೋದಕ pâda-udaka. Water for washing the feet; water in which the feet of a person have been washed (Grj. 4, after 48).

ಪಾದ್ಯ pâdya. Relating to the foot; *water for washing the feet.* 2, washing the feet (Mhr.). ಪಾದ್ಯಕ್ಕೆ ನೀರು ಇಲ್ಲ, ಊಟಕ್ಕೆ ಮಜ್ಜಿಗೆಯೆಲ್ಲಿ? (Prv.).

ಪಾದ್ರಿ pâdri. = ಪಾದರಿ 2. (My.; B. 5, 206).

ಪಾನ pâna. (= ಪಾನೆ). Drinking; enjoying. 2, a drink, a beverage. 3, a drinking vessel. 4, *a water-conduit, a canal.* See ಉಣ್ಬು, ಕುಡಿ; ಕೊಡ-.

ಪಾನಕ pânaka. A draught, a drink, a beverage (Sk.); hydromel, beverage made of jaggory, sugar, etc. and water, and drunk as sherbet (Tĕ.; My.). ಕುಡಿಯುವ ಪಾನಕದಲ್ಲಿ ಕಡ್ಡಿ ಸಿಕ್ಕಿದ ಹಾಗೆ. — ಪಾನಕಾ ಕುಡಿಯುವಾಗ್ಗೆ ಮೂಟೆ ಉತ್ತಿಗೇ ಹಿಡಿದ. — ಪಾನಕಾ ಬೇಕೆನ್ನು, ಪುನಕಕ್ಕೆ ಕರದ ಹಾಗೆ (Prvs.).

ಪಾನಗೋಷ್ಠಿ pâna-gôshṭhi. *A drinking party; a place where people drink together* (ಆಪಾನ, ವಿಪಾಡ್ ಕುಡಿವುದು Mr. 221).

ಪಾನಗೋಷ್ಠಿಕೆ pâna-gôshṭhikĕ. = ಪಾನಗೋಷ್ಠಿ. *A drinking party, etc.*

ಪಾನಪಾತ್ರ pâna-pâtra. *A drinking vessel, a goblet, etc.*

ಪಾನಭಾಜನ pâna-bhâjana. *A drinking vessel, a goblet, etc.*

ಪಾನಾಮ್ಬು pâna-ambu. Drinking-water (Bp. 12, 9).

ಪಾನಿ pâni. Water (My.; H.; Mhr. ಪಾಣೀ).

ಪಾನೀಯ pânîya. = ಪಾಣಿ 2, ಪಾಣಿಯ. To be drunk, drinkable. 2, a beverage, a drink. 3, *water*.

ಪಾನೀಯಜ pânîya-ja. A lotus.

ಪಾನೀಯಜಾಸನ pânîyaja-âsana. Brahmâ (Râm. 4, 2, 13).

ಪಾನೀಯದ್ವಾರ pânîya-dvâra. = ಪಣಿಯದಾರ. An outlet for water.

ಪಾನೀಯಮಣ್ಡಪ pânîya-maṇḍapa. = ಪಾನೀಯಶಾಲಿಕೆ. (Čpr. 1, after 94).

ಪಾನೀಯಶಾಲಿಕೆ pânîya-śâlikĕ. *A shed on the road-side for providing passengers with water.*

ಪಾನು pânu. A leaf; the leaf of a book (Mhr.; My.); the leaf of piper betel; the roll of this leaf with betel-nut, spices and lime, Pan (Mhr.; My.).

ಪಾನೆ pânĕ. (Tbh. of ಪಾನ). A pot of metal or earth (T. ಪಾನೈ; M. ಪಾನಿ; see ಇಪ್-, ಒಪ್-, ಕೊಡ-).

ಪಾನ್ತ pa-anta. A term ending in pa (Šmd. 316).

ಪಾನ್ಥ pântha. (fr. ಪಥಿ). *A wanderer, a traveller.*

ಪಾನ್ಥಸ್ಥ pânthastha. = ಪಾನ್ಥ. (Mhr.; B. 4, 155).

ಪಾಪ pâpa. = ಪಾಪೆ, etc. A small child (My.).

ಪಾಪ pâpa. *Bad, wicked, vicious, sinful*, etc. 2, a bad man. 3, *sin, vice, crime, wickedness, guilt* (Bp. 55, 7). 4, bad fortune, bad state, misery, a scrape, a strait. ಪಾಪ, O misery! etc. (My.; B. 2, 38. 44; 3, 89; 4, 44). ಪಾಪ ಬರ ಬಾರದೆನ್ದು, ಶಾಪ ಕೊಣ್ಡ.— ಪಾಪದಲ್ಲಿ ತಾಪ ತಪ್ಪದು.— ಪಾಪ ಹೋಗ ಬೇಕೆನ್ದು, ತೋಪಿಯಿಟ್ಟು ಕೊಣ್ಡ.— ಪಾಪಕ್ಕೆ ತಕ್ಕ ಪಾಪೋಸು, ಪಾಪಕ್ಕೆ ತಕ್ಕ ಪ್ರಾಯಶ್ಚಿತ್ತ.— ಮನವಱಿಯದ ಪಾಪವಿಲ್ಲ, ತನು ತಿಳಿಯದ ನೋವಿಲ್ಲ.— ಪಾಪಕ್ಕೆ ಹೆಣ್ಡತಿ, ಪುಣ್ಯಕ್ಕೆ ತಾಯಿ. (Prvs.). See Prv. s. ಭಾರ. — ಪಾಪ ಅಱ. Sin to be destroyed (Bp. 1, 25). — ಪಾಪ ಕೆಡೆ. Sin to fall, perish or vanish (Bp. 45, 34). — ಪಾಪ ಪ್ರಹರಿಸು. To repel or remove sin (Bp. 61, 79). — ಪಾಪ ಪರಿ. Sin to go away (Bp. 45, 8). — ಪಾಪ ಹೊಱು. To bring sin upon one's self (Bp. 60, 9).

ಪಾಪಕರ್ಮ pâpa-karma. An evil deed, a bad action, etc. (Bp. 57, 58). ವ್ಯಾಪಾರಮ್ ಅಱದಲ್ಲದಾ ಪರವು ಕಾಣಿಸದು, ಪಾಪ ಕರ್ಮಗಳ ಅತಿಗಳೆದು ನಿನ್ನವಗೆ ಕೋಪಮ್ ಎಲ್ಲಿಹುದು? (Sp.).

ಪಾಪಕ್ಷಯ pâpa-kshaya. The destruction of sin. ಪಾಪಕ್ಷಯವಾಗಲೆನ್ದು, ಕಾಸಿಗೆ ಹೋದರೆ ಕುಲಕ್ಷಯವಾಗಲೆನ್ದು, ಮೊಸಳೆ ಎದಿ ಕೊಣ್ಡು ಹೋಯಿತು (Prv.).

ಪಾಪಗ್ರಹ pâpa-graha. A planet of evil or malignant aspect, as râhu, kêtu, śani and mangala. (My.).

ಪಾಪಚಿತ್ತ pâpa-čitta. Evil-minded, being of an evil disposition (Bp. 32, 51).

ಪಾಪಚೇಲಿ pâpa-čêli. *The creeper Clypea hernandifolia* W. & A. See ಅಗುಲುಸುಣ್ಟಿ.

ಪಾಪಟೆ pâpaṭĕ. = ಪಾಪಡಿ, q. v. 2, (Tbh. of ಪರ್ಪಟ). = ಪಾಪರೆ, ಪಾವಟೆ. See ಕಾಡ-. — ಪಾಪಟೆಗಿಡ. ವಿಶಾಲೆ, ಇನ್ದ್ರವಾರುಣಿ ಅನ್ದರೆ ಹಾವುಮೆಕ್ಕೇ ಗಿಡ; ಪಾಪಟೆಗಿಡವೆನ್ದು, ಕೆಲವರರ್ಥ ಹೇಳುವರು Si. 161); a shrub or small tree, Pavetta indica Lin. (Ixora pavetta Roxb., St. & Pl.; Ixora tomentosa, Tĕ.).

ಪಾಪಡಿ pâpaḍi. = ಪಾಪಟೆ. Tbh. of ಪರ್ಪಟ. (ಜತುಕೆ, ಪರ್ಪಟ Mr. 141, o. r. ಪಾಪಟೆ).

ಪಾಪದೂರ pâpa-dûra. A man who is far from sin (Bp. 27, 78).

ಪಾಪನಾಶನ pâpa-nâśana. The destruction of sin (Bp. 27, 26).

ಪಾಪನಿವಾರಣ pâpa-nivâraṇa. Keeping off, checking or averting sin (My.).

ಪಾಪನಿಷ್ಕೃತಿ pâpa-nishkṛiti. Atonement for sin (My.).

ಪಾಪರಾಸಿ pâpa-râsi. = ಪಾಪೌಘ. ಪಾಪರಾಸಿಗಳು (ಪಾಪೌಘ, ವಿಷ್ಟ Nn. 103).

ಪಾಪರೆ pâparĕ. = ಪಾಪಟೆ. The bitter apple, colocynth; the bitter melon vine (Tĕ.). See ಕಾಡ-, ಪಿಲ್ಲ-. — ಪಾಪರೆಚೆಟ್ಟು. (ಚಿತ್ರೆ, ಗವಾಕ್ಷ, ಗೋಡುಮ್ಬೆ Si. 161; Tĕ. = ಪಾವರೆ).

ಪಾಪರ್ದ್ಧಿ pâpa-ṛiddhi. Sin-prosperity: *getting a living by hunting;* the chase.

ಪಾಪವಿಮೋಚನ pâpa-vimôčana. Liberation from sin (My.).

ಪಾಪಾತ್ಮ pâpa-âtma. Evil-minded; a sinner, a reprobate, a very wicked person. (My.). ಪಾಪಾತ್ಮನ್ನ ಪರಮಾತ್ಮ ತಿಳಿಯನೇ? (Prv.).

ಪಾಪಾಸು pâpâsu. = ಪಾಪೋಸು (My.; Tĕ.; T. ಪಾಪಾಚ್ಚಿ). — ಪಾಪಾಸುಕಳ್ಳಿ. The prickly pear (My.).

ಪಾಪಿ pâpi. = ಪಾಯಿ 2. Wicked, sinful, bad; a sinner, a criminal (ಖೇಟ, ನಿಕುಷ್ಟ, ಕಷ್ಟ, etc. Mr. 225; Šmd. 287; Bp. 13, 20; 28, 38; 45, 10; B. 3, 96). ಪಾಪಿಯಿದ್ದಲ್ಲಿ ಪಾತಾಳ. — ಪಾಪಿಗಳ ದೇವರೆನ್ದು, ಪಾಪೋಸಿನಿನ್ದ ಹೊಡೆಯ ಬಾರದು.— ಪಾಪಿಗೆ ಪರಮಾಯು, ಲೋಭಿಗೆ ಚಿರಾಯು.— ಪಾಪಿಗೆ ಪರಲೋಕವಿಲ್ಲ, ಪಾಪೋಸಿಗೆ ಮಡಿಯಿಲ್ಲ.— ಪಾಪಿಗೆ ಪಾರಾಯಣದ ಯೋಚನೆಯುಣ್ಟೇ?— ಪಾಪಿ ಗಳಿಸಿದ್ದು ಪರರ ಪಾಲು.— ಪಾಪಿ ಪರಕ್ಕೆ ಹೋದಾನೇ?— ಪಾಪಿ ಪರರ ಕಷ್ಟ ಬಲ್ಲನೇ?— ಪಾಪಿಯ ಕೆಡಿಸಿದವರಿಲ್ಲ, ಪುಣ್ಯವನ್ತನ ಬದುಕಿಸಿದವರಿಲ್ಲ.— ಪಾಪಿಯ ಧನ ಪರರಿಗೆ, ಲೋಭಿಯ ಧನ ಕತ್ತೆಗೆ.— ಪಾಪಿಯಾದವ ಭೂಪತಿಯಾದಾನೋ?— ಪಾಪಿ ಸಮುದ್ರಕ್ಕೆ ಹೋದರೂ ಮೊಣಕಾಲುದ್ದ ನೀರು.— ಪಾಪೀ ಗಣ್ಬು ಪರರಿಗೆ, ಮುಣ್ಡೇ ಗಣ್ಬು ಕಣ್ಡರಿಗೆ.— ಪಾಪಕ್ಕೆ ಪಾಪೋಸು, ಪಾಪಿಗೆ ಪುಟಗೋಸಿ (Prvs.).

ಪಾಪಿಷ್ಠ pâpishṭha. Most wicked, worst, exceedingly bad (Bp. 60, 20; My.).

ಪಾಪೆ pâpĕ. = ಪಾಪ, ಹಾಪೆ. A figure, an ornamental form, a puppet, a doll; a badge, an ensign;—the pupil of the eye (Abh. P. 3, 39; 4, 12; My.; Tĕ. ಅಬೆ, ಪಾಪೆ, the pupil of the eye; ಪಾಪೆ also: a child; T. ಪಾಪ್ಪೈ, M. ಪಾವೆ, a doll, puppet; Tĕ. ಪಾಪಡು, a little boy, *cf*. ಪಸುಳ and ಪಾಂಗು). (ರಥದ) ಪಾಪೆ ರೂಪುಗೆಟ್ಟುದು (Abh. P. 13, 69).

ಪಾಪೋಸು pâpôsu. = ಪಾಪಾಸು. A shoe or slipper (My.; M.; Mhr., H. ಪಾಯಪೋಸ). See Prvs. s. ಪಾದ, ಪಾಪಿ.

ಪಾಪೌಘ pâpa-ôgha. A heap of inauspicious things: the feces, excrement (ವಿಷ್ಟ, ಪಾಪರಾಸಿಗಳು Nn. 103).

ಪಾಪ್ಮ pâpma. *Evil, sin, crime.*

ಪಾಮ pâma. *Herpes, itch, scab* (ಕಜ್ಜು, ಬಸ, ಕೆರಕು Mr. 384).

ಪಾಮನ pâmana. = ಪಾಮರ. *Diseased with herpes, etc.*

ಪಾಮರ pâmara. *Diseased with herpes, scabby.* 2, *low, vulgar;* stupid. 3, a man of the lowest extraction: a Kirâta (ಅಚಲ, ಕಿರಾತ Nn. 41; ಕ್ಷುಲ್ಲಕ Mr. 517); an unrefined, vulgar man, etc. (ಪ್ರಾಕೃತ, ಬರ್ಬರ, ಇತರ ತಾನ್ ಬಲ್ಲದಂ Mr. 229, o. r. ತನಗಲ್ಲದವಂ).

ಪಾಮರತನ pâmaratana. Lowness, rudeness, etc. (My.).

ಪಾಮರಿ pâmari. A Šabara or Kirâta female (ತ್ರಿಶೂಲೆ, ತಬರಸ್ತ್ರೀ Nn. 92; Č. Bp. 11, 9; J. 3, 5. 6. 8).

ಪಾಮೆ pâmĕ. *Herpes, scab.*

ಪಾಮ್ಬ pâmba. A powerful, heroic or eminent man (ವೀರವಡೆದಂ Čt. I, 61; *cf*. ಅಣ್ಬ).

ಪಾಯ್ pây. 1. (Ŝmd. 53). = ಪಾಯಿ 1, ಹಾಯ್, ಹಾಯಿ 1, ಹಾಯು. To jump over; to step over, to pass over, to cross; to jump, to leap; to leap against, to assault (ಲಂಘನ Ŝmd. Dh.; My. as ಹಾಯ್; T., M.); to step, to advance, to go, to flow (My. as ಹಾಯ್; T., M.); to run against, to butt, to gore (My. as ಹಾಯ್; T., M.); to knock against (v. i.), as the head (My. as ಹಾಯ್). P. p. ಪಾಯ್ದು. ಮರನಂ ಪಾಯ್ದಂ (Ŝmd. 195). ಪೊಳೆಪಿಂಪೊಯ್ದು, ತಾರಗೆ ಬೆಳ ಗುಬಿದುವು, ಹಿಮಕರಂಗೆ ಪಾಯ್ವ ಚಕೋರಾವಳಿ ಬೆದಗಾದುದು, ಕು ಮುದಂಗಳ ನಗೆ ಬತ್ತಿದುವು ಪಾಯ್ವ ನೇಸಱನಾಗಳ್ (Lilv. 3, 5). ಕೆಲಕೆ ಪಾಯ್ (ಪರ್ವಳಿಸು Bhn. 28). See Čpr. 2, 24; Bp. 22, 15. 34; Râv. 5, 117; 6, after 11 (twice); 13, 78. 91; J. 3, 32; 14, 9; 31, 62; ಕಡೆವಾಯ್, ಜಿಣ್ಣುವಾಯ್, ಮೇಲ್ವಾಯ್.

ಪಾಯ್ pây. 2. = ಪಾದಿ 1, ಪಾಯ, ಪಾಯಿ 2, ಪಾಯು, ಹಾಯಿ 2. Going; course, way; manner, propriety, fitness. See ತಱುವಾಯ್.

ಪಾಯ್ pây. 3. = ಪಾಯ್ದು. P. p. of ಪಾಯ್ 1. — ಪಾಯ್ ತರ್. To run, to flow (Abh. P. 13, 128; Ŝâv. 4, 22); to come (Ŝâv. 3, 62; 4, 11. 43).

ಪಾಯ್ pây. (= ಪಾಯ 1, etc.). Tbh. of ಪಾದ್. — ಪಾಯ್ದಳಿ. Infantry (My.). — ಪಾಯ್ಖಾನೆ. = ಪಾಯಖಾನೆ, q. v. (My.). — ಪಾಯ್ಶುದ್ಧಿ. = ಪಾಯಾಶುದ್ಧಿ, q. v. (My.).

ಪಾಯ pâya. = ಪಾಯ್ 2, etc. See ತಱುವಾಯ.

ಪಾಯ pâya. 1. = ಪಾಯಿ 3. Tbh. of ಪಾದ. See ಪಾಯವಟ್ಟ. — ಪಾಯಖಾನೆ. = ಪಾಯ್ಖಾನೆ, ಪಾಯಿಖಾನೆ. A privy (My.; Mhr., H., Br.). — ಪಾಯದಳಿ. = ಪಾಯ್ದಳಿ. (J. 4, 31; 17, 30. 45; 20, 28).

ಪಾಯ pâya. 2. = (ಪಾಯ್, ಪಾಯ 1), ಪಾಯಾ, q. v. (My.).

ಪಾಯಕ pâyaka. = ಪಾಯಿಕ. (Bh. 3, 5, 22).

ಪಾಯವಟ್ಟ pâya-paṭṭa. Tbh. of ಪಾದಪಟ್ಟ (Ŝmd. 380; ಪೆಣ್ಡೆಯ Mr. 344; Čpr. 7, after 115; Bp. 4, 36; 42, 12; in Tě. = ಅನ್ಡಿಗೆ).

ಪಾಯಸ pâyasa. (fr. ಪಯಸ್). = ಪಾಯಿಸ. Made of milk; food prepared with milk; *a dish (or oblation) of milk, rice, and sugar, etc.*; milk; —*the resin of Pinus longifolia*. ಪಾಯಸವಾದರೂ ಆಯಾಸದ ಹೊರ್ತು ಸಿಕ್ಕದು. — ಪಾಯಸಕ್ಕೆ ಆಯಾಸ ಪಟ್ಟು, ನಾಯಿಸಾ ಕೊಂಡು, ತಿನ್ದ. — ನಿಯಮಿಸಲಾಱದ ಸೊಸೆಗೆ ಪಾಯಸವೇ ಕಹಿ. — ನುಸಿಗೆ ಯಾಕೆ ಕಸಕಸೆಪಾಯಸ? — ವಯಸ್ಸಿನಿನದಿಗೆ ಹೋದರೆ ಪಾಯಸ ಸಿಕ್ಕೀತೇ? (Prvs.). See ಕಣ್ಡೆ-; Prv. s. ಬೇಯಿಸು; Hlâ. & Nr. s. ತುಮ್ಮಲ್.

ಪಾಯಾ pâyâ. = ಪಾಯ 2. A foundation (My.; Br.; Mhr.; B. 4, 151).

ಪಾಯಾಶುದ್ಧಿ pâyâ-šuddhi. A firm, regular, correct foundation (of a building or business, Mhr.; My.).

ಪಾಯಿ pâyi. 1. = ಪಾಯ್ 1, etc. ಬೆಂಗೆವಾಯಿದುದು (ಎಬ್ಬಿಟ್ಟಿದುದು, ಚೆನ್ನೇಱಿದುದು, etc. Ŝs.). See ಮೇಲ್ವಾಯಿ.

ಪಾಯಿ pâyi. 2. = ಪಾಯ್ 2, etc. See ತಱುವಾಯಿ.

ಪಾಯಿ pâyi. 1. Drinking. See ಮದ್ಯ-, ಮಧು-.

ಪಾಯಿ pâyi. 2. Tbh. of ಪಾಪಿ. See ಬಡ-.

ಪಾಯಿ pâyi. 3. = ಪಾಯ 1. — ಪಾಯಿಖಾನೆ. = ಪಾಯಖಾನೆ. (My.; Br.). — ಪಾಯಿದಳಿ. = ಪಾಯ್ದಳಿ, ಪಾಯದಳಿ. (My.).

ಪಾಯಿಕ pâyika. = ಪಾಯಳ. A foot-soldier (Sk.).

ಪಾಯಿಕೆ pâyikě. Drinking. See ತೈಲ-.

ಪಾಯಿಜಾಮೆ pâyijâmě. Trowsers (My.; Si. 224; Mhr., H. ಪಾಯಜಮಾ).

ಪಾಯಿದಾ pâyidâ. Advantage, profit (My.; Mhr., H. ಫಾಯದಾ).

ಪಾಯಿದೆ pâyidě. = ಪಾಯಿದಾ. (My.).

ಪಾಯಿಸ pâyisa. = ಪಾಯಸ. (My.; ತರಲ G.).

ಪಾಯಿಸು pâyisu. = ಹಾಯಿಸು. To cause to jump over; to cause to cross; to cause to flow (Abh. P. 13, 62. 66).

ಪಾಯು pâyu. = ಪಾಯ್ 2, etc. See ತಱುವಾಯು.

ಪಾಯು pâyu. *The anus.*

ಪಾಯ್ಕು pâyku. = ಪಾಕು 1, q. v.

ಪಾಯ್ಯ pâyya. *Measure.*

ಪಾರ್ pâr. = ಹಾರು 1. To seek for a time or an occasion; to look for; to wait for; to look to, to look after; to consider, to regard; to desire (ಸಮುಯಾನ್ವೇಷಣ Ŝmd. Dh.; ಬಯಸು Ŝmd. 174 Cm.; Čpr. 2, 72; 5, after 36; 5, 137; 6, 21; 8, 11. 51; Abh. P. 13, 94; 15, 39; Grj. 8, 44; Bp. 4, 65; J. 1, 5; T., M.; *cf.* ಅರಯ್). ಪಾರ್ದಂ (Ŝmd. 50, o. r. ಪೋರ್ದಂ). ಇವಂ ಪಾರದೆ (174). ರಥಿಗಳ ಸೆಱಗಂ ಪಾರದೆ (Abh. P. 13, 70). ಬೆಱಗರ್ಗಳಂ ಪಾರದೆ (Mr. 2). ಧಾನ್ಯಾದಿಗಳ ಅರ್ಘಮಂ ಪಾರ್ದುದು (ನಿರೀಕ್ಷಿಸು, ಪ್ರಯಾಸು Nr.). — ಪಾರ್ಬ. = ಪಾರ್ವ. (Bp. 53, 40; 56, 43; 57, 79; 60, 4). — ಪಾರ್ವ. = ಪಾರ್ಬ, ಪಾರುವ, ಹಾರುವ, ಹಾರ್ವ. A Brâhmaṇa (ವೇದಾಳಿ Ŏt. I, 21; ವಿಪ್ರ II, 50; Bp. 3, 73; 56, 25; T., M. ಪಾಪ್ಪಾನ್, ಪಾರ್ಪ್ಪಾನ್; Tě. ಹಾರುವ). See Ŝmd. 120. 121. 300; Abh. P. 16, after 38; Bh. 1, 8, 37; J. 2, 25. ಜಾತಿಮಾತ್ರವನೆ ತೋಱಿ ಬಾೞ್ವ ಪಾರ್ವಂ (ಬ್ರಾಹ್ಮಣಬ್ರುವ Hlâ.). ಪಾರ್ವನೆನೆ ತನ್ನ ಜಾತಿಯಂ ತೋಱಿ ಬಾೞ್ವಂ (ಬ್ರಹ್ಮಬ್ರುವ Mr. 254). See ಪಾರ್ವತಿ separately.

ಪಾರ pâra. = ಪಾರು, ಹಾರು. *The further shore or opposite bank of a river* (ನದಿಯಾಚೆ Mr. 415). 2, the end or limit of anything. 3, across, over, through. — ಪಾರಕಾಣಿಸು. = ಪಾರುಗಾಣಿಸು. To cause to look through; to be pellucid (B. 4, 96). 2, to cause to see the other side: to convey to the other side (of a river, trouble, etc.), to help to cross. ನದಿಯನ್ನು ಪಾರ ಕಾಣಿಸು (My.); ಕಷ್ಟದಿನ್ದ ಪಾರ ಕಾಣಿಸು (My.). — ಪಾರಗಾಣು. -ಕಾಣು. = ಪಾರುಗಾಣು. To see to the other side or through, to see the end of (My.). — ಪಾರಗೆಯ್. To convey to the other side, to drive away (Ŝâ. in B. 5, 87). — ಪಾರ ಮಾಡು. To convey to the other side, across or through, to help out of (B. 3, 19; 5, 165; My.). — ಪಾರವಯ್ದಿಸು. -ಅಯ್ದಿಸು. To carry to the end, to cause to come to a successful end; to make pass or cross over; to deliver, to save. See Bp. 1, 7; 24, 41; 35, 54; 37, 47; 54, 16. — ಪಾರವಯ್ದು. -ಅಯ್ದು. To pass or cross over (Bp. 60, 46). — ಪಾರಾಗು. To get to the other side, over or through; to be saved from; to get out of (C.; B. 2, 44; 4, 43. 60. 192; 5, 85). ಇಕ್ಕಟ್ಟಿನೊಳಗಿನ್ದ ಪಾರಾಗು (G. 300).

ಪಾರಕ pâraka. Carrying over, bearing across, saving. 2, an usher (Bp. 61, 29).

ಪಾರಕಾವಣೆ pârakâvaṇě. = ಪರಕಾವಣೆ. (My.).

ಪಾರಗ pâra-ga. Going through or across; completely familiar or conversant with, well versed in. (My.).

ಪಾರಗತ pâra-gata. = ಪಾರಂಗತ. Passed through or over, crossed.

ಪಾರಂಗತ pâra-ṅ-gata. Thoroughly versed in, adept, proficient (Mhr., My.; Bp. 46, 2).

ಪಾರಜ pâraja. Tbh. of ಪಾರದ. (ರಸ Mr. 499; ಚಪಲ, ಪಾರದ G.; B. 4, 226).

ಪಾರಣ pâraṇa. = ಪಾರಣೆ. Bringing over, etc. 2, concluding a fast: eating after a fast, breakfast. (My.). ಏಕಾದಶೀ ಉಪವಾಸ, ದ್ವಾದಶೀ ಪಾರಣ (Prv.).

ಪಾರಣಕ್ಷಮ pâraṇa-kshama. Able to finish (another's) fasting (Čpr. 8, 35).

ಪಾರಣೆ pâraṇĕ. = ಪಾರಣ. (Čpr. 8, after 4; Bh. 2, 10, 22; 3, 2, 38). ಪಾರಣೆಯಾದರೂ ಪಾರಾಯಣ ತೀರಲಿಲ್ಲ (Prv.).

ಪಾರತನ್ತ್ರ್ಯ pâratantrya. (fr. ಪರತನ್ತ್ರ). *The state of being subject to another, dependence.*

ಪಾರದ pârada. = ಪಾರಜ. *Quicksilver.*

ಪಾರದರ್ಶಕ pâra-darśaka. Pellucid, transparent (B. 4, 225; 5, 136).

ಪಾರದಾರ್ಯ pâradârya. (fr. ಪರದಾರ). Adultery (*cf.* ಪಾದರಿ).

ಪಾರಮಾರ್ಗ pâra-mârga. A way through; complete attainment (Šmd. 231).

ಪಾರಮಾರ್ಥ pâramârtha. = ಪರಮಾರ್ಥ. See Prv. s. ಪ್ರಪಂಚ.

ಪಾರಮಾರ್ಥಿಕ pâramârthika. (fr. ಪರಮಾರ್ಥ). Supremely good, excellent; spiritual; essential, real, true; spiritually minded, studious of divine knowledge. (My.).

ಪಾರಮ್ಪರ್ಯ pâramparya. (fr. ಪರಮ್ಪರಾ). Continuous order or hereditary succession. 2, *traditional instruction, tradition.*

ಪಾರಮ್ಪರ್ಯೆ pâramparyĕ. = ಪಾರಮ್ಪರ್ಯ. (ನಿರನ್ತರಗುರೂಪದೇಶ, ಸಮ್ಪ್ರದಾಯ Mr. 252).

ಪಾರಮ್ಪರ್ಯೋಪದೇಶ pâramparya-upadêśa. *Traditional instruction.*

ಪಾರಮ್ಬಿ pârambi. The descending shoots of Ficus indica, etc. which take root and re-ascend (Mhr.; ಅವರೋಹ, ನೇತ್ರ, ಶಾಖಾಶಿಫೆ, etc. G.).

ಪಾರಯ್ಸು pâraysu. = ಹಾರಯ್ಸು. **To desire** (Čpr. 2, 72; 6, 78).

ಪಾರಲೌಕಿಕ pâralaukika. (fr. ಪರಲೋಕ). Relating to the next world (Bh. 1, 10, 13; My.).

ಪಾರವಶ್ಯ pâravaśya. (fr. ಪರವಶ). Dependence (ಪರವಶ Čt. II, 115); rapture, ecstasy (Bp. 3, 11; 34, 4).

ಪಾರವಾರ pâravâra. Tbh. of ಪಾರಾವಾರ. (B. 5, 146).

ಪಾರಶವ pâraśava. (fr. ಪರಶು). *Iron;* steel (ಉಕ್ಕು Mr. 98); an iron weapon. 2, *the son of a Brâhmaṇa by a Śûdra woman.*

ಪಾರಶಿಕ pâraśika. = ಪಾರಸೀಕ, (ಪಾರಿಸಿ). (ಕುದುರೆ ಪಾರಶಿಕದೇಶದೊಳ್ ಪುಟ್ಟಿರೆ ವನಾಯುಜಂ Mr. 282).

ಪಾರಶ್ವಧಿಕ pâraśvadhika. *A man armed with an axe.*

ಪಾರಸೀಕ pârasika. = ಪಾರಶಿಕ. A Persian. 2, *a Persian horse.*

ಪಾರಸ್ತ್ರೈಣೇಯ pârastraiṇêya. (fr. ಪರಸ್ತ್ರೀ). *A son by another's wife.*

ಪಾರಾ pârâ. = ಪಹರೆ. (My.).

ಪಾರಾಪತ pârâpata. = ಪಾರಾವತ, etc. (Čpr. 1, after 101; 3, 17; 3, after 96; 8, 36).

ಪಾರಾಯಣ pâra-ayana. Going over or across. 2, *reading from one end to the other, reading through, perusal* (ಸಾಕಲ್ಯವಚನ, ಕಡೆ ಮುಟ್ಟಲ್ ಓದುವುದು Hlâ.); studying, study; a man who has read very much (ಮಿಗೆ ಓದಿದವಂ Mr. 252); a man who is devoted to (ತತ್ಪರ, ಪ್ರೇಮಿ, ಪ್ರಬರ್ಹ, ಪ್ರೇಮುಗೆಯ್ವವ 229).

ಪಾರಾವತ pârâvata. = ಅರಿವಾಳ, ಪಾರಾಪತ, ಪಾರಿವ, ಪಾರಿವಾಣ, ಪಾರಿವಾಳ, ಪಾರುವಾಣ 2, ಹಾರವಾಣ, ಹಾರುವಾಣ, ಹಾಲಿವಾಣ, ಹಾಲುವಾಣ. *A pigeon, a dove* (ಪಾರಿವ Čt. II, 56; ಪಾರಿವಾಳದ ಹಕ್ಕಿ Nn. 10, o. r. ಪಾರಿವಾಣ-; Tĕ. ಪಾರುವ, ಪಾವುರ, ಪಾವುರಾ, ಪಾವುರಾಯಿ; T. ಪುಱವು, ಪುಱಾವು; M. ಪುಱಾವು, ಪ್ರಾವು; Mhr., H. ಪಾರವಾ, the blue pigeon).

ಪಾರಾವತಾಂಘ್ರಿ pârâvata-aṅghri. Pigeon's foot: *the heart-pea, Cardiospermum halicacabum* Lin.

ಪಾರಾವಾರ pâra-avâra. = ಪಾರವಾರ. *The further and the nearer bank or shore.* 2, bounds (Mhr.). 3, *the ocean.*

ಪಾರಾಶರ pârâśara. (fr. ಪರಾಶರ). Coming from Parâśara. 2, Vyâsa (Mr. 257). 3, the rules of Parâśara for the conduct of the mendicant order.

ಪಾರಾಶರಿ pârâśari. *A mendicant of the school of Parâśara.*

ಪಾರಾಶರ್ಯ pârâśarya. *Vyâsa.*

ಪಾರಿ pâri. The two side-posts of a cart wherein the pegs are fastened (My.; V. 38, 93).

ಪಾರಿ pâri. *A drinking vessel, a cup.*

ಪಾರಿಕಾಂಕ್ಷಿ pârikâṅkshi. *An ascetic.*

ಪಾರಿಖತ್ತು pârikhattu. A deed of relinquishment of claim for partition of property, a partition-deed (My.; Mhr., H. ಪಾರಖತ).

ಪಾರಿಜಾತ pârijâta. (fr. ಪರಿಜಾತ). = ಪಾರಿಜಾತಕ. (Bp. 55, 22).

ಪಾರಿಜಾತಕ pârijâtaka. *The coral tree, Erythriṇa indica* Lam., *one of the five trees in svarga* (see ದೇವತರು).

ಪಾರಿತಥ್ಯೆ pâritathyĕ. *A trinket worn on the forehead where the hair is parted; a string of pearls for binding the hair* (ಮುಡಿಯ ಮೇಗಣ ಮುತ್ತಿನ ಸೆಣ್ಣು, ಮುತ್ತಿನ ದಣ್ಡೆಯೆನ್ದು ಎಮ್ಬರು Nr.).

ಪಾರಿತೋಷಿಕ pâritôshika. (fr. ಪರಿತೋಷ). A reward, a gratuity, a present. (Čpr. 2, 91; My.).

ಪಾರಿಪಕ್ಷ pâripaksha. One kind of the horse's teeth (Mr. 281).

ಪಾರಿಪನ್ಥಿಕ pâripanthika. (fr. ಪರಿಪನ್ಥಂ). *A highwayman, a robber, a thief.*

ಪಾರಿಪಾತ್ರಕ pâripâtraka. = ಪಾರಿಯಾತ್ರಕ.

ಪಾರಿಪಾರ್ಶ್ವಿಕ pâripârśvika. (fr. ಪರಿಪಾರ್ಶ್ವ). *Retinue, attendants.*

ಪಾರಿಪ್ಲವ pâriplava. (fr. ಪರಿಪ್ಲವ). *Moving to and fro, shaking, tremulous, unsteady;* perturbed. 2, N. of a country (J. 15, 2. 7. 41).

ಪಾರಿಭದ್ರ pâribhadra. (fr. ಪರಿಭದ್ರ). *The coral tree, Erythrina indica* Lam. See ಪಾರುವಾಣ 1.

ಪಾರಿಭದ್ರಕ pâribhadraka. *The tree Erythrina fulgens.* 2, a species of pine, Pinus dêvadâru.

ಪಾರಿಭಾವ್ಯ pâribhâvya. *A species of costus, Costus speciosus or arabicus.*

ಪಾರಿಭಾಷಿಕ pâribhâshika. (fr. ಪರಿಭಾಷಾ). Universally received, common. (My.). 2, technical, as a term.

ಪಾರಿಯಾತ್ರ pâriyâtra. N. of a mountain. (My.).

ಪಾರಿಯಾತ್ರಕ pâriyâtraka. = ಪಾರಿಪಾತ್ರಕ. *N. of a mountain range, the central or western portion of the Vindhya* (Bp. 6, 19).

ಪಾರಿಯಾತ್ರಿಕ pâriyâtrika. (fr. ಪರಿಯಾತ್ರಾ). A travelling coach (ಅಧ್ವನ್ಯ, ಕರ್ಣೀರಥ, ಪಯಣದ ರಥ Hlâ. MS.).

ಪಾರಿಯಾನಿಕ pâriyânika. (fr. ಪರಿಯಾನ). *A travelling coach.*

ಪಾರಿರಕ್ಷಿಕ pârirakshika. (fr. ಪರಿರಕ್ಷಾ). *An ascetic or religious mendicant.*

ಪಾರಿವ pâriva. Tbh. of ಪಾರಾವತ, q. v. (ಧೃಷದಾಶನ Mr. 174; ಪಾರಾವತ Čt. II, 56; Čpr. 8, after 67; Rśv. 6, after 11; J. 15, 47; 28, 38). ಪಾರಿವದ ಹಕ್ಕಿ (ಪಾರಾವತ, ಕಲರವ, etc. Nr.).

ಪಾರಿವಾಣ pârivâṇa. = ಪಾರಿವಾಳ, etc. (ಪಾರಾವತ, ಕಲರವ, ಕಪೋತ Si. 171; My.).

ಪಾರಿವಾಳ pârivâḷa. = ಪಾರಿವ, etc. (ಹರಿ, ಪಾರಾವತ Nn. 10; C.; B. 2, 23; 3, 112).

ಪಾರಿಶುದ್ಧ್ಯ pâriśuddhya. (fr. ಪರಿಶುದ್ಧ). Purity (Si. 235; My.).

ಪಾರಿಷದ pârishada. (fr. ಪರಿಷದ್). Belonging to an assembly or council; *a king's companion or attendant; the retinue or attendants of a god.*

ಪಾರಿಸಿ pârisi. = (ಪಾರಶಿಕ), ಪಾರ್ಸಿ. Persian; a Parsee (B. 4, 92; Mhr., H. ಪಾರಶೀ). — ಪಾರಿಸಿಲಿಪಿ. Persian letters (Bp. 5, 53).

ಪಾರಿಹಾರಿಕ pârihârika. (fr. ಪರಿಹಾರ). A maker of garlands. (R.).

ಪಾರಿಹಾರ್ಯ pârihârya. *A bracelet.* See ಕಡೆಯ.

ಪಾರೀಣ pârîṇa. Being on, or crossing to, the other or opposite side; completely familiar with, well acquainted with (Bp. 39, 53).

ಪಾರೀನ್ದ್ರ pârîndra. A lion; a boa. (R.).

ಪಾರು pâru. 1. = ಪಾರ್. Looking to or after. — ಪಾರುಪತಿಗಾಱ. = ಪಾರುಪತ್ಯಗಾಱ, ಪಾರ್ಪತಿಗಾಱ. (My.). — ಪಾರುಪತ್ಯ. = ಪಾರ್ಪತ್ಯ. Local government or administration, of a temple, an alms-house, or a sub-district (My.; Tē. ಪಾರುಪತ್ಯ; T. ಪಾರಪತ್ತಿಯ; M. ಪಾರ್ವತ್ಯ). ಜೇಡಿಗೆ ಪಾರುಪತ್ಯಾ ಕೊಟ್ಟರೆ ಜಾವಕ್ಕೊನ್ದು ಸರ್ತಿ ಮುಟ್ಟಿಸಿತು. — ತೀಟೇ ಗಂಜ ಕುಡಿಯೋನಿಗೆ ಏಟೇಟು ಪಾರುಪತ್ಯ? — ನೀರು ಹೋಯುವ ಬದ್ದಿಗೆ ಊರ ಪಾರುಪತ್ಯವು ಯಾಕೆ? (Prvs.). See Prvs. s. ಫಲ, ಬಣ್ಣಾವಾಳ, ಮುಂಗ. — ಪಾರುಪತ್ಯಗಾಱ. An officer in charge of a temple, etc. (My.; Tē.); a subordinate collector and magistrate (T. ಪಾರಪತ್ತಿಯಕ್ಕಾರ, M. ಪಾರ್ವತ್ಯಕಾರ). ಪಾರುಪತ್ಯಗಾಱನಾದರೆ ಹಾಱ ಹೋದಾನೋ? (Prv.).

ಪಾರು pâru. 2. To grow, to become (Tē.). See ಒಣ್ಣುಪಾರು, ಹಣ್ಣುಪಾರು.

ಪಾರು pâru. Tbh. of ಪಾರ. End; a side of a roof (*cf.* ಪಾಱ 1). See ಒಪ್-. — ಪಾರುಗಾಣಿಸು. = ಪಾರ ಕಾಣಿಸು. (My.). — ಪಾರುಗಾಣು. = ಪಾರಗಾಣು. (My.). — ಪಾರು ಮಾಡು. = ಪಾರ ಮಾಡು. (My.). ತಾಪದಲಿ ಸಂಸಾರಕೂಪದಲಿ ಬಿದ್ದವರ ಕೂಪದಿಂ ಪಾರು ಮಾಡುವ ಗುರುಕರುಣಸೋಪಾನ ಕಣ್ಡ್ಯಾ? (Sp.).

ಪಾರುಖಾಣ pârukhâṇa. = ಪಾರುಖಾಣೆ. A gratuity, a present (ಉಚಿತವಱತು ಕೊಡುವ ವಸ್ತು Ši.).

ಪಾರುಖಾಣೆ pârukhâṇĕ. = ಪಾರುಖಾಣ. A clerk's account (ಕರಣಿಕರ ಕರಣಸಂಖ್ಯೆ Bhn. 57, o. r. ಲೆಕ್ಕಸಂಖೆ; Mhr., H. ಪಾರಖೀಂ, to try or examine money, etc.). 2, a present (ಅರಸರ್ ವಿಬುಧಾಳಿಗೆ ಈಯುವ ಅರ್ಘ್ಯಂ 57). 3, death (ಮರಣ 57). 4, pain of lust (ಮದನತಾಪ 57).

ಪಾರುವ pâruva. = ಪಾರ್ವ (s. ಪಾರ್), etc. (ಮಾನಿಸವರಿಜು Čt. I, 69).

ಪಾರುವಾಣ pâruvâṇa. 1. = ಹಾರಿಯಾಳ, ಹಾರಿವಾಳ, ಹಾಲಿವಾಣ. (Tbh. of ಪಾರಿಭದ್ರ). (My.).

ಪಾರುವಾಣ pâruvâṇa. 2. = ಪಾರಿವ, etc. (Si. 111; My.).

ಪಾರುವೇಟೆ pâruvēṭĕ. (Tbh. of ಪಾಪರ್ದ್ಧಿ?). The chase; game that is hunted (Tē. ಪಾರುವೇಟ; My.; Mhr. ಪಾರಧ).

ಪಾರುಷ್ಯ pârushya. (fr. ಪರುಷ). Roughness, harshness; *harshness of language, abuse, opprobrious or unfriendly speech;* violence. See ಪಾಕ್-.

ಪಾರೆ pârĕ. 1. = ಪಹರೆ, etc. (My.).

ಪಾರೆ pârĕ. 2. = ಅರೆ 3, ಹಾರೆ. A crowbar (Mhr. ಪಹಾರ; Kŏṅkaṇi ಪಾರಾಯಿ; Tu. ಪಾರಂಗಿ; Tē. ಪಾರೆ; T. ಪಾರೈ; R.).

ಪಾಱ್ pâṟ. = ಪಾಱು 1, etc. P. p. ಪಾರ್ದು. ಪಾರ್ದುಪವು (Abh. P. 18, 74). ಪಾರ್ವ (Rśv. 6, after 11).

ಪಾಱಿಸು pâṟisu. = ಹಾಱಿಸು. To cause to jump, etc. (Čpr. 5, 9; Rśv. 13, 82).

ಪಾಱು pâṟu. 1. = ಪಾಱ್, ಹಾಱು 1. To leap up; or jump, to spring; to run; to fly; to fly about; to palpitate (ಉತ್ಪ್ಲವನ Šmd. Dh.; Šm. 117; My. as ಹಾಱು; Tē., T., M.; see ಪಱ್ 4, ಪಱು); to cross by jumping, as a stream (My. as ಹಾಱು); to spring on, to copulate, as a bull (My. as ಹಾಱು). P. p. ಪಾಱ್. See Šmd. 79. 142. 166. 289; Čpr. 5, 7. 76; 6, 39; 7, 52; Abh. P. 13, 63; Bp. 1, 50; 13, 62; 32, 28. 38; 40, 76; Šm. 110; Rśv. 5, 41. 46; 8, 98; 9, 26; 13, 69. 78; J. 7, 47; 15, 11; 28, 4.

ಪಾಱು pâṟu. 2. = (ಪಱು, etc.), ಹಾಱು 2. Running, flying, etc. 2, a kind of boat or ship (ವಹಿತ್ರ ಭೇದ Šmd. Dh., o. r. ಬಹಿತ್ರ-; ಬಹಿತ್ರಭೇದ Šmd. II, Šm. 35; ಬಹಿತ್ರ Šm. 117; ಬಹಿತ್ರದ ಭೇದ Kk. 93; ಹಡಗುಗಳ ಭೇದ Čt. I, 77; T., M.; Tu. ಪಾತಿ; M. ಪಾಱಲ್, a float, raft). 3, a flying vehicle: a self-moving chariot of the gods (ನಡೆಮಾಡು, ವಿಮಾನ Ši.; ನಡೆಮಾಡ, ವ್ಯೋಮಯಾನ Šm. 10, o. r. ನಡೆಮಾಡು; see ಗಜ-). — ಪಾಱಟ್. -ಅಟ್. = ಪಾಱುಗೆಡು. (Rśv. 14, after 106). — ಪಾಱುಗೆಡು. -ಕೆಡು. Leaping, running, etc. to cease (Šśv. 3, after 35). — ಪಾಱುಮ್ಪನಿ. -ಂ-ಪನಿ. Flying drops, drizzling rain (ತುಷಾರ Mr. 44; M. ಪಾಱಲ್). — ಪಾಱುಮ್ಪಳಿ. -ಂ-ಬಳಿ. (Šmd. 204). A discus (ಚಕ್ರ Čt. I, 77; II, 75; Abh. P. 13,89; 14, 188; Rśv. 6, after 11; J. 20, 50). — ಪಾಱುಮ್ಬಳೆಗೆಯ್ಯ. -ಕೆಯ್ಯ. (ವಿಷ್ಣು Ši.). — ಪಾಱುಮ್ಬಳೆಯ ಕೆಯ್ಯ. Vishṇu (ಉಪೇನ್ದ್ರ Kk. 7). — ಪಾಱೇಱ್. -ಏಱ್. To commence to run, to run away (ನಿರ್ಧಾವನ Šmd. Dh.). 2, to become contemptuous (ಅವಮಾನ Šmd. Dh.).

ಪಾಱು pâṟu. 3. Whoredom, adultery (ಸಿತಗತನ Šm. 117). 2, a profligate woman (ಸಿತಗೆ Šmd. II; ಪಪ್ಪುಂಜೆ, ಸಿತಗೆ Kk. 91, Šm. 75). See ಮುಱಿ-, ಮುಱು-. — ಪಾಱುಗೆಯ್ತ. -ಕೆಯ್ತ. = ಪಾಱುಗೆಯ್ತ. Whoredom, adultery (V. 9, 9; Šśv. 1, 32).

ಪಾರ್ pâr. = ಪಾರು 1. — ಪಾರ್ಪತಿಗಾಱ. ಪಾರ್ಪತ್ಯ. ಪಾರ್ಪತ್ಯಗಾಱ. = ಪಾರುಪತಿಗಾಱ, etc. (My.).

ಪಾರ್ಥ pârtha. (fr. ಪೃಥು). A king. 2, Arjuna (Nn. 12; J. 5, 9; 8, 25. 26. 40). ತೀರ್ಥಕ್ಕಿನ್ನ ಶ್ರೇಷ್ಠವಿಲ್ಲ, ಪಾರ್ಥಗಿನ್ನ ದೊರೆಯಿಲ್ಲ (Prv.).

ಪಾರ್ಥವ pârthava. (= ಪರುಟವ). Width, greatness, immensity.

ಪಾರ್ಥಿ pârthi. A son of Arjuna, Babruvâhana (J. 22, 35; 24, 28. 45).

ಪಾರ್ಥಿವ pârthiva. Earthen, terrestrial; ruling or possessing the earth. 2, *a prince, a king* (ನರೇನ್ದ್ರ, ಅರಸು Nn. 32). 3, Śiva (ಶಂಕರ, ಈಶ್ವರ 32). 4, a tree (ವೃಥುವೀಜಾತ, ವೃಕ್ಷ 32). 5, the sky (ನಭ, ಆಕಾಶ 32). ಪಾರ್ಥಿವವಿಭೇದ (ಕ್ಷತ್ರಿಯರ ಭೇದ 157). 6, nineteenth year in the cycle of sixty (My.).

ಪಾರ್ಥಿವಾಕ pârthivâka. A judge (ಅರ್ಥದೃಕ್, ನ್ಯಾಯವಿಥ Mr. 268, one MS. ಪಾರ್ಥಿಪಾಲ).

ಪಾರ್ಬ pârba. See s. ಪಾರ್.

ಪಾರ್ಬಿಕೆ pârbikĕ. (fr. ಪಾರ್, q. v.). = ಪಾರ್ವಿಕೆ. Brâhmanism (Bp. 3, 51).

ಪಾರ್ವ pârva. See s. ಪಾರ್.

ಪಾರ್ವಣ pârvaṇa. (fr. ಪರ್ವ, ಪರ್ವನ್). The general funeral ceremony to be offered to all the near deceased ancestors at the parva or conjunction of the sun and moon. (My.).

ಪಾರ್ವತಿ pârvati. (fr. ಪರ್ವತ). = ಪಾತಿ 1. *The daughter of Himavat, Pârvatî or Durgâ.* — ಪಾರ್ವತಿಯಿನೆಯ. -ಇನೆಯ. Śiva. (Bp. 27, 8).

ಪಾರ್ವತೀನನ್ದನ pârvatî-nandana. *Kârttikêya.*

ಪಾರ್ವತೀಶ pârvatî-îśa. Śiva (Bp. 51, 18).

ಪಾರ್ವತೀಶ್ವರ pârvatî-îśvara. = ಪಾರ್ವತೀಶ. (Bp. 25, 14; 38, 27).

ಪಾರ್ವಿಕೆ pârvikĕ. = ಪಾರ್ಬಿಕೆ. (Bp. 3, 74).

ಪಾರ್ವಿತಿ pârva-iti. A Brâhmaṇa woman (Abh. P. 16, after 38).

ಪಾರ್ಶ್ವ pârśva. (fr. ಪರ್ಶು = ಪರ್ಶುಕೆ). *The region of the ribs, the part of the body below the armpit;* the side, the flank. 2, *side, vicinity* (ಸವಿೂಪ Mr. 425). See ನೆರೆ.

ಪಾರ್ಶ್ವನಾಥ pârśva-nâtha. N. of a Jaina Arhat. (My.).

ಪಾರ್ಶ್ವಭಾಗ pârśva-bhâga. *The side or flank of an elephant.*

ಪಾರ್ಶ್ವವರ್ತಿ pârśva-varti. Standing by the side; an attendant. (My.).

ಪಾರ್ಶ್ವವಾಯು pârśva-vâyu. Rheumatism in one side, partial paralysis (My.).

ಪಾರ್ಶ್ವಶೂಲೆ pârśva-śûlĕ. A shooting pain in the side, stitch; pleurisy. (My.).

ಪಾರ್ಶ್ವಸ್ಥ pârśva-stha. Standing at the side or next to, adjacent; an associate, a companion. (My.).

ಪಾರ್ಶ್ವಾಸ್ಥನ್ pârśva-asthan. *A rib.*

ಪಾರ್ಶ್ವಾಸ್ಥಿ pârśva-asthi. *A rib.*

ಪಾರ್ಷದ pârshada. (fr. ಪರ್ಷದ್). A person present in a congregation, a spectator. (R.).

ಪಾರ್ಷ್ಣಿ pârshṇi. *The heel* (ಮಡ Nn. 134; Mr. 484). 2, the backside, the back (ಪಿಸ್ತು, ಹಿನ್ದಣ ಭಾಗ 134); *the rear of an army; the rear of a battle* (ಹಿನ್ದ ಪಿಡಿವುದು 484). 3, the extremity of the fore-axle.

ಪಾರ್ಷ್ಣಿಗ್ರಾಹ pârshṇi-grâha. *Seizing from behind, an enemy in the rear.*

ಪಾರ್ಸಿ pârsi. = ಪಾರಿಸಿ. (B. 4, 217; My.).

ಪಾಲ್ pâl. 1. (Śmd. 58). = ಹಾಲ್, ಹಾಲು. **Milk; the white juice of some plants; the juice of sugar-cane and that of a cocoa-nut** (C. as ಹಾಲು; T., M.; Tĕ. ಪಾಲು; Tu. ಪೇರ್); **vaccine matter** (My. as ಹಾಲು). ಪಶುವಂ ಪಾಲಂ ಕಱೆದಂ (Śmd. 157). See Čpr. 5, after 64; Bp. 1, 20; 14, 8; 51, 32; 57, 15. 75; 59, 30; 60, 42; 61, 71; Śšv. 3, 43; J. 19, 51; ಕೆನೆವಾಲ್, ಕೊಡವಾಲ್, ಗಿಣ್ಣುವಾಲ್, ಮೊಗೆವಾಲ್. — ಪಾಲುಣ್ಡೆ. -ಉಣ್ಡೆ. A kind of sweetmeat (ಪೀಯೂಷಪಿಣ್ಡ Mr. 215). — ಪಾಲ್ಕುಱಿಕೆ. N. of a village in S. Mhr. (Nîlakaṇṭha's viramâhêśvara-saṅgraha v. 16; Gubbi Malhaṇârya's bhâvačintâratna v. 9; Bp. 1, 14; 4, 76; 61, 94). — ಪಾಲ್ಗಂಚಿ. -ಕಂಚಿ. N. of a plant. See Mr. s. ಕೋಲಿ. — ಪಾಲ್ಗಡಲ್. -ಕಡಲ್. The milk-sea (Čpr. 8, 44; Abh. P. 7, 79; J. 6, 40). ಕಡಯಿಸಿದಂ ಸುರರಿನ್ ಅಸುರರಿಂ ಪಾಲ್ಗಡಲಂ (Śmd. 273). — ಪಾಲ್ಗಡಲ ಕುವರಿ. Lakshmî (ಸಿರಿ, ಲಕುಮಿ, etc., ಇನ್ದಿರೆ Śm. 6). — ಪಾಲ್ಗಡಲೊಡೆಯ. -ಒಡೆಯ. Vishṇu, Kṛishṇa (J. 24, 67). — ಪಾಲ್ಗಱೆ. -ಕಱೆ. To draw milk, to milk (Bp. 50, 12). — ಪಾಲ್ಗುಡಿ. -ಕುಡಿ. To drink milk (V. 9, after 71; 9, 81). — ಪಾಲ್ಗೆನೆ. -ಕೆನೆ. Milk (and) cream (J. 6, 47). — ಪಾಲ್ತುತ್ತ. = ಹಾಲ್ತುತ್ತ. White vitriol (My.; Tĕ.). — ಪಾಲ್ದೆನೆ. -ತೆನೆ. A milky ear of corn (J. 3, 5. 7). — ಪಾಲ್ದೊರೆ. -ತೊರೆ. Milk to collect in the breast (J. 18, 21). — ಪಾಲ್ಬಟ್ಟಲ್. A milk cup (Bp. 14, 28; V. 9, after 71). — ಪಾಲ್ವಕ್ಕಿ. -ಪಕ್ಕಿ. = ಹಾಲವಕ್ಕಿ, ಹಾಲು-, ಹಾಲೆಹಕ್ಕಿ, ಪಾಲ್ವಕ್ಕಿ. A small owl that flies about especially in moon-light nights and mimics the human voice (ನಿಶಾಚರ, ಹಾಲುವಕ್ಕಿ Nn. 23; My.; *cf.* ಪಾಲೆ 1; ಪಿಂಗಲಿ).

ಪಾಲ್ pâl. 2. (fr. ಪಸು 3). = ಪಾಲು. **A division; a part, a portion, a share; a share in a joint property; joint property** (T., M.; Tĕ. ಪಾಲು). See ಪಾಲ್ದಾರ, etc., ಮಣ್ಣುಪಾಲ್.

ಪಾಲ pâla. 1. A guard, a protector, a nourisher, a keeper, etc. See *e. g.* ಕಕ್ಷ-, ಶರ-, ನರ-, etc.

ಪಾಲ pâla. 2. Tbh. of ಫಾಲ (Śmd. 338).

ಪಾಲ pâla. 3. A bridge (My.; T., M.; *cf.* Sk. ಪಾಲಿ No. 3).

ಪಾಲಕ pâlaka. Guarding, protecting, nourishing; a guardian, etc.; a prince, a ruler, a king (Śmd. 13). ಪಾಲಕನು ಬಾಲಕನಾದರೆ ಹಾಲಿಗೇನು ದರಿದ್ರವೋ? (Prv.). Feminine ಪಾಲಕಳು (My.).

ಪಾಲಕಿ pâlaki. = ಪಲ್ಲಕ್ಕಿ, ಪಾಲಕ್ಕಿ, ಪಾಲಿಕಿ, ಪಲ್ಯಂಕ, etc. A palanquin (Mhr., H. ಪಾಲಖೀ; My.; Tĕ.). ಎಲ್ಲರೂ ಪಾಲಕೀಲಿ ಕೂತರೆ ಹೊಟಿಯೋರು ಯಾರು? (Prv.). — ಪಾಲಕಿತೊಟ್ಲು. A palanquin-like cradle (My.; G. 347).

ಪಾಲಕ್ಕಿ pâlakki. = ಪಾಲಕಿ, etc. (My.; Ši. 275).

ಪಾಲಕ್ಯೆ pâlakyĕ. A species of beet-root, Beta bengalensis (ಪಚುಕೆ Hlâ. MS. 2, 10*a*).

ಪಾಲಘ್ನ pâla-ghna. *A mushroom* (ಕೊಡೇ ಹುಲ್ಲು Ši. 165).

ಪಾಲಂಕಿ pâlaṅki. *The resin of Boswellia thurifera, gum olibanum.*

ಪಾಲನ pâlana. Guarding, protecting, fostering, nourishing, cherishing; maintaining, keeping, observing. See ಓವು, ರಕ್ಷಿಸು.

ಪಾಲನೆ pâlanĕ. = ಪಾಲನ. (ಭೋಗ Mr. 514). ಪಾಲನೆಯಿಲ್ಲದಿದ್ದರೆ ಲಾಲನೆಗೆ ಕಡಿಮೆಯೇ? (Prv.). See Prv. s. ಲಾಲನೆ.

ಪಾಲಾಶ pâlâśa. (fr. ಪಲಾಶ). = ಪಾಳಾಸ. Made of the wood of the palâśa tree (Bp. 3, 54). 2, *green* (see Mr. s. ಶ್ಯಾಮ).

ಪಾಲಿ pâli. 1. Guarding, protecting, cherishing, nourishing; Śiva (ಪರಮೇಶ್ವರ, ಪರಮೇಶ Nn. 31). — ಪಾಲಿ ಕಾಯು. To guard, to watch (My.; see Prv. s. ಊರು).

ಪಾಲಿ pâli. 2. ಪಾಳಿ. (= ಪಾಟಿ 1, ಪಾಟ್.). *A line, a row.* 2, a multitude (ಸಂಚಯ, ಸಮೂಹ Nn. 31). 3, *a raised bank, a dike, a causeway, a bridge* (ಅಲಿ, ಏರಿ Mr. 417). 4, a wall (ಭಿತ್ತಿ, ಗೋಡೆ 31). 5, binding or fastening on different or both sides or completely (ವಿಬನ್ಧ, ಅತಿಬನ್ಧನ 31). 6, place, site, etc. (ಅಸ್ಪದ 31). 7, a certain place or region, etc. (ಕ್ಷೇತ್ರ, ಕ್ಷೇತ್ರಭೇದ 31, o. r. ಸ್ಥಲಭೇದ). 8, a point of the compass (ಆಸೆ, ದಿಕ್ಕು 31). 9, a part, a portion (ವಿಭಾಗ, ಭಾಗೆಯ 31; *cf.* ಪಾಲು). 10, an edge, a margin; *the sharp side of anything, the sharp edge or point of a sword or any cutting instrument;* a sword-hilt (ಆಯುಧದ ಪರಜುಗ ಳು 31; ಪರಜು, ಮೋಹಳ Mr. 297). 11, beginning, commencement, priority (ಆದಿ, ಪೂರ್ವ 31). 12, the tip of the ear; the ear (ಶ್ರೋತ್ರ, ಕಿವಿ 31). 13, *the hip, the haunch;* the lap. 14, the body (ಗಾತ್ರ, ದೇಹ 31, o. r. ಶರೀರ). 15, a mark, a spot, a stain. 16, a banner (ಧ್ವಜ, ಪತಾಕೆ 31). 17, a thread, a string, etc. (ಸೂತ್ರ 31). 18, a creeper (ಲತೆ, ಬಳ್ಳಿ 31). 19, an arrow (ಶರ, ಬಾಣ 31). 20, fire (ಅಗ್ನಿ 31). 21, a division of the vêda (ಶ್ರುತಿಭೇದ, ವೇದಭೇದ 31). 22, shame (ಲಜ್ಜೆ 31). 23, moisture; ginger in its undried state (ಅರ್ದ್ರಕ, ಹಸಿಯ 31, o. rs. ಅರ್ದ್ರಕ, ಹಸಿಯ ಸುಣ್ಠಿ). 24, a louse (*cf.* ಪೇನ್).

ಪಾಲಿಕಿ pâliki. = ಪಾಲಕಿ, etc. (Čb.).

ಪಾಲಿಕೆ pâlikĕ. Guarding, protecting, etc. See ಕಕ್ಷ-, ಕಪ್ಪೋತ-. 2, a collection of five earthen vessels containing offerings of pulse or grain for Brahmâ, Indra, Yama, Varuṇa, and Sôma, used at marriages (My.; T.).

ಪಾಲಿತ pâlita. *Guarded, protected, cherished, nourished; blessed.* See Bp. 30, 25; 61, 89; ಗೋ-.

ಪಾಲಿನ್ಧಿ pâlindhi. *A species of Ipomoea with dark blossoms.*

ಪಾಲಿಸು pâlisu. = ಪಾಳಿಸು 1. To guard, to protect, to cherish, to nourish; to rule, as a kingdom (My.); to follow, to obey, as a command (B. 3, 53. 54; 5, 279; My.); to observe, as a rule (4, 152; My.); to give, as an order, a gift, etc. (My.); to present, to exhibit to view. See Śmd. 268. 269; Čpr. 2, after 49; Bp. 18, 25; 36, 42; 46, 50; J. 2, 7. 22. 34.

ಪಾಲಿಸುವಿಕೆ pâlisuvikĕ. Guarding, etc. ಗೋ ಮಹಿಷ್ಯಾದಿಗಳನ್ನು ಪಾಲಿಸುವಿಕೆ (ಪಾಶುಪಾಲ್ಯ Si. 299).

ಪಾಲು pâlu. = ಪಾಲ್ 2. (My.). ನಾಲ್ಕನೆಯ ಪಾಲು (ಪಾದ Si. 330). ಚನ್ದ್ರನಲ್ಲಿ ವೀಸಪಾಲು (ಕಲೆ 31). ಅಹಸ್ಸನ್ನು ಹದಿನಯ್ದು ಪಾಲು ಮಾಡಿ (244). ಇಬ್ಬರು ಮಕ್ಕಳು ತಲೆಗೆ ಅಯ್ದು ಸಾವಿರ ರೂಪಾಯಿ ಪಾಲು ಹಂಚಿ ಕೊಣ್ಡು ಬೇರೆಯಾದರು (B. 2, 25). ಪಾಲು ಕೊಡುವದು (ವಿನಿಯೋಗ G.). ಪಾಲು ತಕ್ಕೊಳ್ಳುವವಕ್ಕೆ ಚೀಟಿ ಹಾಕೋಣ (G. 574). ಪಾಲಿನಲ್ಲಿ ಹರಿವೆಯಾದರೂ ಹಾಕ ಬಾರದು. — ಪಾಲು ತೀರಿ ಹೋದರೆ ಹಾಲು ಕೊಡ ಬಾರದೇ? — ಪಾಲು ಮಾಡಿದರೆ ಹಾಳು. — ಪಾಪಿ ಗಳಿಸಿದ್ದು ಪರರ ಪಾಲು (Prvs.). ನಿನ್ನ ಪಾಲಿಗೆ ಸುಮಾರು ನಾಲ್ಕು ಆನೆ ಬನ್ದೀತು (B. 3, 77). ಕುರುಡನ ಪಾಲಿಗೆ ಜಗವೇ ಇಲ್ಲದ ಹಾಗಾಯಿತು (3, 90). ಪತ್ತು ಕೆಡಿಸಿದ ದೋಷವು ನಮ್ಮ ಪಾಲಿಗೆ ಬರುವದು (4, 49). See B. 4, 10. 139. 159; 5, 173. — ಪಾಲಾಗು. -ಆಗು. To be divided; to become the portion, possession or prey of anything. ತುಪ್ಪದನ್ನ ಮೂತಿಗೆ ಒಪ್ಪಿ ಕೊಣ್ಡು, ತಿಪ್ಪೇ ಪಾಲಾದ (Prv.). ಒಡಿವಾರದ ನರಿ ನಾಯಿಗಳ ಪಾಲಾಗಿ ಸತ್ತು ಹೋಯಿತು (B. 2, 40). See B. 3, 126; 4, 215; 5, 115.

ಪಾಲುಕಾಱ pâlu-kâṟa. A partner in business, an associate (B. 5, 218. 301); a partner, a sharer. Feminine ಪಾಲುಕಾಱಿಳು (5, 47).

ಪಾಲುಗಾಱ pâlu-gâṟa. A partner in business; a man who gets a portion or share; one who acts, enjoys or suffers with another (My.). Feminine ಪಾಲುಗಾಱಿಳು (My.).

ಪಾಲುಗಾಱಿಕೆ pâlu-gâṟikĕ. Sharing in; partnership (My.; G. 336). — ಪಾಲುಗಾಱಿಕೆಪತ್ರ. A deed of partnership (My.).

ಪಾಲುಗಾರ್ತಿ pâlu-gâṟti. A woman who gets a portion or share (My.); a woman who acts, enjoys or suffers with another (B. 4, 175; My.).

ಪಾಲುಗುಣ pâluguṇa. Tbh. of ಫಾಲ್ಗುನ (Śmd. 338).

ಪಾಲುವನ್ತಿಗೆ pâlu-vantigĕ. Sharing in; partnership (My.).

ಪಾಲೆ pâlĕ. 1. = ಹಾಲೆ 1. The bird called the blue jay (Br.; ಚಾಷ, ಕಿಕೀದಿವಿ, ಹಂಗ, ಶಕುನದ ಹಕ್ಕಿ Si. 172; *cf.* ಪಾಲ್ವಕ್ಕಿ).

ಪಾಲೆ pâlĕ. 2. = ಆಲೆ 6, ಹಾಲೆ 2. A large tree, frequently cultivated for its eatable fruit, Mimusops kauki Lin. (ರಾಜಾದನ, ಫಲಾಧ್ಯಕ್ಷ, ಕ್ಷೀರಿಕೆ. ಪಾಲೇ ಗಿಡ Si. 132; Tĕ.; T.: Mimusops hexandra). 2, a large ever-green tree, Alstonia scholaris R. Br. (Echites sholaris Lin.; T., M.; St. & Pl.).

ಪಾಲೆ pâlĕ. 3. = ಆಲೆ 4, ಹಲ್ಲೆ, ಹಾಲೆ 3. The lobe of the ear (Čpr. 6, after 64).

ಪಾಲ್ದಾರ pâl-dâra. = ಪಾಲುಗಾಱ. (My.).

ಪಾಲ್ದಾರಿಕೆ pâl-dârikĕ. Partnership (My.).

ಪಾಲ್ಯ pâlya. (= ಪಾಳ್ಯ?). To be watched, kept, protected, defended, guarded (adj.).

ಪಾವ pâva. 1. = ಪಾವು. ಪಾವಸೇರು (B. 5, 162; ಕುಡಪ G.).

ಪಾವ pâva. 2. = ಪಾವಕ. See ನಿಷ್-.

ಪಾವಕ pâvaka. Purifying; pure, clear, bright. 2, *fire* (ವೈಶ್ವಾನರ, ಅಗ್ನಿ Nn. 122; ಅಗ್ನಿ Mr. 526). 3, religious custom (ಆಚಾರ 122; ಉತ್ತಮಾಚಾರ 526). 4, a burning wick (ಉರಿವತ್ತಿ 526). 5, a fire-poker (ಕಿಚ್ಚುಗೋಲ್ 122; 526). 6, apparent, manifest, evident (? ಉಲ್ಬಣ, ಛಿದ್ರತರವಾದುದು 122). 7, the marking nut tree, Semecarpus anacardium L. f. (ಗೇರು, ಭಲ್ಲಾತಕ 122; ಗೇರ್ 526). 8, an under-shrub, the Ceylon leadwort, Plumbago zeylanica L. (ಚಿತ್ರಕ, ಚಿತ್ರಮೂಲ 122; ಚಿತ್ರಮೂಲ 526). 9, the tree Premna spinosa (ನಱುವಲ್ 122; 526). 10, completiom (ಪೂರಣ, ಮುಕ್ತಾಯ 122). 11, a certain metrical foot (Čh.).

ಪಾವಕನಯನ pâvaka-nayana. Śiva (Bp. 33, 20).

ಪಾವಕಾಕ್ಷ pâvaka-aksha. = ಪಾವಕನಯನ. (Bp. 60, 7).

ಪಾವಕಾಮ್ಬಕ pâvaka-ambaka. = ಪಾವಕಾಕ್ಷ. (Bp. 53, 1).

ಪಾವಕಾಸ್ತ್ರ pâvaka-astra. = ಆಗ್ನೇಯಾಸ್ತ್ರ. (J. 13, 11).

ಪಾವಕೆ pâvakĕ. (ಬೆಸಕಿಲ್ Mr. 207, o. r. in two MSS. ಸಾಮುಕಿ against prâsa).

ಪಾವಟಿಗೆ pâvaṭigĕ. A step, a stair (My.; Mhr. ಪಾಯುಟಾ, ಪಾವಕಾ, ಪಾಂವಡಾ; Tĕ. ಪಾವಂಚೆ, ಪಾವಟ; B. 4, 62.121; ಆರೋಹಣ, ಸೋಪಾನ Si. 112).

ಪಾವಟೆ pâvaṭĕ. = ಪಾವಟಿಗೆಡ s. ಪಾವಟಿ. (St. & Pl.).

ಪಾವಡ pâvaḍa. 1. = ಪಾವಡೆ, ಪಾವುಡ 1, ಪಾವುಡೆ. Tbh. of ಪ್ರಾವೃತ. Cloth (Bp. 47, 15; My.); a girl's petticoat (My.; Tĕ. ಪಾವಡೆ); a woman's garment (My.; T. ಪಾವಾಡೈ; T. ಪಾವಾಡೈ, M. ಪಾವಾಡ, cloths spread in the streets at a great solemnity; M. also: awning).

ಪಾವಡ pâvaḍa. 2. = ಪಾವುಡ 2 q. v., etc. A present (in cloth, ಉಡುಗೊರೆ Bhn. 22; Bh. 1, 17, 24).

ಪಾವಡಿಗ pâvu-aḍiga. (Šmd. 239, o. r. ಹಾ-). = ಹಾವಡಿಗ, ಹಾವಾಡಿಗ. A snake-catcher and exhibiter, a snake-charmer (ಲಾವಕ Ŏt. I, 58).

ಪಾವಡೆ pâvaḍĕ. = ಪಾವಡ 1, etc. (ಪ್ರಾವಾರ, ಉತ್ತರಾಸಂಗ, ಉತ್ತರೀಯ, etc. Si. 224; My.).

ಪಾವನ pâvana. Purifying; sanctifying. 2, *purified, pure, holy*. 3, fire. 4, a means of purification: penance; water; cow-dung. 5, N. of a vritta (Čh.).

ಪಾವನತರ pâvana-tara. Uncommonly pure (Bp. 57, 71; J. 1, 2).

ಪಾವನತೆ pâvanatĕ. = ಪಾವನತ್ವ. (Bp. 32, 63).

ಪಾವನತ್ವ pâvanatva. Purity; the property of purifying. (Bp. 1, 60).

ಪಾವನಿ pâvani. A son of Pavana or the wind-god: Hanumat; Bhîma (My.).

ಪಾವಮಾನಿ pâvamâni. Hanumat (J. 27, 35. 48).

ಪಾವಲ pâvala. = ಪಾವಲಿ, ಪಾವಲೆ. A quarter of a Rupee (Mhr. ಪಾವಲಾ; My.). 2, a footstep (My.; Mhr.).

ಪಾವಲಿ pâvali. = ಪಾವಲ No. 1. (My.; G. 442).

ಪಾವಲೆ pâvalĕ. = ಪಾವಲಿ. (S. Mhr.; Br. ಪಾವುಲಾ). ಪಾವಲೆಯಿಲ್ಲದಿದ್ದರೆ ಪರಣ ಕೊಡ ಬಾರದೇ? (Prv.).

ಪಾವಸೆ pâvasĕ. (fr. ಪಸಿ 3). = ಪಾಚೆ, ಪಾಸಿ, (ಪಾಚೆ), ಹಾಚೆ, ಹಾಂಚೆ, ಹಾಂಸೆ, ಹಾವಸೆ. Green stuff or slime (algae) produced in or on stagnant water, or on stones near water, or in vessels containing water; the weed growing upon standing water or duck-weed; green mouldiness (lichens) upon stones, walls, and wood; yellowish frowzy slime of the teeth (T. ಪಾಜ; M. ಪಾಯಲ್, ಪಾಯಿ, ಪಾಯಿಲ್; Tĕ. ಪಾಚಿ, ಪ್ರಾಚಿ). See ನೀರ್ಪಾಸೆ. — ಪಾವಸಿಗೊಳ್. -ಕೊಳ್. To get, or be covered with, pâvasĕ (Čpr. 5, after 39). — ಪಾವಸೆಮುಗಿಲ್. A cloud in which pâvasĕ has grown (Čpr. 9, 5). — ಪಾವಸೆವಲ್. -ಪಲ್. A tooth or teeth covered with pâvasĕ (V. 11, 60).

ಪಾವು pâvu. = ಹಾವು. A snake (Čpr. 5, 75; Abh. P. 3, 52; Tĕ. ಪಾಮು; T., M. ಪಾಮ್ಬು). ಪಾವಂ ಬಾಣ್ಬೆದಂ (Šmd. 157). ಮಣ್ಣೊಳ್ ಜೀವಿಸುವ ಪಾವು (ಮಣ್ಣುಳಿಗ 237). ಬಾಂಗೆಸೆವ ಪಾವು (ರಾಹು Kk. 11b). See Šśv. 2, 69; 5, 54; 13, 19; J. 28, 44; ಅರೆಪಾವು, ಎಲರ್ವಟ್ಟೆಪಾವು, ನೀರ್ಪಾವು. — ಪಾವುಮೀನ್. A sort of fish (Rśv. 5, 115). — ಪಾವುಪೆಡಗೆ. -ಪೆಡಗೆ. A snake-basket (ಹೆಳ್ಗೆ Ŏt. I, 45).

ಪಾವು pâvu. = ಪಾವ 1. Tbh. of ಪಾದ. A quarter (My.; Br.; Mhr. ಪಾವ). ಪಾವುಗುಂಜಿತೂಕ (B. 4, 194). ಪಾವುಸೇರು (My.; Mhr. ಪಾವಶೇರ).

ಪಾವುಗೆ pâvugĕ. Tbh. of ಪಾದುಕ (Šmd. 364; Čpr. 6, after 86; My.). See ಚನ್ನಪಾವುಗೆ, ಜೋಗವಾವುಗೆ, ಪಡಿಪಾವುಗೆ, ಮಣಿಪಾವುಗೆ.

ಪಾವುಡ pâvuḍa. 1. = ಪಾವಡ 1, etc. A girl's petticoat (My.); a cloth waved like a fan in front of a procession (Rśv. 6, after 11; My.).

ಪಾವುಡ pâvuḍa. 2. = ಪಾಗುಡ, etc. Tbh. of ಪ್ರಾಭೃತ. (ಉಪಾಯನ, ಉಪಗ್ರಾಹ್ಯ, ಉಪದೆ, ಪ್ರಾಭೃತ Mr. 269).

ಪಾವುಡೆ pâvuḍĕ. = ಪಾವುಡ 1, etc. (My.).

ಪಾಶ pâśa. = ಪಾಸ, (ಪಾಸು), ಹಾಸ, (ಹಾಸು). *A tie, a cord, a rope, a fetter, a chain* (ದಾಮ, ಪಗ್ಗ Nn. 33); a noose, a snare. 2, (after hair) *abundance, quantity;* braided hair (ಹಿಣಿಲು Mr. 320). 3, expressive of admiration, as in ಕರ್ಣ-. 4, expressive of contempt, at the end of some compositions.

ಪಾಶಕ pâśaka. = ಪಾಚಿಕೆ, ಪಾಸಂಗಿ, ಹಾಸಂಗಿ. = ಪಾಶ (at the end of a compound). 2, *a die used in playing* (ಅಕ್ಷ, ದೇವನ, ಹಾಸಂಗಿ Nr.).

ಪಾಶಪಟ್ಟ pâśa-paṭṭa. A snare, a trap. ಗಜಾದಿಗಳ ಹಿಡಿಯಲೆನ್ನು, ಕಟ್ಟಿದ ಪಾಶಪಟ್ಟವಿಶೇಷಂಗಳು (ಕೂಟಯನ್ತ್ರ, ಬೋರ Nr.).

ಪಾಶಪಾಣಿ pâśa-pâṇi. Noose in hand: *Varuṇa.*

ಪಾಶವಾರ pâśavâra. A fisherman (ಕೈವರ್ತ, ಧೀವರ, etc., ಮೀನಿನ ಬಲೆಗಾಬಿ, ಬೆಸ್ತರವ Si. 86; My.).

ಪಾಶಹರ pâśa-hara. Removing fetters (Bp. 58, 17).

ಪಾಶಿ pâśi. Having a noose: *Varuṇa.* 2, a rope (for the gallows, My.; H.). — ಪಾಶಿ ಕೊಡು. To hang (My.). — ಪಾಶಿಸಜಾ. Punishment of hanging (My.). — ಪಾಶಿ ಹಾಕು. = ಪಾಶಿ ಕೊಡು. (My.).

ಪಾಶಿತ pâśita. Tied, fettered, snared (Dhw.).

ಪಾಶೀಖೋರ pâśî-khôra. A man who ensnares: a cheat (My.). 2, a man condemned to be hanged (My.).

ಪಾಶುಪತ pâśupata. (fr. ಪಶುಪತಿ). Relating, belonging or sacred to Šiva paśupati (Bp. 46, 72; 54, 60; 58, 15); a follower of Šiva paśupati. 3, N. of a weapon (Bp. 22, 41; Bh. 3, 7 sum.; J. 23, 32). 4, *the plant Aeschynomene grandiflora* (Agati grandiflora Desv.; see ಬಕಪುಷ್ಪ).

ಪಾಶುಪತಾಸ್ತ್ರ pâśupata-astra. Šiva's trident. 2, a weapon presented by Šiva (Šśv. 2, 116. 118).

ಪಾಶುಪತಿ pâśupati. Šiva (Bp. 54, 22; 60, 40).

ಪಾಶುಪಾಲ್ಯ pâśupâlya. (fr. ಪಶುಪಾಲ). *The occupation of a grazier or keeper of cattle.*

ಪಾಶ್ಚಾತ್ಯ pâśčâtya. (fr. ಪಶ್ಚಾತ್). Hinder; *posterior, last;* western.

ಪಾಶ್ಯೆ pâśyĕ. = ಪಾಸಿ, ಪಾಸೆ. A number or multitude of nooses or ropes, or of braided hair; *a net.*

ಪಾಷಣ್ಡ pâshaṇḍa. = ಪಾಖಣ್ಡ. Heresy. 2, heretical; *a heretic.*

ಪಾಷಣ್ಡಿ pâshaṇḍi. = ಪಾಖಣ್ಡಿ, ಪಾಸಣ್ಡಿ. A heretic. (J. 5, 69; 18, 51).

ಪಾಷಾಣ pâshâṇa. = ಪಾಸಾಣ. *A stone, a rock* (ಕಲ್ಲು Nn. 106; see ಕಲ್). 2, arsenic and other poisons (My.). ಪಾಷಾಣದ ಭೋಗ ಸ್ಮಶಾನದ ಸ್ಥಿತಿ ಯಾರು ಬಲ್ಲರು? (Prv.). See Prv. s. ಪಾಷಾಣ್ಣಿ.

ಪಾಷಾಣದಾರಣ pâshâṇa-dâraṇa. *An instrument for cutting stones, a stone-cutter's hammer or chisel.*

ಪಾಷಾಣಭೇದಿ pâshâṇa-bhêdi. The plant Plectranthus scutellarioides, used as a remedy for stone in the bladder. (R.).

ಪಾಷಾಣಸನ್ಧಿ pâshâṇa-sandhi. *A chasm in a rock.*

ಪಾಷಾಣ್ಡಿ pâshâṇḍi. = ಪಾಸಾಣ್ಡಿ. A heretic. ಪಾಷಾಣ್ಡಿಗೆ ಟೋಕವಿಲ್ಲ, ಪಾಷಾಣಕ್ಕೆ ರೋಗವಿಲ್ಲ (Prv.).

ಪಾಸ pâsa. Tbh. of ಪಾಶ (Šmd. 335). See ತೋಳ್ಪಾಸ, ಪಾದಪಾಸ.

ಪಾಸಗೆ pâsagĕ. = ಪಾಸಿಕೆ, ಪಾಸುಗೆ, ಹಾಸಿಕೆ, ಹಾಸಿಗೆ, ಹಾಸುಗೆ. That is spread: a bed. See ಕಳ್ಳಪಾಸಗೆ, ನಾರಿಪಾಸಗೆ. 2, one of the feats of wrestlers (Čpr. 5, 77).

ಪಾಸಂಗಿ pâsaṅgi. = ಹಾಸಂಗಿ. Tbh. of ಪಾಶಕ. (Bp. 43, 11. 13).

ಪಾಸಟಿ pâsaṭi. Likeness, similitude, resemblance (ಹೋಲಿಸುವೆಡೆ, etc. Čt. I, 88; ತೋಡು, ಒರೆ, ಜೊರೆ, ಸರಿ, ತೊಣೆ, ಸರಿಸ, ಸಾಮ್ಯ II, 25; ಸಮಾನ, ಪ್ರಕಾರ, ಸಮ, etc. Mr. 427; ಪಡಿ, ಪಾಟಿ, ಪಾಂಗು, etc., ಸಾಮ್ಯ Šm. 55; Abh. P. 3, 72; Râm. 4, 2, 49; J. 6, 24).

ಪಾಸಣ್ಡಿ pâsaṇḍi. Tbh. of ಪಾಷಣ್ಡಿ (Šmd. 335 Mdb.).

ಪಾಸಲೆ pâsalĕ. Relating to the vicinity of; connected with or near unto by position in space, etc. (Mhr., H. ಪಾಸಲಾ);—along the ground (Mhr.);—distance (My.).

ಪಾಸಾಣ pâsâṇa. Tbh. of ಪಾಷಾಣ (Šmd. 335). ಪಾಸಾಣದ ಹೂ ಪಾಸಾಣದ ಮೇಲೆ ಮೊಳದೀತೇ? (Prv.).

ಪಾಸಾಣ್ಡಿ pâsâṇḍi. Tbh. of ಪಾಷಾಣ್ಡಿ (Šmd. 335).

ಪಾಸಾದ pâsâda. Tbh. of ಪ್ರಾಸಾದ. (Bh. 2, 13, 16).

ಪಾಸಾಲೆ pâsâlĕ. An earthen saucer-like vessel (My.).

ಪಾಸಿ pâsi. = ಪಾಚಿ, ಪಾಪಸೆ, etc. (My.).

ಪಾಸಿ pâsi. = ಪಾಸೆ. Tbh. of ಪಾಶ್ಯ. See ಎಳೆಪಾಸಿ, ನಿಡುಪಾಸಿ.

ಪಾಸಿಕೆ pâsikĕ. = ಪಾಸಗೆ, etc. (Bp. 3, 17).

ಪಾಸು pâsu. 1. (fr. ಪಡು 3; or fr. ಪಾರ್ 1?). = ಹಾಸು 1. To spread, as a blanket, a carpet, a mat, leaves, etc., to lay (ಆಸ್ತರಣಕ್ರಿಯೆ Šmd. Dh.; T. ಪಾವು, to pass over; to lay things regularly on the ground, as bricks, planks, etc.). See Čpr. 2, 20; 5, 22; 8, after 4; 8, 92; Abh. P. 3, 116; Grj. 5, after 67; Râv. 2, 78; 5, after 120; 10, 34; 29, 49.

ಪಾಸು pâsu. 2. (Šmd. 191; Čt. II, 59). = ಹಾಸು 2 (ಪಸೆ 1). That is spread or laid flat: a bed (ತಲ್ಪ Šmd. Dh.; ತಲ್ಪ Šm. 110); the bed called a litter (ಶ್ವೈವಕ Mr. 207). ಪಾಸಿನೊಳ್ ನಿದ್ರೆಗೆಯ್ದಂ (Šmd. 163). See Čpr. 8, 62; Râv. 1, after 135; ಅಡಿಕಿಲ್ಪಾಸು, ಅಲರ್ಪಾಸು, ತಳಿರ್ಪಾಸು, ಮೆಲ್ಪಾಸು, ಮೇಲ್ಮಡಿಪಾಸು, ಮೇಲ್ಪಾಸು. — ಪಾಸಟಿ³. -ಅಟಿ³. A flat-stone, a slab (Čpr. 8, after 4; Abh. P. 4, 17; 10, 159; Grj. after 131; Šâv. 2, 32; J. 29, 45; see ಪಳುಕುಪಾಸಟಿ³, ರನ್ನಪಾಸಟಿ³). — ಪಾಸುಮಣೆ. A kind of table (Bp. 12, 9). — ಪಾಸುಪಲೆ. -ಬಲೆ. A kind of net (Râghč. 17, 67).

ಪಾಸು pâsu. = ಹಾಸು. (Tbh. of ಪಾಶ). A tie for the neck of dogs (Čt. II, 59).

ಪಾಸುಗೆ pâsugĕ. = ಪಾಸಗೆ, etc. (Čpr. 8, 69).

ಪಾಸೆ pâsĕ. = ಪಾಸಿ. See ಕೊನೆಪಾಸೆ.

ಪಾಹರೆ pâharĕ. = ಪಹರೆ, etc. (My.).

ಪಾಹಿ pâhi. Guard! protect! (Bp. 61, 48; My.).

ಪಾಳ pâḷa. (= ಪಟಿ³ 4). An ingot or a bar of gold or silver (My.; Tĕ., T.; M. ಪಾಳ, ಪಾಳ).

ಪಾಳತಿ pâḷati. A narrow and covert watching over the doings and goings of another, spying; a tracing or searching out, as of a theft (Mhr. ಪಾಳತ; My.). — ಪಾಳತಿ ನೋಡು. To lurk, to spy (My.).

ಪಾಳತಿಗಾರ pâḷati-gâra. A man set to watch the conduct of another, a watcher, a spy (My.; Mhr. ಪಾಳತೀ).

ಪಾಳಯ pâḷaya. = ಪಾಳೆಯ, etc. (Bh. 3, 13, 42; J. 7, 12; 35, 39. 49).

ಪಾಳಾಸ pâḷâsa. Tbh. of ಪಾಲಾಶ. A post of palâśa wood (Grj. 2, after 106).

ಪಾಳಿ pâḷi. = ಪಾಲಿ 2. A raised bank (ಬದುಹು Mr. 371 in two MSS.; o. rs. ಪೋಳಿ or ಪೋಳಿ in one MS., ಬಿದುಹು in one MS.). 2, = ಪಾಲಿ, a mass, a multitude; see ಪಾಳಿಸು 2. 3, a wooden bowl (Si. 241; Mhr. ಪಾಳೀ). 4, the raised edge of the mouth of a hand-mill (B. 5, 134; Mhr. ಪಾಳ).

ಪಾಳಿವ pâḷiva. A mode in saṅgîta (V. 11, 9).

ಪಾಳಿಸು pâḷisu. 1. = ಪಾಲಿಸು. (Abh. P. 3, 155; 13, 62. 63; 14, 29).

ಪಾಳಿಸು pâḷisu. 2. (fr. ಪಾಳಿ No. 2). To unite, to be united with, to associate, to be joined, etc. (ಮೇಳಿಸು Šmd. Dh.; ಸಂಯೋಗ Šmd. Dh.).

ಪಾಳೆ pâḷĕ. = ಪಾಳೆಯ, etc. (T. ಪಾಳ).

ಪಾಳೆಗಾರ pâḷĕ-gâra. = ಪಾಳೆಯಗಾರ, etc. (ಮನ್ನೆಯ, ಸಾಮನ್ತ G.; My.).

ಪಾಳೆಯ pâḷĕya. = ಪಾಳಯ, ಪಾಳೆ, ಪಾಳೆವು, ಪಾಳೇ, ಪಾಳ್ಯ, ಪಾಳ್ಯೆ, ಪಾಳ್ಯೆ. (Connected with ಪಾಲಿ, or with ಪಾಲ್ಯ, or ಪಾಡಿ). An encampment, a camp; a settlement, a hamlet (My.; T. ಪಾಳೈಯ, M. ಪಾಳಯ). ಅರಸು ಬಿಡುವ ಪಾಳೆಯ (ನಿವೇಶ, ಶಿಬಿರ, ಕಣ್ಣ); ಪಾಳೆಯದ ಕಾಪು (ಸಜ್ಜನ, ಉಪರಕ್ಷಣ Nr.). ದಣ್ಡು ಬಿಡಿರುವ ಪಾಳೆಯ (ನಿವೇಶ, etc. Si. 268). See Bh. 1, 16, 15; 2, 4, 7; 6, 2, 1; Č. Bp. 42, 13. 15; 47, 12. 47; J. 2, 65; 16, 1; 17, 11. — ಪಾಳೆಯಪಟ್ಟು. A district in the hold of a Poligar (My.). — ಪಾಳೆಯಂಗೆಯ್. -o-. To encamp (Râv. 6, after 24).

ಪಾಳೆಯಗಾರ pâḷĕya-gâra. = ಪಾಳೆಗಾರ, ಪಾಳೇಗಾರ, ಪಾಳ್ಯಗಾರ, ಪಾಳ್ಯೆಗಾರ, ಪಾಳ್ಯೆಗಾರ. A Poligar, a feudal chieftain; occasionally: a revolted ryot setting himself up as a petty chieftain (My.; T. ಪಾಳೈಯಕ್ಕಾರ, M. ಪಾಳಯಕ್ಕಾರ; Mhr. ಪಾಳೇಗಾರ).

ಪಾಳೆವು pâḷĕvu. = ಪಾಳೆಯ, etc. (Tĕ. ಪಾಲೆಮು; My.).

ಪಾಳೇ pâḷê. = ಪಾಳೆಯ, etc.

ಪಾಳೇಗಾರ pâḷê-gâra. = ಪಾಳೆಯಗಾರ. (My.; B. 4, 30).

ಪಾಳ್ಯ pâḷya. = ಪಾಳೆಯ, etc. (My.). ಸೂಳೆಯರ ಪಾಳ್ಯ (ವೇಶ, ವೇಶ್ಯಾಜನಸಮಾಶ್ರಯ, ಸೂಳೆಗೇರಿ Si. 106); ಗೊಲ್ಲರಿರುವ ಪಾಳ್ಯ (ಘೋಷ, ಆಭೀರಪಲ್ಲಿ, ಗೊಲ್ಲರ ಪಳ್ಳಿ 113); ಬೇಡರ ಪಾಳ್ಯ (ಪಕ್ಕಣ, ಶಬರಾಲಯ, ಬೇಟೆಗಾರರಿರುವ ಹಳ್ಳಿ 114). ನಾಯಿ ಬೊಗಳೆ, ಪಾಳ್ಯಕ್ಕೆ ಕೇಡು ತನ್ನು (Prv.). See Prv. s. ಪ್ರಳಯ.

ಪಾಳ್ಯಗಾರ pâḷya-gâra. = ಪಾಳೆಯಗಾರ, etc. (My.).

ಪಾಳ್ಯೆ pâḷyĕ. = ಪಾಳೆಯ, etc.

ಪಾಳ್ಯೆಗಾರ pâḷyĕ-gâra. = ಪಾಳೆಯಗಾರ, etc. (ಸಾಮನ್ತ, ನಾಡೊಡೆಯ G.).

ಪಾಳ್ಳೆ pâḷḷĕ. = ಪಾಳೆಯ, etc.

ಪಾಳ್ಳೆಗಾಱ pâḷḷĕ-gâṟa. = ಪಾಳೆಯಗಾಱ, etc. (My.; ಮಣ್ಡಲೇಶ್ವರ, ಮಣ್ಡಲಿಕಅರಸು G.).

ಪಾೞ್ pâḻ. = (ಪಾೞು 1), ಹಾೞ್, ಹಾೞು. Ruin, desolation; a waste (ಶೂನ್ಯಸ್ಥಲ Šmd. I; ಇರಣ, ಶೂನ್ಯ Si. 421; T., M.; Tĕ. ಪಾಡು). See Šmd. 256 s. ಬೆಳಸು 2. — ಪಾೞಟವಿ. -ಅಟವಿ. A desolate jungle (J. 29, 24). — ಪಾೞೇೞ್. -ಏೞ್. To begin to be destroyed (Ršv. 12, 13). — ಪಾೞ್ಗಬ್ಬ. -ಕಬ್ಬ. A useless, good-for-nothing poetry. See s. ದುರದೃಷ್ಟ. — ಪಾೞ್ಗೆಯ್. To ruin (Bp. 11, 6; V. 8, 8). — ಪಾೞ್ದೇಗುಲ. A temple in ruins (Bp. 32, 52; 50, 54). — ಪಾೞ್ಮನೆ. (Šmd. 82). A house in ruins (Čpr. 8, 60). — ಪಾೞ್ಪೊಲ. -ಪೊಲ. A waste field (Ršv. 11, 68).

ಪಾೞಿ pâḻi. (Another form of K. ಪಾಟಿ 1, or Tbh. of ಪಾಟಿ 1 or of ಪಾಲಿ). A row, a line; regularity; regular or proper order or way; order, method, rule (ಕ್ರಮ Šmd. I, Čt. I, 17, Bhn. 6; ತೞುವಾಯ, ಕ್ರಮ Šs.; ಪಂಕ್ತಿ Šmd. II; ಕೇೞ್, ಪನ್ತಿ Kk. 90, Šm. 53; ನಿಜಮಾರ್ಗ Čt. I, 77). See Čh. v. 347; Abh. P. 4, 11; 9, 178; 14, 29. 87; Ršv. 2, 59; 6, 23; 6, after 24; ಲಘು-. — ಪಾೞಿವೆೞ್. -ವೆೞ್. To be in rows or properly arranged (Ršv. 6, after 11).

ಪಾೞಿಕಾಱ pâḻi-kâṟa. (Šmd. 285, o. r. ಪಾಟಕಾಱ). An arranger.

ಪಾೞ್ತನ pâḻtana. = ಹಾೞುತನ. A ruined state (Čpr. 8, 81).

ಪಿ pi. An affix to form nouns, *e. g.* ಕಲ್ಪಿ (Šmd. 248), ನೋಂಪಿ.

ಪಿಕ pika. *The cuckoo, Cuculus indicus* (ಕೋಗಿಲೆ Mr. 169).

ಪಿಕಲಕ್ಕಿ (pikal-akki). The common Madras bulbul, Pycnonotus haemorhous (Bḍ.). See ಪಿಕ್ಕುಳಿಕೆ.

ಪಿಕಲಾರಿ pikalâri. = ಪಿಕಲಕ್ಕಿ. (Bḍ.).

ಪಿಕಾಸಿ pikâsi. A "pickaxe" (My.; Si. 399; Mhr. ಪಿಕಾವ).

ಪಿಕ್ಕಾ pikkâ. Faint, pale; weak, vapid; faded in look, pallid; of no vigour, poor (My.; Mhr., H. ಫಿಕ್ಕಾ).

ಪಿಕ್ಕು pikku. = (ಪಿಂಜು 1), ಹಿಕ್ಕು. To separate, to disunite, to disentangle, to comb (ವಿವರಣ Šmd. Dh.; Ršv. 11, 115; T., M. ಪಿಂ). See ತಲೆವಿಕ್ಕು, ಮುಡಿವಿಕ್ಕು. — ಪಿಕ್ಕಿ ಪಿಕ್ಕು. rep. (Abh. P. 3, 88).

ಪಿಕ್ಕುಳಿಕ pikkuḷika. = ಪಿಕ್ಕುಳಿಕೆ, q. v. (Râm. 3, 3, 18).

ಪಿಕ್ಕುಳಿಕೆ pikkuḷikĕ. N. of a bird (ರಕ್ತಚ್ಛದ Mr. 175, o. r. ಪಿಕ್ಕುಳಿಕ; Tĕ. ಪಿಕಿಲಿ, ಪಿಗಿಲಿ, the hill bulbul; see ಪಿಕಲಕ್ಕಿ).

ಪಿಕ್ಕೆ pikkĕ. = ಪಿಱ್ಕೆ, etc. (My.).

ಪಿಂ piṅ. (Šmd. 198). = ಪಿನ್, ಪಿಮ್, (ಪಿಱ), (ಪೂಱ), (ಪೆಡ), (ಪೆಱ, etc.), ಹಿಂ (ಹಿಱ್), etc. The state of being behind, back or after. — ಪಿಂಗಡೆ. -ಕಡೆ. The backside; backwards (ಪೆಡ, ಪೆಱಗು, ಪಿನ್ತಿಲ್ Kk. 46; Šm. 60; Bp. 4, 12; Ššv. 4, after 17). — ಪಿಂಗಾಲ್. -ಕಾಲ್. (Šmd. 199). The hind-leg (Râghŏ. 17, 73; Ršv. 6, after 11, twice).

ಪಿಂಗ piṅga. *Reddish-brown, tawny.* 2, the bird ಬೆಳವ (Mr. 177).

ಪಿಂಗಚಕ್ಷುಸ್ piṅga-čakshus. A crab (Sk.). 2, Duryôdhana (Ššv. 3, 29).

ಪಿಂಗಲ piṅgala. (= ಪಿಂಜರ). *Reddish-brown, tawny.* 2, *an attendant of the sun.* 3, N. of a fabulous being in the form of a nâga: the author of the čhandas or prosody (Čh.). 4, a small kind of owl. 5, the fifty-first year of the cycle of sixty.

ಪಿಂಗಲಾಕ್ಷಿ piṅgala-akshi. A tawny eye (Ššv. 3, 53).

ಪಿಂಗಲಾಹಿ piṅgala-ahi. = ಪಿಂಗಲ No. 3. (Čh. v. 202).

ಪಿಂಗಲಿ piṅgali. (= ಪಿಂಗಲೆ). N. of a bird, a kind of owl (ಗೂಗೆ Mr. 170; ಶಕುನ್ತ, ಭಾಸ, ಹಾಲುವಕ್ಕಿ 174; ಶಕುನ್ತ, ಭಾಸ Hlâ.; ಸಕುನವಕ್ಕಿ Čt. I, 73).

ಪಿಂಗಲೆ piṅgalĕ. A kind of owl (Sk.; Mhr. ಪಿಂಗಳಾ, a little spotted owl). 2, *the female elephant of the south quarter.* 3, a particular vessel or artery, said to be the path of the fifteen vital airs (Mr. 52).

ಪಿಂಗಾಕ್ಷ piṅga-aksha. The francoline partridge (ಕವುಜು Mr. 175, o. r. ಕಣಾಜು).

ಪಿಂಗಾಣಿ piṅgâṇi. Crockery: procelain, China ware, dishes, plates, etc. (My.; Tĕ.; M. ಪಿಞ್ಞಾಣಿ, Pers. finjân; T. ಪೀಂಗಾನ್).

ಪಿಂಗಿಸು piṅgisu. = ಹಿಂಗಿಸು. To cause to go back, to remove, etc. (Čpr. 2, 43; 8, 63; Abh. P. 14, 33; 16, 56). ನಾಣಂ ಪಿಂಗಿಸಿ, ಮುಗ್ಧೆಗೆ ಜಾಣಂ ಕೆಯ್ಕೊಳಿಸುವನ್ತೆ (Šmd. 84).

ಪಿಂಗು piṅgu. = (ಪಿಂಚು), ಹಿಂಗು 1. To go back, to retreat, to go away; to be removed from; to keep at a distance; to fail, to be lacking (ಅಪಸರಣ Šmd. Dh.; ಉೞ್ 78; ತೊಲಗು 17. 118 Cm.). ಮಱವೆ ಪಿಂಗಿದಂ (ಎಚ್ಚತ್ತಂ Šmd. I). See Čpr. 2, 42; 4, 2. 17. 19; 6, 25; Grj. 10, after 45; Ršv. 9, 4; 5, 21; 13 after 65 & 71; J. 6, 13; 19, 6; Šm. 17; ಪೆಱ-.

ಪಿಚ್ pič. A sound in imitation of spitting (S. Mhr.). 2, a sound to express emptiness. — ಪಿಚ್ ಪಿಚ್. rep. (S. Mhr.). — ಪಿಚ್ಚೆನ್ನು. -ಎನ್ನು. To appear quite empty (My.).

ಪಿಚಕಾರಿ pičakâri. A syringe (My.; Mhr., H. ಪಿಚಕಾರೀ; *cf.* ಪೀಚು).

ಪಿಚಣ್ಡ pičaṇḍa. *The belly.*

ಪಿಚಣ್ಡಿ pičaṇḍi. 1. The thigh (ಊರು, ಪೆರ್ದೊಡೆ Mr. 331).

ಪಿಚಣ್ಡಿ pičaṇḍi. 2. = ಪಿಚಾಡಿ. — ಪಿಚಣ್ಡಿ ಬಿಗಿ. To pinion, to tie the hands from behind (My.).

ಪಿಚಣ್ಡಿಲ pičaṇḍila. *Gorbellied, corpulent.*

ಪಿಚವ್ಯ pičavya. *The cotton plant* (ಕಾರ್ಪಾಸ, ಬಾದರ, ಹತ್ತಿ Mr. 128).

ಪಿಚಾಚಿ pičâči. Tbh. of ಪಿಶಾಚ. (My.).

ಪಿಚಾಡಿ pičâḍi. The hinder parts; the hinder legs of a horse: the heel-ropes (My.; Br.; Mhr., H. ಪಿಚ್ಛಾಡೀ).

ಪಿಚಿ piči. = ಪಚ, etc. (My.).

ಪಿಚಿಣ್ಡ pičiṇḍa. *The belly.*

ಪಿಚಿಣ್ಡಿಲ pičiṇḍila. *Gorbellied.*

ಪಿಚು piču. *The cotton plant; cotton* (ತೂಲಕ, ಅರಳೆ Mr. 128). 2, the plant Vanqueria spinosa. See Nr. s. ಅಲತಗೆ.

ಪಿಚುತೂಲ piču-tûla. *Cotton.*

ಪಿಚುಮನ್ದ piču-manda. *The neem or nimb tree, Azadirachta indica* A. Juss.

ಪಿಚುಮರ್ದ piču-marda. *The neem tree.*

ಪಿಚುಲ pičula. Cotton (ಹತ್ತಿ Nn. 107). 2, *the tamarisk, Tamarix indica.* 3, the plant Barringtonia acutangula.

ಪಿಚ್ಚ piċča. (Tbh. of ಪಿಶಿತ? or *cf.* ಪಿಜು?). See ಪಿಚ್ಚವಣಿಗ.

ಪಿಚ್ಚಟ piččaṭa. Pressed flat; a substance pressed flat, a cake. 2, an inflammation of the eyes. 3, *tin.*

ಪಿಚ್ಚವಣಿಗ pičča-vaṇiga. A râkshasa, and the guardian of the south-eastern quarter (ಮಾನಿಸದೇರ, ಕೊನ್ನಗೆಯ್ಯ, ನಿರುತಿ Šm. 12. 13; ಮಾನಿಸದೇರ, ನಿರುತಿ Kk. 15).

ಪಿಚ್ಚು piččü. = ಪಿಸರು, etc. Slimy impurities of the eye, rheum (S. Mhr.; Tĕ. ಪುಸಿ; T. ಪೀಳೈ, ಪಿಳಿಚ್ಚು; M. ಪೀಳ). See ಕಣ್ಣು-.

ಪಿಚ್ಚೆ piččĕ. Shortness or deficiency in measure or weight (My.; Tĕ.; M. ಪೀಚ್ಚ, what is small, dwarfish, immature; *cf.* ಪೀಚು 2). ಆ ಸೇರು ಪಿಚ್ಚೆಯಾಗಿದೆ (My.). — ಪಿಚ್ಚಮೊಳ. A deficient cubit (My.). — ಪಿಚ್ಚಸೇರು. A lesser or deficient sêru (My.; Tĕ.).

ಪಿಚ್ಛ piččha. = ಪಿಂಛ. *The tail of a peacock;* the feathers of an arrow or of a peacock's tail. 2, *a wing.*

ಪಿಚ್ಛಂಡ piččhanda. = ಪಿಚ್ಚನ. (Si. 109; My. Amara).

ಪಿಚ್ಛಿಲ piččhila. *Slimy, lubricous, slippery, smeary.* 2, a muddy place (ಪಿಚ್ಛಿಲ, ಕೆಸರುಳ್ಳ ಎಡೆ Hlâ.); muddy water (ಕೆಸಱ ನೀರ್ Mr. 416).

ಪಿಚ್ಛಿಲೆ piččhilĕ. *The silk-cotton tree, Bombax heptaphyllum* Roxb. 2, *the tree Dalbergia sissoo* Roxb.

ಪಿಚ್ಛೆ piččhĕ. *Slime or scum of boiled rice, etc.* 2, *the gum of the silk-cotton tree* (ಬೂರುಗೆಬಂಕೆ, ಎಲವದ ಮೇಣ Si. 133). 3, the saliva of a snake.

ಪಿಂಚು pinču. = (ಪಿಂಗು), ಹಿಂಚು. To be behind, to be or come afterwards or later, to be or come too late (ಪಶ್ಚಾದರ್ಥ Šmd. Dh.).

ಪಿಂಚೆ pinčĕ. (Tbh. of ವೀಚಿ). A wave (ವೀಚಿ Čt. I, 18).

ಪಿಂಛ pinčha. = ಪಿಚ್ಛ No. 1. (My.; Tĕ.). See ಶಿಖಿ-.

ಪಿಂಜ pinja. Confused, confounded, disturbed in mind, bewildered. 2, injured, killed; killing, injury. 3, *the moon* (*cf.* ಪಿಜು). 4, power, might.

ಪಿಂಜರ pinjara. (= ಪಿಂಗಲ). *Reddish-yellow, tawny.* 2, gold. 3, *yellow orpiment.* 4, a cage (Sk.; ಪಂಜರ G.). 5, a skeleton. 6, a horse. 7, N. of a bird (Râm. 3, 3, 18).

ಪಿಂಜರಿ pinjari. (Tbh. of ಪಿಂಜರ?). = ಹಿಂಜರಿ. Silver (ಬೆಳ್ಳಿ Kk. 47; Šm. 68; see ಪೆಟಿ). — ಪಿಂಜರಿವೆಟ್ಟು. -ಬೆಟ್ಟು. The silver-mountain (ಬೆಳ್ಳಿವೆಟ್ಟು, ರಜತಾದ್ರಿ Šm. 10).

ಪಿಂಜರಿತ pinjarita. Coloured reddish-yellow (Abh. P. 12, after 2).

ಪಿಂಜಲ pinjala. *Extremely confused or perplexed, overcome with terror or grief.*

ಪಿಂಜಾರ pinjâra. A carder or comber of cotton (C.; B. 5, 122; Mhr., H. ಪಿಂಜಾರೀ; Br. ಪಿಂಜರಿ, ಪಿಂಜಾರಿ).

ಪಿಂಜಾವಳಿ pinjâvaḷi. A sort of cloth or garment (Bp. 11, 24).

ಪಿಂಜಿ pinji. (= ಉಂಡೆ, ಹುಂಡೆ). A quantity or skein of cotton yarn (My.). ನೂಲ ಪಿಂಜಿ (ಕಳ್ Šm. 112; Sk. ಪಿಂಜಕಾ).

ಪಿಂಜು pinju. 1. = (ಪಿಕ್ಕು), ಹಿಂಜು, (ಹೀಜು 2). To divide (ಪಸುಗೆ Šm. 87). 2, to separate; to card cotton (ಪೃಥಕ್ಕರಣ Šmd. Dh.; ಕಾರ್ಪಾಸವಿವರಣ Šm. 87; Tĕ.; M. ಪೀಞ್ಞು; T. ಪಿನ್ನು, ಪಿಯ್; Tĕ. ಪಿಗುಲು, to be burst; M. ಪಿಂಜು, ಪಿಡಮ, to burst, to split; Mhr., H. ಪಿಂಜಣೇಂ, to card or comb, as cotton; to split, as bamboos; to tear lengthwise, as cloth). 3, to go asunder, to be rent, as cloth (My. as ಹಿಂಜು).

ಪಿಂಜು pinju. 2. = ಈಚು 2, ಹೀಚು. A fruit newly come forth from blossom (My.; T., M.; Tĕ. ಪಿಞ್ಚೆಯ, ಪಿನ್ನ; Tĕ. ಪಿನ, ಪಿನ್ನ, little, small, young, *cf.* ಪಿಳ್ಳೆ).

ಪಿಂಜೂಷ pinjûsha. The wax of the ear. (R.).

ಪಿಂಜೆ pinjĕ. Injuring; injury. 2, turmeric. 3, cotton. 4, a switch.

ಪಿಟ್ pit. A sound produced when easing nature. — ಪಿಟ್ ಪಿಟ್. rep. (C.).

ಪಿಟ piṭa. (= ಪೆಟ್ಟಿ). *A basket, a box; a basket for holding grain.* 2, a house, a hovel. 3, a roof.

ಪಿಟಕ piṭaka. The tailor bird, Orthotonues longicauda (Sylvia sutoria, Bd.).

ಪಿಟಕ piṭaka. = ಪೆಟ್ಟಿಗೆ, (ಪಿಡಕ). *A basket, a box.* 2, *a boil, a blister, an ulcer* (ಸ್ಫೋಟಕ, ಮುಳ್ಳುಬೊಕ್ಕೆ Mr. 384, one MS. ಮುಗುಳು-, another one ಹುಗುಳು-).

ಪಿಟಿ piṭi. A sound in imitation of indistinct, mumbling speech (used also in muttering mantras). — ಪಿಟಿ ಪಿಟಿ. The repeated sound of piṭi. — ಪಿಟಿ ಪಿಟಿಗುಟ್ಟು. -ಕುಟ್ಟು. To utter with the sound of piṭi piṭi (My.).

ಪಿಟೀಲು piṭîlu. A "fiddle" (My.).

ಪಿಟ್ಟು piṭṭu. A formation from ಪಿಡುಗು. — ಪಿಟ್ಟು ಪಿಡುಗನೆ ಸಾಯು. ಪಿಟ್ಟು ಪಿಡುಗಾಗಿ ಸಾಯು. To die as suddenly as if struck by a thunderbolt, to die quite unexpectedly (My.).

ಪಿಟ್ಟು piṭṭu. = ಪಿಟ್ಟೆ, ಹಿಟ್ಟು. Tbh. of ಪಿಷ್ಟ (Šmd. 370; My.; Tĕ., T., M.; Mhr. ಪಿಠ). — ಪಿಟ್ಟವ್ವೆ. -ಅವ್ವೆ. N. (Bp. 15, 24; 24, 73; 26, 54; 38, 56; see ಕಬಾಲಿ-).

ಪಿಟ್ಟೆ piṭṭĕ. = ಪಿಟ್ಟು. (My.).

ಪಿಠರ piṭhara. *A pot* (ಚರು, ಕುಮ್ಭ, ಕುಣ್ಡ, ಉಖಿ, etc., ಮಡಕೆ Mr. 209). 2, *the root of Cyperus rotundus.* 3, a churning stick.

ಪಿಡಗ piḍaga. = ಪಿಡಗು, ಪಿಡುಗು. Trouble, affliction, disease (B. 5, 181. 203; Mhr. ಪಿಡಣೇಂ, to be in trouble or pain).

ಪಿಡಗು piḍagu. = ಪಿಡಗ, etc. (B. 5, 210; My.).

ಪಿಡಿ piḍi. 1. = ಹಿಡಿ 1. To seize, to lay hold of, to catch, to take, to grasp; to deduct from wages; to hold (ಗ್ರಹಣ Šmd. Dh.; Šm. 92; T., M.); to apply to the mouth for blowing, as a trumpet, etc.;—to occupy as a place of refuge;—to begin, as rain, etc. (My. as ಹಿಡಿ);—to be required, as time, people, etc. for anything (My. as ಹಿಡಿ);—to comprise, to inclose, to be able to receive, as a sack, a cart (My. as ಹಿಡಿ);—to be so spacious as to let (a thing) pass through, as a window or door (My. as ಹಿಡಿ). ಮದಗಜಮೆರವಣ ದಾಲದ ಮೊದಲಂ

ಪಿಡಿದು (Šmd. 91). ಪಿಡಿವಂ (260). ಪಿಡಿವ ಕಹಳೆ (201). See Čpr. 4, 47; 5, after 39; 5, 63; 7, after 81; 7, 87; Bp. 8, 43; 46, 59; 57, 56; Rśv. 5, 44. 120; 6, after 10 & after 11 (twice); 10, 7; J. 2, 41; 3, 32; 4, 23; 30, 48; ಇತ್ತರಪ್ಪಿಡಿ, ಕಪ್ಪಪ್ಪಿಡಿ, ಕಾಲ್ಪಿಡಿ, ಕೆಯ್ದುವಿಡಿ, ಕೆಯ್ಪಿಡಿ, ಕೊಡೆವಿಡಿ, ಕ್ರಮವಿಡಿ, ತಡಿವಿಡಿ, ದೀವಿಗೆವಿಡಿ, ಪಜ್ಜೆ-, ಪಂಜು-, ಪಸುರ್ವಿಡಿ, ಬಟ್ಟೆ-, ಬನ್ದಿ-, ಬಟ್-, ಬಿಲ್-, ಸಾಲ್-, ಸೆಟ್-; Mr. s. ತ್ರಾಣ. — ಪಿಡಿದಾಡು. -ಆಡು. To lay hold of and speak, to hold fast by deed and word (Bp. 3, 79).

ಪಿಡಿ piḍi. 2. = ಪಿಡಿದು, ಹಿಡ, ಹಿಡಿ 2, ಹಿಡು. P. p. of ಪಿಡಿ 1, in ಪಿಡಿ ಪಿಡಿದು (Bp. 61, 25). — ಪಿಡಿ ತರ್. (= ಪಿಡಿದು ಕೊಣ್ಡು ಬರ್). To seize or take and bring (Bp. 28, 38). — ಪಿಡಿ ತರಿಸು. To cause to seize, etc. and bring (Bp. 11, 17; 50, 42. 51). — ಪಿಡಿ ಪಡೆ. = ಪಿಡಿ ಪೆಱು. (Abh. P. 10, 220). — ಪಿಡಿ ಪೆಱು. To get (Abh. P. 11, 133; 14, 78).

ಪಿಡಿ piḍi. 3. = ಹಿಡಿ 3. A seizing, hold, etc. 2, grasping, closing the hand, clenching the fist; a grasp, a handful (ಮುಷ್ಟಿಗ್ರಾಹ್ಯ Čt. II, 14). 3, the closed or clenched hand, the fist. 4, a handle; a hilt. ಅಡಾಯುಧಗಳ ಪಿಡಿ (ಛರು Mr. 298). ಕತ್ತಿಯ ಪಿಡಿ (ತ್ಸರು, etc. Śi. 289). 5, a broom (My. as ಹಿಡಿ). See ಒಪ್-, ಒರ್-, ಓಜೆವಿಡಿ, ಕೆಯ್ಪಿಡಿ, ಪರಿವಿಡಿ; Čpr. 7, 87; J. 6, 21. ಪಿಡಿಯೊಳ್ ತುಮ್ಬಿರೆ ಪಂಕ ಮೇಲೆ ತೊಳೆಯಲ್ ಕಾಂ ತುಧ್ದನೇ? (Śś. 164). — ಪಿಡಿ ಕೆಯ್ಯು. To cause to make a grasp or fist; to close the fist; to grasp or hold tightly. ಬೆಮಗರ್ಗಳನೂಡಿ, ನುಣ್ಗೊಡೆಗಳಂ ಪಿಡಿ ಕೆಯ್ಸಿ (Šmd. 52). — ಪಿಡಿಗುದುರೆ. -ಕುದುರೆ. A horse that is led (Rśv. 10, 13). — ಪಿಡಿ ಪಡು. To be seized (Abh. P. 4, 115). — ಪಿಡಿವಡೆ. -ಪಡೆ. To be grasped, attacked, or harassed. ಹಗೆಯ ಕೆಯ್ಯಲ್ಲಿ ಪಿಡಿವಡೆದವನು (ಪುರಸ್ಕೃತ Nr.).

ಪಿಡಿ piḍi. 4. = ಹಿಡಿ 4. A female elephant (ಕರಿಣಿ Šmd. Dh., Šm. 92, Čt. II, 14; ಕರಿ Čt. I, 30; ಹೆಣ್ಣಾನೆ I, 102; ಕರಿಣಿ, etc., ಪೆಣ್ಣಾನೆ Mr. 153; T., M.; T., M. also: the female of camels, pigs; M. ಪಿಡೆ, the female of birds; the female of deer; T. also ಪಿಣ್ಣೆ; Sk. ಪಿಲ್ಲಕಾ; see s. ಪೆಣ್). See ತಾಯ್ಪಿಡಿ; Čpr. 5, 63; 7, after 81; Abh. P. 7, after 105; Rśv. 10, 13. — ಪಿಡಿಯಾನೆ. -ಆನೆ. = ಪಿಡಿ. (ಧೇನುಕೆ Hlâ.). ಎಳೆಯ ಪಿಡಿಯಾನೆ (ಧೇನುಕೆ Mr. 471). — ಪಿಡಿಸವತಿ. A female elephant (ವೆಣ್ಗಜ Bhn. 58, o. rs. -ಸವಡಿ, ಸವರಿ).

ಪಿಡಿತೆ piḍitĕ. Seizure, etc. See ಕೆಯ್ಪಿಡಿತೆ.

ಪಿಡಿಪು piḍipu. The state of seizing or of being seized. — ಪಿಡಿಪೀ. -ಈ. To deliver into (one's) power, to make over (Abh. P. 11, 134).

ಪಿಡಿಯಿಸು piḍiyisu. = ಹಿಡಿಯಿಸು. To cause to seize, etc. (Bp. 27, 65). 2, to castrate.

ಪಿಡಿಸು piḍisu. = ಹಿಡಿಸು. To cause to seize, etc. (Bp. 26, 25; Č. Bp. 47, 12).

ಪಿಡಿಹ piḍiha. Seizing, etc. See ಬನ್ದಿವಿಡಿಹ.

ಪಿಡುಗು piḍugu. (= ಪಿಟ್ಟು). A thunderbolt (My.; Tĕ.; M. ಪಿಣರ್; T. ಇಡಿ, ಇಗಲಿ, ಏಱು, ವೆಡಿ, see ಪೆಟಲ್; M. ಪಿಣರ್, ತಿಣರ್, ಚಿಣರ್, also: grossness, what is thick, stiff; to grow thick, coagulate, become thick, swell; cf. ಪಿಣಿಲ್ 2, etc.). — ಪಿಡುಗ. -ಅ 3. A man like a thunderbolt: a dauntless, bold man (My.).

ಪಿಡುಗು piḍugu. = ಪಿಡಗ, etc. (B. 5, 203. 205. 206; My.).

ಪಿಣ piṇa. = ಘನ, ಘೋಣ, ಘೋನ್. Metal. See ಕಬ್ಬಿಣ, and cf. Sk. ಪಿಣ್ಡ No. 8.

ಪಿಣಿಲ್ piṇil. 1. = ಹಿಣಿಲ್ 2, etc. A braid of hair (Abh. P. 18, 79; see ಕರುಳ್ವಿಣಿಲ್; cf. ಪೆಣೆ).

ಪಿಣಿಲ್ piṇil. 2. = ಹಿಣಿಲ್ 1, etc. A hump (Čpr. 5, 59; see M. s. ಪಿಡುಗು).

ಪಿಣ್ಡ piṇḍa. = ಪಿಣ್ಡು, ಹಿಣ್ಡು. *A lump, a clod, a round mass, a ball, a globe.* 2, *a heap, a quantity, a collection, a cluster.* 3, a bite, a morsel, a mouthful. 4, a cake or ball of meal offered to the Manes; *a ball or lump of meat or rice mixed up with milk, curds, flowers, etc. and offered to the Manes;* food (Sk., My.; Tĕ.). 5, the embryo or fetus. 6, *the body.* 7, *myrrh, incense.* 8, *iron.* ಪಿಣ್ಡಕ್ಕೆ ಬಗೆಯಿಲ್ಲದವ ದಣ್ಡವೇನು ಕೊಟ್ಟಾನು?— ಪಿಣ್ಡ ಹಾಕಿದರೂ ಲಣ್ಡನೆನಿಸಿ ಕೊಳ್ಳೋದು ತಪ್ಪಲಿಲ್ಲ (Prvs.).

ಪಿಣ್ಡಕ piṇḍaka. *Incense, myrrh.*

ಪಿಣ್ಡಖರ್ಜೂರ piṇḍa-kharjûra. = ಪಿಣ್ಡಿ-, ಪೆಣ್ಡೆ-, q. v. (Sk.).

ಪಿಣ್ಡಜ piṇḍa-ja. Embryo-born: men and beasts. (My.).

ಪಿಣ್ಡಪ್ರದಾನ piṇḍa-pradâna. The offering of piṇḍas, an oblation of them; supplying with food (My.). ತಿಲೋದಕ ಪಿಣ್ಡಪ್ರದಾನಗಳು (ನಿವಾಪ Śi. 243). ಪಿಣ್ಡಪ್ರದಾನ ಮಾಡಿದರೂ ರಣ್ಡೆಯರಿಗೆ ಗತಿಯಿಲ್ಲ (Prv.).

ಪಿಣ್ಡಾಣ್ಡ piṇḍa-aṇḍa. The egg of the embryo or of the body, being considered, in its construction and arrangement, to be identical with the brahmâṇḍa (My.; Dp. 30, 3).

ಪಿಣ್ಡಿ piṇḍi. = ಪುಣ್ಡಿ No. 1. — ಪಿಣ್ಡಿಸೊಪ್ಪು. Deckanee hemp, Hibiscus cannabinus Lin. (St. & Pl.; T. ಪುಳಿಚ್ಚ-ಕೀರೈ).

ಪಿಣ್ಡಿ piṇḍi. 1. = (ಪಿಣ್ಡ), ಪೆಣ್ಟೆ, ಪೆಣ್ಡೆ 2. A bundle, a pack, a mass (My.; Tĕ. ಪೆಣ್ಡೆ; Mhr. ಪೇಣ್ಡಾ, ಪೇಣ್ಡೀ). — ಪಿಣ್ಡಿಖರ್ಜೂರ. = ಪಿಣ್ಡಖರ್ಜೂರ, etc. (My.).

ಪಿಣ್ಡಿ piṇḍi. 2. (= ಪೆಣ್ಡಿ 1). Possessing a body; (possessing the body of or being related to).

ಪಿಣ್ಡಿಕ piṇḍika. (= ಪಿಣ್ಡಿಕೆ). A globular swelling or protuberance, etc. (Sk.; see Mr. s. ಪಾಣ್ಡು No. 2).

ಪಿಣ್ಡಿಕೆ piṇḍikĕ. = ಪಿಣ್ಡಿಗೆ. *A globular swelling or protuberance, a fleshy swelling in the shoulders, arms, legs, etc.* 2, *the nave of a wheel* (ನಾಭಿ, ಕೂಲುದುಮ್ಬು Mr. 285). 3, the calf of the leg. 4, a stool or seat of various shapes. 5, a base or pedestal. 6, the instep.

ಪಿಣ್ಡಿಗೆ piṇḍigĕ. Tbh. of ಪಿಣ್ಡಿಕೆ (Šmd. 338). See ಲಾಳವಿಣ್ಡಿಗೆ.

ಪಿಣ್ಡಿತ piṇḍita. Made into a lump or ball; heaped together, etc. See ಸಮ್-.

ಪಿಣ್ಡಿಪಾಲ piṇḍipâla. = ಪಿಣ್ಡಿವಾಳ, etc. (Sk.).

ಪಿಣ್ಡಿವಾಳ piṇḍivâḷa. Tbh. of ಭಿಣ್ಡಿವಾಲ (Šmd. 369; ಭಿನ್ದಿಪಾಲ, ಸೃಗ Hlâ.; see s. ಮುಸುಣ್ಡಿ).

ಪಿಣ್ಡಿಶೂರ piṇḍi-śûra. = ಪಿಣ್ಡೀಶೂರ. (ಚೇಟಿ ಗೃಹದೊಳ್ ಗರ್ಜಿಪಂ Mr. 236).

ಪಿಣ್ಡೀತಕ piṇḍîtaka. *The tree Vangueria spinosa* Roxb. See ಚೋಣಗಾರೆ.

ಪಿಣ್ಡೀಶೂರ piṇḍî-śûra. = ಪಿಣ್ಡಿಶೂರ. A cake-hero: *a cowardly boaster, a poltroon.*

ಪಿಣ್ಡು piṇḍu. = ಹಿಣ್ಡು, q. v. To squeeze, etc. (Abh. P. 1, 94; Tĕ. ಪಿಡುಚು, ಪಿಣ್ಡು; cf. ಪಿಳಿ).

ಪಿಣ್ಡು piṇḍu. = ಪಿಣ್ಡ. Tbh. of ಪಿಣ್ಡ. A collection, a multitude, a mass; a herd, a flock, a drove, etc. (ಜಂಗುಳಿ, ನೆರವಿ, ಹೊರಳಿ, ಸಾಲ್, ಗೊಣ್ಡಣಿ, etc., ಶ್ರೇಣಿ Kk. 17; Śm. 54; Ċpr. 7, after 81; Grj. 10, after 79; Tē.). ಗಿಳಿಯ ಪಿಣ್ಡು (Śmd. 161). ಅಂಚೆಯ ಪಿಣ್ಡು (Rśv. 6, 6). See ಅಂಚೆವಿಣ್ಡು, ತುಮಿವಿಣ್ಡು, ನೊರೆವಿಣ್ಡು. — ಪಿಣ್ಡಡು- -ಅಡು. A herd to be scattered (Abh. P. 3, 119). — ಪಿಣ್ಡಾನೆ. -ಆನೆ. Elephants assembled together, a herd of elephants (Rśv. 6, after 11). — ಪಿಣ್ಡುಗಂಕಣ. -ಕಂಕಣ. A number of bracelets (Abh. P. 3, 106; 12, 44. V. 4, 36; 9, 6). — ಪಿಣ್ಡುಗೊಳ್. -ಕೊಳ್. To be amassed or accumulated (Rśv. 5, after 120).

ಪಿಣ್ಡೋತ್ಪತ್ತಿ piṇḍa-utpatti. The birth or formation of the fetus (My.).

ಪಿಣ್ಯಾಕ piṇyâka. *An oil-cake.* 2, *incense.*

ಪಿತ pita. Tbh. of ಪಿತೃ (Nom. ಪಿತಾ). (ಪ್ರಪೂರ್ವ Mr. 314). ಪಿತನಿಲ್ಲದ ಮಗನ್ನ ಸಾಕಿದವನೇ ತನ್ದೆ.—ಪಿತಾ ಮಾತಾ ಮುನಿದ ಸುತನಿಗೆ ಗತಿಯೇನು? (Prvs.). See ಕನ್ನು-, ಮದನ-; Prv. s. ಪಿತೂರಿ.

ಪಿತರ pitara. Tbh. of ಪಿತೃ (Śmd. 105; Kâvy. I, 2, 93 seq.). ಬಡವರ ಪಿತರರನ್ತೆ ಮಱುಗುತ್ತಿರ್ಪಂ (Śmd. 105).

ಪಿತರೌ pitarau. Sk. dual of ಪಿತೃ. *Mother and father, parents.*

ಪಿತಾಮಹ pitâ-maha. *A paternal grand-father* (ತಾತ, ತನ್ದೆಯ ತನ್ದೆ Nn. 22). 2, Brahmâ (ಧಾತ, ಬ್ರಹ್ಮನು 22; Bp. 54, 31). 3, a king (ಭೂನಾಥ, ಅರಸು 22). 4, a self-knowing, or soul-knowing, man (ಮನೋಜ್ಞಾನಿ, ಆತ್ಮಜ್ಞ 22).

ಪಿತುರ pitura. = ಪಿತೂರಿ. (G. 151).

ಪಿತೂರಿ pitûri. Revolt, defection, plot, perfidy (My.; Mhr., H. ಫಿತುರೀ, ಫಿತೂರ; B. 5, 54. 221). ಪಿತೂರಿ ಮಾಡಿದರೂ ತುತೂರೀ ಧ್ವನಿ ತಡಿಸಲಿಕ್ಕೆ ಕೂಡಲಿಲ್ಲ.—ಪಿತೂರಿ ಮಾಡಿದವ ಪಿತನಿಗೆ ಬಲ್ಲನೇ? (Prvs.).

ಪಿತೃ pitṛi. = ಪಿತ, ಪಿತರ. (Sk. Nom. ಪಿತಾ). *A father.* ಪಿತೃಗಳು, fathers; forefathers, ancestors; the spirits of departed and deified ancestors, the manes or spirits of the dead. ಸ್ವರ್ಗಸ್ಥರಪ್ಪ ಪಿತೃಗಳ್ (Śmd. 105).

ಪಿತೃಕರ್ಮ pitṛi-karma. Obsequial rites, oblations offered to the manes or deceased ancestors. (Si. 243).

ಪಿತೃಕಾನನ pitṛi-kânana. A grove of ancestors: *a cemetery.*

ಪಿತೃತರ್ಪಣ pitṛi-tarpaṇa. *Oblations giving satisfaction to the manes;* water out of the right hand as a daily offering to the manes (My.); the act of throwing sesamum and water out of the right hand as an offering to deceased ancestors at parvas or śrâddhas (My.).

ಪಿತೃತಿಥಿ pitṛi-tithi. The death-day of either deceased parent appointed for obsequial rites to them (My.).

ಪಿತೃತ್ವ pitṛitva. Fatherhood, paternity. 2, the state or condition of a pitṛi or deified progenitor. ಪಿತೃತ್ವವನ್ನು ಹೊನ್ದಿದವರು ತೃಪ್ತಿ ಪಡುವದಕ್ಕೋಸ್ಕರ ಮಾಡಲ್ ಪಡುವ ದಾನ (ನಿವಾಪ Si. 243).

ಪಿತೃದಾನ pitṛi-dâna. *A gift in honour of deceased ancestors, an offering to the manes.*

ಪಿತೃದಿನ pitṛi-dina. = ಪಿತೃತಿಥಿ. (My.).

ಪಿತೃದೀಕ್ಷೆ pitṛi-dîkshĕ. A course of austerities (as not shaving the head, abstinence from sexual intercourse, etc.) for the first year after one's father's death (My.).

ಪಿತೃದ್ರೋಹಿ pitṛi-drôhi. A traitor to his father (My.).

ಪಿತೃಧನ pitṛi-dhana. A father's property (ಗ್ರಸ್ಥ, ತನ್ದೆ ಗಳಿಸಿದ ಧನ Nn. 141). 2, patrimony.

ಪಿತೃಪಕ್ಷ pitṛi-paksha. Siding with one's father (Bh. 1, 8, 17). 2, the dark half in the bhâdrapada month peculiarly appointed for the celebration of obsequial rites to the Manes (My.).

ಪಿತೃಪತಿ pitṛi-pati. *Yama.*

ಪಿತೃಪಿತೃ pitṛi-pitṛi. *A father's father.*

ಪಿತೃಪ್ರಸು pitṛi-prasu. A father's mother. 2, mother of the Manes: *twilight.*

ಪಿತೃಪ್ರಿಯ pitṛi-priya. Yama (Mr. 49).

ಪಿತೃಮೇಧ pitṛi-mêdha. Obsequial offerings to the Manes. (My.).

ಪಿತೃಯಜ್ಞ pitṛi-yajña. = ಪಿತೃಮೇಧ. (My.).

ಪಿತೃಋಣ pitṛi-ṛiṇa. A debt to the Manes: the generation of a son (My.).

ಪಿತೃವನ pitṛi-vana. = ಪಿತೃಕಾನನ. *A cemetery.*

ಪಿತೃವಸತಿ pitṛi-vasati. An abode of ancestors: *a cemetery.*

ಪಿತೃವಿಯೋಗ pitṛi-viyôga. The loss, or death, of a father (Ċpr. 2, 49; My.).

ಪಿತೃವ್ಯ pitṛivya. *A paternal uncle.*

ಪಿತೃಶೇಷ pitṛi-śêsha. Remains of the meal of an obsequial rite (My.).

ಪಿತೃಸ್ವಸೃ pitṛi-svasṛi. *A father's sister, paternal aunt.*

ಪಿತೃಸನ್ನಿಭ pitṛi-sannibha. *Like a father, fatherly, paternal.*

ಪಿತೃಸ್ಥಾನ pitṛi-sthâna. The place in the house where a deceased father is summoned to sit down (My.).

ಪಿತ್ತ pitta. = ಪುಚ್ಚ್ಯ, ಪಚ್ಚ್ಯ, etc. *Bile; the bilious humour.* 2, foolishness, madness (not Sk.; My.); choler, irascibility, irritability of temper (Mhr.). ಪಿತ್ತ ತಲೆಗೇಱಿದವಗೆ ಶಂಖ ಕಣ್ಣಿಗೆ ಕಣ್ಡರೆ ಅದಱ ಬಣ್ಣ ಕೆಟ್ಟೀತೇ?—ಪತ್ಯ ಮಾಡಿ ಮಾಡಿ ಪಿತ್ತ ಹೆಚ್ಚಿತು.—ಪಿತ್ತವಿದ್ದರೆ ಚಿತ್ತ ಸಿಕ್ಕೀತೇ? (Prvs.). See Prv. s. ಮರುಳ.

ಪಿತ್ತಕಾಮಾಲೆ pitta-kâmâlĕ. A kind of jaundice (My.).

ಪಿತ್ತಗನ್ದಿ pitta-gandi. Small swellings in the skin produced by bile (My., also ಪಿತ್ತಗನ್ದೆ).

ಪಿತ್ತಘ್ನಿ pitta-ghni. The plant Cocculus cordifolius. (R.).

ಪಿತ್ತಜ್ವರ pitta-jvara. Bilious fever. (My.).

ಪಿತ್ತನಾಡಿ pitta-nâḍi. The middle vein of the wrist which is said to indicate the amount of the body's bile (My.).

ಪಿತ್ತಭ್ರಮೆ pitta-bhramĕ. Bile-erring, disorder in the action of the liver. ಪಿತ್ತಭ್ರಮೆಯಿದ್ದವಗೆ ಚಿತ್ತಭ್ರಮೆಯಾಗದೇ? (Prv.). 2, madness (My.).

ಪಿತ್ತಲ್ pittal. = ಪಿತ್ತಿಲ್, etc. (V. 33, 28; 41, 42).

ಪಿತ್ತಲ pittala. 1. = ಪಿತ್ತಳೆ, ಪಿತ್ತಳಿ, ಹಿತ್ತಾಳೆ, ಹಿತ್ತಾಳಿ. Brass (Sk.; Mhr., H. ಪಿತಳ; Tĕ. ಪಿತ್ತಳಿ; T. ಪಿತ್ತಳೈ; M. ಪಿಚ್ಚಳ).

ಪಿತ್ತಲ pittala. 2. Relating to the bilious humour, bilious, secreting bile (Sk.). 2, roguish behaviour (T. ಪಿತ್ತನ್, a mad man; a rogue). — ಪಿತ್ತಲಾಟ. -ಆಟ. Trickery, lying, deceit, defrauding (My.; T., M.; Tĕ. ಪಿತಲಾಟ; My. also ಪಿತ್ತಾಲಾಟ).

ಪಿತ್ತಿಲ್ pittil. = ಪಿಸ್ತಿಲ್ (s. ಪಿಸ್ತು), etc. (ನಿಘುಟ Nn. 142, o. rs. ಪಿತ್ತಲ್, ಹಿತ್ತಿಲ್).

ಪಿತ್ರ್ಯ pitrya. *Paternal, patrimonial, ancestral.* 2, *referring to the Manes, devoted to the Manes, obsequial.*

ಪಿತ್ಸತ್ pitsat. ಪಿತ್ಸನ್ತ್. Habitually falling or flying; *a bird.*

ಪಿಧಾನ pi(*i. e.* ಅಪಿ)-dhâna. *Covering, shutting.* 2, *a cover, a lid* (ಉದಂಚನ, ಎಸಮುಚ್ಚ Mr. 210). 3, a wrapper, a cloak.

ಪಿನ್ pin. = ಪಿಂ (ಪಿಜ್), etc. The state of being behind, etc. (T., M.; M. also: other, see ಪೆಱ). — ಪಿನ್ದಿರಿಗು. -ತಿರಿಗು. = ಪಿನ್ತಿರುಗು. (Rśv. 5, after 120). — ಪಿನ್ತಿರುಗು. -ತಿರುಗು. To turn backwards (v. i., ಪೆಱ ತೆಗೆ Kk. 72). 2, to turn backwards (v. t.). — ಪಿನ್ದೆಗೆ. -ತೆಗೆ. To retreat (Śśv. 4, 74). — ಪಿನ್ನೆಲೆ. Back ground (J. 8, 31).

ಪಿನದ್ಧ pi(*i. e.* ಅಪಿ)-naddha. Tied on, put on, fastened; *dressed, accoutred;* covered.

ಪಿನಸ pinasa. = ಪೀನಸ. (Sk.; see Mhr. s. ಪಿನಸಿ).

ಪಿನಸಿ pinasi. = ಪೀನಸ. ಪಿನಸಿರೋಗ (ಪೀನಸ, ಪ್ರತಿಶಾಯ, ನೆಗಡಿ G.; S. Mhr.; Mhr. ಪಿನಾಸ, purulent deflection in the nose).

ಪಿನಾಕ pinâka. *A three-pronged spear, a trident, especially that of Śiva.* 2, *Śiva's bow.*

ಪಿನಾಕಧರ pinâka-dhara. Śiva (Mr. 12).

ಪಿನಾಕಿ pinâki. *Śiva.*

ಪಿನಾಕಿನಿ pinâkini. N. of a river, the Pĕnnâṛ. (My.; Tĕ.).

ಪಿನ್ತು pin-tu. = ಪಿನ್ತೆ (Śmd. 146), ಪಿನ್ದು (146), ಪಿನ್ದೆ, ಹಿನ್ದು (64 Cm.), ಹಿನ್ತೆ, ಹಿನ್ದೆ. That which is back, behind, previous; that which is afterwards or hereafter (ಪೆಱಗು Śmd. 199; ಪೆಱತು Ćt. II, 110); and *adverbially.* ಪಿನ್ತಣ, ಪಿನ್ತಣಿಂ (Śmd. 135). ಪಿನ್ತಣ ಮೆಯ್ಯೊಳ್ (ಪೆಱಗೆ 201). ಪಿನ್ತಗ್ಗೆ (see below). — ಪಿನ್ತಣಂ. -ಅಂ. (Śmd. 136). A man that is behind or belongs to the rear. — ಪಿನ್ತಗ್ಗವರ್. -ಬರ್. To retreat, etc. (ಮೆಯ್ದೆಗೆ, ಬಳ ಸೋರ್, ಪೆಡಮೆಟ್ಟು, ಪೆಱ ಹೋಗು, ಪಾಱು, ಅಕ್ಕುಳಿಸು, etc., ಅಪಸರಣ Śs.). — ಪಿನ್ತಾಗು. -ಆಗು. To be behind (Śśv. 4, 40). — ಪಿನ್ತಿಲ್. -ಇಲ್. (Śmd. 198. 199). = ಪಿತ್ತಲ್, ಪಿತ್ತಿಲ್, ಹಿತ್ತಲ್, ಹಿತ್ತಲ, ಹಿತ್ತಿಲ್, ಹಿತ್ತಲು. The back-place, the rear, etc. (ಪಿಂಗಡೆ, ಪೆಡ, ಪೆಱಗು Śm. 60; Kk. 46; ಪೆಡಮೆಟ್ಟು, ಪೆಱಗು, ಪೆಱತು, ಹಿಂಗಡೆ Śs.); a back-yard. — ಪಿನ್ತೊಲೆ. -ಒಲೆ. (Śmd. 199). A back-fireplace.

ಪಿನ್ತೆ pintĕ. = ಪಿನ್ತು (Śmd. 146), ಪಿನ್ದೆ (115), ಹಿನ್ತೆ (285 Cm.), etc. The rear, the back-side or part, etc. (ಪಾರ್ಶ್ವ, ಹಿನ್ದಣ ಭಾಗ Nn. 134); behind, in a preceding place (ಹಿನ್ದುಗಡೆಯಲ್ಲಿ Śmd. 52 Cm.; J. 7, 23), in the first place (Ch. v. 111); formerly, previously (J. 2, 3. 25; 10, 18; 29, 34). ಪಿನ್ತೆಗೆ (Bp. 34, 21).

ಪಿನ್ದನೆ pindanĕ. Behind (in place, Abh. P. 11, 96).

ಪಿನ್ದು pindu. = ಪಿನ್ತು, ಪಿನ್ದೆ (Śmd. 146; Tĕ. ಪಿಱ, ಪಿಱುನ್ದೆ), etc. ಅವಱಿಂ ಪಿನ್ದು (47). ಪಿನ್ದುಗಳ್ (198). ಪಿನ್ದಗ್ಗೆ (Ćpr. 1, 102). ಹಡಗಿನ ಪಿನ್ದು (ಚುಕ್ಕಣ Mr. 408). — ಪಿನ್ದಣನ್ತೆ. -ಅನ್ತೆ. As before (Śmd. 146). — ಪಿನ್ದಯ್ದು. -ಅಯ್ದು. To go or come at the back. ಪಿನ್ದಯ್ದಿ ಪೋಪುದು (ಬಱ ಸಲ್ Ćt. I, 85). — ಪಿನ್ದುಗಡೆ. -ಕಡೆ. A place that is behind (ಪೆಱಗೆ Śmd. 201 Cm.). — ಪಿನ್ದುಗಳೆ. -ಕಳೆ. To reject, to scorn (Rśv. 5, after 19). — ಪಿನ್ದುಗೆಯ್. To throw back (Śśv. 4, 40). — ಪಿನ್ದುಗೊಳ್. -ಕೊಳ್. To follow (Rśv. 1, after 135; 2, after 76). — ಪಿನ್ದು ಮುನ್ದು. That is behind and in front (Ć. Bp. 47, 28). 2, the hind part being in front, reversed position, inversion, disorder, confusion (My. as ಹಿ-).

ಪಿನ್ದೆ pindĕ. = ಪಿನ್ದು (Śmd. 146), ಪೆಱಗೆ (114 Cm.), etc. ಪಿನ್ದೆ ಹೋದ ಅರ್ಥದಲ್ಲಿ (ಅತೀತಾರ್ಥದಲ್ಲಿ) ಪ್ರಾಕ್ ಎನಿಸುಗು (Nr.). ಮುನೆ ಒತ್ತಕ್ಕರಮ್ ಇರಲು ಪಿನ್ದೆ ಗುರುವಕ್ಕು (Mr. 368). — ಪಿನ್ದೆಬರ್. To come behind, to follow (ಬೆಮ್ಬಱ Śmd. I.; Rśv. 13, 95).

ಪಿನ್ನಿ pinni. (= ಪಿನ್ನೆ?). — ಪಿನ್ನಿವಾಲದ ಮರ. A common roadside tree, Urostigma retusum Miquel (Z.).

ಪಿನ್ನೆ pinnĕ. = ಪಿನ್ದೆ. Formerly, in old times (Rśv. 1, 77; T.).

ಪಿಪಾಸ pipâsa. = ಪಿಪಾಸೆ. (Mr. 235).

ಪಿಪಾಸಿತ pipâsita. *Wishing to drink, thirsty.*

ಪಿಪಾಸು pipâsu. *Thirsty.*

ಪಿಪಾಸೆ pipâsĕ. *Thirst.*

ಪಿಪೀಲಿಕ pipîlika. An ant (ಕ್ಷುದ್ರ, ಇಱುಪೆ Mr. 165). 2, a kind of gold supposed to be collected by ants.

ಪಿಪೀಲಿಕಾಸ್ತ್ರ pipîlikâ-astra. A weapon that takes the form of ants when thrown (J. 24, 34).

ಪಿಪೀಲಿಕೆ pipîlikĕ. -ಕಾ. *An ant;* the common small red ant. See Prv. s. ಲಿಪಿ.

ಪಿಪ್ಪಲ pippala. = ಪಿಮ್ಪಲ. *The holy fig-tree, Ficus religiosa* (ಕುಜಭೇದ, ಮರಗಳ ಭೇದ Nn. 62). 2, water (ಜಲ, ಉದಕ 62). 3, swampy ground (ಶ್ಲಕ್ಷ್ಣ, ಜವುಗಿನ ನೆಲ 62). 4, dirt, filth, impurity (ಮಲಿನ, ಮಾಸಿದುದು 62). 5, an ascetic (ಯೋಗೀಶ್ವರ, ಯತೀನ್ದ್ರ 62).

ಪಿಪ್ಪಲಿ pippali. = ತಿಪ್ಪಲಿ, ಹಿಪ್ಪಲಿ (Śmd. 342), ಹಿಪ್ಪಲಿ. *Long pepper, Piper longum* Lin.

ಪಿಪ್ಪಲೀಮೂಲ pippalî-mûla. *The root of long pepper.*

ಪಿಪ್ಲು piplu. *A freckle, a mark, a mole.*

ಪಿಮ್ pim. = ಪಿಂ (ಪಿಜ್), etc. The state of being behind, afterwards, later, etc. — ಪಿಮ್ಪಱ ಕೆಯ್. To rebuke in by-gone days (Ćpr. 8, after 53). — ಪಿಮ್ಬಗಲ್. -ಪಗಲ್. The latter part of the day, eventide (ಕಡೆವಗಲ್ Śm. 18). — ಪಿಮ್ಬೆಡೆ. -ಬೆಡೆ. (Śmd. 199). = ಹಿಮ್ಬೆಡೆ. The latter time of sowing seed. — ಪಿಮ್ಪೊಯ್ತು. -ಪೊಯ್ತು. (Śmd. 199). The setting sun (ಪಡುನೇಸಱ Śs.).

ಪಿಮ್ಪಲ pimpala. = ಪಿಪ್ಪಲ. (ಗೋಳಿ Mr. 118, o. r. ಗೋಣಿ; Mhr. ಪಿಮ್ಪಳ).

ಪಿಮ್ಪು pimpu. = ಪೆಮ್ಪು. ಮೂಲೋಕಕ್ಕೆ ಪಿಮ್ಪಿನ್ದಗುನ್ದಲಿಯಾಗಿರ್ದುದು (Śmd. 223 Mdb.).

ಪಿಯ piya. Tbh. of ಪ್ರಿಯ (Ć. Bp. 10, 9).

ಪಿಯಾಲ piyâla. = ಪ್ರಿಯಾಲ. *The tree Buchanania latifolia* Roxb., *and its fruit* (Chironjia sapida R. MSS.). See ಮೊಱಲೆ.

ಪಿರಂಗಿ pirangi. = ಫಿರಂಗಿ. A great gun or cannon (My.; V. 10, after 10; B. 4, 141. 146. 217; Si. 287; Tĕ., H. ಫಿರಂಗಿ, ಫಿರಿಂಗಿ; T. ಪೀರಂಗಿ; M. ಪೀರಂಗಿ, ಬೀರಂಗಿ, ಭೀರಂಗಿ). ತುಪಾಕೀ ಹೊಟ್ಟೇಲಿ ಪಿರಂಗಿ ಹುಟ್ಟಿದ ಹಾಗೆ.—ಕೋವೀ ನೋಡಿ ಹೆದಱುವವ ಪಿರಂಗಿಗೆ ಬೆಂಕಿ ಕೊಟ್ಟಾನೇ?—ಪಿರಂಗೀ ಗುಣ ಪರಂಗಿ ಅಱಿಯನೇ? (Prvs.). — ಪಿರಂಗಿಗಾಡಿ. A gun-carriage (Si. 275; My.). — ಪಿರಂಗಿಬಾಯಿ. The muzzle of a gun (My.).

ಪಿರಿ piri. = ಹಿರಿ 1, ಹಿರೆ. Extensiveness, largeness; abundance; numerousness, frequency; greatness, pre-eminence; advanced age (T. ಪೆರು, ಪರು; M. ಪೆರಿ, ಪೆರು; T., M. ಪೆರುಗು, to be multiplied, grow large; T. ಪಿಱಂಗು, to be full, increase; see ಪೆರ್ 1, etc.). — ಪಿರಿದಾಗು. ಪಿರಿದು ಆಗು. To become extensive, plentiful, abundant, great, conspicuous, etc. (J. 16, 34). ಪಿರಿದಾಪುದು (ಮಿಗು Śm. 81). ದೇವನಾಲಂ ಪಿರಿದಾಗಿರ್ಪ ಭೂಮಿ (ನಡಪ್ರಾಯ, etc.); ಪಿರಿದಪ ಇಚ್ಛೆಯನುಳ್ಳವನು (ಮಹೇಚ್ಛ Nr.).

ಕಿಱಿದಾಗಿರುವವನ್ನು ಪಿರಿದಾಗಿ ಮಾಡುವಿಕೆ (ವಿಸ್ತಾರ, etc. Si. 395). — ಪಿರಿದಾಸೆ. -ಆಸೆ. Great desire (ಬಾಳುಳಿ Šm. 51). — ಪಿರಿದೀ. -ಈ. To give much (Rāv. 11, 165). — ಪಿರಿದೀವಂ. -ಈವಂ. (Šmd. 90). A liberal man. ಅಃ, ಪಿರಿಯಂ! ಪಿರಿದೀವನ್ ಇತ್ತುದಂ ನೆನೆವನೆ? ಚಃ, ಅದಂ ನೆನೆಯಂ! (68. 184). — ಪಿರಿದು. = ಪೆಮ್ಪು (Šmd. 249), ಹಿರಿದು. That is extensive, large, big, great, etc., and of advanced age (ಅಮ್ಮಿತು Čt. I, 22; T. ಪೆರಿಚು, ಪೆರಿದು, ಪೆರಿಯದು; M. ಪೆರುದು). ತಾನದು ಪಿರಿದು (Šmd. 174). ಪಿರಿದುಜಾಗಂ (291). ಪಿರಿದಪೊಳ್ ನಾನಾ ಎನಿಕ್ಕು (Mr. 537). ತಿಮಿಂಗಿಲಾದಿಗಳ್ ಅದೊನ್ದಕ್ಕೊನ್ದು ಪಿರಿದಪ್ಪ ಮೀನಕ್ಕು (410). ಪಿರಿದು ಮಾಡ್ಪುದು (ವಿಸ್ತರ, ಬಿತ್ತರ, ವ್ಯಾಸ, etc. 447). ಕಿಱಿದಂ ಪಿರಿದು ಮಾಡುವುದು (ವಿಸ್ತಾರ, etc. Nr.). Conjugation: ಪಿರಿಯನೆಂ, ಪಿರಿಯರೆವು, ಪಿರಿಯೆವು (Šmd. 258). See Rāv. 6, 34; 12, 39; 13, after 71; J. 2, 32; 17, 20. 2, = ಪಿರಿದುಂ, extensively, greatly, much, frequently, etc. (ಘನಮಾಗಿ Šmd. 237; ವೆಗ್ಗಳಮಾಗಿ Cm.; ಕಾಮಂ, ಪ್ರಕಾಮಂ, ಅತ್ಯರ್ಥಂ, etc. Mr. 436; ಅಣಿಯರ, ಅಗುನ್ದಲೆ, ನೂಳದು, etc. Kk. 84). See Šmd. 225; Bp. 32, 39; 46, 34. 35; 52, 3. 15; Prll. 3, 26; J. 5, 57; 20, 31. — ಪಿರಿದುಂ. -ಉಂ. Extensively, greatly, much, conspicuously, frequently; further; indeed (ನಾಡೆ, ಎಡೆ, ನೆಱೆ, ನೀಡುಂ, ಮಿಗೆ, etc., ಅಧಿಕಂ Šmd. 391; ಸೋಡಂ, ಜಾಡಂ 393; ಪೀನಂ 108; ನಾಡೆ, etc., ಅತ್ಯರ್ಥಂ Čt. II, 25; ಬಹುಳಮಾಗಿ Šmd. 42. 52. 58 Cm.; ವೆಗ್ಗಳಮಾಗಿ, ದೊಡ್ಡಿತಾಗಿ 108 Cm.; ವಿಶೇಷಮಾಗಿ 140. 297. 394). See Čpr. 1, 49. 78; 2, 54; 3, 3; Rāv. 8, 98. — ಪಿರಿದುರಿ. -ಉರಿ. A great flame (Bp. 44, 21; 45, 31). 2, to burn greatly (50, 28). — ಪಿರಿ ಪಿರಿದು. rep. (Bp. 59, 18). — ಪಿರಿಯ. *Genitive* of ಪಿರಿ. (According to grammar a formation from ಪಿರಿದು, Šmd. 184). ಮಣಿಯುಡಿದೊವಲುಂ ಪಿರಿಯ ಪಣೆಗಟ್ಟುಂ (78). ಪಿರಿಯ ಮಗಂ (201). ಪಿರಿಯ ವಿಜಾನ್ (Čpr. 5, 40). ಪಿರಿಯ ಕಡುಪು (Abh. P. 10, 158). ಪಿರಿಯ ಕಣಜ (Bp. 53, 26). ಪಿರಿಯ ಕರಿ (22, 6). ಪಿರಿಯ ಕಲ್ (20, 14). ಪಿರಿಯ ಧ್ವನಿ (53, 25). ಪಿರಿಯಮ್ಮ (3, 82). ಪಿರಿಯಮ್ಬೆ (V. 9, 124). ಪಿರಿಯ ನೇಹಯ (Rāv. 6, after 11). ಮುತ್ತಿನೊಡ್ಡರವವನ ಪಿರಿಯುರದೊಳ್ ಇಟ್ಟು (Rāghč. 17, 71). ಪಿರಿಯವು (Šmd. 117. 119). 2, ಪಿರಿ-ಅ 3. = ಹಿರಿಯ. (T., M. ಪೆರಿಯ). A great, eminent, noble man (ಮಹಾತ್ಮ, ಉದೀರ್ಣ Mr. 233); a chief (see ಇಳಿಯ-, ಕನಸುಗಾಣದರ-, ಸಗ್ಗಿಗರ-); a wise man, a scholar (ಶ್ರೇಷ್ಠನಾದ ವಿದ್ವಾಂಸ Šmd. 38 Cm.; ವಿದ್ವಾಂಸ 260 Cm.); a Brāhmaṇa (ದ್ವಿಜ Šm. 52); a man more advanced in age, one who is older; an elder, a senior (see ಜಗುನೆಯ ಪಿರಿಯ). ಕೃಷ್ಣನತ್ತಣಿಂ ಬಲಭದ್ರಂ ಪಿರಿಯಂ (Šmd. 160). ಸಮಂ ನುಡಿವೊಡೆ ಅವಂ ಪಿರಿಯಂ (297). ಪಿರಿಯಂ, ಕಿಱಿಯಂ (184). ಪಿರಿಯಳ್ (245). — ಪಿರಿಯಕ್ಕರ. -ಅಕ್ಕರ. N. of a metre (Čh.; see an instance in Čpr. 4, 18).

ಪಿರಿಕಿ piriki. = ಪಿರಿಕೆ. A range, division, jurisdiction. (H.; My.).

ಪಿರಿಯ piriya. Tbh. of ಪ್ರಿಯ. (My.).

ಪಿರಿಯಾದಿ piriyādi. = ಫಿರ್ಯಾದಿ, q. v. ಪಿರಿಯಾದಿ ಮಾಡದ ಹೊತ್ತುರ್ ದಾಯಾದಿ ಕೇಳ (Prv.).

ಪಿರೀತಿ pirīti. Tbh. of ಪ್ರೀತಿ. (My.).

ಪಿರೂತಿ pirūti. = ಪಿರೀತಿ. (S. Mhr.).

ಪಿಱಿದು piṟadu. O. r. of ಪೆಱದು, q. v. s. ಪೆಱ. ಪಿಱವುಂ (plural of ಪಿಱದು -ಉಂ), other (Abh. P. 12, after 40).

ಪಿಱಿ piṟi. = ಪಿಱು. Flesh (? Tē. ಪೆರಸು, T. ಇರ್ಪ್ಪು, ಇಟ್ಚಿ, ಪುಳ್ಳ, flesh, see s. ಎರೆ 3; *cf.* ಪಿಚ್ಚ?), or a sheep, a goat (? T. ವೆಱಿ, Tē. ವೇಟ, a sheep or goat for slaughter). ಪೊಯ್ದಾಡಿ ಮಡಿದ ಕಲಿಗಳ ಶರೀರಂಗಳಂ ಪೊಯ್ದೆಱೆದು ಪಿಱ ತಿಮ್ಬು ಮರುಳ್ಗಳ್ (J. 8, 88). — ಪಿಱಿತಿನಿ. A piṟi-eater: a demon (ಮರುಳ್ Šmd. II; Šm. 58; Kk. 91, o. r. ಪಿಱು-; Kāvy. II, 1, 27). — ಪಿಱಿತಿನಿಯಯಾಣ್ಮ. -ಅಣ್ಮ. Šiva (Kk. 5). — ಪಿಱಿತಿನಿಯಯಾಳ್ಮ. -ಆಳ್ಮ. = ಪಿಱಿತಿನಿಯಯಾಣ್ಮ. (ಈಶ್ವರ Šm. 8).

ಪಿಱಿಕಿ piṟiki. A timid man, a coward (Tē.; T. ಪಿಱಿಕ್ಕು, ಪಱಪ್ಪು, ವಿಱಪ್ಪು, fear; ಪಿಱಿ, to tremble; ವಿಱ, to fear; *cf.* ಪುಕ್ಕು 1, ಬೆದರು). ಭಯ ಪಡುವ ಪಿಱಿಕಿ (ತ್ರಸ್ನು, ಭೀರು, ಭೀರುಕ, ಭೀಲುಕ, ಹೆದರುವವನು Si. 360).

ಪಿಱು piṟu. = ಪಿಱಿ. — ಪಿಱುತಿನಿ. = ಪಿಱಿತಿನಿ, q. v.

ಪಿಱೆ piṟĕ. (= ಪೂಱ, ಪೆಱ). The hind part: the posteriors, a buttock (My.; Tē. ಪಿಱುದು, ಪಿಱ; M. ಪೂನಲ್, ಪೂಱ, ಪೂಱು, see s. ಪುಕ್ಕು 2; Mhr. ಪುಠ; T. ಪುಱ, the behind-side; see ಪಿಂ, ಪಿಱ; *cf.* ಪೊಱವಾಱ). ಪಿಱೆಗಳು (ಕಟಿ, ತ್ರೋಣಿ, ಕಕುದ್ಮತಿ, ಅಣ್ಡುಗಳು); ಹೆಂಗಳ ಹಿನ್ದುಗಡೇ ಪಿಱೆಗಳು (ನಿತಮ್ಬ Si. 208).

ಪಿಲು pilu. = ಪೀಲು. N. of a tree (ಕುಜಾತ, ವೃಕ್ಷ Nn. 126; ಮರ Mr. 489; ಸಹಸ್ರಾಂಗಿ, ಉಗುನಿ Mr. 146). 2, grass (ತೃಣ, ಹುಲ್ಲು 126; ಹುಲ್ಲು 489). 3, a stone (ಅಶ್ಮ, ಕಲ್ಲು 126).

ಪಿಲ್ಲ pilla. = ಪಿಳ್ಳ, 1, ಪಿಳ್ಳೆ. Smallness (Tē. ಪಿಲ್ಲ). — ಪಿಲ್ಲಪಾಪರೆಚೆಟ್ಟು. (ಚಿತ್ರಿ, ಗವಾಕ್ಷಿ, etc., ಹೆಮ್ಮಕ್ಕೆರು, ಬುಡುಮಕಾಯಿ Si. 161). — ಪಿಲ್ಲಪಿಚ್ಚರೆ. (Tē. ಪಿಲ್ಲಪೀಚರ; ಶತಮೂಲಿ, ಬಹುಸುತೆ, ಅಭೀರು, ಭೀರುಪತ್ರಿ, ಶತಾವರಿ, etc. Si. 146).

ಪಿಲ್ಲ pilla. *Blear-eyed, moist-eyed.* See ಅಱಿಗಣ್ಣವನು.

ಪಿಲ್ಲಕೆ pillakĕ. A female elephant (Sk.; see ಪಿಡಿ 4).

ಪಿಲ್ಲಣಿಗೆ pillaṇigĕ. A club, a bludgeon (ಪರಿಘ, ಪರಿಘಾತನ Mr. 298; Tē. ಪುಲ್ಲತಿ; *cf.* ಪುಟ್ಟಗೋಲ್?). ಪಿಲ್ಲಣಿಗೆಯನುಂ ಕೊಡಲಿಯನುಂ ಆಯುಧಮಾಗುಳ್ಳವನು (ಯಾಷ್ಟೀಕ, ಪಾರಶ್ವಧಿಕ Nr.).

ಪಿಲ್ಲಿ pilli. 1. A silver ring worn on the second toe by married women (Bp. 4, 36; My.; Tē. ಪಿಲ್ಲಾಣಿ; T., M. ಪೀಲಿ). See ಕಾಲ್-.

ಪಿಲ್ಲಿ pilli. 2. (= ಬೆಕ್ಕು). A cat (Tē., T.; R.; *cf.* Mhr. ಪಿಲೂಂ; *cf.* ಪುಲಿ?).

ಪಿಶಂಗ piśanga. *Reddish-brown, reddish, tawny.*

ಪಿಶಂಗಾಶ್ಮ piśanga-aśma. A kind of precious stone (ಗೋಮೇದಕ, ಬನ್ನುರ Mr. 101).

ಪಿಶಂಗೀಭೂತ piśangī-bhūta. = ಪಿಶಂಗ. (Čpr. 4, after 75).

ಪಿಶಾಚ piśāča. *A male spirit, a fiend, a goblin, a malevolent being, a devil.* See Mr. s. ದೇವಯೋನಿ. ಪಿಶಾಚ ಬಿಟ್ಟರೂ ನಿಶಾಚರ ಬಿಡ.. ಪಿಸರು ತೆಗದರೂ ಪಿಶಾಚ ಬಿಡುವದಿಲ್ಲ (Prvs.). — ಪಿಶಾಚಗಳೊಡೆಯ. -ಒಡೆಯ. Šiva (G. 333).

ಪಿಶಾಚಿ piśāči. = ಪಿಶಾಚ. A female imp, a she-demon (Sk.; Bp. 18, 21; 40, 52). 2, a male, female, or neuter spirit, etc. (My.; ಗ್ರಹ G.). ಪಿಶಾಚಿಯ ಬಾಧೆ (ಆವೇಶ G.). See Prv. s. ಬೆನ್ನು; *cf.* ಬೇ 1.

ಪಿಶಾಚು piśāču. = ಪಿಶಾಚ No. 2. (My.).

ಪಿಶಿತ piśita. = (ಪಿಚ್ಚ), ಪಿಸಿತ. *Flesh, meat.*

ಪಿಶಿತಾಶ piśita-āśa. = ಪಿಶಿತಾಶನ. (My.).

ಪಿಶಿತಾಶನ piśita-aśana. Flesh-eating: *a demon, rākshasa or piśāča.*

ಪಿಶಿತೆ piśitĕ. Spikenard, Nardostachys jatamansi (ಜಟಾಮಾಂಸಿ Mr. 148).

ಪಿಶುನ piśuna. = ಪಿಸುಣ, ಪಿಸುಣು, ಹಿಸುಣ. *A betrayer, an informer, a tale-bearer, a backbiter, a calumniator, a slanderer.* 2, informing against, calumny, slander. 3, *cruel, wicked, malignant* (ನೀಚ, ಖಲ, ದುರ್ಜನ Mr. 229). 4, *saffron.* 5, making known, indicating, displaying, making manifest.

ಪಿಶುನತ್ವ piśunatva. Slander, scandal, tale-bearing, backbiting (My.).

ಪಿಶುನೆ piśunĕ. *The plant Medicago esculenta* Rottl., Roxb.

ಪಿಷ್ಟ pishṭa. = ಪಿಟ್ಟು, ಹಿಟ್ಟು. Ground, pounded, crushed, bruised; squeezed. 2, flour, meal. 3, lead.

ಪಿಷ್ಟಕ pishṭaka. *A cake;* bread.

ಪಿಷ್ಟತನ್ತು pishṭa-tantu. A kind of vermicelli (ಸೇವಗೆ Mr. 213, o. r. ಸೇವಿಗೆ).

ಪಿಷ್ಟಪ pishṭapa. = ವಿಷ್ಟಪ. *A world, a division of the universe.*

ಪಿಷ್ಟಪಚನ pishṭa-pačana. *A pan, a boiler, a seether.*

ಪಿಷ್ಟಾತ pishṭâta. *Perfumed powder,* for scenting rooms, garments, etc.

ಪಿಷ್ಟಾತಕ pishṭâtaka. = ಪಿಷ್ಟಾತ. (Čpr. 3, after 96; Abh. P. 4, 27).

ಪಿಸರು pisaru. = ಪಿಚ್ಚು, ಪಿಸುರು. Filth of the body, the rheum of the eye, etc. (My.; Tĕ.; *cf.* ಪೀ, etc.).

ಪಿಸರು pisaru. Infatuation: foolish pride, arrogance, refractoriness (My.; H.; Tu.: anger; Mhr. ಪಿಸಾ, mad; ಪಿಸಾಟಣೇಂ, ಪಿಸಾಳಣೇಂ, to become rabid). ಪಿಸರು ಇದ್ದವನ ಹತ್ತರ ಉಸುರ ಬಾರದು (Prv.). — ಪಿಸರು ತೆಗೆ. To reprove, to scold. ಪಿಸರು ತೆಗದರೂ ಪಿಶಾಚ ಬಿಡುವದಿಲ್ಲ (Prv.).

ಪಿಸಾಯ್ pisây. The mouse deer, Memimna indica (Gz.; H.).

ಪಿಸಿ pisi. = ಪಿಸು. A sound in imitation of whispering. — ಪಿಸಿ ಪಿಸಿ ಮಾತಾಡು. To whisper (My.).

ಪಿಸಿತ pisita. Tbh. of ಪಿಶಿತ. (Bp. 24, 17. 21).

ಪಿಸು pisu. = ಪಿಸಿ. — ಪಿಸುಗುಟ್ಟು. -ಕುಟ್ಟು. To whisper (My.).

ಪಿಸುಕು pisuku. = ಪಿಸುಂಕು, ಹಿಸುಕು, ಹಿಸಕು, ಹಿಸಿಕು, ಹಿಸುಕು. To squeeze, to press, as a fruit; to press closely, as the throat; to knead; to shampoo (My. ಹಿಸುಕು, etc.; Tĕ. ಪಿಸುಕು, ಪಿಸುಕು, ಪಿಸುಕು; T., M. ಪಿದುಕ್ಕು; Tu.; M. ಪಿತುಕ್ಕು, the remains of expressed cocoanuts; *cf.* ಪಿೞ್). 2, to treat with great disrespect or contempt (ಅವಜ್ಞಾತಿಶಯ Šmd. Dh.).

ಪಿಸುಂಕು pisuṅku. = ಪಿಸುಕು No. 2. (Šmd. Dh.).

ಪಿಸುಣ್ pisuṇ. Fury, rage. — ಪಿಸುಣ್ಪೇಱ್. To become furious or very angry (Čpr. 5, after 64; 7, 143; Abh. P. 8, after 52).

ಪಿಸುಣ್ pisuṇ. = ಪಿಸುಣ. ಪಿಸುಣೆನ್ದು ಕುತ್ಸಿತಂ (Kk. 72). — ಪಿಸುಣಾಡಿಸು. -ಆಡಿಸು. To cause to slander (Čpr. 8, 73). — ಪಿಸುಣಾಡು. -ಆಡು. To slander (V. 8, after 4; Šŝv. 1, 50). — ಪಿಸುಣ್ಗೆಡೆ. -ಕೆಡೆ. To drop slander: to slander (V. 8, after 16, twice).

ಪಿಸುಣ pisuṇa. Tbh. of ಪಿಶುನ. A betrayer, etc. (ದುರ್ಜನ, ಪಿಶುನ Hlâ.). 2, slander, etc. (ಕೊಣ್ಡೆಯ, ಚಾಡಿ, ಕುತ್ಸಿತ Šm. 65; ಎಡೆನಿಚ್ಚ Ŏt. I, 13). ಆತನುಂ ನೀನುಮ್ ಆನುಂ ಪೊಡಿಗಾಗಿರ್ದ ವಿಪನಿಪತಿಗೆ ಪಿಸುಣದಿಂ (Šmd. 262). ಪಿಸುಣನ ಧ್ರವ್ಯ ಲೋಭಿ ಬಯಸಿದ ಹಾಗೆ (Prv.). ಬಿಸಲೊಳಗೆ ಬಿದ್ದ ಮೊಸಳೆಯ ಅಸುವಟಿಯದ ಹಾಗೆ ತನ್ನು, ನೀರೊಳ್ ಬಿಡಲಾ ಮೊಸಳೆ ಮರಳವನ ನುಂಗಿತು; ಪಿಸುಣಂಗುಪಕಾರ ಮಾಡೆ ತಪ್ಪದು ಕೇಡು (Subhâshitakandapadya). — ಪಿಸುಣಪಸರಿಗ. One who spreads about slander: Nârada (Abh. P. 3, 19).

ಪಿಸುಣತನ pisuṇatana. = ಪಿಶುನತ್ವ. (My.).

ಪಿಸುರು pisuru. = ಪಿಸರು, etc. (My.).

ಪಿಸ್ತೂಲು pistûlu. A "pistol" (My., also ಪಿಸ್ತೋಲು).

ಪಿಹಿತ pi(*i. e.* api)-hita. *Shut, covered, hidden;* filled with.

ಪಿಳ್ piḷ. — ಪಿಳ್ಪಿಸಿಕನ ಬಳ್ಳಿ. or ಪಿಳ್ಪೆಸಱುಬಳ್ಳಿ. A climbing plant, Phaseolus trinervius Heyne (Z.).

ಪಿಳಿಗು piḷigu. = ಹಿಳ್ಗು, q. v. To break, to crack, to burst (Čpr. 6, 32; Abh. P. 13, 35).

ಪಿಳಿಲ್ piḷil. To unfasten, or to loosen, or to throw from the hand, or with the hand (ಹಸ್ತೋನ್ಮುಕ್ತ Šmd. Dh.).

ಪಿಳುಕು piḷuku. = ಪಿಳ್ಕು, ಹಿಳುಕು. The lower part of an arrow which comes in contact with the bow-string and contains the feathers and shaft (ಕರ್ತರಿ, ಪುಂಖ Hlâ.; ಸಾಯಕದ ಪುಂಖ Šs.; T. ಪುಱುದು).

ಪಿಳ್ಕು piḷku. = ಪಿಳುಕು, etc. The lower part of an arrow (Abh. P. 14, 175). 2, the curved end of a bow, the notched extremity or horn of a bow (ಗೊಲೆ, ಕೊಪ್ಪು, ಧನುಃಕೋಟಿ Kk. 39, o. r. ಹಿಳುಕು; ಗೊಲೆ, ಕೊಪ್ಪು, ಕೋಟಿ Šm. 48). ಪೂಡೊಡಮ್ಬೆ ಪಿಳ್ಕಾದುದು (Šmd. 289).

ಪಿಳ್ಳ piḷḷa. 1. = ಪಿಳ್ಳೆ, etc. See ಒಡೆಯ-. — ಪಿಳ್ಳಾವೃದ್ಧಿ. -ಉದ್ಧಿ. A group or company of children (My. among Tĕlugus).

ಪಿಳ್ಳ piḷḷa. 2. A sound in imitation of that of a pipe or flute (T. ಪಿಳಿಱು, to sound; T., M. ವಿಳಿ, to call, invite; to sound, blow; *cf.* ಬಿದ್ದಣ; ಸಿಳ್ಳು? ಪೀಪಿ?). — ಪಿಳ್ಳಂಗೋವಿ. -ಂ-ಕೋವಿ. A pipe or flute (My.; ಸುಷಿರ Si. 62; T. ಪಿಲ್ಲಂಗುಱಲ್, ಪಿಲ್ಲಾಂಗುಱಲ್, ಪಿಳ್ಳಾಂಗುಱಲ್; Tĕ. ಪಿಲ್ಲಂಗೋವಿ, ಪಿಲ್ಲಗ್ರೋವಿ). ಪಿಳ್ಳಂಗೋವಿ ಊದುವವನು (ವೇಣುಧ್ಮ ವೈಣವಿಕ Si. 340).

ಪಿಳ್ಳೆ piḷḷĕ. = ಪಿಲ್ಲ, ಪಿಳ್ಳ 1. That is small or petty (Tĕ. ಪಿಲ್ಲಿ; *cf.* ಪಿಂಜು 2). 2, a child; the young of any animals (My.; Tĕ.; T. ಪಿಳ್ಳೈ; M. ಪಿಳ್ಳ; ಪೋತ, ಪಾಕ, ಅರ್ಭಕ, ಡಿಮ್ಭ, ಪೃಥುಕ, ಶಾಬಕ, ಶಿಶು, ಮಱಿ, ನೊಗು Si. 179; Mhr. ಪಿಲ್ಲು, a young one in general). 3, an epithet of Bhairava (T.); N. of a caste (T.). ಮಾನುಗಳ ಪಿಳ್ಳೆಗಳು (ಗಡಕ, ಶಕುಲಾರ್ಭಕ Si. 87). ಗಣ್ಣುಗುಬ್ಬಚ್ಚೀ ಪಿಳ್ಳೆ (ಚಾಟಕೈರವ 178). — ಪಿಳ್ಳೆನೆಯ್ನಾರ್. N. (Bp. 44, 53). — ಪಿಳ್ಳೆಪಿಸುಕು. reit. (My.). — ಪಿಳ್ಳೆಯನಾರ್. N. (Bp. 54, 75). — ಪಿಳ್ಳೆಯ ನೆಯ್ನಿನಾರ್. N. (Bp. 50, 1. 16). *Cf.* Mhr. ಪಿಲೂಂ.

ಪಿೞಿ piḻi. = ಹಿೞ್. To wring or squeeze out; to press out juice, to deprive of juice or moisture, to make sapless or dry (ನಿರ್ದ್ರವಕರಣ Šmd. Dh.; T., M.; Mhr. ಪಿಳಣೇಂ, to wrench, squeeze, etc.). 2, to become sapless or dry (see Bh. s. ಹಿೞ್). See Abh. P. 1, 94; 7, 79; Râv. 5, 38.

ಪಿಲ್ಕೆ pilkĕ. = ಪಿಕ್ಕೆ, ಹಿಕ್ಕೆ. The dung of goats, sheep, deer, rats, etc. (V. 6, 15. 16; T. ಪಿಲುಕ್ಕೈ, M. ಪಿಲುಕ್ಕು, ಪಿಟ್ಟ).

ಪೀ pī. = ಪೇ 2. Man's dung (T., M.; Tĕ. ಪಿಯ್ಯಿ; *cf.* ಪೇಲ್).

ಪೀಕ್ pīk. ಪೀಕ. Spittle ejected from the mouth (Mhr., H. ಪಿಂಕ, ಪೀಕ). 2, = ಪಿಕ, cuckoo (Mhr.). 3, ripeness of the crop; crop (Mhr.). — ಪೀಕ್ಜಾಲಿ. also ಪೀಗ್ಜಾಲಿ. = ಹೀಗ್ಜಾಲಿ. A thorny shrub with very fragrant yellow flower-head, Acacia farnesiana Willd. (Z.).

ಪೀಕದಾನಿ pīka-dâni. A spit-box, a spittoon (My.; Mhr., H. ಪಿಂಕದಾನೀ, ಪೀಕದಾಣೀ).

ಪೀಕು pīku. To pull out, to pluck up (Tĕ.; M. ಪಿಱು; *cf.* Tĕ. ಪೆಕಲಿಂಚು, ಪೆರುಕು; T. ಪಿಡುಂಗು, ಪಿಯರ್; M. ಪೇಱು); to pull, to wrest, to tear (Tĕ.); to turn out, to dismiss, to excommunicate (T.; M. ಪಿಱುಕ್ಕು). — ಪೀಕಲಾಟ. -ಆಟ. Quarrel (Tĕ.); trouble (My.; Tĕ.).

ಪೀಚು pīču. 1. To squirt, to syringe (My.; T., M.; T. also ಪೀಚ್ಚು; *cf.* ಪೀಚ್ 1?).

ಪೀಚು pīču. 2. Squirting. — ಪೀಚುಗೊಳವಿ. -ಕೊಳವಿ. A syringe (M. ಪೀಚ್ಚಾಂಙು಴ಲ್; T. ಪೀಚ್ಚಾಂಗುಳಲ್; R.; *cf.* ಪಿಚಕಾರಿ).

ಪೀಚು pīču. 3. Shortness, smallness (*cf.* ಪಿಂಚು 2, ಪಿಳ್ಳೆ). ಈ ಆಳು ಪೀಚಾಗಿದ್ದಾನೆ (My.). — ಪೀಚುಗಡ್ಡ. A small, somewhat projecting beard about the chin, as is occasionally seen also about that of women (My.).

ಪೀಠ pīṭha. *A stool, a low seat.* 2, the pedestal or seat of an idol (J. 31, 68; My.); a round stone altar (frequently eight such altars are round a big temple for offering rice, etc. upon, My.). 3, a basis, a basement. 4, a seat or spot of eminent residence, of a guru (My.). ಪೀಠ ಸಿಕ್ಕಿದರೂ ಕಾಟಕತನ ಬಿಟ್ಟಾನೇ? — ಪೀಠ ಶುದ್ಧವಿದ್ದರೆ ಶಿಖರ ಶುದ್ಧವಿದ್ದೀತು (Prvs.).

ಪೀಠಮರ್ದಕ pīṭha-mardaka. A man who has to take part in promoting the amusements of a prince (Čpr. 8, after 44).

ಪೀಠವರ್ಧನ pīṭha-vardhana. A servant who bestows the benefit of seats (Bp. 26, 20).

ಪೀಠಿಕಾಗ್ರ pīṭhikâ-agra. An elevated seat (Čpr. 7, 70).

ಪೀಠಿಕಾಸನ್ಧಿ pīṭhikâ-sandhi. An introductory chapter (Bp. 1, after 66).

ಪೀಠಿಕೆ pīṭhikĕ. ಪೀಠಿಕಾ. = ಪೀಠಿಗೆ, ಪೀಳಿಗೆ, ಪೀಟಿಗೆ. A seat; a base, a pedestal (Sk.). 2, the whole of any business, story; all the particulars, points, etc. (Mhr.). 3, an introduction, a preface.

ಪೀಠಿಗೆ pīṭhigĕ. Tbh. of ಪೀಠಿಕೆ. ಪೀಠಿಗೆ ತಿಳಿಯದವ ಮಂಗಲವರಿಯನ್ನರ ಹೇಳ್ಯಾನೇ? (Prv.).

ಪೀಡನ pīḍana. Squeezing, pinching, pressing, rubbing; inflicting pain, molesting, vexing, harassing, annoying, tormenting; hurting, harming, injuring. See ಅತಿ-, ನಿಃ-, ಪಾಣಿ-; Mr. s. ನಿಗ್ರಹ No. 2.

ಪೀಡಿ pīḍi. A generation (My.; Mhr., H. ಪಿಢೀ; Br.). ಏಳು ಪೀಡಿಯ ತನಕ ಪುರುಷರು (ಸನಾಭಿ); ಏಳು ಪೀಡಿಯೊಳಗಿನವನು (ಸಪಿಣ್ಡ G.).

ಪೀಡಿತ pīḍita. *Squeezed, pressed; pained, afflicted, distressed; hurt, injured* (ತುನ್ನ, ನೋವು Mr. 448; Abh. P. 1, 34; B. 4, 126).

ಪೀಡಿಸು pīḍisu. (fr. ಪೀಡನ). To squeeze, etc., etc. (My.). ಹಿರಿದಾಗಿ ಪೀಡಿಸುವುದು (ಸಪತ್ರಾಕರಣ Hlâ.). ಪರರಂ ಪೀಡಿಪ ಪಾಪಿಗೆ ಪರರರ್ಥಂ ಗತಿಯ ಕೇಡು (Jmt. 22). See Bp. 36, 43; B. 2, 42. 44; 5, 239.

ಪೀಡೆ pīḍĕ. Pain, torment, affliction, trouble, etc. (ದುಃಖ, ಬಾಧೆ, ವೇದನೆ, ವ್ಯಥೆ, ಆರ್ತಿ Mr. 393; ಸಾಧನ 501). 2, a pest, a plague; a devil (Bp. 42, 6; 51, 42; My.); demoniac possession (My.). — ಪೀಡೆ ಪಡು. To experience or suffer pain, etc. ಪೀಡೆ ಪಟ್ಟರೂ ಆಡೋದು ಬಿಡ. — ಪೀಡೆ ಪಟ್ಟರೂ ಮೂಥತ್ವ ಹೋದೀತೇ? (Prvs.). — ಪೀಡೆ ಮಾಡು. To cause or give pain, etc. ಎರಡನೆಯವರಿಗಾದರೂ ನೀನು ಪೀಡೆ ಮಾಡ ಬಾರದು (B. 2, 44).

ಪೀತ pīta. 1. *Yellow; yellow colour* (ರಜನಿವರ್ಣ, ಹರಿದ್ರ Mr. 444). 2, a topaz. 3, turmeric (ಹರಿದ್ರೆ, etc., ಅರಿಸಿನ Mr. 130). 4, gold. 5, a species of Barleria with yellow flowers (ಸಹಚರಿ, ಕೆಮ್ಮುಗೋರಟೆ Mr. 124).

ಪೀತ pīta. 2. Drunk, quaffed, imbibed;—drinking. See ವನಧಿ-, ಪೀತಾಬ್ಧಿ.

ಪೀತಕ pītaka. *Of a yellow colour, yellow.*

ಪೀತಕಾನ್ತ pīta-kânta. A topaz (ಪುಷ್ಯರಾಗ Mr. 101).

ಪೀತತೆ pītatĕ. Yellowness. See ಅತಿ-.

ಪೀತದಾರು pīta-dâru. *A species of pine, Pinus deodora* Roxb.

ಪೀತದ್ರು pīta-dru. *A species of pine, Pinus longifolia.* 2, *Curcuma aromatica* Salisb., or *Curcuma xanthorrhiza* Roxb.

ಪೀತನ pītana. *The hog-plum, Spondias mangifera* Pers. 2, *saffron.*

ಪೀತಪುಚ್ಛ pīta-puččha. A yellow tail (J. 2, 26).

ಪೀತಪುಷ್ಪಿ pīta-pushpi. The plant Momordica charantia Lin. (ಕರ್ಕೋಟಕಿ, ಹಾಗಲ್ Mr. 146).

ಪೀತಫೇನ pīta-phêna. The soap-berry plant, Sapindus detergens Roxb. (ಅರಿಷ್ಟಕ, ಅರಿಟಾಳ Mr. 141).

ಪೀತರಕ್ತ pīta-rakta. *Yellowish-red, orange.*

ಪೀತರಾಗ pīta-râga. One whose affection is as transient as the colour of turmeric (ಎಡೆವಡೆವ ವಿನಯಿತಂ Mr. 241; *cf.* ಹರಿದ್ರಾರಾಗ).

ಪೀತವಾಸ pīta-vâsa. Tbh. of ಪೀತವಾಸಸ್. (ಕೃಷ್ಣನು Nn. 123; Mr. 17; Bp. 54, 39; J. 13, 26).

ಪೀತವಾಸಸ್ pīta-vâsas. Dressed in yellow: *Vishṇu or Krishṇa.*

ಪೀತಸಾಲ pīta-sâla. *The tree Terminalia tomentosa* W. & A.

ಪೀತಸಾಲಕ pīta-sâlaka. *The tree Terminalia tomentosa.*

ಪೀತಾಬ್ಧಿ pīta-abdhi. By whom the ocean was drunk: Agastya. (My.).

ಪೀತಾಮ್ಬರ pīta-ambara. Clad in yellow: *Vishṇu or Krishṇa.* 2, a garment of yellow silk (J. 14, 26). ಪೀತಾಮ್ಬರ ಉಟ್ಟರೂ ಕೋತಮ್ಬರಿ ಮಾಜೋದು ಬಿಡಲಿಲ್ಲ (Prv.).

ಪೀತಿ pīti. 1. Drinking; a drink, a draught. See ಸ-, ಸೋಮ-.

ಪೀತಿ pīti. 2. = ಏತಿ. *A horse.*

ಪೀತೆ pītĕ. *Turmeric.*

ಪೀತ್ಕೃತ pīt-krita. The scream of a young elephant (Mr. 39; *cf.* ಫುತ್ಕೃತ).

ಪೀನ pīna. (= ಪೀವ). *Fat, fleshy, muscular;* swelling, swollen, large, thick, plump; full, round. 2, profuse (Sk.); extensive; extension. ಪೀನಂ, profusely, extensively, much, frequently, further (ವಿಶೇಷವಮಾಗಿ Šmd. 97. 103. 178. 241. 358 Cm.; ವೆಗ್ಗಳವಮಾಗಿ 108 Cm.; ಪಿರಿದುಂ 108. 178 vṛitti; ದೊಡ್ಡಿತ್ತಾಗಿ 103 Mḍb. Cm.; ವ್ಯಕ್ತವಮಾಗಿ 178 Mḍb. Cm.).

ಪೀನಗ್ರಹಣ pîna-grahaṇa. (= ಪ್ರಚುರಗ್ರಹಣ, ಬಹುಳಗ್ರಹಣ). The extension, or comprehensiveness, of a rule. ಪೀನಗ್ರಹಣದಿನ್ದೆ (ಅದಂ Šmd. 102 Cm.; ಪೀನಂ 380 vṛitti); ಪೀನಗ್ರಹಣದಿಂ (ಪೀನಂ 103 vṛitti).

ಪೀನಸ pînasa. = ಪಿನಸ, ಪಿನಸಿ. Cough, catarrh; *cold affecting the nose, inflammation of the nasal membrane, purulent deflection in the nose* (ನೆಗಡಿ Mr. 386, o. r. ನಿಗಡಿ).

ಪೀನೋದರ pîna-udara. A man with a fat or thick belly (Čpr. 2, 59).

ಪೀನೋಧ್ನಿ pîna-ûdhni. *A cow with full or swelling udders.*

ಪೀಪಾಯಿ pîpâyi. = ಪೀಪು. A cask, a barrel, a tub (My.; B. 4, 54; Mhr., Portuguese ಪೀಪ; M. ಪೀಪ್ಪೆ).

ಪೀಪಿ pîpi. A thing that when blown, produces the sound of ಪೀ, as a rolled up young leaf, a small bamboo tube, a child's pipe, etc. (My.).

ಪೀಪು pîpu. = ಪೀಪಾಯಿ. (B. 4, 54).

ಪೀಯೂಷ pîyûsha. = ಪೇಯೂಷ. *The milk of a cow during the first seven days after calving; milk.* 2, *ambrosia, nectar.*

ಪೀಯೂಷಪಿಣ್ಡ pîyûsha-piṇḍa. A kind of sweetmeat (ಪಾಲುಣ್ಡೆ Mr. 215).

ಪೀಯೂಷರುಚಿ pîyûsha-ruči. Bright with nectar: *the moon.*

ಪೀರ್ pîr. = ಹೀರ್, ಹೀರು. To suck, to suck up or in, as water, as the fluid in a saucer, the juice of fruits, milk from the breast, etc., to drink (ಈಣ್ಬು Ǒt. I, 7; Tĕ. ಪೀರ್ಚು, ಪೀಲುಚು; T. ಪೀರ್, M. ಪೀರೆ, milk). P. p. ಪೀರ್ದು (Šmd. 50). ರಸಮಂ ಪೀರ್ದಂ (156). ತುಪ್ಪಿ ಪೀರ್ವ ಪೊಲ್ ಎಂ ಪೀರ್ದಪುದೇ ಕಡನ್ನುಡುತೆ ನವ್ಯಾಮೋದಮಂ ಪೂಗಳೊಳ್? (Jnv. 1, 13). See Čpr. 1, 61. 81; 4, 34; 6, 49; Abh. P. 1, 65; 12, 94; Bp. 11, 11; 59, 49; Ršv. 8, 117. 122; 9, 60; J. 6, 2.

ಪೀಱ್ pîṟ. ಪೀಱು. 1. = ಸೇಱು 1. To scatter or spread in different directions, to throw about, etc. (ಎಸೆಯ್ಲರ್, ಚೆಲ್ಲುವು Šmd. Dh., o. r. ಪೇಱು); to spread about, to unfold. (T. ಪೀಱು, to rend, tear to pieces; *cf.* ಬೀಱು).

ಪೀಱ್ pîṟ. ಪೀಱು. 2. The state of being scattered about (Abh. P. 9, 124).

ಪೀಲಕ pîlaka. The large black ant. (R.).

ಪೀಲಿ pîli. = ಹೀಲಿ, q. v. A peacock's tail (ಮಲ, ಹೀಲಿ Nn. 22, one MS. ಹಿಲ್ಲಿ; Čpr. 4, 50; Ršv. 5, 43; T.; see ಕಿಱುವೀಲಿ). 2, a feather of a peocock's tail (Čpr. 8, 52; 5, 114; Ššv. 3, 9. 16; M.). 3, an eye in a peacock's tail (ಚನ್ದ್ರ, ನವಿಲ ಹೀಲಿಯ ಕಣ್ಣು Nn. 69). — ಪೀಲಿಗಟ್ಟು. -ಕಟ್ಟು. A tie of peacocks' feathers (Ššv. 3, 27). — ಪೀಲಿಗರಗ. -ಕರಗ. A water-jar decorated with peacocks' feathers (Čpr. 5, after 19; 7, after 81). — ಪೀಲಿದಣ್ಡೆ. A head-tie of peacocks' feathers (Ššv. 3, 11). — ಪೀಲಿದಟ್. -ತಟ್. An umbrella made of peacocks' feathers (Č. Bp. 19, 23). — ಪೀಲಿವಿಜ್ಜಣಿಗೆ. -ಬಿಜ್ಜಣಿಗೆ. A fan made of peacocks' feathers (Čpr. 8, 62).

ಪೀಲು pîlu. = ಪಿಲು. *The tree Careya arborea* Roxb.; or (according to others) *Salvadora persica* Lin. (see ಅಕ್ಷೋಡ, ಅಕ್ಷೋಟ, ಉಗುನಿ, ಒಗನಿ & ಗೋನು). 2, *a flower.* 3, *an arrow.* 4, *an elephant.* 5, a worm, an insect (*cf.* ಪುಱು). 6, an atom. 7, N. of a tune (My.).

ಪೀಲುಕ pîluka. = ಪೀಲು. See ಕಾಕ-.

ಪೀಲುಪರ್ಣಿ pîlu-parṇi. *The plant Sanseviera zeylanica* Willd. 2, *the plant Momordica monadelpha* Roxb.

ಪೀವ pîva. (= ಪೀನ, ಪೀವರ). *Swelling, full, fat, large; stout, strong, robust.*

ಪೀವರ pîvara. = ಪೀವ. *Fat, stout, large, fleshy, corpulent, strong, plump, thick, dense* (ಸ್ಥೂಲ, ಬಹುಲ, ಬಲವನ್ತ, ದೊಡ್ಡಿತಪ್ಪವಂ Mr. 232).

ಪೀವರಸ್ತನಿ pîvara-stani. A woman with large breasts; *a cow with a large udder.*

ಪೀಳಿಗೆ pîḷigĕ. (= ಪೀಱುಗೆ). A series of generations, pedigree (My.; Mhr. ಪೀಠಿಕಾ); progeny, offspring (B. 3, 113). ಪೀಳಿಗೆ ಗೊತ್ತಿಲ್ಲದಿದ್ದರೆ ಹೇಳಿಗೆ ಮುಚ್ಚ ಕೂಡದೇ? — ಪೀಳಿಗೆ ತಿಳಿಯದಿದ್ದರೆ ಹೋಳಿಗೆ ತಿನ್ನಲಿಕ್ಕೆ ಏನು? (Prvs.).

ಪೀಱುಗೆ pîṟigĕ. (= ಪೀಳಿಗೆ). Tbh. of ಪೀಠಿಕೆ (Šmd. 30 Mḍb. MS. and another one, o. r. ಪೇಠಿಕೆ = ಪೇಱುಗೆ, see ಪೇಱುಗೆ; Šmd. 341: ಪೀಠಿಕೆ = ಪಿಱುಗೆ probably is to be ಪೀಠಿಕೆ = ಪೀಱುಗೆ).

ಪು pu. 1. = (ವು 3), ಹು 1. An affix for the formation of nouns, *e. g.* ಪಡೆಪು, ಪರೆಪು, ಕಡುಪು, ಬಲ್ಪು, ಮೆಲ್ಪು, etc. (Šmd. 248).

ಪು pu. 2. = (ಇಸು 4), ಹು 2. An affix to form transitive verbs, see *e. g.* ಅಱಿಪು, ತಿರುಪು, ನೆರೆಪು, ಪರೆಪು, ಮಡಿಪು, ಸಲಪು.

ಪುಂ puṁ. = ಪುಂಸ್, ಪುನ್, ಪುಮ್, ಪುಲ್. Male; masculine; a male; the masculine gender (ಪುಲ್ಲಿಂಗ Šmd. 108. 120. 121. 126. 147. 148).

ಪುಂಯಿ puṁyi. The sound of the pipe called ಪುಂಗಿ (C.) and that of the ನಾಗಸರ (C.).

ಪುಂಯೋಗ puṁ-yôga. *Connexion with a male.*

ಪುಂಶ್ಚಲಿ puṁs-čali. Running after men: *a harlot, an unchaste woman.*

ಪುಂಸ್ puṁs. = ಪುಂ. *A man, a male.*

ಪುಂಸ puṁsa. = ಪುಂಸ್. See ಸ್ತ್ರೀ-.

ಪುಂಸತ್ವ puṁsatva. = ಪುಂಸ್ತ್ವ. (My.).

ಪುಂಸವನ puṁ-savana. A religious and domestic festival held on the mother's perceiving the first signs of a living conception. (Čpr. 3, after 92; J. 18, 37; My.).

ಪುಂಸ್ಕಟಿ puṁs-kaṭi. *A man's hip.*

ಪುಂಸ್ಕೋಕಿಲ puṁs-kôkila. A male cuckoo. ಪುಂಸ್ಕೋಕಿಲಧ್ವನಿ ತಾನಿರಲೆವೋಯ್ತು (Šmd. 289).

ಪುಂಸ್ತ್ರೀ puṁ-strî. Masculine and feminine in gender (Šmd. 108. 109).

ಪುಂಸ್ತ್ವ puṁstva. The state of a male, manhood, virility. 2, *the masculine gender.*

ಪುಕ puka. A sound in imitation of the palpitation of the heart from fear. — ಪುಕ ಪುಕವೆನ್ನು.

-ಎನ್ನು. To palpitate with repeated ಪುಕ, as the chest (My.).

ಪುಕಸಾಟೆ pukasâṭĕ. = ಪುಕ್ಕಟೆ, etc. (My.).

ಪುಕಳಿ pukaḷi. = ಪುಕುಳಿ, ಪುಕ್ಕು 2 q. v., ಪುಚ್ಚೆ, ಪುಚ್ಚಿ. The female organ of generation (My.). 2, = ಮುಕಳಿ, etc., the anus (My.; cf. ಪೂಟಿ).

ಪುಕಾರ pu-kâra. The syllable ಪು (Šmd. 248).

ಪುಕಾರು pukâru. Loud bawling; crying out (My.; Br. ಪುಕಾರೆ; Mhr., H. ಪುಕಾರ, ಪುಕಾರಾ).

ಪುಕುಳಿ pukuḷi. = ಪುಕಳಿ, etc. (My.).

ಪುಕ್ಕ pukka. = ಪುಚ್ಚ. (Tbh. of ಪುಚ್ಛ). The tail of a bird (My.). ನವಿಲು ಆಡಿದರೆ ಕೆಮ್ಮೋತ ಪುಕ್ಕ ತೆರೆ ಕೊಡ್ತಿತು (Prv.).

ಪುಕ್ಕಟೆ pukkaṭĕ. = ಪುಕಸಾಟೆ, ಪುಕ್ಕಸಾಟೆ, ಪುಕ್ಸಟ್ಟೆ, ಪುಗಟೆ, ಪುಗಸಾಟೆ, ಪುಗುಟೆ, ಪುಗುಸಟೆ. For nothing, gratis; without remuneration; worthless (My.; B. 4, 179. 180; Tu. ಪೊಕ್ಕಡೆ; Mhr. ಫುಕಟ, ಫುಕಟಶಾಈ, ಫುಕಟಾ, ಫುಕಟ್ಯಾ, ಫುಕಟಾಈ; M. ಪಕ್ಕಿಡೆ, ಪೊಕ್ಕಟ್ಟೆ, bad, mean).

ಪುಕ್ಕತನ pukkatana. = ಪುಕ್ಕುತನ. (My.).

ಪುಕ್ಕಲು pukkalu. = ಪುಕ್ಕು 1. (My.). — ಪುಕ್ಕಲ. -ಅ 3. = ಪುಕ್ಕ. (My.).

ಪುಕ್ಕಸ pukkasa. A degraded mixed caste, the offspring of a Nishâda by a Šûdra female; a *Čaṇḍâla*.

ಪುಕ್ಕಸಾಟೆ pukkasâṭĕ. = ಪುಕ್ಕಟೆ. (My.).

ಪುಕ್ಕು pukku. 1. = ಪುಕ್ಕಲು. Fear, timidity (ಭೀರುತ್ವ Šm. 78; My.; cf. ಉಗಿ 3? ಪಿಟಿಕಿ). — ಪುಕ್ಕ. -ಅ 3. A timid man, a coward (My.). ಪುಕ್ಕನಾದರೂ ಮುಕ್ಕೋಕೆ ಕಡಿಮೆಯಿಲ್ಲ.— ಪುಕ್ಕನಾದವ ಮಿಕ್ಕ ಹೋದಾನೇ? (Prvs.).

ಪುಕ್ಕು pukku. 2. = ಪುಕುಳಿ, etc. The female organ of generation (ಯೋನಿ Šm. 78; Tě. ಪೂಕು, ಪೂಕೆ; M. ಪೊಚ್ಚಿ, ಪೊಚ್ಚೆ, ಪೂನಲ್, ಪೂಟಿ, ಪೂಟು, see ಪಿಟ್).

ಪುಕ್ಕುತನ pukkutana. = ಪುಕ್ಕತನ. Cowardice (ಭಯ Čb.).

ಪುಕ್ಸಟ್ಟೆ puksaṭṭi. = ಪುಕ್ಕಟೆ, etc. (My.).

ಪುಗಟೆ pugaṭĕ. = ಪುಕ್ಕಟೆ, etc. (My.). ಪುಗಟೆಗೆ ಸಿಕ್ಕಿದ್ದು ಬಟಿದೆ ಹೋಯಿತು (Prv.).

ಪುಗಲ್ pugal. = ಪುಗಿಲ್ 1. One of the notes of the cuckoo. (T., M. ಪುಗಲು, ಪುಗಲ್, to speak; T. ಕೋಗಿಲ್, the kôkila). — ಪುಗಲ್ ಪುಗಲ್. The repeated sound of ಪುಗಲ್ (Čpr. 2, after 93). ಕವಕ್ಕನ ಎಲೆ ಒಟೆ ಪುಗಲ್ ಪುಗಲೆ ನ್ದೊಚ್ಚತಮೂಳ್ವ ಕೋಗಿಲೆಯಂ (Šmd. 74, o. r. ಉ ಊ). ಬನದಲ್ಲಿ ಪುಗಲ್ ಪುಗಲೆಮ್ಬ ಗಣ್ದುಗೋಗಿಲೆ (277).

ಪುಗಸಾಟೆ pugasâṭĕ. = ಪುಕ್ಕಟೆ, etc. (My.; B. 5, 118).

ಪುಗಿಲ್ pugil. 1. = ಪುಗಲ್. — ಪುಗಿಲ್ ಪುಗಿಲ್. = ಪುಗಲ್ ಪುಗಲ್. (ಕೋಃಲನಿನದ Čt. II, 93).

ಪುಗಿಲ್ pugil. 2. (fr. ಪುಗು 1). Entering; entering place, door (Čpr. 8, after 44); entry, arrival. ಅಬ್ಧಿನಿ ಪೋದುದು, ಸುಣ್ದಾನಿ ನವಿಲ್ಗೆ ಸರದದ ಪುಗಿಲೊಳ್ (Šmd. 289, o. r. ಪೋದನ್ದು).

ಪುಗಿಸು pugisu. = ಪೊಗಿಸು, ಹೊಗಿಸು. To cause to enter (ಪ್ರವೇಶಮಂ ಮಾಡಿಸು Šmd. 178. 265; Čpr. 8, after 4; Bp. 14, 32). ಮೂದೇವರುಮುಪಕ್ಕೋಣೆವುಗಿಸುಗುಮ್ ಅಸುರರ್ (Šmd. 267).

ಪುಗು pugu. 1. = (ಉಗಿ 3, ಒಗು 3), ಪೊಗು 1, ಹುಗು, ಹೊಗು. To enter in, to enter (ಪ್ರವೇಶ Šmd. Dh.; ಪ್ರವೇಶ ಮಾಗು 54. 72. 168. 213. 274. 390 Cm.; T. ಪುಗು, ಪುಗುದು, ಪೂದು, ಪೂರು; M. ಪುಗು, ಪೂಗು; cf. ಪುದಿ 1). P. p. ಪೊಕ್ಕು (282. 284. 287). ನೆಲದೊಳ್ ಪಗೆ ಪುಗೆ (28). ರಕ್ಕಸಿಯು ಮಾಡಮದ ದೊಳ್ ಪೊಕ್ಕವರ್ ಉಡಿವವರೆ? (287). ಫಣಿ... ಪುಗೆ ಸೋಗೆಯ ಸೊಮ್ಪುಡರ್ದ ಪೊಸ ಪೀಲಿಯೊಳ್ (Rŝv. 5, 48). ಸಮಾಸಲಕ್ಷಣಮಂ ಪೊಕ್ಕ ಚತುರ್ಥಿ (Šmd. 139). ಜನಂ ಪೊಕ್ಕು ಶಾಲೆಯಂ (224). ಬೆಳಿಗಳ್ ಕಳನಂ ಪೊಕ್ಕುವು (256). ಪೊಕ್ಕನನ್ದು ನಿಜಮನ್ದಿರಮಂ ಪರ ಸೈನ್ಯಭೈರವಂ (284). ವಸನ್ತಗೃಹಮಂ ಪೊಕ್ಕು (Čpr. 7, after 92). ಆರುಮಂ ಪುಗಲೀಯದೆ ರಾಣಿವಾಸಮಿಹುದಕ್ಕೆ ಯೋಗ್ಯಮಾದೊಡೆ ವನವೆ ಪ್ರಮುದವನ ಎನಿಸುಗು (Nr.). See Šmd. 234. 294; Čpr. 2, 24; 5, 71; Abh. P. 7, after 125; 15, 28; Bp. 26, 34; 28, 9; 55, 10; Rŝv. 5, 122; 6, after 115; 10, after 1 & 5; 18, 79; 13, after 95 & 97; J. 3, 1; 6, 9; 15, 4; 19, 7; 28, 16; 29, 48; 30, 42; ಒಳ-, ಕೆಯ್ಪುಗು, ಕೆಲಸಮ್ಬುಗು, ನೀರ್ವುಗು, ಬಗೆವುಗು, ಬರೆಪಮ್ಬುಗು, ಮಜ್ಜನಮ್ಬುಗು, ಮನಮ್ಬುಗು, ಮಡಿವುಗು, ರಂಗಮ್ಬುಗು. — ಪುಗು ಪುಗು. rep. (Bp. 35, 4; J. 28, 43).

ಪುಗು pugu. 2. P. p. of ಪುಗು 1 (= ಪೊಕ್ಕು). — ಪುಗುತರ್. (= ಪೊಕ್ಕು ಕೊಣ್ಡು ಬರ್). To enter (Abh. P. 4, 44; Grj. 4, after 15 & 111; 9, after 86).

ಪುಗು pugu. 3. Entering, etc. See ಮುಳ್ಪುಗು, ಮೊಗಮ್ಬುಗು 2.

ಪುಗುಟೆ puguṭĕ. = ಪುಕ್ಕಟೆ, etc. (My.).

ಪುಗುತೆ pugu-tĕ. (Šmd. 247). Entering.

ಪುಗುಸಟೆ pugusaṭĕ. = ಪುಕ್ಕಟೆ, etc. (My.).

ಪುಗುಳ್ pugul̤. = ಹುಗಳು, ಹುಗುಳು. A blister, a vesicle (Rŝv. 5, 39; V. 9, 61. 62; M. ಪೊಕ್ಕುಳ, a blister, a bubble, a water-bladder; T. ಪೊಗುಟ್ಟು, a water-bubble; Mhr. ಫುಗಾರಾ, a bladder or blister; see ಪೊಕ್ಕುಟ್ and ಪುಗ್ಗು). 2, blisters or sores in the mouth (My. as ಗುಗುಳು; see ಬಲ್ಲುಗುಳ್). ಪುಗುಳ್ಗೆ, ಪುಗುಳ್ಗಳ್ (Šmd. 52).

ಪುಗ್ಗಿ puggi. = ಪುಗ್ಗು. See ಅಡುಪುಗ್ಗಿ.

ಪುಗ್ಗಿ puggi. Tbh. of ಪುಗಿ (Šmd. 345, o. r. in Mḍb. ಸುಗಿ = ಸುಗ್ಗಿ).

ಪುಗ್ಗು puggu. = ಪುರ್ಗು. Pride, arrogance (ಗರ್ವ Kk. 57; T. ಪುಡೈ, to swell; ಪೂಡಿ, to rise up, as pimples; ಪೊಟಿಲ್, greatness; ಪೊಂಗರ್, a mountain; Tě. ಪೊಗರು, pride, arrogance; ಪೊಡಗು, to grow, increase; ಪೊಡಗು, ಪೊಡುಗು, ಪೊಡುವು, height, loftiness, length, stature; ಒಡುಚು, ಪೊಡುಚು, to rise, as the tide, the sun, the moon, a star; ಪೊಡುಪು, the swell of a river, the rising of the sun; M. ಪೊಙ್ಙು, to boil over, bubble up; to rise, as out of the water; to spread, as light, noise, report; ಪೊಙ್ಙಲ್, boiling, bubbling up; ostentation; T., M. ಪೊಕ್ಕ, height, increase; boiling over; ಪೊಕ್ಕು, a boil, blister; Tě. ಪುಲುಸು, pride; see ಪುಟ್ಗು, ಪೊಂಗಲು, ಪೊಂಗು 1; cf. ಪುರಿ 4; ಉರ್ಕು 1 & 2; ಪೊಣ್ಮು; ಪೊರ್ಕುಳ್; ಬುಗುಡು; ಬುಗ್ಗೆ). — ಪುಗ್ಗಾಯಿಲ. -ಆಯಿಲ. (Šmd. 252, o. r. in Mḍb. ಪುರ್ಗಾಯಿಲ). A proud or arrogant man (ಗರ್ವಿತ Čt. I, 5). — ಪುಗ್ಗಾಯ್ಲ. -ಆಯ್ಲ. = ಪುಗ್ಗಾಯಿಲ. (ಗರ್ವಿತ Šmd. II; Kk. 77; Šm. 52).

ಪುಂಖ puṅkha. *The feathered part of an arrow, the lower part of an arrow which comes in contact with the bow-string and contains the feathers and shaft* (ಶರಾರಿ, ತತ್ತ್ರಿಸು

ವ ಹಿಳುಕು Mr. 295; ಕೆಯ್ಬೊಡೆ Šm. 43). ಸಾಯಕದ ಪುಂಖ (ಕೆಯ್ಬೊಡೆ Kk. 39). 2, a hawk, a falcon.

ಪುಂಗವ pum-gava. A bull (ಗೂಳಿ Nn. 99. 143). 2, at the end of a compound: *a hero, an eminent person, best, most excellent.* 3, a kind of plant (ನಡ್ಡಿ Mr. 121), or a kind of drug (Sk.).

ಪುಂಗವಧ್ವಜ puṅgava-dhvaja. Šiva (V. 29, 65).

ಪುಂಗಳಿ puṅgaḷi. (= ಪೊಂಗಲು?). See ಬೇಳೆ-.

ಪುಂಗಿ puṅgi. A sort of musical pipe (My.; Mhr. ಪುಂಗೀ). *Cf.* ಪುಂಯಿ.

ಪುಚಕ್ಕನೆ pučakkanĕ. Suddenly and with a small noise, as when a mouse quickly enters its hole, spittle is ejected with force, a lancet is quickly inserted into a boil, a stick is moved up and down in mud, etc. (My.).

ಪುಚ್ಛ pučča. Tbh. of ಪುಚ್ಛ. (My.).

ಪುಚ್ಚವಣ pučcavaṇa. 1. = ಪಚ್ಚವಣ. (Tbh. of ಪರೀಕ್ಷಣ?). Trial, examination (ಪರೀಕ್ಷೆ Šmd. II, 54; Kk. 83; Šm. 56).

ಪುಚ್ಚವಣ puččavaṇa. 2. (Tbh. of ಪುಂಸ್ತ್ವ?). Manliness, valor (ಅಣ್ಮು Šmd. II; Kk. 83).

ಪುಚ್ಚಳಿ puččaḷi. Ruin, destruction; wickedness (ಕೇಡು Šmd. I & II; Kk. 75; Šm. 56; Tĕ. ಪುಚ್ಚು, to decay, rot;—rotten state, *cf.* ಪುರ್ಚು, ಪುಟು, ಪುಡುಕು; T., M. ಪೊಡಿ, to be pulverized; to be destroyed, perish, see ಪುಡಿ). — ಪುಚ್ಚಳಿಯಳ್. -ಅಳ್. A wicked woman (Abh. P. 16, 35).

ಪುಚ್ಚಳಿಸು puččaḷisu. To be ruined or destroyed, to perish (ಲಯ Šmd. Dh.).

ಪುಚ್ಚಿ pučči. = ಪುಕಳಿ, etc., ಪುಚ್ಚೆ. (My.; T. ಪೊಚ್ಚು, the anus).

ಪುಚ್ಚು pučču. = ಪೆಚ್ಚು, etc. See ಹುಚ್ಚು-.

ಪುಚ್ಚೆ puččĕ. = ಪುಕಳಿ No 1, etc. (Abhâ. 2, 80).

ಪುಚ್ಛ puččha. = (ಪುಕ್ಕ), ಪುಚ್ಚ. *A tail;* the tail of a peacock; a horse's tail. 2, the hinder part. 3, the end of anything.

ಪುಚ್ಛಮೂಲ puččha-mûla. *The tip of the tail.*

ಪುಜಿನ pujina. = ಪುದಿನ. (Z.).

ಪುಂಜ puṅja. = ಉಂಜ, ಪುಂಜು, ಹುಂಜ, ಹುಂಜು. A cock (My.; Tĕ. ಪುಂಜು; M. ಪೂವನ್; *cf.* ಪುಂಸ್?).

ಪುಂಜ puṅja. *A heap, a lump, a mass, a quantity, a collection, a multitude.* ಸಗಣಿಪಿಣ್ಡದ ಪುಂಜ (Šm. 100). ಯಮುನ ಭಕನಾರಕಪುಂಜಂ (Bp. 56, 22).

ಪುಂಜಿಕ puṅjika. = ಪುಂಜ. (Čpr. 6, 54).

ಪುಂಜಿತ puṅjita. Piled up, heaped. (Čpr. 1, 98).

ಪುಂಜಿಸು puṅjisu. To be heaped, amassed, etc. (ರಾಶಿ Šmd. Dh.). ಪುಂಜಿಸಿತು (ತುಟುಗಲ್ Čt. I, 63).

ಪುಂಜೀಕರಣ puṅjî-karaṇa. Heaping, laying in a heap, collecting, etc. See ಒಟ್ಟಿಸು, ಕುಪ್ಪೆ, ಗುಡಿಯಿಸು, ನಿಗುಮ್ಮು, ನಿಲುಮ್ಬು, ಬಾರ್ಚು.

ಪುಂಜು puṅju. = ಪುಂಜ, etc. (My.).

ಪುಟ puṭa. 1. Bouncing, leaping up, jumping; a bounce, etc. ಪುಟದ ಕನ್ದುಕದನ್ತೆ ಫಣಿ ಲಟಲಟಿಸಲ್ ಅವುಕಿತು (Bh. 3, 13, 34). — ಪುಟಚೆಣ್ಡು. A kind of play at which a ball is made to bounce (C.). — ಪುಟ ನೆಗೆ. To rise, or jump up, with a bounce. ಅಡಗಿ ಪುಟ ನೆಗೆವ ಮೃಗಕುಲಗಳ್ (Râghč. 17, 56). ಬೇಡರ್. . ಬಿಲ್ಲಪ್ಪುನಾಗಳಿಯೆಡದ ಕೆಯ್ಯೊಳ್ ಅಳವಡಿಸಿ, ಪುಟ ನೆಗೆದು, ಮದಕರಿತಿರವ ಬಿರಿಯಲೊದೆದು (17, 70). ಬೇಡಂ. . ಘಟೆಲನೆ ಅಲಗಂ ಕಿತ್ತು, ಪುಟ ನೆಗೆದು, ಲಾಗಿಸುತ ಫಲಿಯ ಬೆಂಗಡೆಗಯ್ದು (17, 78). See Bp. 21, 42; 32, 24; Bh. 4, 2, 53; Râm. 5, 8, 31; J. 28, 19. 21. — ಪುಟ ನೆಗೆ ನೆಗೆ. rep. (J. 8, 39). — ಪುಟನ್ನೆಗೆ. -ಂ-ನೆಗೆ. = ಪುಟ ನೆಗೆ. (Šěv. 3, 54; 4, 16). — ಪುಟವಿಡು. -ಇಡು. To jump or bounce about (Bh. 1, 20, 55). — ಪುಟವೇಱ್. -ಏಱ್. = ಪುಟ ನೆಗೆ. (Grj. 3, 9. 111; Rěv. 13, 84). — ಪುಟ ಹಾಱು. To bounce, etc. (My.).

ಪುಟ puṭa. 2. = ಪುಟ್ಟ. — ಪುಟಗೋಸಿ. = ಪುಟ್ಟ-. A small cloth to cover the privities (My.). ಪಾದಕ್ಕೆ ಪಾಪೋಸು, ಪಾಪಿಗೆ ಪುಟಗೋಸಿ. — ಪುಟಗೋಸಿಗಿನ್ತ ದರಿದ್ರವಿಲ್ಲ, ಮರಣಕ್ಕಿನ್ತ ಶಿಕ್ಷೆಯಿಲ್ಲ (Prvs.).

ಪುಟ puṭa. = ಪೊಡ 1, ಪೊಡ, (ಪೊಟ್ಟಣ, etc.). A fold, a pocket. 2, a concavity. 3, a cup or concavity made of a leaf folded or doubled. 4, a basket or vessel or dish made of leaves. 5, a shallow cup, as the hollow of the hand. 6, a folding or doubling of anything so as to form a cup or concavity, *e. g.* joining the palms of the hands in token of respect. 7, a cover, covering, wrapper; a cloth to cover the privities. 8, an eyelid. 9, the pod or capsule which envelopes young shoots (*cf.* ಪೊಟ್ಟು, ಪೊಡೆ 3). 10, a casket. 11, a horse's hoof. 12, a nutmeg. 13, a nostril (Mhr.). 14, a crucible (Mhr.). 15, N. of a vṛitta (Čh.). 16, the leaf of a book (My.; B. 1, 23); a page, one side of a leaf (My.; Tĕ.). 17, a single application unto, as, in preparing medicaments, of fire to bake, of sun, air, etc. to dry (My.; Mhr.). 18, a layer of mud in raising a wall (My.). 19, a foot-print (ಒತ್ತಿ ತೋಱುವ ಹೆಜ್ಜೆ Mr. 82). — ಪುಟಕ್ಕೆ ಹಾಕು. To put into a crucible in order to prepare drugs (B. 4, 149; My.); to refine, as metals (My.). — ಪುಟವಿಡು. -ಇಡು. = ಪುಟವಿಕ್ಕು. (Šěv. 1, after 81). — ಪುಟವಿಕ್ಕು. -ಇಕ್ಕು. To apply fire in order to refine metals, etc.; to burn (v. t., My.). ಪುಟವಿಕ್ಕಿದರೂ ಸಟೆ ಬಿಡಲಿಲ್ಲ (Prv.). — ಪುಟವಿಡು. = ಪುಟವಿಡು. (Grj. 3, after 119). — ಪುಟ ಹಾಕು. = ಪುಟವಿಕ್ಕು. (My.).

ಪುಟಕ puṭaka. = ಪುಟ 1. 2. 3. 4. 5. 12. See ಸಮ್-. 2, a lotus.

ಪುಟಪಾಕ puṭa-pâka. A particular method of preparing drugs or refining metals, the various substances being wrapped up in leaves, covered with clay, and roasted in the fire (My.).

ಪುಟಭೇದ puṭa-bhêda. *The bend of a river* (ತೊಱೆಯ ಮುರಿವು Hlâ.).

ಪುಟಭೇದನ puṭa-bhêdana. *A town, a city.*

ಪುಟಾಣಿ puṭâṇi. = ಪುಟಾಣೆ. (My.). — ಪುಟಾಣಿಸೀರೆ. A woman's cloth with the color of the ಪುಟಾಣೆ (My.).

ಪುಟಾಣೆ puṭâṇĕ. Bengal gram soaked and parched (My.; Mhr. ಫುಟಾಣಾ).

ಪುಟಿ puṭi. To bounce, as a ball; to spring, to rise in jets, as water (S. Mhr.).

ಪುಟಿ puṭi. = ಪುಟ, ಪುಡಿ. (Sk.).

ಪುಟಿಕೆ puṭikĕ. = ಪುಟ No. 4. A small basket. (Tĕ.). ತರವೇಱ್ ಮಾಣಿಕ್ಯಭಣ್ಡಾರದ ಪುಟಿಕೆಗಳಂ! (Šmd. 377). See ಪತ್ರ-.

ಪುಟಿತ puṭita. Embraced, clasped, folded; bound together, sewn, stitched. 2, rubbed, ground, reduced to powder. 3, become small, contracted. 4, shown, appeared, irradiated. 5, spoken.

ಪುಟಿಸು puṭisu. To cause to bounce (S. Mhr.).

ಪುಟೀಪು puṭīpu. A compartment with raised margins, a panel (My.; H.).

ಪುಟುಕು puṭuku. A sound in imitation of the noise caused by a shoe beating the heal of its wearer when walking quickly. — ಪುಟುಕು ಪುಟುಕು. The repeated sound of ಪುಟುಕು (My.).

ಪುಟ್ಟ puṭṭa. = ಪುಟ 2, ಪುಟ್ಟ 1. Smallness in size, shortness, littleness; small, etc.; a small, short man (My.; Tĕ. ಪೊಟ್ಟಿ; T. ಪೊಡಿಚು; see ಪುಡಿ; ಹುಡಗ; cf. ಚಿಟ್ಟು 1, ಪಿಲ್ಲ). ಪುಟ್ಟನಾದರೂ ದಿಟ್ಟನಾಗಿದ್ದಾನೆ (Prv.). — ಪುಟ್ಟಕ್ಕಿ. -ಅಕ್ಕಿ. A small kind of rice (My.). — ಪುಟ್ಟಗೋಸಿ. = ಪುಟ-. (My.). — ಪುಟ್ಟಡಿ. -ಅಡಿ. The small step of children (My.). — ಪುಟ್ಟದು. -ಅದು. That is small (My.). — ಪುಟ್ಟನೆಲ್ಲು. Small paddy (My.). — ಪುಟ್ಟ ಪುಟ್ಟ. rep. ಚಿಕ್ಕ ಹಳ್ಳದಲ್ಲಿ ನೀರು ನಿನ್ನ ಪುಟ್ಟ ಪುಟ್ಟ ಕುಣ್ಣೆಗಳು (ವೇಶನ್ತ, ಪಲ್ವಲ Si. 91); ಪುಟ್ಟ ಪುಟ್ಟ ಕೊಮ್ಬೆಗಳೂ ಜಡೆಗಳೂ ಉಳ್ಳ ಕುಳ್ಳಾದ ಬಲ್ಲ ಮರ (ಕ್ಷುಪ 120). — ಪುಟ್ಟಮಗು. A little child (My.). — ಪುಟ್ಟರಾಜಕ್ಕಿ. A kind of small, good rice (My.). — ಪುಟ್ಟಸಾಲಗ್ರಾಮ. A small sâlagrâma (J. 28, 23).

ಪುಟ್ಟ puṭṭa. Tbh. of ಪುಷ್ಪ. See ಪರ-.

ಪುಟ್ಟಿ puṭṭi. 1. = ಪುಟ್ಟ, etc. — ಪುಟ್ಟಿಗೋಲ್. -ಕೋಲ್. A short cudgel (Rśv. 13, after 83; Tĕ. ಪೊಟ್ಟಿಕೋಲ, ಪೊಟ್ಟಿಯು-). — ಪುಟ್ಟಿದುಪ್ಪುಟ್ಟೀಸೆ. -ತುಪ್ಪುಟೀ-. A mustache of short, fine down (J. 23, 26).

ಪುಟ್ಟಿ puṭṭi. 2. = ಬುಟ್ಟಿ. A smaller or larger basket made of cane, bamboo, palmyra leaves, etc. (My.; B. 4, 59; T. ಪುಟ್ಟಿ, ಪುಟ್ಟಿಲ್, ಪೊಟ್ಟಿ; M. ಪುಟ್ಟಿಲ್; Tĕ. ಪುಟ್ಟಿಕೆ; M. ಪಿರಿ, ಪುರಿ, to twist, cf. ಹುರಿ, twist, etc.; cf. Sk. ಪುಟ). 2, the belly (ಹೊಟ್ಟೆ My.). ಪುಟ್ಟಿ ತುಮ್ಬಿದರೂ ಹೊಟ್ಟೆ ತುಮ್ಬಲಿಲ್ಲ (Prv.). — ಪುಟ್ಟಿಹಣ್ಣು. The ripe fruit of the ಕೆಕ್ಕರಬಳ್ಳಿ (Z.).

ಪುಟ್ಟಿ puṭṭi. 3. = ಉಟ್ಟಿ 3, ಹುಟ್ಟಿ 1, etc. A comb (of wax in which bees store their honey; see ಜೇನ ಪುಟ್ಟಿ, ಜೇನುಪುಟ್ಟಿ).

ಪುಟ್ಟಿಸು puṭṭisu. = ಹುಟ್ಟಿಸು. To cause to be born, to create, etc. ವೈರಮಂ ಪುಟ್ಟಿಸಲು ಭೇದಮೆನಿಸಿಕ್ಕು (Mr. 267). ಪೊಸ ಮಣ್ಣಿವೆಣ್ಣಿತಿಯರ್ ಇನಿಯರ್ಗೆ ಹರುಷಮಂ ಪುಟ್ಟಿಸುತ ನಡೆ ತನ್ದರು (Râghô. 17, 65). See Čpr. 1, 103; 5, 8; Abh. P. 13, 59; Bp. 51, 44.

ಪುಟ್ಟು puṭṭu. 1. = ಉಟ್ಟು 5, ಹುಟ್ಟು 1. To arise, to originate, to come into existence, to be born, to be produced, to spring up (ಉತ್ಪತ್ತಿ Śmd. Dh.; Śm. 68; ಜನಿಯಿಸು Śmd. 7. 46 Cm.; Tĕ. ಪುಟ್ಟು, ಪೊಡಮು, ಪೊದಲು, ಪೊರೆ; T. ಪುಯ್; ಪುದಲ್ವನ್, a son; M. ಪೊಡಿ, to spring up, as seed; see ಪುಗ್ಗು, ಪೊದರ್, ಒಗೆ 1). ಅಸಹ್ಯೋಕ್ತಿ ಪುಟ್ಟಿ (Śmd. 74). ದುಃಪ್ರತೀತಿ ಪುಟ್ಟುವೊಡೆ (75). ಸದ್ವಂಶದತ್ತಣಿಂ ಪುಟ್ಟಿದಂ (160). ತಾವರೆಯೊಳ್ ಪುಟ್ಟಿದಂ or ತಾವರೆಗೆ ಪುಟ್ಟಿದಂ (167). ಎಪುಲಕಲಾಪಕೋಪತಿಖಿ ಪುಟ್ಟಿದು (291). ಆತಂಗಮಾಕೆಗಂ ವಿಖ್ಯಾತಯಶಂ ಪುಟ್ಟಿದಂ (188). ದಾಢ್ಯಮುಪ್ಪ ಅರ್ಥವನು ಆಶ್ರಯ್ಸಿ ಪುಟ್ಟುವ ಮನದ ವಿಕಾರಮಂ ಭಾವ ಎಮ್ಬುದು; ಬೆಟ್ಟದ ತಪ್ಪಲೊಳ್ ಪುಟ್ಟಿದ ಪರಿವ ತೊಱೆ (ನಿರ್ಝರ); ಪ್ರಸಿದ್ಧನಪ್ಪ ತನ್ದೆಗೆ ಪುಟ್ಟಿದಾತನು (ಆಮುಷ್ಯಾಯಣ); ನಾರು ನೂಲು ಕ್ರಿಮಿಜ ರೋಮಗಳಿಂ ಪುಟ್ಟುವುವು (ಸೀರೆಗಳ್) ನಾಲ್ಕು ತೆಱನಕ್ಕುಂ (Hlâ.). ನಿರುತಂ ಸತ್ಯವಿಗೋರ್ವ ಗರ್ವವಿಭುತಾನುಂ ಲೋಭಿಯಾಗಲ್, ಧರೆಯೊಳ್ ದಾತರು ಪುಟ್ಟರೇ? (Sk. 8). ತೊತ್ತಿಂಗೆ ಪುಟ್ಟಿದಂ (ಗೋಪ್ಯ Mr. 310). See Čpr. 2, 15; 3, 93; Bp. 51, 44; 61, 57; J. 3, 36; Śśv. 4, 135; ಒಡಪುಟ್ಟು.

ಪುಟ್ಟು puṭṭu. 2. = ಹುಟ್ಟು 2, etc. Birth, origin (Śśv. 5, 39); produce; progeny; family (My. as ಹುಟ್ಟು). See ಕಡೆಪುಟ್ಟು. — ಪುಟ್ಟುಂಗುರುಡ. -ಂ-ಕುರುಡ. (Śmd. 203). A man born blind.

ಪುಟ್ಟು puṭṭu. 3. = ಹುಟ್ಟು 3. A wooden ladle or spoon; a paddle (ದಾರುಹಸ್ತ Śmd. Dh.; ಮರಗೆಯ್ Śm. 88; Abh. P. 13, 66). See V. 37, 36; ನೀರ್ವುಟ್ಟು.

ಪುಟ್ಟು puṭṭu. 4. Salted dough baked in steam (My.; T., M. ಪುಟ್ಟು, ಪಿಟ್ಟು, a thin meal cake; cf. ಪುಗ್ಗು ?). — ಪುಟ್ಟುಟ್ಟು ರಸ ತೆಗೆ. To extract the juice of herbs that have been exposed to steam (My.).

ಪುಟ್ಟುಹ puṭṭuha. Birth, etc. (ಜನನ, ಜನ್ಮ Nr.).

ಪುಡ puḍa. A sound in imitation of the noise of quick steps. — ಪುಡ ಪುಡನೆ. rep. With the repeated noise of ಪುಡ. ಪುಡ ಪುಡನೆ ಬನ್ದನು (My.).

ಪುಡಿ puḍi. = ಹುಡಿ. Powder; dust; pollen (ಕೊಡ್ತು Śs.; My.; T., M. ಪುಟಿಬಿ, ಪೊಡಿ, ಪೊಡಿ; Tĕ. ಪೊಡಿ; Mhr. ಪೂಡ್, ಪೂಡ; T. also: that which is small, little, minute; Tĕ. also: small, young; see ಪುಚ್ಚಡಿ, ಪುಟ್ಟ 1; cf. ಪೊಡೆ 1). ಅಲರ ಪುಡಿ (ಪರಾಗ, etc. Si. 124). ಬಣ್ಣದ ಪುಡಿ (ಉದ್ವರ್ತನ, ಮೆಯ್ಗೆ ಉಜ್ಜಿ ತೊಳೆಯುವ ಪುಡಿ 225). ಒನ್ದು ದ್ರವ್ಯವನ್ನು ಕುಟ್ಟಿದ ಪುಡಿ (ರೇಣು, ಧೂಳಿ, etc. 292). ಕೆಂಗುಡಿಯ ಪುಡಿಯ ಮುತ್ತಿನ ಕೊಡೆ (Śmd. 216). ಪುಡಿಯಡರೆ ನಿಮಿರ್ದ ಪುತ್ತಿನ ಕುಡಿ ಕೆಡೆದತ್ತು (Lîlv. 3, 3). ಕೋಥಿಸೆಯುರ್ಕಿನ ಪುಡಿಯೆನಿಪಾ ದುಷ್ಕವಿತೆಗಳನ್ ಎಣಿಸಲೇಕೆ? (Grj. 1, 21). ಚಿನ್ನದ ಮುಣ್ಣು ತನ್ದು, ನಣ್ಣಾಗಿ ಪುಡಿ ಮಾಡಿ (B. 4, 105). See Čpr. 5, after 19; J. 20, 30; Rśv. 5, 34; 6, 34; Si. 229. 334. 379; ಅಲರ್ವುಡಿ, ಮುಲರ್ವುಡಿ. — ಪುಡಿಗಡಬು. -ಕಡಬು. A pulverized kaḍabu-cake. (ಬೆಳವಲನಾಡೊಳ್) ಕಡಲೆಯನು ಗೋದಿಯನು ಮಡಿಕುದ್ದು ಬೆಳದರೂ ಸುಡ ಬೇಳು ನಾಡೆನ್ದವನ ಬಾಯೊಳಗೆ ಪುಡಿಗಡಬು ಬೀಳ್ಗೆ! (Sp.). — ಪುಡಿಗತ್ತುರಿ. -ಕತ್ತುರಿ. Powdered musk (Čpr. 2, 70; 8, after 4; Rśv. 7, after 17). — ಪುಡಿಗುಟ್ಟು. -ಕುಟ್ಟು. To pulverize by beating, to pound (My.). — ಪುಡಿಗೆಯ್. To reduce to powder (J. 20, 59). — ಪುಡಿ ಪುಡಿ. rep. ಪುಡಿ ಪುಡಿ ಮಾಡು. = ಪುಡಿಪುಡಿ-. (My.). — ಪುಡಿವಡೆ. -ಪಡೆ. To be powdered (J. 4, 23; 12, 7; 16, 47). — ಪುಡಿವುಡಿ. -ಪುಡಿ. = ಪುಡಿ ಪುಡಿ. ಪುಡಿವುಡಿ ಮಾಡು. To reduce to very fine powder (Abh. P. 14, 179). — ಪುಡಿಸಕ್ಕರೆ. Fine-grained sugar (My.; B. 3, 45).

ಪುಡಿ puḍi. Tbh. of ಪುಟಿ. A small bundle, as of medicine-powder, etc. (B. 4, 159; Mhr.).

ಪುಡುಕು puḍuku. = ಪುಡುಂಕು, ಹುಡಕು, ಹುಡಿಕು, ಹುಡುಕು. To search or feel for with the hands, to grope in search of (ಕರಾನ್ವೇಷಣ Śmd. Dh.; Tĕ. ಪುಡುಕು, ಪುಣುಕು). 2, to seek for, to seek.

ಪುಡುಂಕು puḍuṅku. = ಪುಡುಕು (Śmd. Dh.; ಅರಸು Kk. 62, o. r. ಆಱಿಸು).

ಪುಣ್ puṇ. = ಹುಣ್, ಹುಣ್ಣು. A sore, an ulcer; a wound; a boil (ಅರುಸ್, ವ್ರಣ Mr. 398; T., M.; Tĕ. ಪುಣ್ಣು; *cf.* the terms s. ಪುಗ್ಗುಳಿ). ಪುಣ್ ನಾಳಿ ಪೋದವುದು or ಪುಣ್ಣಾಳಿವೋದಪುದು (Śmd. 190, o. r. ನಾಱ). ಮನದೊಳ್ ದಯ ಮಿಲ್ಲದವನ ಕಣ್ಣೇಂ? ಪುಣ್ಣೇಂ? (84). — ಪುಣ್ಣೋವು. -ನೋವು. The pain of a sore, etc. (ಕೊಡತ Śm. 97). — ಪುಣ್ಪಡಿಸು. -ಪಡಿಸು. To inflict a wound or wounds (Abh. P. 10, 161). — ಪುಣ್ಪಡೆ. -ಪಡೆ. To be wounded (Čpr. 6, 38; Abh. P. 4, 49). — ಪುಣ್ಪೆಟ್. -ಪೆಟ್. = ಪುಣ್ಪಡೆ. (Abh. P. 9, 64).

ಪುಣಗು puṇagu. = ಪುಣುಗು, etc. (My.).

ಪುಣಜಿ puṇaji. = ಪುಣುಜಿ. Dust-like, dry soil in which a sort of paddy is sown (My.; *cf.* T. ಪೊಡಿಜು s. ಪುಟ್ಟ, & ಪುಡಿ).

ಪುಣಮ್ಬು puṇambu. = ಪುಣುಮ್ಬು, q. v.

ಪುಣಿಜ puṇija. A kind of insect (Tĕ. ಪಿಡುಜು, ಪಿಡುದು, ಪುಣುಜು, ಪುಣುದು, a tick). See ಪಟ್ಟ-.

ಪುಣಿಸೆ puṇisĕ. (fr. ಪುಳಿ). = ಹುಣಿಸಿ, ಹುಣಿಸೆ. The tamarind (ಅಮ್ಲ, ತಿನ್ತ್ರಿಣೀಕ Mr. 125). See ಪುಳುಮ್ಬುಣಿಸೆ; Śśv. 3, 32. — ಪುಣಿಸೆವಣ್. -ಪಣ್. A ripe tamarind fruit (Rśv. 5, 114).

ಪುಣುಗು puṇugu. = ಪುಣಗು, ಪುನಗು, ಪುನುಗು, ಪುಲ, ಪುಟಿ 2, ಪುಣು 2. Civet (ಜೀಲಿಕೆ Mr. 336; My.; Tĕ. ಪುನುಗು; T. ಪುಟುಗು; M. ಪುಟಿ, ಪುಟುಗು; J. 28, 43). ಪುಣುಗು ತೆಗೆಯಲಿಕ್ಕೆ ಜುಣುಗು ಬಿಟ್ಟರೆ ಆದೀತೇ? (Prv.). — ಪುಣುಗಿನ ಬೆಕ್ಕು. The Paradoxurus prehensillis (Bḍ.; Gz.); the Indian civet cat, Viverra civetta (My.; Bḍ.; Gz.).

ಪುಣುಜಿ puṇuji. = ಪುಣಜಿ. (My.).

ಪುಣುಮ್ಬು puṇumbu. = ಪುಣಮ್ಬು, ಪುಣ್ಬು, ಪೂಣ್ಬು. (A reed), an arrow (ಬಾಣ, etc. Śs.; ಕಣೆ, ಕೋಲ್, ಸರಲ್, ಅಮ್ಬು Śm. 43, o. r. ಪುಣಮ್ಬು; see M. s. ಚಿತ್ತ). See ಪೂ-.

ಪುಣ್ಡ (puṇḍu-a3). Refractory, turbulent; a free-booter (My.; Mhr.); a rascal, a rogue, a lawless fellow, a low, shameless man (My.); a licentious, depraved man, especially also a fornicator (My.). ಪುಣ್ಡನಾದವ ಉಣ್ಡನಕ ಹೋಗ (Prv.). See B. 4, 80; 5, 10. 105. 106. — ಪುಣ್ಡಾಟ. -ಆಟ. = ಪುಣ್ಡತನ. (My.). — ಪುಣ್ಡಾಟಿಕೆ. -ಆಟಿಕೆ. = ಪುಣ್ಡಾಟ. (My.).

ಪುಣ್ಡಗಾತಿ puṇḍa-gâti. A low woman, especially an adulteress (My., also ಪುಣ್ಡಗಾತಿಗ).

ಪುಣ್ಡಗಾಱ puṇḍa-gâṟa. A low man, especially a fornicator (My.). ಸೂಳೆಮನೆಗೆ ಬೆಂಕಿ ಬಿದ್ದರೆ ಪುಣ್ಡಗಾಱ ಅಣ್ಡು ಕಾಸಿದ (Prv.).

ಪುಣ್ಡತನ puṇḍatana. = ಪುಣ್ಡುತನ. Refractoriness, lawless proceedings; brigandage (My.; B. 5, 51; Mhr. ಪುಣ್ಡಾಈ); depravity, wickedness, especially also adultery or fornication (My.). ಪುಣ್ಡತನ ಮಾಡಿದವ ಬಣ್ಡಾಟ ಬಿಟ್ಟಾನೇ? (Prv.).

ಪುಣ್ಡರೀಕ puṇḍarîka. A lotus-flower, especially *a white lotus* (ವನೇಜಾತ, ತಾವರೆ Nn. 18; ಬಿಳಿಯ ತಾವರೆ Mr. 419; ಸಿತಾಬ್ಜ 504). 2, a white umbrella (ಸಿತಾತಪತ್ರ, ಬಿಳಿಯ ಸತ್ತಿಗೆ 18; ಛತ್ರ 504). 3, *a tiger* (ಚಮೂರ, ಹುಲಿ 18; ಪುಲಿ 504). 4, a sectarial mark on the forehead. 5, a frog (ಭೇಕ, ಕಪ್ಪೆ 18; ಭೇಕ 504). 6, *the elephant of the south-east quarter* (ಇನ್ದ್ರೇಭ, ಅಯಿರಾವತ 18). 7, an elephant of one of the eight quarters (ದಿಗ್ದನ್ತಿ, ದಿಕ್ಕಿನ ಆನೆ 18; ದಿಗ್ಗಜ 504). 8, one of the trees of svarga (ಕಲ್ಪಕುಜ, ಕಲ್ಪವೃಕ್ಷ 18). 9, a banner (ಕೇತನ, ಪತಾಕೆ, ಟೆಕ್ಕೆ 18). 10, Brahmâ (ಅಮ್ಭೋಜಸಮ್ಭವ, ಬ್ರಹ್ಮ 18). 11, an ascetic (ಮುನಿ, ಯತಿ 18; ಮುನೀನ್ದ್ರ 504). 12, eminence (? ಶೀವವು 18). 13, neighing (ವಾಜಿಧ್ವಾನ, ಕುದುರೆಯ ಧ್ವನಿ 18). 14, a plant, a kind of Artemisia.

ಪುಣ್ಡರೀಕಾಕ್ಷ puṇḍarîka-aksha. Lotus-eyed: *Vishṇu or Kṛishṇa.*

ಪುಣ್ಡರೀಕಾಕ್ಷಿ puṇḍarîka-akshi. A woman with lotus-eyes (Bp. 42, 19).

ಪುಣ್ಡರೀಕಾಮ್ಬಕ puṇḍarîka-ambaka. = ಪುಣ್ಡರೀಕಾಕ್ಷ. (J. 26, 64).

ಪುಣ್ಡರ್ಯ puṇḍarya. *A medicinal plant used as a remedy for diseased eyes*, etc. (= ಪೌಣ್ಡರೀಕ, ಪುಣ್ಡರೀಕವೆಮ್ಬ ಗನ್ಧದ್ರವ್ಯ, ಪೆಣ್ಡಾರೇ ಗಡ್ಡೆ, ಪಾಣ್ಡವರ ಮುದ್ದು, ಇದು ಬಿಳಿನೆಯ್ದಿಲೇ ಗಡ್ಡೆ Si. 153).

ಪುಣ್ಡಾಯಿ puṇḍâyi. = ಪುಣ್ಡತನ, q. v. (B. 5, 2).

ಪುಣ್ಡಿ puṇḍi. = ಪಿಣ್ಡಿ. A generally cultivated plant, the Deckanee hemp, Hibiscus cannabinus Lin. (My.; Z.). 2, Roselle, red sorrel, Hibiscus sabdariffa Lin. (St. & Pl.). 3, = ಪೀಲು (Si. 455). — ಪುಣ್ಡಿಕಡ್ಡಿ. The stalks of the hemp (My.). — ಪುಣ್ಡಿನಾರು. The fibres of the hemp (My.). — ಪುಣ್ಡಿಸೊಪ್ಪು. The leaves of the hemp used as a vegetable (My.).

ಪುಣ್ಡು puṇḍu. = ಪುಣ್ಡುತನ. (My.; *cf.* T., M. ಪಿರಟ್ಟು, ಪುರಟ್ಟು, deceit; lewdness, adultery). — ಪುಣ್ಡುಕೆಲಸ. A vile deed (My.). — ಪುಣ್ಡುಪೂಜಾರಿ. A depraved pûjâri. See Prv. s. ತುಣ್ಡು 2. — ಪುಣ್ಡುಮಾತು. A vile word (My.).

ಪುಣ್ಡುತನ puṇḍutana. = ಪುಣ್ಡತನ. (Abhâ. 2, 2; My.).

ಪುಣ್ಡ್ರ puṇḍra. *A red variety of the common sugar-cane, Saccharum officinarum.* 2, *a mark or line made on the forehead with sandal, etc., a sectarial mark* (ಲಲಾಮ, ತಿಲಕ Nn. 68; ತಿಲಕ Mr. 520). 3, N. of a people and of their country, Bengal and Behar (ನಾಡು, ದೇಶ 68; ಜನಪದ 520). 4, a river (ನದಿ 68; *cf.* ಪೊಱೆ). 5, a painting (ಚಿತ್ರ, ಬರೆದ ಚಿತ್ರ 68; ಚಿತ್ರ 520). 6, an ornament (ಭೂಷಣ, ಆಭರಣ 68). 7, a worm (*cf.* ಪುಟು).

ಪುಣ್ಡ್ರಕ puṇḍraka. = ಪುಣ್ಡ್ರ, Nos. 1, 2 & 3. 4, *the creeper Gaertnera racemosa.*

ಪುಣ್ಡ್ರೇಕ್ಷು puṇḍra-ikshu. = ಪುಣ್ಡ್ರ No. 1. (Grj. 2, 14).

ಪುಣ್ಡ್ರೇಕ್ಷುಕೋದಣ್ಡ puṇḍrêkshu-kôdaṇḍa. Kâma (My.).

ಪುಣ್ಣಮೆ puṇṇamĕ. = ಪುಣ್ಣಿವೆ, ಹುಣ್ಣಮೆ, ಹುಣ್ಣವೆ, ಹುಣ್ಣಿಮೆ, ಹುಣ್ಣಿವೆ, ಹುಣ್ಣುಮೆ, ಹುಣ್ಣುವೆ, ಹುಣ್ಣೆ. Tbh. of ಪೂರ್ಣಿಮೆ (ಪೂರ್ಣಿಮೆ). ಪುಣ್ಣಮೆ ಆದರೆ ಹುಣ್ಣಿಮ್ಮೆ ಬಿಡ ಬಾರದೇ? (Prv.).

ಪುಣ್ಣಿವೆ puṇṇivĕ. = ಪುಣ್ಣಮೆ. (My.).

ಪುಣ್ಬು puṇbu. = ಪುಣುಮ್ಬು, etc. (ಕೋಲ್, ಸರಲ್, ಕಣೆ Kk. 40, o. r. ಪೂಣ್ಬು).

ಪುಣ್ಮು puṇmu. = ಪೊಣ್ಮು. (R.).

ಪುಣ್ಯ puṇya. = ಪೂಣ್ಯ, ಹುಣ್ಯ (Čt. II, 58), ಹೂಣ್ಯ. Beautiful, fine, bright, pleasing; *good, pure, right, righteous, virtuous, just, holy* (Bp. 47, 61); happy, prosperous, favourable, propitious, auspicious, lucky. 2, *good, right, virtue, moral or religious merit* (ಸಮ್ಪು Čt. I, 12. 98; II, 110; ಧರ್ಮ Nn. 68; Mr. 521). 3, *a good or meritorious act* (ಸುಕೃತ, ಸುಕೃತಿ 68; ಸುಕೃತ 521). 4, purity (ನೈರ್ಮಲ್ಯ, ನಿರ್ಮಲ 68; ಅಕಲಂಕ 521). 5, auspiciousness (ಸೌಮ್ಯ 521).

6, beauty (ಚೆಲ್ವು, ರೂಪು 68). 7, fame (ಪ್ರಖ್ಯಾತವು 68; ಉದ್ಧ 521). 8, a habitation (ಆವಾಸ, ಮನೆ 68). ಪುಣ್ಯಕ್ಕೆ ಫಲವೇ ಸಾಕ್ಷಿ, ಬಾವಿಗೆ ಜಲವೇ ಸಾಕ್ಷಿ.— ಪುಣ್ಯಕ್ಕೆ ಹೋದರೆ ಪಾಪ ಬಸ್ತು.— ಪುಣ್ಯ ಮಾಡದೆ ಕೆಟ್ಟೆ, ಹೆಣ್ಣು ಹುಟ್ಟಿ ಕೆಟ್ಟೆ.— ಪುಣ್ಯವಿಲ್ಲದೆ ಕಣ್ಣು ಕಿತ್ತುಕೊಂಡರೆ ಹೆಣ್ಣು ಸಿಕ್ಕೀತೆ?— ಪುಣ್ಯವೆನ್ನುದು ಸಣ್ಣದೇ? ಹಣ್ಣು ತಿನ್ನ ಹಾಗಲ್ಲ.— ಪುಣ್ಯಕ್ಕೆ ಸೀರೆ ಉಡಿಸಿದರೆ ಹನ್ನೆರಡು ಮೊಳ ಅನ್ನಲು.— ಪುಣ್ಯದ ಊರಲ್ಲಿ ಮಳೆ ಆದರೆ ಪಾಪಿಯ ಊರ ಮುನ್ಸೆ ಹಳ್ಳ ಹರಿಯಿತು (Prvs.). — ಪುಣ್ಯಂಗೆಯ್. -ಂ-ಗೆಯ್. To perform a meritorious act, etc. ಪುಣ್ಯಂಗೆಯ್ಯದ ಪಾಪಿಗೆ ಪುಣ್ಯಂ ಬಡಿಕೇಕೆ ಮಱುಗಿ ಕುವಿದೊಡೆ ಬಕ್ಕುಂ? ಪುಣ್ಯದೊಳ್ ತೊಡರು ಬೇಗಂ! ಪುಣ್ಯಂ ಪುಣ್ಯಾನುಬನ್ಧಿ! (Jmt. 17). See Bp. 5, 15; 5, 51. — ಪುಣ್ಯವೀಡು. -ವೀಡು. A settlement of merit: virtue (ಸಯ್ಪು, Kk. 89).

ಪುಣ್ಯಕ punyaka. *A religious ceremony.*

ಪುಣ್ಯಕರ್ಮ punya-karma. A virtuous or meritorious act or performance. (My.; G. 500).

ಪುಣ್ಯಕಾರ್ಯ punya-kârya. = ಪುಣ್ಯಕರ್ಮ. (My.).

ಪುಣ್ಯಕಾಲ punya-kâla. An auspicious time (My.).

ಪುಣ್ಯಕ್ಷಯ punya-kshaya. Decay or loss of virtue or religious merit. (My.).

ಪುಣ್ಯಕ್ಷೇತ್ರ punya-kshêtra. *A holy place,* a place by visiting which merit is acquired.

ಪುಣ್ಯಚರಣ punya-čarana. Krishna (J. 13, 26).

ಪುಣ್ಯಜನ punya-jana. A good or virtuous man (ಸುಹೃತ್, ಸಜ್ಜನ Nn. 95). 2, *a yaksha or attendant of Kubêra.* 3, *a fiend, a râkshasa* (ದೇವಸ್ವೈರಿ, ರಾಕ್ಷಸ 95). See Hlâ. s. ರಕ್ಕಸ.

ಪುಣ್ಯಜನೇಶ್ವರ punyajana-îśvara. *Kubêra.*

ಪುಣ್ಯಜೀವಿ punya-jîvi. A person rich in moral merit (Bp. 38, 3).

ಪುಣ್ಯತರ punya-tara. Uncommonly good, etc. (Čpr. 5, 16).

ಪುಣ್ಯತೀರ್ಥ punya-tîrtha. A bathing place by visiting which purity is obtained. (My.).

ಪುಣ್ಯದೇಹಿ punya-dêhi. = ಪುಣ್ಯಶರೀರ. (My.).

ಪುಣ್ಯಪಾಠಕ punya-pâṭhaka. A proclaimer of (a person's) fame, or a man who utters benedictions (Abh. P. 3, 115).

ಪುಣ್ಯಭೂಮಿ punya-bhûmi. *The holy land, Âryâvarta.*

ಪುಣ್ಯಮಾನಸ punya-mânasa. A pure-minded man (Bp. 55, 21).

ಪುಣ್ಯಮಾರ್ಗ punya-mârga. The right way. ಪುಣ್ಯಮಾರ್ಗ ಬಿಟ್ಟವ (ಭ್ರಷ್ಟ G.).

ಪುಣ್ಯಮೂರ್ತಿ punya-mûrti. A personification of virtue, a person rich in moral merit (My.).

ಪುಣ್ಯಲೋಕ punya-lôka. Heaven. (My.).

ಪುಣ್ಯವನ್ತ punya-vanta. A man possessing merit, a pure, pious, virtuous man (My., ಶ್ರೇಯಸ್ವಿ G.). 2, a man of fortune, a rich man (My.). Feminines: ಪುಣ್ಯವನ್ತಳು, ಪುಣ್ಯವನ್ತೆ (My.). ಪುಣ್ಯವನ್ತ ಹಾಡಿದ್ದೇ ರಾಗ, ವೈದ್ಯ ಹೇಳಿದ್ದೇ ರೋಗ.— ಪಾಪಿಯ ಕೆಡಿಸಿದವರಿಲ್ಲ, ಪುಣ್ಯವನ್ತನ ಬದುಕಿಸಿದವರಿಲ್ಲ (Prv.).

ಪುಣ್ಯವರ್ಜಿತ punya-varjita. = ಪುಣ್ಯಹೀನ. (J. 13, 30).

ಪುಣ್ಯವಾಸನೆ punya-vâsanĕ. The perfuming of virtue; consciousness of past virtue (J. 8, 6).

ಪುಣ್ಯವಾಸರ punya-vâsara. A good, auspicious day (Čpr. 2, after 57).

ಪುಣ್ಯಶರೀರ punya-śarîra. A man who has a pure body: a virtuous man (Bp. 28, 58).

ಪುಣ್ಯಶರೀರಿ punya-śarîri. = ಪುಣ್ಯಶರೀರ. (My.).

ಪುಣ್ಯಶೀಲ punya-śîla. Virtuous, good. (B. 3, 21).

ಪುಣ್ಯಶ್ಲೋಕ punya-ślôka. Well spoken of, of good fame or reputation. 2, an epithet of Nala and others (see Mr. s. ಅಬಿಬರ್; Râm. 3, 2, 18).

ಪುಣ್ಯಹೀನ punya-hîna. Devoid or destitute of merit or virtue (Bp. 55, 21).

ಪುಣ್ಯಾತ್ಮ punya-âtma. Pure-souled, righteous, virtuous, pious. (My.).

ಪುಣ್ಯಾಹ punya-aha. *A good or happy or auspicious day.*

ಪುಣ್ಯಾಹವಾಚನ punyâha-vâčana. Uttering "a good day", wishing any one a happy day at sacrifices, etc. (My.).

ಪುಣ್ಯೋದಯ punya-udaya. The resulting of good fortune, as the effect of virtuous acts done in a former life. (My.).

ಪುತ್ put. A particular hell to which the childless are condemned. (My.).

ಪುತ puta. *A buttock (cf.* ಪಿಱ್, etc.).

ಪುತ್ತ putta. = ಪುತ್ತು, etc. (J. 32, 27). — ಪುತ್ತಪೊಗು. -ಪೊಗು. To enter an ant-hill (J. 12, 89; 18, 47).

ಪುತ್ತಲಿಕೆ puttalikĕ. = ಪುತ್ತಳಿಗೆ, ಪುತ್ಥಿಕೆ. A puppet, etc. (= ಪುತ್ರಿಕೆ).

ಪುತ್ತಳಿ puttaḷi. = ಪುತ್ತಱಿ (Šmd. 39), ಪುತ್ಥಿ. Tbh. of ಪುತ್ರಿಕೆ (Šmd 345; also Sk. ಪುತ್ತಲೀ = ಪುತ್ರಿಕೆ; Mhr. ಪುತಳೀ). A puppet, etc. (ಕರು Čt. I, 58; ಹರಿಣಿ, ಪಾಂಚಾಲಿಕೆ Nn. 95; ಪುತ್ರಿಕೆ Kk. 55; Čpr. 7, 145; Šśv. 3, after 35). 2, a gold coin valuing about four rupees (Mhr.; My.: a varaha of pure gold); pure gold (My.; Tĕ. ಪುತ್ತಡಿ). ಪುತ್ತಳಿಗಿನ್ತ ಮೇಲು ಬಂಗಾರವಿಲ್ಲ, ಮಕ್ಕಳಿಗಿನ್ತ ಮೇಲು ತೊಡಲು ಇಲ್ಲ (Prv.). — ಪುತ್ತಳಿಗೊಮ್ಬೆ. = ಪುತ್ತಳಿ. (Dp. 19, 13).

ಪುತ್ತಳಿಗೆ puttaḷigĕ. Tbh. of ಪುತ್ತಲಿಕೆ. (ಪಾಂಚಾಲಿಕೆ, ಪುತ್ರಿಕೆ Hlâ.).

ಪುತ್ತಱಿ puttaḷi. = ಪುತ್ತಳಿ (Šmd. 39).

ಪುತ್ತಿಕೆ puttikĕ. The white ant or termite. 2, *a small kind of bee.*

ಪುತ್ತಿಗೆ puttigĕ. Tbh. of ಪುತ್ರಿಕೆ (Šmd. 345).

ಪುತ್ತು puttu. = ಪುತ್ತ, ಹುತ್ತ, ಹುತ್ತು. A white ant-hill (wherein often snakes are found; Šśv. 5, 122; Tĕ. ಪುಟ್ಟ; T., M. ಪುಱ್ಱು). ಪುಡಿಯಡರೆ ನಿಮಿರ್ದ ಪುತ್ತಿನ ಕುಡಿ ಕೆಡೆದತ್ತು (Lîlv. 3, 3).

ಪುತ್ರ putra. *A son;* a child (ದಾಯಿಗ, ಮಕ್ಕಳು Nn. 140). ಪುತ್ರನಾದರೆ ಅವಸಾನದಲ್ಲಿ ಹತ್ತರ ಇದ್ದಾನು.— ಪುತ್ರನಿಲ್ಲದವಗೆ ನಾಕವಿಲ್ಲ.— ಪುತ್ರನಿಲ್ಲದಿದ್ದರೆ ಹೆಬಲಿಕ್ಕೆ ಕಡಿಮೆಯೇ?— ಪುತ್ರರಿಲ್ಲದಿದ್ದರೆ ಗೋತ್ರಕ್ಕೆ ಕಡಿಮೆಯೇ?— ಪುತ್ರರಿಲ್ಲದಿದ್ದರೆ ಸತ್ರಕ್ಕೆ ಹೋಗ ಬಾರದೇ?— ಪುತ್ರರಿಲ್ಲದಿದ್ದರೆ ಒನ್ದು ಕಷ್ಟ, ಪುತ್ರರಿದ್ದರೆ ಒಮ್ಬತ್ತು ಕಷ್ಟ (Prvs.).

ಪುತ್ರಕಾಮೇಷ್ಟಿ putra-kâma-ishṭi. An oblation or sacrifice made by one desirous of (male) offspring. (Râm. 1, 7, 1; J. 18, 1).

ಪುತ್ರಕಾಮ್ಯಾಧ್ವರ putra-kâmyâ-adhvara. A sacrifice made from the wish for a son or sons (My.).

ಪುತ್ರಕೆ putrakĕ. A daughter. 2, *a puppet, a doll.*

ಪುತ್ರಜೀವ putra-jîva. An ornamental tree, the wild olive, Putranjiva roxburghii (Sk.; St. & Pl.).

ಪುತ್ರಜೀವಿ putra-jîvi. A woman whose children are alive (ಮಕ್ಕಳು ಬಾಳ್ವ ಸತಿ Mr. 303). 2, the seed of the putra-jîva (My.).

ಪುತ್ರದೋಹಳ putra-dôhaḷa. The craving after a son or sons (Čpr. 3, after 44 & 62).

ಪುತ್ರವತಿ putra-vati. She who has a son or sons, or who possesses offspring (J. 18, 19).

ಪುತ್ರವಧು putra-vadhu. *A son's wife.*

ಪುತ್ರವನ್ತ putra-vanta. He who has a son or sons (My.).

ಪುತ್ರವಿರಹಿತ putra-virahita. A sonless man; a man who is separated from his son; a man whose son is dead (My.).

ಪುತ್ರಸನ್ತಾನ putra-santâna. Male progeny or offspring (My.).

ಪುತ್ರಸ್ವೀಕಾರ putra-svikâra. Adoption (My.).

ಪುತ್ರಾನ್ತರ putra-antara. Another son (J. 18, 16).

ಪುತ್ರಿ putri. *A daughter.* 2, having a son or sons.

ಪುತ್ರಿಕಾಪುತ್ರ putrikâ-putra. A daughter's son who by agreement or adoption becomes the son of her father. (My.). 2, a grandson.

ಪುತ್ರಿಕೆ putrikĕ. = ಪುತ್ತಳಿ, ಪುತ್ತಟಿ, ಪುತ್ತಿಗೆ, (ಪುತ್ರಕೆ), ಪುಳ್ಳಿ. A daughter. 2, *a puppet, a doll, a figure of stone, wood, lac, etc.* ಮಂಚದೊಳ್ ನೃಪಗೆ ನಿನು ಸೇವೆ ಮಾಡ್ಪ ಬೊಮ್ಮೆಗಳು ಪಾಂಚಾಲಿಕೆಗಳು ಪುತ್ರಿಕೆಗಳಕ್ಕುಂ (Mr. 204). 3, a copy or transcript from an original (My.; *cf.* ಮಾತೃಕೆ).

ಪುತ್ರೇಷಣೆ putra-ishaṇĕ. Desire or longing for a son (My.; G. 65; correct Sk. ಪುತ್ರೈಷಣೆ).

ಪುತ್ರೋತ್ಸವ putra-utsava. Rejoicings on the birth of a son (J. 28, 15).

ಪುತ್ರೋದಯ putra-udaya. The birth of a son (J. 19, 42).

ಪುತ್ರೌ putrau. The Sk. dual of ಪುತ್ರ: two sons. 2, *a son and daughter.*

ಪುತ್ಲಿ putli. = ಪುತ್ತಳಿ. (My.).

ಪುತ್ಲಿಕೆ putlikĕ. Tbh. of ಪುತ್ತಲಿಕೆ. (My.).

ಪುದಿ pudi. 1. = (ಪೊದೆ 1, etc.), ಹುದಿ. To enter into, to enter, to come or go into; to touch (ಪ್ರವೇಶವಾಗು Šmd. 53. 57. 126. 148. 189. 264. 353. 358. 363 Cm.; *cf.* ಪುಗು); to join (v. i.); to combine; to be joined to, to be attached to; to be put into (ಪತ್ತು 148; ಪೊರ್ದುಗೆಯಾಗು 148. 375 Cm.). 2, to be involved, inwrapped or covered, to be hidden or concealed (ಆಚ್ಛಾದನ Šmd. Dh.; T. ಪುದೈ, M. ಪುದೆ; T., M. ಪೊದಿ, to involve, cover, inwrap; to set jewels; *cf.* ಪೊದುಂಕು, ಪೊದೆ). 3, to inwrap, to cover (Grj. 4, after 70; Bp. 9, 2). ಪುದಿಯೆ ತಮಂ ಮನಮಂ (Abh. P. 7, 15). ವಜ್ರಕವಚಂಗಳ ಕಾನ್ತಿ ದಿಗನ್ತರಾಲಮಂ ಪುದಿವಿನೆಗಂ (13, 60).— ಪುದಿದಂಗಮಂ ಬಲಿದಿಹುದು ಅನಿಲಂ (ಕೂರ್ಮ Mr. 51). ಲವಣದೊಳು ಪುದಿದ ಫಲವು (ಉಪ್ಪಗಾಯಿ 219). See Čh. v. 100. 173. 226; Čpr. 1, 79. 80. 125; 5, 49; 7, 63; 8, 96; 9, 16; Abh. P. 3, 114. 117. 127; 9, 94; 16, 75; Grj. 4, 138; Bp. 20, 17; 34, 5; 43, 72; Rśv. 1, 35; 6, after 11 (twice); 9, 18; J. 11, 23; 22, 4; 26, 17. 20; 33, 36; Č. Bp. 47, 44.

ಪುದಿ pudi. 2. The side of a door (ದ್ವಾರಪಾರ್ಶ್ವ Šmd. Dh.).

ಪುದಿ pudi. 3. = (ಪುದು), ಪುಲಿ 2. — ಪುದಿವಟ್ಟು. = ಪುಲಿವಟ್ಟು. A banked fund set apart for religious uses (My.).

ಪುದಿನ pudina. = ಪುದೀನ. Mint, Mentha sativa Willd. (Mhr., Persian ಪುದಿನಾ; Z.; My.).

ಪುದು pudu. = ಪುದುವು q. v., ಹುದು, ಹುದುವು. Entering in; union, junction, etc.; joint concern, holding in common, partnership (Abh. P. 2, 66; Tĕ. ಪೊತ್ತು). — ಪುದುಗೊಳ್. -ಕೊಳ್. = ಪುದುಂಗೊಳ್. — ಪುದುಗೊಳಿಸು. -ಕೊಳಿಸು. = ಪುದುಂಗೊಳಿಸು (Šmd. 200). — ಪುದುಂಗೊಳ್. -ಂ-ಕೊಳ್. To get an entry: to be joined or linked to. ಪಡಿಗನ್ನಡದ ಪುದುಂಗೊಳೆ, ಕೊಟಿಸಕ್ಕದಮಂ ತಗುಳ್ಚಿ, ಜಾಣ್ಗೆಡೆ ಮುತ್ತುಂ ಮೊಡಿಸುಂಗೋದನ್ತಿರೆ ಪೇಲ್ವುದಿಗವಿಗಳ ಕವಿತೆ ಬುಧರನ್ ಎರ್ದೆಗೊಳಿಸುಗುಮೇ? (Kâvy. I, 1b, 24; Šmd. 78). — ಪುದುಂಗೊಳಿಸು. -ಂ-ಕೊಳಿಸು. (Šmd. 200). To join (v. t.), to unite. ಅಱಿನಂ (virtue) ಪಾಟಿಯುಮಂ ಪುದುಂಗೊಳಿಸಿ ಕೊಣ್ಡೇ ಭೂವಿಪಂ ಚೆಲ್ವಿನಿಂ ನಟಿಯಾಳ್ಗೆ! (Čh. v. 347; from ಕೊಣ್ಡೇ o. rs. begin). 2. to make one's self united, to form one's self into a body: to manifest one's self (Čpr. 7, 132). ಈ ಸುರಗಿರಿಪೆಮ್ಮುಪೇಂ ಪುದುಂಗೊಳಿಸಿದುದೋ! (Šmd. 226). — ಪುದುವಾಟ್. -ಬಾಟ್. To live together with (Abh. P. 6, 33; 12, 84). — ಪುದುವಾಟ್ಟಿನ. -ಬಾಟ್ಟಿನ. Joint living or concern (Rśv. 13, 27). — ಪುದುವುಗು. -ಪುಗು. To enter conjointly in or upon (Abh. P. 6, 47).

ಪುದುಗಿಸು pudugisu. = ಪುದಿಗಿಸು, ಪೊದಗಿಸು, ಪೊದಿಗಿಸು, ಹುದುಗಿಸು, ಹೊದಗಿಸು. To cause to enter, to insert, to put into, to set as precious stones, to sheathe, to enwrap; to cover, to hide; to shelter, to protect (My.; Tĕ. ಪೊದಗು, ಪೊದುಗು, ಪೊದುವು).

ಪುದುಗು pudugu. = ಹುದುಗು. To enter; to be covered or hidden, to hide (J. 13, 47; 18, 19; 26, 11; 28, 48; 29, 36). 2, to insert; to hide; to shelter (J. 28, 4). (Tĕ. ಪೊದುಗು, ಪೊದುವು, to cover; to envelop; to surround, encircle; to set as precious stones; to sit on eggs).

ಪುದುರು puduru. = ಪದಿರ್, etc. (My.).

ಪುದುವು puduvu. = ಪುದು. A joining, a combination (Čpr. 1, after 101); connexion (Abh. P. 12, 77); a multitude, a thicket. ಅರಮೆ ಅರಲ್ದ ಬಯಲ್ದಾವರೆಗಳ ಪುದುವುಗಳ್ (Šmd. 68).

ಪುದೆ pudĕ. = ಪೊದೆ 2, ಹೊದೆ. Wherein anything is put, or whatever envelops: a quiver (ದೊಣೆ Čt. I, 37, o. r. ಪೊದೆ; Tĕ., M. ಪೊದಿ; M. also: a bundle, a load). 2, a covering, a cover (M. ಪುದೆ; T. ಪುದೈ concealment): a thatch, a roof. 3, a bundle. 4, a bush, a thicket.

ಪುದ್ಗಲ pudgala. Beautiful, handsome. 2, the body; matter (ಮೂರ್ತಿಮದ್ವಸ್ತುಸಮ್ಮದ, ಮೂರ್ತಿಯನುಳ್ಳ ವಸ್ತುಗಳು Nn. 96 as ಮುದ್ಗಲ). 3, the soul or individuality (ಸಂಸಾರಿ, ಆತ್ಮನು 96 as ಮುದ್ಗಲ); personal identity. ಪುದ್ಗಲಂಗಳ್ ಎರಡುಂ ಶರೀರವನೂ ಆತ್ಮವನೂ ಪೇಳುವವು (Nr.). 4, shattered, broken to pieces; wrecked, decayed, etc. (ವಿಶೀರ್ಣ, ಒಡದುದು 96 as ಮುದ್ಗಲ).

ಪುನ್ pun. = ಪುಂ (puṁ), etc.

ಪುನ puna. = ಪಿಣ, etc. See ಕಬ್ಬುನ.

ಪುನಃ punaḥ. = ಪುನರ್ q. v., ಪುನಹ, ಪುನಹಾ.

ಪುನಃಪಾಕ punaḥ-pâka. (Šmd. 99). Cooking afresh; a repeated baking.

ಪುನಃಪುನಃ punaḥ-punaḥ. *Again and again, frequently.*

ಪುನಃಪ್ರೋಕ್ತಿ punaḥ-prôkti. = ಪುನರುಕ್ತಿ. (Mr. 2).

ಪುನಃಸಂಸ್ಕಾರ punaḥ-saṁskâra. Renewed investiture, repetition of any essential ceremony. (Bh. 1, 5, 29).

ಪುನಃಸ್ವಯಂವರ punaḥ-svayaṁvara. Renewed svayaṁvara (Râm. 3, 2, 17).

ಪುನಗು punagu. = ಪುನುಗು, etc. (My.). — ಪುನಗಿನ ಬೆಕ್ಕು. = ಪುಣುಗಿನ ಬೆಕ್ಕು. (My.; ಗನ್ಧಮಾರ್ಜಾಲ G.).

ಪುನರ್ punar. = ಪುನಃ. (Śmd. 99). Further; *again; back, in return; on the other hand, on the contrary, but; indeed* (ಮತ್ತೆ Śmd. 395; Čt. I, 40).

ಪುನರಪಿ punar-api. Even again, and on the other hand, also. (Bp. 38, 50; 50, 69; 56, 45. 46).

ಪುನರಾಗತ punar-âgata. Come back, returned. (My.).

ಪುನರಾಗತಿ punar-âgati. = ಪುನರಾಗಮನ. (My.).

ಪುನರಾಗಮನ punar-âgamana. The act of returning to the place set out from. (My.).

ಪುನರುಕ್ತ punar-ukta. Said again, reiterated; repetition, useless repetition, tautology (Śmd. 251).

ಪುನರುಕ್ತಿ punar-ukti. Saying again, useless repetition, tautology; a mere, empty word. (Râm. 3, 8, 41).

ಪುನರುತ್ಥಾನ punar-utthâna. Rising again, resurrection (Sk.).

ಪುನರುದ್ವಾಹ punar-udvâha. = ಪುನರ್ವಿವಾಹ. (My.).

ಪುನರುಪನಯನ punar-upanayana. Renewal of the upanayana (My.).

ಪುನರ್ಜನ್ಮ punar-janma. = ಪುನರ್ಭವ. A new or second birth, regeneration, future birth by transmigration, metempsychosis. (J. 25, 35; My.).

ಪುನರ್ಜಾತ punar-jâta. Born again, regenerated. See ಅ-.

ಪುನರ್ದರ್ಶನ punar-darśana. Seeing again. (My.).

ಪುನರ್ದಾರಕ್ರಿಯೆ punar-dâra-kriyĕ. Taking a second wife after the death of the first. (R.).

ಪುನರ್ನವ punar-nava. Becoming new or young again; *a finger-nail.*

ಪುನರ್ನವೆ punar-navĕ. *Hog-weed, Boerhavia procumbens* Roxb. See ಗಣಜಲೆ 2.

ಪುನರ್ಭವ punar-bhava. Born again; new birth, regeneration, transmigration (ಮರಳಿ ಮರಳಿ ಹುಟ್ಟುವ Nn. 114). 2, *a finger-nail.*—See Bp. 53, 3; 54, 74.

ಪುನರ್ಭೂ punar-bhû. ಪುನರ್ಭು. Reproduced, born again. 2, *a virgin widow re-married.* See ದ್ವಿಧಿಷು.

ಪುನರ್ವಚ punar-vača. Saying again, repeating (ಮರಳಿ ನುಡಿವ Nn. 167).

ಪುನರ್ವಸು punar-vasu. The seventh (or the fifth) of the lunar asterisms. (My.).

ಪುನರ್ವಿವಾಹ punar-vivâha. Second marriage. (My.).

ಪುನಶ್ಚ punar-ča. And again, still again (Mhr.; My.).

ಪುನಶ್ಚರಣೆ punar-čaraṇĕ. = ಪುರಶ್ಚರಣ. (J. 11, 39; My.).

ಪುನಹ punaha. = ಪುನಹಾ. (My.).

ಪುನಹಾ punahâ. Tbh. of ಪುನಃ. (My.; Mhr. ಪುನ್ಹಾ). ಪುನಹಾ ಹೋದರೆ ಶನೀ ಕಾಟ ತಪ್ಪೀತೇ? (Prv.).

ಪುನೀತ punîta. Made clean or pure, purified, pure, clean (Bp. 3, 56; 6, 18; 31, 18; J. 18, 45). Feminine ಪುನೀತೆ (Bp. 2, 47).

ಪುನುಗು punugu. = ಪುಣುಗು, etc. — ಪುನುಗುಬೆಕ್ಕು. = ಪುಣುಗಿನ-. (My.). ಪುನುಗುಬೆಕ್ಕಿನ ಪರಿಮಳ (ಜವಾದಿ, ಪುಣುಗು G.).

ಪುನ್ನಪುಂಸಕ pun-napuṁsaka. Masculine and neuter in gender (Śmd. 108).

ಪುನ್ನಾಗ pun-nâga. = ಮುನ್ನಾಗ. An elephant among men: a distinguished man (ನರಶ್ರೇಷ್ಠ, ಪ್ರಧಾನಪುರುಷ Nn. 61). 2, a white elephant; a distinguished elephant (ಪಟ್ಟವರ್ಧನ ಗಜ, ಪಟ್ಟದಾನೆ 61). 3, a buffalo (ಉಲಾಯ, ಕೋಣನು 61). 4, a serpent (ಫಣಿ, ಸರ್ಪನು 61). 5, *the tree Rottleria tinctoria* Roxb. (ಅವನಿಜಾತ, ವೃಕ್ಷಭೇದ 61; ಸುರಹೊನ್ನೆ Mr. 126).

ಪುನ್ನಿಕೆ punnikĕ. = ಪೊನ್ನೆ, etc. See ಸುರ-.

ಪುಪ್ಪ puppa. Tbh. of ಪುಷ್ಪ. (My.; Tĕ.).

ಪುಬ್ಬು pubbu. = ಪುಬ್ಬ, etc. (My.).

ಪುಬ್ಬೆ pubbĕ. = ಉಬ್ಬೆ, ಹುಬ್ಬೆ. Tbh. of ಪೂರ್ವ. The eleventh of the lunar mansions (My.; Tĕ.).

ಪುಮ್ pum. = ಪುಂ (puṁ), etc. (ಪುರುಷ Čt. I, 90).

ಪುಮಪತ್ಯ pum-apatya. *Male offspring.*

ಪುಮಾಂಸ್ pumâṁs. = ಪುಮಾನ್. *A male, a man.* 2, *the soul.*

ಪುಮಾಖ್ಯೆ pum-âkhyĕ. *A designation of a male being.*

ಪುಮಾನ್ pumân. = ಪುಮಾಂಸ್. (ಮಾನವ, ಮರ್ತ್ಯ, etc. Mr. 222).

ಪುಮ್ಭಾವ pum-bhâva. = ಪುಂಸ್ತ್ವ, ಪುರುಷತ್ವ (G.; Čpr. 7, 132).

ಪುಮ್ಭೂಮನ್ pum-bhûman. *A word of the masculine gender in the plural number.*

ಪುಯ್ puy. = (ಒಗೆ 4, ಪೊಡೆ 1), ಪೊಯ್ 1, ಪೊಯಿ, ಹುಯ್, ಹುಯಿ, ಹೊಯ್, ಹೊಯಿ. **To beat, to strike, to smite; to kill; to throb; to fling, to throw; to cast, to pour; to drive; etc.** (M. ಪೊಯ್ಯು, to fight). ಪುಯ್ಯ (Śmd. s. ಒಕ್ಕಳ್).

ಪುಯಲ್ puyal. = ಪುಯ್ಯಲ್ 1, ಪೊಯಿಲ್, etc. **Beating, striking, etc.** ಪುಯಲ್ಗೆ ಪೋದಂ or ಪುಯಲ್ವೋದಂ (Śmd. 195).

ಪುಯಲ್ಚು puyalču. = ಪುಯ್ಯಲ್ಚು. **To call or cry out, to vociferate; to lament** (ಆಕ್ರೋಶಧ್ವನಿ Śmd. Dh.).

ಪುಯ್ಯಲ್ puyyal. 1. = ಪುಯಲ್. **Beating, etc.; a blow, blows** (J. 4, 41). ಪುಯ್ಯಲ್ಗೆ ಪೋದಂ (ಸೂಱುಗರೆವಂ Śm. 42).

ಪುಯ್ಯಲ್ puyyal. 2. = ಹುಯ್ಯಲು. **Vociferation; lamentation** (Abh. P. 9, 195; J. 4, 16; see ಪೆಬ್ಬುಯ್ಯಲ್); **lamentable communication; solicitation.** — ಪುಯ್ಯಲಿಕ್ಕು. -ಇಕ್ಕು. To lament (Grj. 8, 79); to solicit (6, 25). — ಪುಯ್ಯಲಿಡು. -ಇಡು. To solicit (Čpr. 7, 101); to communicate lamentably (Abh. P. 11, after 100; Grj. 2, after 71); to lament (Abh. P. 10, after 175; Grj. 6, 13; J. 3, 24).

ಪುಯ್ಯಲ್ಚು puyyalču. = ಪುಯಲ್ಚು. (Abh. P. 2, 49; 9, 139. 142; 10, 58; 10, after 176).

ಪುರ್ pur. = ಪುರ 1. *A town.* 2, the body.

ಪುರ pura. A stream, a rivulet, a brook, a water channel (ಪೊನಲ್ Śm. 35; ಪೊನಲ್ 102; ಕಾಲ್, ಕಾಲ್ವೆ Čt. II, 58; T. ಪುಱಲ್, anything which is hollow; a water-course, drain, see ಪೊನಲ್; ಪುರಳ್, M. ಪಿರಳ್, Tĕ. ಪೊರಲು, to roll, welter; to roll over, overflow, be full;—an inundation; *cf.* ಪೊರಳ್, ಪೊಟಿ[s] 1, and Sk. ಪೂರ; see s. ಪುಗ್ಗು & ಪುರೆ). See ಕಾಪ್ಪುರ.

ಪುರ pura. 1. = ಪುರ್ (Śmd. 106). A fortress, a castle; *a town, a city* (ಪುಟಭೇದನ, ಪಟ್ಟಣ Nn. 72; ಪೊಲಿಲ್ Śm. 102). 2, *a house, an abode.* 3, *the body* (ಕಳೇವರ, ದೇಹ 72). 4, a mode of counting (ಗಣನೆ, ಲೆಕ್ಕಭೇದ 72; = No. 7?). 5, ಲಿಂಗಭೇದ (ಲಿಂಗವಿವರ 72). 6, *bdellium.* 7, the number 3 (Ĉh.; ಮೂಱು Mr. 347, on account of ತ್ರಿಪುರ). 8, a certain metrical foot (Ĉh.). 9, N. of a demon.—ಪುರ ಹೋದರೆ ಪರ ಹೋದೀತೇ? (Prv.).

ಪುರ pura. 2. Tbh. of ಪೂರ. See ಕನ್ನವುರ, ಬಣ್ಣಪುರ.

ಪುರಃ puraḥ. = ಪುರಸ್, q. v.

ಪುರಃಸರ puraḥ-sara. = ಪುರಸ್ಸರ. Going before or in advance: *a forerunner, a leader, a harbinger.*

ಪುರಃಸರಣ puraḥ-saraṇa. = ಪುರಸ್ಸರಣ. Going before or in advance.

ಪುರಕ puraka. (Tbh. of ಪೂರಕ?). = ಪುರುಕ. See ಅಬಿಬುರಕ, ಅಸಿ-.

ಪುರಕ್ಷಯ pura-kshaya. The destroyer of Tripura: Śiva (Bp. 61, 47).

ಪುರಚಿ puraĉi. (= ಪುಣಸೆ). See ಪುಲ್ಲಮ್-, ಪುಳ್ಳಮ್-.

ಪುರತಸ್ puratas. *In front, in advance, before, forward.*

ಪುರತ್ರಯ pura-traya. Tripura (Bp. 54, 54).

ಪುರದನುಜಹರ pura-danuja-hara. The destroyer of the Dânavas of Tripura: Śiva (Bp. 54, 25).

ಪುರದ್ವಾರ pura-dvâra. *The gate of a city.*

ಪುರಧ್ವಂಸಿ pura-dhvaṁsi. Śiva (My.).

ಪುರನ್ತ puranta. = ಪುರಾತ. (Bp. 61, 58; My.).

ಪುರನ್ದರ pur-an-dara. Town-splitter: *Indra.* 2, Śiva. ಪುರನ್ದರನಿಗೂ ತೊನ್ದರೆ ತಪ್ಪಲಿಲ್ಲ (Prv.).—ಪುರನ್ದರದಾಸ. N. of a Vaishṇava poet (My.). 2, a poor wretch (My.).—ಪುರನ್ದರವಿಟ್ಠಲ. N. of Krishṇa (My.; B. 5, 322).

ಪುರನ್ಧ್ರಿ pura-n-dhri. *A woman whose husband and children are living, a respectable matron;—a woman* (see ವಾರ-).

ಪುರಭಿತ್ತಿ pura-bhitti. A city-wall, a rampart, etc. (ಪ್ರಾಕಾರ, ವಪ್ರ, ಶಾಲ, ಕೋಟೆ Mr. 191).

ಪುರಮಥನ pura-mathana. Crusher of Tripura: Śiva (Śśv. 4, 47). 2, sign for a long letter (Ĉh.).—ಪುರಮಥನಂ. The metrical foot ⏑⏑⏑⏑—(Ĉh.).

ಪುರಮರ್ದನ pura-mardana. Śiva (J. 2, 12).

ಪುರಯಮ pura-yama. Restrainer or punisher of Tripura: Śiva (Mr. 12).

ಪುರಲೆ puralĕ. = ಪುರ್ಲೆ, ಪುಳ್ಳೆ, q. v. (My.).

ಪುರವಾರ pura-vâra. Eating by turns in the houses of a town. ಇರವಾರ ಕೆಟ್ಟು, ಪುರವಾರ ಸೇರಿದ (Prv.).

ಪುರಶಾಸನ pura-śâsana. Chastiser of Tripura: Śiva. (My.).

ಪುರಶ್ಚರಣ puras-ĉaraṇa. = ಪುನಶ್ಚರಣೆ. Repetition of the name of a deity or of a mantra. (My.).

ಪುರಸ್ puras. = ಪುರಃ. *Before, in front, in advance, in the presence of.*

ಪುರಸತ್ತು purasattu. = ಪುರಸುತ್ತಿಗೆ. Leisure; interval; time yet to run (My.; Mhr., H. ಫುರಸತ, ಫುರಸೂತ್). See Prv. s. ಉದ್ದಿಮಿಗಾಲಿ.

ಪುರಸುತ್ತಿಗೆ purasuttigĕ. = ಪುರಸತ್ತು. (ಸಮಯ Ĉb.).

ಪುರಸ್ಕಾರ puras-kâra. The act of placing before or in front; showing respect, etc. (ಸನ್ಮಾನ G.; My.).

ಪುರಸ್ಕೃತ puras-kṛita. *Placed before or in front.* 2, *distinguished, honoured.* 3, *harassed or attacked by an enemy.*

ಪುರಸ್ತಾತ್ purastât. *Before, in front of, in advance, in the first place, at the beginning; previously, formerly, first;* in the presence of. 2, *eastward; in the east; from the east.*

ಪುರಸ್ಸರ puras-sara. = ಪುರಃಸರ. (Ĉpr. 2, after 93).

ಪುರಸ್ಸರಣ puras-saraṇa. = ಪುರಃಸರಣ. See ಮುನ್ದು.

ಪುರಹರ pura-hara. Śiva (Śmd. 192; Bp. 39, 20; 57, 28). ಪುರಹರನ ಅರಸಿ (Grj. 3, after 12).

ಪುರಾ purâ. *In former times, formerly, of old, of yore.* 2, *before, ere.*

ಪುರಾಕೃತ purâ-kṛita. Done formerly or of old, done long ago (Bp. 34, 32; 49, 32).

ಪುರಾಗ್ರಿಮ pura-agrima. An excellent town (Ĉpr. 6, 20).

ಪುರಾಣ purâṇa. *Belonging to ancient or olden times, ancient, old.* 2, long, very long (ಕಡುದೀರ್ಘ, ಅತಿದೀರ್ಘ Nn. 138; ದೀರ್ಘ Mr. 519). 3, worn out (ಜರಠ, ಹಱಿದು 138; ಜೀರ್ಣ 519). 4, *a tale of the past, history legendary and traditionary, legend, a purâṇa* (ಆದಿಕಥೆ, ಮೊದಲುಕಥೆ 138; ಆದಿಕಥೆ 519; see ಪಂಚಲಕ್ಷಣ; Bp. 48, 76. 77). ಪುರಾಣಾ ತಿಳಿದರೂ ಮಾರಣ ಬಿಡಲಿಲ್ಲ.—ಪುರಾಣಾ ತಿಳಿದವನಾದರೆ ಹರಣ ಉಟಿಸಲಿ.—ಪುರಾಣಾ ತಿಳಿಯದಿದ್ದರೆ ನಾರಾಯಣ ಎನ್ನಲಿಕ್ಕೇನು?—ಪುರಾಣಾ ಹೇಟಿದರೆ ಪುಷ್ಪ ಬಿದ್ದಾವೇ?—ಪುರಾಣಾ ಹೇಟಿ ಹೋಗುವಾಗ್ಗೆ ಬಾಗಲ ಮುಚ್ಚಿ ಹೋಗಿ! ಎಪ್ಪನ್ತೆ (Prvs.). See Prvs. s. ಗಾದೆ, ಪೂರ್ವಿಕ.

ಪುರಾಣಕವೀಶ್ವರ purâṇa-kavîśvara. A great poet of the past (Kâvy. III, 2).

ಪುರಾಣಪುರುಷ purâṇa-purusha. The primeval male; Vishṇu (My.); Râma (J. 21, 29); Śiva.

ಪುರಾಣವೈರಾಗ್ಯ purâṇa-vairâgya. Momentary freedom from worldly passion derived from hearing or reading a purâṇa, distaste of worldly vanities whilst listening to a purâṇa (My.).

ಪುರಾಣಶ್ರವಣ purâṇa-śravaṇa. Listening to a purâṇa (My.).

ಪುರಾಣಿ purâṇi. = ಪುರಾಣಿಕ.—ಪುರಾಣಿಭಟ್ಟ. N. (Bp. 57, 28).

ಪುರಾಣಿಕ purâṇika. A man well read in the purâṇas; a public expounder of them (ಪೌರಾಣಿಕ, ಸೂತ Nn. 32; Bp. 57, 21. 30). ಆಚಾರ್ಯರ ಮಗನಾಗಿ, ಪುರಾಣಿಕನ ಅಳಿಯನಾಗಿ, ಘೃತ ಅನ್ದರೆ ಅಱಿಯೆನೇ ಎಮ್ಮೆಸಗಣಿಯೇ? (Prv.).

ಪುರಾತ purâta. = ಪುರನ್ತ. Tbh. of ಪುರಾತನ. (Bp. 22, 67; 25, 17; 45, 47; 48, 17). Fem. ಪುರಾತೆ (Bp. 12, 42).—ಪುರಾತರೆಬ್ಬಿಪ್ಪೆ. N. (Bp. 59, 6).

ಪುರಾತನ purâtana. = ಪುರನ್ತ, etc. *Belonging to the past, former, old, ancient.* 2, a man who lived in former ages, a venerable man, or a scholar, or a devotee, of the past (ಪೂರ್ವದ ಕವಿ Śmd. 11 Cm.). 3, an ancient story, a legend. ಪುರಾತನದ ಕಥೆ ಕಿರಾತ ಏನು ಬಲ್ಲ? (Prv.). See Prv. s. ನುಡಿ 2.

ಪುರಾನ್ತಕ pura-antaka. Śiva (Bp. 21, 4).

ಪುರಾನ್ತರ pura-antara. Another city (Bh. 1, 8, 67).

ಪುರಾರಿ pura-ari. Śiva. 2, Vishṇu. 3, a certain metrical foot (Ĉh.).

ಪುರಾವೃತ್ತ purâ-vṛitta. A former conduct or mode of action. 2, *a legend.*

ಪುರಿ puri. 1. = ಹುರಿ 1. To dry by exposure to the heat of fire: to parch, as grain, pulse, etc. (ನಿರ್ದ್ರವೀಕರಣ Šm. 106; T., M. ಪೊರಿ; Tĕ. ಪೊರಟು, ಪೊಗಚು; ಪೇಲು, to be parched). ಪುರಿದ ಯವೆ (ಧಾನೆಗಳು Nr.). ಧಾನ್ಯಾದಿ ಪಿಷ್ಟಮುಂ ಮಿದಿದು ಪುರಿಯಲ್ಕೆ ಸತ್ತುಗಮಕ್ಕು (Mr. 219). ಮಿಗೆ ಪುರಿದ ಬಿಸಿಯ ಮುಳಲ್ (Bp. 11, 19). 2, to roast, as coffee, Cayenne pepper, cocoanut-kernels, castor-oil-seeds, happaḷas, etc. (My. as ಹುರಿ).

ಪುರಿ puri. 2. = ಹುರಿ 2. Parching; roasting; (frying). 2, what is parched: partly boiled and then parched rice (My.; T., M. ಪೊರಿ). — ಪುರಿಗಡುಬು. -ಕಡುಬು. A flat wheaten cake that is filled with a mixture of jaggory and Bengal gram flour, and then fried in ghee (V. 9, 78).

ಪುರಿ puri. 3. = ಹುರಿ 3. Twisting; that is twisted: twist, twine, string, pack-thread (of cotton thread or fibres, ತನ್ತು Šm. 106; Tĕ., T., M.; M. ಪಿರಿ, ಪುರಿ, to twist). — ಪುರಿಗೊಳ್. -ಕೊಳ್. To get twisted: to join together (Bp. 4, 58).

ಪುರಿ puri. 4. = ಪೊರೆ 2, ಹುರಿ 4. Strength, refreshment, spirit, courage, valour (Tĕ.); pride (Tĕ., *cf.* ಪುಗ್ಗು; T. ಪುಟಿ, strength; ಪುರ, to keep, save, protect; to establish, confirm, see ಪೊರೆ 1; *cf.* ಪುರುಳ್ 1; Tĕ. ಪುರಿ ಕೊನು, to gain strength or spirits, be refreshed; the heart to be pricked; ಪುರಿ ಕೊಲುಪು, to spur on, prick on, instigate, incite, stir up). — ಪುರಿಗೂಡಿಸು. -ಕೂಡಿಸು. = ಹುರಿಗೂಡಿಸು. (G.).

ಪುರಿ puri. A castle; *a town, a city.*

ಪುರಿಡಿಸು puriḍisu. = ಪುರುಡಿಸು, q. v.

ಪುರಿತತ್ puritat. = ಪುರಿತತ್ತು, ಪುರೀತತ್.

ಪುರಿತತ್ತು puritattu. Tbh. of ಪುರಿತತ್ (Šmd. 106).

ಪುರೀತತ್ purîtat. *An entrail* (ಅನ್ತ್ರ, ಕರುಳು Mr. 396).

ಪುರೀಷ purîsha. Dust, mould, rubbish; *feces, excrement, ordure.*

ಪುರೀಷೋತ್ಸರ್ಗ purîsha-utsarga. The voiding of excrement. See ಬಾಸು.

ಪುರು puru. = ಪುಲ. *Much, many, abounding, abundant.* 2, the brother of Yadu.

ಪುರುಕ puruka. = ಪುರುಕ. See ಅಂಚು-, ಅಬು-, ಉಜ್ಜುಬುರುಕ, etc.

ಪುರುಕಿ puruki. Feminine of ಪುರುಕ. See ಅಂಚುಬುರುಕಿ, ಉಜ್ಜು-, etc.; Prv. s. ಬಳ್ಳಿ.

ಪುರುಕುತ್ಸ puru-kutsa. N. (see Mr. s. ಅಬುವರ).

ಪುರುಜ puru-ja. *Much, many.*

ಪುರುಡಿ puruḍi. = ಪುರುಳ 2. (Čpr. 8, after 9).

ಪುರುಡಿಗ puruḍiga. = ಹುರಿಡಿಗ. An envious man (V. 29, 24).

ಪುರುಡಿಸು puruḍisu. = ಪುರಿಡಿಸು, ಹುರುಡಿಸು. To stand in competition with or vie with, to rival; to be filled with envious feelings, to envy (Grj. 10, 42; Râv. 2, after 8; 11, 167; Šâv. 4, 41; J. 1, 8; Tĕ. ಪುರಡಿಂಚು, ಪುರಣಿಂಚು, ಪುರುಡಿಂಚು, ಪುರುಣಿಂಚು, to resemble; to vie with, emulate; to contemn; ಪುರುಡು, likeness, similarity; ಪೊರೆ, to agree with; T. ಪೊರು, to resemble = ಪೊರುವು; to fight in battle; ಪೊರುದು, to fight; ಪೊರುನ್ದು, to join; to agree; to be agreeable or pleasing; to possess, as a quality or attribute; M. ಪೊರು, ಪೊರುದು, to meet in battle, fight; to vie, emulate; ಪೊರುದುವು, to emulate; to outdo; to scold. See ಪೊರೆ 3, ಪೊರ್ದು, ಪೋಟಿ, ಪೋರ್ 1). ಪುರುಡಿಕ್ಕು (Šmd. 268, o. r. ಪುರಿಡಿಕ್ಕು). ಸವತಿಗೆ ಸವತಿ ಪುರುಡಿಪಳ್ (159, o. r. ಪುರುಡಿಸುವಳ್).

ಪುರುಡು puruḍu. 1. = ಹುರಿಡು, ಹುರುಡು. Rivalry; envy, jealousy (Čpr. 2, 40; 8, 12; 7, after 62; 8, after 79; 8, 81; Abh. P. 8, 45; V. 4, 9; J. 5, 84. 87). — ಪುರುಡು ದೋಱು. -ತೋಱು. To show envy (V. 29, after 25). — ಪುರುಡುವಾತು. -ಮಾತು. A word of rivalry or envy (Šâv. 4, 180).

ಪುರುಡು puruḍu. 2. Ceremonial uncleanness after child-birth (My.; Tĕ.; T. ಪುನಿಱು; M. ಪುಲಿ; see ಪೊಲೆ). ಪುರುಡಿನ ಮನೆ (ಅರಿಷ್ಟ, ಸೂತಿಕಾಗೃಹ Sl. 106).

ಪುರುದ puru-da. Gold. (R.).

ಪುರುದನ್ತಿ puru-danti. N. of a female elephant (see Mr. s. ದ್ವಿಪ).

ಪುರುಪಕ್ಷ puru-paksha. A peacock (ನವಿಲ್ Mr. 168).

ಪುರುಪಾತ್ರ puru-pâtra. A kind of vessel (ಪರಿವಾಣ Mr. 212).

ಪುರುಪೃಷ್ಠ puru-pṛishṭha. A serpent (ಸರ್ಪ Mr. 399).

ಪುರುಳೆ purulĕ. 1. That joins or sticks to (?). See ಅಣ್ಬು-.

ಪುರುಳೆ purulĕ. 2. (= ಪುರುಳೆ). See ಕಾಬುರುಳೆ.

ಪುರುವ puruva. = ಪುರ್ಬು, etc. (My.).

ಪುರುಷ purusha. *Man, mankind; a man, a male;* a person; a husband. 2, *the soul.* 3, the soul of the universe; Vishṇu (Mr. 17); Brahmâ; Šiva. 4, the masculine gender (ಪುಲ್ಲಿಂಗ Šmd. 135. 140 Cm.; 258). 5, a person in grammar (see ಪ್ರಥಮ-, ಮಧ್ಯಮ-, ಉತ್ತಮ-; Kâvy. I, 5, 6-12. 18-20). 6, *the tree Rottleria tinctoria* Roxb. 7, the penis (My.). ಪುರುಷನಾದರೆ ಹರುಷ ಬೇಕು.— ಪುರುಷನಿಗೆ ಮರ್ಷ ಸಲ್ಲದು (Prvs.). See Bp. 47, 26; 48, 3. 20; 52, 24.

ಪುರುಷತನ purushatana. = ಪುರುಷತ್ವ No. 1. (Bp. 38, 22; 46, 10; Râm. 4, 2, 18).

ಪುರುಷತ್ರಯ purusha-traya. The three persons in grammar (Šmd. 254. 259. 261. 263. 291. 297. 299).

ಪುರುಷತ್ವ purushatva. Manhood, virility; manliness, valour, prowess; the state of man, manly nature or property. 2, the penis (Bp. 35, 25). ಪುರುಷತ್ವವಿಲ್ಲದವ (ನಪುಂಸಕ G.).

ಪುರುಷಮೇಧ purusha-mêdha. The vedic sacrifice of a man or of men. (My.).

ಪುರುಷರತ್ನ purusha-ratna. A perennial herb, Ionidium suffruticosum Ging. (St. & Pl.; My.).

ಪುರುಷರಾಗ purusha-râga. A male musical mode (Bp. 19, 18).

ಪುರುಷವಾಚಕ purusha-vâčaka. A masculine noun (Šmd. 187; Kâvy. I, 2, 7-11).

ಪುರುಷವ್ಯಕ್ತಿ purusha-vyakti. A person, an individual (ಪುರುಷ G.).

ಪುರುಷಸನ್ತತಿ purusha-santati. = ಪುತ್ರಸನ್ತಾನ. (My.).

ಪುರುಷಸೂಕ್ತ purusha-sûkta. A vedic hymn about the soul of the universe (Ṛigv. 10, 90; My.).

ಪುರುಷಾಟವಿ purusha-aṭavi. N. of a forest (Čpr. 5, 45).

ಪುರುಷಾದ purusha-ada. A cannibal, a râkshasa. (My.).

ಪುರುಷಾಧಮ purusha-adhama. A low man, an outcast. (J. 16, 22).

ಪುರುಷಾನ್ತರ purusha-antara. Another man (J. 5, 59).

ಪುರುಷಾಮೃಗ purushâ(*i. e.* purusha)-mṛiga. A four-legged animal with a human face (My.; Rśv. 1, after 135).

ಪುರುಷಾರ್ಥ purusha-artha. Any one of the four objects or aims of man or of the soul, viz. dharma (discharge of duty), artha (acquirement of wealth), kâma (the gratification of desire), môksha (final emancipation, ಧರ್ಮಾದಿ Mr. 259; Kâvy. III, 3, B, 2; Abh. P. 3, 144. 145; Bp. 38, 43 *b;* 40, 15; J. 3, 31. 39; Si. 255).

ಪುರುಷಾರ್ಥಿ purushârthi. A man who has ಪುರುಷಾರ್ಥ (J. 6, 53).

ಪುರುಷೋತ್ತಮ purusha-uttama. An excellent man. 2, *Vishṇu* (Mr. 17). 3, a jina.

ಪುರುಹ puruha. *Much, many.*

ಪುರುಹೂತ puru-hûta. Much invoked: *Indra.*

ಪುರುಹೂತಗಣ puruhûta-gaṇa. A kind of metrical foot (Čh.).

ಪುರುಹೋತ್ರ puru-hôtra. N. (see s. ಅಂತು).

ಪುರುಳ್ puruḷ. 1. ಪುರುಳು. = ಪುರುಳು, ಹುರುಳ್, ಹುರುಳು. (Joining, see ಪುರುಡಿಸು); fitness, suitableness, propriety (ಯೋಗ್ಯತೆ Čt. I, 43); that is true or good (ಒಳ್ಳಿತು Bhn. 11, o. r. ಹುರುಳ್; ಸಿರಿ, ವೆವಸ್ತೆ Nn. 150); the power or sense of a word, meaning (ಅಭಿಧಾನ Śs.; Kk. 65; ಅರ್ಥ Śmd. 88 Cm.; Čt. II, 3; My.); power, strength of the body, of a tree (My. as ಪುರುಳು; T. ಪೊರುಳ್, the meaning of a word; superiority; money, riches; utensils; a child; gold; truth; a thing, that which exists; ಪೊರುಟ್ಟು, a thing of use; cause = ನಿಮಿತ್ತ; M. ಪೊರುಳ್, what belongs to one; contents, meaning; the cause; ಪೊರುಟ್ಟು, cause, sake; Tě. ಪೊಣ್ಣೆ, on account of). ಪುರುಗ್ಗಳ್ (Śmd. 52). ಪದಂಗಳ ಪುರುಳ್ (ಪದದರ್ಥಂ 46 Cm.). See ಪೆರ್ಮುಮ್ಬುರುಳ್; Čpr. 2, 30. 54; Rśv. 11, 167; V. 2, 21; 5, after 78.

ಪುರುಳ್ puruḷ. 2. (= ಪೊರಳ್, etc.). ತೆಪ್ಪತೆಪ್ಪನೆ ಪುರುಳ್ (Śmd. 229 Mdb.).

ಪುರುಳಿ puruḷi. 1. A notable, influential or high position (ಕುಲಸ್ಥಲ Śm. 113, o. rs. ಕುಲಸ್ಥ, ಕುಲರ್ಥ; T. ಪುಳ್ಳಿ, estimation, valuation; M. ಪುಳ್ಳಿ, an article or person, and their valuation; ಪುಳ್ಳಿಕ್ಕಾರ, a man of note, influential).

ಪುರುಳಿ puruḷi. 2. = ಪುರುಡಿ. (That imitates or rivals): a female parrot (ಸಾರಿಕೆ, ಪೆಣ್ಗಿಳಿ Śs.); a young parrot (ಗಿಳಿವಱಿ Čt. I, 28, o. r. ಗಿಣಿ-); a parrot (ಕನ್ನಡವಕ್ಕಿ, ಪಣ್ಣಿತವಕ್ಕಿ, ಗಿಳಿ Śm. 28; Kk. 24; ಶುಕ Śm. 113). See Čpr. 8, after 67; Abh. P. 3, 108; Rśv. 8, after 5.

ಪುರುಳು puruḷu. = ಪುರುಳ್, etc. (My.).

ಪುರೂರವ purû-rava. Tbh. of ಪುರೂರವಸ್ (Śmd. 106; see Mr. s. ಅಱಿಬರ್; J. 2, 52; 18, 54).

ಪುರೂರವಸ್ purû-ravas. Crying much or loudly. 2, N. of a prince.

ಪುರೆ purĕ. = ಪೊರೆ6. A boil, an ulcer. (T. ಪುರೈ, the hollow of a pipe, tube, etc.; a fistula, or sinuous ulcer; ಪುಟ್ಟಿ, the hollow in a pipe, a tube; anything which is hollow = ಪುಡಿಲ್; Mhr. ಪುಳೀ, a pimple; a phagedenic ulcer). See ಏಟ್ಟುರೆ.

ಪುರೋಗ puras-ga. Going before, preceding, leading; *a leader;* first, chief, principal.

ಪುರೋಗತಿ puras-gati. Preceding; precedence. (My.).

ಪುರೋಗಮ puras-gama. = ಪುರೋಗ. Leading; *a leader;* etc.

ಪುರೋಗವ puras-gava. = ಪುರೋಗಮ. See ಪೌರೋಗವ.

ಪುರೋಗಾಮಿ puras-gâmi. *A leader.*

ಪುರೋಚನ purôčana. N. of a man (Bh. 1, 8, 87).

ಪುರೋಡಾಶ puras-ḍâśa. *A sacrificial cake of ground rice* (ಯಾಗಾರ್ಥಮಹ ಹೋಳಿಗೆ Nr.; J. 20, 33).

ಪುರೋದ್ಯಾನ pura-udyâna. A pleasure-garden belonging to a town, a park. (J. 17, 11).

ಪುರೋಧ puras-dha. Tbh. of ಪುರೋಧಸ್. (Mr. 266).

ಪುರೋಧಸ್ puras-dhas. *A family-priest, a prince's domestic priest.*

ಪುರೋಭಾಗ puras-bhâga. The front or fore part. (Čpr 5, after 64). 2, *forwardness, obtrusiveness, meddlesomeness;* malevolence. 3, the entrance or neighbourhood of a town (ಪ್ರತೀಹಾರ, ಪಟ್ಟಣದ ಸಮೀಪ Nn. 100; Čpr. 1, after 134).

ಪುರೋಭಾಗಿ puras-bhâgi. Obtrusive. 2, malevolent; *censorious.* 3, double-tongued, deceitful (ದ್ವಿಜಿಹ್ವ, ಎರಡು ನುಡಿವಂ Mr. 230).

ಪುರೋವಗಮನ puras-avagamana. Going, or going away, before or in advance; learning, comprehending, or considering beforehand. See ಮುಮ್ಬಿಡು.

ಪುರೋಹಿತ puras-hita. Placed foremost or in front; one holding a charge or commission; the family-priest (ಪುರೋಧ Mr. 266; Śmd. 129; Bp. 55, 7; J. 26, 33).

ಪುಱ್ puṟ. A sound in imitation of breaking wind (*cf.* ಬುಱ್), and 2, of easing nature (C.).

ಪುಱಿಲೆ puṟilĕ. = ಪುಱುಲೆ, q. v.

ಪುಱುಲೆ puṟulĕ. = (ಪುರುಲೆ2), ಪುಱಿಲೆ, ಪೊಱಲೆ. N. of a bird (ಚಂಚಲ Mr. 175, o. rs. ಪುಱಿಲೆ, ಪೊಱಲೆ).

ಪುಪ್ಪ puṟpa. = ಪುಷ್ಪ. (Hlâ. MS.; Čpr. 3, 61; 8, 106).

ಪುಪ್ಪಕ puṟpaka. = ಪುಷ್ಪಕ. (Hlâ. MS.).

ಪುಪ್ಪಕದಮ್ಬ puṟpa-kadamba. = ಪುಷ್ಪಕದಮ್ಬ. (Čpr. 1, 141).

ಪುಪ್ಪಚಾಪ puṟpa-čâpa. = ಪುಷ್ಪಚಾಪ. (Abh. P. MS. 1, 118).

ಪುಪ್ಪದನ್ತ puṟpa-danta. = ಪುಷ್ಪದನ್ತ. (Hlâ. MS.; Abh. P. MS. 1, 10).

ಪುಪ್ಪಧನ್ವ puṟpa-dhanva. = ಪುಷ್ಪಧನ್ವ. (Hlâ. MS.).

ಪುಪ್ಪಪತ್ರ puṟpa-patra. = ಪುಷ್ಪಪತ್ರ. (Hlâ. MS.).

ಪುಪ್ಪಮಾಲಿಕೆ puṟpa-mâlikĕ. = ಪುಷ್ಪಮಾಲಿಕೆ. (Čpr. 6, 81).

ಪುಪ್ಪರಥ puṟpa-ratha. = ಪುಷ್ಪರಥ. (Čpr. 10, 6).

ಪುಪ್ಪರಸ puṟpa-rasa. = ಪುಷ್ಪರಸ. (Hlâ. MS.).

ಪುಪ್ಪಲಿಹ್ puṟpa-lih. = ಪುಷ್ಪಲಿಹ್. (Hlâ. MS.).

ಪುಪ್ಪವತಿ puṟpa-vati. = ಪುಷ್ಪವತಿ. (Hlâ. MS.).

ಪುಪ್ಪವಾಟಿ puṟpa-vâṭi. = ಪುಷ್ಪವಾಟಿ. (Hlâ. MS.).

ಪುಷ್ಪಸಾಯಕ purpa-sâyaka. = ಪುಷ್ಪಸಾಯಕ. (Ĉpr. 6, 80).

ಪುಷ್ಪಹೀನೆ purpa-hînĕ. = ಪುಷ್ಪಹೀನೆ. (Hlâ. MS.).

ಪುಷ್ಪಾಂಜಲಿ purpa-añjali. = ಪುಷ್ಪಾಂಜಲಿ. (Ĉpr. 8, 30).

ಪುಷ್ಪಾಪಚಯ purpa-apaĉaya. = ಪುಷ್ಪಾಪಚಯ. (Ĉpr. 3, after 28).

ಪುಷ್ಪಿತ purpita. = ಪುಷ್ಪಿತ. (Ĉpr. 2, 73; 3, 51).

ಪುರ್ಕು purku. A sound expressing disdain (My.). ಪುರ್ಕು ಅನ್ನದೆ ಹರ್ಕು ಮುಚ್ಚೀತೇ? (Prv.).

ಪುರ್ಗಿ purgi. = ಪುಗ್ಗಿ, q. v.

ಪುರ್ಗು purgu. = ಪುಗ್ಗು. See ಪುಗ್ಗಾಗಿಯಲ s. ಪುಗ್ಗು.

ಪುರ್ಚು purĉu. Ruin; wickedness (*cf.* ಪುಚ್ಚಡ್, ಪುಚಿ, and ಪುಚಿಕು). — ಪುರ್ಚುಗೊಳ್. -ಕೊಳ್. To be ruined or wicked (V. 41, 39).

ಪುರ್ಬು purbu. = ಉಬ್ಬು, ಪುಬ್ಬು, ಪುರುವ, ಪುರ್ವು, ಹುಬ್ಬು, ಹುರ್ಬು. Tbh. of ಭ್ರೂ or ಭ್ರುವ. An eyebrow, the brow (Bp. 47, 58; Rŝv. 5, 51; 6, 36; T. ಪುರುವ, ಪುರೂರ, ಪೀರು; M. ಪುರಿಯ, ಪುರಿಗ). ಕುದುರೆಯ ಪುರ್ಬಿನೊಳು ಕದಪಿನೊಳು ಬೆನ್ನೊಳು ಉರದೊಳು ಪೆಗಲೊಳು ಉದರದೊಳ್ etc. ಸುದ್ ಪುಟ್ಟಲ್ಕೆ ಕಪ್ಪಮಕ್ಕುಂ (Mr. 280). ಪುರ್ಬು ಬಿಚ್ಚಿ ವಿಡುದು (ಭೃಕುಟಿ 463). — ಪುರ್ಬಿಕ್ಕು. -ಇಕ್ಕು. To frown (Rŝv. 5, after 55; 9, 29).

ಪುರ್ಲೆ purlĕ. = ಪುರಲೆ, etc. (My.).

ಪುರ್ವು purvu. = ಪುರ್ಬು, etc. (Ĉpr. 5, 69. 97; 6, 23; Grj. 5, 20; Bp. 20, 12). ಬೇಡತಿ... ಪುರ್ವಿನಿಂ ಜಿರ್ವುತಿನೆಯಂ (Râghô. 17, 66). See ಕುಡುಪುರ್ವು. — ಪುರ್ವುರ್ವು. -ಉರ್ವು. The brows to be raised (Abh. P. 9, 12).

ಪುಲ್ pul. = ಪುಲು, ಪುಲ್ಲು, ಹುಲು, ಹುಲ್ಲು. Grass; straw (ದಾಣ Nn. 7; Ĉpr. 5, after 64; T., M.; Tĕ. ಪುಲು, ಪುಲ್ಲು, ಪೂರಿ). ಮರಗಿಡುಬಳ್ಳಿಪುಲ್ ಪೊದದ್ (Ŝmd. 89. 113. 129). ಪುಲ್ಲುಂ ಹುಟ್ಟಿಗೆಯುಂ (84). ಮಾನಿಸರಂ ಪುಲ್ಗೆ ಕಪ್ಪಮಾಗೆ ನೆನೆವಂ (159). ಪುಲ್ಲ ದೊಣ್ಣೆ (Rŝv. 6, 116). ಪುಲ್ಗಳ್ (J. 15, 17; 20, 5). ಇನ್ನುವುಂ ಸಿರಿ ಪುಲ್ಲಗ್ರದ ತುಸ್ತುದಿಯ! (Ŝk. 74). See ಎಳೆವುಲ್. — ಪುಲ್ಗಚ್ಚು. -ಕಚ್ಚು. = ಪುಲ್ಗಚುರ್. (Ĉ. Bp. 32, 42). — ಪುಲ್ಗಚುರ್. -ಕರ್ಚು. To gnaw grass, to feel one's self overpowered, to humble one's self (Rŝv. 5, 122). — ಪುಲ್ದೇಗುಲ. A temple built of grass (V. 6, after 9). — ಪುಲ್ದೊಣ್ಣೆ. A bundle of grass or straw (Ĉ. Bp. 42, 33). — ಪುಲ್ಮರುಳ್. A weak, worthless demon (Abh. P. 13, 66). — ಪುಲ್ಮಿಗ. A grass-eating, weak beast (Rŝv. 5, 130). — ಪುಲ್ಮೇವು. Grass and food (J. 19, 32). — ಪುಲ್ಲಂ ಕರ್ಚು. = ಪುಲ್ಗಚುರ್. (Rŝv. 9, 27; 11, 15). — ಪುಲ್ಲ ಮುರಿ. A ring of grass (Rŝv. 13, 24). — ಪುಲ್ವೊಜಿ. -ಪೊಜಿ. A load of grass or straw (Ĉ. Bp. 42, 29. 30).

ಪುಲ್ pul. = ಪುಂ, etc. See ಪುಲ್ಲಿಂಗ.

ಪುಲ pula. = ಪುದಿ, etc. — ಪುಲಕಾಪು. = ಪುದಿಕಾಪು. (ಪರಿಕರ್ಮ, ಶರೀರದ ಮೇಲೆ ಉಜ್ಜಿ ತೊಳದು ಕೊದೀ ಹೋಗಲಾಡಿಸಿ ಸೊಗಸು ಮಾಡುವಿಕೆ Si. 225). — ಪುಲಕಾಪುಸೇವೆ. The ceremony of undressing an idol, rubbing it with an ointment of civet, etc., and sprinkling paĉĉakarpûra powder over it (My.).

ಪುಲಿ pula. = ಪುರು. See ಎ-.

ಪುಲಕ pulaka. = ಪುಳಕ, ಪುಳಕೆ. *Erection or bristling of the hairs of the body* occasioned by delight, etc., horripilation (ಪೊಮ್ಮುಳಿ Ĉt. I, 105; II, 9; Kk. 31; Ŝm. 76. 111; ರೋಮಾಂಚನ, ಪುಳಕ Nn. 145). 2, *any kind of insect or vermin infesting animals* (*cf.* ಪುಬು). 3, (= ಪುಲಾಕ) a ball of boiled rice (ಕೂಳಿ ಅಗಲು 145, o. r. ಅಗುಳು; ಅನ್ನದ ಅಗುಳು Mr. 486). 4, (= ಪುಲಾಕ) grain (ಧಾನ್ಯ, ಧಾನ್ಯಗಳು 145).

ಪುಲಕಾಂಕುರ pulaka-aṅkura. Horripilation (Ŝśv. 2, 94).

ಪುಲಕಿತ pulakita. Having the hairs of the body erect or bristling up, thrilled with joy. (Abh. P. 5, 7).

ಪುಲಕಿಸು pulakisu. = ಪುಳಕಿಸು, ಪುಳುಕಿಸು. The hairs of the body to become erect or to bristle (Bp. 45, 53; 57, 46).

ಪುಲಕೋದ್ಗಮ pulaka-udgama. = ಪುಲಕ No. 1. Horripilation. (My.).

ಪುಲಸ್ತ್ಯ pulastya. N. of a ṛishi (see ಮುಖ್ಯಋಷಿ; J. 33, 40). 2, N. of one of the seven prajâpatis.

ಪುಲಸ್ತ್ಯಾತ್ಮೋದ್ಭವ pulastya-âtmôdbhava. Kubêra (Mr. 54).

ಪುಲಹ pulaha. N. of an ancient ṛishi, son of Brahmâ. See ಪ್ರಜಾಪತಿ.

ಪುಲಾಕ pulâka. (= ಪುಲಕ Nos. 3 & 4). *Shrivelled or blighted or empty grain.* 2, *a lump of boiled rice* taken from the mass and kneaded into a ball (see ಅಗುಳು, ಕಳಗೂಡು). 3, *brevity, abbreviation, abridgment.*

ಪುಲಿ puli. 1. (Ŝmd. 113. 129). = ಹುಲಿ. A tiger (ಪುಣ್ಡರೀಕ Mr. 504; Tĕ., T., M.; Tu. ಪಿಲಿ; T. also ಪಿಲಿ; *cf.* ಪಿಲ್ಲಿ 2?). ಪುಲಿಯ ಬಾಯ್ಗಿಂ ಬಿಟ್ಟಿಂತಿದಂ (Ŝmd. I). ಈದ ಪುಲಿಯಾ ಪೋಲ್ ಇರ್ದರ್ (Ŝmd. 144). ಒಣ್ಣೆಡೆಯೊಳ್ ಕಟ್ಟುವುದೆ ಪಿರಿಯ ಪುಲಿಯುಮುಂ ಕವಿಲೆಯುಮುಂ? (150). ಪುಲಿ ಗರ್ಜಿಸುತ ಬರಲ್ (Râghô. 17, 70. 73). ಪುಲಿಯ ಚರ್ಮದ... ದಿರುಸು (Rŝv. 6, after 11). ಪಾಲು ನೀಡಿ ಪುಲಿಯಂ ಸಾಕಲ್ಕೆ ವಿಶ್ವಾಸಿಯೇ? (Ŝk. in B. 5, 41). See J. 15, 32. 33. 39; 28, 44. 46. 48. — ಪುಲಿಕಲ್ಲು. N. of a village in Mysore (My.). 2, a play at which three big stones represent tigers, and fifteen smaller ones huntsmen (My.). — ಪುಲಿಗೆಟ್. -ಕೆಟ್. = ಹುಲಿ-. N. of a village (Bp. 44, 4; 51, 76. 83). — ಪುಲಿದೊವಲ್. -ತೊವಲ್. A tiger-skin (Rŝv. 2, 96; 14, after 106). — ಪುಲಿಮುಖ. = ಹುಲಿ-. An egress or outlet from a fort, made to resemble a tiger's face (ನಿಃಸರಣ Mr. 191; M.). — ಪುಲಿಮೊಗ. = ಪುಲಿಮುಖ. (Ĉ. Bp. 42, 26). — ಪುಲಿಯಾರ್. -ಅರ್ (= ಅವರ್). See ಪೆನುಬಟ್ಟ-. — ಪುಲಿಯುಗುರ್. -ಉಗುರ್. = ಹುಲಿ-. A tiger's claw; an ornament of tiger-claws (Abh. P. 3, 141; Tĕ. ಪುಲಿಗೋರು). ಪುಲಿಯುಗುರ ಪಟ್ಟಿ (Bp. 11, 25). — ಪುಲಿಯುಡುಪ. -ಉಡುಪ. N. (Bp. 21, 12). — ಪುಲಿಸಮ್ಮ. = ಪುಲಿದೊವಲ್. (V. 9, 104).

ಪುಲಿ puli. 2. = ಪುದಿ 3. — ಪುಲಿವಟ್ಟು. = ಪುದಿವಟ್ಟು. (My.).

ಪುಲಿಗಿಲ್ puligil. = ಪುಲಿಂಗಿಲ್, ಹುಲಿಗಿಲು, etc. (Ŝśv. 8, 32).

ಪುಲಿಂಗ puliṅga. The hold of a ship (ಮಂಗ, ನಾವೆಯ ಬಸುಬು Hlâ.; ಮಂಗ, ಹಡಗಿನ ಇದ್ದೆಸೆ Mr. 408).

ಪುಲಿಂಗಿಲ್ puliṅgil. = ಪುಲಿಗಿಲ್, etc. (Rŝv. 5, 56).

ಪುಲಿನ pulina. = ಪುದಿಲ್. A sandbank; *an island of alluvial formation, or one from which the water has recently withdrawn, a small island or bank left in the middle of a river by the subsiding of its waters, an islet* (ಸೈಕತ, ದ್ವೀಪ, ಮಳಲೊಟ್ಟಿಲ್ Mr. 414).

ಪುಲಿನ್ದ pulinda. = ಪುಳಿನ್ದ. *N. of a barbarous tribe* (ಬೇಡಜಾತಿ Mr. 379); a man of this tribe.

ಪುಲಿನ್ದಿನಿ pulindini. = ಪುಳಿನ್ದಿನಿ. A female of the Pulinda tribe (Ŝśv. 5, 13).

ಪುಲು pulu. = ಪುಲ್, etc. (ಜಾಳ, ಹುಲ್ಲು Nn. 123; Bp. 11, 11; 24, 57). — ಪುಲುದೇಗುಲ. = ಪುಲ್ದೇಗುಲ. (Bp. 9, 6). — ಪುಲುವಟ್ಟೆ. -ಬಟ್ಟೆ. A grassy path (Ĉpr. 5, after 52).

ಪುಲೋಮ pulôma. *N. of a demon*, the father-in-law of Indra by whom he was destroyed. 2, N. of a ṛishi (see ಮುಖ್ಯಋಷಿ).

ಪುಲೋಮಜಾತೆ pulôma-jâtĕ. = ಪುಲೋಮಜೆ. (ಇನ್ದ್ರಾಣಿ, ಶಚಿದೇವಿ Nn. 28).

ಪುಲೋಮಜಿತ್ pulôma-jit. Indra. (R.).

ಪುಲೋಮಜೆ pulôma-jĕ. *Śačî, the wife of Indra.*

ಪುಲೋಮಜೇಶ pulômajâ-îśa. Indra (My.).

ಪುಲ್ಲ pulla. = ಪುಳಿ, etc. (Tĕ. ಪುಲ್ಲ, sour, acid; Tĕ. ಪುಲ್ಲೆ, T. ಪುಲ್ಲೈ, a pale, dun, yellowish, grizzled colour). — ಪುಲ್ಲ ಮ್ಪುರಚಿ. -೦-ಪುರಚಿ. = ಪುಳ್ಳಮ್ಪುರಚಿ, q. v. (Śi. 157).

ಪುಲ್ಲ pulla. = ಫುಲ್ಲ q. v. (Sk.). — ಪುಲ್ಲವಡಕಾಣಿ. -ವಡಕಾಣಿ. = ಪುಲ್ಲವಡಿಗ. (ಅರಲ್ವಡಿಗ Kk. 35; Śm. 67). — ಪುಲ್ಲವಡಿಗ. -ವಡಿಗ. (Śmd. 234). A man who grows and sells flowers (ಪೂವ ಡಿಗ Ŏt. I, 93; II, 97).

ಪುಲ್ಲಕ pullaka. = ನೀಲಂಗು, q. v. (*cf.* ಪುಲಕ No. 2).

ಪುಲ್ಲನಾಭ pulla-nâbha. Vishṇu (Bp. 54, 34).

ಪುಲ್ಲಶರ pulla-śara. Kâma (Abh. P. 8, 14; Rśv. 1, after 135).

ಪುಲ್ಲಿಗೆ pulligĕ. Tbh. of ಪೋಲಿಕೆ. (Bh. 1, 15, 7).

ಪುಲ್ಲಿಂಗ pul-liṅga. The masculine gender; a term of that gender (Śmd. 108. 112. 119. 128. 138. 147. 181. 185; Kâvy. I, 2, 20-22. 31. 32. 71-73 *b*).

ಪುಲ್ಲು pullu. = ಪುಲ್, etc. (Bp. 60, 23).

ಪುಲ್ಲೆ pullĕ. = ಹುಲ್ಲೆ. A deer, an antelope (ಚಿಗರೆ G.). ಈ ಪುಲ್ಲೆ ಬನ್ದುವು (Śmd. 169). See Rśv. 5, 122; 13, 90; 30, after 104; J. 15, 19; 28, 37. 44. — ಪುಲ್ಲೆವಱ್. -ಮಱ್. A young antelope (Rśv. 5, 71).

ಪುಲ್ಲೆಗ pullĕga. A talkative or foul-mouthed man (ಸೊರಹುಗಾರ Ŏt. I, 59; Tĕ. ಪುಲುಗು, T., M. ಪುಳ್, a bird; see ಪಲುಮ್ಬು).

ಪುವ್ವು puvvu. = ಪೂ 2, ಪೂವು, ಹುವ್ವು, ಹೂ 2, ಹೂವು. A flower, a blossom (Tĕ. ಪುವು, ಪುವ್ವು; *cf.* ಪುಷ್ಪ; see ಪೊಲಿ). 2, a disease of the eye: albugo (My. as ಹೂ; Tĕ.; *cf.* ಪುಷ್ಪ No. 2). See ಗಱುವ್ವು.

ಪುಷಿತ pushita. = ಪುಷ್ಟ. (ರಕ್ಷಿಸಲ್ ಪಟ್ಟ G.).

ಪುಷ್ಕರ pushkara. (= ಒಕ್ಕರೆ). *A lotus* (ಸರಸಿಜ, ತಾವರೆ Nn. 27; ಬಿಸಜ Mr. 496). 2, *a species of costus, Costus speciosus or arabicus.* 3, *the tip or extremity of an elephant's trunk* (ವಾರಣಹಸ್ತದ ಅಗ್ರ, ಆನೆಯ ಸುಣ್ಡಿಲ ತುದಿ 27; ಗಜಹಸ್ತದ ಅಗ್ರ 496). 4, the skin of a drum or place where any musical instrument is struck (ವಾದ್ಯಮುಖ 27; ವಾದ್ಯತುಣ್ಡ 496). 5, the mouth of a vessel (ಭಾಣ್ಡಮುಖ 27; ಘಟತುಣ್ಡ 496). 6, *the Indian crane, Ardea sibirica* (ಸಾರಸ, ಪೆಣ್ಣುಲಕ್ಷಣ Mr. 172). 7, *the blade of a sword;* a sword (ತರವಾರಿ, ಖಡ್ಗ 27; ಅಸಿ 496). 8, *the sky, the atmosphere* (ಗಗನ, ಆಕಾಶ 27; ಗಗನ 496). 9, *water* (ತಮ್ಬರ, ನೀರ್ 27; ಜಲ 496). 10, *a celebrated place of pilgrimage* in the province of Ajmere (ಉತ್ತಮತೀರ್ಥ 27; ಸುತೀರ್ಥ 496). 11, the face or mouth of a snake (ಅಹಿತುಣ್ಡ, ಹಾವಿನ ಮುಖ 27). 12, a (good) quality (? ಗುಣ 27; *cf.* ಪುಷ್ಕಲ). 13, a kind of viččhittičitra (Kâvy. III, 2, B, 57. 60 seq.). 14, N. of a dvîpa or great division of the universe. 15, a remedy; any drug or medicament (ಭೇಷಜ, ವೈದ್ಯ 27; ಔಷಧ 496). 16, N. of a prince, the brother of Nala.

ಪುಷ್ಕರಮೂಲ pushkara-mûla. = ಪುಷ್ಕರ No. 2. A garden plant, Costus speciosus Sm. (St. & Pl.).

ಪುಷ್ಕರಾಹ್ವ pushkara-âhva. *The Indian crane, Ardea sibirica.*

ಪುಷ್ಕರಿ pushkari. An elephant. (R.).

ಪುಷ್ಕರಿಣಿ pushkariṇi. = ಒಕ್ಕರಣೆ, ಕೊಕ್ಕರಣೆ. *A lotus-pool; an artificial tank, a square or large tank.* 2, a female elephant.

ಪುಷ್ಕಲ pushkala. *Much, many, abundant;* splendid, magnificent; *eminent, excellent, best.*

ಪುಷ್ಟ pushṭa. = ಪುಟ್ಟ. *Nourished, cherished, fed, well-fed;* thriving, strong; *abounding, abundant, much;* rich, well-supplied; eminent.

ಪುಷ್ಟಿ pushṭi. (= ಪುಸ್ತಿ). A well-nourished condition, fatness, plumpness. 2, growth, increase, advance, thriving; comfort, wealth, means, property. 3, strength, power (My.). 4, cherishing, nourishing, nourishment, maintenance, support. 5, propping, backing, aid (Mhr.). ಪುಷ್ಟಿ ಯಾದವ ತುಷ್ಟಿಯಿದ್ದಾನು (Prv.). See ವಾಕ್-.

ಪುಷ್ಟಿಕರ pushṭi-kara. Nourishing, causing to thrive or grow. (My.).

ಪುಷ್ಟಿಕಾರಕ pushṭi-kâraka. = ಪುಷ್ಟಿಕರ. (My.; B. 4, 41).

ಪುಷ್ಟಿಕಾರಿ pushṭi-kâri. = ಪುಷ್ಟಿಕರ. (My.; Śi. 143).

ಪುಷ್ಟೀಕರಿಸು pushṭî-karisu. To cause to thrive, to nourish, to strengthen, to establish firmly, etc. (My.).

ಪುಷ್ಪ pushpa. = ಪುಪ್ಪ, ಪುಪ್ಫ. *A flower, a blossom* (see ಪೂ, ಅರಲ್, ಅಲರ್, ಮರಲ್, ಮಲರ್). 2, a disease of the eyes, albugo. 3, *the menstrual flux.* ಪುರಾಣಾ ಹೇಳಿದರೆ ಪುಷ್ಪ ಬಿದ್ದಾವೇ? (Prv.).

ಪುಷ್ಪಕ pushpaka. = ಪುಪ್ಫಕ. A flower (ಕುಸುಮ, ಪುಷ್ಪ Nn. 123). 2, albugo (ಅಕ್ಷಿರೋಗ, ಕಣ್ಣಿನ ರೋಗಭೇದ 123; ನಯನ ರೋಗ Mr. 527). 3, calx of brass, green vitriol; brass (ರೀತಿಕೆ, ಹಿತ್ತಾಳೆ 123; ಹಿತ್ತಾಳೆ 527). 4, a gem, a pearl (ಮಣಿ, ರತ್ನ 123; ರತ್ನ 527). 5, heat of the sun (ಆತಪ, ಬಿಸಿಲು 123). 6, a frying-pan (ಅಮ್ಬರೀಷ, ಅಡುಬಾಣಲೆ 123). 7, a woman recently delivered (ಸೂತಕಿ, ಸೂತಕವಾದ ಸ್ತ್ರೀ 123; ಬಾಣತಿ 527). 8, a bracelet (ಕಂಕಣ, ಕೈಯ್ಯ ಕಂಕಣ 123; ಕಂಕಣ 527). 9, *the self-moving aerial car of Kubêra;* a self-moving car (ವಿಮಾನ 123; ವಿಮಾನ 527; ದೇವರಥ, ಸುರರ ರಥ Mr. 285). 10, Kubêra (ಧನದ, ಕುಬೇರ 123; ಕುಬೇರ 527).

ಪುಷ್ಪಕದಮ್ಬ pushpa-kadamba. = ಪುಪ್ಫಕದಮ್ಬ. A multitude of flowers.

ಪುಷ್ಪಕುಟ್ಮಲ pushpa-kuṭmala. The opening bud of a flower. See ನನೆ.

ಪುಷ್ಪಕೇತನ pushpa-kêtana. Kâma. (My.).

ಪುಷ್ಪಕೇತು pushpa-kêtu. *Calx of brass.* 2, Kâma.

ಪುಷ್ಪಗಿರಿ pushpa-giri. N. of a mountain (Bp. 54, 64).

ಪುಷ್ಪಚಾಪ pushpa-čâpa. = ಪುಪ್ಫಚಾಪ. A bow of flowers. 2, Kâma (Grj. 8, 25).

ಪುಷ್ಪದತ್ತ pushpa-datta. N. (Bp. 9, 35).

ಪುಷ್ಪದನ್ತ pushpa-danta. = ಪುಪ್ಫದನ್ತ. *The elephant of the north-west quarter.* 2, N. of several persons. ಪುಷ್ಪದನ್ತೌ (ಪುಷ್ಪದನ್ತಗಳು as dual), *sun and moon.* See Śś. s. ಸುರವೇಣ್.

ಪುಷ್ಪಧನು pushpa-dhanu. Having a bow of flowers: *Kâma.*

ಪುಷ್ಪಧನ್ವ pushpa-dhanva. = ಪುಪ್ಫಧನ್ವ. *Kâma.*

ಪುಷ್ಪಧಾರಣ pushpa-dhâraṇa. Holding, putting on, bearing or wearing flowers. 2, Kṛishṇa. See ಸೂಡು.

ಪುಷ್ಪಪತ್ರ pushpa-patra. = ಪುಷ್ಪಿಪತ್ರ. *A kind of arrow.*

ಪುಷ್ಪಪುತ್ರಿಕೆ pushpa-putrikĕ. A puppet or figure made of flowers (Rśv. 8, 7).

ಪುಷ್ಪಫಲ pushpa-phala. *The elephant or wood-apple tree, Feronia elephantum* Corr.

ಪುಷ್ಪಮಂಜರಿ pushpa-mañjari. A cluster of blossoms (Rśv. 8, 7).

ಪುಷ್ಪಮಾಲಿಕೆ pushpa-mâlikĕ. = ಪುಷ್ಪಿಮಾಲಿಕೆ. A garland of flowers (ಪ್ರಾಲಮ್ಬ Si. 230).

ಪುಷ್ಪಮಾಲೆ pushpa-mâlĕ. = ಪುಷ್ಪಮಾಲಿಕೆ. (My.).

ಪುಷ್ಪಮಾಸ pushpa-mâsa. Flower-month: the spring. (My.).

ಪುಷ್ಪರಥ pushpa-ratha. = ಪುಷ್ಪಿರಥ. Flower-chariot: *a pleasure-van* (ಮೇಳದ ರಥ Mr. 285).

ಪುಷ್ಪರಸ pushpa-rasa. = ಪುಷ್ಪಿರಸ. Flower-juice: *the nectar or honey of flowers.*

ಪುಷ್ಪರಾಗ pushpa-râga. = ಪುಷ್ಯರಾಗ. A topaz (Sk.).

ಪುಷ್ಪಲಕ pushpalaka. *A post, a pin, a stake, a peg, a wedge* (Hlâ. MS. and one MS. of Mr. read ಪುಲಕ).

ಪುಷ್ಪಲಾವ pushpa-lâva. A flower-gatherer, a flower-seller. (R.).

ಪುಷ್ಪಲಿಹ್ pushpa-lih. = ಪುಷ್ಪಿಲಿಹ್. *The bhramara or large black bee.*

ಪುಷ್ಪವತ್ pushpa-vat. -ವನ್ತ್. Having flowers, decorated with flowers, flowery. ಪುಷ್ಪವನ್ತೌ (dual), *sun and moon.* ಆರ್ಕೇನ್ದುಗಳ್ ಕೂಡಿರಲು ಪುಷ್ಪವನ್ತರೆನಿಸಿರ್ಕುಂ (Mr. 72).

ಪುಷ್ಪವತಿ pushpa-vati. = ಪುಷ್ಪಿವತಿ. *A menstruous woman* (ಕಡು ರುತುವಿನವಳು Mr. 302). ಪುಷ್ಪವತಿಯಾದವಳ್ (ತುಱುಮಿಣ್ಣಿ Kk. 27).

ಪುಷ್ಪವನ್ತ pushpa-vanta. Tbh. of ಪುಷ್ಪವತ್, q. v.

ಪುಷ್ಪವಾಟಿ pushpa-vâṭi. = ಪುಷ್ಪಿವಾಟಿ. *A flower garden.*

ಪುಷ್ಪವಾಟಿಕ pushpa-vâṭika. = ಪುಷ್ಪವಾಟಿಕೆ. (Bp. 19, 70).

ಪುಷ್ಪವಾಟಿಕೆ pushpa-vâṭikĕ. = ಪುಷ್ಪವಾಟಿ. (Bp. 57, 48; My.).

ಪುಷ್ಪವಾಸನೆ pushpa-vâsanĕ. The fragrance or smell of flowers (My.).

ಪುಷ್ಪವಿಶಿಖ pushpa-viśikha. Kâma (My.).

ಪುಷ್ಪವೃಕ್ಷ pushpa-vṛiksha. A tree bearing blossoms; (ಅತಿಮುಕ್ತ, etc., ಕಾದಿರುವನ್ನಿಗೆ Si. 189).

ಪುಷ್ಪವೃಷ್ಟಿ pushpa-vṛishṭi. A shower of flowers. (My.).

ಪುಷ್ಪಶರ pushpa-śara. Kâma (Grj. 8, 8).

ಪುಷ್ಪಸಂಕೋಚನ pushpa-saṅkôčana. The closing or shutting of flowers. See ಮುಗಿ.

ಪುಷ್ಪಸಮಯ pushpa-samaya. Flower-season: *the spring.*

ಪುಷ್ಪಸಮ್ಭವ pushpa-sambhava. Birth or production of flowers. See ಪೂ.

ಪುಷ್ಪಸಾಯಕ pushpa-sâyaka. = ಪುಷ್ಪಿಸಾಯಕ. Kâma (Śsv. 4, 128).

ಪುಷ್ಪಸ್ತಬಕ pushpa-stabaka. Kâma (Grj. 7, 10).

ಪುಷ್ಪಹೀನೆ pushpa-hînĕ. = ಪುಷ್ಪಿಹೀನೆ. *A woman with whom menstruation has ceased, one past child-bearing.*

ಪುಷ್ಪಾಂಜನ pushpa-añjana. *Calx of brass* employed as a collyrium.

ಪುಷ್ಪಾಂಜಲಿ pushpa-añjali. = ಪುಷ್ಪಾಂಜಲಿ, ಪುಷ್ಪಾಂಜುಲಿ. (J. 8, 27; 25, 12; Śsv. 1, after 79).

ಪುಷ್ಪಾಂಜುಲಿ pushpa-añjuli. An añjuli full of flowers, for presenting (Bp. 32, 30; 60, 51).

ಪುಷ್ಪಾಪಚಯ pushpa-apačaya. = ಪುಷ್ಪಾಪಚಯ. Gathering or collecting of flowers (Grj. 5, 51).

ಪುಷ್ಪಾಯುಧ pushpa-âyudha. Kâma (Mr. 32).

ಪುಷ್ಪಾಯುಧವೈರಿ pushpâyudha-vairi. Śiva (Rśv. 14, 43).

ಪುಷ್ಪಾಸವ pushpa-âsava. Decoction of flowers; honey. (My.).

ಪುಷ್ಪಾಸ್ತ್ರ pushpa-astra. Kâma. (My.).

ಪುಷ್ಪಿಣಿ pushpiṇi. Flowering, etc. (fem.); a woman during menstruation. (J. 3, 23).

ಪುಷ್ಪಿತ pushpita. = ಪುಷ್ಪಿತ. Flowered, in flower or blossom, bearing flowers, blooming. (J. 8, 16).

ಪುಷ್ಪಿತೆ pushpitĕ. = ಪುಷ್ಪವತಿ. ಪುಷ್ಪಿತೆಯಾದ ಕಾನ್ತೆ (ತಱುಮಿಣ್ಣಿ Śs.).

ಪುಷ್ಪೇಷು pushpa-ishu. Kâma. (My.).

ಪುಷ್ಯ pushya. Blossom. 2, a topaz (ತಿಲೆ, ಕಲ್ಲು Nn. 130). 3, *the* (sixth or) *eighth lunar mansion* (ತಾರಗೆ, ನಕ್ಷತ್ರಭೇದ 130; ಆದ್ರೆ್ರ, ಉಚ್ಛಿಕ Mr. 39). 4, the month pausha (December-January, ಮಾಸಭೇದ 130). 5, honour, worship (ಅರ್ಚನ, ಅರ್ಚಿಸುವುದು 130). 6, price (ಬೆಲೆ 130). 7, a dot or cypher (? ಶೂನ್ಯ 130).

ಪುಷ್ಯಮಾಸ pushya-mâsa. = ಪುಷ್ಯ No. 4. ಪುಷ್ಯಮಾಸವಾದರೆ ನಸ್ಯ ಹಾಕಿ ಕೊಳ್ಳ ಬಾರದೇ? (Prv.).

ಪುಷ್ಯರಾಗ pushya-râga. = ಪುಷ್ಪರಾಗ. A topaz (ಪೀತಕಾನ್ತ Mr. 101; J. 17, 28; Śsv. 1, 70).

ಪುಸ್ pus. A sound in imitation of a slight breaking of wind, used also in the phrase ಪುಸ್ಸಾಗಿ ಹೋಯಿತು, nothing has become of it (My.). *Cf.* ಪೂಸು 3. See Prv. s. ಹಳ್ಳಿ.

ಪುಸಕ್ಕನೆ pusakkanĕ. = ಉಸಕ್ಕನೆ, ಪುಸುಕ್ಕನೆ. Suddenly, all at once, quickly (My.).

ಪುಸಲಾಯಿಕೆ pusalâyikĕ. Cajoling, coaxing (My.; Mhr. ಫುಸಲಾವಣೀ).

ಪುಸಲಾಯಿಸು pusalâyisu. To cajole, to coax (My.; Br.; Mhr., H. ಫುಸಲಾವಿಣೇಂ).

ಪುಸಿ pusi. 1. = ಹುಸಿ 1. To become or prove untrue or false (J. 31, 36). 2, to lie (J. 4, 3; 12, 30; 13, 44; T. ಪೊಯ್). ಪುಸಿದೊಡೆ ಬಿಟ್ಟಂ (Śmd. 298). ಪುಸಿಯದುದು ಪರಾಂಗನೆಗಾಸಿಸದುದು ಕೊಲ್ಲದುದು ಮೋಹಮಿಲ್ಲದುದಱಿವಂ ಪಸರಿಸುವುದು ವೈರಾಗ್ಯದ ದೆಸೆಗೆಸಗಿವು ಧರ್ಮಮ್, ಅವಱ ತದವಧರ್ಮಂ (Pampa's Âdipurâṇa 5, 101). 3, to bear no fruit, as flowers, not to attain perfection or ripeness, as fruits (My. as ಹುಸಿ).

ಪುಸಿ pusi. 2. = ಹುಸಿ 2. A falsehood, a lie; hypocrisy; vain, idle prattle; denial (ಅಪಾಹ್ನ, ಹುಸಿ Nn. 158; ವಾಯ Bhn. 5; ಗಱಿಪತ್ತ Čk. II, 46; ತೊದಳ್ Śmd. II; ತೊದಳ್, ನೂಳ್ Śm. 48; ಕಟ್ಟಿಕ, ತೊದಲ್, ನೂಳ್, ಅನೃತ Kk. 60; T. ಪೊಯ್; M. ಪೊಯ್, ಪೊಯಿ; Tô. ಉಳಕ್ಕಿ, ಪುಲುಗು, ಹುಳಕ್ಕಿ, ಹುಳಂಕಿ, ಹುಳಿಕ್ಕಿ; T. ಪುಳುಗು); uselessness, bearing no fruit (used of blossoms), not attaining perfection or ripeness (used of fruits, My. as ಹುಸಿ). ಪುಸಿಯ ಭೇದಂ (ತೊದಳ್ Kk. 88). See Abh. P. 6, 113; 15, 76; Bp. 1, 87; Bh. 1, 8, 28; J. 2, 5; 4, 4; 6, 34; 7, 26; 29, 23. 34. — ಪುಸಿನಣ್ಪು. Untrue, insincere affection (Abh. P. 10, after 192). — ಪುಸಿನುಡಿ. A lie (Abh. P. 6, 113). — ಪುಸಿಮನ್ನಣೆ. False, insincere respect (Čpr. 8, 61). — ಪುಸಿಮುಳಿಸು. Affected anger (Čpr. 8, 10; 8, after 53). — ಪುಸಿಲಜ್ಜೆ. Insincere modesty (J. 5, 60). — ಪುಸಿವೇಟ್. -ವೇಟ್. To utter a falsehood (J. 20, 57).

ಪುಸಿಗ pusiga. (Šmd. 283). = ಹುಸಿಗ. A liar, etc. (ನೂಳ Čt. I, 58; My.).

ಪುಸುಕ್ಕನೆ pusukkanĕ. = ಪುಸಕ್ಕನೆ, etc. (My.).

ಪುಸ್ತ pusta. *Smearing, anointing, plastering* (*cf.* ಪೂಸು); writing, writ (see Nr. s. ಬರಹ). 2, *anything made of metal or wood or clay or glass* (ಮಣಿ ಗಾಸ ಮೊದಲಾದವಟಿನ್ದ ಮಾಡಿದ ಪುತ್ತಳಿ Nr.).

ಪುಸ್ತಕ pustaka. = ಪಸ್ತಕ, ಪಸ್ತಗ, ಪುಸ್ತುಕ, ಪೊಸ್ತಕ, ಪೊಸ್ತಗ, ಪೊಸ್ತುಗ, ಪೊತ್ತಗೆ, ಪೊತ್ತಿಗೆ, ಹೊತ್ತಗೆ, ಹೊತ್ತಿಗೆ. A book (ಶ್ರೀತಲೇಖೆ, ಬಿತ್ತಿ Mr. 359). ಪುಸ್ತಕ ಅಬದ್ಧ ಮಾಡಿದರೆ ನಾಲಿಗೆ ಅಬದ್ಧವೇ? — ಪುಸ್ತಕವಿದ್ದರೆ ಅಕ್ಷರ ತಿಳಿಯದವನೇನು? (Prvs.).

ಪುಸ್ತಕರ್ಮ pusta-karma. *Using a mixture of earth, lime, cowdung and water as a mortar, plastering.*

ಪುಸ್ತರ್ಕನ ಹುಲ್ಲು pustarkana hullu. The grass Panicum brizoides Jacq. (Z.).

ಪುಸ್ತಕವಲ್ಲಿ pustaka-valli. N. of a plant (see ಧ್ರುವಣಿ).

ಪುಸ್ತಿ pusti. Tbh. of ಪುಷ್ಟಿ. (= ಪುಷ್ಟಿ No. 5, My.; Mhr.). 2, a paper required from school-boys exhibiting their progress in writing (B. 1, 20; Mhr.).

ಪುಸ್ತುಕ pustuka. Tbh. of ಪುಸ್ತಕ. (Râm. 5, 8, 69; My.; Tĕ.).

ಪುಸ್ಸನೆ pussanĕ. With the sound of ಪುಸ್, q. v. (My.).

ಪುಳ puḷa. Tbh. of ಸ್ಫುಟ (Šmd. 31).

ಪುಳಕ್ puḷak. A sound produced in swallowing anything (S. Mhr.; *cf.* ಗುಳಕ್).

ಪುಳಕ puḷaka. = ಪುಲಕ. (ಮೆಯ್ಯನಿರ್ ಮೂಡಿತು Čt. II, 76; Čpr. 2, 72).

ಪುಳಕಿಸು puḷakisu. = ಪುಲಕಿಸು, etc. (Grj. 3, 75. 111; 4, 86; Bp. 47, 31; 48, 4).

ಪುಳಕೆ puḷakĕ. = ಪುಳಕ. (ಪುಲಕ, ರೋಮಾಂಚನ Nn. 145).

ಪುಳಿ puḷi. = ಉಳಿ 8, ಪುಲ್ಲಿ, ಪುಳು, ಪುಳ್ಳ, ಹುಳಿ 2. Acidity, sourness (T., M.; Tĕ. ಪುಲಿ, ಪುಲುಸು). See ಇಮ್ಮುಳಿ. — ಪುಳಿಚಾರು. A broth or sauce made of tamarind, salt, etc. (ತಿನ್ತ್ರಿಡೀಕ, ಚುಕ್ರ, ವೃಕ್ಷಾಮ್ಲ Nr.; My.; M. ಪುಳಿಞ್ಚಾರು). — ಪುಳಿವಿಡಿ. -ಪಿಡಿ. To seize or try to find out acidity (J. 1, 7).

ಪುಳಿನ್ದ puḷinda. = ಪುಲಿನ್ದ. (ಕುಜ, ಕಿರಾತ Nn. 20; Bp. 44, 3; J. 28, 44).

ಪುಳಿನ್ದಿ puḷindi. = ಪುಳಿನ್ದೆ. (Ššv. 3, 9. 10).

ಪುಳಿನ್ದಿನಿ puḷindini. = ಪುಲಿನ್ದಿನಿ. (J. 10, 4).

ಪುಳಿನ್ದೆ puḷindĕ. = ಪುಳಿನ್ದಿನಿ. (J. 28, 42).

ಪುಳು puḷu. = ಪುಳಿ, etc. — ಪುಳುಮ್ಪುಣಿಸೆ. -ಮ್-ಪುಣಿಸೆ. = ಪುಲ್ಲಮ್ಪುರಚಿ, ಪುಳ್ಳಮ್ಪುಣಿಸೆ, ಪುಳ್ಳಮ್ಪುಣಿಸೆ q. v., ಪುಳ್ಳಮ್ಪುರಚಿ, ಹುಳಿಹುಣಿಚೆ. A troublesome weed, the yellow wood-sorrel, Oxalis monadelpha Roxb. (O. corniculata Lin., ಲೋಣಿಕೆ, ಕ್ಷುಲ್ಲಕಾಮ್ಲೆ Mr. 141).

ಪುಳುಕಿಸು puḷukisu. = ಪುಲಕಿಸು, etc. (Bp. 18, 29; 24, 21; 30, 11).

ಪುಳ್ಳ puḷḷa. = ಪುಳಿ, etc. — ಪುಳ್ಳಮ್ಪುಣಿಸೆ. -ಮ್-ಪುಣಿಸೆ. = ಪುಳ್ಳಮ್ಪುಣಿಸೆ. (St. & Pl.). — ಪುಳ್ಳಮ್ಪುಣಿಸೆ. -ಮ್-ಪುಣಿಸೆ. = ಪುಳುಮ್ಪುಣಿಸೆ, etc. (ಚಾಂಗೇರಿ, ಚುಕ್ರಿಕೆ, ಅಮ್ಲಪತ್ರ, etc. Nr.). — ಪುಳ್ಳಮ್ಪುರಚಿ. = ಪುಳ್ಳಮ್ಪುಣಿಸೆ. (St. & Pl.).

ಪುಳ್ಳೆ puḷḷĕ. (fr. ಪುರಿ1?). = ಪುರಲೆ, ಪುರ್ಲೆ, ಹುಳ್ಳೆ. A small bit of very dry wood (My.; Tĕ. ಪುಡಕ, ಪುಲ್ಲ; T. ಚುಳ್ಳಿ, ಚುಪ್ಪಿ, M. ಚುಳ್ಳಲ್, ಚುಳ್ಳಿ, dry spray, sprig, brushwood, chip, fuel stick, probably from ಚುಡು = ಸುಡು; M. ಪೊಳುಕ್ಕ, splinters as from stones cut, wood-shavings). — ಪುಳ್ಳೆಮಾತು. A dry, senseless, useless word (My.).

ಪುೞ puḻa. 1. = ಪುೞು 1, (ಪೂಜೆ), ಹುೞ, ಹುೞುವು, ಹುೞು. A worm, an insect in general, a snake, etc. (ಪುಲ್ಲಕ, ಕ್ರಿಮಿ, ಕೀಟ, ನೀಲಂಗು Mr. 396, o. r. ಪುೞು; T., M. ಪುೞು; Tĕ. ಪುರುಗು).

ಪುೞ puḻa. 2. = ಪುೞುಗು, etc. — ಪುೞಕಾಪು. = ಪುಲ-, ಪುೞು-. A mixture of civet, etc., which is smeared on idols, then removed, and sold at a high price (My.; T.).

ಪುೞಿ puḻi. = ಹುೞ. To be eaten or infected by worms, to get worm-eaten, to putrefy (V. 39, 18; T., M. ಪುೞು, Tu. ಪುರ್ಚು; *cf.* ಪುರ್ಚು).

ಪುೞಿಚಿಲ್ puḻičil. Rottenness, cariousness (V. 85, after 55).

ಪುೞಿಲ್ puḻil. Tbh. of ಪುಲಿನ (Šmd. 80; ಸಿಕತ Čt. II, 10; ಮಳಲ್ Kk. 13; ಮಣಲ್, ಮರಲ್, ಮಲರ್, ಸಿಕತ Šm. 36). ಕುಡುವ ಪುೞಿಲ್ (Šmd. 201). See ತಣ್ಪುೞಿಲ್, ನುಣ್ಪುೞಿಲ್; Čpr. 7, 149.

ಪುೞು puḻu. 1. (Šmd. 59). = ಪುೞ 1, etc. (ಕೀಟ Šmd. I). See ಕೆಮ್ಪುೞು, ಗೊಣ್ಣೆವುೞು, ಮಿಂಚುಬುೞು, ಮಿಾನ್ಪುೞು; Čpr. 5, after 64. — ಪುೞುವಜ್ಜೆ. -ವಜ್ಜೆ. The insect-emerald, *i. e.* the emerald-coloured wings of the tumbi (Ššv. 3, 9).

ಪುೞು puḻu. 2. = ಪುೞ 2, etc. — ಪುೞುಕಾಪು. = ಪುೞಕಾಪು. (My.).

ಪುೞುಕು puḻuku. = ಹುೞುಕು. That is eaten by vermin: a pock-mark (My. as ಹುೞುಕು). 2, the state of being worm-eaten or decayed (My. as ಹು-). 3, baseness. 4, an ulcer, a sore (ಚಣ Kk. 91).

ಪುೞ್ಗಿ puḻgi. = ಪುಗ್ಗಿ, ಪೊಂಗಲು q. v., ಹುಗ್ಗಿ. Rice (or other grain, as wheat, barley) boiled with any kind of pulse, salted, or sweetened with jaggory or sugar (ಉರ್ದು ಕಡಲೆ ತೊವರಿ ಗೋದುವೆ ಹೆಸರು ಮೊದಲಾದುವನಿಕ್ಕಿ ಅಟ್ಟ ಕೂಟ್ Šmd. I; Tĕ. ಪುಲಗ; M. ಪುೞುಕ್ಕು; T. ಪುಳಗ, boiled rice; T. ಪುೞುಂಗು, M. ಪುೞುಙ್ಙು, to be boiling or preparing in water by means of boiling, to be stewed, steamed; Tu. ಪುರ್ಗು, to be well boiled, as rice; see ಪುಗ್ಗು, ಪೊಂಗು 1).

ಪುೞ್ಗು puḻgu. To burn (ದಹನಕ್ರಿಯೆ Šmd. Dh.; T. ಪೊಚುಕ್ಕು, to singe, scorch, sear; ಪೊಚುಂಗು, to be singed or scorched, as hair, skin, etc.; M. ಪೊಳುಗು, to burn, blister; *cf.* ಉರಿ 1).

ಪೂ pû. 1. = ಹೂ 1. Flowers to be produced, to flower, to bloom (ಪುಷ್ಪಸಮ್ಭವ Šmd. Dh.; ಪೂವಾಗು Šm. 22; Tĕ. ಪೂಚು, ಪೂಯು; T., M. ಪೂ). P. p. ಪೂತು (Šmd. 279. 287). ಪಣೆಯಿಂ ಕೊನೆವರೆಗಂ ಪೂತುವರೆ ಚಮ್ಪಕನಿಕರಂ

(Čpr. 7, 53). See Čpr. 6, 37; Abh. P. 3 after 132; Rśv. 2, 38; 8, 122; J. 17, 4.

ಪೂ pû. 2. = ಪುಷ್ಪ, etc. A flower, a blossom; etc. (ಪುಷ್ಪ Šmd. Dh.; ಮಲರ್, ಅರಲ್, ಕುಸುಮ Šm. 23; Tĕ., T., M.; M. also ಪೂವು). ಎನಸ್ಗಳೆನ್ದು ಪೂವಿನವು (Šmd. 52). ಪೂವಿನ ಬಿಲ್ಲ ಕೊಪ್ಪಸೊದೆದು (66. 133). ಪೊಸ ಪೂವಿನ ಗೊಂಚಲನ್, ಅಕ್ಕ, ನಿನಗೆ ತನ್ದಪ್ಪೆಂ (73). ಮಧುರಮಧುವಿಲ್ಲದ ಪೂ (67). ಪೂವಂ ಮೂಸಿದಂ (156). ಪೂವಿನೊಳ್ ಕಮ್ಪು (163). ದೇವರಂ ಪೂವಿನ್ದ ರ್ಚಿಸಿದಂ (165). ಕೇದಗೆಯ ಪೂ (ಗಜಪುಷ್ಪ II). ಪೂಗಳ ಬೆಳ್ಪು or ಪೂಗಳ ಬೆಳ್ಪುಗಳ್ (170). ಬಣ್ಣಮಾಗಿರ್ಪ ಪೂಗಳ್ (ವರ್ಣಪುಷ್ಪ, ಅಮಿಲಾತ Mr. 124). ಪೂಗಳೆನಿದು (ಮಕರನ್ದ 108). ಪುಷ್ಪಮೊನ್ದು ಬಿದಿಲಲ್ ಭೃಂಗಕ್ಕೆ ಪೂವಿಲ್ಲವೇ? (Sĭ. 8). See Bp. 46, 6; J. 3, 25. 36; 11, 11. 37; 15, 20; 28, 2; Šśv. 4, 100. — ಪೂಗಣೆ. -ಕಣೆ. An arrow of flowers (especially of Kâma, Čpr. 6, 64; 8, 65; Abh. P. 4, 10; J. 6, 24). — ಪೂಗಣೆಯ. -ಅ 3. = ಪೂಗಣೆಯವ. Kâma (Grj. 8, 47; Rśv. 10, 55). — ಪೂಗಣೆಯವ. -ಅವ. Kâma (Bp. 45, 8). — ಪೂಗಣ್ಣ. -ಕಣ್ಣ-ಅ 3. The flower-eyed: Vishṇu; one who has the albugo (Rśv. 1, 102). — ಪೂಗಮ್ಪು. -ಕಮ್ಪು. The fragrance of flowers (Č. Bp. 5, 5; J. 3, 8). — ಪೂಗಲ್. pû-kal. A stone in the form of a lotus-flower on which a liṅga stands (Bp. 50, 75; 57, 43). — ಪೂಗಳಚು. -ಕಳಚು. Flowers to fall off or drop (Abh. P. 11, 13). — ಪೂಗುಡಿ. (ಪೂ-ಕುಡಿ, or ಪೂ-ಗುಡಿ). Flowers at the extremity or point; or a cluster of flowers. ಎನ್ನ ಬಿಲ್ಗೆ ಸಂಗತತರಮ್ ಅದ ಪೂಗುಡಿಗಳ್ ಅವ ಮರಕ್ಕೊಳವು? (Čpr. 7, 45). ತಳಿರ್ಗಳೆನೊರ್ಮೆ, ಪೂಗುಡಿಯಿನೊರ್ಮೆ... (ಮಾಮರಂ) ಜನಕ್ಕೆ ಮನಃಪ್ರಮೋದಮಂ ಬಳಯಿಸಿ (7, 48). ಇವ್ಮಾವಿನೆಳೆವೆಳರ ಪೊಳೆವ ಪೂಗುಡಿ (7, after 92). ಮೃದುತಳಕಾನ್ತಿಯಿಂ ಮಿಳಿರ್ಪ ಪೂಗುಡಿ (7, 108). See Čpr. 2, 34; 3, 96; Abh. P. 12, 25; Šśv. 2, 44; Rśv. 2, 35; V. 4, 36. — ಪೂಗೆಣ್ಡ. -ಕೆಣ್ಡ. A flower as red or bright as a live coal (Rśv. 9, 50). — ಪೂಗೊಂಚಲ್. A bunch of flowers (ಗುಚ್ಛ, ಸ್ತಬಕ, etc. Mr. 107; Šśv. 3, 64; 4, 109). — ಪೂಗೊಯ್. -ಕೊಯ್. To cut or gather flowers (J. 8, 19; Rśv. 10, 55). — ಪೂಗೊಳ. -ಕೊಳ. A pond in which flowers, *i. e.* lotuses, grow (Čpr. 3, 10; 7, 126. 128. 150; Abh. P. 1, 64; Râm. 2, 7, 3; Rśv. 2, 35). — ಪೂಗೋಲ್. -ಕೋಲ್. = ಪೂಗಣೆ. (V. 4, 85; J. 12, 31; 15, 26; 20, 15). ಪೂಗೋಲ. = ಪೂಗಣೆಯ. (My.). — ಪೂದಚು. -ತಚು. To pluck or gather flowers (V. 7, 13). — ಪೂದಳಿರ್. -ತಳಿರ್. A young shoot with flowers (Abh. P. 3, 114; J. 15, 17; 18, 13). — ಪೂದಿರಿ. -ತಿರಿ. To wander about in quest of flowers (Šśv. 3, after 35). — ಪೂದುರುಮ್ಬು. -ತುರುಮ್ಬು. A bundle of hair in which flowers are inserted (Grj. 4, after 21). — ಪೂದೂಳಿ. = ಪೂದೂಳು. (Šśv. 2, 72). — ಪೂದೂಳು. The pollen of flowers (ಪರಾಗ Si. 409). — ಪೂದೊಂಗಲ್. -ತೊಂಗಲ್. A cluster of flowers (J. 3, 28). — ಪೂದೊಡಮ್ಬೆ. -ತೊಡಮ್ಬೆ. A flower stalk (ಪ್ರಸವಬನ್ಧ, ವೃನ್ತ Mr. 107). See Šmd. s. ಪಿಳ್ಳು; Šśv. 3, after 35. — ಪೂದೊಡವು. -ತೊಡವು. An ornament of flowers (Šśv. 2, 39). — ಪೂದೋಟ. -ತೋಟ. A flower garden (J. 20, 6). — ಪೂದೋಣ್ಟ. -ತೋಣ್ಟ. = ಪೂದೋಟ. (Grj. 2, after 71). — ಪೂದೋಱು. -ತೋಱು. To cause flowers to appear (J. 30, 5). — ಪೂಪುಣಮ್ಬು. = ಪೂಪುಣುಮ್ಬು, q. v. — ಪೂಪುಣುಮ್ಬು. (Šmd 82). = ಪೂಗಣೆ. ಪೂಪುಣುಮ್ಬು. -ಅ 3. Kâma (ಮನ್ಮಥ Kk. 8; Šm. 7, o. r. ಪೂಪುಣಮ್ಬು). — ಪೂಮರ. A tree bearing blossoms (Abh. P. 11, 13). ಇರ್ತಡಿಯ ಪೂಮರಂಗಳ ಪೊರ್ತಂ ಕಪಿಕುಲದೊಳಾದೊಡ ಮೊಕ್ಕಲರಿಂ (Šmd. 222 Mdb.). — ಪೂಮಳೆ. A shower of flowers (Abh. P. 11, 13; 15, 6; 16, 83; Bp. 18, 78; 44, 72; Šśv. 5, 53; J. 21, 12. 36. 51). — ಪೂಮಾಲಿಕೆ. = ಪೂಮಾಲೆ. (Bp. 41, 10). — ಪೂಮಾಲೆ. A garland of flowers (Čpr. 8, 99; Bp. 27, 31). ಪೂಮಾಲೆಯಿಲ್ಲದಿದ್ದರೆ ರೂಮಾಲೆ ಬೇಡವೋ? (Prv.). — ಪೂಮಾಲೆದುರುಮ್ಬು. -ತುರುಮ್ಬು. (Šmd. 387). A knot of hair with a garland of flowers. — ಪೂಮಿಡಿ. A very small fruit round which the flower still stands (Čpr. 1, after 101). — ಪೂರವಿಕೆ. A bodice with flowers. It is forbidden to form the following compound (Šmd. 75): ಪೂರವಿಕೆಯನ್ತರವೇಱಿದೆ? (*i. e.* ಪೂರವಿಕೆಯನ್ ತರವೇಱಿದೆ?), as it might be read: ಪೂರವ ಕೇಯನ್, ಅನ್ತರವೇಱಿದೆ?. — ಪೂವಲಿ. Ornamental lines or figures drawn with flour, etc. on the ground, etc. (ಕಡೆ, ರಂಗವಲಿ Ši.; see ಕಡೆ 2). ಸೌರಭದ ಪೂವಲಿಗಳಲಿ ಸಿಂಗಾರಿಸಿದ ಬೀದಿಗಳ್ (Prll. 8, 4). See Čpr. 4, 64; Abh. P. 4, 28. — ಪೂವಸೆ. -ಪಸೆ. A bed or seat made of flowers (Rśv. 1, after 135; 5, 105). — ಪೂವಡು. = ಪೂಮುಡು. (Grj. 9, 120). — ಪೂವಾಗು. -ಆಗು. Flowers to be produced, to blossom (see ಪೂ 1). — ಪೂವಾಸು. -ಪಾಸು. A bed of flowers (Šśv. 3, after 35). — ಪೂವುಗು. -ಪುಗು. To go into a flower or flowers (Rśv. 9, 60). — ಪೂವುಡಿ. -ಪುಡಿ. The pollen of flowers (V. 4, 34). — ಪೂವೆಸರ್. -ಪೆಸರ್. The name of a flower (J. 31, 7). — ಪೂಸರ. A garland or chaplet of flowers (Bh. 8, 23, 45). ಮಣ್ಡೆಯೊಳು ಮುಡಿದ ಪೂಸರ (ನಿರ್ಯೂಹ Si. 466). — ಪೂಸರಲ್. = ಪೂಗಣೆ. (Rśv. 9, 51; 13, 87; J. 6, 17; 30, 37).

ಪೂಕು pûku. = ಪುಕ್ಕು 2. (Tĕ.). — ಪೂಕುತಿತ್ತಿ. A pair of trowsers (My.).

ಪೂಗ pûga. *A heap, a multitude, an assembly.* 2, *the areca or betel-nut tree and its nut, Areca catechu* Lin. (ಅಡಕೆಯ ಮರ Nn. 66; ಅಡಕೆ 102). See ತುತ್ತಿ, and Nr. s. ಬ್ರಹ್ಮವೃಕ್ಷ.

ಪೂಗಿ pûgi. = ಪೂಗ No. 2.

ಪೂಗೀಫಲ pûgî-phala. A betel-nut (Mhr.; My.). ನಾಗವಲ್ಲಿಯೆಲೆಯಾದರೂ ಪೂಗೀಫಲವಿಲ್ಲದೆ ಸಲ್ಲದು (Prv.).

ಪೂಚಿ pûči. = ಪುಚಿ 1, etc., ಬೂಚಿ No. 1. (T., M.; My. occasionally).

ಪೂಜಕ pûjaka. Honouring, worshipping, respecting; a worshipper (Bp. 10, 54; 54, 24; 60, 10; B. 4, 133).

ಪೂಜನ pûjana. Reverencing, honouring; worshipping; worship, respect. (Bp. 53, 1; Šśv. 4, 133; My.). See ಲಿಂಗ ಜಂಗಮ-, ಸಮ್-.

ಪೂಜನೀಯ pûjanîya. To be revered or honoured, entitled to homage; venerable; adorable. (My.).

ಪೂಜನೆ pûjanĕ. = ಪೂಜನ. (Bp. 35, 11).

ಪೂಜಾಕಾಲ pûjâ-kâla. The time for showing respect or for worship (My.); the time of giving presents (My.).

ಪೂಜಾಗಜ pûjâ-gaja. A greatly respected royal elephant (ಪಟ್ಟವರ್ಧನ Šmd. II; Kk. 92; Šm. 38).

ಪೂಜಾಪರಿಕರ pûjâ-parikara. The articles used at pûjâ (Čpr. 2, after 93; My.).

ಪೂಜಾರಿ pûjâri. The officiating Brâhmaṇa or other person of a temple (ಕೂಲಿಗೆ ದೇವರ ಪೂಜೆ ಮಾಡುವವನು, ದೇವಾಜೀವ, etc. Si. 339; My.; Tĕ., T.; Mhr. ಪುಜಾರೀ; Bp. 9, 35; 17, 1; 26, 17). ತಾ ಕಾಣದ ದೇವರು ಪೂಜಾರಿಗೆ ವರಾ ಕೊಟ್ಟೀತೇ? — ದೇವರು ಕೊಟ್ಟರೂ ಪೂಜಾರಿ ಕೊಡ. — ಹನುಮನ್ತರಾಯ ಪಗ್ಗ ತಿನ್ದರೆ ಪೂಜಾರಯ್ಯ ಸಾವಿಗೆ ಬಯಸಿದನನ್ತೆ (Prvs.). See Prv. s. ಗಾಣಿಗ, ತುಣ್ಡು 2.

ಪೂಜಾವಚನ pûjâ-vačana. A word or title of respect (ತತ್ರಭವತ್, etc. Hlâ.). ಹೆಸರ ಕಡೆಯೊಳು ಪೂಜಾವಚನ (ಪಾದ, etc. Hlâ.).

ಪೂಜಾವಾಜಿ pûjâ-vâji. A greatly respected royal horse (Abh. P. 14, after 128).

ಪೂಜಿ pûji. = ಪೂಜೆ 2. (My.).

ಪೂಜಿತ pûjita. *Honoured, respected, reverenced; worshipped, adored.*

ಪೂಜಿಸು pûjisu. To honour, to revere, to worship, to adore; to receive with honour or hospitably (ಅರ್ಚನವಿಧಿ Śmd. Dh.; Čpr. 2, 88; Bp. 6, 29; 18, 19; 18, 12; 24, 23; 29, 29; 33, 6; 39, 6; 43, 39; 49, 22; 53, 51; 60, 8; Śśv. 4, 100; J. 5, 71). ಪೂಜಿಕೆ or ಪೂಜಿಕ್ಕೆ (Śmd. 270). ಅತಿಥಿ ಪ್ರಾಘುಣಕ ಬದ್ದಿ ನಂ; ಆತಿಥೇಯನ್ ಎನಲ್ ಅವರ ಪೂಜಿಸುವಂ (Mr. 238). ಇದಿರ ಪೂಜಿಸುವಂ (ಪ್ರತೀಕ್ಷ್ಯ 243). ತೋಳು ಪೂಜಿಸಿ ಕೊಳ್ಳುವದಕ್ಕೆ ಹೋಗಿ, ಮೂದಿನಾದ (Prv.).

ಪೂಜಿಸುವಿಕೆ pûjisuvikĕ. Honouring, etc. (ಪೂಜೆ, etc. Si. 246).

ಪೂಜೆ pûjĕ. 1. ಪೂಜಾ. (= ಪೂಜ್ಯೆ). *Honour, respect, reverence, veneration, homage to superiors, adoration or worship of the gods or idols.* ಪೂಜೆ ಪೂಜಿಸು (Bp. 43, 39). ಪೂಜೆ ಮಾಡಿದರೂ ಹೂಜೆ ಸಜ್ಜು ಆಗಲಿಲ್ಲ (Prv.). — ಪೂಜೆಗೆಯ್ಸು. To cause to show respect, etc. (J. 10, 29). — ಪೂಜೆವಡೆ. -ಪಡೆ. To be honoured, etc. (Kâvy. I, 5, 50; Bp. 54, 6). ಪೂಜೆವಡೆದಂ (ಗುರು, ಉಪಚಿತ Mr. 243). — See Prv. s. ಶಂಖ.

ಪೂಜೆ pûjĕ. 2. = ಪೂಜಿ, ಪೂಜ್ಯ 2. A dot; the nasal sound; a cipher; a nought in calculation (Mhr. ಪೂಜ; My.; Tĕ. ಪೂಜ್ಯ; T. ಪೂಜ್ಜಿಯ).

ಪೂಜೋಪಕರಣ pûjâ-upakaraṇa. = ಪೂಜಾಪರಿಕರ. (My.).

ಪೂಜ್ಯ pûjya. 1. *To be honoured, honourable, respectable, venerable, worshipful;* recommendable. 2, *a father-in-law.* ಕುದುರೆಯೊಳ್ ಬಿಳಿದಾಗಿರ್ದ ಹಲ್ಲಾಗೆ ಪೂಜ್ಯಮದು (Mr. 277). ಧಾನ್ಯ ಧನವಾಗದೇ ಮಾನ್ಯ ಪೂಜ್ಯನಾಗನೇ? — ಉಚ್ಚ ಸ್ಥಾನವೇ ಪೂಜ್ಯ (Prvs.). Feminine ಪೂಜ್ಯಳು (My.).

ಪೂಜ್ಯ pûjya. 2. = ಪೂಜೆ 2. (My.). See Prv. s. ಮಾಘಸ್ನಾನ.

ಪೂಜ್ಯತೆ pûjyatĕ. Honourableness, venerableness. (My.).

ಪೂಜ್ಯಪಾದ pûjya-pâda. N. of a Jaina svâmi (Śmd. 125; Čpr. 1, 20).

ಪೂಜ್ಯಪಾದತೆ pûjya-pâdatĕ. The state of being like Pûjya-pâda svâmi (Čpr. 1, 31).

ಪೂಜ್ಯಾರ್ಥ pûjya-artha. The meaning of honourableness (My.).

ಪೂಜ್ಯೆ pûjyĕ. A respectable woman (Sk.; My.). 2, Tbh. of ಪೂಜೆ 1. ಪೂಜ್ಯಾ ಮಾಡೋಣ (ಸಮ್ಭಾವನ Ŏb.).

ಪೂಟು pûṭu. A bit, a small portion or sum, fractional quantities (My., H.). — ಪೂಟರ್ಜಿ. -ಅರ್ಜಿ. A summary arji (My.).

ಪೂಟು pûṭu. 2. Foot (My.; B. 2, 28; 3, 99); also ಪೂಟ (B. 5, 239).

ಪೂಡಿಸು pûḍisu. = ಹೂಡಿಸು. To cause to join or put to (J. 29, 25); to cause to yoke (12, 4); to have conveyed to (29, 9), to have brought near (34, 7); etc.

ಪೂಡು pûḍu. 1. = ಊಡು 2, ಪೂಣ್ 1, ಹೂಡು. To join (v. t.), to unite; to put to, to tie to (J. 31, 26; 22, 24); to yoke; to put oxen, horses, etc. to carts, carriages, ploughs, etc. (Rśv. 6, after 11; J. 26, 26; 33, 34; My. as ಹೂಡು); to tie or fix carts, etc. to oxen, etc. (My. as ಹೂಡು); to put together, as stones for a fire-place (My. as ಹೂಡು); to fix, as an arrow (J. 4, 32; 12, 41. 46; 13, 15. 17; Śśv. 4, after 19 & 24); to make ready, to prepare (Č. Bp. 47, 6), to arrange, to establish, as a play, a shop (My. as ಹೂಡು; T., M. ಪೂಟ್ಟು); to bring about, to create (J. 30, 18); to shut, as a door (17, 21). 2, to begin (v. i., J. 17, 58).

ಪೂಡು pûḍu. 2. Established state (?). — ಪೂಡೂರು. -ಊರು. N. (Bp. 28, 8).

ಪೂಣ್ pûṇ. 1. = ಪೂಡು 1. P. p. ಪೂಣ್ದು. To fix, as an arrow (J. 6, 17; 7, 49). 2, to begin (v. i., J. 12 sum.; 22, 47). (M. ಪೂಣು, to be yoked, put to; to embrace; to put on, as cloth, etc. = T. ಪೂಣ್; Tĕ. ಪೂನು, to undertake, to begin, to engage in any enterprise; to bear a burden). See ಪೋಣರ್ 1.

ಪೂಣ್ pûṇ. 2. To admit, to acknowledge, to assent, to consent; to promise; to vow; to challenge; to bring forward or introduce, etc. (ಪ್ರತಿಜ್ಞೆ Śmd. Dh.). ಬಗೆದನ್ತಾಗೆ ಸುರೇನ್ದ್ರರಿಂ ಕ್ರಮದೆ ಕಲ್ಯಾಣದ್ವಯಂ, ಜೈನದೀಕ್ಷೆಗೆ ಪೂಣ್ದು (132 Mdb). ಏಕೆ ನಿರ್ವಹಣಕ್ಕೆ ಸಲ್ಲುಗೆಮೊ ಪೂಣ್ದೊಡಂ ಕೃತಿಬನ್ಧಮಂ? (177, o. r. ನಿರ್ವಾಹಣಕ್ಕೆ). ಪೂಣ್ದಿಂ (275), ಪೂಣ್ದಂ (288). See Čh. v. 16; Čpr. 2, 35; Abh. P. 9, 64; 16, 35; Śśv. 2, after 91.

ಪೂಣ್ pûṇ. 3. Admission, etc. (ಪ್ರತಿಜ್ಞೆ Śs.).

ಪೂಣಿಕೆ pûṇikĕ. A vulgar form of ಪೂಣ್ಕೆ (Śmd. 248; Tĕ. ಪೂನಿಕೆ, assumption, persistence).

ಪೂಣಿಗ pûṇiga. An archer (Čpr. 10, 68).

ಪೂಣಿಪು pûṇipu. To intend, to aim at, to make one's aim (Čpr. 10, 103).

ಪೂಣ್ಕೆ pûṇkĕ. (Śmd. 248). Admission, etc.; promise; vow (Abh. P. 2, 36; 4, 105; 7, 34; 10, 52). — ಪೂಣ್ಕೆದಪ್ಪು. -ತಪ್ಪು. A promise or vow to be deviated from (Abh. P. 7, 36). — ಪೂಣ್ಕೆವುಗು. -ಪುಗು. To enter upon a vow (Abh. P. 18, 44. 47).

ಪೂಣ್ಬು pûṇbu. = ಪೂಣ್ಪು, q. v.

ಪೂಣ್ಯ pûṇya. = ಹೂಣ್ಯ. See ಪೂಣ್ಯವನ್ತ s. ಹೂಣ್ಯವನ್ತ.

ಪೂತ pûta. 1. *Made clean or pure, purified, pure, clean.* 2, *threshed, winnowed.* See Nr. s. ತೂಱು 1.

ಪೂತ pûta. 2. Putrid, fetid (*cf.* ಪುಯ್).

ಪೂತನಾರಿ pûtanâ-ari. The enemy of Pûtanâ: Kṛishṇa. (My.).

ಪೂತನಿ pûtani. = ಪೂತನೆ No. 1. (J. 21, 3).

ಪೂತನೆ pûtanĕ. ಪೂತನಾ. N. of a female demon which was sent by Kaṁsa to destroy the infant Kṛishṇa, and was killed by Kṛishṇa. 2, atrophy and wasting in a child. 3, *yellow myrobalan, Terminalia chebula or citrina.*

ಪೂತಿ pûti. 1. Purity, purification.

ಪೂತಿ pûti. 2. Stench, stink, fetor, putrefaction, pus. 2, the substance called civet. — ಪೂತಿವೆಕ್ಕು. -ಬೆಕ್ಕು. A civet-cat (Rśv. 5, 114; Śśv. 3, 34).

ಪೂತಿಕ pûtika. Foul, stinking, putrid. 2, *a species of plant, grey bonduc, Guilandina bonduc* Lin. (see ತಪಸಿಗಿಡ).

ಪೂತಿಕರಜ pûti-karaja. *The plant Guilandina bonduc.*

ಪೂತಿಕಾಷ್ಠ pûti-kâshṭha. *The pine Pinus deodora* Roxb. 2, *the pine Pinus longifolia.*

ಪೂತಿಗನ್ಧ pûti-gandha. *Having an offensive smell, stinking;* a fetid odour, stench.

ಪೂತಿಗನ್ಧಿ pûti-gandhi. *Ill-smelling.*

ಪೂತಿಫಲಿ pûti-phalî. *A species of medicinal plant, Serratula anthelminthica* Roxb.

ಪೂತು pûtu. 1. P. p. of ಪೂ 1.

ಪೂತು pûtu. 2. P. p. of ಪೂನ್.

ಪೂತು pûtu. 3. Bravo! well done! (ಕೊಂಡಾಡುವ ನುಡಿ Bhn. 38; Bh. 8, 24, 56; T. ಪೋಟ್ಟು, to praise). — ಪೂತುರೆ. -ಉರೆ. ಪೂತುರೇ. Well done indeed! (ಕೊಂಡಾಟ Ċt. II, 103; Bp. 36, 55; J. 4, 38; 13, 6). — ಪೂತು ಮಝ್ಝುರೇ. = ಪೂತುರೆ. (Bh. 8, 24, 56).

ಪೂತ್ಕರಿಸು pût-karisu. To blow, to puff, to sneeze, etc. (Râv. 5, 73; 8, 109; Šâv. 1, 7; 2, 57).

ಪೂನ್ pûn. To attempt, to essay (see Tô. s. ಪೂಣ್ 1, and *cf.* ಪೂಣ್ 2). P. p. ಪೂತು. See ಏಪ್ಪೂರ್ನ್ s. ಏರ್ 2.

ಪೂಪ pûpa. *A kind of cake, a cake* (ಅಪೂಪ, ಆಯತದ ಪಕ್ವಾನ್ನ Mr. 215).

ಪೂಪಲಿಕೆ pûpalikĕ. *A cake.*

ಪೂಯ pûya. *Pus, matter, discharge from a wound or sore.*

ಪೂಯನ pûyana. = ಪೂಯ. (Sk.; R.).

ಪೂರ pûra. = ಪುರ 2, (ಪೂರಾ), ಹೂರ. Filling, making full; satisfying;—filled, full, complete, whole (My.). 2, *a swelling of rivers; a large quantity of water, a piece of water;* a stream, flood (ಹೂರ Ċt. II, 56; ಬನ್ದ ತೊರೆ Mr. 415). 3, the cleansing or healing of ulcers or wounds. 4, a cake.

ಪೂರಕ pûraka. *Filling, making full;* satisfying. 2, closing the right nostril and drawing up air through the left as a religious exercise (ನಾಸಿಕದಿ ಸೇದುವ ಅನಿಲಂ Mr. 53). 3, a cake. 4, the multiplier. 5, = ಪದಪೂರಕ. ಮತ್ತೆಪ್ಪ ಪೂರಕದ ಬಟ್ ಅವ್ಯಯಮಾಗಿ ದಿದಂ (Šmd. 37).

ಪೂರಣ pûraṇa. = ಪೂರಣೆ. Filling, making full; filling out, filling up; completing, accomplishing, supplying a deficiency; puffing or swelling up; fulfilling; completion (ಪಾವಕ, ಮುಕ್ತಾಯ Nn. 122); fulness, mass (J. 12, 44); filling with wind, blowing; drawing or bending a bow. 2, a cake. 3, an epithet of the ordinal numbers. See ಉಬ್ಬರಿಸು, ತಿಮ್ಬು, ತುಮ್ಬು. — ಪೂರಣಂಗೆಯ್. -ಂ-. To fill (Šm. 91).

ಪೂರಣಿ pûraṇi. *The silk-cotton tree, Bombax heptaphyllum* (Bombax malabaricum Dec.).

ಪೂರಣೆ pûraṇĕ. Completion, end (ಇತಿ, ಮುಕ್ತಾಯ, ಮುಕ್ತಮಾಡುವು Nn. 93; ಪರಿಸಮಾಪ್ತಿ, ಮುಕ್ತಾಯ, ಸಮ್ಪೂರ್ಣ 157).

ಪೂರತೆ pûratĕ. = ಪೂರ್ತಿ. ಎಲ್ಲಾ ಕೆಲಸಗಳನ್ನು ತಮ್ಮ ತಮ್ಮ ಪೂರತೆ ತಾವೇ ಮಾಡಿ ಕೊಳ್ಳ ಬೇಕು (B. 5, 125).

ಪೂರಯ pûraya. Tbh. of ಪೂರ್ಯ. See ಪಾಹು-.

ಪೂರಯಿಸು pûrayisu. = ಪೂರಯ್ಸು, ಪೂರವಿಸು, ಪೂರಿಸು. To fill; to fill up, to complete; to accomplish; to effect; to fulfil; to blow, to sound (v. t.); to draw or bend. 2, to be filled, to become abundant, to fill; to stream; to be completed, finished (Bh. 1, 10, 33), effected, or fulfilled; to be accomplished or produced; to make a noise, to sound; to be drawn or bent. ಪೂರಯಿಸಿದಂ (Šmd. 65). ದೇವತಾದ್ವಾರೋದ್ದೇಶದೊಳ್ ಎರ್ದು, ತಂಬುಮನೆ, ಘು ಘೂ ಘೋ ಎನ್ದು ಪೂರಯಿಸಿದಂ (19).

ಪೂರಯ್ಯ pûrayya. = ಪೂರಯ. See ಪಾಹು-.

ಪೂರಯ್ಸು pûraysu. ಪೂರೈಸು. = ಪೂರಯಿಸು, etc. (Bp. 59, 5; B. 4, 77; My.). ಪೂರಯ್ಸೆ ವೇದಪ್ಪೋದಿದಂ (ಅನೂಚಾನ Mr. 250). 2, (ಪೂರಿಸು Šmd. 367 Cm.; Bp. 47, 58; My.). ಪೂರಯ್ಸುವ ಶಂಖಂ (Šmd. 201; Râv. 6, after 11). ಮಾತನ್ನು ಪೂರಯ್ಸು, ಮಾತು ಪೂರಯ್ಸಿತು (My.). See Grj. 10, after 79; V. 5, 22; J. 7, 34; 13, 61. 62; 15, 27; 25, 34.

ಪೂರವಿಸು pûravisu. = ಪೂರಯಿಸು, etc. To fill, etc. 2, to be filled, etc. (Bp. 35, 15; 43, 14; 44, 15).

ಪೂರಾ pûrâ. (= ಪೂರ). Fully, completely, wholly (My.; B. 4, 34. 52. 154).

ಪೂರಾಮ್ಬು pûra-ambu. The water of a stream (Ċpr. 4, 48).

ಪೂರಾಯ pûrâya. (= ಪೂರ್ಯ). Completeness; largeness. ಪೂರಾಯದೇಜ಼ನ ಕರಡಿ (Bh. 8, 13, 28). — ಪೂರಾಯಗಾಯ. A large wound (Bp. 61, 31; J. 7, 45; 12, 28; 20, 31).

ಪೂರಾಯತ pûra-âyata. Fully extended, very much lengthened (J. 21, 58).

ಪೂರಿ pûri. = ಪೂರ No. 4. A thin cake made of wheat-flour and baked in ghee or oil, a sort of pan-cake (My.; T., Tĕ.).

ಪೂರಿಕೆ pûrikĕ. = ಊರಿಗೆ, (ಪೂರಿ), ಪೂರಿಗೆ, ಹೂರಿಗೆ. A sort of unleavened cake fried with ghee or oil (Sk.).

ಪೂರಿಗು pûrigu. Fulness, completeness, exuberance; severity, rigour, cruelty (ಕಠೋರ Bhn. 51).

ಪೂರಿಗೆ pûrigĕ. Tbh. of ಪೂರಿಕೆ (Šmd. 338 Mdb.; V. 14, 80; M.; T. ಪೂರಿಗ್ಗೆ).

ಪೂರಿತ pûrita. *Filled, full.* ಪೂರಿತನಲದು ಪೂರ್ಣಂ (Ċt. I, 80).

ಪೂರಿಸು pûrisu. = ಪೂರಯಿಸು, etc. (ಪೂರ್ಣವಂ ಮಾಡು Šmd. 298 Cm.). ಅಹಿತಯ್ಯೆಯನೇಜ಼ದನ್, ಅಯ್ವಾಯ್ತುಶಂಖಮಂ ಪೂರಿಸಿದಂ (224). 2, (ಆಗು Šmd. 367; ಪೂರಯ್ಸು Cm.).—See Ċpr. 2, 92; 5, 17. 36; 6, 73; Bp. 5, 42; 18, 48; 37, 62.

ಪೂರುಷ pûrusha. = ಪುರುಷ. *A man, mankind.* ಮಿಾಜ಼್ ಶಾಸ್ತ್ರಕ್ರಮದೊಳ್ ಅಭಿವಾದನಂಗೊಳ್ವ ಪೂರುಷರ್ (Mr. 250).

ಪೂಱ pûṟa. = ಪಿಜ಼್, ಪುಱಕ, etc. See Šmd.'s ಪೂಱವಕ s. ಪೂ 2. (T. ಪುಱ, the back).

ಪೂರ್ಣ pûrṇa. = ಹೂರಣ, ಹೂರ್ಣ. *Filled, full; full of.* 2, fulfilled, finished, ended, accomplished. 3, *complete, all, entire, perfect.* 4, drawn, bent, as a bow. 5, full-sounding, sonorous. 6, strong, powerful, able. 7, the filling or stuffing of cakes (My.; Tĕ. ಪೂರಣ, ಪೂರ್ಣ). ಅನವರತಂ ಸಂಚರಿಸಿ ಪೂರ್ಣಮಕ್ಕುಂ (Mr. 58). ಪೂರ್ಣವಿದ್ದರೂ ಸ್ವರ್ಣದ ಬಯಕೆ ತೀರದು.—ಪೂರ್ಣವಿಲ್ಲದಿದ್ದರೆ ಹೂರ್ಣ ಮಾಡ ಬಾರದೇ? (Prvs.).

ಪೂರ್ಣಕುಮ್ಭ pûrṇa-kumbha. A full cup or jar; *a vessel filled with water from a holy place* (see Sl. 268).

ಪೂರ್ಣಗರ್ಭಿಣಿ pûrṇa-garbhiṇi. A woman ready to bring forth (My.).

ಪೂರ್ಣಚನ್ದ್ರ pûrṇa-ċandra. The full moon (Nn. 1. 3).

ಪೂರ್ಣತೆ pûrṇatĕ. Fulness; plenty. See ಸಮ್-.

ಪೂರ್ಣಪಾತ್ರ pûrṇa-pâtra. A full vessel or cup. 2, a particular measure of capacity: 256 handfuls of rice, or as much as will satisfy one great eater. 3, a vessel full of rice presented at a sacrifice to the superintending and officiating priests. 4, a box or basket filled with clothes and ornaments scrambled for by guests and relations at a festival or distributed as presents. 5, a ghee-vessel used at a hôma (My.).

ಪೂರ್ಣಮಾಸಿ pûrṇa-mâsi. *The day or night of full moon.*

ಪೂರ್ಣಮೆ pûrṇamĕ. = ಪೂರ್ಣಿಮೆ, ಪುಣ್ಣಮೆ, etc. (ಹುಣ್ಣಿಮೆ Šm. 19; Sk., also ಪೂರ್ಣಮಾ).

ಪೂರ್ಣವಿರಾಮ pûrṇa-virâma. A full stop (B. 3, 5).

ಪೂರ್ಣಶಶಿ pûrṇa-śaśi. The full moon (Bp. 37, 54).

ಪೂರ್ಣಾ pûrṇâ. N. of the fifth, tenth and fifteenth tithis (My.).

ಪೂರ್ಣಾಂಕ pûrṇa-aṅka. A full figure or number: an integer. (My.).

ಪೂರ್ಣಾಹುತಿ pûrṇa-âhuti. An offering made with a full ladle (Sk.). 2, the last offering at a hôma (J. 31, 67; My.).

ಪೂರ್ಣಿಮಾಂತ pûrṇimâ-anta. The end of the day of full moon.

ಪೂರ್ಣಿಮಾಂತಮಾಸ pûrṇimânta-mâsa. A month that is reckoned from the end of the day of full moon to the first day of full moon (B. 5, 307. 308; My.; *cf.* ಅಮಾಂತ ಮಾಸ).

ಪೂರ್ಣಿಮೆ pûrṇimĕ. = ಪೂರ್ಣಮೆ, etc. *The day or night of full moon.*

ಪೂರ್ಣೇಂದು pûrṇa-indu. The full moon. See ಸಮ್-; J. 28, 37.

ಪೂರ್ಣೇಂದುಮುಖಿ pûrṇêndu-mukhi. A woman with a full moon-like face (Bp. 42, 49; J. 6, 29).

ಪೂರ್ತ pûrta. = ಪೂರ್ತಿ. Filled, full; complete. 2, fulfilling, fulfilment. 3, fulness, completion: (full, proper) compass or extent (ಈಗಿನ ಪೂರ್ತ ಸಾಕು;— ನನ್ನ ಪೂರ್ತಕ್ಕೆ ನಾನು ತಿಳಿದಿದ್ದೇನೆ;— ಇದಬಿ ಪೂರ್ತ; etc., My.); satiety, satisfaction. 4, *an act of pious liberality,* as digging a well, planting a grove, etc.

ಪೂರ್ತಿ pûrti. Fulness; satiety; perfection. See ದಿನ-, ಪ್ರ-; J. 5, 67.

ಪೂರ್ತೆ pûrtĕ. = ಪೂರತೆ. Tbh. of ಪೂರ್ತ. Used = ಪೂರ್ತ No. 3. ಅವನು ತನ್ನ ಪೂರ್ತೆ ತಿನ್ನದಷ್ಟು ಮಾತ್ರ ಕಡಿಮೆಯಾಯಿತು (B. 5, 96). ಒಬ್ಬನು ಪೇಟೆಯೊಳಗೆ ಹೋಗಿ, ತನ್ನೊಬ್ಬನ ಪೂರ್ತೆ ಅಡಿಗೇ ಸಾಮಾನ ತರುವ ವೇಳೆ (125). ನನ್ನ ಶರೀರಪೂರ್ತೆಯಾದ ಸ್ಥಲ (177). ಅಷ್ಟಬಿ ಪೂರ್ತೆ (201). ಸರಕಾರಕ್ಕೆ ಇದ್ದ ಸಾಲದ ಬಡ್ಡಿಯನ್ನು ತೀರಿಸುವ ಪೂರ್ತೆ ಹಣವನ್ನು ಕೊಡ ಬೇಕಾದರೆ (225). ಆ ಸಾಲೆಗಳಲ್ಲಿ ಹುಡುಗರು ವಿದ್ಯಾಭ್ಯಾಸದ ಪೂರ್ತೆ ಮಾತ್ರ ಹೋಗುತ್ತಾರೆ (277). ಮನೆತನ ಮಾಡುವ ಪೂರ್ತೆ ಹಣಾ ಗಡಿಸುವದಕ್ಕೆ ತೊಂದರೆ ಬರುತ್ತದೆ (290).

ಪೂರ್ದ್ವಾರ್ pûr (*i. e.* pur)-dvâr. *The gate of a city.*

ಪೂರ್ದ್ವಾರ pûr-dvâra. *The gate of a city.*

ಪೂರ್ಯ pûrya. = ಪೂರಯ, ಪೂರಯ್ಯು, ಪೂರಾಯ. To be filled or satisfied (Sk.). 2, fulness, perfection, largeness (Bp. 7, 6; 22, 24). 3, filling.

ಪೂರ್ವ pûrva. Being before or in front of, fore, first, foremost; previous to, earlier than. 2, *former, prior, anterior, preceding, antecedent.* 3, first in a series, initial. 4, *ancient,* customary. 5, *eastern, easterly.* 6, *an ancestor, a forefather.* 7, preceded by; accompanied by, attended with (Bp. 5, 17). 8, an ancient tradition; former or ancient times; former events; an ancient custom (ಪೂರ್ವ ಪದ್ಧತಿ, ಮಂಗಲ Nn. 154). 9, a kind of atiśaya (Kâvy. III, 3, B, 121. 135 seq.). ಅದಬಿ ಪೂರ್ವದಲ್ಲಿ ಕೆಲವು ವರ್ಷ (B. 4, 7). ಆ ಚಕ್ರವರ್ತಿ ಎರಡು ಸಾವಿರದ ಮುನ್ನೂರು ವರ್ಷಗಳ ಪೂರ್ವದಲ್ಲಿ ಆಳಿದನು (218). ಪೂರ್ವದಲಿ (Râm. 3, 2, 13). ಪೂರ್ವ ತಿಳಿದವನು ಗರ್ವಿಯಾದಾನೇ?— ಪೂರ್ವ ಹೇಳಿದರೆ ಹಾರ್ವ ಓಡ್ಯಾನು (Prvs.). 10, = ಪೂರ್ಣ, full, all, entire.— ಪೂರ್ವಂ, *at first, formerly.* — ಪೂರ್ವಮಾಡು. -ಆಡು. To tell events or news of former days (Bp. 27, 40).

ಪೂರ್ವಕ pûrvaka. Earlier, former, prior, previous, anterior, etc. 2, preceded by (Šmd. 197); accompanied by, connected with, with. See ಅನು-, ಕೃತಜ್ಞತಾ-, ಪ್ರಿಯ-, ಬುದ್ಧಿ-, ಮನಃ-, ವಿನಯ-, etc.; Bp. 51, 49; 57, 67. 3, an ancestor, a forefather.

ಪೂರ್ವಕರ್ಮ pûrva-karma. Actions done in a former state of being (Bp. 51, 26).

ಪೂರ್ವಕಾಲ pûrva-kâla. Earlier time, former times, past time.

ಪೂರ್ವಕಾಲಕ್ರಿಯೆ pûrvakâla-kriyĕ. The past participle (Šmd. 86. 278), the preterite tense.

ಪೂರ್ವಕ್ರಿಯೆ pûrva-kriyĕ. = ಪೂರ್ವಕರ್ಮ. 2, = ಪೂರ್ವಕಾಲಕ್ರಿಯೆ (Kâvy. I, 5, 34. 35).

ಪೂರ್ವಗಿರಿ pûrva-giri. = ಪೂರ್ವಪರ್ವತ. (Č. Bp. 47, 48).

ಪೂರ್ವಜ pûrva-ja. Born or produced before, former; elder; ancient. 2, *an elder brother.* 3, *an ancestor.*

ಪೂರ್ವಜನ್ಮ pûrva-janma. A former birth, former state of existence or life (Bp. 45, 10).

ಪೂರ್ವಣಿ pûrvaṇi. That belongs to a previous matter: continuation of a series (My.).

ಪೂರ್ವದಿಕ್ಪತಿ pûrva-dik-pati. The regent of the east quarter: *Indra.*

ಪೂರ್ವದಿಗ್ದೇವ pûrva-dik-dêva. Indra (Mr. 41).

ಪೂರ್ವದೇಶ pûrva-dêśa. An eastern country; the eastern part of India. (My.).

ಪೂರ್ವನೇತ್ರ pûrva-nêtra. The root of the eye (ಅಕ್ಷಿಮೂಲ, ಮೊದಲುಗಣ್ Mr. 317).

ಪೂರ್ವಪಕ್ಷ pûrva-paksha. The first half of a lunar month. 2, the first side or part of an argument, the primâ facie argument or assertion, the proposition, thesis. (My.). 3, the complaint in law.

ಪೂರ್ವಪಕ್ಷಸಿದ್ಧಾಂತ pûrvapaksha-siddhânta. A demonstration that rests only on the proposition (My.).

ಪೂರ್ವಪದ್ಧತಿ pûrva-paddhati. An ancient custom (ಮಂಗಲ, ಪೂರ್ವ Nn. 154).

ಪೂರ್ವಪರ್ವತ pûrva-parvata. *The eastern mountain from behind which the sun is supposed to rise.*

ಪೂರ್ವಪೂರ್ವ pûrva-pûrva. The oldest or first of all (J. 15, 23).

ಪೂರ್ವಫಲ್ಗುನಿ pûrva-phalguni. The eleventh nakshatra. (My.).

ಪೂರ್ವಭಾಷಿ pûrva-bhâshi. Condescending to speak first, polite, complaisant. (R.).

ಪೂರ್ವಮೀಮಾಂಸೆ pûrva-mîmâṁsĕ. *A systematical inquiry into the first or ritual portion of the vêda,* founded by Jaimini (*cf.* ಉತ್ತರ-).

ಪೂರ್ವರಂಗ pûrva-raṅga. *The commencement or prelude of a drama* (ಮೊದಲ ನರ್ತನಂ Mr. 79).

ಪೂರ್ವರಾತ್ರಿ pûrva-râtri. -ರಾತ್ರಿ. The first part of the night, from dusk to midnight. (My.; B. 4, 25. 135).

ಪೂರ್ವಲಿಖಿತ pûrva-likhita. Fate written on the forehead in a former birth (Bp. 48, 12).

ಪೂರ್ವವಯಸ್ಸು pûrva-vayassu. The first period or stage of life, youth (My.; B. 4, 113).

ಪೂರ್ವವಾಸರ pûrva-vâsara. Yesterday (ಕಲ್ಯ, ನಿನ್ನೆ Nn. 105).

ಪೂರ್ವವಿದೇಹ pûrva-vidêha. The eastern part of Vidêha (Čpr. 1, after 78).

ಪೂರ್ವಸುರ pûrva-sura. A daitya (Mr. 9).

ಪೂರ್ವಳಿಹುಲ್ಲು pûrvaḷi-hullu. The grass Andropogon Iwaranousa Roxb. (St. & Pl.).

ಪೂರ್ವಾಚಲ pûrva-ačala. = ಪೂರ್ವಪರ್ವತ. (ಮೂಡಬೆಟ್ಟು Ša.; Grj. 4, 44; J. 2, 65).

ಪೂರ್ವಾನುಭವ pûrva-anubhava. That has been experienced in former days (Čpr. 8, after 75).

ಪೂರ್ವಾನುರಾಗ pûrva-anurâga. A kind of vipralambha in śṛingârarasa (Kâvy. IV, 2, 26).

ಪೂರ್ವಾಪರ pûrva-apara. Being before and behind: eastern and western. 2, antecedent and subsequent (J. 10, 22; My.). 3, connection. See Kâvy. II, 2, B, 13.

ಪೂರ್ವಾ ಭಾದ್ರಪದೆ pûrvâ bhâdrapadĕ. The twenty-fifth nakshatra. (B. 5, 308; My.).

ಪೂರ್ವಾ ಭಾದ್ರೆ pûrvâ bhâdrĕ. = ಪೂರ್ವಾ ಭಾದ್ರಪದೆ. (My.; see ತ್ರಿಪಾದಿ).

ಪೂರ್ವಾಶಾಲತಿಕೆ pûrva-âśâ-latikĕ. The eastern region looked upon as a creeper (J. 9, 12).

ಪೂರ್ವಾಶ್ರಮ pûrva-âśrama. Any of the periods of religious life or âśramas which precede that of a sannyâsi (My.).

ಪೂರ್ವಾಶ್ರಯ pûrva-âśraya. The former asylum, connection or caste (Bp. 55, 15).

ಪೂರ್ವಾಷಾಢೆ pûrva-âshâḍhĕ. The (eighteenth or) twentieth nakshatra (My. as ಪೂರ್ವಾಷಾಢ).

ಪೂರ್ವಾಸನ pûrva-âsana. The customary seat (Grj. 3, 112. 113).

ಪೂರ್ವಾಹ್ಣ pûrva-ahna. The earlier part of the day, forenoon. (My.).

ಪೂರ್ವಿ pûrvi. N. of a tune (My.).

ಪೂರ್ವಿಕ pûrvika. Previous, former; formerly or previously come, etc. 2, = ಪೂರ್ವಕ No. 3 (B. 4, 190; My.). ಪೂರ್ವಿಕರು ಹೇಳಿದ್ದೇ ಪುರಾಣ, ಊರ್ವಿಕರು ಹೇಳಿದ್ದೇ ಗಾದೆ (Prv.).

ಪೂರ್ವಿಗ pûrviga. Tbh. of ಪೂರ್ವಿಕ. See ಅಪೂರ್ವಿಗ.

ಪೂರ್ವೆ pûrvĕ. = ಉಟ್ಟೆ, ಪುಟ್ಟೆ, ಹುಟ್ಟೆ. *The eastern quarter, the east.* 2, the eleventh nakshatra (My., also the 18th, 20th and 25th).

ಪೂರ್ವೇತರ pûrva-itara. Other than eastern: western (Rśv. 11, 19).

ಪೂರ್ವೇದ್ಯುಸ್ pûrvê-dyus. *On the day before, yesterday.*

ಪೂರ್ವೋಕ್ತ pûrva-ukta. Said before, aforesaid, beforementioned. (Si. 304).

ಪೂರ್ವೋತ್ತರ pûrva-uttara. North-eastern. 2, antecedent and subsequent (My.).

ಪೂಲ್ pûl. A flower (Mhr. ಫೂಲ).—ಪೂಲ್ಸಜ್ಜಿಗೆ. Boiled sajjigĕ the granules of which do not stick together (My.).

ಪೂಲ pûla. = ಪೂಲು. A bridge (Mhr., H.; B. 5, 299; ಅಲಿ, ಸೇತು G.).

ಪೂಲಿ pûli. A sort of pagoda worth 3½ rupees, a star pagoda (My.; Tĕ., M.). See ಕಾಲ್ಪೂಲಿ. — ಪೂಲಿವರಹ. A certain old pagoda (R.; M.).

ಪೂಲು pûlu. = ಪೂಲ. (ಪಾಲಿ, ಸೇತುವೆ, ಸೇತು Čb.).

ಪೂವಡಿಗ pû-aḍiga. (Šmd. 239). = ಹುವ್ವಾಡಿಗ, ಹೂವಡಿಗ, ಹೂವಾಡಿಗ. A dealer in flowers, a florist (ಪುಲ್ಲವಡಿಗ Čt. I, 93; II, 97; ಪೂವಳ Kk. 34; Šm. 67; Bp. 9, 35; 16, 18; 24, 78; V. 6, 31). — ಪೂವಡಿಗವೆಣ್. -ಪೆಣ್. The wife of a florist, or a female florist (J. 6, 16).

ಪೂವಳ pû-vaḷa. = ಪೂವಡಿಗ. (Šm. 67; Kk. 34).

ಪೂವು pûvu. = ಪೂ 2, etc. See ನೀರ್ಪೂವು. ಪೂವಿನ ಸಸ್ತೆ (V. 4, 36).

ಪೂಷ pûsha. *The sun.* 2, *a kind of mulberry, Morus indica.*

ಪೂಷಣ pûshaṇa. The sun. (My.).

ಪೂಸು pûsu. 1. = ಹೂಸು 1. To smear, to daub; to smear over, to spread over, to apply; to besmear, to anoint; to plaster (ವಿಲೇಪನ Šmd. Dh.; Tĕ. ಪೂಯು; T., M. ಪೂಚು; *cf.* ಊಡು 2). ಪೂಸಿದ ಭಸ್ಮಪರಾಗಂ (Šmd. 201). ಪರಿಮರ್ದಿಸುವುದು ದುತ್ತೂರರಸಮನ್, ಇಮ್ಮಾಗಿ ಪಿರಿದು ನೆಲದೊಳ್ ಲವಣಂ ಬೆರಸೊರಸಿ ಕೊಣ್ಡು ಪೂಸುಗೆ; ಕರಗುಗುಮ್ ಎದೊಸ್ತಿರೆಯೆನಿಪ್ಪ ಕುರುವಂ ಬೇಗಂ (225). ತರ್ದುಗಳ್ ಅಱುಗುಂ, ಬೆಱಟೆಯೊಳ್ ಉರ್ದಿ ನೆಲಾವರೆಯ ಬೇರನಾಮಲಕಮುಮಂ ಬರ್ದಲಿಮಿಂಚೆಯ ರಸದೊಳ್ ನಿರ್ದಯೆಯಿನ್ದೊರಸಿ ಪೂಸೆ, ದಿನಪಂಚಕದೊಳ್ (345). ಪೂಸಲ್ ಪಟ್ಟುದು (ದಿಗ್ಧ, ಲಿಪ್ತ Nr.). ತೀವಿ ಪೂಸುವುದು (ಅಂಗರಾಗ, ಉದ್ವರ್ತ, ವಿಲೇಪನ Mr. 339). ನಂಜು ಪೂಸಿದ ಕೋಲು (ದಿಗ್ಧ, ಲಿಪ್ತಕ Si. 289). ಪೂಸುವದು ಮೊದಲಾದ ಕ್ರಿಯೆ (ಪುಸ್ತ 495). ಓದಿ, ಬೂದಿಯ ಪೂಸಿ, ತೇದು ಕಾವಿಯ ಹೊದೆದು ಹೋಪಾತ ಯೋಗಿಯೆನ ಬೇಡ (Sp.). See Čpr. 5, 119; Grj. 4, 109; Bp. 3, 32; 10, 2; 32, 51; 43, 30. 78; 46, 61; 47, 7. 26. 31; 50, 48. — ಪೂಸಲ್. Smearing, etc. ಪೂಸಲ ನಮ್ಮನಾರ್. N. (Bp. 27, 68).

ಪೂಸು pûsu. 2. The act of smearing, etc. (Bp. 27, 4); oil, etc. for smearing on the body. ಹಾಸುವಿಲ್ಲದ ನಿದ್ರೆ, ಪೂಸುವಿಲ್ಲದ ಮಿಾಯು, ದಾಸೆಯಿಲ್ಲದನ ಗೆಳೆತನ ಮೋಟಕೆಯ್ ಬೀಸಿ ಕರೆದನ್ತೆ (Sp.).

ಪೂಸು pûsu. 3. = ಹೂಸು 2. To break wind, to fart (ಅಪಾನವಾಯು Šmd. Dh.; *cf.* ಪುಸ್).

ಪೂಸುವಿಕೆ pûsuvikĕ. Smearing, etc. (ಸಮಾಲಮ್ಭ, ವಿಲೇಪನ Si. 397).

ಪೂೞ್ pûḻ. = ಪೂಡು, ಹೂಳು, ಹೂಡು. To inwrap, to insert, to cover; to bury (ಆಚ್ಛಾದನ Šmd. Dh.; Tĕ. ಪೂಡು; M. ಪೂೞು, to be buried; ಪೂನ್ದು, to sink in the ground; *cf.* ಪುದಿ 1, ಹುಗಿ). ದೂವೆಯೊಳ್ ತದಿಲಂ ಪೂೞ್ದ ಕ್ರಿಯೆ (ಹದ್ಗ Šmd. I, o. r. ಪದ್ಗ). See Čpr. 5, after 86; 5, 112; Abh. P. 12, 34. 44; V. 5, 26.

ಪೂೞು pûḻu. = ಪೂೞ್. ಪೂೞುವರ್ (J. 22, 31).

ಪೃಕ್ಕೆ pṛikkĕ. *The leguminous plant Trigonella corniculata* Lin.

ಪೃಕ್ತ pṛikta. Mixed, mingled, combined, touched, etc. See ಸಮ್-.

ಪೃಕ್ತಿ pṛikti. *Touch, contact.*

ಪೃಚ್ಛೆ pṛiččhĕ. Asking, inquiring; *a question, an inquiry.*

ಪೃಚ್ಛ್ಯ pṛiččhya. To be asked or inquired after.

ಪೃಚ್ಛ್ಯಾವಭಾಷ pṛiččhya-avabhâsha. Speaking with the object of inquiring after (ಬೆಸಗೊಮ್ಬುದು Nn. 89).

ಪೃತನಾಷಾಹ್ pṛitanâ-sâh. Winning battles: *Indra.*

ಪೃತನೆ pṛitanĕ. ಪೃತನಾ. A battle. 2, *an army.* 3, *a small army consisting of* 243 *elephants,* 243 *chariots,* 729 *horse, and* 1215 *foot.*

ಪೃಥಕ್ pṛithak. (Šmd. 99). *Separately, singly, severally* (ಹಃ, ಬೇಱು ಮಾಡುವುದು Nn. 163; ವಿನಾ, etc., ಬೇಱು ನುಡಿವೆಡೆ Mr. 534); apart from, with exception of, except; *without.*

ಪೃಥಕ್ಕರಣ pṛithak-karaṇa. Making separate, separating. See ಕದಿಲ್ಚು, ಪಿಂಜು.

ಪೃಥಕ್ಚರಿತ್ರ pṛithak-čaritra. (Šmd. 99). Going separately or alone. 2, a separate story.

ಪೃಥಕ್ತ್ವ pṛithaktva. Separateness, diversity, severalty; singleness, individuality. (My.).

ಪೃಥಕ್ಪರ್ಣಿ pṛithak-parṇi. *The plant Hemionitis cordifolia* Roxb.

ಪೃಥಗರ್ಥ pṛithak-artha. The meaning of "separately" (ಬೇಱೆ ಬೇಱೆ Šmd. 392). 2, a separate, distinct meaning (Kâvy. III, 3, B, 159).

ಪೃಥಗಾತ್ಮತೆ pṛithak-âtmatĕ. Separateness, severalty;—*discrimination, judgment.*

ಪೃಥಗಾತ್ಮಿಕೆ pṛithak-âtmikĕ. *Individual existence, individuality.*

ಪೃಥಗ್ಜನ pṛithak-jana. A man of the lower classes or of low caste; *a man of low character or profession; an ignorant man.*

ಪೃಥಗ್ವಿಧ pṛithak-vidha. *Of different kinds, multiform, various.*

ಪೃಥಾಕು pṛithâku. = ಪೃದಾಕು. A serpent (ಸರ್ಪ Mr. 399; My. Amara).

ಪೃಥಿವಿ pṛithivi. -ವೀ. The wide one: *the earth.* 2, land, ground, soil. 3, *earth regarded as one of the elements.*

ಪೃಥಿವಿಜೆ pṛithivi-jĕ. Sîtâ (J. 18, 5).

ಪೃಥಿವಿಪತಿ pṛithivi-pati. A king (J. 7, 39).

ಪೃಥಿವಿಪಾಲ pṛithivi-pâla. = ಪೃಥಿವೀಪಾಲ. (My.).

ಪೃಥಿವೀಪಾಲ pṛithivî-pâla. A king. (My.).

ಪೃಥಿವೀಭೃತ್ pṛithivî-bhṛit. A mountain. 2, a king. (A.).

ಪೃಥಿವೀಶ್ವರ pṛithivî-îšvara. A king (Čpr. 9, 6).

ಪೃಥು pṛithu. (also ಪ್ರಥು). *Broad, wide, expansive, spacious; large, great* (ದೊಡ್ಡಿತು Nn. 82); numerous; various; important. 2, N. of several persons (J. 18, 54). 3, *a small pungent seed, Nigella indica* Roxb. 4, *a drug composed of a leaf resembling that of Asa fetida.*

ಪೃಥುಕ pṛithuka. *Rice scalded with hot water and then dried over a fire and flattened in a mortar* (ಅವಲಕ್ಕಿ Mr. 375). 2, *the young of any animal;* a child, a boy.

ಪೃಥುನಿ pṛithuni. A body of forces: three vâhinis (Mr. 291, one MS. ಪ್ರಥುನಿ).

ಪೃಥುಮಾಲಿ pṛithu-mâli. N. of a daitya (G. 132).

ಪೃಥುರೋಮ pṛithu-rôma. *A fish.*

ಪೃಥುಲ pṛithula. *Broad, large, great.*

ಪೃಥುವಿ pṛithuvi. Tbh. of ಪೃಥ್ವಿ. (ಪೃಥ್ವಿ, ಭೂಮಿ, etc. Mr. 91).

ಪೃಥುವೀಜಾತ pṛithuvî-jâta. N. of a tree (ಪಾರ್ಥಿವ, ವೃಕ್ಷ, ಮರ Nn. 82).

ಪೃಥುಸ್ಥಾನ pṛithu-sthâna. A town (ನಗರಿ, etc., ಪಟ್ಟಣ Mr. 190).

ಪೃಥೆ pṛithĕ. Kuntî, one of the two wives of Pâṇḍu (Šmd. 263; J. 13, 21; 33, 3).

ಪೃಥ್ವಿ pṛithvi. = ಪೃಥುವಿ, ಪೊಡವಿ. The wide one: *the earth;* land, ground, soil; a country. 2, earth as an element. 3, = ಪೃಥು No. 3, *Nigella indica.* 4, = ಪೃಥು No. 4, *N. of a drug.* 5, N. of a vṛitta (Čh.).

ಪೃಥ್ವಿಕೆ pṛithvikĕ. Cumin seed (ಅಜಾಜಿ, ಜೀರಿಗೆ Mr. 137).

ಪೃಥ್ವೀಕೆ pṛithvîkĕ. *Large cardamoms.* 2, small cardamoms. 3, = ಪೃಥ್ವಿ No. 4.

ಪೃಥ್ವೀಧವ pṛithvî-dhava. A king (Rŝv. 5, 16).

ಪೃಥ್ವೀಪಾಲ pṛithvî-pâla. A king (Râm. 1, 13, 1).

ಪೃದಾಕು pṛidâku. = ಪೃಥಾಕು. *A snake.*

ಪೃಶ್ನಿ pṛišni. Variegated, party-coloured, dappled, speckled, spotted. 2, dwarfish, short, small; *a dwarf.* 3, a ray of light; etc.

ಪೃಶ್ನಿಪರ್ಣಿ pṛišni-parṇi. = ಪೃಥಕ್ಪರ್ಣಿ. *Hemionitis cordifolia.*

ಪೃಷತ್ pṛishat. = ಪೃಶ್ನಿ No. 1. 2, *a drop of water,* spray.

ಪೃಷತ pṛishata. = ಪೃಷತ್ No. 1. 2, *the spotted antelope, the porcine deer* (ಎರಳೆ Nn. 47; ಸಾರಂಗ Mr. 508). 3, *a drop of water,* spray (ಪೃಷದ, ಕೆದರ್ದ ತುಱುವನಿಗಳ್ Mr. 418).

ಪೃಷತ್ಕ pṛishatka. *An arrow.*

ಪೃಷದ pṛishada. = ಪೃಷತ No. 3, q. v.

ಪೃಷದಶ್ವ pṛishat-ašva. Having piebald horses: *air, wind, Vâyu.*

ಪೃಷದಾಜ್ಯ pṛishat-âjya. Sprinkled butter, *ghee mixed with curds forming an oblation.*

ಪೃಷ್ಟ pṛishṭa. Asked, inquired, questioned.

ಪೃಷ್ಠ pṛishṭha. *The back.* 2, *the hinder part of anything, the rear.*

ಪೃಷ್ಠಗ್ರನ್ಥಿ pṛishṭha-granthi. *A knot or hump on the back* (ಬೆನ್ನ ಕುರು Mr. 385).

ಪೃಷ್ಠಚಕ್ಷುಸ್ pṛishṭha-čakshus. A crab. (R.).

ಪೃಷ್ಠಮಾಂಸಾದನ pṛishṭha-mâṁsa-adana. Eating the flesh of the back; backbiting. (R.).

ಪೃಷ್ಠವಾಹ್ಯ pṛishṭha-vâhya. *An ox carrying burdens.*

ಪೃಷ್ಠಸ್ಥಾಪನ pṛishṭha-sthâpana. Putting the back on or to. See ಸೆಮ್ಮು.

ಪೃಷ್ಠಾಸ್ಥಿ pṛishṭha-asthi. *The back-bone.*

ಪೃಷ್ಠ್ಯ pṛishṭhya. *A pack-horse, or a horse for riding.*

ಪೃಷ್ಣಿ pṛishṇi. = ಪೃಶ್ನಿ. (ಸಣ್ಣಶರೀರ G.).

ಪೆ pĕ. Feminine of ಪ 2. See ಪ್ರ-.

ಪೆಕ್ಕಣ pĕkkaṇa. = ಪೆಗ್ಗಣ, q. v. Tbh. of ಪ್ರೇಕ್ಷಣ (Šmd. 346. 356; ಪ್ರೇಕ್ಷಣ, ನೋಟ Kk. 59; ಪ್ರೇಕ್ಷಣ Šm. 66; ನಚ್ಚಣ Čt. I, 84). ರಮ್ಯ ಕೇಳಿಕ್ಕುಂ ಪೆಕ್ಕಣಮುಂ (Šmd. 268). See ಸಂಗಡವೆಕ್ಕಣ; Čpr. 4, 71; 5, 53.

ಪೆಕ್ಕಳಿಸು pĕkkaḷisu. = ಹೆಕ್ಕಳಿಸು. To act overbearingly, arrogantly or proudly (J. 14, 6; see Tĕ. s. ಪೆಗ್ಗು).

ಪೆಗ್ pĕg. = ಪೆರ್ 1, etc. Largeness, greatness, etc. (Tĕ. ಪೆಕ್ಕು, T. ಪೆಡ, plenty, much). — ಪೆಗ್ಗಡೆ. = ಹೆಗ್ಗಡೆ, q. v. (Tĕ. ಪೆಗಡ, ಪ್ರೆಗಡ, ಪ್ರಗ್ಗಡ, ಪ್ರೆಗ್ಗಡ, an elder, noble, minister). See ತೊತ್ತುವೆಗ್ಗಡೆ, ಬಾಣಸುವೆಗ್ಗಡೆ, ಮನೆವೆಗ್ಗಡೆ. — ಪೆಗ್ಗಣ. = ಹೆಗ್ಗಣ. A large rat, a bandicoot (ಮೂಷಕ, ಉನ್ದುರ Mr. 164).

ಪೆಗಲ್ pĕgal. = ತೆಗಲ್, ತೆಗಳ್, ಹೆಗಲ್, ಹೆಗಲು. The shoulder (ತೆಗಲ್ Šmd. II). See Čpr. 5, 59; 7, 79; Abb. P. 16, 58; Mr. 280; Rāv. 1, after 135; ಎಡವೆಗಲ್.

ಪೆಗ್ಗಣ pĕggaṇa. See s. ಪೆಗ್.

ಪೆಗ್ಗಣ pĕggaṇa. = ಪೆಕ್ಕಣ. See ಸಂಗಡವಗ್ಗಣ.

ಪೆಗ್ಗು pĕggu. (= ಪೆಱಗು, what is back). — ಪೆಗ್ಗ. -ಅ 3. A backward, dull man, a fool. ಪೆಗ್ಗ ಆದರೂ ಅಗ್ಗದಲ್ಲಿ ತನ್ದ (Prv.).

ಪೆಂ pĕṅ. (ಪೆಣ್). = ಪೆಣ್, etc. — ಪೆಂಗೂಸು. -ಕೂಸು. = ಪೆಣ್ಣುಗೂಸು, ಹೆಂಗೂಸು. A woman. — ಪೆಂಗೂಸುಮೆಯ್ಯ. Šiva (Č. Bp. 47, 19).

ಪೆಂಗ pĕṅga. A simpleton, a fool (Tu. ಪೆಂಗೆ, ಪೆಂಙಚ; Tĕ. ಪೆಂಕೆ; cf. ಪೆಗ್ಗು and ಪೇ 1). ಪೆಂಗನಾದರೂ ಭಂಗ ಬಿಡದು (Prv.).

ಪೆಚ್ಚಱ pĕččaṟa. = ಎಚ್ಚಱ, etc., ಹೆಚ್ಚಱ. Waking, etc. (J. 8, 24 Bangalore prints).

ಪೆಚ್ಚಿ pĕčči. = ಪೆದ್ದಿ, etc. A stupid, mad female (My.).

ಪೆಚ್ಚಿಸು pĕččisu. = ಪೆರ್ಚಿಸು, etc. (Bp. 59, 21; Tĕ. ಪೆಂಚು).

ಪೆಚ್ಚು pĕččn. 1. = ಪೆರ್ಚು 1, etc. To increase, etc. (Mr. 325; Bp. 55, 46; J. 8, 22. 24; 6, 10; 8, 41. 49; 13, 18).

ಪೆಚ್ಚು pĕččn. 2. = ಪೆರ್ಚು 2, etc. Increase, etc. (J. 8, 89; 10, 14; Tĕ. ಪೆಚ್ಚು, ಪೆಂಚು, surplus).

ಪೆಚ್ಚು pĕččn. = ಪಚ್ಚು, ಪುಚ್ಚು, ಪೆದ್ದು, ಹುಚ್ಚು. Tbh. of ಪಿತ್ತ. Foolishness, madness (My.; Tĕ. ಪಿಚ್ಚಿ, ಪಿಚ್ಚಿ; M. ಪಿಚ್ಚು; T. ಪಿಚ್ಚು, ಪಿತ್ತು, bile; Mhr. ಪಿಸಾ, mad; cf. ಪಿಂಜ). — ಪೆಚ್ಚ. -ಅ 3. = ಪೆದ್ದ, ಹುಚ್ಚ. A foolish or mad man (ಉನ್ಮತ್ತ, ಉನ್ಮಾದವತ್, ಹುಚ್ಚು ಹಿಡಿದವನು Si. 203; My.). — ಪೆಚ್ಚಾಟ. -ಆಟ. = ಹುಚ್ಚಾಟ, q. v. (My.).

ಪೆಚ್ಚುಗೆ pĕččugĕ. 1. = ಪೆರ್ಚುಗೆ 1, etc. Increase, etc. (J. 6, 2; 26, 14. 15; ಪೆಚ್ಚಾಳ Bhn. 65).

ಪೆಚ್ಚುಗೆ pĕččugĕ. 2. = ಪಚ್ಚುಗೆ, etc. — ಪೆಚ್ಚುಗೆಗಾತಿ. = ಪಚ್ಚುಗೆಗಾತಿ, q. v.

ಪೆಚ್ಚುತನ pĕččutana. = ಹುಚ್ಚುತನ. Madness, foolishness (ಉನ್ಮಾದ, ಚಿತ್ತವಿಭ್ರಮ, ಹುಚ್ಚು, etc. Si. 70; My.).

ಪೆಜ್ಜೆ pĕjjĕ. = ಪಜ್ಜೆ, etc. ಮೃಗಗಣಮುಂ ಪೋದ ಪೆಜ್ಜೆಯಿಂ ಕಾಣಿಸಿದಂ (Šmd. 278). ಇದು ಪನ್ದಿಗಳ ಪೆಜ್ಜೆ (Rāghč. 17, 68). — ಪೆಜ್ಜೆವತ್ತು. -ಪತ್ತು. The foot to be impressed, a foot-print to be formed (J. 3, 26). — ಪೆಜ್ಜೆ ಎಡಿ. -ಪಿಡಿ. = ಪಜ್ಜೆ ಎಡಿ. (J. 28, 45).

ಪೆಂಚೆ pĕñčĕ. A peacock (? J. 17, 25; cf. ಪಿಂಛ?).

ಪೆಟಲ್ pĕṭal. ಪೆಟಲು (Rām. 6, 11, 4). = (ಪಟಿಲ್), ಪೆಟ್ಟಲು, ಪೆಟ್ಲು. A sound in imitation of exploding, going off as a gun, cracking as a rocket, etc. (Tĕ.; T. ವೆಡಿ, ವೆಡಿಲ್; T. ವೆಡಿ, Mhr. ಪೇಟ, the report of a gun). — ಪೆಟಲುಪ್ಪು. -ಉಪ್ಪು. = ಪೆಟ್ಲುಪ್ಪು. The explosive salt: saltpetre (Rāv. 6, 116; Tĕ. ಪೆಟ್ಲುಪ್ಪು; T. ಪೊಟ್ಟಿಲುಪ್ಪು, ವೆಡಿಲುಪ್ಪು; M. ಪೊಡಿಯುಪ್ಪು).

ಪೆಟಾರಿ pĕṭāri. A large box or chest of wood or metal (My.; ಪಿಟಕ, ಪೇಟಿಕ, etc. Si. 344; Mhr. ಪೇಟಾರಾ).

ಪೆಟಾರಿಗೆ pĕṭārigĕ. = ಪೆಟಾರಿ. (B. 4, 55).

ಪೆಟ್ಟ pĕṭṭa. = ಪೆಟ್ಟೆ, ಪೆಂಟೆ, ಹೆಟ್ಟೆ, ಹೆಂಟೆ, ಹೆಣ್ಟೆ. A lump of earth, a clod, a flake; a lump (ಪೆಣ್ಟೆ Šm. 64; Tĕ. ಪೆಡ್ಡ, ಪೆಲ್ಲ, ಪೆಳ್ಳ, ಪೇಟು). — ಪೆಟ್ಟಮೇಲ್. -ಎಲ್. Clods, i. e. uneven, wrong things, to rise or appear (Abh. P. 1, 19).

ಪೆಟ್ಟಣಿಗೆ pĕṭṭaṇigĕ. The tool called a road tamper (My.). ಒಗವ ಪೆಟ್ಟಣಿಗೆ (ಕರಪೀಠ Mr. 158).

ಪೆಟ್ಟಲು pĕṭṭalu. ಪೆಟ್ಟಲ್. (= ಪೆಟಲ್, etc.). A pop-gun (My., also ಪೆಟ್ಲು; T. ಪಿಟ್ಟಲಿಕ್ಕುಟಿಲ್).

ಪೆಟ್ಟಿ pĕṭṭi. Tbh. of (ಪಿಟಿ), ಪೇಟಿ 1. A box of any size, a chest, a trunk, etc. (ಪಿಟಕ, ಪೇಟಿಕ, ಪೇಟಿ, ಮಂಜೂಷೆ Nr.; Hlā.; My.; T., M.; Tĕ. ಪೆಟ್ಟೆ).

ಪೆಟ್ಟಿಗೆ pĕṭṭigĕ. = ಪೆಟ್ಟಿಯ, (ಪೆಡಗೆ), ಪೇಳಿಗೆ, ಹೇಳಿಗೆ, etc. Tbh. of (ಪಿಟಕ), ಪೇಟಿಕೆ (Šmd. 338; ಪೇಟಿ, etc. Nr.; ಮಂಜೂಷ Mr. 208; ಪೇಟಿ Si. 498; C.; T., M. ಪೆಟ್ಟಗ; Si. 344; Bp. 11 sum.; 81, 12; Šmd. 75; Rāv. 6, after 11). ಪೆಟ್ಟಿಗೆ ಕದ್ದ ಕಳ್ಳ ಬೀಗದ ಕೈಯ್ಗೆ ಬನ್ದಾನೇ? — ಪೆಟ್ಟಿಗೆ ತುಮ್ಬ ಹಣವಿದ್ದರೂ ಕಟ್ಟಿಗೆ ಹೊರ್ತು (for the funeral) ಗತಿಯಿಲ್ಲ (Prvs.). — ಪೆಟ್ಟಿಗೆಗಾಡಿ. A bullock-coach (My.; Si. 275; Tĕ. ಪೆಟ್ಟೆಬಣ್ಡಿ).

ಪೆಟ್ಟಿಯ pĕṭṭiya. = ಪೆಟ್ಟಿಗೆ, etc. (ಪಿಟಕ, etc. Hlā.; Tĕ. ಪೆಟ್ಟಿಯ).

ಪೆಟ್ಟು pĕṭṭu. 1. = ಹೆಟ್ಟು 1. To beat, as with the hand, a staff, a hammer, etc. (My.). 2, to push the penis into the vagina.

ಪೆಟ್ಟು pĕṭṭu. 2. = ಎಟ್ಟು 2, ಹೆಟ್ಟು 2. Striking; a blow, a stroke; a hurt (ಪ್ರಹಾರ, ಹತಿ G.; My.; Tĕ.). ಪೆಟ್ಟಿಗೆ ಪೆಟ್ಟು, ರೊಟ್ಟಿಗೆ ತುಪ್ಪ. — ಒರಳಲ್ಲಿ ಕೂತರೆ ಒನಕೇ ಪೆಟ್ಟು ತಪ್ಪೀತೇ? — ಗುಟ್ಟು ಸಾವಿರಾಳ ಪೆಟ್ಟು (Prvs.). See Prvs. s. ಜಾಣ, ಚಿತ್ತ, ಮುದ್ದು. — ಪೆಟ್ಟಾಗು. -ಆಗು. A blow, or blows, to take place, come, etc. (My.). ಪೆಟ್ಟಿಗೆ ಪೆಟ್ಟಾದರೂ ಸಿಟ್ಟು ಬಿಡಲಿಲ್ಲ (Prv.). — ಪೆಟ್ಟು ಕೊಡು. To give or deal a blow or blows. ಪೆಟ್ಟು ಕೊಟ್ಟಾಗ್ಯೂ ಹಿಟ್ಟು ಬೇಡೋದು ಬಿಡಲಿಲ್ಲ (Prv.; see s. ಪೆಟ್ಟು ತಿನ್ನು). — ಪೆಟ್ಟು ತಗಲಿಸಿ ಕೊಳ್ಳು. = ಪೆಟ್ಟು ಹಚ್ಚಿ ಕೊಳ್ಳು. (My.). — ಪೆಟ್ಟು ತಗಲು. = ಪೆಟ್ಟು ತಾಗು. (B. 5, 25). — ಪೆಟ್ಟು ತಾಗು. A blow or blows, or a hurt, to touch: to be beaten, struck, or hurt (My.). ಚೊಕ್ಕ ಬೋರ್ಲ ಬಿದ್ದು, ಬಹಳ ಪೆಟ್ಟು ತಾಗುವದು (B. 4, 61). — ಪೆಟ್ಟು ತಿನ್ನು. To eat, i. e. to suffer, a blow or blows, to be beaten (My.). ನಿಲದಾಕಿ ಕೇಳಲಿಕ್ಕೆ ಹೋಗಿ, ಗೊಲ್ಲಮಣ್ಣನಿನ್ದ ಪೆಟ್ಟು ತಿನ್ದ. — ಪೆಟ್ಟು ತಿನ್ದವನೂ ಬಲ್ಲ, ಪೆಟ್ಟು ಕೊಟ್ಟವನೂ ಬಲ್ಲ. — ಪೆಟ್ಟು ಬೆನ್ನು ತಿನ್ನುತ್ತದೆ, ಹೊಟ್ಟೆ ಅನ್ನ ತಿನ್ನುತ್ತದೆ (Prvs.). — ಪೆಟ್ಟು ಬೀಱು. A blow or blows to fall upon (one, My.). — ಪೆಟ್ಟುಮಣೆ. = ಪೆಟ್ಟಣಿಗೆ. (My.). — ಪೆಟ್ಟು ಹಚ್ಚಿ ಕೊಳ್ಳು. To be hurt. ಅಡುಗಳು ಅನ್ನಾ ಬಿಕ್ಕಟ್ಟನೊಳಗಿನ್ದಾದರೂ ಕೆಳಗೆ ಹಾಱಿ, ಪೆಟ್ಟು ಹಚ್ಚಿ ಕೊಳ್ಳದೆ ದಾಟಿ ಹೋಗುವವು (B. 3, 10). — ಪೆಟ್ಟು ಹತ್ತು. A hurt to be attached: to be hurt (My.). ಆ ಹೊಡತದಿನ್ದ ಅವನ ಮೊಟಕೆಯ್ಗೆ ಬಹಳ ಪೆಟ್ಟು ಹತ್ತಿತು (B. 2, 31). — ಪೆಟ್ಟು ಹಾಕು. To apply a blow or blows: to beat (My.). — ಪೆಟ್ಟು ಹೊಯ್. = ಪೆಟ್ಟು ಹಾಕು. ಬಯ್ದು ಬಾಯಿಗೆ ಹೊಯ್ದು ಪೆಟ್ಟು (Prv.).

ಪೆಟ್ಟು pĕṭṭu. 3. = ಪೆಟ್ಟು 3. Pride, domineering, daring, boldness (ದಪ್ಪ, ಅದಟು, ಅರ್ಪು, ಸಾಸ, ಪೆರ್ಚು Šm. 38; cf. ಪೆಟ್ಟು 2? ಎಟ್ಟು 1?). — ಪೆಟ್ಟುವೆರ್ಚು. -ಪೆರ್ಚು. 1.

Pride, etc. to become excessive: to be exceedingly proud, etc. (ದರ್ಪ Šmd. Dh., o. r. ಬೆಟ್ಟು-). — ಪೆಟ್ಟುವೆರ್ಚು. -ವೆರ್ಚು. 2. Daring, etc. (ಅದಟು, ದಪ್ಪ, ದರ್ಪ Kk. 66, o. r. ಪೆಮ್ಪು ಪೆರ್ಚು).

ಪೆಟ್ಟು pĕṭṭu. (= ಪೆಟ್ಟಿ). Tbh. of ಪೇಟ 1 (Šmd. 364).

ಪೆಟ್ಟೆ pĕṭṭĕ. = ಪೆಟ್ಟ, etc. (ಹೆಣ್ಚೆ ಶ್ಸ.).

ಪೆಟ್ಟೆ pĕṭṭĕ. (= ಪೆಟ್ಟು). An tōalu mat that has been sewn into the form of a basket and is used as a receptacle of grain (My.).

ಪೆಟ್ಲು pĕṭlu. = ಪೆಟಲ್, etc. — ಪೆಟ್ಲುತುಱುವೆ. The plant Sida mauritiana Herit. (St. & Pl.). — ಪೆಟ್ಲುಪ್ಪು. = ಪೆಟಲುಪ್ಪು. (My.; B. 4, 161). See ಪೆಟ್ಟಲು.

ಪೆಡ pĕḍa. = ಪಿಂ (ಪಿಱು), etc., ಹೆಡ. The state of being behind, back or after; the back or hinder part; backwards (ಪೆಱಗು Šmd. 206; ಪೆಱಗು, ಪಿನ್ನಿಲ್, ಪಿಂಗಡೆ Kk. 46, Šm. 60; Tĕ. ಪಿಱು, ಪಿಱುನ್ದು, ಪೆಡೆ; T. ಪಿಡಂಗು, ಪಿಡರ್, ಪಿಡರಿ, ಪೆಡವ). — ಪೆಡಗೆಯ್. -ಕೆಯ್. = ಪೆಡಂಗೆಯ್ (Šmd. 206). The back of the hand (Tĕ. ಪೆಡಚೆಯಿ, the tip of the hand). — ಪೆಡಂಗೆಯ್. -ಂ-ಕೆಯ್. = ಪೆಡಗೆಯ್, q. v. — ಪೆಡದಲೆ. -ತಲೆ. = ಪೆಡನ್ದಲೆ (Šmd. 206). The back of the head (Abh. P. 9, 49; Ššv. 4, 79; T. ಪಿಡರ್ತಲೈ). — ಪೆಡನ್ದಲೆ. -ಂ-ತಲೆ. = ಪೆಡದಲೆ, q. v. — ಪೆಡ ಮುಗುಬ್. = ಪೆಡಮ್ಮುಗುಬ್. To turn the face backwards, to turn round (ಪರಾಙ್ಮುಖ Šmd. Dh.). — ಪೆಡ ಮೆಟ್ಟು. 1. = ಪೆಡಮ್ಮೆಟ್ಟು (Šmd. 206). To step or go backwards, to retreat (ಮೆಯ್ಸ್ಸಗೆ, ಅಕ್ಕುಳಿಸು, etc., ಅಪಸರಣ ಶ್ಸ.; ಹಿಮ್ಮೆಟ್ಟು Kk. 70; ಹಿಮ್ಮೆಟ್ಟು Šm. 64; ಬೀಗು 82). ಪೆಡ ಮೆಟ್ಟೆ ಬರ್ಪ ದುರ್ಯೋಧನನ್ ಇಭಘಟೆಯುಂ (Šmd. 206 Mdb.). — ಪೆಡ ಮೆಟ್ಟು. 2. The back part (ಪೆಱಗು, ಪೆಱತು, ಪಿನ್ನಿಲ್, ಹಿಂಗಡೆ ಶ್ಸ.). — ಪೆಡಮ್ಮುಗುಬ್. -ಂ-ಮುಗುಬ್. = ಪೆಡ ಮುಗುಬ್. (Abh. P. 5, after 78; 7, after 59). — ಪೆಡಮ್ಮೆಟ್ಟು. -ಂ-ಮೆಟ್ಟು. = ಪೆಡ ಮೆಟ್ಟು 1, q. v. (Grj. 1, 108; Ršv. 18, 45. 85). ಪೆಡಮ್ಮೆಟ್ಟದೆ ಸೂಳ್ಗೆ ವನ್ದಿ ಬಿಱುದೆಲಱೆದಿರ್ಪಂ ಭುವನೈಕರಾಮನಾ (Šmd. 206 Mdb.).

ಪೆಡಗೆ pĕḍagĕ. = ಎಡಗೆ, ಎಡಿಗೆ, ಪೆಟ್ಟಿಗೆ, etc., ಪೇಳಿಗೆ, ಹೆಡಗೆ, ಹೆಡಿಗೆ, ಹೇಳಿಗೆ, ಹೇಳ್ಗೆ. Tbh. of ಪೇಟಿಕೆ. See ಪಾವುಪೆಡಗೆ.

ಪೆಡಸು pĕḍasu. = ಎಡಚು 2, ಎಡಸು. Hardness (as of metal); callousness; stiffness, inflexibility (My.; Tĕ. ಪೆಲುಚು, ಪೆಳುಚು; *cf.* ಬಿಱುಸು). 2, brittleness (My.; B. 4, 158). ನಾಲಿಗೇ ಪೆಡಸು, callousness or stiffness of the tongue: a tongue with an imperfect pronunciation (My.). ನೀರೆಲ್ಲ ಮೆಯ್ಯುಣ್ಣು, ಸೂಜಿಗಳ ಪೆಡಸು ಕಡಿಮೆಯಾಗುತ್ತದೆ (B. 4, 158). 3, harshness, offensiveness (of speech, My.). 4, difficulty, trouble (as of a business, My.). — ಪೆಡಸುಮರ. Hard wood; brittle wood (My.). — ಪೆಡಸುಮಾತು. An offensive word (My.).

ಪೆಡೆ pĕḍĕ. = ಹೆಡೆ. Tbh. of ಸ್ಫಟ (Čt. II, 91; ಫಣ, ಸ್ಫಟ Mr. 401; Čpr. 7, 144; Ršv. 5, 44). The expanded hood of a cobra. ಪೆಡೆಯುಡುಗಿದ ಭೋಗಿ (Čpr. 5, 99). — ಪೆಡೆವಣಿ. -ಮಣಿ. The gem of the cobra's hood (Šmd. 260 Mdb.; Abh. P. 1, 32; Ršv. 5, 43. 46; J. 9, 14; 15, 2; 24, 32). — ಪೆಡೆವಣಿದುಱುಗಲ್. -ತುಱುಗಲ್. A number of such gems (Ššv. 3, after 35).

ಪೆಡೆಯ pĕḍĕya. = ಎಡೆಯ. (A back-sider, an outer man), another man, a stranger (ಪೆಱಂ Kk. 91).

ಪೆಣ್ pĕṇ. = ಪೆಂ (ಪೆಂಬುಱ್), ಪೆಣ್ಣು, ಹೆಂ, ಹೆಣ್, ಹೆಣ್ಣು. A female; a woman (T. ಪೆಣ್, ಪೆಣ್ಣೈ, ಪೇಡು, ಪೇಡೈ; M. ಪೆಣ್, ಪೆಡೆ, ಪಿಡೆ, ಪೇಡೆ, see ಪಿಡಿ 4; Čpr. 5, 115; 8, 61; Bp. 54, 37; J. 9, 20; 11, 19; 15, 28; 18, 56). ಆ ಪೆಣ್ ಜಾಣೆ; ಆ ಪೆಣ್ ಬನ್ದುದು; ಅವಳ್ ಸಜ್ಜನವೆಣ್, ಅದು ಸಜ್ಜನವೆಣ್ (Šmd. 109). ಚಿತ್ರದ ಪೆಣ್ಣನ್ತೆವೋಲ್ ಉಣ್ಣಳ್ (84). ಪೊಣ್ನಿಂ ಸಮನಿನುಗುಮಲ್ತೆ ಪೆಣ್ಣಿಂ ಮಣ್ಣಿಂ (84). ಪೆಣ್ಗೆ (139). Plural ಪೆಣ್ಗಳ್ (ಪೆಂಗಳ್). ನೆಱೆದ ಪೆಣ್ (ತುಱುಮಣ್ಡಿ Šm. 73). See ಅಱವೆಣ್, ಕನ್ನೆವೆಣ್, ಗಱಸಾಳಿವೆಣ್, ದೆಸೆವೆಣ್, ನಗೆವೆಣ್, ಸಾಣಿಲಿವೆಣ್, ಪಚೆ-, ಪರ-, ಪೊಱಲ್-, ಬಿತ್ತಗ-. — ಪೆಣ್ಗಜ. A female elephant (Bhs. 58). — ಪೆಣ್ಗಡಣ. A multitude of females (Ršv. 2, 16; V. 4, 18). — ಪೆಣ್ಗಣ್ಬು. A woman and a man (J. 18, 13). — ಪೆಣ್ಗಪ್ಪೆ. -ಕಪ್ಪೆ. A female frog (ಭೇಕಿ, etc. Mr. 411). — ಪೆಣ್ಗಿಣಿ. A she-parrot (ಪುರುಳಿ, ಸಾರಿಕೆ ಶ್ಸ.). — ಪೆಣ್ಗಿಳಿ. = ಪೆಣ್ಗಿಣಿ. (ಸಾರಿಕೆ Kk. 24; ಸಾರಿಕೆ Šm. 28. 29; Ršv. 2, 35). — ಪೆಣ್ಗುದುರೆ. -ಕುದುರೆ. A mare (J. 15 sum.; 15, 7, etc.). — ಪೆಣ್ಗೂಡು. A cage for females (J. 6, 20; o. r. ಪೆಣ್ಗಾಡು). — ಪೆಣ್ಗೂಸು. -ಕೂಸು. A female child; a woman. See ಒಳುವೆಣ್ಗೂಸು; Abh. P. 4, after 14; 4, 15. — ಪೆಣ್ಗೊಲೆ. -ಕೊಲೆ. Murder of a woman (J. 16, 12). — ಪೆಣ್ಗೋಡಗ. -ಕೋಡಗ. A female monkey (Ršv. 5, after 55). — ಪೆಣ್ಣಾನೆ. -ಆನೆ. A female elephant (ಕರಿಣಿ, etc., ಪಿಡಿ Mr. 153; ಪಿಡಿ Šm. 41; J. 16, 5). — ಪೆಣ್ಣುಡೆ. -ಉಡೆ. (Šmd. 214). The waist of a female. — ಪೆಣ್ಣೆಕ್ಕೆ. -ಎಕ್ಕೆ. = ಹೆಣ್ಣು ಎಕ್ಕೆ. (Bp. 17, 7). — ಪೆಣ್ದನ್ತಿ. = ಪೆಣ್ಣಾನೆ. (ಕರೇಣು, ಹೆಣ್ಣಾನೆ Nn. 120). — ಪೆಣ್ದಱ. An army of women (J. 16, 8). — ಪೆಣ್ದುಮ್ಬಿ. -ತುಮ್ಬಿ. A female black bee (Čpr. 2, after 93; Abh. P. 1, 110; Ršv. 1, 84). — ಪೆಣ್ದೊಡೆಯ. -ತೊಡೆ-ಅಱ. He who has a woman on his thigh: Šiva (Kk. 4; ಈಶ್ವರ Šm. 2). — ಪೆಣ್ದೊಱೆ. -ತೊಱೆ. A female river (see ಗಣ್ಡುದೊಱೆ). — ಪೆಣ್ಪಡೆಯ. -ಪಡೆ-ಅಱ. He whose army are women: Kāma (ಮನ್ಮಥ Kk. 8; Šm. 7). — ಪೆಣ್ಬುಯ್ಯಲ್. -ಪುಯ್ಯಲ್. Lamentation of a woman (Čpr. 8, after 67; Abh. P. 9, 142). — ಪೆಣ್ಬುಲಿ. -ಪುಲಿ. A tigress (Abh. P. 2, 53; Ššv. 2, 65). — ಪೆಣ್ಮಗುವು. A female child; a woman. ಕುಸುಮಾಯುಧ, ನಿನ್ನ ಬಲ್ಪು ಪೆಣ್ಮಕ್ಕಳೊಳಲ್ಲದಿಲ್ಲ! (Šmd. 151). — ಪೆಣ್ಮಣಿ. A gem-like woman (Ršv. 3, 21; 7, 99). — ಪೆಣ್ರೂಪು. The form of a female. ಪರಮಜಿನೇನ್ದ್ರವಾಣಿಯೆ ಸರಸ್ವತಿ ಬೆಱೆದು, ಪೆಣ್ರೂಪಮಂ ಧರಿಯಿಸಿ, ನಿನ್ತುದಲ್ತದುವೆ? (Šmd. 109). — ಪೆಣ್ಸೆಱೆ. The captivity of a woman or of women (Ršv. 1, 54).

ಪೆಣ pĕṇa. = ಹೆಣ. A corpse; a carcass (T., M. ಪಿಣ; Tĕ. ಪೀನಿಗೆ, ಪೀನುಗೆ, ಪೀನ್ಗು). See Abh. P. 13, 66; 16, after 55; Bp. 61, 12; Bh. 1, 10, 39; Ršv. 5, after 120; J. 4, 16; 5, 28; ಶರೀರ, ದಾಬ್ಬಿಣ. — ಪೆಣಮಯ. Full of corpses (J. 22, 28).

ಪೆಣಗಿಸು pĕṇagisu. = ಹೆಣಗಿಸು. To cause to fight. See ತಗರ್ವೆಣಗಿಸು.

ಪೆಣಗು pĕṇagu. = ಪೆಣಸು 1, ಹೆಣಗು. To wrangle, to quarrel, to fight (J. 20, 31; 22, 32; 23, 23; Tĕ. ಪೆನಗು, ಪೆನುಗು, to surround, encompass; to fight; *cf.* ಪೆಱಕು).

ಪೆಣಲ್ pĕṇal. = ಹಿಣಿಲು, etc. (ಹೆರಳು G.).

ಪೆಣಸು pĕṇasu. 1. = ಪೆಣಗು. (Bh. 1, 7, 50; M. ಪಿಣಙ್ಙು, to be entangled; to quarrel, etc.; ಪಿಣಗು, to wrangle, quarrel).

ಪೆಣಸು pĕṇasu. 2. Union, embrace. See ಬಲ್ಪೆಣಸು.

ಪೆಣೆ pĕṇĕ. 1. = ಎಣೆ 2, ಹಣೆ 2, ಹೆಣೆ 1. To unite or tie different things together, to intertwine, to twist, to twine, to plait, to braid (ಮಿಶ್ರಬನ್ಧನ Šmd. Dh.; T., M. ಪಿನ್ನು, to be intricate, entangled; to twist, etc.; Tĕ. ಪೇಡು, ಪೇನು; cf. ಪಿಣಿಲ್ 1). ಎಳೆತೆಂಗಿನೆಳೆಯಿ ಲೆಯನ್ ಅಮರ್ಕೆವೊಗೆ ಪೆಣೆದು, ಸಮ್ಪಗೆಯ ಮುಗುಳ ಮೊಳೆಗಳಂ ತೆತ್ತಿಸಿದ ಬಿತ್ತರಮ್ಬಡೆದ ಜವಳಿವಡಿಗಳ್ (Čpr. 7, after 92). 2, to be joined, to unite, to be joined together, to be intertwined, to get entangled (ಸಂಯೋಗ Šmd. Dh.; ತಳ್ Čt. I, 35; Čpr. 4, 71; 7, 39; Abh. P. 11, 164; Rāv. 13, 86; cf. ಅಣೆ 1 & 2; T. ಪಿಣಂಗು, M. ಪಿಣೆ, Tĕ. ಪೆನೆ, to be entangled; T. ಪಿಣ್ಯೈ, to be joined; see ಪೆಣಸು 1; cf. also T. ಪಿಣಿ, ಪಿಣೈ, M. ಪಿಣೆ, to tie together, yoke, bind, ensnare; T. ಪಿಣೈ, a tie, band; consent, agreement; a bail, a surety; M. ಪಿಣೆ, tying, yoking; coupling, equal; bail, surety; cf. ಎಣೆ 1; ಪೊಣೆ; Tĕ. ಪೆನೆ, a twist, a cord coupling animals together). See ತಟ್ಟಪೆಣೆ.

ಪೆಣೆ pĕṇĕ. 2. = ಎಣೆ 1. An entwined state (see ಜಡೆ ಪೆಣೆ). 2, union, company. — ಪೆಣೆವಕ್ಕ. -ವಕ್ಕ. = ಎಣೆ ವಕ್ಕ. (J. 8, 47).

ಪೆಣ್ಟೆ pĕṇṭĕ. = ಪೆಟ್ಟ, etc. A clod (My.); a lump, a concrete mass (Mhr. ಪೇಣ್ಡಾ, a mass of slightly wetted earth adhering to the feet in walking). ಕಬ್ಬಿಣದ ಕಿಟ್ಟವು ಅದು, ಕಲ್ಲಿನನ್ತೆ ಭಾರವುಳ್ಳ ಪೆಣ್ಟೆಗಳಾಗುತ್ತವೆ (B. 4, 148). — ಪೆಣ್ಟೆಗಟ್ಟು. -ಕಟ್ಟು. To coalesce into a mass, to concrete (B. 4, 148); to become one mass (My.).

ಪೆಣ್ಟೆ pĕṇṭĕ. = ಪೆಣ್ಡೆ 2, etc. A bundle (My.; Mhr. ಪೇಣ್ಡೀ).

ಪೆಣ್ಡ pĕṇḍa. A female, a woman (T. ಪೆಣ್ಣು; M. ಪೆಣ್ಣ್, a girl, woman; Tĕ. ಪೆಣ್ಟಿ, the female of any animal). Plural ಪೆಣ್ಡಿರ್ (Šmd. 120; Čpr. 4, 78; J. 24, 58; Abh. P. 4, 81), ಪೆಣ್ಡಿರು (Bp. 2, 55), ಪೆಣ್ಡಿರುಗಳ್ (18, 54). ಅವರ್ ಪೆ ಣ್ಡಿರ್ (Šmd. 109). ಸಾಯಿರ ಪೆಣ್ಡಿರ್ (111). ತುಱುಗಳ ಪೆಣ್ಡಿರ, ಪಾರ್ವರ ಮೞ್ವೊಕ್ಕರ (120 Mdb.). See ಕಿಱುವೆಣ್ಡಿರ್, ಪೊಡಿಲ್ವೆಣ್ಡ. — ಪೆಣ್ಡವಾಸ. A queen's apartments (Abh. P. 5, after 123; 9, 172; ರಾಣೀವಾಸ Kk. 68; ರಾಣಿವಾಸ Šm. 37). — ಪೆಣ್ಡ ಗಾಳಗ. -ಕಾಳಗ. A fight of women (Abh. P. 13, 139).

ಪೆಣ್ಡತಿ pĕṇḍati. = ಪೆಣ್ಡಿತಿ, ಹೆಣ್ಡತಿ. A wife (Bp. 27, 9; 18, 46; 26, 64; Tu. ಬೊಡೆದಿ). ಸಹಜಮುಳ್ಳ ಪೆಣ್ಡತಿ (ಹದಿಬತ್ತೆ Čt. I, 81). It is conjugated e. g. in ಪೆಣ್ಡತಿಯೆಂ (Šmd. 257).

ಪೆಣ್ಡಾರ pĕṇḍāra. = ಪೆಣ್ಡಾರಿ. (My.).

ಪೆಣ್ಡಾರಿ pĕṇḍāri. A Pindaree, marauder, a freebooter (of former days; My.; Tĕ.; Mhr. ಪೇಣ್ಡಾರೀ; at present the Pindarees are horse-dealers, etc.). ಪೆಣ್ಡಾರಿಯರು ಬರುವಾಗ ಹೆಣ್ಣರ ಗೊಡವೆಯೇನು? (Prv.).

ಪೆಣ್ಡಾರೆ pĕṇḍārĕ. (Tbh. of ಪುಣ್ಡರೀಯ). — ಪೆಣ್ಡಾರೇ ಗಡ್ಡೆ. (ಪ್ರ ಪೌಣ್ಡರೀಕ, ಪುಣ್ಡರೀಯ, ಪುಣ್ಡರೀಕವೆಮ್ಬುವ ಗನ್ಧದ್ರವ್ಯ, ಪಾಣ್ಡವರ ಮದ್ದು, ಬಿಳಿನಯ್ದಿಲೇ ಗಡ್ಡೆ Si. 158).

ಪೆಣ್ಡಿ pĕṇḍi. 1. (Tbh. of ಪಿಣ್ಡಿ 2, or = ಪೀಡಿ). See ಅರಸು-, ರಾಜ-.

ಪೆಣ್ಡಿ pĕṇḍi. 2. = ಪಿಣ್ಡಿ 1, etc. — ಪೆಣ್ಡಿ ಖರ್ಜೂರ. = ಪಿಣ್ಡ-, ಪಿಣ್ಡಿ-. An inferior kind of dates that are in lumps (My.).

ಪೆಣ್ಡಿತಿ pĕṇḍiti. = ಪೆಣ್ಡತಿ, etc. (Rāghŏ. 17, 65).

ಪೆಣ್ಡೆಯ pĕṇḍĕya. = ಪೆಣ್ಡೆಹ. A badge of honour or a trinket for the foot (ಪಾದಯವಟ್ಟ Mr. 344; Bp. 61, 27); a badge of honour in the form of a ring made of metal, grass or rope for the foot (My.; Tĕ. ಪೆಣ್ಡೆಮು, ಪೆಣ್ಡೇರ; Mhr. ಪೇಣ್ಡೀಂ, a necklace composed of strings of pearls; a loop or ring; ಪೇಟೀ, an ornament for the arm; T. ಪೆಣ್ಡೈ ಯು, a ring, a trinket, of women, etc.).

ಪೆಣ್ಡೆಹ pĕṇḍĕha. = ಪೆಣ್ಡೆಯ. (Bp. 16, 17).

ಪೆಣ್ಣ pĕṇṇa. — ಪೆಣ್ಣಮಯ್ಯ. -ಅಯ್ಯ. N. (Čh. v. 6; Tĕ. ಪಿ ನ್ನಯ್ಯ, a father's younger brother).

ಪೆಣ್ಣು pĕṇṇu. = ಪೆಣ್, etc. — ಪೆಣ್ಣುಲಕ್ಷ್ಮಣ. A female Indian crane (ಪುಷ್ಕರ, ಸಾರಸ Mr. 172). — ಪೆಣ್ಣುವಿಣ್ಡು. -ಪಿಣ್ಡು. A multitude of women (J. 8, 18).

ಪೆಣ್ತನ pĕṇ-tana. (Šmd. 248). The state of being a female; a feminine character or behaviour. — ಪೆಣ್ತನಂಗೊಳಿಸು. -ಂ-ಕೊಳಿಸು. To cause to take the form of a female (V. 37, 110).

ಪೆತ್ತು pĕttu. = ಹೆತ್ತು. P. p. of ಪೆಱ್ (ಪೆಱು) 1 & 2.

ಪೆದೆ pĕdĕ. = ಹೆದೆ. A bow-string (Šāv. 2, 12; 4, after 24; 4, 39). See ಅಳಿಪೆದೆ, ಎಲರುಣಿಪೆದೆಯು, ಬಣ್ಣು ಣಿಪೆದೆಯು. — ಪೆದೆವಿಲ್. -ಬಿಲ್. A bow-string and bow (Rāv. 3, 38).

ಪೆದ್ದ pĕdda. Largeness, bigness, greatness (Tĕ. ಪೆದ್ದ). — ಪೆದ್ದಸದಾಪ. (ಶತಪುಷ್ಪ, ಸಿತಛತ್ರ, etc., ಕಾಡುಸಬ್ಬಸಿಗೆ Si. 160).

ಪೆದ್ದಿ pĕddi. A great or an old person, an elder, a senior (Tĕ.); N. (Bp. 56, 27. 36; see ಅಜ-).

ಪೆದ್ದಿ pĕddi. = ಪೆಚ್ಚಿ, ಹುಚ್ಚಿ. A foolish or mad female (My.).

ಪೆದ್ದು pĕddu. = ಪೆಚ್ಚು, etc. (My.). — ಪೆದ್ದ. -ಅ 3. A foolish or mad man (My.).

ಪೆನು pĕnu. = ಪೆರ್ 1, etc. (Tĕ. ಪೆನ್, ಪೆನು). — ಪೆನುಬಟ್ಟೆ. -ಪಟ್ಟೆ. Large stripes. ಪೆನುಬಟ್ಟೆಪುಲಿಯಾರ್. N. (Bp. 27, 57).

ಪೆನ್ನೆ pĕnnĕ. N. of two rivers, one falling into the sea near Nellore, the other near Cuddalore (My.; Tĕ. ಪೆನ್ನೆ, ಪಿನಾಕಿನಿ; T. ಪೆಣ್ಣೈ, ಪೆಣ್ಣಾಱು; M. ಪೆಣ್ಣಾಱು).

ಪೆಮ್ಪು pĕmpu. (fr. ಪಿಂದು Šmd. 249; Kk. 49). = ಪಿಮ್ಪು. Largeness, greatness; abundance; grandeur, eminence, sublimity (ಉನ್ನತಿ Čt. I, 95; II, 20; ಅಧಿಕ Šm. 58; Tĕ.). ಧರೆಯೊಳ್ ವೀರದ ಪೆಮ್ಪಿನ ನರಸಿನ್ಧಿರ್ಮಡಿ (Šmd. 81). ಪೆಮ್ಪಿನೊಳ್ ಎಸೆವ ಕರ್ಣನೊಳ್ಪುಡಿ (183). ಏನೆಮ್ಬ ಪೆಮ್ಪೊ! (175). ಏವೇಚ್ಚಿನವನ ಚಾಗದ ಪೆಮ್ಪಂ! (211). See Čpr. 1, 80; 9, 39; Šmd. s. ತಿರ್ದು 1; Bp. 3, 4; 6, 8; 19, 28; 30, 8; 32, 39; 57, 71; Č. Bp. 5, 5; Rāv. 6, 23; Šāv. 1, 28. 37; J. 8, 1. 15; 6, 3. — ಪೆಮ್ಪುವೆಱ್. -ಪೆಱ್. To obtain eminence, etc. (Abh. P. 3, 1. 35; Rāv. 4, 96). ಗುಣವ್ರಾತದಿ ಪೆಮ್ಪುವೆತ್ತು ಮೆಱೆಗುಂ ನಾನಾರ್ಥರತ್ನಾಕರಂ (Nn. 168).

ಪೆರಂಗಿ pĕraṅgi. = ಪಿರಂಗಿ. (My.).

ಪೆರಣ pĕraṇa. Tbh. of ಪ್ರಾಣ. ಉಣ್ಬ ವೃಕ್ಷದಕಿನ್ನು ಪಕ್ಷಿಜಾತಲ್ಲ; ಬಿಟ್ಟರದು ಹಾಱುವದು, ಗಿಡಗ ತಾನಲ್ಲ; ದಿಟ್ಟರಿಗೆ ಹೆಟ್ಟುವದು, ಪೆರಣ ತನಗಿಲ್ಲ; ಸಿಟ್ಟಿಯೊಳು ಉಸಲರೇ, ಪೇಳ್ ನೀವೆಲ್ಲ! (an arrow, Bēdaguĕaupadi).

ಪೆರೆ pĕrĕ. = ಎರೆ 5, ಪೊರೆ 5, etc., ಹೆರೆ. The skin or slough of a serpent (J. 5, 56; 18, 57; 20, 54). — ಪೆರೆಗಳೆ. -ಕಳೆ. To cast the skin (J. 21, 51). — ಪೆರೆಯಿಕ್ಕು. -ಇಕ್ಕು. = ಪೆರೆಗಳೆ. (Abh. P. 10, 31).

ಪೆಱ್ pĕṟ. ಪೆಱು. 1. = ಹೆಱ್, (ಹೆಱು 1). To get; to acquire, to gain, to obtain, to reach; to incur, to undergo, to experience (ಉಪಲಬ್ಧಿ Šmd. Dh.; ಪಡೆ

141 Cm.; ಆಗು 186 Cm.; T., M. ಪೆಱು; M. also ಪೆಡು; *cf.* ಪಡೆ 1). **2**, to beget: to generate, to procreate; to bear, to give birth to (ಪ್ರಸೂತ Šmd. Dh.; Šm. 117; T., M. ಪೆಱು; T., M. ಪಿಱ, to proceed from, be born, arise; Tĕ. ಪೆಱುಗು, to grow, increase, = T. ಎಱು). P. p. ಪೆತ್ತು (Šmd. 265). ಪೆತ್ತಂ, ಪೆತ್ತರ್ (287). ಜಾತವೇದಂ ಪಟುಕ ಪಟಮುಯಪ್ಯಾಜದಿಂ ಬೇಡಿ, ಪೆತ್ತಂ (285). ವೀರರನ್ನು ಪೆತ್ತ ತಾಯಿ (ವೀರಮಾತೃ, ವೀರಸೂ Si. 187). ಪೆತ್ತುದೋ ನಭಂ? (Ršv. 6, 34). See Čpr. 3, 85; Abh. P. 13, 87; ಅತಿಭೀಕರಾಕೃತಿಪೆಱ್, ಅನ್ವಮ್ಪೆ ಱ್, ಅಮನ್ಯಾನನ್ನಮ್ಪೆಱ್, ಇನ್ನ ಜಾವಮ್ಪೆಱ್, ಏರ್ಪೆಱ್, ಒಪ್ಪಮ್ಪೆಱ್, ಓಜೆಪೆಱ್, ಓಳ್-, ಕಟ್ಟಾಳ್ತನಮ್ಪೆಱ್, ಕಡಿಪೆಱ್, ಕಳಕಳಪೆಱ್, ಗೂಡು ಪೆಱ್, ಚೆಲ್ವುಪೆಱ್, ತರಮ್ಪೆಱ್, ದೊರೆಪೆಱ್, ನನೆಪೆಱ್, ನುತಿಪೆಱ್, ಪಡ-, ಪೆಮ್ಪು-, ಪೆರ್ಮೆ-, ಬಂಗಿ-, ಬಿಂಕಮ್ಪೆಱ್, ಬೆಡಂಗುಪೆಱ್, ಮೆಯ್-, ಮೊತ್ತಮ್ಪೆಱ್, ಋದ್ಧಿ-, ಸಿರಿಪೆಱ್, ಸುರ್ಕು-, etc.

ಪೆಱ್ pĕr̤. ಪೆಱು. 2. = ಹೆಱ್ (ಹೆಱು 2). To thicken, to congeal, to curdle, as ghee, curds, or oil (ಅಜ್ಯಗಟ್ಟ Šm. 117; T. ಉಱೈ; M. ಪಿರಿ, to coagulate as milk; to become disjoined, separate, *cf.* ಪಿರಿ; ಪಿರನ್ನು, ಪಿರುಕ್ಕು, to grow thick, curdle, spoil as milk; Tĕ. ವಿರುಗು, to break, go to pieces; to curdle). P. p. ಪೆತ್ತು (My. as ಹೆತ್ತು).

ಪೆಱ pĕr̤a. = (ಪೆಡೆ, ಪೊಱ 1), ಹೆಱ, (ಪಿಂ, etc.). Hind part, hind place, backside; backwards; — outer place, outer side, other side (T. ಪಿಱ, outer, foreign, other; T., M. ಪಿಱನ್, another; T. ಪಿಱಿದು, another thing; M. ಪುಱ, the back; the outside; see ಪಿನ್, ಪಿಱಿ; Tĕ. ಪೆಱಡು, the back yard of a house; ಪೆಱಿ, other; strange, foreign). — ಪೆಱಂ. (fr. ಪೆಱತು Šmd. 183). A man of the back or outer side: another, a stranger (ಅನ್ಯ Čt. II, 86; ಪೆಡೆಯ Kk. 91; ಎಡೆಯ Šmd. II, o. rs. ಪಱೆಯ, ಸಡೆಯ, ಸೆಡೆ ಯ). ಪೆಱಂ (Šmd. 111; Abh. P. 14, 84). ಪೆಱರ್ (121); ಪೆಱರ್ಗ ಳ್ (Mr. 2). ಬನ್ನನೀಗಳ್ ಪೆಱನಲ್ಲಂ, ದುರ್ಜಯಂ ಕೌರವಕುಲನಲಿ ನೀಕುಂಜರಂ ಭೀಮಸೇನಂ (Šmd. 91). ನರನೆಮ್ಬುತಂ ಪೆಱನಲ್ಲ, ಈತ ನಾಗಲ್ವೇಟ್ಟಿಂ (184). ಪೆಱರುಮನಱಿ ನೀನುಮ್, ಅರಯ್ಸಿ ವಿದಗ್ಧ ರಿಂ (121). ಪೆಱರುಮೆನ್ದರ್ (184). ಎಲ್ಲಂ ಭುವನೈಕರಾಮಮುಹಿ ಪಂಗಕ್ಕಂ, ಪೆಱರ್ಗಕ್ಕುಮೇ? (183). ಪೆಱರ ಕಾಡುವಾತಂ (ನವಸಗ Kk. 37; Šm. 46). See Čpr. 6, 82; 7, 10; Abh. P. 10, 8; Bp. 11, 11; 45, 20. It is conjugated, *e. g.* ಪೆಱನ್, ಪೆಱರ್, ಪೆಱಯ್, ಪೆಱಿರ್ (Šmd. 257). ಅಂ ಪೆಱನೆನೆನ್ದು, ಬಗೆಯಲಿಮಾಗ ಳ್! (258). — ಪೆಱಕಾಲ್. A hind leg. ಪೆಱಕಾಲ್ಗೊಳಿಸು. -ಕೊ ಳಿಸು. To make stand on the hind legs (Ršv. 13, 85). — ಪೆಱಗಾಲ್. = ಪೆಱಕಾಲ್. (Čpr. 5, 64). — ಪೆಱತು. (Šmd. 96. 111. 183; Čpr. 1, 85; 2, 33; Abh. P. 10, 94; Bp. 3, 57; J. 18, 16). That which is other: another thing, anything different, another (ಅನ್ಯ Čt. II, 86; Šmd. 213. 295. 207 Cm.); the back side, etc. (ಪಿನ್ತು Čt. II, 110; ಪೆಡಮೆಟ್ಟು, ಪೆಱ ಗು, ಪಿನ್ತಿಲ್, ಹಿಂಗಡೆ Šs.). ಬಗೆಯೊಳ್ ಪೆಱತೊನ್ದನ್ ಅಣಂ ಬಗೆಯ ಲ್, ಗಡ, ನಿನಗೆ ಸುಮತಿ ಬೇಱಿ, ಅಂ ಬೇಱಿಂ (Šmd. 277). See Kâvy. s. ಮಱಿಸುನ್ದು. Its plural is ಪೆಱವು (287; Čpr. 3, 42; Abh. P. 14, 127). ಓಹೋ, ಇರಲಿ ಪೆಱವಱ ಮಾಹಾತ್ಮ್ಯಮುಂ! (Šmd. 68). ಪೆಱವಱೊಳ್ (123. 207). ಪೆಱವರ್ಕೆ (295). ಪೆಱ ವಱ ಧರ್ಮಂಗಳನೇ ತಿಳಿದಿರ್ದಂ ತನ್ನು, ಪೆಱವಱೊಳ್ ಪತ್ತಿಸಿ, ಕಣ್ದೆಱ ಯೆ ಚತುರೋಕ್ತಿಕೃತಿಯೊಳ್ ಪೆಱಿದಿರೆ ಪೇಳ್ವುದು ಸಮಾಧಿಯೆನೆ ಪೆಸ ರ್ಪಡೆಗುಂ (118. 185). — ಪೆಱ ತೆಗೆ. To turn backwards, to retreat (ಹಿನ್ದಿರುಗು Kk. 72; Č. Bp. 50, 27; J. 25, 8). — ಪೆಱ ದು. = ಪೆಱತು (Šmd. 96. 97, o. r. ಪಿಱದು. 183; Čpr. 3, 73. 92). — ಪೆಱದೆಗೆ. -ತೆಗೆ. To take back (J. 3, 23). — ಪೆಱ ಪಿಂಗು. To go backwards, to go away, to disappear (Čpr. 4, 77; Abh. P. 14, 72). — ಪೆಱವುಱಿ. -ಉಱಿ. A leaving of what is behind: afterwards (Šmd. I, p. 37 Mdb., o. r. ಪೆಱವುಟಿ). — ಪೆಱ ಸಾರ್. To go back or to the rear, to withdraw (Grj. 10, after 65; Ršv. 5, 21). — ಪೆಱ ಹೋ ಗು. To retreat, to flinch (ಅಳ್ಕುಳಿಸು, etc., ಅಪಸರಣ Šs.). — ಪೆಱಳ್. Another woman (Šmd. 111. 245; ಅನ್ಯಳ್ Čt. II, 86; Čpr. 8, after 76; 8, 88).

ಪೆಱಗು pĕr̤agu. = ಪೆಱಗೆ (Šmd. 145). The back side; that is behind, after or backwards, etc.; afterwards (ಪಿನ್ತು Šmd. 199; ಪೆಡ 206; ಪೆಡಮೆಟ್ಟು, ಪೆಱತು, ಪಿನ್ತಿಲ್, ಹಿಂಗಡೆ Šs.; ಪೆಡ, ಪಿನ್ತಿಲ್, ಪಿಂಗಡೆ Kk. 46, Šm. 60; T., M. ಪಿಱಗು; *cf.* ಹೆಱಗು). — ಪೆಱಗಣ. -ಅಣ್-ಅ. Of the back side or part, etc. (Šmd. 52. 53. 249). — ಪೆಱಗಿಕ್ಕು. -ಇಕ್ಕು. To put, or push, back; to leave behind (Abh. P. 3, 47; 7, after 26; 13, after 87; 13, 88; 14, after 25; 14, 99; J. 8, 36; 20, 56). — ಪೆಱಗಿರಿಸು. -ಇರಿಸು. = ಪೆಱಗಿಕ್ಕು. (Abh. P. 11, after 132).

ಪೆಱಗೆ pĕr̤agĕ. = ಪೆಱಗು, q. v. (ಪಿನ್ದೆ Šmd. 114. 246 Cm.; ಪಿನ್ದುಗಡೆಯಲ್ಲಿ 201 Cm.). See Šmd. 64. 235. 293; Čpr. 7, 150.

ಪೆಱೆ pĕr̤ĕ. = ಹೆಱೆ. The crescent (see *e. g.* ಪೆಱೆಯ ಮ್ಬು, & Abh. P. 4, 119; M. ಪಿಱ, T. ಪಿಱೈ); the moon (ತಿಂಗಳ್, ಚನ್ದ Čt. I, 96; ಎರಳೆಗುಱುಪ, ಚನ್ದಿರ, ಮಿಗಲಜ್ಛನ, etc., ಚನ್ದ್ರ Šm. 16; Čpr. 3, 60; Abh. P. 4, 119; T. ಪಿಱಱ್, to shine; ಪಿಱಂಗು, to be full, increase; *cf.* ಪಿಂಜರಿ). See ಅರೆ ಪೆಱೆ, ಎಳೆ-, ಕುಡು-, ಪಣೆ-. — ಪೆಱೆಗೊಡೆಯ. -ಕೊಡೆಯ. Whose umbrella is the moon: Kâma (ಮನ್ಮಥ Kk. 8; Šm. 7). — ಪೆಱೆದಲೆಯ. -ತಲೆಯ. On whose head is the crescent: Šiva (Kk. 4; Šm. 2. 3; ಮಾದೇವ, etc., ಉಮೆಯಾಳ್ವ Čt. II, 5; V. 9, 61). — ಪೆಱೆನೊಸಲ್. (Šmd. 212; Abh. P. 5, 57; Šs.; J. 2, 48; 13, 51; 19, 21). A moon-like forehead. — ಪೆಱೆ ಮೀನ್. A kind of fish (Ršv. 5, 115). — ಪೆಱೆಯಮ್ಬು. -ಅ ಮ್ಬು. An arrow with a crescent-like head (Abh. P. 13, 87). — ಪೆಱೆ ಸೂಡಿದಂ. Šiva (Grj. 3, 88).

ಪೇರ್ pēr. 1. (fr. ಪಿರಿದು Šmd. 212. 213). = ಪೆಗ್, ಪೆಂ (ಪೆಣ್ಲ್), ಪೆನು, ಪೇರ್, ಹೆಗ್, ಹೆಜ್, ಹೆತ್, ಹೆದ್, ಹೆನ್, ಹೆಬ್, ಹೆಮ್, ಹೆರ್, ಹೇರ್. Largeness, tallness, greatness. — ಪೇರ್ಗ ಡಲ್. -ಕಡಲ್. A large sea (Šsv. 3, 19; J. 3, 38). — ಪೇರ್ಗ ಡೆ. -ಕಡೆ. = ಪೆಗ್ಗಡೆ, ಹೆಗ್ಗಡೆ. A man of a high position, a headman, a chief, a minister, a superintendent (ಮುಖ್ಯ Kk. 38; Šm. 47; Abh. P. 16, after 3 & 4). See Mr. s. ದು ರ್ಬಲ. — ಪೇರ್ಗಣಿಗಿಲ್. -ಕಣಿಗಿಲ್. (ಉನ್ಮತ್ತಕ, ದ್ವಿಪೆ Mr. 139). — ಪೇರ್ಗಣೆ. -ಕಣೆ. A large arrow. — ಪೇರ್ಗಣೆದುಡು. -ತುಡು. To place a large arrow on the bow (Râghĕ. 17, 69). — ಪೇರ್ಗದಹು. -ಕದಹು. A large door (Bp. 57, 37). — ಪೇರ್ಗರು ಳ್. -ಕರುಳ್. A large entrail (Ršv. 5, 119). — ಪೇರ್ಗವತೆ. -ಕವತೆ. The hand with its fingers widely extended (J. 6, 21). — ಪೇರ್ಗತ್ತಲೆ. -ಕತ್ತಲೆ. Great darkness (Grj. 4, 73. 80). — ಪೇರ್ಗಾಡು. -ಕಾಡು. A large jungle or forest (Ršv. 5, 58; Šsv. 3, 31. 45). — ಪೇರ್ಗಿಚ್ಚು. -ಕಿಚ್ಚು. A large fire (J. 13, 12). — ಪೇರ್ಗುಡುಗು. Heavy, loud thunder (Ršv. 8, 102). — ಪೇರ್ಗುಱಿ. -ಕುಱಿ. A large sheep (Ršv. 11, 165). — ಪೇರ್ಗೂ ಳಿ. -ಕೂಳಿ. A large fishing-basket (Ršv. 5, after 114). — ಪೇರ್ಗೆಱೆ. -ಕೆಱೆ. A large tank (Abh. P. 7, 88). — ಪೇರ್ಗೊತ್ತ ಳ. -ಕೊತ್ತಳ. A large bastion (V. 10, after 10). — ಪೇರ್ಗೊ

ನೆ. A large bunch (J. 8, 27. 31). — ಪೆರ್ಗೊಂಬು. -ಕೊಂಬು. A large branch (Šév. 3, after 35). — ಪೆರ್ಗೊರಡು. -ಕೊರಡು. A large log, large pieces of wood (J. 11, 31). — ಪೆರ್ಗೋಣಿ. (Šmd. 385). A large sack. — ಪೆರ್ಜೊಡರ್. -ಸೊಡರ್. A lamp with a great flame; a large flame (Č. Bp. 42, 9; Rév. 1, 134). — ಪೆರ್ಜ್ವಾಲೆ. A large flame. ಉರಿಯ ಪೆರ್ಜ್ವಾಲೆ (ಶಿಲುಕ Mr. 47). — ಪೆರ್ತಟ್. A large palisade (Č. Bp. 42, 28). — ಪೆರ್ದಡಿ. A big cudgel (V. 39, 8). — ಪೆರ್ದಾರಿ. A large, chief, or long, road (ಬಟ್ಟೆಸಾಲ್ಪು Čt. I, 35). — ಪೆರ್ದಿವಿ. -ತಿವಿ. A large bag (Rév. 6, 116). — ಪೆರ್ದೆಪ್ಪ. -ತೆಪ್ಪ. A large raft (Rév. 5, after 114). — ಪೆರ್ದೆರೆ. -ತೆರೆ. A large wave (Rév. 6, after 11; 13, 45; J. 6, 3. 4; 7, 31). — ಪೆರ್ದೊಡವು. -ತೊಡವು. A large ornament (Abh. P. 14, 126). — ಪೆರ್ದೊಡೆ. -ತೊಡೆ. The thigh (ಊರು, ಪಿಕಣ್ಡಿ Mr. 331); a stout thigh (V. 11, 60). — ಪೆರ್ದೊರೆ. -ತೊರೆ. = ಪೆರ್-. A large stream or river (Bp. 19, 31; Rév. 5, after 114; J. 3, 2). ಪೆರ್ದೊರೆಯುಂ ಕೆರೆಯುಂ ಕೊಳನುಂ ಮುತ್ತುಂ ಕೆಮ್ಮದಲೊಗೆವ ತಾಣಂ (Čt. II, 67). — ಪೆರ್ದೊಲೆ. -ತೊಲೆ. A large beam (Rév. 6, 116). — ಪೆರ್ನಗೆ. Great, violent laughter (Rév. 6, 4). — ಪೆರ್ನೊರೆ. Much froth (Čpr. 5, 59). — ಪೆರ್ಬಕ್ಕಿ. -ಪಕ್ಕಿ. A large kind of bird (Rév. 5, after 55; 5 59). — ಪೆರ್ಬಟ್ಟೆ. A large or long road; a market road (ನಿಗಮ, ಹೆಬ್ಬಟ್ಟೆ, ಹೆದ್ದಾರಿ Nn. 40). ಅತಿವಿಟ್ಟತಪ್ಪ ಪೆರ್ಬಟ್ಟೆ (ಕಾನ್ತಾರ Mr. 478). See Abh. P. 7, after 126; J. 24, 30. — ಪೆರ್ಬಡಿಕೆ. -ಪಡಿಕೆ. Largeness; greatness, parade, coquetry (V. 28, 71). — ಪೆರ್ಬಡೆ. -ಪಡೆ. A large army (J. 12, 15; 20, 28; 25, 27). — ಪೆರ್ಬಲ. = ಪೆರ್ವಲ. A large force (Bp. 11, 2; Rév. 5, 119). — ಪೆರ್ಬಲೆ. A large net (Rév. 5, 52). — ಪೆರ್ಬಸಿಱ್. A large belly (V. 11, 60). — ಪೆರ್ಬಳ್ಳಿ. A large creeper (Rév. 5, after 55). — ಪೆರ್ಬಾಗಿಲ್. A large gate, the principal gate (ಪರಿಕೂಟ, ಹಸ್ತಿನಖ Mr. 191; J. 3, 40; 5, 28. 31; 9, 17). — ಪೆರ್ಬಾವು. -ಪಾವು. A large snake; the boa (Rév. 5, 68). — ಪೆರ್ಬಿದಿರ್. A thick bamboo (J. 10, 3). — ಪೆರ್ಬಿಲ. (Šmd. 386; Kk. 98). A large hole. — ಪೆರ್ಬುಲಿ. -ಪುಲಿ. A large, or royal, tiger (Čpr. 5, after 64; Bp. 9, 15; 56, 26; Č. Bp. 47, 10; J. 15 sum.; 22, 34; Šév. 3, 48). — ಪೆರ್ಬುಸಿ. -ಪುಸಿ. A great lie (V. 38, 122). — ಪೆರ್ಬೆಟ್ಟ. A large mountain (J. 21, 21). — ಪೆರ್ಬೆಟ್ಟು. = ಪೆರ್ಬೆಟ್ಟ. (J. 4, 29). — ಪೆರ್ಬೊಗೆ. -ಪೊಗೆ. Excessive, dense smoke (Bp. 57, 14). — ಪೆರ್ಬೊಡೆಯ. -ಪೊಡೆ-ಅ 3. The big-bellied one: Gaṇėśa (ವಿನಾಯಕ Šm. 3. 4). — ಪೆರ್ಬೊರೆ. -ಪೊರೆ. A large load (J. 5, 72). — ಪೆರ್ಮಗ. An elder son (Abh. P. 9, 43). — ಪೆರ್ಮಡು. A very deep pool (J. 27, 56; 28, 28). — ಪೆರ್ಮರ. (Šmd. 213). = ಹೆಮ್ಮರ, q. v. A large, tall tree, etc. (Čpr. 3, after 4; Abh. P. 7, 85). ನ್ಯಗ್ರೋಧಬೀಜಂ ಕಿಱಿದುಂ ಪೆರ್ಮರನಾಗದೇ? (Šš. 44). — ಪೆರ್ಮರಗಾಡು. -ಕಾಡು. A forest with large trees (Abh. P. 7, 86). — ಪೆರ್ಮರಗೊಮ್ಬು. -ಕೊಮ್ಬು. A large branch of a tree (Šév. 4, 62). — ಪೆರ್ಮರುಳ್. A huge demon (J. 31, 56). — ಪೆರ್ಮರೆ. A large deer (Rév. 5, 83; Šév. 3, 48). — ಪೆರ್ಮರವೆ. Total unconsciousness: death (J. 20, 60). — ಪೆರ್ಮಲ. Dysentery (ಗ್ರಹಣಿ Mr. 387). — ಪೆರ್ಮಳೆ. Excessive, heavy rain (Abh. P. 9, 66; Grj. 10, 115; Bp. 2, 12; Rév. 8, 109; J. 15, 17). — ಪೆರ್ಮಾತು. A great, noble word (Šmd. 128. 213). — ಪೆರ್ಮಾರಿ. A great Mâri (Abh. P. 4, 108). — ಪೆರ್ಮಿಣಿ. A long leather-rope (V. 34, 47). — ಪೆರ್ಮುಡಿ. Large braids of hair (Bp. 25, 9). — ಪೆರ್ಮೂಗು. A large nose (V. 11, 61; Šév. 3, 62). — ಪೆರ್ಮೊರಡು. A loud tinkling sound (Bp. 17, 15). — ಪೆರ್ಮೊಲ. A large hare (Šév. 3, 50). — ಪೆರ್ಮೊಲೆ. A large, full breast (Šmd. 213; Čt. II, 98; Čpr. 4, 77; 7, 107; Abh. P. 3, 108; Rév. 11, after 86; J. 6, 12). — ಪೆರ್ಮೊಲೆಗೊಡ. -ಕೊಡ. A pitcher-like full breast (Abh. P. 1, 103). — ಪೆರ್ವಡಗು. -ಪಡಗು. A large ship (Č. Bp. 2, 4). — ಪೆರ್ವನ್ದಿ. -ಪನ್ದಿ. A large hog (Grj. 1, 110). — ಪೆರ್ವಲ. (Šmd. 207 Mdb.; 386). = ಪೆರ್ಬಲ. — ಪೆರ್ವಲೆ. -ಬಲೆ. A large net (Šév. 3, 24; 4, 10). — ಪೆರ್ವಡಿಯ. -ಪಡಿಯ. A large forest (Abh. P. 7, after 103; 7, 130; 8, after 67; 10, 130; 13, 48). — ಪೆರ್ವಟಿ. = ಪೆರ್ಮಟಿ. (Šév. 1, 45). — ಪೆರ್ವಾವು. -ಪಾವು. A large snake (Abh. P. 6, 152). — ಪೆರ್ವೆಣ. -ಪೆಣ. A huge corpse (Abh. P. 13, 49; Rév. 5, after 120). — ಪೆರ್ವೆಸರ್. -ಪೆಸರ್. A great name (Rév. 3, 12). — ಪೆರ್ವೆಳಗು. -ಬೆಳಗು. A great shine, lustre or light (ಬೆಳ್ಪಳ Čt. I, 23; Bp. 27, 8). — ಪೆರ್ವೊದಱ್. -ಪೊದಱ್. A large bush (Čpr. 5, 49). — ಪೆರ್ವೊನಲ್. -ಪೊನಲ್. A large stream (Rév. 5, after 120). — ಪೆರ್ವೊಱೆ. -ಪೊಱೆ. A large river (Rév. 6, after 24).

ಪೆರ್ pĕr. 2. = ಪೆರ್, instead of which it is customarily used in ಪೆರ್ಗತ್ತು and ಪೆರ್ಗಳ (Šmd. 50; Tĕ. ಪೆಲುಚ, ಪೆಲ್ಲ, excessively, much; ಪೆಲ್ಲು, much, exceeding; excess; T. ಪಿರಿಮ್ಮು, wide extent, intensity, aggregation; ಪೆಡ, plenty, much; ಪೆಯರ್, ಪೇರ್, ಪೇಱ್, greatness; see s. ಪಿಡುಗು). — ಪೆರ್ಗತ್ತು. -ಕತ್ತು. (Šmd. 50). A large neck. — ಪೆರ್ಗಳ. -ಕಳ. (Šmd. 50). A large threshing floor.

ಪೆರ್ಚಿಸು pĕrčisu. = ಪೆಚ್ಚಿಸು, ಹೆಚ್ಚಿಸು. To cause to increase, to multiply, etc. (ವರ್ಧನ Šmd. Dh.; Čpr. 1, 86; 3, 73; 5, 134; 6, 70. 101; Bp. 50, 45). ಪೆರ್ಚಿಕೆ or ಪೆರ್ಚಿಕ್ಕೆ (Šmd. 270 Mdb.). ನರನಾಥನಾ ತೆಱದಿಂ ಪೆರ್ಚಿಕ್ಕೆ ದೇಶಂಗಳಂ (270 ditto).

ಪೆರ್ಚು pĕrču. 1. = ಎಚ್ಚು 3, ಪೆಚ್ಚು 1, ಹೆಚ್ಚು 1. To become more extensive or greater in bulk, quantity, number, etc., to increase, to thrive, to grow, to be augmented, to swell, to superabound; to become lofty or proud (ವಿಸ್ತಾರ Šmd. Dh.). ಕಾಮಂ ಪೆರ್ಚಿದುದು (109). ಮತಿ ಪೆರ್ಚಿದುದು (187). ಪೆರ್ಚಿದುದು (ಉತ್ಕಟ, ಉದ್ಭಟ, ಉದ್ಧತ, ಉಲ್ಬಣ, ಉತ್ಕೃಷ್ಟ Mr. 446). ಉಡುರಾಜಂ ಕಳೆಗುನ್ದಿ, ಪೆರ್ಚದಿಹನೇ? (Šš. 44). ಪೆರ್ಚಿದ ಅಣ್ಬೆಲ್ (J. 28, 2). ಇನ್ದು ಪೆರ್ಚಿದ ಪೌರ್ಣಮಿ (ರಾಕೆ Mr. 69). See Čpr. 1, 96; 3, 38. 85; 5, 2; Č. Bp. 5, 3; J. 2, 6; 6, 7; 8, 3; Šév. 4, 67. 89; ಎರೆಪೆರ್ಚು, ಮೆಯ್ಪೆರ್ಚು.

ಪೆರ್ಚು pĕrču. 2. = ಎಚ್ಚು 4, ಪೆಚ್ಚು 2, ಹೆಚ್ಚು 2. Increase, growth; largeness; rising, swelling, flood; spreading out, extension; eminence, supremacy, riches; valuableness; superabundance; moreness (more); excess, surpassing the due measure; superfluity; surplus; exaggeration; elation; pride; daring (ಉದ್ಭಟ Šm. 88). ಸುತರ ಪೆರ್ಚು (ಬಳವಿಗೆ Čt. I, 53). ರತ್ನಾಕರಂ ಪೆರ್ಚಿನಿಂ ಮೇರೆವರಿಯೆ (J. 1, 1). See Čpr. 1, 132; 3, 11. — ಪೆರ್ಚುನೀರ್. Water (poured over a young child) for (its) growth (Čpr. 3, 45). — ಪೆರ್ಚುಮ್ಬುರುಳ್. -ಂಬುರುಳ್. (Šmd. 204). Increasing fitness, etc.

ಪೆರ್ಚುಗೆ pĕrčugĕ. 1. = ಪೆಚ್ಚುಗೆ 1, ಹೆಚ್ಚಿಗೆ, ಹೆಚ್ಚುಗೆ. Increase, etc. (= ಪೆರ್ಚು 2, q. v.; ಅಸ್ಥೌಲ್ಯ Šmd. Cm. s.

ಸಡೆ; ವಿತಾನ, ಹೆಚ್ಚುಗೆ Nn. 115; ಉನ್ನತಿ Šmd. 158 Cm.; ಪೊಮ್ಮುಬು Šmd. I; ಉಬ್ಬರ Kk. 55; ಬುಲ್ಲವಣೆ Bhn. 14). ಸಸ್ಯಾದಿ ತರುಲತಾವಳಿಯ ಪೆರ್ಚುಗೆ (Šmd. 256). See Ršv. 9, 4; J. 26, 14, o. r. ಪೆಚ್ಚುಗೆ. — ಪೆರ್ಚುಗೆಯಾಗು. -ಆಗು. Increase to be produced, to increase, etc. (ನೆಬ³ Šmd. 3 Cm.). — ಪೆರ್ಚುಗೆವಡೆ. -ವಡೆ. To get increase, etc. (ಅಗ್ಗಲಿಸು Šmd. 187 Cm.).

ಪೆರ್ಚುಗೆ pĕrčugĕ. 2. = ಪಚ್ಚುಗೆ, etc. — ಪೆರ್ಚುಗೆಕಾರ್ತಿ. = ಪಚ್ಚುಗೆಗಾರ್ತಿ. (ಏಕಾನ್ತವಳ್ Šm. 74).

ಪೆರ್ಪೆ pĕrpĕ. (Šmd. 50).

ಪೆರ್ಮೆ pĕr-mĕ. (Šmd. 248). = ಹೆಮ್ಮೆ. Increase; greatness, excellency, ascendancy, magnificence, grandeur, honour; pride (ಹೆಮ್ಮೆ Čt. II, 76; ಬಿಂಕ Čt. I, 9; T. ಪೆರುಮ್ಮೆ, Tĕ. ಪೇರಿಮಿ). See Čpr. 1, 69; 2, 5; 6, 88; Ršv. 13, 21. 69; Ššv. 2, 28. 67; J. 7, 18; 9, 25; 27, 21. — ಪೆರ್ಮಡಿ. -ಅಡಿ. = ಪೆರ್ಮಡಿಯ, ಹೆಮ್ಮಡಿ. See ಇಡುಗುಡಿಯ-. — ಪೆರ್ಮಡಿಯ. -ಅಡಿ-ಅ 3. N. (Bp. 54, 74). — ಪೆರ್ಮೆಯೊಡೆಯ. -ಒಡೆಯ. (Šmd. 242). A grand ruler, etc. — ಪೆರ್ಮೆವಡೆ. -ಪಡೆ. To obtain grandeur, to distinguish one's self, etc. (Ršv. 13, 33). — ಪೆರ್ಮೆವೆಱ್. -ಪೆಱ್. = ಪೆರ್ಮೆವಡೆ. (Čpr. 7, 29; Ršv. 6, after 11).

ಪೆಸರ್ pĕsar. = ಪೆಸರು, ಹೆಸರು. A name, an appellation; greatness, fame, celebrity (ಗೋತ್ರ Mr. 503; Tĕ. ಪೇರು; T. ಪೆಯರ್, ಪೇರ್; M. ಪಿಯರ್, ಪೆಯರ್, ಪೇರ್; Tu. ಪುದರ್). ತರಳೆ, ಏಟೀಱ್! ಎನುತ ಪೆಸರಲಿ ಕರೆಯಲ್ (Bp. 32, 44). ಅವನಿಯೊಳು ಪೆಸರ ಓಳಿವೆತ್ತ ಅರುಹತರ್ (50, 46). ಇರ್ಪುದು ಚೇಡರೊಳ್ಗಿನಿಂ ನಗರಮದೊನ್ದು, ಸನ್ದ ಪೆಸರಿನ್ದೆ ಪುಳಿನ್ದಪುರಂ (Ršv. 5, 28). ಭಕ್ತಿಯಣುಗಂ ಶಂಕರನೆಮ್ಬ ಪೆಸರ ಪಂಚವರ್ಷದ ಕುಮಾರಂ (13, after 95). ತನ್ನ ತನ್ದೆಯ ಪೆಸರ ಬರಹಮಿರೆ (J. 30, 24). ಪೆಸರ ನಾಯಕರ್ (Abh. P. 11, after 132). See ಪೆರ್ಪೆಸರ್, ಸವಿಪೆಸರ್; Čpr. 1, 77; 2, 11. — ಪೆಸರಂ ಕೊಡು. To give a name. ಶಬ್ದಮಣಿದರ್ಪಣಮೆಮ್ಬ ಪೆಸರಂ ಕೊಟ್ಟು (Šmd. 3 Cm.). — ಪೆಸರಂ ಪೊಱು. To assume, adopt or bear a name. ಶಿವಾನನ್ದೋತ್ತಮುಂ ತಾನೆಮ್ಬ ಪೆಸರಂ ಪೊತ್ತು (Bp. 34, 4). — ಪೆಸರ ಹೊಱು. = ಪೆಸರಂ ಪೊಱು. (Bp. 54, 45). — ಪೆಸರಾಗು. -ಆಗು. A name to come into being or to arise or to come to; a name to be. ಚನ್ದ್ರಹಾಸನೆನ್ದು. ಇಳೆಯೊಳೀ ತಂಗೆ ಪೆಸರಾಗಲಿ! (J. 28, 60). ನಿನಗೆ ವಸನ್ತದೂತಿಕೆಪೆಸರಪ್ಪುದು (Čpr. 7, 41). ಅಱುವೊಗನೆನಲು ಗುಡನ ಪೆಸರಪ್ಪುದು (Šm. 4). 2, fame to come into being, to become or be famous or known. ಪೆಸರಪ್ಪ ಮೊವಗಳೊಳ್ ಉರ್ದು (Šm. 99). See Abh. P. 1, 78. — ಪೆಸರಿಕ್ಕು. -ಇಕ್ಕು. = ಪೆಸರಂ ಕೊಡು. ನಿಮ್ಮಯ ಪೆಸರನಿಕ್ಕುವೆಂ (Bp. 2, 54). — ಪೆಸರಿಡು. -ಇಡು. = ಪೆಸರಿಕ್ಕು. ಅಂಕಿತನಾಮಂ ಪೆಸರಿಡುವ ನಿಶ್ಚದಿನ್ ಎನ್ದಾದೊಡಮಿರ್ಪುದು (Šmd. 94). ಸಮುಸಂಸ್ಕೃತಪೆಸರನಿಟ್ಟು (98). See Abh. P. 1, 78. — ಪೆಸರೀ. -ಈ. = ಪೆಸರಿಡು. ಆನಿದಕೆ ಶೋಧಿಸುವ ಕಟ್ಟಿಗರ ಕೆಯ್ಪಿಡಿಯೆನ್ದು ಪೆಸರನಿತ್ತು (Kk. 3). — ಪೆಸರೆನಿಸು. -ಎನಿಸು. To make one's name to be spoken of, to make famous or known. ವಾರಸತಿಯರ ಪೊತ್ತಪಲಿ ಪೆಸರೆನಿಸಿ ನಿನ್ನುವನ್ ಈ ಕಟಕದೊಳಗೆ (Bp. 28, 22). — ಪೆಸರ್ಕಡಂಗು. To strive after excellence or fame (Čh. v. 15). — ಪೆಸರ್ಗೊಳ್. -ಕೊಳ್. = ಪೆಸರುಗೊಳ್. To get a name or fame (Bp. 29, 16). 2, to take up or mention one's name; to name or mention (J. 11, 35). ಏಕಾಸಮುಖದಿಂ ನೋಡಿ, ಪೆಸರ್ಗೊಣ್ಡು, ಆ ಸುಪುತ್ರನ ಕರೆಯಲೊಡನೆ (Bp. 48, 29). — ಪೆಸರ್ವಡೆ. -ಪಡೆ. To get a name, to be called (Šmd. 118). 2, to get fame, to become famous (Abh. P. 1, 78; Bp. 31, 1; 50, 31; J. 24, 18). — ಪೆಸರ್ವೆಱ್. -ಪೆಱ್. = ಪೆಸರ್ವಡೆ No. 2. (Bp. 28, 13; Râghĕ. 17, 65). — ಪೆಸರ್ಪೆಸರ್. -ಪೆಸರ್. Various names (Čpr. 7, 153).

ಪೆಸರಿಸು pĕsarisu. = ಹೆಸರಿಸು. To name, to mention, to tell (J. 6, 24. 25. 26; 18, 43).

ಪೆಸರು pĕsaru. = ಪೆಸರ್, etc. ಪೆಸರುಗಳು (Bp. 19, 72). ಸ್ವರ್ಗ, etc. ದೇವಲೋಕದ ಪೆಸರು; ಅಮರ, etc. ದೇವರ್ಕಳ ಪೆಸರು; ಪ್ರಣವ, etc. ಓಂಕಾರಕ್ಕೆ ಪೆಸರು; ಪರಿವಸ್ಯೆ, etc. ಬೆಸಕೆಯ್ವುದಕ್ಕೆ ಪೆಸರು (Hlâ.). — ಪೆಸರುಗೊಳ್. -ಕೊಳ್. = ಪೆಸರ್ಗೊಳ್ No. 2. (Bp. 3, 40; 26, 60; 59, 35). — ಪೆಸರು ಬರ್. A name to come into existence or spring up. ಬಸವನ ಆಲವು ಇದು ಎಪ್ಪುದು ಏತಕೆ ಪೆಸರು ಬನ್ದಿತ್ತು? (Bp. 32, 19). — ಪೆಸರುವೆಱು. -ಪೆಱು. To get a name or fame (Bp. 30, 6).

ಪೆಸಱ್ pĕsaṟ. (Šmd. 59). = ಹೆಸಱ್, ಹೆಸಱು. A kind of pulse, green gram, Phaseolus mungo Willd. (T. ಪಯಱು; M. ಪಯಱ್, ಪಯಱು; Tĕ. ಪೆಸಲು; *cf.* ಪಯಿಱ್). ಪೆಸರ್ಗಳ್ (Šmd. 58).

ಪೆಳಗು pĕḷagu. Fear, alarm (T. ಪೆಳ್ಗು = ಅಂಜು, = Tĕ. ಬೆದುರು; *cf.* ಬೆದಗು). See ತಳವೆಳಗು.

ಪೆಳಱ್ pĕḷaṟ. ಪೆಳಱು. 1. To tremble, to fear (ಭಯ Šmd. Dh.; Abh. P. 13, after 54). ಕಣೆಯೇಱಿಂಗೆ ದಿಶಾಗಜಂ ಪೆಳಱ³ (Abh. P. 13, 80). ಪೆಳಱಿತ್ತು (5, 98). ಪೆಳರ್ದು (V. 9, after 71; 14, 62; Ššv. 1, 39).

ಪೆಳಱ್ pĕḷaṟ. ಪೆಳಱು. 2. (Šmd. 40). Fear, alarm (ಅಳಱ್, ಅದಿರ್ಪು, ಭಯ Kk. 42; ಅಳಱ್, ಭಯ Šm. 40).

ಪೆಳಱಿಸು pĕḷaṟisu. To cause to fear, to frighten (Abh. P. 4, 56).

ಪೆಳವು pĕḷavu. (Šmd. 247). A flaw (? Čpr. 1, 36, text doubtful; T. ಪಿಳವು, a cleft, split, slice; M. ಪೆಳಿ, ಪೊಳಿ, a burst, rent, chip; *cf.* ಪೋೞ್ 1 and ಹಿಳಿ).

ಪೆಳ್ಪಳಿಸು pĕḷpaḷisu. (ಪೆಲ್ಪಳಿಸು). = ಬೆಳ್ಪಳಿಸು. To tremble, to fear (Abh. P. 12, 18; 14, 141).

ಪೆೞ್ pĕḻ. See ಪೆ 2.

ಪೆೞಕು pĕḻaku. A wrangle, a quarrel, a fight (ಜಗಳ Šmd. I & II; see ಪೆಣಗು, ಪೆಣಸು 1).

ಪೆೞವ pĕḻava. = ಹೆಳವ. A lame man, a cripple (ಕಾಲಿಲ್ಲದವ Šmd. I; Ššv. 2, 87; M. ಪೇಚ್ಚಕ್ಕಾಲನ್, dragging one leg). ಪೆೞವನ ಕಣ್ಗಳ್, ಅನ್ಧಕನ ಕಾಲ್ಗಳ್ ಇವಿನ್ತೊಡಗೂಡಿ ಗಾವುದುಂ ತಳರ್ದೊಡೆ ಬಲ್ಲಿದಂ ನಡೆದ ಮಾಡ್ಕೆಯಿನಿಪ್ಪದೆ? (Grj. 1, 26).

ಪೆೞವಿ pĕḻavi. = ಹೆಳವಿ. A lame woman (J. 6, 49).

ಪೇ pê. 1. = ಹೇ. Madness, rage, confusion, viciousness; meanness, worthlessness, growing wild, as plants (T., M.; *cf.* ಪೆಱ್; T. ಪಿಣ, ಪೇಯ್, M. ಪೇ, ಪೇಣ, ಪೇಯಿ, a ghost, devil, demon; *cf.* Sk. ಪಿಶಾಚ; Sk. ಫಿ, anger, passion; a wicked man). — ಪೇವಡು. -ಪಡು. To become worthless (Čpr. 10, 64).

ಪೇ pê. 2. = ಪೀ. — ಪೇನಾಱ್. The Poon tree, Sterculia foetida Lin. (St. & Pl.; T. ಪೀನಾಱಿ).

ಪೇಂಕುಣಿ pê-ṅ-kuṇi. = ಪೇಂಕುಳಿ, etc. (ಮರುಳುತನ Šš.).

ಪೇಂಕುಳಿ pê-ṅ-kuḷi. (Šmd. 48. 239). = ಪೇಂಕುಣಿ, ಹೇಕುಳಿ. A demon. 2, madness, fury, etc. (ಮರುಳ್ Kk. 65, o. r. ಮರುಳ್ತನ; ಮರುಳ್ತನ Šm. 49; V. 35, after 55). ಪೇಂಕುಳಿಯ ನಾಯಿ (ಅಲರ್ಕ Hlâ., = T. ಪೇಯ್ನಾಯ್; Tĕ. ಪಿಚ್ಚಿ,

ಪೇಪಿ, ವೇಪಿ). — ಪೇಂಕುಳಿಪಾಲ್. -ಪಾಲ್. Devil's milk (V. 37, 89).

ಪೇಚ pêča. A trouble; a strait, scrape (Mhr.). — ಪೇಚಾಟ. -ಆಟ. Trouble, difficulty, strait (My.). ಈಚಲದ ಮರ ಹೀನ, ನೀಚರದು ನೆರೆ ಹೀನ, ಮೋಚಿದ ಹೆಣ್ಣು ತರಹೀನ, ಮನೆಯೊಳಗೆ ಪೇಚಾಟ ಹೀನ (Sp.). ಪೇಚಾಟದಲ್ಲಿ ಬಿದ್ದರೆ ನೀಚಾಟವೇ ಸರಿ (Prv.). — ಪೇಚಾಡು. -ಆಡು. To be involved in trouble and difficulties (My.).

ಪೇಚಕ pêčaka. *An owl.* 2, *the tip or the root of an elephant's tail* (ಮೊದಲ ಬಾಲ Hlâ.; ಬಾಲ Mr. 156). 3, a louse (*cf.* ಪೇನ್).

ಪೇಚಕಿ pêčaki. An elephant. (R.).

ಪೇಜ pêja. (=K. ಪೇ 1) in ತಿಲ-. 2, a drink, a beverage.

ಪೇಟ pêṭa. 1. = ಪೆಟ್ಟು. *A basket; a chest.* 2, a multitude. 3, a retinue.

ಪೇಟ pêṭa. 2. = ಪೇಟಾಣಿ. A small kind of turban (My.; Mhr., H. ಫೇಟಾ, ಫೇಟ್ಯಾ).

ಪೇಟಕ pêṭaka. = ಪಿಟಕ, ಪೇಟಿಕೆ, etc. *A basket; a box, a chest.* 2, *a multitude, a company.* 3, an attendant (Čpr. 5, after 76).

ಪೇಟಣೆ pêṭaṇĕ. = ಪೇಟೆ 2. (Rŝv. 13, 72).

ಪೇಟಾರಿ pêṭâri. = ಪೆಟಾರಿ. (My.).

ಪೇಟಿ pêṭi. 1. = ಪೆಟ್ಟಿ. *A basket; a chest.*

ಪೇಟಿ pêṭi. 2. (ಪೇಠಿ). = ಪೇಟು. Ornamental work woven in the borders of cloth (My.; B. 3, 103).

ಪೇಟಿಕೆ pêṭikĕ. = ಪೇಟಕ, ಪೆಟ್ಟಿಗೆ (Ŝmd. 338), etc., ಪೇಳಿಗೆ (Ŝmd. 31), etc.

ಪೇಟು pêṭu. = ಪೇಟಿ 2. (My.).

ಪೇಟೆ pêṭĕ. 1. = ಪೇಟ 1, (ಪೇಳಿ). *A basket; a chest, a box.*

ಪೇಟೆ pêṭĕ. 2. A pettah, an emporium, a mart, a market-town; a place of sale, a long street of shops in a town (ಮಾರುವ ಠಾವು Mr. 350; My.; Tŏ., M.; T. ಪೇಟ್ಟೈ; Mhr., H. ಪೇಠ, ಪೇಣ್ಠ). ಪೇಟೆಗೆ ಬಟ್ಟೆ, ಪಟ್ಟಕ್ಕೆ ಸಟ್ಟೆ.— ಪೇಟೆಯಲ್ಲಿರುವ ವಗೆ ಬೇಟೆಯ ಸುದ್ದಿ ಯಾಕೆ? — ಪೇಟೆಗೆ ಹೋದರೆ ಸಾಲಗಾರರ ಕಾಟ, ಮನೆಗೆ ಬನ್ದರೆ ಹೆಣ್ಡತಿಯ ಕಾಟ (Prvs.). ತರಗಿನ ಪೇಟೆ (ವಿಪಣಿ, ಪಣ್ಯವೀಥಿಕೆ Si. 106).

ಪೇಠಿಕೆ pêṭhikĕ. Probably a wrong reading of ಪೀಠಿಕೆ (see ಪೀಟಾಗೆ).

ಪೇಡ pêḍa. = ಪೇಡೆ. A sweetmeat composed of milk and sugar (My.; Mhr., H. ಪೇಢಾ).

ಪೇಡೆ pêḍĕ. = ಪೇಡ. — ಪೇಡೇ ಬರ್ಫ. A snow-cake (B. 3, 101).

ಪೇಣಿ pêṇi. (*cf.* ಫೇನ). Frothy scum; rice-flour, etc. beaten up to a frothy consistence (V. 9, 78; My.; Mhr. ಫೇಣೀ).

ಪೇಣ್ಟೆ pêṇṭĕ. = ಪೇಟೆ 2. (My.).

ಪೇತ pêta. Tbh. of ಪ್ರೇತ. See ನರ-.

ಪೇತು pêtu. Confusion or distraction of mind (T. ಪೇದು): a demon (My.; see ಪೇ 1).

ಪೇದಾ pêdâ. = ಪೇದೆ. — ಪೇದಾಮಾತು. Checkmate with a pawn (My.; Mhr., H. ಪ್ಯಾದೇಮಾತ).

ಪೇದೆ pêdĕ. = ಪ್ಯಾದೆ. A foot-soldier; a peon (My.); a pawn at chess (My.; Tĕ. ಪೇದಾ, ಪ್ಯಾದಾ; Mhr., H. ಪ್ಯಾದಾ, ಪ್ಯಾದೇಂ).

ಪೇನ್ pên. 1. Lice to increase or grow greatly (ಯೂಕಸಮೃದ್ಧಿ Ŝmd. Dh.). P. ps. ಪೇನ್ತು, ಪೇನ್ತು (287 Cm.).

ಪೇನ್ pên. 2. (Ŝmd. 59). = ಹೇನ್, ಹೇನು. A louse. (T., M.; Tĕ. ಪೇನು).

ಪೇನ pêna. Tbh. of ಫೇನ (Ŝmd. 338).

ಪೇನಾಱಿ pênâṟi. See s. ಪೇ 2.

ಪೇಪೀಯಮಾನ pêpîyamâna. Drinking repeatedly. (Čpr. 1, 135).

ಪೇಯ pêya. To be drunk, drinkable, potable; tastable, sapid; a drink, a beverage; a libation. See Čh. v. 73; ವಾಜ-.

ಪೇಯೂಷ pêyûsha. = ಪೀಯೂಷ. *The milk of a cow,* etc. etc.

ಪೇರ್ pêr. = ಪೇ 1 (before *vowels,* Ŝmd. 213. 214), etc., ಪೇರ್. Largeness, etc. (T., M.; Tĕ. ಪೇರು). — ಪೇರಡಗು. -ಅಡಗು. Excessive, much flesh (V. 28, 71). — ಪೇರಡವಿ. -ಅಡವಿ. (Ŝmd. 214). A large forest or jungle (Bp. 18, 9; 26, 38; Ŝêv. 3, after 28; J. 12, 15). — ಪೇರಡಿ. -ಅಡಿ. (Ŝmd. 214). A long foot. 2, the long-paced one: a dog (ಸೊಣಗು, ಜಾಯಿಲ, ಕುಕ್ಕುರ, ಶುನಿ Ŝa.; ಸೊಣಗ Čt. II, 59, originally ಪೇರಡಿ; Rŝv. 5, 52; 5, after 85; V. 14, after 81). — ಪೇರಣಿ. -ಅಣಿ. A large array (Čpr. 6, 85). — ಪೇರಱಿಕೆ. -ಅಱಿಕೆ. Extensive knowledge (Čpr. 5, 86). — ಪೇರರ್ಬಿ. -ಅರ್ಬಿ. A large water-fall (Abh. P. 7, 31). — ಪೇರಾನೆ. -ಆನೆ. (Ŝmd. 214). A large elephant (Čpr. 5, after 39; 7, after 81). — ಪೇರಾಲ. -ಆಲ. A large banyan tree (Rŝv. 9, 24). — ಪೇರಾಮೆ. -ಆಮೆ. A large tortoise (Čpr. 5, after 39). — ಪೇರಾಳ್. -ಆಳ್. A great soldier (Abh. P. 13, 120). — ಪೇರಿಳೆ. -ಇಳೆ. A large kind of orange tree (Rŝv. 2, 86; *cf.* ಪೇರಳೆ). — ಪೇರುಜ್ಜುಗ. -ಉಜ್ಜುಗ. A grand business or profession (ಉದ್ಯೋಗ Čt. I, 16). — ಪೇರುರ. -ಉರ. A large, broad chest (Mr. 283; Abh. P. 3, 157; 11, 1; Bp. 18, 58; Bh. 3, 13, 33; J. 11, 41; Ŝêv. 4, 59). — ಪೇರುರಿ. -ಉರಿ. A great flame or blaze (ದಳ್ಳುರಿ, ಘನಜ್ವಲಿತ Ŝm. 11; Bp. 19, 57; 58, 28; V. 9, after 21). — ಪೇರುಲ್ಲಾಸ. -ಉಲ್ಲಾಸ. Great sport; great delight (Bp. 23, 25). — ಪೇರುಸುರ್. -ಉಸುರ್. Excessive, strong breath (Bp. 54, 40). — ಪೇರೆತ್ತು. -ಎತ್ತು. A large ox (Č. Bp. 47, 40). — ಪೇರೆಲೆ. -ಎಲೆ. A large leaf (Bp. 18, 31). — ಪೇರೆದ್ದು. -ಎದ್ದು. = ಪೇರೆತ್ತು. (V. 33, 69). — ಪೇರೊಕ್ಕಲ್. (Ŝmd. 214). A great farmer. — ಪೇರೊಡಲ್. -ಒಡಲ್. A large belly (J. 16, 35). — ಪೇರೊಸಗೆ. -ಒಸಗೆ. A great festivity (Rŝv. 4, 42). — ಪೇರೋಟ. -ಓಟ. A great run (Bp. 26, 32; 57, 44). — ಪೇರೋಲಗ. -ಓಲಗ. A large assembly, a great audience, etc. (Bp. 1, 51). ಪೇರೋಲಗಂಗೊಡು. -ಓಲಗ-ಂ-ಕೊಡು. To hold a grand levee, etc. (33, 10).

ಪೇರಣಿ pêraṇi. = ಪೇರಣೆ. Dancing, skipping (Tĕ., also ಪೇರವಣಿ; ಪೇರೆ, course, pace, running, gallop; Mhr. ಫೇರ, ಫೇರಾ, turning round in a ring, or galloping up and down, as a horse; forming a ring and dancing and capering; *cf.* ಪೇರಿ); a sword-dance (My.).

ಪೇರಣಿಗ pêraṇiga. A dancer, an actor (ಕುಶೀಲವ, ಚಾರಣ Nr.).

ಪೇರಣೆ pêraṇĕ. = ಪೇರಣಿ. Dancing (Bp. 4, 7; 5, 42).

ಪೇರಲ pêrala. = ಪೇರಳ, ಪೇರ್ಲ. (fr. Dutch *peer* or Portuguese *pêra,* a pear). The guava, Psidium guyava Lin. (B. 3, 20. 114; M. ಪೇರ, ಪೇಱ; Mhr. ಪೇರೂ; *cf.* ಬಿಕ್ಕೆ).

ಪೇರಳ pêraḷa. = ಪೇರಲ. (St. & Pl.; Z.).

ಪೇರಿ pêri. Galloping, running, as men, horses, etc. (My.; see ಪೇರಣಿ). ಕುದುರೆಯ ಪೇರಿ (ವಯ್ಯಾಳಿ G.; Čb.).

ಪೇರು pêru. = ಏರು. Difference or unevenness in scales (My.; Mhr. ಫೇರ). — ಪೇರು ಕಟ್ಟು. To stop, *i. e.* to remove, that unevenness (My.).

ಪೇಱಿಸು pêṟisu. 1. To cause to display or be covered with. See ತಳಿರ್ವೇಱಿಸು.

ಪೇಱಿಸು pêṟisu. 2. = ಹೇಱಿಸು. To cause to load, etc. (J. 4, 67).

ಪೇಱು pêṟu. 1. = ಪೀಱ್ (ಪೀಱು). P. p. ಪೇಱ್. To scatter about (Čpr. 7, 55); to spread about, to unfold, to display (6, 72).

ಪೇಱು pêṟu. 2. = ಹೇಱು 1. To lift up and put upon; to load, to lade, to freight; to pile up (J. 15, 43; M.). P. p. ಪೇಱ್. ನೂಱು ಏಥದ ಪದಾರ್ಥಗಳ ಚಾಸ ಣಿಸಿ, ಎವರದೊಳು ಬೇಡಿ ಬೇಱುಱಿ ಕಪ್ಪಿಗಳೊಳಗೆ ಪೇಱಿ (Bp. 6, 32). ಪೇಱಿ ಮಹಿಮೆಗಳ (36, 28). ಸಾಲಿಗರ್ ಕಲುಗುಣ್ಡಂ ಎಗೆ ಪೇಱುವರ್ (Sš. in B. 5, 87).

ಪೇಱು pêṟu. 3. = ಹೇಱು 2. A load, especially a bullock-load (J. 5, 13).

ಪೇರ್ಲೆ pêrlĕ. = ಪೇರಲ, etc. (My.).

ಪೇಲ್ pêl. 1. = ಹೇಲು 1. To void excrements (especially used of men and carnivorous animals, ಮಲ ವಿಸರ್ಜನ Šmd. Dh.; T. ಪೇಲು; see ಪಿಲ್).

ಪೇಲ್ pêl. 2. = ಹೇಲು 2. Excrement, the dung of man, dogs, cats, etc. (ಮಲ Šmd. Dh.).

ಪೇಲ pêla. Going. 2, a small part. 3, a testicle. 4, = ಪೇಲವ. See ಪಱಿ-.

ಪೇಲವ pêlava. *Delicate, fine, soft, tender, thin, slender, small.* See ಪಱಿ-.

ಪೇಲೆ pêlĕ. A cup, a bowl (My.; B. 4, 125. 225; Mhr., H. ಪೇಲಾ).

ಪೇಶಲ pêšala. *Beautiful, charming.* 2, *skilful, dexterous, clever; deceitful, crafty.*

ಪೇಶವೆ pêšavĕ. = ಪೇಷ್ವ. The Peshwâ, the head minister of the Mahratha empire (B. 4, 216; Mhr., H. ಪೇಶವಾ).

ಪೇಶಿ pêši. A piece of flesh or meat; etc. 2, an egg (ಕೋಶ, ಅಣ್ಡ, ತತ್ತಿ Mr. 167).

ಪೇಶೀಕೋಶ pêšî-kôša. *An egg.*

ಪೇಷಣ pêshaṇa. Pounding, grinding, crushing, triturating, pulverizing by means of a mill. See ಅರೆ. 2, (ಪೇಷಣಿ G.), a hand-mill. — ಪೇಷಣಂಗೆಯ್. -ಂ-ಗೆಯ್. To grind, to mill. ಪೇಷಣಂಗೆಯ್ವ ಶಿಲೆ (ಕನ್ನು Šm. 98).

ಪೇಷಣಾಗ್ರಶಿಲೆ pêshaṇa-agra-šilĕ. The top-stone in grinding. See ಕನ್ನು.

ಪೇಷ್ಕಷು pêshkashu. Tribute paid by a zemindar, etc. (My.; Br., H.).

ಪೇಷ್ಕಾರ pêshkâra. A revenue officer secondary to an Amaladâra (My.; Br., H.).

ಪೇಷ್ವ pêshva. = ಪೇಶವೆ. (My.).

ಪೇಸಿಕೆ pêsikĕ. = ಹೇಸಿಕೆ. Aversion, disgust; nastiness (Bh. 1, 4, 42).

ಪೇಸು pêsu. 1. = ಹೇಸು 1. To feel aversion (Abh. P. 4, 81; 8, 52).

ಪೇಸು pêsu. 2. = ಹೇಸು 2. Aversion, disgust. — ಪೇಸೇಱ್. -ಏಱ್. Disgust to arise (Abh. P. 11, after 132; 13, 96; 15, after 56).

ಪೇಳಿ pêḷi. = ಪೇೞ್ (Šmd. 39).

ಪೇಳಿಗೆ pêḷigĕ. = ಪೆಡಗೆ, etc. Tbh. of ಪೇಟಿಕೆ (Šmd. 31; ಪೆಟ್ಟಿಗೆ Čt. II, 13; V. 8, 4. 16). — ಪೇಳಿಗೆದೀವು. -ತೀವು. To be filled into a box (V. 8, 3).

ಪೇಳಿಸು pêḷisu. (Šmd. 40).

ಪೇಳೆ pêḷĕ. Tbh. of ಪೇಟಿ 1. (Čpr. 6, 35).

ಪೇೞ್ pêḻ. = ಪೇೞು, ಹೇೞು. To utter, to say, to speak; to mention; to adduce; to narrate, to relate; to tell; to command, to order (ನಿರೂಪಿಸು Šmd. I; ಎನ್ Šmd. 20. 24 Cm.; T., M. ಪೇಱು; Tĕ. ಪೇಲು, ಪ್ರೇಲು, M. ಪೇಱು, to chatter, as birds; T. ಏವು, M. ಏಗು, to order, command). P. p. ಪೇೞ್ದು. ಶಬ್ದಶಾಸ್ತ್ರ ಮಂ... ಬಗೆವುಗೆ ಪೇೞ್ದಂ (Šmd. 3). ಕವಿಮಾರ್ಗಗತಸಮಾಸಮನ್ ಅವನ್ ಎನ್ನಱಿವನಿತನ್ ಅಯ್ದೆ ಪೇೞ್ದಂ (231). ಇದಱೊಳ್ ಸಾಕ ಲ್ಯಸಂಜ್ಞೆ ಪೇೞವು (are not adduced, *passive sense*) ಎನಲ್ ಬೇಡ (61). ಲಿಂಗಮೆಮ್ಬುದು ವಸ್ತುವಿನ ಕುಱುಪಂ ಪೇೞ್ವುದು (154). ತೃತೀಯೆ ಸಲೆ ಕರ್ತೃಕರಣಹೇತುಸ್ಥಿತಿಯೊಳ್ ಪೇೞಲ್ ಪಡೆಗುಂ (157). ನೆನೆದು, ಪೇೞ್ದಂ (280). ಏವೇೞ್ವೆನ್ ಅವನ ಚಾಗದ ಪೆಮ್ಪಂ? (211). ಈ ಪೇೞ್ದ ವಿಭಕ್ತಿಗಳ್ (164). ಪೇೞಲ್ಕೆ ಕೇಳ್ದಂ (278). ಚಿತ್ರಂಸಲ್ಕೆ ಪೇೞ್ ಸುವರ್ಣೋತ್ಕರಮಂ! (278). ನೃಪಂ ಪೇೞ್ (164). ಉಡ ಪೇೞ್, ಉಡಲ್ವೇೞ್; ತರವೇೞ್, ತರಲ್ವೇೞ್ (278); ತರವೇೞ್ ಸನ್ನಿಥ ವಾಜಿಸಾಧನಮಂ! (278 Mdb.). ತರವೇೞ್ದಂ (82). ಬ್ರಹ್ಮಚಾರಿ ಮೊ ದಲಾದ ನಾಲ್ಕು ಆಶ್ರಮಂ ವೇದದಲ್ಲಿ ಪೇೞ್ ಪಟ್ಟುವು (Hlâ.). ಪೇೞ್ವ ನು (ಸೂಚಕ, ಹೇೞುವನ್ಥಾವನು Nn. 122). ಪೇೞ್ವುದು (ಆಜ್ಞೆ, ಶಾಸಿತ, ಪ್ರಯೋಗ, ಶಾಸನ Mr. 440). ಅಜ್ಜಗೆಯೆನೆ ಇರವನ್ನಿಗೆಯೊಳ್ ಪೇೞ್ಗು (either: they use to say, or: it is said, or explained by, Šm. 27); ಪೇೞ್ಗು ಪಿಡಿಯೆನಲ್ ಪೆೞ್ಗಾನೆ (41). ಲಿಂಗ, ಪೇೞ್! ಎನ ಲ್ ಬಲ್ಲರ್, ಇದನ್ ಅಂ ಪೇೞ್ದನು (Kk. 3). ಇವನದೇಂ ಭೀತಿಯಂ ಪೇೞ್ವಂ? (Ršv. 13, 8). ಎಲೆ, ಮುನಿಪ, ನೀ ನನ್ನಿಯನೆ ಪೇೞ್! (Bp. 1, 55). ಆ ಅಯ್ಯನ ಅಮಲಚರಿತ್ರವಂ ಪೇೞಲ್ಕೆ (60, 13). See Čpr. 1, 48. 62. 63; 3, 90; 5, 44.

ಪೇೞಿ pêḻi. = ಪೇಳಿ, q. v.

ಪೇೞಿಕೆ pêḻikĕ. = ಹೇೞಿಕೆ. Saying, telling; talk, rumour. 2, a saying, an enigma, a puzzle, a sort of čitra (Kâvy. III, 2, B, 81; *cf.* ಪ್ರಹೇಲಿಕೆ).

ಪೇೞಿಗೆ pêḻigĕ. = ಪೇೞಿಕೆ. Saying, etc. 2, notoriety, fame. ನೀನುಳ್ಳೊಡುಳ್ಳ ರಾಜ್ಯಂ; ನೀನುಳ್ಳೊಡೆ ಪಟ್ಟ ಮುಣ್ಟು, ಪೇೞಿಗೆಯುಣ್ಟು (Šmd. 155. 292; it is possible that here the term is ಪೇಳಿಗೆ, *i. e.* boxes with money, etc.).

ಪೇೞಿಸು pêḻisu. = ಹೇೞಿಸು. To cause to tell, etc. (J. 1, 8; 9, 12; 10, 27).

ಪೇೞು pêḻu. = ಪೇೞ್, etc. P. p. ಪೇೞ್. See Bp. 2, 43; 5, 57; 10, 7; 28 sum.; 45 sum.; J. 29, 24. ಪೋಗಿ ಪೇೞುವಂ (ದೂತ Mr. 245). ಓಡೆನ್ದು ಪೇೞುವನು (ಉಪಾಧ್ಯಾಯ 251).

ಪೇೞುವಿಕೆ pêḻuvikĕ. Saying, telling. ವ್ಯಕ್ತವಾಗಿ ಪೇೞುವಿಕೆ (ನಿಗಾದ, etc. Si. 391).

ಪೈ pay. 1. For Kannaḍa words with this initial syllable in MSS. or books see ಪಯ್, *e. g.* ಪೈರು = ಪಯ್ರು.

ಪೈ pay. 2. Upper; external; extra; upon (Tĕ. ಪಯಿ, ಪಯಿನಿ, ಪೈ). — ಪೈಗಸ್ತಿ. ಪೈಗಸ್ತು. An extra overseer or superintendent (My.); a patrole (My.; Br., H.).

ಪೈ pay. A copper coin, the 12th part of an Aṇa, a Pie (My.; B. 4, 51. 180). ನಾಲ್ಕು ಪೈ (ಪಣ G.).

ಪೈಕ payka. 1. = ಪಯ್ಕ.

ಪೈಕ payka. 2. Money (Mhr. ಪೈಕಾ; R.; Tĕ. ಪೈಕ, a small copper coin, a farthing, a half penny; cash, money).

ಪೈಕಿ payki. Of or out of; from amongst (My.; Br., Mhr.).

ಪೈಗಮ್ಬರ paygambara. A prophet; a messenger from heaven (Mhr., H. ಪೇಗಮ್ಬರ; My.).

ಪೈಗು paygu. = ಪೈಗೋ. Pegu (My.).

ಪೈಗೋ paygô. = ಪೈಗು. (My., T.; Si. 272).

ಪೈಂಗಲ paiṅgala. (fr. ಪಿಂಗಲ). The fifty-first year of the cycle of sixty (My.).

ಪೈಜಣ paijaṇa. Small tinkling bells for the feet (ಕಿರುಗೆಜ್ಜೆ, ಸಣ್ಣ ಗೆಜ್ಜೆ G.; B. 4, 125).

ಪೈಜಾರು paijâru. A shoe (My.; Br.; Mhr., H.).

ಪೈಟಿ paiṭi. A summerset (My.; H.). See ಪಲ್ಟೈಸು.

ಪೈಠಣ paiṭhaṇa. N. of a town (B. 3, 103).

ಪೈಠಣಿ paiṭhaṇi. Manufactured at Paiṭhaṇa (Mhr.; Br., My.). ಪೈಠಣಿಸೀರೆ, a kind of silk garment (My.).

ಪೈಠರ paiṭhara. (fr. ಪಿಠರ). *Boiled in a pot.*

ಪೈತೃಕ paitṛika. (fr. ಪಿತೃ). = ಪೈತಿಗೆ. Paternal; ancestral. 2, a śrâddha in honour of deceased ancestors (J. 10, 26. 27).

ಪೈತೃಕಕರ್ಮ paitṛika-karma. = ಪೈತೃಕ No. 2. (Si. 244).

ಪೈತೃಕಧನ paitṛika-dhana. Property acquired by a father, ancestral property, patrimony. (My.).

ಪೈತೃಷ್ವಸೇಯ paitṛishvasêya. (fr. ಪಿತೃಷ್ವಸೃ). *A paternal aunt's son.*

ಪೈತೃಷ್ವಸ್ರೀಯ paitṛishvasrîya. *A paternal aunt's son.*

ಪೈತ್ಯ paitya. Tbh. of ಪಿತ್ತ (or of Sk. ಪೈತ್ತ, bilious). Bilious humour (ಮಾಯು, ಪಿತ್ತ Si. 203); choler; foolishness, madness (My.). ಪೈತ್ಯವಾದವನಿಗೆ ಸ್ವೈತ್ಯವಾಗದೋ? — ದೈತ್ಯನಾದವಗೆ ಪೈತ್ಯವೆಮ್ಬುವದೇನು? (Prvs.).

ಪೈತ್ಯಗಾತಿ paitya-gâti. A foolish, mad woman (My.).

ಪೈತ್ಯಗಾಣ paitya-gâṇa. A foolish, mad man (My.).

ಪೈತ್ರ paitra. *Paternal; ancestral.* 2, the part of the hand between the thumb and fore-finger (ಹೆಬ್ಬೆರಳು ಮತ್ತು ತೋರುಬೆರಳು ಇವುಗಳ ನಡುವಿನ ಅನ್ತರ G.); the root of the fore-finger.

ಪೈಮಾಯಿಷಿ paimâyishi. Surveying and measuring of lands (My., Br.; Mhr., H. ಪೈಮಾಷೀ).

ಪೈಲವಾನ pailavâna. An athlete, a professional wrestler (My.; B. 5, 165; Mhr. H. ಪಹಿಲವಾನ, ಪಹಿಲವಾನ, ಪೈಲವಾನ; Br. ಪೈಲುವಾನ).

ಪೈವಸ್ತಿ paivasti. Endorsement of a letter specifying the date of its receipt (My., also ಪೈವಸ್ತಾ; Mhr., H.).

ಪೈಶಾಚ paiśâča. (fr. ಪಿಶಾಚ). Relating or belonging to a piśâča; infernal, demoniacal. 2, a piśâča (J. 2, 60). 3, the lowest form of marriage.

ಪೈಶಾಚಿಕ paiśâčika. = ಪೈಶಾಚ No. 1. 2, a sort of Tadbhava, gibberish (Čh. p. 22).

ಪೈಶುನ್ಯ paiśunya. (fr. ಪಿಶುನ). Information, tale-bearing, backbiting, calumny, reporting evil of others. See ಮಾಡಿ.

ಪೈಸ paisa. A copper coin, the 3rd part of an Aṇa, or 4 Pays, or 1 Duḍḍu (My.; M. ಪೈಸ್ಸೆ; Mhr. ಪೈಸಾ); money (My.; Mhr.). See ಕಾಲ್-.

ಪೈಸಲಾತಿ paisalâti. Final settlement (My.; H.).

ಪೈಸಲು paisalu. Decision of a case or dispute; settlement of a debt (My.; Mhr., H. ಪೈಸಲ). — ಪೈಸಲುಗೊಳ್ಳು. -ಕೊಳ್ಳು. To get a decision in one's favour. ಪೈಸಲುಗೊಣ್ಡ ಮನುಷ್ಯನಿಗೆ ಮೆಯ್ಸಾಲ ನಮ್ಬರು (Prv.). — ಪೈಸಲುನಾಮೆ. A written adjudgment of any case (My.).

ಪೊಕ್ಕು pokku. = ಹೊಕ್ಕು. P. p. of ಪುಗು 1 and ಪೊಗು 1.

ಪೊಕ್ಕುಳ pŏkkuḷa. (fr. ಪೊರೆ 1). = ಪೊಕ್ಕುಳಿ 1. The state of having one's self fed (by others; cf. ಪರಪುಷ್ಟ). — ಪೊಕ್ಕುಳವಕ್ಕಿ. -ಪಕ್ಕಿ. = ಪೊಕ್ಕುಳಿ-. The cuckoo (ಕೋಗಿಲೆ Śmd. II, o. r. ಪೊಕ್ಕುಳಿ-; Śm. 28).

ಪೊಕ್ಕುಳಿ pŏkkuḷi. 1. = ಪೊಕ್ಕುಳ, etc. — ಪೊಕ್ಕುಳಿಯ ಪಕ್ಕಿ. (ಕೋಗಿಲೆ Kk. 79). — ಪೊಕ್ಕುಳಿವಕ್ಕಿ. = ಪೊಕ್ಕುಳವಕ್ಕಿ, q. v.

ಪೊಕ್ಕುಳಿ pŏkkuḷi. 2. = ಪೊರ್ಕುಳಿ, q. v.

ಪೊಕ್ಕುಳ್ pŏkkuḷ. = ಪರ್ಕುಳ್, ಪೊರ್ಕುಳ್, ಹೊಕ್ಕುಳ, ಹೊಕ್ಕುಳು, ಹೊಕ್ಕುಳು. The navel (ನಾಭಿ Śmd. I; Nr.; see Mr. s. ಅವಲಗ್ನ; T. ಪೊಗಿಲ್, ಪೊಕ್ಕುಳ್; M. ಪೊಕ್ಕಿಳ್, ಪೊಕ್ಕುಳ್, ಪೋಡು; Tĕ. ಪೊಕ್ಕಿಲಿ, ಬೊಡ್ಡು; T. also: a bubble, water-bladder; see ಪುಗುಳ್, ಪುಗ್ಗು). ಪೊಕ್ಕುಳ್ಗೆ, ಪೊಕ್ಕುಳ್ಗಳ್ (Śmd. 52). ಹರಿಯ ಪೊಕ್ಕುಳ ತಾವರೆ (162). ಬೆಡಙ್ಬುವ ಪೊಕ್ಕುಳಿನ್, ಉಗುರಿಸಿದುವು ತುಱುಮ್ಬು (288). See ಅಲರ್ಪೊಕ್ಕುಳ, ತಾವರೆ-.

ಪೊಗದಿ pŏgadi. = ಪಗದಿ. Tribute, tax (My.; Tĕ. ಪುಡುಕು, giving; to give; T. ಪೊಡುದಲ್, giving; ಪಡಿಂಗು, to give, cf. ಬಡ್, gift). ಪೊಗದೀ ತೆಱುವಿಕೆ (ದಾನ Si. 263).

ಪೊಗರ್ pŏgar. = ಹೊಗರು. Shine, brightness, lustre, colour (ಕಳೆ, ಕದಿರ್, ಮಿನುಗು, ಪೊಳಪು, etc., ಕಾನ್ತಿ Kk. 25; Śm. 15; Tĕ. ಪೊಗರು, ಪೊಗುರು; T., M. ಪುಗರ್; cf. ಪೊಂ, ಪೊಳ್ಟು, ಪೊಡರ್ಪು, ಪೊಳೆ 1). ಪೊಗರಪ್ಪ ರಜತಾದ್ರಿ (ಪಿಂಜರಿದಿಟ್ಟು Śm. 10). See Abh. P. 1, 113; Rśv. 13, 72; V. 4, 36; J. 12, 19; 22, 21; ನುಣ್ಬೊಗರ್, ಪಸುರುಪೊಗರ್. — ಪೊಗರಾನ್. -ಆನ್. To obtain brightness or lustre (Śśv. 4, 42). — ಪೊಗರಿಂಡಿಸು. -ಇಂಡಿಸು. To lose one's lustre (Abh. P. 9, 21). — ಪೊಗರೇಱು. -ಏಱು. Brightness to increase (J. 24, 66). — ಪೊಗರೊಗು. -ಒಗು. Lustre to come forth or proceed from (Bh. 3, 18, 22; J. 16, 4; 17, 7). — ಪೊಗರ್ಗಣೆ. -ಕಣೆ. A bright arrow (J. 22, 11). — ಪೊಗರ್ದೋಱು. -ತೋಱು. Bright colour to appear (J. 5, 60). — ಪೊಗರ್ವಟ್ಟೆ. -ಬಟ್ಟೆ. (Śmd. 54, o. r. -ಟ್ಟೆ). A bright garment. — ಪೊಗರ್ಪೊಗೆ. -ಮೊಗೆ. Lustre to become abundant (J. 18, 34).

ಪೊಗಸು pŏgasu. Expansion (Ŏpr. 6, 58; 8, after 4; see ಪೊಂಗು 1 and ಪೊಡ್ಟ 1).

ಪೊಗಳ್ pŏgaḷ. 1. = ಪೊಗಳು, ಹೊಗಳು. To praise (ಸಂಸ್ತವನ Śmd. Dh.; ಕೊಣ್ಡಾಡು 366 Cm.; T., M. ಪುಗಳ್; Tĕ. ಪೊಗಡು, ಪೊಗುಡು; Tu. ಪುಗರ್). P. p. ಪೊಗಳ್ದು (49). ಗೊರವನಲ್ಲದೆ ಪೊಗಳೆಂ (57). ಕುಲಮುಂ ಛಲಮುಂ ವಿದ್ಯಾಬಲಮುಂ ಶೌರ್ಯಾರ್ಣವಲೀಪಮುಂ ಪೊಗಳ್ ನೆಲಂ (128. 130). ಮಚ್ಚಿ ಪೊಗಳ್ದಂ (280). ವನ್ದಿ ಪೊಗಳ್ ಬಾಗಿ ಕೊಟ್ಟಂ (296). ಪೊಗಳ್ದಂ, ಪೊಗಳ್ದ್ದಂ, ಪೊಗಳ್ದುಂ (55). ನನ್ದನವನಲಕ್ಷ್ಮಿ (ವಸನ್ತಮೂತಿಯಂ) ಕೀರರವದಿಂ ಪೊಗಳ್ದು (Ŏpr. 7, 41). ಬೇಡಂ... ಮುತ್ತಂ ತೆಗೆದು, ಸತಿಗೀಯೆ ಪೊರೆಯ ಬೇಡರು ಪೊಗಳ್ದರು (Rāghč. 17, 69). ಪೊಗಳಿಲ್ ಪಟ್ಟುದು (ಸ್ತುತ Nr.). See Čpr. 1, 41; 2, 71; 6, after 69; 7, 42; Śśv. 1, after 79; J. 3, 40.

ಪೊಗಳ್ pŏgaḷ. 2. (Śmd. 59). Praise; renown (T., M. ಪುಗಳ್; Tĕ. ಪೊಗಡು). — ಪೊಗಳ. -ಅ 3. A renowned man (ಸತ್ವಾಧಿಕ, ಉತ್ತಮ, ಶಕ್ತ, ಕ್ಷಮ Mr. 246).

ಪೊಗಳಿಸು pŏgaḷisu. = ಹೊಗಳಿಸು. To cause to praise (Čpr. 2, 57; 4, 78; Abh. P. 13, 84; Bp. 36, 42). ಪೊಗಳಿಸಿಕ್ಕುಂ (Šmd. 268).

ಪೊಗಳು pŏgaḷu. = ಪೊಗಳ್ 1, etc. P. p. ಪೊಗಳ್. ಪೊಗಳೊತಲೆ (Bp. 49, 21). ಪೊಗಳ್ದರ್ (Ŏ. Bp. 5, 52).

ಪೊಗಳ್ಕೆ pŏgaḷkĕ. = ಹೊಗಳಿಕೆ. Praising, praise (Ŏ. Bp. 47, 5; J. 4, 6; 23, 48; 34, 53; Tu. ಪುಗರಿಗೆ).

ಪೊಗಳ್ತೆ pŏgaḷ-tĕ. (Šmd. 247). = ಹೊಗಳತೆ. Praising, praise (ಕೀರ್ತನ Šmd. I; Grj. 10, after 61; Tĕ. ಪೊಡ್ತ). — ಪೊಗಳ್ತೆವಡೆ. -ಪಡೆ. To be praised (Rśv. 4, after 112).

ಪೊಗಿಸು pŏgisu. = ಪುಗಿಸು, etc. To cause to enter (Bp. 55, 14; Bh. 1, 8, 35; Rśv. 5, after 23; 5, 24; J. 8, 31; 17, 57; see ಮಜ್ಜನವ್ಪೊಗಿಸು).

ಪೊಗು pŏgu. 1. = ಪುಗು 1, etc. To enter, etc. (J. 15, 49; 28, 59; Šsv. 4, 74; see ಕಿವಿವೊಗು). P. p. ಪೊಕ್ಕು. ಪೊಗಲ್ ಅರಿದಾದುದು (ಕಲಿಲ, ಗಹನ Nr.). ಧುರವ ಪೊಗುವುದು (ಅಭಿಹಾರ Mr. 490). — ಪೊಗವೇೞ್. -ಪೇೞ್. To tell to enter (Grj. 6, 26).

ಪೊಗು pŏgu. 2. = ಒಗು 1, etc. (J. 3, 25; T. ಪೊಹ).

ಪೊಗೆ pŏgĕ. 1. = ಹೊಗೆ 1. To smoke; to be smoked (Šsv. 4, 37; T. ಪುಗೈ, M., Tu. ಪುಗೆ, Tĕ. ಪೊಗೆ).

ಪೊಗೆ pŏgĕ. 2. = ಪೊಗೆದು, ಹೊಗೆ 2. Short P. p. of ಪೊಗೆ 1, in ಪೊಗೆ ಪೊಗೆದು (J. 26, 13).

ಪೊಗೆ pŏgĕ. 3. = ಹೊಗೆ 3. Smoke; steam, vapour (ಧೂಮ Mr. 47; T. ಪುಗೈ; Tĕ. ಪೊಗೆ, ಪೊಗೆ). See Čpr. 5, after 64; 5, 132; 8, after 4; Ŏ. Bp. 5, 2; Rśv. 1, 43; 9, 18. 23; J. 15, 24; ಕಾರ್ಪೊಗೆ. — ಪೊಗೆಗೊಳ್. -ಕೊಳ್. To be smoked (Abh. P. 11, 83). — ಪೊಗೆ ಪೋಗು. To become full of smoke (Abh. P. 16, 57). — ಪೊಗೆ ಮೊಗವಾಗು. Smoke to begin to appear (Abh. P. 16, 93). — ಪೊಗೆವಬಯಿಗೆಯ. -ಪಬಯಿಗೆ-ಅ 3. He whose standard is smoke: Agni, fire (ಶಿರ್ಖಿ Kk. 21; ಅನಲ Šm. 11).

ಪೊಂ poṅ. ಪೊಱ್. = ಪೊನ್, etc. Gold (ಕಲ Ŏt. I, 47; Tĕ.). ಬುಧರಿಗೆ ಸಕಲರಿಗೆ ಪೊಂಗಳನು... ದಾನವ ಮಾಡಿದನು (Prll. 3, 12). — ಪೊಂಗಟ್ಟ. -ಕಟ್ಟ. A golden high structure (Čpr. 10, 66). — ಪೊಂಗಡ. -ಕಡ. A golden or gilt half of a folding door (Ŏ. Bp. 5, 48). — ಪೊಂಗಱ್. A feather of gold (of an arrow, Abh. P. 13, 43). — ಪೊಂಗಲಸ. -ಕಲಸ. A golden vessel (Abh. P. 5, 125; Bp. 58, 68; Rśv. 11, 81; J. 3, 11; 34, 1-4). — ಪೊಂಗವಚ. -ಕವಚ. A golden coat of mail (Čpr. 10, 64). — ಪೊಂಗವಡಿಕೆ. -ಕವಡಿಕೆ. A golden (crescent-formed) ornament of the forehead (swinging about, Čpr. 3, 47). — ಪೊಂಗಳಸ್ತಿಗೆ. A golden water-jar (Čpr. 8, 62). — ಪೊಂಗಾಳೆ. -ಕಾಳೆ. A golden horn (Ŏ. Bp. 5, 7). — ಪೊಂಗಿಣ್ಡಿ. A golden giṇḍi (Rśv. 14, 158). — ಪೊಂಗಿಡುಗಟೆ. Gold castanets (Bp. 5, 41). — ಪೊಂಗುಡುಪು. -ಕುಡುಪು. A golden drum-stick (Rśv. 6, after 30). — ಪೊಂಗುಪ್ಪಸ. -ಕುಪ್ಪಸ. A golden bodice. ಪೊಂಗುಪ್ಪಸನ್ದುಡು. -ಂತುಡು, to put on a golden bodice (Rśv. 13, 70). — ಪೊಂಗುಳಿಗೆ. A gold ball (Bp. 4, 17). — ಪೊಂಗೆಜ್ಜೆ. A small gold bell ornament (My.). — ಪೊಂಗೇದಗೆ. -ಕೇದಗೆ. A gold-coloured Pandanus (Rśv. 10, after 31). — ಪೊಂಗೊಡ. -ಕೊಡ. A golden water-vessel (Grj. 3, after 91; V. 5, 7; J. 3, 7; 6, 30; 11, 17). — ಪೊಂಗೊಳ್. -ಕೊಳ್. To take gold (Šâstrasâra in W. v. 1270). — ಪೊಂಗೊಳಲ್. -ಕೊಳಲ್. A golden fife (Bhâgavata 10, 18, 18). — ಪೊಂಗೋಲ್. -ಕೋಲ್. A golden staff (Grj. 10, 60).

ಪೊಂಗ poṅgu2-a3. A man of ebullition, or of elated courage. See ಚಿನ್ನ-.

ಪೊಂಗರ poṅgara. = ಹೊಂಗರ. (St. & Pl.).

ಪೊಂಗಲು poṅgalu. = ಪುಱ್ಗ q. v., etc., ಪೊಂಗಿಲ್. (My.; T. ಪೊಂಗಲ್; Tĕ. ಪೊಂಗಲಿ, ಪೊಂಗಳಿ; T. ಪೊಂಗಲ್ also: a boiling, a bubbling up; T. ಪುಗರ್ವು, ಪುನ್ನ, ಪೊಮ್ಮಲ್, boiled rice; *cf.* ಬೋನ; see s. ಪುಗ್ಗು). — ಪೊಂಗಲುಹಬ್ಬ. A festival in honor of the sun on its entering the sign of capricorn when poṅgalu is eaten (My.; T.; Tĕ. ಪೊಂಗಲಿ-).

ಪೊಂಗಿಲ್ poṅgil. = ಪೊಂಗಲು, etc. (Šâstrasâra in W. v. 1270).

ಪೊಂಗಿಸು poṅgisu. To cause to expand, etc. (Bp. 1, 49; Šâstrasâra in W. v. 1270). ಪೊಂಗಿಸಿದಂ (Šmd. 274).

ಪೊಂಗು poṅgu. 1. To boil over (ಅಳವಂದು ಬೇವುದು Ŏt. I, 73; see ಪುಗ್ಗು). **2,** to burst open, to expand, to open, to blossom, to swell, to be elated, to exult, to be overjoyed (to become manifest, ಸ್ಫುಟನ Šmd. Dh.; Tĕ.; *cf.* ಪೊಗಸು, ಪೊಮ್ 2). ಪೊಂಗಿ ಪೊಸವಡುಹಂ (ನವು, ವರ್ಧನ Mr. 461). See Čpr. 5, 98; 8, 103; Bp. 4, 66; 9, 10; 21, 9; 23, 35; 24, 35; 29, 24; 35, 2; 43, 56; 48, 24; 50, 41; 58, 59; Šsv. 4, 12. 74; ಬೆಮ್ಪೊಂಗು.

ಪೊಂಗು poṅgu. 2. Boiling over; expanding, etc. (Čpr. 9, 71; Tĕ.; see ಪೊಂಗ).

ಪೊಚ್ಚ pŏčča. 1. (Manifestation, see ಪೊಂಗು 1): clearness, brightness, whiteness. ಪೊಚ್ಚಪೊನ್ನಾವರಿ (J. 3, 8; 8, 4). ಪೊಚ್ಚಕಿಱಗೆ (Bp. 14, 15). — ಪೊಚ್ಚ ಪೊಸ. Bright and new or fresh (Abh. P. 3, 35; 7, 29; 8, 47; 17, 7; 30, 2). See ಪೊಸ-.

ಪೊಚ್ಚ pŏčča. 2. A stream, a river (ಪೊಱ್ Šmd. II; ಪೊಱ್³, ತೊಱ್ Šm. 36; see s. ಪುಗ್ಗು). ತಾನೆಚ್ಚಂ ಪೊಚ್ಚಮಲ್ಲದ ಅರಿವಾಹಿನಿಯಂ (Šmd. 263). See Rśv. 6, 23; ಬಾಮ್ಪೊಚ್ಚ.

ಪೊಚ್ಚಱಸು pŏččaṟisu. (To break forth), to start into view, to become evident or manifest, to appear; to shine (ಕಣ್ಣಾಲೆ, ಪೊಡಕರಿಸು Šmd. II; Kk. 75).

ಪೊಚ್ಚಱು pŏččaṟu. (= ಪೊಚ್ಚಱಸು). To appear, etc. (ಸ್ಫುರಣ Šmd. Dh.; *cf.* ಪೊಸರ್). ಪೊಚ್ಚಱುಗುಂ ತೃತೀಯೆ ಬನ್ದು ಅನ್ತಱಮೆಮ್ಬು ಪದಕ್ಕಂ (Šmd. 398; Om.: ಪೊರ್ದುಗೆಯಪ್ಪುದು).

ಪೊಚ್ಚಳಿ pŏččaḷi. Either = ಪೊಚ್ಚ 2, a river, or = ಪೊಳೆ 4, shine, effulgence (ಪೊಳೆ Kk. 75, which also may be ಪೊಱ್³).

ಪೊಜ್ಜಲಿಸು pŏjjalisu. = ಪಜ್ಜಳಿಸು. Tbh. of ಪ್ರಜ್ವಲಿಸು. (Bp. 26, 10).

ಪೊಂ pŏṅ. ಪೊಱ್. = ಪೊನ್, etc. Gold. — ಪೊಂಜಗಲಿ. A golden bench or seat (Rśv. 10, after 31; Šsv. 2, after 42). — ಪೊಂಜಳಮ್ಪು. A golden veil (V. 10, 4). — ಪೊಂಜಾಳಿಗೆ. A sack filled with gold coins (V. 8, 4). — ಪೊಂಜುರಿಗೆ. -ಸುರಿಗೆ. (Šmd. 83). A golden knife or dagger (Rśv. 6, after 11). ಕಟ್ಟಿದ ಪೊಂಜುರಿಗೆಯೊಳಂ ಜನಮ್ ಏಂ ಮುನಂಗೊಳಿಸಿದುದೋ? (Šmd. 83). — ಪೊಂಜೂಡಗ. -ಸೂಡಗ. A gold bracelet (Čpr. 10, 7).

ಪೊಂಚು pŏñču. = ಹೊಂಚು 1. To be in wait; to lurk (J. 26, 24; Tĕ.).

ಪೊಂಜು pŏñju. = ಪಂಜು. ಪೊಂಜು ಸುಟ್ಟರೂ ಮಂಜು ಹೋಗಲಿಲ್ಲ (Prv.).

ಪೊಟ್ಟಗೆ pŏṭṭagĕ. = ಪಟ್ಟಿಗೆ 1, etc. See ಗರಪೊಟ್ಟಗೆ.

ಪೊಟ್ಟಣ pŏṭṭaṇa. = ಪೊಟ್ಟಳ, ಪೊಟ್ಲ, ಪೊಟ್ಲ 1. (Tbh. of ಪುಟ; cf. ಪೊಡ 1). A small cup or packet made of leaves, paper, etc. (My.; Bp. 8, 60; 17, 8; Rśv. 13, 88; T. ಪೊಟ್ಟಣ, ಪೊಟ್ಟಲ; Tĕ. ಪೊಟ್ಟ, ಪೊಟ್ಲ; cf. Tbh. ಪುಡಿ); a bag. ನೀರ ಪೊಟ್ಟಣ (ಕಾರ ಮುಗಿಲ್ Čt. I, 87). ಪೊಟ್ಟಣ ಕಟ್ಟಿ ಕೊಣ್ಡರೆ ತಟ್ಟನೆ ಹೋಗನೇ? (Prv.). — ಪೊಟ್ಟಣಗಟ್ಟು. -ಕಟ್ಟು. To tie or prepare a pŏṭṭaṇa (Bp. 18, 60). — ಪೊಟ್ಟಣವಾರಿ. Water in a cup of leaves. ಸರೋರುಹದ ಪತ್ರದಲಿ ಪೊಟ್ಟಣವಾರಿಯನು ಕಟ್ಟು! (Bh. 8, 23, 12).

ಪೊಟ್ಟರೆ pŏṭṭarĕ. = ಪಟ್ರ್ಯ, ಪೊಟ್ಟೆ 1, ಪೊಟ್ರ್ಯ, ಪೋಟಿ, (ಪೋದಲ್), ಹೊಟ್ಟ 2, ಹೊಟ್ರ, ಹೋಟಿ, ಹೋಟ್ರ. A hole in a tree, the hollow of a tree (My.; T. ಪೊತ್ತಲ್, ಪೊಯ್, ಪೊಳ್ಳಲ್, ಪೋಲಾ; see ಪೊಳ್ಳು).

ಪೊಟ್ಟವಣಿ pŏṭṭavaṇi. A term used in saṅgīta (Bp. 19, 8).

ಪೊಟ್ಟಳ pŏṭṭaḷa. = ಪೊಟ್ಟಣ, etc. (My.).

ಪೊಟ್ಟು pŏṭṭu. = ಹೊಟ್ಟು. Chaff, husk, a pod emptied of its contents (ಕದಂಗರ, ಬುಸ Nr.; Čpr. 6, 39; M. ಪುಟ್ಟಲ್; Tĕ.; T., M. ಪೊಟ್ಟು, an empty, or blighted, ear of corn; useless; M. ಪುಟ್ಟಲ್ also: a basket; ears of corn just before shooting forth, see ಪೊಡೆ 3; M. ಪೊಟ್ಟ, what is broken, maimed, see ಪುಡಿ).

ಪೊಟ್ಟೆ pŏṭṭĕ. 1. = ಪೊಟ್ಟರೆ, etc. ಮರದ ಪೊಟ್ಟೆ (ಪೋದಲ್ Śmd. I, o. r. -ಪೋಟೆ).

ಪೊಟ್ಟೆ pŏṭṭĕ. 2. = (ಪುಟ್ಟ 2, No. 2), ಪೊಡೆ 3, ಹೊಟ್ಟೆ. The belly, the paunch, the stomach; the womb; the cavity or body, as of a ship (ಪೊಡೆ, ಬಸಿಱ್ Śm. 70; Tĕ.; Mhr. ಪೋಟ). See Čpr. 8, 61; ಕಿಬ್ಬೊಟ್ಟೆ, ಕಿಬ್ಬೊಟ್ಟೆ.

ಪೊಟ್ನ pŏṭna. = ಪೊಟ್ಟಣ, etc. (My.).

ಪೊಟ್ರೆ pŏṭrĕ. = ಪೊಟ್ಟರೆ, etc. (My.).

ಪೊಟ್ಲ potla. 1. = ಪೊಟ್ಟಣ, etc. (My.).

ಪೊಟ್ಲ pŏtla. 2. Tbh. of ಪಟೋಲ. (My.; T. ಪುಡಲ್, ಪುಡೋಲ್).

ಪೊಡ pŏḍa. 1. = ಪುಟ, etc. Tbh. of ಪುಟ. A cup or hollow formed by folding, especially that formed by joining the palms of the hands in token of respect. — ಪೊಡ ಮಡಸು. = ಪೊಡ ಮಡಿಸು. (Bp. 48, 30; 53, 62). — ಪೊಡಮಡಿಕೆ. = ಪೊಡವಡಿಕೆ. (ತುಱಿಲ್ Kk. 76). — ಪೊಡ ಮಡಿಸು. To cause to salute respectfully (Bp. 4, 48). 2, to have one's self saluted (4, 68). — ಪೊಡ ಮಡು. = ಪೊಡವಡು. To join the palms of the hands into a cup (and thus to lift them up towards the forehead in token of respect), to make obeisance, to salute respectfully (ನಮಸ್ಕಾರ Śmd. Dh., o. r. ಪೊಡವಡು; Grj. 4, after 55; 5, after 42; Bp. 4, 1. 11; 46, 52; 47, 46; Rśv. 14, after 5; V. 9, 59; J. 5, 30). ಪೊಡ ಮಡು, ಪೊಡ ಮಡು. rep. (Bp. 6, 27). — ಪೊಡವಡಿಕೆ. -ಮಡಿಕೆ. A respectful salutation (ತುಱಿಲ್ Śmd. I & II; ತುಱಿಲ್, ಎಱಗು, ಮೊಗ್ಗು, ಮಣಿ, ಕುಮ್ಬು, ನಮಸ್ಕಾರ Śm. 34). — ಪೊಡವಡು. = ಪೊಡ ಮಡು. (ಮುಟ್ಟು Śmd. I; Čpr. 4, after 13 & 14; 4, 74; 5, after 91 & 121; Abh. P. 10, after 181). ದೇವರ್ಗೆ ಪೊಡವಟ್ಟಂ (Śmd. 159, o. r. ಪೊಡ ಮಟ್ಟಂ). ವಿದ್ಯಾದೇವತೆಗೆ ಪೊಡವಟ್ಟು (Abh. P. 14, after 105). — ಪೊಡವಡುಹ. -ಮಡುಹ. Saluting respectfully. ಪೊಂಗಿ ಪೊಡವಡುಹಂ (ನಮ, ವನ್ದನ Mr. 461).

ಪೊಡ pŏḍa. 2. (Tbh. of ಸ್ಫುಟ). (Manifestation), appearance; form, figure, shape (Tĕ. ಪೊಡ; cf. ಪೊಡಿಳು; also the Tĕ. s. ಪುಗ್ಗು?). — ಪೊಡಕರಿಸು. = ಹೊಡಕರಿಸು. To make one's appearance, to come in sight, to appear, to become manifest (ಕಣ್ಣಲಿ, ಪೊಳ್ಚಱಿಸು Śmd. II; Kk. 75; Č. Bp. 10, 21; Tĕ. ಪೊಡಗಟ್ಟು). ಪೊಸಗಾರ ಸಿಡಿಲ ಮುಸಕಮನ್ ಅಸಕಱಿದು, ಕೃತಾನ್ತಜಹ್ವೆ ಪೊಡಕರಿಸುವ ಪೊಲ್, ಬಿಸಸು ಬಿಸನೆನ್ದು, ಕರಮ್ ಅರ್ಬಿಸೆ ಸನ್ನಿಧಮಾಯ್ತು ವಿದ್ಯೆ ರಾವಣನಿದಿರೊಳ್ (Abh. P. 14, 105).

ಪೊಡಪು pŏḍapu. = (ಪೊಡರ್ಪು), ಪೊಳಪು 1, etc. Shine, etc. See ಮಾಪೊಡಪು.

ಪೊಡಯಿಸು pŏḍayisu. = ಪೊಡಸು, ಪೊಡೆಯಿಸು, ಹೊಡಸು, ಹೊಡಿಸು. To cause to beat, etc. (Grj. 6, after 54; Rśv. 5, 128).

ಪೊಡರ್ pŏḍar. To tremble, to throb, to quiver (Rśv. 5, 118; 10, 7; V. 4, 18; Râm. 1, 8, 3); to start into view, to manifest itself, to appear (Čpr. 6, 32; Abh. P. 11, 105); to flash, to shine, to glitter (ಸ್ಫುರಣ Śmd. Dh.). ದಾಯ್ದೆಣಂ ಪೊಡರೆ ಬಳ್ಳುವ ಸಮ್ಮನ ತೂಲವಾಲದೊಳ್ (Śmd. 204).

ಪೊಡರ್ಕೆ pŏḍarkĕ. Quivering, shaking, contracting (Čpr. 6, 23).

ಪೊಡರ್ಪು pŏḍarpu. Glitter, shine, lustre, brightness; glory; power (Abh. P. 8, 60; 9, 70; 11, 141. 177; 14, 143; Grj. 6, 11; Rśv. 5, 28; 6, after 11; cf. ಪೊಗರ್). — ಪೊಡರ್ಪುಗಿಡು. -ಕಿಡು. Brightness, etc. to be impaired or gone (Abh. P. 2, 60; 13, 62; 14, 49. 136; 14, after 188). — ಪೊಡರ್ಪುಗುನ್ದಿಸು. -ಕುನ್ದಿಸು. To cause lustre, etc. to decrease (Abh. P. 13, 143). — ಪೊಡರ್ಪುಗೆಯ್. To use one's power, to exert one's self (Čpr. 9, 76). — ಪೊಡರ್ಪುದೋಱ್. -ತೋಱ್. To show forth or evince power (Abh. P. 13, 82. 113). — ಪೊಡರ್ಪುವೆಱ್. -ಪೆಱ್. To become glorious or grand (Śśv. 1, 34; 3, 52).

ಪೊಡವಿ pŏḍavi. A kind of swing or palankeen (ಆನ್ದೋಲಭೇದ Śm. 108; T. ಪೊಡ್ಯೆ, to move = ಅಲ್ಲೆ; cf. ಪೊಳಪು 2).

ಪೊಡವಿ pŏḍavi. Tbh. of ಪೃಥ್ವಿ. (ತಿರೆ, ಧಾತ್ರಿ Čt. II, 71; ಧರೆ Kk. 16; ಎಳೆ, ಬೂವಿ, ಬುವಿ, ಧರೆ, ನೆಲ, ತಿರೆ, ರತ್ನವಸಿಱಳ್, ಮೇದಿನಿ Śm. 87; ವಸುಧೆ 108; Mr. 589; Bp. 2, 14; 50, 82; Prll. 8, 6; Rśv. 5, 83; 13, after 95; J. 12, 7; 28, 27; Tĕ. ಪುಡಮಿ; T. ಪುಡವಿ). ಕಡಲ್ ಉಡಿಗೆಯಾದ ಪೊಡವಿ (Śmd. 12). ಪೊಡವಿ ಕಡಿಯದೆ ಬೆಳೆಯ ನೆಡುವದೇನೋ? (Dp. 148). ಪೊಡವಿಯಲ್ಲಿದ್ದವಗೆ ಅಡವೀ ಗೊಡವೆ ಯಾಕೆ? -ಪೊಡವಿಯಾಗಲಿ ಅಡವಿಯಾಗಲಿ ಬಡವಗೇನು? (Prvs.). — ಪೊಡವಿಜ. -ಜ. Earth-born: the planet Mars (ಕೇಸೊಡಲ, ಮಂಗಲ Śm. 17). — ಪೊಡವಿದೇವತೆ. The goddess Earth (Dp. 119). — ಪೊಡವಿಪ. -ಪ. = ಪೊಡವಿಪತಿ. (Bp. 28, 48; 58, 12). — ಪೊಡವಿಪತಿ. A king (Bp. 19, 30; J. 18, 36; 28, 17). ಪಡುವ ಮೂಡ ತೆಂಕ ಬಡಗ ಪೊಡವಿಪತಿಗಳ್ (Śmd. 145). — ಪೊಡವಿಯೊಡೆತನ. -ಒಡೆತನ. The possession of, or rule over, a country (Bh. 1, 8, 23). — ಪೊಡವಿಯೊಡೆಯ. -ಒಡೆಯ. A king (Bp. 24, 80; 46, 22. 42). — ಪೊಡವೀಶ. -ಈಶ. A king. ಬಡವನ್ ಒಳ್ಳೆಯ ಮಾತ ನುಡಿದರಲ್ಲೆಮ್ಬುವರು, ಪೊಡವೀಶ ಜೊಲ್ಲೊಡನೆ ತಾ ಕೂಗಿದರೆ ಕಡು ಮೆಚ್ಚುತಿಹರು (Sp.). — ಪೊಡವೆಣ್. -ಪೆಣ್. The woman Earth (Śśv. 3, after 28).

ಪೊಡಸು pŏḍasu. = ಪೊಡಯಿಸು, etc. (Č. Bp. 47, 22).

ಪೊಡೆ pŏḍĕ. 1. = (ಪುಯ್, etc.), ಹೊಡಿ, ಹೊಡೆ. To strike, to beat, to smite; to cast, to throw, as a stone; to shoot, as an arrow; to fire, as a gun; to drive, as cattle, etc.; to drive, as a cart, a plough, etc.; to drive away, as birds; to fall plentifully or pour, as rain; to fall, as a thunderbolt; to smite, as a demon, fever, etc. (ಪ್ರಹರಣ Šmd. Dh.; ತಾಡನ Šm. 90; T. ಪುಡೈ; My. as ಹೊಡೆ); to beat off, to drive back, to keep off, to ward off, to prevent, to hinder, etc. (ನಿವಾರಿಸು Šm. 90; ಹರಿಯಿಡ, ಎಡೆಗೆಡಿಸು, etc., ಪ್ರತಿಹತ Šs.); to cut off, as the head (Bp. 51, 72); to fell, as a tree; to pitch, as a tent; to force into (one's body), to devour (My. as ಹೊಡೆ). ಪೊಡೆವ ಭೇರಿ (Šmd. 201). See Rŝv. 6, after 10, 11 & 30; 8, 102. 113; 13, after 64 & 95; J. 4, 23; 5, 9; 13, 1; 23, 61.

ಪೊಡೆ pŏḍĕ. 2. Beating, etc. — ಪೊಡೆಗಲ್. -ಕಲ್. A stone for throwing (in battle, J. 22, 26). — ಪೊಡೆಚಣ್ಡು. = ಪೊಡೆಸೆಣ್ಡು 1 (Grj. 10, 74); = ಪೊಡೆಸೆಣ್ಡು 2 (J. 28, 19). — ಪೊಡೆಸೆಣ್ಡು. Game of throwing and catching handballs (ಅಮ್ಮಾಲೆ Šs.). 2, game of making a ball bounce repeatedly from the ground by hitting it with the palm of the hand (My.).

ಪೊಡೆ pŏḍĕ. 3. = ಪೊಟ್ಟೆ 2, etc. The belly, etc. (ಕುಕ್ಷಿ Šmd. Dh.; ಉದರ Čt. I, 102, Bhn. 58; ಜಠರ Čt. II, 46; ಬಸಿಱ್ Kk. 32; ಪೊಟ್ಟೆ, ಬಸಿಱ್ Šm. 70; ಬಸಿಱ್ 90; Rŝv. 5, after 120; Šŝv. 4, 79; J. 2, 9; 11, 9). 2, pregnancy (of beasts, ಗಬ್ಬ Šm. 101). 3, a pregnant ear of corn: an ear of corn just before shooting forth (My. as ಹೊಡೆ; see M. ಪುಟ್ಟಿಲ್ s. ಪೊಟ್ಟು); a plump ear of corn (ಕೊರ್ಬುಗತೆನೆ Šm. 90). See ಅಲರ್ಪೊಡೆಯ, ಕಿಱುಪ್ಪೊಡೆ, ಪೆರ್ಬೊಡೆಯ, ಪೊಮ್ಬೊಡೆಯ. — ಪೊಡೆ ಮರಳ್. The belly to be turned (upwards, J. 21, 13). — ಪೊಡೆಯಲರ. -ಅಲರ್-ಅ 3. Vishṇu (ಪಸುರ್ವಣ್ಣ Čt. II, 31). 2, a class of metrical feet (Čh.).

ಪೊಡೆ pŏḍĕ. 4. Extension, height, length, stature (see Tĕ. ಪೊಡಗು, etc. s. ಪುಗ್ಗು). — ಪೊಡೆಗೆಡೆ. -ಕೆಡೆ. To fall to one's full length (or headlong, Grj. 5, after 42; J. 4, 46; 20, 52; 21, 47; 22, 33).

ಪೊಡೆ pŏḍĕ. 5. (cf. Tbh. ಪೊಡ 1). A pouch formed by folding or doubling a part of one's cloth in front (ಸೋಗಿಲ್, ಉಡಿಲ್, ಮಡಿಲ್ Šm. 71; see ತೆರೆಪೊಡೆ). 2, the part of an arrow that is taken hold of by an archer in shooting. See ಕೆಯ್ಪೊಡೆ.

ಪೊಡೆಯಿಸು pŏḍĕyisu. = ಪೊಡಯಿಸು, etc. (Rŝv. 6, after 10).

ಪೊಣ pŏṇa. = ಪಿಣ, etc. See ಕಾಡ್ಪೊಣ.

ಪೊಣರ್ pŏṇar. 1. = ಪೊಣರು, (ಪೊಱ್ 1). To be joined or united, to join, to couple (Čpr. 8, after 44; T., M. ಪುಣರು; in M. = ಪೂಣು, see ಪೂಣ್ 2; M. ಪುನೆ, to copulate; to undertake; see ಪೊಱ್ 1). 2, to close or grapple with (an enemy), to fight (Rŝv. 13, after 86; Sŝv. 2, 42; 4, 72. 117. 125; J. 4, 34; 7, 54; 12, 33. 36). P. p. ಪೊಣರ್ದು. ಆರ್ ಮೆಯ್ದೋರ್ವರ್? ಆರ್ ನಿಲ್ವರ್? ಆರ್ ಪೊಣರ್ವರ್? (Šmd. 183). See ಮುಪ್ಪೊಣರ್.

ಪೊಣರ್ pŏṇar. 2. (= ಪೊಱ್ 2). Union, coupling; a couple (ಅಮಳ್, ಜುಗಮ, ಜವಳ, ಎರಡು Kk. 60; ಅಮಳ್ Čt. II, 23; Abh. P. 15, 78; T. ಪುಣರ್; M. ಪುಣರ್, ಪುನೆ, ಪೂಣ್; T. ಪುಣೈ, ಪುನೈ, fetters). 2, a fight, a combat (ಕೊಳುಗುಳ, ಬಣ್ಣಣ, ಜುದ್ಧ, ಮೊನೆ, ಕಾಳಗ Šm. 39; Kk. 41). See ಕಣ್ಪೊಣರ್. — ಪೊಣರ್ವಕ್ಕಿ. -ಪಕ್ಕಿ. The ruddy goose (ಜಕ್ಕವಕ್ಕಿ, ಎಣೆವಕ್ಕಿ, etc., ಚಕ್ರವಾಕ Šm. 28; Kk. 14).

ಪೊಣರು pŏṇaru. = ಪೊಣರ್ 1. ಪೊಣರುವ (J. 22, 29).

ಪೊಣರ್ಕೆ pŏṇarkĕ. Fighting; a fight (Abh. P. 13, 138; 16, after 4; Rŝv. 5, 128; Sŝv. 4, 86). ಕೌರವಾರಿ ಗದೆಗೊಳೆ ಪೊಣರ್ಕೆಗೆ ಆವಂ ನಿಲ್ವಂ? (Šmd. 200).

ಪೊಣರ್ಚು pŏṇarču. To join, to be joined, united or mixed; to join (with accusative, ಸಂಯುಗ, ಬೆರೆ Šmd. Dh.; Abh. P. 11, 9; 14, after 158).

ಪೊಣೆ pŏṇĕ. = ಹೊಣೆ. Bond, bail; a bondsman, a surety, a bail (J. 23, 64; Tĕ. ಪೂಟಿ; see T., M. s. ಪೆಣೆ; cf. ಬಲ್ 2). See ಕಾಲ್ಪೊಣೆ, ತೋಱುವ್ಪೊಣೆ.

ಪೊಣ್ಮಿಸು pŏṇmisu. To cause to rise or swell, etc. (Čpr. 5, 4; Grj. 4, 98).

ಪೊಣ್ಮು pŏṇmu. = ಉಣ್ಮು, (ಪುಣ್ಮು), ಹೊಮ್ಮು. To rise; to swell; to spring up; to break out, to come forth; to be produced (ಉದ್ಗಮನ Šmd. Dh.; see Kk. s. ಎಚ್ಚು 1; see s. ಪುಗ್ಗು; cf. ಪೊದಱ್ 1). ಪೊಣ್ಮುವ ಘರ್ಮಜಲಂಗಳ್ (Šmd. 201). ಪೊಣ್ಮಿತ್ತು ಬೃಂಹಿತಂ (Abh. P. 10, 157). ಮೆಯ್ಯ ಪುಲಕದಿಂ ಪೊಣ್ಮೆ (J. 11, 19). See Čpr. 1, 51. 86; 2, 7; 3, 56; 8, 94; Abh. P. 14, 106; 16, 37; Grj. 3, 111; 4, 86; Rŝv. 5, 36; 9, 22; 10, 6; 13, 84; Bp. 27, 4. 71; 42, 15; 51, 59; Č. Bp. 44, 29; J. 6, 40; ಪೊಱ-.

ಪೊತ್ತ pŏtta. A treasure-bag (Mhr., H. ಪೋತೇಂ; Tĕ. ಪೊತ = ಪೊಟ್ಲ, see s. ಪೊದೆ 2). ಕೆಯ್ಪೊತ್ತಂ (a small bag, a purse) ಬಿದ್ದಯ್ದುದವರನ್ತ (Šāstrasāra in W. v. 1321).

ಪೊತ್ತಗೆ pŏttagĕ. Tbh. of ಪುಸ್ತಕ (Šmd. 355). See ಮೂನಸವೊತ್ತಗೆ; V. 38, after 98.

ಪೊತ್ತಱ್ pŏttar̤. = ಪೊತ್ತಱು, etc. Day-time (Abh. P. 8, 60; 10, 94).

ಪೊತ್ತಱೆ pŏttar̤ĕ. = ಪೊತ್ತಱು, ಪೊದ್ದಱು, etc. Day-break; at day-break; etc. (ನಸಿ Čt. I, 19; ಪಗಲ್ Čt. II, 34).

ಪೊತ್ತಿ pŏtti. (= ಪೊತ್ತಿಯ?). (Tbh. of ಪೋತ?). Cloth (Bp. 31, 3; 55, 25; Tĕ. integument, coat, skin, bark; T. a garment of fibres; T. ಪುನಿಱು = ತೋಲ್; cf. ಪೊದೆ 1?). See ವಾರಾಣಸಿಯ ದಸರಿಯ-.

ಪೊತ್ತಿಗೆ pŏttigĕ. Flaming, flame (J. 13, 12).

ಪೊತ್ತಿಗೆ pŏttigĕ. Tbh. of ಪುಸ್ತಕ. (Bp. 2, 48).

ಪೊತ್ತಿಯ pŏttiya. (= ಪೊತ್ತಿ 1?). (Tbh. of ಪತ್ರೋರ್ಣ?). Wove silk (ಪತ್ರೋರ್ಣ, ಧೌತಕೌಶೇಯ Hlā.).

ಪೊತ್ತಿಸು pŏttisu. = ಹೊತ್ತಿಸು. To cause to burn with flame, to kindle, to light. ಸೊಡರಂ ಪೊತ್ತಿಸಿ

(Abh. P. 3, 149). ಬನಮೆಮ್ಮ ಮದನನ್ನ ಪನರಮನೆಯೊಳ್ ಪೊತ್ತಿಸಿದ ದೀಪಮಾಲೆಯ ಮಾಣಿಕ್ಯನುರೂಪವಾಗಿ ಪಣೆಯಿಂ ಕೊನೆವರೆಗಂ ಪೂತುವು, ಅರರೆ, ಚಮ್ಪಕನಿಕರಂ (Čpr. 7, 53). See Grj. 4, after 70; Bp. 3, 6; 16, 22; 27, 7; 50, 53. 59.

ಪೊತ್ತು pŏttu. 1. = ಹತ್ತು 3, ಹೊತ್ತು 1. To begin to burn with flame, to be kindled, to catch fire, to flame (Grj. 4, 116; J. 11, 31; 26, 13); (and in the *transitive* sense, ಅಗ್ನಿಪಟೂಕರಣ Šmd. Dh.; ಇಂಗಳವ ಪಟು ಮಾಡು Šm.).

ಪೊತ್ತು pŏttu. 2. = ಪೊಟ್ಟು, etc. Flaming. 2, the sun. 3, time (Čpr. 4, 28; 6, 86; Bp. 41, 23; J. 28, 24). — ಪೊತ್ತುಗಳೆ. -ಕಳೆ. To spend time (Čpr. 2, after 57; J. 26, 55; 32, 30). — ಪೊತ್ತುಂಗೊಳಿಚು. -ಂ-ಕೊಳಿಚು. (Šmd. 203). A flaming piece of wood. — ಪೊತ್ತುವೆಳಗು. -ಬೆಳಗು. Time and light (J. 2, 16).

ಪೊತ್ತು pŏttu. 3. = ಹತ್ತು 5, ಹೊತ್ತು 3. To be burnt, as rice, etc., at the bottom of the cooking vessel, to be boiled or baked too much, to be overdone (ಅತಿಪಕ್ವಾನ್ನ Šmd. Dh.; ಅತಿಪಕ್ವ Šm. 97; V. 9, 74; *cf.* ಪುರಿ 1).

ಪೊತ್ತು pŏttu. 4. = ಹೊತ್ತು 4. P. p. of ಪೊರ್, ಪೊಱು.

ಪೊದಕುಳಿ pŏdakuḷi. = ಹೊದಕುಳಿ. Affliction, pain, grief, distress. (Tĕ. ಪೊಕ್ಕು, to be blistered, scalded; to grieve much; ಪೊಗಲು, to burn; to grieve; T. ಪೊದಿರ್, fear, trembling through fear). — ಪೊದಕುಳಿಗೊಳ್. -ಕೊಳ್. To begin to grieve, etc. (J. 19, 12).

ಪೊದಕೆ pŏdakĕ. = ಹೊದಕೆ, ಹೊದಿಕೆ, (ಹೊದ್ದಿಕೆ). A cover, a covering, a wrapper (thrown over one's self especially also at night, My. as ಹೊದಕೆ). 2, a thatch, a roof (J. 17, 23). ಮನೆಗೆ ಏಱಿಸಿದ ಪೊದಕೆ (ವಲಭಿ, ಛದಿ Mr. 200).

ಪೊದದು pŏdadu. P. p. of ಪೊದೆ 1.

ಪೊದಯಿಸು pŏdayisu. = ಪೊದೆಯಿಸು, etc. (Čpr. 7, after 92; 8, after 4).

ಪೊದಱ್ pŏdaṟ. = (ಪೊದೆ 2 No. 3), ಪೊದಱು, ಹೊದಱು. That covers: a bush, a thicket, a thick tuft of trees (ಕುತ್ತುಱ್ Ŏt. II, 90; Kk. 22; Šm. 24; ಗಿಡಗಳ ಗುಮ್ಪು G.; My.; T. ಪುದರ್, ಪುದಲ್, ಪೂಡು, ಪೊಚ್ಚೆ, ಪೊಟ್ಟೈ; *cf.* ಪುದುವು). ಮರ ಗಿಡು ಬಳ್ಳಿ ಪುಲ್ ಪೊದಱ್ (Šmd. 89. 118. 129). ಕಮ್ಮಂಗಣೆಯಿನ್ದೆಚ್ಚಪನ್, ಇಮ್ಮಾವಿನ ಪೊದಱೊಳ್ ಇರ್ದು (210). ಪೊದರ್ಗಳ್ (J. 28, 47). See Čpr. 7, 91; Ššv. 4, 23; J. 2, 57; ಪೆರ್ಪೊದಱ್. — ಪೊದರ್ವರೆ. -ವರೆ. Bushes, etc. to abound (J. 26, 33).

ಪೊದಱು pŏdaṟu. = ಪೊದಱ್, etc. — ಪೊದಱುವೆಳಗು. -ಬೆಳಗು. Clustered light (J. 10, 36).

ಪೊದಲ್ pŏdaḻ. 1. (To rise): to come forth (ಪೊಱಪೊಣ್ಮು Ŏt. II, 75. 90; *cf.* ಪುಟ್ಟು 1); to spring up; to become conspicuous, famous or well-known, to come in sight (ಪ್ರಸಿದ್ಧವಡೆ Šmd. 7. 56 Cm.; ಪ್ರಸಿದ್ಧಮಾಗು 31 Cm.); to have currency, to be used or employed (ಪೊರ್ದುಗೆಯಾಗು 147 Cm.). ಕಲಾಗುಣಂ ಪೊದಲ್ದಿಳವಡೆ ಬಾಲಭಾವದೊಳ್ ಭಾವಕಿಯರ್ ಬಳೆವರ್ ನಿರನ್ತರಂ (230). ಭುವನಮನ್ ಆವಗಂ ಪರಿದು ತೀವಿದ (ಹನ್ನನ) ತಣ್ಣದಿರ್ಗಳ್ ಪೊದಲ್ದು, ಕೈರವವನಮ್ ಆದುವು, ಅಮ್ದೆ ಪೊಸ ಮಲ್ಲಿಗೆಯಾದುವು (Līlv. 3, 7). ಭೃಂಗತತಿ..ಕಿಱುಮುಡುಗೊಣ್ಣ ಬಣ್ಣಿನೊಳಗೀಸಿ, ಪೊದಲ್ದಿಱಿದಿರ್ದ ಕುತ್ತೆಸಳ್ಗಳುಬವಡೊಳ್ ಅಮ್ದೆ ಮೆಯ್ಗರೆದು (Čpr. 7, 60). See Čpr. 2, 14; 4, 46; 5, after 64; Abh. P. 1, 103; 6, 49; Ršv. 6, 23; 7, 17; 9, 18; J. 6, 46; 8, 18; Râm. 1, 8, 8.

ಪೊದಲ್ pŏdaḻ. 2. = ಪೊದಲ್ದು. P. p. of ಪೊದಱ್ 1. — ಪೊದಲ್ ತರ್. To manifest itself, to appear (Čpr. 4, 48).

ಪೊದಲ್ಕೆ pŏdaḻkĕ. Arising; appearing; conspicuousness (Ššv. 1, 34; 5, 14). — ಪೊದಲ್ಕೆಗುನ್ದು. -ಕುನ್ದು. To disappear (Čpr. 4, 46).

ಪೊದಲ್ಚು pŏdaḻču. To bring about, to perform (Čpr. 6, 83).

ಪೊದಿಸು pŏdisu. = ಪೊದಯಿಸು, ಪೊದೆಯಿಸು, ಹೊಚ್ಚು, ಹೊದಸು, ಹೊದಿಸು. To put over; to put on; to cover; to hide. See Ršv. 4, 14; 6, 10; J. 28, 4. 20.

ಪೊದುಂಕು pŏduṅku. To hide (ಅಡಗಿಸು Šs.).

ಪೊದೆ pŏdĕ. 1. = (ಪುದಿ 1), ಹೊದಿ, ಹೊದೆ. To put on; to put over; to wrap round (see T., M. s. ಪುದಿ 1). P. ps. ಪೊದದು, ಪೊದೆದು, ಪೊದ್ದು. ಪೊದೆದಿಹ ರನ್ನಗಮ್ಬಳಿ (Bp. 3, 26). ಪೊದವ ಉತ್ತರಾಸಂಗ (ಶಾಟ, ಬೃಹತಿಕೆ, ವೈಕಕ್ಷ Mr. 256). ಪೊದೆದ ಪಾವಡೆ (Si. 224).

ಪೊದೆ pŏdĕ. 2. = ಪುದೆ, etc. A quiver (ದೊಣೆ Ŏt. I, 87, o. r. ಪುದೆ; ಡೊಣೆ, ಬತ್ತಳಿಕೆ, ಮೂಡಿಗೆ Šm. 48; Čpr. 6, 37; 7, 44; Abh. P. 9, 164; Ršv. 6, after 11; Tĕ. ಪೊತ, a packet, a bittle bag). 2, a thatch (ಕುಟುಂಗಳ Si. 490). 3, a bush (My.; Tĕ.). ಬಳ್ಳಿಗಳ ಗುಮ್ಪುಳ್ಳ ಪೊದೆ (ಗುಲ್ಮಿನಿ, etc. Si. 121). 4, a bundle (My.). — ಪೊದೆಗಟ್ಟು. -ಕಟ್ಟು. To prepare a quiver or quivers (Čpr. 5, 53). — ಪೊದೆಗೆದಱು. -ಕೆದಱು. To scatter about (the contents) of a quiver (Čpr. 8, after 4; Abh. P. 1, 118).

ಪೊದೆಯಿಸು pŏdĕyisu. = ಪೊದಿಸು, etc. To put on; to cover; to hide (ಆಚ್ಛಾದನ Šmd. Dh.).

ಪೊದ್ದಿಸು pŏddisu. = ಹೊದ್ದಿಸು. To join or put to; to order to do (J. 5, 9).

ಪೊದ್ದು pŏddu. 1. = ಹೊದ್ದು 1. P. p. of ಪೊದೆ 1. ಪೊದ್ದ ಅಂಗವಸ್ತ್ರ (ಪ್ರಾವಾರ, etc. Si. 224). ಪೊದ್ದು ಕೊಳ್ (Grj. 4, 109).

ಪೊದ್ದು pŏddu. 2. = ಪೊನ್ದು 1, etc. (J. 10, 16; 22, 24; 23, 7; 28, 37). ಉತ್ಕ್ಷಿತಂ ಪೊದ್ದಜೆ (18, 39). ಪೊದ್ದಿದ ಅಪವಾದ (18, 49).

ಪೊನ್ pŏn. (Šmd. 59). = ಪೀಱಿ, etc., ಪೊಂ (ಪೊಙ್), ಪೊಂ (ಪೊಙ್ಙ್), ಪೊಮ್ 1, ಹೊಂ (ಹೊಙ್), ಹೊನ್, ಹೊನ್ನು, ಹೊಮ್. Metal; gold (ಪರುಷ Mr. 515; M.; Tĕ. ಪೊನ್ನು; T. ಪೊನ್, ಪೊಱ್, metal; gold; lustre; beauty; ಪೊಲ, gold; beauty; M. ಪೊಲ್, gold; see ಪೊಲಿ). ಮಿಸುನಿಯ ಪೊನ್ (ಕಸವರ Šmd. II). ಪೊನ್ನುಳ್ಳವನೆ ಕುಲೀನಂ ಜೆನ್ನಂ ಕಲಿ ಸತ್ಯವಾದಿಯೆನಿಸುಗುಮ್, ಅದಱಿನ್ದಿನ್ನುಂ ಪೊನ್ನನೆ ಪಡೆವುದು; ಪೊನ್ನಿಂ ಸಮನಿಸುಗುಮಲ್ತೆ ಪೆಣ್ಣುಂ ಮಣ್ಣುಂ (84. 174). ಪೊನ್ನಂ ಬಡ್ಡಿಗೆ ಕೊಟ್ಟಂ (165). ಪೊನ್ನ ಕೋಲ್ (162). ಪೊನ್ನ ಮಱಿ (Abh. P. 3, 142). ಪೊನ್ನ ಕೊಪ್ಪರಿಗೆ (Bp. 58, 57). ಪೊನ್ನ ತಮ್ಬುಗೆ (58, 68). ಪೊನ್ನ ನೇಗಿಲ್ (60, 50). ಪೊನ್ನ ಪೂ (4, 38). ಪೊನ್ನ ಪೇಟಿಕೆ (Ršv. 13, 72). ಪೊನ್ನ ಬತ್ತಳಿಕೆ (6, after 11). ಪೊನ್ನ ಪೊದಕೆ (J. 17, 23). ಕೊಡು, ಕೊಡು ಪೆಟ್ಟಿಗೆಯ ಪೊನ್ನೆಲ್ಲವಂ! (Bp. 11, 3). See ಕಾರ್ಪೊನ್, ಕಿಸುಪೊನ್,

ಜೆಮ್ಬೊನ್; Čpr. 1, 131. — ಪೊನ್ಡವಳಿ. A golden spittoon (Šśv. 1, 78). — ಪೊನ್ದಟ್ಟೆ. -ತಟ್ಟೆ. A golden platter (J. 11, 7. 11). — ಪೊನ್ದಣ್ಡಿಗೆ. A golden palankeen (Bp. 50, 16). — ಪೊನ್ದಳಿಗೆ. -ತಳಿಗೆ. A golden plate (Šśv. 2, after 42; J. 31, 18; 33, 23). — ಪೊನ್ದಳಿರ್. -ತಳಿರ್. Gold-coloured young foliage (Čpr. 7, after 115). — ಪೊನ್ದಟಿ. -ತಟಿ. A golden parasol (V. 5, after 21). — ಪೊನ್ದಾವರೆ. -ತಾವರೆ. A gold-coloured lotus (Rśv. 10, after 31; J. 3, 8; 8, 4). — ಪೊನ್ದಾವರೆಗೊಳ. -ಕೊಳ. A pond with gold-coloured lotuses (Abh. P. 1, 104). — ಪೊನ್ದೆನೆಗೊನೆ. -ತೆನೆ-ಕೊನೆ. The point of a gold merlon of a fort (Čpr. 1, 112). — ಪೊನ್ದೆರೆ. -ತೆರೆ. A golden veil (Rśv. 5, after 19; 10, 6). — ಪೊನ್ದೇರ್. -ತೇರ್. A gilt chariot (Č. Bp. 42, 15; J. 12, 4; 22, 8). — ಪೊನ್ದೊಡರ್. -ತೊಡರ್. A gold chain (Rśv. 6, after 11; 13, 70). — ಪೊನ್ದೊಡವು. -ತೊಡವು. A gold ornament (J. 12, 7). — ಪೊನ್ದೊಡಿಗೆ. -ತೊಡಿಗೆ. A gold trinket (J. 28, 17). — ಪೊನ್ನನ್ದಣ. -ಅನ್ದಣ. = ಪೊನ್ನನ್ದಳ. (J. 31, 13. 30). — ಪೊನ್ನನ್ದಳ. -ಅನ್ದಳ. A golden palankeen (Šmd. 75). — ಪೊನ್ನನ್ದುಗೆ. -ಅನ್ದುಗೆ. A gold anklet (Bp. 14, 15). — ಪೊನ್ನಟಿ. -ಅಟಿ. A golden stone-slab (Grj. 3, 110). — ಪೊನ್ನೊಡೆಯ. -ಒಡೆಯ. Kubêra (ಕುಬೇರ Kk. 16; ಕಿನ್ನರಪತಿ Šm. 13). — ಪೊನ್ನೊರೆ. -ಒರೆ. Equality to gold (Abh. P. 9, 177). — ಪೊನ್ನೋಲೆ. -ಓಲೆ. A golden palm-leaf (Grj. 3, 82; Bp. 11, 43).

ಪೊನಲ್ pŏnal. = ಹೊನಲ್. A stream, a river (ಪುರ Šm. 102; Abh. P. 9, 30; 13, 46; J. 12, 8; 31, 57; T. ಪುನಲ್; M. ಪುಣಲ್, ಪುನಲ್; T. ಪುಟಲ್, any thing which is hollow; a drain, water-course, see ಪುರಿ). ಗಬಿಗಬಿನೆ ಗುಬುಗುಬಿಯೆನುತುಂ ಪರಿವಪೊನಲ್ ಸೊಗಯಿಸುಗುಂ (Šmd. I). ಗುಬುಗುಬು ಗಬಿಗಬಿಯೆನುತುಂ ಪರಿವಪೊನಲ್ ಸೊಗಯಿಸುಗುಂ (65). See ಕಾಟ್ಪೊನಲ್, ಬೆಳ್ಪೊನಲ್. — ಪೊನಲಿಡು. -ಇಡು. To form a stream (J. 25, 35). — ಪೊನಲ್ವರಿ. -ಪರಿ. To flow in streams (Rśv. 8, 124; J. 19, 37). — ಪೊನಲ್ವರಿಯಿಸು. -ಪರಿಯಿಸು. To cause streams to flow (Rśv. 8, 112).

ಪೊನ್ದು pŏndu. 1. = ಪೊರ್ದು 1, etc. To join, etc. (ಪೊರ್ದುಗೆ Šm. 98; Čpr. 2, 24; Šśv. 4, 135; Tĕ. ಒನ್ದು, ಪೊನ್ದು). See ಅಡಕಿಲ್ಪೊನ್ದು.

ಪೊನ್ದು pŏndu. 2. = ಪೊರ್ದು 2. Union, concourse, collection (Č. Bp. 2, 4).

ಪೊನ್ದು pŏndu. 3. = ಹೊನ್ದು 2. To die (ಮರಣ Šm.; T. ಪೊನ್ಱು; Tĕ. ಒಲಿ, ಪೊಲಿ, ಪೊಲೆ, to die; to perish; M. ಪೊಲಿ, to be extinguished).

ಪೊನ್ನ pŏn-a3. N. of a Kannaḍa author (Čpr. 1, 66).

ಪೊನ್ನೆ pŏnnĕ. = ಹೊನ್ನೆ, q. v. (Tĕ.; see ಕೋಲು, s. ಕೋಲು).

ಪೊಪ್ಪಳಿ pŏppaḷi. = ಪಪ್ಪಳಿ, etc. (My.; Tĕ.).

ಪೊಪ್ಪಾಯ pŏppâya. = ಪಪ್ಪಾಯಿ, etc. (St. & Pl.).

ಪೊಪ್ಪಿಳಿ pŏppiḷi. A diffuse shrub yielding a yellow dye, Morinda umbellata Lin. (St. & Pl.).

ಪೊಪ್ಪುಕ pŏppuka. = ಪಪ್ಪುಕ, q. v.

ಪೊಪ್ಳಿ pŏpḷi. = ಪೊಪ್ಪಳಿ, etc. (My.).

ಪೊಮ್ pŏm. 1. = ಪೊನ್, etc. Gold. — ಪೊಮ್ಬಕ್ಕರಗೆ. -ಪಕ್ಕರಗೆ. Gilt armor or gear (Čpr. 10, 78). — ಪೊಮ್ಬಟ್ಟ. -ಪಟ್ಟ. A golden frontlet, etc. (J. 2, 28). — ಪೊಮ್ಬಟ್ಟಲ್. A golden cup (V. 9, after 71; J. 15, 45. 46). — ಪೊಮ್ಬಟ್ಟೆ. Gold-coloured silk-cloth (Bp. 11, 26; Rśv. 8, after 5; 13, 69; J. 14, 27). — ಪೊಮ್ಬಣ್ಣ. Gold-colour, a reddish or brown colour (ಪಸುರುಂ ಕರಿದುಂ ತಮ್ಮೊಳ್ ಐಕ್ಯವರ್ಣ Čt. II, 67; ಕಪಿಲೆ ವಣ್ಣ Šm. 69, Kk. 26; J. 3, 6; Šśv. 1, 68). — ಪೊಮ್ಬರದ. -ಪರದ. A dealer in gold, a money-changer (ಸೊನ್ನೆವರದ Šm. 67; Šśv. 2, after 42). — ಪೊಮ್ಬರಿಯಣ. -ಪರಿಯಣ. A pariyaṇa vessel of gold (V. 5, after 61; Šśv. 3, 22). — ಪೊಮ್ಬರಿಯಾಣ. -ಪರಿಯಾಣ. A pariyâṇa vessel of gold (Rśv. 13, after 45). ಪೊಮ್ಬರಿವಾಣ. -ಪರಿವಾಣ. A parivâṇa vessel of gold (J. 6, 44). — ಪೊಮ್ಬಸಿಱ. Hiraṇyagarbha, Brahmâ (ಬ್ರಹ್ಮನ್ Šs.). — ಪೊಮ್ಬಸುಱ. = ಪೊಮ್ಬಸಿಱ. (ಬೊಮ್ಮ, etc., ಅಜ Čt. II, 3). — ಪೊಮ್ಬಾಸಿಗ. A golden bâsiga (Bp. 4, 40). — ಪೊಮ್ಬಾಟಿ. = ಹೊಮ್ಬಾಟಿ. ಪೊಮ್ಬಾಟಿಯ ಕಮ್ಬಂಗಳ್ (Čpr. 7, after 92). ನಟ್ಟ ಪೊಮ್ಬಾಟಿಯ ಬಾಗಿಲ್ವಂಗಳ್ (Rśv. 10, after 31). See V. 4, 24; J. 3, 27. — ಪೊಮ್ಬಿಸಿಲ್. Gold-coloured or purple sunlight (Abh. P. 11, 177; Grj. 2, 82; Rśv. 12, 39; J. 1, 3). — ಪೊಮ್ಬುಡಿ. -ಪುಡಿ. Gold dust, gold powder (Šśv. 2, after 42; J. 33, 22). — ಪೊಮ್ಬುಲಿ. -ಪುಲಿ. A gold-coloured tiger (Rśv. 5, after 25; 5, 114, Šśv. 3, 16). — ಪೊಮ್ಬೆಟ್ಟ. = ಪೊಮ್ಬೆಟ್ಟು. (Abh. P. 1, 44; 3, 28; 4, 119). — ಪೊಮ್ಬೆಟ್ಟು. The golden mountain: Mêru (ಸುರಗಿರಿ Šm. 10). — ಪೊಮ್ಬೆತ್ತ. A cane covered with gold, or a gold-coloured cane (Šśv. 1, after 79). — ಪೊಮ್ಬೆಸೆ. Gold to be joined or attached (Rśv. 6, after 11). — ಪೊಮ್ಬೆಳಗು. Gold-coloured light (Grj. 8, 47). — ಪೊಮ್ಬೊಡೆಯ. -ಪೊಡೆಯ. = ಪೊಮ್ಬಸುಱ. (ಬೊಮ್ಮ Kk. 9; ಬ್ರಹ್ಮನ್ Šm. 8). — ಪೊಮ್ಬೊಪ್ಪಮೀನ್. A sort of fish (Rśv. 5, 115). Could it be ಪೊಮ್ಬು (= ಪೊಮ್)-ಒಪ್ಪ-ಮೀನ್?. — ಪೊಮ್ಮದಿಲ್. (Šmd. 193 Mdb.). A golden wall. — ಪೊಮ್ಮಱಿ. = ಹೊಮ್ಮಱಿ q. v. A gold-coloured young antelope. ಪೊಮ್ಮಱಿವೋಲ್ ಪೊಳೆದು ಪಾಱಿ ಪೋದಂ ಶ್ವೇತಂ (Šmd. 289). — ಪೊಮ್ಮಱಿ. A shower of gold (V. 37, 126). — ಪೊಮ್ಮಾಡ. A golden building (V. 4, 88). — ಪೊಮ್ಮುಗಿಲ್. A gold-coloured cloud (Čpr. 1, 111).

ಪೊಮ್ pŏm. 2. Increasing, swelling, rising (see ಪೊಂಗು 1). — ಪೊಮ್ಮುಱ. (a sort of reduplication). Increase, growth; greatness (ಪೆರ್ಚುಗೆ Šmd. I, Čt. I, 106; ಪಿರಿದು Kk. 49, o. r. ಸೊಮ್ಮುಱ; ಪೆಮ್ಪು, etc., ಅಧಿಕ Šm. 58; ಪಿರಿದು 111; Čpr. 2, 14; 6, 48; 7, 118; Tĕ. ಬೊಪ್ಪಿರಿ; T. ಪೊಮ್ಮಲ್, increase = ಪೊಲಿವು; plenty; ಪೊರುಮು, ಪೆರಮು, to be swelled; ಪುರ್ಕೆ, height; T., M. ಪೊಲಿ, Tĕ. ಪೊರೆ, to be accumulated; to be elevated; to increase). 2, erection of the hairs of the body (ಪುಲಕ Čt. I, 105; II, 9; Kk. 31; Šm. 76. 111). — ಪೊಮ್ಮುಱವೋಗು. -ಪೋಗು. To feel elated (V. 14, 56).

ಪೊಮ್ಮು pŏmmu. A tax on tobacco (My.).

ಪೊಯ್ pŏy. 1. = ಪುಯ್, etc. To beat, etc.; to pour; to cast (ತಾಡನ Šmd. Dh.; ಮೋದು Kk. 59; *see the meanings of* ಪೊಡೆ 1; T. ಪೊಯ್, to pour; to pour down or out; Tĕ. ಪೋಯು, to pour; to cast in metal). ಪೊಯುಲುಂ or ಪೊಯ್ಯಲುಂ (Šmd. 86). ಗದೆಯಿಂ ಪೊಯ್ದಂ (165). ಪೊಯ್ವ ಸಿಡಿಲ್ (218 Mdb.). ಪುಲಿನ್ದನ... ಪೊಡರ್ವ ಎರ್ದೆ, ಪೊಯ್ವ ಕಿರ್ಬರಿ (Rśv. 5, 118). ಪೊಯ್ದು ಬಱಿ (ಬಾಸುಱ Šmd. 1). ಅರ್ಗೆ ಭೂತಂ ಪೊಯ್ದುದು? (J. 6, 51). See Šmd. 231. 294; Čpr. 5, 10; 8, 56; Abh. P. 13, 62; Bp. 1, 50; Rśv. 5, 117. 123; 6, after 11; 8, 116; J. 4, 43. 44; 8, 33; 18, 10; 28, 45; ಅಡಂಗೆವೊಯ್, ಕೆಯ್ಪೊಯ್, ತಳ್ಪೊಯ್, ನನ್ದೆವೊಯ್, ಮನವ್ಪೊಯ್, ಮಾರ್ಪೊಯ್. — ಪೊಯ್ದಾಡು. -ಆಡು. To beat mutually or repeatedly; to fight (Bp. 57, 44; J. 8, 33; 22, 6. 7; 28, 15).

ಪೊಯ್ pŏy. 2. Beating; pouring; a blow (see ಅಸಗಪೊಯ್). — ಪೊಯ್ಗೆಣ್ಣು. = ಪೊಡೆಸೆಣ್ಣು No. 1. (Śśv. 8, 19). — ಪೊಯ್ನೀರ್. Water that is poured (Abh. P. 5, 125; Rśv. 14, 148). ಮಱುವಿಲ್ಲದೆ ಪೊಯ್ನೀರಿಂ ಬೆಳಗುಮೆ ಧರೆ? (Ŏh. v. 20). — ಪೊಯ್ವೆಟ್. -ಪೆಟ್. To receive blows (Abh. P. 14, 106).

ಪೊಯಿ pŏyi. = ಪೊಯ್ 1, etc. (ಮೋದು, ಎಱಗು Śs.). ಪೊಯಿದ ಎಡೆ (ಬಾಸುಟ್ Čt. I, 17). ಪೊಯಿದುದು (ಬಿಸಸನ Śs.). — ಪೊಯಿದಾಡು. = ಪೊಯ್ದಾಡು. (J. 8, 31. 32).

ಪೊಯಿಲ್ pŏyil. = ಪೊಯ್ಲು, etc. (Grj. 1, after 120).

ಪೊಯಿಸು pŏyisu. = ಪೊಯ್ಸು, ಹೊಯಿಸು, ಹೊಯ್ಸು. To cause to beat, etc. (Ŏ. Bp. 47, 32; J. 5, 72; 10, 47).

ಪೊಯ್ಲು pŏylu. = ಪುಯಲ್, ಪುಯ್ಯಲ್ 1, ಪೊಯಿಲ್, ಹೊಯಿಲು, ಹೊಯ್ಲು. Beating, striking; a blow, a stroke. See Čpr. 1, after 101; 8, 66; J. 8, 21; ಅರಿಪೊಯ್ಲು, ತಿರುಪೊಯ್ಲು, ತೆರೆಪೊಯ್ಲು, ಬಿಱುಪೊಯ್ಲು.

ಪೊಯ್ಸು pŏysu. = ಪೊಯಿಸು, etc. (Čpr. 7, after 78; Rśv. 10, after 10; Č. Bp. 47, 30; J. 7, 1).

ಪೊರಕೆ pŏrakĕ. 1. = ಪೊರೆ 7. — ಪೊರಕೆಯೇಱು. = ಪೊರೆಯೇಱು. (My.).

ಪೊರಕೆ pŏrakĕ. 2. = ಪರಕೆ 2, etc. (My.; Tĕ.).

ಪೊರದು pŏradu. = ಪೊರೆದು. P. p. of ಪೊರೆ 1 & 3.

ಪೊರಮ pŏrama. Nourishing, fostering, rearing (Č. Bp. 53, 20).

ಪೊರಳ್ pŏraḷ. = (ಉರುಳ್ 1, etc., ಪುರುಳ್ 2), ಪೊರಳು, ಹೊರಡು 1, ಹೊರಳು. To roll; to welter, to wallow (ಲುಠನ Śmd. Dh.; ಪರಿಲುಠನ Śmd. Dh. Cm. ad ಹೊರಡು; Tĕ. ಪೊರಲು; M. ಪಿರಟ್ಟು; T. ಪಿರಟ್ಟು, ಪುರಟ್ಟು, ಪುರುಳು; see s. ಪುರ). P. p. ಪೊರಳ್ದು (Śmd. 55). ಭೃಂಗಗಿತಿ... ಕೇಸರದೊಳ್ ನಲುವಿಂ ಪೊರಳ್ದು (Čpr. 7, 60). See Čpr. 1, 41; Bp. 52, 4; 8, 26; 11, 34; 13, 35. 50. 58; 14, 14; 19, 20; 22, 21.

ಪೊರಳಿ pŏraḷi. = ಹೊರಳಿ. A heap, etc. (J. 22, 26; see s. ಪೊಮ್ಮುಱ).

ಪೊರಳು pŏraḷu. = ಪೊರಳ್, etc. P. p. ಪೊರಳಿ. — ಪೊರಳು ಪೊರಳು. rep. (Bp. 6, 24; 56, 58; 57, 45. 60).

ಪೊರಳ್ಚು pŏraḷću. = ಹೊರಳಿಸು. To cause to roll, etc. (ಲುಠನ Śmd. Dh.; J. 4, 44; 21, 82; 24, 34). ಕಾಳದೊಳಗೆ ಕಾರ್ಮುಗಿಲಂಜನವ ಕಲಸಿ, ತನಿರಸದೊಳು ನೆಱೆ ಪೊರಳ್ಚಿದ ನೀಲ ಪುತ್ರಿಕೆಗಳನ್ತೆ... ಕಿರಾತರ ತನುಚ್ಛವಿ ಮುಸುಕೆ (Rāghó. 17, 64). See ಹೊರಡು 1.

ಪೊರಿಗೆ pŏrigĕ. = ಪರಕೆ 2, etc. See ಕಸಬೊರಿಗೆ.

ಪೊರೆ pŏrĕ. 1. = ಹೊರೆ 1. To nourish, to cherish, to foster, to support, to sustain, to preserve, to invigorate (ಪೋಷಣ Śmd. Dh.; see s. ಪುರಿ 4; T. ಪೋಱ್ಱು, Tĕ. ಪ್ರೋಚು, to preserve, save). P. ps. ಪೊರದು, ಪೊರೆದು. ಪೊರೆವುದು (ರಕ್ಷೆ, ತ್ರಾಣ Si. 388). ಪೊರೆಯಲ್ ಪಟ್ಟದು (ಪುಷ್ಟ, ಪುಷಿತ 380; ತ್ರಾತ, ರಕ್ಷಿತ, ಗುಪ್ತ, etc. 388). ಪೊರೆವಂ (ಆಳ್ದಂ Čt. I, 27). See Čpr. 3, 18; Bp. 13, 18; 32, 47; 40, 44; 47, 45; 50 sum.; 54, 70; J. 5, 16; 8, 18; 18, 8. 15; 19, 27. **2**, to be nourished or fed (J. 1, 1).

ಪೊರೆ pŏrĕ. 2. = ಪುರಿ 4, etc. Nourishing; invigoration, refreshment, etc. — ಪೊರೆಯೇಱಿಸು. -ಏಱಿಸು. To refresh, etc. (Grj. 7, after 11; Śśv. 2, after 42). — ಪೊರೆಯೇಱು. -ಏಱು. A refreshing or an invigorating feeling or elation to rise; to feel animated or elated, etc. (Čpr. 6, 89; Grj. 3, 17; 9, after 6; V. 5, after 74; J. 28, 59).

ಪೊರೆ pŏrĕ. 3. = (ಪೊಲ್ 1), ಹೊರೆ 2. To be joined, to join; to be put or attached to; to be applied to (see ಪುರುಡಿಸು); to join (v. t.); to come near; etc. ಪೊರೆದ ಕೊಂಕು (ಕುಟಿಲ, ಕುಂಚಿತ, etc. Mr. 429). See Čpr. 8, 32. 101; Bp. 20, 11; Č. Bp. 5, 51; Rśv. 13, 87; J. 12, 8; ಪಂಚಪ್ಪೊರೆ, ಮಡಪ್ಪೊರೆ.

ಪೊರೆ pŏrĕ. 4. = ಹೊರೆ 3. Joining; union; connection; nearness, neighbourhood, vicinity; side (ಉಪಸರ್ಗ Śmd. Dh.; ಪಕ್ಕ, ಪೊರ್ದುಗೆ, ಕೆಲ, etc., ಸಮೀಪ Kk. 83, Śm. 59; ಪಕ್ಕ Śm. 78; ಕಟಕ Mr. 528; Tĕ. ಪೊರುಗು). ಅತುಲಪರ್ವತದ ಪೊರೆ (ವಪ್ರ Mr. 477); ಗಿರಿಯ ಪೊರೆ (ಸಾನು, ಕಟಕ, ಭೃಗು, ತಟ, ನಿತಮ್ಬ 97). See Bp. 1, 54; 11, 48; 27, 11; 28, 35; 41, 4; 42, 19; Rāghč. 17, 69. 70; Śśv. 4, 47; 5, 12.

ಪೊರೆ pŏrĕ. 5. = ಪರಿ 5, ಪರೆ 4 q. v., ಪೆರೆ, ಹೆರೆ, ಹೊರೆ 4. A fold; a layer, a stratum, etc. etc. (ಉಪತಲ್ಪ Śmd. Dh.; Čpr. 9, 71; My., Tĕ.; T. ಪುರೈ, a separation in a bag; a room, also M.; a niche in a wall; Sk. ಪುರ, skin). ಪೊರೆ ಕಳಚಿದ ಹಾವು (ನಿರ್ಮುಕ್ತ, ಮುಕ್ತಕಂಚುಕ Si. 77). See ಬೆಳ್ಳುಗಿಲ್ಪೊರೆ, ಮುಗಿಲ್ಪೊರೆ. — ಪೊರೆಪೊರೆಗೊಳ್. -ಪೊರೆ-ಕೊಳ್. To take the form of layers or strata (Abh. P. 7, 165).

ಪೊರೆ pŏrĕ. 6. = ಪುರೆ. See ಎಱಪ್ಪೊರೆ.

ಪೊರೆ pŏrĕ. 7. = ಪೊರಕೆ 1, ಹೊರೆ 5. Error, mistake, wrongness, fault (Tĕ.; T. ಪುರೈ, ವಱು). **2**, the wrong way in drinking or swallowing (Tĕ.), and the choking sensation arising from food or liquid entering the windpipe (T. ಪುರೈ, the upper part of the windpipe). — ಪೊರೆಯೇಱು. -ಏಱು. A choking sensation to arise from a mouthful going the wrong way (My.).

ಪೊರೆಯಿಸು pŏrĕyisu. = ಹೊರಿಸು. To cause to nourish, etc. (Bp. 5, 68);—to have one's self nourished, to depend on any body for one's sustenance.

ಪೊಱ್ pŏṟ. ಪೊಱು. = ಹೊಱು. To take upon or bear on the head (ಶಿರೋಧಾರಣ Śmd. Dh.); to bear, as a burden, etc., to carry; to support; to hold up; to take possession of mentally, to entertain, as lust; to assume or adopt, as a name; to undertake; to endure (T., M. ಪೊಱು). P. p. ಪೊತ್ತು (Śmd. 235). ಪೊತ್ತಂ, ಪೊತ್ತರ್ (287). ಹಲಮಲ್ಲದೆ ಶಕಟಮುಂ ಪೊಱಲಱಿಯದ, ಶಕಟಮಲ್ಲದೆ ಹಲಮುಂ ಪೊಱಲಱಿಯದ ಎನ್ದು, ಇನ್ತು ಏಕಧುರಮಹ ಎತ್ತಿನೊಳು ಏಕಧುರೀಣ ಏಕಧುರ ಎನಿಸುಗು (Nr.). ಪುಸ್ತಕವಂ ಪೊತ್ತಿಪ್ಪ ಕೋಲ್ (ತವಣಿಕೆ Mr. 359). ದುರಾಶೆಯಂ ಪೊತ್ತು (Bp. 1, 86). ಅಮಲಾಮ್ಬುವಂ ತಾಂ ಪೊತ್ತು ತನ್ದು (18, 34). ಒರ್ವಯ್ಯಂ ಶಿವಾನನ್ದೋತ್ತಮಮಂ ತಾನೆಪ್ಪ ಪೆಸರಂ ಪೊತ್ತು (84, 4). ಕಬ್ಬಂ ಪೊತ್ತೊಡೆ (83, 58). ಕಪ್ಪಿಯಂ ಪೊತ್ತು (43, 27). ನಾಂ ಪೊತ್ತ ಹಿನ್ದಣ ಕೆಲಸಮ್ ಇನ್ದಾಯಿತ್ತು (61, 34). See Čpr. 1, 76; 3, 81; 4, 19; J. 4, 19; 17, 20.

— ಪೊತ್ತು ತರ್. To load upon one's self and come (Bp. 18, 34; 32, 55). — ಪೊಱು ಪೊಱು. rep. ಮಣ್ಣಂ ಪೊತ್ತು ಪೊತ್ತು (Bp. 38, 56).

ಪೊಱ pŏṟa. 1. = ಪಱು, etc. — ಪೊಱಗೋಲ್. = ಪಱುಗೋಲ್, etc. (Śâstrasâra in W. 1256).

ಪೊಱ pŏṟa. 2. = (ಪೆಱ, etc.), ಹೊಱ. The outside; outside (ಪೊಱಗು Śmd. 70). — ಪೊಱ ಅಡಿ. (Śmd. 70). The upper part of the foot. — ಪೊಱ ಕಾಲ್. = ಪೊಱ ಅಡಿ. ಪೊಱ ಕಾಲ್ಗೊಳ್. -ಕೊಳ್. To put down the upper or front part of the hoof. ಮುಂಗಾಲ್ಗಳಂ ನೆಗಪಿ ನಿಲ್ವ, ಪಿಂಗಾಲ್ಗಳಂ ಕಿಱ್ತು ದಾಣ್ಬುವ, ಪೊಱ ಕಾಲ್ಗೊಳ್ವ, ಮರಳಿ ಮೆಟ್ಟುವ... ಅಶ್ವಂಗಳ್ (Rśv. 6, after 11). — ಪೊಱ ತೊಲಗು. To have the menstrual discharge. ಕಾನ್ತೆಯರ್ ಪೊಱ ತೊಲಗೆ ಋತು ಎನಿಕುಂ (Mr. 468). — ಪೊಱವಡಿ. -ತಡಿ. The opposite shore (Čpr. 8, after 4). — ಪೊಱದೋಣ್ಟ. -ತೋಣ್ಟ. A garden at the outside (of a town, J. 31, 54). — ಪೊಱ ಪಾಯ್. To go or come forth (Čpr. 8, 61; Abh. P. 9, 48). — ಪೊಱ ಪೊಣ್ಮು. To come forth, etc. as precious stones, words, lustre, moonshine; to go through and come out on the other side, as a discharged arrow (ಪೊದಱ್ Čt. II, 75; ಉಜ್ವಳಿಸು Kk. 74, Śm. 65; Čpr. 3, 61; Abh. P. 12, 96; Grj. 3, 42; Rśv. 1, 84). — ಪೊಱ ಬಳಸು. Environs (Č. Bp. 42, 24). — ಪೊಱ ಬೀಡು. An outer halting-place or encampment (Č. Bp. 47, 32). — ಪೊಱಮಡಿಸು. -ಪಡಿಸು. = ಹೊಱನಡಿಸು, ಹೊಱವಣ್ಡಿಸು. To cause to go out; to cause to start; to cause to leave; to turn out, to expel (Bp. 26, 17; Rśv. 6, after 11; J. 5, 27; 21, 5). — ಪೊಱಮಡು. -ಪಡು. = ಹೊಱವಡು, ಹೊಱವಣ್ಡು. To obtain or get to, the outside: to go outside, to egress; to set out, to start;—to leave, to quit (T. ಪುಱಪ್ಪಡು; M. ಪುಱಪ್ಪೆಡು; Śmd. 67. 234; Čpr. 2, 39. 47; 4, 15; 5, 105; Grj. 2, after 106; Bp. 32, 24; 44, 15; 47, 23. 53; 53, 63; 58, 63; 61, 34; Č. Bp. 5, 7; Rśv. 5, 119; 6, after 10 & 116; J. 2, 46. 67; 3, 9; 6, 1; 8, 3; 31, 53. 54; 28, 4. 16. 48; 29, 32; 33, 19). P. p. ಪೊಱಮಟ್ಟು. — ಪೊಱಮಾಱ್. -ಱು. (-ಪಾಱ್, or -ಮೂಱ್). 1. To flee (ಪಲಾಯನ Śmd. Dh.). ಪೊಱಮಾಱಿದೆ, ಸಯ್ತು ಪೋಕುಮೇ ಪರಸೈನ್ಯಂ? (290, o. r. ಸಯ್ತೆ). — ಪೊಱಮಾಱ್. -ಱು. 2. Flight (ಬೆನ್ನೀಽಽ Śmd. II; ಬೆನ್ನೀವುದು Kk. 79). — ಪೊಱಮಾಱ್. -ಱು. 3. = ಪೊಱವಾಱ್. (ಕೊಂಡೆ Čt. I, 62). — ಪೊಱ ಮಿಂಚು. Outward shine: vain display of what is not one's own. ಪೊಱ ಮಿಂಚುಗೆಯ್, to make a vain display etc. (Rśv. 11, 92. 165). — ಪೊಱ ಮುಯ್ಯು. The back-portion of the shoulder (Čpr. 6, 37; Abh. P. 13, 47. 87. 142). — ಪೊಱ ಮೆಯ್. The outside of the body (Śśv. 2, 84). — ಪೊಱ ವಳೆಯ. Environs (J. 17, 22). — ಪೊಱವಾಱ್. -ಱು. (-ಪಾಱ್). (Śmd. 59). = ಪೊಱಮಾಱ್ 3, ಹೊಱವಾಱ್. A buttock; the posteriors, the buttocks (ಜಘನ Čt. II, 75; ನಿತಮ್ಬ Śm. 70; Č. Bp. 37, 48; J. 30, 6; *cf.* ಪಿಱ್, ಪುಱ). ಪೊಱವಾಗ್ಗೆ (Śmd. 189). — ಪೊಱಪೊಟಲ್. -ಪೊಟಲ್. The outside of a town (Čpr. 5, 86; Abh. P. 3, after 35; 7, after 126). — ಪೊಱ ಸೂಸು. = ಹೊಱ ಸೂಸು. To run, flow, or come out or forth (Čpr. 8, 50; Rśv. 13, 96; J. 8, 9).

ಪೊಱಗು pŏṟagu. = ಪೊಱ 2 (Śmd. 70), ಪೊಱಗೆ (145), ಹೊಱಗು, ಹೊಱಗೆ. The outside; outside (ಬಹಿಸ್ Nr.). Declension: ಪೊಱಗಣ, ಪೊಱಗಣಿಂ (135). ಹಱಿಗವಿಗಳ ಕಬ್ಬಂಗಳ ಪೊಱಗೊಳಗಕ್ಕರದ ಹೊಲಿಗೆ ಬಿರ್ಚಿದೊಡೆ (Čh. v. 19; repeated in Grj. 1, 30). — ಪೊಱಗಣಂ. -ಅಂ. (Śmd. 136). A man who is outside.

ಪೊಱಗೆ pŏṟagĕ. = ಪೊಱಗು, q. v. ಕವಿ ಪೊಱಗಿರೆ, ಕೀಱ್ ಒಳಗಿರೆ ಅವಿರಲಮೋ? ತುರಗಮುಖಮೊ? ನೃಪಮನ್ದಿರಮೋ? (Śmd. 145). See Čpr. 1, 120; V. 9, 59; J. 2, 46; 29, 24. — ಪೊಱಗಾಗು. -ಆಗು. To get outside, to be removed from or disconnected; not to belong to (Čpr. 3, 7). ಆತನುಂ ನೀನುಮ್ ಅನುಂ ಪೊಱಗಾಗಿರ್ದೆವು ಉರ್ವೀಪತಿಗೆ ಪಿಸುಣರಿಂ (Śmd. 262). — ಪೊಱಗಿಕ್ಕು. -ಇಕ್ಕು. To put or place outside (Bp. 3, 58; Rśv. 6, after 10). — ಪೊಱಗೆ ಪುಟ್ಟು. To be born or originate outside;—to be different from. ಆ ರತಿಸ್ಥಿತಿಯಿನ್ದ ಪೊಱಗೆ ಪುಟ್ಟುವ ಮನವಿಕಾರಂ ಸ್ವಭಾವಮಕ್ಕು; ಅದು ರಸಮೆನಿಕ್ಕು (Mr. 75).

ಪೊಱಬಿಗ pŏṟabiga. An outsider: a stranger, an alien (J. 21, 59).

ಪೊಱಲೆ pŏṟalĕ. = ಪುಱುಲೆ, q. v.

ಪೊಱಿಗೆ pŏṟigĕ. = ಹೊಱಿಗೆ. The act of taking upon the head, etc.; assuming, undertaking; burden (Bp. 35, 22; J. 31, 42); business, work (C. as ಹೊ-).

ಪೊಱಿಸು pŏṟisu. = ಹೊಱಿಸು. To cause to take upon the head; to lade, to load; to cause to carry;—to impose, as a charge. ದಾಳಿವ್ಪುವ ಜ್ಯೋನೆಗಳಂ ಮುಕ್ಕಣ್ಣನೆಡೆಗೆ ವನಪಾಲಕಂ ಪೊಱಿಸಿ ಕೊಣ್ಡು ಅಯ್ತನ್ದಂ (Č. Bp. 45, 29). ನೀತಿಶಾಸ್ತ್ರಂಗಳಿಗೆ ಪಱಿ ಪೊಱಿಸದೆ (J. 18, 15). See J. 34, 1.

ಪೊಱು pŏṟu. = ಪೊಱ್, q. v.

ಪೊಱೆ pŏṟĕ. = ಹೊಱೆ. A load, a burden (ಭಾರಣೆ Čt. I, 82). **2,** the burden: bulk, measure, quantity, size, extent (ಮಾತ್ರೆ, ಹೊಱೆ³ Nn. 157). See ತಳಿರ್ವೊಱೆ, ಬಿಣ್ಪೊಱೆ, ಬೆಟ್ಟುವ್ಪೊಱೆ; Čpr. 5, 106; Abh. P. 4, 41; J. 13, 21. — ಪೊಱೆ³ಯಾಳು. -ಆಳು. A porter (J. 5, 73; 7, 5).

ಪೊರ್ಕುಳಿ pŏrkuḷi. (Śmd. 239, o. r. ಹೊರುಕುಳಿ). = ಪೊಕ್ಕುಳಿ 2. A wave (ಅಲೆ Kk. 53, o. r. ಪೊಕ್ಕುಳಿ; see s. ಪುಗ್ಗು, ಪೊಮ್ಪುಱ್, & *cf.* ಪುರ).

ಪೊರ್ಕುಳ್ pŏrkuḷ. = ಪೊಕ್ಕುಳ್, etc. (Abh. P. 13, after 54; Rśv. 6, after 11).

ಪೊರ್ತು pŏrtu. = ಪೊಱ್ತು, etc. (Čpr. 8, 55).

ಪೊರ್ದು pŏrdu. 1. = ಪೊದ್ದು 2, ಪೊನ್ದು 1, ಹೊದ್ದು 2, ಹೊನ್ದು 1. To join; to be or come in contact, to unite; to go or come nigh, to approach; to enter; to fit; to agree;—to come by, to obtain, to get, to attain, to reach;—to come upon (a person), as blame (ಸಮೀಪ Śmd. Dh.; ಪೊರ್ದುಗೆಯಾಗು 195 Cm.; see ಪುರುಡಿಸು, ಪೊಣರ್ 1, ಪೊರೆ 3). ಪೊರ್ದಿದುದು (ಉಪನತ, ಉಪಸನ್ನ, ಉಪಸ್ಥಿತ Hlâ.). ಪಱಿ ಪೊರ್ದದ ಅಮಲಚರಿತಂ (Rśv. 14, after 14). ಪಂಚತ್ವಮುಂ ಪೊರ್ದಿದಯ್! (Śmd. 255). See Śmd. 278. 289. 298; Čpr. 1, 5. 78; 2, 40; 3, 41; 4, 22; Abh. P. 10, 94.

ಪೊರ್ದು pŏrdu. 2. = ಪೊನ್ದು 2, ಪೊರ್ದುಗೆ. (Čpr. 4, 88).

ಪೊರ್ದುಗೆ pŏrdugĕ. = ಹೊದ್ದಿಕೆ, ಹೊದ್ದಿಗೆ, ಹೊದ್ದುಗೆ, ಹೊನ್ದಿಕೆ, ಹೊರ್ದುಗೆ. Joining; contact, touch; connection; union; harmony; nearness, vicinity, proximity (ಪತ್ತುವುದು, ಸಂಶ್ಲೇಷ Šmd. Dh. s. ಪತ್ತು; ಪತ್ತುವುದು Šm. 97; ಪೊರ್ದುವುದು 98; ಸಮ್ಬನ್ಧ Šmd. 6; ಉಪಹ್ವರ Hla.; ಸನ್ನಿಧಿ, ಸನ್ನಿಕರ್ಷಣ Nr.; ಸಂಹರ, ಹೊದ್ದುಗೆ Nn. 105; ಕೆಲ, ಪಕ್ಕ, ಪೊರೆ, etc., ಸವಿಧಾಪ Kk. 33, Šm. 59; ಪಕ್ಕೆ Šm. 79; Čpr. 7, 69. 79). **2**, what is appended: an appendage, something subordinate or inferior. — ಪೊರ್ದುಗೆಯಂ ಮಾಡು. To join (v. t.), etc. (ಪತ್ತಿಸು Šmd. 141 Cm.; ಪೊಸಯಿಸು 268 Cm.). — ಪೊರ್ದುಗೆಯಾಗು. -ಆಗು. To join (v. i.), etc. (ಅಮರ್ Šmd. 3. 46. 52. 76 Cm.; ಸಡ್ಡಿಸು 114 Cm.).

ಪೊರ್ದುಗೆಕಾಱ pördugĕ-kāṟa. A companion (V. 6, 41).

ಪೊಲ್ pŏl. 1. = (ಪೊರೆ 3), ಹೊಲಿ, ಹೊರೆ 1. (To join, v. i.; to agree with, to liken, *cf.* ಒಲ್ 1 & 2, ಪೋಲ್ 1); to be fit, befitting, or proper; to excel. **2**, (to join), to sew (ಸ್ಯೂತ Šmd. Dh.; M. ಪೊಲ್ಲು; T. ಪೊಲ್ಚು, to compare; to sew; T. ಪುಲ್ಗು, to embrace; ಪುಲ್ಲು, v. i., to unite, copulate; to consent, agree; to draw near, be near; to join, couple; M. ಪುಣೆ, ಪುಲ್ಗು, ಪುಲ್ಲು, to embrace; see ಪುಣರ್ 1; ಪೆಣಸು; T. ಉಲ್ಗು, to mend or braid a net). P. p. ಪೊಲ್ತು (Šmd. 287 Cm.). ಕವಿತಾಪ್ರೌಢನ ಪೊಲ್ವ ಪೊಲ್ ಕೃತಿಯೊಳ್ ಅಜ್ಞಂ ಪೊಲ್ವನೇ? (Jnv. 1, 13). ಎಲೆ ದೇವ, ಬುಧಂ ನೆಗದಿಲ್ ಆಕ್ಕುಮೇ ಪೊಲ್ಲದುದಂ? (Rāv. 13, 11).

ಪೊಲ್ pŏl. 2. = (ಪೊಲೆ No. 2), ಹೊಲ್. Meanness, vileness, badness, impropriety, disagreeableness, adverseness, inauspiciousness, noxiousness. — ಪೊಲ್ಲಂ. -ಅಂ. A mean, etc. man. ಪೊಲ್ಲರಲ್ಲದರಂ ಪೊಲ್ಲರೆನ್ದು ನುಡಿದು (Abh. P. 16, after 39). — ಪೊಲ್ಲದು. -ಅದು. = ಪೊಲ್ಲ, q. v. That is mean, etc. (Čpr. 2, after 93; 4, 58; Abh. P. 8, after 56; 11, after 100; 16, after 39; V. 9, 59). ಆ ಕನ್ನಿಕೆ ಪೊಲ್ಲದು (Šmd. 109). ಎನಿತುಂ ಕಾಯ್ದಂ ಬೆನ್ನೀರ್ ಮನೆ ಸುಡದೆನ್ಬನ್ತೆ ನಿನಗವರ್ ನಿಲೆ ಕಾಯ್ದುಂ ಮನದೊಳ್ ಪೊಲ್ಲದನೆನ್ದುಂ ನೆನೆಯರ್; ಅದಂ ನಮ್ಬು, ಕುರುಕುಲಾನ್ವಯಭಾನೂ (216, o. r. ಪೊಲ್ಲಮನೆನ್ದುಂ). — ಪೊಲ್ಲಳ್. -ಅಳ್. A mean, etc. woman (Abh. P. 6, 35).

ಪೊಲ pŏla. (Šmd. 94). = ಹೊಲ, (ಪೊಲಬು, etc.). A plough-field; a corn-land (V. 4, 3; J. 3, 4; 13, 25; 33, 5; Tĕ.; T., M. ಪುಲ). ಪೊಲನಂ (Šmd. 180). ಪೊಲಕೆ or ಪೊಲಕ್ಕೆ (189). ಪೊಲಗಳ್ or ಪೊಲಂಗಳ್ (126). ಪೊಲದಲ್ಲಿ ಇರ್ದಂ, ಪೊಲದೆ ಎರ್ದ್ದಂ (63). ಪೊಲ ಗದ್ದೆಗಳ ಕೊಯ್ವುದು (ಲವ, etc. Nr.). **2**, a place (Abh. P. 5, 18; 6, 113; T. ಪುಡ, ಪುಡೈ, ಪುಲ; M. ಪುಡೆ, ಪುಲ); an object of sight; direction, a point of the compass (T. ಪುಲ; see s. ಪೊಲೆ). ಪೊಲನಱಿಯದ, ನೆಲನಱಿಯದ, ಕೆಲನಱಿಯದ, ಮಿಗದ ಮೂಡು ವಿಧದ ಱಯದ (Šmd. 127). ದಿಟ್ಟಿಗೆ ಪೊಲಸಾದುದು ಪೊಪ್ಪೊಟ್ಟಂ (Abh. P. 1, 44). See ಅಡುಮ್ಬೊಲ, ಕಣ್ಬೊಲ, ಕೆಯ್ವೊಲ, ಪಾಡ್ವೊಲ, ಬೆಳಪೊಲ. — ಪೊಲಗಾಯ್. -ಕಾಯ್. To watch a field (J. 3, 8).

ಪೊಲತಿ pŏlĕ-ti. (Šmd. 240). = ಹೊಲತಿ. A low-caste woman.

ಪೊಲದಿ pŏladi. A lewd, profligate man (ಸಿತಗ, ಸೊಣ್ಣೆ Šmd. II, Šm. 57; ಸಿತಗ Kk. 34; M. ಪುಲಯಾಡಿ).

ಪೊಲಬು pŏlabu. = (ಪೊಲ), ಪೊಲಮ್ಬು, ಹೊಲಬು. (A clear place, a clearing, see s. ಪೊಲ): a way; a manner, a mode, a circumstance (J. 13, 4; Tĕ. ಪೊಲುವು). — ಪೊಲಬಱ್. -ಅಱ್. To know the circumstances (J. 31, 47). — ಪೊಲಬುಗಾಣ್. -ಕಾಣ್. To see the ways of— (J. 5, 62).

ಪೊಲಮ್ಬಿಗ pŏlambu-iga. (Šmd. 233). A man who knows his where-abouts, etc.

ಪೊಲಮ್ಬು pŏlambu. = ಪೊಲಬು, etc. — ಪೊಲಮ್ಬುಗಿಡು. -ಕಿಡು. One's way to be lost: to be at a loss (Grj. 2, after 106). — ಪೊಲಮ್ಬುದಪ್ಪು. -ತಪ್ಪು. One's manner to fail: to lose one's discretion (Čpr. 8, 81). 2, one's way to be lost: to go astray (Rāv. 5, after 55).

ಪೊಲಸು pŏlasu. = ಹೊಲಸು. Impurity, etc. (V. 28, 70).

ಪೊಲಿಗೆ pŏligĕ. = ಪೊಲ್ಗೆ, ಹೊಲಿಗೆ. Sewing; needle-work (ಸೇವನ, ಸೀವನ, ಸ್ಯೂತಿ Nr.).

ಪೊಲೆ pŏlĕ. = ಹೊಲೆ 2. The menstrual flux, the lochia; impurity from childbirth (ಮುಟ್ಟಲ್, ಮುಟ್ಟಪೆ, ಮಾಣಿಕ, ಸೂತಕ Čt. II, 51; M. ಪುಲೆ; T. ಪೊಲಿ, to shine; ಪುಲರಿ, the dawn; ಪೊಲ, beauty; gold= ಪೊನ್; ಪೊಲಿವು, ಪೊಟ್ಟು, lustre; ಪೊಡ್, beauty; a spark; ಪುಟ್ಟು, ಪುಲ್ಲೈ, a brown, yellowish colour; M. ಪುಲರು, to dawn, light to appear; ಪುಲರ್, ಪುಲರ್ಚೆ, dawn, day-break; ಪುಲರ್ತುರ್, to bring to light; ಪೊರಿ, a spark; Tĕ. ಒಲೆ, ಪೊಲಚು, ಪೊಲುಚು, to appear, come to light; ಪೊಲಿ, bloom, freshness; see ಪುರುಡು 2, ಪೊನ್; *cf.* ಪೊಳೆ 1). **2**, taint, pollution, defilement in general; meanness, baseness, sin (Abh. P. 10, 94; J. 5, 25). — ಪೊಲೆಗಲಸು. -ಕಲಸು. Intermixture with impurity (with regard to caste, J. 2, 5). — ಪೊಲೆಗಿಡು. -ಕಿಡು. Impurity, etc. to be lost or gone (Čpr. 4, 72). — ಪೊಲೆಯ. -ಅ 3. = ಹೊಲೆಯ. An impure, or base, man, a sinner (Abh. P. 10, 94); a low-caste man, an out-caste, a Puliah or Paṟiya (ದಿವಾಕೀರ್ತಿ, ಹೊಲೆಯ Nn. 152; M. ಪುಲಯ; T. ಪುಲೈಯ, ಪುಲೈಯ). — ಪೊಲೆವಾತು. -ಮಾತು. A mean word (V. 6, 14).

ಪೊಲ್ಗೆ pŏl-gĕ. (Šmd. 248). = ಪೊಲಿಗೆ, etc.

ಪೊಲ್ಲ pŏlla. (fr. ಪೊಲ್ 2). = ಹೊಲ್ಲ. An abbreviation of ಪೊಲ್ಲದು, q. v. (Šmd. 210). Meanness, etc. (T. ಪೊಲ್ಲಾ, ಪೊಲ್ಲಾದು, which forms seem to belong to ಪೊಲ್ 1). ಕಾಗೆ ಗೂಗೆ ಹುಲಿ ಕತ್ತೆ ಹೊಗೆ ಅನ್ತಪ್ಪ ವರ್ಣಂ (ಕುದುರೆಯಲ್ಲಿ) ಪೊಲ್ಲಂ (Mr. 273, o. r. ಹೊಲ್ಲಂ); (ಅದಟ) ಹಲ್ಲು ಕಪ್ಪಾಗಿರಲು ಪೊಲ್ಲ (o. r. ಹೊಲ್ಲ 277). See V. 6, 6. — ಪೊಲ್ಲಕೆಯ್. To commit a vile or sinful act (Abh. P. 9, 9; 10, 168). — ಪೊಲ್ಲಮಾತು. A bad, adverse word (Abh. P. 9, 167). — ಪೊಲ್ಲಮಾನಿಸ. A bad man. ಪೊಲ್ಲಮಾನಿಸರ ಪೊಲ್ಲಮೊಗಂಗಳ್ (Šmd. 210). — ಪೊಲ್ಲಮೊಗ. (= ಪೊಲ್ಲದು ಮೊಗ Šmd. 210). A bad, evil face or look. — ಪೊಲ್ಲವಾರ್ತೆ. Bad, inauspicious news (Abh. P. 14, 109).

ಪೊಲ್ಲಣ pŏllaṇa. = ಪೊಲ್ಲೆಯ. Badness, contumeliousness, etc. (ನಿಟ್ಟುರ, ನಿಷ್ಠುರ Kk. 57, o. r. ಹೊಲ್ಲೆಯ).

ಪೊಲ್ಲಮೆ pŏllamĕ. = ಹೊಲ್ಲಮೆ, ಹೊಲ್ಲಪೆ. Badness, vileness, etc. (Abh. P. 3, 38).

ಪೊಲ್ಲೆಯ pŏllĕya. = ಪೊಲ್ಲಣ, etc. (ನಿಷ್ಠುರ Šm. 49).

ಪೊಸ pŏsa. = ಹೊಸ. (An abbreviation of ಪೊಸತು 1, Šmd. 70). That which is new; newness; freshness; beauty; novelty, remarkableness, wonderfulness; new, etc. (Tu.; T., M. ಪುದು; Tĕ. ಕೊತ್ತ). ಪೊಸ ಅಡಿಕೆ (Šmd. 70). ಪೊಸ ಕನ್ನಡಿ (Ršv. 13, 63). ಪೊಸ ಕಮ್ಪು (Bp. 6, 8). ಪೊಸಕೆಮ್ಪು (Ššv. 5, 4). ಪೊಸ ಗನ್ಧ (Bp. 47, 14). ಪೊಸ ಗಾಡಿ (-charm, J. 18, 34). ಪೊಸ ಗೀತಶಾಲೆ (Č. Bp. 5, 49). ಪೊಸ ಜವ್ವನ (Čpr. 4, 8; 6, 80; J. 6, 27). ಪೊಸ ಜೊಪ್ಪಿಗೆ (Šmd. 78). ಪೊಸ ತೇರ್ (Ršv. 13, 83). ಪೊಸ ನನೆ (Abh. P. 7, after 163). ಪೊಸ ಪಜ್ಜೆ (Čpr. 7, 41). ಪೊಸ ಪರಿ (Čpr. 6, after 64; Bp. 53, 24; Ššv. 3, 64). ಪೊಸ ಪೀಲಿ (Ršv. 5, 43). ಪೊಸ ಪೂ (Šmd. 73). ಪೊಸ ಮಂಜುವಾರ್ಧಿ (Ršv. 9, 4). ಪೊಸ ಮಲ್ಲಿಗೆ (Lilv. 3, 7; Ršv. 8, 3). ಪೊಸ ಮಾಣಿಕವಲ್ಲಣಂ (Ršv. 13, 62). ಪೊಸ ಮಾವು (2, 35. 37; J. 8, 4). ಪೊಸ ರಕ್ತಪೂರಂ (Ršv. 5, 117). ಪೊಸ ರಂಗವಾಲಿ (Bp. 41, 21). ಪೊಸ ವಾಜಿ (Ršv. 13, 4). ಪೊಸ ಸಣ್ಣಿಗೆ (J. 15, 9). ಪೊಸ ಸಮ್ಮ (V. 5, 53). ಪೊಸ ಸವಗಂ (Ršv. 6, after 11). ಪೊಸ ಸೀರೆ (ಅನಾಹತ Mr. 342). — ಪೊಸಗಮ್ಪು. -ಕಮ್ಪು. An excellent smell (Čpr. 7, 49; J. 19, 46). — ಪೊಸಗತ್ತಲೆ. -ಕತ್ತಲೆ. An uncommon darkness (Grj. 4, 73). — ಪೊಸಗಾರ್. -ಕಾರ್. A remarkable rainy season, or the outbreak of that season (Abh. P. 7, 157; 14, 105). — ಪೊಸಗಾಸೆ. -ಕಾಸೆ. A new cloth for girding the loins (Ršv. 9, 58). — ಪೊಸ ಗೆಲ್ಲ. A new gain or victory (V. 29, 55). — ಪೊಸ ಜಾಗ. A beautiful emerald (V. 5, 3). — ಪೊಸದಳಿರ್. -ತಳಿರ್. (Čpr. 7, after 92). — ಪೊಸ ಪೊಚ್ಚ. Newness and brightness (Čpr. 6, 82). — ಪೊಸ ಪೊಸ. rep. (Bp. 33, 11). — ಪೊಸ ಮಸೆ. The state of being newly whetted (Čpr. 6, 36; Abh. P. 9, 60; J. 7, 44. 61; 13, 18). — ಪೊಸವಸೆ. -ಪಸೆ. A new, beautiful seat (Ššv. 2, after 42). — ಪೊಸವಿಸಿಲ್. -ಬಿಸಿಲ್. Beautiful, gold-coloured sunshine (Ršv. 6, after 11). — ಪೊಸವುಲ್. -ಪುಲ್. New, fresh grass (V. 10, 7). — ಪೊಸವೂ. -ಪೂ. A new or beautiful flower (Čpr. 2, 86). — ಪೊಸವೆಳ್ದಿಂಗಳ್. -ಬೆ-. Beautiful moonshine (Čpr. 8, 79). — ಪೊಸವೆಳ್ಪು. -ಬೆಳ್ಪು. Remarkable whiteness (V. 3, 3). — ಪೊಸವೇಟ. -ಬೇಟ. Charming love-gestures (Čpr. 5, 115).

ಪೊಸಗೆ pŏsagĕ. = ಬಸನೆ 1, ಹೊಸನೆ 1. Joy (J. 7, 2).

ಪೊಸತು (pŏsa-atu). 1. = ಪೊಸ (Šmd. 70), ಹೊಸತು, ಹೊಸದು, ಹೊಸ್ತು (ನೂತನ Čt. II, 41; ನವ, ನವೀನ, ನೂತನ, etc. Mr. 435; Čh. v. 16; Čpr. 1, 134; 7, 57; Bp. 4, 27; Ršv. 13, 25; J. 3, 6; 16, 2. 42; 28, 45; 31, 35; 33, 18). ಪೊಡವಿಗಿದು ಪೊಸತು! (Prll. 3, 6). ಪೊಸತಱ ಕಡೆ (Šmd. 184). ಪೊಸತಹುದು (ನವ, ನೂತನ, etc. Nr.). ಪೊಸತಱಿದುದು (ಸೀರೆ) ಪಟಚ್ಚರಮ್ ಆಕ್ಕು (Mr. 342).

ಪೊಸತು pŏsatu. 2. P. p. of ಪೊಸೆ 1, q. v.

ಪೊಸದು pŏsadu. = ಪೊಸೆದು. P. p. of ಪೊಸೆ 1.

ಪೊಸನ್ತಿಲ್ pŏsantil. (Šmd. 48). = ಬಸಲು, ಹೊಸತಿಲು, ಹೊಸಲು, ಹೊಸ್ತಲು, ಪೊಸ್ತಲು. A door-sill, a threshold (ದೇಹಲಿ Kk. 47; Šm. 57; Grj. 2, after 106).

ಪೊಸಮ್ಬ pŏsamba. (Šmd. 185). = ಹೊಸಬ. A new man. ವಿಚಾರಿಸದೆ ಉನ್ತೆ ಪೊಸಮ್ಬರ್ ಒತ್ತೆಯಂ ಕೊಳ್ವುದು ತಕ್ಕುದಲ್ತು! (185).

ಪೊಸಯಿಸು pŏsayisu. 1. = ಪೊಸವಿಸು. To join (v. t.), to unite; to apply to; to attach (ಪೊರ್ದುಗೆಯಂ ಮಾಡು Šmd. 266 Cm.; T. ಪೊರುಂಗು, Tĕ. ಪೊಸಗು, to agree, fit, suit; cf. ಪುದಿ 1). ಅಲ್ಲಿಗಲ್ಲಿಗೊನ್ದೊನ್ದು ಕೆನ್ದಾವರೆಯೆಸಳ್ಗಳಂ ಕೋಡು ಕೊಸಗಿನೆಸಳ್ಗಳಿಂ ಬೀಡಿಗಟ್ಟಿ ಪೊಸಯಿಸಿ ಮನಕ್ಕೆ ಪದಪನೀವ ನವಪದಂಗಳ್;... ಅಶೋಕೆಯ ಮಿಸುಪ ಪೊಸದಳಿರಿನ್ದ ಪೊಸಯಿಸಿ ವಾಸನ್ತಿಯ ಮುಗುಳ ಸೂಸಕದಿನ್ದೆ ಸೆವೆದ್ದಾ ವಿಲಾಸಾವಾಸಲಕ್ಷ್ಮಿಯ ಚುಂಚನನ್ತೆ ಚಂಚುರವಾದ ಚುಂಚುಲೋಳವೆಗಳ್ (Čpr. 7, after 92). See Čpr. 1, after 101; 1, 116; 5, 44; 7, 145; 8, after 4; Abh. P. 3, 142; 4, 92; 9, 165; V. 9, 9.

ಪೊಸಯಿಸು pŏsayisu. 2. = ಪಸಿಯಿಸು, q. v. To stir round, to churn, to shake about (ಮಥಿಸು Čt. I, 78, o. r. ಮಡಿಸು).

ಪೊಸವಿಸು pŏsavisu. = ಪೊಸಯಿಸು 1. (Kâvy. III, 3, 96).

ಪೊಸೆ pŏsĕ. 1. = ಹೊಸೆ 1. To shake, to agitate; to churn; to rub; to generate fire by friction; to beat (ಮಥನಿಸು Šm. 62; ಕಡೆ Kk. 62; T. ಒಚಿ, to shake, move; cf. ಪೊಯ್ 1?). P. p. ಪೊಸದು (Čpr. 6, 29), ಪೊಸೆದು (Grj. 8, after 74), once ಪೊಸತು (Abh. P. 3, 160). ಬಸಿಱಂ ಪೊಸೆದು, ದೆಸೆ ದೆಸೆಗೆ ಬಾಯಂ ಬಿಟ್ಟು (Ršv. 13, after 104). ಕಿಚ್ಚಂ ಪೊಸವ ಕೋಲ್ (ಅರಣಿ Mr. 260). See Čpr. 6, 96; Grj. 10, 74; J. 8, 18; 13, 58; 20, 20.

ಪೊಸೆ pŏsĕ. 2. A churning-stick (ಮನ್ಥದಣ್ಡ Šmd. Dh.).

ಪೊಸೆ pŏsĕ. 3. = ಹೊಸೆ 2. To twist, to plait, to make rope (ರಜ್ಜುಕ್ರಿಯೆ Šmd. Dh.; Ršv. 13, after 104; Tĕ. ಒಡುಕು, ವಡುಕು, to turn the spinning wheel, spin; cf. ಪೊಸಯಿಸು 1; ಪುರಿ 3?).

ಪೊಸ್ತಕ pŏstaka. Tbh. of ಪುಸ್ತಕ. (My.).

ಪೊಸ್ತಗ pŏstaga. = ಪೊಸ್ತಕ. (My.).

ಪೊಸ್ತುಕ pŏstuka. = ಪೊಸ್ತಕ. (My.).

ಪೊಹಚಿ pŏhači. = ಪವುಂಚಿ, etc. (B. 4, 200).

ಪೊಳಕು pŏḷaku. = ಪೊಳಂಕು (Šmd. 48). To chew (ಚರ್ವಣಕ್ರಿಯೆ Šmd. Dh.).

ಪೊಳಂಕು pŏḷaṅku. = ಪೊಳಕು, q. v. (ಚರ್ವಣಕ್ರಿಯೆ Šmd. Dh.).

ಪೊಳಪು pŏḷapu. 1. (fr. ಪೊಳೆ 1). = ಬಳ 2, ಬಳಪು, ಪೊಡಪು, ಪೊಳೆಪು, ಹೊಳಪು, ಹೊಳಹು 1. Radiance, lustre, brightness, clearness, as of the sky after rain, etc. (ತೊಳಪು, ತೊಳಗು, ಪೊಗರ್, ಬೆಳಗು, ಚವಿ, ಕಾನ್ತಿ Šm. 15; Kk. 25, o. r. ಪೊಳೆಪು). See ಕಣ್ಪೊಳಪು, ಕೆಮ್ಪೊಳಪು, ಮಾರ್ಪೊಳಪು; Ššv. 4, 4. 42.

ಪೊಳಪು pŏḷapu. 2. (fr. ಪೊಳೆ 2). = ಹೊಳಹು 2. Trembling, shaking, rolling; a swing, a hammock (ಪ್ರೇಂಖ, ಹೊಳಹು Nn. 129; cf. ಪೊಡವು).

ಪೊಳಯಿಸು pŏḷayisu. = ಹೊಳಪಿಸು 1. To cause to roll; to cause to go round in a circle; to brandish (Abh. P. 15, 9; Ršv. 6, after 11; 13, 85).

ಪೊಳಲೆ pŏḷalĕ.(?). See ಬೆಮ್ಪೊಳಲೆ.

ಪೊಳೆ pŏḷĕ. 1. = ಹೊಳೆ. To shine, to be bright (T. ಒಳಿ, ಒಳಿವು, splendour, light; ಒಳಿರ್, to shine; cf. ಉಳ್ಕು 3, ಒಲೆ 4, ಪೊಗರ್, ಪೊಡರ್, ಪೊಲಿ). ಖಡ್ಗಾಯುಧಚಾಪಮಂ ಪೊಳೆವ ಮಿಂಚಿನ ಪೊಲ್ತಿರೆ ಬೀಸು (Šmd. 272). ಇವಮ್ಮಾವಿನೆಳೆದಳಿರ ಪೊಳೆವ ಪೂಗುಡಿ (Čpr. 7, after 92). See Čpr. 1, 79. 82; Abh. P. 3, 113; Ršv. 5, 24; 13, 78; Č. Bp. 42, 13; J. 3, 4. 16; 6, 3. 16; 28, 18; ತಿಱಿಮ್ಪೊಳೆ, ಮಾರ್ಪೊಳೆ.

ಪೊಳೆ pŏḷĕ. 2. To roll, to roll about, to move about, to move to and fro, to wallow, to welter, to move in a circle (ಉಲಿಪನ Šmd. Dh.; M. ಪುಳೆ, to twirl about, riggle; to twine one's self round, as a snake; to roll one's self). ಪೊಮ್ಮಬ್‌ಪೋಲ್ ಪೊಳೆದು ಪಾಬ್ ಪೋದಂ ಶ್ವೇತಂ (Šmd. 289). See Šmd. 264; Abh. 15, 60; Rŝv. 5, after 114.

ಪೊಳೆ pŏḷĕ. 3. P. p. of ಪೊಳೆ 1, in ಪೊಳೆ ಪೊಳೆ (J. 12, 88; 22, 8).

ಪೊಳೆ pŏḷĕ. 4. = ಪೊಳಪು 1. See Kk. s. ಪೊಜ್ಜಳಿ. — ಪೊಳೆವಲ್. -ವಲ್. Shining teeth (J. 2, 48; 30, 2).

ಪೊಳೆಪು pŏḷĕpu. = ಪೊಳಪು 1 q. v., etc. (Abh. P. 3, 113). ಪೊಳೆಪು ಈಂಚುಪೋಯ್ತು, ತಾರಗೆ ಬೆಳಗುದುವುದ (Lflv. 8, 5).

ಪೊಳ್ಳು pŏḷḷu. = ಹೊಳ್ಳು. Hollowness; emptiness; a hole in a tree; a hollow in the soil, etc; looseness of soil; unsubstantialness; want of strength; trash, worthless stuff (My.; M.; Tĕ. ಪೊಲ್ಲು; Mhr. ಪೋಲ; see ಪುರೆ, ಪೊಟ್ಟರೆ, ಪೊಟ್ಟು; T. ಪೊಳ್ಳು, to bore or make a hole; to chisel; see ಉಳಿ 4). See B. 3, 27. 29. 31; 5, 31; Šsv. 4, 9; J. 24, 35. — ಪೊಳ್ಳುಕೂಗು. A vain outcry, a false report (My.). — ಪೊಳ್ಳುಗಳೆ. -ಕಳೆ. = ಹೊಳ್ಳುಗಳೆ. To throw away (a thing) declaring it to be hollow or worthless, to despise (J. 2, 12). — ಪೊಳ್ಳುಜಾಲಿ. A worthless jāli tree. ಎಲ್ಲೆಲ್ಲಿ ನೋಡಿದರು ಪೊಳ್ಳುಜಾಲಿಯ ಮುಳ್ಳು (Sp.). — ಪೊಳ್ಳುಮಾತು. An empty, vain word (My.). — ಪೊಳ್ಳುಸುದ್ದಿ. A vain, groundless report (My.). — ಪೊಳ್ಳುಹಲ್ಲು. A hollow tooth (My.; B. 2, 26).

ಪೊೞಕು pŏḻaku. Form, shape (ಸಾಮಾನ್ಯಾಕೃತಿ Šmd. I; see s. ಪೊಡಕರಿಸು).

ಪೊೞಲ್ pŏḻal. ಪೊೞಲು. = ಒಟಲ್, ಹೊಟಲ್. A dwelling place: a town, a city (ಪುರ Šmd. I; Šm. 102; ಗವಿ, ಗರುಡಿ, ಗೊತ್ತು, ನೆಲೆ, ಇಕ್ಕೆ, ಹಕ್ಕೆ, ಚಾವಡಿ, ತಾಣ, ಬೀಡು, ಇಮ್ಮು, ಆಡುಮ್ಬೊಲ, ಆಶ್ರಯ Šm. 58, Kk. 64; Tĕ. ಪ್ರೋಲು; T. ಪೊೞಿಲ್, the world in general, a country, the earth; greatness). See Šmd. 112. 235; Čpr. 2, 90; Bp. 61, 8; J. 2, 46; 3, 19; 28, 16. 27; 31, 29. 54; ದಾಮ್ಬೊೞಲ್, ಪೊಱವೊೞಲ್, ಮುಮ್ಬೊೞಲ್. — ಪೊೞಲಾಣ್ಮ. -ಆಣ್ಮ. The ruler of a town (J. 17, 9). — ಪೊೞಲ್ವೆಣ್ಣ. -ಪೆಣ್ಣ. A towns-woman (Rŝv. 13, after 77).

ಪೊೞಲೀಱ pŏḻal-iḻa. (Šmd. 236; see 203). A man born in a town.

ಪೊೞೆ pŏḻĕ. 1. = ಹೊೞೆ. A river (ನದಿ Šmd. Dh.; ತೊಱೆ Šmd. I; ಪೊಜ್ಜ II; ಪೊಜ್ಜ, ತೊಱೆ Šm. 36; ನದಿ 114; see Kk. s. ಪೊಜ್ಜಳಿ; cf. ಪುರ & see s. ಪುಗ್ಗು; cf. ಒಱ್ಱು 1). See J. 9, 24.

ಪೊೞೆ pŏḻĕ. 2. A path, a road (ಬಟ್ಟೆ Šmd. I; ಪಥ Šm. 114; cf. ಪೊಲ; T. ಉೞ್ಱು, a place; ಪುೞ್ಱು, anything that is hollow; a wicket in a gate; ಒೞುಗು, to go, walk; ಒೞುಗ್ಗೆ, a carriage).

ಪೊೞ್ತಡೆ pŏḻtu-aḍĕ 2. = ಪೊತ್ತಱ್, ಪೊತ್ತಱ್, ಪೊೞ್ತಱ್, ಪೊೞ್ತಱ್, ಹೊತ್ತಱ್, ಹೊತ್ತಾಱ್, ಹೊತ್ತಱು. The time of sunrise, day-break, dawn (ಉದಯಕಾಲ Šmd. II). Declension: ಪೊೞ್ತಡಿಂಗೆ, ಪೊೞ್ತಡಿನ (401).

ಪೊೞ್ತಱ್ pŏḻtar. = ಪೊೞ್ತಡೆ, etc. (ಪ್ರಭಾತಕಾಲ Kk. 90).

ಪೊೞ್ತಱ್ pŏḻtu-aṟĕ 6. = ಪೊೞ್ತಡೆ, etc. (ಉಷಃಕಾಲ, ಮುಮ್ಬಗಲ್ Šm. 18).

ಪೊೞ್ತು pŏḻtu. = ಒತ್ತು 6, ಪತ್ತು 4, ಪೊತ್ತು 2, ಪೊರ್ತು, ಹೊತ್ತು 2. The sun (ನೇಸಱ್, ಸೂರ್ಯ Šmd. I; ಸೂರ Čt. I, 31; ನೇಸಱ ಬಟ್ಟೆ I, 35, o. r. -ತೇಜ; ನೇಸಱ್, etc., ಸಪ್ತಾಶ್ವ Kk. 45; ನೇಸಱ್, etc., ಸೂರ್ಯ Šm. 14; T., M. ಪೊೞುದು; T. also ಪೋ, ಪೋದು, ಪೋೞ್ದು, M. ಪೋೞ್; Tĕ. ಪೊದ್ದು, ಪ್ರೊದ್ದು; see ಪುಗ್ಗು). 2, time in general (ಸಾಮಾನ್ಯಕಾಲ Šmd. I; T., M., Tĕ.). 3, the time for bringing forth young (ಪ್ರಸವಕಾಲ Šmd. I). See Rŝv. 5, after 114; 6, after 11; 13, after 95; ಪಿಮ್ಪೊೞ್ತು, ಮುಮ್ಪೊೞ್ತು.

ಪೋ pô. = ಹೋ 1. Going, departing (Tŏ.; T. ಪೋ), proceeding; having gone (ಪೋಗು Šmd. 211; T.). See Abh. P. 14, 77. 93. — ಪೋ ಕಳೆ. To cast out (Abh. P. 16, 24). — ಪೋ ತರ್. (= ಪೋಗು ತರ್ Šmd. 211). To go and bring (T. ಪೋದರು). ಪೋ ತನ್ದಂ (211). — ಪೋ ನಲಿ. To rejoice at a going or spending (of riches, Abh. P. 6, 116). — ಪೋ ನುಂಗು. To swallow so that (a thing) goes or disappears (Čpr. 8, 15). — ಪೋಮರಣ. Death through which one departs (Abh. P. 11, 140).

ಪೋಕ pôka. = ಹೋಕ. A goer, wanderer (M.); a stroller, a vagabond, a worthless man (ಎವ್ಯಕ್ತ Mr. 246, o. r. ಅವಿವ್ಯಕ್ತ; My.; T.); a dissolute, profligate fellow, a villain, a blackguard, a rogue, a prodigal (My.). ಕಾಕುಮಾತು ಆಡ ಬೇಡ, ಪೋಕವಿದ್ಯೆಗೆ ಹೋಗ ಬೇಡ. — ಪೋಕನ ಮಾತು ಕಾಕು, ಸುಳ್ಳನ ಮಾತು ಪೊಳ್ಳು. — ಪೋಕನಿಗೆ ನಾಕ ಸಲ್ಲ, ಮೂಕನಿಗೆ ಸ್ವಪ್ನ ಸಲ್ಲ (Prvs.).

ಪೋಕರಿ pôkari. = ಪೋಕ, (ಪೋಲಿ). A dissolute, profligate, prodigal fellow, etc. (My.; Tŏ., T., M. ಪೋಕಿರಿ).

ಪೋಕರಿತನ pôkaritana. (= ಪೋಲಿತನ). The ways of a pôkari (My., also as ಪೋಕತನ; Tĕ. ಪೋಕಿರಿತನ).

ಪೋಕಿ pôki. A person who goes. See ತಿರುಬೋಕಿ.

ಪೋಗಣ್ಡ pôgaṇḍa. Not full-grown or adult, young; a boy. 2, *deformed, deficient in a member; having a redundant member.*

ಪೋಗಣ್ಡಿಕೆ pô-gaṇḍikĕ. A prowess that goes or disappears (when proved). See ನಲ್ಲಪೋಗಣ್ಡಿಕೆ.

ಪೋಗಿಸು pôgisu. = ಹೋಗಿಸು. To cause to go, etc. (Šsv. 2, 112).

ಪೋಗು pôgu. 1. = ಓಗು 2, ಹೋಗು 1. To go; (to enter or get any state or condition); to go away; to pass away, to be spent (ಗಮನ Šmd. Dh.; Šm. 82; ಕಳೆ Šm. 82; T., M.; Tŏ. ಪೋವು). P. p. ಪೋಗಿ; relative present participle ಪೋಪ; relative past participle ಪೋದ (Šmd. 289); present ಪೋದಪೆಂ, etc. (289); 3rd person singular future ಪೋಕುಂ (290); 3rd person imperative ಪೋಕೆ (290); imperfect ಪೋದೆಂ, ಪೋದಯ್, ಪೋದಂ, ಪೋದಳ್, ಪೋದುದು or ಪೋಯ್ತು, etc. (289, ಪೋಯಿತು, ಪೋಯಿತ್ತು). ಪೋಯ್ತು (Čpr. 4, 2). ಬನದೊಳಗೆ ಪೋಗಿ, ಪೊಸ ಪೂಎನ ಗೊಂಚಲನ್, ಅಕ್ಕ, ನಿನಗೆ ತನ್ದಪ್ಪೆಂ (Šmd. 73). ನೆಟ್ಟನೆ ಎಲ್ಲರುಂ ಪೋದರ್ (112). ಎಲ್ಲಿಗೆ ಪೋದಪಯ್ (153). ಏತರ್ಕೆ ಪೋದಂ (211). ಪೋದ ವರ್ತಿಪ ಬರ್ಪ ಕಾಲತ್ರಯಂಗಳ್ (259). ಪೋಪಂಗೆ ಬರ್ಪಂಗೆ ಅನಾಕುಲಂ (289). ಪೋಕೆ! ಏಂ! ಬರ್ಕೆ! ಮುಳಿಸಿಲ್ಲಿಮ ಗಾತನೊಳ್ ಆವ ಪಾಂಗಿನಿಂ (290). ಪೊಱಮಾಡಿದೆ ಸಯ್ತೆ ಪೋಕುಮಾ

ಪರಸ್ಯೈನ್ಯಂ (290). ಗಿರಿನಗರಾದಿಗಳ ಒತ್ತುವಿಡಿದು ಪೋಪುದು (ಪರಿಸರ್ಯೆ, ಪರೀಸಾರ Nr.). ಪೋಗಿ ಪೇಡಿವಂ (ದೂತ Mr. 245). ಪೋಗು, like ಹೋಗು, is frequently used to intensify the meaning, *e. g.* ಕೆಟ್ಟು ಪೋಗು (ಕಾಡಿಾಗು Bhn. 63). See ಈಡುಪೋಗು, ಏವೋಗು, ಕಡಿವೋಗು, ದೂರಮ್ಬೋಗು, ಮುರಿವೋಗು, ಮೂರ್ಛೆವೋಗು, ಮೊಳೆವೋಗು, ಹಮ್ಮದಪ್ಪೋಗು, etc.; Abh. P. 6, 35; 6, after 35; Bp. 47, 24; Ršv. 6, after 115; 13, 102 (ಪೋದೆ instead of ಪೋದಯ್ಯ); J. 2, 24. 39; 7, 46. — ಪೋಗಲುಳ್ಳ. -ಉಳ್ಳ. Being to go, likely to go, going. ಭ್ರಾಂತಿಕಲ್ಪಿತವಾಗಿ ಅದಕೆ ಅಧಿಷ್ಠಾನಮಾದ ರವಿಕಿರಣದ ಅಱುಹಿನಿಂ ಪೋಗಲುಳ್ಳ ಪ್ರಾತಿಭಾಸಿಕಜಲ (ಮರೀಚಿಕೆ Si. 36).

ಪೋಗು pôgu. 2. = ಪೋ q. v., ಹೋಗು 2. Going, going away, etc. ಬರವುಂ ಪೋಗುವುಂ (Abh. P. 11, 113). ತನ್ನೊಡಮೆಯ ಪೋಗಿಂಗಂ ಅವಳ ಪೋಗಿಂಗಂ (6, 35). See ಮೇಲ್-, ಮೇಲು-. — ಪೋಗು ತರ್. = ಪೋ ತರ್. (Šmd. 211).

ಪೋಗುಹ pôguha. Going, etc. See ಪರೆಯಬೋಗುಹ.

ಪೋಚಲ್ pôčal. Pouring water (T.). — ಪೋಚಲದೇವಿ. N. (Bp. 59, 7).

ಪೋಚಿ pôči. — ಪೋಚಿದೇವ. N. (Bp. 58, 12).

ಪೋಚೆ pôčĕ. = ಪವುಂಚ, etc. (ಅವಾಪಕ G.).

ಪೋಂಚೆ pônčĕ. = ಪೋಚೆ, etc. (ಪಾರಿಹಾರ್ಯ G.).

ಪೋಟ pôṭa. 1. A coward (ಘುರಡೊಳ್ ಓಡಿ ಬಹಂ Mr. 269; Bp. 16, 15; T. ಪೋಂ, fear; Tĕ. ಓಟಿ, fear; Tu. ಪೋಡಿ, to fear; ಪೋಡಿಗೆ, fear; *cf.* ಹೇಡಿ).

ಪೋಟ pôṭa. 2. = ಪೋಕರಿ. (My.). ಪುಣ್ಡತನದಲಿ ಹೆಣ್ಡರನು ಬಿಟ್ಟಿರ್ದ ಪೋಟರು (Abhâ. 2, 2).

ಪೋಟಗಲ pôṭagala. *The reed Arundo tibialis.* 2, *the grass Saccharum spontaneum* Lin.

ಪೋಟತನ pôṭatana. = ಪೋಕರಿತನ. (My.; Bp. 54, 40).

ಪೋಟಾ pôṭâ. — ಪೋಟಾಪೋಟಿ. rep. = ಪೋಟಿ No. 2. (My.; Tu.).

ಪೋಟಿ pôṭi. = ಹೋಟಿ. Joining, uniting: resemblance, likeness, similarity (Tĕ.; see s. ಪುರುಡಿಸು). 2, competition, out-bidding, rivalry (My.; Tĕ., T.; see Prv. s. ಗಾದೆಮಾತು). 3, what is joined or put to, any piece that is joined to wood, cloth, a rope, etc. (My.).

ಪೋಟಿಗಾಱ pôṭi-gâṟa. A competitor, an out-bidder (My.; Tĕ., T.).

ಪೋಟೆ pôṭĕ. = ಪೊಟ್ಟರೆ, etc. A hole in a tree (My.; T. ಪೋಟ್); a cavern, etc. ಪೋಟೆಗಳು ಮೊದಲಾದ ಗುಹೆಗಳು (ಕೋಟೆ, ಕೋಟರ Nn. 43, o. r. ಹೋಟೆಗಳು). 2, a hollow in general. ಕಾಡಿಗೆ ಅತ್ತು, ಕಣ್ಣು ಪೋಟೆ ಹೋಯಿತು (Prv.). — ಪೋಟೆಗೊಮ್ಬು. -ಕೊಮ್ಬು. A branch in which are holes (J. 24, 35).

ಪೋಟೆ pôṭĕ. (= ಪೋಟೆ). A woman with a beard. 2, *a hermaphrodite.* 3, *a female servant* (ನೀರಡಿಕ Mr. 304).

ಪೋಡಿ pôḍi. A slice, a bit, of fruits, nuts, etc. (My.; Mhr. ಪೋಡ; *cf.* Sk. ಸ್ಫೋಟ; ಪೋಟ್ 2).

ಪೋಡು pôḍu. 1. (= ಪೋಟಿ, ಪೋಟ್ 3). Combination. See ಮೇಲ್-.

ಪೋಡು pôḍu. 2. (= ಪೋಟ್ 2). Splitting, etc.

ಪೋಡುಗಾಱ pôḍu-gâṟa. A splitter or cutter of wood (Abh. P. 4, 40; 13, 104).

ಪೋಣಿಸು pôṇisu. = ಪವಣಿಸು. To couple, to unite, to string together; to thread, as a needle, etc. (My.; Tĕ. ಪೋಹಣಿಂಚು; Tĕ. ಪೋಣಿ, resembling, similar, like; ಪೋಡಿಮಿ, ಪೋಣಿಮಿ, proportion, fitness, *cf.* ಪೋಟಿ). ಒನ್ದಕ್ಕೊನ್ದು ಹತ್ತರವಾಗಿ ಪೋಣಿಸಲ್ ಪಟ್ಟಿರುವ ಮುತ್ತಿನ ವಣ್ಡಿ (ಹಾರ, etc. Si. 218). ಕಟ್ಟಲ್ ಪಟ್ಟ ಅಥವಾ ಪೋಣಿಸಲ್ ಪಟ್ಟ ಪುಷ್ಪಮಾಲಾದಿಗಳು (ಗ್ರಥಿತ, etc. 377).

ಪೋತ pôta. = ಪಿತ 2, ಹೋತ, q. v. See ತಿಣ್ಡಿ-.

ಪೋತ pôta. *The young of any animal* (ಶಿಶು, ಬಾಲಕ, ಅರ್ಭಕ, etc., ಪಡದ ಕೂಸು Mr. 308); *a colt* (ಕಿಶೋರ, ಮಱಿಗುದುರೆ 278). 2, *a boat, a ship.* 3, *cloth, a garment.*

ಪೋತಕ pôtaka. = ಪೋತಕೆ. The young of any animal.

ಪೋತಕಿ pôtaki. = ಪೋದಗೆ. The potherb Basella lucida or rubra (ಮನ್ಡಕಾಲಿ, ಬಸಳೆ Mr. 148).

ಪೋತಕೆ pôtakĕ. = ಪೋತಕ. See ಮಱಿ.

ಪೋತವಣಿಜ್ pôta-vaṇij. *A sea-trader.*

ಪೋತವಾಹ pôta-vâha. *A boatman, a sailor, a steersman.*

ಪೋತಾಧಾನ pôta-âdhâna. *Small fry, a shoal of young fish.*

ಪೋತ್ರ pôtra. *The snout of a hog* (ಸೂಕರಾಸ್ಯ, ಹನ್ದಿಯ ಮುಖ Nn. 151; ಹನ್ದಿಯ ಮುಖ Mr. 487). 2, *a ploughshare* (ಹಲಾಸ್ಯ, ನೇಗಿಲ ಮುಖ 151; ನೇಗಿಲ ಮುಖ 487). 3, a hoe (ಗುದ್ದಲಿ 151, o. r. ಗುದ್ದಿಲಿ).

ಪೋತ್ರಿ pôtri. *A hog, a boar.*

ಪೋದ pôda. Relative P. p. of ಪೋಗು 1, q. v.

ಪೋದಗೆ pôdagĕ. Tbh. of ಪೋತಕಿ (Čt. II, 7).

ಪೋಪ pôpa. = ಹೋಹ. Relative present participle of ಪೋಗು 1, q. v.

ಪೋಪು pôpu. = ಹೋಹು. To be zealously active in going (ಅಸನ್ನಗಮನ, ಗಮನೋದ್ಯುಕ್ತ Šmd. Dh.).

ಪೋಯ್ತು pôytu. 3rd person singular of the imperfect of ಪೋಗು 1, q. v. (T. ಪೋಯ್ = ಪೋಗಿ).

ಪೋರ್ pôr. 1. = (ಪೊಣರ್ 1), ಹೋರ್, ಹೋರು 1. To wrestle; to fight; to strive in opposition (ಮಲ್ಲಯುದ್ಧ Šmd. Dh.; ಕಾಳಗ Šm. 102; Čpr. 5, 78; Ššv. 4, 72; see T., M. s. ಪುರುಡಿಸು; Tĕ. ಪೋರು). ಪೋರ್ವ (Čpr. 2, 22; 5, after 39). ಪೋರ್ದಂ (Šmd. 50). ಪೋರ್ದರ್ (Čpr. 5, 78). ಸದರ್ಥಕ್ಕೆ ಪೋರದೆ (Mr. 2).

ಪೋರ್ pôr. 2. = (ಪೊಣರ್ 2), ಪೋರ್, ಹೋರು 2. Wrestling; quarrel, fight, battle (T.; Tĕ. ಪೋರು).

ಪೋರ್ pôr. 3. = ಪೆರ್ 2, (ಹೊದರು), ಹೋರು 2. A hole (ಬಿಲ Šmd. Dh.; Šm. 102). ಪೋರ್ಗಳ್ (J. 4, 35).

ಪೋರ pôra. A child; a little boy; a little girl; a young and inexperienced person (My., Tĕ.; Mhr.). ಪೋರನಿಗೆ ಸೇರಿಕೊಣ್ಡು, ಹಾರೋ (*i. e.* ಹಾರುವನೆಪ್ಪು) ಕುನ್ನಿ ಸೋತು ಹೋದ. — ಪೋರನಾದರೂ ಹೀರೇ ಪಳದೇ ರುಚಿ ಅಱಿಯನೇ? (Prvs.).

ಪೋರತನ pôratana. Childhood; boyishness, childishness (My.).

ಪೋರಿ pôri. A little girl (My.). See ದೊಮ್ಬರ-.

ಪೋರಿಗೆ pôrigĕ. = ಪರಕೆ 2, etc. See ಕಸಬೋರಿಗೆ.

ಪೋರಿಸು pôrisu. = ಹೋರಿಸು. To cause to fight, etc. (Čpr. 9, 107).

ಪೋರ್ pôr. = ಪೋರ್ 2, q. v.

ಪೋರ್ಕುಳಿ pôr-kuḷi. (Šmd. 239, o. r. in Mdb. ಹೋರುಕುಳಿ). A wrestler, etc. 2, wrestling, fight, struggle, opposition, etc. (ತಳ್ತೊಯ್, ತಡವೃರ, ತೊಡರ್ದುದು, ಮಾರ್ಕೊಣ್ಬುದು, ಉರ್ಕೆಕ್ಕೆ, etc., ಪ್ರತಿಹತ Ks.; Čpr. 8, 73; Abh. P. 11, 61).

ಪೋರ್ಕೆ pôrkĕ. = ಹೋರ್ಕೆ. Fighting; a battle, a fight (ಹೋರಟೆ Bhn. 25, o. r. ಹೋರ್ಕೆ).

ಪೋರ್ತ pôr-ta. (Šmd. 247). Wrestling, etc.

ಪೋಲ್ pôl. 1. = ಪೋಲು 1, (ಪೊಲ್ 1), ಹೋಲ್, ಹೋಲು. To be like, to resemble (ಸಾದೃಶ್ಯ Šmd. Dh.; Tĕ., T., M. ಪೋಲು). P. p. ಪೋಲ್ತು (288), ಪೋಲ್ದು (J. 3, 7; 17, 3). ಮದನನ ನಿಡಿಯಲರ್ಗಣೆಗಳನೆ ಪೋಲ್ತುವಾಕೆಯ ಕಣ್ಗಳ್ (Šmd. 81). ಬಿಸ್ದು ಮುತ್ತಂ ಪೋಲ್ತು (19). ಖಡ್ಗಾಯುಧಹಾಪಮಂ ಪೋಲೆವ ಮಿಂಚನೆ ಪೋಲ್ತಿರೆ ಬೀಸು! (272). ಪೋಲ್ತವು (Abh. P. 3, 95). ಪೋಲದೆ (Bp. 30, 24). See Čpr. 3, 88; 4, 44; 6, 78. 95; Rśv. 5, 97; J. 7, 49.

ಪೋಲ್ pôl. 2. (= ಒಲ್ 2, etc.). Resemblance, equality; like, as (T., M.; Tĕ. ಪೋಲೆ; R.).

ಪೋಲಿ pôli. (= ಪೋಲು). (Contraction of a ಪೋಕಲಿ = ಪೋಕರಿ). Going, strolling: ruin, destruction, waste state;—stray; abandoned state, profligateness, wickedness, viciousness, prodigality. 2, = ಪೋಕರಿ (My.). See ಅಪಾ-. — ಪೋಲಿ ಮಾಡು. To ruin, to waste, to squander, etc. ಪೋಲಿ ಮಾಡುವವಗೆ ಕೋಡೀ ಮಟ ಆಗದೇ? (Prv.). — ಪೋಲಿಯವ. -ಅವ. = ಪೋಲಿ No. 2 (My.). ಪೋಲಿಯುವನ ಕೆಯ್ಯಲ್ಲಿ ಕೈಲಿ ಕೊಟ್ಟರೆ ಖಾಲಿಯಾಗದೇ?—ಪೋಲಿಯವನ ಹೊಲಕ್ಕೆ ಬೇಲಿಯುಣ್ಟೇ? (Prvs.). — ಪೋಲೀ ಜನ. Abject, mean, profligate, or prodigal people (My.). — ಪೋಲೀ ದನ. Stray cattle (My.). ಪೋಲೀ ದನಕ್ಕೆ ಹಾಲು ಹೆಚ್ಚು, ಕೂಲೀ ಮುಣ್ಡೆಗೆ ನಾಲಿಗೆ ಹೆಚ್ಚು (Prv.). — ಪೋಲೀ ನಾಯಿ. A stray dog, a dog without an owner (My.).— See Prv. s. ಹೋಳಿಗೆ.

ಪೋಲಿಕೆ pôlikĕ. = ಪುಲ್ಲಿಗೆ, ಪೋಳಿಗೆ, ಹೋಳಿಗೆ. A flat cake made of barley or wheat, etc. (Sk., also ಪೂಲಿಕಾ).

ಪೋಲಿತನ pôlitana. = ಪೋಕರಿತನ. (My.).

ಪೋಲಿಸು pôlisu. = ಹೋಲಿಸು, ಹೋಲಿಸು. To cause to resemble; to make analogous; to compare. ಎಲ್ಲಸ್ವದೊಳಂ ಪೋಲಿಸುವಲ್ಲಿ ಗುಣಾಧಿಕರೊಳ್ ಅನ್ತೆಪೋಲೆನಲಕ್ಕು (Šmd. 73). ಪೋಲೆಪ್ಪ ಅನ್ತೆಯೆಂಬ ಎರಡುಂ ಪೋಲಿಸುವೆಡೆಗಾಡುವು (250). ಪೋಲಿಸುವೊಡೆ ಇರ್ವರುಂ ತಕ್ಕರ್ (298). ಪೋಲಿಸುವರ್ಥಂ (ಉಪಮಾನಾರ್ಥಂ 397 Cm.). ಅನ್ತೆಪೋಲ್ ಅನ್ತಿರೆಯು ಪೊಲ್ ಎನ್ದೊಡೆ ಪೋಲಿಪ ಅರ್ಥಮಕ್ಕುಂ (Šm. 55). ಅನ್ನಸ್, ಅನ್ತಹಂ, etc. ನಟ್ಟನೆ ಪೋಲಿಪ ಎಡೆಗಕ್ಕುಂ (Kk. 61). ಒಲ್ ಪೋಲಿಪ ಎಡೆಗಕ್ಕು ನಾಮಂ (63). ಅವುದಾನೊನ್ದಜೊಳಗೆ ಪೋಲಿಸುವುದು (ಉಪಮೆ, ಉಪಮಾನ Nr.). ಪೋಲಿಪುದು (ರುಹಾಳಿಸಿತು Ks.).

ಪೋಲು pôlu. (fr. a ಪೋಕಲು). (= ಪೋಲಿ No. 1). The state of going or being gone: wasted state, ruin; wasting, squandering. — ಪೋಲಾಗು. -ಆಗು. To be ruined, spoiled, or squandered (My.). ಪೋಲಾದ ವಸ್ತು ಹಾಲಿನ ಹಾಗಿದ್ದರೇನು? (Prv.). — ಪೋಲಾದಾಯಿ. -ಆಯಿ. A female spendthrift (My.). — ಪೋಲು ಮಾಡು. To waste, to squander, as one's fortune (My.).

ಪೋಲ್ಕೆ pôlkĕ. = ಹೋಲಿಕೆ. Resemblance, similitude, likeness (Čpr. 7, after 115; J. 15, 87).

ಪೋಲ್ವೆ pôlvĕ. = ಹೋಲುವೆ. Resemblance, similitude, likeness (ಪಾಣ್ಪೆ Čt. I, 42).

ಪೋಷಕ pôshaka. A nourisher, a supporter, a fosterer, a preserver (ಅಕ್ಷ, ರಕ್ಷಿಸುವವನು Nn. 87).

ಪೋಷಣ pôshaṇa. Nourishing, cherishing, fostering, bringing up, supporting. See ಪೊರೆ, ಹೊರೆ. ಪೋಷಣಕ್ಕೆ ಹೋಗಿ, ಭೂಷಣ ಕಳಕೊಣ್ಡ (Prv.).

ಪೋಷಣೆ pôshaṇĕ. = ಪೋಷಣ. (My.). See Prv. s. ಭಾಷೆ ಕೊಡು.

ಪೋಷಾಕ pôshâka. Apparel (ವೇಶ Čb.; Mhr., H.).

ಪೋಷಾಕು pôshâku. = ಪೋಷಾಕ. (My.).

ಪೋಷಾಗು pôshâgu. = ಪೋಷಾಕು. (B. 5, 48).

ಪೋಷಿತ pôshita. Nourished, cherished, fostered, supported. (My.; see ಪರಿ-).

ಪೋಷಿಸು pôshisu. To nourish, to cherish, etc. (Čpr. 2, after 49; J. 2, 60).

ಪೋಷ್ಟೃ pôshṭṛi. *A nourisher, a cherisher, a man who brings up.*

ಪೋಷ್ಯ pôshya. To be nourished or cherished, fit to be taken care of, etc.

ಪೋಷ್ಯವರ್ಗ pôshya-varga. A class of persons to be cherished or taken care of, as parents, etc. (My.; Si. 358).

ಪೋಳಕ pôḷaka. — ಪೋಳಕಚ್ಚೆ. -ಅಚ್ಚೆ. N. (Čb. v. 13, 14; Tĕ. ಪೋಲಕಮ್ಮ, a certain village goddess).

ಪೋಳಿಗೆ pôḷigĕ. = ಹೋಳಿಗೆ. Tbh. of ಪೋಲಿಕೆ. A stuffed wheaten cake (ಪೌಲಿ G.).

ಪೋೞ್ pôḻ. ಪೋೞು. 1. = ಹೋೞ್, ಹೋೞು 1. To cleave, to split, to divide into parts (ವಿದಾರಣ Šmd. Dh.; T. ಪೋೞ್, ಪಿಳ; T. ಪೊರುಕ್ಕು, what is almost loose from the remainder; M. ಪೊಳ, to be split; ಪಿಳರು, ಪೊಳರು, to split; ಪೊರಿ, to become disconnected; ಪೊಳಿ, to break open; ಪೊಳುಕ್ಕು, a piece, slice, splinter; see Tbh. ಪೋಡಿ; see ಬೆಳವು; cf. ಉಡಿ 1). ಕಾಯಂ ಪೋೞ್ದುಂ (Šmd. 156). ಪೋೞ್ದು (Rśv. 5, after 55). ಗಜಾಸುರನ ಪೋೞುವ ತೆಱದಿ (ಬೇಧಂ ಮತ್ತೀಳನ) ನತ್ತಿಯ ಸೀೞ್ದು (Râghŏ. 17, 69).

ಪೋೞ್ pôḻ. 2. = (ಓೞ್), ಓೞು 2, (ಪೋಡು 2), ಹೋೞು 2. A split, a piece, a slice (ಸೀಳ್ದ ಭಾಗ Šmd. I; ಖಣ್ಡ Šmd. Dh.; J. 12, 21; 26, 65. 66. 67; Tu. ಪೂಳು). ಪೋೞ್ದಗಳ್ (J. 4, 46). — ಪೋೞುಕ್ಕು. -ಇಕ್ಕು. To split (Grj. 2, after 106).

ಪೋೞ್ pôḻ. 3. Arranging, constructing, contriving; forming, making; composing, composition; embellishing; any artificial or ornamental fabric (ವಿರಚನಾರ್ಥ Šmd. Dh.; cf. ಪೋಡು 1).

ಪೋೞಲ್ pôḻal. = ಹೋೞಲ್. The hollow of a tree (ಮರದ ಪೊಟ್ಟೆ Šmd. I, o. r. -ಪೋಟೆ; see ಪೊಟ್ಟರೆ; T. ಪುದಲ್, anything that is hollow).

ಪೌಜು pauju. = ಪವುಜು, ಫೌಜು, ಫೌಜು. An army, a body of troops (ಬಲ್ಲ Čt. II, 88; My.; Br., T.; Mhr., H. ಫೌಜ); a display of troops on the ವಿಜಯದಶಮಿ (My.).

ಪೌಜುದಾರ pauju-dâra. = ಫೌಜದಾರ. A native that commands a body of troops (My.; Mhr., H.). 2, a native criminal judge or magistrate (Mhr., H.).

ಪೌಜುದಾರಿ pauju-dâri. = ಫೌಜದಾರಿ, q. v.

ಪೌಜುದಾರಿಕೆ pauju-dârikĕ. The office of a ಪೌಜುದಾರ (My.).

ಪೌಂಚಾಯಿಸು paunĉâyisu. To instruct illicitly (My.; H.).

ಪೌತವ pautava. A kind of measure (ಪಲಕರ್ಷಾದಿಗಳಿನ್ನಳೆವ ಅಳತೆ Nr., o. r. ಯೌತವ).

ಪೌತಿ pauti. = ಪವುತಿ. Death (My.; Br. ಫೌತು, H. faut). — ಪೌತಿಯಾಸಾಮಿವಾಕಿ. -ಅಸಾಮಿ-. The balance due to government from a deceased person (My.).

ಪೌತ್ತಿಕ pauttika. (fr. ಪುತ್ತಿಕಾ). A kind of honey. (Si. 334).

ಪೌತ್ರ pautra. (fr. ಪುತ್ರ). Belonging or relating to a son or to children. 2, *a grandson* (ಮಗನ ಮಗ Mr. 314).

ಪೌತ್ರಿ pautri. *A grand-daughter.*

ಪೌನಃಪುನ್ಯ paunaḥpunya. (fr. ಪುನಃಪುನಃ). Frequent reiteration, constant repetition. (My.).

ಪೌನರ್ಭವ paunarbhava. (fr. ಪುನರ್ಭೂ). The son of a widow remarried. (My.).

ಪೌರ paura. (fr. ಪುರ). Belonging to a town or city. 2, *a townsman, a citizen.* See *e. g.* Bp. 32, 59; 49, 15; Bh. 1, 10, 28. 3, *a species of fragrant grass.*

ಪೌರಣಿಮೆ pauraṇimĕ. Tbh. of ಪೌರ್ಣಿಮೆ. (Čb. 175).

ಪೌರಲೋಕ paura-lôka. Citizens (Čpr. 7, 155).

ಪೌರವನ paura-vana. A garden in the neighbourhood of a city (Čpr. 3, 69).

ಪೌರಸ್ತ್ಯ paurastya. (fr. ಪುರಸ್). Situated in front. 2, *previous, prior, first.* 3, *eastern.*

ಪೌರಾಣ paurâṇa. (fr. ಪುರಾಣ). Belonging or relating to the past; old, ancient (ಚಿರ, ಹಚಿರಿಯದು Nn. 165); relating to the purâṇas; a purâṇa (Nn. 138).

ಪೌರಾಣಿಕ paurâṇika. = ಪುರಾಣಿಕ. (ಸೂತ, ಪುರಾಣಿಕ Nn. 32; My.). — ಪೌರಾಣಿಕರ ಬಲಭದ್ರ. N. (Bp. 56, 41).

ಪೌರುಷ paurusha. (fr. ಪುರುಷ). = ಪೌರುಸ. Belonging or relating to a man or to man. 2, being of the length of a man with both arms elevated and the fingers extended (ಅಳತೆ Nn. 166; ಅಳತೆಯಲ್ಲಿ ಮುಟ್ಟ ಪೌರುಷಮೆಮ್ಬುದು Mr. 474, one MS. ಮುಟ್ಟ); the measure of a man. 3, virility; *manliness, heroism, strength, power, vigour* (ಪೌರುಷ್ಯ, ಪ್ರತಾಪ, ಪುರುಷರಿನ್ದಾದ ಕಾರ್ಯ 166). 4, action of men, man's work, action.

ಪೌರುಷೇಯ paurushêya. Derived from or relating to man, incidental to man, made by man, human, manly; coming from the soul; a line or lineage of males (My.).

ಪೌರುಷ್ಯ paurushya. = ಪೌರುಷ No. 3, q. v.

ಪೌರುಸ paurusa. Tbh. of ಪೌರುಷ (Šmd. 335).

ಪೌರೋಗವ paurôgava. (fr. ಪುರೋಗವ). An overseer of a royal household, especially *the inspector of the royal kitchen* (ಸೂಪಕರರ ಕರ್ತ Mr. 269).

ಪೌರೋಹಿತ paurôhita. (fr. ಪುರೋಹಿತ). Belonging to a purôhita; the office of a purôhita (Mhr.); the family-priest (see Mr. s. ಅಪ್ಪಾದಕಪ್ರಧಾನ; My.).

ಪೌರೋಹಿತ್ಯ paurôhitya. The character or office of a family-priest. (My.).

ಪೌೞ್ಪ pauṟpa. = ಪೌಷ್ಪ in Hlâ. MS.; Čpr. 10, 48.

ಪೌರ್ಣಮಾಸ paurṇamâsa. (fr. ಪೂರ್ಣಮಾಸ). Relating or belonging to the full moon. 2, *a ceremony performed at the full moon.*

ಪೌರ್ಣಮಾಸಿ paurṇamâsi. *A day or night of full moon.*

ಪೌರ್ಣಮಿ paurṇami. (fr. ಪೂರ್ಣಿಮಾ). A day of full moon (Bp. 4, 28). ಪಾಡಿಯಂ ಮೊದಲು ಪೌರ್ಣಮಿಯುಮವಾಸೆ ಕಡೆ ಮಾಡಿ ರವಿಯಾದಿವಾರಂಗಳಕ್ಕಂ (Mr. 68).

ಪೌರ್ಣಿಮೆ paurṇimĕ. = ಪೌರಣಿಮೆ, ಪೌರ್ಣಮಿ. (My.).

ಪೌರ್ವಾಹ್ಣಿಕ paurvâhṇika. (fr. ಪೂರ್ವಾಹ್ಣ). Belonging or relating to the morning or forenoon. (My.).

ಪೌಲಸ್ತ್ಯ paulastya. (fr. ಪುಲಸ್ತ್ಯ). Descended from Pulastya: *Kubêra.*

ಪೌಲಿ pauli. *Grain half dressed or scorched or fried with ghee and made into a sort of cake* (ಪೋಳಿಗೆ, ಹೋಳಿಗೆ, ರೊಟ್ಟಿ G.).

ಪೌಲೋಮಿ paulômi. (fr. ಪುಲೋಮ). The daughter of Pulôma: *the wife of Indra.*

ಪೌವನೆ pauvanĕ. = ಪವ್ವನೆ, q. v.

ಪೌಷ pausha. (fr. ಪುಷ್ಯ). Relating to the time when the moon is in the asterism pushya; *the month pausha* (December-January).

ಪೌಷ್ಪ paushpa. (fr. ಪುಷ್ಪ). = ಪೌೞ್ಪ. *Belonging or relating to flowers, made of flowers.*

ಪೌಷ್ಪಕ paushpaka. *Oxide of brass, green vitriol.*

ಪ್ಪ ppa. = ಪ 2, etc., *e. g.* ತೋಳಪ್ಪಂ, ಬೆಳಪ್ಪಂ, ಬೆಸಪ್ಪಂ (Šmd. 275 Mdb.), ಉದಯಿಪ್ಪಂ (275). *Cf.* ಅನ್ತಪ್ಪಂ, ಇನ್ತಪ್ಪಂ, ಉನ್ತಪ್ಪಂ; ದಪ, ದಪ್ಪ.

ಪ್ಯಾಟ್ pyâṭ. *Ho! hallo!*

ಪ್ಯಾದೆ pyâdĕ. = ಪೇದೆ. (My.; Tĕ.).

ಪ್ರ pra. Before, forward, in advance, in front, onward, forth, away; pre-eminently, excessively, very, much.

ಪ್ರಕಟ pra-kaṭa. *Evident, clear, manifest, apparent, displayed, unfolded;* published; public, commonly known; noted, notorious; visible (ಪ್ರಸಿದ್ಧ Šmd. 124 Cm.; ಹರವರಿ Kk. 52; ಪ್ರಖ್ಯಾತ Nn. 89). ಪ್ರಕಟವಾದರೂ ಅಗಡುತನ ಬಿಡಲಿಲ್ಲ (Prv.). — ಪ್ರಕಟಗೊಳಿಸು. -ಕೊಳಿಸು. To cause to become manifest, etc. (My.). ಅಭಿಪ್ರಾಯವನ್ನು ಪ್ರಕಟಗೊಳಿಸುವ ಚೇಷ್ಟೆ (ಆಕಾರ, ಇಂಗಿತ, ಇಂಗ Si. 392). — ಪ್ರಕಟಮ್ಮಾಡು. -ಂ-. To manifest, etc. (Čpr. 7, after 77).

ಪ್ರಕಟತರ prakaṭa-tara. Uncommonly or very evident, etc. (ಪ್ರಸಿದ್ಧ Šmd. 21 Cm.; Kâvy. IV, 2, 30; Čpr. 1, 58; Bp. 36, 48; 46, 3).

ಪ್ರಕಟಣೆ prakaṭaṇĕ. Tbh. of ಪ್ರಕಟನ. (My.).

ಪ್ರಕಟನ prakaṭana. Manifesting, bringing to light, disclosing, revealing (Sk.); publishing, as by letter, etc., notification (My.). See ಇಷ್ಟಾರ್ಥ-. — ಪ್ರಕಟನಪತ್ರ. A writing which communicates information, a notification (My.).

ಪ್ರಕಟಿತ prakaṭita. Manifested; evident, apparent; displayed (Čpr. 1, 126; Bp. 21, 5; 26, 11); published, proclaimed (My.).

ಪ್ರಕಟಿಸು prakaṭisu. To manifest; to disclose; to promulgate; to publish, to proclaim (Čpr. 2, 5; 3, 4; 7, 131; Bp. 8, 51; 33, 30; 51, 31. 45; 54, 28; Rŝv. 10, after 10; J. 11, 25; My.).

ಪ್ರಕಟೀಕೃತ prakaṭî-kṛita. Manifested, brought to light, unfolded, displayed. (Čpr. 4, after 42).

ಪ್ರಕಮ್ಪನ pra-kampana. Great trembling, shaking, violent or excessive motion. 2, one of the sâtvikabhâvas (Kâvy. IV, 2, 17).

ಪ್ರಕರ pra-kara. 1. Doing much or well; achieving, making, performing, etc. 2, war, a battle (ಸಮರ, ಕಾಳೆಗ Nn. 45). 3, an ass (ಗರ್ದಭ, ಕತ್ತೆ Nn. 45).

ಪ್ರಕರ pra-kara. 2. Scattering forth; a scattered heap; *a heap, a multitude.* 2, wealth, property (ಕಸ್ವರ, ವಿತ್ತ Nn. 45).

ಪ್ರಕರಣ pra-karaṇa. = ಪಗರಣ. Doing much or well; treating, expounding, discussion, explanation. 2, *a subject, a topic, a province, a department.* 3, a section, a chapter, a book, a paragraph (Šmd. 61; Čh. p. 24). 4, opportunity, occasion. 5, an introduction, a prologue, a prelude. 6, a poetical fiction or poem, in which the story and principal persons are wholly imaginary. 7, a drama, a kind of drama with a fictitious plot. See ಧಾತು-, ರಾಕ್ಷಸ-.

ಪ್ರಕರ್ಷ pra-karsha. *Pre-eminence, excellence, eminence, distinction, high degree, superiority* (ಹೆಚ್ಚುಗೆ Si. 467).

ಪ್ರಕಲಿತ pra-kalita. Driven onwards, chased; urged on;—attached, affixed, furnished with (Bp. 46, 69).

ಪ್ರಕಾಣ್ಡ pra-kâṇḍa. *The stem or trunk of a tree from the root to the branches* (ಮರನ ಕವಲೊತ್ತು Mr. 105); the stalk of a lotus (ಮೃಣಾಲ, ತಾವರೆಯ ದಣ್ಟ Nn. 60). 2, *the upper part of the arm* (ಮೊಣಕೆಯ್ಯ ಮೇಲು Mr. 328). 3, a branch, a shoot; the fingers of the hand (ಕರಾಂಗುಲಿಗಳ್, ಕೆಯ್ಯ ಬೆರಳುಗಳು 60). 4, a division of time (ಕಾಲ, ಕಾಲಭೇದ 60). 5, a kind of tree (ತರುಭೇದ, ವೃಕ್ಷಭೇದ 60; *cf.* No. 1?). 6, at the end of a composition: *anything excellent of its kind.*

ಪ್ರಕಾಮ pra-kâma. Desire, delight, pleasure. ಪ್ರಕಾಮಂ, according to wish or desire; with great pleasure; *to the heart's content; very much.*

ಪ್ರಕಾರ pra-kâra. = ಪಕಾರ 2, ಪಾಕಲ್. *Sort, kind, species.* 2, *way, mode, fashion, manner.* 3, *particularity, speciality.* 4, *similitude.*

ಪ್ರಕಾರಗಮನ prakâra-gamana. Going mannerly. See ಪಾಂಗಜ್.

ಪ್ರಕಾಶ pra-kâśa. = ಪಕಾಸ. *Visible, manifest, clear, evident; open, public; generally or universally known, noted, celebrated;* bright, shining. 2, at the end of a composition: *having the appearance of, looking like, similar.* 3, *clearness, brightness, brilliance, lustre, splendor, shine;* sunshine; elucidation; display, manifestation, expansion, diffusion; fame, celebrity. ಪ್ರಕಾಶವಿಲ್ಲದವ ಆಕಾಶಕ್ಕೆ ಹೋದ ಕೇನು? (Prv.).— ಪ್ರಕಾಶಗೊಳಿಸು. -ಕೊಳಿಸು. To cause to obtain lustre, to illuminate, to make bright or full of light (My.); to cause to obtain diffusion, to develop. ಸುಗನ್ಧದ್ರವ್ಯಗಳಲ್ಲಿ ಅಡಗಿ ಕೊಣ್ಡಿರುವ ಪರಿಮಳಾದಿಗಳನ್ನು ಪ್ರಕಾಶಗೊಳಿಸುವ ತೈಲಾದ್ಯುತ್ತೇಜಕಸಾಮಗ್ರಿ (ಪ್ರಬೋಧನ Si. 225). — ಪ್ರಕಾಶಗೊಳಿಸುವಿಕೆ. -ಕೊಳಿಸುವಿಕೆ. Causing to obtain lustre, etc. (ದೇವನ Si. 436).— ಪ್ರಕಾಶಗೊಳ್ಳು. -ಕೊಳ್ಳು. To obtain lustre, to begin to shine, etc. (My.).

ಪ್ರಕಾಶನ pra-kâśana. Illuminating, giving light; *making known.*

ಪ್ರಕಾಶಿತ pra-kâśita. Become visible, manifest; displayed; illumined, enlightened. (Čpr. 1, 126; My.).

ಪ್ರಕಾಶಿಸು pra-kâśisu. To become manifest; to be well known; to shine forth, to shine, to be full of lustre (My.; B. 3, 27; ಮಿಂಚು, ಹೊಳೆ G.). ಪ್ರಕಾಶಿಸುವ (ಸ್ಫುರತ್ Šmd. 73 Cm.). ಪ್ರಕಾಶಿಸಲ್ ಪಟ್ಟ (ಸ್ಫುರಿತ 153 Cm.). ಪ್ರಕಾಶಿಪುದು (ಉಜ್ಜ್ವಲ 400 Cm.).

ಪ್ರಕೀರ್ಣ pra-kîrṇa. Scattered forth, scattered; spread abroad; dishevelled, loose; waved, waving; etc.;—a confused mass, miscellany; a collection, a mass (Bp. 6, 21).

ಪ್ರಕೀರ್ಣಕ pra-kîrṇaka. *A chowrie, the tail of the Bos grunniens used as a fan,* etc. (ಸುತ್ತ ಕೆದಱುವ ಚಾಮರ Mr. 265).

ಪ್ರಕೀರ್ತಿತ pra-kîrtita. Announced, proclaimed; pronounced, declared, said; renowned, celebrated. (My.).

ಪ್ರಕೀರ್ಯ pra-kîrya. To be scattered forth, fit to be diffused, etc. 2, *the plant Guilandina bonduc* Juss. (see ತಪಸಿಗಿಡ).

ಪ್ರಕೃತ pra-kṛita. Made, accomplished; *commenced, begun; that which is now in hand or under consideration;* original, natural; genuine, real (ನಿಜ, ನಿಟ್ಟದ್ದಿ Nn. 111, o. r. ನಿಜ ಮಾದುದು; Bp. 40, 67). 2, the present moment or time (My.).

ಪ್ರಕೃತವಿಕೃತ prakṛita-vikṛita. A natural and an unnatural condition, an innate and a modified condition (Bp. 40, 67).

ಪ್ರಕೃತಿ pra-kṛiti. *The original or natural form of anything, natural condition or state* (ತನ್ನ ಸ್ವರೂಪ Nn. 111; ಸ್ವರೂಪ Mr. 500). 2, *nature, character;* constitution of body (B. 3, 28; 4, 123; My.); disposition of mind; temperament. 3, genuineness, reality (ನಿಜ 500, *cf.* ಪ್ರಕೃತ). 4, *the equipoise of the three constituent qualities of nature: satva, rajas and tamas* (ಗುಣತ್ರಯ, ಸತ್ವ ರಜಸ್ ತಮಮೆಮ್ಬ ಗುಣತ್ರಯ 111). 5, the mind, in which the three qualities reside (ಚಿತ್ತ 111; ಸತ್ವಾದಿಗುಣಮಿಪ್ಪ ಚಿತ್ತ 500). 6, *the five elements.* 7, *the seven constituent parts of a kingdom:* the king, his minister, his ally, territory, fortresses, treasury, and army (ಸಪ್ತಾಂಗ 111). 8, *the minister (or ministers) of a king* (ಉತ್ತಮದ ಸಚಿವರ್ 500). 9, the Jinas of a town (ಪತ್ತನಜನಂಗಳ್ 500). 10, *the subjects of a king, the artizans,* etc. (ಜನ, ಜನರುಗಳು 111). 11, a woman, womankind (ಸ್ತ್ರೀಯರು 111). 12, the original source of, or passive power of creating, the material world, Nature (mâyâ, pradhâna) as opposed to Purusha (soul, or the primeval male). 13, work or business to be done (ಕಾರ್ಯ 111; 500). 14, cause (ಕಾರಣ 111; 500). 15, a rule, a pattern, a model. 16, a peculiar practice: the suppression of any feeling etc. (ಶೀಲ, ಸ್ತಮ್ಭ Nn. 76). 17, tax, tribute, etc. (ಬಲಿ Nn. 16). 18, that which is most excellent (ಮುಖ್ಯ, ಶ್ರೇಷ್ಠವಾದುದು 111). 19, beginning and end (ಆದಿ ಅನ್ತ್ಯ, ಮೊದಲು ಕಡೆ 111). 20, leaving, abandoning (ತ್ಯಜ, ಬಿಡುವುದು 111). 21, acting, behaviour, practice, etc. (ಚಾರಿತ್ರ, ಚರಿತ್ರ 111). 22, a multitude (ವ್ರಜ, ಸಮೂಹ 111). 23, dust (ರಜ, ದೂಳು 111). 24, *the crude or elementary form of a word, an uninflected word, the radical form of a word before the case-terminations and other affixes are subjoined* (Šmd. 6 Cm.; 46. 60. 62. 98; 105 Cm.; 137. 178. 281; Kâvy. I, 1a, 28. 29; I, 1b, 1-5; I, 5, 32-47; ಲಿಂಗ Mr. 514). 25, N. of a type of metres (Čh.; ಛನ್ದೋಭೇದ 111; Mr. 362). 26, *the female organ of generation.* 27, *the male organ of generation.*—ಪ್ರಕೃತಿಯಿಲ್ಲದಿದ್ದರೂ ವಿಕೃತಿ ಬಿಡ ಲಿಲ್ಲ (Prv.).

ಪ್ರಕೃತಿಗುಣ prakṛiti-guṇa. *One of the three constituent qualities of nature.*

ಪ್ರಕೃತಿತ್ವ prakṛititva. Natural state, genuine form (Čpr. 8, 2).

ಪ್ರಕೃತಿಸ್ವರೂಪ prakṛiti-svarûpa. The original form of the verbal theme (Śmd. 270).

ಪ್ರಕೃಷ್ಟ pra-kṛishṭa. Drawn forth; drawn out; distinguished, excellent, exalted, eminent, etc. (ಮನೋಹರ, ಶುಭ, etc. Mr. 424).

ಪ್ರಕೋಪ pra-kôpa. Excitement, emotion; violent anger, rage, fury; irritation, provocation, exasperation (Śmd. 173; Kâvy. III, 3, B, 57; IV, 2, 15). 2, excess, superabundance. See ವಾತ-.

ಪ್ರಕೋಷ್ಠ pra-kôshṭha. *The fore-arm* (ಮುಂಗೆಯ್ Mr. 322). 2, *a court in a house, an open space surrounded by buildings* (ಕಕ್ಷಾನ್ತರ, ಮನೆಯ ನಿಲವು Mr. 201).

ಪ್ರಕ್ರಮ pra-krama. Striding forwards, stepping; proceeding; a step; *commencement, beginning.*

ಪ್ರಕ್ರಯ pra-kraya. *Price, worth, value* (ಕ್ಷೆಪ್ತಿಕ, ಬೆಲೆ Hlâ.).

ಪ್ರಕ್ರಿಯೆ pra-kriyĕ. Conduct, manner, way; a rite, a ceremony. 2, *elevation, precedence, prerogative, dignity, high position.*

ಪ್ರಕ್ವಣ pra-kvaṇa. *The sound of a lute.*

ಪ್ರಕ್ವಾಣ pra-kvâṇa. *The sound of a lute.*

ಪ್ರಕ್ಷಮ pra-kshama. Very patient (Bp. 46, 3).

ಪ್ರಕ್ಷಾಲ pra-kshâla.=ಪಚ್ಚಾಳ, ಪಚ್ಚಳ 2, ಪ್ರಕ್ಷಾಲನ. See ತಣ್ಣುಲ-.

ಪ್ರಕ್ಷಾಲನ pra-kshâlana. Washing, washing off, cleaning, cleansing; bathing; water for washing. See ಕರ್ಚು, ತೊಳೆ. — ಪ್ರಕ್ಷಾಲನಂಗೆಯ್. -ಂ-. To wash (Bp. 39, 5; 52, 4).

ಪ್ರಕ್ಷಾಲಿತ pra-kshâlita. *Washed, cleansed.*

ಪ್ರಕ್ಷಾಲಿಸು pra-kshâlisu. To wash (ಕರ್ಚು Čt. I, 24).

ಪ್ರಕ್ಷೇಪಣ pra-kshêpaṇa. Throwing, casting, placing, depositing. (My.).

ಪ್ರಕ್ಷೇಪಿತ pra-kshêpita. Thrown, cast, placed, deposited. (My.).

ಪ್ರಕ್ಷ್ವೇಡನ pra-kshvêḍana. Clamour. 2, *an iron arrow.*

ಪ್ರಖ್ಯ pra-khya. Visible, clear; at the end of compounds: *resembling, like.* 2, Tbh. of ಪ್ರಖ್ಯೆ (Bp. 38, 44).

ಪ್ರಖ್ಯಾತ pra-khyâta. *Celebrated, renowned, famous, noted, notorious.*

ಪ್ರಖ್ಯಾತಿ pra-khyâti. Notoriety, celebrity, fame, praise. (My.). ಪ್ರಖ್ಯಾತಿ ಹೊನ್ನಿ, ಅಪಖ್ಯಾತಿ ಪಟ್ಟ (Prv.).— ಪ್ರಖ್ಯಾತಿವೆಱ್. -ವೆಱ್. To get fame, to become famous (Čpr. 4, 92).

ಪ್ರಖ್ಯೆ pra-khyĕ.=ಪ್ರಖ್ಯ No. 2. Look, appearance; making manifest; fame, renown.

ಪ್ರಗಣಿತ pra-gaṇita. Reckoned up, calculated (Bp. 19, 10).

ಪ್ರಗಣ್ಡ pra-gaṇḍa. *The upper part of the arm from the elbow to the shoulder.*

ಪ್ರಗತ pra-gata. Gone forward, gone forth; gone in a distinct manner (ವಿಶೇಷವಾಗಿ ಅಯ್ದುಲ್ ಪಟ್ಟ Śmd. 269 Cm.); separate, apart.

ಪ್ರಗತಜಾನುಕ pragata-jânuka. *Having the knees far apart, bandy-legged.*

ಪ್ರಗಲ್ಭ pra-galbha. *Bold, confident;* resolute, energetic; spirited, daring; proud; eminent.

ಪ್ರಗಲ್ಭತೆ pra-galbhatĕ. Boldness, confidence; *energy, resolution, resoluteness;* arrogance; wilfulness; power, eminence, consequence; ingenuity, intellect (ಪ್ರತಿಪತ್ತಿ, ಜಾಣ್ಮೆ Mr. 458).

ಪ್ರಗಾಢ pra-gâḍha. Entered; dipped into. 2, *much, excessive.* 3, *hard, difficult.* 4, hard, firm.

ಪ್ರಗುಣ pra-guṇa. Having excellent qualities; *being in the right state or order, straight;* honest, upright.

ಪ್ರಗುಮ್ಫನ pra-gumphana. Stringing together, arranging (Čpr. 1, 59).

ಪ್ರಗೇ pra-gê. *Early in the morning, at day-break.*

ಪ್ರಗ್ರಹ pra-graha.=ಹಗ್ಗ. Holding in front or forth. 2, taking, laying hold of, grasping, seizing; a police-officer (ಗ್ರಾಹಕ, ಬನ್ದಿವಿಡಿಹಂ Mr. 462); a leader, a ruler. 3, *a rope, a rein, a bridle, a halter, etc.* 4, *the string suspending a balance.* 5, *a captive, a prisoner.* 6, *a ray of light.* 7, the arm. 8, kindness, favour.—See ಬನ್ದಿ 1.

ಪ್ರಗ್ರಾಹ pra-grâha. Seizing, etc. 2, *a rein, a halter, etc.* 3, *the string suspending a balance.*

ಪ್ರಗ್ರೀವ pra-grîva. *An air-hole, a window;* a balcony; a summer-house, a pleasure-house; a building on the top of a palace; a wooden balustrade or fence round a building; a stable; the top of a tree.

ಪ್ರಘುಟ್ಟಕ pra-ghaṭṭaka. A precept, rule, doctrine. (Čpr. 8, 89).

ಪ್ರಘಣ pra-ghaṇa. *A porch before the door of a house, a terrace before a house, a portico* (ಅಲಿನ್ದಕ, ಮೊಗಸಾಲೆ Mr. 199). 2, an iron mace.

ಪ್ರಘಾತ pra-ghâta. *A battle, a combat.*

ಪ್ರಘಾಣ pra-ghâṇa. *A terrace before a house.* 2, *that part of the stem of a tree where the branches begin* (ಸ್ಕನ್ಧ, ಮರನ ಕವಲ್ Mr. 105). 3, an iron mace.

ಪ್ರಘೋಷಣ pra-ghôshaṇa. Sound, noise, roar (Bp. 37, 69).

ಪ್ರಚಕ್ರ pra-čakra. *An army in motion.*

ಪ್ರಚಣ್ಡ pra-čaṇḍa.=ಪಚಣ್ಡ. Excessively violent, vehement, furious; very hot or burning; fierce; intolerable; terrible; bold, presuming; stupendous. ಪ್ರಚಣ್ಡದ ಎತ್ತೇಱುವ ವಂ (ಅನಡ್ವವಾಹ, ಶಾಕ್ವರಾರೋಹ Mr. 247).

ಪ್ರಚಣ್ಡಿ pra-čaṇḍi. A cow fit for the bull (ಸೂರತೆ, ಬೆದೆಯಾವು Hlâ.; ಬೆದೆಯಾಕಳ್ Mr. 180, o. r. ಬೆದೆಯಾವು).

ಪ್ರಚಯ pra-čaya. Collecting, gathering; a heap, a quantity, a number, a multitude (Bp. 42, 38; Kk. 1); slight union. 2, the neutral accentless tone (Bp. 55, 51).

ಪ್ರಚರ pra-čara. Going forth; going about, roaming, wandering (Bp. 43, 62); proceeding, behaviour; course; a road; usage, custom.

ಪ್ರಚರ್ಯ pra-čarya.=ಪ್ರಚರ. (Bp. 36, 57).

ಪ್ರಚಲ pra-čala.=ಪಚ್ಚಳ 1. *Being in motion, moving to and fro, trembling, unsteady.*

ಪ್ರಚಲಾಕ pra-čalâka. *A peacock's tail.*

ಪ್ರಚಲಾಕಿ pra-čalâkî. *A peacock.*

ಪ್ರಚಲಾಯಿತ pra-čalâyita. Moving to and fro, tossed about; *nodding the head* (while asleep in a sitting posture).

ಪ್ರಚಾರ pra-ćâra. Coming forth; becoming manifest or public, appearing, appearance, manifestation; being in actual use, currency; being used or applied; going, wandering, roaming (Rśv. 13, 19; J. 7, 36; 12, 15); *conduct, behaviour; prevalence, custom, usage* (B. 4, 214). — ಪ್ರಚಾರಗೊಳಿಸು. -ಕೊಳಿಸು. To make public (My.).

ಪ್ರಚಾರತೆ pra-ćâratĕ. Moving about (Grj. 4, 58).

ಪ್ರಚಿನ್ತ್ಯ pra-ćintya. To be reflected or meditated upon; to be found out, devised or contrived. See ಅ-.

ಪ್ರಚುರ praćura. *Much, many, abundant;* plenteous, plentiful, frequent; abounding in; abundance, augmentation, increase; frequent, prevalent, notorious (ಪ್ರಸಿದ್ಧ Śmd. 291 Cm.). — ಪ್ರಚುರ ಪಡಿಸು. To make known, to publish (My.).

ಪ್ರಚುರಗ್ರಹಣ praćura-grahaṇa. The extension, or comprehensiveness, of a rule (ಪಿರಿದುಂ Śmd. 153).

ಪ್ರಚುರತರ praćura-tara. Very much, very many, etc. (A.).

ಪ್ರಚುರತೆ praćuratĕ. Abundance, plentifulness, plenty; multitude; increase; prevalence, notoriety (ಪಸರ Ćt. I, 74; ಪ್ರಸಿದ್ಧಿ Śmd. 107 Cm.; Kâvy. III, 1, A, 24).

ಪ್ರಚೇತಸ್ pra-ćêtas. = ಪ್ರಚೇತಸ. Wise, intelligent. 2, *Varuṇa.* 3, N. of one of the prajâpatis or ancient sages.

ಪ್ರಚೇತಸ pra-ćêtasa. Yama (Mr. 49).

ಪ್ರಚೋದನ pra-ćôdana. Instigating, inciting, exciting, animating; directing, ordering.

ಪ್ರಚೋದನಿ pra-ćôdani. *The plant Solanum jacquini* Willd.

ಪ್ರಚೋದಿತ pra-ćôdita. Driven on, impelled, instigated; decreed; prescribed, commanded. (My.).

ಪ್ರಚ್ಛದ pra-ć-ćhada. = (ಪಚ್ಛ), ಪಚ್ಚಡ, ಹಚ್ಚಡ. Covering, enveloping, clothing with: *a cover, a coverlet, a wrapper, a blanket,* (a cloth, a garment, ಹಚ್ಚಡಗೆ Hlâ.).

ಪ್ರಚ್ಛದಪಟ praććhada-paṭa. *A cover, a wrapper.*

ಪ್ರಚ್ಛನ್ನ pra-ć-ćhanna. Covered, enveloped; concealed, hidden; clothed, clad; *private, secret, unavowed, disguised.* 2, *a private door inside a house.* 3, a lattice, a loop-hole.

ಪ್ರಚ್ಛನ್ನಪ್ರಕಟ praććhanna-prakaṭa. Unriddling (Kâvy. III, 2, B, 81).

ಪ್ರಚ್ಛರ್ದಿಕೆ pra-ć-ćhardikĕ. *Vomiting.*

ಪ್ರಚ್ಛಾದನ pra-ć-ćhâdana. Covering, concealing, hiding. 2, *an upper or outer garment.*

ಪ್ರಚ್ಛಾದಿತ pra-ć-ćhâdita. *Covered;* hidden; clothed.

ಪ್ರಚ್ಛೋದಿತ praććhôdita. Amazement (ಸಂಪಿತ, ಬೆಬಗು Mr. 468, in two MSS., o. rs. ಪ್ರಚ್ಯೋದಿತ, ಪ್ರಚ್ಯೋದಿತ, and in two MSS. ಸಜ್ಜಿತ).

ಪ್ರಜ praja. Tbh. of ಪ್ರಜೆ. (B. 5, 282).

ಪ್ರಜನ pra-jana. Begetting; impregnating; a generator; impregnation or pregnancy of cattle; *the season for a cow's taking the bull.*

ಪ್ರಜನನ pra-janana. Generation, procreation; bringing forth, birth; production; the penis; the vulva. (My.).

ಪ್ರಜವಿ pra-javi. *Hastening, rapid, quick.*

ಪ್ರಜಾಗರ pra-jâgara. *Waking, watching, being awake;* taking care.

ಪ್ರಜಾತ pra-jâta. Born, produced (Bp. 40, 65).

ಪ್ರಜಾತೆ pra-jâtĕ. *A woman who has borne a child.*

ಪ್ರಜಾಧಿಪ prajâ-adhipa. A king (ಅರಸು Mr. 262).

ಪ್ರಜಾಪತಿ prajâ-pati. Lord of creatures; lord of the people: *Brahmâ.* 2, ten personages or ancient ṛishis first created by Brahmâ: Marîći, Atri, Aṅgiras, Pulastya, Pulaha, Kratu, Praćêtas, Vasishṭha, Bhṛigu, and Nârada. 3, *a king.* 4, the penis (My.).

ಪ್ರಜಾವತಿ prajâ-vati. A woman who has children, a mother; a pregnant woman. 2, *a brother's wife* (ಭ್ರಾತೃ ವಧು, ನಾದುನಿ Hlâ.; ನಾದುನಿ Mr. 312).

ಪ್ರಜೆ pra-jĕ. ಪ್ರಜಾ. *Progeny, offspring, children.* 2, *a created being, a creature.* 3, *people, the inhabitants of a country, subjects.* See Prv. s. ರಾಜ.

ಪ್ರಜೇಶ್ವರ prajâ-îśvara. A king. (My.).

ಪ್ರಜೋತ್ಪತ್ತಿ prajâ-utpatti. The raising up of progeny. 2, the fifth year in the cycle of sixty (My.).

ಪ್ರಜ್ಞ pra-jña. Wise, intelligent, learned. (Bp. 8, 12).

ಪ್ರಜ್ಞಾಚಕ್ಷುಸ್ prajñâ-ćakshus. Having the understanding or wisdom as the only eyes: blind (Sk.). 2, the mental eye (My.).

ಪ್ರಜ್ಞಾನ pra-jñâna. *Knowledge, wisdom, intelligence;* discrimination. 2, *a mark, a token, a memorial.*

ಪ್ರಜ್ಞು pra-jñu. *Bandy-legged.*

ಪ್ರಜ್ಞೆ pra-jñĕ. ಪ್ರಜ್ಞಾ. A clever or sensible woman. 2, *understanding, intellect, wisdom, knowledge;* discrimination.

ಪ್ರಜ್ವಾಲ pra-jvala. = ಪಜ್ಜಳ, ಪ್ರಜ್ವಲನ.

ಪ್ರಜ್ವಾಲನ pra-jvalana. Blazing up, being in flames, flaming, blazing brightly, shining; taking fire, kindling. (Si. 240).

ಪ್ರಜ್ವಾಲಿತ pra-jvalita. Being in flames, flaming, blazing, burning, shining. (Bp. 24, 38).

ಪ್ರಜ್ವಾಲಿಸು pra-jvalisu. = ಪಜ್ಜಳಿಸು, ಪೊಜ್ಜಳಿಸು. To catch fire, to be in flames, to blaze up, to shine, to be full of lustre, etc. (Bp. 47, 17; J. 26, 18).

ಪ್ರಡೀನ pra-ḍîna. Flying forward; *taking flight.*

ಪ್ರಣತ pra-ṇata. Bent forwards, crooked; *bowed, bowing to;* bending; humble. 2, skilful, clever. See ಎಱಗು.

ಪ್ರಣತಿ pra-ṇati. *Bowing, salutation, obeisance.*

ಪ್ರಣತೆ praṇatĕ. = ಪಣತೆ, etc. Tbh. of ಪ್ರದೀಪ್ತೆ. (My.).

ಪ್ರಣಮ pra-ṇama. = ಪ್ರಣಾಮ. See ಪಣ್ಣ-.

ಪ್ರಣಯ pra-ṇaya. A leader. 2, guidance. 3, *confidence, familiarity, trust, intimacy.* 4, *friendly acquaintance, friendly or fond regard, friendship, affection, love, fondness, favour, kindness* (ಪ್ರಸಾದ, ತಿಳಿವು Mr. 455). 5, *affectionate solicitation.* See ಒಲುಮೆ.

ಪ್ರಣಯಕಲಹ praṇaya-kalaha. A lovers' quarrel, mere wanton quarrelsomeness. (Grj. 2, after 106).

ಪ್ರಣಯವಚೋವಿಲಾಸ praṇaya-vaćas-vilâsa. Sportive declaration of love or affection (Ćpr. 4, 19).

ಪ್ರಣಯಿ pra-ṇayi. A friend; a lover, a husband; a lord, a master (ಒಡೆಯ Mr. 227); a petitioner; a humble servant.

ಪ್ರಣಯಿನಿ praṇayiṇi. A female friend; a mistress, wife. (Ćpr. 1, 64).

ಪ್ರಣವ pra-ṇava. = ಪಣವ 1 & 2. Roaring, crying, sounding, humming, etc. 2, *a small kind of drum or tabor.* 3, *the mystic syllable ôṁ* (Bp. 57, 76).

ಪ್ರಣವಪೂರ್ವಕ praṇava-pûrvaka. Preceded by the syllable ôṁ (Čpr. 6, after 71).

ಪ್ರಣಾದ pra-nâda. A loud sound, noise, etc.; any loud noise, *especially one expressing approbation or delight.*

ಪ್ರಣಾಮ pra-nâma. Bending, bowing; prostration, obeisance. See ದಣ್ಡ-, ಸಾಷ್ಟಾಂಗ-.

ಪ್ರಣಾಯ್ಯ pra-nâyya. To be led forwards; to be regarded with affection;—to be done away with: *disapproved, disagreeing, contemptible.*

ಪ್ರಣಾಲ pra-nâla. = ಪ್ರಣಾಲಿ. See ಜಲ-; Čpr. 6, 48.

ಪ್ರಣಾಲಿ pra-nâli. *A channel, a gutter, a drain, a waste-pipe, a water-course* (ಪರಿನಾಳಿ Mr. 422).

ಪ್ರಣಿಧಾನ pra-nidhâna. Laying on, imposing; employing; turning or directing upon, as the eyes or thoughts. 2, respectful conduct or behaviour towards. 3, *profound religious meditation.* 4, great effort, energy.

ಪ್ರಣಿಧಿ pra-nidhi. Observing, scrutinizing, spying out. 2, *a spy, a secret agent.* 3, *a request.*

ಪ್ರಣಿಪತ್ತಿ pra-nipatti. = ಪ್ರಣಿಪಾತ. (Bp. 21, 7; 30, 15; 55, 2).

ಪ್ರಣಿಪಾತ pra-nipâta. Falling at one's feet, prostration, *humble submission to; salutation, obeisance.*

ಪ್ರಣಿಪಾತಿ pra-nipâti. = ಪ್ರಣಿಪಾತ. (ಅನುನಯ, ಪ್ರಣತಿ, ಸನ್ನವಣಿ Mr. 455).

ಪ್ರಣಿಹಿತ pra-nihita. Laid on, imposed; *laid down, deposited;* delivered, consigned; having the thoughts concentrated on one point, intent; *obtained, attained, acquired.*

ಪ್ರಣೀತ pra-nîta. Led forwards, led; conveyed; brought; offered, given; effected, accomplished; made, done; *prepared, dressed, as food, cooked* (ಪಳದಿ G.). 2, *fire consecrated by mantras* (ಕಿಚ್ಚು Mr. 260).

ಪ್ರಣೀತೆ pra-nîtĕ. = ಪಣತೆ, ಪಣಿತೆ, ಪ್ರಣತೆ, ಹಣತೆ, ಹಣಿತೆ. A vessel used at sacrifices, a sort of cup (Sk.).

ಪ್ರಣುತ pra-nuta. *Praised, lauded.*

ಪ್ರಣುತಿ pra-nuti. Praise (Bp. 35, 3).

ಪ್ರಣುತಿಸು pra-nutisu. To praise (Bp. 1, 39; 39, 2).

ಪ್ರಣೂತ praṇûta. = ಪ್ರಣುತ. (Čpr. 5, after 51; 7, 92).

ಪ್ರಣೇಯ pra-nêya. To be led or guided; *ductile, docile, submissive, obedient.*

ಪ್ರತತ pra-tata. Spread; spread abroad, diffused (ವಿಸ್ತಾರ G.).

ಪ್ರತತಿ pra-tati. Spreading, expansion, extension; a multitude (ಸಮೂಹ Nn. 84; ಸ್ತೋಮ Mr. 422; see ವಸ್ತು-). 2, *a creeping plant, a creeper.*

ಪ್ರತನ pratana. *Ancient, old.*

ಪ್ರತರ್ಕ pra-tarka. Conclusion, supposition, conjecture.

ಪ್ರತರ್ಕಿಗ pra-tarkiga. A logician, a disputant, a reasoner. See ಕು-.

ಪ್ರತರ್ಕ್ಯ pra-tarkya. Conceivable, comprehensible, imaginable. See ಅ-.

ಪ್ರತಲ pra-tala. *The open hand with the fingers extended.* 2, one of the divisions of the lower regions.

ಪ್ರತಾನ pra-tâna. Branching out, ramification, spreading; a multitude (Grj. 10, after 73; Bp. 7, 16); a shoot, a tendril; a creeping plant, a creeper.

ಪ್ರತಾನಿನಿ pra-tânini. Having tendrils: *a spreading creeper, a climbing plant.*

ಪ್ರತಾಪ pra-tâpa. Glowing heat, heat. 2, splendor; *glory, majesty, dignity.* 3, *ardour, zeal, vigour, power, energy, prowess, valour* (ಪೌರುಷ್ಯ Nn. 166).

ಪ್ರತಾಪನ pra-tâpana. Making hot; burning; paining, distressing;—a particular hell. (My.).

ಪ್ರತಾಪಶಾಲಿ pratâpa-śâli. A powerful, valourous man (B. 4, 7. 126; My.).

ಪ್ರತಾಪಸ pra-tâpasa. *A species of gigantic Asclepias with white flowers, Calotropis gigantea alba* R. Br.

ಪ್ರತಾಪಿ pra-tâpi. (Šmd. 90 Mḍb.). Hot, burning; paining, distressing, harassing; majestic, dignified, powerful. 2, N.

ಪ್ರತಾರಣ pra-târaṇa. Ferrying over or across; crossing over (Čpr. 3, after 9); *deception, deceit, fraud.*

ಪ್ರತಿ prati. = ಪಡಿ 2, ಪತಿ 2, ಪಟು 1. *Towards, to; against, in opposition to; over against, opposite, contra; in the presence of, before; on a par with, on an equality with; as, like; in the vicinity of, near, beside, by, at, on; on the side of, in favor of; in each, at or in every, according to each, severally; every, each; with regard to; concerning; on account of; according to; back, back again, again, in return; in return for, as compensation for; in the place of, in lieu of, instead of.* (In Kannaḍa the Sk. indeclinable particle is used also as a *noun).* 2, a copy, a transcript from an original, a print; one of a series of imitations or repetitions of an original work (My.; Mhr. ಪ್ರತ; B. 4, 196). ಪ್ರತಿಗಳನ್ನು ಬರಿಸು (B. 4, 103). ಪ್ರತಿಯೆತ್ತಿ ಬರೆ (My.); ಪ್ರತಿ ಮಾಡು (My.). — ಪ್ರತಿಗೆಯ್. To give an answer. ಮೇಳಯ್ಸಿ ನಾನಾರವಕ್ಕೆ ಪ್ರತಿಗೆಯ್ವುವಂ (ವಾಗ್ಮಿ, ಚರ್ಮಣ Mr. 360, o. r. ಚರ್ಚ ಣ). — ಪ್ರತಿದೋಱು. -ತೋಱು. An equal to appear; to show an equal or what is equal (Bp. 28, 65; 49, 13; 52, 31; 57, 79). — ಪ್ರತಿನಾಡು. Every country (B. 3, 115; My.). — ಪ್ರತಿ ನಿಲ್. To stand in opposition (Bp. 57, 49). — ಪ್ರತಿ ಯಿಡು. -ಇಡು. To requite (Bp. 23, 40). — ಪ್ರತಿಯೊನ್ದು. -ಒನ್ದು. Every one, each one, (every, each). ಪ್ರತಿಯೊನ್ದು ಗೋಲಾ ರ್ಧದಲ್ಲಿ (B. 4, 98). ಪ್ರತಿಯೊನ್ದು ಮಹಾದ್ವೀಪವು (4, 98). ಪ್ರತಿ ಯೊನ್ದು ಅನ್ತಸ್ತಿನ ಮೇಲ್ಭಾಗ (4, 121). ಪ್ರತಿಯೊನ್ದು ಊರವರು (4, 142). ಪ್ರತಿಯೊನ್ದು ನಾಡಿನ ಜನರು (4, 206). — ಪ್ರತಿಯೊಬ್ಬ. -ಒಬ್ಬ. Every man, each man, (every, each). ಪ್ರತಿಯೊಬ್ಬ ಮನುಷ್ಯನು (B. 4, 178).

ಪ್ರತಿಕಕ್ಷಿ prati-kakshi. An opponent, as in a quarrel or a lawsuit (My.).

ಪ್ರತಿಕರ prati-kara. Acting against, counteracting; requital, compensation. See ಅ-.

ಪ್ರತಿಕರಿಸು prati-karisu. = ಪತಿಕರಿಸು. To return, to repay, to recompense, to requite, to retaliate; to treat or attend to, as a physician; to succour; to repair, to mend, to restore; to counteract.

ಪ್ರತಿಕರ್ಮ prati-karma. Requital, retaliation; redress, remedy; counteraction. 2, *decoration, toilet, personal embellishment* (ಪ್ರಸಾಧನ, etc., ಸಿಂಗರಂಗೆಯ್ವುದು Mr. 333).

ಪ್ರತಿಕಾಯ prati-kâya. *An effigy, an image, a likeness.*

ಪ್ರತಿಕಾರ prati-kâra. = ಪ್ರತೀಕಾರ. Rendering back, requital, reward, retaliation, retribution; revenge. 2, counteraction, application of an antidote or remedy, remedying, prevention, remedy (ಮನ್ತ್ರತನ್ತ್ರಗಳು with regard to snakes, Mr. 391). 3, opposition. 4, help against, help, care, alleviation. See ಒಡ್ಡು.

ಪ್ರತಿಕಾಶ prati-kâśa. = ಪ್ರತೀಕಾಶ.

ಪ್ರತಿಕೂಲ prati-kûla. Against the bank: *contrary, adverse, opposed;* inauspicious (ವಾಮ Nn. 24). Feminine ಪ್ರತಿಕೂಲೆ (My.).

ಪ್ರತಿಕೂಲತೆ prati-kûlatĕ. Adverseness, opposition, hostility. (J. 10, 25).

ಪ್ರತಿಕೃತ prati-kṛita. Rendered back, returned, repaid; *recompensed, requited, retaliated;* recompense, requital. 2, counteracted; resistance, opposition; remedied.

ಪ್ರತಿಕೃತಿ prati-kṛiti. *Resistance.* 2, requital, retaliation; revenge (ಪ್ರತಿಯಾತನ, ಮುಯಿ Mr. 458). 3, a reflected image; *an effigy, an image, a likeness.*

ಪ್ರತಿಕೃಷ್ಟ prati-krishṭa. Thrust back, repulsed, rejected, despised; *inferior, low, vile.*

ಪ್ರತಿಕ್ರಿಯೆ prati-kriyĕ. = ಪ್ರತಿಕಾರ. ಪ್ರತಿಕ್ರಿಯಾರ್ಥಂ (ಹಾಹಾ Mr. 583). See ರುಕ್-.

ಪ್ರತಿಕ್ಷಣಂ prati-kshaṇam. *Every moment, repeatedly.*

ಪ್ರತಿಕ್ಷಿಪ್ತ prati-kshipta. *Rejected;* sent; abused.

ಪ್ರತಿಖೇದಿಸು prati-khêdisu. To press down in opposition, to reject (Čpr. 2, after 43).

ಪ್ರತಿಖ್ಯಾತಿ prati-khyâti. Renown. (G.).

ಪ್ರತಿಗ್ರಹ prati-graha. (= ಪಡಿಗ). Receiving, accepting; receiving kindly, friendly reception; marrying; favour, grace;—*the reserve of an army;*—a spitting pot, a spittoon.

ಪ್ರತಿಗ್ರಾಹ prati-grâha. *A spittoon.*

ಪ್ರತಿಘ prati-gha. Repulsing; opposing; mutual beating, combat;—*anger, wrath, passion, rage.*

ಪ್ರತಿಘಾತ prati-ghâta. Repulse; warding off a blow; a blow (Abh. P. 18, 75).

ಪ್ರತಿಘಾತನ prati-ghâtana. Repulsing; *killing, slaughter.*

ಪ್ರತಿಘೋಷ prati-ghôsha. = ಪ್ರತಿಧ್ವನಿ. (Čpr. 5, 76).

ಪ್ರತಿಚ್ಛನ್ದ prati-č-čhanda. = ಪಡಿಚನ್ದ. *A reflected image, a likeness, an image;* a substitute.

ಪ್ರತಿಚ್ಛಾಯ pratiččhâya. = ಪ್ರತಿಚ್ಛಾಯೆ. (ಪ್ರತಿಯಪ್ಪ ರೂಪು Mr. 28).

ಪ್ರತಿಚ್ಛಾಯೆ prati-č-čhâyĕ. *A reflected image, a likeness, an image, a picture;* a shade, shadow.

ಪ್ರತಿಜಾಗರ prati-jâgara. *Watchfulness, attention.*

ಪ್ರತಿಜ್ಞಾತ prati-jñâta. Asserted; admitted; *promised, agreed.*

ಪ್ರತಿಜ್ಞಾನ prati-jñâna. *Admission, assent, agreement, promise;* assertion.

ಪ್ರತಿಜ್ಞೆ prati-jñĕ. Admission, acknowledgment; *consent, assent; a solemn declaration, agreement, engagement, promise; a vow;* bringing forward or introducing, as a topic; a statement, an assertion, an affirmation, a declaration, an allegation; a proposition (in logic, etc.), the assertion to be proved. See Bp. 36, 48; 54, 34; ಕೆಯ್ಕೊಳ್, ಪೂಣ್, ಬಾಯ್ಮಾಡು, ಹೂಣಿಸು. — ಪ್ರತಿಜ್ಞೆಗೆಯ್. To make a solemn declaration; to promise (Abh. P. 16, after 26; J. 2, 55).

ಪ್ರತಿಟ್ಟಿಸು pratiṭṭisu. Tbh. of ಪ್ರತಿಷ್ಠಿಸು, q. v.

ಪ್ರತಿದಾನ prati-dâna. *Giving back, restoring a deposit, restitution, restoration;* a gift in return; barter.

ಪ್ರತಿದಿನ prati-dina. -ಂ. Day by day, daily, every day. (J. 5, 62; 10, 24; My.; B. 4, 171. 186).

ಪ್ರತಿದೇಯ prati-dêya. What is to be given back; what is to be given as an equivalent, a gift in return; a pledge, a pawn. (My.).

ಪ್ರತಿಧ್ವನಿ prati-dhvani. A reverberated sound, echo (Bp. 51, 38; My.; B. 4, 17).

ಪ್ರತಿಧ್ವಾನ prati-dhvâna. *Echo.*

ಪ್ರತಿನಿತ್ಯ prati-nitya. = ಪ್ರತಿದಿನ. (My.; B. 4, 25. 177. 188).

ಪ್ರತಿನಿಧಾನ prati-nidhâna. = ಪ್ರತಿನಿಧಿ (Šmd. 158 Cm.; 159).

ಪ್ರತಿನಿಧಿ prati-nidhi. Substitution. 2, *a substitute,* a representative, a proxy, a deputy, a vice-regent, a viceroy (see ಪ್ರತಿನಿಧಾನ; B. 5, 269. 279; My.). 2, a surety. 3, *a resemblance of a real form, a likeness, an image* (ಪ್ರತಿಯಪ್ಪ ರೂಪು Mr. 28).

ಪ್ರತಿನಿಮಿಷ prati-nimisha. Every moment (B. 4, 194; My.).

ಪ್ರತಿನಿಯತ prati-niyata. Settled, of general prevalence (Kâvy. III, 2, B, 75; IV, 2, 15).

ಪ್ರತಿನಿರ್ಯಾತನ prati-niryâtana. Giving back; *retaliation.*

ಪ್ರತಿನೋದ್ಧೃತ (prati-na-uddhṛita). That which is ruined or spoiled (ಪ್ರತೀಷ್ಟ, ಕೆಟ್ಟಾಗು ಮೂದಲ್ ಪಟ್ಟುದು Hlâ.; ಪ್ರತೀಷ್ಟ, ಕೆಟ್ಟುದಂ ಮಾಡ್ಡುದು Mr. 458, o. r. ಪ್ರತಿನೋದ್ಧೃತ).

ಪ್ರತಿಪಕ್ಷ prati-paksha. The opposite side or party; opposition. 2, *an adversary, an enemy.* 3, a respondent, a defendant.

ಪ್ರತಿಪಕ್ಷಿ prati-pakshi. An opponent, an adversary. (My.).

ಪ್ರತಿಪತ್ prati-pat. (Šmd. 106). = ಪ್ರತಿಪದ್, etc.

ಪ್ರತಿಪತ್ತ prati-patta. Tbh. of ಪ್ರತಿಪದ್. The being approached: nearness (ಆಸನ್ನ, ಸಮೀಪ Nn. 167). 2, the first day of a lunar fortnight (ಪಾಡ್ಯ 167). 3, a multitude of good women (ಸದ್ವನಿತಾಸಂಚಯ, ಒಳ್ಳಿಹ ಸ್ತ್ರೀಯರುಗಳು 167).

ಪ್ರತಿಪತ್ತಿ prati-patti. Gaining, obtaining, acquirement, gain. 2, perception, observation, ascertainment, determination, knowledge. 3, *intelligence, intellect* (ಪ್ರಗಲ್ಭತೆ, ಜಾಣ್ಮೆ Mr. 458). 4, assertion, statement. 5, assent. 6, undertaking; doing, acting, action; use; giving; etc. 7, elevation, exaltation, promotion, preferment, special regard. 8, acquirement of rank or dignity, reputation, fame, renown. 9, *resoluteness, boldness, confidence.* — ಪ್ರತಿಪತ್ತಿಗೆಯ್. To honor (Abh. P. 7, after 47).

ಪ್ರತಿಪತ್ತು prati-pattu. (Šmd. 106). Tbh. of ಪ್ರತಿಪದ್. Understanding (Mr. 473). 2, ಪಾಡ್ಯ (Šm. 19).

ಪ್ರತಿಪದ್ prati-pad. = ಪಡ್ಡಮಿ, ಪಾಡಿಯ, ಪಾಡಿವ, ಪಾಡ್ಯ, ಪಾಡ್ಯಮಿ, ಪ್ರತಿಪತ್, ಪ್ರತಿಪತ್ತ, ಪ್ರತಿಪತ್ತು, ಪ್ರತಿಪದಿ. Stepping up to, going towards, approaching, etc.; access, ingress; beginning, commencement. 2, *the first day of a lunar fortnight, the first day of a moon's increase or wane.* 3, *understanding, intelligence, intellect.* 4, rank, consequence.

ಪ್ರತಿಪದ prati-pada. A corresponding term, a synonym (My.); each word (My.).

ಪ್ರತಿಪದಿ prati-padi. The first day of a lunar fortnight (ಪಾಡ್ಯ Nn. 155). 2, preferment, regard, honor (ಮನ್ನಣೆ

155). 3, (the being proceeded against), the state of being vile or low (ಕೀಬ್ 155).

ಪ್ರತಿಪನ್ನ prati-panna. Come up to, approached, reached, obtained; etc. 2, *known, understood, ascertained.*

ಪ್ರತಿಪಲ್ಲಟ prati-pallaṭa. Interchanging (ಪಲ್ಲಟ, ಪರಿವರ್ತನ Nn. 158).

ಪ್ರತಿಪಾಕ prati-pâka. A medicinal mixture. ಔಷಧಂ ಬೇಯಲು ಕಷಾಯಮೆನಿಕ್ಕು, ಹಸಿ ಬೆರಸೆ ಪ್ರತಿಪಾಕಮುಕ್ಕುಂ (Mr. 390).

ಪ್ರತಿಪಾದನ prati-pâdana. Causing to reach or obtain. 2, *imparting, giving; donation, gift.* 3, *producing, exciting, causing.* 4, explaining, teaching, declaring. 5, establishing, proving, substantiating.

ಪ್ರತಿಪಾದಿಸು pratipâdisu. To produce, to use (ಉತ್ಪಾದಿಸು Šmd. 142 Cm.); to teach, to declare; to establish (B. 4, 186; My.); to charge with, to accuse (My.). ಪ್ರತಿಪಾದಿಸಲ್ ಪಟ್ಟ (ಆಪಾದಿತ Šmd. 160 Cm.); ಪ್ರತಿಪಾದಿಸಲ್ ಪಡುವುದು (ಪ್ರತಿಪಾದ್ಯಂ 279 Cm.; ಆಪಾದಿತಂ 354 Cm.). See Kâvy. III, 3, B, 80.

ಪ್ರತಿಪಾದುಕೆ prati-pâduka. 1. = ಪಡಿಪಾವುಗೆ. Each shoe (? or = ಪ್ರತಿಪಾದುಕ 2?).

ಪ್ರತಿಪಾದುಕೆ prati-pâduka. 2. Determining, ascertaining; making manifest or clear; causing, effecting.

ಪ್ರತಿಪಾದ್ಯ prati-pâdya. To be produced, fit to be used (Šmd. 278); to be treated of, explained or expounded; to be proved.

ಪ್ರತಿಪಾಲ prati-pâla. A protector, a guardian, a king (Bp. 28, 36).

ಪ್ರತಿಪಾಲನ prati-pâlana. Protecting, guarding, cherishing, nourishing. (My.).

ಪ್ರತಿಪಾಲಿಸು prati-pâlisu. To protect, to guard; to cherish, to nourish; to observe, to keep, to maintain; to fulfil (Abh. P. 12, after 51; Bp. 5, 4. 71; J. 31, 34).

ಪ್ರತಿಪ್ರಾಣಿ prati-prâṇa. An image, a likeness (ಪ್ರತಿಯಪ್ಪ ರೂಪು Mr. 28).

ಪ್ರತಿಫಲ prati-phala. (or ಪ್ರತಿಫಲನ). Reward, remuneration, requital, retaliation, retribution. (My.). 2, a reflection, a reflected image.

ಪ್ರತಿಫಲಿತ prati-phalita. Reflected, shadowed. (Čpr. 8, after 24). 2, requited, returned.

ಪ್ರತಿಫಲಿಸು prati-phalisu. To shine back, to be reflected (My.).

ಪ್ರತಿಬದ್ಧ prati-baddha. Bound to, tied to, bound; obstructed, hindered, opposed, prevented; *disappointed, thwarted;* set, enchaised, inlaid. See Kâvy. III, 3, B, 4; V, 54.

ಪ್ರತಿಬನ್ಧ prati-bandha. *An obstacle, a hinderance, an impediment, a blocking up* (ವಿಘ್ನವು, ತಗಡು Mr. 453; B. 4, 24; 5, 104; My.). See ಸಿಕುಣ.

ಪ್ರತಿಬನ್ಧಕ prati-bandhaka. Obstructing, obstructive, hindering, etc.; that hinders, an obstacle (Čpr. 3, 76; B. 4, 189; 5, 83); a demon, a devil (My.).

ಪ್ರತಿಬನ್ಧನ prati-bandhana. Binding, keeping off, blocking up, obstructing, impeding. See ಜಲ-.

ಪ್ರತಿಬನ್ಧಿಸು prati-bandhisu. To hinder, to stop, to prevent, to check (B. 4, 221).

ಪ್ರತಿಬಲ prati-bala. = ಪಡಿಬಲ. Having equal strength or power, equally matched; able, adequate, powerful (Sk.). 2, another army; an opposing force.

ಪ್ರತಿಬಿಮ್ಬ prati-bimba. = ಪತಿಬಿಮ್ಬ, ಪ್ರತಿಎಮ್ಬ. The disk of the sun or moon reflected in water: a reflection, a reflected image (ಪಡಿನೆಳಲ್, ಮಾರ್ಪೊಳಪು Kk. 62, Šm. 64; Bp. 51, 33; 56, 8); *a counterpart of real forms, an image, a likeness, a picture, a shadow* (ಪ್ರತಿಯಪ್ಪ ರೂಪು Mr. 28).

ಪ್ರತಿಬಿಮ್ಬಿಸು prati-bimbisu. To be reflected (Čpr. 6, 4; Bp. 5, 23; B. 3, 18; My.).

ಪ್ರತಿಬುದ್ಧ prati-buddha. Awakened, awake; illuminated, enlightened; observed; known, celebrated; exalted, great (Kâvy. I, 5, 48).

ಪ್ರತಿಭಟ prati-bhaṭa. Vying with, rivalling, emulating (Sk.). 2, an opposing soldier (J. 13, 37).

ಪ್ರತಿಭಟಿಸು prati-bhaṭisu. To rival; to oppose (My.).

ಪ್ರತಿಭಯ prati-bhaya. *Exciting fear, formidable, terrible;* dangerous.

ಪ್ರತಿಭವಿಸು prati-bhavisu. = ಪಡಿಭವಿಸು. To become equal to, to be on a par with, to have a corresponding character or disposition.

ಪ್ರತಿಭಾನ್ವಿತ pratibhâ-anvita. *Endowed with knowledge, intelligent.* 2, *endowed with audacity, bold, confident, proud.*

ಪ್ರತಿಭಾವ prati-bhâva. Corresponding character or disposition, congeniality (Kâvy. II, 1, 1-5).

ಪ್ರತಿಭಾಸ prati-bhâsa. Appearance, look, similitude, a reflected image; illusion. See ಪ್ರಾತಿಭಾಸಿಕ.

ಪ್ರತಿಭು prati-bhu. ಪ್ರತಿಭೂ. A surety, a security, a bail (ಪ್ರಲಗ್ನಕ, ಹೊಣೆಕಾಱ Mr. 238).

ಪ್ರತಿಭೆ prati-bhĕ. ಪ್ರತಿಭಾ. Light, splendor. 2, a flashing thought, brilliant conception. 3, *understanding, intelligence, intellect; genius, wit, ingenuity* (Šmd. 175). 4, audacity, boldness, impudence.

ಪ್ರತಿಮ pratima. Tbh. of ಪ್ರತಿಮೆ. ದ್ವಿಪದನ್ತದ ಅನ್ತ್ಯ (ಆನೆಯ ದಾಡೆಯ ತುದಿ Nn. 102). 2, a mirror (ಮುಕುರ, ಕನ್ನಡಿ 102). 3, ಪಾಂಚಾಲಿಕಾನೀಕ (ಪ್ರತುಮೆಗಳು 102). 4, brightness, pureness (ನಿರ್ಮಲವು 102). 5, at the end of a composition: a man who is like (Šmd. 138; see ಅ-).

ಪ್ರತಿಮಾನ prati-mâna. *A likeness, an image, a picture* (ಪ್ರತಿಯಪ್ಪ ರೂಪು Mr. 28); *an idol.* 2, similarity, likeness. 3, *the part of an elephant's head between the tusks* (ಆನೆಯ ದನ್ತಮೆರಡಱ ನಡುವು Mr. 155).

ಪ್ರತಿಮಾಲೆ prati-mâlĕ. An exercise analogous to capping verses, reciting verse for verse as a trial of memory or skill. (R.).

ಪ್ರತಿಮುಕ್ತ prati-mukta. *Clothed, armed, accoutred.*

ಪ್ರತಿಮುಖ prati-mukha. = ಪಡಿಮುಖ. Standing before the face, facing, opposite, near at hand. 2, a secondary plot or incident calculated either to hasten or retard the catastrophe (Kâvy. V, 967). ಪ್ರತಿಮುಖಂ, in front, before.

ಪ್ರತಿಮುಖಾವಲೋಕನ pratimukha-avalôkana. Looking towards or at (ಅಭಿವೀಕ್ಷಣ Šmd. 230; ಅಭಿಮುಖವಾಗಿ ನೋಡುವುದು Cm.).

ಪ್ರತಿಮೆ prati-mĕ. -ಮಾ. = ಪತಿಮೆ, ಪ್ರತಿಮ, ಪ್ರತುಮೆ. *A likeness, an image, a picture, a figure, a puppet; an idol* (ಅರ್ಚೆ Mr. 28); a symbol; a reflection; at the end of compositions: *like, similar.* 2, the part of an elephant's head between the tusks.

ಪ್ರತಿಯತ್ನ prati-yatna. Exertion for anything, effort. 2, *a making or preparing, elaboration.* 3, *desire, wish.* 4, *taking prisoner, making captive.* 5, retaliating.

ಪ್ರತಿಯಾತನ prati-yâtana. Requital, retaliation (ಪ್ರತಿಕೃತಿ, ಮುಯಿ Mr. 458).

ಪ್ರತಿಯಾತನೆ prati-yâtanĕ. *A counterfeit, a picture, an image.*

ಪ್ರತಿರವ prati-rava. Echo. — ಪ್ರತಿರವಂಗುಡು. -ಂ-ಕುಡು. To echo (Śśv. 4, 5).

ಪ್ರತಿರೂಪ prati-rûpa. = ಪ್ರತಿರೂಪು. Like a model, similar, corresponding. 2, *the counterpart of any real form, an image, a representation, a likeness, a picture;* a reflected form. See ಅ-.

ಪ್ರತಿರೂಪು pratirûpu. Tbh. of ಪ್ರತಿರೂಪ. (ಬಿಮ್ಬ Nn. 69). ಪ್ರತಿ ರೂಪಿನ ಬೊಮ್ಮೆ (ಚರ್ಜ 73).

ಪ್ರತಿರೋಧ prati-rôdha. *Opposition, impediment, hinderance;* an opponent; siege, blockade; theft.

ಪ್ರತಿರೋಧಕ prati-rôdhaka. *A thief, a robber.*

ಪ್ರತಿರೋಧಿ pratirôdhi. *A thief, a robber.*

ಪ್ರತಿಲೋಮ prati-lôma. Against the hair or grain: *contrary to the natural course or order, reverse, inverted;* disagreeable; hostile; low, vile; left, not right.

ಪ್ರತಿಲೋಮಜ pratilôma-ja. Born in the inverse order of the castes, as of a Kshatriya father and Brâhmaṇî mother, or of a Vaiśya father and Kshatriyâ or Brâhmaṇî mother, in which cases the wife is of a higher caste than the husband. (R.).

ಪ್ರತಿವಚನ prati-vačana. = ಪ್ರತಿವಾಕ್ಯ (ಉತ್ತರ G.; My.).

ಪ್ರತಿವತ್ಸರಂ prati-vatsaraṁ. *Every year.*

ಪ್ರತಿವರ್ಷ prati-varsha. Every year (B. 3, 58; 4, 163; My.).

ಪ್ರತಿವಸ್ತು prati-vastu. A counterpart, an equivalent; anything given in return; anything contrasted with another, a parallel: one of the upamĕs (Kâvy. III, 3, B, 61. 80 seq.).

ಪ್ರತಿವಾಕ್ಯ prati-vâkya. *An answer, a reply.*

ಪ್ರತಿವಾದ prati-vâda. An answer; a counter assertion, a contradiction; a rejection. (Bp. 54, 34; see ವಾದ-).

ಪ್ರತಿವಾದಿ prati-vâdi. An opponent; a defendant, a respondent (in law, My.; see ವಾದಿ-).

ಪ್ರತಿವಿದ್ಯೆ prati-vidyĕ. A marvellous skill or capability, supposed to give the power of instantly going wherever one likes (Abh. P. 10, 193; 10, after 193).

ಪ್ರತಿವಿಮ್ಬ prati-vimba. = ಪ್ರತಿಬಿಮ್ಬ.

ಪ್ರತಿವಿಷೆ prati-vishĕ. *A birch tree.*

ಪ್ರತಿವೀರ prati-vîra. A well-matched opponent, an antagonist. (Bp. 20, 38).

ಪ್ರತಿಶಬ್ದ prati-śabda. Echo. (ಪ್ರತಿಧ್ವಾನ G.; My.).

ಪ್ರತಿಶಾಸನ prati-śâsana. Giving orders; *sending a servant on a message.*

ಪ್ರತಿಶ್ಯಾಯ prati-śyâya. *A cold, a catarrh.*

ಪ್ರತಿಶ್ರಯ prati-śraya. Refuge, help; a place of refuge, an asylum, *an alms-house, a place where food, etc. is given away* (ಛತ್ರದ ಗೃಹ Mr. 196). 2, a house. 3, *an assembly.*

ಪ್ರತಿಶ್ರವ prati-śrava. *A promise, an agreement, assent.*

ಪ್ರತಿಶ್ರುತ್ prati-śrut. *Echo.* 2, a promise.

ಪ್ರತಿಷಿದ್ಧ prati-siddha. Warded off; hindered; forbidden, prohibited, interdicted; refused, denied; contradicted. See ಪ್ರ-, ಮೂನ್ದು; Čpr. 9, 124.

ಪ್ರತಿಷೇಧ prati-sêdha. Keeping or warding off; forbidding, prohibition (Śmd. 278); denial, refusal; negation, contradiction; a negative word or particle (57); the negative mood (86). See Kâvy. I, 5, 38-40; III, 3, B, 130.

ಪ್ರತಿಷೇಧಕ್ರಿಯೆ pratishêdha-kriyĕ. The negative mood (ಅಭಾವಕ್ರಿಯೆ Śmd. 253 Cm.; 254. 260. 282. 291; ವಿಲೋಮಕ್ರಿಯೆ 282 Cm.).

ಪ್ರತಿಷೇಧವಿಧಿ pratishêdha-vidhi. A prohibition changed into a command (Śmd. 278).

ಪ್ರತಿಷ್ಟಮ್ಭ prati-stambha. *Obstruction, obstacle, impediment.*

ಪ್ರತಿಷ್ಠಾಳು pratishṭhâ-âlu. ಪ್ರತಿಷ್ಠಾಳು. An illustrious, celebrated person (My.).

ಪ್ರತಿಷ್ಠಿತ prati-sthita. Set up, erected; established, fixed; comprised; placed, situated; staying; endowed or portioned; established in life, etc.; installed, consecrated, as a person in office, a new idol; completed, effected; famous, celebrated, illustrious, honourable; honorary; fine, splendid, prized, valued. See Čpr. 6, 6; Bp. 21, 5; 58, 26; 57, 53.

ಪ್ರತಿಷ್ಠಿಸು pratishṭhisu. = ಪ್ರತಿಷ್ಟಿಸು. To establish; to set or place; to set up with the prescribed rites, as an idol; to install, as a person into a dignity, to consecrate; to demonstrate or prove; etc. (Čpr. 4, 76; 6, 24; Bp. 22, 26; 50, 50; 51, 64. 73; 53, 10; My.). ಪ್ರತಿಷ್ಠಿಸುವುದು (ಹಠ Nn. 168, o. r. ಪ್ರತಿಷ್ಟಿಸುವುದು, ಪ್ರತಿಷ್ಠಿಸುಹ).

ಪ್ರತಿಷ್ಠಿಸುಹ pratishṭhisuha. Establishing, etc. See Nn. s. ಪ್ರತಿಷ್ಠಿಸು.

ಪ್ರತಿಷ್ಠೆ prati-sthĕ. ಪ್ರತಿಷ್ಠಾ. = ಪದಿಟೆ, ಹದಿಟೆ. Staying, standing;—a high or honourable position;—*honour, celebrity, fame, notoriety,* name;—pride (My.);—installation, as of a king, etc., consecration, the setting up of an idol (see ಪ್ರಾಣ-);—the performance or institution of any rites;—accomplishment, completion;—N. of a type of metres (Čh.; Mr. 362). ಕುಡೇಪ್ಪೆಯಿಲ್ಲದೆ ಪ್ರತಿಷ್ಠೆ ಬಾರದು (Prv.).

ಪ್ರತಿಷ್ಠೆವನ್ತ pratishṭhĕ-vanta. A celebrated, illustrious man (My.; B. 5, 194. 220).

ಪ್ರತಿಸರ prati-sara. Going towards; going back. 2, *a cord used as an amulet worn round the neck or wrist at nuptials,* etc. (ನೂಲ ಕಂಕಣ Hlâ.). 3, bracelet (ಬಳೆ Mr. 340). 4, a wreath, a garland. 5, a follower, a servant. 6, *the rear of an army.*

ಪ್ರತಿಸಾರ prati-sâra. Causing to go back, returning. See ಪ್ರ-.

ಪ್ರತಿಸೀರೆ prati-sîrĕ. *A curtain* (ತೆರೆ Hlâ.).

ಪ್ರತಿಸೂರ್ಯ prati-sûrya. Opposite to the sun, in the sun. 2, a mock sun, parhelion.

ಪ್ರತಿಸೂರ್ಯಶಯಾನಕ pratisûrya-śayânaka. Lying or basking in the sun: *a chameleon, a gecko.*

ಪ್ರತಿಹತ prati-hata. Struck in return or back, beaten back; hurt, killed; repulsed, repelled; impeded, opposed, obstructed; averted; overthrown, fallen; disappointed; adverse; etc. (ತಡಮ್ಬರೆ, ಮೂಕೊರ್ಗಳ್, ಮಿಗು, etc. Śs.; see ತಗೆ 1, ತಳ್ವೊಯ್).

ಪ್ರತಿಹಸ್ತ prati-hasta. = ಪಡಿಹಸ್ತ. A deputy, a substitute, a proxy.

ಪ್ರತಿಹಾರ prati-hâra. = ಪಡಿಯಲಿ, ಪಡಿಯಳ 1, ಪಡಿಹಾಲಿ, ಪ್ರತೀಹಾರ. *A door, a gate.* 2, a door-keeper, a porter. 3, a juggler. 4, juggling, trick, disguise.

ಪ್ರತಿಹಾರಿ prati-hâri. = ಪಡಿಹಳ್, ಪಡಿಹಾಳ್, ಪ್ರತೀಹಾರಿ. A female door-keeper, a portress (Sk.). 2, (= a Sk. ಪ್ರತಿಹಾರಿನ್) a porter. 3, (= ಪ್ರತಿಹಾರ No. 3) a king's buffoon (see Mr. s. ಅಪ್ಪಾದಶಪ್ರಧಾನ).

ಪ್ರತಿಹಾಸ prati-hâsa. (= ಪಡ್ಡಳಿ), ಪ್ರತೀಹಾಸ. Laughing with or at. 2, *fragrant oleander, Nerium odorum* Ait.

ಪ್ರತಿಹಿಂಸೆ prati-himsĕ. Retaliation, revenge. (R.).

ಪ್ರತೀಕ pratîka. Turned towards; *adverse, contrary; inverted, reversed, contrary to the natural order or condition.* 2, *a part, a portion; a limb.*

ಪ್ರತೀಕಾರ pratî-kâra. = ಪ್ರತಿಕಾರ. *Retaliation; revenge.*

ಪ್ರತೀಕಾಶ pratî-kâśa. = ಪ್ರತಿಕಾಶ. Reflection; look, appearance; at the end of compounds: *looking like, similar, resembling, like.*

ಪ್ರತೀಕ್ಷಣ prati-îkshaṇa. (Sk.). = ಪ್ರತೀಕ್ಷೆ.

ಪ್ರತೀಕ್ಷಿಸು prati-îkshisu. To look towards or forward to, to look out for, to expect; to wait for, to await.

ಪ್ರತೀಕ್ಷೆ prati-îkshĕ. Looking to or at; looking forward to, waiting for, expectation, hope (Sk.).

ಪ್ರತೀಕ್ಷ್ಯ prati-îkshya. To be looked forward to or expected;—to be looked at, worthy of consideration: *respectable, venerable* (ಇದಿರ ಪೂಜಿಸುವಂ Mr. 243).

ಪ್ರತೀಚಿ pratîĉi. *The western quarter, the west.*

ಪ್ರತೀಚೀನ pratîĉîna. *Western* (ಪಡುವಲಾದುದು Mr. 58).

ಪ್ರತೀಚ್ಯ pratîĉya. Being in the west, western. (My.).

ಪ್ರತೀತ prati-ita. Gone towards; acknowledged, proved, true; experienced; *known, well-known, famous, renowned;* convinced, having a firm conviction; *satisfied, glad, pleased, delighted.*

ಪ್ರತೀತಿ prati-iti. Going towards;—clear apprehension or insight into anything, definite perception, distinct conception;—complete understanding, knowledge, experience; conviction; belief, faith; fame, notoriety; delight. ಕಾಮ್ಪುರಮಾಗೆ ಕಾವ್ಯರಸಮ್ ಅರ್ಥಮುಮ್ ಅಕ್ಕರಮುಂ ಪ್ರತೀತಿಯುಂ ಮಾಳ್ಪನೆಗಂ (Śmd. 80). See Kâvy. I, 1, A, 13-15; III, 3, B, 38; IV, 1, 10; Ĉh. v. 18; Ĉpr. 1, 47; ಘು-, ಸಾಮ್ಯ-.

ಪ್ರತೀಪ pratîpa. (fr. ಪ್ರತಿ-ಅಪ್). Against the stream: *adverse, contrary, reverse;* inverted, out of order; perverse; retrograde; turned away, averted. 2, inverse comparison as a figure of speech, *e. g.* "the lotus resembles thine eyes" instead of "thine eyes resemble the lotus" (Kâvy. III, 3, B, 61. 112 seq.).

ಪ್ರತೀಪದರ್ಶಿನಿ pratîpa-darśinî. She who turns away the face: *a woman.*

ಪ್ರತೀರ pra-tîra. *A shore, a bank.*

ಪ್ರತೀವಾಪ prati-vâpa. *Throwing* (one substance) *into* (another, as buttermilk into fresh milk, to alter its form or state); *calcining or fluxing metals.* See ಹೆಪ್ಪಿಡು ವಿಕೆ.

ಪ್ರತೀಷ್ಟ (prati-ishṭa?). = ಪ್ರತಿಸೋದ್ಧೃತ, q. v.

ಪ್ರತೀಹಾರ pratî-hâra. = ಪ್ರತಿಹಾರ. Striking back, repelling; avoiding, abandoning (ವಿಸರ್ಜನ, ತ್ಯಜಿಸುವುದು Nn. 100). 2, a door, a gate (ದ್ವಾರ, ಬಾಗಿಲು 100). 3, a door-keeper, a porter (ದ್ವಾರಪಾಲ, ಬಾಗಿಲ ಕಾವವನು 100; ಕಟ್ಟಿಗೆಗಾಱ Ŏt. II, 108; ಪಡಿಯಲಿ Kk. 37). 4, a place in front of or near a town (ಪುರೋಭಾಗ, ಪಟ್ಟಣದ ಸಮೀಪ 100).

ಪ್ರತೀಹಾರಕ pratî-hâraka. A juggler. 2, a door-keeper (Abh. P. 2, 2; Rśv. 5, 23).

ಪ್ರತೀಹಾರಿ pratî-hâri. = ಪ್ರತಿಹಾರಿ. *A portress.*

ಪ್ರತೀಹಾಸ pratî-hâsa. = ಪ್ರತಿಹಾಸ.

ಪ್ರತುಮೆ pratumĕ. Tbh. of ಪ್ರತಿಮೆ. (ಚರ್ಚೆ Nn. 73, Mr. 522; My.; see s. ಪ್ರತಿಮು). ಮುರದಿನ್ದ ಮಾಡಿದನ್ಥಾ ಪ್ರತುಮೆಗಳು (ದ್ರವ್ಯ Nn. 164). ಲೋಹದ ಪ್ರತುಮೆ (ಸೂರ್ಮಿ Mr. 28); ಹೇಮದ ಪ್ರತುಮೆ (ಹರಿಣಿ 28). See ಅರುಹ-, ಗೋವಿನ್ದ-, ಜಿನ-, ವನಮಾಲಿ-.

ಪ್ರತೂರ್ಣ pra-tûrṇa. *Quick, fleet.*

ಪ್ರತೋದ pratôda. *A goad for driving cattle.*

ಪ್ರತೋಲಿ pra-tôli. *A high-road.*

ಪ್ರತ್ನ pratna. *Former; old, ancient.*

ಪ್ರತ್ಯಕ್ pratyak. = ಪ್ರತ್ಯಕ್ಕು, ಪ್ರತ್ಯಚ್, ಪ್ರತ್ಯಂಚ್. Backwards; *behind in time or place; in former times;* westwards; the western quarter (ಪ್ರತೀಚಿ, ಪಡುವಲ್ Mr. 58).

ಪ್ರತ್ಯಕ್ಕು pratyakku. Tbh. of ಪ್ರತ್ಯಚ್ (Śmd. 106 Cm.).

ಪ್ರತ್ಯಕ್ಪರ್ಣಿ pratyak-parṇi. *The plant Achyranthes aspera.*

ಪ್ರತ್ಯಕ್ಶ್ರೇಣಿ pratyak-śrêṇi. *The plant Anthericum tuberosum* Roxb. 2, *the plant Croton polyandrium* Roxb., or *Croton tiglium* Lin.

ಪ್ರತ್ಯಕ್ಷ prati-aksha. Being present before the eyes, *perceptible to the eye, visible, in sight; clear, distinct, evident, undoubted, actual, real* (ನಿರುತ, ಸಸಿನ, ತಪ್ಪದೆಮ್ಬುದು Nn. 162); cognizable by any of the organs of sense. 2, perceptibility, ocular evidence, clearness, distinctness. 3, a point of the compass (ದೆಸೆ, ದಿಕ್ಕು 162). 4, a bed (ತಲ್ಪ, ಹಾಸಿಕೆ). 5, all, all things (ಸರ್ವ, ಎಲ್ಲವು 162). 6, in very truth, verily: self; distinctly, etc. ಪ್ರತ್ಯಕ್ಷ ಕಣ್ಣರೂ ಪರಾಮ್ಮರಿಸಿ ನೋಡ ಬೇಕು (Prv.; *cf.* the Prv. s. ಪ್ರಮಾಣಿಸು).—ಪ್ರತ್ಯಕ್ಷವಾಗು. -ಆಗು. To become visible, to appear, etc. ನಿರಾಕಾರವಾದ್ದು ಪ್ರತ್ಯಕ್ಷವಾದರೆ ಆಕಾರವಾದ್ದು ಕಾಣದೆ ಹೋದೀತು (Prv.). ಸೋಮೇಶ್ವರನೊಸೆದು ನಿನಗಿಲ್ಲಿಯೇ ಪ್ರತ್ಯಕ್ಷವಾದಹನು (Bp. 53, 18).

ಪ್ರತ್ಯಕ್ಷಪ್ರಮಾಣ pratyaksha-pramâṇa. Ocular or visible proof, the evidence of the senses. (My.). 2, axiom (Mhr.).

ಪ್ರತ್ಯಗಾತ್ಮ pratyak-âtma. The individual soul. (My.).

ಪ್ರತ್ಯಗಾಶಾಪತಿ pratyak-âśâpati. The regent of the western quarter: *Varuṇa.*

ಪ್ರತ್ಯಗ್ದಿಶಾರಮಣ pratyak-diśâ-ramaṇa. Varuṇa (Mr. 49).

ಪ್ರತ್ಯಗ್ಭವ pratyak-bhava. = ಪ್ರತೀಚೀನ (Śi. 29; My. Amara).

ಪ್ರತ್ಯಗ್ಭೂಧರ pratyak-bhûdhara. The western mountain (Ĉpr. 8, 3).

ಪ್ರತ್ಯಗ್ರ prati-agra. *Fresh, recent, new, young* (ನದ್ಯಸ್ಕ, ಸಜ್ಜಕ Mr. 447).

ಪ್ರತ್ಯಂಗ prati-anga. A minor or secondary member of the body, as the forehead, nose, chin, etc. (My.). 2, a division, a section.

ಪ್ರತ್ಯಚ್ pratyač. (Šmd. 106 Cm.). = ಪ್ರತ್ಯಂಚ್.

ಪ್ರತ್ಯಂಚ್ prati-anč. Proceeding to, turned towards; being behind, coming from behind; subsequent, following; turning the back upon; *west, western*; turned inwards, inner, interior.

ಪ್ರತ್ಯನೀಕ prati-anîka. *Hostile; an enemy*; a hostile army; hostility; a hostile position.

ಪ್ರತ್ಯನ್ತ prati-anta. Bordering on, contiguous to, near; a border; a bordering country; *a country occupied by barbarians or savages.*

ಪ್ರತ್ಯನ್ತಪರ್ವತ pratyanta-parvata. *An adjacent hill, a small hill near a mountain.*

ಪ್ರತ್ಯನ್ತರ prati-antara. Another copy (My.).

ಪ್ರತ್ಯನ್ತರಾಜ pratyanta-râja. A neighbouring king (Čpr. 5, after 2).

ಪ್ರತ್ಯಭಿಯೋಗ prati-abhiyôga. A counter plaint or charge, an accusation brought against the accuser or plaintiff. (R.).

ಪ್ರತ್ಯಮ್ಬರ prati-ambara. A surrounding screen (ಅಪಟಿ, ಕಾಣ್ಡಪಟ, ಯವನಿಕೆ, ಸುತ್ತುದೆರೆ Mr. 208).

ಪ್ರತ್ಯಯ prati-aya. Going towards. 2, *belief, firm conviction, trust, reliance, confidence* (ವಿಶ್ವಾಸ, ನಮ್ಬುಗೆ Nn. 137; ವಿಶ್ವಾಸ Mr. 493). 3, *certainty, ascertainment, positiveness* (ನಿರುತ, ನೇರಿತು, ನೇರಿತಾಗಿಪ್ಪುದು 137; ನಿಶ್ಚಯ 493). 4, clear insight into any thing (ಅರಯ್ಕೆ 493); *knowledge, experience; apprehension, understanding, intellect* (ಅಱಿವು 137; 493). 5, acceptation, idea, notion, conception. 6, *ground, motive* (ಕಾರಣ, ಕಾರಣಗಳು 137). 7, a co-operating cause (? ಲಕ್ಷಣ, ಲಕ್ಷಣಭೇದ 137). 8, celebrity, fame. 9, *an oath, an ordeal* (ಸೂರುಳ್ 493). 10, *a dependent, a subject.* 11, a hole (see ಬಿಲ-). 12, *a suffix, or affix*, a case-termination, a personal termination, etc. (Šmd. 6 Cm.; 46. 47. 60. 64. 91. 232. 233. 235. 236-238. 240-242. 247. 251-253; Kâvy. I, 1*a*, 28. 29; I, 4, 1. 2. 13. 14. 31. 32).

ಪ್ರತ್ಯಯಾನ್ತ pratyaya-anta. A term with a suffix at its end (Šmd. 377).

ಪ್ರತ್ಯಯಿತ prati-ayita. *Confided in, trusted, confidential.*

ಪ್ರತ್ಯಯೋಪಮೆ pratyaya-upamĕ. A kind of upamĕ (Kâvy. III, 3, B, 63 seq.).

ಪ್ರತ್ಯರ್ಥಿ prati-arthi. *An opponent, an adversary.*

ಪ್ರತ್ಯವಸಾನ prati-avasâna. *Consuming, eating.*

ಪ್ರತ್ಯವಸಿತ prati-avasita. *Consumed, eaten.*

ಪ್ರತ್ಯವಾಯ prati-ava-aya. *Decrease, diminution, privation, detriment, harm;* separation (ವಿಯೋಗ, ಅಗಲಿಕೆ Nn. 149; ಅಗಲಿಕೆ Mr. 483; ಅಗಲ್ಕೆ Hlâ.); that which is adverse, disagreeable or bad (ಹೊಲ್ಲಮೆ Hlâ.); defeat (ಅಪಜಯ 149; 483).

ಪ್ರತ್ಯಹ prati-aha. -ಂ. Day by day, daily. (My.).

ಪ್ರತ್ಯಾಕಾರ prati-âkâra. A sheath, a scabbard (ಕೋಶ, ಒಱೆ Mr. 298).

ಪ್ರತ್ಯಾಖ್ಯಾತ prati-âkhyâta. *Denied, disallowed, refused, rejected, set aside.* 2, celebrated, notorious.

ಪ್ರತ್ಯಾಖ್ಯಾನ prati-âkhyâna. *Denial, disallowance, refusal, rejection, disregard, reproach.*

ಪ್ರತ್ಯಾಗತ prati-âgata. Come back or again, returned; arrived at. See ಗತ-.

ಪ್ರತ್ಯಾದಿಷ್ಟ prati-âdishṭa. *Rejected, repulsed, removed, set aside.*

ಪ್ರತ್ಯಾದೇಶ prati-âdêśa. *Rejection, repudiation, refusal, denial.*

ಪ್ರತ್ಯಾಬ್ದಿಕ prati-âbdika. Yearly (My.).

ಪ್ರತ್ಯಾಭಿಹಾರ (prati-âbhihâra). (ಸ್ವರ Mr. 500).

ಪ್ರತ್ಯಾಮ್ನಾಯ prati-âmnâya. Contrary or altered determination (Sk.). 2, instead of, in lieu of (My.).

ಪ್ರತ್ಯಾರಮ್ಭ prati-ârambha. *Beginning again, entering on* (an action) *repeatedly, recommencement.*

ಪ್ರತ್ಯಾಲೀಢ prati-âlîḍha. *An attitude in shooting, the left foot advanced and right drawn back.*

ಪ್ರತ್ಯಾಸಕ್ತಿ prati-âsakti. Great attachment or devotedness (My.).

ಪ್ರತ್ಯಾಸತ್ತಿ prati-âsatti. Immediate proximity; close contact; analogy. (R.).

ಪ್ರತ್ಯಾಸನ್ನ prati-âsanna. Near at hand, contiguous, near, proximate; imminent.

ಪ್ರತ್ಯಾಸನ್ನಮತಿ pratyâsanna-mati. A contiguous, analogous idea (My.).

ಪ್ರತ್ಯಾಸಾರ prati-âsâra. *The rear of an army.*

ಪ್ರತ್ಯಾಹತ prati-âhata. Driven back; beaten in return or in response (in music, J. 21, 57).

ಪ್ರತ್ಯಾಹಾರ prati-â-hâra. Drawing back; retreat; withholding. 2, *withdrawing the senses from external objects, restraint of the organs of sense.*

ಪ್ರತ್ಯುಕ್ತಿ prati-ukti. A reply, an answer, a rejoinder. (My.).

ಪ್ರತ್ಯುತ್ಕ್ರಮ prati-utkrama. Setting out; *undertaking, beginning.*

ಪ್ರತ್ಯುತ್ತರ prati-uttara. = ಮಱುಯುತ್ತರ. A rejoinder, an answer, a reply. (My.). ಆ ಮಾತಿಗೆ ಈ ಮಾತು ಪ್ರತ್ಯುತ್ತರವಿಡೆ, ಮುಣ್ಡೆ! ಅನ್ದರೆ ಮುಣ್ಡೇ ಗಣ್ಡ! ಎಮ್ಬುವದು.—ಪ್ರಶ್ನೆಗೆ ಪ್ರತ್ಯುತ್ತರ ಕೊಡಲಾಱದ ಮೂಕ ಮತ್ತೇನಾದರೂ ಹೇಳ್ಯಾನೇ? (Prvs.). — ಪ್ರತ್ಯುತ್ತರಂಗೊಡು. -ಂ-ಕೊಡು. To give an answer (J. 6, 50).

ಪ್ರತ್ಯುತ್ಥಾನ prati-utthâna. Rising from a seat as a mark of respect, rising to welcome a visitor. (My.).

ಪ್ರತ್ಯುತ್ಪನ್ನ prati-utpanna. Existing at the present moment, present; prompt, ready.

ಪ್ರತ್ಯುತ್ಪನ್ನಮತಿ pratyutpanna-mati. *Having presence of mind or a prompt understanding.*

ಪ್ರತ್ಯುದ್ಗಮನ prati-udgamana. Going out to meet; rising from a seat as a mark of respect. (My.).

ಪ್ರತ್ಯುಪಕಾರ prati-upakâra. A favor in requital, return of a kindness. (My.; B. 4, 91).

ಪ್ರತ್ಯುಪಕೃತಿ prati-upakṛiti. = ಪ್ರತ್ಯುಪಕಾರ. — ಪ್ರತ್ಯುಪಕೃತಿಪಡೆ. -ಪಡೆ. To receive a favor in requital (Čpr. 10, 42).

ಪ್ರತ್ಯುಪಮಾನ prati-upamâna. The counterpart of a likeness, a copy, a model, a pattern; a counter comparison (ವಾ, ಪ್ರತ್ಯುಪಮೆ Nn. 139).

ಪ್ರತ್ಯುಪಮೆ prati-upamĕ. = ಪ್ರತ್ಯುಪಮಾನ, q. v. (ವಾ Mr. 533).

ಪ್ರತ್ಯುಷಸ್ prati-ushas. Every morning (My.).

ಪ್ರತ್ಯೂಷ prati-ûsha. *Day-break, dawn, morning.*

ಪ್ರತ್ಯೂಷಸ್ prati-ûshas. *Day-break, dawn, morning.*

ಪ್ರತ್ಯೂಹ prati-ûha. *An impediment, an obstacle.*

ಪ್ರತ್ಯೇಕ prati-êka. Each one, each single one, every one. (J. 12, 50). 2, separate, different; separately (My.). ಪ್ರತ್ಯೇಕಂ, one by one, one at a time, singly, severally (Šmd. 251. 254. 255; ಬೇಱೆ ಬೇಱೆ 255 Cm.; J. 2, 27).

ಪ್ರತ್ಯೇಕಿಸು pratyêkisu. To separate (My.).

ಪ್ರಥನ prathana. Extending; celebrating; praise, fame (Abh. P. 1, 23).

ಪ್ರಥಮ prathama. *Foremost, first;—first, chief, principal, most excellent.* 2, the first person, *i. e.* the *third* person in European grammars (Šmd. 267; Kâvy. I, 5, 6-12). 3, the first consonant of a varga.

ಪ್ರಥಮಋತು prathama-ṛitu. (ಪ್ರಥಮರ್ತು). The first menstrual flux. See ಸಱಿಮಿಣ್ಡಿ.

ಪ್ರಥಮಕಲ್ಪ prathama-kalpa. A primary or principal rule. See ಪ್ರಾಥಮಕಲ್ಪಿಕ.

ಪ್ರಥಮತ್ವ prathamatva. The state of being the first consonant of a varga, and its form (ಮೊದಲಕ್ಷರದ ಭಾವಂ Šmd. 283 Cm.).

ಪ್ರಥಮಪುರುಷ prathama-purusha. = ಪ್ರಥಮ No. 2. (Šmd. 54. 255. 262. 263. 266).

ಪ್ರಥಮಸಂಗಮ prathama-saṅgama. The first sexual intercourse (when the first menstrual flux has taken place, Čpr. 6, 83; My.).

ಪ್ರಥಮಾನ್ತ prathamâ-anta. Having the termination of the first or nominative case (Šmd. 171 Cm.).

ಪ್ರಥಮಾ ವಿಭಕ್ತಿ prathamâ vibhakti. The first or nominative case (Šmd. 154. 171).

ಪ್ರಥಮೆ prathamĕ. ಪ್ರಥಮಾ. = ಪ್ರಥಮಾ ವಿಭಕ್ತಿ. (Šmd. 107. 111. 115. 128. 137. 150. 166. 172. 177).

ಪ್ರಥಮೈಕವಚನ prathamâ-êkavačana. The nominative singular (Šmd. 128. 129; Kâvy. I, 2, 12. 13).

ಪ್ರಥಮೈಕಾದಶಿ prathama-êkâdaši. The êkâdaši of the šukla-paksha in the month of âshâḍha (My.).

ಪ್ರಥಿತ prathita. Extended, spread; made known, published, openly announced; manifested; *famed, famous, celebrated, renowned;* intent upon.

ಪ್ರಥಿಮನ್ prathiman. (ಪ್ರಥಿಮ). (= ಪರುಟವ). Extension, width, breadth, greatness, magnitude.

ಪ್ರಥೆ prathĕ. Extension, spreading out; *fame, celebrity, notoriety.*

ಪ್ರದ pra-da. *Giving away, giving, yielding, granting, conferring.*

ಪ್ರದಕ್ಷಿಣ pra-dakshiṇa. Moving to the right, standing on the right. 2, circumambulation of an object (as of an idol, a Brâhmaṇa, etc., by way of reverence) keeping the right side towards it. (My.). — ಪ್ರದಕ್ಷಿಣಂಗೆಯ್. -ಂ. To perform the pradakshiṇa (Čpr. 3, after 2).

ಪ್ರದಕ್ಷಿಣನಮಸ್ಕಾರ pradakshiṇa-namaskâra. A pradakshiṇa and a namaskâra (My.).

ಪ್ರದಕ್ಷಿಣೆ pra-dakshiṇĕ. = ಪ್ರದಕ್ಷಿಣ No. 2. (My.). ಪ್ರದಕ್ಷಿಣೆಗೆ ಹೋಗಿ, ಸ್ವದಕ್ಷಿಣೆ ತಪ್ಪಿತು (Prv.). — ಪ್ರದಕ್ಷಿಣೆ ಮಾಡು. To circumambulate an object etc. ಪ್ರದಕ್ಷಿಣೆ ಮಾಡಿದರೂ ದಕ್ಷಿಣಾ ಯಾತ್ರೆ ತಪ್ಪದು (Prv.). 2, to go or travel round about (the earth) in a straight course (B. 4, 68; My.).

ಪ್ರದರ pra-dara. Splitting, rending, tearing; a fracture, a breach, a crack, a crevice, a cleft in the earth; *scattering, the dispersion of an army.* 2, *a particular disease of women, maenorrhagia.* 3, *an arrow.*

ಪ್ರದರ್ಶಕ pra-daršaka. Showing, exhibiting; he that shows. (My.). 2, foreshowing, foretelling, presaging; a prophet (Sk.).

ಪ್ರದರ್ಶನ pra-daršana. Showing, pointing out, displaying, exhibiting. (My.). 2, foreshowing, prophesying. 3, explaining, teaching. 4, an example.

ಪ್ರದರ್ಶಿತ pra-daršita. Shown, displayed, exhibited. (My.). 2, foreshown, prophesied.

ಪ್ರದಾನ pra-dâna. Giving away, giving, offering, presenting, bestowing; an oblation; a gift, a present. See ಈ, ಕುಡು; ಪಿಣ್ಡ-, ಸ್ವೇಚ್ಛಾ-, ಹವಿ-.

ಪ್ರದಾಯ pra-dâya. Giving away; handing down; a present. See ಸಮ್-.

ಪ್ರದಾಯಕ pra-dâyaka. Giving, granting, bestowing. (Bp. 46, 4; J. 1, 3).

ಪ್ರದಿಗ್ಧ pra-digdha. Smeared over, besmeared; a kind of sauce or gravy. (R.).

ಪ್ರದಿಶ್ pra-diš. -ದಿಕ್. Pointing to; a quarter, a region of the sky; *an intermediate point of the compass or half quarter,* as north-east, etc.

ಪ್ರದಿಶೆ pra-dišĕ. = ಪ್ರದಿಶ್. (ಅನ್ತರಾಲ, ವಿದಿಶೆ Mr. 59).

ಪ್ರದೀಪ pra-dîpa. *A light, a lamp.*

ಪ್ರದೀಪಕಲಿಕೆ pradîpa-kalikĕ. The bud-like flame of a lamp (Čpr. 1, 37).

ಪ್ರದೀಪನ pra-dîpana. Inflaming, illuminating, igniting, exciting. 2, *a sort of mineral poison.*

ಪ್ರದೀಪ್ತಿ pra-dîpti. Great light, lustre, splendor, brilliancy. (My.).

ಪ್ರದೀಯಮಾನ pra-dîyamâna. Being given (adj., Čpr. 3, after 83).

ಪ್ರದೇಶ pra-dêša. Pointing to or out, showing. 2, *a place, a spot, a region;* a country, a district. 3, a short span measured from the tip of the thumb to that of the forefinger (ಜೋಟು Mr. 324; *cf.* ಪ್ರಾದೇಶ).

ಪ್ರದೇಶನ pra-dêšana. *A gift, a present.*

ಪ್ರದೇಶನಿ pra-dêšani. *The index finger, the forefinger.*

ಪ್ರದೇಶಿನಿ pra-dêšini. *The index finger.*

ಪ್ರದೋಷ pra-dôsha. Corrupt, bad; offence, sin, etc. 2, *the first part of the night, evening twilight, nightfall.* 3, a vrata in worship of Šiva (Mhr.).

ಪ್ರದ್ಯುತಿ pra-dyuti. Lustre, shine (Ršv. 6, 20).

ಪ್ರದ್ಯುಮ್ನ pra-dyumna. The pre-eminently mighty one: *Kâma.* 2, N. of a son of Kṛishṇa (J. 7, 2. 34. 36, etc.; 8, 10. 29).

ಪ್ರದ್ಯೋತ pra-dyôta. Splendor; *a ray of light.*

ಪ್ರದ್ಯೋತನ pra-dyôtana. Blazing, shining; *the sun.*

ಪ್ರದ್ಯೋತಿ pra-dyôti. Illuminating; lustre, shine (Čpr. 1, 125).

ಪ್ರದ್ಯೋತಿತ pra-dyôtita. Illuminated; shining (ಪ್ರಕಾಶಿಸುವ G.; My.).

ಪ್ರದ್ರಾವ pra-drâva. Running away; *flight, retreat.*

ಪ್ರಧನ pra-dhana. Spoil taken in battle;—*a contest, a fight, a battle, war;*—tearing; destroying.

ಪ್ರಧರ್ಷಣ pra-dharshaṇa. Attacking, assailing; molesting. See ದುಷ್ಪ್ರಧರ್ಷಣ.

ಪ್ರಧಾನ pra-dhâna. That which is placed or set before. 2, *chief, main, principal;* pre-eminent, most excellent, best; prevalent. 3, a chief or principal thing, chief object. 4, *primary or original matter, the first evolver or source of the material world, nature or matter* (as opposed to soul or purusha). 5, *the supreme or universal soul.* 6, *intellect, understanding.* 7, *the first companion or attendant of a king, his minister or counsellor* (ಮನ್ತ್ರಿ Nn. 160); any one of the other seventeen chief officers of state (ತೀರ್ಥ, q. v.). 8, a man of noble birth (ಸತ್ಕುಲಜ, ಒಳ್ಳಿಹ ಕುಲದಲ್ಲಿ ಹುಟ್ಟಿದವನು 160). 9, a man of good conduct (ಸಚ್ಚರಿತ, ಒಳ್ಳಿಹ ಚಾರಿತ್ರ 160). 10, the penis (My.). 11, the principal or primary member of a compound (in grammar). See ಅಪ್ರಾಧಾ-.

ಪ್ರಧಾನಕ್ರಿಯೆ pradhâna-kriyĕ. The principal verb in a sentence (My.).

ಪ್ರಧಾನಪುರುಷ pradhâna-purusha. A most distinguished man, the best of men (ಪುನ್ನಾಗ, ನರಶ್ರೇಷ್ಠ Nn. 61);—Śiva.

ಪ್ರಧಾನಭೂತೆ pradhâna-bhûtĕ. A pre-eminent, etc. woman (Čpr. 2, after 10).

ಪ್ರಧಾನವಾಕ್ಯ pradhâna-vâkya. Principal sentence (My.).

ಪ್ರಧಾನಿ pra-dhâni. = ಪ್ರಧಾನ No. 7. ಜೈನವಣ್ಣಿತನಿಗೆ ಪ್ರಧಾನೀ ಕೆಲಸ ಕೊಟ್ಟು (B. 4, 80). ಕುಜೋದ್ಯದ ಅರಸಗೆ ಕುಲಗೇಡಿ ಪ್ರಧಾನಿ.—ಪ್ರಧಾನಿಯಾದವಗೆ ನಿಧಾನವಿರ ಬೇಕು (Prvs.).

ಪ್ರಧಾನಿಕೆ pradhânikĕ. The office of minister or counsellor (Bp. 11, 7).

ಪ್ರಧಾರಣ pra-dhâraṇa. Resolving, determining; keeping, protecting. See ಸಮ್-.

ಪ್ರಧಾವನ pra-dhâvana. Rubbing or washing off. See ಕಿಪತ್-.

ಪ್ರಧಿ pra-dhi. *The circumference or periphery of a wheel* (ನೇಮಿ, ಮೇಲುವತ್ತಿಗೆ Mr. 285). 2, *a well* (*cf.* ಪ್ರಹಿ).

ಪ್ರಧ್ವಂಸ pra-dhvaṁsa. Utter destruction, annihilation;—scattering, sprinkling;—annoyance, molestation (ಬಾಧೆ Nn. 25, o. r. ಬನ್ಧನ);—an enemy (ರಿಪು, ವೈರಿ 25, o. r. ವೈರ);—fire in a forest (ದವ, ದಾವಾಗ್ನಿ 25);—the female breast (ಕುಚ, ವಕ್ಷೋರುಹ 25);—the sky (ವಿಹಾಯಸ, ಆಕಾಶ 25).

ಪ್ರಧ್ವಂಸನ pra-dhvaṁsana. Destroying, annihilating. (Čpr. 1, 5).

ಪ್ರಧ್ವಾನ pra-dhvâna. Great noise (Čpr. 8, 17).

ಪ್ರನಾಶ pra-nâśa. Disappearance; destruction. See ಅ-.

ಪ್ರಪಂಚ pra-pañča. = ಪರಪಂಚ, ಪ್ರಪಂಚು. Spreading out, development, diffusion, display, expansion; expanse, extent (ಬಿತ್ತರ, ವಿಸ್ತರ, ವ್ಯಾಸ, etc., ಪಿರಿದು ಮಾಡ್ಪುದು Mr. 447); *prolixity, diffuseness, copiousness,* as in style or composition; heap, abundance, quantity. 2, the expansion of the universe, the world as the scene of manifold action, the visible world or universe. 3, the business of life (Mhr.; My.). 4, manifoldness, diversity. 5, error, illusion, deceit, trick. ಪ್ರಪಂಚ ಬಿಟ್ಟರೂ ವಂಚನೆ ಬಿಡ.—ಪ್ರಪಂಚ ಬಿಟ್ಟರೆ ಪಾರಮಾರ್ಥ ಬಿಟ್ಟೀತೇ?—ಪ್ರಪಂಚ ಬಿಡುತ್ತೇನೆನ್ನು, ಪಂಚಮುಹಾಪಾಪ ಹೊದ್ದಿ ಕೊಣ್ಡ (Prvs.). — ಪ್ರಪಂಚ ಮಾಡು. To perform or carry on the business of life (B. 4, 153; 5, 159).

ಪ್ರಪಂಚಿತ prapañčita. Spread, amplified, expanded, diffused, etc.; beguiled. (Kâvy. III, 3, B, 1. 62).

ಪ್ರಪಂಚಿಸು prapañčisu. To develop, to spread, to become prolix, etc. (Čpr. 3, 29).

ಪ್ರಪಂಚು prapañču. Tbh. of ಪ್ರಪಂಚ. Display; abundance (J. 26, 10).

ಪ್ರಪತತ್ pra-patat. Flying forwards or down; falling (Čpr. 2, 52).

ಪ್ರಪತ್ತಿ pra-patti. Refuge, succour (Śśv. 2, 117).

ಪ್ರಪದ pra-pada. *The fore part of the foot;* the tip of the toes.

ಪ್ರಪನ್ನ pra-panna. One who seeks for protection or refuge. (My.).

ಪ್ರಪನ್ನತ್ವ pra-pannatva. The state of a prapanna (My.).

ಪ್ರಪಾಂಗನೆ prapâ-aṅganĕ. A woman who accommodates travellers with water (Abh. P. 1, 103).

ಪ್ರಪಾತ pra-pâta. Flying or rushing forwards; flying or rushing down; falling down. 2, *an assault, a sudden attack, a sortie* (ಅವಸ್ಕನ್ದ, ದಾಂಟ್ Mr. 287). 3, *a steep rock, a cliff, a precipice.* 4, *a steep bank or shore.* 5, a cascade, a waterfall. 6, a stroke (Čpr. 10, 96).

ಪ್ರಪಾನ pra-pâna. Drinking, sipping. (Čpr. 1, 91).

ಪ್ರಪಾಶಾಲೆ prapâ-śâlĕ. = ಪ್ರಪಾ No. 2. (J. 3, 11).

ಪ್ರಪಿತಾಮಹ pra-pitâmaha. *A paternal great-grandfather.*

ಪ್ರಪಿತಾಮಹಿ pra-pitâmahi. *A paternal great-grandmother.*

ಪ್ರಪುನಾಟ prapunâṭa. *The ringworm shrub, Cassia alata* Lin.

ಪ್ರಪುನ್ನಾಡ prapunnâḍa. *The ringworm shrub.*

ಪ್ರಪೂರಿತ pra-pûrita. Filled up, completed; filled, become full. (Bp. 4, 76; 27, 81; 61, 94).

ಪ್ರಪೂರ್ಣ pra-pûrṇa. Filled, full of, crowded (ಭರಿತ, ಪರಿಕೀರ್ಣ, etc., ಸನ್ದಣಿ Mr. 431; Čpr. 1, 80; 9, 6); completed.

ಪ್ರಪೂರ್ತಿ pra-pûrti. Fullness, abundance, accomplishment, etc. (Bp. 5, 47; 46, 40).

ಪ್ರಪೂರ್ವ pra-pûrva. First, coming first, initial (ಆದಿಯಾದ Śmd. 143. 201 Cm.).

ಪ್ರಪೆ pra-pĕ. ಪ್ರಪಾ. Drinking. 2, *a shed on the roadside for accommodating travellers with water* (ಕುಡಿನೀರ ಮನೆ Mr. 196).

ಪ್ರಪೌಣ್ಡರೀಕ prapauṇḍarîka. *A small herbaceous plant, used as a remedy for ulcers and bad eyes and as a perfume.*

ಪ್ರಪೌತ್ರ pra-pautra. A great-grandson. (My.).

ಪ್ರಫುಲ್ಲ pra-phulla. *Blown, as a flower, flowering, covered with blossoms.*

ಪ್ರಬನ್ಧ pra-bandha. A connection, a tie. 2, a continuous series. 3, continuous application or action. 4, *a connected discussion or narrative.* 5, composition, any literary composition, a treatise. See Kâvy. III, 3, B, 170; Bp. 41, 22; Čh. v. 16.

ಪ್ರಬನ್ಧಕಲ್ಪನೆ prabandha-kalpanĕ. *A feigned story, a work of imagination* (whether founded on fact or not).

ಪ್ರಬರ್ಹ pra-barha. = ಪ್ರವರ್ಹ. *The best, most excellent, principal, chief.* 2, totally devoted to (ಪ್ರೇಮಿ, ಪರಾಯಣ, ತತ್ಪರ, ಪ್ರೇಮುಗೆಯ್ವುವ Mr. 229).

ಪ್ರಬಲ pra-bala. Prevailing, predominant; strong, powerful, mighty; abounding with or in. (Bp. 59, 33; My.). — ಪ್ರಬಲ ಪಡಿಸು. To increase (v. t., My.).

ಪ್ರಬಲಿತ pra-balita. Become predominant, strong or powerful (Bp. 39, 67).

ಪ್ರಬಲಿಸು prabalisu. To begin to prevail, to increase greatly (My.).

ಪ್ರಬಾಲ pra-bâla. = ಪ್ರವಾಲ, q. v. *A young shoot, a sprout, a new leaf.* 2, *coral.* 3, *the neck of a lute.*

ಪ್ರಬುದ್ಧ pra-buddha. Awakened, awake, roused. 2, *clear-sighted, clever, wise, learned* (ವಿದ್ವಾಂಸ Mr. 228). 3, expanded, blown, in bloom; developed.

ಪ್ರಬುದ್ಧಿ pra-buddhi. Knowledge, doctrine. See ಜಿನ-.

ಪ್ರಬೋಧ pra-bôdha. Awaking; becoming conscious, consciousness (Čpr. 2, 28); vigilance; intellect, understanding, knowledge, wisdom, intelligence.. 2, causing to know, explaining, instructing. 3, a bard, an encomiast (ವಿನ್ದಿ, ವೈತಾಳಿಕ, ಮಾಗಧ, ಸೂತ, ಕೀರ್ತಿಪ ನರ Mr. 270).

ಪ್ರಬೋಧಕ pra-bôdhaka. A man who awakens; *a bard or minstrel whose duty is to wake the king with music and song.* 2, intelligible.

ಪ್ರಬೋಧಕರ prabôdha-kara. Waking up, awakening, arousing (Čpr. 3, 8).

ಪ್ರಬೋಧಚನ್ದ್ರ prabôdha-čandra. The moon of knowledge: N. of a composition of Kêšava (Šmd. 408).

ಪ್ರಬೋಧನ pra-bôdhana. Waking, awaking;—awakening, arousing, exciting, reviving;—knowledge, understanding;—instructing, explaining;—*reviving the fragrance of a perfume which has lost its scent.* See Kâvy. V, 70.

ಪ್ರಬೋಧಿಸು pra-bôdhisu. To instruct; to teach (Bp. 53, 27).

ಪ್ರಬೋಧೆ pra-bôdhĕ. = ಪ್ರಬೋಧ. See ಕು-.

ಪ್ರಬ್ಬಲಿ prabbali. (= ಹಬ್ಬೆ). — ಪ್ರಬ್ಬಲಿಗಿಡ. -ಚೆಟ್ಟು. The rattan (Tĕ. ಪ್ರಬ್ಬಲಿ, ಪಬ್ಬಲಿ). ಪ್ರಬ್ಬಲಿಗಿಡಗಳುಳ್ಳದು (ವೇತಸ್ವನ್ತ್ Si. 102). ಪ್ರಬ್ಬಲಿಚೆಟ್ಟು (ವೇತಸ, ವಿದುಲ, etc., ಹಬ್ಬೇ ಗಿಡ 128).

ಪ್ರಭ pra-bha. (fr. ಪ್ರಭೆ). At the end of compounds: shining; appearing like, resembling (Čpr. 2, 46; Abh. P. 8, after 48; Rŝv. 6, 35; 8, 104).

ಪ್ರಭಂಜನ pra-bhañjana. Breaking down; destroying;—*wind, storm, tempest;*—one of the vital airs (ಮೇಲಕೆ ಚಗಿ ಪುದು Mr. 52).

ಪ್ರಭಂಜನಪ್ರಿಯ prabhañjana-priya. Agni (Čpr. 1, 42).

ಪ್ರಭದ್ರೆ pra-bhadrĕ. N. of a plant. 2, N. of a woman (J. 33, 42).

ಪ್ರಭವ pra-bhava. Production, birth; becoming manifest, appearing; increasing. 2, *origin, source, cause of existence; birthplace.* 3, *generative cause, the base or root of being or existence.* 4, strength, might, superiority, power, majesty. 5, the first year of the cycle of sixty (My.). 6, *springing or originating from; born, produced.* 7, prominent, excellent. See Kâvy. IV, 2, 49; V, 40.

ಪ್ರಭವಿಷ್ಣು pra-bhavishṇu. = ಪ್ರಭೂಷ್ಣು. Pre-eminent; mighty; a lord, a master. (Rŝv. 6, 35).

ಪ್ರಭವಿಷ್ಣುತೆ pra-bhavishṇutĕ. *Supremacy, dominion, power.*

ಪ್ರಭವಿಸು pra-bhavisu. To come into being, to arise, to originate, to become manifest (ಹುಟ್ಟು Šmd. 154 Cm.; Bp. 6, 23; 30, 30; 35, 13; 51, 62).

ಪ್ರಭಾಕರ prabhâ-kara. Causing light or splendor (Rŝv. 1, 8): *the sun.* 2, the moon. 3, fire. 4, the ocean.

ಪ್ರಭಾತ pra-bhâta. Shone forth; begun to become clear or light. 2, *dawn, morning.* 3, N. of a vṛitta (Čh.).

ಪ್ರಭಾತಕಾಲ prabhâta-kâla. The time of day-break or dawn (ಹೊತ್ತಿಟ್ Kk. 90).

ಪ್ರಭಾಮಣ್ಡಲ prabhâ-maṇḍala. A circle or crown of rays. 2, N. (Abh. P. 12, after 40).

ಪ್ರಭಾಲಕ್ಷ್ಮಿ prabhâ-lakshmi. Splendor considered as Lakshmî (J. 3, 4).

ಪ್ರಭಾವ pra-bhâva. *Strength, might, power.* 2, *majesty, dignity, glory, grandeur, superiority.* 3, superhuman strength or power. 4, splendor, brilliance. 5, high spirit, spirit, magnanimity. 6, tranquillizing. See Bp. 36, 47; 39, 30; 44, 73; 50, 16; 51, 56; ವಿಗತ-.

ಪ್ರಭಾವತಿ prabhâ-vati. N. of various females (Čpr. 4, 12; 4, after 28; J. 4, 67; 5, 16).

ಪ್ರಭಾವತೆ pra-bhâvatĕ. = ಪ್ರಭಾವ No. 2. *Supremacy, great power, dominion* (ಹಿರಿದಪ್ಪ ಹೆಮ್ಮೆ Hlâ.; Rŝv. 8, 99).

ಪ್ರಭಾವನ pra-bhâvana. Mighty, powerful, ruling. (Bp. 59, 47).

ಪ್ರಭಾವನೆ pra-bhâvanĕ. Greatness, abundance (Bp. 46, 63).

ಪ್ರಭಾವಳೆ prabhâ-vaḷĕ. Radiance-circle: the "glory" surrounding the head of an idol, either in its niche, or in the chair in which it is carried about (My.; T.).

ಪ್ರಭಾಸ್ವಾಮಿ prabhâ-svâmi. N. (Šmd. 125, not in Mḍb.).

ಪ್ರಭಿನ್ನ pra-bhinna. Split asunder; broken to pieces; pierced; cut off, detached; different, various (Čpr. 2, 62). 2, *an elephant in rut.*

ಪ್ರಭು pra-bhu. = ಪಬು, ಹಬು. Powerful, mighty; excellent; able, capable. 2, *a superior, a master, a lord* (ಶೃಂಗ, ಮುಖ್ಯ Nn. 28).

ಪ್ರಭುತೆ prabhutĕ. *Lordship, supremacy, ascendency, power, dominion, rule.*

ಪ್ರಭುತ್ವ prabhutva. = ಪ್ರಭುತೆ. (My.).

ಪ್ರಭುಶಕ್ತಿ prabhu-šakti. The power derived from proper rulership, the majesty or pre-eminence of the king himself (My.).

ಪ್ರಭೂತ pra-bhûta. Sprung from;—increased; *much, abundant; numerous, many; large, great, high, lofty;* abounding in; mature, perfect. 2, an oblation of rice, buttermilk, etc. on the tenth day after the death of a person (My.; see ಪ್ರೇತಬಲಿ).

ಪ್ರಭೂತಪದಯೋನಿ prabhûta-pada-yôni. A source of high rank or value (ಅಳರ Nn. 91).

ಪ್ರಭೂರಿ pra-bhûri. Very much, very abundant; a large quantity (ಬಹುಲ, ಪುಷ್ಕಲ, etc., ಮೊತ್ತ Mr. 430).

ಪ್ರಭೂಷ pra-bhûsha. Ornament, decoration; ornamented (Rŝv. 1, 9).

ಪ್ರಭೂಷ್ಣು pra-bhûshṇu. = ಪ್ರಭವಿಷ್ಣು. (Sk.; R.).

ಪ್ರಭೃತಿ pra-bhṛiti. Leading or bringing forwards; beginning, commencement; at the end of compounds: commencing with; from, since; et caetera. (Kâvy. V, 3. 18).

ಪ್ರಭೆ pra-bhĕ. ಪ್ರಭಾ. = ಪಜೆ. *Light, splendor, radiance, effulgence.* 2, *a rag of light.* — ಪ್ರಭೆವೆಟ್. -ಪೆಟ್. To get splendor;—splendor to be generated (Bp. 8, 12; 22, 20; 53, 57).

ಪ್ರಭೇದ pra-bhêda. Splitting;—division, separation, distinction, difference, disparity; kind, sort. (Kâvy. III, 3, B, 121. 148).

ಪ್ರಭೇದಿಕೆ pra-bhêdikĕ. Splitting, cleaving, severing; piercing. See ಚರ್ಮ-.

ಪ್ರಭೋಗ pra-bhôga. Beginning to eat or to enjoy. See ಉಪ-.

ಪ್ರಭ್ರಷ್ಟ pra-bhrashṭa. Fallen off, fallen, dropping; hanging down from; broken.

ಪ್ರಭ್ರಷ್ಟಕ pra-bhrashṭaka. *A chaplet or wreath of flowers suspended from the lock on the crown of the head.* ಮಾಲೆಯಂ ಚಜ್ಜೆಕೆಯೊಳ್ ಇಕ್ಕೆ ಪ್ರಭ್ರಷ್ಟಕಂ (Mr. 334).

ಪ್ರಮತಿ pra-mati. N. of a mantri (J. 10, 37).

ಪ್ರಮತ್ತ pra-matta. Excited, wanton; drunken, intoxicated; impassioned, actuated by passion for (Bp. 24, 1). 2, careless, inattentive, negligent, unmindful.

ಪ್ರಮಥ pra-matha. Stirring about; a tormentor or destroyer; a class of fiends attending on Śiva, *an attendant on Śiva.* ಮಹಾಶಿವಗಣಂಗಳು ಪ್ರಮಥರಕ್ಕು (Mr. 14). See Bp. 44, 29; 48, 17; 61, 22; ಅದಿ-, ಮಹಾಕಾಲ.

ಪ್ರಮಥಗಣ pramatha-gaṇa. The host of the pramathas (Bp. 37, 50; 49, 5).

ಪ್ರಮಥತ್ವ pramathatva. The state of being a pramatha (Bp. 27, 46).

ಪ್ರಮಥನ pra-mathana. Stirring about; agitating, churning (Bp. 36, 48); tormenting, paining, injuring; *killing.*

ಪ್ರಮಥನಾಥ pramatha-nâtha. Chief of the pramathas; Śiva (Bp. 54, 73). 2, Gaṇapati.

ಪ್ರಮಥನಾಯಕ pramatha-nâyaka. = ಪ್ರಮಥನಾಥ. (Bp. 2, 7; 27, 27; 44, 32).

ಪ್ರಮಥಲೋಕ pramatha-lôka. The world of the pramathas (Bp. 49, 5; 54, 73).

ಪ್ರಮಥಾಧಿಪ pramatha-adhipa. *Śiva.* ಪ್ರಮಥಾಧಿಪಂ, the foot ᴗᴗ—ᴗ— (Ch.).

ಪ್ರಮದ pra-mada. *Joy, pleasure, delight, rapture.* 2, wanton; mad, intoxicated; impassioned; careless.

ಪ್ರಮದವನ pramada-vana. *A royal garden or pleasure-ground attached to the gynecaeum* (ರಾಣಿವಾಸಸಹಿತ ಅರಸು ಬನ್ನಿಹ ಚೆಲ್ವಿನ ಅರವೆ Mr. 152).

ಪ್ರಮದಾವನ pramadâ-vana. = ಪ್ರಮದವನ. (My.).

ಪ್ರಮದೆ pra-madĕ. ಪ್ರಮದಾ. *A handsome or beautiful woman; a woman in general* (ಹೆಂಗೂಸು Mr. 301).

ಪ್ರಮನಸ್ pra-manas. *Cheerful-minded, happy, delighted.*

ಪ್ರಮಯೆ pra-mayĕ. (ಪ್ರಮಯ). Ruin, death;—*killing, slaughter* (ಕೊಲೆ Hlâ.).

ಪ್ರಮಾಣ್ pramâṇ. ಪ್ರಮಾಣು. Tbh. of ಪ್ರಮಾಣ. (ವೇಲೆ, ವ್ಯವಸ್ಥೆ, ಪ್ರಮಾಣ, ಸೂರುಳು Nn. 152). ಅಂಗುಲಿಗಳ ಒಸ್ಗೊಡ್ಡದ ಪ್ರಮಾಣ್ಣು ಜವೆಯಳತೆಯಕ್ಕುಂ (Mr. 324).

ಪ್ರಮಾಣ pra-mâṇa. = ಪಮಾಣ, ಪವಣ್, ಹವಣ್, ಪ್ರಮಾಣ್. *Measure, scale, standard; measure in general* (whether of weight, length, or capacity, ಅಳತೆ Nn. 129; ಪರಿಮಾಣ Śmd. 94 Cm.); *quantity; magnitude, extent, circumference, length, duration; weight, quantity; limit* (ಮರ್ಯಾದೆ Mr. 529); bank, shore (ತಟ, ದಡ Nn. 139). 2, evenness, etc. (ಸಮತೆ 529). 3, even or level ground (ಸಮಸ್ಥಾನ 139; ಸಮವೆಸ್ಸು ತಾಣ 529). 4, that which is beautiful, agreeable or good (ಮಂಜುಳ, ಒಳ್ಳಿತ್ತು 139). 5, that which is perpetual (ನಿತ್ಯ, ಕೇಡಿಲ್ಲದುದು 139; ನಿತ್ಯ 529). 6, that which is true (ಸತ್ಯ, ತಪ್ಪದೆಮ್ಬುದು 139; ಸತ್ಯ 529). 7, rule; the rule by which a thing is determined or adjusted. 8, *ground of assurance;* means of proof. 9, *proof, authority;* support, warrant; *testimony, evidence.* 10, an oath, adjuration (My.; see Nn. s. ಪ್ರಮಾಣ್). 11, a correct notion, right conception. 12, *a work of sacred authority* (ಶಾಸ್ತ್ರ 139; 529). 13, statute, law, etc. (ಧರ್ಮ 139). 14, *cause, motive* (ಕಾರಣ 139; 529). 15, proximity (ಸನ್ನಿಧಿ, ಸಮೀಪ 139). 16, mixing with, etc. (ಮಿಲನ, ಕೂಟ 139). 17, a horn (or branch? ಕೋಡು, ಕೋಡುಗಳು 139). 18, a decider, one whose advice or decision is an authority (Sk.; ಸತ್ಯವಾದಿ G.). ಪ್ರಮಾಣಕ್ಕೂ ನಿರ್ಣಯಕ್ಕೂ ತಾಳೆ ಇರ ಬೇಕು (Prv.). See Prv. s. ಪ್ರಸ್ತ.— ಪ್ರಮಾಣ ಮಾಡು. To swear, to take an oath (My.). ಪ್ರಮಾಣ ಮಾಡಿದರೂ ಮಾಣಿಕ ಸಿಕ್ಕಲಿಲ್ಲ (Prv.). — ಪ್ರಮಾಣವಾಗಿ ಹೇಳು. To tell correctly (My.). — ಪ್ರಮಾಣ ಹೇಳು. To tell the quantity, etc. (of anything, My.). 2, = ಪ್ರಮಾಣ ಮಾಡು. ಪ್ರಮಾಣ ಹೇಳ್, ಪ್ರಮಣೆಯಲ್ಲಿ ಬಿದ್ದ (Prv.).

ಪ್ರಮಾಣಪೂರಣ pramâṇa-pûraṇa. Filling out or completing measure or scale: gradation (Śmd. 242. 248).

ಪ್ರಮಾಣವಾಕ್ಯ pramâṇa-vâkya. Authoritative statement, authority. (My.). 2, a formula used in taking an oath (My.).

ಪ್ರಮಾಣವಾಚಿ pramâṇa-vâči. A term denoting quantity (ಪವಣ್ Śmd. 122. 135 Cm.).

ಪ್ರಮಾಣಸೂಚಕ pramâṇa-sûčaka. A term that indicates measure or quantity. ಅನಿತಿನಿತೆನಿತು ಎನಲ್ ಪ್ರಮಾಣಸೂಚಕಮಕ್ಕು (Kk. 61).

ಪ್ರಮಾಣಿಕ pramâṇika. Forming a measure or standard; forming an authority;—true, fair, equitable (Mhr.). 2, N. of a vṛitta (Ch.). 3, *a cubit* (ಅಳವ ಮೊಳ Mr. 328). See ಮೊಳ.

ಪ್ರಮಾಣಿಕತನ pramâṇikatana. Truthfulness, fairness, honesty (B. 2, 25).

ಪ್ರಮಾಣಿಸು pramâṇisu. To measure, to compute, to understand (ಅಳೆ Śmd. 45 Cm.); to discern, to discriminate, to examine (My.). ಪ್ರತ್ಯಕ್ಷವಾದರೂ ಪ್ರಮಾಣಿಸಿ ನೋಡ ಬೇಕು (Prv.).

ಪ್ರಮಾತಾಮಹ pra-mâtâmaha. *A maternal great-grandfather.*

ಪ್ರಮಾತೃ pra-mâtṛi. Knowing truly or well; *any person who gives evidence or proof, an authority.*

ಪ್ರಮಾಥಿ pra-mâthi. Stirring about, agitating, churning; breaking; afflicting; killing; a destroyer. See ಸೋಮ-. 2, N. of the thirteenth year of the cycle of sixty (My.).

ಪ್ರಮಾದ pra-mâda. Intoxication; madness, insanity, confusion; *inadvertence, negligence, inattention, carelessness;* error, inaccuracy, a blunder, mistake;—distress, misfortune (Bp. 18, 18; My.).

ಪ್ರಮಾದತ್ಯಜನ pramâda-tyajana. Throwing away with heedlessness or unconcern. See ಈಡಾಡು, ಬಿಸುಡು, ಬೀಸಾಡು, ಚೋಗಾಡು.

ಪ್ರಮಾದೀಚ pramâdîča. N. of the forty-seventh year of the cycle of sixty (My.).

ಪ್ರಮಾಪಣ pra-mâpaṇa. Murdering; *killing, slaying, slaughter.*

ಪ್ರಮಾರ್ಜನ pra-mârjana. Washing out, cleansing; wiping off, wiping away, wiping out; rubbing off, rubbing. See ತೀಡು.

ಪ್ರಮಿತ pra-mita. Measured; understood; demonstrated, proved; adjusted, conformed, as by some rule. (My.).

ಪ್ರಮಿತಿ pra-miti. Measure;—*a correct notion, right conception, true knowledge, knowledge established by proof.*

ಪ್ರಮೀತ pra-mîta. *Killed, slain, immolated;—dead* (ಮೃತ, ಸಂಸ್ಥಿತ, etc., ಸತ್ತಂ Mr. 394).

ಪ್ರಮೀಲೆ pra-mîlĕ. Shutting the eyes; *lassitude, weariness, enervation.* 2, N. of a female (J. 16, 1. 2. 3 etc., as ಪ್ರಮೀಳೆ).

ಪ್ರಮುಕ್ತ pra-mukta. Loosened, untied; liberated; hurled, cast, shot (Ršv. 6, 46).

ಪ್ರಮುಖ pra-mukha. Turning the face towards, facing; in front of. 2, *first, foremost, chief, principal, main, best;* a chief, a respectable man (B. 4, 217; My.). 3, at the end of a compound: *having as chief, headed by, preceded by, accompanied with, and so on, et caetera.* ಪ್ರಮುಖನಾದವನು ವಿಮುಖನಾಗ ಬಾರದು (Prv.).

ಪ್ರಮುಗ್ಧ pra-mugdha. Bewildered; fainting, unconscious. 2, very charming. (R.).

ಪ್ರಮುದ pra-muda. = ಪ್ರಮೋದ. (Bp. 2, 7; 30, 31).

ಪ್ರಮುದಿತ pra-mudita. *Delighted, pleased, happy, glad, content* (Šmd. 6; Čh. v. 231; Bp. 35, 16).

ಪ್ರಮುಷ್ಟ pra-mushṭa. Stolen away, taken away; (shortened), small, little, rare (ಅಲ್ಪ, etc., ಕಿರಿದು Mr. 427).

ಪ್ರಮೆ pra-mĕ. ಪ್ರಮಾ. A measure; *true perception, correct notion, accurate conception, true and certain knowledge.*

ಪ್ರಮೇಯ pra-mêya. To be measured, measurable, finite, to be fathomed (see ಅ-); demonstrable; discernible;—topic to be discussed or established. 2, a subject, a topic in general (= ವಿಷಯ, My.).

ಪ್ರಮೇಹ pra-mêha. Urinary disease, including strangury, stone or gravel, etc. (ಅಶ್ಮರಿ Mr. 337).

ಪ್ರಮೋದ pra-môda. *Excessive joy, delight, pleasure, happiness.* 2, the fourth year of the cycle of sixty (Sk.).

ಪ್ರಮೋದಿತ pra-môdita. Delighted, rejoiced, pleased, happy. (My.).

ಪ್ರಮೋದಿಸು pra-môdisu. To rejoice, to be delighted (My.).

ಪ್ರಮೋದೂತ pramôdûta. (Tbh. of ಪ್ರಮೋದ). = ಪ್ರಮೋದ No. 2 (My.).

ಪ್ರಯತ pra-yata. Well restrained, well governed, keeping the organs of sense under control;—*pious, virtuous, pure.*

ಪ್ರಯತ್ನ pra-yatna. Persevering effort, continued exertion or endeavour, great exertion; an effort (J. 24 sum.); an endeavour, essay. (My.). 2, difficulty. ಪ್ರಯತ್ನವಿಲ್ಲದೆ (ಅಯತ್ನ Šmd. 125 Cm.). ಯತ್ನ ತಪ್ಪುವದು (B. 5, 128). — ಪ್ರಯತ್ನ ನಡಿಸು. To make effort, to endeavour, to try (B. 3, 123; 4, 218). — ಪ್ರಯತ್ನ ಪಡು. To endeavour, etc. (My.). — ಪ್ರಯತ್ನ ಮಾಡು. = ಪ್ರಯತ್ನ ನಡಿಸು. (B. 5, 170; My.).

ಪ್ರಯತ್ನತೆ prayatnatĕ. = ಪ್ರಯತ್ನ. (Bp. 38, 65).

ಪ್ರಯತ್ನಿಸು prayatnisu. To make effort; to essay, to attempt, to undertake, as a work (My.).

ಪ್ರಯಸ್ತ prayasta. *Seasoned, dressed with sauces and condiments.*

ಪ್ರಯಾಗ pra-yâga. A sacrifice;—the very place of sacrifice: a celebrated place of pilgrimage (Allahabad) at the confluence of the Gangâ and Yamunâ (J. 14, 21. 23; Si. 101; My.). ಪ್ರಯಾಸ ಪಡದೆ, ಪ್ರಯಾಗ ಸಿಕ್ಕೀತೇ? (Prv.).

ಪ್ರಯಾಣ pra-yâṇa = ಪಯಣ, q. v. Going forwards, setting out, starting on a journey (My.); a journey, a march; *the march of an army, an expedition, an attack, an invasion.* 2, departure, death. — ಪ್ರಯಾಣ ಮಾಡು. To start (My.). 2, to journey (B. 4, 116; My.). 3, to die (My.). — ಪ್ರಯಾಣ ಹೊರಡು. To start for a journey or voyage (My.).

ಪ್ರಯಾಣಸನ್ನಹ prayâṇa-sannaha. ಪ್ರಯಾಣಸನ್ನಾಹ prayâṇa-sannâha. Making one's self ready for a journey or march (My.).

ಪ್ರಯಾಣಸ್ಥ prayâṇa-stha. A traveler; a voyager (My.; B. 5, 126).

ಪ್ರಯಾಣಿಕ prayâṇika. = ಪ್ರಯಾಣಸ್ಥ. (My.; B. 5, 154).

ಪ್ರಯಾತ pra-yâta. Gone towards, advanced; gone, departed. (Čpr. 1, 141; see ಭುಜಂಗ-).

ಪ್ರಯಾಮ pra-yâma. Restraining;—*dearth, scarcity, dearness; competition of buyers in consequence of scarcity.*

ಪ್ರಯಾಸ pra-yâsa. Effort, exertion, endeavour, labour, pains; difficulty. (J. 5, 34; My.). See Prv. s. ಪ್ರಾಯ. — ಪ್ರಯಾಸ ಪಡು. To endeavour, to labour, to take pains (B. 5, 128; My.). ಪ್ರಯಾಸ ಪಟ್ಟವನಿಗೆ ಆಯಾಸವಿಲ್ಲವೇ?— ಪ್ರಯಾಸ ಪಡದೆ, ಪ್ರಯಾಗ ಸಿಕ್ಕೀತೇ? (Prvs.). — ಪ್ರಯಾಸಬಡು. = ಪ್ರಯಾಸ ಪಡು. (B. 4, 221). — ಪ್ರಯಾಸವಾಗು. -ಆಗು. To become or be troublesome or difficult, to require pains (B. 4, 102. 221; My.).

ಪ್ರಯುಕ್ತ pra-yukta. Joined to; used, employed; associated or connected with; endowed with (ಅನ್ವಿತ, ಸಂಹಿತ, ಯುತ, etc., ಕೂಡಲ್ Mr. 440; ಒಡನೆ ಕೂಡಿದ Šmd. 299 Cm.; Bp. 2, 6; 36, 55). 2, produced or occasioned by;—a cause;—on account of, *e. g.* ಊಟದ ಪ್ರಯುಕ್ತ, ಕೆಲಸದ ಪ್ರಯುಕ್ತ, ಪ್ರಸ್ತಪ್ರಯುಕ್ತ (My.).

ಪ್ರಯುಕ್ತಿ pra-yukti. Use, employment, application; impulse, instigation; cause, main object or end, consequence, result. (Bp. 39, 17; 53, 7; 60, 13).

ಪ್ರಯುತ pra-yuta. Joined, combined, united. (Bp. 21, 3; 38, 45; 46, 64; 57, 63). 2, a million. 3, disjoined, separated.

ಪ್ರಯೋಕ್ತಿ pra-yôkti. = ಪ್ರಯುಕ್ತಿ (Bp. 46, 63).

ಪ್ರಯೋಕ್ತೃ pra-yôktṛi. One who employs or makes use of; one who performs or directs; *one who lends money on usury;* one who shoots, as an arrow.

ಪ್ರಯೋಗ pra-yôga. Joining together. 2, *application, employment, use.* 3, *undertaking, beginning, commencement.* 4, an order, a precept (ಆಜ್ಞೆ, ಶಾಸಿತ, ಆದೇಶ, ಪೇಳ್ದುದು Mr. 440). 5, a design, a device, a plan, a contrivance. 6, use, usage, practice (My.). 7, ceremonial form, course of proceeding; the learning and business of a purôhita (My.). 8, hurling, throwing, casting, as an arrow. 9, exhibition of a dance, performance or representation of a drama. 10, lending money on usury. 11, the form (of a word) which is commonly used, usual form. 12, the application of a grammatical rule (Šmd. 24. 28. etc. etc.). See ತ್ರಿ-. ಪ್ರಯೋಗವರಿಯದವ ಪ್ರಯೋಜನ ಮಾಡ್ಯಾನೇ? (Prv.). — ಪ್ರಯೋಗ ಮಾಡು. To use, to employ (ಪ್ರಯೋಗಿಸು Šmd. 22 Cm.; B. 5, 219; My.). 2, to throw, as an arrow (My.).

ಪ್ರಯೋಗತರ prayôga-tara. Common, general use (Čh. v. 340).

ಪ್ರಯೋಗದೃಷ್ಟ prayôga-drishṭa. (A word) seen in actual use (Šmd. 37).

ಪ್ರಯೋಗಿ prayôgi. *Being employed or used, usual.* 2, using, applying.

ಪ್ರಯೋಗಿಸು prayôgisu. To use, to employ (Šmd. 22. 134. 142. 394; My.). 2, to throw, as an arrow (My.).

ಪ್ರಯೋಜಕ pra-yôjaka. Occasioning, effecting, etc. 2, useful, beneficial (My., not Sk.); a useful man (My.).

ಪ್ರಯೋಜನ pra-yôjana. Application, employment, use. 2, need of, necessity for. 3, *cause, occasion, motive, origin.* 4, *purpose, object, aim, intention, design, scope* (ವಿಷಯ Šmd. 60 Cm.; ಕಾರ್ಯ 7 Cm.). 5, profit, interest (Sk.); gain, usefulness, advantage, benefit, use (ಹಿತ Nn. 84; ಬೇಕಾದುದು 132; ಅರ್ಥ, ಯೋಗ್ಯ 156; ಅರ್ಥ Mr. 497; ದಾಟ್ಟ Šmd. I). ಪ್ರಯೋಜನಕ್ಕೆ ಬಾರದವ ಪ್ರಸ್ತಕ್ಕೆ ಬನ್ದಾನೇ? (Prv.). 6, a festive occasion (Mhr.; My.). See ಶ್ರಾದ್ಧ-; Prv. s. ಹೊಸ್ತಿಲು.

ಪ್ರಯೋಜನವಸ್ತು prayôjana-vastu. A thing or article that is originated or used (Šmd. 273. 274).

ಪ್ರಯೋಜನಸ್ಥಾಪನ prayôjana-sthâpana. The establishment of the great aim (Kâvy. II, 1, 7).

ಪ್ರಯೋಜನೀಯ pra-yôjanîya. Fit to be used (My.).

ಪ್ರಯೋಜ್ಯ pra-yôjya. To be used, employed or practised, fit to be used (My.);—to be cast or thrown. 2, a servant. 3, that which is put out to interest: capital.

ಪ್ರರತ್ನ pra-ratna. An excellent gem (Grj. 3, 2).

ಪ್ರರೂಢ pra-rûḍha. Grown forth or up, full-grown; shot, budded; increased. (Šmd. 71; Čpr. 2, after 53; 10, after 2).

ಪ್ರರೋಹ pra-rôha. Growing or shooting forth; germinating, sprouting, budding; a bud, a sprout. (Čpr. 1, 118).

ಪ್ರರೋಹಕ್ರಿಯೆ prarôha-kriyĕ. Sprouting, budding. See ಮೊಳೆ.

ಪ್ರಲಗ್ನಕ pra-lagnaka. A surety, etc. (ಪ್ರತಿಭು, ಜೋಕೆದಾಣ Mr. 238).

ಪ್ರಲಪನ pra-lapana. Speaking forth, speaking; talking idly or incoherently, prattling; crying, lamenting. (My.).

ಪ್ರಲಪಿತ pra-lapita. Spoken, uttered, said; chattered; lamented. (My.).

ಪ್ರಲಪಿಸು pra-lapisu. = ಪಳಯಿಸು, etc. To speak, to talk; to prattle; to speak incoherently or deliriously; to lament, to wail (My.).

ಪ್ರಲಬ್ಧ pra-labdha. Overreached, cheated. See ವಿ-.

ಪ್ರಲಮ್ಬ pra-lamba. Hanging down, on or from. 2, N. of a daitya slain by Balarâma.

ಪ್ರಲಮ್ಬಘ್ನ pralamba-ghna. The slayer of Pralamba: *Balarâma, Baladêva.*

ಪ್ರಲಮ್ಬಾರಿ pralamba-ari. The enemy of Pralamba: Balarâma (My.).

ಪ್ರಲಮ್ಭ pra-lambha. Overreaching, cheating, fooling (ಪರಿಯೋಗ, etc. Mr. 90; ವಿಪ್ರಲಾಪ, ವಂಚನೆ 449).

ಪ್ರಲಯ pra-laya. = ಪಳಯ, ಪ್ರಳಯ, ಪ್ರಳೆಯ. Dissolution, destruction (ನಿರ್ಮೂಲನ, ಲಯವಹುದು Nn. 100). 2, *the destruction of the world at the end of a kalpa.* 3, death. 4, *fainting, syncope.* 5, heat of the sun, sunshine (ಆತಪ, ಬಿಸಿಲು 100). See Kâvy. IV, 1, 9; IV, 2, 17.

ಪ್ರಲಯಕಾಲ pralaya-kâla. The time of universal destruction (ಸಂವರ್ತ G.).

ಪ್ರಲಯದೂರ pralaya-dûra. Far from or free from destruction (Bp. 8, 3).

ಪ್ರಲಯವಹ್ನಿ pralaya-vahni. = ಪಳಯವಹ್ನಿ. The fire at the destruction of the world.

ಪ್ರಲಯಾಗ್ನಿ pralaya-agni. = ಪ್ರಲಯವಹ್ನಿ. (Bp. 54, 56).

ಪ್ರಲಾಪ pra-lâpa. Talk, conversation, discourse. 2, *unmeaning or senseless talk,* incoherent or delirious speech, prattling, prate, chattering. 3, lamentation. — ಪ್ರಲಾಪಂಗೆಯ್. -ೞ-. To lament, etc. (Abh. P. 7, after 13). — ಪ್ರಲಾಪಸನ್ನಿ. A sanni that produces delirious speech (My.).

ಪ್ರಲಾಪಿಸು pralâpisu. To speak, to talk. 2, to talk incoherently; to rave. 3, to lament, to wail. See Bp. 13, 3; 36, 8; 57, 15.

ಪ್ರಲೀನ pra-lîna. Dissolved; absorbed; vanished; destroyed; unconscious. See Bp. 36, 12; 53, 36.

ಪ್ರವಚ pra-vača. A loud sound; a declaration, a proclamation, an announcement (ಕವಚ, ದೊಡ್ಡ ಧ್ವನಿ Nn. 88, o. r. ದೊಡ್ಡ ದನಿ).

ಪ್ರವಚನ pra-vačana. Speaking, speech; proclamation; expounding, interpretation; excellent speech or language, eloquence; sacred writings, especially the so-called brâhmaṇas; the sacred writings of the Jainas (Čpr. 4, 17).

ಪ್ರವಚನೀಯ pra-vačanîya. To be spoken or declared, fit to be spoken (My.). 2, a good speaker; a teacher.

ಪ್ರವಣ pravaṇa. *A declivity, a steep descent, a precipice.* 2, declining, bent, sloping down, steep, abrupt. 3, *inclined to, disposed to, devoted to, applying one's self to, addicted, prone;* accomplished (ಪ್ರಸಿದ್ಧ Šmd. 240 Cm.). 4, *a place where four roads meet.*

ಪ್ರವಯಣ pra-vayaṇa. A goad. (Colebr.).

ಪ್ರವಯಸ್ pra-vayas. *Advanced in age, old.*

ಪ್ರವರ pra-vara. A call, a summons. 2, a line of ancestors; a family, race or lineage. 3, one of the forty-nine gôtras. 4, an ancestor. 5, offspring, descendants. 6, *most excellent, chief, principal, best* (ಅತ್ಯನ್ತಶ್ರೇಷ್ಠ Šmd. 2 Cm.); feminine ಪ್ರವರೆ (Čh. v. 75). 7, N. of a vṛitta (Čh.). 8, verbosity, prolixity (My.). See Bp. 36, 49; 46, 63. 9, N.

ಪ್ರವರಾಕ್ಷರ pravara-akshara. N. of a vṛitta (Čh.).

ಪ್ರವರ್ಗ pra-varga. Sacrificial fire; an excellent assemblage. (R.).

ಪ್ರವರ್ತ pra-varta. Engaging in, occupied in, undertaking. (Bp. 19, 3; 46, 6).

ಪ್ರವರ್ತಕ pra-vartaka. Setting in motion, setting on foot; producing, causing, originating (Bp. 55, 19); causing to go on well, promoting (J. 26, 33); instigating, urging. 2, the original instigator of any act, an originator, a founder; a promoter.

ಪ್ರವರ್ತಕಿ pravartaki. A female who instigates; a pimp (J. 5, 53).

ಪ್ರವರ್ತನ pra-vartana. Going or moving forwards; happening, coming to pass, appearing; becoming, existing. 2, activity, action, acting; business;—course, proceeding;—occupying one's self in; behaviour, conduct;

procedure, way, manner, mode. (Abb. P. 1, after 68; Bp. 3, 79; 39, 29). 3, pushing forwards, setting on foot, etc.

ಪ್ರವರ್ತನೆ pra-vartanĕ. = ಪ್ರವರ್ತನ. (Bp. 4, 61; Mr. 3).

ಪ್ರವರ್ತಿ pra-varti. Moving forwards, going on well; coming forth or into being, coming to light (Kâvy. IV, 2, 37); occupying one's self in, practising (Bp. 48, 1).

ಪ್ರವರ್ತಿಸು pra-vartisu. To go on well; to be much used or employed (ಲೇಸಾಗಿ ವರ್ತಿಸು Šmd. 118 Mḍb. Cm.); to be used (256); to proceed, to go on, to go, as law, time, etc. (J. 10, 52; My.); to come to pass, to appear (Šmd. 5. 196); to engage in, to be occupied in (ವರ್ತಿಸು Šmd. 237 Cm.; Bp. 61, 2; My.); to act (J. 28, 25). 2, to set in motion or action, to carry on, to perform, as a business (My.).

ಪ್ರವರ್ಧ pra-vardha. Causing to grow, increasing (Bp. 21, 29).

ಪ್ರವರ್ಧನ pra-vardhana. Causing to grow or increase. 2, augmenting, increase. (Bp. 20, 29; 37, 34; 59, 46).

ಪ್ರವರ್ಧಮಾನ pra-vardhamâna. Growing up, growing, increasing (Čpr. 6, after 86; My.).

ಪ್ರವರ್ಧಿತ pra-vardhita. = ಪ್ರವೃದ್ಧ. (Bp. 48, 75).

ಪ್ರವರ್ಧಿಸು pra-vardhisu. To grow, to increase (My.).

ಪ್ರವರ್ಹ pra-varha. = ಪ್ರಬರ್ಹ.

ಪ್ರವಲ್ಲಿಕೆ pra-vallikĕ. = ಪ್ರವಹ್ಲಿಕೆ. (ಪ್ರವಹ್ಲಿಕೆ, ಪ್ರಹೇಲಿಕೆ, ಒಗಟು Mr. 90).

ಪ್ರವಹ pra-vaha. Carrying forwards, dragging onwards. 2, *flowing or streaming forth*. 3, wind, air.

ಪ್ರವಹಣ pra-vahana. Going forth; run or course (ಪಯನ, ರಥದ ಹರಿ Hlâ.; ಪಯನ, ಭಣ್ಡಿಯ ಹರಿಹು Mr. 284); *a ship, a boat* (ಪೋತ, ಪೃತ್ರ, ಹಡಗು Mr. 407); *a covered carriage, a kind of litter*.

ಪ್ರವಹಿಸು pra-vahisu. To flow (My.). 2, to drag or draw, as a carriage (My.).

ಪ್ರವಹ್ಲಿಕೆ pra-vahlikĕ. = ಪ್ರವಲ್ಲಿಕೆ, etc. *A riddle, an enigma.*

ಪ್ರವಾಣಿ pra-vâṇi. A weaver's shuttle. See ನಿಷ್-.

ಪ್ರವಾದ pra-vâda. Speaking forth, uttering; mentioning; proclaiming, declaring, declaration; spreading a rumour;—discourse, conversation;—a saying, popular talk, rumour, report (My.; Si. 55);—a fable, a myth.

ಪ್ರವಾದಿ pra-vâdi. Giving forth a sound, uttering a cry; speaking, speaking of, reporting (Sk.).

ಪ್ರವಾರಣ pra-vâraṇa. *Granting what is desired.* See ವಿ-.

ಪ್ರವಾಲ pra-vâla. = ಪವಳ, ಹವಳ, ಪ್ರಬಾಲ, q. v. A young shoot, etc. (ಎಳೆಯ ಕೊನರ್ Mr. 106; ಪಲ್ಲವ, ತಳಿರ್ Nn. 7; ನವಪಲ್ಲವ Mr. 505). 2, greenness (ಪಚ್ಚೆ, ಹಸುರು 7). 3, redness (ಅರುಣ, ಕೆಮ್ಪು 7). 4, coral (ಪವಳ, ಹವಳ 7; ಎಳೆಯ ಪವಳ 505). 5, the hair of the head (ನವಿರ್, ಮಣ್ಡೆಯ ಕೂ ದಲ್ 7; ಕೇಶ 505). 6, a tail (ವಾಲ, ಬಾಲ 7; ಆಲರ್ದ ಬಾಲ 505). 7, the neck of a lute (ವಿಪಂಚಿ, ವೀಣೆಯ ದೋಳಹು 7; ವಲ್ಲಕಿ 505).

ಪ್ರವಾಲಕೀಟಕ pravâla-kîṭaka. The coral-polyp (B. 4, 173).

ಪ್ರವಾಲಭಸ್ಮ pravâla-bhasma. Calx or ashes of coral, used medicinally. (My.).

ಪ್ರವಾಸ pra-vâsa. *Sojourning abroad, foreign residence, being away from home; a temporary sojourn;* a foreign abode. ದುಃಖವನ್ನು ಮರೆಯ ಬೇಕೆನ್ದು, ಪ್ರವಾಸಕ್ಕೆ ಹೊರಟನು (B. 5, 200). 2, a kind of šṛingâra (Kâvy. IV, 2, 28).— ಪ್ರವಾಸ ಮಾಡು. To sojourn abroad, to go abroad (B. 4, 188).

ಪ್ರವಾಸನ pra-vâsana. Causing to live abroad, exile, banishment. 2, dwelling abroad. 3, *killing, slaying*.

ಪ್ರವಾಸಿ pra-vâsi. He that lives away from home or resides abroad. (B. 4, 214; My.).

ಪ್ರವಾಹ pra-vâha. Flowing or streaming forth; *a stream, a current, a flow, a flux, a course; continuous flow or passage*. See ಒಟ್ಟು, ನದಿ-. — ಪ್ರವಾಹಗೊಳ್ಳು. -ಕೊಳ್ಳು. To begin to stream or flow (forth, ಒಗು G.).

ಪ್ರವಾಹಿಕೆ pra-vâhikĕ. *Diarrhoea*. See ಎಕ್ಕು.

ಪ್ರವಾಹಿಸು pra-vâhisu. To stream, to flow in a current (J. 8, 30; 9, 5).

ಪ್ರವಿಖ್ಯಾತಿ pra-vikhyâti. *Fame, celebrity.*

ಪ್ರವಿಘಟನ pra-vighaṭana. Dividing, breaking up; destruction, ruin (Bp. 51, 62).

ಪ್ರವಿಚರಣ pra-vičaraṇa. Discernment, discrimination (Čpr. 9, 56).

ಪ್ರವಿದಾರಣ pra-vidâraṇa. Causing to burst asunder. 2, *war, battle*.

ಪ್ರವಿದಿತ pra-vidita. Made known, known (ಪ್ರಸಿದ್ಧವಾದ Šmd. 155 Cm.; ವಿಶೇಷವಾಗಿ ಪ್ರಸಿದ್ಧವಾದ 158 Cm.; ಪ್ರಸಿದ್ಧವಾದ 344 Cm.; ಪ್ರಸಿದ್ಧ 374 Cm.).

ಪ್ರವಿಭಾಗ pra-vibhâga. Parting asunder, division, distribution, classification; a part, a portion. (Kâvy. III, 3, B, 164).

ಪ್ರವಿಮಲ pra-vimala. Very pure, etc. (Bp. 2, 8; 12, 24; 18, 50; 36, 49; 59, 44).

ಪ್ರವಿಲಸತ್ pra-vilasat. Very brilliant, beautiful or splendid (Kâvy. III, 3, B, 173).

ಪ್ರವಿಲೋಮ pra-vilôma. Reverse order, reverse: negation.

ಪ್ರವಿಲೋಮಕ್ರಿಯೆ pravilôma-kriyĕ. The negative mood (ಪ್ರತಿಷೇಧಕ್ರಿಯೆ Šmd. 291 vṛitti & Cm.).

ಪ್ರವಿವೇಕ pra-vivêka. Great knowledge or skill (Bh. 1, 6, 20).

ಪ್ರವಿಶ್ಲೇಷ pra-višlêsha. *Separation, parting.*

ಪ್ರವಿಷ್ಟ pra-vishṭa. Entered into, entered, gone into, come into. (Šmd. 90).

ಪ್ರವೀಣ pra-vîṇa. *Skilful, clever, proficient, erudite, conversant with.* Feminine ಪ್ರವೀಣೆ (My.).

ಪ್ರವೀಣತೆ pravîṇatĕ. Skill, proficiency. (Bp. 3, 42; 45, 2; My.).

ಪ್ರವೀಣತ್ವ pravîṇatva. = ಪ್ರವೀಣತೆ. (My.).

ಪ್ರವೀರ pra-vîra. Heroic, powerful; best, most excellent; a hero, a warrior, a chief; N. (J. 8, 15. 25. 26. 28, etc.).

ಪ್ರವುಡ pravuḍa. Tbh. of ಪ್ರೌಢ. (My.).

ಪ್ರವುಡಿಕೆ pravuḍikĕ. Tbh. of ಪ್ರೌಢಿಕೆ. (My.).

ಪ್ರವುಡಿಮೆ pravuḍimĕ. Tbh. of ಪ್ರೌಢಿಮೆ. (My.).

ಪ್ರವೃತ್ತಿ pra-vṛitti. Going forwards, proceeding; *continuous flow*;—purging (My.);—progress, advance, procession. 2, active life, as opposed to nivṛitti (My.). 3, *news, tidings, intelligence*. 4, prevalence.

ಪ್ರವೃದ್ಧ pra-vṛiddha. *Grown up, full grown*; increased, spread about; large. See Nr. s. ಅಗಲ.

ಪ್ರವೃದ್ಧಿ pra-vṛiddhi. Growth, increase; prosperity. See ಬಳೆ, ಧರ್ಮ-; Ŏpr. 9, after 10.

ಪ್ರವೇಕ pra-vêka. *Choicest, most excellent, best, chief.*

ಪ್ರವೇಣಿ pra-vêṇi. A braid of hair, *the hair twisted and unadorned as worn by widows and by wives in the absence of their husbands.* 2, *a piece of coloured woollen cloth, used instead of a saddle; the housings of an elephant* (see Mr. s. ಅತ್ತರಣ).

ಪ್ರವೇಶ pra-vêśa. *Entering into, entering, entrance.* 2, *coming in, setting on, commencement.* See ಪೊಗು, ಸಲು. — ಪ್ರವೇಶಂಗೆಯ್. -ಂ-ಗೆಯ್. To make one's entrance, to enter (J. 28, 15). — ಪ್ರವೇಶ ಮಾಡು. = ಪ್ರವೇಶಂಗೆಯ್. ಪ್ರವೇಶ ಮಾಡದ ಸ್ಥಲದಲ್ಲಿ ಆವೇಶ ಬನ್ದರೆ ಸೇರ್ಯಾನೇ?— ಪ್ರವೇಶ ಮಾಡಲಾರದವಗೆ ಆವೇಶವಿದ್ದರೇನು? (Prvs.).

ಪ್ರವೇಶನ pra-vêśana. Entering into, entering. 2, conducting into, leading into, introducing.

ಪ್ರವೇಶಿ pra-vêśi. Entering; having an entrance. (Bp. 40, 65).

ಪ್ರವೇಶಿಸು pravêśisu. To enter into, to enter, to come into, to go into; to enter upon (Bp. 58, 49; 55, 7; J. 5, 32). ಮನೆಗೆ ಪ್ರವೇಶಿಸು, ಮನೆಯಲ್ಲಿ-, ಮನೆಯನ್ನು-, ಕೆಲಸದಲ್ಲಿ- (My.).

ಪ್ರವೇಷ್ಟ pra-vêshṭa. *An arm*; the fore-arm or wrist.

ಪ್ರವೇಷ್ಟನ pra-vêshṭana. Covering over, encompassing, covering, surrounding. See ವಸ್ತ್ರ-.

ಪ್ರವ್ಯಕ್ತ pra-vyakta. *Evident, apparent, manifest.*

ಪ್ರವ್ರಜನ pra-vrajana. Going abroad, travelling abroad, migrating. (My.).

ಪ್ರವ್ರಜಿತ pra-vrajita. Gone abroad. (My.). 2, a religious mendicant. 3, the pupil or attendant of a Jaina or Buddhist mendicant.

ಪ್ರವ್ರಜ್ಯೆ pra-vrajyĕ. Going abroad, migration, wandering about, especially as a religious mendicant. (My.).

ಪ್ರವ್ರಾಜಕ pra-vrâjaka. A religious mendicant. (My.).

ಪ್ರವ್ರಾಜನ pra-vrâjana. = ಪ್ರವ್ರಜ್ಯೆ. (My.). 2, sending abroad; banishing (Sk.).

ಪ್ರಶಂಸಿಸು pra-śaṁsisu. To praise, to eulogize (My.).

ಪ್ರಶಂಸೆ pra-śaṁsĕ. *Praise, eulogy* (ಕೊಂಡಾಟ Šmd. Dh. s. ಹೊಂಕರಿಸು). 2, fame, glory. See ಅಪ್ರಸ್ತುತ-.

ಪ್ರಶಮ pra-śama. Calmness, tranquillity, peace, composure (Bp. 49, 3; My.). 2, tranquillizing, calming, assuagement, removing. 3, abatement, cessation.

ಪ್ರಶಮನ pra-śamana. = ಪ್ರಶಮ 1-3. (Bp. 26, 45). 4, *killing, slaughter.*

ಪ್ರಶಮಿತ pra-śamita. Tranquillized, appeased; quelled, quenched. (My.).

ಪ್ರಶಮಿತತಮ praśamita-tama. A man whose mental darkness has been destroyed (Ŏpr. 2, 16).

ಪ್ರಶಮಿಸು pra-śamisu. To become calm, to be appeased, to be soothed (Abh. P. 14, 60).

ಪ್ರಶಸ್ತ pra-śasta. *Praised, commended; eulogized, extolled; laudable; commendable, admirable, excellent; good, best* (ಸಂಸ್ಕೃತ, ಅನ್ದಗೆಯ್ಯುವುದು Mr. 458); happy; well; right. 2, = ಪ್ರಸಕ್ತ, ಪ್ರಸ್ತುತ, well-behaved, etc. (ಪ್ರಶ್ರಿತ, ಗೆಲ ನುಡಿವವಂ Mr. 237). ಪ್ರಶಸ್ತವಾದ ವಸ್ತುವಿಗೆ ಪ್ರಶ್ನೆ ಕೇಳ ಬೇಕೇ? (Prv.).

ಪ್ರಶಸ್ಯ pra-śasya. *Commendable, praiseworthy, excellent.*

ಪ್ರಶ್ಚಿಮೆ praścimĕ. Tbh. of ಪ್ರಶ್ನ. (My.).

ಪ್ರಶ್ನ praśna. = ಪಸ್ನೆ, ಪ್ರಶ್ಚಿಮೆ, ಪ್ರಶ್ನೆ. *A question, an inquiry, an interrogation, a query;*—a point at issue; a problem for calculation. — ಪ್ರಶ್ನ ಕೇಳು. To ask a question (B. 4, 64); to inquire about. — ಪ್ರಶ್ನ ಮಾಡು. To ask (B. 4, 126).

ಪ್ರಶ್ನಚಿಹ್ನ praśna-cihna. A sign of interrogation (B. 3, 5).

ಪ್ರಶ್ನಾರ್ಥಕ praśna-arthaka. Interrogative (My.).

ಪ್ರಶ್ನೆ praśnĕ. Tbh. of ಪ್ರಶ್ನ (Šmd. 102; ಬೆಸಗೊಮ್ಬುದು Nn. 167; My.). — ಪ್ರಶ್ನೆ ಕೇಳು. = ಪ್ರಶ್ನ ಕೇಳು. ಪ್ರಶಸ್ತವಾದ ವಸ್ತುವಿಗೆ ಪ್ರಶ್ನೆ ಕೇಳ ಬೇಕೇ?— ಪ್ರಶ್ನೆ ಕೇಳಿದರೆ ವ್ಯಸನ ಬಿಟ್ಟೀತೇ? (Prvs.). — ಪ್ರಶ್ನೆ ಮಾಡು. = ಪ್ರಶ್ನ ಮಾಡು. (My.). — ಪ್ರಶ್ನೆಯೆತ್ತು. -ಎತ್ತು. To raise a question (Bp. 53, 59). — ಪ್ರಶ್ನೆ ಹಾಕು. = ಪ್ರಶ್ನೆ ಮಾಡು. (My.).

ಪ್ರಶ್ನೋತ್ತರ praśna-uttara. Questions and answers: conversation, a dialogue (B. 4, 156; 5, 78; My.). 2, a particular figure of speech (Kâvy. III, 2, B, after 87. 100-102). ಪ್ರಶ್ನೋತ್ತರದಿನ್ದ ಮಾತಾಡೋಣ (ಸಲ್ಲಾಪ, ಸಮ್ಭಾಷಣೆ G.). 3, a catechism (My. schools).

ಪ್ರಶ್ರಯ pra-śraya. *Respectful demeanour, affection, regard, respect, courtesy, civility, modesty.*

ಪ್ರಶ್ರಿತ pra-śrita. *Of respectful demeanour, modest, humble, courteous, civil, well-behaved* (ಪ್ರಶಸ್ತ, ಗೆಲ ನುಡಿವವಂ Mr. 237).

ಪ್ರಷ್ಠ pra-stha. Standing in front, prior; chief;—*a leader.*

ಪ್ರಷ್ಠವಾಹ್ prashṭha-vâḥ. *A young bull or steer training for the plough.*

ಪ್ರಷ್ಠೌಹಿ prashṭhauhi. *A cow for the first time with calf* (ತನೆ ನಿಲುಉ Mr. 180).

ಪ್ರಸಕ್ತ pra-sakta. Attached to, connected with;—*feeling affection for, devoted to, addicted to;*— = ಪ್ರಶಸ್ತ No. 2. (ಪ್ರಸ್ತುತ, ಗೆಲೆ ನುಡಿವವನು Hlâ.).

ಪ್ರಸಕ್ತಿ pra-sakti. Connection;—devotion to;—engagedness, the being occupied with;—the topic or subject of conversation;—perseverance, energy;—effort (B. 4, 57). — ಪ್ರಸಕ್ತಿ ತೆಗೆ. To take up as a topic of conversation (B. 4, 34; My.).

ಪ್ರಸಂಗ pra-saṅga. (= ಪ್ರಸಕ್ತಿ). Connection; union, association, intercourse, meeting (Bp. 45, 15; 61, 41). 2, subject, topic, the case as stated, a topic under discussion, a subject of conversation; discussion (My.). ಪ್ರಸಂಗ ಕೇಳಲಿಕ್ಕೆ ಹೋದಲ್ಲಿ ಬೆಸನವಾದಳು.— ಪ್ರಸಂಗ ಕೇಳಿದರೂ ಅಸಂಗತಿ ಬಿಡಲಿಲ್ಲ (Prvs.). 3, circumstances, incident, event (Bp. 46, 35; J. 26, 38). 4, the fit time, season;—the occurred time; an occasion, a time (Mhr.; ಅವಸರ, ಬಾವು, ಪರ್ಯಾಯ, ಪ್ರಸ್ತಾವ, ವಾರ G.; B. 3, 7. 19. 93; 4, 37. 48. 50. 79. 89. 123. 134. 142; B. 5, 43. 90); an adverse time (B. 5, 41). — ಪ್ರಸಂಗಂಗೆಯ್. -ಂ-ಗೆಯ್. To make a discussion of, to discuss (Râv. 7, after 97). — ಪ್ರಸಂಗ ನಡಿಸು. = ಪ್ರಸಂಗಂಗೆಯ್. (B. 4, 136; My.). — ಪ್ರಸಂಗ ಮಾಡು. = ಪ್ರಸಂಗಂಗೆಯ್. (My.); (to proclaim, preach, ಸಾಱು G., Ŏb., according to the use of missionaries).

ಪ್ರಸಂಗತಿ pra-saṅgati. Connection, union (Bp. 31, 19).

ಪ್ರಸಂಗಾವಧಾನ prasaṅga-avadhâna. Attention or care meet for the emergency (B. 4, 61).

ಪ್ರಸಂಗಿ pra-saṅgi. Attached to, devoted to; a devotee (Bp. 7, 3). 2, a discusser (My.).

ಪ್ರಸಂಗಿಸು prasaṅgisu. = ಪ್ರಸಂಗ ಮಾಡು. (My.).

ಪ್ರಸನ್ನ pra-sanna. Settled down;—*clear, bright, pellucid, limpid, pure, clean;*—tranquil; soothed, propitiated, pleased, delighted;—gracious, propitious, kind, kindly disposed towards, pleased with;—true. 2, one of the guṇas (Kâvy. III, 1, A, 3. 15-17). — ಪ್ರಸನ್ನಂಗೆಯ್ಯು. -ಂ ಗೆಯ್ಯು. To cause to become gracious (Bp. 54, 68).

ಪ್ರಸನ್ನತ pra-sannata. Pleased (Bp. 17, 11).

ಪ್ರಸನ್ನತರ prasanna-tara. Uncommonly clear, etc. (Rśv. 13, after 23).

ಪ್ರಸನ್ನತೆ pra-sannatĕ. *Clearness, brightness, pellucidness, purity;* — favour, kindness, propitiousness; good humour.

ಪ್ರಸನ್ನತ್ವ pra-sannatva. = ಪ್ರಸನ್ನತೆ. See ತಿಳಿ.

ಪ್ರಸನ್ನಭಾವ prasanna-bhâva. = ಪ್ರಸನ್ನತ್ವ. (ಪ್ರತ್ಯಕ್ಷದ ಭಾವ Śmd. 367 Cm.). See ತಿಳಿ.

ಪ್ರಸನ್ನೀಕೃತ prasannî-kṛita. Favoured (Čpr. 4, after 28).

ಪ್ರಸನ್ನೆ pra-sannĕ. (feminine). Pleasing;—*spirituous liquor.*

ಪ್ರಸನ್ನೇರೆ prasanna-îrĕ. *Spirituous liquor.*

ಪ್ರಸಭ pra-sabha. Force, violence, importunity (ಬಲುಹು Hlâ.; see s. ಬಲುಹು). ಪ್ರಸಭಂ, *forcibly, violently.*

ಪ್ರಸರ pra-sara. = ಪಸರ, ಹಸರ. Moving forwards. 2, *spreading; extending;* extent, dimension, diffusion, dispersion (ವಿಕೀರ್ಣ, ಹರಹಿದನ್ತಾದು Nn. 108);—a sort of spreading itch (see Nr. s. ವಿಸರ್ಪಣ). 3, expansion. 4, a multitude, an assemblage. 5, a stream, flow, current. 6, morbid displacement of the humours of the body (ನೋವು 108). 7, *speed, velocity;* force (ಹರ, ಬಲುಹು Mr. 461); sharpness, power, strength, etc. (ತೇಜ, ತೇಜಸ್ 108). 8, *affectionate solicitation, affection, amiability.*

ಪ್ರಸರಣ pra-saraṇa. Going forward or forth; spreading, etc. (ಪಸರ Śm. 103). 2, *surrounding an enemy.*

ಪ್ರಸರಣಯೋಗ್ಯತೆ prasaraṇa-yôgyatĕ. The capability of extension, extensibility (B. 4, 97).

ಪ್ರಸರಣಶೀಲ prasaraṇa-śîla. Extensible (B. 4, 106. 124).

ಪ್ರಸರಿಸು pra-sarisu. = ಪಸರಿಸು. To move forwards; to spread abroad; to be extended; to be diffused (My.). 2, to spread (v. t., My.).

ಪ್ರಸರ್ಪಣ pra-sarpaṇa. Creeping or crawling forth or on; going forwards, proceeding. (My.).

ಪ್ರಸವ pra-sava. Procreating, generating; *bringing forth or bearing young, childbirth, parturition* (ಪ್ರಸೂತ, ಹೆಱುವುದು Nn. 120); *birth.* 2, *offspring, progeny.* 3, *a flower, a blossom* (ಲತಾನ್ತ, ಪುಷ್ಪ 120). 4, *fruit.* 5, opening, budding, flowering (ವಿಕಾಶ, ಅಲರುವುದು 120). 6, furtherance, assistance; what is good (ಒಳ್ಳು, ಒಳ್ಳಿತ್ತು 120). 7, rousing up, excitement, animation;—infatuation, the state of being greatly enamoured (ಅತಿಮೋಹ 120; ಮೋಹ Mr. 476).

ಪ್ರಸವಕಾಲ prasava-kâla. The time of childbirth or of travail. See ಪೊದ್ದು. ಪ್ರಸವಕಾಲದಲ್ಲಿ ಪ್ರಸಾದ ಕೇಳಿದ ಹಾಗೆ (Prv.).

ಪ್ರಸವನ pra-savana. Bringing forth.

ಪ್ರಸವನಕ್ರಿಯೆ prasavana-kriyĕ. The act of bringing forth, the state of being in travail. See ಮುಲುಕು.

ಪ್ರಸವಬನ್ಧ prasava-bandha. = ಪ್ರಸವಬನ್ಧನ. (Mr. 107).

ಪ್ರಸವಬನ್ಧನ prasava-bandhana. *The foot-stalk of a leaf or flower, the leaf-stalk or peduncle.*

ಪ್ರಸವವೇದನ prasava-vêdana. The throes of childbirth (My., also as -ವೇದನೆ). See ಮುಲುಕು; Prv. s. ಬೇತಾಳ.

ಪ್ರಸವಿತ pra-savita. Flowered, full of blossoms (Bp. 36, 49).

ಪ್ರಸವಿತೃ pra-savitṛi. A procreator, a generator, a father. (R.).

ಪ್ರಸವಿಸು prasavisu. To beget, to bring forth (My.).

ಪ್ರಸವ್ಯ pra-savya. Turned towards the left; *contrary, reverse, reverted, inverted.* 2, favourable.

ಪ್ರಸಹ್ಯ pra-sahya. Having withstood;—*forcibly, violently, by force.*

ಪ್ರಸಾದ pra-sâda. = ಪಸಾದ, etc. Settling down, becoming clear; *clearness, brightness, pellucidness, limpidness, purity, cleanness;*—clearness of style, perspicuity. 2, calmness, tranquillity, absence of excitement, repose, composure;—serenity of disposition, good humour, good temper. 3, *graciousness, propitiousness, favour, kindness, kind behaviour* (ಪ್ರಣಯ, ತಿಳಿವುವುದು Hlâ.; ಪ್ರಣಯ, ತಿಳಿವು Mr. 455). 4, *a portion or remnant of anything (food, fruit, flowers, etc.) that has been presented to an idol, given by the pûjâri as a blessing to a worshipper, any gift (food, fruit, water, ashes, etc.) that comes from a guru or idol.* (My.). 5, a free gift, a gratuity. ಪ್ರಸಾದ ಕೇಳ ಲಿಕ್ಕೆ ಹೋಗಿ, ಪ್ರಾಸಾದದಿನ್ದ ಬಿದ್ದ.—ಪ್ರಸಾದ ಕೇಳಿದರೆ ಪ್ರಾಚೀನ ಹೋದೀತೇ?—ಪ್ರಸಾದವಿದ್ದರೆ ಪರಲೋಕ ಸೇರ್ಯಾನೇ?—ಪ್ರಸವಕಾಲ ದಲ್ಲಿ ಪ್ರಸಾದ ಕೇಳಿದ ಹಾಗೆ (Prvs.). See ಒಲುಮೆ; Kâvy. IV, 1, 3; Bp. 1, 14; 2, 35. 55; 24, 34. 43; 30, 11. 12; 31, 30; 37, 49; 39, 50; 43, 67; 44, 23; 47, 17; 48, 6. 22. 24. 31; 49, 35; 56, 8-11. 46; 57, 4; 58, 20. 26. 41. 46. 69; 59, 23; 61, 20. 55. 61; ಉಭಯಲಿಂಗ-, ಜಂಗಮ-, ತ್ರಿವಿಧ-, ಲಿಂಗ-, ಶಿವ ಲಿಂಗ-, ಶಿವ-, ಸಿದ್ಧ-; Prv. s. ಪ್ರಸ್ತಾಪ.

ಪ್ರಸಾದನ pra-sâdana. = ಪಸಾಯನ. Rendering clear, cleaning; tranquillizing; gratifying; rendering gracious;—boiled rice;—a gratuity.

ಪ್ರಸಾದನೆ pra-sâdanĕ. Gratifying; *service, worship* (ಉಪಾಸ್ತಿ, etc., ಸೇವೆ Mr. 27).

ಪ್ರಸಾದಶರೀರಿ prasâda-śarîri. A person to whose body prasâda (ashes, etc.) has been attached (Bp. 49, 34).

ಪ್ರಸಾದಿ prasâdi. Calming, tranquillizing; showing favour, treating with kindness;—bright. 2, come from an idol, a guru, a king, etc. as a gift of blessing (Mhr.; My.). 3, one who distributes prasâda (Bp. 9, 45). 4, a person that has received (or receives) prasâda (56, 29; 60, 9). See ಅ-, ಆದಿ-, ಸು-. — ಪ್ರಸಾದಿಯ ದಾಸಿದೇವಯ್ಯ. N. (Bp. 32, 33).

ಪ್ರಸಾದಿತ pra-sâdita. = ಪಸಾಯಿತ 1, etc. Purified;—pleased; propitiated;—worshipped;—having received prasâda or as prasâda;—a present. See ಶಂಕರ-; ಶಿವ-; Čpr. 3, after 24; 10, after 2.

ಪ್ರಸಾದಿಸು prasâdisu. To grant graciously (Bp. 2, 24; 23, 41).

ಪ್ರಸಾಧನ pra-sâdhana. = (ಪಚ್ಚ), ಪಸದನ. Bringing about, accomplishing; arranging; setting in order. 2, *decorating, decoration, embellishment, ornament, dress, toilet* (ಪ್ರತಿಕರ್ಮ, etc., ಸಿಂಗರಂಗೆಯ್ವುದು Mr. 333).

ಪ್ರಸಾಧನಿ pra-sâdhani. *A comb.*

ಪ್ರಸಾಧಿತ pra-sâdhita. Accomplished, done. 2, *ornamented, decorated.*

ಪ್ರಸಾರ pra-sâra. Going forth, spreading, extending;—going out to forage;—stretching or spreading out. See ಪರೆಪು, ಹರಡು.

ಪ್ರಸಾರಣ pra-sâraṇa. Causing to go forwards, stretching out, extending, spreading, spreading abroad, diffusing, diffusion, expanding, expansion, increase;—displaying, unfolding, exhibiting, exposing for sale;—going about. See ನಿಮಿರ್, ನಿಮಿರ್ಚು, ನೀಡು, ನೀಳ್, ಪರೆ, ಹರಡು.

ಪ್ರಸಾರಣಿ pra-sâraṇi. = ಹೆಸರಣೆ. *The creeper Paederia foetida* Lin.

ಪ್ರಸಾರಿ pra-sâri. Coming forth; going along; *extending, spreading*.

ಪ್ರಸಾರಿತ pra-sârita. Moved forwards, held out; stretched out, expanded, extended, spread, diffused; laid out, exhibited, exposed (for sale). (My.).

ಪ್ರಸಿತ pra-sita. Bound to, bound, fastened;—adhering to, engaged in; *diligent, attentive*.

ಪ್ರಸಿತಿ pra-siti. *A bandage, a tie, a fetter.*

ಪ್ರಸಿದ್ಧ pra-siddha. Accomplished, effected; prospered; gained, obtained; established;—*well known, notorious, renowned, famous, celebrated,* public (ನೆಗಟ್ತೆ Ĉt. I, 98; ಅಕ್ಷರ Nn. 9; ವಿಶ್ರುತ Śmd. 161 Cm.);—adorned, ornamented. ಪ್ರಸಿದ್ಧವಾದದ್ದು ನಿಷಿದ್ಧವಾಗದೇ? (Prv.). — ಪ್ರಸಿದ್ಧ ಪಡಿಸು. To make known, to publish (My.). — ಪ್ರಸಿದ್ಧ ಮಾಡಿಸು. To cause to make known, to cause to publish (My.; ಸಾ ಜೆಸು G.). — ಪ್ರಸಿದ್ಧ ಮಾಡು. To make known, to make notorious (My.).

ಪ್ರಸಿದ್ಧಕನ prasiddhatana. = ಪ್ರಸಿದ್ಧತೆ. (B. 5, 172. 179. 282).

ಪ್ರಸಿದ್ಧತೆ prasiddhatĕ. The state of being well kown, celebrity, notoriety (Bp. 46, 11).

ಪ್ರಸಿದ್ಧಪತ್ರ prasiddha-patra. A notification (My., also as -ಪತ್ರಿಕೆ).

ಪ್ರಸಿದ್ಧಪ್ರಸಾದ prasiddha-prasâda. A prasâda coming from a jangama. See ತ್ರಿವಿಧಪ್ರಸಾದ.

ಪ್ರಸಿದ್ಧಿ pra-siddhi. Accomplishment, success, attainment. 2, the state of being generally known, celebrity, fame, notoriety, publicity (ನೆಗಟ್ಟುದು Ĉt. II, 90; see ನೆಗಟ್ತೆ). — ಪ್ರಸಿದ್ಧಿಗೆ ಬರು. To come to fame (B. 5, 220). — ಪ್ರಸಿದ್ಧಿ ಮಾಡು. = ಪ್ರಸಿದ್ಧ ಮಾಡು. (My.). — ಪ್ರಸಿದ್ಧಿಪಡೆ. -ಪಡೆ. To become well known, etc. (ಪೊರೆವಡೆ Śmd. 129 Cm.; ನೆಗಟ್ 137. 344 Cm.; ಪೊಪಡ್ 355 Cm.).

ಪ್ರಸು pra-su. ಪ್ರಸೂ. Bringing forth; see ಪಿತೃ-. 2, *a mother.* 3, *a mare.*

ಪ್ರಸೂತ pra-sûta. Procreated, begotten; brought forth, born; begetting; bringing forth; having brought forth. See ಜೀವಧನ-, ನವ-, ಪೆಟ್.

ಪ್ರಸೂತಿ pra-sûti. Procreating, begetting; *bringing forth, bearing*; birth; *offspring, children.* (Bp. 57, 91).

ಪ್ರಸೂತಿಕೆ pra-sûtikĕ. *A woman who has had a child, a woman recently delivered.*

ಪ್ರಸೂತಿಜ prasûti-ja. Birth-produced: *pain or affliction resulting as a necessary consequence of birth.*

ಪ್ರಸೂತಿವೈರಾಗ್ಯ prasûti-vairâgya. Temporary renouncement of worldly desires and appetites simply from the pangs of child-birth (My.).

ಪ್ರಸೂತೆ pra-sûtĕ. = ಪ್ರಸೂತಿಕೆ. *A woman who has brought forth a child.*

ಪ್ರಸೂನ pra-sûna. Born, produced; birth (ಉತ್ಪತ್ತಿ, ಹುಟ್ಟುವು ದು Nn. 25). 2, *a blossom, a flower* (ಲತಾಂತ, ಹೂವು 25). 3, *fruit* (ಸತ್ಫಲ, ಒಳ್ಳಿಹ ಫಲ 25). 4, the mind (ಮಾನಸ, ಮ ನಸ್ಸು 25). 5, innumerable (ಅಸಂಖ್ಯಾತ, ಲೆಕ್ಕಿಸ ಬಾರದು 25).

ಪ್ರಸೂನಕ pra-sûnaka. *A blossom, a flower.*

ಪ್ರಸೂನೇಷು prasûna-ishu. Kâma. (My.).

ಪ್ರಸೃತ pra-sṛita. Gone forwards, gone; stretched out, stretched, extended; spread abroad; lengthened. 2, *modest, humble, well-behaved* (ಪ್ರಸಕ್ತ, ಗೆಲೆ ನುಡಿವವನು Hlâ.). 3, *the palm of the hand stretched out and hollowed as if to hold liquids.* 4, *attached to, longing for, eager for* (ಉತ್ಸು ಕ, ತ್ವರಿತ, ತೂರ್ಣ, ಚಚ್ಚರಿಗ Mr. 233). 5, a handful, as a measure.

ಪ್ರಸೃತಿ pra-sṛiti. *The palm of the hand hollowed* (ಅಂಗುಲಿ ಮುಡಿದ ಕುಡಿತೆ Mr. 323).

ಪ್ರಸೃತೆ pra-sṛitĕ. *The leg;* the shank (= ಜಂಘೆ, q. v.).

ಪ್ರಸೇವ pra-sêva. *A sack,* a leathern bottle. 2, = ಪ್ರಸೇವಕ Nr. 2.

ಪ್ರಸೇವಕ pra-sêvaka. A sack; see ಚರ್ಮ-. 2, *a wooden vessel covered with leather and placed under the neck of a lute to render the sound deeper and fuller.*

ಪ್ರಸ್ಕನ್ನ pra-skanna. Sprung forward or forth;—dropped, fallen (ಸ್ಖಲಿತ, ಬಿಳ್ದಿಸಿದವಂ Mr. 300);—*defeated in battle.*

ಪ್ರಸ್ತ prasta. = ಪ್ರಸ್ತುತ 2. (Tbh. of ಪ್ರಾಶಿತ?). An auspicious ceremony, a festive occasion, *e. g.* the ತಿಥಿ, ಉಪನಯನ, ನಾಮಕರಣ, ವಿವಾಹ, etc., always connected with a dinner (My.; Si. 244). ಪ್ರಸ್ತಕ್ಕೆ ಭಕ್ಷ್ಯ, ವೈಷ್ಣವರಿಗೆ ಅಕ್ಷ, ನಾರಾಯಣ ಅನ್ನವಗೆ ಮೋಕ್ಷ.—ಪ್ರಸ್ತದ ಊಟಕ್ಕೆ ಹೋಗಿ, ಸ್ವಸ್ತವಿಲ್ಲದೆ ಬಿದ್ದ.—ಪ್ರಸ್ತದಲ್ಲಿ ಪ್ರಮಾಣದ ಗೊಡವೆಯೇ?—ನಾಲೆಯಿಲ್ಲದ ಊರೂ ಮಾಲೆ ಯಿಲ್ಲದ ಪ್ರಸ್ತವೂ ಒಂದೇ.—ಪ್ರಯೋಜನಕ್ಕೆ ಬಾರದವ ಪ್ರಸ್ತಕ್ಕೆ ಬನ್ದಾ ನೇ? (Prvs.). See Prv. s. ಪ್ರಸ್ತಾಪ.

ಪ್ರಸ್ತರ pra-stara. Any thing strewed about or spread out; *a couch of leaves and flowers; a bed or couch in general.* 2, a flat surface, a plain. 3, *a stone, a rock.* 4, = ಪ್ರ ಸ್ತಾರ No. 3 (Mr. 369).

ಪ್ರಸ್ತರಘಟನೋಪಕರಣ prastara-ghaṭana-upakaraṇa. *An instrument for breaking or splitting stones.*

ಪ್ರಸ್ತರಿಸು pra-starisu. = ಪ್ರಸ್ತಾರಿಸು. To strew about; to spread out. 2, to perform the ಪ್ರಸ್ತಾರ No. 3 (Ĉh. v. 297).

ಪ್ರಸ್ತಾಪ prastâpa. Tbh. of ಪ್ರಸ್ತಾವ. (My.; Si. 437). ಪ್ರಸ್ತಾ ಪಕ್ಕೆ ಬಾರದ ಗಾದೆ ಪ್ರಸ್ತಕ್ಕೆ ಆಗದ ಕಜ್ಜಾಯ.—ಪ್ರಸ್ತಾಪವಿದ್ದ ಪ್ರಕಟ ವಾದ್ದು ಪ್ರಸಾದ ಕೇಳವರೆ ನಿತ್ತೀತೇ? (Prvs.).

ಪ್ರಸ್ತಾಪನೆ prastâpanĕ. Tbh. of ಪ್ರಸ್ತಾವನೆ. (My.).

ಪ್ರಸ್ತಾಪಿಸು prastâpisu. Tbh. of ಪ್ರಸ್ತಾವಿಸು. (My.).

ಪ್ರಸ್ತಾರ pra-stâra. Strewing about; spreading out; a bed; a flat surface, a plain. 2, a jungle. 3, arrangement of syllables to obtain feet and combinations of feet (Ĉh.).

ಪ್ರಸ್ತಾರಿಸು pra-stârisu. = ಪ್ರಸ್ತರಿಸು. (Ĉh. v. 31).

ಪ್ರಸ್ತಾವ pra-stâva. = ಪ್ರಸ್ತಾಪ. Praising before anything else; speaking, saying, relating, propounding;—an introductory eulogy, introduction; preface (s. Mr. s. ಕಾಣ್ಡ No. 3). 2, the prologue of a drama. 3, *beginning, commencement.* 4, introducing a topic for conversation, the conversation on or discussion of a topic, the topic or subject itself (My. as ಪ್ರಸ್ತಾಪ); affair, pursuit (Ĉpr. 4, 28); the state of being under disquisition, disquisition, narration, news (My. as ಪ್ರಸ್ತಾಪ). 4, *occasion, opportunity, time, season, a favourable moment* (ಹೇಳಿ Nn. 152); convenience. ಪ್ರಸ್ತಾವ ನುಡಿಯಲ್ ಪ್ರಶಸ್ತವಾಗಿರ ಬೇಕು, ಪ್ರಸ್ತಾವ ತಪ್ಪಿ ನುಡಿದರೆ ದೇವಾಂಗದುಸ್ತು ಬಿದ್ದನ್ತೆ (Sp.).

ಪ್ರಸ್ತಾವನೆ pra-stâvanĕ. = ಪ್ರಸ್ತಾಪನೆ. Causing to be praised; causing to speak of or to mention. 2, = ಪ್ರಸ್ತಾವ No. 1. 3, = ಪ್ರಸ್ತಾವ No. 2. 4, introducing a topic for conversation, the conversation on a topic (= ವಿಷಯವನೆತ್ತಿ ಮಾತಾಡುವದು (My. as ಪ್ರಸ್ತಾಪನೆ).

ಪ್ರಸ್ತಾವಿತ pra-stâvita. Caused to be told or related; mentioned. (R.).

ಪ್ರಸ್ತಾವಿಸು pra-stâvisu. = ಪ್ರಸ್ತಾಪಿಸು. To introduce a topic and converse on it (My. as ಪ್ರಸ್ತಾಪಿಸು).

ಪ್ರಸ್ತುತ pra-stuta. 1. Praised, eulogized;—declared, under discussion, said;—expected, desired;—ready; come to pass; proximate; done with effort or energy;—that which is propounded, any object under discussion, a proposition. See ಅ-; Čpr. 2, after 14; 2, 87; 3, after 28; 5, after 121; 6, 44; Bp. 2, 35; 5, 37; 19, 6; 39, 54; 40, 62. 2, at present (Mhr., My.).

ಪ್ರಸ್ತುತ prastuta. 2. = ಪ್ರಸ್ತ. (My.).

ಪ್ರಸ್ಥ pra-stha. Going forth or to; visiting, abiding in, see ವನ-; expanding. 2, *table-land on the top of a mountain* (ಸಾನು, ಬೆಟ್ಟದ ತಪ್ಪಲು Nn. 108; ಸಾನು, etc., ಗಿರಿಯ ಪೊರೆ Mr. 96). 3, *a measure of capacity containing four kuḍavas* (ಬಳ್ಳ 108; ಅಳತೆಯ ಬಳ್ಳ Mr. 472; Si. 329). 4, a stone, a rock (ಗ್ರಾವ, ಕಲ್ಲು 108).

ಪ್ರಸ್ಥಪುಷ್ಪ prastha-pushpa. *A species of plant, a variety of tulasî or basil with small leaves.*

ಪ್ರಸ್ಥಾನ pra-sthâna. Going forth, proceeding; *a march, an expedition*; a journey (ಯಾತ್ರೆ, ಪಯಣ Mr. 288); *a method, a system.*

ಪ್ರಸ್ಥಾನತೂರ್ಯ prasthâna-tûrya. Musical instruments used when starting for an expedition (Čpr. 7, after 78).

ಪ್ರಸ್ಥಾಪಿತ pra-sthâpita. Made to depart, sent away, dismissed, sent, dispatched.

ಪ್ರಸ್ಥಾವಿತ pra-sthâvita. = ಪ್ರಸ್ಥಾಪಿತ. (Čpr. 6, 42).

ಪ್ರಸ್ಥಿತಿ pra-sthiti. Going forth or away; a march, a journey. (R.).

ಪ್ರಸ್ಪರ್ಧಿ pra-spardhi. Rivalling, emulating, competing (Čpr. 5, 138).

ಪ್ರಸ್ಫುಟ pra-sphuṭa. Cleft open, expanded; manifest, clear, apparent, appearing (Rśv. 14, 152).

ಪ್ರಸ್ಫುರಿತ pra-sphurita. Become tremulous, quivering, vibrating (Rśv. 15, 67).

ಪ್ರಸ್ಫೋಟನ pra-sphôṭana. Cleaving open;—expanding, opening, budding, blooming;—manifesting;—striking, threshing, winnowing;—*a winnowing basket.*

ಪ್ರಸ್ರವ pra-srava. Flowing forth, oozing out, dropping; a flow, a stream; *a fall of water, a cascade.*

ಪ್ರಸ್ರವಣ pra-sravaṇa. Flowing forth; *a fountain, a spring* (ಉಕ್ಕ, ಒರತೆ Mr. 418; see s. ಒಜ್ಜರ). 2, N. of a range of mountains.

ಪ್ರಸ್ರಾವ pra-srâva. Flowing forth; *urine.*

ಪ್ರಹತ pra-hata. Struck, beaten; wounded; killed; repelled; spread, expanded;—*learned, accomplished; conversant with the principles of science* (ಕೃಷ್ಣ Mr. 228). See ಅ-.

ಪ್ರಹರ pra-hara. Striking at; attacking; killing; repelling, removing (Bp. 7, 16; see ತೂರ್ಯಕ-). 2, *the eighth part of a day, a watch.*

ಪ್ರಹರಣ pra-haraṇa. Striking at; striking, beating; casting, throwing; repelling, removing, expelling; *fighting, war, battle*;—*a weapon.* See ಅಂಗುಲಿ-.

ಪ್ರಹರಣಕಲಿತ praharaṇa-kalita. N. of a vṛitta (Čh.).

ಪ್ರಹರಣೆ pra-haraṇĕ. = ಪ್ರಹರಣ (Śmd. 364).

ಪ್ರಹರಿ pra-hari. One who announces the hours by striking a bell, etc.; a watchman; a sentry. (R.).

ಪ್ರಹರಿಸು pra-harisu. To strike; to repel, to remove, to drive away (Bp. 41, 27; 61, 79).

ಪ್ರಹರ್ಷ pra-harsha. Extreme joy, hilarity, mirth, delight. See ಸಮ್-.

ಪ್ರಹಸನ pra-hasana. Violent or hearty laughter, mirth; mocking, deriding; sarcasm, satire; a kind of comedy, a farce. (My.).

ಪ್ರಹಸಿತ pra-hasita. Laughing, cheerful; laughter, mirth (Bp. 43, 68).

ಪ್ರಹಸ್ತ pra-hasta. *The open hand with the fingers extended.* 2, N. of a râkshasa (Abh. P. 13, 12. 88. 90).

ಪ್ರಹಾರ pra-hâra. Striking, beating, hitting; *a stroke, a blow, a kick, a shot, a hit.*

ಪ್ರಹಾರಕ pra-hâraka. Striking, etc.; one who beats, one who attacks, one who repels or drives away (Bp. 58, 3).

ಪ್ರಹಾರಿ pra-hâri. Striking, etc.; attacking; killing; removing (Bp. 58, 41; 59, 34).

ಪ್ರಹಿ prahi. *A well.*

ಪ್ರಹಿತ pra-hita. 1. Sent forth, sent, dispatched; shot, discharged.

ಪ್ರಹಿತ pra-hita. 2. Put forth, placed (Rśv. 9, 22); stretched out, extended.

ಪ್ರಹುಡ prahuḍa. Tbh. of ಪ್ರೌಢ. (My.). See Prv. s. ಪ್ರೋಕ್ಷಣೆ.

ಪ್ರಹುಡಿಕೆ prahuḍikĕ. Tbh. of ಪ್ರೌಢಿಕೆ. (My.).

ಪ್ರಹುಡಿಮೆ prahuḍimĕ. Tbh. of ಪ್ರೌಢಿಮೆ. (My.).

ಪ್ರಹೇಲಿಕೆ pra-hêlikĕ. = ಪ್ರವಲ್ಲಿಕೆ, ಪ್ರವಹ್ಲಿಕೆ, ಪ್ರವಹ್ಲೀಕೆ. *A riddle, an enigma*, a puzzling question (ಒಗಟೆ Mr. 90).

ಪ್ರಹ್ಲನ್ನ pra-hlanna. *Pleased, glad, happy.*

ಪ್ರಹ್ಲಾದ pra-hlâda. Pleasure, gladness, happiness, joy. 2, sound, noise. 3, N. of a daitya who was remarkable for his devotion to Vishṇu and was on this account persecuted by his father Hiraṇyakaśipu (J. 11, 35; 28, 30; 29, 14).

ಪ್ರಹ್ವ pra-hva. Bent forwards; *bent, bowed, stooping;—inclined towards, bent on, intent upon.*

ಪ್ರಹ್ವಲಿಕೆ pra-hvalikĕ. = ಪ್ರಹೇಲಿಕೆ. *A riddle.*

ಪ್ರಳಯ praḷaya. = ಪ್ರಲಯ. ಪ್ರಳಯಕ್ಕೆ ಹೆದರಿದವ ಪಾಳ್ಯಕ್ಕೆ ಹೆದರ್ಯಾನೇ? (Prv.).

ಪ್ರಳೆಯ praḷĕya. = ಪ್ರಳಯ. (frequently in Nn., *e. g.* 158. 160). ಪ್ರಳೆಯರುದ್ರ (Bp. 22, 13).

ಪ್ರಾ prâ. (Śmd. 103 Mdb.). Filling.

ಪ್ರಾಂಶು pra-aṃśu. *High, tall, lofty*; long.

ಪ್ರಾಕ್ prâk. (fr. ಪ್ರಾಂಚ್). *Before* (in place or time or order), *in front, first, at first, formerly, in the former part*;—in the east;—*at dawn*.

ಪ್ರಾಕಟ prâkaṭa. (fr. ಪ್ರಕಟ). = ಪ್ರಕಟ; and = Sk. ಪ್ರಾಕಟ್ಯ: publicity, manifestation, notoriety (Bp. 2, 38; 5, 17; 21, 26; 35, 36; 36, 62).

ಪ್ರಾಕಾಮ್ಯ prâkâmya. (fr. ಪ್ರಕಾಮ). Freedom of will; wilfulness; irresistible will or fiat; attainment of every wish. (My.).

ಪ್ರಾಕಾರ prâ-kâra. prâ (= pra)-kâra. = ಪಾಗಲ್, etc. *An encircling wall, a surrounding wall elevated on a mound of earth, a rampart, a fence, an enclosure* (ಕೋಟೆ Hlâ.; ವಪ್ರ, ಪುರಭಿತ್ತಿ, ಶಾಲ, ಕೋಟೆ Mr. 191).

ಪ್ರಾಕಾರಾಗ್ರ prâkâra-agra. *The coping of a wall.*

ಪ್ರಾಕಾಶ್ಯ prâkâśya. (fr. ಪ್ರಕಾಶ). The state of being evident or manifest; *celebrity, fame.*

ಪ್ರಾಕೃತ prâkṛita. (fr. ಪ್ರಕೃತಿ). = ಪಾಗಡ. Original, natural, native, unchanged, unmodified;—*ordinary, usual, common, uncultivated, unrefined, plebeian, vulgar, low, base* (ಪಾಮರ, etc., ಶಾನೊಲ್ಲದಂ Mr. 229);—vernacular. 2, *any provincial or vernacular dialect akin to saṁskṛita, especially spoken by the female characters and the inferior personages of plays* (Ŏh.). 3, an animal to be immolated (ಯಾಗಕೆ ಅಯ್ದಿದ ಪಶು Mr. 461).

ಪ್ರಾಕ್ಕು prâkku. Tbh. of ಪ್ರಾಚ್ (Śmd. 106 Cm.).— ಪ್ರಾಕ್ಕು ಮುತ್ತಯ್ದೆ. A former muttaydĕ, a matron whose husband has died (My.).

ಪ್ರಾಕ್ತನ prâktana. Former, prior, previous, preceding (Ch. v. 55; Ŏpr. 1, 67; 3, 8). 2, fate, destiny (Mhr.).

ಪ್ರಾಕ್ಪದ prâk-pada. *A preceding word, the first member of a compound.*

ಪ್ರಾಗಲ್ಭ್ಯ prâgalbhya. (fr. ಪ್ರಗಲ್ಭ). Boldness, confidence, energy; resoluteness, determination; pride; pomp; proficiency (Ĉpr. 2, after 14).

ಪ್ರಾಗಾರಭ್ಯ prâk-ârabhya. Beginning from the former or past time (My.).

ಪ್ರಾಗುದಯ prâk-udaya. Rising in the east (My.).

ಪ್ರಾಗ್ಜನ್ಮ prâk-janma. A former birth. (My.).

ಪ್ರಾಗ್ಜ್ಯೋತಿಷ prâk-jyôtisha. N. of a city; N. of a country, the western portion of Assam (My. Amara).

ಪ್ರಾಗ್ದಕ್ಷಿಣ prâk-dakshiṇa. *South-eastern.*

ಪ್ರಾಗ್ಭವ prâk-bhava. Born in the east (ಪ್ರಾಚೀನ, ಮೂಡಲಲ್ಲಿ ಹುಟ್ಟಿದವು Si. 29; My. Amara).

ಪ್ರಾಗ್ಭಾಗ prâk-bhâga. *The fore part.*

ಪ್ರಾಗ್ರ pra-agra. *The highest point, the summit.*

ಪ್ರಾಗ್ರಹರ prâgra-hara. Taking the top: *chief, principal.*

ಪ್ರಾಗ್ರ್ಯ prâgrya. *Chief, principal.*

ಪ್ರಾಗ್ವಂಶ prâk-vaṁśa. *The space before the vêdi.*

ಪ್ರಾಘಾರ prâghâra. Dropping, trickling out, *aspersion or pouring out of any oily substance.*

ಪ್ರಾಘುಣಕ prâghuṇaka. *A guest, a visitor, one demanding hospitality* (ಅಗನ್ತು, ಅತಿಥಿ, ಬಿದ್ದಿನ Mr. 238).

ಪ್ರಾಂಗಣ pra-aṅgaṇa. *A court, a yard, a court-yard* (ಅಂಗಣ Nn. 117; ಚಪ್ಪರ, ಅಂಗಳ 148).

ಪ್ರಾಙ್ನ್ಯಾಯ prâk-nyâya. A former trial of a cause, the plea of a former trial, special plea. (R.).

ಪ್ರಾಚ್ prâĉ. = ಪ್ರಾಂಚ್. (ಪ್ರಾಕ್ಕು Śmd. 106 Cm.).

ಪ್ರಾಚಿ prâĉi. ಪ್ರಾಚೀ. *The east.*

ಪ್ರಾಚಿಕೆ prâĉikĕ. *A kind of falcon* (ಗಿಡಗ Hlâ.; ಶ್ಯೇನ, etc., ಗಿಡುಗ Mr. 174). 2, a musquito.

ಪ್ರಾಚೀನ prâĉîna. Belonging to the front or east; former, prior, ancient, old; *eastern, easterly;* born in the east (My. Amara). 2, the sacrificial cord worn over the right shoulder and passed under the left arm (ಜನ್ನಿವಾರ ಮುನ್ ಎಡನೊಡ್ಡಿದಲ್ Mr. 255). 3, the doings in antecedent births and their consequences. ಪ್ರಸಾದ ಕೇಳಿದರೆ ಪ್ರಾಚೀನ ಹೋದೀತೇ? (Prv.). 4, a hedge, a wall.—See Prv. s. ಪ್ರಾಯಸ್ಥ.

ಪ್ರಾಚೀನತಿಲಕ prâĉîna-tilaka. The moon. (R.).

ಪ್ರಾಚೀನಬರ್ಹಿಸ್ prâĉîna-barhis. *Indra.*

ಪ್ರಾಚೀನಾಮಲಕ prâĉîna-âmalaka. The plant Flacourtia cataphracta. (R.).

ಪ್ರಾಚೀನಾವೀತ prâĉîna-âvîta. *The sacrificial cord worn over the right shoulder and passed under the left arm.*

ಪ್ರಾಚೀನಿತಮ್ಬಿನಿ prâĉî-nitambini. The east considered as a woman (J. 26, 15).

ಪ್ರಾಚೀನೆ prâĉînĕ. *The plant Clypea hernandifolia* Wight. and Arn. (See ಅಗುಳುಸುಬ್ಬಿ).

ಪ್ರಾಚೀರ prâĉîra. = ಪ್ರಾಚೀನ No. 4. *An enclosure, a hedge, a wall.*

ಪ್ರಾಚೇತಸ prâĉêtasa. (fr. ಪ್ರಚೇತಸ್). *Vâlmîki.*

ಪ್ರಾಚ್ಯ prâĉya. Being in front; *eastern, easterly;* prior; ancient;—an inhabitant of the east;—the country south or east of the Sarasvatî.

ಪ್ರಾಚ್ಯವೃತ್ತಿಕೆ prâĉya-vṛittikĕ. A kind of metre (Ŏh. p. 75).

ಪ್ರಾಛ್ prâĉh. ಪ್ರಾಟ್. *Asking, inquiring.*

ಪ್ರಾಜನ pra-ajana. *A whip, a goad* (ಮುಳುಕು Mr. 371).

ಪ್ರಾಜಾಪತ್ಯ prâjâpatya. (fr. ಪ್ರಜಾಪತಿ). Relating to prajâpati;—a kind of marriage in which the father gives his daughter to the bridegroom without receiving a present from him, but with the conviction that the two will live faithfully together. (My.). 2, a mode of penance. (My.). 3, a particular sacrifice. 4, the asterism rôhiṇî. 5, procreative power.

ಪ್ರಾಜಿತೃ pra-ajitṛi. *A driver, a charioteer.*

ಪ್ರಾಜ್ಞ prâjña. (fr. ಪ್ರಜ್ಞಾ). *Intelligent, wise, clever;* a wise or learned man, a skilful man.

ಪ್ರಾಜ್ಞಕ prâjñaka. = ಪ್ರಾಜ್ಞ. (Śêv. 5, 35).

ಪ್ರಾಜ್ಞಿ prâjñî. *A clever or intelligent woman.*

ಪ್ರಾಜ್ಞೆ prâjñĕ. *A clever or intelligent woman.*

ಪ್ರಾಜ್ಯ prâjya. *Abundant, plentiful, much, many;* great, important, best (Ĉpr. 1, 45); lofty.

ಪ್ರಾಂಚ್ pra-añĉ. = ಪ್ರಾಕ್, ಪ್ರಾಕ್ಕು. Turned towards the front;—previous, prior, former;—in front, before;—*eastern, easterly.*

ಪ್ರಾಡ್ವಿವಾಕ prâḍ-vivâka. A man who interrogates and discriminates: *a judge.* See Nr. s. ಬಲ್ಲಾತನು.

ಪ್ರಾಣ pra-aṇa. = ಪರಣ, ಪೆರಣ, ಹರಣ. Breathing; breath, respiration, inspiration and expiration. 2, air, wind. 3, a vital air, that which has its seat in the lungs (ಹೃದಯಾನಿಲ Mr. 51). 4, *life, vitality.* 5, the soul, as opposed to the body;—the soul or purusha. 6, *strength, power, might.* 7, breathing, aspiration in the pronunciation of letters. 8, *myrrh.* ಪ್ರಾಣವಿರುವಾಗ್ಯೆ ಕೂಡಿಸಿದ ಹಣ ಹೆಣವಾದ ಮೇಲೆ ಬಲ್ಲೀತೇ?—ಪ್ರಾಣಾ ಹೋಗುವಾಗ್ಯೆ ಕೋಣನ ಯೋಚನೆಯೇನು?—ಪ್ರಾಣಾ ಹೋಗುವಾಗ್ಯೆ ಪಾಣಿ ಮೇಲಾಗಿರಬೇಕು (Prvs.). See Prv. s. ಮಾನ 2. — ಪ್ರಾಣ ಕೊಡು. To give or offer one's life for the benefit of another (My.). 2, to die (B. 5, 44; My.). — ಪ್ರಾಣಗೆಳೆಯ. A dearly loved friend (My.). — ಪ್ರಾಣ ತಕ್ಕೊಳ್ಳು. To take away life, to kill. ಮಗಳ ಪ್ರಾಣವನ್ನು ತಕ್ಕೊಳ್ಳುವದು (B. 5, 71). 2, to commit suicide (My.). — ಪ್ರಾಣ ತುಮ್ಬು. To fill life into (Bp. 46, 78). — ಪ್ರಾಣ ತೆಗೆ. To kill (My.). — ಪ್ರಾಣದಿನ್ದ ಹೋಗು. To die (B. 5, 156). 2, to remain alive, to escape death (My.). — ಪ್ರಾಣದೊಡನೆ ಹೋಗು. = ಪ್ರಾಣದಿನ್ದ ಹೋಗು No. 2. (My.). — ಪ್ರಾಣ ಪಡೆ. To obtain life (Bp. 55, 27). — ಪ್ರಾಣಮ್ಪಡೆ. -ಂ-ಪಡೆ. = ಪ್ರಾಣ ಪಡೆ. (Bp. 49, 15). — ಪ್ರಾಣ ಬಿಡು. To abandon life, to die (Bp. 27, 18; C.). ಪ್ರಾಣ ಬಿಟ್ಟರೂ ತಕ್ಕೊಂಡರೂ ಸತ್ತನೆಂಬದು ನಿಜ.—ಪ್ರಾಣಾ ಬಿಟ್ಟರೂ ಮಾನ ಬಿಡ ಬಾರದು (Prvs.).

ಪ್ರಾಣಕಂಟಕ prâṇa-kaṇṭaka. Danger of life (My.). 2, a man who endangers another's life (My.).

ಪ್ರಾಣಕಾನ್ತ prâṇa-kânta. A dearly beloved husband or gallant (My.). Feminine ಪ್ರಾಣಕಾನ್ತೆ (My.).

ಪ್ರಾಣಘಾತಕ prâṇa-ghâtaka. Life-destroying, killing (My.). 2, money (My.).

ಪ್ರಾಣತ್ಯಾಗ prâṇa-tyâga. Abandonment of life, suicide. (My.).

ಪ್ರಾಣದಾನ prâṇa-dâna. = ಮರಣದಾನ. The gift or restoration of life, saving any one's life. (My.). 2, resigning or laying down life. (My.). See Bp. 46, 49. 51. — ಪ್ರಾಣದಾನ ಈ. To give or restore life (Bp. 32, 48; 46, 80; 48, 17).

ಪ್ರಾಣದೇಹಾರ್ಥ prâṇa-dêha-artha. Life, body, and property (Bp. 39, 27).

ಪ್ರಾಣನಷ್ಟ prâṇa-nashṭa. = ಪ್ರಾಣಹಾನಿ. (My.).

ಪ್ರಾಣನಾಥ prâṇa-nâtha. Lord of life: a husband, a lover; Śiva (Bp. 27, 9. 69; 61, 86); = ಪ್ರಾಣಕಾನ್ತ (My.). Feminine ಪ್ರಾಣನಾಥೆ, a wife (J. 26, 60).

ಪ್ರಾಣನಾಯಕ prâṇa-nâyaka. = ಪ್ರಾಣನಾಥ. (My.).

ಪ್ರಾಣನಿಧಿ prâṇa-nidhi. The treasure-house or treasure of life (Bp. 33, 12).

ಪ್ರಾಣಪತಿ prâṇa-pati. = ಪ್ರಾಣನಾಥ. (My.).

ಪ್ರಾಣಪದ prâṇa-pada. A dearly loved object (Bp. 51, 20-24).

ಪ್ರಾಣಪದಕ prâṇa-padaka. = ಪ್ರಾಣಪದ. (My.).

ಪ್ರಾಣಪರಿಚ್ಛೇದ prâṇa-pariččhêda. Cutting off life. — ಪ್ರಾಣಪರಿಚ್ಛೇದಂಗೆಯ್. -ಂ-ಗೆಯ್. To cut off life, (to threaten to kill). ಪ್ರಾಣಪರಿಚ್ಛೇದಂಗೆಯ್ವವನು (ಅಯಃಶೂಲಿಕ Hlâ.).

ಪ್ರಾಣಪ್ರತಿಷ್ಠೆ prâṇa-pratishṭhĕ. The rite of bringing life into an idol (My.).

ಪ್ರಾಣಪ್ರಿಯ prâṇa-priya. A man dear as one's own life, a dearly loved man (My.).

ಪ್ರಾಣಬಾಧೆ prâṇa-bâdhĕ. Danger to life, extreme peril (ತಟಪಟ Bhn. 66).

ಪ್ರಾಣಮಿತ್ರ prâṇa-mitra. A dearly loved friend (Bp. 36, 32).

ಪ್ರಾಣಲಿಂಗ prâṇa-liṅga. The characteristic shape or the phallus in the shape of the soul, the soul or life itself (Bp. 2, 41; 6, 5; 18, 4; 27, 7. 28. 36; 32, 47; 33, 11; 35, 50).

ಪ್ರಾಣವಂಚಕ prâṇa-vanča̋ka. A man who practises fraud with regard to his life (in his not giving it to whom it is due, Bp. 39, 19).

ಪ್ರಾಣವಲ್ಲಭ prâṇa-vallabha. = ಪ್ರಾಣಕಾನ್ತ. (My.).

ಪ್ರಾಣಸಂಕಟ prâṇa-saṅkaṭa. A perilous case or state, jeopardy of life, extreme distress (Bp. 56, 38; B. 4, 38; My.). ಅತ್ತೆಗೆ ಬನ್ದು ಮಾತು, ಸೊಸೆಗೆ ಪ್ರಾಣಸಂಕಟ.—ಬೆಕ್ಕಿಗೆ ಚಲ್ಲಾಟ, ಇಲಿಗೆ ಪ್ರಾಣಸಂಕಟ.—ಪರಾನ್ನಕ್ಕೆ ಹೋಗಿ, ಪ್ರಾಣಸಂಕಟ ಬನ್ತು (Prvs.).

ಪ್ರಾಣಸ್ನೇಹ prâṇa-snêha. Very intimate friendship (My.). — ಪ್ರಾಣಪ್ರಾಣಸ್ನೇಹ. Mutual intimacy. ಪ್ರಾಣಪ್ರಾಣಸ್ನೇಹವಾದರೂ ವಿಷಾನಿನ ಬುಟ್ಟಿಗೆ ಕೆಯ್ ಹಾಕ ಬೇಡ (Prv.).

ಪ್ರಾಣಹತ್ಯ prâṇa-hatya. Murder (B. 5, 10; My.).

ಪ್ರಾಣಹರ prâṇa-hara. Taking away life, causing death (Śi. 78).

ಪ್ರಾಣಹಾನಿ prâṇa-hâni. Damage to life, loss of life (My.).

ಪ್ರಾಣಹಿಂಸೆ prâṇa-himsĕ. Injury to life, destroying life (My.).

ಪ್ರಾಣಾಂಗವಿತ್ತ prâṇa-aṅga-vitta. = ಪ್ರಾಣದೇಹಾರ್ಥ. (Bp. 49, 37).

ಪ್ರಾಣಾಧಾರ prâṇa-âdhâra. Support of life (My.).

ಪ್ರಾಣಾಧಿನಾಥ prâṇa-adhinâtha. *A husband, a lover.*

ಪ್ರಾಣಾನ್ತ್ಯ prâṇa-antya. End or cessation of life or human existence (ಜನ್ಮಾನ್ತ, ನಿರ್ವಾಣ, ಜನ್ಮದ ಕಡೆ Nn. 19).

ಪ್ರಾಣಾಪಹರಣ prâṇa-apaharaṇa. Taking away life, killing. See ಅಸುಂಗೊಳ್.

ಪ್ರಾಣಾಯಾಮ prâṇa-âyâma. Restraining the breath or breathing through the nostrils with certain closings and openings of them during the mental recitation of the names of some deity. (Grj. 10, after 97).

ಪ್ರಾಣಿ prâṇi. *A living or sentient being, any living creature, an animal;* a person (B. 3, 59. 89; My.). ಪ್ರಾಣಿಗಳ ರಕ್ಷಣೆಗೆನ್ದ ಗೋಣಿ ಉಟ್ಟರೆ ಆದೀತೇ? (Prv.).

ಪ್ರಾಣಿಕೋಟಿ prâṇi-kôṭi. The animal branch or kingdom (B. 4, 14. 94; My.).

ಪ್ರಾಣಿದ್ಯೂತ prâṇi-dyûta. *Setting animals to fight for wagers: cock-fighting, ram-fighting,* etc.

ಪ್ರಾಣೇಶ prâṇa-îśa. Lord of life: a husband, a lover. (Bp. 39, 12; 60, 23).

ಪ್ರಾಣೇಶ್ವರ prâṇa-îśvara. = ಪ್ರಾಣೇಶ. (Bp. 27, 15).

ಪ್ರಾಣೇಶ್ವರಿ prâṇa-îśvari. A wife (J. 33, 16).

ಪ್ರಾಣ್ಯನಾದರಸ್ಮರಣ prâṇi-anâdara-smaraṇa. Thinking of animals or persons in a disrespectful manner (ಪ್ರಾಣಿಗಳಲ್ಲಿ ಉದಾಸೀನದ ನೆನಹು Śmd. 158 Cm.).

ಪ್ರಾತಃ prâtaḥ. = ಪ್ರಾತರ್.

ಪ್ರಾತಃಕಾಲ prâtaḥ-kâla. Morning time, the early morning (Śmd. 99).

ಪ್ರಾತಃಸ್ನಾನ prâtaḥ-snâna. Bathing at sun-rise, morning ablution. (My.).

ಪ್ರಾತರ್ prâtar. (Śmd. 99). *Early in the morning, at day-break.*

ಪ್ರಾತರ್ಕ್ಯ prâtarkya. (fr. ಪ್ರತರ್ಕ್ಯ). Conceivable, understood (Grj. 3, 2).

ಪ್ರಾತರ್ಭೋಜನ prâtar-bhôjana. The morning meal, breakfast. (My.). ಆಹ್ನಿಕ ಮಾಡದೆ ಪ್ರಾತರ್ಭೋಜನ ಮಾಡುವವನು ಪ್ರೇತದ ಪಾಲಿಗೆ ಸೇರ್ಯಾನು (Prv.).

ಪ್ರಾತಾಪನಾರಾಯಣಪುರ prâtâpa-nârâyaṇa-pura. N. (Bp. 58, 31).

ಪ್ರಾತಿಕೂಲ್ಯ prâtikûlya. (fr. ಪ್ರತಿಕೂಲ). Contrariety, adverseness, opposition, hinderance. (My.).

ಪ್ರಾತಿಪದಿಕ prâtipadika. (fr. ಪ್ರತಿಪದ್). The crude form or base of a noun, a noun in its uninflected state. (My.).

ಪ್ರಾತಿಭಾವ್ಯ prâtibhâvya. (fr. ಪ್ರತಿಭೂ). The act of becoming bail or surety, suretiship. (R.).

ಪ್ರಾತಿಭಾಸಿಕ prâtibhâsika. (fr. ಪ್ರತಿಭಾಸ). Having only the appearance of, existing only in appearance. (My.). ಪ್ರಾತಿಭಾಸಿಕಜಲ (ಮರೀಚಿಕೆ Si. 36). 2, looking like.

ಪ್ರಾತಿಹಾರಿಕ prâtihârika. (fr. ಪ್ರತಿಹಾರ). *A juggler, a conjurer.* 2, a wreath-maker (? ಮಾಲೆಗಾಱ Hlâ.; is ಮಾಟಗಾಱ meant?).

ಪ್ರಾತಿಹಾರ್ಯ prâtihârya. Juggling, conjuring; working miracles; a miracle, a miraculous phenomenon (Čpr. 2, 64).

ಪ್ರಾಥಮಕಲ್ಪಿತ prâthamakalpita. (fr. ಪ್ರಥಮಕಲ್ಪ). *One who has just commenced the perusal of the vêda, a student.*

ಪ್ರಾಥು prâthu. = ಪ್ರಾದು, q. v.

ಪ್ರಾದು prâdu. N. of a plant (see Mr. s. ಕುರುಟಿಗೆ).

ಪ್ರಾದುರ್ಭಾವ prâdus-bhâva. *The becoming manifest or visible, arising, coming into existence, existence, appearance, manifestation.* See ಆಗು.

ಪ್ರಾದುಸ್ prâdus. Apparently, evidently, manifestly, visibly.

ಪ್ರಾದೇಶ prâdêša. (fr. ಪ್ರದೇಶ). *The span of the thumb and forefinger, the space measured by the span of the thumb and forefinger.*

ಪ್ರಾಧಾನ್ಯ prâdhânya. (fr. ಪ್ರಧಾನ). *The state of being chief or foremost, pre-eminence, superiority, supremacy; prevalence, ascendancy* (B. 4, 108; My.).

ಪ್ರಾಧ್ವ pra-adhva. Being on a road or journey: distant, remote, long. 2, *bent, bowed, inclined; crooked.* 3, *favourable, conformable, agreeable* (ಎರಿಕ Nn. 122; Mr. 488). 4, *binding, confining* (ಬನ್ಧನ Nn. 122; Mr. 488).

ಪ್ರಾನ್ತ pra-anta. *Edge, margin, verge, border;*—boundary, bound, extremity, end (ಸ್ವಸ್ತಿ Mr. 582); a point, a tip. 2, a country; a region; a place (Mhr.; B. 3, 79; 4, 81; (My.).

ಪ್ರಾನ್ತತಸ್ prânta-tas. *Along the edge or border* (of anything).

ಪ್ರಾನ್ತರ pra-antara. *An intervening long and lonesome tract of country between two villages; a long desolate road.*

ಪ್ರಾನ್ತಲೋಪ prânta-lôpa. Elision of a final syllable (Kâvy. I, 3, 80-83).

ಪ್ರಾನ್ತ್ಯ pra-antya. = ಪ್ರಾನ್ತ No. 2. (My.). ಪ್ರಾನ್ತ್ಯ ಸೇರಿದರೂ ಭ್ರಾನ್ತಿ ಬಿಡಲಿಲ್ಲ (Prv.).

ಪ್ರಾಪಕ pra-âpaka. Causing to arrive at, conveying; causing to obtain, providing with, procuring. (My.).

ಪ್ರಾಪಂಚಕ prâpañčaka. (fr. ಪ್ರಪಂಚ). Worldly, secular, etc. (Bp. 28, 4; 38, 3; 61, 65).

ಪ್ರಾಪಂಚಿತ prâpañčita. Expanded, etc.; mistaken; tricked, beguiled. See ದುಃ-.

ಪ್ರಾಪಣ prâpaṇa. Obtaining, receiving. 2, bringing to; procuring (Čpr. 1, after 122).

ಪ್ರಾಪಣಿಕ prâpaṇika. *A trader, a merchant.*

ಪ್ರಾಪಿಸು pra-âpisu. = ಪ್ರಾಪ್ತಿಸು. (Bp. 13, 23; 19, 38).

ಪ್ರಾಪ್ತ pra-âpta. Attained to, reached, arrived at;—come upon, met with, found;—*obtained, got, gained, acquired, procured;*—arrived, come; arisen unto;—following from a rule;—fixed, placed;—*fit, proper, right;*—a learned man (ವಿದ್ವಾಂಸ Mr. 223).

ಪ್ರಾಪ್ತಪಂಚತ್ವ prâpta-pañčatva. *Arrived at dissolution into the five elements, dead.*

ಪ್ರಾಪ್ತರೂಪ prâpta-rûpa. Of a proper form; *handsome, beautiful.*

ಪ್ರಾಪ್ತಿ pra-âpti. Attaining to, reaching, arriving at;—coming upon, meeting with, finding;—*obtaining, getting, gaining;—acquisition, profit, gain, advantage;*—arising unto; befalling, happening; hap, portion, lot;—one of the superhuman faculties: the power of obtaining everything;—good luck. ಪ್ರಾಪ್ತಿಯಿದ್ದರೆ ಗೋಪ್ಯವಾದ್ದು ಸಿಕ್ಕೀತು (Prv.).

ಪ್ರಾಪ್ತಿಸು prâptisu. = ಪ್ರಾಪಿಸು. To be obtained, to be got;—to arise, to come to pass;—to come into being;—to become one's portion;—to happen to one (to be caught by one, as a disease);—to be met with, to occur, to appear, to be found;—to come to, to meet with;—to come; to take place (ಒದವು Šmd. 15. 46. 123. 138. 151. 160. 235. 264. 392 Cm.; ಸಮನಿಸು 117 Cm.; ಸವನಿಸು 125. 341 Cm.; ದೊರೆ ಕೊಳ್ 136. 203 Cm.; ಆಗು 117. 136. 138 Mḍb. Cm.; My.). See Bp. 43, 4; 60, 10. 11.

ಪ್ರಾಪ್ಯ prâpya. To be attained, to be arrived at (Šmd. 155), *attainable, obtainable, procurable.*

ಪ್ರಾಬಲ್ಯ prâbalya. (fr. ಪ್ರಬಲ). Powerfulness; prevalence (B. 4, 81; 5, 283; My.).

ಪ್ರಾಬೋಧಿಕ prâbôdhika. (fr. ಪ್ರಬೋಧ). Dawn, day-break. (R.).

ಪ್ರಾಭವ prâbhava. (fr. ಪ್ರಭವ). Pre-eminence, supremacy. (R.).

ಪ್ರಾಭೃತ prâbhṛita. (fr. ಪ್ರಭೃತಿ). = ಬಾಗುಡ, ಪಾವಡ 2, ಪಾವುಡ 2. *An offering; a present, a gift.*

ಪ್ರಾಮಾಣ್ prâmâṇ. Tbh. of ಪ್ರಾಮಾಣ. ಪ್ರಾಮಾಣಿನೊಳಗೆ ಆಳ್ (is used, Šm. 111).

ಪ್ರಾಮಾಣ prâmâṇa. Tbh. of ಪ್ರಾಮಾಣ್ಯ, q. v.

ಪ್ರಾಮಾಣಪುರುಷ prâmâṇa-purusha. A man of authority (Šmd. 82).

ಪ್ರಾಮಾಣಿಕ prâmâṇika. (fr. ಪ್ರಮಾಣ). *Forming or being a measure;*—established by proof, being of authority;—authentic, credible; true, just, fair; a man who can be depended upon (My.).

ಪ್ರಾಮಾಣಿಕತನ prâmâṇikatana. = ಪ್ರಾಮಾಣಿಕತೆ. (My.; B. 8, 72).

ಪ್ರಾಮಾಣಿಕತೆ prâmâṇikatĕ. = ಪ್ರಾಮಾಣ್ಯ No. 5. (My.).

ಪ್ರಾಮಾಣ್ಯ prâmâṇya. = ಪ್ರಾಮಾಣ್, ಪ್ರಾಮಾಣ. Measure, see ಪ್ರಾಮಾಣ್. 2, the being established by proof. 3, proof, evidence, authority. 4, authenticity, credibility, genuineness. 5, truth, equity, veracity, honesty (My.).

ಪ್ರಾಯ pra-aya. = ಪರಯ, ಪರೆಯ. Setting out; going away. 2, departure from life: *seeking death by fasting* (as a religious act, etc., ಅನ್ನವರ್ಜಿತವ್ರತಂಗಳು Nn. 88; ಅನಶನ್ನ ಉಣ್ಣದಿರುಹಂ Mr. 460). 3, like, similar (ಉಪಮಾನ 88). 4, principal part (ಪ್ರಧಾನ, ಮುಖ್ಯವು 88). 5, surpassing all reasoning (ಅತರ್ಕ್ಯ, ಗೆಲಬಾರದದು 88). 6, *frequency, abundance, excess.* 7, purity (ನಿರ್ಮಲವು 88). 8, a stage or condition of life; any period of life, age (ವಯ, ವಯಸ್ಸು 88; My.); the time of youth, the prime of life (My.).

ಪ್ರಾಯ ಹೆಚ್ಚಾದರೂ ಬಾಯಿ ಚನ್ನಾಗಿರ ಬೇಕು.— ಪ್ರಾಯ ಹೋದರೂ ಪ್ರಯಾಸ ಬಿಡದು.— ಪ್ರಾಯ (youth) ಬನ್ದರೆ ನಾಯಿಯಾದರೂ ಚನ್ದ ವಾಗಿದೆ (Prvs.).— ಪ್ರಾಯ ತುಮ್ಬು. A stage or period of age to be fulfilled or reached. ಮೂಱು ವರುಷದ ಪ್ರಾಯ ತುಮ್ಬಿತು (My.).— ಪ್ರಾಯದವ. -ಅವ. A young man (ಸುವಯೋವಿದ Mr. 310; My.).— ಪ್ರಾಯ ಸಲ್ಲು. Age to pass, depart or decline (My.).

ಪ್ರಾಯತ prâyata. = ಪ್ರಯತ. (J. 10, 41). Feminine ಪ್ರಾಯತೆ (15, 42).

ಪ್ರಾಯಶಃ prâya-šaḥ. ಪ್ರಾಯಶಸ್. For the most part, mostly, generally, usually, always, commonly; to all appearances, likely (B. 4, 106. 146. 188; My.).

ಪ್ರಾಯಶ್ಚಿತ್ತ prâya-š-čitta. An expiation, an expiatory act, an atonement, penance, amends, compensation. (J. 11, 39; My.). ಪಾಪಕ್ಕೆ ತಕ್ಕ ಪಾಪೋಸು, ಪಾಪಕ್ಕೆ ತಕ್ಕ ಪ್ರಾಯಶ್ಚಿತ್ತ (Prv.).

ಪ್ರಾಯಸ್ prâyas. *For the most part, mostly, generally, usually.*

ಪ್ರಾಯಸಮರ್ಥ prâya-samartha. A male full of the strength of youth (My.). Feminine ಪ್ರಾಯಸಮರ್ಥೆ. ಅಮ್ಮನವರು ಪ್ರಾಯಸಮರ್ಥೆಯಾಗುವಾಗ ಅಯ್ಯನವರಿಗೆ ಕೈಲಾಸ (Prv.).

ಪ್ರಾಯಸ್ಥ prâya-stha. A young man. ಪ್ರಾಯಸ್ಥನಾದರೂ ಪ್ರಾಚೀನ ಬಿಡಲಿಲ್ಲ.— ಪ್ರಾಯಸ್ಥನಾದವ ನ್ಯಾಯಸ್ಥನಾಗಿರ ಬೇಕು (Prvs.). Feminines: ಪ್ರಾಯಸ್ಥಳು, ಪ್ರಾಯಸ್ಥೆ (My.).

ಪ್ರಾಯಿಕ prâyika. Common, usual, general. (Si. 403; My.).

ಪ್ರಾಯೋಪಗಮನ prâya-upagamana. = ಪ್ರಾಯ No. 2. (Šmd. 128).

ಪ್ರಾಯೋಪವೇಶ prâya-upavêša. = ಪ್ರಾಯೋಪಗಮನ. (My.).

ಪ್ರಾರಬ್ಧ pra-ârabdha. Begun, commenced, beginning; an undertaking. 2, merit and demerit during some former stage of existence considered as constituting the occasion of the present birth, and as regulating the allotment to it of physical good and evil: fortune, destiny (Mhr., My.). ಪ್ರಾಣದ ಆಶೆಗೆ ಪಲಾಯನ ಮಾಡಿ, ಪ್ರಾರಬ್ಧವೆನ್ನನನ್ತೆ.— ಊರು ಬೇಱೆಯಾದರೂ ಪ್ರಾರಬ್ಧ ಬೇಱೆಯೇ? (Prvs.).

ಪ್ರಾರಮ್ಭ pra-ârambha. Beginning, commencement (Šmd. 2; J. 8, 1; My.); an undertaking, enterprise. See ತೊಡಗು.

ಪ್ರಾರಮ್ಭಿಸು prârambhisu.. To begin (v. t., My.). 2, to commence (v. i., My.).

ಪ್ರಾರಮ್ಭಿಸುವಿಕೆ prârambhisuvikĕ. Beginning (ಅರಮ್ಭ, etc. Si. 396). ವೇದವನ್ನು ಓದಿ ಕೊಳ್ಳುವದಕ್ಕೆ ಪ್ರಾರಮ್ಭಿಸುವಿಕೆ (249).

ಪ್ರಾರ್ಥನೀಯ pra-arthanîya. To be wished for, fit to be asked or begged, fit to be prayed for. (My.).

ಪ್ರಾರ್ಥನ pra-arthana. = ಪ್ರಾರ್ಥನೆ. (Sk.; My.).

ಪ್ರಾರ್ಥನೆ pra-arthanĕ. Desire, wish. 2, *requesting, asking, begging, beseeching, praying; a prayer, an entreaty, a request, an application, petition.* 3, a vow (to an idol, My.).— ಪ್ರಾರ್ಥನೆ ಮಾಡು. To ask for, to beg for, to beg, to petition anything (with accusative, My.). 2, to pray any body (with acc.); to pray to (with dative, My.). 3, to pray, to prefer a petition, to make a request. ಪ್ರಾರ್ಥನೆಗಳಂ ಮಾಡಿ (Bp. 26, 67). ನಾನಾ ಭಾಷೆಗಳಲ್ಲಿ ಮನುಷ್ಯರು ದೇವರ ಪ್ರಾರ್ಥನೆ ಮಾಡುತ್ತಾರೆ (B. 4, 144). ಪ್ರಾರ್ಥನೆ ಮಾಡದರೆ ಸಿಕ್ಕದ್ದು ಕೀರ್ತನೆ ಹೇಳಿದರೆ ಸಿಕ್ಕೀತೇ? (Prv.). 4, to vow, to dedicate (as money to an idol, My.).

ಪ್ರಾರ್ಥಿತ pra-arthita. Wished for; requested, asked for, prayed for (Bp. 6, 28; My.). 2, killed, hurt;—obstructed or opposed by an enemy;—attacked.

ಪ್ರಾರ್ಥಿಸು pra-arthisu. = ಪ್ರಾರ್ಥನೆ ಮಾಡು. ದೇವರನ್ನು ಪ್ರಾರ್ಥಿಸುತ್ತೇನೆ (B. 4, 108; My.). ಎಲ್ಲರನ್ನು ಹುಟ್ಟಿಸಿದ ದೇವರನ್ನು ಪ್ರಾರ್ಥಿಸುತ್ತಾರೆ (B. 5, 282). ದೇವರಿಗೆ ಪ್ರಾರ್ಥಿಸುತ್ತೇನೆ (My.). ವರವನ್ನು ಪ್ರಾರ್ಥಿಸುತ್ತೇನೆ (My.). See Bp. 32, 60; 46, 59; 61, 54; J. 5, 35. 36. 44; 8, 41; 9, 26; 15, 38; 20, 39; 24, 71; 30, 40.

ಪ್ರಾರ್ಥಿಸುವಿಕೆ prârthisuvikĕ. Praying, etc. ಪ್ರೀತಿಯಿನ್ದ ಪ್ರಾರ್ಥಿಸುವಿಕೆ (ಪ್ರಸರ Si. 396).

ಪ್ರಾಲಮ್ಬ prâlamba. (fr. ಪ್ರಲಮ್ಬ). Hanging down, pendent;—*a garland hanging round the neck and reaching to the breast.*

ಪ್ರಾಲಮ್ಬಕ prâlambaka. *A garland hanging round the neck and reaching to the breast.*

ಪ್ರಾಲಮ್ಬಿಕೆ prâlambikĕ. *A kind of golden necklace.*

ಪ್ರಾಲೇಯ prâlêya. (fr. ಪ್ರಲಯ). Produced by melting; easily dissolved. 2, *hail, snow, frost, hoar-frost, dew, cold.* 3, camphor (ಘನಸಾರ, ಪಚ್ಚೆ Mr. 336).

ಪ್ರಾಲೇಯಾಂಶು prâlêya-amšu. *The moon.*

ಪ್ರಾವರಣ pra-âvaraṇa. *A cover, an upper garment, a cloak* (ಉತ್ತರೀಯ, ಮೇಲುಡು Mr. 343).

ಪ್ರಾವಾರ pra-âvâra. *An upper garment* (ಮೇಲುಮುಸುಕು, ಹೊದ್ದು ಕೊಮ್ಬ ಸೀರೆಯೆನಿಸ್ಸ್, ಉಣ್ಣು Nr.).

ಪ್ರಾವೃಟ್ prâvṛiṭ. = ಪ್ರಾವೃಷ್. The rainy season comprising the months ನಭ and ನಭಸ್ಯ (Mr. 70).

ಪ್ರಾವೃಟ್ಟು prâvṛiṭṭu. Tbh. of ಪ್ರಾವೃಟ್ (Šmd. 106).

ಪ್ರಾವೃಡ prâvṛiḍa. Tbh. of ಪ್ರಾವೃಟ್. (ಮಱಿಗಾಲ Mr. 72).

ಪ್ರಾವೃತ pra-âvṛita. = ಪಾವಡ 1, etc. Covered, enclosed, encompassed, screened (Čpr. 6, 97);—*a wrapper, a cloak, a mantle, a veil* (ನಿವೀತ, ಹೊದಕೆಯ ಸೀರೆ Nr.).

ಪ್ರಾವೃಷ್ prâvṛish. = ಪ್ರಾವೃಟ್, ಪ್ರಾವೃಟ್ಟು, ಪ್ರಾವೃಡ. *The rainy season comprising the months šrâvaṇa and bhâdra* (July, August and September).

ಪ್ರಾವೃಷಾಯಣಿ prâvṛishâyaṇi. *The plant Mucuna pruritus* Hook.

ಪ್ರಾಶನ pra-ašana. Eating, feeding upon, absorbing, drinking. (B. 5, 54; My.).

ಪ್ರಾಶಿತ pra-ašita. (= ಪ್ರಸ್ತ?). Eaten, devoured, swallowed, well eaten, absorbed, drunk. (My.). 2, an offering of rice or water to the manes of pitṛis, obsequies to deceased ancestors.

ಪ್ರಾಶ್ಯ pra-ašya. To be eaten, eatable, edible. (My.).

ಪ್ರಾಸ pra-asa. = ಪ್ರಾಸು. Throwing forth, casting, discharging; putting in front or at the beginning. 2, *a dart; a lance* (ಕುನ್ತ, ಸಬಳ Mr. 298). 3, alliteration (Čh.; Šmd. 5. 13. 26. 28).

ಪ್ರಾಸಂಗ prâsaṅga. (fr. ಪ್ರಸಂಗ). *A kind of yoke for cattle.*

ಪ್ರಾಸಂಗಿಕ prâsaṅgika. (fr. ಪ್ರಸಂಗ). Derived from close connection; connected with, innate; belonging to any topic, relevant; opportune, seasonable;—occasionally connected, occasional, incidental, accidental. (My.).

ಪ್ರಾಸಂಗ್ಯ prâsaṅgya. *Yoked;*—an animal harnessed with a yoke (see Nr. s. ಅಱು 4).

ಪ್ರಾಸಾದ prâsâda. (fr. ಪ್ರಸಾದ). = ಪಾಸಾದ. A building erected on high foundations and approached by means of steps; *a temple*; *a palace* (ಇಟ್ಟಿಗೆಯಲಾದ ಮನೆ Mr. 192). ಪ್ರಸಾದ ಕೇಳಲಿಕ್ಕೆ ಹೋಗಿ, ಪ್ರಾಸಾದದಿನ್ದ ಬಿದ್ದ (Prv.). 2, = ಪ್ರಸಾದ No. 4 (Bp. 39, 16; 59, 56).

ಪ್ರಾಸಾದಶೇಷ prâsâda-śêsha. The remnant of a prâsâda No. 2 (Bp. 59, 25).

ಪ್ರಾಸಿಕ prâsika. *Armed with a dart or lance.*

ಪ್ರಾಸು prâsu. Tbh. of ಪ್ರಾಸ. Alliteration (Śmd. 12, 27. 38 Cm.). See ಜಡ-. ಪದ ತಪ್ಪಿದರೆ ಪ್ರಾಸು ತಪ್ಪೀತೇ? (Prv.).

ಪ್ರಾಹ್ಣ pra-ahna. *The early part of the day, forenoon.*

ಪ್ರಾಹ್ಲಾದ prâhlâda. (fr. ಪ್ರಹ್ಲಾದ). Pleasure, joy, happiness (Čpr. 4, 84).

ಪ್ರಿಯ priya. ಪಿಯ, ಪಿರಿಯ, ಪ್ರೀಯ. *Beloved, dear to; dear, valued, amiable, agreeable, pleasing, desirable*; loving, kind, affectionate;—dear, expensive, high in price (Sk.; My.);—favour, love (Śmd. 8; ಪ್ರೀತಿ 4 Cm.; Bp. 5, 17; 28, 4; 35, 28; 39, 70; 48, 5; My.); pleasure;—*a husband*, a lover. See ನಿಜ-. — ಪ್ರಿಯನ್ನುಡಿ. -ಂ-ನುಡಿ. (Śmd. 200). To speak kindly. — ಪ್ರಿಯವ್ನುಡಿಸು. -ಂ-ಪಡಿಸು. To please, to gratify (Bp. 28, 7). — ಪ್ರಿಯವಡು. -ಪಡು. To be pleasant, etc. ಪ್ರಿಯವಟ್ಟ ನುಡಿ (ಚಟು, ಚಾಟು Mr. 85). — ಪ್ರಿಯವ್ಪ ಗಿಯವು. reit. (Bp. 42, 18). — ಪ್ರಿಯವೆಟ್. -ಬೆಟ್. To get or derive pleasure from (Bp. 8, 15). — ಪ್ರಿಯವೊನ್ದು. -ಒನ್ದು. Favour or love to be joined or attached to (Bp. 52, 28).

ಪ್ರಿಯಂವದ priya-m̐-vada. *Speaking kindly or pleasantly, sweet speaking, agreeable.*

ಪ್ರಿಯಕ priyaka. (= ಪ್ರೇಂಕಣ). *A kind of variegated or spotted deer.* 2, *the plant Nauclea cadamba* Roxb. 3, *the plant Terminalia tomentosa* W. & A. 4, = ಪ್ರಿಯಂಗು No. 2.

ಪ್ರಿಯಕರ priya-kara. Exciting or attracting love, giving pleasure. (B. 3, 61; 5, 247; My.).

ಪ್ರಿಯಕೃತಿ priya-kriti. A kind act, kindness (Čpr. 2, 50).

ಪ್ರಿಯಂಗು priyaṅgu. *The Indian millet, Panic seed, Panicum italicum* Lin. 2, *a kind of tree; a certain medicinal plant* (= ಫಲಿನಿ No. 1; see ನೆಟಿಲ್ 2). See ಬರಗು.

ಪ್ರಿಯತಮ priya-tama. Most beloved, very dear; a lover, a husband (ಕಾದಲ, etc. Śs.). Feminine ಪ್ರಿಯತಮೆ (ನಲ್ಲಳ್, ಇನಿಯಳ್, ಓವಳ್, ಕಾದಲೆ, ಮನದನ್ನೆ Śm. 74; ಮನದನ್ನಳ್, etc. Kk. 30).

ಪ್ರಿಯತರ priya-tara. More beloved, dearer, uncommonly dear, etc. (Kâvy. III, 3, B, 166; Čpr. 6, 74; Bp. 41, 18).

ಪ್ರಿಯತೆ priyatĕ. The being dear, dearness; the being fond of, *affection, love.*

ಪ್ರಿಯಧರ್ಮ priya-dharma. N. of a yati (Čpr. 6, 8).

ಪ್ರಿಯಪೂರ್ವಕ priya-pûrvaka. The state of being endowed with love (Bp. 25, 47).

ಪ್ರಿಯಪ್ರಾಯ priya-prâya. Equal to joy, like pleasure (Čpr. 8, after 56); exceedingly kind or amiable.

ಪ್ರಿಯವಾಚ್ priya-vâč. -ವಾಕ್. Kind speech;—*kind in speech, affable in address.*

ಪ್ರಿಯವಾದಿ priya-vâdi. Speaking kindly or agreeably; a person who speaks kindly (My.); flattering.

ಪ್ರಿಯಾಲ priyâla. = ಪಿಯಾಲ. *The tree Buchanania latifolia.*

ಪ್ರಿಯೆ priyĕ. A beloved female: *a wife, a mistress.*

ಪ್ರೀಣನ prîṇana. *The act of pleasing or delighting, gladdening, satisfaction.*

ಪ್ರೀಣಿತ prîṇita. Pleased, delighted, gratified (Rśv. 1, 17).

ಪ್ರೀತ prîta. *Pleased, delighted*;—joyful, content;—dear, beloved, loved;—agreeable, pleasing (ಮನೋಹರ, ಕಮನೀಯ, etc. Mr. 424).

ಪ್ರೀತಿ prîti. = ಪಿರೀತಿ, ಪಿರೂತಿ. *Pleasure, joy, gladness, happiness;* gratification, satisfaction. 2, graciousness, grace, favour, kindness, amity; *affection, love.* See ಅಟ್ಟು, ಎಡಿಕ, ಒಲಿಲ್.— ಪ್ರೀತಿಯಿನ್ದ ನೀತಿ ಹುಟ್ಟುವದು, ಲೂತಿಯಿನ್ದ ಗಜ್ಜಿ ಹುಟ್ಟುವದು. — ಪ್ರೀತಿಯಿದ್ದರೂ ನೀತಿ ಬಿಡ ಬಾರದು. — ಪ್ರೀತಿಯಿದ್ದರೂ ಭೀತಿಯಿರ ಬೇಕು (Prvs.). ನಮ್ಮ ಮೇಲೆ ಎರಡನೆಯವರ ಪ್ರೀತಿಯಿಲ್ಲದಿದ್ದರೆ ನಮಗೆ ಸುಖವಾಗದು (B. 3, 105). ಗಣ್ಡನ ಮೇಲೆ ಪ್ರೀತಿಯುಳ್ಳವಳು (5, 203). ಶ್ರೀಮನ್ತನ ಪ್ರೀತಿಯ ಗಟಿಸುವದು (5, 234). ಅವನಿಗೆ ನನ್ನಲ್ಲಿ or ನನ್ನ ಮೇಲೆ ಪ್ರೀತಿಯುಣ್ಟು (My.). — ಪ್ರೀತಿಗೊಳಿಸು. -ಕೊಳಿಸು. To cause pleasure or happiness, to gratify (J.). — ಪ್ರೀತಿ ಮಾಡು. To show affection or love, to bestow or put love (on anything), to love. ನೀನು ನನಗೆ ಇಷ್ಟು ಪ್ರೀತಿ ಮಾಡುತ್ತೀ (B. 2, 36). ಅದರ ಮೇಲೆ ಬಹಳ ಪ್ರೀತಿ ಮಾಡುತ್ತಿದ್ದರು (3, 22). ನಿನ್ನ ಮೇಲೆ ಗಣ್ಡನು ಪ್ರೀತಿ ಮಾಡುವನು (3, 61). ಅವನ ಮೇಲೆ ಬಹಳ ಪ್ರೀತಿ ಮಾಡ ಹತ್ತಿದರು (3, 61). ನನ್ನ ಮೇಲೆ ಪ್ರೀತಿ ಮಾಡಳು (3, 78). ಅವರ ಮೇಲೆ ಎಲ್ಲರೂ ಪ್ರೀತಿ ಮಾಡುವರು (3, 104). ಹೆಚಿವರ ಮೇಲೆ ಪ್ರೀತಿಯನ್ನು ಮಾಡ ಬೇಕು (3, 105). ಅದಕ್ಕೆ, or ಅವನಿಗೆ, or ಅವನ ಮೇಲೆ, or ಅದನ್ನು, or ಅವನನ್ನು ಪ್ರೀತಿ ಮಾಡು (My.). — ಪ್ರೀತಿಯಿಡು. -ಇಡು. To put or bestow love (upon anything). ಸತ್ಯದ ಮೇಲೆ ಪ್ರೀತಿಯಿಡಿರಿ! (B. 3, 96). ಅವನಲ್ಲಿ or ಅವನ ಮೇಲೆ ಪ್ರೀತಿಯಿಡು (My.). — ಪ್ರೀತಿವಡು. -ಪಡು. To get or enjoy love, to be loved. ಪ್ರೀತಿವಟ್ಟಂ (ಅಟ್ಕರ್ತಂ Śmd. I; ಗುಣಕಟುಗೊಣ್ಡಂ, ಕೂರ್ತು ಮಚುಗಿದಂ, ಒಲಿದ್ದಂ, ಅಟ್ಕರ್ತಂ Kk. 80).

ಪ್ರೀತಿವನ್ತ prîti-vanta. A man full of affection, a loving or kind man (B. 4, 8; My.).

ಪ್ರೀತಿಸು prîtisu. To love (with accusative, My.).

ಪ್ರೀಯ priya. = ಪ್ರಿಯ. Favour, love (J. 23, 62; 29, 17). See ಅ-.

ಪ್ರುಷ್ prush. Scattering down in drops, sprinkling. See ವಿ-.

ಪ್ರುಷ್ಟ prushṭa. = ಪ್ಲುಷ್ಟ. *Burnt, consumed.*

ಪ್ರೇಕ್ಷಣ pra-îkshaṇa. = ಪೆಕ್ಕಣ, ಪೆಗ್ಗಣ. Looking at, viewing, seeing, being a spectator;—any public show or spectacle, a sight (ಪೆಕ್ಕಣ, ನೋಟ Kk. 59); a place where public exhibitions are held.

ಪ್ರೇಕ್ಷೆ pra-îkshĕ. Looking at, viewing. 2, *seeing a play or dance.* 3, any public show or spectacle, a sight. 4, *conception, understanding, intellect.*

ಪ್ರೇಂಕಣ prêṅkaṇa. (Tbh. of ಪ್ರಿಯಕ). = ಪ್ರಿಯಕ. (ಶ್ಯಾಮೆ, ಗುನ್ದ್ರೆ, ಪ್ರಿಯಂಗು, ಫಲಿನಿ, ಪ್ರಿಯಕ, etc. Śi. 135; Tĕ. ಪ್ರೇಂಖಣ = ಪ್ರಿಯಕ No. 2).

ಪ್ರೇಂಖ pra-îṅkha. Trembling, shaking, vibrating, swinging (ತೊಳಪು, ತೊಳಹು Nn. 129). 2, a swing (ಉಯ್ಯಲು 129; ಉಯ್ಯಾಲೆ Mr. 527). 3, dancing (ನೃತ್ಯ, ಕುಣಿವುದು 129; ನೃತ್ಯ 527).

ಪ್ರೇಂಖಿತ pra-îṅkhita. *Swung, shaken, set in motion.*

ಪ್ರೇಂಖೆ pra-îṅkhĕ. *A swing.* See ಉಯ್ಯಲ್, ಪ್ರೇಂಖ.

ಪ್ರೇಂಖೋಲನ prêṅkhôlana. *A swing, a hammock*; a dooly, a palanquin (ದೋಲ, ಒಲಹು Mr. 461).

ಪ್ರೇಂಖೋಲಿತ prêṅkhôlita. *Swung, shaken, set in motion.*

ಪ್ರೇತ pra-ita. = ಪೇತ. Gone forth, departed; *deceased, dead; a dead person* (ಪರೇತ Mr. 395). 2, *the spirit of a departed person, a spirit abiding in the lower world, the spirit before all the necessary obsequial rites are performed.* 3, *a ghost, an evil being.* 4, a dead body, a corpse (ಶವ, ಹೆಣನು 395); a carcass (ಕುಣಪ, ಹೆಣನು 395). ಪ್ರೇತಕ್ಕೆ ಹೆದ ಉವವ ಭೂತಕ್ಕೆ ಹೆದಬಿನೇ?—ಪ್ರೇತದ ಭೀತಿ ಹೋದವರೂ ಸಾತದ ಭೀತಿ ಹೋಗಲಿಲ್ಲ (Prvs.). See Prv. s. ಪ್ರಾತಭೋರ್ಜನ.

ಪ್ರೇತಕರ್ಮ prêta-karma. Funeral rites. (My.).

ಪ್ರೇತತರ್ಪಣ prêta-tarpaṇa. A libation or offering of water, etc. as one of the funeral rites (ನಿವಾಪ, ಕರ್ಮದ ತಿಲೋದಕ Mr. 395).

ಪ್ರೇತನಾಥ prêta-nâtha. = ಪ್ರೇತಪತಿ. (Bp. 41, 28).

ಪ್ರೇತಪತಿ prêta-pati. *Yama.*

ಪ್ರೇತಬಲಿ prêta-bali. Food that, after cremation, is cooked in the cemetery, and daily, for nine days, offered to the departed spirit (ghost) when on the tenth day the prabhûta is presented (My.); thereupon, after some other ceremonies, the prêta (ghost) ceases to be a prêta and becomes a pitṛi (My.).

ಪ್ರೇತಮುದ್ರೆ prêta-mudrĕ. A worthless seal, stamp or sign (Bp. 49, 41).

ಪ್ರೇತವಿಪಿನ prêta-vipina. Grove of the dead: a cemetery (ಪಿತೃವನ, ಶ್ಮಶಾನ Mr. 395).

ಪ್ರೇತಸಂಸ್ಕಾರ prêta-saṁskâra. The burning of a corpse, the mixing of its ashes with water, and the carrying of them to a stream (My.; B. 4, 215).

ಪ್ರೇತಸೂತಕ prêta-sûtaka. Impurity contracted from connection with a corpse (Bp. 18, 98).

ಪ್ರೇತ್ಯ prêtya. *After death, in the next world, in the life to come.*

ಪ್ರೇಮ prêma. *Love, affection, kindness;* see ಅಕ್ಕರ್. 2, joy, gladness, pleasure. 3, N. of two vṛittas (Ch.). ತನ್ನ ತಾಯಿಗಳ ಮೇಲೆ ನನ್ನ ಪ್ರೇಮ ಬಹಳ (B. 4, 108). ಪ್ರೇಮದಿನ್ದ ಹೇಮ ಕೂಡಿಸಿ, ಹೋಮಕ್ಕೆ ತಣ್ಣ ತೀರಿಸಿದ (Prv.). — ಪ್ರೇಮುಂಗೆಯ್. -ಂ-ಗೆಯ್. To love, to be attached to. ಪ್ರೇಮುಂಗೆಯ್ಯುವಂ (ತತ್ಪರ, etc. Mr. 229). — ಪ್ರೇಮ ತೋರಿಸು. To show love, to love (B. 4, 16).

ಪ್ರೇಮಿ prêmi. Loving, affectionate, attached to; a friend (ತತ್ಪರ, etc., ಪ್ರೇಮುಂಗೆಯ್ಯುವ Mr. 229; ಸಂಗಡಿಗ, ಮಿತ್ರ, ಸಖ 311).

ಪ್ರೇಯ prêya. Tbh. of ಪ್ರೇಯಸ್. (Kâvy. III, 3, B, 166).

ಪ್ರೇಯಸ್ prêyas. Dearer, uncommonly dear, more agreeable, etc.

ಪ್ರೇಯಸಿ prêyasi. An uncommonly beloved woman: a mistress, a wife. (Čpr. 2, 58).

ಪ್ರೇರಕ pra-îraka. Setting in motion, urging on, pushing on, impelling, inciting; sending; a pusher, etc. (My.). See ದುಷ್ಕೃತಿ-; Ššv. 5, 31.

ಪ್ರೇರಣ pra-îraṇa. The act of driving on or forwards, pushing on, pushing, inciting, urging, instigating; directing, ordering, order; direction; sending, dispatching; impulse, passion. See ನೂಂಕು, ಪಶು-; Čpr. 1, 64; 2, after 85.

ಪ್ರೇರಣಿಸು prêraṇisu. = ಪ್ರೇರಿಸು. See Nn. 93 s. ಪ್ರೇರಣೆ.

ಪ್ರೇರಣೆ pra-îraṇĕ. = ಪ್ರೇರಣ. (ಇಷಿಪ, ಪ್ರೇರಣೆಸುವುದು Nn. 93, o. r. ಪ್ರೇರಿಸುವುದು; Ršv. 5, after 23; My.).

ಪ್ರೇರಿತ pra-îrita. Driven forwards, impelled, instigated, incited, urged; sent, directed, dispatched; ordered. (Čpr. 3, 69; Ršv. 6, after 30; My.; B. 5, 226).

ಪ್ರೇರಿಸು prêrisu. (Šmd. 92). To drive forwards, to impel, to push, to urge on, to stimulate, to instigate (My.); to direct, to order; to send. See Nn. s. ಪ್ರೇರಣೆ.

ಪ್ರೇರೇಪಣೆ prêrêpaṇĕ. = ಪ್ರೇರಣೆ. (My.).

ಪ್ರೇರೇಪಿಸು prêrêpisu. = ಪ್ರೇರಿಸು. (My.). ಪ್ರೇರೇಪಿಸುವಿಕೆ (ಕ್ಷಿಪೆ, ಕ್ಷೇಪಣ, ಹಾಕುವಿಕೆ, ನೂಕುವಿಕೆ Sl. 390). ದನಗಳನ್ನು ಗಮನಾದಿಕಾರ್ಯಗಳಲ್ಲಿ ಪ್ರೇರೇಪಿಸುವಿಕೆ (ಉದಜ, ಪಶುಪ್ರೇರಣ 400).

ಪ್ರೇಷಣ pra-ishaṇa. Driving forth, driving on; *sending, dispatching, as a messenger; sending on a commission, commissioning, ordering, directing;* executing a commission.

ಪ್ರೇಷಿತ pra-ishita. Sent, dispatched, as on an errand, commissioned and sent forth (Čpr. 5, after 2; Ršv. 7, after 97; My.); ordered, directed.

ಪ್ರೇಷ್ಠ prêshṭha. (fr. ಪ್ರಿಯ). *Dearest, most beloved, best.*

ಪ್ರೇಷ್ಯ pra-ishya. To be sent, proper to be sent; a messenger; *a male servant;* a menial, a slave.

ಪ್ರೇಷ್ಯೆ prêshyĕ. A female messenger; *a female servant.*

ಪ್ರೈಷ praisha. Sending, dispatching;—*an order, a command.* 2, *sorrow, distress, affliction.* 3, phrenzy.

ಪ್ರೈಷ್ಯ praishya. *A male servant.*

ಪ್ರೈಷ್ಯೆ praishyĕ. *A female servant.*

ಪ್ರೋಕ್ತ pra-ukta. Spoken to;—announced, declared, laid down as a rule, said, told. (Bp. 55, 20; J. 26, 38).

ಪ್ರೋಕ್ತಿ pra-ukti. Declaration, utterance, speech, word (Bp. 55, 36; 61, 41; see ಪುನಃ-).

ಪ್ರೋಕ್ಷಣ pra-ukshaṇa. *The act of sprinkling with water* for purification, consecration by sprinkling (of a sacrificial animal, etc.). 2, *immolation of victims, killing animals in sacrifice.*

ಪ್ರೋಕ್ಷಣೆ prôkshaṇĕ. = ಪ್ರೋಕ್ಷಣ. (My.). ಪ್ರೋಕ್ಷಣೆ ಮಾಡಿದರೆ ಪ್ರಹುಡನಾದಾನೇ? (Prv.).

ಪ್ರೋಕ್ಷಿತ pra-ukshita. Sprinkled, purified by sprinkling; offered in sacrifice; *immolated, slaughtered.*

ಪ್ರೋಕ್ಷಿಸು prôkshisu. To sprinkle (J. 21, 50; My.).

ಪ್ರೋತ pra-ûta. Sewed, stitched; tied, strung. See ಓತ-.

ಪ್ರೋತ್ತುಂಗ pra-uttuṅga. Very high or lofty, elevated, prominent. (Čpr. 2, 46).

ಪ್ರೋತ್ಪನ್ನ pra-utpanna. Produced, originated, developed. (Bp. 28, 69).

ಪ್ರೋತ್ಪಿಹಿತ pra-utpihita. Covered all about (Ršv. 8, 106).

ಪ್ರೋತ್ಸಾಹ pra-utsâha. Great effort, great zeal, ardour. 2, stimulus, incitement. — ಪ್ರೋತ್ಸಾಹಗೊಳಿಸು. -ಕೊಳಿಸು. To incite, to instigate, to inspirit, to encourage (My.). — ಪ್ರೋತ್ಸಾಹ ಪಡಿಸು. = ಪ್ರೋತ್ಸಾಹಗೊಳಿಸು. (My.).

ಪ್ರೋತ್ಸಾಹಿತ pra-utsâhita. Incited, stimulated, encouraged. (My.).

ಪ್ರೋತ್ಸುಕ pra-utsuka. Very full of eagerness or desire (Ršv. 5, 78).

ಪ್ರೋಥ prôtha. *The nostrils of a horse;* the nose of a horse or the tip of it. 2, the loins or hip; see ಕಟಿ-. 3, an excavation or cave. 4, a traveller. 5, notorious, famous.

ಪ್ರೋದ್ಗತ pra-udgata. Projecting, prominent, great. (Grj. 3, 4).

ಪ್ರೋದ್ದಂಶ pra-ud-damśa. Greatly cutting (Čpr. 10, 23).

ಪ್ರೋದ್ದಂಡ pra-uddaṇḍa. Very large; very violent or severe (Bp. 17, 18).

ಪ್ರೋದ್ದಾನ pra-ud-dâna. Excessive fluid from an elephant's temples (Rśv. 13, 67). 2, very large.

ಪ್ರೋದ್ದಾಮ pra-uddâma. Unbounded, immense, vast, huge. (Ch. v. 76. 207).

ಪ್ರೋದ್ಭವ pra-udbhava. Sprung up, born (Rśv. 6, 35).

ಪ್ರೋದ್ಭಾಸಿ pra-udbhâsi. Very shining, very radiant, very graceful (Ch. v. 210).

ಪ್ರೋದ್ಭೂತ pra-udbhûta. Sprung up, born (Rśv. 1, 102).

ಪ್ರೋದ್ಯತ್ pra-udyat. Very great (Bp. 8, 6).

ಪ್ರೋನ್ನತಿ pra-unnati. Great loftiness, greatness (Śśv. 4, 106).

ಪ್ರೋನ್ಮತ್ತ pra-unmatta. Grown very furious or mad (Čpr. 2, 34).

ಪ್ರೋನ್ಮುದ್ರಿತ pra-unmudrita. Fully unsealed, opened, or displayed (Čpr. 8, 41).

ಪ್ರೋಲ್ಲಸತ್ pra-ullasat. Shining brightly, glittering (Śmd. 127).

ಪ್ರೋಲ್ಲಾಸ pra-ullâsa. Great joy (Bp. 27, 9).

ಪ್ರೋಷ್ಠ prôshṭha. A bull, an ox. 2, a stool, a bench.

ಪ್ರೋಷ್ಠಪದ prôshṭha-pada. *N. of a double nakshatra: the third and fourth lunar mansions;*—the month bhâdra (August-September).

ಪ್ರೋಷ್ಠಿ prôshṭhi. *A sort of carp, Cyprinus pausius* (ಶಫರಿ, ಮೀನಿನೊಳು ಹೆಣ್ಣುಮೀನು Mr. 409).

ಪ್ರೌಢ pra-ûḍha. = ಪವುಡ, ಪ್ರವುಡ, ಪ್ರಹುಡ. *Grown up, full-grown, fully developed, matured, perfected* (as the body, mind, or person); mature, adult, old;—married;—proficient (My.; J. 17, 15);—great, illustrious, grand, mighty, strong, dignified; ornate; polite;—thick, dense, as darkness;—impetuous, impulsive, violent;—*confident, bold, arrogant, audacious;*—forward;—raised up, lifted up;—at the end of a compound: filled with, full of. 2, = ಪ್ರೌಢಿ (occasionally). See ಬಿರ್ದುಗ, ಬಿತ್ತಿಗ; J. 2, 11; 26, 8; 31, 33; ವಾಕ್.

ಪ್ರೌಢತನ prauḍhatana. = ಪ್ರೌಢತೆ. (My.).

ಪ್ರೌಢತರ prauḍha-tara. Very grand (J. 4, 8).

ಪ್ರೌಢತೆ prauḍhatĕ. -ತಾ. The state of being grand, etc. See ಅ-; Čpr. 5, 138. 2, confidence, arrogance.

ಪ್ರೌಢವತಿ prauḍha-vati. = ಪವುಡವತಿ. A fully developed and perfected woman, a woman bold in her ways, a proficient or clever woman (Bp. 45, 2).

ಪ್ರೌಢವತ್ಸೆ prauḍha-vatsĕ. *A cow that has full-grown calves* (see ವಷ್ಕಯಿಣಿ).

ಪ್ರೌಢಸಮಾಗಮ prauḍha-samâgama. A kind of sambhôga (Kâvy. IV, 2, 24).

ಪ್ರೌಢಿ pra-ûḍhi. Growth, increase;—maturity, perfect state of body or mind;—elevation, greatness, grandeur, pomp;—proficiency;—self-confidence, arrogance;—boldness;—zeal, enterprise, exertion. See Śmd. 301; Rśv. 13, 8; J. 3, 13; 23, 59; 26, 17; Sp. s. ತರುಣತ್ವ; ಬಿರ್ದು, ಬಲ್ಲತನ. — ಪ್ರೌಢಿವಡು. -ವಡು. To become zealous, etc. (Čpr. 1, 3).

ಪ್ರೌಢಿಕೆ prauḍhikĕ. = ಪ್ರವುಡಿಕೆ, ಪ್ರಹುಡಿಕೆ. Grandeur, proficiency (My.).

ಪ್ರೌಢಿಮೆ prauḍhimĕ. = ಪ್ರವುಡಿಮೆ, ಪ್ರಹುಡಿಮೆ. Grandeur, proficiency (My.).

ಪ್ರೌಢೆ prauḍhĕ. = ಪವುಡೆ. A female arrived at puberty (J. 10, 53);—a married woman from thirty to thirty-five years of age;—a violent or impetuous woman who stands in no awe of her lover or husband, a woman of impetuous desires;—a proficient or accomplished woman. See ಚಿತ್ತಿಗವೆಣ್.

ಪ್ರೌಢ್ಯ prauḍhya. = ಪ್ರೌಢ. (Bp. 46, 71).

ಪ್ರೌಷ್ಠಪದ praushṭhapada. (fr. ಪ್ರೋಷ್ಠಪದ). *The month bhâdra* (August-September).

ಪ್ರೌಷ್ಠಪದೆ praushṭhapadĕ. = ಪ್ರೋಷ್ಠಪದ. *N. of a nakshatra.*

ಪ್ಲಕ್ಷ plaksha. *The waved-leaf fig-tree, Ficus infectoria* Willd. (see ಕಬ್ಬಸುರಿ & ಬಸರಿ, ಎತ್ತಿಗುಬ್ಬಿ). 2, *the tree Thespesia populneoides* Wall. (Hibiscus populneoides Roxb.). 3, the holy fig-tree, Ficus religiosa. 4, one of the seven dvîpas or continents.

ಪ್ಲವ plava. Swimming, floating;—leaping, jumping; a tumbler;—*a float, a raft* (ಉಡುಪ, ನೀರ ನಡೆ ಹಾಯ್ವ ತೆಪ್ಪ Mr. 416). 2, *a kind of duck* (see ಮುಳ್ಳುಮುಡುಕ). 3, *a frog.* 4, *a Čaṇḍâla* (cf. ಪೊಲೆಯ). 5, a monkey. 6, a species of grass, Cyperus rotundus.

ಪ್ಲವಕ plavaka. *A frog;*—a tumbler;—a Čaṇḍâla.

ಪ್ಲವಗ plava-ga. Going by leaps: *a frog;*—*a monkey.*

ಪ್ಲವಂಗ plava-ṅ-ga. Going by leaps: a frog (ಭೇಕ, ಕಪ್ಪೆ Nn. 46);—*a monkey* (ಕಪಿ, ಮರ್ಕಟ 46);—a horse (ತುರಂಗ, ಕುದುರೆ 46);—the forty-first year of the cycle of sixty (ವತ್ಸರವಿವರ, ವತ್ಸರಭೇದ 46; My.).

ಪ್ಲವಂಗಮ plava-ṅ-gama. *A frog;*—*a monkey.*

ಪ್ಲವನ plavana. Swimming, floating; jumping, leaping; flying; capering;—declivity, inclination. See ತೆಂಬು.

ಪ್ಲವಾಕೆ plavâkĕ. A float, a raft. (R.).

ಪ್ಲಾಕ್ಷ plâksha. (fr. ಪ್ಲಕ್ಷ). *The fruit of the Ficus infectoria.* See ಬಸುರಿ.

ಪ್ಲಾನ್ plân. Flannel (Sl. 221; *cf.* ಪ್ಲ್ಯಾನಲ್). 2, a "plan" (My.).

ಪ್ಲೀಹ plîha. *The spleen;*—disease of the spleen.

ಪ್ಲೀಹಶತ್ರು plîha-śatru. *The medicinal plant Amoora rohitaka.* See ಮುಳ್ಳುಮುತ್ತಗ.

ಪ್ಲುತ pluta. Floated, floating, swimming; bathed in; submerged, wet;—jumped, leaped, having gone by leaps or jumps; leaping, jumping;—one of a horse's paces: *capering, vaulting* (ಬಿದಿಯುವರಿಯು Nr.);—protracted, lengthened to three prosodial instants, as a vowel in pronunciation; a vowel thus lengthened (Śmd. 17. 19. 67. 68; Kâvy. I, 1a, 10. 16).

ಪ್ಲುಷ್ಟ plushṭa. = ಪ್ರುಷ್ಟ. *Burnt.*

ಪ್ಲೋಷ plôsha. *Burning, combustion.*

ಪ್ಸಾತ psâta. Chewed, eaten. 2, *hungry* (ಹಸಿದಾತ Hlâ.).

ಪ್ಸೆ psĕ. Eating, food. 2, *hunger* (ಹಸಿವು Hlâ.).

ಪ್ಲ್ಯಾನಲ್ plânal. = ಫಲಾನಿಲಿ. Flannel (Sl. 276; My.).

ಫ್

PH

ಫ್ ph. The forty-second letter of the Alphabet (Šmd. 12. 21). In Kannaḍa it is used in a few imitative sounds, and in a few nouns (22. 23). For some Mhr. and H. words not found under this letter see under ಪ್.

ಫ pha. The letter ಫ pronounced with a short a, as is generally done at school.

ಫ pha. The number 2 (Mr. 349).

ಫಕಾರ pha-kâra. The letter ಫ (Šmd. 11).

ಫಕೀರ phakîra. = ಪಕೀರ. A Mahommadan mendicant;—a man free from worldly cares (Mhr., H.; My.; B. 4, 168).

ಫಕೀರಿ phakîri. Relating to a ಫಕೀರ (Mhr.); a ಫಕೀರ (My.).

ಫಕ್ಕನೆ phakkanĕ. = ಪಕ್ಕನೆ, q. v.

ಫಜೀತು phajîtu. ಫಜೀತಿ. Disgrace, ignominy; annoyance, harassment (Mhr., H.; My.; Br.).

ಫಂಜಿಕೆ phañjikĕ. *The plant Clerodendrum siphonanthus* R. Br. (see ಬಾರಂಗಿ).

ಫಟಕೆ phaṭakĕ. A sound in imitation of that produced by a vigorous caning, slapping or cuffing (Mhr. ಫಟಕನ, ಫಡ ಫಡಾಟ; B. 5, 268; *cf.* ಪಟಿ).

ಫಟಿಕೆ phaṭikĕ. = ಫಟಕೆ. (B. 3, 43).

ಫಟೆ phaṭĕ. = ಎಡೆ 2, ಪೆಡೆ, ಹೆಡೆ. *The hood of the cobra or coluber nâga.*

ಫಡ phaḍa. = ಪಡ 2, etc. (Grj. 6, 36; 8, 40; Bh. 8, 26, 4; J. 13, 8; 25, 35. 54). — ಫಡ ಫಡ. = ಪಡ ಪಡ, etc. Ha, ha! etc. (ಎಲೆ ಎಲೆ Kk. 43; Šm. 60; Bh. 8, 24, 50; Rŝv. 13, 97; J. 12, 38).

ಫಣ phaṇa. = ಫಟೆ. *The hood of the cobra.*

ಫಣಭೃತ್ phaṇa-bhṛit. The cobra di capello. 2, *a snake in general.*

ಫಣಾಧರ phaṇâ-dhara. A snake (ಸರ್ಪ Mr. 399).

ಫಣಾಮಣಿ phaṇâ-maṇi. Hood-gem: a jewel supposed to be found on the hood of a cobra (My.).

ಫಣಿ phaṇi. = ಪಣಿ. *A snake;* a cobra.

ಫಣಿಕಟಕ phaṇi-kaṭaka. Šiva (Bp. 50, 11).

ಫಣಿಕುಂಡಲ phaṇi-kuṇḍala. Šiva (Šŝv. 1, 74).

ಫಣಿಗಣೇಶ್ವರ phaṇi-gaṇa-îśvara. The serpent šêsha (J. 24, 17).

ಫಣಿಜ್ಝಕ phaṇijjhaka. *Marjoram and another similar plant.* 2, a species of Basil (see ಮರು). See ಬಿಳೀ ಮರುಗ.

ಫಣಿತಲ್ಪ phaṇi-talpa. Vishṇu (Bp. 2, 19; J. 18, 32).

ಫಣಿಧರ phaṇi-dhara. Šiva (Mr. 12).

ಫಣಿಪ phaṇi-pa. The serpent šêsha (Č. Bp. 47, 31; Šŝv. 4, 71).

ಫಣಿಪಕಂಕಣ phaṇipa-kaṅkaṇa. Šiva (Bp. 16, 28).

ಫಣಿಪತಿ phaṇi-pati. = ಫಣಿಪ. (Bp. 51, 75; J. 24, 62. 82).

ಫಣಿಭುಜ್ phaṇi-bhuj. An ophiophagous serpent (ರಾಜಫಣಿ, ಅರಿವಾವು Mr. 401). 2, a peacock.

ಫಣಿರಾಜ phaṇi-râja. = ಫಣಿಪ. (Bp. 54, 55; J. 23, 4).

ಫಣಿರಾಜಶಯನ phaṇirâja-šayana. Vishṇu (J. 2, 50).

ಫಣಿಲೋಕ phaṇi-lôka. = ನಾಗಲೋಕ. (Abh. P. 7, 31).

ಫಣಿವರಕಟಕ phaṇi-vara-kaṭaka. = ಫಣಿಕಟಕ. (Bp. 48, 15).

ಫಣಿವಿಭೂಷಣ phaṇi-vibhûshaṇa. Šiva (Bp. 61, 70).

ಫಣಿವೇಣಿ phaṇi-vêṇi. Braided hair that resembles snakes (J. 1, 4); a woman who has such braided hair (My.).

ಫಣೀಂದ್ರ phaṇi-indra. A cobra (Šmd. 142. 166). 2, Šiva (ಶಿವ, ಧರಣೀಂದ್ರ Nn. 6; ಹರಿ Mr. 495). 3, the serpent šêsha.

ಫಣೀಂದ್ರಸುತೆ phaṇîndra-sutĕ. The daughter of the serpent šêsha: N. of a wife of Arjuna (J. 24, 81).

ಫಣೀಶ phaṇi-îśa. = ಫಣಿಪ. (Čpr. 2, 71).

ಫಣೀಶ್ವರ phaṇi-îśvara. = ಫಣೀಶ. (J. 24, 75).

ಫಣೆ phaṇĕ. ಫಣಾ. *The hood of a cobra.*

ಫನ phana. Annihilation, ruin (My.; H.).

ಫರ phara. = ಫಲ. A shield (Sk.).

ಫರಮಾಯಿಶಿ pharamâyiši. Made to order, commissioned as an article (Mhr., H. ಫರಮಾಶಿ, ಫರಮಾಸಿ). 2, superlatively excellent (My.; Mhr.).

ಫರಮಾಯಿಸು pharamâyisu. To order, to direct, to bid (My.; Mhr. ಫರಮಾವಿಣೇಂ).

ಫರವಾಣ pharavâṇa. A royal mandate, order; a firman (My.; Mhr., H. ಫರಮಾನ).

ಫರಾಮೋಷಿ pharâmôshi. Forgetfulness, oversight (My.; Br.; H.). ಫರಾಮೋಷಿಯಾದರೂ ಪಡಪೋಸಿಯಾಗ ಬಾರದು (Prv.).

ಫರಾರಿ pharâri. 1. A fluttering rag (Mhr. ಫರಾರಾ); a sail (B. 4, 161).

ಫರಾರಿ pharâri. 2. Absconded or emigrated (My.; Mhr., H.).

ಫಲ phala. = ಪಳ 1, ಫರ, ಫಳ. *Fruit;* a fruit (ಫಲೋತ್ಕರ, ಎಲ್ಲಾ ಫಲಂಗಳು Nn. 92). 2, produce, crop;—*profit, gain, advantage, benefit* (ಅತೀವಲಾಭ, ವಿಶೇಷವಾದ ಲಾಭ 92). 3, offspring, progeny. 4, *recompense, reward, retribution* (good or bad). 5, one's own learning or merits (ನಿಜವಿದ್ಯಂಗಳ್, ತನ್ನ ಸಮ್ಪನ್ನವಾದ ವಿದ್ಯಂಗಳು 92). 6, the product or quotient. 7, final liberation (ಮುಕ್ತಿ, ಮೋಕ್ಷ 92). 8, *a blade of a sword or knife.* 9, *a tablet, a board.* 10, *a shield.* 11, *the wood of a plough, exclusive of the pole and share.* 12, a ploughshare. ಫಲಕ್ಕೆ ತಕ್ಕ ಬೀಜ, ನೆಲಕ್ಕೆ ತಕ್ಕ ನೀರು.—ಫಲವಿದ್ದ ಬರೋಲಿ ಪಾರುಪತ್ಯ ಚನ್ನ.—ಫಲವಿದ್ದಲ್ಲಿ ಪರದಾಟವಾದರೂ ಲೇಸು.—ಫಲವಿಲ್ಲದ ಮರ ಹೊಲದಲ್ಲಿದ್ದರೇನು?—ಫಲಾ ನೋಡದೆ ಕೆಟ್ಟಿತು, ಹೊಲಾ ಹೂಡದೆ ಕೆಟ್ಟಿತು.—ಫಲಾ ನೋಡಿದರೆ ದಾಯಾದಿಕೆ ನಿತ್ತೀತೇ?—ಪುಣ್ಯಕ್ಕೆ ಫಲವೇ ಸಾಕ್ಷಿ, ಬಾವಿಗೆ ಜಲವೇ ಸಾಕ್ಷಿ.—ಫಲಾ ಬಿತ್ತಿ, ಪಾಪಾ ಕಳೆ! (Prvs.). See ಪಣ್. — ಫಲ ಕೊಡು. To yield or produce fruit (B. 4, 188; My.). — ಫಲಂಗಿಟ್. -ಂ-ಗಿಟ್. To imagine to be fruit (Rŝv. 6, 20). — ಫಲ ನಿಲ್ಲು. = ಫಲ ವಾಗು No. 2. (My.). — ಫಲವಾಗು. -ಆಗು. Fruit or gain to be produced (My.). 2, pregnancy to take place (My.). — ಫಲ ಹಿಡಿ. To come at fruits, to bear fruits (My.; see ಫಲಹೀನ).

ಫಲಕ phalaka. = ಪಲಗೆ, etc., ಫಲಂಕ. A board, a plank. 2, *a shield*. 3, a slab or tablet for writing on. 4, any flat surface.

ಫಲಕಪಾಣಿ phalaka-pâṇi. *A soldier armed with a shield.* See Nr. s. ಕಡಿತಲೆಗಾಣ.

ಫಲಕಾಲ phala-kâla. The time of fruits, fruit-season. (My.).

ಫಲಂಕ phalaṅka. A board for playing with dice (ಅಕರ್ಷ, ಹಲಗೆ, ನೆತ್ತದ ಹಾಸಂಗಿಯ ಹಲಗೆ Nn. 134).

ಫಲತ್ರಿಕ phala-trika. = ತ್ರಿಫಲೆ, q. v. *The three myrobalans.*

ಫಲದ phala-da. Yielding or bearing fruit; giving a reward, rewarding. (Rśv. 13, 16).

ಫಲದಾನ phala-dâna. A present of fruits (My.).

ಫಲದಾಯಕ phala-dâyaka. He who gives a reward or rewards, he who retributes, used of God (My.).

ಫಲಪೂಜೆ phala-pûjĕ. Worship of corn trodden out by oxen; worship of ripe fruits newly plucked; etc. (My.).

ಫಲಪೂರ phala-pûra. Full of kernels: *the citron, Citrus medica* (ಮಾದೀ ಗಿಡ, ಮಾದಾಳದ ಗಿಡ Si. 141; *cf.* ಬೀಜಪೂರ).

ಫಲಪೂರ್ಣ phala-pûrṇa. Full of fruits (My.).

ಫಲಭರಿತ phala-bharita. Laden with fruit or fruits, full of fruit or fruits (My.).

ಫಲಭಾಗಿ phala-bhâgi. Sharing in a good or bad result of actions (My.).

ಫಲರಾಜಿತ phala-râjita. N. of a plant (ಗಿರಿಕರ್ಣಿಕೆ q. v., etc. Mr. 113).

ಫಲವತ್ phala-vat. *Fruit-bearing, laden with fruits, fruitful.*

ಫಲಶ್ರುತಿ phala-śruti. Advantage, profit (Mhr.; My.).

ಫಲಸ phalasa. = ಪನಸ, etc. (Sk.).

ಫಲಸಿದ್ಧಿ phala-siddhi. Reaping fruit, realising an object; a prosperous issue (Kâvy. III, 3, B, 144; My.).

ಫಲಹೀನ phala-hîna. Void of fruit, yielding no fruit or profit (ಫಲ ಹಿಡಿಯದುದು ಮರಂ Mr. 103).

ಫಲಹೀನತೆ phala-hînatĕ. The state of being void of fruit (Čpr. 7, 96).

ಫಲಾದನ phala-adana. The eating of fruits (Śśv. 2, 99); a fruit-eater: a parrot.

ಫಲಾಧ್ಯಕ್ಷ phala-adhyaksha. Superintendent of fruits;—*the tree Mimusops kauki.*

ಫಲಾನ phalâna. = ಫಲಾನೆ. Such a one (Mhr., H. ಫಲಾಣಾ; My.; Br. ಫಲಾಣೆ).

ಫಲಾನಿಲಿ phalânili. = ಫ್ಯಾನಲ್. (B. 5, 146).

ಫಲಾನುಭೋಕ್ತೃ phala-anubhôktṛi. A person who suffers, or enjoys, the due consequence of his actions (My.).

ಫಲಾನೆ phalânĕ. = ಫಲಾನ. (My.).

ಫಲಾಫಲ phala-aphala. Profit and loss (My.).

ಫಲಾಶನ phala-aśana. = ಫಲಾದನ. (My.).

ಫಲಾಹಾರ phala-âhâra. = ಪರಾಳ, ಪಲಹಾರ, ಪಲಾರ. Feeding on fruits; a slight repast consisting chiefly of fruits (My.).

ಫಲಿ phali. *Bearing fruit, being in fruit, fruitful;*—a tree. 2, *a kind of medicinal plant* (= ಫಲಿನಿ No. 1).

ಫಲಿತ phalita. That has produced fruit, bearing fruit, yielding fruit, having got fruits (Čpr. 2, 91; Bp. 86, 49). ಫಲಿತಮಪ್ಪುದು (ಫಲಿಯಿಸುವುದು Šmd. 396 Cm.). ಮರಗಳೊಳು ಫಲಿತಮೆನೆ ಫಲವೃಕ್ಷವು (Mr. 103). 2, involved (Mhr.).

ಫಲಿತರಸಾಲ phalita-rasâla. A mango tree in fruit (ಬನ್ನಮಾವು Šm. 26).

ಫಲಿತಾಮ್ರ phalita-âmra. = ಫಲಿತರಸಾಲ. (ಬನ್ನಮಾವು Kk. 66).

ಫಲಿತಾರ್ಥ phalita-artha. Result (My.).

ಫಲಿನ phalina. *Bearing or yielding fruit, fruitful.* 2, = ಪನಸ, ಫಲಸ. (Sk.).

ಫಲಿನಿ phalini. *A certain medical plant* (= ಪ್ರಿಯಂಗು, etc.; see ಜಾಲಿನಿ, ನೆಡಿಲ್ 2). 2, *the medicinal plant Menispermum cordifolium* Willd. 3, a species of herb, Echites dichotoma. 4, a species of flower, Celosia cristata.

ಫಲಿಯಿಸು phaliyisu. = ಫಲಿಸು. To bear fruit, etc.; to be produced (ಫಲಿತಮಾಗು Šmd. 396 Cm.; Čpr. 7, 93).

ಫಲಿಸು phalisu. Fruit to be produced, fruit to grow (ಕಾಯ್ Čt. I, 39); to grow, to be produced (Bp. 41, 11; 45, 42);—to bear fruit, to become fruitful (My.; B. 2, 52); to bear or produce good or bad results (My.).

ಫಲೀನ phalîna. Fruit (ಫಲ Nn. 45). 2, a good man (ಉತ್ತಮ, ಉತ್ತಮಪುರುಷ 45, o. r. ಸತ್ಪುರುಷ). 3, an ascetic (ಮುನಿ, ಯತಿ 45). 4, final liberation (ಮೋಕ್ಷ, ಮುಕ್ತಿ 45). 5, the hair of the head (ಶಿರೋರುಹ, ಮಣ್ಡೆಯ ಕೂದಲ್ 45). 6, mud, mire (ಪಂಕ, ಕೆಸಱ್ 45).

ಫಲೇಗ್ರಹಿ phalê-grahi. *Bearing fruit in season, fruitful.*

ಫಲೇರುಹೆ phalê-ruhĕ. *The trumpet-flower, Bignonia suaveolens.*

ಫಲೋತ್ಕರ phala-utkara. Multitude of fruit, all sorts of fruit (ಫಲ, ಎಲ್ಲಾ ಫಲಂಗಳು Nn. 92).

ಫಲೋತ್ಪತ್ತಿ phala-utpatti. Coming forth or growing of fruit, production of fruit. See ಕಾಯ್.

ಫಲೋದಯ phala-udaya. Coming forth or appearance of fruit;—appearance of consequences or results, result, recompense, reward. (My.).

ಫಲ್ಗು phalgu. Small, minute;—*pithless, sapless;—worthless, vain, useless;—week, feeble, insignificant.* 2, *the opposite-leaved fig-tree, Ficus oppositifolia* Roxb.

ಫಲ್ಗುನ phalguna. = ಪಲುಗುಣ, ಪಲ್ಗುಣ. Arjuna (ಇನ್ದ್ರಜ, ಸಿತಹಯ, ಗಾಣ್ಡೀವಿ, ಜಿಷ್ಣು, ಹರಿಬಣ್ಣ Mr. 264; Šmd. 270. 281).

ಫಲ್ಗುನಿ phalguni. N. of a double nakshatra or asterism (pûrvâ and uttarâ). See ಫಾಲ್ಗುನ.

ಫಸಲಿ phasali. = ಫಸಲು. 2, the harvest-year: the official revenue-year, originated with the emperor Shâh Jehân; the addition to the phasali, to convert it into the Christian year, is 590 (My.; Mhr.).

ಫಸಲು phasalu. A crop, a harvest (My.; Si. 123. 166; Mhr., H.).

ಫಳ್ phaḷ. A sound in imitation of briskly boiling rice. — ಫಳ್ ಫಳ್. rep. (S. Mhr.).

ಫಳ phaḷa. A sound produced by the feet of running bullocks. — ಫಳ ಫಳ. rep. (S. Mhr.).

ಫಳ phaḷa. = ಫಲ (Šmd. 25).

ಫಳೆಯಕಾಱ phaḷĕya-kâṟa. (Šmd. 23).

ಫಟಿಲ್ phaṭil. An imitative sound (*cf.* ಪಟಿಲ್). — ಫಟಿಲೆನೆ. With the sound of ಫಟಿಲ್ (Šmd. I; 22).

ಫಾಜಿಲ್ phâjil. ಫಾಜಲ್. Overplus, excess; surplus or spare; whatever is realized over and above the estimated produce; extra (My.; Br.; Mhr., H. ಫಾಜೀಲ).

ಫಾಣಿ phâṇi. Unrefined sugar, molasses;—flour or meal mixed with curds.

ಫಾಣಿತ phâṇita. (= ಫಾಣ್ಟ). *The inspissated juice of the sugar-cane, raw sugar*; the inspissated juice of other plants. See Nr. s. ಬೆಲ್ಲ.

ಫಾಣ್ಟ phâṇṭa. (= ಫಾಣಿತ). Obtained by straining or filtering, *readily or easily prepared*, anything made by an easy process, as a decoction, etc.;—*a decoction*, etc.

ಫಾಮು phâmu. Self-collectedness (Mhr., H.; see ದೇ-).

ಫಾಯಿದಾ phâyidâ. ಫಾಯಿದೆ. Advantage, profit (My.; Br.; Mhr., H. ಫಾಯದಾ). ಫಾಯಿದೆ ನೋಡಿ, ವಾಯಿದೆ ಕಳ ಕೊಡ್ಡಾ (Prv.).

ಫಾಯಿಷ್ phâyish. Published, proclaimed, notified (My.; H.).

ಫಾಲ phâla. = ಪಾಲ 2. *A phoughshare.* 2, a bundle. 3, the forehead. 4, *made of cotton.*

ಫಾಲಾಕ್ಷ phâla-aksha. Šiva (My.).

ಫಾಲಾಮ್ಬಕ phâla-ambaka. = ಫಾಲಾಕ್ಷ. (My.).

ಫಾಲ್ಗುಣ phâlguṇa. Tbh. of ಫಾಲ್ಗುನ. (My.).

ಫಾಲ್ಗುನ phâlguna. (fr. ಫಲ್ಗುನಿ). = ಪಾಲುಗುಣ, ಫಾಲ್ಗುಣ. Belonging to the asterism phalguni. 2, *N. of a month* (February-March). 3, Arjuna.

ಫಾಲ್ಗುನಿ phâlguni. = ಫಲ್ಗುನಿ. 2, *the day of full moon in the month phâlguna.*

ಫಾಲ್ಗುನಿಕ phâlgunika. *The month phâlguna.*

ಫಿದಿವಿ phidivi. A servant (My.; Br.; H. fidwi).

ಫಿರಕ phiraka. = ಪಿರಿಕ, etc. A part, a subdivision (My.; Br., H. ಫಿಕಾರ್); a department (My.).

ಫಿರ್ಯಾದಿ phiryâdi. = ಪಿರಿಯಾದಿ, ಫಿರ್ಯಾದು. A representation of injury and an application for redress; a complaint, a suit, an action (My.; ಅಭಿಗ್ರಹ, ಅಭಿಯೋಗ, ಅಭಿಪಾರ, ಮೊಟ G.; Mhr., H. ಫಿರ್ಯಾದ). 2, a complainant, a plaintiff (My.; Mhr., H. ಫಿರ್ಯಾದಿಲ). ಫಿರ್ಯಾದಿ ಮಾಡು (ದೂರು); ಫಿರ್ಯಾದಿ ಹೇಳು (ಮೊಟಿಯಿಡು G.). See B. 4, 7. 169; 5, 264. 265.

ಫಿರ್ಯಾದು phiryâdu. = ಫಿರ್ಯಾದಿ No. 1. (My.).

ಫುತ್ಕೃತ phut-kṛita. = (ಪೀತ್ಕೃತ), ಫೂತ್ಕೃತಿ. Blowing, hissing; screamed aloud; screaming, shrieking, screeching, a scream, a shriek.

ಫುಪ್ಫುಸ phupphusa. The lungs. (B. 4, 85).

ಫುರೋಕ್ತು phurôktu. = ಫ್ರೋಕ್ತು. Sale, selling, vent (My.; Br.; H. furôkht).

ಫುಲ್ಲ phulla. = ಪುಲ್ಲ. *Expanded, blown, as a flower;* in full bloom, flowering; opened wide, dilated, as the eyes;—a full-blown flower.

ಫುಲ್ಲಿತ phullita. = ಫುಲ್ಲ. See ಪಿ-.

ಫೂತ್ಕಾರ phût-kâra. = ಫುತ್ಕೃತ. (Čpr. 10, 67; Grj. 8, after 8).

ಫೂತ್ಕೃತಿ phût-kṛiti. = ಫೂತ್ಕಾರ. (Čpr. 7, 38).

ಫೆಳಯಿಲ phĕḷa-ila. (Šmd. 241 Mdb.).

ಫೆಳಾವುಗ phĕḷâvuga. (Šmd. 23).

ಫೆಳಿ phĕḷi. (Šmd. 23).

ಫೇಡಾ phêḍâ. = ಫೇಣಿ. (My.; Mhr., H.).

ಫೇಣಿ phêṇi. A dough of wheaten flour in fine granules worked into fine vermicelli of which some portion is coiled and baked in ghee (V. 14, 80; C.).

ಫೇತ್ಕಾರ phêt-kâra. Howling. (Čpr. 10, 67).

ಫೇನ phêna. = ಪೇನ. *Foam, froth, spume;* scum (ತಿವ, ನೊರೆ Nn. 6). 2, *white cuttle-fish bone, Os sepiac.*

ಫೇನಿಲ phênila. Foamy, frothy, spumous. 2, *the soap plant, Sapindus detergens* Roxb. 3, a species of tree with beautiful flowers (ತಿಲಕತರು, ಕ್ಷುರಕ Mr. 119). See ರಂಗುವಾಲ.

ಫೇರಣ್ಡ phêraṇḍa. *A jackal.*

ಫೇರವ phêrava. *A jackal;*—a râkshasa, a goblin, a demon;—fraudulent, crafty; a rogue.

ಫೇರಿಸ್ತು phêristu. A list, a catalogue, a roll, an inventory (My., also as ಫೇರೀಸ್ತು; Br.; Mhr., H. ಫೇರಿಸ್ತ, ಫೇರೀಸ್ತ).

ಫೇಲ phêla. = ಫೇಲಿ. (Sk.; R.; *cf.* ಪೇಲ್ 2).

ಫೇಲಿ phêli. = ಫೇಳಿ. (Sk.). ಭೋಜನಕಾಗಿ ಮಿಕ್ಕದು ವಿಘಾಸಮ್; ಉಣ್ಡ ಭಾಜನದೊಳ್ ಇರೆ ಫೇಲಿ ಉಚ್ಛಿಷ್ಟಮ್ ಎನಿಸಿಕ್ಕು (Mr. 220).

ಫೇಲಿಕೆ phêlikĕ. = ಫೇಳಿ. *Remnants of food, etc.* (ಮಡಗೂಟ್ Hlâ.).

ಫೇಲಿಪಾತ್ರೆ phêli-pâtrĕ. A spittoon (ಪಡಿಗ Mr. 212).

ಫೇಲೆ phêlĕ. *Remnants of food, leavings of a meal, droppings from the mouth, refuse, orts.*

ಫೋಟ್ phôṭ. An imitative sound.—ಫೊಟ್ಟನೆ. With the sound of ಫೊಟ್ (Šmd. 22, o. r. ಫೊಠನೆ; Tĕ. ಫೊಟುಕ್ಕುನಂ, suddenly).

ಫೌಜ phauja. = ಪೌಜು, etc.

ಫೌಜದಾರ phauja-dâra. = ಪೌಜುದಾರ No. 2. (B. 5, 106).

ಫೌಜದಾರಿ phauja-dâri. Criminal (Mhr.; B. 5, 265).

ಫೌಜು phauju. ಫೌಜ್. = ಫೌಜ. (J. 25, 10; Si. 268. 279). ಆ ದಾಳು ಮೂಡು ಫೌಜು (Prv.). — ಫೌಜ್ ಫಿರಕಾದವನು. (ಭಟ, etc., ಅಗ್ಗದವ Si. 278).

ಫ್ರೋಕ್ತು phrôktu. = ಫುರೋಕ್ತು. (My.).

ಬ್

B

ಬ್ b. The forty-third letter of the Alphabet (Šmd. 12. 21). In compounds it is often changed into ವ್, *e. g.* ಎಳವಳ್ಳಿ, ಕಡುವೆಳ್ಪು, ಬೇರ್ವೆರಸು, ಆಳ್ವಲ್ಕೆ, ತೋಳ್ವಲ್ಕೆ, ಕಣ್ವಟ್ಟು, ಗೇಣ್ವಾಯಿ (81), ತೆಳ್ವಸಿಱ್ (212), ಬೆಳ್ವಯಲ್ (213), ಕಿಱುವಲೆ (215), ಪಲ್ಲಿಲಿವಾಯ್ (221), ಕುಡುವಿಲ್ಲಂ (220), ನಾಲ್ವೆರಲ್ (224);—ಕೆಲಸಕ್ಕೆವರ್, ಬೆಂಗೆವರ್, ನೆಲೆಗೆವರ್ (82), ಬಗೆಗೆವರ್ (216); ಮುನಿವರ್ (134), ಎವರ್ (211);—ಇರ್ವರ್ (122), ಒರ್ವ (158); see ವ್. Exceptions are, *e. g.* ಇಬ್ಬಾಳ್ (81), ಕಣ್ಬೇಟಂ, ಸುಡುಬಾಡು (82). Frequently it takes also the place of ಪ್, *e. g.* ಕಣ್ಬನಿ, ತಣ್ಬುದಲ್, ಕಣ್ಬೊಲಂ (78), ಆಡುವೊಲಂ, ಮಿಂಚುವ್ಪುಡು, ಪೆರ್ಮುವ್ಪುರುಳ್, ಇಡಿಯುವ್ಪೊಟ್ಟು, ಬೆಟ್ಟುವೊಟ್ಟು (204).

ಬ ba. 1. The letter ಬ್ pronounced with a short a, as is generally done at school.

ಬ ba. 2. (ಬ್-ಅ 17). = ಪ 2, etc., *e. g.* ನಾಬ್ಬಂ (ನಾವ್ಬಂ), ಎಬ್ಬಂ (ಎವ್ಬಂ), ತಿಬ್ಬಂ (ತಿವ್ಬಂ), ಉಣ್ಬಂ, ಕಾಣ್ಬಂ, ಪೂಣ್ಬಂ (Šmd. 275).

ಬ ba. The number 3 (Mr. 349).

ಬಂಹಿಮ baṁhima. Muchness, abundance, multitude, greatness.

ಬಂಹಿಮವತ್ baṁhima-vat. Having abundance or greatness (Kâvy. V, 44; Abh. P. 7, 22).

ಬಂಹಿಷ್ಠ baṁhishṭha. *Very much, very many, most abundant, very great, excessive.*

ಬಕ್ bak. = ಬಗದು, etc. P. p. of ಬಗೆ 1, in ಬಕ್ ಕೊಳ್ಳು. (My.).

ಬಕ baka. = ಬಗೆ, ವಕ. A heron, a crane (ವಕ, etc. Nr.; ಧ್ವಾಂಕ್ಷ Hlâ., Nn. 120; ಬಕೋಟ Mr. 172; see ಕಾಡು-). ಬಕ ನಲ್ಲಿ (Nn. 120). 2, a man of great cunning like a crane, a cheat, a rogue. 3, N. of a râkshasa or demon killed by Bhîma (Šmd. 188; Bh. 1, 10, 1, etc.; J. 16, 25). 4, N. of an asura conquered by Kṛishṇa. 5, the tree Sesbana grandiflora (see ಬಕಪುಷ್ಪ). ಬಕ ತಪಸು ಮಾಡಿದರೆ ಮೀನುಗಳಿಗೆ ಭಯವೇನು?—ಬಕನ ಬಾರಿ (the turn of being devoured by Baka) ಜುಗನ ಮದಿವೆ (Prvs.). See Prv. s. ಬಾಧೆ ಪಡು.

ಬಕದಾಲ್ಭ್ಯ bakadâlbhya. N. of a ṛishi (J. 24, 48; 32 sum.; 32, 25, etc.).

ಬಕಪುಷ್ಪ baka-pushpa. The tree Sesbana grandiflora Poir. (Agati grandiflora Desv., ಶಿವಮಲ್ಲಿ, ಪಾಶುಪತ, ಬಕ, etc. Nr. *b*; ಶಿವಮಲ್ಲಿ, ಏಕಾಷ್ಠೀಲ, ವಕ, etc., ಕೊಕ್ಕರೆಹುವ್ವಿನ ಗಿಡ Si. 142).

ಬಕರೆ bakarĕ. = ಬಕ್ಕರೆ 1, ಬಕ್ರೆ. A potsherd (occasionally used for parching seeds, etc., and as a lid, My.).

ಬಕರೆ bakarĕ. ಬಕರ. A he-goat (Mhr. ಬಕರಾ); a goat without reference to sex (Mhr. ಬಕರೀ, My.). — ಬಕರಕಸಾಯಿ. A mutton-butcher (My.; Mhr.).

ಬಕವಿಡಂಬನ baka-viḍambana. The deceit or imposture of a crane, hypocrisy (Bh. 8, 22, 22).

ಬಕವೈರಿ baka-vairi. Kṛishṇa. 2, Bhîma (J. 4, 60).

ಬಕವ್ರತಿ baka-vrati. One whose acts are like those of a crane: a false devotee, a religious hypocrite (Bh. 3, 4, 26).

ಬಕಷಿ bakashi. = ಬಕ್ಷಿ. A general (My.; Mhr., H. ಬಕ್ಷೀ, ಬಕ್ಷೀ); the head of a department (My.).

ಬಕಷಿಗಿರಿ bakashi-giri. The employment of a bakashi (My.).

ಬಕಾರ ba-kâra. The letter ಬ (Šmd. 11).

ಬಕಾರಿ baka-ari. = ಬಕವೈರಿ. (Šmd. 81).

ಬಕಾಸುರ baka-asura. = ಬಕ Nos. 3 & 4. 2, a term for a voracious eater (My.; Mhr.). ಬಕಾಸುರನ ಊಟ, ಕುಂಭಕರ್ಣನ ನಿದ್ದೆ (Prv.).

ಬಕಾಳ bakâḷa. (Mhr. ಬಕಾಲ, a shopkeeper with contemptuous implication). — ಬಕಾಳಭಾತು. Shopkeepers' rice: rice mixed with curds, butter, and milk (My.).

ಬಕುತ bakuta. Tbh. of ಭಕ್ತ. (My.).

ಬಕುತಿ bakuti. Tbh. of ಭಕ್ತಿ. (My.).

ಬಕುಳ bakuḷa. = ವಕುಲ. (ವಕುಳ Čt. II, 60; ನಾಗಕೇಸರ Mr. 125). ಬಕುಳದ ಮರ (ವಕುಲ, ಕೇಸರ Nr.).

ಬಕೋಟ bakôṭa. = ವಕೋಟ. (ಬಕ Mr. 172).

ಬಕ್ಕ bakka. (fr. ಬದ). = ಬಕ್ಕಟ, q. v. — ಬಕ್ಕಮ್ಬಯಲ್. -ಂ-ಬಯಲ್. (Šmd. 205). = ಬಕ್ಕಟಬಯಲ್ q. v., ಬಟ್ಟಬಯಲ್. An empty, void place, a wide, open plain; a void, a vacuum, vacuity; vanity, illusion; disappearance; ruin. ಬಕ್ಕಲಿತಿ ಜೋಡೆಯಾದನ್ತಕ್ಕಂ, ಅವಳ್ ಸಿತಗೆ, ಪತಿಗೆ ಮಿಗೆ ಕಾಯ್ತಳ್ ನೋಟಕ್ಕೆ, ಕಡುಸೊನ್ದಿ (o. r. ಕಡುಸಾಮು), ನಾಣಿಲಿ, ಬಕ್ಕಮ್ಬಯಲೊಳಮ್ ಅದಾರುಮಂ ಭಂಜಿಸುವಳ್ (Šmd. 244; Kâvy. I, 4, 12).

ಬಕ್ಕ bakka. = (ಬಾಕ), ಬೊಕ್ಕ 3. Tbh. of ಭಕ್ಷ. See ಕೂಡು-, ತಿನಸು-, ತಿನಿಸು-.

ಬಕ್ಕಟ bakkaṭa. = (ಬಕ್ಕ, ಬಟ್ಟ), ಬರ್ಕಟ. Bareness, voidness (*cf.* Mhr. ಬಖಳ, open space; any void spot). — ಬಕ್ಕಟಬಯಲ್. = ಬಕ್ಕಮ್ಬಯಲ್. (ಶೂನ್ಯ Čt. I, 86, o. r. ಬಕ್ಕಮ್ಬಯಲ್; Abh. P. 11, after 155). ಬೆನ್ದ ವ್ಯಾಮೋಹದೆ ಇನ್ದುವರಂ ಬಕ್ಕಟಬಯಲೊಡನೆ ಪೊರ್ದ, ಎನಗುಳ್ಳ ಯುಮಂ ಜ್ಞಾನಮಂ ಬಿಡದೆ ಬಿಡ ಕೆಯಿದು, ಹಾದಿಗಾಗಿ, ಬಕ್ಕಟಬಯಲ್ಗೆ ಬಿರ್ದು ಕೆಟ್ಟೆಂ (Sânandapurâṇa kathâvâkyârthasûčaka).

ಬಕ್ಕರಸೆ bakkarasĕ. (Šmd. 49).

ಬಕ್ಕರಿ bakkari. = ಬಕ್ರಿ. Bread (My.; Mhr. ಭಾಕರ). See ಕೋಣದ-; Prv. s. ಭಕ್ಷ. — ಬಕ್ಕರಿಹಂಚು. A platter for baking bread (B. 3, 58).

ಬಕ್ಕರೆ bakkarĕ. 1. = ಬಕರೆ, etc. (My.).

ಬಕ್ಕರೆ bakkarĕ. 2. = ಬಗರಗೆ 2 q. v., etc. (ಪಕ್ಕಲೆ, ಬಗರಗೆ Kk. 56, o. r. ಬಗರಿಗೆ; ಪಕ್ಕಲೆ, ಬಗರಿಗೆ Šm. 62, o. r. ಬಗರಗೆ; *cf.* ಭಕ್ಷಣಿ).

ಬಕ್ಕಸ bakkasa. = ಬೆಕ್ಕಸ, etc. — ಬಕ್ಕಸಮ್ಬಡು. = ಬೆಕ್ಕಸಮ್ಬಡು. ಬಕ್ಕಸಮ್ಬಟ್ಟು ಬಾಯುಂ ಬಿಟ್ಟರ್ (Šmd. 287, o. r. ಬೆ-).

ಬಕ್ಕಸ bakkasa. = ಬೊಕ್ಕಸ, q. v. (ಕೋಶ Si. 262; ಕೋಶ, ಅರ್ಥ 460).

ಬಕ್ಕಸೆ **bakkasĕ.** (Šmd. 49, o. r. ಬಕ್ಕಸಿ).

ಬಕ್ಕಳಿ **bakkaḷi.** ಮೆಯ್ಯ ಮಸಿ ಕೊರಲ ಬಕ್ಕಳಿ ಪುಯ್ಯೆ ಘಂ ಟ್ಟಗೆರವ ಕೆಯ್ಯ ಕಂಕರಿಕೆ (Šmd. 84 in two MSS., o. r. ಬಕ್ಕಳಿ).

ಬಕ್ಕು **bakku.** = ಬಕ್ಕರ್ of ಬಕ್ 1. See Šš. s. ಬಡೆಗೋಲ್.

ಬಕ್ಕುಡಿ **bakkuḍi. 1.** To be astonished or amazed. ಬಕ್ಕುಡಿದಂ (Šmd. 49).

ಬಕ್ಕುಡಿ **bakkuḍi. 2.** = ಬಕ್ಕುಡೆ, ಬಳ್ಕುಡಿ. Agitation; amazement; alarm; fear; grief (ತಲ್ಲಣ, ತಳವೆ ಳಗು, ಬೆಗಬ್, ಗುರ್ವು, ಮಲ್ಲಬ್, ಬಿಗುಬ್, ಬೆಪ್ಪಳ, ತಳಮಳ, ಬೆಬ ಗಪ್ಪ ಭಾವ Šm. 49; Kk. 42, o. r. ಬಳ್ಕುಡಿ).

ಬಕ್ಕುಡಿ **bakkuḍi. 3.** N. of a plant (ವಕ್ರೆ Mr. 145; *cf.* Sk. ವಕ್ರ?).

ಬಕ್ಕುಡೆ **bakkuḍĕ.** = ಬಕ್ಕುಡಿ. — ಬಕ್ಕುಡೆಯ. -ಅ 3. A man full of alarm or fear (Bp. 38, 70).

ಬಕ್ಕೆ **bakkĕ.** Sweetness, goodness (M. ವರಿಕ್ಕೆ; M. ವ ಟುಕ್ಕ, T. ವಟುಕ್ಕೈ, the tender pulpy substance inside a young cocoanut; see ಬಂಕೆ & ಬೆಲ್ಲ; *cf.* Mhr. ಬರಕಾ, soft, fluid, used of the pulp of a kind of jack, etc.). — ಬಕ್ಕೆ ವಲಸು. -ಪಲಸು. (Šm. 118). A sweet kind of jackfruit (ಸ್ವಾದುಪನಸ 26; Č. Bp. 45, 29; Šsv. 2, after 42; T. ವಟು ಕ್ಕೈಪ್ಪಲಾ; M. ವರಿಕ್ಕೆಪ್ಪಿಲಾವು).

ಬಕ್ರಿ **bakri.** = ಬಕ್ಕರಿ. (My.).

ಬಕ್ರೆ **bakrĕ.** = ಬಕರೆ, etc. (My.).

ಬಕ್ಷಿ **bakshi.** = ಬಕಷಿ. (My.). — ಬಕ್ಷೀಸಾಹೇಬ. Mr. general. See Prv. s. ಬಲಿ ಹಾಕು.

ಬಕ್ಷೀಸ್ **bakshîs.** A gift (My.; Mhr., H. ಬಖ್ಷೀಸ, ಬಕ್ಷೀಸ).

ಬಖೇಡಿ **bakhêḍi** Contention (My.; Mhr., H., Br. ಬಖೇಡಾ); a troublesome business (My.; Mhr.).

ಬಗ್ **bag.** The burning sensation caused by chillies when entering the mouth or the eye. — ಬಗ್ ಬಗ್ rep. (C.).

ಬಗ **baga.** A sound used to express suddenly blazing up, the crackling of flames, shining brightly, and also burning of the body. *Cf.* ಬಗ್ಗನೆ; Sk. ಭಗ. — ಬಗ ಬಗ. rep. (C.; Tĕ., T.; Mhr. ಭಕ್ಕಭಕ). — ಬಗ ಬಗ ಎನ್. To crackle as flames (Bp. 16, 25). — ಬ ಗಬಗನೆ. With the sound of ಬಗಬಗ (Bp. 53, 53; My.). — ಬಗ ಬಗನೆ ಉರಿ. To blaze with a crackling noise. 2, to burn, as the eyes, the hands, the sole of the foot (My.).

ಬಗಟು **bagaṭu.** To disjoin the thighs, to open the legs, to straddle (ಊರುವಿಶ್ಲೇಷ Šmd. Dh.; *cf.* T., M. ವಗು, to divide, separate).

ಬಗಡೆ **bagaḍĕ.** Rice roughly cleaned (Mhr. ಬಗಡ). — ಬಗ ಡೆಯಕ್ಕಿ. -ಅಕ್ಕಿ. An inferior kind of rice used to feed elephants, buffaloes, etc. (My.).

ಬಗದಾಳ **bagadâḷa.** A certain collection of ślokas (My.; see Prv. s. ಬಾಯಿಗೆ ಬರು).

ಬಗದು **bagadu.** = ಬಕ್, ಬಗೆದು. P. p. of ಬಗಿ 1.

ಬಗರ್ **bagar.** Without (Mhr., H.). — ಬಗರ್ಬಡ್ಡಿ. Without interest (My.). — ಬಗರ್ಬದಲಿ. Without a substitute (My.). — ಬಗರ್ರಜಾ. Without leave (My.). — ಬಗರ್ಹುಕ್ಕುಂ. Without permission (My.).

ಬಗರಗೆ **bagaragĕ. 1.** = (ಬಜ್ಜರ), ಬಗರಿಗೆ 1, ಬಗೆರಗೆ 1, (ಬ ಜ್ಜರಕ್ಕೆ, ವಜ್ಜರಕ್ಕೆ). A hole dug for water in the dry bed of a river or stream, a spring (ಕೂ ಪಕ, ವಿದಾರಕ Nr.; ಬಜ್ಜರಕ್ಕೆ, ಬಬಿನ್ತ Kk. 56; *cf.* ಬಸಿ 1? ಬಸ ರ್ 1?).

ಬಗರಗೆ **bagaragĕ. 2.** = ಬಕ್ಕರೆ 2, ಬಗರಿಗೆ 2, ಬಗೆರಗೆ 2. A kind of vessel (ಪಕ್ಕಳೆ Čt. I, 86, o. r. ಬಗರಿಗೆ; ಪಕ್ಕ ಳೆ, ಬಕ್ಕರೆ Kk. 56, o. r. ಬಗರಿಗೆ; ಪಕ್ಕಳೆ, ಬಕ್ಕರೆ Šm. 62, o. r. ಬಗರಿಗೆ).

ಬಗರಿ **bagari.** = ಬುಗರಿ 1. A boy's spinning top (S. Mhr.; Tĕ. ಬಂಗುರ, ಬೊಂಗರ, ಬೊಮ್ಮರ; T., M. ಪಮ್ಬರ; *cf.* Tbh. ಬವರಿ & Mhr. s. ಬುಗರಿ 1).

ಬಗರಿಗೆ **bagarigĕ. 1.** = ಬಗರಗೆ 1, etc. (ಪಕ್ಕಳೆ, ವಜ್ಜರ, ಬ ಬಿನ್ತ Šs.).

ಬಗರಿಗೆ **bagarigĕ. 2.** = ಬಕ್ಕರೆ 2, ಬಗರಗೆ 2, q. v.

ಬಗರು **bagaru.** (= ಬಗಿ 1). To scratch with the nails or claws (My.; *cf.* ಪರಡು 3).

ಬಗಲ್ **bagal.** ಬಗಲು. The armpit; a side (My.; Br.; B. 4, 157; ಕಂಕುಳ, ಕಕ್ಷ, ಕೊಂಕುಳ್, ಬದಿ, ಬಾಹುಮೂಲ G.; Mhr., H. ಬಗಲ). See Prv. s. ತಗಲುಗಾಬ. — ಬಗಲಂಗಿ. -ಅಂಗಿ. A jacket with sleeves that cover only a small portion of the upper arm (My.). — ಬಗಲುಚೀಲ. A bag that is put over the shoulder and hangs under the arm (My.). — ಬಗಲೊಡೆ. -ಒಡೆ. To branch off (ಟಿಸಿಲೊಡೆ G. 40).

ಬಗಲ **bagala.** An Arab boat of a particular description (B. 3, 116; Mhr. ಬಗಲಾ).

ಬಗಸಿಗೆ **bagasigĕ.** = ಬಗಸೆ, ಬೊಗಸಿ, ಬೊಗಸೆ. The palms of the hands joined so as to form a cup. ಕುಂಚಿತಾಂಗುಲಿಗಳನುಳ್ಳ ಅಂಗೆಯ್ ಪ್ರಸೃತಿಯೆನಿಸುಗು, ಅದು ಕುಡಿತೆ; ಆ ಎರಡೂ ಕೂಡಿದರೆ ಅಂಜಲಿಯೆನಿಸುಗು, ಅದು ಬಗಸಿಗೆ (Nr., MS. ಬಗಸಿರೆ).

ಬಗಸು **bagasu.** = ಬಯಸು. (My.).

ಬಗಸೆ **bagasĕ.** = ಬಗಸಿಗೆ, etc. (ಅಂಜಲಿ, ಜೊಗ್ಗಿಸಿ ಸೇರಿಸಲ್ ಪಟ್ಟ ಅಂಗೆಯ್ಗಳು Si. 212; My.). ಕೆಯ್ಯ ಬಗಸೆ (ಕುತಪ, ಅಂಜಲಿ Nn. 107). ಬಗಸೆ ಹಿಡಿದ ಹಾಂಗೆ ಕೆಯ್ ಮುಗಿಯುವಿಕೆ (ಬ್ರಹ್ಮಾಂ ಜಲಿ Si. 248). — ಬಗಸೆಗಣ್. -ಕಣ್. (Šm. 118). An eye like a bagasĕ, a large eye.

ಬಗಳಾ **bagaḷâ.** ಬಗಳೆ. = ವಗಲಾ. (Tĕ. ಬಕಲಾ, ಬಗಳಾ, ವಗಳಾ). — ಬಗಳಾದೇವಿ. One of the śakti deities by means of which one may shut the mouth of an opponent, etc. (My.).

ಬಗಳು **bagaḷu.** = ಬಗುಳು 1, etc. (My.). ಬಗಳೋನು ಹೊಗ ಬನು, ಹೊಗಬೋನು ಬಗಳನು (Prv.).

ಬಗಾರ್ **bagâr.** Seasoning (= ಒಗ್ಗರಣೆ My.; H.).

ಬಗಿ **bagi. 1.** (= ಬಗರು). To separate, to disunite; to divide, to make pieces, to cleave, to tear, to lacerate, to scratch, to dig (ವಿಶ್ಲೇಷ, ಭಾಗ Šmd. Dh.; T. ವಗಿರ್, to divide, slice; T. ವಗು, M. ವಗು, ವಗೆ, to separate, divide; T. ವಗೈ, M. ವಗೆ, division, portion; see s. ವಗದಿ). See Bp. 14, 32; 61, 12; J. 4, 44; 31, 56. 2, to scrape and remove, as rice from the bottom of a pot by means of a spoon, to scratch and take out of a vessel with the nails or a spoon, as sugar that sticks together, to dig up with the snout, as wild hogs the soil, etc. (My.). — ಬಗಿ ಬಗಿ. rep. (Bp. 47, 30).

ಬಗಿ bagi. 2. = ಬಗಿದು. P. p. of ಬಗಿ 1 in ಬಗಿ ಬಗಿದು (Bp. 47, 10; 55, 25).

ಬಗಿ bagi. 3. = ಬಗೆ 3. Dividing, tearing, etc. See ಉಗಿ-, ಇಬ್ಬಗಿ.

ಬಗಿನಿ bagini. = ಪಯ್ನೆ, ಬಯ್ನೆ q. v. (My.; Č. Bp. 47, 45).

ಬಗಿಸು bagisu. To cause to scrape or scratch and remove, as the filth of a drain (My.).

ಬಗುಡ baguḍa. (fr. a ಬಗುಡು, = ಬುಗುಡು, -ಅ 3). A man with a prominent navel (ತುಣ್ಡಿ, ಉನ್ನತನಾಭಿ Hlā.). See ಬುಗುಡು.

ಬಗುತ baguta. Tbh. of ಭಕ್ತ (Bp. 51, 77; 57, 75; My.).

ಬಗುಳ್ bagul̤. 1. = ಬಗಳು, ಬಗುಳು 1, ಬೊಗಳು 1, ಬೊಗುಳು 1. To bark (ಕುರ್ಕುರಧ್ವನಿ Šmd. Dh.); to cry out. P. p. ಬಗುಳ್ದು.

ಬಗುಳ್ bagul̤. 2. To suffer from dysentery (ಸಾರಣ Šmd. Dh.; cf. ಬಸು in ಬಸುಗುತ್ತಿ).

ಬಗುಳು bagul̤u. 1. = ಬಗುಳ್ 1, etc. P. p. ಬಗುಳಿ (My.). ತಿಗಳಿತೀ ಬಾಯಿ ಕೆಣಕ ಬೇಡ, ಬಗುಳೋ ನಾಯಿ ಬಡಿಯ ಬೇಡ (Prv.).

ಬಗುಳು bagul̤u. 2. = ಬೊಗುಳು 2, ಬೊಳ್ಳು. Barking; crying out. — ಬಗುಳುಸನ್ನಿ. A kind of delirious fever in which the patient cries out (My.).

ಬಗೆ bagĕ. 1. To think; to consider, to mind, to think of (ಚಿತ್ತ Šmd. Dh.; My.); to opine, to suppose, to conjecture, to take for; to know (ಪರಿಭಾವ Šmd. Dh.; ವಿಚಾರಿಸು 72 Cm.; ಭಾವಿಸು 110 Cm., ಅರ್ Mḍb. Cm.; My.; Mhr. ಬಗಣೇಂ, to see; to look, direct the eye to). P. ps. ಬಗದು, ಬಗೆದು. ಬಗೆದಯ್ ನನ್ನನೆ (Šmd. 255). ಕೂಡಿದಂಗೆರಡಂ ತಾಂ ಬಗೆವಾತನುಂ ನರಕದೊಳ್ ಬೀಟ್ವಲ್ಲಿಗೇಂ ಸನ್ದಯಂ? (89). ಚಿನ್ತಿಸಿಯುಪಾಯಮುಂ ಪಚ್ಚನೆ ಕೆಚ್ಚನೆ ಬಗೆಯಂ (112). ಅಂ ಪೆಬಿನೆನೆನ್ದು, ಬಗೆಯಲಿವಿಗಾಗಳ್! (258). ಬಗೆಯೊಳ್ ಪೆಟಿತೊಡ್ಡನ್ ಅಣಂ ಬಗೆಯಲ್, ಗಡ, ನಿನಗೆ ಸುಮತಿ ಬೇಡಿಜ್, ಅಂ ಬೇಡಿಜ್ (277). ಬಗೆಯದವನು (ವಿಯಾತ, ಧೃಷ್ಟ Hlā.). ಇದಿರಂ ಬಗೆಯದವಂ (ಅದುಷ್ಟ Mr. 287). ನಾನೊನ್ದು ಬಗೆಯೆ ದೇವರೊನ್ದು ಬಗದನು. — ಉಣ್ಣ ಮನೆಗೆ ಎರಡು ಬಗೆಯ ಬಾರದು (Prvs.). ಅನ್ನವನ್ನು ಹಾಕುವದು, ನನ್ನಿಯನು ನುಡಿಯುವದು, ತನ್ನನ್ತೆ ಪರರ ಬಗೆದಡೆ ಕೈಲಾಸಬಿನ್ನಣವಕ್ಕು (Sp.). See Čh. v. 21; Bp. 2, 19; 24, 25; 31, 15; 32, 32; 40, 90; 45, 19; 47, 41; 51, 47; 61, 4. 5; Rāv. 4, 118; 5, 124; 13, after 2; 18, 4. 100. 108.

ಬಗೆ bagĕ. 2. Thought; concern, regard; notion, idea; intention, purpose, object, aim; the mind (ಭಾವ Nn. 100, Kk. 81, Šm. 56; ಆಕೂತ, ಅಭಿಪ್ರಾಯ Hlā., Mr. 460; ಚಿತ್ತ Čt. II, 60; My.; cf. ಬಗ್ಗೆ, ಬಗ್ಗೆ). ಮನದ ಬಗೆ (ಸಂಕಲ್ಪ Hlā.). ಮುಗಿದ ಬಗೆ (ನಿಧಾನ Mr. 483). ಬಗೆಯಂ ಬಗೆ (Abh. P. 14, 82). ಬಗೆ ಪೋಯ್ಯುತ್ತಾಗಳ್ (Šmd. 68. 289). ಅದಾರ ಬಗೆಗಂ ಮಾಸರಮಾಡ ನಾಗಕೇಸರದ ರಜದ ರಂಗವಲಿ (Čpr. 7, after 92). See Šmd. 277; Čpr. 3, 16; 5, 77; 8, 51; Rāv. 13, 8. 26. 100; Rām. 3, 8, 69; J. 2, 46; 6, 34. — ಬಗೆಗಿಡಿಸು. -ಕಿಡಿಸು. To cause one's thoughts to fail, to bewilder, to confuse (Abh. P. 16, 58). — ಬಗೆಗಿಡು. -ಕಿಡು. Thought to fail, to be bewildered (Čpr. 8, 7; Rāv. 13, after 102). — ಬಗೆಗುನ್ದು. -ಕುನ್ದು. One's aim to fail, to get disappointed, to begin to feel sad (Grj. 4, 69; V. 8, 44; Šāv. 8, 48). — ಬಗೆಗೆಡಿಸು. -ಕೆಡಿಸು. = ಬಗೆಗಿಡಿಸು. — ಬಗೆಗೆಡು. -ಕೆಡು. = ಬಗೆಗಿಡು. (J. 19, 38). — ಬಗೆಗೆವರ್. -ಬರ್. To come to one's mind or notice, to become noticeable (ಬಗೆವ್ಪುಗು Šmd. 3 Mḍb. Cm.). ಪನ್ದಲಿರ ತೋರಣಂ ತಳ್ತೊನ್ದಿದ ಕೆಂಗುಡಿಯ ಪುಡಿಯ ಮುತ್ತಿನ ಕೊಡೆ, ಚೆಲ್ವಿನ್ದೆಸೆವ ಮಂಗಲಾನಕದೊನ್ದು ರವಂ ಬಗೆಗೆವನ್ದುದನ್ದರ ಮನೆಯೊಳ್ (Šmd. 216). — ಬಗೆಗೆಳಸು. -ಎಳಸು. To act according to one's pleasure (J. 8, 22). — ಬಗೆಗೊಳ್. -ಕೊಳ್. To attract one's thought or attention; to be observed, to appear;—to take notice of, to mind, to heed. See Bp. 38, 20; 41, 15; 48, 51; 58, 38; 55, 5. 11; 57, 57; 60, 17; Rāv. 13, 82. 84; Šāv. 1, 34; 5, 87; J. 11, 17. — ಬಗೆಗೊಳಿಸು. -ಕೊಳಿಸು. To cause one's attention to be attracted, etc. (Čpr. 7, 152; Rāv. 6, 118; J. 6, 44). — ಬಗೆದರ್. -ತರ್. To take to heart, to mind (Čpr. 1, 60; 4, 3; 8, 81; Abh. P. 14, 29). — ಬಗೆ ನೋ. To get mentally afflicted, to grieve (Šāv. 4, 136). — ಬಗೆ ಮುರಲ್. The mind to turn round (towards an object, Čpr. 4, 64). — ಬಗೆಯೊಳಗೊಗೆ. -ಒಗೆ. To be born in the mind. ಬಗೆಯೊಳೊಗೆದವ, Kāma (ಮನ್ಮಥ Kk. 8; Šm. 7). — ಬಗೆವಡೆ. -ಪಡೆ. To think, to reflect (J. 2, 34; 3, 35). — ಬಗೆವನೆ. -ಮನೆ. The abode of thought, the mind (V. 23, 15). — ಬಗೆವ್ಪುಗು. -ಪುಗು. To enter the mind, to be understood, to recommend itself (ಮನವಪ್ಪುಗು Šmd. 3 Cm.; ಬಗೆಗೆ ಬರ್ Mḍb. Cm.). — ಬಗೆವೆಚ್ಚು. -ಪೆಚ್ಚು. To begin to cheer up (Grj. 4, 113). — ಬಗೆ ಹರಿ. (One's) thought or purpose to proceed without any impediment (My.).

ಬಗೆ bagĕ. 3. = ಬಗಿ 3. A division, a portion, a part (see ಇಬ್ಬಗೆ, & T., M. s. ಬಗಿ 1). 2, a division or section, a kind, a sort, a variety; a class, a caste; a manner, a mode, a way (My.; Tĕ., M. ವಗೆ; T. ವಗೈ; ವೃತ್ತಾನ್ತ, ಪ್ರಕಾರ Si. 423). See Rāv. 6, after 11; 13, 69; J. 1, 10; 3, 17; 6, 37; 28, 18. 57; Si. 21. 48. 70. 78. 90. 241. etc. — ಬಗೆಗಾಣ್. -ಕಾಣ್. To see a way (J. 23, 6). — ಬಗೆ ಬಗೆ. rep. Different or various or manifold kinds, etc. ಬಗೆ ಬಗೇ ಭಕ್ಷ ಬಯಸಿದರೆ ಬನ್ದೀತೇ? (Prv.). See Si. 62. 180; B. 1, 5; 3, 81. — ಬಗೆ ಹರಿ. The (proper) mode to run, a way to be opened: to be settled, to be adjusted (My.). — ಬಗೆ ಹರಿಸು. To settle, to adjust (My.).

ಬಗೆ bagĕ. Tbh. of ಬಕ. ಬಗೆಯ ಪುಷ್ಪ (ಶಿವಮಲ್ಲಿ, ಪಾಶುಪತ, ಬಕ, etc. Nr. a; see ಬಕಪುಷ್ಪ).

ಬಗೆಕಾಱ bagĕ-kāṟa. A man who is mindful. See Šmd. s. ನೀಱ.

ಬಗೆಯಿಸು bagĕyisu. To cause to mind; to captivate the mind (J. 29, 46).

ಬಗೆರಗೆ bagĕragĕ. 1. = ಬಗರಗೆ 1, etc. A temporary well, etc. (ಚುರಿ, ಚುಣ್ಡಿ, ಚೂತಕ Hlā.).

ಬಗೆರಗೆ bagĕragĕ. 2. = ಬಗರಗೆ 2, etc. (Rām. 5, 8, 69).

ಬಗ್ಗ bagga. = ಬಗ್ಗು 1. Tbh. of ವ್ಯಾಘ್ರ (Šmd. 345. 356). — ಬಗ್ಗದೊವಲ್. -ತೊವಲ್. A tiger-skin (V. 14, after 31). —

ಬಗ್ಗದೊವಲುಡಿಯ. -ಉಡಿಯ. Śiva (ಈಶ್ವರ Śm. 2; ಶಿವ Kk. 4, o. r. -ಉಡೆಯ). — ಬಗ್ಗಸಮ್ಮ. = ಬಗ್ಗದೊವಲ್. (Śśv. 3, 3).

ಬಗ್ಗಡ baggaḍa. Sediment, settlings, dregs as of oil, the mud or mire in a well, cow-dung mixed with water (My.; Mhr. ವಗಳ, refuse, dregs; ವಂಗಳ, bad, foul, nasty).

ಬಗ್ಗಡಿಯ baggu 1-aḍiya. A babbler (Bp. 57, 29; T. ವಕ್ಕು, a sound, also that of barking; ವಗುಳ, a sound).

ಬಗ್ಗಡೆ baggaḍĕ. A kind of fish (Rśv. 5, 115; cf. T. ವಗುಲಿ, Mhr. ವಾಗಟೆ).

ಬಗ್ಗಡೆಯತನ baggaḍĕyatana. Babble (Râm. 6, 44, 11).

ಬಗ್ಗಣೆ bagganĕ. (Śmd. 49). (= ಬಗ್ಗು 1). Cooing, etc. (Śśv. 2, 45).

ಬಗ್ಗನೆ bagganĕ. With the sound of (ಬಗ್ or) ಬಗ್; flashingly (My.; Tĕ. ಭಗ್ಗನ). 2, quickly (My.).

ಬಗ್ಗರಿ baggari. The thorax (My.).

ಬಗ್ಗಿ baggi. A "buggy" (Sl. 275; My.).

ಬಗ್ಗಿಸು baggisu. 1. To cry, to coo, to chirp, to chatter, to sing (ಜೆಂಕಿಸು Ŏt. I, 4). ಪಾಡೆಲೆ, ತುಮ್ಬಿ! ಬಗ್ಗಿಸೆಲೆ, ಕೋಗಿಲೆ! ತೀಡೆಲೆ, ಗನ್ಧವಾಹ! (Śmd. 153. 272). ಖಚಿ ಲೆ ನುಡಿದು, ಅದಿಲೆ ಬಗ್ಗಿಸಿ, ಘಟಿಲನೆ ನಡೆ! ಎನ್ದು, ಜಡಿದು ಸಾರಥಿಯಂ (28). ಬಗ್ಗಿಪ ಕಲಕಣ್ಠಂ (Rśv. 2, 38). 2, to cry out, to vociferate (Abh. P. 12, 77; Grj. 6, after 56).

ಬಗ್ಗಿಸು baggisu. 2. = ಬೊಗ್ಗಿಸು. To bend (v. t.), etc. (My.).

ಬಗ್ಗು baggu. 1. = ಬಗರ್. The crying, cooing, chirping, chattering or singing of birds (ಜಂಕಣೆ Ŏt. II, 22; ಬೆಜ್ಜಿ, ಜಡಿವ, ಬಿಪ್ಪಣ್ಣ, ಚಪ್ಪರಣೆ Śm. 29. 30; ಬಿಪ್ಪಣ್ಣ 84; Kk. 42, o. r. ಬಗರ್; ಬಿಪ್ಪಣ್ಣ, ಚಪ್ಪರಣೆ Kk. 77; Tĕ. ವಾಗು, to sound, ring, talk, chatter).

ಬಗ್ಗು baggu. 2. = (ಬಂಕು), ಬೊಗ್ಗು 1. To bend, to bow (v. i.; ಬಾಗು Śm. 84; My.); to become submissive (My.; T. ವಣಂಗು, ವಳೈ, M. ವಣಜ್ಞು, ವಟಜ್ಞು, ವಳೆ, to bend; cf. ಬಗ್ಗು 3, ಬಳ್ಕು 2). ನೆಗ್ಗಿದ್ದು ಬಗ್ಗೀತೇ?—ಬಗ್ಗಿದವನಿಗೆ ಒನ್ದು ಗುದ್ದು ಹೆಚ್ಚು (Prvs.). See Prv. s. ಮಣಗು.

ಬಗ್ಗು baggu. 1. = ಬಗ್ಗ. ಬಗ್ಗನೆ ವ್ಯಾಘ್ರಂ (Bhn. 58).

ಬಗ್ಗು baggu. 2. Tbh. of ಭಾಗ್ಯ (Ŏt. II, 41).

ಬಗ್ಗೆ baggĕ. = ಬಗ್ಯೆ, q. v. (C.). ತಾಯಿ ತನ್ದೆಗಳ ಕೂಡ ನಡಕೊಳ್ಳುವ ಬಗ್ಗೆ (B. 3, 24). ಆ ಗೃಹಸ್ಥನು ಅದರ ಬೆಲೆಯ ಬಗ್ಗೆ ಅಡಿ (2, 33). ಕಲಿತ ಪುಸ್ತಕದಲ್ಲಿ ಮನುಷ್ಯ ಪಶು ಪಕ್ಷಿ ಗಿಡ ಮುನ್ತಾದವುಗಳ ಬಗ್ಗೆ ಪಾಠಗಳುಣ್ಟು (3, 1). ಇವರ ಹೊರ್ತು ದೇವರ ಬಗ್ಗೆ ಮತ್ತೇನಾದರೂ ಬಲ್ಲಿಯಾ? (3, 2). ಯಾವ ಕೋಡುಗಳ ಬಗ್ಗೆ ನನಗೆ ಬಹಳ ಗರ್ವ ಬನ್ದಿತ್ತೋ, ಆ ಕೋಡುಗಳೇ ಕಡೆಗೆ ನನ್ನ ಪ್ರಾಣಕ್ಕೆ ಮುಳುವು ಆದವು (3, 19). ಒಬ್ಬ ವರ್ತಕನು ಪ್ರಾಮಾಣಿಕತನದ ಬಗ್ಗೆ ಪ್ರಸಿದ್ಧನಾಗಿದ್ದನು (3, 72). ಮುನ್ದೆ ಹುಟ್ಟುವ ಮಿಟಿಗಳ ಬಗ್ಗೆ ಅವುಗಳಿಗೆ ಎಷ್ಟು ಮಾತ್ರವಾದರೂ ಚಿನ್ತೆ ಇರುವದಿಲ್ಲ (4, 119).

ಬಗ್ಯೆ bagyĕ. (i. e. ಬಗೆಯೆ, fr. ಬಗೆ 2). = ಬಗ್ಗೆ. The very thought, intention, purpose or concern; with the thought or purpose; on account of, for; with regard to, concerning (C.). ಪಾಪೀ ಬಟೀ ಪಶುಗಳು ನೀರು ಕುಡಿಯುವ ಬಗ್ಯೆ ಕಟ್ಟಿಲ್ ಪಟ್ಟ ನೀರುತೊಟ್ಟಿ (Sl. 90). ಅಗ್ನಿಹೋತ್ರವನ್ನು ಪ್ರತಿಷ್ಠೆ ಮಾಡ ತಕ್ಕ ಬಗ್ಯೆ ಸಂಸ್ಕರಿಸಲ್ ಪಟ್ಟ ಸ್ಥಾನ (238). ಗೂಳಿಬಸವನಾಗ ತಕ್ಕ ಬಗ್ಯೆ ತಕ್ಕ ಹೋರಿಗಟಿ (319).

ಬಂಕ baṅka. (= ವಂಕ). N. (Bp. 9, 24; 49, 23). 2, a bend: a corner (Śśv. 1, 67; B. 4, 155). — ಬಂಕತನ್ದೆ. N. See ಮೊರಟದ-. — ಬಂಕನಾಥನ ಬಂಕಿದೇವಯ್ಯ. N. (Bp. 58, 24). — ಬಂಕಯ. -ಅಯ. N. (Bp. 47, 35; 49, 24). — ಬಂಕಯ್ಯ. -ಅಯ್ಯ. N. (Bp. 9, 39).

ಬಂಕಾ baṅkâ. (= ವಂಕಾ for ವಂಕ). — ಬಂಕಾಪುರ. N. of a place. ಬಂಕಾಪುರಕ್ಕೆ ಹೋದರೆ ಡೊಂಕು ಬಿಟ್ಟೀತೇ? (Prv.).

ಬಂಕಿ baṅki. = ಬೊಂಕಿ, (ವಂಕಿ). — ಬಂಕಿದೇವ. N. (Bp. 9, 23. 38; see ಮೊರಟದ-).

ಬಂಕು baṅku. (= ಬಗ್ಗು 3, ಬಗ್ಗು 2). To be crooked, to bend (ಕೌಟಿಲ್ಯ Śmd. Dh.; Tĕ. ಬಂಗು, ವಂಗು; cf. Sk. ವಂಕ್, to be crooked).

ಬಂಕುಡಿ baṅkuḍi. = ವಂಕುಡಿ. (V. 42, after 21).

ಬಂಕೆ baṅkĕ. = ಬೊಂಕೆ, ಬೊಂಕೆ. Gum, glue, resin (My.; Tĕ.; ನಿರ್ಯಾಸ Sl. 487; M. ವಟುಪ್ಪು, slipperiness; glue, mucus; T., M. ವಟುಕ್ಕು, to slip, slide; see ಬಕ್ಕೆ; ಬಮ್ಬು; ಬೂರಗಬಂಕೆ).

ಬಂಗ baṅga. Tbh. of ಭಂಗ (My.). ಬಂಗ ಪಡಿಸುವವನ ಹತ್ತರ ಬಂಗಾರದಾಸೆಯೇ? (Prv.). See Prvs. s. ಬಣ್ಣ 5, ಬಸ್ಸಾರ.

ಬಂಗಡ baṅgaḍa. — ಬಂಗಡಬಳ್ಳಿ. The creeper Ipomaea biloba Forsk. (St. & Pl.).

ಬಂಗಡ್ಡ baṅ-kaḍḍa. = ಬಣ್ಗಡ್ಡ. The grass ಮರಹಾನ್ತಿ when dry (Z.).

ಬಂಗರಳಿ baṅgaraḷi. N. of a plant (ಹೀಲ Mr. 119).

ಬಂಗಲೆ baṅgalĕ. A bungalow (My.; Mhr., H. ಬಂಗಲಾ).

ಬಂಗಾರ baṅgâra. = ಬಂಗಾರ, ಭಂಗಾರ, ವಂಗಾರ. Tbh. of ಭೃಂಗಾರ. Gold (C.; Tĕ.; T. ಪಂಗಾರು, ವಂಗಾರು). ಅಂಗರಕ್ಷೆಯಿಲ್ಲದವನಿಗೆ ಬಂಗಾರವು ಯಾಕೆ?—ಬಂಗಾರದ ಕತ್ತಿಯಾದರೆ ರಕ್ತ ಬಾರದೇ?—ಬಂಗಾರದ ಸೂಜಿಯೆನ್ದು, ಹಿಂಗಡೆ ಕಣ್ಣು ಕುಕ್ಕಿ ಕೊಳ್ಳ ಬಹುದೇ?—ಬಂಗಾರವಿದ್ದರೆ ಶೃಂಗಾರ.—ಬಂಗಾರವೊನ್ದು, ಬಡವೆ ಹಲವು.—ಪುತ್ರಳಿಗಿನ್ತ ಮೇಲು ಬಂಗಾರವಿಲ್ಲ, ಮಕ್ಕಳಿಗಿನ್ತ ಮೇಲು ತೊಡಲು ಇಲ್ಲ (Prvs.). See B. 1, 18. 19; Prv. s. ಬಂಗ. — ಬಂಗಾರಕಡ್ಡಿಬತ್ತ. A kind of very good paddy (My.). — ಬಂಗಾರಕ್ಕ. -ಅಕ್ಕ. N. (My.). — ಬಂಗಾರಕಾಯಿಮರ. The Arnotto tree, Bixa orellana Lin. (St. & Pl.). — ಬಂಗಾರದ ನೀರು. The cover of gold on a chemically plated thing (My.). — ಬಂಗಾರದ ಮುಲಾಮು. Gold laid on the surface of a thing, gilt (My.). — ಬಂಗಾರದವಳು. -ಅವಳು. A king's concubine (ರಾಜನ ಉಪಪತ್ನಿ My.). — ಬಂಗಾರದ ಸ್ತ್ರೀ. = ಬಂಗಾರದವಳು. (My.; ಭೋಗಿನಿ Sl. 183). — ಬಂಗಾರವರಕು. = ಬಂಗಾರದ ನೀರು (My.).

ಬಂಗಾಳ baṅgâḷa. N. of the country Bengal (Bp. 16, 18). ಅಂಗಾಲಿಗೆ ತ್ರಾಣವಿದ್ದರೆ ಬಂಗಾಳಕ್ಕೆ ಹೋಗ ಬಹುದು.—ಬಂಗಾಳಕ್ಕೆ ಹೋದರೂ ಗವುಡ ಬಂಗಾಳ ಬಿಡಲಿಲ್ಲ (Prvs.).

ಬಂಗಾಳಿ baṅgâḷi. Relating to Bengal. 2, = ಬಂಗಾಳಿತನ. (My.; see Prv. s. ಬಂಗಾಳ). — ಬಂಗಾಳಿದುಡ್ಡು. An ancient copper coin equal to four cash (My.). — ಬಂಗಾಳಿಮರ. The Portia tree, Thespesia populnea Corr. (St. & Pl.; Z.).

ಬಂಗಾಳಿತನ baṅgâḷitana. Trickery (My.).

ಬಂಗಾಳಿವಿದ್ಯೆ baṅgâḷi-vidyĕ. Jugglery; trickery (My.).

ಬಂಗಿ baṅgi. 1. Tbh. of ಭಂಗಿ, q. v. Appearance, semblance; likeness, similarity (ಪಾಂಗು, ಸಾಮ್ಯ Čt. II, 101; ಪಡಿ, ಪಾಟಿ, ಪಾಂಗು, ಪಾಸಟಿ, etc., ಸಾಮ್ಯ Šm. 55). — ಬಂಗಿವೆಟ್. -ಪೆಟ್. To get the appearance of, to resemble. ಬಂಗಿವೆತ್ತು, ಕನ್ನು ರಾಜನ ಮನ್ತ್ರಶಾಲೆಯುಂ ಕೈತ್ಯದ ನೃತ್ಯಭವನಮುಂ ಕಮ್ಮಿನ ಕಾರಾಗಾರಮುಂ ಚಲ್ವಿನ ಕುಲಗೃಹಮುಮಿರ್ದನ್ತಿರ್ದ ವಸನ್ತಗೃಹಂ (Čpr. 7 after 92).

ಬಂಗಿ baṅgi. 2. Tbh. of ಭಂಗೆ. Hemp (ವಿಜಯಿ Mr. 116; Č. Bp. 47, 45; My.; Mhr. ಭಾಂಗ); a potion prepared from it (My.). 2, a person addicted to the use of smoking, eating or drinking hemp: a crazy person, a crack (My.; Mhr. ಭಂಗಿ). ಎಲ್ಲಾ ಬಿಟ್ಟ ಮಗ ಬಂಗೀ ನಟ್ಟ.—ಅಂಗಿ ಕೊಟ್ಟು, ಬಂಗಿ ಸೇದಿ, ಮಂಗನಾದ.—ಬಂಗಿ ಕುಡಿಯುವವನಿಗೆ ಹಂಗು ಯಾರದು?—ಬಂಗಿ ಮುಕ್ಕುವವನಿಗೆ ಅಂಗಿಯಾದರೂ ಉಳಿಯದು.—ಬಂಗಿ ಸುಟ್ಟರೂ ಹಂಗು ಸುಡಲಿಲ್ಲ (Prvs.). See Prv. s. ಕಾಟನಾಯಕ. — ಬಂಗಿದಾಸಯ್ಯ. A crazy devotee (My.). — ಬಂಗಿ ಸೊಪ್ಪು. Hemp leaves (My.).

ಬಂಗಿ baṅgi. 3. = ಬಾಂಗಿ, q. v. (My.; Tĕ.).

ಬಂಗು baṅgu. A disease of the skin at which it uses to get black, red and white spots (My.; T. ವಂಗು, black spots in the face; Mhr. ವಾಂಗ, a purple or dark discoloration of the skin, a mole; M. ವಕ್ಕು, ವಬ್ಬು, to be singed).

ಬಚಕಾನಿ baća-kâni. = ಬಚ್ಚಕಾನೆ, q. v. (My.; B. 3, 108).

ಬಚನಾಗ baćanâga. Poison-root, the root of Gloriosa superba (Mhr., H.; ವತ್ಸನಾಭ G.).

ಬಚಾರಿ baćâri. — ಬಚಾರಿಮರ. The tree Albizzia odoratissima Benth. (St. & Pl.).

ಬಚಾವು baćâvu. Protection; deliverance, escape, getting safely through (My.; Br.; Mhr., H.).

ಬಚ್ಚ baćća. 1. (= ಬಚ್ಚೆಯ, etc.). That which is bad (ಕೆಟ್ಟುದು Čt. II, 54). — ಬಚ್ಚನಾಲಿಗೆ. A bad tongue, a tongue that speaks lies (J. 6, 81).

ಬಚ್ಚ baćća. 2. = ಪಚ್ಚೆ, q. v. Greenness, etc. — ಬಚ್ಚಂಗಾಯಿಬಳ್ಳಿ. -ಂ-ಕಾಯಿ-. The water-melon, Cucumis vulgaris Schrad. (St. & Pl.).

ಬಚ್ಚ baćća. 3. A small, flat, circular stone (My.). See ಕುಮುಕೆ-.

ಬಚ್ಚ baćća. Tbh. of ವತ್ಸ. A young one; a boy (My.; Mhr., H. ವಚ್ಚಾ, ವಚ್ಚಾ); a calf, etc. — ಬಚ್ಚಬರಿ. -ಪರಿ. To become a calf, to behave like a calf (Abhâ. 2, 84).

ಬಚ್ಚಕಾನೆ baćća-kânĕ. = ಬಚಕಾನಿ. A cloth for boys (My.; Br.).

ಬಚ್ಚಣೆ baććaṇĕ. 1. = ಬಚ್ಚಳೆ 1, q. v.

ಬಚ್ಚಣೆ baććaṇĕ. 2. (= ಬಾಸಣೆ). A cover (Grj. 6, after 56).

ಬಚ್ಚರ baććara. = ಬಜ್ಜರ. (ಕುಲಿಶ Čt. I, 21).

ಬಚ್ಚರಣೆ baććaraṇĕ. The business of cutting and polishing diamonds (?). — ಬಚ್ಚರಣೆಗಾಣಿ. (Râm. 5, 8, 51).

ಬಚ್ಚರೆ baććarĕ. Heaven (ಬರ್ದಿಲ, ಸಗ್ಗ, ಅಮರಲೋಕ Kk. 10a).

ಬಚ್ಚಲ್ baććal. ಬಚ್ಚಲು. A drain or little kennel from a bathing room through the wall (ಕೆಸಱಿಗೆ Šs.); the bathing room itself (My.; Sl. 82. 94; cf. ಬಸಿ 1; ಪಚ್ಚಳ 2). ಬಚ್ಚಲ ನೀರಿನ ಕುಣಿಯೊಳಗೆ ಬಹು ದಿವಸ ಕೊಳೆತು ದುರ್ಗನ್ಧವಾದ ನೀರು (B. 4, 185). ದುರ್ಜನರ ಕೂಡ ಒಡನಾಟ ಬಚ್ಚಲ ರೊಜ್ಜನನ್ನಿಸುವುದು (Sp.). See Prv. s. ಬಯ್ 4; Abhâ. 2, 84. — ಬಚ್ಚಲುಕುಣಿ. The pit outside a bathing room into which water drains off (My.). — ಬಚ್ಚಲುಕೋಣೆ. A bathing room (My.). — ಬಚ್ಚಲುಗಜ್ಜು. The filthy water in the drain-pit (My.). — ಬಚ್ಚಲುಗಣ್ಣಿ. The kennel for the egress of water (My.). — ಬಚ್ಚಲುನೀರು. = ಬಚ್ಚಲುಗಜ್ಜು. (My.). — ಬಚ್ಚಲುಬಾಯಿ. The opening of a drain (My.). — ಬಚ್ಚಲುಮನೆ. = ಬಚ್ಚಲುಕೋಣೆ. (My.). — ಬಚ್ಚಲುವೊಲೆ. -ಒಲೆ. The fire-place in a bathing room for heating water (My.). — ಬಚ್ಚಲುಹುಳಿಸೆ. A kind of sorrel (ಸಹಸ್ರವೇಧಿ, ಚುಕ್ರ, ಅಮ್ಲವೇತಸ, ಶತವೇಧಿ Sl. 157).

ಬಚ್ಚಲಿ baććali. = ಬಚ್ಚಲೆ. (Tĕ.). See ಬಳ್ಳಿ-.

ಬಚ್ಚಲೆ baććalĕ. = ಬಚ್ಚಲಿ, (ಬಸಳೆ). Spinage. See ಕಾವುಬಚ್ಚಲೆ, and T. s. ಪಲ್ಯ. — ಬಚ್ಚಲೆಬಳ್ಳಿ. A small diffuse annual plant, Portulaca quadrifida Lin. (St. & Pl.).

ಬಚ್ಚಳೆ baććaḷĕ. 1. = ಬಚ್ಚಣೆ 1. Tbh. of ವತ್ಸಲೆ (Šmd. 348, o. r. ಬಚ್ಚಣೆ).

ಬಚ್ಚಳೆ baććaḷĕ. 2. (= ಬತ್ತಳಿಕೆ). (J. 18, 18).

ಬಚ್ಚೀಸು baććîsu. Tbh. of ಭಕ್ಷಿಸು (G.).

ಬಚ್ಚು baćću. 1. = ಬಯ್ಚು. To deposit;—to put aside, to conceal, to hide, to cover (T. ಪದಿ, ಪದುಕ್ಕು, M. ಪದುಕ್ಕು, v. a., to conceal = ಪುದೈ, ಪುದೆ, see ಪುದಿ 1; T. ಪದುಂಗು, M. ಪದುಙ್ಙು, to sneak unseen). See ಕಣ್ಣುಬಚ್ಚು.—ನಾವು ಏನಾದರೂ ಮಾಡಿ, ಆತನಿಗೆ ತಿಳಿಯದ ಹಾಗೆ ಅದನ್ನು ಬಚ್ಚುವದು ನಿಮ್ಮಿನ್ದಾಗುವದೋ? (B. 8, 2). ಜನರು ಸತ್ಯವಕ್ಷವನ್ನು ಬಚ್ಚುವ ವಿಷಯದಲ್ಲಿ ಎಷ್ಟು ಪ್ರಯತ್ನ ಮಾಡಿದಾಗ್ಯೂ ಅದು ಒಮ್ಮೆಯಿಲ್ಲದಿದ್ದರೂ ಒಮ್ಮೆ ಹೊರ ಬಿದ್ದೀತು (5, 170). — ಬಚ್ಚಿಡು. -ಇಡು. = ಬಚ್ಚು, ಬಯ್ಚಿಡು. To deposit, etc. (ಬಯ್ Šs.; My.). ಬಚ್ಚಿಟ್ಟು ಕೊಣ್ಣು ಇದ್ದದನ್ನು ಮರಳಿ ಕೊಡುವಿಕೆ (ಪ್ರತಿದಾನ Sl. 325). ಬಚ್ಚಿಟ್ಟು ಕೊಣ್ಣದ್ದನ್ನು ಹಿನ್ದಕ್ಕೆ ಕೊಡುವಿಕೆ (ನಿರ್ಯಾತನ 437). ಬಚ್ಚಿಡಲ್ ಪಟ್ಟದು (ಗೂಢ, ಗುಪ್ತ 377). ಬಚ್ಚಿಡತಕ್ಕದು (ಗುಹ್ಯ 445). ಹೊತ್ತು ಮುಗಿಗಲು ದಾಡಿ ಬಚ್ಚಿಡುವದಿಲ್ಲ (an umbrella or parasol, Bĕdaguĕaupadi). ಗಣ್ಡುಕರಡಿಗಳು ತಮ್ಮ ಮರಿಗಳನ್ನು ತಿನ್ನುತ್ತವೆನ್ದು, ಹೆಣ್ಣುಕರಡಿಗಳು ಮರಿಗಳನ್ನು ಬಚ್ಚಿಡುತ್ತವೆ (B. 5, 260). — ಬಚ್ಚಿಡುವಿಕೆ. -ಇಡುವಿಕೆ. Depositing, etc. (ಉಪನಿಧಿ, ನ್ಯಾಸ Sl. 325; ನಿಹ್ನವ 458). — ಬಚ್ಚಿಪೋಗು. -ಪೋಗು. To hide one's self (J. 21, 34).

ಬಚ್ಚು baćću. 2. = ಬತ್ತು 1. To grow lean, etc. (My.). ನೆಚ್ಚಿದ ಸಿಪಾಯಿಗೆ ಬಚ್ಚಿದ ಕುದುರೆ (Prv.).

ಬಚ್ಚೆ baććĕ. = ಪಚೆ. Cf. ಬಿಚ್ಚ. — ಬಚ್ಚೆವೆಟ್. = ಪಚೆವೆಟ್, q. v.

ಬಜ baja. (= ಬಜೆ?). See ಕಾಡ-.

ಬಜನ್ತರಿ bajantari. A wind musical instrument (My.; Mhr. ವಾಜನ್ತ್ರ). 2, a performer upon the bajantari (My.; Mhr. ವಾಜನ್ತ್ರೀ).

ಬಜನ್ತ್ರಿ bajantri. = ಬಜನ್ತರಿ. (My.; ವಾದಿತ್ರ Čb.).

ಬಜಾಯಿಸು bajâyisu. To beat, to play a musical instrument (My.; Mhr. ಬಜಾವಿಣೇಂ). 2, to achieve, to execute, as a decree (My.; B. 5, 269; Mhr. ಬಜಾವಿಣೇಂ).

ಬಜಾರ bajâra. = ಬಜಾರು, ಬಾಜಾರ, ಬಾಜಾರು. A market; the business of a market (My.; ಅಪಣ, ಪೇಟೆ, ಸನ್ತೆ, ಹಟ್ಟ G.; Mhr., H. ವಾಜಾರ).

ಬಜಾರಿ bajâri. = ಬಾಜಾರಿ. Relating to a market; low, disreputable (Mhr. ವಾಜಾರೀ);—a low, disreputable woman, a jade, a scold (My.; Tĕ.; T. ಪಜಾರಿ).

ಬಜಾರು bajâru. = ಬಜಾರ, etc. (My.; M. ಬಜಾರ್).

ಬಜಾವಣೆ bajâvaṇĕ. Play (of a musical instrument), musical performance (or skill, Rśv. 10, 32).

ಬಜಿ baji. = ಬಜೆ. (ಉಗ್ರಗನ್ಧ, ಗೋಲೋಮ G.).

ಬಜೆ bajĕ. Tbh. of ವಚೆ (Śmd. 338; ವಚೆ, ಉಗ್ರಗನ್ಧೆ, etc. Nr.; ವಜೆ, ಉಗ್ರಗನ್ಧೆ Mr. 136; ವಚೆ, etc., ಮಕ್ಕಳ ತಾಯಿ, ಕವಣದ ಕಡ್ಡಿ Si. 146; My.). See ಅತಿ-, ಬಿಳಿಯ ಬಜೆ. — ಬಜೇ ಬೆಣ್ಣೆ. A compound of bajĕ and butter used as a medicine for a new-born infant (My.).

ಬಜ್ಜರ bajjara. = ಬಜ್ಜರ. Tbh. of ವಜ್ರ (Ċt. II, 87; Śm. 68; Kk. 48, o. r. ಬಜ್ಜರ; My.; T. ವಜ್ಜಿರ, ವಯಿರ). See ಒಪ್ಪವಜ್ಜರ. — ಬಜ್ಜರಗಮ್ಬ. -ಕಮ್ಬ. A pillar of diamonds (Rśv. 8, 2). — ಬಜ್ಜರಗವಿ. A cave made of diamonds (Śśv. 3, 30). — ಬಜ್ಜರಗೊತ್ತಳ. -ಕೊತ್ತಳ. A bastion of diamonds (Śśv. 1, 54). — ಬಜ್ಜರದಾರವನ್ದ. A door-frame of diamonds (V. 5, 2).

ಬಜ್ಜರಕ್ಕೆ bajjarakkĕ. (= ಬಗರಗೆ 1, etc.). A hole dug for water in the dry bed of a river or stream (ಬಗರಗೆ, ಒಬಿನ್ತೆ Kk. 56, o. r. ವಜ್ಜರಕ್ಕೆ; cf. ಬಸಿ 1?).

ಬಜ್ಜಿ bajji. (Tbh. of ಭ್ರಜ್ಜ್). A ċaṭṇi made of roasted brinjals, chillis, etc. that are bruised with the fingers and mixed with curds, etc. (My.). ಬಜ್ಜಿಗೆ ಮಜ್ಜಿಗಿಲ್ಲ; ಅಜ್ಜಿಗೆ ಎಲ್ಲಿ ಮೊಸರು? (Prv.). See Prv. s. ಬದನೆ. 2, a bruised state, a bruise. ಮೆಯ್ಯೆಲ್ಲಾ ಬಜ್ಜಿ ಬಜ್ಜಿ ಆಯಿತು (My.). — ಬಜ್ಜಿ ಬದನೆ. A large round badanĕ, especially used for bajji (My.). — ಬಜ್ಜಿ ಮಾಡು. To bruise, as the body by blows (My.). — ಬಜ್ಜಿ ಮೆಣಸಿನ ಕಾಯಿ. A large kind of chilli used for bajji (My.).

ಬಜ್ಜಿರ bajjira. Tbh. of ವಜ್ರ (see Kk. s. ಬಜ್ಜರ). 2, a warrior armed with a discus (ವಜ್ರದಂಕವೀರ Kk. 11a).

ಬಜ್ಜೆ bajjĕ. (= ಬಂಜೆ 2). — ಬಜ್ಜೆಗೊಣ್ಟಣಿ. -ಕೊಣ್ಟಣಿ. A crafty procuress (Ċpr. 2, after 60).

ಬಂಚ banċa. Tbh. of ವಂಶ (Śmd. 348; Ċt. I, 18; Kk. 58; Śm. 64; Ċpr. 7, 97).

ಬಂಚನೆ banċanĕ. Tbh. of ವಂಚನೆ (Śmd. 342).

ಬಂಚರ banċara. A pandore or bandore, a kind of guitar (Rśv. 5, after 19; Śśv. 2, after 42; ವೀಣೆ, ತಮ್ಬುರಿ G.).

ಬಂಚಿಸು banċisu. Tbh. of ವಂಚಿಸು. (Abh. P. 7, 59).

ಬಂಜರ banjara. = ಬಂಜರು. (My.).

ಬಂಜರು banjaru. Waste land (My.; Br.; H.). See ಅನಾದಿ-. — ಬಂಜರುಜಮೀನು. = ಬಂಜರುಭೂಮಿ. (My.). — ಬಂಜರು ದಿಣ್ಣೆ. A waste hillock (Si. 100). — ಬಂಜರು ಬೀಳು. To become waste (My.). — ಬಂಜರುಭೂಮಿ. Waste or fallow-land (My.).

ಬಂಜೆ banjĕ. 1. Tbh. of ವನ್ಧ್ಯೆ (Śmd. 344) or ಬನ್ಧ್ಯೆ. A barren or childless woman (My.; Tĕ.; Mhr. ವಾಂಝ); a woman who has no menstrual courses (ಪಜೆಪೆಣ್ Śm. 73). 2, a barren cow (ವಶೆ, ವನ್ಧ್ಯೆ Hlâ.; ವಶೆ Mr. 181; ವಶೆ, ವನ್ಧ್ಯೆ, ಬಂಜೆಯಾದ ಆಕಳು Si. 321; Tĕ.). 3, unproductiveness, barrenness, sterility, vainness (My.; Mhr. ವಾಂಝಾ, barren). ಬಂಜೆ ಹೋದಲ್ಲೇ ಸಂಜೆ (Prv.). See Prv. s. ನಂಜು 2. — ಬಂಜೆಮರ. A barren tree, a tree without fruit (ವನ್ಧ್ಯ, ಅಫಲ Nr.; ಅವಕೇಶಿ Mr. 103; ವನ್ಧ್ಯ, ಅವಕೇಶಿ Si. 120). ಬಂಜೆಮರನು (ಅವಕೇಶಿ Hlâ.). — ಬಂಜೆ ಮಾಡು. To waste (v. t., Abh. P. 9, 165). — ಬಂಜೆಯಾಗು. -ಆಗು. To become barren (My.). 2, to become unproductive, fruitless or vain (J. 4, 3; 29, 37; My.). — ಬಂಜೆವಡಿಸು. -ಪಡಿಸು. To waste (v. t., Ċpr. 2, 47). 2, to allay, to cool, as passion (5, 49). — ಬಂಜೆಹಸು. A barren cow (ವಶೆ, ವನ್ಧ್ಯೆ Si. 460).

ಬಂಜೆ banjĕ. 2. (= ಬಜ್ಜೆ). Tbh. of ವಿಜ್ಯೆ (Ċt. I, 63, o. r. ಬಂಜ; Grj. 4, after 120).

ಬಂಜೆತನ banjĕtana. Barrenness (J. 28, 59).

ಬಟ baṭa. 1. = ಬಣ್ಟ 2. Tbh. of ಭಟ. A brave warrior (My.). 2, = ಬಟ್ಟ 2. — ಬಟಮಾನ್ಯ. Free land granted by a ruler to a learned Brâhmaṇa (My.).

ಬಟ baṭa. 2. = ಬಟ್ಟ 1. — ಬಟಗಡ್ಲೆ. -ಕಡ್ಲೆ. = ಬಟ್ಟಗಡಲೆ. (ಕಲಾಯ, ರೇಣುಕ, ಸತೀನಕ, ಹರೇಣು G.).

ಬಟತನ baṭatana. Bravery, prowess, valour. ನಾಲಿಗೆಯಿಲ್ಲದಿದ್ದರೆ ಕಾಲಿಗೆ ಬಟತನವೇ? (Prv.).

ಬಟವಾಡೆ baṭavâḍĕ. Distributing of wages (My.; Mhr., H. ಬಟವಡಾ).

ಬಟವೆ baṭavĕ. A draw-purse (Mhr. ಬಟವಾ; T. ವಟ್ಟುವ; Tĕ. ವಟ್ರ). ಎಲೆ ಅಡಿಕೆ ಹಾಕುವ ಬಟವೆ (G. 159. 566).

ಬಟಾ baṭâ. = ಬಟ್ಟ, etc. — ಬಟಾಬಯ್ಲು. = ಬಟ್ಟಬಯಲ್. (My.).

ಬಟಾಟಿ baṭâṭi. A potato (B. 5, 203).

ಬಟಾಣಿ baṭâṇi. The common pea, Pisum sativum Lin. (My.; Mhr., H. ವಾಟಾಣಾ).

ಬಟಾಯಿ baṭâyi. Tax paid in kind to the proprietor of the land (My.; Mhr. ಬಟಾಈ).

ಬಟು baṭu. = ಬಟುವು, etc. (My.; ವೃತ್ತ, ದುಣ್ಡಗೆ G.).

ಬಟುವು baṭuvu. (fr. ವೃತ್ತ). = ಬಟು, ಬಟುಹು, (ಬಟ್ಟ 1, etc.). Roundness; a circle; regularity in form, beauty (My.; Tĕ.; ವೃತ್ತ Nn. 112; Mr. 529, o. r. ಬಟುಹು; ಉರಟು, ದುಣ್ಡು G.). ಬಟುವಿನಲ್ಲಿ (Nn. 112). ಚಿಕ್ಕನ ಕಣ್ಣೊಳಗಿನ ಗೊಮ್ಬೆಗಳು ಹಗಲು ಸಣ್ಣ ಗೆರೆಗಳನ್ತೆ, ಇರುಳು ದೊಡ್ಡವಾಗಿ ಬಟುವಾಗಿ ತೋರುತ್ತವೆ (B. 3, 31).

ಬಟುಹು baṭuhu. = ಬಟುವು, q. v. (ಚಕ್ರ, ವೃತ್ತ Nn. 49, o. r. ಬಟ್ಟತ್ತು; ಹರಿಣ, ವೃತ್ತ 95, o. r. ವೃತ್ತಭೇದ; ವರ್ತುಲ, ವೃತ್ತ, ನಿಸ್ತಲ Mr. 447).

ಬಟ್ಟ baṭṭa. = ಬಕ್ಕ, ಬಕ್ಕಟ, ಬಟಾ, ಬಟ್ಟು. Bareness; voidness. — ಬಟ್ಟತಲೆ. A bald head (My., also ಬಟ್ಟದಲೆ). ಬಟ್ಟತಲೆಯವನು (ಶಿಪಿವಿಷ್ಟ, ಖಲತಿ Si. 414). ಬಟ್ಟತಲೆಯವನಾದರೆ ಜೆಟ್ಟಿಗೆ ಹೊತ್ತಾನೇ? (Prv.). — ಬಟ್ಟಬಯಲ್. -ಲು. = ಬಕ್ಕಬ್ಬಯಲ್, q. v. (My.; Tĕ.; Bp. 51, 48; Abhâ. 2, 6; J. 7, 48). ಕೊಟ್ಟಾತ ಬಡವಾದ, ಬಿಟ್ಟಾತ ಹಯನಾದ, ಕೊಟ್ಟವಳ ಪಡವೆನೆನುವಾತ ತಾ ಮೊದಲೆ ಬಟ್ಟಬಯಲಾದ (Sp.).

ಬಟ್ಟ baṭṭa. 1. (fr. ಬಟ್ಟಿತ್ತು Śmd. 212). = ಬಟ 2, ಬಟ್ಟು 1, ದೊಟ್ಟು 2 q. v., ವಟ್ರ. Tbh. of ವೃತ್ತ. That is round, circular, spherical or globular; a circle, a disk (T., M. ವಟ್ಟ, ವಟ್ಟು); that is well proportioned, regular or beautiful; that is uniform, as colour; round, etc. ನೇಸಟಿ ಬಟ್ಟ (ಪೊದ್ದು Ċt. I, 35). 2, a mark on the forehead in the form of a circlet. — ಬಟ್ಟಕುದುರೆ. A one-colored (chestnut) horse (My.). — ಬಟ್ಟಗಡಲೆ. -ಕಡಲೆ. Peas, the round pea, Pisum arvense Shakesp., etc. (ಕಲಾಯ, ಸತೀಲಕ, ಹರೇಣು, ಖಣ್ಡಿಕ, etc. Nr., Hlâ.; Si. 304; My.; see ಸಣ್ಣ-). — ಬಟ್ಟಗಡ್ಲೆ. -ಕಡ್ಲೆ. = ಬಟ್ಟಗಡಲೆ. (B. 4, 32; My.). — ಬಟ್ಟಗಿವಿ. -ಕಿವಿ. A round ear (B. 4, 210). — ಬಟ್ಟಗೆಯ್ದು. -ಕೆಯ್ದು. A circular weapon: the discus (Ċt. II, 77). — ಬಟ್ಟಜವ್ವನ. Beautiful youth (Rśv. 1, after 185). — ಬಟ್ಟದಲೆ. -ತಲೆ. A round head (B. 5, 30; My.). — ಬಟ್ಟದೆನೆ. -ತೆನೆ. A round top of a rampart (Grj. 2, 79). — ಬಟ್ಟದೊಡೆ. -ತೊಡೆ. (Śmd. 212). A round thigh (J. 28, 18). ಬಟ್ಟದೊಡೆಯಂ (Śmd. 220), a man with round, well formed thighs. — ಬಟ್ಟಬಲ್ಮೊಲೆ. A round, stout female breast (J. 8, 19; 26, 11; 30, 2). — ಬಟ್ಟಬಾಣ. The fine asura called Bâṇa (Bp. 38, 39). — ಬಟ್ಟಮೀನು. A species of fish (ರಾಜೀವ Nr.). — ಬಟ್ಟಮುತ್ತು. A round pearl (Rśv. 12, after 56). — ಬಟ್ಟಮೊಗ. A round, handsome face (Rśv. 4, after 14; J. 8, 17; 16, 3). ಬಟ್ಟಮೊಗ ಬಟ್ಲು ಆದೀತೇ? (Prv.). — ಬಟ್ಟಮೊಲೆ. A round female breast (Ŏpr. 8, after 4; Râghĕ. 17, 66; V. 4, 18; J. 31, 6). — ಬಟ್ಟವೆಱ್. -ವೆಱ್. The full moon (Rśv. 4, after 14).

ಬಟ್ಟ baṭṭa. 2. = ಬಟ 1 No. 2. Tbh. of ಭಟ್ಟ. A learned Brâhmaṇa (My.). 2, a pûjâri (My.). 3, a praiser, a panegyrist, an encomiast, a bard (My.; Mhr., H. ಭಾಟ). 4, = ಬಣ್ಣ 1, a cook (Mg.). ಬಟ್ಟ ಕೆಟ್ಟ ಕೂಳು ತಿನ್ನು, ನಿಟ್ಟುಸುರು ಬಿಟ್ಟ. — ಬಟ್ಟ ಕೊಟ್ಟಷ್ಟು ಕೊಣ್ಣರೆ ಕೆಟ್ಟು ಹೋಗಲಾಬ. — ಬಟ್ಟನಿಗೆ ಮನ ಕಡಿಮೆಯಾದರೂ ಹೊಟ್ಟೆ ದೊಡ್ಡದು. — ಬಟ್ಟರಿಗೆ ಮನ್ತ್ರ ಸ್ವಲ್ಪ, ಉಗುಳು ಬಹಳ. — ಬಟ್ಟರೇ, ತುಪ್ಪವಲ್ಲ, ರಕ್ತ! ಅನ್ದ ಹಾಗೆ. — ಬಟ್ಟರೇ, ಯಾವಾಗ ಬನ್ದಿರಿ? ಅನ್ದರೆ ಉಟ್ಟು ಕೊಳ್ಳಲಿಕ್ಕೆ ಬಟ್ಟೆಯಿಲ್ಲ ಅನ್ದ. — ಬಟ್ಟರೇ, ಕ್ಷೇಮವೋ? ಅನ್ದರೆ ಎರಡು ಮುಡ್ಡು ಇಂಗಿ! ಅನ್ದ. — ಪಟ್ಟೇ ಏಳ್ಳವಾದರೆ ಬಟ್ಟರಿಗಾಗದೇ? (Prvs.). See Prv. s. ಬೆಟ್ಟ 1; ಕುಣ್ಣೆ-. — ಬಟ್ಟಮಾನ್ಯ. = ಬಟಮಾನ್ಯ. (My.).

ಬಟ್ಟ baṭṭa. 3. Tbh. of ಭ್ರಷ್ಟ. See ತಾಣಬಟ್ಟ.

ಬಟ್ಟಗೆ baṭṭagĕ. Roundness, (round, fat). (My.). ಬಟ್ಟಗೆಯಿದ್ದ (ಸೊನ್ನಲಿಗೆ G.). ದೆಕ್ಕನ ತಲೆ ಬಟ್ಟಗೆ (B. 3, 30). ಕರಡಿಯ ಕಿವಿಗಳು ಬಟ್ಟಗೆ (8, 108). ಆನೆಯ ಹೆಜ್ಜೆಗಳು ಬಟ್ಟಗಾಗಿರುತ್ತವೆ (5, 238). ತುಟ್ಟಿಯಾದಾಗ (ಮೂಱ್) ಕೊಟ್ಟರೆ ಬಟ್ಟಗಾದ (Prv.).

ಬಟ್ಟಂಗಿ baṭṭangi. = ಬಟ್ಟ 2, No. 3. — ಬಟ್ಟಂಗಿಯವ. -ಅವ. (ವನ್ದಿ, ಅರಸನನ್ನು ಕೊಣ್ಣಾಡುವ ಜನ G.).

ಬಟ್ಟನೆ baṭṭanĕ. In a turning-round manner: whirlingly (ತಿಟ್ಟನೆ, ತಿಟ್ಟನೆ, ಭ್ರಮಣಾರ್ಥ Śmd. 392, o. r. ಬಿಟ್ಟನೆ; ತಿಟ್ಟನೆ, ತಿಟ್ಟನೆ, ನಿಟ್ಟನೆ, ಸುಱ್ದು ಬಪ್ಪ ತೆಱಂ Čt. I, 15). — ಬಟ್ಟನೆವರ್. -ಬರ್. To turn or whirl round (ಸುಱ್ Śmd. I).

ಬಟ್ಟನ್ನ baṭṭal-annal. Round, circular (My.). ಗಡಿಯಾರದ ಮೇಲ್ಭಾಗದಲ್ಲಿ ಒನ್ದು ಬಟ್ಟನ್ನ ತಗಡು ಕೂಡ್ರಿಸಿ (B. 3, 86).

ಬಟ್ಟಲ್ baṭṭal. ಬಟ್ಟಲು. = ಬಟ್ಟಲ, ಬಟ್ಲ, ಬಟ್ಲು. (Tbh. of ವರ್ತುಲ). A concave metal vessel: a bowl, a cup, a basin, a goblet (ಚಷಕ Mr. 212; My.; T. ವಟ್ಟಿಲ್, M. ವಟ್ಟಿ, ವಟ್ಟಗೆ; Tĕ. ಬಟುಡಿ; M. ವಟ್ಟಳ, a large cooking vessel, a brass pan; T. ವಟ್ಟ, a large water-pot; Mhr. ವಾಟಿಗ, a large metal dish; ವಾಟೀ, a saucer-form vessel of metal; a half of a cocoanut shell; the pan of the knee; ವಾಟೋಳಾ, round). ಉದಕವ ಕುಡಿವ ಬಟ್ಟಲು (ಕಂಸ, ಪಾನಭಾಜನ); ಮದ್ಯವ ಕುಡಿವ ಬಟ್ಟಲು (ಚಷಕ, ಪಾನಪಾತ್ರ Nr.). ವಾರುಣಿ ಕಳ್ಳನೀಣ್ಟೆ ಮಱಿದಿಕ್ಕಿದ ಬಟ್ಟಲೋ? (Lilv. 3, 4). ಎನ್ನ ಮೋಱ್ ಬಟ್ಟಲು ಆದ್ದ ಹಾಗಿತ್ತೇ? (Prv.). See ಕೆಯ್ಬಟ್ಟಲ್, ಗುಣ್ಣಬಟ್ಟಲ್, ಬೆಳ್ಳಿಬಟ್ಟಲ್, Bp. 14, 5; 33, 18.

ಬಟ್ಟಲ baṭṭala. = ಬಟ್ಟಲ್, etc. (B. 1, 9; 2, 50).

ಬಟ್ಟಿ baṭṭi. 1. (= ಬಱಿ? Tĕ. ವಟ್ಟಿ, empty, vain, useless). — ಬಟ್ಟಿಗಱಿಕೆ. -ಕಱಿಕೆ. The plant Uraria lagopodioides DC. (ಗಾಂಗೇರುಕಿ, ನಾಗವಲೆ, ಹ್ರಸ್ವಗವೇಧುಕ, etc. Nr.).

ಬಟ್ಟಿ baṭṭi. 2. (The belly, M.; cf. ಬಸಿಱ್). 2, (Tbh. of ವರ್ತಿ), a rupture, hernia (M. ವಟ್ಟ; T. ಪಿಟ್ಟೈ, ವಟ್ಟ, ವಳಿ). — ಬಟ್ಟಿ ಬೀಱು. A rupture to take place (My.). — ಬಟ್ಟಿಯೆತ್ತು. -ಎತ್ತು. To raise and replace a rupture (My.).

ಬಟ್ಟಿ baṭṭi. A kiln, a furnace; a spirit-still; the matter prepared in a kiln (Mhr., H. ಭಟ್ಟೀ; My.; Tĕ.). ಸಾರಾಯು ಬಟ್ಟಿ (ಕನ್ದು, ಸ್ವೇದನಿ G.). — ಬಟ್ಟಿಯಿಱ್. -ಇಱ್. To fall in drops, to distill (My.). — ಬಟ್ಟಿಯಿಱಿಸು. -ಇಱಿಸು. To distill, as brandy, etc. (My.).

ಬಟ್ಟಿತು baṭṭitu. = ಬಟ್ಟಿತ್ತು. (ಸನ್ನಲಿಗೆ Śs.; ಸೊನ್ನಲಿಗೆ Kk. 48, o. r. ಸ-; see ಅತಿ-).

ಬಟ್ಟಿತ್ತು baṭṭittu. = ಬಟ್ಟ 1 (Śmd. 212), ಬಟ್ಟಿತು. That which is round, etc. (ವರ್ತುಲ, ನಿಸ್ತಲ, ವೃತ್ತ Nr., Hlâ.; Bp. 15, 8). ಬಟ್ಟಿತ್ತಬಲ್ಲಿ (Nn. 49). Plural ಬಟ್ಟಿದುವು (Śmd. 170). ಬಟ್ಟಿತ್ತಾಗಿರ್ಪುದು (ಚಕ್ರವಾಲ, ಮಣ್ಡಲ Nr.; ವೃತ್ತತೆ Śmd. 19 Cm.). ಬಿನ್ದು ಮುತ್ತಂ ಪೋಲ್ತು ಸೊನ್ನೆಯನ್ತೆ ಬಟ್ಟಿತ್ತಾಗಿರ್ಪುದಱಿಂ ಶೂನ್ಯಶಬ್ದಂ (Śmd. 19). ಕೆಯ್ವಾರಮಂ ಬೀಸಿದನ್ತೆ ಬಟ್ಟಿತ್ತಾಗಿ ತೋರ್ಪುದು ಸೊನ್ನೆ (26).

ಬಟ್ಟು baṭṭu. = ಬಟ್ಟ. — ಬಟ್ಟುಬಱ್ದು. = ಬಟ್ಟಬಯಲು. (ಬಱೀ ಬಯ್ಲು G.).

ಬಟ್ಟು baṭṭu. 1. = ಬಟ್ಟ 1, etc. (ಇನ್ದುಮಣ್ಡಲ Kk. 45; ಮಣ್ಡಲ Śm. 16). ನಸು ಬಿಳಿದಾಗಿ ಮಿಂಚುಹ, ಬಟ್ಟಿಹ ತೊನ್ನು (ಕೋಶ, ಮಣ್ಡಲಕ Nr.). 2, a round thing used for weighing (My.; Mhr. ಬಟ, a large marble, a taw). 3, = ಬಟ್ಟ 1, No. 2. (Ŏpr. 8, 73; My.). ಹಣೆಯ ಮೇಲೆ ಹಚ್ಚಿ ಕೊಳ್ಳುವ ಕಸ್ತುರಿ ಮುನ್ತಾದವುಗಳ ಬಟ್ಟು (ಅಪಾಂಗ G.). — ಬಟ್ಟುಕುದುರೆ. A dapple horse (My.). — ಬಟ್ಟುಗೆಯ್ದು. -ಕೆಯ್ದು. = ಬಟ್ಟಗೆಯ್ದು. — ಬಟ್ಟುಗೆಯ್ದುಗೆಯ್ಯ. -ಕೆಯ್ಯ. Vishṇu (ಉಪೇನ್ದ್ರ Śm. 5. 6). — ಬಟ್ಟುತಾಲಿ. -ತಾಲಿ. A hemispheric plain tâli used as an ornament (My.). — ಬಟ್ಟುಹಸ. A dapple cow (My.).

ಬಟ್ಟು baṭṭu. 2. = ಬೆಟ್ಟು, ಬೊಟ್ಟು 1. A finger; a toe (My.; Mhr. ಬೋಟ). 2, a drop (My.). — ಬಟ್ಟಾಡು. -ಆಡು. To fall in drops (Č. Bp. 35, 18).

ಬಟ್ಟೆ baṭṭĕ. = ಬಿಟ್ಟೆ, q. v.

ಬಟ್ಟೆ baṭṭĕ. 1. = ಬಟ್ಟ. (Tbh. of ವಾಟ; cf. ದಾಟು). A path, a road, a way (ವರ್ತ್ಮ, ಮಾರ್ಗ Nn. 86; ಏಕಪದಿ, ಮಾರ್ಗ Mr. 187; ಅಧ್ವ, ಪನ್ಥ, ಪದ್ಧತಿ, ಮಾರ್ಗ, etc. Hlâ.; ಅಯನ, ಮಾರ್ಗ, etc. Nr.; ಪೊಱ್, ಬಱ್ Śmd. I; ಪಥ Śm. 39; My.; M. ವಟ್ಟ; T. ವಟ್ಟೈ; Mhr. ವಾಟ). ಬಟ್ಟೆಗೂಡಿದ ಎಡೆ (ಶೃಂಗಾಟಕ); ಬೆಟ್ಟಿಹ ಬಟ್ಟೆ (ಕಾನ್ತಾರ); ಬಟ್ಟೆ ನಡೆವಾತಂ (ಪಾನ್ಥ, ಅಧ್ವಗ, ಪಥಿಕ, etc. Hlâ.). ಉದಕದ ಬಟ್ಟೆ (ಭ್ರಮ, ಜಲನಿರ್ಗಮ); ಉದಕ ಹರಿವ ಬಟ್ಟೆ (ಪ್ರಣಾಲಿ); ಲೇಸಪ್ಪ ಬಟ್ಟೆ (ಸುಪನ್ಥ, etc.); ಹೊಲ್ಲಹ ಬಟ್ಟೆ (ಕಾಪಥ, ವಿಪಥ, etc.); ಬಟ್ಟೆಯಲ್ಲದ ಬಟ್ಟೆ (ಅಪಥ, etc.); ನಾಲ್ಕು ಬಟ್ಟೆಗೂಡಿದ ಬಟ್ಟೆ (ಶೃಂಗಾಟಕ, ಚತುಷ್ಪಥ); ದೂರವಾಗಿಹ ಹಾದಿಬಟ್ಟೆ (ಪ್ರಾನ್ತರ); ಹೋಗ ಬಾರದ ಬಟ್ಟೆ (ಕಾನ್ತಾರ, ದುರ್ಗ); ಬಟ್ಟೆಯ ನಡೆವಾತಂ (ಪಾನ್ಥ, ಪಥಿಕ, etc.); ನೂಱು ಮಾರಳತೆಯ ಬಟ್ಟೆ (ಘಣ್ಟಾಪಥ, etc. Nr.). ನೀರ ಬಟ್ಟೆ (ಕೋಡಿ Bhn. 4). ಅಱುಹಿನ ಬಟ್ಟೆ (Sp.). ನಡೆ, ಧರ್ಮದ ಬಟ್ಟೆಯಱಿತು! (Jmt. 24). See Čpr. 5, 70; Grj. 9, 14; Abh. P. 12, 96; Bp. 40, 71; 41, 8; 58, 60; Rśv. 6, after 120; J. 19, 30. 50; 33, 28; ಎಲರ್ವಟ್ಟೆ, ಕರ್ಬಟ್ಟೆ, ಕಾಲುಬಟ್ಟೆ, ಗಾಳಿವಟ್ಟೆ, ತಾರಗೆವಟ್ಟೆ, ನಾಲ್ವಟ್ಟೆ, ಮಿಗವಟ್ಟೆ, ಮಾನ್ವಟ್ಟೆ, ಮಾಮ್ಬಟ್ಟೆ, ಮುಗಿಲ್ವಟ್ಟೆ; Prv. s. ದಾರಿ. — ಬಟ್ಟೆಗಾಣ್. -ಕಾಣ್. To see a way (Ŏpr. 8, after 4). — ಬಟ್ಟೆಗಾವಲ್. -ಕಾವಲ್. A convoy or guard to protect a traveler (J. 4, 69). — ಬಟ್ಟೆಗೆಡು. -ಕೆಡು. A road to fail; to lose the way (J. 19, 18). — ಬಟ್ಟೆಗೊಡು. -ಕೊಡು. To give room (J. 6, 2). — ಬಟ್ಟೆದಪ್ಪು. -ತಪ್ಪು. A road to be lost (Ŏpr. 7, 22). — ಬಟ್ಟೆ ಬಟ್ಟೆ. rep. (J. 3, 9). — ಬಟ್ಟೆವಿಡಿ. -ಪಿಡಿ. To enter on a journey, to start (J. 26, 4; 29, 44).

ಬಟ್ಟೆ baṭṭĕ. 2. (Tbh. of ವಸ್ತ್ರ). Cloth (ಅಱುವೆ Śm. 39; ವಸ್ತ್ರ, ಆಚ್ಛಾದನ, ವಾಸ, ಚೇಲ, ವಸನ, ಅಂಶುಕ Śi. 228; My.; Tĕ.; T. ವಟ್ಟ, ವಟ್ಟುಪ್ಪು). ಬಟ್ಟೆಯಿನ್ದ ಆಗುವನ್ತಾದು ಬೊಟ್ಟೆನಿನ್ದ ಆದೀತೇ? — ಬಟ್ಟೆ ಸುಟ್ಟು ಹೋಯಿತೆನ್ದರೆ ಸೆಟ್ಟಿ ಬಿಟ್ಟಾನೇ? — ಬಟ್ಟೆಯಿಲ್ಲದವಗೆ ಪಟ್ಟೆ, ಊಟವಿಲ್ಲದವಗೆ ಚಿರೋಗೆಸಾಲೆ. — ಬಟ್ಟೆಗೆ ಹಾಕಿದ ಕೆಯ್ ಬಱಿಗೆ

ಯ್. — ಬಟ್ಟೆ ಮಾಸಿದರೆ ಆಗಸಗೆ, ನಾಲಿಗೆ ಮಾಸಿದರೆ ಕೆರಕ್ಕೆ. — ನಿಮ್ಮ ನೇ ಕಾಟಕ್ಕೆ ನಮ್ಮನೇ ಬಟ್ಟೆಯೇ? — ನೇಯಿದರೆ ಬಟ್ಟೆ, ಕಟ್ಟಿದರೆ ಮೊಟ್ಟೆ (Prvs.). See Si. 60. 187. 204. 221. 222. 223. 224. 276. 279; ಕೆಮ್ಪಟ್ಟೆ, ನವುರು-, ನೂಲು-, ಪೊಗರ್ವಟ್ಟೆ, ಪೊಮ್ಪಟ್ಟೆ, ಬೆಳ್ಳು ಪ್ಪಟ್ಟೆ, etc.; Prv. s. ಮಾನ 2. — ಬಟ್ಟೆಗುತ್ತೆ. -ಕುತ್ತೆ. A female who bears disease in her clothes (Bp. 40, 56). — ಬಟ್ಟೆಗೇಡು ಬರೆಗೇಡು. Ruin of cloth and raiment. ಬಟ್ಟೆಗೇಡು ಬರೆಗೇಡು, ಬಡ್ಡೀ ಮಕ್ಕಳಿಗೆ ಕೊಟ್ಟೆ ಹಾಗೆ (Prv.). — ಬಟ್ಟೆ ಬರೆ. reit. (My.).

ಬಟ್ಟೆಗ baṭṭe-ga. One who has a road or track. See ಕಾರ್ವ ಟ್ಟೆಗ, ಗಾಳಿವಟ್ಟೆಗ.

ಬಟ್ಲ baṭla. = ಬಟ್ಲು, etc. (ಚಷಕ G.; B. 3, 58).

ಬಟ್ಲು baṭlu. = ಬಟ್ಟಲ್, etc. (My.; ಕಂಸ, ಪಾನಭಾಜನ Si. 309). ಚಿನ್ನದ ಬಟ್ಲು (ಭೃಂಗಾರ 268). ಹೆಣ್ಣು ಕುಡಿಯುವ ಬಟ್ಲು (ಚಷಕ, ಪಾನಪಾತ್ರ 348). — ಬಟ್ಲ ಹೂವು. A much cultivated ornamental herb or half shrub with rose-coloured or white flowers, Vinca rosea L. (Z.).

ಬಡ baḍa. 1. = ಬಡಸು, ಬಡೆದು. Short P. p. of ಬಡೆ 1, in ಬಡ ಕೊಳ್ಳು (My.; B. 1, 10; 2, 17; 5, 164. 169). — ಬಡ ಬಡ. = ಬಡೆದು ಬಡೆದು, in ಬಡ ಬಡ ಕೊಳ್ಳು (B. 2, 43; My.).

ಬಡ baḍa. 2. (fr. ಬಡವು Śmd. 210). Poorness; weakness, feebleness; miserableness; thinness, leanness; humbleness; — poor, etc. (My.; M. ವಡು; T., M. ವಡಿ, to dry up, decrease, be diminished; *cf.* ಬಟಿಲ್, ಬಾಡು). ಬಡವಾದ ದೇಹ (ತಲ್ಕ, ಕೃಶಾಂಗ Nn. 157). ಕರಗಸದ ನಡು ಬಡವಾದರೆಯು ಕೊಯ್ದಿಕ್ಕದೇ? (Bh. 1, 8, 28). — ಬಡ ಎತ್ತು. A lean, miserable bullock. ಬಡ ಎತ್ತಿಗೆ ದರೇ ಮೇಲಣ ಹುಲ್ಲೇ? (Prv.). — ಬಡ ಕರಿ. A miserable elephant (Bp. 22, 17). — ಬಡ ಕಾಯಕ. A miserable, low occupation (Bp. 47, 5). — ಬಡ ಕುಟುಮ್ಬ. A poor family (B. 5, 91). — ಬಡ ಗಿಡ. The plant Phyllanthus bada Schold. (St. & Pl.). — ಬಡಗುದುರೆ. -ಕುದುರೆ. A miserable, lean horse (Bp. 22, 55). — ಬಡಗೆಲಸ. -ಕೆಲಸ. = ಬಡ ಕಾಯಕ. (Bp. 23, 18). — ಬಡ ದನ. Lean cattle (My.). — ಬಡ ತಪಸ್ವಿ. A poor ascetic (Bp. 32, 52). — ಬಡ ದಾಸ. A poor vaishṇava mendicant. ಬಡ ದಾಸಗೆ ನಾಮವೇ ಆಧಾರ (Prv.). — ಬಡ ದೇವ. = ಬಡ ದೈವ. ಬಡ ದೇವರನ್ನು ಕಣ್ಡರೆ ಬಿಲ್ಪತ್ರೆ ಬುಸ್ಸೆನ್ನುತ್ತದೆ (in worship, Prv.). — ಬಡ ದೈವ. A miserable, weak deity (Bp. 54, 23). — ಬಡನಡು. (Śmd. 210; Čt. II, 98; Bp. 3, 3; 4, 20; Rśv. 10, 7; V. 5, 7). A thin, small waist (ಅಸಿನಡು G.). — ಬಡ ನಣ್ಟ. A poor relative. ದೊಡ್ಡವರ ಮನೆಗೆ ಬಡ ನಣ್ಟ ಹೋದ ಹಾಗೆ (Prv.). — ಬಡ ನುಡಿ. An humble, timid word (Bp. 59, 14). — ಬಡ ಪಾಪಿ. A weak person (My.). — ಬಡ ಪಾಯಿ. = ಬಡಪಾಪಿ. (My.). — ಬಡ ಪಾರ್ವ. A poor Brâhmaṇa (Bp. 56, 25). — ಬಡ ಬಗ್ಗ. reit. A poor, or very poor, man (My.; B. 2, 32; 3, 110). — ಬಡ ಬಡ. rep. — ಬಡ ಬಡಾಗು. -ಆಗು. To become very small or short, etc. (Čpr. 7, after 62). — ಬಡ ಬಡಾದಂ. -ಆದಂ (Śmd. 63). One who is very poor or feeble. — ಬಡ ಬಡಕ. A poor, feeble male (Râm. 6, 46, 39). — ಬಡ ಬಡಕಲು. dupl. The state of being very weak, feeble or thin (My.). ಬಡ ಬಡಕಲುಮೆಯ್ಯುಳ್ಳವನು. = ಬಡ ಮೆಯ್ಯವನು (ಅಮಾಂಸ, ದುರ್ಬಲ, ಛಾತ Si. 196). — ಬಡ ಬಾಸೆ. = ತೆಳುವಾಸಿ. The thin perpendicular line of hair growing in the centre of a person's breast (Rśv. 7, 32; 10, 32; V. 4, 103; ರೋಮ ರಾಜಿ G.). — ಬಡ ಭಕ್ತ. A poor devotee (Bp. 29, 10). — ಬಡ ಮಗುವು. A poor child (Bp. 14, 19). — ಬಡ ಮತಿ. A weak or feeble mind or understanding (Bp. 1, 14). — ಬಡ ಮನ. An humble mind (My.). — ಬಡ ಮನಸು. = ಬಡ ಮನ. (Dp. 161, 8; My.). — ಬಡ ಮನ್ದಿ. Poor people (B. 5, 203. 235). — ಬಡ ಮಾತು. = ಬಡ ನುಡಿ. (My.). — ಬಡ ಮಾತೆ. A poor, feeble mother (Bp. 15, 7). — ಬಡ ಮುನಿಸು. Feeble anger (Bp. 47, 22). — ಬಡ ಮೆಯ್ಯವ. A man who has a weak, feeble or thin body (ಅಮಾಂಸ, ದುರ್ಬಲ, ಛಾತ Nr.). — ಬಡವ. -ಅವ. A poor, ill-conditioned, miserable, weak man (ಕ್ಷುದ್ರ, ದರಿದ್ರ, ಅಕಿಂಚನ, ದುರ್ವಿಧ, ದುಃಸ್ಥ, ದುರ್ಗತ, ದೀನ, ನಿಸ್ವ Hlâ., Nr.; Si. 367; ದುಸ್ತರ, ಅಕಿಂಚನ, ದುರ್ಗತ, ದುರ್ವಿಧ, ದರಿದ್ರ Mr. 230; My.). ಗಿಡ್ಡನಾಗಿ ಬಡವನಾಗಿದ್ದವನು (ಪೃಶ್ನಿ, etc. Nr.). ದೈವದೊಲ್ಮೆಯಿರಲುಂ ಕಾಲಾನುಕಾಲಕ್ಕೆ ತಾಂ ಬಡವಂ ಬಲ್ಲಿದ ನಾಗನೇ? (Śk. 44). ಬಡವಗೆ ಆಸೆ ಹೇಱ ಬೇಡ, ಬಲ್ಲಿದವಗೆ ದಾಸೆ ಹೇಱ ಬೇಡ. — ಬಡವಗೆ ನಾಡ ಮಾತು ಯಾಕೆ? — ಬಡವಗೆ ಯಾಕೆ ಸಿರಿವನ್ತನ ಹೆಣ್ಣು? — ಬಡವನ ಬಿನ್ನಹ ಎಡೆಯಲೆ ಹೋಯಿತು (fell between, did not reach). — ಬಡವನ ಸಿಟ್ಟು ದವಡೆಗೆ ಮೂಲ. — ಬಡವನ ಸಂಕಟ ಮನೆಯೆಲ್ಲ, ಅರಸನ ಸಂಕಟ ರಾಜ್ಯವೆಲ್ಲ. — ಬಡವನ ಹೆಣ್ಡತಿ ಎಲ್ಲರ ಅತ್ತಿಗೆ. — ಬಡವ, ನೀ ಮುದಗಿದ ಹಾಗಿರು! — ಬಡವ ಹಾಕಿದ್ದಾನೆ ಕಡೆಕೇರಿಲಿ. — ದೊಡ್ಡವನ ಮನೇ ನೋಟ, ಬಡವನ ಮನೇ ಊಟ. — ದೊಡ್ಡವನಾಡಿದ್ದೇ ಆಟ, ಬಡವನಾಡಿದ್ದೇ ಬಣ್ಡಾಟ. — ದೊಡ್ಡವನು ಉಣ್ಡರೆ ಮದ್ದು, ಬಡವನು ಉಣ್ಡರೆ ಹೇಸಿಗೆ. — ಬಡವ ತಿನ್ದರೆ ಹೊಟ್ಟೆಗಿಲ್ಲದೆ ತಿನ್ದ, ಇದ್ದವ ತಿನ್ದರೆ ಮದ್ದಿಗೆ ತಿನ್ದ. — ದೊಡ್ಡವರ ನಣ್ಟತನ ಬಡವನಿಗೆ ಬಣ್ಡಾಟ (Prvs.). See Čpr. 6, 82; Bp. 20, 9; 23, 30; 30, 11; J. 2, 35; B. 3, 22; Prvs. s. ಅವುಡು 2, ಬಲ್ಲಿದ. — ಬಡವಡು. -ಪಡು. To become poor, feeble, lean, etc. (ಸಣ್ಣನಾಗು Čt. I, 15). — ಬಡವಳು. -ಅವಳು. A poor, etc. woman (C.). — ಬಡವಾಗು. -ಆಗು. To become poor, etc. (Čpr. 5, 123; Bp. 22, 54; 35, 32; J. 3, 21). See it again above and s. ಬಡವು. — ಬಡವೆ. = ಬಡವಳು. (My.). — ಬಡವೊಡಲ್. -ಒಡಲ್. A weak, lean body (Bp. 44, 9). — ಬಡ ಹಗೆ. A paltry foe (ಕಣ್ಟಕ, ಕ್ಷುದ್ರಶತ್ರು Nr.). — ಬಡ ಹೊಲತಿ. A poor, miserable outcaste-woman (Bp. 57, 57).

ಬಡ baḍa. 3. = ಬಗಸ. (My.; T. ವಡ, M. ವಡೆ).

ಬಡ baḍa. = ವಟ 1. An imitative sound. — ಬಡಬಡ. rep. = ವಟವಟ. Gabble, jabber, prate (Mhr.; My.; Tě. వడవడ; T., M. ವಳವಳ). — ಬಡಬಡಮಾತಾಡು. To gabble, to babble, to prate (My.). — ಬಡಬಡಮಾತು. = ಬಡಬಡ. (My.). ನಿನ್ನ ಬಡಬಡಮಾತು ಸಾಕು, ನನ್ನ ಒಡೆದ ತೆಂಗಿನ ಕಾಯಿ ತಾ! (Prv.). — ಬಡಬಡಿಸು. To gabble. 2, to rave (B. 2, 31; Mhr. ಬಡ ಬಡಣೇಂ).

ಬಡಕ baḍaka. 1. A lean, thin, feeble male (ಅರ್ಭಕ Čb.; B. 3, 22; see ಬಡ-). — ಬಡಕದನ. Lean cattle (My.).

ಬಡಕ baḍa-ka. 2. (Śmd. 241). = ಬಡಿಕ, ಬಡುಕ. A man who beats or bangs. See ಎದೆ-, ಜಾಯಿ-, ಬೂದಿ-, etc.

ಬಡಕಲು baḍakalu. The state of being weak, thin, etc. (My.). ಗಿಡ್ಡು ಬಡಕಲವನು (ಪೃಶ್ನಿ, ಅಲ್ಪತನು Si. 198). — ಬಡಕಲ. -ಅ 3. A weak, etc. man (My.).

ಬಡಗ baḍaga. = ಬಡ 3, ಬಡಗಲ್ (Śmd. 145), ಬಡಗು. The north; in the north (145; Tě. వడకు; T., M. ವಡಕ್ಕು; J. 15, 1; My.). Genitive ಬಡಗಣ, ablative ಬಡಗಣಿಂ (Śmd. 135). ಬಡಗವಲ್ಲಿ (B. 2, 23); ಬಡಗಕ್ಕೆ (4, 67). ಬಡಗಣ ತಡಿಯೊಳ್ (Čpr. 3, after 9). ಪಡುವ ಮೂಡ ತೆಂಕ ಬಡಗ ಪೊಡವಿಪತಿಗಳಿಲ್ಲ! ಎನಲ್ ನಡೆದು, ಗೆಲ್ದು (Śmd. 145). ಪಡುವಣ ಬಡಗಣ ದೇಶ (ಪಶ್ಚಿಮೋತ್ತರದೇಶ Nr.). — ಬಡಗಣಂ. -ಅಣ್-ಅಂ 3. (Śmd. 136). A man of the north, a northerner. — ಬಡಗಣ ದಿಕ್ಕು. The north quarter. ಬಡಗಣ ದಿಕ್ಕಿನರಸ, Kubêra (ಕಿನ್ನರಪತಿ

Šm. 13). — ಬಡಗಣ ದೆಸೆ. = ಬಡಗಣ ದಿಕ್ಕು. (ಕೌಬೇರಿ, ಉತ್ತರೆ, ಉದೀಚಿ Hlâ.).

ಬಡಗ badaga. (Tbh. of ವಟುಕ?). A servant (ಭೃತ್ಯ Bhn. 27).

ಬಡಗಲ್ badagal. = ಬಡಗ (Šmd. 145), etc. (ಉತ್ತರ, ಉದೀಚಿ Mr. 58; My. as ಬಡಗಲು). ಬಡಗಲಾದುದು (ಉದೀಚೀನ, ಉದಕ್ Hlâ.; ಉದೀಚೀನ Mr. 58). ಬಡಗಲ ಕಡೆ (ಉದೀಚಿ, ಉತ್ತರದಿಕ್ Si. 28). ಬಡಗಲಲ್ಲಿ ಹುಟ್ಟಿದದು (ಉದೀಚೀನ 29).

ಬಡಗಲೆ badagalĕ. A certain Vaishṇava mode of putting the nâma, drawing a line across the upper part of the nose, as is done by northerners (My.). *Cf.* ತೆಂಗಲೆ.

ಬಡಗಿ badagi. = ಬಡಾಯಿ 1, ಬಡಿಗ, ಬಡಿಗಿ, ಬಡಿಗೆ, ಬಡಿಗ್ಯಾ, ಬಢ್ಢಗಿ. Tbh. of ವರ್ಧಕಿ (Šmd. 370). A carpenter (ವರ್ಧಕಿ, etc. Nr., Hlâ.; Mr. 376, o. r. ಬಡಿಗಿ; Bp. 16, 13; 21, 29; Râm. 5, 8, 50; My.). ಸ್ವರ್ಗಲೋಕದ ಬಡಗಿ (ವಿಶ್ವಕರ್ಮ Nr.). ದೇವರ ಬಡಗಿ (ವಿಶ್ವಕರ್ಮ, ದೇವವರ್ಧಕಿ, etc. Hlâ.). ದಣೀ ಹೇಡಿಯಾಟ, ಬಡಗೀ ದುಡಾಟ (Prv.). — ಬಡಗಿವುಣಾಚಲದೇವಿ. N. (Bp. 55, 14). — ಬಡಗಿಯರ ಹಕ್ಕಿ. The hoopoe, Upupa epops (Pr.).

ಬಡಗಿತನ badagitana. = ಬಡಿಗಿತನ. Carpentry (My.).

ಬಡಗು badagu. = ಬಡಗ, etc. — ಬಡಗ. -ಅ 3. = ಬಡಗಣಂ. (My.). — ಬಡಗುಕಡೆ. = ಬಡಗಣ ದಿಕ್ಕು. (My.). — ಬಡಗುದಿಕ್ಕು. = ಬಡಗುಕಡೆ. (My.).

ಬಡತ badata. = ಬಡಿತ. Beating, thrashing; a stroke, a blow (My.). ದುಡುಕು ಇದ್ದವಗೆ ಬಡತ ತಪ್ಪದು (Prv.). ಎಷ್ಟನ್ನ ಬಡತಾ ತಾಳಲಿ? ಈ ಬಡತದ ಕಾಲೊಳಗೇ ಹಿಸ್ತಕ್ಕೊಮ್ಮೆ ಬೇನೇ ಬಿದ್ದಿದ್ದೆನು (B. 3, 59). ಆಗಲೆ ಅವನಿಗೆ ಬಡತ ಬಿದ್ದವು (2, 23). ಎಷ್ಟು ದಿನ ಆಕೆಗೆ ಬಡತ ಬೀಳಲಿಲ್ಲ (3, 60). See Prv. s. ಬಡ್ಡುಕುದುರೆ.

ಬಡತನ badatana. Thinness (Čpr. 6, 69; J. 26, 11; 29, 28); poverty (Čpr. 6, 93; Bp. 22, 55; ದೌರ್ಭಾಗ್ಯ G.; C.). ಎಲ್ಲದಕ್ಕೆ ಬಡತನವಾದರೆ ಹಿಡಿ ತುಮ್ಮ ಗಡ್ಡಕಿಕ್ಕು ಬಡತನವೇ? — ದೀನನ ಸಿರಿಗಿನ್ನ ದಾನಿಯ ಬಡತನವೇ ಲೇಸು. — ದೊರೆತನಕ್ಕೆ ಬಡತನವೇ? (Prvs.). See Prvs. s. ಬಡಿ 1, ಸಮುದ್ರ 1.

ಬಡದು badadu. = ಬಡೆದು. P. p. of ಬಡೆ 1.

ಬಡಬಾಗ್ನಿ badabâ-agni. = ವಡವಾಗ್ನಿ. (ಕಡಲ್ಗಿಚ್ಚು Šm. 12; My.).

ಬಡಬಾಬ್ಧಿವಹ್ನಿ badabâ-abdhi-vahni. = ಬಡಬಾಗ್ನಿ. (Šâv. 4, 72).

ಬಡಬಾನಲ badabâ-anala. = ವಡವಾನಲ. (My.).

ಬಡಬೆ badabĕ. ಬಡಬಾ. = ವಡವೆ.

ಬಡಲುವಿಕೆ badaluvikĕ. = ಬಳಲಿಕೆ. Fatigue (ಕ್ಲಮಥ, ಕ್ಲಮ, ಬಳಲೋಣವು Si. 390, *only* in Si.; Tĕ. ಬಡಲಿಕ; Tĕ. ಬಡಲು, ವಡಲು = ಬಳಲ್ 1).

ಬಡವಾ badavâ. A pimp, a procurer (My.; Mhr., H. ಭಡವಾ).

ಬಡವು badavu. = ಬಡ 2 (Šmd. 210; ಶಾರದೆ, ಕೃಶ Nn. 28; ಕಾಶ್ಯ, ಕೃಶ 33; Tĕ. ಬಡುಗು). ಬಡವಿನಲ್ಲಿ (Nn. 28, 33). ತೊಡಗಿದ ಕೃತಿಗಳೊಳ್ ಆನೆನದು ಬಡವೇ! (Šmd. 407). — ಬಡವಾಗು. -ಆಗು. To become thin, lean, etc. (ಕಡಿಲ್, ತುಡು Šmd. I; ನಸಿ Ŏt. I, 71). ಬಡವಾದಿರ್, ಅರಸ! ಕಾಲೊಳ್ ನಡಪಿರ್! ಬಡನಾರುಮ್ ಇಲ್ಲ! (Šmd. 125). See it again s. ಬಡ 2, & Prv. s. ಅಕ್ಕ.

ಬಡಸ್ತನ badastana. = ಬಡತನ. (My.).

ಬಡಸ್ತಿಕೆ badastikĕ. = ಬಡಸ್ತನ. (My.). ಬಡಸ್ತಿಕೆ ಏಟಿಗೊಡದು, ದೊಡ್ಡಸ್ತಿಕೆ ಮಲಗಗೊಡದು (Prv.).

ಬಡಹ badaha. (= ಬಡವು). Thinness, leanness, fineness (Čpr. 4, 47; 8, after 44).

ಬಡಾಯಿ badâyi. 1. = ಬಡಗಿ, etc. (My.; Br.; Mhr., H. ಬಢಈ).

ಬಡಾಯಿ badâyi. 2. Greatness; vain pomp; bragging (Mhr., H. ಬಢಾಈ; My.; Br.). ಬಡಾಯಿ ಬಲ್ಲವನು ಲಡಾಯಿ ಬಲ್ಲನೇ? (Prv.). — ಬಡಾಯಿಮಾತು. An empty, vain word (My.).

ಬಡಾಯಿಖೋರ badâyi-khôra. A braggart (Mhr.; My.).

ಬಡಾಯಿಗಾರ badâyi-gâra. = ಬಡಾಯಿಖೋರ. (My.).

ಬಡಾಯಿಸು badâyisu. To become great, to increase, to grow (My.). 2, to increase (v. t., My.).

ಬಡಿ badi. 1. = ಬಡೆ 1, ಬೊಡಿ, ಬೊಡೆ 1. To beat, to strike, to thrash, to bang, to pound (ತಾಡನ Šmd. Dh.; Šm. 92; My.; M. ವಡಿ.; Mhr. ಬಡವಿಣೇಂ; *cf.* ಜಡಿ 4). 2, to sweep away, to carry away. ನಾವಿಬ್ಬರೇ ಆ ಬದುಕು ಎತ್ತಿ ಬಡಿಯ ಬೇಕು (B. 3, 101). ಹೊಡೆ ಮರವನ್ನು ಬಡ ಕೊಂಡು ಹೋಯಿತು (My.). ಹಿಡಿಗು ಬಡಿದ ಎತ್ತು (ಜಾತೋಕ್ಷ Nr.). ಹುಡುಬು ಬಡಿಯದೆ, ದನಿಯ ಕೊಡುವದೇನೋ? (Dp. 148). ಅವರಿಗೆ ಬಡ ಕೊಂಡ ಸುಳ್ಳ ದೆವ್ವನ್ನು ಬಿಡಿಸ ಬೇಕು (B. 5, 169). ಬಡಿಯೋನ ಹತ್ತರ ಹೋದರೆ ಬಡತನ ಹೋದೀತೇ? — ಇದ್ದವರು ಇದ್ದ ಹಾಗೆ, ಸಿದ್ದಾದೇವಿಗೆ ಸಿಡಿಲು ಬಡೀತು (Prvs.). See Čpr. 7, 87; Bp. 1, 20; 21, 19; 51, 59. 67; 60, 60; Bh. 2, 4, 6; Šâv. 3, 50; J. 3, 32; 4 sum.; B. 2, 19. 43; 3, 23. 59. 101; 4, 158; 5, 287. 293. — ಬಡಿದಾಟ. -ಆಟ. Excessive beating, mutual striking, fighting, wrangling (My.). — ಬಡಿದಾಡು. -ಆಡು. To strike mutually, to fight, to wrangle (My.). ಬಡಿದಾಡುವವರ ಹತ್ತರ ಬಡಿವಾರವೇ? (Prv.).

ಬಡಿ badi. 2. = ಬಡು, ಬಡಿದು. P. p. of ಬಡಿ 1, in ಬಡಿಬಡಿದಾಡು (Bp. 38, 32).

ಬಡಿ badi. 3. = ಬಡೆ 2, ಬೊಡೆ 2. Beating, etc.; a blow; castration. 2, a short, thick stick, a cudgel (ಸ್ವಲ್ಪದಣ್ಣ Šmd. Dh., o. r. ಅಲ್ಪ-; ಸ್ವಲ್ಪದಣ್ಣ Šm. 92; Čpr. 5, 75). — ಬಡಿ ಕೊಳ್. To receive blows, to be wounded by them (Abh. P. 4, 110). — ಬಡಿಕೋಲ್. A staff for striking, beating or pounding (ದಂಡ Šs.; ದಂಗಿ, ದಂಡ Šm. 61; Râghĕ. 17, 67. 74; Râv. 5, 52; Šâv. 3, 23; J. 28, 47). — ಬಡಿಗಲ್ಲು. -ಕಲ್ಲು. A stone-trap (for catching bandicoots, Abhâ. 2, 72). — ಬಡಿಬಡಿಗೆ. = ಬಡಿಕೋಲ್. (B. 3, 23). — ಬಡಿಮಣೆ. An instrument for levelling a surface by beating (B. 4, 121). — ಬಡಿವಡೆ. -ಪಡೆ. To get blows, to be struck (J. 16, 42). — ಬಡಿಹೋರಿ. A gelded young bull (Bh. 2, 10, 9; 4, 4, 61). — ಬಡಿಹೋರಿಬೊಮ್ಮಯ್ಯ. N. (Bp. 58, 4).

ಬಡಿ badi. 4. = ಬರಿ 2, etc. See ಕಿಬ್ಬಡಿ.

ಬಡಿಕ badika. = ಬಡಕ 2, etc. See ಕೂಟ್-, ತೊತ್ತು-, ಬಾಯ್-, ಬಾಯಿ-.

ಬಡಿಕೆ badikĕ. Beating, etc. 2, trouble, the trouble of old age. ನಾಲ್ವತ್ತರ ಮೇಲೆ ನಡಿಕೆ, ಎಪ್ಪತ್ತರ ಮೇಲೆ ಬಡಿಕೆ, ತೊಬ್ಬತ್ತಕ್ಕೆ ಶಯನ, ನೂರಕ್ಕೆ ಪಯಣ (Prv.).

ಬಡಿಗ badiga. One who serves up, as a meal. See ಉಣ-. 2, one who beats or beats off. See ಕುಂಚವಡಿಗ, ಸದೆಬಡಿಗ, & *cf.* ವಡಿಗ.

ಬಡಿಗ badiga. = ಬಡಗಿ, etc. (ತಕ್ಷ G.; B. 2, 24; 5, 80). ಬಡಿಗನ ಉಳಿ (G. 82). ಊರ ಬಡಿಗ (ಗ್ರಾಮತಕ್ಷ G.). — ಬಡಿಗನ ಹಕ್ಕಿ. (ದಾರ್ವಾಘಾಟ, ಶತಪತ್ರಕ G.).

ಬಡಿಗಿ baḍigi. = ಬಡಗಿ q. v., etc. (B. 4, 122). ಕೆಲಸವಿಲ್ಲದ ಬಡಿಗಿ ಮಕ್ಕಳ ಕುಂಡೆ ಕೆತ್ತಿದ (Prv.). See ಹಾವು-. — ಬಡಿಗಿಕೆಲಸದವನು. = ಬಡಗಿ. (ತ್ವಷ್ಟೃ Si. 414). — ಬಡಿಗಿಯವನು. -ಅವನು. = ಬಡಿಗಿ. (Si. 399).

ಬಡಿಗಿತನ baḍigitana. = ಬಡಗಿತನ. (B. 5, 82).

ಬಡಿಗೆ baḍigĕ. A stick, a staff, a cudgel (B. 4, 55; Bp. 16, 21; My.; Tĕ. ಬಡಿಯೆ; Mhr. ವಡಗಾ). 2, a hammer, a mallet. ಕಬ್ಬುನದ ಬಡಿಗೆ (ಕೂಟ Nr.; ದ್ರುಘಣ, ಮುದ್ಗರ Nr.). ಬಡಿಗೆಯಿಲ್ಲದ ಚಿನ್ನ ಕಡಗವಾಗುವದೇನೋ? (Dp. 148).

ಬಡಿಗೆ baḍigĕ. = ಬಡಿಗಿ, etc. — ಬಡಿಗೆಯವ. -ಅವ. = ಬಡಿಗಿಯವನು. (ತಕ್ಷ, ವರ್ಧಕಿ, ತ್ವಷ್ಟೃ, ರಥಕಾರ, ಕಾಷ್ಠತಕ್ಷ Si. 339; ಸೂತ 422; B. 4, 151). ಊರಿಗೆ ಆಧೀನನಾಗಿ ಗೇಯುವ ಬಡಿಗೆಯವನು (ಗ್ರಾಮತಕ್ಷ Si. 339). — ಬಡಿಗೇರವ. i. e. ಬಡಿಗೆಯರ ಅವ. = ಬಡಿಗೆಯವ. (ಓಜ, ತ್ವಷ್ಟೃ, etc. G.).

ಬಡಿಗ್ಯಾ baḍigyā. = ಬಡಿಗೆ, etc. (S. Mhr.; ತಕ್ಷ Čb.).

ಬಡಿತ baḍita. = ಬಡತ. (My.).

ಬಡಿವಾರ baḍivāra. (= ಬಡಾಯಿ 2). Greatness, grandeur (Mhr.). 2, brag, bragging (My.; ಅಟ್ಟಹಾಸ G.; B. 2, 40). ಬಡಿವಾರದವನ ಸಂಗಡ ಹೋಗಿ, ನಡುದಾರಿಲಿ ಬಿದ್ದ.—ಬಡಿದಾಡುವವರ ಹತ್ತರ ಬಡಿವಾರವೇ?—ಬಡಿವಾರದ ಮೂಡಿನನ್ನು ಬಡಿಗೇಲಿ ಬಡಿದರೆ ಅಡಿಗೆಯ ಮನೆತನಕ ಗುಡುಗುಟ್ಟುತ್ತಿದ್ದ.—ಅಡಿ ಜಾಬ್ ಬಿದ್ದಲ್ಲಿಂದ ಬಡಿವಾರ ಮಾಡಿದನನ್ತೆ (Prvs.).

ಬಡಿಸ baḍisa. Tbh. of ವಡಿಶ. (ಗಾಳ Šm. 31).

ಬಡಿಸು baḍisu. 1. = ಜೊಡಿಸು 1. To cause to beat, etc. (My.).

ಬಡಿಸು baḍisu. 2. = ಜೊಡಿಸು 2. To help (to food) at meals, to distribute (food), to serve up or out (ವಾಲಗಕ್ರಿಯೆ Šmd. Dh., o. r. ವಾಲಕ್ರಿಯೆ; My.; M. ವಡೆ; T. ಪಡೈ, ವಟ್ಟ, ವಿಳಮ್ಬು; Tĕ. ಒಡ್ಡಿಂಚು, ವಡ್ಡಿಂಚು; Mhr. ವಾಢಣ, serving food around at a meal). See Bp. 8, 14; 47, 40; Bh. 8, 27, 1; B. 2, 50; 3, 111; Prv. s. ಮಣ್ಣಿಗೆ.

ಬಡು baḍu. = ಬಡಿ 2. P. p. of ಬಡಿ 1, in ಬಡು ಕೊಳ್ಳು (My.). ಅತ್ತಿತ್ತಲ ಮಾರಿ ಬನ್ದು, ಅತ್ತೆಯು ಬಡು ಕೊಣ್ಡು ಹೋಗಲಿ! (Prv.).

ಬಡುಕ baḍuka. = ಬಡಕ 2, etc. See ಬಾಯ್-, ಬಾಯಿ-.

ಬಡುಕತನ baḍukatana. Beating, etc. See ಬಾಯಿ-.

ಬಡೆ baḍĕ. 1. = ಬಡಿ 1, etc. P. ps. ಬಡದು, ಬಡೆದು (My.). See ಜೇವಡೆ 1. — ಬಡಪಾಟ. = ಬಡಿಪಾಟ. (My.; B. 5, 139; ಹನಾಹಣಿ G.). ದೀನನ ಸಂಗಕ್ಕಿನ್ತಲೂ ದಾನಿಯ ಬಡಪಾಟ ಲೇಸು (Prv.). — ಬಡದಾಡು. = ಬಡಿದಾಡು. (My.; B. 1, 16).

ಬಡೆ baḍĕ. 2. = ಬಡಿ 3, etc. See ಜೇವಡೆ 2. — ಬಡೆಗೋಲ್. = ಬಡಿಕೋಲ್. ಬಡೆಗೋಲಂ ಸಮ ಮಾಡಲ್ ಅಕ್ಕು; ಅಕ್ಕಬಿಯೊಳುಂ ಕೂಪಂಗಳಂ ತೋಡಲ್ ಅಕ್ಕು; ಇಡಿದು, ಉಕ್ಕಂ ಮೃದು ಮಾಡಲ್ ಅಕ್ಕು; ಮಳಲೊಳ್ ತೈಲಂಗಳಂ ತೋಟಿಲ್ ಅಕ್ಕು; ಅಡವೀ ಸಿಂಗನ ತಿದ್ದಲ್ ಅಕ್ಕು; ಕರೆಯಲ್ ಬಕ್ಕು ಉಗ್ರವ್ಯಾಘ್ರಂಗಳಂ;—ಕಡು ಮೂರ್ಖಂ ಮತಿಗೇಳಂ (Sk. 90, o. r. ಬಡಿಕೋಲಂ).

ಬಡೆ baḍĕ. Great, big (My.; Mhr., H. ಬಡಾ). — ಬಡೇಸೋಪು. Sweet fennel; anise-seed (My.; ಮಧುರಿಕೆ, ಶಾಲೇಯ, ಶಿತಶಿವ G.; ಮಧುರ Čb.; Mhr., H. ಬಡೀಶೋಪ).

ಬಡ್ಡ baḍḍa-as. A blunt, dull man (My.; see Prv. s. ಅಡ್ಡೇಟು).

ಬಡ್ಡಗಿ baḍḍagi. = ಬಡಗಿ, etc. Tbh. of ವರ್ಧಕಿ (Šmd. 370; Tĕ. ವಡ್ಲಂಗಿ).

ಬಡ್ಡಿ baḍḍi. 1. = (ಬಣ್ಡೆ 1, cf. ಛಾಟಿ), ಬೊಡ್ಡಿ 1. A strumpet; a fornicatress (My.; T. ಪಟ್ಟಿ). ಓಡಿ ಹೋಗುವ ಬಡ್ಡಿ ಹಾಲಿಗೆ ಹೆಪ್ಪ ಹಾಕ್ಯಾಳೇ?—ಅಟ್ಟಕ್ಕೆ ಹಾಋದ ಬಡ್ಡಿ ಆಕಾಶಕ್ಕೆ ಹಾರ್ಯ್ಯಾಳೇ?—ಎಡ್ಡೇರಿಲಾರದ ಬಡ್ಡಿ ಕೊಗ್ಗಿ ಡಿಗಿಡಾ ತನ್ದಾ ಳೋ?—ಕಲಿತ ಬಡ್ಡಿ ಹಾಡದೆ ಬಿಟ್ಟಾಳೇ?—ಕುಟ್ಟಲಾರದ ಬಡ್ಡಿ ಊದ್ಯಾದಿ ನೋಡಿದಳನ್ತೆ.—ಶಾರೇ, ಬಡ್ಡಿ, ನೀರಾ! ಎನ್ದರೆ ತರುವೆನು, ನಿಲ್ಲೋ, ತಿರುಕಮುಋವ!—ನೀರು ಹೊಯುವ ಬಡ್ಡಿಗೆ ಊರ ಪಾರುಪತ್ಯವು ಯಾಕೆ?—ಬಟ್ಟೆಗೇಡು ಬರೆಗೇಡು, ಬಡ್ಡೀ ಮಕ್ಕಳಿಗೆ ಕೊಟ್ಟ ಹಾಗೆ.—ಬಡ್ಡೀ ಬಾಯಿಗೆ ಅಂಜೀಯಾ? ದೊಡ್ಡೆತ್ತಿನ ಕೋಡಿಗೆ ಅಂಜೀಯಾ?—ಹಾಗೆ ಕುಣಿಯುವ ಬಡ್ಡಿ ಹರಿಯಕ್ಕೆ ಬನ್ದರೆ ಬಿಟ್ಟಾಳೇ?—ಬಡ್ಡಿಗೆ ಯಾತಕ್ಕೆ ಬದುಕಿನ ಯೋಚನೆ? (Prvs.). See Prvs. s. ಗೇರು & ತಂಗಳು.

ಬಡ್ಡಿ baḍḍi. 2. Tbh. of ವೃದ್ಧಿ 1. Interest on money; usury (ವೃದ್ಧಿ Hla.; ಕಲಾನ್ತರ, ವೃದ್ಧಿ Mr. 346; ವೃದ್ಧಿಜೀವಿಕೆ, etc. Si. 299; My.; Tĕ. ವಡ್ಡಿ; T., M. ವಟ್ಟಿ; B. 5, 92. 98. 99; ಅರ್ಥಪ್ರಯೋಗ, ವೃದ್ಧಿ G.). ಮನ್ದಿಗೆ ಸಾಲ ಕೊಟ್ಟು ಅದರ ಬಡ್ಡೀ ಹಣದಿನ್ದ ಉಪಜೀವಿಸುವವನು (ವಾರ್ಧುಷಿ G.). ಬಡ್ಡಿ ತಲವಾಸಿ ಮುನ್ತಾದ ಘುಂಗಡಿಲಾಭದಿನ್ದ ಬದುಕುವವನು (ವೃದ್ಧ್ಯಾಜೀವ, etc. Si. 300). ಬೊಡ್ಡಿಮಗನಾದರೆ ಬಡ್ಡಿಗೆ ಅಡ್ಡಿಯೇನು? (Prv.). See Prv. s. ಸವಡೆ.— ಬಡ್ಡಿ ಕೊಡು. To lend money on interest. ಬಡ್ಡಿಯ ಕೊಡುಹ (ಅರ್ಥಪ್ರಯೋಗ, ವೃದ್ಧಿಜೀವಿಕೆ); ಬಡ್ಡಿಯ ಕೊಟ್ಟಾದಿ ಬದುಕುವವನು (ವೃದ್ಧ್ಯಾಜೀವ); ಬಡ್ಡಿಯ ಕೊಟ್ಟು ಸಂಪನ್ನನಾದವನು (ಕುಸೀದಿಕ, etc. Nr.). 2, to pay interest (My.). — ಬಡ್ಡಿಗುಡು. -ಕುಡು. = ಬಡ್ಡಿ ಕೊಡು No. 1. ಬಡ್ಡಿಗುಡುವವನು (ವಾರ್ಧುಷಿಕ, ವೃದ್ಧ್ಯಾಜೀವ, etc. Hla.). — ಬಡ್ಡಿಗೆ ಕೊಡು. To lend money on interest (My.). ಬಡ್ಡಿಗೆ ಕೊಟ್ಟವ ಬೊಡ್ಡಿಮಗ (Prv.). — ಬಡ್ಡಿಗೊಡು. -ಕೊಡು. = ಬಡ್ಡಿಗುಡು. ಬಡ್ಡಿಗೊಡುವವನು (ವೃದ್ಧ್ಯಾಜೀವಿ Mr. 345). — ಬಡ್ಡಿ ತೀರಿಸು. To pay or discharge interest (My.; B. 5, 225). — ಬಡ್ಡಿಯುಣ್. -ಉಣ್. To take or receive interest (My.). ಬಡ್ಡಿಯುಪ್ಪುಂ (ಕುಸೀದ Mr. 345).

ಬಡ್ಡಿಸ baḍḍisa. = ಬಡ್ಡಿಸು, ಬದ್ದಿಸ, ಬದ್ದಿಸು 1. Pressing or holding firmly (ಅವುಂಕುಹಂ Šmd. II, o. r. ಬದ್ದಿಸ).

ಬಡ್ಡಿಸು baḍḍisu. = ಬಡ್ಡಿಸ, etc. (ಅವುಂಕುಹಂ Kk. 88, o. r. ಬದ್ದಿಸು).

ಬಡ್ಡು baḍḍu. = ಬಱಡು, etc. Barrenness, vainness, unprofitableness (see Prv. s. ನೆಗಡಿ); bluntness; dullness (My.);—ಬಡ್ಡು ಅರಸು. A dull, foolish king. ಬಡ್ಡು ಅರಸಿನ ಬಣ್ಣಾನೊಡ್ಡೊಕ್ಕರೆ ಏನು? (Dp. 148). — ಬಡ್ಡುಕತ್ತಿ. A blunt knife (My.). — ಬಡ್ಡುಕುದುರೆ. A barren mare (My.). 2, a stupid, sluggish horse (My.). ಬಡ್ಡುಕುದುರೆಗೆ ಬಡತವೇ ಮದ್ದು (Prv.). — ಬಡ್ಡುಬಣಗು. A very contemptible person (C. Bp. 42, 28). — ಬಡ್ಡುಮನುಷ್ಯ. A dull, foolish man (My.). — ಬಡ್ಡುಹಸು. A barren cow (My.). 2, a useless cow (My.).

ಬಡ್ಡೆ baḍḍĕ. = ಬೊಡ್ಡಿ 2, etc. (My.).

ಬಣ baṇa. 1. An imitative sound. — ಬಣಬಣ. rep. Buzzing, humming, howling, singing or sounding from very emptiness or barrenness, as an empty house, a deserted village, etc. 2, dreariness or dismalness of a place (Mhr. ಭಣಭಣ; B. 5, 60).

ಬಣ baṇa. 2. = ವಣ 1. (S. Mhr.).

ಬಣಗು baṇagu. A wretch; a poor person; a worthless person (Bh. 1, 6, 4; 2, 3, 8; see ಬಡ್ಡು-; cf. ಬಿನುಗು or ಬಡವು). ಕೂಟಬಣಗಿಗೆ ನೆರವು ತಪ್ಪಿದುದೆಪ್ಪ ನಾಣ್ನುಡಿಯಾಯಿತು (Bp. 57, 13). — ಬಣಗುಕವಿ. A worthless, wretched poet (Bh. 1, 1, 11). — ಬಣಗುಗವಿ. -ಕವಿ. = ಬಣಗುಕವಿ. (One MS. of Čh. in its v. 26). — ಬಣಗುತಪಸಿ. A wretched ascetic (Bp. 32, 53). — ಬಣಗುದೇವ. = ಬಣಗುದೈವ. (Bp. 16, 28). — ಬಣಗುದೈವ. A worthless deity (Bp. 28, 22). — ಬಣಗುಭಕ್ತ. A poor devotee (Bp. 30, 17. 24). — ಬಣಗುಮರ್ತ್ಯ. A miserable mortal (Abhâ. 2, 51). — ಬಣಗುಮಾನವ. A worthless man (Râm. 3, 6, 17).

ಬಣಗುತನ baṇagutana. Wretchedness (Abhâ. 2, 51).

ಬಣಜಿಗ baṇajiga. = ಬಣಂಜಿಗ, ಬಣಜಿಗ. Tbh. of ವಣಿಜಕ. A merchant: a merchant caste (My.; B. 2, 25; 4, 61; 5, 107; ಆಪಣಿಕ, ನಿಗಮ, ವಣಿಜ್ G.). ಬಣಜಿಗನ ಭಣ್ಣ ಮೊದಲಿನಲ್ಲಿ (ಮೂಲವಣಿಗ್ಧನದಲ್ಲಿ) ಭಾಣ್ಣ ಮೆಣಸುಗು (Nr.). ಎಳ್ಳು ಗಾಣಿಗ ಬಲ್ಲ, ಸುಳ್ಳು ಸಿಂಪಿಗ ಬಲ್ಲ, ಕಳ್ಳರನು ಬಲ್ಲ ತಳವಾರ; ಬಣಜಿಗನೆಲ್ಲವನು ಬಲ್ಲ (Sp.). ಬಣಜಿಗ (ಬೇಡಿಕೊಳ್ಳುವ ಸಂಗಡ) ಕೂಡಿ ಕೆಟ್ಟ, ದೊಮ್ಮ ಆಗಲಿ ಕೆಟ್ಟ (Prv.).

ಬಣಜಿತನ baṇajitana. Trade, traffic (ವಣಿಜ್ಯ, ಬಣಜಿಗನ ಕರ್ಮ G.).

ಬಣಂಜಿಗ baṇañjiga. (Šmd. 48). = ಬಣಜಿಗ, etc.

ಬಣಂಜಿಸು baṇañjisu. To trade. ಬಣಂಜಿಸುವವಂ (ವಿಪಣಿಕ, etc. Mr. 345).

ಬಣಬೆ baṇabĕ. = ಬಣಮ್ಬೆ, etc. (My.; Tĕ. ಬಣ್ಣಮು).

ಬಣಮ್ಬೆ baṇambĕ. (Šmd. 48). ಬಣಬೆ, ಬಣವೆ, ಬಳಬೆ, ಬಣಿವೆ, (ವಾಮೆ). A stack, a rick (ಕುತ್ತಲ್ Mr. 371; T. ಪಟ್ಟಡೈ; M. ವಣ್ಣ, stoutness, bigness; ವಣ್ಣೆ, to become stout; *cf.* ಬಮ್ಬಲ್).

ಬಣವತಿ baṇavati. N. of a plant (ಬಿಣಿಕೆ Mr. 189).

ಬಣವೆ baṇavĕ. = ಬಣಮ್ಬೆ, etc. (My.).

ಬಣಿಜ baṇija. = ವಣಿಜ. The sixth karaṇa of the day (Sk.).

ಬಣಿಜಿಗ baṇijiga. = ಬಣಜಿಗ, etc. (G.).

ಬಣಿತೆ baṇitĕ. (Tbh. of ಭಣಿತ). Uttering, mentioning, adducing; talk, conversation; friendly discourse (Čpr. 8, after 64; Č. Bp. 47, 15; J. 22, 12; Dp. 167, 3). ಇವನ್ (ತತ್ಪ್ರಮಂಗಳನ್) ಅಣಿಯರಂ ಲಾಕ್ಷಣಿಕಕವಿಮಾರ್ಗದೊಳ್ ಸನು ಬಣಿತೆಯಾಗಿರ್ಪ ಉದಾಹರಣಂಗಳಿಂ ತಿಳಿದು ಕೊಳ್ವುದು ಅತಿರಸಿಕವಿಸರಂ (Šm. 77).

ಬಣಿವೆ baṇivĕ. = ಬಣಮ್ಬೆ, etc. (My.; B. 4, 16). ಜೊಟ್ಟು ಕಣಿಕೆಯ ಬಣಿವೆ (G. 366).

ಬಣು baṇu. See ಬಣುಕ.

ಬಣುಕ baṇu-ka. (Šmd. 241).

ಬಣ್ಗಡ್ಡ baṇ-kaḍḍa. = ಬಂಗಡ್ಡ. (Z.).

ಬಣ್ಟ baṇṭa. 1. Tbh. of ವಣ್ಣ (Šmd. 338 Mdb., o. r. ವಣ್ಣ). A servant (ಚೇಟ, ಭುಜಿಷ್ಯ, ಕಿಂಕರ Hlâ.; ಭೃತ್ಯ, ದಾಸೇರ, ದಾಸೇಯ, ದಾಸ, ಗೋಪ್ಯಕ, ಚೇಟಕ, ನಿಯೋಜ್ಯ, ಕಿಂಕರ, ಪ್ರೇಷ್ಯ, ಭುಜಿಷ್ಯ, ಪರಿಚಾರಕ Nr.; ಭೃತ್ಯ, ದಾಸೇರ, etc., ಚಾಕರಿಯವನು Si. 341; ಕೀನಾಶ, ಕಿಂಕರ Nn. 92; My.). See Bp. 27, 73; 29, 14; 59, 26; ಬಲ್ಲಿಣ್ಣ; Prvs. s. ಮೂಗ and ಸಮಯ. ಅರಸು ಆಟು ಮೊದಿ, ಬಣ್ಟ ಎಣ್ಟು ಮೊದಿ.— ತುಣ್ಣನಿಗೆ ನಣ್ಪರೆಲ್ಲ ಬಣ್ಟರ ಹಾಗೆ.— ತುಣ್ಣನ ಕೈಯ್ಯಲ್ಲಿ ಗಣ್ಟು ಕೊಟ್ಟರೆ (ತಾನೇ) ಬಣ್ಟನನ್ನಿರುವನು (Prvs.).

ಬಣ್ಟ baṇṭa. 2. = ಬಟ 1, ಬಣ್ಟು. Tbh. of ಭಟ. A warrior, a soldier; a hero, a valiant man (ತುರುಲಾಳ್, ಘನವೀರನಪ್ಪವಂ Kk. 48; Šm. 42; Tĕ. ಬಣ್ಟು; T. ವಣ್ಣ). ವಣ್ಣಿಗಂಜುವ ಬಣ್ಟನ್ ಒಡಕುಹರವಿಯ ಅಣ್ಣ (Dp. 54). ಬಡ್ಡು ಅರಸಿನ ಬಣ್ಟನ್ ಒಡ್ಡೊಕ್ಕರೇನು? (148). ಒಡವೆಯಿದ್ದರೆ ಬಣ್ಟ ಬಿಡದೆ ಸೇವೆಯ ಮಾಡ್ಪ (148). See Prvs. s. ಬತ್ತಿ. 2, *the farmer-caste of the Tuḷu country,* corresponding to that of the Nâyas of Malabar (M. ಬಣ್ಟ). ಬಣ್ಟರಲ್ಲಿ ತಣ್ಟೆ ಹೆಚ್ಚು, ನಣ್ಟರಲ್ಲಿ ಗರ್ವ ಹೆಚ್ಚು (Prv.).

ಬಣ್ಟ baṇṭa. 3. A particular thing or article of a peasant's cart (S. Mhr.).

ಬಣ್ಟತನ baṇṭatana. The state of being a servant (My.).

ಬಣ್ಟವಾಳ baṇṭa-âḷa. N. of a place in the Tuḷu country (My.; Sk. ವಣ್ಟಾಲ, the contest of heroes). ಅಣ್ಣವಾಳದ ಕಾಯಿಗೆ ಬಣ್ಟವಾಳಕ್ಕೆ ಹೋಗ ಬೇಕೇ?— ಬಣ್ಟವಾಳಸುಂಕದ ಪಾರುಪತ್ಯದ ಹಾಗೆ (Prvs.).

ಬಣ್ಟು baṇṭu. = ಬಣ್ಟ 2, etc. ಬಣ್ಟಿಂಗೆ (Čpr. 5, 111). See ಬಣ್ಟುತನ.

ಬಣ್ಟುಗೆ baṇṭugĕ. = ಬಣ್ಟುತನ. (Râm. 4, 2, 25).

ಬಣ್ಟುತನ baṇṭutana. Valour, heroism, bravery. (Tĕ.). ಬಣ್ಟುತನಮಿಲ್ಲದಲ್ಲಿ ವಿಕ್ರಮುಹೀನ, ಕ್ಲೀವ ಎಮ್ಬುದು (Hlâ.).

ಬಣ್ಟೆ baṇṭĕ. = ಬಟ್ಟೆ 1. — ಬಣ್ಟೆಗೆಡು. = ಬಟ್ಟೆಗೆಡು. (J. 18, 62).

ಬಣ್ಡ baṇḍa. = ಬಣ್ಡೆ 1. Wool (My.; *cf.* ಬೊಚ್ಚು). See ಅಡಿ- No. 1.

ಬಣ್ಡ baṇḍa. 1. = ವಣ್ಡ. Maimed, defective, crippled. 2, impotent, emasculated. 3, *an ox without a tail* (ಬಾಲ ಮೋಟಾದ ಎತ್ತು Nr.).

ಬಣ್ಡ baṇḍa. 2. Tbh. of ಭಾಟ. Price, fee, fare. ಕ್ಷೇತ್ರದಲ್ಲಿ ಇಕ್ಕುವ ಬಣ್ಡ (ಅತರ, ತರವಣ್ಯ Nr.).

ಬಣ್ಡ baṇḍa. 3. = ಭಣ್ಡ 1. Tbh. of ಭಾಣ್ಡ. Capital, property, wealth, goods (ವಿತ್ತ, ವಸ್ತು Mr. 346). ಹಡಗು ಸರಿಯಲ್ಲಿ ಪಿಡಿವ ಬಣ್ಡಂ (ತ್ರಾಣ Mr. 408; T., M. ವಣ್ಡ). ಬಣ್ಡದ ಲಾಭ ಹಣ್ಡದಲ್ಲಿ ಹೋಯಿತು (Prv.). See Prv. s. ಬಣ್ಡ 5.

ಬಣ್ಡ baṇḍa. 4. Tbh. of ಭಣ್ಡ (Šmd. 339).

ಬಣ್ಡ baṇḍu-a3. 5. (fr. ಬಣ್ಡು). A shameless, dishonorable, lewd, profligate man (ಕೊಟ್ಟ Šm. 89; ಬೂತು Bhn. 21; J. 26, 64; My.; T. ವಣ್ಡ; Tĕ. ಬಣ್ಡ; Mhr. ಭಣ್ಡ, contumacious; exposure, public disgrace). See Bp. 28, 17; 38, 25; 51, 53. ಬಣ್ಡನಿಗೆ ಪಿಣ್ಡದ ಯೋಚನೆಯೇ?— ಬಣ್ಡನ ಕಣ್ಡರೆ ಕಣ್ಡೇಲಿ ಆದರೂ ಹೋಗ ಬೇಕು.— ಬಣ್ಡನ ಕೊಲ್ಲುವವರಿಲ್ಲ, ನಾಯಿ ತಿನ್ನುವವರಿಲ್ಲ.— ಬಣ್ಡನ ಸ್ನೇಹ ಮಾಡಿ, ಇದ್ದ ಬಣ್ಡ (or ಬಣ್ಡವಲ) ಕಳ ಕೊಣ್ಡ.— ಬಣ್ಡನ ಸ್ನೇಹ ಮಾಡಿದರೆ ಬಂಗ ತಪ್ಪದು (Prvs.). 2, = ಬಣ್ಡು. (B. 5, 185). — ಬಣ್ಡಬಸ್ಮ. A contumacious existence or life. See Prv. s. ಬೇಡು 1. — ಬಣ್ಡಮಾತು. = ಬಣ್ಡು-. (My.; T. ವಣ್ಡಪ್ಪೇಚ್ಚು). — ಬಣ್ಡಳು. = ಬಣ್ಡೆ 1. A shameless, etc. woman (My.; Sk. ಬಣ್ಡಾ, ವಣ್ಡಾ, an unchaste woman).

ಬಣ್ಡಗ baṇḍaga. Shamelessness (one Čh. MS. in its v. 27).

ಬಣ್ಡಣ baṇḍaṇa. Tbh. of ಭಣ್ಡನ. A battle; war (ಕಾಳಗ Šmd. II; ಕೊಳುಗುಳ Čt. I, 28; ಮೊನೆ, ಪೋರ್, ಕಾಳಗ, etc. Kk. 41, Šm. 39; ಕಾಳೆಗ Kk. 81).

ಬಣ್ಡತನ baṇḍatana. = ಬಣ್ಡುತನ. Shamelessness, shameless behaviour, obscenity, profligacy (J. 2, 60; My.).

ಬಣ್ಡಲು baṇḍalu. = ಬಣ್ಡು, etc. Lees, dregs, sediment, the mud or mire in tanks (T. ವಣ್ಡಲ್; R.; T. ಪಡಿ, to settle, sink in the water, *cf.* ಪಡು 3).

ಬಣ್ಡವಲ baṇḍavala. (fr. ಬಣ್ಡ 3). = ಬಣ್ಡವಲು, ಬಣ್ಡವಾಲ, ಬಣವಾಲು, ಬಣ್ಡವಾಳ, ಬಣ್ಡವಾಳು. Capital, funds; stock, store (My.; ನೀವಿ G.; Tĕ., also ಬಣ್ಡಲ; Mhr. ಭಾಣ್ಡವಲ; B. 5, 99-101).

ಬಣ್ಡವಲು baṇḍavalu. = ಬಣ್ಡವಲ, etc. (My.).

ಬಣ್ಡವಾಲ baṇḍavâla. = ಬಣ್ಡವಲ. (ಭಾಣ್ಡ, ಮೂಲಧನ G.; My.).

ಬಣ್ಡವಾಲು baṇḍavâlu. = ಬಣ್ಡವಲ, etc. (My.).

ಬಣ್ಡವಾಳ baṇḍavāḷa. = ಬಣ್ಡವಲ. (My.). ಬಣ್ಡವಾಳದ ಒಡವೆ (ನೀವಿ, ಪರಿವಣ, ಮೂಲಧನ Si. 324. 459). ವರ್ತಕನ ಬಣ್ಡವಾಳ ದ್ರವ್ಯ (ಭಾಣ್ಡ, ಮೂಲವಣಿಗ್ಧನ 417). See Prv. s. ಭರವಸ.

ಬಣ್ಡವಾಳು baṇḍavāḷu. = ಬಣ್ಡವಲ, etc. (My.).

ಬಣ್ಡಾಯ baṇḍāya. = ಬಣ್ಡಾಯಿ. Quarrelling; revolt (My.; B. 5, 2. 51; Mhr. ಭಣ್ಡಾಈ).

ಬಣ್ಡಾಯಿ baṇḍāyi. = ಬಣ್ಡಾಯ. (My.; B. 5, 51; G. 238. 263. 277).

ಬಣ್ಡಾರ baṇḍa8-āra1. = ಭಣ್ಡಾರ, q. v. (My.; Si. 263). ಬಣ್ಡಾರ ದ್ರೋಹ ಮಾಡಿ, ಬೋದುಮುಣ್ಡೇ ಮಟ ಬಿದ್ದ.—ಬಣ್ಡಾರವಿದ್ದರೂ ಬಂಗ ತಪ್ಪಲಿಲ್ಲ (Prvs.).

ಬಣ್ಡಾರಿ baṇḍāri. = ಭಣ್ಡಾರಿ. (My.).

ಬಣ್ಡಾರಿಸು baṇḍārisu. To go to the store-room, to be stored (Bh. 5, 1, 39). 2, to store up (see Prv. s. ಎದ್ದಾ).

ಬಣ್ಡಿ baṇḍi. (ಭಣ್ಡಿ). A wheel (My.; Tĕ.; M. ವಣ್ಡಿ, ವಣ್ಡಿಲ್; Tĕ. also ಬಣ್ಡಿಕಲ್ಲು; Sk. ವರ್ತನಿ). ಜಾಮಿಗೆ ಸಮ್ಬನಿಸಿದ ಬಣ್ಡಿ (ನೇಮಿ, ಪ್ರಿಕೆ Si. 90). 2, a bandy, a cart, a carriage (ಅನಸ್, ಶಕಟ Nr., Si. 275; ಶಕಟ Nn. 10; ಅಕ್ಷ, ಶಕಟ 37; ಸ್ಯನ್ದನ, ಶಕಟ, etc. Mr. 284; My.; Tĕ.; T. ವಣ್ಡಿ, ವಟ್ಟಿ, ವಣ್ಡಿ, ವಣ್ಡಿಲ್; M. ವಣ್ಡಿ, ವಣ್ಡಿಲ್). ಎತ್ತಿನಲ್ಲಿ ಹೂಡುವ ಬಣ್ಡಿ (ಗನ್ತ್ರಿ, ಕಮ್ಬಲಿವಾಹ್ಯಕ); ಬಣ್ಡಿಯ ಹೊರೆ (ಶಾಕಟಭಾರ, ಆಚಿತ Nr.). ಕಾಳಗದ ಬಣ್ಡಿಯಂ ಹತ್ತಿ ಹೊಡಹಂ (ರಥಿಕ, ಸ್ಯನ್ದನಾರೋಹ Mr. 247). ಬಣ್ಡಿ ಹೊಡೆಯುವ ಆಳು (ಸಾರಥಿ, etc. Si. 278). ನಡಿಕೆಗೆ ಹವಣಾಗಿ ತಿದ್ದಲ್ ಪಟ್ಟ ಎತ್ತುಗಳು ಕಟ್ಟ ತಕ್ಕ ಬಣ್ಡಿ (ಗನ್ತ್ರಿ, etc. 275). ಮರದ ಹಲಿಗೆ ಹೊದಿಕೆಯುಳ್ಳ ಬಣ್ಡಿ (ದಾರವ 276). ಚಕ್ರದ ಕಣ್ಣುಗಣ್ಡಿ ನೊಗ ಅಚ್ಚು ಕಡಾಣಿ ಬಳೆ ಮುನ್ತಾದ ಬಣ್ಡಿಯ ಅವಯವಗಳು (ಅಪಸ್ಕರ, ರಥಾಂಗ 276). ಬಣ್ಡಿಯನ್ನು ಸೆಳೆಯುವ (!) ಎತ್ತು (ಶಾಕಟ 320). ಬಣ್ಡಿಯ ಕಣ್ಣು (ಅಧಿಷ್ಠಾನ 438). ಹೂಡು ಬಣ್ಡಿಯಂ! (Bh. 1, 10, 24). ಹೇರಿಸಿದನ್ ಅನುಪಮದ ವಸ್ತುವನ್ ಆಱು ಸಾವಿರ ಬಣ್ಡಿಯಲಿ (2, 4, 8). ಬಣ್ಡಿಯ ತಿರದ ಹಲಿಗೆಯನಡರಿದನು (1, 10, 27). ಬಣ್ಡಿ ತುಮ್ಬಿದ ಕೂಳನ್ ಉಣವನುಣ್ಣು (1, 10, 31). ಎತ್ತು ಕೋಣಗಳು ಬಣ್ಡಿ ಎಳೆಯುತ್ತವೆ (B. 1, 18). ಆ ನಾಯಿಗಳನ್ನು ಬಣ್ಡಿಗೆ ಹೂಡಿ (2, 23). ಬಣ್ಡಿ ಹೊಡೆಯುವವನು (2, 23). ತಳಾ ಬಿಟ್ಟು, ಬಣ್ಡಿ ಹಾದಿದು.—ಬಣ್ಡಿ ಬಣ್ಡಾಟ, ಹೇಱು ಹೆಟ್ಟ್ಯಾಟ, ತಲೆಮೊಟ್ಟೆ ಪರಮಸುಖ (Prvs.). See Bp. 21, 16; 46, 8; 51, 69; 56, 5. 6. 9. 12. 13. 15. 18. 28; J. 5, 13; 7, 59; 8, 38; Prv. s. ಮೂವರ್.—ಬಣ್ಡಿಬಸವ. A toy of wood or stone drawn by children (My.).—ಬಣ್ಡಿಬೋವ. A bandy-foreman (Bp. 59, 27; Bh. 8, 26, 19).—ಬಣ್ಡಿಯವ. -ಅವ. The owner of a bandy (My.); a carter, a driver (My.).—ಬಣ್ಡಿಯಾಳು. -ಆಳು. A driver (My.).

ಬಣ್ಡಿಕಾಱ baṇḍi-kāṟa. A Šûdra servant in connection with a temple who is in charge of the idol-car (My.).

ಬಣ್ಡಿತೆ baṇḍitĕ. = ಬಣ್ಡೆ. A shameless woman (Bp. 40, 52).

ಬಣ್ಡಿಸು baṇḍisu. To behave in a shameless, improper manner (Bp. 38, 13. 18; 40, 34).

ಬಣ್ಡು baṇḍu. 1. Honey (ಮಕರನ್ದ, ಪುಷ್ಪರಸ Nr.; ಮಕರನ್ದ Šs., Kk. 14; ಮಧು, ಹೂವಿನ ಬಣ್ಡು Nn. 13, o. rs. ಪುಷ್ಪರಜ, ಪರಿಮಳ). 2, the pollen of flowers (ಮಲರ್ಪುಡಿ, ಪರಾಗ Šm. 23; ಪರಾಗ 93). ಹೂವಿನ ಬಣ್ಡು (ಮಕರನ್ದ, ಮಧು Hlâ.). ಬಿಂದುಗುಳ ಬಣ್ಡು (ಮಧು Mr. 509). ಹುವ್ವಿನ ಬಣ್ಡು (ಮಕರನ್ದ, ಪುಷ್ಪರಸ, ಹುವ್ವಿನ ಜೇನು, ಅಲರ ಸೀಯಿ Si. 124). ಕಿಱು ಮಡುಗೊಣ್ಡ ಬಣ್ಡಿನೊಳಗೀಸಿ, . . . ಪರಾಗಪುಂಜದೊಳ್ ಪಱಪಡಿಸಿತ್ತು ಭೃಂಗಶಿಶು ನೀರಜದೊಳ್ ನಿಜಪಾಂಸುಕೇಳಿಯಂ (Čpr. 7, 60). See Čpr. 7, 52; Abh. P. 1, 108; J. 3, 37; ಅಳಿವಣ್ಡು.—ಬಣ್ಡುಣಿ. -ಉಣಿ. The large black bee (ಪಱಮೆ, ಭೃಂಗ Čt. II, 63; ಅಱಿಡಿ, ಅಲರ್ವಕ್ಕಿ, ಅಲರುಣಿ, etc., ಚಿತ್ರವಿಹಗ Šm. 27; ಪಱಮೆ, ಅಲರುಣಿ, etc. Kk. 14).—ಬಣ್ಡುಣಿವೆದೆಯ. -ಪೆದೆಯ. Kâma (ಮನ್ಮಥ Kk. 8; Šm. 6. 7).

ಬಣ್ಡು baṇḍu. 2. = ಬೇಣ್ಡು, q. v.—ಬಣ್ಡೇಱ್. -ಏಱ್. = ಬೇಣ್ಡೇಱ್. (ತೇಲ್ Čt. I, 28).

ಬಣ್ಡು baṇḍu. The state of being destitute of shame or void of modesty, shamelessness, impudence, indecency, obscenity, lewdness (ಲಜ್ಜಾವಿಹೀನತ್ವ Šm. 93; My.; Tĕ.; see ಬಣ್ಡ 5; *cf.* ಬಱಬು?). 2, an incident or business by which one is, or feels one's self, dishonored or humbled; untowardness, awkwardness, trouble, disgrace (see ಬಣ್ಡಾಟ; B. 4, 80).—ಬಣ್ಡಾಟ. -ಆಟ. A disgraceful position; a disgraceful act; disgrace, cause of shame or reproach; a very awkward and troublesome affair (My.). ದೊಡ್ಡವನಾಡಿದ್ದೇ ಆಟ, ಬಡವನಾಡಿದ್ದೇ ಬಣ್ಡಾಟ.—ದೊಡ್ಡವರ ನಣ್ಟತನ ಬಡವನಿಗೆ ಬಣ್ಡಾಟ.—ಪುಣ್ಡತನ ಮಾಡಿದವ ಬಣ್ಡಾಟ ಬಿಟ್ಟಾನೇ?—ಬಣ್ಡಿ ಬಣ್ಡಾಟ, ಹೇಱು ಹೆಟ್ಟ್ಯಾಟ (or ಹೆಡ್ಡಾಟ), ತಲೆಮೊಟ್ಟೆ ಪರಮಸುಖ (Prvs.). See Prv. s. ಮಲ್ಲಾಟ.—ಬಣ್ಡುಗೆಡೆ. -ಕೆಡೆ. To utter shameless words (Bp. 42, 19).—ಬಣ್ಡುಚಿತ್ರ. An obscene picture (My.). ಬಣ್ಡುಚಿತ್ರ ಕಣ್ಡ ಪಾಪಕ್ಕೆ ಬರದವನನೇ ದಣ್ಡಿಸಲಿ (Prv.).—ಬಣ್ಡುಪದ. An obscene piece of poetry (My.).—ಬಣ್ಡುಬಾಳು. A life or state of existence full of disgrace and trouble (My.).—ಬಣ್ಡುಮಾತು. A shameless, obscene word (My.).—ಬಣ್ಡುಹೆಣ್ಡತಿ. A shameless, lewd wife. ಬಣ್ಡುಹೆಣ್ಡತಿಯಾಗಿ, ತುಣ್ಡೊಬ್ಬ ಸೊಸೆಯಾಗಿ, ಕಣ್ಡಲ್ಲಿ ತಿರಗೋ ಮಗನಾದರೆ ಮನೆಗೆ ದಣ್ಡ ತಪ್ಪದು (Sp.).

ಬಣ್ಡುತನ baṇḍutana. = ಬಣ್ಡತನ. (My.).

ಬಣ್ಡೆ baṇḍĕ. 1. = ಬಣ್ಡ. Wool. ಕುಱೀ ಬಣ್ಡೆ ಮುನ್ತಾದ ಕೂದಲು (ಊರ್ಣ Si. 419).

ಬಣ್ಡೆ baṇḍĕ. 2. A rock, a block or slab of stone, a vast stone (My.; Tĕ.; B. 4, 101. 158. 171). ಬಣ್ಡೆ ಬಡದು, ದಿಣ್ಡೆಯನ್ನು ಎಬ್ಬಿಸಿದ.—ಬಣ್ಡೆ ಒಡೆಯ ಬಹುದು, ರಣ್ಡೇ ಮನಸು ಒಡೆಯ ಕೂಡದು.—ಬಣ್ಡೆಯ ಮೇಲೆ ಕೂತರೆ ಬಣ್ಣ ಬನ್ದೀತೇ? —ಕುಣ್ಡೆಯಿನ್ದ ಬಣ್ಡೆ ಒಡೆದನನ್ತೆ (Prvs.).

ಬಣ್ಡೆ baṇḍĕ. 1. = ಬಣ್ಡಾಳು s. ಬಣ್ಡ. ರಣ್ಡೆಗೆ ಗಣ್ಡನಿಲ್ಲ, ಬಣ್ಡೆಗೆ ನೀತಿಯಿಲ್ಲ (Prv.).

ಬಣ್ಡೆ baṇḍĕ. 2. (= ಭಣ್ಡಿ?). N. of a plant (Mr. 134; MSS. out of order; one MS. = ಬಣ್ಡೆ; two MSS. = ಬೆಣ್ಡೆ; one MS. = ಖಣ್ಡೆ).

ಬಣ್ಣ baṇṇa. Tbh. of ವರ್ಣ (Kk. 63; ರಚನೆ Čt. I, 74; Čpr. 3, 102). Colour, etc. (C.). ಬಿಳುಪು ಮುನ್ತಾದ ಬಣ್ಣ (ವರ್ಣ Si. 419). ಬಣ್ಣದ ಭೇದ (ವರ್ಣದ ಭೇದ Nn. 55). ಅರಿಸಿನದ ಬಣ್ಣ (ಹಾರಿದ್ರ, etc.); ಬಣ್ಣದ ಹೂ (ವರ್ಣಪುಷ್ಪ, ಅಮಲಾತಕ Hlâ.). See ಕವಲಿವಣ್ಣ, ಕಿಸು-, ಕೆಮ್ಬಣ್ಣ, ಪೊಮ್-, ಬೆಳರ್ವಣ್ಣ, ಬೆಳು-, ಮಿಾನ್ಬಣ್ಣ, ಹೊಮ್-. ಬಣ್ಣದಲ್ಲಿ ಬರದರೂ ಕಣ್ಣು ಚನ್ದಾಗಿರ ಬೇಕು.—ಬಣ್ಡೆಯ ಮೇಲೆ ಕೂತರೆ ಬಣ್ಣ ಬನ್ದೀತೇ? (Prvs.). See Sp. s. ಎಲ್ಲೆ.—ಬಣ್ಣ ಎದ್ದು. To dip into colour, to dye (B. 4, 178. 204; My.).—ಬಣ್ಣ ಏಱು. Colour to increase or become brighter (C.; Grj. 3, 39; B. 4, 106).—ಬಣ್ಣ ಕಟ್ಟು. To fix a colour or make it permanent (My.).—ಬಣ್ಣಗೂಳ್. -ಕೂಳ್. Coloured rice used for oblations (J. 31, 55).—ಬಣ್ಣದ ಅರಗು. A kind of lac (Si. 226).—ಬಣ್ಣದ ಹಕ್ಕಿ. (ಜೀವಂಜೀವ Si. 178).—ಬಣ್ಣಮಿಾನ್. A kind of fish (Rśv. 5, 115).—ಬಣ್ಣಮ್ಪಡೆ. -ಪಡೆ. To get (the) colour (of anything, Śsv. 3, 7). — ಬಣ್ಣವಿಡು. -ಇಡು. = ಬಣ್ಣ ಹಾಕು. (Grj. 3, after 119; My.). — ಬಣ್ಣ ಹಾಕು. To apply colour to; to dye (B. 5, 122).—See Prv. s. ಮುಸಿ.

ಬಣ್ಣಗಾರ bapṇa-gâṛa. A dyer; a painter (C.; B. 4, 178; 5, 122).

ಬಣ್ಣಣೆ bapṇaṇĕ. Tbh. of ವರ್ಣನೆ. (My.; Dp. 126, 1).

ಬಣ್ಣವಿಸು bapṇavisu. = ಬಣ್ಣಿಸು. Tbh. of ವರ್ಣಿಸು. (Grj. 4, 109).

ಬಣ್ಣವುರ bapṇa-pura. Tbh. of ವರ್ಣಪೂರ (Śmd. 380; Čpr. 4, 64; 6, 53).

ಬಣ್ಣಸರ bapṇa-sara. Tbh. of ವರ್ಣಶರ (Śmd. 376). 2, Tbh. of ವರ್ಣಸರ (Bp. 14, 4; Śsv. 3, 9; Bh. 1, 12, 12).

ಬಣ್ಣಿಸು bappisu. = ಬಣ್ಣವಿಸು. Tbh. of ವರ್ಣಿಸು. (Čpr. 4, 79; Bp. 29, 16; Rsv. 14, 113; 14, after 115; J. 6, 41; 7, 18; 31, 31. 78). ಬಣ್ಣಿಸಲ್ ಪಟ್ಟುದು (ಈಡಿತ, ಪಣಿತ, ವರ್ಣಿತ, etc., ಹೊಗಟಿಲ್ ಪಟ್ಟುದು Si. 384). ಬಣ್ಣಿಪೆನ್ ಆನ್ ಜಯದಂಕರಾಮನಂ (Śmd. 255).

ಬತ bata. Tbh. of ವ್ರತ. (V. 36, 60; G.; Tĕ.).

ಬತೆ batĕ. = ಬದೆ. Tbh. of ವ್ರತೆ. See ಹದಿ-.

ಬತೇರಿ batêri. = ಬತ್ತೇರಿ. (My.).

ಬತ್ತ batta. 1. = ಭತ್ತ, ಭಾತು. Paddy, rice in the husk (ಪಾಟಲ G.; My.; Tĕ., T. ವರಿ; Mhr. ಭಾತ). ಪೂತ ಬಹುಲೀಕೃತ ಎನ್ನೊಡೆ ತೂಬಿದ ಬತ್ತವು, ರಾಶಿ ಮಾಡಿದ ಬತ್ತವೆನ್ನು, ಎನ್ನುರು; ಅರಣ್ಯನೀವಾರಬತ್ತದಿನ್ದಲೂ ಹಕ್ಕಲನಾಯ್ದ ಬತ್ತದಿನ್ದಲೂ ಬದುಕುವುದು (ಶಿಲ Nr.). ಬತ್ತದ ಊಬು (ಕಿಂಶಾರು, ಸಸ್ಯಶೂಕ, ಧಾನ್ಯದ ಮುಳ್ಳು Si. 305). ಬತ್ತದ ಗುಡ್ಡೆ (ಪುಂಜ, etc. 181). ಕಾಡಿನಲ್ಲಿ ಯಾರಿನ್ದಲೂ ಬಿತ್ತಲ್ ಪಡದೆ ತಾನಾಗಿ ಬೆಳೆಯುವ ಯಜ್ಞಬತ್ತವೂ ನವಣೆ ಮುನ್ತಾದವುಗಳೂ (ನೀವಾರ 307).—ಬತ್ತ ಕತ್ತೆ ಹೊತ್ತರೆ ಅತ್ತೆ ಅಡಿಗೆ ಮಾಡಳೇ? (Prv.). See Prv. s. ಮುತ್ತು; ಕಿರು-, ಕೆಮ್ಬಾರದ-, ಜಳ್ಳು-, ಜೀರಿಗೆಸಮ್ಬಾರದ-, ಬಂಗಾರಕಡ್ಡಿ-, etc. — ಬತ್ತಭರಣ. Nutriment, or wages, of paddy (Bp. 40, 44); paddy and other articles of food (My.).

ಬತ್ತ batta. 2. = ಬತ್ಯ. Batta, an allowance beyond the settled rate of pay given on occasions of extraordinary service, extra allowance; allowance made by a creditor to one detained by him in prison, subsistence-money generally to prisoners, to attending witnesses, to peons executing processes, etc. (My.; Br.; M. ಬತ್ತೆ; Mhr. H. ಭತ್ತಾ; *cf.* ಭೃತ್ಯ).

ಬತ್ತ batta. 3. = ಬತ್ತು 1, ಬತ್ತು. (Mhr. ಬತಾ, ಬತ್ತಾ, ಬತ್ತ್ಯಾ, a pestle). See ಕಲ-.

ಬತ್ತಲು battalu. (fr. ಬತ್ತು 1). Dried vegetable fruit (My.; T. ವಱ್ಱಲ್).

ಬತ್ತಲೆ battalĕ. (fr. ಬತ್ತು 1). = ಬೆತ್ತಲೆ. Bareness, nakedness (My.; Tĕ. ವಟ್ಟ; T., M. ವಱು, ವೆಱು, ವೆಱ್ಱು). ಬತ್ತಲೆಯಿಹವನು (ನಗ್ನ, ದಿಗಮ್ಬರ); ಬತ್ತಲೆಯಿರ್ದವಳು (ನಗ್ನಿಕೆ, ಕೋಟವಿ Nr.). ಬತ್ತಲೆಯಿದ್ದವನಿಗೆ ಎತ್ತಲೂ ಭಯವಿಲ್ಲ.—ಬತ್ತಲೆಯಾದ ಮಾತ್ರದಿನ್ದ ದಿಗಮ್ಬರನಾದಾನೇ? (Prvs.). See Bp. 18, 14; 51, 58; Prv. s. ಬದಗು 1.

ಬತ್ತಳಿಕೆ battaḷikĕ. = ಪತ್ತಳಿಕೆ 1, (ಬಚ್ಚಳಿ). A quiver (ಶರಧಿ, ಬಾಣಗೇಹ Nn. 11; ಡೊಣೆ, ಮೂಡಿಗೆ, ಕಣೆಯ ಹೊದೆ Kk. 40; ಡೊಣೆ, ಮೂಡಿಗೆ, ಪೊದೆ Śm. 43; ಡೊಣೆ 96; Rsv. 6, after 11; Śsv. 3, 16. 27; J. 8, 38; My.; Mhr. ಭಾತಡೀ, ಭಾತಾ). ಅಮ್ಬಿನ ಬತ್ತಳಿಕೆ (ಇಷುಧಿ Nr.). ಸರಳ ಬತ್ತಳಿಕೆ (ತೂಣ, ಇಷುಧಿ, etc. Si. 289; ಕಲಾಪ 439).

ಬತ್ತಾಸು battâsu. N. of a sweetmeat (Mhr., H. ಬತಾಸಾ, ಬತ್ತಾಸಾ; My.; see ಬೆಣ್ಣ-).

ಬತ್ತಿ batti. Tbh. of ವರ್ತಿ (Śmd. 345). A wick, the wick of a lamp (ವರ್ತಿ Si. 460; Mhr., H. ಬತ್ತೀ; T. ವತ್ತಿ; My.); a candle (My.);—a cigar (My.). ಎಣ್ಣೆಬತ್ತೀ ದೀವಿಗೆ, ಮೇಣದ ಬತ್ತೀ ದೀವಿಗೆ (Si. 231). See ಉರಿಬತ್ತಿ. ದಡಾ ನಡಿಸೋ ಬಣ್ಣ ಬತ್ತಿ ನೂಕ್ಯಾನೇ?—ಬತ್ತಿ ನೂಕಲಾರದ ಬಣ್ಣ ದಬ ನಡಿಸ್ಯಾನೇ? (Prvs.). — ಬತ್ತಿ ಕೊಡು. To cheat (My.).

ಬತ್ತೀಸ battîsa. (ಬತ್ತೀಸು). Thirty-two (Čh.; Bp. 19, 6; 58, 58; Mhr. ಬತ್ತೀಸ).

ಬತ್ತು battu. 1. (fr. ಬಱು). = ಬಚ್ಚು 2. (To become bare or empty): to grow dry, as a stream; to dry or dry up, to evaporate wholly, as water; to grow lean, to wither, to fade (ನಿರ್ದ್ರವ Śmd. Dh.; C.; T., M. ವಱ್ಱು, ವಱಳು; M. also ವರಳು; Tĕ. ಬಟ್ಟು, ವಟ್ಟು). ಬಾಮ್ಬೊಟ್ ಬತ್ತಿತ್ತು (Rsv. 5, 36). ಕೊಳದಮ್ಬು ಬತ್ತೆ (5, 38). ಸಲೆ ಬತ್ತಿದ ಸರೋವರಕೆ ನವಜಲಮೊದವಿದನ್ತೆ (J. 28, 68). ಬತ್ತಿದ ಕಾಲ್ (Śmd. 286). ಕುಮುದಂಗಳ ನಗೆ ಬತ್ತಿದುವು ಪಾಯ್ವು ನೇಸರ್ದನಾಗಳ್ (Lilv. 3, 5). ಕಾಯೆ ಬತ್ತಿದ ಪಾಲ್ (ಚಿರಪಾಲ್ Mr. 215). ನೀರು ಬಿಸಲಿಗೆ ಬತ್ತಿ ಹೋಗಿ (B. 4, 202). ಬತ್ತಿದ ಕೆರೆಯಲ್ಲಿ ಬದನೆ ಹಾಕಿದರೆ ಕದನಕ್ಕೆ ಕಾರಣ.—ದಿಗಿಲು ತಾಗದೆ, ಮಗಳು ಬತ್ತಿದಳು.—ತೂಬುಳ್ಳ ಕೆರೆಯು ತುಳುಕಿದರೆ ಬತ್ತೀತೇ? (Prvs.). See Bp. 20, 17; 57, 47; Śsv. 3, 51.

ಬತ್ತು battu. 2. Growing or being dry, etc. (T. ವಱ್ಱು). — ಬತ್ತುಪ್ಪುಯ. -ಂಪಯ. (Śmd. 204). A dry station; a lean or withered foot. — ಬತ್ತುಪ್ಪಟ್. -ಂಪಟ್. (Śmd. 204). Dry cloth.

ಬತ್ತು battu. = ಬತ್ತ 3. See ಕಲ್ಬತ್ತು.

ಬತ್ತುಗೆ battugĕ. Dryness (Čpr. 5, 11).

ಬತ್ತೇರಿ battêri. = ಬತೇರಿ. A "battery" (My.; Br., H. ಫತ್ತೇರಿ, ಬತ್ತೇರಿ).—ಕುತ್ತದಿಗೆ ಬೆಂಕಿ ಹತ್ತಲು ಬತ್ತೇರಿಗೆ ಓಡಿದರೆ ನಡ್ಡೀತೇ? (Prv.).

ಬತ್ಯ batya. = ಬತ್ತ 2. (My.).

ಬತ್ವ batva. The letter ಬ (Śmd. 121. 250. 341).

ಬದ bada. = ಬದುವು, etc. (My.). ಬದದ ಮೇಲೆ ತಿರಿಗಾಡುತ್ತಾರೆ (My.). See ಗದ್ದೆ-. 2, the haunch (? see ಮುದುಬ್-).

ಬದ bada. ಬದ್. Bad (Mhr., H.; see ಬದನಾಮಿ). — ಬದ್ ಚಾಲು. Bad conduct (My., H.).

ಬದಕು badaku. 1. = ಬದುಕು 1, etc. (My.).

ಬದಕು badaku. 2. = ಬದುಕು 2, etc. (My.; B. 5, 93). ಬದಕು ಮಾಡಿಸು (5, 90; see ಬದುಕು-). ಬದಕು ಮಾಡು (5, 115; see ಬದುಕು-). ಬದಕು ಅಳದೆ ಹೋಯಿತು, ಬಾಯಿ ನೋಡದೆ ಹೋಯಿತು.—ಬೆದಕುವವನು ಬದಕು ಮಾಡ್ಯಾನೇ? (Prvs.). See Sp. s. ತಿಳಿ 4.

ಬದಗ (badagu1-a3). = ಬಡಿಗ, ಬಡಿಗ. A low man or servant (ಕೀಲಾಳ್ Ss.; Abhâ. 2, 95; Bh. 2, 2, 72; 3, 19, 25).

ಬದಗು badagu. 1. Drudgery (My.).

ಬದಗು badagu. 2. = ಬದಸು, q. v.

ಬದಣಿ badaṇi. = ಬದಣೆ, ಬದನೆ 1, ಬದ್ನೆ. The brinjal or egg-plant, Solanum melongena Lin. (ವಾತಾರ್ಕ Hlâ.; ವಾತಾರ್ಕಿ, ಭಣ್ಟಾಕಿ, ಹಿಂಗುಲಿ, ಸಿಂಹಿ, ಮುಷ್ಟಧರ್ಷಣಿ Nr.; Sk. also ವಾತರ್ಾ, ವಂಗ, ವೇರ; T. ವಱುದಲೈ; M. ವಱುದಿನ, ವಱುದಿನೆ; Tĕ. ವಂ, ವಂಗೆ; H. ಬೈಂಗನ್; Mhr. ವೈಂಗಣೀ, ವೈಂಗನೀ, of the colour of the brinjal).

ಬದಣೆ badaṇĕ. = ಬದಣಿ, etc. (ವಾತಾರ್ಕ Mr. 95).

ಬದನಾಮಿ bada-nâmi. Ignominy, infamy (My., also as ಬದ ಲಾಮಿ; Br.; Mhr., H.).

ಬದನಿಕೆ badanikĕ. = ಬನ್ದಣಿಕೆ, etc. (My.; Tĕ. ಬದನಿಕೆ, ಬವನಿಕೆ, ವದನಿಕೆ). ಗಿಡಬದನಿಕೆ (ಕಾಮಿನಿ Si. 435).

ಬದನೆ badanĕ. 1. = ಬದಣೆ, etc. (C.). ಬದನೇ ಗಿಡದಲ್ಲಿ ಮುಳ್ಳು ಜಾತಿ (ವಾರ್ತಾಕಿ, etc. Si. 149). See ಕರಿಯ-, ಬಜ್ಜ-, ಮೊಗರು. ಒಲೆ ಸೊಟ್ಟಾದರೆ ಬದನೆಕಾಯಿ ಬೇಯದೇ?—ಬದನೆಕಾಯಿ ಒಜ್ಜ ಮೆಯ್ಯೆಲ್ಲ ಗಜ್ಜ.—ಬತ್ತಿದ ಕೆಟೀಲಿ ಬದನೆ ಹಾಕಿದರೆ ಕದನಕ್ಕೆ ಕಾರಣ.—ಪುಸ್ತಕದೊಳಗಿನ ಬದನೆಕಾಯಿ (Prvs.). See Prvs. s. ಬಾಟೀ ಹಣ್ಣು, ಶಾಸ್ತ್ರ.

ಬದನೆ badanĕ. 2. = ಬದ್ದಿಕೆ No. 2. (My.).

ಬದರ badara. = ಬದರಿ. 2, *the fruit of the jujube* (ಬೋರೆಯ ಹಣ್ಣು G.).

ಬದರಿ badari. = ಬಾರೆ 1, etc. *The jujube tree, Zizyphus jujuba* Lam. (or Z. scandens). 2, the cotton plant. 3, = ಬದರಿ ಕಾಶ್ರಮ. (My.).

ಬದರಿಕಾಶ್ರಮ badarikâ-âśrama. N. of a hermitage in the Himâlaya. (My.).

ಬದರಿಕೆ badarikĕ. 1. A convoy or guard on the road (My.; Br., H. ಬದರಕಾ).

ಬದರಿಕೆ badarikĕ. -ಕಾ. 2. N. of one of the sources of the Ganges and of a neighbouring hermitage.

ಬದರೆ badarĕ. = ವದರೆ. *The cotton plant.* 2, *a particular species of bulbous plant* (= ಗೃಷ್ಟಿ, ವಾರಾಹಿ).

ಬದಲ್ badal. ಬದಲು. Changing; change, alteration; exchange; retaliation; instead of; other (ಮಾರ್ಪು G.; My.; Br., M. ಬದಲ್, ವದಲ್, ವದಿಲ್; Mhr., H.). ಒನ್ದು ಬಗೇ ಜಿನುಸು ಕೊಟ್ಟು, ಅದಕ್ಕೆ ಬದಲಾಗಿ ಮತ್ತೊನ್ದು ಬಗೇ ಜಿನುಸು ತೆಗೆದುಕೊಳ್ಳುವಿಕೆ (ಪರಿದಾನ, etc. Si. 325). ಪ್ರಾಚೀನಸಂಸ್ಕೃತ ಶಬ್ದಗಳೊಳಗಿನ ಸಕಾರಕ್ಕೆ ಬದಲಾಗಿ ಉತ್ತರಸೀಮೆಯ ಜನರು ಹಕಾರವನ್ನು ಉಚ್ಚರಿಸುವದುಣ್ಟು (B. 4, 114). ಅವುಗಳ ಬದಲಾಗಿ ಉತ್ತಮ ಹೊಸ ನಡತೆಗಳನ್ನು ತಕ್ಕೊಳ್ಳ ಬೇಕು (4, 189). ದಣ್ಡ ಇಡುವದಕ್ಕೆ ಬದಲಾಗಿ (4, 216). ಒನ್ದು ಪದಾರ್ಥವನ್ನು ಕೊಟ್ಟು, ಅದರ ಬದಲು ಮತ್ತೊನ್ದು ಪದಾರ್ಥವನ್ನು ಇಸ ಕೊಳ್ಳುವನ್ತೆ (B. 5, 107). ಇವನ ನಡತೆ ಮುಂಚಿನ ಹಾಗೇ ಇತ್ತಲ್ಲದೆ ಬದಲಾಗಲಿಲ್ಲ (5, 217). ಆ ರಥದ ಕುದುರೆಗಳು ಅಲ್ಲಲ್ಲಿಗೆ ಬದಲಾಗುತ್ತವೆ (5, 299).—ಬದಲಾಗು. -ಆಗು. To change, to be changed (ಪರಿಣಮಿಸು My.). See s. ಬದಲ್.—ಬದಲು ಕೊಡು. To give in exchange or instead of; to give as a substitute (ಪಡಿ' ಕೊಡು G.; My.).—ಬದಲು ಮಾಡು. To change (v. t.); to alter, to make differ (ಪಲ್ಲಟಿಸು G.; My.). ಗುರುವಿನ ಅಪ್ಪಣೆಯನ್ತೆ ಆಶ್ರಮವನ್ನು ಬದಲು ಮಾಡುವವನು (ಸಮಾವೃತ್ತ G.). ಉಣ್ಣುವ ಪದಾರ್ಥಗಳನ್ನು ಆಗಾಗ್ಗೆ ಬದಲು ಮಾಡುತ್ತಿರ ಬೇಕು (B. 4, 25). ರಥಕ್ಕೆ ಹೂಡಿದ ಕುದುರೆಗಳನ್ನು ಹತ್ತು ಹನ್ನೆರಡು ಮೈಲುಗಳ ಮೇಲೆ ಬದಲು ಮಾಡುತ್ತಾರೆ (5, 299).—ಬದಲುಮಾತು. A word in reply; another word; a receding or an evasive word, a contradiction (My.). ಬದಲುಮಾತಾಡಿದರೂ ತೊದಲು ಹೋಗಲಿಲ್ಲ.—ಬದಲುಮಾತಾಡುವವನು ಬೆದರಿಸಿದರೆ ಬಿಟ್ಟಾನೇ? (Prvs.).—ಬದಲು ಹೇಳು. To reply (My.).

ಬದಲಾಬದಲಿ badalâ-badali. Exchange, interchange (My.; see Mhr. s. ಬದಲೆ).

ಬದಲಾಯಿಸು badalâyisu. = ಬದಲು ಮಾಡು. (My.; B. 5, 231. 267). 2, to change (v. i., My.).

ಬದಲಾವಣೆ badalâvaṇi. Changing, exchanging (My., also as ಬದಲಾವಣಿ). ಪದಾರ್ಥಗಳ ಬದಲಾವಣೆಯಿನ್ದ ಅನ್ದರೆ ಒನ್ದು ಕೊಟ್ಟು ಮತ್ತೊನ್ದು ತೆಗದು ಕೊಳ್ಳುವದರಿನ್ದ ಉಣ್ಟಾಗುವ ಲಾಭ (ಆಪಮಿತ್ಯಕ, etc. Si. 300).

ಬದಲಿ badali. Exchange or relief, as of a guard; a substitute (used of persons, My.; Mhr., H.).

ಬದಲಿಸು badalisu. = ಬದಲಾಯಿಸು. To change, etc. (v. t., My.). ಉಡುಗೆ ತೊಡುಗೆಗಳನ್ನು ಬದಲಿಸುವದು (G. 100). 2, to alter, to change (v. i., My.). ಈ ತಾರೆಗಳ ಸ್ಥಾನಗಳು ಯಾವಾಗಲು ಬದಲಿಸುತ್ತವೆನ್ದು, ಅವನಿಗೆ ತಿಳಿಯಿತು (B. 5, 174).

ಬದಲೆ badalĕ. (= ಬದಲ್). (Mhr. ಬದಲಾ, for; instead; see ಮೂ-).

ಬದಸು badasu. = ಬದಗು 2. Crookedness (ಕೌಟಿಲ್ಯ Śmd. II, o. r. ಬದಗು).

ಬದಿ badi. 1. Mud, mire, slush, ooze (ಕೆಸರ್ Śm. 98; My.; T. ವದಿ; Tĕ. ಬಾಡೆ; T. ವಟಿ', a lump of butter or of ointment; ವಟುಪ್ಪು, slimy mucus; suet, fat; *cf.* ಬಸಿ 1). ನದೀ ದಾಟಿ, ಬದೀಲಿ ಬಿದ್ದ ಹಾಗೆ (Prv.).

ಬದಿ badi. 2. = ಬರಿ 1, (ಬಟಿ' 1). The side, the flank (ಪಕ್ಕ Kk. 32; Śm. 70. 78. 98; Bp. 20, 109; 55, 16; Bh. 4, 2, 64; Śśv. 4, 15; My.; B. 4, 168. 171); nearness, proximity, vicinity (My.; Tĕ. ವದ್ದಿ). ಜೀರಿಗೆಯ ಚೀಲದ ಬದಿಯಲ್ಲಿರುವ ಕರೀ ಬೀಜದ ಚೀಲವು (B. 4, 62). See ಕಿಬ್ಬದಿ.—ಬದಿಗಾಗು. -ಆಗು. To go aside, to make room (My.; ಕೆಲಸಾರು G.).—ಬದಿಗೆ ಮಾಡು. To put or remove to one side (My.; ಬದ್ದಿಸು G.).—ಬದಿಯೆಲು. -ಎಲು. A rib (Bh. 1, 10, 38).

ಬದಿಕಿಸು badikisu. = ಬದುಕಿಸು. (Bp. 37, 20; My.). ಬದಿಕಿಸುವ ಮದ್ದು (ಜೀವಾತು, ಜೀವನೌಷಧ Si. 298).

ಬದಿಕು badiku. = ಬದುಕು 1, etc. (Bp. 41, 13; My.). ಬದಿಕಿರುವವನು (ಜೀವ, ಅಸುಧಾರಣ); ಬದಿಕಿರುವ ಕಾಲ (ಆಯುಸ್, etc. Si. 298).

ಬದಿಗ badiga. = ಬದಗ, etc. (ಕೀಟಾಳ್ Śm. 46, o. r. ಬದೆಗ).

ಬದಿನಿಕೆ badinikĕ. = ಬನ್ದಣಿಕೆ, etc. (ವನ್ದೆ, ವೃಕ್ಷಾದನಿ, ವೃಕ್ಷರುಹೆ, ಜೀವನ್ತಿಕೆ, ಗಿಡದ ರೆಮ್ಬೇ ಕೊನೆಯೊಳಗೆ ಗಣ್ಟು ಕಟ್ಟಿದ ಹಾಗೆ ಇರುತ್ತದೆ, ತಾನ್ತ್ರಿಕರಿಗೂ ವೈದ್ಯರಿಗೂ ಉಪಯುಕ್ತ Si. 142).

ಬದು badu. = ಬದುವು, etc. (My.; see ಗದ್ದೆ-).

ಬದುಕಿಸು badukisu. = ಬದಿಕಿಸು. To cause to live or subsist; to support; to cause to continue in existence, to save from death; to raise to life (Bp. 13, 7. 13; 50, 71; 5, 165; My.; B. 3, 123). ಪಾಪಿಯ ಕೆಡಿಸಿದವರಿಲ್ಲ, ಪುಣ್ಯವನ್ತನ ಬದುಕಿಸಿದವರಿಲ್ಲ (Prv.).

ಬದುಕು baduku. 1. = ಬಡಕು 1, ಬದಿಕು, ಬದುಂಕು, ಬದುರ್ಕು 1, ಬದುರ್ಂಕು, ಬಬ್ದುಂಕು. To live, to be alive; to subsist; to make a livelihood, to live by; to continue in existence, to remain alive; to revive, to return to life (My.). See Bp. 1, 34; 20, 9; 43, 79; 48, 14. 19; 56, 38. 39; 58, 57; 60, 2; Bh. 1, 10, 31; J. 2, 18; 14, 9; 28, 49; 24, 9. 65; B. 5, 104; Prvs. s. ಬಾಯಿ, ಬಾಯು.—ಜೀವಧನದಿನ್ದ ಬದುಕುವ ಸ್ತ್ರೀ (ಅಭೀರಿ, ಮಹಾಶೂದ್ರಿ); ಬದುಕುವ ಕಾಲ (ಜೀವಿತಕಾಲ, ಆಯುಸ್); ಆರಮ್ಬದಿನ್ದ ಬದುಕುವವನು (ಕ್ಷೇತ್ರಾಜೀವ); ಕೆಯ್ದುವ ಹಿಡಿದು ಬದುಕುವಂ (ಶಸ್ತ್ರಾಜೀವ); ಬಡ್ಡಿಯ ಕೊಟ್ಟಾಡಿ ಬದುಕುವವನು (ವೃದ್ಧ್ಯಾಜೀವ); ಅರಣ್ಯನೀವಾರಬತ್ತದಿನ್ದವೂ ಹಕ್ಕಲಸಾಯ್ದ ಬತ್ತದಿನ್ದವೂ ಬದುಕುವುದು (ಋತ Nr.). ಆಡಿ ಬದುಕುವವನು (ಪಂಚಜನೀನ Si. 238). ಹೊರೆಯ ಹೊತ್ತು ಬದುಕುವನು (ಭಾರೋಪಜೀವಿ Nn. 36). ಬಹುಕಾಲ ಬದುಕುವವನು (ಜೈವಾತೃಕ, etc. Si. 353).—ಬದುಕಗೊಡು. -ಕೊಡು. To let live, etc. (B. 5, 72).

ಬದುಕು baduku. 2. = ಬದಕು 2, ಬರ್ದುಕು 2. Living, life (My.); livelihood, profession (Bp. 45, 39; My); — property, things, articles, goods (My.; B. 3, 41. 101; 4, 61. 169; 5, 34; Bp. 30, 24; 47, 5; J. 4, 68; ಸಮ್ಪತ್ತಿ G.). ಹಸನಾಗಿದೆ ಬದುಕು, ಸಾಯಲಾರೆನು! ಅದ್ರೋಯಾಗಿದೆ ಬದುಕು, ಸಾಯಲಾರೆನು (Dp. 4). ಬಡ್ಡಿಗೆ ಯಾತಕ್ಕೆ ಬದುಕಿನ ಯೋಚನೆ (Prv.). — ಬದುಕು ಬಾಳು. dupl. (My.). ಜೀವದಲ್ಲಿ ರುವನಕ ಬದುಕು ಬಾಳು, ಸತ್ತ ಬಳಿಕ ಮಕ್ಕಳ ಪಾಲು.— ಮುದುಕನ ಬಾಳು ಕೀರಿದ ಮೇಲೆ ಬದುಕು ಬಾಳು ಇದ್ದು ಫಲವೇನು? (Prvs.). — ಬದುಕು ಮಾಡಿಸು. To cause to carry on a business, etc. (My.; see ಬದಕು-). — ಬದುಕು ಮಾಡು. To carry on a business or profession (My.; see ಬದಕು-).

ಬದುಂಕು badunku. (Šmd. 48, not in Mdb.). = ಬದುಕು 1, etc. (Bp. 45, 46). ಆಡಿಂ ಬದುಂಕುವವನು (ಜಾಬಾಲ, ಅಜಾಜೀವ Hlâ.).

ಬದುವು baduvu. = ಬದ, ಬದು, ಬದುಹು q. v. (My.; T. ವರಪ್ಪು, ವರಮ್ಪು, ವರ್ಮ್ಪು, ವರ್ಪೈ, ವರ್ಮ್ಪೈ; M. ವರಪ್ಪು; Tĕ. ವರುಚು, ವರವ). ಹೊಲ ಗದ್ದೆಗಳ ಬದುವುಗಳಲ್ಲಿಯೂ ತೋಟದ ಸಾರಿಗೇ ಬದುವುಗಳಲ್ಲಿಯೂ ಗುಮ್ಪಾಗಿ ಬೆಳದಿರುವ ಹುಲ್ಲುಗಳ ಸಮೂಹ (ನಡ್ಯ, ನಡಸಂಹತಿ Si. 165). .

ಬದುಹು baduhu. = ಬದುವು, etc. A raised bank in fields, a low ridge (ಪಾಳಿ Mr. 371, one MS. ಬಿದುಹು).

ಬದೆ badĕ. = ಬತೆ. See ಬದಿ-.

ಬದೆಗ badĕga. = ಬದಗ, etc. (ಕೀಲಾಳ್ Kk. 37, o. r. ಬದಗ).

ಬದ್ದ badda. Tbh. of ಬದ್ಧ. Firm; true; truth; firmly, certainly (ಗಾಢ Šmd. II; Šm. 65; ಗಾಢ Kk. 76, o. r. ಬಿದ್ದ; My.; Mhr.: fully, completely). ಬದ್ದ ನಡೆ ನುಡಿಯಿದ್ದರೆ ಕಾತಿ (Dp. 165).

ಬದ್ದಕಿ baddaki. N. of a plant (ಬಸುರಿ Mr. 149).

ಬದ್ದಣ baddaṇa. = ಬದ್ದವಣ 1. (ಬಸಗೆವದೆ Ŏt. II, 47; Šs.).

ಬದ್ದರ baddara. Tbh. of ಭದ್ರ. An ox; an elephant (Čpr. 5, 105; Č. Bp. 42, 24. 27; Bh. 3, 17, 29).

ಬದ್ದವಣ (badda-paṇa = bhadra-paṇa). 1. A drum used on festive occasions (ಮಂಗಳವದೆ Šmd. II; Šm. 87; Čpr. 4, 42; Abh. P. 3, 28. 114; 4, 28; 13, 100).

ಬದ್ದವಣ baddavaṇa. 2. Tbh. of ವರ್ಧಮಾನ (ಅವುಡಲ Šmd. 378).

ಬದ್ದಿ baddi. (Tbh. of ವೃದ್ಧಿ).

ಬದ್ದಿಕಾಱ baddi-kâṟa. One who causes increase, a promoter (Râm. 6, 47, 56).

ಬದ್ದಿಕೆ baddikĕ. = ಬದ್ದಿಗೆ, ಬದ್ದುಗೆ. Tbh. of ಬನ್ಧಕ. A band, a tie;—a border, the ends or skirt of a cloth. (Tĕ. ಬದ್ದೆ). ಬಟ್ಟೆಯ ಬದ್ದಿಕೆ (ದಶೆ, ವಸ್ತಿ Si. 222). 2, = ಬದನೆ 2, comparing anything with, or examining anything according to, a standard, as weights, measures or money (My.).

ಬದ್ದಿಗ baddiga. = ಬದ್ದಿಗ. See ನೆರೆವದ್ದಿಗ s. additions.

ಬದ್ದಿಗೆ baddigĕ. = ಬದ್ದಿಕೆ, etc. (ದಶೆ Si. 460).

ಬದ್ದಿಸ baddisa. = ಬದ್ದಿಸ, q. v.

ಬದ್ದಿಸು baddisu. 1. = ಬದ್ದಿಸು, q. v.

ಬದ್ದಿಸು baddisu. 2. Tbh. of ಬನ್ಧಿಸು. To compare anything with, or examine anything according to, a standard (My.). 2, to be bound, to be obstructed, as the excrements from costiveness (My.).

ಬದ್ದು baddu. = ಬರ್ದು 3. Proficiency, skill (Čpr. 4, 78).

ಬದ್ದು baddu. A hole in the ground into which children play marbles (My.; Mhr., H. ಬದ್).

ಬದ್ದುಗೆ baddugĕ. = ಬದ್ದಿಗೆ, etc. A band, a tie (Bp. 61, 26; Bh. 3, 4, 26).

ಬದ್ದೆ baddĕ. (fr. ಬದ್ದ). A truthful woman (Râm. 6, 53, 82).

ಬದ್ಧ baddha. = ಬದ್ದ. *Bound, tied, fixed, fastened; fettered; caught, captured, confined;* arrested, held back, checked; joined, connected, combined, united; inlaid, studded; composed, as verses; constructed; formed, set, as fruit; bearing, as fruit; struck, as a root; firmly rooted, firm, (true); placed side by side; clenched; entangled; *put on, dressed.* See ಅ-.

ಬದ್ಧಕಂಕಣ baddha-kankaṇa. = ಕಂಕಣಬದ್ಧ No. 2. (My.).

ಬದ್ಧಪ್ರಕೃತಿ baddha-prakṛiti. A constitution subject to costiveness (My.).

ಬದ್ಧಭೂಮಿಕ baddha-bhûmika. *Having an inlaid floor.*

ಬದ್ಧಭ್ರುಕುಟಿ baddha-bhṛikuṭi. = ಭ್ರುಕುಟಿ. (J. 12, 46; 22, 37; 27, 41).

ಬದ್ಧಮುಷ್ಟಿ baddha-mushṭi. Having a closed fist; covetous, penurious, miserly.

ಬದ್ಧಮುಷ್ಟಿಕರ baddhamushṭi-kara. *The hand with closed fist.*

ಬದ್ಧವಿರುದ್ಧ baddha-viruddha. = ಬದ್ಧವೈರ. (Bp. 58, 27).

ಬದ್ಧವೈರ baddha-vaira. One who has contracted confirmed hostility; fixed and deadly hatred. (My.).

ಬದ್ಧಾಂಜಲಿ baddha-anjali. Having the palms joined so as to form a cup and raising them up to the breast, as in humble entreaty or representation, etc. (Râv. 6, after 132).

ಬದ್ನೆ badnĕ. = ಬದನೆ, etc. (My.).

ಬಧಿರ badhira. *Deaf.*

ಬಧಿರತ್ವ badhiratva. Deafness. (My.).

ಬಧಿರೀಕೃತ badhirî-krita. Made deaf, deafened (Râv. 6, after 137).

ಬನ bana. = ವನ, q. v. (ವನ Kk. 18; ಅರವೆ, ಆರಾಮ Šm. 21; Čpr. 1, 104; 2, 71). ಬನಕ್ಕೆ or ಬನಕೆ (Šmd. 139). ಇನ್ದ್ರನ ಬನಂ (ನನ್ದನ); ಕುಬೇರನ ಬನಂ (ಚೈತ್ರರಥ); ಬೆಟ್ಟದ ತಪ್ಪಲ ಬನಂ (ಉಪತ್ಯಕೆ); ಬೆಟ್ಟದ ಮೇಲಣ ಬನಂ (ಅಧಿತ್ಯಕೆ); ಅರಮನೆಯ ಸಮೀಪದ ಬನಂ (ಉದ್ಯಾನವನ); ಸಮುದ್ರದ ತಡಿಯ ಬನಂ (ವೇಲಾವನ Hlâ.). — ಬನಗತ್ತಲೆ. -ಕತ್ತಲೆ. The darkness of a wood, etc. (Râv. 2, 54; V. 4, 46). — ಬನದುಱುಬಿ. -ತುಱುಬಿ. = ಬನ್ದರಿಕೆ, ಬನ್ದಾರೆ. An evergreen shrub, Dodonaea viscosa L. (Z.). — ಬನಪನ್ನಿ. A wild hog (Râv. 3, 34). — ಬನಪ್ಪಿಡಿ. -ಒಪಿಡಿ. To seize, *i. e.* to enter, a forest or wood (Čpr. 1, 106). — ಬನವಸೆ. N. of a town (PrlI. 3, 2 seq.). — ಬನವಾಸೆ. = ಬನವಸೆ. (My.). ಬನವಾಸೆಗೆ ಹೋದರೂ ಬಱಗಾಲ ತಪ್ಪಲಿಲ್ಲ (Prv.). — ಬನವೆಂಕೆ, -ಬೆಂಕೆ. Forest-fire (ದಾವಾಗ್ನಿ Šs.).

ಬನಪು banapu. A large timber tree, Terminalia tomentosa, var. coriacea, Clarke (St. & Pl.; Tu.; Kŏnkaṇi ಬಣಪು).

ಬನಾತು banâtu. Broad-cloth, woollen (H., Tĕ.; My.).

ಬನಾಯಿಕೆ banâyikĕ. = ಬನಾವಣಿ. (My.).

ಬನಾಯಿಸು banâyisu. To make, to fabricate (My.; Tĕ.; Mhr., H. ಬನಾವಣೇಂ).

ಬನಾವಣಿ banâvaṇi. = ಬನಾವು. (My.; Mhr.).

ಬನಾವು banâvu. The act of making, fabricating or bringing about (My.; Mhr., H. ಬನಾವ). 2, good understanding together, mutual agreement (My.; Mhr., H.).

ಬನಿ bani. Substance, essence, as of grains, milk, butter or vegetables (My.).

ಬನಿಯನ್ baniyan. A waistcoat with short sleeves (My.; H.).

ಬನ್ತಿ banti. = ಪನ್ತಿ. (ಆಳಿ, ಪಂಕ್ತಿ, etc., ಸಾಲು Si. 119).

ಬನ್ತು bantu. = ಬನ್ದಿತು, ಬನ್ದುದು. Third person singular neuter of the imperfect of ಬರ್ 1, ಬರು. (C.).

ಬನ್ತೆ bantĕ. = ಬೊನ್ತೆ, q. v. (My.). — ಬನ್ತೆಗಟ್ಟು. -ಕಟ್ಟು. To be stitched together like a quilt. ಅವನ ಕೂದಲು ತೊಡಕಾಗಿ ಬನ್ತೆಗಟ್ಟಿದೆ (My.). — ಬನ್ತೆಗಮ್ಬಳಿ. -ಕಮ್ಬಳಿ. A quilted blanket (My.). — ಬನ್ತೆಗಳ್ಳಿ. = ಬೊನ್ತೆಕಳ್ಳಿ. (My.).

ಬನ್ದ banda. Tbh. of ಬನ್ಧ (Šmd. 339). A bond, etc. 2, in the sense of ಬದ್ಧ: formed, set, as fruit; bearing, as fruit; etc. See ಪಾರ-, ಸಂಕಲೆವನ್ದ, ಸರವನ್ದ. — ಬನ್ದಕಟ್ಟು. Moderateness (My.). ಅಚ್ಚುಕಟ್ಟಾದ ಕೆಲಸ ಚನ್ದ, ಬನ್ದಕಟ್ಟಾದ ಊಟ ಚನ್ದ (Prv.). 2, caste-rules (My.). — ಬನ್ದದ ಮರ. The wild mangosteen, Diospyros embryopteris Pers. (St. & Pl.). — ಬನ್ದಮಾವು. A mango tree in fruit (ಫಲವಾದ ಮಾಮರ Čt. II, 119; ಫಲಿತಾಮ್ರ Kk. 66; ಫಲಿತರಸಾಲ Šm. 26; Čpr. 7, 43).

ಬನ್ದಗಿ bandagi. Slavery (My.; Mhr., H.).

ಬನ್ದಣಿಕೆ bandaṇikĕ. = ಬದನಿಕೆ, ಬದಿನಿಕೆ, ಬನ್ದಳಿಕೆ, ಬನ್ದುರಿಕೆ, ಬಾನ್ದುರಿಕೆ, ಬೊನ್ದರಿಗೆ. Tbh. of ವನ್ದಾಕೆ, etc. A parasitical plant; the parasitical plant Epidendrum tesselatum, etc. (ಜೀವನ್ತಿಕೆ, ವೃಕ್ಷಾರುಹೆ, ವನ್ದೆ, ವೃಕ್ಷಾದಿನಿ Nr.; ವನ್ದೆ, ಕಾಮಿನಿ Nr. *a*, ಬನ್ದಳಿಕೆ Nr. *b*; ತರುರುಹ, ಮಾರ Mr. 142).

ಬನ್ದನೆ bandanĕ. Tbh. of ಬನ್ಧನೆ. (My.).

ಬನ್ದರ bandara. 1. Tbh. of ಬಧ್ನನ. See ದಾರಬನ್ದರ, ದಾರವನ್ದರ.

ಬನ್ದರ bandara. 2. = ಬನ್ದರು. A port; a port-town; a landing place on a coast or in an inlet (H., Mhr.; B. 3, 116).

ಬನ್ದರಿಕೆ bandarikĕ. = ಬನದುಬಿಬಿ. See s. ಬನ. (My.).

ಬನ್ದರು bandaru. = ಬನ್ದರ 2. (My.; Tĕ.; M. ಬನ್ದರ್). 2, N. of Masulipatam (Tĕ.; My.).

ಬನ್ದಳಿಕೆ bandaḷikĕ. = ಬನ್ದಣಿಕೆ, q. v.

ಬನ್ದಾನ bandâna. Tbh. of ಬನ್ಧನ. (My.).

ಬನ್ದಾರೆ bandârĕ. = ಬನದುಬಿಬಿ, etc. (My.; Tĕ.).

ಬನ್ದಿ bandi. 1. = ವನ್ದಿ 1. One of the *tatsamas* (Šmd. 384; Šm. 77; Kk. 95). A captive or prisoner in general, male or female (ಪ್ರಗ್ರಹ, ಗ್ರಹಕ, ವನ್ದಿ Hlâ.). 2, an obstacle, an impediment; stop, cessation (Mhr.. H. ಬನ್ದೀ); confinement, imprisonment (see ಬಲ್ಬನ್ದಿ; M. ವನ್ದಿ). 3, a tie: an armlet (My.; T. ವನ್ದಿ); a gold wire worn round the neck by females (My.). ತೋಳ ಬನ್ದಿ (Šm. 162). 4, plunder, booty, spoil (Sk.; Bp. 9, 1; V. 6, 6; J. 23, 15). — ಬನ್ದಿಕಾಱ. -ಕಾಱ. (Šmd. 235). A robber, a thief (Bp. 9 sum.; Sk. ಬನ್ದೀಕಾರ); a man who takes prisoner. See ಬಲ್-. — ಬನ್ದಿಗ್ರಹಣ. (Šmd. 386; Kk. 99). Taking prisoner; seizing plunder. — ಬನ್ದಿಯವ. -ಅವ. = ಬನ್ದಿವಾನ. (B. 5, 202. 206). — ಬನ್ದಿಯವಳು. -ಅವಳು. = ಬಂಗಾರದವಳು. (My.). — ಬನ್ದಿವಾನ. = ಬನ್ದೀವಾನ. (B. 5, 202. 208; My.). — ಬನ್ದಿ ಪಿಡಿ. -ಪಿಡಿ. To take captive (Čpr. 1, 127); to plunder. ಬನ್ದಿವಿಡಿದಂ ಬಿಮ್ಬಾಧರಸ್ಥಾನಮಂ (Šmd. 386). — ಬನ್ದಿವಿಡಿಹ. -ಪಿಡಿಹ. A man who takes prisoner (ಗ್ರಾಹಕ, ಪ್ರಗ್ರಹ Mr. 462); a plunderer. — ಬನ್ದೀಖಾನೆ. -ಖಾನೆ. A prison (ಕಾರೆ, ಬನ್ಧನಾಲಯ, ಸೆರೆಮನೆ Si. 298; My.; Br.; Mhr., H. ಬನ್ದೀಖಾನಾ). — ಬನ್ದೀವಾನ. -ವಾನ. A prisoner (ಪ್ರಗ್ರಹ, etc., ಸೆರೆಮನೆಯೊಳಗಿರುವವನು Si. 298; My.; Br.; Mhr., H.).

ಬನ್ದಿ bandi. 2. = ವನ್ದಿ 2. (Sk.; Bh. 1, 7, 34; Mhr.).

ಬನ್ದಿ bandi. 3. N. of a plant. See ಚಿಕ್ಕಣಿಕೆ.

ಬನ್ದಿಕ್ಯಾ bandikyâ. A shrub, Memecylon amplexicaule Roxb. (St. & Pl.).

ಬನ್ದಿಗ bandiga. = ಬದ್ದಿಗ. Tbh. of ಬನ್ಧಿಕ (ಬನ್ಧಕ). See ನಿಬ್ಬನ್ದಿಗ and ಸರವನ್ದಿಗ.

ಬನ್ದಿಸು bandisu. = ವನ್ದಿಸು. (Abh. P. 15, after 42).

ಬನ್ದು bandu. P. p. of ಬರ್ 1, ಬರು.

ಬನ್ದು bandu. 1. = ಬೊನ್ದು. (Tbh. of ವನ್ದ). Praise, eulogy (see ಬನ್ದುಕ).

ಬನ್ದು bandu. 2. Tbh. of ಬನ್ಧ. Any tie, a bond, a fetter; confinement; restriction (B. 5, 141. 142. 144. 255; My.; Br.; Mhr., H. ಬನ್ದ). 2, a fold of a sheet of country paper (My.; Mhr., H.). — ಬನ್ದುಕಟ್ಟು. The state of being well ordered, regulated or compact; caste-rules (My.). — ಬನ್ದು ಮಾಡು. To close, to shut (My.).

ಬನ್ದು bandu. 3. Tbh. of ಬನ್ಧು. (My.).

ಬನ್ದುಕ bandu1-ka. (Šmd. 239, o. r. in three MSS. ಬೊನ್ದುಕ). A man who gets his food by flattering, coaxing or wheedling (ಚಲ್ಲವತ್ತ, ನಮ್ಬಿಸಿಯೆ ತಿಮ್ಬಾತ Šm. 46; Kk. 66, o. r. ಬೊನ್ದುಕ).

ಬನ್ದುಗೆ bandugĕ. Tbh. of ಬನ್ಧೂಕ (Šmd. 359; Čt. II, 19; Mr. 127; Šm. 27; Hlâ., Nr.; Grj. 7, after 11; 7, 53; Bp. 58, 22; Si. 139).

ಬನ್ದುರಿಕೆ bandurikĕ. = ಬನ್ದಣಿಕೆ. (Z.).

ಬನ್ದೂಕ bandûka. = ಬನ್ದೂಕು. (My.; Mhr., H.).

ಬನ್ದೂಕು bandûku. A musket or firelock; a matchlock (My.; Br.).

ಬನ್ದೋಬಸ್ತಿ bandôbasti. = ಬನ್ದೋಬಸ್ತು. (My.; B. 5, 268; Mhr., H.).

ಬನ್ದೋಬಸ್ತು bandôbastu. Settlement, adjustment; fitly arranged or well-ordered condition, secure, firm condition; order (B. 5, 268; My.; Br.; Mhr., H.).

ಬನ್ಧ bandha. = ಬನ್ದ, ಬನ್ದು 2. Binding, tying; *a bond, a tie, a chain, a fetter, any tie;* (a regulation, a rule Mhr.); catching; fettering, confining, checking; imprisonment, custody, check, restriction; joining, uniting; — forming, constructing, building, erecting; embanking, an embankment; — any posture or position of the limbs or body generally, a position or posture; a particular position of the hands and feet, etc.; — connection; — agreement, union; — a border; — bondage; — combination of sounds, construction of words; a composition. See Čh. v. 1; Kâvy. III, 1, A, 4; IV, 1; IV, 2, 62; ರಂಗವಾಲಿ; Ššv. 4, 75.

ಬನ್ಧಕ bandhaka. = ಬದ್ದಿಕ, etc. A binder; a catcher: — a violator, a ravisher; — a band, a tie; — a bank, a dam; — binding, confinement; — hindrance, impediment (My.); — *pledging; a pledge, a deposit, a pawn.*

ಬನ್ಧಕಿ bandhaki. *An unchaste woman.*

ಬನ್ಧತನ್ತ್ರ bandha-tantra. A complete army, or one possessing the four divisions of chariots, elephants, horse, and foot. (R.).

ಬನ್ಧನ bandhana. = ಬನ್ಧರ 1, ಬನ್ಧಾನ, ಬನ್ಧ್ರ. Binding, tying, fettering, fastening; tightening;—holding fast, arresting, checking;—binding on, putting on;—catching, capturing;—*confining, confinement, captivity, bondage, imprisonment* (Šmd. 160; ಕಟ್ಟು Mr. 267); inflicting pain, hurting;—joining, connecting, uniting;—building, construction;—*a bond, a band, a chain, a fetter, any tie;*—a stalk, a stem, a peduncle. See ಕಟ್ಟಿಸು, ಕಟ್ಟು, ಕೆತ್ತು, ತೊಡರ್, ತೊಡರ್ಚು, ಬಿಗಿ; ಪ್ರಸವ-.

ಬನ್ಧನಗ್ರನ್ಥಿ bandhana-granthi. *A noose.*

ಬನ್ಧನಾಕುಲತೆ bandhana-âkulatĕ. Bewilderment from being in captivity (Čpr. 5, 35).

ಬನ್ಧನಾಲಯ bandhana-âlaya. *A prison, a jail.*

ಬನ್ಧನಿ bandhani. = ಬನ್ಧನ. See ಮೃಗ-.

ಬನ್ಧವಿದ bandha-vida. One who knows how to put on (decorations) or to decorate (Čpr. 6, 47).

ಬನ್ಧನೆ bandhanĕ. = ಬನ್ಧನೆ, ಬನ್ಧನ. (My.).

ಬನ್ಧಸ್ತಮ್ಭ bandha-stambha. *The post to which an elephant is tied.*

ಬನ್ಧಿಕ bandhika. = ಬನ್ಧಿಗ, ಬನ್ಧಕ. See ನಿರ್ಬನ್ಧಿಕ, ವಸನಬನ್ಧಿಕೆ.

ಬನ್ಧಿಸು bandhisu. = ಬದ್ಧಿಸು 2. To bind, to tie, to fetter, etc. (Čpr. 3, after 2); to bind on one's self, to put on (Bp. 4, 11); to connect, to join, to unite, etc.; to inflict punishment, to chastise, to inflict pain. ಲೋಗರನು ಬನ್ಧಿಸಲ್ (ಪರಿಪೀಡನ, ಸಪತ್ರಾಕರಣ Mr. 454). ವೃಕ್ಷವೆರಡು ಬನ್ಧಿಸಿದಲ್ಲಿ ಹಣ್ಣವೆನಿಕ್ಕು (Mr. 476). See Bp. 27, 13; 32, 55; 44, 47; 54, 15; J. 20, 9.

ಬನ್ಧು bandhu. = ಬನ್ಧು 3. Connection, relationship. 2, one who is connected with or belongs to;—*a kinsman, a relation, a relative* (ಗೋತ್ರ Nn. 16; ನಣ್ಪು 140; ಪಕ್ಕುವಣ, ಪಕ್ಕುವಣ Ks.). 3, a cognate kinsman in a remote degree. 4, a friend. — ಬನ್ಧು ಬಳಗ. dupl. The whole body of relations, kinsfolk (Bp. 40, 41; Dp. 61, 2; My.; B. 2, 41; 3, 2. 90; 4, 158). ಬನ್ಧು ಬಳಗವು ಕೂಡಿ, ಹೊನ್ದಿ, ಜೋಗಳ ಪಾಡಿ, ಹಿನ್ದೆ ಸತ್ತವರ ಹೆಸರಿಟ್ಟು, ಗುಗ್ಗರಿ ತಿನ್ದು, (ಕೂಸಂ) ತೂಗುವರು (Sp.). — ಬನ್ಧೂ ಬಳಗ. = ಬನ್ಧು ಬಳಗ. (Bp. 61, 87; My.).

ಬನ್ಧುಕ bandhuka. = ಬನ್ಧುಲ. *The son of a harlot, a bastard.*

ಬನ್ಧುಕಿ bandhuki. *An unchaste woman.*

ಬನ್ಧುಜನ bandhu-jana. A kinsman; kinsfolk, relations. (My., also as ಬನ್ಧೂ-).

ಬನ್ಧುಜೀವ bandhu-jîva. *The flower Pentapetes phoenicea.*

ಬನ್ಧುಜೀವಕ bandhu-jîvaka. *The flower Pentapetes phoenicea.*

ಬನ್ಧುತೆ bandhutĕ. *Relations collectively, kindred, kin.* 2, relationship, affinity, relation (My.).

ಬನ್ಧುತ್ವ bandhutva. = ಬನ್ಧುತೆ No. 2. (My.).

ಬನ್ಧುರ bandhura. 1. *Uneven, undulating, wavy.* 2, *bowed, bent, inclined* (ನಮ್ರ, ನತ, ಎಱಗೂಡು Mr. 454); crooked. 3, pleasing, delightful, handsome, beautiful; beauty (Čh. v. 1; Kâvy. IV, 1; Bp. 5, 18; Mr. 3). 4, a kind of precious stone (ಗೋಮೇದಕ, ಪಿತಂಗಾತ್ಮ Mr. 101). 5, a goose. 6, injurious.

ಬನ್ಧುರ bandhura. 2. = ವನ್ಧುರ. (A.).

ಬನ್ಧುರತರ bandhura-tara. Uncommonly beautiful, etc. (Šśv. 2, 63).

ಬನ್ಧುಲ bandhula. *The son of a harlot, a bastard* (ಕೆಟ್ಟವಳ ತನುಜ Mr. 310).

ಬನ್ಧೂಕ bandhûka. = ಬನ್ಧುಗೆ. *A shrub bearing a red flower, Pentapetes phoenicea.*

ಬನ್ಧೂಕಪುಷ್ಪ bandhûka-pushpa. *The tree Terminalia tomentosa W. & A.*

ಬನ್ಧೂರ bandhûra. = ಬನ್ಧುರ 1, No. 3. (Sk.; A.).

ಬನ್ಧ್ಯ bandhya. = ವನ್ಧ್ಯ. To be bound or fettered; to be confined or imprisoned; to be constructed;—*not bearing fruit in due season, barren, unfruitful, unproductive, useless, vain;*—not having the menstrual courses;—destitute, deprived of.

ಬನ್ಧ್ಯೆ bandhyĕ. = ಬಂಜೆ 1, ವನ್ಧ್ಯೆ. A woman not having the menstrual courses; a barren or childless woman. 2, *a barren cow.*

ಬನ್ಧ್ರ bandhra. = ಬನ್ಧನ, etc. See ಅ-.

ಬನ್ನ banna. Tbh. of ಭಂಗ (or ಭಗ್ನ). (ಭಂಗ Čt. I, 32. 100; II, 16; Kk. 48; Šm. 51; Abh. P. 11, 76; 13, 134). ಪತಿಗೆನ್ದು ಯುದ್ಧದೊಳ್ ಬನ್ನಮುಂ ತಾರಂ (Šmd. 283). ಮಹೇಶ್ವರ, ನಿಮ್ಮ ಭಕ್ತರಿಗೆ ಬನ್ನಳುಣ್ಟೇ? (Bp. 46, 13). ಬನ್ನದಿಂ ಬಗೆಗೆಟ್ಟು (J. 19, 38). — ಬನ್ನಬಡಿಸು. -ಪಡಿಸು. To cause to suffer discomfiture, etc. (Bp. 38, 30). — ಬನ್ನಬಡು. -ಪಡು. To suffer ruin, etc. (J. 5, 41). ಅನ್ನದಾನಕ್ಕೆ ಸಮಾನವಿಲ್ಲ, ಬನ್ನಬಡುವದು ತಪ್ಪುವದಿಲ್ಲ (Prv.). — ಬನ್ನಮ್ಬಡಿಸು. -ಂ-ಪಡಿಸು. = ಬನ್ನಬಡಿಸು. (Šśv. 4, 104).

ಬನ್ನಿ banni. 1. Imperative plural of ಬರ್ 1 q. v., ಬರು.

ಬನ್ನಿ banni. 2. A prickly tree with an eatable pod, Prosopis spicigera Lin. (ಶಮಿ, ಸಕ್ತುಫಲೆ, ಶಿವೆ Nr.; Si. 134; ಶಮಿ Mr. 115; T., M. ವನ್ನಿ). ಬನ್ನಿಯ ತರು ಪಕ್ಕೆಗೆ (Šmd. 75). 2, Acacia ferruginea (My.; Van Someren).—See ಕಿಱಿಯ ಬನ್ನಿ; Bp. 45, 37; Bh. 4, 1, 11. — ಬನ್ನಿಕಾಯಿ. The pod of the banni tree (ಸಂಗರ, ಶಮಿಫಲಿನ Nn. 19). — ಬನ್ನೇರುಘಟ್ಟ. N. of a place near Bangalore (My.).

ಬನ್ನಿ banni. A portion of grain given to a labourer in requital of his services (H.); tax (see ಹುಲ್ಲು-).

ಬಪ್ಪ bappa. = ಬರ್ಪ, ಬರುವ, ಬಹ, etc. Present relative participle of ಬರ್ 1, q. v.

ಬಬ್ಬರ babbara. Tbh. of ಬರ್ಬರ (Šmd. 345). = ಗೊಬ್ಬಳಿ, ಗೊಬ್ಬಳಿ, ಬಬ್ಬುಲಿ, ಬಬ್ಬುಳಿ, ಬೊಬ್ಬುಲಿ, ಬೊಬ್ಬುಳಿ. ಬನ್ದು ದೇಶಂ (345). 2, ನಾಱುವ ದೇಳೆ (345). 3, ಬೊಬ್ಬುಲಿ (345). *Cf.* ಬರ್ಬೂರ, etc.

ಬಬ್ಬುಲಿ babbuli. = ಬಬ್ಬುಳಿ, etc. (Mdb. MS. in Šmd. 359. 364).

ಬಬ್ಬುಳಿ babbuḷi. Tbh. of ಬರ್ಬೂರ (ವರ್ಬೂರ). = ಬಬ್ಬರ, etc. The thorny Babool tree, Acacia arabica Willd. (ಜಾಲಿ, ಬರ್ಬೂರ Si.; ಜಾಲೀ ಗಿಡ G.; Mhr. ಬಾಭಳ, ಬಾಭಳೀ, ಬಾಭೂಳ).

ಬಭ್ರು babhru. *Brown, tawny* (ಕಾಂಚನವರ್ಣ, ಹೊಮ್ಬಣ್ಣ Nn. 125). 2, *a large kind of ichneumon* (mungoose); *an ichneumon generally* (ನಕುಲ, ಮುಂಗುರಿ 125; ಮುಂಗುಲಿ Mr. 481). 3, *Kṛishṇa* (ಹೃಷೀಕೇಶ, ಕೃಷ್ಣ 125). 4, fire. 5, Śiva. 6, N. of various men.

ಬಭ್ರುವಾಹನ babbru-vâhana. N. of a son of Arjuna. (J. 9, 33; 17, 1, etc.). ಬಭ್ರುವಾಹನನ ತಾಯಿ (ಚಿತ್ರಾಂಗದೆ G.).

ಬಮ್ಪು bampu. = ಬೊಮ್ಪು, ಬೊಮ್ಪಲು. A slimy and sticky vegetable substance used as soap (My.; T. ವಱುಪ್ಪು; see ಬಕ್ಕೆ, ಬಂಕೆ).

ಬಮ್ಬ bamba. A pump; a fire-engine (B. 5, 286; Mhr., H., Port.).

ಬಮ್ಬಲ್ bambal. A heap, a mass, a swarm, a cluster (ತೊಪ್ಪೆ Čt. I, 25; ಜಂಗುಳಿ, ಹರಿ, ಬಳಗ, ವಂಗಡ, etc., ಶ್ರೇಣಿಕೆ Kk. 17; ಬಳಗ, ವಂಗಡ, ಗುಮ್ಮಿ, ತುಱುಗ, etc., ಶ್ರೇಣಿಕೆ Šm. 54; Čpr. 5, after 64; Abh. P. 3, after 75; Mhr. ಬಮ್ಬಾಳ, ಬಮ್ಬಾಳ, huge, vast, large, extensive; T., M. ವನ್, ವಲ್ = K. ಬಲ್; M. ವಮ್ಪು, greatness; stoutness;—to grow large). ಜಡೆಗಳ ಬಮ್ಬಲ್ (Čh.'s one MS. in its v. 2). ತುಮ್ಬಿಗಳ ಬಮ್ಬಲ್ (Rśv. 2, 39). — ಬಮ್ಬಲ್ಗಡಿ. -ಕಡಿ. To cut (one's way through) a mass (Čpr. 5, 59). — ಬಮ್ಬಲ್ಜಡೆ. Massive matted hair (V. 5, 43; 9, 123). — ಬಮ್ಬಲ್ಸರಿ. A heavy rain. ಪೊನಲ್ವರಿಯಿಪ ಬಮ್ಬಲ್ಸರಿ (Rśv. 8, 112).

ಬಮ್ಬಳ bambaḷa. = ಬಮ್ಬಳನೆ. (Abh. P. 3, 108).

ಬಮ್ಬಳನೆ bambaḷanĕ. From great fatigue or distress (Abh. P. 15, 4; *cf.* ಬಲಬಲಿಕೆ, ಬಡಿಲ್ 1).

ಬಮ್ಬು bambu. = ಬೊಮ್ಬು. A large hollow bamboo (My.; M. ವಂಜಿ, ವಣ್ಣ, ವಮ್ಬು; Tě. ಬೊಂಗು; Mhr. ಬಾಮ್ಬೂ; *cf.* Sk. ವಂಶ; see ಬಿತ್ರ). ಬಮ್ಬು ಹೊಱುವವರ ಸಂಗಡ ಹಪ್ಪಳಿಸಿದರೆ ಇಮ್ಬು ಸಿಕ್ಕೀತೇ? (Prv.).

ಬಮ್ಭರ bambhara. = ಭ್ರಮರ. (ತುಮ್ಬಿ, etc. Si. 176; My. Amara).

ಬಮ್ಭಾರವ bambhâ-rava. Shouting (J. 22, 4).

ಬಯ್ bay. 1. (Šmd. 58 Mdb.). = ಬಯಿ 1. An open spot, a parting. (T. ವಗಿರ್ = ಬಯ್ತಲೆ; see ಬಾಟು 1).— ಬಯ್ತಲೆ. A separation or parting of the hair on each side of the head so as to leave a line (ಸೀಮನ್ತ Nr., Hlâ., G.; ಸೀಮನ್ತ Mr. 320, o. r. ಬಯಿತಲೆ; Bp. 4, 40; Râm. 6, 12, 38; J. 8, 45; V. 5, after 14; My.). ಬಯ್ತಲೆಯಲ್ಲಿ ನೇಲುವ ಹೂಮಾಲೆ (ಲಲಾಮಕ Nr.). ಸ್ತ್ರೀಯರು ಬಯ್ತಲೆಯೊಳಗೆ ಇಟ್ಟು ಕೊಳ್ಳುವ ಆಭರಣ (ಪಾರಿಪಥ್ಯ); ಬಯ್ತಲೆಯಲ್ಲಿಡುವ ರತ್ನ (ಮುಡಿವಣಿ G.). ಮುತ್ತಿನ ಬಯ್ತಲೆ (ಹೂಳಯ Ks.). ಬಯ್ತಲೆಯುಳ್ಳಾಕೆ (ಸೀಮನ್ತಿನಿ Dhw.). — ಬಯ್ತಲೆಬೊಟ್ಟು. A round gold ornament with a precious stone worn by females on the baytalĕ (My., see s. ನೇರ; ಪತ್ರಪಾಶ್ಯೆ, ಲಲಾಟಿಕೆ, ಹಣೆಗೆ ಇಟ್ಟು ಕೊಳ್ಳುವ ಬಾಸಿಂಗದ ಒಡವೆ Si. 218, sic!).— ಬಯ್ದಲೆ. = ಬಯ್ತಲೆ. ನೆಯ್ದಿಲೆಯಾದರೂ ಕೊಯ್ದರೆ ಬಯ್ದಲೇ ಮೇಲೇ? (Prv.).

ಬಯ್ bay. 2. (= ಬಿಯ್ 2). To deposit; to put aside; to hide (ನಿಕ್ಷೇಪ Šmd. Dh., o. r. ವಿಕ್ಷೇಪ; ನಿಧಿ Šm. 102; T. ವೈ, M. ವೆ; Tě. ವೇ, to throw, cast, fling, discharge; to place, etc.). ಬಯ್ಕುವು, ಬಯ್ಕುಲುಂ (Šmd. 86); ಬಯ್ಕೆವು, ಬಯ್ಕುವೆ (87). P. p. ಬಯ್ತು (Čpr. 8, 78; 9, 12; Grj. 8, 102; Bp. 24, 24). ಬಯ್ತುದು (ಇರಿಸಿದರ್ಥಂ Čt. I, 39; ಬಚ್ಚಿಡುವುದು Ks.). ಬಯ್ತ ಬಯ್ಕೆ (Abh. P. 3, 42).

ಬಯ್ bay. 3. = ಬಯಿ 2, ಬಯ್ಯು, ಬೊಯಿ 1, ಬೊಯ್ಯು. To abuse, to revile; to use bad language (ಗಾಳಿವಾತು Šm. 102; T. ವೈ; T. ವೈದಲ್, reviling; ವಜವು, ವಜೈವು, abuse, bad language). P. p. ಬಯ್ದು (Čpr. 8, 65). ಆಗಳಿನ ಕಜ್ಜಮನ್ ಏಗಮೆ ಗೆಯ್ದಪುದು! ಎನ್ದು? ಆವ ರೀತಿ? ಪೇೞ್! ಎನ್ದೊಡೆ ಬಯ್ವರ್ ಈಗಳಿನ ದೆಸೆಗೆವಿಟ್ಟ ಮಹಾಕವೀಶ್ವರರ್ (Šmd. 134). ಬಯ್ಕೆ (Čpr. 8, 56. 95). ಪಿರಿಯನೆನೆನ್ದು, ಧಿಕ್ಕರಿಸಿ ಬಯ್ವುದು ತಕ್ಕುದೆ? (258). ಸಸಿಯಂ ನೋಡಿ, ತಲೋದರಿ ಬಿಸುಸುಯ್ದುಂ, ಬಯ್ದುಮನ್ತು ಮಾಡಿದ ಬಿದಿಯಂ (267). ಬಯ್ದುದು (ಆಕ್ರೋಶನ, ಅಭಿಷಂಗ Nr.). ಸುತನಂ ಬಯ್ದು (J. 31, 30). ಕಾನ್ತೆಯಂ ಬಯ್ದು (Bp. 57, 65). ಬಯ್ಯುತ (9, 13). See Bp. 47, 49; J. 5, 31; 8, 33; 28, 33; 31, 26. 31. 35; Prvs. s. ಬಾಯಿ 1, ವೈದಿಕ.

ಬಯ್ bay. 4. = ಬಯ್ಗು. — ಬಯ್ತನಕ. Till evening (My.). — ಬಯ್ಸಾರಿ. Evening-time (My.).

ಬಯಕೆ bayakĕ. 1. = ಬಯ್ಕೆ, ಬಯ್ಕೆ 1. A deposit, a trust; a treasure, a hoard (ಕಡವರ Čt. II, 21; Ks.; see Čt. I s. ಬಯ್ಕೆ 1). ಹೊನ್ನ ಬಯಕೆ (ನಿಕ್ಷೇಪ, ಉಪನಿಧಿ Mr. 56).

ಬಯಕೆ bayakĕ. 2. (Šmd. 25). = ಬಯಿಕೆ, ಬಯ್ಕೆ 2, ಬವಕೆ. Longing, wish, desire; hope; a desired object (ಕಾಂಕ್ಷೆ, ಇಚ್ಛೆ, ಸ್ಪೃಹೆ, ವಾಂಛೆ, ಕಾಮ, etc. Nr.; ಶ್ರದ್ಧೆ, ವಿಶ್ವಾಸ Nr.; ಮನೋರಥ Hlâ.; ಅಬ್ಧಿ Nu. 89; ಆಲಿ, ಬೇಕೆನ್ದೆಮ್ಬುದು 138; ಇಚ್ಛೆ 144; ಕಾಂಕ್ಷೆ 148; ಕಾಮ 163; ದೋಹದ, ದೋಹಳ, ದೌರ್ಹೃದ, etc. Mr. 307; ಈಪ್ಸಿತ, ಕಾಂಕ್ಷೆ, ಇಚ್ಛೆ, ಕಾಮ, etc. 433; My.; T. ವಯವು, ವಯಾವು; Tě. ಬಯ್ಯ). ಮನಸಿನ ಬಯಕೆ (ಮನೋರಥ Nu. 101). ಬಯಕೆಯಾದ್ದು ಬಾಚಿಸಿದರೆ ಸಿಕ್ಕೀತೇ?—ಬಯಕೆ ಕೊಟ್ಟರೂ ಬಯ್ಸಿ ಕೊಮ್ಬುದು ತಪ್ಪಲಿಲ್ಲ.—ಬಯಕೆ ಹಾಕಿದರೂ ಬಯಸುವದು ತಪ್ಪಲಿಲ್ಲ.—ಪೂರ್ಣವಿದ್ದರೂ ಸ್ವರ್ಣದ ಬಯಕೆ ತೀರದು (Prvs.). See Čpr. 1, 102; 3, 91. 92; Abh. P. 3, 98. 100. 101; Bp. 17, 13; 24, 18; 38, 52; J. 18, 40. 58. — ಬಯಕೆಗಪ್ಪು. -ಕಪ್ಪು. The desired black pigment or collyrium (ಅಂಜನ Čt. II, 18).

ಬಯಲ್ bayal. (Šmd. 25). ಬಯಲು. = ಬಯಿಲ್, ಬಯ್ಲು. An open space, field or plain (My.; Tě. ಬಯಲು, ಬಯಿಲು, ಬಯ್ಲು; T., M. ವಯಲ್);—a wild, a waste (ತಳಪಟ Bhn. 29);—the state of being open to the view: publicity: conspicuousness, distinction, celebrity;—a vacuum; vacuity; nonentity; disappearance; vanity (My.; ಆಕಾಶ, ಪೊಳ್ಳು G.); uselessness (My.). See Čpr. 1, 87; 5, 114; 7, 72; Bp. 1, 50; 8, 37; 19, 81; 42, 3. 18; Rśv. 13, after 82; Šśv. 4, 61; Râm. 3, 8, 39; J. 7, 6; ಬಕ್ಕಮ್ಬಯಲ್, ಬಕ್ಕಟೆ-, ಬಟ್ಟ-, ಬೆಳ್ಬಯಲ್.— ಬಯಲ ನುಡಿ. To speak vain words (Bh. 4, 4, 13). — ಬಯಲಾಗಮ. -ಆಗಮ. A well known âgama. ಬಯಲಾಗಮದ ಹವಿ ವಪಟ್ಕೃತಮಕ್ಕು (Mr. 261). — ಬಯಲಾಗು. -ಆಗು. To become a waste, to disappear, to be ruined (Bp. 2, 14; 16, 5; 36, 2; 45, 31; J. 20, 16; 28, 29); to become vain or fruitless, as desire (My.). 2, to come to light, to appear; to become public (My.). 3, to become an open, empty space (Abh. P. 9, 69). — ಬಯಲಾಸೆ. -ಆಸೆ. A vain wish (My.). — ಬಯಲಿಗೆ ಬರು. = ಬಯಲಾಗು No. 2. (My.). — ಬಯಲಿಗೆ ಬೀಳು. = ಬಯಲ್ಬೀೞ್. (My.). — ಬಯಲಿಗೆ ಹಾಕು. To bring to light, to make public, to reveal, to show (My.). ಪೂರ್ವವೃತ್ತಾನ್ತವನ್ನು ಬಯಲಿಗೆ ಹಾಕುವದು (G. 67). ಎರಡನೇವರ ದೋಷಗಳನ್ನು ಬಯಲಿಗೆ ಹಾಕುವವ (ಕುಚರ, ನಿನ್ದಕ G.). ಗುಪ್ತವನ್ನು ಬಯಲಿಗೆ ಹಾಕುವದು (G. 185). — ಬಯಲಿಡ್. -ಇಡ್. To strike the vacuum or the air (Bp. 26, 18). — ಬಯಲ್ಕಡೆ. A public privy (My.). See Prv. s. ಮೊಲ. — ಬಯಲ್ಗೆ ಬರ್. To come to the open plain. ಬಯಲ್ಗೆ ಬನ್ದವರೊ? ಪೇಡ್! ಅನಿತರ್ಕರ್ಮಮ್ ಬಳಂ ಪುರಾ ನ್ತಕಂ (Ṡmd. 140 Mdb.). — ಬಯಲ್ದಾವರೆ. -ತಾವರೆ. A field-lotus. ಅರಮೆ ಅರಲ್ದ ಬಯಲ್ದಾವರೆಗಳ್ (Ṡmd. 68). — ಬಯಲ್ದಾವರೆದಾಣ. -ತಾಣ. A place where field-lotuses grow (Abh. P. 12, 93). — ಬಯಲ್ದೇಶ. = ಬಯಲ್ಕಡೆ. (My.). — ಬಯಲ್ದೊಡಿ. -ತೊಡೆ. Mirage (ಬಿಸಿಲ್ಗುದುರೆ, ಮರೀಚಿಕಾಜಲ Kk. 11b; ಮರೀಚಿಕೆಯ ಜಲ 12; Abh. P. 9, 30; J. 15, 5). — ಬಯಲ್ಪಡಿಸು. = ಬಯಲಿಗೆ ಹಾಕು. (My.). — ಬಯಲ್ಪಿಡ್. To come to light, to appear (Čpr. 5, 42).

ಬಯಲುಗ bayaluga. A vacuist: a man who is not a Liṅgâyta, a vain Vêdântist. ಯೋಗಾರವ್ನದ ಗ್ರನ್ಥವನರಿಯದ ಗುರುವನರಿಯದ ಮೂಢಂ ಆ ಬಯಲುಗನಪ್ಪ ಸನತ್ಕುಮಾರಂ ಶೂನ್ಯಹೃದಯೋತ್ಥಿತಂ ಕಣ್ಮುಚ್ಚಿ, ಗೋಣ ನಿರ್ಮಿರ್ಚಿ, ಬಯಲುಗರಂ ಹೊಡದನ್ತೆ ಬೆಬ್ಬನೆ ಬೆದರಿರೆ (Sadânandapurâṇa).

ಬಯಸಿ bayasi. Long pepper (? see Mr. s. ಕೋಲೆ).

ಬಯಸು bayasu. = ಬಗಸು, ಬಯಿಸು 1, ಬನಸು. To desire, to wish; to long for (ಆಕಾಂಕ್ಷಿಸು Ṡmd. 8; ಇಚ್ಛೆಯನಾಶ್ರಯಿಸು 299 Cm.; ಬೇಡು 387 Cm.; My.). ಬಯಸುವುದು (ಕಾಮ Nn. 163). ಬಯಸುವಾತನು (ಗೃಧ್ನು, ಗರ್ಧನ); ಗಣ್ಡನು ಬಯಸುವನ್ತೆ ಅಪ್ಪವಳು (ಕಾನ್ತೆ Nr.). ಭೋಗವನ್ನು ಬಯಸುವವಳು (ಇಚ್ಛಾವತಿ, ಕಾಮುಕೆ Si. 184). ಮೇಲ ಬಯಸುವಂ (ಲುಬ್ಧ, ತೃಷ್ಣಕ, etc. Mr. 232). ವರರ ಅಭ್ಯುದಯವನೆ ಬಯಸುವರು (Bh. 1, 8, 10). ಕಾನ್ತಾಲಿಂಗಮನೆ ಬಯಸಿದುದು ಕಾಮುಕ ಜನಂ (J. 28, 2). ಬಯಸಲ್ ತಕ್ಕ ಮೋಕ್ಷಂ (Ṡmd. 8 Cm.). ತೀರಿದ ಅಡಿಗೆ ತಿರಿಗಿ ಬಯಸಿದರೆ ಬನ್ದೀತೇ?—ನಿನ್ನೆ ಉಣ್ಡದ್ದು ಇನ್ದು ಬಯಸೋದು ಯಾಕೆ?—ಬಗೆ ಬಗೇ ಭಕ್ಷ ಬಯಸಿದರೆ ಬನ್ದೀತೇ?—ಬಯಸಿದ್ದು ಹಾಲನ್ನ, ವೈದ್ಯ ಹೇಳಿದ್ದು ಹಾಲನ್ನ.—ಬಯಕೆ ಹಾಕಿದರೂ ಬಯಸುವದು ತಪ್ಪಲಿಲ್ಲ.—ಬರಗದ ಅನ್ನ ತಿನ್ನುವವ ಹೂರಿಗೆ ಬಯಸಿದ ಹಾಗೆ (Prvs.). See Ṡmd. 124. 197. 299. 301; Čpr. 2, 73; 3, 24; 5, 17; Bp. 4, 65; 11, 9; 24, 31; 37, 54; 47, 32; 56, 21; 60, 23; Ṡêv. 2, 117; J. 2, 19. — ಬಯಸು ಬಯಸು. rep. (J. 3, 10). ಬಯಸಿ ಬಯಸಿ ಬಾಯಿ ಹೊಕ್ಕರೆ ಬಯ್ಯೊ ಗಣ್ಡ ಬನ್ದ ಹಾಗೆ (Prv.).

ಬಯಸುವಿಕೆ bayasuvikĕ. Desiring, etc. (ದೋಹದ, ಇಚ್ಛೆ, ಕಾಂಕ್ಷೆ, ಸ್ಪೃಹೆ, ಈಹೆ, ತೃಷ್, ವಾಂಛೆ, ಲಿಪ್ಸೆ, ಮನೋರಥ, ಅಭಿಲಾಷ, ತರ್ಷ Si. 70).

ಬಯಿ bayi. 1. = ಬಯ್ 1. — ಬಯಿತಲೆ. = ಬಯ್ತಲೆ. (see Mr. s. ಬಯ್ತಲೆ).

ಬಯಿ bayi. 2. = ಬಯ್ 3, etc. P. p. ಬಯಿದು. (Bp. 42, 18; J. 5, 29; Dp. 22, 1; My.).

ಬಯಿಕೆ bayikĕ. = ಬಯಕೆ 2, etc. (ವಾಂಛೆ, ಸಾಪೇಕ್ಷೆ Čb.; My.).

ಬಯಿಗಳ್ bayigaḷ. = ಬಯಿಗುಳ್, ಬಯ್ಗುಳ್, ಬಯ್ಗುಳ್ q. v., ಬೋಗಳ. (ಅಭಿಷಂಗ Mr. 492, o. r. ಬಯಿಗುಳ್; My.).

ಬಯಿಗುಳ್ bayiguḷ. = ಬಯಿಗಳ್, q. v. (My.).

ಬಯಿಗೆ bayigĕ. = ಬಯ್ಗು. ಬಯಿಗೇ ಹೊತ್ತು (My.).

ಬಯಿಲ್ bayil. ಬಯಿಲು. = ಬಯಲ್, etc. (My.). — ಬಯಿಲ. A kind of paddy (see Mr. s. ನೆಲ್ಲು).

ಬಯಿಸು bayisu. 1. = ಬಯಸು, etc. (My.; ಅಪೇಕ್ಷಿಸು G.; ಪಡೆ Čb.; B. 2, 44; 3, 128).

ಬಯಿಸು bayisu. 2. = ಬಯ್ಸು. (My.).

ಬಯ್ಕೆ baykĕ. 1. = ಬಯಕೆ 1, etc. (ಉಪನಿಧಿ, ನ್ಯಾಸ Nr.; ಕಡವರ Čt. I, 8, o. r. ಬಯಕೆ; Abh. P. 3, 42). ಬಯ್ಕೆಯ ಮಗು ಬಿಟೊಪ್ಪಿಸುವುದು (ಪ್ರತಿದಾನ Nr.).

ಬಯ್ಕೆ baykĕ. 2. = ಬಯಕೆ 2, etc. (Abh. P. 3, 67; My.). ಬಸುರಿನ್ದ ಬಯ್ಕೆಯುಳ್ಳವಳು (ಶ್ರದ್ಧಾಳು, ದೋಹದವತಿ Si. 188).

ಬಯ್ಗಳ್ baygaḷ. ಬಯ್ಗಳು. = ಬಯ್ಗುಳ್, etc. (ಗಾಳಿಮಾತು, ತಿಟ್ಟು Kk. 90; ಚುನ್ನ G.; My.; B. 2, 31; Bp. 25, 31).

ಬಯ್ಗು baygu. = ಬಯ್ 4, ಬಯಿಗೆ. The close of day, evening, evening-twilight (Čpr. 8, after 4; J. 8, 46; My.; T., M. ವೈ to stay, halt at night; to be late; T. ವೈಗಲ್, the passing day; a halt in a journey; dawn = ಏಡಿಯಲ್; ವೈಗಜ್ಮೆ, the morning watch; the dawn = ಏಡಿಯಬಿಗಾಲ; M. ವಯೊಟ್ಟು, ವೈಗೀಟ್ಟು, in the evening; ವೈಗುನೇರ, ವೈನೇರ, evening; Tĕ. ವೇಗು, to dawn; ವೇಗುಜಾಮು, the morning watch; ವೇಗುಜುಕ್ಕ, the morning star; ವೇಗುಪ್ರೊದ್ದು, the time of dawn; T. ವಯಂಗು, to shine). ಬಯ್ಗಿನಲ್ಲಿ (ಸಾಯಂ Nr.). ಬಯ್ಗಿನ ಹೊತ್ತು (ಸಾಯಂ Hlâ.). ಬಯ್ಗಿನ ಕೆಮ್ಬಿಸಿಲೆಳಸಲ್ ಎಸೆದುವು ಅತ್ರಮುತರುಗಳ್ (Ṡmd. 297). ಹೊತ್ತಾಜೆ ಬಯ್ಗಿಂಗೆ ಮತ್ತೆ ಬಾರ್! ಎನ್ದೆನುತಾ, ಹೊತ್ತನೆ ಕೊನ್ದು, ಹುಸಿಯುವನಿಗಿನ್ದಲು ಸತ್ತಾತ ಲೇಸು! (Sp.). ಹೊತ್ತುಳೇಯಿತ ಬಯ್ಗು ಮುಟ್ಟಲು ತೊತ್ತುಕೆಲಸಂಗೆಯ್ಯಲ್ (Bp. 29 b). — ಬಯ್ಗಿರುಳ್. -ಇರುಳ್. (Ṡmd. 198). The night just after the setting of the sun, the night's beginning. — ಬಯ್ಗುಕೆಮ್ಪು. The red colour of evening twilight (J. 8, 46). — ಬಯ್ಗುವೊತ್ತು. -ಪೊತ್ತು. Evening-time (Čpr. 9, 69).

ಬಯ್ಗುಳ್ bayguḷ. (Ṡmd. 198). ಬಯ್ಗುಳು. = ಬಯಿಗಳ್, etc. Reviling, abuse, bad language, cursing (ಶಾಪ, ಆಕ್ರೋಶ, ಆಕ್ಷೇಪ, ಕ್ಷಾರಣೆ, ಸೋಲ್ಲುಣ್ಣ, ಸೋತ್ಪ್ರಾಸ, ಸೋಪಹಾಸ Hlâ.; ಶಾಪ, ಪರಿಗ್ರಹ Nr.; ಶಾಪ, ಆಕ್ಷೇಪ, etc. Mr. 88; ಅಭಿಷಂಗ Nn. 122; ತಿಟ್ಟು, ಗಾಳಿಮಾತು Ṡmd. II, o. r. ಬಯ್ಗಳ್; ತಿಟ್ಟು Čt. I, 47; ತಿಟ್ಟು, ಗಾಳಿಮಾತು Ṡm. 53; ತಿಟ್ಟು 88; My.).

ಬಯ್ಚು bayču. = ಬಚ್ಚು 1 q. v. — ಬಯ್ಚಲ್. Depositing, etc. ಬಯ್ಚಲ ದೇವಿ. N. (Bp. 59, 7). — ಬಯ್ಚಿಡು. -ಇಡು. = ಬಚ್ಚಿಡು. (My.). ಬಯ್ಚಿಡಲು ಪಟ್ಟುದು (ಗೂಢ, ಗುಪ್ತ Nr.). ಜೇನು ಫಲವಾಗಲ್ ಅದು ಸೇವಿಸಲ್ ಯೋಗ್ಯವೇ? ಗಾವಿಲನ ಧನ ಘನವಾಗಿ ಬಯ್ಚಿಟ್ಟ ಶಾವಿಲೇ ಇಕ್ಕು (Sp.). See Bp. 5, 58; 14, 12; 25, 26; J. 4, 29. — ಬಯ್ಚಿರಿಸು. -ಇರಿಸು. = ಬಯ್ಚಿಡು. (Râm. 4, 2, 12).

ಬಯ್ನೆ baynĕ. = ಬಗಿನಿ, etc. The bastard sago tree, Caryota urens Lin. (from which also toddy is drawn, ವಾರುಣಿ Mr. 117; My.; St. & Pl.).

ಬಯ್ಯು bayyu. = ಬಯ್ 3, etc. (My.). P. p. ಬಯ್ದು. ಇನ್ನಾ ಹುಡುಗನು ತನ್ನನ್ನು ಬಯ್ದನೆನ್ದು ದೂರಿದನು (B. 3, 13). ಆಕೆ ಅವನನ್ನು ಬಾಯಿಗೆ ಬನ್ದ ಹಾಗೆ ಬಯ್ದು (4, 185). ಬಯ್ದ ಬಾಯಿಗೆ ಹೊಯಿದ ಪೆಟ್ಟು.—ತಾನು ಬಾದಿಲಾಡಿಪೆ, ಏಥಿಯ ಬಯ್ದನ್ತೆ.—ಬಯಸಿ ಬಯಸಿ ಬಾಯಿ ಹೊಕ್ಕರೆ ಬಯ್ಯೊ ಗಣ್ಡ ಬನ್ದ ಹಾಗೆ.—ಬಯ್ದು ಹೊಯಿದು ಕೊಟ್ಟದು ಧರ್ಮಕ್ಕಾದರೂ ಬೇಡ (Prvs.). — ಬಯ್ದಾಟ. -ಆಟ. Abusing, etc. (ಆಜ, ಹೊಲ್ಲಾ ಹೊಲ್ಲಿ G.; My.). — ಬಯ್ದಾಡು. -ಆಡು. To use bad language, etc. (My.). ಬಯ್ದಾಡುವ ನಡತೆ ಬಹಳ ಕೆಟ್ಟದ್ದು (B. 3, 14). ಮದಿರಾಪಾನಮದದಿಂ ಹಲರು ಪುರುಷವಚನಂಗಳಲಿ ತಮ್ಮೊಳಗೆ ಬಯ್ದಾಡಿದರು, ಹೊಯಿದಾಡಿದರು ಮುಷ್ಟಿಯಲಿ (Bhâgavata 3, 2, 48).

ಬಯ್ರಗೆ bayragĕ. = ಬಯ್ರಿಗೆ. (My.).

ಬಯ್ರಿ bayri. The tree Antiaris saccidora Dalz. (St. & Pl.). — ಬಯ್ರಿಬತ್ತ. A common kind of paddy (My.).

ಬಯಿರಿಗೆ bayrigĕ. = ಬಯ್ರಗೆ, ಬರಮಾ. A kind of auger, a gimlet, a drill and bow (My.; Mhr., H. ಬರಮಾ; M. ಬ

ರ್ಮ, ವರುಮೆ, ವೆಱುಮೆ; Port. verruma). ರತ್ನಾದಿಗಳಿಗೆ ಬಜ್ಜಗಳು ಹಾಕುವ ಬಯ್ರಿಗೆ (ಆಸ್ಫೋಟನಿ, ವೈಧನಿಕೆ Si. 345). ಬಯ್ರಿಗೆಯಿನ್ದ ಹೂರಿಗೆ ಆದೀತೇ? (Prv.). — ಬಯ್ರಿಗೆ ಹಿಡಿ. To apply the bayrigĕ: to bore holes (My.). ಯಾವದಱಿನ್ದ ತೂತು ಕೊೞೆಯಲ್ ಪಡುತ್ತೊ, ಅದು ಆವಿಧ, ಅನ್ದರೆ ರತ್ನಾದಿಗಳಿಗೆ ಬಯ್ರಿಗೆ ಹಿಡಿಯುವ ವಜ್ರಸಲಾಕಿ ಮುನ್ತಾದದು (Si. 399).

ಬಯ್ಲು baylu. = ಬಯಲ್, etc. (B. 1, 16; 3, 56; My.). ಚೈರಾಗಿಗೆ ಬಯ್ಲಾದರೇನು? ಬೇಲಿಯಾದರೇನು? (Prv.). ಊರ ಸುತ್ತಣ ಬಯ್ಲು (ಸಂಸ್ತ್ಯಾಯ Si. 445). See Si. 113. — ಬಯ್ಲಾಗು. -ಆಗು. = ಬಯಲಾಗು No. 1. (My.; B. 5, 199. 203). 2, = ಬಯಲಾಗು No. 2. (My.). — ಬಯ್ಲಿಗೆ ತೆಗೆ. To make public (My.; B. 5, 175). — ಬಯ್ಲಿಗೆ ಬರು. To come to light, to appear (My.). ನಮ್ಮ ಮೂಢತನ ಮಾತ್ರ ಬಯ್ಲಿಗೆ ಬರುತ್ತದೆ (B. 4, 49). — ಬಯ್ಲಿಗೆ ಹಾಕು. = ಬಯಲಿಗೆ ಹಾಕು. (B. 5, 178. 280; My.). ಗುಪ್ತವನ್ನು ಬಯ್ಲಿಗೆ ಹಾಕುವವ (ಮರ್ಮಸ್ಪೃಶ್ G.). — ಬಯ್ಲುಉಡ. A land-iguana. (Si. 89). — ಬಯ್ಲುಕಡೆ. = ಬಯಲ್ಕಡೆ. (My.). — ಬಯ್ಲುಗಮ್ಮಾಱ. -ಕಮ್ಮಾಱ. A blacksmith who puts up outside a village, a travelling smith (B. 2, 12). — ಬಯ್ಲುಭೂಮಿ. An open plain (My.). 2, a public privy (My.). — ಬಯ್ಲುಸೀಮೆ. An open country, a plain (B. 4, 122; My.).

ಬಯ್ಸು baysu. = ಬಯಿಸು 2. To cause to abuse, etc. (My.); to cause one's self to be abused, etc. (with ಕೊಳ್, My.). ಬಯ್ಸಿ ಕೊಣ್ಡವನು (ಆಕ್ಷಾರಿತ, ಕ್ಷಾರಿತ, ಅಭಿಶಸ್ತ Nr.). ಬಯಕೆ ಕೊಟ್ಟರೂ ಬಯ್ಸಿ ಕೊಳ್ಳುವದು ತಪ್ಪಲಿಲ್ಲ (Prv.).

ಬರ್ bar. 1. = ಬರು q. v., ಬಾ, ಬಾರ್ 1 No. 1. To come; to arrive (ಆಗಮನ Šmd. Dh.); to arrive at; (to take place, to happen). 2, to accrue (to any one, etc.), to fall to the share (of any one), to be gotten;—(anything) to come into and be in the possession (of any one so as to understand and use it), to become an acquisition. 3, (any thing) to be a matter of possibility (for any one to do, etc.), to be possible. 4, (the bodily members) to be at (one's) command or under (one's) control (so as to have the use of them). 5, to be becoming, fit, suitable, useful, befitting, proper, or advisable; to be allowed, permitted, or unobjectionable (especially in ಬಹುದು and in the negative ಬಾರದು). 6, to suffice for

P. p. ಬನ್ದು (Šmd. 280);—present ಬರ್ಪಪಂ, ಬನ್ದಪೆಂ, etc. (280. 281), ಬನ್ದಪಂ (Bp. 8, 8);—present relative participle ಬರ್ಪ (Šmd. 259. 293), ಬಪ್ಪ (Bp. 61, 28), ಬಹ q. v., ಬಾಹ q. v.;—future ಬರ್ಪಂ (Šmd. 275), ಬರ್ಪುದು (93), ಬರ್ಕುಂ (177. 185), ಬಪ್ಪೆಂ (Bp. 47, 21), ಬಪ್ಪುದು (36, 56); ಎಲ್ಲಿಗೆ ಹೋಪರೂ ಮನೆಗೆ ಬಪ್ಪ (Prv.); ನಾಡಿಗಿಬ್ಬರು ಅರಸರಾದರೆ ಕೇಡು ಬಪ್ಪದು ತಪ್ಪದು (Prv.); also ಬರ್ಕು, ಬಕ್ಕು (Šš. s. ಬಡೆಗೋಲ್), ಬಹುದು q. v.;—3rd person singular neuter of the imperfect ಬನ್ದುದು, ಬನ್ದತ್ತು; ಬನ್ದಿತು (My.; Dp. 126, 1), ಬನ್ತು;—imperative singular ಬರ್ (Šmd. 269), ಬಾ, q. v., ಬಾರ್, q. v.; imp. plural ಬನ್ನಿಂ (281 Cm.), ಬನ್ನಿ (Bp. 4, 4; 21, 22; 24, 30; 51, 30; 59, 16; My.); ಬನ್ನಿ! ಎನ್ದರೆ ಪನ್ನಿ ಹೆಚ್ಚು (Prv.); ಬನ್ನಿರಿ (Bp. 32, 17; 56, 30; My.);—negative participle ಬಾರದೆ (Šmd. 282), exceptionally ಬರದೆ (Bp. 44, 10; B. 5, 52. 299; My.). ಸಂಗಡದಿಂ ಬನ್ದಂ (Šmd. 157). ವಸನ್ತದೊಳ್ ಮಾವು ಬನ್ದುದು (163). ಬನ್ದು ದಿವಸದೊಳ್ ಬನ್ದಂ or ಬನ್ದು ದಿವಸಂ ಬನ್ದಂ (167). ನಗುತುಂ ಬನ್ದಂ (280). ನದಿ ಬನ್ದುದು (187, came down in a flood). ಪೋದ ವರ್ತಿಪ ಬರ್ಪ ಕಾಲತ್ರಯಂಗಳ್ (259). ಬೇಡಲ್ಕೆ ಬನ್ದಂ (278). ಈಯಲ್ ಬನ್ದತ್ತು ಕಲ್ಪಾಂಘ್ರಿಪಮ್ ಅಭಿಮತಮಂ (64. 277). ಪಿನ್ದೆ ಬರ್ಪುದು (ಬೆಪ್ಪುಟ್ I). ಸುತ್ತಿ ಬರ್ಪುದು (ಮಲ್ಲಟ್ I). ಆನೆ ಬೀದಿಯಲಿ ಬರೆ ಸೋನ ತಾ ಬೊಗಳುವದು (Sp.). ಅಡುನರೆ ಬರ ಹೇೞು (Bh. 2, 13, 34). ಉರ್ವಿ ಬರ್ಪ ತೆರೆ (Râv. 2, 59). ಮುನ್ದೆ ಏಂ ಬರ್ಪುದೋ? (13, 20). ಬರ್ಪುದನ್ ಈಶಂ ಬಲ್ಲಂ (13, 101). ಏಂ, ಪೆರ್ಮೆಗೆ ಹಾನಿ ಬರ್ಪುದೆ? (13, 21). ಈ ತರುಣನೆಲ್ಲಿನ್ದ ಬನ್ದಂ? (J. 28, 26). ನಿಜಪುರಕೆ ಬರುತಿರ್ದನು (28, 57). ಬನ್ದು ಕುನ್ತಲನಗರಿಂಗೆ (29, 19). ಕುನ್ತಲಪುರದ ಬಾಹ್ಯೋಪವನಕೆ ಬರಲು (29, 44). ಬನ್ದ ಕಾರ್ಯಮಂ (the business for which he came) ತನಗೊರೆವುದೆನ್ದು, ಮದನಂ ಚನ್ದ್ರಹಾಸನಂ ಕೇಳ್ದೊಡೆ (30, 49). ಮನ ಬನ್ದನ್ತೆ ನುಡಿವ ನುಡಿ (ಕೋಲಾಹಲ, etc.); ಹಾರ ಗುಚ್ಛ ಅರ್ಧಗುಚ್ಛ ಗೋಪುಚ್ಛ ಎಮ್ಬಿವು ಕ್ರಮದಿನ್ದಂ ಕುನ್ದುತ್ತುಂ ಬರಲಪ್ಪುವು (Hlâ.). ಯಜ್ಞಶಾಲಾರಕ್ಷಣಾರ್ಥಮಾಗಿ ಸುತ್ತು ಬರಲಿಕ್ಕಿದ ಬೇಲಿ (ಕುಮ್ಬೆ Nr.). ಬಿನ್ದುವಿಂಗೆ ಬನ್ದುದಲ್ಲದ ನಿಜಮಕಾರಂ (Šmd. 127 Cm.). See Šmd. 93. 177. 281; Čpr. 2, after 59; Bp. 38, 54; 48, 8; 60, 26; Bh. 1, 10, 24. 26; 1, 19, 19; 2, 13, 7; J. 8, 2; 15, 8; 17, 1; 28, 20; 29, 40; ಎಡವಲವರ್, ಕಣ್ಗೆವರ್, ಪೊರೆವರ್, ಪೊರೆಗೆವರ್, ಬಲವರ್, etc. — ಬರ್ ಬರ್. rep. (Bp. 52, 22; 40, 3). — ಬರ ಬರ್. = ಬರೆವರ್. (Bp. 19, 35; 61, 24). — ಬರಲಾಗು. -ಆಗು. = ಬರ್ No. 1. (Bp. 40, 48). 2, = ಬರ್ No. 5. (Bh. 1, 8, 27). — ಬರವೇೞ್. -ವೇೞ್. To tell or order to come (Šmd. 293; Čpr. 2, after 59; Bp. 53, 74; 58, 29). — ಬರ ಸೆಳೆ. To draw so as to come, to draw towards one's self (Bp. 21, 42; 22, 15; J. 28, 55). ಬರ ಸೆಳೆವ ಕೆಯ್ (ಆಕರ್ಷ Mr. 297). See Šmd. s. ಎೞ್ 1; J. 11, 27; Râm. 6, 53, 11. — ಬರೆ ತೆಗೆ. = ಬರ ಸೆಳೆ. (Abh. P. 3, 79). — ಬರೆವರ್. -ಬರ್. To come onward, to continue coming (Râv. 10, after 31; 13, after 88). — ಬಾರ್ 1. = ಬಾರ್ 1 No. 2. Lengthened base used to form the *negative* (ಬಾರೆಂ, etc., ಬಾರದು, etc., ಬಾರದೆ). Meaning of the negative forms: Not to come, etc. ನೃಪಂ ಬೆಮ್ಬಿಱ್ದುಂ ದೂಡಟ್ಟೆಯುಂ ಬಾರಂ (Šmd. 283). ಬಾರದು (ವ್ಯವಹರಿಸದು 68 Cm.). ಭವಿಷ್ಯನ್ತಿಯ ವಕಾರಕ್ಕೆ ಇಡಾಗಮುಂ ಬಾರದು (259 Cm.). ಭೂತಕಾಲದ ದಕಾರಂ ಬಾರದು (292 Cm.). ಯಜ್ಞದಲ್ಲಿ ಹೆಚ್ಚು ಕಡಿಮೆ ಬಾರದನ್ತೆ ಸರಿ ನೋಡುತ್ತಿರುವ ಋತ್ವಿಕ್ಕು (ಸದಸ್ಯ Si. 237). ದನಗಳು ಬಾರದನ್ತೆ ಸುತ್ತಲೂ ಗೂಟಗಳು ನೆಟ್ಟಿಲ್ ಪಟ್ಟ ಗುಱು (ಕುಕೂಲ 457). ಭೂಗಗನಪಾತಾಲದ ಅರಮನೆಗಳ್ ಇವಱೊಡನೆ ತೂಗೆ ಸರಿ ಬಾರವು (Č. Bp. 5, 52). 2, not to accrue, etc. ಅ ಆ ಬಾರದಿದ್ದರೆ (if a and â are not known to him) ಅಮರವಾದರೂ ಹೇೞೆಮ್ಬನ್ತೆ. — ಪದ ಬಾರದಿದ್ದರೆ ಮದ ಹೋದೀತೇ? — ಮನೆ ಮನೆ ತಿರುಗುವವಗೆ ಮಾತು ಬಾರದೆ ಬಿಟ್ಟೀತೇ? — ಬಾರದ ಬರಹ (a writing that is unknown to them) ಹರದರಲ್ಲಿ ಸಿಕ್ಕೀತೇ? (Prvs.). ಎಣಿಕೆ ಬಾರದ ಮನುಜ ಕರಣೀಕನಹನೆ ಏನು? (Dp. 167). 3, not to be possible, etc., (to be very difficult). ಉಚ್ಚರಿಸಲ್ ಬಾರದುವು ಅಕ್ಕರಮಲ್ತು (Šmd. 10). ಚನ್ದ್ರನಂ ಕಾಣಲು ಬಾರದ ಅಮಾವಾಸ್ಯೆ (ಕುಹು Hlâ.). ನೆಲೆಗಾಣಬಾರದುದು (ಅಗಾಧ); ಹೋಗ ಬಾರದ ಬಟ್ಟೆ (ಕಾನ್ತಾರ, ದುರ್ಗ); ಸೋಗಸುವುದಾಗಿ ಅಱಿಯ ಬಾರದ ಧ್ವನಿ (ಕಲ); ಹೋಗ ಬಾರದುದು (ಗಹನ, ಕಲಿಲ Nr.). ಕಾಣ ಬಾರದೇ ಹೋಗುವಿಕೆ (ಅಸ್ತ, ಅದರ್ಶನ Si. 475). ಲೆಕ್ಕಿಸ ಬಾರದು (ಪ್ರಸೂನ, ಅಸಂಖ್ಯಾತ Nn. 25); ಲೆಕ್ಕಿಸ ಬಾರದುದು (ಕೋಟಿ, ಅಗಣಿತ 48); ಹೋಗ ಬಾರದನ್ಥಾದು (ಅಕ್ಷರ, ಅಸಂಗತ 75); ಗೆಲ ಬಾರದುದು (ಅತರ್ಕ್ಯ 88. 90). ತಱಿಯ ಬಾರದು (ad No. 4) ಕಣ್ಣು, ಮುಱಿದು ಕಣ್ದೆಱೆಯೆ ದಿಕ್ಕುಱಿಯ ಬಾರದು

(J. 4, 10). ತಿಪ್ಪ ಬಾರದ ತೇಜ ಉದ್ಧಮಾಗಿರಲೇನು? (Dp. 148). ಸುಂಗ ಬಾರದ ತುತ್ತು ತುಟಿ ವಿಾಟಿದ ಹಲ್ಲು ಸಮ (Prv.). See B. 2, 9. 4, not to be becoming, etc. ಇವಂ ಬೆರಳು ಕೊರಳಿ ಪ್ಪನ್ನೆ ಕುಳನಾಗಿ ಉಚ್ಚರಿಸ ಬಾರದು (-ಉಚ್ಚರಿಸಲಾಗದು Šmd. 41 vṛitti). ಅಲ್ಲಿ ಬಹುಲಸ್ಥಿತಿಯಂ ಪರಿಹರಿಸಲ್ ಬಾರದು (77). ಮಾಡ ಬಾರದು (ದುಷ್ಕರಂ 190 Cm.). ಸುರಿಗೆ ಮೊದಲಾದುದು ಕೆಯ್ಯಿಂ ಬಿಡಲ್ ಬಾರದು (ಅಮುಕ್ತ, Hlā.). ಮನಕ್ಕೆ ಬಾರಮದನೊಡಮ್ಬಡು ವಲ್ಲಿ ಕಾಮುಮೆಮ್ಬ ಅವ್ಯಯಂ ನೆಗಟ್ದ್ಗ (Nr.). ತನ್ನಿಚ್ಛೆಗಂ ಬಾರದುದು (ಹರಣ, ತನ್ನಿಚ್ಛೆಗೆ ಬಾರದ ಕಾರ್ಯಂ Nn. 165). ಹೇಟ ಬಾರದ ಬೊ ಯಿಲು (ಅವಾಚ್ಯ Si. 59). ಮಾಡ ಬಾರದ ಕೆಲಸ (ಕಟು 414; ಕಾ ಪೀನ 437). ಎಲ್ಲರಿಗೂ ಕಾಣ ಬಾರದೇ ಇರುವ ಅರಸಿನ ಅನ್ತಃಪುರ (ಶುದ್ಧಾನ್ತ 428). ಕೆಲಸಕ್ಕೆ ಬಾರದ ಮೆಯ್ಗಳ್ಳ ಮುಕ್ಕ (ಅಕರಣಿ 401). ಬಿಟ್ಟಿಯಾಳು ಆದರೆ ಹಟ್ಟೆ ಕಟ್ಟ ಬಾರದೇ? — ಬಿಡಿಸುವವನ ಸಂಗಡ ಬಿಗಿ ಮಾಡ ಬಾರದು. — ಬುಧವಾರವಾದರೆ ಯಾಯವಾರ ಇಕ್ಕ ಬಾರ ದೇ? — ಬುರುಜು ಇಲ್ಲದಿದ್ದರೆ ಕುರುಜು ಆದರೂ ಕಟ್ಟ ಬಾರದೇ? — ಬೇಡಿ ಕೊಣ್ಡು ತಿನ್ನ ಬಹುದು, ಕದ್ದು ಕೊಣ್ಡು ತಿನ್ನ ಬಾರದು. — ಮಂಕ ಮಗನಾದರೆ ಸುಂಕ ಕೊಡ ಬಾರದೇ? — ಮಣ್ಣೇ ಮೇಲೆ ಹಾಕಿದ ನೀರು ಕಾಲಿಗೆ ಬಾರದೇ? — ಮಚ್ಚೆನಾಲಿಗೆ ಇದ್ದವನ ಸಂಗಡ ಕಚ್ಚಾಟ ಮಾಡ ಬಾರದು. — ಮುಟ್ಟ ತಿಳಿದವನ ಹೆಟ್ಟಾಟ ಮಾಡ ಬಾರದು. — ಮುಟ್ಟ ತಿಳಿಯದೆ ಮಾತಾಡ ಬಾರದು. — ಮುಪ್ಪಾದ ಮೇಲೆ ಮೂಱು ವಿನವಿರ ಬಾರದು. — ಲಗ್ನಕಾಲಕ್ಕೆ ವಿಘ್ನ ಮಾಡ ಬಾರದು. — ಸೇವಕರಿಗೆ ಲಾವಕ ತನವಿರ ಬಾರದು. — ಮಾಡ ಬಾರದ್ದು ಮಾಡಿದರೆ ಆಗ ಬಾರದ್ದು ಆಗು ವದು. (Prvs.). ಈ ಪುಸ್ತಕದ ಮೇಲೆ ಮಸೀ ಚೆಲ್ಲ ಬಾರದು; .. ಧ್ವನಿ ತೆಗೆದು ಓದ ಬಾರದು; ಓದುವಾಗ ಅವಸರ ಮಾಡ ಬಾರದು, ತಪ ಮಾಡಿ ಓದ ಬಾರದು (B. 2, 1). ಹುಡುಗರು ಹದಿನಾಱು ವರ್ಷದವರಾಗುವ ತನಕ ಸ್ವಬುದ್ಧಿಯಿನ್ದ ನಡೆಯ ಬಾರದು; .. ಸಾಲೆಗೆ ಹೋಗುವದನ್ನು ತಪ್ಪಿಸ ಬಾರದು; .. ದಿನಾಲು ಏನಾದರೂ ಹೊಸದಾಗಿ ಕಲಿಯದೆ ಹೊ ತ್ತುಗಳೆಯ ಬಾರದು; .. ತುಣ್ಟ ಹುಡುಗರು ಕರೆದರೆ ಅವರ ಕೂಡ ಆಟಲಿಕ್ಕೆ ಹೋಗ ಬಾರದು (1, 12. 13). ತುಡುಗು ಮಾಡ ಬಾರದು (2, 29). ಸಣ್ಣ ಪ್ರಾಣಿಗಳನ್ನು ಪೀಡಿಸ ಬಾರದು (2, 42). ಅಂಗಿಯ ನ್ನು ಇಟ್ಟು ಕೊಳ್ಳ ಬೇಕೋ? ಇಟ್ಟು ಕೊಳ್ಳ ಬಾರದೋ? (4, 93). 5, not to be at (one's) command etc. ಕೆಯ್ ಕಾಲು ಬಾರದ ವನು (My.). For instances from the Bp. see s. ಬಾರ್ 1 No. 2. ಬಾರ್ 2. Lengthened base used also for the *affirmative* mood; see ಬಾರ್ 1 No. 1.

ಬರ್ bar. 2. Coming, etc.; that from which comes. See ಕಿಸುರ್ವರ್.

ಬರ್ bar. 3. ಬರು. = ವ್ಬರ್, ವರ್. An affix for the masculine and feminine plural, *e. g.* ಇರ್ಬರ್, ಪಲಬರ್, ಕೆಲಬರ್, ಆನಿಬರ್, ಇನಿಬರ್, ಎನಿಬರ್ (Šmd. 122. 123).

ಬರ bara. 1. = ಬರವು (Šmd. 56). See Rāv. 5, after 114.

ಬರ bara. 2. = ಬರದು, ಬರೆದು. Short P. p. of ಬರೆ 1, in ಬರ ಕೊಳ್ಳು (B. 3, 49; 5, 308; My.).

ಬರ bara. (= ಬರೆ, ವರಿ 1, ವರೆ 1). Tbh. of ವರ. Compass, space, room: limit; up to, till (*cf.* T., M. s. ಬದುವು). ಆ ಯ್ದುಕ್ಕರಮ್ಬರಂ (Šmd. 94); ಪರಮಾಯುಷ್ಯಾನ್ತಮ್ಬರಂ (128). See ಅನ್ತಬರ; Abh. P. 13, 62. 64; Šāv. 1, 54. 2, a boon, etc. — ಬರಮ್ಬಡೆ. -ಂಪಡೆ. To obtain a boon (Čpr. 5, 123). ಬರ ಮ್ಬಡೆವನ್ನಮ್ ಆರಾಧಿಸಿದಂ (Šmd. 295).

ಬರಕತ್ತು barakattu. Success, happy termination; successfulness; overplus (My.; Br.; Mhr., H.).

ಬರಕಿ baraki. = ಬರಿ 1. — ಬರಕಿಯೆಲುವು. A rib (B. 3, 123; Mhr. ಬರಗಡಿ).

ಬರಖಾಸ್ತು barakhâstu. Risen, broken up, as an assembly (My.; Br.; Mhr., H.).

ಬರಗ baraga. = ಬರಗು. ಬರಗದ ಅನ್ನ ತಿನ್ನುವವ ಹೂಂಗೆ ಬಯಸಿದ ಹಾಗೆ (Prv.).

ಬರಗು baragu. = ಬರಗ. A kind of grain, Paspalum frumentaceum (My.; T., M. ವರಗು). 2, Indian millet (ಪ್ರಿಯಂಗು Mr. 374; Sk. ವರುಕ, a species of inferior grain; Mhr. ಬರಗಟು, millet). 3, a kind of hill grass of which writing pens are made (My.). — ಬರಗುಕಡ್ಡಿ. (ಕತೃಣ, ಪೌರ, etc. Si. 165); a pen of ಬರಗು (My.).

ಬರಂಗಿ barangi. The Papaw tree, Carica papaya L. (St. & Pl.).

ಬರಡು baraḍu. = ಬಱಡು, etc. — ಬರಡುಕುಮ್ಬ. An empty pot (Bp. 9, 27).

ಬರಣಿ baraṇi. (ಭರಣಿ). A small box, a casket, a China jar or vase (ಸಮುದ್ಗಕ, ಸಮ್ಪುಟಕ Si. 231; G.; My.; Bp. 12, 12; J. 6, 22; Tē.; M. ವರಣಿ, ಬರಣಿ; T. ವರಣಿ; Mhr. ಬರಣೀ). ಬರಣಿಯಾದರೆ ಕರಣಿಕ ಮಾಡ್ಯಾನೇ? (Prv.). See Prv. s. ಅರಣಿ.

ಬರತರಫು baratarapha. Dismissed, discharged; dismissal (My.; Br.; Mhr., H.).

ಬರತಿ barati. Tbh. of ಭರ್ತಿ. (My.).

ಬರತಿದಾರ barati-dâra. A merchant who has bandy-loads conveyed from one place to another (My.).

ಬರದಾಸ್ತು baradâstu. Hospitable entertainment (of a guest, etc., Mhr., H.). 2, pardon (My.).

ಬರದು baradu. = ಬರೆದು. P. p. of ಬರೆ 1.

ಬರಪ barapa. = ಬರಹ. (Abh. P. 9, 157).

ಬರಪು barapu. = ಬರವು. — ಬರಪಾಡು. -ಆಡು. To announce the arrival (Čpr. 8, after 94).

ಬರಮ barama. Tbh. of ಬ್ರಹ್ಮ. (C.). — ಬರಮದೇಶ. Birma, Burma (My.).

ಬರಮಾ baramâ. = ಬಯ್ರಿಗೆ, q. v. (My.).

ಬರಲು baralu. = ಬಱಲ್, ಬೊರಲು 1. A broom (My.; *cf.* ವರಕೆ 2).

ಬರವಣಿಗೆ baravaṇigĕ. Writing (ಲಿಪಿ, ಲಿಬಿ Si. 261; My.).

ಬರವಸ baravasa. = ಬರಾಸ, ಭರವಸ, q. v. (Bp. 12, 49; My.). 2, perseverance, persistance (Tĕ.; see ಬರವಸಿಗ).

ಬರವಸಿಗ baravasiga. (ಭರವಸಿಗ). An active, industrious, strenuous man (ಕ್ರಿಯಾವತ್, ಕರ್ಮಸೂದ್ಯುಕ್ತ, Hlā.; ಉದ್ಯುಕ್ತ Mr. 230).

ಬರವಿಕೆ baravikĕ. = ಬರುವಿಕೆ. (My.).

ಬರವಿಗ baraviga. A man that is to arrive, an arrival (Čpr. 8, after 61).

ಬರವು baravu. (ಬರ್-ಅವು Šmd. 247). = ಬರ 1 (56), ಬರಪು. Coming; arrival (Čpr. 2, 72; 5, 26; 6, 93; Grj. 4, 40. 41; Bp. 3, 2; 21, 19. 39; 37, 54; 53, 24; 60, 3; Bh. 1, 10, 26; Č. Bp. 47, 16; J. 10, 9. 17; My.; T. ವರವು). ನಿಮ್ಮ ಬರವಿನಿನ್ದ ನನಗೆ ಸನ್ತೋಷವಾಯಿತು (My.). ಮಕ್ಕಳು ತಾ ಯಿಯ ಬರವಿಗೆ ಕಾದಿರುತ್ತವೆ (My.).

ಬರಸ barasa. (*cf.* ಬರ್ಸನ?). — ಬರಸಗಿಡ. A name applied to several small species of Euphorbia (Z.). See ಸಣ್ಣ-, ಹಿರೇ-.

ಬರಸು barasu. 1. = ಬರಿಸು 1. To cause to come (My.). ತೆಂಕಣ ಗಾಳಿ ಮಂಕುಮುದಿ ಬರಸೀತು (Prv.).

ಬರಸು barasu. 2. = ಬರಿಸು 2, ಬರೆಯಿಸು, ಬರೆಸು. To cause to write, to have written, etc. (J. 30, 27; Dp. 1; My.).

ಬರಹ baraha. = ಬರಪ, ಬರಾ, ಬರಾವು, ಬರೆಪ. Writing, drawing; writ, scripture, written letters (ಅಕ್ಷರ, ಲಿಪಿ, ಲೇಖನ Mr. 360; My.). ಚಿತ್ರದ ಬರಹಮುಮ್ ಅಕ್ಷರದ ಬರಹಮುಂ ಲಿಪಿಯೆಮ್ಬುದು (Hlk.). ಹೊತ್ತಗೆ ಮೊದಲಾದವಱ ಬರಹಂ (ಪುಸ್ತ Nr.). ಬರಹದಲ್ಲಿದ್ದ ಕರಿ ಮಱೀ ಹಾಕೀತೇ?— ಬರಹ ಬಲ್ಲವನಾದರೂ ತರಹರಿಕೆ ಇರ ಬೇಕು.— ನೀರಲ್ಲಿ ಬರದ ಬರಹಾನ ಹಾಗೆ.— ನೊಸಲಿನ ಬರಹ ಬಸಲೆಯಿನ್ದ ಬರಸ ಬಹುದೇ?— ಬಾರದ ಬರಹ ಹರದರಲ್ಲಿ ಸಿಕ್ಕೀತೇ? (Prvs.). See Bp. 3, 42; J. 30, 24. 50; 31, 36; B. 1, 11; 5, 77. 93. 108. 168; ನೊಸಲ-; ಹಣೆಯ-; Prv. s. ರಜಪುತ್ರ.

ಬರಾ barâ. = ಬರಹ. (My.). ಜರಾ ಬನ್ದು, ಬರಾ ಮಱೆತು ಹೋಯಿತು (Prv.).

ಬರಾಬರ್ barâbar. Equal; exact, correct; proper, fit; even (Mhr., H.; My.).

ಬರಾಬರಿ barâbari. Equality; evenness. 2, = ಬರಾಬರ್ (Mhr., H.; Br.; My.).

ಬರಾಮಣ barâmaṇa. Tbh. of ಬ್ರಾಹ್ಮಣ. (C.).

ಬರಾಯಿಸು barâyisu. To fill or enter (items into a book, My.; H.).

ಬರಾವರ್ದು barâvardu. Working out, or the rule of working, arithmetically: a monthly statement of amounts now payable (My.; Mhr., H. ಬರಾವರ್ದ, ವರಾವರ್ದ). 2, a list of public servants (My.). — ಬರಾವರ್ದುದಾರ. A man whose name has been entered into the list of public servants (My.).

ಬರಾವು barâvu. = ಬರಹ. (My.).

ಬರಾಸ barâsa. = ಬರವಸ. (My.).

ಬರಿ bari. 1. = ಬದಿ 4, ಬದ 2, (ಬರಕೆ). The side, the flank (ಪಕ್ಷ, ಮಗ್ಗುಲು Nn. 112; ಪಕ್ಷ Mr. 497; Čpr. 5, 58. 59; 8, 57; Čpr. 9, 92; Bp. 59, 39; Rśv. 5, after 55; My.; Tč.). ಆನೆಯ ಬರಿ (ಪಕ್ಷಭಾಗ, ಪಾರ್ಶ್ವಭಾಗ); ಬರಿಯ ಅಸ್ಥಿ (ಪರ್ಶುಕೆ); ಬರಿಯ ಎಲುಗಳ ಸಮೂಹಂ (ಪಾರ್ಶ್ವ Nr.). — ಬರಿ ಮೂಳೆ. A rib (My.).

ಬರಿ bari. 2. = ಬಱ 2, etc. See ಅಟ್ಟಿಮ್ಬರಿ.

ಬರಿ bari. 3. = ಬರೆ 1. (My.; B. 5, 171; T., M. ವರಿ).

ಬರಿ bari. = ಭರಿ, q. v. — ಬರಿಕೆಯ್. = ಭರಿಕೆಯ್. (Śśv. 4, 3; J. 15, 20). — ಬರಿಕೆಯ್ಬಿಲ. -ಬಿಲ. The hole in an elephant's trunk (Śśv. 8, 58).

ಬರಿಸ barisa. Tbh. of ವರ್ಷ (Śmd. 336 Mdb.; ವರುಷ Śs.; ವರ್ಷ Śm. 20; My.; see Śmd. 73). — ಬರಿಸಕಾಲ. The rainy season (ಕಾರು Śm. 102).

ಬರಿಸು barisu. 1. = ಬರಸು 1. (Śmd. 71; Čpr. 2, after 40; 5, after 136; Bp. 10, 7; 20, 30; 24, 65; 37, 35; 44, 70; 50, 26. 64; 53, 13. 27; 59, 25; Rśv. 6, after 10; 13, after 61; J. 3, 13; 11, 3; 16, 16; My.). ಬರಿಪಂ (Śmd. 275). ಕಪ್ಪೆ ಕೂಗಿ ಮೞೆ ಬರಿಸಿದ ಹಾಗೆ (Prv.).

ಬರಿಸು barisu. 2. = ಬರಸು 2. (My.). ಪ್ರತಿಗಳನ್ನು ಲೇಖಕರ ಕೈಯ್ಯಿ ಬರಿಸ ಬೇಕಾದರೆ (B. 4, 103).

ಬರು baru. = ಬರ್ 1, etc. (My.; T., M. ವರು; Tč. ವಚ್ಚು). P. p. ಬನ್ದು. Imperative ಬಾ; plural ಬರ್ರಿ (B. 3, 81, My.; ಬನ್ನಿ, ಬನ್ನಿರಿ; see ಬರ್ 1). ಆ ಹೆಂಗಸು ತಲೆಯ ಮೇಲೆ ಏನು ಹೊತ್ತು ಕೊಣ್ಡು ಬರುತ್ತಾಳೆ? (B. 1, 1). ಮುಂಜಾನೆ ಎದ್ದು ಕಲಿತರೆ ವಿದ್ಯೆಯು ಬೇಗ ಬರುವದು; ವಿದ್ಯೆ ಬಾರದೆ ಜ್ಞಾನವು ಬರುವದಿಲ್ಲ, ಜ್ಞಾನವಿಲ್ಲದಿದ್ದರೆ ಮಾನ ಬರುವದಿಲ್ಲ; ಚಿಕ್ಕತನದಲ್ಲಿ ವಿದ್ಯೆ ಬನ್ದ ಹಾಗೆ ದೊಡ್ಡವರಾದ ಬಱಿಕ ಬರುವದಿಲ್ಲ (1, 4). ಬರುವೆನು (2, 26). ಬರುವ ಹಗಲಿನೊನ್ದಿಗೂ ಈಗಿನ ಹಗಲಿನೊನ್ದಿಗೂ ಕೂಡಿದ ರಾತ್ರಿ (ಪಕ್ಷಿಣಿ Si. 38). ಇನ್ದ್ರಿಯಗಳಿಗೆ ತಿಳಿಯ ಬರುವವಾಗಿ ಅವುಗಳಿಲ್ಲ (ವಿಷಯ 49). ಕಾಯಿಗೆ ಬನ್ದ ಮುಗ್ಗು (ಕಲಿಕೆ, etc. 123). ತತ್ಕಾಲದಲ್ಲಿ ಏಕಸಿತವಾಗ ತಕ್ಕಷ್ಟು ಹದಕ್ಕೆ ಬನ್ದ ಹುವ್ವಿನ ಮುಗ್ಗು (ಕುಟ್ಮಲ, etc. 124). ರೋಗದ ದೆಸೆಯಿನ್ದ ಈಚೆಗೆ ಬನ್ದವನು (ನಿರಾಮಯ, etc. 202). ಮುನ್ದೆ ಬರುವ ಸಮಯ (ಆಯತಿ, ಉತ್ತರಕಾಲ 266). ಕತ್ತೆಯ ಹಾಗೆ ಹೊರಳಾಡಿ ಮೇಲಕ್ಕೆ ಎದ್ದು ಬನ್ದ ಕುದುರೆ (ಉಪಾವೃತ್ತ, etc. 274). ಸಂಗಡ ಬನ್ದವನು (ಸಹಾಯ, ಅನುಚರ 281). ಯುದ್ಧಾದಿಕೃತ್ಯಗಳಲ್ಲಿ ತನ್ನ ಮನಸ್ಸು ಬನ್ದನ್ತೆ ನುಗ್ಗಿ ಹೋಗುವ ಸ್ವತನ್ತ್ರನು (ಕಾಮಂಗಾಮಿ 283). ಅಱುವತ್ತು ದಿನಕ್ಕೆ ಬೆಳದು ಬರುವ ಚಿಲ್ಲಱೆ ಧಾನ್ಯಗಳು (ಶಾಲಿಗಳು 307). ಈ ಹಣ ಮೂಱು ದಿವಸಕ್ಕೆ ಬರುವದು (My.). ಧಾನ್ಯ ಚೆಲ್ಲಿದವಗೆ ಮಾನ್ಯ ಬರುವದು. — ಬರುವವರ ಸಂಗಡ ಬನ್ದರೂ ಬಱಗಾಲ ತಪ್ಪಲಿಲ್ಲ.— ಮಾತು ಬನ್ದಾಗ ಸೋತು ಹೋದವನೇ ಜಾಣ.— ಮಾತು ಬನ್ದವ ಮಾಣಿಕ ತನ್ದ, ಮಾತು ಅಱಿಯದವ ಜಗಳ ತನ್ದ.— ಬರುವಾಗ ನರಿಯು ಕಣ್ಡರೆ ಕರಕರೆಯಿಲ್ಲ.— ಬರುವಾಗ ಹುಲಿಯ ಹಾಗೆ, ಹೋಗುವಾಗ ಇಲಿಯ ಹಾಗೆ.— ಬಲಿ ಕೊಡದವ ಜಲಕ್ಕೆ ಬನ್ದಾನೇ?— ಬಾದ್ಯನಾದರೂ ಸ್ವಾಧೀನ ಬರಲಿಲ್ಲ.— ಬಾಱೀ ಹಣ್ಣು ಬಣ್ಣಕ್ಕೆ ಬನ್ದೀತೇ?— ಬಣ್ಣೆಯ ಮೇಲೆ ಕೂತರೆ ಬಣ್ಣ ಬನ್ದೀತೇ?— ಬನ್ದದ್ದು ಬರಲಿ ಬಣ್ಣಹಳ್ಳಿಸುಂಕ!— ಬನ್ದದ್ದೆಲ್ಲ ಬರಲಿ! ಗೋವಿನ್ದನ ದಯ ನಮಗಿರಲಿ! (Prvs.). ತಿಳಿಗೇಡಿಹುಡುಗರು ಯಾವ ಕೆಲಸಕ್ಕೂ ಬರುವದಿಲ್ಲ (B. 1, 18). ಮಾವಿನ ಹಣ್ಣು? ಇವು ನಿನಗೆ ಎಲ್ಲಿನ್ದ ಬನ್ದವು? (2, 35). ಅಕ್ರೋಡದ ಎಣ್ಣೆ ದೀವಿಗೆಗೂ ಉಣ್ಣುವದಕ್ಕೂ ಬರುತ್ತದೆ (3, 115). ಈ ಪಾಲು ನನಗೆ ಬರ ತಕ್ಕದು (4, 12). ಅದಱಿನ್ದ ಲಾಭವಿಲ್ಲೆನ್ದು, ಕಣ್ದು ಬನ್ದರೆ (4, 16). ಬಹುತರಮನುಷ್ಯಮಾತ್ರಕ್ಕೆಲ್ಲ ಸ್ವಾಭಾವಿಕವಾಗಿ ಸಿಟ್ಟು ಬನ್ದೇ ಬರುತ್ತದೆ (4, 16). ಮರಣವು ನಿಶ್ಚಯವಾಗಿ ನಿನಗೆ ಇಲ್ಲಿಯೇ ಬರುವದೆನ್ದು, ನನ್ನ ಬುದ್ಧಿಗೆ ತೋಱುತ್ತದೆ (4, 42). ಎರಡು ಆಣೆ ಕೊಡದೆ, ಹೊಸ ಪುಸ್ತಕ ಬರುವದಿಲ್ಲ (4, 44). ತುಟಿಗಳು ಅಲ್ಲಾಡಿಸಲಿಕ್ಕೆ ಬರುತ್ತವೆ (4, 84). ಕರಡಿಗಳಿಗೆ ಮರ ಏಱುವದಕ್ಕೆ ಬರುತ್ತದೆ (5, 258). ಶುದ್ಧ ಬರಿಯಲಿಕ್ಕೆ ಬರಬೇಕು (5, 275). ಒಮ್ಮೊಮ್ಮೆ ಆನೆಯ ಕೋಱೆಗಳು ನಾಲ್ಕೈದು ಪೂಟ ಉದ್ದ ಬರುತ್ತವೆ (5, 238). ಔಷಧಕ್ಕೆ ಬರುವ ಹಿಪ್ಪಲಿ (G. 573). ನನಗೆ ನಿದ್ದೆ ಬರುವದು (4, 155). ಮಕ್ಕಳಿಗೆ ಕೆಯ್ ಕಾಲು ಬನ್ದಮೇಲೆ ಎತ್ತೆತ್ತಲು ತಿರಿಗ್ಯಾಡುತ್ತವೆ (My.). ಬಾಯ್ ಬರು (My.). See Prvs. s. ಬಱ. — ಬರಗೊಡು. -ಕೊಡು. To allow to come (B. 3, 48. 113). — ಬರ ಬರ. More and more, by degrees, in course of time (My.; T. ವರವರ). — ಬರ ಬರು. To continue coming, as time. ಬರ ಬರುತ್ತ, in course of time, by and by, etc. (My.). ಅವೇ ಕುಱಿಗಳು ಮನುಷ್ಯರಿಗೆ ಮೊದಲು ಹೆದಱಿದಾಗ್ಯೂ ಬರ ಬರುತ್ತ ಈಲಾಗುತ್ತವೆ (B. 3, 10). ಬರ ಬರುತ್ತಾ ಸರ್ವಸಾಧಾರಣಜನರು ಹೊಸ ನಡತೆಗಳನ್ನು ಸ್ವೀಕರಿಸಿದರು (4, 139). See B. 5, 228. — ಬರ ಮಾಡು. To make come, to cause to come (B. 3, 127; My.); to recover, as money or property (My.). — ಬರ ಹೋಗು. = ಬರು ಹೋಗು. To come and go (My.). ಬರ ಹೋಗುವ ಹಡಗಗಳು (B. 4, 172). ಬರ ಹೋಗುವದಕ್ಕೆ ಹಾದಿಗಳನ್ನು ಮಾಡಿ (5, 117). ಕುದುರೆಯ ಮೇಲೆ ಇಲ್ಲವೆ ರಥಗಳೊಳಗೆ ಕೂತು ಕೊಣ್ಡು ಬರ ಹೋಗುವವರು (5, 300). — ಬರು ಬರು. rep. To continue coming (My.). ಹಡಗವು ತೆಂಕಣಕ್ಕೆ ಬನ್ದ ಬನ್ದ ಹಾಗೆ ಧ್ರುವನಕ್ಷತ್ರವು ಕೆಳಗೆ ಇೞಿದನ್ತೆ ಕಾಣುತ್ತದೆ (B. 4, 67). 2, to come one after the other or in crowds. ಬನ್ದ ಬನ್ದವರು ನಿನ್ದಿಸಿದರೆ ಗಣ್ಡ ಸತ್ತ ದುಃಖ ಬಿಟ್ಟು ಹೋದೀತೇ? (Prv.).— ಬರುತ್ತಾ ಬರುತ್ತಾ. = ಬರ ಬರುತ್ತ. (My.). ಬರುತ್ತಾ ಬರುತ್ತಾ ರಾಯನ ಕುದುರೆ ಕತ್ತೆ ಆಯಿತು (Prv.). — ಬರು ಹೋಗು. = ಬರ ಹೋಗು. (My.). ಬರು ಹೋಗುವ ಪಾನ್ಥಸ್ಥರು (B. 4, 155).

ಬರುವಿಕೆ baruvikĕ. Coming, etc. (Śi. 380. 392-394. 341).

ಬರೆ barĕ. 1. = ಬರಿ 3. To write; to draw (ವಿಲೇಖನ Śmd. Dh.; ಲಿಖಿಸು 5 Cm.; My.; T. ವರೈ, M. ವರೆ; Tĕ. ವ್ರಾ). P. ps. ಬರೆದು (Śmd. 5; Čpr. 2, 47; 5, 125), ಬರದು (Bp. 46, 13; 50, 36). ಬರೆದುದು (Śmd. 264). ಬರೆದಪಂ or ಬರೆದಪ್ಪಂ (276). ಬರೆಯಲುಮ್ ಉಚ್ಚರಿಸಲ್ ಬಾರದುವಕ್ಕರಂಗಳ್ ಅಲ್ತು (10). ತೋಳು ಮೊಲೆ ಕೊರಳ್ಗಳಲ್ಲಿ ಅನುಲೇಪನದಿನ್ದಂ ಬರೆದ ರೇಖೆ (ಪತ್ರವಲ್ಲಿ Hlā.). ಚಿತ್ರವ ಬರೆವ ಲೆಕ್ಕಣಿಕೆ (ತೂಲಿಕೆ, etc. Nr.). ಬರದ ಚಿತ್ರ (ಚಿತ್ರ Nn. 3. 50); ಬರೆಯದ ಓಲೆ (ಅಲೇಖ 96). ಗಣಕರ್ ಬರೆವ ಗೃಹ (ಕರಣಶಾಲೆ Mr. 197). ಈಕ್ಷಿಸುವ ಭಿತ್ತಿಯೊಳು ಬರೆದ ಚಿತ್ರಂಗಳ್ (ಜ್ವಲಿಕಾರಕ 201). ಮೊಲೆ ಗಲ್ಲ ತೋಳ್ ಕೊರಳಲ್ಲಿ ತೀವಿ ಸಬೆಯಿಂ ಬರೆದ ಪವುಸೆ ಲತೆಗಳ್ (ಪತ್ರವಲ್ಲಿ, ಮಕರಿಕೆ 329). ಬರೆಯುವವನು (ಲಿಪಿಕಾರ, ಲೇಖಕ, etc. Śi. 271). ಬರೆಯಲ್ ಪಟ್ಟ ಅಕ್ಷರಗಳ ಆಕಾರಸ್ಥಿತಿ (ಲಿಪಿ, etc. 271). ಚಿತ್ತಾರ ಬರೆಯುವವನು (ಚಿತ್ರಕರ, ರಂಗಾಜೀವ 338). ಬಣ್ಣದಲ್ಲಿ ಬರದವರೂ ಕಣ್ಣು ಚನ್ನಾಗಿರ ಬೇಕು.— ಬರದು ತಿಳಿಯದ ಲೆಕ್ಕ ಕಡೆಗೆ ಮುಕ್ಕ.— ಬರೆಯದ ಕೆಯ್ಯಿ, ಕರೆಯದ ಬಾಯಿ.— ಬರೆಯಲಾಱದವ ಕುಡ್ ಕಾಯುವವನಿಗಿನ್ನ ಕಡೆ.— ಬರೆಯಲಿಕ್ಕೆ ಹ್ಯಾಗೂ ಬರೆಯ ಬಹುದು; ಸುಡೋದು ಹ್ಯಾಗೆ?— ಬರೆಯುವವನ ಸಂಗಡ ದ್ವೇಷ, ಬಾಯಾಡಿಯ ಸಂಗಡ ಸ್ನೇಹ.— ನಡೆಯುವವ ಎಡವುತ್ತಾನೆ, ಬರೆಯುವವ ತಪ್ಪುತ್ತಾನೆ.— ನೋಡಿ ಬರದರೆ ಪರರನ್ನ ತಿನ್ದಿತು, ನೋಡದೆ ಬರದರೆ ತನ್ನನ್ನೆ ತಿನ್ದಿತು.— ಹೊಯಿಗೇಲಿ ಬರೆದು, ಉಡೀಲಿ ಹಾಕಿ ಕೊಣ್ಡ ಹಾಗೆ (Prvs.). See Bp. 38, 48; 42, 3; Č. Bp. 5, 51; Rśv. 6, after 11; J. 29, 38; 30, 28. 29; 31, 36.

ಬರೆ barĕ. 2. Writing; lines or stripes (made with a hot iron; T. ವರಿ; M. ವರಿ, ವರ್ಪು). — ಬರೆಗುಡ. -ಕುಡ. = ಬರೆಗುಱಿ. (B. 2, 12). — ಬರೆಗುಱಿ. -ಕುಱಿ. An iron used in cauterizing or firing cattle for diseases, lameness, etc. (My.). — ಬರೆಗೋಲು. -ಕೋಲು. = ಬರೆಗುಱಿ. (My.). — ಬರೆ ಹಾಕು. To apply lines or stripes by cauterizing (My.; B. 2, 12). See Prv. s. ಎತ್ತು 4.

ಬರೆ barĕ. (= ಬರ, etc.). (ಪರ್ಯನ್ತ Śmd. 12; ಪರಿಯನ್ತರಂ 11 Cm.). ಈಕಾರಪ್ಪುರೆಗಂ (11). ಅಗ್ರಪ್ಪುರೆಗಂ (Čpr. 8, 57). See ಅನ್ನ-, ಅಪ್ಪುರಮ್.

ಬರೆಪ barĕpa. = ಬರಹ, etc. — ಬರೆಪಮ್ಪುಗು. -ಂ-ಪುಗು. To enter writ: to be written (ಬರೆವುದಂ ಪುಗು Śmd. 10 Cm.). ಬರೆಪಮ್ಪೊಕ್ಕು ಉಚ್ಚರಿಸಲ್ ಬಾರದುವು ಅಕ್ಕರಮುಲ್ತು (10).

ಬರೆಯಿಸು barĕyisu. = ಬರಸು 2, etc. (ಲೇಖನ Śmd. Dh.; B. 5, 304).

ಬರೆಸು barĕsu. = ಬರೆಯಿಸು, etc. (J. 31, 33. 35; My.).

ಬಱ baṟa. = ಬಱಡು. (Bareness); dryness, barrenness;— dearth, famine, drought (My.; T. ವಱಟ್ಚಿ, ವಱುಮೈ, ವರ್ಷ, ವೆಱಪ್ಪು; M. ವಱ, ವಱವು, ವಱುಡಿ, ವಱುಮ; Tĕ. ವರವು, ವರುವು); scarcity; emptiness, hollowness; ruin. **2,** dry fire-wood (ಕ್ಷಪೀಟ Nn. 85; T. ವೆಱು). ತುಱಿಸಿ ಕೊಣ್ಡರೆ ಬಱ ಬಿಟ್ಟೀತೇ? (Prv.). ನೀರ ಬಱ, ಮಱಿಯ ಬಱ (My.). See Prvs. s. ದಣ್ಣು, ಬಱೀ ಮಾತು, ಬಾಯಿ. — ಬಱಗರುಗ. Garuga that grows in dry places (My.). — ಬಱಗಾಲ. -ಕಾಲ. A time of famine (My.; ದುರ್ಭಿಕ್ಷ G.; B. 4, 76; 5, 103). ಅಧಿಕಮಾಸ ಬಱಗಾಲದಲ್ಲಿ ಬನ್ದ ಹಾಗೆ.— ಬನವಾಸೆಗೆ ಹೋದರೂ ಬಱಗಾಲ ತಪ್ಪಲಿಲ್ಲ.— ಬರುವವರ ಸಂಗಡ ಬನ್ದರೂ ಬಱಗಾಲ ತಪ್ಪಲಿಲ್ಲ (Prvs.). — ಬಱಗೆಡು. To be ruined by want of food or fasting. ಬಱಗೆಟ್ಟ ಬಡ ಹುಡುಗರು (B. 4, 77). See Prv. s. ಪರ 2. — ಬಱನಾಗು. -ಆಗು. To be ruined or lost (Śśv. 4, 89). — ಬಱ ಬರು. A famine to happen. ಬಱ ಬನ್ದ ಕಾಲಕ್ಕೆ ಮಗ ಉಮ್ಬೋಕೆ ಕಲತ (or ಕಲಿತ).— ಬಱ ಅನ್ದರೆ ಬಿದರಕ್ಕಿ.— ಬಱ ಬನ್ದರೆ ಊರ ಬಿಡ ಬಾರದು, ದಣ್ಣು ಬನ್ದರೆ ಊರಲ್ಲಿರ ಬಾರದು (Prvs.). — ಬಱ ಬೀಱು. = ಬಱ ಬರು. (My.; B. 4, 74; 5, 102. 205). — ಬಱಪಱ. -ಬಱ. rep. Great or complete dryness; so as to become completely dry. ಬಱಪಱ ಬತ್ತಿ (Abh. P. 9, 30). — ಬಱಪ ಱಾಗು. -ಆಗು. To become completely dry (Čpr. 8, 6). — ಬಱವೇಱು. -ಏಱು. = ಬಱ ಬರು. (My.). — ಬಱಸಿಡಿಲ್. -ಉ. A dry, or an empty, thunder-bolt, *i. e.* either one unaccompanied by rain, or one not causing combustion (Čpr. 9, 13; Bp. 45, 10; 50, 60; J. 4, 10; 8, 32; Rśv. 8, 105).

ಬಱಟಿ baṟaṭi. = (ಬಟ್ಟ 1), ಬೆಱಟಿ, ಬೆಱಣಿ. Dried cow-dung, used as fuel (T. ವರಾಟ್ಟಿ, ವಱಾಟ್ಟಿ, ವರಳಿ; M. ವರಳೆ, ವರಡಿ, ವರಳಿ, ವಱಳಿ; Tĕ. ಪರಣ್ಟೆ, ವರಟಿ; *cf.* ಬಱ No. 2). ತರ್ಮುಗಳ್ ಅಱಿಗುಂ ಬಱಟಿಯೊಳ್ ಉರ್ಧಿ, ನೆಲಾವರೆಯ ಬೇರನ್ ಅಮಲಕಮುಮುಂ ಬರ್ದಿಲಿಮಿಂಚಿಯ ರಸದೊಳ್ ನಿರ್ದಯೆಯಿನ್ದೊರಸಿ, ಪೊಸೆ ದಿನಪಂಚಕದೊಳ್ (Śmd. 345 Mdb., o. r. ಬೆಱಟಿ).

ಬಱಡು baṟaḍu. = ಬಱ್ಡು, ಬರಡು. Bareness, emptiness; vainness, unprofitableness; barrenness, sterility; dullness (My.; T., M. ವರಡು, dryness, meagerness, sterility; Tĕ. ವಟ್ಟಿ). — ಬಱಡ. -ಅ 3. A man who has no children (My.; T. ವಱಡ). 2, a vain or useless man; a man destitute of good qualities, a niggard; a dull, foolish man (Rām. 6, 2, 25; My.). ತ್ಯಾಗಿಯುಂ ಬಱಡಂ... ಬಱಿಯಲ್ (Śś. 103). See ಮನ-; Sp. s. ಬಟ್ಟ. — ಬಱಡಾಕಳು. -ಆಕಳು. A barren cow (My.; T. ವಱಟ್ಟು ಮಾವು; Tĕ. ವಟ್ಟ ಆವು). — ಬಱಡಿ. A barren woman (My.; T., M. ವಱಡಿ). — ಬಱಡುಕೆಲಸ. Useless work (My.). — ಬಱಡುಪಶು. = ಬಱಡಾಕಳು. (Bp. 9, 26). — ಬಱಡುಮನ. An empty, hollow mind (Rām. 2, 3, 13; My.). — ಬಱಡುಮಾತು. A vain or useless word (My.). — ಬಱಡೆಮ್ಮೆ. -ಎಮ್ಮೆ. A barren buffalo (My.). ಆದಷ್ಟು ಆಯಿತು, ಬಱಡೆಮ್ಮೇ ಹಾಲು.— ಬಱಡೆಮ್ಮೆಗೆ ಕರಡುಹುಲ್ಲು (Prvs.).

ಬಱತು baṟatu. P. p. of ಬಱ್ 1.

ಬಱಪ baṟapa. Dryness; emptiness: want of satisfaction (Čpr. 8, 71).

ಬಱಲು baṟalu. Bareness. — ಬಱಲಾಗು. -ಆಗು. To become bare, as trees (My.). — ಬಱಲು ಮಾಡು. To make bare, as trees (C.).

ಬಱಹು baṟahu. = ಬಱ. ಮಱಿಯ ಬಱಹಿನಲ್ಲಿ ಅವಗ್ರಾಹ ಅವಗ್ರಹ ಎನಿಸುಗು (Nr.).

ಬಱಿ baṟi. = ಬಱು, ಬಱ್ 2. Bareness; nakedness; emptiness; (dryness); mereness: the state of being only this and nothing else, simpleness, soleness; vainness, worthlessness, unprofitableness, uselessness (My.; T. ವಱು, ವೆಱು, ವೆಱ್ಱು; M. ವಱು, ವೆಱು; Tĕ. ಉತ್ತಿ, ವಟ್ಟಿ, ವಡಿ). — ಬಱಿಕಷ್ಟ. Nothing but trouble (My.). — ಬಱಿ ಕೆಯ್. To make bare, empty or void, to annihilate, to ruin (Rśv. 5, 129; J. 4, 37; 12, 20; 23, 13). — ಬಱಿ ಕೆಯಿ. = ಬಱಿ ಕೆಯ್. See s. ಬಕ್ಕಟಬಯಲ್. — ಬಱಿಕೊಬ್ಬು. Nothing but fat (My.). — ಬಱಿಗಣ್ಟು. An empty bundle (My.). — ಬಱಿಗಾಲು. -ಕಾಲು. A naked foot (My.; B. 5, 159). — ಬಱಿಗೆಯ್. -ಕೆಯ್. 1. An empty hand (Śś. 26; My.). — ಬಱಿ ಗೆಯ್. 2. = ಬಱಿ

ಕೆಯ್. (Bp. 31, 14; Bh. 2, 4, 10; Râm. 6, 30, 7; J. 27, 38). — ಬಱಿತಾಱಿಗ. A mere dry, sapless mass (Čh. v. 19). — ಬಱಿದು. That which is empty, void, barren, vain, idle, etc. (ಸೋೞಂ ಬಾಡಂ Šmd. 110; Čt. II, 22; ಸೋೞಂ ಬಾಡಂ, ಉಣ್ಣವಳಿಯದು Kk. 89; My.; T. ವಱಿದು). ಬಱಿದಹುದು (ಶೂನ್ಯ, ವಶಿಕ, ತುಚ್ಛ, ರಿಕ್ತಕ Nr.). — ಬಱಿದಾಗು. To become empty (Čpr. 6, 82; Šsv. 4, 60; My.); to be ruined or gone, as a house or property (My.); to be nothing but—. ಬಱಿದಾದ ಕ್ಷೀಣಂ (ಬಱಿ Čt. I, 29). — ಬಱಿದು ಮಾಡು. To empty, as a box (My.); to make void, to ruin, as a house (My.). — ಬಱಿದೆ. -ಎ 3. ಬಱಿದೇ. -ಏ 2. That which is empty indeed, etc. 2, voidly, vainly, causelessly, for nothing, idly (ಸುಮ್ಮನೆ, ಅಲ್ಲವಱ್, ಅಕಾರಣ Šmd. 397. 110; ಸುಮ್ಮನೆ 242 Cm.; My.). ಬಱಿದೆ ತಿನುತಿರ್ಪವಂ (242). ಬಱಿದೆ ಹೊತ್ತು ಕಳೆಯದಿರು! (Dp. 34). ಪುಗಟೆಗೆ ಸಿಕ್ಕಿದ್ದು ಬಱಿದೆ ಹೋಯಿತು (Prv.). See Čpr. 2, 54; 5, 128; 6, 22. 55; Bh. 1, 8, 57; 1, 10, 26; Bp. 14, 22; 58, 34; Šsv. 4, 36; J. 1, 6; 4, 22. 49. — ಬಱಿದೇರ್. -ತೇರ್. An empty chariot (J. 27, 45). — ಬಱಿದೊಗಲ್. -ತೊಗಲ್. Nothing but a skin (J. 16, 20). — ಬಱಿದೊಱೆ. -ತೊಱೆ. A dry river or stream (Bh. 4, 3, 12). — ಬಱಿನುಡಿ. An idle word (Bp. 29, 28). — ಬಱಿನೆನಹು. Mere thought or fancy (ಸ್ವಪ್ನ Mr. 317, o. r. ಬಱು-). — ಬಱಿಬಾಯಿ. An empty mouth (My.). 2, a person who only speaks, but does not act (My.). — ಬಱಿಬೇಟ. Mere, or vain, erotic play (J. 15, 5). — ಬಱಿಬೊಬ್ಬಾಟ. Idle bellowing or outcrying (Bh. 2, 13, 47). — ಬಱಿಮಾತು. = ಬಱುಮಾತು. An idle word; senseless talk (ಪ್ರಲಾಪ Hlâ.); nothing but a word or words, mere words (Bp. 45, 40). — ಬಱಿಮಾಯೆ. Nothing but fraud or tricks (J. 4, 15). — ಬಱಿಮೆಯ್. A naked body (My.). ಹುಡುಗರು ಬಱಿಮೆಯ್ಲ್ಲಿ ಇರುತ್ತವೆ (B. 5, 145). — ಬಱಿಯ. = ಬಱಿದೆ. ಅನ್ನಸಂಗ್ರಹ ಮಾಡದೆ ಬಱಿಯ ತಿನ್ನೋಣ ಕುಡಿಯೋಣ (B. 5, 86). — ಬಱಿಯಂ. (fr. ಬಱಿದು Šmd. 184). A vain man. — ಬಱಿಯ ಕನ್ನಡ. Nothing but Kannaḍa: pure Kannaḍa. ಸಂಸ್ಕೃತಂ ಬೆರೆಯದ ಬಱಿಯ ಕನ್ನಡಂ (ಅಚ್ಚಗನ್ನಡಂ Šmd. 45 Cm.). — ಬಱಿಯ ಕನ್ನಡಬಾಸೆ. = ಬಱಿಯ ಕನ್ನಡ. (Bp. 1, 21). — ಬಱಿಯ ಕರ್ಮ. Mere sin, nothing but sin (Bp. 60, 24). — ಬಱಿಯ ಠಕ್ಕು. Mere trickery (Bp. 56, 17). — ಬಱಿಯದು. = ಬಱಿದು. ಉರಿ ಬನ್ದು ಬೇಲಿಯನು ಹಱಿದು ಹೊಕ್ಕದ ಕಣ್ಡೆ; ಬಱಿಯದು, ಬೇಗೆಯಱಿಯದುದು (sun-rays, Sp.). — ಬಱಿಯ ಬೇಟ. = ಬಱಿಬೇಟ. (Bp. 42, 7). — ಬಱಿಯ ಮಣ್. Nothing but earth (Bp. 60, 49). — ಬಱಿಯ ವೈಸಿಕ. Mere trickery (Bp. 40, 51). — ಬಱಿಯ ಹುಸಿ. A mere lie (Bp. 40, 60). — ಬಱಿಯ ಸಜ್ಜೆ. An empty liṅga-box (Bp. 38, 15). — ಬಱಿಯ ಹೇಯ. Mere sorrow (Bp. 40, 78). — ಬಱಿಯಾಟ. -ಆಟ. Useless play (Bp. 15, 24). — ಬಱಿವಾತು. = ಬಱಿಮಾತು. — ಬಱಿವಾತುಗಾಱ. An idle talker (Rśv. 11, 92). — ಬಱಿಸಜ್ಜೆ. = ಬಱಿಯ ಸಜ್ಜೆ. (Bp. 88 sum.). — ಬಱಿಸುಳ್ಳ. A bare-faced liar. See Prv. s. ಸರಸ. — ಬಱಿಹೆಡಗೆ. An empty basket (Bh. 1, 10, 30). — ಬಱಿಹೊಟ್ಟೆ. An empty stomach (My.). — ಬಱೀ ಕೆಯ್. = ಬಱಿಗೆಯ್ 1. (My.). — ಬಱೀ ಗುಲ್ಲು. A useless noise. ಬಱೀ ಗುಲ್ಲು ನಿದ್ರೆಗೇಡು (Prv.). — ಬಱೀಗೆಯ್. = ಬಱೀ ಕೆಯ್. (My.). ಬಱೀಗೆಯ್ಲ್ಲಿ (with the hand without any cloth) ಮೊಱ ಪಾಕಿದ ಹಾಗೆ (Prv.). — ಬಱೀದು. = ಬಱಿದು. (My.; Si. 369). — ಬಱೀ ಮಾತು. = ಬಱಿಮಾತು. ಬಱೀ ಮಾತಿಗೆ ಮರುಳಾದರೆ ಬಱ ತಪ್ಪೀತೇ?—ಬಱೀ ಮಾತಿನವನಿಗೆ ನರೆಯಿದ್ದರೇನು?—ಬಱೀ ಮಾತಿನವ ಹೊಱೆ ಹೊತ್ತಾನೇ? (Prvs.). — ಬಱೀ ಹೇಲು. Mere faeces. ನರೀ ಕೊನ್ದರೆ ಬಱೀ ಹೇಲು (Prv.).

ಬಱು baṟu. = ಬಱಿ, etc. — ಬಱುಗೆಣ್ಡ. -ಕೆಣ್ಡ. An uncovered live-coal. ಬಱುಗೆಣ್ಡದೊಳು ಸುಟ್ಟ ಅಡಗು (ಭೂತಿ Mr. 217). — ಬಱುಗೆಯ್. -ಕೆಯ್. An empty hand (Čpr. 2, 43). — ಬಱುಗೋಣಿ. Mere sack-cloth (ಕನ್ದಣಿಕೆ Mr. 350). — ಬಱುಚೆನ್ನ. (Šmd. 78 Mḍb.). A handsome man and nothing besides. — ಬಱುನೆನಹು. = ಬಱಿನೆನಹು, q. v. — ಬಱುಮಾತು. = ಬಱಿಮಾತು. (ಪ್ರಲಾಪ Mr. 88). See s. ಮಾತುಗುಟ್ಟು. — ಬಱುಮೆಯ್. A naked body (Čpr. 8, 64). — ಬಱುವ. (fr. ಬಱಿದು Šmd. 185). A vain man.

ಬಱೆ³ baṟĕ. 1. To grow dry, to dry up; to grow lean; to disappear, etc. (ಇಂಗು Šm. 88; ಆಱ್ Kk. 60; Čpr. 8, 81; T. ವಱ; M. ವರಳು, ವಱಳು). P. ps. ಬಱತು (Bp. 11, 12; 12, 48; 20, 12; 21, 46; 27, 5; 35, 32; 58, 49; V. 39, 17; J. 15, 2; 16, 45), ಬಱೆತು. See Bp. 38, 1; Čpr. 10, 71; ಅಂಗುಳವಱೆ. My. only: ಬಱ ಬಱತು ಹೋಯಿತು.

ಬಱೆ³ baṟĕ. 2. = ಬಱಿ, etc. 2, dry soil (My.). — ಬಱೆಕೂಟ. A useless, unprofitable intercourse. ಬಱೆಕೂಟ ತನ್ನನ್ನೆ ಇಱಿದು ಕೊಣ್ಡನ್ತೆ (Sp.). — ಬಱೆಗುಡುಹು. -ಕುಡುಹು. A mere drum-stick (Bp. 20, 12). — ಬಱೆಪೆಟ್ಟಿಗೆ. An empty box (My.). — ಬಱೆಮಾತು. = ಬಱಿಮಾತು. (My.; ಪ್ರಲಾಪ G.). — ಬಱೆಯೊಡಲು. -ಒಡಲು. A mere, or vain, body. ಜ್ಞಾನವುಳ್ಳವರೊಡಲು ಭಾನುಮಣ್ಡಲದನ್ತೆ; ಜ್ಞಾನವಿಲ್ಲದರ ಬಱೆಯೊಡಲು ಅಗಸರ ಬಾನೆಯನ್ತಕ್ಕು (Sp.). — ಬಱೆಹಾಲು. Nothing but milk (My.). — ಬಱೇ ನೂಲು. Nothing but cotton-thread (B. 3, 102). — ಬಱೇ ಬಯ್ಲು. A bare plain (G. 366). — ಬಱೇ ಸೆಱೆ. A mere prison (B. 5, 268).

ಬಱ್ಱನೆ baṟṟanĕ. With a whir or flur or sudden and noisy vibration of wings. (Mhr. ಭರಾಕಾ, ಭರಾರ). ಹಕ್ಕಿ ಬಱ್ಱನೆ ಹಾಱುತ್ತದೆ (My.). ಆ ಹದ್ದು ಬಱ್ಱನೆ ಎಱಗಿ (B. 2, 28). 2, with a rush or dash, smartly, swiftly (B. 2, 12; 5, 138; My.).

ಬರ್ಕಟ baṟkaṭa. = ಬಕ್ಕಟ. — ಬರ್ಕಟಬಯಲ್. = ಬಕ್ಕಬಯಲ್. (Grj. 5, 5).

ಬರ್ಕರಕರ್ಕರ barkara-karkara. Pleasure and grief (? Čpr. 10, after 55; the word appears in Sk. as ವರ್ಕರಕರ್ಕರ, where it has tentatively been translated by "of all kinds or sorts").

ಬರ್ಗು bargu. = ಬಗ್ಗು 1, q. v. (T. ವಱಂಗು, to speak).

ಬರ್ಚಣೆ barčaṇĕ. Paint, colour (Tĕ. ಬಚ್ಚೆನ). (ಸಿನ್ಧುರಂಗಳ) ಬಿದುವೊಳ್ ಬರೆದು ಬರ್ಚಿಸಿದ ಬರ್ಚಣೆಯ, ಪಣೆವಾಸಱೆಯೊಳ್ ಅಮರ್ಚಿ ರಚಿಸಿದ ತಮಾಲರೇಖೆಯ... ವಿಲಾಸಮಳವಡೆ (Rśv. 6, after 11).

ಬರ್ಚಿ barči. = ಬರ್ಚ. A sort of spear (B. 5, 48; Mhr., H. ಬರಚಿ). — ಬರ್ಚಕಟ್ಟೆಗೆ. (ಶಲ್ಯ G.). ಬರ್ಚಕಟ್ಟೆಗೆಯಿನ್ದ ಯುದ್ಧ ಮಾಡುವವ (ಕೌನ್ತಿಕ G.). ಬರ್ಚಕಟ್ಟೆಗೆಯುಳ್ಳವ (ಶಾಕ್ತೀಕ G.). — ಬರ್ಚಕೋಲು. (ಈಟಿ Čb.).

ಬರ್ಚಿಸು barčisu. To paint, to colour (Čpr. 6, after 64; 6, 67; see Rśv. s. ಬರ್ಚಣೆ).

ಬರ್ಜಿ barji. = ಬರ್ಚ. (My.).

ಬರ್ತನ bartana. The act of coming. See ಎನ್ನವರ್ತನ.

ಬರ್ದು bardu. 1. To die (ಮರಣ Šmd. Dh.; *cf.* ಪಡು 8; T. ವಡ್ಗು, to be destroyed; ಎಱು, to grow less; to die; Tĕ. ಬಿದ್ದು, to die).

ಬರ್ದು bardu. 2. = ಬರ್ದುಗೆ. Death (ಸಾವು Šm. 44; *cf.* ಬಿದಿರ್). — ಬರ್ದಿಲ. -ಇಲ (see s. ಇಲ್ 1). A male who is free from death: a deity (ಸಗ್ಗಿಗ, ಸುರ Šm. 9). 2, a place at which there is no death: heaven (ಸಗ್ಗ Šmd. 55; ನಿಲಿಮ್ಪನಿಲಯ Čt. II, 62; ಸ್ವರ್ಗ Kk. 10*b*; ಬಿಣ್ಣರೆ, ಸಗ್ಗ, ಅಮರಲೋಕ 10*a*, o. rs. ಬರ್ದಿಲ್, ಬರ್ದಿಲಿ). — ಬರ್ದಿಲಾಳ್ವ. -ಆಳ್ವ Indra (ಸಗ್ಗಿಗರೆಱೆಯ, ಸುರಪತಿ Šm. 9).

ಬರ್ದು bardu. 3. (fr. ಬಲ್). = ಬದ್ದು. Increase; greatness; perfection; proficiency, skill (V. 11, 18). ಬರ್ದೆನಲ್ದು ಪ್ರೌಢಿ (Šmd. II). 2, = ಬರ್ದುಗ. ಬರ್ದೆನೆ ಕರಂ ಪ್ರೌಢನಕ್ಕುಂ (Kk. 87). — ಬರ್ದಿಲಿಮಿಂಚಿ. -ಇಲಿಮಿಂಚಿ. A well-matured lemon. See Šmd. s. ಬಱಿಚಿ.

ಬರ್ದುಕು barduku. 1. = ಬದುಕು 1, etc. (ಜೀವನಾರ್ಥ Šmd. Dh.; ಬಾಳ್ Šm. 115; Čpr. 8, 91).

ಬರ್ದುಕು barduku. 2. = ಬದುಕು 2, etc. ವಸನ್ತರಾಜನ್ ಎಬ್ದಿನ್ದಪನ್, ಇನ್ನು ನಾಳೆ ಬರ್ದುಕಲ್ಲ ವಿಯೋಗಿಗೆ (Šmd. 260 Mdb. and another MS.).

ಬರ್ದುಗ barduga. A man of acquirements, a proficient man (ಬಿತ್ತಿಗ, ಪ್ರೌಢ Kk.; ಬಿತ್ತಿಗ, ಬಿನ್ನಣಿ, ಪರಪ್ರೌಢ Šm. 47).

ಬರ್ದುಗೆ bardugĕ. = ಬರ್ದು 2. Death (ಸಾವು Šmd. II; Kk. 93).

ಬರ್ದುಂಕು bardunku. = ಬರ್ದುಕು 1 (Šmd. Dh.; Abh. P. 10, 218; 14, 24; Grj. 10, 19), etc. ಬರ್ದುಂಕುವಂ (ಬಾಳ್ವಂ Šmd. 287 Cm.).

ಬರ್ಫ barpha. = ಬರ್ಫ. Snow; hoar-frost; ice (ತುಷಾರ, ಪ್ರಾಲೇಯ, ಮಹಿಕೆ G.; Mhr., H. ಬರಫ).

ಬರ್ಫೆ barphĕ. = ಬರ್ಫ. See ಪೇಡೆ-.

ಬರ್ಬರ barbara. = ಬಬ್ಬರ (Šmd. 345), etc., ವರ್ವರ. N. of a district or country (Bp. 6, 18; 61, 30). 2, *a man of low origin, a low fellow, not an Ârya, a barbarian* (ಪಾಮರ, ಪ್ರಾಕೃತ, ಇತರ, ಕಾನೊಲ್ಲದಂ Mr. 229). 3, a kind of sandal-wood, yellow and said to smell like a ripe mango (Sk.; ಹರಿಚನ್ದನ Mr. 335). 4, *a kind of shrub, Clerodendrum syphonanthus R. Br.* 5, = ಬರ್ಬರೆ Nr. 1, ವರ್ವರೆ (ನಾಱುವ ಬೇಳೆ Šmd. 345). 6, the thorny Babool tree, Acacia arabica (ಬೊಬ್ಬುಲಿ Šmd. 345).

ಬರ್ಬರೆ barbarĕ. = ವರ್ವರೆ. *A kind of Ocymum or basil* (see ಬರ್ಬರ No. 5 and ನಾಱುವ ಬೇಳೆ). 2, a strongly smelling annual herb, Cleome pentaphylla L. (see ನಾಱುವ್ವೇಳೆ).

ಬರ್ಬುಲ barbula. = ಬರ್ಬೂರ, etc. (ಬೊಬ್ಬುಲಿ Šmd. 364, o. r. ಬಬ್ಬುಲಿ).

ಬರ್ಬೂರ barbûra. = ಬಬ್ಬುಳ 1 q. v., ಬರ್ಬುಲ, ಬರ್ಬೂಲ, ಬೊಬ್ಬುಲಿ, etc. The thorny Babool tree, Acacia arabica Willd. (ಬೊಬ್ಬುಲಿ Šmd. 359, o. rs. ಬರ್ಬೂಲ, ಬಬ್ಬುಲಿ).

ಬರ್ಬೂಲ barbûla. = ಬರ್ಬೂರ, q. v.

ಬರ್ಮ barma. Tbh. of ಬ್ರಹ್ಮ (Šmd. 353; Šm. 8). 2, Birma or Burma (My.).

ಬರ್ಲು barlu. = ಬರಲು. (My.).

ಬರ್ಸನ barsana. See ಗೋಡಿ- (and *cf.* ಬರಸ).

ಬರ್ಹ barha. Coming. ಎದ್ದು ಇದಿರ್ ಬರ್ಹಂ (ಅಭ್ಯುತ್ಥಾನ Mr. 462).

ಬರ್ಹ barhs. = ವರ್ಹ. The tail of a bird; *a peacock's tail.* 2, *a leaf.* 3, a retinue, train.

ಬರ್ಹಿ barhi. 1. *A peacock.*

ಬರ್ಹಿ barhi. 2. Tbh. of ಬರ್ಹಿಸ್. (My.).

ಬರ್ಹಿಶ್ಶುಷ್ಮ barhis-šushma. Fire, Agni (My. Amara).

ಬರ್ಹಿಣ barhiṇa. = ವರ್ಹಿಣ. *A peacock.*

ಬರ್ಹಿಣವಾಹನ barhiṇa-vâhana. *Skanda, Kârtikêya.*

ಬರ್ಹಿಧ್ವಜ barhi-dhvaja. N. of a king (J. 25, 15).

ಬರ್ಹಿಪುಷ್ಪ barhi1-pushpa. *A kind of perfume.*

ಬರ್ಹಿರ್ಜ್ಯೋತಿಸ್ barhis-jyôtis. *Fire, Agni.*

ಬರ್ಹಿರ್ಮುಖ barhis-mukha. *A deity, a god.*

ಬರ್ಹಿಷದ್ barhi2-sad. Seated on kuša grass: a pitṛi or deified progenitor. (R.).

ಬರ್ಹಿಷ್ಕೇಶ barhis-kêša. Fire, Agni. (My.).

ಬರ್ಹಿಷ್ಠ barhishṭha. = ವರ್ಹಿಷ್ಠ. (fr. ಬೃಹತ್). Largest, strongest. 2, a species of fragrant grass, Andropogon muricatus. 3, the resin of Pinus longifolia. (My.).

ಬರ್ಹಿಸ್ barhis. = ಬರ್ಹಿ 2. *Kuša grass, sacrificial grass.* 2, a bed or layer of kuša grass. 3, *sacrifice.* 4, *fire.*

ಬಲ್ bal. 1. (= ಬಲಿ 1). To grow strong or firm, to be full-grown, etc. P. p. ಬಲ್ತು (Šmd. 287 Cm.). ಬಲ್ತ ಮರ (Si. 120; My.). ಬಲ್ತ ಕಾಯಿ, ಬಲ್ತ ಕೊಬ್ಬರಿ (My.).

ಬಲ್ bal. 2. (fr. ಬಲ್ಲಿತು or ಬಲ್ಲಿಕ್ಕು Šmd. 212. 213). = ಬಲು, ಬೊಲು. Strength, firmness, bigness, greatness, abundance, excess, etc. (T., M. ವಲ್, ವಲು; Tĕ. ಬಲು). — ಬಲ್ಗಣೆ. -ಕಣೆ. A strong arrow (Abh. P. 13, 79. 80). — ಬಲ್ಗಣ್ಡಿಕೆ. (Šmd. 248). Great prowess (Ršv. 5, 99). — ಬಲ್ಗಣ್ಡು. = ಬಲ್ಗಣ್ಡಿಕೆ. (Abh. P. 9, 156). — ಬಲ್ಗಣ್ಣಿ. -ಕಣ್ಣಿ. A strong rope (J. 18, 60). — ಬಲ್ಗತ್ತಲೆ. -ಕತ್ತಲೆ. = ಬಲುಗತ್ತಲೆ. Thick or dense darkness (J. 2, 16; 5, 15). — ಬಲ್ಗತ್ತಿ. -ಕತ್ತಿ. = ಬಲುಗತ್ತಿ. A large knife (J. 4, 19). — ಬಲ್ಗದ. -ಕದ. A strong or large door (Č. Bp. 10, 10). — ಬಲ್ಗಮ್ಬ. -ಕಮ್ಬ. A strong post (Čpr. 8, after 44; Ršv. 6, after 11). — ಬಲ್ಗರ. A powerful demon (Abh. P. 5, after 78). — ಬಲ್ಗರಡಿ. -ಕರಡಿ. A huge bear (Ršv. 5, 79). — ಬಲ್ಗರುಳ್. -ಕರುಳ್. Large entrails (Abh. P. 13, 81). — ಬಲ್ಗಱ. Large feathers (of an arrow, Ššv. 4, 42). — ಬಲ್ಗಿಚ್ಚು. -ಕಿಚ್ಚು. A large fire (J. 13, 59). — ಬಲ್ಗುಡಿ. A large temple (V. 37, 26). — ಬಲ್ಗುರುಜು. -ಕುರುಜು. A large ಕುರುಜು (Č. Bp. 5, 2). — ಬಲ್ಗೆಚ್ಚು. -ಕೆಚ್ಚು. Strong or hard core (Ršv. 6, after 11). — ಬಲ್ಗೆಯ್. -ಕೆಯ್. A strong hand (J. 20, 5). — ಬಲ್ಗೆಯ್ತು. -ಕೆಯ್ತು. Great dexterity (Abh. P. 13, 79), etc. — ಬಲ್ಗೆಯ್ಯ. -ಕೆಯ್ಯ. A man of a strong hand: one famous for his power or valour (ಪರಾಕ್ರಮಪ್ರಥಿತಂ Čt. II, 52). — ಬಲ್ಚಟಿ. A large whip (ಕಂಕರಿಗೋಲ್ Čt. I, 79). — ಬಲ್ಜನ್ತೆ. A stout jantĕ (Ršv. 10, after 31). — ಬಲ್ತಲೆಯ. -ತಲೆಯ. (Šmd. 220). A man with a big head. — ಬಲ್ದಸಿ. = ಬಲುದಸಿ. A large pointed stake (Čpr. 5, 104). — ಬಲ್ದೊಱೆ. -ತೊಱೆ. A large stream (Ššv. 3, 30). — ಬಲ್ನಿಱ. Thick foldings (Ršv. 7, 11; 13, 102). — ಬಲ್ನಿಱಗಟ್ಟು. -ಕಟ್ಟು. A tie of thick foldings (Ššv. 3, 9). — ಬಲ್ಪನ್ದಿ. A large hog (Ššv. 4, after 19). — ಬಲ್ಪುಗುಳ್. Many blisters or sores (V. 9, 63). — ಬಲ್ಪಿಣಸು. A firm or close embrace (Čpr. 6, 83). — ಬಲ್ಬಣ್ಟ. A very valourous man (ತುಱುಗಾಳ್ Čt. I, 6; II, 70; ಉಱಾಳ್, ಬಲ್ಲಾಳ್, etc., ಪರಾಕ್ರಮವುಳ್ಳವನು Ks.). — ಬಲ್ಬನ್ದಿ. Firm confinement, imprisonment (ಸೆಱೆ Čt. I. 29). — ಬಲ್ಬರ. A great drought or famine (V. 8, 36). — ಬಲ್ಪಿ

ರುದು. A great mark of honour (Č. Bp. 47, 12). — ಬಲ್ಭಾರ. = ಬಲುಭಾರ. A heavy weight or burden. ಮರನಿರ್ದೇನ್? ಅವಟುನ್ದಲೆತ್ತಲಹುದೇ ಬಲ್ಭಾರಮಂ? ಸನ್ನೆ ಸಾವಿರ ಕಾಲಾಳಿನ ಸತ್ವಮಯ್! (Sk. 11). — ಬಲ್ಮನೆ. A large house (V. 4, 36). — ಬಲ್ಮರ. A large tree (Rśv. 5, 89). — ಬಲ್ಮರೆ. A large deer (Rśv. 5, 113). — ಬಲ್ಮುಗುಳ್. (Śmd. 197. 213). A thick bud (Rśv. 9, 4). — ಬಲ್ಮುಡಿ. A large knot of hair (Śśv. 1, 74; 3, 7. 15). — ಬಲ್ಮುಸುಡು. A large snout (Śśv. 4, 9). — ಬಲ್ಮೊನೆ. An object with a strong and sharp point (Rśv. 6, 116). — ಬಲ್ಮೊಲ. A large hare (Rśv. 5, 113). — ಬಲ್ಮೊಲೆ. A stout breast (J. 6, 17; 8, 19; 11, 9; 26, 11). — ಬಲ್ಮೊಳಗು. Loud thunder (J. 7, 51). — ಬಲ್ಲಡವಿ. -ಅಡವಿ. A large jungle (Abh. P. 7, after 99; 7, 114). — ಬಲ್ಲಳ. Another form of ಬಲ್ಲಾಳ, q. v. (Bp. 9, 41; Tē. ಬಲ್ಲಡ). See ಸಿನ್ದು-. — ಬಲ್ಲಳವಟ್ಟಿ. = ಬಲ್ಲಾಳವಟ್ಟಿ. (Bp. 11, 26). — ಬಲ್ಲಾಟವಿಕ. -ಆಟವಿಕ. A great cheat (Râm. 1, 5, 32). — ಬಲ್ಲಾಳ್. -ಆಳ್. = ಬಲ್ಬಣ್ಣ, q. v. (Abh. P. 7, 59; 11, 36; 13, 98). — ಬಲ್ಲಾಳ್ಗಣ್ಣ. A man prominent among very valourous men (Abh. P. 12, 73; T. ವಲ್ಲಾಳಗ್ಗಣ್ಣ). — ಬಲ್ಲಾಳ. -ಆಳ. = ಬಲ್ಲಳ, ಬಲ್ಲಾಳ. N. (Bp. 25, 9, see ಸಿನ್ದು-; Tē. ಬಲ್ಲಾಡ; T. ವಲ್ಲಾಳ = K. ಬಲ್ಲಾಳ್). 2, the Ballâḷa country or dynasty. — ಬಲ್ಲಾಳವಟ್ಟಿ. = ಬಲ್ಲಳವಟ್ಟಿ. A Ballâḷa waistband or girth (ಸಜ್ಜನ, ಉಪರಕ್ಷಣ Nr.). — ಬಲ್ಲಾಳವಡ್ಡಿ. A Ballâḷa screen or tatty (Râm. 1, 13, 7; Bh. 1, 12, 11; 5, 11, 44). — ಬಲ್ಲಾಳ್ತನ. Great valour (ಕಾಣ್ಕೆ Ôt. II, 76; Abh. P. 10, after 220; 15, 45). — ಬಲ್ಲೆತ್ತು. -ಎತ್ತು. A large ox or bull (ಮಹೋಕ್ಷ, ಉಕ್ಷತರ Hlâ.; Bp. 56, 6). — ಬಲ್ಲೆಱೆಯ. -ಎಱೆಯ. A powerful lord. ಸಾರಲಿಂ! ಬಲ್ಲೆಱೆಯನ್ ಎನ್ದುದೆ ಮಾತು! (Śmd. 277). — ಬಲ್ವಡಿ. -ಪಡಿ. A strong door (V. 39, 8). — ಬಲ್ವಟ್ಟಿಕಾಱ. -ಬಟ್ಟಿಕಾಱ. (Śmd. 286; Kk. 99). A great thief. ಬಲ್ವಟ್ಟಿಕಾಱನ ಪೋಲ್ ಹಿಣ್ಡೊಡೆದೊನ್ದೆ ಪೋಯ್ತು (Śmd. 386). — ಬಲ್ವಲ. -ಬಲ. A great force (Abh. P. 9, 97). — ಬಲ್ವಳ. -ಬಳ. Great power (Ôpr. 1, 79; 5, 128). — ಬಲ್ಬಿಸಿ. -ಬಿಸಿ. Great heat (V. 9, 74). — ಬಲ್ವೊತ್ತರ. -ಬತ್ತರ. Great impetuousness or force (J. 26, 6). — ಬಲ್ಸರಿ. A heavy rain (Abh. P. 13, 76; Grj. 3, 61). — ಬಲ್ಸಿಡಿಲ್. A large thunderbolt (Śśv. 3, 61; 4, 4). — ಬಲ್ಸಿರ. Large heads (Abh. P. 3, 158). — ಬಲ್ಸೆಱೆ. = ಬಲ್ಬನ್ದಿ. (Abh. P. 5, 38). — ಬಲ್ಸೂಱೆ. A great pillage or ravage (ಪಱಿಮುಱಿ Śmd. I). — ಬಲ್ಸೋನೆ. A strong, continuous drizzle. ಮಾವಿನೊಳ್ ಮುಸಗುತಮಿರ್ಪ ಬಲ್ಸೋನೆಯ ಸೋನೆಗೆ ಕಾಂಚನಕೇತಕೀವನಪ್ರಸರದಲಂಗಳ್ ಬಲೆಗುಡೆ (Śmd. 83 Mdb. and another MS.).

ಬಲ bala. The right (not the left), the right side (ಅಪಸವ್ಯ, ದಕ್ಷಿಣ Hlâ., Mr. 486; ದಕ್ಷಿಣ Śm. 108; C.; T., M. ವಲ; Tē. ವಲಿ). ಶರೀರದ ಬಲಭಾಗವು (ಅಪಸವ್ಯ, ದಕ್ಷಿಣ); ಸಾರಿಗಳನು ಎಡ ಬಲ ಸ್ಥಾನಂಗಳಿಗೆ ಅಯ್ದಿಸುವುದು (ಪರಿಣಾಯ); ಬಲದ ಕೆಯ್ಯ ನೆಗಹಿ ಇಕ್ಕಲು ಪಟ್ಟನ್ತಹ ಯಜ್ಞಸೂತ್ರವು (ಉಪವೀತ); ಎಡದ ಕಾಲನುಡುಗಿ ಬಲದ ಕಾಲ ಮುನ್ದೆ ಇಕ್ಕುವುದು (ಆಲೀಢ), ಬಲದ ಕಾಲನುಡುಗಿ ಎಡದ ಕಾಲ ಮುನ್ದೆ ಇಕ್ಕುವುದು (ಪ್ರತ್ಯಾಲೀಢ Nr.). ಎಡಬಲ (Bh. 3, 18, 27; Râm. 1, 13, 4; Č. Bp. 5, 8). ಕೆಲ ಬಲ (Bh. 2, 4, 12; J. 30, 29). ಹೊಡಿಯುವವನ ಬಲಕ್ಕರ ಬೇಡ, ಅಯಿವವನ ಎಡಕ್ಕರ ಬೇಡ (Prv.). See Si. 205. 212. 288. 376; Bp. 24, 28. 42; 50, 27. 28; 55, 16. — ಬಲಕಡೆ. = ಬಲಗಡೆ. The right side (My.). ಮಯ್ಯ ಬಲಕಡೆ (ಅಪಸವ್ಯ Si. 376). — ಬಲಕಣ್ಣು. = ಬಲಗಣ್ಣು. The right eye (My.). — ಬಲಕೆಯ್. The right hand (My.). — ಬಲಗಟ್ಟು. -ಕಟ್ಟು. To cross one's path from left to right (C.). — ಬಲಗಡೆ. = ಬಲಕಡೆ. (My.; Si. 342). ಬಲಗಡೆಯ ಹೊಟ್ಟೆಯೊಳಗಿನ ಮಾಂಸಪಿಣ್ಡ (ಯಕೃತ್ G.). — ಬಲಗಣ್. -ಕಣ್. = ಬಲಕಣ್ಣು. (Bp. 18, 46). — ಬಲಗಣ್ಣು. = ಬಲಗಣ್. (My.; B. 4, 168). — ಬಲಗಾಲು. -ಕಾಲು. The right foot (B. 5, 161; My.). — ಬಲಗೆಯ್. -ಕೆಯ್. The right hand (Bp. 52, 41). 2, a superior caste of Hŏlĕyas (My.). ಬಲಗೆಯ್ಯವನು, a Hŏlĕya of that caste (My.). — ಬಲಗೊಳ್. -ಕೊಳ್. To circumambulate from left to right so that the right side is towards the person or object saluted. ನನ್ದಿಯಂ ಬಲಗೊಣ್ಡು ವನ್ದಿಸಿ (Bp. 2, 55). See Bp. 43, 21; 46, 55; 51, 79; 57, 50. — ಬಲಗೋಲು. -ಕೋಲು. The right, *i. e.* to the right, of the pole of a cart, as an ox (My.). — ಬಲತಾಯಿ. A step-mother (Dp. 32, 1; My.). *Cf.* ಮಲ-. — ಬಲದಂ. -ಅಂ3. (Śmd. 136). A man of the right. — ಬಲದೆಸೆ. The right direction or side (Bp. 53, 36). — ಬಲದೊಡೆ. -ತೊಡೆ. The right thigh (Bp. 13, 16; 55, 17; My.). — ಬಲದೋಳ್. -ಉ. -ತೋಳ್. The right arm (Bp. 28, 46; 37, 46; My.). — ಬಲನ್ದೊಡು. -ಂ-ತೊಡು. To put to, or wear on, the right side (*i. e.* over the left shoulder and under the right arm). ಜನ್ನವಿರಮಂ ಬಲನ್ದೊಡುವುದು (ಉಪವೀತ Hlâ.). — ಬಲಭಾಗ. The right part; the right side (ದಕ್ಷಿಣ Nn. 14; ಅಪಸವ್ಯ Si. 376. — ಬಲಮುರಿ. Turning or winding to the right; a place at which a river turns to the right; N. of places (My.). ಕನ್ನಮ್ಬಾಡಿಯಲ್ಲಿ ಕಮ್ಬಳೀ ಕಿತ್ತು ಕೊಣ್ಡರೆ ಬಲಮುರಿಯಲ್ಲಿ ಹಲ್ಲು ಮುಱೀ ಕಚ್ಚಿ ಕೊಣ್ಡ (Prv.). — ಬಲಮುರಿಶಂಖ. A conch that winds to the right (My.). — ಬಲಮ್ಮುರಿ. -ಂ-ಮುರಿ. To turn or wind to the right, as a river, etc. (Bp. 32, 36). — ಬಲವಂಕ. -ವಂಕ. The right side (My.). — ಬಲವರ್. -ಬರ್. To come to the right side: to move round a person or an object, or circumambulate them, with the right side turned towards them. ಅಲರ ಪೊಸಗಪ್ಪಿನ್ದೆ ಮುಗೆ ಅಲವಿಪ್ಪಿನಗ್ಗಲಿಸಿ ನೀನೆ ರಕ್ಷಿಪುದೆನುತಂ ಬಲವನ್ದು ಎಱಗುವ ತೆಱದಿಂ ಬಲವನ್ದು ಎಱಗಿಮುದು ತುಮ್ಬಿಗಳ್ ಪಾದರಿಯೊಳ್ (Ôpr. 7, 55). See Śmd. 24. 75; Ôpr. 7, 56; Abh. P. 14, after 105; Grj. 3, 72; Rśv. 2, 38; J. 18, 62; ಎಡವಲವರ್. — ಬಲವಾಗು. -ಆಗು. To become to the right side: to cross one's path from left to right (My.). — ಬಲವಯ್ದಿಸು. -ಅಯ್ದಿಸು. To cause to go or turn to the right (Bp. 32, 27).

ಬಲ bala. 1. = ಭಲ. See ಚಾಂಗು-.

ಬಲ bala. 2. = ಬಳ, ವಲ. (One of the *tatsamas* Śmd. 384; Kk. 95; Śm. 77). *Power, strength, might, vigour;* force, virtue in things or persons (ಶಕ್ತಿ Nn. 14; Mr. 503). 2, force, violence, rigour, severity;—daring, rashness, etc. (ಸಾಹಸ Śm. 108). 3, help, means, influence (ಸಹಾಯ 14). 4, *massiveness, bulkiness* (ದೊಡ್ಡಿತು, ಸ್ಥೂಲ 14). 5, *forces, troops, a host, an army* (ಸೈನ್ಯ 14; ವಾಹಿನಿ Śm. 108; ದಳ, ಸೇನೆ Nn. 9; see ಪಡೆ 5 and ಮೊಗ್ಗರ). 6, body, form, figure, shape (ರೂಪು 14). 7, *semen virile* (ಇನ್ದ್ರಿಯ 14; 503). 8, *a crow* (ವಾಯಸ, ಕಾಗೆ 14; ಕಾಗೆ 503). 9, *Balarâma*, the elder brother of Krishṇa, also called Baladêva, Balabhadra, etc. (ಅಸಿತಾಮ್ಬರ, ಬಲಭದ್ರ 14; ಮುಸಲಿ 503). 10, N. of a demon (ದನುಜ, ರಾಕ್ಷಸಭೇದ 14; ರಕ್ಕಸ 503). 11, N. of an author (Nn. 8). 12, the sky (ವಿಹಾಯಸ, ಆಕಾಶ 14). 13, water (ವಾರಿ, ಉದಕ 14; ನೀರ್ 503). 14, black (ಅಸಿತ, ಕಪ್ಪು 14). 15, an oblation (ಆಹುತಿ, ಹುತಾಹುತಿ 14; ಆಹುತಿ 503). ಬಲದಲ್ಲಿ ವಾಲಿ ಮೇಲು, ಛಲದಲ್ಲಿ ರಾಮ ಮೇಲು.—ಬಲವಿದ್ದದ್ದು ಲಯವಾದ ಮೇಲೆ ಭಯ ಪಡುವದೇ ಸರಿ.—ಬಲವಿದ್ದರೂ ಕುಲಾ ನೋಡ ಬೇಕು.—ಬಲವಿದ್ದರೆ ನೆಲ.—ಬಲವಿದ್ದಷ್ಟೇ ಹೊತ್ತರೆ ನೆಲಕ್ಕೆ

ಯಾಕೆ ಬೀಡುವನು?— ಪಟ್ಟಣಕ್ಕೆ ಅರಸು ಬಲ, ಕಟ್ಟಣಕ್ಕೆ ಕಲ್ಲು ಬಲ (Prvs.). — ಬಲಗುನ್ದು. Strength to decrease; to decrease in strength (My.; B. 4, 184). — ಬಲಗೊಳ್. -ಕೊಳ್. ಬಲಗೊಳ್ಳು. To get strength, to become strong (Bp. 2, 55; My.). — ಬಲಗೊಳಿಸು. To strengthen (My.). — ಬಲಂಗಿಡು. -ಂ-ಕಿಡು. Strength to be destroyed or lost; to lose strength (Grj. 9, after 58). — ಬಲಂಗೆಯ್ಯು. To make effort (Ŏpr. 9, after 92). — ಬಲ ಪಡಿಸು. To strengthen (My.; ಬಲಿಸು G.). — ಬಲರಕ್ಕಸಿ. = ಬಲರಾಕ್ಷಸಿ No. 1. (St. & Pl.). 2, a kind of eatable Arum (My.; see ಮರಸಣಿ, ಮರಸಣಿಗೆ). — ಬಲವಟ್. -ಅಟ್. = ಬಲಂಗಿಡು. (Ŏpr. 2, 42).

ಬಲಕರ bala-kara. Strengthening. (My.).

ಬಲಕಾಯಿಸು balakâyisu. = ಬಲಗಾಯಿಸು. To strengthen; to increase (v. t., My.; H. ಬಲ್ಕಾಯಿಸು); to grow strong (My.).

ಬಲಕ್ಷ balaksha. = ವಲಕ್ಷ.

ಬಲಗಾಯಿಸು balagâyisu. = ಬಲಕಾಯಿಸು. (My.).

ಬಲಗಾಱ bala-gâṟa. A strong, powerful man; a rich man (My.).

ಬಲಜ bala-ja. = ವಲಜ. *A city-gate.* 2, *a field.* 3, a pretty figure.

ಬಲಜೆ bala-jĕ. = ವಲಜೆ. *A pretty or handsome woman.*

ಬಲದೇವ bala-dêva. *The elder brother of Kṛishṇa.* 2, N. (Bp. 8, 86; 9, 48).

ಬಲಬಲಿಕೆ balabalikĕ. Suffering, distress, trouble (ಪಾಡು Šm. 93; Tĕ. ವಲ್ಲನ್ತೆ; Mhr. ಬಲಬಲ, disorder, confusion; Mhr., H. ಬಲಾಯ, misfortune).

ಬಲಭದ್ರ bala-bhadra. A strong, robust man. 2, *the elder brother of Kṛishṇa* (ಬಲ, ಅಸಿತಾಮ್ಬರ Nn. 14; Šmd. 251). 3, N. See ಪೌರಾಣಿಕರ-.

ಬಲಭದ್ರಿಕೆ bala-bhadrikĕ. *A species of medicinal plant.*

ಬಲಭಿದ್ bala-bhid. The slayer of the demon Bala: Indra. (My.).

ಬಲಭೇದಿ bala-bhêdi. = ಬಲಭಿದ್. (My.).

ಬಲಯುಕ್ತ bala-yukta. Endowed with strength or power (My.).

ಬಲಯುತ bala-yuta. = ಬಲಯುಕ್ತ. (J. 2, 13). 2, being together with Bala (2, 13).

ಬಲರಾಕ್ಷಸಿ bala-râkshasi. = ಬಲರಕ್ಕಸಿ, ಬಲಾರಾಕ್ಷಸಿ. An undershrub, Pavonia odorata Willd. (St. & Pl.). 2, = ಬಲರಕ್ಕಸಿ No. 2. (My.; Tĕ. ಬಲುರಕ್ಕಸ, Arum macrorhizon). — ಬಲರಾಕ್ಷಸಿಗಡ್ಡೆ. A kind of perfume (ರಾಕ್ಷಸಿ, ಚಣ್ಡೆ, etc., ಕರೀಕಠೋರ Si. 154).

ಬಲರಾಮ bala-râma. = ಬಲಭದ್ರ No. 2. (Mr. 19); N. — ಬಲರಾಮಪಣ್ಡಿತ. N. (Bp. 56, 27).

ಬಲವತ್ bala-vat. *Possessing power, mighty, strong; stout, lusty;* — vehement, violent; — dense, thick. 2, *in a high degree, much, very, well.*

ಬಲವತಿ bala-vati. A powerful, strong woman. (My.).

ಬಲವನ್ತ bala-vanta. (Tbh. of ಬಲವತ್). = ಬಳವನ್ತ. Strong (Râghĕ. 17, 78); a powerful, mighty, influential man; a stout or lusty man (ಸ್ಥೂಲಂ, ಬಹುಲಂ, ಪೀವರಂ, ದೊಡ್ಡಿತಪ್ಪಂ Mr. 232; see ಅಂಸಳ; Bp. 18, 36; 10, 32; My.); a rich man (My.). ಸುತ್ತಲೂ ಇರುವ ಅರಸುಗಳಲ್ಲಿ ಬಲವನ್ತನು (ಅಧೀಶ್ವರ Si. 256). ಬುದ್ಧಿವಂತನೇ ಬಲವನ್ತನು.—ನೆಲ ಬಲವನ್ತನಿಗೆ, ಕುಲ ನೇಮವನ್ತನಿಗೆ (Prvs.). 2, force, rigour, violence (My.). ಬಾಡಿಗೆಯವನ ಮನೆಯ ಬಲವನ್ತವೇನು? (why should one use force in order to live in etc.? Dp. 148). — ಬಲವನ್ತ ಮಾಡುವಿಕೆ. Doing (anything) by force, acting with violence, etc. (ಪ್ರಸಭ, ಬಲಾತ್ಕಾರ Si. 295).

ಬಲವನ್ತಿಕೆ balavantikĕ. = ಬಲವನ್ತ No. 2. (My.).

ಬಲವರ್ಧನ bala-vardhana. Increasing power, strengthening. (My.).

ಬಲವಲ balavala. = ಬಲೋಲಿ, ಬೆಳಲ q. v., etc. (Z.).

ಬಲವಿನ್ಯಾಸ bala-vinyâsa. *Array of troops.*

ಬಲವಿರೋಧಿ bala-virôdhi. Indra (Šmd. 200).

ಬಲವು bal-a-vu. (Šmd. 247). = ಬಲುಹು.

ಬಲವೈರಿ bala-vairi. Indra (ಪಲಗಜ್ಞ, ಇನ್ದ್ರ, etc. Kk. 10*b*; Šmd. 251).

ಬಲಶಾಲಿ bala-šâli. Possessing strength, strong, vigorous. (My.).

ಬಲಶಾಸನ bala-šâsana. Indra (My.).

ಬಲಸೂದನ bala-sûdana. *Indra.*

ಬಲಸೋದರ bala-sôdara. Kṛishṇa (My.).

ಬಲಹರಿ bala-hari. N. — ಬಲಹರಿದೇವಯ್ಯ. N. (Bp. 58, 9).

ಬಲಹೀನ bala-hîna. Destitute of strength, weak, infirm. (My.; B. 5, 115).

ಬಲಹೀನತೆ bala-hînatĕ. = ಬಲಹೀನತ್ವ. (My.).

ಬಲಹೀನತ್ವ bala-hînatva. Weakness, prostration of strength, infirmity. (My.).

ಬಲಾಕ balâka. = ಬಲಾಕೆ. (ಬಿಸಕಣ್ಠ, ಬೆಳ್ಳಕ್ಕಿ Mr. 172).

ಬಲಾಕೆ balâkĕ. *A kind of crane* (ಬೆಳ್ಳಕ್ಕಿ Hlâ.).

ಬಲಾಢ್ಯ bala-âḍhya. Abounding in strength or power, strong, etc. (ಬಲಾನ್ವಿತ, ಶಕ್ತ Nn. 60; Šmd. 251; My.; B. 4, 144. 228).

ಬಲಾತ್ balât. By force, with violence.

ಬಲಾತ್ಕರಿಸು balât-karisu. = ಬಲುಕರಿಸು. To do (any thing) by force, to act with violence, to use or employ force; to constrain or compel (My.). ರೈತರ ಮೇಲೆ ಬಲಾತ್ಕರಿಸುವ ಅಧಿಕಾರವು (B. 5, 8).

ಬಲಾತ್ಕಾರ balât-kâra. *Doing anything by force, force, violence* (ಬಲವನ್ತ ಮಾಡುವಿಕೆ Si. 295; B. 5, 2. 84). ಬಲಾತ್ಕಾರದಿನ್ದ ತನ್ದ ನಾಯಿ ಮೊಲನ ಹಿಡಿದೀತೇ?—ಬಲಾತ್ಕಾರವಿದ್ದರೂ ಚಮತ್ಕಾರವಿರ ಬೇಕು (Prvs.). — ಬಲಾತ್ಕಾರ ಮಾಡು. = ಬಲಾತ್ಕರಿಸು. (My.).

ಬಲಾಧ್ಯಕ್ಷ bala-adhyaksha. A general. 2, an ox or bull (ಎತ್ತು Mr. 178).

ಬಲಾನ್ವಿತ bala-anvita. Possessed of power, powerful, strong (ಶಕ್ತ, ಬಲಾಢ್ಯ Nn. 60).

ಬಲಾಬಲ bala-abala. Strength and weakness, comparative strength and want of strength, relative importance and insignificance. (My.).

ಬಲಾರಾಕ್ಷಸಿ balâ-râkshasi. = ಬಲರಾಕ್ಷಸಿ No. 2. (My.).

ಬಲಾರಾತಿ bala-arâti. = ವಲಾರಾತಿ. Indra. (My.).

ಬಲಾರಿ bala-ari. Indra. 2, N. of a female demon (Šâstrasâra in W. v. 1259).

ಬಲಾಹಕ balâhaka. *A cloud.*

ಬಲಿ bali. 1. (= ಬಲ್ 1). To increase, to grow, to become larger; to become abundant; to grow strong; to become big or stout; to become tight, firm, or hard; to become full grown (ವರ್ಧನ Šm. 108; My.; T. ವಲಿ, ವಲು; M. ವಲ್ಲು; Tĕ. ಬಲಿ, ಬಲುಸು; cf. ಬಳೆ 1). P. ps. ಬಲಿದು (Bp. 1, 38; etc., etc.), ಬಲಿತು (My.). ಫಲವಾಗಿ ಬಲಿಯಲೊಡನೆ ತಾವೆ ಕೆಡುವ ಧಾನ್ಯಂಗಳು ಓಷಧಿಗಳೆನಿಸುಗು (Nr.). ಬಲಿತಿರುವಿಕೆ (ಸಾರ, ಮಜ್ಜ, ಗಟ್ಟಿಯಾಗಿರುವಿಕೆ Sl. 122; ಬಲ, ಸ್ಥೌಲ್ಯ 455). ಸ್ವಲ್ಪ ಬಲಿತ ಮುಗ್ಗು (ಕಲಿಕೆ, etc., ಕಾಯಿಗೆ ಬನ್ದ ಮುಗ್ಗು 123). ಬಲಿತವನು (ಬಲವತ್, ಮಾಂಸಲ 196). ಬಲಿತದು (ಪೀನ, ಸ್ಥೂಲ, ಪೀವರ, etc. 370). ಹೆಚ್ಚಾಗಿ ಬಲಿತದು (ಸ್ಥವಿಷ್ಠ 384). ಬಲಿತು ತೋರವಾಗಿರುವವನು (ಸ್ಥೂಲ 417). ಬಲಿತು ದೊಪ್ಪವಾದವನು (ಸ್ಥೂಲ 457). ಬಲಿದ ಕತ್ತಲೆ (ಅನ್ಧತಮಸ Mr. 67). ಬಲಿದ ಮಡಲ್ (ಅವರೋಹ, ಲತೋದ್ಗಮ 106). ತನೆ ಬಲಿಯೆ ಪಲಿಕ್ಕಿಯಕ್ಕು (180). ಬಳಗಿನ ಚಿಪ್ಪು ಬಲಿಯುವದಕ್ಕೆ ಮುಂಚೆ ಆಕ್ರೋಡದ ಕಾಯಿಗಳನ್ನು ಉಪ್ಪಿನ ಕಾಯಿ ಹಾಕುತ್ತಾರೆ (B. 3, 114). ಹತ್ತಿಯ ಕಾಯಿಗಳು ಬಲಿತು ಹಣ್ಣಾಗಲಿಕ್ಕೆ ಹೆಚ್ಚು ಕಡಿಮೆ ಎರಡು ತಿಂಗಳು ಬೇಕಾಗುತ್ತದೆ (4, 27). See Bp. 1, 8; 3, 1. 4; 12, 37; 15, 28; 18, 55. 66; 20, 25; 24, 58; 27, 57; 39, 46; 42, 31; 44, 13. 46; 47, 23; 50, 67; 55, 10; 57, 47; Râm. 1, 13, 2; Bh. 1, 8, 18. 2, to increase (v. t.); to make strong; to fix firmly; to clench; to fasten (My.). ಪುದಿದ ಅಂಗಮಂ ಬಲಿದಿಹ ಅನಿಲಂ (ಕೂರ್ಮ Mr. 51). ಬಲಿದು ಹಿಡಿಗೆಯ್ದ ಕೆಯ್ (ಮುಷ್ಟಿ 323). See Abh. P. 10, 186; Bp. 21, 29; Bh. 1, 10, 33; 6, 4, 140; J. 8, 3; 9, 17; 13, 42; 14, 3; 31, 33.

ಬಲಿ bali. 2. = ಬಟ್ 1, No. 2. See ಸುಡು-, ಸೊಡ-.

ಬಲಿ bali. 3. = ಬಟ್ 2. See ಅಟ್ಟುವಪ್ಪಲಿ, ಬಟಿವಲಿ, ಬಟುವಲಿ.

ಬಲಿ bali. *Tax, impost, tribute, royal revenue* (ಕರ Nn. 19; ಪ್ರಕೃತಿ 16). 2, *an oblation or religious offering, any oblation or act of worship not being a real sacrifice* (ಅರ್ಚೆ, ಸಪರ್ಯೆ, ಉಪಹಾರ, ಪೂಜೆ Mr. 28; ಉಪಹಾರ Šm. 108). 3, *the offering of a portion of the daily meal of ghee, boiled rice, etc. to all creatures of every description, i. e. to gods* (especially to the gṛihadêvatâs or household spirits), *semi-divine beings, men, animals, trees, etc., and inanimate objects,* performed by throwing up into the air, generally at the door of the house, the remains of the morning and evening meal, uttering at the same time a mantra to some of the inferior deities, to the guhyakas, etc., or to the spirits of trees, waters, etc., the real consumers of the offering being the birds, dogs, insects, etc. in the neighbourhood of the house;—a daily offering of boiled rice to the viśvadêvas before the afternoon-meal to be consumed by dogs (My.);—any religious offering (not real sacrifice) presented on the occasion of a change of the moon (ಪರ್ವಗಳ್, ನಾನಾ ಬಲಿಗಳ ಕೊಡುವುದು 16). 4, an offering to demons (especially also Durgâ or Kâlî), etc., performed by putting heaps of boiled rice, or by killing sheep, buffaloes, etc., and also men (My.; see ಅಸುರ-, ಎಡೆವಲಿ, ದಿಗ್ಬಲಿ, ನರ-, ಪ್ರೇತ-, ಭೂತ-; J. 31, 55). 5, boiled rice (ಅನ್ನ, ಓದನ, etc. Mr. 214). 6, *N. of a daitya, son of Virôčana,* who by Vishṇu (as vâmana) was tricked out of heaven and earth which belonged to his dominions, when Vishṇu, in consideration of his virtues, left pâtâla still in his dominion (ಬಲೀನ್ದ್ರ 16; Šmd. 251; Bp. 54, 38; 57, 23; J. 29, 1. 14). 7, powerful, strong; *a soldier;*—a general (ಚಮೂಪ, ಸೇನಾಪತಿ 16). 8, a virtuous man (ಸುಜನ, ಸಜ್ಜನ 16). 9, power, virtue (ಬಲ, ಶಕ್ತಿ 16). 10, good report, fame (ಕೀರ್ತಿ 16). 11, a festival, etc. (ಉತ್ಸವ, ಉತ್ಸಹ 16). 12, a washerman (ರಜಕ, ಅಗಸ 16). 13, a crow (ವಾಯಸ, ಕಾಗೆ 16; ಕಾಗೆ Mr. 476). 14, sulphur (ಗನ್ಧಕ 16). 15, = ವಲಿ 1, No. 2, q. v. — ಬಲಿ ಇಕ್ಕು. = ಬಲಿ ಕೊಡು. ಹರಸಿ ಬಲಿಗಳನಿಕ್ಕದರೆ ಗೋಚರಿಸದೇ ರಣವಿಜಯನಿಧಿ? (Bh. 10, 6, 3). — ಬಲಿ ಕೊಡು. = ಬಲಿಗೊಡು, q. v. To present a bali. ಬಲಿ ಕೊಡದವ ಪಲಕ್ಕೆ ಬನ್ದಾನೇ? (Prv.). ಬಲಿ ಕೊಡೋಣ (ಶಾಮಿತ್ರ G.). — ಬಲಿಗಟ್ಟು. -ಕಟ್ಟು. To make a bali (of somebody, Rśv. 11, 165; V. 14, 38). — ಬಲಿಗಮ್ಬ. -ಕಮ್ಬ. A post to which the victims are tied that are offered to a demon (My.). — ಬಲಿಗಲ್ಲು. -ಕಲ್ಲು. A stone on which a victim's blood is shed, its flesh (or parts of it) is put, and oblations of rice, flowers, etc. are deposited (My.). — ಬಲಿಗೆದಱು. -ಕೆದಱು. To throw any balis about (Rśv. 14, after 5). — ಬಲಿಗೊಡು. -ಕೊಡು. = ಬಲಿ ಕೊಡು (J. 5, 72, q. v.). — ಬಲಿಗೊಳ್. -ಕೊಳ್. To take as a gift or oblation (Rśv. 8, 101; Šśv. 4, 6). — ಬಲಿ ತಿನ್ನು. To eat a bali. ಬಲಿ ತಿಮ್ಬುವವನ ಕೂಡೆ ಕುಲಾ ಕೇಳೋದೇನು? (Prv.). — ಬಲಿ ಹಾಕಿಸು. To cause to offer any balis (especially bloody ones, buffaloes, sheep, etc. to bhûtas, Mârî, Durgâ, etc., My.). 2, to cause to dispossess or eject evil spirits by means of mantras and the offering of a fowl (My.). — ಬಲಿ ಹಾಕು. To offer as a victim or immolate, as a buffalo, a sheep, a goat, a fowl, etc., to evil spirits (My.); to offer boiled rice to them (My.). 2, to dispossess or eject evil spirits by means of mantras and the offering of a fowl (My.). ಬಲಿ ಹಾಕುವದಕ್ಕೆ ಬಕ್ಷೀಸಾಹೇಬರ ಅಪ್ಪಣೆ ಬೇಕೇ? (Prv.).

ಬಲಿಚಕ್ರವರ್ತಿ bali-čakravarti. = ಬಲಿ No. 6. (My.).

ಬಲಿದಾನ bali-dâna. Oblation of a bali. ಬಲಿದಾನ ಕೊಟ್ಟರೂ ಸಮಾಧಾನ ಬೇಕು (Prv.).

ಬಲಿಧ್ವಂಸಿ bali-dhvamsi. *Vishṇu.*

ಬಲಿನ balina. = ವಲಿನ. (ಮೆಯ್ ಮೇಲೆ ನೀಱಿಗೆಗಟ್ಟಿದವನು G.).

ಬಲಿನಿಕೇತನ bali-nikêtana. Bali's habitation: pâtâla (Mr. 392; see ಬಲಿ No. 6).

ಬಲಿಪಾಡ್ಯ bali-pâḍya. A yearly feast on kârtikaśukla-pâḍya in memory of Vishṇu's humbling Bali (My.).

ಬಲಿಪೀಠ bali-pîṭha. A structure of stone (altar) for putting boiled rice, fruits, flowers, and oblations of water upon, as a secondary pûjâ; there is either one such pîṭha in front of a temple or there are eight round about it (My.).

ಬಲಿಪುಷ್ಟ bali-pushṭa. Nourished by balis: *a crow.*

ಬಲಿಪ್ರದಾನ bali-pradâna. The act of putting the offerings on the balipîṭha or the balipîṭhas (My.).

ಬಲಿಬನ್ಧಾಕ್ಷಿ bali-bandha-akshi. The bitter apple, Cucumis colocynthis (ವಾರುಣಿ, ಹಾವುಮೆಕ್ಕೆ Mr. 146).

ಬಲಿಬರ್ದ balibarda. = ಬಲಿವರ್ದ. (Čpr. 2, after 24).

ಬಲಿಭುಜ್ bali-bhuj. ಬಲಿಭುಕ್. Devouring balis: *a crow* (ಕಾಗೆ Nn. 97).

ಬಲಿಮುದ್ರೆ bali-mudrĕ. A seal or mark applied to the body of the victim of a bali. ಬಲಿಮುದ್ರೆ ಕೊಟ್ಟರೂ ಸುಲಿಗೆ ತಪ್ಪಲಿಲ್ಲ (Prv.).

ಬಲಿಯಿಸು baliyisu. = ಬಲಿಸು. To make firm, to fasten (Abh. P. 14, 180).

ಬಲಿವರ್ದ balivarda. = ಬಲಿಬರ್ದ, ಬಲೀವರ್ದ. (ಮುರಿ Šm. 105).

ಬಲಿಶಿಕ್ಷಕ bali-śikshaka. Vishṇu (My.).

ಬಲಿಷ್ಠ balishṭha. (fr. ಬಲಿನ್). Most powerful, strongest, very strong or powerful. (My.; Bp. 30, 4; 44, 16; B. 4, 12; 5, 12. 180).

ಬಲಿಸದ್ಮ bali-sadma. *The abode of Bali: pâtâla* (see ಬಲಿ No. 6).

ಬಲಿಸು balisu. = ಬಲಿಯಿಸು. To make strong or firm (ಬಲ ಪಡಿಸು G.); to increase (v. t., J. 6, 87); to clinch; to fix firmly, to fasten, to tie, to tighten (Bh. 6, 4, 140; My.); to plant, as a garden (B. 3, 63); to found, as a town (B. 5, 195).

ಬಲಿಹ baliha. Making firm, clinching, etc. ಮುಷ್ಟಿಯ ಬಲಿಹ (ಮುಷ್ಟಿಬನ್ಧ, ಸಂಗ್ರಾಹ Nr.).

ಬಲಿಹರ bali-hara. Vishṇu (Mr. 18).

ಬಲೀನ್ದ್ರ bali-indra. = ಬಲಿ No. 6. (ಬಲಿ Nn. 16).

ಬಲೀನ್ದ್ರಪೂಜೆ balîndra-pûjĕ. Worship of Bali in the form of a ball of cow-dung ornamented with flowers, on the balipâḍya (My.).

ಬಲೀಮುಖ balî-mukha. = ವಲೀಮುಖ. Wrinkled-faced: *a monkey* (ಕೋಡಗ Mr. 161).

ಬಲೀವರ್ದ balîvarda. = ಬಲಿವರ್ದ. *A bull or ox.*

ಬಲು balu. = ಬಲ್ 2. Strength, etc. — ಬಲು ಕೆಟ್ಟದು. That which is very bad (My.; B. 4, 154). — ಬಲುಕೋರ ದಾಡೆ. Huge, sharp tusks (Č. Bp. 47, 14). — ಬಲುಗಡಲ್. -ಕಡಲ್. A great ocean (Bh. 5, 11, 40). — ಬಲುಗತ್ತಲೆ. -ಕತ್ತಲೆ. = ಬಲ್ಗತ್ತಲೆ. Thick or dense darkness (Bp. 16, 23; Bh. 1, 8, 93; 1, 16, 15; J. 4, 12). — ಬಲುಗತ್ತಿ. -ಕತ್ತಿ. = ಬಲ್ಗತ್ತಿ. A large knife (Bp. 25, 25). — ಬಲುಗಬ್ಬ. Great pride (ಗರ್ವ Čt. I, 26). — ಬಲುಗರ. -ಕರ. 1. A powerful hand or ray (Bp. 44, 45; 50, 24). — ಬಲುಗರ. 2. Much or strong poison (J. 18, 51). — ಬಲುಗರ್ವ. = ಬಲುಗಬ್ಬ. (My.). — ಬಲುಗಲಹ. -ಕಲಹ. A great battle (Râm. 6, 50, 21). — ಬಲುಗಳವೆಗೂಳು. -ಕಳವೆ-ಕೂಳು. Much boiled rice of the kaḷavĕ kind (Râm. 6, 55, 15). — ಬಲುಗಾಯ. A severe wound (My.). — ಬಲುಗುತ್ತ. -ಕುತ್ತ. A severe illness (Bp. 15, 19). — ಬಲುಗುದ್ದು. A severe blow with the fist (Râm. 6, 88, 12). — ಬಲುಗೆಯ್ದು. -ಕೆಯ್ದು. A large weapon (Bh. 3, 6, 28). — ಬಲುಗೆಯ್ಬಲ್ಲ. -ಕೆಯ್-. A warrior with a powerful hand, one of great strength (Bh. 2, 2, 77). — ಬಲುಗೆರಹುಗಾಲ್. -ಕೆರಹು-ಕಾಲ್. A foot with large shoes (Bp. 18, 22). — ಬಲುಗೆಲಸ. -ಕೆಲಸ. Much work (My.). — ಬಲುಗೆಲಸಿ. -ಕೆಲಸಿ. An assiduous or laborious person (ಕರ್ಮಣಿ, ಕರ್ಮಶೂರ Mr. 236). — ಬಲುಗೋಡೆಗನ್ನ. -ಕನ್ನ. A hole (made by burglars) in a thick wall (Bp. 31, 5). — ಬಲುಗೋಪ. -ಕೋಪ. Great anger (ಕಾಯ್ಪು Čt. I, 12). — ಬಲುಚೋದ್ಯ. Great astonishment or wonder (ಕಂಗು Čt. I, 73). — ಬಲುಜಾಣ. A very knowing or clever man (B. 4, 30). — ಬಲುತನ್ತ್ರ. Severe cursing (ತನ್ತು, ಪರಿಗ್ರಹ Mr. 530); excessive trickery. — ಬಲುದಗರ್. -ತಗರ್. A large ram (Grj. 6, 59). — ಬಲುದರ್ಪ. Great pride (Bp. 32, 33). — ಬಲುದಸಿ. = ಬಲ್ದಸಿ. A large pointed stake (Bp. 16, 11). — ಬಲುದುತ್ತು. -ತುತ್ತು. A large mouthful of food (Bh. 1, 10, 33). — ಬಲುದೆಪ್ಪ. -ತೆಪ್ಪ. A large or firm raft (Bp. 60, 46). — ಬಲುದೈನ್ಯ. Great humbleness (B. 4, 90). — ಬಲುಧನ. Great riches (Dp. 1). — ಬಲುಧನಿಕ. A very opulent man (Bp. 22, 54). — ಬಲುನಿಯೋಗ. An important business or office (Bp. 5, 4). — ಬಲುನುಡಿ. A severe, harsh word (ನಿಷ್ಠುರ Mr. 84). — ಬಲುಪಾಪ. Great, or much, sin (Bh. 1, 8, 67). — ಬಲು ಬಲು. rep. A very great quantity, very much or many (My.). — ಬಲುಬಲೆ. A large or strong net. ಮೋಹ ಮೆಮ್ಬ ಬಲುಬಲೆ (Jmt. 24). — ಬಲುಬಿದ್ದು. A great banquet (Bh. 4, 2, 58). — ಬಲುಬೊಬ್ಬೆ. A loud bellowing, etc. (Bh. 6, 2, 4). — ಬಲುಭಟ. A strong warrior (J. 4, 18). — ಬಲುಭಾರ. = ಬಲ್ಭಾರ. Excessive weight, a heavy burden (ಭಾರಣೆ Bhn. 51). — ಬಲುಮದ್ದುಗಾತಿ. A great female poisoner (Bp. 40, 56). — ಬಲುಮುನಿಸು. = ಬಲುಗೋಪ. (Bp. 47, 47). — ಬಲುಮೆಳೆ. A large clump of trees (Bh. 6, 4, 108). — ಬಲುಯೋಚನೆ. Deep thought (My.); great sorrow (My.). — ಬಲುವಿಡಿ. -ಹಿಡಿ. 1. To seize or lay hold of with one's whole mind (Râm. 3, 7, 22). — ಬಲುವಿಡಿ. -ಹಿಡಿ. 2. Firm seizure, fast hold (Bh. 8, 27, 27). — ಬಲುಸನ್ತೋಷ. Much pleasure (B. 4, 18). — ಬಲುಸಜಿ. Great stickiness (Râm. 6, 49, 35). — ಬಲುಸಾಹಸ. Great boldness, etc. (Bh. 3, 18, 17). — ಬಲುಸೂತ್ರ. A firm, or stout, cord (Bp. 49, 44). — ಬಲುಹಾನಿ. A serious damage, loss or calamity (My.). — ಬಲುಹುರಿ. Many twists (Bh. 1, 10, 27). — ಬಲುಹೊದಱ್. A thick bush (Bh. 1, 20, 60). — ಬಲುಹೋರಿ. A large bull or ox (Bp. 56, 28).

ಬಲುಕರಿಸು balukarisu. = ಬಲಾತ್ಕರಿಸು. (Bp. 28, 11; 38, 24; 40, 50).

ಬಲುಮೆ balumĕ. = ಬಲ್ಮೆ. Strength, power;—force, violence, rigour (My.; Tĕ. ಬಲಿಮಿ). ನಮ್ಮ ಮೇಲೆಯೇ ಇಷ್ಟು ಬಲುಮೆ ಮಾಡಲಿಕ್ಕೆ ನಾವೇನು ಅನ್ಯಾಯ್ಯ ಅತನಿಗೆ ಮಾಡಿದ್ದೇವು? (B. 2, 45). See Bp. 51, 72; 52, 32; 58, 30; 61, 77.

ಬಲುಹು baluhu. = ಬಲವು, ಬಲ್ಪು, ಬಲ್ಕು. Increase;—strength, power, vigour, ability; firmness; influence, importance (ಪ್ರಾಣ, ಸ್ಥಾಮನ್, ಬಲ, ದ್ಯುಮ್ನ, ಓಜಸ್, ಶುಷ್ಮನ್, ತರಸ್, ಸಹಸ್ Hlâ.; ಸತ್ವ Nr.; ಅಕ್ಷ, ಬಲ್ಪು Nn. 37; My.);—force, violence, compulsion (ಹಠ, ಪ್ರಸಭ Hlâ.; ಹಠ, ಪ್ರಸರ Mr. 461 in three MSS., one MS. ಬಲ್ಪು). ದೇಹದ ಬಲುಹು (ಬಲ, ವೀರ್ಯ); ಬುದ್ಧಿಯ ಬಲುಹು (ಧೀಶಕ್ತಿ, ನಿಶ್ಚಯ); ಬಲುಹಾಗಿ ಕಟ್ಟುಹ (ಗ್ರಹ Nr.). ತಿವಿದರು ತೋಳ ಬಲುಹಿನಲಿ (Bh. 1, 10, 37). ಮನದ ಬಲುಹಂ ನೋಡಿದಪೆಂ (Bp. 19, 85). See Bp. 19, 26; 21, 47; 26, 25; 40, 45. 46; 50, 25; 51, 81; 58, 37; 59, 13; Abhâ. 1, 35; Râm. 3, 8, 69; Dp. 148, 1; ಅತಿ-.

ಬಲೆ balĕ. A net (ಆನಾಯ, ಜಾಲ, ಕುವೇಣಿ, ಮತ್ಸ್ಯಬನ್ಧನಿ Hlâ., Nr., Mr. 376; Sî. 86; ಜಾಲ Nn. 34. 47; My.; M., Tĕ. ವಲೆ; T. ವಲೈ). ಮೃಗಗಳ ಹಿಡಿವ ಬಲೆ (ವಾಗುರ Nr.; Sî. 348). ಕಾನನದಿ ಬೀಸಿದ ಬಲೆ (Bh. 1, 8, 53). ಭೂಪತಿಳಕ ಸಿಲುಕಿದನ್ ಅವದಿರೊಡ್ಡಿದ ಬಲೆಗೆ (2, 13, 45). ಬಲೆಗೆ ಸಿಕ್ಕದ್ದು ಕೋಲಿಗೆ ಸಿಕ್ಕೀತೇ?—ಬಲೆ ನೇಯ್ದು ಮರಕಾಲ ಬಟ್ಟೆ ನೇಯ್ದಾನೇ?—ಬಲೆಗೆ ಸಿಕ್ಕಿದ ಪಕ್ಷಿ, ಬಲೆಗೆ ಸಿಕ್ಕಿದ ಇಲಿವೆ (Prvs.). See Bp. 27, 20. 23. 24; 54, 29; Bh. 3, 13, 19; Šsv. 3, 49; J. 28, 47; 30, 15; ಇಡುವಲೆ, ಕಣ್ಣವಲೆ, ಕಣ್ಣೆ-, ಕಾರ್ಬಲೆ, ಗುಣ್ಣುವಲೆ, ಗೋರಿ-, ತಡೆ-, ತೊಡಕು-, ದಣ್ಣೆ-, ದುಣ್ಣು-, ಪಾಸು-, ಬಲುಬಲೆ, ಬಳ್ಳಿವಲೆ, ಬಿರ್ಸು-, ಬೀಸು-, ಬೆಳ್ಳಾರ-, ಮಣ್ಣವಿಗೆ-, ಸಿಡಿ-, ಹಿಣ್ಣು-. — ಬಲೆಗಣ್. -ಕಣ್. A mesh of a net (V. 2, 32). — ಬಲೆದೊಡಕು. -ತೊಡಕು. Entangling in a net (Bp. 40, 57). — ಬಲೆವೀಸು. -ಬೀಸು. To throw a net (Râv. 5, 84; Šsv. 8, 50).

ಬಲೆ balĕ. *An aquatic plant, a species of mallow, Sida cordifolia.*

ಬಲೆಗಾಱ bale-gāṟa. A man using a net or nets (ಜಾಲಿಕ, ವಾಗುರಿಕ Nr.; ಸೂತ, ಜಾಲಿ, ಬಲೆಯ ಬೀಸುವವನು Nn. 32);—a fisherman (My.). ಮೀನಿನ ಬಲೆಗಾಱನು (ಕೈವರ್ತ, ದಾಶ, ಧೀವರ Si. 36);—a man who hunts with a net (My.). ಮೃಗದ ಬಲೆಗಾಱ (ಜಾಲಿಕ, etc. 340). See Bp. 21, 28; ಚಿಗರಿ-.

ಬಲೋದ್ಬನ್ದಿ balôdbandi. Force, violence, compulsion (My.; Br.).

ಬಲೋಲ balôla. = ಬಲವಲ. (Z.).

ಬಲೌಘ bala-ôgha. A multitude of troops or forces, a numerous force. (J. 4, 29; 20, 61).

ಬಲ್ಪು bal-pu. (Šmd. 248). = ಬಲುಹು q. v., etc. ಬಲ್ಪಿನ ಆಧಾರ (ಅಕ್ಷ Mr. 494). ಬಲ್ಪಿನ ಎತ್ತು (ಉಕ್ಷತರ, ಮಹೋಕ್ಷ 178). ಮುಪ್ಪು ಬಲ್ಪಾಗೆ ಶಿಥಿಲನಕ್ಕುಂ (310). ಕುಸುಮಾಯುಧ, ನಿನ್ನ ಬಲ್ಪು ಪೆಣ್ಮಕ್ಕಳೊಳ್ ಅಲ್ಲದಿಲ್ಲ! (Šmd. 151). See Čpr. 7, after 115; Bp. 2, 19; J. 1, 11; 2, 42; ಅತಿ-. — ಬಲ್ಪಡರ್. -ಅಡರ್. Strength to arise (Čpr. 4, 2). — ಬಲ್ಪಱ್. -ಅಱ್. Strength to fail; to lose strength (Grj. 8, after 77; Rśv. 5, 39). — ಬಲ್ಪುಗಿಡು. -ಕಿಡು. = ಬಲ್ಪಱ್. (Abh. P. 13, 88; Grj. 6, after 40). — ಬಲ್ಪು ದೋಱು. -ತೋಱು. To evince vigour (Grj. 2, after 106). — ಬಲ್ಪೇಱು. -ಏಱು. Strength to increase (Čpr. 5, 78).

ಬಲ್ಬಜ balbaja. = ವಲ್ವಜ. *A species of coarse grass* (growing in solitary patches and not liked by cattle), *Eleusine indica Gaertn.* See Si. 369; ಗಂಜಳದ ಹುಲ್ಲು.

ಬಲ್ಮು balmu. = ಬಲ್ಪು, etc. ನಿಚ್ಚ ಫಲ ಪಯ್ರಿನ್ದುರ್ವಿಯಂ ಬಲ್ಮೆನಲ್ (Šš. 96).

ಬಲ್ಮೆ bal-mĕ. (Šmd. 248). = ಬಲುಮೆ. Strength, etc. See Čh. v. 21; Bp. 44, 8; J. 12, 38; 14, 20; 15, 81; ಅಳ್ವಲ್ಮೆ, ತೋಳ್ವಲ್ಮೆ, ಬಿಲ್ವಲ್ಮೆ.

ಬಲ್ಮೆವನ್ತ balmĕ-vanta. A strong, powerful man (ಬಲಾನ್ವಿತ, ಬಲಾಢ್ಯ Nn. 60).

ಬಲ್ಯ balya. = ಬಲ್ಲೆ, ಬಲ್ಲೆಯ, ಬಲ್ಲೆವು, ಬಲ್ಲೆಹ, ಭಲ್ಲೆಯ, ಭಾಲೆ. A spear, a pike, a lance, a javelin (My.; Mhr. ಭಾಲಾ; *Cf.* Sk. ಭಲ್ಲ?).

ಬಲ್ಲ balla. ಬಲ್²-ಅ3. A man who possesses ability, skill, or erudition; a man who kens or knows. ಬಲ್ಲರ್ (ಬಲ್ಲ ವಿದ್ವಾಂಸರ್ Šmd. 150. 395 Cm.; ಬಲ್ಲವರ್ 144 Cm.). ಬಲ್ಲರ ಮತಂ (144. 302). ಕ್ರಿಯಾವಿಶೇಷಣಕ್ಕಂ ಬಲ್ಲರಿನ್ದೇಕವಚನಮುಕ್ಕುಂ (175). ಬಲ್ಲರ್ಗಳ್ ಮೆಚ್ಚುತಿರೆ (384). See Kk. 16; J. 28, 5; Rśv. 13, 25. **2,** it is used like *a relative present participle:* knowing, etc. (*cf.* ಬಲ್ಲವ). ಬಲ್ಲ ವಿದ್ವಾಂಸರ್ (Šmd. 150. 395 Cm.). ಬಲ್ಲ ಬಲ್ಲಿದರ್ (J. 16, 21). ಬಲ್ಲನ್ತೆ (Bp. 35, 49; Rśv. 14, after 115; My.). ನೀನು ಬಲ್ಲಷ್ಟು ಹೇಱು! (B. 3, 1; My.). ಬಲ್ಲುದು, that which knows. ಕಾದ ಬಲ್ಲುದು (ಸನ್ನಾಹ್ಯ Mr. 156). ಪ್ರಜೆಯಂ ಪಾಲಿಸ ಬಲ್ಲಡಾತನ್ ಅರಸಂ (Šś. 58).—It is *conjugated* (according to Šmd. 256 seq.): ಬಲ್ಲೆಂ (Bp. 20, 8; Bh. 2, 13, 47), ಬಲ್ಲೆನು, I know; ಬಲ್ಲಯ್ (Râm. 3, 2, 13. 20), ಬಲ್ಲಿ, thou knowest; ಬಲ್ಲಂ (Bp. 29, 20; 45, 4; 61, 72; Rśv. 6, 132; 13, after 96; J. 3, 19), ಬಲ್ಲನು, he knows; ಬಲ್ಲಳ್, ಬಲ್ಲಳು, she knows; ಬಲ್ಲುದು, ಬಲ್ಲದು, (ಬಲ್ಲಿತು), it knows; ಬಲ್ಲೆವು (Bp. 18, 24), we know; ಬಲ್ಲಿರ್, ಬಲ್ಲಿರಿ, you know; ಬಲ್ಲರ್ (Bp. 29, 20; J. 29, 36; Bh. 2, 13, 14), ಬಲ್ಲರು, they know; ಬಲ್ಲುವು, ಬಲ್ಲವು, they know. ಅರಿದಲ್ಲ ಈ ಮಾತು! ನಿಚ್ಚಯಂ ಬಲ್ಲಿ (Sp.). ಬಲ್ಲೆನೆನ್ದೆಪ್ಪುರೆಲ್ಲವರು ಹಿರಿಯರೇ? (Sp.). ಬರ್ಪುದನೀಶಂ ಬಲ್ಲಂ (Rśv. 13, 101). ಜಗದೇಱಿಯನೇ ಬಲ್ಲಂ (J. 4, 10). ಪಾಪಿ ಬಲ್ಲನೆ ಪರರ ಸುಖದುಃಖದಿಂಗಿತವ? ಕೋಪಿ ಬಲ್ಲನೆ ದಾನಧರ್ಮಗಳ ಗುಣವ? ಕತ್ತೆ ಬಲ್ಲುದೆ ಹೊತ್ತ ಕಸ್ತುರಿಯ ಪರಿಮಳವ? ಮೃತ್ಯು ಬಲ್ಲಳೆ ವೇಳ್ಯ ಹೊತ್ತೆನ್ನುವುದ? ತೊತ್ತು ಬಲ್ಲಳೆ ಮಾನವಭಿಮಾನವೆಮ್ಬುದನು? ಕೋತಿ ಬಲ್ಲುದೆ ಹಾಲು ಮಾಸಲೆಮ್ಬುದನು? (Dp. 76). ಕಳ್ಳ ಕಳ್ಳಗೆ ಬಲ್ಲ.—ಕಳ್ಳನ ಹೆಜ್ಜೇ ಕಳ್ಳ ಬಲ್ಲ.—ಹಾವಿನ ಹೆಜ್ಜೇ ಹಾವೇ ಬಲ್ಲದು.—ಕೂಗೋ ಕೋಱಗೆ ಕುಣ್ಡೇ ನೊನ್ದೀತೇ? (no! early) ಎದ್ದು ರಾಗೀ ಬೀಸುವಳೇ ಬಲ್ಲಳು.—ಸೋಕಿದ ನಾಯಿ ಒಡೆಯನ ಗುಱುತ ಬಲ್ಲಿತೇ (or ಬಲ್ಲದೇ)? (Prvs.). — ಬಲ್ಲವ. ಬಲ್ಲ No. 2 -ಅವ. = ಬಲ್ಲ No. 1. (ಚತುರ, ಕ್ಷೇತ್ರಜ್ಞ, ಕೃತಹಸ್ತ, ಕೃತಮುಖ, ದಕ್ಷ, ಕುಶಲ, ಅಭಿಜ್ಞ, ನಿಷ್ಣಾತ, ಶಿಕ್ಷಿತ, ಪ್ರವೀಣ Hlâ.; ವಿದ್ವಸ್, ಬುಧ, ಧೀರ, ಪಣ್ಡಿತ, etc. Nr.; ಚತುರ, ಪ್ರವೀಣ, etc. Mr. 224; ವಿಥಿ, ವಿಚಕ್ಷಣ Nn. 21). ಬಲ್ಲವರ್ (ಬಲ್ಲರ್ Šmd. 144 Cm.; ಅಱವರ್ 175 Cm.; ಬಲ್ಲ ವಿದ್ವಾಂಸರ್ 146 Cm.; ಚದುರರ್ 296 Cm.; ಅಱತವರ್ 301 Cm.). ಕವಿಮಾರ್ಗಮಂ ಬಲ್ಲವರ್ (ಮಾರ್ಗವಿದರ್ 22 Cm.); ವಾಕ್ಯಮಂ ಬಲ್ಲವರ್ (ವಾಗ್ವಿದರ್ 399 Cm.). ಶಾಸ್ತ್ರವಂ ಬಲ್ಲವಂ (ಅನ್ತರ್ವಾಣಿ); ಬಿಲ್ಲ ವಿದ್ಯೆಯಂ ಬಲ್ಲವನು (ಕೃತಪುಂಖ Hlâ.). ವಿಶೇಷಾರ್ಥವ ಕಾಣ ಬಲ್ಲವನು (ಪ್ರಗಲ್ಭ, ಪ್ರತಿಭಾನ್ವಿತ); ಶೈವಸಿದ್ಧಾನ್ತವ ಬಲ್ಲವನು (ಜ್ಞಾತಸಿದ್ಧಾನ್ತ, ತಾನ್ತ್ರಿಕ Nr.). ಬಿಲ್ಲ ವಿದ್ಯೆಯಂ ಬಲ್ಲವಂ (ಕೃತಪುಂಖ Mr. 294). ಪರಮಾರ್ಥವ ಬಲ್ಲವನು (ಅಧ್ಯಾತ್ಮಕ 79). ಎಲ್ಲವಂ ಬಲ್ಲವನು (ಲಘು, ಮನೋಜ್ಞ Nn. 145, o. r. only ಬಲ್ಲವನು). ರನ್ನದ ಪರೀಕ್ಷೆಯಂ ಬಲ್ಲವಂ (Šm. 67). ಬಲ್ಲವರೊಡನಾಟ ಬೆಲ್ಲವಂ ಮೆದ್ದನ್ತೆ (Sp.). ಬಲ್ಲವನ ಗುಣ ಮಲ್ಲಿಗೇ ಹಾಗೆ.—ಬಲ್ಲವನೇ ಬಲ್ಲ ಬೆಲ್ಲದ ಸವಿ.—ಬರಹ ಬಲ್ಲವನಾದರೂ ತರಹರಿಕೆಯಿರಬೇಕು.—ಬಲ್ಲವನಾದರೂ ಕಲ್ಲು ತಗಲಿದರೆ ತಲ್ಲಣಿಸದೆ ಇರನು (Prvs.). See Čpr. 1, 48; Bp. 34, 28; Bh. 1, 3, 13; B. 1, 28. — ಬಲ್ಲವಾಡಿ. (-ಪಾಡಿ). N. of a place. ಬಿದ್ದುದು ಬಲ್ಲವಾಡಿ, ನೆಱೆ ನಪ್ಪಿರ್ದುದು, ಅರುಹತಂ ಜನೇನ್ದ್ರನನ್ತಿರ್ದ ಮಹಾನುಭಾವ (Šmd. 38, o. r. ಬಳ್ಳವಾಡಿ). — ಬಲ್ಲಾತ. ಬಲ್ಲ2-ಆತ. = ಬಲ್ಲವ. (My.). ನುಡಿಯ ಬಲ್ಲಾತನು (ವದ, ವದಾವದ); ಮಿಗೆ ನುಡಿಯ ಬಲ್ಲಾತನು (ವಾಗೀಶ, ವಾಕ್ಪತಿ); ಸ್ಮಾರ್ತಧರ್ಮವ ಬಲ್ಲಾತನು (ಪ್ರಾಡ್ವಿವಾಕ Nr.). ಮಾತ ಬಲ್ಲಾತಂಗೆ ಮತ್ತೊನ್ದು ಮಾಣಿಕವು (Sp.).

ಬಲ್ಲತನ ballatana. Ability, erudition, knowledge, good sense (ವೇದನ Nn. 156; ವೇದನೆ Mr. 479; My.). ಕವಿತ್ವದ ಬಲ್ಲತನದಲ್ಲಿ ಬ್ರಹ್ಮನೆ ಕರ್ತೃ (Šmd. 301 Cm.). ಉಲಿಯದೇ, ಕೆಲೆಯದೇ, ತಲೆಯೆತ್ತಿ ನೋಡದಲೆ, ಬಲುಬಲ್ಲತನದಿಯಿರುವವಳು ದೊರೆವುದು ಸಲೆ ಗುರುಕರುಣ (Sp.). See Bp. 5, 5; 40, 14; Rśv. 13, 4.

ಬಲ್ಲನ್ದ ballanda. = ಬಲ್ಲತನ. (Bp. 37, 15).

ಬಲ್ಲವಿಕೆ ballavikĕ. = ಬಲ್ಲತನ. (Č. Bp. 8, 13).

ಬಲ್ಲಹ ballaha. = ಬಲ್ಲವ. ಮಾತಿನ ಬಲ್ಲಹಂ or ಮಾತುಬಲ್ಲಹಂ (Šmd. 196, o. r. ಮಾತುವಲ್ಲಹಂ). ಬಲ್ಲಹರ ಬಲ್ಲಹಂ (Bhâgavata 10, 1, 13). See Bp. 9, 46; 53, 58; 51, 63; 58, 70.

ಬಲ್ಲಹ ballaha. Tbh. of ವಲ್ಲಭ (Šmd. 369; ಆಣ್ಮ Čt. I, 59; ಆಣ್ಮ, ಎಱೆಯ, ಅಧಿಪತಿ Kš.). ಗರಂಗಳ ಬಲ್ಲಹಂ (ನೇಸಱ್, etc., ಸಪ್ತಾಶ್ವ Kk. 45). See Bp. 8, 1; 21, 14. 22; 55, 6; 61, 8; J. 18, 49.

ಬಲ್ಲಿತು ballitu. = ಬಲ್ಲಿತ್ತು (Šmd. 96; = ಬಲ್ 212. 218). That which is strong, firm, etc. (J. 14, 9). ಬಲ್ಲಿತಪುದು (ಸಾರ, ಸ್ಥಿರಾಂಶ Nr.). ವಿಪುಲವಿದ್ಯಮಂ ಬಲ್ಲಿತಾಗಿಯೆ ಶಿಕ್ಷಿಪಾತಂ (ಕಲ್ಲಾಯ್ತು, ಓಜ Šm. 46). — ಬಲ್ಲಿದ. A man who is strong, able, clever or great (ಬಲವತ್, ಅಂಸಲ Hlâ.; ದಕ್ಷ, ಸತ್ವವುಳ್ಳವ Nn. 121; ಹಂಸ Mr. 505; ಅಗ್ಗಳೆಯ Bhn. 13; My.); a rich man (My.). ಎನಗೆ ಬಲ್ಲಿದರಾಗಲಾರ್ಪರೆ ಗಾವಿಲರ್? (Šmd. 121). ಕಾಮವೊಡೆ ಓರ್ವನೆ ಬಲ್ಲಿದಂ (298). ಕೆಲಸಕೆ

ಬಲ್ಲಿದ (ಕರ್ಮಠೂರ, ಕರ್ಮಠ Hlā.). ನಾ ಬಲ್ಲಿದ, ತಾ ಬಲ್ಲಿದ ನೆನ್ದು, ಒಬ್ಬರಿಗೊಬ್ಬರ್ ಅಹಂಕರಿಸುಹಂ (ಅಹಮಹಮಿಕೆ Nr.). ದೈವದ ಒಲ್ಮೆಯಿರಲುಂ ಕಾಲಾನುಕಾಲಕ್ಕೆ ತಾಂ ಬಡವಂ ಬಲ್ಲಿದನಾಗನೇ? (Sš. 44). ಬಡವಗೆ ಆಸೆ ಹೇಟಿ ಬೇಡ, ಬಲ್ಲಿದವಗೆ (ಬಲ್ಲಿದ ಅವಗೆ) ಬಾಸೆ ಹೇಟಿ ಬೇಡ. — ಬಲ್ಲಿದವನ ಹಗೇವು ತೆಗೆಯೋ ಹೊತ್ತಿಗೆ ಬಡವನ ಪ್ರಾಣ ಹೋಯಿತು (Prvs.). See ಕಡು-; Bp. 21, 40; 58, 21. 35; 61, 8; Sš. s. ಒಲ್ಮೆ; J. 16, 2. 21; 31, 12.

ಬಲ್ಲಿತ್ತು ballittu. = ಬಲ್ಲಿತು, q. v.

ಬಲ್ಲೆ ballĕ. Increase: further, and (ಬಟ್, ಮತ್ತೆ Šmd. 398. 110).

ಬಲ್ಲೆ ballĕ. = ಬಲ್ಯ, etc. (My.).

ಬಲ್ಲೆಯ ballĕya. = ಬಲ್ಲೆ, etc. (My.; T. ವಲ್ಲೆಯ; M. ವಲ್ಲಯ; Tĕ. ಬಲ್ಲಿಯಮು, ಬಲ್ಲೆಮು).

ಬಲ್ಲೆವು ballĕvu. = ಬಲ್ಲೆಯ, etc. (My.; ಶಕ್ತಿ, ಕಾಸು Sl. 423).

ಬಲ್ಲೆಹ ballĕha. = ಬಲ್ಲೆವು, etc. (Grj. 7, 54; Rśv. 6, after 11).

ಬವ bava. The first karaṇa or astrological division of the day (Sk.; My.).

ಬವಕೆ bavakĕ. = ಬಯಕೆ 2. (My.).

ಬವಣಿ bavaṇi. = ಬವಳಿ. Tbh. of ಭ್ರಮಣಿ. Turning round; confusion, etc. (J. 23, 32; 30, 20). — ಬವಣಿಗೊಳ್. -ಕೊಳ್. To begin to move about circularly; to become dizzy (J. 28, 5).

ಬವಣಿಗೆ bavaṇigĕ. = ಬವಣಿ. See ಪರಿಬವಣಿಗೆ.

ಬವಣೆ bavaṇĕ. Tbh. of ಭ್ರಮಣ. (Č. Bp. 47, 25).

ಬವನಾಸಿ bavanāsi. = ಬೋನಾಸಿ. A mendicant's vessel of metal for receiving alms (My.; Tĕ.).

ಬವರ bavara. 1. Battle, war (ಸಂಗ್ರಾಮ Bhn. 33; ಕಲಹ, ಜಗಳ, ಕಾಳಗ, ಯುದ್ಧ Sl. 294; Bh. 4, 6, 24; 8, 28 sum.; J. 7, 58; 12, 49; 18, 83; My.; Tĕ.; *cf.* Sk. ಭಣ್ಡರ, a particular kind of combat = ಕಲಹವಿಶೇಷ, and ಬಣ್ಣಣ). — ಬವರಂಗೆಯ್. -ಎ-. To fight (Abh. P. 14, 203).

ಬವರ bavara. 2. Tbh. of ಭ್ರಮರ (Šmd. 345; Čt. I, 99; II, 55; ಅಳಿಪಿ, ಬಿಂಗ, ಪಱಿಮೆ, etc. Šm. 27, Kk. 14; ತುಮ್ಬಿ, etc. Kk. 90).

ಬವರಿ bavari. Tbh. of ಭ್ರಮರಿ. The act of turning about, swinging or brandishing (ಭ್ರಮರಿ Bhn. 33; Bh. 1, 7, 2. 3. 28). 2, a beam in a mill by which its kaṇĕ is turned (ಕತ್ತರಿ Mr. 213). 3, revolving, moving in a circle or to and fro, as in a single combat (Rām. 4, 4, 26). — ಬವರಿಗಡ್ಡ. = ಬವರಿಯ ಗಡ್ಡ. (Rām. 4, 1, 1). — ಬವರಿಗೊಳ್. -ಕೊಳ್. To cause to move about (Rśv. 5, 115). — ಬವರಿಯ ಗಡ್ಡ. A curled beard about the chin (Bp. 3, 27). — ಬವರಿಪರಿ. -ಪರಿ. To run in a circular manner (Rśv. 6, after 11 twice; Šsv. 4, after 17).

ಬವರಿಗ bavariga. (fr. ಬವರ 1). A warrior (Rām. 6, 14, 21).

ಬವರಿಸು bavarisu. = ಬೆವರಿಸು. (My.).

ಬವರಿಸು bavarisu. To go or move about: to be used (Kāvy. I, 5, 24; III, 1, 24; IV, 37).

ಬವರು bavaru. = ಬೆವರು 3. (My.).

ಬವಸು bavasu. = ಬಯಸು. (My.).

ಬವಸು bavasu. Tbh. of ವ್ಯವಸಾಯ (Šmd. II; Kk. 83; ಕೃಷಿ Čt. I, 49).

ಬವಸೆ bavasĕ. (= ಬವಸು). Tbh. of ವ್ಯವಸಾಯ. Wish, desire (Čpr. 3, 38; 7, after 48; Abh. P. 2, 16). *Cf.* K. ಬಯಸು?

ಬವಳಿ bavaḷi. = ಬವಣಿ. (ಮೂರ್ಛೆ G.).

ಬವಿ bavi. Tbh. of ಭವಿ (Šmd. 359).

ಬವುಳಿಕೆ bavuḷikĕ. = ಬವಳಿ. (ಕಶ್ಮಲ, ಮೂರ್ಛೆ G.).

ಬಶ್ರುತಿ ba-śruti. The sound, or the syllable, *ba* (Šmd. 121).

ಬಸ basa. A sound in imitation of that of a mill-stone when turned (My.). — ಬಸ ಬಸ. rep. (My.). 2, imitation of the sound of clouds of dust rising and whisking (Mhr. ಭಸಭಸ, ಭಸಾಭಸ). ಕಸಾ ಗುಡಿಸು! ಅನ್ದರೆ ಬಸ ಬಸ ಸುರೀತೋ? (Prv.).

ಬಸ basa. 1. Tbh. of ವಶ. (Rśv. 13, 5; T. ವಯ, ವಜ, subjection, etc.; strength, power, might). See ಮೆಯ್ವಸ. — ಬಸವಡ್. -ಅಡ್. Power to be ruined: to be reduced in power, to fade more or less (ಸತ್ವಸಾಮಾನ್ಯತ Čt. I, 78). See Čpr. 2, 24; Bp. 13, 16; 14, 17; 23, 18; 32, 20; 44, 15; 52, 18; 53, 64; 56, 42; Č. Bp. 42, 27; Šsv. 1, after 79; J. 2, 14; 19, 30.

ಬಸ basa. 2. = ಬಸವ (My.), *e. g.* ಚನ ಬಸಪ್ಪಾ, ಬಸಲಿಂಗಪ್ಪಾ (Čb.'s third title-page). Also shortened into ಬ, see ಬಸೆಟ್ಟಿ.

ಬಸತಿ basati. = ವಸತಿ. See ಬಸದಿ.

ಬಸದಿ basadi. = ಬಸತಿ, ಬಸ್ತಿ. Tbh. of ವಸತಿ (Šmd. 338. 342, where o. r. ಬಸತಿ; ಸವಣ್ಣನೆ Čt. II, 100; My.). A Jaina monastery or temple. See Abh. P. 7, after 137; Bp. 49, 12. 42. 46; 50, 30; 51, 1. 52. 58. 64. 66. 73. 78; 52, 11. 13. 17. 22. 23. 32. 34. 36. 48; 54, 8; 56, 36.

ಬಸದು basadu. = ಬಸಿದು. — ಬಸದಾಗಿಸು. -ಆಗಿಸು. To cause to become sharp, acute, or ardent (Čpr. 4, 78; Abh. P. 10, 40). — ಬಸದಾಗು. -ಆಗು. To become sharp, etc.; to increase (Čpr. 8, 68); to become full of ardent desire (Abh. P. 9, 168; 13, 51).

ಬಸನ basana. 1. = ವಸನ 1. (Čpr. 3, 38).

ಬಸನ basana. 2. = ವಸನ 2. (Čpr. 8, after 48).

ಬಸನ basana. 3. Tbh. of ವ್ಯಸನ. (Čpr. 2, 28; 8, after 56). See ಚೇಷ್ಟೆವಸನ.

ಬಸನ್ತ basanta. = ವಸನ್ತ. (Šmd. 342; Čt. II, 69; Kk. 18; Šm. 20; see Šmd. 127; T. ವಯುನ್ತ).

ಬಸರಿ basari. = ಬಸಿರಿ, ಬಸುರಿ. The waved-leaved fig-tree, Ficus infectoria Willd. (Ficus venosa Ait., ಪ್ಲಕ್ಷ, ಜಟಿ, ಪರ್ಕಟಿ Sl. 128); the high tree Ficus tsicla Roxb. (Z.; My.). 2, the tree Hibiscus populneoides Roxb. (ಕನ್ದರಾಲ, ಗರ್ದಭಾಣ್ಡ, ಕಪೀತನ, ಸುಪಾರ್ಶ್ವಕ, ಪ್ಲಕ್ಷ, ಪಣೆಯಾಲ Sl. 131). See ಜಡೇ ಬಸರೀ ಗಿಡ.

ಬಸಱ್ basar̤. ಬಸಱು. = ಬಸುಱ್ q. v., etc. (C.). ಗೂಳಿ ಬಸಱು ಮಾಡುವಿಕೆ (ಪ್ರಜನ, ಉಪಸರ Sl. 396). ಬಸಱು ಬನ್ದಾಕ್ಷಣ ಹಸುರುತಾಲಿ ಸಿಕ್ಕೀತೇ? (Prv.). — ಬಸಱೂರು. -ಊರು. N. of a place on the western coast. ವಣ್ಣಾರ ಕಮ್ಬಳ, ಬಸಱೂರ ಚಪ್ಪಳ, ಕೋಟೇಶ್ವರ ಕೋಡೀ ಹಬ್ಬ ಮೂಱು ಕಣ್ಣರೆ ಮೋಹ. — ಬಸಱೂರಿನವರು (or ಗೋಕರ್ಣದವರು) ಹಾದರ ಮಾಡಿದರೆ ಕುಮಟಿಯವರು (the people of Coompta on the western coast) ದಣ್ಣ ತೆಱ ಬೇಕನ್ತೆ (Prvs.). — ಬಸಱೊಸಗೆ. -ಒಸಗೆ. A festivity held at the first pregnancy of a woman (My.), or at the first simantônnaya (My.).

ಬಸಱಿ basar̤i. = ಬಸುಱಿ. (My.).

ಬಸಲೆ basalĕ. = (ಬಚ್ಚಲಿ, ಬಚ್ಚಲೆ), ಬಸಳೆ, (ವಸಲೆ). The plant Basella cordifolia Lam. (ಉಪೋದಿಕೆ Nr.;

see T. s. ವಲ್ಲ); the plant Basella lucida or rubra (ಮನ್ದಕಾಲಿ, ಪೋತಕಿ Mr. 148). See ಉಲಿಮಂ-, ಮಡಿವಸಲೆ, ಮದವಸಲೆ. ನೊಸಲಿನ ಬರಹ ಬಸಲೆಯಿನ್ದ ಬರಸ ಬಹುದೇ? (Prv.).

ಬಸವ basava. = ಬಸ 2. Tbh. of ವೃಷಭ (Šmd. 353. 369; Čt. II, 42). A bull (ವೃಷ, ಗೂಳಿ Nn. 16; ವೃಷಭ 26; Šm. 5; ಬಲೀವರ್ದ, ವೃಷಭ, etc., ಎತ್ತು Si. 318; Čpr. 2, 24);—the bull on which Šiva rides;—its stone-image worshipped by the Lingâytas;—and its incarnation on earth: Basava, the founder of the lingâyta sect (Bp. 2, 39; 3, 21. 33; 22, 46. 52; 61, 10. 41. 60. 63. 86; Si. 318);—a bull at liberty dedicated to some deity (= ಗೂಳಿ-, My.);—a man who (like a ಗೂಳಿ) roams about idly and leads a shameful life (My.). ಬಸವನ ಹಿನ್ದೆ ಬಾಲ (said of a man when he continually follows one).—ಬಸವಾ! ಎನ್ದರೆ ಪಾಪ! ಎನ್ದರೆ ನೊಸೆಗೆ ಮಜ್ಜಿಗೆನೀರು ತಾ! ಎನ್ದ (Prvs.). — ಬಸವಚರಂತೆ. The legend of Basava, the founder of the lingâyta sect, finished in Kannaḍa A. D. 1369 (Bp. 61, 92). — ಬಸವಣ. -ಅಣ. Basava, the founder of the lingâyta sect (Bp. 31, 13; 55, 11; cf. ಚನ್ನ-). — ಬಸವಣ್ಣ. -ಅಣ್ಣ. = ಬಸವಣ. (Bp. 1, 8; 4, 65; 37, 29; 54, 83; 55, 12; Mhr.). —ಬಸವದಣ್ಣನಾಯಕ. = ಬಸವಣ್ಣ. (Bp. 29, 18). — ಬಸವದೇವ. N. (Bp. 58, 3; 59, 1). — ಬಸವನ ಕೊಮ್ಬಿನ ಹುಳು. A snail (My.). — ಬಸವನ ಕೋಡಿನ ಹುಳು. A snail (My.). — ಬಸವನ ಗಿಡ. The tree Credela toona Roxb. (ತುನ್ನ, ನನ್ದಿವೃಕ್ಷ, etc. Si. 153). — ಬಸವನ ಮುದ್ರೇ ವರಹ. A gold pagoda, worth five Rupees (My.). — ಬಸವಪಾದದ ಹೂ. A garden-plant, growing wild also, Impatiens balsamina L. (Z.), the lady's slipper. — ಬಸವಪುರಾಣ. = ಬಸವಚರಂತೆ. (Bp. 1, 16; 61, 79. 80. 91). — ಬಸವಭಣ್ಡಾರಿ. = ಬಸವಣ್ಣ. (Bp. 29, 23). — ಬಸವಮನ್ತ್ರಿ. = ಬಸವಣ್ಣ. (Bp. 58, 55). — ಬಸವಯ್ಯ. -ಅಯ್ಯ. = ಬಸವಣ್ಣ & N. (Bp. 9, 48; 36, 8; 55, 3; 57 sum.; 58, 21). — ಬಸವರಸ. -ಅರಸ. = ಬಸವಣ್ಣ. (Bp. 1, 29; 58, 20). — ಬಸವರಾಜ. = ಬಸವರಸ. (Bp. 47, 33; 57, 88; 61, 40). — ಬಸವಸಚಿವ. = ಬಸವಣ್ಣ. (Bp. 35, 1; 55, 8). — ಬಸವಾಮಾತ್ಯ. -ಅಮಾತ್ಯ. = ಬಸವಸಚಿವ. (Bp. 55, 10; 57, 75. 81). — ಬಸವೇಶ. -ಈಶ. = ಬಸವರಸ. (Bp. 55,86; 60 sum.). — ಬಸವೇಶ್ವರ. -ಈಶ್ವರ. The bull on which Šiva rides (C.); its stone-image (C.); the founder of the lingâyta sect (C.).

ಬಸವಿ basavi. = ಬಸಿವಿ. A prostitute (like a she-gûḷi) in temples or maṭhas (My.; T. ವಚುವಿ, ವಟಿಂಗಿ; Tĕ. ಬಸಿವಿ; Mhr.).

ಬಸಳೆ basaḷĕ. = ಬಸಲೆ. A twining succulent herb, the Malabar night-shade, Basella alba Lin. (My.; St. & Pl.; M. ವಶಳಿ, Portulaca oleracea; ಬೆಳ್ಳವಶಳಿ, Basella alba). See ಕೆಮ್ಬು-. ಬಸಳೇ ಸಪ್ಪು ಬಸವಗೆ ಯಾಕೆ? (Prv.).

ಬಸಿ basi. 1. = ಬೊಸೆ. To drip, to drop, to trickle, to ooze, as water through the small openings in a well, blood from a wound, etc., to flow;—to pour off the water from boiled rice, etc., by inclining the vessel, to strain (ಗಲನ Šmd. Dh.; My.; T., M. ವಡಿ, ವಡಿ; Tĕ. ವಡಿ; cf. ಬಡಿ 3, ಬಜ್ಜಲ್, ಬಡಿ 1; ಬಾರ್ 4). P. ps. ಬಸಿದು, ಬಸ್ತು. ಎಲ್ಲ ವಸ್ತುಗಳ ಬಸಿದ ನೀರು (ಮಣ್ಡ Si. 315). ಬಸಿವ ಬಿಸಿನೆತ್ತರ್ (J. 12, 25). ಬಸಿವ ನೆತ್ತರ ಗಾಯಂ (28, 85; see also 19, 37). ಸಗ್ಗಳೆಯ ನೀರಿನ್ತೆ ಕಾಲ್ಬುದಿಯೊಳ್ ಬಸಿವ ನೆತ್ತರಂ ತೊಳೆದು (28, 55). ಬಸಿವುದು ಅರುಣಾಮ್ಬುಗಳ್ ಇದಂ ಖಣ್ಡಿಸಿದೊಡೆ (Bp. 32, 21). ರುಧಿರಮ್ ಇಸಿತು ಬಸಿಯದೆ (39, 64). ಮೇಲಿನ ತಿಳಿನೀರೆಲ್ಲ ಬಸಿದು ತೆಗೆಯುವರು (B. 4, 55). ಬಸ್ತ ಎಸರು. = ಬಸ್ತ ಸಾಱು (My.). — ಬಸ್ತ ಗಂಜಿ. Conjee that has been poured off from boiled rice (My.). — ಬಸ್ತ ಸಾಱು. Broth that has been poured off from boiled vegetables (My.).

ಬಸಿ basi. 2. To be pointed, to be sharpened;—to point (a thing), to sharpen (ಶಾತ Šmd. Dh.; Čpr. 5, 53; T. ವಡಿ; see Tbh. ಬಾಚಿ 2; cf. ಮಸೆ?).

ಬಸಿ basi. 3. = ಬಸೆ. (A pointed object; Tĕ. ವಡಿ, sharpness; ವಸಿ, a spike, a wooden pin; T. ವಚಿ, ವೈ, ವಳ್, sharpness; the point or edge of a thing; a pointed stake; a sword; a trident); the tongue of a balance (ದಣ್ಡಮಧ್ಯ Šmd. Dh.).

ಬಸಿದು basidu. (Šmd. 95. 96. 183). = ಬಸದು. That which is pointed, sharp, keen, or acute (ಕೂರಿತು Šm. 50). — ಬಸಿಯಂ. (fr. ಬಸಿದು Šmd. 184). A sharp (or rigorous) man.

ಬಸಿರಿ basiri. = ಬಸರಿ, etc. (My.).

ಬಸಿಱ್ basiṟ. (Šmd. 59). = ಬಸಱ್, ಬಸುಱ್, ಬಸ್ರು. The belly, the abdomen (ಪೊಡೆ Kk. 32; ಪೊಡೆ, ಹೊಟ್ಟೆ Šm. 70; ಪೊಡೆ 90; Čpr. 3, 45. 85. 92; 5, 11; Ršv. 13, after 104; T. ವಯಿಱು; M. ವಯಱು). ಬಸಿಗರ್ಗಳ್ (Šmd. 53). ತನ್ನ ಬಸಿಱ ಹೊರೆವವ (ಆದ್ಯೂನ, ಔದರಿಕ Hlâ.). See ಎಲರುಣಿವಸಿಱ, ಪೊಮ್ಬಸಿಱ, ರನ್ನವಸಿಱಳ್. — ಬಸಿರ್ಕುತ್ತ. Diarrhoea. ಬಸಿರ್ಕುತ್ತಮುಳ್ಳವನು (ಅತಿಸಾರಕಿ Hlâ.).

ಬಸಿವಿ basivi. = ಬಸವಿ. (My.).

ಬಸು basu. 1. A short P. p. of ಬಸಿ 1, in ಬಸು ಕೊಳ್ಳು (My.).

ಬಸು basu. 2. Oozing, etc. — ಬಸುಕುತ್ತ. Diarrhoea (ಅತಿಸಾರ Mr. 886, one MS. ಬಸುಗುತ್ತ, another one ಬಸುರ್ಕುತ್ತ; cf. ಬಸಿರ್ಕುತ್ತ).

ಬಸುಮ basuma. Tbh. of ಭಸ್ಮ. (My.).

ಬಸುರಿ basuri. = ಬಸರಿ, etc. (ಪರ್ಕಟಿ Mr. 122; ಬದ್ಧಕಿ 149; Bp. 45, 36; see ಕಬ್-).

ಬಸುಱ್ basuṟ. ಬಸುಱು. = ಬಸಿಱ್, etc. The belly; the womb (C.);—pregnancy; the embryo (C.; ಗರ್ಭ, ಭ್ರೂಣ Si. 194; ಗರ್ಭ 441); the inside, the hold of a ship, etc. ಬಸುಱ ಒಳಗು (ಕೋಷ್ಠ, ಅನ್ತರ್ಜಠರ); ತನ್ನ ಬಸುಱಲ್ಲಿ ಹುಟ್ಟಿದ ಮಗನು (ಸ್ವಜಾತ, ಔರಸ Nr.). ಬಸುಱ ಹೆಣ್ಡತಿ (ಆಪನ್ನಸತ್ತ್ವೆ, ಗುರ್ವಿ, ಅನ್ತರ್ವತ್ನಿ, ಗರ್ಭಿಣಿ; ಭ್ರೂಣ, ಗರ್ಭಿಣಿ); ನಾವೆಯ ಬಸುಱು (ಪೋಲಿಂಗ, ಮಂಗ Hlâ.). ಬಸುಱ ಸತಿ (ಭ್ರೂಣ Mr. 476). ಹೆಂಗಳ ಬಸುಱು (ಭ್ರೂಣ Si. 418). ಬಸುಱಿನ ಬಯ್ಕೆಯುಳ್ಳವಳು (ಶ್ರದ್ಧಾಲು, ದೋಹದವತಿ 188). ಬಸುಱೊಳಗೆ ಸುತ್ತಿ ಕೊಣ್ಡಿರುವ ಮಾಪಿಚೀಲ (ಗರ್ಭಾಶಯ, ಜರಾಯು 194). ಮಮಕಾರ ಮೋಹಿನಿದೇವಿಯರ ಬಸುಱನಲಿ ವರರಾಜೀವಲೋಚನೆ. . . ಹುಟ್ಟಿದಳ್ (Prll. 3, 10). ಬಸುಱುಹೆಣ್ಡತಿ, ಮಗನ ಮದುವೆ ನಾಳೆ (Dp. 4). ಕಾಱುಬೌದ್ಧನ ಬಸುಱೊಳ್ ಉದಯಿಸಿ (Bp. 50, 62). ಬಸುಱುಳ್ಳವಳು (ಗರ್ಭಿಣಿ G.). ಬಸುಱನಲ್ಲಿ (Nn. 85). See Grj. 8, after 74; Bp. 1, 49; 3, 14; 12, 48; 45, 32; 46, 58; 59, 10; J. 17, 54; 19, 24; ಕಿಬ್ಬಸುಱ್, ಜೊಚ್ಚಲುಬಸುಱ್, ತೆಳ್ವಸುಱ್, ಪೊಮ್ಬಸುಱ. — ಬಸುಱಾಗು. -ಆಗು. To become pregnant. ಬಸುಱಾದನ್ತಾ ಸ್ತ್ರೀ (ಗರ್ಭಿಣಿ Nn. 133). ದಾಕ್ಷಿಣ್ಯಕ್ಕೆ ಬಸುಱಾಗಿ, ಹೆಱುವದಕ್ಕೆ ತಾವಿಲ್ಲ (Prv.). —

ಬಸುಱುದಣಿ. -ತಣಿ. The belly to be satiated (Bp. 30, 5). — ಬಸುಱುದುಮ್ಮು. -ತುಮ್ಮು. The belly to be filled (Bp. 15, 23). — ಬಸುಱು ನಿಲ್. Pregnancy to take place. ನಿನ ಬಸುಱು (ಕೃಪೀಟ Nn. 85; Mr. 484; My.). — ಬಸುರ್ಕುತ್ತ. = ಬಸಿರ್ಕುತ್ತ, ಬಸುಕುತ್ತ, q. v.

ಬಸುಱಿ basuṟi. = ಬಸಱ್. A pregnant woman (ಆಪನ್ನಸತ್ವೆ, ಗುರ್ವಿಣಿ, ಅನ್ತರ್ವತ್ನಿ, ಗರ್ಭಿಣಿ Si. 188; Bp. 3, 17; 57, 15; My.). ಬಸುಱಿಯರ ಗುಮ್ಪು (ಗಾರ್ಭಿಣ್ಯ Si. 189).

ಬಸೆ basĕ. = ಬಸಿ 3. A small pointed object that sticks in the ground, a stubble of tŏgari, etc. (but not a kŏli, S. Mhr.).

ಬಸೆ basĕ. 1. Tbh. of ವಶೆ. A barren cow (ಗೊಡ್ಡಾಕಳ್ Šmd. 342). 2, a female elephant (ಹೆಣ್ಣಾನೆ 342).

ಬಸೆ basĕ. 2. Tbh. of ವಸೆ. Fat (ನೆಣ Šmd. 342). ಬಸೆಯೆಮ್ಬ ನಾತ (Mr. 278). ಪರಿವ ನೆತ್ತರ (ಮತ್ತೆ) ಬಸೆಯ ಜಗಿ (J. 22, 23). ಬಸೇ ವಾಸನೆಯಲ್ಲಿ ನೊಸೆಯ ಹ್ಯಾಗೆ ಇರ ತರೋದು? (Prv.).

ಬಸೆಟ್ಟಿ ba-sĕṭṭi. (i. e. ಬಸವಸೆಟ್ಟಿ). N. (My.; B. 3, 28).

ಬಸ್ತ basta. = ವಸ್ತ. (Sk.).

ಬಸ್ತಿ basti. = ಬಸದಿ, etc. (My.; Mhr.; ನಾಸ್ತಿಕಾಲಯ Si. 108).

ಬಸ್ತು bastu. = ಬೊಸ್ತು. A P. p. of ಬಸಿ 1, q. v. (My.).

ಬಸ್ತು bastu. A bale of goods; a packet of letters (My.; Br., H.).

ಬಸ್ರು basṟu. = ಬಸಿಱ್, etc. (My.).

ಬಹ baha. = ಬಪ್ಪ, etc., ಬಾಹ. Present relative participle of ಬರ್ 1. ಮನಕ್ಕೆ ಬಹ ಮಾತು (ಹೃದಯಂಗಮು); ಜವೆ ಕಿಱುಜವೆ ಆಱುವತ್ತು ವಿಸಕ್ಕೆ ಬೆಳೆದು ಬಹ ಭೂಮಿ (ಯವ್ಯ Nr.). ಚನ್ದ್ರನಂ ಕಾಣ ಬಹನ್ತಹ ಅಮಾವಾಸ್ಯೆ (ಸಿನೀವಾಲಿ Hlâ.). ಬೞಿವಿಡಿದು ಬಹವನು (ಅನುಚರ, etc. Nr.). ಚೆನ್ನಾಗಿ ಕಾಣ ಬಹನ್ತಾದು (ವ್ಯಕ್ತ Nn. 115). ಅರಯ್ದು ಬಹ ಗಾಳಿ (ಮನ್ದಾನಿಲ), ಮೞೆಯ ಸಾರಿ ಬಹ ಗಾಳಿ (ಝುಂಝಾನಿಲ Mr. 50). ಕಾನ್ತನ ಹತ್ತಿರ ಬಹ ಸಮಯದೊಳು ಸಮ್ಭ್ರಮದಿಂ ಮಾಡುವ ತೊಡಿಗೆಯ ಪಲ್ಲಟ (ವಿಭ್ರಮ Nr.). See Bp. 4, 63; 24, 35; J. 4, 19; 26, 11; 28, 52; 33, 23. — ಬಹರೆ. = ಬನ್ದರೆ. (Bh. 1, 8, 11; 3, 13, 21). — ಬಹೆಂ (Bp. 14, 12; 60, 58), ಬಹೆನು (Bh. 1, 10, 23) = ಬರುವೆನು; — ಬಹಂ (Bp. 58, 15), ಬಹನು = ಬರುವನು; — ಬಹಿರಿ (Bh. 3, 8, 40) = ಬರುವಿರಿ; — ಬಹರ್ (Bp. 40, 33) = ಬರುವರು. — ಬಹುದು = ಬರುವದು: it will come, etc.; — it is a matter of possibility; — it is possible; — it is becoming, fit, suitable, useful, proper, or advisable; — it is allowed, permitted, or unobjectionable; it may (one may); — what comes, etc. ನಿಮ್ಮ ಭಕ್ತರ ಮನೆಯೊಳ್ ಆರಿಗೆ ಬದುಕ ಬಹುದು? (Bp. 21, 18). ಕಾಣ ಬಹುದು (what can be seen, ದೃಶ Nr.). ನಿನ್ನೆ ಕೊಡ್ಡ ಕ್ಷೇತ್ರ, ಫಲವು ಬಹುದು (Dp. 4). ದುಷ್ಟವ್ಯಾಘ್ರನ ಕೆಯ್ಯ ಮುಟ್ಟಿ ಹಿಡಿ ತರ ಬಹುದು, ಅಟ್ಟಿ ಬಹ ಮದಕರಿಯ ಕಟ್ಟ ಬಹುದು, ಕೃಷ್ಣಸರ್ಪನ ಹುತ್ತ ಕಲಕಿ ಜೀವಿಸ ಬಹುದು; ದುಷ್ಟಾತ್ಮರಾದವರ ಬಿಟ್ಟು ಕಳೆ, ಮನವೆ! (Dp. 172). ಪಾಱಿಟವಿಯೊಳ್ ಪಸುಳೆಯಂ ಕೊನ್ದು, ಬಹುದು! (kill...and come! J. 29, 24). ಅಂಗಾಲಿಗೆ ತ್ರಾಣವಿದ್ದರೆ ಬಂಗಾಳಕ್ಕೆ ಹೋಗ ಬಹುದು. — ಧಾರಾಳಿದ್ದವನ ಹತ್ತರ ಹೇರಾಳ ಕೇಳ ಬಹುದು. — ನೊಸಲಿನ ಬರಹ ಬಸಲೆಯಿನ್ದ ಒರಸ ಬಹುದೇ? — ಬಣ್ಣೆಯೊಡೆಯ ಬಹುದು, ರಣ್ಣೇ ಮನಸು ಒಡೆಯ ಕೂಡದು. — ಬಡಿಕೆಯಿದ್ದಲ್ಲಿ ಜಾದಿ ಬಹುದು, ಚಳೀ ಕಾಟ ಸಯ್ರಿಸ ಕೂಡದು. — ಬಂಗಾರದ ಸೂಜಯೆನ್ತ, ಹಿಂಗಡೆ ಕಣ್ಣು ಕುಕ್ಕಿ ಕೊಳ್ಳ ಬಹುದೇ? — ಮಂಚದ ಕಾಲು ಆದರೆ ಹಂಚು ಮಾಡ ಬಹುದೇ? — ಮೊಱದಿನ ಕತ್ತಲೆಯನ್ನು ಹೊಡಿ ಹಾಕ ಬಹುದೇ? — ಸಂಸಾರ ಬೇಳೆಕೆನ್ತ, ಮೂಂಸಾರ ಮಾಡ ಬಹುದೇ? (Prvs.). See Bp. 1, 31; 35, 51; 36, 56; 40, 25. 38; 44, 3. 11; 55, 36; 57, 39; 60, 41; Bh. 2, 13, 35; J. 1, 10; 6, 48; 13, 38; B. 2, 29.

ಬಹನೆ bahanĕ. A false plea, pretext (My.; Br. ಬಹನಾ; Mhr., H. ಬಹಾಣಾ).

ಬಹಲ bahala. = ಬಹಳ, ಬಹುಲ. (Sk.).

ಬಹಲಿ bahali. Establishment in an office (My.; Mhr., H. ಬಹಾಲೀ). — ಬಹಲಿ ಬರತರಫ್. Establishment and dismissal (My.).

ಬಹಲು bahalu. Established in or invested with (Mhr., H. ಬಹಾಲ). 2, = ಬಹಲಿ (My.).

ಬಹಳ bahaḷa. = ಬಾಳ 3. Tbh. of ಬಹಲ. Abundant, exuberant, copious, much, many; a large quantity, abundance, etc. (C.; Mhr.; ಬಹು Nn. 15; ಅದಭ್ರ 96; ಬಹು 105; ಅಗುನ್ದಲೆ Čt. I, 101; Čpr. 4, 48; Si. 317. 384. 443. 452. 465. 471). ಬಹಳದಲ್ಲಿ (Nn. 96). See Nr. ಬಳ್ಪ. — ಬಹಳ ಮಾಡಿ. (Having made much): commonly, usually, frequently; to all appearances, likely, probably; almost, nearly (B. 5, 15. 16. 31. 52. 74. 97. 141. 310). — ಬಹಳೇ. -ಏ. Even much, very much; — greatly, abundantly (B. 4, 50. 76. 87. 198. 199).

ಬಹಾದರ್ bahâdar. = ಬಹಾದೂರ್, ಬಾಹಾದೂರ್. A hero, a warrior (H.); a title of honour given to the nobles of the court; a title of honour given to persons of inferior, although respectable, station (My.; H.).

ಬಹಾದರಿ bahâdari. Belonging to the ruler Bahâdar Shâh. — ಬಹಾದರೀ ವರಹ. A gold pagoda worth about four Rupees (My.; Br.).

ಬಹಾದೂರ್ bahâdûr. = ಬಹಾದರ್, etc. (My.; H.).

ಬಹಿಃಶಂಕೆ bahis-šankĕ. Voiding excrement (My.).

ಬಹಿಕರಿಸು bahikarisu. Tbh. of ಬಹಿಷ್ಕರಿಸು. (Râm. 5, 3, 60).

ಬಹಿತ್ರ bahitra. = ಕ್ಷೇತ್ರ (Šmd. 361), ವಹಿತ್ರ, q. v. See ಪಾಱು.

ಬಹಿತ್ರಕ bahitraka. = ವಹಿತ್ರಕ. See ಕ್ಷೇತ್ರ.

ಬಹಿರ್ bahir. = ಬಹಿಸ್. (Šmd. 99).

ಬಹಿರಂಗ bahir-anga. The outside body: the outside; publicity; notoriety (Bp. 33, 9; J. 4, 65; My.). — ಬಹಿರಂಗಕ್ಕೆ ಬರು. = ಬಹಿರಂಗವಾಗು. (My.). — ಬಹಿರಂಗ ಪಡಿಸು. To make public, to make known (My.). — ಬಹಿರಂಗ ಮಾಡು. = ಬಹಿರಂಗ ಪಡಿಸು. (My.). — ಬಹಿರಂಗವಾಗು. -ಆಗು. To become public or known. ಬಹಿರಂಗವಾದರೆ ಬಹಿಷ್ಕರಿಸ್ಯಾರು. — ಬಹಿರಂಗವಾಗಿ ಕಿವಿಯಲ್ಲಿ ಹೇಳಿದ ಗುಟ್ಟು (Prvs.). See Prv. s. ಬಹಿಷ್ಕಾರ.

ಬಹಿರರ್ಥ bahir-artha. An external object; an external cause. (Kâvy. IV, 2, 16).

ಬಹಿಷ್ಪುರ bahiṟ-pura. The outskirts of a town (Čpr. 2, after 21; Abh. P. 7, 129).

ಬಹಿಷ್ಪುಷ್ಕರ bahiṟ-pushkara. The tip of an elephant's trunk (that was) outside (the water, Čpr. 9, 69).

ಬಹಿರ್ದೇಶ bahir-dêša. The outside (of a town, etc., Râv. 13, after 82; My.). 2, = ಬಹಿರ್ಭೂಮಿ (My.).

ಬಹಿರ್ದ್ವಾರ bahir-dvâra. *An outer gate; a house door;* the space outside a gate or door; *the ornamental arch of a gateway; decoration of the gate-post;* — adultery (Mhr.).

ಬಹಿರ್ಭಾಗ bahir-bhâga. The outer portion, the outside (J. 8, 14).

ಬಹಿರ್ಭೂಮಿ bahir-bhûmi. A public necessary (My.); voiding excrement (used with ಆಗು and ಮಾಡು, My.).

ಬಹಿರ್ಮುಖ bahir-mukha. One who turns his face away, indifferent to, averse from. (My.).

ಬಹಿರ್ಯೋಗ bahir-yôga. *Relating to the exterior, external.*

ಬಹಿರ್ವಾಸ bahir-vâsa. Tbh. of ಬಹಿರ್ವಾಸಸ್. (V. 5, 43).

ಬಹಿರ್ವಾಸಸ್ bahir-vâsas. = ಭೈರವಾಸ. An outer or upper garment. (Śi. 222).

ಬಹಿಷ್ಕರಿಸು bahis-karisu. = ಬಹಿಕರಿಸು. To put outside, to expel; to exclude (from caste, etc.), to excommunicate (Śśv. 2, after 42; My.). ಬಹಿರಂಗವಾದರೆ ಬಹಿಷ್ಕರಿಸ್ಯಾರು (Prv.).

ಬಹಿಷ್ಕಾರ bahis-kâra. = ಬೈಷ್ಕಾರ. Putting outside, expulsion, exclusion (from caste, etc., My.). ಬಹಿಷ್ಕಾರದವನಿಗೆ ನಮಸ್ಕಾರವೇ? — ಗುಟ್ಟು ಬಹಿರಂಗವಾದ ಮೇಲೆ ಬಹಿಷ್ಕಾರವಾದರೇನು? ಪ್ರಾಯಶ್ಚಿತ್ತವಾದರೇನು? (Prvs.).

ಬಹಿಷ್ಕೃತ bahis-kṛita. Turned out, expelled (from caste, etc.); excepted. (Bp. 36, 38).

ಬಹಿಷ್ಕ್ರಿಯೆ bahis-kriyĕ. An outer act, external rite or ceremony. (My.).

ಬಹಿಷ್ಕ್ಷೇತ್ರ bahis-kshêtra. = ಬಹಿಷ್ಪ್ರದೇಶ. (J. 8, 7).

ಬಹಿಷ್ಪ್ರದೇಶ bahis-pradêśa. A place outside a town or village, the out-skirts of a town or village (My., never used in the sense of ಬಹಿರ್ಭೂಮಿ).

ಬಹಿಸ್ bahis. = ಬಹಿರ್, ಬಹಿಚ್, ವಹಿಸ್. *Out, without, outside; on the outside, outwards, out-of-doors; except; apart, away from others.*

ಬಹು bahu. *Much, abundant; many* (ಬಹಳ Nn. 15); large, great, mighty.

ಬಹುತರ bahu-tara. More, more abundant, more numerous; uncommonly abundant, very numerous; very many. ಬಹುತರಂ (adv.), more, very much, for the greater part, chiefly, frequently, often. ಬಹುತರ is also used instead of the adverb ಬಹುತರಂ (My.), *e. g.* B. 4, 60. See B. 4, 16. 73. 80. 94. 106. 157. 163. 204.

ಬಹುತೆ bahutĕ. = ಬಹುತ್ವ. The plural number (Śmd. 168).

ಬಹುತೇಕ bahutêka. Many a one, several (Mhr.; Mg.).

ಬಹುತ್ವ bahutva. *The state of being much or many, abundance, multitude;* plurality, majority. 2, the plural number (Śmd. 115. 116. 124. 152. 167. 263. 291; Kâvy. I, 2, 4-7. 44-46. 62-65. 96-103).

ಬಹುದು bahudu. See s. ಬಹ.

ಬಹುಧಾನ್ಯ bahu-dhânya. Abounding in corn;—the twelfth year in the cycle of sixty (My.; Mr. 540).

ಬಹುನಾಯಕ bahu-nâyaka. Governed by many, possessing polyarchy (My.).

ಬಹುನಾಯಕತ್ವ bahu-nâyakatva. Government by many, polyarchy (My.).

ಬಹುಪದ್ bahu-pad. Many-footed: *the Indian fig-tree.*

ಬಹುಪಾದ್ bahu-pâd. *The Indian fig-tree.*

ಬಹುಪುಷ್ಪಿ bahu-pushpi. N. of a plant (see Mr. s. ಆವರೆ; Sk. ಬಹುಪುಷ್ಪ, the coral tree).

ಬಹುಪ್ರದ bahu-prada. *Much-bestowing, liberal, munificent.*

ಬಹುಭಾರ್ಯಾಯೋಗ bahu-bhâryâ-yôga. An astrological position of particular stars in a man's horoscope by which he is supposed to be destined to have more than one wife in succession (My.).

ಬಹುಭಾಷಣ bahu-bhâshaṇa. Talking much, talkativeness, garrulity, loquaciousness. See Bp. 40, 60; 50, 71; ಗಟಪು.

ಬಹುಭಾಷಿ bahu-bhâshi. A great talker, a loquacious person. (My.).

ಬಹುಭಾಷೆ bahu-bhâshĕ. = ಬಹುಭಾಷಣ. See ಜಬುಜು.

ಬಹುಮಂಜರಿ bahu-manjari. The holy basil, Ocymum sanctum Lin. (ತುಲಸಿ, ಸುರಸೆ Mr. 129).

ಬಹುಮಾನ bahu-mâna. Respectability, dignity (My.);—great respect or regard for (My.). 2, honourable reception, obliging behaviour (My.). 3, a present; a prize (My.; B. 266). See B. 4, 35. 171. 222.

ಬಹುಮೂತ್ರ bahu-mûtra. Making water in excess; afflicted with diabetes;—excessive discharge of urine; diabetes (ಅತಿವೇಳೆ, ಅತಿಮೂತ್ರ Nn. 132; Śi. 201; C.).

ಬಹುಮೂಲ್ಯ bahu-mûlya. *High-priced, costly, precious.*

ಬಹುರೂಪ bahu-rûpa. Many-formed, multiform, variously shaped (Kâvy. III, 3, B, 92); many-hued; manifold. 2, *the resin of Shorea robusta.* 3, a chameleon. 4, the sun. 5, theatrical representation (Mhr.; My.; see ಬಹುರೂಪಿಣಿ).

ಬಹುರೂಪಕ bahu-rûpaka. Multiform, manifold; manifoldness (Kâvy. I, 5, 47).

ಬಹುರೂಪಿಣಿ bahu-rûpiṇi. An actress, a female pole-dancer (ಕೊಲ್ಲಟಿಗಿತ್ತಿ Ŏt. II, 91).

ಬಹುರೂಪಿಣೀಯ bahu-rûpiṇîya. The faculty of assuming many forms (Abh. P. 14, 85).

ಬಹುರೂಪೆ bahu-rûpĕ. *N. of one of the seven tongues of fire.* See ಏಳುನಾಲಿಗೆ.

ಬಹುರೇಖೆ bahu-rêkhĕ. Many lines, many wrinkles, many furrows, many marks of care or pain. See ಸೊಪ್ಪು.

ಬಹುಲ bahula. = ಬಹಲ, ಬಹುಳ. *Abundant, exceeding, numerous, manifold, much, many;* frequent. 2, *thick, dense, compact, solid; fat, corpulent, stout.* 3, broad, wide, wide-spread, spacious; capacious, ample, large. 4, variously applicable, comprehensive, as a rule. 5, *black.* 6, *the dark half of a lunar month.*—ಬಹುಲಂ, often, frequently (Sk.); much, fully, well, etc. (see ಬಹುಳ = ನೆರೆ³).

ಬಹುಲತೆ bahulatĕ. (Sk.). = ಬಹುಳತೆ, q. v.

ಬಹುಲತ್ವ bahulatva. (Sk.). = ಬಹುಳತ್ವ, q. v.

ಬಹುಲಿಮ bahulima. Abundance, etc. (Čpr. 4, 6).

ಬಹುಲೀಕೃತ bahulî-kṛita. Made much or manifold; extended; augmented. 2, *threshed, winnowed.* See Nr. s. ತೂಱು 1.

ಬಹುಲೆ bahulĕ. *A cow.* 2, *large cardamoms.* 3, ಬಹುಲೆಗಳ್, *the Pleiades or kṛittikâs.*

ಬಹುವಚ bahu-vača. A man who talks much or is loquacious (ಗಟಪುವಂ Mr. 442; Mhr. ಬಹುವಸ).

ಬಹುವಚನ bahu-vačana. The plural number (Śmd. 97. 107. 111. 116. 117. 140. 151. 153. 168. 174. 182. 255. 258. 262; Kâvy. I, 5, 27-31).

ಬಹುವರ್ಣ bahu-varṇa. Many-hued, many-coloured; many colours. (My.).

ಬಹುವಾದ್ಯ bahu-vâdya. Many or various musical instruments. ಬಹುವಾದ್ಯ ಮೊದಿಗಲ್ ಅದು ಲಗ್ಗೆಯಕ್ಕುಂ (Mr. 288).

ಬಹುವಾರಕ bahu-vâraka. *The plant Cordia myxa* Lin.

ಬಹುವಿಧ bahu-vidha. *Of many sorts or kinds, manifold, various.*

ಬಹುವ್ಯಯಿ bahu-vyayi. *Spending much, lavish, prodigal.*

ಬಹುವ್ರೀಹಿ bahu-vrîhi. Possessing much rice. 2, *a relative or adjective compound, a class of compounds in which the last member being a substantive loses its independance as well as its original grammatical character, and together with the first member serves only to qualify or define another word* (Śmd. 89 Mdb. Cm.; 110. 197. 219. 220; Kâvy. I, 3, 10-15. 57-59).

ಬಹುಶ bahuśa. = ಬಹುಶಃ. Tbh. of ಬಹುಶಸ್. (B. 4, 25; My.; also ಬಹುಶಃ, 4, 142. 188; My.).

ಬಹುಶಸ್ bahu-śas. Much, abundantly, in great numbers; generally speaking, for the most part.

ಬಹುಶಾ bahuśâ. = ಬಹುಶ. (My.).

ಬಹುಶ್ರುತ bahu-śruta. One who has heard or studied much, very learned; well versed in the vêda. (Śmd. 129).

ಬಹುಸಂಕಥನ bahu-saṅkathana. Containing a combination (of words or sentences) in narration (Kâvy. III, 3, B, 21).

ಬಹುಸುತೆ bahu-sutĕ. A woman who has many children;— *the plant Asparagus racemosus* Willd.

ಬಹುಸೂತಿ bahu-sûti. *A cow that calves often.*

ಬಹುಸ್ವನ bahu-svana. Making many sounds; an owl. (R.).

ಬಹುಳ bahuḷa. = ಬಹುಲ. (ನಟಿ॰ Śm. 116). Often used as a noun: muchness, abundance, multiplicity, frequency (Śmd. 78. 81), etc. (ಬಹುಳತೆ 66. 213 & 217 Cm.). ಬಹುಳದಿಂ (203. 214), ಬಹುಳದಿನ್ದೆ (212), ಬಹುಳದಿನ್ದಂ (346), ಬಹುಳದ (78. 80 Cm.).

ಬಹುಳಗ್ರಹಣ bahuḷa-grahaṇa. (= ಪೀನಗ್ರಹಣ, ಪ್ರಚುರಗ್ರಹಣ). The comprehensiveness of a rule (ಅದಂ Śmd. 102).

ಬಹುಳತೆ bahuḷatĕ. = ಬಹುಲತೆ. Muchness, multiplicity, abundance, frequency; various applicability, comprehensiveness. See Śmd. 65. 78. 82. 212. 354.

ಬಹುಳತ್ವ bahuḷatva. = ಬಹುಲತ್ವ, ಬಹುಳತೆ. See Śmd. 66. 212.

ಬಹುಳಪಕ್ಷ bahuḷa-paksha. = ಬಹುಲ No. 6. (Bp. 61, 92).

ಬಹುಳವೃತ್ತಿ bahuḷa-vṛitti. Frequent occurrence, frequency (ಬಹುಳದ ವರ್ತನೆ Śmd. 80 Cm.).

ಬಹುಳಸ್ಥಿತಿ bahuḷa-sthiti. = ಬಹುಳತೆ (Śmd. 78; ಬಹುಳದ ಸ್ಥಿತಿ 78 Cm.).

ಬಹೂಕ್ತಿ bahu-ukti. The plural number (ಬಹುವಚನ Śmd. 269 Cm.).

ಬಹೂಪಮೆ bahu-upamĕ. A kind of upamĕ (Kâvy. III, 3, B, 63 seq.).

ಬಹ್ವಾರಮ್ಭ bahu-ârambha. Many efforts (Čpr. 4, 59).

ಬಹ್ವಾಶಿ bahu-âśi. Eating much; a glutton. (My.).

ಬಳ್ baḷ. = ಬೆಳ್ 1. — ಬಳ್ಳುಳ್ಳಿ. -ಬಳ್ಳಿ. = ಬೆಳ್ಳುಳ್ಳಿ. (ಗೃಂಜನ, ಮಹಾಕನ್ದ, ರಸೋನಕ, ಲಶುನ G.).

ಬಳ baḷa. 1. = ಬಳ್ಳ. See ಇಬ್ಬಳ.

ಬಳ baḷa. 2. = ವಳ. See ಅಡಬಳ.

ಬಳ baḷa. Tbh. of ಬಲ (Śmd. 25). See ಬಲ್ಬಳ. — ಬಳಗೂಡು. -ಕೂಡು. To join troops (Rśv. 13, 4). — ಬಳನನುಜ. -ಅನುಜ. Krishṇa (Grj. 4, 71). — ಬಳಮದ್ದು. = ಬಳವರ್ದು, q. v. — ಬಳಮುರ್ದು. (ಅಂಕದೌಷಧ Śmd. II; Śm. 39; ಜಗಳದ ಮದ್ದು G.). Gun-powder (?). — ಬಳವರ್ದು. = ಬಳಮುರ್ದು. (ಅಂಕದೌಷಧ Kk. 84, o. r. ಬಳಮದ್ದು).

ಬಳಕ baḷaka. = ಬೆಳುಕ, q. v.

ಬಳಕಿಸು baḷakisu. = ಬಳುಕಿಸು. To shake (v. t.), as a long split of bamboo, a thin blade of a sword, etc. (My.).

ಬಳಕು baḷaku. = ಬಿಳಕು 2, ಬಳಕು, ಬಳುಕು 1, ಬಳ್ಕು 1. To shake (v. i., My.); to tremble (Bp. 26, 30).

ಬಳಗ baḷaga. A mass, a multitude, an assemblage, a troop, etc. (ಗೊನ್ದಣಿ, ತೆರಳ್ಕೆ, ವಂಗಡ, ಪಿಣ್ಡು, ಬಮ್ಬಲ್, ಗದಣ, etc., ಶ್ರೇಣಿಕೆ Śm. 54; ಜಂಗುಳಿ, ವಂಗಡ, ಬಮ್ಬಲ್, ಹರಿ, etc., ಶ್ರೇಣಿಕೆ Kk. 17; My.; Tĕ. ಬಲಗ); — the family-circle, relations (My.; Tĕ.). See Čpr. 7, after 62; Bp. 58, 28; 59, 50; J. 3, 8. 25. 38; 8, 3; 28, 48.

ಬಳಂಕು baḷaṅku. = ಬಳ್ಕು 2, etc. To bend (v. i., Grj. 1, 86; T. ವಳ್ಳೆ, M. ವಳಿ).

ಬಳಪ baḷapa. = ಬಳಹ, ಬಳಾಪ. A whitish pot-stone, Lapis ollaris, frequently used (as a substitute for slate pencil, etc.) in writing (ಶುಭ್ರೋಪಲ Mr. 359, o. r. ಬಳಹ; My.; T. ಪಲಪ್ಪ, ವಲಪ್ಪ; Tĕ. ಬಲಪ). — ಬಳಪಂಗೊಳ್. -ಕೊಳ್. To seize the pot-stone pencil. ಸವಣಂ ಬಳಪಂಗೊಳೆ, ಗಾಣ್ಡಿವಿ ಬಿಲ್ಗೊಳೆ, ಬಲವಿರೋಧಿ ವಜ್ರಂಗೊಳೆ, ದಾನವರಿಪು ಚಕ್ರಂಗೊಳೆ, ಕೌರವಾರಿ ಗದೆಗೊಳೆ, ಪೂಣರ್ಕೆಗಾವಂ ನಿಲ್ವಂ? (Śmd. 200).

ಬಳಬೆ baḷabĕ. = ಬಣಮ್ಬೆ, etc., ಬಳುವೆ. A stack, a rick. ಕರಡದ ಬಳಬೆ (Bhâgavata 3, 2, 40).

ಬಳಯಿಸು baḷayisu. (fr. ಬಳೆ 1). = ಬಳೆಯಿಸು. To cause to increase; to cause to abound; to cause to grow (Čpr. 1, 86; 5, 11; 8, 60; Abh. P. 15, 58; Grj. 3, after 119). (ಮಾಮರಂ) ಕಾಯ್ಗಳನಿರದೊರ್ಮೆ, ಪಣ್ಗಳನದೊರ್ಮೆ ಜನಕ್ಕೆ ಮನಃಪ್ರಮೋದಮಂ ಬಳಯಿಸಿ, ಮಾಣದಿತ್ತು ಸವಿಯಂ (Čpr. 7, 48).

ಬಳಲ್ baḷal. — ಬಳಲೊಡ್ಡುಗಿನ ಮರ. A shrub or small tree yielding a red dye, Symplocos racemosa Roxb. (St. & Pl.).

ಬಳವನ್ತ baḷa-vanta. = ಬಲವನ್ತ. (Grj. 1, 108).

ಬಳವಿ baḷĕ-vi. (Śmd. 247. 255). Increase, growth (Čpr. 6, after 64). (T. ವಳಪ್ಪ, ವಳಮ್ಬು). ತನುಜನ ಬಳವಿಯನೆ ನೋಡಿ, ಜನಕಂ ನಲಿದಂ (Śmd. 256).

ಬಳವಿಗೆ baḷavigĕ. = ಬಳವಿ, ಬಳವಿಕೆ. (ಸುತರ ಬೆರ್ಚು Čt. I, 58).

ಬಳಸಿಗ baḷasiga. (Śmd. 40).

ಬಳಸು baḷasu. 1. To go in a circle or round, to move round; to have a circular motion (Rśv. 6, after 11); to walk or wander about (Bp. 16, 18; 18, 40; J. 3, 28); to go round, as a rêpha round a consonant (Śmd. 345; ಭ್ರಮಣ Śmd. Dh.; ಸುತ್ತು 345; ತಿರುಗು Śm. 110; Mhr. ವಳಸೇಂ, to turn, move round; *cf.* Sk. ವಲ್); to turn round or take one's course towards (Bp. 43, 60). 2, to be surrounded (Bp. 56, 38; J. 3, 3); to be wrapped up (Bh. 1, 10, 25). 3, to go round, to circumambulate (Bp. 25, 18; 39, 7; 41, 22; 60, 28; 58, 23; 60, 32; Bh. 3, 18, 27; Râm. 1, 16, 52); to surround; to environ (Rśv. 13, after 59, twice; Bp. 54, 19; J. 3, 22; 5, 12; 6,

1; Si. 93); to cover (Rśv. 2, 35); to be in one's company (Bp. 44, 52; Rśv. 4, after 14). ಬಳಸಿ ಬಪ್ಪುದು (ಕಪ್ಪರೆ Kk. 59). See Čpr. 1, 73; 1, after 101; 1, 109. 111. 136; 2, 69. 86; Abh. P. 5, after 53; 11, after 82; 12, 95; ತಲೆವಳಸು; ಮೂವಳಸು 1. — ಬಳಸು ಬಳಸು. rep. (Bp. 58, 23; 60, 32).

ಬಳಸು baḷasu. 2. (Šmd. 40). (= ಬಾಜಿ). The act of surrounding or encompassing (Bh. 2, 2, 103); the state of being round about (Abh. P. 3, 87; 4, after 128; 5, after 53; see ಪೊಜಿ-). 2, what surrounds: a kind of bodice, a coat of mail (ಕಂಚುಕಾಂಗ Šmd. Dh.; ಕಂಚುಕಿ Šm. 110). ಗರುಡಿಯ ಬಳಸಿಂ, ಬಿಜ್ಜೋದರಗಳವಿಸ್ಟೆ, ಆನೆ ಹೋರಲಿಕ್ಕದ ತಬಿಯಿಂ (Šmd. 131). 3, the state of being circuitous, as a road (My.). 4, one round or turn, as of a rope, a dôtra, a sîrĕ, etc. (My.). 5, a turn in serving up dinner (My.). See ಮೂವಳಸು 2.

ಬಳಹ baḷaha. = ಬಳಪ, etc. (Bp. 31, 8. 10; Bh. 1, 1, 9; My.; see Mr. s. ಬಳಪ).

ಬಳಹರಿ (baḷa-hari). (= ಬಳಾರಿ). — ಬಳಹರಿಮಾರಿ. N. (Bp. 23, 19).

ಬಳಾಪ baḷâpa. = ಬಳಪ, etc. (My.).

ಬಳಾಯಿ baḷâyi. (ಧವಲ Čb. 68).

ಬಳಾರಿ baḷâri. (= ಬಳಹರಿ). The demon Baḷâri or Mahâkâḷî (ಮಹಾಕಾಳಿ Čt. II, 119). ಆತನ ಬಲಿಗಟ್ಟಿ, ಮನ್ಮಥಬಳಾರಿಗೆ ಪೆರ್ಗುಬ್ಬ ಮಾಡಿ, ಪೊಯ್ದಪೆಂ (Rśv. 11, 165).

ಬಳಿಕು baḷiku. = ಬಳ್ಕು 1, etc. (Bp. 55, 10).

ಬಳಿಂಕ baḷiṅka(?). A part of a ship (? Mr. 408, text corrupt).

ಬಳಿದು baḷidu. The state of being (bent or) sloping, as a roof (My.); the state of not being steep or of gradual ascent, as a hill (My.); that of inclining from a horizontal direction, as the haft of a hoe, etc. (My.; T. ವಳವು).

ಬಳುಕಿಸು baḷukisu. = ಬಳಕಿಸು. (My.).

ಬಳುಕು baḷuku. 1. = ಬಳಕು, etc. (Bp. 14, 17; 38, 80; My.).

ಬಳುಕು baḷuku. 2. = ಬಳ್ಕು 2, etc. ಉದ್ದವಾಗಿ ಬಳುಕಿದುದು (ಬನ್ಧುರ, ಉನ್ನತಾನತ Nr.). ಉರಗರಾಜನ ಹೆಡೆ ಬಳುಕಿದಡೆ (Bp. 11, 12).

ಬಳುಂಕು baḷuṅku. = ಬಳುಕು 2, etc. (Grj. 5, after 42). ಚನ್ದ್ರಕೀರ್ತಿ ಬಳುಂಕಿದನು, ರಾಜೇನ್ದ್ರಮುನಿ ಕೊಂಕಿದನು (Bp. 52, 18). ಬಡನಡು ಬಳುಂಕೆ (Rśv. 10, 7).

ಬಳುವೆ baḷuvĕ. = ಬಳಚೆ, etc. A large heap (Râm. 6, 55, 15).

ಬಳುವಳಿಕೆ baḷuvaḷikĕ. Increase, growth (Čpr. 4, 2).

ಬಳುವು baḷuvu. Heaviness, weight (My.; T. ಪಳುವು).

ಬಳೆ baḷĕ. 1. (= ಬೆಳೆ 1; cf. ಬಲಿ 1). To increase, to become large, to grow up, to prosper (used only with regard to man and other animals and their bodies according to Šmd. 256; ಪ್ರವೃದ್ಧಿ Šmd. Dh.; ವೃದ್ಧಿ Šm. 114; Čpr. 1, 91; 3, 104; Grj. 4, 2. 38; T., M. ವಳರು). ಬಾಲಭಾವದೊಳೆ ಭಾವಕಿಯರ್ ಬಳೆವರ್ ನಿರನ್ತರಂ (Šmd. 230). ಮೃದುಮುಗ್ಧಾಲಾಪಂ ಬಳೆದಂ ಸರಸ್ವತೀಮಣಿಹಾರಂ (256). ಎನಿತ್ತೆನಿತ್ತು ಅಮ್ಬುಜಪತ್ರನೇತ್ರೆಯಾ ಘನಸ್ತನಂಗಳ್ ಬಳೆಗುಂ ಕಿರಾತೆಯಾ, ಅನಿತ್ತನಿತ್ತಂ ವನದೊಳ್ ವನೇಚರಂ ತನತ್ತು ಬಿಲ್ಲಾನದನ್ ಅನ್ತೆ ಕೇಸುಗುಂ (144). (ಆ ಕುಮಾರರ್) ಇನ್ತು ಬಳೆವುತ್ತಮಿರೆಯಿರೆ (Rśv. 4, after 75). ಉತ್ತಮನೃಪಸುತ — ಮನ್ತ್ರಿಪುತ್ರರಿರ್ವರ್ ಬಳೆದರ್ (4, 78). ನೃಪೋತ್ತಮನ ಸುಕುಮಾರಿ ಮಿಗೆ ಬಳೆವುತ್ತಿರ್ದಳು (Prll. 3, 23). Note: The meaning of ಬೆಳೆ 1 appears in Čpr. 1, 82. 90; 1, after 101; 2, 91; 3, 12; 5, 49.

ಬಳೆ baḷĕ. 2. = ಬೆಳು, etc. — ಬಳೆಗಾರ. -ಕಾರ. = ಬೆಳುಗಾರ. (S. Mhr.).

ಬಳೆ baḷĕ. Tbh. of ವಲಯ. A ring; an armlet, an arm-ring, a bracelet of glass, etc. for females (ಕಾಚಭೂಷಣ Šmd. Dh.; ಬಾಲೆಯರ ಕಾಚವಲಯ Šm. 114; ಪ್ರತಿಸರ Mr. 340; ವೃತ್ತಿಕೆ 285; Čpr. 3, 64; C.; M. ವಳ, T. ವಳ್ಯೆ; Mhr. ವಾಳಾ). ದನ್ತದ ಬಳೆ (Rśv. 5, 24). ನಿಗ್ಗವದ ಬಳೆಗಳ್ (Râghĕ. 17, 65). ಯೂಪಸ್ತಮ್ಭದಲ್ಲಿ ಮರದಿನ್ದ ಮಾಡಲ್ ಪಟ್ಟ ಬಳೆ (ಚಷಾಲ, ಯೂಪಕಟಕ Si. 238). ಚಕ್ರದ ಕಣ್ಣುಗಣ್ಡೆ, ನೊಗ, ಅಚ್ಚು, ಕಡಾಣಿ, ಬಳೆ ಮುನ್ತಾದ ಬಣ್ಡಿಯ ಅವಯವಗಳು (ಅಪಸ್ಕರ); ಬಣ್ಡಿಯ ಚಕ್ರದಲ್ಲಿ ಅಚ್ಚು ಸೇರುವ ಕಣ್ಣಿನ ಸುತ್ತು ಲೋಹದ ಬಳೆ (ನೇಮಿ, etc. 276). ಕುದುರೆವಾಯ ಪೊದಿಗಣ ಬಳೆ (ಕವಿ Šm. 109). ಬಿರಿದಿನ ಬಳೆ (ಕಪ್ಪಡಿ Kk. 75). ಬಳೆಗಳ್ ಗುಲ್ಲುಲ್ಲೆನೆ ಗಿಳಿ ಸೋವಾಕೆಗಳಿನ್ ಒಪ್ಪುಗುಂ ಕೆಲವೆಡೆಯೊಳ್ (Šmd. 231). See ಕೆಯ್-, ಪಾಜುಮ್-, ಬಾಹು-; B. 4, 122; Prvs. s. ಬಾಯಿ 1, ಸನ್ತೆ 1. 2, a series (in algebra, B. 1, 11; Mhr. ವಲ್ಲಿ). — ಬಳೆಗಡಕಹಾವು. -ಕಡಕ-. = ಬಳೆವಡಕಹಾವು. (B. 2, 26). — ಬಳೆದುಡು. -ತುಡು. To put on a ring. ಬಳೆದೊಟ್ಟಂ (Šmd. 200). — ಬಳೆದೊಡಿಸು. -ತೊಡಿಸು. To cause to put on a ring or rings (Č. Bp. 47, 42). — ಬಳೆಮಲಾರ. The bundle of glass rings strung on strings that is carried by bracelet vendors (My.). — ಬಳೆಯವ. -ಅವ. A bracelet maker; a bracelet vendor (My.). — ಬಳೆಯುಪ್ಪು. -ಉಪ್ಪು. A sort of salt (ವಸು Mr. 143; My.). — ಬಳೆವಡಕಗಿಡ. (-ಒಡಕ-). A prostrate herb, the spreading hog-weed, Boerhavia diffusa Lin. (Z.; St. & Pl. as ಬಳೆವಡಕೆ-). — ಬಳೆವಡಕಹಾವು. -ಒಡಕ-. A venomous snake, the Trimeresurus anemallensis (Bd.); the venomous snake Dipsas gokool (Bd.). — ಬಳೆವೊಡಕಹಾವು = ಬಳೆವಡಕಹಾವು. (My.).

ಬಳೆಗಾಱ baḷĕ-gâṛa. (Šmd. 235). = ಬಳೆಯವ. (Râm. 5, 8, 51; C.). ಬಳೆಗಾಱನ ಅಂಗಡೀಲಿ ಪಾದ್ಯೋ ಹಣ್ಣು ಸಿಕ್ಕೀತೇ? — ಬಳೆಗಾಱನ ಮೊಟ್ಟೆ ಕೆಳಕ್ಕೆ ಬಿದ್ದರೆ ತೆಗೆಯಲಿಕ್ಕೆ ಜಿಡಿಗೆ ಬೇಕು (Prvs.).

ಬಳೆಗಾರ್ತಿ baḷĕ-gârti. (Šmd. 246). A female bracelet maker and vendor (My.).

ಬಳೆಯಿಸು baḷĕyisu. = ಬಳಯಿಸು. (Čpr. 1, 91; 5, 126).

ಬಳೆವಿಗೆ baḷĕvigĕ. = ಬಳವಿಗೆ. (Čpr. 1, after 101).

ಬಳ್ಕಿಸು baḷkisu. To cause to bend, to bend (v. t., Čpr. 7, 107).

ಬಳ್ಕು baḷku. 1. = ಬಳಕು, etc., (ಅಳುಕು 5). To shake (v. i.); to tremble; to fear (ಭಯವನ್ ಆನ್ Kk. 72; ನಡೆ, ಅಳ್ಕು, ಸುಗಿ, ಬೆಮರ್, ಸುರುಳ್, ಅಗಿ, ಭಯವನ್ ಆನ್ Šm. 40).

ಬಳ್ಕು baḷku. 2. = (ಬಗ್ಗು 2), ಬಳಂಕು, ಬಳುಕು 2, ಬಳುಂಕು. To bend (v. i., ನಮನ Šmd. Dh.; Grj. 2, after 106). ಬಾಣ್ಪಿಣಂ ಪೊಡರೆ ಬಳ್ಕುವ ಸಮ್ಮನ ಶೂಲವಾಲದೊಳ್ (Šmd. 204,

o. r. ಬಟ್ಕುವ). ಬಳ್ಕುವ ನಡುವು (Rsv. 5, 87). ಫಣಿರಾಜಂ ಬಳ್ಕೆ (6, 11). ತೆಳ್ವಡು ಬಳ್ಕೆ (7, 17). ದಾಲಂ ಮೇಣ್ ಬಳ್ಕೆ (9, 29). ತಾನ್ ಅಳ್ಕೆ, ಬಳ್ಕೆ (J. 6, 28).

ಬಳ್ಕುಡಿ balkuḍi. = ಬಕ್ಕುಡಿ 2, q. v. Fear (ಗುರ್ವು, ಬೆಗರ್, ಬೆಬ್ಬಳ, ಅಳಿರ್, etc., ಭಯ Ks.).

ಬಳ್ಪಳ balpaḷa. (= ಬೆಳವಲ). Growth (ಬೆಳವುದು Čt. II, 37). ತೊಳಪ ದನ್ತಮರೀಚಿಸನ್ತತಿ ಪರ್ವೆ ಬಳ್ಪಳ(ಂ) ನೀಳ್ದು (Šmd. 275 Mdb.).

ಬಳ್ಪಳಿಕೆ balpaḷikĕ. Growth, greatness; or great lustre (*cf.* ಬೆಳ್ಪಳ; Čpr. 8, after 51).

ಬಳ್ಳ baḷḷa. = ಬಳ 1. A measure of capacity, the 4th part of a kōḷaga or 4 mânas (C.; Mr. 355, see s. ಪಾಗ and ಖರ್ಚ; ತಿವ Mr. 206; ಪ್ರಸ್ಥ Hlâ., Nr., Nn. 108, Mr. 472, Si. 329. 429; T. ವಳ್ಳ; M. ವಲ್ಲ; Tě. ಬಳ್ಳಿ; T., M. ವಳ್ಳ also: a canoe or boat of one trunk; a brazen charger or eating dish; Tě. ವಲ್ಲ, a purse; M. ವಲ್ಲ = Sk. ವಲ್ಲಿ, a large bamboo basket to hold grain, etc.). ಬಳ್ಳ ವಡೆ (Šmd. I). See Bp. 9, 17; 42, 5; V. 9, after 71; J. 2, 27; Prv. s. ಬೆಳಸು 1. — ಬಳ್ಳದ ಮರ. A cross piece of wood on the wheel of an idol car (My.). — ಬಳ್ಳಾರಿ. N. of a town in Tělugu (My.; B. 3, 46; 5, 122). — ಬಳ್ಳೇಶ್ವರ. -ಈಶ್ವರ. N. (Bp. 9, 11). ಬಳ್ಳೇಶ್ವರನ ಮಲ್ಲಯ್ಯ (Bp. 9, 46; 47, 38).

ಬಳ್ಳವಳ್ಳಿ (baḷḷa-baḷḷi, *i. e.* baḷḷi-baḷḷi). Creepers and creepers, *i. e.* turnings and turnings (? Abh. P. 3, 115; 12, 87).

ಬಳ್ಳಾಳ baḷḷâḷa. = ಬಲ್ಲಾಳ. (My.).

ಬಳ್ಳಿ baḷḷi. Tbh. of ವಲ್ಲಿ. A creeper, a vine (ಲತೆ, ಪ್ರತಾನಿನಿ, ವಲ್ಲಿ, ಪ್ರತತಿ, ವ್ರತತಿ Hlâ.; ಲತೆ Nn. 31; ವಲ್ಲಿ 102; ವಲ್ಲಿ, etc. Mr. 106; C.; Tě. ವಲ್ಲಿ; T., M. ವಳ್ಳಿ). ಎಲೆಯ ಬಳ್ಳಿ (ತಾಮ್ಬೂಲವಲ್ಲಿ Hlâ.). ನೀರಜದ ಕ್ಷೈರವದ ಬಳ್ಳಿ (ಬಿಸಿನಿ Mr. 420). ಬಿಳೀ ನೆಯ್ದಿಲೇ ಬಳ್ಳಿ (ಕುಮುದ್ವತಿ, etc.); ತಾವರೇ ಬಳ್ಳಿ (ನಲಿನಿ, etc. Si. 95). ಮರ ಗಿಡು ಬಳ್ಳಿ ಫಲ್ ಪೊದಟ್ (Šmd. 89. 113. 129). ಬಳ್ಳಿ ಹಿಡಿದು, ಕಾಯಿ ಕೊಯ್ಯ ಬೇಕು (Prv.). See ಅಲರ್ವಳ್ಳಿ, ಎಳೆವಳ್ಳಿ; Č. Bp. 11, 5; Rsv. 3, 33; 4, 23. — ಬಳ್ಳಿಗಱುಕೆ. -ಅಱುಕೆ. White bent-grass, Panicum dactylon (ಗಣ್ಡಾಲಿ, ಶಕುಲಾಕ್ಷಕ Nr.). — ಬಳ್ಳಿದುಟಿಜೆ. -ತುಟಿಜೆ. = ಬಳ್ಳಿದುಱುಜೆ. (ಯೂಸ, ಯವಾಸ, etc. Si. 144). — ಬಳ್ಳಿದುಱುಜೆ. -ತುಱುಜೆ. The plant Alhagi maurorum Tournef. (ಯೂಸ, ಯವಾಸ, ದುಸ್ಪರ್ಶ, ಧನ್ವಯಾಸ, etc. Nr.). — ಬಳ್ಳಿಬಜ್ಜಲಿ. (ಕಲಮ್ಬಿ Si. 162). — ಬಳ್ಳಿಮಾಡ. Tbh. of ವಲ್ಲಿಮಾಟ (Šmd. 380). See Čpr. 6, after 88; V. 5, 6; 9, 7. — ಬಳ್ಳಿಮಾವು. A kind of mango tree (Čpr. 6, after 88; 8, after 73). — ಬಳ್ಳಿಮಿಂಚು. Chain-lightning, lightning in zigzag (Abh. P. 18, 76; Bp. 11, 34; Rsv. 5, after 19; Bh. 6, 1, 6). — ಬಳ್ಳಿಮೀನು. A polyp (? Si. 88). — ಬಳ್ಳಿವರೆ. -ಪರೆ. A creeper to spread out or run; to spread like a creeper (Grj. 2, after 106; 3, after 26; Rsv. 4, after 14; 7, after 17). — ಬಳ್ಳಿವರ್ಬು. -ಪರ್ಬು. = ಬಳ್ಳಿವರೆ. (Čpr. 8, after 44). — ಬಳ್ಳಿವಲೆ. -ಬಲೆ. A kind of net (Rsv. 5, after 114). — ಬಳ್ಳಿವಸಲೆ. -ಪಸಲೆ. A green spot of creepers (Čpr. 8, after 4). — ಬಳ್ಳಿವೆಳಗು. -ಬೆಳಗು. Zigzag-light (Grj. 5, 61; 5, after 76; Rsv. 6, after 11; 13, after 77).

ಬಳ್ಳು baḷḷu. = ಒಳ್ಳು 2, q. v. A jackal (ಭೂರಿಮಾಯು, ಗೋಮಾಯು Mr. 162; Abh. P. 14, 122; J. 19, 3; My.; Tě. ವರದು, ವರುಡು, an old fox; M. ವವ್ವಾಯಿ, ವವ್ವಾಲಿ, a fox; Mhr. ಭಾಲೂ, a bear; an old female jackal; *cf.* ಛಲ್ಲ No. 2).

ಬಳ್ಳೆ baḷḷĕ. N. of a plant (ಕುಶಲತೆ Mr. 149). — ಬಳ್ಳೆ ಸೊಪ್ಪು. = ಬಳ್ಳೆ. (My.). ಬಡಾಯಿ ಬಡಾಯಿ, (ನಿನಗೆ) ಬಳ್ಳೆಸೊಪ್ಪು, ಸೋತ ಪುರುಕಿಗೆ ಸೋರೆಸೊಪ್ಪು (Prv.).

ಬೞ್ bal. (= ಬಾೞ್ 1). To live (ಜೀವಿಸು Šmd. I). ಬೞ್ದಂ (49). ಬೞ್ದಳ್ (Čpr. 1, after 101). ದೈವದಿಂ ಬೞ್ದಂ (Šmd. 157). ಬೞ್ದುದು ಬಲ್ಲವಾಡಿ (38). ಬೇಟಮಂ ಪಡೆದನೆ? ಬಾೞ್ ದಾಱ್ಪಡಿನಿತಿಲ್ಲದ ಬಾೞ್ವೆಣನೇಕೆ ಬೞ್ದಪಂ? (81 Mdb.). 2, to begin to live prosperously (ಒಕ್ಕಲಾಗು Šmd. I).

ಬೞಿ baḷa. 1. = ಬೞು 2, etc. — ಬೞಿವಲಿ. = ಬೞಿವಟ್ಟ. (G.). — ಬೞಿವಟ್ಟ. = ಬೞಿವಡ. (ಯೌತಕಾದಿಯುದ್ದೇಯಂ, ಸುದಾಯ, ಹರಣ, ಮುದಿವೆ ಮುನ್ತಾದವುಗಳಲ್ಲಿ ಮಗಳಿಗೂ ಅಳಿಯನಿಗೂ ಕೊಡ ತಕ್ಕ ಬೞಿವಟ್ಟ ಮುನ್ತಾದ ಬಹುಮಾನ Si. 266, *only* in Si.).

ಬೞಿ baḷa. 2. = ಬೞು 2. Short P. p. of ಬೞ್ 4, in ಬೞಿ ಕೊಳ್ಳು (My.).

ಬೞಿಕೆ baḷakĕ. = (ಪದಿಕ), ಬೞಕೆ No. 1. Course, way of action, plan, contrivance (Bh. 1, 8, 61. 76). 2, use;—custom, practice; exercise;—the state of being well known or understood by practice; conversancy with;—intimate and frequent converse or association, familiarity, familiar intercourse (Šmd. 262, v. 224, which is an *interpolation*, as it does not occur in Mdb.; My.; B. 5, 155; T. ಪಟಕ್ಕ, ವಟಕ್ಕ, ವೞ). ಬೞಕೆಯಿಲ್ಲದಲ್ಲಿ ಬಾಟಿ ಬಹುದು, ಚಳೀ ಕಾಟ ಸಯ್ರಿಸ ಕೂಡದು (Prv.). See Prv. s. ಬೆಳಕು.

ಬೞಿಚು baḷaču. 1. To cause to smear (a floor, etc. with cow-dung, My.).

ಬೞಿಚು baḷaču. 2. (ಬಳಚು). = ಬೞಚು. (To cause to go?), to cut off (Râm. 3, 4, 27).

ಬೞಿದು baḷadu. = ಬೞುದು. P. p. of ಬೞ್ 4. (My.).

ಬೞಿಲ್ baḷal. 1. = ಬಡಲು 1. To become weary, to be fatigued; to droop, to fade; to be cast down, to be distressed (ಎಡಲ್ Šmd. I; ಶ್ರಾನ್ತಿ Šmd. Dh.; ಸೇದೆ Šm. 107; see ಬಡಲುವಿಕೆ; T. ವೞಕ್ಕೈ, weariness, etc.; *cf.* ಬಾಡು 1). P. p. ಬೞಲ್ದು (Šmd. 49). ಪುಷ್ಪಮೊನ್ದು ಬೞಲಲ್ ಭೃಂಗಕ್ಕೆ ಪೂವಿಲ್ಲವೇ? (Si. 8). See Čpr. 5, 63; 7, 41; 8, 71; Bp. 42, 31; Rsv. 5, 39; 11, 7; J. 4, 35; 13, 5; 26, 4; 28, 5. 16; 29, 49; ಕಡು-.

ಬೞಿಲ್ baḷal. 2. = ಬೞಲ್. To become slack or loose; to swing, to dangle; to slip (ಜೋಲ್ Šm. 107; T., M. ವಱುಕ್ಕು, to slide or slip; M. also ವಱುದು). ಬೞಲ್ದ ಉಡಿ (Čpr. 7, 117).

ಬೞಿಲ್ baḷal. 3. = ಬಡಲು 2. The state of being loose, etc. (ಜಂಗಳ, ಸೋರ್, ಸಡಿಲ್ದುದು Šm. 49). — ಬೞಲ್ಗಿವಿ. -ಕಿವಿ. A flapping ear (J. 13, 60). — ಬೞಲ್ದುಱುಬು. -ತುಱುಬು. A loose bundle of hair (J. 13, 25). — ಬೞಲ್ಮುಡಿ. A loose knot or braid of hair (Abh. P. 3, after 67; Šm. 118; Rsv. 7, 17).

ಬೞಲಿಕೆ baḷalikĕ. = ಬಡಲ್ಕೆ. Weariness, fatigue, distress (ದವಥು, ಪರಿತಾಪ Hlâ., Mr. 385; ಆಟಳಟ Bhn. 66; Bp. 13, 12; 29, 13; 59, 15; Râm. 3, 2, 15; J. 5, 61; My.; T. ವಡಲಿಗ್ಗೈ). ಬಹಳ ಬೞಲಿಕೆ (ಪ್ರಗಾಢ Si. 417).

ಬಳಲಿದು balalidu. A wrong form of ಬಳಲ್ದು. P. p. of ಬಳಲ್ 1 (Râm. 2, 7, 3).

ಬಳಲಿಸು balalisu. = ಬಳಲ್ಚು. (Râm. 3, 2, 27; J. 7, 60; 13, 19. 33. 55; My.).

ಬಳಲು balalu. 1. = ಬಳಲ್ 1. P. p. ಬಳಲಿ. (Bp. 24, 61; 47, 40; 57, 14; Râm. 3, 8, 69; J. 7, 39; 10, 50; 15, 5; 18, 17; My.). ಬಳಲೋಣವು (ಕ್ಲಮಥ, ಕ್ಲಮ, ಬಡಲುವಿಕೆ Si. 390). ಕಲ್ದಿ ಬಳಲುವ ಹಾಗೆ ಮಾಡುವ ರೋಗಾದಿಗಳು (ಸ್ಪರ್ಶ, ಸ್ಪಷ್ಟ, ಉಪತಪ್ತ 392).

ಬಳಲು balalu. 2. = ಬಳಲ್ 3. — ಬಳಲುಗೊರಳ್. -ಕೊರಳ್. A slack neck (Râm. 3, 3, 18).

ಬಳಲ್ಕೆ balalkĕ. = ಬಳಲಿಕೆ. (ನೇಡೆ Čt. I, 50; II, 37; Kk. 46; Šm. 59; Bp. 12, 47; J. 4, 48; 32, 28).

ಬಳಲ್ಚು balalču. = ಬಳಲಿಸು. To deprive of motion or activity: to exhaust, to weary (ನಿಕ್ಷೇಪ್ಟಿ Šmd. Dh.; Ššv. 5, 3).

ಬಳಸು balasu. = ಬಳಸು 1. (To cause to go); to use; to spend, as time, etc. (My.; Bp. 16, 19; 20, 8; Bh. 1, 1, 9; 1, 10, 1; Râm. 3, 2, 18; Si. 36; B. 5, 92. 103; T. ವಳಂಗು, to walk; to pass current; to be in use;—to conduct; ವಯುಂಗು, to conduct, carry on; ವಯಣ, ವಯನ, way, manner; Tĕ. ವರಸೆ, way, mode; usage; see ಪಳಕಿಸು; *cf.* also Tbh. ವಯಿನ and ವಾಡಿಕೆ). ಬಳಸದಿರ್ಪುದು (ಮಾಸಲ್ Bhn. 9). See Prv. s. ಬೆಳಸು 1.

ಬಳಿ bali. 1. = (ಬಿದ 2), ಬಲಿ 2. (Going; passing); a way, a road (ಮಾರ್ಗ Šmd. Dh.; ಬಟ್ಟೆ I; ಪಥ Šm. 115; My.; T. ವಿಡಿ, ವಂ, ವಟ; M. ವಟಿ). **2,** a place, a spot (ಎಡೆ, ತಾವು Nn. 128; Čpr. 6, 48; T.). ಪೊದ್ದು ಬಳಿ (ಬಾಸುಟ್ Šmd. I). ನಗಕುಲದ ಬಳಿಗಳು (Râm. 3, 2, 16). See ಎಸಳ್ವಟಿ. **3,** vicinity, nearness; company (ಸನಿಹ Šm. 115; ಸಮೀಪ, ನಿಕಟ, ಸನೀಡ, ಸದೇಶ, ಸವಿಧ, ಸಮರ್ಯಾದ, etc., ಹತ್ತಿರ Si. 371; My.). ಕಮ ತಾಯ ಬಳಿಯನುಬಳಿಯದ ತೆಲಿದಿಸ್ಥಂ (Šmd. 194). ಈತನಂ ಕಳುಹಿದೆವು ನಿನ್ನ ಬಳಿಗೆ (J. 30, 25). See Šmd. 5; Bh. 1, 8, 94; 1, 10, 28; J. 10, 43; 13, 53; Si. 90. 201. **4,** way, mode, order: regularity, proper course, right behaviour (T., M. ವಟ; see ಗಟಿವಟಿ). **5,** race, lineage (ವಂಶ Šmd. Dh. & I; Šm. 115; M. ವಟಿವಾಡು; Tu. ಬರಿ). **6,** passing on: following: later or succeeding time; after, afterwards; further, and (ಮತ್ತೆ Šmd. I; ಬಳ್ಲೆ, ಮತ್ತೆ 398; T. ವಟಿ). ಬಳಿಯೊಳ್ (Čpr. 3, 39). **7,** the place of the throat next to the artery called pingalĕ (ಪಿಂಗಲೆಯು ಬಳಿಗೊರಲ್ Šmd. I). — ಬಳಿ ಕೊಳ್. To take the proper way or order: to place together in regular order (ಕ್ರಮ ಸನ್ಧಾನ Šmd. Dh.). — ಬಳಿಗೆಲಸ. -ಕೆಲಸ. Work in the vicinity or about (a person), waiting upon, attendance, service (Bp. 16, 13; 18, 12; 25, 8; 26, 20. 62). — ಬಳಿಗೆಲಸಿ. -ಕೆಲಸಿ. An attendant, a servant (Bp. 47, 36). — ಬಳಿಗೊರಲ್. -ಕೊರಲ್. The place of the throat next to—(see s. ಬಳಿ No. 7). — ಬಳಿಗೊಳ್. -ಕೊಳ್. To occupy a place, to plant one's self (Ršv. 5, 42). — ಬಳಿಗೋಲು. -ಕೋಲು. Another arrow (Bh. 3, 10, 39). — ಬಳಿದಪ್ಪ. -ತಪ್ಪ. The road to be lost: to lose one's road (Čpr. 5, after 64). — ಬಳಿಯಂ. -ಅಂ. A man of good manners, a submissive man (ವಿಧೇಯಂ Šmd. I). See another ಬಳಿಯಂ s. ಬಳಿಯ. — ಬಳಿವಟ್. -ಬಟ್ 2. 1. = ಬಳುವಲಿ, ಬಳಿವಟ್ಟು, ಬಳುವಲಿ, ಬಳುವಟ್. A company-gift: a gift that does not come alone, but is followed by another, two and more presents (ಕೊಟ್ಟ ವಸ್ತುವಿನ ಬಳಿಯೊಳ್ ಕುಡುವುದು Šmd. I); especially the present to one's daughter, and other presents besides, given at the time of marriage (ಅಟ್ಟುವಪ್ಪರಿ Kk. 53; ಅಟ್ಟುವಪ್ಪಲಿ Šm. 61). — ಬಳಿವಟ್. -ಬಟ್. 2. Different ways or roads (Ršv. 11, 166). — ಬಳಿವಿಡಿ. -ಪಿಡಿ. To take a way;—to join (*v. i.*);—to follow;—to observe a regular order;—to conduct in accordance with, to comply with (ಬೆಮ್ಬಳಿವಿಡಿ Šmd. 195 Cm.). ಬಳಿವಿಡಿದು ಬಹವನು (ಅನುಪ್ಲವ, ಸಹಾಯ, ಅನುಚರ, etc.); ಬಳಿವಿಡಿದುದು (ಅನ್ವಂಚ್, ಅನುಗ, etc.); ಬಳಿವಿಡಿದುದು (ಅನುರೋಧ, ಪ್ರಸಾದ Nr.). ಬಳಿವಿಡಿದು ಬರುಪಕ್ಕೆ ಈವುದು (ಸಮಾಂಸಮೀನೆ Mr. 181). See Šmd. 298; Bp. 28, 28; 38, 18; 46, 21; 53, 64; 57, 46; Ššv. 4, after 24; J. 3, 8; 5, 31; 20, 34; 30, 15. — ಬಳಿ ಸಲ್. To go after, to follow (ಅನುಗಮನ Šmd. Dh.; ಪಿನ್ಸಯ್ದಿ ಪೋಪುದು Čt. I, 35; Šmd. 281, o. r. ತಟ-; Abh. P. 13, 35; Bp. 4, 61; 56, 48; Bh. 1, 3, 45; Ššv. 2, after 42; J. 28, 52). — ಬಳಿ ಸಲಿಸು. To place behind (Râm. 6, 11, 2); to put into the shade (6, 30, 13). — ಬಳಿ (6, 30, 9); to come one after the other (6, 30, 13). — ಬಳಿಸಲುಹ. Following (ಅನುಪದ, ಅನ್ವಂಚ್, ಅನ್ವಕ್ಷ Hlâ.). — ಬಳಿ ಸಳ್ಳು. A large, etc. road (ಪೆರ್ದಾರಿ Čt. I, 35). — ಬಳಿ ಸಾರ್. To approach (Ššv. 2, 47). — ಬಳಿಸೂರ್ಯಶಯಾನಕ. A chameleon (ಗೋಸುಮ್ಬೆ Mr. 164).

ಬಳಿ bali. 2. = ಬರಿ 2, ಬಲಿ 3, ಬಟಿ 1, ಬಳಸೆ, ಬಟು 1, ಬಳ್ಚು. A gift, a present. (T. ಅಳಿ, to bestow, grant; ವಟಂಗು, to give; to distribute; M. ವಟಿಜ್ಞು, to grant a favour; T. ವಟ, offerings of rice, etc.; ವಡಿತ್ತಲ್, giving in possession; *cf.* ಬಾಗಿನ; ವರ 3). See ಉಮ್ಬಳಿ, ಬಳಿವಟ್, ಬಳುವಟ್.

ಬಳಿ bali. 3. A man who calls or invites (ಆಹ್ವಾನಪುರುಷ Šmd. Dh.; ಕರೆವಂ I; T. ಅಟೈ, to call, summon; T., M. ಎಳಿ, to call, invite;—a call, cry, summons; Tĕ. ಪಿಲುಚು, to call, invite; ಪಿಲುಪು, a call, cry; an invitation; *cf.* ಬಿದ್ದಣ). — ಬಳಿಯಟ್ಟು. -ಅಟ್ಟು. To send one that calls or invites to come (Čpr. 7, 48; Abh. P. 6, after 42; 12, after 40; 16, after 4).

ಬಳಿ bali. 4. = ಬೊಟ್. To sweep together, as dust (My.);—to wipe off or aside with the hand (Râm. 3, 6, 57; My.);—to scrape together with the hand (Bh. 2, 13, 50). **2,** to put on or apply to, as lime (white-wash), mud, etc. to a wall, cow-dung to the floor of a house, etc., an ointment to the body (My.);—to besmear, as the floor of a house, etc. with cow-dung; to anoint (ಸಮ್ಮಾರ್ಜನ Šmd. Dh., Šm. 115; ಲೇಪಿಸು Šmd. I; Ršv. 11, 67; My.; T. ವಟ; M. ವಡಿ; *cf.* ಬಾಚು 2). P. ps. ಬಳಿದು, ಬಳಿದು. ಬಳಿದ ಎಣ್ಣೆ (the oil applied to the body) ಬಚ್ಚಲಿಗೆ (Prv.). — ಬಳಿದು ಕೊಳ್ಳು. To smear, as paint on the face (My.). ಬಳಿದು ಕೊಂಡು ಹೋಗು, to rob (My.).

ಬಳಿಕ balika. ಬಳಿಕಂ. = ಬಳಿ 1 No. 6, ಬಳಿಕೆ No. 2, ಬಳಿಕ್ಕ, ಬಳಿಕ್ಕೆ, ಬಳಿಯ. After, afterwards;

further, and (ಪಶ್ಚಾದರ್ಥ Šmd. I; 396; ಮತ್ತೆಯ್ಮರ್ಥ 397 Cm.; ಪಶ್ಚಾತ್, ಚರಮ Hlā., Mr. 434; My.; Tě. ವೆನಕ, ವೆನುಕ; Čpr. 2, 41; Bp. 37, 15; 49, 40; Jmt. 17; Bh. 1, 8, 83; 1, 10, 86; Šm. 27. 39; J. 2, 4. 47; Si. 301. 398). — ಬಳಿಕಲಿ. Even afterwards (Bp. 3, 84).

ಬಳಿಕೆ baḻikĕ. = ಬಳಕೆ. Use, etc. (My.; Si. 15. 102. 320; B. 4, 53. 141; 5, 60. 226). 2, = ಬಳಕ, etc. (Šmd. I; 396; Šm. 37. 58. 118). — ಬಳಿಕೆಗೊಳ್. -ಕೊಳ್. To obtain use, to be used (My.; Si. 19).

ಬಳಿಕ್ಕ baḻikka. ಬಳಿಕ್ಕಂ. = ಬಳಕ, etc. (Šmd. I; 396; Bp. 13, 6; 42, 30; 49, 18).

ಬಳಿಕ್ಕೆ baḻikkĕ. = ಬಳಕ, etc. (Šmd. I; 396).

ಬಳಿಗೆ baḻigĕ. = ಬಳಿ 2, etc. See ಉಪ್ಪುಬಳಿಗೆ.

ಬಳಿಚು baḻiču. (ಬಳಿಚು). = ಬಳಿಚು 2. (J. 4, 44).

ಬಳಿಯ baḻiya. ಬಳಿಯಂ. = ಬಳಕ, etc. (Šmd. I; 396; Čpr. 5, after 44; Rāv. 13, 99). ಅಲ್ಲಿಂ ಬಳಿಯಂ (Lilv. 3, after 3). See another ಬಳಿಯಂ s. ಬಳಿ 1.

ಬಳಿಲ್ baḻil. = ಬಳಲ್ 2. (ಜಗುಳ್ Šmd. I).

ಬಳಿಲ್ಚು baḻilču. To cause to slip, drop or fall down (ಅಧಃಸ್ರಂಸನ Šmd. Dh.).

ಬಳಿಸು baḻisu. 1. = ಬಳಸು. (My.; B. 4, 141. 194).

ಬಳಿಸು baḻisu. 2. = ಬೊಳಿಸು. To cause to sweep together, etc. (My.).

ಬಳು baḻu. 1. = ಬಳಿ 2, etc. — ಬಳುವಳಿ. -ಬಳಿ. = ಬಳುವಳಿ. (Nr. a; J. 31, 19). — ಬಳುವಳಿ. -ಬಳಿ. = ಬಳಿವಳಿ 1. (Bh. 8, 27, 22; J. 27, 54). ಮದುವೆ ಮೊದಲಾದವದಲ್ಲಿ ಕೊಡುವ ಬಳು ವಳಿ ಮೊದಲಾದುದು ಅನೊನ್ನು, ಅದು ದಾಯ ಎನ್ನೂ ಹರಣ ಎನ್ನೂ ಎನಿಸುಗು (Nr. b).

ಬಳು baḻu. 2. = ಬಳ 2. P. p. of ಬಳಿ 4, in ಬಳು ಕೊಳ್ಳು (My.).

ಬಳು baḻu. 3. Putting on or applying to. — ಬಳುಗಾರೆ. Mortar that is applied to a wall, etc. for smoothing and finishing (My.).

ಬಳ್ದುಂಕು baḻduṅku. = ಬದುಕು 1, etc. To live, etc. (ಜೀವಿಸು Šmd. I); to remain alive, to be saved (ಬಿಡಲ್ ಪಡು I). ಪುಲಿಯ ಬಾಯಿಂ ಬಳ್ದುಂಕಿದಂ (I).

ಬಳ್ಳಿ baḻḻi. = ಬಳಿ 2, etc. See ಬಡಿವಳ್ಳಿ.

ಬಾ bâ. 1. Imperative singular of ಬರ್ 1: Come! (C.; Bh. 1, 8, 61; 2, 13, 8. 9; T., M. ವಾ). — ಬಾ ಬಾ. rep. (Bp. 24, 82; 27, 61).

ಬಾ bâ. 2. = ಬಾಯು. To swell, to tumefy (ಶೋಥ Šmd. Dh.; ಬೀಗು Bhn. 21). P. ps. ಬಾದು (Šmd. 265 Cm.; 279 Cm.), ಬಾತು (Šmd. 287 Cm.). ಬಾದುಜ್ವೆಸ್ದು, ಹತ್ತನೆಯ ತಲೆಯುಮಂ ನೇರ್ವಾರ್ಗಳ್ (Šmd. 288).

ಬಾ bâ. = ಬಾವ 1. — ಬಾ ಮಯ್ದುಳು. = ಬಾವ ಮಯ್ದುನ್ನರು. (My.). — ಬಾ ಮಯ್ದ. = ಬಾವ ಮಯ್ದ. (My.).

ಬಾಂವಿ bâṁvi. = ಬಾವಿ. (ವಾಪಿ Čb.).

ಬಾಕ bâka. Tbh. of ಭಾಕ್ಷ. See e. g. ಹೊಟ್ಟೆ-. Feminine ಬಾಕಳು, see e. g. ಹೊಟ್ಟೆ-.

ಬಾಕತನ bâkatana. Gluttony. See e. g. ಹೊಟ್ಟೆ-.

ಬಾಕಲ್ bâkal. ಬಾಕಲು. = ಬಾಗಿಲ್, etc. (ದ್ವಾರ, ಪ್ರತೀ ಹಾರ Si. 111; My.). See Si. 111. 112; B. 5, 27.

ಬಾಕಲ bâkala. = ಬಾಕಲ್, etc. (B. 5, 126. 140).

ಬಾಕಲು bâkalu. = ಹಕ್ಕಲು. — ಬಾಕಲಾಯು. -ಆಯು. = ಹಕ್ಕಲಾಯು. (My.).

ಬಾಕಿ bâki. 1. (fr. ಬಾಕ). A female eater or devourer. See ಹೊನ್ನು-.

ಬಾಕಿ bâki. 2. Remainder; balance; balance outstanding (of a sum or an account); debt; remaining (My.; Mhr., H., Br.; Čb. 148). ತೆತ್ತಷ್ಟು ಬಾಕಿ ಬಿದ್ದರೆ ಮತ್ತೇನು ಕೊಟ್ಟಾನು? — ಅಸಲು ಬಾಕಿಯಾದರೂ ಬಡ್ಡಿ ಕೆಯ್ದು ಬನ್ನು (Prvs.). — ಬಾಕಿ ಸಾಕಿ. Balance outstanding (My.; Mhr. ಬಾಕೀ ಸಾಕೀ).

ಬಾಕಿದಾರ bâki-dâra. A man from whom a balance is due, one who is in arrears (My.).

ಬಾಕು bâku. 1. A bend, a curve (Mhr., H. ಬಾಕ, ಬಾಂಕ, ವಾಕ, ವಾಂಕ). ಹುಬ್ಬಿನ ಬಾಕು (ಭ್ರೂಲತೆ Čb.).

ಬಾಕು bâku. 2. = ಬಾಗು. A dagger (My.; T. ವಾಂಗು, M. ವಾಜ್ಮು, ವಂಗಿ; Br., H.).

ಬಾಕುಳ bâkuḷa. = ಬಾಕುಳಿ. (Bp. 40, 58).

ಬಾಕುಳಿ bâkuḷi. Excessive desire (ಪಸ, ಪೊಗಸು, ಇಚ್ಚೆ Šs.; ಅತ್ಯಾಶ Kk. 67; ಪಿರಿದಾಸೆ Šm. 51; cf. ಬಯಸು). 2, an inordinately desirous, covetous person (Bh. 3, 7, 67).

ಬಾಗ್ bâg. ಬಾಗು. A garden (Mhr., H. ಬಾಗ; see ಲಾಲ್-).

ಬಾಗ bâga. 1. (Tbh. of ಭಾಗ್ಯ). One of the qualities of sâtvati (Kâvy. IV, 2, 60; Tě. ಬಾಗು). — ಬಾಗವಾಡಿ. N. of a place (Bp. 2, 45; 5, 49; see ಸಂಗಳೇಶ್ವರ-).

ಬಾಗ bâga. 2. Tbh. of ಭಾಗ. (My.). See ಕಡಿವಾಗ.

ಬಾಗ bâga. 3. = ಬಾಗ್. See ಬಾಗವಾನ.

ಬಾಗಲ bâgala. = ಬಾಗಲು, etc. See ಅಗಸೆ-. — ಬಾಗಲವಾಡ. -ಬಾಡ. = ಬಾಗಿಲ್ವಾಡ. A door-frame (My.).

ಬಾಗಲು bâgalu. = ಬಾಗಿಲ್, etc. (My.). ಊರೆಲ್ಲ ಸೂರೆ ಆದ ಮೇಲೆ ಬಾಗಲು ಹಾಕಿದರು. — ಬಾಗಲು ಮುಚ್ಚಿದು ಹೊಗುವವನಿಗೆ ಬೀಗದ ಕೆಯ್ ಯಾಕೆ? (Prvs.).

ಬಾಗವಾನ bâgā-vâna. A gardener; one of a caste that buy and sell vegetables and flowers (S. Mhr.; Mhr., H.).

ಬಾಗಾಯತಿ bâgâyati. Relating to garden-land (Mhr., H. ಬಾಗಾಯತೀ); a garden (My.).

ಬಾಗಾಯತು bâgâyatu. Garden-land, a garden (My.; Mhr., H. ಬಾಗಾಯತ್).

ಬಾಗಿ bâgi. = ಬಾಗೆ. N. of a tree (ಶಿವಾಂಗಿ Mr. 127, o. r. in two MSS. ಬಾಗೆ; Bp. 45, 36); the tree Calosanthes indica Blum. (St. & Pl.; Oroxylum indicum Vent., Z.).

ಬಾಗಿ bâgi. 1. Tbh. of ಭಾಗಿ 1. An owner; a master, a lord (Abh. P. 5, 3).

ಬಾಗಿ bâgi. 2. (Tbh. of ಭಾಗ್ಯ). = ಭಾಗಿ 3. N. (My.). — ಬಾಗಮ್ಮ. -ಅಮ್ಮ. N. (My.).

ಬಾಗಿನ bâgina. = ಬಾಯಿನ. Tbh. of ವಾಯನ. A present, a gift (My.; T. ವಾಗ್ಯೆ; cf. ಬಳಿ 2).

ಬಾಗಿಲ್ bâgil. ಬಾಗಿಲು. = ಬಾಕಲ್, ಬಾಕಲ, ಬಾಗಲ, ಬಾಗಲು, ಬಾಗಿಲ. A door, a gate, a door-way (ದ್ವಾರ್, ದ್ವಾರ, ಬಲಜ Hlâ.; ದ್ವಾರ್, ದ್ವಾರ, ಪ್ರತೀಹಾರ Nr., Si. 111; ದ್ವಾರ, ಪ್ರತೀಹಾರ Nn. 100; Čpr. 2, after 93; 3, 97; 7, after 79; Bp. 55, 10; B. 2, 45. 52; 4, 57; Č. Bp. 5, 48. 51. 52; Bh. 1, 8, 70; J. 3, 9; 5, 57; 17, 6. 21; C.; T. ವಾಚ

ಲ್, ವಾಯಲ್, ವಾಯಿಲ್; M. ವಾದಿಲ್; Tĕ. ವಾಕಿಲಿ; Tu. ಬಾಕಿಲ್). ಬಾಗಿಲ ಹೊಱಗಣ ತೋರಣ ತೋರಣ, ಬಹಿರ್ದ್ವಾರ; ಹೊಱಗಣ ಬಾಗಿಲೆನ್ನೊ, ಎಪ್ಪುರು (Nr.). ಒಳಗಣ ಬಾಗಿಲು (ಪ್ರಚ್ಛನ್ನ, ಅನ್ತರ್ದ್ವಾರ); ಪಟ್ಟಣದ ಬಾಗಿಲು (ವಲಜ); ಮನೆಯ ಕೆಲದ ಬಾಗಿಲು (ಪಕ್ಷದ್ವಾರ Nr.). ಬಾಗಿಲ ಹೊಸ್ತಲು (ದೇಹಲಿ); ಬಾಗಿಲ ಕೆಳಗಡೆ ಹೊಸ್ತಲ ಬಡೀ ಅಡ್ಡವಾಗಿ ತುಡಿಯುವದಕ್ಕೆ ಹಾಕಲ್ ಪಟ್ಟಿರುವ ಮೆಟ್ಟುಹಲಿಗೆ (ಶಿಲೆ Si. 110); ಬಾಗಿಲು ಮುಚ್ಚ ತೆಗೆಯುವ ಕದ (ಕವಾಟ, ಅರರ 112). ಬಾಗಿಲ ಕಾವವನು (ದ್ವಾರಪಾಲ, ಪ್ರತೀಹಾರ Nn. 100). ಬಾಗಿಲು ಕಾಯುವ ಜವಾನ (ದ್ವಾರಪಾಲ, etc. Si. 258). ಬಾಗಿಲಲ್ಲಿ ಕಾಯಿದು ಕೊಣ್ಡಿರುವವನು (ಕ್ಷತ್ತೃ, ದ್ವಾಃಸ್ಥ 422). — ಬಾಗಿಲವ. -ಅವ. A doorkeeper, a warder (ದವ್ವಾರಿಕ, ದ್ವಾಸ್ಥ Mr. 266; Bp. 16, 13; 35, 47; My.). — ಬಾಗಿಲುವಾಡ. -ಮಾಡ. A tower, or an upstair house, over the gate of a place (ಗೋಪುರ, ಪುರದ್ವಾರ Hlâ.). — ಬಾಗಿಲ್ಮಾಡ. = ಬಾಗಿಲುವಾಡ. (Abh. P. 4, after 81). — ಬಾಗಿಲ್ವಾಡ. -ಪಾಡ. = ಬಾಗಲವಾಡ. (Rŝv. 8, after 5; 10, after 31; Ŝŝv. 1, 61).

ಬಾಗಿಲ bâgila. = ಬಾಗಿಲ್, etc. (Bp. 31, 16; B. 4, 217; see ಅಗಸೆ-). — ಬಾಗಿಲವಾಡ. (= ಬಾಗಿಲುವಾಡ). N. of a place (Bp. 12, 8).

ಬಾಗಿಸು bâgisu. To bend (v. t.; My.; Bp. 9, 31; 32, 27; J. 8, 22; see ತಲೆವಾಗಿಸು). 2, to cause to bend, to have bent (by another, My.).

ಬಾಗು bâgu. 1. To bend (v. i.), to bow, to incline, to stoop (ನಮ್ರತ್ವ Ŝmd. Dh.; ಬಗ್ಗು Ŝm. 84; My.; T. ವಾಂಗು, M. ವಾಙ್ಙು). ಬಾಗಿದುದು (ಅವಾಗ್ರ, ಅವನತ, ಆನತ Nr.). ಅತಿ ಬಾಗಿದುದು (ಮಣಿ, ಎನಮ್ರ Nn. 67); ಬಾಗದುದು (ಸ್ತಮ್ಭ, ಅನತ 76). 2, to bend (v. t., My.); (to pour off the water from boiled rice, etc. by inclining the vessel). ತಿರವ ಬಾಗುವಂ (ಅಧೋಮುಖ Mr. 243). ಬಾಗಿದ ಗಂಜ (ಆರನಾಲಕ, etc. Nr.; Si. 311).— ಬಾಗದವರೂ ಬೀಗೋದು ತಪ್ಪಲಿಲ್ಲ (Prv.). See Bp. 24, 48; 27, 11; 43, 85; 46, 57; 57, 47. 59; 59, 22; 60, 28. 34; Č. Bp. 11, 10; Rŝv. 2, 49. 50; 13, 65; J. 3, 31; 19, 6; 28, 46; 31, 6; B. 4, 60; ತಲೆವಾಗು. — ಬಾಗೊತ್ತು. ಬಾಗ ಒತ್ತು. To press down so as to bend (J. 14, 24).

ಬಾಗು bâgu. 2. Bending, inclining; a bend, a curve;—a bow, an obeisance (ಪೊಡ್ಗು, etc., ನಮಸ್ಕಾರ Ŝs.). See B. 4, 47; 5, 238; Bh. 2, 4, 10; Mr. s. ತ್ರಿಭಂಗಿ; ತಾಗು ಬಾಗು. — ಬಾಗುವೆಟ್. -ಪೆಟ್. To begin to bend (v. i., Bp. 4, 29).

ಬಾಗು bâgu. = ಬಾಕು 2. (Bp. 6, 9).

ಬಾಗುರಿ bâguri. = ಭಾಗುರಿ. N. of a ṛishi (J. 33, 39).

ಬಾಗುವತನ bâguvatana. The state of being bent. ಎಲಾಸದಿಂ ಬಾಗುವತನಂ (ಎಲಾಸಾವನಮ್ರತ್ವಂ Ŝmd. Dh. ad ನಿಕ್ಕುಳಿಸು).

ಬಾಗುಹ bâguha. Bending. See ತಲೆವಾಗುಹ.

ಬಾಗುಳ್ bâguḷ. = ಬಾಗುಳ. Tbh. of ವ್ಯಾಕುಲ (Ŝmd. II; Kk. 93; *cf.* ಬಾವಳಿಸು).

ಬಾಗುಳ bâguḷa. = ಬಾಗುಳ್. (ವ್ಯಾಕುಲ Ŝm. 48; ಚಿನ್ತ Ŏt. 1, 71; V. 3, 9).

ಬಾಗೆ bâgĕ. = ಬಾಗ, q. v. 2, the tree Acacia (or Mimosa) seeressa **Roxb.** (Albizzia lebbeck Benth., ಶಿರೀಷ, ಕಪೀತನ, ಭಣ್ಡೀಲ, ಭಣ್ಡೀರ Si. 136; My.; ಸಿರಿಸ Mr. 119; T. ವಾಗೈ, Mimosa flexuosa Rottl.; M. ವಾಗೆ, Acacia odoratissima).

ಬಾಗೆ bâgĕ. Tbh. of ಭಾಗ. (Bp. 56, 35; Hlâ. s. ಮೇಗು).

ಬಾಂ bâṅ. ಬಾಜ್. = ಬಾನ್ 3, etc. — ಬಾಂಗಡಲ್. -ಕಡಲ್. The sky-sea: the celestial Ganges (Rŝv. 10, 82; Ŝŝv. 3, 3). — ಬಾಂಗೆಱೆ. -ಕೆಱೆ. The sky-tank (Rŝv. 12, 12; V. 3, 14). — ಬಾಂಗೆಸೆವ ಪಾವು. -ಎಸೆವ-. Râhu (Kk. 11*b*).

ಬಾಂಕಿ bâṅki. A kind of bugle (My.; Mhr., H.).

ಬಾಂಗಿ bâṅgi. = ಬಂಗಿ 3. A pole with a sling attached to each end, carried across the shoulder and bearing packages in the slings; the packages conveyed: the bangy post or mail (My.; Mhr., H. ಬಂಗೀ, ಬಹಂಗೀ).

ಬಾಚ bâča. = ಬಾಚಿ 1. N. — ಬಾಚಪಡಿಹಾಱ. (Bp. 37, 3).

ಬಾಚಣಿಗೆ bâčaṇigĕ. A comb (My.; ಪ್ರಸಾಧನಿ, ಕಂಕತಿಕೆ Si. 231). ಬಾಚಣಿಗೆಯಿನ್ದ ಬಾಚದವಳು ಬಾಚಿಯಿನ್ದ ಬಾಚ್ಕೊಳ್ಳೀ (Prv.). — ಬಾಚಣಿಗೆಹಲ್ಲು. The tooth of a comb (My.).

ಬಾಚಲ bâčala. = ಬಾಚಲದೇವಿ. N. (Bp. 59, 7).

ಬಾಚಿ bâči. (= ಬಳಸು 2). A bodice; a coat of mail (ಕಂಚುಕ, ವಾರವಾಣ, ಚೋಲಕ, ಕುಪ್ಪಸ Mr. 343; *cf.* ಬಾಸಣಿಗೆ).

ಬಾಚಿ bâči. 1. = ಬಾಚ. N. See ಪಡಿಹಾಱ-. — ಬಾಚಯ. -ಅಯ. N. (Bp. 53, 32; see ಬಿಬ್ಬಿ-). — ಬಾಚಯ್ಯ. -ಅಯ್ಯ. N. (Bp. 53, 8. 74. 75; 54, 33. 85; see ಬಿಬ್ಬಿ-, ಸೊಡ್ಡಳದೇವ-). — ಬಾಚರಸ. -ಅರಸ. N. (Bp. 37, 7. 14; 53 sum.; 53, 6. 16. 18. 23. 27; 53, 72; 54, 1; see ಸೊಡ್ಡಳದೇವ-, ಸೊಡ್ಡಳ-). — ಬಾಚರಸಯ್ಯ. -ಅಯ್ಯ. N. (Bp. 53, 30; see ಸೊಡ್ಡಳದೇವ-). — ಬಾಚಿದೇವಯ್ಯ. N. See ಸೊಡ್ಡಳ-. — ಬಾಚಿರಾಜ. N. (Bp. 53, 29; 54, 82; see ಸೊಡ್ಡಳ-).

ಬಾಚಿ bâči. 2. (Tbh. of ವಾಶಿ, ವಾಸಿ 5). An adze (ದಣ್ಡೆ Mr. 383; My.; Bp. 24, 81; ವೃಕ್ಷಭೇದಿ G.; T. ವಾಚ್ಚಿ, ವಾಡ್ಚಿ, ವಾಟ್ಚಿ; M. ವಾಚ್ಚಿ; Tĕ. ಬಾಡಿತ, ಬಾಡಿಸೆ; Tĕ. ವಾಡಿ, ವಾಡಿಮೆ, ವಾಲಾರು, sharpness of weapons and instruments, *cf.* ಬಸಿ 2 & 3). See Prvs. s. ಕಾವು 2, ಬಾಚಣಿಗೆ.

ಬಾಚಿಗ bâčiga. = ಬಾಸಿಗ, q. v. See ಎಗಚಿಗ-, and My. s. ಭಾಸ್ಕರ.

ಬಾಚಿಸು bâčisu. 1. To cause to comb (My.).

ಬಾಚಿಸು bâčisu. 2. To cause to gather up etc. (My.).

ಬಾಚು bâču. 1. To comb (Bp. 47, 30; My.; ಹಿಕ್ಕು G.; Tu. ಬಱ್ಚು; T. ವಾರು, M. ವಾರು, ವಾಱು, ವಾಳು, to cut lengthwise; to trim a palm leaf to write upon, see ಬಾರ್ 2;—to put the hair in order by a comb, to comb; T., M. ವಗಿರ್, to cut in longitudinal little pieces, to divide, slice; to part or disentangle, as the hair, see ಬಯ್ 1). See Prv. s. ಬಾಚಣಿಗೆ.

ಬಾಚು bâču. 2. (= ಬಾಱ್ಚು). To scrape together with the hand, etc. and gather up, as sweepings, etc., to make a heap of and take away (My.; T., M., Tĕ. ವಾರು; *cf.* ಬಱ 4); to take away and rob everything, to spoliate (My.; Bp. 31, 7; Dp. 55, 3).

ಬಾಜನೆ bâjanĕ. Tbh. of ವಾದನ (Ŝmd. 338; Kk. 51). — ಬಾಜನೆಗಬ್ಬ. -ಕಬ್ಬ. A kind of poetical composition (Kâvy. V, 965).

ಬಾಜಾ bâjâ. = ಬಾಜೆ. Tbh. of ವಾದ್ಯ. Playing upon musical instruments, instrumental music (My.; Mhr., H.); a musical instrument (see s. ಪಂಚಮಹಾವಾದ್ಯ). — ಬಾಜಾಬಜನ್ತರಿ. Music played upon all sorts of instruments (My.).

ಬಾಜಾರ bâjâra. = ಬಜಾರ, etc. (My.; Dp. 169, 3).

ಬಾಜಾರಿ bâjâri. = ಬಜಾರಿ. (My.).

ಬಾಜಾರು bâjâru. = ಬಾಜಾರ, etc. (My.).

ಬಾಜಿಬನ್ದು bâji-bandu. = ಬಾಜುಬನ್ದ. (My.; Br.).

ಬಾಜಿಸು bâjisu. = ಬಾಜಿಸು. Tbh. of ವಾದಿಸು. To sound, to sound or play a musical instrument, to strike a musical instrument, to strike or knock so as to produce a sound (ನುಡಿಸು Čt. II, 74; Abh. P. 4, 31; V. 9, after 21; Tĕ. ವಾಯಿಂಚು). ವೀಣೆಯಂ ಬಾಜಿಸುತೆ (Bp. 1, 53). ಬಾಜಿಸುವ ಕುಡುಹು (ವಾದನದಣ್ಡ Šmd. 46; ಕೋಣ Hlâ.; ವಾದ್ಯಕೋಣ, ದಣ್ಡ Nn. 127). ವಾದ್ಯಮಂ ಬಾಜಿಸುವ ಕುಡುಹು (ಕೋಣ Mr. 80). ಪಾತ್ರನಾಡೆ ವಾದಕಂ ಬಾಜಿಸಿದಂ (Šmd. 296).

ಬಾಜು bâju. (= ಬಾದಿ 1). A side; any part of the body opposed to any other part; verge, border (ಪಕ್ಷ Čb.; My.; Br.; Mhr., H. ಬಾಜೂ); party, faction; a patron, helper (Mhr., H.). 2, Tbh. of ಬಾಹು. — ಬಾಜು ಆಗು. To go to one side or aside (My.).

ಬಾಜುಬನ್ದ bâju-banda. = ಬಾಜಿಬನ್ದು, ಬಾಜೂಬನ್ದ, ಬಾಜೂಬನ್ದು. A bracelet worn on the upper arm (ಅಂಗದ, ಕೇಯೂರ, ಬಾಹುಭೂಷಣ G.).

ಬಾಜೂಬನ್ದ bâjû-banda. = ಬಾಜುಬನ್ದ. (ಕೇಯೂರ Čb.).

ಬಾಜೂಬನ್ದು bâju-bandu. = ಬಾಜೂಬನ್ದ. (ಕೇಯೂರ, ಅಂಗದ Si. 220).

ಬಾಜೆ bâjĕ. = ಬಾಜಾ. (My.).

ಬಾಜೇ bâjê. Miscellaneous (Br., H.). — ಬಾಜೇ-ಬಾಬು, a miscellaneous head in accounts (My.; Br., H.).

ಬಾಂಚೋತು bâñcôtu. Incest committed with one's elder sister; a man who commits that crime (My.; H.).

ಬಾಟೆ bâṭĕ. A road (My.; Br., H.; Sk. ವಾಟ). See ರಾಜ-.

ಬಾಡ bâḍa. ಬಾಡಂ. Tbh. of ವಾಢ. Much, further (ಅತ್ಯರ್ಥ Nr.; ಸೋಡಂ, ಪಿರಿದುಂ Šmd. 398; ಪಿರಿದು, ಸೋಡಂ, ಉಣ್ಣವಳಿಯದು Šmd. II); very well, indeed, yes, surely (ಪ್ರತಿಜ್ಞೆ Nr.). 2, in vain, causelessly (ಸೋಡಂ, ಸುಮ್ಮನೆ Čt. I, 14; ಸೋಡಂ, ಬರಿದು Čt. II, 22; ಸೋಡಂ, ಉಣ್ಣವಳಿಯದು, ಬರಿದು Kk. 89; ಸೋಡಂ, ಬರಿದು Šmd. 110 Mḍb. MS. and another one; *cf.* ವಾಯ 1; Mhr. ವಾಡ, room, vacancy: leisure).

ಬಾಡಗ bâḍaga. Tbh. of ವಾಟಕ (Čt. II, 109).

ಬಾಡಗೆ bâḍagĕ. = ಬಾಡಿಗೆ. Tbh. of ಭಾಟಕ. Hire; rent; fare (ಭಾಟಕ, ಅವಕ್ರಯ Hlâ.; T., M. ವಾಡಗೈ, ವಾಡಗೆ; Tĕ. ಬಾಡಿಗೆ). — ಬಾಡಗೆಯ ದಾಸಯ್ಯ. N. (Bp. 58, 5).

ಬಾಡಬ bâḍaba. = ಬಾಡವ, ವಾಡವ. (Bp. 55, 37; 56, 30).

ಬಾಡಬಾಗ್ನಿ bâḍabâgni. = ವಾಡವಾಗ್ನಿ. (My.).

ಬಾಡಬಾನಲ bâḍabânala. = ವಾಡವಾನಲ. (My.).

ಬಾಡಬೇಯ bâḍabêya. = ವಾಡವೇಯ. (ಎತ್ತು Mr. 178).

ಬಾಡವ bâḍava. = ಬಾಡಬ, etc. (ಕುಟ, ಬ್ರಾಹ್ಮಣ Nn. 18; ಬ್ರಾಹ್ಮಣ Mr. 248).

ಬಾಡಿಗೆ bâḍigĕ. = ಬಾಡಗೆ. (My.; B. 4, 160). ಗುಡುಸಲಗಳನ್ನು ಕಟ್ಟಿಸಿ, . . . ಹೆಚ್ಚಿಗೆ ಬಾಡಿಗೆಯ ತಕ್ಕೊಳ್ಳದೆ (B. 5, 204). See ಎತ್ತು ಬಾಡಿಗೆ. — ಬಾಡಿಗೆಗೆ ಕೊಡು. To hire out (My.). — ಬಾಡಿಗೆಯವ. -ಅವ. A man who has hired or tenanted (My.). — ಬಾಡಿಗೆಯೆತ್ತು. -ಎತ್ತು. A hired ox (My.). — ಬಾಡಿಗೇ ಕುದುರೆ. A hired horse (ಸ್ಥಾರಿ G.). — ಬಾಡಿಗೇ ಬಣ್ಡಿ. A hired cart (B. 3, 77). — ಬಾಡಿಗೇ ಮನೆ. A rented house. ಬಾಡಿಗೇ ಮನೆ, ಕೂಡಿಕೇ ನೆಣ್ಟರು (Prv.).

ಬಾಡಿಗೆದಾರ bâḍigĕ-dâra. A man who hires out, as cattle, houses (My.; B. 5, 122).

ಬಾಡಿಸು bâḍisu. 1. (= ಬಾಯ್ ಆಡಿಸು). To eat any pungent food to excite drinking or appetite. ಕುಡಿವುತ್ತ ಬಾಡಿಸುವದು (ಉಪದಂಶ, ಅವದಂಶ, ಚಕ್ಷಣ Hlâ.). ಬಾಡ ಬಾಡಿಸುತ ಕಳ್ಳುಡಿವುದು (ಅವದಂಶ, ಉಪದಂಶ Mr. 221). ಮದ್ಯಪಾನ ಮಾಡುವಾಗ್ಗೆ ಬಾಡಿಸಿ ಕೊಮ್ಬುವ ಮಾಂಸ ಮೊದಲಾದುದು, ಭೋಜನದಲ್ಲಿ ಬಾಡಿಸಿ ಕೊಮ್ಬುವ ಉಪ್ಪಿನ ಕಾಯಿ ಮೊದಲಾದವುಗಳು, ನಂಜಿ ಕೊಳ್ಳ ತಕ್ಕದು (ಉಪದಂಶ, etc. Si. 347). ಪಳದೆ ಮುನ್ತಾದ ಬಾಡಿಸಿ ಕೊಳ್ಳುವ ಪದಾರ್ಥ (ನಿಷ್ಠಾನ); ಬಾಡಿಸಿ ಕೊಳ್ಳುವ ಪದಾರ್ಥ (ವ್ಯಂಜನ, ಉಪ್ಪಿನ ಕಾಯಿ, ಕೋಸಮ್ಬರಿ G.).

ಬಾಡಿಸು bâḍisu. 2. To cause to fade (My.); to scorch or singe by fire, as slices of dried flesh or leaves (My.). ಸುಡುವದೂ ಬಾಡಿಸುವದೂ (ಓಷ, ಪ್ಲೋಷ Si. 389).

ಬಾಡು bâḍu. 1. To wither, to fade, as flowers; to die away, as shrubs, etc.; to grow dry, as wounds; to grow weary or languid; to become weak or feeble; to pine away, to lose colour; to be dispirited, downcast, or sad (ಮ್ಲಾನ Šmd. Dh.; Šm. 93; ಕನ್ದು G.; My.; T., M. ವಾಡು; T. ವದಂಗು, to wither, fade away, grow dried, scorched, or parched; Tĕ. ವಡಲು, see ಬಡಲ್ 1; Mhr. ಬಾವಳೇಂ, ವಾಳಣೇಂ). ಬಾಡಿದ ಹೂ ನಾಡಿನವರಿಗೆ ಯಾಕೆ? (Prv.). See Čpr. 2, 20; 4, 85; 8, 99; Bp. 54, 81; Râv. 5, 39. 40; 9, 28; J. 9, 13; 11, 37; 15, 18; 19, 30. 32; Č. Bp. 4, 7; B. 3, 7.

ಬಾಡು bâḍu. 2. Flesh (ಮಾಂಸ Šmd. Dh.; Šm. 93; Bhn. 20; ಬಿಕ್ಕ, ಅಡಗು Šm. 82; My.; see Mr. 221 s. ಬಾಡಿಸು 1; ಸುಡು-).

ಬಾಡು bâḍu. Tbh. of ವಾಟ. (ಶಾಕಶಾಕಟ, etc., ಕಾಯ ತೋಟ Hlâ.).

ಬಾಣ bâṇa. = ಬಾನ್ 3, etc. (My.).

ಬಾಣ bâṇa. = ವಾಣ. Grass (ಪುಲ್ Nn. 7, = ಬಾಳ 1?); a shaft made of a reed, *an arrow* (ಅಮ್ಬು Nn. 5. 85; ಶರ, ಅಮ್ಬು 7); — a rocket (My.; Tĕ.; T. ಪಾಣ, M. ವಾಣ). 2, the number 5 (Čh.; ಸಂಖ್ಯೆ, ಗಣನಾಭೇದ 7, see ಪಂಚಬಾಣ). 3, *N. of an asura,* a sun of Bali (ದೈತ್ಯ, ರಾಕ್ಷಸಭೇದ 7; Bp. 26, 50. 52; 54, 69; J. 7, 40). 4, N. of an author (Bp. 1, 13). 5, a kind of raiment (ನಿವಸನ, ವಸ್ತ್ರಭೇದ 7). 6, *a blue-flowering Barleria* (ಗೋರಟೆ 7; Mr. 505). 7, alone, solitary (= ಕೇವಲ). ಬಾಣವಿದ್ದರೂ ತ್ರಾಣವಿರ ಬೇಕು. — ಬಾಣವಿಲ್ಲವೆನ್ದು, ಗೋಣ ಕೊಯ್ಕೊದರೆ ಆದೀತೇ? (Prv.). — ಬಾಣ ಎಸೆ. To shoot an arrow (G. 86). — ಬಾಣ ಏರಿಸು. To put the arrow on the bow (G. 251. 252). — ಬಾಣ ಬಿಡು. = ಬಾಣ ಎಸೆ. ಬಿಟ್ಟ ಬಾಣ (ನಿರಸ್ತ G.). — ಬಾಣ ಹೊಡೆ. = ಬಾಣ ಎಸೆ. (G. 86).

ಬಾಣಗಾಱ bâṇa-gâṟa. A preparer and exhibiter of fireworks (My.).

ಬಾಣಗೇಹ bâṇa-gêha. A quiver (ಶರಧಿ, ಬತ್ತಳಿಕೆ Nn. 11).

ಬಾಣಜಾತೆ bâṇa-jâtĕ. Ushâ, the daughter of the asura Bâṇa (J. 25, 21).

ಬಾಣತಿ bâṇati. = ಬಾಣತ್ತಿ, ಬಾಣನ್ತಿ. A puerperal woman, a woman recently delivered, a woman just brought to bed, a lying-in woman (ಜಾತಾಪತ್ಯೆ, ಪ್ರಜಾತೆ, ಪ್ರಸೂತೆ, ಪ್ರಸೂತಿಕೆ

Nr.; ಪ್ರಜಾತೆ, ಪ್ರಸೂತೆ Mr. 308; ಪುಷ್ಪಕ 527; Bp. 53, 12; My.; Tē. ಬಾಲಿಂತ್ರ; M. ಪಣ್ಣಿ; Mhr. ಬಾಳಂತ, ಬಾಳಂತೀಣ). ಬಾಣತಿಯ ಕೋಣೆ (ಅರಿಷ್ಟ); ಬಾಣತಿಯ ಮನೆ (ಸೂತಿಕಾಗೃಹ G.).

ಬಾಣತಿತನ bâṇatitana. Nursing, or attending upon, a lying-in woman (My.; B. 5, 158. 304).

ಬಾಣತ್ತಿ bâṇatti. = ಬಾಣತಿ, etc. (Abhâ. 2, 106; My.).

ಬಾಣದಾಯಕ bâṇa-dâyaka. A servant who hands arrows to a warrior in battle (Bh. 8, 21, 4).

ಬಾಣಂತಿ bâṇanti. = ಬಾಣತಿ, etc. (ವಿಜಾತೆ, ಪ್ರಜಾತೆ, ಪ್ರಸೂತೆ Hlâ.; My.). — ಬಾಣಂತಿಬಾಳ. Socotrine aloes, given to a woman in child-bed (My.; ಬೋಲ, ಗನ್ಧರಸ, etc., ಬೋಟಿ Si. 334; Mhr. ಬಾಳಂತಬೋಳ). — ಬಾಣಂತಿಬೋಟಿ. = ಬಾಣಂತಿಬಾಳ. (My.).

ಬಾಣಪೀಠ bâṇa-pîṭha. N. of a pedestal or seat of a liṅga (Bp. 57, 58; cf. ಬಾಣಲಿಂಗ).

ಬಾಣಮುಕ್ತಿ bâṇa-mukti. *Shooting an arrow.*

ಬಾಣಲಿ bâṇali. = ಬಾಣಲೆ, ಬಾಣ್ಲಿ, ಬಾಳಲಿ, ಬಾಳ್ಳಿ. (Tbh. of ಭ್ರಾಷ್ಟ್ರ). A frying pan of stone or metal (My.; ಅಮ್ಬರೀಷ, ಭ್ರಾಷ್ಟ್ರ Si. 308; ಋಜೀಷ, ಪಿಷ್ಟಪಚನ 309; Tē.; T. ವಾಣಾಯ್).

ಬಾಣಲಿಗೆ bâṇaligĕ. (Tbh. of ಭ್ರಾಷ್ಟ್ರಕ). = ಬಾಳಿಗೆ, q. v.

ಬಾಣಲಿಂಗ bâṇa-liṅga. N. of a liṅga (Bp. 9, 5; 38, 53; 57, 53; 58, 31; Sk. ಬಾಣ-).

ಬಾಣಲೆ bâṇalĕ. = ಬಾಣಲಿ, etc. (My.; ಅಂಗಾರಶಕಟಿ Mr. 211; see ಅಡು-).

ಬಾಣಸ bâṇasa. = ಬಾಣಸು. (Tbh. of ಮಹಾನಸ). A kitchen; cookery (Bh. 1, 10, 14; Č. Bp. 47, 41; J. 2, 61; Tē. ಪಾನಸ). ಬಾಣಸದ ಮನೆ (ರಸವತಿ, ಪಾಕಸ್ಥಾನ, ಮಹಾನಸ Nr.; ರಸವತಿ, ಮಹಾನಸ Mr. 196). — ಬಾಣಸದ ಶಿವದೇವ. N. (Bp. 58, 11).

ಬಾಣಸಿ bâṇasi. A cook (Bh. 4, 2, 56. 58).

ಬಾಣಸಿಗ bâṇasiga. = ವಾಣಸಿಗ. A cook (ಸೂಪಕಾರ, ವಲ್ಲವ, ಆರಾಲಿಕ, ಸೂದ, etc. Nr., Hlâ., Si. 308; ಸೂದ Nr.; ಅಡಬಳ Šmd. II, Kk. 36, Šm. 45; ಉಣಬಡಿಗ Čt. I, 5; ಅಡಿಗೆಯವ Bhn. 53; T. ಪಾನಜಿಯ, Tē. ಪಾನಸೀಡು). See Šmd. 233; Bp. 47, 34; 59, 29; J. 2, 60. ಬಾಣಸಿಗನಾದರೆ ಹುಣಿಸೆಯಿಲ್ಲದೆ ಅಟ್ಟನೇ? (Prv.).

ಬಾಣಸಿಗಿತ್ತಿ bâṇasiga-itti. A female cook (Bp. 9, 40).

ಬಾಣಸು bâṇasu. = ಬಾಣಸ. ಬಾಣಸಿನ ಮನೆ (ಪಾಕಸ್ಥಾನ, ರಸವತಿ, ಮಹಾನಸ Hlâ.; Bh. 4, 2, 54). — ಬಾಣಸುಗೆಯ್. To cook (Abh. P. 10, 136; 13, 28. 181). — ಬಾಣಸುವೆಗ್ಗಡೆ. -ವೆಗ್ಗಡೆ. A kitchen-master (ಪೌರೋಗವ, ಸೂದಾಧ್ಯಕ್ಷ Hlâ.).

ಬಾಣಹರ bâṇa-hara. Vishṇu or Kṛishṇa (Mr. 18).

ಬಾಣಾರಿ bâṇa-ari. = ಬಾಣಹರ. (My.).

ಬಾಣಾಶ್ರಯ bâṇa-âśraya. *A quiver.*

ಬಾಣಾಸನ bâṇa-asana. Arrow-discharger: *a bow* (Čpr. 5, 56); — a bow-string.

ಬಾಣಾಸುರ bâṇa-asura. = ಬಾಣ No. 3. (My.).

ಬಾಣಿ bâṇi. = ವಾಣಿ 1. (ವಾಣಿ, ಸರಸತಿ, etc. Kk. 9).

ಬಾಣೆ bâṇĕ. *A blue-flowering Barleria* (see ಬಾಣ No. 6).

ಬಾಣೋಚ್ಛಿಷ್ಟ bâṇa-uččhishṭa. Orts of the poet Bâṇa (who is said to have used all words in his works and thus to have made, so-to-say, orts of them, Bp. 1, 13).

ಬಾಣ್ಡು bâṇḍu. A "bond" (My.). 2, a "band" of musicians and their music (My.).

ಬಾಣ್ಡ್ಲಿ bâṇḍli. = ಬಾಣಲಿ, etc. (My.).

ಬಾತ bâta. Idle talk (Mhr., H.).

ಬಾತಮಿ bâtami. Intelligence, news (My.; Mhr., H.). ಬಾತಮಿ ಹೇಳುವವ (ಸೂಚಕ Čb.).

ಬಾತಮೀದಾರ bâtamî-dâra. An intelligencer (My.; Mhr.); a spy (Mhr.; ಅಪಸರ್ಪ, ಚರ, ಚಾರ, etc. Si. 260).

ಬಾತಾಖಾನಿ bâtâkhâni. An idle talker, a loquacious man (My.; Br.).

ಬಾತಾಳ bâtâḷa. The Poon-tree, Sterculia foetida Lin. (St. & Pl.).

ಬಾತು bâtu. 1. = ಬಾದು. P. p. of ಬಾ 2 & ಬಾಯು, q. v.

ಬಾತು bâtu. 2. = ಬಾರ್ತು. A p. p. of ಬಾರ್ 4. ಬಾತುದು (ಗೂನ, ಹನ್ನ Nr.).

ಬಾತು bâtu. = ಬಾತೆ. A duck (My.; Br.; M. ಬಾತ್ತು; Port. pato; Arabic baṭ). — ಬಾತುಕೋಟ್. = ಬಾತು. (My.; ಕಾರಣ್ಡ, ಕಾರಣ್ಡವ G.).

ಬಾತೆ bâtĕ. = ಬಾತು. (ಕೋಟ್ Bhn. 20).

ಬಾದಣ bâdaṇa. = ಬಾದವಣ. Tbh. of ವಾತಾಯನ. (ವಾತಾಯನ, ಗವಾಕ್ಷ Nr.; Čpr. 8, after 44; Râm. 6, 30, 16, a hole).

ಬಾದರ bâdara. (fr. ಬದರ). Made of cotton; — *cotton-cloth;* — *the cotton-plant* (ಪಿಚವ್ಯ, ಕಾರ್ಪಾಸ, ಹತ್ತಿ Mr. 128); — silk.

ಬಾದರಾಯಣ bâdarâyaṇa. N. of a ṛishi: Vyâsa (ಕೃಷ್ಣ, ವೇದವ್ಯಾಸ Nn. 47; Bp. 54, 32; Bh. 1, 10, 1; J. 2 sum.; 2, 36).

ಬಾದವಣ bâdavaṇa. = ಬಾದಣ. (ವಾತಾಯನ, ಗವಾಕ್ಷ, ಜಾಲಕ, etc. Hlâ.).

ಬಾದಶಹ bâdaśaha. = ಬಾದಶಾಹ. (My.; B. 4, 8. 146).

ಬಾದಶಾಹ bâdaśâha. A king, used only of the Mahammadan or of foreign kings or emperors (My.; Mhr., H. ಬಾದಶಾಹ; cf. ಪಾಚ್ಛ).

ಬಾದಾಮ bâdâma. = ಬಾದಾಮು. The almond-tree, Amygdalus communis and amara; — an almond (Mhr., H.). ಬಾದಾಮದ ಗಿಡ (ಮಧುರ Čb.).

ಬಾದಾಮಿ bâdâmi. = ಬಾದಾವಿ. Relating to almonds (Mhr.); — an almond (My.; T. ವಾದುಮೈ). — ಬಾದಾಮಿಮರ. The Indian almond-tree, Terminalia catappa Lin. (St. & Pl.). — ಬಾದಾಮಿಯೆಣ್ಣೆ. -ಎಣ್ಣೆ. Almond-oil (My.).

ಬಾದಾಮು bâdâmu. = ಬಾದಾಮ. (My.; Br.).

ಬಾದಾವಿ bâdâvi. = ಬಾದಾಮಿ. (B. 3, 19. 20). — ಬಾದಾವಿಗಿಡ. The almond-tree (B. 3, 19. 20).

ಬಾದಿ bâdi. 1. (= ಬಾಜು). A patron, a helper. ಬಾದಿಯಿಲ್ಲದ ಮನುಷ್ಯ ಬೂದೀ ಸಮಾನ (Prv.).

ಬಾದಿ bâdi. 2. Weight, load (My.; see Prv. s. ಹೆಣ).

ಬಾದು bâdu. = ಬಾತು 1. P. p. of ಬಾ 2.

ಬಾದು bâdu. 1. Tbh. of ವಾದ (Šmd. 364 Mdb.; Tē. ವಾದು).

ಬಾದು bâdu. 2. Deducted (from a number, list, etc.); deduction (My.; Mhr., H. ಬಾದ).

ಬಾದ್ಯ bâdya. (A formation fr. ಬನ್ಧು and ಬಾನ್ಧವ). A man who is connected or related: a relative, a relation (My., Tē.). ಅವನು ನನಗೆ ಬಾದ್ಯನು (My.). 2, a man who has a right or claim to (My.; Tē.; T. ಪಾತ್ತಿಯ). ಈ ಮನೆಗೆ ಅವನು ಬಾದ್ಯನು (My.); an heir (My.; T.). 3, a right or claim to possession (My.; Tē., T.; M. ಬಾಧ್ಯ). ತನ್ದೆಯ ಆಸ್ತಿಗೆ ಮಗನಿಗೆ ಬಾದ್ಯವುಣ್ಟು (My.). 4, property, inheritance (ದಾಯ G.). ಬಾದ್ಯತೆಗೆ ಬಾದ್ಯನಾದರೆ ಹೋದ್ಯವೇನು? — ಬಾದ್ಯನಾದರೂ ಸ್ವಾಧೀನ ಬರಲಿಲ್ಲ (Prvs.).

ಬಾದ್ಯತನ bâdyatana. = ಬಾದ್ಯತೆ, ಬಾದ್ಯತ್ವ. (My.; ಸ್ವಾಮ್ಯ G.; B. 5, 183). ಆ ಹಣದ ಮೇಲೆ ಆ ಮಗಳ ಬಾದ್ಯತನವಿರುತ್ತದೆ (B. 5, 291).

ಬಾದ್ಯತೆ bâdyatĕ. A right or claim to possession (My.;

Tĕ.; B. 5, 8). 2, that to which one has a right or claim. ಬಾಧ್ಯತೆಗೆ ಬಾಧ್ಯನಾದರೆ ಜೋಧ್ಯವೇನು? (Prv.). 3, heirship (My.; Tĕ.).

ಬಾಧ್ಯತ್ವ bâdyatva. = ಬಾಧ್ಯತನ, etc. (My.).

ಬಾಧ್ಯಸ್ಥ bâdya-sta. A man who has a right or claim to (My.; B. 4, 5). 2, the rightful owner (My.; Tĕ.; B. 5, 276). 3, an heir (My.; B. 4, 51). 4, a man who has the duty (of performing something, My.; M.).

ಬಾಧ್ಯಸ್ತಿಕೆ bâdya-stikĕ. A right or claim to possession (My.; B. 5, 114).

ಬಾಧ bâdha. = ಬಾಧೆ. Pain, suffering, grief, sorrow, affliction (ದುಃಖ Nn. 64); — annoyance, molestation, trouble (ಅತಿಶಯ 64); — resistance, opposition, obstruction; — opposing, opposition, hindrance, obstacle; — objection; prohibition; a contradiction (ನಿಷೇಧ, ಮಾಣಿಸುವುದು 64); — injury, hurt, damage; — swearing, an oath (ವ್ರತ, ಸೂರುಳ್ 64); — an opposer, an enemy (ಅರಾತಿ, ಹಗೆ 64); — ಬುದ್ಧನು (64); — necessity (ಅವಶ್ಯ 488); — the body (ಉದರ, ಹೊಟ್ಟೆ 64); — a species of tree (ಕುಜ, ಮರನು 64; *cf.* ಬಾಧಕ). See ಅಗ್ನಿ-.

ಬಾಧಕ bâdhaka. A man who oppresses, harasses, troubles, etc. (Bp. 60, 55). 2, suspending, setting aside, as a rule. 3, a species of tree. 4, = ಬಾಧ. ಬಾಧಕ ಬರುವಾಗ್ಯೆ ಸಾಧಕವೇನು? — ಸೋಮಾರಿಹುಡುಗಗೆ ಬೋಧಕನಾದರೂ ಬಾಧಕನೇ (Prvs.). See Prv. s. ಶೋಧಕ.

ಬಾಧನ bâdhana. = ಬಾಧ. Opposing, annoying, etc. See ಅಗ್ನಿ-.

ಬಾಧಿಸು bâdhisu. To oppress, to harass, to pain, to torment, to trouble, to vex, etc. (Bp. 16, 2; 49, 26; J. 10, 88; B. 4, 61; 5, 166; My.).

ಬಾಧೆ bâdhĕ. = ಬಾಧ. *Pain, etc.* (ಆಪತ್ತು Mr. 487); — *annoyance, etc.;* — *opposition, hindrance;* — objection; prohibition; a contradiction (ನಿಷೇಧ 487); — *refutation.* — ಬಾಧೆ ಪಡಿಸು. = ಬಾಧಿಸು. (B. 4, 91; My.). — ಬಾಧೆ ಪಡು. To suffer distress, etc. ಬಾಧೆ ಪಡುವ ಬಾೞ್ಗಿನ್ತ ಬಕನ ಬಾಯಿಗೆ ಬೀೞ್ದೋೞ ದುತ್ತಮ (Prv.). — ಬಾಧೆಬಡಿಸು. -ಪಡಿಸು. = ಬಾಧೆ ಪಡಿಸು (Šâstrasâra in W. v. 1259).

ಬಾಧ್ಯ bâdhya. To be harassed, etc.; — contradictory, absurd.

ಬಾನ್ bân. 1. To make or fashion, as a potter does, to form earthen ware, to make pots, etc. (ಕುಲಾಲಕರಣ Šmd. Dh.; Tĕ. ವಾನು; M. ಮನಿ, ಮನೆ; T. ಮನ್ಣೈ, ವನ್ಣೈ).

ಬಾನ್ bân. 2. = ಬಾನ 1. A pile of earthen vessels (ಕುಮ್ಭದೊಟ್ಟಿಲ್ Šm. 100; T. ವಾನ್ = ಪೆರು, greatness). 2, a heap of cakes of (dried) cow-dung (ಗೋಮಯಪಿಣ್ಡಪುಂಜ Šmd. Dh.; ಸಗಣಪಿಣ್ಡದ ಪುಂಜ Šm. 100). — ಬಾನಂಗುಳಿಗೆ. -ಅಂ-ಗುಳಿಗೆ. (Šmd. 205). A bolus of cow-dung.

ಬಾನ್ bân. 3. (Šmd. 59). = ಬಾಂ (ಬಾಙ್), ಬಾಣ, ಬಾನ 2, ಬಾಮ್. The sky (ಆಕಾಶ Šmd. Dh., Čt. I, 100, Šm. 100; ಗಗನ Šmd. II, Kk. 88; ಎಲರ್ವಟ್ಟೆ, ಆಗಸ, ಅಬ್ಬ್ರವಟ್ಟೆ, ಸಗ್ಗಿಗವಟ್ಟೆ, ಅಮ್ಬರ Šm. 14; ಮಿನ್ಬಟ್ಟೆ, ಅಬ್ಬ್ರವಟ್ಟೆ, etc., ಆಕಾಶ Kk. 12; Rŝv. 6, after 11; Šŝv. 4, 78; J. 4, 14; T. ವಾನ್; M. ವಾನ್, ವಾನ; T. ವಾನ್ also: a cloud; rain; Tĕ. ವಾನೆ, rain). ಆ ತೋರ್ಪುದಾ ತೋರ್ಪುದೆ ಬಾನೊಳ್ ಧ್ವಜಪಟಂ! (Šmd. 280). — ಬಾನಕ್ಕಿ. -ಅಕ್ಕಿ. A kind of bird (My.). — ಬಾನಜೊಡರ್. -ಅ (= ಅಂ) -ಸೊಡರ್. The lamp of the sky: the sun (ನೇಸಱ್ Čt. I, 91). — ಬಾನಾಡಿ. -ಆಡಿ. The bird Parra jacana, the lapwing (ಟಿಟ್ಟಿಭ Šs.; Rŝv. 5, 59). — ಬಾನುದ್ದ. -ಉದ್ದ. (Šmd. 84). As high as the sky. — ಬಾನೆಡೆ. -ಎಡೆ. = ಬಾನ್ದಳ. (J. 22, 46; 28, 18; 32, 39). — ಬಾನ್ದಳ. -ತಳ. The region of the sky, the sky (J. 3, 5; 4, 15; 16, 86; Šŝv. 1, 55). — ಬಾನ್ದೊಱೆ. -ತೊಱೆ. The celestial Ganges (Bp. 17, 11). ತೊಡರೆ ಮಿನ್ ಮೃಗಲಾಂಛಢೀವರಂ ತಡಿಗೆ ಬೀಸಿದ ಜಾಲಮನ್ ಒತ್ತಿ ತನ್ದಡಸಿ ಬಾನ್ದೊಱೆಯೊಳ್ ತೆಗೆವನ್ತೊಸ್ದೆಡೆಗೆ ಬನ್ದುವು ತಣ್ಗದಿರೋಳಗಳ್ (Lilv. 8, 2). — ಬಾನ್ದೊಱೆದಳೆದ. -ತಳೆದ. Šiva (ಉಮೆಯಾಳ್ದ Čt. II, 5). — ಬಾನ್ನವಿರ. Whose hair are the clouds: Šiva (ಶಿವ Kk. 4; ಈಶ್ವರ Šm. 28; Šŝv. 5, 90). — ಬಾನ್ಮಣಿ. The sun (ನೇಸಱ್, etc., ಸಹಸ್ರಾಂಶು Kk. 45).

ಬಾನ bâna. 1. = ಬಾನ್ 2, No. 2. See ಕುಳ್ಳು-.

ಬಾನ bâna. 2. = ಬಾನ್ 3, etc. (My.).

ಬಾನ bâna. 3. = ಬಾನೆ, etc. (Bp. 24, 55).

ಬಾನಲ್ bânal. The state of becoming or being dim or discoloured (ಮಸುಳಿದುದು Čt. II, 117; Ŏpr. 5, 11; *cf.* ಬಾಪುರ್?). ತಾಱುಮ್ಬಱ್ ಎಟ್ಟಿ ಚುಂಚು, ಬೆಮರಿಂ ಕಡೆಗೆನ್ನೆಯ ಬಾನಲಾದ ಬೊಟ್ಟು (Šmd. 205 Mdb.). ಚುಮ್ಬಿಸಿ ಬೀಗಿಬೆಳ್ಪಡರ್ದ ಬಾಯ್ದೆಱೆಯಾಳಿಸಿದ ಅಪ್ಪಿನೊತ್ತಿನಿನ್ದಂ ಬಿಡೆ ಗುಜ್ಜುಗೊಣ್ಡಮೊಲೆ ಪೋರ್ಕುಳಿಯಿನ್ದಮೆ ಪನ್ತಿದಪ್ಪಿ ತಾಱುಮ್ಬಱಿಯುಂ ತೆರಳ್ದ ಕುರುಳುಣ್ಮೆ ಬೆಮರ್ ನಸುಬಾನಲಾದ ಬಟ್ಟೆವಿಟ್ಟವು ಕೂಟದೊನ್ದು ಸವಿಯಂ ಪಿಸುಣಾಡಿಪುವು ಈ ಲತಾಂಗಿಯ (Ŏpr. 8, 73).

ಬಾನಿ bâni. = ಬಾನೆ, etc. (My.; ಆಪಾವ G.). ಕಾಱು ತುಮ್ಬುವ ಮಣ್ಣಿನ ಬಾನಿ (G. 99).

ಬಾನೆ bânĕ. (*fr.* ಬಾನ್ 1?). = ಬಾನ 3, ಬಾನಿ. A large earthen pot with a broad mouth (My.; Tĕ.; ಗುಡಾಣ G.). ಕಾಱುಗಳನ್ನು ಹಾಕುವ ಬಾನೆ (G. 158). ಹಿಟ್ಟು ತೊಡಿಸುವ ಬಾನೆ (ಪುಜೀಷ, ಪಿಷ್ಟಪಚನ Si. 309). See Sp. s. ಬಱ್ಯೊಡಲ.

ಬಾನ್ತ ba-anta. A term with final ಬ (Šmd. 317).

ಬಾನ್ದಿ bândi. A female slave (My.; Br., H.); a whore (My.; H.).

ಬಾನ್ದಿತನ bânditana. Slavery (of females, My.).

ಬಾನ್ದು bându. A dam, a mole; a heap of stones, etc., used as a landmark (My.; Mhr. ಬಾನ್ಧ, ಬಾನ್ಧ). — ಬಾನ್ದಿನವ. -ಅವ. A surveyor (My.). — ಬಾನ್ದುಕಲ್ಲು. A landmark-stone (My.).

ಬಾನ್ದುರಿಕೆ bândurikĕ. = ಬನ್ದುರಿಕೆ, etc. (Z.).

ಬಾನ್ಧಕಿನೇಯ bândhakinĕya. (fr. ಬನ್ಧಕಿ). *The son of an unmarried woman, a bastard.*

ಬಾನ್ಧವ bândhava. (fr. ಬನ್ಧು). *A relation* (near or remote), *a kinsman;* — a friend.

ಬಾಪು bâpu. Boiled rice (in the language of children, My.).

ಬಾಪು bâpu. 1. = ಭಾಪು, q. v. (Tĕ.; Br. makes it H.). — ಬಾಪುರೆ. -ಉರೆ. (ಕೊಣ್ಡಾಟ Čt. II, 103).

ಬಾಪು bâpu. 2. (= ಬೊಪ್ಪ). A father (My.; Mhr., H. ಬಾಪ).

ಬಾಪುರಿ bâpuri. = ಬಾಹುಪುರಿ, etc. (ಅಂಗದ, ಕೇಯೂರ, ಬಾಹುಭೂಷಣ G.; V. 4, 86).

ಬಾಬತ್ bâbat. An article, an item; a point of view (My.; Mhr., H.).

ಬಾಬರಿ bâbari. See Mr. s. ಕಗ್ಗೊಬಲೆ.

ಬಾಬು bâbu. An article, an item, a point (My.; Mhr., H.). See ಪಂಚ-, ಬಾಜೀ-.

ಬಾಮ್ bâm. = ಬಾನ್ 3, etc. — ಬಾಮ್ಬಟ್ಟೆ. The sky (Śêv. 3, after 35). — ಬಾಮ್ಬಾವು. -ಪಾವು. Râhu (Kk. 12). — ಬಾಮ್ಪೊಳ್ಚ. -ಪೊಳ್ಚ. The celestial Ganges. — ಬಾಮ್ಪೊಳ್ಚದಲೆಯ. -ತಲೆಯ. Śiva (ಶಿವ Kk. 4; ಈಶ್ವರ Śm. 2. 3). — ಬಾಮ್ಪೊಲ. -ಪೊಲ. The sky considered as a field (Rśv. 12, 13). — ಬಾಮ್ಪೊಬಿಲ್. -ಪೊಬಿಲ್. Tripura (Śêv. 5, 9). — ಬಾಮ್ಪೊಬಿಲುರಿಕ. -ಉರಿಕ. Śiva (ಪರಮೇಶ್ವರ Śs.). — ಬಾಮ್ಪೊಬಿ. -ಪೊಬಿ. = ಬಾಮ್ಪೊಳ್ಚ. (ಮನ್ದಾಕಿನಿ Čt. II, 10; ಸಗ್ಗಪೊನಲ್, ಸಗ್ಗಿಗಡೊಬಿ, ಸ್ವರ್ನದಿ Śm. 10). See Rśv. 5, 36; 6, 6; 13, 77. — ಬಾಮ್ಪೊಬಿದಲೆಯ. -ತಲೆಯ. Śiva (ಪರಮೇಶ್ವರ Śs.).

ಬಾಮಿ bâmi. = ಬಾವಿ. Tbh. of ವಾಪಿ 2. (My.; Si. 90. 242).

ಬಾಮ್ಬ bâmba. 1. (fr. ಬಾನ್ 1). A potter (ಕುವರ, ಕುಮ್ಬಬಿ Čt. II, 105; ಕುಮ್ಬಬಿ Śmd. II, o. r. ಕುಬುಮ್ಬ; ಕುಮ್ಬಬಿ, ಕೋವ Kk. 91, o. r. ಕುಬುಬ).

ಬಾಮ್ಬ bâmba. 2. A Kuṟuba or Kuṟumba (ಕುಱುಬ Čt. I, 61; ಕುಱುಗಾವ I, 13, o. r. ಕುಱುಗೋವ; see s. ಬಾಮ್ಬ 1).

ಬಾಯ್ bây. (Śmd. 58). = ಬಾಯಿ. The mouth; — the mouth of a vessel, bag, drain, etc.; the head of a drum, etc. (ಮುಖ, ವಕ್ತ್ರ, ವದನ, ಲಪನ, ಆನನ, ತುಣ್ಡ, ಅಸ್ಯ Mr. 315; My.; T., M. ವಾಯ್; Te. ವಾಯಿ). ಬಿಸುನೆತ್ತರ ಧಾರೆಗೆ ಬಾಯನೊಡ್ಡಿ (Śmd. 216). ಪುಲಿಯ ಬಾಯಿಂ ಬಟ್ಟುಂಕಿದಂ (I). ಬಾಯ ಪೊಗೆ (Rśv. 9, 23). ಬಾಯ್ಗೆ (J. 1, 7). ಬಾಯ್ಗಳ್ (8, 3). ಬಾಯೊಳ್ (Bh. 1, 10, 32). ಅವನ ಬದುಕು ಕೆಯ್ ಬಾಯ್ ಹತ್ತದ ಹಾಗಾಯ್ತು (My.). ನೇಯಿಗೆಯವನ ಕೆಯ್ಯೂ ಓದುವವನ ಬಾಯೂ ಚುಱುಕಾಗಿರ ಬೇಕು. — ಬಾಯಿನ್ದ ಕೆಟ್ಟ ನಾಯಿ ನ್ದಮುಱುವ. — ಬಾಯಿನ್ದ ಬನ್ದು ಭಗಂದರ. — ಬಾಯಿನ್ದ ಹೇಱಿದ್ದು ಗಾಳಿಗೆ ಹೋಯಿತು. — ಬಾಯಿದ್ದರೆ ಮಗ ಬದುಕ್ಯಾನು. — ಬಾಯೊಳಗೆ ಬೊಮ್ಮ, ಹೊಟ್ಟೆಯೊಳಗೆ ಗುಮ್ಮ (Prvs.). ಆಸನದಲಿ ಉಮ್ಬುವದು, ಸೂಸುವದು ಬಾಯಲ್ಲಿ (a syringe, Sp.). See Čpr. 5, 11; Bp. 22, 18; 38, 19; 45, 6; 47, 1; 51, 53; Śm. 41; Rśv. 5, 34; 5, after 120; ಕಟವಾಯ್, ಕುದುರೆವಾಯ್, ನೊರೆವಾಯ್, ಪಲ್ಲಿಲಿವಾಯ್, etc. 2, the edge of any cutting instrument (My.; T., M., Te.). ನೇಗಿಲ್ವಾಯ ಕರ್ಬುನಂ (ಕುಱಿಂ Śmd. I). — ಬಾಯ ತುತ್ತು. A morsel: food (J. 26, 44). — ಬಾಯ ತುಮ್ಬ. So that the mouth becomes quite full (B. 3, 59). — ಬಾಯ ಪಾಠ. = ಬಾಯಿಪಾಠ. Learning by rote or by heart (G., ಸೂಚನೆ). — ಬಾಯ ಬಿಡು. = ಬಾಯಮ್ಬಿಡು, ಬಾಯಿ ಬಿಡು, ಬಾಯ್ಬಿಡು, ಬಾಯ್ವಿಡು. To open the mouth with the utterance of the sound of *ah* in order to express pain, sorrow, etc., to cry *ah* from pain, etc. (My.; Bp. 32, 42; J. 24, 37; 31, 54); to grow low-spirited, to humble one's self (see s. ಬಾಯ್ವಿಡು). 2, to open the mouth, to speak, to beg (My.; J. 3, 9). ಭ್ರಷ್ಟದೈವಕೆ ಬಾಯ ಬಿಟ್ಟಲ್ಲಿ ಫಲಮಿಲ್ಲ (Sp.). 3, to divulge, as secretly spoken words (My.). 4, to crack (v. i.), to burst (My.). — ಬಾಯ ಮಾಡು. = ಬಾಯಿ ಮಾಡು, ಬಾಯ್ಮಾಡು. To use abusive language, to chide (My.; B. 3, 60). — ಬಾಯಮ್ಬಿಡು. -ಬಿಡು. = ಬಾಯ ಬಿಡು, etc. ಬಕ್ಕಸಮ್ಬಟ್ಟು ಬಾಯಮ್ಬಿಟ್ಟರ್ ಭೀಷ್ಮರ್ (Śmd. 287). See Rśv. 13 after 95 & 104. — ಬಾಯಱಿಕೆ. = ಬಾಯಾಱಿಕೆ. ಬಾಯಱಿಕೆಯುಳ್ಳ ಮೃಗಗಳು (Si. 36). — ಬಾಯ ಸವಿ. Savouriness. ಬಾಯ ಸವಿಯಿಲ್ಲದ ರಸಾಯನದ ಲೇಸೇಂ (Dp. 167). — ಬಾಯಱ್. -ಅಱ್. The mouth to be destroyed: to lament excessively (Grj. 8, 16; V. 9, after 80). ಹಾ, ರಾಮನೇ! ಎನ್ದು, ಸೀತೆ ಬಾಯಱಿದಳ್ (Śmd. 68). — ಬಾಯಾಡಿಸು. -ಆಡಿಸು. To eat (My.). 2, to tell (My.). — ಬಾಯಾಡು. -ಆಡು. To eat (My.). — ಬಾಯಾರ್. -ರು. -ಅರ್. The mouth to cry aloud: to vociferate (J. 19, 30); to claim or demand forcibly. ಒಬ್ಬರ ಬದುಕು ಬಾಯಾರೋಣ (ಅಪಹಯ, ಅಪಹಾರ G.). — ಬಾಯಾರ. -ಆರ. = ಬಾಯಾರೆ. So that the mouth is filled: much, to one's heart's content, in ಬಾಯಾರ ಮಾತಾಡು (My.). 2, through the mouth, in ಬಾಯಾರ ಕೆಡು (My.). — ಬಾಯಾರುಹ. -ಆರುಹ. = ಬಾಯಾಲುಹ. Argumenting noisily in support of falsehood (ಅಪಲಾಪ, ನಿಹ್ನವ Nr. *a*). — ಬಾಯಾರೆ. -ಆರೆ. = ಬಾಯಾರ. (Bp. 6, 26). — ಬಾಯಾಱ್. -ಆಱ್. The mouth to be parched; to become thirsty. ಬಾಯಾಱರ್ವಳ್ (Śmd. 84). — ಬಾಯಾಱಿಕೆ. -ಆಱಿಕೆ. Thirst (ಉದನ್ಯೆ, ಪಿಪಾಸೆ, ತೃಷೆ, ತರ್ಷ Si. 317; My.). ಫಲಾನೋಡಿದರೆ ಬಾಯಾಱಿಕೆ ನಿತ್ತೀತೇ? — ಬಾಯಾಱಿಕೆ ಬನ್ದಾಗ ಬಾವಿ ತೋಡಿದ ಹಾಗೆ (Prvs.). — ಬಾಯಾಱು. -ಆಱು. = ಬಾಯಾಱ್. (J. 19, 31; 24, 1; My.). ಬೇಱೂರ ಸ್ನೇಹಕ್ಕೆ ಹಾಱಿ ಹೋಗುವ ಹೆಡ್ಡ; ಮಾಱಿದ ಹೊಲದ ಹೆಣಕೊಲಿದು, ನರಿ ಬಾಯಾಱಿ, ಸತ್ತನ್ತೆ (Sp.). — ಬಾಯಾಲುಹ. -ಆಲುಹ. = ಬಾಯಾರುಹ. (ಅಪಲಾಪ, ನಿಹ್ನವ Nr. *b*). — ಬಾಯುಪಚಾರ. -ಉಪಚಾರ. Empty compliments (My.). — ಬಾಯುಗುಱ್. -ಉಗುಱ್. Spittle of the mouth (V. 9, 57). — ಬಾಯೆತ್ತು. -ಎತ್ತು. = ಬಾಯ್ಯೆತ್ತು. To lift up, or open, the mouth for speaking (Bp. 38, 8; V. 37, 54; My.). — ಬಾಯೆಲರ್. -ಎಲರ್. Breath (Čpr. 8, 91). — ಬಾಯ್ಕಟ್ಟು. 1. = ಬಾಯಿ ಕಟ್ಟು. (My.). — ಬಾಯ್ಕಟ್ಟು. 2. A fastening for the mouth, a muzzle (Bp. 31, 4). 2, the state of the mouth being shut by incantations or charms (My.). — ಬಾಯ್ ಕೇಳ್. To listen to (another's) words (Abh. P. 10, 213). — ಬಾಯ್ಕೇಳಿಸು. To name or to enumerate orally (Abh. P. 10, after 155; 16, after 5). — ಬಾಯ್ಗೂಟ. -ಕೂಟ. A kiss (Čpr. 6, 84). — ಬಾಯ್ಗೂಡು. -ಕೂಡು. To join the mouths (Śêv. 1, 52). — ಬಾಯ್ಗೆಡು. -ಕೆಡು. The mouth to lose its taste (My.). — ಬಾಯ್ಗೆವರ್. -ಟರ್. To come to or into the mouth (Abh. P. 15, 73). — ಬಾಯ್ಗೇಡಿ. -ಕೇಡಿ. A person who talks much and foolishly (ಜಲ್ಪಾಕ, ವಾಚಾಲ, ಬಹುಗರ್ಹ್ಯವಾಕ್, etc. Nr.). — ಬಾಯ್ಗೊಲೆ. -ಕೊಲೆ. Killing with the mouth (Rśv. 6, after 11). — ಬಾಯ್ದುಮ್ಬಿಸು. -ತುಮ್ಬಿಸು. To have (anything) filled into the mouth (Bp. 11, 19). — ಬಾಯ್ದೆರೆ. -ತೆರೆ. The screen of the mouth (J. 13, 20). — ಬಾಯ್ದೆಱೆ. -ತೆಱೆ. 1. To open the mouth. ಬೆಳಗೆಮ್ಮಿನ ಪೆಮ್ಪನಾಳ್ದ ಬಾಯ್ದೆಱೆ! (Śmd. 78). See Čpr. 5, after 39; Bp. 1, 49; 3, 2; 60, 23; J. 16, 36. 37. 41; 26, 14. — ಬಾಯ್ದೆಱೆ. -ತೆಱೆ. 2. The state of the mouth being opened (Čpr. 8, 73). — ಬಾಯ್ಧಾರೆ. A sharp edge (Čpr. 1, 94; Abh. P. 9, 23; Bh. 8, 27, 22). — ಬಾಯ್ನೆರವು. Help of the mouth (V. 9, 56). — ಬಾಯ್ಪಳಿಕು. Mouth-crystal: a mouth like crystal (Abh. P. 3, 72). — ಬಾಯ್ಬಡಿ. To beat the mouth (of a person): to prevent one from speaking, to silence one (My.). — ಬಾಯ್ಬಡಿಕ. = ಬಾಯ್ಬಡುಕ, ಬಾಯಿಬಡಕ, ಬಾಯಿಬಡಿಕ, ಬಾಯಿಬಡುಕ. One who prevents (another) from speaking; one who talks much and foolishly (Bp. 40, 46; Râm. 5, 3, 59; Dp. 3, 4; My.). — ಬಾಯ್ಬಡುಕ. = ಬಾಯ್ಬಡಿಕ. (J. 5, 69; My.). — ಬಾಯ್ಬಿಡು. = ಬಾಯ ಬಿಡು, etc., ಬಾಯ್ವಿಡು. (Bp. 15, 22; 45, 27; Râm. 6, 12, 32; J. 4, 23). — ಬಾಯ್ಬೀಗ. A lock for the mouth, consisting of wire, occasionally put on by devotees of any sect who have taken on them a vow of silence (My.). — ಬಾಯ್ಬೇ. The mouth to burn (Bp. 2, 13). —

ಬಾಯ್ಮುಡುಕ. Empty words of love (Čpr. 8, 69). — ಬಾಯ್ಮಾಡು. = ಬಾಯಿ ಮಾಡು. (My.). 2, to assert, to vow, etc. (ಪ್ರತಿಜ್ಞೆ Šmd. Dh.). — ಬಾಯ್ಮೆತ್ತು. = ಬಾಯೆತ್ತು. (Bp. 53, 61). — ಬಾಯ್ವಾಯ್. -ಬಾಯ್. rep. (Čpr. 8, 54). — ಬಾಯ್ವಿಡು. -ಬಿಡು. = ಬಾಯಿ ಬಿಡು q. v., etc. (ದೈನ್ಯ Šmd. Dh.). See Čpr. 5, 32; 8, 78; Abh. P. 11, 9; Bp. 45, 50; 48, 9; 52, 18; 56, 48; 60, 30; Rāv. 5, 33. 36. 40; 13, after 102; 13, 108; V. 9, 31. — ಬಾಯ್ವೆರಸು. -ವೆರಸು. Together with the mouth (Šiv. 3, 51). — ಬಾಯ್ಸವಿ. = ಬಾಯಿ ಸವಿ, ಬಾಯಿಸವಿ. Sweetness or savour of the mouth, *i. e.* of words (Ō. Bp. 19, 32). ಬಾಯ್ಸವಿಗೆ ಮೆಯ್ಸವಿ ಕಣ್ಸವಿಯಪ್ಪ ರೂಪು (Šmd. 83). 2, savouriness. 3, an article savoury to the mouth.

ಬಾಯಿ bāyi. = ಬಾಯ್. The mouth, etc. (ವಕ್ತ್ರ, ಅಸ್ಯ, ವದನ, ತುಣ್ಡ, ಆನನ, ಲಪನ, ಮುಖ Si. 213; C.). ವೀಣೆಯ ತನ್ತ್ರೀ ಕಟ್ಟುವ ಬಾಯಿ (ಉಪನಾಹ, ನಿಬನ್ಧನ Si. 63). ಜೊಲ್ಲುನೀರು ಸುರಿಯುವವಕ್ಕೆ ತಕ್ಕ ಬಾಯಿಯುಂಟು (ಸೃಕ್ವನ್ 214). ಡೋಲು ಮದ್ದಳೆ ಫಡಾ ಮುನ್ತಾದ ವಾದ್ಯಗಳ ಬಾಯಿ (ಪುಷ್ಕರ 453). ಬಾಯಿ ಒಳ್ಳೇದಾದರೆ ಊರು ಒಳ್ಳೇದು. — ಬಾಯಿಯಲ್ಲಿ ಬಸಪ್ಪ, ಹೊಟ್ಟೆಯಲ್ಲಿ ವಿಷಪ್ಪ. — ಬಾಯಿಯುಳ್ಳವನಾದರೆ ಬಡಪಲ್ಲಿಯಾದರೂ ಬದುಕ್ಯಾನು. — ತಾಯಿ ಬೇಕು, ಇಲ್ಲವೆ ಬಾಯಿ ಬೇಕು. — ಪ್ರಾಯ ಹೆಜ್ಜಾದರೂ ಬಾಯಿ ಬಣ್ಣಾಗಿರ ಬೇಕು (Prvs.). 2, the edge of any cutting instrument (ಕೋಣ, ಪಾಲಿ, ಅಶ್ರಿ, ಕೋಟಿ, ಧಾರೆ Si. 391; My.). See Bp. 48, 11; 56, 21; 59, 14; B. 2, 31; 3, 28; 4, 49. 57. 71. 158. 187; 5, 143; ಕಟವಾಯಿ; Prv. s. ಬೇ. — ಬಾಯಿ ಕಟ್ಟು. = ಬಾಯ್ಕಟ್ಟು 1. To shut the mouth (of an opponent in argument, My.). 2, to restrain the appetite, to observe regimen (My.). 3, to shut any man's or beast's mouth by charms (My.). — ಬಾಯಿಕಡಾಣಿ. The bit of a bridle (ಕವಿಕೆ, ಖಲೀನ Si. 274). — ಬಾಯಿಗೂಡು. -ಕೂಡು. The whole number of teeth to grow in the mouth of cattle (My.). 2, conformability to take place, to become conformable (B. 5, 309). — ಬಾಯಿಗೆ ಕೊಡು. To give something for the mouth, as betel-nut, etc. (My.). 2, to put into a person's mouth (My.). — ಬಾಯಿಗೆ ಬರು. To come to one's mouth, as words in speaking. ಆಕೆ ಅವನನ್ನು ಬಾಯಿಗೆ ಬನ್ದ ಹಾಗೆ (inconsiderately) ಬಯ್ದು (My.; B. 4, 185). 2, = ಬಾಯಿಪಾಠವಾಗು. (My.). ಬಾಯಿಗೆ ಬನ್ತು ಬಗದಾಳ, ಬೆನ್ನಿಗೆ ಬನ್ತು ಬೇತಾಳ (Prv.). 3, to become an object of fruition. ಕೆಯ್ಗೆ ಬನ್ದರೂ ಬಾಯಿಗೆ ಬರಲಿಲ್ಲ (Prv.). — ಬಾಯಿಗೆ ಬೀಳು. To fall into the mouth (of wild animals, etc.; see Prv. s. ಬಾಯಿ 2); — to fall into the mouth (of people, to be slandered, etc., My.). — ಬಾಯಿಗೆ ಮಣ್ಣು ಬೀಳು. Fruition (of property, etc.) to fail or cease (My.). — ಬಾಯಿಗೆ ಮಣ್ಣು ಹಾಕು. To destroy a person's welfare (My.). — ಬಾಯಿಗೆ ಹಾಕು. To put into the mouth (My.). 2, to give a bribe (My.). — ಬಾಯಿಚಿಕ್ಕ. The muzzle of an ox (ಕವಿಕೆ, etc. Si. 274). — ಬಾಯಿಜೊಲ್ಲು. Saliva (ಸೃಣಿಕೆ, ಸ್ಯನ್ದಿನಿ, ಲಾಲೆ Si. 206; My.). — ಬಾಯಿತಪ್ಪು. A slip of the tongue (My.). — ಬಾಯಿತೀಟೆ. An itching desire to raise quarrels (My.). — ಬಾಯಿತೀಟೆಗಾರ. A man who is fond of, or raises, altercation (My.). — ಬಾಯಿದೆರೆ. -ತೆರೆ. = ಬಾಯ್ದೆರೆ 1. (Bp. 51, 24). — ಬಾಯಿಪಾಠ. = ಬಾಯ ಪಾಠ. ಬಾಯಿಪಾಠವಾಗು, to be learned by rote or by heart. ಶಾಸ್ತ್ರವು ಅವನಿಗೆ ಬಾಯಿಪಾಠವಾಯಿತು (My.). — ಬಾಯಿಪಾಠ ಮಾಡಿ ಕೊಳ್ಳು, to learn by rote or by heart (My.). — ಬಾಯಿಬಡಕ. = ಬಾಯಿಬಡಿಕ, etc. (My.). — ಬಾಯಿಬಡಕಿ. A female ಬಾಯಿಬಡಕ (My.). — ಬಾಯಿ ಬಡಿ. = ಬಾಯ್ಬಡಿ. (My.). — ಬಾಯಿಬಡಿಕ. = ಬಾಯ್ಬಡಿಕ, etc. (Bh. 8, 26, 9; Abhā. 1, 32; My.). — ಬಾಯಿಬಡುಕ. = ಬಾಯಿಬಡಿಕ. (My.). — ಬಾಯಿಬಡುಕತನ. The behaviour of a ಬಾಯಿಬಡುಕ (My.). — ಬಾಯಿಬಡುಕಿ. = ಬಾಯಿಬಡಕಿ. (My.). — ಬಾಯಿ ಬಡು ಕೊಳ್ಳು. To beat one's own mouth with the palm of the hand from fear or grief (My.). — ಬಾಯಿ ಬಿಚ್ಚು. To open the mouth (B. 4, 185; My.). — ಬಾಯಿ ಮಾಡು. = ಬಾಯ ಮಾಡು. (My.). — ಬಾಯಿಮಾತು. A spoken word or spoken words; a mere word or mere words; a vain word (My.); oral tradition (B. 5, 280). — ಬಾಯಿಯಿಲ್ಲದವ. -ಇಲ್ಲದವ. A dumb man (My.; ಮೂಕ G.); a man who cannot speak well when necessity requires it (My.). — ಬಾಯಿಯೊಣಗು. -ಒಣಗು. = ಬಾಯೊಣು. (My.). — ಬಾಯಿವಿಡು. = ಬಾಯ್ವಿಡು. (J. 31, 54). — ಬಾಯಿಸವಿ. = ಬಾಯ್ಸವಿ, etc. An article savoury to the mouth (B. 5, 302). ಬಾಯಿಸವಿ ತಿನ್ದು ನಾಯಿಯ ಸಾವು ಸತ್ತ (Prv.). — ಬಾಯಿಹಗ್ಗ. A mouth-rope (ಕವಿಕೆ, etc. Si. 274). — ಬಾಯಿ ಹಾಕು. To put the mouth into, as dogs, etc. into pots, etc. (My.). 2, to throw out words: to utter, to speak (My.; B. 4, 184).

ಬಾಯಿ bāyi. A term of respectful compellation for one's mother or an elderly female; an affix of respect to the names of females generally (My.; Mhr. ಬಾಈ; see ಪೋಲಾ-).

ಬಾಯಿನ bāyina. = ಬಾಗಿನ. (Čpr. 6, 31; 8, 47; Grj. 2, after 71; Rāv. 4, after 56). — ಬಾಯಿನಂಗುಡು. -ಂ ಕುಡು. To give a present (Čpr. 8, 60).

ಬಾಯು bāyu. = ಬಾ 2. To swell (My.; Tē. ವಾಚು; T., M. ವಾಯ್). P. p. ಬಾತು (My.; Bp. 32, 52; 39, 64; 46, 58). (ಮಲನಾಡಿನಲ್ಲಿ) ಸೀತಧಾತುಗಳುಣ್ಟು, ಬಾತಿಹವು ಕುಕ್ಷಿಗಳು, ಪಾತರವು ಮರದಿ; ತಿರಿದುಮ್ಬ ನಾಡಿಗೆ ಯಾತಕೆ ಬಹರು? (Sp.). ಅಂಗುಷ್ಟ ಬಾತರೆ ಪರ್ವತವಾದೀತೇ? — ಬಾತವರು ಬದುಕುವದಿಲ್ಲ, ಸೀತವರು ಸಾಯುವದಿಲ್ಲ. — ಬಾತಿದ್ದವನಿಗೆ ಹೂಸಿದಷ್ಟು ವಾಸಿ (Prvs.). See Prv. s. ಬೆರಳು.

ಬಾರ್ bār. 1. = ಬರ್ 1, etc. To come, etc. (lengthened base of the *affirmative mood).* (ಬಾರ್), ಬಾರ, come! (Šmd. 283; Bp. 25, 1; 39, 62; 47, 27. 55; Bh. 1, 8, 61; 2, 13, 9; Rāv. 13, 102), ಬಾರಾ (Bp. 24, 37; 47, 29), ಬಾರೊ (47, 29), ಬಾರೊ, ಬಾರೋ, ಬಾರೆ, ಬಾರೇ (My.). ಬಾರ, ಮರಾಲಿಕಾಗಮನೆ!. ನೋಡ, ಚಕೋರವಿಲೋಲನೇತ್ರೆ! (Šmd. 153. 283). 2, (lengthened base of the *negative mood).* See ಬಾರ್ 1 s. ಬರ್ 1. — ಬಾರನ್ (Bp. 58, 33. 34), ಬಾರರ್ (58, 35); ಬಾರದು (9, 20; 11, 22; 20, 2; 21, 18; 32, 54; 37, 46. 67; 40, 8; 43, 45. 84; 44, 11. 63; 48, 3; 51, 30. 63; 53, 12; 57, 39); ಬಾರದೆ (22, 30; 23, 40; 51, 47; 53, 44; 61, 84).

ಬಾರ್ bār. 2. To make creepers of leather: to cut leather lengthwise or in straps (ಚರ್ಮವಲ್ಲೀಕರಣ Šmd. Dh.; see T., M. s. ಬಾಚು 1). ಬಾರ್ದಂ (Šmd. 50).

ಬಾರ್ bār. 3. = ಬಾರ, ಬಾರು 1. A strap of leather, a thong (My.; T. ವಗಿರ್, ವಾರ್; M. ವಾರ್; Tē. ವಾರು; Tu. ಬಾರ್). ಬಾರ ಮಿಳಿ (ನದ್ಧ್ರಿ, ವಧ್ರಿ, ವರತ್ರ); ಬಾರ ಸೆಳೆ (ಪ್ರಾಜನ, ತೋದನ, ತೋತ್ರ Nr.). 2, length (T., M.). 3, a line, a row (M.; Tē. ಬಾರು).

ಬಾರ್ bār. 4. To set free a fluid, to pour out (ದ್ರವದ್ರವ್ಯನಿರ್ಮುಕ್ತಿ Šmd. Dh.; T. ವಾರ್, ವಾಕ್ಕು, M. ಒಲು, ವಾರ್, ವಾಲು, to pour, pour out; to cast melted metal into a form; — to flow down; to be strained off, = Tē.

ಪಾರು, ವಾರು; *cf.* ಬಸಿ 1); to purge (Tĕ.; see ಬಾತು 2; *cf.* ಬಾಸು).

ಬಾರ್ bâr. = ಬಾರು 1. — ಬಾರ್ಗಿಪಾಯಿ. A foot-soldier (ಪದಾತಿ, etc., ಕಾಲುನಡೆಯ ಭಟ Si. 280; My.).

ಬಾರ bâra. = ಬಾರ್ 3, etc. ತೊಗಲಿನ ಬಾರ (ವಧ್ರಿ); ಆನೆಯ ನಡುವಿಗೆ ಕಟ್ಟುವ ತೊಗಲಿನ ಬಾರ (ವರತ್ರೆ G.).

ಬಾರ bâra. 1. Tbh. of ದ್ವಾರ. See ಕಣ್ಣಿಯ-, ಪಾಣಿಯ-, ವಂಕ-, ಸಿರಿಯ-.

ಬಾರ bâra. 2. Twelve (My.; Mhr. ಬಾರಾ).

ಬಾರ bâra. 3. = ಬಾರು 2. Tbh. of ಭಾರ. (My.). See ಮುಮ್-, ರಾಯ-, ಹಿಮ್-.

ಬಾರಂಗಿ bâraṅgi. Tbh. of ಭಾರ್ಗಿ. (ವಲ್ಲಿನಿ Mr. 121; ಫಂಜಿಕೆ, ಬ್ರಾಹ್ಮಣಿ, ಭಾರ್ಗಿ, ಬ್ರಾಹ್ಮಣಯಷ್ಟಿಕೆ, ಬಾಲೇಯಶಾಕ, etc. Si. 143). See ಗಣ್ಣು-.

ಬಾರವಣೆ bâravaṇĕ. (= ಭಾರಣೆ). Weightiness; weight, importance, dignity (Bh. 7, 1, 4; 8, 26, 28; Mhr. ಭಾರಮಾನ, gravity or weight).

ಬಾರವಿಸು bâravisu. To become heavy (Râm. 6, 38, 14).

ಬಾರಾ bârâ. (= ಬಾರ 2). — ಬಾರಾಬಂಗಾಳಿವಿದ್ಯೆ. Jugglery and trickery (My.).

ಬಾರಿ bâri. 1. = ಭಾರಿ. Weightiness, importance, greatness, muchness, abundance, excess, high price, valuableness, opulence (My.; Tĕ. ಬಾರಿ, ಭಾರಿ; M. ಭಾರಿ; T. ವಾರಿ; Mhr. ಭಾರೀ; Bp. 54, 47). ಬಹಳಕ್ರಯವುಳ್ಳ ಬಾರೀ ಬಟ್ಟೆ (ಮಹಾಧನ Si. 222). ಬಾರಿಸಂಕಲೆ (Rêv. 6, after 11). ಬಾರಿಯ ಬಟಲಿಕೆ (Râm. 3, 2, 15). See ರಾಯ-.

ಬಾರಿ bâri. 2. = ಬಾರೆ 2, ವಾರ 1. A time, a turn (ಸೂಟ್ Šmd. I, Čt. I, 45; My.; Tĕ. ಪಾರಿ; Mhr., H. ಬಾರ, ಬಾರೀ); a season, a year (My.). ಒನ್ದು ಬಾರಿ, once (ಒರ್ಮೆ Šmd. 122 Cm.; ಏಕವಾರ, ಸಕೃತ್ Nr.). ಒನ್ದೆ ಬಾರಿ (ಯುಗಪತ್, ಏಕದಾ); ಹದಿನೆಣ್ಟು ಬಾರಿ ಎಡೆಯಿಕ್ಕುವಷ್ಟು ಹೊತ್ತು (ಕಾಷ್ಠೆ); ಮೂಱು ಬಾರಿ ಉತ್ತ ಕೆಯಿ (ತ್ರಿಗುಣಾಕೃತ Nr.). ಒಕನ ಬಾರಿ ಮಗನ ಮದುವೆ (Prv.). See Abh. P. 14, 201; Bp. 6, 2; 13, 8; 26, 50; 48, 18; 50, 38. 77; Bh. 1, 10, 12; J. 5, 41. — ಬಾರಿ ಬಾರಿ. rep. = ಬಾರಿ ಬಾರಿಗೆ. ಬಾರಿ ಬಾರಿ ಬನ್ದವರು ಹಾಟ್ ಹಾಟ್ ಹೋಗರೇ? (Prv.). — ಬಾರಿ ಬಾರಿಗೆ. Repeatedly, frequently, again and again (ಆಗಾಗ್ಗೆ G.; J. 25, 34; 32, 32; My.). — ಬಾರಿ ಬಾರಿಗೂ. = ಬಾರಿ ಬಾರಿಗೆ. (ಶಶ್ವತ್ Si. 467; ಮುಹುಃ, ಪುನಃ, ಶಶ್ವತ್, ಅಭೀಕ್ಷ್ಣ, ಅಸಕೃತ್ 471; My.). See Si. 58. 246. 274. 360.

ಬಾರಿ bâri. 3. The passage (or slope) at the side of a great well for bullocks to run down in drawing up water (in a leather-bag) by a rope running over a pulley (My.; Tĕ.; Mhr., H. ಬಾರೀ, a ravine, defile; a passage through a fence). ಬಾವಿಯ ಪೊಟ್ಟೆಯ ಬಾರಿ (ವೀನಾಹ, ಯಾತದ ಬಾರಿ G.).

ಬಾರಿ bâri. 4. = ಬಾರೆ 1, etc. (My.). See ಅಡವಿಯ ಬಾರಿಗಿಡ.

ಬಾರಿಕೇರ bârikêra. A man of a caste in S. Mhr. that is a little superior to that of the Bêḍas and a little inferior to that of the Kuṟubas (S. Mhr.).

ಬಾಱಿಸು bâṟisu. To cause to tremble, throb or quiver; — to set in rapid motion, to shake, as a weapon (ಅಲ್ಲಾಡಿಸು Čt. I, 87). ಮುಳ್ಗಳ್ ಅಂಘ್ರಿಯಂ ಬಾಱಿಪುದೆನ್ದು, ಬಿಟ್ಟುದೆ ಮದದ್ವಿರದಂ ಗಹನಪ್ರಚಾರಮಂ? (Rêv. 13, 19). ಕುರಂಕುಶಮಂ ಬಾಱಿಸುತಮ್ ಆನೆಗಳನಾ ಜೋದರರ ವಾರಣ ದೊಳ್ ಆನೆದು ನೂಂಕಿದರ್ ಅಗಳ್ (Abh. P. 13, 73).

ಬಾರಿಸು bârisu. 1. = ವಾರಿಸು (Čt. II, 78). To restrain, to keep back, to keep off, to ward off; to prevent; to impede, to check, to stop; to remove; to destroy. ಅಂಗದ ಅಣ್ಪು ಬಾರಿಸುವುದು (ಆಚಮನ, ಉಪಸ್ಪರ್ಶನ Hlâ.). ಬಾರಿಸಿದುವು, ಬಿಡದೆ ಜಡಿದು ವನದೇವತೆಗಳ್ (Šmd. 109). ದೇವಿಯರಿರಾ, ಕಡುಕೆಯ್ದು, ಕೃತಾನ್ತನ್ ಇನ್ತು ನಿರ್ನೆರಮ್ ಎಟಿದುಯ್ಯೆ, ಬಾರಿಸದೆ ಕೆಮ್ಮನೆಯುಪೇಕ್ಷಿಸಿ, ನೋಡುತಿರ್ಪುದೇ? (112). See Abh. P. 6, 165; 7, 35; 8, 53; 9, after 151; 11, 72; 14, after 34; 15, after 74; 16, after 39.

ಬಾರಿಸು bârisu. 2. To become weighty or great, to increase (J. 32, 12).

ಬಾರು bâru. 1. = ಬಾರ್ 3, etc. (My.). ಬಾರು ಮಿಳಿಗಳ ಮಾಡುವವನು (ಚರ್ಮಕೃತ್ Nn. 152). ಆನೆಯ ಬೆನ್ನಿಗೆ ಬಿಗಿಯುವ ಬಾರು (ಕಕ್ಷ್ಯೆ); ತೊಗಲಿನ ಬಾರು (ನಧ್ರಿ); ಕತ್ತಿ ಕಠಾರಿ ಮುನ್ತಾದವುಗಳ ಹಿಡಿಕೆಗೆ ಕಟ್ಟಿದ ಬಾರು (ಮೇಖಲೆ G.). ಬಾರು ಬಿಗಿದರೆ ಮುದ್ದಳೆ, ನಾರಿಯಿದ್ದರೆ ಶೋಧನ (Prv.). — ಬಾರ ಕೋಲು. = ಬಾರುಕೋಲು. (G. 163; C.). — ಬಾರುಕಾಲವ. A long-shanked man, a man of long strides (ಊರ್ಧ್ವಗಜ್ಞು, ಊರ್ಧ್ವಜಾನು Si. 198). — ಬಾರು ಕೋಲು. A whip made from twisted leather-straps (C.).

ಬಾಱು bâṟu. 2. To tremble (Râm. 5, 8, 84. 85).

ಬಾರು bâru. 1. = ಬಾರ್. A charge (of a gun); explosion: the report or noise; a musketeer (Mhr., H. ಬಾರ). — ಬಾರ ಕೋಟು. Infantry-barracks (My.). — ಬಾರಿನವ. -ಅವ. A musketeer, a foot soldier (My.). ಬಾರಿನವರಿಗೆ ಬೇರಿನ ಯೋಚನೆ ಯಾಕೆ? (Prv.). — ಬಾರುಕಚೇರಿ. The head quarters or office of the infantry (My.). — ಬಾರು ಮಾಡು. To load a gun and be ready for firing (My.; Tĕ. ಬಾರು ಜೇ).

ಬಾರು bâru. 2. = ಬಾರ 3. — ಬಾರು ಮಾಡು. To fill or enter (items) into a book (My.; H.).

ಬಾರೆ bârĕ. 1. = ಬಾರಿ 4, ಬೋರೆ. Tbh. of ಬದರಿ. The jujube tree (My.; Z.).

ಬಾರೆ bârĕ. 2. = ಬಾರಿ 2. A time, etc. (B. 5, 51. 52; My.).

ಬಾರೆಕ್ಸ್ bârĕks. Barracks (Si. 278; Tĕ. ಬಾರಕಾಸು, ಬಾರ್ಕಸು, ಬಾರ್ಕುಸು).

ಬಾಱಿಸು bâṟisu. = ಬಾಜಿಸು, q. v. (My., also: to strike or beat with a whip, etc.). ತನ್ತಿಯ ಕಟ್ಟಿ ಬಾಱಿಸುವ ದಣ್ಡಿಗೆ ಬ್ರಹ್ಮಕಂಕಣ ಮೊದಲಾದುವು (ತತ, ವೀಣಾದಿವಾದ್ಯ); ಗಣ್ಟೆಯ ಬಾಱಿಸಿ ಸಾಱುವವರು (ಘಾಣ್ಟಿಕ, ಚಕ್ರಿಕ Nr.). ಕುಣಿಯುವದು ಹಾಡುವದು ಬಾಱಿಸುವದು ಎವ್ವು ಮೂಱು ಕೂಡಿದ ನಾಟ್ಯ (ತೌರ್ಯತ್ರಿಕ Si. 64). ಜೋಗಿಗಳು ಬಾಱಿಸುವ ವಾದ್ಯ (ಡಮರು G.). ಜಾಣೆಯಾದರೆ ವೀಣೆ ಬಾಱಿಸ್ಯಾಳು. — ಬಯಕೆಯಾದ್ದು ಬಾಱಿಸಿದರೆ ಸಿಕ್ಕೀತೇ? (Prvs.). See Bp. 22, 64; 38, 38; 43, 32; 56, 14; Si. 295; B. 5, 70. 288. 294; Prv. s. ವಾತರೋಗ.

ಬಾಱಿಸುಹ bâṟisuha. Sounding, playing any instrument, etc. ಮೆಲ್ಲ ಬಾಱಿಸುಹ (ಎಲಮ್ಬಿತ); ಬೇಗ ಬಾಱಿಸುಹ (ದ್ರುತ); ಹವಣಿತಾಗಿ ಬಾಱಿಸುಹ (ಮಧ್ಯ); ನೆಗಹಿ ಬಾಱಿಸುಹ (ಊರ್ಧ್ವಕ); ತೊಡೆಯ ಮೇಲಿಕ್ಕಿ ಬಾಱಿಸುಹ (ಅಂಕ್ಯ); ವಂತ ಮೊದಲಾಗಿದ್ದ (ದು) ಹಿಡಿದು ಬಾಱಿಸುಹ (ಸುಷಿರ Nr.).

ಬಾಷ್ಪ bâṣpa. = ಬಾಷ್ಪ, ವಾಷ್ಪ. (ಊಷ್ಮ, ಸೆಖೆ Hlâ. MS.; ಅಶ್ರು, ಕಣ್ಣ ನೀರು Hlâ. MS.; see ಸನ್ತೋಷ-).

ಬಾಷ್ಪಜಲ bâṣpa-jala. = ಬಾಷ್ಪಜಲ. (Čpr. 5, 11; 8, 85).

ಬಾಷ್ಪಬಿನ್ದು bâṣpa-bindu. A tear-drop, a tear (Abh. P. 4, 26).

ಬಾಷ್ಪವಾರಿ bâṣpa-vâri. = ಬಾಷ್ಪಜಲ. (Čpr. 8, 6).

ಬಾಷ್ಪಾಮ್ಬು bâṣpa-ambu. = ಬಾಷ್ಪಾಮ್ಬು. (Čpr. 8, 86).

ಬಾರ್ಕು bârku. Bark. — ಬಾರ್ಕ್‌ನ ಮರ. The cinchona tree, Cinchona cordifolia Mutis. (St. & Pl.).

ಬಾಱ್ಚು bâṟču. (= ಬಾಚು 2). To heap (ಪುಂಜೀಕರಣ Šmd. Dh.).

ಬಾರ್ತೆ bârtĕ. = ವಾರ್ತೆ. (Bp. 28, 18; 29, 29). — ವಾರ್ತೆಗೆಯ್. To bring or convey intelligence (Abh. P. 9, 163; 11, 77).

ಬಾರ್ಪು bârpu. Want of brightness, etc. (ಅತೇಜ Čt. I, 51; the one MS. in which it occurs, does not clearly show whether ಅತೇಜ or ತೇಜ is meant; cf. ಬಾನಲ್?). — ಬಾರ್ಪರಂ. -ಅಂ. A man who is devoid of brightness or vigour (Bp. 54, 30).

ಬಾರ್ಲಿ bârli. Barley (My.).

ಬಾರ್ಹತ bârhata. (fr. ಬೃಹತ್). *The fruit of the bṛihati, a variety of the solanum.*

ಬಾರ್ಹಸ್ಪತ್ಯ bârhaspatya. (fr. ಬೃಹಸ್ಪತಿ). Relating to or coming from bṛihaspati; a method of reckoning time. (My.).

ಬಾಲ bâla. = ಬಾಳ್, ಬಾಳ 1, ಬಾಳು, ವಾರ 2, ವಾಲ 1, ವಾಳ. *Young,* infantine, immature, not full-grown; newly risen, as the sun, new or waxing, as the moon. 2, *childish, puerile, ignorant, foolish.* 3, *the young of an animal.* 4, a child, an infant (ಅರ್ಭಕ, ಮೊಲೆಯ ಮಗುವು Nn. 123 as ವಾಳ);—*a boy.* 5, *a colt, a foal.* 6, a tail (ರೋಮ ಪುಚ್ಛ, ಲಾಂಗೂಲ, ವಾಲಹಸ್ತ, ವಾಲಧಿ Hlâ.; ಪುಚ್ಛ 123; ಪ್ರವಾಲ 7; ಲಲಾಮ 26; ಪೇಚಕ Mr. 156; C.; Tĕ. ವಾಲು, T., M. ವಾಲ್; Tu. ಬೀಲ). 7, hair; long hair (ನಿಡುಗೇಶ, ಉದ್ದಿಯ ಕೂದಲು 123). 8, grass (ಪುಲು, ಹುಲ್ಲು 123). 9, a grass with fragrant roots used for fans, etc., the cuscus-grass, Andropogon muricatus Retz. (ಲಾಮಜ 123; see ಮುಡಿವಾಳ). 10, fire (ಅಗ್ನಿ 123). 11, the sun (ಪ್ರದ್ಯೋತನ, ಸೂರ್ಯ 123). 12, the moon (ಶೀತಮರೀಚಿ, ಚಂದ್ರ 123). 13, Kṛishṇa (ಪೀತವಾಸ, ಕೃಷ್ಣ 123). 14, a finger-ring (ಮಣಿ ಮುದ್ರಿಕೆ, ಕೆಯ್ಯ ಉಂಗುರ 123). 15, a kind of fish, Cyprinus denticulatus or Cyprinus rohita (*cf.* ಬಾಳೆ). ಜೇಟ ಬಾಲ (ದ್ರುತಪುಚ್ಛ, ಅಲ Mr. 408). ಬಾಲವಿದ್ದರೆ ತನ್ನ ಹಾಳೆತಕ್ಕೆ ಬೀಸಿಕೊಳ್ಳುತ್ತದೆ.—ಬಾಲ ಹುಟ್ಟಿದರೂ ಹಾಲಿಗೆ ಬಗೆಯಿಲ್ಲ.—ಬಸವನ ಹಿಂದೆ ಬಾಲ.—ನಾಯಿಗೆ ಹೇಟಿದರೆ ನಾಯಿ ತನ್ನ ಬಾಲಕ್ಕೆ ಹೇಟಿತು.—ಕುದುರೆಗೆ ಬಾಲವಿದ್ದರೆ ಲಾಯಕ್ಕೆಲ್ಲಾ ಬೀಸೀತೇ? (no, only for its own benefit, Prvs.). See Šmd. 81. 91; Čpr. 4, 47; 5, 59; Bp. 32, 25; 60, 25. 32. 48. — ಬಾಲಚುಕ್ಕಿ. A comet (My.; ಧೂಮಕೇತು G.). — ಬಾಲಂಗಚ್ಚೆ. -ಂಚ್ಚೆ. The tail of a kite (My.). — ಬಾಲಚುಕ್ಕೆ. = ಬಾಲಚುಕ್ಕಿ. (My.; Tĕ. ವಾಲು ಚುಕ್ಕ, the planet Venus, ಶುಕ್ರ). — ಬಾಲಜಾಯಿಲ. A young dog (Bp. 55, 53). — ಬಾಲತೊಡಿಗೆ. -ತೊಡಿಗೆ. Ornaments or trinkets for children (Grj. 8, after 89; Bp. 14, 4; 40, 39; Prll. 3, 25). — ಬಾಲಮೆಣಸು. Cubeb, the spicy berry of Piper cubeba Lin. (My.). — ಬಾಲಸುಡುಕ. Who has burnt his tail: Hanumat (Râm. 6, 10, 39). — ಬಾಲಹುಳು. A tailed worm found in drains, etc. (Bp. 37, 67; 57, 30; C.).

ಬಾಲಕ bâlaka. = ವಾಲಕ. Young. 2, a child, an infant (ತರಳ, ಹಸುಮಗುವು Nn. 63; ಕಡುಶಿಶು Mr. 525); a boy (ಸಣ್ಣವ Nn. 130). 3, a tail (ಬಾಲ 525). 4, long hair (ನಿಡುಗೇಶ 525). 5, the cuscus-grass (ಲಾಮಂಚ 525). 6, a seal-ring (ಮುದ್ರಿಕೆ 525; *cf.* ವಾಲಕ). 7, the sun (ಸೂರ್ಯ 525). 8, the moon (ಚಂದ್ರ 525). 9, fire emitting sparks (ಕಿಡಿಗೆದರುವ ಅಗ್ನಿ 525). 10, Kṛishṇa (ದೇವಕೀತನಯ 525). 11, the plant Hibiscus mutabilis.

ಬಾಲಕರೇಣು bâla-karêṇu. A young elephant (ಮರಿಯಾನೆ Nn. 98).

ಬಾಲಕಿ bâlaki. (= ಬಾಲಿಕೆ). A girl (Bp. 14, 32; 40, 18; J. 2, 59). 2, = ಅರನೆಲ್ಲಿ (Mr. 121, o. r. ಅರ-).

ಬಾಲಕೃಷ್ಣ bâla-kṛishṇa. The boy Kṛishṇa or his image (Sk.).

ಬಾಲಕೇಲಿ bâla-kêli. Children's play, childish sport, juvenile pastime (My.).

ಬಾಲಗರ್ಭಿಣಿ bâla-garbhiṇi. *A cow with calf for the first time.*

ಬಾಲಗೋಪಾಲ bâla-gôpâla. The boy-cowherd: Kṛishṇa. (My.).

ಬಾಲಗ್ರಹ bâla-graha. A demon that delights in seizing, teasing and injuring children. (My.).

ಬಾಲಘ್ನಿ bâla-ghni. A murderess of children, a râkshasi. (My.).

ಬಾಲಚಂದ್ರ bâla-čandra. The young or waxing moon. (My.).

ಬಾಲಚಂದ್ರಾಚೂಡ bâlačandrâ-čûḍa. Šiva (Bp. 27, 68).

ಬಾಲತನ bâlatana. = ಬಾಲತ್ವ. (Bp. 50, 62).

ಬಾಲತನಯ bâla-tanaya. A young son. 2, *the tree Acacia catechu* Willd.

ಬಾಲತೃಣ bâla-tṛiṇa. *Young grass.*

ಬಾಲತ್ವ bâlatva. Childhood; boyhood. (My.). See Sp. s. ತರುಣತ್ವ.

ಬಾಲಧಿ bâla-dhi. = ವಾಲಧಿ. (J. 18, 6).

ಬಾಲಪಾಶ್ಯೆ bâla-pâšyĕ. = ವಾಲಪಾಶ್ಯೆ. (ಸ್ತ್ರೀಯರು ಬಯ್ತಲೆಯೊಳಗೆ ಇಟ್ಟುಕೊಳ್ಳುವ ಆಭರಣ; ಜೆಲಲಿನ ಹಾಗೆ ಮಾಡಿದ ಮುತ್ತಿನ ಸರ G.).

ಬಾಲಬನ್ದು bâla-bandu. = ಬಾಳಬನ್ದು. Simple (Mhr. ಬಾಳಬನ್ದ);—the Mahratta, or dêvanâgari, character (Br.).

ಬಾಲಬೋಧೆ bâla-bôdhĕ. Instruction of or for the youthful (name of various works adapted to the capacity of the young, My.). 2, = ಬಾಲಬನ್ದು (Mhr. ಬಾಲಬೋಧ; C.).

ಬಾಲಭಾಷೆ bâla-bhâshĕ. The language or the mode of speaking of children (My.). 2, the prâkṛita language (Mhr.; B. 4, 128; My.).

ಬಾಲಮೂಷಿಕೆ bâla-mûshikĕ. *A small rat, a mouse.*

ಬಾಲಮೃಗ bâla-mṛiga. A young deer, a fawn. (Bh. 2, 13, 12).

ಬಾಲರಕ್ಷೆ bâla-rakshĕ. Taking care of children and preserving them (by mantras, etc.) against evil spirits, etc., anything used as a preservative or charm for that purpose (My.).

ಬಾಲಲಿಂಗ bâla-linga. A boy and N. (Bp. 47, 29. 40. 47. 53).

ಬಾಲಲೀಲೆ bâla-lîlĕ. = ಬಾಲಕೇಲಿ. (J. 18, 20).

ಬಾಲವ bâlava. = ವಾಲವ. (My.).

ಬಾಲವಾಯಜ bâla-vâyaja. *Lapis lazuli or a kind of turkois.* (See ವೈಡೂರ್ಯ).

ಬಾಲಶಯ್ಯೆ bâla-šayyĕ. A cradle (ಶಯುತವಿ, ತೊಟ್ಟಿಲ್ Mr. 208).

ಬಾಲಶಶಿ bâla-šaši. = ಬಾಲಚಂದ್ರ.

ಬಾಲಶಶಿಮೌಲಿ bâlašaši-mauli. Šiva (Bp. 37, 40).

ಬಾಲಶಾರದೆ bâla-šâradĕ. A young or newly risen Sarasvatî. ಬಾಲಶಾರದೆಯೆನಿಪ್ಪ ಮಂಗನ ಕೃತಿ (Mr. 2).

ಬಾಲಶಿಕ್ಷಾದಣ್ಡ bâlašikshâ-daṇḍa. A staff for punishing children. See ಸೆಳೆ.

ಬಾಲಶಿಕ್ಷೆ bâla-šikshĕ. -ಕ್ಷಾ. Punishment, or instruction, of children. (Šmd. 44).

ಬಾಲಸನ್ಯಾಸಿ bâla-sanyâsi. A man who has been an ascetic, or a religious mendicant, from his youth. ಬಾಲ

ಸನ್ಯಾಸಿ ಕೆಟ್ಟರೆ ಕೂಟಿನಾಯಿಗಿನ್ನ ಕಡೆ.— ಬಾಲಸನ್ಯಾಸಿಗೆ ಹಾಯಿಹರಚೆ ಯಾಕೆ? (Prvs.).

ಬಾಲಸರಸ್ವತಿ bâla-sarasvati. = ಬಾಲಶಾರದೆ. ಬಾಲಸರಸ್ವತಿಮುಂಗ ರಾಜ (Mr. after 90).

ಬಾಲಹತ್ಯ bâla-hatya. Child-murder, infanticide (B. 5, 158; My.).

ಬಾಲಹಿಮಕರ bâla-himakara. = ಬಾಲಚನ್ದ್ರ.

ಬಾಲಹಿಮಕರಮೌಲಿ bâlahimakara-mauli. Śiva (Bp. 24, 4; 60, 41).

ಬಾಲಾತಪ bâla-âtapa. The morning-sunbeams. (Čpr. 5, 20; ಎಳೆಬಿಸಲು G.).

ಬಾಲಾರಿಷ್ಟ bâla-arishṭa. = ಬಾಲಗ್ರಹ. (My.).

ಬಾಲಾರ್ಕ bâla-arka. The newly risen sun. (My.).

ಭಾಲಿ bâli. = ವಾಲಿ. N. of a monkey, brother of Sugrîva. (Abh. P. 11, after 175; G. 485). 2, a kind of ear-ring (*cf.* ಬಾವಲಿ).

ಬಾಲಿಕೆ bâlikĕ. A female child or infant; a girl. (My.).

ಬಾಲಿಶ bâliša. *Young, of tender years, puerile.* 2, *childish, ignorant, foolish; a fool* (ಮೂರ್ಖ, ಮೂಢ Nn. 131 as ಬಾಲಿಶ). 3, a child (ತನುಜಾತರ್, ಮಕ್ಕಳು 131); an infant (ಅತಿಬಾಲ Mr. 475). 4, Kṛishṇa (ವಿಷ್ವಕ್ಸೇನ, ಕೃಷ್ಣ 131). 5, a cushion, a pillow.

ಬಾಲಿಸು bâlisu. To tail, to follow like a tail, to follow. See ಹಿಮ್ಬಾಲಿಸು.

ಬಾಲೆ bâlĕ. A female child, a girl; a young woman not more than sixteen years of age (ಕನ್ನಿಕೆ, ಕೊಡಗೂಸು Nn. 21). 2, a woman, a female. ಬಾಲೆಯರ ಕಾಚವಲಯಂ (ಬಳೆ Šm. 114).

ಬಾಲೇನ್ದು bâla-indu. = ಬಾಲಚನ್ದ್ರ.

ಬಾಲೇನ್ದುಧರ bâlêndu-dhara. Šiva (Bp. 13, 25; 35, 4).

ಬಾಲೇನ್ದುಮೌಲಿ bâlêndu-mauli. Šiva (Bp. 28, 5; 44, 24).

ಬಾಲೇಯ bâlêya. Fit or proper for children; soft, tender. 2, *an ass.*

ಬಾಲೇಯಶಾಕ bâlêya-šâka. *The vegetable Siphonanthus indica* (= ಅಂಗಾರವಲ್ಲಿ).

ಬಾಲೋಪದೇಶ bâla-upadêša. Instruction of or for the youthful (My.).

ಬಾಲ್ಯ bâlya. *Childhood, infancy, youth.* 2, childishness, folly.

ಬಾಲ್ಯಾವಸ್ಥೆ bâlya-avasthĕ. The circumstances, or period, of childhood, childhood (My.).

ಬಾವ bâva. 1. = ಬಾ, ಭಾವ 1, q. v. Tbh. of ಭಾಮ. A sister's husband (My.; Tĕ. ಬಾವ). ಬಾವನ್ದಿರು (ದೇವೃ, ದೇವರ, ಗಣ್ಡನಿಗೆ ಒಡ ಹುಟ್ಟಿದ ಗಣ್ಡುಸರು, ಮಯ್ದುನ್ದಿರು Si. 192). ಉಮ್ಬುವದಕ್ಕೆ ಉಡುವದಕ್ಕೆ ಅಕ್ಕನ್ನ ಕರೆ! ಕೋಳಕ್ಕೆ ಹೆಟ್ಟೋದಕ್ಕೆ ಬಾವನ್ನ ಕರೆ!— ಎರವು ಸಿರಿಯಲ್ಲ, ಬಾವು ಡೊಳ್ಳಲ್ಲ, ನೆರಮನೆಯಕ್ಕನ ಗಣ್ಡ ಬಾವನಲ್ಲ.— ಬಾವನಾದರೆ ಬಾರವಾದ ಹೊಟಿ ಹೊತ್ತಾನೇ? (Prvs.). See Prvs. s. ಅ 9, ಅಕ್ಕ 1, ಸತ್ತಿಗೆ. — ಬಾವನಣ್ಣ. The relative who is called a sister's husband. ಬಾವನಣ್ಣ ಬನ್ದಾಗ್ಯೂ ಹಾಲು ಚಲ್ಲೋದು ಬಿಡಲಿಲ್ಲ (Prv.). — ಬಾವಮಯ್ದು. = ಬಾಮಯ್ದು. A wife's brother (My.). 2, a husband's brother (My.). — ಬಾವಮಯ್ದನ್ದಿರು. = ಬಾಮುಯ್ದುಳು, ಭಾವಮಯ್ದುನ್ದರು. The brothers of one's wife (My.). 2, the husband's brothers (My.). — ಬಾವಮಯ್ದುನ. = ಬಾಮುಯ್ದು, ಬಾವಮುಯ್ದು, ಭಾವಮಯ್ದುನ (My.).

ಬಾವ bâva. 2. Tbh. of ಭಾವ 2. (My.).

ಬಾವಂಜಿ bâvañji. (The plant Flacourtia sapida, Mhr. ಬಾವಚೀ). — ಬಾವಂಚಿಗಿಡ. An erect annual herb, Psoralea corylifolia L. (Z.).

ಬಾವಟ bâvaṭa. = ಬಾವುಟೆ, etc. (My.).

ಬಾವಟಿ bâvaṭi. = ಬಾವಟ, etc. (ಸಿನ G.).

ಬಾವಟೆ bâvaṭĕ. = ಬಾವಟ, etc. (My.).

ಬಾವನ್ನ bâvanna. Sandalwood (ಮಲಯಜಾತ Ct. II, 63; ಸಿರಿಕಣ್ಡ, ಶ್ರೀಖಣ್ಡ Kk. 19; Šm. 24; Rśv. 5, 25; J. 31, 2). — ಬಾವನ್ನಗಮ್ಪು. -ಕಮ್ಪು. The fragrance of sandalwood (J. 31, 7). — ಬಾವನ್ನದಮ್ಪು. -ತಮ್ಪು. The refreshing quality of sandalwood (J. 11, 37). — ಬಾವನ್ನದಿಗುರು. -ತಿಗುರು. Sandal unguent (J. 11, 41). — ಬಾವನ್ನವೆಟ್ಟು. -ಬೆಟ್ಟು. The Malaya mountain, the Malabar hills (ಮಲಯಾಚಲ Šs.).

ಬಾವನ್ನ bâvanna. Fifty-two (Mhr., H.). — ಬಾವನ್ನಾಕ್ಷರ. -ಅಕ್ಷರ. The fifty-two letters (ವರ್ಣ, ಅಯ್ವತ್ತೆರಡು ಅಕ್ಕರಂಗಳು Nn. 71).

ಬಾವಲ್ bâval. = ಬಾವಲಿ, ಬಾವುಲ್, ಬಾವುಲಿ. A bat; the flying fox (Nr. in ಕಿಬು., ಜೆಬ್-; T. ಅವಾಲ, ವಾವಲ್, ವಾವಾಲ್; M. ವಾದಿಲ್; Tĕ. ಗಬ್ಬಿಲ; Mhr. ಪಾಕೋಳಿ, ವಾಗೂಳ, ವಾಘೂಳ; M. ಅವಲ್, ವಾವಲ್, ವವ್ವಾಲ್, a large bat; Sk. ವಲ್ಗುಲ, Mhr. ವಾಗೂಳ, ವಾಘಳ, ವಾಘೂಳ, the flying fox).

ಬಾವಲಿ bâvali. = ಬಾವಲ್, etc. (My.).

ಬಾವಲಿ bâvali. = ಬಾವುಲಿ. A kind of ornament of gold, pearls, precious stones, etc. worn on the tip of the ear (My.; Tĕ. ಪಾವಲಿ, ಬಾವಿಲಿ; *cf.* Sk. ಬಾಲಿ; Mhr. ಬಾಳೀ, an ornament for the ear).

ಬಾವಳಿಸು bâvaḷisu. Tbh. of ವ್ಯಾಕುಲಿಸು. To be confused, bewildered or confounded (Mhr. ಬಾವರಣೇಂ, ಭಾಮ್ಬವಣೇಂ; *cf.* ಬಾಗುಳ್, ದಾಗುಳ್). ಬಾವಳಿಪವನು (ವ್ಯಾಕುಲ, ವಿಹಸ್ತ Hlâ.).

ಬಾವಿ bâvi. Tbh. of ವಾಪಿ 2 (Šmd. 342; Šm. 36). A well, etc. (ಅನ್ಧು, ಕೂಪ Hlâ.; ತೀರ್ಥ, ಕೂಪ Nn. 48; Bp. 20, 21; 49, 44; 56, 38; B. 5, 74; G. 71. 266. 462; C.; Tĕ.; T. ವಾವಿ). ನದಿ ಬಾವಿ ಕೆರೆಗಳ್ (ತೀರ್ಥ Mr. 532). ನೀರಿಪ್ಪ ಬಾವಿ (ಅನ್ಧು, ಕೂಪ 421). ಸೇದುವ ಬಾವಿ (ಅನ್ಧು, etc. Si. 90). ಬಾವೀ ನೀರಾದರೆ ಭಾವಿಸಿದರೆ ಬನ್ದೀತೇ?— ಮಾಡಿದ ಪುಣ್ಯಕ್ಕೆ ಫಲವೇ ಸಾಕ್ಷಿ, ತೋಡಿದ ಬಾವಿಗೆ ಜಲವೇ ಸಾಕ್ಷಿ.— (ತುರಕ) ಬಾವಿಯಲ್ಲಿ ಬಿದ್ದರೂ ಬಾಂಚೋತು ಬಿಡ.— ನೀವಾದರೇನು? ನಾವಾದರೇನು? ಬಾವಿಲಿ ನೀರು ಬನ್ದರೆ ಸರಿ.— ಇರುಳು ಕಣ್ಡ ಬಾವಿಯಲ್ಲಿ ಹಗಲು ಬಿದ್ದನನ್ತೆ (Prvs.). See ಅಂಗಣವಾವಿ; Prvs. s. ನೆಣ್ಟ, ಬಾಯಾಡಿಕೆ, ಬೆಂಕಿ ಹತ್ತು. — ಬಾವಿದೋಡು. -ತೋಡು. To dig a well (Abh. P. 11, 100).

ಬಾವು bâvu. (fr. ಬಾ 2). = ಬಾಹು. A swelling, an intumescence (ಶೋಫ, ಶ್ವಯಥು, ಶೋಥ Si. 200; ಶೋಥ G.; C.). ಬಾವು ಎದ್ದರೆ ಬಡ ಕೊಣ್ಡರೆ ಹೋದೀತೇ?— ಎರವು ಸಿರಿಯಲ್ಲ, ಬಾವು ಡೊಳ್ಳಲ್ಲ, ನೆರಮನೆಯಕ್ಕನ ಗಣ್ಡ ಬಾವನಲ್ಲ (Prvs.).

ಬಾವುಗ bâvuga. A male cat, a tom cat (B. 5, 32; Mhr. ಬೋಕಾ; Tĕ. ಬಾವುರುಗಾಡು, ಬಾವುರುಪಿಲ್ಲಿ; ಬಾವರುಮನು, to resound, as an empty house; to make a caterwauling).

ಬಾವುಜಿಗೆ bâvujigĕ. = ಬಾವುಜೆ, ಬಾಹುಜಗೆ. Tbh. of ವಾಕುಚಿ (ವಾಕುಚಿ). (ಅವಲ್ಗುಜ, ಸೋಮರಾಜ, ಸುವಲ್ಲಿ, ಸೋಮವಲ್ಲಿಕೆ, ಕಾಲಮೇಷಿ, ಕೃಷ್ಣಫಲೆ, ವಾಕುಚಿ, ವಾಗುಚಿ, ಪೂತಿಫಲಿ Nr.).

ಬಾವುಜೆ bâvujĕ. = ಬಾವುಜಗೆ. (ವಾಕುಚಿ Mr. 122).

ಬಾವುಟೆ bâvuṭĕ. = ಬಾವಟೆ, ಬಾವಟ, ಬಾವಟಿ. A flag (My.; Mhr., H. ಬಾವಟಾ).

ಬಾವುಲ್ bâvul. = ಬಾವಲ್, etc. (ಪದಮುಸ್ತಕ Mr. 177). See ಜೆಬ್ಬಾವುಲ್.

ಬಾವುಲಿ bâvuli. = ಬಾವುಲ್, etc. See ತೂಗಲು.

ಬಾವುಲಿ bâvuli. = ಬಾವಲಿ. (Grj. 2, after 106; Bp. 5, 40; 16, 17; Râv. 6, after 11; 12, after 56). ಕಿವಿಯೊಳಗಿನ ಬಾವುಲಿ (ಕುಣ್ಡಲ G.).

ಬಾಷ್ಪ bâshpa. = ಬಾಷ್ಪಿ, ವಾಷ್ಪ. (ಅಶ್ರು, ಅಕ್ಷಿಯ ಆನನ್ದಜಲ Mr. 316).

ಬಾಷ್ಪಜಲ bâshpa-jala. = ಬಾಷ್ಪಿಜಲ. A tear, tears (ಕಣ್ಣ ನೀರ್ Nn. 36).

ಬಾಷ್ಪಾಮ್ಬು bâshpa-ambu. = ಬಾಷ್ಪಾಮ್ಬು, ಬಾಷ್ಪಜಲ. (Bp. 40, 69).

ಬಾಸಣಿ bâsaṇi. (fr. ವಾಸನ 3). (= ಬಚ್ಚಣೆ 2). The state of being enveloped or covered (ಮುಸುಂಕಿದರ್ಥಂ Čt. II, 58; *cf.* K. ಬಾಚಿ?).

ಬಾಸಣಿಸು bâsaṇisu. To cover (Čpr. 1, 92; 3, 11; 5, 20; Abh. P. 4, 12; Grj. 5, after 67; Bp. 6, 32; 12, 33; 18, 29; 46, 54; Râv. 6, after 11). 2, to put as a cover to, to cover with. ಎಕ್ಕಡದ ಬಾಸಣಿಸಿ ಪದತಲಕೆ (Râm. 3, 8, 34). 3, to be included in, to join. ಅವಕೆ (ಆ ಮೂಱು ಗ್ರಾಮಕೆ) ಪದಿನೆಣ್ಟು ಜಾತಂ ಬಾಸಣಿಸಿರಲ್ಕೆ (Mr. 78; see s. ರಾಗ).

ಬಾಸನ್ತಿ bâsanti. Tbh. of ವಾಸನ್ತಿ (Šmd. 342).

ಬಾಸರ bâsara. (Tbh. of ವಾಶ್ರ). An exhilerating, gladdening, lovely sound (ಮಧ್ಯವಾಚಿ, ಕಲರವ Čt. I, 41).

ಬಾಸಳಿಕೆ bâsaḷike. = ಬಾಸುಳ್, etc. (B. 5, 222).

ಬಾಸಳಿಸು bâsaḷisu. To produce a wale or wales (Râm. 6, 47, 37).

ಬಾಸಿಗ bâsiga. 1. = ಬಾಸಿಂಗ. A garland or chaplet of flowers worn on the top of the head (ಆಪೀಡ, ಶೇಖರ Hlâ.; ನಿರ್ಯೂಹ Nr.; ಆಪೀಡ, ದಣ್ಡೆ Nr.; ಪೂಮಾಲೆ Šs., Kk. 26, Šm. 72; T. ವಾಚಿಗ್ಗೆ; see Šmd. s. ಅಳ್ 3; Čpr. 7, 78; Abh. P. 9, 80; 12, 22; Grj. 10, after 61 & 79). 2, an ornament of gold, coloured wood or pith, paper, or flowers worn on the forehead (on the head, Mhr.) of the bride and bridegroom (Bp. 2, 52; 32, 29; 56, 6; Râm. 1, 16, 41; J. 30, 54; 31, 23. 32; My.; Tč.; Mhr. ಬಾಶಿಂಗ). See ಪೊಮ್ಬಾಸಿಗ. — ಬಾಸಿಗವಾದರೆ ಹಾಸಿಗೆಯಲ್ಲಿ ಯಾಕೆ? (Prv.).

ಬಾಸಿಗ bâsiga. 2. = ಬಾಚಿಗ, ಬಾಸೆಗ. A speaker, a talker, a jester (My.).

ಬಾಸಿಂಗ bâsinga. = ಬಾಸಿಗ 1. (ಶೇಖರ, ಅವತಂಸ, ಸಿರದ ರತ್ನಚೂಡಾಮಣಿ Mr. 333). ಹಣೆಗಿಟ್ಟು ಕೊಳ್ಳುವ ಬಾಸಿಂಗದ ಒಡವೆ (ಪತ್ರಪಾಶ್ಯೆ, ಲಲಾಟಿಕೆ Si. 218).

ಬಾಸು bâsu. To void excrement (ಪುರೀಷೋತ್ಸರ್ಗ Šmd. Dh.; *cf.* ಬಾರ್ 4).

ಬಾಸು bâsu. Stench (S. Mhr.; ನಾತು G.; Mhr., H. ಬಾಸಾ, smelling, stale, not fresh).

ಬಾಸುಗಿ bâsugi. Tbh. of ವಾಸುಕಿ. (ಶೇಷ Čt. I, 33).

ಬಾಸುಣ್ಡೆ bâsuṇḍĕ. = ಬಾಸುಳ್, etc. (My.). — ಬಾಸುಣ್ಡೆಗಟ್ಟು. -ಕಟ್ಟು. A wale to be formed (My.).

ಬಾಸುಳ್ bâsuḷ. (fr. ಬಾ 2, ಬಾಯು). = ಬಾಸಡಿಕೆ, ಬಾಸುಣ್ಡೆ, ಬಾಸುಳಿ, ಬಾಸುಳ್, ಬಾಸುಳ್. A wale or mark caused by a blow or stroke (ಪೊಯ್ದು ಬಡ್ Šmd. I; ಪೊಯಿದ ಎಡೆ Čt. I, 17). ಬಾಸುಟ್ಗಿ, ಬಾಸುಟ್ಗಿಳ್ (Šmd. 52). See Čpr. 5, 11; Abh. P. 9, 30; Ššv. 5, 41; ಕಿಸು-. — ಬಾಸುಳೇಳ್. -ಏಳ್. A wale to rise (Bp. 52, 11; Bh. 4, 4, 10).

ಬಾಸುಳ bâsuḷa. = ಬಾಸುಳ್, etc. (G. 504).

ಬಾಸುಳಿ bâsuḷi. = ಬಾಸುಳ್, etc. (Bp. 52, 16).

ಬಾಸುಳೆ bâsuḷĕ. = ಬಾಸುಳ್. (G. 495).

ಬಾಸೆ bâsĕ. (fr. ಬಾರ್ 3?). The central line of hair in the bosom and down the belly (ನಾಭಿಯ ರೋಮ Mr. 319). See ತೆಳುಬಾಸೆ, ಬಡ ಬಾಸೆ; Čpr. 2, 14; 3, 85; 8, after 4; Abh. P. 3, 97; Grj. 3, 39; Râv. 4, 35. 37; J. 3, 19. — ಬಾಸೆವಳ್ಳಿ. -ಬಳ್ಳಿ. A creeper-like bâsĕ (Râv. 10, 36). — ಬಾಸೆವಿಡಿ. -ಪಿಡಿ. To lay hold of the bâsĕ (Čpr. 7, 137).

ಬಾಸೆ bâsĕ. 1. = ಭಾಸೆ. Tbh. of ಭಾಷೆ, q. v. (Šmd. 24. 335). Speech; language;—a promise;—an oath (Bp. 35, 58; 42, 28; 52, 37; My.). ಬಡವಗೆ ಆಸೆ ಹೇಳಿ ಬೇಡ, ಬಲ್ಲಿದವಗೆ ಬಾಸೆ ಹೇಳಿ ಬೇಡ (Prv.). See Prv. s. ವೀಸ. — ಬಾಸೆ ಕೊಡು. To promise (My.). — ಬಾಸೆಗಳ್ಳ. -ಕಳ್ಳ. = ಬಾಸೆಗೆಡುಕ. (G.; My.). — ಬಾಸೆ ಗೀಸೆ. reit. (Bp. 36, 15). — ಬಾಸೆಗೆಡುಕ. -ಕೆಡುಕ. A man who breaks his promise; a perjurer (My.). — ಬಾಸೆ ಮಾಡು. To assure solemnly, to swear (My.). — ಬಾಸೆಯಿಕ್ಕು. -ಇಕ್ಕು. To appeal to by an oath (My.). — ಬಾಸೆಯಿಲ್ಲದ. -ಇಲ್ಲದ. = ಬಾಸೆಗೆಡುಕ. ಹಾಸುವಿಲ್ಲದ ನಿದ್ರೆ, ಪೂಸುವಿಲ್ಲದ ಮಿಣ್ಣಯು, ಬಾಸೆಯಿಲ್ಲದವನ ಗೆಳೆತನ ಮೋಟಕೆಯ್ ಬೀಸಿ ಕರೆದನ್ತೆ (Sp.). — ಬಾಸೆವನ್ತ. A man who sticks to his promise; faithful (Bp. 9, 38). — ಬಾಸೆವೆಣ್. -ಪೆಣ್. Sarasvati (ಶಾರದೆ Kk. 9). — ಬಾಸೆವೆಣ್ಣನೆಯ. -ಇನೆಯ. Brahmâ (ಚೊಮ್ಮ Kk. 9). — ಬಾಸೆಹೀನ. = ಬಾಸೆಯಿಲ್ಲದ. (Bp. 28, 27).

ಬಾಸೆ bâsĕ. 2. A rafter; a pole viewed as fit for a rafter (My.; Mhr. ವಾಸಾ, ವಾಂಸಾ).

ಬಾಸೆಗ bâsĕ-ga. (= ಬಾಸಿಗ, etc.). (Tbh. of ಭಾಷಿಕ). A man who speaks or talks. See ಲಾಬ-.

ಬಾಹ bâha. = ಬರ್ಪ, etc. Present relative participle of ಬರ್ 1. ಕಣ್ಣಿಗೆ ಕಾಣ ಬಾಹನ್ನಾದು (ಲೋಚನಗೋಚರ Nn. 87); ತಿರಿಗಿ ಬಾಹನ್ನಾದು (ವಿಭ್ರಮ 129). 2, future (or present) of ಬರು. ತಮ್ಮಿಗೆಯು ತಪ್ಪಲೆಯು ಆವು ತಾಮ್ ಕುಡಿವದಕೆ ಬಾಹವು;...ತಮ್ಬಿಗೆಯ ತಪ್ಪಲೆಯ ಕೊಣ್ಡರೆ ಉಪ್ಪದಕೆ ಕುಡಿವದಕೆ ಬಾಹವು (Jns. 42, 14). ಸುಮ್ಮನೆ ಬಾಹುದೆ ಮುಕ್ತಿ? (Dp. 16).

ಬಾಹ bâha. = ಬಾಹು. See ಬಾಹಾಸ್ಫಾಲನ.

ಬಾಹಟ bâhaṭa. = ಬಾಹುಟ. N. of an author, and of a work on medicine composed by him (My.).

ಬಾಹತ್ತರ bâhattara. Seventy-two (Mhr.); much, many (Bp. 48, 28; Bh. 1, 8, 35).

ಬಾಹುಪ್ಪಳಿಸು bâhu-appaḷisu. To strike the arm (ಭುಜದ ಹೊಯ್ Bhn. 32; Bh. 1, 10, 21). Also ಬಾಹನ್ ಅಪ್ಪಳಿಸು (Grj. 2, after 106).

ಬಾಹಾದೂರ್ bâhâdûr. = ಬಹಾದರ್, etc. (G. preface; B. 5, 6; Sk. ಬಾಹಾದುರ).

ಬಾಹಾಸ್ಫಾಲನ bâha-âsphâlana. Striking the arm (Čpr. 5, 76). — ಬಾಹಾಸ್ಫಾಲನಂಗೆಯ್. -ಂ-. To strike the arm (Ššv. 4, 70).

ಬಾಹಿರ bâhira. (fr. ಬಹಿರ್). Being outside, situated without; outer, external; expelled from, excluded from; devoid of;—a foreigner; an outcast; an abject man. See Bp. 35, 7; 38, 54; 50, 54; Bh. 1, 8, 36; J. 2, 36; 9, 7; ವೇದ-.

ಬಾಹಿರಗಿತ್ತಿ bâhira-gitti. An outcast, abject woman (Bp. 40, 55).

ಬಾಹಿರಂಗ bâhiranga. (fr. ಬಹಿರಂಗ). Relating to the outside, outer, external (J. 13, 56).

ಬಾಹಿರಾತ್ಮ bâhira-âtma. An abject person (Bp. 48, 46).

ಬಾಹು bâhu. = ಬಾವು. (ಶೋಫ, ಶ್ವಯಥು Hlâ.; ಶೋಫ Mr. 385; Abh. P. 16, after 39, twice).

ಬಾಹು bâhu. = ಬಾಜು No. 2, ಬಾಹ. *The arm;* the upper arm. — ಬಾಹುರಕ್ಕೆ. Tbh. of ಬಾಹುರಕ್ಷೆ. (Rsv. 6, after 11).

ಬಾಹುಜ bâhu-ja. Arm-born: *a Kshatriya.*

ಬಾಹುಜಿಗೆ bâhujigĕ. = ಬಾವುಜಗೆ. (ಅವಲ್ಗುಜ, ಕಾಲಮೇಷಿ, ವಾಗುಜಿ, etc., ಕ್ರಾಲುಜೆಟ್ಟು Si. 145).

ಬಾಹುಟ bâhuṭa. = ಬಾಹಟೆ. (My.).

ಬಾಹುತಳ (bâhu-taḷa). N. of a feat of wrestlers (Šsv. 4, 75).

ಬಾಹುದಣೆ bâhudaṇĕ. N. of a feat of wrestlers (Čpr. 5, 77).

ಬಾಹುದೆ bâhu-dĕ. *N. of a river.*

ಬಾಹುಪುರಿ bâhu-puri. = ಬಾಹುಪೂರಯ, etc. (ಕೇಯೂರ, ಅಂಗದ Si. 220; Tĕ.; T. ವಾಗುಬುರಿ).

ಬಾಹುಪೂರಯ bâhu-pûraya. = ಬಾಪುರಿ, ಬಾಹುಪುರಿ, ಬಾಹುಲಿ. A bracelet worn on the upper arm (ಕೇಯೂರ Mr. 340; Grj. 7, after 11; 10, 36; 10, after 61).

ಬಾಹುಬಳೆ bâhu-baḷĕ. Tbh. of ಬಾಹುವಲಯ (Šmd. 376).

ಬಾಹುಭೂಷಣ bâhu-bhûshaṇa. = ಬಾಹುಪೂರಯ. (ತೋಳ ಬಾಪುರಿ G.).

ಬಾಹುಭ್ರಾನ್ತಿ bâhu-bhrânti. The act of turning round the arm (Šsv. 4, 78).

ಬಾಹುಮೂಲ bâhu-mûla. The root of the arm: the armpit, *the extremity of the upper part of the arm,* the shoulder-blade, the region of the shoulder.

ಬಾಹುಯುದ್ಧ bâhu-yuddha. *A close fight, personal struggle, wrestling.*

ಬಾಹುರಕೆ bâhurakĕ. = ಬಾಹುರಿಕೆ, etc. (Bh. 7, 4, 45).

ಬಾಹುರಕ್ಷೆ bâhu-rakshĕ. = ಬಾಹುರಕ್ಕೆ (s. ಬಾಹು), ಬಹುರಿಕೆ, ಬಾಹುರಿಕೆ. A protection (armour) for the arm (ಬಾಹುರಿಕೆ Bhn. 45).

ಬಾಹುರಿಕೆ bâhurikĕ. Tbh. of ಬಾಹುರಕ್ಷೆ. (ಬಾಹುರಕ್ಷೆ Bhn. 45).

ಬಾಹುಲ bâhula. (fr. ಬಹುಲ). Manifoldness. 2, *the month kârttika.*

ಬಾಹುಲಿ bâhuli. Tbh. of ಬಾಹುಪೂರಯ. (Grj. 7, after 11; 10, after 61).

ಬಾಹುಲೇಯ bâhulêya. *Kârttikêya,* son of Šiva.

ಬಾಹುಲ್ಯ bâhulya. Abundance, plenty, multitude. See ಗೊನ್ದಣಿಸು, ಸನ್ದಣಿಸು.

ಬಾಹುವಲಯ bâhu-valaya. = ಬಾಹುಬಳೆ (Šmd. 376). An arm-ring.

ಬಾಹೂರ್ bâhûr. N. of a place (Bp. 22, 28; 24, 77). — ಬಾಹೂರ ಬೊಮ್ಮ. N. (Bp. 25, 4; 28, 52). — ಬಾಹೂರ ಬೊಮ್ಮಯ. -ಅಯ. N. (Bp. 22 sum.; 47, 37). — ಬಾಹೂರ ಬೊಮ್ಮಯ್ಯ. -ಅಯ್ಯ. N. (Bp. 9, 16; 22, 23).

ಬಾಹೆ bâhĕ. Tbh. of ಬಾಹ್ಯ. The outside, of a town, etc. (Bh. 1, 7, 65; 1, 10, 39; 2, 2, 107).

ಬಾಹ್ಯ bâhya. = ವಾಹ್ಯ No. 2. Being outside, situated without (J. 29, 44);—*outer, external* (B. 4, 133);—excluded from; devoid of;—a foreigner; an outcast. See ವೇದ-.

ಬಾಹ್ಯಮತಿ bâhya-mati. Regard for outer things (Šsv. 2, 108).

ಬಾಹ್ಲಿಕ bâhlika. = ವಾಹ್ಲಿಕ. N. of a country, Balkh (Bp. 6, 19). 2, *a horse from Balkh.* 3, *saffron.* 4, Asa foetida.

ಬಾಹ್ಲೀಕ bâhlîka. = ವಾಹ್ಲೀಕ. Balkh. 2, *saffron.* 3, *Asa foetida.* (ಕುದುರೆ) ಬಾಹ್ಲೀಕದೇಶದೊಳ್ ಪುಟ್ಟಿ ಕಾಮ್ಬೋಜಂ (Mr. 282).

ಬಾಳ್ bâḷ. = ಬಾಳು. A knife, a sword (ಖಡ್ಗ Šmd. Dh., Šm. 111. 115; ಕಳ್ಗ, ಕಡುಗ Ŏt. I, 11; T., M. ವಾಳ್; Tĕ. ವಾಲು; *cf.* ಕರ-ಬಾಲ, ಕರ-ವಾಲ; ಭಿನ್ದ-ಮಾಲ; ಫಾಲ). ಬಾಳೊಪ್ಪಂ (Šmd. 84). ತೋಳ ಬಾಳ ಕಾನ್ತಿ (162). ಗಿರಿಯುಂ ಕರಿಯುಂ ನಿಲ್ಲವು ಪವಿಮುಖದ ಕೋಲ್ಗಮ್ ಆತನ ಬಾಳ್ಗಂ (291). ಬಾಳ ಮನೆ (Abh. P. 14, 198). See ಕರವಾಳ್, ಕೂರ್ವಾಳ್, ನಾಯಿದವಾಳ್, ಹರಗುವಾಳ್; Abh. P. 9, 22; 13, 63; Rsv. 5, 128; J. 29, 35. — ಬಾಳ್ಮೊದಲ್. The hilt of a sword (Ŏpr. 7, 102). — ಬಾಳ್ಮೊನೆ. (Šmd. 82). The point of a sword. — ಬಾಳ್ವಾಸೆ. -ಬಾಸೆ. A challenge (Abh. P. 14, 148). — ಬಾಳ್ವೇಲಿ. -ಬೇಲಿ. A hedge of swords (as that of the kêtakî, Ŏpr. 1, after 101; 1, 102).

ಬಾಳ್ bâḷ. = ಬಾಳ 1, ಬಾಳು, etc. (ಲಾಮಜ್ಜ Šm. 111).

ಬಾಳ bâḷa. 1. Tbh. of ವಾಲ (Šmd. 342). = ಬಾಲ, etc. A boy, etc. 2, the cuscus-grass (ಲಾಮಂಚ Ŏt. I, 70; ಹ್ರೀವೇರ, ಲಾಮಂಚ Mr. 131; ಕೊಳವೇರು, ಲಾಮಜ್ಜ Šm. 27). See ಕರಿಯ-, ಬಿಳಿ-, ಬಿಳಿಯ-, ಮುಡಿವಾಳ. — ಬಾಳಗೊಲೆಯ. -ಕೊಲೆಯ. A killer of young people (Č. Bp. 35, 14). — ಬಾಳವೇರ್. -ಬೇರ್. The root of cuscus (see Ŏpr. s. ಕೇರ್; Ŏpr. 8, after 64; Rsv. 10, after 31).

ಬಾಳ bâḷa. 2. = ಬೋಳಿ. See ಬಾಣನ್ತಿ-; ರಕ್ತ-.

ಬಾಳ bâḷa. 3. = ಬಹಳ. (C.; Dp. 148, 1).

ಬಾಳ bâḷa. 4. Tbh. of ಭಾಲ. The forehead (Grj. 10, 48).

ಬಾಳಬನ್ದು bâḷa-bandu. = ಬಾಲಬನ್ದು. (My.).

ಬಾಳಲಿ bâḷali. = ಬಾಣಲಿ, etc. ಎಣ್ಣೆಯಲ್ಲಿ ಹಿಟ್ಟನಡುವ ಬಾಳಲಿ (ಪಚೇಚಿ, ಪಿಷ್ಟಪಚನ Nr.).

ಬಾಳಲೋಚನ bâḷa-lôčana. = ಭಾಳಲೋಚನ. Šiva (Grj. 8, 1).

ಬಾಳಾಕ್ಷ bâḷa-aksha. Tbh. of ಭಾಲಾಕ್ಷ. Šiva (Grj. 3, 81).

ಬಾಳಾಮ್ಬಕ bâḷa-ambaka. = ಭಾಳಾಮ್ಬಕ. Šiva (Grj. 10, after 8).

ಬಾಳಿಗೆ bâḷigĕ. Contraction of ಬಾಣಲಿಗೆ. ಕರಿಯುವ ಬಾಳಿಗೆ (ಕಟಾಹ, ಕಾವಲಿ, ಪಿಷ್ಟಪಚನ, ಭ್ರಾಷ್ಟ್ರ, ಸಿರಿವನ್ತಿಗೆ G.).

ಬಾಳು bâḷu. = ಬಾಳ್. — ಬಾಳುಮೀನು. A kind of fish, Ophiocephalus Wrahl. (ಶಾಲ Nr.). — ಬಾಳುಹೊಯ್ಲು. A blow or stroke with a sword (Bh. 2, 2, 104).

ಬಾಳು bâḷu. = ಬಾಳ್, etc. — ಬಾಳುಬುಲ್. -ಪುಲ್. = ಬಾಳ್. (ಅಸಿ Mr. 110).

ಬಾಳೆ bâḷĕ. A sea-fish, Trichiurus lepturus (M. ವಾಳೆ, T. ವಾಳೈ, Tĕ. ವಾಲುಗ; Rsv. 6, after 11; J. 6, 23). — ಬಾಳೆಗಣ್. -ಕಣ್. An eye like that of the bâḷĕ (V. 4, 7); the bâḷĕ being the eye (of a river, Šsv. 2, 53).

ಬಾಳ್ಳೆ bâḷḷĕ. = ಬಾಣಲಿ, etc. (My.).

ಬಾೞ್ bâḻ. 1. = (ಬಟ್), ಬಾಯು 1. To live; to be alive; to remain in existence; to subsist; to make a livelihood, to live by; to live prosperously or happily; (to increase); to be preserved, as fruit, etc. (ಜೀವನ Šmd. Dh.; Šmd. I; ಬರ್ದುಂಕು 237 Cm.; ಬರ್ದುಕು Šm. 115; T., M. ವಾೞು); to cultivate (M.; see ಬಾೞ್ 1). P. p. ಬಾೞ್ದು. ಇವನ್ ಇದಱೊಳ್ ಅನುಕೂಲಂ ಬಾೞ್ವಂ (Šmd. 237). ಊಟಮೇ ಜೀವಿತಮಾಗಿ ಬಾೞ್ವನೊಳ್ ವಣಿಗಪ್ರತ್ಯಯಮುಕ್ಕುಂ (242). ಸೀಳ್ದೊಣಗಿ ಬಾೞ್ದ ಶಾಖಂ (ಬಾಯಿಕಂ I). ಜಾತಿಮಾತ್ರವನೆ ಕೋಱ್ ಬಾೞ್ವ ಬಾರ್ವರ್ಗಂ (ಬ್ರಾಹ್ಮಣಬ್ರುವ Hlâ.). ಮಕ್ಕಳು ಬಾೞ್ವ ಸತಿ (ಪುತ್ರಜೀವಿ Mr.

303). ಮುದುತಪಸಿಗಳ ಮನ್ತ್ರಯನ್ತ್ರಾಳಿ, ವನಿತೆ, ನಿನ್ನಂ ಬಾಟಿಲೀ ಯವು; ಮನೆಯೊಳ್ ಇರವೇಡ! (Bp. 52, 21). ಧೃಷ್ಟನಂ ಕೊಲಿಸಿ, ತಾ ಬಾಳ್ವೆನ್ ಎಮ್ಬುಜ್ಜುಗದೊಳು ಆ ಕುಮತಿಯಹ ಮನ್ತ್ರಿ ಬರ್ಪಕೊನ್ದು ಲೇಖನವನ್ ಏಕಾನ್ತದೊಳ್ ಬರೆದು (J. 29, 33). ಅತಿಶೌರ್ಯದೊಳ್ ಒಪ್ಪಿರೆ ವಿನಯಮುನಾಳ್ದು ಬಾಡ್ದಿವಂಗೆಣೆಯುಣ್ಟೇ? (Rśv. 13, 10). See ಪುದುವಾಳ್. 2, to have sexual intercourse (see ಮಟಿವಾಟಿ).

ಬಾಳ್ bāḷ. 2. = ಬಾಳು 2. Living; life, condition of life; subsisting; livelihood, profession; the state of living prosperously or happily; conjugal life, married state, marriage; property. ಬಾಳ್ಗಳ್ (Grj. 10, 55). ಎಲ್ಲರ ಬಾಳ್ಗೆ ನೀರನೆಱೆದು (Śś. 94). See ಮಱುವಾಳ್. — ಬಾಳ್ಗಮ್ಬ. -ಕಮ್ಬ. A living post, as the stock of a plantain, etc. (Čpr. 7, after 92; Rśv. 10, after 31). — ಬಾಳ್ದಲೆ. -ತಲೆ. A living head (though being cut off, Abh. P. 7, 62; 10, after 210; 13, 65. 135; 14, 34; Rām. 6, 2, 12). — ಬಾಳ್ಮೊದಲ್. The beginning, or the chief thing, of a prosperous life (Čpr. 3, 38). — ಬಾಳ್ವೆಣ. -ಪೆಣ. A living corpse. ಬೇಟಮಂ ಪಡೆದನೆ? ಬಾಳ್ಗೆ? ಬಾಳ್ವುದನಿತಿಲ್ಲದ ಬಾಳ್ವೆಣನ್ ಏಕೆ ಬದ್ದಿಪಂ? (Śmd. 81 Mdb.). ಬಾಳ್ವೆಣಂ ಪೊಡರೆ ಬಳ್ಳುವ ಸಮ್ಮನ ಶೂಲದಾಲದೊಳ್ (204). — ಬಾಳ್ವೆಳೆ. -ಬೆಳೆ. A thriving crop (Rśv. 12, 13).

ಬಾಳಕ bāḷaka. = ಬಾಳುಕ. (My.; Mhr. ವಾಳಕಾ, dried up, see ಬಾಡು 1).

ಬಾಳಿ bāḷi. A person who lives, etc. See ಜೋಳವಾಳಿ.

ಬಾಳಿಕೆ bāḷikĕ. = ಬಾಳ್ಕೆ. (ವಾರ್ತೆ, ವೃತ್ತಿ, ಜೀವನ Mr. 345; Rām. 3, 6, 54; J. 2, 4). ಇನ್ನವರ ಬಾಳಿಕೆಗೆ ಅಡವಿಯೇ ನೆಲೆಮನೆ! (Bh. 1, 8, 23). — ಬಾಳಿಕೆಬಳ್ಳಿ. A creeping or twining weed, Convolvulus arvensis L. (Z.).

ಬಾಳಿವೆ bāḷivĕ. = ಬಾಳ್ವೆ. — ಬಾಳಿವೆ ಮಾಡು. To live. ಇಬ್ಬರು ಮಕ್ಕಳನ್ನು ಇಟ್ಟು ಕೊಣ್ಡು, ಸುಖದಿನ್ದ ಬಾಳಿವೆ ಮಾಡುತ್ತ ಇದ್ದನು (B. 2, 25).

ಬಾಳಿಸು bāḷisu. To cause to live, etc. (Abh. P. 6, 138; 14, 191; Bp. 27, 54; 46, 12. 36).

ಬಾಳು bāḷu. 1. = ಬಾಳ್ 1. (C.); also: to be worth, to fetch, to sell for (My.). P. p. ಬಾಳಿ. ಮಕ್ಕಳು ಬಾಳುವವಳು (ಜೀವತ್ತೋಕೆ, ಜೀವಸು); ಮಕ್ಕಳು ಬಾಳದವಳು (ನಷ್ಟಪ್ರಸೂತಿ, ಭಿನ್ನ Hlā.). ಉತ್ತು ಬಾಳುವ ಒಕ್ಕಲುಮಗನು (ಕರ್ಷಕ, ಕೀನಾಶ Nr.). ಅಜೇಯನೊರ್ವ ಪ್ರಮಥನಿಜ್ಜೆಯೊಳ್ ಆ ಅಜಾಜ್ಞಾನೀಕಮ್ ಅಟಿಗು, ಉದಯಿಸುಗು, ಬಾಳುವುದು (Bp. 8, 50). ಬಾಳುವನು ಗವುಡಂ (51, 28). ಅಹಿಪತಿಯ ಹುತ್ತಿನೊಳಗಿಹ ಪೋಲು ಸಲೆ ಬಾಳುತ್ತಲೆ ಅನ್ತಃಪುರದೊಳ್ ಅರಸು ಇರುತ ಅತ್ಯಧಿಕದ ಎಚ್ಚರಿಕೆಯಿರ ಬೇಕು (Bh. 1, 8, 34). ಬಾಳುಗೆ! (J. 20, 43). ಬಾಳಲೀಸದ ಮನೆಯ ಬಲವನ್ತಮೇನು? (Dp. 148). ಬಾಳ್ ಬದುಕಿದರೆ ಅಕ್ಕ ತಂಗಿ, ಕೆಟ್ಟರೆ ಸ್ನೇಹಿತ.— ಬಾಳುವ ಮನೆಗೆ ಬೊಗಳುವ ನಾಯಿ.— ಬಾಳುವವನಿಗೆ ಒನ್ದು ಮಾತು, ಬಾಳೆಗೊನ್ದು ಗೊನೆ.— ಬಾಳುವವನಿಗೆ ಹಾದೂರ ಸುದ್ದಿ ಯಾಕೆ?— ಬಾಳುವವರ ಮುನ್ದೆ ಬೋಳುಮುಣ್ಡೆ ಬಯ್ದು ಕೊಣ್ಡು ಅತ್ತ ಹಾಗೆ.— ತಾಳಿದವನು ಬಾಳ್ಯಾನು.— ನೀಲದ ಮಣಿ ಪವಣಿಸಿದ ನೂಲಾದರೆ ನೀಲದ ಕ್ರಯ ಬಾಳೀತೇ? (Prvs.). ಬಹು ದಿವಸ ಬಾಳ ತಕ್ಕನ್ಥ ಲೇಖಗಳನ್ನು ಚರ್ಮದ ಮೇಲೆ ಬರಿಯುತ್ತಾರೆ (B. 1, 15). ಎಮ್ಮೆಗಳು ಹದಿನಯ್ದು ವರ್ಷ ಬಾಳುತ್ತವೆ (3, 24). ಸನ್ತೆಯೊಳಗೆ ಒನ್ದು ರೂಪಾಯಿ ಬಾಳುವ ಜೋಡು ಶ್ರೀಮನ್ತನ ಮೂಲಕವಾಗಿ ಎರಡು ರೂಪಾಯಿ ಬಾಳೀತೆಮ್ಬುವ ಹಾಗಲ್ಲ; ಶ್ರೀಮನ್ತನು ಧರ್ಮಬುದ್ಧಿಯಿನ್ದ ಒನ್ದು ರೂಪಾಯಿ ಹೆಚ್ಚಿಗೆ ಕೊಟ್ಟರೆ ಇನಾಮು ಆಯಿತು, ಅದು ವ್ಯಾಪಾರದ ಮಾತಲ್ಲ (5, 120). See Prvs. s. ಬೀಳು ಬೀಳು, ಬುಡ, ಮುಣ್ಡೆ, ಸನಿ 2.

ಬಾಳು bāḷu. 2. = ಬಾಳ್ 2. (C.). ಬಾಳು ತಪ್ಪಿದ ಬಟಿಕ ಬಳಿಯ ಯೋಚನೆ ಯಾಕೆ?— ಬದಕು ಅಳದೆ ಹೋಯಿತು, ಬಾಳು ನೋಡದೆ ಹೋಯಿತು.— ಬಯಸಿ ಬಯಸಿ, ಬಾಳು ಹೊಕ್ಕರೆ ಬಯ್ಯೊ ಗಣ್ಡ ಬನ್ದ ಹಾಗೆ.— ಬಾಧೆ ಪಡುವ ಬಾಳಿಗಿನ್ತ ಬಳನ ಬಾಯಿಗೆ ಬೀಳೋದು ಉತ್ತಮ (Prvs.). See Bp. 6, 10; 28, 46; 45, 40; 51, 28; ಬಣ್ಡು-; Prv. s. ಮೂಱು. — ಬಾಳುಗೆಡಿಸು. -ಕೆಡಿಸು. To ruin one's married state (J. 23, 55).

ಬಾಳುಕ bāḷuka. = ಬಾಳಕ. Vegetables (or fruits) that have been split, dried, and thus preserved (ಸೀಳ್ಕೊಣ್ಡಾಗಿ ಬಾಡ್ದ ಶಾಖ Śmd. I; J. 6, 44).

ಬಾಳುವಿಕೆ bāḷuvikĕ. = ಬಾಳ್ವಿಕೆ. Living, etc. (B. 5, 8; My.).

ಬಾಳುವೆ bāḷuvĕ. = ಬಾಳ್ವೆ. (Bh. 1, 8, 48; J. 8, 27. 47; 13, 60). — ಬಾಳುವೆಗೆಡು. -ಕೆಡು. Prosperity to be ruined (see Sp. s. ಬೆಸಲಾಗು).

ಬಾಳೆ bāḷĕ. 1. (fr. ಬಾಳ್ 1). Cultivation of the soil (especially ploughing, see ಇರ್ಬಾಳೆ).

ಬಾಳೆ bāḷĕ. 2. (ಬಾಳೆ). The plantain or Banana; the plantain tree, Musa paradisiaca Lin. (M. sapientum Roxb.; ಮೋಚ, ಕದಲಿ, ವಾರಣಬುಸ, ರಮ್ಭೆ, ಅಂಶುಮತ್ಫಲೆ, ಕಾಷ್ಠೀಲೆ Nr.; ರಮ್ಭೆ, etc. Mr. 111; ಮೋಚಕ 510; ಮೋಚ, ಕದಲಿ Nn. 20; ರಮ್ಭೆ, ಮೋಚ 62; ವೃಕ್ಷ, ಮೋಚ 110; Čpr. 1, 102; 5, 132; 5, after 19; C.; M. ವಾಳ, T. ವಾಳ್ಯೆ; Tč. ಅರಟಿ; Tu. ಬಾರೆ). ಬಾಳೆಗೆ ಕಡಗು, ಸೂಳೆಗೆ ಬೆಡಗು.— ಬಾಳೆಗೆ, ಕಾಳೆಯಾದರೇನು? ಬೋಳಯಾದರೇನು? ನೀರು ಹೊಯಿದರೆ ಸರಿ.— ಬಾಳೆಯೊಳಗೆ ಸೀಗೆಯಿದ್ದ ಹಾಗೆ.— ಬಾಳುವವನಿಗೆ ಒನ್ದು ಮಾತು, ಬಾಳೆಗೊನ್ದು ಗೊನೆ (Prvs.). See Bp. 35, 38; 45, 40; Rśv. 2, 50; J. 6, 23; Śśv. 2, 50. 61; ಅಡಿಕೆ-, ಎಲೆವಾಳೆ, ಕಾಡು-, ಪೊಮ್ಬಾಳೆ. — ಬಾಳೆಕಾಯಿ. (or ಬಾಳೇ-). An unripe plantain (C.). — ಬಾಳೆಮಾವು. A sort of mango (B. 2, 51). — ಬಾಳೆವಣ್. -ಪಣ್. = ಬಾಳೇ ಹಣ್ಣು. (Rśv. 10, 2). — ಬಾಳೇಗಿಡ. The plantain tree (ಕದಲಿ, ಕಾಷ್ಠೀಲ, ಮೋಚ, ಮೋಚ G.; B. 2, 37; C.). ಬಾಳೇ ಗಿಡ ನಟ್ಟರೆ ಹಾಯುಹುಲ್ಲು ಆದೀತೇ? (Prv.). — ಬಾಳೇ ತೋಟ. A plantain garden. ಬಾಳೇ ತೋಟಕ್ಕೆ ಆನೆ ಬನ್ದ ಹಾಗೆ (Prv.). — ಬಾಳೇ ಹಣ್ಣು. A ripe plantain. ಬಾಳೇ ಹಣ್ಣಿಗೆ ಕರಗಸವು ಯಾಕೆ?— ಬಾಳೇ ಹಣ್ಣು ತಿನ್ನ ಬೇಕಾದರೆ ಬೋಳಪ್ಪನಾಯಕನ ಅಪ್ಪಣೆ ಬೇಕೇ?— ಬಾಳೇ ಹಣ್ಣು ತಿನ್ನುವ ಪರದೇಶಿ ಸಿಪ್ಪೆ ಈಚೆಗೆ ಬಿಸಾಡು! ಅನ್ದ.— ಬಾಳೇ ಹಣ್ಣು ಬಣ್ಣಕ್ಕೆ ಬನ್ದೀತೇ?— ಬಾಳೇ ಹಣ್ಣಿಗೆ ಬೆಲ್ಲ ಹಾಕ ಬೇಕು, ಬದನೇ ಕಾಯಿಗೆ ಕಾರ ಹಾಕ ಬೇಕು.— ಬಳೆಗಾರನ ಅಂಗಡೀಲಿ ಬಾಳೇ ಹಣ್ಣು ಸಿಕ್ಕೀತೇ?— ಭಟ್ಟರೇ, ಬಾಳೇ ಹಣ್ಣು ತಿನ್ನುತ್ತೀರೋ? ಅನ್ದರೆ ಜೇಷ್ಟ ಮಾಡುತ್ತೀರೋ? ಅನ್ದನನ್ತೆ (Prvs.). ಸುಲಿದ ಬಾಳೆಯ ಹಣ್ಣಿನನ್ದದಿ... ಸುಲಭವಾಗಿರ್ದ ಲಲಿತವಹ ಕನ್ನಡದ ನುಡಿ (Abhā. 1, 5).

ಬಾಳ್ಕೆ bāḷkĕ. = ಬಾಳಿಕೆ. Living; way or condition of life; livelihood; profession; household (ಅಜೀವ, ಜೀವಿಕೆ, ವೃತ್ತಿ, ವರ್ತನ, etc. Nr.; Čpr. 2, 26. 31; 3, 67; J. 18, 56; 19, 18. 29; 28, 63).

ಬಾಳ್ತನ bāḷtana. Living, etc. See ಪುದುವಾಳ್ತನ.

ಬಾಳ್ತೆ bāḷtĕ. Living; prosperity, etc.; profit, advantage, use (ಪ್ರಯೋಜನ Śmd. I; Čpr. 6, 108; V. 39, after 13). See ಏವಾಳ್ತೆ s. ಏ 6. — ಬಾಳ್ತೆಗೆಯ್. To use for one's own purpose (Čpr. 2, 47; V. 6, 30).

ಬಾಳ್ವಿಕೆ bāḷvikĕ. = ಬಾಳುವಿಕೆ. (C.). ಮಾನವಿಲ್ಲದ ಬಾಳ್ವಿಕೆಗಿನ್ತ ಸಾವು ಲೇಸು (B. 4, 194).

ಬಾಳ್ವೆ bâḷvĕ. = ಬಾಳುವೆ, ಬಾಳುವೆ. Living; life; prosperity; livelihood; profession; household; property (ಜೀವಿತ Šmd. 242 Cm.; C.; B. 1, 8). ಮೂರು ದಿನದ ಬಾಳ್ವೆಗೆ ಆರು ಜೋಡು ಓಲೆ (Prv.).

ಬಿಂ bim. = ಬಿಕೋ. A sound used to express emptiness. — ಬಿಮ್ ಎನ್ನು. To be empty or vacant, as a house deprived of its furniture, etc. (My.).

ಬಿಂಹ bimha. = ಬಿಮ್ಬ. (Dp. 82, 30).

ಬಿಕ್ bik. 1. = ಬಿಗಿದು. P. p. of ಬಿಗಿ 1, in ಬಿಕ್ಕೊಳ್ಳು (My.).

ಬಿಕ್ bik. 2. = ಬಿಗು. — ಬಿಕ್ಕಟ್ಟು. A difficult obstacle; great difficulty, strait, trouble (C.; B. 8, 10; 4, 152; 5, 24. 48. 62; Mhr. ಬಿಕಟ, difficult, hard).

ಬಿಕ bika. Tbh. of ಭಿಕ್ಷೆ. — ಬಿಕನಾಸಿ One who destroys, *i. e.* is inimical to, (any body's) asking alms: an avaricious woman (My.).

ಬಿಕರಿ bikari. (Tbh. of ವಿಕ್ರಯ). Selling, sale (My.; Mhr., H. ವಿಕರಾ, ವಿಕರೀ).

ಬಿಕರಿದಾರ bikari-dâra. That sells, a vender (My.).

ಬಿಕಸ bikasa. Tbh. of ಭಿಕ್ಷೆ. (C.).

ಬಿಕಾರಿ bikâri. A beggar, a poor person (My.; Čb. 34; Mhr., H. ಭಿಕಾರೀ; *cf.* ಬಿಕ್ಷೆ).

ಬಿಕಾರಿತನ bikâritana. Poverty, wretchedness (My.).

ಬಿಕೋ bikô. = ಬಿಂ. — ಬಿಕೋ ಎನ್ನು. = ಬಿಮ್ ಎನ್ನು. (My.).

ಬಿಕ್ಕನೆ bikkanĕ. (fr. ಬಿರಿ 1). With the sound produced by bursting, etc. (Bp. 52, 18; 57, 30; 61, 39; Râm. 5, 8, 75; Šâv. 2, after 42).

ಬಿಕ್ಕಲು bikkalu. = ಬಿಕ್ಕು 2. (My.). — ಬಿಕ್ಕಲ. -ಅ 3. A stammerer, a stutterer (My.). — ಬಿಕ್ಕಲುಮಾತು. A faltering word or speech (My.).

ಬಿಕ್ಕಳಿಕೆ bikkaḷikĕ. (= ಬಿಕ್ಕುಳಿ). Hiccough (My.; ಬಿಕ್ಕೆ Si. 484; Tĕ. ಎಕ್ಕಿಲಿ, ವೆಕ್ಕಿಲಿ).

ಬಿಕ್ಕು bikku. 1. To take a deep breath, to sigh, to pant (ಉಚ್ಛ್ವಾಸ Šmd. Dh.; Šm. 78; Abh. P. 18, 39; M. ವಿೞುಕ್ಕು);—to sob in crying (My.; Tĕ. ವೆಕ್ಕು);—to hiccough (My.; T. ವಿಕ್ಕು);—to hesitate or falter in speaking, to stammer, to stutter (My.; M. ಮಿಕ್ಕು, ವಿಕ್ಕು). ತಕ್ಕೆಯಿಲ್ಲದ ಎತ್ತು ಬಿಕ್ಕಿ ಪಕ್ಕಿರಿದಂತೆ (Prv.). — ಬಿಕ್ಕು ಬಿಕ್ಕು. rep. (Bp. 50, 7; B. 3, 84; C.). ಪಕ ಪಕ ನಗುವವರನ್ನು ನೋಡಿ, ಬಿಕ್ಕಿ ಬಿಕ್ಕಿ ಅತ್ತ.—ಬಿಕ್ಕಿ ಬಿಕ್ಕಿ ಅತ್ತರೆ ಬೀಸುವ ಕಲ್ಲು ತಿರುಗೀತೇ? (Prvs.).

ಬಿಕ್ಕು bikku. 2. Sobbing (Grj. 8, after 77; Râm. 6, 47, 88; My.; Tu.); stammering (My.; ಉಗ್ಗು Čt. II, 105; M. ವಿಕ್ಕ, ವಿಕ್ಕು); hiccough (My.). ಅವನಿಗೆ ಬಿಕ್ಕು ಬನ್ತು (My.). ಅವನ ಸಮ್ಭಾಷಣೆಯಲ್ಲಿ ಬಿಕ್ಕಿನಿನ್ದ ಏನೂ ಗೊತ್ತಾಗುವದಿಲ್ಲ (My.). — ಬಿಕ್ಕ. -ಅ 3. A stammerer, a stutterer (My.).

ಬಿಕ್ಕು bikku. 3. The heart (ಮಾಂಸಭೇದ Šmd. Dh.; ಅಗ್ರಮಾಂಸ, ಬುಕ್ಕ Hlâ., Mr. 398);—flesh (ಅಡಗು, ಜಾಂಗಲ Kk. 41; ಅಡಗು, ಪಾಡು Šm. 82; ಮಾಂಸ 78; Čpr. 5, 59; Râv. 5, 114; T., M. ವಿಡಕ್ಕು).

ಬಿಕ್ಕುಳಿ bikkuḷi. Throwing or vomiting up; the state of being thrown up (into the throat, etc.). ತಾಳಗೆಯ (ಒಳ್) ಮೂಗಿನೊಳ್ ಒಕ್ಕ ಬಿಕ್ಕುಳಿಯ ರುಧಿರದ ಧಾರೆ (Bh. 1, 10, 38).

ಬಿಕ್ಕುಳಿಸು bikkuḷisu. To throw up, to vomit up, to eject (ಉದ್ಗಾರ Šmd. Dh.).

ಬಿಕ್ಕುಳು bikkuḷu. Sobbing (Râm. 5, 8, 89; 6, 12, 36).

ಬಿಕ್ಕೆ bikkĕ. = ಬಿಟ್ಕೆ. N. of a small forest tree with eatable fruit, Gardenia gummifera (My.; ಕಮ್ಬಿ Mr. 120).

ಬಿಕ್ಕೆ bikkĕ. Tbh. of ಭಿಕ್ಷೆ (Šmd. 346; C.). ಈ ಮುದುಕ ಬಿಕ್ಕೆ ಬೇಡಿ, ಕಾಯಿ ತರುತ್ತಾನೆ (B. 2, 38). ಕುಣ್ಬರು ಬಿಕ್ಕೆ ಬೇಡ ಬನ್ದರೆ (5, 34). ಕತ್ತೆ ಬೆಲ್ಲಾ ಕೇಳತರೆ ಡೊಮ್ಬಗೆ ಯಾಕೆ ಬಿಕ್ಕೆ? (Prv.).

ಬಿಗಡಾಯಿಸು bigaḍâyisu. To be in a disunited state, to be out of order, as one's health; to disagree, as the mind (My.).

ಬಿಗಡಾವು bigaḍâvu. Disunited state, that of being out of order; disagreement (My.; Mhr. ವಿಘಡ).

ಬಿಗಿ bigi. 1. To bind, to fasten; to tighten; to gird; to compress; to tie firmly to; to restrain, as desire; to amass firmly (ಬನ್ಧನ Šmd. Dh.; Šm. 81; C.; T. ಪಿಗಿ, ವಿಚಿ; Tĕ. ಬಿಗಿಂಚು). P. p. ಬಿಗಿದು. ಬಿಗಿವಂ (Šmd. 260 Mdb.). ಆನೆಯ ನಡುವ ಬಿಗಿವ ಮಿಳಿ (ಕಕ್ಷ್ಯೆ Nr.). ಬಿಲ್ಲಿಗೆ ಬಿಗಿಯುವ ತೊಗಲಿನ ಹಗ್ಗ (ಜ್ಯಾ, ಸಿಂಜಿನಿ, etc. Si. 288). ಅತಿಯನ್ನು ಬಿಡದೆ ಬಿಗಿದು ಹಿಡಿಯುವಿಕೆ (ಪ್ರತ್ಯಾಹಾರ, etc. 392). ಬಾರು ಬಿಗಿದರೆ ಮದ್ದಳೆ, ಸಾರಿಯಿದ್ದರೆ ಶೋಭನ (Prv.). See Čpr. 5, 51; Bp. 25, 30; 31, 12; 60, 48; Bh. 1, 10, 25. 38; 8, 13, 33. 35; 6, 2, 4; Râm. 1, 13, 8; Râv. 6, after 11; 10, after 31; 11, 23; J. 11, 27; 12, 51; Si. 279. 2, to be tightened, to become tight or firm; to become stiff; to become quite full, as the belly; to become full of sleep, as the eyes; to be stretched or strained, to be put to the utmost strength, as voice (My.; Bp. 27, 37; 46, 56. 67; Bh. 5, 2, 4; Tĕ.). 3, to become proud or arrogant (My., the P. p. being ಬಿಗಿತು; Tĕ.). — ಬಿಗಿದಪ್ಪು. -ಅಪ್ಪು. To embrace tightly (Bp. 2, 35; 32, 16; 39, 68; 45, 58; 61, 62; J. 27, 58). — ಬಿಗಿ ಬಿಗಿ. rep. (Bp. 47, 30).

ಬಿಗಿ bigi. 2. = ಬಿಕ್ 1, ಬಿಗಿದು. P. p. of ಬಿಗಿ 1, in ಬಿಗಿಬಿಗಿದು (Bp. 4, 34; 12, 18; 21, 8; 43, 25; 55, 25). — ಬಿಗಿಯಪ್ಪು. -ಅಪ್ಪು. = ಬಿಗಿದಪ್ಪು. (Bp. 47, 42; Bh. 1, 8, 61; J. 2, 49; 4, 60; 7, 18; 28, 55. 59).

ಬಿಗಿ bigi. 3. Tightness, tension (My.; Tĕ.; J. 11, 19);—firmness, strength, as of a house (My.);—the state of being well secured; well-ordered condition; firm regulation. 2, a girth for horses or oxen (ಹಯಪರಿಕರ Šmd. Dh.; ಎತ್ತಿನ ಪಟ್ಟಿ Šm. 81; My.). 3, (refractoriness), pride (ಕಾಮುಕರ Šm. 81; Tĕ.; T. ಪಿಗುವು, ವಿಗು; *cf.* ಬಿಂಕ). — ಬಿಗಿಯಾಗು. -ಆಗು. To become tight (My.); a well-ordered condition to be produced, as in a country (My.; B. 5, 106). — ಬಿಗಿಯೊಳಗೆ ಇಡು. To fasten or secure well, to keep under control (B. 5, 258; My.). — ಬಿಗಿ ಮಾಡು. To tighten. 2, to enjoin, to order, to enact (B. 3, 23; 5, 106. 107; My.). 3, to behave arrogantly (My.; see Prv. s. ಬಿಡಿಸು). — ಬಿಗಿ ಹಿಡಿ. To hold firm (B. 3, 60; 4, 48).

ಬಿಗಿತ bigita. Tightening; the state of being made tight, tightness (My.; Tê. ಬಿಗುತು). ಕಟ್ಟಿನ ಬಿಗಿತ (ನಿಬನ್ಧನ, etc. Śl. 63).

ಬಿಗಿತು bigitu. = ಬಿಗಿದು. P. p. of ಬಿಗಿ No. 3. (My.).

ಬಿಗಿಪು bigipu. = ಬಿಗುಹು, etc. (Čpr. 6, 85).

ಬಿಗಿಸು bigisu. To cause to fasten, tighten, girt, etc. (My.; J. 30, 42; B. 4, 169).

ಬಿಗಿಹು bigihu. = ಬಿಗುಹು, etc. Reticence (Č. Bp. 19, 35).

ಬಿಗು bigu. = ಬಿಗ್ 2, ಬಿಗಿ 3. See ಬಿಗು-. — ಬಿಗುನಡೆ. (ರೇ ಚಿತ Śl. 274). — ಬಿಗುವಮಾತು. Reticence (My.).

ಬಿಗುರ್ bigur. 1. To be afraid, to fear; to get amazed (ಭಯ Śmd. Dh.; *cf.* ಬೆಗಡು 1). P. p. ಬಿಗುರ್ತು (Abh. P. 1, 28). ಬಲಭಾರಕ್ಕೆ ಬಿಗುರ್ತು ಸುಯ್ಯೆ ಫಣಿರಾಜಂ (Abh. P. 4, 54). See Grj. 6, 6; V. 9, 57.

ಬಿಗುರ್ bigur. 2. = ಬೆಗರ್. Fear; amazement; dreadfulness (ಬಳ್ಕುಡಿ, ಬೆಗಡು, ಬೆಪ್ಪಳ, ತಲ್ಲಣ, etc., ಬೆಬ ಗಪ್ಪ ಭಾವ Kk. 42; Śm. 49). — ಬಿಗುರ್ವರಿಜ. -ವರಿಜು-ಅ 3. He who has a terrible form: Bhairava (ಭೈರವ Kk. 6; Śm. 5).

ಬಿಗುರ್ವು bigurvu. (= ಬಿಗುರ್ಬಣೆ). That which is formidable or terrific (ಗುರ್ವು, ಭಯಾನಕ Čt. II, 50).

ಬಿಗುವು biguvu. = ಬಿಗುಹು. (My.; Tê.; Č. Bp. 47, 31).

ಬಿಗುಹು biguhu. = ಬಿಗಿಪು, ಬಿಗಿಹು, ಬಿಗುವು. Tightness, tension, firmness, etc.; tightening, compression; grasping tightly, firm grasp; reticence; heaping or amassing firmly; the state of being stretched or strained, or of being put to the utmost strength, as voice. ಬಿಗುಹಾದುದು (ದೃಢಸನ್ಧಿ, ಸಂಹತ Nr.). See Bp. 19, 30; 40, 6; Bh. 2, 2, 108; 2, 13, 50; 3, 13, 34. 35; 7, 1, 22; Râm. 4, 3, 8; 6, 13, 6; 6, 30, 10; Č. Bp. 46, 51.

ಬಿಘೆ bighĕ. A certain land measure (B. 5, 121; Mhr. ಬಿಘಾ).

ಬಿಂಕ binka. (= ಬಿಗಿ 3, No. 3). Pride; pompousness (ಗರ್ವ Čt. II, 47; ಹನ್ನ, ಗಬ್ಬು, ಮುಕುರ್, ಗರ್ವ Kk. 57; ಕಾಮ ಕರ, ಗಟ್ಟು, ವನ್ನ, ಮುಕ್ಕು, ಗರ್ವ Śm. 38; ಗಬ್ಬು 101; ಪೆರ್ಮೆ Čt. I, 9; My.; Tê.; *cf.* ಬೀಗು 2). ಬಿಂಕ ಮಾಡಿದರೆ ಡೊಂಕು ಹೋ ದೀತೇ?—ಕಣ್ಣರೆ ಸುಂಕ, ಕಾಣದಿದ್ದರೆ ಬಿಂಕ.—ಡೊಂಕ ಮುದಿದರೂ ಬಿಂಕ ಮುದಿಯಲಿಲ್ಲ (Prvs.). See Grj. 2, after 106; 5, after 42; Bp. 12, 45; 16, 18; 21, 15; 51, 7; 52, 35; 54, 23; 56, 16; Bšv. 5, after 19; 5, 126; 6, after 11; J. 4, 49; 7, 29; 11, 12; 22, 12; 23, 15; Bh. 9, 2, 45. — ಬಿಂಕಂಗುನ್ದು. -ಂ-ಕು ನ್ದು. Pride to become less; to be humbled (Bšv. 3, after 85). — ಬಿಂಕವೈದು. -ವೆರು. To become proud or haughty, etc. ಬಿಜ್ಜಿವೈತ್ತೆಸೆವಂಜೆಯ ಸಂಕುಲಂ (Śmd. 24).

ಬಿಂಕಕಾತಿ binka-kâti. A proud, arrogant woman (Č. Bp. 45, 33).

ಬಿಂಕಣ binkaṇa. = ಬಿಂಕಣಿ. (Tbh. of ವ್ಯಜನ or ವ್ಯಂಜನ). A fan. — ಬಿಂಕಣಗಿವಿಯ. -ಕಿವಿಯ. Gaṇêša (with a fan-like ear, ವಿನಾಯಕ Kk. 5).

ಬಿಂಕಣಿ binkaṇi. = ಬಿಂಕಣ. — ಬಿಂಕಣಿಗಿವಿಯ. = ಬಿಂಕಣಗಿವಿಯ. (ಬೆನಕ, ಬಿಜ್ಜವರ, ಕರಿಮೊಗ, etc. Śm. 4, o. r. ಬಿಂಕಣ-).

ಬಿಂಕು binku. Crookedness, dishonesty, guile (ಕುಟಿಲಭಾವ Čt. I, 8; see Sp. s. ಕಂಟ).

ಬಿಂಗ binga. Tbh. of ಭೃಂಗ (Śmd. 353). Talc, glacies mariae, or mica (ಭೃಂಗ, ಅಭ್ರಕ Nn. 45; ಅಭ್ರಕ Śm. 88; ಅಬ ರಂಗ G.; My.). 2, the black humble bee (ಬವರ, etc., ಚಿತ್ರ ವಿಹಗ Śm. 27; ಷಟಿಪದಿ 88). 3, a kind of plant (ಲತೆ 88).

ಬಿಂಗಾರ bingâra. = ಬಿಂಗಾರಿ. Tbh. of ಭೃಂಗಾರ (Śmd. 358). 2, = ಬಿಂಗ (My.).

ಬಿಂಗಾರಿ bingâri. (= ಭೃಂಗಾರಿ). Tbh. of ಭೃಂಗಾರ (Śmd. 364; Bh. 1, 12, 12; Râm. 1, 13, 8).

ಬಿಂಗು bingu. (= ಬಿಂಗ). ಬಿಂಗಿಗೆ ಬದಲಾಗಿ ಹಿಂಗು ಹಚ್ಚಿದನ್ತೆ (Prv.).

ಬಿಚಾನ bičâna. A mattress, mat, anything spread for bedding (My.; Br.; Mhr., H. ಬಿಛಾನಾ).

ಬಿಚಾಯಿಸು bičâyisu. To spread, as a carpet or bed (My.; Mhr. ಬಿಛಾವಿಣೇಂ).

ಬಿಚ್ಚ bičča. Tbh. of ಭಿಕ್ಷೆ. (My.).

ಬಿಚ್ಚಗಾರ bičča-gâra. A beggar (My.).

ಬಿಚ್ಚಟಿ biččaṭĕ. Tbh. of ಭಿಕ್ಷಾಟನ. (Râm. 5, 8, 53).

ಬಿಚ್ಚಣಿಸು biččaṇisu. = ಬಿಚ್ಚಳಿಸು. (Bp. 56, 5).

ಬಿಚ್ಚಣ್ಡ biččaṇḍa. = ಬಿಚ್ಚಣ್ಣ. Tbh. of ವಿಚ್ಛನ್ದ (Śmd. 352).

ಬಿಚ್ಚತ biččata. The state of being opened or wide; that of being extended; that of being much; that of being without restraint or confinement; widely, greatly, etc. (Čpr. 1, after 101; 6, 41; Abh. P. 7, 126; 10, 144). — ಬಿಚ್ಚತವಪ್ಪಾಱು. -ಂ-ಪಾಱು. To fly to a great distance (Čpr. 5, after 39).

ಬಿಚ್ಚನೆ biččanĕ. (fr. ಬಿಱು 1). = ಬೆಚ್ಚನೆ 2. Roughly, harshly, vehemently, rapidly. ಬಿಚ್ಚನೆ ಬಿಟ್ಟ ಬಿಟ್ಟ ಸಿಡಿಲಂ ಕಿಡ್ಕಾಡಿ (Abh. P. 13, 76). ಬಿಚ್ಚನೆ ಬಿಟ್ಟ ಬಿಟ್ಟಿಗಳ್ (14, 6).

ಬಿಚ್ಚನ್ದ biččanda. = ಬಿಚ್ಚಣ್ಡ. Tbh. of ವಿಚ್ಛನ್ದ (Śmd. 340).

ಬಿಚ್ಚರಿಕೆ biččarikĕ. = ಬಿಚ್ಚಳಿಕೆ, q. v.

ಬಿಚ್ಚಳಿಕೆ biččaḷikĕ. (fr. ಬಿಚ್ಚು 1 -ಅಳಿಕೆ = ಅಡಿಕೆ 1). Expansion, extension, spreading, prolixity, diffuseness (ವಿಸ್ತಾರ Śm. 56; Kk. 18, o. r. ಬಿಚ್ಚರಿಕೆ, on account of which the ಱ appears to be right).

ಬಿಚ್ಚಳಿಸು biččaḷisu. = ಬಿಚ್ಚಣಿಸು. To spread out, to extend, to amplify; to make much use of; to make broad or wide; to tell diffusely (ವಿಸ್ತಾರ Śmd. Dh.; Kâvy. IV, 1; V. 37, after 132).

ಬಿಚ್ಚಿಸು biččisu. To cause to loosen, etc. (My.; B. 2, 30).

ಬಿಚ್ಚು biččŭ. 1. = (ಬಿಡಿಸು?), ಬಿಚ್ಚು 1. To loosen, to untie, to open, to undo, as a bundle, etc. (Bh. 3, 13, 34; B. 2, 29. 30; 8, 122; C.; Tê. ವಿಚ್ಚು); to unfold or expand, as the eye-brows, ಹುಬ್ಬು ಬಿಚ್ಚಿ ದಿಹುದು (ಭೃಕುಟಿ Mr. 463); to divide, as a crowd (Bp. 40, 76); to cause to be loosened or fail, to give up, as steadfastness (22, 33; 40, 61); to cut through (Râm. 6, 44, 12; J. 13, 18); to leave, to abandon (19, 31); to open, to lay open, as the mind, etc., to solve (B. 4, 57; My.); to draw, as a sword (My.). **2**, to become loose or open, as a tie, a bundle, etc. (My.; Tĕ.); to be cracked or broken, as the head or a nut by a blow (My.; Tĕ.); to fail (Ŏpr. 2, 33); to be disconnected or disunited. ಭೇದದೊಳಂ (ಸಣ್ಣ) ಬಿಚ್ಚಿರ್ಕುಂ (Śmd. 69). — ಬಿಚ್ಚಿ ಹೇಳು. To tell plainly or minutely (B. 4, 76; C.). ಬಿಚ್ಚಿ ಹೇಳಿದರೂ ಹುಚ್ಚು ಹೋಗದು (Prv.).

ಬಿಚ್ಚು bićću. 2. = ಬಿರ್ಚು 2. Loosening, etc.; becoming loose; unfolding; being separated (J. 8, 47); being drawn. — ಬಿಚ್ಚಲರ್. -ಅಲರ್. An unfolded, opened flower (J. 8, 39). — ಬಿಚ್ಚುಕತ್ತಿ. = ಬಿಚ್ಚುಗತ್ತಿ. (My.; Tĕ. ವಿಚ್ಚು-). — ಬಿಚ್ಚುಗತ್ತಿ. -ಕತ್ತಿ. A drawn sword (B. 5, 49; My.). — ಬಿಚ್ಚೋಲೆ. -ಓಲೆ. A coloured palmyra-leaf rolled up and put in the pierced ears of women which uncoils when taken out (My.; Tĕ. ವಿಚ್ಚು ಔಕು).

ಬಿಚ್ಚು bićću. Tbh. of ಭಿಕ್ಷು (Śmd. 346).

ಬಿಚ್ಚೆ biććĕ. (= ಬಚ್ಚಿ). — ಬಿಚ್ಚಿವೆಣ್. -ಪೆಣ್. A barren woman (ಬಂಜೆ Śs.).

ಬಿಚ್ಚೆ biććĕ. Tbh. of ಭಿಕ್ಷೆ. (My.).

ಬಿಜ bija. = ಬಿಜಯ, etc. — ಬಿಜ ಮಾಡಿಸು. To cause to walk, to carry about, as an idol (My.). — ಬಿಜ ಮಾಡು. = ಬಿಜಯ ಮಾಡು. (My.).

ಬಿಜಯ bijaya. (fr. Sk. ವಿ, ವ್ಯಯ್, to go, move?). = ಬಿಜ, ಬಿಯ. Going; coming. — ಬಿಜಯಂಗಯಿಸು. = ಬಿಜಯಂಗೆಯಿಸು. (Bp. 24, 22). — ಬಿಜಯಂಗೆಯ್. -ಂ-ಗೆಯ್, (or -ಂ-ಕೆಯ್). To walk; to go; to come. (Tĕ.). ಬಿಜಯಂಗೆಯ್ದಂ (Śmd. 200, o. r. ಬಿಯಂಗೆಯ್ದಂ). See Abh. P. 14, after 3; Grj. 3, 115; 4, 44; Bp. 1, 60; 5, 10; 23, 31; 37, 5; 45, 5; 47, 45; Bh. 1, 3, 18; 2, 13, 23; J. 5, 19; 7, 13; 9, 6. — ಬಿಜಯಂಗೆಯಿ. = ಬಿಜಯಂಗೆಯ್. (Bp. 51, 7; 59, 1). — ಬಿಜಯಂಗೆಯಿಸು. -ಂ-ಗೆಯಿಸು. To cause to walk, etc. (Grj. 5, after 12; Bp. 46, 52; 52, 4). — ಬಿಜಯಂಗೆಯ್ಯು. = ಬಿಜಯಂಗೆಯಿಸು. (Grj. 3, 112; 4, 47; Bp. 8, 42; 32, 10; 51, 4; J. 5, 73). — ಬಿಜಯ ಮಾಡು. = ಬಿಜಯಂಗೆಯ್. (J. 26, 32).

ಬಿಜಾಗರಿ bijâgari. A jointed hinge, jummers (My.; Mhr.).

ಬಿಜ್ಜ bijja. (= ಬಿಜ್ಜೆ). — ಬಿಜ್ಜಮಹಾದೇವಿ. N. (Bp. 15, 1; *cf.* ಬಿಜ್ಜಾಯಿ).

ಬಿಜ್ಜಣ bijjaṇa. = ಬಿಜ್ಜಣಿಗೆ. (J. 28, 36).

ಬಿಜ್ಜಣಿಗೆ bijjaṇigĕ. = ಬಿಜ್ಜಣ. Tbh. of ವ್ಯಜನ. (ಬೀಸಣಿಗೆ Ćt. II, 47; ಆಲವಟ್ಟ, ತಾಲವೃನ್ತ Śs.; Śśv. 1, after 79). See ಎಲೆ ವಿಜ್ಜಣಿಗೆ, ಹೀಲಿ-. — ಬಿಜ್ಜಣಿಗೆಯವ. -ಅವ. A fanner (ಚಳಮ್ರಾಪ್ತ Kk. 86; Śm. 45).

ಬಿಜ್ಜಲ bijjala. = ಬಿಜ್ಜೆ q. v., ಬೆಜ್ಜ. — ಬಿಜ್ಜಲಬಿಟ್ಟೇಱು. A kind of large missile (ಹಿರಿಯ ಬಿಟ್ಟೇಱು Śmd. II).

ಬಿಜ್ಜಳ bijjaḷa. N. of a king (Bp. 3, 86; 5 sum.; 5, 6. 13; 10, 1. 2; 52, 38; 53, 14. 28. 33; 54 sum.; 54, 2. 13; 55, 3. 3. 10; 56, 49; 57 sum.; 57, 66. 74. 85; 58, 21; 59, 55. 57. 58; 61, 3. 7. 10. 30. 31. 33. 38).

ಬಿಜ್ಜಾಯಿ bijja-âyi. N. (Bp. 15, 10).

ಬಿಜ್ಜು bijju. 1. A voracious bird, Palla's paradoxurus, Paradoxurus pallassii (Bd.; My.; see ಮುರ-). **2**, ruin. ಅವನಿಗೆ ಬಿಜ್ಜು ಬಡಿಯಿತು (My.).

ಬಿಜ್ಜು bijju. 2. = ಬೆಜ್ಜೆ. ಬಿಜ್ಜಸ್ದು ಚಪ್ಪರಣೆ (Kk. 88, o. r. ಬಿಜ್ಜೆಯನೆ ಚಪ್ಪರಣೆ).

ಬಿಜ್ಜೆ bijjĕ. = ಬಿಜ್ಜಲ, etc. Greatness (T. ವಿಚ್ಚು, ವಿಂಜು, abundance; ವಿಜ್ಜೈ, ವಿಯು, ವಿಯನ್, ವಿಯಲ್, ವಿಟಲ್, greatness; width, extension; *cf.* ಬಿಟ್ಟಳ, ಬಿಣ್, ಬೆಟ್ಟ). — ಬಿಜ್ಜೆ ಬಿಟ್ಟೇಱು. = ಬಿಜ್ಜಲಬಿಟ್ಟೇಱು. (ಹಿರಿಯ ಬಿಟ್ಟೇಱು Kk. 89, o. r. ಬೆಜ್ಜಬಿಟ್ಟೇಱು).

ಬಿಜ್ಜೆ bijjĕ. (= ಬಿಜ್ಜ). Tbh. of ವಿದ್ಯೆ (Śmd. 348; Ćt. I, 16; Kk. 9; My.; see ಚಪ್ಪಗ-). — ಬಿಜ್ಜೆವೆಣ್. -ಪೆಣ್. Sarasvatî (Kk. 9).

ಬಿಜ್ಜೆಗ bijjĕga. A man who has the knowledge of—. See ಬೇಡ-.

ಬಿಜ್ಜೆವಳ bijjĕ-vaḷa. Gaṇêśa (ವಿನಾಯಕ Kk. 5; ಬೆನಕ, ಕರಿಮೊಗ, etc. Śm. 4).

ಬಿಜ್ಜೋದರ bijjôdara. Tbh. of ವಿದ್ಯಾಧರ (Śmd. 343; Kk. 11*a*; ದೇವಕುಲ 10*b*; see Śmd. 131). — ಬಿಜ್ಜೋದರಗಳ. -ಕಳ. A battle-field of Bijjôdaras (Śmd. 131).

ಬಿಜ್ಜೋದರಿ bijjôdari. Tbh. of ವಿದ್ಯಾಧರಿ (Ćt. II, 82; Śśv. 1, 43; 3, after 35).

ಬಿಂಜ binja. Tbh. of ವಿನ್ಧ್ಯ (Śmd. 344; Kk. 40). A forest (ಪಱು, ಅರಣ್ಯ Ćt. II, 62; ಕಾನನ, ಕಾಡು, ಪಱು, ಅಡವಿ Śm. 21; ಪಱು 112; ಅರಣ್ಯ Bhn. 64; T. ವಿಡ, ವಿಡರ್, ವಿಯಲ್). **2**, the Vindhya range (T. ವಿನ್ದ). — ಬಿಂಜವೆಟ್ಟು. -ಬೆಟ್ಟು. The Vindhya range (ವಿನ್ಧ್ಯಾಚಲ Śs.).

ಬಿಟ್ಟನೆ biṭṭanĕ. = ಬಟ್ಟನೆ, q. v. (Tĕ. ಬಿಟ್ಟು-ಬಿರ್ರುಗಾ, at once, suddenly).

ಬಿಟ್ಟಳ biṭṭaḷa. Hugeness. (Tĕ. ಬಿಟ್ಟು, greatness, muchness, excess; see ಬಿಜ್ಜಲ). ಮುಟ್ಟಿತು ಮುಟ್ಟದು ದಿವಮಂ, ಮೆಟ್ಟಿತು ಮೆಟ್ಟದು ರಸಾತಲಾಗ್ರಮನ್ ಎನ್ಬ ಬಲ್ಬಿಟ್ಟಳಮಾಗಿರೆ ದಿವಿಜರ ದಿಟ್ಟಿಗೆ ಸೊಗಯಿಪುದು ಮುನ್ದೆ ಮನ್ದರಶೈಲಂ (Śmd. 266; Kâvy. I, 5, 22).

ಬಿಟ್ಟಿ biṭṭi. = ಬಿಡಿ. — ಬಿಟ್ಟೀ ಬೇಸಱ. = ಬಿಡಿ. Disregard, unconcernedness, negligence (B. 1, 23).

ಬಿಟ್ಟಿ biṭṭi. Tbh. of ವಿಷ್ಟಿ. Unpaid labour, labour exacted by a government or a person in power without giving remuneration for it, press-service (My.; ಅಕಲಾಯಂ ಕೆಲಸ ಮಾಡುವಿಕೆ Śi. 79; Mhr. ವೇಠ). See Bp. 15, 24; 23, 18; 26, 55; 27, 52; 42, 13; B. 5, 267; Prv. s. ಚಟ್ಟಿ. — ಬಿಟ್ಟಿಕೂಳು. Boiled rice (or food) obtained gratis (My.). — ಬಿಟ್ಟಿಕೆಲಸ. = ಬಿಟ್ಟಿ (My.). — ಬಿಟ್ಟಿಗಟ್ಟು. A load carried by a person (or animal) pressed (My.); that which is without remuneration or worthless (My.); money obtained without exertion or labor (My.). — ಬಿಟ್ಟಿಗೆಯ್. To perform biṭṭi (Bp. 26, 55; 52, 10). — ಬಿಟ್ಟಿಗೆಲಸ. = ಬಿಟ್ಟಿಕೆಲಸ. (Bp. 61, 57). — ಬಿಟ್ಟಿಗೆಲಸದವ. -ಅವ. A man pressed to carry a load, etc. (My.). — ಬಿಟ್ಟಿ ಮಾಡು. = ಬಿಟ್ಟಿಗೆಯ್. (My.). — ಬಿಟ್ಟಿಯಾಳು. -ಆಳು. = ಬಿಟ್ಟಿಗೆಲಸದವ. (My.). ಬಿಟ್ಟಿಯಾಳು ಆದರೆ ಪಟ್ಟಿ ಕಟ್ಟ ಬಾರದೇ? (Prv.). — ಬಿಟ್ಟಿಯೂಟ. -ಊಟ. A meal obtained gratis. ಬಿಟ್ಟಿಯೂಟ ಸಿಕ್ಕಿದರೆ ಕಟ್ಟಿ ಕಟ್ಟು (tying up for another meal) ಉಣ್ಣಾನು (Prv.). — ಬಿಟ್ಟಿಯೆಸಗು. -ಎಸಗು. = ಬಿಟ್ಟಿಗೆಯ್. (V. 9, 107). — ಬಿಟ್ಟಿ ಹಿಡಿ. To exact forced labour (My.). ಬಿಟ್ಟಿ ಹಿಡಿಯುವದು (ವಿಷ್ಟಿ, ಆಜು Śi. 79). —

ಬಿಟ್ಟಿಹೊರೆ. A bundle of grass or fire-wood to be furnished gratis (My.).

ಬಿಟ್ಟು biṭṭu. P. p. of ಬಿಡು 1.

ಬಿಟ್ಟೆ biṭṭĕ. = (ಬಟ್ಟೆ), ಬೆಟ್ಟ 2, etc. Harshness, etc. (ಬಿಡು Čt. I, 29, o. r. ಬಟ್ಟೆ).

ಬಿಟ್ಟೇಱು biṭṭēṟu. A missile weapon: a dart, spear, javelin (ಇಟ್ಟ Čt. II, 69; Râm. 6, 11, 11; Bh. 3, 19, 11; 6, 2, 6; 7, 6, 18; T. ಎಟ್ಟೇಱಿಣ, ಎಟ್ಟೇಱು; M. ಎಟ್ಟೇಱು; see ಏಱು 4). ಬಿಟ್ಟೇಱು ಮೊದಲಾದುದು (ಪಾಣಿಮುಕ್ತ Hlâ.). See ಬಿಜ್ಜಲ-, etc.

ಬಿಡ biḍa. 1. = ಬಿಡದೆ, in ಬಿಡ ಬಿಡದೆ (J. 12, 38).

ಬಿಡ biḍa. 2. = ಬಿಡು 2. — ಬಿಡಗಡೆ. = ಬಿಡುಗಡೆ. (My.). — ಬಿಡ ಬೀಸು. 1. Not to blow, as the wind (Râm. 6, 47, 87). — ಬಿಡಬೀಸು. 2. The state of being without any occupation or that of doing no work (My.).

ಬಿಡತೆ biḍatĕ. = ಬಿಡಿಕೆ. Leaving space or room; space; interval; cessation, intermission; leisure (My.; ತೆರಪು G.). ಬಿಡತೆಯಿಲ್ಲದೆ ಇಡು (ಅಡಕು); ಬಿಡತೆಯಿಲ್ಲದೆ ತುಮ್ಮು (ಅದೆ); ಬಿಡತೆಯಿಲ್ಲದವನ್ನ (ಅವಿರಲ, ಅಖಣ್ಡಿತ G.).

ಬಿಡದಿ biḍadi. (= ಬಿಡಾರ, etc.). Lodgings provided for visitors (My.; Tĕ. ಎಡಿದಿ; T., M. ಎಡುದಿ).

ಬಿಡಯು biḍaya. 1. A mass, a great number, a flock, a swarm, etc. (Bh. 3, 8, 20; J. 3, 3; 8, 15; 27, 38; 28, 43; Mhr. ಭೀಡ, crowdedness; *cf.* ಬಿಜ್ಜ, ಬೀಡು 3).

ಬಿಡಯು biḍaya. 2. Anger, wrath (ಸೆಣಸು Bhn. 16, o. r. ಕಣಸು; Bh. 8, 25, 26; T. ಎಡ್ಡೆ, ಎಯಿರ್, ಎಳಿ, ವೆದಿರ್, to be angry).

ಬಿಡೆಯು biḍaya. (= ಬಿಡಿಯು). Kindness, civility, etc. (ದಾಕ್ಷಿಣ್ಯ Čt. II, 65).

ಬಿಡವು biḍavu. = ಬಿಡುವು, ಬಿಡುಹು. A leaving: leaving space, room, or time; space, room; interstice; a gap; an interval of time, cessation, intermission; leisure (My.). ಬಿಡವಿಲ್ಲಮುದು (ಅವ್ಯವಹಿತ, ಅವಿಚ್ಛಿನ್ನರ, ಸಂಸಕ್ತ Nr.).

ಬಿಡಾರ (biḍu²-âra1). = ಬೀಡಾರ, etc. The place or house where one ceases walking or halts: a dwelling-place, a house, lodgings (My.). ಅರಸುಗಳ ಬಿಡಾರ (ಉಪಕಾರ್ಯೆ, ಉಪಕಾರಿಕೆ Si. 109). ಬಿಡಾರವಿರುವವನಿಗೆ ನಡುಮಧ್ಯವಾದರೇನು? (Prv.).

ಬಿಡಾಲ biḍâla. = ಬಿಡಾಲ. (ಬೆಕ್ಕು Nn. 122; Mr. 163; see s. ಬೆಕ್ಕು).

ಬಿಡಿ biḍi. = ಬಿಡು 2, etc. (My.; Tĕ. ಎಡಿ). — ಬಿಡಿಕಟ್ಟಿಗೆ. Untied, loose pieces of wood (B. 2, 30; My.). ಬಿಡಿಕಟ್ಟಿಗೆಯಾದರೂ ಕಿಡಿ ಹತ್ತಿದರೆ ಸುಡದೇ? (Prv.). — ಬಿಡಿ ಬಿಚ್ಚಲು. The state of being loose or unrestrained. ಮನಸು ಬಂದ ಹಾಗೆ ಎಲ್ಲಾ ಬಿಡಿ ಬಿಚ್ಚಲಾಗಿರುವದು (ಯದೃಚ್ಛೆ, ಸ್ವೈರತೆ Si. 386). — ಬಿಡಿಬೇಸಟಿ. = ಬಿಟ್ಟೀ ಬೇಸಟಿ. (ಅನಾದರ G.). — ಬಿಡಿಯೆಲೆ. -ಎಲೆ. Leaves used as plates, that are not stitched together (My.). — ಬಿಡಿಹೂ. A plucked flower (My.); — flowers that are not threaded to form a garland (My.). ಬಿಡಿ ಹೂವಾದರೂ ಹುಡಿಗಿ ಮುಡಿದು ಕೊಳ್ಳ ಬಾರದೇ? (Prv.).

ಬಿಡಿಕು biḍiku. = ಬಿಡುಕು. Separation; a crack. ಮರಬಿಡಿಕು (ಹಿಳ Mr. 385, one MS. ಮುಡಬಿಡುಕು, another ಮುಡಬಿರಿಕು).

ಬಿಡಿಕೆ biḍikĕ. Interval, etc. (ವಿರಲ Čt. I, 48, o. r. ಬಿಡಿತೆ).

ಬಿಡಿತೆ biḍitĕ. = ಬಿಡತೆ. See s. ಬಿಡಿಕೆ.

ಬಿಡಿಯು biḍiya. (= ಬಿಡಯು, ಬಿಡೆ). Respect, regard, consideration, regardful feelings towards, deference for (Mhr. ಭೀಡ; B. 5, 288). 2, (probably Tbh. of ವ್ರೀಡೆ) shame, bashfulness (Tĕ., R.; T. ವೆಡ್ಗ, M. ವೆಳ್ಕ; T. ವೆಡ್ಗು, ವೆಳ್ಗು, M. ವೆಳ್ಗು, to be ashamed; to fear). — ಬಿಡಯುದವಳು. -ಅವಳು. A considerate woman (B. 5, 154).

ಬಿಡಿಯುತನ biḍiyatana. = ಬಿಡಿಯು No. 1. (B. 5, 51).

ಬಿಡಿಸು biḍisu. To loosen; to cause to leave; to remove; to cast out; to liberate; to separate what is entangled; to cause to leave and let grow, as a tuft of hair; to pull out, off, or from, to pluck; etc. (C.). ಬಿಡಿಪ್ಪಂ (Šmd. 269). ವಂಚಿಸುವುದವಂಗೆಯುಂ ನಿನಗೆಯುಂ ಸಹಜಂ! ಬಿಡಿಸಲ್ಕೆ ಬರ್ಕುಮೆ? (150). ದೇಡ, ದೇಡ! ಎನ್ನು, ಬಿಡಿಸಿದಂ (272). ತೆರಳೆಯ ಹುಡುಮುಕುಳಾಕಾರದಿನ್ದ ಮಾಡಿದುದ ಬಿಡಿಸಿ ನೆಯ್ದ ಸೀರೆ (ಕೌಶೇಯ Nr.). ಅವನು ಆ ಹಾವಿಗೆ ಕಲ್ಲು ಒಗೆದು, ಹದ್ದು ಬಿಡಿಸಿದನು (B. 2, 28). ಆ ಹುಡುಗರನ್ನು ಊರ ಬಿಡಿಸಿ, ಹೊರಗೆ ಹಾಕ ತಕ್ಕದು (8, 18). ನಿನ್ನನ್ನು ಮನೆ ಬಿಡಿಸಿ, ಹೊರಗೆ ಹಾಕಿದಾಗ (8, 25). ತಾಯಿ ತನ್ನಗಳು ಎಷ್ಟೇ ಕಲಿಸದಿದ್ದರೆ ಅವರೇ ಸುಖದ ದಾರಿಯನ್ನು ಬಿಡಿಸಿ, ತಮ್ಮ ಮಕ್ಕಳಿಗೆ ದುಃಖದ ದಾರಿಯನ್ನು ತೋರಿಸಿ ಕೊಟ್ಟ ಹಾಗೆ ಆಗುವದು (8, 38). ಅರಳೆಯನ್ನು ಬಿಡಿಸಿ ತನ್ದು (4, 27). ಮಾಧವನ ಹುಚ್ಚು ಬಿಡಿಸುವದಕ್ಕಾಗಿ (4, 57). ಕೂಲಿಯ ಹೆಂಗಸರು ಹತ್ತೀ ಬಿಡಿಸಿದರು (4, 178). ಅವನನ್ನು ಸೆರೆಯೊಳಗಿನ್ದ ಬಿಡಿಸಿ (5, 39). ಅವರಿಗೆ ಬಡಕೊಂಡ ಸುಳ್ಳ ದೆವ್ವನ್ನು ಬಿಡಿಸ ಬೇಕು (5, 169). ಅವರ ಹುಚ್ಚುತಿಳುವಳಿಕೆಗಳನ್ನು ಬಿಡಿಸಿ, ಜನರನ್ನು ಜಾಣರಾಗ ಮಾಡ ಬೇಕು (5, 191). ಚಣ್ಣಿಕೆಯ ಬಿಡಿಸೋಣ (ಚವ್ವಲ); ನಾಚಿಕೆಯ ಬಿಡಿಸು (ನಾಣ್ಗೆಡಿಸು G.). ಬಿಡಿಸುವವನ ಸಂಗಡ ಬಿಗಿ ಮಾಡ ಬಾರದು (Prv.). See Bp. 22, 8; 28, 15. 40; 39, 15; 40, 45; 47, 23; Ŏ. Bp. 47, 22; Bh. 1, 8, 71; V. 9, 44; J. 2, 29; 5, 44; 7, 66; 8, 3. 49; Si. 93.

ಬಿಡು biḍu. 1. To let loose; — to discharge, to throw, to shoot, as an arrow, etc.; — to emit, as breath, etc.; — to void, as excrement; — to let drop, to put (on or in), as water, juice, etc.; — to let on, as water from a tank; — to let out, or down, as a rope; to let hang down; — to set to, as men to work; to set on, as dogs; — to quit hold, to let go; to leave, as a remainder; — to quit, to leave; to abandon; to give up; — to leave out, to omit; — to set aside, to disregard, to leave alone; — to take off, as something from the price; — to quit, as a debt; — to leave off, as work; — to leave, to permit or allow, to let; — to open wide, as the eyes or the mouth; — to spare or let live; — to let grow, as the beard; — to cause to walk or run, to drive, as a horse, a cart; to dispatch, to send, as a servant, a letter, etc.;—to put forth, to produce, as leaves, flowers, fruits;—to stop a cart and loosen the bullocks (ವಿಮೋಚನ Šmd. Dh.; ಉಟಿ I; ಕಳೆ 45 Cm.; ಪರಿಹರಿಸು 78. 141 Cm.; C.; Tĕ., T., M. ವಿಡು). P. p. ಬಿಟ್ಟು (Šmd. 284. 287). ಬಿಡುವುದು (ವಿಸರ್ಜ, ತ್ಯಜ Nn. 62; ಪ್ರಕೃತ, ತ್ಯಜ 111; ತ್ಯಜಿಯಿಸುವುದು 155; ಪರಿಸಮಾಪ್ತಿ, ತ್ಯಜ 157; ತ್ಯಜ 166); ಬಿಟ್ಟುದು (ವಿಮುಕ್ತ 40). ಬಿಡಲ್ ಪಡು (ಬಿಡ್ದುಕು Šmd. I). ಅಗ್ನಿಯಂ ಬಿಟ್ಟವನು (ವೀರಹ); ಅಮ್ಬು ಬಿಡುವುದು (ವ್ಯವಚ್ಛೇದ); ಸುರಿಗೆ ಮೊದಲಾದುದು ಕೆಯ್ಯಿಂ ಬಿಡಲ್ ಬಾರದು (ಅಮುಕ್ತ); ಬಿಡಲು ಪಟ್ಟುದು (ಅವಕೀರ್ಣ, ತ್ಯಕ್ತ, ಉತ್ಸೃಷ್ಟ, ಉಜ್ಝಿತ Hlâ.). ಬಿಡಲ್ ಪಟ್ಟುದು (ತ್ಯಕ್ತ, ಹೀನ, ವಿಧುತ, ಸಮುಜ್ಝಿತ); ಹಿಡಿಕೆಯ ಹಿಡಿದು, ಕಿರುಕುಣಿಕೆಯ ಬಿಟ್ಟು, ಅಳೆದ ಮೊಳ (ಅರತ್ನಿ Nr.). ಕೆಯ್ಯಿನ್ದ ಬಿಡುತಿರ್ಪ ಶಸ್ತ್ರ (ಕರಮುಕ್ತ Mr. 293). ನಾಸಿಕದಿ ಬಿಡುವ ಅನಿಲಂ (ರೇಚಕ 53). ಬಿಟ್ಟು ಪೋದ್ದು (ಹಿಂಗಿದುದು Bhn. 39). ಬಿಟ್ಟವೆ (Bp. 17, 3). ತನ್ದೆಯ ಹೆಸರ್ಲೆ ನೀರ ಬಿಡೋಣ (ಪಿತೃತರ್ಪಣ); ಬೆಳದಿಂಗಳಿಗೆ ನೀರು ಬಿಡುವ ಕಲ್ಲು (ಬಿಸಗರ್ಗಲ್, ಚನ್ದ್ರಕಾನ್ತ); ಟೊಂಗಿಗಳಿಲ್ಲದೆ ಬೇರಿನೊಳಗೆ ಎಲೆ ಬಿಡುವ ಗಿಡ (ಗುಲ್ಮ); ಮೊಗ್ಗೆ ಬಿಡು (ನನೆ, ಮುಗುಳ್ G.). ಹುವ್ವು ಇಲ್ಲದೇ ಕಾಯಿ ಬಿಡುವ ಹಲಸು ಮುನ್ತಾದ ಗಿಡಗಳು (ವನಸ್ಪತಿ Si. 119). ತತ್ಕಾಲದಲ್ಲಿ ಹಣ್ಣು ಬಿಟ್ಟಿರುವ ಮರ (ಫಲವತ್, ಫಲಿನ 120). ಪೊರೆ ಬಿಟ್ಟ ಹಾವು (ನಿರ್ಮುಕ್ತ, etc. 77). ನಾಲ್ಕು ಕಡೆಯೂ ಅಭಿಮುಖವಾಗಿ ಕೆಯ್ಸಾಲೆ ಕಟ್ಟಿ, ಮಧ್ಯದಲ್ಲಿ ಅಂಗಳವನ್ನು ಬಿಟ್ಟು ಕೊಣ್ಡಿರುವ ಮನೆ (ಚತುಃಶಾಲ, ಸಂಜವನ 107). ಪಟ್ಟಣದ ಸುತ್ತಲೂ ಪುರಜನಸಂಚಾರಾದಿಗಳಿಗಾಗಿ ಬಿಡಲ್ ಪಟ್ಟಿರುವ ಬಯ್ಲು (ಸನ್ನಿವೇಶ, etc. 113). ಬಿಡಲ್ ಪಟ್ಟ ಬಾಣ (ನಿರಸ್ತ, etc. 289). ಎರಡು ಕಾಲುಗಳಿಗೂ ನಡುವೆ ಒನ್ದು ಗೇಣಗಲ ಬಿಟ್ಟು ನಿಲ್ಲೋಣ (ವಿಶಾಖ 288). ದಣ್ಡು ಹೂಣ್ಯದ ಸ್ಥಲ ಬಿಟ್ಟು ಹೊಡೆದುದು (ಪ್ರಚಕ್ರ 291). ಬಿಡಲ್ ಪಟ್ಟ ಮಲ (ಗೂನ, ಹನ್ನ); ಬಿಡಲ್ ಪಟ್ಟ ಮೂತ್ರ (ಮೀಢ, ಮೂತ್ರಿತ 380). ಪಾರಿಯನು ಬಿಡು ಗಜಕೆ ಮೂರು ಸಾವಿರವನ್ನು (Dp. 172). ಪುಣ್ಡತನ ಮಾಡಿದವ ಬಣ್ಡಾಟ ಬಿಟ್ಟಾನೇ?—ಡಮಾರದ ಶಬ್ದಕ್ಕೆ ಕೆಯ್ ಕಾಲು ಬಿಟ್ಟ.—ತಟ್ಟನೆ ಬಾ! ಎನ್ದರೆ ತುಟೀ ಬಿಟ್ಟನನ್ತೆ.—ಬಿಟ್ಟಿ ಮನೆಗೆ ಸುಟ್ಟ ಒಕ್ಕಲು.—ಬಿಡದ ಮನೆಗೆ ನುಡಿದದೇ ಗುರ್ತು.—ಪುಣುಗು ತೆಗೆಯಲಿಕ್ಕೆ ಜುಣುಗು ಬಿಟ್ಟರೆ ಆದೀತೇ?—ಬಿಟ್ಟ ಸಾಲ ಕುಟ್ಟಿ ಕೊಣ್ಡರೆ ಬನ್ದೀತೇ?—ತಾನೂ ಕುಡಿಯ, ಕುಡಿಯುವವನಿಗೂ ಬಿಡ (Prvs.). ತನ್ನ ಕರ್ಮ ತನಗೆ ಬಿಡದು (B. 3, 100; My.). ಹೋಗ ಬಿಡು (Bp. 59, 13; 60, 15. 25). 2, to be loosened, to be separated, to part;—to cease, to stop;—to halt, to stop, to remain; to settle;—to go away (C.; Tĕ., M.). ಅಂಗಿಯ ಹೊಲಿಗೆ ಬಿಟ್ಟಿತು (My.). ಗೋತ್ರಾದಿಗಳ ಬೆಸಿಗೆಯು ಬಿಡೆ (Bp. 2, 14). ಬಾರಿಸಿದುವು ಬಿಡದೆ ಜಡಿದು ವನದೇವತೆಗಳ್ (Šmd. 109). ಈತನಿದಂ ಬಿಡದಿಕ್ಕುವಂ (233). ಬಿಡದೆ ಇಹ ರೋಗ (ಸರಲ, ಸರೋಗ Nn. 63). ತಾಂ ಬಿಡದೆ ಸುರಿವ ಮಳೆ (ಆಸಾರ Mr. 44). ಕಲಮಸ್ತ್ರೀಯ ಪರಿಚರ್ಯಮಂ ಬಿಡದೆ ಮಾಳ್ಪ ಕೆಳದಿಯರ್ (J. 3, 6). ಸುಳಿವ ಗಾಳಿಗೆ ಬಿಡದೆ ನರ್ತಿಪ ಲತೆಗಳ್ (J. 3, 25). ಸೆಟ್ಟಿ ಬಿಟ್ಟದೇ ಪಟ್ಣ (Prv.). ಗಿರಿವ್ರಜದೊಳಗೆ ಪಾಳೆಯ ಬಿಟ್ಟುದು (Bh. 2, 4, 7). ಸೇನೆ ಬಿಟ್ಟುದು ಪುರದ ಬಹಿರೋದ್ಯಾನವೀಥಿಗಳೊಳಗೆ (2, 13, 6). ಜ್ವರ ಬಿಟ್ಟವನು (My.). ಮದ ಬಿಟ್ಟ ಆನೆ (ನಿರ್ಮದ Si. 269). ತುಳಿಸಿ ಕೊಣ್ಡರೆ ಒಣಿ ಬಿಟ್ಟೀತೇ?—ತೊನ್ನು ಹತ್ತಿದವ, ಹೊನ್ನು ಕರ್ಚು ಮಾಡುತ್ತೇನೆನ್ದು, ಗನ್ನಾ ಹೇಳಿದರೆ ಬಿಟ್ಟೀತೇ?—ಧ್ವನಿ ಮಾಡಿದರೆ ಹಸಿ ಬಿಟ್ಟೀತೇ?—ನೂರೆ ಕಾಡುವಾಗ್ಯೆ ಹರ! ಎನ್ದರೆ ಬಿಟ್ಟೀತೇ?—ಪ್ರಪಂಚ ಬಿಟ್ಟರೆ ಪಾರಮಾರ್ಥ ಬಿಟ್ಟೀತೇ? (Prvs.).—See Šmd. 77. 81. 280; Čpr. 1, 108. 127; Bp. 20, 11. 22; 21, 45; 27, 18; 28, 16. 50; 31, 3; 39, 45; 40, 30. 49; 42, 9; 44, 6; 48, 9; 51, 9; 58, 36. 56; 59, 13; 60, 45. 49; Č. Bp. 11, 11; J. 2, 12. 16; 15, 3; 28, 46; Bh. 1, 8, 8. 20. 21. 28. 58; Šm. 81. 94; Ršv. 2, 87; 5, 118; 9, 22; 13, 29; 18, after 95; Dp. 4; 148; Si. 371. 392. 393. 394. 437; B. 1, 17. 27; 2, 41. 44. 51. 53; 3, 3. 29. 106. 122; 4, 2. 16. 17. 27. 38. 40. 49. 51. 53. 54. 132. 148. 152. 154. 155. 184. 187. 200. 222. 223; 5, 48. 58. 246. 266. 317; ಎಡೆವಿಡು, ಎಲೆವಿಡು, ಕಣ್ಬಿಡು, ನಾಯಿವಿಡು, ಪತ್ತುವಿಡು, ಬಾಯ್ಬಿಡು, ಬೆಮ್ಬಿಡು, etc.; Prvs. s. ಮರ, ಮಲಮೂತ್ರ.—ಬಿಡು, especially in *common* language, is often joined to a P. p. to lay stress upon its meaning or to express, so to say, the completion of the action, *e. g.* ಮಾಡಿ ಬಿಟ್ಟನು, ಹೊಡೆದು-, ಹೋಗಿ- (My.). — ಬಿಟ್ಟಾಡು. To reject one and speak, to disclaim connection with, to disown, to deny; to slight, to speak ill of any one (Dp. 54,5; My.). — ಬಿಟ್ಟು ನುಡಿ. = ಬಿಟ್ಟಾಡು. (My.). — ಬಿಡು ಬಿಡು. rep. (Bp. 11, 14; 20, 22; 56, 19; C. Bp. 2, 4; B. 5, 54). — ಬಿಡೆ ನುಡಿ. To speak so as to leave or reject, to disavow; to slight (Abh. P. 9, 183; 15, 60). — ಬಿಡೆ ಪಳುಂಕು. To push so that one goes away (Kk. 92).

ಬಿಡು biḍu. 2. = ಬಿಟ್ಟಿ, ಬಿಡ2, ಬಿಡಿ. Loosening, etc.;—the state of being loose, separated, freed, dishevelled, opened, etc. — ಬಿಡುಗಡೆ. -ಕಡೆ. The state of being loosened, freed from, liberated, release, freedom, etc. (ನಿರ್ಮೋಕ್ಷ Nr.; My.; ಮೋಚನೆ G.; B. 2, 19; 3, 19). ಇಲ್ಲಿಂದ ಬಿಡುಗಡೇ ಹೊನ್ದುವ ಹಂಚಿಕೆ ಮಾಡುವಾ! (B. 4, 175). ಸೆರೆಯೊಳಗಿನ್ದ ಬಿಡುಗಡೆಯಾಗಿ (5, 161). ಅವನಿಗೆ ಬಿಡುಗಡೆಯಾಯಿತು (5, 200). ಬಿಡುಗಡೆಯಾದವ (ನಿರ್ಮುಕ್ತ G.). ಬಿಡುಗಡೆಯಾದರೂ ನಡುರಾತ್ರೆ ಸಂಚಾರ ಬಿಡಲಿಲ್ಲ (Prv.). ಕರ್ಮದ ಬಿಡುಗಡೆ (ದಶೆ, ಕರ್ಮಪರಿಪಾಕ Nn. 27). — ಬಿಡುಗಣ್. -ಕಣ್. (Šmd. 204). An open eye (Č. Bp. 19, 31; Râm. 6, 14, 20). — ಬಿಡುಗಣ್ಡಿ. A kind of sluice or flood-gate (My.). — ಬಿಡುಗಣ್ಣ. -ಕಣ್-ಅ3. A man with (always) open eyes: a deity (ನಿರ್ಜರ Kk. 10*a*; Ršv. 13, 65). — ಬಿಡುಗಣ್ಣವ. -ಕಣ್ಣ-ಅವ. = ಬಿಡುಗಣ್ಣ. (ಸುರ Šm. 9). — ಬಿಡುಗೇಶ. -ಕೇಶ. Dishevelled hair (Râm. 6, 47, 37). — ಬಿಡುಗೊಳ್. -ಕೊಳ್. To scatter about (J. 25, 8). — ಬಿಡುದಲೆ. -ತಲೆ. A head of dishevelled hair (Râm. 6, 19, 16; Bh. 2, 14, 62; 8, 24, 44). — ಬಿಡುಮಿದುಳ್. Loosened brain (J. 12, 44). — ಬಿಡುಮುಡಿ. A loose knot or braid of hair (Râm. 5, 8, 38; J. 19, 36). ಬಿಡುಮುಡಿ ಬೆನ್ನಪ್ಪಳಿಸೆ (Šmd. 84). — ಬಿಡುಮುತ್ತು. Loose pearls, pearls that are not threaded (Čpr. 6, 91; Abh. P. 12, 7; Šśv. 5, after 57; My.). — ಬಿಡುವಲೆ. -ಬಲೆ. A kind of net (Ršv. 5, 52; Šśv. 3, 24). — ಬಿಡುವಾಯ್. -ಬಾಯ್. (Šmd. 204). An open mouth (J. 28, 46).

ಬಿಡು biḍu. 3. P. p. of ಬಿಡು 1. — ಬಿಡು ತರ್. (= ಬಿಟ್ಟು ಕೊಣ್ಡು ಬರ್). To unfold itself, to develop, to increase (Čpr. 4, 39). ಮದಂ ಬಿಡು ತರೆ (Abh. P. 13, 75).

ಬಿಡುಕು biḍuku. = ಬಿಡಿಕು, q. v.

ಬಿಡುವಿಕೆ biḍuvikĕ. Leaving, giving up, etc. (Si. 243. 397. 437).

ಬಿಡುವು biḍuvu. = ಬಿಡವು, etc. (My.).

ಬಿಡುಹ biḍuha. Leaving, etc.;—the state of being left, abandoned, etc. (ಉತ್ಸೃಷ್ಟ, ಉಜ್ಝಿತ, ಅವಕೀರ್ಣ, etc. Mr. 433).

ಬಿಡುಹು biḍuhu. = ಬಿಡವು, etc. Leaving, starting; release (Bh. 6, 2, 2; Tĕ. ವಿಡುಪು).

ಬಿಡೆ biḍĕ. (= ಬಿಡಿಯ). (ಪರಾಮರ್ಷ, ಸಂಕೋಚ Čb.; Bh. 1, 7, 2).

ಬಿಡೌಜ biḍauja. Tbh. of ವಿಡೌಜಸ್. (ಇನ್ದ್ರ, ದೇವೇನ್ದ್ರ Nn. 10; ಇನ್ದ್ರ Mr. 40).

ಬಿಡ್ಡು biḍḍu. (fr. ಬಿಡು 1). A strain, a violent effort (? ಮುಕ್ಕಿಡುದುದು Čt. 1, 11).

ಬಿಣ್ bin. (fr. ಬಿಣ್ಣಿತು Šmd. 213. 96). Stoutness, bigness, heaviness. (*Cf.* ಬಿಜ್ಜ, ಬೀಗು 2; Tĕ. ವೆಡದ, ವೆಡಲ್ಪು, ವೆಣದ, broad, large, big; ವೆಯಿ, ವೆಯ್ಯಿ, a thousand). — ಬಿಣ್ಗೆಚ್ಚಲ್. -ಕೆಚ್ಚಲ್. A big, or full, udder (J. 18, 13). — ಬಿಣ್ಗೊನೆ. (Šmd. 213). A large, or heavy, bunch (Čpr. 1, 102; Ššv. 1, 51). — ಬಿಣ್ಪೊಜೆ. (Šmd. 213). A large, or heavy, load. — ಬಿಣ್ಮೊಲೆ. A stout, or full, breast (Č. Bp. 10, 21; J. 11, 19).

ಬಿಣಿಕೆ biṇikĕ. N. of a plant (ಬಣವತಿ Mr. 139).

ಬಿಣಿತೆ biṇitĕ. Ponderousness: strength, force (J. 22, 12).

ಬಿಣ್ಡಿಗ biṇḍiga. N. of a plant. See Mr. s. ಅರುಣಮೂಲ.

ಬಿಣ್ಡು biṇḍu. = ಬೇಣ್ಡು. See ಕಣ್ಬೆಣ್ಡು.

ಬಿಣ್ಣಿತು biṇṇitu. = ಬಿಣ್ಣಿತ್ತು (Šmd. 96). That which is stout, big, or heavy (ಬಿಣ್ಪು, ಭಾರ Kk. 63).

ಬಿಣ್ಣಿತ್ತು biṇṇittu. = ಬಿಣ್ಣಿತು, q. v.

ಬಿಣ್ಪಿದ biṇpida. = ಬಿಣ್ಮಿದ, q. v.

ಬಿಣ್ಪು biṇpu. (= ಬಿಮ್ಮು). Largeness, stoutness; heaviness; hugeness; gravity, dignity (ಕಡು ದೊಡ್ಡಿತು Čt. I, 65; ದಿಮ್ಮಿದುದು, ಗೌರವ II, 79; ಬಿಣ್ಣಿತು, ಭಾರ Kk. 63; Čpr. 5, 59; 6, 69; 7, 107; Abh. P. 3, 105; Grj. 2, after 71; J. 18, 25. 34). ನೆನೆಯದ ಕಜ್ಜದ ಬಿಣ್ಪಿಂ ಮುನಿವಯ್ ನೀನ್? ಒರ್ವನೆಮ್ಮ ಹರಿಗಮ್ ಅಸಾಧ್ಯಂ! (Šmd. 270). ಫಲಿತ ಜಾತದ ಬಿಣ್ಪುಗಳ್ (Bh. 1, 5, 8). 2, a metrically long syllable (Čh.; ಕೊಂಕು, ಗುರು Šm. 55). — ಬಿಣ್ಪುದೋಱು. -ತೋಱು. To become apathetic (J. 18, 34).

ಬಿಣ್ಮಿತು biṇmitu. = ಬಿಣ್ಮಿತ್ತು (Šmd. 96), ಬಿಣ್ಣಿತು. (T. ವಿಮ್ಮು, to be extended; to be stout, swell; to be hard, not flexible, *cf.* ಬಿಱಿಸು, etc.).

ಬಿಣ್ಮಿತ್ತು biṇmittu. = ಬಿಣ್ಮಿತು, q. v.

ಬಿಣ್ಮಿದ biṇmida. A stout, heavy, (venerable) man. ಗಿರಿಯನ್ತೆ ಬಿಣ್ಮಿದಂ, ಸುರಕರಿಯನ್ತೆ ಬಲಾಢ್ಯನ್, ಅಬ್ಧಿಯನ್ತೆ ಗಭೀರಂ (Šmd. 251, o. r. ಬಿಣ್ಪಿದಂ).

ಬಿತ್ತ bitta. = ಬಿತ್ತು 2, etc. (Ššv. 2, after 42; My.).

ಬಿತ್ತಗ bittaga. = ಬಿತ್ತಿಗ, q. v. (ತುತ್ತಿದಂ Šmd. II).

ಬಿತ್ತನೆ bittanĕ. The act of putting seeds or sowing (My.).

ಬಿತ್ತರ bittara. Tbh. of ವಿಸ್ತಾರ (Šmd. 349; Čt. I, 69; II, 12; ವಿಸ್ತರ Kk. 68; Šm. 51; ವಿಸ್ತರ, etc., ಹಿರಿದು ಮಾಡ್ಪುದು Mr. 447; J. 17, 19; 20, 42). ಬಿತ್ತರದ ತಾಮ್ಬೂಲಸಂಗ್ರಹಂ ಹಡಪಮಕ್ಕು (Mr. 265). ಬಿತ್ತರದೊಳ್ ಉಪ್ಪು ಮನೆ (ಭುಕ್ತಗೃಹ 196). ಬಿತ್ತರದಿ ಕವಿವ ಕಾಳಗಂ (ಸೌಪ್ತಿಕ 288). — ಬಿತ್ತರಮ್ಬಡೆ. -ಂ-ಪಡೆ. To become extensive, large, great, etc. (Čpr. 7, after 92; Grj. 2, after 106; Rśv. 6, after 11). — ಬಿತ್ತರಮ್ಬೆಱ್. -ಂ-ಪೆಱ್. = ಬಿತ್ತರಮ್ಬಡೆ. (Čpr. 1, after 101). — ಬಿತ್ತರವೆಱ್. -ಪೆಱ್. = ಬಿತ್ತರಮ್ಬೆಱ್. (Rśv. 8, 2).

ಬಿತ್ತರಿ bittari. = ಬಿತ್ತಾರಿ. (Bp. 40, 55).

ಬಿತ್ತರಿಗೆ bittarigĕ. A throne (ಪಟ್ಟವಣೆ, ಸಿಂಹಾಸ Šs.; Abh. P. 5, after 38). *Cf.* ವಿತರ್ದಿಕೆ, ವಿಷ್ಟರ & ವಿಸ್ತರ.

ಬಿತ್ತರಿಸು bittarisu. Tbh. of ವಿಸ್ತರಿಸು or ವಿಸ್ತಾರಿಸು. To extend (v. t.), to expand, to make broad, wide, large or prolix, to spread, to amplify (ವಿಸ್ತಾರ Šmd. Dh.). See Šmd. 278; Čpr. 6, 71; Abh. P. 14, 70; Kāvy. IV, 11; Čt. II, 122; Bp. 9, 51; 55, 55; Šm. 1; J. 11, 24; 31, 31. 2, to extend (v. i.), etc. (Čpr. 8, 8; J. 4, 19).

ಬಿತ್ತಾರಿ bittāri. = ಬಿತ್ತರಿ. A woman full of disguise (My.).

ಬಿತ್ತಿ bitti. 1. A book (ಕ್ರಿತಲೇಖೆ, ಪುಸ್ತಕ Mr. 359).

ಬಿತ್ತಿ bitti. 2. Tbh. of ಭಿತ್ತಿ (My.). 2, support (My.).

ಬಿತ್ತಿಗ bittiga. = ಬಿತ್ತಗ. (ಬಿನ್ನಣಿ Čt. II, 102).

ಬಿತ್ತಿಗೆ bittigĕ. The act of sowing (B. 4, 26).

ಬಿತ್ತಿಸು bittisu. To cause to sow (Bp. 23, 18; 60, 19; C.). ಉತ್ತ ಹೊಲ ಬಿತ್ತಿಸಿ ಕೊಡ್ಡೇತು, ಸತ್ತ ಹೆಣ ಸುಡಿಸಿ ಕೊಡ್ಡೇತು (Prv.).

ಬಿತ್ತು bittu. 1. To put seeds, to sow (ಬೀಜಸ್ಥಾಪನ Šmd. Dh.; C.; Tĕ. ವಿತ್ತು; T. ವಿತ್ತು, ವಿದ್ಯೆ, ವಿರ್ಕೆ; M. ವಿದೆ, ವಿರೆ, *cf.* ಬಿದೆ 1). ಕಸಮಂ ಸೋದಿಸದೆ ಬಿತ್ತಿದೊಕ್ಕಲಿಗನ ಪೋಲ್ (Šmd. 267). ಕಣ್ಣುಗ ಬೀಜ ಬಿತ್ತುವ ಕೆಯಿ (ಪಾರೀಕ Nr.). ಬಿತ್ತಿದ ಪಯ್ರು ಕೆತ್ತಿದರೆ ಆದೀತೇ? — ಬಿತ್ತಿದ ಬೀಜಕ್ಕೆ ಸತ್ತಿಗೆ ಹಿಡಿದ ಹಾಗೆ. — ಬಿತ್ತಲಿಲ್ಲ, ಬೆಳೆಯಲಿಲ್ಲ, ಎತ್ತಲಾಗಿನ್ದ ಬನ್ದಿಯೋ, ಹಕ್ಕರಾಚಿ? — ಬಿತ್ತುವಾಗ ಮಲಗಿದರೆ ಕೊಯ್ಯುವಾಗ ಹಗುರವಾಯಿತು. — ಅಂಗಲಾಗಿ ಬಿತ್ತಿದ್ದು ಅಗಲವಾಗಿ ಏಱುವದು. — ಉತ್ತು ಬಿತ್ತಿದ ಬತ್ತವಾದರೂ ಮಱೆಯಿಲ್ಲದೆ ಮೊಳೆಯದು (Prvs.). See Čpr. 8, after 44; Bp. 3, 75; 26, 25; 38, 42; 60, 17. 19. 50; Bh. 1, 8, 27; J. 11, 14; Si. 301. 307. 396; B. 4, 26.

ಬಿತ್ತು bittu. 2. = ಬಿತ್ತ, ಬಿಟ್ಟು. Seed, a seed (ಬೀಜ Šmd. Dh.; My.; T. ವಿತ್ತು, ವಿದ್ಯೆ, ವಿರ್ಕೆ; M. ವಿದೆ, ವಿರೆ; Tĕ. ವಿತ್ತು, ವಿತ್ತನ; see ಬಿದೆ 1). ಸುಗ್ಗಿಯ ಬಿತ್ತು (ತಿಗ್ರ್ಯಜ Nr.). See Šmd. 112. 138; Grj. 3, after 69; 4, 97; Bp. 26, 25; 30, 1; 40, 62; 60, 17; Ššv. 1, after 31.

ಬಿತ್ತು bittu. 3. Third person singular of the imperfect of ಬೀಱು 1.

ಬಿತ್ತೆ bittĕ. (Tbh. of ವಿತ್, ವಿದಾ). Knowledge, learning, acquirements.

ಬಿತ್ತೆಗ (bittĕ-ga). = ಬಿತ್ತಗ, ಬಿತ್ತಿಗ. A man of acquirements, a proficient man, a clever, well-educated and polite man (ಪ್ರೌಢ Šmd. II; ಬಲ್ಲವ 399 Cm.; ನಾಗರೀಕ Čt. I, 40; ಬಹುರ್ಗ, ಪ್ರೌಢ Kk. 85; ತುತ್ತಿದ, ಪ್ರೌಢ 82, o. r. ಬಿತ್ತಿಗ; ಬಹುರ್ಗ, ಬಿನ್ನಣಿ Šm. 47; Abh. P. 13, 48). — ಬಿತ್ತೆಗವೆಣ್. -ಪೆಣ್. An accomplished woman (ಪ್ರೌಢೆ Šm. 73; Kk. 28, o. r. ಬಿತ್ತಿಗ-).

ಬಿದನು bidanu. = ಬಿದರು. — ಬಿದನೂರು. = ಬಿದರೂರು. See s. ಇಕ್ಕೇರಿ.

ಬಿದರು bidaru. = ಬಿದಿರ್ 2, etc. (C.). ಬಿದರೆ ಅನ್ದಣವಕ್ಕು, ಬಿದರೆ ಸತ್ತಿಗೆಯಕ್ಕು, ಬಿದರಿನ್ದ ಸಕಲಪದವಕ್ಕು; ಲೋಕದೊಳು ಬಿದಬಿದವ ಕೆಟ್ಟ (Sp.). ಬಿದರ ಲೆಕ್ಕಣಿ (B. 3, 57). ಬಿದರ ಸುಣ್ಣ (ವಂಶರೋಚನ); ಬಿದರ ಬುಟ್ಟಿ (ಪಿಟ G.). — ಬಿದರಕ್ಕಿ. -ಅಕ್ಕಿ. = ಬಿದಿರಕ್ಕಿ. Bamboo seed (occasionally used as food). ಬಿದಿ ಬನ್ದರೆ ಬಿದರಕ್ಕಿ (Prv.). — ಬಿದರುತಟ್ಟಿ. A bamboo screen; a bamboo mat (My.). ಬಿದರುತಟ್ಟಿ ಮಾಡಿಕಾಕ್ಷಣ ಸೆಟ್ಟಿ ಆದಾನೇ? (Prv.). — ಬಿದರೂರು. -ಊರು. = ಬಿದನೂರು. N. of a place in the Nagara division of Mysore.

ಬಿದಱ್ bidar. = ಬೆದಱ್ 1. See Sp. s. ಬಿದರು.

ಬಿದಿ bidi. An abbreviation of ಬಿದಿರ್, in ಬಿದಿಗು (Bp. 14, 17, = ಬಿದಿಗುಱ್).

ಬಿದಿ bidi. Tbh. of ವಿಧಿ (Šmd. 339. 342, see 267; ಬ್ರಹ್ಮ Šm. 8; ಬೊಮ್ಮ Čt. I, 7; Kk. 9; ಅಜ Čt. II, 3; Čpr. 8, 14; Abh. P. 11, 140). — ಬಿದಿಯ ತೇರ್. A swan, a goose (ಹಂಸ, ಅಂಚೆ Kk. 9).

ಬಿದಿಗ bidi-ga. (Šmd. 237). A man who observes the prescribed form or ritual.

ಬಿದಿಗೆ bidigĕ. Tbh. of ದ್ವಿತೀಯೆ (Šmd. 343. 359. 373; Šm. 19; ದ್ವಿತಿಯೆ, ತಿಥಿಭೇದ Nn. 136; My.; Tĕ. ವಿದಿಯೆ, T. ವಿದಿಯ್ಯೆ). ಪಾಡ್ಯ ಮೊದಲಾದ ಬಿದಿಗೆ ತದಿಗೆಯೆಪ್ಪನೆಲ್ಲಂ ತಿಥಿಗಳೆನಿಸುಗು (Nr.). ನದೀ ದಾಟ ಬೇಕಾದರೆ ಬಿದಿಗೆಯೇ ಆಗ ಬೇಕೇ? (Prv.).

ಬಿದಿಯ bidiya. (= ಬಿಜಯ? Sk. ವೀಂಖಾ, going, moving; dancing; one of a horse's paces). — ಬಿದಿಯವರಿಯ. -ವರಿಯ. Capering, vaulting (ಪ್ಲುತ Nr.).

ಬಿದಿರ್ bidir. 1. = (ಬಿದಿ), ಬಿದಿರು 1, ಬಿದುರ್. To be scattered or spread about, etc. (Rśv. 9, 28; J. 6, 6). 2, to scatter about, to spread about; to throw about, to toss about; to open, as the mouth; to unfold, as the wings, etc.; to stretch out; to loosen, to untie (ವಿಕೀರ್ಣ Šmd. Dh.; Šm. 102; Abh. P. 11, 143; 12, 25; Rśv. 5, after 55; 8, 13; Kśv. 4, 16; M. ವಿದಱು, to scatter, strew; Tŏ. ವದಲು, ವದುಲು, to loosen, be untied). P. p. ಬಿದಿರ್ದು. ಬಿದಿರ್ದಂ (Šmd. 55).

ಬಿದಿರ್ bidir. 2. = ಬಿದನು, ಬಿದರು, ಬಿದಿರು 2, ಬಿದುರು, ಬಿದ್ರು. The bamboo, Bambusa arundinacea Lin. (ವೇಣು Šmd. Dh., Šm. 102; ತ್ವಚಿಸಾರ, ವಂಶ, ವೇಣು, ತ್ವಕ್ಸಾರ, ಮಸ್ಕರ Hlā.; ವಂಶ Nn. 54; ತ್ವಕ್ಸಾರ 55. 131; ವಂಶ, etc. Mr. 125. 519; Kśv. 3, 32; Tĕ. ವೆದುರು; T.ವೆದಿರ್). ಬಿದಿರ್ಗಳ್ (Šmd. 52). ಬಿದಿರಿಂ (142. 166). ಬಿದಿರ ಕುಡಿ (ಕಟ್ಟಿಲೆ I). ಬಿದಿರ ಕಟ್ಟಿಲೆ (ಕರೀರ, ವಂಶಾಂಕುರ Nn. 136). ಬಿದಿರ ಗಿಣ್ಣು (ಗ್ರಂಥಿ, ಪರ್ವ, ಪರುಸ್); ಬಿದಿರಲ್ಲಿ ಹುಟ್ಟಿದ ಗೋರೋಚನ (ತ್ವಕ್ಕ್ಷೀರೆ, ವಂಶರೋಚನೆ Nr.). ಒಣಗಿದ ಬಿದಿರ ಮೆಳೆ (Bh. 1, 20, 27). See ಹೆಬ್-. — ಬಿದಿರಕ್ಕಿ. = ಬಿದರಕ್ಕಿ. (ವೈಣವ Nr.; Bp. 18, 17; Rśv. 5, 110). — ಬಿದಿರ್ವಟ್ಟೆ. -ತಟ್ಟೆ. (Šmd. 54). = ಬಿದರುತಟ್ಟೆ.

ಬಿದಿರು bidiru. 1. = ಬಿದಿರ್ 1, etc. P. p. ಬಿದಿರಿ. To be scattered, etc. (J. 13, 47). 2, to throw about, etc. (Bp. 26, 43; J. 15, 31; 18, 21). ಕುದುರೆಯಾ ಚದುರೆಯಾ ಹದಿರೆರಡುಮ್ ಒಂದಯ್ಯ; ಚದುರನೇಱದರೆ ಕುಣಿವದು, ಬೆಳ್ಳಾಳ ಬಿದಿರಿ ಹಾಕುವದು (Sp.). See ಮೆಯ್-.

ಬಿದಿರು bidiru. 2. = ಬಿದಿರ್ 2, etc. (My.; Bp. 16, 21). ಗಾಳಿಗೆ ದನಿಗೆಯ್ವ ಬಿದಿರು (ಕೀಚಕ Hlā.). ಗಾಳಿಗೊದಱುವ ಬಿದಿರು (ಕೀಚಕ Mr. 125).

ಬಿದಿರ್ಚು bidirču. To spread out, to unfold (J. 28, 36); to unharness, to unyoke (ರಥವಿಮೋಚನ Šmd. Dh.); to loosen or free one's self. (Kśv. 4, 10. 73. 74).

ಬಿದು bidu. 1. = ವಿದು 2. Tbh. of ವಿಧು. (ಚಂದ್ರ, etc., ಶಶಿ Kk. 44; ಉಪೇಂದ್ರ Šm. 5. 6). — ಬಿದುಗಲ್. -ಕಲ್. The moonstone (Rśv. 4, 21; ಬೆಳದಿಂಗಳಿಗೆ ನೀರು ಬಿಡುವ ಕಲ್ಲು G.).

ಬಿದು bidu. 2. = ವಿದು 1. (Rśv. 6, after 11, twice). ಅದಱ (ಆನೆಯ ಕುಮ್ಭಸ್ಥಲದ) ನಡು ಬಿದುವಕ್ಕು (Mr. 154).

ಬಿದುರ್ bidur. To unloosen, to untie, to unfetter (ಅಶೃಂಖಲಿ Šmd. Dh.; Tĕ. ವಿದುಲು, to shake off).

ಬಿದುರು biduru. = ಬಿದಿರ್ 2, etc. (My.; ವಂಶ, ತ್ವಕ್ಸಾರ, ಕರ್ಮಾರ, ತ್ವಚಿಸಾರ, ತೃಣಧ್ವಜ, ಶತಪರ್ವ, ಯವಫಲ, ವೇಣು, ಮಸ್ಕರ, ತೇಜನ Si. 163; *cf.* Sk. ವಿದುಲ). See ಕಾಗಿ-, ಬೆಣ್ಣೆ-, ಸಾರೇ-. — ಬಿದುರುಕೊಮ್ಬು. (ಕರೀರ Si. 140). — ಬಿದುರುಕೋಲು. A bamboo stick (Si. 250. 271). — ಬಿದುರುಗೆಣ್ಣು. A bamboo knot or joint (ಗ್ರಂಥಿ, ಪರ್ವ, ಪರುಸ್ Si. 163; My.). — ಬಿದುರುಮೆಳೆ. A bamboo bush (My.). — ಬಿದುರುಮೊಳಕೆ. A bamboo shoot (ಕರೀರ Si. 140; My.). — ಬಿದುರುಮೊಳೆ. = ಬಿದುರುಮೊಳಕೆ. (ಕರೀರ Si. 140; My.). — ಬಿದುರುಸೀಬು. (ಕ್ಷ್ವೇಡೆ Si. 417).

ಬಿದುಹು biduhu. = ಬಿದುರು, q. v.

ಬಿದ್ದ bidda. 1. = ಬದ್ದ, q. v.

ಬಿದ್ದ bidda. 2. Tbh. of ವಿದ್ಧ. Penetrated, etc. (Abh. P. 3, 134). — ಬಿದ್ದಂ (adverbially), so that (the points of the compass) are penetrated (4, 28). — ಬಿದ್ದಂ ಪೋಗು. To be penetrated or holed (8, 29). — ಬಿದ್ದವ್ಪರಿ. -ವರಿ. To penetrate into (12, 54).

ಬಿದ್ದಣ biddaṇa. = ಬಿದ್ದನ, ಬಿದ್ದಿನ 2, (ಬಿದ್ದು 1), ಬಿರ್ದಣ, (ಬಿರ್ದು 1). An invitation to dinner; a banquet, a feasting, an entertainment, a meal (ಅವುತಣ Kk. 26, o. r. ಬಿದ್ದನ; ಅವುತಣ Šm. 63, o. r. ಬಿರ್ದಣ; T., M. ವಿಳಿ, Tĕ. ಪಿಲುಚು, to call, to invite; see s. ಬಟ್ 3; ಪಿಳ್ಳೆ 2); a prey.

ಬಿದ್ದನ biddana. = ಬಿದ್ದಣ, q. v.

ಬಿದ್ದಿ biddi. = ವಿದ್ಧಿ, q. v. ಬಿದ್ದಿಗಾ ಪೊಟಲಿಚರ್ ವಾನ್ನ್ಯದೊಕ್ಕಲ್ (Šmd. 203 Mdb.).

ಬಿದ್ದಿನ biddina. 1. = ಬಿದ್ದುನ. A guest (ಆವೇಶಿಕ, ಪ್ರಾಘುಣಕ, ಆಗನ್ತು, ಅತಿಥಿ Hlā.; Mr. 238; Čpr. 7, 84; Bp. 29, 7; T. ವಿರುನ್ದು, M. ವಿರುನ್ನು, Tĕ. ವಿನ್ದು);—a relative by marriage (ಬೀಗ Bhn. 59, o. r. ಬಿದ್ದುನ; Bh. 3, 19, 25; 8, 24, 57). ಬಿದ್ದಿನ ಬನ್ದು ಹಾಡಿ, ಮನೆಯೊಡೆಯ ಕೂತು ಹಾಡಿ (Prv.).

ಬಿದ್ದಿನ biddina. 2. = ಬಿದ್ದಣ, etc. (Bh. 3, 10, 46).

ಬಿದ್ದು biddu. 1. = (ಬಿದ್ದಣ), ಬಿರ್ದು 1. A banquet, a feasting, a meal (ಅವುತಣ Ks.; Rām. 6, 54, 4; T. ವಿರುನ್ದು, M. ವಿರುನ್ನು, Tĕ. ವಿನ್ದು; T. ವಿೞವು, ವಿೞಾ, a festival, holiday); a prey. See ಬಲು-.

ಬಿದ್ದು biddu. 2. = ಬಿರ್ದು 2, ಬಿಟ್ಟು. P. p. of ಬೀೞ್, ಬೀೞ್ 1, ಬೀೞು 1. — ಬಿದ್ದಿನ. -ಇನ. The sun which has set (ಜಲದೊಳ್ ಅದ್ದ ಭಾಸ್ಕರ Bhn. 59; Grj. 4, 68).

ಬಿದ್ದುನ bidduna. = ಬಿದ್ದಿನ, q. v.

ಬಿದ್ರು bidru. = ಬಿದುರು, etc. (My.).

ಬಿನದ binada. Tbh. of ವಿನೋದ. (Čpr. 4, 79; 7, 81; Grj. 2, after 71 & 106). — ಬಿನದವ್ಪಡೆ. -ಂ-ಪಡೆ. To feel pleasure, to be amused (Rśv. 2, 126).

ಬಿನದಿಸು binadisu. Tbh. of ವಿನೋದಿಸು. (Kśv. 1, 48; 4, after 17; J. 6, 39; 15, 9). ಮುರವಾಯಿದು ಬಿನದಿಪುದು (ಕುಳಿಲ್ Ks.). ಗೋಣ್ಚುಗಳೊಳ್ ಬಿನದಿಪಾಟಂ (ಎರಲ್, ದಿಂಕು Ks.).

ಬಿನುಗು binugu. A low, base, mean person (ಪಾಮರ, ನೀಚ, ವಿವರ್ಣ, ಪ್ರಾಕೃತ, ಪೃಥಗ್ಜನ, ನಿಹೀನ, ಅಪಸದ, ಜಾಲ್ಮ, ಕ್ಷುಲ್ಲಕ Nr.; Rām. 5, 8, 53; Bh. 8, 24, 50; My.; *cf.* ಬಣಗು? T. ವಿನೈ, M. ವಿನೆ, action; sin, evil, pain, misery; malignity, malice). — ಬಿನುಗುನುಡಿ. Whispering words (ಗುಜುಗುಜು Bhn. 43).

ಬಿನ್ದ binda. Tbh. of ಬೃನ್ದ (Šmd. 353; ಘಟ್ಟ, ತಿನ್ತಿಣಿ, ತೆಮ್ಮಲ್, etc., ಸೇಣಿ Kk. 17, Šm. 54; ಸೇಣಿ Šm. 96).

ಬಿನ್ದಿಗೆ bindigĕ. A kind of metal water-vessel (Bp. 12, 34; 47, 18; Si. 309; My.; Mhr. ಬಿನಗಾ; Tĕ. ಬಿನ್ದೆ, M. ಎಿನ್ದಿ). ಬಿನ್ದಿಗೆ ಒಡೆದರೆ ಹನ್ದಿಗೆ ನೀರು ಎಲ್ಲಿ? (Prv.).

ಬಿನ್ದು bindu. = ಎನ್ದು. *A drop of water or other liquid* (ಸುರಿವ ಹನಿ Mr. 418); semen virile (C.). 2, a dot, a mark; whitish spots on the body (ಚುಬ್ಬು, ಪದ್ಮ Mr. 154). 3, a cypher or dot representing the anusvâra (ಅನುಸ್ವಾರ, ಸೊನ್ನೆ Šmd. 19; Mr. 363). See Šmd. 19. 25. 47. 126. 127. 128. 138. 151. 184. 198. 199. 203. 205. 206. 236. 238. 248. 250. 257. 370. 371. 400; Kâvy. I, 2, 14-16; 110-112; I, 3, 16. 17.

ಬಿನ್ದುಚ್ಯುತ bindu-čyuta. A kind of vičchittičitra (Kâvy. III, 2, B, 58. 69 seq.).

ಬಿನ್ದುಜಾಲಕ bindu-jâlaka. = ಎನ್ದುಜಾಲಕ. *A mass of dots or spots.*

ಬಿನ್ದುಪತನ bindu-patana. Falling of drops. See ಹನಿ.

ಬಿನ್ದುಮನ್ತ bindu-manta. Tbh. of ಬಿನ್ದುಮತ್. Possessing drops, etc.;—having the anusvâra (Šmd. 371).

ಬಿನ್ದುಮಾಧವ bindu-mâdhava. N. of an idol of Vishṇu. (My.).

ಬಿನ್ನ binna. 1. Tbh. of ಭಿನ್ನ. (My.).

ಬಿನ್ನ binna. 2. A curtailed form of ಬಿನ್ನಪ.—ಬಿನ್ನ ಮಾಡು. To invite (for dinner, C.).—ಬಿನ್ನವತ್ತಳೆ. -ಪತ್ತಳೆ. Tbh. of ಎಜ್ಞಾಪನಪತ್ರಿಕೆ. A letter of respectful communication and petition (Râm. 1, 7, 10; 1, 16, 2; My.). ಬಿನ್ನವತ್ತಳೆ ಬರೆದರೆ ಹೊನ್ನು ಬನ್ದ ಹಾಗಾಯಿತೇ? (Prv.).

ಬಿನ್ನಗೆ binnagĕ. = ಬಿನ್ನನೆ (Šmd. 389). Silently, etc. (ರಿಕ್ಕಟ, ಬಿನ್ನನೆ, ಸುಮ್ಮಗೆ Šs.; ಗುಬುಗುಮ್ಮನೆ, ರಿಕ್ಕಟ, ಬಿನ್ನನೆ, ಮೌನ Kk. 50).

ಬಿನ್ನಣ binnaṇa. = ಬಿನ್ನಾಣ, ಎನ್ನಾಣ. Tbh. of ಎಜ್ಞಾನ (Šmd. 354. 364). Knowledge; skill, proficiency, dexterity; ingenuity, art; device (ಜೊಕ್ಕೆಯತನ Bhn. 56). ಅನ್ನವನ್ನು ಹಾಕುವದು, ನನ್ನಿಯನು ನುಡಿಯುವದು, ತನ್ನನ್ತೆ ಪರರ ಬಗೆದಡೆ ಕೈಲಾಸಬಿನ್ನಣವಕ್ಕು (Sp.). See Šmd. 167; Ōpr. 5, 78; Čh. v. 286; Grj. 5, after 76; Bp. 13, 29; 29, 16; Šâv. 4, 10; J. 31, 58.—ಬಿನ್ನಣನ್ದೋಱು. -ಂ-ತೋಱು. To evince skill (Grj. 2, after 106).—ಬಿನ್ನಣಮ್ಬಡೆ. -ಂ-ಪಡೆ. To obtain or gain skill (Râv. 5, after 114).

ಬಿನ್ನಣಿ binnaṇi. Tbh. of ಎಜ್ಞಾನಿ. A man who is learned, clever, skilful, proficient, ingenuous, deviceful, conversant (ಬಿತ್ತಿಗ Ōt. II, 102; ಬಿತ್ತಗ, ಬರ್ದುಗ Šm. 47; Tĕ. ಎನ್ನಾಣಿ). See ಮೆಲ್ಬಿನ್ನಣಿ, ಸಬಳವಿನ್ನಣಿ; Šmd. s. ಬಿಸುಡು.

ಬಿನ್ನಣಿಗ binnaṇiga. Tbh. of ಎಜ್ಞಾನಿಕ. (Č. Bp. 45, 40).

ಬಿನ್ನನೆ binnanĕ. = ಬಿನ್ನಗೆ, q. v. (Ōpr. 8, after 78).

ಬಿನ್ನಪ binnapa. = ಬಿನ್ನ 2, ಬಿನ್ನಹ. Tbh. of ಎಜ್ಞಾಪನ (Šmd. 354. 366; Tĕ. ಎನ್ನಪ). Representing, informing; respectful communication or representation; respectful petition. See Šmd. 151. 264; Čpr. 7, after 69; Abh. P. 12, after 51; Bp. 10, 38; 50, 74; 51, 8; Râv. 5, after 23; J. 5, 44.—ಬಿನ್ನಪಂಗೆಯ್. -ಂ-. To make a respectful representation or humble petition (Râv. 10, after 5; Šâv. 2, after 2).

ಬಿನ್ನಯಿಸು binnayisu. = ಬಿನ್ನವಿಸು, etc. (Bp. 33, 5).

ಬಿನ್ನಯ್ಸು binnaysu. = ಬಿನ್ನಯಿಸು, etc. (Bp. 1, 55; 2, 89; 14, 6; 26, 45; 35, 49; 37, 4; 61, 73; J. 2, 45).

ಬಿನ್ನವಿಸು binnavisu. = ಬಿನ್ನಯಿಸು, ಬಿನ್ನಯ್ಸು. Tbh. of ಎಜ್ಞಾಪಿಸು. To communicate or represent respectfully; to petition respectfully (ಎಜ್ಞಾಪನ Šmd. Dh.). See Šmd. 294; Čpr. 2, after 62; 3, after 62; 6, after 100; Abh. P. 14, after 59; Bp. 5, 11; 10, 47; 32, 8; 36, 9; 46, 63; 50, 27; 61, 54; Râv. 5, 125.

ಬಿನ್ನಹ binnaha. = ಬಿನ್ನಪ, etc. (Bp. 26, 17; 37, 6; 51, 3; 53, 74; Bh. 1, 8, 16. 59; Râm. 1, 16, 5; My.). ಬಡವನ ಬಿನ್ನಹ ಎಡೇಲೆ ಹೋಯಿತು (Prv.).—ಬಿನ್ನಹ ಮಾಡು. = ಬಿನ್ನಪಂಗೆಯ್. (Bh. 1, 8, 32; 3, 13, 15; B. 4, 30).

ಬಿನ್ನಾಣ binnâṇa. = ಬಿನ್ನಣ, etc. (Bh. 1, 7, 49; 1, 8, 69. 71; J. 17, 6; 22, 6. 12; My.; Tĕ. ಎನ್ನಾಣ).

ಬಿನ್ನಾಣಗಾತಿ binnâṇa-gâti. A clever woman (My.).

ಬಿನ್ನಾಣಗಾಱ binnâṇa-gâṟa. A clever man (My.).

ಬಿನ್ನಾಣೆ binnâṇi. A clever woman (My.).

ಬಿಪ್ಪಣ್ಡ bippaṇḍa. (Šmd. 48; 191, o. r. ಬಿರ್ಪಣ್ಡ). = ಬಿರ್ಪಣ್ಡ. The crying or chirping of birds (ಬಗ್ಗು, ಒಲೆ, ಚಪ್ಪರಣೆ Kk. 42, o. r. ಬಿರ್ಪಣ್ಡ; ಬಗ್ಗು, ಚಪ್ಪರಣೆ 77; ಬೆಜ್ಜ, ಜಡಿವ, ಬಗ್ಗು, ಚಪ್ಪರಣೆ Šm. 29. 30; ಬಗ್ಗು 84; T. ಎಮ್ಮು, to cry; to sound; to weep; ಎಱಲಿ, a songstress).

ಬಿಬ್ಬಿ bibbi.—ಬಿಬ್ಬಿಬಾಚಯ. = ಬಿಬ್ಬಿಬಾಚಯ್ಯ. (Bp. 56, 47).—ಬಿಬ್ಬಿಬಾಚಯ್ಯ. N. (Bp. 9, 45; 56 sum.; 56, 1. 10. 14. 25. 30. 40).

ಬಿಬ್ಬೋಕ bibbôka. = ಎಬ್ಬೋಕ. *Affectation of indifference towards a beloved object through pride and conceit.*

ಬಿಮ್ಬ bimba. = ಎಮ್ಬ. *The disk of the sun or moon;* any disk, a ball, hemisphere; any round or disk-like appearance or object (ಸುವೃತ್ತ, ಅತಿಬಟ್ಟಿತು Nn. 69; ಚಟುಳು Mr. 330). 2, a looking-glass, a mirror. 3, a reflected form, a reflection; an image, a picture (ಪ್ರತಿರೂಪು 69; see ಜನ-). 4, a rain-bow (ಇನ್ದ್ರಚಾಪ, ಇನ್ದ್ರನ ಬಿಲ್ಲು 69). 5, a ray (ಮಯೂಖ, ಕಿರಣ 69). 6, the sky (ನಭ, ಆಕಾಶ 69). 7, rain (ವೃಷ್ಟಿ, ಮಱೆ 69). 8, cloth (ಅಂಬರ, ವಸ್ತ್ರ 69). 9, the fruit, of Momordica monadelpha Roxb. of a bright-red colour (ಬಿಮ್ಬಿಕೆ, ತೊಣ್ಡೆ, ತೊಣ್ಡೆಹಣ್ಣು 69; ಒಪ್ಪ, ತೊಣ್ಡೆ, ತುಣ್ಡಿಕೆ Mr. 127). 10, a lizard.

ಬಿಮ್ಬಾಧರ bimba-adhara. A lip red like the bimba fruit (Kâvy. V, 947).—ಬಿಮ್ಬಾಧರೆ. A red-lipped woman (Grj. 10, 45).

ಬಿಮ್ಬಾಧರಸ್ಥಾನ bimbâ-dhara-sthâna. The place of Bimbâdhara. ಬನ್ದಿಎಡಿದಂ ಬಿಮ್ಬಾಧರಸ್ಥಾನಮಂ (Šmd. 386).

ಬಿಮ್ಬಿ bimbi. = ಎಮ್ಬಿ. *A plant bearing a bright-red gourd, Momordica monadelpha* Roxb.

ಬಿಮ್ಬಿಕೆ bimbikĕ = ಎಮ್ಬಿಕೆ. *Momordica monadelpha* Roxb. (ಬಿಮ್ಬ, ತೊಣ್ಡೆ Nn. 69).

ಬಿಮ್ಬಿಸು bimbisu. To be reflected or mirrored (Bp. 5, 28; 6, 22; Šâv. 2, 31).

ಬಿಮ್ಬೆ bimbĕ. ಬಿಮ್ಬಾ. = ಬಿಮ್ಬಿ. 2, N. of women.

ಬಿಮ್ಬೋಷ್ಠಿ bimba-ôshṭhi. A woman with lips as red as a Momordica fruit. (My.).

ಬಿಮ್ಮಗೆ bimmagĕ. (fr. ಬಿಙ್, or ಬಿಱು 1). = ಬಿಮ್ಮನೆ. Firmly, tightly (as in seizing, tying, embracing, standing, etc., My.), loudly (as in calling, My.), powerfully (as in beating, My.).

ಬಿಮ್ಮಗೆ ಹಿಡಿದರೆ ಹಮ್ಮು ಹೋಗದೇ?—ಕಮ್ಮಗೆ ಉಣಿಸಿ, ಬಿಮ್ಮಗೆ ಕಟ್ಟಿದ (Prvs.).

ಬಿಮ್ಮನಿಸಿ bimmanisi. A pregnant woman (My.).

ಬಿಮ್ಮನೆ bimmanĕ. = ಬಿಮ್ಮಗೆ. (My.). ಬಿಮ್ಮನೆ ಬಿಗಿಯ ಬೇಡ, ಬಿಸಿಲಲ್ಲಿ ಹಾಳ ಬೇಡ, ಬೇಕಾದಷ್ಟು ದಿನ ಬಾಟ್ಮೀನು (Prv.). See Prv. s. ಮುದುಕ.

ಬಿಮ್ಮು bimmu. (= ಬೀಪ್ಪು, or fr. ಬಿಜು 1). Largeness, greatness (Bh. 1, 13, 46); pride. — ಬಿಮ್ಮಡು. -ಅಡು. Pride to abate or go away (Bp. 32, 36). — ಬಿಮ್ಮುಗೆಡು. -ಕೆಡು. = ಬಿಮ್ಮಡು. (Bp. 56, 43).

ಬಿಯ biya. = ಬಿಜ, etc. — ಬಿಯಂಗೆಯ್. = ಬಿಜಯಂಗೆಯ್, q. v.

ಬಿಯದ biyada. (Šmd. 25). Tbh. of ವ್ಯಾಧ (Šmd. 337; Čt. II, 35; ಅಜಿಗುಲಿ, ಬಿಲ್ಲ, ವ್ಯಾಧ Kk. 39; Bp. 34, 2; Rśv. 5, after 80; 5, 85; see ಕಾಟ್ಟುಯಿದ). — ಬಿಯದವೆಣ್. -ಪೆಣ್. A woman of the hunter-caste (Śśv. 3, after 28).

ಬಿಯದಿ biyadi. Tbh. of ವ್ಯಾಧಿ (Šmd. 337).

ಬಿಯಸ biyasa. Tbh. of ವ್ಯಾಸ. — ಬಿಯಸಹಸ್ತ. = ವ್ಯಾಸ-. A Vyâsa's hand (Bp. 6, 21).

ಬಿಯಸಂಗ biyasanga. Tbh. of ವ್ಯಾಸಂಗ (Šmd. 337).

ಬಿಯಳ biyaḷa. (Šmd. 25). Tbh. of ವ್ಯಾಲ (337). — ಬಿಯಳ ಕಟಕ. Śiva (Bp. 27, 46).

ಬಿಯ್ಯ biyya. = ಬೀಯ. Tbh. of ವ್ಯಯ. (Bp. 42, 9).

ಬಿಯ್ಯಗ biyyaga. 1. (fr. ಬಿಗಿ 1). = ಬೀಗ 1. A lock (ಖ, ಅಗಗಲ Nn. 116; ಗೃಹಬನ್ಧನ Mr. 191; Bp. 12, 10; 43, 46; Bh. 3, 17, 28).

ಬಿಯ್ಯಗ biyyaga. 2. = ಬೀಗ 2. (Râm. 1, 16, 17).

ಬಿರ bira. = ಬಿರಿ 2, ಬಿರು 1. Short P. p. of ಬಿರಿ 1, in ಬಿರ ಕೊಳ್ಳು (My.).

ಬಿರಕು biraku. = ಬಿರಿಕು, etc. (My.).

ಬಿರತು biratu. = ಬಿರದು, ಬಿರಿತು, ಬಿರಿದು. P. p. of ಬಿರಿ 1 (My.; Si. 314).

ಬಿರದು biradu. = ಬಿರತು, etc. (My.).

ಬಿರಯ biraya. Tbh. of ವಿರಹ.

ಬಿರಯಿ birayi. Tbh. of ವಿರಹಿ. (Čpr. 4, 33. 34; 7, 44. 53; Rśv. 5, 34). ಬಿರಯಿಗೆ (Šmd. 16 Mḍb.). ಬಿರಯಿಗಳ ಸುಯ್ಯಲ್ (119).

ಬಿರಯಿಸು birayisu. Tbh. of ವಿರಹಿಸು. To be separated from, etc. (Čpr. 8, 29).

ಬಿರವು biravu. = ಬಿರುವು. A fissure, a crack (My.). ಬಿರವು ಬಿಟ್ಟಿತು (My.).

ಬಿರಹ biraha. = ವಿರಹ.

ಬಿರಹಿ birahi. = ವಿರಹಿ (Čt. II, 88).

ಬಿರಾಣಿ birâṇĕ. A grain, as of gunpowder (My.; Mhr. ಬಿರಾಣಾ).

ಬಿರಾದಾರಿ birâdâri. A band (of peons, etc., of men in general), a company, a herd (My.; Br.; H.).

ಬಿರಾಮಣ birâmaṇa. Tbh. of ಬ್ರಾಹ್ಮಣ. (My.).

ಬಿರಿ biri. 1. To burst; to be rent asunder, to burst open, to split open, to part asunder, to separate, to crack;—to break away, to escape from restraint;—to burst forth, as tears;—to break forth, to expand, to open, to blossom, to blow (ಸ್ಫುಟನ Šmd. Dh.; My.; Tĕ., T., M. ವಿರಿ). P. ps. ಬಿರಿದು (Čpr. 1, 103), ಬಿರಿತು (Râm. 5, 8, 74), ಬಿರದು, ಬಿರತು. ಹಿಳ್ಗ ಬಿರಿದುದು (Šmd. I). ಬಿರಿದುದು (ಬೀಡು Kk. 67). 3rd pers. sing. imperfect ಬಿರಿಯಿತು, ಬಿರಿವಿತು, ಬಿರೀತು (My.). See Bp. 2, 15; 9, 8; 20, 11; 50, 17; 52, 18; 57, 30. 60; 59, 58; 61, 39; Rśv. 5, 53. 41. 46; Č. Bp. 4, 7; J. 1, 1; 2, 65; 4, 26; ಅರೆವಿರಿ, ಇನಿವಿರಿ; Prv. s. ಕೆಯ್ಲಿ.

ಬಿರಿ biri. 2. = ಬಿರ, etc. P. p. of ಬಿರಿ 1, in ಬಿರಿ ಬಿರಿದು (Bp. 16, 5; Râm. 5, 8, 89).

ಬಿರಿ biri. 3. = ಬಿರು 2. Bursting; opening, etc.; a fissure, a crack (ಬಿರ್ಕು Čt. I, 48). See ಕೋಟೆವಿರಿ. — ಬಿರಿಮುಗುಳ್. = ಬಿರುಮುಗುಳ್. An opening, or opened, flower-bud (Bp. 22, 9; Rśv. 4, after 14; 10, after 31; J. 11, 9). ಬಿರಿಮುಗುಳ ಬಣ್ಣ (ಮಧು Mr. 509).

ಬಿರಿಕು biriku. = ಬಿರಕು, ಬಿರುಕು, ಬಿರ್ಕು. A cleft, a fissure, a crack (My.; see o. r. s. ಬಿಡಿಕು).

ಬಿರಿತು biritu. P. p. of ಬಿರಿ 1. (My.).

ಬಿರಿದು biridu. = ಬಿರುದ, ಬಿರುದು. Tbh. of ವಿರುದ. Panegyric, praise (Bp. 35, 53; 50, 16; Č. Bp. 11, 11; Rśv. 6, after 11). 2, an honorary distinctive mark, a badge of honour (Bp. 47, 2; 60, 61; Rśv. 6, after 11). 3, distinction: developed power, valour (Bp. 23, 26). ಬಿರಿದಿನ ಬಳಿ (ಕಜ್ಜಬ Kk. 75). ಬಿರಿದಿನ ಹಾಹೆ (ತೊಡರ್ 67). — ಬಿರಿದ. -ಅ 3. = ಬಿರುದ. A man of distinction, a brave, valourous man (Bh. 8, 3, 4). — ಬಿರಿದಂಕ. -ಅಂಕ. A man marked with badges of honour (Śś. in B. 5; 50). *Cf.* ಬಿರುದಂಕ. — ಬಿರಿದಿನಾಳ್. -ಆಳ್. A man of distinction (Bp. 36, 26). — ಬಿರಿದುಪಾಡು. A panegyric (Bh. 1, 8, 1).

ಬಿರು biru. 1. = ಬಿರ, in ಬಿರು ಕೊಳ್ಳು. (My.).

ಬಿರು biru. 2. = ಬಿರಿ 3. — ಬಿರುಮುಗುಳ್. = ಬಿರಿಮುಗುಳ್. (J. 15, 24; 18, 23). — ಬಿರುಹುರಿ. The being (partly) untwisted (Bp. 47, 30).

ಬಿರುಕು biruku. = ಬಿರಿಕು, etc. (ಬೀಡು Kk. 67, o. r. ಬಿರಿದುದು; My.). ಹಾಯಿಗೋಡೆಯ ಬಿರುಕುಗಳು (B. 2, 2; 3, 27).

ಬಿರುದ biruda. = ಬಿರಿದು, etc., ವಿರುದ.

ಬಿರುದಶೃಂಖಲೆ biruda-śriṅkhalĕ. A chain, or another badge, of honour (ತೊಡರ್ Šmd. Dh.).

ಬಿರುದಾವಳಿ biruda-âvaḷi. A line or number of distinctions (J. 2, 67): an enumeration of distinctions or marks of distinctions (Šmd. 207).

ಬಿರುದು birudu. = ಬಿರಿದು, etc. (My.; Tĕ.; T., M. ವಿರುದು; ಪರಿವರ್ಹ Si. 466; see ಅಭಿಜನ). ಬಿರುದಿಂಗೆ (Šmd. 207). ಬಿರುದಿನ ಬಳಿ (ಕಜ್ಜಬ Šmd. II; Šm. 40). ಬಿರುದಿನ ಹಾಹೆ (ತೊಡರ್ Šm. 51). ಬಿರುದಿನ ತೊಡರ್ (Rśv. 6, after 11). See Bp. 37, 60; 46, 46; Rśv. 6, after 11; J. 2, 28; B. 4, 5. ಬಿರುದಿನ ಪಾಹೆ (Grj. 2, after 106). — ಬಿರುದ. = ಬಿರಿದ. (Bh. 6, 2, 4; T., M. ವಿರುದ). ಬಿರುದರ ಕರುಳಂ ಕೊಟಿತಿ ಕೊಟಿದು (Šmd. 27). ಬಿರುದರ್ಗೆ ಬಿರುದರ್ ಸೆಣಸುವರ್ (159). — ಬಿರುದಂಕ. -ಅಂಕ. = ಬಿರುದು (Čpr. 7, 43).

ಬಿರುವು biruvu. = ಬಿರವು. (My.).

ಬಿರಿಡೆ biraḍĕ. (ಬಿರಡೆ). A peg or screw to tighten the strings of musical instruments; a stopple of wood, metal, etc., a cork (My.; Si. 63; Tĕ. ಬಿರಡಾ).

ಬಿಱನೆ birane. = ಬಿಱಾನೆ. Swiftly, quickly (My.).

ಬಿಱಸ birasa. = ಬಿಱಸು, etc. — ಬಿಱಸಗೂದಲು. -ಕೂದಲು. Rough hair (B. 5, 255).

ಬಿಱಸು birasu. = ಬಿಱುಸು q. v., etc. Hardness, firmness (as of sweetmeats, boiled rice, metals, or of soil, My.; B. 4, 125); roughness, coarseness; harshness (My.);—briskness, swiftness (My.). 2, = ಬಿಱು 1, whirring: what whirs: a rocket, a cracker (My.; T. ವಿಱುಸು, Tĕ. ಬಿಱುಸು). — ಬಿಱಸುಗೂದಲು. = ಬಿಱುಸುಗೂದಲು. (B. 5, 255; My.). — ಬಿಱಸುಬಟ್ಟೆ. Coarse cloth (My.). — ಬಿಱಸುಮಾತು. A harsh word (My.). — ಬಿಱಸುಹುಲ್ಲು. Coarse grass (B. 8, 48; My.).

ಬಿಱಾನೆ birâne. = ಬಿಱನೆ. (My.; Tĕ.).

ಬಿಱಿ biri. = ಬಿಱು 1. Firmness, etc. 2, tightness: fastening, as a door by means of a piece of wood that on the inside is put across it: the wood itself (My.; Tĕ. ಬಿಱ್ಱು; T. ವಿಱ, ವೆಱ್, to be narrow, straitened, pressed). — ಬಿಱಿ ಕಟ್ಟು. To fasten (a door) by means of the biri (My.). — ಬಿಱಿಗಾಳಿ. = ಬಿಱುಗಾಳಿ. (B. 5, 128; G. 542). — ಬಿಱಿದನಿ. = ಬಿಱುದನಿ. (Râm. 6, 11, 16). — ಬಿಱಿಹಗ್ಗ. A rope to secure a door by means of the biri (My.). — ಬಿಱಿ ಹಾಕು. = ಬಿಱಿ ಕಟ್ಟು. (My.).

ಬಿಱಿಸು birisu. = ಬಿಱಸ, ಬಿಱಸು q. v., ಬಿಱುಸು. (ಬೆಟ್ಟಿತು Bhn. 86; My.; T. ವಿಱೈ, M. ವಿಱ, to grow stiff, as from cold, to grow thick or compact). ಬಿಱಿಸಿಹುದು (ಪರುಷ, ಶುಷ್ಕ Nr.). ಬಿಱಿಸಿನ ಹೆದ್ದಾರಿ (ಕಾನ್ತಾರ, ವಿಷಮಾಧ್ವ Nn. 106, o. r. ಬಿಱಸಿನ-). ತಱುಬಿಲ್ಲದ ಒಡ್ಡನು, ಬಿಱಿಸಿಲ್ಲದ ಹುರಿಯು (Prv.). See Bp. 28, 26; 37, 15; 40, 24. 60; 52, 9. 11; Râm. 4, 6, 7. — ಬಿಱಿಸಿನವ. -ಅವ. A rough, cruel man (ಕ್ರೂರಕರ್ಮ, ನೃಶಂಸ Mr. 285). — ಬಿಱಿಸುಕೂದಲು. = ಬಿಱಸುಗೂದಲು. (B. 3, 99).

ಬಿಱು biru. 1. (fr. ಬೆಟ್ಟಿತು Śmd. 218). = ಬಿಱ್. Hardness, firmness (Tĕ. ಬಿಱ್ಱು);—roughness; rudeness; vehemence;—swiftness (Tĕ.; T. ವೆಱ್);—whirring (ಬಿಟ್ಟಿ Ċt. I, 29; T. ವಿಱ್ಱೆನ್, to whir in the air);—rudely (Abh. P. 8, 29). — ಬಿಱುಗಲ್. -ಕಲ್. A firm, strong stone (V. 9, 106). — ಬಿಱುಗಹಳೆ. -ಕಹಳೆ. A loud-sounding horn (Bp. 50, 17; 56, 17). — ಬಿಱುಗಾಳಿ. (Śmd. 218). A strong or high wind, a gale, a hurricane (ಪ್ರಕಮ್ಪನ, ಮಹಾವಾತ G.). ಬೀಸುವ ಬಿಱುಗಾಳಿ (Śmd. 219 Mdb.). ಬಿಱುಗಾಳಿಗೆ ಹಿಡಿದರೆ ಸರಿಗೆ ಆದೀತೇ? (Prv.). See Ŏpr. 4, 16; Bp. 22, 8; 45, 31; V. 39, 17; J. 4, 10; 8, 32; B. 4, 223. — ಬಿಱುಗೋಲ್. -ಕೋಲ್. A strong stick, a club (Bh. 7, 10, 17). — ಬಿಱುದನಿ. A harsh, disagreeable sound (J. 31, 55). — ಬಿಱುನಡೆ. A brisk, quick walk (Bp. 34, 36; ಧೌರಿತಕ Sl. 274, see ಭರದಾಣ್ಮು). — ಬಿಱುನುಡಿ. A harsh, unkind, abusive word or speech (Bp. 24, 12; Râm. 3, 4, 21; J. 17, 56). ಹೀನಮಾನವರ ಬಿಱುನುಡಿಗೆ ಸತ್ಯದ ಜ್ಞಾನಿಯಂಜುವನೆ? (Sp.). — ಬಿಱುನೋಟ. An unkind look (ಅದೃಷ್ಟಿ Sl. 74; My.). — ಬಿಱುಬಿಡ. (-ವಿಡ). A rough manner (Śmd. 218 Mdb., o. rs. -ಬದ, -ಬಿದ). — ಬಿಱುಮೊಲೆ. A firm, hard breast (J. 16, 41). — ಬಿಱುವಡೆ. -ಪಡೆ. (Śmd. 218). A brisk, etc. force. — ಬಿಱುವರಿ. -ಪರಿ. 1. To run swiftly (Bh. 7, 4, 81). — ಬಿಱುವರಿ. -ಪರಿ. 2. A swift run. — ಬಿಱುವರಿವರಿ. -ಪರಿ. To run very swiftly (Abh. P. 4, 107). — ಬಿಱುವಱ್. -ಮಱ್. A heavy rain (Grj. 3, 61; J. 12, 20; 27, 41). — ಬಿಱುವಾತು. -ಮಾತು. = ಬಿಱುನುಡಿ. (V. 13, 11). — ಬಿಱುವಿಸಿಲ್. -ಬಿಸಿಲ್. Excessive heat of the sun (Râv. 5, 78; Śâv. 3, after 35). — ಬಿಱುವೆಲರ್. -ಎಲರ್. = ಬಿಱುಗಾಳಿ. (J. 25, 27). — ಬಿಱುವೊಯ್ಲು. -ಪೊಯ್ಲು. (Śmd. 218). A severe blow or stroke (Râv. 8, 105). — ಬಿಱುಸರಳ್. A swift arrow (J. 12, 31; 27, 38). — ಬಿಱುಹೊಯಿಲು. = ಬಿಱುವೊಯ್ಲು. (Bp. 52, 15). — ಬಿಱುಹೊಯ್ಲು. = ಬಿಱುಹೊಯಿಲು. (Bh. 2, 2, 104).

ಬಿಱು biru. 2. To become stiff; to be astounded (*cf.* ಬೆಱ್). P. p. ಬಿಱುತು (Ŏpr. 4, 15; Abh. P. 10, after 136; 14, 184).

ಬಿಱುಬು birubu. = ಬಿಱುವು, ಬಿಱುಹು. Hardness, firmness, (compactness); vehemence; violence, etc. (ಬೆಟ್ಟಿತು Kk. 60, o. r. ಬಿಱುವು; Râm. 6, 47, 3; Śâv. 2, 66; J. 5, 48). ಬಿಱುಬಿನಗ್ಗದ ಸೋನೆ (Râm. 3, 6, 9). — ಬಿಱುಬುನಾಲಗೆ. A violent, fierce tongue (Bh. 6, 4, 36).

ಬಿಱುವು biruvu. = ಬಿಱುಬು, q. v.

ಬಿಱುಸು birusu. = ಬಿಱಿಸು, etc. (My.; Tĕ.). ಅಕ್ರೋಡದ ಕಟ್ಟಿಗೆ ಬಿಱುಸು (B. 3, 115). ಚಿನ್ನವು ಸೀಸಕ್ಕಿನ್ತ ಬಿಱುಸು (4, 106). See ಕುಡಿಕೆ-. — ಬಿಱುಸುಕೂದಲು. = ಬಿಱಿಸುಕೂದಲು. (B. 3, 30). — ಬಿಱುಸುಗಟ್ಟು. -ಕಟ್ಟು. To prepare a rocket (Śâv. 2, after 42). — ಬಿಱುಸುಗೂದಲು. = ಬಿಱುಸುಕೂದಲು. (B. 4, 191). — ಬಿಱುಸುನುಡಿ. Harsh, contumelious language (ನಿಷ್ಠುರ, ಪರುಷ Nr.). — ಬಿಱುಸುಮೀಸೆ. Rough, or stiff, whiskers (B. 4, 35).

ಬಿಱುಹು biruhu. = ಬಿಱುಬು, etc. (Bp. 44, 9).

ಬಿಱ್ಱನೆ birrane. An imitative sound used in the wind's blowing strongly (My.).

ಬಿರ್ಕು birku. = ಬಿರಿಕು, etc. (My.).

ಬಿರ್ಚು birču. 1. = ಬಿಚ್ಚು 1. To loosen, to disunite, etc. (ವಿಘಟನ Śmd. Dh.; Čh. v. 19; Bp. 3, 36; Râv. 5, after 114). 2, to be disunited, etc.; to open (Ŏpr. 6, after 106; Grj. 9, after 65, twice; V. 28, after 11).

ಬಿರ್ಚು birču. 2. = ಬಿಚ್ಚು 2. (ಬೇಕೆಯ್ಯ ಭಾವ Čt. I, 24; ಬಿರಿ I, 48). — ಬಿರ್ಚುವಲೆ. -ಬಲೆ. A kind of net (Râv. 5, after 114).

ಬಿರ್ದಣ birdaṇa. = ಬಿದ್ದಣ, q. v.

ಬಿರ್ದು birdu. 1. (Śmd. 49). = ಬಿದ್ದು 1. (Ŏpr. 4, 41; Abh. P. 15, 10; V. 37, after 10). ಈ ವಿದ್ಯಾಧರಸೈನ್ಯಮಂ ನಿಮಿಷದಿಂ ಪರ್ದಿಂಗೆ ಬಿರ್ದಿಕ್ಕುವೆಂ (Abh. P. 9, 56).

ಬಿರ್ದು birdu. 2. = ಬಿದ್ದು 2, ಬಿಳ್ದು (of which it is a later form). ಬಿರ್ದುದು (ಸ್ರಸ್ತ, ಧ್ವಸ್ತ, ಭ್ರಷ್ಟ, etc. Nr.; ಪಡಲಿಟ್ಟುದು Čt. II, 21; ಪನ್ನ, ಪತಿತ Mr. 448). See Ŏpr. 4, 40; 5, 5. 37; Abh. P. 13, 77; Bp. 13, 6; 28, 38; 40, 38; 49, 10; 52, 34; 56, 53; ಕೆಚ್ಚುವಿರ್ದು, ಅಕ್ಕ-, ಪಲ್ಲಟವಿಬ್ಬಿರ್ದು.

ಬಿರ್ಪಣ್ಡ birpaṇḍa. = ಬಿಪ್ಪಣ್ಡ, q. v.

ಬಿಲ್ bil. 1. = ಬಿಲಿ 1. To sell (ವಿಕ್ರಯ Śmd. Dh.; M. ವಿಲ್, T. ವಿಱ್, Tĕ. ವಿಲುಚು; see ಬೆಲೆ); to buy (Tĕ.; see ಬಿಲಿ 1).

ಬಿಲ್ bil. 2. (Śmd. 58). = ಬಿಲು, ಬಿಲ್ಲು. A bow (ಕೋದಣ್ಡ Śmd. Dh., Śm. 107; ಅಸ್ತ್ರ, ಧನುಸ್, ಕೋದಣ್ಡ, ಚಾಪ, etc. Hlâ.; see Mr. s. ಕ್ರೋಧ; ಕಾರ್ಮುಕ Nn. 63; T., M. ವಿಲ್).

ಬಿಲ್ಲ ದನಿ (ವಿಸ್ಫಾರ); ಬಿಲ್ಲ ತಿರು (ಮೌರ್ವಿ, ಜ್ಯಾ, ಸಿಂಜಿನಿ, ಗುಣ, ಜೀವೆ); ಬಿಲ್ಲ ಕೊಪ್ಪು (ಕಾರ್ಮುಕಕೋಟಿ, ಅಟನಿ); ಬಿಲ್ಲ ಎದ್ದೆಯಂ ಬಲ್ಲವನು (ಕೃತಪುಂಖ Hlâ.). ಬಿಲ್ಲ ನಾರಿ (ಸಿಂಜನಿ); ಬಿಲ್ಲ ಜೇವೊಡೆಯ ಧ್ವನಿ (ವಿಸ್ಫಾರ Nr.). ಬಿಲ್ಲ ಕೊಪ್ಪು (ಕೋಟಿ, ಚಾಪದ ಅನ್ತ್ಯ Nn. 43). ಬಿಲ್ಲ ನಡು (ಮುಷ್ಟಿ Mr. 294). ಬಿಲ್ಲ ನಾರಿ (ತಿರು, ತಿರ್ಪು Kk. 39). ಬಿಲ್ಗೆ (Šmd. 139). ಬಿಲ್ಲನದಂ or ಬಿಲ್ಲಿನದಂ (144). ಒರ್ಕೆಯ್ದಿ ಬಿಲ್ಲಮುಮ್ಮುಮಂ (79). ಪೂವಿನ ಬಿಲ್ಲ ಕೊಪ್ಪನೊದೆದೇಱಸಿ ತಾವರೆ ನೂಲ ನಾರಿಯಂ, ಜೇವಡೆಗೆಯ್ದು (66. 133). ಕೆಲದೊಳ್ ಒಕ್ಕ ಬಿಲ್ ಸರಳ್ಗಳ್ (Rśv. 5, after 10). See Čpr. 1, 106; 4, 45; ಇನ್ದ್ರ ವಿಲ್, ಇಂಗೋಲ್ವಿಲ್ಲ, ಕುಡಿವಿಲ್ಲ, ಪದವಿಲ್, ಬೆಟ್ಟುವಿಲ್ಲ, ಮಿಡಿವಿಲ್, etc. 2, the measure of a bow (Abh. P. 1, 62. 67. 68). — ಬಿಲ್ಕೋಲ್ದಳೆ. -ಕೋಲ್ ತಳೆ. To take a bow and arrows (Râghô. 17, 70). — ಬಿಲ್ಗೊಡು. -ಕೊಡು. To give a bow (J. 20, 41). — ಬಿಲ್ಗೊಲೆ. The notched extremity of a bow (V. 37, 111). — ಬಿಲ್ಗೊಳ್. -ಕೊಳ್. To take a bow (J. 8, 29). ಗಾಣ್ಡಿವ ಬಿಲ್ಗೊಳೆ (Šmd. 200). — ಬಿಲ್ಜಾಣೆ. Skill in archery. ದ್ರೋಣಂಗಂ ನಿನಗಂ ಬಿಲ್ಜಾಣೆಯದು ಸಕ್ಕಸಮನೆ? (Šmd. 150, o. r. ಸಕ್ಕಸಮೆ). — ಬಿಲ್ದನಿ. The sound of a bow (J. 28, 50). — ಬಿಲ್ದಿರುವು. -ತಿರುವು. A bow-string (ಗುಣ Mr. 501; J. 4, 26; 16, 14; 20, 8. 43). — ಬಿಲ್ಪಿಡಿದು. A bow-length (Abh. P. 1, 67). — ಬಿಲ್ಬಿನ್ನಣ. = ಬಿಲ್ಜಾಣೆ. (Šśv. 4, after 52). — ಬಿಲ್ಲ. -ಅ3. A bow-man, a Bêḍa (ಬೇಡ Ŏt. I, 93; ಬೇಡ, ಬಿಯದ, ಶಬರ Šm. 32; ಬಿಯದ, ಅಱುಗುಲಿ Kk. 39; Grj. 8, 37; *cf.* ಭಿಲ್ಲ). ಬಿಲ್ಲಮೊತ್ತ (Bp. 59, 53). — ಬಿಲ್ಲಣಿ. -ಅಣಿ. A force of archers (Abh. P. 13, 39. 48). — ಬಿಲ್ಲನ್ತರ. -ಅನ್ತರ. The measure of a bow (J. 14, 12). — ಬಿಲ್ಲಾಳ್. -ಆಳ್. An archer (ಧನ್ವಿ, ಧನುಷ್ಮತ್, etc. Nr.). — ಬಿಲ್ಲಾಳ್ತನ. -ಆಳ್ತನ. = ಬಿಲ್ಜಾಣೆ. (Šśv. 4, 49). — ಬಿಲ್ಲೆಸಿಗೆ. -ಎಸಿಗೆ. A bow-shot; the distance of a bow-shot. ಇನ್ನೂಱು ಬಿಲ್ಲೆಸಿಗೆ ದೂರವು (Si. 285). — ಬಿಲ್ವಡೆ. -ಪಡೆ. = ಬಿಲ್ಲಣಿ. (Abh. P. 9, 61; 13, 44. 47). — ಬಿಲ್ವಲ್ಮೆ. -ಬಲ್ಮೆ. = ಬಿಲ್ಜಾಣೆ. (Abh. P. 8, 151). — ಬಿಲ್ವಿಡಿ. -ಪಿಡಿ. To seize a bow (J. 25, 44; 28, 52). — ಬಿಲ್ವೆದೆ. -ಹೆದೆ. A bow-string (J. 7, 41).

ಬಿಲ bila. (One of the *tatsamas* Šmd. 384; Kk. 95; Šm. 77). = ವಿಲ. *A hole* (as of a mouse, snake, wild beast. etc.), *a hollow, a cavity;* a gap, a chasm; an opening, an outlet. ಬಿಲನಂ (Šmd. 180). See ಪೋರ್.

ಬಿಲಕನ್ನೆ bila-kannĕ. A female elf (Bp. 19, 83).

ಬಿಲದ್ವಾರ bila-dvâra. (Šmd. 386; Kk. 99). The mouth of a hole or hollow passage.

ಬಿಲಸಗ್ಗ bila-sagga. (Tbh. of ಬಿಲಸರ್ಗ). (Šmd. 386, o. r. -ಸರ್ಗ; Kk. 98).

ಬಿಲಸರ್ಗ bila-sarga. = ಬಿಲಸಗ್ಗ, q. v. Quitting a hole. 2, a subterraneous passage (My.).

ಬಿಲಾರ bilâra. The Coromandel ebony-tree, Diospyros melanoxylon Roxb. (St. & Pl.). *Cf.* ಬಿಲ್ವರ, etc.

ಬಿಲಿ bili. 1. = ಬಿಲ್ 1. To sell;—to buy (Bp. 28, 8. 10. 13. 14. 17. 21). P. p. ಬಿಲಿತು.

ಬಿಲಿ bili. 2. = ಬಿಲಿತು, ಬೆಲೆ 2. P. p. of ಬಿಲಿ 1. — ಬಿಲಿತರ್. = ಬಿಲಿತು ಕೊಣ್ಡು ಬರ್. (Bp. 28, 21. 23).

ಬಿಲಿ bili. 3. = ಬೆಲೆ 1. (Bp. 60, 14).

ಬಿಲಿ bili. 4. A small tree with red flowers, Rhododendron arboreum Smith (St. & Pl.).

ಬಿಲಿಮ್ಬಿ bilimbi. The Bilimbi tree, Averrhoa bilimbi Lin. (St. & Pl.; T. ಪಿಲಿಂಜ, ಪಿಲಿಮ್ಬಿ; M. ಎಲಿಮ್ಬಿ, ಎಲುಮ್ಬಿ).

ಬಿಲು bilu. = ಬಿಲ್ 2, etc. (Bp. 4, 26; 61, 25; Tĕ. ವಿಲು). — ಬಿಲುಗೊಳ್. -ಕೊಳ್. = ಬಿಲ್ಗೊಳ್. (Bh. 6, 4, 103). — ಬಿಲುಗೋಲ್. -ಕೋಲ್. = ಬಿಲುಸರಳು. (Bh. 6, 4, 107). — ಬಿಲುಜಾಣ. A man skilled in archery (Râm. 3, 6, 12). — ಬಿಲುಟಂಕಾರ. The twang of a bow-string (Bh. 8, 23, 4). — ಬಿಲುದನಿ. The sound of a bow (Bh. 8, 23, 9). — ಬಿಲುದಿರುವು. -ತಿರುವು. A bow-string (Bh. 8, 23, 32). — ಬಿಲುವಿದ್ಯೆ. Archery (Bh. 1, 8, 13). — ಬಿಲುಸರಳು. A bow and arrows (Bh. 3, 13, 22).

ಬಿಲುಗಾಱ bilu-gâṟa. = ಬಿಲ್ಗಾಱ, ಬಿಲ್ಲುಗಾಱ. A bow-man, an archer (ಧನ್ವಿ, ಧನುಷ್ಮತ್, ನಿಷಂಗಿ, etc. Nr.; Bh. 1, 7, 5; Si. 271. 288). See ಅಲರುವಿಲುಗಾಱ.

ಬಿಲೇಶಯ bilê-šaya. Any animal living in holes: *a snake;* a rat; a hare.

ಬಿಲ್ಗಾಱ bil-gâṟa. = ಬಿಲುಗಾಱ. (Rśv. 6, 46).

ಬಿಲ್ಗಾಱತನ bil-gâṟatana. Archery (J. 22, 12. 38).

ಬಿಲ್ಪತ್ರೆ bilpatrĕ. Tbh. of ಬಿಲ್ವಪತ್ರೆ. (My.; see Prv. s. ಬಡದೇವ).

ಬಿಲ್ಲ billa. N. of a plant (ಸಿಧ್ರಕೆ Si. 484; Tĕ. ಬಿಳ್ಲು, the satin-wood tree,—the wood resembles box,—Swietania chloroxylon Roxb.).

ಬಿಲ್ಲ billa. Tbh. of ಬಿಲ್ವ. (ಬೆಲ್ಲವತ್ತ Ŏt. I, 93). — ಬಿಲ್ಲಪತ್ರೆ. = ಬಿಲ್ಪತ್ರೆ. (My.).

ಬಿಲ್ಲಿ billi. The eyebrow (ಹುಬ್ಬು, ಭ್ರೂ Mr. 317).

ಬಿಲ್ಲು billu. = ಬಿಲ್ 2, etc. (ಧನು Nn. 72; C.; Tĕ. ವಿಲ್ಲು). ಮಹಾದೇವನ ಬಿಲ್ಲು (ಪಿನಾಕ, ಅಜಗವ); ನಾರಾಯಣನ ಬಿಲ್ಲು (ಶಾರ್ಙ್ಗ); ಇನ್ದ್ರನ ಬಿಲ್ಲು (ಋಜುರೋಹಿತ Hlâ.). ಬಿಲ್ಲಿನ ಕೊಪ್ಪು (ಅಟನಿ Nr.). ಇನ್ದ್ರನ ಬಿಲ್ಲು (ಇನ್ದ್ರಚಾಪ Nn. 69). ಬಿಲ್ಲಿಗೆ (Si. 76). ಬಿಲ್ಲಿಂಗೆ (Mr. 298). ಬಿಲ್ಲಾದರೆ ಹುಲ್ಲು ಕೊಯ್ಯೊಕ್ಕೆ ಆದೀತೇ? (Prv.). See Si. 287. 288. 415. — ಬಿಲ್ಲವ. -ಅವ. A bow-man. 2, a man of the toddy-drawer caste (Tu.). ದೊಪ್ಪರ ಸಾವು ಗಣೆಯ ಮೇಲೆ, ಬಿಲ್ಲವರ ಸಾವು ಮರದ ಮೇಲೆ (Prv.). — ಬಿಲ್ಲ ಹಾವು. = ಬಿಲ್ಲುಱುಹಾವು. (S. Mhr.). — ಬಿಲ್ಲುಱುಹಾವು. N. of a long, green venomous snake, living in trees (My.).

ಬಿಲ್ಲುಗಾಱ billu-gâṟa. = ಬಿಲುಗಾಱ, etc. (My.).

ಬಿಲ್ಲೆ billĕ. A circular object, a round plate of metal, etc.; the breast-plate of a belt, as of a peon (My.; Tĕ.; T. ಪಿಲ್ಲೈ, ವಿಲ್ಲೈ; M. ವಿಲ್ಲ; Mhr., H. ಬಿಲ್ಲಾ). ಗನ್ಧದ ಬಿಲ್ಲೆ (ಗಾತ್ರಾನುಲೇಪನಿ, ವರ್ತಿ Si. 228). ಮೂಱು ಕಾಸಿನ ಬಿಲ್ಲೆ, ಆಱು ಕಾಸಿನ ಬಿಲ್ಲೆ (My.). See ಜಡೆ-; Prv. s. ಮುದ್ದೇ ಕಬ್ಬಿಣ. — ಬಿಲ್ಲೆಯವ. -ಅವ. A peon (My.). — ಬಿಲ್ಲೆಯುಂಗರ. -ಉಂಗರ. A ring with a round plate upon (My.; Si. 220). — ಬಿಲ್ಲೆಹುೞು. An insect of a shining greenish colour that does much damage to jôḷa (S. Mhr.).

ಬಿಲ್ವ bilva. = ಬಿಲ್ಲ, ಬೆಳವು, ವಿಲ್ವ. *A thorny tree, the Bael or Bel tree, Aegle marmelos* Corr. (ಶ್ರೀಫಲ, ಮಾಲೂರ, ಬೆಲ್ವತ Mr. 112).

ಬಿಲ್ವಪತ್ರ bilva-patra. (also ಬಿಲ್ವಪತ್ರೆ, *e. g.* Bp. 43, 19. 26). = ಬಿಲ್ಪತ್ರೆ, ಬೆಲಪತ್ರೆ, ಬೆಲ್ಲಪತ್ರೆ, ಬೆಲ್ಲವತ್ತ, ಬೆಲ್ವತ, ಬೆಲ್ವತ್ತ. A Bael leaf, or Bael leaves.

ಬಿಲ್ವರ bilvara. N. of a plant (ಧನ್ವಿ Mr. 120). *Cf.* ಬಿಲಾರ, ಬಿಲ್ವಾರ.

ಬಿಲ್ವಾರ bilvâra. = ಬಿಳಿವಾರ. (My.).

ಬಿಲ್ಹಣ bilhaṇa. N. of a poet. (My.).

ಬಿಸ bisa. 1. = ವಿಸ 1. Tbh. of ವಿಷ (Šmd. 357, Čt. II, 61; ನಂಜು Šm. 87; Grj. 4, 104). See ಬಿಟ್ಟಬಿಸ. — ಬಿಸ ಕೊಳ್. To take poison (V. 9, 104). — ಬಿಸಂಗೊಳ್. -ಂ-ಕೊಳ್. = ಬಿಸ ಕೊಳ್. (V. 9, 44). — ಬಿಸಮುಣ್. -ಉಣ್. To eat poison (V. 9, 48).

ಬಿಸ bisa. 2. = ವಿಸ 2. (ನಾಳ, ಮೃಣಾಲ Hlâ.).

ಬಿಸಕಣ್ಠ bisa-kaṇṭha. (= ವಿಸಕಣ್ಠಿಕೆ). A kind of crane (ಬಲಾಕ, ಬೆಳ್ಳಕ್ಕಿ Mr. 172).

ಬಿಸಕಾಣ್ಡ bisa-kâṇḍa. = ಬಿಸ 2. (Čpr. 6, 49; Ššv. 3, 44).

ಬಿಸಜ bisa-ja. = ವಿಸಜ. A lotus (ತಾವರೆ Nn. 56; ಪುಷ್ಕರ Mr. 496).

ಬಿಸಜನಯನೆ bisaja-nayanĕ. A lotus-eyed woman (Bp. 32 sum.).

ಬಿಸಜಲೋಚನೆ bisaja-lôčanĕ. = ಬಿಸಜನಯನೆ. (Bp. 48, 11).

ಬಿಸಜೋದ್ಭವ bisaja-udbhava. Brahmâ (Čpr. 4, 83).

ಬಿಸದಳ bisadaḷa. = (ಬಿಸವನ್ದ, ಬಿಸುವನ್ದ), ಬಿಸುದಳ. Surprise, astonishment, wonder; a wonder (ಚೋದ್ಯ Čt. I, 57, o. r. ಬಿಸುದಳ; ವಿಸ್ಮಯ Čt. II, 94, Kk. 49).

ಬಿಸರು bisaru. (= ಬಿಚ್ಚು 1?). (Abhâ. 2, 53).

ಬಿಸರುಹ bisa-ruha. = ಬಿಸಜ. (Čh. v. 299; Bp. 38, 36).

ಬಿಸರುಹಜನ್ಮ bisaruha-janma. Brahmâ.

ಬಿಸರುಹಜನ್ಮಗಣ bisaruhajanma-gaṇa. A class of metrical feet (Čh.).

ಬಿಸರುಹೋದ್ಭವ bisaruha-udbhava. Brahmâ.

ಬಿಸರುಹೋದ್ಭವಗಣ bisaruhôdbhava-gaṇa. A class of metrical feet (Čh.).

ಬಿಸಲ್ bisal. ಬಿಸಲು. = ಬಿಸಿಲ್, etc. (ಜಳ Šm. 15, o. rs. ಬಿಸಿಲ್, ಬಿಸುಲ್; My.; B. 1, 25; T. ವೆಯ್ಯಿಲ್). ಬಿಸಲಲ್ಲಿ ಹೋಗುವಾಗ ಹಸೇ ಸುದ್ದಿ ಯಾಕೆ? — ಬಿಸಲು ಬನ್ದ ಕಡೆಗೆ ಕೊಡೆ ಹಿಡಿಯುತ್ತಾನೆ (Prvs.). See ಬೆಬ್ಬಿಸಲ್. — ಬಿಸಲಡಿಗೆ. -ಅಡಿಗೆ. A meal prepared and eaten whilst the sun is shining, on the day that immediately precedes the marriage festival (My.). — ಬಿಸಲ್ಗುದುರೆ. = ಬಿಸಲ್ಗುದುರೆ. (ಮರೀಚಿಕೆ, ಮೃಗಜಲ G.). — ಬಿಸಲ್ಗುದುರೆ. -ಕುದುರೆ. = ಬಿಸಿಲುಗುದುರೆ. (ಮರೀಚಿ Šm. 15). — ಬಿಸಲ್ವಕ್ಕಿ. -ಹಕ್ಕಿ. The ruddy goose (ಚಕ್ರವಕ್ಕಿ, ಕೋಣರ್ವಕ್ಕಿ, etc., ಚಕ್ರವಾಕ Šm. 28).

ಬಿಸಲತೆ bisa-latĕ. A lotus-plant (Čpr. 7, 142; 8, 41).

ಬಿಸವನ್ದ bisavanda. = (ಬಿಸದಳ, etc.), ಬಿಸುವನ್ದ. (Tbh. of ವಿಸ್ಮಾಪನಕ?). A surprising object, a wonder; wonder (ಕೌತುಕ Šmd. II; Šm. 5; Kk. 83, o. r. ಬಿಸುವನ್ದ).

ಬಿಸಸನ bisasana. (Tbh. of ವ್ಯಸನ). Striking, killing (ಪೊಯಿದುದು Šs.); distress, pain, calamity, misery (? ವೈಸನಮ್ಮು Čt. II, 115).

ಬಿಸಸೂತ್ರ bisa-sûtra. A lotus-fibre (Čpr. 6, 54).

ಬಿಸಾಟು bisu2-âṭu. 1. = ಬಿಸುಡು. ಬಿಸಾಟ ಒಗೆಯೋಣ (ಕ್ಷಿಪ್ತ); ಬಿಸಾಟೋಣ (ಕ್ಷೇಪಣ Čh.). ತನ್ನ ಕೋಲು ಬಿಸಾಟಿದನು (B. 3, 124).

ಬಿಸಾಟು bisâṭu. 2. P. p. of ಬಿಸಾಡು. (My.). ಬಾಯಸದ ಬಟ್ಟಲವನ್ನು ಬಿಸಾಟು (B. 2, 50). ಅಲ್ಲಿ ಇಲ್ಲಿ ಯಾಕೆ ಅಲೆಯುತ್ತೀಯೋ? ಇಲ್ಲಿ ಬಾ, ಬಿಸಾಟ ಹಾಗೆ ಸಾಯುವನ್ತೆ! (Prv.).

ಬಿಸಾಡು bisu2-âḍu. (= ಬೀಸಾಡು). To throw away, to throw (ಚೆಲ್ಲಿ ಬಿಡು G.). P. p. ಬಿಸಾಟು. ಬಾದೋೕ ಹಣ್ಣು ತಿನ್ನುವ ಪರದೇಶಿ ಸಿಪ್ಪೆ ಈಚೆಗೆ ಬಿಸಾಡು! ಅನ್ದ ಹಾಗೆ (Prv.).

ಬಿಸಾಡುವಿಕೆ bisâḍuvikĕ. Throwing away. ಹಿಡಿದು ಸೆಳದು ಎತ್ತಿ ಬಿಸಾಡುವಿಕೆ (ನಿರ್ಹಾರ, ಅಭ್ಯವಕರ್ಷಣ Ši. 393).

ಬಿಸಿ bisi. = ಬಿಸು 1. (ಸನ್ತಾಪ, ಸಂಜ್ವರ Ši. 25; C.). ಕಾಯ್ದು ಬಿಸಿಯಾಗಿರ್ದ ಹಾಲಿನಲ್ಲಿ ಅನ್ನದಾನೊನ್ದು ಮೊಸರ ಹೋಯ್ದುದರಿನ್ದ ಅನ್ನ ಒಡೆದುದು (ಆಮಿಕ್ಷೆ Nr.). ಸ್ವಲ್ಪ ಬಿಸಿ (ಮನ್ದೋಷ್ಣ Ši. 36). ಅಜೀರ್ಣದಿನ್ದ ಮೆಯ್ ಬಿಸಿಯಾಗುವಿಕೆ (ಜ್ವರ 201. 400). ಬಿಸಿಯಾದ ಗಂಜಿ (ಯವಾಗು, ಉಷ್ಣಿಕೆ, etc. 315). ಬೆಂಕಿಯ ಮೇಲೆ ಇಟ್ಟ ಪದಾರ್ಥ ಹ್ಯಾಗೆ ಬಿಸಿಯಿರುವದೋ, ಹಾಗೇ ಈ ಶರೀರಾಗ್ನಿಯಿನ್ದ ನಮ್ಮ ಮೆಯ್ ಯಾವಾಗಲೂ ಬಿಸಿಯಿರುವದು (B. 4, 31). ಹಾಲು ಕಡು ಬಿಸಿಯಾದವೋ? (Bp. 14, 8). ಬಿಸಿಯಾದ್ದು ಆರಿಸ ಬೇಕು, ಹಸಿಯಾದ್ದು ಕಾಯಿಸ ಬೇಕು. — ಬಿಸಿಯಿಲ್ಲದೆ ಬೆಣ್ಣೆ ಕರಗದು. — ದೋಸೆ ಬಿಸಿಯೆನ್ನು, ಮಸಿಕೆಣ್ಣ ತಿನ್ದ (Prvs.). See ಬಲ್ಬಿಸಿ. — ಬಿಸಿಗಣ್. -ಕಣ್. A fiery eye (Grj. 8, 48). — ಬಿಸಿಗದಿರ. -ಕದಿರ. = ಬಿಸುಗದಿರ. (ಪೊಟ್ಟು, etc., ಸಪ್ತಾಶ್ವ Kk. 45). — ಬಿಸಿಗುನ್ದು. -ಕುನ್ದು. Heat to become less; to cool (Šsv. 4, 67). — ಬಸಿನೀರ್. -ನೀರು. Hot water (My.; Č. Bp. 47, 41; B. 1, 24. 158; 5, 143). — ಬಿಸಿನೆತ್ತರ್. Very warm blood, such as issues from a fresh wound (J. 12, 25; 25, 24). — ಬಿಸಿಪಾಲ್. Hot milk (Bp. 9, 38). — ಬಿಸಿ ಬಿಸಿ. rep. Very hot (My.; B. 5, 186). — ಬಿಸಿಬೆಲ್ಲ. Jaggory that is still hot (My.). — ಬಿಸಿಮಾಂಸ. Hot meat (B. 5, 287). — ಬಿಸಿಯ ನೆತ್ತರ್. = ಬಿಸಿನೆತ್ತರ್. (J. 25, 35). — ಬಿಸಿಯನ್ನ. -ಅನ್ನ. Hot boiled rice (My.). — ಬಿಸಿಯ ಬಿಸಿಲ್. = ಬಿಸಿವಿಸಿಲ್. (J. 3, 41; 15, 17). — ಬಿಸಿಯ ಮಳಲ್. Hot sand (Bp. 11, 19). — ಬಿಸಿವಿಸಿಲ್. -ಬಿಸಿಲ್. Hot, burning sunshine (Ršv. 5, 32. 45).

ಬಿಸಿನಿ bisini. = ವಿಸಿನಿ. (ನೀರಜದ ಕೈರವದ ಬಳ್ಳಿ Mr. 420).

ಬಿಸಿಲ್ bisil. ಬಿಸಿಲು. = ಬಿಸಲ್, ಬಿಸುಲ್. The heat and glare of the sun, sunshine (ಆತಪ, ಪ್ರಕಾಶ, ದ್ಯೋತ Nr., Ši. 36; ಆತಪ, ರೌದ್ರ Hlâ.; ಆತಪ Nn. 100, o. r. ಬಿಸುಲು; ಪ್ರಪ್ತಕ, ಆತಪ 123; ಆತಪ 176; My.; T. ವೆಯಿಲ್, ವೆಯ್ಯಿಲ್; M. ವೆಯಿಲ್; Tŏ. ವೆಟ್ಟ; see ಬೆದೆ 2). ಜುರ್ಚಿದ ಪೋಲ್ ಬಿಸಿಲಳುರೆ ಕಿಡುಮ್ಬ್ಗಿದ ತಳಿರನ್ತೆ ನೊನ್ದು (Šmd. 38). See Čpr. 5, after 39; 7, 82; Bp. 28, 87; Ršv. 5, 37. 42. 47; J. 15, 2; 17, 20; 28, 1. 36; 29, 49; B. 4, 190; ಎಳೆವಿಸಿಲ್, ಕಡು-, ಕೆಮ್ಬಿಸಿಲ್, ತಣ್-, ಪೊಮ್-, ಪೊಸವಿಸಿಲ್. — ಬಿಸಿಲಡಿಗೆ. -ಅಡಿಗೆ. = ಬಿಸಲಡಿಗೆ. (My.). — ಬಿಸಿಲುಕುದುರೆ. = ಬಿಸಿಲುಗುದುರೆ. (ಖರಕಿರಣ, etc. Ši. 36; My.). — ಬಿಸಿಲುಗುದುರೆ. -ಕುದುರೆ. The mirage (ಖರಕಿರಣ, ಮರೀಚಿಕೆ, ಮೃಗತೃಷೆ Nr.). — ಬಿಸಿಲುಹವ್ವರ. A screen to keep off the sun (My.). — ಬಿಸಿಲುದೆಗಹು. -ತೆಗಹು. Removal or decrease of sunshine (Râm. 6, 11, 14). — ಬಿಸಿಲುದೊಟಿ. -ತೊಟಿ. The mirage (ಖರಕಿರಣ, etc. Ši. 36; Abhâ. 6, 26). — ಬಿಸಿಲುಮಾಳಿಗೆ. The unprotected open flat roof of a house (My.). — ಬಿಸಿಲ್ಗುದುರೆ. = ಬಿಸಿಲುಗುದುರೆ. (ಬಯಲ್ದೊಟಿ, ಮರೀಚಿಕಾಜಲ Kk. 11b; ಮರೀಚಿಕೆಯ ಜಲ 12; Abh. P. 4, 107; 11, 154; 13, 60; J. 15, 4). — ಬಿಸಿಲ್ವಕ್ಕಿ. = ಬಿಸಲ್ವಕ್ಕಿ. (ಎಣೆವಕ್ಕಿ, etc., ಚಕ್ರವಾಕ Kk. 14).

ಬಿಸು bisu. 1. = ಬಿಸಿ, ಬೆಂ (ಬೆಣ್) 1, ಬೆಚ್ಚನೆ, ಬೆನ್ 1 (Šmd. 215. 216), ಬೆಮ್ 1 (198). Heat, (fieriness; the sun; see ಬೆದೆ 2). — ಬಿಸುಗಣ್. -ಕಣ್. = ಬಿಸಿಗಣ್. (Grj. 8, 57; 10, after 61). — ಬಿಸುಗಣ್ಣ. -ಕಣ್-ಅ 3. He with the fiery eye: Šiva. — ಬಿಸುಗಣ್ಣಮಗ. -ಅಮಗ. Šiva's son Vîrabhadra (ವೀರಭದ್ರ Šm. 4. 5). — ಬಿಸುಗಣ್ಣನ ಮಗ. Vîrabhadra (Kk. 6). — ಬಿಸುಗದಿರ್. -ಕದಿರ್. (Šmd. 216). A hot ray (Šsv. 2, 66). — ಬಿಸುಗದಿರ. -ಅ 3. The sun (ಸೂರ್ಯ Šm. 14). — ಬಿಸುಗಲ್. -ಕಲ್. The sun-stone (ರವಿಕಾನ್ತ Čt. II, 112; ಸೂರ್ಯಕಾನ್ತ Šs.). — ಬಿಸುಗಾಳಿ. (Šmd. 216). A hot wind. — ಬಿಸು

ನಯನ. A fiery eye (Bp. 51, 81). — ಬಿಸುನೀರ್. (Šmd. 216). = ಬಿಸಿನೀರ್. — ಬಿಸುನೆತ್ತರ್. (Šmd. 216). = ಬಿಸಿನೆತ್ತರ್. ಬಿಸು ನೆತ್ತರ ಧಾರೆಗೆ ಬಾಯನೊಡ್ಡಿ (216). See Abh. P. 8, after 46; 13, 45. 48. 81. 123. — ಬಿಸುಸುಯ್. 1. To sigh hotly, fervidly or deeply. See Šmd. 267; Bp. 18, 57; Bh. 1, 20, 61; J. 18, 16. 47; 19, 7; 28, 16. 17. 33; 30, 35. — ಬಿಸುಸುಯ್. 2. Hot breath; a fervid, deep sigh (Ršv. 5, 32; Ššv. 2, after 42; 4, 93; J. 15, 3).

ಬಿಸು bisu. 2. (= ಬೀಸು 1). See ಬಿಸಾಟು 1, ಬಿಸಾಡು.

ಬಿಸು bisu. 3. = ಬೆಸು, ಬೆಸೆ 1. To unite firmly, to solder (ಲೋಹಸನ್ಧಾನ Šmd. Dh.; T. ಎಟ್ಕ್ಕೆ, to join, be united; T., M. ವಿಳಕ್ಕು, to solder); to join, to be united. P. p. ಬೆಚ್ಚು (282. 284. 287; Čpr. 1, 64; 4, 47; Abh. P. 14, 50; 16, 35; V. 23, after 11; Ššv. 2, 102; J. 5, 7; 10, 11; 30, 22). ಕಳ್ಳವೆಳ್ಳಿವಟ್ಟಲ್ ಬಾಯೊಳ್ ಬೆಚ್ಚನ್ತಿರೆ (Šmd. 284).

ಬಿಸು bisu. 4. Soldering (Šmd. 250).

ಬಿಸುಗೆ bisu-gĕ. 1. (Šmd. 248). = ಬೆಸಗೆ, ಬೆಸವು, ಬೆಸಿಕೆ, ಬೆಸಿಗೆ, ಬೆಸುಗೆ No. 1. Soldering; the state of being soldered or firmly united, close connection; composition.

ಬಿಸುಗೆ bisugĕ. 2. A piece at chess or backgammon (? ಸಾರಿ, ಡಂಜೆಯ Šmd. II; ದುಣ್ಡಿಚೆ, ಸಾರಿ Kk. 81; Šm. 39).

ಬಿಸುಟ bisuṭa. = ವಿಸಟ. — ಬಿಸುಟವ್ಪೋಗು. -ಂ-ಪೋಗು. To go or proceed ad libitum (Râm. 6, 44, 12).

ಬಿಸುಟು bisuṭu. 1. = ಬಿಸುಟ್ಟು. P. p. of ಬಿಸುಡು.

ಬಿಸುಟು bisuṭu. 2. = ಬಿಸುಡು. ಶಿರವನ್ ಅಗ್ರಹಿಸುತಾಗಳೆ ಚಿವುಟಿ ಬಿಸುಟಿದನು (Bp. 54, 48).

ಬಿಸುಟ್ಟು bisuṭṭu. = ಬಿಸುಟು 1.

ಬಿಸುಡಿಸು bisuḍisu. To cause to throw away; to throw away. See Bp. 40, 61; 49, 45; Râm. 6, 12, 37; J. 5, 28; 11, 33.

ಬಿಸುಡು bisuḍu. = ಬಿಸುಟು 2, ಬಿಸುರ್, ಬಿಸುಟ್. To throw, cast or fling away madly, furiously, carelessly, heedlessly or inconsiderately, to hurl; to leave abruptly (ಪ್ರಮಾದತ್ಯಜನ, ಬೀಸಾಡು Šmd. Dh.; ವೀಙ್ಟು Čt. I, 42; Tĕ. ವಿಸರು, ವಿಸುರು, to blow, as the wind; to wave, as a fan; to turn, as a mill; to cast, fling or hurl, as a stone). P. ps. ಬಿಸುಟ್ಟು (Čpr. 2, 80; 5, 31; 5, after 75), ಬಿಸುಟು (5, 75). ಒರ್ವ ಬಿನ್ನಣಿಯ ಪ್ಪ ಬಡಗಿಯು ಪಾಂಗಿನ್ದೆಲ್ಲವಂ ಮಾಡ್ಪಿ ತಾಮಿರ್ವರುಂ ಕೆಯ್ದುವಂ ಬಿಸುಟರ್ (Šmd. 121). See Bp. 2, 8; 14, 30; 18, 53; 21, 18. 44; 27, 30; 37, 24; 49, 19; 52, 33; 60, 38; Ŏ. Bp. 47, 46; Bh. 1, 8, 21; 8, 37, 34; Râm. 3, 2, 14; Ršv. 6, after 11; Ššv. 1, 18; J. 5, 46.

ಬಿಸುದಳ bisudaḷa. = ಬಿಸದಳ, q. v.

ಬಿಸುಪು bisu-pu. (Šmd. 248). Heat (Čpr. 7, after 62; Abh. P. 9, 117; Grj. 4, after 120; 9, after 27; V. 9, 74. 76). See ಬಿಸು-.

ಬಿಸುರ್ bisur. = ಬಿಸುಟ್, etc. ಬಿಸುರ್ಪುದು (Abh. P. 14, 28).

ಬಿಸುಲ್ bisul. ಬಿಸುಲು. = ಬಿಸಿಲ್ q. v., etc. — ಬಿಸುಲುಗುದುರೆ. -ಕುದುರೆ. = ಬಿಸಿಲುಗುದುರೆ. (ಬಯ್ಲೊಡ್ಬೆ G.).

ಬಿಸುೞ್ bisuḻ. = ಬಿಸುಡು, before ಪ್. ಬಿಸುೞ್ಪುದು (Šmd. 222). ಬಿಸುೞ್ಪಂ (217. 275).

ಬಿಸುವನ್ದ bisuvanda. = ಬಿಸವನ್ದ, q. v. (ವಿಸ್ಮಯ Šs.).

ಬಿಹ್ವ bihva. = ಬಿಂಹ. Tbh. of ವ್ಯೂಹ. (ಚಕ್ರ, ಬಿಹ್ವಭೇದ Nn. 49; ಪದ್ಮ, ವ್ಯೂಹ, ಬಿಹ್ವಭೇದ 54; ಶಂಖ, ವ್ಯೂಹ, ಬಿಹ್ವಭೇದ 66).

ಬಿಳ biḷa. = ಬಿಳು, ಬೆಳು, etc. — ಬಿಳಗಾರ. -ಕಾರ. = ಬೆಳಗಾರ, etc. Borax (My.).

ಬಿಳದು biḷadu. = ಬಿಳಿದು, etc. (My.; ಅವದಾತ, ಅವಲಕ್ಷ G.; B. 5, 12).

ಬಿಳನ್ದು biḷandu. A large timber-tree, Lagerstroemia microcarpa R. W. (St. & Pl., L. lanceolata Wall.).

ಬಿಳಪು biḷapu. = ಬಿಳುಪು, etc. (My.; ರಜತ, ಸಿಧ್ಮ G.; B. 5, 255).

ಬಿಳಿ biḷi. = ಬಿಳೆ, ಬೆಳಿ. Whiteness (My.; M. ವಿಳಙ್ಙು, T. ವಿಳಂಗು, Tĕ. ವೆಲಿ, to shine, etc.; *cf.* ಬೆಳ್ 1). Genitive: ಬಿಳಿಯ or ಬಿಳೀ. — ಬಿಳಿಕಬ್ಬು. = ಬಿಳಿಯ ಕಬ್ಬು. (My.). — ಬಿಳಿಕಲ್ಲುಸಕ್ಕರೆ. White sugar-candy (My.). — ಬಿಳಿಕಾಗದ. White writing paper (My.). — ಬಿಳಿಕೇದಗೆ. A white sort of Pandanus (My.). — ಬಿಳಿಗಡ್ಡ. A white or grey beard (My.). — ಬಿಳಿಗಮ್ಬಳಿ. -ಕಮ್ಬಳಿ. A white blanket (My.). — ಬಿಳಿಗಜ್ಜಿಕೆ. -ಕಜ್ಜಿಕೆ. = ಬಿಳಿಯ ಕಜ್ಜಿಕೆ. (My.). — ಬಿಳಿಗೂದಲು. -ಕೂದಲು. White or grey hair (My.). — ಬಿಳಿಗೆಣಸು. A white gĕṇasu (My.). — ಬಿಳಿಗೆಮ್ಪು. -ಕೆಮ್ಪು. Pale red, pink (ಅವ್ಯಕ್ತರಾಗ, ಪಾಟಲ, ಶ್ವೇತರಕ್ತ G.; My.). — ಬಿಳಿಚಕ್ಕನ ಗಿಡ. ಬಿಳಿಚಿಗ್ಗ. ಬಿಳಿಚಿಗ್ಗನ ಕಸ. The common weed Striga densiflora Benth., and a similar species: Striga euphrasioides Benth. (Z.). — ಬಿಳಿಜಾಲಿ. Acacia leucophlaea (My.). — ಬಿಳಿಜೋಳ. = ಬಿಳೀ ಜೋಳ. (My.). — ಬಿಳಿದಾವರೆ. -ತಾವರೆ. A white lotus (My.). — ಬಿಳಿನಾಗರಹಾವು. A variety of Naga tripudians (Bḍ.; My.). — ಬಿಳಿಬಣ್ಣ. White colour (My.). — ಬಿಳಿಬಾಳ. = ಬಿಳಿಯ ಬಾಳ. ಬಿಳಿಬಾಳದ ಬೇರು (ಉಶೀರ, ಲಾಮಜ್ಜಕ, etc., ಲಾಮಚ Nr.). — ಬಿಳಿಮೆಣಸು. A whitish kind of mĕṇasu (My.). — ಬಿಳಿಮೊಗದವ. A man with a white face, a European (My.). — ಬಿಳಿಮೋಡ. A white, rainless cloud (My.). — ಬಿಳಿಯ ಕಣ್. A white eye. (ಕುದುರೆಗೆ) ಬಿಳಿಯ ಕಣ್ಣಿರೆ ಮಲ್ಲಿಕಾಕ್ಷಂ (Mr. 276). — ಬಿಳಿಯ ಕಬ್ಬು. (ಇಕ್ಷು, ರಸಾಲ Nr.). — ಬಿಳಿಯ ಕಮ್ಬಳಿ. = ಬಿಳಿಗಮ್ಬಳಿ. ಬಿಳಿಯ ಕಮ್ಬಳಿಯಿನ್ದ ಹೊದಿಸಿದ ರಥವು (ಪಾಣ್ಡುಕಮ್ಬಲಿ Nr.). — ಬಿಳಿಯ ಕಜ್ಜಿಕೆ. (ಸಿತದೂರ್ವ Mr. 109). — ಬಿಳಿಯ ಕಬ್ಬುರ. (Šmd. 201). = ಬಿಳಿಯ ಕಬ್ಬು. — ಬಿಳಿಯ ಕುದುರೆ. (ಕರ್ಕ Hlâ.; ಸಿತ, ಕರ್ಕ Nr.). — ಬಿಳಿಯಕ್ಷತೆ. -ಅಕ್ಷತೆ. Uncoloured akshatĕ (used at śrâddhas, etc., My.). — ಬಿಳಿಯ ಗಗ್ರೆ. (ಅರ್ಜಕ, ಬಿಳಿಯ ಕಗ್ಗೊಲೆ Si. 141). — ಬಿಳಿಯ ಗಜ್ಜಿಕೆ. (ಗೋಲೋಮಿ, ಶತವೀರ್ಯ Si. 162). — ಬಿಳಿಯ ಗೋರಟೆ. (ಕಿಂಕಿರಾತ, ಕುರುಣ್ಟಕ Mr. 124). — ಬಿಳಿಯ ಚಾಮರ. A white tail-fan (Ršv. 6, after 11). — ಬಿಳಿಯ ತಜ್ಜಿಯ. (ಸಿತಖದಿರ, ಸೋಮವಲ್ಕ Nr.). — ಬಿಳಿಯ ತಾವರೆ. (ಪುಣ್ಡರೀಕ Hlâ., Mr. 419; ಪುಣ್ಡರೀಕ, ಸಿತಾಮ್ಭೋಜ Nr.). — ಬಿಳಿಯ ತಿಗಡೆ. (ಸರ್ವಾನುಭೂತಿ, ಸರಲೆ, ತ್ರಿಪುಟೆ Nr.). — ಬಿಳಿಯ ತೊನ್ನು. (ಕುಷ್ಠ, etc. Nr.). — ಬಿಳಿಯದು. -ಅದು. = ಬಿಳಿದು. ತುರಗವರ್ಣಂ ಬಿಳಿಯದಾಗೆ ಕರ್ಕಮದಕ್ಕು (Mr. 275). Plural ಬಿಳಿಯವು (Šmd. 119 Mḍb.). — ಬಿಳಿಯ ನೆಯ್ದಲು. (ಕುಮುದ, ಕೈರವ Hlâ.). — ಬಿಳಿಯ ನೆಯ್ದಿಲ್. (ಕುಮುದ, ಕೈರವ Nr., Mr. 420). — ಬಿಳಿಯ ನೆಲಗುಳ್ಳ. (ಕ್ಷೀರವಿದಾರಿ, ಮಹಾಶ್ವೇತೆ, ಋಕ್ಷಗನ್ಧಿಕೆ

Nr.). — ಬಿಳಿಯ ಬಜೆ. (ಹೈಮವತಿ Nr.). — ಬಿಳಿಯ ಬಳ್ಳಿ. A white creeper (Bp. 34, 8). — ಬಿಳಿಯ ಬಾಳ. (ಉಶೀರ, ವೀರ ಣೀಮೂಲ Hlâ.; ವೀರಣ, ವೀರತರ Nr.). — ಬಿಳಿಯ ರೇಖೆ. A white stripe. ಬಿಳಿಯ ರೇಖೆಯುಳ್ಳ ಸಾರಂಗ (ರುರು Nr.). — ಬಿಳಿಯ ಸತ್ತಿಗೆ. (ಸಿತಾತಪತ್ರ, Nn. 18). — ಬಿಳಿಯ ಸಾಸವಿ. (ಸಿದ್ಧಾರ್ಥ, ಸರ್ಷಪ Hlâ.). — ಬಿಳಿಯ ಸಾಸುವೆ. (ಸಿದ್ಧಾರ್ಥ Si. 304; My.). — ಬಿಳಿಯ ಸೀರೆ. A white sîrĕ (Bp. 38, 15). — ಬಿಳಿಯ ಹತ್ತಿ. A sort of cotton (Si. 150). — ಬಿಳಿಯ ಹೊಲೆಯ. A white Hŏlĕya. ಕರಿಯ ಬ್ರಾಹ್ಮಣನ ನಮ್ಮ ದಾರದು, ಬಿಳಿಯ ಹೊಲೆಯನ ನಮ್ಮ ದಾರದು (Prv.). — ಬಿಳಿಯಾನೆ. -ಆನೆ. A white elephant (My.). — ಬಿಳಿಯೆಕ್ಕೆ. -ಎಕ್ಕೆ. A white sort of ĕkkĕ (My.). — ಬಿಳಿಲಕ್ಕಿ. A white kind of lakki (My.). — ಬಿಳಿಸಮ್ಪಿಗೆ. A white sort of sampigĕ (My.). — ಬಿಳಿಹೂವಿನ ಲಕ್ಕಿ. A small evergreen tree with a very fragrant white flower, Guettarda speciosa L. (St. & Pl.).

ಬಿಳಿದು biḷidu. (Šmd. 96). = ಬಿಳದು, (ಬಿಳಿಯದು), ಬಿಳಿದು. That which is white; the colour white (ಗೌರ, ಶ್ವೇತ, ಸಿತ, ಶುಭ್ರ, ವಲಕ್ಷ, ಧವಲ, ಅರ್ಜುನ, ಹರಿಣ, ಅವದಾತ, ವಿಶದ, ಪಾಣ್ಡರ, ಪಾಣ್ಡು Hlâ., Nr.; ಸಿತ Nn. 4; ಧವಲ 6; ಶುಚಿ, ಧವಲ 18; ರಾಮ, ಧವಲ 24; ಲಲಾಮ, ಧವಲ 26; ಶಾರದೆ, ಧವಲ 28; ಶುಕ್ಲ, ಸಿತ 32; ತಾರ, ಶುಭ್ರ 40; ಕಲಧೌತ, ಸಿತ 44; ಶ್ವೇತ 66. 103; ಬೆಳರ್ವಣ್ಣ Kk. 25; ಬೆಳುವಣ್ಣ Šm. 69; My.). Its genitive (as follows from Hlâ.'s ಬಿಳಿದದಲ್ಲಿ) is ಬಿಳಿದದ, or (as follows from Nr.'s ಬಿಳಿದಿನಲ್ಲಿ) ಬಿಳಿದಿನ; its dative (as follows from Mr.'s ಬಿಳಿದಿಗೊರೆದ) may be also ಬಿಳಿದಿಗೆ. ಬಿಳಿದದಲ್ಲಿ ಶುಚಿ ಎಮ್ಬುದು (Hlâ.). ಬಿಳಿದಿನಲ್ಲಿ ಸಿತ ಎಮ್ಬುದು (Nr.; ಬಿಳಿದಿನಲ್ಲಿ appears also Nn. 4. 6. 18. 28. 32. 40. 66). ಬಿಳಿದಿಗೊರೆದ ಕೆಮ್ಪಿರೆ (ತುರುಗಂ) ಜನ್ಮನದು (Mr. 275). ರಾಮ ಬಿಳಿದಿನೊಳ್ ಅಕ್ಕು (504). (ಕುದುರೆಗೆ) ಬಿಳಿದಾಗಿರ್ಪ ಹಲ್ಲಾಗೆ ಪೂಜ್ಯಮದು (277). ಲೊಕ್ಕಿ ಬಿಳಿದಾದೊಡೆ ಶ್ವೇತಸುರಸೆ ಭೂತವೇಶಿ ಎನಿಸುಗು; ಬಿಳಿದು ಬೆರಸಿದ ಹೊಮ್ಬಣ್ಣ (ಪಿಂಗ, ಪಿಶಂಗ, etc. Nr.). See Čpr. 5, 124; Grj. 2, after 106; Bp. 60, 48; ನಸು.

ಬಿಳಿವಾರ biḷivâra. = ಬಿಲ್ವಾರ. A large and valuable forest tree, Albizzia odoratissima (Van Someren; My.).

ಬಿಳು biḷu. = ಬಿಳ, etc. — ಬಿಳುಗಾರ. -ಕಾರ. = ಬಿಳಗಾರ, etc. (My.).

ಬಿಳುಪು biḷupu. = ಬಿಳಪು, ಬಿಳ್ಪು, ಬೆಳುಪು, ಬೆಳ್ಪು. Whiteness; the colour white (My.; Bp. 3, 1; B. 3, 99). ಬಿಳುಪುಬಣ್ಣ (ಶುಕ್ಲ, ಶುಭ್ರ, ಶುಚಿ, ಶ್ವೇತ, ವಿಶದ, etc.); ಬಿಳುಪು ಪಚ್ಚೆ ಎರಡೂ ಬೆರತ ಬಣ್ಣ (ಹರಿಣ, ಪಾಣ್ಡುರ, ಪಾಣ್ಡು); ಕೆಮ್ಪು ಬಿಳುಪು ಬೆರತಿರುವ ಬಣ್ಣ (ಪಾಟಲ, ಶ್ವೇತರಕ್ತ Si. 51). ಮುದಿತನದಿನ್ದ ಕೂದಲು ಮುನ್ತಾದ ರೋಮಗಳಲ್ಲಿ ಉಣ್ಟಾಗುವ ಬಿಳುಪು (ಪಲಿತ 195). ಬಿಳುಪು ಹಳದಿ ಬೆರತ ಪದಾರ್ಥ (ಹರಿಣ 419). ಬಿಳುಪು ಕೆಮ್ಪು ಬೆರಸಿದುದು (ಪಾಟಲ, etc.); ಬಿಳುಪು ಮಿಶ್ರ ಕಣ್ಣವಳು (ವಾಮಲೋಚನೆ); ಮುಣ್ಡೆಯ ಕೂದಲು ಮೊದಲಾದವಲ್ಲಿ ಮುಪ್ಪಿನಿನ್ದಾದ ಬಿಳುಪು (ಪಲಿತ); ಬಿಳುಪು ಘನಮಾದ ಸಾರಂಗ (ನ್ಯಂಕು Nr.).

ಬಿಳಿ biḷĕ. = ಬಿಳಿ. (My.). Genitive ಬಿಳೆಯ, ಬಿಳೇ. — ಬಿಳಿಬೆಳ್ಳಕ್ಕಿ. The pure white heron, Ardea modesta (Bḍ.). — ಬಿಳಿಯೆಲೆ. -ಎಲೆ. A white, good kind of betel-leaf. ಅಲ್ಲ ಅರಿಸಣವುಣ್ಟು, ಬೆಲ್ಲ ಬಿಳಿಯೆಲೆಯುಣ್ಟು, ಒಳ್ಳೆ ಹಲಸುಣ್ಟು; ಮಲೆಕ್ಕೆ ಮಲನಾಡನ್ ಅಲ್ಲಿನ್ದ ಬಹುದೇ? (Sp.). — ಬಿಳಿಹದ್ದು. The white-dotted eagle, Aquila punctata (Bḍ.). — ಬಿಳೇ ಉಡ. A kind of Agames, Physignathus mentager (Bḍ.). — ಬಿಳೇ ಎಕ್ಕೆ. (ಅಲರ್ಕ, ಪ್ರತಾಪಸ G.). — ಬಿಳೇ ಕಮಲ. (ಕುಮುದ G.). — ಬಿಳೇ ಕರಡಿ. A white bear (B. 3, 108). — ಬಿಳೇ ಕಚಿಕೆ. (ಶಕುಲಾಕ್ಷಕ, ಶತವೀರ್ಯ G.). — ಬಿಳೇ ಕಾಗದ. White paper (B. 4, 209). — ಬಿಳೇ ಕಾಚಿನ ಗಿಡ. (ಕದರ G.). — ಬಿಳೇ ಕುಮ್ಬಳಬಳ್ಳಿ. The white gourd, Beninkasa cerifera Savi. (St. & Pl.). — ಬಿಳೇ ಗಣಜಲಿಗಿಡ. A prostrate herb, Trianthema monogyna L. (St. & Pt.). — ಬಿಳೇ ಗುಲಾಬಿ. (ಸಹಾ G.). — ಬಿಳೇ ಗುಳ್ಳಗಿಡ. (ಗುಳ್ಳಗಿಡ St. & Pl.). — ಬಿಳೇ ಗೆಣಸು. A prickly kind of yam, Dioscorea tomentosa Spr. (St. & Pl.; My.). — ಬಿಳೇ ಜಾಲಿಮರ. The tree Acacia leucophlea Willd. (St. & Pl.). — ಬಿಳೇ ಜೇನುತುಪ್ಪ. A white kind of honey (G. 311). — ಬಿಳೇ ಜೋಳ. Great millet, Sorghum vulgare Pers. (St. & Pl.). — ಬಿಳೇ ತಾಟಗಿಡ. (ಸೋಮವಲ್ಲಿ Si. 405). — ಬಿಳೇ ತಾವರೆ. (ಬಿಳೇ ನೆಯ್ದಿಲೆ St. & Pl.). — ಬಿಳೇ ತೋಳ. A white wolf (B. 3, 85; 5, 252). — ಬಿಳೇದು (ಬಿಳಿಯ ಅದು, My.). That which is white. Plural ಬಿಳೇವು (B. 3, 55. 113). — ಬಿಳೇ ನನ್ದಿಮರ. (ನನ್ದಿಮರ Z.). — ಬಿಳೇ ನಾಗದನ್ತಿ. The Indian jalap, Ipomaea turpethum R. Br. (St. & Pl.). — ಬಿಳೇ ನೆಕ್ಕಿ. A shrub or small tree, Vitex negundo L. (St. & Pl.). — ಬಿಳೇ ನೆಯ್ದಿಲೆ. The water-plant Nymphaea lotus L., var. pubescens Hook. f. (St. & Pl.). — ಬಿಳೇ ಬೂರಗದ ಮರ. A kind of silk-cotton tree, Eriodendron anfractuosum D. C. (St. & Pl.). — ಬಿಳೇ ಬೋಳ್ವುಮರ. A tree yielding a kind of lac, Shorea talura Roxb. (St. & Pl.). — ಬಿಳೇ ಭೋಗಿಮರ. = ಬಿಳೇ ಬೋವುಮರ. (St. & Pl.). — ಬಿಳೇ ಮತ್ತಿ. The timber tree Terminalia paniculata Roth (Z.). — ಬಿಳೇ ಮನ್ದಾರ. A shrub with geminate leaves and white flowers, Bauhinia acuminata L. (St. & Pl.). — ಬಿಳೇ ಮರುಗದ ಗಿಡ. (ಫಣಿಜ್ಜಕ G.). — ಬಿಳೇ ಮಳಲು. White sand (B. 4, 225). — ಬಿಳೇ ಮೇಹ. A kind of mêha (G. 425). — ಬಿಳೇ ಲಕ್ಕಿ. (ಭೂತವೇಶಿ, ಶ್ವೇತಸುರಸ G.). — ಬಿಳೇ ಸೂಲಿಗಿಡ. A common shrub with white berries, Flüggea leucopyros Willd. (Z.). — ಬಿಳೇ ಹಣಜಿ. (ಗೋಲೋಮಿ G.). — ಬಿಳೇ ಹುಚ್ಚುತರ್ಕನ ಕಸ. The herb Heliotropium ovalifolium Forsk. (Z.). — ಬಿಳೇ ಹೂವಿನ ಜಾಲಿ. (ಅರ್ಜಕ G.).

ಬಿಳೆದು biḷĕdu. = ಬಿಳಿದು, etc. (B. 1, 1).

ಬಿಳ್ಪು biḷpu. = ಬಿಳುಪು, etc. (ಗಾಂಗೇಯ, ಧವಲ Nn. 44; ಶುಭ್ರ 75; ಅರ್ಜುನ Mr. 508, o. r. ಬೆಳ್ಪು; My.). ಬಿಳ್ಪಿನಲ್ಲಿ (Nn. 26. 44).

ಬಿಟಿಲ್ biḻ. 1. = ಬೀಟ್ 1 (Šmd. 285), ಬೀೞು. To fall (ಪತಿಸು Kk. 60; T. ವಿೞು, ವೀೞ್, M. ವೀೞು; Tu. ಬೂರು); to fall out, to happen: to happen to come: to turn out: to become;—to slip from the hand (ಕೆಯ್ಜಾರ್ Šmd. I; M. ವಿೞುಕ್ಕು). **2,** to go to ruin, to be spoiled (ಪದಿಸು Šmd. I; T. ವಿೞು, ಎಳ್; M. ವೀೞು);—to die (ಸಾಯ್ Šmd. I; T. ಎಳ್, ವಿೞು, ವೀ, ವೀೞು, M. ವೀೞು; Tĕ. ಬಿದ್ದು; Tu. ಬೂರು). P. ps. ಬಿದ್ದು (Čpr. 5, 42 twice), ಬಿರ್ದು q. v., ಬಿದ್ದು, and abnormally ಬಿೞ್ತು (Bp. 44, 28). ಬಿದ್ದುದು (ಪನ್ನ, ಪತಿತ Hlâ.). ಬಿದ್ದಿಂ (Šmd. 49. 285. 288). ಈಗಳಿನ ದೆಸೆಗೆವಿದ್ದ (-ಬಿದ್ದ) ಮಹಾಕಾಳೇಶ್ವರರ್ (134). ನೆನದನಾ ಹಿರಣ್ಯಕನನ್ನು ಬಿದ್ದಿನ್ದಮಂ (203). See Abh. P. 13, 69; Grj. 10, 92; Rāv. 5, 39; 8, 124; 13, after 96; ಇೞ್ವಿೞ್, ಬಯಲ್ಬಿೞ್.

ಬಿಟಿಲ್ biḻ. 2. P. p. of ಬಿೞ್ 1. — ಬಿೞ್ ತರ್. (= ಬಿದ್ದುಕೊಣ್ಡು ಬರ್). To fall (Abh. P. 8, 29; 11, 107; 15, 68).

ಬಿಟಿಲ್ biḻal. ಬಿಟಿಲು. = ಬಿೞಲ್ No. 1, ಬೀೞಲ್, ಬೀೞಲ್, ಬೀೞಲ್. A root that (falls or) grows downwards from the branches of a banian and other trees, a pendent root (ಜಟೆ, ನೇತ್ರ Si. 452; My.; T. ವಿಯುದು, ವೀಟ್; M. ವಿಯುದು, ವಿಡುವೇರ್, ವೇಡು). See Čpr. 8, after 44; Grj. 5, after 42; Si. 120. 121. 415. — ಬಿಬಿಲ್ಪರಿ. -ಪರಿ. To spread like pendent roots (Čpr. 6, 59).

ಬಿಳಿಚು biḷiču. = ಬಿಳ್ಚು. To cause to fall, to put down (Bh. 4, 4, 101).

ಬಿಳಿಲ್ biḷil. ಬಿಳಿಲು. = ಬಿಬಿಲ್, etc. (ಜಟೆ Mr. 518; My.). 2, N. of a plant (ಒಪ್ಪ Mr. 121; T. ವಿಬಿಲ್, the grass Andropogon muricatum). — ಬಿಬಿಲ್ವಿಡಿ. -ಪಿಡಿ. To seize a pendent root (Šśv. 3, after 85).

ಬಿಳಿಕ್ಕೆ biḷkĕ. = ಬಿಕ್ಕೆ, q. v. (ಒನಸ್ಥ ಮರಂ Šmd. I).

ಬಿಳ್ಚು biḷču. = ಬಿಳಿಚು. To cause to fall, to fell (J. 20, 34).

ಬಿಳ್ತು biḷtu. = ಬಿತ್ತು 2. Falling, a fall (Abh. P. 11, 143); seed, a seed (Ršv. 11, 68).

ಬೀ bî. To end, to cease (v. i.); to fail; to fall away or off; to fade; to perish; to die (ಅವಸಾನ Šmd. Dh.; ತೀರ್ Bhn. 21; ಸವರ್, ತೀರ್ 38, o. r. ಸವೆ; ಬೀಡಾಗು, ಬೀಕಲಾಗು Šm. 22; T. ವೀ, act of forsaking; death). P. p. ಬೀತು (Šmd. 287 Cm.; Čpr. 7, 118). See Čpr. 8, 69; Bp. 22, 8; 26, 42; 37, 22; 40, 86; 47, 7; Bh. 7, 1, 8; 8, 26, 86; 9, 2, 45; J. 5, 48; 10, 14; 15, 17. 18; 18, 13; 24, 60.

ಬೀಕಲ್ bîkal. Ending, etc. (ಬೀತುದು, ಬೀಡಾದುದು Šm. 22).

ಬೀಗ bîga. 1. = ಬಿಯ್ಯಗ 1. A lock, a pad-lock (My.; B. 4, 148; Tĕ.; T., M. ವೀಗ; T. ವೀಕ್ಕು, to bind; *cf.* ಬಿಸು 3). — ಬೀಗದ ಕೀಯ್. A key (My.). ಪೆಟ್ಟಿಗೆ ಕದ್ದ ಕಳ್ಳ ಬೀಗದ ಕೀಯ್ಗೆ ಬನ್ದಾನೇ? (Prv.). — ಬೀಗದ ಮರ. The tree Elaeocarpus lanceaefolius Roxb. (St. & Pl.). — ಬೀಗಮುದ್ರೆ. A seal upon a door; shutting a door, locking up (My.; T., Tĕ.).

ಬೀಗ bîga. 2. = ಬಿಯ್ಯಗ 2. A relative by marriage (My.; ನಣ್ಟ, ಶ್ಯಾಲ G.; ಜಿದ್ದಿನ Bhn. 59, o. r. ಬಿದ್ದುನ; B. 5, 49; Tĕ. ವಿಯ್ಯ, ವೀಯ; M. ವೇಟ್ಚ್, connexions and relations). ಬೀಗನ ಹತ್ತರ ಹೋಗಿ, ಹಾಗೂ ವೀಸ ಕೇಳಿದ ಹಾಗೆ (Prv.). See Prv. s. ಮನೆ.

ಬೀಗತನ bîgatana. Relationship by marriage (My.).

ಬೀಗತಿ bîgati. A female relative by marriage (My.).

ಬೀಗಿತಿ bîgiti. = ಬೀಗತಿ. (My.).

ಬೀಗು bîgu. 1. To go backwards, to recede, to retreat (ಪೆಡ ಮೆಟ್ಟು Šm. 82; Ŏ. Bp. 1, 2; J. 16, 39; Tĕ. ವೀಗು; T. ವಿಲಗು; M. ವಿಲಙ್ಙು, to go aside).

ಬೀಗು bîgu. 2. To become large, stout, bulky or big, to swell (ಸ್ಥೌಲ್ಯ Šmd. Dh., Šm. 82; ಬಾ Bhn. 21; Čpr 4, 48; Abh. P. 7, 157; Râm. 3, 8, 4; Šśv. 1, 51; Tĕ. ವೀಗು, ವಿಕ್ಕು; T. ವೀಂಗು; M. ವೀಙ್ಙು, ವೀರ್ಕು; T., M. ವೀಱು, to be great or grand; to be puffed up, inflated, proud; *cf.* ಬಿಱ್); — to behave proudly. ಬಾಗಿದರೂ ಬೀಗೋಚು ತಪ್ಪಲಿಲ್ಲ (Prv.). See Prv. s. ತೇಗು 2. 2, to be elated, to rejoice (ಹರ್ಷಭಾವ Šmd. Dh.; ಹರಿಸ Šm. 82; Čpr. 8, 78; V. 5, 67; Šśv. 5, 37; J. 22, 41).

ಬೀಜ bîja. = ವೀಜ 1. *Seed (of plants, etc.), seed-corn, grain; semen virile.* 2, *source, cause, origin, beginning.* 3, algebra. 4, a testicle (Tĕ.; Mhr. ಬೀ). See ಬಿತ್ತು. ಬೀಜವೊಸ್ಸಾದರೆ ಫಲವೊನ್ದೇ? — ಬೀಜವಿಲ್ಲದೆ ಮರವಿಲ್ಲ, ಮರವಿಲ್ಲದೆ ಬೀಜವಿಲ್ಲ. — ಬೀಜ ಸಣ್ಣದಾದರೆ ಮರ ಸಣ್ಣದೋ? — ಬಿತ್ತಿದ ಬೀಜಕ್ಕೆ ಸತ್ತಿಗೆ ಹಿಡಿದ ಹಾಗೆ (Prvs.). — ಬೀಜಗಾಣಿಸು. -ಕಾಣಿಸು. To sow (My.). — ಬೀಜಗಾಣು. -ಕಾಣು. To see seed: to be sown with seed (My.). ಮಡಿಯಾಗದಿದ್ದರೆ ಹೊಲಗಳು ಬೀಜಗಾಣುವದಿಲ್ಲ (B. 2, 49). — ಬೀಜವರಿ. The amount of seed required for a portion of land (My.; Tĕ.). ಇಕ್ಕಳ ಬೀಜವರೀ ನೆಲ (ಪ್ರಾಣಿಕ); ಒನ್ದು ಕಣ್ಡುಗ ಬೀಜವರೀ ನೆಲ (ಖಾರೀಕ, etc. Si. 302).

ಬೀಜಕೋಶ bîja-kôśa. *A seed-vessel, the pericarp of a flower; the seed-vessel of the lotus* (ಕರ್ಣಿಕೆ Mr. 420).

ಬೀಜಕೋಶಿ bîja-kôśi. *A pod, a legume.*

ಬೀಜಗಣಿತ bîja-gaṇita. Algebra. (My.).

ಬೀಜಪೂರ bîja-pûra. *Common citron.* 2, *a variety of citron, Citrus medica* Lin.

ಬೀಜಸಂಜ್ಞಕ bîja-sañjñaka. Being called seed or source. ಬೀಜಸಂಜ್ಞಕಮ್ ಆಹ ಸುರಾರವಪ್ಪುದ್ರವ್ಯ (ಕಿಣ್ವ, ನಗ್ನಹು Nr.).

ಬೀಜಸ್ಥಾಪನ bîja-sthâpana. Planting or putting seed. See ಬಿತ್ತು.

ಬೀಜಾಕೃತ bîjâ-kṛita. *Harrowed or ploughed over after sowing.*

ಬೀಜಾಕ್ಷರ bîja-akshara. The principal syllable of a mantra; a syllable that is used to represent a certain mantra. (Râm. 1, 2, 9).

ಬೀಜಾವಾಪ bîja-âvâpa. Sowing seed (My.).

ಬೀಜಿ bîji. Possessing, or bearing, seed; being of the race of. See ರಾಜ-.

ಬೀಜ್ಯ bîjya. Sprung from seed; *sprung from or belonging to any family.*

ಬೀಟಿ bîṭi. = ಬೀಟೆ 1. (St. & Pl.; Tu.).

ಬೀಟೆ bîṭĕ. 1. = (ಇಬಡಿ, ಇಬ್ಬಡಿ), ಬೀಟಿ. The blackwood tree, Dalbergia latifolia Roxb. (My.; M. ವೀಟ್ಟಿ; ಮುಜ್ಜ Mr. 120).

ಬೀಟೆ bîṭĕ. 2. = ಬೀಡಿ, ಬೀಡು 1, ಬೀಡೆ. (A separation), a chink, a fissure, a crack, a crevice (My.; Bp. 27, 17; Tĕ. ಬೀಟಿಕೆ, ವೀಟಿಕೆ; *cf.* ಬೇಱ್, ಬೀಡ್). — ಬೀಟೆ ಬಿರಿ. = ಬೀಟೆ ಬೀಱು. (My.). — ಬೀಟೆ ಬೀಱು. A crack to occur, to crack, to be cleft (My.).

ಬೀಡಾರ (bîḍu2-âra1). = (ಬಿಡದಿ), ಬಿಡಾರ. A halting- or dwelling-place: a house (ಮನೆ Bhn. 40; T., M. ವೀಡಾರ). ಅರಸುಗಳ ಬೀಡಾರ (ಉಪಕಾರ್ಯೆ, ಉಪಕಾರಿಕೆ Hlâ.). See Bp. 27, 52; Ŏ. Bp. 47, 38; Bh. 1, 8, 71; 1, 12, 6. — ಬೀಡಾರ ಮಾಡು. To take lodgings, to lodge. ವಿಪ್ರನೊಬ್ಬನ ಭವನದಲಿ ಮಾಡಿದರು ಬೀಡಾರವನು (Bh. 1, 10, 3).

ಬೀಡಿ bîḍi. = ಬೀಟೆ 2. (Bh. 8, 10, 10).

ಬೀಡಿ bîḍi. A small shiroot, a cigarette (My.; H.).

ಬೀಡಿಕೆ bîḍikĕ. Halting; a halting- or resting-place: a camp (ನಿವೇಶ, ಶಿವಿರ Hlâ.; Čpr. 3, 67; Râm. 6, 55, 15). ಬೀಡಿಕೆಯೆತ್ತು ಆದರೆ ಹಾಡಿಕೆಯಿನ್ದ ಬನ್ದೀತೇ (Prv.).

ಬೀಡು bîḍu. 1. = ಬೀಟೆ 2, etc. (ಬಿರಿದುದು Kk. 67, o. r. ಬಿರುಕು; Bh. 5, 19, 87; T. ವೀಙ್ಙು).

ಬೀಡು bīḍu. 2. = ಬೀಡ್ 3. (fr. ಬಿಡು Šmd. 250). Leaving; leave;—dismission;—discharging (an arrow, Abh. P. 9, 63);—halting, stopping (ಬಿಡುವ ಭಾವ Šm. 94); that which is left out or omitted. 2, a halting place, a camp, a habitation, an abode, a residence, a house, a place (ನೆಲೆ, ಪೊದಿಲ್, ಇಕ್ಕೆ, ಹಕ್ಕೆ, ತಾಣ, ಇಮ್ಮು, etc., ಆಶ್ರಯ Šm. 58; ಮನೆ 94; ನೆಲೆ, ಪೊದಿಲ್, etc., ಆಶ್ರಯ Kk. 64; T., M., Tĕ. ವೀಡು; Tu. ಬೂಡು). ಕುಬೇರನ ಬೀಡು (ಅಲಕೆ); ರಾಜಧಾನಿಯು ಕೆಲದ ಬೀಡು (ಶಾಖಾನಗರ, ಉಪನಗರ); ಜನಕನ ಬೀಡು (ಮಿಥಿಲೆ Hlâ.; Mr. 190). ನಗರದೊತ್ತಿನ ಬೀಡು (ಉಪನಗರ Mr. 190). ಅರಸುಗಳ ಬೀಡು (ಉಪಕಾರಿಕೆ 191). ರಾಗವೇ ಮೂಡಲೂ, ಯೋಗವೇ ಬಡಗಲೂ, ರೋಗವೇ ತುದ್ಧ ಪಡವಲೂ, ತೆಂಕಲೂ ಭೋಗದ ಬೀಡು (Sp.). See Šmd. 84 & 281 (Mdb.); Ŏpr. 5, 102; Abh. P. 7, after 80; 14, after 3, 33 & 105; Bp. 9, 8; 43, 52; Prll. 8, 2; ಕಣ್ಬೀಡು, ತಲೆವೀಡು, ತಾಯ್ವೀಡು, ನೆಲೆವೀಡು, ಪುಣ್ಯವೀಡು, ಪೊಡಿ ಬೀಡು, ಸಂಕಲೆವೀಡು. — ಬೀಡಂ ಬಿಡಿಸು. To encamp (v. t., J. 7, 8). — ಬೀಡಂ ಬಿಡು. = ಬೀಡುವಿಡು. (Abh. P. 12, after 40). — ಬೀಡಾಗು. -ಆಗು. To become a place for— (Šiv. 4, 133). 2, to encamp (v. i., J. 26, 2). — ಬೀಡು ಕೊಳ್. = ಬೀಟ್ಕೊಳ್ (Šmd. 28). To take leave, etc. — ಬೀಡುಗಲಹ. -ಕಲಹ. Quarrel in a camp, etc. (Bh. 1, 8, 2). — ಬೀಡುಗೊಳ್. -ಕೊಳ್. To encamp (J. 2, 65). — ಬೀಡುದಾಣ. -ತಾಣ. Lodgings (Čpr. 5, after 121). — ಬೀಡು ಬೀಡು. rep. (J. 5, 70). — ಬೀಡುವಿಡು. -ಬಿಡು. To encamp (v. i., Ŏpr. 6, after 88; Abh. P. 15, after 55).

ಬೀಡು bīḍu. 3. A mass, a pile, a heap (J. 10, 8; 17, 20).; a crowd (of people, Bh. 1, 8, 84; Tu. ಬೀಡು; T. ಪೀಡು, greatness; strength; *cf.* ಬಿಡಯ 1, ಬಿಸು 3, ಬೀಗು 2).

ಬೀಡು bīḍu. 4. (fr. ಬಿಡ್ 1, ಬೀಡ್ 1; *cf.* ಬೀ). = ಬೀಡ್ 2. A waste, a wild, uncultivated, waste land (My.; Tĕ. ಬೀಡು, ಬೀಳು). — ಬೀಡಾಗು. -ಆಗು. To perish; to become waste (ಬೀ, ಬೀಳಾಗು Šm. 22). — ಬೀಡು ಬಿಡು. To let remain waste or uncultivated (My.). — ಬೀಡು ಬೀಡು. = ಬೀಳು ಬೀಳು. To become or remain uncultivated (My.).

ಬೀಡೆ bīḍĕ. = ಬೀಟೆ 2, etc. (Rāv. 5, 33). — ಬೀಡೆವಿಡಿ. -ಬಿಡಿ. = ಬೀಟೆ ಬಿಡಿ. (Šiv. 2, after 42).

ಬೀಣೆ bīṇĕ. = ವೀಣೆ (Šmd. 342). See Šmd. 81. 408; Ŏpr. 7, 97.

ಬೀತು bītu. P. p. of ಬೀ.

ಬೀದಿ bīdi. Tbh. of ವೀಥಿ (Šmd. 341; ಪ್ರತೋಲಿ, etc. Hlâ.; ಎತಿಜೆ, etc. Mr. 191; C.). ಬೀದೀಲಿ ಜಲ್ಲಿ ಸುರಿದು, ಹಾದಿಯವರ ಸಂಗಡ ಜಗಳಾಡಿದ ಹಾಗೆ (Prv.). — ಬೀದಿಗಟ್ಟು. -ಕಟ್ಟು. To construct a line or road (Ŏpr. 7, after 92). — ಬೀದಿಗಲಹ. -ಕಲಹ. = ಬೀದಿಜಗಳ. (Bh. 1, 8, 2). — ಬೀದಿಗೊಳ್. -ಕೊಳ್. To form a line; to take and follow a road (Rāv. 6, after 11). — ಬೀದಿಜಗಳ. A street quarrel (My.). ಹಾದಿಜಗಳ ಹಣವಷ್ಟ (or ಹಣಹಾಗ), ಬೀದಿಜಗಳ ಮುಪ್ಪಾಗ (Prv.). — ಬೀದಿ ಬೀದಿ. rep. (Bp. 10, 5; 28, 18). — ಬೀದಿವರಿ. -ಪರಿ. 1. To run from street to street: to run at one's pleasure (ಚರಗು, ವಿಸಟವ್ಬರಿ Bhn. 10; Grj. 2, after 106; 4, after 104; Râm. 5, 8, 74; Rāv. 5, after 19; 6, after 11; J. 14, 6). — ಬೀದಿವರಿ. -ಪರಿ. 2. A run ad libitum (Râm. 5, 8, 73). — ಬೀದಿವರಿಸು. -ಪರಿಸು. To cause to run ad libitum (J. 25, 49).

ಬೀಬಿ bībi. = ಬೂಬು. A Musalman lady (Mhr., H. ಬಿಬಿ). — ಬೀಬಿಸಾಹೇಬ. A lady (My.); a wife (My.).

ಬೀಭತ್ಸ bībhatsa. Loathsome, disgusting, nauseous, detestable, hideous; loathing, detesting;—*mischievous, cruel.* 2, *disgust, abhorrence; the disgusting sentiment or rasa* (Kâvy. IV, 1, 10; IV, 2, 42. 46. 52).

ಬೀಭತ್ಸು bībhatsu. = ಬೀಭತ್ಸ. 2, N. of Arjuna. (J. 7, 23; 13, 15).

ಬೀಮ bīma. Tbh. of ಭೀಮ (Šmd. 339; C.).

ಬೀಯ biya. Rice when cleared from the husk (Tĕ. ಬಿಯ್ಯ, ಬೀಯು); food. ಉಣ್ಣುವ ಬೀಯ (ಅಮೃತ, ಅಹುರ್, etc. Kk. 10a).

ಬೀಯ bīya. = ಬಿಯ್ಯ. Tbh. of ವ್ಯಯ. (Bp. 25, 10; 28, 22; 29, 30; Bh. 1, 10, 14; 2, 1, 39; 7, 1, 16; 8, 18, 23). 2, in a destructive, hurtful manner (Bh. 1, 10, 26).

ಬೀರ bīra. = ಈರ 1, ವೀರ (Šmd. 342), ಬೀರೆ. A hero, a brave man, a warrior. 2, Vīrabhadra (Kk. 6; Šm. 5; V. 4, 36), who is especially the shepherd caste's deity; a common proper name among shepherds (My.). 3, heroism, valour (see Šmd. s. ಬೆಳಗು 1; Abh. P. 11, 36; 14, 119). — ಬೀರಗಚ್ಚೆ. -ಕಚ್ಚೆ. A kaččĕ fit for warriors or brave men (Rāv. 6, after 11; My.). — ಬೀರಜೇಗಟೆ. A jĕgaṭĕ fit for warriors etc. (Rāv. 6, after 11). — ಬೀರದವುಡೆ. A ḍavuḍĕ fit for warriors etc. (Rāv. 6, after 11). — ಬೀರವದ್ದಳೆ. -ಮದ್ದಳೆ. A maddaḷĕ fit for warriors etc. (Čpr. 7, 43; Abh. P. 13, after 34). — ಬೀರಸಿರಿ. Tbh. of ವೀರಶ್ರೀ (Šmd. 376; Abh. P. 12, after 49; Rāv. 6, after 11).

ಬೀರಿ bīri. N. of shepherds' women (My.).

ಬೀರು bīru. A "bureau" (My.). 2, "beer" (My.).

ಬೀರೆ bīrĕ. = ಬೀರ. Vīrabhadra (My.). — ಬೀರೆದೇವ. = ಬೀರೆ. (My.). ಮಾರಮ್ಮನಿಗೆ ಗಣ್ಡನಿಲ್ಲ, ಬೀರೆದೇವರಿಗೆ ಹೆಣ್ಡತಿಯಿಲ್ಲ (Prv., used of unchaste widows).

ಬೀಱ್ bīṟ. (Šmd. 59). ಬೀಱು. 1. To throw away: to fling, to throw, as an arrow, a stone, stick, etc. (J. 22, 15; 33, 11, where ಬೀಱುರ್; My.; T. ವೀಚು; *cf.* ಬೀಸು 1);—to give away according to one's inclination or at one's pleasure, to spend or bestow profusely, to give liberally or magnanimously (ಸ್ವೇಚ್ಛಾಪ್ರದಾನ Šmd. Db.; T. ವೀಱಲ್, a liberal giving); to spread (v. t.). P. p. ಬೀಱಿ (Čpr. 6, 82), ಬೀಱುವ (1, 51). ಎಲ್ಲಾ ರತ್ನಂಗಳುಮನ್ ಒಳಕೊಣ್ಡಿರ್ಪನಮ್ಭೋನಿಧಿ ಲೋಕಕ್ಕೆಲ್ಲಂ ಬೀಱಲ್ (Šmd. 208). See Ŏpr. 3, 16. 81; Abh. P. 1, 103; 8, 12; Grj. 4, after 89; 4, 96; Bp. 1, 50; 26, 8; 42, 18; Rāv. 8, 99; 13, 69. 91; Šiv. 3, 62; Prll. 3, 31; Râghč. 17, 74; J. 15, 43; B. 2, 14. 2, to spread, to become extensive (Bp. 10, 8; 36, 28; J. 15, 9, where ಬೀಱರ್).

ಬೀಱ್ bīṟ. ಬೀಱು. 2. Throwing, flinging;—spending profusely (Bp. 40, 57). — ಬೀಱುಗುಣ್ಡು. A ball that is thrown (Č. Bp. 42, 27).

ಬೀಱಿಗ bīṟiga. A scattered, disorderly mass (Čb. v. 19).

ಬೀವು bīvu. A kind of utensil (ಕೃತ್ತಿಕೆ Mr. 207).

ಬೀಸ bīsa. = ಬೀಸು 2. — ಬೀಸಗತ್ತಿ. -ಕತ್ತಿ. A kind of knife or sword (ತೋಮರ, ಪಟಿ G.).

ಬೀಸಣಿಕೆ bīsaṇikĕ. = ಬೀಸಣಿಗೆ. (My.; ತಾಲವೃನ್ತಕ, ವ್ಯಜನ G.; B. 3, 80; 5, 238).

ಬೀಸಣಿಗೆ bīsaṇigĕ. (fr. ಬೀಸು 1). A fan (ತಾಲವೃನ್ತ, ವ್ಯಜನ Hla., Mr. 208; ವ್ಯಜನ, ತಾಲವೃನ್ತಕ Nr., Si. 231; ಪರಿಗ್ರಹ, ವ್ಯಜನ Nn. 166; ಬಿಜ್ಜಣಿಗೆ Čt. II, 47; Bp. 12, 9; Si. 240; T. ವಿಚಿಱಿ; M. ವೀಶೇಱಿ; Tĕ. ವೀಜೋಪು, ವೀವನೆ).

ಬೀಸರ bīsara. (fr. ಬೀ). End; destruction (Čpr. 8, after 4; Abh. P. 14, 119). ಆ ಸುಯೋಧನಸುತರ ಸರಳ ವಿಲಾಸವನು ಖಣ್ಡಿಸಿದನ್, ಆತನ ಬೀಸರಕೆ ಬನ್ದಡ್ಡ ಬೀೞುವ ಭಟರ ಕೆಡೆಯೆಚ್ಚಂ (Bh. 7, 6, 83). — ಬೀಸರವ್ಪೋಗು. -ಂ-ಪೋಗು. To reach the end, to terminate, to have an end. ಪಲವು ಬಗೆಯ ಗಾಣಂಗಳಂ ಬಿೞ್ವಲೆ ಬಳ್ಳಿವಲೆ ಗೋರಿವಲೆ ಕಣ್ಡಾಳವಲೆಗಳೆಮ್ಬಿವಂ ಬೀಸರವ್ಪೋಗದೆ ಬಿೞ್ ಬೀಸಿದಾಗಳ್ (Rśv. 5, after 114).

ಬೀಸಿಗೆ bīsigĕ. Tbh. of ವಿಂಶತಿ. Twenty (My.). 2, twenty palas (see Mr. s. ಪಾಗ).

ಬೀಸಿಸು bīsisu. To cause to turn round, mill, etc. (My.; B. 5, 139).

ಬೀಸು bīsu. 1. (= ಬಿಸು 2). To swing, to turn round, to whirl, to wave, to brandish;—to fan (Čpr. 5, after 19; 8, 91);—to throw, as a net;—to blow, as the wind (Čpr. 8, 98);—to mill, to grind (ಆವರ್ತನ Śmd. Dh.; C.; T. ವೀಜು; M. ವೀಜು, ವೀಯು, ವೀಶು; Tĕ. ವಿಸರು, ವೀಚು, ವೀವು; *cf.* ವೀಜನ). ಕೆಯ್ವಾರಮಂ ಬೀಸಿದನ್ತೆ ಬಟ್ಟಿತ್ತಾಗಿ ತೋರ್ಪುದು ಸೊನ್ನೆ (Śmd. 26). ನಯದಿಂ ಬೀಸುಗುಂ ಗನ್ಧವಾಹಂ (267). ಖಡ್ಗಾಯುಧಚಾಪಮಂ ಪೋಲ್ವ ಮಿಂಚನೆ ಪೋಲ್ತಿರೆ ಬೀಸು! (272). ಗಾಳಿ ಬೀಸಲೊಡಮ್ ಎಲೆ ಕಱಿಲ್ದುವು (297). ಬೀಸುವ ಚಾಮರಂ (201). ತೊಡರೆ ಮಾನ್ ಮೃಗಲಾಂಛನಧೀವರಂ ತಡಿಗೆ ಬೀಸಿದ ಜಾಲಮನ್ ಒತ್ತಿ (Lilv. 3, 2). ಬೀಸುವ ಮುಣ್ಡಿಗೆ ಮುಕ್ಕಿದ್ದೇ ಲಾಭ.— ಬೀಸೊ ಕೆಯ್ (or ಬೀಸೊ ದೊಣ್ಣೆ) ತಪ್ಪಿದರೆ ಸಹಸ್ರಕಾಲ (Prvs.). ಬಲೆಯ ಬೀಸುವವನು (ಸೂತ, ಜಾಲಿ, ಬಲೆಗಾಱ Nn. 32). See Bp. 27, 20. 23. 26; 32, 25; 36, 47; 38, 9; 61, 11; Bh. 1, 8, 53; 3, 13, 30; Rśv. 5, 32; 11, 23; Śśv. 1, after 79; 3, 64; J. 8, 2; 15, 3. 17; 28, 36; Si. 267. 306; B. 5, 129. 238; ಕೆಯ್ವೀಸು, ಬಲೆವೀಸು; Prv. s. ಯಾವ. 2, to cast, *i. e.* to put, bamboo rafters on a sloping roof (My.). — ಬೀಸಾಡು. -ಆಡು. (= ಬಿಸಾಡು). To swing and let go from the hand: to fling, to throw away (ಕರವಿಮೋಚನ Śmd. Dh.; Dp. 119, 3; My.); to cast away carelessly, etc. (ಪ್ರಮಾದತ್ಯಜನ, ಬಿಸುಡು Śmd. Dh.; My.). 2, to turn or swing about, as an elephant's ears (v. i., B. 4, 22). 3, to be flung away or lost from carelessness (My.). — ಬೀಸುವ ಕಲ್ಲು. A millstone (ಸಂಘಟಿ Mr. 206). ಬಿಕ್ಕಿ ಬಿಕ್ಕಿ ಅತ್ತರೆ ಬೀಸುವ ಕಲ್ಲು ತಿರುಗೀತೇ? (Prv.). See Prv. s. ತೋಯಿಸು. — ಬೀಸೂ ಕಲ್ಲು. = ಬೀಸುವ ಕಲ್ಲು. (B. 5, 129. 134. 148. 180; My.).

ಬೀಸು bīsu. 2. = ಬೀಸ. Swinging, etc. See ಬಿಡ-. — ಬೀಸುಗಲ್ಲು. -ಕಲ್ಲು. A millstone (My.). — ಬೀಸುಗೆಯ್. -ಕೆಯ್. An arm or hand that is swung about (Bp. 20, 11). — ಬೀಸುದೋಳ್. -ತೋಳ್. An arm that is swung about (V. 11, 60). — ಬೀಸುವಲೆ. -ಬಲೆ. A variety of net (Bh. 3, 13, 23; Śśv. 8, 23). ಪಾಸುವಲೆ ಬೀಸುವಲೆ (Râghč. 17, 67).

ಬೀೞ್ bīḻ. ಬೀೞು. 1. = ಬಿೞ್ 1, q. v. To fall, etc. (ಪತನ Śmd. Dh., Nn. 154, Śm. 115; ಪತನಕ್ರಿಯೆ Śmd. I; ಪಡಲಿಡು Śm. 60). The P. ps. ಬಿೞ್ದು, ಬಿರ್ದು, ಬಿದ್ದು are taken from ಬಿೞ್ 1, as also the forms of the 3rd person singular imperfect ಬಿೞ್ದುದು, ಬಿರ್ದುದು, ಬಿದ್ದುದು, ಬಿತ್ತು. ಬೀೞ್ವ (Bp. 45, 26. 33; 46, 57; 60, 57), ಬೀೞುವ, ಬೀೞೋ (C.). ಕೂಡಿದಂಗೆ ರಡಂ ಬಗೆದಾತನುಂ ನರಕದೊಳ್ ಬೀೞ್ವಲ್ಲಿಗೇಂ ಸನ್ದಯಂ? (Śmd. 89). ಕಡೆಯಿಲ್ಲದ ಸಂಸಾರದ ನಡುಗಡಲೊಳ್ ಮೋಹಮೆನ್ಬ ಬಲುಬಲೆಯೊಳ್ ನೀಂ ತೊಡರ್ದು ಬೀೞದೆ, ಜೀವನೆ, ನಡೆ, ಧರ್ಮದ ಬಟ್ಟೆಯಱಿತು (Jmt. 24). ವಸಿಷ್ಠಪುತ್ರ ಶೋಕದಿನ್ದ ಕೊರಳಲ್ಲಿ ಕಲ್ಲ ಕಟ್ಟಿ ಕೊಣ್ಡು ಬಿದ್ದರೆ ನೂಱು ತೆಱನಾದ ನದಿ (ಶತದ್ರು); ಹನಿತು ಬೀೞಲಾದುದು (ವಿನಾಶೋನ್ಮುಖ, ಪಕ್ವ Nr.). ಬೀೞೋ ಸ್ವಭಾವವುಳ್ಳವನು (ಪತಯಾಲು, ಪಾತುಕ Si. 360). ತಿರಿಗಿ ಬಿದ್ದುದು (ಪ್ರಸವ್ಯ, ಪ್ರತಿಕೂಲ, ಅಪಸವ್ಯ, ಅಪಷ್ಠು 376). ಜಾಱಿ ಬಿದ್ದದು (ಸ್ರಸ್ತ, ಧ್ವಸ್ತ, ಭ್ರಷ್ಟ, ಪನ್ನ, ಚ್ಯುತ, etc. 382). ಮಾತುಗಳಱಿಯದಧಮರಿಗೆ ಮಾಣಿಕವು ತೂತು ಬಿದ್ದನ್ತೆ (Sp.; see ತೂತು ಬೀೞು). ಸೂರ್ಯನು ಇಲ್ಲದಿದ್ದರೆ ಎಲ್ಲಾ ಕಡೆಯಲ್ಲಿಯೂ ಚಳಿ ಬೀೞುತ್ತಿತ್ತು (B. 2, 24). ಎಷ್ಟೋ ಹುಡುಗರು ಕೆಟ್ಟ ಸಂಗತಿಗೆ ಬಿದ್ದು,...ವೇಳೆಯನ್ನು ಸುಮ್ಮನೆ ಕಳೆಯುವರು (4, 1). ಈಗ ನೀನು ಉಪವಾಸ ಬಿದ್ದು ಸತ್ತರೆ ಯಾರೇನು ಮಾಡ ಬೇಕು? (4, 2). ಹೊತ್ತು ಬನ್ದಾಗ ಅದು ಉಪಯೋಗಕ್ಕೆ ಬಿದ್ದೀತು (4, 12). ತಮಗಿನ್ತ ಬಲಿಷ್ಠರಾದವರ ಕೂಡ ಸರಿಕತನದ ಸಮ್ಬನ್ಧ ಮಾಡುವ ಭರಕ್ಕೆ ಯಾರೂ ಬೀೞ ಬಾರದು (4, 12). ಖನಿಜಕೋಟಿ ಹಲವು ರೀತಿಯಿನ್ದ ಪ್ರಾಣಿಗಳ ಉಪಯೋಗಕ್ಕೆ ಬೀೞುತ್ತವೆ (4, 15). ತುಳಾಪುರವೆಮ್ಬ ಹೆಸರು ಬೀೞಲಿಕ್ಕೆ ಕಾರಣವೇನಾಯಿತೆನ್ದರೆ (4, 30). ದೂರ ದೂರದ ಸ್ಥಲಗಳಿಗೆ ಪತ್ರ ಕಳುಹಿಸ ಬೇಕಾದರೆ ಅರ್ಧ ರೂಪಾಯಿ, ಮುಕ್ಕಾಲು ರೂಪಾಯಿ, ಒನ್ದು ರೂಪಾಯಿಯ ತನಕ, ಬೀೞುವದು (are to be laid or paid down as price or postage, 4, 87). ವ್ಯವಹಾರದಲ್ಲಿ ಆಗಾಗ್ಗೆ ಅವುಗಳ ಕಾರಣ ಬೀೞುತ್ತದೆ (4, 88). ಕಬ್ಬಿಣ ಮುನ್ತಾದ ಧಾತುಗಳು ಹಲವು ದೇಶಗಳಲ್ಲಿ ತಕ್ಕ ಮಟ್ಟಿಗೆ ವಿಪುಲವಾಗಿ ದೊರೆಯುವ ಕಾರಣ ಅವುಗಳಿಗೆ ಕ್ರಯ ಕಡಿಮೆ ಬೀೞುವದು (4, 95). ಇನ್ನಾದ್ದೊನ್ದು ಪತ್ರದ ಎರಡೂ ಮೆಯ್ ಚಾಪಿಸಲಿಕ್ಕೆ ಎರಡೂವರೆ ವಿಪಳ ಸಹ ಬೀೞಲಿಲ್ಲ (are not required, 4, 103). ಉಗಿಯ ಯನ್ತ್ರದಿನ್ದ ಸ್ವಲ್ಪ ವೇಳೆಯಲ್ಲಿ ಬಹಳ ಶ್ರಮ ಬೀೞದೆ ದೊಡ್ಡ ಕಾರ್ಯಗಳು ಆಗುತ್ತವೆ (4, 103). ನನ್ನ ತಿಗಟೆಯನ್ನು ಮನೆಯಲ್ಲಿ ಮಱೆತು ಹೋಗಿದ್ದೆನು, ಮುನ್ದೆ ಅದಱ ಕಾರಣ ಬಿದ್ದದಱಿನ್ದ (4, 110). ಇನ್ನು ಮುನ್ದೆ ಪರದೇಶಗಳಿನ್ದ ಈಗಿನಷ್ಟು ಕಲ್ಲಿದ್ದಲೀ ತರಿಸುವ ಕಾರಣ ಬೀೞಲಿಕ್ಕಿಲ್ಲ (4, 165). ಅಲ್ಲಿ ದುಡ್ಡು ಬೀೞದೆ ನಿನಗೆ ತೆಂಗಿನ ಕಾಯಿಗಳು ದೊರೆಯುವವು (4, 180). ಶಹಾಮೃಗದ ಗಱಿಗಳಿಗೆ ಕ್ರಯ ಬಹಳ ಬೀೞುವದು (4, 193). ನೊಣ ಬಿದ್ದ ಊಟಾ ಮಾಡಿ ಕಳಕಳಿಸಿದ ಹಾಗೆ.— ಬಾಧೆ ಪಡುವ ಬಾೞಿಗಿನ್ತ ಬಕನ ಬಾಯಿಗೆ ಬೀೞೋದುತ್ತಮ.— ಬಿದ್ದ ಬಱೀಲಿ ಬೆಱಣೆ ಆಯ ಬೇಕು, ಇದ್ದ ಬಱೀಲಿ ಇರ ಬೇಕು (Prvs.). See Bp. 5, 52; 16, 5; 20, 21; 40, 6; 46, 44; 47, 19; 52, 17; 55, 4; 58, 28; 61, 11; Bh. 1, 8, 91; 1, 19, 19; 2, 13, 16; Râm. 3, 2, 21; Si. 83. 87. 115. 267. 274. 299; B. 5, 230. 301; ಕಿಡಿವೀೞ್, ಜಿಗುರ್ವೀೞ್, ಬೆವಿಷ್ಬೞ್; Prvs. s. ತಾನು. — ಬಿದ್ದು ಕೊಳ್ಳು. To lie down (B. 2, 50; 3, 10. 109; 4, 218; C.). — ಬಿದ್ದು ಬಿದ್ದು ನಗು. To wallow from laughter (B. 2, 34; C.). — ಬೀೞಿಗೆಡಹಿಸು. -ಕೆಡಹಿಸು. To cause to fell (Bh. 6, 5, 13). — ಬೀೞಿಗೆಡಹು. -ಕೆಡಹು. To fell (Râm. in W. v. 449). — ಬೀೞ ಸದೆ. To beat down (Bp. 14, 20). — ಬೀೞ ಹೊಡೆ. = ಬೀೞ ಸದೆ. (Bp. 49, 10).

ಬೀೞ್ bīḻ. ಬೀೞು. 2. = ಬೀಡು 4. A waste, etc. (ಮಾಡದ ಕೆಯ್ Śmd. I; ಖಿಲಕ್ಷೇತ್ರ Śmd. Dh., Śm. 115; My.). 2, that which is inferior or bad (My.; see ಮೇಲು ಬೀೞು). 3, a mistake, as in writing (J. 30, 28). 4, prostration (from disease, My.). — ಬೀೞು ಕೆಡವು. To leave uncultivated or fallow (My.). — ಬೀೞುಗೆಡವು. -ಕೆಡವು. = ಬೀೞು ಕೆಡವು. (B. 5, 85). — ಬೀೞು ಬೀೞು. = ಬೀಡು ಬೀೞು. To remain untilled (B. 5, 99. 105; My.). ತಾಳ್ಮೆಯಿ

ದ್ದ ಪುರುಷನಲ್ಲಿ ಬೀಡು ಬಿದ್ದರೆ ಬಾಡ್ಯಾನು (Prv.). — ಬೀಳುಭೂಮಿ. = ಬೀಳು. (My.). ಬೀಳುಭೂಮಿಯನ್ನು ಹೊಸದಾಗಿ ಸಾಗು ಮಾಡೋಣ (G. 127). — ಬೀಳುಬಿಟ್ಟೆ. A powerless arm (My.). ಪಾಳುತೋಟಕ್ಕೆ ನೀರು ಹಾಕಿ, ಬೀಳುಬಿಟ್ಟೆ ಬಿದ್ದು ಹೋಯಿತು (Prv.). — ಬೀಳುವಚನ. A bad, worthless word or speech (Bh. 8, 9, 12). — ಬೀಳ್ಮಾಡು. To worst (Rām. 1, 5, 32).—See Prv. s. ತಾನು.

ಬೀಳ್ biḷ. ಬೀಳು. 3. = ಬೀಡು 2 (Šmd. 28). Leaving, leave, etc. — ಬೀಳಕ್ಕರ. -ಅಕ್ಕರ. A consonant (ವ್ಯಂಜನ Šmd. 146; Šs.; *cf.* ಬೀಳು 2? M. ವಿಳಿಕ್ಕರ, a letter that might be left out). — ಬೀಳು ಕೊಡು. = ಬೀಳ್ಕೊಡು. (Bh. 1, 8, 60; 2, 13, 13). — ಬೀಳುಡೆ. -ಉಡೆ. A garment that has been (worn and) left or put away (as unclean, Abh. P. 9, 178; V. 38, 66). — ಬೀಳ್ಕೊಡು. = ಬೀಳು ಕೊಡು. To give leave to go: to dismiss (with accusative, Rāv. 13, after 97; Šāv. 5, 55; 5, after 55; J. 7, 35; 18, 39; 31, 53). — ಬೀಳ್ಕೊಳ್. = ಬೀಡು ಕೊಳ್ (Šmd. 28). To take leave to go: to quit (with accusative, Ópr. 3, after 30; 7, after 28; Abh. P. 7, after 7; Bh. 1, 8, 60. 66; J. 2, 45; 5, 60; 18, 6; 29, 26. 27. 40). — ಬೀಳ್ಕೊಳಿಸು. To give leave to go: to dismiss (with accusative, Abh. 7, after 84). — ಬೀಳ್ಗೊಳ್. = ಬೀಳ್ಕೊಳ್. (with accusative, Bp. 4, 49).

ಬೀಳಲ್ biḷal. ಬೀಳಲು. = ಬಿಳಲ್, etc. ಮರದ ಬೀಳಲು (ಜಟೆ, ಶಿಫೆ Hlā.; ಜಡೆ Kk. 19, o. r. ಬೀಳಲ್). ಗುಡ್ಡಗೊಮ್ಮಿನ ಬೀಳಲು (ಕ್ಷುಪ, ಪ್ರಸ್ವಶಾಖಾಶಿಫ Nr.).

ಬೀಳಿಲ್ biḷil. ಬೀಳಿಲು. = ಬೀಳಲ್, etc. (ಮರದ ಜಡೆ Šmd. I, Šm. 24; ಶಿಫೆ, ಜಟೆ Mr. 106). ಮರದ ಬೀಳಿಲು (ಉಜಾತಜಟೆ Nn. 66; ಶಿಫೆ, ಜಟೆ 100, o. r. ಬೀಳಲು).

ಬೀಳಿಸು biḷisu. To cause to fall; to fell, etc. (My.; J. 22, 7; Bh. 4, 4, 99).

ಬೀಳು biḷu. 1. 2. 3. = ಬೀಳ್ 1. 2 (C.). 3. P. p. of the verb: ಬಿದ್ದು (C.).

ಬೀಳು biḷu. 4. A creeping plant, a creeper (My.; see Prv. s. ತಾನು).

ಬೀಳುಲ್ biḷul. ಬೀಳುಲು. = ಬೀಳಲ್, etc. ಕೊಮ್ಮಿನ ಬೀಳುಲು (ಶಾಖಾಶಿಫೆ, ಅವರೋಹ Nr.).

ಬೀಳುವಿಕೆ biḷuvikĕ. Falling, etc. (ವ್ಯಸನ, ಭ್ರಂಶ Sl. 437).

ಬು bu. An imitative sound. — ಬು ಬು ಬು. rep. (Bp. 9, 12; 58, 23). — ಬು ಬೂ ಬೋ. rep. The sound of a large kahaḷĕ (My.).

ಬುಕ bukа. = ಪುಕ. (ಗೋಳೀ ಹೂವು G.).

ಬುಕಣಿ bukaṇi. Powder (My.; Mhr. ಬುಕಟೀ, ಬುಕಣೀ, ಬುಕೀ).

ಬುಕ್ಕ bukka. 1. *The heart* (ಅಗ್ರಮಾಂಸ, ಬಹ ಬಿಕ್ಕು Mr. 398). 2, a goat.

ಬುಕ್ಕ bukka. 2. (Tbh. of ಭುಕ್). — ಬುಕ್ಕರಾಯ. N. of a king. ಬುಕ್ಕರಾಯ ಮೆಚ್ಚಿ, ಬೆಕ್ಕಿನ ಮಟ ಕೊಟ್ಟ (Prv.).

ಬುಕ್ಕಿ bukki. A fragrant powder, much used in offering to idols (Mhr. ಬುಕಾ, ಭುಕಾ). — ಬುಕ್ಕಿಟ್ಟು. = ಬುಕ್ಕಿ, ಬುಕ್ಕಿಹಿಟ್ಟು. (My.; ಪಟವಾಸಕ, ಪಿಷ್ಟಾತ G.; B. 4, 147). — ಬುಕ್ಕಿಟ್ಟುಗಾಡಿ. (ಸುಗಂಧಿ G.). — ಬುಕ್ಕಿಹಿಟ್ಟು. = ಬುಕ್ಕಿಟ್ಟು. (ಚರ್ಣ, etc. Sl. 225). See ಮೇಲು-.

ಬುಕ್ಕೆ bukkĕ. *The heart.*

ಬುಗ buga. = ಭುಗ, ಭುಗಿ, etc. — ಬುಗ ಬುಗನೆ. rep. With the repeated sound of ಬುಗ (My.).

ಬುಗಡಿ bugaḍi. = ಬುಗುಡಿ. An ear-ornament of females worn in the upper part of the ear (My.; T. ಪುಗಡಿ, Tĕ. ದೊಗಡೆ; Mhr. ಬುಗಡಿ). ಬುಗಡಿಯಾದರೆ ದಗಡೀ ಮಗಳಿಗೆ ಆಗದೇ? (Prv.). See Prvs. s. ದಗಡಿ and ಬೇಗಡೆ 1. — ಬುಗಡಿಯಂಚು. -ಅಂಚು. A kind of ornamental border (My.).

ಬುಗರಿ bugari. = ಬುಗುರಿ. The porcher tree, Hibiscus populneoides Roxb. (Thespesia populnea Corr.; My. = T. ಪೂವರಜು; its fruits are used like tops).

ಬುಗರಿ bugari. = ಬಗರಿ, ಬುಗುರಿ, ಬೊಗರಿ. A spinning top (J. 13, 5; My.; Mhr. ಭೋವರಾ, ಭೋಂವರಾ, fr. ಭೋವಣೇಂ, to turn round). — ಬುಗರಿಯಾಟ. -ಆಟ. A game at tops (My.). — ಬುಗರಿಯಾಡಿಸು. -ಆಡಿಸು. To spin a top (My.).

ಬುಗಿ bugi. = ಭುಗಿ, etc. (My.).

ಬುಗಿಲ್ bugil. = ಭುಗಿಲ್. (My.).

ಬುಗಿಲನೆ bugilanĕ. = ಭುಗಿಲನೆ. (My.).

ಬುಗು bugu. = ಭುಗು. (My.).

ಬುಗುಟೆ buguṭi. = ಬುಗುಡು. (Bp. 38, 28).

ಬುಗುಡಿ buguḍi. N. of a milky plant (ಕ್ಷೀರವತಿ Mr. 147).

ಬುಗುಡಿ buguḍi. = ಬುಗಡಿ. (My.; Sl. 218).

ಬುಗುಡು buguḍu. = ಬುಗುಟೆ. A swelling, an eminence, an elevation, a protuberance (Tĕ. ಪುಂಗುಡು, ಬುಡಿಪ; Tĕ. ಬೊಡ್ಡು, a prominent navel; see ಪುಗ್ಗು; *cf.* ಬಗುತ, ಬುಡ್ಡೆ, ಬೋರೆ). See ಅತಿನಳ್ಳುಬುಗುಡು. ಹೊಕ್ಕುಳು ಬುಗುಡುಳ್ಳವನು (ತುಂಡಿಲ, ತುಂಡಿಭ Nr.). — ಬುಗುಡುಹೊಕ್ಕುಳ್. A prominent navel (ತುಂಡಿ Mr. 388).

ಬುಗುರಿ buguri. = ಬುಗರಿ. (My.). 2, = ಅಶ್ವಗಂಧ (Mr. 117, where another MS., instead of ಬುಗುರಿ, reads ಊಬು).

ಬುಗುರಿ buguri. = ಬುಗರಿ, etc. (My.; Sl. 72).

ಬುಗ್ಗಿ buggi. The cheek (? Tĕ. ಬುಗ್ಗ). ಹೆಗ್ಗಳದ ಭಾಗ್ಯವೆ ಗದಗೇಲಿ ಹೋಗುವಾಗ ಬುಗ್ಗಿಯ ಹೊಯ್ಕೊಳ್ಳು ಹೋದೆಯಲೊ ಪ್ರಾಣ! (Dp. 38, 2).

ಬುಗ್ಗೆ buggĕ. A spring of water, the source of a river, a fountain (B. 4, 172; Tĕ.; *cf.* ಪುಗ್ಗು; ಪುಟಿ). ಬುಗ್ಗೆಯ ನೀರು ತೆಗಿಯುವದಕ್ಕೆ ಹಗ್ಗ ಬೇಕೇ? (Prv.).

ಬುಜ buja. 1. Tbh. of ಭೂರ್ಜ. — ಬುಜಪತ್ರಗಿಡ. (ಭೂರ್ಜ, ಚರ್ಮಿ, ಮೃದುತ್ವಕ್ Sl. 182). — ಬುಜಪತ್ರ. Birch-bark (My.; Mhr. ಭುಜಪತ್ರ).

ಬುಜ buja. 2. Tbh. of ಭುಜ. (My.).

ಬುಜಿಸು bujisu. Tbh. of ಭುಜಿಸು. (My.).

ಬುಜ್ಜಯಿಸು bujjayisu. = ಬುಜ್ಜವಿಸು. To cajole, to flatter, to console, to persuade (Tĕ. ಬುಜ್ಜಗಿಂಚು; *cf.* ಪುಸಲಾಯಿಸು, ಬುಲ್ಲಯಿಸು 1, ಬೋಸರಿಸು, ಬೋಳಯಿಸು). ಬುಜ್ಜಯಿಸುವ ನುಡಿ (ಸಾನ್ತ್ವ Hlā.).

ಬುಜ್ಜವಿಸು bujjavisu. = ಬುಜ್ಜಯಿಸು. (Bp. 22, 38).

ಬುಟೆ buṭĕ. = ಬುಟ್ಟ, ಬುಟ್ಟೆ, ಬೂಟೆ. A flower or other figure worked, painted or drawn (Mhr., H. ಬುಟಾ, ಬುಟ್ಟಾ; My.; Br.).

ಬುಟೇದಾರ buṭĕ-dāra. Decorated with flowery work (Mhr.; My., also ಬುಟೇದಾರಿ). ಬುಟೇದಾರಿಪಚ್ಚಡ ಮದುಮಗನಿಗಲ್ಲದೆ ಮುದಿಮುದುಕನಿಗೆ ಒಪ್ಪೀತೇ? (Prv.).

ಬುಟ್ಟ buṭṭa. = ಬುಟೆ, etc. (My.).

ಬುಟ್ಟಿ buṭṭi. = ಪುಟ್ಟಿ 2, ಬುಟ್ಟಿ. A basket of bamboo, etc. of various shapes, especially for flowers, fruits, fishes, etc. (C.; B. 4, 62. 178; Si. 86; Tē. ಬೊಟ್ಟ). ಗೋಪಾಳಬುಟ್ಟಿಯಲ್ಲಿ ಶನೀಶ್ವರ ಹೊಕ್ಕ ಹಾಗೆ.— ಪ್ರಾಣ ಪ್ರಾಣಸ್ನೇಹವಾದರೂ ಮಾನಿನ ಬುಟ್ಟಿಗೆ ಕೈಯ್ ಹಾಕ ಬೇಡ (Prvs.). 2, a mere basket: an untrimmed object. ಈಕೆಯ ತಲೆ ನೋಡು! ಹ್ಯಾಗೆ ಬುಟ್ಟಿ ಆಗಿದೆ! (B. 1, 6). See Prv. s. ಮುಡಿ ಕಟ್ಟು 1.

ಬುಟ್ಟೆ buṭṭĕ. = ಬುಟ್ಟಿ. (S. Mhr.).

ಬುಟ್ಟೆ buṭṭĕ. = ಬುಟೆ, etc. (My.).

ಬುಡ buḍa. = ಬುಡು, ಬೊಡ. A sound in imitation of that produced by a vessel, etc. when immersed into water, or by water issuing from the spout of a vessel, and of that produced by the buḍabuḍikĕ (C.; Tē.; Mhr. ಬುಡ ಬುಡಣೇಂ, to bubble; to mumble, mutter). — ಬುಡ ಬುಡನೆ. With a repetition of the sound of buḍa (My.). — ಬುಡ ಬುಡಿಕೆ. = ಬುಡುಬುಡಿಕೆ. (My.; ಡಮರು Si. 63). — ಬುಡ ಬುಡಿಸು. To have or produce the repeated sound of buḍa (Rām. 3, 8, 4).

ಬುಡ buḍa. = ಬುಡಕು, (ಬೊಡ್ಡಿ 2, ಬೊಡ್ಡೆ). (Tbh. of ಬುಧ್ನ). The bottom or lowest part of anything, the place or side underneath, the lower side, the foot of a tree, the root of the tongue, etc. (C.; Tē.; ಬುಧ್ನ, ಬೊಡ್ಡೆ G.; Mhr. ಬುಡಖಾ, ಬುಡೂಖ, ಬೂಡ). ಮರದ ಬುಡ (ಮೂಲ, ಬುಧ್ನ Si. 122). ಮರದ ಬುಡದಿನ್ದ ತುದಿಯ ವರಿವಿಗೂ ಹಬ್ಬಿದ ಬಳ್ಳಿಗಳು (ಅವರೋಹ 121). ಬುಡದ ಬೇರಿನ ದಿಮ್ಮಿ (ಶಾಲೂಕ 95). ಟೊಕ್ಕೆಗಳ ಬುಡ (ವಕ್ಷತಿ, ವಕ್ಷಮೂಲ 178. 425). ಬೆನ್ನುಮೂಳೆಗೆ ಬುಡ (ತ್ರಿಕ, ಬೆನ್ನೆಲುವಿನ ಕೆಳಗಡೆ 209). ಆನೆಯ ಕಿವಿಯ ಬುಡ (ಚೂಲಿಕೆ, ಕರ್ಣಮೂಲ 270). ನಾಲಿಗೆಯ ಬುಡ (ಜಿಹ್ವಾಮೂಲ Šmd. 43 Cm.). ಕುದುರೆಯ ಜೀನದ ಬುಡಕೆ ಹಾಕುವದು (ಅಮಳಾರ); ಗಿಡಗಳ ಬುಡಕ್ಕೆ ಮಾಡುವ ನೀರಿನ ಕಟ್ಟೆ (ಆಲವಾಲ); ಹಕ್ಕೀ ಪಕ್ಕದ ಬುಡ (ಪಕ್ಷತಿ); ಗಿಡದ ಬುಡ (ಮೂಲ); ಬುಡದಲ್ಲಿಯೇ ಟೊಂಗೆಗಳು ಒಡೆಯುವ ಗಿಡ (ಸ್ತಮ್ಬ G.). ಬೊಗ್ಗೇ ಬುಡದಲ್ಲಿ ತುಮ್ಬು ಇರುತ್ತದೆ (B. 3, 36). ರಸವನ್ನು ... ಒಲೆಗುಣ್ಡಿನ ಮೇಲಿಟ್ಟು, ಬುಡಕ್ಕೆ ಉರೀ ಹಚ್ಚಿ (3, 46). ಲಂಗರವು ತಳಕ್ಕೆ ಹೋಗಿ, ಬುಡದೊಳಗಿನ ಕೆಸರಿನೊಳಗೆ ಸಿಕ್ಕೊಣ್ಡು (3, 118). ನೀಲಿಯ ಎಲೆಗಳು ದೇಣ್ಟಿನ ಬುಡದಿನ್ದ ತುದಿಯ ತನಕ ಎರಡೆರಡಾಗಿ ಸಾಲುಗೊಣ್ಡಿರುತ್ತವೆ (4, 54). ಸಮುದ್ರದ ನೀರು ಕೊಪ್ಪರಿಗೆಗಳೊಳಗೆ ಹಾಕಿ, ಒಲೆಯ ಮೇಲೆ ಏರಿಸಿ, ಬುಡಕ್ಕೆ ಉರೀ ಹಚ್ಚಿ (4, 203). ಆ ಹೂಜಿಯನ್ನು ಬುಡ ಮೇಲು ಮಾಡಿ ಹಿಡಿದನು (5, 143). ಗೇಣ್ಹಾಮೃಗದ ಕೋಡಿನ ಬುಡದ ಸುತ್ತಳತೆ (5, 249). ಮರದ ಬುಡದಲ್ಲಿ ಕೂತು ಕೊಣ್ಡು, ಮಾತಾಡುತ್ತಾರೆ (My.). ಬುಡ ಕಡಿದ ಮೇಲೆ ಮರ ಬಾಟೋದುಣ್ಟೇ?— ಬುಡ ಹತ್ತಲಬಾರದವ ನಡು ಹತ್ತ್ಯಾನೇ?— ಎಣ್ಣೇ ಹಾಕಿದರೆ ಕಣ್ಣಿಗೆ ಗುಣ, ಮಣ್ಣು ಹಾಕಿದರೆ ಬುಡಕ್ಕೆ ಗುಣ.— ಕಬ್ಬು ಕೊನೆಯಿನ್ದ ಮೆದ್ದರೂ ಬುಡದಿನ್ದ ಮೆದ್ದರೂ ಸವಿಯೊನೇ.— ನಡುಮುರಾ ಹತ್ತಿ, ಬುಡಾ ಕಡಿದ (Prvs.). — ಬುಡಕಟ್ಟು. A clan, a family (My.). — ಬುಡಭಾಗ. The bottom; the root; the foot. ನಾಲಿಗೆಯ ಬುಡಭಾಗ (ಸೂನೆ, ಕೆಳನಾಲಿಗೆ G.). ಆ ಗುಡ್ಡದ ಬುಡಭಾಗವು (B. 5, 46). — ಬುಡಮೆಯ್. The lower side (S. Mhr.).

ಬುಡಕು buḍaku. = ಬುಡ. ಗುಡ್ಡದ ಬುಡಕಿನ ಭೂಮಿ (ಉಪತ್ಯಕ G.).

ಬುಡಕ್ಕನೆ buḍakkanĕ. With the sound of ಬುಡ (My.; Mhr. ಬುಟಕನ).

ಬುಡಮೆ buḍamĕ. = ಬುಡುಮೆ. A sort of cucumber (Tē.; My.).

ಬುಡು buḍu. = ಬುಡ, etc. — ಬುಡುಬುಡಿಕೆ. = ಬುಡಬುಡಿಕೆ. A small rattle-drum (My.). 2, untruth (My.). — ಬುಡುಬುಡಿಕೆಯವ. -ಅವ. A fantastically dressed Mahratta śūdra and mendicant fortune-teller, who carries a buḍubuḍikĕ (My.).

ಬುಡು buḍu. (= ಬುಡ). — ಬುಡುಜಾಗನ ಗಡ್ಡೆ. A perennial creeping plant forming roundish prickly heads of flowers close to the earth, Lepidagathis cristata Willd. (Z.).

ಬುಡುಮೆ buḍumĕ. = ಬುಡಮೆ. See ಕಾಡು-. — ಬುಡುಮೆ ಕಾಯಿ. (ಚಿತ್ರೆ, etc., ಹೆಮ್ಮೆಕ್ಕೆರು, ಪಾಪರಿಚೆಟ್ಟು Si. 161). — ಬುಡುಮೆಬಳ್ಳಿ. A climbing herb, Cucumis trigonus Roxb. (St. & Pl.).

ಬುಡ್ಡಿ buḍḍi. 1. (= ಬುಬುಡಿ). A (glass) bottle (for ink, My.; Tē., T.).

ಬುಡ್ಡಿ buḍḍi. 2. See s. ಬುಡ್ಡು.

ಬುಡ್ಡು buḍḍu. = ಬುಬುಡು, etc. Roundness, curvedness. — ಬುಡ್ಡ. -ಅ3. A bandy-legged man (My.). Feminine ಬುಡ್ಡಿ (My.).

ಬುಡ್ಡೆ buḍḍĕ. (fr. ಬುಗುಡು). A rising or swelling: a swollen testicle (My.; Tē.; ಬುಡ್ಡೆ ಇಳಿಯಿತು, My.; see Prv. s. ನಮ್ಮು).

ಬುಣ್ಡೆ buṇḍĕ. = ಬುಬುಡೆ, etc. (My.).

ಬುತ್ತಿ butti. (Tbh. of ಭುಕ್ತಿ). Food (prepared for a journey, especially boiled rice), travelling provisions (C.; Tē.; Abhā. 2, 96). ಅವನು ತನಗೆ ಹತ್ತುವಷ್ಟು ರೊಟ್ಟೀ, ಬುತ್ತೀ ಕಟ್ಟಿಸಿ ಕೊಣ್ಡಿದ್ದನು (B. 3, 121). ಅವನು ನಾಯಿಗೆ ಒನ್ದು ತುಣುಕು ರೊಟ್ಟೀ, ತುಸು ಬುತ್ತೀ ಹಾಕಿದನು (3, 122). ಅವನು ಆ ಬಡ ಸಿಪಾಯಿಗೆ ತನ್ನ ಬಳಿಯಲ್ಲಿದ್ದಷ್ಟು ಬುತ್ತೀ ಕೊಟ್ಟು (3, 124). ಬುತ್ತಿಯಿದ್ದವ ಎತ್ತಲೂ ಉಣ್ಡಾನು.— ನಾಯೀ ತಲೇ ಮೇಲಣ ಬುತ್ತಿಯ ಹಾಗೆ.— ನಿತ್ಯಪಯಣ ಬುತ್ತೀ ಕೇಡು (Prvs.). — ಬುತ್ತಿಗಣ್ಟು. A bundle of travelling provisions (My.). ಅವನು ಬುತ್ತಿಗಣ್ಟು ಬಿಚ್ಚಿ (B. 3, 122). — ಬುತ್ತಿಗಳ್ಳ. -ಕಳ್ಳ. A thief who steals travelling provisions. ಬುತ್ತಿಗಳ್ಳರಿಂಗೇಕೆ ಸತ್ಯವ್ರತಸದಾಚಾರ? (Abhā. 1, 41).

ಬುದ buda. Tbh. of ಬುಧ (Šmd. 339; ತಿಂಗಳಣುಗ, ಸೌಮ್ಯ Šm. 17).

ಬುದುಬುದ budubuda. Tbh. of ಬುದ್ಬುದ. (Bp. 37, 25; Bh. 1, 15, 19; 6, 4, 27; see ಜಲ-).

ಬುದ್ದಣಿಗೆ buddaṇigĕ. = ಬುದ್ದಲಿ, ಬುದ್ದಲಿಕೆ, ಬುದ್ಲಿ. A bottle made of skin to hold oil, ghee, etc. (My.; Tē. ಬುದಿಗ; Mhr. ಬುದಲೇಂ, ಬುಧಲೇಂ). ತೊಗಲ ಬುದ್ದಣಿಗೆ (ಕೃತ್ತಿಸ್ನೇಹಪಾತ್ರ, ಕುತು); ಆ ಸ್ನೇಹಪಾತ್ರ ಕಿಱಿದಾದೊಡೆ ಕುತುಪ ಎನಿಸುಗು, ಅದು ಕೆಯ್ಸುದ್ದಿಗೆ (Nr.).

ಬುದ್ದಲಿ buddali. = ಬುದ್ದಣಿಗೆ, etc. (My.). ತೊಗಲ ಬುದ್ದಲಿ (ಕುತು, ಎಣ್ಣೇ ಬುದ್ದಲಿ, ಸಿದ್ದಿಗೇ ಬುಬಿಡೆ); ಚಿಕ್ಕದಾದ ಚರ್ಮದ ಸಿದ್ದಿಗೇ ಬುಬಿಡೆ (ಕುತಪ, ಕೆಯ್ಬುದ್ದಲಿ Si. 309).

ಬುದ್ದಲಿಕೆ buddalikĕ. = ಬುದ್ದಣಿಗೆ, etc. (ಚರ್ಮಗಪರ್ಪಟ q. v., Mr. 213).

ಬುದ್ದಿ buddi. Tbh. of ಬುದ್ಧಿ. (My.). See Prv. s. ಉದ್ದ. — ಬುದ್ದಿಗಲಿಸು. -ಕಲಿಸು. To impart knowledge, to give instruction (J. 17, 35). — ಬುದ್ದಿಗಿಡು. -ಕಿಡು. = ಬುದ್ದಿಗೆಡು. (Grj. 8, 23). — ಬುದ್ದಿಗೆಡು. -ಕೆಡು. Understanding to be lost: to lose one's intellect. ಸಿದ್ದಿಗೆಟ್ಟನೋ? ಬುದ್ದಿಗೆಟ್ಟನೋ? (Prv.). — ಬುದ್ದಿಗೇಡಿ. -ಕೇಡಿ. A person who has ruined or lost his intellect (B. 2, 47; 3, 70). — ಬುದ್ದಿಗೇಡಿತನ. -ಕೇಡಿತನ. The state of having lost one's intellect (My.). — ಬುದ್ಧಿ ದೊಟಿಸು. -ತೊಟಿಸು. To cause to abandon one's understanding, to stupify (J. 2, 12).

ಬುದ್ದಿವನ್ತ buddi(*i. e.* buddali)-vanta (*i. e.* panta = pantha). 1. The vessel by means of which a buddali, etc. are filled (My.).

ಬುದ್ದಿವನ್ತ buddi-vanta. 2. Tbh. of ಬುದ್ಧಿವನ್ತ. (My.).

ಬುದ್ದಿವನ್ತಿಕೆ buddivantikĕ. = ಬುದ್ಧಿ. (My.).

ಬುದ್ಧ buddha. Observed; known, understood; wakened, awake;—completely conscious, clever, wise, knowing; a wise or learned man (ವಿದ್ವಾಂಸ Mr. 223). 2, a Buddhist or Jaina; a saint of the Bauddha or Jaina sect; *a Buddha* (ಜಿನ, ಬೌದ್ಧ Nn. 44; ಬಾದ್ಧ Mr. 23). 3, the last one of the twenty-four Buddhas (or Arhats), the Buddha of the present cycle: Śâkya muni or Śâkya simha, Gautama, sometimes regarded as the ninth incarnation of Vishṇu.—See Bp. 53, 3; 54, 7.

ಬುದ್ಧಸಮಯ buddha-samaya. A congregration of Buddhas (Bp. 50, 50).

ಬುದ್ಧಾಣ್ಡಕ buddhâṇḍaka. *A building in which relics of Buddha are preserved.*

ಬುದ್ಧಾವತಾರ buddha-avatâra. The last but one or ninth incarnation of Vishṇu (ಶ್ರೀಘನ G.; My.).

ಬುದ್ಧಿ buddhi. = ಬುದ್ಧಿ. *Perception; intelligence, understanding, intellect, judgment, discernment, wisdom, sense;*—comprehension, knowledge;—opinion, notion, view, idea; purpose. 2, in accosting: well! right! etc. (B. 4, 127. 156). ಅಟ್ಟ ಮೇಲೆ ಒಲೆ ಉರಿಯಿತು, ಕೆಟ್ಟ ಮೇಲೆ ಬುದ್ಧಿ ಬನ್ತು. — ಬುದ್ಧಿಯಿಲ್ಲದ ಮುಕ್ಕ ಇದ್ದವರಿಗೆಲ್ಲ ಕೇಡು ತನ್ದ.—ಬುದ್ಧಿ ಇರುವಾಗ ಗಣ್ಡನಿಲ್ಲ, ಗಣ್ಡನಿರುವಾಗ ಬುದ್ಧಿ ಇಲ್ಲ.—ಬುದ್ಧಿಯಿಲ್ಲದವನ ಸ್ನೇಹ ಇದ್ದ ಮಾನಕ್ಕೆ ಹಾನಿ (Prvs.). See Prvs. s. ಮೂಢ, ಮೂಟು ವರುಷ, ವಿದ್ಯ. — ಬುದ್ಧಿಯಾಡು. -ಆಡು. = ಬುದ್ಧಿ ಹೇಟು. ಬುದ್ಧಿಯಾಡುವವಕ್ಕೆ ಹೋದರೆ ಗುದ್ದಾಡುವವಕ್ಕೆ ಬನ್ದ (Prv.). — ಬುದ್ಧಿವೇಟ್. -ಪೇಟ್. = ಬುದ್ಧಿ ಹೇಟು. (Ŝpr. 6, after 88). — ಬುದ್ಧಿ ಹೇಟು. To advise, to instruct, to exhort (B. 4, 139). ಬುದ್ಧಿ ಹೇಟಿದವರ ಸಂಗಡ ಗುದ್ದಾಟಕ್ಕೆ ಹೋದ ಹಾಗೆ (Prv.).

ಬುದ್ಧಿಕ್ಷೀಣ buddhi-kshîṇa. A man whose intellect is diminished or lost (My.). 2, diminution or loss of intellect (My.).

ಬುದ್ಧಿಪೂರ್ವಕ buddhi-pûrvaka. Designedly, purposely (Mhr.; B. 4, 154; My.).

ಬುದ್ಧಿಬಲ buddhi-bala. The power of intellect; intellectual prowess (My.).

ಬುದ್ಧಿವನ್ತ buddhi-vanta. = ಬುದ್ದಿವನ್ತ 2. Tbh. of Sk. ಬುದ್ಧಿಮತ್. An intelligent, sensible, judicious, or learned man (ಮತಿವನ್ತ Ŝmd. 279 Cm.; ಧೀಮಾನ್ Nn. 59; B. 1, 17; 3, 61; 4, 176). Feminines ಬುದ್ಧಿವನ್ತಳು, ಬುದ್ಧಿವನ್ತೆ (My.; ಪ್ರಾಜ್ಞೆ G.). ಬುದ್ಧಿವನ್ತನೇ ಬಲವನ್ತನು.—ಬುದ್ಧಿವನ್ತಗೆ ಮೂಟು ಕಡೆ, ಅಪ್ರಬುದ್ಧಗೆ ಒನ್ದೇ ಕಡೆ.—ಬುದ್ಧಿವನ್ತ ಬೆಣ್ಣೆ ತಿನ್ದ, ಅಪ್ರಬುದ್ಧನ ಬಾಯಿಗೆ ಒರಸಿದ.—ಬುದ್ಧಿವನ್ತರ ಮೋಟ್ ಮುದ್ದಿನ ಹಾಗೆ ಇದ್ದೀತು.—ಬುದ್ಧಿವನ್ತರ ತಾಯಿಯೆಲ್ಲಾ ಒಪ್ಪಾಕೆ (Prvs.).

ಬುದ್ಧಿವಾನ್ buddhi-vân. = ಬುದ್ಧಿವನ್ತ. (ವಿದ್ವಾಂಸ Mr. 223); a councillor (ಮನ್ತ್ರಿ, ಅಮಾತ್ಯ Mr. 266).

ಬುದ್ಧಿವಾನ buddhi-vâna. = ಬುದ್ಧಿವಾನ್. (ಧೀರ Cb.; Mhr. ಬುದ್ಧಿಮಾನ).

ಬುದ್ಧಿವಿಕಲ buddhi-vikala. A man defective in intellect (My.).

ಬುದ್ಧಿವಿಕಾರ buddhi-vikâra. Perverseness or confusion of understanding (My.).

ಬುದ್ಧಿವೈಕಲ್ಯ buddhi-vaikalya. Defect in intellect (My.).

ಬುದ್ಧಿಶಾಲಿ buddhi-śâli. Intelligent; an intelligent person. (My.).

ಬುದ್ಧಿಸಹಾಯ buddhi-sahâya. *A councillor, a minister.*

ಬುದ್ಧಿಸಾಮರ್ಥ್ಯ buddhi-sâmarthya. = ಬುದ್ಧಿಬಲ. (My.).

ಬುದ್ಧಿಸ್ಖಾಲಿತ್ಯ buddhi-skhâlitya. Error of judgment (My.).

ಬುದ್ಧಿಹೀನ buddhi-hîna. Destitute of intelligence, ignorant, foolish, stupid; a stupid man. (My.; B. 3, 121). ಉದ್ದುಮೇದ ಕತ್ತೆಯ ಹಾಗೆ ಬುದ್ಧಿಹೀನನು (Prv.). Feminines ಬುದ್ಧಿಹೀನಳು, ಬುದ್ಧಿಹೀನೆ (My.).

ಬುದ್ಧೀನ್ದ್ರಿಯ buddhi-indriya. = ಜ್ಞಾನೇನ್ದ್ರಿಯ. A perceptive organ of sense, of which five are enumerated: eye, ear, nose, tongue, and skin, or seeing, hearing, smelling, tasting, and feeling, the mind (manas) being both an organ of perception and of action. (My.). *Cf.* ಕರ್ಮೇನ್ದ್ರಿಯ.

ಬುದ್ಬುದ budbuda. = ಬುದುಬುದ. *A bubble;* a spontaneously grown thing (ಜರ್ಜ, ತನಗೆ ತಾನೆ ಹುಟ್ಟುವುದು Nn. 78).

ಬುದ್ಲಿ budli. = ಬುದ್ದಲಿಗೆ, etc. (My.).

ಬುಧ್ budh. = ಬುಧ. (Ŝmd. 106).

ಬುಧ budha. = ಬುದ. *Wise, intelligent, sensible, prudent; a wise or learned man.* 2, *the planet Mercury, regarded as a son of the moon.*

ಬುಧಚಯ budha-ĉaya. A congregation of scholars (ವಿದ್ವತ್ಸಮೂಹ Ŝmd. 253 Cm.).

ಬುಧವಾರ budha-vâra. Wednesday. (My.; B. 1, 7). ಬುಧವಾರವಾದರೆ ಯಾಯವಾರ ಇಕ್ಕ ಬಾರದೇ?—ಬುಧವಾರವಾದರೆ ಸದೆಗೂಡಿಸ ಬಾರದೇ? (Prvs.).

ಬುಧಾಗ್ರಣಿ budha-agraṇi. An eminent scholar (Kâvy. III, 3, B, 35).

ಬುಧಿತ budhita. *Known, understood.*

ಬುಧ್ನ budhna. = (ಬುದ), ಬ್ರಧ್ನ. *Depth, lowest part; the bottom of a vessel; the foot or root* (of a tree, etc., ಮೂಲ, ಮೊದಲು Nn. 136; ತೊಡವು Mr. 486). 2, height, bulkiness (ಔನ್ನತ್ಯ, ದೊಡ್ಡಿತ್ತಾದನ್ಥಾದು 136); a large abdomen (ಉನ್ನತೋದರ 486). 3, Śiva (ತಿಕಣ್ಣ, ಈಶ್ವರ, 136; ಶಿವ 486).

ಬುಧ್ಯ budhya. To be understood, observable, noticeable, noteworthy. (Bp. 24, 20).

ಬುಧ್ಯಾ budhyâ. Designedly, purposely (B. 4, 123).

ಬುನಗು bunagu. = ಬುನುಗು. The rear (My. as ಗುನಗು). ದಣ್ಡಿನ ಹಿನ್ದಿನ ಬುನಗು (ಪರಿಗ್ರಹ G.).

ಬುನಾದಿ bunâdi. The foundation of a building (My.; Br.; H. ಬನಿಯಾದ್, bunyad).

ಬುನುಗು bunugu. = ಬುನಗು. ದಣ್ಡಿನ ಬುನುಗು (ಪ್ರತ್ಯಾಸಾರ G.).

ಬುನ್ದಿ bundi. A granule of gram-flour, etc. passed through a sieve and fried (My.; Mhr. ಬುನ್ದೀ).

ಬುನ್ದು bundu. = ಬುನ್ನು, ಬೂನ್ದು, ಬೋನ್ದು. A coffee-berry (B. 4, 205; My.; Mhr., H. ಬುನ್ದ, ಬೂನ್ದ).

ಬುನ್ನು bunnu. = ಬುನ್ದು, etc. (St. & Pl.; M.).

ಬುಭುಕ್ಷಿತ bubhukshita. *Hungry;* needy. (B. 4, 17).

ಬುಭುಕ್ಷೆ bubhukshĕ. *Appetite, hunger.*

ಬುರಕಿ buraki. = ಬುರಿಕಿ. A veil; a cover of cloth of a carriage, palankeen, etc.; a cloth covering the body and head of a horse; a top to a carriage (My.; G. 119; B. 5, 39; Mhr., H. ಬುರಕಾ, ಬುರಖಾ, ಬುರಖೀ, ಘುರಕಿ).

ಬುರಗಲು buragalu. = ಬುರುಗಲು. (My.).

ಬುರಲಿ burali. (ಬುಱಲಿ). = ಬುರುಲಿ, ಬುರ್ಲಿ. A quail (Pr.).

ಬುರಿಕಿ buriki. = ಬುರಕಿ. (Si. 277; My.).

ಬುರುಗಲು burugalu. = (ಪುರಿ 2), ಬುರಗಲು. Parched rice (that is also put into the mouth of a dead person, My.; Tĕ. ಬೊರುಗುಲು, ಬೋರುಲು). ಹುರಿದ ಬುರುಗಲು (ಧಾನೆ, ಭೃಷ್ಟಯವ Si. 314).

ಬುರುಗು burugu. 1. Foam, lather, scum (ಸೀವರನಿ Čb.; Mhr. ಬುರಬುರಣೀಂ, to mumble, mutter; to drizzle).

ಬುರುಗು burugu. (ಬುಱುಗು). 2. (= ಬು, ಬುರ್). Imitation of a harsh, loud sound. — ಬುರುಗು ಗಾಳಿ. -ಕಾಳೆ. = ಬೂರ್ಗಾಳೆ. A kind of kâḷĕ (Č. Bp. 5, 7).

ಬುರುಜು buruju. A bastion (My.; ಅಟ್ಟಾಲಿಕ G.; Tĕ. ಬುರುಜು; Mhr., H.). ಬುರುಜು ಇಲ್ಲದಿದ್ದರೆ ಕುರುಜು ಆದರೂ ಕಟ್ಟ ಬಾರ ದೇ? (Prv.). 2, = ಬೂಜು No. 1. A drawn play at chess (My.).

ಬುರುಂಟ್ಟಿ buruṇṭi. = ಬುರುಂಟ್ಟೆ. A woman of the Burûḍa caste (Mhr. ಬುರೂಡ, Sk. ಬುರುಡ), who are basket-makers and workers in bamboo and cane (ಮೇದಾರವಳು G.).

ಬುರುಂಟ್ಟೆ buruṇṭĕ. = ಬುರುಂಟ್ಟಿ. (J. 5, 58).

ಬುರುದೆ burudĕ. Mud, mire (Tĕ. ಬುರದ, ಬುರುದ; Jás. 22, 53).

ಬುರುಲಿ buruli. (ಬುಱುಲಿ). = ಬುರಲಿ, etc. (See ಹೆಬ್-; Râm. 8, 3, 18, where ಬುರುಲೆ).

ಬುರ್ನಿಸ burnis. A kind of felt (My.; Si. 221; Tĕ. ಬುರ್ನೀಸು; Mhr. ಬುರಣೂಸ).

ಬುಱ bura. (ಬುರ). = ಬುಬು, (ಬುಱ್). A sound in imitation of that of a rash movement, as when a swelling arises from a blow, or as when dough rises. 2, an imitation of the sound produced by a bird rising suddenly, or by breaking wind (*cf.* ಪುಟ್). — ಬುಱ ಬುಱನೆ. With the repeated suddenness or sound of ಬುಱ (My.; Tĕ. ಬುರ ಬುರ).

ಬುಱಡೆ buraḍĕ. = ಬುದ್ದಿ 1, ಬುಸ್ಲೆ, ಬುಱುಡಿ, ಬುಱುಡು, ಬುಱುಡೆ. A gourd-bottle, a calabash, a gourd-cup, a dry gourd, used, as a bladder, in swimming, the nut or shell of a cocoanut with the kernel scooped out and used as a bottle, etc., a bilva-fruit cleansed from the pulp, an inkstand of earth, etc., a snuff-box of horn, etc.; the skull (My.; Tĕ. ಬುಜ್ಜಿ, ಬೊಚ್ಚೆ, ಬೊಜ್ಜಿ; Tĕ. ಪೊಟ್ಟೆ, ಪೊಚ್ಚಿ, the skull; *cf.* ಪುರೆ). ತೆಂಗಿನ ಬುಱಡೆ (Čb. 36). ಜೋಗಿ ಜೋಗಿ ತಟ್ಟ್ಯಾಡಿದರೆ ಬುಱಡೆ ಬುಱಡೆ ತಟ್ಟ್ಯಾಡಿತು (Prv.). See Si. s. ಬುದ್ದಲಿ. 2, a hollow thing: a lie, untruth (My.).

ಬುಱು buru. = ಬುಱ. — ಬುಱು ಬುಱನೆ. = ಬುಱ ಬುಱನೆ. (My.).

ಬುಱುಡಿ buruḍi. = ಬುಱುಡೆ, etc. ತೆಂಗಿನ ಬುಱುಡಿ (G. 144). ತಲೆಯ ಬುಱುಡಿ (ಕರೋಟಿ, ಕರ್ಪರ G.).

ಬುಱುಡು buruḍu. = ಬುದ್ದು, ಬುಱಡೆ, etc. Globularness, roundness. — ಬುಱುಡುಗಾಲು. -ಕಾಲು. A round, beautiful heel (My.). — ಬುಱುಡುಮೊಗ. A round, beautiful face (My.).

ಬುಱುಡೆ buruḍĕ. = ಬುಱಡೆ, etc. (My.; Si. 309; B. 4, 82; see ಈಜು-, ಉಜ್ಜೆ-, ಗುಡುಗುಡಿ-, ತಲೆ-, ಮಸಿ-, ಸೋರೆ-). ಗಂಗೆಗೆ ಹೋಗಿ, ತೆಂಗಿನ ಬುಱುಡೇ ತನ್ದ. — ಬುಱುಡೆಯಾದರೆ ಬಱಡೆಮ್ಮೇ ಹಾಲು ಕಱೆಯೋಕ್ಕಾಗದೇ? (Prvs.). ಸೋರೆಯ ಬುಱುಡೆ (Râghĕ. 17, 67). — ಬುಱುಡೆಮನುಷ್ಯ. A liar (My.). — ಬುಱುಡೆಮಾತು. An untrue word (My.). — ಬುಱುಡೆ ಹೊಡೆ. To utter lies, to brag (My.).

ಬುಱ್ burr. = ಬುಱ No. 2. (C.).

ಬುಱ್ಱನೆ burranĕ. With the sound of ಬುಱ್. ಭರ ಭರನೆ ಹೋಗಿ, ಬುಱ್ಱನೆ ಹಾರಿ ಬನ್ದ ಹಾಗೆ (Prv.).

ಬುರ್ಲಿ burli. (burli). = ಬುರಲಿ, etc. See ಸಣ್ಣ-. — ಬುರ್ಲಿಹುಳ. An insect that is very hurtful to grain (S. Mhr.).

ಬುಲಾಕು bulâku. A jewel worn (by women) in the centre of the nostrils (My.; Br.; H.).

ಬುಲ್ಬುಲ್ bulbul. The so-called Persian (Indian) nightingale, Pycnonotus jocosus (Mhr., H.; My.).

ಬುಲ್ಲ bulla. = ಬುಲ್ಲಿ. The male generative organ (My.; Tĕ. ಬುಲ್ಲಿ). — ಬುಲ್ಲಕಾಯಿ. = ಬುಲ್ಲ. (My.; Tĕ.). 2, an ornament used to cover the membrum of naked children (My.).

ಬುಲ್ಲಯಿಸು bullayisu. 1. = ಬುಲ್ಲವಿಸು 1. To coax; to fondle (Bp. 2, 40; Tĕ. ಬೆಲ್ಲಿಂಚು; Mhr. ಭುಲವಿಣೇಂ, to captivate, beguile, make forget, infatuate; M. ಪುನ್ನಾರ, ಪೊನ್ನಾರ, flattering, coaxing; *cf.* ಬುಜ್ಜಯಿಸು, etc.).

ಬುಲ್ಲಯಿಸು bullayisu. 2. = ಬುಲ್ಲಯ್ಸು, ಬುಲ್ಲವಿಸು 2. To become large or extensive; to be elated. (Tu. ಬುಲ್ಲು). ಹೇಳಿಗೆಯ ಮುಚ್ಚಳ ಜಾರಿಸಿದ ಫಣಿಯನ್ತೆ ಬುಲ್ಲಯಿಸಿತ್ತು ಕುರುಸೇನೆ (on account of its present success in the battle, Bh. 8, 23, 39). ಕ್ರೋಧಶಿಖಿ ಬುಲ್ಲಯಿಸೆ (ಅರ್ಜುನನಂ) ಮುಳಿದು (8, 23, 46).

ಬುಲ್ಲಯ್ಸು bullaysu. = ಬುಲ್ಲಯಿಸು 2. (Bh. 3, 19, 37).

ಬುಲ್ಲವಣೆ bullavaṇĕ. 1. Flattering, coaxing (Bp. 42, 7).

ಬುಲ್ಲವಣೆ bullavaṇĕ. 2. Increase, etc.; elation, etc. (ಪೆರ್ಚುಗೆ Bhn. 14).

ಬುಲ್ಲವಿಸು bullavisu. 1. = ಬುಲ್ಲಯಿಸು 1. (Bp. 47, 32; Râghĕ. 13, 10; Rāv. 8, after 82).

ಬುಲ್ಲವಿಸು bullavisu. 2. = ಬುಲ್ಲಯಿಸು 2. (J. 17, 47; 30, 5).

ಬುಲ್ಲಿ bulli. = ಬುಲ್ಲ. (My.). — ಬುಲ್ಲಿಕಾಯಿ. = ಬುಲ್ಲಕಾಯಿ. (My.).

ಬುವಿ buvi. Tbh. of ಭೂಮಿ. (ಭೂವಿ, ಇಳೆ, ಧರೆ, ನೆಲ, ತಿರೆ, ರಸ್ನವ ಸಿಪಿಳ್, ಪೊಡವಿ, ಮೇದಿನಿ Šm. 37; see 19).

ಬುವ್ವ buvva. = ಬೂವ. Boiled rice (in children's language, My.; Tĕ.; *cf.* ಬಾಪು).

ಬುಸ್ bus. = ಬುಸು, ಬುಸ್ಸು, ಬೊಸ್, ಮುಸು 1. A sound to imitate the puffing or hissing of a serpent, of a pair of bellows, of the snorting of cattle, etc. (C.). ಬಡ ದೇವರನ್ನು ಕಣ್ಡರೆ ಬಿಲ್ಲಕ್ಕಿ ಬುಸ್ಸೆನ್ನುತ್ತದೆ (Prv.). — ಬುಸ್ ಬುಸ್. rep. (C.).

ಬುಸ busa. (also ಬುಶ, ಬುಷ). *Chaff* and other refuse of grain (ಕಡಂಗರ, ಹೊಟ್ಟು Mr. 372);—refuse, rubbish;—dry cow-dung.

ಬುಸು busu. = ಬುಸ್, etc. (Tĕ. ಬುಸ). — ಬುಸುಗುಟ್ಟು. -ಕುಟ್ಟು. To puff, to hiss (C.; Tĕ. ಬುಸಕೊಟ್ಟು). ಹಾವಿನ ಬುಸುಗುಟ್ಟೋಣ (ಭೂತ್ಕೃತ G.). — ಬುಸು ಬುಸ. ಬುಸು ಬುಸು. A repeated sound of ಬುಸು. ನಸುನಗೆಯಿಲ್ಲದವನ ಪೋಟ್ ಬುಸು ಬುಸ ಎಮ್ಬುವದು (Prv.).

ಬುಸ್ತ busta. (= ಜುಸ್ತ). *The burnt exterior of roast meat.* 2, the husk or shell of fruit.

ಬುಸ್ಸು bussu. = ಬುಸ್, etc. — ಬುಸ್ಸೆನ್. -ಎನ್. = ಬುಸುಗುಟ್ಟು. (Bp. 17, 19). — ಬುಸ್ಸು ಬುಸ್ಸೆನ್. To puff or hiss repeatedly (Bp. 17, 18).

ಬುಳ್ಳೆ buḷḷĕ. — ಬುಳ್ಳೆಕಡಲೆ. = ಬೇಳೆಕಡಲೆ (Si. 304, *only* in Si.).

ಬೂ bû. Tbh. of ಭೂ. — ಬೂತಾಡ್. A kind of Pandanus, used for hedges (My.).

ಬೂಚಿ bûči. = ಪೂಚಿ. A worm, an insect (My. in children's language). 2, urine (My. in children's language, *cf.* ಉಚ್ಚೆ).

ಬೂಚು bûču. A stopple; a bung, cork (My.; Mhr. ಬೂಚ, ಬೂಚು).

ಬೂಜು bûju. = ಬೂಜೆ, ಬೂಷ್ಟ, ಬೂಸಿ, ಬೂಸು. Mould, white mould, mildew, mustiness (My.; Tĕ., where also: dirt, cobwebs, trash; T. ಪೂಂಜ, ಪೂಂಜು; Tu. ಬೂಜ, ಬೂಜು, ಬೂಜು; Mhr. ಬುರಸೀ, ಬುರಸಾ, ಬುರಾ, ಭೂರ; Mhr., H. ಭುಸಾ, chaff; powder, dust, etc., as of sawn wood). — ಬೂಜುಗುಮ್ಬಳ. (Si. 161, *only* in Si.; *cf.* ಬೂದು-). — ಬೂಜುಗಟ್ಟು. -ಕಟ್ಟು. Mould to form or be produced (My.). — ಬೂಜು ಹಿಡಿ. Mould to seize or fall upon (anything, My.).

ಬೂಜು bûju. = ಬುರುಜು No. 2. (My.). 2, a play at cards at which the looser has to give some cards as a tribute to the winner (My.).

ಬೂಜೆ bûjĕ. = ಬೂಜು, etc. (My.).

ಬೂಟ bûṭa. = ಬೂಟಕ, (ಬೂತು). (My.).

ಬೂಟಕ bûṭaka. Trickery, deceit; fraudulent assumption and display; a lie, a falsehood (Dp. 99, 3; My.; Tĕ.; T. ಪೂಟ್ಟಗ, anything unsubstantial; boast, bragging; M. ಪೂಳ, a lie).

ಬೂಟಕತನ bûṭakatana. = ಬೂಟಕ. (My.). ಬೂಟಕತನ ಮಾಡಿದರೆ ಕಾಟಕತನ ತಪ್ಪೀತೇ? (Prv.).

ಬೂಟಾಟ bûṭa-âṭa. = ಬೂಟಕ. (My.).

ಬೂಟಾಟಗಾರ bûṭâṭa-gâṟa. A pretender, a boaster, a bragger, a liar (My.; Tĕ., T.).

ಬೂಟಾಟಿಕೆ bûṭa-âṭikĕ. = ಬೂಟಾಟ. (My.).

ಬೂಟೆ bûṭĕ. = ಬುಟೆ, etc. (My.; Mhr., H. ಬೂಟಿ).

ಬೂತ bûta. Tbh. of ಭೂತ. — ಬೂತಗನ್ನಡಿ. -ಕನ್ನಡಿ. A magnifying glass, a microscope (My.; M. ಭೂದಕ್ಕಣ್ಣಾಡಿ; T. ಪೂದಕ್ಕಣ್ಣಾಡಿ; Tĕ. ಭೂತಅದ್ದಮು). — ಬೂತನ ಕಸ. A common medicinal plant of a hoary appearance, Crozophora plicata Ad. Juss. (Z.).

ಬೂತು bûtu. Foul, shameless, obscene language; obscenity (Tĕ.; T. ಪೂದ). 2, a shameless, obscene man (ಬಣ್ಣ Bhn. 21). — ಬೂತಾಟ. -ಆಟ. Obscene, shameful language (Bh. 2, 13, 47; 3, 5, 22; Šiv. 4, 37). — ಬೂತುಗೆಡಹು. -ಕೆಡಹು. = ಬೂತುಗೆಡೆ. (Bh. 3, 3, 48). — ಬೂತುಗೆಡೆ. -ಕೆಡೆ. To let drop or utter foul words (Râm. 3, 4, 22).

ಬೂತುಗ bûtu-ga. (Šmd. 287). A shameless man; (a boaster). ಮಾತುಗಂ ಬೂತುಗಂ (287).

ಬೂದ bûda = ಬೂದಿ, etc. — ಬೂದಗಮ್ಬಳಿ. -ಕಮ್ಬಳಿ. An ash-coloured blanket (My.). — ಬೂದಗುಮ್ಬಳ. -ಕುಮ್ಬಳ. = ಬೂದಿಕುಮ್ಬಳ. (My.). — ಬೂದನ ಬಳ್ಳಿ. A common creeper with hoary leaves, Lettsonia aggregata Roxb. (Z.). — ಬೂದನ ಬುಕ್ಕಗಿಡ. A shrub with greyish leaves, Grewia villosa Herb. Miss. (Z.). — ಬೂದಬುಕ್ಕನ ಬಳ್ಳಿ. = ಬೂದನ ಬಳ್ಳಿ. (Z.). — ಬೂದಬೆಳವ. The dove turtle, the ring dove (Pr.). — ಬೂದೆತ್ತು. An ash-coloured bullock (My.).

ಬೂದಿ bûdi. = ಬೂದ, ಬೂದು. Tbh of ಭೂತಿ (Šmd. 338; Šm. 12). Ashes (ಭೂತಿ, ಭಸ್ಮ, etc. Hlâ., Si. 424; ಭೂತಿ Nn. 106; C.; Tĕ.); ash-colour (My.; Tĕ.). ಸಾರಿಪ್ಪ ಬೂದಿ (ಕ್ಷಾರ, ಭಸ್ಮ, ವಿಭೂತಿ, etc. Mr. 48). See Dp. 118. ಮಾಡಿಗ ಬೂದಿ ಬಡ ಕೊಣ್ಡು ಮೂಢವನೆನ್ದರೆ ಓಡಾಳಿಯಾಜಾನೇ? (Prv.). — ಬೂದಿ ಕುಮ್ಬಳ. The white gourd, Beninkasa cerifera Savi. (St. & Pl.; My.). — ಬೂದಿಗುಮ್ಬಳ. -ಕುಮ್ಬಳ. = ಬೂದಿಕುಮ್ಬಳ, ಬೂದುಗುಮ್ಬಳ. (My.). — ಬೂದಿಗೊರವ. A religious mendicant with ashes on his body. ಪಡಿಯಾಸೆ ಹರದಂಗೆ, ನುಡಿಯಾಸೆ ವೇಶ್ಯೆಗೆ, ಜೆಡೆಯಾಸೆ ಬೂದಿಗೊರವಗೆ, ಹಾದರಕೆ ಎಡೆಯಾಟಜಾಸೆ (Sp.). — ಬೂದಿಬಡಕ. A man who covers his body with ashes (My.); Šiva (Č. Bp. 47, 19). — ಬೂದಿಬಣ್ಣ. Ash-colour (B. 3, 55. 108. 118; 5, 12). — ಬೂದಿಬಾಟ್. A kind of plantain (B. 2, 38; My.). — ಬೂದಿಯುಣ್ಡೆ. -ಉಣ್ಡೆ. A ball of cow-dung ashes (My.). — ಬೂದಿಹುಣ್ಣಿವೆ. The Hôḷi feast (My.).

ಬೂದಿಗ bûdiga. — ಬೂದಿಗನ ಕಸ. An ash-coloured herb, Aerva lanata Juss. (Z.).

ಬೂದು bûdu. = ಬೂದಿ, etc. (My.). See Prv. s. ಬೆಟ್ಟಕರ್ಪುರ. — ಬೂದುಗುದುರೆ. -ಕುದುರೆ. An ash-coloured horse (My.). — ಬೂದುಗುಮ್ಬಳ. = ಬೂದಿಗುಮ್ಬಳ. (My.). — ಬೂದುಬಣ್ಣ. = ಬೂದಿಬಣ್ಣ. (My.). — ಬೂದುಬಾಟ್. = ಬೂದಿಬಾಟ್. (My.).

ಬೂನ್ದು bûndu. = ಬುನ್ದು, etc. (My.; B. 4, 168).

ಬೂಬು bûbu. = ಬೀಬಿ. (My.; Br.; Mhr., H. ಬುಬೂ).

ಬೂಮಿ bûmi. Tbh. of ಭೂಮಿ. (My.).

ಬೂರ bûra. = ಬೂರಗ, etc. (V. 41, 42).

ಬೂರಗ bûraga. = ಬೂರುಗ, etc. ನೆರಲು ಬೂರಗಕ್ಕಿಲ್ಲ, ಕೂಬಿಗೆ ನೀತಿಯಿಲ್ಲ (Prv.).

ಬೂರಾ bûrâ. — ಬೂರಾಸಕ್ಕರೆ. A white sort of finely granulated sugar (My.).

ಬೂರುಗ bûruga. = ಬೂರ, ಬೂರಗ, ಬೂರುಗೆ, ಬೂರ್ಲ. The silk-cotton tree, Bombax (ಪಿಚ್ಛಿಲೆ, ಪೂರಣಿ, ಮೋಚೆ, ಸ್ಥಿರಾಯು, ಶಾಲ್ಮಲಿ, ಹಕ್ಕಮುಕ್ಕೀ ಹತ್ತೀ ಗಿಡ, ಬೆಣ್ಣುಹತ್ತೀ ಗಿಡ, ಎಲವದ ಮರ Si. 132; My.; Tĕ. ಬುರಗೆ; M. ಪೂಳ, T. ಪೂಳೈ, silk-cotton, and the tree). See ಕೆಮ್ಪು-, ಬಿಳೀ-, ಬೆಟ್ಟ-. ಬೂರುಗದ ಮರ ಗಿಣಿ ಕಾದ ಹಾಗೆ (Prv.). — ಬೂರುಗಬಂಕ. = ಬೂರುಗೆಬಂಕ. (ಪಿಚ್ಛ Si. 484).

ಬೂರುಗೆ bûrugĕ. = ಬೂರುಗ, etc. — ಬೂರುಗೆಬಂಕ. (ಪಿಚ್ಛ, ಶಾಲ್ಮಲೀವೇಷ್ಟ Si. 138).

ಬೂರ್ bûr. = ಬುರುಗು 2. — ಬೂರ್ಗಾಳಿ. = ಬುರುಗುಗಾಳಿ. (My.).

ಬೂರ್ಲ bûrla. = ಬೂರುಗ, etc. (Z.). 2, a species of birch (ಚರ್ಮ, ಭೂರ್ಜ, ಮೃದುತ್ವಚ್ G.).

ಬೂವ bûva. = ಬುವ್ವ. (My.).

ಬೂವಿ bûvi. Tbh. of ಭೂಮಿ (Šmd. 347; ಧರೆ Kk. 16; ಬುವಿ, etc., ಮೇದಿನಿ Šm. 37).

ಬೂಷ್ಟೆ bûshṭĕ. = ಬೂಜು, etc. (My.).

ಬೂಸ bûsa. A generic term for the cereal grains, the grasses, and the esculent culms (B. 4, 147; My.; Mhr. ಭುಸಾರ, ಭುಂಸಾರ, ಭೂಸ, ಭೂಂಸ). — ಬೂಸದಗರಿಗೆ (?). A corn-dealer (Râm. 5, 8, 51).

ಬೂಸಿ bûsi. = ಬೂಜು, etc. (My.).

ಬೂಸು bûsu. = ಬೂಜು, etc. (My.).

ಬೃಂಹಿತ briṁhita. = ವೃಂಹಿತ. (ಮದಗಜಧ್ವನಿ Mr. 89). — ಬೃಂಹಿತಂಗೆಯ್. -ಂ-. To roar (Rěv. 6, after 11).

ಬೃನ್ದ brinda. = ಬಿನ್ದ q. v., ವೃನ್ದ.

ಬೃಹತ್ brihat. = ಬೃಹತ್ತು, ವೃಹತ್. *Great, large, vast.*

ಬೃಹತಿ brihati. *N. of a type of metres* (Ĉh.; Mr. 362). 2, N. of a vritta (Ĉh.). 3, *a sort of prickly nightshade, Solanum jacquini* Willd. (see ಗುಳ್ಳ). 4, *another kind of Solanum* (= ಕ್ಷುದ್ರವಾರ್ತಾಕಿ). 5, *a large lute, the lute of Nârada.*

ಬೃಹತಿಕೆ brihatikĕ. *An upper garment, a wrapper.*

ಬೃಹತ್ಕುಕ್ಷಿ brihat-kukshi. *Pot-bellied, corpulent.*

ಬೃಹತ್ತು brihattu. Tbh. of ಬೃಹತ್ (Šmd. 106 Cm.).

ಬೃಹದಾರಣ್ಯಕ brihat-âraṇyaka. N. of an âraṇyaka. (My.).

ಬೃಹದ್ಭಾನು brihat-bhânu. *Fire, Agni.*

ಬೃಹದ್ರಥ brihat-ratha. Indra. 2, N. (My.).

ಬೃಹನ್ತ brihanta. (fr. ಬೃಹತ್). A great man (Šmd. 106 Cm.).

ಬೃಹಸ್ಪತಿ brihas-pati. = ಬೇಸ್ತ, ಬ್ರಹಸ್ಪತಿ. Lord of increase: *the planet Jupiter.* 2, *the preceptor or purôhita of the gods.*

ಬೃಹಸ್ಪತಿವಾರ brihaspati-vâra. = ಬೇಸ್ತವಾರ, ಬೇಸ್ತ್ವಾರ. Thursday (My.; B. 1, 7).

ಬೃಹಸ್ಪತಿಸವ brihaspati-sava. *N. of a festival lasting one day, said to confer the rank of purôhita on those observing it.*

ಬೆಕ್ಕರಿಸು bĕkkarisu. O. r. of ಚೆಕ್ಕರಿಸು, q. v. (Mhr. ಬೇಂ, to bleat; *cf.* ಬ್ಯಾ).

ಬೆಕ್ಕಸ bĕkkasa. = ಬಕ್ಕಸ. Astonishment, amazement, surprise (ಅಚ್ಚರಿಯ Ĉt. II, 100; Šm. 66; Rěv. 5, 103; Šěv. 5, 62; *cf.* ಬೆಗಡು, ಬೆಬಗು). — ಬೆಕ್ಕಸಬೆಬಗು. dupl. (My.). — ಬೆಕ್ಕಸಮುಱು. -ಉಱು. Astonishment to arise (Ĉpr. 4, 70; Abh. P. 5, 81. 86). — ಬೆಕ್ಕಸಮ್ಬಡು. -ಂ-ಪಡು. To be astonished, etc. (ವಿಸ್ಮಯ Šmd. Dh.; Ĉpr. 5, after 19; Abh. P. 6, 124; Bp. 5, 61; 28, 24; 31, 29; V. 3, after 81). — ಬೆಕ್ಕಸಪಡು. -ಪಡು. = ಬೆಕ್ಕಸಮ್ಬಡು. (ಕೌತುಕಾರ್ಥಂ Ĉt. I, 50).

ಬೆಕ್ಕಸನೆ bĕkkasanĕ. (fr. ಬೆಜ್). Stiffly, stubbornly (Abhâ. 2, 54).

ಬೆಕ್ಕು bĕkku. = ಬೆಕ್ಕರ್. A cat (ಓತು, ಬಿಡಾಲ, ಮಾರ್ಜಾರ, ವೃಷದಂಶ, ಆಖುಭುಜ್ Hlâ., Nr., Si. 168; ಬಿಡಾಲ Nu. 122; ಮಾರ್ಜಾರ, etc. Mr. 163; C.; T. ವೆರುಗು; M. ವಿರುಗು, ವೆರುಗು; Tĕ. ಪಿಲ್ಲಿ; Sk. also ಬಿರಾಲ, ಬಿಲಾಲ; Bp. 15, 13; J. 28, 43; B. 1, 27; see ಕಾಡು-, ನೀರು-, ಪುಣುಗಿನ-, ಮಣ್ಣ-, ಸುಟ್ಟುಬೆಕ್ಕು). ನೀರೊಳಗಣ ಬೆಕ್ಕು (ಉದ್ರ, Nr.). ಇಲಿ ಹಿಡಿಯಲು ಅನುಗೆಯ್ವ ಬೆಕ್ಕು (ಜಾಹಕ, ಗಾತ್ರಸಂಕೋಚಿ, ಮಣ್ಡಲಿ Hlâ.). ಇಲಿಯ ತಿನಲ್ ಅನುಗೆಯ್ವ ಬೆಕ್ಕು (ಜಾಹಕ, ಮಣ್ಡಲಿ Mr. 164). ಬೆಕ್ಕಿಗೆ ಚಲ್ಲಾಟ, ಇಲಿಗೆ ಪ್ರಾಣಸಂಕಟ. — ನೆಲು ಹಱಿದು, ಬೆಕ್ಕಿನ ಮುನ್ದೆ ಬಿದ್ದ ಹಾಗೆ. — ಮಕ್ಕಳಿಗೆಲ್ಲ ಬೆಕ್ಕಿನ ಪಳಿದ್ಯವೇ? — ಬೆಕ್ಕು ಕಣ್ಣು ಮುಚ್ಚಿ ಹಾಲು ಕುಡಿದರೆ ಹೊಕ್ಕವರಿಗೆ ಕಾಣದೇ? (Prvs.). See Prvs. s. ಬೆಳಗು 2, ಮಣ್ಣು. — ಬೆಕ್ಕಪ್ಪ. -ಅಪ್ಪ. = ಬೆಕ್ಕು. ಬೆಕ್ಕಪ್ಪ ಇಲ್ಲದಲ್ಲಿ ಇಲಿಯುಮ್ಮಲಂಗ ಬಿಗಿಯಿತು (Prv.). — ಬೆಕ್ಕಿನ ಕಣ್ಣಿನ ಬಣ್ಣ. (ಪಿಂಗ, ಪಿಂಗಲ, ಬಭ್ರು G.). — ಬೆಕ್ಕಿನ ತಡ್ಡ ಗಿಡ. = ಬೆಕ್ಕಿನ ತೊಡ್ಡ ಗಿಡ. (Z.). — ಬೆಕ್ಕಿನ ತೊಡ್ಡ ಗಿಡ. = ಬೆಕ್ಕಿನ ತೊರಡಿನ ಗಿಡ. (Z.). — ಬೆಕ್ಕಿನ ತೊರಡಿನ ಗಿಡ. A climbing herb, the smooth-leaved heart-pea, Cardiospermum halicacabum L. (Z.). — ಬೆಕ್ಕಿನ ಹೆಜ್ಜೆ. A winding herb, Ipomaea palmata Forsk.(Z.). — ಬೆಕ್ಕಿನುಜ್ಜಿಗಿಡ. -ಉಜ್ಜಿ-. The lantana, Lantana aculeata Lin. (My., occasionally). — ಬೆಕ್ಕುಗಣ್ಣು. -ಕಣ್ಣು. A cat's eye, an eye like that of a cat (My.). — ಬೆಕ್ಕುಮೂಳಿಗೆ. An opening in the mâḻigĕ, for the egress of smoke (My.).

ಬೆಗಡು bĕgaḍu. 1. = (ಬಿಗುರ್ 1), ಬೆಗಟ್ 1 (Šmd. 28). To be amazed or astonished; to fear (Tĕ. ಬೆಗಡು, ಬೆಗ್ಗಡಿಂಚು, ಬೆಗ್ಗಿಲು).

ಬೆಗಡು bĕgaḍu. 2. = (ಬಿಗುರ್ 2, ಬೆಗರ್), ಬೆಗಟ್ 2. Amazement; fear, alarm (ಭಯ Šmd. II; ಶಂಕೆ Ĉt. I, 9; ಅಳ್ಕು, ಭಯ Kk. 83, o. r. ಬಿಗುರ್; ತಲ್ಲಣ, ತಳವೆಳಗು, ಬಕ್ಕುಡಿ, ಗುರ್ವು, ಮಲ್ಲಟಿ, ಬಿಗುರ್, ಬೆಪ್ಪಳ, ತಳಮಳ, ಬೆಬಗಪ್ಪ ಭಾವ Šm. 49; Tĕ. ಬೆಗಡು, ವೆಗಡು, ಬೆಗ್ಗಲ, ಬೆಗ್ಗಿಲ). — ಬೆಗಡ. -ಅ 3. A wonderful man: a very clever man (ಚದುರ Bhn. 60). — ಬೆಗಡುಗೊಳ್. -ಕೊಳ್. To become amazed; to begin to fear (Ĉpr. 5, after 64 & 79; Bp. 28, 54; 58, 61; J. 26, 58). ಬೆಗಡುಗೊಣ್ಡವನು (ವಿಕ್ಲವ Nr.). — ಬೆಗಡುಗೊಳಿಸು. -ಕೊಳಿಸು. To frighten, etc. (Bh. 3, 18, 22). — ಬೆಗಡುವಡೆ. -ಪಡೆ. = ಬೆಗಡುಗೊಳ್. (J. 17, 50). — ಬೆಗಡು ಹತ್ತು. Amazement, etc. to attack: to become amazed, etc. (Bp.). — ಬೆಗಡೊನ್ದು. -ಒನ್ದು. To become afraid, etc. (Bp. 15, 9; 26, 30).

ಬೆಗರ್ bĕgar. = ಬಿಗುರ್ 2, (ಬೆಗಡು 2, etc.). Amazement; fear (ಗುರ್ವು, ಬೆಬ್ಬಳ, ಅಳುರ್, etc., ಭಯ Šs.).

ಬೆಗಳ bĕgaḷa. (?). See s. ಕತ್ತುಪೆನ.

ಬೆಗಱ್ bĕgaṟ. 1. = ಬೆಗಡು 1, before the letter ಪ. ಬೆಗಡುವಂ becomes ಬೆಗಱ್ಪಂ (Šmd. 28. 217. 275). *Cf.* ಬೆಮರ್ 1.

ಬೆಗಱ್ bĕgaṟ. 2. = ಬೆಗಡು 2. (ಗುರ್ವು Šm. 49; see Kk. s. ಬೆಬ್ಬಳ). — ಬೆಗಱ್ಗೊಳಿಸು. = ಬೆಗಡುಗೊಳಿಸು. (Rěv. 5, 130).

ಬೆಂ bĕṅ. (ಬೆಬ್). 1. = ಬಿಸು 1 (Šmd. 216), etc. Heat. — ಬೆಂಗದಿರ್. -ಕದಿರ್. (Šmd. 216). A hot ray. — ಬೆಂಗದಿರ. -ಅ 3. The sun (ಕಮಲಮಿತ್ರ Ĉt. II, 18; ಸೂರ್ಯ Kk. 11b, Šm. 14). — ಬೆಂಗದಿರಣುಗ. -ಅಣುಗ. Yama (G.). — ಬೆಂಗಲ್. -ಕಲ್. (Šmd. 216). A hot stone. — ಬೆಂಗಳೂರು. -ಕಳ-ಊರು. Bangalore (My.). — ಬೆಂಗಾಡು. -ಕಾಡು. A jungle or uncultivated wild where the grass is scorched (My.). — ಬೆಂಗಾಲ್. -ಕಾಲ್. (Šmd. 198). A hot foot; the hot season.

ಬೆಂ bĕṅ. (ಬೆಬ್). 2.=ಬೆನ್ 2, etc. The back. ಬೆಂಗೆ or ಬೆನ್ಗೆ (Śmd. 139). ಬೆಂಗೆ ಅಲಗು ಬಳಯೆ (Abh. P. 13, 126). — ಬೆಂಕಟ್ಟು. The ridge of the roof of a building (B. 4, 122). — ಬೆಂ ಕೊಳ್. = ಬೆಂಗೊಳ್. (Abh. P. 9, 142; Č. Bp. 19, 32; Rśv. 5, after 19; 5, 82). — ಬೆಂಗಡೆ. -ಕಡೆ. The backside (Râghĕ. 17, 78). — ಬೆಂಗಲ್ಲಿ. -ಕಲ್ಲಿ. A bag that is worn on the back (Râghĕ. 17, 67; Śśv. 3, 23). — ಬೆಂಗಾವಲ್. -ಕಾವಲ್. -ಉ. A rear-guard: a body-guard (J. 28, 7; My.). — ಬೆಂಗಾವಲ. -ಕಾವಲ. = ಬೆಂಗಾವಲ್. (B. 3, 40). — ಬೆಂಗುಡು. -ಕುಡು. = ಬೆಂಗೊಡು. (Abh. P. 12, 28; 13, 30). — ಬೆಂಗೂನ್. -ಕೂನ್. A hump on the back (V. 34, 95). — ಬೆಂಗೆವರ್. -ಬರ್. (Śmd. 82). To come afterwards, to follow. ಬೆಂಗೆವನ್ದಂ, a younger brother (ತಮ್ಮ G.). — ಬೆಂಗೆವಾಯಿ. -ಪಾಯಿ. To jump upon one's back: to pursue (ಎಬ್ಬಿಟ್ಟು, ಬೆನ್ನೇಱು, etc. Śs.). — ಬೆಂಗೊಡು. -ಕೊಡು. To flinch, to withdraw, to retreat (ಮೆಯ್ದುಗೆ, ಹೆಡ ಮೆಟ್ಟು, ಅಕ್ಕುಳಿಸು, etc., ಅಪಸರಣ Śs.; Bp. 34, 26; Śśv. 4, after 17 & 22; 4, 68; J. 18, 31). — ಬೆಂಗೊಳ್. -ಕೊಳ್. To follow, to run after (ಅನುಧಾವನ Śmd. Dh.; J. 10, 10; Śśv. 4, after 17).

ಬೆಂಕಿ bĕṅki.=ಬೆಂಕೆ, (ಬೆಂಗೆ). Heat; fire (ನಿದಾಘ, ಘರ್ಮ Hlâ.; ಅಗ್ನಿ, ವೈಶ್ವಾನರ, ವಹ್ನಿ, etc. Śi. 24; ಶುಚಿ, ಪಾವಕ 412; C.; M. ವೆಕ್ಕ, T. ವೆಕ್ಕೈ, heat; M. ವೆಬ್ಬು, to grow hot). ಬೆಂಕಿಯ ಉರಿ (ಹೇತಿ Śi. 425). See Śi. 308. 461; B. 4, 31; J. 13, 12; 17, 20; 26, 13; Prv. s. ಮುಂಕುಮೂಟೆ. ಬೆಂಕಿ ಆದರೂ ಸುಂಕ ಅದಿಲ್ಲ. — ಬೆಂಕಿ ಡೊಂಕೆಗೆ (of a tree), ಬೆಣ್ಣು ನೀರಿಗೆ. — ಬೆಂಕಿಯಿನ್ದ ಸುಟ್ಟ ಹುಣ್ಣು ಮಾಯುವದು, ನಾಲಿಗೆಯಿನ್ದ ಸುಟ್ಟ ಹುಣ್ಣು ಮಾಯದು. — ಒಲೆ ಊದಲಿಕ್ಕೆ ಹೋಗಿ, ಮೀಸೆಗೆ ಬೆಂಕಿ ತಾಗಿತು (Prvs.). — ಬೆಂಕಿಕಡ್ಡಿ. A match (My.). — ಬೆಂಕಿಪೆಟ್ಟಿಗೆ. A match-box (My.). — ಬೆಂಕಿಪೊಟ್ಟಣ. = ಬೆಂಕಿಪೆಟ್ಟಿಗೆ. (My.). — ಬೆಂಕಿ ಬೀಳು. Fire to fall upon or attack (My.). — ಬೆಂಕಿ ಮಾಡು. To make a fire (My.). — ಬೆಂಕಿಯಾಗು. -ಆಗು. To become very angry (B. 2, 44; My.). — ಬೆಂಕಿ ಹಚ್ಚು. To put fire to, to set fire; to kindle; to burn up (B. 4, 45; 5, 268; My.). — ಬೆಂಕಿ ಹತ್ತಿಸು. = ಬೆಂಕಿ ಹಚ್ಚು. (My.). — ಬೆಂಕಿ ಹತ್ತು. Fire to be attached or to touch; fire to kindle (B. 4, 60). ಮನೆಗೆ ಬೆಂಕಿ ಹತ್ತಿದಾಗ ಬಾವೀ ಕಡಿಯಲಿಕ್ಕೆ ಹೋದರು (Prv.). — ಬೆಂಕಿ ಹಾಕು. = ಬೆಂಕಿ ಹಚ್ಚು. ಬೆಂಕಿ ಹಾಕಿದರೆ ಸಂಕನ ಮನೆ ಸುಡದೇ? (Prv.). — ಬೆಂಕಿ ಹಿಡಿ. Fire to kindle (My.).

ಬೆಂಕೆ bĕṅkĕ. = ಬೆಂಕಿ. See ಬನವೆಂಕೆ, ಮುನ್ನೀರ್ವೆಂಕೆ.

ಬೆಂಗಾರು bĕṅgâru. Land that has not sufficient water for growing rice (My.; H.).

ಬೆಂಗೆ bĕṅgĕ. = (ಬೆಂಕೆ), ಬೇಗೆ. See ಘಟ್ಟುರಿ.

ಬೆಚ್ಚಗೆ bĕċċagĕ. = ಬೆಚ್ಚನೆ 1, ಬೆಚ್ಚಿಗೆ. (My.). ಬೆಚ್ಚಗಿರುವ ಮೆತ್ತನ್ನ ಸ್ಥಲ (B. 3, 31). ಮೀನುಗಳ ರಕ್ತವು ಮನುಷ್ಯರ ರಕ್ತದನ್ತೆ ಬೆಚ್ಚಗಲ್ಲ, ತಣ್ಣಗಿರುತ್ತದೆ (4, 119). ಬೆಂಕೀ ಹತ್ತರ ಬೆಚ್ಚಗೆ ಕಾಯಿಸಿಕೊಣ್ಡನು (My.). ಬೆಚ್ಚಗೆ ಹೊದ್ದು ಕೊಣ್ಡನು (My.). — ಬೆಚ್ಚಗೆ ಮಾಡು. To make warm (B. 3, 106; 5, 135. 140; My.); to beat soundly (My.); to give a bribe (My.). — ಬೆಚ್ಚಗೆಯಿಡು. -ಇಡು. To keep warm (B. 4, 25; My.).

ಬೆಚ್ಚನೆ bĕċċanĕ. 1. (fr. ಬಿಸು Śmd. 216). = ಬೆಚ್ಚಗೆ, etc. Heat; warmth;—hot; warmly; warm (Śśv. 4, 22; J. 30, 22; My.; Tĕ. ವೆಚ್ಚನಿ). ಬೆಚ್ಚನೇ ಬಟ್ಟೆ (My.).

ಬೆಚ್ಚನೆ bĕċċanĕ. 2. = ಬಿಚ್ಚನೆ. (Abh. P. 9, 127).

ಬೆಚ್ಚನ್ನ bĕċċanna. Warm, etc. ಬೆಚ್ಚನ್ನ ಉಸುರುಗಳ (ಬಿಸುಸುಯ್ G.). ಬೆಚ್ಚನ್ನ ಉರಿ (G. 379). ಅವರ ಬಟ್ಟೆಗಳು ಚಳಿಯ ಸಲುವಾಗಿ ಬೆಚ್ಚನ್ನವಿರುತ್ತವೆ (B. 5, 296).

ಬೆಚ್ಚರ bĕċċara. 1. Haste, speed; quickly, etc. (ಚೆಕ್ಕನೆ, ಬೆಚ್ಚರ, etc., ಶೀಘ್ರಾರ್ಥಂ Śmd. 391; ಬೆಚ್ಚರ, ಬೇಗ, ಬೆಸುಪುಡನೆ, ಚೆಕ್ಕನೆ, etc., ಶೀಘ್ರಾರ್ಥಂ Śm. 61; Kk. 50; J. 31, 68).

ಬೆಚ್ಚರ bĕċċara. 2. = ಬೆಜ್ಜರ. Bewilderment (J. 3, 24); roaming, straying. ಭ್ರಮಂಬಯೊಳ್ ಭ್ರಮಿಯಿಸ್ತಿರೆ ಬೆಚ್ಚರಾಗು! (Śmd. 272).

ಬೆಚ್ಚಳಿಸು bĕċċaḷisu. To be confused, to become perplexed or bewildered, to be deprived of consciousness; to be beguiled (and transitive. ವಿಮೋಹ Śmd. Dh.).

ಬೆಚ್ಚಿಗೆ bĕċċigĕ. = ಬೆಚ್ಚಗೆ, etc. (My.).

ಬೆಚ್ಚಿಸು bĕċċisu. = ಬೆರ್ಚಿಸು. To frighten (Čpr. 1, 93; 5, 74; Bp. 32, 26; 40, 41; My.).

ಬೆಚ್ಚು bĕċċu. 1. = ಬೆರ್ಚು 1. To be frightened, to be scared, to fear (Čpr. 5, after 39; Abh. P. 13, 65; Grj. 2, after 106; Bp. 1, 49; 22, 38; 32, 26; 37, 89; 40, 4; 44, 22; V. 5, 22; J. 17, 40; My.; Tĕ. ವೆಱಚು, ವೆಱುಚು; T. ವೆಱಿ, ವೆಱ್, fear, awe; ವಿರಳು, ವೆರುಳ್, ಎಱ, ಎಱ್, ವೆಱ್, M. ವೆರುಳು, ವೆರುಳು, to fear, etc.; cf. ಬೆಱಗು, ಬೆಳ್ಕಲ್, ಬೆಱ್). ಬೆಚ್ಚುವವನಿಗೆ ಕಚ್ಚಿದ ಹಾಗೆ. — ಸುಚ್ಚಿಗೆ ಬೆಚ್ಚುವವ ನೊಚ್ಚಿಗೆ ಮಾತಾಡಿದರೂ ನಚ್ಚಿಗೆ ಸಾಲದು. — ಹುಚ್ಚಿಗೆ ಬೆಚ್ಚಿ, ಕಿಚ್ಚಿಗೆ ಬಿದ್ದಾ (Prvs.).

ಬೆಚ್ಚು bĕċċu. 2. = ಬೆರ್ಚು 2. Fear, dread;—a scarecrow (M. ವೆರಳ; Tĕ. ವೆಱಬೊಮ್ಮೆ; Bp. 28, 47). ಹೊಲದೊಳಗಿನ ಬೆಚ್ಚು (ತೃಣಪುರುಷ G.). — ಬೆಚ್ಚು ಬೀಳು. To be seized with alarm (My.). ಪಕ್ಷಿ ಮಾತಾಡುವವನು ಬೆಚ್ಚು ಬೀಳನೇ? (Prv.). — ಬೆಚ್ಚುವಡು. -ಪಡು. To fear (J. 25, 20).

ಬೆಚ್ಚು bĕċċu. 3. P. p. of ಬಿಸು 3.

ಬೆಚ್ಚು bĕċċu. 4. (fr. ಬಿಸು 3). The state of being soldered or united (Śmd. 68; T. ವಿಟ್ಕೆಚ್ಚು). — ಬೆಚ್ಚುಬೆಸುಗೆ. dupl. Firm union or connection (Śmd. 69 Cm.).

ಬೆಜವಾಡ bĕjavâḍa. N. of a town in Tĕlugu (Bp. 21, 21; 40, 8; My. as ಬೇಜವಾಡ).

ಬೆಜ್ಜ bĕjja. = ಬಿಜ್ಜ, q. v.

ಬೆಜ್ಜ bĕjja. 1. = ಬೆಜ್ಜು. Tbh. of ವೈದ್ಯ (Śmd. 348. 357; Čt. I, 16). See Śmd. 89 (Mdb.). 234; V. 6, 39.

ಬೆಜ್ಜ bĕjja. 2. = ಎಜ್ಜ, ಯಜ್ಜ, ವೆಜ್ಜ. Tbh. of ವೇಧ 1. A perforation, a bore, a hole, in a gem, etc.; the eye of a needle, etc. (ಬೇಗಡೆ Bhn. 12; My.; Tĕ.; Mhr. ವೇಧ). ಬೆಜ್ಜಮಾಡೋಣ (ವ್ಯಧ, ವೇಧ, ತೂತು ಕೊರೆಯುವಿಕೆ, ಹುಣ್ಣು ಎಳೆ Śi. 388).

ಬೆಜ್ಜರ bĕjjara. = ಬೆಚ್ಚರ 2. Fear (My.), bewilderment (J. 2, 5).

ಬೆಜ್ಜು bĕjju. = ಬೆಜ್ಜ 1. (Tĕ. ವೆಜ್ಜು). ಬೆಜ್ಜನ್ದು ವೈದ್ಯಂ (Śmd. II; Kk. 86; Śmd. 248 Mdb., where probably ಬಿಜ್ಜು 2 is meant).

ಬೆಜ್ಜೆ bĕjjĕ. = ಬಿಜ್ಜು 2, q. v. The crying or chirping of birds (ಚಪ್ಪರಣೆ Śmd. II; ಜಡಿವ, ಬಗ್ಗು, ಬಿಪ್ಪಣ್ಣ, ಚಪ್ಪರಣೆ Śm. 29. 30; T. ಎಬಿಜ್ಜು, to speak; to prattle; ಪಿದಜ್ಜು, to speak without ceasing; cf. ಪದಱು?).

ಬೆಂಚು bĕṅcu. A bench (Śi. 281; My.).

ಬೆಂಚೆ bĕṅċĕ. (= ಚಂಚೆ). (Tbh. of ವೇಶನ್ತ?). A small pond (ವೇಶನ್ತ, ಪಲ್ವಲ Nr.; ಆಹಾವ, ನಿಪಾನ, etc. Mr. 421;

ಪಲ್ವಲ, ಅಲ್ಪಸರಸಿ Šs., Kk. 13; ಸರಸಿ Čt. II, 40, Kk. 85; ಪಲಲ, ಅಲ್ಪಸರಸಿ Šm. 35; Kâvy. III, 3, 98; Grj. 9, 21; Bp. 60, 23; Tĕ. ವೆಂಜಿ).

ಬೆಂಜನ bĕñjana. Tbh. of ವ್ಯಂಜನ (Šmd. 357. 368; V. 5, 80. 82).

ಬೆಟ್ಟ bĕṭṭa. 1. (Šmd. 113. 130). = ಬೆಟ್ಟು 2. A big hill, a mountain (ಅಚಲ, ತಿಲೋಚ್ಚಯ, ಶೈಲ, ಕ್ಷಿತಿಧರ, ಗಿರಿ, ಪರ್ವತ, etc. Hlâ., Nr.; ಜೀಮೂತ Hlâ.; ಗ್ರಾವೆ Hlâ.; ಪರ್ವತ Nn. 5. 53; ಗ್ರಾವ, ಪರ್ವತ 106; ಅದ್ರಿ, etc. Mr. 96; ಗ್ರಾವ 474; Si. 114. 448; My.; T. ಎಱಿ, to increase; ವೀಱು, to be great; ವೆಱ್ಪು, a hill; *cf.* ಬಿಜ್ಜ). ಬೆಟ್ಟದ ಮೇಲಣ ಬನಂ (ಅಧಿತ್ಯಕೆ); ಬೆಟ್ಟದ ತಪ್ಪಲೊಳ್ ಪುಟ್ಟಿದ ಪರಿವ ತೊಱೆ (ನಿರ್ಝರ); ಬೆಟ್ಟದಿನ್ದ ಉರುಳ್ದ ದೊಡ್ಡ ಕಲ್ (ಗಣ್ಡಶೈಲ Hlâ.). ಬೆಟ್ಟದಲ್ಲಿ ಹುಟ್ಟಿದನ್ಥಾ ಆಒಗನಿ (ಆಕ್ಷೋಟಿ, etc.); ಬೆಟ್ಟದ ಒಜ್ಜರ (ಉತ್ಸ, ಪ್ರಸ್ರವಣ); ಬೆಟ್ಟದ ಕೋಡು (ಶೈಲಶೃಂಗ, ಕೂಟ); ಬೆಟ್ಟದ ತಪ್ಪಲು (ಕಟಕ, etc.); ಬೆಟ್ಟ ಮೊದಲಾದ ತೆವರು (ಕೋಟ್ಟಾರ); ಬೆಟ್ಟದತ್ತಣಿನ್ದ ಉರುಳ್ವ ದೊಡ್ಡಹ ಕಲ್ಲುಗಳು (ಗಣ್ಡಶೈಲಂಗಳ್ Nr.). ಬೆಟ್ಟದ ತುದಿ (ಶೃಂಗ, ಪರ್ವತದಗ್ರ Nn. 28). ಬೆಟ್ಟದ ತಪ್ಪಲು (ಜೀಟಿ, ಗಿರಿಸಾನು 23; ಸಾನು 90. 108). ಬೆಟ್ಟ ಅಗಿದು, ಇಲಿ ಹಿಡಿದ ಹಾಗೆ.— ಬೆಟ್ಟಕ್ಕೆ ಹೋಗುವವನ ಸೊಣ್ಣದಲ್ಲಿ ಕುಡುಗೋಲು ಸಿಕ್ಕಿಸಿದ ಹಾಗೆ.— ಬೆಟ್ಟದ ನಾಯಿಗೆ ಹಿಟ್ಟೂ ಇಲ್ಲ, ಪೆಟ್ಟೂ ಇಲ್ಲ.— ಬೆಟ್ಟದ ಮೇಲೆ ಕೂತ ಬಟ್ಟ ಬೆಲ್ಲ ಬಯಸಿದ ಹಾಗೆ.— ಬೆಟ್ಟ ಬಿಸಿಲಲ್ಲಿ ಬೆಯ್ಯುತ್ತದೆ ಎನ್ದು, ಸೆಟ್ಟಿ ಅತ್ತ ಹಾಗೆ (Prvs.). See Čpr. 5, 70; 6, 39; Abh. P. 14, 146; Bp. 10, 2; 19, 78; 22, 52; 55, 23; J. 16, 34; Si. 88. 114-117. 421. 429; ಕಿಱು-, etc.; ಪಕ್ಕವೆಟ್ಟ; Prvs. s. ದೂರ and ಬೆಳಗಾಗು. — ಬೆಟ್ಟಕರ್ಪೂರ. As much camphor as a mountain. ಬೆಟ್ಟಕರ್ಪೂರವುರಿದು, ಬೊಟ್ಟೆಡಲ್ ಬೂದಿಲ್ಲ; ನೆಟ್ಟನೆ ಗುರುವಿನುಪದೇಶದಿಂ ಕರ್ಮ ಮುಟ್ಟವು (Sp.). — ಬೆಟ್ಟಕುಮ್ಬಳ. (Si. 161). — ಬೆಟ್ಟಕುಱ. = ಬೆಟ್ಟಹುಲ್ಲೆ. (ರಾಹಿಷ Si. 169). — ಬೆಟ್ಟಚಲಮೆ. (ಉತ್ಸ, ಪ್ರಸ್ರವಣ Si. 115; My.). — ಬೆಟ್ಟಜವುಗು. = ಬೆಟ್ಟಚಲಮೆ. (Si. 115; My.). — ಬೆಟ್ಟದ ಕುಱುಬ. A class of Kuṛubas who live in the mountains by agriculture, hunting, etc. (My.). — ಬೆಟ್ಟದ ಗೋನುಮರ. (ಆಕ್ಷೋಟ, ಕನ್ದರಾಲ Si. 127). — ಬೆಟ್ಟದ ನೆಲ್ಲಿ. A nĕlli with larger fruits (My.). — ಬೆಟ್ಟದಾವರೆ. -ತಾವರೆ. The hill lotus: the tree Pterospermum acerifolium Willd. (ಕೊಸಗು Čt. II, 42; ಕೊಸಗು, ಕರ್ಣಿಕಾರವೃಕ್ಷ Šs.; ಕೊಸಗು, ಮರದಾವರೆ Kk. 19, Šm. 25; ಸಾರಸ Mr. 117, one MS. ಗಿರಿಸಾರಸ; ಕರ್ಣಿಕಾರ, ಕೊಸಗು, ಗುಡ್ಡದಲ್ಲಿ ಆಗುವ ಗೂಗೇ ಹೂವು G.; My.). — ಬೆಟ್ಟದುದಿ. -ತುದಿ. The summit of a mountain (J. 16, 32). — ಬೆಟ್ಟದೊಱೆ. -ತೊಱೆ³. A mountain-stream (My.). — ಬೆಟ್ಟಬೂರುಗ. (ರೋಚನ, etc. Si. 133). — ಬೆಟ್ಟಬೇಗೆ. Wild fire in hills (My.). — ಬೆಟ್ಟಮಲ್ಲಿಗೆ. (ಕುಟಜ, ಶಕ್ರ, etc. Si. 137; My.). — ಬೆಟ್ಟವಡ. -ಪಡಿ. Mountain-likeness: the state of being like a mountain (J. 22, 26). — ಬೆಟ್ಟಸಿಲೆ. = ಬೆಟ್ಟಸೆಲೆ. (ಗೋನಸ, ತಿಲಿತ್ಸ Si. 76). — ಬೆಟ್ಟಸೆಲೆ. The Indian python, the rock snake, Python molurus (My.). — ಬೆಟ್ಟಹುಲ್ಲೆ. = ಬೆಟ್ಟಕುಱ. (Si. 169).

ಬೆಟ್ಟ bĕṭṭa. 2. (fr. ಬೆಟ್ಟಿತು Šmd. 212). = ಬಿಟ್ಟಿ, ಬೆಟ್ಟಿ, ಬೆಟ್ಟು 1, ಬೆಟ್ಟ, ವೆಟ್ಟ 2. Firmness, hardness, excessive hardness of metals, harshness, rudeness, etc. — ಬೆಟ್ಟಬೇಸಗೆ. A severe hot season (Abh. P. 7, 189). — ಬೆಟ್ಟವೆಸಗೆ. -ಬೆಸಗೆ. (Šmd. 212). A firm soldering or union.

ಬೆಟ್ಟನೆ bĕṭṭanĕ. With harshness, force, fierceness or vehemence (Čpr. 6, 95). See ಬೆಟ್ಟುವೆಟ್ಟನೆ.

ಬೆಟ್ಟಿ bĕṭṭi. = ಬೆಟ್ಟ 2, etc. 2, = ಎಟ್ಟಿ, a rude person, a plague (Bp. 40, 56). — ಬೆಟ್ಟಚಿನ್ನ. Hard, unpliant (brittle) gold. ಬೆಟ್ಟಚಿನ್ನವಾದರೆ ಸೆಟ್ಟಿಗೆ ಆಗದೇ? (Prv.). — ಬೆಟ್ಟಬೆನಕ. A centiped-like kind of crustacean articulate that appears after the first rains (S. Mhr.).

ಬೆಟ್ಟಿ bĕṭṭi. = ಭೆಟ್ಟಿ, etc. (B. 5, 60).

ಬೆಟ್ಟಿತು bĕṭṭitu. (fr. ಬಿಱು Šmd. 218). = ಬೆಟ್ಟ 2 q. v., ಬೆಟ್ಟಿತ್ತು (95. 96). That which is hard, firm, strong, stiff, harsh, fierce, rough, rude, difficult, etc. (ಪರುಷ, ಅಸ್ನಿಗ್ಧ (Hlâ., Mr. 456; ಜಠರ Hlâ.; ಜರಡ Mr. 484; ಬಿಱು Šm. 50; ಬಿಱುಬು Kk. 60; ಬಿಱ್ಸು Bhn. 36; Tĕ. ಬೆಟ್ಟದ). Its plural is ಬೆಟ್ಟಿದುವು (Šmd. 117. 120). ಬೆಟ್ಟಿತರ್ಕೆ (218). ಬೆಟ್ಟಿತಬಿಲ್ಲಿ (Mr. 484). ಬೆಟ್ಟಿತಪ್ಪ ಧ್ವನಿ (ಏಕಸ್ರುಷ್ಟ Hlâ.). ಬೆಟ್ಟಿದುವುಮೆನಿಪ್ಪ ಲೋಹಖುರವಳೆಯಂಗಳ್ (Šmd. 120). ಬೆಟ್ಟಿದುವು ಪೊಲೆ (170, o. r. ಬ-). See Bp. 15, 22; Bh. 1, 8, 20; ಅತಿ-, ಕಡುವೆಟ್ಟಿತು. — ಬೆಟ್ಟಿದಂ. (Šmd. 84). A man who is firm, harsh, fierce, etc. (ಖರ, ಕಠೋರ, ಕಠಿನ, ಕಕ್ಖಟ, ಕರ್ಕಶ, ದೃಢ Hlâ.).

ಬೆಟ್ಟಿತ್ತು bĕṭṭittu. = ಬೆಟ್ಟಿತು, q. v. See Šmd. 27 Cm. & vṛitti; Grj. 8, 101.

ಬೆಟ್ಟು bĕṭṭu. 1. = ಬೆಟ್ಟ 2, etc. (Tĕ.). ಬೆಟ್ಟಿಹ ಬಟ್ಟೆ (ಕಾನ್ತಾರ Hlâ.). ಬೆಟ್ಟಿಹವ (ಕರ್ಕಶ, ಕಠಿನ, ಕಠೋರ, ಖರ Mr. 228). — ಬೆಟ್ಟುಗೂಣ್ಟ. A firm peg or plug (Čpr. 5, 53). — ಬೆಟ್ಟುಮುರಿ. The state of stiffness, etc. being bent: downcast, perplexed state (ಮಯ್ಮೆ Šs.). — ಬೆಟ್ಟುವ್ಹೊಱೆ. -ಂ-ಪೊಱೆ. (Šmd. 204). A hard, tight, or heavy load. — ಬೆಟ್ಟುವೆಟ್ಟನೆ. -ಬೆಟ್ಟನೆ. With great harshness or severity (Abh. P. 6, 139; 11, 23; 11, after 104; 15, 73).

ಬೆಟ್ಟು bĕṭṭu. 2. = ಬೆಟ್ಟ 1. (ಪರ್ವತ Šmd. Dh.; ಗಿರಿ Šm. 88; ಮೊರಡಿ 95). ಬೆಟ್ಟುವಿನೊಳ್ (Šm. 95). See ಅಂಗಣವೆಟ್ಟು (?), ಅಯ್ಕಿಲ್ವೆಟ್ಟು, ಕುಳಿರ್ವೆಟ್ಟು, ಜಳಿ-, ಪಡು-, ಪಿಂಜರಿ-, ಪೊಮ್ಬೆಟ್ಟು, ಬಾವನ್ನವೆಟ್ಟು, ಬಿಂಜ-, ಮೂಡ-, ಬೆಳ್ಳಿ-, ಸೊನ್ನೆ-; Šśv. 4, 23. — ಬೆಟ್ಟುವಗೆಯ. -ಪಗೆಯ. Indra (ಸುರಪತಿ Šm. 9). — ಬೆಟ್ಟುವಿಲ್ಲ. -ಬಿಲ್ಲ. Paramêśvara (Šs.).

ಬೆಟ್ಟು bĕṭṭu. 3. = ಪೆಟ್ಟು 3, (ಬೆಟ್ಟು 1?). See s. ಪೆಟ್ಟುವೆಱರ್.

ಬೆಟ್ಟು bĕṭṭu. 4. To cause to enter firmly, to strike forcibly into, to impress, to stamp, to coin (ಗಾಢಪ್ರವೇಶ Šmd. Dh.; Šm. 88; Bh. 6, 4, 140; Mhr. ಬೇಟಣೇಂ, to impress or hammer down; to take an impression or stamp; *cf.* ಪೆಟ್ಟು 1 & 2; T. ವೆಟ್ಟು, to cut with a sword, etc.; to dig a well; to engrave any hard substance; M. ವೆಟ್ಟು, a blow, stroke, cut = Tĕ. ವೇಟು). ಹೇಮರಜತಾದಿ ಕರ್ಷದಿಂ ಬೆಟ್ಟಿದ ನಾಣ್ಯ (ಕಾರ್ಷಾಪಣ, ಕಾರ್ಷಿಕ); ತಾಮ್ರದಿನ್ದ ಬೆಟ್ಟಿದ ಕಾರ್ಷಿಕೆ (ಪಣ); ಪೊನ್ನನೂ ಬೆಳ್ಳಿಯನೂ ಅಚ್ಚಾಗಿ ಬೆಟ್ಟಿದೊಡೆ ರೂಪ್ಯ ಎನಿಸುಗು (Nr.).

ಬೆಟ್ಟು bĕṭṭu. 5. A tool for making impressions. See ನೆಱವೆಟ್ಟು.

ಬೆಟ್ಟು bĕṭṭu. = ಬಟ್ಟು 2, etc. (ಅಂಗುಲಿ, ಕರಶಾಖೆ Si. 211; My.; see ಬೆರ್-). — ಬೆಟ್ಟು ಮುರಿ. To make the finger-joints crack (My.).

ಬೆಟ್ಟುಸಿ bĕṭṭusi. One of the feats of wrestlers (Čpr. 5, 77).

ಬೆಟ್ಟೆ bĕṭṭĕ. = ಬೆಟ್ಟ 2, etc. (T. ವೆಟ್ಟೈ). — ಬೆಟ್ಟಡಿಕೆ. -ಅಡಿಕೆ. A hard, round areca nut (My.; B. 1, 21; 2, 16). — ಬೆಟ್ಟೆ

ಚಿನ್ನ. = ಬೆಟ್ಟ-. (My.). — ಬೆಟ್ಟಬೆಳ್ಳಿ. Hard, unpliant (brittle) silver (My.).

ಬೆಡಗಿ bĕḍagi. A showy woman, a coquette (My.).

ಬೆಡಗು bĕḍagu. = ಬೆಡಂಗು. Novelty, beauty, elegance, grace, fineness, pleasantness (Tĕ. ಬೆಡಕು, ಬೆಡಗು, ಬೆಡಂಗು, ಬೆಣಗು; Tĕ. ಬ್ರೇಕ, ಬ್ರೇಗು, wonder, marvel; ವೇಡುಕೆ, ವೇಡ್ಕ = ಬೆಡಗು; M. ವೆಡಿಪ್ಪು, cleanness, neatness, elegance, clearness, correctness; T. ವೈಪ್ಪು, greatness; ವೇಡಿಕ್ಕೈ, a show; pomp; cf. ಬೆಡಗು?). ಗೋಪಾಲಕನ ಬೆಡಗು (Mr. 4). ಒನ್ದು ಶಬ್ದಕ್ಕೆ ಹಲವರ್ಥಮಂ ಹಲವರ್ಥಕೊನ್ದು ಶಬ್ದವ ನುಡಿವ ಬೆಡಗುಮಂ ನಾನಾರ್ಥಮೆನ್ದು ಪೇೞ್ವೆಂ (465). 2, showiness, ostentatiousness, airs (My.; Tĕ.). ಬಾಡಿಗೆ ಕಡಗು, ಸೂಳೆಗೆ ಬೆಡಗು.— ಬೆಡಗು ಮಾಡುವಾಕೆ ಮಡಗಿ ಬೀಳದೆ ಇರಳು (Prvs.). See Bp. 6, 20; 11, 51; 21, 9; 24, 60; 37, 24; 40, 62; 61, 62; Ŏ. Bp. 2, 4; J. 7, 6; 21, 57; 30, 18. — ಬೆಡಗ. -ಅ 3. A novel man (Bp. 30, 21); a showy man (Tĕ. ವೇಡುಕಗಾಡು).

ಬೆಡಂಗು bĕḍangu. (Šmd. 48). = ಬೆಡಗು. (ಮನೋಹರ Šs.; ರಮ್ಯ Kk. 82). See Čpr. 1, 97. 126; 3, 27. 96; 8, 34. 104; Čh. vs. 178. 177. 189; Abh. P. 3, 38; 4, 31; Rŝv. 18, 82; J. 11, 16. — ಬೆಡಂಗುವಡೆ. -ಪಡೆ. = ಬೆಡಂಗುವೆಱ್. (Čpr. 1, after 101; 7, 112). — ಬೆಡಂಗುವೆಱ್. -ಪೆಱ್. To obtain beauty, to become beautiful (Abh. P. 5, 53; 15, 22; Rŝv. 13, 91).

ಬೆಣಚಿ bĕṇaĉi. (fr. ಬೆಳ್). = ಬೆಣಚು. The white stone: quartz, white spar (T. ವೆಣ್ಗಲ್; M. ವೆಳ್ಳಾರಲ್ ಕಲ್ಲು). — ಬೆಣಚಿಕಲ್ಲು. = ಬೆಣಚಿಗಲ್ಲು. (My.). — ಬೆಣಚಿಗಲ್ಲು. -ಕಲ್ಲು. Quartz, etc. (My.; B. 4, 225; 5, 184).

ಬೆಣಚು bĕṇaĉu. = ಬೆಣಚಿ. — ಬೆಣಚುಕಲ್ಲು. = ಬೆಣಚಿಕಲ್ಲು. (My.). — ಬೆಣಚುಗಲ್ಲು. = ಬೆಣಚುಕಲ್ಲು. (My.; B. 3, 45).

ಬೆಣತಿಗೆ bĕṇatigĕ. = (ಬೆಣತು), ಬೆಳತಿಗೆ. — ಬೆಣತಿಗೆಯಕ್ಕಿ. -ಅಕ್ಕಿ. = ಬೆಣತಕ್ಕಿ. (My.).

ಬೆಣತು bĕṇatu. (= ಬಿಳಿದು). — ಬೆಣತಕ್ಕಿ. -ಅಕ್ಕಿ. White rice: rice which is not kusalakki (My.).

ಬೆಣೆ bĕṇĕ. A peg, a plug; a stopple, a cork (My.; B. 4, 54; 5, 143; see T. s. ಬಿಸು 3).

ಬೆಣ್ಟು bĕṇṭu. = ಬೆರಟು, etc. (My.).

ಬೆಣ್ಡು bĕṇḍu. = ಬಣ್ಡು 2. The white and light corky wood of the bĕṇḍu kasa, used in making hats, etc.: cork, pith, a soft, light (useless) substance (Abh. P. 9, 37; My.; Tĕ.; T. ವೆಣ್ಡು, the hollowness of a thing, as of a tube, pipe, or cane; ವೆಱು, ವೆಟ್ಟು, empty, void, see ಬಱ್); faintness (see ಕಣ್-). ತಿರುಕು ಹೋಗಿ ಬೆಣ್ಡು ಉಟೀತು.— ಬೆಂಕಿ ಡೊಂಕಿಗೆ, ಬೆಣ್ಡು ನೀರಿಗೆ.— ಬೆಣ್ಡಲ್ಲ ಬೆನಕನಲ್ಲ, ಉಣ್ಡೆಗಡುಬು ತನ್ದು ಉಡಿಯಲ್ಲಿ ಹಾಕುತ್ತಿದ್ದರು (Prvs.). ಬೆಣ್ಡೆರದೆ ಮುಱುಗಿದರು, ಗುಣ್ಡೆದ್ದು ತೇಲಿದರು, ಬಣ್ಡಿಯ ನೊಗವು ಚಿಗಿತರು ಸಾಲಿಗನು ಕೊಣ್ಡದ್ದು ಕೊಡನು (Sp.). ತೊಣ್ಡಲ್ ಶಿರೋಗ್ರನ್ಥಿಯೆನಿಸಿಕ್ಕು, ಅವಂ ಮಾಡ್ಪ ಬೆಣ್ಡು ಚಿತ್ರಕಮಕ್ಕು (Mr. 334). ಅಬ್ಧಿಗೆ ಕಡೆಗೆ ಬೆಣ್ಡುಗಳ್ ಎದ್ದಿವಲ್ಲದೆ ನೆಗವವೇ ಗುಣ್ಡು? (Bp. 58, 36). — ಬೆಣ್ಡಾಗು. -ಆಗು. To become like mere pith, to lose one's strength, to faint, etc. (My.). ಬಲವಿಲ್ಲದೆ ಬೆಣ್ಡಾದ ಆನೆಯೂ ಕುದುರೆಯೂ (ವೀತ Si. 271). ಆನೆ ಬೆಣ್ಡಾದರೆ ಕೊಟ್ಟಿಗೆಗೇ ಹೊಕ್ಕೀತೇ? (Prv.). See Râm. 1, 14, 24; Bh. 8, 25, 8; J. 2, 15; 8, 18; 9, 17; 11, 25; 13, 35; 14, 20; 15, 3; 19, 30; 30, 5; B. 5, 72. — ಬೆಣ್ಡುಕಸ. A tall annual plant, Aeschynomene indica Wall. (Z.; A. aspera Lin.; Tĕ.). — ಬೆಣ್ಡುಬತ್ತಾಸು. The sweetmeat battâsu, when hollow (My.; B. 3, 62. 77). — ಬೆಣ್ಡುಹತ್ತಿಗಿಡ (ಪಿಚ್ಚಲಿ, etc. Si. 183). — ಬೆಣ್ಡೇೞ್. -ಎೞ್. = ಬಣ್ಡೇೞ್, q. v. To float; to lose one's strength, to faint (ತೇಲು, ತೇಲ್ Šs.; ತೇಲ್ Kk. 67; Čpr. 8, 69). — ಬೆಣ್ಡೋಲೆ. -ಓಲೆ. A hollow ear-ôlĕ of metal (My.).

ಬೆಣ್ಡೆ bĕṇḍĕ. A tall herb, the esculent okra or edible Hibiscus, Hibiscus esculentus Lin. (ಲೋಮಕಿ Mr. 149; My.; Tĕ.; T. ವಣ್ಡೈ, ವೆಣ್ಡೈ; M. ವೆಣ್ಡ; Mhr. ಭೇಣ್ಡೀ). See ಅಡವಿ-. — ಬೆಣ್ಡೆಕಾಯಿಗಿಡ. = ಬೆಣ್ಡೆ. (ಗೋಜಿಹ್ವೆ, ಬಾಪಿಕೆ Si. 151).

ಬೆಣ್ಡೇಕು bĕṇḍêku. (M. ವೆನ್ದೇಕ್ಕು). — ಬೆಣ್ಡೇಕ ಮರ. = ಬಿಳನ್ದು-. A large timber tree, Lagerstroemia lanceolata Wall. (St. & Pl.).

ಬೆಣ್ಣಿ bĕṇṇi. 1. = ಬೆಣೆ, etc. (My.).

ಬೆಣ್ಣಿ bĕṇṇi. 2. = ಬೆಣ್ಣೆ. (B. 1, 15).

ಬೆಣ್ಣೆ bĕṇṇĕ. (ಬೆಳ್ 1 -ನೆಯ್ 2 ?). = ಬೆಣ್ಣ 2. Butter (ದಧಿಸಾರ, ನವನೀತ, ನವೋದ್ಧೃತ Hlâ., Nr., Si. 318; C.; Tĕ. ವೆನ್ನ; T. ವೆಣ್ಣೆಯ್; M. ವೆಣ್ಣ, ವೆಣ್ಣನೆಯಿ; T. ವೆಳರ್, fat; whiteness; ವಿಱುಕ್ಕು, fat, suet; cf. ಬಿಳ್ಕೆ, ಬಂಕೆ). ನಿನ್ನೆ ಕಡೆದ ಹಾಲಿನ್ದ ಆದ ಬೆಣ್ಣೆ ತುಪ್ಪವು (ಹ್ಯಯಂಗವೀನ Nr.). ಕಡೆಗೋಲು ಹೋಱಿತಾಗಿ ಬೆಣ್ಣೆ ತೋಱುವದೇನೊ? (Dp. 148). ಎಣ್ಣೆ ಬೆಣ್ಣೆಯ ರಿಣವು, ಅನ್ನ ವಸ್ತ್ರದ ರಿಣವು, ಹೊನ್ನು ಹಣ್ಣ ರಿಣವು ತೀರಿದಾ ಕ್ಷಣದಿ ಮಣ್ಣು ಪಾಲ್ (Sp.). ಮಣ್ಣು ಹೊಱುವವನು ತಲೆಗೆ ಬೆಣ್ಣೆ ಹಚ್ಚಿ ಕೊಣ್ಡನ್ತೆ.— ಬಿಸಿಯಿಲ್ಲದೆ ಬೆಣ್ಣೆ ಕರಗದು (Prvs.). See Bp. 30, 28; 42, 2; 54, 40; J. 6, 47; 28, 17; Prvs. s. ಕೂದಲು, ಬೆಳಗು 2, ಮನ್ಥನ, ಹದ, ಹಲ್ಲು. — ಬೆಣ್ಣೆಗರುಗ ಗಿಡ. A shrubby plant, Sida rhombifolia L. (St. & Pl.). — ಬೆಣ್ಣೆಗಳ್ಳ. -ಕಳ್ಳ. Krishṇa (My.; J. 7, 29; Tĕ. ವೆನ್ನದೊಂಗ). — ಬೆಣ್ಣೆಗಾರಿಗೆ. A gârigĕ with butter fried in ghee (My.). — ಬೆಣ್ಣೆಬಿದುರು. (ವಿಶಲ್ಯ, ಅಗ್ನಿಶಿಖೆ, ಫಲಿನಿ, ಶಕ್ರಪುಷ್ಪಿ Si. 156).

ಬೆತಿರೇಕ bĕtirêka. Tbh. of ವ್ಯತಿರೇಕ (Šmd. 357, o. r. ವೆ-).

ಬೆತೆ bĕtĕ. Tbh. of ವ್ಯಥೆ (Šmd. 357. 368, o. rs. ಬೆದೆ, ವೆತೆ, ವೆಥೆ; Tĕ. ವೆತ, ಬೆದೆ).

ಬೆತ್ತ bĕtta. Tbh. of ವೇತ್ರ (Šmd. 345; Mr. 145; C.; Tĕ.; T. ಪಿರಮ್ಪು; M. ಪುನಮ್ಪು, ಪುರಮ್ಪು, ಪೆರಮ್ಪು; see ಪ್ರಬ್ಬಲಿ & ಹಚ್ಚೆ). ಬೆತ್ತದ ಚಕ್ಕಳಂ (ವೇತ್ರಾಸನ, ಆಸನ್ದಿ Hlâ.). ಬೆತ್ತದ ಪೆಟ್ಟು ಹೆತ್ತವರು ಹೊಡದರೆ ನೋಯದೇ?— ಬೆತ್ತ ಮೆತ್ತಗಾದರೂ ಪೆಟ್ಟು ನೋಯಿಸದಿರದು (Prvs.).

ಬೆತ್ತಲೆ bĕttalĕ. = ಬತ್ತಲೆ. (My.; Tĕ. ಬಿತ್ತಲಿ). ಬಟ್ಟೆ ಉಡದೇ ಬೆತ್ತಲೆಯಿರುವವಳು (ನಗ್ನಿಕೆ, ಕೋಟವಿ Si. 187). ಬೆತ್ತಲೆಯಾಗಿರುವವನು (ನಗ್ನ, ದಿಗಮ್ಬರ, ಅವಾಸಸ್ 364). ಅತ್ತಲೋ? ಇತ್ತಲೋ? ಮತ್ತೆತ್ತಲೋ? ಈ ಸಂಸಾರ ಬೆತ್ತಲೆಯು ಬೆತ್ತಲೆಯು, ಫಲವಿಲ್ಲಾ, ಫಲವಿಲ್ಲ! (Dp. 30).

ಬೆದ bĕda. = ಬೆದೆ 2. See ಬೆದಗಾತಿ. 2, hotly, fiercely (used of boiling). — ಬೆದ ಬೆದ. rep. Very fiercely (Bp. 56, 40; My.). — ಬೆದ ಬೆದನೆ. = ಬೆದ ಬೆದ. (Bp. 24, 66; 26, 8; 50, 28; 52, 14; 59, 50; My.).

ಬೆದಕು bĕdaku. 1. To strike with the nails or claws (ನಖಘಾತ Šm. 80).

ಬೆದಕು bĕdaku. 2. To seek, to search for, to look for (ಅನ್ವೇಷಣ Šmd. Dh.; ಅಱಸು Šm. 80; Bp. 24,

66; My.; Tĕ. ವೆತಕು, ವೆತುಕು, ವೆದಕು). ಬೆದಕುತ್ತ ಮೃಗಕುಲವ (Râghô. 17, 68). ಬೆದಕುವವನು (one who idles away his time by seeking for) ಬದಕು ಮಾಡ್ಯಾನೇ? (Prv.). — ಬೆದಕಾಟ. -ಆಟ. Searching for (My.).

ಬೆದಕು bĕdaku. 3. Search. — ಬೆದಕುಗೊಳ್ಳು. -ಕೊಳ್ಳು. To search for. ಇದಕೊ, ಕಾತಿಯನು, ಮನವೇ, ಬೆದಕುಗೊಳ್ಳಲು ಬೇಡ! ತೋಱುವೆನು (Dp. 165).

ಬೆದಗಾರ್ತಿ bĕda-gârti. = ಬೆದೆಗಾರ್ತಿ, q. v.

ಬೆದಣ್ಡೆ bĕdaṇḍĕ. (Śmd. 48). Tbh. of ವೈದಣ್ಡಿಕ (Śmd. II; Kk. 81; Śm. 52). Criticism, critical skill, exactness. ನುಡಿಗೆಲ್ಲಂ ಸಲ್ಲದ ಕನ್ನಡದೊಳ್ ಱತ್ತಾಣಮುಂ ಬೆದಣ್ಡೆಯುಮ್! ಎನ್ದೀಗಡಿನ ನೆಗಱ್ದೆಯ ಕಬ್ಬದೊಳ್ ಒಡವ್ಪಡಂ ಮಾಡಿದರ್ ಪುರಾತನಕವಿಗಳ್ (Śmd. 121). — ಬೆದಣ್ಡೆಗಬ್ಬ. -ಕಬ್ಬ. Skilful song-poetry. ಪಾಡುಗಳಿಂದಂ ತಱಸಲೆ ಮಾಡಿದುದು ಪಾಡುಗಬ್ಬಮದೆನ್ದು ಬುಧರ್ ಕೊಣ್ಡಾಡಿದರ್, ಅದಱಿಂ ದಲ್ ಮೇಲ್ವಾಡುಂ ರೂಢಿಯ ಬೆದಣ್ಡೆಗಬ್ಬಮುದಕ್ಕುಂ (Kâvy. V, 964).

ಬೆದಱ್ bĕdaṟ. ಬೆದಱು. 1. = ಬಿದಱ್. To be agitated, confounded, bewildered, alarmed or frightened, to take fright, to fear (ತ್ರಸ್ತ Śmd. Dh.; My.; Tĕ. ಬಿದರು, ಬೆದುರು; T. ಎದಿರ್, ವೆದಿರ್; T. ಎವಱು, to be over-hasty; Mhr. ಭೇದರಣೇಂ, to take fright; see also s. ಬಿದಿಯು). ಬೆದರ್ವ ಮನಂ (Rśv. 5, 86). ಬೆದರ್ವ ಅಕ್ಷಿ (5, 118). ಬೆದರ್ದು (Śśv. 3, 51; J. 5, 40). Old and common P. p. ಬೆದಱಿ (Čpr. 5, 58. 120; 7, 109; My.). See Bp. 1, 49; 2, 14; 32, 26; 37, 39; 45, 52; Bh. 3, 13, 30. 31; J. 6, 8; 8, 38; 19, 3. 39; 20, 9. ದನಕ್ಕೆ ಬೆದಱಿ, ಹುಲಿಯ ಬಾಯಿಗೆ ಬಿದ್ದಾ (Prv.). — ಬೆದಱಟ್ಟು. -ಅಟ್ಟು. To pursue so that (one) is frightened (Abh. P. 3, 54).

ಬೆದಱ್ bĕdaṟ. ಬೆದಱು. 2. Agitation, alarm, fright, fear (J. 2, 5; Tĕ. ಬೆಡಿದ, ಬೆಡಿದಮ್ಮು, ಬೆದರು, ಬೆದುರು; T. ಎದರ್ಪ್ಪು, ಎದಲ್ಪು). **2,** a scare-crow (ಹೊಲದೊಳಗೆ ಮಾಡಿದ ಬೆಚ್ಚು, ಗುಮ್ಮ G.). — ಬೆದರಸ. (i. e. ಬೆದರ್ರಸ). The sentiment of alarm (Bp. 55, 5). — ಬೆದಱುಪೊನಲ್. -ಪೊನಲ್. A stream of agitation (J. 30, 31). — ಬೆದಱೆತ್ತು. -ಎತ್ತು. A bullock that is easily frightened (My.).

ಬೆದಱಣೆ bĕdaṟaṇĕ. Alarm, etc. (My.; Si. 469). — ಬೆದಱಣೆಸೊಲ್ಲು. Menace, reproach (ಭರ್ತ್ಸನ, ಅಪಕಾರಗೀ Si. 57).

ಬೆದಱಿಕೆ bĕdaṟikĕ. Fright, alarm (My.; B. 4, 72).

ಬೆದಱಿಸು bĕdaṟisu. To alarm, to frighten (My.; B. 2, 21; 4, 90; Bhâgavata 10, 18, 2). ಬದಲುಮಾತಾಡುವವನು ಬೆದಱಿಸಿದರೆ ಬಿಟ್ಟಾನೇ? — ಬಾಯಿನ್ದ ಬೆದಱಿಸಿ ಹೂಸು ಮಱಿಸಿದ ಹಾಗೆ (Prvs.).

ಬೆದಱಿಸುವಿಕೆ bĕdaṟisuvikĕ. Frightening (My.; ವಿಭರ್ತ್ಸನ Si. 467).

ಬೆದರ್ಕೆ bĕdaṟkĕ. Agitation, alarm, fright (J. 26, 10).

ಬೆದೆ bĕdĕ. 1. Sowing, sowing seed (My.; Tĕ. ವೆದ; M. ಎದೆ, ವಿಶ); seed (see ಬಿತ್ತು 1 & 2). See ಓಪ್ಪೆದೆ, ಮುಪ್ಪೆದೆ. — ಬೆದೆಗಾಲ. -ಕಾಲ. Sowing season (J. 11, 14; My.). — ಬೆದೆಗೂಡಿಸು. -ಕೂಡಿಸು. To prepare for sowing or to make sowing possible (Abh. P. 13, 49). — ಬೆದೆಮೞೆ. Rain at the sowing season (My.). — ಬೆದೆವಡೆ. -ಪಡೆ. To obtain seed: to be sown (Bp. 60, 17).

ಬೆದೆ bĕdĕ. 2. = ಬೆದ No. 1. Heat; rutting; ruttishness, sensual longing (My.; Tĕ. ವೆದೆ; T. ವಿದುಪ್ಪ, ವಿಟ್ಪೈವು, ವೆದುಪ್ಪ, ವೆಪ್ಪ, ವೆಪ್ಪಱು, ವೆಪ್ಪು, ವೆಪ್ಪಱು, ವೆಮ್ಬಲ್, ವೆಮ್ಮೈ; M. ವೆದುಪ್ಪ, ವೆಪ್ಪ, ವೆಮ್ಬಲ್; T. ವಿದುಕ್ಕು, to be sensually inclined; ವಿಟ್ಪೈ, ವಿದುಮ್ಬು, ವಿರುಮ್ಬು, to desire; M., T. ವೆದುಮ್ಬು, to be gently heated; see ಬಿಸಿಲ್). — ಬೆದೆಗಾಲ. -ಕಾಲ. Rutting time; time of being ready for the bull (My.). — ಬೆದೆಗೊಳ್. -ಕೊಳ್. -ಗೊಳ್ಳು. To rut, to seek copulation (used of men and beasts, My.; Grj. 2, after 106). — ಬೆದೆನಾಯಿ. A dog in rut (My.). — ಬೆದೆಯಾಕಳ್. -ಆಕಳ್. -ಳು. A cow ready for the bull (ಪ್ರಚಣ್ಡಿ Mr. 180; My.). — ಬೆದೆಯಾಗು. -ಆಗು. Rutting to take place, etc. ಕಾಲಪ್ರಾಪ್ತಿಯಾಗಿ ಬೆದೆಯಾದ ಆಕಳು (ಕಾಲ್ಸೆ, ಉಪಸರ್ಯೆ, ಕಟ್ಟುಗಡಸು Nr.). — ಬೆದೆಯಾವು. -ಆವು. = ಬೆದೆಯಾಕಳ್. (ಪ್ರಚಣ್ಡಿ, ಸೂರತೆ Hlâ.; My.; Tĕ. ವೆದಾವು).

ಬೆದೆ bĕdĕ. = ಬೆತೆ, q. v.

ಬೆದೆಗಾಱ bĕdĕ-gâṟa. A sensual, lewd man (My.); Kâma (ನಸೆಗಾಱ, ಕಾಮ G.).

ಬೆದೆಗಾರ್ತಿ bĕdĕ-gârti. A lewd woman, a harlot, an adulteress (ಸಿತಗೆ, ಜೋಡೆ, ಪಾಣ್ಸೆ, ಜಾರೆ Śs.; ಹಾದರಗಿತ್ತಿ, ಜೋಡೆ, ಪಾಣ್ಸೆ, ಸಿತಗೆ, ಜಾರೆ Śm. 75; Kk. 29, o. r. ಬೆದಗಾರ್ತಿ; My.).

ಬೆನ್ bĕn. 1. = ಬಿಸು 1, etc. (Śmd. 216). Heat, etc. — ಬೆನ್ನೀರ್. Hot water (Abh. P. 9, 31; Grj. 9, 18; Tĕ., M. ವೆನ್ನೀರ್). ಎನಿತುಂ ಕಾಯ್ದುಂ ಬೆನ್ನೀರ್ ಮನೆ ಸುಡದು (Śmd. 216).

ಬೆನ್ bĕn. 2. (Śmd. 59). = ಬೆಂ (ಬೆಱು) 2, ಬೆನ್ನು, ಬೆಮ್ 2. The back (ಪೃಷ್ಠ, ಪಶ್ಚಿಮಭಾಗ Hlâ.; ಪೃಷ್ಠ, ಪಶ್ಚಿಮ Mr. 327; T. ವೆನ್, ವೆರಿನ್; Tĕ. ವೆನ್ನು, ವೀಪು, ವೀವು; Tu. ಬೆರಿ). ಬಿಡುಮುಡಿ ಬೆನ್ನಪ್ಪಳಿಸೆ (Śmd. 84). ಬೆನ್ನೊಳ್ ನಿಲ್ತಂ ಗಾಣ್ಡೀವ (281). ಬೆನ್ನ ಕುರು (ಪೃಷ್ಠಗ್ರನ್ಥಿ, ಗಡು Hlâ.). ಬೆನ್ನೆಲುಗಳ ಸಮೂಹಂ (ಪೃಷ್ಠ್ಯ); ಬೆನ್ನ ಹೊರಡು (ಗಡು Nr.). See Čpr. 4, 48; 8, 18; Bp. 20, 41; 38, 17; 47, 58; Rśv. 5, 24; 6, after 11 (thrice); 6, after 115; J. 24, 47; 28, 46. 53. — ಬೆನ್ನಟ್ಟು. To pat one's back, to encourage, to persuade (My.). — ಬೆನ್ದಗುಳ್. -ತಗುಳ್. To follow, to pursue (Abh. P. 4, 50. 87; 7, after 59). — ಬೆನ್ದೊಗಲ್. -ತೊಗಲ್. The skin of the back (Abh. P. 7, 93). — ಬೆನ್ನಟ್ಟು. -ಅಟ್ಟು. To follow, to pursue (ಎಲ್ಬಟ್ಟು, ತೂಳ್, ಆರೆಯಟ್ಟು, ಬೆಂಗೆವಾಯಿ, ಬೆನ್ನೇಱು Śs.; Čpr. 8, 88; Bp. 54, 52; My.; B. 4, 41). — ಬೆನ್ನಸ್ಥಿ. -ಅಸ್ಥಿ. The back-bone (ವಂಶ, ಬೆನ್ನ ನಿಟ್ಟೆಲು Nn. 54). — ಬೆನ್ನೀ. -ಈ. To turn the back, to retreat, to flee (Abh. P. 5, 81; 9, 64; Śśv. 2, 75; see ಪೊಱಮಾಱ್ 2). — ಬೆನ್ನೀಹ. -ಈಹ. Flight (ಪೊಱಮಾಱ್ Śmd. II). — ಬೆನ್ನುಡುಗು. -ಉಡುಗು. The back to contract or to be bent (Bp. 2, 14). — ಬೆನ್ನೇಱ್. -ಏಱ್. -ಱು. = ಬೆನ್ನಟ್ಟು, q. v. — ಬೆನ್ಗೊಗ್ಗು. -ಒಗ್ಗು. To follow, to pursue (Bp. 54, 38). — ಬೆನ್ಹತ್ತು. = ಬೆನ್ನ ಹತ್ತು. (My.).

ಬೆನಕ bĕnaka. Tbh. of ವಿನಾಯಕ (Śmd. 357. 373. 375; Śm. 4). See Prvs. s. ಬೆಣ್ಣು, ಮದುವೆ. — ಬೆನಕನ ಎಕ್ಕೆ. (ಶ್ವೇತಾರ್ಕ Si. 141).

ಬೆನ್ತರ bĕntara. Tbh. of ವ್ಯನ್ತರ. (Bp. 23, 20).

ಬೆನ್ದು bĕndu. P. p. of ಬೇ 1, etc.

ಬೆನ್ದುಱು bĕnduṟu. (Śmd. 48).

ಬೆನ್ನನೆ bĕnnanĕ. At the back, after, behind (Čpr. 8, 68; Śśv. 3, after 28; 5, 57; Tĕ. ವೆಣ್ಣನೆ; see ಬೆಮ್ಬೆನ್ನನೆ).

ಬೆನ್ನು bĕnnu. = ಬೆನ್ 2, etc. (ಪೃಷ್ಠ, ತನುಭರಮು Si. 209; C.). ಬೆನ್ನಿನ (Bp. 20, 11). ಇವನು ನನ್ನ ಬೆನ್ನಿನಲಿ ಹುಟ್ಟಿದವನು, he is younger than I (My.). ಬೆನ್ನು ಬಿಡದ ಪಿಶಾಚಿ ಹೊನ್ನು ಕೊಟ್ಟರೆ ನಿಲ್ತೀತೇ?— ಬೆನ್ನ ಹಿನ್ದೆ ಬನ್ದು ಬೇತಾಳ.— ಹೆಟ್ಟಿ ಬೆನ್ನು ತಿನ್ನುತ್ತದೆ, ಹೊಟ್ಟೆ ಅನ್ನ ತಿನ್ನುತ್ತದೆ (Prvs.). See Bp. 44, 5; 52, 12. 18; 60, 25; Bh. 1, 10, 33; Dp. 4, 2. — ಬೆನ್ನ ಹತ್ತು. To follow; to pursue (My.; B. 3, 62; 4, 212. 218; 5, 36). ನಾಯಿ ಮನುಷ್ಯರ ಬೆನ್ನ ಹತ್ತಿ (3, 40). — ಬೆನ್ನ ಹಿನ್ದು. Later or succeeding time. ಅವನ ಬೆನ್ನ ಹಿನ್ದಿನವನು, his younger brother (B. 5, 43; My.). — ಬೆನ್ನಾಗು. -ಆಗು. To become accustomed to carry loads, a saddle, a rider, as bullocks or horses (My.). 2, the back (of an ox, a horse, etc.) to get sore (from riding, etc.); to get sore-backed (My.). — ಬೆನ್ನಾಸರೆ. -ಆಸರೆ. Support, help (My.). — ಬೆನ್ನಿನವನು. -ಅವನು. A younger brother (My.). — ಬೆನ್ನು ಕೊಡು. To retreat, to flee (My.). — ಬೆನ್ನುದಬ್ಬೆ. The upper or outer side of a split bamboo or rattan (My.). — ಬೆನ್ನು ಬೀಳು. To follow. ಅವನ ಬೆನ್ನು ಬಿದ್ದು ಹೋದನು (My.). 2, to take (another's) shelter or refuge (My.). — ಬೆನ್ನುಮೂಳೆ. The backbone. ಬೆನ್ನುಮೂಳೆಗೆ ಬುಡ (ತ್ರಿಕ Si. 209). — ಬೆನ್ನುಹಂಚು. A tile on the ridge of a building, or one fit for it (My.). — ಬೆನ್ನು ಹತ್ತು. = ಬೆನ್ನ ಹತ್ತು. (My.; ಎಬ್ಬಟ್ಟು, ಬದಿ'ಎಡಿ G.; B. 5, 62. 63. 68. 252). — ಬೆನ್ನುಹುರಿ. The spine. ಗೇಣ್ದ್ಮಾಮೃಗಗಳ ಬೆನ್ನು ಹುರಿ ಬಾಗಿರುತ್ತದೆ (B. 5, 248). — ಬೆನ್ನೆಲುಬು. -ಎಲುಬು. The backbone, the spine (My.; B. 4, 118). — ಬೆನ್ನೆಲುವು. = ಬೆನ್ನೆಲುಬು. (ಕಶೇರುಕೆ Si. 206). ಬೆನ್ನೆಲುವಿನ ಕೆಳಗಡೆ (ತ್ರಿಕ Si. 209).

ಬೆಪ್ಪಳ bĕppaḷa. = (ಬೆಪ್ಪು), ಬೆಬ್ಬಳ, ಬೆಬ್ಬಳೆ, (ಬೆಪ್ಪಳ). Amazement, alarm, fear, etc. (ತಲ್ಲಣ, ತಳವೆಳಗು, ಬಳ್ಕುಡಿ, ಬೆಗಡು, ಗುರ್ವು, ಮಲ್ಲಡಿ, ಬಿಗುರ್, ತಳಮಳ, ಬೆದಿಗಪ್ಪ ಭಾವ Šm. 49).

ಬೆಪ್ಪು bĕppu. (= ಬೆಪ್ಪಳ, etc.). Wandering of mind, confusion (My.; Tĕ. ಬೆರಿಪು, ಬೆದುರು, fear; T. ವೆರುವು, ವೆಱುಪ್ಪು, fear; confusion; wrath). See Prv. s. ಶಿವಲೀಲೆ. — ಬೆಪ್ಪ. -ಅ 3. A confused, stupid man (My.).

ಬೆಬ್ bĕb. 1. (= ಪೆಬ್?). — ಬೆಬ್ಬಕ್ಕಿ. -ಹಕ್ಕಿ. ನವಿಲುಬೆಕ್ಕೀ ಬೆಬ್ಬಕ್ಕಿ (ಜೀವಂಜೀವಕ Si. 178).

ಬೆಬ್ bĕb. 2. An abbreviation of ಬೆದಗು. — ಬೆಬ್ಬೆರಗು. Amazement (Bp. 18, 22; 30, 22; 36, 19).

ಬೆಬ್ಬನೆ bĕbbanĕ. (fr. ಬೆಬ್). With a puff or sudden inflation of pride (Bp. 26, 13; 38, 16; 39, 43; see s. ಬಯಲುಗ). 2, (fr. ಬಿರಿ 1), with a burst (Grj. 2, 59).

ಬೆಬ್ಬರಿಸು bĕbbarisu. (= ಬೆಪ್ಪಳಿಸು). To get bewildered from fear, to be greatly frightened (Č. Bp. 46, 20).

ಬೆಬ್ಬಳ bĕbbaḷa. = ಬೆಪ್ಪಳ, q. v. (ಬೆಗರ್, etc., ಭಯ Ks.; ಬಳ್ಕುಡಿ, ಬಿಗುರ್, ಬೆಗಟ್, etc. Kk. 42). 2, confusion, agitation, distress (ವಿಕಲತ್ವ Bhn. 44; Rām. 6, 37, 9).

ಬೆಬ್ಬಳೆ bĕbbaḷĕ. = ಬೆಬ್ಬಳ. — ಬೆಬ್ಬಳೆವೋಗು. -ಪೋಗು. To get amazed, etc. (V. 5, after 23; 14, after 55).

ಬೆಮ್ bĕm. 1. = ಬಿಸು 1, q. v. Heat, etc. — ಬೆಮ್ಬಿಸಲ್. (Šmd. 198). Hot sunshine. — ಬೆಮ್ಬೂದಿ. Hot ashes (My.). — ಬೆಮ್ಬೆಮರ್. Hot sweat (Abh. P. 14, 106). — ಬೆಮ್ಬೊಳಲೆ. -ಪೊಳಲೆ. (Šmd. 216 Mdb., o. r. ಬೆಣ್ಬೊಳಂ).

ಬೆಮ್ bĕm. 2. = ಬೆನ್ 2, etc. The back. — ಬೆಮ್ಬೊಂಗು. The back to swell or be raised (Čpr. 4, 47). — ಬೆಮ್ಬತ್ತು. -ಪತ್ತು. = ಬೆನ್ನು ಹತ್ತು. (Čpr. 4, 47; Bp. 3, 36; 27, 30; 28, 9; 32, 28; 34, 35; 52, 26; J. 28, 54). — ಬೆಮ್ಬಲ. Rear-force: help, aid, countenance (Abh. P. 9, 97; My.). — ಬೆಮ್ಬಳಿ. Following; joining, company, association; the rear (ಪಿನ್ದೆ ಬರ್ಪುದು Šmd. I; ಬದಿ 194 Cm.; ಅನುಪದ, ಅನ್ವಕ್ಷ, ಅನ್ವಂಗ Mr. 445). See Šmd. 3; Abh. P. 12, 90; Bp. 57, 55; Rāv. 6, after 11. — ಬೆಮ್ಬಳಿವಿಡಿ. -ಪಿಡಿ. To follow; to be together or in company with (ಬದಿವಿಡಿ Šmd. 195 Cm.; Abh. P. 12, 28; Rāv. 6, after 11). — ಬೆಮ್ಬಳಿಸು. To follow (B. 4, 191). — ಬೆಮ್ಬಾಗ. The back part of the body (My.); — the ridge of a building (My.). — ಬೆಮ್ಬಿಡಿ. -ಪಿಡಿ. To follow (Č. Bp. 19, 34). — ಬೆಮ್ಬಿಡು. To withdraw or depart from (Prll. 3, 32; J. 10, 9; 27, 2). — ಬೆಮ್ಬೀಳ್. ಬೆಮ್ಬೀಳ್. = ಬೆನ್ನು ಬೀಳು. ನೃಪಂ ಬೆಮ್ಬಿದ್ದಂ ದೂದಟ್ಟಿಯುಂ ಚಾರಂ (Šmd. 283). See Bp. 37, 39; 47, 6; 48, 17. — ಬೆಮ್ಬೆನ್ನನೆ. Behind (Čpr. 9, after 18). — ಬೆಮ್ಮರ. The beam on the ridge of a building (My.).

ಬೆಮರ್ bĕmar. 1. To be alarmed, to fear (ಸೆಡೆ, ಅಳ್ಕು, ಸುಗಿ, ಬಳ್ಕು, ಸುರುಳ್, ಅಗಿ, ಭಯವನಾನ್ Šm. 40; Kk. 72; *cf.* ಬೆಗಟ್ 1).

ಬೆಮರ್ bĕmar. 2. = ಬೆಮರು 1, ಬೆವರು 1. To perspire, to sweat (ಸ್ವೇದಭಾವ Šmd. Dh.; Bp. 59, 22; T. ಎಯರ್, ವೇರ್; M. ಎಯರ್; Tĕ. ಚೆಮರ್ಚು; Tu. ಬೆಗ, ಬೆಗರ್). P. ps. ಬೆಮರ್ದು, ಬೆಮರ್ಚು (Šmd. 286. 287). ಬೆಮರ್ವ (Čpr. 6, 93). ಬೆಮರ್ದು (J. 2, 16), ಬೆಮರ್ಚು (Rāv. 13, 89; Šāv. 4, 90).

ಬೆಮರ್ bĕmar. 3. (Šmd. 58). = ಬೆಮರು 2, ಬೆವರು 2. Perspiration, sweat (ಘರ್ಮ, ನಿದಾಘ, ಸ್ವೇದ Nr.; ಘರ್ಮ Nn. 22; Čpr. 8, 73; Bp. 15, 19; Rāv. 5, 118; J. 11, 23. 25; T., M. ಎಯರ್, ವೇರ್; Tĕ. ಚೆಮಟ; Tu. ಬೆಗರ್). ಬೆಮರ (not ಬೆಮರಿನ, Šmd. 134). ಬೆಮರ್ಗಳನೂದಿ (52). ಕುದುರೆಯ ಬೆಮರಲ್ಲಿ... ಮಾತುಲಂಗದ ತೆಱದ ಕಮ್ಪು ಉತ್ತಮಂ (Mr. 278). ಬೆಮರ ಎಸ್ದು (Čpr. 7, 117). — ಬೆಮರಾಱಿಸು. -ಆಱಿಸು. To cause one's sweat to grow dry: to take rest (My.). — ಬೆಮರಾಱು. -ಆಱು. Sweat to grow dry: the body to feel cool and refreshed (Čpr. 3, 15; My.). — ಬೆಮರುಣ್ಮು. -ಉಣ್ಮು. Sweat to issue (Čpr. 7, 64). — ಬೆಮರ್ವನಿ. -ಪನಿ. (Šmd. 54). A drop of sweat (J. 11, 24). See ಸುಱ್-.

ಬೆಮರು bĕmaru. 1. = ಬೆಮರ್ 2. P. p. ಬೆಮರಿ (J. 10, 50; My.). ಬೆಮರುವ (J. 30, 22).

ಬೆಮರು bĕmaru. 2. = ಬೆಮರ್ 3, etc. (My.; ಘರ್ಮ, etc. Si. 72).

ಬೆಮರುವಿಕೆ bĕmaruvikĕ. Perspiring. ಬೆಮರುವಿಕೆಯೇ ಸಾತ್ವಿಕ (Si. 66).

ಬೆಮರ್ಚು bĕmarču. To cause to perspire (ಸ್ವೇದಕರಣ Šmd. Dh.).

ಬೆಮಿಸು bĕmisu. Tbh. of ಭ್ರಮಿಸು. (My.; Dp. 4, 1).

ಬೆಮೆ bĕmĕ. Tbh. of ಭ್ರಮೆ. (My.). 2, desire (My.). — ಬೆಮೆಗೊಳ್. -ಕೊಳ್. To become confused or perplexed (Č. Bp. 47, 28; My. as ಬೆಮೆಗೊಳ್ಳು). — ಬೆಮೆಗೊಳಿಸು. -ಕೊಳಿಸು. To confuse or perplex (Bp. 40, 20; My.).

ಬೆಯಿಸು bĕyisu. = ಬೇಯಿಸು, etc. (My.). ತುಪ್ಪವನ್ನೂ ಕಸಕಸಿಯನ್ನೂ ಹಚ್ಚಿ ಬೆಯಿಸಿದ ಹೋಳಿಗೆ (G. 85). ಬೆಯಿಸಿದ ಮಾಂಸ (ಭಟಿತ್ರ); ಬೆಯಿಸಿದ ಅನ್ನ (ಭಕ್ಷ್ಯ G.).

ಬೆಯ್ಯು bĕyyu. = ಬೇ 1, etc. (My.). ಬೆಟ್ಟ ಬಿಸಿಲಲ್ಲಿ ಬೆಯ್ಯುತ್ತದೆ ಎನ್ನು, ಸೆಟ್ಟ ಅತ್ತ ಹಾಗೆ (Prv.).

ಬೆರ bĕra. P. p. of ಬೆರೆ, in ಬೆರ ಕೊಳ್ಳು (My.).

ಬೆರಕೆ bĕrakĕ. (fr. ಬೆರೆ). = ಬೆರಿಕೆ. The state of being united, mixed, or mingled, union, mixture, combination (ಸಂಯೋಗ Šmd. 60 Cm.; ಪಾಪ Mr. 460; My.; T. ಎರವು). ನೀರ ಬೆರಕೆ (ಸಂಗಮ Mr. 415). 2, touch, contamination (My.). ಸೆಟ್ಟರ ಮನೆಗೆ ನಾಯಿ ಹೊಕ್ಕರೆ ಎಲ್ಲು ಊರಿಗೆ ಬೆರಕೆ (Prv.). — ಬೆರಕೆವಣ್. -ಪಣ್. A fruit partly ripe, partly unripe (Čpr. 1, after 101). — ಬೆರಕೆವರ್ಣ. A variegated colour (ಸಾರಂಗ, ಶಬಲ Hlâ.). — ಬೆರಕೆವೆಳಗು. -ಬೆಳಗು. Variegated lustre (Čpr. 6, 46; 6, after 64).

ಬೆರಗು bĕragu. Haste, speed, expedition (see ತೋಳ್ಪೆರಗು); importunity; impertinence, rudeness (T. ವಿಸ್ಸೆ, M. ವಿರೆ, to make haste; to be eager or importunate; T. ವಿಸ್ಸೆವು, M. ವಿರವು, speed, haste). ಸೆರಗಂ ಬೆರಗಂ ಬಗೆಯದೆ, ಪುರಮಂ ಪೊಡಿಮುಟ್ಟಿ (Abh. P. 10, 19). ಸೆರಗಂ ಬೆರಗಂ ಬಗೆಯದೆ (13, 57). — ಬೆರಗ. -ಅ3. A hasty, impertinent, rude man. ಪಿರಿದೀವಂ ನಿಲೆನುಡಿವಂ ಸೆರಗಂ ಬೆರಗಂ ಪ್ರತಾಪಿ (Šmd. 90 Mdb. and another MS.).

ಬೆರಂಜು bĕrañju. To gather together, to collect, to put together, to heap up (ಚಯನ, ಒಟ್ಟಿಗೂಡು Šmd. Db.).

ಬೆರಟು bĕraṭu. = ಬೆಣ್ಟು, ಬೆರಣ್ಟು. (Bp. 32, 25; My.).

ಬೆರಡು bĕraḍu. Hunting, the chase (ಸರಡು, ಸರವಿ Ss.; *cf.* ಬೇಡ 1; M. ಪಿರಕ್ಕು, to set an elephant to work, drive him, urge on cattle).

ಬೆರಣ್ಟು bĕraṇṭu. = ಬೆರಟು, etc. To dig or scratch with the nails, claws or talons, to scratch (ನಖಖನನ, ಕೆರಣ್ಟು Šmd. Dh.; Grj. 1, 120; 1, after 131; Rśv. 5, after 55; Šśv. 3, 55; *cf.* ಪರಡು 3). 2, to make a certain performance with the fingers (ಅಂಗುಲಿಕ್ರಿಯೆ Šmd. Dh.).

ಬೆರತು bĕratu. = ಬೆರೆದು. P. p. of ಬೆರೆ.

ಬೆರಲ್ bĕral. = ಬೆರಳ್ (which is an improper form, Šmd. 41), ಬೆರಳು. A finger; a toe; the tip of an elephant's trunk (Čpr. 6, after 64; 7, 100; Bp. 5, 41; 31, 16; Rśv. 9, 22; T., M. ವಿರಲ್; Tĕ. ವೇಲು, ವ್ರೇಲು). ಬೆರಲೆ (Šmd. 170). ನೇರಿದುವು ಬೆರಲ್ (170). See ಅಬುವೆರಲ್, ಕಿಬು-, ನಾಲ್-. — ಬೆರಲೆತ್ತು. -ಎತ್ತು. To lift up the fore-finger or index (Šśv. 4, 48). — ಬೆರಲ್ಮಿಡಿ. To fillip (from amazement, Čpr. 1, 134).

ಬೆರಸು bĕrasu. 1. = ಬೆರಿಸು. To mingle together, to mix, to unite, to join;—to be mixed, to be united with (ಸಮ್ಮಿಶ್ರ, ಕಲಸು Šmd. Dh.; ಒಡನೆ ಕೂಡು 38 Cm.; My.). ಬೆರಸಿದುದು (ಚಿತ್ರ, ಕಿರ್ಮೀರ, ಕಲ್ಮಾಷ, ಶಬಲ, etc.); ಅಳಿ ಬೆರಸಿದ ಮೊಸರು (ದ್ರಪ್ಸ); ಪ್ರಿಯವಚನಂ ಬೆರಸಿ ಕೊಡುವವನು (ವದಾನ್ಯ); ಬೆರಳುಂ ತಳಮುಂ ಬೆರಸಿದಡೆ ಪ್ರತಲ ಎಮ್ಬುದು; ಅಕ್ಕರಂ ಬೆರಸಿರ್ದ ಉಂಗುರಂ (ಮುದ್ರೆ Hlâ.). ಹೆಬ್ಬಾಗಿಲ ಇಕ್ಕೆಲದಲುಮ್ ಒಳಗಣ ಮೆಯ್ಯೊಳಂ ಸೋಪಾನಂ ಬೆರಸಿ ಮಾಡಿದ ಮಣ್ಣರಾಶಿ (ಹಸ್ತಿನಖ); ಕಪ್ಪು ಬೆರಸಿದ ಹೊಮ್ಬಣ್ಣ (ಪಿಂಗಲ, etc.); ಬೆರಸಿ ಕಾದುಹ (ತುಮುಲ, etc.); ಬಿಳುಪು ಕೆಮ್ಪು ಬೆರಸಿದುದು (ಶ್ವೇತರಕ್ತ, etc.); ಕೆಮ್ಪು ಬೆರಸಿದ ಅರಸಿನಬಣ್ಣ (ಪಿಂಗ, etc.); ಕಪ್ಪು ಬೆರಸಿದ ಅರಿಸಿನಬಣ್ಣ (ಶ್ಯಾವ, etc.); ಜೇನ ತುಪ್ಪ ಬೆರಸಿದ ಮದ್ಯ (ಮಧು, etc.); ಬಿಳಿದು ಬೆರಸಿದ ಹೊಮ್ಬಣ್ಣ (ಪಿಂಗ, ಪಿಶಂಗ, etc.); ನಾಲ್ಕು ಭಾಗದೊಳಗೊನ್ದು ಭಾಗ ನೀರ ಬೆರಸಿದ ಮಜ್ಜಿಗೆ (ತಕ್ರ Nr.). ಅರಸಿವೆರಸು (-ಬೆರಸು, Rśv. 10, after 31). ಕೂರ್ಣಾಯ್ವೆರಸು (5, 51). ಸೊರೆಮಾಲೆವೆರಸು (18, after 77). ಸೋಗೆವೆರಸು (10, after 31). ಚರಣಯುಗವೆರಸು (Šm. 110). ಅನುಚರರ್ವೆರಸು (J. 30, 42). ನಸುನಗೆವೆರಸು (30, 49). ಸೇವಕರ್ವೆರಸು (29, 39). See Šmd. 91. 98. 106. 346; Čpr. 1, 110. 133; Bp. 1, 57; 3, 72; 18, 34; 26, 16; 37, 1; 40, 43; 44, 64. 66; 47, 17; 51, 46; 54, 75; 60, 15; 61, 66. 71; Bh. 1, 3, 45; 2, 13, 44; Č. Bp. 5, 5; Rśv. 6, 116; J. 29, 35. 46; Dp. 172, 3; ಒಡನೆವೆರಸು, ಕೆಯ್ವೆರಸು, ಕೊಂಕು-, ಜಕ್ಕು-, ನಗೆ-, ಸಾಣ್ಬೆರಸು, ಪಡೆವೆರಸು, ಮಡಿ-, ಮುಳ್-, ರೇಣ್-; Prv. s. ಸರಸ.

ಬೆರಸು bĕrasu. 2. (Union): in union with, in company with, together with, combined with, with. ಮನಃಪ್ರೀತಿವೆರಸು ತಿರ್ದುವುದು (Šmd. 4). ಬಿನ್ದುವೆರಸು-ಗೆ (138). ದೀರ್ಘಮ್ಬೆರಸು-ಚಕಾರಾದೇಶಂ (182). ಬಿನ್ದುವೆರಸು-ಬಕಾರಂ (184). ಲೋಪಮ್ಬೆರಸು-ಉಚಿತಾಕ್ಷರಾಗಮಂ (209). ಸೊನ್ನೆವೆರಸು (293). ಅಮ್ಬರಮ್ಬೆರಸು (Čpr. 8, 31). ಕೊಡ್ಮುದುಳ್ವೆರಸು (Abh. P. 13, 74). ವಿನಯಮ್ಬೆರಸು (Grj. 4, 61). See Rśv. 4, 105. 119; 5, after 50; 5, 133; 6, after 11 (twice); 6, after 115 & 137; 10, after 10; 11, after 1. — ಬೆರಸುಲೆಕ್ಕ. Addition (Bp. 53, 73).

ಬೆರಸುಹ bĕrasuha. Mingling, etc. ಸಮ್ಮೂರ್ಛನ, ಅಭಿವ್ಯಾಪ್ತಿ ಎನ್ದಡೆ ಹಸರಿಸಿದುದು; ಲೇಸಾಗಿ ಬೆರಸುಹವೆನ್ದೂ, ಎಮ್ಬರು (Nr.).

ಬೆರಳ್ bĕraḷ. = ಬೆರಲ್, etc. (ಅಂಗುಲಿ, ಕರಶಾಖೆ Nr.; ಅಂಗುಲಿ, ಕರ್ಣಿಕೆ Hlâ.; ಅಂಗುಲಿ, ಪಾಣಿಶಾಖೆ Mr. 322). ನೀಡಿದ ಬೆರಳ ತಳಂ ಪಾಣಿ ಎಮ್ಬುದು, ಬೆರಳುಂ ತಳಮುಂ ಬೆರಸಿದಡೆ ಪ್ರತಲ ಎಮ್ಬುದು (Hlâ.). ಆನೆಯ ಬೆರಳ್ಗಳ್ (ಕರ್ಣಿಕೆ Mr. 155). ಬೆರಳ ಗಣ್ಣುಗಳು (ಪಾಣಿಶಾಖಾಪರ್ವ 322). See Bp. 20, 11; Bh. 1, 10, 32; J. 28, 33; ಕೆಯ್ಬೆರಳ್. — ಬೆರಳೆತ್ತಿ ತೋಱಿಸು. To lift up the fore-finger and show (J. 17, 9).

ಬೆರಳು bĕraḷu. = ಬೆರಳ್, etc. (C.; ಅಂಗುಲಿ, ಕರಶಾಖೆ, ಬೆಟ್ಟು Si.). 2, a small point on rocks (Bh. 8, 4, 22); a tip (see ನಾಸಿಕವೆರಳು). ನಿಗುರಿದ ಬೆರಳುಗಳುಳ್ಳ ಅಂಗೆಯ್ (ಚಪೇಟ, etc.); ಹೆಬ್ಬೆಟ್ಟಿನ ಒತ್ತಿನ ಬೆರಳು (ತರ್ಜನಿ, ಪ್ರದೇಶಿನಿ); ಹೆಬ್ಬೆಟ್ಟು ನಡುವಣ ಬೆರಳೂ ಕೂಡಿ ಅಳದಡೆ ತಾಲ ಎನಿಸುಗು (Nr.). ಕೆಯ್ಯ ಬೆರಳುಗಳು (ಪ್ರಕಾಣ್ಡ, ಕರಾಂಗುಲಿಗಳ್ Nn. 60). ಬೆರಳಿಂಗೆ (Mr. 324). ಬೆರಳು ತೋಱಿಸಿದರೆ ಕೆಯ್ ನುಂಗುತ್ತಾನೆ.—ಬೆರಳು ಪಾತರೆ ಒರಳಷ್ಟು ಅದೀತೇ? (Prvs.). See Bp. 54, 55; Si. 211. 212. 253). — ಬೆರಳಾಡಿಸು. -ಆಡಿಸು. To move a finger about, to tickle the throat with a finger in order to produce vomiting (My.). — ಬೆರಳುಗಿಣ್ಣು. A finger knuckle (My.). — ಬೆರಳುಗೇಣ್. A finger span. ದರ್ಭೆಯ ಬೆರಳುಗೇಣ್ (ಗೋಕರ್ಣ Hlâ.). — ಬೆರಳುಜಾಳೆ. The (silly habit of the) interlocking of the fingers intertwined with the ends downwards. ಆಯಿತೇಯಿತ ಬೆರಳುಜಾಳೆ ಮಿಡಕುವ ಬಾಯಿ ಮೇಳದೊಳ ತೊಡಕ ಬಿಡದವನ ಜಪವದು ಹಾಯಿಮನೆಯನ್ತೆ (Sp.).

ಬೆರಿಕೆ bĕrikĕ. = ಬೆರಕೆ, q. v. (My.). — ಬೆರಿಕೆಜಾತಿ. A mongrel caste (My.). — ಬೆರಿಕೆಮಣ್ಣು. Various kinds of earth mixed together (My.). — ಬೆರಿಕೆಮನುಷ್ಯ. A man of mixed blood (My.). — ಬೆರಿಕೆಸೊಪ್ಪಿನ ಪಲ್ಲೆ. Mixed vegetables worked together (My.). — ಬೆರಿಕೆಹುಲ್ಲು. Various kinds of grass mixed together (My.; Si. 165).

ಬೆರಿಸು bĕrisu. = ಬೆರಸು 1. (My.; B. 4, 106. 141. 162).

ಬೆರೆ bĕrĕ. To be joined or united, to join, to be mingled or mixed, to associate, etc. (ಪೊ ಣರ್ಚು, ಸಂಯುಗ Šmd. Dh.; My.; T. ಎರವು; M. ಎರಗು; Mhr. ಭೇಲಣೇಂ, ಭೇಳಣೇಂ; Tĕ. ಬೆರೆ, to be touched, contaminated). P. ps. ಬೆರೆದು, ಬೆರದು, ಬೆರತು (B. 4, 94. 224; My.). ಸಂಸ್ಕೃತಂ ಬೆರೆಯದ ಬಟ್ಟೆಯ ಕನ್ನಡಂ (ಅಚ್ಚಗನ್ನಡಂ Šmd. 45). ಬೆರೆಯಿತು (My.). See Si. 51. 93. 206. 240. 316. 371. 376. 419; Čpr. 8, 65; Ršv. 9, 28; ಒಡವೆರೆ, ಗಜ್-, ತೆರೆ-. — ಬೆರೆ ಬೆರೆ. rep. (J. 19, 5).

ಬೆಱಗು bĕṟagu. = ಬೆಱ 2. Amazement, astonishment, alarm (ತಳಮಳ, ತಲ್ಲಣ, ತಳವೆಳಗು, ಬಕ್ಕುಡಿ, ಬೆಗ ಡು, ಗುರ್ವು, ಮಲ್ಲಟಿ, ಬಿಗುರ್, ಬೆಪ್ಪಳ Šm. 49; Bp. 40, 60; J. 28, 38; My.; Tĕ. ವೆಱಗು; Tĕ. ವೆಱ್ಱಿ, madness; M. ವೆಱ, intoxication, fury; T. ವೆಱ, ವೆಱುಪ್ಪು, fear; confusion, perturbation, giddiness; see s. ಬೆಚ್ಚು 1 and ಪಿಱಿಕ, ವೆಱ). 2, wandering or confusion of mind (My.). See ಸಂವಿತ. — ಬೆಱಗಾಗಿಸು. -ಆಗಿಸು. To cause to become amazed, etc. (J. 2, 12). — ಬೆಱಗಾಗು. -ಆಗು. To become amazed, etc. ಬೆಱಗಾದುದು (ತಳಮಳ Čt. I, 3; ತಳವೆಳಗು II, 96). ಬೆಱಗಾದವನು (ವಿಸ್ಮಯಾನ್ವಿತ Nr.). ಒತ್ತರವೊತ್ತಿದನ್ತೆ ಬೆಱಗಾಗೆ ಕೃಪಾದಿಗಳ್ ಒತ್ತೆ (Šmd. 16). ಹಿಮಕರಂಗೆ ಪಾಯ್ವ ಚಕೋರಾವಲಿ ಬೆಱಗಾದುದು (Lilv. 3, 5). See Čpr. 7, 86; Grj. 4, 61; Bp. 60, 32; 61, 62; Bh. 1, 8, 88; 1, 10, 31; J. 7, 32; 28, 26; 30, 19; 31, 34. 85. — ಬೆಱಗಾಗುಹ. -ಆಗುಹ. Becoming amazed, etc. (ತಳಮಳ Šmd. II; ತಳವಳ Kk. 80). — ಬೆಱಗು ಬಿನ್ನಾಣ. Skill of confusion or of making confuse (Bh. 1, 8, 71). — ಬೆಱಗುವಡು. -ಪಡು. To feel amazed, etc. (Ŏ. Bp. 47, 20; V. 8, after 20; Ššv. 4, after 52). — ಬೆಱಗುವೆಱ್. -ಪೆಱ್. To get amazed, etc. (J. 18, 14). — ಬೆಱಗೊಂಡು. -ಒಂಡು. = ಬೆಱಗುವಡು. (Bp. 3, 25; 8, 44; 11, 42; 39, 40).

ಬೆಱಟೆ bĕṟaṭi. = ಬಱಟೆ q. v., ಬೆಱಣಿ, etc.

ಬೆಱಣಿ bĕṟaṇi. = ಬೆಣ್ಣೆ 1, ಬೆಱಟೆ, etc. (My.; Bp. 15, 12; 28, 8). ಬೆಱಣಿ ಮುನ್ನಾದವುಗಳ ಗುಮ್ಪು (ಕಾರೀಷ, ಸಗಣಿತೊಪ್ಪೆ Si. 402). ಬೆಱಣಿಯ ಬೆಂಕಿ (ಕರ್ಷು 461). ಬೆಱಣಿ ಸುಟ್ಟ ಬೂದಿಯಾದರೂ ಧರಣೀ ಮೇಲಿರುತ್ತದೆ.— ಬಿದ್ದ ಬಟ್ಟೀಲಿ ಬೆಱಣಿ ಆಯ ಬೇಕು, ಇದ್ದ ಬಟ್ಟೀಲಿ ಇರ ಬೇಕು (Prvs.). See ಕಾಡು-.

ಬೆಱತು bĕṟatu. P. p. of ಬೆಱ್.

ಬೆಱೆ bĕṟĕ. (fr. ಬಿಱು 1 or 2). To become (firm or) stiff, as from cold, wind, rain, death, etc. (My.; Bp. 15, 18; 20, 12; 32, 52; 46, 57; 58, 49). P. p. ಬೆಱತು (J. 31, 63). ಬೆಱತಿಹಸ್ಥಾಡು (ಅನತ, ಸ್ತಬ್ಧ, ಬಾಗದುದು Nn. 76). 2, to behave proudly or arrogantly, to be haughty or conceited (ಅಹಂಕಾರಭಾವ Šmd. Dh.; Abh. P. 4, 41; Bp. 26, 13; 38, 16; 39, 48. 58; 42, 16; 59, 22; Ršv. 5, 127; J. 27, 37; see s. ಬಯಲುಗ). P. ps. ಬೆಱೆದು, ಬೆಱದು, ಬೆಱತು (J. 23, 37; Abhâ. 2, 54). ಪರಮಜಿನೇನ್ದ್ರವಾಣಿಯೇ ಸರಸ್ವತಿ ಬೆಱದು, ಪೆಣ್ಬ್ರಪದುಂ ಧರಿಯಿಸಿ ನಿನ್ದುದಲ್ತುದುವೆ? (Šmd. 109). ಬೆಱತಿಪ್ಪದು (ಹಮ್ಮು Čt. I, 44).

ಬೆರ್ಕು bĕrku. = ಬೆರ್ಕು. ಅವು ಪಿರಿಯವು ಭಾವಿಪೊಡಿನ್ತಿವು ಕಿಱಿಯವೆನಿಪ್ಪವಿದುವೆ ಭೇದಂ! ಪೆಱತಿಲ್ಲಿವಱವಱನ್ತರಮ್! ಎನಿಸುವುವವನೀಧರಣೀಯ ಪುಲಿಗಳುಂ ಬೆರ್ಕುಗಳುಂ (Šmd. 117; Kâvy. I, 2, 6).

ಬೆರ್ಚಿಸು bĕrčisu. = ಬೆಚ್ಚಿಸು. To frighten (ಭಯ Šmd. Dh.; Ŏpr. 6, 41; Abh. P. 10, 157; Ššv. 4, 5).

ಬೆರ್ಚು bĕrču. 1. = ಬೆಚ್ಚು 1. To be terrified, to fear (ಸನ್ತ್ರಾಸ Šmd. Dh.; ಭಯ Šm. 85). ಬೆರ್ಚಿ ಬೆಳ್ಪಳಿಸಿ ಬನ್ದಂ (Šmd. 20). ಉಱಿಮೆ? ಅಂಜಮೆ? ಬೆರ್ಚಮೆ? ಬೆಸಕೆಱಗೆಮೆ, ದೇವ? (177). See Ŏpr. 4, 18; 5, 79; Grj. 2, 58; Ršv. 5, 86. 118; 11, 10; 13, 65.

ಬೆರ್ಚು bĕrču. 2. = ಬೆಚ್ಚು 2. A scare-crow (ತೃಣಪುರುಷ Šmd. Dh.; Šm. 85).

ಬೆರ್ಮೆ bĕrmĕ. Tbh. of ಭ್ರಮೆ. — ಬೆರ್ಮೆಗೊಳು. = ಬೆಮೆಗೊಳ್ಳು. (Dp. 53, 4).

ಬೆಲಗು bĕlagu. (fr. ಬೆರೆ). A beam (B. 4, 121; see ಅಡ್ಡ-, ತಲೆ-).

ಬೆಲಪತ್ರೆ bĕlapatrĕ. Tbh. of ಬಿಲ್ವಪತ್ರ. (My.).

ಬೆಲಿ bĕli. = ಬಳಿ, etc. (Tĕ. ವೆಲಿ). — ಬೆಲಿದೇವಿಯರ ವೇಮಯ್ಯ. N. (Bp. 46, 1). — ಬೆಲಿದೇವಿಯರ ವೇಮಾರಾಧ್ಯ. N. (Bp. 46, 80).

ಬೆಲೆ bĕlĕ. 1. = ಬಿಲಿ 3. Price, cost (ಭೃತಿ, ಭೃತ್ಯ, ಕರ್ಮಣ್ಯ, ವೇತ, ಮೂಲ್ಯ, ವೇತನ Hlâ.; ಪ್ರಕ್ರಯ, ಕ್ಲಪ್ತಿಕ Hlâ.; ಮೂಲ್ಯ, ವಸ್ನ, ಅವಕ್ರಯ Nr., Si. 324; ಅರ್ಘ್ಯ, ಮೌಲ್ಯ Nn. 102; ಪಣ್ಯ Nn. 130; ಅರ್ಘ Mr. 482; ಅರ್ಘ, ಮೂಲ್ಯ Si. 412; C.; Tĕ. ವಿಲುವೆ, ವೆಲೆ; M. ವಿಲೆ; T. ವಿಲೈ); (wages, hire). ಕೊಡ್ಡ ಬೆಲೆ (ನೀವಿ, ಪರಿಪಣ, ಮೂಲಧನ); ಪಿರಿಯ ಬೆಲೆಯ ಸೀರೆ (ಮಹಾದಾನ Nr.). ಹೊತ್ತ ಬೆಲೆ (ಕ್ಲಪ್ತ, ವೇತನ, ಮೌಲ್ಯ Mr. 346). ಅತ್ತೆ ಒಡೆದ ಮಡಿಕೆಗೆ ಬೆಲೆ ಇಲ್ಲ.— ಬೆಲೆಯಿಲ್ಲದ ಸರಕಾದರೆ ನೆಲದ ಮೇಲೆ ಚೆಲ್ಲ್ಯಾರೇ? (Prvs.). ಕಾಡ ಕಸಿ ಬಲ್ಲುದೇ ಮಾಣಿಕದ ಬೆಲೆಯ? (Dp. 76). See Ŏpr. 1, 66; Bp. 28, 10; 29, 14; J. 23, 31; Si. 395; B. 2, 33; 4, 162; Prvs. s. ಕಟ್ಟು 4, ರತ್ನ. — ಬೆಲೆ ಕೊಡು. To give a price, to pay for (B. 5, 118). — ಬೆಲೆಗಾಣಿಸು. -ಕಾಣಿಸು. To sell (v. t., My.). — ಬೆಲೆಗಾಣು. -ಕಾಣು. To see a price: to be sold for (My.). ಕತ್ತೆಗಳು ಒಮ್ಮೊಮ್ಮೆ ಸಾವಿರ ರೂಪಾಯಿ ತನಕ ಬೆಲೆಗಾಣುತ್ತವೆ (B. 3, 48). ಹನ್ದನದ ಕೊರಡುಗಳು ಇದ್ದ ಹಾಗೆ ಹೆಚ್ಚು ಬೆಲೆಗಾಣುತ್ತವೆ (3, 79; see 3, 103; 5, 118). — ಬೆಲೆಗುಡು. -ಕುಡು. To give the price (of something, Abh. P. 8, after 54). — ಬೆಲೆ ತಗ್ಗು. Price to become less or fall (My.). — ಬೆಲೆ ಬರು. Price to come or be attached to. ಒನ್ದು ಪದಾರ್ಥಕ್ಕೆ ಬೆಲೆ ಬರ ಬೇಕಾದರೆ (B. 5, 118). — ಬೆಲೆ ಬೀಱು. Price to be paid for — (My.). ಅದಕ್ಕೆ ಬಹಳ ಬೆಲೆ ಬೀಱುತ್ತದೆ (B. 5, 117). 2, price to fall. ಬೆಲೆ ಬಿದ್ದ ಸರಕಿನಲ್ಲಿ ಲಾಭವುಣ್ಟೇ? (Prv.). — ಬೆಲೆವೂ. -ಪೂ. A dear flower (Ŏpr. 8, after 4). — ಬೆಲೆವೆಣ್. -ಪೆಣ್. ಬೆಲೆವೆಣ್ಣು. A prostitute (Kâvy. I, 5, 35; Bp. 3, 75; 40, 80). ಸುಂಕಿಗನು, ಹುರಿಹಲು, ಬಿಂಕಿನ ಬೆಲೆವೆಣ್ಣು, ಕಂಕಿಯು, ಸುಂಕ, ನಸುಗುನ್ನಿ ಈ ಆಱು ಸೊಂಕಿದರೆ ಬಿಡವು (Sp.). — ಬೆಲೆ ಹೆಚ್ಚು. Price to increase (My.). — See Prv. s. ಸಿಕ್ಕು 1.

ಬೆಲೆ bĕlĕ. 2. = ಬಿಲಿ 2. — ಬೆಲೆ ತರ್. = ಬಿಲಿ ತರ್. (Bp. 24, 9).

ಬೆಲೆಗು bĕlĕgu. A digit of the moon (ಕಲೆ Čt. I, 38; T. ವಿಳಕ್ಕ; see ಬೆಳಗು 1 & 2).

ಬೆಲ್ಲ bĕlla. Coarse dark sugar, jaggory (ದಣ್ಡ, ಗುಡ Nn. 176; ಗುಡ, ಇಕ್ಷುಪಾಕ Si. 416; C.; Tĕ.; T., M. ಬೆಲ್ಲ; B. 2, 16; 3, 46; Čh. v. 2; J. 31, 16; Si. 348). ಮತ್ಸ್ಯಣ್ಡಿ, ಖಾಣಿತ ಎನ್ದೊಡೆ ಬೆಲ್ಲದ ಪಾಕ; ಬೆಲ್ಲವೆನ್ದೊಡೆ, ಎಮ್ಬರು (Nr.). ಬೆಲ್ಲದಿನ್ದಿನಿಯಂ (Šmd. 68. 184). ಬಲ್ಲವರೊಡನಾಟ ಬೆಲ್ಲವನ್ನು ಮೆದ್ದನ್ತೆ (Sp.). ಬೆಲ್ಲವಿದ್ದ ಕಡೆ ನೊಣ, ದಡೆ ನಾಲ್ಕಕ್ಕೆ ಮಣ.— ಬೆಲ್ಲವಿಲ್ಲದಿದ್ದರೆ ಬೆಲ್ಲದನ್ತ ಮಾತು ಇಲ್ಲವೇ?— ಅಱಿಯದ ಮಕ್ಕಳ ಕೆಯ್ಗೆ ಬೆಲ್ಲಾ ಕೊಟ್ಟಹಾಗೆ.— ಕತ್ತೆ ಬೆಲ್ಲಾ ಹೇರಿದರೆ ದೊಪ್ಪಗೆ ಯಾಕೆ ಬಿಕ್ಕೆ?— ಬಲ್ಲವನೇ ಬಲ್ಲ ಬೆಲ್ಲದ ಸವಿ.— ಬೆಲ್ಲದ ದೇವರಿಗೆ ಅಲ್ಲೇ ನೈವೇದ್ಯ.— ಬೆಲ್ಲದ ಗಣಪತಿಗೆ ತೊಡೆಯ ಚಿವುಟೇ ನೈವೇದ್ಯ.— ಬೆಲ್ಲ ಮುಟ್ಟಿದರೆ ಅನ್ನ ಗಟ್ಟಿ,

ಸೊಸೆ ಬನ್ದರೆ ಮಾಯಿ ಗಟ್ಟಿ.—ಬೀದೀಲಿ ಬೆಲ್ಲ ಸುರಿದು, ಹಾದಿಯವರ ಸಂಗಡ ಜಗಳಾಡಿದ ಹಾಗೆ.—ಬೆಟ್ಟದ ಮೇಲೆ ಕೂತ ಬಟ್ಟೆ ಬೆಲ್ಲ ಬಯಸಿದ ಹಾಗೆ.—ಬೆಲ್ಲವು ಹೋಯಿತು, ಬೆಲ್ಲಕ್ಕೆ ಹತ್ತಿದ ಕಲ್ಲೂ ಹೋಯಿತು.—ಎಲ್ಲಾ ಹೋದ ಬೆಲ್ಲದಲ್ಲಿ ಪರಿಹಾರ (Prvs.). See Prvs. s. ಚಾಟಿಹಣ್ಣು, ಸವಿ 4.

ಬೆಲ್ಲಪತ್ರೆ bĕllapatrĕ. = ಬೆಲ್ಲವತ್ತ, etc. (Bp. 48, 29). — ಬೆಲ್ಲಪತ್ರೆಯ ಕೊಪ್ಪದೇವ. N. (Bp. 58, 12).

ಬೆಲ್ಲವತ್ತ bĕlla-patta. Tbh. of ಬಿಲ್ವಪತ್ರ (Śmd. 351. 357; ಬಿಲ್ಲ Ct. I, 93; ಅಸುರ Mr. 117; My.).

ಬೆಲ್ಲೊಟ್ಟಿ bĕllŏṭṭi. A shrub with yellow flowers contrasting with a large white calycine leaf, Mussaenda frondosa Lin. (St. & Pl., Kŏnkaṇi).

ಬೆಲ್ವತ bĕlvata. = ಬೆಲ್ಲವತ್ತ. (ಶ್ರೀಫಲ, ಬಿಲ್ವ, ಮಾಲೂರ Mr. 112).

ಬೆಲ್ವತ್ತ bĕlvatta. = ಬೆಲ್ವತ. (My.).

ಬೆಲ್ವತ್ತಕ bĕlvattaka. = ಬೆಲ್ವತ್ತ. (Rśv. 5, 56).

ಬೆವತು bĕvatu. (= ಬೆವರ್ತು). A P. p. of ಬೆವರು 1 (ಬೆವರ್). (My.; ಬೆಮರ್ತು G.). *Cf.* ಬೆವಿ.

ಬೆವರಿಸು bĕvarisu. = ಬವರಿಸು. To cause to take away superficially etc. (My.).

ಬೆವರು bĕvaru. 1. = ಬೆಮರ್ 2, etc. (My.). P. ps. ಬೆವರಿ, ಬೆವತು.

ಬೆವರು bĕvaru. 2. = ಬೆಮರ್ 3, etc. (My.; B. 4, 24). ಬೆವರು ಸುರಿದರೂ ಶೌರ್ಯ ಹೋಗಲಿಲ್ಲ (Prv.). — ಬೆವರಟ್ಟೆ. -ಅಟ್ಟೆ. A sole inside a shoe (My.). — ಬೆವರಿಡು. -ಇಡು. To perspire (Bp. 52, 13). — ಬೆವರುಗುಳ್ಳೆ. The prickly-heat (My.). — ಬೆವರುನೀರು. = ಬೆವರು. (My.). — ಬೆವರುಸಾಲೆ. = ಬೆವರುಗುಳ್ಳೆ. (My.). — ಬೆವರುಹನಿ. = ಬೆಮರ್ವನಿ. (My.).

ಬೆವರು bĕvaru. 3. = ಬವರು. To take away superficially, as rubbish (by means of the hand or of a broom, My.). 2, to move or stir a heap of grain with the hand so as to remove impurities (My.).

ಬೆವಸಾಯ bĕvasāya. Tbh. of ವ್ಯವಸಾಯ. Cultivation, agriculture (My.). ಬೆವಸಾಯದವನಾದರೂ ಜನಸಹಾಯ ಬೇಕು (Prv.).

ಬೆವಿ bĕvi. To perspire (ಬೆಮರು G.).

ಬೆವಿಸು bĕvisu. Tbh. of ಭ್ರಮಿಸು. (Bp. 28, 54).

ಬೆಸ bĕsa. 1. (Tbh. of ವಿಧ, ವಿಧಾ compared with ವಿಧಾನ). (= ಬೆಸನ 1). Performing, making;—the performance of prescribed acts or rites: act of worship;—a demand, an order, an injunction (Čpr. 8, after 44; Abh. P. 7, 47; 11, 90);—questioning, asking, inquiry. ಬೆಸಕೆಜಿಗಮೆ, ದೇವ? (Śmd. 177). — ಬೆಸ ಕೆಯ್. To make, to perform; to produce (Abh. P. 3, 152; 15, after 30);—to worship; ಬೆಸ ಕೆಯ್ವುದು (ಪರಿವಸ್ಯೆ, ಪರಿಚರ್ಯೆ, ಶುಶ್ರೂಷೆ, ಉಪಾಸನೆ, ಉಪಾಸ್ತಿ, ಪರೀಷ್ಟೆ, ಸೇವೆ, ಭಕ್ತಿ, ಪ್ರಸಾದನೆ, ಆರಾಧನೆ, ಉಪಚಾರ Hlā.);—to be submissive, to obey (Čpr. 6, 88; Abh. P. 15, 11; 16, after 39; Bp. 39, 48). ಬೆಸ ಕೆಯ್ವುದಲ್ಲದೆ ಇದಿರಿಪ್ಪ ಸೀಮೆ (ಪರರಾಷ್ಟ್ರ Mr. 189). ಅನುಂ ನೀನುಮ್ ಆತನುಂ ಬೆಸ ಕೆಯ್ವೆವು (Śmd 262, o. r. -ಕೆಯ್ವಂ). See Grj. 1, 66; 2, 105. — ಬೆಸ ಕೆಯ್ಸು. To subject, to rule. See ಇಸುವೆಸ ಕೆಯ್ಸು. — ಬೆಸಗೆಯ್. To worship, to honor (Bh. 1, 19, 35);—to make; to use (Śāstrasāra in W. v. 1258. 1259). — ಬೆಸಗೊಳ್. -ಕೊಳ್. To demand, to enquire, to ask, to question, to solicit. ಬೆಸಗೊಮ್ಬುದು (ಪ್ರಶ್ನ Nr.; ಪ್ರಶ್ನೆ Nn. 167; ಅನುಯೋಗ, ಪ್ರಶ್ನ Mr. 90; ಅಥ, ಪೃಚ್ಛ್ಯ, ವಚಾಶ Nn. 89). ಚುನ್ನವಾಡಿ ಬೆಸಗೊಮ್ಬುದು (ಪ್ರಲಮ್ಭ, ಪರಿಯೋಗ Mr. 90). ಗುರುವಂ ಜ್ಞಾನಮುಂ ಬೆಸಗೊಣ್ಡಂ (Śmd. 157). ಮಾಣವಕನಂ ಕಾರ್ಯಮಂ ಬೆಸಗೊಣ್ಡಂ (165). ಗುರುವನಿಂ ತತ್ತ್ವಮಂ ಬೆಸಗೊಳಲ್ ಪಟ್ಟಂ (300). See Čpr. 1, 57; 3, 5; 7, 18; Bp. 10, 7. 47; 30, 16; 47, 53; 51, 52; Č. Bp. 47, 16; Śśv. 2, after 52; J. 2, 2; 30, 48. — ಬೆಸಗೊಳುಹ. -ಕೊಳುಹ. Asking, etc. (ಪ್ರಶ್ನ, ಅನುಯೋಗ, ಪೃಚ್ಛೆ Nr., Hlā.). ಚುನ್ನವಾಡಿ ಬೆಸಗೊಳುಹ (ಪರ್ಯನುಯೋಗ, ಉಪಾಲಮ್ಭ Hlā.). — ಬೆಸಂಗೆಯ್. -ಂ-ಕೆಯ್. To make, to cultivate. See ತೋಣ್ಟಬೆಸಂಗೆಯ್. — ಬೆಸಮ್ಬಡೆ. -ಂ-ಪಡೆ. = ಬೆಸವಡೆ (Śmd. 200). To get an order, to obtain permission (Abh. P. 5, after 56; J. 12, 14). — ಬೆಸಮ್ಬೆಸ್. -ಂ-ಪೇಳ್. = ಬೆಸಮ್ಬಡೆ. (Čpr. 8, 33). — ಬೆಸವಡೆ. -ಪಡೆ. = ಬೆಸಮ್ಬಡೆ, q. v. — ಬೆಸವೇಳ್. -ಪೇಳ್. To give an order, to command (J. 2, 53).

ಬೆಸ bĕsa. 2. = ಬೆಸಿ. (My.).

ಬೆಸಕಿಲ್ bĕsakil. A broom (? ಪಾವಕೆ Mr. 207). *Cf.* ಬೆಸಕೋಲ್?

ಬೆಸಗೆ bĕsagĕ. = ಬೆಸುಗೆ 1, etc. Soldering, etc. (My.). See ಬೆಟ್ಟಿವೆಸಗೆ. — ಬೆಸಗೆ ಹಾಕು. To solder (My.).

ಬೆಸದ bĕsada. = ಬೆಸ್ತ. A fisherman (who also hires himself as palanqueen bearer). ಬೆಸದರ ನೆರವಿ (ಕೊತ್ತಡಿ Śmd. I). — ಬೆಸದವ. -ಅವ. = ಬೆಸದ. (ಕುಂಗ Śmd. II).

ಬೆಸದು bĕsadu. = ಬೆಸೆದು, ಬೆಸ್ದು. P. p. of ಬೆಸೆ 1.

ಬೆಸನ bĕsana. = ಬೆಸಲ್, etc. (Č. Bp. 47, 38). ಪ್ರಸಂಗ ಕೇಳಲಿಕ್ಕೆ ಹೋದಲ್ಲಿ ಬೆಸನವಾದಳು (Prv.). (Could it be Tbh. of ವ್ಯಜನನ?).

ಬೆಸನ bĕsana. 1. (= ಬೆಸ 1, q. v.). Tbh. of ವಿಧಾನ. Order, command (Bp. 2, 44. 56; 3, 20; 46, 56; 47, 18; 60, 61; 61, 6). — ಬೆಸನಂ ಪೇಳ್. = ಬೆಸನೀ. (J. 13, 54). — ಬೆಸನಂ ಮಾಡು. = ಬೆಸನೀ. (Rśv. 5, 130). — ಬೆಸನಂ ಸಾರ್. To get an order (Śśv. 2, after 42). — ಬೆಸನ ಹೇಳಿಸಿ ಕೊಳ್. To obtain permission. ಬೆಸನ ಹೇಳಿಸಿ ಕೊಳುಹ (ಅನುಜ್ಞೆ Nr.). — ಬೆಸನೀ. -ಈ. To give an order (Bp. 5, 6; 61, 7; Śśv. 2, 116).

ಬೆಸನ bĕsana. 2. Tbh. of ವ್ಯಸನ (Ct. II, 108; Tĕ. ವೆಸನ, T. ವಿಚನ). ಏಱುಂ ಬೆಸನಮುಮಂ ನರಪಾಲನ್ ಉಱಿಗೆ (Śmd. 16 Mdb. & a. o. MS.). See ಏಱ್ಬೆಸನ; Śśv. 2, 90.

ಬೆಸಲ್ bĕsal. = ಬೆಸನ, ಬೆಸಲೆ. Birth, production, bringing forth. — ಬೆಸಲಾಗು. -ಆಗು. To bear, to bring forth, as children; to be delivered. ಬೆಸಲಹ ತಿಂಗಳು (ಸೂತಿಮಾಸ, ವೈಜನನ); ಬೆಸಲಹ ದುಃಖ (ಆಮಾನಸ್ಯ, ಪ್ರಸೂತಿಜ Nr.). ಪುಣ್ಯಾಂಗೆಯ್ದ ಸತಿಯರು ತರುಣರಂ ಬೆಸಲಹರು, ನವಮಾಸಂಗಳಂ ಪೊತ್ತು (Bp. 8, 15). ಭೂತಲಂ ಬೆಸಲಾದುದು (6, 13). ಮೇಲಣಾಯದಧಿಕರೊಳ್ ಕಾಳಗವ ತೊಡಕಿದರೆ ಬಾಯಿವೆಗೆಟ್ಟು ಬಡವಕ್ಕ, ಬೆಸಲಾದ ಹೇಱನನ್ನಕ್ಕು (Sp.). See Rśv. 6, 34; J. 10, 3; 18, 55.

ಬೆಸಲೆ bĕsalĕ. = ಬೆಸಲ್. ನೆಲಂ ಬೆಸಲೆಯಾದ ಪೊಲ್ (Abh. P. 4, 53). See Śāstrasāra in W. v. 1273.

ಬೆಸವು bĕsavu. = ಬೆಸಗೆ, etc. See ಹೊಮ್ಬೆಸವು.

ಬೆಸಸು bĕsasu. To order, to command, to tell (ನಿರೂಪಿಸು Śmd. 3 Cm.);—to declare, to communicate;—to request; —to grant. ಬೆಸಪಂ or ಬೆಸಪ್ಪಂ (Śmd. 275). ಆಱೆದು ಬೆಸಸುವುದು ಅವುದಾನೊನ್ದಣ್ಬು, ಅದರಿಲ್ಲಿ ಪ್ರತಿಶಾಸನತಟ್ಟಂ ನಗುಬ್ಬಂ (Nr.). See Śmd. 61. 271; Čpr. 2, after 62 & 93; 6, after 44; 7, 28; Abh. P. 16, after 39; Bp. 1, 62; 10, 34; 22, 46; 34, 11; 39, 44; 47, 18. 40; Kk. 3; Rśv. 6, after 10; 13, 4. 42;

13, after 61 & 64; 14, after 12; J. 2, 39. — ಬೆಸಸು ಬೆಸಸು. rep. (Abh. P. 14, 105).

ಬೆಸಳಿಗೆ bĕsaḷigĕ. (fr. ಬಿಸು 1). A fire-pan (ಅಂಗಾರ ಶಕಟಿ, ಹಸನ್ತಿ, ಹಸನ್ತಿಕೆ Hlâ.; ಹಸನ್ತಿ, ಹಸನ್ತಿಕೆ Mr. 210).

ಬೆಸಿ bĕsi. = ಬೆಸ 2. Odd, not even (My.; Tĕ. ಬೇಸಿ; cf. ವಿಷಮ).

ಬೆಸಿಕೆ bĕsikĕ. = ಬೆಸಿಗೆ, etc. (My.).

ಬೆಸಿಗೆ bĕsigĕ. = ಬೆಸಗೆ, etc. (My.; Si. 114; Bp. 2, 14). — ಬೆಸಿಗೆಗೊಳ್ಳು. -ಕೊಳ್ಳು. To be soldered. ಗಟ್ಟಿಯಾಗಿ ಬೆಸಿಗೆಗೊಣ್ಡಿರುವಿಕೆ (ದೃಢಸನ್ಧಿ, ಸಂಹತ Si. 378).

ಬೆಸು bĕsu. = ಬೆಸೆ 1, etc. (Bh. 2, 2, 105; 6, 4, 141 twice).

ಬೆಸುಗೆ bĕsugĕ. = ಬೆಸಿಗೆ, etc. ಅಜ್ಜಗನ್ನಡದ ಚಲ್ವುಮಂ ತದ್ಭವದ ಬೆಸುಗೆಯಂ... ಉಸುರ್! (Kk. 3). ಸೂತತನಯನ ತಲೆಯ ಬೆಸುಗೆಯ ಬಿಡಿಸುವಮ್ಬಿನ ಹಿಳುಕನುಗಿ! (Bh. 8, 23, 44). See ಬೆಸ್ಟು-; Bh. 2, 2, 105; Râm. 6, 1, 13. 2, the root of the ear. ಕಳಚಿದನು ಕರ್ಣದ್ವಯದ ಬೆಸುಗೆಗಳ (Râm. 3, 4, 27).

ಬೆಸೆ bĕsĕ. 1. = ಬಿಸು 3, ಬೆಸು. To solder; to unite firmly (My.). P. ps. ಬೆಸೆದು (Šmd. 255), ಬೆಸದು, ಬೆಸ್ತು. ಅಸಿಯ ಒಜೆ ಬೆಸೆದ ಪೆಟ್ಟಿಗೆ (75). ಬೆಸೆಯಲ್ ಪಟ್ಟೆದು (ಸಂಯೋಜಿತ, ಉಪಾಹಿತ Si. 379). ಚಿನ್ನಕ್ಕೆ ಬೆಸೆಯುವ ಟಂಕ (ನಿಘ 407). ಬೆಳ್ಳಿ ಬೆಸೆಯ ಬೇಕಾದರೆ ಕಳ್ಳೇ ಹಾಲು ಬೇಕೇ? (Prv.). See ಪೊಮ್ಬೆಸೆ, ಮಿಸುನಿವೆಸೆ. 2, to be established or in use. ಪೊರ್ಮುಗೆ ಮರಣಗಳಲ್ಲಿ ಬೆಸೆಗು ಪೊಣ್ಡಿಮ್ಬುದು (Šm. 98). See ಬೇಗಡೆವೆಸೆ. 3, (to be stiff, cf. ಬಿಜ್?), to be haughty or proud (ಗರ್ವ Šmd. Dh.; ಕಾಮುಕರ Šm. 111).

ಬೆಸೆ bĕsĕ. 2. (fr. ಬಿಸು 2). A swinge: a stroke with a whip, etc., a blow (J. 20, 25; My.). 2, a bow for dressing cotton (ಕಾರ್ಪಾಸಚಾಪ Šmd. Dh.; Šm. 111; ಶೋಧ, ಬಿಲ್, ಕುದುಕು Mr. 206). — ಬೆಸೆಕೋಲ್. (Šmd. 78).

ಬೆಸ್ತ bĕsta. = ಬೆಸದ (My.; Tĕ.). — ಬೆಸ್ತರವ. -ಅವ. = ಬೆಸ್ತ. ಮಾನುಗಳನ್ನು ಹಿಡಿಯುವ ಬೆಸ್ತರವನು (ಕೈವರ್ತ, ದಾಶ, ಧೀವರ Si. 86).

ಬೆಸ್ತು bĕstu. = ಬೆಸೆದು, etc. P. p. of ಬೆಸೆ 1. (My.). ಬೆಸ್ತರೆ ಕೂಡದ್ದು ಸಸ್ತರೆ ಕೂಡೀತೇ? (Prv.).

ಬೆಳ್ bĕḷ. 1. (fr. ಬಿಳಿದು Šmd. 212. 218). = ಬಳ್, ಬಳೆ 2, ಬಿಳ, ಬಿಳು, ಬೆಳ 1, ಬೆಳು. Whiteness; brightness (T. ವೆಳ್, ವೆಳ್; M. ವೆಳ್). — ಬೆಳ್ಗದಿರ್. -ಕದಿರ್. A white ray (V. 36, 68). — ಬೆಳ್ಗದಿರ. -ಅ 8. The moon (ಚನ್ದ್ರ, etc., ಶಶಿ Kk. 44). — ಬೆಳ್ಗರಿ. A white feather (Rŝv. 6, after 11; 18, 62). — ಬೆಳ್ಗರ್ಬುರ. -ಕರ್ಬುರ. = ಬಿಳಿಯ ಕರ್ಬುರ. (Ĉpr. 4, 45). — ಬೆಳ್ಗಾಡು. -ಕಾಡು. A forest that appears white on account of white flowers (Ĉpr. 1, 37). — ಬೆಳ್ಗೊಡೆ. -ಕೊಡೆ. A white umbrella (Abh. P. 9, 172; 12, 24; Bp. 3, 26; J. 6, 9). ನೀನುಳ್ಳೊಡುಮ್ಬು ಬೆಳ್ಗೊಡೆ (Šmd. 155. 292). — ಬೆಳ್ಜಸ. White or bright splendour or fame (Rŝv. 13, 18; Ŝŝv. 5, 9). — ಬೆಳ್ದಾವರೆ. -ತಾವರೆ. A white lotus (Ĉpr. 1, 37; 3, 97; Abh. P. 12, 24; J. 3, 4). — ಬೆಳ್ದಿಂಗಳ್. -ತಿಂಗಳ್. -ಳು. (Šmd. 213). The bright moon: moonlight (ಜ್ಯೋತ್ಸ್ನೆ, ಚನ್ದ್ರಿಕೆ Nr.; ಚನ್ದ್ರಿಕೆ, ಕೌಮುದಿ, etc. Mr. 36; ಜೊನ್ನ Kk. 11 b. 45; My.). ಚನ್ದ್ರಕಾನ್ತಪೊಸರ್ವನ್ತಿರೆ ಗೋಲಿಕಲ್ಲೊಸರ್ಗುಮೇ ಬೆಳ್ದಿಂಗಳೊಳ್ (Jnv. 1, 18). See Šmd. 89. 134; Ĉpr. 3, 31; 6, 48; Abh. P. 8, 12; Bp. 11, 84; Rŝv. 9, 9; J. 1, 1; 8, 6; 25, 5; 28, 1; ಕಿಱುವೆಳಂಗಳ್. — ಬೆಳ್ದೊನ್ನು. -ತೊನ್ನು. White leprosy (ಶ್ವಿತ್ರ Hlâ.). — ಬೆಳ್ನಗೆ. A bright smile (J. 8, 17; 30, 11. 18). — ಬೆಳ್ನೊರೆ. White foam (Ĉpr. 8, 8; Bh. 8, 25, 6; J. 6, 6; 9, 24). — ಬೆಳ್ಪಕ್ಷ. = ಬೆಳ್ವಕ್ಕ. (ಶುಕ್ಲಪಕ್ಷ Kk. 59). — ಬೆಳ್ಮಣ್. White light-coloured or chalky earth or soil. ಬೆಳ್ಮಣ್ ಬೆರಸಿದ ಮಹೀಪ್ರದೇಶಂ (ಪಾಣ್ಡುಭೂಮ Nâgavarma nighaṇṭu MS. p. 50). — ಬೆಳ್ಮರ. (Whitish impurity): the mirage (ಮರೀಚಿಕೆ Ĉt. II, 96, o. r. ಬೆಳ್ಮಳ). — ಬೆಳ್ಮಿಗ. Any wild quadruped that is not a beast of prey, so called on account of its turning pale from fear when attacked (Abh. P. 7, 85). — ಬೆಳ್ಮಿಂಚು. Bright lightning (J. 4, 18). — ಬೆಳ್ಮೃಗ. = ಬೆಳ್ಮಿಗ. (ಮೃಗ, ಅಮಾಂಸಾಮೃಗ Nn. 91). — ಬೆಳ್ಮುಗಿಲ್. (Šmd. 218). A white cloud, or white clouds (Ĉpr. 6, 58; Rŝv. 6, 5. 6; 10, after 31; J. 6, 10). See ಕಿಱುವೆಳ್ಮುಗಿಲ್. — ಬೆಳ್ಮುಗಿಲ್ಪೊರೆ. -ಪೊರೆ. A layer or stratum of white clouds (Ĉpr. 4, 61). — ಬೆಳ್ವಕ್ಕ. -ಪಕ್ಕ. The bright lunar fortnight (ಶುಕ್ಲಪಕ್ಷ Šm. 20). — ಬೆಳ್ವಕ್ಕಿ. -ಪಕ್ಕಿ. = ಬೆಳ್ಳಕ್ಕಿ. (Abh. P. 9, 58). — ಬೆಳ್ವಯಲ್. -ಬಯಲ್. (Šmd. 218). An open plain with glaring light (Abh. P. 7, 86; M. ವೆಳಿ). — ಬೆಳ್ವಲ್. -ಪಲ್. (Šmd. 218). A white tooth. — ಬೆಳ್ವಸದನ. -ಪಸದನ. Bright decoration or ornaments (Abh. P. 3, 72; 15, 62). ಬೀರಸಿರಿಯ ಬೆಳ್ವಸನದ ಬೆಳಗಿನನ್ತೆ ವಸ್ತ್ರಕಾನ್ತಿ ಪಸರಿಸೆ (12, after 49). — ಬೆಳ್ವೆಳಗು. -ಬೆಳಗು. = ಬೆಳುವೆಳಗು. A white, pale, or bright lustre (Rŝv. 12, 13; V. 4, 78). — ಬೆಳ್ವೊಗರ್. -ಪೊಗರ್. = ಬೆಳ್ವೆಳಗು. (J. 11, 10). — ಬೆಳ್ವೊನಲ್. -ಪೊನಲ್. A white, shining stream (J. 19, 4). — ಬೆಳ್ಸರಿ. A rain of white colour. ಸೋನೆಯ ಕೆಸಗಗಳಲರ್ದಲರ ಬೆಳ್ಸರಿ (Šmd. 83). — ಬೆಳ್ಸುಳಿ. A white fold of a young leaf (of the screw-pine, Abh. P. 7, 139). — ಬೆಳ್ಳಕ್ಕರಿಗ. -ಅಕ್ಕರಿಗ. (A man whose letters are white or colourless, i. e. one who cannot write at all): a rustic, a Šûdra (ಶಾಲುರಿಕ, ಗ್ರಾಮ್ಯ Šs.). — ಬೆಳ್ಳಕ್ಕಿ. -ಅಕ್ಕಿ. = ಬೆಳ್ವಕ್ಕಿ. The Indian white heron, Ardea orientalis (Bd.; ಬಲಾಕೆ, ಬಿಸಕಣ್ಠಿಕೆ Hlâ., Nr.; ಬಲಾಕ, ಬಿಸಕಣ್ಠ Mr. 172; Si. 175; C.; G. 116. 118. 162. 166. 169. 368. 376). See ಕುಡ್ಡ-, ಬಿಳಿ-. — ಬೆಳ್ಳಂಗೆಡೆ. -ಂ-ಕೆಡೆ. To fall with whiteness or brightness (Ĉpr. 8, after 44). — ಬೆಳ್ಳಡಕಿಲ್. -ಅಡಕಿಲ್. N. of a plant. See ಕಬಿಲ್ಲಿಕ. — ಬೆಳ್ಳಡಿ. -ಅಡಿ. A man of a white foot: Gôrava or Šiva (ಗೊರವ Šmd. II; Kk. 76, o. r. ಬೆಳ್ಳಡಿಯ; ಶಿವ Kk. 5, o. r. ಬೇಳಡಿ; Rŝv. 5, 60). — ಬೆಳ್ಳಾನೆ. -ಆನೆ. (Šmd. 214). A white elephant. — ಬೆಳ್ಳಾಳ್. -ಆಳ್. (Šmd. 214, Mdb. MS. ಬಳ್ಳಾಳ್). A white person. — ಬೆಳ್ಳುಮ್ಬಟ್ಟೆ. -ಉಂ-ಬಟ್ಟೆ. (Šmd. 205). White cloth, or a white garment. — ಬೆಳ್ಳುಳ್ಳಿ. -ಉಳ್ಳಿ. Garlic, Allium sativum Lin. (ಮಹೌಷಧ, ಲಶುನ, ಗೃಂಜನ, ಅರಿಷ್ಟ, ಮಹಾಕನ್ದ, ರಸೋನಕ Nr.; My.; Tĕ. ಎಲ್ಲುಲ್ಲಿ, ವೆಲ್ಲುಲ್ಲಿ; T. ವೆಳ್ಳುಳ್ಳಿ). ಬೆಳ್ಳುಳ್ಳಿಯಾದರೆ ಹಳ್ಳಿಯವಗೆ ಆಗದೇ? — ನಾಯಿಯುಳ್ಳೇ ಪಲ್ಯಕ್ಕೆ ಬೆಳ್ಳುಳ್ಳೀ ಒಗ್ಗರಣೆ. — ನೀರುಳ್ಳಿ ಮುಟ್ಟಿದ ಬಟ್ಟೆ ಬೆಳ್ಳುಳ್ಳಿ ನುಂಗಿ ಬಿಟ್ಟ (Prvs.). — ಬೆಳ್ಳುಳ್ಳೀ ಗಡ್ಡೆ. (ಮಹೌಷಧ, etc. Si. 159). — ಬೆಳ್ಳೆರಲೆ. -ಎರಲೆ. = ಬೆಳ್ಮಿಗ. (Abh. P. 15, 60). — ಬೆಳ್ಳೆಲೆ. -ಎಲೆ. A white, excellent kind of betel leaf (Rŝv. 4, 41). — ಬೆಳ್ಳೊಳ್ಳಿ. -ಒಳ್ಳಿ. = ಬೆಳ್ಳುಳ್ಳಿ. (G. 27. 189).

ಬೆಳ್ bĕḷ. 2. = ಬೆಳೆ 4, etc. Growth, growing. — ಬೆಳ್ಳಾಳ. A man of a certain agricultural caste; a rustic (My.; T. ವೆಳ್ಳಾಳ). ಕುದುರೆಯಾ ಚದುರೆಯಾ ಹದಿರೆರಡುಮೊನ್ದಯ್ಯ! ಚದುರನೇಱಿದರೆ ಕುಣಿವದು, ಬೆಳ್ಳಾಳ (i. e. ಬೆಳ್ಳಾಳನನ್ನು) ಬಿದಿರಿ ಹಾಕುವದು (Sp.).

ಬೆಳ bĕḷa. 1. = ಬೆಳ್ 1, etc. — ಬೆಳಗುದುಗೆ. A white bludgeon (Bp. 29, 4). — ಬೆಳಗೆಮ್ಪು. -ಕೆಮ್ಪು. = ಬೆಳಗೆಮ್ಪು, q. v. —

ಬೆಳದಿಂಗಳ್. -ತಿಂಗಳ್. -ಳು. = ಬೆಳ್ದಿಂಗಳ್. (ಚನ್ದ್ರಿಕೆ, ಕೌಮುದಿ, ಜ್ಯೋತ್ಸ್ನೆ Si. 32; C.). See Bp. 42, 4; J. 1, 1; 8, 4; B. 2, 46; 3, 125; G. 202. — ಬೆಳದಿಂಗಳ ಹಕ್ಕಿ. (ಚಕೋರ Si. 178).

ಬೆಳ bĕḷa. 2. = ಬೆಳಕು, etc. — ಬೆಳಕಣ್ಡಿ. An opening for light: a window (ಗವಾಕ್ಷ, ವಾತಾಯನ Mr. 201; My.). — ಬೆಳಕಿಣ್ಡಿ. = ಬೆಳಕಣ್ಡಿ. (B. 3, 26; ಗವಾಕ್ಷ, ಜಾಲ, ಪ್ರಗ್ರೀವ, ವಾತಾಯನ G.). — ಬೆಳ ತನಕ. Till light, till it becomes light or dawns (My.; B. 5, 125. 135). — ಬೆಳ ತನ್ಕ. = ಬೆಳ ತನಕ. (My.).

ಬೆಳ bĕḷa. 3. = ಬೆಳದು, etc. P. p. of ಬೆಳೆ 1, in ಬೆಳ ಕೊಳ್ಳು (My.; B. 4, 142. 162; 5, 296). — ಬೆಳ ಬೆಳೆ. rep. in ಬೆಳ ಬೆಳದು (Bp. 26, 40; J. 3, 37).

ಬೆಳ bĕḷa. 4. = ಬೆಳ್ 2, ಬೆಳೆ 2. — ಬೆಳಸಾಲ ಕುಣ್ಟೆ. An instrument for removing the weeds from both sides of a furrow of a green, growing crop (S. Mhr.). — ಬೆಳವೊಲ. -ಪೊಲ. (Šmd. 81 Mdb., o. r. ಬೆಳೆ-). A field of standing corn.

ಬೆಳ bĕḷa. 5. An abbreviation of ಬೆಳಗಿ, P. p. of ಬೆಳಗು 1. — ಬೆಳ ಬೆಳಗು. rep. To become very bright. ಚನ್ದ್ರನುದಯಂಗೆಯ್ಯೆ ದೆಸೆ ದೆಸೆಗಳೆಲ್ಲಮುಂ ಚನ್ದ್ರಿಕೆಗಳಿನ್ದ ಬೆಳ ಬೆಳಗಿ, ಬೆಳ್ಪಿಯೊಲಾಯ್ತು (J. 26, 17).

ಬೆಳಕು bĕḷaku. = ಬೆಳ 2, ಬೆಳಗು 2. Light;—a lamp (My.; M. ವಿಳಕ್ಕು; ಆಲೋಕ Si. 404; ಛಾಯೆ, ಕಾನ್ತಿ 446). ಬೆಳಕು ಇಲ್ಲದಿದ್ದರೂ ಬದುಕೆಗೆ ಕಡಿಮೆ ಇಲ್ಲ.—ಬೆಳಕು ಇಲ್ಲದೆ ಹೊಳಕು ಕಣ್ಡೀತೇ?—ಕೋಣೇಲಿ ಬೆಳಕಿಲ್ಲನ್ನು, ರಾತ್ರೇಲಿ ಕಿಟಕಿ ತೆರೆದನನ್ತೆ (Prvs.). — ಬೆಳಕರೆ. -ಅರೆ (= ಪರೆ). To dawn (My.). — ಬೆಳಕಿಡು. -ಇಡು. To place a lamp. ಬೆಳಕಿಡುವದಕ್ಕೆ ಇಲ್ಲದವ ಮಲಕು ಬಯಸಿದ ಹಾಗೆ (Prv.). — ಬೆಳಕುದೋಱು. -ತೋಱು. To show or manifest light (Č. Bp. 47, 24). — ಬೆಳಕು ಬಿಡು. To give passage to the light: to stand out of the light (My.). — ಬೆಳಕು ಮಾಡು. To light, to give light to (My.). ದೀವಿಗೆಗಿನ್ತ ಹೆಚ್ಚು ಹೊಳೆದು ಜಗವೆಲ್ಲಾ ಬೆಳಕು ಮಾಡುವನ್ಥಾ ಒಡವೆಯಾವದು? ಸೂರ್ಯನು (B. 2, 24).

ಬೆಳಗಿಸು bĕḷagisu. To lighten, to fill with light (as the sun the points of the compass, J. 20, 42). 2, to cause to make bright, to cause to scour or polish (My.).

ಬೆಳಗು bĕḷagu. 1. To shine, to become bright; to manifest one's self (ತೊಳಗು, ಕಾನ್ತಿ Šmd. Dh.; ಕಾನ್ತ 399 Cm.; Tĕ. ವೆಲುಗು; T. ವಿಳಂಗು). ಬೆಳಪಂ or ಬೆಳಪ್ಪಂ (Šmd. 275). ಗಣ್ಡಮಾರ್ತಣ್ಡನ್ ಅಲರ್ಚುಗೆಮ್ಮಂ! ಗೆಲ್ದು ಬೆಳಪ್ಪನ್ ಈಗೆ ಬೀರಂಗಳಂ! (275 Mdb.). ಬೆಳಗಿದುದೆಣ್ಬುಂ ದೆಸೆ (219). ಹದ್ಬುಗೆಯ ಹದಿನಾಲ್ಕು ಲೋಕದ ಮಬ್ಬುಗಳನೀಡಾಡಿ ನಭದೊಳಗೊಬ್ಬನೇ ರವಿ ತೊಳಗಿ ಬೆಳಗುವ ವೋಲು (Bh. 1, 3, 9). ಭಾನು ಬೆಳಗಲು ಲೋಕ ಚೇಷ್ಟಿಸುವುದು (Abhâ. 6, 23). ಸದಮಲೋದಕಕಣಂಗಳು . . . ವಿಲಸಿತರತ್ನಾದಿಗಳ ವೋಲು ತವೆ ಬೆಳಗುತಿರಲ್ (Bp. 22, 56). ಶರಣನಿಧಿಸೌರಾಷ್ಟ್ರಸೋಮೇಶ್ವರನ್ ಅನಶ್ವರಮೂರ್ತಿ ಶಬರೇಶ್ವರನ ರೂಪಂ ಧರಿಸಿ, ತಾ ತದ್ಘನ್ನಚಿಹ್ನೆಗಳುವೆರಸಿ ತೋಱಲು ಮಸಿಯಱುವೆಯಾವರಿಸಿ ಬೆಳಗುವ ನೂತ್ನರತ್ನದ ಪರಿಯೊಳ್ (44, 1). ಕೊಳನ ಜಲದಲಿ ಕೋಟಿದೀಪಂ ಬೆಳಗೆ (50, 58). ಬೆಳಗುವ ಚನ್ದ್ರದೀಪ್ತಿ (51, 19). ಬೆಳಗುವನಲಂ (58, 53). ಮನೆ ಬೆಳಗಿದುದು (—was kindled, 56, 33). ಅತುಲದಿವ್ಯಾಮೃತಸವಿೀನದ್ಯುತಿ ಬೆಳಗೆ (57, 35). ಬೆಳಗುತ್ತಿರುವದು (ಶುಭ್ರ, ದೀಪ್ತ Si. 455). See Čpr. 1, 113; 9, 30; Bp. 30, 21; 38, 60; Râm. 1, 13, 8. 2, to cause to shine; to fill with light; to manifest (Čpr. 1, 65; 8, 35; 9, 32; J. 31, 18). ತೆಗೆದಯ್ ಮೋಕ್ಷದ ಬಟ್ಟೆಯಂ, ಬೆಳಗಿದಯ್ ತ್ರೈಲೋಕ್ಯದೊಳ್ ಧರ್ಮಮಂ (Šmd. 255 from Lilv.). 3, to kindle, as a lamp (Bp. 31, 6; Tĕ. ವೆಲುಗಿಂಚು). 4, to scour, to polish (My.; Bp. 12, 34; 14, 9; 47, 13; B. 1, 19; 5, 284).

ಬೆಳಗು bĕḷagu. 2. = ಬೆಳಕು, etc. Shine, lustre, light (ಪ್ರಕಾಶ, ಆಲೋಕ, ಉದ್ಯೋತ Hlâ.; ಕಳೆ, ಕದಿರ್, ಮಿನುಗು, ಹಬೆ, ಮಿಂಚು, ಡಾಳ, ಮಿಱುಗು, ಪೊಳಪು, ತೊಳಪು, ಪೊಗರ್, ತೊಳಗು, ಚವಿ, ಕಾನ್ತಿ Šm. 15; Kk. 25; Tĕ. ವೆಲುಗು, ವೆಲುಂಗು); —the dawn (My.; B. 4, 136). ತಿಮಿಯ ಬೆಳಗು (ಆಲೋಕ, ಉದ್ಯೋತ Mr. 47). ಬೆಳಗಿನ ಜಾಮು (ಉಷೆ Si. 476). ಅಳಿಯನ ಕುರುಡು ಬೆಳಗಾದರೆ (ಕಾಣುವದು).—ಬೆಳಗ ವರೆಗೆ ಕಡದ ಬೆಣ್ಣೆ ಮೋಳ ಚೆಕ್ಕಿನ ಪಾಲು ಆಯಿತು (Prvs.). ನೇಸಱಿನ ಬೆಳಗಿಗೆ ಗೂಗೆಗಳು ಸಂಚರಿಸುವವೆ? (Abhâ. 1, 42). See Čpr. 1, after 101; 6, 48. 59; Grj. 4, 36; Bp. 3, 34; 12, 34. 46. 50; 15, 24; 22, 7; 27, 77; 42, 24; Č. Bp. 4, 7; Ššv. 2, 114; Râm. 6, 12, 34; J. 8, 18; ಕೆಮ್-, ಕೆಮ್-, ತಾಣದೀವಿಗೆವೆಳಗು, ನುಣ್-, ಪಸುರ್ವೆಳಗು, ಪೆರ್ವೆಳಗು, ಬಳ್ಳಿವೆಳಗು, ಬಿರಕೆವೆಳಗು, ಬೆಳ್ವೆಳಗು, ಮೆಯ್ವೆಳಗು, ರನ್ನವೆಳಗು, etc., etc.; Prvs. s. ಭ್ರಮರ, ಶಕುನ. — ಬೆಳಗಡಗು. -ಅಡಗು. Light to disappear, to grow dark (Bh. 1, 8, 93). — ಬೆಳಗ ಜಾವ. (Bp. 39, 30). ಬೆಳಗ ಜಾವು (22, 7. 25). The period of dawn. — ಬೆಳಗಂಜಾವ. -ಂ-. = ಬೆಳಗ ಜಾವ. (My.). — ಬೆಳಗನ್ನಕ. -ಅನ್ನಕ. Till dawn (Bp. 57, 15). — ಬೆಳಗಱ್. -ಅಱ್. Light to go out or become less, to grow dark or dim. ಬೆಳಗಱುದುದು (ಮಸಮಸವಾದುದು Kk. 70; ಮಸಮಸ Šm. 65). — ಬೆಳಗಾಗು. -ಆಗು. Light to appear; to dawn. ಬೆಳಗಾದ ಮೇಲೆ ಚಿಟ್ಟದ ಯೋಚನೆ (Prv.). See Bp. 41, 23; 43, 48; 50, 14; 53, 23; B. 3, 25; 5, 42; Prv. s. ನಡುವಿರುಳು. — ಬೆಳಗಾತ. = ಬೆಳಗಾನಾ. Till dawn; at dawn (My.). ಅಳಿಯನ ಮೋಱ ಬೆಳಗಾತ ಕಾಣ ಬಹುದು (Prv.). — ಬೆಳಗಾನಾ. = ಬೆಳಗಾತ. (My.). ಬೆಳಗಾನಾ ರಾಮಾಯಣ ಕೇಳಿ, ರಾಮನಿಗೆ ಸೀತೆ ಏನಾಗ ಬೇಕೆನ್ದ (Prv.). — ಬೆಳಗಿಲಿ. -ಇಲಿ. Devoid of light. — ಬೆಳಗಿಲಿಗಣ್. -ಕಣ್. (Šmd. 221). A blind eye. — ಬೆಳಗುಜಾವ. = ಬೆಳಗ ಜಾವ. — ಬೆಳಗುಜಾವಗೋಱ. -ಕೋಱ. A cock of the (*i. e.* which crows at) dawn (Č. Bp. 4, 7). — ಬೆಳಗುಮುಂಜಾನೆ. At day-break (B. 2, 32). — ಬೆಳಗುಸೊಡರ್. A burning lamp. See Bĕḍagučaupadi s. ನಡು 1. — ಬೆಳಗುಱ. -ಉಱ. To lose one's lustre. ತಾರಗೆ ಬೆಳಗುಱದುವು (Lilv. 3, 5). — ಬೆಳಗೊನ್ದಿಸು. -ಒನ್ದಿಸು. To kindle. ಬಹುದೀಪಂಗಳಂ ಬೆಳಗೊನ್ದಿಸುವ ಪೋಲ್ (Bp. 50, 56).

ಬೆಳಗುವಿಕೆ bĕḷaguvikĕ. Shining; causing to shine (ದೇವನ Si. 487). ಯುದ್ಧಪ್ರಯಾಣಾದಿಗಳಲ್ಲಿ ಆಯುಧಗಳನ್ನು ಧರಿಸಿದ ಅರಸುಗಳಿಗೆ ರಕ್ಷೆಯಾಗಿ ಆರತಿಯನ್ನು ನಿವಾಳಿಸಿ ಬೆಳಗುವಿಕೆ (291).

ಬೆಳತಿಗೆ bĕḷatigĕ. = ಬೆಳನ್ತಿಗೆ (Šmd. 48), ಬೆಳತಿಗೆ. Whiteness; brightness. — ಬೆಳತಿಗೆಗಣ್. -ಕಣ್. A bright eye (Čpr. 6, after 64; 7, 106; Grj. 3, 109). — ಬೆಳತಿಗೆಬೆಳ್ದಿಂಗಳ್. Bright moonshine (Grj. 4, after 104). — ಬೆಳತಿಗೆಯುಕ್ಕೆ. = ಬೆಣತಿಗೆಯುಕ್ಕೆ. (My.; Tu. ಬೊಳನ್ತೆಯರಿ).

ಬೆಳತು bĕḷatu. = ಬೆಳರ್ತು of ಬೆಳರ್ 1. (J. 8, 4; 25, 3).

ಬೆಳದು bĕḷadu. = ಬೆಳೆದು. P. p. of ಬೆಳೆ 1, *e.g.* Bp. 1, 38; 25, 7; 50, 79; 57, 23; 59, 12.

ಬೆಳನ್ತಿಗೆ bĕḷantigĕ. = ಬೆಳತಿಗೆ, q. v.

ಬೆಳಯಿಸು bĕḷayisu. = ಬೆಳಸು 1, etc. To cause to grow or increase, etc. (Bp. 6, 7).

ಬೆಳರ್ bĕḷar. 1. To become white or bright (ಧಾವಲ್ಯ Šmd. Dh.; M. ವಿಳರ್, ವಿಳಱು). P. ps. ಬೆಳರ್ದು,

ಬೆಳತುಗ (287 Cm.; Abh. P. 5, 72; Rāv. 7, 9; V. 3, 2), ಬೆಳ ತು (q. v.).

ಬೆಳರ್ bĕḷar. 2. = ಬೆಳುರ್. A white or shining white colour (T. ವೆಳರ್). — ಬೆಳರ್ಗೆಂಪು. -ಕೆಂಪು. (Šmd. 54; Čpr. 6, 69; Abh. P. 5, 53; Rāv. 11, 100). A dazzlingly red colour. ಬೆಳರ್ಗೆಂಪ್ಪಿನ ಪೆಂಪ್ಪನಾಳ್ದ ಬಾಯ್ದೆರೆ! (Šmd. 78, o. r. ಬೆಳಗೆಂಪ್ಪಿನ). ಪಸರಿಸಿದತ್ತು ಮೂಡಣ ದೆಸೆಯೊಳ್ ಬೆಳರ್ಗೆಂಪ್ಪು (266, o. r. ಬೆಳಗೆಂಪ್ಪು). — ಬೆಳಮಾಡ. A shining white upstair house (Rāv. 12, 53). — ಬೆಳರ್ವಣ್ಣ. -ಬಣ್ಣ. = ಬೆಳರ್. (ಧವಲಕಾನ್ತಿ Čt. II, 28; ಬಿಳಿದು Kk. 25, two MSS. ಬೆಳುರ್ವಣ್ಣ; V. 8, 3; 9, 31). — ಬೆಳರ್ವಾಯ್. -ಬಾಯ್. A shining bright mouth (on account of its teeth, Grj. 3, after 91).

ಬೆಳರ್ಪು bĕḷarpu. Shining white colour (Čpr. 3, 102).

ಬೆಳಲ bĕḷala. = ಬಲವಲ, ಬಲೋಲ, ಬೆಳವಲ್, ಬೆಳವಲ 1, (ಬೆಲ್?), ಬೇಲ. A small spinous tree, the elephant- or wood-apple tree, Feronia elephantum Corr. (T. ವಿಳವು, ವಿಳಾ, ವೆಳ್ಳಿಲ್; M. ವಿಳಾ; Tĕ. ವೆಲಗ). ಬೆಳಲಮರ (ಕಪಿತ್ಥ, ದಧಿತ್ಥ, ಗ್ರಾಹಿ, ಮನ್ಮಥ, etc. Nr.; cf. Sk. ಮಾಲೂರ).

ಬೆಳವ bĕḷava. = ಬೆಳುವ. A wild pigeon (My.; Tĕ. ಬೆಳವ; see ಬೂದ-, ಹಸರು-).

ಬೆಳವಣಿಗೆ bĕḷavaṇigĕ. = ಬೆಳವಳಿಗೆ, ಬೆಳವಣಿಗೆ, ಬೆಳುವಣಿಗೆ. Growing, growth; increase, prosperity (ವರ್ಧನ G.; My.; see B. 3, 17; 5, 50. 250). — ಬೆಳವಣಿಗೆಕಾಲ. Time of growth or increase (ಅಯುತಿ G.).

ಬೆಳವಲ್ bĕḷaval. ಬೆಳವಲು. = ಬೆಳಲ, etc. (ಕಪಿತ್ಥ Mr. 115).

ಬೆಳವಲ bĕḷavala. 1. = ಬೆಳವಲ್, etc. (ಕಪಿತ್ಥ, ಗ್ರಾಹಿ, ದನ್ತಶಠ, ಮನ್ಮಥ G.; B. 2, 3).

ಬೆಳವಲ bĕḷavala. 2. (= ಬಳ್ವಳ, or ಬೆಳವೊಲ s. ಬೆಳ 4?). (Abundant growth): N. of a fruitful tract of country, partly belonging to Mysore, partly to South-Mahratta. See Sp. s. ತೊಗೆ.

ಬೆಳವಳಿಗೆ bĕḷavaḷigĕ. = ಬೆಳವಣಿಗೆ, etc. (J. 29, 12).

ಬೆಳವಾರ bĕḷa-vāra. An outcast, a low man (Tĕ. ವೆಲಿ, outside; excommunication or exclusion from caste; ವೆಲಿವಾಡ, a village of Pariars). ಎಲ್ಲರಂ ಬಾಧಿಪಾ ತಳವಾರಂ ಬೆಳವಾರಂ (Šš. 97).

ಬೆಳವಿಗೆ bĕḷavigĕ. Growth, growing up, increase (Bh. 1, 8, 23; J. 30, 39; 31, 13. 70; 32, 56).

ಬೆಳವು bĕḷavu. Tbh. of ಬಿಲ್ವ (Šāv. 3, 32). ಬೆಳವಿನ ಮರ (ಬಿಲಪತ್ರೆಮರ St. & Pl.).

ಬೆಳಸು bĕḷasu. 1. = ಬೆಳಯಿಸು, ಬೆಳಿಸು, ಬೆಳೆಯಿಸು, ಬೆಳೆಸು. To cause to grow; to increase (v. t.); to grow (v. t.), to raise, as a crop;—to bring up to maturity, to rear, to foster (Bp. 25, 7; 40, 40; My.); to use more words than are necessary (My.). ಬೆಳಸುವವ ಬದಿಸಿದರೆ ಬಳ್ಳಕಾದು ಇಲ್ಲವೇ? (Prv.).

ಬೆಳಸು bĕḷasu. 2. Growth, increase (ಪರಿಣಾಮ Hlā.); that which has grown and stands in a field: a crop of corn, etc., growing, standing corn, etc. (of five colours, Abh. P. 1, 64; My.). ಬೆಳಸುಂ ಕುನ್ದದು ಪಾಡಿನೊಳ್ (?) ಎನ್ನುಂ (Šmd. 256). See Bp. 30, 12; 35, 37; 40, 58; 57, 14; J. 25, 5; ಅಯ್ದುಬೆಳಸು, ಮೂಬೆಳಸು.

ಬೆಳಸೆ bĕḷasĕ. Millet or other grain not yet hard (ದುಗ್ಧಿ ಕಾಙ್ಕು Mr. 375). See ಗುಬ್ಬಿಬೆಳಸೆ.

ಬೆಳಿಗ್ಗೆ (bĕḷagu2-ggĕ). When it dawns, at dawn (ಹಗಲಿನಾದಿ Si. 37; My.; B. 2, 45. 49; 3, 22).

ಬೆಳಿಗ್ಯೆ (bĕḷagu2-gyĕ). = ಬೆಳಿಗ್ಗೆ. (ಪ್ರತ್ಯೂಷ, ಅಹರ್ಮುಖ, ಕಾಲ್ಯ, ಉಷಃ, ಪ್ರಭಾತ, etc., ಪ್ರಾತಃಕಾಲ Si. 37; My.; B. 3, 121; 5, 183).

ಬೆಳಿವಣಿಗೆ bĕḷivaṇigĕ. = ಬೆಳವಣಿಗೆ, etc. (ವರ್ಧನ Čb.).

ಬೆಳಿಸು bĕḷisu. = ಬೆಳಸು 1, etc. (C.). ಬಿಸಿಲನು ಬೆಳಸಿದನು ಗ್ರೀಷ್ಮರ್ತು (Bhāgavata 10, 18, 2). ಉಪಜೀವನದ ಸಲುವಾಗಿ ಜಡೆಗಳನ್ನು ಬೆಳಿಸಿ ಕೊಣ್ಡು ಸೋಗ ಮಾಡುವವ (ಧರ್ಮಧ್ವಜ G.). ಅವನು ದಕ್ಷಿಣಕ್ಕೆ ತನ್ನ ರಾಜ್ಯವನ್ನು ಬಹಳ ಬೆಳಿಸಿದನು (B. 4, 81). ಅಂಗಡಿಕಾರರು ಹದಿನಯ್ದು ಹರದಾರಿಯೊಳಗೆ ತೆಂಗಿನ ಕಾಯಿಯ ಬೆಳೆಯನ್ನು ಮೂರು ಪಾಲು ಬೆಳಿಸಿದರು (4, 179). ಅವನ ಅಪ್ಪನಾದ ಒಬ್ಬ ಮನುಷ್ಯನು ಅವನ ಸಲಹಿ ಬೆಳಿಸಿದನು (B. 5, 229).

ಬೆಳು bĕḷu. = ಬೆಳ್ 1, etc. — ಬೆಳುಗನ್ನಡ. -ಕನ್ನಡ. Bright, splendid Kannaḍa (Subhāshitanītikanda). — ಬೆಳುಗಾಯಿ. -ಕಾಯಿ. A white kāyi (V. 37, after 10; J. 30, 4). — ಬೆಳುಗಾರ. -ಕಾರ. = ಬಳೆ-, ಬಿಳಿ-, ಬಿಳು-. Borax (ಟಂಕಣ, ರಸಶೋಧನ Nr.; ಟಂಕಣ Mr. 102; My.; Tĕ. ವೆಲಿಗಾರ, T. ವೆಙ್ಗಾರ, ವೆಲಿಗಾರ). — ಬೆಳುಗೊಡೆ. -ಕೊಡೆ. = ಬೆಳ್ಗೊಡೆ. (Bp. 50, 16; Bh. 6, 8, 12; Rām. 1, 13, 4). — ಬೆಳುದಿಂಗಳ್. -ತಿಂಗಳ್. -ಳು. = ಬೆಳ್ದಿಂಗಳ್. (ಚನ್ದ್ರಿಕೆ, ಕೌಮುದಿ, etc. Hlā.; ಜ್ಯೋತ್ಸ್ನಾ, ಕೌಮುದಿ Nn. 60; My.; Čpr. 8, 40; Bp. 8, 25; 12, 37). ಬೆಳುದಿಂಗಳೊಡನೆ ಕೂಡಿದ ಇರುಳು (ಜ್ಯೋತ್ಸ್ನೀ Nr.). — ಬೆಳುನಗೆ. = ಬೆಳ್ನಗೆ. (Bh. 1, 15, 19). — ಬೆಳುವಟ್ಟೆ. -ಪಟ್ಟೆ. A white waistband (Rām. 3, 6, 5; 6, 44, 7). — ಬೆಳುವಣ್ಣ. -ಬಣ್ಣ. White colour or lustre (ಧವಳಕಾನ್ತಿ Čt. I, 2; ಬಿಳಿದು Šm. 69). — ಬೆಳುವೆಳಗು. -ಬೆಳಗು. = ಬೆಳ್ವೆಳಗು. (Čpr. 6, 52).

ಬೆಳುಕ bĕḷu-ka. (Šmd. 241, Mdb. ಬಳಕ).

ಬೆಳುಪು bĕḷupu. = ಬಿಳುಪು, etc. (Čpr. 8, 42; Bp. 4, 25; 34, 5). ತೆಳುಪಾದ ಮೆಯ್, ಬೆಳುಪಾದ ಗಮ್ಮು ಎಮ್ಮನ್ತೆ (Prv.).

ಬೆಳುರ್ bĕḷur. = ಬೆಳರ್ 2. — ಬೆಳುರ್ವಣ್ಣ. -ಬಣ್ಣ. = ಬೆಳರ್ವಣ್ಣ, q. v. (cf. ಬೆಳುವಣ್ಣ).

ಬೆಳುವ bĕḷuva. = ಬೆಳವ. (Rām. 3, 3, 18).

ಬೆಳುವಣಿಗೆ bĕḷuvaṇigĕ. = ಬೆಳವಣಿಗೆ, etc. (B. 3, 40; 4, 48; My.).

ಬೆಳೆ bĕḷĕ. 1. (= ಬಳೆ 1, the grammatically peculiar meanings of which are commonly given also to ಬೆಳೆ). To grow (v. i.), as corn, grass, trees, etc. (ಸಸ್ಯವೃದ್ಧಿ Šmd. Dh.; ಸಸ್ಯಾವಳಿ 255; C.; T. ವಿಳೈ, M. ವಿಳ); to increase, etc. P. ps. ಬೆಳೆದು, ಬೆಳದು (q. v.). ನೆಲ್ಲುಂ ಕೌಂಗುಂ ಮಾವುಂ ಮಲ್ಲಿಗೆಯುಂ ಬೆಳೆವುವಲ್ಲಿ ಕಬ್ಬಿನ ರಸದಿಂ (256). ಜವೆ ಕಿರುಜವೆ ಅರುವತ್ತು ದಿನಕ್ಕೆ ಬೆಳೆದು ಬಹ, ಷಷ್ಟಿಕಮೆಮ್ಬ ನೆಲ್ಲುಗಳು ಬೆಳೆವ ಭೂಮಿ (ಯವ್ಯ, ಷಷ್ಟಿಕ್ಯ); ನೆಲ್ಲು ಕಡಿವೆಯೂ ಬೆಳೆವ ಭೂಮಿ (ವ್ರೈಹೇಯ, ಶಾಲೇಯ); ಹಾರಕು ಬೆಳೆವ ಕೆಯಿ (ಕೌದ್ರವೀಣ); ಹೆಸರು ಬೆಳೆವ ಕೆಯಿ (ಮೌದ್ಗೀನ Nr.). ಬೆಳದ ತೆನೆ (ಕಣಿಶ Mr. 372). ಬೆಳೆದುದು (ಹೊಡೆ ಮರಳದುದು Bhn. 16). ಬೆಳದದು (ಮೂರ್ಛಿತ, ಸೋಚ್ಛ್ರಯ Si. 428). ಬೆಳೆದನ್ತಾದು (ಪ್ರವೃದ್ಧ, ಪ್ರೌಢ, ಏಧಿತ 374). ಕಡೆಗೂ ಬೆಳದ

ರುವದು (ಪ್ರವೃದ್ಧ, ಪ್ರಸೃತ 377). ಬಹಳ ಮೇಲಕ್ಕೆ ಬೆಳೆದದು (ಉಚ್ಚ, etc. 372). ಉದ್ದವಾಗಿ ಬೆಳೆದು ಬೊಗ್ಗಿದನ್ಥಾದು (ಬನ್ಧುರ, ಉನ್ನತಾನತ 372). ಗಣ್ಣುಸರ ಮುಖದಲ್ಲಿ ಬೆಳೆದ ಕೂದಲು (ಶ್ಮಶ್ರು 216). ತಲೇ ಮೇಲೆ ಕೂದಲು ಬೆಳೆಯದ ಬೋಳುತಲೆಯವನು (ಮುಣ್ಡ, etc. 198). ವತ್ರವ್ಯವಹಾರವು ಬಹಳೇ ಬೆಳೆದದೆ (B. 4, 87). See Grj. 4, 86; Ršv. 6, after 24; Č. Bp. 11, 4; J. 3, 5; Dp. 54, 1. **2,** to bear a crop. ಅರುವತ್ತು ದಿನಕ್ಕೆ ಬೆಳೆವ ಷಷ್ಟಿಕಗಡ್ಡೆ (ಷಷ್ಟಿಕ್ಯ); ತೊಱೆಯ ನೀರಿಂ ಬೆಳೆವ ಭೂಮಿ (ನದೀಮಾತೃಕ); ಮುಗಿಲಿಯ ನೀರಿಂ ಬೆಳೆವ ಭೂಮಿ (ದೇವಮಾತೃಕ Hlâ.). ಧರೆ ಬೆಳೆದುದು (Šmd. 187). ಮುಗಿಲಿಯಿಲ್ಲದೆ ಪೊಯ್ನೀರಿಂ ಬೆಳಗುಮೆ ಧರೆ? (Čh. v. 20). See Bp. 55, 13; 60, 23; J. 3, 4. **3,** to grow (v. t.), to raise, as a crop (My.; M., T.). ಎಲ್ಲಾ ಧಾನ್ಯವ ಬೆಳೆವ ಭೂಮಿ (ಉರ್ವರೆ, ಸರ್ವಸಸ್ಯೆ Hlâ.). ಕಲಮೆಯಂ ಬೆಳೆವ ಕೆಯ್ (ಶಾಲೇಯ Mr. 94). ಎಲ್ಲವಂ ಬೆಳೆವ ಮಹಿ (ಉರ್ವರೆ 92). See Bp. 60, 19; B. 5, 100. 319).

ಬೆಳೆ bĕḷĕ. 2. = ಬೆಳ್ 2, ಬೆಳ 4. Growing; growth; produce, crop (My.; B. 5, 99; M. ವಿಳೆ); standing corn, etc. (My.). ಬೆಳೆದ ಬೆಳೆಗಳ್ (Č. Bp. 11, 4). ಹತ್ತೀ ಬೆಳೆಗೆ ಉಷ್ಣವಹವೆ ಬೇಕು (B. 4, 26). ಮುಗಿಲಿಯಿಲ್ಲದ ಬೆಳೆ, ಮತಿಯಿಲ್ಲದ ಕೂಸು ಸಮ.—ಬೆಳೆ ಹೊಗಬೂಸಿ ಉಣ್ಣ ಬೇಕು, ಹಯನು ಹಂಗಿಸಿ ಉಣ್ಣ ಬೇಕು.—ಬೆಳೇ ಸಿರಿ ಮೊಳೆಯಲೇ ಕಾಣುವದು (Prvs.). ಹೊಲ ಗದ್ದೆ ಮುನ್ತಾದ ಬೆಳೆಗಳನ್ನು ಕುಯ್ಯುವಿಕೆ (ಲವ, etc. Si. 395). **2,** what is to grow: seed, seedlings. — ಬೆಳೆಗೆಯ್. -ಕೆಯ್. A field of standing corn, etc. (see Šmd. & Kâvy. s. ಥಲಲಲ). — ಬೆಳೆಗೇಡು. -ಕೇಡು. A failure of crops (B. 5, 102; My.). — ಬೆಳೆದಾಳ್. -ತಾಳ್. To bear or have a crop (Ršv. 6, 2). — ಬೆಳೆ ನೆಡು. To plant seedlings. ಪೊಡವಿ ಕಡಿಯದೆ ಬೆಳೆಯ ನೆಡುವದೇನೊ? (Dp. 148). — ಬೆಳೆ ಬಿತ್ತು. To sow (My.). — ಬೆಳೆ ಮಾಡು. To raise a crop (My.). — ಬೆಳೆಯಿಡಿಸು. To have planted or sown (My.). ಹೊಲ ಗದ್ದೆ ಮುನ್ತಾದ ಭೂಮಿಯ ಬೆಳೆಯಿಡಿಸಿ ಬದುಕುವವನು (ಕ್ಷೇತ್ರಾಜೀವ, ಕರ್ಷಕ, etc. Si. 300). — ಬೆಳೆಯಿಡು. -ಇಡು. To plant; to sow (My.). — ಬೆಳೆಯಿಡುವಿಕೆ. -ಇಡುವಿಕೆ. Planting, etc. ಉತ್ತು ಬೆಳೆಯಿಡುವಿಕೆ (ಕೃಷಿ Si. 298). ಉತ್ತು ಬೆಳೆಯಿಡುವಿಕೆ ಮುನ್ತಾದ ಕೃಷಿಕರ್ಮದಿನ್ದ ಜೀವಿಸುವಿಕೆ (ಅನೃತ, ಕೃಷಿ 299). — ಬೆಳೆವಿಣಿಲು. -ಹಿಣಿಲು. A big hump (Bh. 3, 17, 36). — ಬೆಳೆವೊಲ. -ಪೊಲ. = ಬೆಳವೊಲ, q. v. — ಬೆಳೆಸಾಲ ಕುಣ್ಟೆ. = ಬೆಳಸಾಲ ಕುಣ್ಟೆ. (My.).

ಬೆಳೆಯಿಸು bĕḷĕyisu. = ಬೆಳಯಿಸು, etc. (J. 3, 31).

ಬೆಳೆಯುವಿಕೆ bĕḷĕyuvikĕ. Growing, etc. (ಸ್ಫಾತಿ, ವೃದ್ಧಿ Si. 389). ಹೊಟ್ಟೆಯೊಳು ಗಡ್ಡೆ ಬೆಳೆಯುವಿಕೆ (ವಿದ್ರಧಿ 201).

ಬೆಳೆಸು bĕḷĕsu. = ಬೆಳಸು 1, etc. (B. 4, 55; My.).

ಬೆಳ್ಕಱ್ bĕḷkaṟ. To become afraid, to fear (ಅಳ್ಕಱ್, ಭಯ Šmd. Dh., o. r. ಬೆಡ್ಕಱ್; Abh. P. 9, 4; 15, 66; V. 37, 190; Tĕ. ವೆಲ್ಕುಱು; T. ವೆಪ್ಕು, ವೆಳ್ಕು, to fear; to be ashamed; see ಬಿಡಿಯು). P. p. ಬೆಳ್ಕರ್ತು, (ಬೆಳ್ಕತ್ತು, Abh. P. 5, 31; 15, 30). ಉರಗರಗಿದರ್, ದೈತ್ಯರ್ ಬೆಳ್ಕರ್ತರ್, ಅಳ್ಕಿದರಿನ್ದ್ರನ್, ಈಶ್ವರನ ಮನಮುಲ್ಲಾಡಿತ್ತು (Šmd. 266).

ಬೆಳ್ಪಳ bĕḷpaḷa. (Šmd. 109). (= ಬೆಪ್ಪಳ, etc.). Trembling, tremulousness, quivering, moving about, agitation; tremblingly, unsteadily, etc. (ತರಳಾರ್ಥಂ Šmd. 395; ಸಂಚಲ Šmd. II, Kk. 86; ಸಂಚಲ Kk. 53, o. r. ಬೆಪ್ಪಳ; cf. ಮೆಳ್?).

ಬೆಳ್ಪಳಿ bĕḷpaḷi. Great lustre (ಪೆರ್ವೆಳಗು Čt. I, 23), brightness, splendour (ನಿರ್ಮಳ Kk. 86, o. r. ನಿರ್ಮಲ; ನಿರ್ಮಳಿಕೆ 53, o. r. ನಿರ್ಮಲತೆ; ನಿರ್ಮಲ Šm. 69).

ಬೆಳ್ಪಳಿಸು bĕḷpaḷisu. = ಪೆಳ್ಪಳಿಸು, (ಬೆಬ್ಬುರಿಸು). To tremble, to be full of agitation (Ššv. 4, 113). ಬೆರ್ಚ ಬೆಳ್ಪಳಿಸಿ ಬನ್ದಂ (Šmd. 20).

ಬೆಳ್ಪು bĕḷpu. = ಬಿಳುಪು, etc. Whiteness, etc. (ನಿರ್ಮಲತೆ Šmd. II). ಅಲರೊಳ್ ಬೆಳ್ಪು or ಅಲರ್ಗೆ ಬೆಳ್ಪು (167). ಪೂಗಳ ಬೆಳ್ಪು or ಪೂಗಳ ಬೆಳ್ಪುಗಳ್ (170). ಕುದುರೆಯ ವಾಲ ಬೆಳ್ಪಾಗೆ ತಿಲಕನ್, ಅಡಿ ಬೆಳ್ಪಾಗೆ ಕಣಬನ್ ಅಕ್ಕುಂ (Mr. 276). See Čpr. 3, 81; 7, after 62; 8, 73. 75; Bp. 12, 20; 46, 56; Ršv. 6, 4; J. 18, 36; 25, 5; ಕಡುಬೆಳ್ಪು, ಕಿಱುಬೆಳ್ಪು, ಪೊಸಬೆಳ್ಪು. — ಬೆಳ್ಪು ದೋಱು. -ತೋಱು. Whiteness to appear: to be white. ಕುದುರೆಯ ಮುಖ ಬೆಳ್ಪುದೋಱಿರೆ ಬೊಲ್ಲನಕ್ಕು, ಕಾಲ್ಗೊಗಮ್ ಅಯ್ದೆ ಬೆಳ್ಪುದೋಱಿರೆ ಮಂಗಲಂ (Mr. 276).

ಬೆಳ್ಳ bĕḷḷ-a8. A white or bright man: an innocent, harmless man (Bp. 9, 19; My.).

ಬೆಳ್ಳಗೆ bĕḷḷagĕ. Whiteness; white (C.). ಊರೆಲ್ಲಾ ತೊಳೆದರೂ ಮುಸಿ ಬೆಳ್ಳಗಾಗದು (Prv.). ಬೆಳ್ಳಗಿರುವ ಹಾಲು (My.). See B. 3, 30. 36; 4, 36. 71; Prv. s. ಮೆಯ್.

ಬೆಳ್ಳನ್ನ bĕḷḷ-anna1. White (C.). ಬೆಳ್ಳನ್ನ ಹಾಲು (B. 2, 32; see 3, 44; 4, 71).

ಬೆಳ್ಳವಾರ bĕḷḷavâra. = ಬೆಳ್ಳಾರ. A snare, a net for for snaring game, a noose (ಪಾಶ, ಬನ್ಧನಗ್ರನ್ಥಿ, ವಾಗುರೆ, ಮೃಗಜಾಲಿಕೆ Hlâ.; Tĕ. ವಲ್ಲಿ, ವಲ್ಲಿ-ತಾಡು, a noosed rope, a noose for catching cattle; ವೇಲು, to hang, dangle).

ಬೆಳ್ಳಾನೆ bĕḷ1-ânĕ4. = ಬೆಳ್ಳಗೆ. (My.). ಬೆಳ್ಳಾನೆಯದು; ಬೆಳ್ಳಾನೇ ಬಟ್ಟೆ; ಬೆಳ್ಳಾನೇ ಹಾಲು (My.).

ಬೆಳ್ಳಾರ bĕḷḷâra. = ಬೆಳ್ಳವಾರ. (ಜಾಲಿಕ, ವಾಗುರ Mr. 380; Ššv. 3, 23. 25. 49; J. 6, 20). — ಬೆಳ್ಳಾರವಲೆ. -ಬಲೆ. = ಬೆಳ್ಳಾರ. (Bh. 1, 20, 51; 3, 13, 10. 23. 25). — ಬೆಳ್ಳಾರಸುತ್ತು. An encompassment with snare-nets (Bh. 3, 13, 24).

ಬೆಳ್ಳಿ bĕḷḷi. The white metal: silver (ರಜತ, ಕಲಧೌತ, ರೂಪ್ಯ, ತಾರ Hlâ., Mr. 98; ಶ್ವೇತ Hlâ., Mr. 467, Nn. 103; ದುರ್ವರ್ಣ, ರಜತ, ರೂಪ್ಯ, ಖರ್ಜೂರ, ಶ್ವೇತ Nr.; ಕಲಧೌತ, ರಜತ Nn. 44; ಹಿಂಜರಿ Čt. II, 80; ಪಿಂಜರಿ Kk. 47, Šm. 63; Si. 331; My.; T., M. ವೆಳ್ಳಿ, ವೆಳ್ಳಿತ್ತಿ, ವೆಳ್ಳೆ; Tĕ. ವೆಲ್ಲಿ, ವೆಣ್ಡಿ). ಹೊನ್ನು ಬೆಳ್ಳಿಯುಂ (ಕುಪ್ಯ Hlâ.). ಹೊನ್ನು ಬೆಳ್ಳಿಗಳನು ಕರಗಿಸಿ ಮಾಡಿದುದು (ಕೃತ); ಹೊನ್ನನೂ ಬೆಳ್ಳಿಯನೂ ಅಚ್ಚಾಗಿ ಬೆಟ್ಟದೊಡೆ ರೂಪ್ಯ ಎನಿಸುಗು (Nr.). ಬೆಳ್ಳಿ ಬೆಸೆಯ ಬೇಕಾದರೆ ಕಳ್ಳೀ ಹಾಲು ಬೇಕೇ?—ಬೆಳ್ಳಿಯಾದರೂ ಬಳ್ಳಿ ಮಾಡ ಬೇಕಾದರೆ ಕೊಳ್ಳಿ ಬೇಕು.—ಬೆಳ್ಳಿಯಾದರೆ ಕಳ್ಳಗೆ ಆಗದೇ?—ಬೆಳ್ಳಿಯಿದ್ದವನಿಗೂ ಕೊಳ್ಳೀ ಭಯ ತಪ್ಪಲಿಲ್ಲ (Prvs.). **2,** the planet Venus (My.; T., M. ವೆಳ್ಳಿ). See Bp. 34, 5; 58, 31; Ršv. 11, 23; J. 26, 17; Si. 330; Prv. s. ಮಾಣಿ. — ಬೆಳ್ಳಿಗೊಪ್ಪರಿಗೆ. -ಕೊಪ್ಪರಿಗೆ. A kŏpparigĕ of silver (Č. Bp. 47, 40). — ಬೆಳ್ಳಿ ಬಂಗಾರ. Silver and gold (B. 3, 15). — ಬೆಳ್ಳಿಯ ಬೆಟ್ಟ. = ಬೆಳ್ಳಿವೆಟ್ಟು. (Grj. 6, 40). — ಬೆಳ್ಳಿವಟ್ಟಲ್. -ಬಟ್ಟಲ್. A cup of silver (Grj. 4, 130). — ಬೆಳ್ಳಿವೆಟ್ಟು. -ಬೆಟ್ಟು. The silver mountain (ಹಿಂಜರಿವೆಟ್ಟು, ರಜತಾದ್ರಿ Šm. 10).

ಬೆಳ್ಳುಚಿ bĕḷḷuči. N. of a plant (ಗೂಡೆ Mr. 134, one MS. ಬೆಳ್ಳುಚಿ).

ಬೆೞಲ್ bĕḻal. (= ಬೆಳಲ, etc.?). N. of a tree (ಬನ್ದುಮರಂ Šmd. I).

ಬೇ bê. 1. = ಬೆಯ್ಯು, ಬೇಯು. To be consumed with fire, to be burnt up;—to be burnt or scorched by the sun's heat, etc.;—to be prepared, as food for the table, by boiling, to be cooked;—to burn with a fever, with grief, etc. (ದಾಹ Šmd. Dh.; My.; T., M. ವೇ; Tĕ. ವೇಗು; *cf.* ಬಿಸು 1, etc.). P. p. ಬೆನ್ದು (Šmd. 276. 279; Čpr. 5, 182; Bp. 16, 25; 54, 80; 56, 36; 60, 18; C.); third person singular imperfect also ಬೇಯಿತು (My.), ಬೇಯಿತ್ತು (Bp. 56, 35). ಬೇವ (J. 31, 55). ಅರೆ ಬೆನ್ದುದು (ಅಪಕ್ವ, ಪೌಲಿ Nr.). ಔಷಧಂ ಬೇಯಲು ಕಷಾಯಮೆನಿಕ್ಕು (Mr. 390). ಒಲೆ ಸೊಟ್ಟಾದರೆ ಬದನೆಕಾಯಿ ಬೇಯದೇ?—ಬೆನ್ದ ಬಾಯಿಗೆ (to one who has no real knowledge) ಬನ್ದದೇ ಮಂಗಲಾಷ್ಟಕ.—ಬೆನ್ದ ಮನೆಗೆ ಹಿರಿದದೇ ಲಾಭ (Prvs.). See Čpr. 4, 45; Bp. 2, 13; 18, 88; 36, 8; 50, 28. 33. 37; 52, 14; 54, 50; 56, 38; 60, 58; Rāv. 5, 36. 37. 46; Bh. 1, 8, 89. 90; J. 15, 3; 24, 37. 47.

ಬೇ bê. 2. (=ಬ್ಯಾ). An humble, pitiable sound (used in begging). 2, to beg with an humble, pitiable voice. P. p. ಬೇತು. ಬೇತು ಕೊಣ್ಡು ನಿಲ್ಲುತ್ತಾನೆ (My.).

ಬೇ bê. Without (Mhr., H.; see ಬೇಕೂಬು, etc.).

ಬೇಕರೆ bêz-karĕ. A person who cries out for alms with an humble, pitiable voice (My.).

ಬೇಕು bêku. = ಬೇಡ್ಕು, ಬೇಡ್ಕುಂ, (ಬೇಹು 1). Third person singular future of ಬೇಡು 1: It desires: it is wished, desired, solicited or requested; it is desirable; it is requisite, it is required, it is necessary; it is wanted; it is fit; it is due, it must;—he or she is desirable, etc., etc.;—thou art desirable, etc., etc.; you are desirable, etc., etc.;—they are desirable, etc., etc. (ಬೇಹು Bhn. 45; C.; T. ವೇಣುಂ, ವೇಣ್ಡುಂ; M. ವೇಣಂ, ವೇಣ್ಡ; Tu. ಬೋಡು). ಪುರುಷರೊಳಗಭಿಮಾನವೇ ಬೇಕು (Bp. 40, 48). ಅಂಗಿಯನ್ನು ಇಟ್ಟು ಕೊಳ್ಳ ಬೇಕೋ? ಇಟ್ಟು ಕೊಳ್ಳ ಬಾರದೋ? (B. 4, 98). ಬೇಕು ಬೇಡೆನ್ದು, ಉಸುರಲೊಲ್ಲೆ (Bp. 14, 10). ಬೆಕ್ಕುಗಳು ಪೂರ್ಣವಾಗಿ ಬೆಳೆಯ ಬೇಕಾದರೆ ಹದಿನೆಣ್ಟು ತಿಂಗಳು ಬೇಕು (B. 5, 38). ಒನ್ದು ವಿದ್ಯದೊಳಗೆ ತುಮ್ಬಾ ಜ್ಞಾನವುಳ್ಳವನಾಗಿ ಚನ್ನಾಗಿ ಕೆಲಸಾ ಮಾಡ ಹತ್ತ ಬೇಕಾದರೆ ಬಹಳ ದಿವಸ ಬೇಕು (5, 81). ಕರೆದೆವಾಂ ಜೂಜಿಂಗೆ, ಬೇಕೇ? (Bh. 2, 13, 39). ತೋಟ ಬೇಕೇ? (2, 13, 47). ಒನ್ದು ತೆಱದ ಮಗನಾದೊಡಂ ಬೇಕು (J. 28, 57). ಸಚೇಲಸ್ನಾನವ ಮಾಡಲಿಕೆ ಬೇಕು (Bp. 55, 35). ಇವನನಱಿಯಲು ಬೇಕು (Râm. 8, 2, 22). ಅರ್ಥಮಂ ತತ್ಕಾಲಕೀಯ ಬೇಕು (J. 29, 17). ಕಣ್ಣಿದ ನುಡಿಯ ಬೇಕು (Bh. 1, 8, 16). ವಿನಾಶವನೆಸಗ ಬೇಕು (1, 8, 56). ದ್ರೋಹ ಮಾಡ ಬೇಕೆಮ್ಬ ಕೆಟ್ಟ ಇಚ್ಛೆ (ವ್ಯಾಪಾದ Si. 48). ಹೆಱರ ಒಡವೆಯನ್ನು ಅಪಹರಿಸಿ ದಕ್ಕಿಸಿ ಕೊಳ್ಳ ಬೇಕೆಮ್ಬುವ ದುರಾಶೆ (ಅಭಿಧ್ಯೆ 68). ಬೇಟೆಯಾಡುವ ಕೆಲಸಕ್ಕೆ ನಾಯಿಗಳು ಬೇಕೇ ಬೇಕು (B. 3, 40). ಬಿಸಿಯಾದ್ದು ಆಱಿಸ ಬೇಕು, ಹಸಿಯಾದ್ದು ಕಾಯಿಸ ಬೇಕು.—ಬೇಗೆ ಹತ್ತಿದ್ದಲ್ಲಿ ಹೊಗೆಗೆ ನಿಮಿತ್ತ ಕೇಳ ಬೇಕೇ? (Prvs.).—Occasionally the form ಬೇಕಿಲ್ಲ is used instead of ಬೇಡ (but not in My.).— ಬೇಕಾಗು. -ಆಗು. To be solicited, to be desired, to be required, to become or be necessary, etc. (ಬೇಡಿ ಇರು Šmd. 60 Cm.). ಎಣಿಸ ಬೇಕಾದುದು (ಗಣನೀಯ Nr.). ಬೇಕಾದುದು (ಪ್ರಯೋಜನ Nn. 132). ಬೇಕಾದನಿತನ್ ಆವಡೆ ತನ್ದಪೆಂ (Bp. 14, 11). ಬೇಕಾದನಿತು ಎತ್ತವನಿತ್ತು (28, 22). ಬೇಕಾದಷ್ಟು (ಕಾಮು, ಪ್ರಕಾಮು, ಇಷ್ಟ, etc. Si. 317). ಮನಸ್ಸಿಗೆ ಬೇಕಾದದು (ಅಭೀಷ್ಟ, ಹೃದ್ಯ, etc. 368). ಬೇಕಾದದು (ಲಘು, ಇಷ್ಟ 412). ಮಾಡ ಬೇಕಾದ ಕೆಲಸಗಳನ್ನು ಮಾಡುತ್ತಿರುವಿಕೆ (ಪರಾಕ್ರಮ 441). ತನಗೆ ಬೇಕಾದನ್ಥಾ ಪುರುಷನು (ರಮಣ, etc. Dhw.). ಎಳೆಯಂಗೆ ಬೇಕಾದುದು ಇಲ್ಲದಿರೆ ಮಱುಗುವಳ್ (J. 28, 16). ಬೇಕಾದ್ದು ಇದ್ದರೂ ಸೋಕೋದು ತಪ್ಪಲಿಲ್ಲ.—ಬೇಕಾದ್ದು ಕೊಟ್ಟರೂ ನೂಕಿಸಿ ಕೊಳ್ಳೋದು ತಪ್ಪಲಿಲ್ಲ.—ಬೇಕಾದದಾದರೆ ಬೇಗ ಸಿಕ್ಕೀತೇ? (Prvs.). ಬೇಕಾದ ಹಾಗೆ (ಪ್ರಕಾಮ G.). ಕಱುವಿಗೆ ಹುಸ ಹುಲ್ಲು ಬೇಕಾಗಿತ್ತು (B. 2, 21). ಎಲೆಗಳ ತೂತುಗಳಲ್ಲಿ ಹವೆಯೊಳಗಿನ್ದ ತಮಗೆ ಬೇಕಾದ ವಾಯುವನ್ನು ಹೀರಿ ಕೊಣ್ಡು, ಬೇಡಾದನ್ಥ ತಮ್ಮೊಳಗಿನ ವಾಯುವನ್ನು ಹೊಱಗೆ ಬಿಡುವ ಗುಣವುಣ್ಟು (8, 86). ಕಾಯಿ ಬೇಕಾಗಿದ್ದರೆ (3, 91). ಅವಳು ಬೇಕಾದಷ್ಟು ನೆವ ಹೇೞ್ (4, 6). ವಿಜಯನಗರಕ್ಕೆ ಹೋಗಿ, ಬೇಕಾದ ಹಾಗೆ ಸುಲಿಗೇ ಮಾಡಿ (4, 10). ಕೊತವಾಲನು ಎಲ್ಲರಿಗೂ ಬೇಕಾದವನಾಗಿದ್ದನು (4, 20). ಹತ್ತೀ ಕಾಯಿಗಳು ಬಲಿತು ಹಣ್ಣಾಗಲಿಕ್ಕೆ ಹೆಚ್ಚು ಕಡಿಮೆ ಎರಡು ತಿಂಗಳು ಬೇಕಾಗುತ್ತದೆ (4, 27). ಒಳ್ಳೇ ನಡತೆಯ ಮನುಷ್ಯನು ಎಲ್ಲರಿಗೂ ಬೇಕಾದವನು (4, 35). ಈ ಅಚ್ಚುಕೂಟದಲ್ಲಿ ಒನ್ದು ದಿವಸದಲ್ಲಿ ಹೊಱಡುವಷ್ಟು ಪ್ರತಿಗಳನ್ನು ಲೇಖಕರ ಕೆಯ್ಲಿ ಬರಿಸ ಬೇಕಾದರೆ ಹದಿನಯ್ದು ಲಕ್ಷ ಲೇಖಕರು ಬೇಕಾಗುವರು (4, 103). ಸೂಜಿಗಳನ್ನು ಮಾಡುವ ಕೆಲಸಕ್ಕೆ ಬೇಕಾಗುವಷ್ಟು ಮನ್ದಿ ಇನ್ನೊನ್ದು ಯಾವ ಕೆಲಸಕ್ಕೂ ಬೇಕಾಗುತ್ತಿರಲಿಕ್ಕಿಲ್ಲ (4, 157). ಮಾವತನು ಆನೆಯ ಗಣ್ಡಸ್ಥಲಕ್ಕೆ ತಿವಿದು, ಬೇಕಾದತ್ತ ಅದನ್ನು ತರುತ್ತಾನೆ (5, 240). ಆ ಮೊಸಳೆಗಳಿಗೆ ಬೇಕು ಬೇಕಾದನ್ಥ ಸವಿ ಸವಿ ಆಹಾರಗಳನ್ನು ಒಯಿದು, ನೈವೇದ್ಯ ಕೊಡುತ್ತಿದ್ದರು (4, 132). ಕಟ್ಟಿಗೆಗಳನ್ನು ಕೆತ್ತಿ, ಬೇಕು ಬೇಕಾದ ಹಾಗೆ ಜೋಡಿಸಿ ಕೊಳ್ಳ ಬೇಕು (4, 152). ಆ ಹಾಳೆಯನ್ನು ಬೇಕು ಬೇಕಾದ ಹಾಗೆ ಕೊಱೆದು (4, 225). — ಬೇಕನ್ನು. -ಅನ್ನು. To say "it is wished or desired", "it is desirable," etc., etc. ಬೇಕನ್ದಾ ಕ್ಷಣ ನಾಕ ಸೇರುವನೇ?—ಬೇಕನ್ತ ಬಯಸಿದ್ದು ಬೇಸಱವಾದೀತೇ? (Prvs.). It is used to express "purposedly": ನಾನು ಬೇಕನ್ತ ಕನ್ನಡಿಯನ್ನು ಒಡೆದೆನೋ? (B. 8, 82). ಬೇಕನ್ತ ಅಲ್ಲಿ ನಿಲ್ಲುವನು (5, 205). ಬೇಕನ್ತ ತಡ ಮಾಡಿದನು (5, 236). — ಬೇಕೆನ್ನು. -ಎನ್ನು. = ಬೇಕನ್ನು. (Bp. 24, 76; J. 5, 23).

ಬೇಕೂಬು bê-kûba. Not proper: foolish, silly; a fool (My., Si. 401; Mhr., H.).

ಬೇಗ bêga. Tbh. of ವೇಗ (Šmd. 342; Čpr. 5, 8. 106; Bp. 46, 56; 57, 2). Speed; quickly (C.). ಅಮ್ಬಿನ ಬೇಗ (ದೀಪ್ತಿ, ವೇಗ, ತೀವ್ರತೆ Hlâ.). ಬೇಗ ನಡಿಯುವವನು (ಜಂಘಾಲ, etc. Si. 282). — ಬೇಗನೆ. ಬೇಗನೇ. Quickly (C.; B. 1, 10; 3, 124; 5, 72). — ಬೇಗ ಮಾಡು. To hasten, to act with precipitance (Bp. 56, 20; ಸರಸರಿಸು G.). ಬೇಗ ಮಾಡಿದವನಿಗೆ (ಒನ್ದು ಹಣಕ್ಕೆ) ಹಾಗೂ ವೀಸ (Prv.).

ಬೇಗಡಿ bêgaḍi. = ಬೇಗಡೆ 1. (B. 1, 5).

ಬೇಗಡೆ bêgaḍĕ. 1. Talc mineral, Mica resembling glass (Tĕ.);—laminae of tin covered over with some colouring substance (My.; Tĕ.; Mhr. ಬೇಗಡ). ಬೇಗಡೇ ತಗಡಾದರೆ ಬುಗಡಿಗೆ ಆದೀತೇ? (Prv.). — ಬೇಗಡೆವೆಸೆ. -ಬೆಸೆ. To affix such laminae (Čpr. 1, 134).

ಬೇಗಡೆ bêgaḍĕ. 2. A bore, a hole, as in a gem (ಬೆಜ್ಜ Bhn. 12; Bh. 7, 1, 10; 8, 4, 15; 8, 26, 17).

ಬೇಗಾರಿ bêgâri. Labour exacted by a government or a person in power without giving remuneration for it (My.; Mhr., H. ಬಿಗಾರ).

ಬೇಗು bêgu. 1. ಕೆಯ್ಯಾಡನೆ ಬೇಗೆಮ್ಬುದರ್ಥಂ (Čt. I, 51).

ಬೇಗು bêgu. 2. = ಬೇಹು 2. Spying (My.; Tĕ. ವೇಗು, ವೇಗು; T. ವೇ, ವೇಯ್, ಬೇಗು, ವೇವು; M. ವೇವು; Tĕ. ವೇಗಿಂಚು, to keep awake, v. i.; ಬೇಗು, to watch without sleeping; ವೇಚು, to wish for, hope, expect, watch for; *cf.* ಬೇಡು 1?).

ಬೇಗುಗಾಱ bêgu-gâṟa. = ಬೇಹುಗಾಱ. (My.; T. ವೇವುಕಾರ; Tĕ. ವೇಗುಲವಾಡು).

ಬೇಗುದಿ (bê-kudi2). Burning heat: affliction, distress, grief (ಸನ್ತಾಪ Čt. II, 89; Šs.; Bhn. 12; Bh. 8, 23, 40). — ಬೇಗುದಿಗೊಳ್. -ಕೊಳ್. To begin to grieve, etc. (J. 13, 12; 19, 13).

ಬೇಗೆ bêgĕ. = ಬೆಂಗೆ. Fire; heat; wild fire in jungles (My.; Bp. 54, 54; 56, 24; 60, 58; Rśv. 5, 45; J. 13, 47; Tĕ. ವೇಡಿ, fever). — ಬೇಗೆಗಿಚ್ಚು. -ಕಿಚ್ಚು. Wild fire (Abh. P. 13, 48; 15, after 39). — ಬೇಗೆಗೊಳ್. -ಕೊಳ್. To be heated, burnt (or boiled, Rśv. 5, 36). — ಬೇಗೆ ಬೀಳು. Wild fire to originate (My.). — ಬೇಗೆ ಹತ್ತು. Wild fire to break out (My.). ಬೇಗೆ ಹತ್ತಿದ್ದಲ್ಲಿ ಹೊಗೆಗೆ ನಿಮಿತ್ತ ಕೇಳ ಬೇಕೇ? (Prv.).

ಬೇಚಿರಾಕು bê-čiraku. Untenanted, desolate (My.; Br.; Mhr., H. ಬೇಚಿರಾಖ).

ಬೇಜಾ bê-jâ. Meaningless, senseless, groundless, bad (My.; Br., H.).

ಬೇಜಾರು bê-jâru. Weariness (from fatigue, pain, vexation), annoyance (My.; Br.; Si. 398; Mhr. ಬೇಜಾರ).

ಬೇಟ bêṭa. 1. (fr. ಬಿಡು 1). Separation, parting, especially the separation of lovers (ವಿರಹಾರ್ಥ Bhn. 41; Bh. 2, 9, 17).

ಬೇಟ bêṭa. 2. (fr. ಬೇಡು 1). = ಬೇಣ್ಟ. Longings (T. ವೇಟ್ಟಲ್, ವೇಡ್ಗೈ, ವೇಳ್, desire, lust): sexual passion, erotic sentiments, the pleasures of sense; amorous pastime; love-gestures (ಉಬುಗು Šmd. 1). ನವವಿಧರತೋಪಚಾರದಿನ್ ಎನ್ದುಂ ಪಡಿಸದು ಬೇಟಂ (Šmd. 291; see Šmd. s. ಬಾಡ್ಸೆಣ). ಹಣವುಳ್ಳಂ ಹೆಣನಾದೊಡಂ, ಒಲಿದ ಪೋಲಾರೆ ನ್ದಡಂ ಬಿಟ್ಟರರ್ ಕ್ಷಣಮಾತ್ರಂ; ಬಹು ಕೂಟ ಬೇಟಗಳಲೀ ಸೋತನ್ದದಿಂ ಹಾಲ ಮುನ್ದಣ ಬೆಕ್ಕಾಡುವೋಲ್ ಆಡಿ, ಸರ್ವಧನ ತಾಂ ಪೋಗಲ್ಕೆ ಮಾ ತಾಡರ್ ಆಯ್; ಗಣಿಕಾಸ್ತ್ರೀಗುಣಮೇತಕಯ್? (Šš. in W. v. 614). ಪರಸತಿಯ ಬೇಟದಿ ಪುಣ್ಡತನದಲಿ ಹೆಣ್ಣರನು ಬಿಟ್ಟರ್ದ ಪೋಟರು (Abhâ. 2, 2). See Ŏpr. 3, 42. 43; 5, 121; 8, 53. 56; Grj. 2, after 106; Bp. 40, 40; 42, 7; 45, 29; Č. Bp. 47, 15; Râm. 1, 5, 32; 1, 14, 24; 3, 7, 22; Rśv. 11, 93. 152. 156; J. 6, 34; 7, 6; 15, 5. 26; 26, 7; 29, 35; 30, 23; Abhâ. 2, 78. 102; ಒಳ್ಬೇಟ, ಕಣ್ಬೇಟ, ಕಿವಿಬೇಟ, ತನಿಬೇಟ, ಪೊಸಬೇಟ.

ಬೇಟಕಾರ್ತಿ bêṭa-kârti. (Šmd. 244). A woman of erotic sentiments; one making love-gestures (Râm. 1, 5, 32).

ಬೇಟಿ bêṭi. = ಬೆಟ್ಟ, etc. (My.).

ಬೇಟೆ bêṭĕ. = ಬೇಡು, ಬೇಣ್ಟೆ. Hunting, the chase (Ŏpr. 5, 120; Šśv. 3, 2; J. 5, 67; C.; ಆಖೇಟನ, ಮೃಗಯೆ, etc. Si. 342; Tĕ. ಏಟ, ವೇಟ; T. ವೇಟ್ಟೈ, ವೇಟ್ಟೈ, ವೇಡು; M. ವೇಟ್ಟ; Tu. ಬೋಣ್ಟೆ). ಬೇಟೆಯಲ್ಲಿ ಕುಶಲವಾದ ನಾಯಿ (ವಿಶ್ವಕದ್ರು Si. 342). ಬೇಟೆಯಲ್ಲಿರುವವಗೆ ಬೇಟೆಯ ಸುದ್ದಿ ಯಾಕೆ? — ಬೇಟೆಗೋ ಸ್ಕರ ಬನ್ದು, ಊಟ ಮಾಡಿದ ಹಾಗೆ (Prvs.). **2,** animals persued and taken by sportsmen, game (C.; B. 3, 31; 4, 10. 11. 212). — ಬೇಟೆನಾಯಿ. A hunting dog (B. 4, 41; ವಿಶ್ವಕದ್ರು Čb.). — ಬೇಟೆಯಾಡು. -ಆಡು. To hunt (C.). ಬೇಟೆಯಾಡಲ್ ಪಡುವ ಬೇಟೆ ಬೇಟೆ ಮೃಗಜಾತಿಗಳು (ಕೃಷ್ಣಸಾರ, ರುರು, ನ್ಯಂಕು, etc. Si. 170). ಬೇಟೆಯನಾಡಲೆನ್ದು, ನಡೆ ತಹ ಕಿರಾ ತರ್ (Râghĕ. 17, 64). ಬೇಟೆಯಾಡುವವಕ್ಕೆ ಕಲಿತ ಮಲ್ಲ ಬೇಟೆ ನಾಯಿಯು ಬೊಂಕ್ ಮುಟ್ಟದ (Prv.). See J. 6, 20; B. 3, 75; 5, 28.

ಬೇಟೆಕಾತಿ bêṭĕ-kâti. A huntswoman. See ತಡಿಬೇ ಟೆಕಾತಿ.

ಬೇಟೆಕಾಱ bêṭĕ-kâṟa. = ಬೇಟೆಗಾಱ, ಬೇಣ್ಟೆಕಾಱ. A hunter, a sportsman. ಹಕ್ಕಿಯ ಬೇಟೆಕಾಱಂ (ಜೀವಾನ್ತಕ, ಶಾಕುನಿಕ Nr.).

ಬೇಟೆಗಾಱ bêṭĕ-gâṟa. = ಬೇಟೆಕಾಱ, etc. (My.; B. 3, 10). ಬೇಟೆಗಾಱ ತೋಟ ಮಾಡ್ಯಾನೇ? (Prv.). See Prv. s. ಮೊಲ. — ಬೇಟೆಗಾಱನ ಹಕ್ಕಿ. The common Indian king-fisher, Alcedo bengalensis (Bd.; My.).

ಬೇಡ bêḍa. 1. A huntsman (ಕಣ್ಟಕ, ಲುಬ್ಧಕ Nn. 39; T., M.; T. ವೆಟ್ಟು, to cut down; *cf.* ಬೆರಡು); a tribe of forest people living by the chase (ಬಿಲ್ಲ Čt. I, 93; ಬಿಯದ, ಬಿಲ್ಲ, ಶಬರ Šm. 32; C.; the Bêḍas at present are fowlers, farmers, merchants, peons, etc.). ಬೇಡರ ಪಳ್ಳಿ (ಪಕ್ಕಣ, ಶಬರಾಲಯ Hlâ.). ಬೇಡರ ಹಳ್ಳಿ (ಪಕ್ಕಣ, etc. Nr.). ಬೇಡರ ತಾಣ (ಪಕ್ಕಣ Šm. 32). ಬೇಡರ್ ಮೊದಲಾಗುಳ್ಳ ಅನ್ತ್ಯಜಾತಿಗಳು (ಕಿ ರಾತ, ಶಬರ, ಪುಲಿನ್ದ, ಭಟ, ಮಾಲ, ಮ್ಲೇಚ್ಛ Hlâ.). ಬೇಡರ ಪಾಳ್ಯ (ಪಕ್ಕಣ, etc. Si. 114). ನವಿಲುಗಱಿಯುಟ್ಟ ಬೇಡನು (ಕಿರಾತ); ಸೊ ಪ್ಪನುಟ್ಟ ಬೇಡನು (ಶಬರ); ಬೇಡರ ಭಾಷೆಯನ್ನು ಬಲ್ಲವನು (ಪುಲಿನ್ದ Si. 341). ಬೇಡರ ಪೋಲ್ ಮಸಗಿ ತುಡುಗೊಳಲ್ ಬಱ ಸನ್ದಂ (Šmd. 281). See Bp. 54, 76; 58, 36. 48. 57. 64; Rśv. 5, 28. 122; Šśv. 4, 6. 92; J. 28, 52; ಮ್ಲೇಚ್ಛ. — ಬೇಡಜಾತಿ. A Bêḍa-tribe. ಭಿಲ್ಲರ್ ಕಿರಾತರ್ ಪುಲಿನ್ದ ಶಬರರ್ ಆಟವಿಚರರ್ ಬೇಡಜಾತಿಗಳು (Mr. 379). — ಬೇಡರವನು. -ಅವನು. = ಬೇಡ. (ವ್ಯಾಧ, ಮೃಗವಧಾ ಜೀವ, ಮೃಗಯು, ಲುಬ್ಧಕ Si. 341). ಬೇಡರವಗೆ ಗಾಡೀ ಸವಾರಿ ಯಾಕೆ? (Prv.). — ಬೇಡರಸ. -ಅರಸ. A chief of huntsmen (Abh. P. 4, 38). — ಬೇಡವಟ್ಟ. -ಹಟ್ಟ. A village of huntsmen (Abh. P. 8, after 54). — ಬೇಡವಡೆ. -ಪಡೆ. A company or force of huntsmen (Abh. P. 4, after 37; 7, after 115; Râghĕ. 17, 68. 73; J. 28, 40). — ಬೇಡವೆಣ್. -ಪೆಣ್. A Bêḍa woman (Rśv. 5, after 55; 5, 112).

ಬೇಡ bêḍa. 2. A short form of ಬೇಡದು, 3rd person singular negative of ಬೇಡು 1 (the contrary of ಬೇಕು). It does not desire: it is not wished, desired, solicited or requested; it is not desirable; it is not requisite, required or necessary; it is not wanted; it is not fit; it is not due, it must not;—he or she is not desirable, etc., etc.;—thou art not desirable, etc., etc.;—you are not desirable, etc., etc.;—they are not desirable, etc., etc. (C.; ನಿಷೇಧ Si. 469; ವಾರಣ 473; T. ವೇಣ್ಡಾಂ; M. ವೇಣ್ಡ; Tu. ಬೊಡ್ಚಿ). In politely accosting the forms ಬೇಡಿರಿ or ಬೇಡರಿ are used (B. 4, 75. 76. 77; 5, 132. 135). ಇದಱೊಳ್ ಸಾಕಲ್ಯಸಂಜ್ಞೆ ಪೇಟಿವೆನಲ್ ಬೇಡ! (Šmd. 61). ಬೇಡ ಗಡಾ, ಬೇಡ ಗಡಾ ನಿನಗಾತನೊಳ್ ಛಲಂ! (143). ಕಿವಿಗೆ ಸೊ ಗಯಿಸದೆಡೆಯೊಳ್ ಅದನೆಸಗಲ್ ಬೇಡ (268). ಸೊಪ್ಪಿಕ್ಕುಮೆನಬೇಡ (269). ನಮ್ಮೊಳು ಭೀತಿ ಬೇಡ! (Bh. 1, 8, 74). ಪಾತಕನ ಹೆಸರೆ ಮೂಱು ಲೋಕದೊಳಗೆ ಯಾತಕ್ಕು ಬೇಡ (Sp.). ಈಶತ್ವಮಿಲ್ಲದೇ ನೀನೀಶನೆನ್ತಾದಿ? ಈಶನೀಶನೆನೆ ಬೇಡ! ಲೋಕಕೆ ಮಾನೇಶನೆ ಈಶ (Sp.). ಅಸೂಯೆಗೀಡಾಗ ಬೇಡ! (J. 29, 17). ಇದನ್ನು ಮಾಡು! ಅದನ್ನು ಮಾಡ ಬೇಡ! ಎನ್ದು, ಹಿರಿಯರು ಕಿಱಿಯರಿಗೆ ಹೇಳುವವೇ ಆಜ್ಞೆ (B. 3, 53). ಮತ್ತಗಾಗಿರ ಬೇಡವೇ? (Bp. 38, 35). ಇತ್ತ ಬರ ಬೇಡ! ಎಲವೊ, ಹೋಗು! (40, 12). ಅಱಿಯಬೇಡ (40, 24). ನಿಮ್ಮದು ರುಕ್ತಿಗಳು ಬೇಡ (56, 24). ಕಾಕುಮಾತು ಆಡ ಬೇಡ, ಪೋಕವಿದ್ಯೆಗೆ

ಹೋಗ ಬೇಡ.—ಪೂವಾಲೆಯಿಲ್ಲದಿದ್ದರೆ ರೂಮಾಲೆ ಬೇಡವೋ?—ಬಡವಗೆ ಆಸೆ ಹೇಬ ಬೇಡ, ಬಲ್ಲಿದವಗೆ ಬಾಸೆ ಹೇಬ ಬೇಡ.—ಹಾರುವನಿಗೆ ಆಳಾಗ ಬೇಡ, ಗಾಣಿಗನಿಗೆ ಎತ್ತಾಗ ಬೇಡ (Prvs.). ಈ ಪುಸ್ತಕವನ್ನು ಮೂಸ ಬೇಡ! (B. 2, 1). ಪೊಱ ಬೇಡಂಗಡಿಸಾಲವೂರ ಹೊಣೆಯಂ ನಿಸ್ಸ್ವಂಗಳಂ ಪಾಪವಂ, ಮಱೆವೇಡಾತ್ಮಜಮಿತ್ರನೈಜಸತಿಯೊಳ್ ನ್ಯಾಯಂಗಳೊಳ್ ಸತ್ಯಮಂ, ನೆಱೆವೇಡಂಗನೆಪಕ್ಷವೃದ್ಧತರುಣೀಗೋವಿಪ್ರಪಾರಿಪ್ರರಂ, ಕೆಱ ಬೇಡೊತ್ತೆಗೆ ಬದ್ಧಯಂ (Šš. 34). Honorific plural ಬೇಡಿರಿ! (C.), ಬೇಡಿ! (My.). — ಬೇಡನ್ನು. -ಅನ್ನು. = ಬೇಡೆನ್ನು. ಯಾರು ಬೇಡನ್ನುತ್ತಾರೆ? (who does object? My.). ಬೇಡನ್ನದರೂ ಮಗ ಅಡು ಕಾಯೋದು ಬಿಡುವದಿಲ್ಲ (Prv.). — ಬೇಡ ಬೇಡ. rep. (Bp. 21, 47; 43, 52). ಬೇಡ ಬೇಡೆನ್ದ, ಬಿಡಿಸಿದಂ (Šmd. 272). — ಬೇಡವಾಗು. -ಆಗು. = ಬೇಡಾಗು. (My.). ಬೇಡವಾದ್ದು ಕೂಡಿಸಿದರೆ ಆದೀತೇ? (Prv.). — ಬೇಡವೆನ್. -ಎನ್. = ಬೇಡೆನ್. ಬೇಡವೆಮ್ಬುದು (ವಾರಣ Nr.). — ಬೇಡಾಗು. -ಆಗು. To be undesirable, etc., etc. ಎಲೆಗಳ ತೂತುಗಳಲ್ಲಿ ಹವೆಯೊಳಗಿನ್ದ ತಮಗೆ ಬೇಕಾದ ವಾಯುವನ್ನು ಹೀರಿ ಕೊಣ್ಡು, ಬೇಡಾದದ್ದನ್ನು ತಮ್ಮೊಳಗಿನ ವಾಯುವನ್ನು ಹೊಱಗೆ ಬಿಡುವ ಗುಣವುಣ್ಟು (B. 3, 36). ಬೇಡದ ಬಱಿಯಲ್ಲಿ ಕಾದು ಇದ್ದದಱಿನ್ದ ಅವನಿಗೆ ಅವು ಬೇಡಾಗಿದ್ದರೆ (3, 91). ಲೋಕಾಪವಾದವಿನ್ದ ಜನರಿಗೆ ಬೇಡಾದವನು (ಅಭಿಶಸ್ತ G.). — ಬೇಡೆನ್. -ಎನ್. ಬೇಡೆನ್ನು. To forbid, etc.; to refuse, etc. ಬೇಡೆನುಹ (ನಿಷೇಧ); ಬೇಡೆನ್ದು ಒಱಲುಹ (ಆಕ್ರೋಶನ, etc. Nr.). ಬೇಡೆನ್ದು ಬಿಟ್ಟನು (My.). ಬೇಡೆನವೇಡ! (Ršv. 13, 26).

ಬೇಡ bêḍa. 3. A man of a timid heart, a timid man (ಭೀತಚಿತ್ತ Bhn. 4; Bp. 9, 32; 31, 6; see ಬೆಳ್ಕಱ್).

ಬೇಡತಿ bêḍati. A female of the Bêḍa tribe (ಶಬರಿ G.; My.; see Râghč. 17, 66; Ššv. 2, 7; Bh. 1, 8, 87; ಎಳೆವೇಡತಿ).

ಬೇಡಿ bêḍi. A chain, a fetter (My.; Br.; B. 5, 151; Mhr., H.). ಆನೇ ಬೇಡಿ (ಶೃಂಖಲ, ಅನ್ದುಕ, ನಿಗಲ Si. 271). ಬೇಡಿಲಿ (or ಬೇಡೀಲಿ) ಇದ್ದವಗೆ ನಾಡಿನ ಯೋಚನೆಯೇ?—ಬೇಡಿಲಿ ಬಿದ್ದರೂ ಕೇಡು ಬಿಡಲಿಲ್ಲ (Prvs.).

ಬೇಡಿಕೆ bêḍikĕ. Asking, entreating (My.).

ಬೇಡು bêḍu. 1. (Šmd. 90). = ಬೇಱ್. To wish, to desire (ಬಯಸು Šmd. 387 Cm.; T. ವೇಣ್ಡು);—to solicit, to beg, to pray, to entreat, to request (ಯಾಚ್ಞಾ Šmd. Dh.; Šm. 95; C.; T. ವೇಣ್ಡು; Te. ವೇಡು; Tu. ಬೇಡು; T. also: to be necessary, be wanted; see ಬೇಕು, ಬೇಡ 2, ಬೇಹ). ಬೇಡಿದವನಿಷ್ಟಮಂ ಸಲಿಪುದು ಕರ್ಣಂಗೆ ಜನ್ಮವ್ರತಂ (Šmd. 89). ಜಾತವೇದಂ ವಟುಕಪಟಮಯವ್ಯಾಜದಿಂ ಬೇಡಿ, ಪೆತ್ತಂ (285). ಕುರುಪತಿಯಂ ಪಿನ್ನು ಬೇಡಿದಂ ಧರೆಯರೆಯಂ (77). ದಾನಿಯಂ ದಾನಮಂ ಬೇಡಿದಂ (157). ಆವುದು ಮಾಡಲ್ ಬೇಡಿದುದು, ಅದುವೆ ಕರ್ಮಂ (155). ಬೇಡುವಂ or ಬೇಡ್ಪಂ (28). ಬೇಡುವವ (ಅರ್ಥಿ, ಮಾರ್ಗಣಕ, ಯಾಚಕ, ವನೀಪಕ Hlâ.). ಬೇಡುವಂ (ಎಱೆವಂ, ಯಾಚಿಸುವಂ Šm. 47). ಬೇಡುವವನು (ಮಾರ್ಗಣ, ಯಾಚಕಜನ Nn. 70). ಬೇಡುವವನು (ವನೀಪಕ, ಯಾಚನಕ, ಮಾರ್ಗಣ, ಯಾಚಕ, ಅರ್ಥಿ, ಕೇಳುವವನು Si. 367). ಮಾಱಲ್ ಬೇಡಿ ಅಂಗಡಿಯಲ್ಲಿ ಪಸರಿಸಿದ ದ್ರವ್ಯವು (ಕ್ರಯ್ಯ); ಆಗಲು ಬೇಡಿದುದು (ಭಾವುಕ, ಭವಿಕ, ಭವ್ಯ); ಬೇಡಿಕೊಳುಹ (ಪ್ರಾರ್ಥನ Nr.; *cf.* ಬೇಡುಹ). ಬೇಕಾದದು ಹೋಗಿ ಬೇಡದ್ದು ಆಗುವಿಕೆ (ಪ್ರಪಂಚ, ವಿಪರ್ಯಾಸ Si. 412). ಇನ್ನು ಮೇಲೆ ಇನ್ಥಾ ಕೇಡುಗಳು ಉಣ್ಟಾಗ ಬಾರದೆನ್ದು, ನಾವು ದೇವರನ್ನು ಕುಱಿತು ಬೇಡಿ ಕೊಳ್ಳುತ್ತೇವೆ (B. 5, 2). ಅವನು ಅರಸನಲ್ಲಿ ಏನಿಕೆ ದ್ರವ್ಯ ಬೇಡಿದ್ದನು (5, 67). ತನ್ದೆಯ ಕೀರ್ತಿ ಹೆಚ್ಚಾಗಲೆನ್ದು, ದೇವರಿಗೆ ಬೇಡಿ ಕೊಣ್ಡನು (5, 72). ಈ ಮುದುಕ ಬಿಕ್ಕೆ ಬೇಡಿ, ಕಾಡು ತರುತ್ತಾನೆ (2, 38). ಕುಣ್ಟರು ತಮ್ಮಲ್ಲಿ ಬಿಕ್ಕೆ ಬೇಡ ಬನ್ದರೆ ತಮ್ಮ ಕೈಯ್ಯಾದದು ಕೊಟ್ಟು, ಅವರನ್ನು ಕಳುಹಿಸ ಬೇಕು (4, 34). ತಲೆಗೆ ಎಣ್ಣೆ ಇಲ್ಲ, ತನು ಮೃಗನಾಭಿ ಬೇಡಿತು.—ನಾನಾರಾಯನ ಹತ್ತರ ಹೋಗಿ, ನಾಲ್ಕು ಕಾಸು ಬೇಡಿದ.—ಪೆಟ್ಟು ಕೊಟ್ಟಾಗ್ಯೂ ಪಿಟ್ಟು ಬೇಡೋದು ಬಿಡಲಿಲ್ಲ.—ಬೇಡಿ ಉಣ್ಣ ನಾಲಿಗೆ ನಾಡು ಕಣ್ಡಿತು.—ಕಳ್ಳತನ ಎಷ್ಟು ಕಾಮಧೇನು ಇರುವಾಗ ಬೇಡಿ ತಿಮ್ಬುವ ಬಣ್ಣಜನ್ಮ ಯಾಕೆ?—ಬೇಡಿ ಕೊಣ್ಡಾಪುಷ್ಟಿ ಹೇಡಿತನ ಹೋಗಲಿಲ್ಲ.—ಬೇಡಿ ಕೊಣ್ಡು ತಿನ್ನ ಬಹುದು, ಕದ್ದು ಕೊಣ್ಡು ತಿನ್ನ ಬಾರದು.—ಬೇಡುವದೇ ಕಷ್ಟ, ಬೇಡಿದರೂ ಇಲ್ಲವೆನ್ನುವದು ಅತಿಕಷ್ಟ (Prvs.). See Čpr. 3, 103; 5, 102; Bp. 1, 65; 9, 32. 49; 22, 40; 26, 14. 67; 30, 30; 32, 63; 42, 6; 43, 60; 46, 47. 51; 47, 39; 50, 68. 80; 53, 39; Č. Bp. 47, 3; J. 4, 65; 5, 12. 59; 26, 52; Sp. s. ಮುನ್ನೀ; Prv. s. ಒಳೆ.

ಬೇಡು bêḍu. 2. A multitude of huntsmen or Bêḍas (ಬೇಡರ ಸಮೂಹ Šmd. Dh.; ಶಬರಸಮೂಹ Šm. 95; ಬೇಡರ ಗೊನ್ದಣ Šm. 32; *cf.* ಬೀಡು 3; T. ವೇಡು, a tribe of wild people).

ಬೇಡುವಿಕೆ bêḍuvikĕ. = ಬೇಡಿಕೆ. (My.; B. 5, 67; ಯಾಚ್ಞೆ, ಅಭಿಶಸ್ತಿ, ಯಾಚನೆ, ಅರ್ಥನೆ, ಕೇಳಿ ಕೊಳ್ಳುವದು Si. 245; ಯಾಚ್ಞೆ, ಭಿಕ್ಷೆ, ಅರ್ಥನೆ, ಅರ್ದನೆ, ಕೇಳುವಿಕೆ, ತಿರಿದಾಡುವಿಕೆ 287).

ಬೇಡುಹ bêḍuha. Soliciting, begging, praying, etc. (ಅಧ್ಯೇಷಣೆ, ಏಷಣೆ, ಯಾಚ್ಞೆ, ಯಾಚನೆ, ಪ್ರಾರ್ಥನೆ Hlâ.; ಯಾಚೆ, ಭಿಕ್ಷೆ, ಅರ್ಥನೆ, ಅರ್ದನೆ Nr.).

ಬೇಡೆ bêḍĕ. = ವೇಡೆ 1. *A boat.*

ಬೇಣ್ಟ bêṇṭa. = ಬೇಟೆ 2. (Čpr. 6, 85).

ಬೇಣ್ಟಿಗ bêṇṭiga. A hunter (Ššv. 3, 24).

ಬೇಣ್ಟೆ bêṇṭĕ. (Šmd. 48). = ಬೇಟೆ, etc. (ಆಚ್ಛೋಟನ, ಮೃಗಯೆ, ಮೃಗವ್ಯ, ಪಾಪರ್ಧಿ, ಆಖೇಟಕ Hlâ., Mr. 270; ಸರವಿ Šmd. II, Čt. I, 7, Šm. 108; ಸರಡು, ಸರವಿ Kk. 51; ಸರ, ಸರವಿ Šm. 31; My.; Bp. 27, 22). ಬೇಣ್ಟೆಯ ಉಳಿ (Šmd. I). ಬೇಣ್ಟೆಯ ತೆರೆ (ಪಟಿಹ I). ಬೇಣ್ಟೆಯ ಕೆರ (ಎಕ್ಕವಡ Čt. II, 36). ಬೇಣ್ಟೆಯ ನಾಯಿ (ವಿಶ್ವಕದ್ರು Hlâ.). ಮಳಲ ಬೇಣ್ಟೆಯಂ ಮಾಡಿದ ಪೋಲ್ (Šmd. II). See Ršv. 5, 52; Ššv. 3, 48. 64; J. 2, 54; 28, 40; 29, 23; ಮಿಗವೇಣ್ಟೆ. — ಬೇಣ್ಟೆಯಾಡು. = ಬೇಟೆಯಾಡು. (Bp. 34, 17; Râghč. 17, 67). — ಬೇಣ್ಟೆವಸನ. -ಬಸನ. Pursuit of hunting (Čpr. 8, after 4). — ಬೇಣ್ಟೆವೋಗು. -ಪೋಗು. To go a hunting, to go to the chase (Ršv. 5, after 50).

ಬೇಣ್ಟೆಕಾಱ bêṇṭĕ-kâṟa. = ಬೇಟೆಕಾಱ, etc. (ವ್ಯಾಧ, ಮೃಗವಧಾಜೀವ, ಮೃಗಯು, ಲುಬ್ಧಕ Nr.; Bp. 9, 43; 34, 23. 36; 47, 36).

ಬೇತಾಳ bêtâḷa. = ವೇತಾಲ. (Abh. P. 14, after 90; J. 22, 23; My.). ಬೇತಾಳನಾದರೆ ನೇತಾಡ್ಯಾನು, ಮಾತಿಗೆ ಪ್ರಸವವೇದನೆ.—ಬೆನ್ನ ಹಿನ್ದೆ ಬನ್ದ ಬೇತಾಳ.—ಬೇತಾಳಗೆ ಜ್ಯೇಷ್ಠಾದೇವಿಯೇ ಒಪ್ಪಿದ ಹೆಣ್ಡತಿ.—ಕಾಡು ಬೆಳದರೆ ಬೇಡನಿಗೆ ಬಿಡ ಬೇಕು, ನಾಡು ಸೊಕ್ಕಿದರೆ ಬೇತಾಳನಿಗೆ ಬಿಡ ಬೇಕು (Prvs.). See Prv. s. ಬಾಯಿಗೆ ಬರು.

ಬೇತು bêtu. P. p. of ಬೇ 2.

ಬೇತು bêtu. Plan, scheme, plot; purpose, design; method; form (Mhr., H.; ಉದ್ದೇಶ, ಸಂಕೇತ Čb.).

ಬೇದ bêda. 1. Tbh. of ವೇದ (Čt. II, 44). — ಬೇದಪಿಜ್ಜಗ. Brahmâ (ಅಜ್ಜ Čt. II, 3; ಬೊಮ್ಮ Kk. 9; ಬಿದಿ, ಅಲರಿಜ, ಬೊಮ್ಮ, etc., ಬ್ರಹ್ಮ Šm. 8).

ಬೇದ bêda. 2. Tbh. of ಭೇದ (My.; B. 5, 23).

ಬೇದನೆ bêdanĕ. Tbh. of ವೇದನೆ (Šmd. 342).

ಬೇನೆ bênĕ. (Heat; T., M. ವೇನಲ್, ವೇನಿಲ್): pain; sickness, disease (C.). ಬೇನೆ ತಗಲುವಿಕೆ (ಸ್ಪರ್ಶ, ಸ್ಪೃಷ್ಟಿ, ಉಪತಪ್ತ Si. 392). ಒಳಗೊಳಗೆ ಬಸುಱಿವ ಬೇನೆ (Bp. 3, 14). ಬೇನೆ ಗಾನದಿನ್ದ ಹೋದೀತೇ?—ಬೇನೆ ನಿತ್ತರೂ ಹೇನಿನ ಕಾಟ ನಿಲ್ಲಲಿಲ್ಲ (Prvs.). See ಇಱ್ಬೇನೆ, ಕಣ್-, ಹೊಟ್ಟೆ-. — ಬೇನೆ ಬರು. Pain or disease to come, be brought on or be created (B. 4, 32. 53. 141; My.). — ಬೇನೆ ಬೀೞು. Pain or disease to happen: to become unwell (My.). ಹಿನ್ನಕ್ಕೊಮ್ಮೆ ಬೇನೇ ಬಿದ್ದಿದ್ದೆಸು (B. 3, 59). ಮಱುದಿವಸವೇ ಬೇನೆ ಬೀೞುತ್ತಾನೆ (4, 139). ಕುಟುಮ್ಬದೊಳಗಿನವರು ಬೇನೆ ಬೀೞುತ್ತಾರೆ (5, 90). ಯಾರಾದರೂ ಬೇನೆ ಬಿದ್ದರೆ (5, 304). — ಬೇನೆಯವ. -ಅವ. A sick, diseased man (ಅಳ್ಪಮಿತ, ರೋಗಿ, ಅಭ್ಯಾನ್ತ, ಆಮಯಾವಿ G.; B. 4, 76).

ಬೇಪರವಾ bê-paravâ. Carelessness, inattention (My.; Br., Mhr., H.).

ಬೇಪಾರ bêpâra. Tbh. of ವ್ಯಾಪಾರ. (My.; Br.; Mhr., H.). — ಬೇಪಾರ ಸಾಪಾರ. reit. (My.).

ಬೇಫಾಮು bê-phâmu. Inadvertence, heedlessness (My.; Br., Mhr., H.).

ಬೇಬನ್ದು bê-bandu. Devoid of order, confused; disorder, etc. (My.; Br., Mhr., H.).

ಬೇಯಿಸು bêyisu. = ಬೆಯಿಸು, ಬೇಸು. To consume with fire, to burn up. 2, to prepare, as food for the table, by boiling;—to bake, as bread (My.; Tĕ. ವೇಯಿಂಚು). ಬೇಯಿಸಿದ ಅನ್ನ ಪಾಯಸವಾಗದೇ? (Prv.). 2, to pain (v. t.), to afflict (J. 8, 47).

ಬೇಯು bêyu. = ಬೇ 1, etc. P. p. ಬೆನ್ದು. ಬೇಯುವದು (C.).

ಬೇರ್ bêr. (Śmd. 58). = ಬೇರು, ಬೇರ್ 1. A root (ನೇತ್ರ Hlâ., Mr. 471; ಮೂಲ Nn. 66; ಜಟೆ Mr. 518; T., M. ವೇರ್). ಬೇರ್ಗಳ್ (Śmd. 51. 112. 133; Čpr. 1, 90; J. 3, 36). ನೆಲಾವರೆಯ ಬೇರಂ (Śmd. 345). ಬೇರ್ ಪಱಿದುದು (219). ಪಸರಿಸಿದ ಬೇರ್ (ಪಾದ, ಮೂಲ Mr. 104). ಸಂತಯದ ಬೇರ್ (Bp. 11, 15). ಥವದ ಬೇರ್ (37, 24). ಬೇರಿಂ (Čpr. 1, 71). — ಬೇರಿೞ್. -ಇೞ್. A root to descend. ಬೇರಿೞಿಯೆ ಜಡೆಗಳ್ (Rŝv. 1, 134). — ಬೇರೂಱು. -ಊಱು. To fix the root, to root, as plants, etc.; to take root, to be established; to spring up, to originate. See Bh. 2, 2, 114; J. 30, 30.

ಬೇರ bêra. 1. Tbh. of ವೈರ (Śmd. 357). Enmity (Tĕ. ವೇರ). 2, an enemy (ಮಱುವಸಲ, ಮಾಱಿಡಿ, ಪಗೆ Ss.; see ರಕ್ಕಸಬೇರ).

ಬೇರ bêra. 2. Tbh. of ವ್ಯಾಪಾರ. (My.; Tĕ.). — ಬೇರ ಮಾಡು. To traffic (My.).

ಬೇರಿ bêri. 1. Tbh. of ವ್ಯಾಪಾರಿ. (Si. 298; Tĕ.; M. ಬಿಯಾರಿ).

ಬೇರಿ bêri. 2. Tbh. of ಭೇರಿ (Śmd. 339; My.).

ಬೇರೀಜು bêrîju. The total of an addition: an amount (Mhr.); the total assessment of a land, a village, a district, etc. (My.; Br.). ಒಟ್ಟುಬೇರೀಜು (ಸಮಾಮ್ನಾಯ Čb.).

ಬೇರು bêru. = ಬೇರ್, etc. (C.; Tĕ. ವೇರು). ಮರದ ಬೇರು (ಪಾದ, ಮೂಲ Hlâ.). ಮೂಲ ಎನ್ದೊಡೆ ಬೇರಿಂಗೆ ಪೆಸರು (Nr.). ಕುಲದ ಬೇರಿಗೆ (Bp. 3, 58). ದುರ್ಭವದ ಬೇರು (61, 79). ಯುದ್ಧದ ಬೇರನ್ನು ಕಿತ್ತು ಚೆಲ್ಲ ಬೇಕು (B. 5, 70). ಕಬ್ಬಿನ ಬೇರುಗಳು (ಮೋರಟ, ಐಕ್ಷವಮೂಲ Si. 335). ಬೇರು ಇಲ್ಲದ ವೃಕ್ಷಬೇಱೆ ನೋಡುವದೇನು? (Dp. 167). ಬೇರು ಇದ್ದರೆ ನಾರು ಸಿಕ್ಕೀತು.— ಬೇರು ಬಲ್ಲವಗೆ ಎಲೆ ತೋಱಿಸೋದು ಯಾಕೆ?—ಬೇರು ಹೋದ ಮೇಲೆ ಮರದ ಯೋಚನೆ ಯಾಕೆ? (Prvs.). — ಬೇರಿನ ಪಲ್ಲೆ. Roots used as vegetables (My.). — ಬೇರುಕಡಲೆ. = ನೆಲಕಡಲೆ. (St. & Pl.). — ಬೇರುಗೊಲೆ. -ಕೊಲೆ. Destruction of the root, utter ruin (Bh. 7, 19, 22). — ಬೇರು ಧರಿಸಲೆ (= ಧರಸಲೆ). With the roots, by the roots (My.). ಕಬ್ಬು ಸೀಯೆನ್ದು, ಬೇರು ದರಿಸಲೆ ತಿನ್ನ ಬಾರದು (Prv.). — ಬೇರು ಬಿಡು. To begin to root (My.). ಒನ್ದು ಮೊಳಕೆ ಕೆಳಗೆ ನೆಲದೊಳಗಿೞಿದು ಬೇರು ಬಿಡುತ್ತದೆ (B. 3, 35). — ಬೇರುವೆರಸು. -ಬೆರಸು. With the roots (My., also ಬೇರುವರಿಸೆ, ಬೇರುವೆರಸಲೆ). — ಬೇರು ಸಹ. = ಬೇರು ದರಿಸಲೆ. (ಸಮೂಲ Čb.; My.). — ಬೇರು ಸಹಿತ. = ಬೇರು ಸಹ. (Bp. 57, 16; My.).

ಬೇರುಗ bêr-uga. (Śmd. 240). A man who deals in, or sells, roots.

ಬೇರುಣ್ಡ bêrunda. Tbh. of ಭೇರುಣ್ಡ. (My.).

ಬೇರುಷ್ಟ bêrushṭa. See Mr. s. ಗೇರ ಕಾಱ್.

ಬೇರೋಜು bê-rôju. Without wages for a day.

ಬೇರೋಜುಗಾಱ bêrôju-gâṟa. A man without employment, an unemployed man (My.). ಬೇರೋಜುಗಾಱ ಸರ್ವಮೊಕ್ತಿಯಾರ (is entirely his own master, Prv.).

ಬೇರೋಜುದಾರ bêrôju-dâra. = ಬೇರೋಜುಗಾಱ. (My.).

ಬೇಱ್ bêṟ. ಬೇೞು. = ಬೇರ್ 2. Separation; the state of being separate, apart, or different (ಇತು Nn. 164; T. ವೇಱು, ವೇಱು, ವೇಱ್ಬು; M. ವೇಱ್, ವೇಱು; Tĕ. ವೇಱು; *cf.* ಬೀಱ 2; Tĕ. ಬಿಡಿ, to separate or fly off, as a splinter, etc.; ವೀಡು, to be separated, loosened; T. ವೀಱು, to be split, cleft = ಎಱಿ; to be alone; Tĕ. ವೀಲು, to split, burst asunder). — ಬೇಱು ನುಡಿ. To express separation, etc. ಬೇಱು ನುಡಿವೆಡೆಯೊಳ್ ಆ ವ್ಯತಿ ಪೃಥಕ್ ಎನಾ ಅನ್ತರ ಮುಮ್ಮ ಪೆಸರ್ಗಳಕ್ಕು (Mr. 534). — ಬೇಱು ಮಾಡು. To separate, to set apart. ಬೇಱು ಮಾಡುವುದು (ಹಃ, ಪೃಥಕ್ Nn. 163).

ಬೇಱೆ bêṟĕ. (= ಬೇಱ್). Separation, etc.;—separate, apart, different, other, else; separately, etc. (My.; ಅನ್ಯವಾಗಿ Śmd. 74 Cm.; Tĕ. ವೇಱೆ; T., M. ವೇಱೆ); further (Bp. 36, 26; ತಿರ್ದಿ ನರನ್ ಉದ್ದಮಿಸೆ ಬೇಱೆಟ್ಟಿಂ Śmd. 280). ಬಗೆಯೊಳ್ ಪೆಱತೊನ್ದನ್ ಅಣಂ ಬಗೆಯಲ್ಗಡ ನಿನಗೆ ಸುಮತಿ ಬೇಡಾಂ ಬೇಱೆಂ (Śmd. 277; Kâvy. I, 5, 39). ಬೇಱೆಲ್ಲಿ? (Bp. 57, 70). ಬೇಱೇಂ ಗತಿಗಳುಣ್ಟೇ? (51, 6). ಬೇಱೆ ಪಾಣ್ಡವರಿರಲಿ! ರಾಯನ ನೂಱು ಮಕ್ಕಳು ಪುರವನಾಳಲಿ! ಬೇಱೆ ಕೌರವರಿರಲಿ! ಪಾಣ್ಡವರಾಳಲಿ ಇಭಪುರಿಯ! ನೂಱರೊಡನೆ ಅಯ್ವರನು ಧರಿಸಿರಲಾಱದು ಪುರಿ (Bh. 1, 8, 3). ಬೇಱೇನು? (2, 13, 24). ನೃಪತಿಲಕರಿದ್ದರು ಬೇಱೆ ರಚಿಸಿದ ರಾಜಭವನದಲಿ (2, 13, 14). ಗುಡಿಯ ಬೋದಿಗೆ ಕಲ್ಲು, ನಡುರಂಗ ತಾ ಕಲ್ಲು, ಕಡೆ ಮೂಲೆ ಸೆಱಗು ತಾ ಕಲ್ಲು; ವರವನು ಕೊಡುವಾತ ಬೇಱೆ (Sp.). See Čpr. 3, 16; 8, 42; J. 3, 18. — ಬೇಱೂರ್. -ಊರ್. ಬೇಱೂರು. Another town or village (Čpr. 5, after 66; V. 9, after 71; B. 3, 72; see Sp. s. ಬಾಯಾಱು). — ಬೇಱೆ ಬೇಱೆ. rep. Separately, one by one, severally; separate, different; various, many (ಪೃಥಗರ್ಥಂ Śmd. 392; ಪ್ರತ್ಯೇಕ 255 Cm.; ಒನ್ದೊನ್ದಾಗಿ 352 Cm.; ಪರಸ್ಪರ, ಮಿಥಸ್, ಅನ್ಯೋನ್ಯ, ಇತರೇತರ Hlâ.; ಇತರೇತರ, ಅನ್ಯೋನ್ಯ, ಪರಸ್ಪರ Mr. 437). ಹಿಮವತ್ ನಿಷಧ ವಿನ್ಧ್ಯ ಮುನ್ತಾದವುಗಳೆಲ್ಲಾ ಪ್ರಸಿದ್ಧಗಳಾದ ಆಯಾ ಬೆಟ್ಟಗಳ ಬೇಱೆ ಬೇಱೆ ಹೆಸರುಗಳು (Si. 115). ಬೇಱೆ ಬೇಱೆ ರೂಪವುಳ್ಳದು (ವಿವಿಧ, ಬಹುವಿಧ, ನಾನಾರೂಪ, ಪೃಥಗ್ವಿಧ 279). ಒನ್ದೊನ್ದು ಕಟ್ಟಿಗೆಯನ್ನು ಬೇಱೆ ಬೇಱೆ ಮಾಡಿ ಮುಱಿಯ ಹೇೞಿದನು (B. 2, 30). ಬೇಱೆ ಬೇಱೆ ಮಾಡು (ಹಿಂಚು G.). See Bp. 51, 6; Bh. 2, 13, 9. 12; Rŝv. 5, after 22; 6, after 11; J. 2, 27; Si. 170. 237. 284. — ಬೇಱೆ ಮಾಡು. To separate (B. 4, 27; G. 382. 532). ಬೇಱೆ ಮಾಡಿದರೆ ನಾಱೋದು ತಪ್ಪೀತೇ? (Prv.). 2, to change, to alter (v. t., My.). — ಬೇಱೆಯಾಗು. -ಆಗು. (also ಬೇಱಾಗು, see Sŝ. s. ಮೆಳೆ). To become separate, to separate (v. i.); to be removed or withheld; to become different, changed, etc. ಬೇಱೆಯಾಗಿರುವಿಕೆ (ಪ್ರಕಾರ, ಭೇದ Si. 448). ಇಬ್ಬರು ಮಕ್ಕಳು ತಲೆಗೆ ಅಯ್ದು ಸಾವಿರ ರೂಪಾಯಿ ಪಾಲು ಹಂಚಿ ಕೊಣ್ಡು, ಬೇಱೆ

ಯಾದರು (B. 2, 25). ಬೇಱೆಯಾದರೂ ಹಾಲ್ಬ್ಯಾಡೋದು ತಪ್ಪಲಿಲ್ಲ (Prv.). See Si. 47. 183. 257. — ಬೇಱೆವೇಱೆ. = ಬೇಱೆ ಬೇಱೆ. (Čpr. 7, after 120). — ಬೇಱೊನ್ದು. -ಒನ್ದು. Another thing, something else; another. ಪುರೋಚನನು ತಾನೊನ್ದು ನೆನೆವರೆ ದೈವಗತಿ ಬೇಱೊನ್ದ ನೆನೆದುದು (Bh. 1, 8, 87). ಆ ಕುಮತಿ ಬೇಱೊನ್ದು ಉಪಾಯಮಂ ಚಿನ್ತಿಸಿ (J. 28, 29). ಬೇಱೊನ್ದು ದಿನ (ಅನ್ಯೇದ್ಯುಸ್); ಇನ್ನು ಬೇಱೊನ್ದು ದಿನ (ಇತರೇದ್ಯುಸ್ Si. 477). See Šmd. 131; Čpr. 5, after 59; Bp. 41, 17; 47, 50; 48, 28; 55, 28; B. 2, 4. — ಬೇಱೊಬ್ಬ. -ಒಬ್ಬ. Another man; another (Si. 258; B. 4, 49).

ಬೇಱ್ bêr. 1. = ಬೇರ್, etc. — ಬೇರ್ಗೊಲೆ. -ಕೊಲೆ. = ಬೇರುಗೊಲೆ. Root-killing: entire destruction or ruin (J. 7, 40). — ಬೇರ್ವರೆ. -ಪರೆ. A root, or roots, to spread (Čpr. 8, 20; Bp. 38, 42; Šśv. 2, 69). — ಬೇರ್ವೆರಸು. -ಬೆರಸು. Together with the root or roots, from the root. ಬೇರ್ವೆರಸು ಕಾಯ್ತ ಪಲಸು, ಎಳನೀರ್ವೊನಲಂ ಕಱೆವ ತೆಂಗು (Šmd. 31).

ಬೇೞ್ bêṟ. 2. = ಬೇಱ್. — ಬೇರ್ಕೆಯ್. To separate; to disjoin (ವಿರಲಂ ಮಾಡು Šmd. 336; ಬೇಱ್ ಮಾಡು Mḍb. Cm.; ಕಳೆ Mḍb. Cm. in vṛitti 98; see 163). ಬೇರ್ಕೆಯ್ವ ಭಾವಂ (ವಿಶ್ಲೇಷ Čt. I, 24). — ಬೇರ್ಪಡಿಸು. To make a difference; to distinguish (J. 6, 42); to separate. — ಬೇರ್ಪಡಿಸುಹ. Making a difference, etc. (ಭೇದ, ಅನ್ತರ Nr.). — ಬೇರ್ಪಡು. To be separated, to separate (ವಿವಿಕ್ತ Šmd. Dh.; Čpr. 2, 42). 2, to be spread out, opened, unfolded or exposed (ವಿವರ Šmd. Dh.). ಬೇರ್ಪಟ್ಟಂ (Šmd. 79. 217). 3, to become different, to be altered (*only* in Si.). ಬಣ್ಣವೇ ಮೊದಲಾಗುಳ್ಳ ಬೇರ್ಪಟ್ಟಿರುವದು (ವರ್ಣಾದಿಭೇದ Si. 321). ಬೇರ್ಪಟ್ಟವನು (ಇತರ, ಅನ್ಯ 454).

ಬೇಲ bêla. = ಬೆಳಲ, etc. (ಕಪಿತ್ಥ, ದಧಿತ್ಥ, ಗ್ರಾಹಿ, ಮನ್ಮಥ, ದಧಿಫಲ, ಪುಷ್ಪಫಲ, ದನ್ತಶಠ Si. 126; see Mr. 117 s. ಯಾರಿ; My.). ಆನೇ ಹಿನ್ದ ಬೇಲದ ಕಾಯಿಯ ಹಾಗೆ (also ಆನೆ ನುಂಗಿದ ಬೇಲದ ಕಾಯಿಯ ಹಾಗೆ, Prv.). See Šśv. 3, 32; ಆನೆ-, ನಾಯಿ-, ನಾಯ್-, ಹುಳಿ-.

ಬೇಲಿ bêli. A hedge, a fence (ಆವೇಷ್ಟಕ, ವೃತಿ Hlâ.; ಆರಘಟ್ಟಕ, ವೃತ್ತಿ Mr. 192; ತೋಟ Mr. 380; C.; B. 5, 20. 115. 302; T., M. ವೇಲಿ). ಯಜ್ಞಶಾಲಾರಕ್ಷಣಾರ್ಥವಾಗಿ ಸುತ್ತು ಬರಲಿಕ್ಕೆ ಇಕ್ಕಿದ ಬೇಲಿ (ಕುಮ್ಬ Nr.). ಊರ ಸುತ್ತಲೂ ಹಾಕಿರುವ ಬೇಲಿ ಮುನ್ತಾದ ತಡೆಗಳು (ಪ್ರಾಚೀನ Si. 107). ಬೇಲಿಯೆದ್ದು ಹೊಲ ಮೇಯುವಾಗ್ಯೆ ಕಾಯೋದು ಯಾರು? — ಗೋಡೇ ಹಾಕುವವ ಬೇಲೀ ಹಾಕನೇ? — ಪೋಲಿಯವನ ಹೊಲಕ್ಕೆ ಬೇಲಿಯುಣ್ಟೇ? — ಬೈರಾಗಿಗೆ ಬಯ್ಲಾದರೇನು? ಬೇಲಿಯಾದರೇನು? (Prvs.). See Prv. s. ಜೋಲಿಗಾಡು. — ಬೇಲೂರು. -ಊರು. N. of places (My.).

ಬೇವಸ bêvasa. (fr. ಬೇ 1). Sorrowful thought, grief, anxiety (ಚಿನ್ತೆ Čt. I, 58. 95; II, 20; ದುಮ್ಮಾನ, ಉಮ್ಮಳ Ša.; ಚಿನ್ತಿಪುದು, ತನ್ನೂಡಿಪುದು Kk. 52). See Abh. P. 18, 125; 14, 184; 15, 65; Šśv. 2, 25.

ಬೇವಾರಸು bê-vârasu. Without heir, master or proprietor (My.; Br., Mhr., H.).

ಬೇವು bêvu. The neem tree or margosa tree, Melia azadirachta Lin. (ಅರಿಷ್ಟ, ಸರ್ವತೋಭದ್ರ, ಹಿಂಗುನಿರ್ಯಾಸ, ನಿಮ್ಬ, etc. Nr.; ನಿಮ್ಬ, ಅರಿಷ್ಟ, ಪಿಚುಮನ್ದ Mr. 115; C.; T., M. ವೇಪ್ಪ, ವೇಮ್ಬು; Tě. ವೇಮು). ಬೇವಿನ ಗಿಡ (ಅರಿಷ್ಟ, etc. Si. 186). ಬೇವು ಸೀಯಾಗದು, ಸಕ್ಕರೆ ಕಹಿಯಾಗದು (Prv.). See Bp. 3, 75; 60, 49; Šśv. 3, 32; B. 5, 41; ಅರೆ-, ಕರಿ-, ಗನ್ಧ-, ಗರುಡ-, ನೆಲ-; Sp. s. ಬಿಳ್ಚಿಡು.

ಬೇಷು bêshu. Good, proper, well (My.; Mhr., H. ಬೇಶ್).

ಬೇಸಕಿ bêsaki. = ಬೇಸಗೆ, etc. (B. 5, 141. 205).

ಬೇಸಗೆ bêsagĕ. (fr. ಬಿಸು 1). = ಬೇಸಕಿ, ಬೇಸಿಗೆ. The hot season (from the middle of March to the middle of June, My.; ನಿದಾಘ, ಗ್ರೀಷ್ಮ Hlâ.; ನಿದಾಘ Mr. 72; ಉಷ್ಣಕ, ಗ್ರೀಷ್ಮ Nn. 91; T. ವೇನಲ್, ವೇನಿಲ್, see ಬೇಗೆ, ಬೇನೆ; Tě. ವೇಸಗಿ, ವೇಸಂಗಿ, ವೇಸಲಿ, ವೇಸವಿ; Tě. ವೇಡಿ, ವೇಡಿಮಿ, heat). See Râghô. 17, 64; Rśv. 5, 32. 46; J. 13, 10; 15, 3. 18; 21, 36. — ಬೇಸಗೆಕಾಲ. The hot weather (My.; ಉಷ್ಣೋಪಗಮ, ಗ್ರೀಷ್ಮಋತು G.). — ಬೇಸಗೆಗಾಲ. = ಬೇಸಗೆಕಾಲ. (Abh. P. 7, 85). — ಬೇಸಗೆಪಯಿರು. Vegetables grown in the hot weather (My.).

ಬೇಸಗೆ bêsagĕ. Tbh. of ವೈಶಾಖ (Šmd. 340. 357; Šm. 20).

ಬೇಸತ್ತು bêsattu. P. p. of ಬೇಸಱ್ 1.

ಬೇಸದರ್ bê-sadar. That is not the heading. See ಸದರ್-.

ಬೇಸಱ್ bêsar̤. ಬೇಸಱು. 1. To grow weary or fatigued; to get tired of, to be disgusted, to be vexed (ಅಸಱ್, ಆಲಸ್ಯ Šmd. Dh.; C.; Tě. ವೇಸರು, ವೇಸಾರು; T. ವೇಜಾಱು). P. p. ಬೇಸತ್ತು (Šmd. 285 Cm.; Čpr. 1, 76; C.). See Bp. 18, 7. 51; 28, 9; 33, 31; Bh. 1, 8, 45; J. 2, 62; 16, 26; 22, 30; B. 3, 125.

ಬೇಸಱ್ bêsar̤. ಬೇಸಱು. 2. = ಬೇಸಱ. Weariness, fatigue; disgust, vexation, dispiritedness (Čpr. 8, after 4 & 79; J. 2, 48; 17, 1; 18, 39; My.; Tě. ವೇಸಟ; T. ವೆಱ್ಪು). ಬೇಸಱಗೆನ್ತಾ, ಹಾಸರಕತ್ತೆ ಅಡಿಸಿದ (Prv.). — ಬೇಸಱಾಗು. -ಆಗು. = ಬೇಸಱ್ 1. To grow weary or fatigued; to get tired of, to feel dislike, etc. ರಾಜನು ತನ್ನ ಎರ್ಡನೇ ಮಗನ ಮೇಲೆ ಬೇಸಱಾಗಿ (B. 5, 47). ನಿನಗೆ ಬೇಸಱಾಗುವ ಕೆಲಸಾ ನಾವು ಹೇಱಲಾಱೆವು (5, 184). 2, to become a matter of dislike, etc. (see ಬೇಸಱ). — ಬೇಸಱುಗೊಳ್ಳು. -ಕೊಳ್ಳು. = ಬೇಸಱಾಗು. (My.). ತನ್ನ ಉದ್ದೇಶವನ್ನು ಸಿದ್ಧಿಗೆ ಒಯ್ಯ ಬೇಕಾದರೆ ಎಷ್ಟೋ ಸಂಕಟಗಳು ತಟ್ಟಿದರೂ ಬೇಸಱುಗೊಳ್ಳುತ್ತಿದ್ದಿಲ್ಲ (5, 207). — ಬೇಸಱುಡಿ. (Šmd. 217). A word of disgust; a disgusting word.

ಬೇಸಱ bêsar̤a. = ಬೇಸಱ್ 2. (Bp. 2, 42; 14, 8; C.; ಉದಾಸ G.). ಒನ್ದೇ ಕಡೆಯಲ್ಲಿ ಕುಳಿತು ಕುಳಿತು, ನಿಮಗೆ ಬಹಳ ಬೇಸಱ ಬನ್ದಿದ್ದೀತು (B. 3, 67). ನಿದ್ದೆಯ ಹೊತ್ತಾಯಿತೆನ್ದರೆ... ತನ್ನ ಕೆಯ್ ಕಾಲು ಎತ್ತಿ ಕೊಳ್ಳುವದು ತನಗೇ ಬೇಸಱವಾಗುತ್ತದೆ (4, 134). ಬೇಸಱ ಹುಟ್ಟಿ (4, 154). ಬೇಕನ್ತ ಬಯಸಿದ್ದು ಬೇಸಱವಾದೀತೇ? (Prv.). ಅಸನದಲುಮ್ಮುವದು, ಸೂಸುವದು ಬಾಯಲ್ಲಿ, ಬೇಸಱದ ಹೊತ್ತು ಕೊಟ್ಟಿಹುದು (a syringe or fountain, Sp.). — ಬೇಸಱಗೊಳ್ಳು. -ಕೊಳ್ಳು. = ಬೇಸಱುಗೊಳ್ಳು. (B. 5, 169; My.).

ಬೇಸಱಿಕೆ bêsar̤akĕ. = ಬೇಸಱಿಕೆ. (B. 5, 231. 232).

ಬೇಸಱಿಕೆ bêsar̤ikĕ. = ಬೇಸಱಕೆ. Weariness, etc. (= ಬೇಸಱ್ 2; Bh. 2, 2, 103; My.; ತ್ರಾಸ G.).

ಬೇಸಱಿಸು bêsar̤isu. = ಬೇಸಱ್ 1. (Čpr. 4, 34; Dp. 119, 1; My.).

ಬೇಸಾಯ bêsâya. Tbh. of ವ್ಯವಸಾಯ. Agriculture (My.). ಬೇಸಾಯ ಮಾಡಿದವ ಬೇಗ ಸಾಯ (Prv.).

ಬೇಸಾಯಗಾಱ bêsâya-gâṟa. An agriculturist, a farmer (My.; ಕ್ಷೇತ್ರಾಜೀವ, ಕರ್ಷಕ, etc. Si. 300).

ಬೇಸಿಗೆ bêsigĕ. = ಬೇಸಗೆ, etc. (C.; B. 2, 48; J. 15, 2; 17, 1).

ಬೇಸು bêsu. = ಬೇಯಿಸು, etc. To consume with fire, to burn up (J. 15, 17). 2, to prepare by boiling, etc. (C.). ತಿನ್ನುವದಕ್ಕೆ ಬಿಸಿ ಬಿಸಿ ರೊಟ್ಟಿಗಳನ್ನು ಬೇಡುತ್ತಿ; ಬೇಸುವದಕ್ಕೆ ತಿಳಿಯಲಿಲ್ಲ, ಯಾಕೆ? (B. 5, 186).

ಬೇಸ್ತವಾರ bêsta-vâra. Tbh. of ಬೃಹಸ್ಪತಿವಾರ. (My.; Tĕ.).

ಬೇಸ್ತ್ವಾರ bêstvâra. = ಬೇಸ್ತವಾರ. (My.).

ಬೇಹ bêha. = ಬೇಳ್ಪು, (ಬೇಡುವ, ಬೇಕಾದ). ಬೇಹ ವಚನ (ಅಹೋ, ಒಳ್ಳಿಯ ಮಾತು Nn. 149). ಬೇಹ ನುಡಿ (ಅಹೋ Mr. 536). ನೃಪರ ಬೇಹ ಸಭೆ (ಆಸ್ಥಾನ 462). See Bp. 35, 48; 37, 58; Bh. 1, 8, 78; 2, 4, 4. ಬೇಹುದು (= ಬೇಳ್ಪುದು, ಬೇಕು, Bp. 3, 56; 20, 8; 49, 45; 50, 38; 61, 14; Bh. 1, 8, 18; 1, 10, 10; 3, 13, 11. 42; 7, 1, 18; J. 10, 19). ಬೇಹವರ್ (Bp. 12, 41; 28, 35; J. 2, 51).

ಬೇಹರ bêhara. 1. A very clever and able man (ಧೂರಿಬುದ್ಧಿ ಬಲಯುತಂ Bhn. 23; *cf.* ವೇತ್ತೃ?).

ಬೇಹರ bêhara. 2. = ಬೇಹಾರ (Smd. 357 Mdb.).

ಬೇಹಾರ bêhâra. = ಬೇಹರ 2. Tbh. of ವ್ಯವಹಾರ (Šmd. 357. 368. 375; ವ್ಯವಹಾರ, ಭೋಗ Nn. 113; My.). ಕಿಸವಾಯ ಕಣ್ಣರೆ ಬಿಡದೇ ಬೇಹಾರ (Prv.).

ಬೇಹು bêhu. 1. = ಬೇಕು (Bhn. 45; *cf.* ಬೇಹ).

ಬೇಹು bêhu. 2. = ಬೇಸು 2. Spying (My.). ಬೇಹಿನ ಗೂಢಚರ (ಪ್ರಣಿಧಿ, ಚರ Si. 438). — ಬೇಹವ. -ಅವ. = ಬೇಹಿನವ. (Bh. 3, 18, 39. 42). — ಬೇಹಿನವ. -ಅವ. A spy, a scout (ಹೇರಿಗ Šmd. II; ಯಥಾರ್ಹವರ್ಣ, ಪ್ರಣಿಧಿ, ಅಪಸರ್ಪ, ಚರ, ಸ್ಪಶ, ಚಾರ, ಗೂಢಪುರುಷ Nr.; ಪ್ರಣಿಧಿ, ಚರ Nr.; My.). — ಬೇಹಿರಿಸು. -ಇರಿಸು. To spy (Rŝv. 5, 82).

ಬೇಹುಕಾಱ bêhukâṟa. (Šmd. 285). = ಬೇಗುಗಾಱ. A spy (Bh. 1, 16, 15). ಬೇಹುಕಾಱನಿನ್ ಅರಸಂ ಸುದ್ದಿಯಂ ಕೇಳಲ್ ಪಟ್ಟಂ (Šmd. 300).

ಬೇಹುಷಾರು bê-hushâru. Want of attention or care (My.).

ಬೇಳ್ bêḷ. 1. = ಬೇಱು 1. To offer into fire or with fire, as ghee, animals, etc. (ಹವಿಪ್ರದಾನ Šmd. Dh.; T. ವೇಳ್, ವೇಳ್; Tĕ. ವೇಲ್ಪಿಂಚು, to cause to offer a burnt offering). P. p. ಬೇಳ್ದು. ಬೇಳ್ದ ಹವ (ಹುತ, ವಷಟ್ಕೃತ Hlâ.). ಅಗ್ನಿಯಲ್ಲಿ ಬೇಳಲ್ ಪಟ್ಟುದು (ಅಗ್ನಿಹುತ, ವಷಟ್ಕೃತ Nr.). ಬೇಳ್ವ ತುತ್ತುಗಳು (ಚರು, ಹವಿಸ್ Mr. 260). ಹೋತೃವೆನ್ ಆನ್, ಅಧ್ವರಿಯಯ್ ಭ್ರಾತೃವೆ ನೀನ್, ಉೞಿದ ಋತ್ವಿಜರ್ ಯಾದವರ್, ಉದ್ಗಾತೃ ಶುಚಿಸಚಿವನೆನೆ ಸುರಜ್ಯೆತ್ರನೆ ಪಶುವಾಗೆ ಆವೆ ಬೇಳ್ವೆವು ಮುನ್ನಂ (Šmd. 66. 412; Kâvy. I, 2, 91). See Čpr. 7, 53; J. 31, 66.

ಬೇಳ್ bêḷ. 2. (ನಿವೃದ್ಧಿ Šmd. Dh., o. r. ನಿವರ್ಧಿ).

ಬೇಳ್ bêḷ. 3. (= ಬೇಳುವೆ 2). Bewilderment, confusion, infatuation, madness (*cf.* ಬೆಗಡು, ಬೆಳ್ಪು; Tĕ. ಬೇಲು, trick, guile; ಬೇಲೆ, simple, ignorant; ಪ್ರೇ, ಪ್ರೇಗು, ವೇಡುಕೆ, astonishment, wonder = ಆಶ್ಚರ್ಯ, ವಿಸ್ಮ; T. ವೇಲ, a man infatuated or possessed = ವೆಱಿಯಾಟ್ಟಾಳ್, see ವೆಱ್; Mhr. ವೇಡ, madness; folly; a foolish act; a violent and unreasonable passion or desire after; *cf.* ಮೆಳ್). — ಬೇಳಾಗು. -ಆಗು. To grow bewildered, etc. (V. 9, 31; 30, 31). — ಬೇಳ್ಮಾಡು. To cause to grow bewildered, etc., to infatuate (ಮುರುಳ್ಗೊಳಿಪುದು Kk. 72; Šm. 51).

ಬೇಳಮ್ಬ bêḷamba. 1. (fr. ಬೇಡು 1). Desire (J. 4, 57; 30, 19. 31; My.; T. ವೇಣ್, ವೇಳ್, to desire; T., M. ವೇಳ್, desire).

ಬೇಳಮ್ಬ bêḷamba. 2. (fr. ಬೇಳ್ 1). (An oblation with fire): destruction of human life (in fire, ಉಪಹತಿ Bhn. 20; Bh. 1, 8, 91).

ಬೇಳಿ bêḷi. = ಬೇಳೆ 2. — ಬೇಳಿಮಣಿ. = ಬೇಳಿಮಣಿ. ತಾಳದೋಲೆಯನ್ನಿಟ್ಟು, ಬೇಳಿಮಣಿಯನೆ ಕಟ್ಟಿ, ವೇಳ್ಯವನ್ನಬಿಗಿತು ನಡವವಳು ದೊರೆವದು ಕೂಲಿಯ ಕರುಣ (Sp.).

ಬೇಳು bêḷu. 1. = ಬೇಳ್ 1. P. p. ಬೇಳ (J. 31, 67). ಬೇಳುವರ್ (22, 31).

ಬೇಳು bêḷu. 2. (Mhr. ವೇಲ = ವಲ್ಲಿ, a creeping or climbing plant). — ಬೇಳುಬಳ್ಳಿ. A parasitical threadlike plant, Cassyta filiformis Lin. (St. & Pl.).

ಬೇಳುವೆ bêḷuvĕ. 1. (fr. ಬೇಳು 1). An oblation with fire, a burnt-offering (Bh. 1, 8, 84; T., M. ವೇಳ್ವಿ, ವೇಳ್ವು; Tĕ. ವೇಲಿಮಿ, ಪ್ರೇಲ್ಮಿ).

ಬೇಳುವೆ bêḷuvĕ. 2. (= ಬೇಳ್ 3). Bewilderment, etc. — ಬೇಳುವೆಯ ಬೂದಿ. Ashes of infatuation, a powder that confuses the mind (J. 26, 15).

ಬೇಳೆ bêḷĕ. 1. (fr. ಬೇಱ್). Splits, halves: split pulse (C.; B. 4, 32; Tĕ. ಬೇಡೆ). ಉದ್ದಿನ ಬೇಳೆ (Si. 318). ಹೆಸಱಿನ ಬೇಳೆ (495). ತೊಪ್ಪತ್ತಱ ಮೇಲೆ ತೊಗರಿ ಬೇಳೆ. — ಬೇಳೇ ಸಾಱಾದವರ ಬೋಱಿಗೆ ಆಗದೇ? (Prvs.). 2, the half of a seed of the guñja or Abrus precatorius, or the half of a ಪಾಗ or ಹಾಗ (My.; Tĕ. ಬೇಡೆ). ಸಿಕ್ಕಿಸಲು ಬೇಳೆಯೆರಡುಮುನ್ ಒನ್ದು ಪಾಗಂ (Mr. 355). ಗುಲಗಂಜಿಯು ಬೇಳೆತೂಕ ಮೊದಲು ಹಣವಷ್ಟ ತೂಕದ ವರೆಗೂ ಇರುತ್ತೆ (Si. 328). ಹಣಕ್ಕೊನ್ದಿನಿಸಮ್, ಇಪ್ಪಣಕ್ಕೊನ್ದು ಬೇಳೆಯು, ತ್ರಿಣಯನ ಮಕುಟವಾದರಕ್ಕಸಾಲೆಯ ಟೊಣೆಯದೆ ಬಿಡನು (Sp.). See ಇಬ್ಬೇಳೆ. 3, the sign for half a pâga is = (ಎರಡು ರೇಖೆ Mr. 356; My.). — ಬೇಳೆಕಚಲಿ. (ಚಣಕ, ಹರಿಮನ್ಥಕ Si. 304). — ಬೇಳೆಕಾಱು. A half of any pulse, but especially of tŏgari (B. 4, 65; My.).

ಬೇಳೆ bêḷĕ. 2. = ಬೇಳಿ. A common herb, used as a potherb, Chenopodium album Lin. (Z.; T. ವೇಳೈ, M. ವೇಳ, a small shrub, edible and medicinal, Cleone pentaphylla, and other kinds; My.). See ನಾಱುವ್ಬೇಳೆ, ನಾಱುವ ಬೇಳೆ. — ಬೇಳೆಪುಂಗಳೆ. N. of a plant (ತಿಲುವನಿ Mr. 133). — ಬೇಳೆಮಣಿ. = ಬೇಳಿಮಣಿ. Beads of the bêḷĕ shrub (My.).

ಬೇಳ್ತನ bêḷtana. (fr. ಬೇಳ್ 3). The state of being bewildered, etc. (Čpr. 8, 60; Abh. P. 3, 48; V. 3, after 31; 14, 37).

ಬೇಱ್ bêṟ. = ಬೇಡು 1. ಬೇಡುವಂ or ಬೇಱ್ಪಂ (Šmd. 28). ಬೇಱ್ಪಂ (217. 275; ಎರವಂ Čt. I, 27). ಬೇಱ್ಪಿ (Čpr. 3, 108) = ಬೇಹ, q. v. ಬೇಱ್ಪೊಡೆ ನೀನೊಳ್ಪಿದಯ್ (Šmd. 298). ಬೇಱ್ಪರ್ (Bp. 22, 54; 43, 60; 45, 37). ಬೇಱ್ಪುದು (Čpr. 8, 12. 41) = ಬೇಹುದು, q. v. ನುಡಿ! ನುಡಿಯೆ ಮಿಗೆ ಬೇಱ್ಪುದು, ಬೇಱ್ಪುದು! (Šmd. 272). ಬಗೆಗೊಗೆದಟ್ಯಂ ನಲಿಸವೇಱ್ಪುದು (Rŝv. 13, 26). ಬೇಱ್ಪಿನಿತು (Abh. P. 3, 118). ಕೊಡವೇಱ್ಪುದು (J. 29, 16). ಪಾಲಿಸವೇಱ್ಪುದು (29, 33). ಬೇಱ್ಕುಂ (= ಬೇಱ್ಕು, ಬೇಕು). ಎನಲ್ವೇಱ್ಕುಂ (Šmd. 256). ಅಳ್ಕಲ್ವೇಱ್ಕುಂ (Rŝv. 13, 22). ಬೇಱ್ಕು (= ಬೇಱ್ಕುಂ, etc., Bp. 2, 8; 22, 41; 37, 5).

ಬೈ bĕy. For *Kannada* words with this initial syllable in MSS. or books see ಬಯ್.

ಬೈಕ baika. Tbh. of ಭೈಕ್ಷ (Šmd. 346. 357; T. ಪೈಕ್ಕ; M. ಪೈಕ್ಕ). — ಬೈಕಂಗೊಳ್. -ಂಕೊಳ್. To beg alms (Kâvy. III, 2, 82).

ಬೈರವ bairava. Tbh. of ಭೈರವ (Šmd. 339. 357; My.). See ಕಾಱು.

ಬೈರಾಗಿ bairâgi. Tbh. of ವೈರಾಗಿ. (My.; Br.; Mhr.). An individual of a class of mendicants. ಬೈರಾಗಿಗೆ ಬಯ್ಯಾಬರೇನೆ? ಬೇಲಿಯಾದರೇನು? (Prv.).

ಬೈಷ್ಕಾರ baishkâra. Tbh. of ಬಹಿಷ್ಕಾರ. (My.).

ಬೈಸಿಕೆ baisikĕ. The act of sitting down on one's legs and when rising pushing one of them suddenly forwards (a kind of gymnastics, used also as a punishment at school, My., also ಬೈಸಿಗೆ; Mhr. ಬೈಸಣೇಂ, to sit); a certain movement in acting or dancing (ಚಾರಿ Mr. 82). — ಬೈಸಿಕೆಗೆಯ್. To perform ಬೈಸಿಕೆ (Bh. 8, 21, 13).

ಬೊಕ್ bŏk. = ಬೊಕ್ಕ. — ಬೊಕ್ ಬೊರಲು. = ಬೊಕ್ಕ ಬೋರಲು. (My.). — ಬೊಕ್ ಬೋರಲು. = ಬೊಕ್ ಬೊರಲು. (My.).

ಬೊಕ್ಕ bŏkka. (fr. ಬೊಗ್ಗು 1). With a turn, bend or bow. — ಬೊಕ್ಕ ಬೊರಲು. = ಬೊಕ್ಕ ಬೋರಲು. — ಬೊಕ್ಕ ಬೋರಲು. (a kind of reiteration). Headlong, flatwise (My.). ಬೊಕ್ಕ ಬೋರಲು ಬೀಳು. (My.). — ಬೊಕ್ಕ ಬೋರ್ಲ. = ಬೊಕ್ಕ ಬೋರಲು. ಬೊಕ್ಕ ಬೋರ್ಲ ಬಿದ್ದು (B. 4, 61). — ಬೊಕ್ಕ ಬೋರ್ಲು. = ಬೊಕ್ಕ ಬೋರ್ಲ. (My.).

ಬೊಕ್ಕ bŏkka. 1. Bare, uncovered, without hair (Mhr. ಬೋಡಕಾ, see ಬೋಡ). — ಬೊಕ್ಕತಲೆ. -ತಲೆ. A bare head (B. 5, 298).

ಬೊಕ್ಕ bŏkka. 2. (= ಬೊಚ್ಚು). A toothless man (My.; Tĕ. ಬೊಕ್ಕಿ, ಬೋಸಿ; T. ಪೊಕ್ಕೈ; Mhr. ಬೋಳಕೇಂ, a toothless mouth; see ಬೋಡ). ಬೊಕ್ಕನಾದರೂ ಟಕ್ಕುತನ ಬಿಡಲಿಲ್ಲ (Prv.). — ಬೊಕ್ಕಬಾಯಿ. A toothless mouth (My.). — ಬೊಕ್ಕಿ. A toothless woman (My.).

ಬೊಕ್ಕ bŏkka. 3. = ಬಕ್ಕ. See ಕೂಡು-.

ಬೊಕ್ಕಣ bŏkkaṇa. A pocket in a coat, a betel pouch, a beggar's bag, a horse's gram bag (My.; Tĕ. ಪೊಂಕಣ, ಪೊಂಕನ, ಬೊಕ್ಕಣ; T., M. ಪೊಕ್ಕಣ; Tĕ. also ಬೊಕ್ಕೆನ; T. also ಪೊಕ್ಕಣಿ; cf. ಪೊರೆ 5, ಪೊಲ್ 1).

ಬೊಕ್ಕಣ bŏkkaṇa. Tbh. of ಭಕ್ಷಣ. (My.).

ಬೊಕ್ಕಸ bŏkkasa. = ಬಕ್ಕಸ. (A bundle, Mhr. ಬೋಕಸಾ, ಬೋಚಕಾ; Br. ಬುಕ್ಕಸ, ಬೊಕ್ಕಸಾ, ಬೊಕ್ಕೆಸ, H. ಬಕ್ಸಾ; Tĕ. ಬೊಕ್ಕಸ, a money bag; a treasury); a treasury (of a king, of a rich man, or of a temple, My.). ಬೊಕ್ಕಸದಲ್ಲಿ ಹಣ ಉಕ್ಕಿದ್ದರೆ ಅಕ್ಕ ಸಾಕ್ಯಾಳೇ? (Prv.). — ಬೊಕ್ಕಸದ ಮನೆ. A treasury (Bp. 31, 10; My.). — ಬೊಕ್ಕಸದವನು. -ಅವನು. A treasurer (Bp. 47, 34; My.).

ಬೊಕ್ಕೆ bŏkkĕ. 1. (= ಬೊಬ್ಬೆ 1). A pustule, a pimple, a blister (in the face, the mouth, or on any other part of the body, My.; Tĕ. ಪೊಕ್ಕು, M. ಪೊಕ್ಕುಳ; see ಪುಗುಳ್; cf. Sk. ಸ್ಫೋಟಕ, a pustule). ಬೊಕ್ಕೆಯಿದ್ದರೆ ದೊಕ್ಕ ಬನ್ದೀತೇ? — ಬೊಕ್ಕೆಗೆ ಮದ್ದು ಬೋರೇ ಹಣ್ಣೇ? (Prvs.).

ಬೊಕ್ಕೆ bŏkkĕ. 2. Any round small hole made by rats, etc. (My.; Tĕ. ಬೊಕ್ಕೆ, ಬೊರಿಯೆ, ಬೊಜ್ಜೆಯೆ, ಬೊಜ್ಜೆ; Mhr. ಭೋಕ, Sk. ಭೂಕ, a bore, hole; cf. ಪೊಟ್ಟರೆ). See ನೀರು-.

ಬೊಗರಿ bŏgari. = ಬುಗರಿ, etc. ಚೆಣ್ಣು ಬೊಗರಿಯುನು ಆಡಿ (Dp. 50). ಬೊಗರೀ ಹಾಗೆ ತಿರುಗಿದರೂ ಹಗರತ್ವ ಹೋಗಲಿಲ್ಲ (Prv.). ಲಲಿತೇಕ್ಷಣನೀಲದಿಂ ಸವೆದ ಬೊಗರಿಯ ಸಿರಿ (Râghâ. 17, 66). See ನುಕ್ಸುಗರಿ.

ಬೊಗಸಿ bŏgasi. = ಬಗಸೆ, etc. (ಅಂಜಲಿ, ಅಂಜಲಿಪುಟ, ಪುಟಗ.; M. ಪೊಡನ್ನೆ, as much as can be held by two hands; ಪೋಲ್ಲಿ, a handful; Mhr. ಬುಚಕಾ, the hand inverted with the fingers extended, so as to take up bran, flour, etc.).

ಬೊಗಸೆ bŏgasĕ. = ಬೊಗಸಿ, etc. (C.). ಕಿಡಿ ಬಿದ್ದರೂ ಕೆಯ್ಯೊಳಗೆ ಬೀಡಲೆನ್ನು, ಬೊಗಸೆಯ ಮಾಡಿ (B. 4, 68). ಬೊಗಸೇ ನೀರು ಅಗಸನಿಗೆ ಯಾಕೆ? (Prv.).

ಬೊಗಳು bŏgaḷu. 1. = ಬಗುಳ್ 1, etc. To bark, etc. (My.; Mhr. ಭೋಂಕಣೇಂ). ಬೇಟೇ ನಾಯಿಗಳು ಬೊಗಳುತ್ತ ಬನ್ದವು (B. 3, 19). ಉಗುಡು ಉಗುಡು ರೋಗ, ಬೊಗಳಿ ಬೊಗಳಿ ರಾಗ. — ಬಾಡುವ ಮನೆಗೆ ಬೊಗಳುವ ನಾಯಿ. — ಬೊಗಳುವನ ಹೊಗದು'ದರೆ ಬಿಟ್ಟಾನೇ? — ಬೊಗಳುವ ನಾಯಿಗೆ ದಡಿ ಸರಿದ ಹಾಗೆ. — ಬೊಗಳುವ ನಾಯಿ ಕಚ್ಚದು, ಕಚ್ಚುವ ನಾಯಿ ಬೊಗಳದು (Prvs.). See Prvs. s. ತಿಗಳಗಿತ್ತಿ and ಸುಚ್ಚು. ಆನೆ ಬೀದಿಯಲಿ ಬರೆ ಸೋಣ ತಾ ಬೊಗಳುವದು, ಸೋಣನನ್ತಾನೆ ಬೊಗಳೆ ಆನೆಯಭಿಮಾನವೇ ಹಾನಿ (Sp.).

ಬೊಗಳು bŏgaḷu. 2. = ಬಗುಳು 2, etc. (My.).

ಬೊಗುಳು bŏguḷu. 1. = ಬೊಗಳು, etc. (My.). ಆನೆ ಕಣ್ಣು ಶ್ವಾನ ಬೊಗುಳಿದ ಹಾಗೆ (Prv.).

ಬೊಗುಳು bŏguḷu. 2. = ಬಗುಳು 2, etc. (My.).

ಬೊಗ್ಗಿಸು bŏggisu. = ಬಗ್ಗಿಸು 2. To bend (v. t., My.; Si. 212). ತಲೇ ಬೊಗ್ಗಿಸಿ ಕೊಣ್ಡವನು (ಅವಾಕ್, ಅಧೋಮುಖ 362).

ಬೊಗ್ಗು bŏggu. 1. = (ಒಗ್ಗು 8), ಬಗ್ಗು 2. To bend (v. i.), etc. (My.). ಬೊಗ್ಗಿದಸ್ಥಾದು (ಅವಾಗ್ರ, ಅವನತ, ಆನತ Si. 372). ಬೊಗ್ಗಿದವನು (ಪ್ರವಣ 421). ಬೊಗ್ಗಿದ ಅಂಗೆಯ್ (ಪ್ರಸೃತಿ 212). ತನಗೆ ಎಡೇಯರಾಗಿ ಬೊಗ್ಗಿರುವ ಸಮಸ್ತರಾದ ತನ್ನ ದೇಶಕ್ಕೆ ಸುತ್ತಲೂ ಇರುವ ಅರಸುಗಳುಳ್ಳವನು (ಅಧೀಶ್ವರ, ಪ್ರಣತಾಶೇಷಸಮನ್ತ 256). ಬೊಗ್ಗಿ ನೋಡಿದರೆ ತಗ್ಗಿನಲ್ಲಿರುವದು ಸಿಕ್ಕೀತು. — ಗಿಡನಾಗಿ ಬೊಗ್ಗದ್ದು ಮರನಾದ ಮೇಲೆ ಬೊಗ್ಗೀತೇ? (Prvs.). ಬೇಟೆಯು ಸಿಂಹದ ಎಡಕೆಯೊಳಗೆ ಬನ್ದ ಕೂಡಲೆ ಮಡಿ'ಯಾಗಿ, ಬೊಗ್ಗಿ ಕೊಣ್ಡು, ಒನ್ದೇ ಹಾಟ'ಕೆ ಹಾಟ', ಹಿಡಿದು ಕೊಳ್ಳುವದು (B. 4, 212).

ಬೊಗ್ಗು bŏggu. 2. The state of being bent. 2, = ಬೊಗ್ಗುಹೆಗ್ಗಾಳೆ. (Râm. 6, 11, 16). — ಬೊಗ್ಗುಹೆಗ್ಗಾಳೆ. A bent large kâḷĕ (Č. Bp. 42, 24).

ಬೊಂಕ bŏṅka. = ಬೊಂಕೆ. See ಅಸ್ದುಗ-, s. ಅಸ್ದುಗು.

ಬೊಂಕನೆ bŏṅkanĕ. In a bending or bent way (ಇಬ್ಬಾರೆ, ವಾರೆ Cb.).

ಬೊಂಕಿ bŏṅki. = ಬಂಕಿ. — ಬೊಂಕಿದೇವ. = ಬಂಕಿ-. See ಸುಂಕದ-.

ಬೊಂಕು bŏṅku. To lie or speak falsely (My.; Tĕ.; T. ಪೊಕ್ಕ, a lie).

ಬೊಂಕೆ bŏṅkĕ. = ಬಂಕೆ, etc. Gum, etc. ಸರಲದೇವದಾರುವೃಕ್ಷದ ಬಂಕೆ (ಪಾಯಸ, ಶ್ರೀವಾಸ, ವೃಕ್ಷಧೂಪ, ಶ್ರೀವೇಷ್ಟ, ಸರಲದ್ರವ Si. 227). ತಕ್ಕೋಲದ ಬೊಂಕೆ (ಕೋಲಕ, etc. 228). — ಬೊಂಕೆಕಾಯಿಗಿಡ. (ಶೇಲು, ಶ್ಲೇಷ್ಮಾತಕ, ಶೀತ, etc. Si. 129). — ಬೊಂಕೆಮಣ್ಣು. A good kind of soil (Si. 100).

ಬೊಚ್ಚು bŏčču. Wool, fine hair, down (My.; Tĕ.; T. ಪೊಚ್ಚು; M. ಪೂಗುಡೆ, ಪೊಡೆ; cf. ಬಣ್ಣು).

ಬೊಚ್ಚು bŏčču. (= ಬೊಕ್ಕ 2). — ಬೊಚ್ಚುಬಾಯಿ. = ಬೊಕ್ಕಬಾಯಿ. (My.). ಬೊಚ್ಚುಬಾಯಿಯಾದವನು ಕೆಟ್ಟೆ ಕೆತ್ತಿದ ಕಬ್ಬು ಬಯಸಿದ ಹಾಗೆ (Prv.).

ಬೊಜಗ bŏjaga. = ಬೊಜಂಗ. Tbh. of ಭುಜಗ. (ಎಟ, etc., ಭುಜಂಗ Mr. 239; Bp. 40, 32. 34; Râv. 11, after 121; Tĕ.). See ಕಾಡುಬೊಜಗ.

ಬೊಜಗತನ bŏjagatana. Lechery (V. 29, 25).

ಬೊಜಂಗ bŏjaṅga. = ಬೊಜಗ. Tbh. of ಭುಜಂಗ (Šmd. 355; Čpr. 8, after 4 & 58; Tĕ.). See ಪಗಲು-.

ಬೊಜ್ಜ bŏjja. Tbh. of ಭೋಜ್ಯ. A feast, etc.: the last śrâddha ceremony performed to deceased relatives to relieve them from the state of being prêtas, when a dinner is served up to the surviving relatives (Tu.). ಅಜ್ಜ ಸಾಕಿದ ಮಗು ಬೊಜ್ಜಕ್ಕೂ ಬಾರದು. — ನಾಯಿಯ ಬೊಜ್ಜಕ್ಕೆ ಅಮೇಧ್ಯದ ಹೋಳಿಗೆ (Prvs.).

ಬೊಜ್ಜು bŏjju. = ಬೊಜ್ಜೆ. A pot-belly (My.). ಬೊಜ್ಜು ಇದ್ದರೆ ಕಜ್ಜ ಬಿಡುವದೇ? (Prv.).

ಬೊಜ್ಜೆ bŏjjĕ. = ಬೊಜ್ಜು. The belly, a paunch (Tĕ., also ಬೋಕೆ; ಪಿಚಿಣ್ಡ, ಕುಕ್ಷಿ, etc., ಹೊಟ್ಟೆ Si. 209; T. ಪೊಜ್ಜೆ, a little hill; a mountain; a paunch, a paunch belly; Tĕ. ಬೊಬ್ಜ, a pot-belly). ಬೊಜ್ಜೆ ಬೆಳದು ಅಧಿಮಾಗಿ ಗುಣ್ಡೇ ಕಾಣಿಸುವ ಹೊಕ್ಕಳುಳ್ಳವನು (ವೃದ್ಧನಾಭಿ, etc. Si. 203).

ಬೊಟ್ಟ bŏṭṭa. A stump (Mhr. ಬೋಟೂಕ; Mhr. ಬೋಡ, bare, etc.; ಬೋಡಕಾ, a hand without fingers). ಬೊಟ್ಟಕೆಯ್ಯಿಯುಳ್ಳವನು (ಕುಕರ, ಕುಣಿ Si. 198).

ಬೊಟ್ಟಗ bŏṭṭaga. (Mhr. ಬೋಟೂಕ, a short, straight pod of the tamarind, etc., see ಬೊಟ್ಟು). — ಬೊಟ್ಟಗನ ತೊಪ್ಪಲು. A procumbent herb, Crotolaria bifaria L. (Z.).

ಬೊಟ್ಟು bŏṭṭu. 1. = ಬಟ್ಟು 2, etc. A finger; a toe (C.; Bp. 17, 8; 21, 37; J. 19, 50; B. 2, 5; Mhr. ಬೋಟ); the measure of a finger's breadth (Mhr.). 2, a fingerful: a small quantity, a drop (My.; Tĕ.; Bp. 10, 2; Mhr.). ಕಣ್ಣಿಗ ಹಾಲಿಗೆ ಒನ್ದೇ ಬೊಟ್ಟು ಹೆಪ್ಪು. — ಬಟ್ಟೆಯಿನ್ದ ಆಗುವನ್ತಾದ್ದು ಬೊಟ್ಟೆನಿನ್ದ ಆದೀತೇ? — ಬೊಟ್ಟು ಸೀಪಿದರೆ ಹೊಟ್ಟೆ ತುಮ್ಬೀತೇ? (Prvs.). See ಕಿಬ್-, ಹೆಬ್-.

ಬೊಟ್ಟು bŏṭṭu. 2. = ಬಟ್ಟು 1, etc. Tbh. of ವೃತ್ತ. That is round, a round thing; — an ornamental (and sectarial) mark (of sandal paste, etc.) on the forehead in the form of a circlet; that circlet made of metal, glass, pearls, etc. (ತಮಾಲಪತ್ರ, ಚಿತ್ರಕ, ವಿಶೇಷಕ, ಪುಣ್ಡ್ರ, ಲಲಾಟಿಕೆ Hlâ.; ತಮಾಲಪತ್ರ, ತಿಲಕ, ಚಿತ್ರಕ, ಬಿಶೇಷಕ, ಹಣೆಗಿಟ್ಟು ಕೊಳ್ಳುವ ತಿಲಕ Si. 226; Čpr. 3, 45; Bp. 4, 40; Šśv. 8, 9. 19; J. 16, 4; My.; Tĕ.; M. ಚೊಟ್ಟು, ಪೊಟ್ಟು, ಪೊಟ್ಟು; T. ಪೊಟ್ಟು). ಸೊಡರಕ್ಕಿಯಲಿ (ಕೂಸಿಂಗೆ) ಬೊಟ್ಟಿಟ್ಟು (Prll. 3, 26). ಗೋರೋಜನಸುಗನ್ಧದಿನ್ದ ರಚಿಸಿದ (ಕಿರಾತರ) ನೊಸಲ ಬೊಟ್ಟು (Râghĕ. 17, 65). (ಪುಲಿನ್ದನ) ಕತ್ತುರಿಬೊಟ್ಟು (Rśv. 5, 24). See ಮೂಗು-, ರಕ್ಷೆ-; Šmd. s. ಬಾನಲ್; Sp. s. ಬಿಟ್ಟಕರ್ಪೂರ. — ಬೊಟ್ಟಂಚು. -ಅಂಚು. A round, *i. e.* regular, plain border (B. 3, 103). — ಬೊಟ್ಟಲಬು. -ಅಲಬು. A diffuse herb, Desmodium diffusum D. C. (Z.).

ಬೊಟ್ಟೆ bŏṭṭĕ. = ಬೊಡ್ಡಿ 1, etc. (ಸೂಳೆ Bhn. 63, o. r. ಜೋಡೆ; Tĕ. ಬೋಟಿ, a woman; a female servant).

ಬೊಡ bŏḍa. = ಬುಡ, etc. — ಬೊಡ ಬೊಡನೆ. = ಬುಡ ಬುಡನೆ. ಬೊಡ ಬೊಡನೆ ಸುರಿಯುವವನು ಕಡ ಕಡನೆ ನಡದಾನೇ? (Prv.).

ಬೊಡಿ bŏḍi. = ಬಡಿ 1, etc. To beat. ಮದ್ದಲೆ ಬೊಡಿಯುವವನು (ಮಾರ್ದಂಗಿಕ, etc. Si. 340). ಬೊಡಿಯುವ ಗಣ್ಡನ ಹತ್ತರ ಹಿಡಿವರಿಲ್ಲ ಇದ್ದರೇನು? (Prv.).

ಬೊಡಿಸು bŏḍisu. 1. = ಬಡಿಸು 1.

ಬೊಡಿಸು bŏḍisu. 2. = ಬಡಿಸು 2. ಮದ್ಯ ಬೊಡಿಸೋಣ (ಸ್ವರಕ, ಅನುತರ್ಷಣ Si. 348).

ಬೊಡೆ bŏḍĕ. 1. = ಬಡಿ 1, etc. See ಜೇವೊಡೆ 1.

ಬೊಡೆ bŏḍĕ. 2. = ಬಡಿ 3, etc. See ಜೇವೊಡೆ 2.

ಬೊಡ್ಡಿ bŏḍḍi. 1. = ಬಡ್ಡಿ 1, ಬೊಟ್ಟೆ. A strumpet, a whore, etc. (My.). ಗೊಡ್ಡಿ ಹೆಱುವಳೇನು? ಬೊಡ್ಡಿ ಅಱುವಳೇನು? — ಬಡ್ಡಿಗೆ ಕೊಟ್ಟವ ಬೊಡ್ಡಿಮಗ. — ಬೊಡ್ಡೀ ಮಗನಾದರೆ ಬಡ್ಡಿಗೆ ಅಡ್ಡಿಯೇನು? (Prvs.). See Prv. s. ಮೇಳದವ. — ಬೊಡ್ಡಿಮನ. An unchaste mind (Dp. 34).

ಬೊಡ್ಡಿ bŏḍḍi. 2. = (ಬುಡ), ಬಡ್ಡೆ, ಬೊಡ್ಡೆ. The bottom of a tree, the trunk (Mhr. ಬೂಡ, the bottom of anything). ಬೇರುಗಳು ನೆಲದೊಳಗಿನ ರಸವನ್ನು ಹೀರಿ ಕೊಣ್ಡು, ಬೊಡ್ಡಿಯೊಳಗಿನ್ದ ಗಿಡಕ್ಕೆಲ್ಲ ಹಂಚಿ ಕೊಡುವವು (B. 3, 35). ಕಪ್ಪುರದ ಗಿಡದ ಬೊಡ್ಡಿಗೆ ಕೊಡ್ಲೆಯಿನ್ದ ಕಚ್ಚು ಹಾಕಿದರೆ ಹಾಲು ಹೊಱಡುತ್ತದೆ (4, 70).

ಬೊಡ್ಡೆ bŏḍḍĕ. = ಬೊಡ್ಡಿ 2, etc. (ಬುಧ್ನ, ಬುಡ G.; My.).

ಬೊಣ್ಡಾಲ bŏṇḍâla. See ನಿಱುಚಲ್ಲಣ.

ಬೊಣ್ಡುಳ bŏṇḍuḷa. An annual herb, Physalis indica Lamb. (St. & Pl.; Tu. ಬೊಣ್ಡೊಲಿ).

ಬೊದ bŏda. A sound produced by somewhat loose discharges from the bowels. — ಬೊದ ಬೊದನೆ. With the repeated sound of ಬೊದ (My.).

ಬೊದದರಗ bŏdadaraga. The small tree Cluytia collina Roxb. (St. & Pl.).

ಬೊದ್ದಿ bŏddi. N. of a plant (Tĕ. = ತ್ರಿಪರ್ಣಿ, ಮಹಾಶ್ಯಾಮ; R.).

ಬೊನಗಾರೆ (bŏna-kârĕ). = ಬೋನಗಾರೆ. N. of a plant (ಮಗ್ಗಾರೆ, ಮಂಗಾರೆ, ಗೇಣೆ Mr. 119, o. r. ಮದ್ದಾರೆ).

ಬೊನ್ತ bŏnta. = ಬೊನ್ತೆ. — ಬೊನ್ತಗಳ್ಳಿ. = ಬೊನ್ತೆಗಳ್ಳಿ. (My.).

ಬೊನ್ತಾ bŏntâ. = ಬೊನ್ತೆ. — ಬೊನ್ತಾದೇವಿ. N. (Bp. 59, 7).

ಬೊನ್ತೆ bŏntĕ. = ಬನ್ತೆ, ಬೊನ್ತ, ಬೊನ್ತಾ. A thick cloth made by sewing one cloth on another, a cloth made of quilted rags (My.; Tĕ.; ಕನ್ಥೆ Si. 485; Bp. 27, 43; Mhr. ಬುನ್ಥ, ಬುನ್ಥೀ, ಬೋನ್ಥ, a cloth thrown, or prepared to be thrown, over the head and body as a muffler; ಬೋನ್ಥೀ, a clout). ಕನ್ತೆಗೆ ತಕ್ಕ ಬೊನ್ತೆ (Prv.). — ಬೊನ್ತೆಗಳ್ಳಿ. -ಕಳ್ಳಿ. A large leafless shrub, the triangular spurge, Euphorbia antiquorum Lin. (St. & Pl.; My.). — ಬೊನ್ತೇ ಕಳ್ಳಿ. = ಬೊನ್ತೆಗಳ್ಳಿ. (Si. 147).

ಬೊನ್ತೆಗ bŏntĕ-ga. (Šmd. 237). A man who wears a bŏntĕ.

ಬೊನ್ದರಿಗೆ bŏndarigĕ. = ಬನ್ದಣಿಕೆ, etc. (Čpr. 6, after 88).

ಬೊನ್ದಿ bŏndi. The body (ಶರೀರ Šmd. II; Tĕ.; T. ಪೊನ್ದಿ; *cf.* ಪುದಿ 1? or ಬ್ರಧ್ನ?). **2,** a bundle of coir or other rope (Mg.). ನಿನ್ದೆಯಿಲ್ಲದೆ ಬೊನ್ದಿ ಹೋಗದು (Prv.).

ಬೊನ್ದು bŏndu. = ಬನ್ದು 1.

ಬೊನ್ದುಕ bŏndu-ka. = ಬನ್ದುಕ, q. v. (ಚಲ್ಲವತ್ತ, ನಮ್ಬಿಸಿ ತಿಮ್ಬುವ Ks.).

ಬೊಪ್ಪ bŏppa. (= ಬಾಪು 2). A father (Bp. 3, 49; 14, 22; 15, 22; 18, 81; 24, 19; 26, 61; 47, 42; Bh. 1, 8, 59. 75. 84; J. 27, 13). — ಬೊಪ್ಪಯ್ಯ. -ಅಯ್ಯ. N. See ಸಿಂಗಿ-.

ಬೊಪ್ಪರ bŏppara. A certain feat of wrestlers (Šśv. 4, 75; Bh. 2, 2, 98).

ಬೊಪ್ಪಲ bŏppala. N. of a man. ಇರದೆ ಗರ್ಜಿಸಿ ಬೊಪ್ಪಲಂ ತಳರ್ದಂ ಜವಂ ತಳರ್ವನ್ದದಿಂ (Šmd. 73). ಸಡಗರಮಿದು! ಜಯಮೆಮೆಱೆವುದು! ಅಱ್ ಬೊಪ್ಪಲನಂ! (177).

ಬೊಪ್ಪಿ bŏppi. (Mhr. ಭೋಪೀ, the person that officiates in the temples of village-deities). — ಬೊಪ್ಪಿದೇವ. N. See ಒಱತೆಯ-.

ಬೊಪ್ಪು bŏppu(?). See ಪೊಪ್ಪೊಪ್ಪುಮಾನ್.

ಬೊಬ್ಬಡೆ bŏbbaḍĕ. Rind, bark (My.; Tĕ. ಬೊಬ್ಬರೆ). See ತಂಗೇಡಿ-.

ಬೊಬ್ಬುಲಿ bŏbbuli. = ಬಬ್ಬುರ, etc. Tbh. of ಬರ್ಬರ (Šmd. 345), ಬರ್ಬುಲ, ಬರ್ಬೂರ (359. 364). The thorny Babool tree, Acacia arabica Willd. (ಉಷ್ಟ್ರಟ Mr. 117; Bp. 20, 10. 11; Bh. 1, 8, 5). See Sp. s. ನಿಬ್ಬಣ.

ಬೊಬ್ಬುಳಿ bŏbbuḷi. = ಬೊಬ್ಬುಳಿಕೆ. A bubble (J. 6, 3; 9, 24; 19, 5. 12; Tĕ. ಬುಬ್ಬುಡ; Mhr. ಬುಡಬುಡಾ; cf. ಪುಗುಳ್, ಬುದ್ಧೆ, & ಬುದ್ಬುದ). ನೀರ ಬೊಬ್ಬುಳಿ ನೆಚ್ಚಿ, ಸಾರಿ, ಕೆಡದಿರು, ಮರುಳೆ! (Sp.).

ಬೊಬ್ಬುಳ bŏbbuḷi. = ಬೊಬ್ಬುಲಿ, etc. (Bh. 2, 13, 14; My.).

ಬೊಬ್ಬುಳಿಕೆ bŏbbuḷikĕ. = ಬೊಬ್ಬುಳಿ. (Abh. P. 10, 173; Bh. 8, 25, 6). ನೀರ ಬೊಬ್ಬುಳಿಕೆ (ಬುದ್ಬುದ Nr.).

ಬೊಬ್ಬೆ bŏbbĕ. 1. (= ಬೊಕ್ಕೆ 1). A blister, a pustule from a burn, etc. (Tĕ.; ವಿಸ್ಫೋಟ, ಪಿಟಕ Si. 200).

ಬೊಬ್ಬೆ bŏbbĕ. 2. (fr. ಬೋ). An outcry, a loud call, a shout, a bawl, a yell; a great noise, a loud sound (C.; Tĕ.; ಕೋಲಾಹಲ, ಕಲಕಲ Nr.; Mhr. ಬೋಮ್ಬ); a battle-cry, a war-whoop (ಕ್ಷ್ವೇಡ Nr.; ಭಟಗರ್ಜನೆ Bhn. 44). ಬೊಬ್ಬೆ ಮಾಡಿದರೆ ಹಬ್ಬ ಆದೀತೇ?—ಬೊಬ್ಬೇ ಜಂಗಮನ ಸಂಗಡ ಕಬ್ಬಿನ ಸಮಾಚಾರವೇ? (Prvs.). See Bh. 3, 13, 25. 32; 6, 2, 3. 4; J. 3, 32; 13, 24; 28, 40. 47; Râm. 6, 44, 52. — ಬೊಬ್ಬಾಟ. -ಆಟ. Bawling, general outcry, clamorous complaint, etc. (C.; Mhr. ಬೋಭಾಟಾ; Bp. 56, 16; Bh. 2, 13, 47; Râm. 6, 13, 8; B. 4, 73. 80. 198). — ಬೊಬ್ಬಿಡು. -ಇಡು. To bawl, to shout, to roar, etc. (My.). ಬೊಬ್ಬಿಡುವುದು (ಕ್ಷ್ವೇಡೆ, ಪರಬಲವನು ಭಂಗ ಮಾಡಲೆನ್ದು ಜೋಧರು ಮಾಡುವ ಸಿಂಹನಾದವು Nr.). See Bp. 17, 21; 22, 15; 49, 21; 52, 39. 42; 56, 37; 59, 24; 61, 32; Bh. 3, 13, 34; Râv. 5, 123; 6, after 11. — ಬೊಬ್ಬಿಡ್. -ಇಡ್. = ಬೊಬ್ಬಿಡು. To bawl, etc. (ಮಹಾರವ Šmd. Dh.; Bp. 32, 14; 56, 16; Râv. 13, 84. 88; J. 4, 18; 12, 33. 39; 23, 20. 21). — ಬೊಬ್ಬಿಡಿತ. The act of bawling, etc. (Râm. 3, 6, 51; 4, 6, 10). — ಬೊಬ್ಬೆಕಾಯಕ. The practice of a mendicant standing on thorns, piercing himself with a dagger, and thus extorting alms (R.). — ಬೊಬ್ಬೆ ಕೊಳ್ಳು. To be bawled or hooted at. ಬೆಬ್ಬೇ ಕೊಟ್ಟು, ಬೊಬ್ಬೇ ಕೊಣ್ಡ (Prv.). — ಬೊಬ್ಬೆಗೊಡು. -ಕೊಡು. = ಬೊಬ್ಬಿಡು. (Bp. 16, 20; Râv. 6, after 11; 13, 83; J. 28, 45). — ಬೊಬ್ಬೆಯಿಡು. = ಬೊಬ್ಬಿಡು. (My.). — ಬೊಬ್ಬೆಯಿಡುವಿಕೆ. Bawling, etc. ವೀರಭಟರು ಗಟ್ಟಿಯಾಗಿ ಕಿಬಚಕೂಗಿ ಭಯಂಕರವಾಗಿ ಬೊಬ್ಬೆಯಿಡುವಿಕೆ (ಕ್ಷ್ವೇಡೆ Si. 294). — ಬೊಬ್ಬೆ ಹಾಕು. = ಬೊಬ್ಬಿಡು. (My.). ತಬ್ಬಲಿಯಾದವನು ಬೊಬ್ಬೆ ಹಾಕಿ ಬೆಟ್ಟುಲಿಯನ್ನು ಓಡಿಸ್ಯಾನೇ? (Prv.). — ಬೊಬ್ಬೆ ಹೊಡೆ. = ಬೊಬ್ಬೆ ಹಾಕು. (My.).

ಬೊಮ್ಪು bŏmpu. = ಬಮ್ಪು, etc. (My.).

ಬೊಮ್ಬಯಿ bŏmbayi. = ಮುಮ್ಬಯಿ. (My.).

ಬೊಮ್ಬಲು bŏmbalu. = ಬೊಮ್ಪು, etc. (My.).

ಬೊಮ್ಬಾಳ (bŏmbĕ-âḷa). The palms of the hands of metal images (bŏmbĕs) joined so as to form a cup for the reception of combustibles (Bh. 7, 1, 19; Râm. 3, 6, 50; 6, 47, 12; J. 17, 27; 24, 26; 33, 27).

ಬೊಮ್ಬು bŏmbu. = ಬಮ್ಬು. (My.).

ಬೊಮ್ಬುಳಿ bŏmbuḷi. = ಬೊಮ್ಬುಡ (Šmd. 39), ಬೊಮ್ಬುಳಿಕೆ, q. v. (Râv. 6, after 11).

ಬೊಮ್ಬುಳಿಕೆ bŏmbuḷikĕ. = ಬೊಮ್ಬುಳಿ, etc. A small drum or tabor (ಪಣವ Nr.).

ಬೊಮ್ಬುಲಿ bŏmbuli. = ಬೊಮ್ಬುಳಿ, q. v.

ಬೊಮ್ಮೆ bŏmbĕ. = ಗೊಮ್ಬೆ 2. An image, a figure, a puppet or doll; an idol (C.; Tĕ. ಬೊಮ್ಮ; M. ಬೊಮ್ಮ, ಬೊಮನೆ; T. ಪೊಮ್ಮಲ್, ಪೊಮ್ಮೈ; cf. ಪೊಂದ 2?). ವಸ್ತ್ರದನ್ತ ಕಾಷ್ಠಾದಿಗಳಿನ್ದ ಮಾಡಿದ ಬೊಮ್ಬೆ (ಪಂಚಾಲಿಕೆ, ಪುತ್ರಿಕೆ); ಹೊನ್ನ ಬೊಮ್ಬೆ (ಹೇಮಪ್ರತಿಮೆ, ಹರಿಣಿ); ಕಣ್ಣ ಬೊಮ್ಬೆ (ತಾರಕೆ, ಕಣ್ಣ ಪಾಪೆ Nr.). ಪ್ರತಿರೂಪಿನ ಬೊಮ್ಬೆ (ಪ್ರತಮೆ Nn. 78). ಮಂಚದೊಳ್ ಸ್ಥಪಗೆ ನಿನ್ದು ಸೇವೆ ಮಾಳ್ಪ ಬೊಮ್ಬೆಗಳು ಪಾಂಚಾಲಿಕೆಗಳು ಪುತ್ರಿಕೆಗಳಕ್ಕುಂ (Mr. 204). ಬೊಮ್ಬೆ ಅದರೆ ಹಮ್ಬಲಿಸಿದ ಹಾಗೆ ಕೊಟ್ಟೀತೇ? (Prv.). See Bp. 42, 3; Č. Bp. 5, 51; Râv. 6, after 11; Si. 344; ಕೀಲಬೊಮ್ಬೆ. — ಬೊಮ್ಬೆದೊಟ್ಟಿಲ್. -ತೊಟ್ಟಿಲ್. A doll's cradle (Bp. 14, 15). — ಬೊಮ್ಬೆಯಾಟ. -ಆಟ. Playing with dolls (Bh. 1, 3, 17). 2, an exhibition of puppets moved by strings (My.).

ಬೊಮ್ಮ bŏmma. Tbh. of ಬ್ರಹ್ಮ (Šmd. 349; Šm. 8; ಬಿದಿ Čt. I, 7; ಪೊಮ್ಪುಸುಟಿ, etc., ಅಜ II, 8; ತನ್ದೆಯ ತನ್ದೆ, etc. Kk. 9; My.; Grj. 4, 111; Bp. 28, 51; 31, 28). 2, N. of the author of the Čaturâsyanigaṇṭu (Čt. I, 1), and of other persons. ಬೊಮ್ಮ ನಿರ್ಮಿಪನೆಮ್ಬ ದುರ್ಮತಿಯ ನೀ ಕೇಳು! ಬೊಮ್ಮನ ಸತಿಗೆ ಮೂಗಿಲ್ಲ, ಆ ಮೂಗ ನಿರ್ಮಿಸನೇಕೆ? (Sp.; see Bp. 54, 52). See ಕನ್ನದ-, ದಾಹೂರ-. — ಬೊಮ್ಮಂ. The metrical foot — — (Čh.). — ಬೊಮ್ಮದೇವ. N. See ಕಿನ್ನರ-. 2, a Brâhmaṇa (Tĕ.; ದ್ವಿಜಾತಿ, ಬ್ರಾಹ್ಮಣ, etc. Si. 233). — ಬೊಮ್ಮಬಟ್ಟ. N. See Prv. s. ಯಾರ್. — ಬೊಮ್ಮಯ. -ಅಯ. N. (Bp. 29, 29; 61, 34). See ಕಲಕೇತ-, ಕಿನ್ನರ-, ದಾಹೂರ-. — ಬೊಮ್ಮಯ್ಯ. -ಅಯ್ಯ. N. (Bp. 29, 11. 34; 31, 26; 35, 57; 36, 1. 7; 50, 78; 61, 21). See ಇಳೆಹಾಡಿ-, ಕರಿವಾಳ-, ಕಲಕೇತ-, ಕಾರಣಿಕ-, ಕೋವೂರು-, ಚಕ್ಕಯರ-, ನಾಗೂರ-, ಬಡಿಹೋರಿ-, ದಾಹೂರ-, ಮುಣ್ಡ-, ಲೆಂಕ-, ಏರ-. — ಬೊಮ್ಮರಸ. -ಅರಸ. N. of the author of the Čaturâsyanigaṇṭu (Čt. II, 122), and of other persons.

ಬೊಮ್ಮಾಣ್ಡ bŏmmâṇḍa. Tbh. of ಬ್ರಹ್ಮಾಣ್ಡ. (Bp. 36, 43; Č. Bp. 32, 43; 47, 20).

ಬೊಮ್ಮಾಸ್ತ್ರ bŏmmâstra. Tbh. of ಬ್ರಹ್ಮಾಸ್ತ್ರ. (Dp. 61, 4).

ಬೊಮ್ಮಿ bŏmmi. Tbh. of ಬ್ರಹ್ಮಿ and ಬ್ರಾಹ್ಮಿ. N. See ಕಲಕೇತ-. (In My. N. of females). — ಬೊಮ್ಮಕ್ಕ. -ಅಕ್ಕ. N. ತನ್ನಕ್ಕನ ಅರಿಯದವಳು ನೆರೆಮನೇ ಬೊಮ್ಮಕ್ಕನ ಬಲ್ಲಳೇ? (Prv.). — ಬೊಮ್ಮಿದೇವ. N. (Bp. 22, 33; 36, 2; 37, 6; 47, 37; 50, 8; 61, 9). See ಇಜ್ಞೆಯ-, ಕನ್ನದ-, ಕಲಕೇತ-, ಕಿನ್ನರ-. — ಬೊಮ್ಮಿದೇವಯ್ಯ. -ಅಯ್ಯ. N. (Bp. 28, 48). See ಕನ್ನದ-, ಕಿನ್ನರ-, ನಿವಾಳಿಯ-, ಹೂಲದ-, ಹಾಟಕೇಶ್ವರ-.

ಬೊಮ್ಮೇತಿ bŏmmêti. Tbh. of ಬ್ರಹ್ಮಹತ್ಯೆ. (V. 37, 38. 95).

ಬೊಯಿ bŏyi. 1. = ಬಯ್ 3, etc. To abuse, etc. P. ps. ಬೊಯಿದು, ಬೋದು (My.).

ಬೊಯಿ bŏyi. 2. Abuse, censure, etc. ಆಕರಣ ಅಜನಿ ಅವಗ್ರಹ ಇವು ಮೊದಲಾದ ಶಬ್ದಗಳು ಬೊಯಿಗಳು (Si. 401, *only* in Si.).

ಬೊಯಿಲು bŏyilu. = ಬೊಯಿ 2. (My.; ಆಕ್ರೋಶನ, ಅಭೀಷಂಗ Si. 387; ಹಿಂಸೆ 463; ಪರಿಗ್ರಹ 466; see also 59. 380).

ಬೊಯ್ಯು bŏyyu. = ಬೊಯಿ 1, etc. (My., only in ಬೊಯ್ಯಬೇಡ, ಬೊಯ್ಯುವದು). ಒಬ್ಬರಿಗೊಬ್ಬರು ಬೊಯ್ಯು ಕೊಮ್ಬುದು (Si. 482, *only* in Si.).

ಬೊಯ್ಯುವಿಕೆ bŏyyuvikĕ. Abusing, etc. (ಆಕ್ರೋಶನ, etc. Si. 387).

ಬೊರಲು bŏralu. 1. = ಬರಲು, etc. A broom (My.).

ಬೊರಲು bŏralu. 2. = ಬೋರಲು, etc. See ಬೊರ್-, etc.

ಬೊರ್ಮ bŏrma. Tbh. of ಬ್ರಹ್ಮ (Śâstrasâra in W. v. 1269).

ಬೊಲು bŏlu. = ಬಲ್ 2, etc. (My.).

ಬೊಲ್ಲ bŏlla. A horse with a white face. ಮುಖ ಬೆಳ್ಪ ಬೋರೆ ಬೊಲ್ಲನಕ್ಕ (Mr. 276; see Bp. 59, 40). 2, simple, silly (? Mhr. ಭೋಳಾ). — ಬೊಲ್ಲ ಜೀಯ. N. (Bp. 58, 21).

ಬೊಲ್ಲಿ bŏlli. (= ಬೊಲ್ಲ No. 2). — ಬೊಲ್ಲಿಭಟ್ಟ. N. (Bp. 56, 42).

ಬೊಸ್ bŏs. = ಬುಸ್. A sound to imitate the puffing of a pair of bellows (S. Mhr.).

ಬೊಸ bŏsa. A sound used to imitate that of breaking wind, that of treading in fresh cowdung, mud, etc., and that of loose stools (*cf.* ಬೊದ). — ಬೊಸ ಬೊಸನೆ. With the repeated sound of ಬೊಸ (My.).

ಬೊಸಕ್ಕನೆ bŏsakkanĕ. With the sound of ಬೊಸಕ್ (ಬೊಸ), in ಬೊಸಕ್ಕನೆ ತುಬು (My.).

ಬೊಸೆ bŏsĕ. = ಬಸಿ 1.

ಬೊಸ್ತು bŏstu. = ಬಸ್ತು. P. p. of ಬೊಸೆ (My.). ಬೋನ ಬೊಸ್ತ ಗಂಜಿ (ಆರನಾಲಳ, ಸೌವೀರ, etc., ಬಾಗಿದ ಗಂಜಿ Si. 311).

ಬೊಳಕ್ bŏḷak. = ಪಳಕ್. The sound produced when a full earthen water-pot falls and breaks (C.). 2, that produced when saliva is ejected out of the mouth (S. Mhr.).

ಬೊಳಲಿ bŏḷali. = ಕೊಳಲಿ No. 2. (My.).

ಬೊಳ್ಳು bŏḷḷu. = ಬಗುಳು 2, etc. — ಬೊಳ್ಳಿಡು. -ಇಡು. To vociferate. ಒಳ್ಳಿಯ ಮಾತಿಂಗುಮುಳ್ಳೊಡವೆ ಬಿಡೆನೆನ್ನು, ಬೊಳ್ಳಿಟ್ಟು, ಬೊಗಳಿ, ಹುಸಿದು, ಸಾಲವ ನುಂಗಿ, ಇಲ್ಲೆನುತಲಿಹನು (Sp.).

ಬೊಳಿ bŏḻi. = ಬಳಿ 4. (My.). ಬೊಳಿಯಲ್ ಪಟ್ಟನು (ದಿಗ್ಧ, ಲಿಪ್ತ Si. 378). ಎಸ ಬೊಳಿಯಲ್ ಪಟ್ಟ ಸರಳು (ದಿಗ್ಧ, ಲಿಪ್ತಕ 289). ಬೊಳಿದು ಮೆತ್ತುವ ಕೆಲಸ (ಘಸ್ತ, ಲೇಪ್ಯಾದಿಕರ್ಮ 344).

ಬೊಳಿಯುವಿಕೆ bŏḻiyuvikĕ. Smearing, etc. (ಸಮಾಲಮ್ಭ, ವಿಲೇಪನ Si. 397).

ಬೊಳಿಸು bŏḻisu. = ಬಳಿಸು 2. (My.).

ಬೋ bô. (= ಭೋರ್). A sound used in bawling or shouting (My.); a sound in imitation of the howling of wind passing through holes or doors, and of the noise of a river or stream (My.).

ಬೋಕಿ bôki. A potsherd (My.; Tĕ. ಬೊಚ್ಚೆ; Tĕ. ಬೊಂಕಿ, a bit of a skull; ಬೋಂಕಿ, a pot). ನೂಕುವವನ ಮನೆಯೂಟಕ್ಕಿನ್ತ ಬೋಕಿಯ ಊಟ ಲೇಸು.— ನೂಕುವವನು ಹಾಕನು, ಬೋಕಿಯವನು ಕೊಡನು (Prvs.). See ತಿರು-; Prv. s. ಲೆತ್ತ.

ಬೋಗ bôga. Tbh. of ಭೋಗ (Šmd. 339; My.).

ಬೋಗಣಿ bôgaṇi. = ಬೋಗುಣಿ. (My.).

ಬೋಗಳ bôgaḷa. = ಬಯಿಗಳ್, etc. (My.).

ಬೋಗಾರ bôgâra. Tbh. of ವ್ಯೋಕಾರ. (ವ್ಯೋಕಾರ, ಲೋಹಕಾರ Hlâ. MS.; see Mr. s. ಲೋಹಕಾರಕ; Râm. 5, 8, 51; C.; ಶಾಂಖಿಕ, ಕಾಮ್ಸ್ಯಕಿಕ, ಶಂಖದಿನ್ದ ಕೆಮ್ಬಳಿ ಮೊದಲಾದವನ್ನು ಮಾಡಿ ಮಾರುವವನು Si. 389, sic!!). ಒಸೆದೆಣ್ಬು ದಿಕ್ಕಿನಲಿ ಮಿಸುನಿಗಿಬಿಲುಗಿಣ್ಡಿ ಹುಸಿದು ಮಾತುವವನ ಪೂಜೆ ಬೋಗಾರಿ ಪಸರವಿಟ್ಟನ್ತೆ (Sp.).

ಬೋಗಿ bôgi. Tbh. of ಭೋಗಿ (Šmd. 339 Mdb.).

ಬೋಗುಣಿ bôguṇi. = ಬೋಗಣಿ. A metal basin for washing; a metal vessel for culinary purposes (My.; Tĕ. ಬೋಗಾಣಿ, ಬೋಗಿಣಿ, ಭಗೋಣಿ); a vessel of stone for culinary purposes (B. 3, 58; Mhr. ಬಗುಣೇಂ, a certain metal vessel for culinary purposes).

ಬೋಡ bôḍu-as. A toothless man (ಅದ್ವಿಜ Mr. 389; My.; *cf.* ಬೋಳ 2, ಬೊಕ್ಕ 1 & 2; Tĕ. also: tuskless; Mhr. ಬೋಡಕಾ, = Tĕ. ಬೋಡ, ಬೋಡಿ, bare, uncovered, as the head, the person; bare about the crop, as a tree; destitute of the usual appendages, as a cow's head without horns, or with short horns; a hand without fingers, a hill without trees, a house without roof;—a widower).

ಬೋಡತರ bôḍatara. = ಬೋಳತರ. (ಮುಕ್ಷಗನ್ಧ, ಅವೇಗಿ, etc., ಅನನ್ತನಗೊಕ್ಷ Si. 156; Tĕ. = Sphaeranthus indicus Wight., ಶ್ರಾವಣಿ, ಮುಣ್ಡಿ, or St. & Pl. = Sphaeranthus hirtus Willd.).

ಬೋಡಿ bôḍi. (= ಬೋಳಿ). A toothless woman (My.). 2, one who is bare, or destitute of hairs, of a juṭṭu, or of horns (Tĕ.). — ಬೋಡಾಕಳು. -ಆಕಳು. A hornless cow (My.). — ಬೋಡಿಜಂಗಮ. A jangama who has no juṭṭu (as is the rule with all of them). ನಾಡ ಜಂಗಮರಲ್ಲಿ ನನ್ನ ಬೋಡಿಜಂಗಮನಲ್ಲಿ? (Prv.). — ಬೋಡೆಮ್ಮೆ. -ಎಮ್ಮೆ. A hornless she-buffalo (My.).

ಬೋಡು bôḍu. (= ಬೋಳು). A toothless state.— ಬೋಡುಬಾಯ್. -ಬಾಯ್. A toothless mouth (Rśv. 5, after 55).

ಬೋಣಿ bôṇi. = ಬೋಣಿಗೆ. The first sale of goods (for ready money) occurring after the dawning of the day; handsel (My., Tĕ.; Mhr., H. ಬೋಹಣೀ). ಬೋಣಿ ಮಾಡ ಬೇಕಾದರೆ ಜಾಣನಾಗ ಬೇಕು.— ಬೋಣಿಗೆ ಇತ್ತ ಹಣ್ಣು ಕಾಣಿಕೆಯಾಯಿತು (Prvs.).

ಬೋಣಿಗೆ bôṇigĕ. = ಬೋಣಿ. (My.).

ಬೋಣ್ಡಾ bôṇḍâ. A ball of horse gram, salt, chillies, etc. fried in oil (My., also ಬೋಣ್ಡು; Mhr. ಬೋಣ್ಡ, a spherical follicle or capsule, etc.).

ಬೋದಿಗೆ bôdigĕ. = ಬೋದುಗೆ. A piece of wood or stone on a pillar between it and the beam supported by it: an abacus (architrave, capital; Śśv. 1, 70; J. 17, 23; My.; Tĕ. ಬೋದಿಯ, ಬೋದೆ; M. ಪೋದಿಗ; T. ಪೋದಿಗೈ, ಪೋರಿಗೈ). ಗುಡಿಯ ಬೋದಿಗೆ ಕಲ್ಲು, ನಡುರಂಗತಾ ಕಲ್ಲು, ಕಡೆ ಮೂಲೆ ನೆಬಿಗು ತಾ ಕಲ್ಲು; ವರವನು ಕೊಡುವಾತ ಬೇಲ್ (Sp.).

ಬೋದು bôdu. 1. P. p. of ಬೋಯಿ 1. (My.).

ಬೋದು bôdu. 2. Rankness or luxuriance in growth without inward substantiality; rank fruits (as badanĕ, savutĕ, etc.) without substance or taste; pithless rankness of the body (My.; Tĕ. ಬೋದುಗಾ, plump, bulky). ಬೋದು ಬೆಳದ ಹೊಲ ಹಾದೀಲಿದ್ದರೇನು? ಬೀದೀಲಿದ್ದರೇನು? — ಬೋದುಹೊಲ ಬಾಳಿಗೆ ಕಾರಣ (Prvs.).

ಬೋದುಗೆ bôdugĕ. = ಬೋದಿಗೆ. (My.). ವಜ್ರದೊಳ್ ಕಮ್ಬಂಗಳ್, ಆ ಲಲಿತಪಚ್ಚೆಗಳ ತೊಲೆ, ರನ್ನಬೋದುಗೆಗಳು (Č. Bp. 5, 43).

ಬೋದೆ bôdĕ. — ಬೋದೆಹುಲ್ಲು. The Rousa or ginger grass, growing on hills, Andropogon martini Roxb. (St. & Pl.).

ಬೋಧ bôdha. = ಬೋಧೆ. Making known, informing, instructing; instruction;—awakening, arousing. 2, understanding;—becoming awake;—perception, apprehension;—knowledge, wisdom. See Kâvy. III, 3, B, 30; IV, 2, 16; Nn. 1; B. 4, 183; ಅನು-.

ಬೋಧಕ bôdhaka. Causing to know, instructing, explaining, teaching; an instructor, a teacher (ಸೂಚಕ Mr. 526); *denoting, indicating, signifying;* arousing. See ಪ್ರ-. ಬೋಧಕನಾದರೆ ಸಾಧಕ ಮಾಡಲಿ! ಹಾದಿಗೇನು ಅಡ್ಡಿ? (Prv.).

ಬೋಧಕರ bôdha-kara. An awakener: *a minstrel who wakes a prince or chief in the morning with music.*

ಬೋಧನ bôdhana. Making known, explaining, instructing, teaching; arousing. See ಪ್ರ-, ಸಮ್-.

ಬೋಧನೆ bôdhanĕ. = ಬೋಧನ. (My.). ಬೋಧನೆ ಮಾಡಿದರೆ ತಿದಿ ಅಲ್ಲಾಡೀತೇ? (Prv.).

ಬೋಧಿ bôdhi. Knowing; causing to know; teaching. 2, the tree under which a man becomes a buddha, *the aśvattha or the sacred fig-tree, Ficus religiosa* Lin.

ಬೋಧಿತ bôdhita. Made known, explained, declared;—instructed. (Bp. 55, 19; My.).

ಬೋಧಿದ್ರುಮ bôdhi-druma. *The sacred fig-tree, Ficus religiosa* Lin.

ಬೋಧಿಸು bôdhisu. To make known, to explain, to teach, to point out, to instruct, to apprise. ಅವನಿಗೆ ಬೋಧಿಸು (My.). See Bp. 1, 61; 3, 23; 4, 68; 13, 22; 24, 19; 39, 11; 51, 2; 57, 7; B. 4, 51. 186.

ಬೋಧೆ bôdhĕ. = ಬೋಧ. (Bp. 37, 63; My.). ಬೋಧೆ ಕೊಡು (Bp. 50, 41). See ಶುದ್ಧ-.

ಬೋನ bôna. Boiled rice; food (ಭಿಸ್ಸ, ಭಕ್ತ, ಅನ್ಧಸ್, ಅನ್ನ, ಓದನ, ದೀದಿವಿ Si. 315; My.; Tĕ.; T. ಭೋನಗ; see ಭೋಂಗಲು). ಬಯಸಿದ್ದು ಹಾಲುಬೋನ, ನೀಡಿದ್ದು ಹಾಲುಬೋನ.—ಬೋನವಾದರೆ ಹೀನನಿಗೆ ಆಗದೇ? (Prvs.). See Cpr. 5, 110; 6, after 86; Abh. P. 7, after 49; 16, after 68; Bp. 14, 11; 24, 28; 27, 15. 49; 33, 13; 47, 17; 57, 1; Bh. 1, 10, 25. — ಬೋನದ ಕೇತಿರಾಜು. N. (Bp. 59, 5).

ಬೋನ bôna. (= ಬೋಸಿ 1). A certain metal vessel for culinary purposes (My.; see ಕರ-; *cf.* ಬೋಗುಣಿ).

ಬೋನಗಾರೆ (bôna-kârĕ). = ಬೊನಗಾರೆ. The thorny shrub Vangueria spinosa Roxb. (ಪಿಣ್ಡೀತಕ, ಮರುವಕ, ಶ್ವಸನ, ಕರಹಾಟಕ, ಶಲ್ಯ, ಮದನ Nr.; Si. 134).

ಬೋನಗಿತ್ತಿ bôna-gitti. A woman who cooks for strangers and travellers (My.). ಛಲರ, ಬೋನಗಿತ್ತಿ! ಅನ್ನರೆ ಮೆಯ್ಯೆಲ್ಲ ಅಬ್ಬ! ಅನ್ನ ಹಾಗೆ (Prv.).

ಬೋನಾಸಿ bônâsi. = ಬವನಾಸಿ. (My.).

ಬೋನು bônu. **ಬೋನ್.** = ಬೋರ. A trap (ಹೋಬಿಲ್ Mr. 380; ಉನ್ಮಾಥ, ಕೂಟಯನ್ತ್ರ Si. 343; ಕೂಟ 415; My.; Tĕ.; T. ಪೊದಿ, ಪೋನ್; see ಇಲಿ-).

ಬೋನ್ದು bôndu. = ಬುನ್ದು, etc. ಬೋನ್ದುಗಿಡವಲ್ಲಿ ಗೋನ್ದು ಆದೀತೇ? (Prv.).

ಬೋಯ bôya. = ಬೋಯಿ, etc. (My.; Tĕ.; B. 5, 40. 286).

ಬೋಯಿ bôyi. = ಬೋಯ, ಬೋವ q. v., ಬೋವೆ. A class or people who are palanquin-bearers and fishermen (B. 4, 9; My.; Tĕ., M.; Mhr., H. ಭೋಈ). ದಣ್ಡಿಗೆ ಹೊಬೋ ಬೋಯಿಯರು ಅಬಾ ಹುಡುಕ್ಯಾರೇ? (Prv.). See Prv. s. ಸತ್ತಿಗೆ. 2, a surname of Ŏḍḍas (My.).

ಬೋರ bôra. = ಬೋನು. (ಗಜಾದಿಗಳ ಹಿಡಿಯಲಿಕ್ಕೆ ಕಟ್ಟಿದ ಪಾತವಟ್ಟವಿಶೇಷಂಗಳು, ಕೂಟಯನ್ತ್ರ Nr.).

ಬೋರ bôra. = ಬೋರೆ. (Mhr.). 2, a colour of horses: chesnut (Mhr.); a chesnut horse (Bp. 59, 40). ತುರಂಗಂ ಮಾಸೆ ಬೋರಂ (Mr. 275). 2, N. (My.).

ಬೋರಂಗಿ bôrangi. A kind of larger insect with brown wings (S. Mhr.).

ಬೋರಲ bôrala. = ಬೊರಲು 2, ಬೋರಲು, ಬೋರ್ಲ, ಬೋರ್ಲು. (A turning over, a roll, see ಪೊರಳ್): upside down, topsyturvy (Tĕ. ಬೋರ್ಲ). — ಬೋರಲ ಬೀಳು. To fall with the head downward or on the face, as a person; to be upset or overturned, as a vessel, etc. (My.). — ಬೋರಲ ಹಾಕು. To put a vessel upside down (My.).

ಬೋರಲು bôralu. = ಬೋರಲ, etc. See ಬೊಕ್ಕ-.

ಬೋರೆ bôrĕ. A hill, a hillock (My.; Si. 105; Tĕ. ಬೋದು; Tĕ. ಬೋರು, great, large; T. ಪೊರ್ವೈ, height; ಪೋರ್, a heap, *cf.* ಬುಗುಡು);—a swelling, as from a blow (My.; Bp. 38, 58).

ಬೋರೆ bôrĕ. = ಬಾರೆ 1, etc. Tbh. of ಬದರಿ. The jujube-tree and its fruit (ಸೌವೀರ Mr. 120; My.; Tu. ಬೊಗೊರಿ). 2, chesnut colour. ಬೋರೇ ವರ್ಣದ ಎರಳೆ (ಕವಲಿ Si. 169). See ರಾಯ-. — ಬೋರೆಕಾಯಿ. An unripe jujube or a jujube berry (B. 2, 17). — ಬೋರೆಗಿಡ. The jujube tree (ಕುವಲ Si. 498; ಕರ್ಕನ್ಧು, ಕೋಲಿ, ಬದರಿ G.). ಬೋರೇ ಗಿಡಕ್ಕೆ ಕಾರೇ ಹಣ್ಣು ಆದೀತೇ? (Prv.). — ಬೋರೆಮರ. (ಕರ್ಕನ್ಧು, ಬದರಿ, ಕೋಲಿ Si. 129). — ಬೋರೆಹಣ್ಣು. (ಕೋಲ, ಕುವಲ, ಫೇನಿಲ, ಸೌವೀರ, ಬದರ, ಘೋಣ್ಟೆ Si. 130; ಬದರ G.). ಬೊಕ್ಕಿಗೆ ಮುದ್ದು ಬೋರೇ ಹಣ್ಣೇ? (Prv.).

ಬೋರ್ಲ bôrla. = ಬೋರಲ, etc. See ಬೊಕ್ಕ-.

ಬೋರ್ಲು bôrlu. = ಬೋರ್ಲ, etc. See ಬೊಕ್ಕ-.

ಬೋಲ bôla. = ಪೋಲ. (Si. 384; see Mr. s. ಬೋದು).

ಬೋವ bôva. = ಬೋಯಿ, etc. 2, a bôyi chief, a foreman (Bh. 6, 2, 18). ಮನುಷ್ಯರ ಹೊರುವವರ್ ವಹಿಕರ್, ಅವರ ಹಿರಿಯುವಂ ಬೋವನಕ್ಕುಂ (Mr. 381). See ಬಣ್ಡಿ-; ಸೇನ-; Prv. s. ಎದ್ದ್ಯಾ.

ಬೋವಟನ bôvaṭana. Leadership (Bh. 5, 1, 45).

ಬೋವು bôvu. = ಭೋಗಿ 1. See ಬಿಳೇ ಬೋವು.

ಬೋವೆ bôvĕ. = ಬೋಯಿ, etc. ಬೋವೆಯರುವ (ಬೆಸ್ತ G.).

ಬೋಸರ bôsara. False, feigned or pretended courtesy, flattery (ಮಿಥ್ಯಾವಿನಯ Ĉt. I, 41; T. ಪೋಪರ).

ಬೋಸರಿಸು bôsarisu. (= ಬುಜ್ಜಯಿಸು, ಬೋಳಯಿಸು, etc.). To show feigned respect, to flatter; to coax (ಮಿಥ್ಯಾದರ Śmd. Dh.). See Bp. 11, 28; 15, 31; 18, 7; 47, 30; V. 8, 25).

ಬೋಸಿ bôsi. 1. (= ಬೋನ). A certain metal vessel for culinary purposes (My.).

ಬೋಸಿ bôsi. 2. Tbh. of ಭೋಜ. (My.).

ಬೋಹಣಿಸು bôhaṇisu. To tune, as a maddaḷe (Bp. 12, 41).

ಬೋಹರಿಸು bôharisu. To surround (Râm. 5, 8, 49; Mhr. ಭೋವಡಣೇಂ, to whirl, etc.; ಭೋವರಾ, a whirligig, etc.).

ಬೋಳಯಿಸು bôḷayisu. = ಬುಲ್ಲವಿಸು, etc., (ಬೋಸರಿಸು), ಬೋಳಯ್ಸು, ಬೋಳವಿಸು. To court, to coax, to caress, to fondle, to pat. ಬೋಳಯಿಸುವಲ್ಲಿ ಎನ್ನೊಡನುನಯದಲ್ಲಿ ಐ ಎಮ್ಮ ಅವ್ವ

ಯಮುಕ್ಕುಂ (Nr.). ಹಾಲನೆಬಿದರೆ ಕುಡಿಯಲೊಲ್ಲದ ಬಾಲಕನ ತೆಱನ ನ್ತೆ ಮನವಿದು ಕೇಳಲೊಲ್ಲದು ಹಿತವನಱಿಯದ ಮೂರ್ಖನನ್ತದಲಿ; ಬಾಲಕಿಯನುವಲಾಲಿಸುವ ಪೋಲ್ ಬೋಳಯಿಸಿ ತನ್ನೊಳಗೆ ಮಾಡಲು ಮೇಲೆ ಮೇಲದು ಮೆಲ್ಲ ಮೆಲ್ಲನೆ ಕೇಳ ತೊಡಗುವದು (Abhâ. 1, 7). See Grj. 2, after 106; Bp. 2, 33; Rśv. 6, after 11, twice; Râm. 3, 6, 48.

ಬೋಳಯಿಸುಹ bôḷayisuha. Courting, etc. (ಅನುನಯ, ಖಲು Nr.).

ಬೋಳಯ್ಸು bôḷaysu. = ಬೋಳಯಿಸು, etc. (Râm. 3, 7, 24; J. 2, 14; 12, 51).

ಬೋಳವಿಸು bôḷavisu. = ಬೋಳಯಿಸು, etc. (Bh. 8, 24, 49).

ಬೋಳೆತನ bôḷĕtana. Simplicity, silliness (B. 5, 42; Mhr. ಭೋಳಾ, simple, weak, silly; see s. ಬೊಲ್ಲ).

ಬೋೞ್ bôḻ. A (sort of) bow (ಚಾಪ Śmd. I).

ಬೋೞ bôḻa. 1. Death (ಮಿಱ್ತು Śmd. I; ಮೃತ್ಯು Bhn. 20; Râm. 4, 3, 17; T. ಮುಂಡು, ಮೂಡು, Tĕ. ಬುಂಗು, ಬ್ರುಂಗು, to die; *cf.* ಪೊನ್ದು).

ಬೋೞ bôḻu-as. 2. A man with a bald or shaven head; bald, shaven; uncovered (ಮುಣ್ಡ Śmd. I; ಮುಣ್ಡ, ಮುಣ್ಡಿತ Nr.). ಟೆಸ್ಟೇ ಬೋೞ ಮದನ ಗೋಪಾಲ (Prv.).— ಬೋೞಂಗಡಲೆ. -ಂ-ಕಡಲೆ. N. of a medicinal plant (My.). — ಬೋೞಜಂಗಮ. = ಬೋಡಿಜಂಗಮ. (My.). — ಬೋೞದಲೆ. -ತಲೆ. A shaven, bald head (My.); an uncovered head (My.). — ಬೋೞದಾಸಯ್ಯ. Dâsayya with a shaven head (see Prv. s. ಮೇಲುಗೋೞ). — ಬೋೞದೇವರು. A bald or crownless deity or idol. See Prv. s. ಜಡೆದೇವರು. — ಬೋೞಪತ್ರಿ. A common roadside plant, Erigeron asteroides Roxb. (Z.). — ಬೋೞಪ್ಪ. -ಅಪ್ಪ. N. ಬಾಯೀ ಹಣ್ಣು ತಿನ್ನ ಬೇಕಾದರೆ ಬೋೞಪ್ಪನಾಯಕನ ಅಪ್ಪಣೆ ಬೇಕೇ? (Prv.). — ಬೋೞಮಣ್ಡೆ. A shaven, bald head (Abh. P. 4, 31). — ಬೋೞಮಾಳಿಗೆ. The flat roof of a house without a balustrade (My.).

ಬೋೞ bôḻa. = ಬೋೞು. Tbh. of ಪೋಲ. (ಒನ್ದು ಔಷಧಿ Śmd. I; ಗೋಲಿರಸ, ಪಿಣ್ಡ, etc. Nr.).

ಬೋೞತರ bôḻatara. = ಬೋಡತರ, q. v. Sphaeranthus hirtus Willd. (ಮುಣ್ಡಿ Śmd. I; ವತ, ಮುಣ್ಡಿ, ಭಿಕ್ಷು Mr. 130; Sk. ಮುಣ್ಡೀ, ಭಿಕ್ಷು, ಶ್ರಾವಣೀ, ಮಹಾಶ್ರಾವಣಿಕಾ & ಕೋಕಿಲಾಕ್ಷ are synonyms of doubtful meaning).

ಬೋೞಿ bôḻi (= ಬೋಡಿ). A head-shaven woman, a widow (My.). ಬೋೞಿ ತುಱುಬ ನೆನಸಿ ಕೊಣ್ಡ ಹಾಗೆ.— ಬೋೞಿಗೆ ಹಾಯುಮನೆ ಆದರೇನು? ಕೂೞು ಸಿಕ್ಕಿದರೆ ಸರಿ. — ಬೋೞಿಗೆ ಸುಂಕವಿಲ್ಲ, ಸೂಳೆಗೆ ಕರುಣವಿಲ್ಲ.— ಬಾಱಿಗೆ, ಕಾಳಿಯಾದರೇನು? ಬೋೞಿಯಾದರೇನು?, ನೀರು ಹೊಯಿದರೆ ಸರಿ.— ಬೇಳೇ ಸಾಱಾದರೆ ಬೋೞಿಗೆ ಆಗದೇ?— ನೀಳದಱ ನೆರಳೂ ಬೋೞಿಯ ಮಾತೂ ಗಾಳಿಯ ಹಾಗೆ.— ಬಣ್ಣಾರದ್ರೋಹ ಮಾಡಿ, ಬೋೞಿಮುಣ್ಡೇ ಮಱೆ ಬಿದ್ದ.— ಕೂೞು ತೆಗದ ಮೇಲೆ, ಬೋೞೀ ಮಗ! ಅನ್ದರೆ, ಕೇಳ್ಯಾನೇ? (Prvs.).

ಬೋೞಿಸು bôḻisu. To shave (especially the head, Śmd 223; My.; Mhr. ಬೋಡಣೇಂ). ಬೋೞಿಸಿದುದು (ಮುಣ್ಡಿತ, ಪರಿವಾಪಿತ Nr.). ಬೋೞಿಸಲ್ ಪಟ್ಟನು (ಮುಣ್ಡಿತ, ಪರಿವಾಪಿತ Si. 376). ಕಣ್ಣ ಕಣ್ಣವರಿಗೆಲ್ಲ ಹಲ್ಲು ಕಿಂದರೂ ಗಣ್ಡ ಸತ್ತ ಮುಣ್ಡೆಗೆ ಬೋೞಿಸದೇ ಬಿಡರು.— ತಿರುಪತಿಕ್ಷೌರಕರು ತಲೇ ಬೋೞಿಸಿದ ಹಾಗೆ (who cunningly first shave only a small portion of the head of their customers, Prvs.). See ತಲೆ-; Bp. 38, 14; B. 4, 165. 167; Śmd. s. ಮೂಗೋೞು (where ಬೋೞಿಸು = ಬೋೞಿಸಿ ಕೊಳ್ಳುಗೆ). — ಬೋೞಿಸಿ ಕೊಳ್ಳು. To have one's head shaved (C.).

ಬೋೞಿಸುಹ bôḻisuha. Shaving (ಕ್ಷೌರ, ಭದ್ರಾಕರಣ, ಮುಣ್ಡನ, ವಪನ Hlâ.).

ಬೋೞು bôḻu. (= ಬೋಡು). A bald, close-shaved state;—a bare, roofless, leafless, treeless state. — ಬೋೞುತಲೆ. = ಬೋೞದಲೆ. ತಲೇ ಮೇಲೆ ಕೂದಲು ಬೆಳೆಯದ ಬೋೞುತಲೆಯವನು (ಮುಣ್ಡ, ಮುಣ್ಡಿತ Si. 198). — ಬೋೞುಬೆಟ್ಟ. A treeless hill (My.). — ಬೋೞುಮನೆ. A roofless house. ಬೋೞುಮನೆ ಗಾಳಿಗೆ ಅಂಜೀತೇ? (Prv.). — ಬೋೞುಮರ. A leafless tree (My.). — ಬೋೞುಮುಣ್ಡೆ. A close-shaved widow. ಬಾಱುವವರ ಮುನ್ದೆ ಬೋೞುಮುಣ್ಡೆ ಬಯ್ದು ಕೊಣ್ಡು ಅತ್ತ ಹಾಗೆ (Prv.). — ಬೋೞುಹಾರುವ. A vaidika Brâhmaṇa with an uncovered head (My.). ಆನೆ ಕಡಿಯುವೆನೇ? ಗಜಲಕ್ಷ್ಮಿ! ಕುದುರೆ ಕಡಿಯುವೆನೇ? ಅಶ್ವಲಕ್ಷ್ಮಿ! ಸಿಪಾಯಿಗಳನ್ನು ಸರಿಯೇ ಸರಿ! ತಾನಿನ್ನ್ಯಾರನ್ನ ಕಡಿಯಲಿ? ಅನ್ದರೆ ಕಡಿಯಲೇ ಬೋೞು ಹಾರುವನ! (Prv.).

ಬೋೞು bôḻu. = ಬೋೞ. (ಬೋಲ Mr. 144).

ಬೋೞೆ bôḻĕ. 1. An arrow with a point or head in the form of a flower-leaf (ಒನ್ದಮ್ಬಿನ ಭೇದಂ Śmd. I; ಶರಭೇದ Bhn. 20; ಕ್ಷುರಪ್ರ Mr. 296; Bh. 8, 23, 15). — ಬೋೞೆಯಮ್ಬು. -ಅಮ್ಬು. = ಬೋೞ್. (Bh. 8, 24, 49; Śśv. 3, 26). ಕ್ಷುರಪ್ರ ಎಮ್ಬುದು ಬೋೞೆಯಮ್ಬು; ಅರ್ಧಚನ್ದ್ರ ಕ್ಷುರಪ್ರ ಇವು ಮೊದಲಾಗುಳ್ಳುವು ಹೂವಿನೆಲೆಯ ಆಕಾರದ ಭೇದದ ಮೊನೆಯ ಅಮ್ಬುಗಳು (Hlâ.).

ಬೋೞೆ bôḻĕ. 2. (= ಬೋೞು). The state of being without hair, etc. — ಬೋೞೆಯ. -ಅ3. A male who has no eye-lashes (for shutting the eyes), whose eyes are always open: a deity (ಬಿಡುಗಣ್ಣವ, ಅಗಸವಟ್ಟಿಗ, ಸಗ್ಗಿಗ, ಬರ್ದಿಲ, ಸುರ Śm. 9; ಅಮರ Bhn. 63). See Śmd. s. ನೀಡ್ದಿರಿಸು. — ಬೋೞೆಯರೋಜ. -ಓಜ. The teacher of the gods: Bṛihaspati (ಗುರು Śm. 17).

ಬೌದ್ಧ bauddha. (fr. ಬೋಧ & ಬುದ್ಧ). Relating to intellect or understanding. 2, relating to Buddha (Si. 48). 3, a Buddhist, a follower of the religion of Buddha; a Buddha (ಜಿತಕಾಮ, ಬುದ್ಧ Nn. 44; ಬುದ್ಧ Mr. 23). 4, the ninth avatâra of Vishṇu (Mr. 19). ಬೌದ್ಧನಾದರೂ ಬುದ್ಧಿ ಇರಬೇಕು (Prv.). See Bp. 50, 18. 20. 62. 65; 51, 55; 53, 10. 51.

ಬೌದ್ಧತಪ bauddha-tapa (= tapas). The world of Bauddhas (? ಚೈತ್ಯ Mr. 485).

ಬೌದ್ಧಧರ್ಮ bauddha-dharma. The religion of Buddha (B. 4, 213).

ಬೌದ್ಧಮಾರ್ಗ bauddha-mârga. The Buddhistic (Jaina) ways or customs (Bp. 50, 60).

ಬ್ಯಗ್ರ byagra. = ವ್ಯಗ್ರ. (Bp. 22, 15).

ಬ್ಯಸನ byasana. = ವ್ಯಸನ. (Bp. 22, 26; 44, 64).

ಬ್ಯಾ byâ. (= ಬೇ 2). The cry of a goat (S. Mhr.; *cf.* ಬೆಕ್ಕರಿಸು, ಮೇ 3). — ಬ್ಯಾ ಆ ಆ. The bleat of a sheep (S. Mhr.).

ಬ್ಯಾಕುಲ byâkula. = ವ್ಯಾಕುಲ. (Bp. 41, 16).

ಬ್ಯಾಕುಲಿತ byâkulita. = ವ್ಯಾಕುಲಿತ. (Bp. 58, 60).

ಬ್ಯಾಲ byâla. = ವ್ಯಾಲ. (Bp. 59, 33).

ಬ್ರಜ braja. = ವ್ರಜ. (Ĉh. v. 307). See ತಿಪಿ-.

ಬ್ರಣ braṇa. = ವ್ರಣ. (Bp. 60, 28).

ಬ್ರತ brata. = ವ್ರತ. (Nn. 82; Bp. 44, 28; 60, 28; see ದೃಢ-). — ಬ್ರತಗೇಡಿ. -ಕೇಡಿ. A person who violates any religious vow (Bp. 45, 20).

ಬ್ರತಿ brati. = ವ್ರತಿ. ಬ್ರತಿಗಳ ಕೋಲು (ಆಷಾಢ); ಬ್ರತಿಗಳ ಆಸನವು (ವೃಷಿ Hlâ.).

ಬ್ರತೆ bratĕ. = ವ್ರತೆ. See ಪತಿ-.

ಬ್ರಧ್ನ bradhna. Reddish yellow, bay, fallow. 2, *the sun.* 3, = ಬುಧ್ನ, the root of tree. 4, the body. 5, *one of Śiva's attendants;* Śiva. See ಏಷ-.

ಬ್ರಹಸ್ಪತಿ brahaspati. Tbh. of ಬೃಹಸ್ಪತಿ. (My.; B. 5, 174).

ಬ್ರಹ್ಮ brahma. = ಬರಮು, ಬರ್ಮ, ಬೊಮ್ಮ, ಬೊಮ್ಮ. A vedic text or mantra. 2, *the vêdas* (ವೇದ, ಚತುರ್ವೇದ Nn. 79; ವೇದ Mr. 502). 3, the aggregate of the śâstras (ಆಗಮ ತತಿ, ಆಗಮಗಳು 79). 4, *religious knowledge* (ಜ್ಞಾನ, ಸುಜ್ಞಾನ 79). 5, good, pure conduct (ಚಾರಿತ್ರ, ಶುದ್ಧಮಪ್ಪ ಚರಿತ್ರ 79). 6, that which is very graceful, pleasant, serene (ಸುಲಲಿತ, ನಿರ್ಮಲವು 79). 7, *liberation from mundane existence or further transmigration* (ಮೋಕ್ಷ, ಮುಕ್ತಿ 79). 8, *the practice of austerity or penance.* 9, food (ಓದನ, ಅಶನ 79). 10, *the impersonal essence and source of all being, the substratum of the world* (ವಸ್ತು 502). 11, the soul of the universe (ಅಧ್ಯಾತ್ಮವು 502, neuter, ಬ್ರಹ್ಮವು; *cf.* No. 15).—(from here *masculine,* ಬ್ರಹ್ಮ, ಬ್ರಹ್ಮನು): 12, *a Brâhmaṇa* (ವಿಪ್ರ, ಬ್ರಾಹ್ಮಣ 79; ದ್ವಿಜ 502). 13, *Brahmâ, the personal deity, the first deity of the Hindu triad,* the creator (ಅಜ, ಬ್ರಹ್ಮನು 79; ಅಜ 502; Bp. 54, 64). 14, a man who knows the highest truth (ಅಧ್ಯಾತ್ಮಕ, ಪರಮಾರ್ಥವ ಬಲ್ಲಾತನು 79). 15, the supreme soul (ಪರಮಾತ್ಮನು, ಆತ್ಮನು 79; *cf.* No. 11). 16, the chief or best (ಮುಖ್ಯನು 79). 17, Vishṇu, Kṛishṇa (ಶ್ರೀನಾರೀಕಾನ್ತ, ಕೃಷ್ಣನು 79). — ಬ್ರಹ್ಮಂ. = ಬ್ರಹ್ಮ. (Čh. p. 96 in two MSS.). — ಬ್ರಹ್ಮಗಣ್ಟೆ. = ಬಹ್ಮಗಣ್ಟಿ. (My.). — ಬ್ರಹ್ಮಗಣ್ಣು. The peculiar knot made by Vaishṇavas in joining the two ends of the sacrificial thread (My.). — ಬ್ರಹ್ಮಗಣ್ಡಿ. = ಬ್ರಹ್ಮದಣ್ಡಿ. (My.). — ಬ್ರಹ್ಮಗಮ್ಬ. -ಕಮ್ಬ. The fastening together of the ends of a a dôtra, etc. by sewing, after having severed the worn out back part (My.). — ಬ್ರಹ್ಮ. The metrical foot - - (Čh.).

ಬ್ರಹ್ಮಕಂಕಣ brahma-kaṅkaṇa. A kind of lute. See Nr. s. ಬಾಜಾಸು.

ಬ್ರಹ್ಮಕಲ್ಪ brahma-kalpa. The age of Brahmâ. (My.).

ಬ್ರಹ್ಮಕೈವರ್ತಪುರಾಣ brahma-kaivarta-purâṇa. = ಬ್ರಹ್ಮವೈವರ್ತಪುರಾಣ. (Bp. 43, 76; Vivêkačintâmaṇi 1, 17; My.).

ಬ್ರಹ್ಮಗಣ brahma-gaṇa. A class of metrical feet (Čh.).

ಬ್ರಹ್ಮಚರ್ಯ brahma-čarya. Religious studentship, the condition of a young Brâhmaṇa in the first period of his life. 2, *religious self-restraint, abstinence, chastity.* 3, a religious student. ಇನ್ದ್ರಿಯವ ನಿಗ್ರಹಿಸೆ ಬ್ರಹ್ಮಚರ್ಯ ಮೆನಿಕ್ಕು (Mr. 248).

ಬ್ರಹ್ಮಚಾರಿ brahma-čâri. A Brâhmaṇa who practises chastity, especially *a religious student or young Brâhmaṇa in the first period of his life, from the time of his investiture with the sacrificial thread till he marries and becomes a householder.*

ಬ್ರಹ್ಮಜ್ಞಾನ brahma-jñâna. Knowledge of the soul of the universe. (My.).

ಬ್ರಹ್ಮಜ್ಞಾನಿ brahma-jñâni. One who possesses the knowledge of the universal soul. (My.).

ಬ್ರಹ್ಮಣ್ಯ brahmaṇya. *Fit for a Brâhmaṇa.* 2, *the Indian mulberry tree, Morus indica* (see Si. 181). 3, the grass Saccharum munja Roxb.

ಬ್ರಹ್ಮತಿ brahmati. Tbh. of ಬ್ರಹ್ಮಹತ್ಯೆ. (Bp. 54, 39).

ಬ್ರಹ್ಮತೇಜಸ್ brahma-têjas. The glory or lustre supposed to surround a Brâhmaṇa; the glory or power of Brahma. (My.).

ಬ್ರಹ್ಮತ್ಯ brahmatya. = ಬ್ರಹ್ಮತಿ.

ಬ್ರಹ್ಮತ್ಯಕಾರಿ brahmatya-kâri. The murderer of a Brâhmaṇa (Bp. 40, 55).

ಬ್ರಹ್ಮತ್ವ brahmatva. The office of a Brâhmaṇa or chief priest;—the state or condition of a Brâhmaṇa, brahmanhood. 2, *identification with, or the state of, Brahma.*

ಬ್ರಹ್ಮದಣ್ಡಿ brahma-daṇḍi. A thistle growing on roadsides, Echinops echinatus D. C. (Z.; My.).

ಬ್ರಹ್ಮದರ್ಭೆ brahma-darbhĕ. *Bishop's weed, Ligusticum ajowan* Roxb. (see ಓಮು and ಯವಾನಿ).

ಬ್ರಹ್ಮದಾರು brahma-dâru. *The Indian mulberry tree, Morus indica.* 2, the tree Ficus religiosa Lin. (My.).

ಬ್ರಹ್ಮಪಣ್ಡಿತ brahma-paṇḍita. N. (Bp. 56, 42).

ಬ್ರಹ್ಮಪುತ್ರ brahma-putra. N. of a river. 2, *a kind of vegetable poison.*

ಬ್ರಹ್ಮಪುರ brahma-pura. The town of Berhampore (B. 3, 21).

ಬ್ರಹ್ಮಪುರಿ brahma-puri. A city the inhabitants of which are Brâhmaṇas (Bp. 56, 45).

ಬ್ರಹ್ಮಬನ್ಧು brahma-bandhu. *A contemptible Brâhmaṇa;* a Brâhmaṇa only in name (ದ್ವಿಜಾಧಮ Mr. 254).

ಬ್ರಹ್ಮಬಿನ್ದು brahma-bindu. *A drop of saliva sputtered while reciting the vêda.*

ಬ್ರಹ್ಮಬ್ರುವ brahma-bruva. = ಬ್ರಾಹ್ಮಣಬ್ರುವ. (ಪಾರ್ವನೆನೆ ತನ್ನ ಜಾತಿಯಂ ತೋಱ ಬಾಳ್ವಂ Mr. 254).

ಬ್ರಹ್ಮಭೂಯ brahma-bhûya. *The becoming Brahma, identification or identity with Brahma, absorption into Brahma.*

ಬ್ರಹ್ಮಮೇಡಿ brahma-mêḍi. (ಕಾಕೋದುಮ್ಬರಿಕೆ, ಫಲ್ಗು, etc., ಕಲ್ಲತ್ತಿ, ಕಾಗಿಮೇಡಿ Si. 187).

ಬ್ರಹ್ಮಯಜ್ಞ brahma-yajña. *The recital of vedic texts.*

ಬ್ರಹ್ಮರನ್ಧ್ರ brahma-randhra. A suture or aperture in the crown of the head and through which the soul is said to escape on death. (My.).

ಬ್ರಹ್ಮರಶ್ಮಿ brahma-raśmi. The rays of light, or splendor, of Brâhmaṇas (Bh. 1, 10, 2).

ಬ್ರಹ್ಮರಾಕ್ಷಸ brahma-râkshasa. A kind of evil demon, a fiend of the Brâhmaṇas, the ghost of a Brâhmaṇa who in his lifetime indulged a haughty and disdainful spirit. (J. 16, 23. 28. 29; My.). ಅರಳೀ ಮರಾ ನೋಡಲೋ? ಬ್ರಹ್ಮರಾಕ್ಷಸನ್ನ ನೋಡಲೋ? (Prv.).

ಬ್ರಹ್ಮಲೋಕ brahma-lôka. The world, or heaven, of Brahmâ. (My.).

ಬ್ರಹ್ಮವನ್ತ brahma-vanta. A possessor of religious learning: a Brâhmaṇa (ಬ್ರಾಹ್ಮಣ Mr. 248).

ಬ್ರಹ್ಮವರ್ಚಸ brahma-varčasa. Divine splendor or glory: *eminence resulting from the study and observance of the* *vêdas.* 2, a man possessing that eminence (ಆಚಾರಮಾರ್ಗ ತನ್ನುವನಬಿಟವನ್ ಆವನೊರ್ವಂ Mr. 248).

ಬ್ರಹ್ಮವರ್ತನ brahma-vartana. The profession or conduct of Brâhmaṇas (Bp. 55, 42).

ಬ್ರಹ್ಮವಿದ್ಯೆ brahma-vidyĕ. Knowledge of Brahma: the vêda and vêdânta (My.).

ಬ್ರಹ್ಮವೀಣೆ brahma-vîṇĕ. A sort of lute (My.).

ಬ್ರಹ್ಮವೃಕ್ಷ brahma-vṛiksha. *The tree Butea frondosa* Roxb. (ಪಲಾಶ, ಮುತ್ತುಗ Mr. 115). ಅಶ್ವತ್ಥಾಕಾರಮಪ್ಪ ಬ್ರಹ್ಮವೃಕ್ಷಂ (ಲೋಧ್ರ, ತೂದ, ಪೂಗ, ಕ್ರಮುಕ Nr.).

ಬ್ರಹ್ಮವೈವರ್ತಪುರಾಣ brahma-vaivarta-purâṇa. = ಬ್ರಹ್ಮಕೈವರ್ತಪುರಾಣ. N. of a Purâṇa, containing prayers and invocations addressed to Kṛishṇa, descriptions of Vṛindâvana, etc., with tedious narratives about Kṛishṇa and his love for the gôpîs and Râdhâ.

ಬ್ರಹ್ಮಶಿರೋಸ್ತ್ರ brahma-śiras-astra. N. of a mythical weapon. (Śšv. 5, 45).

ಬ್ರಹ್ಮಶೌಚ brahma-śauča. An unnecessarily dilatory procedure in making ablutions after easing nature (My.).

ಬ್ರಹ್ಮಸಾಯುಜ್ಯ brahma-sâyujya. *Intimate union or identification with Brahma.*

ಬ್ರಹ್ಮಸು brahma-su. ಬ್ರಹ್ಮಸೂ. Brahmâ's son: Kâma. 2, *Aniruddha, the son of Kâma.*

ಬ್ರಹ್ಮಸೂತ್ರ brahma-sûtra. *The sacrificial thread.* 2, the vêdânta sûtras.

ಬ್ರಹ್ಮಸ್ವ brahma-sva. Property (money, lands, etc.) belonging to Brâhmaṇas. (My.).

ಬ್ರಹ್ಮಹತಿ brahma-hati. = ಬ್ರಹ್ಮಹತ್ಯೆ. (J. 20, 2).

ಬ್ರಹ್ಮಹತ್ಯ brahma-hatya. = ಬ್ರಹ್ಮಹತ್ಯೆ. (J. 7, 14; My.).

ಬ್ರಹ್ಮಹತ್ಯೆ brahma-hatyĕ. = ಬೊಮ್ಮೇತಿ, ಬ್ರಹ್ಮತಿ, ಬ್ರಹ್ಮತ್ಯ, ಬ್ರಹ್ಮೇತಿ. Killing a Brâhmaṇa (Sk.).

ಬ್ರಹ್ಮಾಂಜಲಿ brahma-añjali. *Joining the hollowed hands together while repeating the vêda, in token of homage.*

ಬ್ರಹ್ಮಾಣಿ brahmâṇi. *The śakti or personified female energy of Brahmâ, the wife of Brahmâ.*

ಬ್ರಹ್ಮಾಣ್ಡ brahma-aṇḍa. = ಬೊಮ್ಮಾಣ್ಡ. The egg of Brahmâ: the universe. (Bp. 2, 15; J. 13, 47). ಬ್ರಹ್ಮಾಣ್ಡವಾದಸ್ಥಾಡ್ಡು ಗುಡಾಣದಲ್ಲಿ ಹಿಡದೀತೇ? (Prv.). 2, a great quantity, excess (My.). — ಬ್ರಹ್ಮಾಣ್ಡಕಾಯಿಗಿಡ. (ಉದುಮ್ಬರ, etc., ಅತ್ತಿಮರ, ಹುಡುವುಳ್ಳ ಅಂಜೂರ Si. 126).

ಬ್ರಹ್ಮಾಣ್ಡಘಟ brahmâṇḍa-ghaṭa. The universe looked upon as a large earthen jar (J. 4, 18).

ಬ್ರಹ್ಮಾಣ್ಡಪುರಾಣ brahmâṇḍa-purâṇa. N. of a Purâṇa, containing an account of the egg of Brahmâ and the future kalpas. (Bp. 43, 76).

ಬ್ರಹ್ಮಾನನ್ದ brahma-ânanda. Joy in Brahma, rapture of absorption in Brahma. (My.).

ಬ್ರಹ್ಮಾಮ್ಲಿಕೆ brahma-âmlikĕ. The monkey-bread tree, Adansonia digitata L. (St. & Pl.).

ಬ್ರಹ್ಮಾರ್ಪಣ brahma-arpaṇa. Recitation of a mantra at the end of a śrâddha, dedicating all its ceremonies to Brahma (My.). ತುತ್ತು ತುತ್ತಿಗೆ ಬ್ರಹ್ಮಾರ್ಪಣವೋ? (Prv.).

ಬ್ರಹ್ಮಾಸನ brahma-âsana. *A particular posture suited to devout religious meditation.*

ಬ್ರಹ್ಮಾಸ್ತ್ರ brahma-astra. = ಬೊಮ್ಮಾಸ್ತ್ರ. N. of a fabled weapon which deals infallible destruction. (J. 13, 16; 18, 6). 2, a particular kind of incantation. ಗುಬ್ಬೀ ಮೇಲೆ ಬ್ರಹ್ಮಾಸ್ತ್ರವೇ? (Prv.).

ಬ್ರಹ್ಮಿ brahmi. = ಬೊಮ್ಮಿ. Vishṇu. 2, the plant Aloe perfoliata (? ತುಪ್ಪಿ, ಸ್ಮರಣೆ Mr. 130, one MS. ಬ್ರಾಹ್ಮಿ, another one ಸ್ಮರಣೆ; in Sk. ಬ್ರಹ್ಮಿ is "a kind of vegetable", and "the plant Clerodendrum siphonanthus").

ಬ್ರಹ್ಮೇತಿ brahmêti. Tbh. of ಬ್ರಹ್ಮಹತ್ಯೆ. (My.). 2, one who has killed a Brâhmaṇa (My.). ಬ್ರಹ್ಮೇತಿ ಮಾಡುವವನು ಬ್ರಾಹ್ಮರಿಗೆ ಇಕ್ಕ್ಯಾನೇ? — ಒಡಲುರಿಯೊನ್ದು ಕಡೆ, ಬ್ರಹ್ಮೇತೀ ಕಾಟವೊನ್ದು ಕಡೆ. — ಕೋಪ ತಾಪಾ ತನ್ನು, ತಾಪ ಬ್ರಹ್ಮೇತೀ ತನ್ನು (Prvs.). See Prv. s. ಕಾಸು 2.

ಬ್ರಹ್ಮೇತಿಗಾಱ brahmêti-gâṟa. A man who kills or has killed a Brâhmaṇa (My.; see Prv. s. ಅಗಾತ್ಯಗಾಱ).

ಬ್ರಹ್ಮೇಶ್ವರ brahma-îśvara. A form of Śiva (Bp. 43, 49; 50, 19; 54, 64).

ಬ್ರಹ್ಮೋಪದೇಶ brahma-upadêśa. Instruction in, or communication of, mantras (J. 5, 30), especially of the gâyatrî (My.).

ಬ್ರಾತ brâta. = ವ್ರಾತ. (Bp. 34, 6; 52, 46).

ಬ್ರಾನ್ದಿ brândi. Brandy (Si. 348; My.).

ಬ್ರಾಹ್ಮ brâhma. *Relating to Brahma or Brahmâ.* 2, brahmanical. 3, a Brâhmaṇa (Mr. 254; My.; see ನೆಲದಮು ದುರ್ಗಣಿಸು; Prv. s. ಬ್ರಹ್ಮೇತಿ). 4, a form of marriage, that in which the bride, duly adorned and furnished, is bestowed freely on the bridegroom. 5, *the part of the hand sacred to the vêda, situated at the root of the thumb.*

ಬ್ರಾಹ್ಮಣ brâhmaṇa. = ಬರಾಮಣ, ಬಿರಾಮಣ. Brahmanical. 2, *a man who has vedic knowledge and acts according to it, a priest, a Brâhmaṇa* (Mr. 254; Bp. 55, 38). 3, that portion of the vêda which contains the sacrificial ritual together with legends and old stories (and to which the upanishads are attached). ಬ್ರಾಹ್ಮಣನಾದರೆ ಕಣ್ಣೀರು ಬಾರದೇ? — ಕರೀ ಬ್ರಾಹ್ಮಣನ ನಮ್ಬ ಬಾರದು, ಬಿಳೀ ಹೊಲೆಯನ ನಮ್ಬ ಬಾರದು. — ಜನಿವಾರ ಹಾಕಿ ಕೊಣ್ಡಾ ಕ್ಷಣ ಬ್ರಾಹ್ಮಣನಾದನೇ? (Prvs.). See Sp. s. ಸರಿಪಾಲು.

ಬ್ರಾಹ್ಮಣತ್ವ brâhmaṇatva. Brahmanhood, the state or condition of a Brâhmaṇa, the rank or dignity of a Brâhmaṇa. (My.).

ಬ್ರಾಹ್ಮಣಬ್ರುವ brâhmaṇa-bruva. = ಬ್ರಹ್ಮಬ್ರುವ. *Calling one's self a Brâhmaṇa, a Brâhmaṇa only in name, a Brâhmaṇa by birth but not by attention to his duties.* See Hlâ. s. ಪಾರ್ವ.

ಬ್ರಾಹ್ಮಣಯಷ್ಟಿಕೆ brâhmaṇa-yashṭikĕ. *The shrub Clerodendrum siphonanthus* R. Br.

ಬ್ರಾಹ್ಮಣವೃತ್ತಿ brâhmaṇa-vṛitti. The conduct or practice of Brâhmaṇas (My.).

ಬ್ರಾಹ್ಮಣಾರ್ಥ brâhmaṇa-artha. The dinner at a śrâddha (My.).

ಬ್ರಾಹ್ಮಣಿ brâhmaṇi. A woman of the brahmanical caste. (My.). 2, *the shrub Clerodendrum siphonanthus* R. Br.

ಬ್ರಾಹ್ಮಣಿಕೆ brâhmaṇikĕ. = ಬ್ರಾಹ್ಮಣತ್ವ. (My.). ಬ್ರಾಹ್ಮಣಿಕೆ ಹೊಲ್ಲ ಕೆಯ್ವುದು (ಅಬ್ರಹ್ಮಣ್ಯ, ಅವಧ್ಯ Hlâ.).

ಬ್ರಾಹ್ಮಣ್ಯ brâhmaṇya. The state or rank or business of a Brâhmaṇa, the dignity of a Brâhmaṇa, brahmanhood. 2, *a multitude or assembly or congregation of Brâhmaṇas.* See Bp. 55, 39. 41.

ಬ್ರಾಹ್ಮಿ brâhmi. *The śakti or personified energy of Brahmâ.* 2, *Sarasvati, Brahmâ's wife.* 3, *the moon-plant, Asclepias acida* Roxb. (see Śi. 156). 4, the shrub Clerodendrum siphonanthus R. Br. 5, Tbh. of ಬ್ರಾಹ್ಮ್ಯ.

ಬ್ರಾಹ್ಮೀಮುಹೂರ್ತ brâhmî-muhûrta. Tbh. of ಬ್ರಾಹ್ಮ್ಯಮುಹೂರ್ತ. (My.).

ಬ್ರಾಹ್ಮ್ಯ brâhmya. = ಬ್ರಾಹ್ಮ. 2, = ಬ್ರಾಹ್ಮಣಿಕೆ (Bp. 3, 62. 71).

ಬ್ರಾಹ್ಮ್ಯಪುರಾಣ brâhmya-purâṇa. N. of a Purâṇa, revealed by Brahmâ to Daksha, for the promotion of the worship of Kṛishṇa. (Bp. 43, 76).

ಬ್ರಾಹ್ಮ್ಯಮುಹೂರ್ತ brâhmya-muhûrta. The hour preceding sun-rise, dawn.

ಬ್ರುವ bruva. Saying, speaking; calling one's self by a name without any real title to it. See ಬ್ರಹ್ಮ-, ಬ್ರಾಹ್ಮಣ-.

ಬ್ರೈಹೇಯ braihêya. = ಬ್ರೈಹೇಯ. (Ōpr. 1, 89).

ಭ್

BH

ಭ್ bh. The forty-fourth letter of the Alphabet (Śmd. 12. 21. 23). In Kannaḍa it is used only in a few imitative sounds, *e. g.* in ಭೋರೆನೆ (22); it appears in a few Tadbhavas, and in a few other words together with ಬ್ (24).

ಭ bha. The letter ಭ್ pronounced with a short a, as is generally done at school.

ಭ bha. Shining; appearing; likeness, resemblance, see ತನ್ನು-, ನಿ-. 2, *a star* (Mr. 37). 3, N. of a metrical foot (Ch.; Mr. 363). 4, the number 4 (Mr. 349). 5, the number 27.

ಭಂ bham. = ಭು, etc. (My.).

ಭಕಾರ bha-kâra. The letter or syllable ಭ (Śmd. 11).

ಭಕುತಿ bhakuti. = ಬಕುತಿ. Tbh. of ಭಕ್ತಿ (Śmd. 336 Mdb.). — ಭಕುತಿ ಗಳುತಿ reit. (Bp. 60, 21).

ಭಕ್ತ bhakta. = ಬಕುತ, ಬಗುತ. Assigned, allotted, apportioned, distributed;—shared, divided;—occupied with; —attached to, devoted to. 2, a man devoted to, a follower of, a worshipper, a votary (Bp. 22, 46; 38, 63; 53, 20. 68; 55, 21; 57, 66). Feminines ಭಕ್ತೆ (Bp. 40, 9; 48, 27; 57, 7. 56. 66; Rśv. 13, after 95), ಭಕ್ತಳು (My.). ಭಕ್ತನಾದವಗೆ ಬಕ್ಕರಿ ಸಿಕ್ಕದೇ?—ಭಕ್ತನಿಗೆ ಭುಕ್ತಿ, ಶಕ್ತನಿಗೆ ಶಕ್ತಿ (Prvs.). 3, dressed, cooked; *boiled rice;* food; a meal.

ಭಕ್ತತನ bhaktatana. The state of being a votary, devotedness (Bp. 3, 61).

ಭಕ್ತವತ್ಸಲ bhakta-vatsala. Kind to worshippers, etc. (J. 11, 36).

ಭಕ್ತವತ್ಸಲತೆ bhakta-vatsalatĕ. Kindness shown to worshippers, etc. (Śśv. 4, 70).

ಭಕ್ತಸಿಕ್ಥ bhakta-siktha. *A mouthful of rice kneaded into a ball.*

ಭಕ್ತಸಿಕ್ಥಕ bhakta-sikthaka. = ಭಕ್ತಸಿಕ್ಥ. *A lump or boiled rice, etc.* See ಅಗುಳು.

ಭಕ್ತಿ bhakti. = ಬಕುತಿ, ಭಕುತಿ. Allotment, partition, division, separation; separating into; division, share; the being a part of, belonging to. 2, *devotion, devotedness, attachment, loyalty, loving faith;* love, affection, fondness for; reverence, homage, worship (ನೇರಿದು Ōt. I, 75, o. r. ನೇರಿತು; Bp. 57, 65; 60, 47). ಭಕ್ತಿಯಿಂದ್ದ ಮುಕ್ತಿ, ಯುಕ್ತಿಯಿಂದ್ದ ಉಕ್ತಿ (Prv.). See Prv. s. ಭಯ.

ಭಕ್ತಿಕ bhaktika. Relating to worship or devotion (Bp. 5, 7).

ಭಕ್ತಿತ್ರಯ bhakti-traya. Devotion to guru, liṅga and jaṅgama (Bp. 6, 9; 21, 2; 36, 3; 39, 71; 61, 70).

ಭಕ್ತಿದೀಪಕ bhakti-dîpaka. A lamp of devotion (Bp. 8, 17).

ಭಕ್ತಿಭಾವ bhakti-bhâva. A devoted mind (Śśv. 4, 101).

ಭಕ್ತಿಮಾರ್ಗ bhakti-mârga. The way of loving faith, etc. (Bp. 47, 56; My.).

ಭಕ್ತಿರಸ bhakti-rasa. Sense of devotion, feeling of loving faith (ಸ್ವಸ್ತ್ರೀಯ Nn. 124; My.).

ಭಕ್ತಿವನ್ತ bhakti-vanta. A man who possesses devotion, loving faith, or loyalty; a pious, religious man (My.).

ಭಕ್ತಿವಾಸನೆ bhakti-vâsanĕ. Knowledge of former devotion derived from memory (Bp. 50, 63; 61, 80; My.).

ಭಕ್ತಿವಿಹೀನ bhakti-vihîna. = ಭಕ್ತಿಹೀನ. (My.).

ಭಕ್ತಿವಿಹೀನತಿಕೆ bhakti-vihînatikĕ. = ಭಕ್ತಿಹೀನತೆ. (Bp. 60, 57).

ಭಕ್ತಿವಿಹೀನತೆ bhakti-vihînatĕ. = ಭಕ್ತಿಹೀನತೆ. (My.).

ಭಕ್ತಿಶಕ್ತಿ bhakti-śakti. The power of devotion (Bp. 58, 14).

ಭಕ್ತಿಹೀನ bhakti-hîna. Lacking in, or devoid of, devotion, piety, etc.;—a man lacking in devotion, etc. (Bp. 3, 32; 50, 64; 58, 20; My.). Feminines ಭಕ್ತಿಹೀನೆ, ಭಕ್ತಿಹೀನಳು (My.).

ಭಕ್ತಿಹೀನತೆ bhakti-hînatĕ. The state of being without devotion, etc. (Bp. 36, 16; My.).

ಭಕ್ಷ bhaksha. = ಬಕ್ಷ, ಬೊಕ್ಕ. Eating; drinking; a man who eats, etc.;—an eatable, especially one that has been seasoned in ghee (ತುಪ್ಪದಲ್ಲಿ ಕಾಳಿಸಿದವೆಲ್ಲ ಭಕ್ಷವೆನಿಕ್ಕು Mr. 216); food; drink, beverage. See ಸರ್ವ-. ಭಕ್ಷವಿಲ್ಲದಿದ್ದರೂ ದಕ್ಷಿಣೆ ಸಿಕ್ಕಿದರೆ ಸಾಕು.—ಬಗೆ ಬಗೇ ಭಕ್ಷ ಬಯಸಿದರೆ ಬನ್ದೀತೇ?—ಪ್ರಸ್ತಕ್ಕೆ ಭಕ್ಷ, ವೈಷ್ಣವರಿಗೆ ಕಕ್ಷ, ನಾರಾಯಣ ಅನ್ದವಗೆ ಮೋಕ್ಷ (Prvs.).

ಭಕ್ಷಕ bhakshaka. Eating, an eater, one who feeds or lives upon;—*voracious, gluttonous.* See ತಿನಾಳಿ.

ಭಕ್ಷಕಾರಿ bhaksha-kâri. A glutton (ತಿನಾಳಿ Mr. 231).

ಭಕ್ಷಣ bhakshaṇa. = ಬೊಕ್ಕಣ. *Eating.* 2, an eatable, especially a sweetmeat (My.). 3, a drinking vessel.

ಭಕ್ಷಣೆ bhakshaṇĕ. = ಭಕ್ಷಣ. ದಾಕ್ಷಿಣ್ಯವನ್ನನು ದಕ್ಷಿಣಕ್ಕೆ ಹೋದರೆ ಭಕ್ಷಣೆ ಸಿಕ್ಕೀತೇ?—ನಕ್ಷತ್ರಾ ತಿಳಿಯದಿದ್ದರೂ ಭಕ್ಷಣೆಯಲ್ಲಿ ಕಡಿಮೆ ಇಲ್ಲ (Prvs.).

ಭಕ್ಷಿತ bhakshita. *Eaten, devoured;*—food. (Bp. 61, 93).

ಭಕ್ಷಿಸು bhakshisu. To eat; to devour (Bp. 25, 16; 48, 69; My.).

ಭಕ್ಷ್ಯ bhakshya. Eatable, edible; an eatable, food, a cake, etc. (Bh. 1, 10, 24. 25; J. 6, 44). 2, water.

ಭಕ್ಷ್ಯಕಾರ bhakshya-kâra. *A baker.*

ಭಗ bhaga. *The sun* (ತಪನ, ಸೂರ್ಯ Nn. 52; ಸೂರ್ಯ Mr. 515). 2, fate, destiny (ಅದೃಷ್ಟ 52, o. r. ಅದೃಷ್ಟದುದು);—*good fortune, happy lot, prosperity, affluence* (ಐಶ್ವರ್ಯ 52; 515). 3, *dignity, majesty, excellence* (ಶ್ರೀ 515); *glory, fame* (ಕೀರ್ತಿ 52; ಯಶ 515). 4, *strength, vigour* (ಶಕ್ತಿ, ಸತ್ವ 52; ವೀರ್ಯ 515). 5, magnanimity (? ಮಾಹಾತ್ಮ್ಯ 52; 515). 6, *effort, energy.* 7, radiance, splendour (ಕಿರಣ, ತೇಜಸ್ 52; ಭರ್ಗ 515). 8, *love, affection.* 9, purity (ಪವಿತ್ರ, ಶುದ್ಧಮಪ್ಪುದು 52). 10, knowledge (ಜ್ಞಾನ, ಸುಜ್ಞಾನ 52; ಜ್ಞಾನ 515). 11, law, religion, etc. (ಧರ್ಮ, ಸುಧರ್ಮ 52; ಧರ್ಮ 515). 12, freedom from worldly passion (ವಿರಾಗ, ವೈರಾಗ್ಯ 52; ವೈರಾಗ್ಯ 515). 13, an ascetic (ಸಂಯಮಿ, ಯತಿ 52; ಯೋಗಿ 515). 14, final emancipation (ಮುಕ್ತಿ 52; 515). 15, *the female organs of generation* (ಯೋನಿ 52; 515). 16, prayer, etc. (ಜಪ, ಸ್ತೋತ್ರ 52). 17, that which is about to become (ಭವಿತವ್ಯ 52). 18, a deity (ಗೀರ್ವಾಣ, ದೇವತೆ 52).

ಭಗಣ bha-gaṇa. *The whole multitude of stars or constellations* (ದ್ವಿಜ, ನಕ್ಷತ್ರಂಗಳ್ Nn. 36; ನಕ್ಷತ್ರಂಗಳ್ 40; ಮೀನ್ Śm. 99); *the zodiac.* 2, N. of a metrical foot (Čh.).

ಭಗದತ್ತ bhaga-datta. N. of a prince (Śmd. 203; Bh. 7, 4 sum.).

ಭಗಂದರ bhaga-n-dara. = ಭಗೇಂದ್ರ. *A disease in which fistulas and ulcerous holes form in the private parts* (Mhr.). ಬಾಯಿನಿಂದ (by touch with the mouth) ಬಂತು ಭಗಂದರ (Prv.). 2, N. of a ṛishi.

ಭಗವತ್ bhaga-vat. Possessing fortune; glorious; *venerable;*—the revered one, a deity; *a Buddha; a Jina;* Śiva; Vishṇu, Kṛishṇa.

ಭಗವತಿ bhaga-vati. *Durgâ or Pârvatî.* 2, Lakshmî.

ಭಗವದ್ಗೀತೆ bhagavat-gîtĕ. Kṛishṇa's song, N. of an episode in the Mahâbhârata. (My.).

ಭಗವಂತ bhaga-vanta. Tbh. of ಭಗವತ್. A venerable man;—a god;—a common N. (B. 5, 132. 134; My.).

ಭಗವಾನ್ bhaga-vân. Masculine form of ಭಗವತ್. A venerable man, etc.;—the ṛishi Bharadvâja (Mr. 257).

ಭಗಿನಿ bhagini. The happy or fortunate one: *a sister.* 2, a woman in general.

ಭಗಿನಿಜ bhagini-ja. (ಭಗಿನೀಜ). A sister's son (ಸ್ವಸ್ರೀಯ, ಸೋದರಳಿಯ Mr. 314).

ಭಗಿನೀಪತಿ bhaginî-pati. *A sister's husband.*

ಭಗೀರಥ bhagîratha. N. of a king of Ayôdhyâ who brought down the Ganges (ಭಾಗೀರಥೀ) from heaven to earth, etc. (J. 4, 28). ಭಗೀರಥ ಯತ್ನ ಮಾಡಿ, ಭಾಗೀರಥಿ ತಂದ; ನಗರದವ ಯತ್ನ ಮಾಡಿ, ನಗಾ ಕಳ ಕೊಂಡ (Prv.).

ಭಗೇಂದ್ರ bhagêndra. Tbh. of ಭಗಂದರ. (C.).

ಭಗ್ಗನೆ bhagganĕ. = ಪಕ್ಕನೆ. (ಆಕಸ್ಮಿಕ, ಒಮ್ಮಿಂದೊಮ್ಮೆ G.).

ಭಗ್ನ bhagna. Broken;—routed, defeated;—impaired, destroyed;—disheartened, disappointed (ರುಗ್ಣ, ಭಿನ್ನ, ಕೆಟ್ಟುದು Mr. 448). ನಗ್ನದವನ ನಾಚಿಕೆ ಭಗ್ನವಾಗುವದು (Prv.).

ಭಗ್ನಪ್ರಾರ್ಥನ bhagna-prârthana. One whose prayer has been fruitless or in vain (Čpr. 5, after 101).

ಭಗ್ನಮನಸು bhagna-manasu. A broken heart: discouragement, disappointment (My.).

ಭಗ್ನಮಾನಸ bhagna-mânasa. Broken-hearted: discouraged, disappointed (My.).

ಭಗ್ನಶೃಂಗ bhagna-śṛiṅga. *Having broken horns.*

ಭಂಗ bhaṅga. = ಬಂಗ, (ಬನ್ನ). *Breaking,* dividing, splitting, etc. 2, a break, a breach;—a chasm, a fissure, a division;—a fragment;—breaking to pieces, taking to pieces, separation, analysis. 3, falling to pieces, *fall, downfall, ruin, destruction.* 4, *defeat, overthrow, discomfiture;*—distress, trouble (My.). 5, disappointment. 6, humiliation. 7, flight. 8, bowing, bending, stretching, knitting (the brow); a bend (ಕೊಂಕು Nn. 132, o. r. ಭಗ್ನ), a fold (of a garment). 9, a wave (ವೀಚಿ, ಕಿಱುದೆರೆ Mr. 406; J. 6, 2). 10, falsehood, deceit, fraud. See ಅ-. — ಭಂಗ ಪಡಿಸು. To ruin, to defeat, etc. (My.). — ಭಂಗ ಪಡು. To be ruined, defeated, troubled, disappointed, or humiliated (My.). See Prv. s. ಭ್ರಮರ. — ಭಂಗಬಡು. = ಭಂಗ ಪಡು. (Bp. 51, 83). ತುಂಗಭದ್ರೆಗೆ ಮುಂಗ ಹೋದರೆ ಭಂಗಬು ಡೋದು ತಪ್ಪೀತೇ? (Prv.). ಹಂಗಿನರಮನೆಗಿಂತ ಇಂಗಡದ ಗುಡಿ ಲೇಸು; ಭಂಗಬಟ್ಟುಮ್ಬ ಬಿಸಿಯನ್ನಕಿಂತಲು ತಂಗಳವೆ ಲೇಸು (Sp.). — ಭಂಗ ಮಾಡು. = ಭಂಗ ಪಡಿಸು. (My.). See Nr. s. ಪರಬಲ. — ಭಂಗಮ್ಬಡು. -ಂ-ಪಡು. = ಭಂಗಬಡು. (Bp. 18, 22; 51, 75; 54, 11).

ಭಂಗಶ್ಲೇಷ bhaṅga-ślêsha. = ಶಬ್ದಶ್ಲೇಷ. A kind of pun in rhetorical diction caused by means of words, letters, or cases (Kâvy. III, 3, B, 147. 162).

ಭಂಗಾರ bhaṅgâra. (Śmd. 24). = ಬಂಗಾರ, etc. (ಸುವರ್ಣ, ಹೈರಣ್ಯ Nn. 44). ದೊರೆಯಿಲ್ಲದ ಭಂಗಾರಂ (ಕೀಲ್ Śmd. I).

ಭಂಗಿ bhaṅgi. = ಬಂಗಿ 1, q. v. Breaking, fracture;—bending, incurvation; undulation;—a wave;—a crooked path;—circumlocution;—irony, wit, repartee;—mere appearance or semblance: *pretext, trick, fraud* (Râm. 1, 5, 29; Bh. 1, 7, 41; J. 5, 60);—*a way, a manner, a kind, a mode, a shape* (ಪರಿ, ವ್ಯಾಕೃತಿ Hlâ. MS.; ಛಂದ, ವ್ಯಾಕೃತಿ Mr. 445; see ವ್ಯಾಕೂತಿ; Kâvy. 1, 5, 45).

ಭಂಗಿತ bhaṅgita. = ಭಗ್ನ. See Bp. 50, 77; ಮಾನ-, ವಿ-.

ಭಂಗಿಸು bhaṅgisu. (Śmd. 63. 92). To break (v. t.), to ruin, to destroy, etc. (Bp. 18, 53; 22, 14; 54, 36; J. 7, 57. 59; 8, 45; 10, 11).

ಭಂಗುರ bhaṅgura. Apt to break, fragile; frail, transitory; changeful, variable. 2, *crooked, bent;* a bend; curved, curled;—fraudulent, crafty, dishonest. See Kâvy. V, 950; Čpr. 5, after 39; Bp. 40, 59; ಅ-.

ಭಂಗೆ bhaṅgĕ. = ಬಂಗಿ 2. *The common hemp plant, Cannabis sativa* Lin.

ಭಂಗ್ಯ bhaṅgya. *A field of hemp.*

ಭಜಕ bhajaka. A worshipper, a votary. (My.). ಭಜಕಂ (one is a worshipper) ದೈವದಿ ಭಕ್ತಿಯುಳ್ಳಡೆ (Śś. 55).

ಭಜನ bhajana. Dividing, sharing (see ವಿ-); division (also in arithmetic, My.). 2, serving, adoring, adoration, worship, devotion;—the act of waiting or attending upon;—repeating the name or names of a god as an act of worship (Mhr.; My.).

ಭಜನೆ bhajanĕ. = ಭಜನ. (Bp. 40, 36; 50, 48; 60, 58; My.). See Prv. s. ಭೋಜನ.

ಭಜಿಯಿಸು bhajiyisu. = ಭಜಿಸು. (Śśv. 4, 117).

ಭಜಿಸು bhajisu. To adore, to worship, etc. (Bp. 1, 30; 3, 81; 6 sum.; 24, 77; 41 sum.; 41, 26; 43, 78; 47, 4; 50,

54; 52, 25; 54, 60; 58, 28; 60, 51; 61, 52. 67; J. 1, 11; 2, 19; 3, 41; 15, 28; My.). 2, to repeat the name or names of a god as an act of worship (My.). — ಭಜಿಸು ಭಜಿಸು. rep. (Bp. 6, 30).

ಭಂಜಕ bhañjaka. One who breaks or destroys (My.); what breaks or destroys.

ಭಂಜನ bhañjana. The act of breaking or destroying (ದಹನ, ಸುಡುಹ Mr. 48); routing; removing, dispelling; — paining, afflicting; — checking, arresting. See ಪ್ರ-.

ಭಂಜನೆ bhañjanĕ. = ಭಂಜನ. (J. 13, 29).

ಭಂಜಿಕೆ bhañjikĕ. Breaking. See ಶಾಲ-. 2, = ಶಾಲಭಂಜಿಕೆ, a wooden puppet, a doll, in ಆಕೃತಿಯ ಭಂಜಿಕೆ (J. 10, 11).

ಭಂಜಿತ bhañjita. (= ಭಗ್ನ). Broken, etc. (J. 5, 25).

ಭಂಜಿಸು bhañjisu. To break (v. t.); to discomfit, to humiliate, to dishonour (ಅಪಮಾನ Šmd. Dh.). See Šmd. 244; Grj. 2, after 106; Bp. 23, 26; 36, 43; 51, 60; 56, 22.

ಭಟ bhaṭa. = ಬಟ 1 No. 1, ಬಣ್ಟ 2, etc. *A warrior, a soldier;* a valiant man, a hero (ಶೂರ, ವಿಕ್ರಾನ್ತ, ಕಲಿ, ವೀರ Mr. 230). ಸೆಣಸುವ ಭಟರಾರ್? (Šmd. 177). 2, *a man of a barbarous tribe* (see Hlâ. s. ಬೇಡ 1).

ಭಟಗರ್ಜನೆ bhaṭa-garjanĕ. The roaring or battle-cry of warriors (ಬೊಬ್ಬೆ Bhn. 44).

ಭಟಾಗ್ರಣಿ bhaṭa-agraṇi. A chief or leader of warriors, a hero (ಭೀಮ, ವೀರಭಟ Nn. 5).

ಭಟಿತ್ರ bhaṭitra. *Roasted on a spit.*

ಭಟ್ಟ bhaṭṭa. = ಬಟ 1 No. 2, ಬಟ್ಟ 2. Any learned man (Brâhmaṇa), doctor or philosopher, used also as a title (My.); — best, excellent. 2, a hereditary panegyrist, a bard, an encomiast.

ಭಟ್ಟಾರಕ bhaṭṭâraka. *Venerable, respectable;* a noble lord, a great and learned man; a sage (Čpr. 1, 35; Abh. P. 16, after 39).

ಭಟ್ಟಿ bhaṭṭi. N. of an author. (My.).

ಭಟ್ಟಿನಿ bhaṭṭini. *A woman of high rank, a queen, but not the consecrated one.*

ಭಣಿತ bhaṇita. = ಬಣಿತ. Sounded, uttered, spoken, said; called, named; talking, talk, conversation.

ಭಣಿತಿ bhaṇiti. = ಭಣಿತ. Speech, talking, talk, discourse. (R.).

ಭಣ್ಟಾಕಿ bhaṇṭâki. (also ಭಣ್ಡಾಕಿ). *The egg-plant, Solanum melongena* Lin. (see ಬದನೆ).

ಭಣ್ಡ bhaṇḍa. 1. = ಬಣ್ಡ 3. Tbh. of ಭಾಣ್ಡ. See ಭಣ್ಡಾರ. ಛತ್ರ ಚಲ್ಲಿಕ್ಕುವ ಭಣ್ಡ (ಅತರ, ತರಪಣ್ಯ Nr.).

ಭಣ್ಡ bhaṇḍa. 2. = ಬಣ್ಡ 4. A jester, a buffoon, an actor, a mime, a mimic. 2, N. of a particular mixed caste.

ಭಣ್ಡನ bhaṇḍana. = ಬಣ್ಡಣ. Armour, mail. 2, war, battle. 3, evil, wickedness, mischief.

ಭಣ್ಡಾರ bhaṇḍa1-âra1. = ಬಣ್ಡಾರ. Tbh. of ಭಾಣ್ಡಾಗಾರ (Šmd. 383. 24; ಕೋಶ Nr.; ಹರಿ, ಕೋಶ Nn. 10; ಕೋಶ 52; ಗಂಜ, ಕೋಶ 104; ಕೋಶಗೃಹ Kk. 47; ಕೋಶದ ಗೃಹ Šm. 87; ಕೋಶ Mr. 518; ಧನಾಶ್ರಯ Nn. 133; Mhr.; see Bp. 31, 11; 42, 13; Č. Bp. 47, 40; Bh. 1, 8, 64; 2, 4, 9; J. 3, 26; 4, 67; ಮಾಣಿ ಕ-). ಧನಧಾನ್ಯಂ ತೀವಿದ ಭಣ್ಡಾರದೊಳ್ ನಡಿವಂ ಭಾಗ್ಯದ ಕರ್ತನಯ್! (Šš. 96).

ಭಣ್ಡಾರಿ bhaṇḍâri. = ಬಣ್ಡಾರಿ. The overseer of a store-house; a treasurer (see Mr. s. ಅಪ್ಪಾದಿಕಪ್ರಧಾನ; Bp. 3, 86; 5, 18; 22, 59; 27, 77; 30, 5; 55, 8; 57, 88. 90; 59, 29; 60, 2. 62).

ಭಣ್ಡಾರಿಗ bhaṇḍâriga. = ಭಣ್ಡಾರಿ. (Čpr. 7, after 151).

ಭಣ್ಡಿ bhaṇḍi. *A climbing herb, yielding a red dye, Bengal madder, Rubia munjista* Roxb.

ಭಣ್ಡಿಲ bhaṇḍila. Fortunate, happy, prosperous, auspicious; — fortune, welfare. 2, a messenger. 3, an artizan. 4, *the tree Mimosa sirissa* (seeressa) Roxb. (see ಬಾಗೆ).

ಭಣ್ಡೀರ bhaṇḍîra. = ಭಣ್ಡಿಲ. See ಬಾಗೆ. (My. Amara).

ಭಣ್ಡೀರಿ bhaṇḍîri. *Bengal madder, Rubia munjista* Roxb.

ಭಣ್ಡೀಲ bhaṇḍîla. = ಭಣ್ಡೀರ. See ಬಾಗೆ. (My. Amara).

ಭತ್ತ bhatta. = ಬತ್ತ 1, etc.

ಭತ್ವ bhatva. The letter or syllable ಭ (Šmd. 368).

ಭದ್ರ bhadra. = ಬದ್ದರ. *Good, well, prosperous, happy, auspicious* (ಮಾಂಗಲ್ಯ, ಶಿವ Nn. 6; ಸುಮಂಗಲ, ಶುಭ 99). 2, *favourable, propitious, gracious, kind, friendly, good, excellent* (ಒಳ್ಳಿತು, ವೃಷಭ Hlâ. MS.); excellence, greatness (ಅಲಘು, ಗುರುತ್ವ 99). 3, *pleasant; lovely, beautiful.* 4, safeness; safe, secure; firm, strong, as a cloth, a rope (My.). 5, prosperity, happiness, welfare, good fortune, fortune. 6, *a bull, an ox* (ಪುಂಗವ, ಗೂಳಿ 99). 7, *a particular kind of elephant;* an elephant (ಮದೇಭ, ಆನೆ 99). 8, gold. 9, a cutting, a gap, a chasm (ಛೇದನ, ಶ್ವಭ್ರ 99). 10, N. 11, N. of a musical instrument (see s. ಪಂಚಮಹಾವಾದ್ಯ). ಭದ್ರ ಮಾಡಿದಷ್ಟು ನಿದ್ರೆ ಬಿಡುವದಿಲ್ಲ (Prv.). 12, = ಭದ್ರಪೀಠ. (Bh. 1, 7, 17).

ಭದ್ರಕ bhadraka. Good; fine, handsome, beautiful. 2, N. of two vṛittas (Čh.).

ಭದ್ರಕಾಲಿ bhadra-kâli. ಭದ್ರಕಾಳಿ. The śakti or personified energy of Šiva: Pârvatî, Durgâ (Č. Bp. 32, 43; My.).

ಭದ್ರಕುಮ್ಭ bhadra-kumbha. *A (metal) jar filled with water from a holy place* (see Si. 268).

ಭದ್ರಗಜ bhadra-gaja. A favourite royal elephant (J. 5, 4).

ಭದ್ರದಾಯಕ bhadra-dâyaka. The bestower of welfare: god (My.).

ಭದ್ರದಾರು bhadra-dâru. *A sort of pine, Pinus deodora* Roxb.

ಭದ್ರಪದೆ bhadra-padĕ. N. of the third and fourth lunar asterisms (see ಭಾದ್ರಪದೆ).

ಭದ್ರಪರ್ಣಿ bhadra-parṇi. *The tree Gmelina arborea* Roxb.

ಭದ್ರಪೀಠ bhadra-pîṭha. A splendid seat; a throne (ಸಿಂಹಾಸನ Mr. 262).

ಭದ್ರಬಲೆ bhadra-balĕ. *The shrub Paederia foetida* Lin.

ಭದ್ರಮಣಿ bhadra-maṇi. A beautiful precious stone (Râm. 1, 13, 6).

ಭದ್ರಮಣ್ಟಪ bhadra-maṇṭapa. A fine nuptial shed (My.; Bh. 1, 14, 1; J. 31, 14); a beautiful shed erected on other festive occasions (Ršv. 13, after 61).

ಭದ್ರಮುಸ್ತಕ bhadra-mustaka. = ಭದ್ರಮುಸ್ತೆ, q. v. *A kind of sedge, Cyperus hexastachyus* Rottl. (the root of the grass Cyperus pertennis Roxb. = ಗುನ್ದ್ರ q. v.).

ಭದ್ರಮುಸ್ತೆ bhadra-mustĕ. = ಭದ್ರಮುಸ್ತಕ. (ಮುಸ್ತಕ, ಕುರುವಿನ್ದ, ಜಲದ Hlâ.; ನೀಳವಾದ ತುಂಗೇ ಗಡ್ಡೆ, ಉದ್ದಾನೇ ತುಂಗೇ ಮುಸ್ತೆ Si. 162). ಕೆಮ್ಮುಭಾಯೇ ಭದ್ರಮುಸ್ತೆ (ಭದ್ರಮುಸ್ತಕ, ಗುನ್ದ್ರ, ಜೊಪ್ಪಾನೇ ಭದ್ರಮುಸ್ತೆ 162).

ಭದ್ರಯವ bhadra-yava. *The seed of Wrightia antidysenterica* R. Br.

ಭದ್ರಶ್ರೀ bhadra-śrî. *The sandal tree;* sandalwood.

ಭದ್ರಾ bhadrâ. N. of the second, seventh and twelfth days (tithis) of the lunar fortnight. (My.).

ಭದ್ರಾಕರಣ bhadrâ-karaṇa. Making beautiful: *the act of shaving*. ಭದ್ರಾಕರಣ ಮಾಡಿ ಕೊಣ್ಡರೆ ಭದ್ರವಾದೀತೇ? (Prv.).

ಭದ್ರಾಕಾರ bhadra-âkâra. A beautiful form (J. 16, 5).

ಭದ್ರಾಕೃತಿ bhadra-âkṛiti. = ಭದ್ರಾಕಾರ. (J. 1, 3).

ಭದ್ರಾಕ್ಷ bhadra-aksha. A particular seed of which beads are made. (My.).

ಭದ್ರಾಂಗಿ bhadra-aṅgi. A woman with a beautiful body (Grj. 3, after 91).

ಭದ್ರಾತಕ bhadrâtaka. A kind of sedge, Cyperus hexastachyus (ಛೇನ, ಗೇಕು Nn. 15; ಗೇಕು Mr. 138).

ಭದ್ರಾವತಿ bhadrâ-vati. ಭದ್ರಾವತೀ. N. of a town (J. 2, 34. 36). — ಭದ್ರಾವತೀಶ್ವರ. -ಈಶ್ವರ. Yauvanâśva, the king of Bhadrâvatî (J. 4, 56; 5, 4).

ಭದ್ರಾಶ್ವ bhadra-aśva. N. of a dvîpa, and of a varsha. (My.). 2, N. of persons.

ಭದ್ರಾಸನ bhadra-âsana. *A splendid seat; a throne*. (Grj. 4, 39; J. 16, 2). 2, a particular posture of a devotee while meditating.

ಭದ್ರಾಸ್ತರಣ bhadra-âstaraṇa. A beautiful carpet (Bh. 1, 8, 69).

ಭದ್ರಿಸು bhadrisu. To shave (ಮುಣ್ಡನಕ್ರಿಯೆ Śmd. Dh.).

ಭದ್ರೆ bhadrĕ. The seventh astrological division (karaṇa) of the day (My., = ವಿಷ್ಟಿ).

ಭಪ್ಪರೆ bhapparĕ. Well done! bravo! (ಪೂತುರೆ, ಶಾಬಾಸು G., Cb.; *cf.* ಭಾಪುರೆ).

ಭಯ bhaya. *Fear, alarm, dread, apprehension; dismay, fright, terror* (ಅಳಲ್ Ĉt. I, 7; ಎಳಲ್ II, 19; ಅಳಲು, ಪೆಳಲ್, ಅದಿರ್ಪು Kk. 42; ಅಳ್ಕು, ಬೆಗಡು 83); danger, peril, risk, jeopardy. 2, one of the sthâyibhâvas (Kâvy. IV, 2, 15). ಭಯವಿದ್ದ ಭಕ್ತಿ, ನಯವಿದ್ದ ಯುಕ್ತಿ.—ಬತ್ತಲೆಯಿದ್ದವಗೆ ಎತ್ತಲೂ ಭಯವಿಲ್ಲ.—ನಯವಾಗಲಿ ಭಯವಾಗಲಿ, ಇಲ್ಲದವ ದಯವೇನು ಮಾಡ್ಯಾನು?—ಭಯವಾದ ವಸ್ತು ನಯವಾದರೂ ನಮ್ಬ ಕೂಡದು.—ನಯವಿದ್ದಲಾಗದ್ದು ಭಯವಿದ್ದಲಾದೀತೇ?—ಭಯವಾದ್ದು ನಯವಿದ್ದ ಲಯವಾದೀತೇ? (Prvs.). See ಅಕ್ಕಳಿಸು, ಅಗಿ, ಅಂಜು, ಅಳಲ್, ಅಳ್ಕಲ್, ಅಳ್ಕು, ಕೋಡು, ಚೀಱ್, ತಲ್ಲಟಿ, ಪೆಳಲ್, ಬಿಗುರ್, ಬೆರ್ಚಿಸು, ಬೆರ್ಚು, ಬೆಳ್ಕಲ್, ಮಣಿ, ಸುಗಿ; Prv. s. ಭ್ರಾನ್ತಿ. — ಭಯಗೊಳ್. -ಕೊಳ್. -ಗೊಳ್ಳು. To become afraid or alarmed (Bp. 18, 56; Dp. 59, 5; B. 5, 57). — ಭಯಂಗೊಳ್. -ಂ-ಕೊಳ್. = ಭಯಗೊಳ್. (ಅಗಿ, etc. Śs.; Śśv. 4, 7; J. 26, 63). ತನು ತಮಗೆ ಭಯಂಗೊಣ್ಡರ್ (Śmd. 292). — ಭಯಂಗೊಳಿಸು. -ಂ-ಕೊಳಿಸು. To frighten, to alarm. ಮಧುಮಾಸಕೇಸರಿ ವಿಯೋಗಿಗಳೆಮ್ಬ ಮೃಗಂಗಳಂ ಭಯಂಗೊಳಿಸಿದುದು (Śmd. 81). — ಭಯ ತಟ್ಟು. Fear to touch, strike or seize. ಅವನಿಗೆ ಭಯ ತಟ್ಟಿತು (My.). — ಭಯ ಪಡಿಸು. = ಭಯಂಗೊಳಿಸು. (My.). — ಭಯ ಪಡು. To fear, to be alarmed (My.). ಬಲವಿದ್ದದ್ದು ಲಯವಾದ ಮೇಲೆ ಭಯ ಪಡುವದೇ ಸರಿ (Prv.). — ಭಯ ಬಡಿ. = ಭಯ ತಟ್ಟು. ಅವನಿಗೆ ಭಯ ಬಡಿಯಿತು (My.). — ಭಯ ಭಕ್ತಿ. Fear and devotion (Bp. 23, 27; 29, 24; 45, 14; 46, 46; 47, 59; B. 4, 143; C.). ಭಯಭಕ್ತಿ ಇಲ್ಲದವ ದಯವೇನು ಮಾಡ್ಯಾನು? (Prv.). — ಭಯಮುಱ್. -ಉಱ್. Fear to arise (Ĉpr. 5, 31). — ಭಯಪ್ಪಡು. -ಂ-ಪಡು. = ಭಯ ಪಡು. (Ĉpr. 6, 39). — ಭಯಪ್ಪಡೆ. -ಂ-ಪಡೆ. = ಭಯಗೊಳ್. (Rśv. 5, after 19). — ಭಯವನಾನ್. -ಅನ್. = ಭಯಗೊಳ್. (ಅಗಿ, ಅಳ್ಕು, ಬಳ್ಕು, ಬೆದುರ್, ಸುಗಿ, ಸುರುಳ್ Śm. 40; Kk. 72). — ಭಯವೊನ್ದು. -ಒನ್ದು. = ಭಯಗೊಳ್. (Bp. 51, 63).

ಭಯಕಾಱ bhaya-kâṟa. = ಭಯಂಕರ. (ವ್ಯಾಲ Nn. 74).

ಭಯಂಕರ bhaya-ṅ-kara. Fear-causing, terrifying; *fearful, formidable, terrible*.

ಭಯಂಕರತನ bhayaṅkaratana. The state of being formidable (ವಿಷಮ Cb.).

ಭಯಂಕರಧ್ವನಿ bhayaṅkara-dhvani. A terrible voice. See ಗರ್ಜಿಸು.

ಭಯಂಕರಿ bhayaṅkari. A formidable woman. (J. 16, 35).

ಭಯಂಕಾರಿ bhaya-ṅ-kâri. Vîrabhadra (ವೀರ, ದಕ್ಷಾರಿ, ಶರಭ, ವೀರಭದ್ರ, Mr. 15).

ಭಯಂಕೃತಿ bhaya-ṅ-kṛiti. The causing of fear, fearfulness. — ಭಯಂಕೃತಿಗೆಯ್. To cause fear (Rśv. 6, 46).

ಭಯತ್ರಸ್ತ bhaya-trasta. Trembling for fear (My.).

ಭಯದ್ರುತ bhaya-druta. *Fleeing for fear, routed, put to flight.*

ಭಯಧ್ವನಿ bhaya-dhvani. A voice expressing fear. See ಕೀಱ್.

ಭಯನಿವಾರಕ bhaya-nivâraka. One who checks, suppresses or takes away (another's) fear (My.).

ಭಯನಿವಾರಣ bhaya-nivâraṇa. = ಭಯನಿವಾರಕ. (J. 11, 36).

ಭಯಭ್ರಷ್ಟ bhaya-bhrashṭa. Scattered in terror, put to flight. (My.).

ಭಯಭ್ರಾನ್ತ bhaya-bhrânta. Confused, perplexed or bewildered on account of fear (My.).

ಭಯರಕ್ಷೆ bhaya-rakshĕ. Saving from fear (Bp. 50, 48).

ಭಯರಸ bhaya-rasa. Fear or terror as a sentiment (Grj. 5, after 42).

ಭಯವಿಕಾರ bhaya-vikâra. Perturbation or excitement on account of fear. See ಕೆಕ್ಕಳಿಸು.

ಭಯಸ್ಥ bhaya-stha. A man who stands in fear or is afraid (My.). Feminine ಭಯಸ್ಥೆ (Abh. P. 15, after 65).

ಭಯಹರ bhaya-hara. One who removes or takes away fear (Bp. 44, 35).

ಭಯಾತುರ bhaya-âtura. Distressed with fear, agitated with alarm (Bp. 34, 11).

ಭಯಾನಕ bhayânaka. *Fearful, formidable, terrible, horrible.* 2, fear, terror (ಗುರ್ವು, ಬಿಗುರ್ವು Ĉt. II, 50). 3, *the rasa or sentiment of terror excited by poetical or dramatic composition* (Kâvy. IV, 1, 10; 2, 42. 43. 45. 52).

ಭಯಾಬ್ಧಿ bhaya-abdhi. An ocean of terror (Śśv. 4, 110).

ಭಯಾರ್ತ bhaya-ârta. Distressed with fear, alarmed (My.).

ಭಯಾರ್ತಿ bhaya-ârti. Distress from fear, alarm. — ಭಯಾರ್ತಿಗೊಳ್. -ಕೊಳ್. To get alarmed or frightened (Śśv. 4, 44).

ಭಯಾವಹ bhaya-âvaha. *Bringing fear or danger, causing alarm, formidable.*

ಭರ್ bhar. — ಭರ್ ಭರ್. rep. Sound in imitation of that produced by a strong wind (S. Mhr.).

ಭರ bhara. Bearing, carrying;—bringing, getting;—granting;—cherishing, upholding, supporting. 2, the act of taking or carrying, taking away, theft. 3, a burden, a load, a weight, a mass. 4, a particular weight or measure, 20 tulĕs. 5, *a large quantity, a great number, a multitude, plenty, bulk, muchness, excess* (ಅತಿಶಯ G.). 6, fulness of purpose, desire, etc. (Mhr.): desire (Bh. 4, 11, 36). ಭರಕ್ಕೆ ಬೀಳು, to desire (B. 4, 12).

7, exacerbation, violent passion (Mhr.). ಭರಕ್ಕೆ ಬೀಳು, to be exacerbated or irritated (B. 4, 16). 8, quickness, haste (Bp. 30, 17; 39, 62; Bh. 1, 7, 41; 1, 10, 8; J. 7, 32; 11, 11; see ಕಡು-). ಭರದಿನ್ದ ಹೋಗುವವನ ಸಂಗಡ ಹೊಟ್ ಹೊತ್ತಿಯಾ? ಅನ್ದ (Prv.). — ಭರಂಗೆಯ್. -ಂ-. To hasten (v. i., Abh. P. 14, after 47). — ಭರಂಗೊಳ್. -ಂ-ಕೊಳ್. To begin to move with speed (Rśv. 5, 78). — ಭರ ಭರನೆ. rep. In great haste (My.). ಭರ ಭರನೆ ಹೋಗಿ, ಬುಟ್ಟಿನೇ ಹಾಟ್ ಬನ್ದ ಹಾಗೆ.— ಭರ ಭರನೆ ಹೋಗಿ, ಭೈರವದೇವರ ಸಂಗಡ ಭೈರವಾಸ ಕೇಳಿದ (Prvs.).

ಭರಕ್ bharak. A sound produced by cutting grass, etc. (C.).

ಭರಟ bharaṭa. A potter. 2, a servant. (R.).

ಭರಣ bharaṇa. Bearing, carrying;—supporting, cherishing, maintaining, nourishing;—nutriment;—*wages, hire.* 2, filling, filling up; filling stuff, filling material (My.; Mhr.).

ಭರಣಿ bharaṇi. = ಬರಣಿ, q. v. 2, the second nakshatra (My.).

ಭರಣ್ಯ bharaṇya. *Wages, hire.*

ಭರಣ್ಯಭುಜ್ bharaṇya-bhuj. Receiving wages, working for hire: a servant; *a hired labourer.*

ಭರತ್ bharat. Bearing, bringing; wearing, having. See ಭರದ್ವಾಜ.

ಭರತ bharata. *An actor, a dancer, a mime.* 2, N. of a muni, the author of the gandharvavêda or alaṅkâraśâstra (every branch of dramatic writing and theatrical exhibition). 3, the science of dramatic action or of dramaturgy (Bp. 3, 42). 4, N. of a son of Daśaratha and younger brother of Râma (J. 2, 4. 55; 18, 2. 3, etc.). 5, N. of a monarch (or the first monarch) of all India (see Prv. s. ಗಟ್ಟಿ). 6, the flux of the ocean; flow (Grj. 9, 51; My.). — ಭರತ ಇಳಿತ. Flow and ebb (My.).

ಭರತಖಣ್ಡ bharata-khaṇḍa. = ಭರತವರ್ಷ. (ಭಾರತ G.; B. 3, 29; 4, 114; My.).

ಭರತಜ್ಞ bharata-jña. A man conversant with dramatic writings and rules (Bp. 59, 29).

ಭರತಪಕ್ಷಿ bharata-pakshi. (ಜಾತ್ಯೂಹ, ಕಾಲಕಣ್ಠಕ, ಕೆಲವರು ನೀರುಕಾಗಿ ಅನ್ದರು Si. 178).

ಭರತವರ್ಷ bharata-varsha. The country of the monarch Bharata: India. (B. 4, 114).

ಭರತಶಾಸ್ತ್ರ bharata-śâstra. A work on every branch of dramatic writing and theatrical exhibition (Kâvy. IV, 2, 19; Bp. 19, 2).

ಭರತಾಗ್ರಜ bharata-agraja. The elder brother of Bharata: Râma. (My.).

ಭರತಾನುಜ bharata-anuja. N. of Śatrughna (J. 20, 14. 15, etc.).

ಭರತಾವರಜ bharata-avaraja. N. of Lakshmaṇa (J. 19, 30).

ಭರದಣ್ಡು bhara-daṇḍu (*i. e.* -davuḍu). = ಭರದಾಣ್ಡು. The full gallop or run (Mhr. ಭರದವಡ, ಭರಧಾಡ). — ಭರದಣ್ಡುಕುದುರೆ. A horse that runs at full speed (Si. 273).

ಭರದಾಣ್ಡು bhara-dâṇḍu. = ಭರದಣ್ಡು. (ಧೌರಿತಕ, ಬಿಱುನಡೆ Si. 274).

ಭರದ್ವಾಜ bharat-vâja. *A sky-lark.* 2, *N. of another bird* (ವ್ಯಾಘ್ರಾಟ, ವಲಿಯನ ಹಕ್ಕಿ Nr.; ವ್ಯಾಘ್ರಾಟ, ಹೆಗ್ಗಾಬ Hlâ.; Mr. 170; Br. says that it is the king-crow, a black long-tailed bird; see Si. 172). 3, N. of a ṛishi (ಭಗವಾನ್ Mr. 257; J. 1, 11; 33, 40). See ಸಮ್ಮಾರಗಾಗೆ.

ಭರವಸ bharavasa. = ಬರವಸ, etc. Confidence, trust (Mhr., H.; Bp. 20, 6; 23, 19; 38, 57; 43, 27; 46, 65; 47, 40; B. 5, 104; My.). ಭರವಸವಿಲ್ಲದ ಮಾತು ಕೇಳಿ, ಬಣ್ಣವಾಳ ಕಳಕೊಣ್ಡ.— ಪರವಾಸ ಮಾಡುವವನ ಭರವಸ ಸಲ್ಲದು (Prvs.). 2, quickness, eagerness (Bp. 5, 25; 11, 21; Abh. P. 16, 13?).

ಭರವು bharavu. Eagerness (Bp. 2, 56).

ಭರಿ bhari. = ಬರಿ. Bearing; possessing; maintaining, supporting, nourishing. See ಆತ್ಮಮ್ಭರಿ, ಕುಕ್ಷಿಮ್ಭರಿ. — ಭರಿಕೆಯ್. (Śmd. 24). The feeding arm: the trunk of an elephant (Rśv. 6, after 11, twice; 6, 72; 13, 86).

ಭರಿತ bharita. Nourished;—*full, filled, full of* (Bp. 61, 61; B. 4, 143).

ಭರೂಟಕ bharûṭaka. (= ಬರೂಟ). *Fried meat* (ತಾಳಿಸಿದ ಅಡಗು Hlâ.).

ಭರ್ಗ bharga. Radiance, splendour, lustre, shine. 2, *Śiva.*

ಭರ್ಜನ bharjana. Roasting, frying, baking; a frying-pan. 2, annihilating. (R.).

ಭರ್ತ bharta. Tbh. of ಭರ್ತೃ. (My.; see Bp. 30, 15; 34, 4; ಎಕ್ಕ-).

ಭರ್ತಾಫೆ bhar-tâphĕ. A complete set of dancing girls and musicians (ತಾರ್ಯತ್ರಿಕ, ನಾಟ್ಯ, ಕುಣಿಯುವದು ಹಾಡುವದು ಬಾರಿಸುವದು ಈ ಮೂಱು ಕೂಡಿದ ನಾಟ್ಯ Si. 64).

ಭರ್ತಾರ bhartâra. Tbh. of ಭರ್ತೃ (Śmd. 104; My.).

ಭರ್ತಿ bharti. = ಬರತಿ. Filled or loaded state, as of carts, vessels, ships, bags, etc. ಬಣ್ಡಿ ಭರ್ತಿಯಾಯಿತು (is filled or loaded, My.). ಬಣ್ಡಿಯನ್ನು ಭರ್ತಿ ಮಾಡು (My.). ಭರ್ತಿ ಮಾಡುವವ ಕೀರ್ತಿ ಪಟ್ಟಾನೇ? (Prv.). 2, the flux of the ocean (Mhr. ಭರತೀ). 3, the state of possessing many inhabitants, a market with various goods, etc. (My.; B. 4, 147). ಈ ಊರು ಭರ್ತಿಯಾಗಿದೆ (My.).

ಭರ್ತು bhartu. Tbh. of ಭರ್ತೃ (Bp. 34, 4).

ಭರ್ತೃ bhartṛi. = ಭರ್ತ, ಭರ್ತಾರ, ಭರ್ತು, ಭರ್ತ್ರು. A cherisher, a nourisher, a holder, a supporter, a protector;—a master, a lord;—*a husband;*—a chief.

ಭರ್ತೃದಾರಕ bhartṛi-dâraka. *A crown prince,* especially in the drama (ನರ್ತನದ ದೇವಿಯು ನನ್ದನ Mr. 83).

ಭರ್ತೃದಾರಿಕೆ bhartṛi-dârikĕ. *A princess* (ನರ್ತನದ ಸತಿ Mr. 83).

ಭರ್ತ್ರು bhartru. Tbh. of ಭರ್ತೃ. (Bp. 28, 65).

ಭರ್ತ್ಸನ bhartsana. Threatening; reviling;—threat, menace; *reproach, abuse.* See ತಿಟ್ಟು.

ಭರ್ಮ bharma. Support, maintenance, nourishment. 2, *hire, wages.* 3, *gold.* — ಭರ್ಮಹರ್ಮ್ಯ. A mansion of gold (Śśv. 1, 55).

ಭರ್ಮ್ಯ bharmya. Gold (ಭಂಗಾರ Ct. I, 67, o. r. ಶೃಂಗಾರ).

ಭಲ bhala. = ಬಲ 1, ಭಲಾ. Fine! well done! bravo! (Sk. ಭಲ; Mhr. ಭಲೀಂ, ಭಲ್ಲಾ; Bp. 6, 23; My.; Tĕ., T. ಭಳಾ). See ಜಾಂಗು-. — ಭಲ ಭಲರೆ. Very fine! very well done! (Bp. 45, 51).

ಭಲರೆ bhalarĕ. also ಭಲರೇ. = ಭಳರೆ, ಭಳರೆ. Fine! well done! bravo! (Grj. 10, 72. 79; Bp. 20, 19; 40, 35; 44, 13; 50, 24; 56, 14; V. 14, 55; see ಜಾಂಗು-; Prv. s. ದೋಣಗಿತ್ತಿ). — ಭಲರೆ ಭಲರೇ. also ಭಲರೇ ಭಲರೆ. = ಭಲ ಭಲರೆ. (Bp. 22, 54; 26, 6; 30, 25; 52, 42; 59, 13. 47).

ಭಲಾ bhalâ. = ಭಲ. (Bp. 5, 39; see ಬಾಂಗು-). ಭಲಾ, ಜಟ್ಟೀ! ಅನ್ನರೆ ಕೆಮ್ಮಣ್ಣು ಮುಕ್ಕಿದ.—ಚೀ! ಎನ್ನರೆ ತನ್ನ ಭಲಾ! ಎನ್ನರು ಅನ್ನ ಹಾಗೆ (Prvs.).

ಭಲ್ಲ bhalla. *A kind of arrow with a point of a particular shape.* 2, *a bear* (*cf.* ಬಳ್ಳು).

ಭಲ್ಲಕೀನಗರ bhallakî-nagara. N. (Bp. 57, 6).

ಭಲ್ಲಾತಕ bhallâtaka. *The marking-nut tree, Semecarpus anacardium* Lin. (ಮಹಾಕಾಲ, ಗೇರು Nn. 97; ಪಾವಕ, ಗೇರು 122; ಗೇರು Mr. 115).

ಭಲ್ಲಾತಕಿ bhallâtaki. = ಭಲ್ಲಾತಕ. *The marking-nut tree.*

ಭಲ್ಲುಕ bhalluka. *A bear.*

ಭಲ್ಲೂಕ bhallûka. *A bear.*

ಭಲ್ಲೇಯ bhallêya. (Śmd. 24). = ಬಲ್ಯ, etc.

ಭವ bhava. Becoming, being, state of being, existing, existence; a dwelling (see ಜೈತ್ಯಭವ). 2, arising, coming, produced or born from. 3, *birth, production, origin* (ಹುಟ್ಟುವುದು Bhn. 17). 4, a repetition of births, transmigration (ಪುನರ್ಭವ, ಮರಳಿ ಮರಳಿ ಹುಟ್ಟುಹ Nn. 114; ಮಗುಳೆ ಪುಟ್ಟುವುದು Mr. 474). 5, *worldly or mundane existence, life.* 6, the world. 7, a sound state of being, welfare, prosperity, health. 8, *Śiva* (ಶಿವ, ಈಶ್ವರ 114). 9, sign for a metrically long syllable (Čh.). See ಅನು-, ತದ್-, ಸಮ್-, etc. ನವದರೂ ಭವ ತಪ್ಪದು (Prv.). See Prv. s. ಶಿವ. — ಭವಗೇಡಿ. -ಕೇಡಿ. One who destroys his welfare (Bp. 15, 29).

ಭವಕ್ಷಯ bhava-kshaya. One who has made an end, or makes an end, of transmigration, etc. (Bp. 61, 47).

ಭವಜನ್ಯ bhava-janya. That which is to be produced, or is produced, by birth: birth (or worldly existence) and subsequent misery (Bp. 47, 61).

ಭವತ್ bhavat. (Śmd. 100). Being, becoming;—present; present time (Kâvy. I, 5, 1-5). 2, you, your honour, your (Bp. 45, 53). See ತತ್ರ-.

ಭವತಿ bhavati. Your ladyship, lady (Čh. v. 307; My.).

ಭವತ್ಕಾಲ bhavat-kâla. Present time (Kâvy. I, 5, 17).

ಭವದೀಯ bhavadîya. Your honour's, your, thy, thine (Bp. 32, 60; Śšv. 4, 50).

ಭವದೂರ bhava-dûra. One who is distant from, or quite unconnected with, the world and its misery (Bp. 1, 7; 5, 15; 46, 74; My.).

ಭವದ್ರಾಜ್ಯ bhavat-râjya. (Śmd. 100). Your honour's kingdom.

ಭವನ bhavana. Being, existing; becoming; production, birth. 2, *a place of abode, a house, a home, a dwelling, a mansion, a residence, an edifice* (ಮನೆ Nn. 51. 59). 3, *the place where any thing grows, a field.*

ಭವನಾಮರ bhavana-amara. N. (Čpr. 5, after 80 & 89).

ಭವನಾಭ್ಯರ್ಣ bhavana-abhyarṇa. The proximity of a house (ವಿವಕ್ಷಿತ, ಮನೆಯ ಸಮೀಪ Nn. 103).

ಭವಪಯೋಧಿ bhava-payôdhi. The ocean of transmigration (Čpr. 7, 15).

ಭವಪಾಶ bhava-pâśa. The fetters of mundane existence (Bp. 39, 10).

ಭವಪಾಶನಾಶನ bhavapâśa-nâśana. One who destroys the fetters of mundane existence (Bp. 61, 55).

ಭವಬನ್ಧನ bhava-bandhana. = ಭವಪಾಶ. (Bp. 60, 51).

ಭವಭವಾನ್ತರ bhava-bhava-antara. A numerous repetition of births, transmigration (ಅಘ, ಭವಾನ್ತರ Nn. 115).

ಭವಮಾಲೆ bhava-mâlě. Transmigration (ಅಘ Mr. 515; Bp. 38, 67; Abhâ. 1, 39).

ಭವರೋಗ bhava-rôga. Birth or births looked upon as a disease (My.).

ಭವರೋಗವೈದ್ಯ bhavarôga-vaidya. The curer of the bhavarôga, he who liberates from transmigration: god (My.).

ಭವವಾರಾಶಿ bhava-vârâśi. = ಭವಪಯೋಧಿ. (Śšv. 5, 32).

ಭವಸಪತ್ನ bhava-sapatna. An enemy of birth, etc. (Bp. 33, 1).

ಭವಸಾಗರ bhava-sâgara. = ಭವಪಯೋಧಿ. (My.).

ಭವಾನಿ bhavâni. -ನೀ. *Pârvatî, Śiva's wife.*

ಭವಾನ್ತರ bhava-antara. *Another existence;* a former existence; a future existence; transmigration (ಅಘ, ಭವಭವಾನ್ತರ Nn. 115).

ಭವಾನ್ಯಧೀಶ bhavânî-adhîśa. Śiva (Bp. 24, 18).

ಭವಾಬ್ಧಿ bhava-abdhi. = ಭವಸಾಗರ. (Bp. 34, 47).

ಭವಾಬ್ಧಿನಾವೆ bhavâbdhi-nâvě. A ship for crossing the bhavâbdhi (Bp. 36, 7).

ಭವಾಮ್ಭೋಧಿ bhava-ambhôdhi. = ಭವಸಾಗರ. (J. 15, 22).

ಭವಾರಿ bhava-ari. = ಭವಸಪತ್ನ. 2, Kâma (ಅತನು Kâvy. V, 62).

ಭವಿ bhavi. = ಬವಿ. Living, being, having life and sensation; a living being. 2, a person that is subject to transmigration, a worldling, a miserable wretch (Bp. 3, 86; 21, 9; 27, 50; 28, 86; 32, 33; 40, 14; 45, 15. 17; 49, 4; 53, 45; 55, 21; 60, 8. 14. 15. 17; Šâstrasâra in W. 1259).

ಭವಿಕ bhavika. Beneficial, suitable; prosperous, happy; *prosperity, welfare.*

ಭವಿತವ್ಯ bhavitavya. To become, to be about to become, to be about to take place or happen. 2, fate, destiny (ಭಗ, ಅವಸ್ಥಾದು Nn. 52); good or bad fortune; happiness, welfare (ವಿಪಾಕ, ಭಾಗಧೇಯ, ಭಾಗ್ಯ Mr. 29; Śmd. 159).

ಭವಿತವ್ಯತೆ bhavitavyatě. Inevitable necessity: *fate, destiny.*

ಭವಿತೃ bhavitṛi. Being, becoming; imminent, impending; —*what is about to be, future;*—being or faring well.

ಭವಿಷ್ಣು bhavishṇu. Being, becoming, disposed or inclined to be;—*what is or ought to be or to become;* future;—being or faring well.

ಭವಿಷ್ಯ bhavishya. To be about to become, future, imminent. See ಯುದ್-.

ಭವಿಷ್ಯತ್ bhavishyat. About to come to pass, future; futurity, future time; the future tense (Śmd. 90. 266; Kâvy. I, 5, 13-16. 24-26).

ಭವಿಷ್ಯತ್ಕಾಲ bhavishyat-kâla. Future time; the future tense (Śmd. 90 Cm.).

ಭವಿಷ್ಯತ್ಪುರಾಣ bhavishyat-purâṇa. N. of a Purâṇa (Bp. 43, 76), chiefly a manual of religious rites and observances.

ಭವಿಷ್ಯನ್ತಿ bhavishyanti. Future time; the future tense (Śmd. 54. 91. 259. 274. 294; Kâvy..I, 5, 1-5).

ಭವಿಸು bhavisu. To produce, to cause, to create (Čpr. 1, 50).

ಭವ್ಯ bhavya. Being; to be become; to be about to become, future; fit to become;—what ought to be: *suitable, fit, right; happy, auspicious, prosperous* (ಕಲ್ಯಾಣ, ಶುಭ Nn. 90); good, excellent; handsome, beautiful. 2, surpassing reasoning (ಅತರ್ಕ್ಯ, ಗೆಲ ಬಾರದುದು 90). 3, a being that attains or has attained môksha (ಮೋಕ್ಷಗತಜೀವಗಳು, ಮೋಕ್ಷವನಯ್ದುವ ಜೀವರುಗಳು 90). See Čpr. 2, 66; Bp. 53, 41.

ಭವ್ಯತರ bhavya-tara. Uncommonly fit, etc. (Râv. 1, 8).

ಭವ್ಯತೆ bhavyatĕ. Suitableness, goodness, excellence (Čpr. 7, 14. 28). 2, futurity.

ಭಷಕ bhashaka. A barker: *a dog.*

ಭಷಣ bhashaṇa. Barking. 2, *a dog.*

ಭಸ್ bhas. A sound heard in breaking wind (S. Mhr.).

ಭಸನ bhasana. A bee. (R.).

ಭಸಿತ bhasita. *Ashes* (ಕ್ಷಾರ, ವಿಭೂತಿ, etc., ಸಾರಿಪ್ಪ ಬೂದಿ Mr. 48).

ಭಸಿತರುದ್ರಾಕ್ಷಿಶಾಸನಧರ bhasita-rudâkshi-śâsana-dhara. A Liṅgavanta (Bp. 27, 28).

ಭಸ್ತ್ರೆ bhastrĕ. *A bellows.* 2, a leathern bag.

ಭಸ್ಮ bhasma. = ಬಸುಮ. *Ashes;*—any metallic oxide.—ಭಸ್ಮವಾಗು. -ಆಗು. To be reduced to ashes (Bp. 56, 34).

ಭಸ್ಮಗನ್ಧಿನಿ bhasma-gandhinî. *A kind of perfume* (= ರೇಣುಕಾ).

ಭಸ್ಮಗರ್ಭೆ bhasma-garbhĕ. *A species of plant* (= ಕಪಿಲೆ).

ಭಸ್ಮಪುಟ bhasma-puṭa. Application to fire in order to make ashes. ಭಸ್ಮಪುಟ ಇಡು, -ಹಾಕು (My.).

ಭಸ್ಮಾಸುರ bhasma-asura. A demon who, from Śiva, obtained the power to reduce to ashes any one on whose head he put his right hand (Bp. 54, 56). See ಉರಿಗೆಯ್ಯ.

ಭಳರೆ bhaḷarĕ. = ಭಳಿರೆ, etc. (Bp. 4, 7).

ಭಳಿರೆ bhaḷirĕ. = ಭಲರೆ, etc. (ಕೊಕ್ಕಾಟ Čt. II, 103; ಕೊಕ್ಕಾಟದ ನುಡಿ Bhn. 38).

ಭಾ bhâ. = ಭೆ. *Light, splendour, lustre.*

ಭಾಕ್ಷ bhâksha. = ಬಾಕ. Habitually eating, gluttonous.

ಭಾಗ bhâga. = ಬಾಗ 2, ಬಾಗೆ, ಭಾಗಿ 2, (ಭಾಗೆಯ). A fraction, a part of a whole; *a part, a portion; a share, a lot, a division, a distribution.* 2, good portion, good fortune; luck, destiny. 3, a quarter, a fourth. 4, *a place, a spot, a region, a side.* ಭಾಗವ ಮಾಡುವುದು (ನಿಯೂರ್ಣ, ವಿಭಾಗ Nn. 90).

ಭಾಗಧೇಯ bhâga-dhêya. Share, portion; *portion allotted by destiny, luck, fortune, fate;* good fortune (ವಿಪಾಕ, ಭಾಗ್ಯ, ಭವಿತವ್ಯ Mr. 29);—property;—happiness. 2, *revenue, income, tax, dues, impost* (ಅರ್ಥಾಗಮ, ಆಯ, ಸಿದ್ಧಾಯ Mr. 268).

ಭಾಗವತ bhâgavata. (fr. ಭಗವತ್). Relating to Vishṇu or Kṛishṇa. 2, a worshipper of Vishṇu or Kṛishṇa (J. 9, 80). 3, = ಭಾಗವತಪುರಾಣ (My.; B. 4, 208). 4, a man who gives dramatic representations of incidents related in the bhâgavata and any other purâṇas (My.).—ಭಾಗವತದ ಆಟ. ಭಾಗವತರ ಆಟ. The play of bhâgavatas (My.).

ಭಾಗವತಪುರಾಣ bhâgavata-purâṇa. N. of a Purâṇa (Bp. 43, 76), dedicated to the glorification of Vishṇu; the 10th book is devoted to the history of Kṛishṇa.

ಭಾಗಸ್ಥ bhâga-stha. A man who is entitled to a share, an heir (Śi. 480).

ಭಾಗಾಕಾರ bhâgâ-kâra. = ಭಾಗಾರ. Division (in arithmetic, C.). ಭಾಗಾಕಾರ ತಿಳಿಯದಿದ್ದರೂ ಹಾಗದ ಲಕ್ಷಣ ತಿಳಿಯದೇ? (Prv.).

ಭಾಗಾರ bhâgâra. Tbh. of ಭಾಗಾಕಾರ. (My.).

ಭಾಗಾರ್ಹ bhâga-arha. Entitled to a portion or inheritance. 2, *to be divided according to shares.*

ಭಾಗಿ bhâgi. 1. = ಬಾಗಿ 1. Having a portion or share; participating in; a partner; one to whom a share is due; having luck, lucky, fortunate;—a co-heir. 2, a possessor, an owner.

ಭಾಗಿ bhâgi. 2. Tbh. of ಭಾಗ. (ವಿಭಾಗ, ಭಾಗ Nn. 79; ಗ್ರನ್ಥ, ವಿಭಾಗ 141, o. r. ಭಾಗಸಂಖ್ಯೆ).

ಭಾಗಿ bhâgi. 3. = ಬಾಗಿ 2. Tbh. of ಭಾಗ್ಯ.—ಭಾಗಮ್ಮ. -ಅಮ್ಮ. N. See Prv. s. ಭಾಗ್ಯ.

ಭಾಗಿನಿ bhâgini. *A co-heiress.*

ಭಾಗಿನೇಯ bhâginêya. (fr. ಭಾಗಿನಿ). *A sister's son.*

ಭಾಗಿಸು bhâgisu. (Šmd. 92). To divide (especially in arithmetic, Mr. 63; ಹರಿಸು 349; My.).

ಭಾಗಿಸುಹ bhâgisuha. Dividing, division. ಭಾಗಿಸುಹಂ (ಎತ್ತುತೆಗೆ Mr. 349).

ಭಾಗೀದಾರ bhâgî-dâra. A partner; a shareholder, a partaker (Mhr.; Čb. 74).

ಭಾಗೀರಥಿ bhâgîrathi. (fr. ಭಗೀರಥ). *The Ganges.* ಭಗೀರಥ ಯತ್ನ ಮಾಡಿ, ಭಾಗೀರಥಿ ತನ್ದ; ನಗರದವ ಯತ್ನ ಮಾಡಿ, ನಗಾ ಕಳಕೊಣ್ಡ (Prv.). 2, water of the Ganges. See ಕಾಶೀ-.

ಭಾಗುರಿ bhâguri. = ಬಾಗುರಿ. N. of an author (see Hlâ. s. ಕೋ 3; Nn. 3; Mr. 1b). ಭಾಗುರಿಯ ಗೂಢತೆ (Mr. 4).

ಭಾಗೆಯ bhâgĕya. (Tbh. of ಭಾಗ). (ವಿಭಾಗ, ಪಾಲಿ Nn. 31).

ಭಾಗ್ಯ bhâgya. = ಬಗ್ಗು 2, ಬಾಗ 1. That which is proper to be allotted: good or bad fortune (resulting from actions); *lot, luck, fate, destiny, fortune.* 2, good fortune (Mhr.; My.; see ಓಲಿ-); happiness, welfare, prosperity; riches (My.). ಅರಸನ ಕುದುರೇ ಕಾಲು ತುಳಿದರೆ ಇವನಿಗೆ ಬನ್ದ ಭಾಗ್ಯವೇನು?—ಭಾಗ್ಯ ಬರುವನ್ತಾದ್ದು ಭಾಗಮ್ಮ ತಡವಾಳೇ? (Prvs.). See Kâvy. III, 2, B, 56; Bp. 30, 25; 57, 47; ನಿರ್ಭಾಗ್ಯ.

ಭಾಗ್ಯಲಕ್ಷ್ಮಿ bhâgya-lakshmi. The goddess of good fortune; welfare, riches (My.).

ಭಾಗ್ಯವನ್ತ bhâgya-vanta. A favourite of fortune, a lucky man, a rich man (My.; B. 4, 165; 5, 212).

ಭಾಗ್ಯಶಾಲಿ bhâgya-śâli. A person who is a favourite of fortune, a prosperous, fortunate person (My.).

ಭಾಗ್ಯಹೀನ bhâgya-hîna. A luckless man, a poor man (My.).

ಭಾಗ್ಯೆ bhâgyĕ. = ಬಾಗಿ 2, ಭಾಗಿ 3. A lucky female.

ಭಾಂಗೀನ bhâṅgîna. (fr. ಭಂಗಾ). *A field of hemp.*

ಭಾಜ್ bhâj. Sharing in, participating in, partaking of, possessing, having, connected with. See ಗುಣ-.

ಭಾಜಕ bhâjaka. A divisor (in arithmetic, My.).

ಭಾಜನ bhâjana. Dividing, division, sharing. 2, *any vessel: a cup, pot, plate, dish, etc.;* a receptacle, a repository, a recipient; a person in whom any quality is conspicuous: a fit, clever or capable person. See ಆ-.

ಭಾಜಿ bhâji. = ಭಾಜ್. Possessed of, etc. (A.).

ಭಾಜ್ಯ bhâjya. To be divided. 2, a portion, share;—an

inheritance. 3, the dividend (in arithmetic, My.). See ತಿವಾಡ್ವೈತ-.

ಭಾಟ bhâṭa. = ಬಡ್ಡ 2. Wages, hire, rent, fee; earnings of prostitutes.

ಭಾಟಕ bhâṭaka. = ಬಾಡಗೆ, ಬಾಡಿಗೆ. *Price paid for anything, wages, hire, rent* (ಎತ್ತುವಾಡಿಗೆ Mr. 346).

ಭಾಟಿ bhâṭi. Wages, hire, fee; earnings of prostitutes; (a whore, *cf.* ಬಡ್ಡಿ 1).

ಭಾಣ bhâṇa. N. of a sort of dramatic entertainments, in which one only of the interlocutors appears on the scene, or described as a narrative of some intrigue told either by the hero or a third person. (My.).

ಭಾಂಡ bhâṇḍa. = ಬಣ್ಣ 3, ಭಣ್ಣ 1, ಭಾಣ್ಡೆ. *Any vessel, pot, pan, cup, plate, dish, pail, vat, utensil* (see Mr. s. ಚರು; Prv. s. ಭಾದ್ರಪದ);—any implement, tool, instrument;—any musical instrument. 2, *horse-trappings, harness*. 3, an ornament in general. 4, a pack or bale of goods or merchandise. 5, the stock of a shopkeeper, goods, wares, merchandise, stores of any kind, *the capital or principal of a merchant*. 6, *mimicry, buffoonery, the practice of the bhaṇḍa or professional jester*.

ಭಾಂಡಮುಖ bhâṇḍa-mukha. The mouth of a vessel (ಪುಷ್ಕರ Nn. 27).

ಭಾಂಡಶಕಲ bhâṇḍa-śakala. A potsherd. See ಓಡು.

ಭಾಂಡಾಗಾರ bhâṇḍa-âgâra. = ಬಣ್ಡಾರ, ಭಣ್ಡಾರ, ಭಾಣ್ಡಾರ. *A store-room, a store-house, a magazine;—a treasury*. 2, a treasure.

ಭಾಂಡಾದಿರತ bhâṇḍa-âdi-rata. *A person who is intent on buffoonery, etc.* (= ಪಂಚಜನೀನ, q. v.).

ಭಾಂಡಾರ bhâṇḍâra. = ಭಾಣ್ಡಾಗಾರ. (Mhr.; B. 4, 202).

ಭಾಂಡೀರವನ bhâṇḍîra-vana. N. of a forest. (R.).

ಭಾಂಡೆ bhâṇḍĕ. = ಭಾಣ್ಡ No. 1. (B. 5, 291).

ಭಾತ bhâta. Shining, bright, splendid, resplendent;—dawn, morning. See ಪ್ರ-, ವಿ-.

ಭಾತಿ bhâti. Light, brightness, splendour (Bp. 6, 21; 8, 58; 57, 91).

ಭಾತು bhâtu. = ಬತ್ತ 1, etc. Rice in the husk (Mhr.);—boiled rice (Mhr.; My.; see ಬಕಾಳ-).

ಭಾದ್ರ bhâdra. (fr. ಭದ್ರ). *The month bhâdra* (August-September).

ಭಾದ್ರಪದ bhâdrapada. (fr. ಭದ್ರಪದಾ). *The month bhâdrapada* (= ಭಾದ್ರ). ಭಾದ್ರಪದಮಾಸವಾದರೂ ಭಾಣ್ಡಾ ಹೊಚಿಕೋದು ತಪ್ಪಲಿಲ್ಲ (Prv.).

ಭಾದ್ರಪದೆ bhâdrapadĕ. *A name common to the third and fourth lunar asterisms*. See ಉತ್ತರ-, ಪೂರ್ವಾ-.

ಭಾದ್ರಿ bhâdri. (N. of a Turk chief). — ಭಾದ್ರೀ ವರಹಾ. N. of a certain gold coin or pagoda worth five rupees (My.).

ಭಾನ bhâna. The act of appearing or growing visible; being clear or evident, perception. (R.).

ಭಾನು bhânu. Brightness, light;—*a ray of light*. 2, *the sun*. 3, a sovereign, a king, a master. 4, the number 12 (Čh.). 5, N. of a certain metrical foot (Čh.). See ಬೃಹದ್-, ಸ್ವರ್-.

ಭಾನುಜ bhânu-ja. The planet Saturn (ಕಾಲ Mr. 502); Yama (My.).

ಭಾನುತನುಜ bhânu-tanuja. Karṇa, the king of Aṅga (Śmd. 155. 292); Sugrîva (My.).

ಭಾನುಭಾಮೆ bhânu-bhâmĕ. The sun's wife (Śśv. 1, after 79).

ಭಾನುಮತ್ bhânu-mat. Luminous, splendid. 2, *the sun*.

ಭಾನುಮತಿ bhânu-mati. N. of Duryôdhana's wife (Bh. 3, 21, 10).

ಭಾನುವಾರ bhânu-vâra. Sunday. (My.).

ಭಾಪು bhâpu. = ಬಾಪು 1. Huzza! hurrah! well done! (ಕೊಣ್ಡಾಟದ ನುಡಿ Bhn. 38; Grj. 10, 72; Bp. 30, 7; 32, 46; 36, 12; 46, 76; see ಮಝು-). ಜ್ಞಾನಕವಿದ್ದವನು ಭಾಪು! ಎನ್ನಿಸುವನು (Prv.). — ಭಾಪು ಭಾಪುರೆ. rep. (Bp. 20, 16; 46, 76). — ಭಾಪುರೆ. -ಉರೆ. also ಭಾಪುರೇ. = ಬಾಪುರೆ. O, very well done! (Bp. 4, 71; 30, 25; 23, 32; 36, 24; 59, 47; Râm. 5, 8, 60; J. 23, 24). — ಭಾಪುರೆ ಭಾಪು. (Bp. 18, 81; 36, 12; 59, 47). — ಭಾಪುರೆ ಭಾಪುರೆ. (Bp. 8, 17).

ಭಾಮ bhâma. = ಬಾ, ಬಾವ 1, ಭಾವ 1. Passion, anger. 2, splendour; the sun. 3, a sister's husband.

ಭಾಮಹ bhâmaha. N. of the author of a treatise on the art of rhetoric (Kâvy. V, 970).

ಭಾಮಾಮಣಿ bhâmâ-maṇi. A jewel of a woman, an excellent woman (My.).

ಭಾಮಿನಿ bhâmini. *An angry or passionate woman, a vixen;* a woman in general (ವಾಮೆ, ಸ್ತ್ರೀ Nn. 24).

ಭಾಮಿನಿಷಟ್ಪದಿ bhâmini-shaṭpadi. N. of a Kannaḍa metre (Čh.).

ಭಾಮೆ bhâmĕ. ಭಾಮಾ. An angry or passionate woman (Bp. 12, 32); a wife (see ಭಾನು-); a woman in general (My.); N. of Kṛishṇa's wife Râdhâ (My.). 2, one of the pĕḷikĕs (Kâvy. III, 2, B, 82 seq.).

ಭಾಯಿ bhâyi. An affix to words: person, fellow, man, chap; brother (My.; Br.; Mhr., H. ಭಾಈ).

ಭಾರ bhâra. = ಬಾರ 3. Bearing, carrying; supporting, maintaining. 2, *a burden, a load* (carried on the head, etc., ವಿವಧ, ವೀವಧ, ಪರ್ಯಾಹಾರ, ತಲೆಹೊಱೆ Hlâ. MS.). 3, the quality of being heavy, heaviness, weight (ತಿಣ್ಣ Čt. II, 31; ದೊಡ್ಡಿತು, ಭಾರ Kk. 63). 4, quantity of heaviness, that which anything weighs, weight. 5, a large quantity, mass, bulk, muchness (Kâvy. IV, 2, 42). 6, the weight of 20 tulâs or tŏlĕs (see Mr. s. ಪಾಗ); a rupee's weight (Mhr.; B. 4, 141). 7, gravity (ಬಿಣ್ಪು, ಬಿಣ್ಣಿತು Kk. 63); importance; influence (Mhr.); onus, obligation (B. 4, 126). 8, heavy work, labour, toil, trouble. 9, a pole for carrying burdens. ಭಾರವಾದ ಪಾಪಕ್ಕೆ ಘೋರವಾದ ನರಕ. — ಭಾರವಾದ್ದು ಹೊತ್ತಾ ಕ್ಷಣ ಹಾಚಿಲಿಕ್ಕೆ ಕೂಡದೇ? (Prvs.). 10, ಕಾಲು ಮಾಡೂದು ಭಾರಮೆನಿಕ್ಕು (Mr. 380).

ಭಾರಕ bhâraka. A load, a burden. 2, a man who is loaded with; one who carries out (J. 17, 64).

ಭಾರಕತನ bhârakatana. Weightiness; importance. See ಭೂ-.

ಭಾರಕರ್ತ bhâra-karta. The cherisher or nourisher: god (My.).

ಭಾರಕ್ಷಮ bhâra-kshama. Fit for (carrying) burdens. ಭಾರಕ್ಷಮಗಳಾಗಿ ಹೇಱುವ ಎತ್ತು (ಧುರ್ವಹ, ಧುರ್ಯ, ಧುರೀಣ, etc. Nr.).

ಭಾರಂಕ bhâraṅka. A porter (ದಣ್ಡಿ Bhn. 51; *cf.* ಭಾರಿಕ).

ಭಾರಣೆ bhâraṇĕ. A load, a burden (ಪೊಱೆ Čt. I, 82); a heavy burden, great weight (ಬಲುಭಾರ Bhn. 51); muchness, excessiveness; greatness, gravity, dignity (Bh. 6, 2, 5; J. 22, 12; 23, 15; 25, 9).

ಭಾರತ bhârata. (fr. ಭರತ). A descendant of Bharata. 2, the realm of king Bharata: *India*. 3, N. of the Kannaḍa translation of the mahâbhârata (Bhn. 1. 2; J. 34, 47; C.). 4, an actor, a mime (Bp. 61, 29).

ಭಾರತನಿಘಂಟು bhârata-nighaṇṭu. N. of a small vocabulary for the Kannaḍa bhârata (Bhn. at its heading and end).

ಭಾರತವರುಷ bhârata-varusha. = ಭಾರತ No. 2. (Bh. 3, 11, 19).

ಭಾರತಿ bhârati. *Sarasvati.* 2, one of the vṛittis or styles of dramatic composition (Kâvy. IV, 2, 58. 59). 3, a learned man (ವಿದ್ವಾಂಸ Mr. 228).

ಭಾರತಿಕ bhâratika. An actor, a dancer (Abh. P. 4, 26).

ಭಾರದ್ವಾಜ bhâradvâja. (fr. ಭರದ್ವಾಜ). Coming from or relating to Bharadvâja. 2, N. of a ṛishi (Rśv. 5, 75) and of several other persons. 3, a sky-lark (Rśv. 5, 75).

ಭಾರದ್ವಾಜಿ bhâradvâji. *The wild cotton shrub.*

ಭಾರಯಷ್ಟಿ bhâra-yashṭi. *A pole for carrying burdens* (ಕಾಸಿನ ಕಮ್ಬಿ Hlâ.).

ಭಾರವಾಹ bhâra-vâha. *A porter, a carrier.*

ಭಾರಹರ bhâra-hara. A remover of burdens or trouble (ಭಾರಗಳನ್ನು ಪರಿಹರಿಸುವವ G.).

ಭಾರಿ bhâri. = ಬಾರಿ 1, q. v. Bearing, carrying; a bearer;—having weight, heavy, ponderous;—abundance, etc., a mass (ಒಪ್ಪು Bhn. 54).

ಭಾರಿಕ bhârika. *A porter, a carrier.*

ಭಾರಿಯಂಕ bhâri-aṅka. A great war (Bh. 8, 21, 27).

ಭಾರುಣ್ಡ bhâruṇḍa. = ಬೇರುಣ್ಡ, ಭೇರುಣ್ಡ. (Sk.).

ಭಾರೋಪಜೀವಿ bhâra-upajîvi. A person who earns a livelihood by carrying weights (ಹೊರೆಯ ಹೊತ್ತು ಬದುಕುವನು Nn. 86).

ಭಾರ್ಗವ bhârgava. (fr. ಭೃಗು). Relating to or coming from Bhṛigu;—N. of Paraśurâma (J. 23, 61) and of various other persons. 2, *Śukra, the regent of the planet Venus.*

ಭಾರ್ಗವವಾರ bhârgava-vâra. Friday (My.).

ಭಾರ್ಗವಿ bhârgavi. Lakshmî;—Pârvatî. 2, *bent grass, Panicum dactylon* Lin. (see Sl. 162).

ಭಾರ್ಗಿ bhârgi. = ಬಾರಂಗಿ. *The plant Clerodendrum siphonanthus* R. Br.

ಭಾರ್ಯ bhârya. To be borne, supported or cherished; dependent on; resting on, caused by (Bp. 7, 6). 2, a servant (22, 24).

ಭಾರ್ಯಾಪತಿ bhâryâ-pati. *Husband and wife.*

ಭಾರ್ಯಾವಿಯೋಗ bhâryâ-viyôga. Separation from one's wife on account of her death (My.).

ಭಾರ್ಯೆ bhâryĕ. ಭಾರ್ಯಾ. *A wife.*

ಭಾಲ bhâla. = ಬಾಳ 4, ಭಾಳ. *The forehead. Cf.* ಫಾಲ.

ಭಾಲದಾರ bhâla-dâra. An usher (Mhr., H.; ಸೌವಿದ, ಸ್ಥಪತಿ, ಚೋಪದಾರ G.; Mhr., H. ಭಾಲಾ, a spear).

ಭಾಲಾಕ್ಷ bhâla-aksha. = ಬಾಳಾಕ್ಷ, ಫಾಳಾಕ್ಷ. Having an eye in the forehead: Śiva (Č. Bp. 47, 2).

ಭಾಲೆ bhâlĕ. = ಬಲ್ಲೆ q. v., etc. (ಈಟಿ, ಕುನ್ತ, ತಲಾಕೆ G.).

ಭಾಲ್ಲೂಕ bhâllûka. (= ಭಲ್ಲ, ಭಲ್ಲುಕ, ಭಲ್ಲೂಕ). *A bear.*

ಭಾವ bhâva. 1. (Śmd. 24). = ಬಾವ 1. Tbh. of ಭಾಮ. A sister's husband (ಶ್ವಶುರ್ಯ G.). ಭಾವಂಗಳ್, ಭಾವನ್ದಿರ್ (Śmd. 124. 126). — ಭಾವ ಮಯ್ದುನ್ದರು. = ಬಾವ ಮಯ್ದುನ್ದರು, etc. (ಸ್ಯಾಲ, ಜೆಣ್ಣತಿಗೆ ಒಡ ಹುಟ್ಟಿದವರು Sl. 192). — ಭಾವಮಯ್ದುನ. = ಬಾವ-. (Bh. 1, 8, 26). — ಭಾವಮಯ್ದುನತನ. The state of being a bhâvamayduna (J. 6, 50).

ಭಾವ bhâva. 2. = ಬಾವ 2. Becoming, being, existing, existence, taking place, occurring, appearing, appearance. 2, become, produced (ಸಮುದ್ಭವ Nn. 100); *origin;* birth and its misery (ಘೋರಜನ್ಮ 100; Mr. 494). 3, *state of being, condition of existence, state, condition;* see ಅನ್ತರ್-, ಪ್ರ-. 4, true condition or state, truth. 5, *manner of being, nature, innate property, temperament, disposition, temper.* 6, *any state of mind or body, affection, sentiment, feeling, emotion, passion* (in the dramatic system). ಅತಿಹಾಸಂ, ಜಗುಪ್ಸೆ, ಶೋಕಂ, ಭಯಂ, ಪರಿಗದ ಉತ್ಸಾಹಮ್, ಆ ವಿಸ್ಮಯಂ, ಕ್ರೋಧಮ್ ಎನೆ ತೋರ್ವ ಭಾವಮದಕ್ಕಂ (Mr. 74). See ಅನು-, ವಿ-, ವ್ಯಭಿಚಾರಿ-, ಸಾತ್ವಿಕ-, ಸ್ಥಾಯಿ-. 7, inclination or disposition of mind; *sentiment, idea, thought, opinion, supposition, conjecture; intention, purport* (ಬಗೆ 100; 494; Kk. 31; Śm. 56). 8, meaning, sense (ಅಭಿಪ್ರಾಯ Nn. 94; ಪದಾರ್ಥ, ಪದದ ಅರ್ಥ 100). 9, *the soul, the heart, the mind* (Bp. 61, 22. 65). 10, a being, a living creature; a thing, an object. 11, the universal soul (ಪರಮಾತ್ಮನು 100; ಆತ್ಮನು 494). 12, *behaviour, conduct, action, movement, gesture* (ಚೇಷ್ಟೆ 100; 494). 13, the abstract idea conveyed by a word, the sense of the abstract noun, as describing the state or condition of anything, *e. g.* ಬಾಲಭಾವ, the state of a child, childhood;—the sense of a noun of action, as expressing the idea of the root, *e. g.* going, doing, etc. 14, the eighth year in the cycle of sixty (My.). 15, (especially) in theatrical language: a learned or worthy man, an honourable sir (Bp. 11, 23); an instructor (ನಾಟ್ಯದಲ್ಲಿ ಶಿಕ್ಷಕ Mr. 88).—See Śmd. 34. 37. 169. 241. 246-249. 263; Kâvy. I, 2, 62-65; I, 4, 22-26; I, 5, 41-44; III, 3, B, 8. 9-12. 108. 170. 171; IV, 1; IV, 2, 14 seq.; IV, 2, 18. 19. — ಭಾವಮ್ಬೆಱು. -ಂ-ಪೆಱು. To obtain the state or condition of (Bp. 53, 38).

ಭಾವಕ bhâvaka. (= ಭಾವುಕ). Causing to be. 2, promoting any one's welfare. 3, having a taste for the beautiful; having a poetical taste. 4, a learned man (ಸನ್ನಾಹ, ವಿದ್ವಾಂಸ Nn. 105; Čpr. 1, 58; Bp. 40, 24; J. 34, 46). 5, in theatrical language: a sister's husband (ನರ್ತನದಲ್ಲಿ ಸಹೋದರಿಯ ಭರ್ತೃ Mr. 88).

ಭಾವಕಿ bhâvaki. A female with a taste for the beautiful (Śmd. 230; Grj. 3, after 91; 5, 52).

ಭಾವಚೇಷ್ಟೆ bhâva-čêshṭĕ. Movement of one's feelings, emotion (Čpr. 5, 121).

ಭಾವಜ bhâva-ja. Produced in the heart: *Kâma;* love. See Bp. 4, 21; 8, 53; ಚಿತ್-.

ಭಾವಜಜನಕ bhâvaja-janaka. Vishṇu or Kṛishṇa (Bp. 54, 32).

ಭಾವಜತಿಲಕ bhâvaja-tilaka. N. of a kind of cloth or garment (Bp. 11, 24).

ಭಾವಜಾತ bhâva-jâta. = ಭಾವಜ. (My.).

ಭಾವಜಾನ್ತಕ bhâvaja-antaka. Śiva (Bp. 10, 48).

ಭಾವಜಾರಿ bhâvaja-ari. Śiva (Bp. 51, 16).

ಭಾವಜ್ಞ bhâva-jña. Knowing the heart, or the aim, of others (My.).

ಭಾವತೆ bhâvatĕ. = ಭಾವ No. 3. See ಪ್ರ-.

ಭಾವತ್ವ bhâvatva. = ಭಾವತೆ. See ಅಹಂಕಾರ-.

ಭಾವನ bhâvana. Causing to be. 2, promoting or effecting any one's welfare; reverencing, treating with respect (My.). 3, imagining, fancying, supposing, thinking; *the act of forming in the mind, imagination, conception, fancy, thought;*—reflection, meditation, contemplation;—recollection. 4, in medicine: saturating any dry powder with fluid, steeping (My.). 5, decorating with flowers and perfumes, scenting. 6, at the end of a compound: nature, essence. 7, N. of a wood.

ಭಾವನತೆ bhâvanatĕ. = ಭಾವನ. (Bp. 22, 4. 53; 40, 84).

ಭಾವನೆ bhâvanĕ. = ಭಾವನ. (Čpr. 3, 84; Bp. 11, 42; 34, 10; 35, 38. 52; 46, 61; 53, 54; 60, 6. 20; J. 1, 2; My.).

ಭಾವಬೋಧಕ bhâva-bôdhaka. *Revealing or displaying any sentiment, indicating a feeling or passion.*

ಭಾವಭವ bhâva-bhava. = ಭಾವಜ. (Bp. 47, 61).

ಭಾವಭವಹರ bhâvabhava-hara. Šiva (Bp. 46, 1).

ಭಾವರಸ bhâva-rasa. The bhâvas and rasas in the dramatic system (Grj. 2, after 106). ಅಂಗನೆಯನ್ತೆ ಭಾವರಸಗಳ ನೀವುದು (Mr. 6).

ಭಾವವಚನ bhâva-vačana. Denoting the abstract notion of a verb: an abstract verbal noun (Šmd. 91. 92. 255).

ಭಾವವಾಚಕ bhâva-vâčaka. = ಭಾವವಚನ. (My.).

ಭಾವವಾಚಿ bhâva-vâči. = ಭಾವವಚನ. (Šmd. 33; 92 Cm.).

ಭಾವವಿಶೇಷ bhâva-višêsha. The peculiar mark of the state of anything (Šmd. 154).

ಭಾವಾರ್ಥ bhâva-artha. The simple or inherent meaning of words;—the obvious purport or drift of a phrase, of a letter, of an affair, etc. (My.; J. 31, 35). ಭಾವಾರ್ಥವಚ ವಚನಂ (ಭಾವವಚನಂ Šmd. 92 Mḍb. Cm.). ಭಾವಾರ್ಥವಿದ್ದರೂ ಸ್ವಾರ್ಥ ಬಿಡಲಿಲ್ಲ.—ಭಾವಾರ್ಥ ಕೇಳಿ, ಮೂಲಾರ್ಥ ಮುಟಿತಾ (Prvs.).

ಭಾವಿ bhâvi. *About to come to pass, future;* that which is predestined (Râv. 18, 11); the future tense (Šmd. 294). 2, being possessed of; a person who is possessed of (Bp. 40, 26; 53, 22). 3, attached to. 4, beautiful, illustrious.

ಭಾವಿಕ bhâvika. Actually being or existing, natural, innate. 2, full of feeling or sentiment. 3, happy, well, good, auspicious (ಶುಭ, ಮಂಗಲ, etc., ಒಳಿತು Mr. 26). 4, description of an imaginary object so vivid that it actually appears to be present, describing the past or future as present. 5, one of the alaṅkṛitis (Kâvy. III, 3, B, 170. 171), language full of feeling or passion.

ಭಾವಿಕಾಲ bhâvi-kâla. The future; the future tense (Kâvy. I, 5, 1-5).

ಭಾವಿತ bhâvita. Caused to be, produced; obtained; a product obtained by multiplication;—manifested;—conceived, imagined, supposed, thought of;—thought about, meditated on;—known, acknowledged;—happy, well, good, auspicious (ಶುಭ, ಮಂಗಲ, etc., ಒಳಿತು Mr. 26);—inspired by, animated. 2, soaked in, steeped. 3, mixed with, as an ingredient. 4, *perfumed with, scented.* See Kâvy. IV, 1, 3; Šmd. 398; Bp. 43, 36.

ಭಾವಿನಿ bhâvini. *A distinguished or handsome woman;* a lady;—*a wanton woman.*

ಭಾವಿಸು bhâvisu. (Šmd. 63. 92). To occur, to appear (Čh. v. 180. 237). 2, to conceive, to imagine, to fancy, to suppose;—to think, to consider (My.); to observe, to know (ಬಗೆ Šmd. 110 Cm., which Mḍb. Cm. explains by ಅರಿ);—to have in mind, to think of, to meditate on (with accusative, ದೇವರನ್ನು-, My.);—to treat with respect (My.). ದೇಹವಿದ್ದರೆ ಭಾವಿಸ ಬಹುದು.—ನುಚ್ಚಾದರೂ ಹೆಚ್ಚೆನ್ತ ಭಾವಿಸ ಬೇಕು.—ಬಾವೀ ನೀರಾದರೆ ಭಾವಿಸಿದರೆ ಬನ್ದೀತೇ? (Prvs.). ಭಾವಿಕುಂ (Šmd. 268). ಭಾವಿಪೊಡೆ (117. 298. 382). See Čh. v. 25. 247; Čpr. 1, 54; 2, 6. 26; Mr. 193. 340; Kk. 25; Šm. 5. 109. 118; Bp. 1, 12; 3, 50; 4, 65; 12, 2; 34, 10; 35, 38; 38, 10; 39, 51; 40, 75; 42, 23; 43, 32; 51, 63; 52, 9; 53, 40; J. 5, 5.

ಭಾವಿಸುವಿಕೆ bhâvisuvikĕ. Conceiving, imagining, etc. (Si. 293).

ಭಾವುಕ bhâvuka. (= ಭಾವಕ). Being, becoming. 2, having a taste for the beautiful. 3, *happy, well, auspicious, prosperous, faring well* (Bp. 40, 82); *happiness, auspiciousness, welfare.* 4, an elder sister's husband (ಅಗ್ರಜಾತೆಯ ಅಧಿಪಂ Mr. 313).

ಭಾವ್ಯ bhâvya. About to be or happen, future, to be become; fit to be apprehended or conceived; etc. See ಸಮ್-; Čpr. 1, 58.

ಭಾಷಣ bhâshaṇa. Speaking, talking, saying; *speech, talk.* See ಉಸಿರ್, ಎನ್, ಪರಿಭಾಷಣ, ಸಮ್-.

ಭಾಷಾಂಗ bhâshâ-aṅga. In theatricals: proper language and suitable songs (Mr. 73. 82; Bp. 25, 20).

ಭಾಷಾಜಾತಿ bhâshâ-jâti. The (56) languages sprung from saṁskṛita, etc. (Čh. p. 22).

ಭಾಷಾಧೀಶ bhâshâ-adhîša. The husband of Sarasvatî: Brahmâ (Bp. 24, 48).

ಭಾಷಾನ್ತ bhâshâ-anta. Meaning of the words of a language (Mr. 5).

ಭಾಷಾನ್ತರ bhâshâ-antara. Another dialect or version; a translation (C.). ಭಾರತದೊಳ್ಪಿನ ನುಡಿಯಂ ಚಾರುಸುವೇತೀಯ ವೆಮ್ಬ ಭಾಷಾನ್ತರಮಂ ಸೂರಿಜನ ಮೆಚ್ಚೆ ಪೇಳ್ದಿಂ (Bhn. 2). — ಭಾಷಾನ್ತರ ಮಾಡು. To translate (B. 4, 135; C.). ಸಂಸ್ಕೃತಭಾಷೆಯ ಅನೇಕಗ್ರನ್ಥಗಳನ್ನು ಭಾಷಾನ್ತರ ಮಾಡಿ (5, 127). ಬೈಬಲಿನ (of the bible) ಹಳೇ ಒಡಮ್ಬಡಿಕೆಯನ್ನೂ ಹೊಸ ಒಡಮ್ಬಡಿಕೆಯನ್ನೂ ಹಲವು ದೇಶಭಾಷೆಗಳಿಗೆ ಭಾಷಾನ್ತರ ಮಾಡಿಸಿ (5, 301). — ಭಾಷಾನ್ತರಿಸು. To translate (B. 4, 138; My.).

ಭಾಷಿ bhâshi. Speaking, talking, saying; a speaker. See *e. g.* ಕು-.

ಭಾಷಿಕ bhâshika. (= ಬಾಸಿಗ). Belonging to speech; belonging to common or vernacular speech. See ಲಾಟ-.

ಭಾಷಿತ bhâshita. Spoken, said; *speech, language, talk.*

ಭಾಷಿಸು bhâshisu. To speak, to talk, to say (Bp. 47, 11).

ಭಾಷೆ bhâshĕ. ಭಾಷಾ. = ಬಾಸೆ 1 q. v., ಭಾಸೆ. *Speech; language;* a dialect. 2, Sarasvatî, the goddess of speech (Bp. 54, 52). 3, a promise; an oath; a vow (Bp. 6, 1, seq.; 35, 49; My.). ಭಾಷೆ ತಿಳಿಯದಿದ್ದರೂ ಹಾಸ್ಯಕ್ಕೆ ಕಡಿಮೆಯಿಲ್ಲ.—ನೋಟಕ್ಕೆ ತಕ್ಕ ವೇಷ, ಆಟಕ್ಕೆ ತಕ್ಕ ಭಾಷಾ (Prvs.). See Prv. s. ವೇಷ. — ಭಾಷೆ ಅಡ್. To break a promise, etc. (Bp. 36, 17). — ಭಾಷೆ ಆಡು. To speak a language (C.). ಅಲ್ಲಿಯ ಜನರು ಒನ್ದೇ ಭಾಷೆಯನ್ನು ಆಡುತ್ತಾರೆ (B. 4, 142). — ಭಾಷೆ ಇಡು. To assure solemnly, to swear (My.). — ಭಾಷೆ ಈ. = ಭಾಷೆ ಕೊಡು. (J. 7, 66). — ಭಾಷೆ ಉಡ್. To break a promise, etc. (Bp. 28, 42). — ಭಾಷೆ ಒದಗಿಸು. To accomplish or fulfill a promise, etc. (Bp. 36, 42). — ಭಾಷೆ ಒದವಿಸು. = ಭಾಷೆ ಒದಗಿಸು. (Bp. 37,

20). — ಭಾಷೆ ಕೊಡು. To promise (J. 2, 60; My.). ಭಾಷೆ ಕೊಟ್ಟವನು ಘೋಷಣೆ ಮಾಡನೇ? (Prv.). See Nr. s. ಮುಗುಬ್. — ಭಾಷೆಗೆಡು. -ಕೆಡು. A promise, etc. to be broken (Bp. 37, 12). — ಭಾಷೆಗೆಡುಕ. -ಕೆಡುಕ. = ಬಾಸೆಗೆಡುಕ. (My.). — ಭಾಷೆ ಗೊಡು. = ಭಾಷೆ ಕೊಡು. (Grj. 6, after 54). — ಭಾಷೆ ನೀಗು. To quit or break one's promise, etc. (Bp. 39, 17). — ಭಾಷೆ ನುಡಿ. To utter or give a promise, etc. (Bp. 37, 18. 24. 26). — ಭಾಷೆ ಪರಿಪಾಲಿಸು. To keep or fulfill a promise, etc. (Bp. 49, 18). — ಭಾಷೆ ಮುಟ್ಟಿಸು. To fulfill a promise (S. Mhr.). — ಭಾಷೆಯೊಳ್ ಇರ್. To be under a vow, to be bound by a vow (Bp. 58, 39). — ಭಾಷೆ ಸಲಿಸು. To fulfill a promise, etc. (Bp. 61, 7; My.). — ಭಾಷೆ ಹಿಡಿ. To take a promise, etc., upon one's self, to make a promise, etc. (Bp. 36, 18). — ಭಾಷೆ ಹೊಯು. = ಭಾಷೆ ಹಿಡಿ. (Bp. 27, 62; My.).

ಭಾಷೆವನ್ತ bhâshĕ-vanta. = ಬಾಸೆವನ್ತ (s. ಬಾಸೆ 1). — ಭಾಷೆವನ್ತ ಲ್ಲಯ್ಯ. -ಅಲ್ಲಯ್ಯ. N. (Bp. 58, 4).

ಭಾಷ್ಯ bhâshya. An exposition, a gloss, an explanation, a commentary in general. 2, a sort of house or building.

ಭಾಷ್ಯಕಾರ bhâshya-kâra. A commentator, a sholiast, an expounder of technical aphorisms (sûtras), etc., *e. g.* Patañjali, Šaṅkarâčârya, and Râmânuja. (My.).

ಭಾಸ್ bhâs. Light, lustre; *a ray or gleam of light.*

ಭಾಸ bhâsa. Light, lustre;—shining;—impression made on the mind, fancy. 2, *a vulture.* 3, a small kind of owl (ಶಕುನ್ತ, ಪಿಂಗಲಿ, ಹಾಲುವಕ್ಕಿ Mr. 174). 4, a cock. 5, a cow-shed. See ಅ-.

ಭಾಸನ bhâsana. Shining; one who shines (Bp. 8, 4).

ಭಾಸಮಾನ bhâsamâna. Shining, glittering; appearing;—lustre, brightness (Abhâ. 2, 98).

ಭಾಸರೂಪ bhâsa-rûpa. A splendid form: splendor (Kâvy. II, 1, 7).

ಭಾಸುರ bhâsura. Shining, splendid (Čh. v. 63); splendor, beauty (Bp. 59, 57). 2, a hero. 3, terrible. See Sp. s. Tbh. ಜಿ 8; Kâvy. III, 3, B, 173; Bp. 1, 45.

ಭಾಸುರತರ bhâsura-tara. Uncommonly splendid or beautiful (ರತ್ನ, ಒಪ್ಪುವನ್ಥಾದು Nn. 155).

ಭಾಸೆ bhâsĕ. = ಬಾಸೆ 1 (Šmd. 24). Tbh. of ಭಾಷೆ (Šmd. 335).

ಭಾಸ್ಕರ bhâs-kara. Light-causing, shining, resplendent;—*the sun.* 2, the number 12 (Čh.). 3, a certain metrical foot (Čh.). 4, N. of various persons (Bp. 56, 34; 58, 11), also that of a jester at the court of Vidyânagara (who was called Bâčiga, My.).

ಭಾಸ್ಕರಸುತ bhâskara-suta. Karṇa (Šmd. 81).

ಭಾಸ್ವತ್ bhâs-vat. Possessing light, luminous, splendid, shining; light, lustre, brightness (Čh. v. 36; Kâvy. III, 1). 2, *the sun.* 3, a hero.

ಭಾಸ್ವನ್ತ bhâs-vanta. Tbh. of ಭಾಸ್ವತ್ (Šmd. 108).

ಭಾಳ bhâḷa. = ಭಾಲ, etc. The forehead (ಅಲಿಕ, ಲಲಾಟ, ನೊಸಲು, ಹಣೆ Mr. 318; ನಿಟಿಲ Bhn. 66, o. r. ಬಾಳ).

ಭಾಳತಟ bhâḷa-taṭa. The slope of the forehead: the forehead (Bp. 37, 23).

ಭಾಳನಯನ bhâḷa-nayana. Šiva (Bp. 22, 52).

ಭಾಳನೇತ್ರ bhâḷa-nêtra. Šiva (Bp. 27, 12; 44, 21).

ಭಾಳಪಟ್ಟ bhâḷa-paṭṭa. A frontlet with a plate (tied to a sacrificial horse, J. 16, 1).

ಭಾಳಪರ್ಣ bhâḷa-parṇa. The plant and bark of Laurus cassia (ಕುಟನ್ನಟ, ನೀರಸನಿ, ಲವಂಗ Mr. 142).

ಭಾಳಲೋಚನ bhâḷa-lôčana. = ಬಾಳಲೋಚನ. Šiva (Bp. 3, 30; 59, 33).

ಭಾಳವಿಲೋಚನ bhâḷa-vilôčana. Šiva (Bp. 30, 2).

ಭಾಳಸ್ಥಲಿ bhâḷa-sthali. = ಭಾಳ. (Čpr. 6, 66).

ಭಾಳಾಕ್ಷ bhâḷa-aksha. = ಬಾಳಾಕ್ಷ. Šiva (Bp. 46, 19).

ಭಾಳಾಮ್ಬಕ bhâḷa-ambaka. = ಬಾಳಾಮ್ಬಕ. An eye in the forehead (Bp. 44, 21). 2, Šiva (9, 14; 53, 69; Šiv. 1, 74).

ಭಿಕ್ಷ bhiksha. Tbh. of ಭಿಕ್ಷೆ (Šmd. 102; ಅನ್ನ, ಓದನ, etc. Mr. 214; My.). See Prv. s. ಮುತ್ತಯ್ದೆ. — ಭಿಕ್ಷ ಇಕ್ಕು. To give alms (Bp. 25, 43; 43, 53; 53, 39; 60, 58; My.). — ಭಿಕ್ಷ ಬೇಡು. To ask alms, to beg (Bp. 53, 39; My.).

ಭಿಕ್ಷಾಟನ bhikshâ-aṭana. (= ಬಿಜ್ಜಟ). Wandering about asking for alms, mendicancy. (My.).

ಭಿಕ್ಷಾನ್ನ bhikshâ-anna. Food obtained as alms. ಭಿಕ್ಷಾನ್ನದ ಕುಕ್ಕಿಗೆ ತನೀಶ್ವರ ಬನ್ದ ಹಾಗೆ.— ಬಿಕಾರಿಯಾದವ ಕಾಶಿಗೆ ಹೋದರೂ ಭಿಕ್ಷಾನ್ನವಲ್ಲದೆ ಪಕ್ವಾನ್ನವುಣ್ಣಾನೇ? (Prvs.).

ಭಿಕ್ಷಾಪಾತ್ರ bhikshâ-pâtra. A vessel for collecting alms. (My.).

ಭಿಕ್ಷಾಶನ bhikshâ-ašana. = ಭಿಕ್ಷಾನ್ನ. (Bh. 1, 10, 4).

ಭಿಕ್ಷಿಸು bhikshisu. To beg alms (Bp. 21, 25; 57, 22).

ಭಿಕ್ಷು bhikshu. = ಬಿಜ್ಜು. A beggar;—*a religious mendicant,* especially a Brâhmaṇa in the fourth âšrama when he abandons his house and family and subsists entirely on alms;—a female mendicant (ಮುಣ್ಡಿ Mr. 308). 2, N. of a plant (ವತ, ಮುಣ್ಡಿ, ಬೋಧಿತರ Mr. 130).

ಭಿಕ್ಷುಕ bhikshuka. A male mendicant. ರಾಕ್ಷಸನಾದರೆ ಭಿಕ್ಷು ಕನಿಗೆ ಏನು? (Prv.).

ಭಿಕ್ಷುಕಿ bhikshuki. *A female mendicant* (ಕನ್ತಿ Hlâ.).

ಭಿಕ್ಷೆ bhikshĕ. = ಬಿಕ, ಬಿಕಸ, ಬಿಕ್ಕೆ, ಬಿಜ್ಜ, ಬಿಕ್ಷೆ, ಭಿಕ್ಷ. *The act of begging.* 2, *alms; food given as alms.* 3, *hire, wages.* 4, *service.* ಭಿಕ್ಷೆ ಬೇಡ! ನಾಯನ್ನ ಹಿಡೀರಿ! ಅನ್ದ (Prv.).

ಭಿಕ್ಷೆಗಾಣ bhikshĕ-gâṇa. A beggar (My.).

ಭಿಕ್ಷೇಶ್ವರ bhikshâ-îšvara. A very poor beggar. See Prv. s. ಲಕ್ಷೇಶ್ವರ.

ಭಿಣ್ಡಿಮಾಲ bhiṇḍimâla. = ಭಿನ್ದಮಾಲ, etc. (Sk.).

ಭಿಣ್ಡಿವಾಲ bhiṇḍivâla. = ಪಿಣ್ಡಿವಾಳ (Šmd. 369), ಭಿನ್ದಮಾಲ, etc. (J. 12, 24).

ಭಿತ್ತ bhitta. *A fragment, a piece, a bit.*

ಭಿತ್ತಿ bhitti. = ಬಿತ್ತಿ 2. Breaking, splitting. 2, a bit, a fragment, a piece;—anything broken or divided. 3, a rent, a fissure. 4, *a wall of earth or masonry,* a partition (ಕೇರ್ Čt. II, 107; ಗೋಡೆ Nn. 81). 5, an asylum, (a support).

ಭಿತ್ತಿಜೀರ್ಣ bhitti-jîrṇa. An instrument used by burglars for cutting through the wall of a house (ಕನ್ನಗತ್ತಿ Mr. 226, o. r. ಭಿತ್ತಿಭಿನ್ನ).

ಭಿದ್ bhid. Breaking, splitting; destroying. See ಉದ್-.

ಭಿದುರ bhidura. Breaking, splitting. 2, *a thunderbolt.*

ಭಿದೆ bhidĕ. *Breaking, splitting, tearing, dividing.*

ಭಿದ್ಯ bhidya. Bursting its banks: *a rushing river* (ಗಣ್ಡು ಹೊಳೆ Hlâ.).

ಭಿನ್ದಮಾಲ bhindamâla. = ಪಿಣ್ಡಿಪಾಲ, ಪಿಣ್ಡಿವಾಳ, ಭಿಣ್ಡಿಮಾಲ, ಭಿಣ್ಡಿವಾಲ, ಭಿನ್ದಿಪಾಲ. *A short javelin or arrow thrown from the hand; an iron-bound club, used as a weapon.*

ಭಿನ್ದಿಪಾಲ bhindi-pâla. = ಭಿನ್ದಮೂಲ, etc. *A short javelin,* etc., etc. (ಸೃಗ, ಕೆಯ್ದುವಿನ ಭೇದ Hlâ.; ಸೃಗ, ಹಸ್ತಪ್ರಮಾಣವಾದ ಮುದ್ಗರ, ಮಾರುದ್ದ ಗುದಿಗೆ Sl. 290).

ಭಿನ್ದು bhindu. Breaking, splitting. 2, *a woman bringing forth a still-born child; a woman who loses her children by death* (ಮಕ್ಕಳು ಪಾಳಿದವಳು Hlâ.; ಮಕ್ಕಳು ಉಟಿ ಸಾವ ಸತಿ Mr. 303).

ಭಿನ್ನ bhinna. = ಬಿನ್ನ 1. *Broken, split, fractured, pounded, torn, rent, cloven, pierced;* disunited; opened, expanded, blossoming; separated into parts; destroyed (ಸನ್ನ, ರುಗ್ಣ, ಭಗ್ನ, ಕೆಟ್ಟುದು Mr. 448). 2, separated or different from; *distinct, other, different;* deviating or varying from;—deprived of, without;—a fragment, a bit, a portion. ಭಿನ್ನವಾದ ಗಡಿಗೆ ಜೊನ್ನು ಕೊಟ್ಟರೆ ಸಮನಾದೀತೇ? (Prv.). — ಭಿನ್ನ ಭಿನ್ನ. rep. Various (B. 4, 168). — ಭಿನ್ನ ಭೇದ. dupl. Difference (My.).

ಭಿನ್ನಕರ್ತೃ bhinna-kartṛi. The agent indicated by a verb as causing anything to be done by another (in opposition to ನಿಜ or ಸ್ವಯಂ ಕರ್ತೃ, Šmd. 274; *cf.* ಅನ್ಯ-, ಪರ-; see ಇಸು 4).

ಭಿನ್ನಕರ್ತೃಕ bhinna-kartṛika. = ಭಿನ್ನಕರ್ತೃ. (Šmd. 327).

ಭಿನ್ನಕಾರ್ಯ bhinna-kârya. An act differing from prescribed rules, an improper act (ಕೌಪೀನ Nn. 134; Mr. 486).

ಭಿನ್ನಕುಮ್ಭ bhinna-kumbha. A broken pot (Bp. 60, 51).

ಭಿನ್ನಪದ bhinna-pada. A term that stands by itself, *i. e.* is not in samâsa (Šmd. 190).

ಭಿನ್ನಭಾವ bhinna-bhâva. Another state, a different mind, incongruity of state, etc. (Bp. 40, 67).

ಭಿನ್ನರಸ bhinna-rasa. Another taste, sentiment or feeling (Kâvy. III, 3, B, 159).

ಭಿನ್ನವೃತ್ತ bhinna-vṛitta. Having abandoned the path of duty. 2, one of the vâkyadôshas: containing a metrical fault: a metrical fault (Kâvy. II, 2, B, 3. 30-32).

ಭಿನ್ನಶಬ್ದ bhinna-šabda. A faulty term (Kâvy. II, 1, A, 29).

ಭಿನ್ನಾಬ್ಜಾಕ್ಷಿ bhinna-abja-akshi. A woman with eyes resembling an open lotus flower (Čh. v. 128. 215).

ಭಿನ್ನಾಭಿನ್ನ bhinna-abhinna. Distinct and not distinct, separate and not separate. (My.).

ಭಿನ್ನಿಸು bhinnisu. To break, to split; to set at variance; to loosen (J. 15, 31); to alter, to change (31, 35). 2, to be split or broken; to die from affliction (23, 59).

ಭಿಲ್ಲ bhilla. (= ಬಿಲ್ಲ s. ಬಿಲ್ 2). *N. of a wild mountain race,* a Bheel (ಬೇಡ Hlâ.; Čpr. 5, after 64; Šsv. 4, 6).

ಭಿಲ್ಲಾಂಗನೆ bhilla-anganĕ. A woman of the Bhillas (Šsv. 3, 8).

ಭಿಲ್ಲಿ bhilli. = ಭಿಲ್ಲಾಂಗನೆ. (Šsv. 3, 6. 52).

ಭಿಷಕ್ಕು bhishakku. Tbh. of ಭಿಷಜ್. (My.).

ಭಿಷಜ್ bhishaj. ಭಿಷಕ್. *A physician.*

ಭಿಷಜ bhishaja. Tbh. of ಭಿಷಜ್. (ದೋಷಜಿತ್, ಚಿಕಿತ್ಸಕ, etc. Mr. 390).

ಭಿಸ್ಸಟೆ bhissaṭĕ. *Boiled rice parched.*

ಭಿಸ್ಸೆ bhissĕ. *Boiled rice.*

ಭೀ bhî. (Šmd. 103). *Fear, apprehension, alarm, dread.* See ಅತಿ-.

ಭೀಕರ bhî-kara. Causing or exciting fear, formidable, terrible (Bp. 17, 16; 34, 27; 46, 21; 57, 25; 61, 12; J. 9, 24).

ಭೀಂಕೃತಿ bhî-n-kṛiti. Formidableness (Rsv. 6, 46).

ಭೀತ bhîta. *Frightened, alarmed, terrified; afraid, fearful, timid.* Feminine ಭೀತೆ (J. 5, 51).

ಭೀತಚಿತ್ತ bhîta-čitta. A man of a timid heart (ಬೇಡ Bhn. 4).

ಭೀತತ್ವ bhîtatva. The state of being or becoming timid. ದೂತತ್ವ ಮಾಡುವವನಿಗೆ ಭೀತತ್ವ ಸಲ್ಲದು (Prv.).

ಭೀತಿ bhîti. *Fear, alarm, apprehension, dread, terror* (Šmd. 158). 2, danger. See ಮಹಾ-. ಪ್ರೀತಿ ಇದ್ದರೂ ಭೀತಿ ಇರಬೇಕು.—ಪ್ರೇತದ ಭೀತಿ ಹೋದರೂ ನಾತದ ಭೀತಿ ಹೋಗಲಿಲ್ಲ (Prvs.). See Prv. s. ಭೂತ. — ಭೀತಿಗೊಳ್. -ಕೊಳ್. To become afraid (Bp. 2, 27; Râm. 5, 8, 41). — ಭೀತಿಪಡು. -ಪಡು. To fear (Šsv. 4, 68).

ಭೀತಿವಲ್ಲರಿ bhîti-vallari. Fear regarded as a creeping plant (Šsv. 4, 113).

ಭೀತಿಶಂಕೆ bhîti-šaṅkĕ. Doubt or diffidence caused by fear (My.).

ಭೀತೋತ್ತರ bhîta-uttara. An answer or speech indicating fear (ಥಾರ, ಭೀತಿಯ ನುಡಿ Nn. 12).

ಭೀಮ bhîma. = ಬೀಮ. *Fearful, dreadful, terrible, formidable,* etc. (ಭಯಂಕರ Nn. 5; ಉಗ್ರ Mr. 512). 2, Yama (ಯಮ 5). 3, *Šiva* (ಶಂಕರ, ಈಶ್ವರ 5; ರುದ್ರ 512). 4, Bhîma, the second son of Pâṇḍu (ವಾಯುಪುತ್ರ, ಭೀಮಸೇನ 5; ವಾಯುಸುತ 512; ಕುರುವೈರಿ, ವಾಯುಪುತ್ರ, ವೃಕೋದರ Mr. 264). 5, a strong man (ಸತ್ರಾಣಿ, ಸತ್ವವನ್ತ 5). 6, a very valiant man, a hero (ಭಟಾಗ್ರಣಿ, ವೀರಭಟ 5; ಭಟ 512, o. r. ಬಲನ್). 7, the arm (ಭುಜ 5; ತೋಳ್ 512). 8, N. of the author of the Kannaḍa Basavapurâṇa (Bp. 1, 17; 61, 94). 9, N. of an author of a list of saṁskṛita dhâtus (Šmd. 302). See Šmd. 81. 91. 98. 116. 10, N. of a king of Vidarbha. (= ಭೀಷ್ಮಕ No. 3). ಭೀಮನಿಗೆ ಭಾನುವಾರವಾದರೇನು? ಭೌಮವಾರವಾದರೇನು? ಭೋಜನ ಸಿಕ್ಕಿದರೆ ಸಯ್ (Prv.). — ಭೀಮಯ. -ಅಯ. N. See ದಾಸಿ-. — ಭೀಮಯ್ಯ. -ಅಯ್ಯ. N. See ಗಣದಾಸಿ-.

ಭೀಮರ bhîmara. War, battle. (R.).

ಭೀಮರಥಿ bhîma-rathi. N. of a river. (My. Amara).

ಭೀಮರಾಜ bhîma-râja. A black bird with two elongated tail-feathers that lives in the forests of the western coast and is known for its guttural soft fluting notes which can be heard to the distance of an English mile, the Malabar racket-tail drongo, Edolius malabaricus Scop. (Coorg).

ಭೀಮಲಿಂಗ bhîma-liṅga. A liṅga consecrated by the Pâṇḍava Bhîma (Bp. 57, 54).

ಭೀಮಸೇನ bhîma-sêna. = ಭೀಮ No. 4. (ಭೀಮ, ವಾಯುಪುತ್ರ Nn. 5).

ಭೀಮಾನದಿ bhîmâ-nadi. N. of a river in the Mahratta country (B. 4, 30).

ಭೀಮೇಶ್ವರ bhîma-îšvara. N. of a liṅga (Bp. 33, 18).

ಭೀರು bhîru. *Timid, cowardly;* shy; afraid of. 2, *a timid woman.*

ಭೀರುಕ bhîruka. *Timid; a coward.*

ಭೀರುತ್ವ bhîrutva. Fearfulness, timidity, cowardice. See ಪುಕ್ಕು, ಸೆಡೆ.

ಭೀರುಪತ್ರಿ bhîru-patri. *A scandent thorny shrub, Asparagus racemosus* Willd.

ಭೀಲುಕ bhîluka. = ಭೀರುಕ. *Timid.*

ಭೀಷಣ bhîshaṇa. *Terrific, terrible, awful, formidable;*—horror. 2, Bhairava;—Šiva;—N. of a king (J. 16, 1.

21, etc.). 3, a kind of musical instrument (see ಪಂಚಮಹಾವಾದ್ಯ).

ಭೀಷ್ಮ bhishma. *Terrible, horrible, terrific, fearful;*—fear, horror (Grj. 9, 24). 2, the grand-uncle of the Pâṇḍus, son of Śântanu and Gaṅgâ (ಗಾಂಗೇಯ Mr. 263). See Śmd. 270. 287; J. 9, 30. 82; 13, 4. 19.

ಭೀಷ್ಮಕ bhishmaka. = ಭೀಷ್ಮ No. 2. 2, N. of a king, the father of Rukmiṇî (Bhâgavata 10, 59, 1). 3, N. of the father of Damayantî (Râm. 3, 2, 16. 24).

ಭೀಷ್ಮಸು bhishma-su (sû). Bhishma's mother: *the Ganges.*

ಭು bhu. = ಭಂ, ಭುಂ. A sound in imitation of that of a conch-shell, etc. — ಭು ಭು ಎನ್. To emit the sound of bhu bhu (from the mouth, Bp. 32, 87). — ಭು ಭೂ ಭೋ ಎನ್. To emit the repeated sound of bhu. ದೇವತಾದ್ವಾರದೊಳೆರ್ದುರ್, ಭು ಭೂ ಭೋ ಎನ್ವ, ಶಂಖಮನೆ ಪೂರಯ್ಸಿದಂ (Śmd. 19 Mdb.).

ಭು bhu. = ಭೂ. At the end of compounds: being, becoming, springing up, taking rise, born. See ಅಗ್ನಿ-, ಅಧಿ-, ಪದ್ಮ-, ಪ್ರ-, ಪ್ರತಿ-, ಸ್ವ-.

ಭುಂ bhum. = ಭು, etc. (S. Mhr.).

ಭುಕ್ bhuk. = (ಬುಕ್ಕ 2), ಭುಜ್ q. v.

ಭುಕ್ತ bhukta. Enjoyed; *eaten.* 2, the act of eating. 3, *food* (ಅನ್ನ, ಓದನ, etc. Mr. 214).

ಭುಕ್ತಗೃಹ bhukta-griha. A dining-room (ಚಿತ್ತರದೊಳ್ ಉಮ್ಬುಮನೆ Mr. 196).

ಭುಕ್ತಶೇಷ bhukta-śêsha. *The remnants of a meal, leavings, orts.*

ಭುಕ್ತಸಮುಜ್ಝಿತ bhukta-samujjhita. *The remnants of a meal.*

ಭುಕ್ತಾವಶೇಷ bhukta-avaśêsha. = ಭುಕ್ತಶೇಷ. (Bp. 56, 12).

ಭುಕ್ತಿ bhukti. (= ಬುತ್ತಿ). The act of enjoying or eating. 2, *enjoyment;* fruition, possession, usufruct. 3, food. ಭಕ್ತನಿಗೆ ಭುಕ್ತಿ, ಶಕ್ತನಿಗೆ ಕತ್ತಿ.—ಭುಕ್ತಿಗೆ ಸಿಕ್ಕಿದಾ ಕ್ಷಣ ಮುಕ್ತಿ ಸಿಕ್ಕಿದ ಹಾಗಾಯ್ತೇ?—ಮುನ್ದಿನ ಮುಕ್ತಿಗಿನ್ತ ಈಗಿನ ಭುಕ್ತಿ ಲೇಸು.—ಯುಕ್ತಿವಂತನು ಶುಕ್ರನ ಭುಕ್ತಿಯಲ್ಲಿ ಮುಕ್ತಿ ಪಡೆದನನ್ತೆ (Prvs.). See Prv. s. ಭೂತ. 4, the daily motion of a planet.

ಭುಕ್ತಿಮುಕ್ತಿ bhukti-mukti. Fruition and final emancipation (Bp. 39, 71; My.).

ಭುಕ್ತಿಮುಕ್ತಿಪ್ರದ bhuktimukti-prada. The giver of bhukti and mukti, as a tîrtha or a god (My.).

ಭುಕ್ತೋಚ್ಛಿಷ್ಟ bhukta-uċċhishṭa. *The rejected leavings or remnants of food.*

ಭುಗಿ bhugi. = ಬುಗ, ಬುಗಿ, ಬುಗು, ಭುಗು. A sound in imitation of that of blazing flames, of that emitted by articles under rapid combustion, and of that of kindled wrath. — ಭುಗಿ ಭುಗಿಲನೆ. With the sound of bhugi bhugil (Rśv. 5, 37). — ಭುಗಿ ಭುಗಿಲೆನ್. To emit the sound of bhugi bhugil (Bp. 17, 19; 25, 21; 57, 18; 58, 59). — ಭುಗಿ ಭುಗಿಲ್ಭುಗಿಯೆನ್. To emit the repeated sound of bhugi (Bp. 56, 32). — ಭುಗಿ ಭುಗಿಲ್ಭುಗಿಲೆನ್. = ಭುಗಿ ಭುಗಿಲ್ಭುಗಿಯೆನ್. (Râm. 5, 8, 57; J. 8, 39). — ಭುಗಿ ಭುಗಿಸು. = ಭುಗಿ ಭುಗಿಲೆನ್. (J. 12, 22; 23, 46).

ಭುಗಿಲ್ bhugil. = ಬುಗಿಲ್, ಭುಗಿ, etc. — ಭುಗಿಲಿಡು. -ಇಡು. To emit the sound of bhugil (Bh. 1, 20, 55). — ಭುಗಿಲೆನ್. -ಎನ್. = ಭುಗಿಲಿಡು. (Bp. 51, 7. 30; 55, 11; Bh. 2, 3, 9). — ಭುಗಿಲೆನಿಸು. -ಎನಿಸು. To cause to emit the sound of bhugil (Bp. 44, 15). — ಭುಗಿಲ್ಭುಗಿಲ್. rep. (C.). — ಭುಗಿಲ್ಭುಗಿಲೆನ್. -ಎನ್. To emit the repeated sound of bhugil (Abh. P. 13, 81).

ಭುಗಿಲನೆ bhugilanĕ. (Śmd. 388). = ಬುಗಿಲನೆ. With the sound of bhugil.

ಭುಗು bhugu. = ಭುಗಿ, etc. — ಭುಗು ಭುಗಿಲು ಭುಗಿಲೆನ್. = ಭುಗಿ ಭುಗಿಲ್ಭುಗಿಲೆನ್. (Bh. 1, 20, 27).

ಭುಗ್ನ bhugna. *Bent, crooked;* curved; bending, stooping, bowed.

ಭುಜ್ bhuj. ಭುಕ್. Enjoying; eating; an eater; ruling. See ಕ್ರತು-, ಗೃಹ-, ಹುತ-.

ಭುಜ bhuja. = ಬುಜ 2. A bending, a bend. 2, *the arm.* ಭುಜದ ತುದಿ (ತೋಳ್ದಲೆ, ಮುಯ್ Śm. 71). See ಅಷ್ಟ-.

ಭುಜಕೀರ್ತಿ bhuja-kîrti. An epaulet-like ornament for the upper arm (Bp. 4, 36; Rśv. 6, after 11; My.).

ಭುಜಗ bhuja-ga. = ಬೊಜಗ. Going crookedly or in a curve: *a snake* (ಎಲರುಣಿ Ċt, I, 10; II, 17). 2, a paramour, see ಬೊಜಗ. 3, (= śêsha) the number 1 (Ċh.). 4, the number 8.

ಭುಜಗಧಾರಿ bhujaga-dhâri. Śiva. 2, N. of a metrical foot (Ċh.).

ಭುಜಗಬನ್ಧ bhujaga-bandha. A certain feat of wrestlers (Śśv. 4, 75).

ಭುಜಗಭೂಷ bhujaga-bhûsha. Śiva (Śśv. 1, 75).

ಭುಜಗವೈರಿ bhujaga-vairi. Garuḍa; a peacock; an ichneumon (My.).

ಭುಜಗಶಯನ bhujaga-śayana. Vishṇu (My.).

ಭುಜಗಾಭರಣ bhujaga-âbharaṇa. Śiva (Bh. 1, 1, 2).

ಭುಜಗೇನ್ದ್ರ bhujaga-indra. Any large snake; Śêsha (Śmd. 145; J. 14, 14).

ಭುಜಂಗ bhuja-ṅ-ga. = (ಬೊಜಗ), ಬೊಜಂಗ, ಭುಜಗ. *A snake* (ಭೋಗಿ, ಸರ್ಪ Nn. 35). 2, *the paramour of a prostitute, a libertine, a gallant* (ಮಧುಪ್ರಿಯ, ವಿಟ Nn. 29, o. r. ವಿಡ; ವಿಟ 35, o. r. ವಿಡ; ವಿಡ 68). 3, an ascetic (ತಪೋನಿಧಿ, ತಪಸ್ವಿ 35).

ಭುಜಂಗನಿಲಯ bhujaṅga-nilaya. A snake's hole: a white-ants' nest (ಹುತ್ತು Nn. 92).

ಭುಜಂಗಪ್ರಯಾತ bhujaṅga-prayâta. N. of a vritta (Ċh.).

ಭುಜಂಗಭುಜ್ bhujaṅga-bhuj. *A peacock;*—Garuḍa.

ಭುಜಂಗಮ bhuja-ṅ-gama = ಭುಜಗ. *A snake.* 2, Râhu.

ಭುಜಂಗವಿಜೃಮ್ಭಿತ bhujaṅga-vijrimbhita. N. of a vritta (Ċh.).

ಭುಜಂಗಶಯನ bhujaṅga-śayana. = ಭುಜಗಶಯನ. (My.).

ಭುಜಂಗಶಿಶುಪದ bhujaṅga-śiśu-pada. N. of a vritta (Ċh.).

ಭುಜಂಗಶಿಶುಸೃತ bhujaṅga-śiśu-srita. N. of a vritta (Ċh.).

ಭುಜಂಗಾಕ್ಷಿ bhujaṅga-akshi. *The ichneumon plant,* perhaps Ophioxylon serpentinum Lin. (= ಗನ್ಧನಾಕುಲಿ).

ಭುಜದೇಶ bhuja-dêśa. The place or region of the arm (ಜಂಗುಡಿ Bhn. 39).

ಭುಜಬಲ bhuja-bala. Strength of arm (Śmd. 386; Kk. 99; Bp. 1, 44; J. 13, 45).

ಭುಜಮಧ್ಯ bhuja-madhya. *The breast, the chest.*

ಭುಜವಲಯ bhuja-valaya. An arm-ring (Bp. 4, 36).

ಭುಜಶಿಖರ bhuja-śikhara. *The shoulder.*

ಭುಜಶಿರಸ್ bhuja-śiras. *The shoulder.*

ಭುಜಾಗ್ರ bhuja-agra. *The shoulder* (ತೋಳ್ದಲೆ, ಮುಯ್ಯು Kk. 67).

ಭುಜಾನ್ತರ bhuja-antara. *The breast, the chest.*

ಭುಜಾಸ್ಫಾಲನ bhuja-âsphâlana. Clapping (one's own) upper arm (Čpr. 5, after 75).

ಭುಜಿಸು bhujisu. = ಬುಜಿಸು, ಭುಂಜಿಸು. (My.).

ಭುಜಿಷ್ಯ bhujishya. *A servant, a slave.*

ಭುಜೆ bhujĕ. A winding;—*the arm;*—the coil of a snake.

ಭುಂಜಿಸು bhuñjisu. To eat (J. 7, 42; 29, 13; My.); to enjoy; to suffer, to experience.

ಭುತ bhuta. = ಭೂತ. See ಅದ್ಭುತ.

ಭುವನ bhuvana. A being, a living creature; mankind. 2, *the world;* the fourteen worlds, seven descending and seven rising; the earth (ಲೋಕ, ಭೂಮಿ Nn. 9; ಲೋಕ Mr. 517). 3, the number 14 (ಪದಿನಾಲ್ಕು Mr. 348). 4, *water* (ಸಲಿಲ, ಉದಕ 9; 517). 5, the ocean (ಸಾಗರ, ಸಮುದ್ರ 9; ಅಮ್ಬುಧಿ 517). 6, the sky (ಅಮ್ಬರ, ಆಕಾಶ 9; ನಭ 517). 7, a wood, a forest (ವಿಪಿನ, ಅರಣ್ಯ 9, o. r. ಅರಣ್ಯ).

ಭುವನಕುಕ್ಷಿ bhuvana-kukshi. A person who contains the world in his belly: Vishṇu (J. 15, 12); that receives or contains water in its belly: the ocean (15, 12).

ಭುವನತ್ರಯ bhuvana-traya. The three worlds: heaven, atmosphere and earth (Čh. v. 200; Čpr. 5, after 180).

ಭುವನತ್ರಿನೇತ್ರ bhuvana-trinêtra. The world's Rudra (Śmd. 288. 292).

ಭುವನನಯನ bhuvana-nayana. = ಭುವನಾಕ್ಷಿ No. 2. (Bp. 20, 37; 61, 50).

ಭುವನಮಾತೆ bhuvana-mâtĕ. Pârvatî; Lakshmî (My.).

ಭುವನಾಕ್ಷಿ bhuvana-akshi. The eyes of living creatures or of mankind (Rśv. 13, 17). 2, the eye of the world; the sun.

ಭುವನಾಶ್ರಯ bhuvana-âśraya. The refuge of the world: Brahmâ (J. 6, 5); the water-abode: the ocean (6, 5).

ಭುವನೇಜ bhuvanê-ja. A lotus (Bp. 20, 37; 61, 50).

ಭುವನೇಶಯ bhuvanê-śaya. A lotus;—the moon (Bp. 20, 37; 61, 50).

ಭುವನೇಶಯವನಭುವನನಯನ bhuvanêśaya-vana-bhuvana-nayana. Who has the moon and the shining sun (Bp. 20, 37; 61, 50).

ಭುವನೈಕರಾಮ bhuvana-êka-râma. Râma who has no equal in the whole world (Śmd. 146. 188).

ಭುವರ್ಲೋಕ bhuvas-lôka. One of the divisions of the universe, the space between the earth and heaven. (Mr. 82).

ಭುವಸ್ bhuvas. The atmosphere, the sky.

ಭುವಿನಿಮ್ನ bhuvi-nimna. A depression in the ground, a hole (ರನ್ಧ್ರ, ಗರ್ತ, etc., ಕುಱಿ Mr. 392).

ಭೂ bhû. (Śmd. 108). = ಬೂ, ಭು, ಭೂಸ್. Being, becoming, springing up, taking rise, born. 2, the place of being or abiding: *the earth.* 3, *land; ground;*—earth, as a substance (see ಭೂಭೇದ, etc.). 4, a certain metrical foot (Čh.). 5, a country, a district (Bp. 6, 19). — ಭೂಸೆಲ್ಲಿ. (ತಾಮುಳಿ, ಕಾಲಿ, ನಾದೇಯಿ, ಏಕುನ್ನಳ G.).

ಭೂಕಮ್ಪ bhû-kampa. An earthquake. (My.; B. 4, 172; 5, 200).

ಭೂಕಮ್ಪನ bhû-kampana. = ಭೂಕಮ್ಪ. (My.).

ಭೂಕಾನ್ತ bhû-kânta. A king (ಅರಸು Nn. 120; Čpr. 3, 82; J. 2, 2).

ಭೂಗತ bhû-gata. Being or existing on or in the earth; level with the ground, destroyed. — ಭೂಗತ ಮಾಡು. To destroy (My.). — ಭೂಗತವಾಗು. -ಆಗು. To be buried, as riches (My.).

ಭೂಗತಾಲಯ bhûgata-âlaya. An underground house (Râm. 1, 16, 27).

ಭೂಗೋಚರ bhû-gôčara. A man who is within the range of, *i. e.* who lives in, the world (Abh. P. 14, 11).

ಭೂಗೋಲ bhû-gôla. ಭೂಗೋಳ. The terrestrial globe, the earth. (C.; ಕುವಲಯ Čb.; B. 5, 271).

ಭೂಗೋಲವಿದ್ಯೆ bhûgôla-vidyĕ. Geography. (C.; B. 5, 275).

ಭೂಂಕೃತಿ bhûṅ-kṛiti. Hissing, puffing (Bp. 51, 59).

ಭೂಚಕ್ರ bhû-čakra. The orbit of the earth, the earth (J. 8, 6; 26, 15). 2, the equator or equinoctial line. 3, a paper-kite composed of many round pieces (My.). 4, an umbrella attached to a throne (My.).

ಭೂಚರ bhû-čara. Going on the earth; moving on the ground or on land, living on land; inhabiting the earth; a man (Abh. P. 4, 101. 102).

ಭೂಚರತ್ವ bhû-čaratva. The condition of going on the earth or moving on the ground (Bp. 57, 45).

ಭೂಛಾಯೆ bhû-čhâyĕ. Earth-shadow: *darkness.*

ಭೂಜ bhû-ja. A tree, etc. (ಮರ Nn. 5. 20; ಕದಲಿ, ವೃಕ್ಷ 43; ವೃಕ್ಷ 63; ಖಪುರ, ಮರ 102). ಗಿಡು ಬಳ್ಳಿ ಮರನಯ್ದೆ ಭೂಜಮುಕ್ಕುಂ (Mr. 150).

ಭೂಜಟೆ bhû-jaṭĕ. N. of a plant (ಗೌರಿಜಡೆ Mr. 135).

ಭೂಜಾತ bhû-jâta. A tree (ಮರ Nn. 139).

ಭೂಜಾತೆ bhû-jâtĕ. Daughter of the earth: Sîtâ (My.).

ಭೂತ bhûta. = ಬೂತ. Been, become, produced; being, becoming, coming into existence (ಜನಿತ, ಹುಟ್ಟುವುದು Nn. 78). 2, *past, gone, former;* past time, the past; the past or preterite tense (Śmd. 54. 90. 260. 266. 294; Kâvy. I, 5, 13-16). 3, *obtained, got.* 4, *right, proper, fit;* like, resembling, similar (= ಸದೃಶ, My.; *cf.* ಸಮ್ಭೂತ). 5, gone beyond the common limits, excessive (ಮೀಱಿದುದು, ಕೆಯ್ಮೀಱಿ ಹೋದುದು 78; ಮೀಱಿದುದು Mr. 494). 6, *a living being, a creature* (ಸತ್ತ್ವ Mr. 502). 7, *a goblin, a malignant spirit, a demon* (being of divine origin, see ದೇವಯೋನಿ; ಮರುಳ್ 78; ದೇವಯೋನಿ 494; see Bp. 57, 10. 11. 12. 19; J. 6, 51; 22, 28; 31, 55); the spirit of a deceased person, a ghost (= ಪ್ರೇತ No. 2, My.). 8, *an element,* of which there are five: earth, water, fire, air, ether (ಪಂಚಭೂತಾತ್ಮಕ, ಪೃಥ್ವ್ಯಾದಿ ಪಂಚಭೂತ 78; ಭೂತ 494; see ಧಾತು No. 4; ಪಂಚ-);—the number 5 (Čh.). 9, the nine planets (ಗ್ರಹನಿಕರ, ನವಗ್ರಹ 78). 10, the eighteen classes of people or castes (ಜಾತಿಸಮೂಹ, ಪದಿನೆಣ್ಬುಜಾತಿಗಳು 78). 11, an ârya (ಆರ್ಯ, ದೇವ ಭೂಮಿಜ 78). 12, in law: fact, matter of fact, the real state of a case. 13, = ಭೂತಗ್ರಾಮ (? ಗ್ರಾಮ Nn. 37). ಭೂತ ಕೋದರೂ ಹೇತು ಕೊಳ್ಳೋದು ತಪ್ಪಲಿಲ್ಲ.—ಭೂತ ಮರುಳೋ? ಮಾಡ ಮರುಳೋ?—ಭೂತವಾದರೂ ಭುಕ್ತಿಗೆ ಹಾಕಿದ ಹೊರ್ತು ಭೀತಿ ತಪ್ಪದು.—ನಾಡಿನ ಭೂತ ಪೀಡಿಸದೇ ನಿತ್ತೀತೇ?—ನಾಥನಾದರೂ ಭೂತ

ಬಿಡದು.—ಪ್ರೇತಕ್ಕೆ (corpse) ಹೆದರುವವ ಭೂತಕ್ಕೆ ಹೆದರುವನೇ? — ಭೂತಕ್ಕೆ ಭೀತಿಯುಂಟೇ? (Prvs.). — ಭೂತಕರಳುಗಿಡ. A shrub or small tree, Helicteres isora Lin. (St. & Pl.).

ಭೂತಕಾಲ bhûta-kâla. Past time; the past or preterite tense (Šmd. 90 Cm.; 265 Cm.; 400).

ಭೂತಕಾಲಕ್ರಿಯೆ bhûtakâla-kriyĕ. The past tense (Šmd. 87. 91. 279).

ಭೂತಕೇಶ bhûta-kêśa. *A particular plant*, root of sweet flag (= ಗೋಲೋಮಿ; see Si. 335 & ಮರುಳ ಜಡೆ).

ಭೂತಗಣ bhûta-gaṇa. The troop or whole class of demons or spirits; the aggregate of beings.

ಭೂತಗಣೇಶ bhûtagaṇa-îśa. Śiva. 2, sign for a long syllable (Čh.).

ಭೂತಗ್ರಹ bhûta-graha. The bhûta-imp (My.).

ಭೂತಗ್ರಾಮ hbûta-grâma. *The aggregate or whole collection of living beings;* a multitude of spirits or ghosts.

ಭೂತಚಿಕಿತ್ಸೆ bhûta-čikitsĕ. The practice or science of administering antidotes for demoniacal possessions (My.).

ಭೂತದಯೆ bhûta-dayĕ. Compassion or tenderness towards all beings or creatures, universal benevolence. (Bp. 37, 34; 53, 43; My.).

ಭೂತಧಾತ್ರಿ bhûta-dhâtri. *The earth.*

ಭೂತನಾಥ bhûta-nâtha. Śiva (Bp. 29, 35; 37, 11).

ಭೂತಪಂಚಕ bhûta-pañčaka. The aggregate of the five bhûtas or elements. ಧಾತುವೇಧಿನು ಕಲಿತು, ಭೂತಪಂಚಕವಾಗಿ, ಓತು, ದೇಹವನು ಧರಿಸಿರ್ದ ಮನುಜಗೆ ಜಾತಿಯೆತ್ತಣದು? (Sp.).

ಭೂತಪತಿ bhûta-pati. Śiva (Mr. 12; Bp. 15, 7).

ಭೂತಪೂರ್ವಕ bhûta-pûrvaka. *Having been or existed before, prior.*

ಭೂತಬಲಿ bhûta-bali. An offering to demons (= ಬಲಿ No. 4, My.). 2, = ಬಲಿ No. 3 (Sk.).

ಭೂತಲ bhû-tala. The face of the earth, the earth (Čh. v. 127. 203; J. 3, 23).

ಭೂತಲಪತಿ bhûtala-pati. A king, a prince (Čpr. 3, 51; Bp. 50, 25).

ಭೂತಲಪಾಲ bhûtala-pâla. = ಭೂತಲಪತಿ. (Čpr. 2, 91).

ಭೂತಲಾಧಿಪ bhûtala-adhipa. = ಭೂತಲಪತಿ. (Bp. 27, 29).

ಭೂತಲೇಶ bhûtala-îśa. = ಭೂತಲಾಧಿಪ. (Bp. 43, 9; 51, 5).

ಭೂತವತಿ bhûta-vati. The past or preterite tense (Šmd. 91. 261. 289. 294; Kâvy. I, 5, 1-5).

ಭೂತವಾಸ bhûta-vâsa. *The tree Belleric myrobalan, Terminalia bellerica* Roxb.

ಭೂತವಿದ್ಯೆ bhûta-vidyĕ. Demonology. (R.).

ಭೂತವೇಶಿ bhûta-vêśi. = ವೇಷಿ. *The white-flowering Vitex negundo.*

ಭೂತಶಂಕೆ bhûta-śaṅkĕ. Doubt or diffidence arising from demons (My.).

ಭೂತಸಂಹಾರಿ bhûta-saṁhâri. A kind of plant (ಭೂತಾಂಕುಶ Mr. 120).

ಭೂತಸಂಜ್ಞೆ bhûta-sañjñĕ. A number indicated by natural objects, etc. (Mr. 348).

ಭೂತಸನ್ತುಷ್ಟಿ bhûta-santushṭi. Complete satisfaction given to demons by killing sheep and buffaloes (J. 5, 72).

ಭೂತಾಗ್ರಣಿ bhûta-agraṇi. Śiva. 2, N. of a metrical foot (Čh.).

ಭೂತಾಂಕುಶ bhûta-aṅkuśa. A kind of plant (ಭೂತಸಂಹಾರಿ Mr. 120).

ಭೂತಾಂಜನ bhûta-añjana. A collyrium applied to the palm of the right hand to render any goblins, men, etc. visible (My.).

ಭೂತಾತ್ಮ bhûta-âtma. The elementary or vital principle. 2, the individual soul. 3, *Brahmâ;*—Vishṇu;—Śiva. 4, *the body.*

ಭೂತಾರ್ಥ bhûta-artha. Anything which has really happened, anything really existing, a matter of fact, fact.

ಭೂತಾರ್ಥಾಪಹ್ನವ bhûtârtha-apahnava. Concealment of anything really existing (Kâvy. III, 3, B, 103).

ಭೂತಾವೇಶ bhûta-âvêśa. Demoniac possession (Si. 385).

ಭೂತಾಳ bhûtâḷa. N., *e. g.* in ಭೂತಾಳಪಾಣ್ಡ್ಯ. (My.).

ಭೂತಿ bhûti. = ಬೂದ, ಬೂದಿ, ಬೂದು. Being, existence, any state of being (Bp. 40, 64);—birth, production. 2, *well-being, prosperity; wealth, riches.* 3, *power, grandeur, majesty, dignity.* 4, *ashes.* 5, *roasted or fried meat* (ಸುಟ್ಟಡಗು Hlâ.; ಬಯಗಣ್ಣಿಡೊಳು ಸುಟ್ಟ ಅಡಗು Mr. 217).

ಭೂತಿಕ bhûtika. *The plant Gentiana chirayta* Roxb. 2, *lemon grass, Andropogon schoenanthus* Lin. 3, *a kind of fragrant grass* (ಕತ್ತೃಣ).

ಭೂತಿಶಾಸನಧಾರ bhûti-śâsana-dhâra. A follower of Śiva (Bp. 27, 29).

ಭೂತೇಶ bhûta-îśa. Lord of beings: Brahmâ; Vishṇu. 2, lord of evil beings: *Śiva.*

ಭೂದಾನ bhû-dâna. Donation of landed property (Grj. 2, 63; My.).

ಭೂದಾನಪತ್ರಿಕೆ bhûdâna-patrikĕ. A deed of gift relating to bhûdâna (My.).

ಭೂದಾರ bhû-dâra. *A hog.*

ಭೂದೆಸೆ bhû-dĕsĕ. The quarters or regions of the earth (Bp. 44, 33).

ಭೂದೇವ bhû-dêva. *A Brâhmaṇa.* (Bp. 50, 6; 55, 48).

ಭೂದೇವಿ bhû-dêvi. The earth looked upon as a goddess or queen (J. 19, 28).

ಭೂಧರ bhû-dhara. A mountain (ಕುಟಕ, ಪರ್ವತ Nn. 41; Râv. 1, 103).

ಭೂಧ್ರ bhû-dhra. = ಭೂಧರ. (Śšv. 2, 35).

ಭೂನಾಗ bhû-nâga. An earth-worm. (Dp. 53, 3).

ಭೂನಾಗಸತ್ವ bhûnâga-satva. Earth-worm-essence: burnt earth-worms, of which rings, etc. are made, said to be antidotes for snake-poison (Bh. 3, 25, 23).

ಭೂನಾಥ bhû-nâtha. A king (ಪಿತಾಮಹ, ಅರಸು Nn. 22; ಅರಸು 79).

ಭೂನಿಮ್ಬ bhû-nimba. *The plant Gentiana chirayta* Roxb.

ಭೂಪ bhû-pa. *A king, a prince.*

ಭೂಪತಿ bhû-pati. *A king, a prince.* ಜಾಪಿಯಾದವ ಭೂಪತಿಯಾದಾನೇ? (Prv.).

ಭೂಪದಿ bhû-padi. *Arabian jasmine, Jasminum zambac or sambac* Ait.

ಭೂಪಾಲ bhû-pâla. A king (ಚಕ್ರ, ಅರಸು Nn. 30). — ಭೂಪಾಲಚಿಹ್ನ. N. (Bp. 11, 14).

ಭೂಪಾಲಕ bhû-pâlaka. = ಭೂಪಾಲ. (Bp. 5, 1. 10).

ಭೂಪುತ್ರಿ bhû-putri. Sîtâ (My.).

ಭೂಪೇನ್ದ್ರ bhûpa-indra. A great king (Čpr. 3, 98).

ಭೂಪ್ರದಕ್ಷಿಣ bhû-pradakshiṇa. Going round the earth (My.).

ಭೂಬಲ bhû-bala. (Šmd. 386; Kk. 99). Earth-power, power consisting in landed property.

ಭೂಭಾಗ bhû-bhâga. A portion of the earth; a portion of ground. See Kâvy. III, 3, B, 173.

ಭೂಭಾರ bhû-bhâra. A burden to the earth: a very wicked man (My.).

ಭೂಭಾರಕಟನ bhû-bhârakatana. Universal importance (Bp. 19, 30).

ಭೂಭುಜ್ bhû-bhuj. *A king, a prince.*

ಭೂಭುಜ bhûbhuja. Tbh. of ಭೂಭೂಜ್. (Bp. 22, 18; 24, 81; J. 17, 1; 18, 11).

ಭೂಭೃತ್ bhû-bhṛit. *A king.* 2, *a mountain.* 3, Vishṇu.

ಭೂಭೇದ bhû-bhêda. A variety of earth: earth or clay in a certain form. See ಮೊಗೆ.

ಭೂಮ bhûma. The earth. See ಕೃಷ್ಣ-. 2, (ಭೂಮನ್) the earth, the world;—a territory. 3, *a great quantity, abundance, plenty, multitude.* 3, *the plural.*

ಭೂಮಣ್ಡಲ bhû-maṇḍala. The terrestrial globe (Bp. 4, 5; J. 2, 33). 2, a district, a country (Bp. 50, 62).

ಭೂಮಣ್ಡಲೇಶ್ವರ bhûmaṇḍala-îšvara. A king (Bp. 55, 9).

ಭೂಮಾಲೆ bhû-mâlĕ. N. of a vṛitta (Ĉh.).

ಭೂಮಿ bhûmi. = ಬುವಿ, ಬೂಮಿ, ಬೂವಿ. *The earth* (ಎಳೆ Šm. 112). 2, *soil, ground;*—a country, a district;—*land, estate;*—*a place, site in general.* 3, N. of a certain metrical foot (Ĉh.; Mr. 364). ಭೂಮಿಯಿದ್ದವನಾದರೆ ಭೂರಿದ ಕ್ಷಿಣೆ ಕೊಟ್ಟಾನೇ?— ಭೂಮಿ ಮಾಜ್, ನಾಮ ಹಾಕಿ ಕೊಣ್ಡಾ (Prvs.).

ಭೂಮಿಕೆ bhûmikĕ. Earth, ground. 2, the story of a house (Ĉpr. 1, 132; 6, after 97). 3, theatrical dress, the costume of any character represented on the stage.

ಭೂಮಿಛತ್ರ bhûmi-ĉhatra. A mushroom (ಅಣಬೆ Mr. 132).

ಭೂಮಿಜ bhûmi-ja. Earth-born: a (common) tree (Bp. 55, 22). 2, the planet Mars. 3, the demon Naraka. 4, a kind of horse (ಆಜಾನೇಯ Hlâ.; ಹೊಯಿಸಣದೊಳ್ ಉದಿಸಿರಲ್ Mr. 282).

ಭೂಮಿಜಮ್ಬುಕೆ bhûmi-jambukĕ. *A species of plant* (= ನಾದೇಯಿ; see ನಾಯಿನೇರಿಲ್ and ನಾರಂಗ).

ಭೂಮಿತಲ bhûmi-tala. = ಭೂತಲ. (Bp. 25, 1).

ಭೂಮಿದೇವ bhûmi-dêva. *A Brâhmaṇa.*

ಭೂಮಿದೇವಿ bhûmi-dêvi. = ಭೂದೇವಿ. (My.).

ಭೂಮಿಧರ bhûmi-dhara. *A mountain.* 2, a king.

ಭೂಮಿಪ bhûmi-pa. A king (Râm. 16, 52; 26, 28; Rśv. 13, 18).

ಭೂಮಿಪತಿ bhûmi-pati. = ಭೂಮಿಪ. (Bh. 2, 13, 49; J. 28, 1).

ಭೂಮಿಪಾಲ bhûmi-pâla. = ಭೂಮಿಪ. (My.).

ಭೂಮಿಪಾಲಕ bhûmi-pâlaka. = ಭೂಮಿಪಾಲ. (Ĉpr. 7, 28; Bp. 56, 2).

ಭೂಮಿರುಹ bhûmi-ruha. A tree (Mr. 420. 485).

ಭೂಮಿವಲ್ಲಭ bhûmi-vallabha. A king (Bp. 51, 17).

ಭೂಮಿಸ್ಪೃಶ್ bhûmi-spriš. Touching the ground;—a terrestrial being, man;—*a Vaiśya.*

ಭೂಮೀಶ bhûmi-îša. A king (J. 7, 13). See ಮಧು-.

ಭೂಮೀಶ್ವರ bhûmi-îšvara. = ಭೂಮೀಶ. (Ĉpr. 4, 25; Rśv. 5, 36).

ಭೂಮ್ಯರ್ಥ bhûmi-artha. The meaning of "earth". See ಎಳೆ.

ಭೂಯ bhûya. Becoming, being; condition, state. See ದೇವ-, ಬ್ರಹ್ಮ-.

ಭೂಯಸ್ bhûyas. (fr. ಬಹು). More, more numerous; larger, greater. 2, *much, many, numerous;*—*very great, important.* 3, *repeatedly, frequently, again.*

ಭೂಯಿಷ್ಠ bhûyishṭha. Most, most numerous; largest, greatest. 2, *very much, very many;*—most important, chief.

ಭೂರಚನೆ bhû-raĉanĕ. The composition of a soil (B. 4, 95).

ಭೂರಮಣ bhû-ramaṇa. A king (Mr. 272; Bp. 50, 76).

ಭೂರಿ bhûri. *Much, many, numerous* (ಅದಭ್ರ, ಬಹಳ Nn. 69; Bp. 58, 57). 2, *gold* (ಕಾಂಚನ, ಸುವರ್ಣ 69; Bp. 57, 68). 3, wood (ಕಾಷ್ಠ, ಕಟ್ಟಿಗೆ 69). 4, contempt (ಅವಜ್ಞೆ, ಉದಾಸೀನ 69). 5, N. of Brahmâ, Vishṇu, Šiva, and Indra. 6, a gift of money conferred on those present at any festival or at a funeral (My.; Tĕ.; also ಭೂರಿದಕ್ಷಿಣೆ; see Bh. 1, 11, 7. 8).

ಭೂರಿಫೇನ bhûri-phêna. *A species of plant* (= ಚರ್ಮಕಶೆ, ಸಪ್ತಲಿ).

ಭೂರಿಮಾಯ bhûri-mâya. Possessed of much deceit: *a jackal* (ಬಳ್ಳು, ಗೋಮಾಯು Mr. 162).

ಭೂರುಣ್ಡಿ bhû-ruṇḍi. *A sort of sun-flower, Heliotropium indicum* Lin.

ಭೂರುಹ bhû-ruha. A tree (ಮರ Nn. 29; Mr. 510).

ಭೂರುಹಾಗ್ರ bhûruha-agra. The top of a tree (ವಿಶಾಖ, ಮರದ ತುದಿ Nn. 38).

ಭೂರ್ಜ bhûrja. = ಬುಜ 1. *A species of birch, the bark of which is used for writing on.*

ಭೂರ್ಲೋಕ bhûs-lôka. = ಭೂಲೋಕ. (Mr. 32). See Mr. s. ಲೋಕ.

ಭೂಲೋಕ bhû-lôka. The terrestrial world, the earth (Bp. 37, 64; 58, 60; B. 4, 148). ದೇವಲೋಕಕ್ಕೆ ಹೋದರೂ ಭೂಲೋಕ ತಪ್ಪದು.— ಭೂಲೋಕ ಬಿಟ್ಟರೂ ಸಾಲೋಕ್ಯ ತಪ್ಪ ಬಾರದು (Prvs.).

ಭೂಲೋಲ bhû-lôla. A king (J. 10, 11; 17, 18).

ಭೂವಧು bhû-vadhu. = ಭೂಸತಿ.

ಭೂವಧೂರಮಣ bhûvadhû-ramaṇa. A king (J. 3, 1).

ಭೂವರ bhû-vara. A king (Kk. 101; Bp. 22, 16; 46, 56; J. 2, 63).

ಭೂವಲಯ bhû-valaya. ಭೂವಳಯ. The circumference of the earth; the terrestrial globe (Šmd. 267; Bp. 24, 34).

ಭೂವಲ್ಲಭ bhû-vallabha. A king. (My.).

ಭೂವಾಚಕ bhû-vâĉaka. A word denoting "earth" (see ಎಳೆ in Šmd. Dh.).

ಭೂವಿಶೇಷ bhû-višêsha. A kind of soil. See ಎರೆ.

ಭೂಶಿರ bhû-šira. A promontory, a cape (My.; B. 4, 115).

ಭೂಷಣ bhûshaṇa. Decorating, adorning;—*ornament, decoration, embellishment;* an ornament, a trinket, etc. (ತೊಡ Ĉt. II, 65);—(praise). — ಭೂಷಣಮಾಡು. -ಆಡು. To praise (Bp. 36, 17).

ಭೂಷಣಾವರಣ bhûshaṇa-âvaraṇa. Surrounding or covering with ornaments. See ತುಡು.

ಭೂಷಣೋದ್ವಹನ bhûshaṇa-udvahana. Adorning. See ಕೆಯ್ಗೆಯ್.

ಭೂಷಾಮಣಿ bhûshâ-maṇi. Decoration with gems (Ĉpr. 6, 70).

ಭೂಷಿತ bhûshita. *Decorated, adorned, ornamented.*

ಭೂಷಿಸು bhûshisu. To decorate, to adorn; to praise (My.).

ಭೂಷೆ bhûshĕ. ಭೂಷಾ. *Adorning, decorating;* an ornament, a jewel.

ಭೂಷ್ಣು bhûshṇu. *Being, becoming;* being or faring well; desiring happiness.

ಭೂಷ್ಯ bhûshya. To be adorned or decorated (adj., Čpr. 6, 68).

ಭೂಸ್ bhûs. = ಭೂ. See ಭೂಲೋಕ.

ಭೂಸತಿ bhû-sati. ಭೂಸತೀ. The earth considered as a woman (Bp. 11, 26).

ಭೂಸತೀಶ bhûsatî-îśa. A king (Bp. 28, 27).

ಭೂಸತೀಶ್ವರ bhûsatî-îśvara. = ಭೂಸತೀಶ. (Bp. 24, 78).

ಭೂಸಾರ bhû-sâra. The strength of a soil (My.).

ಭೂಸಾರತೆ bhû-sâratĕ. The state of a soil being full of strength (Čpr. 1, 90).

ಭೂಸುತ bhû-suta. The planet Mars (ಕುಜ, ಮಂಗಳ Nn. 20).

ಭೂಸುತೆ bhû-sutĕ. Sîtâ. (My.).

ಭೂಸುರ bhû-sura. A Brâhmaṇa (ದ್ವಿಜ, ಬ್ರಾಹ್ಮಣ Nn. 36; ವಿಪ್ರ 104; Bp. 53, 39-42; 55, 23. 54. 55; Kk. 101).

ಭೂಸ್ತೃಣ bhû-s-tṛiṇa. *Lemon grass, Andropogon schoenanthus* Lin.

ಭೂಸ್ಥಾಪನೆ bhû-sthâpanĕ. Putting in the ground, burying, as money (My.).

ಭೂಸ್ಥಿತಿ bhû-sthiti. Landed-property (My.).

ಭೃ bhṛi. = ಭ್ರ, ಭ್ರು, ಭ್ರೂ.

ಭೃಕುಟಿ bhṛi-kuṭi. *Contraction or knitting of the eyebrow, a frown* (ಹುಬ್ಬುಗಂಟಿಕ್ಕು ಬಿಡುವುದು Mr. 463).

ಭೃಗು bhṛigu. N. of a ṛishi (Bp. 3, 77; 48, 41; 53, 5; 54, 81; 57, 77; J. 33, 40). 2, Šukra, the planet Venus (Mr. 38). 3, *a declivity, a slope, a cliff, a precipice* (ಸಾನು, etc., ಗಿರಿಯ ತೊರೆ Mr. 96).

ಭೃಗುಜೆ bhṛigu-jĕ. N. of a plant (see Mr. s. ಕಿರುದೇಗು No. 2).

ಭೃಗುವಾರ bhṛigu-vâra. Friday. (My.).

ಭೃಂಗ bhṛiṅga. = ಬಿಂಗ. *The large black humble bee* (ತುಮ್ಬಿ Nn. 13. 29; ಭ್ರಮರ, ತುಮ್ಬಿ 45; ಪದುಮೆ, ಬಣ್ಣಣಿ Čt. II, 63; ಗುಂಗೀ ಹುಳ G.). 2, *the fork-tailed shrike, Lanius caerulescens.* 3, the bird Cuculus melanoleucus (ಚಾತಕ, ಸಾರಂಗ, etc. Mr. 171). 4, the plant Eclipta prostrata Lin. or Verbesina prostrata (ಗರುಗ Nn. 45; ಅಂಗಾರಕ, ಗರುಗ Mr. 130). 5, *woody Cassia, Laurus cassia.* 6, *talc or mica* (ಅಭ್ರಕ 45; Mr. 102). 7, a cloud (ಮೇಘ 45). 8, darkness (ತಿಮಿರ, ಕತ್ತಲೆ 45). 5, blackness (ಕೃಷ್ಣ, ಕಪ್ಪು 45). 6, a libertine, a catamite, a lecher. — ಭೃಂಗಮುರ. See Nn. s. ಭಿನ್ನಕುಚಾತ.

ಭೃಂಗರಜಸ್ bhṛiṅga-rajas. *The plant Eclipta prostrata* Lin. (see ಭೃಂಗ No. 4).

ಭೃಂಗರಾಜ bhṛiṅga-râja. *The plant Eclipta prostrata* Lin. 2, bee-king: the large black humble bee.

ಭೃಂಗಾರ bhṛiṅgâra. = ಬಂಗಾರ etc., ಬಿಂಗಾರ, ಬ್ಹಿಂಗಾರಿ, ಭಂಗಾರ, ಭೃಂಗಾರಿ. *A golden pitcher or vase;* — a vase used at the inauguration of a king (or at marriages), which may be made of gold, silver, brass, iron, etc. (Čpr. 6, 52). 2, gold.

ಭೃಂಗಾರಿ bhṛiṅgâri. = ಭೃಂಗಾರ No. 1. (ಭೃಂಗಾರ, ಕನಕಾಲುಕೆ Hlâ.; ಕನಕಾಲುಕೆ Mr. 210).

ಭೃಂಗಾಲಕ bhṛiṅga-alaka. Locks resembling black bees (J. 16, 5).

ಭೃಂಗಿ bhṛiṅgi. *A cricket.* 2, N. of one of Šiva's attendants (ಹಳಿಗ Čt. I, 86; ಶಿವನ ಸಭೆಯೊಳಗೆ ಕುಣಿಯುವ ಮುಕ್ಕಾಲ ಭೃಂಗಿ G.; Bp. 1, 49. 50; 29, 7).

ಭೃಂಗಿನಾಥ bhṛiṅgi-nâtha. = ಭೃಂಗಿ No. 2. (Bp. 53, 36; Č. Bp. 1, 8).

ಭೃಂಗಿಪ bhṛiṅgi-pa. = ಭೃಂಗೀಶ. (J. 14, 20).

ಭೃಂಗಿರಿಟಿ bhṛiṅgiriṭi. = ಭೃಂಗಿ No. 2. (My.).

ಭೃಂಗೀಶ bhṛiṅgi-îśa. = ಭೃಂಗಿನಾಥ. (Bp. 24, 48; J. 14, 18; see riddle s. ಅಡ್ಡಣಿಗೆ 1).

ಭೃಂಗೀಶ್ವರ bhṛiṅgi-îśvara. = ಭೃಂಗೀಶ. (Bp. 43, 38; 53, 5; J. 14, 19).

ಭೃತ್ bhṛit. Bearing, carrying; supporting, maintaining; nourishing, protecting; possessing, having, furnished with; bringing. See *e. g.* ಅಮ್ಬು-, ಕಪಾಲ-, ಕ್ಷ್ಮಾ-, ಜಲ-, ಪರ-, ಫಣ-, ಭೂ-.

ಭೃತ bhṛita. Borne, carried; supported, maintained; hired; paid; possessed of, endowed with; acquired, gained; filled, full of; — a servant. See ಅನ್ನ-, ಪರ-.

ಭೃತಕ bhṛitaka. Borne, carried (see ದ್ರಾಗ್-). 2, *a hired labourer; a servant.*

ಭೃತಿ bhṛiti. The act of bearing, supporting, or bringing; — nourishment, support; — *wages, hire;* — capital.

ಭೃತಿಭುಜ್ bhṛiti-bhuj. *A hired labourer; a servant.*

ಭೃತ್ಯ bhṛitya. To be nourished or maintained: *a servant* (ನಾಸಿಗ Bhn. 26). 2, the minister of a king.

ಭೃತ್ಯತೆ bhṛityatĕ. The state of servitude or dependence (Rśv. 14, after 53; 14, 54).

ಭೃತ್ಯೆ bhṛityĕ. Fostering, nourishing; — service; — maintenance, support, sustenance, food; — *hire, wages.*

ಭೃಶ bhṛiśa. Mighty, strong, vehement, violent, intense; *much, exceeding.* 2, swearing, an oath (ಬಾಧ, ಸೂರುಳು Nr. 64; ಸಮ್ಬಾಧ, ಸೂರುಳು 156; ಸಮ್ಬಾಧ Mr. 484). ಭೃಶಂ, vehemently; *much, exceedingly, greatly.*

ಭೃಷ್ಟ bhṛishṭa. Fried, broiled, roasted, parched; — *roasted meat.*

ಭೆ bhĕ. = ಭಾ. See *e. g.* ಪ್ರತಿ-, ಪ್ರ-.

ಭೆಟ್ಟಿ bhĕṭṭi. = ಬೆಟ್ಟಿ, ಬೇಟಿ, ಭೇಟಿ q. v. (ಸನ್ದರ್ಶನ G.). ಅರಸರ ಭೆಟ್ಟಿಗೆ ಹೋಗುವಾಗ ಒಯ್ಯುವ ಕಾಣಿಕೆ (ಉಪಗ್ರಾಹ್ಯ, ಪ್ರದೇಶನ G.). — ಭೆಟ್ಟಿ ತಕ್ಕೊಳ್ಳು. To go to visit, to visit. ಕೂಡಿದಾಗ ತಮ್ಮ ಆಪ್ತರು ಇಷ್ಟರು ಸ್ನೇಹಿತರು ಮುನ್ತಾದವರ ಭೆಟ್ಟಿಯನ್ನು ತಕ್ಕೊಳ್ಳ ಬೇಕು (B. 4, 34; My. as ಭೇಟಿ-). — ಭೆಟ್ಟಿಯಾಗು. -ಆಗು. To meet, to fall in with, to encounter. ಅವನು ಮುನ್ದಕ್ಕೆ ಹೋಗುವಷ್ಟ ರೊಳಗೆ ಒಬ್ಬ ಬಡ ಸಿಪಾಯಿಯು ಭೆಟ್ಟಿಯಾದನು (B. 4, 124). ಅವನಿಗೆ ಮೊದಲು ಭೆಟ್ಟಿಯಾದ ಕುಣ್ಬನು (4, 126). 2, a visit to take place. ನನಗೆ ಅವನ ಭೆಟ್ಟಿಯಾಯಿತು, ನನಗೂ ಅವನಿಗೂ ಭೆಟ್ಟಿಯಾಯಿತು (My. as ಭೇಟಿ-).

ಭೇಕ bhêka. *A* (male) *frog* (ಕಪ್ಪೆ Nn. 18. 46. 87). 2, a timid man.

ಭೇಕಿ bhêki. A female frog; a small frog (ವರ್ಷಾಭ್ವಿ, ಪೆಣ್ಗಪ್ಪೆ Mr. 411).

ಭೇಟಿ bhêṭi. = ಭೆಟ್ಟಿ q. v., etc. Meeting, encountering; an interview, a visit (My.; Mhr., H. ಭೇಟ, ಭೇಟಿ). — ಭೇಟಿಗೆ

ಬರು. To come to visit, to visit (C.). ಅವನ ಭೇಟಿಗೆ ಬನ್ದ ಒಬ್ಬ ಸ್ನೇಹಿತನು (B. 2, 17). — ಭೇಟಿ ಕೊಡು. To favor one with a visit, to show one's face. ನನಗೆ ಭೇಟಿ ಕೊಟ್ಟು ಹೋದನು (My.). — ಭೇಟಿ ಮಾಡಿಸು. To introduce. ಅವನನ್ನು ದೊರೆಗೆ ಭೇಟಿ ಮಾಡಿಸಿದನು (My.). — ಭೇಟಿ ಮಾಡು. To visit. ಸ್ನೇಹಿತನನ್ನು ಭೇಟಿ ಮಾಡುತ್ತೇನೆ (My.).

ಭೇದ **bhêda.** = ಬೇದ 2. Breaking, splitting, dividing, separating;—a chasm, a fissure;—a hurt, an injury, a wound. 2, division, separation, partition, part, portion. 3, discrimination, discernment. 4, *distinction, difference, kind, sort, species, variety.* 5, *change, alteration, modification.* 6, divulging, disclosure, as of a secret. 7, *dissension, disunion, disagreement, schism.* 8, *creating divisions* (among confederates); *seducing or enticing an ally to one's own party by sowing dissensions* (ತನ್ತ್ರ, ತನ್ತ್ರಭೇದ Nn. 62; see ಚತುರೋಪಾಯ). 9, an opponent, an enemy (ಸಪತ್ನ, ಹಗೆ 62). 10, dualism, duality. 11, evacuation of the bowels. 12, ಗಜಸನ್ತ್ರಾಸ (ಆನೆಯ ಮಸ್ತಕದ ವಿಭಾಗ 62). 13, water (ಅಮ್ಬು, ಉದಕ 62). ಭೇದಾ ತಿಳಿಯದಿದ್ದರೂ ವಾದಾ ಬಿಡುವದಿಲ್ಲ.— ನೀನು ನಾನು ಎಮ್ಬ ಭೇದ ಜ್ಞಾನಿಗುಂಟೇ? (Prvs.). See Prv. s. ಮತ. — ಭೇದವ್ಬಡೆ. -೦-ಪಡೆ. To show difference, to be different (Ĉh. v. 239).

ಭೇದಕ **bhêdaka.** Breaking, splitting, etc.;—who or what breaks, divides, etc. 2, *distinguishing, discriminating, defining.* See ಹೃದಯ-.

ಭೇದನ **bhêdana.** Breaking, splitting, dividing, separating; loosening, as the feces, purging; etc. See ಉರ್ಚು, ಪುಟ-, ಮಲ-, ಲೋಷ್ಟ-. — ಭೇದನಂಗೆಯ್. -೦-. To split; to destroy (J. 28, 8).

ಭೇದಬುದ್ಧಿ **bhêda-buddhi.** Perception or idea of a difference or distinction (C.). ತಮ್ಮ ಹೊಟ್ಟೇ ಮಕ್ಕಳಲ್ಲಿ ಭೇದಬುದ್ಧೀ ಮಾಡುವದಬಿ ಕಾರಣವನ್ನು ದೇವರೇ ಬಲ್ಲನು (B. 4, 108).

ಭೇದಿ **bhêdi.** Who or what breaks, splits, divides, cuts, etc. (see ವೃಕ್ಷ-); a destroyer (Bp. 54, 26);—a crowbar (ಹಾರೆ Mr. 371);—loosening the bowels;—frequent or preternatural evacuations of the intestines, purging (My.). ಭೇದಿ ಆಗುವ ಲಾಲ್ ತಿಗಡೆ (ತ್ರಿಪುಟೆ, etc. Si. 148). ವೈದ್ಯನು ಭೇದಿಗೆ ಕೊಟ್ಟನು (My.). ಅವನಿಗೆ ಭೇದಿಗೆ ಕೊಟ್ಟನು (also: I frightened him, My.). ಅವನಿಗೆ ಭೇದಿ ಹರಿಯಿತು (he was purged, My.). — ಭೇದಿ ಕಟ್ಟು. To stop purging (My.).

ಭೇದಿತ **bhêdita.** *Broken, split, divided, separated.*

ಭೇದಿಸು **bhêdisu.** To break, to split; to distinguish; to separate; to destroy (Bp. 36, 48; Śśv. 4, 131; B. 2, 26; My.); to open, to disclose (as a secret, My.). 2, to discriminate (Ĉ. Bp. 36, 42). 4, to be broken, as the heart (My.); to separate (v. i., My.). 5, a difference to take place (Ĉh. v. 384). See Sp. s. ಮಾದಿಗ.

ಭೇದ್ಯ **bhêdya.** To be broken or split; *capable of being broken, etc., frangible, fragile, penetrable;—to be seduced or led away, liable to be seduced or led away.* 2, what is specified or defined: *a substantive, a noun.* 3, a river (ಉದ್ಧೃ, ನದ, ಗಣ್ಡುದೊಲ್ Mr. 413).

ಭೇರಿ **bhêri.** = ಬೇರಿ 2. *A kettle-drum* (ದುನ್ದುಭಿ Mr. 80).

ಭೇರುಣ್ಡ **bhêruṇḍa.** = ಬೇರುಣ್ಡ, ಭಾರುಣ್ಡ. A species of bird with two heads (ಅಮ್ಮಲ್ದಲೆವಕ್ಕಿ Kk. 16; Śm. 29; ಕೇಸರಿದ್ವಿಪಾರಾತಿ Mr. 160; J. 16, 37). — ಭೇರುಣ್ಡಪಕ್ಕಿ. -ಪಕ್ಕಿ. = ಭೇರುಣ್ಡ. (Abh. P. 10, 78).

ಭೇಷಜ **bhêshaja.** (fr. ಭಿಷಜ್). Making well or healthy: *a remedy, a drug, a medicament* (ಪುಷ್ಕರ, ವೈದ್ಯ Nn. 27). 2, = ವೈಸಿಕ, hypocrisy, fraud, deceit (not Sk.; My.).

ಭೇಷಜಗಾಱ **bhêshaja-gâṟa.** A dissembler, a hypocrite (My.).

ಭೇಷಜನಿವಾಸ **bhêshaja-nivâsa.** A druggist's shop (ಆರೋಗ್ಯಗೃಹ Mr. 197).

ಭೈ **bhĕi. bhai.** An imitative sound. — ಭೈ ಭೈ. rep. ಒದೆದು, ಅದ್ರಿಕ್ಷಿತಿಸಿದ್ಧಿ ಪತ್ತುವಿಡೆ ಭೈ ಭೈಯೆನ್ಬಿನಂ ಕಿಱು (Śmd. 64).

ಭೈಕಾರ **bhai-kâra.** The syllable ಭೈ (Śmd. 361).

ಭೈಕ್ಷ **bhaiksha.** (fr. ಭಿಕ್ಷಾ). = ಬೈಕ. Asking alms;—anything obtained by begging: *begged food, charity, alms.*

ಭೈತ್ರ **bhaitra.** Tbh. of ಬಹಿತ್ರ (Śmd. 361; ಬಹಿತ್ರಕ Ĉt. II, 75; ಯಾನಪಾತ್ರ, ಪೋತ Nr.; ಶಾರದ, ಹಡಗು Nn. 28; ಕೂಟ, ಹಡಗು 152; ಪ್ರವಹಣ, ಪೋತ, ಹಡಗು Mr. 407). ಭೈತ್ರ ನಡಸುವವರು (ಪೋತವಾಹ, etc.); ಭೈತ್ರದಲ್ಲಿಕ್ಕುವ ಭಣ್ಡ (ಆತರ, ತರಪಣ್ಯ Nr.). See ಸು-.

ಭೈತ್ರವ್ಯವಹಾರಿ **bhaitra-vyavahârî.** A sea-trader (ಪೋತವಣಿಜ್, etc. Hlâ.).

ಭೈತ್ವ **bhaitva.** The syllable ಭೈ (Śmd. 360. 361).

ಭೈರವ **bhairava.** (fr. ಭೀರು). = ಬೈರವ. Formidable, awful, terrific. 2, Bhairava, a form of Śiva (ಬಿಗುರ್ವರಿಜ, ತೇಟ್ಡೀರ Śm. 5; Kk. 6; ಘೋರಮೂರ್ತಿ, ಖಡ್ಗಹಸ್ತ, ದಿಗಮ್ಬರ Mr. 15; see Śmd. 79). ಜನ್ನೇ ದೇವರ ಮನೆಗೆ ಭೈರವದೇವರು ಬನ್ದಹಾಗೆ.— ಥರಥರನೆ ಹೋಗಿ, ಭೈರವದೇವರ ಸಂಗಡ ಭೈರವಾಸ ಕೇಳಿದ (Prvs.).

ಭೈರವಾಸ **bhairavâsa.** Tbh. of ಬಹಿರ್ವಾಸಸ್. (Si. 222; My.; Tĕ.; see Prvs. s. ಭೈರವ, ತಿವ).

ಭೈರವಿ **bhairavi.** *A particular form of Durgâ* (ಇನ್ದ್ರಾಣಿ, ಚರ್ಚೆ Nn. 28; ಚರ್ಚೆ, ಚಾಮುಣ್ಡಿ, ವನದೇವಿ Mr. 14; ಚರ್ಚೆ 522; Bp. 23, 19). 2, N. of a râgiṇî or kind of tune.

ಭೈಷಜ್ಯ **bhaishajya.** (fr. ಭೇಷಜ). *Any remedy, drug, medicine.*

ಭೋ **bhô.** = ಭೋಸ್. See Śmd. 64; J. 11, 34.

ಭೋಕ್ತ **bhôkta.** Tbh. of ಭೋಕ್ತೃ. (ಉಪಭೋಗ, ನಿರ್ವೇಶ Mr. 457; My.).

ಭೋಕ್ತವ್ಯ **bhôktavya.** To be enjoyed or eaten; fit to be used or employed; to be possessed or ruled. See Bp. 53, 41; ಅನು-.

ಭೋಕ್ತಾರ **bhôktâra.** Tbh. of ಭೋಕ್ತೃ. (My.).

ಭೋಕ್ತೃ **bhôktṛi.** = ಭೋಕ್ತ, ಭೋಕ್ತಾರ. *An enjoyer, an eater, a feeder;* one who employs or makes use of; one who feels or experiences;—enjoying, eating; feeling, experiencing.

ಭೋಗ **bhôga.** 1. = ಬೋಗ. Enjoyment, fruition; eating; use, application. 2, sexual enjoyment (ಗ್ರಾಮ Nn. 37; My.). 3, possessing; ruling, governing, protecting; cherishing, nourishing (ಪರಿಪಾಲನೆ, ರಕ್ಷಿಸುವುದು Nn. 113; ಪಾಲನೆ Mr. 514). 4, a transaction (ವ್ಯವಹಾರ, ಬೆಹಾರ 113; ವ್ಯವಹಾರ 514). 5, perception of sorrow or joy. 6, *pleasure* (ಅತಿಸುಖ 514). 7, a being that enjoys pleasure (ಸೌಖ್ಯೋದ್ಗತಜೀವಿ, ಸುಖವನಯ್ದುವವಸ್ಥ ಜೀವರುಗಳು 113). 8, *feasting, a repast, a banquet.* 9, money, wealth (ಧನ, ದ್ರವ್ಯ 113; ಧನ 514). 10, fullness, plenty (ಪರಿಪೂರ್ಣ, ನೆಱತೆ Mr. 454). 11, *hire, wages* (ನಿರ್ವೇಶನ 514); *the hire of dancing girls or courtezans, wages of prostitution.* 12, a whore (ಕಾಮುಕಿ, ಸೂಳೆ 113; ಪಣ್ಯವನಿತೆ 514). ಪಾಪಾಣದ ಭೋಗ, ಶ್ಮಶಾನದ ಸ್ಥಿತಿ

ಯಾರು ಬಲ್ಲರು? (Prv.). 13, N. of a man (Bp. 24, 72). See Prv. s. ರೋಗ.

ಭೋಗ bhôga. 2. Any winding or curve: *a ring, the coil of a snake.* 2, *the expanded hood of a serpent.* 3, the body of a snake (ಅಹಿಕಾಯ, ಸರ್ಪಗಳ ದೇಹ Nn. 113; ಹಾವಿನ ಶರೀರ Mr. 400; ಅಹಿಕಾಯ Mr. 514);—the body. 4, *an army in column;*—a train, a retinue, an army (ಸೇನೆ, ಪರಿವಾರ 113).

ಭೋಗಕ್ಷಿತಿ bhôga-kshiti. = ಭೋಗಭೂಮಿ, etc. Land of enjoyment: the place on this earth where people (all of whom are âryas) enjoy the reward of their works, which is superior to svarga and where people live very long (Čpr. 3, 35).

ಭೋಗಧರ bhôga-dhara. A snake (ಹಾವು G.).

ಭೋಗಭೂತಲ bhôga-bhûtala. = ಭೋಗಕ್ಷಿತಿ, etc. (Čpr. 3, 36).

ಭೋಗಭೂಮಿ bhôga-bhûmi. = (ದೇವಭೂಮಿ), ಭೋಗಕ್ಷಿತಿ q. v., ಭೋಗಭೂತಲ. (Čpr. 1, after 101; 3, after 36; 3, 37; Abh. P. 1, after 66, 67 & 68).

ಭೋಗಭೂಮಿಭವ bhôgabhûmi-bhava. (= ದೇವಭೂಮಿಜ). An ârya (ಆರ್ಯ, ಭೋಗಭೂಮಿಯಲ್ಲಿ ಹುಟ್ಟಿದಸ್ಥಾವನು Nn. 106).

ಭೋಗಮೋಕ್ಷ bhôga-môksha. Fruition and final emancipation (Bp. 49, 12).

ಭೋಗವತ್ bhôga-vat. Furnished with enjoyments, riches, etc. 2, having rings or coils; a snake.

ಭೋಗವತಿ bhôga-vati. = ಭೋಗಾವತಿ. *The city of the snakes in the subterranean regions* (J. 23, 16). 2, *the river of the snakes, the Ganges of the lower regions* (J. 24, 13).

ಭೋಗಷಟ್ಪದಿ bhôga-shaṭpadi. N. of a metre (Čh.).

ಭೋಗಾಯಿ bhôga-âyi. N. of a woman (Bp. 12, 42).

ಭೋಗಾವತಿ bhôgâ-vati. = ಭೋಗವತಿ. The infernal regions (ಪಾತಾಲ Nn. 22, c. r. ಅಧೋಲೋಕ). 2, ನಗರ, ಪಟ್ಟಣ (22). 3, ತರಂಗಿಣಿ, ನದಿ (22). 4, Mahâlakshmî (ರಮೆ, ಮಹಾಲಕ್ಷ್ಮಿ 22).

ಭೋಗಿ bhôgi. 1. (Šmd. 109). = ಬೋಗಿ, (ಬೋವು). Enjoying, eating; using, possessing; suffering, experiencing;—devoted to enjoyments, indulging in sensual pleasures;—opulent;—an enjoyer (Bp. 58, 16);—a happy person (My.);—a voluptuary;—a king, a prince;—the headman of a village;—a barber;—a person who accumulates money for a particular expenditure. See ಬಿಳೇ-. ಭೋಗಿಗೆ ರೋಗಿ ಮರುಳು, ರೋಗಿಗೆ ಭೋಗಿ ಮರುಳು.—ಒಬ್ಬ ಭೋಗಿಯಾದರೆ ಒಬ್ಬ ಜೋಗಿ (Prvs.). — ಭೋಗಯ. -ಅಯ. N. (Bp. 38, 57; 57, 37. 52). — ಭೋಗಯ್ಯ. -ಅಯ್ಯ. N. (Bp. 9, 42; 57, 31-33. 43. 49. 50). — ಭೋಗಿದೇವ. N. (Bp. 57, 38. 46. 51. 54. 55; 58, 9). — ಭೋಗಿದೇವಯ್ಯ. -ಅಯ್ಯ. N. (Bp. 59, 5).

ಭೋಗಿ bhôgi. 2. Having curves or coils: *a snake.*

ಭೋಗಿಕಟಕ bhôgi-kaṭaka. Šiva (Bp. 54, 75).

ಭೋಗಿತ bhôgita. A man who has eaten or enjoyed, or eats or enjoys (Bp. 30, 12).

ಭೋಗಿನಿ bhôgini. *The concubine of a king.* 2, a serpent woman (Čpr. 5, 99).

ಭೋಗಿಪ bhôgi-pa. The snake šêsha (J. 13, 47).

ಭೋಗಿಭೂಷಣ bhôgi-bhûshaṇa. Šiva (Bp. 55, 52).

ಭೋಗಿವಿಭೂಷ bhôgi-vibhûsha. Šiva (Šsv. 1, 82).

ಭೋಗಿಶಯ bhôgi-šaya. Vishṇu (Bp. 1, 3).

ಭೋಗಿಸು bhôgisu. (Šmd. 92). To eat; to enjoy; to experience, to feel, to suffer (Bp. 24, 83; 27, 15; 43, 64. 65; 48, 6. 22; 58, 35. 46; My.; B. 5, 58. 274). 2, to indulge in sensual pleasures (Bp. 6, 33; 11, 23; J. 3, 5). 3, to be consumed or destroyed, to decay, as pearls (Bh. 2, 2, 66). ಭೋಗಿಸಿದಲ್ (Šmd. 245). ಕೂಡಿ ಭೋಗಿಪಲ್ಲಿ ರಮಾಭಿಧಾನಂ (Mr. 538). See Prv. s. ರೋಗ.

ಭೋಗಿಸುವಿಕೆ bhôgisuvikĕ. Enjoying, etc. (ನಿರ್ವೇಶ, ಉಪಭೋಗ Si. 394).

ಭೋಗ್ಯ bhôgya. Enjoyable, to be enjoyed, to be used;—what may be enjoyed, anything that may be possessed or used, an object of fruition.

ಭೋಗ್ಯಪತ್ರ bhôgya-patra. = ಭೋಗ್ಯಾಧಿಪತ್ರ. (My.; Tč.).

ಭೋಗ್ಯಾಧಿ bhôgya-âdhi. A pledge or deposit which may be used by the mortgagee until redeemed (My.).

ಭೋಗ್ಯಾಧಿಪತ್ರ bhôgyâdhi-patra. A mortgage-bond wherein the lender assumes the temporary use of the property mortgaged (My.).

ಭೋಂಕನೆ bhôṅkanĕ. = ಭೋಂಕನೆ. Swiftly, speedily, quickly (ಚಕ್ಕನೆ, ಭೋರನೆ, ಭೋಂಕಲ್, etc., ಶೀಘ್ರಾರ್ಥ Šmd. 391; ಚಟ್ಟನೆ, etc. Čt. I, 21; ಭೋರನೆ, etc., ಶೀಘ್ರಾರ್ಥ Kk. 50). ಭೋಂಕನೆ ದೇವಸ್ತ್ರೀಯರ್ ಅಸ್ವಾರತಿಯನ್, ಉಘೇ ಎನ್ನುತ್ತ ತತ್ತ್ವತೀರ್ದರ್ (Šmd. 64). ಭೋಂಕನೆ ಬನ್ದಂ, ಭೋಂಕನೆ ಬನ್ದಳ್, ಭೋಂಕನೆ ಬನ್ದುದು (109). ಭೋಂಕನೊರ್ವಂ ಬನ್ದಂ (112). See Bp. 9, 23; Ršv. 5, 120; 10, 9; 13, after 77; Šsv. 1, 7).

ಭೋಂಕರಿಸು bhô-ṅ-karisu. To hum, to murmur (J. 8, 32; *cf.* ಬೋ).

ಭೋಂಕಲ್ bhôṅkal. = ಭೋಂಕನೆ (Šmd. 391).

ಭೋಂಕೆನೆ bhôṅkĕnĕ. = ಭೋಂಕನೆ. (Čpr. 3, 53. 77; 5, 43. 80; 6, 44; 7, 88).

ಭೋಜ bhôja. N. of a celebrated sovereign of Malwa (Bp. 57, 6. 7. 9. 11. 19. 20); N. of others (*e. g.* J. 14, 3; 25, 19).

ಭೋಜನ bhôjana. *The act of enjoying, using, eating; a meal; food* (ಊಟ Hlâ.). See ಉಣ್. ಭೋಜನವಿಲ್ಲದಿದ್ದರೂ ಭಜನೆಯಿರಬೇಕು.—ತಿರಿದುಮ್ಬುವ ಬಟ್ಟ ದಕ್ಷಿಣೆಯಾದರೂ ಬಿಟ್ಟಾನು, ಭೋಜನ ಸಿಕ್ಕಿದರೆ ಬಿಡಲೊಲ್ಲ (Prvs.). 2, the act of giving to eat, feeding. See Prvs. s. ಯೋಜನ. — ಭೋಜನ ಮಾಡು. To eat, to take a meal (B. 4, 122; My.).

ಭೋಜನಕ್ರಿಯೆ bhôjana-kriyĕ. The act of eating or of giving to eat. See ಊಟು.

ಭೋಜನತ್ಯಾಗ bhôjana-tyâga. *Abstinence from food.*

ಭೋಜನದಕ್ಷಿಣೆ bhôjana-dakshiṇĕ. The money present given to Brâhmaṇas after supplying them with a meal (especially at šrâddhas, My.).

ಭೋಜನಸಮಾರಮ್ಭ bhôjana-samârambha. The arrangement, disposition and management of a meal or dinner (B. 4, 215; My.).

ಭೋಜನಾರ್ಥ bhôjana-artha. On account of a meal (My.).

ಭೋಜನಾರ್ಥಿ bhôjana-arthi. A stranger who asks for a meal (My.).

ಭೋಜಿ bhôji. *Enjoying; eating.* See ಸರ್ವಾನ್ನ-, ಸಹ-.

ಭೋಜ್ಯ bhôjya. = ಬೋಜ್ಜ. To be enjoyed or eaten; eatable. 2, anything to be enjoyed or eaten, food (J. 5, 24; 6, 45; My.);—a dainty. 3, a feast;—a store of provisions.

ಭೋಟ bhôṭa. N. of a country (Bp. 6, 19).

ಭೋರ್ bhôr. (= ಜೋ). A sound to imitate the humming of the black humble bee, the noise of the waves of the sea, that of rivers or streams, that of a crowd of people, that of certain musical instruments (kahaḷĕ, tutûri, etc.), that of heavy rain, that of wheels, etc. — ಭೋರಿಡು. -ಇಡು. = ಭೋರೆನ್. (My.). — ಭೋರೆನ್. -ಎನ್. To emit the sound of ಭೋರ್ (Čpr. 8, 17; Bp. 8, 33; 6, 11; 11, 49; 46, 53; 53, 25; Rśv. 6, after 11). — ಭೋರ್ಗರೆ. -ಕರೆ. = ಭೋರೆನ್. (ಧ್ವನಿಗೆಯ್ Śmd. 22 Cm.; Čpr. 6, 34; Râm. 6, 49, 35). — ಭೋರ್ಭೋರ್ರೆನ್. To emit the repeated sound of ಭೋರ್ (Abh. P. 9, 186). ಭೋರ್ಭೋರ್ರೆನೆ ಪಾಯ್ವುದು ಹಿಮನಗಕ್ಕೆ ಗಂಗಾಸ್ರೋತಂ (Śmd. 231).

ಭೋರನೆ bhôranĕ. (Śmd. 22. 388). With the sound of ಭೋರ್ (Bp. 2, 12). 2, swiftly, quickly (ಭೋಂಕನೆ, ಚಿಕ್ಕನೆ, ಭೋಂಕಲ್, etc., ಶೀಘ್ರಾರ್ಥ Śmd. 391; ಚೆಚ್ಚರ, etc. Čt. I, 21; ಚಿಕ್ಕನೆ, ಚೆಚ್ಚರ, ಬೆಚ್ಚರ, ಬೇಗ, etc., ಶೀಘ್ರಾರ್ಥ Śm. 61; Kk. 50).

ಭೋರುಣ್ಟಿ bhôruṇṭi. A square paper-kite that emits the sound of bhôr when flying (My.).

ಭೋರೆನೆ bhôrĕnĕ. = ಭೋರನೆ No. 1. (Abh. P. 13, 49).

ಭೋಷ bhôsha. = ಬೋಸಿ 2. Decorum, decency; honor (My.). ದೇಶಾನ್ತರದವರಿಗೆ ಸ್ವತನ್ತ್ರ ಕೊಟ್ಟರೆ ತನ್ನ ಭೋಷ ಹೋಗದೇ? — ದೇಶಾವರಕ್ಕೆ ಹೋಗಿ, ಭೋಷ ಕಳಕೊಣ್ಡ. — ನಹುಷರಾಯನ ಭೋಷ ನಾಕದಲ್ಲಿ ಹೋಯಿತು. — ನಿರಾಶೆಯುಳ್ಳವನಲ್ಲಿ ಆಶೆ ಮಾಡಿದರೆ ಭೋಷ ಹೋಗದೇ? (Prvs.).

ಭೋಸ್ bhôs. = ಭೋ. O! ho! there! hallo! ah! alas!

ಭೋಸಡ bhôsaḍa. = ಭೋಸಡಿ No. 1. (My.).

ಭೋಸಡಿ bhôsaḍi. Pudendum muliebre (Mhr.). 2, a term of reproach for an adulteress (My.).

ಭೌತಿಕ bhautika. (fr. ಭೂತ). Coming from or relating to existing beings; relating or pertaining to evil spirits; formed of the elements; material. (My.). See ಅಧಿ-, ಆಧಿ-.

ಭೌಮ bhauma. (fr. ಭೂಮಿ). Belonging or relating to the earth; terrestrial; made of earth; — *the planet Mars* (ವಕ್ರ, etc. Mr. 38).

ಭೌಮವಾರ bhauma-vâra. Tuesday. (My.). See Prv. s. ಭೀಮ.

ಭೌರಿಕ bhaurika. (fr. ಭೂರಿ). *The superintendent of gold in a royal treasury, a treasurer.*

ಭ್ರ bhra. = ಭ್ರ, etc.

ಭ್ರಂಶ bhraṁśa. *Falling, falling off, a fall;* — *declining, decline, decrease;* — decay, ruin; — *separating from, abandoning, deserting;* — *losing, loss;* — deviating or straying from.

ಭ್ರಂಶತೆ bhraṁśatĕ. The state or condition of falling, etc. See ಅಪ-.

ಭ್ರಕುಂಸ bhrakuṁsa. = ಭ್ರುಕುಂಸ. *An actor in female apparel.*

ಭ್ರಕುಟಿ bhra-kuṭi. *A contraction of the eyebrows, a frown.*

ಭ್ರಜ್ಜ್ bhrajj. (= ಬಜ್ಜ). Frying, parching (as grain), roasting.

ಭ್ರಮ bhrama. = ಬೆಮ, ಬೆರ್ಮ, ಭ್ರಮೆ. Flying about humming, as insects; — roving or roaming about, wandering about; — *moving in a circle, going round, turning round, whirling, revolving;* — straying, erring; — a circular motion, a whirl; a whirlpool, an eddy; — giddiness, dizziness; — *wandering of mind; confusion, perplexity, error, mistake, aberration, misconception, misapprehension, delusion;* — *a water-course;* — one of the upamĕs (Kâvy. III, 3, B, 61. 103 seq.). ಅವರ ಬುದ್ಧಿಗೆ ಭ್ರಮವಾಗುತ್ತದೆ (B. 4, 41).

ಭ್ರಮಣ bhramaṇa. = ಬವಣೆ, ಭ್ರಮಣೆ. Roaming, wandering about; turning round, whirling (ಕಂಕಣ, ತಿರುಗುವುದು Nn. 45; Čpr. 4, after 18); revolution, the orbit of a planet, etc.; wavering, staggering, tottering, unsteadiness; erring, falling into error; confusion, perplexity; giddiness, dizziness; — causing to go round or move about. See ದಿಗ್-, ಮುಷ್ಟಿ-; ಚರಯಿಸು, ತಿರುಪು, ತೊಟಿಲ್, ಬಳಸು, ಸುಟಿ.

ಭ್ರಮಣಿ bhramaṇi. = ಬವಣಿ, ಬವಳಿ. A sort of game (played by lovers), consisting in circular movements or waltzes. 2, a *vulgar* form of ಭ್ರಮಣೆ.

ಭ್ರಮಣೆ bhramaṇĕ. = ಭ್ರಮಣ. (J. 13, 20; My.).

ಭ್ರಮತ್ bhramat. (Śmd. 100). Flying about humming; roaming; turning round, whirling, etc.

ಭ್ರಮದ್ಭ್ರಮರ bhramat-bhramara. (Śmd. 100). The black humble bee flying about humming.

ಭ್ರಮರ bhramara. = ಬವರ 2. *The large bright black humble bee,* Bombinatrix glabra (ಭೃಂಗ, ತುಮ್ಬಿ Nn. 45; ಮಧುವ್ರತ, ತುಮ್ಬಿ 68; ಅಳಿ Śm. 95); a bee. 2, a potter's wheel. 3, a bow (ಕಾರ್ಮುಕ, ಬಿಲ್ಲು 68). 4, a gallant, a libertine (ಭುಜಂಗ, ವಿಟ 68). 5, shine, lustre (ಮಿಂಚು, ಹೊಳಹು 68). 6, giddiness, vertigo. ಭ್ರಮರ ಭ್ರಮಿಸಿ, ಬೆಳಗೂ ಭಂಗ ಪಟ್ಟಹಾಗೆ (Prv.).

ಭ್ರಮರಕ bhramaraka. A bee. 2, *a curl hanging down on the forehead.*

ಭ್ರಮರವಿಲಸಿತ bhramara-vilasita. N. of a vṛitta (Čh.).

ಭ್ರಮರಾದಿನಿನದ bramara-âdi-ninada. The sound of the black humble bee, etc. See ಮುರೆ.

ಭ್ರಮರಾಮ್ಬೆ bhramara-ambĕ. Durgâ. (My.).

ಭ್ರಮರಾರಿ bhramara-ari. Bee-enemy: the čampaka tree and its flowers. — ಭ್ರಮರಾರಿಮಾಲಿನಿ. N. of one of Čandrahâsa's wives (J. 31, 51).

ಭ್ರಮರಾರ್ಥ bhramara-artha. The meaning of "the black humble bee" (ಅಳಿ Śmd. Dh.).

ಭ್ರಮರಿ bhramari. = ಬವರಿ. Going round (see ಬವರಿ). 2, a bee, the black humble bee (Sk.). ಭ್ರಮರಿಪೋಲ್ ಭ್ರಮಿಯಿಸ್ತಿರೆ ಬೆಚ್ಚರಾಗು! (Śmd. 272). 3, making go round, moving in a circle (see ಬವರಿ).

ಭ್ರಮಾರ್ಥ bhrama-artha. The meaning of "turning round", etc. (Śmd. 392).

ಭ್ರಮಿ bhrami. Going round or about, revolving; roaming about. 2, a potter's wheel, a turner's lathe. 3, a whirlpool. 4, any circular arrangement of troops, a circle formed by troops (J. 20, 44. 48. 62). See Śmd. s. ಭ್ರಮರಿ.

ಭ್ರಮಿತ bhramita. Wandered about, wandering about in, wandered or spread through (Bp. 19, 3; 28, 59); strayed, perplexed, etc. (40, 59).

ಭ್ರಮಿಯಿಸು bhramiyisu. To roam or wander about (Čpr. 3, after 28).

ಭ್ರಮಿಸು bhramisu. = ಬಮಿಸು, ಬೆವಿಸು. To fly about humming (as the ಭ್ರಮರ, Bp. 45, 43; J. 8, 2); to roam or wander about. 2, to wander, not to be under the guidance of reason, to be confused, perplexed or bewildered, to act foolishly (Bp. 10, 8; 45, 48; 54, 48; My.). See Prv. s. ಭ್ರಮರ.

ಭ್ರಮೆ bhramĕ. = ಭ್ರಮ. (Bp. 45, 43; Šmd. 399 Cm.; My.). ಭ್ರಮೆಯಿದ್ದವಗೆ ಶ್ರಮೆಯಿಲ್ಲ, ಶ್ರಮೆಯಿದ್ದವಗೆ ಭ್ರಮೆಯಿಲ್ಲ (Prv.). — ಭ್ರಮೆಗವಿ. -ಕವಿ. Confusion to fall upon or seize (Bp. 9, 3). — ಭ್ರಮೆಗೊಳ್. -ಕೊಳ್. -ಗೊಳ್ಳು. To enter upon a roaming or wandering about;—to begin to wander or to lose the guidance of one's reason, to become confused or bewildered (My.). See ತೊಡಗು; Bp. 26, 32; 45, 34.

ಭ್ರಷ್ಟ bhrashṭa. = ಬಟ್ಟ 3. *Fallen, dropped, fallen down, fallen out or off;*—declined, ruined, lost;—strayed from, devious from;—separated from, deprived of;—fallen (as from dignity, power, caste, virtue);—depraved, vicious, wicked. ಭ್ರಷ್ಟನಾದರೂ ಕಷ್ಟ ತಪ್ಪದು (Prv.).

ಭ್ರಷ್ಟತ್ವ bhrashṭatva. The state of being deprived of, put out or expulsed from (caste, etc., My.).

ಭ್ರಾಜ್ bhrâj. Shining; lustre. See ವಿ-.

ಭ್ರಾಜಿ bhrâji. Shining, gleaming, glittering.

ಭ್ರಾಜಿತ bhrâjita. Shining, glittering, beaming (Čpr. 1, 121; Šmd. 180; Kâvy. I, 2, 22; Šâstrasâra in W. v. 1505).

ಭ್ರಾಜಿಷ್ಣು bhrâjishṇu. *Shining, splendid, radiant, elegant.*

ಭ್ರಾತ bhrâta. Tbh. of ಭ್ರಾತೃ. (My.).

ಭ್ರಾತಾರ bhrâtâra. Tbh. of ಭ್ರಾತೃ. (My.).

ಭ್ರಾತೃ bhrâtṛi. *A brother, a uterine brother.* ಭ್ರಾತೃಗಳ್ (dual), *brother and sister.*

ಭ್ರಾತೃಜ bhrâtṛi-ja. *A brother's son.*

ಭ್ರಾತೃಜಾಯೆ bhrâtṛi-jâyĕ. *A brother's wife.*

ಭ್ರಾತೃದ್ರೋಹ bhrâtṛi-drôha. Betraying one's own brother (My.).

ಭ್ರಾತೃಪುತ್ರ bhrâtṛi-putra. *A brother's son.*

ಭ್ರಾತೃಭಗಿನಿಗಳ್ bhrâtṛi-bhaginigaḷ. (dual). *A brother and sister.*

ಭ್ರಾತೃವಧು bhrâtṛi-vadhu. *A brother's wife* (ಅತ್ತಿಗೆ Mr. 312).

ಭ್ರಾತೃವ್ಯ bhrâtṛivya. *A brother's son.* 2, *a rival, an enemy.*

ಭ್ರಾತ್ರೀಯ bhrâtrîya. *A brother's son;*—fraternal, belonging or relating to a brother.

ಭ್ರಾನ್ತ bhrânta. Roamed; whirled round. 2, confused, perplexed, bewildered, enchanted. (B. 3, 12; My.; see ವಿ-).

ಭ್ರಾನ್ತತೆ bhrântatĕ. Confusion, perplexity, bewilderment (Čpr. 5, 15).

ಭ್ರಾನ್ತಿ bhrânti. = ಭ್ರಾನ್ತು. Wandering about, roaming, going round, etc.;—*confusion, perplexity, bewilderment; error, mistake, delusion, false idea or supposition* (ಭ್ರಮೆ Šmd. 399 Cm.). ಪ್ರಾನ್ತ್ಯ ಸೇರಿದರೂ ಭ್ರಾನ್ತಿ ಬಿಡಲಿಲ್ಲ.—ಭ್ರಾನ್ತಿ ಹಿಡಿದವನಿಗೆ ಶಾನ್ತಿ ಕೊಟ್ಟರೆ ಹೋದೀತೇ?—ಭ್ರಾನ್ತಿ ಹೋದರೂ ಭಯ ಹೋಗಲಿಲ್ಲ (Prvs.). See Prv. s. ಸನ್ನೆ 1. — ಭ್ರಾನ್ತಿಗೊಳ್. -ಕೊಳ್. -ಗೊಳ್ಳು. = ಭ್ರಮೆಗೊಳ್. (Bp. 17, 9; My.). — ಭ್ರಾನ್ತಿ ಪಡು. To be confused, etc. (Si. 36; My.).

ಭ್ರಾನ್ತು bhrântu. Tbh. of ಭ್ರಾನ್ತಿ. ಅವನಿಗೆ ಭ್ರಾನ್ತು ಹಿಡಿಯಿತು (My.). 2, a confused person (Bp. 51, 25).

ಭ್ರಾಮ bhrâma. = ಭ್ರಾನ್ತಿ.

ಭ್ರಾಮಕ bhrâmaka. Causing to turn round; bewildering; a perplexing or bewildering affair (J. 26, 40). 2, *a loadstone* (ಸೂಜಿಗಲ್ಲು, ಅಯಸ್ಕಾನ್ತ Mr. 100).

ಭ್ರಾಮಕನ್ದ bhrâma-kanda. A very poisonous, yet medicinal plant (ಅತಿಬಲೆ, ಶೃಂಗಿ Mr. 138).

ಭ್ರಾಮರ bhrâmara. (fr. ಭ್ರಮರ). Belonging to or coming from a bee (Si. 334).

ಭ್ರಾಷ್ಟ್ರ bhrâshṭra. (= ಬಾಣಲಿ, etc.). *A frying-pan, a roasting-pan, a parching-pan* (ಅಮ್ಬರೀಷ, ಹುರಿವ ಹಂಚು Mr. 211).

ಭ್ರಾಷ್ಟ್ರಕ bhrâshṭraka. (= ಬಾಣಲಿಗೆ). A frying-pan, etc. (= ಭ್ರಾಷ್ಟ್ರ).

ಭ್ರು bhru. = ಭ್ರೂ, etc.

ಭ್ರುಕುಂಸ bhrukumsa. = ಭ್ರೂಕುಂಸ. *An actor in female apparel.*

ಭ್ರುಕುಟಿ bhru-kuṭi. A contraction of the eyebrows, *a frown.*

ಭ್ರುವ bhruva. = ಭ್ರೂ, etc. An eyebrow.

ಭ್ರೂ bhrû. (Šmd. 103). = ಭ್ರು, etc., (ಭ್ರುವ್, etc.). *An eyebrow, the brow* (ಹುಬ್ಬು, ಬಿಲ್ಲಿ Mr. 317).

ಭ್ರೂಕುಂಸ bhrûkumsa. *An actor in female apparel.*

ಭ್ರೂಕುಟಿ bhrû-kuṭi. = ಭ್ರುಕುಟಿ. *A frown.*

ಭ್ರೂಣ bhrûṇa. *An embryo, a fetus, an unborn child* (ಅತೀವಬಾಲಕ, ಶಿಶು Nn. 133, or ad No. 2?). 2, *a child, a boy.* 3, *a pregnant woman* (ಗರ್ಭಿಣಿ, ಬಸುರಾದವನ್ತಾ ಸ್ತ್ರೀ 133; ಬಸುರಿ ಸತಿ Mr. 476). 4, fire (ಜ್ವಾಲೆ, ಅಗ್ನಿ 133).

ಭ್ರೂಣಹತ್ಯ bhrûṇa-hatya. = ಭ್ರೂಣಹತ್ಯೆ. (Bp. 18, 90; My.).

ಭ್ರೂಣಹತ್ಯೆ bhrûṇa-hatyĕ. The killing of an embryo, procuring abortion (Sk.).

ಭ್ರೂಲತೆ bhrû-latĕ. A creeper-like eyebrow (ಬಳ್ಳಿಯ ಹಾಗಿದ್ದ ಹುಬ್ಬು G.; J. 2, 48).

ಭ್ರೇಷ bhrêsha. Falling, slipping;—*deviation from rectitude, trespass.*

ಮ್

ಮ್ m. The forty-fifth letter of the Alphabet (Šmd. 12. 21). It takes the place of the bindu (24. 115. 128. 130. 192. 193. 200), and often becomes ವ (81. 128. 202). *Cf.* ನೊದೆ = ವೊದೆ, ನೊಳಲೆ = ವೊಳಲೆ.

ಮ ma. The letter ಮ್ pronounced with a short a, as is generally done at school.

ಮ ma. N. of one of the metrical feet (Čh.; Mr. 363). 2, N. of the fourth note of the scale (Mr. 76). 3, the number 5 (Mr. 349).

ಮಕ maka. The state of being not bright or dim (*cf.* ಮಂಕು). — ಮಕ ಮಕ ಎನ್ನು. To want brilliancy, as a light (My.).

ಮಕರ makara. *A kind of sea-monster* (crocodile, shark, dolphin, etc., ಮತ್ಸ್ಯಭೇದ Hlâ.; ಉಗ್ರಪಾಠೀನ Mr. 410). 2, N. of the 10th sign of the zodiac: Capricornus. 3, one of the nine treasures of Kubêra. — ಮಕರಬಿಬ್ಬಿ. A mortar-piece (My.).

ಮಕರಕುಣ್ಡಲ makara-kuṇḍala. An ear-ring shaped like a makara. (My.).

ಮಕರಕೇತನ makara-kêtana. Kâma (Bp. 40, 51).

ಮಕರಕೇತು makara-kêtu. = ಮಕರಕೇತನ. (J. 6, 25).

ಮಕರತೋರಣ makara-tôraṇa. (Šmd. 385; Kk. 97; Bp. 4, 8; 6, 21). A tôraṇa of the form of a makara attached to two poles, which, in processions, as an emblem of distinction (birudu), is carried before idols, gurus and kings (My.).

ಮಕರಧ್ವಜ makara-dhvaja. Makara-bannered: *Kâma.*

ಮಕರನ್ದ makaranda. *The nectar of flowers; honey* (ಮಧು, ಪೂಗಳ ಇನಿದು Mr. 108; ಬಣ್ಡು Kk. 14; ಸವುಸವ Šm. 23).

ಮಕರಪತ್ರ makara-patra. = ಮಕರಿಕೆ. (J. 11, 25; 30, 17).

ಮಕರಮಾಸ makara-mâsa. The tenth solar month (My.).

ಮಕರರಾಶಿ makara-râśi. = ಮಕರ No. 2. ಮಕರರಾಶಿಗೆ ಗುರು ಬನ್ದರೆ ಶೂಕರಗೆ ಏನು? (Prv.).

ಮಕರವೃತ್ತ makara-vṛitta. The first point of Capricorn, the winter solstice (B. 5, 306; My.).

ಮಕರಸಂಕ್ರಮಣ makara-saṅkramaṇa. The passage of the sun from Sagittarius into Capricornus (when the ಪೊಂಗಲುಹಬ್ಬ is celebrated, My.).

ಮಕರಸಂಕ್ರಾನ್ತಿ makara-saṅkrânti. = ಮಕರಸಂಕ್ರಮಣ. (My.). ಕಾಡ ಕೋಣಗೆ ಮಕರಸಂಕ್ರಾನ್ತಿಯೇ? (Prv.).

ಮಕರಾಕರ makara-âkara. The ocean.

ಮಕರಾಕರೇಶ್ವರ makarâkara-îśvara. Varuṇa (Râm. 6, 44, 52).

ಮಕರಾಕ್ಷ makara-aksha. N. of a râkshasa. (Râm. 6, 40 sum.).

ಮಕರಾಂಕ makara-aṅka. = ಮಕರಧ್ವಜ. (My.).

ಮಕರಾಲಯ makara-âlaya. The ocean. (My.).

ಮಕರಾಶ್ವ makara-aśva. Whose horse is the makara: Varuṇa. (R.).

M

ಮಕರಿ makari. A female makara. 2, = ಮಕರಿಕೆ (My.).

ಮಕರಿಕಾಪತ್ರ makarikâ-patra. = ಮಕರಿಕೆ. (ಪತ್ರಲೇಖೆ, etc., ಸ್ತ್ರೀಯ ವೊಲೆಗಳು ಮುನ್ತಾದ ಅಂಗಗಳಲ್ಲಿ ಕಸ್ತೂರಿ ಕೇಸರಿ ಪಚ್ಚಕರ್ಪೂರ ಮುನ್ತಾದ ಪರಿಮಳದ ಬಣ್ಣಗಳಿನ್ದ ಬರೆಯಲ್ ಪಡುವ ಮಕರಿಕಾಪತ್ರಾದಿಚಿತ್ರಗಳು Sj. 226; My.). ಲೋಗರ ಮನೆಯಲ್ಲಿ ಇದ್ದವಳಾಗಿ ಮಕರಿಕಾಪತ್ರ ಮೊದಲಾದ ಶಿಲ್ಪವಿದ್ಯೆಯ ಮಾಡುವಳು (ಸೈರನ್ಧ್ರಿ Nr.).

ಮಕರಿಕೆ makarikĕ. Figures drawn with fragrant pigments on the breast, cheek, arm and neck (of a woman, ಪತ್ರವಲ್ಲಿ, ಮೊಲೆ ಗಲ್ಲ ತೋಳ್ ಕೊರಳಲ್ಲಿ ತೀವಿ ಸಱಯಿಂ ಬರೆದ ಪವುಸೆಲತೆಗಳ್ Mr. 389).

ಮಕರೀಪತ್ರ makarî-patra. = ಮಕರಿಕಾಪತ್ರ. (My.).

ಮಕಾರ ma-kâra. The letter or syllable ಮ (Šmd. 11). 2, = ಅದ' 2, No. 3. (My.). 3, dishonour (My.).

ಮಕುಟ makuṭa. = ಮಗುಡ, ಮುಕುಟ. *A head-dress, a crown, a tiara, a crest* (ಶಿಖಿ, ಚೂಡ Nn. 4; ವೇಷ್ಟನ 28; ಮೌಲಿ 47; ಮೌಲಿ, ಕಿರೀಟ 101).

ಮಕುಟಮಣಿ makuṭa-maṇi. (Šmd. 385; Kk. 96). A tiara-gem.

ಮಕುಟವರ್ಧನ makuṭa-vardhana. A crowned sovereign (Grj. 2, after 106).

ಮಕುರ makura. = ಮುಕುರ. (Sk.).

ಮಕುಷ್ಠಕ makushṭhaka. = ಮವಷ್ಠಕ, etc. *A species of kidney bean* (ಮಯುಷ್ಠಕ, etc., ಕಾಡ ಹೆಸರು Nr.; see ಮಡಕಿ).

ಮಕೂಲಕ makûlaka. *A species of medicinal plant* (= ದನ್ತಿಕೆ).

ಮಕ್ಕ makka. = ಮಕ್ಕಾ, etc. Mecca. ಮಕ್ಕಕ್ಕೆ ಹೋದ, ಮದೀನಕ್ಕೆ ಹೋದ, ಇದ್ದ ಮಕ್ಕಳನ್ನು ಹೋಗಾಡಿಸಿ ಬನ್ದ. — ಮಕ್ಕಕ್ಕೆ ಹೋದರೂ ಟಕ್ಕುತನ ಬಿಡಲಿಲ್ಲ (Prvs.).

ಮಕ್ಕಡ makkaḍa. = ಮಂಕಡ. Tbh. of ಮರ್ಕಟ (Šmd. 345. 372; Mhr. ಮಾಕಡ).

ಮಕ್ಕರಿ makkari. = ಮಕ್ರಿ, ಮಂಕರಿ, ಮಂಕ್ರಿ. A basket plaited of stout slits of bamboo or of the date tree (My.; T., Tĕ.; *cf.* Sk. ಮಸ್ಕರ and Tbh. ಮಕ್ಕರಿ).

ಮಕ್ಕರಿ makkari. Tbh. of ಮಷ್ಕರಿ (Šmd. 350).

ಮಕ್ಕಳ್ makkaḷ. (Šmd. 124). ಮಕ್ಕಳು. (= ಮರ್ಕಳ್). Plural of ಮಗ 1, ಮಗು, etc. Children (ಸನ್ತಾನ, ತನುಜ Nn. 92; ಸುಮುಖ, ತನೂಭವ 126; ದಾಯಿಗ, ಪುತ್ರ 140; ಪುತ್ರರು 151; C.; M.). ಮಕ್ಕಳು ಬಾಳ್ವ ಸತಿ (ಪುತ್ರಜೀವಿ Mr. 303). ಮಕ್ಕಳುಱ್ ಸಾವ ಸತಿ (ಭಿನ್ದು 303). ಮಕ್ಕಳು ಬಾಱದವಳು (ಭಿನ್ದು, ನಶ್ಯತ್ಪಸೂತಿ); ಮಕ್ಕಳು ಬಾಱುವವಳು (ಜೀವತ್ತೋಕೆ); ಗಣ್ಡನುಂ ಮಕ್ಕಳುಮಿಲ್ಲದವಳು (ನಿರ್ವೀರೆ Hlâ.). ಮಕ್ಕಳಿಲ್ಲದ ಸಿರಿಯು ಕೊಟೆ್ತ ತೆಂಗಿನ ಕಾಯು (Dp. 54). ಒಕ್ಕಲಿಲ್ಲದ ಊರು, ಮಕ್ಕಳಿಲ್ಲದ ಮನೆಯು... ಫಲಮೇನು? (148). ಹಲವು ಮಕ್ಕಳ ತನ್ದೆ, ತಲೆಯಲ್ಲಿ ಕೊಟ್ಟವಗೆ (a cook, Sp.). ಪುತ್ತಳಿಗಿನ್ತ ಮೇಲುಬಂಗಾರವಿಲ್ಲ, ಮಕ್ಕಳಿಗಿನ್ತ ಮೇಲುತೊಡವಿಲ್ಲ. — ಪಕ್ಷಿಗೆ ಗೂಡು, ಮಕ್ಕಳಿಗೆ ತಾಯಿ. — ಹಕ್ಕಿಯಿಲ್ಲದ್ದು ತೋಟವಲ್ಲ, ಮಕ್ಕಳಿಲ್ಲದ್ದು ಮನೆಯಲ್ಲ. — ಮಕ್ಕಳ ಬಾಯಿಗೆ ಮಣ್ಣು ಸವಿ. — ಮಕ್ಕಳ ಹೇಲು ತಿನ್ನುವವಳು ತುಪ್ಪದ ಗಸಿ ಬಿಟ್ಟಾಳೇ? — ಮಕ್ಕಳಿಗೆಲ್ಲ ಬೆಕ್ಕಿನ ಪಳಿದ್ಯವೇ? — ಮಕ್ಕಳ ತಲೆ ನೆರೆಯಿತು, ಕೂಱು ಗಂಜಿ ಹರಿಯಿತು. — ಮಕ್ಕಳ ಬಾಯಿಗೆ ಹಣ್ಣು ಕೊಟ್ಟು, ಮಣ್ಣು ಬಿಡಿಸ ಬೇಕು. — ಮಕ್ಕಳಿಲ್ಲದವರಿಗೆ ಒಕ್ಕಳ ಹೊನ್ನು ಇದ್ದರೇನು? — ಮಕ್ಕಳಿಲ್ಲದವನಿಗೆ ಹೆಣ್ಡತಿ ಮುದ್ದು, ಹೆಣ್ಡತಿಯಿಲ್ಲದವನಿಗೆ ತಾನೇ ಮು

ದ್ದು.— ಮಕ್ಕಳಿಲ್ಲವೆನ್ದು, ಮಯ್ಲಾರಕ್ಕೆ ಹೋದರೆ ಮೆಯ್ಯೆಲ್ಲ ಇಬ್ಬು ಹೋಯಿತು.— ಯಾವ ದೇವರು ವರಾ ಕೊಟ್ಟರೂ ಗಣ್ಡನಿಲ್ಲದೇ ಮಕ್ಕಳಾಗದು.— ಮಕ್ಕಳಿಲ್ಲ ಮನೆವಾರ್ತೆ ಮಾಡಿದರೆ ಅಪ್ಪಗೆ ಯಾಕೆ ಇಬ್ಬರು ಹೆಣ್ಡರು? (Prvs.). See Si. 185. 413; Bh. 1, 8, 8. 35; Râm. 1, 4, 9; J. 14, 29; 19, 45. 51; ಎಳೆ-, ಗಣ್ಡು-, ಹೆಣ್ಣು-; Prvs. s. ಕಾಣು and ಮನ್ದಹಾಸ. — ಮಕ್ಕಳ ತಾಯಿ. = ಹಲು ಮಕ್ಕಳ ತಾಯಿ. A scandent thorny shrub, Asparagus racemosus Willd. (ಶತಮೂಲಿ My.; -ವಜೆ, ಉಗ್ರಗನ್ಧೆ, etc., ಬಜೆ, ಕವಣದ ಕಡ್ಡಿ Si. 146, sic!). 2, a female doll that carries many children (My.). — ಮಕ್ಕಳಾಟಿಕೆ. -ಆಟಿಕೆ. Children's play (J. 31, 27; Abhâ. 2, 52; Dp. 6, 3; My.). — ಮಕ್ಕಳಾಟಿಗೆ. -ಆಟಿಗೆ. = ಮಕ್ಕಳಾಟಿಕೆ. (My.; Tu.). — ಮಕ್ಕಳುಗಳ್. = ಮಕ್ಕಳ್. (J. 28, 20). — ಮಕ್ಕಳು ಮರಿಗಳು. dupl. (B. 2, 33. 48). — ಮಕ್ಕಳೊಡ್ಡಿಗ. -ಒಡ್ಡಿಗ. A man who has children (My.). — ಮಕ್ಕಳೊಡ್ಡಿಗಳು. -ಒಡ್ಡಿಗಳು. A woman whose (husband and) children are living (ಕುಟುಮ್ಬಿನಿ, ಪುರನ್ಧ್ರಿ, ಪುತ್ರಭರ್ತ್ರಾದಿಕುಟುಮ್ಬಮುಳ್ಳ ಸ್ತ್ರೀ Si. 183).

ಮಕ್ಕಾ makkâ. = ಮಕ್ಕ, ಮೆಕ್ಕಾ. (Si. 101; My.).

ಮಕ್ಕಿ makki. — ಮಕ್ಕಿಗದ್ದೆ. Rice land above the level of a valley that is to be watered and produces a crop of luxuriant growth (My.). ಮಕ್ಕಳ ಕೆಲಸ ತಿಳಿಯದು, ಮಕ್ಕಿಗದ್ದೇ ಬೆಳೆ ತಿಳಿಯದು (as to its grain, Prv.). See Prv. s. ಅಕ್ಕಸಾಲೆ.

ಮಕ್ಕಿ makki. A copy. — ಮಕ್ಕಿಕಾಂ ಮಕ್ಕಿ. An exact copy (My.; H.).

ಮಕ್ರಿ makri. = ಮಕ್ಕರಿ, etc. (My.).

ಮಕ್ಷಿ makshi. = ಮಚ್ಚು (Śmd. 846. 865). A fly.

ಮಕ್ಷಿಕ makshika. A fly; a bee (ಮಧುಮಕ್ಷಿಕೆ, ಜೇನ ನೊಣ Mr. 175).

ಮಕ್ಷಿಕೆ makshikĕ. *A fly;* a bee.

ಮಖ makha. *A sacrifice.*

ಮಖಪುರುಷ makha-purusha. Vishṇu or Krishṇa (Mr. 17).

ಮಖಮಲ್ಲು makhamallu. = ಮೊಖಮಲ್ಲು. Velvet (Mhr., H. ಮಖಮಲ; My.).

ಮಖಯಾಜನ makha-yâjana. Assisting at the sacrifices of others (J. 5, 25).

ಮಖರಿಪು makha-ripu. Śiva; Vîrabhadra. 2, N. of a certain metrical foot (Ch.).

ಮಖವೈರಿ makha-vairi. = ಮಖರಿಪು. (My.).

ಮಖಾನ್ತ್ಯ makha-antya. The conclusion of a sacrifice (ವಾಜ, ಯಜ್ಞದ ಕಡೆ Nn. 124).

ಮಖಾಶ್ವ makha-aśva. A sacrificial horse (J. 15, 7).

ಮಖೆ makhĕ. = ಮಘೆ. (My.). ಮಖೆಮುಟಿ ಆದರೆ ಮೊಗ ತೊಳೆಯುವವಕ್ಕೆ ಆಗದೇ? (Prv.).

ಮಖೋದಯ makha-udaya. The beginning of a sacrifice (J. 5, 37).

ಮಖ್ತೇಸರ makhtêsara. = ಮೊಕ್ತೇಸರ, etc. (ಅಧ್ಯಕ್ಷ, etc. Si. 258, *only* in Si.).

ಮಗ maga. 1. A son (ಸೂನು, ಸನ್ತತಿ, ಆತ್ಮಜ, ತನುಜ, ಪುತ್ರ, etc. Hlâ.; ಆತ್ಮಜ, ತನುಜ Nn. 48; ಅಂಗಜ, ಆತ್ಮಜ 53; ಸುತ Si. 422; ದಾಯಾದ, ಸುತ 430; C.; M.; T. ಮಗ, ಮಂಜ, ಮದಲೈ; Tĕ. ಮಗೆ, ಮೊಗೆ; see T. s. ಮಣಕ; *cf.* ಮೊಗ 2); a male, a he (see ಆಳು-, ಒಕ್ಕಲು-). Plural ಮಕ್ಕಳ್. ಬಾಣನ ಮಗನ ಮಗನೆಂ (declension, Śmd. 3). ತೊತ್ತಿಮಗ (ದಾಸ, ದಾಸೇರಕ); ಕನ್ಯಕೆಯ ಮಗನು (ಕನ್ಯಾಪುತ್ರ, ಕಾನೀನ); ಕುಬೇರನ ಮಗ (ನಲಕೂಬರ); ಒಡವುಟ್ಟಿದಳ ಮಗ (ಸ್ವಸ್ರೀಯ, etc.); ಒಡವುಟ್ಟಿದನ ಮಗ (ಭ್ರಾತೃವ್ಯ Hlâ.). ಸವತಿಯಾಯ ಮಗನು (ವೈಮಾತ್ರೇಯ); ತನ್ದೆಯ ಒಡ ಹುಟ್ಟಿದವಳ ಮಗನು (ಪೈತೃಷ್ವಸ್ರೀಯ Nr.). ಆಚಾರ ಪ್ರಸಿದ್ಧನಪ್ಪಂಗೆ ಪುಟ್ಟಿದ ಮಗನು (ನಮುಸ್ಕಾಯಣ Mr. 250) ಹೆತ್ತ ಮಗನು (ಆತ್ಮಜ, ತನಯ, ಸೂನು, etc. Si. 190). ಊರಿಗೆ ಅರಸನಾದರೂ ತನ್ದೆಗೆ ಮಗ.— ಮಗನಿಗೆ ಮೂವ ಸತ್ತರೇನು? ಸೊಸೆಗೆ ಅಪ್ಪ ಸತ್ತರೇನು?— ನಾಲಗೆ ಇದ್ದರೆ ಮಗ ಬದುಕ್ಯಾನು.— ಮಗ ಸೋತರೂ ಜೂಜಿನ ಒಳವು ತಿಲಿತ.— ನೊಗ ಇದ್ದರೆ ನೇಗಲು, ಮಗ ಇದ್ದರೆ ತನ್ದೆ.— ಮಗನ ಸಂಗಡ ಪಾಠ, ಅಳಿಯನ ಸಂಗಡ ಊಟ.— ಮಗ ಬದುಕ ಬೇಕು, ಸೊಸೆ ಮುಣ್ಡೆ ಆಗ ಬೇಕು.— ಪಿತನಿಲ್ಲದ ಮಗನ್ನ ಸಾಕಿದವನೇ ತನ್ದೆ.— ಬಳನ ಬಾರಿ, ಮಗನ ಮದಿವೆ (Prvs.). See Śmd. 68; Ŏpr. 3, 98; Bh. 1, 8, 65; J. 2, 25; 3, 25; 28, 57; 30, 25; 31, 27; Dp. 4; Si. 189. 190; ಮಡ-, ಮುನ್ನೀರ್ಮಗ, ಮೊಮ್ಮಗ; Prvs. s. ದೂರ and ಮಗಳು. — ಮಗನ ಮಗ. A grandson (Bp. 27, 66; My.).

ಮಗ maga. 2. Smell, fragrance (T., M. ಮಣ; Tĕ. ವಲಪು). — ಮಗಗಣಗಿಲ ಮರ. -ಕಣಗಿಲ-. A tree with very thick branches and white flowers, cultivated in gardens, Plumeria acutifolia Poir. (Z.). — ಮಗಮಗಿಸು. 1. To smell, to be fragrant (Abh. P. 8, after 75; 12, 9; Grj. 7, after 11; Râm. 1, 13, 9; Bh. 7, 5, 68; J. 16, 4; Tĕ. ಮುಲಕು). ಮಸಮಸಗಿತು (ಸೊವಡು, ನಡು, ಸವುಸವ, ಸಾನ್ತ, ವಾಸನೆ Kk. 55). — ಮಗಮಗಿಸು. 2. Smell, fragrance (ಕಮ್ಪು, ಕಮ್ಮಿತ್ತು, ನಡು, ಪರಿಮಳ Śm. 23).

ಮಗಚು magaču. = ಮಗುಚು, ಮಗುಚ್ಚು, ಮೊಗಚು, ಮೊಗುಚು. To turn round (v. i.); to return (in ಮಗಚಿ ಬನ್ದನು, My.). 2, to turn upside down (My.); to overthrow. 3, to turn; as the leaf of a book; to throw, as grain from one place to another (My.). ನೆಗಚಿ ಹೋದ್ದು ಮಗಚಿ ಬನ್ದೀತೇ? (Prv.). 4, to fall upside down (in ಮೊಗಚಿ ಕೊಳ್ಳು, My.). 5, to grind, to whet.

ಮಗಟ magaṭa. = ಮಗುಟ, ಮುಗಟ q. v., ಮೊಗಟ, ಮೊಗುಟ. A silken article of dress (occasionally also ಕತ್ತಾನ್) which, simply on account of its being silken, is considered to be always (washed or unwashed) pure and ceremonially clean (My.; Si. 221).

ಮಗಧ magadha. The country called Magadha or South Behâr;—an inhabitant of Magadha. 2, *a family bard or minstrel* who sings the praises of a chief's ancestry in his presence.

ಮಗಧಪತಿ magadha-pati. Jarâsandha (Bh. 2, 2, 114).

ಮಗಧೇಶ magadha-îśa. A king of the Magadhas (Śmd. 276 Mdb.).

ಮಗವು magavu. (Śmd. 109, o. r. ಮುಗುವು). = ಮಗು, ಮಗುವು, ಮೊಗ 2, ಮೊಗು, ಮೊಗುವು. An infant, a child of any sex (ಬಾಲ, ಪಾಕ, ಅರ್ಭಕ, ಗರ್ಭ, ಪೋತ, ಪೃಥುಕ, ಶಿಶು, ಶಾವ, ಡಿಮ್ಬ Hlâ.). ಮಗವಿನಲ್ಲಿಯುಂ ಬಾಲಿಶ ಎಮ್ಬುದು (Hlâ.). ಕುಳ್ಳಿರಲರಿಯದೆ ಮೇಲು ಮೊಗವಾಗಿ ಮಲಗಿ ಇಹ ಮಗವು (ಉತ್ತಾನಶಯ, ಡಿಮ್ಭ); ಮೊಲೆಯುಸುವ್ವ ಮಗವು (ಸ್ತನಪ, etc. Nr.). Plural ಮಕ್ಕಳು.

ಮಗಳ್ magaḷ. (fr. ಮಗ 1). ಮಗಳು. A daughter (ದುಹಿತೃ, ತನಯೆ, ಪುತ್ರಿ Hlâ.; C.; T., M.). ಮಗಳ ಮದವನಂ (ಜಾಮಾತೃ Hlâ.). ಮಗಳನಿತ್ತ ಅಳಿಯ ಮಯಿದುನರೊಳ್ ಸ್ವಸ್ರೀಯಮ್ ಅಕ್ಕು (Mr. 489). ಮಗಳ ಗಣ್ಡನು (ಜಾಮಾತೃ); ಮಗಳ ಮಗಳು (ನಪ್ತ್ರಿ Nr.; Śmd. 8). ತನ್ನ ಮಗಳ ಪತಿ (ಜಾಮಾತೃ Mr.

314). ಮಗಳೇ, ಮರುಳಾದೆಯಾ? ಅನ್ದರೆ ಇರುಳು ಜಗಳಾಡುವವರು ಯಾರು? ಅನ್ದ ಹಾಗೆ.—ಮಗಳನ್ನು ಹೆತ್ತು, ಅಳಿಯನಿಗೆ ಕೊಟ್ಟೆ; ಮಗನನ್ನು ಹೆತ್ತು, ಸೊಸೆಗೆ ಕೊಟ್ಟೆ.—ಮಗ ಹುಟ್ಟಿ ಕಳ್ಳನಾದ, ಮಗಳು ಹುಟ್ಟಿ ಸೂಳೆಯಾದಳು (Prvs.). See Bp. 42, 8; Râm. 3, 2, 16; Rŝv. 6, after 98; J. 2, 59; 8, 25; 29, 32; 30, 1; Si. 266.

ಮಗಳ್ಮಾ magaḷmâ. A wife who is faithful to her husband (ಪಾಳ್ಮಕ, ಗಣ್ಡನ ಪತ್ತಿ ಬಿಡದಾಕೆ Ŝmd. II).

ಮಗಿ magi. = ಮಗೆ. (G. 137).

ಮಗಿ magi. (= ಮಂಗಿ?). — ಮಗಿಮಾವು. The monkey-bread tree, Baobab, a native of Africa, Adansonia digitata Lin. (St. & Pl.). 2, a kind of mango (B. 2, 51; fr. ಮಗ 2?).

ಮಗಿಲ್ magil. (= ಮೊಗಳು). (Bp. 57, 37).

ಮಗು magu. = ಮಗವು, etc. (My.). Plural ಮಕ್ಕಳು. ಮೊಲೆಯುಣ್ಣುವ ಎಳೇ ಮಗು (ಸ್ತನಪ, etc. Si. 196).

ಮಗುಚು maguču. = ಮಗಚು q. v., etc. (Bh. 7, 5, 68; Râm. 6, 12, 8; My.). See ಹೊಡ-.

ಮಗುಟ maguṭa. = ಮಗಟ, etc. (My.).

ಮಗುಡ maguḍa. Tbh. of ಮಕುಟ (Ŝmd. 338).

ಮಗುದುಮ್ಮಿ magudummi. = ಮೊಗದುಂ. — ಮಗುದುಮ್ಮಿ ಪುಡಿ ಸಕ್ಕರೆ. A kind of unrefined fine-grained sugar (B. 3, 45).

ಮಗುವು maguvu. = ಮಗವು q. v., etc. (My.). Plural ಮಕ್ಕಳು. ಮೊಲೆಯ ಮಗುವು (ಬಾಲ, ಅರ್ಭಕ Nn. 128). ಮಗುವಿನ ಊಟ ಹತ್ತು, ತಾಯಿ ಊಟ ಒನ್ದು (Prv.).

ಮಗುೞ್ magul̤. = (ಮರಲ್ 1, etc.), ಮೊಗೞ್. To turn round (v. i., Čpr. 5, 19; 8, 70. 71); to be turned upside down (7, 141); to return; to turn back, to recede, to retreat; — to happen, or to do, again (ನಿವರ್ತನ Ŝmd. Dh.; Tĕ. ಮಗುಡು; T. ಮಡಂಗು; M. ಮಡಙ್ಙು). ಮಗುೞ್ದಂ (Ŝmd. 49). ಪಗಲಿನ ರವಿಕಿರಣಂಗಳೆ ಮಗುೞ್ದೀಗಳ್ (134). ಮುನ್ದೆ ನೀರಿಲ್ಲಣಮೆ? ಮಗುೞ್ವೊಡಂ ಪಿನ್ತಣಾಗೆಣ್ಬು (215). ಭಾಷೆಯಯ ಕೊಟ್ಟು ಕಾಳೆಗದತ್ತಣಿನ್ದ ಮಗುೞ್ದವನು (ಸಂಶಪ್ತಕ Nr.). See Rŝv. 6, after 24; 6, 36; 11, 134; 12, 4; J. 6, 6; ಪೆಡ-. — ಮಗುೞ್ದು. Again (ಪುನಃ Nr.; Tĕ. ಮಗುಡ). ಮಗುೞ್ದು ಬೇೞ್ಪುದೆ ಬೇೞ್ಪುದು (Ŝmd. 272). ಬಯ್ಕೆಯ ಮಗುೞ್ದೊಪ್ಪಿಸುವುದು (ಪ್ರತಿದಾನ Nr.). ಮಗುೞ್ದು ಕಾಣ್ಬುದದು (ಅವಗೀತ, ಉಪಲಬ್ಧ Mr. 451). ಮಗುೞ್ದು ಪುಟ್ಟುವುದು (ಭವ 474). ಬೇಡಂ... ಮಗುೞ್ದು ಕೂರಮ್ಬಿನಿನ್ದೆಚ್ಚು (Râghĕ. 17, 71). See Čpr. 1, after 101; Bp. 27, 24; 57, 51; J. 1, 10; 3, 5. — ಮಗುೞ್ದು ಮಗುೞ್ದು. Again and again (ಪ್ರತಿಕ್ಷಣ, ಅಭೀಕ್ಷ್ಣ, ಭೂಯಸ್, ಅಸಕೃತ್, ಮುಹುಸ್ Hlâ.). ಮಗುೞ್ದು ಮಗುೞ್ದು ಕಣ್ಡುದು (ಅವಗೀತ, ಮುಹುರ್ದೃಷ್ಟ, ಉಪಲಬ್ಧ Hlâ.; see Nr. s. ಮರಳ್).

ಮಗುೞು magul̤u. Receding. See ತಗುಳು-.

ಮಗುೞ್ಚು magul̤ču. = ಮಗಚು, etc. To cause the face to go or turn backwards; to turn away, to avert (v. t., Čpr. 6, 85); etc. 2, to turn round: to grind, to triturate (Grj. 2, 90; see ಗಟ್ಟೆ-). (ಪರಾಙ್ಮುಖೀಕರಣ, ಮರಲ್ಚು Ŝmd. Dh.). 3, to return (v. t.). ಮುಯ್ವಂ ಮಗುೞ್ಚುವುದು (ಪ್ರತಿನಿರ್ಯಾತನ Hlâ.).

ಮಗೆ magĕ. = ಮಗಿ, ಮೊಗೆ 4, q. v. (Si. 309). ನೀರು ಹಾಕುವ ಮಗೆ (ಕರಕ); ನೀರು ತುಮ್ಬುವ ಮಗೆ (ಕರಗ); ಚನ್ದ್ರಕಾನ್ತದ ಮಗೆ (ತಣ್ಣಗಿರಗ G.).

ಮಗೆ magĕ. Tbh. of ಮಘೆ. (J. 11, 14; My.). ಮಗೆಮುೞ್ದು ಬನ್ದರೆ ಮೊಗೆ, ಹೋದರೆ ಹೊಗೆ (Prv.).

ಮಗ್ಗ magga. A weaver's loom (C.; Tĕ.; T., M. ಮಕ್ಕ; Mhr. ಮಾಗ; B, 5, 101). ಜೇಡರ ಮಗ್ಗದ ಕೋಲು (ವೇಮ G.). ಮಗ್ಗದ ಕುಣಿಯಲ್ಲಿ ಹಗ್ಗವಾದೀತೇ?—ಮಗ್ಗ ನೇಯಲಿಕ್ಕೆ ತಿಳಿಯದಿದ್ದರೂ ಹಗ್ಗ ನೇಯಲಿಕ್ಕೆ ತಿಳಿಯದೇ? (Prvs.). See ಕೆಯ್-. — ಮಗ್ಗದವ. -ಅವ. A weaver (My.). — ಮಗ್ಗಾತಿಮರ. The weaver's beam tree, Shrebera swietenioides Roxb. (St. & Pl.).

ಮಗ್ಗಲ್ maggal. ಮಗ್ಗಲು. = ಮಗ್ಗಿಲ್, ಮಗ್ಗುಲ್. Side; the side (C.; T. ಮರುಂಗು, ಮರುಂಗುಲ್; M. ಮರುಙ್ಙು). ಒನ್ದು ಮಗ್ಗಲು (ಒತ್ತಟ್ಟು G.). ಒಣ್ಟೆಯ ಒನ್ದು ಮಗ್ಗಲಿಗೆ ಗೋಣಿ ಹೇಱಿತ್ತು (B. 4, 171). See ಇಮ್-, ಒಳ-. — ಮಗ್ಗಲ ಹಾಸಿಗೆ. A coverlet (My.).

ಮಗ್ಗಾರೆ maggârĕ. (-ಕಾರೆ). = ಮಂಗಾರೆ, ಮಙ್ಗಾರೆ. The thorny shrub Vangueria spinosa Roxb. (ಗೇಣೆಯೆನಲ್ಕೆ ಬೊನಗಾರೆ ಮಗ್ಗಾರೆ ಮಙ್ಗಾರೆಯುಕ್ಕಂ Mr. 119; o. rs. ಮುಂಗ್ಗಾರೆ ಮಗ್ಗಾರೆಯುಕ್ಕಂ,— ಮಗ್ಗಾರೆ ಮದಧಾರೆಯುಕ್ಕಂ; Rŝv. 5, 56; Tĕ. ಮಂಗಚೆಟ್ಟು, ಪ್ರಂಗ-).

ಮಗ್ಗಿ maggi. = ಮೊಗ್ಗೆ 2. Multiplication-table (My.). ಮಗ್ಗಿ ಬಾರದವನಿಗೆ ನುಗ್ಗೇ ಕಾಯಿ ಮದ್ದೇ?—ಮಗ್ಗಿ ಬಾರದಿದ್ದರೆ ಹಾಗೂ ಏಸ ಗುಣಿಸು! ಅನ್ದ (Prvs.). — ಮಗ್ಗಿಗುಣಿತ. Multiplication (My.).

ಮಗ್ಗಿಲ್ maggil. ಮಗ್ಗಿಲು. = ಮಗ್ಗಲ್, etc. (My.).

ಮಗ್ಗಿಸು maggisu. To cause to vanish (Râm. 6, 44, 11).

ಮಗ್ಗು maggu. 1. (= ಮಙ್ಗು). To grow wan or sallow; to become pale; to grow taint or dim, as gold; to wither, to be destroyed (T. ಮಂಗು); to vanish away, to disappear, as colour; to grow dirty, rusty or mouldy; to perish, to die away (T. ಮಡ್ಗ; see ಮಂಕು); to become strengthless, as a horse (J. 7, 46); to vanish, to disappear, as a person (Grj. 8, 74).

ಮಗ್ಗು maggu. 2. (= ಮೊಱಗು 1). To roar. ಮಗ್ಗಿದರ್ ಮಸಗಿದಮ್ಬುಧಿಯ ತೆರೆಯನ್ತೆ (J. 8, 32). See J. 27, 7.

ಮಗ್ಗು maggu. 3. (fr. ಮಣಗು or ಮಲಗು 1). (Bending, stooping): subjection, submission (ವಶಮೆಮ್ಬ ತೆಱಂ Čt. I, 4; Tĕ. ಮೊಗ್ಗು, to incline, bow down; cf. ಮೊಙ್ಗು).

ಮಗ್ಗು maggu. 4. = ಮೊಗ್ಗು, ಮೊಗ್ಗೆ 1. A bud (Si. 123. 124. 456).

ಮಗ್ಗುಲ್ maggul. ಮಗ್ಗುಲು. = ಮಗ್ಗಲ್, etc. (ಪಕ್ಷ, ಬಱಿ Nn. 112; Bp. 15, 14; Prll. 3, 27; J. 28, 4; My.). ಮಗ್ಗುಲಲ್ಲಿರುವ ಹಾವು ಕಚ್ಚದೇ ಇದ್ದೀತೇ?—ನುಗ್ಗೆಯಾದರೂ ಮಗ್ಗುಲಿಗೆ ಬನ್ದೀತೇ? (Prvs.).

ಮಗ್ನ magna. Plunged, dived, immersed; sunk into; drowned; absorbed. See ಜಲ-, ನಿ-; J. 8, 41.

ಮಗ್ನತೆ magnatĕ. The state of being sunk into (misfortune): despondency (Čpr. 5, 129); the state of being immersed (Grj. 3, 76); that of being absorbed (Bp. 35, 22).

ಮಘ magha. Power, wealth.

ಮಘವ maghava. Tbh. of ಮಘವನ್ (Śmd. 106).

ಮಘವನ್ magha-van. Wealthy; liberal, munificent. 2, *Indra.*

ಮಘವಾನ್ magha-vân. = ಮಘವನ್. Wealthy, etc. 2, *Indra.*

ಮಘೆ maghĕ. = ಮಖೆ, ಮಗೆ. The 10th nakshatra. (My.; B. 5, 308). ಮಘೇ ನೀರು ಮೊಗೇಲಿಡು! ಅನ್ನ ಹಾಗೆ (Prv.).

ಮಂ maṅ. ಮಜಿನ್. = ಮಾ. — ಮಂಕಾಳಿ. = ಮಾಕಾಳಿ. (My.).

ಮಂಕಡ maṅkaḍa. Tbh. of ಮರ್ಕಟ (Śmd. 372).

ಮಂಕಣಿ maṅkaṇi. A frame of wood, bamboo or iron in which pitchers are set and carried upon beasts (My.; Tē. ಮಂಕೆನ; Mhr. ಮಾಕಣ).

ಮಂಕರಿ maṅkari. = ಮಕ್ಕರಿ, etc. (My.; Si. 307).

ಮಂಕು maṅku. Dimness (of a light, My.); want of lustre (of precious stones, pearls, gold, etc., My.); obscurity of intellectual perception, confusion of mind, silliness, stupidity, stubbornness (My.; Tē.; T. ಮಯಕ್ಕ, ಮಯಕ್ಕು; T. ಮಜಂಗು, ಮಯಂಗು, to be confused, perplexed, bewildered, etc.; ಮಙಂಗು, to lose lustre, grow dim, blunt, dull or stupid = ಮುಂಗು; see ಮಟ್ಟು; *cf.* ಮಕ, ಮಗ್ಗು 1, ಮಡ್ಡಿ, ಮಟ 1, ಮಱ 2). ಅಂಕದೊಳಾಡುವ ಶಿಶುವಿನ ಮುನ್ನಿನ ಮಂಕಾದ ನುಡಿಗಳನು ಕೇಳುತಲಿ (Dp. 14). ಕೊಂಕುಗುರುಳಿನ ರಮ್ಯೆ, ಕಂಕಣವು, ಕಟಿಸೂತ್ರ, ಪಂಕಜಾಗನ್ಧಿಯೆನ ಬೇಡ! ತಾನೊಲಿದ ಮಂಕು ಮಾಣಿಕವು! (Sp.). — ಮಂಕ. -ಅನು. A confused, stupid man (ಸ್ಥೂಲ, ಜಡ Si. 457; My.). ಅಂಕೆ ತಿಳಿಯದವ ಮಂಕಗಿನ್ನ ಕಡೆ (Prv.). — ಮಂಕಾಗು. -ಆಗು. To become dim (as a light, etc.); to become stupid, etc. (My.). — ಮಂಕಾಟ. -ಆಟ. Stupid or silly behaviour (My.). — ಮಂಕಿ. A stupid, silly woman (My.). ಪಂಕಜವಾದರೆ ಮಂಕಿಗೆ ದೊಡ್ಡದೇ?— ಮಂಕೀ ಮಗನಾದರೆ ಸುಂಕ ಕೊಡ ಬಾರದೇ? (Prvs.). — ಮಂಕು ತಟ್ಟು. = ಮಂಕು ಹಿಡಿ. (My.). — ಮಂಕು ಬೀಱು. = ಮಂಕಾಗು. (My.). ಅವನು ಮಂಕು ಬಿಷ್ಠನು (My.). — ಮಂಕುಬುದ್ಧಿ. A dull understanding (My.). — ಮಂಕುಬೂದಿ. A powder that confuses the mind, a decoy powder (My.; *cf.* ಮಚ್ಚು 3). — ಮಂಕು ಮರುಳು. dupl. (My.). — ಮಂಕುಮಱ. A furious, heavy rain. ತೆಂಕಣ ಗಾಳಿ ಮಂಕುಮಱ ಬರಸೀತು (Prv.). — ಮಂಕುಮೂಱ. A stupid, silly widow (My.). ಮಂಕುಮೂಱಯಾದರೆ ಬೆಂಕಿ ಹೊತ್ತದೇ? (Prv.). — ಮಂಕು ಹಿಡಿ. Confusion or stupidity to seize, (to become perplexed or stupid). ಅವನಿಗೆ ಮಂಕು ಹಿಡಿಯಿತು (My.).

ಮಂಕುತನ maṅkutana. Confused, stupid, silly behaviour (My.). ಶಂಖ ಹಿಡಿದರೂ ಮಂಕುತನ ಬಿಡಲಿಲ್ಲ (Prv.).

ಮಂಕುರ maṅkura. = ಮಕುರ. (ಕನ್ನಡಿ G.).

ಮಂಕ್ರಿ maṅkri. = ಮಕ್ಕರಿ, etc. ಗೌಡನ ಹೆಣ್ಣತಿ ಕಡುಚೆಲ್ವೆಯಾದರೆ ಕಸದ ಮಂಕ್ರಿ ಹೊತ್ತು ತನ್ನಾಗ ಕಣ್ಣೇತು (Prv.).

ಮಂಕ್ಷು maṅkshu. *Instantly, quickly.*

ಮಂಗ maṅga. 1. (Tbh. of ಮರ್ಕ). A monkey (ಕಪಿ, ಪ್ಲವಗ, ಮರ್ಕಟ G.; ಕಪಿ, ಪ್ಲವಂಗ Si. 441; ಕಪಿ, ಹರಿ 450; C.; M. ಮೊಟ್ಟಿ). ಮಂಗನ ಕೈಯ್ಯಲಿ ಮಾಣಿಕ ಕೊಟ್ಟ ಹಾಗೆ.— ಮಂಗ ಬೆಣ್ಣೆ ತಿನ್ನು, ಆಡಿನ ಬಾಯಿಗೆ ಒರಸಿತು.— ಮಂಗನ ಕೊನ್ದರೆ ಮೆಯ್ಗೆಲ್ಲ ಹೇಲು.— ಮಂಗನ ಪಾರುಪತ್ಯ ಹೊಂಗೇ ಮರದ ಮೇಲೆ.— ಮಂಗನನ್ನು ಕಟ್ಟಿ ನೋಡು, ಜಾಡನನ್ನ ಬಿಟ್ಟು ನೋಡು.— ಮಂಗಳಗಾನ ಮಂಗಕ್ಕೆ ಆದೀತೇ?— ಅಂಗಿ ಕೊಟ್ಟು, ಬಂಗಿ ಸೇದಿ, ಮಂಗನಾದ (Prvs.). See Prv. s. ಮಂಗಳಾರ್ತಿ. 2, N. (= ಮಂಗರಾಜ); see ಅಭಿನವ-, ಕವಿ-, Mr. 1. 2. — ಮಂಗಚೇಷ್ಟೆ. Apish grimaces: an apish trick, apish behaviour (My.). — ಮಂಗನ ಬಾವುರೋಗ. A disease by which the neck and cheeks begin to swell (S. Mhr.). — ಮಂಗನಾಟ. -ಆಟ. Apish play or behaviour (My.). — ಮಂಗರಾಜ. N. of the (Jaina) author of a nighaṇṭu. See ಅಭಿನವ-. — ಮಂಗಾಟ. -ಆಟ. = ಮಂಗನಾಟ. (My.).

ಮಂಗ maṅga. 2. *The head of a boat;* the side (or sides) of a ship. See ಪುಲಿಂಗ.

ಮಂಗತನ maṅgatana. = ಮಂಗಾಟ. (My.).

ಮಂಗರ maṅgara. (= ಮಂಗಸರ). — ಮಂಗರಬಳ್ಳಿ. = ಮಂಗರೋಳಿ. A climbing herb with a thick, four-winged eatable stem, Vitis quadrangularis Wall. (or Cissus quadrangularis Lin., St. & Pl.; My.).

ಮಂಗರೋಳಿ maṅgarōḷi. = ಮಂಗರಬಳ್ಳಿ. (Z.).

ಮಂಗಲ maṅgala. = ಮಂಗಳ. *Fortunate, prosperous, auspicious, faring well, happy;* beautiful, pleasing. 2, *good fortune, success, auspiciousness, prosperity, welfare, bliss, happiness, felicity.* 3, anything tending to a lucky issue, a good omen, an auspicious prayer, a benediction, a blessing; lines at the opening or end of a poem, etc., in praise of a deity, etc.; praise. 4, any auspicious or lucky object, as a dress, an ornament, an amulet, etc. 5, any happy event, any festive occasion, as marriage, etc. (ಶೋಭನ, ಶುಭಕರ್ಮಗಳು Nn. 154). 6, any ancient custom (ಪೂರ್ವ, ಪೂರ್ವಪದ್ಧತಿಗಳು Nn. 154; ಪೂರ್ವಪದ್ಧತಿಯ ತೆಱನನ್ ಉಸುರ್ವುದು Mr. 531). 7, = ಪತನ (ಬೀಱುವುದು 154); ನಿಪಾತಶಬ್ದವನು ಪೇಳ್ವುದು (531). 8, *the planet Mars* (considered as bad, ಕುಜಾತ 154; ಅಂಗಾರಕ, etc. Mr. 38; ಕೇಸೊಡಲ, ಪೊಡವಿಜ Śm. 17). 9, a colour of horses (ತುರಗಚ್ಛಾಯ, ಕುದುರೆಗಳ ವರ್ಣ 154; ಕುದುರೆಯ ಕಾಲ್ಮೊಗಮ್ ಅಯ್ದೆ ಬೆಳ್ಪು ಬೋಱರೆ ಮಂಗಲಂ Mr. 278). ಪೀಠಿಗೆ ತಿಳಿಯದವ ಮಂಗಲವರಿಯನ್ತರ ಹೇಳ್ಯಾನೇ? (Prv.). See ಅಷ್ಟ-, and ಶುಭ. — ಮಂಗಲಮ್ಪಾಡು. -೦-ಪಾಡು. To sing praises (Ŏpr. 2, after 93).

ಮಂಗಲಕಾರ್ಯ maṅgala-kârya. A festive occasion in general, as marriage, thread-investiture, etc. (My.).

ಮಂಗಲಗಾತ್ರೆ maṅgala-gâtrĕ. A woman with a beautiful body (J. 6, 29).

ಮಂಗಲತರ maṅgala-tara. Uncommonly beautiful (Śêv. 5, after 57).

ಮಂಗಲಪಾಠಕ maṅgala-pâṭhaka. Blessing-reciter: *a bard, an encomiast* (Bp. 50, 16).

ಮಂಗಲಪ್ರಸಾಧನ maṅgala-prasâdhana. = ಮಂಗಳವಸದನ. A festive, or auspicious, ornament or dress.

ಮಂಗಲಿಕೆ maṅgalikĕ. N. of a vṛitta (Ŏh.).

ಮಂಗಲ್ಯಕ maṅgalyaka. *A sort of pulse or lentil, Ervum hirsutum, Cicer lens* (ಚಣಗೆ Hlâ.).

ಮಂಗಲ್ಯೆ maṅgalyĕ. *A species of very fragrant sandal* (see Si. 227).

ಮಂಗಳ maṅgaḷa. = ಮಂಗಲ 1-9. 10, N. of a vṛitta (Ŏh.). ತಿಂಗಳು ದಾಟಿದರೂ ಮಂಗಳ ದಾಟಲಿಲ್ಲ (Prv.). — ಮಂಗಳಪಱ. -ಪಱ. (Śmd. 207). A drum used on festive occasions (ಬಡ್ಡವಣ Śm. 37; Rśv. 8, after 5).

ಮಂಗಳಕರ maṅgaḷa-kara. Causing luck, success, etc. (Si. 268).

ಮಂಗಳಕಷ್ಟ maṅgaḷa-kashṭa. Trouble arising from the planet Mars. ಅಂಗಳದಲ್ಲಿ ಹೇತು, ಮಂಗಳಕಷ್ಟ ಅನ್ದ ಹಾಗೆ (Prv.).

ಮಂಗಳಗಾನ maṅgaḷa-gâna. Festive singing, festive songs. ಮಂಗಳಗಾನ ಮಂಗಕ್ಕೆ ಅದೇತೇ? (Prv.).

ಮಂಗಳತೆ maṅgaḷatĕ. Good fortune, auspiciousness, bliss (Râm. 1, 5, 25).

ಮಂಗಳನಾದ maṅgaḷa-nâda. An auspicious, festive, happy sound (Bp. 44, 33).

ಮಂಗಳಪ್ರದ maṅgaḷa-prada. Bestowing welfare or prosperity (Bp. 57, 67; My.).

ಮಂಗಳರವ maṅgaḷa-rava. = ಮಂಗಳನಾದ. (Bp. 44, 71).

ಮಂಗಳಪಸದನ maṅgaḷa-pasadana. Tbh. of ಮಂಗಲಪ್ರಸಾಧನ (Šmd. 207. 376).

ಮಂಗಳವಾದ್ಯ maṅgaḷa-vâdya. A musical instrument played at festivals (Rŝv. 8, 118; J. 7, 22).

ಮಂಗಳವಾರ maṅgaḷa-vâra. Tuesday (C.; B. 1, 7). ಮಂಗಳ ವಾರದ ವರೆಗೆ ಗಂಗಳ ತೊಳೆಯ ಬಾರದೇ? (Prv.).

ಮಂಗಳಸೂತ್ರ maṅgaḷa-sûtra. The marriage-string: a string with a bit of gold, etc. strung on it, worn round the neck by a wife (ಪ್ರತಿಸರ G.; Bp. 27, 9; My.).

ಮಂಗಳಾಂಗ maṅgaḷa-aṅga. He who has an auspicious body; Šiva (Bp. 57, 61). Fem. ಮಂಗಳಾಂಗಿ (My.).

ಮಂಗಳಾಚರಣ maṅgaḷa-âčaraṇa. Benediction, lines at the opening or close of a poem, etc. in praise of some deity, guru, king, etc. (My.).

ಮಂಗಳಾನಕ maṅgaḷa-ânaka. (Šmd. 216). A drum used on festive occasions (Abh. P. 12, 26).

ಮಂಗಳಾಪುರ maṅgaḷâ-pura. The town with (a temple of) Pârvatî, the present Maṅgaḷûru. The N. "ಮಂಗಳಾಪುರ" is found in a šâsana of šâlivâhanašaka 1225 on a stone-pillar in front of a temple that then was called ನೀರದೇವಾಲಯ and at present is dedicated to Hanumat. The šâsana was granted by a ruler of the Pâṇḍya race.

ಮಂಗಳಾರ maṅgaḷa-âra. A happy, pleasing place (My.; see Prv. s. ಮನೆ).

ಮಂಗಳಾರತಿ maṅgaḷa-ârati. (Šmd. 207). The ceremony of waving (as around an idol) of a burning lamp; the lamp so waved (Bp. 12, 10; 35, 14; 43, 20; My.; Mhr.).

ಮಂಗಳಾರ್ತಿ maṅgaḷa-ârti. = ಮಂಗಳಾರತಿ. ಮಂಗಳಾರ್ತೀಗ ಕಾಲ ದಲ್ಲಿ ಮಂಗ ಬನ್ದ ಹಾಗೆ (Prv.).

ಮಂಗಳಾವತಿ maṅgalâ-vati. N. of a town (Čpr. 1, 83; 1, after 97).

ಮಂಗಳಾಶಾಸನ maṅgaḷa-âšâsana. Benediction (My.).

ಮಂಗಳಾಷ್ಟಕ maṅgaḷa-ashṭaka. Eight stanzas of benediction (recited at marriages, etc.), at the end of each of which the term "maṅgaḷa" occurs (and learned by rote by all astrologers, My.). ಬೆನ್ದ ಬಾಯಿಗೆ ಬನ್ದದ್ದೇ ಮಂಗ ಳಾಷ್ಟಕ (Prv.).

ಮಂಗಳೆ maṅgaḷĕ. ಮಂಗಳಾ. A lucky, happy woman (Rŝv. 6, 95); a faithful wife; Pârvatî. — ಮಂಗಳೂರು. -ಊರು. = ಮಂಗಳಾಪುರ. N. of a sea-port in South Canara (C.).

ಮಂಗಳೋದಯ maṅgaḷa-udaya. Rising or birth of prosperity or happiness (Bp. 43, 77).

ಮಂಗಾರೆ (maṅ-kârĕ). = ಮಗ್ಗಾರೆ. The thorny shrub Vangueria spinosa Roxb. (ಪಿಣ್ಡೀತಕ, ಮರುವಕ, etc., ಚೋಣಗಾರೆ Si. 134). — ಮಂಗಾರೆಮುಳ್ಳು. A rigid spiny shrub or small tree, the emetic nut, Randia dumetorum Lam. (or R. spinosa Blum., Z.).

ಮಂಗಿ maṅgi. = ಮಂಗ 1 (fr. a vulgar ಮಂಗ್ಯ = ಮಂಗ). 2, feminine of ಮಂಗ 1, & N. (My.). — ಮಂಗಮ್ಮ. -ಅಮ್ಮ. N. (My.). — ಮಂಗಿರಾಜ. = ಮಂಗರಾಜ. ಮಂಗಿರಾಜನಿಗಣ್ಟು ಬರೆವು ದಕ್ಕೆ ಶುಭಮಸ್ತು (heading to Mr.).

ಮಂಗಿನಿ maṅgini. (fr. ಮಂಗ 2). *A boat, a ship.*

ಮಂಗುರ maṅgura. (= ಮಂಗರ). — ಮಂಗುರವಳ್ಳಿ. N. of a creeper (see Mr. s. ಶಾರ್ಙ್ಗೇರಿ).

ಮಂಗೇಶ maṅga-îša. Sugrîva; Hanumat; N. (Mg.).

ಮಚರ್ಚಿಕೆ mačarčikĕ. *Excellence, anything excellent or good of its kind.*

ಮಚ್ಚ mačča. = ಮಚ್ಚು 4, ಮಚ್ಚೆ, ಮತ್ತೆ 1. A black speck or spot on the skin, a mole, a freckle; the scar of a wound (My.; T. ಮಚ್ಚ, ಮಚ್ಚೆ, ಮಱು, ಮಱಿ, ಮಾಱು; Tĕ. ಮಚ್ಚೆ, ಮರಕ; Tu. ಮಜೆ). 2, a mark, a sign (Tĕ. ಮಚ್ಚ = ಗುರುತು): a sign of identity: a little piece of gold or silver taken by the goldsmith from what was given to him, and returned to the owner to be kept for a sample or test (My.; T.; M. ಮಚ್ಚ, ಮೆಚ್ಚ; Tĕ. ಮಚ್ಚು; ದೃಷ್ಟ Mr. 358).

ಮಚ್ಚ maččha. = ಮಚ್ಛ. Tbh. of ಮತ್ಸ್ಯ (Šmd. 340). A fish. — ಮಚ್ಛಾವತಾರ. Tbh. of ಮತ್ಸ್ಯಾವತಾರ. (My.).

ಮಚ್ಚರ maččara. Tbh. of ಮತ್ಸರ (Šmd. 340; ಮತ್ಸರ, ಕೋಪ Šs.; Šmd. 158; Bp. 25, 15; 40, 61; My.; Tĕ.). See ಗಣ್ಡ-, Prv. s. ವೆಚ್ಚ. — ಮಚ್ಚರವನ್ದಗೆ. -ಂತೆಗೆ. To seize envy, *i. e.* to become envious (Grj. 4, after 26).

ಮಚ್ಚರಿಗ maččariga. An envious, grudging, hostile man (ದೋಷಗ್ರಾಹಿ Mr. 229).

ಮಚ್ಚರಿಸು maččarisu. Tbh. of ಮತ್ಸರಿಸು. To be envious, to grudge, to be jealous, to be selfish, to be greedy after (My.). ಮಚ್ಚರಿಪನು (ದೋಷಗ್ರಾಹಿ, ಮತ್ಸರಿ, etc. Hlš.). See Čh. s. ಅಚಿತಸೇನಪಣ್ಡಿತ; Abh. P. 9, 83; Bp. 6, 4; 28, 47; 40, 4.

ಮಚ್ಚಿಕೆ maččikĕ. = ಮೆಚ್ಚಿಕೆ, etc. Assent, approval, approbation, liking (Bp. 36, 56; Tĕ.).

ಮಚ್ಚಿಸು maččisu. = (ಮರ್ಚಿಸು), ಮೆಚ್ಚಿಸು, ಮೆರ್ಚಿಸು. To cause to assent, etc., to please (Rŝv. 11, 80).

ಮಚ್ಚು mačču. 1. = ಮರ್ಚು 1, ಮೆಚ್ಚು 1. To be very much devoted to;—to assent, to be pleased with; to like. ಮಚ್ಚಿ ಪೊಗಳ್ದಂ (Šmd. 280). ತಿರುವ ನೋ ಡುವ ಕಣ್ಗೆ ಮಾಯವೆ ಮುಸುಕುವುದು, ಮನ ಮಚ್ಚುವುದು (Prll. 8, 24). See Grj. 10, 113; Bp. 40, 41. 76; 54, 69; 57, 43; Šŝv. 2, 47.

ಮಚ್ಚು mačču. 2. = ಮರ್ಚು 2, ಮೆಚ್ಚು 2. Superior attendance, great devotion or attachment (ಅತಿ ಪರಿಚರಿಯ Šm. 85; see ನಚ್ಚು-);—approbation (see ಪಡಿ ಮೆಚ್ಚು, o. r. ಪಡಿಮುಚ್ಚು), liking, fondness, pleasure. See Bp. 28, 47; 40, 61; 42, 25. — ಮಚ್ಚುನಾಟ. -ಆಟ. Love-play (J. 6, 31). — ಮಚ್ಚುಗೊಡು. -ಕೊಡು. To give or cause pleasure (Rŝv. 7, after 17). — ಮಚ್ಚುವಡೆ. -ಪಡೆ. To begin to feel pleasure, to be pleased (Rŝv. 1, after 135).

ಮಚ್ಚು mačču. 3. = (ಮಂಕು), ಮೆಚ್ಚು 3. Illusion, delusion, deception: a decoy powder (in hunting, ಮಾಯೆ Mr. 380; Tĕ. ಮಚ್ಚು, love powder; ಮೈದು, an enchanting, alluring powder, love powder, magic powder; deception, delusion = ಮೋಹನಭಸ್ಮ and ಮಾಯೆ; T. ಮರುಡ್ಡಿ, ignorance; confusion). — ಮಚ್ಚುಮದ್ದು. Love powder (ಮಚ್ಚು G.). ಮಚ್ಚುಮದ್ದು ಎನ್ದು ಕೊಟ್ಟದ್ದು ಹುಚ್ಚು ಮದ್ದಾಯಿತು (Prv.).

ಮಚ್ಚು mačču. 4. = ಮಚ್ಚೆ No. 2. (Si. 329; see Prv. s. ಸಾಎರ).

ಮಚ್ಚು maččŭ. 5. (= ಮಂಚ ?). An upper story (of a house, My.; Tĕ., T., M.).

ಮಚ್ಚು maččŭ. 6. = ಮಚ್ಚುರ 3. A bill-hook or straight knife used for cutting bushes, etc. (ಹೊದಬ ಛೇದಿಪ ಲವಿತ್ರ Šm. 85; My.; T., M. ಮಚು, a hatchet, an axe). — ಮಚ್ಚುಕತ್ತಿ. = ಮಚ್ಚು. (My.; Si. 303; Tĕ. ಮಚ್ಚುಕತ್ತಿ, ಮಚ್ಚು-). — ಮಚ್ಚುಗುಡುಗೋಲ್. -ಕುಡುಗೋಲ್. A sickle-like knife (Č. Bp. 47, 42 sic!).

ಮಚ್ಚು mačču. Tbh. of ಮತ್ಸ್ಯ (Šmd. 346. 365; ಸೊಳ Kk. 85; Šm. 44. 85).

ಮಚ್ಚೆ maččĕ. = ಮಚ್ಚ No. 1. A black speck on the skin, etc. (My.). ವಿಷ್ಣುಮೂರ್ತಿಯಲ್ಲಿರುವ ಸೌಭಾಗ್ಯಚಿಹ್ನವೆಪ್ಪ ಮಚ್ಚೆ (ಶ್ರೀವತ್ಸ Si. 19). ಮಚ್ಚೆಯೆರಳೆ (ಕದಲಿ 169). ಕರೀ ಮಚ್ಚೆಗಳುಳ್ಳ ಮುಟ್ಟಿ (ರುರು 169). ತಿಲಕಾಕಾರಗಳಾದ ಕರೀ ಮಚ್ಚೆಗಳು (ಜಟುಲ, ಕಾಲಕ, ಪಿಪ್ಲು, ತಿಲಕ, ತಿಲಕಾಲಕ, ಸಂಗತೀ ಮಚ್ಚೆ, ಹುಟ್ಟುಮಚ್ಚೆ 199). ಸಿಬ್ಬುಮೆಪ್ಪ ಚರ್ಮದೋಷವಾದ ಮಚ್ಚೆಗಳುಳ್ಳವನು (ಕಿಲಾಸಿ, ಸಿಧ್ಮಲ 203). ಪ್ರಾಯದ ಆನೆಗೆ ಮೈಮ್ಮೇಲೆ ಪದ್ಮಾಕಾರವಾಗಿ ಏದಿಮುವ ಸಿಬ್ಬದ ಮಚ್ಚೆಗಳು (ಪದ್ಮಕ, ಬಿನ್ದುಜಾಲಕ 270). ನೆತ್ತೀ ಮೇಲೆ ಮಚ್ಚೆ ಇದ್ದರೆ ಮೊಚ್ಚೆ ಹಾಕಿ ಕೊಳ್ಳ ಬಾರದೇ? (Prv.). — ಮಚ್ಚೆನಾಲಿಗೆ. = ಮತ್ತಿನಾಲಿಗೆ. A tongue with a speck, which is considered to be very effective in cursing (My.). ಮಚ್ಚೆನಾಲಿಗೆ ಇದ್ದವನ ಸಂಗಡ ಕಚ್ಚಾಟ ಮಾಡ ಬಾರದು (Prv.).

ಮಚ್ಚೆ maččĕ. = ಮುಚ್ಚ. (Abhâ. 2, 89).

ಮಚ್ಛ maččha. = ಮತ್ಸ್ಯ, etc. (Sk.).

ಮಚ್ಛರ maččhara. = ಮಚ್ಚರ, ಮತ್ಸರ. (Šmd. 340).

ಮಚ್ಛ್ಯ mačhya. = ಮಚ್ಚ (Šmd. 340), ಮತ್ಸ್ಯ, etc.

ಮಜಕೂರು majakûru. = ಮಜುಕೂರು. A written account; the contents of an epistle: an oral communication (Mhr., H.). 2, mention of; above-mentioned (My.; Br., Mhr., H.); affair, concern (ಸಂಗತಿ G., Čb.; My.). 3, current, present (as time, My.; Mhr., H.).

ಮಜಡ majaḍa. Dull, sluggish, slow (Bh. 3, 14, 43; cf. Mhr. ಮಟ್ಟಿ?).

ಮಜಬೂತು majabûtu. Strong, firm, fast (My.; Br.; Mhr., H. ಮಜಬೂದ).

ಮಜಲೀಷು majalîshu. Dancing of prostitutes (My.; H.).

ಮಜಲು majalu. A stage, a halting place; a day's journey; any portion of a journey performed at once; the last stage (My.; Mhr., H.).

ಮಜಾ majâ. Flavour, taste (My.; H.).

ಮಜಾಕು majâku. = ಮಜಾ. (My.).

ಮಜುಕೂರು majukûru. = ಮಜಕೂರು. (My.; Br.).

ಮಜೂರಿ majûri. = ಮಂಜೂರಿ, ಮುಜೂರಿ, ಮೂಜೂರಿ. The wages of a labourer (My.; Br.; Mhr., H. ಮಜುರಿ); the business of a labourer (My.; Mhr., H.).

ಮಜ್ಜ majja. (ಮಜ್ಜನ್). *The marrow of the bones and flesh.* 2, *the pith of plants* (ಮರದ ಕೆಚ್ಚು Hlâ., Mr. 105).

ಮಜ್ಜನ majjana. Sinking under water, diving, immersion;—bathing, ablution (Čpr. 5, after 121; 6, 86; Bp. 2, 51);—drowning;—water for bathing (My.). ಮಜ್ಜನ ನೀಡಲಿಕ್ಕೆ ಹೋಗಿ, ಮಜ್ಜಿಗೆ ಕುಡಿದ ಹಾಗೆ.—ಮಜ್ಜನ ಮಾಡಿ ಕಜ್ಜಾಯ ತಿನ್ದರೆ ಅಜ್ಜೀ ಬೊಜ್ಜವಾಯಿತೇ? (Prvs.). See Prv. s. ಮಣ್ಣುದೇವ. — ಮಜ್ಜನಬಾವಿ. A well from which bathing-water is drawn (Bp. 50, 56). — ಮಜ್ಜನಮ್ಮುಗಿಸು. -ಂ-ಪುಗಿಸು. To cause to enter a bath: to bathe. ಮಜ್ಜನಮ್ಮುಗಿಸಂ (ಮಜ್ಜನವಳಂ Kk. 33). — ಮಜ್ಜನಮ್ಮುಗು. -ಂ-ಪುಗು. To take a bath (Čpr. 6, after 56).

ಮಜ್ಜನಗೃಹ majjana-gṛiha. A bathing-house, a bath-room (My.).

ಮಜ್ಜನಜಲ majjana-jala. Bathing-water (Bp. 56, 56).

ಮಜ್ಜನವಳ majjana-vaḷa. A man who bathes (others, ಮಜ್ಜನಮ್ಮುಗಿಪಂ Kk. 33).

ಮಜ್ಜನಸಾಲೆ majjana-sâlĕ. = ಮಜ್ಜನಗೃಹ. (Bp. 12, 34; 30, 10. 16; 47, 13).

ಮಜ್ಜಸಾರ majja-sâra. = ಮಜ್ಜಾಸಾರ, q. v. (ವಾತ Šs.).

ಮಜ್ಜಾಸಾರ majjâ-sâra. (not in Sk.). Pith (ಸಾರ, ಕೆಚ್ಚು Nn. 125, o. rs. ಮಜ್ಜಾಸಾರ, ಮದ್ಯಾಸಾರ, ಮಜ್ಜಸಾರ); substance, real essence, element (ಒಳುಪು Mr. 497, o. rs. ಮಜ್ಯಾಸಾರ, ಮಜ್ಜಸಾರ & ಒಳುಹು); that which is most important (ಶ್ರೇಷ್ಠ, ಮುಖ್ಯ 125). 2, a thing (ದ್ರವಿಣ, ವಸ್ತು 125). 3, riches (ಧನ 497). 4, semen virile (ಇನ್ದ್ರಿಯ 125; ಶುಕ್ಲ 497). 5, ನಿಷ್ಠೆ (125; 497). 6, an oath (ಸೂರುಳ್ 125; 497). 7, the sky or ether (ಆಕಾಶ 125; 497). 8, morbid affection of the windy humour, rheumatism (ವಾತ Šs. as ಮಜ್ಜಸಾರ). 9, excessive trouble (ಅತೀವಕಷ್ಟ, ಅತಿಕಷ್ಟ 125). 10, sorrow, grief (ಕ್ಲೇಶ, ದುಃಖ 125; ಕ್ಲೇಶ 497). 11, ನಷ್ಟಪದ (ನಷ್ಟವಾದ ಪದ 125), ತೀರಿದೆಡೆ (497).

ಮಜ್ಜಿಗೆ majjigĕ. (probably fr. ಮಥಿತ). Buttermilk (ದಣ್ಡಾಹತ, ಕಾಲಶೇಯ, ಅರಿಷ್ಟ, ಗೋರಸ Nr.; ಮುಶೀರ, ಮಥಿತ Nn. 91; ಕದಲ್ Šmd. I; ಕಟ್ಟಳೆ Čt. I, 47; ಅಳೆ Šm. 11; My.; Tĕ.; T. ಮದಿಗ, ಮಜ್ಜಿಗ್ಗೆ; Tu. ಮಜಕೋಲು, a churning-stick). 2, whey (ದಧಿಮಣ್ಡ, ಮಸ್ತು Hlâ.). ನಾಲ್ಕು ಭಾಗದೊಳಗೊನ್ದು ಭಾಗ ನೀರ ಬೆರಸಿದ ಮಜ್ಜಿಗೆ (ತಕ್ರ); ಅರ್ಧ ನೀರ ಬೆರಸಿದುದು (ಉದಶ್ವಿತ್ Nr.). ನೀರು ಬೆರಯದೇ ಇರುವ ಮಜ್ಜಿಗೆ (ಮಥಿತ Si. 316). ಮಜ್ಜಿಗೆಯ ಪಳಿದ್ಯ (ತೇಮನ, ನಿಷ್ಠಾನ Mr.). ಅಸಲು ಇಲ್ಲದೆ ಬಡ್ಡಿ ಇಲ್ಲ, ಮೊಸರು ಇಲ್ಲದೆ ಮಜ್ಜಿಗೆ ಇಲ್ಲ.—ಈಚಲುಮರದ ಕೆಳಗೆ ಮಜ್ಜಿಗೆ ಕುಡಿದರೆ ನಾಚಿಗೆಗೇಡಾಗದೇ?—ತಾನು ಹೋದರೆ ಮಜ್ಜಿಗಿಲ್ಲ, ಮೊಸರಿಗೆ ಚೀಟು.—ಪಾದ್ಯಕ್ಕೆ ನೀರು ಇಲ್ಲ, ಊಟಕ್ಕೆ ಮಜ್ಜಿಗೆ ಎಲ್ಲಿ?—ಮಜ್ಜಿಗೆಗೆ ತಕ್ಕ ರಾಮಾಯಣ ಹೇಳಿದ.—ಮಜ್ಜಿಗೆಗೆ ಹೋದವನಿಗೆ ಎಮ್ಮೇ ಕ್ರಯವು ಯಾಕೆ? (Prvs.). See Si. 313; B. 1, 15; Prv. s. ಮನೆ. — ಮಜ್ಜಿಗೆಗಡ್ಡೆ. The root of the scandent thorny shrub Asparagus racemosus Willd. (ಶತಮೂಲಿ, ಬಹುಸುತೆ, ಅಭೀರು, ಅಹೇರು, etc., ಪಿಲ್ಲಪಿಚ್ಚೆರ, ಆಸಡಿ, ಆಷಾಢೀ ಬೇರು, ಅಜ್ಜೀ ಗಡ್ಡೆ Si. 146). — ಮಜ್ಜಿಗೆನೀರು. Buttermilk mixed with water (My.). ಅತ್ತೇ ಮನೆಗೆ ಮಜ್ಜಿಗೆನೀರು, ತವರ ಮನೆಗೆ ಹಾಲು ಮೊಸರು.—ಬಸವಾ! ಎನ್ದರೆ, ಪಾಪ! ಎನ್ದರೆ ಸೊಸೆಗೆ ಮಜ್ಜಿಗೆನೀರು ತಾ! ಎನ್ದ (Prvs.). — ಮಜ್ಜಿಗೆಪಲ್ಯ. A troublesome weed of a sour taste, the yellow wood-sorrel, Oxalis corniculata Lin. (Z.). — ಮಜ್ಜಿಗೆಪಳಿದ್ಯ. A kind of sour sauce (My.; ವ್ಯಂಜನ, ನಿಷ್ಠಾನ Si. 436). — ಮಜ್ಜಿಗೆಹುಲ್ಲು. The lemon grass, Andropogon schoenanthus Lin. (St. & Pl.; My.).

ಮಜ್ಜೆ majjĕ. = ಮಜ್ಜ. (ಮೇದಸ್ Nr.).

ಮಝ majha. Bravo! well done! (Bh. 8, 23, 3). — ಮಝ ಪೂತು. = ಮಝ ಪೂತುರೆ. (J. 7, 33). — ಮಝ ಪೂತುರೆ. dupl. (ಕೊಣ್ಣಾಟ Čt. II, 103). — ಮಝ ಭಾಪು. dupl. (Grj. 10, 53. 79; Bp. 28, 50; 30, 25; 36, 23; 52, 40; Râm. 6, 30, 11). — ಮಝ ಭಾಪುರೇ. dupl. (Bp. 28, 30). — ಮಝ ಮಝ. rep. (ಕೊಣ್ಣಾಟದ ನುಡಿ Bhn. 38). — ಮಝುರೇ. -ಉರೇ. dupl. (Bh. 8, 23, 24).

ಮಂಚ mańča. (fr. ಮಲಗು 1). One of the *tatsamas* (Šmd. 364; Čt. II, 48; Kk. 95; Šm. 97). *A bedstead, a cot, a bed* (ಪರ್ಯಂಕ, etc. Nr., Hlâ.; Si. 230; Bp. 42, 18; J. 25, 60; C.). **2**, a scaffold or temporary structure erected for spectators on festive occasions. **3**, an elevated shed raised on bamboos, etc., in a field, etc. **4**, a seat of state. ಮಂಚಕ್ಕೆ ಮಣೆ ಯಾಕೆ? ಲಂಚಕ್ಕೆ ಹೊಣೆ ಯಾಕೆ?— ಮಂಚದ ಕಾಲು ಆದರೆ ಹಂಚು ಮೂಡ ಬಹುದೇ?— ಪಂಚರತ್ನಕ್ಕೆ ಮಂಚದ ಕಾಲು ಕ್ರಯವೇ?— ಪಂಚಪಾಣ್ಡವರೆಷ್ಟುವರು ಮಂಚದ ಕಾಲಿನ ಹಾಗೆ ಮೂವರೆನ್ದು, ಎರಡು ಬೆರಳು ತೋರಿಸಿದ (Prvs.). See Prv. s. ಸಂಚಿ. — ಮಂಚದ ಕಾಲ ಹುಲ್ಲು. A common grass, Panicum ciliare Retz. (Z.). — ಮಂಚವಲ್ಲಕ್ಕಿ. -ಪಲ್ಲಕ್ಕಿ. A sort of palanquin (Č. Bp. 47, 39).

ಮಂಚಟಿಗೆ mańčaṭigĕ. = ಮಂಜಿಟ್ಟಿ. (St. & Pl.).

ಮಂಚಿ mańči. (= ಮಾಚಿ?). (Tĕ. ಮಂಚಿ, good, excellent, virtuous, proper; handsome; fine, nice; much, great). N. of females (My.). — ಮಂಚಣ. -ಅಣ. — ಮಂಚಣ ಪಣ್ಡಿತ. N. (Bp. 53, 58. 62. 66; see ಶಿವಲಿಂಕ-). — ಮಂಚಣಾಚಾರ್ಯ. -ಆಚಾರ್ಯ. N. (Bp. 53, 60). — ಮಂಚಣಾರ್ಯ. -ಆರ್ಯ. N. (Bp. 53, 64). — ಮಂಚಯ್ಯ. -ಅಯ್ಯ. N. (Bp. 53, 63; see ಶಿವಲಿಂಕ-). — ಮಂಚಾರ್ಯ. -ಆರ್ಯ. N. (Bp. 53, 65). — ಮಂಚಿದೇವ. N. (Bp. 9, 39).

ಮಂಚೆ mańčĕ. = ಮಾಚಿ. — ಮಂಚಿಪತ್ರೆ. = ಪಂಚಪತ್ರೆ q. v., ಮಾಚಿಪತ್ರೆ. (My.).

ಮಂಚಿಕೆ mańčikĕ. = ಮಂಚ No. 3, ಮಂಚಿಗೆ No. 1. A stand erected on four long posts in a field, a jungle, a cemetery, etc., for watching the crops, etc., or for hunting (My.; Tĕ. ಮಂಚೆ; Sk.).

ಮಂಚಿಗ mańčiga. N. (Bp. 55, 36; 56, 27).

ಮಂಚಿಗೆ mańčigĕ. = ಮಂಚಿಕೆ, etc. (Kâvy. I, 1, B, 25; C.). **2**, a kind of ornament (Bp. 4, 36).

ಮಂಜಕ್ಷಯ mańjakshaya. = ಮುಂಜಕ್ಷಯ. The bottle bird (ಗೀಜುಗ Mr. 175, o. r. ಗೀಜುಗ, and in two MSS. ಮುಂಜಕ್ಷಯ).

ಮಂಜರ mańjara. = ಮಾರ್ಜಾರ, ಮಾರ್ಜಾಲ. A cat (ಮಾರ್ಜಾಲ Bhn. 10; Bh. 2, 10, 8).

ಮಂಜರಿ mańjari. *A cluster of blossoms;* any compound flower; *a compound pedicle or flower-stalk, a branching flower-stalk* (ಮರದ ಗೊಂಚಲ್ Hlâ.; ವಲ್ಲರಿ, ಗೊಂಚಲ್ Mr. 106; ತೊಡವಪ್ಪೆ Čt. II, 80; ಕುಸುಮಮಂಜರಿಗೆ Kk. 19); a flower-bud; a shoot, sprout, sprig, stalk.

ಮಂಜರಿಕೆ mańjarikĕ, ಮಂಜರಿಕಾ. = ಮಂಜರಿ. (Čpr. 1, after 101).

ಮಂಜರಿಗ mańjariga. N. of a bird (Râm. 3, 3, 18).

ಮಂಜರಿಗೆ mańjarigĕ. Tbh. of ಮಂಜರಿಕೆ. See ಕುಸುಮ.

ಮಂಜರಿತ mańjarita. Having clusters of flowers or branching flower-stalks. (Čpr. 8, after 45).

ಮಂಜಳ mańjaḷa. Indian saffron, Curcuma longa Lin., turmeric (T. ಮಂಜಳ್; M. ಮಞ್ಞಳ್; Tu. ಮಂಜಲ್; see ಕಳವಂಜಳ).

ಮಂಜಾಡಿ mańjâḍi. = ಮಂಚಟಿಗೆ, ಮಂಜಿಟ್ಟಿ. A forest tree with scarlet seeds which are used in weighing gold and diamonds (one seed = 4 grains), the red-wood tree, Adenanthera pavonia Lin. (My.; Tĕ., T., M.; Van Someren).

ಮಂಜಿ mańji. 1. A large boat with one mast used in coasting trade (Tu.; T.; M. ಮಂಜಿ, ವಂಜಿ). ಮಂಜಿ ಒಡದರೆ ಗುಂಜಗಿನ್ತ ಕಡೆಯೇ! (Prv.).

ಮಂಜಿ mańji. 2. = ಮರುಗು 2. A perennial plant (and the fibres of its bark, of which cords are made), the bow-string hemp, Sanseviera zeylanica Willd. (My.; Tu.; T. ಮಂಜಿ, ಮರಲ್, ಮರುಳ್). — ಮಂಜಿಹುರಿ. A cord of that hemp (My.).

ಮಂಜಿಕೆ mańjikĕ. = ಮಂಜಿಷ್ಠೆ, q. v.

ಮಂಜಿಟಿಗೆ mańjiṭigĕ. = ಮಂಜಿಟ್ಟಿಗೆ. Tbh. of ಮಂಜಿಷ್ಠಕ (Šmd. 370; ಮಂಜಿಷ್ಠೆ, ಜಂಗಿ, etc. Nr.).

ಮಂಜಿಟ್ಟಿಗೆ mańjiṭṭigĕ. Tbh. of ಮಂಜಿಷ್ಠಕ (Šmd. 370).

ಮಂಜಿಷ್ಠಕ mańjishṭhaka. = ಮಂಚಟಿಗೆ q. v., ಮಂಜಟ್ಟಿಗೆ.

ಮಂಜಿಷ್ಠೆ mańjishṭhĕ. *A climbing herb yielding a red dye, called Bengal madder, Rubia munjista* Roxb. (ವರ್ಣಿ, ರಕ್ತಾಂಗಿ, ಮಂಜಿಕೆ Mr. 139, two MSS. ರಕ್ತಾಂಗಿ).

ಮಂಜೀರ mańjîra. *An ornament for the feet or toes; an anklet* (ಅನ್ದುಗೆ Hlâ., Mr. 344). 2, a post round which the string of the churning-stick passes.

ಮಂಜು mańju. Dew, fog; coldness, coolness; etc. (ಪ್ರಾಲೇಯ, ಅವಶ್ಯಾಯ, ತುಹಿನ, ಶಿಶಿರ, ಹಿಮ, ತುಷಾರ, ಮಿಹಿಕೆ, ನೀಹಾರ Hlâ.; ಹಿಮ, ತುಷಾರ Nn. 81; ಚಳಿ Šm. 112; ಅವಶ್ಯಾಯ, etc. Si. 32; C.; T.; M. ಮಂಜು, ಮಞ್ಞು; Tĕ. ಮಂಚು); dimness of sight (My., *cf.* ಮಂಕು), obscurity (of intellectual perception). ನನ್ನ ಕಣ್ಣು ಮಂಜಾಗಿದೆ (My.). ಮಂಜಿನ ಸಟೆ (ಹಗಲಿನ ಹಾವಸೆ Bhn. 8). ಮಧ್ಯೇ ನೀರು ಬಿಟ್ಟು, ಮಂಜಿನ ನೀರಿಗೆ ಕೈಯೊಡ್ಡಿದ ಹಾಗೆ.— ಮಂಜು ಬಿದ್ದರೆ ನಂಜು ಹೋದೀತೇ?— ಮಂಜು ಸುಂದರ ಸಂಜನ ಗೂಡು ಮುಣುಗೀತೇ?— ಪೊಂಜು ಸುಟ್ಟರೂ ಮಂಜು ಹೋಗಲಿಲ್ಲ (Prvs.). See Čpr. 5, after 19; Bp. 42, 5; 47, 67; V. 9, 49; J. 28, 41; Si. 224; Prv. s. ಸಂಜೀವನ. — ಮುಂಜ. -ಅ 3. Šiva. 2, N. of males (My.). — ಮಂಜಿ. N. of females (My.). — ಮಂಜಡಿಕೆ. -ಅಡಿಕೆ. Excess of obscurity of intellectual perception (Bh. 3, 19, 25). — ಮಂಜುಗತ್ತಲೆ. -ಕತ್ತಲೆ. Darkness caused by fog (Bp. 61, 12). — ಮಂಜುಗಾಲ. -ಕಾಲ. The cold season (ಅಯ್ಯಿಲ್, ಹೇಮನ್ತ Čt. II, 85). — ಮಂಜುಗೆಯ್ಯ. -ಕೆಯ್ಯ. The cool-rayed one: the moon (ಚನ್ದ್ರ Ss.). — ಮಂಜುವರ್ಧಿ. A sea of fog (Rêv. 9, 4). — ಮಂಜುವೆಳಗ. -ಬೆಳಗ. = ಮಂಜುಗೆಯ್ಯ. (ಚನ್ದಿರ, etc., ಶಶಿ Kk. 44).

ಮಂಜು mańju. = ಮಂಜುಲ. *Beautiful, lovely, charming, pleasing.*

ಮಂಜುಕೇಶಿ mańju-kêši. *Kṛishṇa or Vishṇu.*

ಮಂಜುಘೋಷೆ mañju-ghôshĕ. *N. of an Apsaras.*

ಮಂಜುನಾಥ mañju-nâtha. N. of a liṅga (My.); of men.

ಮಂಜುಭೂಷಿಣಿ mañju-bhûshiṇi. N. of a vṛitta (Ch.).

ಮಂಜುಲ mañjula. *Beautiful, pleasing, agreeable, lovely, sweet, soft, melodious* (ಪ್ರಮಾಣ, ಒಳ್ಳಿತು Nn. 139).

ಮಂಜುಲತರ mañjula-tara. Uncommonly beautiful, etc. (A.).

ಮಂಜೂರಿ mañjûri. = ಮಜೂರಿ, etc. (Si. 84).

ಮಂಜೂರು mañjûru. Agreeable (Mhr., H.). 2, approved or confirmed, as a decision of a lower court, sanctioned; approval, confirmation, sanction (My.; Br.; Mhr., H.).

ಮಂಜೂಷ mañjûsha. = ಮಜೂಷೆ. (ಪೆಟ್ಟಿಗೆ Mr. 208)..

ಮಂಜೂಷೆ mañjûshĕ. *A box, a chest, a basket.*

ಮಂಜೆಟ್ಟಿ mañjĕṭṭi. = ಮಂಜಟಿಗೆ, ಮಂಜಾಡಿ, q. v. (St. & Pl.).

ಮಟ maṭa 1. = (ಮಟ್ಟ 4, ಮಡ 2). Confusion, stupidity; deceit; ignorance (T. ಮಡ, ಮಡಿ; M. ಮಡಿ, ಮಡಿಮ್ಮೆ; see ಅಟಮಟ, ತಟವಟ s. ತಟ 4; *cf.* ಮಂಕು, ಮಾಟು). — ಮಟ ಮಾಯಿ. Fraud and deceit (Bp. 40, 56).

ಮಟ maṭa. 2. = ಮಟ್ಟ 1. — ಮಟ ಮಟ. rep. — ಮಟಮಟ ಮಧ್ಯಾಹ್ನ. The exact middle of the day (My.).

ಮಟ maṭa. (= ಮಠ). Tbh. of ಮಠ (Šmd. 338; My.). — ಮಟಬೆಕ್ಕು. = ಮಣ್ಣಬೆಕ್ಕು. A cat that lives in ruined temples (B. 3, 30).

ಮಟ್ಟ maṭṭa. 1. = ಮಟ 2, (ಮಟ್ಟಸ), ಮೊಟ್ಟ 1. Levelness, evenness, equality, regularity, exactness (My.; Tĕ., T., M.). 2, a carpenter's level or square (My.; M.; see ಮೂಳೆ-). ಮಟ್ಟ ನೋಡ ಬೇಕಾದರೆ ಪೆಟ್ಟಿಗೆಯಿನ್ನ ಆದೀತೇ? — ಮಟ್ಟ ಹಾಕದೆ ಕೆತ್ತ ಕೂಡದು, ಕಟ್ಟಡದೆ ಹೊಡ ಕೂಡದು (Prvs.). — ಮಟ್ಟಗೊಳಿಸು. -ಕೊಳಿಸು. To level, as the soil (My.). — ಮಟ್ಟಗೋಲು. -ಕೋಲು. A levelling stick, a carpenter's or mason's level (My.; T. ಮಟ್ಟು ಕ್ಕೋಲ್). — ಮಟ್ಟಮಧ್ಯಾಹ್ನ. The exact middle of the day (My.). — ಮಟ್ಟಮ್ ಇರ್. To be in its regular or original own form (Abh. P. 5, 94). — ಮಟ್ಟಮೊದಲು. The very beginning; at the very beginning (C.; B. 4, 95. 174). — ಮಟ್ಟಹಲಗೆ. A carpenter's ruler (My.).

ಮಟ್ಟ maṭṭa. 2. = ಮಟ್ಟು 1. Measure; extent, height; bound, limit; proper limit (My.; T.). See ನಡು-.

ಮಟ್ಟ maṭṭa. 3. = ಮಟ್ಟು 2, ಮೊಟ್ಟ 2. Shortness, smallness (My.; Tĕ.; *cf.* ಮೊಟಕು 1); decreasing, growing less, abating, as wind, rain, heat, fever, price, etc. (My.); inferiority (My.; Tĕ.). 2, a small horse, a pony (My.; Tĕ., T., M.). — ಮಟ್ಟಜಾತಿ. An inferior caste (My.). — ಮಟ್ಟತರ. An inferior kind (My.). — ಮಟ್ಟಬೆಳ್ಳಿ. Inferior silver (My.). — ಮಟ್ಟಸುತ್ತಿಗೆ. A very small hammer used by goldsmiths (My.).

ಮಟ್ಟ maṭṭa. 4. = ಮಟ 1. Illusion, phantom; ruin (of men or their means, My.). — ಮಟ್ಟ ಮಾಯ. reit. A mere phantom: perfect disappearance, ruin (of wealth, etc., My.).

ಮಟ್ಟಣೆ maṭṭaṇĕ. The state of being level, even or smooth. — ಮಟ್ಟಣೆ ಮಾಡು. To make even or smooth (in the language of goldsmiths, My.). — ಮಟ್ಟಣೆ ಹಾಕು. = ಮಟ್ಟಣೆ ಮಾಡು. (My.).

ಮಟ್ಟಸ maṭṭasa. = ಮಟ್ಟ 1. (My.; Tĕ.).

ಮಟ್ಟಿ maṭṭi. (Tbh. of ಮೃದ್, ಮೃತ್). Earth, clay (My.; Tĕ., Mhr., H.); also the clay with which sectarian marks are made (Bp. 56, 39; Ŏ. Bp. 32, 45; Bh. 1, 10, 2). ಮಟ್ಟಿಯಿಟ್ಟರೂ ಕೊಟ್ಟವನ ಹೋಗಲಿಲ್ಲ (Prv.). ಮಟ್ಟಿಯೂ ಮಣ್ಣನ್ನು ಮಿಟ್ಟು ತಾಂ ನೊಸಲೊಳಗೆ, ನೆಟ್ಟನೆ ಸ್ವರ್ಗವಡೆಯುವರೆ? ಸಾಣೆಕಲ್ (on which it is triturated) ಕೆಟ್ಟ ಕೇಡೇನು? (Sp.).

ಮಟ್ಟಿಗ maṭṭiga. A man with a sectarian mark (nâma) of maṭṭi: a Brâhmaṇa (Bp. 55, 3).

ಮಟ್ಟು maṭṭu. 1. = ಮಟ್ಟ 2. (My.; Tĕ., T., M.). ಮಟ್ಟು ತಿಳಿದ ನಾಯಿ ಹಟ್ಟೀಲಿದ್ದೀತೇ? — ಮಟ್ಟು ತಿಳಿದವನ ಸಂಗಡ ಚೆಟ್ಟಾಟ ಮಾಡ ಬಾರದು. — ಮಟ್ಟು ತಿಳಿಯದೆ ಮಾತಾಡ ಬಾರದು. — ಬುಟ್ಟು ಇದ್ದರೆ ಮಟ್ಟು ತಿಳಿದೀತು. — ನೇಯಿಗೆಯವನ ಮಟ್ಟು (the extent of his cleverness or of the value of his cloth) ಕಟ್ಟುವವ ಬಲ್ಲ (Prvs.). — ಮಟ್ಟಿಗೆ. To the measure or extent, till, until, as far as. ನೀವು ಓದಿದ ಪಟ ಪುಸ್ತಕದೊಳಗಿನ ಮಾತುಗಳನ್ನು ಎಷ್ಟು ಮಟ್ಟಿಗೆ (how far) ನೆನಪಿಟ್ಟಿದ್ದೀರೆಂಬುವದನ್ನು ಹೊಡಲು ತಿಳುಕೊಳ್ಳ ಬೇಕಾಗಿದೆ (B. 3, 1). ಎಲ್ಲರು ತಮ್ಮ ಹೆಣ್ಣುಮಕ್ಕಳಿಗೆ ತಕ್ಕ ಮಟ್ಟಿಗೆ ವಿದ್ಯೆ ಕಲಿಸ ಬೇಕು (B. 3, 33). ನಾವು ಯಾವಾಗಲು ಹೆಚವರಿಗೆ ಉಪಕಾರ ಮಾಡಿ, ಕೆಯ್ಲಾದ ಮಟ್ಟಿಗೆ ಸನ್ತೋಷ ಪಡಿಸ ಬೇಕು (3, 105). ಸಾಕಾದ ಮಟ್ಟಿಗೆ ಬೇಕಾದದು ಉಣ್ಣಾಗಿರುವಳ (ಕುತಲ Si. 457). ಯಜ್ಞಶಾಲೆಯ ಮಟ್ಟಿಗೆ ಸುತ್ತಲೂ ಹಾಕಲ್ಪಟ್ಟ, ಒಳಕ್ಕೆ ಪ್ರವೇಶಿಸುವದಕ್ಕೆ ಅಶಕ್ಯವಾದ ಬೇಲಿ (ಕುಮ್ಮ 239). ಎಷ್ಟು ಮಟ್ಟಿಗೂ, how far soever it may be, to any extent (My.). ಅಷ್ಟು ಮಟ್ಟಿಗೆ, to that extent, so far as that; ಇಷ್ಟು ಮಟ್ಟಿಗೆ, to this extent, so far as this; ಅಷ್ಟರ ಮಟ್ಟಿಗೆ, to that extent, so far as that; ಈ ದಿನದ ಮಟ್ಟಿಗೆ, until this day; ಈ ದಿನದ ಮಟ್ಟಿಗೂ, even until this day; ಅಷ್ಟು ಮಟ್ಟಿಗೂ, ಅಷ್ಟರ ಮಟ್ಟಿಗೂ, even to such an extent (My.). — ಮಟ್ಟು ಮೀರು. To transgress the proper limit (My.).

ಮಟ್ಟು maṭṭu. 2. = ಮಟ್ಟ 3. (My.; Tĕ.). See Prv. s. ಅತುರಗಾರ. — ಮಟ್ಟಾಗು. -ಆಗು. To decrease, to grow less, to abate, as wind, rain, fever, price, pride, etc. (My.). — ಮಟ್ಟು ಮಾಡು. To cause to decrease, etc. (My.).

ಮಟ್ಟು maṭṭu. 3. P. p. of ಮಡು 1.

ಮಟ್ಟೆ maṭṭĕ. = ಮೊಟ್ಟೆ 2. A bough of the palm, cocoanut, or date tree (My.; Tĕ.; T. ಮಟ್ಟೈ, ಮಡಲ್; M. ಮಟ್ಟ, ಮಟ್ಟಲ್; *cf.* ಮಡಲ್ 1 & 2). See ಮರ-. 2, the fibrous coat of a cocoanut (My.; T.). 3, a brush for white-washing made of the fibrous coat of a cocoanut or of the fruit-stalk (My.).

ಮಟ್ಟೆ maṭṭĕ. = ಮೋಟೆ. The bucket of a bullock-drawwell (S. Mhr. in ಮಟ್ಟೆ ಹೊಡೆ; Mhr. ಮೋಟ). 2, a burden, a load (Mhr. ಮೋಟ, a load, tress). ಪಟ್ಟೆಯುಟ್ಟರೂ ಮಟ್ಟೆಯವನು ಶ್ರೇಷ್ಠನೇ? (Prv.).

ಮಠ maṭha. = ಮಟ, (ಮಡ). A hut, a cottage; — a devotee's cell, a hermitage; — a residence of a company of ascetics (sannyâsis, gôsamis, etc.); a residence of a guru (My.); — a convent, a monastery; — a school (My.); a temple. ಮಠದ ಮೂಳೆಗೇ ಏಡಿದವ ಗಬ್ಬಾ ಹತ್ತ್ಯಾನೇ? — ಪಟ ಹಾರಿದರೆ ಮಠ ಹಾರೀತೇ? — ತಟದಲ್ಲ್ಯಾಗಲೀ ಮಠದಲ್ಲ್ಯಾಗಲೀ ಹಟದ ಜಂಗಮನ

ಕಾಟ ತಪ್ಪುವದಿಲ್ಲ (Prvs.). See Bp. 21, 10; 22, 44; 29, 12; 37, 27; 56, 35; Prv. s. ಸಟೆ 1.

ಮಠಪತಿ maṭha-pati. The superintendent or prior of a maṭha. ಮಠಪತಿಯಾದರೂ ಸಟೆತನ ಬಿಡಲಿಲ್ಲ (Prv.).

ಮಠಿಕೆ maṭhikĕ. = ಮಟಿಗೆ. A small maṭha.

ಮಡ maḍa. 1. = ಮಡಹು, ಮಡಿ 6, (ಮರ 2), ಮಿಡಿ 1. The heel (ಪಾರ್ಷ್ಣಿ Hlâ.; Nn. 134; Mr. 484; ಪಾರ್ಷ್ಣಿ, ಹರಡುಗಳೊಳಗಣ ಮೆಯಿ Nr.; Tĕ. ಮಟಮೆ, ಮಡಮೆ, ಮಡಿಮೆ; M. ಮಡಮ್ಬು, ಮಾಡು). See Abh. P. 13, 69; Bh. 3, 13, 30; 6, 2, 2; Rśv. 6, after 11; J. 7, 48; ಹಿಮ್ಮಡ. 2, the extremity of the fore-axle (Bh. 6, 8, 12). — ಮಡಬಿರಿಕು. = ಮರಬಿಡಿಕು, q. v. — ಮಡಸನ್ನೆ. A sign given with the heel (Rśv. 18, after 77).

ಮಡ maḍa. 2. (fr. ಮಡಗು). Putting; that has been put (and remains on a plate). — ಮಡಗೂಟ್. -ಕೂಟ್. The rejected leavings of food (ಭುಕ್ತೋಚ್ಛಿಷ್ಟ, ಫೇಲಿಕೆ Hlâ.; Abh. P. 9, 178).

ಮಡ maḍa. 3. = ಪಡೆ. — ಮಡವಾಯಿ. -ಬಾಯಿ. A small channel that leads water from the big one to a division of a field or a garden bed (My.).

ಮಡ maḍa. 4. = ಮಡವು, etc. (My.).

ಮಡೆ maḍa. Tbh. of ಮಠ (Śmd. 341; Mdb. MS.: ಮಣ್ಣ = ಮಣ್ಣ). See ತಿರು-; (ಕನ್ನವಡ).

ಮಡಕಿ maḍaki. = ಮಡಿಕೆ 2, ಮಡಿಗೆ 2. A much cultivated annual pulse, Phaseolus aconitifolius Jacq. (Mhr. ಮಟಕೀ; S. Mhr.). — ಮಡಕೀ ಕಾಯಿ. The seeds of ಮಡಕಿ (ಮಕುಷ್ಠಕ, ಮುಕುಷ್ಠಕ, ವನಮುದ್ಗ G.).

ಮಡಕೆ maḍakĕ. = ಮಡಿಕೆ 1. (My.).

ಮಡಕೆ maḍakĕ. = ಮಡಿಕೆ 1. A pot (ಉಖೆ, ಸ್ಥಾಲಿ, ಚರು, ಕುಮ್ಭ, ಪಿಠರ, ಕುಣ್ಡ Hlâ.; ಉಖೆ, ಕುಮ್ಭ, ಕುಣ್ಡ, ಪಿಠರ, ಚರು, ಸ್ಥಾಲಿ, ಭಾಣ್ಡ Mr. 209; ಪಿಠರ, ಸ್ಥಾಲಿ, etc. Nr.; My.; cf. ಮಣಿಕೆ; Mhr. ಮಡಕೀ, ಮಡಕೇಂ, a water-jar; see Bp. 10, 6; 51, 59; 55, 28; B. 5, 128). ಮಣ್ಣ ಮಡಕೆ (ಉಷ್ಟ್ರಿಕೆ Hlâ., Mr. 466; ಮೃಣ್ಮಯಪಾತ್ರ, ಉಷ್ಟ್ರಕ Nr. 85). ಕಡೆವ ಮಡಕೆ (ಮನ್ಥನಿ, ಗರ್ಗರಿ Nr., Śmd. 338). ಮಡಕೆಯಲಿ ಅಟ್ಟ ಶಾಕವು (ಪೈಠರ Nr.). See Prv. s. ಮಾಡು ಮಾಡು.

ಮಡಗು maḍagu. = ಮಡಂಗು. To lay down, to place, to put (My.; cf. ಮಲಗು 1); to take into one's service, as a man, etc. (My.); to procure and keep for one's use, as a horse, etc. (My.). 2, to hide (v. t., ಗೋಪನ Śmd. Dh.). ಬಡವ, ನೀ ಮಡಗಿದ ಹಾಗಿರು! (Prv.). See Čpr. 5, 37; Abh. P. 3, 59; 9, 149; Bp. 9, 9; 11, 36; 12, 18; 14, 5. 11; 15, 10; 20, 12; 24, 22; 27, 62. 64; 30, 16; 33, 10; 36, 27; 37, 46; 43, 59; 44, 19. 46; 52, 8; 56, 28; 57, 59; 59, 18; Rśv. 14, 29; ಎಡೆ ಮಡಗು s. ಎಡೆ 1.

ಮಡಂಗು maḍaṅgu. = ಮಡಗು. (Čpr. 8, after 4; Bp. 4, 12).

ಮಡಚು maḍaču. = ಮಡಸು, etc. (My.; Tĕ. ಮಡಚು, ಮಡುಚು, ಮಡಿಚು, ಮಡುಚು, ಮುಲಂಚು).

ಮಡತೆ maḍatĕ. Folding; a fold (Tĕ. ಮಡತ, ಮಣತ). ಹೊಟ್ಟೆಯು ಮೇಲೆ ಕೇವಲೇರೆಬಗೆಗಳಾಗಿ ತ್ರಿವಲಿಗಳೆಮ್ಬ ಚರ್ಮದ ಮಡತೆಗಳುಳ್ಳವನು (ವಲಿನ, ವಲಿಭ Si. 197).

ಮಡದಿ maḍadi. A woman (Tĕ. ಮಡತಿ, ಮಡನ್ತಿ; M. ಮಡನ್ದೆ, a young woman; ಮಡವೆ, a grown woman; T. ಮಡನ್ದೈ, a young woman; a woman). ಪ್ರಥಮಋತುವಾಗಿರ್ದ ಮಡದಿ (ರಾಕೆ Mr. 302). 2, a wife (Čh. v. 306; Râghĕ. 17, 67; My.). ಹೇಳಿದ ಮಾತಂ ಕೇಳದೆ, ಏಟಿಗೆಯಿನ್ದೋಡೆಗಟ್ಟ ಮಡದೀ ಮಕ್ಕಳ ಆಳಿಕೆ ಬಾಡಿಗೆಗಿನ್ತಲು ಜೋಯಿಸಾಗಿಯು ಮನೆಯ ಬಿಟ್ಟು ಹೋಹುದು ಲೇಸು (Sp.). ಮಡದಿ ತಾ ಚಲುವಾಗಿ ಅಡಿಗೆ ಮಾಡುವಳು (Dp. 148). ಮಡದಿಯಿಲ್ಲದವನ ಸಂಗಡ, ಮಕ್ಕಳು ಎಷ್ಟು? ಎನ್ತ, ಕೇಳಿದ. — ಮಡಿದು ಹೋಗುವಾಗ್ಯೆ ಮಡದೀ ಗೊಡವೆ ಯಾಕೆ? — ಮಡುಮೆಯಿರುವ ಪರ್ಯನ್ತರ ಮಡದಿ. — ಬಡವಗೆ ಕಡುಬಿನ ಆಶೆ, ಮಡದಿಗೆ ಗಡಿಗೆಯ ಆಶೆ (Prvs.). See Bp. 4, 25; 11, 36; 17, 6; 30, 9; 40, 31; 42, 8; 47, 54; 52, 27; 57, 59; Śśv. 5, after 57; J. 18, 28. 46. — ಮಡದಿಗಾರಿ. N. (Bp. 12, 42).

ಮಡಪು maḍapu. = ಮಡಿಪು 1. What is folded, a fold, as of cloth, betel-leaf, paper, etc. (My.; Tĕ. ಮಡುಪು). — ಮಡಪುಕತ್ತಿ. A folding or clasp knife (My.; Tĕ. ಮಡುಪುಕತ್ತಿ).

ಮಡಲ್ maḍal. 1. To grow to great length, to become large, to be extended, to spread out or run as creepers (ವಲ್ಲಿವೃದ್ಧಿ Śmd. Dh.; ಪರ್ವು Kk. 22; ಪರ್ಬು Śm. 28; ಉರ್ವು Śs.). P. p. ಮಡಲ್ತು (Śmd. 287 Cm.; Kk. 22; Śm. 28; Śs.; Čpr. 1, after 101; 7, 91; Abh. P. 9, 16; Rśv. 1, after 102; V. 4, 47).

ಮಡಲ್ maḍal. 2. ಮಡಲು. Growing to great length, great extension (J. 19, 49); the (upward) running of a creeper; thick foliage (Čpr. 1, 82); a thicket, a bush (ಸ್ತುಪ, ಗುಚ್ಛ Hlâ.). ಮರದ ಮಡಲು (ಲತೋದ್ಗಮ, ಅವರೋಹ Hlâ.). ಬಲಿದ ಮಡಲ್ (ಅವರೋಹ, ಲತೋದ್ಗಮ Mr. 106). 2, = ಮಟ್ಟೆ, a bough of the cocoanut tree (My.). — ಮಡಲಿಡು. -ಇಡು. To spread, to run as a creeper, to prevail, to increase (J. 28, 1; 33, 11). — ಮಡಲಿಚ್. -ಇಚ್. = ಮಡಲಿಡು. (ಪರ್ಬು Čt. I, 8). ಮಡಲಿಡುವ ಆಶಾನಾಮದ ಲತೆ (Basava's Saptakâvya I, 3). See Č. Bp. 47, 13.

ಮಡಲು maḍalu. = ಮಡಿ 2, ಮಡಿಲ್, ಮಡ್ಲು, ಮಳ್ಳು 2. The pouch-like fold occasionally made (by women or men) of a front portion of their upper garment to put in eatables, etc. (My.; cf. ಉಡಿ 4). See Prv. s. ಸಡಿಲು ಬಿಡು. — ಮಡಲು ತಿನ್ನು. Feignedly to eat out of the pouch-like fold to amuse children. ಮಡಲು ತಿನ್ದರೆ ಒಡಲು ತುಮ್ಬುತ್ತೇ? (Prv.).

ಮಡವು maḍavu. = ಮಡು 2, etc. (My.). See ತಿರಗಣಿ.

ಮಡಸು maḍasu. = ಮಡಿಸು, etc. (My.). See ಪೊಡ-.

ಮಡಹು maḍahu. = ಮಡ 1, etc. (Bp. 43, 85).

ಮಡಿ maḍi. 1. To bend, to fold, to fold up, to double or lay together (Bp. 4, 12; Śśv. 3, 47; T.). ಅಂಗುಲಿ ಮಡಿದ ಕುಡಿತೆ (ಪ್ರಸೃತಿ Hlâ., Mr. 323). See ಕಾಲು ಮಡಿ 1.

ಮಡಿ maḍi. 2. Bending, doubling, folding: a bend, a fold (M.; see ಕಾಲುಮಡಿ 2). 2, = ಮಡಲು, the pouch-like fold etc. (My.; T., M.). 3, fold, times (see ಅಯ್ದುಡಿ, ಇಮ್ಮಡಿ, ಇರ್ಮಡಿ, ನಾಲ್ವಡಿ, ನೂರ್ಮಡಿ,

ಮುಮ್ಮಡಿ, ಮೂವಡಿ ಸಾಸಿರ್ಮಡಿ; Râm. 3, 2, 18; Bh. 2, 13, 32; Č. Bp. 4, 7). 4, the bed of a garden, a division of a field, a basin round a tree (Čpr. 1, 90; 1, after 101; V. 4, 15; My.; Tĕ.). 5, = ಮಡಿಕಟ್ಟು. See Prv. s. ವೈದ್ಯ. — ಮಡಿಕಟ್ಟು. (ಜಘನ Śl. 208). — ಮಡಿಕೋಲು. A pole or shaft holding the warp in a loom (R.). — ಮಡಿಗಿವಿ. -ಕಿವಿ. A bent ear (J. 28, 46). — ಮಡಿವಸಲೆ. -ಬಸಲೆ. The tree Crataeva roxburghii R. Br. or Tapia crataeva (ವರುಣ, ವರಣ, ಸೇತು, ತಿಕ್ತಶಾಕ, ಕುಮಾರಕ Nr.; Śl. 126 has it as ಮದವಸಲೆ).

ಮಡಿ maḍi. 3. To die (ಮರಣ Śmd. Dh.; Śm. 95; My.; T.; Tĕ. ಮಡಿ, ಮಡೆ, ಮಣುಗು; M. ಮಡಿ, to be foiled, tired of, grow lazy, faint; to decline in price; to loathe). ಮಡಿದು ಹೋಗುವಾಗ್ಗೆ ಮಡದೀ ಗೊಡವೆ ಯಾಕೆ? (Prv.). See Abh. P. 13, 69. 70; Bp. 1, 36; 22, 31; 43, 17; 46, 28; 48 sum.; 50, 20. 57; 60, 58; 61, 38. 39; Bh. 1, 8, 31; Rśv. 2, 54; 13, 98; 14, 30; J. 4, 45; 7, 46; 28, 15. 58.

ಮಡಿ maḍi. 4. = ಮಡಿದು. P. p. of ಮಡಿ 3, in ಮಡಿ ಮಡಿದು (J. 4, 46).

ಮಡಿ maḍi. 5. = ಮಡು 3. A washed, clean cloth (ಧೌತವಸ್ತ್ರ Śmd. Dh.; ಧೌತಾಮ್ಬರ Śm. 95; My., also = ಮುಗಟ; Tĕ. ಮಡಿ, ಮಡುಗು, ಮಣುಗು; T. ಮಡಿಉಕ್ಕು, to beat, receive with blows; M. ಮಯಕ್ಕು, ಮಟಿಕ್ಕು, to beat, wash, cleanse; to rub out, wipe off). 2, cleanness, purity (My.; Tĕ.). ಬಾಹ್ಯದೊಳ್ ಮಡಿಯೇ? ನಿರ್ಮಲಚಿತ್ತಮುಯ್! (Śś. 64). ಮಡಿಯುಟ್ಟರೂ ಮಡ್ಡತನ ಬಿಡಲಿಲ್ಲ.— ಮಡಿಯುಟ್ಟರೂ ಮಯ್ಲಿಗೆ ಬಿಡಲಿಲ್ಲ.— ಮಡಿಯೊಳಗೆ ಇಟ್ಟರೂ ಹಡಿಕೆನಾತ ಹೋಗಲಿಲ್ಲ.— ಪಾಪಿಗೆ ಪರಲೋಕವಿಲ್ಲ, ಪಾಪೋಸಿಗೆ ಮಡಿಯಿಲ್ಲ (Prvs.). See Bp. 21, 8; 36, 47; J. 2, 9; 28, 20; Śl. 222; Prv. s. ಲಿಂಗ. — ಮಡಿಕೋಲು. A stick by means of which a pure vest is carried to the bathroom (to avoid touching it with an unclean hand) or by which a pure vest is taken down from where it is suspended aloft (My.). — ಮಡಿಧೋತ್ರ. A washed, clean dôtra (Śl. 222). — ಮಡಿಬಟ್ಟೆ. = ಮಡಿ No. 1. (My.). — ಮಡಿವರ್ಗ. A number of clean clothes (J. 30, 17). — ಮಡಿಹಾಗಲು. = ಮಡಿವಳಹಾಗಲಬಳ್ಳಿ, ಮಡುವಾಗಲ್. (My.).

ಮಡಿ maḍi. 6. = ಮಡ 1 (exceptionally in ಹಿಮ್ಮಡಿ).

ಮಡಿಕೆ maḍi-kĕ. 1. (Śmd. 248). = ಮಡಕೆ. Bending, folding, laying together; a fold (My.; B. 3, 106);—fold, times. See ಇಮ್ಮಡಿಕೆ, ಪೊಡ-, ಪೊಡವಡಿಕೆ, ಮುಮ್-. 2, the warp ready for being introduced into the loom (S. Mhr.).

ಮಡಿಕೆ maḍikĕ. 2. A kind of harrow or rake (ಕೋಟಿಶ Mr. 370, o. rs. ಮಲಿಕೆ, ಹಲಿಕೆ; Tĕ. ಮಡಕ, a plough with bullocks complete; ಮಲಾರ, a rake used in gardens, = ಮಲಹರ?).

ಮಡಿಕೆ maḍikĕ. 1. = ಮಡಕೆ. A pot (ಪಿಠರ, ಸ್ಥಾಲಿ, ಉಖೆ, ಕುಣ್ಡ Śl. 309; ಪಿಠರ 453; My.). ಹಾಲು ಕಟಿಯುವ ಮಡಿಕೆ (ಪಾರಿ Śl. 485); ಮಡಿಕೆಯಲ್ಲಿ ಅಟ್ಟ ಹಿಟ್ಟು (ಉಖ್ಯ, ಪೈಠರ 313). ಮಾತಿನಾ ಜ್ಞಾನವೇ ತೂತಾದ ಮಡಿಕೆಯೇ (Śp.). ಮಡಿಕೆ ಮಾಡುವವನಿಗೆ ಮಡಿಕೆನ ಗವುಜ ಯಾಕೆ?— ಮಡಿಕೆಯೊಡಿಯ ಬೇಕಾದರೆ ಅಡಿಕೇ ಮರ ಬೇಕೇ?— ಅತ್ತೆ ಒಡೆದ ಮಡಿಕೆಗೆ ಬೆಲೆ ಇಲ್ಲ.— ಮಡಿಕೆಯ ಲಾಭ ಕುಡಿಕೆಯಲ್ಲಿ ಹೋಯಿತು (Prvs.).

ಮಡಿಕೆ maḍikĕ. 2. = ಮಡಕಿ, etc. (ಮಪಷ್ಪಕ, ಮಪುಷ್ಪಕ G.; Z.).

ಕಡಲೆಯನು ಗೋಧಿಯನು ಮಡಿಕುದ್ದು ಬೆಳದರೂ ಸುಡ ಬೇಕು ನಾಡೆಸ್ತವನ ಬಾಯೊಳಗೆ ಪುಡಿಗಡಬು ಬೀಡ್ಗೆ! (Śp.).

ಮಡಿಗೆ maḍigĕ. 1. (= ಮಣ್ಡಿಗೆ?). The frame of a building (Mhr. ಮಾಣ್ಡಣೀ). ನೆಲದ ಮೇಲೆ ಗಡ್ಡಿಗೇ ಕಲ್ಲುಗಳನ್ನು ಹಾಕಿ, ಅವುಗಳ ಮೇಲೆ ಕಮ್ಬುಗಳನ್ನು ನಿಲ್ಲಿಸಿ, ಮೇಲೆ ಮಡಿಗೆಯನ್ನು ಹೇಱಿ, ಹೊದಲನೇ ಅನ್ತಸ್ತು ಮಾಡುವರು (B. 4, 121).

ಮಡಿಗೆ maḍigĕ. 2. = ಮಡಿಕೆ 2. ಅಡಿಗೇ ಗುಣ ಸಾಱಿನಲ್ಲಿ ನೋಡು, ಮಡಿಗೇ ಗುಣ ಫಲದಲ್ಲಿ ನೋಡು! (Prv.).

ಮಡಿಪು maḍipu. 1. = ಮಡವು. (My.).

ಮಡಿಪು maḍipu. 2. = ಮಡಿಹು, ಮಡುಹು 1. To kill (ಮರಣಕರಣ Śmd. Dh.; Rśv. 14, 90; V. 14, after 81).

ಮಡಿಲ್ maḍil. ಮಡಿಲು. = ಮಡಲು, etc. A pouch-like fold etc. (ತೆರೆಪೊಡೆ Śmd. II, Kk. 76; ಸೋಗಿಲ್ Čt. II, 74; ಪೊಡೆ, ಸೋಗಿಲ್, ಉಡಿಲ್ Śm. 71; ಚೇಲಾಂಚಲ Śs.; J. 19, 47).

ಮಡಿವಳ maḍi-vaḷa. (Śmd. 284). A washerman (Bp. 9, 47; 21, 12; Tĕ. ಮಡಿವಾಲು; T., M. ಮಣ್ಣಾನ್). — ಮಡಿವಳತನ್ದೆ. N. (Bp. 37, 20. 27). — ಮಡಿವಳಮಾಚಿದೇವ. N. (Bp. 27, 79; 30, 26). — ಮಡಿವಳಮಾಚಿದೇವಯ್ಯ. -ಅಯ್ಯ. N. (Bp. 26, 69; 37, 5; 58, 1). — ಮಡಿವಳಯ್ಯ. -ಅಯ್ಯ. N. (Bp. 27, 77; 37, 15). — ಮಡಿವಳಹಾಗಲಬಳ್ಳಿ. = ಮಡಿಹಾಗಲು, etc. A climbing herb, Momordica dioica Roxb. (Z.).

ಮಡಿವಳ್ಳ maḍi-vaḷḷa. = ಮಡಿವಳ. (Śmd. 284. 89; V. 12, 13; 18, 16).

ಮಡಿವಾಳ maḍi-vâḷa. = ಮಡಿವಳ. (Bp. 36, 40; My.). — ಮಡಿವಾಳಮಾಚಯ್ಯ. N. (Bp. 21 sum.; 21, 3; 36, 26; 37, 23. 37. 44; 54, 77). — ಮಡಿವಾಳಮಾಚಿ. N. (Bp. 36, 49).

ಮಡಿವಾಳಗಿತ್ತಿ maḍivâḷa-gitti. A washerwoman (My.).

ಮಡಿವಾಳಿ maḍi-vâḷi. A washerman; a washerwoman (My.; see ಅಷ್ಟಾದಶಜಾತಿ; J. 18, 45).

ಮಡಿಸು maḍisu. = ಮಡಚು, ಮಡಸು. To bend, to fold, to fold up, to double or lay together (My.). See ಇಮ್ಮಡಿಸು, ಪೊಡ-, ಮುಮ್-. 2, to cause (one's self) to fold, to fold, as paper, leaves, etc. (in ಮಡಿಸಿ ಕೊಳ್ಳು, My.).

ಮಡಿಹು maḍihu. = ಮಡಿಪು 2, etc. (Bp. 25, 22; 58, 40).

ಮಡು maḍu. 1. To put firmly together, to join closely (ದೃಢಸನ್ಧಾನ Śmd. Dh.; T. ಮಣ್ಡು, to be pressed, thronged, urged = ನೆರುಂಗು). ಮಟ್ಟಂ (Śmd. 284). See ತಲ-, ಪೊಡ-, ಪೊಡವಡು.

ಮಡು maḍu. 2. = ಮಡ 4, ಮಡವು, ಮಡುವು, ಮಡುಹು 2. Deep water: a deep place in a river, a pool (ಅಗಾಧಜಲ Śmd. Dh.; ಅಗಾಧಜಲ Nr.; ಹ್ರದ, ತೋಯಾಶಯ Hlâ., Mr. 416; My.; T.; Tĕ. ಮಡುಗು, ಮಡುಂಗು). ಮಡುವು (Śmd. 63). ಮಡುವಿಂ or ಮಡುವಿನಿಂ, ಮಡುಗೆ or ಮಡುವಿಂಗೆ, ಮಡುವ or ಮಡುವಿನ (138). ಗಂಗೆಯ ಮಡುಗಳನ್ ಅಡಹಡಿಸಿ ಪುಗುವನಂ ಭಯವಶದಿಂ (294). ನಡಕಟ್ಟು ಕಟ್ಟಿದರೆ ಮಡೂ ಹಾಱಿ ಹೋಗ ಬಡುದೇ?— ನಡುಮನೆಯಲ್ಲಿ ಹೋಗಿ, ಮಡುವಿನಲ್ಲಿ ಬಿದ್ದೆ ಎನ್ದು, ಕೂಗಿದ (Prvs.). See Bp. 55, 22; Râghô. 17, 56; Rśv. 4, 23; J. 10, 30; 12, 8; 29, 35; ಕಾರ್ಮಡು, ಪೆರ್ಮಡು; Śm. s. ನಾಗಹ. — ಮಡುಗಟ್ಟು. -ಕಟ್ಟು. To form a pool (Grj. 3, 64; Rśv. 5, after 120). — ಮಡುಗೊಳ್. -ಕೊಳ್. To collect so as to form a pool. ಕಿಱು ಮಡುಗೊಣ್ಣ ಬಣ್ಣಿನೊಳಗೆ (ಭೃಂಗಶಿಶು) ಈಸಿ (Čpr. 7, 60).

ಮಡು maḍu. 3. = ಮಡಿ 5. — ಮಡುವಾಗಲ್. -ಹಾಗಲ್. = ಮಡಿ ಹಾಗಲು, etc. A species of Momordica (ಕನ್ಡೆ, ವಿಷಹಾರಿ Mr. 149).

ಮಡುವು maḍuvu. = ಮಡು 2, etc. (My.; ದೋಣಿ, ಹ್ರದ G.; B. 4, 23).

ಮಡುಹ maḍuha. Joining closely together. See ಪೊಡವಡುಹ.

ಮಡುಹಿಸು maḍuhisu. To have killed (Bp. 58, 42; 60, 60).

ಮಡುಹು maḍuhu. 1. = ಮಡಿಪು 2, etc. (Bp. 22, 21).

ಮಡುಹು maḍuhu. 2. = ಮಡು 2, etc. (Bh. 8, 24, 44).

ಮಡೆ maḍĕ. = ಮಡ 3. A small dam or dike to stop water; a small opening out of a channel into the field (Tĕ.; T. ಮಡ್ಡೈ, M. ಮಡ, a hollow, hole; a small sluice by the side of a watering channel; R.).

ಮಡ್ಡ maḍḍa. = ಮೊಡ್ಡ, ಮೊರಡ. A stupid man. ದಡ್ಡ ನಿಗೆ ಹೆಡ್ಡನೆನ್ದರೆ ಮಡ್ಡನಿಗೆ ಜಾಣಾ ಎನ್ದ ಹಾಗೆ. — ಮಡ್ಡನಾದರೆ ಗಡ್ಡ ಹೊತ್ತದೇ? (Prvs.).

ಮಡ್ಡತನ maḍḍatana. Stupidity. ಮಡಿಯುಟ್ಟರೂ ಮಡ್ಡ ತನ ಬಿಡಲಿಲ್ಲ (Prv.).

ಮಡ್ಡಿ maḍḍi. 1. = ಮಡ್ಡು, ಮಷ್ಟು, ಮಿಡ್ಡೆ. Dregs, lees or sediment, as of oil, ghee, kalagačču, etc., given as food to cattle (My.; Tĕ.; T. ಮಟ್ಟಿ, ಮಣ್ಡಿ; M. ಮಟ್ಟು; cf. ಬಣ್ಡಲು). ಮಡ್ಡಿ ತಿನ್ನದ ಎಮ್ಮೆ ಗೊಡ್ಡು ಆದೀತೇ? (Prv.). 2, a lumpy mass, as of worms, etc. (see ಎಱೆ-); bait (Ŝsv. 3, 23). — ಮಡ್ಡಿನಸ್ಯ. Clumpy snuff (My.). — ಮಡ್ಡಿಯನ್ನ. -ಅನ್ನ. Unduly boiled, lumpy rice. ಮಡ್ಡಿಯನ್ನಕ್ಕೆ ಗೊಡ್ಡು ಸಾಱು (Prv.).

ಮಡ್ಡಿ maḍḍi. 2. = ಮರ್ಡಿ, ಮೊರಡಿ 2, etc. (S. Mhr.).

ಮಡ್ಡಿ maḍḍi. 3. A large tree, that yields a soft gum, Ailanthus malabarica (My.; Tĕ. ಮಡ್ಡಿ, Morinda bracteata Roxb., or M. citrifolia Ainsl.; see ಹಾಲು-). — ಮಡ್ಡಿಯ ಧೂಪ. (ತುರುಷ್ಕ, ಪಿಣ್ಡಕ, ಸಿಹ್ಲ, ಯಾವನ Nr.; Si. 227; My.). — ಮಡ್ಡಿಸಾಮ್ಬ್ರಾಣಿ. = ಮಡ್ಡಿಯ ಧೂಪ. (My.).

ಮಡ್ಡಿ maḍḍi. 4. A stupid, dull, awkward person (My.; Tĕ., M.; T. ಮಟ್ಟಿ, ಮಟ್ಟೈ, ಮುರಡ; cf. ಮಡಡು). 2, awkwardness, clumsiness, rudeness. — ಮಡ್ಡಿ ಕಾಗದ. A coarse paper (My.; Tĕ.). — ಮಡ್ಡಿಕೆಲಸ. Rude, clumsy work (My.). — ಮಡ್ಡಿಗಾರೆ. Rough plaster (My.; T.). — ಮಡ್ಡಿಬಿಲ್ಲೆ. An inferior cake of sandal paste (My.). — ಮಡ್ಡಿಸಾಮ್ಬ್ರಾಣಿ. Coarse incense (My.; T.). 2, a great fool (My.). See another ಮಡ್ಡಿಸಾಮ್ಬ್ರಾಣಿ s. ಮಡ್ಡಿ 3.

ಮಡ್ಡಿತನ maḍḍitana. Stupidity, rudeness, rusticity (My.; Tĕ.).

ಮಡ್ಡು maḍḍu. = ಮಡ್ಡಿ 1. ಜಿಡ್ಡುತುಪ್ಪಕ್ಕೆ ಮಡ್ಡು ಬಹಳ (Prv.). ಮಡ್ಡುಗಟಿವೆ. -ಕಟಿವೆ. (ಯಾವಕ, ಕಲ್ಮಾಷ, ಕಾಡುದ್ದು ಎಮ್ಬರು Nr. a; ಮಡ್ಡುಗಟಿವೆ in Nr. b). — ಮಡ್ಡುಹುಲ್ಲು. Lumpy refuse-grass or straw. ಮಡ್ಡುಹುಲ್ಲು ಗೊಡ್ಡುಎಮ್ಮೆಗೆ (Prv.).

ಮಡ್ಡು maḍḍu. *A sort of drum.*

ಮಡ್ಲು maḍlu. = ಮಡಲು, etc. (My.).

ಮಣ್ man. (Ŝmd. 58). = ಮಣ್ಣು. Earth, clay, mud, soil, ground (ಮೃತ್, ಮೃತ್ತಿಕೆ Hlâ., Nr.; ಮೃಣ್, ಮೃತ್ತಿಕೆ Mr. 92; T.; M. ಮಣ್, ಮಣ್ಣು; Tĕ. ಮನ್ನು). ಒಳ್ಳಿತಹ ಮಣ್ (ಮೃತ್ಸೆ Mr. 92). ಮಣ್ಣ ಮಡಿಕೆ (ಉಷ್ಟ್ರಿಕೆ Hlâ.). ಮಣ್ಣ ಮಡಕೆ (ಮೃಣ್ಮಯಪಾತ್ರೆ Nn. 85). ಪೊನ್ನಿಂ ಸಮನಿಸುಗುಮಲ್ತೆ ಪೆಣ್ಣಿಂ ಮಣ್ಣಿಂ? (Ŝmd. 84). See Bp. 47, 1; 52, 10; 60, 49; Bh. 1, 20, 60. — ಮಣ್ಣುಣಿ. -ಉಣಿ. = ಮಣ್ಣುಳಿ. An earth-worm (My.; T.). — ಮಣ್ಣುಳಿ. -ಉಳಿ. = ಮಣ್ಣುಣಿ. (My.; T.). — ಮಣ್ಣುಳಿಗ. -ಉಳಿಗ. A snake (or worm) that feeds on earth (ಮಣ್ಣೊಳ್ ಜೀವಿಸುವ ಪಾವು Ŝmd. 237). — ಮಣ್ಣುಕ್ಕಹಾವು. = ಮಣ್ಣ-. A blind worm (B. 2, 26. 27).

ಮಣ mana. = ಮಣವು, ಮಣು, ಮಣುವು, ಮನ 1. A measure of capacity, a maund; the quantity measured by a maund (My.; Si. 327; Tĕ. ಮಣುಗು, ಮಣುವು; T. ಮನು; Mhr. ಮಣ; Sk. ಮಣ, from the Arabic). ಬೆಲ್ಲವಿದ್ದ ಕಡೆ ನೊಣ, ದಡೆ ನಾಲ್ಕಕ್ಕೆ ಮಣ.— ಮಣವಿಲ್ಲದೆ ಕಣ್ಡಿಯಿಲ್ಲ, ಹಣವಿಲ್ಲದೆ ವರಹ ವಿಲ್ಲ.— ಮಣಾ ತೂಗದ ತ್ರಾಸು ಕಣ್ಡಿ ತೂಗೀತೇ?— ದಣಿದ ಎತ್ತಿಗೆ ಮಣವೇ ಬಾರ (Prvs.).

ಮಣಕ manaka. = ಮಣಿಕ, ಮಳಕ. A young cow or buffalo (fit for breeding, My.; T. ಮಣಂಗು, a lamb; ಮಱಿ, young, tender; an infant; ಮಱವನ್, a young man; cf. ಮಗ 1 & ಮಗವು).

ಮಣಕನೆ manakanĕ. Quickly (My., also ಮಣಕ್ಕನೆ).

ಮಣಗು managu. To bend, to be submissive (T. ವಣಂಗು). ಮಣಗದ ಮನುಷ್ಯ ಹೆಣಗಿದರೂ ಬಗ್ಗ (Prv.).

ಮಣಲ್ manal. (Ŝmd. 134). = ಮರಲ್, ಮಲರ್, ಮಲಲ್ (42), ಮಳಲ್. Sand, gravel (ಸಿಕತೆ, ವಾಲುಕೆ Hlâ.; ಪುಡಿಲ್, ಮರಲ್, ಮಲರ್, ಸಿಕತ Ŝm. 36; Čpr. 1, after 101; Ŝsv. 4, 100; M.).

ಮಣವು manavu. = ಮಣ, etc. (My.).

ಮಣಿ maṇi. 1. To bend (v. i.), to bow (ನಮನ Ŝmd. Dh.; B. 4, 191); to bow down, to make obeisance (ತುಡಿಲ್ Ŝm. 96); to fear (ಭಯ Ŝmd. Dh.; Ŝm. 96). 2, to bend (v. t., Rŝv. 6, after 132). ಮಣಿಯದೆ, ಕುಣಿದು, ಈ ಧೀರನದಿರೆ ಕೂಕಿಱದೆಚ್ಚರ್ (Ŝmd. 287). See Čpr. 4, 19; Abh. P. 11, 164; 13, 87; Bh. 1, 8, 40; J. 2, 14. 49; Ŝsv. 1, 9. 80. 84; 29, 40.

ಮಣಿ maṇi. 2. = ಮಣಿದು. P. p. of ಮಣಿ 1, in ಮಣಿ ಮಣಿದು (Rŝv. 5, after 19; J. 26, 12).

ಮಣಿ maṇi. 3. Bending; a bend; a bow, an obeisance (ಕುಸಿ Čt. I, 32; ನಮ್ರ I, 34; ನಮಸ್ಕಾರ Kk. 34; ತುಡಿಲ್, ಎಱಗು, ಮೊಗ್ಗಿ, ಕುಮ್ಬು, ಪೊಡಮಡಿಕೆ Ŝm. 34; ವಿನಮ್ರ, ಅತಿ ಬಾಗಿದುದು Nn. 67). See ಅಡಿವಣಿ s. ಅಡಿ 3. — ಮಣಿಕಟ್ಟು. The wrist (ಪಾಣಿಮೂಲ Mr. 322; My.; Si. 210. 211; Mhr. ಮಣಗಟ; cf. ಮಣಿಬನ್ಧ). ಕಿಱುಬೆರಳ ಅಗ್ರದಿನ್ದ ಮಣಿ ಕಟ್ಟಿನ ಮಧ್ಯ (ಕರಭ, ಕಿಱುಬೆರಳಿನ ತುದಿಯಿನ್ದವು ಮಣಿಕಟ್ಟಿನ ನಡು ಮಧ್ಯ Nn. 161). — ಮಣಿಕಾಲ್. = ಮಣ್ಡಿಗಾಲ್. The knee (Rŝv. 6, 45; Ŝsv. 3, 47).

ಮಣಿ maṇi. 4. = ಮಣೆ. A stool, a low bench, a seat (ಪೀಠ, ಆಸನ Nr.; ಆಸನ, ವಿಷ್ಟರ, ಪೀಠ Mr. 208, o. r. ಮಣಿ). See ಅಂಕವಣಿ, ಮರವಣಿ.

ಮಣಿ maṇi. 5. One of the *tatsamas* (Śmd. 384; Čt. II, 48; Kk. 95; Śm. 77). *A jewel, a gem, a precious stone* (especially a pearl, a bead of tulasî, or other globular ornament, ರತ್ನ Śmd. Dh.; ಸುರತ್ನ, ರತ್ನಂಗಳು Nn. 67). 2, an ornament in general; anything excellent of its kind. 3, the fleshy protuberances depending from the throat of some goats (ಛಾಗಗಲಸ್ತನ, ಆಡಿನ ಕೊರಳ ಮೊಲೆ 67). 4, the glans penis; the clitoris (ಅವಯವಭೇದ 67). 5, the vital air which goes downwards and out at the anus (ಅಪಾನವಾಯು 67). 6, absence of all worldly desires (ವೈರಾಗ್ಯ 67). 7, the seeds of the Crotolaria (ಗಿಣಿಗಿಣಿಕೆ Mr. 189; see Si. 145). 8, the number 9 (ಒಂಬತ್ತು Mr. 347; cf. ನವರತ್ನ). See ಕತ್ತಲೆವಣಿ, ಪಸುರ್ವಣಿ, ಬಾನ್ಮಣಿ. — ಮಣಿಗಾಣ್. -ಕಾಣ್. To see a gem (Rśv. 9, 25). — ಮಣಿತೊಣ್ಡೆಬಳ್ಳಿ. A creeping or climbing herb, Bryonia scabrella Lin. (Mukia scabrella Arn., St. & Pl.). — ಮಣಿದೊಡವು. -ತೊಡವು. Jewel-ornaments (Rśv. 12, 42). — ಮಣಿಯೇಱು. -ಏಱು. Magnificence or grandeur of ornaments (as of bells put on an elephant, etc., Abh. P. 3, 130). — ಮಣಿವಟ್ಟು. -ವಟ್ಟು. A silk cloth ornamented with pearls (Bp. 11, 24). — ಮಣಿವಾಗಿಲ್. -ಬಾಗಿಲ್. A door studded with gems (Rśv. 7, 9). — ಮಣಿವಾವುಗೆ. -ಪಾವುಗೆ. A shoe ornamented with gems (Rśv. 4, after 14). — ಮಣಿವೆಳಗು. -ಬೆಳಗು. The lustre of jewels (Č. Bp. 47, 36; Śśv. 1, after 79). — ಮಣೀ ಸರ. A string of beads, etc. ಮಣೀ ಸರಕ್ಕೆ ಗತಿಯಿಲ್ಲದವ ಹಣ ದಕ್ಷಿಣೆ ಕೊಟ್ಟಾನೇ? (Prv.).

ಮಣಿ maṇi. = K. ಮಣಿ 5, q. v.

ಮಣಿಕ maṇika. = ಮಣಿಕ, etc. ಜೊಬ್ಬುಲ ಮಣಿಕ (ಗೃಷ್ಟಿ, ಸಕ್ಕತ್ತಸೂತೆ Nr.). See ನಸೆವಣಿಕೆ.

ಮಣಿಕ maṇika. = ಮಣಿಕೆ. *A water-jar or pitcher* (ಅಲಿಂಜರ, ಕೇಲು Hlâ.). 2, a jewel, a precious stone.

ಮಣಿಕಂಕಣ maṇi-kaṅkaṇa. (Śmd. 386; Kk. 98). A bracelet ornamented with gems.

ಮಣಿಕರ್ಣಿಕೆ maṇi-karṇikĕ. N. of a sacred pool or tank in Benares. (J. 13, 45).

ಮಣಿಕಾರ maṇi-kâra. *A lapidary, a jeweller,* a maker of beads.

ಮಣಿಕೂಟನಗರ maṇi-kûṭa-nagara. N. (Śmd. 262).

ಮಣಿಕೆ maṇikĕ. = ಮಣಿಕ. (ಅಲಿಂಜರ, ಕೇಲ್ Mr. 210).

ಮಣಿಗಣನಿಕರ maṇi-gaṇa-nikara. N. of a vṛitta (Čh.).

ಮಣಿಗರ್ಭೆ maṇi-garbhĕ. The earth (Śśv. 2, after 42).

ಮಣಿಗಾಱ maṇi-gâṟa. (Śmd. 121. 235). Tbh. of ಮಣಿಕಾರ. (ಮಣಿಕಾರ Hlâ., Nr.; C.).

ಮಣಿಗಾಱ್ತಿ maṇi-gâṟa-iti (-ti, Śmd. 244). A jeweller-woman (Grj. 2, 86).

ಮಣಿಗೆ maṇigĕ. = ಮಣೆ 3. See ಅಡಿವಣಿಗೆ.

ಮಣಿತ maṇita. *A murmuring sound, murmur libidinosum* (ಗಳಧ್ವನಿ, ರತಕೂಜಿತ Hlâ.; ಗಲರವ Mr. 380).

ಮಣಿದರ್ಪಣ maṇi-darpaṇa. A jewel-mirror. (Śśv. 1, after 79). See ಶಬ್ದ-.

ಮಣಿದೋಷ maṇi-dôsha. *A defect in a jewel.*

ಮಣಿಧನುಸ್ maṇi-dhanus. Jewel-bow: a rain-bow. (R.).

ಮಣಿಪೀಠಿಕೆ maṇi-pîṭhikĕ. A throne (Ŏpr. 2, after 40).

ಮಣಿಪುರ maṇi-pura. N. of a town. (J. 16, 1; 17, 6). — ಮಣಿಪುರೇಶ್ವ. -ಇಶ್ವ. Babhruvâhana, the king of Maṇipura (J. 23, 25).

ಮಣಿಪೂರ maṇi-pûra. = ಮಣಿಪುರ. 2, the pit of the stomach or a mystical circle on the navel (see ಚಕ್ರ).

ಮಣಿಬನ್ಧ maṇi-bandha. *The wrist* (cf. ಮಣಿಕಟ್ಟು s. ಮಣಿ 8). ಕಿಱುವೆರಳ ಮಣಿಬನ್ಧಂ (ಕರಥ Mr. 468).

ಮಣಿಭವನ maṇi-bhavana. A house adorned with precious stones (Kâvy. III, 3, 105).

ಮಣಿಭಾಜನ maṇi-bhâjana. A vessel made of a precious stone (Abh. P. 3, after 75).

ಮಣಿಮಂಚ maṇi-mañča. A bedstead adorned with jewels (V. 29, 22; J. 18, 30).

ಮಣಿಮನ್ಥ maṇi-mantha. N. of a mountain. See ಮಾಣಿಮನ್ಥ.

ಮಣಿಮುದ್ರಿಕೆ maṇi-mudrikĕ. A finger-ring (ಬಾಲ, ಕೈಯ್ಯುಉಂಗರ Nn. 123).

ಮಣಿಯ maṇiya. = ಮಣಿಹ, ಮಣಿಯ, ಮಣೀ. Superintendence of temples, maṭhas, palaces, custom-houses, etc. (My.; Tŏ.; M.); a subordinate revenue office under a Tahsildar (T.).

ಮಣಿಯಗಾಱ maṇiya-gâṟa. = ಮಣೀಗಾಱ. A man who holds any maṇiya-office (My.). ಮಣಿಯಗಾಱನ ಹಂಗು ಹಣಗಾಱನಿಗೂ ಬೇಕು. — ಮಣಿಯಗಾಱನಿಗೆ ದುಃಖ ಸುಖ ಹೇಱಿದರೆ ಮಣುವಿನ ಲೆಕ್ಕ ಬಿಟ್ಟಾನೇ? (Prvs.).

ಮಣಿರಂಗ maṇi-raṅga. N. of a vṛitta (Čh.).

ಮಣಿರೋಚಿ maṇi-rôči. The lustre of jewels (ರತ್ನಂಗಳ ಕಾನ್ತಿ Nn. 147).

ಮಣಿವರೂಥ maṇi-varûtha. A chariot adorned with jewels. (J. 22, 34).

ಮಣಿವಿಭೂಷಣ maṇi-vibhûshaṇa. N. of a vṛitta (Čh.).

ಮಣಿವೇದಿಕೆ maṇi-vêdikĕ. A seat adorned with jewels (Śśv. 1, 41).

ಮಣಿಶಿಲೆ maṇi-śilĕ. A gem-stone; a jewelled slab (ರತ್ನಶಿಲೆ Mr. 102; J. 3, 4). 2, a reddish mineral used for medicinal purposes (My.; ಮನಃಶಿಲೆ, ನಾಗಜಿಹ್ವಿಕೆ, etc. Si. 385).

ಮಣಿಸು maṇisu. To bend (v. t., S. Mhr.; Tŏ. ಮಣಿಯು, ಮಣುಯು); to cause to bend.

ಮಣಿಸೋಪಾನ maṇi-sôpâna. Stairs or steps adorned with precious stones (My.).

ಮಣಿಹ maṇiha. = ಮಣಿಯ, etc. An office, a charge, a commission, a business (Bp. 3, 28; 36, 44; 37, 55; 41, 29; 53, 12; 55, 11; V. 37, after 10; J. 34, 7).

ಮಣಿಹಾರ maṇi-hâra. A string or garland of pearls, etc. (Śmd. 256 Mdb.; Mr. 467; Bp. 25, 39; J. 17, 3).

ಮಣಿಹಾಱ maṇihâṟa. (an abbreviation of a ಮಣಿಹಗಾಱ). A superintendent of a palace (Râm. 1, 16, 2).

ಮಣು maṇu. = ಮಣ, etc. (My.). ದಣಿದ ಎತ್ತಿಗೆ ಮಣುವೇ ಭಾರ. — ನೊಣ ಕೂಡಿಸಿದ ಜೇನು ಮಣುವಾದರೆ ಹಣ ಹೊತ್ತವನಿಗೇನು? — ನೊಣ ಮಣುವಾದೀತೇ? — ಮಣಿಯಗಾಱನಿಗೆ ದುಃಖ ಸುಖ ಹೇಱಿದರೆ ಮಣುವಿನ ಲೆಕ್ಕ ಬಿಟ್ಟಾನೇ? (Prvs.).

ಮಣುಕು maṇuku. (*Cf.* the terms s. ಮದ). — ಮಣುಕುಕೂದಲು. (ಜಟೆ, ಸಟೆ Si. 216).

ಮಣುವು maṇuvu. = ಮಣು, etc. (My.).

ಮಣೆ maṇĕ. = ಮಣೆ 4. (ಎಪ್ಪರ, ಪೀಠ, ಆಸನ Hlâ.; ಪೀಠ, ಆಸನ Si. 281; My.). ಮಣೆ ಕಾಣದವ ಮಾಳಿಗೆ ಕಣ್ಡಾನೇ?— ಮಣೇಲಿ ಕುಣ್ಡ್ರಲಿಕ್ಕೆ ಹಣೇಲಿ ಇಲ್ಲದವ ಸಿಂಹಾಸನ ಏಱ್ಯಾನೇ?— ಮುಂಚಕ್ಕೆ ಮಣೆ ಯಾಕೆ? ಲಂಚಕ್ಕೆ ಹೋಣೆ ಯಾಕೆ?— ಮಣೇ ಮೇಲೆ ಕೂತು ಜಪ ಮಾಡಿದರೂ ಹಣೇಲಿ ಬರದದು ತಪ್ಪೀತೇ? (Prvs.).

ಮಣೆಯ maṇĕya. = ಮಣೆಯು, etc. (My.). ಆವನಿಗೆ ಮಣೆಯ ಸಿಕ್ಕಿತು; ಅವನು ಮಣೆಯ ನೋಡುತ್ತಾನೆ (My.). 2, a religious business or vow: a performance of Dâsayyas at which they dance with music round a cloth on the ground on which eatables are put, and catch them with the mouth whilst dancing. They are engaged to do so by bhaktas (My.). ಮಣೆಯ ಕಟ್ಟಿಸು, -ಹಾಕಿಸು, to have this maṇĕya performed (My.).

ಮಣೇ maṇê. = ಮಣೆಯ, etc.

ಮಣೇಗಾಱ maṇê-gâṟa. = ಮಣೆಯಗಾಱ. (My.).

ಮಣ್ಟ maṇṭa. (= ಮಟ). — ಮಣ್ಟಬೆಕ್ಕು. = ಮಟಬೆಕ್ಕು. A cat that lives in ruined temples (C.), the tree-cat, Paradoxurus musanga (Gz.).

ಮಣ್ಟಪ maṇṭapa. = ಮಣ್ಡಪ. A structure of stone, bricks or mud with a flat roof and an open front erected for the accommodation of travellers, etc. (ಜನಾಶ್ರಯ Mr. 193; My.);— a temporary shed adorned with flowers, etc. and erected on festive occasions (as marriage, muñji, etc., My.);— a sacrificial shed (My.);— an ornamental structure used for carrying about an idol (My.); an ornamental structure of bamboos, plantain trees, etc. to carry a corpse (My.);— an arched way of light sticks for the vine, etc. (B. 2, 15). ಮಣ್ಟಪದಲ್ಲಿ ಕೂತರೂ ಕಣ್ಟಕ ಬಿಡಲಿಲ್ಲ.— ತುಣ್ಟನಾದವ ಮಣ್ಟಪದಲ್ಲಿ ಕೂತರೂ ತಣ್ಟೆ ಮಾಡದೆ ಇರಲಾಱ (Prvs.). See ಜ್ಞಾನ-.

ಮಣ್ಟಿ maṇṭi. = ಮೊರಡಿ 2, etc. (My.).

ಮಣ್ಠ maṇṭha. = ಮಡ, q. v. A sort of baked sweetmeat.

ಮಣ್ಡ maṇḍa. *The scum which forms on the surface of any liquid; the scum of boiled rice;* cream;— whey (see ದಧಿ-);— barm, ferment;— gruel. 2, = ಮಣ್ಡ (Šmd. 341 Mdb.). 3, the spirituous part of wine, etc., spirituous liquor. 4, *the castor-oil plant, Ricinus communis.* 5, ornament, decoration. 6, the head (*cf.* ಮಣ್ಡೆ). — ಮಣ್ಡಕುಸುಬಿ. A weed, Tricholepis amplexicaulis Clarke. (Z.).

ಮಣ್ಡಕ maṇḍaka. = ಮಣ್ಡಿಗೆ, ಮಣ್ಡಿಗೆ. A cake or bread of wheaten flour (*cf.* ಮಣ್ಡ).

ಮಣ್ಡಗ maṇḍaga. — ಮಣ್ಡಗನ ಗಡ್ಡೆ. = ಕುಱುಬನ ಗಡ್ಡೆ (Z.).

ಮಣ್ಡಗೆ maṇḍagĕ. Tbh. of ಮಣ್ಡಕ (Šmd. 364).

ಮಣ್ಡನ maṇḍana. *Adorning, dressing out, decorating, bedecking one's self;—ornament, embellishment.*

ಮಣ್ಡನತೆ maṇḍa-natĕ. A female whose head is bent (Bp. 36, 59).

ಮಣ್ಡಪ maṇḍapa. = ಮಣ್ಟಪ. An open hall; *a temporary shed erected on festive occasions;* a shed; an arbour, a bower. See Čpr. 1, after 101.

ಮಣ್ಡಪಿಕೆ maṇḍapikĕ. = ಮಣ್ಡವಿಗೆ. A small shed, a little pavilion; a shop. (Čpr. 10, after 59).

ಮಣ್ಡಲ maṇḍala. *A disk* (of the sun or moon);—*a circle, a globe, a ball, an orb, a ring* (ಬಟ್ಟು Šm. 16);— a circular array of troops. 2, *a halo round the sun or moon.* 3, the visible horizon;— the path or orbit of a heavenly body. 4, *a district, a territory, a province; an empire* (see Mr. s. ವರ್ತನೆ). 5, *a multitude, an assemblage,* a group, a collection, a body, an association, a society, a company (Šmd. 396); a division of the ṛigvêda. 6, a period of forty-eight days (My.). — ಮಣ್ಡಲದ ಹಾವು. A snake with circular figures on its back (My., comprising several species, *e. g.* ಉರಿ-, ಕೊಱಕು-).

ಮಣ್ಡಲಕ maṇḍalaka. *White leprosy with round spots.* 2, a circular array of troops. See Nr. s. ಬಟ್ಟು 1 & G. s. ಗಜಕರ್ಣ.

ಮಣ್ಡಲಾಗ್ರ maṇḍala-agra. *A kind of weapon* (ಅಡ್ಡಾಯುಧ Hlâ.; ಅಡಾಯುಧ Mr. 298).

ಮಣ್ಡಲಾಧಿಪ maṇḍala-adhipa. The lord of a district, the ruler or governor of a province, the king of a country. (Bp. 10, 1. 2).

ಮಣ್ಡಲಿ maṇḍali. ಮಣ್ಡಳಿ. A circle, an orb. 2, a multitude, a troop, an assemblage (Bp. 4, 5; Šmd. 230), a company, a corporate body, a congregation (Bp. 59, 9; My.). 3, *whirling, circular motion.* 4, *a particular kind of snake* (= ಗೋನಾಸ). 5, *a pole-cat* (ಇಲಿಯ ಹಿಡಿಯಲನುಗೆಯ್ವ ಬೆಕ್ಕು Hlâ.; ಜಾಹಕ, ಇಲಿಯ ತಿನಲನುಗೆಯ್ವ ಬೆಕ್ಕು Mr. 164). — ಮಣ್ಡಲಿಗೊಳ್. -ಕೊಳ್. To form a company, to be in company (Rśv. 6, 2).

ಮಣ್ಡಲಿಕ maṇḍalika. = ಮಣ್ಡಲೀಕ. The ruler of a district or province (ಮಣ್ಡಲೇಶ್ವರ Hlâ.); a prefect, a chief, a superintendent (Bp. 11, 14). See ಪರ-.

ಮಣ್ಡಲಿಸು maṇḍalisu. To be round about (Čpr. 6, 8). 2, to be in circular motion, to whirl, to turn round, to move about (Abh. P. 4, 9; 12, 24; Bh. 6, 4, 26; Râm. 5, 8, 77). 2, to join together, to be amassed (Grj. 2, after 106; Rśv. 1, after 135). 3, to turn round, to shake, as dice (Bh. 2, 13, 46). 4, to join together (v. t., Bh. 1, 10, 25).

ಮಣ್ಡಲೀಕ maṇḍalika. = ಮಣ್ಡಲಿಕ. See Ŏ. Bp. 47, 32; ಕರಣಿಕ-, ನಾಯಕ-.

ಮಣ್ಡಲೇಶ maṇḍala-îśa. = ಮಣ್ಡಲೇಶ್ವರ. (Bp. 42, 19).

ಮಣ್ಡಲೇಶ್ವರ maṇḍala-îśvara. *The ruler or governor of a district or province;* an ordinary potentate. (Bp. 27, 55).

ಮಣ್ಡವಿಗೆ maṇḍavigĕ. Tbh. of ಮಣ್ಡಪಿಕೆ. A small shed (Čpr. 7, after 69; Bh. 3, 17, 34; 5, 11, 44). — ಮಣ್ಡವಿಗೆ ಬಲೆ. A variety of net (Bh. 3, 13, 23).

ಮಣ್ಡಹಾರಕ maṇḍa-hâraka. A distiller and seller of spirits (ಸರಾಯ ಮಾಱುವವ G.).

ಮಣ್ಡಿ maṇḍi. (= ಮಣಿ 3). What is bent: the knee (Bh. 2, 2, 96; 8, 27, 27; Si. 288; My.; T., Tĕ.: a bending posture of the body; a sitting squat like a monkey; see ಏರ-). ಮಣ್ಡಿ ಇಡು, -ಊಱು, -ಹಾಕು, -ಹೂಡು, to kneel (My.). — ಮಣ್ಡಿಗಾಲು. -ಕಾಲು. = ಮಣಿಕಾಲ್, ಮಣ್ಡಿ. (My.). ಬಾಣವನ್ನು ಎಚ್ಚುಯುವಾಗ ಮಣ್ಡಿಗಾಲನ್ನು ಊಱಿಕೋಣ (ಪ್ರತ್ಯಾಲೀಢ G.). — ಮಣ್ಡಿಗಾಲುಕೃಷ್ಣ. An idol of Krishṇa in a kneeling position (My.). — ಮಣ್ಡಿ ಹಾಕಿ ಕುಳಿರ್. To squat and sit comfortably, etc. ಮಣ್ಡಿ ಹಾಕಿ ಕೂತರೆ ಮಣ್ಡಿಗೆ ಬಡಿಸ್ಯಾರೇ? (Prv.).

ಮಣ್ಡಿ maṇḍi. 1. (= ಮಳಿಗೆ-). A wholesale shop, a warehouse (My., Śi. 106; Br., H.; Tē. also ಮಣಿಗೆ, ಮಣಿಹೆ, ಮಳಿಗೆ).

ಮಣ್ಡಿ maṇḍi. 2. Gout or rheumatism affecting the thigh (ಗೃಧ್ರಸಿ, ವಾತರೋಗ G.; S. Mhr.; Mhr. ಮಾಣ್ಡ).

ಮಣ್ಡಿಗೆ maṇḍigĕ. Tbh. of ಮಣ್ಡಕ. (Bp. 14, 15; Bh. 1, 15, 7; V. 14, 80; My.; Tē., T.). ಮನಸ್ಸಿನಲ್ಲಿ ಮಣ್ಡಿಗೆ ಮಾಡಿ ಕೊಣ್ಡರೆ ಗೋದೀ ರೊಕ್ಕ ಯಾರು ಕೊಡ ಬೇಕು?— ಮಣ್ಡಿ ಹಾಕಿ ಕೂತರೆ ಮಣ್ಡಿಗೆ ಬಡಿಸ್ಯಾರೇ? (Prvs.). — ಮಣ್ಡಿಗೆಮಾಧಿರಾಜ. N. (Bp. 2, 46). — ಮಣ್ಡಿಗೆಯ ವಸುದೇವ. N. (Bp. 56, 41).

ಮಣ್ಡಿತ maṇḍita. *Adorned, decorated* (Bp. 1, 10; 4, 62).

ಮಣ್ಡಿಸು maṇḍisu. To sit down (on a seat, etc., Śśv. 1, 48. 63; Bh. 6, 2, 7); to be set, placed on or turned towards, as the eye (Rām. 3, 8, 24).

ಮಣ್ಡೂಕ maṇḍūka. *A frog.*

ಮಣ್ಡೂಕಪರ್ಣ maṇḍūka-parṇa. *The plant Calosanthes indica* Blum.

ಮಣ್ಡೂಕಪರ್ಣಿ maṇḍūka-parṇi. *Bengal Madder, Rubia munjista* Roxb.

ಮಣ್ಡೂರ maṇḍūra. *Rust of iron,* scoriae, dross.

ಮಣ್ಡೆ maṇḍĕ. (Tbh. of ಮುಣ್ಡ No. 6). The head (ಮುಣ್ಡ, ಉತ್ತಮಾಙ್ಗ, ಮಸ್ತಕ, ಮೌಳಿ, ಶಿರಸ್, ಶೀರ್ಷ, ಮೂರ್ಧಕ Hlā., Nr.; Śi. 215; ತಲೆ, ನೆತ್ತಿ Śm. 71; ಮುಣ್ಡ, ಮೂರ್ಧ Mr. 315; ಶಿರ Nn. 7; ಶಿರಸ್ 162; My.; T., M.: the skull). ಮಣ್ಡೆಯ ಕೂದಲು (ಚಿಕುರ, ಕುನ್ತಲ, etc. Nr.; ಶಿರೋರುಹ Nn. 4; ಶಿರೋಜ 5; ಕೇಶ 30). ಮಣ್ಡೆಯ ಕೂದಲು ಮೊದಲಾದವದಲ್ಲಿ ಮುಪ್ಪಿನಿನ್ದ ಆದ ಬಿಳುಪು (ಪಲಿತ); ಮಣ್ಡೆಯಲ್ಲಿ ಇಕ್ಕುವ ಹೂಮಾಲೆ (ಸ್ರಜ್, etc. Nr.). ತೊಣ್ಡೆ ತಿನ್ದು, ಮಣ್ಡೆ ಬೆಳೀತು.— ಮಣ್ಡೆ ಇರುವಾಗ್ಗೆ ಮೊಣಕಾಲಿಗೆ ಪಟ್ಟವೇ?— ಮಣ್ಡೆ ಬೋಳು, ಕುಣ್ಡೆ ಬತ್ತಲೆ.— ಮಣ್ಡೇ ನೋತಕ್ಕೆ ಕುಣ್ಡೆಗೆ ಲೇಪವೇ?— ಮಣ್ಡೇ ಮೇಲೆ ಹಾಕಿದ ನೀರು ಕಾಲಿಗೆ ಬಾರದೇ? (Prvs.). See Bp. 1, 50; 2, 89; 4, 40; 20, 12; 27, 55; 54, 38; Śśv. 8, 27; J. 20, 24. — ಮಣ್ಡೆಗೂದಲು. -ಕೂದಲು. The hair of the head (My.). — ಮಣ್ಡೆನೋವು. Headache (ಶಿರೋರೋಗ Mr. 387). — ಮಣ್ಡೆಮಲಗು. A pillow for the head (Č. Bp. 47, 40). — ಮಣ್ಡೆಸುತ್ತು. A turban (Bp. 44, 61).

ಮಣ್ಡೋದರಿ maṇḍōdari. Tbh. of ಮನ್ದೋದರಿ. (Rām. 6, 51, 87. 88; My.).

ಮಣ್ಣು maṇṇu. = ಮಣ್. Earth, etc. (C.). ಒಳ್ಳಿಯ ಮಣ್ಣು (ಮೃತ್ತಿಕೆ, ಮೃತ್ಸ್ನೆ Hlā.). ಹೆಬ್ಬಾಗಿಲ ಇಕ್ಕೆಲದಲುಮ್ ಒಳಗಣ ಮೆಯ್ಯೊಳಂ ಸೋಪಾನಂ ಬೆರಸಿ ಮಾಡಿದ ಮಣ್ಣ ರಾಶಿ (ಹಸ್ತಿನಖ Nr.). ಮಣ್ಣಿನ ದಿಣ್ಣೆ (Śi. 112). ಶೋಧಿಸಿ ಕರಗಿಸಿದ ಮಣ್ಣು (ಕ್ಷಾರ, ಕಾಚ 332). ಕಣ್ಣಿನಷ್ಟು ಪ್ರಕಾಶವಿಲ್ಲ, ಮಣ್ಣಿನಷ್ಟು ಆಧಾರವಿಲ್ಲ.— ಮಣ್ಣು ಬಿಟ್ಟು ಮಡಿಕೆಯಿಲ್ಲ, ತನ್ನ ಬಿಟ್ಟು ದೇವರಿಲ್ಲ.— ಮಣ್ಣಿನ ಬೆಕ್ಕಾದರೇನು? ಇಲಿ ಹಿಡಿದರೆ ಸಹಿ.— ಮಕ್ಕಳ ಬಾಯಿಗೆ ಮಣ್ಣು ಸವಿ.— ಮಣ್ಣು ಹೊಯಿದು ಅಮ್ಬಲಿ ಕಾಸಿದರೆ ಉಮ್ಬೋಕಾದೀತೇ?— ಮಣ್ಣಿನ ಕಾಲು ನೀರಿಗೆ ಆಗದು, ಮರದ ಕಾಲು ಬೆಂಕಿಗೆ ಆಗದು.— ಮಣ್ಣಿನಿನ್ದ ಕೌರವ ಕೆಟ್ಟ, ಹೆಣ್ಣಿನಿನ್ದ ರಾವಣ ಕೆಟ್ಟ.— ಮಣ್ಣು ಹೊಡುವವನು ತಲೆಗೆ ಬೆಣ್ಣೆ ಹಚ್ಚಿಕೊಣ್ಡನ್ತೆ (Prvs.). See Prv. s. ರೊಕ್ಕ. — ಮಣ್ಣಂಚು. -ಅಂಚು. A cloth-border of which the threads are coloured with the unlasting colour of any clay (My.). — ಮಣ್ಣಡಿಕೆಮರ. -ಅಡಿಕೆ-. The Sepistan plum-tree, Cordia myxa L. (St. & Pl.). — ಮಣ್ಣ ಮುಕ್ಕಹಾವು. ಮಣ್ಣಾ ಮುಕ್ಕುಹಾವು. = ಮಣ್-. (ಒಳ್ಳೆ My.; ರಾಜಿಲ G.). — ಮಣ್ಣಾಗು. -ಆಗು. To become earth, to be ruined, as any buried article (My.). 2, to be soiled by mud or dust (see Prv. s. ಮಾಸು). — ಮಣ್ಣಾಸೆ. -ಆಸೆ. Desire after landed property (My.). — ಮಣ್ಣುಕಾಲು. A foot of mud. ಮಣ್ಣುಕಾಲು ನೀರಿಗಾಗದು, ಮರದ ಕಾಲು ಬೆಂಕಿಗಾಗದು (Prv.). — ಮಣ್ಣುಕುಣ್ಡೆ. Earthen buttocks. See Prv. s. ನಮ್ಬು. — ಮಣ್ಣು ಕೂಡಿಸು. To join earth: to bury (My.). ಕಾಳಗದೊಳಗೆ ಸಂಗರಾಜನು ಪರರಾಜನ ಸೇನೆಯನ್ನು ನಾಶ ಮಾಡಿ, ಮಣ್ಣು ಕೂಡಿಸಿ ಬಿಟ್ಟನು (B. 5, 53). See Prv. s. Tbh. ಸನ್ದು. — ಮಣ್ಣುಕೆಲಸ. Any work connected with earth, mud, etc. (My.). ಟೊಣ್ಣೆಯಾದರೆ ಮಣ್ಣುಕೆಲಸಾ ಮಾಡ್ಯಾಳು (Prv.). See Prv. s. ಸಣ್ಣವ. — ಮಣ್ಣು ಕೊಡು. To give earth: to bury (C.; B. 5, 211. 304). — ಮಣ್ಣುಗಡ್ಡೆ. A clod of earth (ಲೋಷ್ಟ, ಲೋಷ್ಟು Śi. 302). — ಮಣ್ಣುಗೋಡೆ. A mud wall (My.). — ಮಣ್ಣುದೇವ. A mud idol. ಮಣ್ಣುದೇವರಿಗೆ ಮಜ್ಜನವೇ ಸಾಕ್ಷಿ (Prv.). — ಮಣ್ಣುಪಾತ್ರೆ. An earthen vessel (C.; B. 4, 159). — ಮಣ್ಣುಪಾಲು. Earth's portion: destruction, death (My.). ಎಣ್ಣೆ ಬೆಣ್ಣೆಯ ರಿಣವು, ಅನ್ನ ವಸ್ತ್ರದ ರಿಣವು, ಹೊನ್ನ ಮಣ್ಣ ರಿಣವು ತೀರಿದಾ ಕ್ಷಣದಿ ಮಣ್ಣುಪಾಲ್! (Sp.). — ಮಣ್ಣು ಬಿಡಿಸು. To cause to let loose earth. See Prv. s. ಮಕ್ಕಳು. — ಮಣ್ಣು ಬೀಳು. Earth to fall (into a person's mouth, etc., an expression to indicate utter disappointment or destitution). ಅವನ ಬಾಯಿಗೆ ಮಣ್ಣು ಬಿತ್ತು (My.). ಹಣ್ಣಿಗೆ ಹಾಳು, ಆಣ್ಣಿಗೆ ಮಣ್ಣು ಬಿತ್ತು (Prv.). — ಮಣ್ಣು ಮಾಡಿಸು. To cause to bury (My.). — ಮಣ್ಣು ಮಾಡು. To bury (My.). — ಮಣ್ಣು ಹಾಕು. To put earth (into a person's mouth, *i. e.* to deceive and ruin him). ಅವನ ಬಾಯಿಗೆ ಮಣ್ಣು ಹಾಕಿದನು (My.). — ಮಣ್ಣುಹುಳು. An earth-worm (My.). — ಮಣ್ಣು ಹೆಣ್ಟೆ. A clod of earth (My.). — ಮಣ್ಣೊಡ್ಡ. -ಒಡ್ಡ. An Ōḍḍa who does earth-work (My.).

ಮಣ್ಣುಗ maṇ-uga. (Śmd. 240 Mḍb.). A man who does any work connected with earth, etc.

ಮಣ್ಮಳಿ maṇmaḷi. = ಮಮ್ಮಟಿ, ಮುಮ್ಮಟಿ, ಮುಮ್ಮುಟಿ. An abnormal, hideous death (ರೂಪಬಿಡ ಸಾವು Śmd. I).

ಮಣ್ಮಳಿಕೆ maṇmaḷikĕ. (Śmd. 81 Mḍb.).

ಮತ್ mat. 1. ಮನ್ತ್. = ಮನ್ತ 2. Possessing, having. See ಅಂಕು-, ಗೋ-, ಮತಿ-.

ಮತ್ mat. 2. = ಮದ್, ಮನ್ 1. My, etc. (Bp. 48, 17; J. 16, 26).

ಮತ mata. Thought, understood, believed; conceived, imagined; considered; esteemed; intended. 2, a thought, an idea; an opinion, a view; sanction (Kāvy. III, 8, B, 13; Kk. 57); a doctrine, a creed, a tenet (Bp. 50, 47); a sect;—design, aim, purpose (Bp. 50, 22). ಮತಕ್ಕೆ ಭೇದವಾದರೆ ನೀತಿಗೆ ಭೇದವೇ?— ಮತದ ಸ್ವರೂಪ ಕೋತಿ ಬಲ್ಲದೇ?— ಮತ ಬಿಟ್ಟರೂ ಮದ ಬಿಡಲಿಲ್ಲ (Prvs.).

ಮತಂಗ matanga. An elephant. 2, a cloud. 3, N. of a muni. (J. 24, 22). 4, N. of a Dānava.

ಮತಂಗಜ matanga-ja. *An elephant.* 2, N. of an Asura (Bp. 18, 22).

ಮತಂಗಜಾಂಗವಿಭಂಗ matangaja-anga-vibhanga. Śiva (Bp. 61, 49).

ಮತಂಗಪೋತಕ matanga-pōtaka. A young elephant (ಆನೆಯ ಮರಿ Nn. 185).

ಮತತ್ರಯ mata-traya. = ತ್ರಿಮತ. (My.).

ಮತದ್ವೇಷ mata-dvēsha. Enmity against any particular sect (My.).

ಮತಭ್ರಷ್ಟ mata-bhrashṭa. Fallen from one's creed or sect, having become an apostate (My.).

ಮತಲಬು matalabu. Purpose, intent; meaning or purport, as of a document (My.; Br.; Mhr., H.).

ಮತಲ್ಲಿಕೆ matallikĕ. *Anything excellent of its kind.* See ಗೋ-.

ಮತವಿಚಾರ mata-vičâra. Investigation or examination of a creed or sect (My.).

ಮತಸಿದ್ಧಾನ್ತ mata-siddhânta. The dogma of a sect; a text-book shewing the validity of the scheme of doctrines which any particular sect has embraced (My.).

ಮತಸ್ಥ mata-stha. A man who belongs to a particular sect (My.).

ಮತಾಚಾರ mata-âčâra. The peculiar customs of a sect (My.).

ಮತಾಪು matâpu. = ಮತಾಬು, ಮಹತಾಪು, ಮಹತಾಬು. A kind of fire-work (My.; Mhr., H. ಮಹತಾಬು).

ಮತಾಬು matâbu. = ಮತಾಪು. (My.; Br.).

ಮತಿ mati. 1. Mind;—*understanding, intellect, wit, sense, discernment, judgment.* 2, thought, idea, notion, opinion. 3, counsel, advice. 4, disposition of mind, wish, desire, inclination, intention, purpose. 5, one of the sañčâri-bhâvas (Kâvy. IV, 2, 16). ಮತಿಯಿಲ್ಲದವನಾದರೆ ಗತಿ ನೋಡ ನೇ?—ಮತಿಯಿಲ್ಲದವಗೆ ಗತಿಯಿಲ್ಲ.—ಮತಿಯಿಲ್ಲದೆ ಮಾತಾಡಿದರೆ ಕತಿಗೆ ಕಾರಣ.—ಮಟಿಯಿಲ್ಲದ ಬೆಳೆ, ಮತಿಯಿಲ್ಲದ ಕೂಸು ಸಮ (Prvs.). — ಮತಿಗಿಡು. -ಕಿಡು. = ಮತಿಗೆಡು, q. v. (Ŏpr. 1, 27; 7, 96; Grj. 8, 23). — ಮತಿಗೆಡಿಸು. -ಕೆಡಿಸು. To deprive of understanding, to bewilder, etc. (Râm. 3, 8, 22). — ಮತಿಗೆಡು. -ಕೆಡು. Understanding to be ruined: to become devoid of understanding; to lose one's wits; to be perplexed or bewildered; to become stupid (Bp. 40, 85; 58, 39; 60, 45; J. 10, 20). ಮತಿಗೆಟ್ಟರೆ ಗತಿ ಕೆಡುವದು (Prv.). — ಮತಿಗೇಡಿ. -ಕೇಡಿ. A person that has lost his understanding (Bp. 22, 40). — ಮತಿಗೇಳ್. -ಕೇಳ್. To listen to counsel. See Ŝŝ. s. ಬಡೆಗೋಲ್. — ಮತಿವೆಱು. -ಪೆಱು. To get understanding (Bp. 1, 15).

ಮತಿ mati. 2. Feminine of ಮತ್ 1. See ಅಂತು-, ಧೀ-.

ಮತಿನಿಶ್ಚಯ mati-niŝčaya. *A steadfast opinion, firm conviction.*

ಮತಿಭ್ರಷ್ಟ mati-bhrashṭa. Fallen from understanding, devoid of sense, foolish (My.).

ಮತಿಮತ್ mati-mat. *Intelligent, sensible, wise, prudent.*

ಮತಿವನ್ತ mati-vanta. = ಮತಿವಾನ್. (ಬುದ್ಧಿವನ್ತ Ŝmd. 279 Cm.; Ŏpr. 2, 25; Bp. 2, 43; 52, 16; My.).

ಮತಿವಾನ್ mati-vân. A sensible, clever, intelligent, learned man (ವಿದ್ವಾಂಸ Mr. 223).

ಮತಿವಿಹೀನತೆ mati-vihînatĕ. Deprivation of sense, stupidity (Bp. 60, 37).

ಮತಿಶೂನ್ಯ mati-ŝûnya. Devoid of understanding; a stupid man. Feminine ಮತಿಶೂನ್ಯಳು. ಪತಿಶೂನ್ಯಳಾದರೂ ಮತಿಶೂನ್ಯಳಾಗ ಬಾರದು (Prv.).

ಮತಿಹೀನ mati-hîna. Deprived of sense, stupid (ಕ್ಷುಲ್ಲಕ, ಅಲ್ಪಮತಿ Nn. 58).

ಮತ್ಕುಣ matkuṇa. A bug (Sk.; My.); a flea;—a beardless man;—an elephant without tusks;—a buffalo.

ಮತ್ತ matta. = ಮತ್ತಂ. (Bp. 35, 48).

ಮತ್ತ matta. *Intoxicated, inebriated, drunk.* 2, *mad, insane, furious;—in rut, ruttish* (as an elephant). 3, lustful, wanton. 4, *delighted, overjoyed, excited.* 4, proud, arrogant; a proud man (ಸೊಕ್ಕಿದವಂ Mr. 246). 5, *an elephant in rut.* 6, N. of a vṛitta (Čh.). 7, a thorn-apple (*cf.* ಮದ್ದು). ಮತ್ತನಾದವನ ಹತ್ತರ ಕತ್ತಿಯಿದ್ದರೇನು? (Prv.).

ಮತ್ತಂ mattu-am s. = ಮತ್ತ, (ಮತ್ತೂ, ಮತ್ತೆಯುಂ, ಮತ್ತೆಯೂ). Again, further, besides, moreover, thereupon, and (ಬಱಿಕಂ Ŝmd. 131. 226. 367 Cm.; ಮತ್ತೆಯುಂ 157 Cm.; ಅದಲ್ಲದೆ 225 Cm.; ಇನ್ನು 298 Cm.; ಆ ಮೇಲೆ 392 Cm.). ಇನ್ದ್ರಿಯವಿಷಯಂಗಳಲ್ಲಿ ಅಳಿಪಿಲ್ಲದವನಂ ಶಾನ್ತ ಎಮ್ಬುದು, ಮತ್ತಂ ಶ್ರಾನ್ತ ಎಮ್ಬುದು (Hlâ.). ಬೂದಿಯೆ ಭೂತಿಯಕ್ಕು; ಮತ್ತಂ ಜವನ್ ಅಱಿಂ.. ಅನ್ತಕನೊಳ್ ಎಡೆವಿಡದ ನಾಮಂ (Ŝm. 12). ಪಜೆವೆಣ್ಣು ಬಂಜೆಯೆನಿಸುಗು; ಮತ್ತಮ್, ಅಱ್, ಜಲ್ಲ ಗಾರ್ತಿಯೆನೆ ಸರಸವತಿ (73). ಮತ್ತಮ್ ಅಲ್ಲಿ (Rŝv. 2, after 35. 37 & 41).

ಮತ್ತಕಾಶಿನಿ matta-kâŝini. Appearing intoxicated: a bewitching or wanton woman; *a woman of excellent qualities* (ಬಳುವೆಂಗೂಸು Hlâ.; ಬಳುಸಾರಿ Mr. 306).

ಮತ್ತಗಜಗಾಮಿನಿ matta-gaja-gâmini. A woman who has the gait of an elephant in rut: a woman with a lounging or rolling walk (J. 8, 23).

ಮತ್ತತೆ mattatĕ. The state of being intoxicated, mad, furious, proud, etc. (ಮುರವು, ಮುರುವು Kk. 31; Ŝm. 76; Grj. 6, 11).

ಮತ್ತತ್ವ mattatva. = ಮತ್ತತೆ. (ಮರವೆ Čt. II, 9; Ŏ. Bp. 47 13; My.).

ಮತ್ತದನ್ತಿ matta-danti. An elephant in rut, a furious elephant. (J. 14, 15).

ಮತ್ತಮಯೂರ matta-mayûra. N. of a vṛitta (Čh.).

ಮತ್ತರ್ mattar. A measure or quantity of land (ನೆಲದ ಪವಣ್ Čt. II, 102; *cf.* ವರ್ತನೆ No. 9?).

ಮತ್ತರದ matta-rada. A furious tusker or elephant (Ŏpr. 5, 109).

ಮತ್ತವಾರಣ matta-vâraṇa. An elephant in rut. 2, *a fence or hedge in front of a building* (ಅಪಾಶ್ರಯ Hlâ.);—a veranda;—a pavilion. 3, a pillow, a cushion (ಉಪಾಶ್ರಯ, ಮಲಗು Mr. 203; Ŏpr. 8, after 83). See Ŏpr. 1, 121; 8, after 4; Rŝv. 11, after 86.

ಮತ್ತಾಕ್ರೀಡೆ matta-âkrîḍĕ. N. of a vṛitta (Čh.).

ಮತ್ತಾಲಮ್ಬ matta-âlamba. = ಮತ್ತವಾರಣ No. 2. (Sk.; R.).

ಮತ್ತಿ matti. 1. = ಮಚ್ಚೆ No. 1, etc. A freckle, a mark, etc. (ಜಟುಲ, ಕಾಲಕ, ಪಿಪ್ಲ Nr.; My.). — ಮತ್ತಿನಾಲಿಗೆ. = ಮಚ್ಚೆನಾಲಿಗೆ. (My.).

ಮತ್ತಿ matti. 2. = ಮದ್ದಿ q. v., ಮಟ್ಟಿ. N. of several species of valuable timber trees of the genus Terminalia, as Terminalia tomentosa W. & A., etc. (ನದೀಸರ್ಜ, ವೀರತರು, ಇನ್ದ್ರದ್ರು, ಕಕುಭ, ಅರ್ಜುನ Nr.; ಕಕುಭ, ಅರ್ಜುನ Mr. 113; ಅರ್ಜುನ 508; Bp. 45, 38; Ŝŝv. 3, 32). 2, the timber tree Shorea robusta Roxb., or Vatica robusta Steud. (ಸಾಲ, ಸರ್ಜಕ, ಕಾರ್ಶ್ಯ, ಅಶ್ವಕರ್ಣಕ, ಸಸ್ಯಸಂವರ, ಮದ್ದಿಮರ, ಶ್ವೇತಾರ್ಜುನವೃಕ್ಷ Si. 132). 3, rattan, reed, cane (?). ಬಹಳ ಮತ್ತೀ ಮರಗಳುಳ್ಳದು (ವೇತಸ್ವತ್, ಬಹುವೇತಸ Si. 102, sic!). See ಕಮ್-, ಕರಿ-, ಕೆಮ್ಪು-, ತೊಱೆ-, ತೋರ-, ಬಿಳಿ-. — ಮತ್ತಿಗಾಯ್.

-ಕಾಯ್. An ornament in the shape of a fruit of the matti (Abh. P. 3, 141).

ಮತ್ತಿನ mattina. (Genitive of ಮತ್ತೆ Šmd. 183). Of another, other, different (ಇತರಾರ್ಥಾಗತ Šmd. 392; (ಅನ್ಯಾರ್ಥ Cm.; Abh. P. 15, 64). — ಮತ್ತಿನ ಮತ್ತಿನ. rep. ಮತ್ತಿನ ಮತ್ತಿನ ಬೇರ್ಗಳ ಬಿತ್ತುಗಳಾವೆಡೆಯೊಳ್ ಏನೊ ಸುಜನೋತ್ತಂಸಾ (Šmd. 112. 138; o. rs. ...ಬಿತ್ತುಗಳಾವಧಿ- and -ಬಿತ್ತುಗಳಾವಿಧ-).

ಮತ್ತು mattu. (fr. ಮಱು 1). Other, again, further, besides, and (ಮಗುಂಟ್, ತಿರಿಗಿ G.; ಮುಹುಃ, ಪುನಃ, ಶಶ್ವತ್, etc., ಬಾರಿ ಬಾರಿಗೂ Si. 471; My.; T., M. ಮಱ್ಱು). See Si. 60. 268. 300. — ಮತ್ತಿಷ್ಟು. -ಇಷ್ಟು. Again so much as this, twice as much (B. 3, 28. 59; My.). — ಮತ್ತು ಮತ್ತು. rep. Again and again (My.). — ಮತ್ತೂ. -ಊ 7. = ಮತ್ತಂ. (ಪುನಃ, ಶಶ್ವತ್ Si. 467; ಪುನಃ 469. 476; B. 4, 197; 5, 152). 2, = ಮತ್ತು, other. ಮತ್ತೂ ಕೆಲವು ಇಬ್ಬೆಗಳು (B. 2, 9). 3, nevertheless. ಎತ್ತೂ ಮಾಬ್, ಮತ್ತೂ ಗಂಜ (Prv.). — ಮತ್ತೂ ಯಾರು. Other persons (B. 3, 54). — ಮತ್ತೆಂಗೆ. -ಎಂಗೆ. In what other manner? (My.). — ಮತ್ತೆಲ್ಲಿ. -ಎಲ್ಲಿ. Another "where": where else? (C.). 2, anywhere else, to any other place (B. 5, 112). — ಮತ್ತೆಲ್ಲಿಯೂ. -ಊ. At any other place (B. 2, 51; 3, 52; C.); to any other place (C.). — ಮತ್ತೇನಾದರೂ. ಮತ್ತೇನು ಆದರೂ. = ಮತ್ತೇನೂ. (B. 3, 2; C.). — ಮತ್ತೇನು. -ಏನು. What else? what more? (B. 2, 19; C.). — ಮತ್ತೇನೂ. -ಊ. Any other thing, any thing more (My.). — ಮತ್ತೊಂದು, etc. See s. ಮತ್ತೆ. — ಮತ್ತ್ಯಾಕೆ. -ಯಾಕೆ. For what other reason? (My.). — ಮತ್ತ್ಯಾತಕ್ಕೆ. -ಯಾತಕ್ಕೆ. = ಮತ್ತ್ಯಾಕೆ. (My.; B. 5, 76). — ಮತ್ತ್ಯಾತಱಿನ್ದಲೂ. -ಯಾತಱಿನ್ದಲೂ. By any other means (B. 5, 209; C.). — ಮತ್ತ್ಯಾರು. -ಯಾರು. Who else? who more? (B. 5, 61; C.). — ಮತ್ತ್ಯಾರೂ. -ಊ. Any body else (B. 5, 133; C.). — ಮತ್ತ್ಯಾವ. What other (thing, etc., B. 5, 168; C.). — ಮತ್ತ್ಯಾವದೂ. -ಅದೂ. Any other thing, etc. (B. 2, 37; 5, 36. 37. 252; C.). — ಮತ್ತ್ಯಾವಾಗ. -ಯಾವಾಗ. At what other time? (My.). — ಮತ್ತ್ಯಾವಾಗಾದರೂ. -ಆದರೂ. At any other time (B. 5, 143; C.).

ಮತ್ತು mattu. (= ಮದ್ದು). (Tbh. of ಮತ್ತ, ಮದ, or ಮಸ್ತು 1). Intoxication; pride (My.; Tå., M.). ಮತ್ತಿಱು, ಮತ್ತು ಹಿಡಿ, ಮತ್ತೇಱು (My.).

ಮತ್ತೆ mattĕ. (Šmd. 110). (= ಮತ್ತು). Other, else, again, further, besides, thereupon, afterwards, and (ಪುನರರ್ಥ Šmd. 395; ಆ ಮೇಲೆ Cm.; ಬಳ್ಳಿ, ಬಱ 399; ಪೂರಕದ ಬಱ Šmd. I; ಅದಲ್ಲದೆ 114 Cm.; ಬಱಿಕಂ 97. 144. 205 Cm.; ಪುನರಿಮ್ಯರ್ಥ Čt. I. 40; My.; T. ಮಱ್ಱು). ಮತ್ತೆಲ್ಲಂ (Šmd. 63). ಮತ್ತೆ ನೋಡಿದಂ, etc. (112). ಮತ್ತೆ ಕೆಲವು (ಪೆಜಿವು 124). ಮತ್ತೆ ಹುಟ್ಟಿದ ಕೋಡಿಗಿನ್ತ ಮುಂಚೆ ಇರುವ (or ಮೊದಲಿದ್ದ) ಕಿವಿಯೇ ವಾಸಿ (Prv.). See Čpr. 2, after 44; Bp. 28, 56; 46, 68; 51, 16; 57, 58; J. 19, 7; 28, 5. 48; 29, 36; Kk. 24. 66. — ಮತ್ತಾರು. -ಆರು. = ಮತ್ತ್ಯಾರೂ. (Bp. 48, 18). — ಮತ್ತೆ ಮತ್ತೆ. rep. Again and again (ಮುಹುಸ್ Mr. 480; J. 26, 6; My.). — ಮತ್ತೆಯು. -ಉ 9. = ಮತ್ತೆಯುಂ, ಮತ್ತಂ, etc. (Bp. 24, 84; 27, 20; 51, 1). — ಮತ್ತೆಯುಂ. -ಉಂ. = ಮತ್ತಂ (Šmd. 157 Cm.; Bp. 25, 1; 29, 1; 60, 50). — ಮತ್ತೆಯೂ. -ಊ. = ಮತ್ತೆಯುಂ. (ಪುನಃ Si. 469). — ಮತ್ತೊನ್ದು. -ಒನ್ದು. Another—, a different—; another thing, etc. (C.). ಮತ್ತೊನ್ದು ಎಮ್ಬರ್ಥವ ಹೇಳುವದು (ಅನ್ಯತರ, ಅನ್ಯ, ಇತರ); ಮತ್ತೊನ್ದು ಪರಿ (ಪಕ್ಷಾನ್ತರ); ಒನ್ದು ವಸ್ತುವಿಗೆ ಮತ್ತೊನ್ದು ವಸ್ತು ಪಡಿಯಾಗಿರ್ದುದು (ಪ್ರತಿ, ಪ್ರತಿನಿಧಿ Nr.). ಒಕ್ಕಿಯ ಬೆನ್ನ ಮೇಲೆ ಒನ್ದು ಬಡಿಗೆ ಜೇನ ತುಪ್ಪವನ್ನು ಮತ್ತೊನ್ದು ಬಡಿಗೆ ಗೋದಿಯನ್ನು ಹೇಱಿ (B. 4, 168). See Bp. 31, 8; 44, 24. 60; 48, 25; Si. 71. 72. 257. 325. — ಮತ್ತೊಬ್ಬ. -ಒಬ್ಬ. Another—, a different—; another man, boy, etc. (C.; Si. 398; B. 2, 58; 3, 71). ಮತ್ತೊಬ್ಬ ಮಗನುವನಯನ ನಾಳೆ (Dp. 4). ಅವರೊಳಗೆ ಒಬ್ಬನು ಮತ್ತೊಬ್ಬನನ್ನು ಕೆಡವಿದನು (B. 2, 2). ಮತ್ತೊಬ್ಬ ಸತಿ (Bp. 51, 9). — ಮತ್ತೊಬ್ಬರು. -ಒಬ್ಬರು. Others, other people (C.). ಮತ್ತೊಬ್ಬರ ಹಾಗೆ ಮಾಡೋಣ (ಅನುಕರಣ G.). See Si. 243. 298. — ಮತ್ತೊಬ್ಬಳು. -ಒಬ್ಬಳು. Another woman, girl, etc. (C.). — ಮತ್ತೊಮ್ಮೆ. -ಒಮ್ಮೆ. Another time, once more (C.; B. 4, 56. 158).

ಮತ್ತೆ mattĕ. *A drunken woman; a passionate woman* (ಮಾಣಿನಿ Hlā.; J. 15, 42).

ಮತ್ತೇಭ matta-ibha. An elephant in rut. 2, N. of a vṛitta (Čh.; Mr. 366).

ಮತ್ತೇಭಗಾಮಿನಿ mattêbha-gâmini. = ಮತ್ತಗಜಗಾಮಿನಿ. (J. 26, 8).

ಮತ್ತೇಭವಿಕ್ರೀಡಿತ mattêbha-vikrîḍita. N. of a vṛitta (Čh.).

ಮತ್ಯ matya. The means of acquiring knowledge;—the exercise or application of knowledge. See ಎಳ್-.

ಮತ್ಯತೀತ mati-atîta. Surpassing (all) understanding (Bp. 35, 52).

ಮತ್ವ matva. The letter or syllable ಮ (Šmd. 127. 129. 178. 215. 347. 350; Kâvy. I, 3, 35-40).

ಮತ್ಸ matsa. = ಮತ್ಸ್ಯ, etc. (Sk.).

ಮತ್ಸರ matsara. = ಮಚ್ಚರ, ಮಚ್ಛರ. *Envious, grudging, jealous, hostile.* 2, *selfish, greedy, covetous, avaricious, niggardly.* 3, *envy, grudge, jealousy, enmity, hostility;* greediness after, selfish eagerness for or addiction to;—anger, passion (ಕೋಪ Šs.; Bhn. 18). — ಮತ್ಸರಗೊಳ್ಳು. -ಕೊಳ್ಳು. To become envious; to become hostile (My.).

ಮತ್ಸರಿ matsari. An envious, jealous or grudging man;—*a hostile, wicked or depraved man.*

ಮತ್ಸರಿಸು matsarisu. = ಮಚ್ಚರಿಸು. To be envious; to be hostile (Bh. 1, 14, 5; My.: ಅವನನ್ನು ಕಱುತು or ಅವನ ಮೇಲೆ).

ಮತ್ಸ್ಯ matsya. = ಮಚ್ಚ, ಮಚ್ಛ, ಮತ್ಸ. *A fish* (ಮೀನ್ Šm. 99). 2, N. of the first avatâra of Vishṇu (Mr. 19). 3, N. of a country and of its king (Bp. 6, 18; Bh. 4, 1, 22. 26). 4, a particular luminous appearance.

ಮತ್ಸ್ಯಕ matsyaka. A little fish. 2, = ಮತ್ಸ್ಯ No. 2.

ಮತ್ಸ್ಯಕೇಶ್ವರ matyaka-îśvara. N. of a liṅga (Bp. 54, 62).

ಮತ್ಸ್ಯಗನ್ಧಿ matsya-gandhi. = ಮತ್ಸ್ಯಗನ್ಧಿನಿ. (My.).

ಮತ್ಸ್ಯಗನ್ಧಿನಿ matsya-gandhini. N. of the mother of Vyâsa (Bh. 1, 2, 23).

ಮತ್ಸ್ಯಣ್ಡಿ matsyaṇḍi. *Granulated sugar* (ಖಣ್ಡಶರ್ಕರೆ Mr. 217).

ಮತ್ಸ್ಯಧಾನಿ matsya-dhâni. *A fish-basket.*

ಮತ್ಸ್ಯಧ್ವಜ matsya-dhvaja. Kâma (My.).

ಮತ್ಸ್ಯಪಿತ್ತೆ matsya-pittĕ. *A species of medicinal plant* (= ಕಟುರೋಹಿಣಿ).

ಮತ್ಸ್ಯಪುರಾಣ matsya-purâṇa. One of the purâṇas (Bp. 43, 76), communicated by Vishṇu in his matsyâvatâra.

ಮತ್ಸ್ಯಬನ್ಧನ matsya-bandhana. *A fish-hook.*

ಮತ್ಸ್ಯಬನ್ಧನಿ matsya-bandhani. *A fish-basket.*

ಮತ್ಸ್ಯಬನ್ಧಿ matsya-bandhi. *An angler, a fisherman.*

ಮತ್ಸ್ಯಬ್ರಾಹ್ಮಣ matsya-brâhmaṇa. A class of Brâhmaṇas who customarily eat fish (My.).

ಮತ್ಸ್ಯಭುಕ್ matsya-bhuk. = ಮತ್ಸ್ಯಬ್ರಾಹ್ಮಣ. (My.).

ಮತ್ಸ್ಯಯನ್ತ್ರ matsya-yantra. A fish made to vibrate constantly on a pole, and which Arjuna struck with his bow after the failure of other competitors (My.; see Bh. 1, 14, 2, etc.; 1, 15, 28. 29).

ಮತ್ಸ್ಯವೇಧನ matsya-vêdhana. *A fish-hook.*

ಮತ್ಸ್ಯಸಂಘಾತ matsya-saṅghâta. *A multitude of fish, a shoal of young fry.*

ಮತ್ಸ್ಯಾಕ್ಷಿ matsya-akshi. A fish-eyed woman. 2, *N. of a species of sôma plant* (= ಸೋಮವಲ್ಲರಿ; see ಹೊನ್ನಗನ್ನೆ s. ಹೊನ್).

ಮತ್ಸ್ಯಾದ್ matsya-ad. (also ಮತ್ಸ್ಯಾದ). *Fish-eating, feeding on fish.*

ಮತ್ಸ್ಯಾವತಾರ matsya-avatâra. = ಮಚ್ಛಾವತಾರ, ಮತ್ಸ್ಯ No. 2. (Bp.54, 42. 62).

ಮಥ matha. = ಮಥನ. See ಪ್ರ-.

ಮಥನ mathana. Stirring, shaking, agitating;—churning;—rubbing, friction;—crushing, grinding;—killing, destroying;—injury, trouble;—a churning-stick (ದಣ್ಡ, ಕಡೆವುದು Nn. 127, o. r. ಕೊಲುವುದು). ಜತನವಿದ್ದವಗೆ ಮಥನವಿಲ್ಲ (Prv.).

ಮಥನಕಾಲ mathana-kâla. The time of churning. ಮಥನ ಕಾಲದಲ್ಲಿ ಕಥೆ ಹೇಳುವವುಣ್ಟೇ? (Prv.).

ಮಥನಾಗ mathana-aga. The mountain mandara.

ಮಥನಾಗೇನ್ದ್ರ mathanâga-indra. The excellent mandara.

ಮಥನಾಗೇನ್ದ್ರಧರ mathanâgêndra-dhara. Vishṇu. ಮಥನಾಗೇನ್ದ್ರಧರನ ಜಾತೆ, the Ganges (J. 2, 12).

ಮಥನಿಸು mathanisu. To churn (ಕಡೆ Śm. 62). 2, to agitate a subject, to discuss (Mhr. ಮಥಣೇಂ); to quarrel (My.). ಜೊತೆಗಾರನ ಸಂಗಡ ಮಥನಿಸ ಬಾರದು (Prv.).

ಮಥಿ mathi. *A churning-stick.*

ಮಥಿತ mathita. Stirred, shaken about; churned; crushed; afflicted. 2, *buttermilk without water, pure buttermilk* (ಮುಶೀರ, ಮಜ್ಜಿಗೆ Nn. 91).

ಮಥಿಯಿಸು mathiyisu. = ಮಥಿಸು. (Rśv. 1, 106).

ಮಥಿಸು mathisu. To stir, to shake about, to churn (ಪೊಸಯಿಸು Čt. I, 78); to kill (Bp. 21, 41; J. 2, 25).

ಮಥುರೆ mathurĕ. *A district and town now called Muttra, situated on the Yamunâ.*

ಮದ್ mad. = ಮತ್ 2. (Bp. 13, 25; 61, 46-48; J. 17, 32).

ಮದ mada. = ಮದಲ್, ಮದಿ, (ಮದಿವೆ), ಮದು, (ಮದುವೆ), (ಮಯ್ 2). Joining; a wedding, a marriage (probably fr. ಮಡು 1; T. ಮಣ, to join; to marry; T., M. ಮಣ, joining; wedding; T. ಮಙ್ಗಲ್, a wedding; ಮದುಪ್ಪೆ, a first joining: a wedding, marriage; Tĕ. ಮನುವು, ಮನುವು, a fitting match, marriage). — ಮದಗಡ. -ಕಡ. Connection-money: money lent without interest and documents (to an old connection, My.). — ಮದಮಕ್ಕಳು. The bride and bridegroom (My.). — ಮದಮಗ. A bridegroom (My.; T. ಮಣಮಗ, ಮಣವಾಳ; M. ಮಣವಾಳ, ಮಣವಾಳ; in T., M. also: husband; *cf.* ಮದವನ). ಮದಮಗನ ಬಿಟ್ಟು, ಮದುವೆಗೆ ಹೋದರು (Prv.). — ಮದಮಗಳು. A bride (My.; T. ಮಣಮಗಳ್, ಮಣವಾಟ್ಟಿ, ಮಣಾಟ್ಟಿ; M. ಮಣಾಟ್ಟಿ). — ಮದವಕ್ಕಳು. = ಮದಮಕ್ಕಳು. (Râm. 1, 16, 46). — ಮದವಟ್ಟಿಗೆ. -ಪಟ್ಟಿಗೆ. A joining or a band of plaited hair (ಕಡ್ಡಣ, ಜಡೆಗಟ್ಟು Kk. 33). — ಮದವರ್ಕಳ್. -ಮರ್ಕಳ್. = ಮದವಕ್ಕಳು. (J. 31, 31. 37).

ಮದ mada. 1. Intoxication, drunkenness. 2, madness, insanity. 3, ardent passion, love, desire, lust; rut of an elephant; lasciviousness, wantonness. 4, *delight, rapture, joy.* 5, *pride, arrogance, conceit.* 6, one of the sañčâribhâvas (Kâvy. IV, 16). 7, bloom of youth, prime (ನವಯೌವನ, ಒಳ್ಳಿದ ಪ್ರಾಯ Nn. 107; ಪ್ರಾಯ Mr. 513). 8, any intoxicating drink;—honey. 9, *the juice that exudes from an elephant's temples when in rut* (ಗಜದಾನ, ಆನೆಯ ಮದ 107; ಗಜದಾನ 513). 10, the black humble bee (ಅಳಿ, ತುಮ್ಬಿ 107; ಅಳಿ 513). 11, cotton (ಪಿಚುಲ, ಹತ್ತಿ 107; ಕಾರ್ಪಾಸ 513). 12, a wave (ವೀಚಿ, ನೀರ ತೆರೆ 107). 13, semen virile (ರೇತು G.). 14, musk (ಕಸ್ತುರಿ G.). ಪದದನ್ತೆ ತಾಳ, ಮದದನ್ತೆ ಗರ್ವ.—ಪದ ಬಾರದಿದ್ದರೆ ಮದ ಹೋದೀತೇ?—ಮತ ಬಿಟ್ಟರೂ ಮದ ಬಿಡಲಿಲ್ಲ (Prvs.). See ಅಷ್ಟ-. — ಮದಂಗೆಡು. -ಕೆಡು. Pride to be destroyed (Śśv. 4, 128). — ಮದಪಟ್ಟಿಕೆ. A black bee-like ornament tied to the frontal globe of an elephant (Abh. P. 3, 94). — ಮದವೊಲ್ಪೆರೆ. -ಒಪ್ಪೆರೆ. Rut to be joined to (Čpr. 6, 61). — ಮದವಕ್ಕೆ. -ಪಕ್ಕೆ. Conjunction with the juice that exudes from an elephant in rut (Abh. P. 4, 119). — ಮದವಟ್ಟಿ. -ಪಟ್ಟಿ. = ಮದಪಟ್ಟಿಕೆ. (Abh. P. 12, 11). — ಮದವಸಲೆ. = ಉಲಿಮರಿಬಸಲೆ. (Śi. 126). — ಮದವಿಱ್. -ಇಱ್. Intoxication, ruttishness, etc. to subside. ಮದವಿಱದಾನೆ (ಉಪ್ಪಾನ್ತ Mr. 155). — ಮದವೆಱ್. -ಪೆಱ್. To become drunk, proud, etc. (Bp. 41, 6). — ಮದವೇಱಿಸು. -ಏಱಿಸು. To raise intoxication, etc.; to increase the desire of—(Grj. 10, after 45). — ಮದವೇಱು. Intoxication, etc. to rise (to the head); to become ruttish, as an elephant (B. 4, 23); to become proud (Čpr. 7, 55) or furious (Śśv. 3, 55); etc. (ಅರಸನ) ಚಿತ್ತವೃತ್ತಿಯನ್ ಅಱಿದು, ಹತ್ತೆವಿಡಿದೋಲಯ್ಯು! ಚಿತ್ತವ ಪಡೆದು, ಮದವೇಱಿ ಬೊಲ ನಾಯಿಒ ಹತ್ತಿದನ್ತಕ್ಕ (Sp.). — ಮದವೇಱ್. -ಏಱ್. To become ruttish (Rśv. 1, after 35).

ಮದ mada. 2. = ಮದು 2, ಮದ್ದು, q. v. — ಮದಗುಣಿಕೆ. = ಮದಗುಣಿಕೆ. ಕರೇ ಮದಗುಣಿಕೇ ಗಿಡ (ಶಿವ Čb.). — ಮದಗುಣಿಕೆ. = ಮದ್ದುಗುಣಿಕೆ. ಮದಗುಣಿಕೇ ಗಿಡ (ಸುಮನ Čb.).

ಮದಕಲ mada-kala. Uttering low sounds of love, etc.; ruttish; *a rutting elephant.*

ಮದಗ madaga. = ಮದಗು. A sluice, a flood-gate (My.; T. ಮದಗು; Tĕ. ಮದುಗು, ಮದುಮು).

ಮದಗಜ mada-gaja. An elephant in rut (ಮತ್ತ, etc. Mr. 155); an elephant of one of the eight quarters. 2, the number 8 (Čh.).

ಮದಗಜಗಮನೆ madagaja-gamanĕ. (= ಮತ್ತೇಭಗಮನೆ). A woman with the gait of a madagaja (Čh. v. 301. 310).

ಮದಗು madagu. = ಮದಗ. (My.).

ಮದಜಲ mada-jala. = ಮದ No. 9. The juice of rut (ಸೊಕ್ಕು ನೀರ್ Śs.).

ಮದಡು madaḍu. Dullness, stupidity (My.; Tĕ. ಮದಟ, ಮದಲೆ, a stupid rustic; T. ಮಯರ್ವು, ಮಯಲ್, lust, sensual infatuation; dullness, bewilderment; see ಮಂಕು; *cf.* ಮರಳು 3). ಅವನ ಬುದ್ಧಿ ಮದಡಾಯಿತು (My.). — ಮದಡ. -ಅ 3. A stupid man (My.).

ಮದತ madata. = ಮದ್ದತು, etc. Aid, help (Mhr., H.).

ಮದತಗಾಱ madata-gâṟa. A helper, an assistant (B. 5, 268; Mhr., H.).

ಮದನ madana. = ಮಯಣ, ಮೇಣ, ಮೋವ್ಮ್. Intoxicating; exhilerating, gladdening. 2, *passion, love, lust.* 3, an intoxicated, mad, haughty man (ಉನ್ಮತ್ತ, ಸೊಕ್ಕಿದವನು Nn. 115). 4, *Kâma* (ಅನಂಗ, ಕಾಮ 115; ದರ್ಪಕ Mr. 518). 5, N. of a mythical weapon. 6, a virtuous man (ಸನ್ಮತ್, ಸತ್ಪುರುಷ 115). 7, a worthy ascetic (ಸುತಾಪಸಿ, ಒಳ್ಳಿಹ ತಪಸ್ವಿ 115). 8, *the thorn-apple, Datura metel* Roxb. (ಉನ್ಮತ್ತ 518). 9, *the tree Vanguiera spinosa* Roxb. (= ಪಿಣ್ಡೀತಕ; ಪಾದಪವಿಭೇದ, ವೃಕ್ಷಭೇದ 115; ಅವನಿರುಹ 518). 10, the season of spring. 11, bees' wax. 12, N. (J. 29, 31. 32. 39; 30, 49). — ಮದನಕೆಯ್. Pleasant arms: the ornamental supports of the eaves of a house fixed into the pillars of the veranda (My.; J. 17, 23; Sl. 495 as ಮದನಕೆಯ್ಯಿ). 2, a crutch-like stand, four of which are used to lay the bamboos on which an idol is carried upon when resting (My.). — ಮದನತನ್ದೆ. Kâma's father Vishṇu;—a class of metrical feet (Ĉh.).

ಮದನಕದನ madana-kadana. = ಮದನಯುದ್ಧ. (My.).

ಮದನಕಲಹ madana-kalaha. = ಮದನಯುದ್ಧ. (My.).

ಮದನಕಳೆ madana-kaḷĕ. The art or science of love (Bp. 42, 18; J. 11, 22).

ಮದನಕಾಮೇಶ್ವರಿ madana-kâma-îśvari. A kind of drug which excites sexual love (My.).

ಮದನಕೇಳಿ madana-kêḷi. Sexual pleasures (My.).

ಮದನಗೃಹ madana-gṛiha. Pudendum muliebre (My.).

ಮದನಗೋಪಾಲ madana-gôpâla. Herdsman of love: Kṛishṇa. ಕೆಟ್ಟ ಬೋಱ, ಮದನಗೋಪಾಲ (Prv.).

ಮದನಜನಕ madana-janaka. Vishṇu (My.).

ಮದನಜನಕತ್ವ madana-janakatva. The state of being Vishṇu; the state of generating sexual lust (Ĉpr. 4, after 42).

ಮದನಜ್ವರ madana-jvara. The fever of passion (My.).

ಮದನತನ್ತ್ರ madana-tantra. Sexual gestures and coitus (My.).

ಮದನತಾಪ madana-tâpa. Fever of passion, pain of love. See ಪಾರುಖಾಣೆ.

ಮದನದಹನ madana-dahana. Śiva (Bp. 13, 26).

ಮದನಧ್ವಂಸಿ madana-dhvaṁsi. Śiva. 2, N. of a metrical foot (Ĉh.).

ಮದನನಾಶ madana-nâśa. Śiva (Bp. 51, 68).

ಮದನಪಿತ madana-pita. Kṛishṇa (Mr. 519).

ಮದನಬಾಧೆ madana-bâdhĕ. The pain or disquietude of love. (My.).

ಮದನಮಂಜರಿ madana-mañjari. N. of a queen (J. 8, 15. 23. 24).

ಮದನಮನ್ದಿರ madana-mandira. = ಮದನಗೃಹ. (My.).

ಮದನಮರ್ದನ madana-mardana. Śiva (Bp. 28, 50).

ಮದನಯುದ್ಧ madana-yuddha. = ಮನ್ಮಥಯುದ್ಧ. (My.).

ಮದನರಸ madana-rasa. Honey (ಜೇನ ತುಪ್ಪ G.).

ಮದನರಿಪು madana-ripu. Śiva. 2, N. of a metrical foot (Ĉh.).

ಮದನವತಿ madana-vati. N. of a metre (Ĉh.).

ಮದನವೇದನೆ madana-vêdanĕ. = ಮದನಬಾಧೆ. (My.).

ಮದನವೈರಿ madana-vairi. Śiva (Bp. 40, 44).

ಮದನಹರ madana-hara. Śiva (Bp. 2, 24). 2, sign for a metrically long syllable (Ĉh.). 3, N. of a class of metrical feet (Ĉh.).

ಮದನಹರಣ madana-haraṇa. Śiva (Bp. 36, 6).

ಮದನಾಗಮ madana-âgama. A manual of love (Śśv. 3, after 35).

ಮದನಾತುರ madana-âtura. Sick with love; love-sickness (J. 11, 19).

ಮದನಾನ್ತಕ madana-antaka. Śiva (Bp. 53, 42).

ಮದನಾರಿ madana-ari. Śiva (Bp. 1, 52; J. 14, 19).

ಮದನಿ madani. The double jasmin (ದುಣ್ಣು ಮಲ್ಲಿಗೆ Mr. 126).

ಮದಪ್ಲವ mada-plava. A flow of the ichor from an elephant's temples (Abh. P. 10, 159).

ಮದಭೃಂಗ mada-bhṛinga. A drunk or gladdened black bee (Śśv. 3, 41).

ಮದಮುಖ mada-mukha. A man with a proud face (ದರ್ಪಮುಖನು Bhn. 64).

ಮದರ madara. Tbh. of ಮುದ್ರ. Joy, pleasure (Râm. 6, 48, 8).

ಮದರಂಗ (mada-ranga). = ಮದರಂಗಿ, etc. — ಮದರಂಗಬಾಡಿ. A plantain of red colour and great fragrance (My.).

ಮದರಂಗಿ (mada-rangi). = ಮದರಂಗ, ಮುದುರಂಗಿ. The Henna plant, a shrub used as a hedge and by women to dye their finger-nails red, Lawsonia alba Lam. (St. & PL; S. Mhr.). See ಮುಳ್ಳು-. — ಮದರಂಗಿಯ ರಸ. (ಯಾವ, ಯಾವಕ G.).

ಮದರಸ mada-rasa. = ಮದಜಲ. (Śśv. 3, 46).

ಮದರಾಸು madarâsu. = ಮದ್ರಾಸು. (My.).

ಮದರಿ madari. = ಮದುರೆ. Tbh. of ಮಧುರೆ. The town of Madhurĕ in the Tamil country where a good red colour and beautiful cloths are made (B. 2, 7).

ಮದಲ್ madal. = ಮದ, etc. A wedding, a marriage (in ಮದಲಿಗ, etc.).

ಮದಲಗ madalaga. = ಮದಲಿಗ. (My. occasionally).

ಮದಲಿಗ madal-iga. A bridegroom (My. occasionally).

ಮದಲಿಗಿತ್ತಿ madaliga-itti. A bride (My. occasionally).

ಮದಲಿಂಗ madal-inga (i. e. iga). = ಮದಲಿಗ. (My.).

ಮದಲು madalu. = ಮೊದಲು. (My.).

ಮದಲೆ madalĕ. = ಮದ್ದಲೆ, etc. (My.).

ಮದವಣಗಿತ್ತಿ madavaṇagitti. = ಮದವಣಿಗಿತ್ತಿ. ಮದವಣಗಿತ್ತಿಯ ಭೃತ್ಯರ್ (ಜನ್ನ Sl. 447).

ಮದವಣಿಗ mada-vaṇiga. = ಮದವನಿಗ, ಮದವಳಿಗ. A bridegroom (My.; Sl. 256. 447).

ಮದವಣಿಗಿತ್ತಿ madavaṇiga-itti. A bride (My.). ಮದವಣಿಗಿತ್ತಿಗೆ ಕಾವಲಿಗೆ ಕಳುಹಿಸಿದ ಹಾಗೆ (Prv.).

ಮದವತ್ mada-vat. Possessing intoxication, being intoxicated, in rut, etc.

ಮದವತ್ತರಕ್ಷು madavat-tarakshu. A furious hyena or tiger (Śśv. 4, 20).

ಮದವದಿಭಗಮನೆ madavat-ibha-gamanĕ. = ಮದಗಜಗಮನೆ. (Čh. v. 232).

ಮದವನ madavana. (fr. ಮದ). (= ಮಯ್ದುನ, etc.). **A man connected by marriage: a husband** (see T., M. s. ಮದಮಗ; T. ಮಚ್ಚುನ, a brother-in-law; a cousin who is the mother's brother's son or the father's sister's son; ಮೈತ್ತುನ, a brother-in-law; M. ಮಚ್ಚುನ, the son of a mother's brother or of a father's sister; T. ಮರುಗ, ಮರುಮಗ, a son-in-law; Tĕ. ಮರದಲು, the daughter of a mother's brother, etc.; ಮರದಿ, the son of a mother's brother, etc.). ಮಗಳ ಮದವನಂ ಜಾಮಾತೃ ಎಮ್ಬ ರು (Hlâ.).

ಮದವನಿಗ mada-vaniga. = ಮದವಣಿಗ, etc. (ವರ Nr.; Grj. 10, after 46 & 79). ಮದವನಿಗನ ಆರು ಕೆಲಮ್ಬರು ಸ್ನೇಹಿತ ರುಣ್ಟು, ಅವರು ಜನ್ಯರೆನಿಸುಗು (Nr.).

ಮದವನಿಗತನ madavanigatana. **The state of being a bridegroom** (Grj. 10, 46).

ಮದವಳಿಗ mada-vaḷiga. = ಮದವಣಿಗ, etc. (J. 30, 54; 31, 1).

ಮದವಳಿಗೆ mada-vaḷigĕ. **A bride** (Bh. 1, 19, 39).

ಮದವಿ madavi. A kind of cloth (ಪಟ್ಟಭೇದ Mr. 342).

ಮದಸ್ಥಾನ mada-sthâna. A place of intoxication: *a drinking-house, a tavern.*

ಮದಾನ್ಧ mada-andha. Blinded by passion, blind from pride (Bp. 45, 11; Šŝv. 3, 42; 5, 18).

ಮದಾನ್ಧಕ mada-andhaka. = ಮದಾನ್ಧ. (Šŝv. 5, 19).

ಮದಾನ್ಧತೆ mada-andhatĕ. Blindness from pride (Šŝv. 4, 29).

ಮದಾಳಿ mada-aḷi. = ಮದಭೃಂಗ. (Čpr. 2, 84).

ಮದಿ madi. = ಮದ, etc. — ಮದಿಮಕ್ಕಳು. = ಮದಮಕ್ಕಳು. (G. 567). — ಮದಿಮಗ. = ಮದಮಗ. (G. 399. 400. 453). — ಮದಿಮಗಳು. = ಮದಮಗಳು. (G. 453).

ಮದಿ madi. (= ಮೊದೆ). Tbh. of ಮುಂಜ. — ಮದಿಹುಲ್ಲು. A very common grass, used to make cords, brooms, etc., Pennisetum aureum Link. (Z.).

ಮದಿಪು madipu. (fr. ಮತಿ with T. & M. pronunciation of the ತ್). Estimation, valuation, rating (My.; Tĕ. ಮತಿಮ್ಪು, ಮದಿಮ್ಪು; T., M. ಮದಿಪ್ಪು).

ಮದಿರಾಗೃಹ madirâ-griha. *A drinking-house, a tavern.*

ಮದಿರೆ madirĕ. ಮದಿರಾ. *Spirituous liquor.*

ಮದಿಲ್ madil. **A wall** (T., M.; Tĕ. ಮದುರು, ಮದುರು ಗೋಡೆ, ಮದುಲು). See ಪೊಮ್-.

ಮದಿವೆ madivĕ. = (ಮದ, etc.). ಮದುವೆ. **Wedding, marriage** (ವಿವಾಹ, ಉಪಯಮ, ಪರಿಣಯ, ಉದ್ವಾಹ, ಉಪ ಯಾಮ, ಪಾಣಿಪೀಡನ Si. 255; My.). ಬಿಕನ ಬಾರಿ, ಮಗನ ಮದಿ ವೆ.— ಕುರುಡಿಯ ಮದಿವೆಯಾದರೆ ಮನೇ ಗಡಿಗೆಗೆ ಮೂಲ (Prvs.). — ಮದಿವೆ ಮಾಡಿ ಕೊಡು. To give (a daughter) away as wife (My.). — ಮದಿವೆ ಮಾಡಿ ಕೊಳ್ಳು. = ಮದುವೆ-. To marry, to take a husband or a wife (My.). ಅಗ್ನಿಸಾಕ್ಷಿಕವಾಗಿ ಮ ದಿವೆ ಮಾಡಿ ಕೊಣ್ಡ ಹೆಣ್ಡತಿ (ಪತ್ನಿ, etc. Si. 183). ತನ್ನ ಜಾತಿಯಲ್ಲಿ ಮದಿವೆ ಮಾಡಿ ಕೊಣ್ಡ ಹೆಣ್ಡತಿಯಲ್ಲಿ ತನ್ನ ವೀರ್ಯಕ್ಕೆ ಹುಟ್ಟಿದ ಮಗ ನು (ಔರಸ, etc. 190). — ಮದಿವೆ ಮಾಡಿಸು. = ಮದುವೆ-. To cause a marriage to take place, as the purôhita by his superintendence and instructions, as a liberal man by pecuniary assistance, etc. (My.). ಅವನಿಗೆ (ಅವಳಿಗೆ, ಅವರಿಗೆ) ಮದಿವೆ ಮಾಡಿಸು, or ಅವನ (ಅವಳ, ಅವರ) ಮದಿವೆ ಮಾಡಿಸು (My.). — ಮದಿವೆ ಮಾಡು. = ಮದುವೆ-. To institute marriage for a son or daughter, or for a brother or sister, with the proper rites, to perform the act of giving in marriage, to marry. ತನ್ದೆ ತಾಯಿಗಳು ಮಕ್ಕಳ or ಮಕ್ಕಳಿಗೆ ಮದಿವೆ ಮಾಡುತ್ತಾರೆ; ಅಣ್ಣನು ತಮ್ಮನ (or ತಮ್ಮನಿಗೆ) ಮದುವೆ ಮಾ ಡುತ್ತಾನೆ, etc. (My.). ನಾನೇ ಒಲ್ಲೆನೆನ್ದರೆ ನಮ್ಮಪ್ಪ ಯಾರಿಗೆ ಮದಿವೆ ಮಾಡ್ಯಾನು?— ಹುಚ್ಚು ಹೋಗದೆ ಮದಿವೆ ಆಗದು, ಮದಿವೆ ಆಗದೆ ಹುಚ್ಚು ಹೋಗದು (Prvs.). See Prvs. s. ನೀಲಕಣ್ಠ, ಸಾವಿರ. — ಮದಿವೆಯಾಗು. -ಆಗು. = ಮದುವೆ-. Marriage to take place; to enter into the conjugal or connubial state, to marry; to be married; to be married to. ಪೊನ್ನೆ ಮದಿವೆಯಾದೆನ ಯ್ (Dp. 4). ನಾನು ಅವಳನ್ನು ಮದಿವೆಯಾದೆನು (My.). ನಿಮಗೆ ಮದಿವೆ ಆಯಿತೋ? or ಆಗಿದೆಯೋ? (My.). ಆ ಊರಲ್ಲಿ ಮದಿವೆ ಆಯಿತೋ? (My.). See Prvs. above.

ಮದಿಷ್ಠೆ madishṭhĕ. Very intoxicating (fem.): *spirituous liquor.*

ಮದಿಸು madisu. To grow or be proud, to behave arrogantly (Bp. 22, 21; 24, 52. 66; 28, 42; 38, 73; 45, 16; 47, 44; 50, 49; 51, 80; 53, 45; 59, 21; My.). 2, to grow fat or plump, as a person or the body (My.).

ಮದೀನ madîna. Medina. ಮಕ್ಕಕ್ಕೆ ಹೋದ, ಮದೀನಕ್ಕೆ ಹೋದ, ಇದ್ದ ಮಕ್ಕಳನ್ನು ಹೋಗಾಡಿಸಿ ಬನ್ದ (Prv.).

ಮದೀಯ madîya. Mine, belonging to me (Bp. 2, 10; 5, 1; 35, 27; 39, 60; 41, 17).

ಮದು madu. = ಮದ, etc. — ಮದುಮಗ. = ಮದ-. (B. 3, 51; My.). See Prv. s. ಮದುವೆ. — ಮದುಮಗಳು. = ಮದ-. (B. 3, 51; My.).

ಮದು madu. 1. Tbh. of ಮಧು. (ಚೈತ್ರ Šm. 20).

ಮದು madu. 2. = ಮದ 2, etc. — ಮದುಗುಣಿಕೆಗಿಡ. The thorn-apple, Datura alba Wall. and Datura fastuosa Lin. (St. & Pl.).

ಮದುರಂಗಿ (madu-rangi). = ಮದರಂಗಿ. (ರುಧಿರೆ Mr. 117).

ಮದುರೆ madurĕ. = ಮದರಿ. Tbh. of ಮಧುರೆ No. 3. (My.).

ಮದುವೆ maduvĕ. = ಮದಿವೆ. (ಉಪಯಾಮ, ಪರಿಣಯ, ಪಾ ಣಿಗ್ರಹಣ, etc. Hlâ.; ವಿವಾಹ, ಉಪಯಮ, etc. Nr.; ಕರಗ್ರಹಣ, ಉದ್ವಾಹ, etc. Mr. 307; My.; Tu. ಮದಮೆ). ಮದುವೆಯ ಮು ಯ್ಯ ಸೀರೆ (ನಿವಸನೋದ್ವಹನ Šmd. Dh.). ಮದುವೆಯಿಲ್ಲದ ಎಣ್ಟು ವರುಷಗಳ ಹುಡಿಗಿ (ಕನ್ಯೆ, etc. Si. 184). ಬಸುರಿಹೆಣ್ಡತಿ, ಮಗನ ಮದುವೆ ನಾಳೆ (Dp. 4). ಬೆನಕನ ಮದುವೆ ನಿತ್ಯಾ ನಾಳೆ.— ತುದಿಯಲ್ಲಿ ಕಾಣುವದು ಮದುವೇ ಗುಣ.— ಮದುವೆಗೆ ತನ್ದ ಅಕ್ಕಿ ಸೇಸೆಗೆ ತೀರಿ ಹೋಯಿತು.— ಮದುವೇ ಮನೇಲಿ ಅನ್ನವಿಕ್ಕಿ, ಹಿತವ ಪಡದ ಹಾಗೆ.— ಮದುವೇ ಮನೇಲಿ ತೋಪೆಗೆ ಅತ್ತರು, ಗೌರೀ ಹಬ್ಬದಲ್ಲಿ ಕಾಯಿಗೆ ಅತ್ತ ರು.— ಮದುವೇ ಮುಗಿದರೂ ಮದುಮಗನ್ನ ನೋಡಲಿಲ್ಲ (Prvs.). See Čpr. 1, after 101; Bp. 43, 59; J. 24, 33; 31, 13. 24. 31; Prvs. s. ಮುಣ್ಡೆ, ಮೂವತ್ತು, ಸಾವು; Sp. s. ಎಳ್ಳೆ. — ಮದು ವೆಕಂಕಣ. A string of cotton thread that is put round the wrist of the bride and bridegroom (My.). — ಮದುವೆಗೆ ಯ್. = ಮದುವೆ ಮಾಡು. (Bp. 56, 15). — ಮದುವೆಚಪ್ಪರ. A temporary shed for nuptial ceremonies (My.). ಮದುವೆ ಚಪ್ಪರದಲ್ಲಿ ಎತ್ತು ಹುಸುಕಿ ಬನ್ದ ಹಾಗೆ.— ಮದುವೆಚಪ್ಪರದಲ್ಲಿ ಮ ದುಮಗನೇ ಜಾಣ (Prvs.). — ಮದುವೆಜಗಲಿ. A raised seat of earth, etc. in the čappara for the bridal pair (My.). — ಮದುವೆ ನಿಲ್. = ಮದುವೆಯಾಗು. (Čpr. 4, 12; Abh. P. 10, after 220; Rŝv. 1, 55). — ಮದುವೆಪ್ರಸ್ತ. A marriage-feast (My.). — ಮದುವೆಮಂಗಲ. A marriage and other festive occasions (Bp. 40, 44). — ಮದುವೆ ಮಾಡಿ ಕೊಳ್ಳು. = ಮದಿವೆ- -. (C.). ಇವನು ರಾಜಕನ್ನಿಕೆಯನ್ನು ಮದುವೆ ಮಾಡಿ ಕೊಣ್ಡನು (B. 4, 5). ಅವನು ಬೇಗನೇ ಮದುವೆ ಮಾಡಿ ಕೊಣ್ಡನು (5, 200). — ಮದುವೆ ಮಾಡಿಸು. = ಮದಿವೆ-. ನಿನ್ನ ಸೂನುಮದನಂ ಚನ್ದ್ರಹಾಸಂಗೆ ತಂಗಿಯ ವಿಧಾನದಿಂ ಮದುವೆಯಂ ಮಾಡಿಸಿದಂ (J. 31, 29). — ಮದುವೆ ಮಾಡು. = ಮದಿವೆ-. (C.). ಅವಳನ್ನು ಅವಳ ತನ್ದೆ ಮದುವೆ ಮಾಡಿ ಕೊಟ್ಟನು (B. 3, 51). (ಹುಡುಗಿಯನ್ನು) ಕದ್ದು, ಮದುವೆ ಮಾಡುತ್ತೇನೆ; ಮತ್ತೆ ಬೇಕಾದರೆ ಕೊಲ್ಲು!— ಮನೆ ಕಟ್ಟಿ, ನೋಡು! ಮದುವೆ ಮಾಡಿ, ನೋಡು! (Prvs.). See Abh. P. 10, after 150; Bp. 4, 43. — ಮದುವೆಯಾಗು. -ಆಗು. = ಮದಿವೆ-. (C.). ಅಗ್ನಿಸಾಕ್ಷಿಯಲ್ಲಿ ಮದುವೆಯಾದ ಸ್ತ್ರೀ (ಪತ್ನಿ, ಪಾಣಿಗೃಹೀತಿ); ಒಮ್ಮೆ ಮದುವೆಯಾದವಳು (ಪುನರ್ಭೂ, ದಿಧಿಷು Nr.). ಮದುವೆಯಾದ ಸ್ತ್ರೀಯರು (ವೈವಾಹವಾದ ಅಂಗನಾತತಿ Nn. 136). ಕುಲಘಾತಕರಿಗೆ ಮದುವೆಯಾದ ವಿಷಯ (J. 31, 37). ಚಕ್ರವರ್ತಿನಿ ಒಬ್ಬ ರಾಜಪುತ್ರನನ್ನು ಮದುವೆಯಾದಳು (B. 4, 3). ನೀನು ನನ್ನನ್ನು ಮದುವೆಯಾಗ ಬೇಕು (5, 46). See Čpr. 6, 13; Bp. 9, 50; 46, 5; J. 9, 10; 19, 19; 27, 14. 16; Śl. 189; B. 5, 38. 67. 157. 275. 289-291. — ಮದುವೆಮುಹೂರ್ತ. The time of marriage; an auspicious time for marriage (My.). — ಮದುವೆಲಗ್ನ. = ಮದುವೆ ಮುಹೂರ್ತ. (My.).

ಮದೇಭ mada-ibha. An elephant in rut (ಸೊಕ್ಕಿದಾನೆ Nn. 74).

ಮದೋತ್ಕಟ mada-utkaṭa. Excited by drink, passion, etc.; *an elephant in rut.*

ಮದೋತ್ಕರ mada-utkara. Abundance of delight (ಸನ್ತೋಷದ ಹೆಚ್ಚಿಗೆ G.; ಸನ್ತೋಷಗೊಮ್ಬುವಿಕೆ Čb.).

ಮದೋದಕ mada-udaka. = ಮದಜಲ. (My.; ಸಿನ್ಧು G.; B. 5, 239).

ಮದೋದ್ಧತ mada-uddhata. Excited with drink, etc.; puffed up with pride, arrogant, haughty. (My.).

ಮದೋದ್ರಿಕ್ತ mada-udrikta. Abounding in passion, lust or pride (My.).

ಮದೋದ್ರೇಕ mada-udrêka. Abundance or excess of lust or pride (My.).

ಮದೋನ್ಮತ್ತ mada-unmatta. Intoxicated with passion or pride, furious. (My.).

ಮದ್ಗಾರೆ madgârĕ. = ಮಗ್ಗಾರೆ, q. v.

ಮದ್ಗು madgu. *The diver-bird, a shag, a kind of cormorant* (ಜಲಕಾಕ, ನೀರ್ಗಾಗೆ Mr. 171). 2, a particular large fish (ವಾಗು, ಶೃಂಗಿ, ಹೆವಿಟ್ಮಾನ್ 409; see ಮದ್ಗುರ).

ಮದ್ಗುರ madgura. *A species of fish, Macropteronatus magur* Ham. 2, a kind of sheat-fish.

ಮದ್ದತು maddatu. = ಮದ್ದತ್ತು, etc. (My.; Br.; ಅನುಕೂಲ, ಸಹಾಯ Čb.).

ಮದ್ದತ್ತು maddattu. = ಮದತ, ಮದ್ದತು. (My.).

ಮದ್ದರಸಗಿಡ maddarasa-giḍa. A shrub with fragrant white flowers, Tabernae montana coronaria Br. (St. & Pl.).

ಮದ್ದಲೆ maddalĕ. = ಮದಲೆ, ಮದ್ದಳೆ, ಮದ್ದೆ. Tbh. of ಮರ್ದಲ. (My.). ಮದ್ದಲೆ ಬೊಡಿಯುವವನು (ಮಾರ್ದಂಗಿಕ, ಮದ್ದಳಿಗ Śl. 340). — ಮದ್ದಲೆಯವ. -ಅವ. = ಮದ್ದಳಿಗ. (My.).

ಮದ್ದಲೆಕಾಱ maddalĕ-kāṟa. = ಮದ್ದಳಿಗ. (ಮಾರ್ದಂಗಿಕ, ಮೌರಜಿಕ G.).

ಮದ್ದಳಿಗ maddaḷiga. = ಮರ್ದಳಿಗ. A man who beats a tabor (see Śl. s. ಮದ್ದಲೆ).

ಮದ್ದಳಿಗಿತಿ maddaḷiga-iti. (Śmd. 244). A woman who beats a tabor.

ಮದ್ದಳೆ maddaḷĕ. = ಮದ್ದಲೆ, etc. (ಮರ್ದಲ Nr.; ಮೃದಂಗ, ಮುರಜ Hlâ.; ಮೃದಂಗ Nn. 66; Mr. 80; My.; Śl. 62). ಅಮುಗದಲ್ಲಿ ಪಾತ್ರವಾಡುವಾಗ ಮದ್ದಳೆ ಏರವು ಬೇಡಿದರನ್ತೆ.— ಒರಳು ಹೋಗಿ, ಮದ್ದಳೆ ಸಂಗಡ (or ಹತ್ತರ ದೂಱು) ಹೇಡಿದ ಹಾಗೆ. — ದಾರು ಬಿಗಿದರೆ ಮದ್ದಳೆ, ನಾರಿ ಇದ್ದರೆ ಶೋಭನ (Prvs.). See ಜವಳಿಮದ್ದಳೆ.

ಮದ್ದಳೆಗಾಱ maddaḷĕ-gāṟa. = ಮದ್ದಳಿಗ. (ಮಾರ್ದಂಗಿಕ, ಮೌರಜಿಕ Nr.).

ಮದ್ದಿ maddi. = ಮತ್ತಿ 2, etc. (Tē.; My.; ಸಾಲ, ಸರ್ಜಕ, etc. Śl. 132; T. ಮರುದ, ಮರುದು; M. ಮರುದು).

ಮದ್ದಿನ maddina. Tbh. of ಮಧ್ಯಾಹ್ನ. (My.).

ಮದ್ದು maddu. 1. (Tbh. of ಮರ್ದ?). = ಮರ್ದು. Any drug, any medicine, whether a powder, a pill, or a fluid; a remedy (C.; Tē. ಮನ್ದು; Tu. ಮರ್ದು; T. ಮರುನ್ದು; M. ಮರುನ್ನು; Bp. 18, 71; 42, 17). 2, gunpowder (C.; Tē., T., M.; B. 3, 117; 4, 200; 5, 112). ರೋಗಹರವಾದ ಮದ್ದು (ಭೇಷಜ, etc. Śl. 199). ಬದಿಕಿಸುವ ಮದ್ದು (ಜೀವಾತು, etc. 298). ಮದ್ದಿನ್ದ ಮರುಳಾಗಿ ಹೇಕುಳಿಗೊಣ್ಡಿದ್ದ ನಾಯಿ (ಅಲರ್ಕ, ಯೋಗಿತ Nr.). ಮದ್ದು ತಿಳಿದವನಾದರೆ ಒದ್ದ ಪೆಟ್ಟು ಹೋದೀತೇ?— ನಾಡೀ ನೋಡದೆ, ಮದ್ದು ಕೊಟ್ಟರೆ ಕಾಡು ರೋಗ ಬರುವದು.— ಮುಗ್ಗಿ ಬಾರದವನಿಗೆ ಸುಗ್ಗೀ ಕಾಯಿ ಮದ್ದೇ?— ದೊಡ್ಡವನುಣ್ಡರೆ ಮದ್ದು, ಬಡವನುಣ್ಡರೆ ಹೇಸಿಗೆ.— ಮದ್ದು ಕುಡಿದ ಕೂಡಲೇ ಎದ್ದು ನಿಲ್ಲುವದುಣ್ಟೇ?— ಕೇಡುಗಾಲಕ್ಕೆ ಬುದ್ಧಿ ಇಲ್ಲ, ಮರಣಗಾಲಕ್ಕೆ ಮದ್ದು ಇಲ್ಲ.— ಮದ್ದು ಸುಡುವಲ್ಲಿ ಹದ್ದಿಗೇನು?— ಇದ್ದದ್ದು ಹೋಯಿತು ಮದ್ದಿನ ಗುಣ.— ಮನಗುದ್ದಿಗೆ ಮದ್ದಿಲ್ಲ (Prvs.). See ಬಳ-; Prvs. s. ನಂಜು 2, ಮನೋರೋಗ, ವಾಸಿ 4, and ಸದ್ದು. — ಮದ್ದರೆ. -ಅರೆ. To rub (and give) medicine (Bh. 3, 17, 38). — ಮದ್ದಿನಂಜನ. -ಅಂಜನ. A salve to make one's self invisible (Bp. 31, 3). — ಮದ್ದುಗದಿವೆ. O. r. of ಮದ್ದುಗದಿವೆ, q. v. — ಮದ್ದುಮರ. A medicinal tree (Bp. 15, 20; 17, 10; 18, 67).

ಮದ್ದು maddu. 2. = ಮೊದ್ದು. (My.). See ಎದ್ದು-. — ಮದ್ದ. = ಮೊದ್ದ. (My.).

ಮದ್ದು maddu. = (ಮತ್ತು), ಮದ 2, etc., ಮದ್ದು. Intoxication, madness; ruttishness; an intoxicating preparation that destroys sound understanding (My.; *cf.* ಮತ್ತ; Mhr. ಮದತ್, ಮದದ್, an intoxicating preparation of opium). — ಮದ್ದ ಕುಣಿಕೆ. The thorn-apple, Datura metel and fastuosa (ಉನ್ಮತ್ತ, ಮದನ, etc. Nr.). — ಮದ್ದಾನೆ. -ಆನೆ. An elephant in rut (My.; ಘಟಾಘಟ, ಮತ್ತೇಭ G.; B. 4, 9). — ಮದ್ದುಕುಣಿಕೆ. = ಮದ್ದ ಕುಣಿಕೆ. (ಉನ್ಮತ್ತ Ŝs.). — ಮದ್ದುಗುಣಿಕೆ. = ಮದ್ದುಗುಣಿಕೆ. (ಅನ್ಮೋತ, ಉನ್ಮತ್ತ, ಕಿತವ, ಕುದ್ದಾಲ, ಧತ್ತೂರ, ಮದನ G.). — ಮದ್ದುಗುಣಿಕೆ. = ಮದ್ದ ಕುಣಿಕೆ. (My.; Bp. 54, 30; Abhâ. 1, 37; ಕನಕಾಹ್ವಯ, ಕೋವಿದಾರ, ಚಮುರಿಕ, ಜಪಾಪುಷ್ಪ G.).

ಮದ್ದುಗಾರ್ತಿ maddu-gârti. A medicine-woman; a female poisoner. See ಬಲು-.

ಮದ್ದೂರು maddu-ûru. N. of a place in Mysore. ಮದ್ದೂರಿಗೆ ಮಾರಬಯ್ಯ ಹೋದ ಹಾಗೆ (Prv.).

ಮದ್ಯ madya. Intoxicating, exhilerating, gladdening, lovely. 2, *any intoxicating drink, vinous or spirituous liquor.* See ಕಳ್.

ಮದ್ಯಗೋಟ್ಟಿ madya-gôṭṭi. Tbh. of ಮದ್ಯಗೋಷ್ಠಿ, q. v.

ಮದ್ಯಗೋಷ್ಠಿ madya-gôshṭhi. A drinking-party; a place where people drink together (ಗೋಮುಖ, ಆಸವಾಸಕ್ತತೆ Nn. 20, o. r. ಮದ್ಯಗೋಟ್ಟಿ).

ಮದ್ಯಪ madya-pa. One who drinks intoxicating liquor (ಮದ್ಯಪಾನ, etc., ಮದ್ಯಪಾನ ಮಾಡುವವನು Dhw.).

ಮದ್ಯಪಾನ madya-pâna. The drinking of intoxicating liquor;—any intoxicating drink. See ಮದ್ಯಪ.

ಮದ್ಯಪಾನಗೋಷ್ಠಿ madyapâna-gôshṭhi. = ಮಧುಪಾನಗೋಷ್ಠಿ, q. v.

ಮದ್ಯಪಾಯಿ madya-pâyi. = ಮದ್ಯಪ. (My.).

ಮದ್ಯವಾಚಿ madya-vâĉi. An exhilerating sound or voice (ಕಲರವ, ಬಾಸರ Ĉt. I, 41).

ಮದ್ರ madra. = ಮದರ. Joy, happiness. 2, N. of a country to the north-west of India. See ಅಶ್ವಪತಿ.

ಮದ್ರಾಸು madrâsu. = ಮದರಾಸು. Madras (My.; B. 4, 117; 5, 112).

ಮದ್ಲೆ madlĕ. = ಮದ್ದಲೆ. (My.).

ಮಧು madhu. = ಮದು. Sweet; pleasant, agreeable; sweetness. 2, *honey* (ಜೇನ ತುಪ್ಪ Mr. 509; ಜೇನ್ Nn. 9. 13); *the nectar of flowers* (ಮಕರನ್ದ, ಪೂಗಳ ಇನಿದು Mr. 105; ಪರಾಗ, ಹೂವಿನ ಬಣ್ಣು Nn. 13, o. rs. ಪುಷ್ಪರಜ, ಪರಿಮಳ; ಬಿರಿಮುಗುಳ ಬಣ್ಣು 509). 3, ambrosia; milk (ಅಮೃತ 13). 4, *mead, vinous liquor, spirituous liquor* (ಆಸವ, ಸುರೆ 13; ಕಳ್ಳು 509). 5, liquorice. 6, *a species of plant* (= ಜೀವನಿ). 7, *N. of the first month of the year, the month ĉaitra* (March-April, ಚೈತ್ರಮಾಸ 13; ಚೈತ್ರ 509). 8, the black humble bee (ಭೃಂಗ, ತುಮ್ಬಿ 13). 9, tin (ವಂಗ, ತವರ 13; ತವರ 509). 10, N. of an asura or daitya (ದನುಜ 13; ಸುರವೈರಿ 509). 11, ಕೃಷ್ಣ ದ್ರನು (13). 12, spring, the vernal season (March-May; My.).— ಮಧುವಯ. -ಆಯ. N. (Bp. 61, 6).— ಮಧುವಯ್ಯ. -ಅಯ್ಯ. N. (Bp. 37, 6; 58, 9; 61, 1. 4).— ಮಧುವರಸ. -ಅರಸ. N. (Bp. 9, 48).

ಮಧುಕ madhuka. Sweet. 2, *the liquorice-root, Glycyrrhiza glabra* Lin. 3, ಕೊಳಂಜ (G.).

ಮಧುಕರ madhu-kara. *A (male) bee* (Šm. 1).

ಮಧುಕರಿ madhu-kari. A female bee (Ĉpr. 7, after 102; Rŝv. 1, after 135).

ಮಧುಕ್ರಮ madhu-krama. *A drinking bout, drunkenness, tippling.*

ಮಧುಗೋಷ್ಠಿ madhu-gôshṭhi. A drinking-party (ಘಟಿ, ಮಧುಪಾನಗೋಷ್ಠಿ Nn. 109, o. r. ಮದ್ಯಪಾನಗೋಷ್ಠಿ).

ಮಧುಚ್ಛನ್ದ madhu-ĉ-ĉhanda. Tbh. of ಮಧುಚ್ಛನ್ದಸ್. (J. 12, 17; 33, 40).

ಮಧುಚ್ಛನ್ದಸ್ madhu-ĉ-ĉhandas. N. of the fifty-first of Viŝvâmitra's 101 sons. See ಅಘಮರ್ಷಣ.

ಮಧುತರ madhu-tara. Uncommonly sweet or agreeable (A.).

ಮಧುದೂತಿ madhu-dûti. The female messenger of spring: the plant Bignonia suaveolens. (Grj. 7, 41; Rŝv. 9, 48; 10, 19. 20).

ಮಧುದ್ರುಮ madhu-druma. *The tree Bassia latifolia* Roxb.

ಮಧುಪ madhu-pa. *A bee.*

ಮಧುಪರ್ಕ madhu-parka. A mixture of honey, an offering of honey and milk (also plantains): a respectful offering to a guest or to the bridegroom on his arrival at the door of the father of the bride; the ceremony of receiving a guest. (Grj. 10, after 79; My.).

ಮಧುಪರ್ಣಿ madhu-parṇi. *The creeper Cocculus cordifolius* DC.

ಮಧುಪರ್ಣಿಕೆ madhu-parṇikĕ. *The timber tree Gmelina arborea* Roxb.

ಮಧುಪಾನ madhu-pâna. Sipping spirituous liquor, etc.; spirituous liquor. (J. 30, 17).

ಮಧುಪಾನಗೋಷ್ಠಿ madhupâna-gôshṭhi. = ಮಧುಗೋಷ್ಠಿ, q. v.

ಮಧುಪಾಯಿ madhu-pâyi. Honey-drinker: *a bee.*

ಮಧುಪೂರ madhu-pûra. The wild date tree, Phoenix sylvestris Lin. (ಈಚಲ್ Mr. 117).

ಮಧುಪ್ರಿಯ madhu-priya. Fond of honey, etc. 2, the black humble bee (ಭೃಂಗ, ತುಮ್ಬಿ Nn. 29). 3, the month ĉaitra; spring (ಚೈತ್ರ, ವಸನ್ತ 29, o. r. ಚೈತ್ರಮಾಸ). 4, the eye (ನೇತ್ರ, ಕಣ್ 29). 5, Kâma (ಕಾಮ, ಮದನ 29). 6, Balabhadra (ಕಾಮಪಾಲ, ಬಲಭದ್ರ 29). 7, Šiva (ಶಿವ, ಈಶ್ವರ 29). 8, a voluptuary, etc. (ಭುಜಂಗ, ವಿಟ 29).

ಮಧುಪ್ರೇಮಿ madhu-prêmi. Râma (Mr. 22).

ಮಧುಫಲ madhu-phala. A kind of cocoa-nut. 2, the plant Flacourtia sapida or cataphracta. See ಮಾಧೂಫಲ.

ಮಧುಭೂಭುಜ madhu-bhûbhuja. King Spring (Rŝv. 9, 53; V. 4, 54).

ಮಧುಭೂಮಿಶ madhu-bhûmiŝa. = ಮಧುಭೂಭುಜ. (Rŝv. 10, 22).

ಮಧುಮಕ್ಷಿಕೆ madhu-makshikĕ. *A bee.*

ಮಧುಮಕ್ಷೆ madhu-makshĕ. A bee (ಜೇನ ನೊಣ Mr. 175).

ಮಧುಮತಿ madhu-mati. Containing sweetness (fem.). 2, N. of a vṛitta (Ĉh.).

ಮಧುಮಥನ madhu-mathana. The destroyer of the daitya Madhu: *Vishṇu.*

ಮಧುಮಾಧವಿ madhu-mâdhavi. Any spring flower abounding in honey. 2, N. of a râgiṇi or musical mode. (R.).

ಮಧುಮಾಸ madhu-mâsa. = ಮಧು No. 7. (J. 8, 4).

ಮಧುಮಿತ್ರ madhu-mitra. A bee (ಅಳಿ Mr. 512). 2, spring (ವಸನ್ತ 512; Rŝv. 10, 12). 3, Kâma (ಸ್ಮರ 512). 4, Balabhadra (512). 5, Šiva (ರುದ್ರ, 512; Bp. 61, 82).

ಮಧುಮೂಲಿ madhu-mûli. N. of a plant (ಸಿರಿಕನ್ನೆ, ಹಣ್ಣೆ Mr. 150).

ಮಧುಯಷ್ಟಿಕೆ madhu-yashṭikĕ. *Liquorice.* 2, ಕೊಳಂಜ (G.).

ಮಧುರ madhura. *Sweet; pleasant, pleasing;* sounding sweetly or agreeably; melodious (ಸಾರದ ಧ್ವನಿ Mr. 76); sweetness, etc. 2, one of the guṇas in kâvya (Kâvy. III, 1, A, 3. 12-14). 3, a kind of sugar (ಬೆಲ್ಲ Ĉb.). 4, the red sugar-cane (ಕೆಮ್ಪು ಕಬ್ಬು Ĉb.). 5, a kind of mango (ಮಾವಿನ ಗಿಡ Ĉb.). 6, an almond-tree (ಬಾದಾಮದ ಗಿಡ Ĉb.). 7, the wild jujube (ಕಾಡೇ ಬಾರೀ ಗಿಡ Ĉb.). 8, rice; a kind of wheat (ಸಣ್ಣ ಗೋದಿ Ĉb.). 9, anise-seed (ಬಡೇಸೋಪು Ĉb.). 10, the wild date tree (ಸಿನ್ದೀ ಗಿಡ Ĉb.). 11, ಚನ್ನಂಗಿ (Ĉb.). 12, = ಮಧುರೆ No. 3.— ಮಧುರವಾಣ್ಣ. N. (Bp. 11, 16).

ಮಧುರಕ madhuraka. *A species of medicinal herb.*

ಮಧುರತ್ವ madhuratva. Sweetness (My.; ಮಾಧುರ್ಯ G.).

ಮಧುರನಿನದ madhura-ninada. A sweet, melodious voice or sound (ಇಂಚರ Ĉt. II, 66).

ಮಧುರವಾಚ್ madhura-vâĉ. *Sweetly-speaking; a pleasant discourse.*

ಮಧುರರಸ madhura-rasa. Honey (Abhâ. 2, 32; My.).

ಮಧುರಸೆ madhu-rasĕ. *The plant Sanseviera roxburghiana* Schult. 2, a vine; a bunch of grapes; *a grape.*

ಮಧುರಿಕೆ madhurikĕ. *The aromatic plant Anethum panmorium* Roxb. (ಬಡೇಸೋಪು G.).

ಮಧುರಿಪು madhu-ripu. The enemy of Madhu: *Vishṇu.*

ಮಧುರಿಪುಜ madhuripu-ja. Kâma (Rŝv. 9, 51).

ಮಧುರೆ madhurĕ. ಮಧುರಾ. *The plant Anethum sowa* Roxb. 2, N. of a town in the province of Agra on the right bank of the river Yamunâ, Muttra. 3, = ಮದುರೆ, ಮದುರೆ, ಮಧುರ No. 12. Madura of the Pâṇḍya kingdom in the Tamiḷ country (Bp. 50, 20). 4, a kind of anuprâsa (Kâvy. III, 2, B, 50. 51). — ಮಧುರೆಪಾಗು. A long turban fabricated at Madhurĕ (My.). — ಮಧುರೆ ಮೀನಾಕ್ಷಿ. A śakti of Śiva at Madhurĕ (My.). — ಮಧುರೆ ರಂಗು. A standing purple colour coming from Madhurĕ (My.).

ಮಧುರೇಶ್ವರ madhurâ-îśvara. A king of Madhurĕ (Bp. 50, 20).

ಮಧುರೋಕ್ತಿ madhura-ukti. Sweet, pleasant words (Čpr. 5, 25; J. 31, 37).

ಮಧುಲಿಹ್ madhu-lih. Honey-sucking: *a bee.*

ಮಧುವನ madhu-vana. The cuckoo. 2, the forest of the ape Sugrîva (Râm. 5, 9, 15).

ಮಧುವಲ್ಲಿ madhu-valli. Liquorice. 2, ಅತಿಮಧುರ (Mr.135).

ಮಧುವಾರ madhu-vâra. *Drinking repeatedly, tippling, carousing.*

ಮಧುವ್ರತ madhu-vrata. Working in honey: *a bee;* the black humble bee (ಭ್ರಮರ, ತುಮ್ಬಿ No. 68; ಕಲಕಣ್ಣ, ತುಮ್ಬಿ 73).

ಮಧುಶಿಗ್ರು madhu-śigru. *The horse-radish tree, Moringa pterygosperma* Gaertn.

ಮಧುಶ್ರೇಣಿ madhu-śrêṇi. *The plant Sanseviera roxburghiana* Shult.

ಮಧುಷ್ಠೀಲೆ madhushṭhîlĕ. *The tree Bassia latifolia* Roxb.

ಮಧುಸಖ madhu-sakha. Friend of spring: *Kâma.*

ಮಧುಸಾರಥಿ madhu-sârathi. Having spring for a charioteer: Kâma. (R.).

ಮಧುಸೂದನ madhu-sûdana. Destroyer of Madhu: Vishṇu or Kṛishṇa. (J. 7, 1. 8. 66).

ಮಧುಹರ madhu-hara. = ಮಧುಸೂದನ. (ಕೃಷ್ಣ Mr. 18).

ಮಧೂಕ madhûka. *The tree Bassia latifolia* Roxb. See ಇಪ್ಪೆ.

ಮಧೂಚ್ಛಿಷ್ಟ madhu-učchishṭa. *Bees' wax.*

ಮಧೂಲಕ madhûlaka. *A kind of Bassia latifolia which grows in watery places.*

ಮಧೂಲಿಕೆ madhûlikĕ. *A perennial plant, the bow-string hemp, Sanseviera zeylanica* Willd.

ಮಧ್ಯ madhya. Middle, middlemost, central; being in the middle, intermediate, intervening. 2, of a middle kind, middling, of a middling size or quality. 3, *right, just, reasonable.* 4, *the middle, the midst, the centre* (ನಡು No. 89; see ನಡು). 5, *the waist.* 6, *mean or common time in music.* See Sp. s. ಮುನ್ನೀ.

ಮಧ್ಯಗ madhya-ga. *Going in the middle, being in the middle or among, being in or on.*

ಮಧ್ಯದೇಶ madhya-dêśa. *The midland country, the country lying between the himâlaya, the vindhya mountains, kurukshêtra and prayâga.*

ಮಧ್ಯನಾಡಿಕೆ madhya-nâḍikĕ. The middle artery (Śêv. 2, 96).

ಮಧ್ಯನಾರಿ madhya-nâri. A woman that is in the middle of or between two others. See ಉಳಿ.

ಮಧ್ಯನ್ದಿನ madhya-n-dina. Midday, noon. 2, *middle, central.*

ಮಧ್ಯಮ madhyama. *Middle, middlemost, central;* intermediate, intervening. 2, *of a middle condition or quality, middling, moderate, middle-sized.* 3, *the waist* (ಮಧ್ಯ, ನಡು Mr. 460). 4, the second person (in grammar; see ಮಧ್ಯಮಪುರುಷ). 5, = ಮಧ್ಯಮೆ No. 3 (Mr. 362). 6, = ಮಧ್ಯದೇಶ, *the midland country.* 7, *the fourth* (Mr. 76) *or fifth of the seven musical notes or svaras* (see ಸಪ್ತಸ್ವರ and Bp. 19, 10). 8, *the governor of a province.*

ಮಧ್ಯಮತ್ವ madhyamatva. Mediocrity (Čpr. 9, 105).

ಮಧ್ಯಮಪಾತ್ರ madhyama-pâtra. A person of a middling quality or condition (Kâvy. IV, 2, 33).

ಮಧ್ಯಮಪುರುಷ madhyama-purusha. The second person in verbal conjugation (Śmd. 91. 255. 258. 261. 262. 276; Kâvy. I, 5, 6-12. 32. 33. 41-44).

ಮಧ್ಯಮೀಯ madhyamîya. *Middlemost, middle, central.*

ಮಧ್ಯಮೆ madhyamĕ. *A girl arrived at puberty.* 2, *the middle finger.* 3, = ಮಧ್ಯಮ No. 5, N. of a type of metres (Čh.).

ಮಧ್ಯಯಮಕ madhya-yamaka. A kind of yamaka (Kâvy. III, 2, B, 3).

ಮಧ್ಯರಂಗ madhya-raṅga. Śivasamudra in Mysore (My.).

ಮಧ್ಯರಾತ್ರಿ madhya-râtri. Midnight (My.; B. 4, 123; 5, 42).

ಮಧ್ಯರಾತ್ರೆ madhya-râtrĕ. = ಮಧ್ಯರಾತ್ರಿ. (Mr. 66; My.).

ಮಧ್ಯರೇಖೆ madhya-rêkhĕ. The central line (on the breast, Čh. v. 210 MS.). 2, the central or first meridian. 3, the equator (My.).

ಮಧ್ಯರೇಷೆ madhya-rêshĕ (*i. e.* ರೇಖೆ). The equator (Mhr.; B. 5, 305. 306).

ಮಧ್ಯವರ್ತಿ madhya-varti. Being in the middle, central. 2, that mediates between parties: a mediator. (My.).

ಮಧ್ಯಸಮಾಗಮ madhya-samâgama. A kind of sambhôga (Kâvy. IV, 2, 23).

ಮಧ್ಯಸ್ತ madhya-sta. = ಮಧ್ಯಸ್ಥ No. 2. Tbh. of ಮಧ್ಯಸ್ಥ. (My.); mediation (My.; Tĕ.). ಮಧ್ಯಸ್ತ ಇಲ್ಲದ ಊರಲ್ಲಿ (ಒಬ್ಬನು) ಮಧ್ಯಾಹ್ನ (for half a day) ಇರ ಬಾರದು (Prv.).

ಮಧ್ಯಸ್ತಗಾಱ madhyasta-gâṟa. A mediator (My.).

ಮಧ್ಯಸ್ತಿಕೆ madhya-stikĕ. Mediation, mediatorship (My.).

ಮಧ್ಯಸ್ಥ madhya-stha. Standing or being in the middle; being within; central. 2, standing between two persons or parties, acting as mediator, mediating free from party spirit, neutral;—an arbitrator, a mediator.

ಮಧ್ಯಸ್ಥಾನ madhya-sthâna. A middle place;—the waist. See ನಡು.

ಮಧ್ಯಸ್ಥಿ madhya-sthi. = ಮಧ್ಯಸ್ತಿಕೆ. (Mhr.; B. 5, 234).

ಮಧ್ಯಸ್ಥಿತ madhya-sthita. = ಮಧ್ಯಸ್ಥ No. 1. (Rŝv. 5, 131).

ಮಧ್ಯಾಂಗುಲಿ madhya-aṅguli. *The middle-finger.*

ಮಧ್ಯಾನ madhyâna. Tbh. of ಮಧ್ಯಾಹ್ನ. (My.).

ಮಧ್ಯಾನ್ತಯಮಕ madhya-anta-yamaka. A kind of yamaka (Kâvy. III, 2, B, 3 seq.).

ಮಧ್ಯಾನ್ನ madhyânna. = ಮಧ್ಯಾನ. (My.).

ಮಧ್ಯಾಹ್ನ madhya-ahna. = ಮಧ್ದಿನ, ಮಧ್ಯಾನ, ಮಧ್ಯಾನ್ನ. *Mid-day, noon.* ಮಧ್ಯಾಹ್ನ ತಿಳಿಯದವ ಗದ್ಯಾಣದ ನೋಟ ಬಲ್ಲನೇ?— ಮಧ್ಯಾಹ್ನದ ನೆಣ್ಣನಲ್ಲ, ಸಂಜೀ ಮಳೆಯಲ್ಲ (Prvs.). See ಮಟ್ಟ-; Prv. s. ಮಧ್ಯಸ್ತ. — ಮಧ್ಯಾಹ್ನಮಲ್ಲಿಗೆ. The marvel of Peru or four-o'clock flower, Mirabilis jalappa Lin. (St. & Pl.). 2, = ಬನ್ಧೂಕ, ರಕ್ತಕ (G.).

ಮಧ್ಯೈಕನಾಡಿ madhya-êka-nâḍi. An unfavourable junction of natal stars (My.).

ಮಧ್ವ madhva. N. of the founder of a sect of Vaishṇavas in the 13th century, teaching dvaita (My.), also called ಮಧ್ವರಾಯ, ಮಧ್ವಾಚಾರ್ಯ, etc. (My.).

ಮಧ್ವಾಸವ madhu-âsava. *Spirituous liquor* (see Si. 347).

ಮನ್ man. 1. = ಮುಠ್ 2, *e. g.* in ಮನ್ಮಠ (Bp. 2, 10), ಮನ್ಮನೋರಥ (J. 9, 21).

ಮನ್ man. 2. = ಮನ 2. — ಮನ್ದಟ್ಟು. -ತಟ್ಟು. Knowledge. ಅವನಿಗೆ ಮನ್ದಟ್ಟಾಯಿತು (My.). ಆ ವಿಷಯ ಅವನಿಗೆ ಮನ್ದಟ್ಟು ಉಣ್ಟು (My.).

ಮನ mana. = ಮನೆ (only in ಮನವಾರ್ತೆ). — ಮನವಾರ್ತೆ. = ಮನೆವಾರ್ತೆ. (My.). ಮನವಿಲ್ಲದ ಮನವಾರ್ತೆ, ಧನವಿಲ್ಲದ ಐಶ್ವರ್ಯ (Prv.).

ಮನ mana. 1. = ಮಣ, etc. See ಒಮ್-1.

ಮನ mana. 2. (Šmd. 107. 130). = ಮನ್ 2. Tbh. of ಮನಸ್. (ಮನಸ್, etc. Hlâ.; ಚಿತ್ತ, etc. Mr. 329; ಮನಸ್ಸು Nn. 77. 116; C.). ನಿಮಗಾವುವು ಮನಕೇಱುವುವು? (Šmd. 117). ಲೇಸಪ್ಪ ಮನದವ (ಚಿದ್ರೂಪ, etc.); ಮನದ ಬಗೆ (ಸಂಕಲ್ಪ Hlâ.). ಮನದ ಉತ್ಸವ (ಕೋಟೆ Nn. 48). ಮನ ಬನ್ದ ಪೋಲು ನುಡಿವದು (ಉಚ್ಛಾಪಕ Mr. 84). ಕಡುಲೇಸುಮನದವಂ (ಚಿದ್ರೂಪ Mr. 241). ಮನವಿಲ್ಲದ ಮನವಾರ್ತೆ, ಧನವಿಲ್ಲದ ಐಶ್ವರ್ಯ.— ಮನವಱಿಯದ ಪಾಪವಿಲ್ಲ, ಶಿವನಱಿಯದ ಸಾವಿಲ್ಲ (Prvs.). See Prv. s. ತನು. — ಮನಂ ಸಲ್. = ಮನ ಸಲ್. (Šmd. 200). The mind to enter into, etc.; to feel desire; etc. — ಮನಕೆ ತರು. To take into consideration or to heart (My.). — ಮನಕೆ ಬರ್. -ಬರು. To enter the mind; to suit or please the mind: to be pleasing, agreeable or desirable (Bp. 14, 11; My.). — ಮನಕ್ಕೆದರ್. -ತರ್. To bring to the mind: to get or obtain for one's mind, to fulfill the desire of the mind (Abh. P. 3, 77). — ಮನಕ್ಲೇಶ. Mental affliction or pain (Mr. 534). — ಮನಗಣ್ಪಗೊಯ್ಕೆ. -ಕೊಯ್ಕೆ. A woman who cuts or separates the bonds or engagements of (another's) mind (Bp. 40, 53). — ಮನಗಾಣ್. -ಗಾಣು. -ಕಾಣ್. To see or observe with the mind (*cf.* ಕಣ್ಡಾಣ್); to take hold of with the understanding, to apprehend (My.; B. 4, 7. 73. 91. 170. 179. 187. 189. 197. 224). ಮನಗಾಣೋಣ (ಸ್ವಾನುಭವ, ತನ್ನ ಅನುಭವ G.). — ಮನಗುನ್ದು. -ಕುನ್ದು. 1. The mind or heart to fail or be afflicted: to grieve (Bp. 13, 22; Bh. 5, 11, 40; My.). — ಮನಗುನ್ದು. -ಕುನ್ದು. 2. Grief, sorrow (My.). ಮನಗುನ್ದಿಗೆ ಮದ್ದಿಲ್ಲ (Prv.). — ಮನಗೆಡಿಸು. -ಕೆಡಿಸು. To destroy the (formerly entertained good) intentions (of another, My.). — ಮನಗೆಡು. -ಕೆಡು. The (former) state of the mind or intentions to go or be altered (My.; Si. 364). — ಮನಗೊಡು. -ಕೊಡು. = ಮನಂಗೊಡು. (My.). — ಮನಂಗದಡು. -ಂ-ಕದಡು. The mind to be perturbated or troubled: to be perturbated in one's mind (Bp. 20, 24; 22, 49; 36, 1; 44, 22). — ಮನಂಗಿಡು. -ಂ-ಕಿಡು. = ಮನಗೆಡು. (Abh. P. 5, 78). — ಮನಂಗುನ್ದು. -ಂ-ಕುನ್ದು. = ಮನಗುನ್ದು 1. (Bp. 39, 64). — ಮನಂಗೂಡು. -ಂ-ಕೂಡು. The mind to be joined or applied to (Grj. 4, 33). — ಮನಂಗೊಡು. -ಂ-ಕೊಡು. To apply the mind to, to pay attention (Bp. 26, 43). — ಮನಂಗೊರಗು. -ಂ-ಕೊರಗು. (Šmd. 293). The mind to be afflicted. ನೆಲನದಿರೆ ನೋಟಕರ್ ಕಣ್ಣಲಸೆ ಮನಂಗೊರಗೆ (294 Mdb.). — ಮನಂಗೊಳ್. -ಂ-ಕೊಳ್. The mind to be captured, fascinated, charmed, or bewitched (ಚಿತ್ತವಿಮೋಹನ Šmd. Dh.). See Šmd. 81. 230; Čh. v. 200; Ršv. 8, 117. — ಮನಂಗೊಳಿಸು. -ಂ-ಕೊಳಿಸು. To fascinate, charm or bewitch the mind (Šmd. 24; Čh. v. 16; Čpr. 1, 73; Abh. P. 3, after 75; 5, after 53; 11, 2; Ršv. 6, 5). — ಮನ ತಟ್ಟು. To touch the mind or understanding, to become evident (to a person), to be known (My.). — ಮನದಟ್ಟು. = ಮನ ತಟ್ಟು. ಅವನಿಗೆ ಸಣ್ಣ ಸಣ್ಣ ವಿಷಯಗಳೆಲ್ಲಾ ಚನ್ನಾಗಿ ಮನದಟ್ಟಿದವು (B. 5, 198). — ಮನದಣಿ. -ತಣಿ. The mind to be satisfied, etc.: to be satisfied in one's mind, etc. (Bp. 29, 17; 60, 62). — ಮನದನ್ನ. -ಅನ್ನ 1. Such a man as (is agreeable to) one's mind, a beloved, dear man (ಕಾದಲ, etc., ಪ್ರಿಯತಮ; Ršv. 11, 134; Škv. 3, after 35). — ಮನದನ್ನಳ್. -ಅನ್ನಳ್. A beloved, dear woman (ಪ್ರಿಯತಮೆ Ks.; Kk. 30; Čpr. 3, 62; Ršv. 10, after 23; 11, 128. 134). — ಮನದನ್ನೆ. -ಅನ್ನೆ 2. = ಮನದನ್ನಳ್. (ಪ್ರಿಯತಮೆ Šm. 74). — ಮನದರ್. -ತರ್. To take into consideration, to come to a resolution; to assent, etc. (Bh. 1, 8, 71). — ಮನದೆಗೊಳ್. -ಕೊಳ್. To receive with the mind: to receive with pleasure, to accept, to admit and agree to (Abh. P. 9, after 157; 11, after 42; 14, after 171; Ršv. 10, after 15; 13, after 26). ಧೀರರ್ ಇದಂ ಮೆಚ್ಚಿ ಮನದೆಗೊಳ್ವುದು ಮುದದಿಂ (Bhn. 1). — ಮನದೊಳಗಿಡು. -ಇಡು. To put into one's mind: to consider and remember (My.; B. 5, 183). — ಮನ ನಡು. The mind to stick or be hindered from proceeding: to be defeated in one's mind (ಸೋಲವಾಚಿ Čt. I, 47). — ಮನನ್ದಣಿ. -ಂ-ತಣಿ. = ಮನದಣಿ. (Ršv. 1, after 135). — ಮನನ್ದರ್. -ಂ-ತರ್. = ಮನದರ್. (Čpr. 7, 28; 8, 2; Grj. 2, after 106; Ršv. 1, after 78; 7, 15). — ಮನನ್ದೀವು. -ಂ-ತೀವು. The mind to become full (Grj. 3, after 119). — ಮನಬಱಿದ. A man of an empty, vain mind (Bh. 2, 1, 40). — ಮನ ಮಿಗು. (ಮನವಿಗು). One's mind to be counteracted: to be baffled, disappointed or deprived of hope (? Abh. P. 16, after 8). ಕಡಿಲ್ದನೆನ್ದು, ಮನ ಮಿಕ್ಕನುಮ್ ಅಕ್ಕುಂ (Šmd. I, o. r. ಮನವಿಕ್ಕನುಮ್). ಕೊಱೆತು ದೆನೆ ಮನ ಮಿಕ್ಕನುಮ್ ಅಕ್ಕುಂ (Šmd. I, o. rs. ಮನವಿಕ್ಕಿದನುಮ್, ಮನವಿಕ್ಕಿದುದುಮ್). 2, to go beyond or act against (another's) wish (My.). — ಮನ ಮುಟ್ಟ. Till it touches the mind; till the mind is satisfied (My.). — ಮನ ಮುಟ್ಟು. The mind to touch: to apply one's (whole) mind to (Bp. 27, 3; My.). ದೇವರು ನಿರ್ಮಿಸಿದ ಸೃಷ್ಟಿಯನ್ನು ಮನ ಮುಟ್ಟ ಶೋಧಿಸುವದಱಿನ್ದ ಆತನ ಬಲ ಜ್ಞಾನ ದಯಗಳ ಮಹಿಮೆ ಗೋಚರವಾಗುವದು (B. 4, 59). — ಮನ ಮುಱಿ. The mind to break: inclination (to see, to love, etc.) to disappear (Bh. 8, 3, 28; My.; see Prv. s. ಮನೆ). — ಮನಪ್ಪುರ್. -ಂ-ಬರ್. Mind or wish to come or arise: to desire (Ršv. 1, after 135; *cf.* ಮನ ಬನ್ದ ಪೋಲು s. ಮನ). — ಮನಪ್ಪಸು. -ಂ-ಪಸು. The mind to be divided: to be at a loss (Čpr. 5, 6). — ಮನಮ್ಬಿಡು. -ಂ-ಬಿಡು. To lose heart (Bp. 48, 9). — ಮನಮ್ಪುಗು. -ಂ-ಪುಗು. To enter the intellect: to be perfectly understood (Šmd. 402). 2, to go to the heart. ನೆಟ್ಟಗೆ ಮನಮ್ಪುಗುವ ನುಡಿ (ಹೃದಯಂಗಮ Mr. 85). 3, to be pleasant (Škv. 2, 61; 3, 11). — ಮನಮ್ಪೊಯ್. -ಂ-ಪೊಯ್. To be filled or replete with activity, effort, etc. (ಸಮಗ್ರಚೇಷ್ಟೆ, ಸಮ್ಪೂರ್ಣಚೇಷ್ಟೆ

Śmd. Dh.). — ಮನವಡರು. -ಅಡರು. The mind to enter upon, the mind to engage in or be applied to (Bp. 44, 44). — ಮನವನಿಡು. -ಇಡು. To place the mind on, to apply the mind to; to feel a desire after (Bp. 14, 9; 32, 7). — ಮನವನುಮತಿಸು. -ಅನುಮತಿಸು. To agree or assent to (Bp. 50, 51). — ಮನವಱಿ. -ಅಱಿ. The mind or conscience to know. ಮನವಱಿಯದ ಪಾಪವಿಲ್ಲ, ತನು ತಿಳಿಯದ ನೋವಿಲ್ಲ (Prv.). — ಮನವಱಿಕೆ. -ಅಱಿಕೆ. Knowledge (My.). — ಮನವಲರ್. -ರು. -ಅಲರ್. The mind to bloom: to rejoice (Bp. 28, 48; 39, 7; 53, 21). — ಮನವಲರಿಸು. -ಅಲರಿಸು. To cause the mind to bloom or rejoice (Bp. 42, 14; 47, 59). — ಮನವಾಕ್ಕಾಯ. = ಮನೋವಾಕ್ಕಾಯ. (Bp. 8, 14). — ಮನವಾರೆ. -ಆರೆ. To the full of one's desire, with one's whole mind (Čpr. 4, 76; Śśv. 2, 49; My.). See Čh. s. ಮುದ್ದುಗೆಯ್ಯು. — ಮನವಿಕಾರ. = ಮನೋವಿಕಾರ. ರತಿಸ್ಥಿತಿಯಿನ್ನಿಷ್ಟ ಹೊಡಿಗೆ ಪುಟ್ಟುವ ಮನವಿಕಾರಂ ಸ್ವಭಾವಮುಕ್ಕು (Mr. 75). — ಮನವಿಡು. -ಇಡು. = ಮನವನಿಡು. (Bp. 45, 9; 60, 29; My.). — ಮನವಿೞ್. -ಇೞ್. Courage to sink: to be humbled, to be discouraged, to be dejected (Bp. 8, 52; 44, 19). — ಮನವುಕ್ಕು. -ಉಕ್ಕು. The heart to swell or boil: to be elated; to be enraged; etc. (Bp. 31, 29). — ಮನವೂಱು. -ಊಱು. To incline one's mind towards (Bp. 26, 21; 45, 18). — ಮನವೆಱಗು. -ಎಱಗು. The mind to bow: to make hearty obeisance (Bp. 53, 74). — ಮನವೊನ್ದು. -ಒನ್ದು. The mind to join or be bent upon: to long for, to desire; to apply the (whole) mind to (Bp. 18, 90; 30, 20). — ಮನವೊಲಿ. -ಒಲಿ. The mind to be pleased with or feel pleasure in: to rejoice; to be pleased; to long for (Bp. 28, 7; 34, 38; 37, 54; 43, 18; 44, 60; 47, 39; 48, 16; 58, 23). — ಮನವೊಲಿಸು. -ಒಲಿಸು. To cause the mind to be pleased with or accede to, to persuade; to gain one's favor (My.). — ಮನವೊಸೆ. -ಒಸೆ. = ಮನವೊಲಿ. (Bp. 30, 32; 31, 11; 35, 3 (rep.); 49, 35; 61, 60). — ಮನವೋ. -ಓ. = ಮನವೊಲಿ. (Bp. 41, 20). — ಮನವೋವು. -ಓವು. = ಮನವೋ. (Bp. 58, 15). — ಮನ ಸಲ್. = ಮನಂ ಸಲ್. (Śmd. 200; Bh. 1, 9, 12). — ಮನ ಸೋಲ್. -ಉ. To suffer a mental defeat. ಆ ಸ್ತ್ರೀಗೆ ಮನ ಸೋತನು (My.). — ಮನಹಾರಿ. A man deprived of intellect, a fool (Bp. 60, 46).

ಮನಃಕರಣ್ಡಕ manas-karaṇḍaka. The mind looked upon as a basket (Abh. P. 6, after 8).

ಮನಃಕುಮುದಿನಿ manas-kumudini. The mind considered as an assemblage of white water-lilies (Abh. P. 3, after 78).

ಮನಃಪೂರ್ವಕ manas-pûrvaka. With the whole mind or heart; deliberately, designedly (Mhr.; B. 5, 8. 188; My.).

ಮನಃಪ್ರಾಧೀನೆ manas-prâdhînĕ (i. e. pra-adhînĕ). A woman perfectly subject or subservient (Grj. 3, 10).

ಮನಃಪ್ರಿಯ manas-priya. A beloved, dear man (Grj. 3, 7).

ಮನಃಪ್ರೀಣನ manas-prîṇana. The act of gladdening the heart (Čpr. 7, after 154).

ಮನಃಶಿಲೆ manas-śilĕ. = ಮನೋಶಿಲ. *Realgar, red arsenic.*

ಮನಃಶುದ್ಧಿ manas-śuddhi. Purity of mind, sincerity, etc. (My., as ಮನಶ್ಶುದ್ಧಿ).

ಮನಃಸಾಕ್ಷಿ manas-sâkshi. = ಮನಸ್ಸಾಕ್ಷಿ. Mind-witnessing: conscience.

ಮನಕಿತ (mana-kata, i. e. kâyta, burning). Anger; anxiety, grief (Bh. 3, 8, 9; 3, 20, 33).

ಮನನ manana. Thoughtful, careful. 2, reflecting upon; revolving in the mind; thought, intelligence, understanding; knowledge; meditation. (See Prv. s. ಶ್ರವಣ 3; G. 39).

ಮನವರ manavara. Tbh. of ಮನೋಹರ No. 2. (My.).

ಮನವೆ manavĕ. = ಮನುವೆ. A petition, a request, a solicitation (My.; Tĕ. ಮನವಿ, ಮನಿವಿ; T. ಮನು). —ಮನವೆಯರ್ಜಿ. -ಅರ್ಜಿ. A written petition (My.).

ಮನಶ್ಚಾತಕ manas-čâtaka. The mind looked upon as a čâtaka (J. 18, 27).

ಮನಸ್ manas. = ಮನ್ 2, ಮನ 2, ಮನಸು, ಮನಸ್ಸು. Mind, intellect, conscience, will;—the internal organ of perception and cognition; *the mind; the heart.* 2, mind, thought; intention, design, purpose; will, wish; desire, longing after; liking, choice.

ಮನಸಿಜ manasi-ja. Born in the mind or heart: *Kâma.*

ಮನಸಿಜಾನ್ತಕ manasija-antaka. Śiva (Bp. 4, 69; 37, 51).

ಮನಸಿಜಾರಾತಿ manasija-arâti. Śiva (Bp. 26, 42).

ಮನಸಿಜಾರಿ manasija-ari. Śiva (Bp. 2, 43; 55, 81).

ಮನಸಿಶಯ manasi-śaya. Reposing in the heart: *Kâma.*

ಮನಸು manasu. Tbh. of ಮನಸ್. (Bp. 53, 22; My.). ಮನಸಿನನ್ತೆ ಮಹಾದೇವ (Prv.). See Prv. s. ಮನೆ. — ಮನಸಿಗಾಗು. -ಆಗು. To be suitable or fit for one's mind (My.; B. 5, 231). — ಮನಸಿಗೆ ತರು. = ಮನಕೆ ತರು. (B. 3, 14). — ಮನಸಿಗೆ ಬರು. = ಮನಕೆ ಬರ್. (B. 2, 46. 47; 5, 57. 134. 183. 207. 273. 289; My.). ತನ್ನ ಮನಸಿಗೆ ಬನ್ದ ಸ್ತ್ರೀ (ಮನದನ್ನಳು G.). — ಮನಸಿಗೆ ಹಚ್ಚಿಕೊಳ್ಳು. To put closely to the mind or heart; to cherish (B. 2, 40). — ಮನಸಿಗೆ ಹತ್ತು. To stick to or remain in the mind (B. 2, 51; My.). — ಮನಸಿಡು. -ಇಡು. To put one's mind or heart, as into any business (B. 5, 207; My.). 2, = ಮನವಿಡು. (My.). — ಮನಸಿನ ಮೇಲೆ ತಕ್ಕೊಳ್ಳು. To mind, to attend to diligently (B. 5, 145; My.). — ಮನಸಿನೊಳಗೆ ಬರು. To enter the mind (B. 5, 133. 234; My.). — ಮನಸಿನೊಳಗೆ ಮಾಡು. To form in one's mind, as a purpose, etc. (B. 5, 207; My.). — ಮನಸಿರು. -ಇರು. Wish, etc. to exist or be. (ನಿಮಗೆ) ಮನಸಿದ್ದರೆ ಇಲ್ಲಿ ಇರ ಬಹುದು (B. 5, 126; My.). — ಮನಸು ಕರಗು. The heart to melt (B. 5, 162; My.). — ಮನಸು ಕೂಡು. The heart (or hearts) to join or be united (B. 4, 57; My.); opinions to agree (My.). — ಮನಸುಗೊಡು. -ಕೊಡು. = ಮನಗೊಡು. (B. 1, 14; 5, 207). ಮನಸುಗೊಟ್ಟು ನಡಿಸು (G. 534). — ಮನಸು ಬರು. Will, wish, or inclination to arise (My.). — ಮನಸು ಬಿಚ್ಚು. To open or disclose one's mind. ಮನಸು ಬಿಚ್ಚಿ ಮಾತಾಡು, to speak one's thoughts (B. 4, 57; My.). — ಮನಸು ಮಾಡು. = ಮನಸ್ಸು ಮಾಡು, q. v. To make up one's mind; to resolve (B. 5, 201). — ಮನಸು ಹತ್ತು. The mind to be attached to. ಅವನ ಮನಸು ವಿದ್ಯದ ಕಡೆಗೆ ಹತ್ತಿತು (B. 5, 185; My.). — ಮನಸು ಹಾಕು. = ಮನಸ್ಸು-. To apply the mind to, to engage in (B. 5, 179. 189. 206). — ಮನಸು ಹೇಸು. The mind to feel disgust or aversion (Bp. 57, 8; My.).

ಮನಸ್ಕ manaska. = ಮನಸ್ at the end of adjective compounds. See Śśv. 4, after 99.

ಮನಸ್ಕತೆ manaskatĕ. The state of having the mind fixed on (Čpr. 1, 34).

ಮನಸ್ಕರಿಸು manas-karisu. To be inclined or disposed, to will (My.).

ಮನಸ್ಕಾರ manas-kâra. *Perfect consciousness, full perception, consciousness of pleasure or pain.*

ಮನಸ್ತಾಪ manas-tâpa. Burning of the mind: mental pain, distress of mind, agony; remorse, regret (ನಿಗ್ರಹ, ಅನ್ತಸ್ತಾಪ Nn. 160). See ಕುದಿ; Prv. s. ಸಂಸ್ಥಾನ.

ಮನಸ್ತಾಮರಸ manas-tâmarasa. The mind regarded as a lotus (Čpr. 5, after 6).

ಮನಸ್ವಿ manasvi. Full of mind or sense, intelligent, clever (Sk.). 2, lax, lawless, capricious, fanciful proceedings (Mhr.);—according to one's inclination (My.).

ಮನಸ್ಸಾಕ್ಷಿ manas-sâkshi. = ಮನಃಸಾಕ್ಷಿ. (My.).

ಮನಸ್ಸು manassu. Tbh. of ಮನಸ್ (Šmd. 107; ಮನ Nn. 77; My.). ಮನಸ್ಸಿನ ಉತ್ಸಾಹ (ಕೋಟೆ Nn. 43, o. r. ಮನೋತ್ಸಾಹ). ಮನಸ್ಸಿನಲ್ಲಿ ಮಣ್ಡಿಗೆ ಮಾಡಿ ಕೊಣ್ಡರೆ ಗೋದೀ ರೊಕ್ಕ ಯಾರು ಕೊಡಬೇಕು? (Prv.). — ಮನಸ್ಸಾಗು. Wish or appetite to arise (My.). ನನಗೆ ಅನ್ನದ ಮೇಲೆ ಮನಸ್ಸಾಗ ಒಲ್ಲದು (B. 4, 75). — ಮನಸ್ಸಿಗೆ ತರು. = ಮನಸಿಗೆ ತರು. (B. 5, 49). — ಮನಸ್ಸಿಗೆ ಬರು. = ಮನಸಿಗೆ ಬರು. (B. 3, 41. 43. 53). — ಮನಸ್ಸಿನಲ್ಲಿ ಇಟ್ಟು ಕೊಳ್ಳು. To put into and keep in one's mind, to remember, etc. (B. 3, 94; 4, 207; My.). — ಮನಸ್ಸಿಗೆ ಹಿಡಿ. To seize upon the mind, to touch the mind, to be known. ಅದು ಅವನ ಮನಸ್ಸಿಗೆ ಹಿಡಿಯಿತು (My.). 2, to retain in the mind for the sake of retaliation or revenge. ಗೆಳೆಯಾ, ನೀನು ಮಾಡಿದ್ದು ಎನ್ತಾ ಯೋಗ್ಯವು! ಇದಱೊಳಗೆ ನಾನು ಮನಸ್ಸಿಗೆ ಹಿಡಿಯ ತಕ್ಕದ್ದೇನೂ ಇಲ್ಲ (B. 3, 95). — ಮನಸ್ಸಿನಲ್ಲಿ ತರು. = ಮನಸ್ಸಿಗೆ ತರು. (B. 3, 97; My.). — ಮನಸ್ಸಿನಲ್ಲಿ ಹಿಡಿ. To catch and retain in one's mind, as a desire (B. 4, 17; My.). — ಮನಸ್ಸುಗೊಡು. -ಕೊಡು. = ಮನಸುಗೊಡು. (B. 2, 1; 3, 69). — ಮನಸ್ಸು ತಿರುಗಿಸು. To alter the mind (My.). — ಮನಸ್ಸು ತಿರುಗು. The mind to change or be altered (My.). — ಮನಸ್ಸು ಬರು. = ಮನಸು-. Mind or wish to come or arise: to desire or list (My.). ಮನಸ್ಸು ಬನ್ದ ಹಾಗೆ ಎಲ್ಲಾ ಬಿಡಿ ಬಿಚ್ಚಲಾಗಿರುವದು (ಯದೃಚ್ಛೆ, ಸ್ವೈರತೆ Si. 386). — ಮನಸ್ಸು ಮಾಡು. = ಮನಸು ಮಾಡು. To form or create a mind or a state of mind in one's self; etc. ನಿಮಗೆ ಯಾರಾದರೂ ಉಪದ್ರವ ಮಾಡಿದರೆ ದೊಡ್ಡ ಮನಸ್ಸು ಮಾಡಿ, ಅದನ್ನು ತಾಳಿ ಕೊಣ್ಡು ಹೋಗಿರಿ! (B. 4, 16). — ಮನಸ್ಸು ಹಾಕು. = ಮನಸು ಹಾಕು. (B. 4, 195; 5, 111).

ಮನಾಕ್ manâk. *A little, somewhat, in a small degree.*

ಮನಿತ manita. Thought, etc.; *understood, known.*

ಮನೀಷವಾನ್ manîsha-vân. An intelligent, clever man (ವಿದ್ವಾಂಸ Mr. 223).

ಮನೀಷಿ manîshi. *Thoughtful, intelligent, wise.*

ಮನೀಷಿತ manîshita. Cherished in the mind, wished. (My.).

ಮನೀಷೆ manîshĕ. *Thought, reflection, intellect, wisdom.*

ಮನು manu. A spell, an incantation, a mantra. 2, a man, mankind. 3, the man par excellence, the father of the human race. 4, a generic name of fourteen successive mythical progenitors and sovereigns of the earth, creating and supporting this world through successive antaras (manvantaras) or long periods of time; the first in order of these Manus is called svâyambhu (*i. e.* son of Brahmâ), and to this first Manu is ascribed *e. g.* the code of Manu. 5, the number 14 (Čh.; ಪದಿನಾಲ್ಕು Mr. 348). 6, Manu's wife. See Šmd. 152. 175; J. 11, 26. — ಮನುಕೋಳ. N. (Ršv. 13, 100).

ಮನುಜ manu-ja. Manu-born: *a man.*

ಮನುಜತನ manujatana. = ಮನುಜತೆ. — ಮನುಜತನವೆಱ್. = ಮನುಜತೆವೆಱ್. (J. 33, 5).

ಮನುಜತೆ manujatĕ. = ಮನುಷ್ಯತ್ವ. (Čpr. 4, 91). — ಮನುಜತೆವೆಱ್. -ಪೆಱ್. To get the state of man (Čpr. 7, 22).

ಮನುಜಪತಿ manuja-pati. A king (Bp. 50, 52).

ಮನುಜಮಾಂಸ manuja-mâṁsa. Human flesh (Bp. 24, 9).

ಮನುಜಾವಲಿ manuja-âvali. A row or series of men. 2, a sort of cloth (Bp. 11, 25).

ಮನುಜೆ manu-jĕ. A woman. (Bh. 1, 10, 18).

ಮನುಜೇನ್ದ್ರ manuja-indra. A king. (Čpr. 5, after 109; Abh. P. 13, 104; J. 26, 55).

ಮನುಮಥ manumatha. Tbh. of ಮನ್ಮಥ. (Bp. 18, 108; 40, 21).

ಮನುಮಥದಲನ manumatha-dalana. Šiva (Bp. 26, 65).

ಮನುವೆ manuvĕ. = ಮನವೆ. (My.).

ಮನುಷ್ಯ manushya. = ಮನುಸ. *A man, an ordinary mortal.* Feminines ಮನುಷ್ಯಳು (My.), ಮನುಷ್ಯೆ (My.), ಮನುಸಿ.

ಮನುಷ್ಯತ್ವ manushyatva. The state or condition or nature of man or of a man. (My.; B. 5, 235).

ಮನುಷ್ಯಧರ್ಮ manushya-dharma. The law or duty of man; the state or character of man (My.). 2, *Kubêra.*

ಮನುಷ್ಯಮಾತ್ರ manushya-mâtra. A mere man, a common person (My.; B. 4, 16).

ಮನುಷ್ಯಯಜ್ಞ manushya-yajña. The sacrifice or act of devotion due to men: hospitality, etc. (G.).

ಮನುಸ manusa. Tbh. of ಮನುಷ್ಯ. (My.).

ಮನುಸಿ manusi. Tbh. of ಮನುಷ್ಯೆ. A woman (My.).

ಮನುಸ್ಮೃತಿ manu-smṛiti. The code of Manu (My.; G. 562).

ಮನೂತಿ manûti. Assuaging or appeasing words (My.).

ಮನೆ manĕ. (*cf.* Sk. ಮಾನ 1 No. 4 and ವನ No. 2). A habitation, an abode; a house; an apartment, a room (ಆವಾಸ, ಆವಸಥ, ಗೃಹ, ಭವನ, ಕುಟಿ, ಮನ್ದಿರ, etc. Hlâ.; ಗೃಹ, ನಿವಸನ, ಮನ್ದಿರ, etc. Mr. 194; ಗೃಹ Nn. 20; ದ್ವಿಜ, ಗೃಹ 36; ಭವನ 51; ಕೋಶ, ಗೃಹ 52; ಧಿಷ್ಣ್ಯ, ಭವನ 59; ಆಗಾರ 62; ಆವಾಸ 68; ಸದನ 84; ನಿವಾಸ 91; ಗೇಹ 133; ಚೌಂಗೆ Šs.; ಬೀಡಾರ Bhn. 40; ಮನ್ದಿರ, etc. Si. 107; C.; Tu.; M.; T. ಮನೈ; Tĕ. ಮನಿಕಿ; T., M. ಮನು, to stand fast, be established, persevere; Tĕ. to live, exist; T. ಮನ್ನೈ, ವನ್ನೈ, to make, *cf.* ಮಾಡು). ಮನೆಯಂ ಮಾಡಿದಂ (Šmd. 156). ಈ ಮನೆಯತ್ತಲೆ ಸಾರ್! (202). ಎನಿತುಂ ಕಾಯ್ದುಂ ಬೆನ್ನೀರ್ ಮನೆ ಸುಡದು (216). ಸಾಯಿರ ಮನೆಗಳ್ (111). ಉಪ್ಪಿನ ಕಟ್ಟಿರೂ ಮನೆ (ರುಮೆ, ಲವಣಾಕರ); ಮನೆಯ ನೆಲೆ (ಗೃಹಭೂಮಿ, ವಸ್ತು); ಪಂಚಕಾರುಕರು ಕೆಲಸಂಗೆಯ್ವ ಮನೆ (ಕರ್ಮಶಾಲೆ, etc.); ಮೊದಲ ಮನೆ (ಚನ್ದ್ರಶಾಲೆ, ತಿರೋಗೃಹ); ಹೆತ್ತ ಮನೆ (ಅರಿಷ್ಟಗೃಹ, ಸೂತಿಕಾಭವನ); ಮನೆಯ ಹೊದಕೆ (ಆಚ್ಛಾದನ, ವಲಭಿ); ಸಿರಿವನ್ತರ ಮನೆ (ಹರ್ಮ್ಯ); ದಾಣಸಿನ ಮನೆ (ಪಾಕಸ್ಥಾನ, etc.); ಸೆಜ್ಜೆಯ ಮನೆ (ಶಯನಸ್ಥಾನ, etc.); ಚಿಪ್ಪಿಗರ ಮನೆ (ಆವೇಶನ, ಶಿಲ್ಪಿಶಾಲೆ); ಸತ್ರದ ಮನೆ (ಸತ್ರಶಾಲೆ, ಪ್ರತಿಶ್ರಯ Hlâ.). ಮನೆಯ ಸಮೀಪದ ಆರವೆ (ಗೃಹಾರಾಮ); ಮನೆಯ ಮುನ್ದಣ ಇಕ್ಕೆಲಂ (ಪ್ರಘಾಣ, etc.); ಮನೆಯ ಎಱಕೆ (ಛದಿಸ್, ಪಟಲ); ಮನೆಯೊಳಗು (ಅನ್ತರ್ಗೃಹ, etc.); ರಾಣಿವಾಸದ ಮನೆ (ಶುದ್ಧಾನ್ತ); ಮನೆಯ ಕೆಲದ ಬಾಗಿಲು (ಪಕ್ಷದ್ವಾರ); ಸೆಱೆಯ ಮನೆ (ಕಾರೆ); ಹೆತ್ತವಳಿದ್ದ ಮನೆ (ಅರಿಷ್ಟ, ಸೂತಿಕಾಗೃಹ); ಚಿಪ್ಪಿಗರ ಮನೆ (ಆವೇಶನ, etc. Nr.). ಮಲಗುವ ಮನೆ (ಗರ್ಭಾಗಾರ, ವಾಸಗೃಹ); ಪುರುಡಿನ ಮನೆ (ಅರಿಷ್ಟ, etc. Si. 108). ಹೊಸ ಮನೆ ಕಟ್ಟಿದೆನು, ಗೃಹಶಾನ್ತಿ ಮನೆಯೊಳಗೆ (Dp. 4). ಮನೆ ಕಟ್ಟ ಬಹುದು, ಮನಸು ಕಟ್ಟ ಕೂಡದು.—

ಮನೆ ಕಟ್ಟಿ ನೋಡು, ಮದುವೆ ಮಾಡಿ ನೋಡು!—ಮನೆಯ ದೀಪವೆನ್ನು, ಮುದ್ದಿಟ್ಟರೆ ಗಡ್ಡ ವಿಾಸೆ ಸುಟ್ಟಿತು.—ಬೆಂಕಿ ಹಾಕಿದರೆ ಸಂಕನ ಮನೆ ಸುಡದೇ?—ಮನೆಗೆ ಬೆಂಕಿ ಹತ್ತಿದಾಗ ಬಾವೀ ಕಡಿಯಲಿಕ್ಕೆ ಹೋದರು.—ಮನೆಯೆಲ್ಲಾ ನಿಮ್ಮದು, ಗದಿ ಮಾತ್ರ ಮುಟ್ಟ ಬೇಡಿ!—ಮನೆಗೆ ಮಾರಿ, ಪರರಿಗೆ ಉಪಕಾರಿ (or --, ಪರೋಪಕಾರಿ).—ಮನೆಗೆ ಒನ್ದು ಮುದುಕಿ, ಒಲೆಗೆ ಒನ್ದು ಕುಣ್ಟೆ.—ಮನೆಗೆ ಬನ್ದರೆ ಮಜ್ಜಿಗೆ ಕೊಡದಾಕೆ ಹೇಡಿ' ಕಳಿಸಿದರೆ ಹಾಲು ಕೊಡುತ್ತೇನೆ ಅನ್ದ ಹಾಗೆ.—ಮನೆಗೆ ಬನ್ದ ಮರುಳು ಲೇಸು.—ಮನೆ ಬಲ್ಲೆ, ಪಾರಿ ಅಟಾಯೆ.—ಮನೆ ಮಂಗಳಾರ, ಒಲೆ ಒನ್ದು ಹೊತ್ತು, ಬನ್ದ ಬೀಗರು ಕಮರುತ್ತೇಗು ಬಿಡುತ್ತಾರೆ.—ಮನೆಯ ದೀಪವಾದರೆ ಮುತ್ತು ಕೊಡ ಬಹುದೇ?—ಮನೇ ತಿಮ್ಬುವವಗೆ ಕದ ಹಪ್ಪಳ ಸಣ್ಡಿಗೆ.—ಮನೇ ಮುನ್ದೆ ಹಳ್ಳ ಹರಿದರೂ ಕುಡಿಯುವವಕ್ಕೆ ನೀರಿಲ್ಲ.—ಮನೆ ಮುಟಿದರೆ ಕಟ್ಟ ಬಹುದು, ಮನ ಮುಟಿದರೆ ಕಟ್ಟಲಾಗ (Prvs.). ಜಾತಿಹೀನರ ಮನೆಯ ಜ್ಯೋತಿ ತಾಂ ಹೀನವೇ? (Sp.). ಕತ್ತಲೆಯ ಮನೆಗೆ ಮಣಿದೀಪವಾದನ್ತೆ (J. 28, 63). See Bp. 12, 7; 45, 19; 52, 11; 55, 25. 38. 45; 56, 33-37; 60, 36; Dp. 148; J. 11, 6; 28, 45; 29, 32; 31, 31; Sl. 107. 109. 111. 224. 419. 424. 445. 446. 453; ಅಡಿಗೆಮನೆ, ಅರಮನೆ, ಉರಿವನೆ, ಒಳ್ವನೆ, ಕುಳಿರ್ವನೆ, ತವರ್ಮನೆ, ತಾಯ್ಮನೆ, ತಾವರೆವನೆ, etc., etc. — ಮನೆಖರ್ಚು. Household-expenses (My.). — ಮನೆಗಟ್ಟು. -ಕಟ್ಟು. To build a house (Dp. 1). — ಮನೆಗದ. -ಕದ. A house-door (Bp. 57, 37). — ಮನೆಗಾಪು. -ಕಾಪು. Watching the house (V. 9, after 69). — ಮನೆಗೆಲಸ. -ಕೆಲಸ. House-work (Bp. 27, 39; My.). — ಮನೆದೆಱಿಗೆ. -ತೆಱಿಗೆ. House-taxes (My.). — ಮನೆದೇವ. The deity or idol of a house (My.). ಮನೆಯ ದೇವರಿಗಿನ್ದ, ಕೇಳಯ್, ಮನೆಯ ಶುನಕವೃತ್ತಮವಲ್ಲವೆ? ಮನೆಯ ದೇವರನೊಯ್ಯೆ ಕಳ್ಳನು ಶುನಕನಬ್ಬಿಪುದು (Jns. 42, 12). — ಮನೆದೈವ. = ಮನೆದೇವ. (Bp. 3, 76; 36, 3; 60, 7; My.); the demon of a house (My.). — ಮನೆದೊತ್ತು. -ತೊತ್ತು. A house-maid (Bp. 55, 33). — ಮನೆಬದುಕು. Household-work or affairs;—house-property (My.). — ಮನೆಬಾಡಿಗೆ. House-rent (My.). — ಮನೆಬೇಸಾಯ. One's own agriculture (My.). — ಮನೆ ಮನೆ. rep. (Čpr. 3, 99; Bp. 5, 12; 25, 21; 26, 55; 31, 5. 26; 47, 49; Bh. 1, 8, 70; B. 1, 27; 3, 25; 5, 63). ಮನೆ ಮನೆ ತಿರುಗುವ ತೊತ್ತು ಮಾತು ಕಾರದೆ ಬಿಟ್ಟಾಳೇ? (Prv.). — ಮನೆ ಮಾಡಿ ಕೊಳ್ಳು. To take up habitation, to settle (My.). ಸುಡುಗಾಡಿನಲ್ಲಿ ಮನೆ ಮಾಡಿ ಕೊಣ್ಡವ (ಶಿವG. 552). ಮದುವೆಯಾದ ಬಳಿಕ ಪುರುಷನು ಬೇರೆ ಮನೆ ಮಾಡಿ ಕೊಣ್ಡು, ಹೆಣ್ಡತಿಯನ್ನು ಕರಕೊಣ್ಡು ಇರುತ್ತಾನೆ (B. 5, 292). — ಮನೆ ಮಾಡಿಸು. To cause a house to be built (Bh. 1, 8, 69). — ಮನೆ ಮಾಡು. To build an abode or a house (Bh. 1, 8, 19. 84). — ಮನೆ ಮಾಟಿ. = ಮನೆ ಮಾಟು. (B. 5, 100. 201). — ಮನೆ ಮಾಟು. reit. (My.; B. 3, 15. 27). — ಮನೆ ಮುಟ್ಟ. So far as the house, to the house (My.). — ಮನೆ ಮುಟ್ಟು. 1. To reach the house (My.). — ಮನೆಮುಟ್ಟು. 2. The furniture or utensils of a house (Abh. P. 11, 152; My.). — ಮನೆಮುರುಕ. A man who ruins a house (My.). — ಮನೆಮುರುಕತನ. Ruining a house (My.). — ಮನೆಯಜಮಾನ. The master of a house (My.; B. 5, 295). Feminine ಮನೆಯಜಮಾನಳು (B. 5, 295; My.) or ಮನೆಯಜಮಾನಗಿತ್ತಿ (My.). — ಮನೆಯಜಮಾನಿ. The mistress of a house (My.). ಅನ್ನಕರಲಿ ಜನಿಸಿರ್ದ ಅಂಗನೆಯು ಕರ ತನ್ನು, ತನ್ನ ಮನೆಗವಳ ಯಜಮಾನಿಯೆನಿಸೆ (Dp. 1). — ಮನೆಯರ್. = ಮನೆಯವರ್. (Bp. 48, 18). — ಮನೆಯವ. -ಅವ. A man belonging to a house (Râm. 3, 2, 15; My.). ಮನೆಯವಳು, a woman belonging to a house;—the mistress of a house (in the husband's language, My.). ಮನೆಯವರು, people belonging to a house;—the master of a house (in the wife's language, My.). — ಮನೆಯಳಿಯ. -ಅಳಿಯ. A son-in-law who lives and works in the house of his wife's parents (J. 8, 25; 9, 2; My.). — ಮನೆಯಳಿಯತನ. -ಅಳಿಯತನ. The state of being a ಮನೆಯಳಿಯ (J. 27, 3). — ಮನೆಯಾಳ್. -ಆಳ್. = ಮನೆಯವಳು. See Sp. s. ಉಂಕಿ. — ಮನೆಯಾಳು. -ಆಳು. A domestic servant (My.). — ಮನೆವರಸೆ. A house-series: something that belongs to a house or family as hereditary, as a quality, etc. (My.). — ಮನೆವಾಗಿಲ್. -ವಾಗಿಲ್. A house-door (ದ್ವಾರ, etc. Mr. 199). — ಮನೆವಾರ್ತೆ. House-business, management of domestic affairs (Abhâ. 1, 29; 2, 6. 12; J. 5, 27; 10, 24; My.). ಮನೆವಾರ್ತೆಯೊಳಿರ್ಪವನು (ಅಭ್ಯಾಗಾರಿಕ, ಕುಟುಮ್ಬವ್ಯಾಪೃತ Hlâ.). ಮನೆವಾರ್ತೆಯುಳ್ಳವಂ (ಕುಟುಮ್ಬವ್ಯಾಪೃತ Mr. 233). ಮಕ್ಕಳೆಲ್ಲ ಮನೆವಾರ್ತೆ ಮಾಡಿದರೆ ಅಪ್ಪಗೆ ಯಾಕೆ ಇಬ್ಬರು ಹೆಣ್ಡರು? (Prv.). See Śâstrasâra s. ಎಸಕ. — ಮನೆವೆಗ್ಗಡೆ. -ಪೆಗ್ಗಡೆ. The superintendent of a house (ಅನ್ತರ್ವಂಶಿಕ Hlâ.). — ಮನೆವೆಣ್ಡತಿ. -ಹೆಣ್ಡತಿ. The mistress of a house (Bp. 40, 46). — ಮನೆವೆಸರು. The good name that, from old times, is connected with a house (My.). — ಮನೆಹೊರಗೆ. Out of the house, out-door (Bp. 48, 25).

ಮನೆತನ manĕtana. = ಮನ್ತನ. Household, household-life (My.; B. 2, 20. 41). 2, race, family (My.; B. 5, 57). ಮನೆತನದ ಮಾತು (ಗಿರಾಗತಿG.). — ಮನೆತನ ಮಾಡು. To keep house, to support a family (My.). ಮನೆತನ ಮಾಡುವದಕ್ಕೆ ತಕ್ಕಷ್ಟು ಹಣವಿಲ್ಲ (B. 5, 289). — ಮನೆತನದವ. -ಅವ. A householder, a worthy man (B. 3, 33); a man belonging to the family (My.).

ಮನೆತನಸ್ತ manĕtana-sta. A householder, a worthy, honourable man (My.).

ಮನೋಗತ **manas-gata.** Existing in the mind; notion; wish. (My.).

ಮನೋಗತಿ **manas-gati.** Heart's course: the heart's desire (Bp. 40, 17);—the speed of thought (Mhr.).

ಮನೋಗದ **manas-gada.** Mental disease: grief, sorrow (V. 9, 117; Śśv. 4, 113).

ಮನೋಗಮ **manas-agama.** Being disagreeable or disgustful to the mind (as a ನವ-ಅಜ, Rśv. 6, after 17).

ಮನೋಗಮನ **manas-gamana.** Having the speed of thought (as a horse, Rśv. 6, after 17).

ಮನೋಗುಪ್ತೆ **manas-guptĕ.** *Red arsenic.*

ಮನೋಜ **manas-ja.** Kâma; love (ಅತ್ಮಜ, ಕಾಮ Nn. 48; ಅಜ Mr. 524; see Śmd. 117; Kâvy. V, 69; Čpr. 6, after 64).

ಮನೋಜಭಂಜನ **manôja-bhañjana.** Śiva (Bp. 25, 34).

ಮನೋಜಯ **manas-jaya.** Conquering the mind or one's desires;—pleasing, agreeable (Rśv. 13, 59; My.).

ಮನೋಜವ **manas-java.** Swift as thought;—quick in thought or apprehension. 2, *fatherly, paternal, parental.*

ಮನೋಜವೀರ **manôja-vîra.** The hero Kâma (Śmd. 117).

ಮನೋಜ್ಞ **manas-jña.** *Agreeable to the mind, pleasing, lovely, beautiful, charming.* 2, a wise man (ಸುರಭಿ, ಜ್ಞಾನಿ Nn. 30, o. r. ಜ್ಞಾನ; ಲಘು, ಬಲ್ಲವನು Nn. 145, o. r. ಎಲ್ಲವಂ ಬಲ್ಲವನು; ಲಘು Mr. 528).

ಮನೋಜ್ಞತರ **manôjña-tara.** Uncommonly pleasing (Śśv. 1, after 81; 2, after 42).

ಮನೋಜ್ಞಾನಿ **manas-jñâni.** A man who knows the mind or heart;—Brahmâ (ಪಿತಾಮಹ Nn. 22, one MS. ಆತ್ಮಜ್ಞಾನಿ).

ಮನೋಜ್ಞೆ **manas-jñĕ.** A pleasing woman;—a princess. 3, a wise woman (ವಾಮೆ, ಜಾಣೆ, o. r. ಜ್ಞಾನಿ Nn. 24).

ಮನೋತ್ಸಾಹ manas-utsâha. Mental elation or joy (ಕೋಟಿ, ಮನದ ಉತ್ಸವ Nn. 43, o. r. ಮನಸ್ಸಿನ ಉತ್ಸಾಹ); pleasure, will (Mhr.).

ಮನೋದತ್ತ manas-datta. Given by the mind: given up in thought, mentally devoted. (R.).

ಮನೋದುಃಖ manas-duḥkha. *Heart-ache, pain or anguish of mind, mental affliction.*

ಮನೋದೃಢ manas-dṛiḍha. Firm in mind;—firmness or steadiness of mind (My.).

ಮನೋಧರ್ಮ manas-dharma. A passion or affection of the heart, as love, anger, etc.;—a faculty of the mind, as thought, memory, etc.; any property of the heart or mind (Mhr.; see Čpr. 4, 39; My. = ಮನೋವೃತ್ತಿ).

ಮನೋನಿಗ್ರಹ manas-nigraha. Restraining and governing the mind (ಸಂಯಮಿ Čb.).

ಮನೋನಿರೋಧ manas-nirôdha. Checking, restraining or hindering the mind. See ಕಟ್ಟುವಡೆ.

ಮನೋಪಲ manas-upala. = ಮನಃಶಿಲೆ (used also for painting the face, Abh. P. 9, 119).

ಮನೋಭವ manas-bhava. *Kâma.*

ಮನೋಮ್ಬುಜ manas-ambuja. The mind looked upon as a lotus (Rśv. 13, 104).

ಮನೋರಂಜಕ manas-rañjaka. Pleasing, lovely (B. 3, 52; My.).

ಮನೋರಂಜನ manas-rañjana. The act of pleasing the mind, pleasantness. 2, diversion, sport (Mhr.). (Čh. v. 232; B. 5, 231).

ಮನೋರಂಜನಿ manas-rañjani. N. of a plant bearing yellow flowers that yield all sorts of fragrance according to one's pleasure (My.).

ಮನೋರಥ manas-ratha. Vehicle of the mind: *a wish, a desire, a purpose* (ಸಹ್ಯ, ಮನಸ್ಸಿನ ಬಯಕೆ Nn. 101; ಆತುರದ ಬಯಕೆ Mr. 329). 2, *a desired object.*

ಮನೋರಥಸಿದ್ಧಿ manôratha-siddhi. The fulfilment of a wish. (Śśv. 5, 53; My.).

ಮನೋರಮ manas-rama. *Gratifying the mind, attractive, pleasing, agreeable, charming, beautiful.*

ಮನೋರಾಗ manas-râga. Mental affection: desire, etc. (Čpr. 3, after 66).

ಮನೋರೋಗ manas-rôga. = ಮನೋಗದ. ಮನೋರೋಗಕ್ಕೆ ಮದ್ದಿಲ್ಲ.—ಮನೋರೋಗಕ್ಕೆ ಮರಣವೇ ಮದ್ದು (Prvs.).

ಮನೋಲತೆ manas-latĕ. The mind considered as a creeper (Čpr. 1, after 94; 3, 68).

ಮನೋಲೇಖನ manas-lêkhana. Heart-scratch: heart-sorrow, anxiety or regret for any absent object (ಉತ್ಕಣ್ಠೆ, ರಣರಣಿಕೆ, ವಿರಹ, ರತಿ, ಹೃತ್ಕವ್ಪ, etc., ಆತುರ Mr. 446).

ಮನೋವರ manas-vara. N. of a lake (Čpr. 5, after 40).

ಮನೋವಾಕ್ಕಾಯ manas-vâk-kâya. = ಮನವಾಕ್ಕಾಯ. Mind, word and body (Bp. 12, 31; 49, 37; My.).

ಮನೋವಿಕಲ್ಪ manas-vikalpa. An option, desire, etc. of the mind (ಹೇಯ, ಮನಸ್ಸಿನ ಸಂಕಲ್ಪ Nn. 137).

ಮನೋವಿಕಾರ manas-vikâra. Change of mind or feeling: passion or emotion of the mind, bewilderment, etc. (Bp. 40, 26; B. 3, 34; My.).

ಮನೋವಿಕಾಸ manas-vikâsa. Mind-blooming: mental joy (Abh. P. 11, 87; Bp. 58, 68).

ಮನೋವಿಕೃತಿ manas-vikṛiti. = ಮನೋವಿಕಾರ. (Kâvy. III, 3, B, 57).

ಮನೋವೃತ್ತಿ manas-vṛitti. State or frame of mind, disposition, temper. 2, operation of the mind, activity of spirit, volition, fancy. See Šmd. 45; Si. 73.

ಮನೋವೇಗ manas-vêga. The speed of thought. (My.).

ಮನೋವ್ಯಥೆ manas-vyathĕ. Mental pain, anxiety of mind, anguish. (My.).

ಮನೋವೈಕಲ್ಯ manas-vaikalya. Dejection or perturbation of mind, etc. See ಕಳವಳಿಸು.

ಮನೋವ್ಯಾಧಿ manas-vyâdhi. = ಮನೋರೋಗ. (My.).

ಮನೋವ್ಯಾಪಾರ manas-vyâpâra. Mental operation (My.; B. 4, 24).

ಮನೋಸಾಕ್ಷಿ manas-asâkshi. A man who is devoid of a witness of the mind or of conscience.

ಮನೋಹತ manas-hata. Wounded at heart, *disappointed.*

ಮನೋಹರ manas-hara. = ಮನವರ. Heart-stealing, heart-enrapturing, *captivating, attractive, delightful, charming, pleasing, beautiful* (ವಾಮ, ಚಲ್ವಿತು Nn. 24; ವನ್ದನ, ನಿರ್ಮಲ 87; ಬೆಡಂಗು Šs.; ಕಣ್ಗೆವನ್ತು Kk. 55). 2, batter of flour of rice, pulse, etc. made to run, in the form of drops, into boiling ghee, when jaggory is added and balls are formed (My.).

ಮನೋಹರವಾಚಿ manôhara-vâči. A word that expresses beauty, etc. (Šm. 55; Kk. 18).

ಮನೋಹಾರಿ manas-hâri. = ಮನೋಹರ. 2, an unfaithful or inconstant woman. (Kâvy. IV, 1, 9).

ಮನೋಹ್ವೆ manôhvĕ. *Red arsenic.*

ಮನ್ತ manta. 1. Tbh. of ಮನ್ಥ (Šmd. 338). A churning-stick (ಕಡೆಗೋಲ್ 338). 2, the upper part of curds (ಮೊಸರ ಮೇಲಣ ನಿಡಿ 338).

ಮನ್ತ manta. 2. Tbh. of ಮತ್ 1 (Šmd. 108).

ಮನ್ತಣ mantaṇa. Tbh. of ಮನ್ತ್ರಣ. Secrecy; a solitary, private place, a place of retirement (ಏಕಾನ್ತ Čt. II, 64; Šm. 66; Tĕ. ಮನ್ತನ); a secret consultation (Grj. 2, after 106; Tĕ.); an assemblage of councillors (? Grj. 10, after 79). — ಮನ್ತಣಂಗೊಳ್. -ಂ-ಕೊಳ್. To take counsel, to consult (Rśv. 5, after 19). — ಮನ್ತಣಮಿರ್. -ಇರ್. To consult or concert together; to deliberate (Abh. P. 9, 8; 9, after 191; 14, after 81). — ಮನ್ತಣಮ್ಪಡೆ. -ಂ-ಪಡೆ. = ಮನ್ತಣಂಗೊಳ್. (Rśv. 3, after 5).

ಮನ್ತಣಗಾರ್ತಿ mantaṇa-gârti. A woman of retiring habits (ಪಚ್ಚುಗೆಗಾರ್ತಿ, ಏಕಾನ್ತದವಳ್ Šs.).

ಮನ್ತಣಶಾಲೆ mantaṇa-śâlĕ. A consultation-room (Šśv. 3, after 35).

ಮನ್ತಣಿ mantaṇi. Tbh. of ಮನ್ಥನಿ (Šmd. 338. 364). An earthen pot used for churning; a churn (ಕಡೆವ ಮಡಕೆಯುಂ ಗುಡುವನಮುಂ Šmd. 338; ಮನ್ಥನಿ Hlâ.; ಗರ್ಗರಿ Mr. 210).

ಮನ್ತನ mantana. = ಮನೆತನ, ಮನ್ತಾನ. (My.).

ಮನ್ತರ mantara. Tbh. of ಮನ್ತ್ರ. (My.). ತನ್ತ್ರರವಿದ್ದವನಿಗೆ ಮನ್ತರ ಬೇಡ (Prv.).

ಮನ್ತಾನ mantâna. = ಮನ್ತನ. (My.).

ಮನ್ತು mantu. 1. *A fault, an offence, a transgression.*

ಮನ್ತು mantu. 2. Tbh. of ಮನ್ತ್ರಿ (Šmd. 365).

ಮನ್ತು mantu. 3. Tbh. of ಮನ್ಥ. Churning. 2, a churning-stick (My.). — ಮನ್ತುಗೋಲ್. -ಕೋಲ್. A churning-stick (V. 9, 39).

ಮನ್ತುರ mantura. Tbh. of ಮನ್ತ್ರ (Śmd. 336 Mdb.).

ಮನ್ತ್ರ mantra. = ಮನ್ತರ, ಮನ್ತುರ. Instrument of thought: *a vedic verse or text of prayer or adoration addressed to a deity or deities.* 2, a formula dedicated to any particular deity (see *e. g.* ಅಷ್ಟಾಕ್ಷರಿ, ಪಂಚಾಕ್ಷರಿ). 3, *a magical formula, an incantation, a charm, a spell.* 4, *consulting or concerting together, secret consultation; counsel, advice; secret plan, secret.* ಮನ್ತ್ರ ತಿಳಿಯದಿದ್ದರೂ ತನ್ತ್ರಕ್ಕೆ ಕಡಿಮೆ ಇಲ್ಲ. — ಮನ್ತ್ರಕ್ಕೆ ಮಾವಿನ ಕಾಯಿ ಬಿದ್ದೀತೇ? (Prvs.). See Prv. s. ನೆ ತ್ತರುಕುರು.

ಮನ್ತ್ರಕ್ಷಾತ್ರ mantra-kshâtra. Counsel-rulership. — ಮನ್ತ್ರ ಕ್ಷಾತ್ರಪಟ್ಟ. -ಪಟ್ಟ. A man who wears the distinguishing mark of counsel-rulership: a king's minister (ರಾಜಪ್ರಕೃತಿ Mr. 267).

ಮನ್ತ್ರಗಾಱ mantra-gâṟa. An enchanter, a magician, a conjurer (My.).

ಮನ್ತ್ರಜ್ಞ mantra-jña. A counsellor, an adviser. 2, a learned Brâhmaṇa, a priest. 3, a secret agent, a spy (ನಿಯೋಗಿ Mr. 268).

ಮನ್ತ್ರಣ mantraṇa. = ಮನ್ತಣ. Consulting, consultation; counselling or consulting in private.

ಮನ್ತ್ರತನ್ತ್ರ mantra-tantra. Spells and devices (Bp. 46, 27. 32; 50, 78; see ದುರ್-). ಮನ್ತ್ರತನ್ತ್ರಗಳು (ಪ್ರತಿಕಾರ Mr. 391).

ಮನ್ತ್ರನಾಯಕಿ mantra-nâyaki. The mistress of (all) sacred texts (J. 15, 25).

ಮನ್ತ್ರಭಿನ್ನ mantra-bhinna. = ಮನ್ತ್ರಭೇದ No. 1. (J. 29, 27).

ಮನ್ತ್ರಭೇದ mantra-bhêda. Breach of counsel, betrayal of counsel or of a concerted plan. (My.). 2, a particular magical incantation. (My.).

ಮನ್ತ್ರಯನ್ತ್ರ mantra-yantra. The apparatus of spells; spells and amulets (Bp. 52, 21).

ಮನ್ತ್ರಲಕ್ಷ mantra-laksha. A man who regards (Śiva's) mantras; N. (Râv. 4, 58; 13, after 95).

ಮನ್ತ್ರವಾದಿ mantra-vâdi. A reciter of vedic and particular mantras (Bp. 9, 45). 2, a magician, a conjurer (My.).

ಮನ್ತ್ರವ್ಯಾಖ್ಯಾಕೃತ್ mantra-vyâkhyâ-kṛit. *A person who explains the vedic mantras.*

ಮನ್ತ್ರಶಕ್ತಿ mantra-śakti. Power derived from counsel (My.). 2, the power of incantations (My.).

ಮನ್ತ್ರಶಾಸ್ತ್ರ mantra-śâstra. Magic science (My.).

ಮನ್ತ್ರಸಿದ್ಧಿ mantra-siddhi. The accomplishment or operation of a spell. (My.).

ಮನ್ತ್ರಾಕ್ಷತೆ mantra-akshatĕ. Akshatĕ consecrated through the recitation over it of mantras (J. 2, 14; My.).

ಮನ್ತ್ರಾಕ್ಷರ mantra-akshara. The letters or syllables of a mantra (Abh. P. 3, 127).

ಮನ್ತ್ರಾಲೋಚಕ mantra-âlôčaka. A councillor (My.).

ಮನ್ತ್ರಾಲೋಚನ mantra-âlôčana. Private consultation or advice (ದ್ವನ್ದ್ವ, ಏಕಾನ್ತ Nn. 91).

ಮನ್ತ್ರಾಲೋಚನಸಭೆ mantrâlôčana-sabhĕ. A council (My.).

ಮನ್ತ್ರಾಸ್ತ್ರ mantra-astra. A weapon consecrated through the recitation over it of mantras (J. 4, 38).

ಮನ್ತ್ರಿ mantri. = ಮನ್ತ್ರು 2. Knowing vedic texts; — knowing incantations, a conjurer. 2, clever in counsel: *a king's councillor, a minister* (ವಿಶ್ವಕರ್ಮ Nn. 40; Mr. 520). See ಅಷ್ಟಾದಶಪ್ರಧಾನ. ಮನ್ತ್ರಿ ಅರಸ್ಥಾನಕ್ಕೆ, ತನ್ತ್ರಿ ದೇವಸ್ಥಾನಕ್ಕೆ. — ಮನ್ತ್ರಿಯ ಮನೆ ಹಾಡು, ತನ್ತ್ರಿಯ ಕುಲ ಹಾಡು (Prvs.).

ಮನ್ತ್ರಿಕ mantrika. A magician (Čpr. 7, 53).

ಮನ್ತ್ರಿತನ mantritana. The office or vocation of a councillor or minister (Bp. 5, 6; My.).

ಮನ್ತ್ರಿತ್ವ mantritva. = ಮನ್ತ್ರಿತನ. (My.).

ಮನ್ತ್ರಿಪ mantri-pa. A prime minister (Kk. 101).

ಮನ್ತ್ರಿಸು mantrisu. To counsel, to advice. 2, to consecrate with vedic texts. ಮನ್ತ್ರಿಸಿದ ಪಶು (ಉಪಾಕೃತ Hlâ.). 3, to enchant with spells or charms (Bh. 8, 27, 22; Śśv. 4, 54). 4, to utter incantations or charms (Bp. 46, 23; 49, 29; 50, 28; My.). ಮನ್ತ್ರಿಸಿದರೆ ಮಾವಿನ ಕಾಯಿ ಬಿದ್ದೀತೇ? (Prv.). See ಅಭಿ-.

ಮನ್ಥ mantha. = ಮನ್ತ 1, ಮನ್ತು 3. Stirring round, churning; shaking about, agitating; kindling fire by friction. 2, *a churning-stick.* 3, a drink in which other ingredients are mixed by stirring, parched barley-meal stirred round in milk. 4, a disease of the eye, cataract, excretion of rheum. See ಅಗ್ನಿ-, ನಿರ್-.

ಮನ್ಥದಣ್ಡ mantha-daṇḍa. A churning-stick. See ಕೂಸೆ.

ಮನ್ಥದಣ್ಡಕ mantha-daṇḍaka. *A churning-stick.*

ಮನ್ಥನ manthana. Shaking about, agitating; churning (J. 2, 9); kindling fire by friction. ಮನ್ಥನದಿನ್ದ ಬಾರದ ಬೆಣ್ಣೆ ಕಣ್ಠೆಯಿನ್ದ ಬನ್ದೀತೇ? (Prv.).

ಮನ್ಥನಿ manthani. = ಮನ್ತಣಿ. *An earthen pot used for churning, a churn,* a vessel for butter.

ಮನ್ಥರ manthara. *Slow, lazy, languid, inert, dull* (ಸೊಮ್ಮು Hlâ.).

ಮನ್ಥಾನ manthâna. *A churning-stick.*

ಮನ್ಥಿ manthi. A churning-stick (ಮನ್ಥಾನ Mr. 183).

ಮನ್ಥಿಕ manthika. = ಮನ್ಥೆ, etc. A common vegetable plant, fenugreek, Trigonella foenum graecum Lin. (ಮೆನ್ತೆಯ Mr. 188).

ಮನ್ಥೆ manthĕ. = ಮನ್ಥಿಕ, ಮೆನ್ತೆ, ಮೆನ್ತೆಯ, ಮೆನ್ತ್ಯ, (ಮೆನ್ಥೆಯ), ಮೇಥಿಕೆ, ಮೇಥಿನಿ. Trigonella foenum graecum Lin. (Sk.).

ಮನ್ಥೋದಧಿ mantha-udadhi. Churning-sea: the sea of milk (ಕ್ಷೀರಸಮುದ್ರ G.).

ಮನ್ದ manda. *Slow, inert, idle, lazy, indolent, phlegmatic, apathetic.* 2, *dull, heavy, stupid, silly, foolish, self-willed* (see s. ನೀಲ). 3, *little; dim,* as the sight; *faint,* as light, etc.; *mild,* as a smile; *low,* as a tone; *gentle,* as a breeze; *feeble,* as the digestive faculty; — dyspepsy, indigestion (My.); — thick, as a cloth, a plank, a wall, paper, etc. (My.); thick, transparent only to some extent, as water (also when not turbid, My.); thick, as curds, etc. (My.); — bad, evil, wicked, vile. 4, *unhappy, unlucky.* 5, *a species of the elephant.* 6, the planet Saturn (Mr. 38). See Prv. s. ಮನ್ದಿ 1.

ಮನ್ದಕಾರಿ manda-kâri. Causing indigestion (My.).

ಮನ್ದಕಾಲಿ manda-kâli. The potherb Basella rubra (ಪೋತಕಿ, ಬಸಳೆ Mr. 148).

ಮನ್ದಗತಿ manda-gati. Having a slow motion; — a woman who walks slowly (Čh. v. 382); — a slow walk (J. 18, 34).

ಮನ್ದಗಮನ manda-gamana. Who or what goes slowly; slow motion. — ಮನ್ದಗಮನೆ. A woman that walks slowly (J. 18, 28). ಮನ್ದಗಮನೆಗೆ ಮನ್ದಹಾಸ ಚನ್ದ, ಮಕ್ಕಳಿಗೆ ಆಟ ಚನ್ದ (Prv.).

ಮನ್ದಗಾಮಿ manda-gâmi. *Going or marching slowly.*

ಮನ್ದಜ manda-ja. A lotus (Bhâgavata 10, 10, 47; My.).

ಮನ್ದಜಾಸನ mandaja-âsana. Brahmâ (Bhâgavata 10, 13, 44).

ಮನ್ದಜ್ವರ manda-jvara. Fever arising from indigestion (My.).

ಮನ್ದತ್ವ mandatva. Slowness, etc. 2, dulness, stupidity, etc. ಅನ್ದ ಚನ್ದ ನೋಡಿದರೆ ಮನ್ದತ್ವ ಹೋಗುವದೇ? — ತುಟಿ ಇದ್ದವಗೆ ನಾಚಿಕೆ ಇಲ್ಲ, ಮುಟಿ ಇದ್ದವಗೆ ಮನ್ದತ್ವ ಇಲ್ಲ. — ಚನ್ದವಿದ್ದಲ್ಲಿ ಮನ್ದತ್ವ ವಿರ ಬಾರದು (Prvs.).

ಮನ್ದನೆ mandanĕ. Apathy (Râm. 6, 39, 6).

ಮನ್ದಪವನ manda-pavana. = ಮನ್ದಾನಿಲ. (V. 11, after 42).

ಮನ್ದಬುದ್ಧಿ manda-buddhi. *Slow-witted, stupid* (ಕುಣ್ಠ Hlâ.); stupidity. ಮನ್ದಬುದ್ಧಿಯವನಾದರೂ ಸನ್ದ ಪ್ರಾಯವಟಿಯನೇ? (Prv.).

ಮನ್ದಭಾಗ್ಯ manda-bhâgya. Adverse fortune, misfortune; an unlucky man. ಅನ್ಧಕನಿಗೆ ಕತ್ತಲೆ ಇಲ್ಲ, ಮನ್ದಭಾಗ್ಯನಿಗೆ ದರಿದ್ರ ಇಲ್ಲ (Prv.).

ಮನ್ದಮತಿ manda-mati. Dull-witted, stupid; dullness, stupidity (My.).

ಮನ್ದಮಾರುತ manda-mâruta. = ಮನ್ದಾನಿಲ. (Čpr. 1, 105; Ššv. 1, 58).

ಮನ್ದಯಾನ manda-yâna. Slow motion (Čpr. 7, 77).

ಮನ್ದಯಾನೆ manda-yânĕ. A woman of slow gait (Grj. 3, after 91).

ಮನ್ದಯಿಸು mandayisu. = ಮನ್ದವಿಸು, ಮನ್ದೈಸು (ಮನ್ದಯ್ಸು) q. v. To thicken, to coagulate into a thick mass (Bp. 56, 52), etc. (ಸಾನ್ದ್ರತ್ವ Šmd. Dh.).

ಮನ್ದರ mandara. N. of a mountain which served the gods and asuras for a churning-stick at the churning of the ocean for the recovery of the amṛita, etc. lost during the deluge. ಎಳೆಯ ಶಿಶುವಿನ ತಲೆಯ ಮೇಲೆ ಮನ್ದರಗಿರಿಯನ್ ಇದುಹಿದನ್ತಣುರೂಪವಾದೆನ್ನ ಮೇಲೆ ನಲಿನಜಾಣ್ಡದ ತೋರದೀ ಭವದ ಹೊರೆಯನ್ ಇಡಲ್ ಉಡಿವೆನೆನ್ತಕಟಕಟ! (Sarpabhûshaṇapada in B. 5, 321). 2, heaven (svarga). 3, large, bulky; — thick, dense, firm.

ಮನ್ದರಧರ mandara-dhara. The mandara-bearer: Vishṇu who in the form of a tortoise sustained the mandara on his back at the churning of the ocean. 2, a class of metrical feet (Čh.).

ಮನ್ದರಶೈಲ mandara-šaila. = ಮನ್ದರ No. 1. (Šmd. 266).

ಮನ್ದರಾಚಲ mandara-ačala. = ಮನ್ದರಶೈಲ. (Bh. 8, 27, 22).

ಮನ್ದಲಿಗೆ mandaligĕ. = ಮನ್ದಲಿಗೆ. A grass-mat (My.).

ಮನ್ದವಿಸು mandavisu. = ಮನ್ದಯಿಸು, etc. To be thick-set, etc. (Râm. 3, 3, 20).

ಮನ್ದಸ್ಮಿತ manda-smita. A smile, a gentle laugh. — ಮನ್ದಸ್ಮಿತೆ, a woman who has smiles (J. 6, 29).

ಮನ್ದಹಾಸ manda-hâsa. = ಮನ್ದಸ್ಮಿತ. (Bp. 23, 7; 27, 14; J. 18, 28). ಮನ್ದಗಮನೆಗೆ ಮನ್ದಹಾಸ ಚನ್ದ, ಮಕ್ಕಳಿಗೆ ಆಟ ಚನ್ದ (Prv.).

ಮನ್ದಾಕಿನಿ mandâkini. *The heavenly Ganges, the river of heaven* (ಬಾನ್ಗೊಳ Čt. II, 10); — *the river Ganges.*

ಮನ್ದಾಕ್ರಾನ್ತ manda-âkrânta. N. of a vṛitta (Čh.).

ಮನ್ದಾಕ್ಷ manda-aksha. Weak-eyed. 2, *bashfulness, sense of shame.*

ಮನ್ದಾಗ್ನಿ manda-agni. Weakness of digestion, apepsy (ಅರುಚಿ Mr. 387).

ಮನ್ದಾನಿಲ manda-anila. A gentle breeze (ಅರಯ್ದು ಬಹ ಗಾಳಿ Mr. 50; Čpr. 1, 86; J. 30, 39). 2, N. of a metre (Čh.).

ಮನ್ದಾನೆ manda-ânĕ4. Thick. ಮನ್ದಾನೆನೀರು, -ಮೊಸರು, -ಅಮ್ಬಲಿ, -ಬಟ್ಟೆ, etc. (My.).

ಮನ್ದಾರ mandâra. *The coral tree, Erythrina indica* Lam.; *one of the five trees in heaven* (= ಪಾರಿಜಾತಕ). 2, *a white variety of swallow-wort, Calotropis gigantea* R. Br. See ಕೆಮ್ಪು-, ಬಿಳೀ-.

ಮನ್ದಾಸನ mandâsana. A wooden chest for putting idols in (My.; Tĕ., also ಮನ್ದಸ, ಮನ್ದಾಸ; ಪಿಟಕ, ಪೇಟಕ, etc. Si. 344).

ಮನ್ದಿ mandi. 1. (fr. ಮನು?). = ಮನ್ದೆ 2. Persons, people (My.; Tĕ.). ಮನ್ತ್ರಿ ಮೊದಲಾದ ಹದಿನೆಣ್ಟು ಮನ್ದಿ ಪ್ರಧಾನರು (ತೀರ್ಥ, ಅಷ್ಟಾದಶಾಮಾತ್ಯರ್ Nn. 48). ಬಹು ಮನ್ದಿ (Si. 55. 389); ಅನೇಕ ಮನ್ದಿ (348). ಅರು ಹಿತವರು ನಿನಗೆ ಮೂರು ಮನ್ದಿಗಳೊಳಗೆ? (Dp. 1, 1). ಮನ್ದಿಯನ್ನು ಕಾಡುವವ (G. 34). ಮನ್ದಿಗೆ ಕೊಟ್ಟರೆ ಹಣವು ಕಡಿಮೆ ಆಗುತ್ತದೆ (B. 1, 4). ಹೆಚ್ಚು ಮನ್ದಿ (1, 16). ಸಾವಿರ ಮನ್ದಿ (2, 23). ಒಳ್ಳೇ ಮನ್ದಿಯ ಸಹವಾಸ ಮಾಡಿ (2, 25). ಅಯ್ದು ಮನ್ದಿ ಮಕ್ಕಳು (2, 30). ಆತನಿಗೆ ಮೂರು ಮನ್ದಿ ಮಕ್ಕಳಿದ್ದರು (3, 14). ಅಯ್ದು ಮನ್ದಿ ಹೆಂಗಸರು, ನಾಲ್ಕು ಮನ್ದಿ ಗಣ್ಡಸರು (5, 283). ಮನ್ದಿಯುಳ್ಳವನು ಮನ್ದನಾದರೆ ಕುನ್ದು ಬರೋದು ತಪ್ಪದು. — ಮನ್ದಿ ಹೇದಿದರೆನ್ದು, ಹನ್ದಿ ತಿನ್ನ ಬಹುದೇ? (Prvs.). See Bp. 5, 38; 32, 26; 44, 69; 61, 23. 28; Ršv. 13, after 95; J. 4, 14; Si. 43. 238; B. 2, 2. 32; 4, 137. 157; 5, 263. 284.

ಮನ್ದಿ mandi. 2. = ಮನ್ದೆ 1, No. 2. See ತುರು-.

ಮನ್ದಿರ mandira. *A habitation, a house* (ಮನೆ Nn. 46. 30). 2, *a town.* — ಮನ್ದಿರವೊಕ್ಕು. -ಂ-ಪೊಗು. To enter a house, etc. (Č. Bp. 47, 15).

ಮನ್ದಿವಾಳ mandivâḷa. = ಮನ್ದೆವಾಳ. Over familiarity leading to insolence, impertinence, arrogance (Bp. 26, 57; Bh. 4, 3, 26; Tĕ. ಮನ್ದೆಮೇಲ). ಹರಿಯೊಳ್ ನಾರದ ಮನ್ದಿವಾಳದಿ ಮಹಾಶಾಪಂಗಳಂ ತಾಳನೇ? (Šš. 63).

ಮನ್ದೀಭೂತ mandî-bhûta. Dull, stupid. (Čpr. 4, after 14).

ಮನ್ದು mandu. A settlement or a hamlet of the Tôdas on the nîlagiri.

ಮನ್ದುರ mandura. = ಮನ್ದುರೆ. (ವಾಜಿಗಳ ಲಾಯ Mr. 193).

ಮನ್ದುರಿಗ mandura-iga. (Kâvy. I, 4, 2; Šmd. 233 as ಮಾನ್ದುರಿಗ). A groom.

ಮನ್ದುರೆ mandurĕ. *A stable for horses.*

ಮನ್ದೆ mandĕ. 1. = ಮನ್ದಿ 2. A flock of sheep or goats, a herd of cattle or buffaloes (My.; Tĕ.; T. ಮನ್ದೈ). ಬಹುಕಾಲದಿನ್ದ ಮಾಮೂಲಾಗಿ ಗೋವುಗಳ ಹಿಣ್ಡು ಮನ್ದೆಯಾಗಿ ನಿಲ್ಲುವ ಕಡೆ (ಗೋಷ್ಠೀನ Si. 104). ಆಕಳುಮನ್ದೆ (ಸಮಜ, ಪಶುಗಳ ಹಿಣ್ಡು 180). ಹಸುವುಗಳ ಮನ್ದೆ (ಗೋಕುಲ, ಗೋಧನ, ಗೋವ್ರಜ, ಆಕಳ ಹಿಣ್ಡು 318). See ತುರುಮನ್ದೆ. 2, an open place (in the jungle or near a village) where a flock or herd stands; a pen, a fold (Bp. 58, 22; My.). ತುರುವಿನ ಮನ್ದೆ (ವ್ರಜ, ಗೋಕುಲ, ಗೋಷ್ಠ

Hlß.).— ಕುಱುಬನ ಮನ್ದೆ ತೋಳ ಕಾದ ಹಾಗೆ.— ಮನ್ದೇ ಬಟಿಗೆ ತೋಳ ಬನ್ದರೆ ತನ್ದೇ ಬಟಿಗೆ ಓಡಿ ಹೋದ (Prvs.).

ಮನ್ದೆ mandĕ. 2. = ಮನ್ದಿ 1. (Bh. 4, 4, 59). ತಿನ್ದರೆ ದಕ್ಕದು ಮನ್ದೇ ಹಣ (Prv.).

ಮನ್ದೆವಾಳ mandĕvâḷa. = ಮನ್ದಿವಾಳ. (Grj. 2, after 106).

ಮನ್ದೇಹ mandêha. A kind of râkshasa (enemy of the sun, Ršv. 1, 81).

ಮನ್ದೈಸಿತ mandaysita. The state of being thickened, etc. (ತೆಲ್ಲಯ್ಸಿತು Kk. 56; Šm. 49).

ಮನ್ದೈಸು mandaysu. ಮನ್ದಯ್ಸು. = ಮನ್ದಯಿಸು. To thicken, to coagulate into a thick mass (Ršv. 5, after 120); to form a mass (Grj. 9, 7); to become clustered together, to unite in a mass (Abh. P. 13, 45; Grj. 4, after 159; 6, after 5); to become intense or excessive (Grj. 2, after 106); to become pleasing (Grj. 3, 109).

ಮನ್ದೋದರಿ manda-udari. = ಮಣ್ಡೋದರಿ. N. of Râvaṇa's favourite wife. ಗಣ್ಡನಿಗಿನ್ತ ಹಿರಿಯಳು ಮನ್ದೋದರಿ (Prv.).

ಮನ್ದೋಷ್ಣ manda-ushṇa. *Moderately warm, luke-warm, tepid;*—gentle heat, warmth.

ಮನ್ದ್ರ mandra. *Low, base, deep, hollow* (as sound; Čpr. 7, 83; Bp. 19, 10); the low or base tone of the voice.

ಮನ್ದ್ಲಿಗೆ mandligĕ. = ಮನ್ದಲಿಗೆ. (My.).

ಮನ್ನಣೆ mannaṇĕ. Tbh. of ಮಾನನ. (My.; Tĕ. ಮನ್ನನ; ಪ್ರತಿಪದಿ Nn. 155; Bp. 5, 67; Ršv. 1, after 135; Ššv. 4, after 17; J. 2, 28). ಮನ್ನಣೆಯ ನುಡಿ ಸಹಿತಮ್ ಈವಂ (ವದಾನ್ಯ Mr. 237). ಮನ್ನಣೆ ಸಿಕ್ಕದಿದ್ದರೆ ತಲ್ಲಣಗೊಳ್ಳ ಬಹುದೇ? (Prv.). See ಅವ-; ಪುಸಿ-; Prv. s. Tbh. ಸನ್ನೆ.— ಮನ್ನಣೆ ಮಾಡು. To honour, etc. (Abh. P. 3, 188). — ಮನ್ನಣೆವೆಟ್. -ಪೆಟ್. To obtain honour, to be treated with respect (Bp. 5, 50. 65).

ಮನ್ನಱ mannaḷi. Tbh. of ಮನ್ವಾಳಿ (Šmd. 30. 351).

ಮನ್ನಾ mannâ. Forbidden, stopped; prohibition, hindrance, stoppage (My.; Tĕ.; Mhr., H. ಮನಾ, ಮನಾಹ್). — ಮನ್ನಾ ಆಗು. To be stopped, to discontinue, to cease, as work, a journey, an order (My.). — ಮನ್ನಾ ಮಾಡು. To stop (v. t.), etc.

ಮನ್ನಿಸು mannisu. 1. (fr. ಮನ್ನಾ). (To stop, to restrain, to keep down, as anger, etc.; *cf.* the meaning of ತಡೆ 1, No. 2): to bear with, to look over, to excuse, to pardon (My.; Tĕ. ಮನ್ನಿಂಚು; T. ಮನ್ನಿ). ನನ್ನ ತಪ್ಪನ್ನು ಮನ್ನಿಸು! (My.). See Dp. 165, 11; ಅಪರಾಧ-.

ಮನ್ನಿಸು mannisu. 2. (Šmd. 287). To estimate highly, to honour, to reverence; to show kindness, to regard with kindness, to treat kindly and with respect, to treat kindly and give presents (My.). ಕನ್ನವಿಡುವ ಕಳ್ಳನಿಗೆ ಮನ್ನಿಸಿ, ತನ್ದನನ್ತೆ.—ಜ್ಞಾನಿ ಬನ್ದರೆ ಮನ್ನಿಸು! ಹೀನ ಬನ್ದರೆ ತ್ಯಜಿಸು! (Prvs.). ಆನೆಗಳನ್ನು ಅಲ್ಲಿ ಜನರು ದೇವತೆಗಳನ್ತೆ ಮನ್ನಿಸುತ್ತಾರೆ (B. 4, 23). ತಾಯಿ ತನ್ದೆಗಳನ್ನು ಮನ್ನಿಸ ಬೇಕು (4, 34). See Šmd. 36 Mdb.; Čpr. 2, 6; 6, 87. 88; Abh. P. 14, 65; Bp. 4, 2; 21, 36; 24, 13; 25, 88; 26, 19. 48; 38, 26. 30; 41, 29; 44, 32; 45, 16. 37; 46, 14; 47, 37. 41; 55, 4. 32; Bh. 2, 13, 10. 13; Râm. 6, 12, 15; Ršv. 18, 100; J. 5, 41. 66; 18, 6. 38; 28, 33; 29, 24. 27. 34. 36; 31, 37; Kk. 100.

ಮನ್ನೆಯ mannĕya. Tbh. of ಮಾನ್ಯ. A respectable man; a chieftain; a commander (Bp. 16, 29; Ö. Bp. 47, 32; Bh. 6, 5, 18; J. 4, 27; 29, 9; 34, 35; Tĕ. ಮನ್ನಡು, ಮನ್ನೀಡು, ಮನ್ನೆ; T., M. ಮನ್ನನ್, ಮನ್ನವನ್, a king). — ಮನ್ನೆಯಗಾಣ್. ಮನ್ನೆಯ ಗಣ್ಡದೆನಲ್ ತೆಗದು ಪೂಪುದು (ಪೋಪುದು? Bhn. 27).

ಮನ್ಮಥ manmatha. = ಮನುಮಥ. *Love, amorous passion or desire; Kâma* (ಬಣ್ಣುಣಿವೆದೆಯ, ಅಯ್ಸರಲ, ಕುಱುವಿಲ್ಲ, etc. Šm. 7; Kk. 8). 2, *the elephant- or wood-apple tree, Feronia elephantum* Corr. (ಬೆಳವಲಗಿಡ G.).

ಮನ್ಮಥಜನನಿ manmatha-janani. Lakshmî (Mr. 18).

ಮನ್ಮಥನಾಶನ manmatha-nâšana. Šiva (Bp. 38, 51).

ಮನ್ಮಥಯುದ್ಧ manmatha-yuddha. Strife of love, strife or contest (Sk.); amorous sport, sexual embrace (My.).

ಮನ್ಮಥವೇದನೆ manmatha-vêdanĕ. = ಮದನವೇದನೆ. (My.).

ಮನ್ಮಥಸಂಗರ manmatha-sangara. = ಮನ್ಮಥಯುದ್ಧ. (My.).

ಮನ್ಮಥೋದ್ರೇಕ manmatha-udrêka. Abundance or excess of love or amorous passion (My.).

ಮನ್ಯ manya. = ಮನ್ಯೆ. (ಗಲ, ಧಮನಿ, ಕಣ್ಠ, ತಿರೋಧರ, ಗ್ರೀವ, ಕೊರಳು Mr. 321).

ಮನ್ಯಾಳಿ manyâḷi. = ಮನ್ನಱ, q. v.

ಮನ್ಯು manyu. *Anger, wrath, fury* (ಕಡುಗೋಪ Nn. 36; ಕೋಪ Mr. 492). 2, *sorrow, grief, trouble, distress, vexation* (ದೈನ್ಯ 36; 492). 3, *sacrificial act, sacrifice;*—the conclusion or termination of a sacrifice (ಎಜ್ಞದನ್ತ್ಯ, ಯಜ್ಞದ ಕಡೆ 36; ಯಜ್ಞೋಕ್ತಿ 492). 4, Šiva, Rudra. 5, N. of an author of several ṛigvêda hymns. 6, a lord, a master (ಅಳ್ದ, ಒಡೆಯ 36). 7, an army (ಮಹಾಸೈನ್ಯ, ಸೇನೆ 36). 8, largeness (ವಿಪುಲ, ದೊಡ್ಡಿತು 36). 9, the organs of sense (ಇನ್ದ್ರಿಯಂಗಳ್ 36). 10, the face (ಆಸ್ಯ, ಮುಖ 36). 11, tears (ಬಾಷ್ಪಜಲ, ಕಣ್ಣನೀರ್ 36).

ಮನ್ಯೆ manyĕ. ಮನ್ಯಾ. = ಮನ್ಯ, q. v. *The back of the neck, the tendon of the trapezium muscle forming the nape of the neck.*

ಮನ್ವನ್ತರ manu-antara. *The period or age of a Manu,* comprising 71 great yugas or ages of the gods or 4,320,000 human years (Mr. 73).

ಮಪಷ್ಠಕ mapashṭhaka. = ಮಕುಷ್ಠಕ, ಮಪುಷ್ಠಕ, ಮಯಷ್ಠಕ, ಮಯುಷ್ಠಕ. (ಮಡಿಕೇ ಕಾಯಿ G.).

ಮಪುಷ್ಠಕ mapushṭhaka. = ಮಪಷ್ಠಕ. (G.).

ಮಬ್ಬಿಗ mabbu-iga. A being of darkness: an Asura, a Râkshasa (ಜುಕ್ಕಿಗುವರ, ರಕ್ಕಸ Kk. 10 *b;* ಸಿಗ್ಗಿಗ, ರಕ್ಕಸ, ದೈತ್ಯರಾಕ್ಷಸಾವಲಿ 11*a;* ರಕ್ಕಸ, ಅಸುರ Šm. 9).

ಮಬ್ಬು mabbu. = ಮಱ್ಬು, ಮರ್ಬು, ಮೊಬ್ಬು. Darkness; gloom; dimness; drowsiness, heaviness with sleepiness; dullness, stupidity (My.; Tĕ., also ಮಬ್ಬುರ, ಮಮ್ಮು; T. ಮಪ್ಪು; Bh. 1, 8, 9. See T. s. ಮಂಕು; *cf.* ಮಸಕು, ಮಯ್ಯು; M. ಮಯಙ್ಙು, to grow dim or dusk; to be drowsy, giddy; to be perplexed; ಮಯಕ್ಕ, drowsiness; swoon; bewilderment; ಮಯಕ್ಕು, dusk, twilight; perplexity). ಕಣ್ಣು ಮಬ್ಬಾಯಿತು, ಬುದ್ಧಿ ಮಬ್ಬಾಯಿತು (My.). ಹುಬ್ಬಾಗದ ಕಳವು ಮಬ್ಬಾದ ಮೇಲೆ ಸಿಕ್ಕೀತೇ? (Prv.). — ಮಬ್ಬುಗಣ್ಣು. -ಕಣ್ಣು. Dim sight (My.). — ಮಬ್ಬುಗತ್ತಲ. -ಕತ್ತಲ. Sable darkness (B. 3, 124; My. as ಮಬ್ಬುಗತ್ತಲೆ). — ಮಬ್ಬುಗವಿ. -ಕವಿ. Darkness or dimness to cover or spread about (My.).

ಮಮ್ mam. A sound in imitation of chewing (used by children). — ಮಮ್ಮಮ್. A repetition of that sound (My.).

ಮಮ mama. Of me, mine. (Bp. 2, 17; 8, 13; 37, 20).

ಮಮಕಾರ mama-kâra. Interesting one's self about anything (Sk.), attachment to, love (My.); selfishness (My.). ಮಮಕಾರವೆನ್ನೆಪ್ಪ ಕಚ್‍ಕೆಯ ಕಳದಿಟ್ಟು (Sarpabhûshaṇa's pada in B. 5, 319). 2, N. (Prll. 3, 6).

ಮಮಟಿ mamaṭi. = ಮಮ್ಮಟಿ. (My.).

ಮಮತೆ mamatĕ. Mineness; the considering anything as belonging to one's self: attachment to, interest in (Sk.); love, tenderness, affection (My.; J. 18, 54; B. 3, 81. 105; 4, 108. 141). 2, selfishness. (My.). 3, individuality. 4, pride, arrogance (My.).

ಮಮ್ಮಟಿ mammaṭi. = ಮಮಟಿ. A broad hoe (My.; H.).

ಮಮ್ಮಣಿಗ mammaṇiga. A man of a class of weavers (S. Mhr.).

ಮಮ್ಮಲ (mam *i. e.* mala1-mala). Mental inquietude (Mhr. ಮಳಮಳ; *cf.* ಮಬಿ 2). — ಮಮ್ಮಲ ಮಱುಗು. To be very much perturbated or commoted in one's mind, to grieve excessively (Bh. 8, 27, 5; J. 29, 34).

ಮಮ್ಮಳಿ mammaḻi. = ಮೆಣ್ಮಳಿ, etc. — ಮಮ್ಮಳಿಯಾಗು. -ಆಗು. To meet with a hideous death (Abh. P. 13, 65; 13, after 66; 13, 115).

ಮಮ್ಮು mammu. (fr. ಮಮ್). = ಮೊಮ್ಮು. (What is mumped): food (in the language of children, My.).

ಮಯ್ may. 1. = ಮಯಿ, ಮೆಯ್, etc. The body; etc. (My., and frequently in Nr. and Mr. MSS. instead of ಮೆಯ್).

ಮಯ್ may. 2. = ಮಡ. — ಮಯ್ಗಡ. = ಮಡಗಡ. (My.). — ಮಯ್ಸಾಲ. = ಮಯ್ಗಡ, with the difference that also a document may be required and interest taken (My.).

ಮಯ maya. N. of a bird (ನೃಪಖಗ Mr. 174).

ಮಯ maya. 1. *Made of, consisting of, full of* (Bp. 58, 64; 59, 41; J. 22, 23).

ಮಯ maya. 2. N. of an asura, described sometimes as the artificer or architect of the daityas, sometimes as versed in magic, astronomy, and military science. (Rśv. 7, after 98). 2, a horse; —*a camel;*— a mule.

ಮಯಕೃತ maya-kṛita. Made by Maya (Č. Bp. 47, 33).

ಮಯಣ mayaṇa. = ಮೇಣ. Tbh. of ಮದನ (Śmd. 352). The season of spring (see ನೇಸರ್ಮಯಣ);— Kâma (ಮನ್ಮಥ Śm. 7);— bees' wax (ಸಿಕ್ಥಕ Hlâ.; Mr. 358, o. r. ಮೇಣ; ಮಧೂಚ್ಛಿಷ್ಟ, ಸಿಕ್ಥಕ Nr.).

ಮಯಣಾಮ mayaṇâma. A certain pace of a horse (Bh. 1, 7, 2).

ಮಯಮು mayamu. = ಮಯ್ಮು, q. v.

ಮಯಷ್ಠಕ mayashṭhaka. = ಮಷಷ್ಠಕ, etc. (ಮಱುಷ್ಠಕ, ಮಯುಷ್ಠಕ, etc., ಕಾಡ ಹೆಸರು Nr.).

ಮಯಿ mayi. = ಮಯ್ 1, etc. (My.). — ಮಯಿಸಿರಿ. The beauty of the body (Č. Bp. 47, 32).

ಮಯಿದ mayida. = ಮಯ್ದ, etc. (My.).

ಮಯಿದುನ mayiduna. = ಮಯ್ದುನ, etc. ಮಗಳನಿತ್ತ ಅಳಿಯ ಮಯಿದುನರೊಳ್ ಸ್ವಸ್ತ್ರೀಯರುವ್ ಅಕ್ಕ (Mr. 489).

ಮಯು mayu. *N. of a class of attendants on Kubêra, a Kinnara, a celestial musician.* 2, an antelope.

ಮಯುಷ್ಠಕ mayushṭhaka. = ಮಯಷ್ಠಕ, etc. (ಮಡಿಕೇ ಕಾಯಿ G.). See Nr. s. ಮಯಷ್ಠಕ.

ಮಯೂಖ mayûkha. A pin or peg (ಕೀಲು Nn. 95). 2, *a ray of light* (ಕಿರಣ 95);—*brightness, flame.*

ಮಯೂರ mayûra. = ಮಯ್ಲ, ಮಯ್ಲು 1, ನೋರ. *A peacock* (ನವಿಲ್ Nn. 49). 2, *a species of flower, cock's comb, Celosia cristata* Lin. 3, a class of celestial beings. ಕಿನ್ನರರು ಕಿಂಪುರುಷರ್ ಅಶ್ವಾಸ್ಯರ್ ಮಯೂರರ್ಗೆ ನಿಜನಾಮಮಕ್ಕುಂ (Mr. 56; Grj. 10, after 79; Bp. 10, 32);—N. (Bp. 54, 69). 4, = ಮಯೂರಕ No. 3.

ಮಯೂರಕ mayûraka. A peacock. 2, = ಮಯೂರ No. 2. 3, *a common weed, Achyranthes aspera* Lin. 4, *sulphate of copper, blue vitriol.*

ಮಯೂರಕಂಠ mayûra-kaṇṭha. Blue vitriol (ಕರ್ಪರಿ Mr. 144; = Sk. ಮಯೂರಗ್ರೀವಕ).

ಮಯೂರಕೇತು mayûra-kêtu. N. of a king (J. 26, 73).

ಮಯೂರಗಮನ mayûra-gamana. Shaṇmukha.

ಮಯೂರಗಮನಪಿತ mayûragamana-pita. Śiva (Bp. 45, 44).

ಮಯೂರತುತ್ಥ mayûra-tuttha. = ಮಯ್ಲುತುತ್ಥ. Blue vitriol (ತುತ್ಥಾಂಜನ, ಮಯೂರಕ, etc. Nr.).

ಮಯೂರಧ್ವಜ mayûra-dhvaja. Kârttikêya, Shaṇmukha (ಗಾಂಗೇಯ, ಸ್ವಾಮಿಕಾರ್ತ್ತಿಕ Nn. 44). 2, = ಮಯೂರಕೇತು. (J. 25, 7. 59. 62).

ಮಯೂರಪದಿ mayûra-padi. N. of a plant (ನವಿಲಡಿ Mr. 117).

ಮಯೂರಶಿಖೆ mayûra-śikhĕ. = ಮಯೂರ No. 2. (G.).

ಮಯೂರಸ್ವನ mayûra-svana. The cry of a peacock. See ಕೇಗು.

ಮಯೂರಿಕೆ mayûrikĕ. A peahen (Čpr. 8, 59).

ಮಯ್ದ mayda. = ಮಯಿದ, ಮಯ್ದುನ, etc. (My.). See ಬಾವ-, ಭಾವ-.

ಮಯ್ದನ maydana. = ಮಯ್ದುನ, etc. (My.).

ಮಯ್ದುನ mayduna. = (ಮಡವನ), ಮಯಿದ, ಮಯಿದುನ, ಮಯ್ದ, ಮಯ್ದನ. A connection, friend, or husband (see ನೆಯ್ದಿಲ-);—a sister's husband (Abh. P. 10, 168);—a husband's brother (My.);—a wife's brother (ಸ್ವಸ್ತ್ರೀಯ, ಶ್ಯಾಲಕ Nn. 124; J. 31, 65; My.); ಏಷ್ಣುವಿನ ಮಯ್ದುನಂ ಚನ್ದ್ರನಕ್ಕು (Mr. 19);—a brother's son in his relation to a sister's son (J. 8, 49; 24, 52; Śśv. 5, 50; My.; see T., etc. s. ಮದವನ; ಬಾವ-, etc.; Mhr. ಮೇಹುಣಾ, a wife's brother; a sister's husband; *cf.* also ಮೈಥುನ).

ಮಯ್ದುನತನ maydunatana. The state of being a ಮಯ್ದುನ. See ಭಾವ-.

ಮಯ್ಮು maymu. = ಮಯಮು, (ಮಯ್ಕೆ). Bewilderment, perplexity (see ಮಬ್ಬು). ಮಯ್ಮೆನೆ ತಬಿತಬಿಸುವ ಭಾವಂ (Čt. I, 82, o. r. ಮಯಮು; T. ಮಯಲ್, ಮೈಯಲ್, confusion of mind = ಮಯಕ್ಕ).

ಮಯ್ಮೆ maymĕ. (= ಮಯ್ಮು). Perplexed, downcast state (ಬೆಚ್ಚುಮುರಿ Śs.).

ಮಯ್ಕೆ maymĕ. = ಮೈಮೆ. (My.).

ಮಯ್ಲ mayla. = ಮಯ್ಲು 1. Tbh. of ಮಯೂರ. (T., M. ಮಯಿಲ್, a peacock). — ಮಯ್ಲತುತ್ತ. = ಮಯ್ಲುತುತ್ಥ. (My.; Tĕ.; T., M. ಮಯಿಲ್ತುತ್ಥ, ಮಯಿತ್ತುತ್ಥ).

ಮಯ್ಲಾರ maylâra. N. of a Daitya or demon (Śâstrasâra in W. v. 1259). 2, N. of a place (in S. Mhr.) and of a linga there. ಕೊಂಕಣಾ ಸುತ್ತಿ, ಮಯ್ಲಾರಕ್ಕೆ ಹೋದ ಹಾಗೆ. — ಮಕ್ಕಳಿಲ್ಲವೆನ್ದು, ಮಯ್ಲಾರಕ್ಕೆ ಹೋದರೆ ಮೆಯ್ಯೆಲ್ಲಾ ಇದ್ದುದು ಹೋಯಿತು. — ಮಕ್ಕಳ ಬಯ್ಕೆಯಿನ್ದ ಮಯ್ಲಾರಕ್ಕೆ ಹೋದರೆ ಇದ್ದ ತೂತು (ಯೋನಿ) ಮುಚ್ಚಿ ಹೋಯಿತು (Prvs.). See Bp. 23, 19; ರಣ-. — ಮಯ್ಲಾರದೇವರು. = ಮಯ್ಲಾರಲಿಂಗ. (My.). — ಮಯ್ಲಾರಲಿಂಗ. N. of a linga (My.).

ಮಯ್ಲಾರಿ maylâri. A follower of Maylâra; N. (My.). 2, the lord of Mâḷači (ಮಾಳಚಿಯ ಭರ್ತೃ Mr. 15; one MS. ಮಾಳಾಚಿ and ಮಯಿಲ್ಲಾರಿ). — ಮಯ್ಲಾರಿದೇವ. The ruler of the country Pallimba (ಪಲ್ಲಿಮ್ಬದೇಶಾಧೀಶಂ Mr. 15; one MS. ಮಯಿಲಾರಿ-).

ಮಯ್ಲಿ mayli. 1. = ಮಯ್ಲು 2, ಮಯ್ಲೆ, ಮೈಲಿ. (Impurity, dirt, dirtiness, Tu.). 2, pox (the small-, chicken-, vaccine-; S. Mhr.; see ಆನೆ-, ಕಣತಲೆ-, ಕರೇ-, ಜೋಳ-; Mhr., H. ಮೈಲ, dirt; cf. Sk. ಮಸಿ, ಮೇಲಾ). — ಮಯ್ಲಿ ಏಳು. Pox to rise or break out (B. 4, 220). — ಮಯ್ಲಿಗುಳ್ಳೆ. A pustule of the vaccine pox (B. 4, 221). — ಮಯ್ಲಿ ತೆಗಿಸು. To have (persons) vaccinated (used with dative, B. 4, 222). — ಮಯ್ಲಿ ತೆಗೆ. To vaccinate (B. 4, 220. 222). — ಮಯ್ಲಿಬೀಜ. Vaccina (B. 4, 222). — ಮಯ್ಲಿಹಾಲು. Vaccine matter (B. 4, 222).

ಮಯ್ಲಿ mayli. 2. = ಮಯ್ಲು 3. A "mile" (My.).

ಮಯ್ಲಿಗೆ mayligĕ. (= ಮಯ್ಲಿ 1, etc.), ಮೈಲಿಗೆ. Impurity, dirt, dirtiness; a dirty thing (Bp. 36, 47; My.);—a kind of eye-disease (Bp. 18, 66). ಮಡಿ ಉಟ್ಟರೂ ಮಯ್ಲಿಗೆ ಬಿಡಲಿಲ್ಲ (Prv.).

ಮಯ್ಲು maylu. 1. = ಮಯ್ಲ. Tbh. of ಮಯೂರ. — ಮಯ್ಲುತುತ್ಥ. = ಮಯೂರತುತ್ಥ. (My.; ತುತ್ಥಾಂಜನ, ಶಿಖಿಗ್ರೀವ, ವಿತುನ್ನಕ, ಮಯೂರಕ Si. 388).

ಮಯ್ಲು maylu. 2. = ಮಯ್ಲಿ 1. Impurity, dirt (My.). 2, dinginess, dark-huedness (see s. ಮಯ್ಲೆ, and ತುನ್ತುಬ್-, and cf. ಮಬ್ಬು).

ಮಯ್ಲು maylu. 3. = ಮಯ್ಲಿ 2. A "mile" (My.; B. 5, 289).

ಮಯ್ಲುಖೋರ maylu-khôra. That hides dirt, as black colour (My.; Mhr.).

ಮಯ್ಲೆ maylĕ. = ಮಯ್ಲಿ 1, etc. Dirt, foulness; dirty (My.; Tĕ.; T. ಮಯಿಲ್ಲೈ; M. ಮಯಿಲ; T., M., Tĕ. also: dark-hued, grey, black-spotted colour). See Prv. s. ಶಾಸ್ತ್ರ.

ಮರ mara. 1. (Šmd. 47. 25). A tree; wood, timber (ವೃಕ್ಷ, ಅಂಘ್ರಿಪ, ಕ್ಷಿತಿರುಹ, ಶಿಖರಿ, ಶಾಲಿ, ಶಾಲ, ವನಸ್ಪತಿ, ಅಗ, ವಿಟಪಿ, ಕುಟಿ, ಅದ್ರಿ, ಕುಜ, ತರು, ಅನೋಕಹ, ದ್ರು, ವಿಷ್ಟರ, ನಗ, ದ್ರುಮ, ಪಾದಪ Hlâ.; ವೃಕ್ಷ, ಮಹೀರುಹ, ಪಲಾಶಿ, ಅಗಮ, etc. Nr.; ಕುಜ, ಕುಜಾತ Nn. 20; ಕುಜ 26; ಪಾದಪ 28; ಕುಮುದ, ಭೂರುಹ 29; ತರು Čt. I, 7; Čpr. 2, 71. 86; 5, 46. 51; My.; T., M.; Tĕ. ಮಾನು, ಮ್ರಾನು). ಮರನಿರ್ದುದು; ಮರನಂ ಕಡಿ! (Šmd. 115). ಮರನು (Nn. 26. 29). ಮರನೇ! (Šmd. 115). ಮರನಂ ಸಾರ್ದಂ (156). ಮರದ ಹರಿಯಣದೊಳ್ ಉಣ್ಬಂ; ಮರದೊಳ್ ಸಮೆದ ಅಂಕವಣಿಯನೇಱಿದಂ (287. 288). ಮರಂಗಳ್ or ಮರಗಳ್ (126). ಮರ ಗಿಡು ಬಳ್ಳಿ ಪುಲ್ ಪೊದಱ್ (89. 113). ಮರದಿಂ ಮಾಡಿದ ರೂಪು (ದ್ರವ್ಯ Nn. 164). ಗಿಡು ಬಳ್ಳಿ ಮರನ್ ಆಯ್ದೆ ಭೂಜಮುಕ್ಕುಂ (Mr. 150). ಬಂಜೆಮರನು (ಅವಕೇಶಿ); ದೇವರ ಮರಂಗಳು (ಮನ್ದಾರ, ಪಾರಿಜಾತಕ, ಹರಿಚನ್ದನ, ಕಲ್ಪವೃಕ್ಷ, ಸನ್ತಾನ); ಹೂವಾಗಿ ಕಾಯಹ ಮರನಂ ವಾನಸ್ಪತ್ಯ ಎಮ್ಬುದು, ಹೂವಾಗದೆ ಕಾಯುಹ ಮರನಂ ವನಸ್ಪತಿ ಎಮ್ಬುದು; ಮರದ ತುದಿ (ಪ್ರಾಗ್ರ, ಶಿಖರ, ಶಿರಸ್); ಮರದ ಕೊಮ್ಬು (ವಿಸ್ತಾರ, ವಿಟಪ); ಮರದ ಉದ್ದ (ಆರೋಹ, ಸಮುಚ್ಛ್ರಯ); ಮರದ ಮೊದಲು (ಅವಾಗ್ಭಾಗ, ಬುಧ್ನ); ಗುಜ್ಜುಗೊಮ್ಬಿನ ಮರ (ಕ್ಷುಪ); ಫಲ ಹಿಡಿದ ಮರನಂ ಫಲಿನ ಎಮ್ಬುದು; ಮರದ ಹಣೆ (ಪ್ರಘಾಣ, ಸ್ಕನ್ಧ); ಮರದ ಹಣೆಯಿಂ ಕೆಳಗೆ ಪ್ರಕಾಣ್ಡ ಎಮ್ಬುದು; ಮರದ ಪೋಟಲು (ನಿಷ್ಕುಟ, ಕೋಟರ); ಮರದ ಹೊಡಿಸೊಪ್ಪು (ತ್ವಚ್, etc.); ಮರದ ಕೆಚ್ಚು (ಮಜ್ಜನ್, ಸಾರ); ಮರದ ಗೆಡ್ಡೆ (ಕರಹಾಟ, ಕನ್ದ); ಮರದ ಬೀಳಲು (ಜಟೆ, ಶಿಫಾ); ಮರದ ಬೇರು (ಪಾದ, ಮೂಲ); ಮರಕ್ಕೆ ನೀರೆಱೆವ ಹರಿಕಣಿ (ಆಲವಾಲ, etc.); ಮರದ ಮಡಲು (ಲತೋದ್ಗಮ, ಅಪರೋಹ); ಮರದ ಕೊನರು (ಪ್ರವಾಲ, etc.); ಮರದ ತಳಿರು (ಪಲ್ಲವ, etc.); ಮರದ ಗೊಂಚಲು (ವಲ್ಲರಿ, ಮಂಜರಿ); ಮರದ ಎಲೆ (ಬರ್ಹ, etc. Hlâ.). ಒಣಗಿದ ಮರ (ಕಾಷ್ಠ, ದಾರು); ಮರದ ಮೊದಲಲ್ಲಿ ಉದಕವನೆಱೆವ ಕಟ್ಟೆ (ಆಲವಾಲ, etc.); ಮರದ ಹೆಗ್ಗೊಮ್ಬು (ಸ್ಕನ್ಧಶಾಖೆ, ಶಾಲೆ); ಮರದ ತುದಿ (ಅಗ್ರ, etc.); ಮರದ ಮೊದಲಿನ್ದ ಕೊಮ್ಬುಪರ್ಯನ್ತಮಿರ್ದ ನಡುವಣ ದಿಣ್ಡು (ಪ್ರಕಾಣ್ಡ, ಸ್ಕನ್ಧ); ಬಂಜೆಯಿಲ್ಲದ ಮರ (ಅವನ್ಧ್ಯ, ಫಲೇಗ್ರಹಿ); ಬಂಜೆಮರ (ವನ್ಧ್ಯ, ಅಫಲ); ಲೋವೆಯ ಹೊದ್ದಿಸಿದ ಡೊಂಕ ಮರ (ಗೋಪಾನಸಿ); ಆವುದಾನೊನ್ದು ಮರದ ಮೇಲೆ ಮರನನಿರಿಸಿ ಕೆತ್ತಲು ಪಟ್ಟುದು, ಆ ಅಡಿಯ ಮರನು ಉದ್ಘನ ಎನಿಸುಗು; ಯಾಗಾಗ್ನಿ ಹೊಸೆವ ಮರ (ಅರಣಿ Nr.). ಮರದ ಜೆಡೆ (ಬೀೞಲ್ Šm. 24). ಮರದ ಸಾರಂ (ಕೆಚ್ಚು 87); ತಿಲೆಯನೆತ್ತುವ ಮರಂ (ತಡುಮ್ಬು 101). ಮರದ ಹಣ್ಣು ಮರದ ಬುಡದಲ್ಲೇ. — ಮರ ಹುಟ್ಟಿದಲ್ಲಿ ಮರಣ, ಮನುಷ್ಯ ಹೋದಲ್ಲಿ ಮರಣ. — ಬೀಜ ಸಣ್ಣದಾದರೆ ಮರ ಸಣ್ಣದೋ? — ಬುಡ ಕಡಿದ ಮೇಲೆ ಮರ ಬಾಯಿಗೋಡುಗ್ಗೇ? — ಬೇರು ಹೋದ ಮೇಲೆ ಮರದ ಯೋಚನೆ ಯಾಕೆ? — ಮರವೇಱ್, ಕೆಯ್ ಬಿಟ್ಟ ಹಾಗೆ (Prvs.). See further Bh. 1, 10, 33; Rśv. 9, 11; J. 3, 36; 28, 45; Si. 84. 85. 112. 119-123. 238. 241. 276. 344. 345. 367. 415. — ಮರಅವುಡಲ. A shrub used to make hedges, native of Brazil, Jatropha curcas Lin. (Z.; My.). — ಮರಅಳಲೆ. The brilliant flying squirrel, Pteromys nitidus (Bḍ.). 2, the white-bellied flying squirrel, Pteromys albiventea (Bḍ.). — ಮರಕಂಚಾಳ. An ornamental tree, Bauhinia variegata Lin. (Z.). — ಮರ ಕಟ್ಟು. To tie pots to a palm tree: to draw toddy (My.). — ಮರಕಬ್ಬು. A fragrant grass, Andropogon muricatus (ವೀರಣ, ವೀರತರ sic! Si. 164). 2, a good, but hard kind of sugar-cane (My.). — ಮರಕಾಲ್. A corn measure, a Marcal or Mercall (T., M.; R.). — ಮರಕಾಲು. = ಮರಗಾಲು. A stilt (My.; Tĕ. ಮಱಗಾಲು). 2, a wooden foot or leg. ಮರಕಾಲ. -ಅ 3. A man with a wooden foot or leg. ಬಲೆ ನೆಯ್ದು ಮರಕಾಲ ಬಟ್ಟೆ ನೆಯ್ದಾನೇ? (Prv.). — ಮರಕುಟಿಕ. = ಮರಕುಟವಕ್ಕಿ. (My.). — ಮರಕುಟವಕ್ಕಿ. -ಕುಟಿ-ಪಕ್ಕಿ. The wood-pecker (ಶತಪತ್ರಕ, ದಾರ್ವಾಘಾಟ Nr.; see ಕುಠಾಕು). — ಮರಕುಟಿಕ. = ಮರಕುಟಿಕ. (My.). — ಮರಕುಟಿಗ. (Šmd. 237). A man who deals in wood. 2, the wood-pecker (Bh. 1, 20, 53; Šśv. 3, 38). — ಮರಕುಟ್ಟಿ. = ಮರಕುಟಿಕ. (My.). — ಮರಕುಟ್ಟು. Wood-powder, wood pulverized by the wood-worm (My. occasionally). — ಮರಕೂಟವಕ್ಕಿ. -ಕೂಟಿ-ಪಕ್ಕಿ. (ಉತ್ಕ್ರೋಶ, ಕುರರ sic! Hlâ.). — ಮರಕೆಲಸ. Timber-work, carpentry (My.; Si. 399). — ಮರಕೆಸ. A kind of kĕsa (My.). — ಮರಕೋತಿಯಾಟ. -ಕೋತಿ-ಆಟ. = ಗಿಡಮಂಗನ ಆಟ. (My.). — ಮರಗಡಕ. -ಕಡಕ. The wood-pecker (Bḍ.; Pr.). 2, the Almorah wood-pecker, Picus moluccensis (Bḍ.). 3, the brown wood-pecker, Picus moluccensis (Bḍ.). — ಮರಗಣಿಗಿಲು. -ಕಣಿಗಿಲು. = ದೇವಗಣಿಗಿಲು. (My.). — ಮರಗಬ್ಬು. -ಕಬ್ಬು. A good, but hard kind of sugar-cane (My.). — ಮರಗಾಣ. A wooden oil-mill (My.). — ಮರಗಾಲು. -ಕಾಲು. A wooden stilt used by children, tumblers, etc. (My.). ಮರಗಾಲು ಕಟ್ಟಿ ನಡೆ, to walk on stilts (My.). — ಮರಗಾಳಿ. The sound of wind when murmuring in trees (ಗಜಬು Čb.). — ಮರಗಿಣಿ. A parrot that frequents trees and cannot talk (My.). ಮರಗಿಣೀ ಕೂಡ ಹೋಗಿ, ಅರಗಿಣಿ ಕೆಟ್ಟಿತು (Prv.). — ಮರಗುಟಗ. -ಕುಟಗ. = ಮರಕುಟಕ. (My. occasionally). — ಮರಗುಬ್ಬಿ. The black-throated wheat ear, Saxicola deserta (Bḍ.). — ಮರಗೂಡು. A wooden cage or trap (Bh. 1, 8, 53). — ಮರಗೂಬಿ. -ಕೂಬಿ. The wood-eater: fire, Agni (ಶಿಖಿ Kk. 21; ಅಗಿನಿ, ಇಂಗಳ, etc., ಅನಲ Šm. 11). — ಮರಗೂಬಿಮಗ. Kârtikêya (ಗುಹ Kk. 6). — ಮರಗೆಲಸ. = ಮರಕೆಲಸ. (My.). — ಮರಗೊಡಲಿ. -ಕೊಡಲಿ. A kind of bird (Bh. 1, 20, 53). — ಮರಗೊಮ್ಬು. -ಕೊಮ್ಬು. A branch of a tree (ಕೋಡು, ಕೆಯ್ Šm. 24; Šśv. 3, 57). — ಮರಗೊರಡು. -ಕೊರಡು. A log of wood (My.). — ಮರದಣಬೆ. -ಅಣಬೆ. A mushroom that grows on decaying trees (My.). — ಮರದರಸಿನ. -ಅರಸಿನ. = ಮರದರಿಸಿನ. (My.). — ಮರದರಿಸಿನ. -ಅರಿಸಿನ. A species of Curcuma, Curcuma xanthorrhiza Roxb. (ಪೀತದ್ರು, ಕಾಲೀಯಕ, ಹರಿದ್ರವ, ದಾರ್ವಿ, ಪಚಮ್ಪಚೆ, ದಾರುಹರಿದ್ರೆ, ಪರ್ಜನಿ Nr.; ಪಚಮ್ಪಚೆ Mr. 130; My.; see Si. 146). 2, a diffuse shrub yielding a yellow dye, Morinda umbellata Lin. (St. & Pl.). — ಮರದಾಗು. -ತಾಗು. (Mutual) touch or rubbing together of trees (Râm. 4, 7, 10). — ಮರದಾವರೆ. -ತಾವರೆ. The tree Pterospermum acerifolium Wild. (ಕೊಸಗು, ಬೆಟ್ಟದಾವರೆ Kk. 19; Šm. 25; see ವೃಕ್ಷೋತ್ಪಲ). — ಮರದಿಗುಡು. -ತಿಗುಡು. The bark of a tree (J. 28, 44). — ಮರದುದಿ. -ತುದಿ. The top of a tree (Šśv. 2, 87). — ಮರದುಱುಗಲ್. -ತುಱುಗಲ್. A thicket, or grove, of trees (Rśv. 6, after 24). — ಮರನಾಗು. = ಮರವಡು. (Bh. 8, 25, 7). — ಮರಪಟ್ಟಿಡಿ. A carpenter's work-board (Si. 399). — ಮರಬಿಜ್ಜು. The Bondar, Paradoxurius bondar (Bḍ.; My.). — ಮರಮಟ್ಟೆ. Boughs of palm-trees (J. 22, 26). — ಮರಮಿಟಲಗಿಡ. A climbing shrub or tree, Urostigma volubile Datz. (Z.). — ಮರಮಿಟ್ಲಗಿಡ. = ಮರಮಿಟಲಗಿಡ. (My.). — ಮರಮುಟ್ಟು. Things of wood belonging to a house, as utensils, beams, pillars, etc. (Bhaktisâra v. 85; My.). — ಮರಮೆಣಸು. A West-Indian tree, the Pimento tree, Pimenta acris Wight. (St. & Pl.). — ಮರರೇವಡಿಗಿಡ. A thorny tree, Capparis grandis L. f. (Z.). — ಮರವಡು. -ಪಡು. = ಮರನಾಗು. To become like a log of wood: to grow paralyzed, to be perplexed, etc. (Abh. P. 7, after 32; 14, 136; 16, 27; Bp. 11, 3; 14, 18; 45, 42; 51, 43; 66, 40). — ಮರವಣೆ. -ಮಣೆ. A wooden stool. ಮರವಣೆಗಂ ಬೀಣೆಗಮ್ ಅನ್ತರಮೂವುದು (Šmd. 81). — ಮರವಾಯ್. -ಪಾಯ್. To pass, or jump, over a tree. ಮರನಂ ಪಾಯ್ದಂ or ಮರವಾಯ್ದಂ (Šmd. 195). — ಮರವಾಯಿ. -ಪಾಯಿ. = ಮರವಾಯ್. ಮರವಾಯಿದು ಬಿನದಿವುದು (ಕುಳಿಲ್ Ss.). — ಮರವಾವು. -ಪಾವು. A snake that lives on trees (Rśv. 5, 73; Šśv. 3, 34). — ಮರಹರಳು. = ಮರಅವುಡಲಗಿಡ. (St. & Pl.; My.). — ಮರಹಟುಮೆ. = ಮರಹಟುಜೆ, q. v. N. of a vegetable, wild cole, Justicia madurensis (My.). — ಮರಹಟುಜೆ. N. of a plant (ಕುಕರ್ಣಿಕೆ Mr. 116, two MSS. ಮರಹಟುಮೆ). ವೇಲ್ಲ, ಅಮೋಘೆ, ಚಿತ್ರತಣ್ಡುಲೆ, ತಣ್ಡುಲ, ಕೃಮಿಘ್ನ, ವಿಡಂಗ ಎನ್ಡೊಡೆ ವಿಳಂಗ; ಮರಹಟುಜೆ ಎನ್ದೊಡೆ, ಎಮ್ಬುರು (Nr.). — ಮರಹಾನ್ತಿ. A coarse kind of fodder-grass, Antistircia cymbaria Roxb. (Z.). See ಬಂಗಡ್ಡ. — ಮರಹುಣಿಸೆ. The hog-plum or wild mango, Spondias mangifera Pers. (ತಿನ್ತಿಡೀಕ, ಚುಕ್ರ, ವೃಕ್ಷಾಮ್ಲ, ಹುಳಿಹಣ್ಣು Si. 310).

ಮರ mara. 2. (= ಮಡ 1). — ಮರಬಿಡಿಕು. A crack in the heel (ಹಿಳ Mr. 365; one MS., against prâsa, ಮಡ-; another MS. ಮಡಬಿರಿಕು).

ಮರ mara. 3. (= ಮರವೆ). — ಮರವಾನಸ. -ಮಾನಸ. An intoxicated, mad man (Abh. P. 5, 55; 9, 153). — ಮರಹೊನ್ದು. To become mad or greatly excited (Bp. 44, 3).

ಮರ mara. Death, dying;—killing. See ಅಭಿ-.

ಮರಕತ marakata. *An emerald* (ಪಚ್ಚೆ Hlâ.; ಪಸುರ್ವಣಿ, ಜಾಗವರಲ್ Kk. 48; Šm. 68).

ಮರಗ maraga. = ಮರುಗ, etc. A strong smelling potherb, Mint, Mentha sativa Willd. (Z.; My.; Mhr. ಮರವಾ, sweet marjoram).

ಮರಗಿ maragi. = ಮರಗೆ. (ಅವಗಾಹ Mr. 213).

ಮರಗು maragu. = ಮರುಗ, etc. ಮರಗಿನ ತೊಪ್ಪಲ (ಸುಗನ್ಧ Čb.).

ಮರಗೆ maragĕ. = ಮರಗಿ, ಮರಿಗೆ. A wooden basin; a sort of bucket (My.). ನಾವೆಯೊಳಗಣ ನೀರ ಚಲ್ಲುವ ಮರಗೆ (ಸೇಕಪಾತ್ರ, ಸೇಚನ Nr.).

ಮರಡಿ maraḍi. = ಮೊರಡಿ 2, etc. (My.).

ಮರಣ maraṇa. *Dying, death* (ಸಾವು Nn. 137). See ಪಡು, ಪೊನ್ದು, ಬರ್ಚು, ಮಡಿ, ಹೊನ್ದು. ಪುಟಗೋಸಿಗಿನ್ತ ದರಿದ್ರವಿಲ್ಲ, ಮರಣಕ್ಕಿನ್ತ ಶಿಕ್ಷೆಯಿಲ್ಲ (Prv.). See Prvs. s. ಮರ 1, ಮಾನ 2, ಯಾರ್, ವರ್ಣ. 2, at the end of a compound: dead, killed (Čpr. 10, after 105). — ಮರಣಗಾಲ. = ಮರಣಕಾಲ. (My.). See Prv. s. ಮದ್ದು. — ಮರಣಂಗೆಯ್. -ಂ-ಗೆಯ್. To die (Bp. 32, 42). — ಮರಣ ಪಡಿಸು. To kill (My.). ಮರಣ ಪಡಿಸುವವ (ಮಾರ, ಕೊಲ್ಲುವವ G.). — ಮರಣ ಪಡು. To die (My.). — ಮರಣವಾಗು. -ಆಗು. To die (Bp. 32, 20; 34, 26. 36; 50, 58). ಅವನು ಮರಣವಾದನು (My.). — ಮರಣ ಹೊನ್ದು. To die (My.; B. 4, 7. 186; 5, 73. 162).

ಮರಣಕಮ್ಪ maraṇa-kampa. Tremor of the body at the time of death (My., also ಮರಣಕಮ್ಪನ).

ಮರಣಕರಣ maraṇa-karaṇa. Killing. See ಮಡಿಸು.

ಮರಣಕಾಲ maraṇa-kâla. The time of death (My.).

ಮರಣವೇದನೆ maraṇa-vêdanĕ. The agony of death (My.).

ಮರಣಶಾಸನ maraṇa-śâsana. A last will, a testament (My.).

ಮರಣಸಂಕಟ maraṇa-saṅkaṭa. = ಮರಣವೇದನೆ. (My.).

ಮರಣಾನ್ತ maraṇa-anta. Ending in death, having death for the end or termination (Sk.); death as the end of all (J. 11, 39).

ಮರಣಾಯಾಸ maraṇa-âyâsa. = ಮರಣವೇದನೆ. (Čpr. 2, after 24).

ಮರನ್ದ maranda. = ಮಕರನ್ದ. The juice or nectar of flowers, honey. (Šśv. 3, 16).

ಮರನ್ದರಸ maranda-rasa. = ಮರನ್ದ. (Šśv. 2, 39).

ಮರನ್ದೌಕಸ್ maranda-ôkas. A flower. (R.).

ಮರಲ್ maral. 1. = (ಮಗುಱ್), ಮರಳ್ 1, ಮರಳು 1, ಮಲರ್ 1. The face to be turned or averted; to turn back or backwards, to turn; to retreat; to return; to happen or occur again, or to do again (ಪರಾಙ್ಮುಖ Šmd. Dh.; Tê. ಮರಲು, ಮಱಲು, ಮಲಗು, ಮಳ್ಳು; T. ಮಡಂಗು). P. p. ಮರಲ್ದು (Čpr. 2, 20; 7, 70; 8, 103; 9, 88; Šśv. 4, 9). ಮರಲ್ವ (Šśv. 4, 12). ಮರಲ್ದು is used also in the sense of "*again*".

ಮರಲ್ maral. 2. = ಮಣಲ್, ಮರಳ್ 2, ಮರಳು 4, ಮಲರ್ 2, ಮಲಲ್ (Šmd. 42), ಮಳಲ್. Sand, gravel (ಪುಟಿಲ್, ಮಣಲ್, ಮಲರ್, ಸಿಕತ Šm. 36).

ಮರಲ್ maral. 3. = ಮಲರ್ 3. A flower (ಪುಷ್ಪ Śmd. Dh.; Čpr. 6, 72; Abh. P. 8, 14). See ಕಣ್-.

ಮರಲು maralu. (ಫಾಲ, ಕೃಷಿಕ Si. 303).

ಮರಲ್ಚು maralču. = ಮರಳಿಸು 1, ಮರಳ್ಚು. To turn or avert the face; to turn; to cause to retreat; to return, etc. (ಪರಾಙ್ಮುಖೀಕರಣ Śmd. Dh.; Rāv. 6, 9; 11, 80).

ಮರವಳಿ mara-vaḷi. The produce of trees (fruit, bark and leaves, My.). — ಮರವಳಿಗುತ್ತಿಗೆ. Renting the produce of (government) trees (My.).

ಮರವೆ maravĕ. = (ಮರ 3), ಮರು, ಮರುವು. Intoxication, madness, fury; bewilderment, paralysis, torpor, etc. (ಮತ್ತತ್ವ Čt. I, 105; II, 9; ಜೊಮ್ಮಿಸಿತು Ks.; ಜೊಮ್ಮಿಸಿದುದು Bhn. 48; Bh. 4, 3, 12; Rām. 6, 14, 22; J. 10, 21; 14, 7. 17). — ಮರವೆಗೊಳಿಸು. -ಕೊಳಿಸು. To deprive of sensibility (J. 21, 2). — ಮರವೆಯೌಷಧ. -ಔಷಧ. A drug to produce madness, etc. (ಕಿಸುವರ್ಗ Čt. II, 108).

ಮರಸಣಿ marasaṇi. = ಮರಸಣಿಗೆ. A species of kĕsu or Arum (ಖರ್ಜು Mr. 149; My.).

ಮರಸಣಿಗೆ marasaṇigĕ. = ಮರಸಣಿ. (My.).

ಮರಸು marasu. To become furious, to begin to rage (Čpr. 6, 34).

ಮರಸುತ್ತು marasuttu. = ಮರುಸುತ್ತು, ಮಲಸೂತ್ರ. A screw (My.; Mhr. ಮಳಸೂತ್ರ).

ಮರಹಮ್ಮತ್ marahammat. = ಮರಾಮತ್, q. v. (My.; Br.).

ಮರಳ್ maraḷ. 1. = ಮರಲ್ 1, etc. P. p. ಮರಳ್ದು (Čpr. 6, 79; 7, 49; Bp. 80, 25). ಮರಳ್ವ (Śšv. 4, 74). See J. 2, 47; 5, 42; 31, 4; ಪೊಡೆ-, ಬಗೆ-. — ಮರಳಿಸು. ಮರಳಿ ಇಸು. To shoot arrows so that (an opponent) retreats (Čpr. 5, 109). — ಮರಳೊತ್ತು. ಮರಳಿ ಒತ್ತು. To push backward (Čpr. 6, 29).

ಮರಳ್ maraḷ. 2. = ಮರಲ್ 2, of which it is a vulgar form (Śmd. 41).

ಮರಳಿ maraḷi. = ಮರುಳಿ, ಮಳ್ಳಿ. A person (male or female) who in reality is clever, but simulates stupidity (My.). ಮರಳಿ, ಮಂಚಕ್ಕೆ ಎಷ್ಟು ಕಾಲು? ಅನ್ದರೆ ಮೂಱು ಮತ್ತೊನ್ದು ಅನ್ದಳು (Prv.).

ಮರಳಿದು maraḷidu. = ಮರಳ್ದು of ಮರಳ್ 1. (Bh. 2, 4, 12).

ಮರಳಿಸು maraḷisu. 1. To cause to turn; to cause to return;—to return; to requite. ಪಗೆಯ ಮರಳಿಸುವುದು (ವೈರಶುದ್ಧಿ, ಪ್ರತೀಕಾರ, ವೈರನಿರ್ಯಾತನ Nr.).

ಮರಳಿಸು maraḷisu. 2. To cause to bubble up or boil fiercely (My.).

ಮರಳು maraḷu. 1. = ಮರಲ್ 1, etc. To turn, to turn back (v. i.), etc. P. p. ಮರಳಿ. ಮರಳಿದುದು (ವೃತ, ವೃತ್ತ, ವ್ಯಾವೃತ್ತ Nr.). ಮರಳಿ ನುಡಿಪ (ಪುನರ್ವಚ Nn. 167). ಮರಳಿ ಬನ್ದಳು ಕುನ್ತಿ (Bh. 1, 10, 26). ವನವೀಧಿಗಳ ವಳಯದ ಹೊಕ್ಕು, ಮರಳಿದುದಿಲ್ಲ ವಿರಹಿಗಳು (1, 5, 10). See Bp. 9, 8; 20, 22; 24, 65; 39, 18; 40, 8; 42, 30; 45 sum.; 52 sum.; Bh. 1, 8, 18; 2, 4, 9; Rāv. 6, after 11; J. 3, 40; 5, 59; 17, 10. The P. p. often conveys the meaning of *"again"*, *"back"*, *e. g.* ಬಟ್ಟೆ ಟ್ಟು ಕೊಣ್ಡಿದ್ದದನ್ನು ಮರಳಿ ಕೊಡುವಿಕೆ (ಪ್ರತಿದಾನ Si. 325). — ಮರಳಿ ಮರಳಿ. Again and again (Bp. 4, 47). ಮರಳಿ ಮರಳಿ ಕಾಣಲ್ ಪಟ್ಟುದು (ಅವಗೀತ Nr.). ಮರಳಿ ಮರಳಿ ಹುಟ್ಟುಹ (ಪುನರ್ಭವ Nn. 114). ಸನ್ತೋಷ ತ್ವರೆ ಮುನ್ತಾದವುಗಳಿನ್ದ ಎರಡು ಮೂಱು ಸಾರಿ ನುಡಿದ ಮಾತೇ ಮರಳಿ ಮರಳಿ ನುಡಿಯಲ್ ಪಡುವದು (ಆಮ್ರೇಡಿತ, ದ್ವಿಸ್ತ್ರಿರುಕ್ತ Si. 56). — ಮರಳೆ. Again (Bh. 3, 18, 34).

ಮರಳು maraḷu. 2. To bubble up, to boil fiercely (as water, My.; Tč. ಮರಗು, ಮರುಗು, ಮಱಗು, ಮಱುಗು, ಮಸಲು, ಮಸುಲು).

ಮರಳು maraḷu. 3. = ಮರುಳ್ 2, etc. (My.; cf. ಮದಡು). ಭೋಗಿಗೆ ಯೋಗಿ ಮರಳು, ಯೋಗಿಗೆ ಭೋಗಿ ಮರಳು (Prv.).

ಮರಳು maraḷu. 4. = ಮರಲ್ 2, etc. (My.).

ಮರಳ್ಚು maraḷču. = ಮರಲ್ಚು, etc. (Čpr. 4, 78; Abh. P. 8, 35; Grj. 3, 102; Rāv. 13, 84).

ಮರಾಟ marāṭa. Tbh. of ಮಹಾರಾಷ್ಟ್ರ. Mahratta; a Mahratta man (My.). ಮರಾಟರ ಹತ್ತರ ಹೋರಾಟ ಸಲ್ಲ (Prv.).

ಮರಾಟಿ marāṭi. Belonging to Mahratta; a Mahratta person (My.). — ಮರಾಟಿಯವ. -ಅವ. A Mahratta man (My.). — ಮರಾಟಿಯವಳು. -ಅವಳು. A Mahratta woman (My.).

ಮರಾಮತ್ marāmat. = ಮರಹಮ್ಮತ್. Repairs, as of roads, houses, tanks, etc. (My.; Mhr., H.).

ಮರಾಲ marāla. ಮರಾಳ. Soft, mild, bland, tender. 2, a flamingo; a goose (ಹಂಸೆ Nn. 8. 9. 17; ಸಾರಸ 56; ಸಾರಸ Mr. 521). 3, a horse. 4, lampblack, used as collyrium. 5, a cloud. 6, a villain, a rogue.

ಮರಾಲಕ marālaka. = ಮರಾಲ No. 2. (Bp. 50, 11).

ಮರಾಲಧ್ವಜ marāla-dhvaja. N. of a king (J. 11, 26. 28; 12, 1. 5. 20).

ಮರಾಲಪದಿ marāla-padi. The plant Cissus pedata Lam. (ತ್ರಿಪದಿ, etc. Mr. 141).

ಮರಾಲಯಾನೆ marāla-yānĕ. A woman with the gait of a flamingo (Čpr. 7, 118).

ಮರಾಲಿ marāli. A female haṁsa. (A.).

ಮರಾಲಿಕೆ marālikĕ. = ಮರಾಲಿ. (Śmd. 153. 288).

ಮರಾಳ marāḷa. = ಮಳಾರ. A strap or girth of horses (ಕುದುರೆಯ ಪಟ್ಟಿ Śmd. II; Śm. 42, o. r. ಮಳಾರ).

ಮರಿಗೆ marigĕ. = ಮರಗೆ, etc. (My.; Si. 241; Tč. ಮರಿಗೆ, ಮಱಿಗೆ; see ಕಲ್ಲು-). ಎಲ್ಲರೂ ಹೆಣ್ಣು ಹೆತ್ತರೆ ಮಾರಮ್ಮ ಮರಿಗೆ ಹೆತ್ತಳು (Prv.).

ಮರಿಚ mariča. = ಮೆಣಸು, ಮೆಳಸು. *Black pepper.*

ಮರಿಯಾದೆ mariyādĕ. Tbh. of ಮರ್ಯಾದೆ (Mr. 529; Bp. 18, 10. 50; 24, 80; 28, 35; 53, 75; 58, 30; My.). See Prv. s. ಮಾನ 2.

ಮರಿಯಿಸು mariyisu. (fr. ಮರ). To kill (Čpr. 5, 183).

ಮರೀಚ marīča. *Black pepper.*

ಮರೀಚಕ marīčaka. = ಮರೀಚ. (ಊಷಣ, ಮೆಣಸು Mr. 188).

ಮರೀಚಿ marīči. *A ray of light* (see Nn. s. ಎಪ್ರ); light. 2, mirage. 3, *N. of a prajāpati.* 4, *one of the seven rishis and father of Kaśyapa* (see ಮುಖ್ಯಋಷಿ).

ಮರೀಚಿಕ marīčika. = ಮರೀಚಿ, in ಮರೀಚಿಕಜಲ (Bp. 42, 2).

ಮರೀಚಿಕಾಜಲ marīčikā-jala. Mirage (ಬಯಲ್ದೊಱೆ, ಬಿಸಿಲ್ಗುದುರೆ Kk. 11*b*).

ಮರೀಚಿಕೆ marīčikĕ. ಮರೀಚಿಕಾ. *Mirage.* — ಮರೀಚಿಕೆಯ ಜಲ. (ಬಯಲ್ದೊಱೆ, ಬಿಸಿಲ್ಗುದುರೆ Kk. 12).

ಮರೀಚಿಜಲ marîci-jala. Mirage (ಬಿಸಲ್ಗುದುರೆ Šm. 15).

ಮರು maru. = ಮರವೆ, etc. See ಮರುಕುಳಿ.

ಮರು maru. 1. *A sandy desert, any arid region or soil destitute of water* (ನೀರು ನೆಲಿಲ್ಲದ ತಾವು Nr.). 2, a mountain, a rock (*cf.* ಮರಡಿ, etc.). 3, N. of a country (Marwar, Bp. 6, 18).

ಮರು maru. 2. = ಮರುವಕ. (ಮರುವಕ, ಫಣಿಜ್ಜಕ, ಕಪ್ಪಾದ ತುಲಸಿ Mr. 129).

ಮರುಕುಳಿ maru-kuḷi. Bewilderment, etc. (ಮರುಳ್ಳುದು Šs.).

ಮರುಗ maruga. = ಮರುವ, etc. Tbh. of ಮರುವಕ (Šmd. 375; Grj. 7, 52; My.; Si. 141; ಸುರಭಿ Nn. 30, Mr. 509; see s. ಲಘು). See ಬಿಳೀ-.

ಮರುಗು marugu. = ಮಂಜಿ 2. (St. & Pl.).

ಮರುಜ maru-ja. A kind of perfume (= ನಖಿ). 2, a tree akin to the Mimosa catechu (see ಖದಿರ). — ಮರುಜವಣಿ. -ಮಣಿ. A bead of maruja (Šsv. 3, 30).

ಮರುಜೆ maru-jĕ. A particular species of plant. — ಮರುಜೇವಣಿ. -ಮಣಿ. A bead of marujĕ (Râm. 6, 40, 5).

ಮರುತ್ marut. = ಮರುತ್ತು. *Wind.* 2, *the god of the wind, regent of the north-west quarter* and father of Hanumat. 3, *any god or deity.* 4, N. of a metrical foot (Čh.). 5, N. of the gods of the winds and storms.

ಮರುತ maruta. (Šmd. 106). Wind (ತಾರ, ವಾಯು Nn. 40; ಅನಿಲ, ವಾಯು 72). 2, a deity (ಸುರ, ದೇವತೆ 72). 3, = ಮರುತ್ No. 2 (ದಿಶಾಧಿಪ Mr. 57). 4, a mountain (ಅಚಲ, ಪರ್ವತ 72). 5, N. of a country (ಜನಾನ್ತ, ದೇಶಭೇದ 72). 6, a bow (ಧನು, ಬಿಲ್ಲು 72). 7, N. of a metrical foot (Čh.; Mr. 364). 8, N. of a king (J. 2, 32; 5, 20, etc.).

ಮರುತಬನ್ಧಿ maruta-bandhi. A disease of the spleen (ಗುಲ್ಮ Mr. 387).

ಮರುತಾಶನ maruta-aśana. A serpent (ಸರ್ಪ Mr. 399).

ಮರುತ್ತರಂಗಿಣಿ marut-taraṅgiṇi. The celestial Ganges (Šmd. 260 Mḍb.).

ಮರುತ್ತು maruttu. Tbh. of ಮರುತ್. (Čh. v. 121).

ಮರುತ್ತ್ರಯ marut-traya. Three mountains (or mêrus, Čpr. 1, 69).

ಮರುತ್ವತ್ marut-vat. Attended by the maruts: *Indra.*

ಮರುದಾಪ್ತ marut-âpta. Fire, Agni (Bp. 21, 1).

ಮರುದಿಷ್ಟ marut-ishṭa. Fire. 2, N. of a metrical foot (Čh.).

ಮರುದ್ದೆಸೆ marut-dêsĕ. The north-west quarter (Šsv. 1, 62).

ಮರುದ್ವರ್ತ್ಮ marut-vartma. The path of the winds: *the atmosphere.*

ಮರುನ್ನಿಕರ marut-nikara. A multitude of deities (Bp. 2, 20).

ಮರುನ್ನಿಷೇವಣ marut-nishêvaṇa. Living in, enjoying or eating wind (adj., Šsv. 4, 85).

ಮರುನ್ಮಾಲೆ marut-mâlĕ. *A sort of grass, Trigonella corniculata* Lin.

ಮರುಭೂಮಿ maru-bhûmi. = ಮರು No. 1. (My.).

ಮರುವ maruva. = ಮರಗ, ಮರಗು, ಮರು 2, ಮರುಗ (Šmd. 375; Si. 141), ಮರುವಕ. A kind of Ocimum (Sk.); sweet marjoram (Čpr. 1, after 101). 2, a valuable timber tree with showy purple flowers, Lagerstroemia flos reginae Retz. (St. & Pl.).

ಮರುವಕ maruvaka. = ಮರುಗ (Šmd. 375), ಮರುವ, etc. A kind of Ocimum. 2, *sweet marjoram or a similar plant* (= ಜವ್ವಿಾರ). 3, *the tree Vangueria spinosa* Roxb.

ಮರುವು maruvu. = ಮರವೆ. (ಮತ್ತತೆ Kk. 31; Šm. 76).

ಮರುಸುತ್ತು marusuttu. = ಮರಸುತ್ತು, etc. (My.).

ಮರುಳ್ maruḷ. 1. To be bewildered, etc. ಮರುಳ್ವುದು (ಮರುಕುಳಿ Šs.; T. ಮರುಳು, ಮಯಂಗು).

ಮರುಳ್ maruḷ. 2. = ಮರಳು 3, ಮರುಳು, ಮಳ್, ಮಳ್ಳು 1. Bewilderment, confusion, madness, foolishness, stupidity; fury, extacy, frenzy, the state of being possessed (ಪೇಂಕುಳಿ Kk. 65; M.; M. ಮಯಲ್, ಮಬಿಲ್, infatuation, charm of love; Tĕ. ಮರುಲು, love, desire, lust = ಮೋಹ, ಕಾಮ). 2, a mad, or foolish, person;—an evil spirit, a demon, an imp (ಪಿಶಾಚಿನಿ Šmd. II; Kk. 91; Šm. 53; ಭೂತ Nn. 78; M.). ಮರುಳ್ಗಳ್ (Šmd. 52). ಮದ್ದಿನ್ದ ಮರುಳಾಗಿ ಪೇಕುಳಿಗೊಣ್ಡಿದ್ದ ನಾಯಿ (ಯೋಗಿತ, ಅಲರ್ಕ Nr.). ನೀರ ಬೊಬ್ಬುಳಿ ನೆಚ್ಚಿ, ಸಾರಿ, ಕೆಡದಿರು, ಮರುಳೆ! (Sp.). ಬಿರುದರ ಕರುಳಂ ಕೊಟಿ ಕೊಟಿಡು ಮರುಳ್ ಇರುಳ್ ತಿವ್ಟಿಡೆಯೊಳ್ (Šmd. 27). See Šmd. 272; Čpr. 1, 62; 5, 31; 7, 44; Abh. P. 13, after 54; 13, 66; Bp. 2, 18. 23; 10, 3; 18, 12; 35, 32; 57, 62; J. 2, 23. 44; 8, 33; 22, 24; ಪುಲ್-; ಪೇ-. — ಮರುಳ ಜಡೆ. N. of a plant (ಗೋಲೋಮಿ, ಭೂತಕೇಶ Nr.). — ಮರುಳಾಗು. -ಆಗು. To grow bewildered, confused, mad, etc. See Grj. 4, 62; Bp. 40, 6; 45, 33; J. 2, 57. — ಮಗಳೇ, ಮರುಳಾದೆಯಾ? ಇರುಳು ಜಗಳಾಡುವವರು ಯಾರಮ್ಮ? — ಬಟೀ ಮಾತಿಗೆ ಮರುಳಾದರೆ ಬಟಿ ತಪ್ಪೀತೇ? — ಮಗ ಓಡಿ ಓಡಿ, ಮರುಳಾದ (Prvs.). — ಮರುಳಾಟ. -ಆಟ. Bewildered, mad, foolish behaviour; confusion, etc. (J. 19, 26; 24, 4; My.). — ಮರುಳಾಟನುಡಿ. A confused speech. ಮರುಳಾಟನುಡಿಯ ಅಟ್ಟುಳಿ (ನಿರಸ್ತ Mr. 85). — ಮರುಳಾರ್ಯ. -ಆರ್ಯ. N. (Rśv. 1, 17). — ಮರುಳ್ಗೊಳ್. -ಕೊಳ್. = ಮರುಳುಗೊಳ್. To grow bewildered, etc.; to fall into phrenzy (on account of a person, Grj. 3, after 98). — ಮರುಳ್ಗೊಳಿಸು. -ಕೊಳಿಸು. To cause to grow bewildered, etc. (ಬೇಳ್ಮಾಡು Kk. 72; Šm. 51; Mr. 2; Grj. 2, after 106; Rśv. 5, after 19). — ಮರುಳ್ದುಮ್ಬಿ. -ತುಮ್ಬಿ. A mad black bee (Šmd. 143). — ಮರುಳ್ಪಡೆ. -ಪಡೆ. = ಮರುಳಾಗು. (Abh. P. 13, 65).

ಮರುಳ maruḷ-a3. A bewildered, mad, foolish man (My.). 2, a badly disposed man (ದುಃಶೀಲ Bhn. 46). ತನ್ನ ನೆರಳು ತಾ ಕಣ್ಣು ನೆರಳುವವ ಮರುಳನಲ್ಲವೇ? — ಮರುಳಗೆ ಇರುಳಿಲ್ಲ, ಪಿತ್ತದವಗೆ ನಿದ್ರೆಯಿಲ್ಲ (Prvs.). See Čpr. 4, 18; Bp. 13, 13; 15, 4; 57, 13; 60, 42; B. 4, 180; ಅರೆ-; Prv. s. ತರ್ಲೆ.

ಮರುಳಿ maruḷi. = ಮರಳಿ, etc. (My.).

ಮರುಳು maruḷu. = ಮರುಳ್ 2, etc. (Bp. 20, 21; 51, 53; 56, 46; 58, 44; Bh. 1, 10, 22; My.). ಭೂತ ಮರುಳೋ? ಮಾಡ ಮರುಳೋ? — ಭೋಗಿಗೆ ಯೋಗಿ ಮರುಳು, ಯೋಗಿಗೆ ಭೋಗಿ ಮರುಳು. — ಮನೆಗೆ ಬನ್ದ ಮರುಳು (a mad, or foolish, person) ಲೇಸು. — ಎಳೀ (ಎಳೀ ಪ್ರಾಯದ) ಮರುಳೋ? ಎಪ್ಪತ್ತೇ (ಎಪ್ಪತ್ತು ವರುಷದ) ಮರುಳೋ? — ಜನ ಮರುಳೋ? ಜಾತ್ರೆ ಮರುಳೋ? (Prvs.). — ಮರುಳುಗುಟ್ಟು. -ಕುಟ್ಟು. To accuse of foolishness (Bh. 5, 1, 41). — ಮರುಳುಗೊಳ್. -ಕೊಳ್. = ಮರುಳ್ಗೊಳ್. (Bp. 41, 7; 52, 7; 54, 30; Bh. 2, 13, 14; C.; B. 4, 17). ಮರುಳುಗೊಣ್ಡದು (ಉನ್ಮಾದ, ಚಿತ್ತವಿಭ್ರಮ Nr.). — ಮರುಳುನಾಯಿ. A mad dog. ಅರೆಮರುಳಗೆ ಮರುಳುನಾಯಿ ಕಚ್ಚಿತನ್ತೆ (Prv.). — ಮರುಳು ಮಾಡು. To cause to grow bewildered, etc. (Bp. 40, 22; Bh. 1, 8, 71; J. 7, 25; My.). — ಮರುಳುಮಾತು. A confused, or confusing, word or speech (My.). — ಮರುಳುಮ್ಮತ್ತ. -ಉಮ್ಮತ್ತ. The thorn-apple which produces bewilderment (J. 2, 38). — ಮರುಳು ಹಿಡಿ. Bewilderment, etc. to seize or lay hold of. ಅವನಿಗೆ ಮರುಳು ಹಿಡಿಯಿತು (My.).

ಮರುಳುತನ marul̤utana. = ಮರುಳ್ತನ. (ಪೇಂಕುಳಿ Ks.; Bp. 44, 11; Râm. 5, 8, 22; 6, 12, 15; B. 3, 12; ಉನ್ಮಾದ, ಚಿತ್ತವಿಭ್ರಮ Si. 70; C.).

ಮರುಳ್ಚು marul̤ču. To bewilder, etc. (Ŏpr. 6, 88; V. 29, 14. 21. 22).

ಮರುಳ್ತನ marul̤tana. (Šmd. 248). The state of being bewildered, mad, etc. (ಪೇಂಕುಳಿ Šm. 49; ಮೆಳ್ಪಡೆ Šmd. II, o. r. ಮೆಳ್ಪಡೆ; ಮೆಳ್ಪಡೆ Kk. 86; Grj. 8, 9; Šiv. 4, 111).

ಮರೆ marĕ. (Šmd. 27). A kind of deer (ನ್ಯಂಕು, ರಂಕು Hlâ.; ರಂಕು, ನಂಕು Mr. 163; Bp. 84, 32). ಗಣ್ಣುಮರೆ (ಮುಕ್ತ Si. 169). ಮರೆಯು ಅಡಗು (Šiv. 3, 39). ಹಿರಿದಹ ಮರೇಮೃಗ (ರಾಮ 170). ಇದು ಹುಲ್ಲಿಗಳ ಹಕ್ಕೆ! ಇದು ಮರೆಯ ಹಿಕ್ಕೆ ತಾಂ (Râghŏ. 17, 68). See ಕಾಡ್-, ಪೆರ್-, ಬಲ್-, ಹೆಮ್-.

ಮಱ maṟa. 1. = ಮೊಱ 3. A fan used for winnowing, etc. (ಪ್ರಸ್ಫೋಟನ, ಶೂರ್ಪ Si. 307). ತರುವವ ಮಱತರೆ ಮಱ ಏನು ಮಾಡೀತು? (Prv. in B. 5, 314).

ಮಱ maṟa. 2. = ಮಱು 1. — ಮಱ ಕಳೆಸು. To bring again (to the mouth), as an animal in rumination (B. 3, 17). 2, = ಮಱು ಕಳೆಸು. (My.). — ಮಱಸಲ್. = ಮಱುಸಲ್. (My.).

ಮಱ maṟa. 3. = ಮಱ್ 2. — ಮಱ ಮಾಡು. = ಮಱ್ ಮಾಡು. To hide, to conceal (v. t.; Si. 69. 73). — ಮಱ ಮಾಯಿಸು. = ಮಱ ಮಾಡು. (My.).

ಮಱ maṟa. 4. (fr. ಮಱಗು 1). = ಮಲ 1. With grief. — ಮಱ ಮಱನೆ ಮಱುಗು. To be very much grieved (B. 3, 7). — ಮಱ ಮಱ ಮಱುಗು. = ಮಱ ಮಱನೆ-. (B. 4, 20).

ಮಱಗು maṟagu. 1. = ಮಱುಗು. ಸಜ್ಜನರು ಸಾಯುಲೊಡೆ ನಿರ್ಜರರು ಮಱಗುವರು (Sp.).

ಮಱಗು maṟagu. 2. = ಮಱವು, etc. Secrecy (Tĕ. ಮಱುಗು, ಮಱುಗು). — ಮಱಗುಗೆಡು. -ಕೆಡು. A secrecy to be divulged (Šâstrasâra in W. v. 1319).

ಮಱತು maṟatu. = ಮಱದು, etc. (My.).

ಮಱದು maṟadu. = ಮಱತು, ಮಱ್ದು. P. p. of ಮಱ್ 1.

ಮಱಪು maṟapu. 1. To hide, to conceal; to cause to forget (Ŏpr. 8, 88).

ಮಱಪು maṟapu. 2. = ಮಱವು, etc. (Šiv. 2, 104; T. ಮಱಪ್ಪು; see ಮೆಯ್ಮಱಪು). — ಮಱಪಿಕ್ಕು. -ಇಕ್ಕು. To hide one's self (Ŏpr. 4, 82).

ಮಱಂಬೆ maṟambĕ. = ಮಱವೆ (Čt. I, 25).

ಮಱಯಿಸು maṟayisu. = ಮಱಸು, etc. (Ŏpr. 5, 28).

ಮಱವು maṟavu. = ಮಱಗು 2, ಮಱಪು 2, (ಮಱವೆ), ಮಱಹು q. v. Hiding; secrecy;—unmindfulness;—forgetting; forgetfulness (My.; Tĕ.); etc. ನನಗೆ ಮಱವು ಬನ್ತು (I forgot, My.). ಆ ಮಾತು ನನಗೆ ಮಱವಾಯಿತು (I have forgotten—, My.). See ಮೆಯ್-. ಅಱವು ಇದ್ದದಲ್ಲದೆ ಮಱವು ಹ್ಯಾಗೆ ಬನ್ದೀತು? (Prv.). — ಮಱವಿಗೆ ಹಾಕು. To hide (ಮಱಸು G.).

ಮಱವೆ maṟavĕ. ಮಱ್-ವೆ (Šmd. 247). = ಮಱಪ್ಪು. The state of becoming unmindful of; oblivion, forgetfulness (My.; T. ಮಱವಿ); unconsciousness; stupor; torpor (Bh. 1, 9, 8; My.; T. ಮಱವು). See ಪೆರ್ಮಱವೆ, ಮೆಯ್ಮಱವೆ. 2, a disease of the eye (Bp. 18, 66). ಮಱವೆ ಪಿಂಗಿದಂ (ಎಚ್ಚತ್ತಂ Šmd. I).

ಮಱಸು maṟasu. = ಮಱಯಿಸು, ಮಱ್ಸು, (ಮಾಜು, ಮಾಜು 1). To veil, to hide, to conceal (ಆಚ್ಛಾದನ Šmd. Dh.);—to keep one's self out of view; to practise fraud (J. 5, 59);—to cause to be unmindful of or to forget (My.). ಮಱಸಿ, ಕೊರಲನು ಕೊಯ್ವ ನರರ ಮಱ್, ಮನವೆ! (Dp. 172). ಕೆಮ್ಮಿನಿನ್ದ ಹೂಸು ಮಱಸಿದ (Prv.).

ಮಱಸುನ್ದು (maṟas-sundu). 1. To lie hidden (Kâvy. 2, 1, 25).

ಮಱಸುನ್ದು (maṟas-sundu). 2. Lying hidden. 2, (maṟaz-sundu) another coitus. ಮೆಱಸುನ್ದು ಸೂಱ ಸುನ್ದನೆ ಪೆಱತಿನಿಸಿಮ್ಮೆಱ್ಯದೆನೆ ಪದಾನ್ತರದಿನ್ದಂ ನೆಱ್ದು ನಿಲೆ ದುಃಪ್ರತೀತಿಯನಱ್ಪುವ ಪಿಱ ಪಿದವುಮಿನ್ನವೆ ಗ್ರಾಮ್ಯಂಗಳ್ (o. r. ಪೆಱ ಪೆಱ ಉಮ್ಮಿನ್ನವ ಗ್ರಾಮ್ಯಂಗಳ್, Kâvy. 2, 1, 24).

ಮಱಸುಹ maṟasuha. Concealing, concealment (of knowledge, etc., ಅಪಹ್ನವ, ಅಪಲಾಪ, ಅಪಜ್ಞಾನ, ಅಪಾತ್ಯಯ Hlâ.).

ಮಱಹು maṟahu. = ಮಱಪು 2, ಮಱವು, etc. Secrecy (Grj. 5, 38); unmindfulness; inadvertence, error, mistake; forgetfulness; loss of consciousness; stupor (ಪ್ರಮಾದ, ಅನವಧಾನ Hlâ.; ಅನ್ತರ Nn. 77, Mr. 531; ಅಪಹ್ನವ, ಅಪಲಾಪ, etc. Mr. 441; ಮೂರ್ಛೆ Nn. 124). ಮನದ ಮಱಹು (ಭ್ರಾನ್ತಿ, ಮಿಥ್ಯಾಮತಿ, ಭ್ರಮ Nr.). See Bp. 8, 34; 35, 20; 36, 28; 42, 16. 17; ಮೆಯ್ಮಱಹು.

ಮಱಿ maṟi. 1. The young of any animal to be born (? ಪೋತಕ Šmd. Dh.).

ಮಱಿ maṟi. 2. The young of any animal (excepting kine and buffaloes, see ಕಱು 1; C.; T., M.; Tu. ಮಱಿ, Tĕ. ಮಱಕ); a young child (ಪೋತ, ಬಾಳ, ಅರ್ಭಕ, ಡಿಮ್ಭ, ಪೃಥುಕ, ಶಾಬಕ, ಶಿಶು Si. 179; My.); a pupil (My.); a shoot, a sapling (B. 2, 22. 37). ಆನೆಯ ಮಱಿ (ಕಲಭ, ಕರಿಪೋತ); ಉಡುವಿನ ಮಱಿ (ಗಾಧೇರ); ಎಲ್ಲಾ ಪಶುಗಳ ಮಱಿ (ಬರ್ಕರ Hlâ.). ಉಡುವಿನ ಮಱಿ (ಗಾಧೇರ Nr.). ಆನೆಯ ಮಱಿ (ಮತಂಗಪೋತಕ Nn. 135). ಒಣ್ಟೆಯ ಮಱಿ (ಕರಭ Si. 323). ಕೋಡೀ ಮಱಿ (C.). ಕರಿಯಾದರೂ ಮಱಿಯಾಗಿರದೆ ಬೆಳೆಯದು (Prv.). See Ŏpr. 5, after 64; 7, 48. 103; Bp. 11, 10; 20, 18; Bh. 1, 20, 61; 2, 13, 14; 3, 13, 29; Râv. 5, 40. 44; 8, 117; 9, 28. 29; J. 28, 4. 52; ಅಂಜೆವಱಿ, ಆನೆವಱಿ, ಕಿಡುವಱಿ, ಗಣ್ಣುಮಱಿ, ಗಿಳಿವಱಿ, ಪಕ್ಕಿವಱಿ, ಪಲ್ಲಮಱಿ, ಪೊಮ್ಮಱಿ, ಮಿಗವಱಿ, ಹೆಣ್ಣುಮಱಿ. — ಮಱಿ ಈ. = ಮಱಿ ಕೊಡು. (My.). — ಮಱಿ ಕೊಡು. To bring forth young, to yean, to cub (B. 5, 17). — ಮಱಿಗುದುರೆ. -ಕುದುರೆ. A colt (ಬಾಲ, ಪೋತ, ಕಿಶೋರ Hlâ., Nr.; Mr. 273). — ಮಱಿಗೋಗಿಲೆ. -ಕೋಗಿಲೆ. A young cuckoo (J. 8, 3). — ಮಱಿಜೇಡಹುಱ. A young spider (B. 4, 113). — ಮಱಿದುಂಬಿ. -ತುಂಬಿ. A young black bee (Abh. P. 15, 5; Râm. 2, 7, 4; J. 2, 57; 3, 6. 24; 8, 2. 4; 29, 46). — ಮಱಿಮಕ್ಕಳು. Plural of ಮಱಿಮಗ: great grand-children (B. 3, 74; My.). — ಮಱಿಮಗ. A great grand-son (My.; G. 282). — ಮಱಿಮಗಳು. A great grand-daughter (My.). — ಮಱಿ ಮಾಡು. To hatch, as fowls (My.; B. 3, 120), spiders (B. 4, 113). — ಮಱಿಮೀನ್. A young fish (J. 6, 10; 30, 6; B. 4, 119). ಮಱಿಮೀನ ಮೊತ್ತಂ (ಕ್ಷುದ್ರಾಣ್ಡಮತ್ಸ್ಯಸಂಘಾತ, ಪೋತಾಧಾನ Nr.; ಕ್ಷುದ್ರಾಣ್ಡ Mr. 410). 2, a sort of gilt-head, Sparus emarginatus B. MSS. (ಗಡಕ, ಕುಲಾರ್ಥಕ Nr.). — ಮಱಿಮುಗಿಲ್. A small cloud (Rśv. 1, after 135). — ಮಱಿಯಾನೆ. -ಆನೆ. A young elephant (ಧೇನುಕೆ, ಬಾಲಕರೇಣು Nn. 98; ಗಣಿಕೆ, ಶುಣ್ಡಾಲಕಿಶೋರ 98; ಕಲಭ 130; Bh. 1, 8, 61; J. 31, 60). — ಮಱಿಯುಡು. -ಉಡು. A young iguana (ಗೌಧೇರ Mr. 163). — ಮಱಿಸಿಂಗ. A young lion (J. 20, 13). — ಮಱಿ ಹಾಕು. = ಮಱಿ ಕೊಡು. (My.; B. 3, 75). ಬರಪದಲ್ಲಿದ್ದ ಆರಿ ಮಱೀ ಹಾಕೀತೇ? (Prv.).

ಮಱಿಸು **maṟisu.** = ಮಱಿಸು, etc. ದುಃಖವನ್ನು ಮಱಿಸೋಣ (G. 259).

ಮಱು **maṟu. 1.** = ಮಱ 2, ಮಱ 3, (ಮಾಱು 2). Other; next, following, second; again; opposite (T., Tē.; *cf.* ಮತ್ತು). — ಮಱು ಕಣಿಸು. = ಮಱು ಕಳಿಸು. (V. 30, 32). — ಮಱು ಕಳಿಸು. = ಮಱ ಕಳಿಸು 2. To appear again, to return, as a fever (My.). — ಮಱುಚಲ್. = ಮಱುಸಲ್. — ಮಱುಚಲ ಮಗ. A second-born son (B. 3, 15). 2, a third-born son (My.). — ಮಱುಜೂಜು. Another game at dice (Râm. 3, 2, 25). — ಮಱುಜೀವಣಿ. A vegetable substance that restores to life (Râm. 6, 36 sum.; 6, 36, 38). — ಮಱುದಿನ. The next day (ಪರೇದ್ಯುಸ್ Si. 477; Bp. 2, 51; 27, 22; 32, 42; 42, 37; 57, 10; J. 29, 13. 26; B. 2, 28. 46; My.). — ಮಱುದಿವಸ. = ಮಱುದಿನ. (Bp. 14, 28; 34, 21; 43, 67; B. 3, 50; Rśv. 7, after 97; My.). — ಮಱುದೆವಸ. = ಮಱುದಿವಸ. (Čpr. 2, after 40; 5, after 136). — ಮಱುಭವ. Another birth (Čpr. 4, 18). — ಮಱುಮಾತು. An answer (ಪ್ರತಿವಾಕ್ಯ, ಉತ್ತರ Nr.; Čpr. 10, after 54; Abh. P. 15, after 30; Râm. 6, 53, 6; V. 5, after 39). — ಮಱುಮಾತುಗುಡು. -ಕುಡು. To give a reply (Abh. P. 9, after 155). — ಮಱುಮೆಯ್. Another body (Abh. P. 8, 8; 16, after 39). — ಮಱುಮೊನೆ. Another sharp point: the point of an arrow that has pierced through one body and thus is ready to enter another (Bh. 7, 6, 32). — ಮಱುಮೊನೆಗೊಳ್. -ಕೊಳ್. To get a second sharp point (by piercing through one body to enter another, Bh. 1, 5, 15; 4, 4, 54; J. 4, 44). — ಮಱುವಕ್ಕ. -ಪಕ್ಕ. Another side or party; a hostile army (ಪಗೆವಡೆ Čt. I, 103; Čpr. 5, 107; Abh. P. 7, 69. 99; 9, 58. 62; 11, after 51; 13, 87; 15, after 55). — ಮಱುವಸಲ. -ಮಸಲ್-ಅ. An antagonist, an enemy (ಮಾಱಿಡಿ, ಬೀರ, ಪಗೆ Šs.; ಮಾಱಿಡಿ, ಪಗೆ Kk. 60; Šm. 40; Tē. ಮಾರುಮಲೆ, ಮಾರುಮಸಲು, to oppose, front; to rival). — ಮಱುವಾಬ್. -ಬಾಬ್. A second marriage. ಮಱುವಾಬಿವಳು (ಪುನರ್ಭೂ, ದಿಧಿಷು Hlā.). ಮಱುವಾಬಿ ಕಾನ್ತೆ (ಪುನರ್ಭೂ, ದಿಧಿಷು Mr. 303). — ಮಱುಸಲ್. = ಮಱಸಲ್. Another or further birth or offspring: a third or last-born son or daughter (My.). ಮಱುಸಲ ಮಗನು, ಮಱುಸಲ ಮಗಳು (My.).

ಮಱು **maṟu. 2.** (fr. ಮಱೆ 1). Forgetfulness. See ಮಱುಕುಳಿ.

ಮಱುಕ **maṟuka.** Sorrow, grief (ಅವವಱಿಲ್ Šmd. II; Čpr. 3, 58; Rśv. 14, 20); — affection, love (J. 11, 4; 21, 8; 28, 4; My.). ಎರಹದಿನ್ದ ಆದ ಮಱುಕ (ಉತ್ಕಣ್ಠೆ, ಉತ್ಕಲಿಕೆ Nr.). ಮಱುಕವಿಲ್ಲದ ಹೆಣ್ಡತಿಗಿನ್ತ ಮರದ ನೆರಳು ಸುಖ (Prv.). See ಬಾಯ್ಮಱುಕ; Prv. s. ತಿರುಕ. — ಮಱುಕವಡೆ. -ಒ-ಪಡೆ. To feel affection (Rśv. 5, 44).

ಮಱುಕುಳಿ **maṟu-kuḷi.** (Šmd. 239. 40). A forgetful or absent man (ಮಱೆವವ Šm. 48; Kk. 65, o. r. ಮರುಳಿದಂ, for which *cf.* ಮರುಕುಳಿ).

ಮಱುಗು **maṟugu.** = ಮಱಗು 1. To burn, to be very hot, to be inflamed with passion; to fret; — to suffer great pain, to be distressed, to grieve (ಸನ್ತಾಪ Šmd. Dh.; My.; Tē. ಮರಗು, ಮಱಗು, to boil up, etc.; T. ಮಱುಗು, to whirl; to be perplexed or confused); — to love (ಕೂರ್ Šmd. II; Tē.). ಕೂರ್ತು ಮಱುಗಿದಂ (ಪ್ರೀತಿವಟ್ಟಂ Kk. 80). ಮಱುಗಲ್ ಪಟ್ಟುದು (ಸನ್ತಾಪಿತ, ಸನ್ತಪ್ತ Nr.). ತೆಱೆದ ಕೆಣ್ಡವ ಮೆಟ್ಟ ಮಱುಗುವಾ ತೆಱನನ್ತೆ ಅಱಿಯದರ ಕೂಟ (Sp.). See Šmd. 225. 282. 292; Čpr. 4, 118; Čh. v. 20; Bp. 22, 17; 24, 21; 27, 11; 28, 9; 37, 39; 60, 30; Bh. 1, 8, 73. 89. 90; 1, 20, 61; Rśv. 8, 98; 13, after 96; 13, 101; 13, after 104; J. 11, 31. 34; 13, 53. 59; 19, 7; 24, 47, etc.; 26, 13. 14; 28, 16. 17. 18. 19. 33. 35. 36. 50; B. 3, 7; 4, 20; ಮಱ-. — ಮಱುಗು ಮಱುಗು. rep. (Bp. 18, 54).

ಮಱುಗುಹ **maṟuguha.** Fretting; grieving, mourning. ಹಲವು ಕಾಲದ ಹಗೆತನ ಮಾಡಿ ಮಱುಗುಹ (ಅನುತಯ); ದೋಷವನಾರೋಪಿಸುವುದು ಮಾಡಿ ಮಾಡಿ ಮಱುಗುಹ (ಪಶ್ಚಾತ್ತಾಪ, ಅನುತಾಪ, etc. Nr.).

ಮಱೆ **maṟě. 1.** To become unmindful of; to lose the remembrance of, to forget (ವಿಸ್ಮರಣ Šmd. Dh.; C.; T., M. ಮಱ; Tē. ಮಱಚು; Tu. ಮದ; T. also ಮಱುಕ್ಕು). **2,** to be forgotten, to vanish from the mind (My.; M.). **3,** to be stupefied (Bp. 54, 81; 59, 22). P. ps. ಮಱತು, ಮಱದು (Čpr. 1, 122; 3, 62), ಮಱೆತು (Šmd. 287 Cm.; My.; B. 3, 54), ಮಱೆದು (Šmd. 287 Cm.). ವಾರುಣಿ ಕಳ್ಳನೀಣ್ಟೆ ಮಱೆದಿಕ್ಕಿದ ಬಟ್ಟಲೊ? (Līlv. 3, 4). ತೆಂಕನಾಡ ಮಱೆಯಲ್ಕೆನ್ದುಂ ಮನಂ ಬರ್ಕುಮೆ? (Šmd. 164). ಮಱೆಯದಿಹ ಬುದ್ಧಿ (ಮೇಧೆ); ಮಱೆಯಲ್ ಪಟ್ಟುದು (ಅನ್ತರ್ಗತ, ವಿಸ್ಮೃತ Nr.). ಮಱತು ಹೋದದು (ಅನ್ತರ್ಗತ, ವಿಸ್ಮೃತ, ಮಱೆಯಲ್ ಪಟ್ಟದು Si. 377). ಅದನ್ನು ಮಱೆತೆನು or ಅದು ನನಗೆ ಮಱೆತು ಹೋಯಿತು (My.). ಅಱುತಂಗೆ ಅರ್ವತ್ತು, ಮಱತಂಗೆ ಮೂವತ್ತು, ಬಱೆವಂಗೆ ರಾಜ್ಯ ಸರಿಪಾಲು; ಬ್ರಾಹ್ಮಣ ಬರೆಯದೆ ಕೆಟ್ಟ (Sp.). ಇಹಾ ನಪ್ಪು, ಪರಾ ಮಱತ. — ಎರವು ನಪ್ಪು, ನಿಜಾ ಮಱತ. — ತರತರವಾಗಿ ಹೇಳಿದ್ದು ಮಱತರೆ ಮುರಕ್ಕಿನ್ತ ಕಡೆ. — ತರುವವ ಮಱತರೆ ಮೊಱ ಏನು ಮಾಡೀತು? (Prvs.). See Čpr. 2, 35. 84; 4, 18. 47; Bp. 1, 57; 6, 27; 37, 9; 45, 6. 17; 51, 8; Č. Bp. 11, 6; J. 3, 31; 29, 49; 30, 19; 31, 26. 28; Mr. 7; B. 3, 38; ಕೆಯ್-, ಮೆಯ್-. — ಮಱೆ ಮಱೆ. rep. (Bp. 6, 27; 34, 3).

ಮಱೆ **maṟě. 2.** (Šmd. 27). = ಮಱ 3, ಪೊಱೆ 3. Disappearance; the state of being hid; secrecy, concealment; veiling; cover; a screen; shelter, refuge (Čpr. 8, 5; 8, after 60; J. 2, 5; My.; M.; T. ಮಱೈ; Tu. ಮದೆ; Tē. ಮಱುಗು; T. ಮಱೈ. M. ಮಱೆ, to disappear; to be hid). ಮೇಘಾದಿಗಳಿನ್ದ ಆದ ಮಱೆ (ಅನ್ತರ್ಧೆ, ಪಿಧಾನ,

ಆಚ್ಛಾದನ, etc.); ದೂಳುಮಱೆ (ರಥಗುಪ್ತಿ, ವರೂಥ Nr.). ಕಲ್ಲ ಮಱೆ (ವಡೆ Kk. 70). ಎಲೆಗೆ ಕಾಯಿ ಮಱೆ, ಕಾಯಿಗೆ ಎಲೆ ಮಱೆ (Prv.). ಸಾರಂಗವು ಸೊಪ್ಪೆಯ ಮಱೆಗೆ ಅಡಗಿ ಕೊಣ್ಡಿತು (B. 4, 42). ಹುಲಿ ಹೊಱ ಬಿದ್ದು, ಎಲ್ಲಾದರೂ ಮಱೆ ನೋಡಿ, ಅಡಗಿ ಕೊಣ್ಡು, ಕೂಡ್ರುತ್ತದೆ (4, 37). — ಮಱೆ ಕಟ್ಟು. To tie or put a screen (My.). — ಮಱೆಗೆ ನಿಲ್ಲು. To stand being hidden by (My.). ಬೇಲಿಯ ಮಱೆಗೆ ನಿನ್ತು ಕೊಣ್ಡ ತೋಟಿಗನು (B. 3, 38). — ಮಱೆಗೆವರ್. -ಬರ್. To come for shelter or refuge (Abh. P. 12, 79). — ಮಱೆಗೊಳ್. -ಕೊಳ್. To hide one's self; to disappear (Grj. 2, after 106; Bp. 1, 57; 3, 38). 2, to take refuge, to seek shelter; to take as one's shelter (Ššv. 1, 46; J. 3, 49). ಜನನನ ಮಱೆಗೊಣ್ಡಡಂ (Bp. 11, 8). ಜನನ ಮಱೆಗೊಳುತ (52, 14). ಮೃಡನ ಮಱೆಗೊಣ್ಡು (52, 27). 3, to resort to: to make use of, to use. ಸಕ್ಕದಮಂ ಮಱೆಗೊಳ್ಳದೆ (Šmd. 387). — ಮಱೆಬಿಡು. To stand out of one's light (My.). — ಮಱೆ ಬೀಱು. To take refuge, to seek shelter (My.). ಬಣ್ಣಾರದ್ರೋಹ ಮಾಡಿ, ಬೋಱಮುಣ್ಡೇ ಮಱೆ ಬಿದ್ದ (Prv.). — ಮಱೆಬೊಗಿಸು. -ಪೊಗಿಸು. To cause to take refuge (Č. Bp. 47, 18). — ಮಱೆಮಾಡು. To hide, to conceal (v. t., My.). — ಮಱೆ ಮಾಡು. To hide (v. t., My.; see Prv. s. ನರೆ 2); to make a screen (My.). — ಮಱೆವಮಾತು. A word (or affair) of which the meaning (or purpose) is hidden or not evident (Râm. 1, 5, 18). — ಮಱೆಯಲಿ ನಿಲ್. To hide one's self (Bp. 14, 7). — ಮಱೆಯಾಗು. -ಆಗು. To disappear (My., e. g. ಅವನು ಮಱೆಯಾದನು, ಅದು ಮಱೆಯಾಯಿತು). 2, to become a shelter or refuge (J. 15, 3; Dp. 167, 5; My.). — ಮಱೆಯಿರ್. -ಇರ್. To be hidden or veiled (by). ಕಾರ್ಮುಗಿಲ ಮಱೆಯಿಪ್ಪ ಇನನ ಪೊಲು (Bp. 44, 2). 2, shelter or refuge to be. ತುಱೆಯಿದ್ದವಗೆ ನಾಚಿಕೆಯಿಲ್ಲ, ಮಱೆಯಿದ್ದವಗೆ ಮನ್ದತ್ವವಿಲ್ಲ (Prv.). — ಮಱೆಯೊಗು. -ಒಗು. = ಪೊಱೆಯೊಗು, q. v. (J. 7, 64; 28, 34). — ಮಱೆವಾಟ್. -ಪಾಟ್. To have sexual intercourse in secrecy (Abh. P. 8, after 50). — ಮಱೆವಿಡಿ. -ಪಿಡಿ. To hold up as a screen (Râm. 2, 4, 19). — ಮಱೆವುಗು. -ಪುಗು. To resort to, to go for protection or help (ಮಱೆಗೊಳ್ Šmd. 387 Cm.). ಮಱೆವೊಕ್ಕಂ (200). ಪಾರ್ವರ ಮಱೆವೊಕ್ಕರ (120). ಉತ್ತಮನ ಮಱೆವೊಕ್ಕು (Bp. 22, 35). See Bp. 61, 90. — ಮಱೆವೇಱ್. -ಸೇಱ್. To take as one's shelter (Čpr. 2, 13). — ಮಱೆವೊಗು. -ಪೊಗು. = ಮಱೆವುಗು. ಸೊದರುಗಳ ಮಱೆವೊಗುತ್ತಂ (Bp. 26, 26). ಎಲ್ಲರುಂ ಮಱೆವೊಗುವವು ಅಯ್ಯಗಳ (46, 36). — ಮಱೆವೋಗು. -ಪೋಗು. Cover or shelter to go (Abh. P. 16, 57). — ಮಱೆಹಾಕು. = ಮಱೆ ಕಟ್ಟು. (My.). — ಮಱೆ ಹುಗು. = ಮಱೆವುಗು. ಪೊರೆಯನೇ ವಣ್ಡಿಯನ್ ಉಮೇಶನು ತನ್ನ ಮಱೆ ಹುಗಲು? (Bp. 54, 70). — ಮಱೆ ಹೊಗು. = ಮಱೆ ಹುಗು. (Bp. 46, 41; 49, 40; My.).

ಮಱೆತು maṟĕtu. P. p. of ಮಱೆ 1.

ಮಱೆಯುವಿಕೆ maṟĕyuvikĕ. Becoming unmindful of, etc. (see ಮಱೆಯ್-).

ಮರ್ಕ marka. = ಮಂಗ 1. An ape, a monkey (Sk.).

ಮರ್ಕಟ markaṭa. = ಮಕ್ಕಡ, ಮಂಕಡ. *A monkey, an ape.* ಮರ್ಕಟನ ಚೇಷ್ಟೆ ತರ್ಕ ಮಾಡಿದರೆ ನಿಂತೀತೇ? (Prv.). 2, *a spider.*

ಮರ್ಕಟಕಿಶೋರನ್ಯಾಯ markaṭa-kiśôra-nyâya. The rule of the monkey and its cub, i. e. the rule that the weaker (i. e. man) adheres to the stronger (i. e. God, for protection) by instinct (My.; Tĕ.).

ಮರ್ಕಟಧ್ವಜ markaṭa-dhvaja. (= ಕಪಿಧ್ವಜ). Arjuna (Ššv. 4, 72).

ಮರ್ಕಟರಾಯ markaṭa-râya. Sugrîva (Râm. 4, 2, 44).

ಮರ್ಕಟಿ markaṭi. *The Molucca bean, Guilandina bonduc* Lin. 2, *cowhage, Carpopogon pruriens* Roxb. (ನಸುಗುನ್ನಿ Mr. 145).

ಮರ್ಕಳ್ markaḷ. = ಮಕ್ಕಳ್. See ಮದವರ್ಕಳ್.

ಮರ್ಚಿಸು marčisu. = ಮಚ್ಚಿಸು, ಮೆಚ್ಚಿಸು, ಮೆರ್ಚಿಸು.

ಮರ್ಚು marču. 1. = ಮಚ್ಚು 1. To be greatly devoted to, etc. (ಅತಿಪರಿಚರ್ಯೆ Šmd. Dh.; T., M. ಮರುವು, to be very familiar; M. ಮರುಙ್ಙು, ಮೆ-, to be attached, accustomed, tamed;—tameness, friendliness; Tĕ. ಮರಗು, ಮಱಗು, to have a violent inclination, to be inclined or devoted to, to love; to be accustomed to; ಮೆಮಗು, to be familiar with, well versed in; to associate with).

ಮರ್ಚು marču. 2. (Šmd. 250). = ಮಚ್ಚು 2.

ಮರ್ಚು marču. 3. = ಮಚ್ಚು 6. (ಗಿಡವಂ ಕಡಿವುದು Čt. I, 24; Tĕ. ಮಲಚು, to chip, cut stone with a chisel).

ಮರ್ಜನ marjana. = ಮಾರ್ಜನ. See ಮುಖ-.

ಮರ್ಜಿ marji. Will, pleasure, choice; opinion; disposition of the mind (My.; Br.; Mhr., H.).

ಮರ್ಡಿ marḍi. = ಮೊರಡಿ 2, etc. A hill (B. 5, 105. 128; My.).

ಮರ್ತಬಾ martabâ. Rank, station, dignity (My.; Mhr., H.).

ಮರ್ತ್ಯ martya. Doomed to die, mortal;—*a mortal, a man* (ಕೂಲಾಳು, ಮನುಷ್ಯ Nn. 144). 2, the world of mortals, the earth (Mr. 3; Bp. 1, 60; 37, 52).

ಮರ್ತ್ಯಲೋಕ martya-lôka. The world of mortals, the earth. (Bp. 1, 56; 37, 48).

ಮರ್ತ್ಯಾವತಾರ martya-avatâra. A descent as a man, an incarnation in human form. ವಿಷ್ಣು ಪಡೆವಂ ಮರ್ತ್ಯಾವತಾರಕ್ಕೆ (Šmd. 260 Mdb.).

ಮರ್ದ marda. Crushing, grinding, pounding, etc. See ಅವ-, ಉಪ-, ವಿ-, ಸಮ್-.

ಮರ್ದಕ mardaka. = ಮರ್ದ. See ಕರ-; Ššv. 4, 128.

ಮರ್ದನ mardana. *Crushing, grinding, pounding, bruising; rubbing;* pressing; trampling on, treading down; destroying; *plaguing, tormenting, paining.* See ಮಿದಿ. — ಮರ್ದನ ಮಾಡು. To crush, etc. (My.).

ಮರ್ದನಿಗ mardaniga. A shampooer (ಸಂವಾಹಕ Mr. 377).

ಮರ್ದಲ mardala. = ಮದಲೆ, ಮದ್ದಲಿ, ಮದ್ದಳೆ, ಮದ್ದೆ, ಮರ್ದಳೆ. *A kind of drum,* a tabor.

ಮರ್ದಳಿಗ mardaḷiga. = ಮದ್ದಳಿಗ. (ಮಾರ್ದಂಗಿಕ Čt. II, 60).

ಮರ್ದಿ mardi. Crushing, grinding, rubbing, kneading, etc. See ಅಂಗ-, ಕ್ಷುರ-, ಮಹೇನ್ದ್ರ-.

ಮರ್ದಿತ mardita. Crushed, pounded, ground; rubbed, kneaded, squeezed. (Bp. 36, 41).

ಮರ್ದಿಸು mardisu. To crush, to grind, to pound, to triturate; to trample on or down; to rub; to destroy (ಸಂಹರ, ನಿಮರ್ದನ Nn. 105; My.). See Bp. 8, 57; 22, 36; 32, 61; Ššv. 4, 128; J. 18, 6; ತುಱ.

ಮರ್ದಿಸುಹ mardisuha. Crushing, grinding, trituration, etc. (ವಿಮರ್ದನ, ಪರಿಮಲ Nr.).

ಮರ್ದು mardu. (Šmd. 49). = ಮದ್ದು 1. (ಭೇಷಜ, ತನ್ತ್ರ, ಔಷಧ, etc. Hlâ.). See Bp. 4, 55; 18, 26; ಬಳ-, ಸೊಕುರ್-.

ಮರ್ದು mardu. = ಮದ್ದು. An intoxicating preparation that destroys sound understanding (V. 29, 22. 23). — ಮರ್ದುಗುಣಿಕೆ = ಮದ್ದುಗುಣಿಕೆ. (V. 37, 89).

ಮರ್ಬು marbu. = ಮಬ್ಬು, etc. Darkness, etc. (ತಮ Kk. 11b; ಕತ್ತಲೆ Bhn. 5, o. r. ಮೆಬ್ಬು). See Abh. P. 14, 171; Bp. 11, 10; Rśv. 9, 4; 11, 68; ನಸು-. — ಮರ್ಬುವೆಳಗು. -ಬೆಳಗು. A dim light (Rśv. 12, 12).

ಮರ್ಮ marma. = ಮೊರ್ಮ, q. v.

ಮರ್ಮ marma. (= ವರ್ಮ 2). *Any open or exposed part of the body particularly liable to be mortally wounded, a vital part, a weak or sensitive part of the body; any vital member or organ.* 2, the joint of a limb, any joint or articulation. 3, a secret, a mystery; anything hidden or recondite;—secret meaning;—secret design or purpose;—a secret quality;—the art, trick, of a contrivance, etc. ಧರ್ಮ ಮಾಡಿದರೂ ಮರ್ಮ ತಿಳಿಯ ಬೇಕು.— ಮರ್ಮ ತಿಳಿಯದೆ ಕರ್ಮ ಮಾಡಿದವನ ಮನಸು ನಿರ್ಮಲವಾದೀತೇ? (Prvs.). ಅರ್ಥದ ಮರ್ಮವನ್ ಅಱಿಯದೆ, ವ್ಯರ್ಥಂ ತಾಂ ಕಲಿತರೇನು ಪದಪದ್ಯಂಗಳ್? ಮುತ್ತು ಹವಳಂ ಹಣಂಗಳ ಕತ್ತೆಯು ತಾಂ ಹೊತ್ತರೇನು? ಬೆಲೆಯಱಿದಪ್ಪುದೇ? (Subhâshita kandapadya).

ಮರ್ಮಜ್ಞ marma-jña. A man acquainted with the mysteries and secret of: one discerning the hidden beauty or spirit of (Bp. 3, 48).

ಮರ್ಮಭೇದ marma-bhêda. (= ವರ್ಮಭೇದ). Piercing or penetrating the vitals, striking a vital member, piercing or cutting to the quick, wounding mortally (Sk.);—discovering of a plot, of the art of a contrivance;—exposure of one's secret faults, of the vulnerable point, of the weak side or touchy quarter. See ನೆಱೆ ಕೊಳ್.

ಮರ್ಮರ marmara. Rustling (as trees, garments, etc.); *a rustling sound, murmuring, murmur* (ಸೀಲೆಗಳ ಎಲೆಗಳ ಧ್ವನಿ Nr.). 2, the slough of a serpent (ಕವಚ, ಹಾವಿನ ಪೆರೆ Nn. 88).

ಮರ್ಮಸ್ಪೃಶ್ marma-spriś. *Touching or grazing the vitals, inflicting severe wounds, stinging to the quick, poignant.*

ಮರ್ಮಿ marmi. A person possessing secrets or secret designs, one of mysterious conduct (My.).

ಮರ್ಮಿಕ marmika. = ಮರ್ಮಿಗ. A man who knows what is recondite or secret or the secrets of.

ಮರ್ಮಿಗ marmiga. Tbh. of ಮರ್ಮಿಕ. (Bp. 37, 41).

ಮರ್ಮೋದ್ಘಾಟನವಚನ marma-udghâṭana-vaćana. A word or speech that reveals secrets, vulnerable points or touchy quarters. See ಕೊಱಚಾಡು. — ಮರ್ಮೋದ್ಘಾಟನಂಗೆಯ್. -ಂ-ಗೆಯ್. To use ಮರ್ಮೋದ್ಘಾಟನವಚನ (Abh. P. 9, after 143).

ಮರ್ಯಾದೆ maryâdĕ. = ಮರಿಯಾದೆ. *A limit, a boundary, a border;—a bank, a shore;* an end, a terminus. 2, the bounds of morality or propriety, moral law, established rule or custom; *rule of decorum or decency; propriety of conduct;* reverential demeanour, respect, civility. ತನ್ನ ಮರ್ಯಾದೆ ಕೆಟ್ಟವ ಪರರ ಮರ್ಯಾದೆ ಕೊಟ್ಟಾನೇ? (Prv.). — ಮರ್ಯಾದೆ ಮಾಡು. To shew respect, civilities or politeness (My.). ಅರಸನು ಅವನಿಗೆ ತಕ್ಕ ಮರ್ಯಾದೆ ಮಾಡಿ, ಕಳುಹಿಸಿದನು (B. 4, 127).

ಮರ್ಯೆ maryĕ. (= ಮೇರೆ). A boundary, a limit.

ಮರ್ವು marvu. = ಮರ್ಬು, etc. Darkness, etc. (ಕತ್ತಲೆ Śmd. I; ಕತ್ತಲೆ, ತಿಮಿರ Śm. 16; Ćpr. 6, 93).

ಮರ್ಶ marśa. Consideration, deliberation;—counsel, advice;—inquiring into. See ಪರಾ-.

ಮರ್ಷ marsha. *Forbearance, patience, patient endurance, enduring with resignation.* ಪುರುಷನಿಗೆ ಮರ್ಷ ಸಲ್ಲದು (Prv.).

ಮರ್ಷಣ marshaṇa. = ಮರ್ಷ. See ಅಘ-.

ಮರ್ಷಿ marshi. *Forbearing, patient, forgiving.*

ಮರ್ಸ marsa. — ಮರ್ಸದ ಬಳ್ಳಿ. A large climbing shrub, Calycopteris floribunda (Van Someren).

ಮಲ mala. 1. = ಮಱು 4. With grief. *Cf.* ಮಮ್ಮಲ. — ಮಲ ಮಱುಗು. To be greatly grieved (Ćpr. 7, 13). — ಮಲ ಮಲನೆ ಮಱುಗು. To be excessively grieved (Bp. 15, 28).

ಮಲ mala. 2. = ಮಲಗಿ, in ಮಲ ಕೊಳ್ಳು (C.).

ಮಲ mala. 3. = ಮಱು 1, etc. Other; next, second (Tĕ. ಮಱಿ, ಮಲು, ಮಾಱು). — ಮಲಅಣ್ಣ. A step-mother's son, if elder than one's self (ವಿಮಾತೃಜ, ವೈಮಾತ್ರೇಯ G.; My.). — ಮಲಜಲ. One of another birth: a third or last child (My.). — ಮಲಜಲು. = ಮಱುಸಲ್. (My.). — ಮಲಜೂಲು. The second pregnancy, second child (R.). — ಮಲತನ್ದೆ. = ಮಲದನ್ದೆ, q. v. — ಮಲತಮ್ಮ. A step-mother's son, if younger than one's self (ವಿಮಾತೃಜ, ವೈಮಾತ್ರೇಯ G.; My.). — ಮಲತಾಯಿ. (= ಬಲತಾಯಿ). A step-mother (My.). ಮಲತಾಯಿಯ ಮಗನು (ವೈಮಾತ್ರೇಯ, ವಿಮಾತೃಜ Śi. 190). — ಮಲದನ್ದೆ, -ತನ್ದೆ. A step-father (ದ್ವಿಪಪ್ಪ Mr. 312, one MS. ಮಲತನ್ದೆ). — ಮಲದಾಯಿ. -ತಾಯಿ. A step-mother (ಉಪಮಾತೆ Mr. 312; T. ಮಾಱ್ಱನ್ದಾಯಿ; Tĕ. ಮಾಱುದಲ್ಲಿ). — ಮಲಮಗ. A step-son (My.). Fem. ಮಲಮಗಳು (My.). — ಮಲಮಾಸ. An intercalary month (My.; it is also in Sk.).

ಮಲ mala. 4. = ಮಲೆ 2. A mountain, etc. (*Cf.* Sk. ಮಲ No. 9). — ಮಲನಾಡು. = ಮಲ್ನಾಡು, ಮಲ್ಲಾಡ. The hilly-country: the country to the west of the true Kannaḍa country (My.). ಕಾಡೆಲ್ಲ ಕಸುಗಾಯಿ, ನಾಡೆಲ್ಲ ಹೆಗ್ಗಿಡವು, ಆಡಿದ ಮಾತು ನಿಜವಿಲ್ಲ; ಮಲನಾಡ ಕಾಡು ಸಾಕು.— ಸೀತಧಾತುಗಳುಂಟು, ಜಾತಿಹವು ಕುಕ್ಷಿಗಳು, ಪಾತರವು ಮರದಿ; ತಿರಿದುಪ್ಪು ನಾಡಿಗೆ ಯಾತಕೆ ಬಹರು?— ಅಲ್ಲ ಅರಿಶಣವುಣ್ಟು, ಬೆಲ್ಲ ಬಿಳಿಯೆಲೆಯುಣ್ಟು, ಒಳ್ಳೆ ಹಲಸುಣ್ಟು; ಮಲಲಿಕೆ ಮಲನಾಡವನಲ್ಲೆನ್ನ ಬಹುದೆ? (Sp.). See Prv. s. ಮೆಲ್ಲಕ್ಕೆ. — ಮಲದಾರು. = ಮಲಯಾಳ. (My.; B. 3, 79). — ಮಲಯಾಳ. -ಆಳ. = ಮಲೆಯಾಳ. The hilly-district: the Malayâlam country (My.; M. ಮಲೆಯಾಳ; T. ಮಲೈಯಾಳ, -ಯಾಱು).

ಮಲ mala. 5. = ಮೊಲ. A hare. — ಮಲಪಾತಕ. The lined fishing-eagle, Haliaetus lineatus (Bḍ.; see ಕರೇ-); a hawk (Pr.).

ಮಲ mala. = ಮಳ. *The twelve impure excretions of the body: adeps* (vasâ), *semen* (śukra), *blood* (asṛij), *marrow* (majjâ), *urine* (mûtra), *faeces* (vish), *mucus of the nose* (ghrâṇa-vish), *ear-wax* (karṇa-vish), *phlegm* (śléshma), *tears* (aśru), *rheum* (dûshikâ), and *sweat* (svêda). 2, leavings (ಉಚ್ಛಿಷ್ಟ Nn. 22). 3, *any impure matter, dirt, filth, excrement, etc.;* sediment, dregs, alloy or dross of metal; *rust.* 4, flesh (ಮಾಂಸ 22). 5, *moral impurity, taint, sin* (ಮಲೀನ, ಮನಸ್ಸಿನ ದುಃಕೃತ 22). 6, original sin, natural impurity. 7, an intercalary month (ಮಾಸಭೇದ 22; *cf.* ಮಲಮಾಸ s. K. ಮಲ 3). 8, = ಪೀಲಿ, ಹೀಲಿ (22, o. r. ಹಿಲ್ಲಿ in two MSS.). 9, a forest (ವನ, ಅರಣ್ಯ 22, o. r. ಅರಣ್ಯ). — ಮಲಕಟ್ಟು. Constipation (My.). — ಮಲಮಣ್ಣೆ. A common plant, Indigofera endecaphylla Jacq. (Z.). — ಮಲಮಾತಂಗಿ. A climbing herb with small red hammer-shaped berries, Zehneria garcini Stocks (Z.).

ಮಲಕು malaku. 1. (Tbh. of ಮಾಲಕ? or = ಮುಲುಕು 2?). A round ornament of glass-beads and coral or pearls strung upon a thread so that each bead, etc. is separated from the other by a knot; it is worn by females on the head (My.; T.). ಬೆಳಕಿಡುವವಕ್ಕೆ ಇಲ್ಲದವ ಮಲಕು ಬಯಸಿದ ಹಾಗೆ (Prv.). 2, a kind of necklace (Tu.). See Prv. s. ಉದ್ದಾನೆ.

ಮಲಕು malaku. 2. A turn, a twist, a fold, a bend (Tĕ. ಮುಲಕ, ಮುಲುಕು, ಮೆಲಿಕೆ; see ಮಡಚು); a sash (see ಮುರಿ-).

ಮಲಕು malaku. 3. = ಮಲುಕು, ಮೆಲಕು, ಮೆಲುಕು, ಮೆಲ್ಕು. Returning or bringing up again (to the mouth in rumination; *cf.* ಮಿಟಿ ಕಳಿಸು 1 s. ಮಿಟಿ 2, and ಮಲ 3). — ಮಲಕು ಹಾಕು. To chew the cud (My.).

ಮಲಗಿಸು malagisu. = ಮಲಂಗಿಸು. To cause to lie down or to recline; to place, to put (J. 28, 20; B. 4, 75; C.). 2, to have one's self laid down, as into a cradle (Prll. 3, 27; My. with ಕೊಳ್ಳು). 3, to put down what stands upright, as a tree, a book, etc. (My.). 4, to have set firmly (in the ground), as palisades (Bp. 16, 11).

ಮಲಗು malagu. 1. = ಮಲಂಗು 1 (Šmd. Dh.). To recline, to lie down (to sleep, etc.), to repose, to rest (ಉಪಧಾನಾವಲಮ್ಬ Šmd. Dh.; ಶಯನ Šm. 35; C.; B. 2, 12; 4, 25. 75; 5, 59; Bp. 20, 1; 60, 35; J. 7, 45; 29, 49; 30, 19; *cf.* ಮಡಗು, and see ಮುಗ್ಗು 3). 2, to incline, to bend (v. i.), as full ears of paddy, etc. (My.). ಅವನಾನೊಬ್ಬ ಬ್ರಾಹ್ಮಣನು ಮಲಗಿರಲು ನೇಸರು ಉದಯ ಮಾಡುಹುದು, ಅವನು ಅಭ್ಯುದಿತ ಎನಿಸುಗು; ಕುಳ್ಳಿರಲಡಿಯಿಡೆ ಮೇಲು ದೋಗವಾಗಿ ಮಲಗಿಹ ಮಗವು ಉತ್ತಾನಶಯ ಎನಿಸುಗು (Nr.). ಮಲಗುವ ಕೋಣೆ (ವಕ್ಷ G.). ಮಲಗುವ ಮನೆ (ಗರ್ಭಾಗಾರ, ವಾಸಗೃಹ Si. 108; ವಲಭಿ G.). ಯಾವ ಮನುಷ್ಯನು ವ್ರತದ ವಶದಿನ ನೆಲದಲ್ಲಿ ಮಲಗುತ್ತಾನೋ, ಅನ್ನಾತನು ಸ್ಥಣ್ಡಿಲಶಾಯಿ, etc. (Si. 250). See Si. 254. 255; Prv. s. ಬಡಸ್ತಿಕೆ.

ಮಲಗು malagu. 2. = ಮಲಂಗು 2 (Šmd. Dh.). A pillow, a cushion (ಉಪಧಾನ Šmd. Dh.; Šm. 35; ಮೂಡಾವೆ, ಕವುಲುದೆ Šs.; ಉಪಾತ್ರಯ, ಮತ್ತವಾರಣ Mr. 203; Bp. 12, 9; Č. Bp. 47, 40).

ಮಲಂಗಿಸು malangisu. = ಮಲಗಿಸು. (Grj. 7, after 11).

ಮಲಂಗು malangu. 1. = ಮಲಗು 1, q. v. (Ŏpr. 3, 15; 5, 132; 8, after 4; Abh. P. 3, 107; 5, after 53; Grj. 7, after 11; Č. Bp. 46, 1; Ršv. 4, 12).

ಮಲಂಗು malangu. 2. = ಮಲಗು 2, q. v. (Ršv. 1, after 135).

ಮಲಚೇಟಿ mala-čêṭi. N. (Bp. 23, 20).

ಮಲತು malatu. 1. = ಮಲೆತು. P. p. of ಮಲೆ 3.

ಮಲತು malatu. 2. P. p. of Tĕ. ಮುಲೆ, to shine; to unfold, display. ಹೊಸತಾಗಿ ಮಲತ ಮೊಳಕೆ (ಅಂಕುರ, ಅಭಿನವೋದ್ಭಿದ್ Si. 119).

ಮಲತೆ malatĕ. Dirtiness, filthiness, impurity. See ಅ-, ನಿರ್-.

ಮಲತ್ರಯ mala-traya. Three impurities. See ಮುರ್-.

ಮಲತ್ವ malatva. = ಮಲತೆ. See ಅ-, ವಿ-.

ಮಲದೂಷಿತ mala-dûshita. *Soiled with dirt, dirty, filthy, foul.*

ಮಲಧರ mala-dhara. = ಮಲಧಾರಿ. A guru of the Jainas (ಗುರು Mr. 222).

ಮಲಧಾರಿ mala-dhâri. *A Jaina religious mendicant* (ಸವಣ Hlâ.; Bp. 50, 64; 51, 53).

ಮಲನಾಗರು malanâgaru. = ಮಲರೋಗ No. 2, ಮಲೋಗರ, ಮಲ್ಲೋಗರ, ಮೊಲೋಗರ, ಮೊಲ್ಲೋಗರ. Epilepsy (My.). See Prv. s. ಕರೆ 1.

ಮಲಪು mala-pu (-pû). *The tree Ficus oppositifolia.*

ಮಲಪೂಪು malapûpu. also ಮಲಪೂಪಿ. Enclosure, as of a letter or letters in a cover (My.; Br., H.).

ಮಲಪೃಷ್ಠ mala-pṛishṭha. Dust-page: the fly-leaf, the outer or first page of a book, left unwritten because liable to be dirtied. (B. 5, 210).

ಮಲಬನ್ಧ mala-bandha. Constipation (My.).

ಮಲಭೇದನ mala-bhêdana. Purging. See ಉಚ್ಚು.

ಮಲಮಲಿ malamali. = ಮಲ್ಮಲ್, ಮಲ್ಲು. Muslin (B. 4, 28; 5, 224. 297; Mhr., H. ಮಲಮಲ).

ಮಲಮಾಸ mala-mâsa. An intercalary month (Sk.; see it s. K. ಮಲ 3).

ಮಲಮೂತ್ರ mala-mûtra. Faeces and urine (My.); discharging before and behind (through terror, etc.). ತಿರುಮಲದೇವರಿಗೆ ಹೋಗಿ, ಮಲಮೂತ್ರಾ ಬಯಸಿ ಕೊಣ್ಡ.— ತಿಳಿದವನಾದರೂ ಮಲಮೂತ್ರ ಬಿಟ್ಟೀತೇ?— ಮಲಮೂತ್ರ ಮಾಡದವಗೆ ಮಲಿನತೆಯೇ ಮಲಕಾಯಿ (Prvs.). See Bp. 51, 41; 54, 10.

ಮಲಮೂತ್ರವಿಸರ್ಜನ mala-mûtra-visarjana. Discharging before and behind (B. 4, 167; My.).

ಮಲಯ malaya. = ಮಲೆಯ, ಮುಳಯ, ಮುಳೆಯ. N. of a mountainous range in Malabar; the Malabar country (see ಮಲ 4).

ಮಲಯಜ malaya-ja. Growing on the Malaya mountains: *sandal-wood;* a sandal tree.— ಮಲಯಜದತಮ್ಪು. -ತಮ್ಪು. The refreshing quality of sandal-wood (Ŏpr. 8, 45).

ಮಲಯಜಾತ malaya-jâta. = ಮಲಯಜ. (ಬಾವನ್ನ Ŏt. II, 63).

ಮಲಯಪರ್ವತ malaya-parvata. The Malaya mountains (Bp. 43, 25).

ಮಲಯಪವನ malaya-pavana. = ಮಲಯಾನಿಲ. (My.).

ಮಲಯಮಾರುತ malaya-mâruta. = ಮಲಯಪವನ. (My.).

ಮಲಯರುಹ malaya-ruha. Sandal-wood; a sandal tree. (Bp. 3, 18; 43, 25; 57, 17).

ಮಲಯಾಚಲ malaya-ačala. The Malaya mountains (ಬಾವನ್ನವಿಟ್ಟು Šs.; J. 3, 2).

ಮಲಯಾದ್ರಿ malaya-adri. = ಮಲಯಾಚಲ. (Kâvy. V, 44).

ಮಲಯಾನಿಲ malaya-anila. Wind (blowing) from the Malaya (and other western) mountains, a cool and odoriferous wind. (Abh. P. 1, 23). ಮಲಯಾನಿಲಂ ತೀಡಿದಂ (Šmd. 109).

ಮಲರ್ malar. 1. = ಮರಲ್ 1, etc. The face to be turned or averted; etc. (ಪರಾಙ್ಮುಖ Šmd. Dh.). ಕೊಸಗೆಸೆದುದು ಮಲರ್ದಲರ್ದುಳ್ಗಲರ್ದ ಮಿಸುವ ಪೊಸತಲರ್ದಲರಿಂ (Ŏpr. 7, 56). See ಕಣ್ಮಲರ್ 1.

ಮಲರ್ malar. 2. = ಮರಲ್ 2, etc. (Šmd. 42). Sand, gravel (ಪುಡಿಲ್, ಮಣಲ್, etc. Šm. 36; M. ಮಲರ್, flour, farina).

ಮಲರ್ malar. 3. = ಮರಲ್ 3. A flower (ಪುಷ್ಪ Šmd. Dh.; ಅರಲ್, ಪೂ, ಕುಸುಮ Šm. 23; T., M.; T., M. ಮಲರ್, to open, as a flower). See ಕಣ್ಮಲರ್ 2. — ಮಲರ್ವುಡಿ. -ಪುಡಿ. The pollen of flowers (ಬಣ್ಣು, ಪರಾಗ Šm. 23).

ಮಲರೋಗ mala-rôga. Morbid evacuation of the faeces after every meal (My.; ಉತ್ಥಾನ G.). 2, = ಮಲನಾಗರು, etc., epilepsy (S. Mhr.). See Sp. s. ಲಲನೆ.

ಮಲಲ್ malal. = ಮಲರ್ 2, etc. (Šmd. 42).

ಮಲವ malava. N. of a tribe (ಮಲಹ Mr. 382; a mountaineer? or *cf.* ಮಲೆವ s. ಮಲೆ 3?).

ಮಲವಿಸರ್ಜನ. -ನೆ. mala-visarjana. Evacuation of the faeces. See ಪೇಲ್.

ಮಲಶುದ್ಧಿ mala-śuddhi. Clearing away of feculent matter: (regular) evacuation of the bowels. (My.).

ಮಲಶೋಧನೆ mala-śôdhanĕ. = ಮಲಶುದ್ಧಿ. (My.). 2, a purgative. ತಲೇ ಸಿಡತಕ್ಕೆ ಮಲಶೋಧನೇ ಕೊಣ್ಡ ಹಾಗೆ (Prv.).

ಮಲಸೂತ್ರ malasûtra. = ಮರಸುತ್ತು, etc. (B. 5, 286).

ಮಲಹ malaha. N. of a tribe (ಮಲವ Mr. 382).

ಮಲಹರ mala-hara. Taking away impurity, removing sin;—Šiva (Bp. 3, 47; 4, 6; 22, 54).

ಮಲಹರಾದ್ರಿ malahara-adri. Kailâsa (Bp. 19, 26; 44, 52).

ಮಲಾಪಹ mala-apaha. Removing or destroying impurity or sin (Bp. 3, 6).

ಮಲಾಮತು malâmatu. A difficulty, strait; trouble (My.; H.).

ಮಲಾಮು malâmu. = ಮುಲಾಮು. Salve, ointment, plaster (My.; Br.; Mhr., H. ಮಲಮು).

ಮಲಾರ malâra. 1. = ಮಳಾರ, q. v.

ಮಲಾರ malâra. 2. (fr. ಮಾಲಾ-ಹಾರ, a row-string). A cluster or string of glass bracelets as carried about for sale (My.; Tĕ. ಮಲಾರ, ಮಲ್ಲಾರ). See ಬಳೆ-. — ಮಲಾರಪೂಜೆ. A ceremony at the gaurîhabba, when the seller of glass bracelets is called, his string of them adored, and new bracelets are put round the wrist of the adoring females (My.).

ಮಲಿ mali. = ಮಲ್ಲಿ. — ಮಲಿದೇವ. = ಮಲ್ಲಿ-. N. See ಮೋಟು. — ಮಲಿನಾಥ. = ಮಲ್ಲಿ-. N. (Bp. 48, 8).

ಮಲಿಕೆ malikĕ. = ಮಡಿಕೆ 2, q. v.

ಮಲಿತ malita. Dirtied, soiled, defiled, tainted. See ಆ-, ನಿರ್-, ವಿ-.

ಮಲಿನ malina. *Dirty, filthy, impure, unclean;* stained, rusty (ಮಾಸಿದ Hlâ.; ಪಿಪ್ಪಲ, ಮಾಸಿದುದು Nn. 62). 2, morally impure, sinful, depraved, vile. 3, dark, obscured, clouded, beclouded (as the intellect), dull, rusty (as learning, etc.; My.). 4, *dark gray, blackish.* 5, sin, fault.

ಮಲಿನಚಿತ್ತ malina-čitta. A depraved mind (My.). 2, a dull mind (My.).

ಮಲಿನತೆ malinatĕ. Dirtiness, filthiness, impurity;—moral impurity, sinfulness;—blackness. See ಮಾಸು; Čpr. 8, 42.

ಮಲಿನಬುದ್ಧಿ malina-buddhi. A depraved mind (My.). 2, a dull understanding (My.).

ಮಲಿನಿ malini. *A woman during menstruation.*

ಮಲಿಮ್ಲುಚ malimluča. *A thief, a robber;*—a demon;—a gnat, a musquito;—wind, air;—an intercalary month;—etc.

ಮಲೀನ malîna. = ಮಲಿನ. (ಮಲ, ಮನಸ್ಸಿನ ದುಃಖಿತ Nn. 22).

ಮಲೀಮಸ malîmasa. *Dirty, unclean, foul, impure.* See ಮಾಸು.

ಮಲುಕು maluku. = ಮಲಕು 3, etc. — ಮಲುಕಿಡ್. -ಇಡ್. To chew the cud, to ruminate (Bp. 32, 26).

ಮಲುಹಣ maluhaṇa. Tbh. of ಮಲ್ಹಣ. (Bp. 42 sum.; 42, 1. 18. 39; 50, 74). — ಮಲುಹಣಕವೀಶ್ವರ. The great poet Maluhaṇa (Bp. 42, 18). — ಮಲುಹಣಸ್ತವ. A praise of Šiva by Maluhaṇa, consisting of 66 ślôkas (Bp. 42, 39).

ಮಲುಹಣಿ maluhaṇi. (also once ಮಲುಹಣೆ). N. of the paramour of Maluhaṇa (Bp. 42 sum.; 42, 19. 28. 33. 37. 39).

ಮಲೆ malĕ. 1. To be raised or elevated (see ಕಣ್ಮಲಿ); to be haughty, to be puffed up, to be insolent, to act in an overbearing manner (ಔದ್ಧತ್ಯ Šmd. Dh.; Šm. 107; T. ಮಲ್ಲು, to be full; to grow great, increase; M. ಮಲೆ, to grow thick, swell.; T. ಮಲ್, strength; fertility; ಮಲಿ, to increase). ಮಲೆದು ನರನೊಳ್ ಅನ್ವಂ ಗಾಮ್ಪಂ (Šmd. 275).

ಮಲೆ malĕ. 2. = ಮಲ 4. A mountain (My.; Tĕ., M.; T. ಮಲೈ);—a forest (ವನ Šmd. Dh.; Šm. 107). See Bh. 2, 4, 10. — ಮಲೆಕುಡಿಯ. N. of a tribe on the western ghats. — ಮಲೆನಾಗ. A rock-snake, a boa (V. 35, after 55). — ಮಲೆಯಾಳ. -ಆಳ. = ಮಲಯಾಳ. (My.; Bp. 6, 18; B. 4, 180). ಮಲೆಯಾಳಕ್ಕೆ ಹೋಗಿ, ಮೂಗೀ ತನ್ದರು (Prv.).

ಮಲೆ malĕ. 3. To oppose, to fight against, to contend with, to be refractory (Šmd. 183; Bp. 22, 13; 27, 28; 32, 25; 52, 31; Bh. 2, 4, 7; Šśv. 3, 55; 4, 12; J. 20, 13; 29, 9; Dp. 119, 3; T. ಮಲೈ). P. ps. ಮಲೆದು (Šśv. 4, 9), ಮಲದು (Abh. P. 14, after 132), ಮಲೆತು, ಮಲತು (Grj. 2, after 106; J. 4, 61). See ಮಾರ್ಮಲೆ. — ಮಲೆವ. A man who opposes, etc. (ಮಾರ್ಮಲೆ Šmd. II; Šm. 48; Kk. 93, o. r. ಮುರ್ಮಲೆ; ಕೆಲವನಾಯ್ದು ಸೆಣಸುವ Bhn. 42, o. r. ಮೇಲುವಾಯ್ದು ಸೆಣಸುವ).

ಮಲೆ malĕ. 4. = ಮೊಲೆ. The breast. ಮಲೆಯುಣ್ಣುವ ಎಳೇ ಮಗು (ಉತ್ತಾನಶಯೆ, ಡಿಮ್ಭ, ಸ್ತನಪೆ, etc. Si. 196).

ಮಲೆತು malĕtu. = ಮಲತು 1. P. p. of ಮಲೆ 3.

ಮಲೆಯ malĕya. (A mountaineer), a Malayâḷa man (ಕೇಳ Mr. 382).

ಮಲೆಯ malĕya. = ಮಲಯ. (Bp. 6, 18; 19, 28).

ಮಲೋಗರ malôgara. = ಮಲ್ಲೋಗರ, etc. (My.).

ಮಲ್ನಾಡು malnâḍu. = ಮಲೆನಾಡು. (My.).

ಮಲ್ಮಲ್ malmal. = ಮಲಮಲಿ, etc. (My.).

ಮಲ್ಯ malya. Great, big, chief, principal (Tu. ಮಲ್ಲ). — ಮಲ್ಯರಣ್ಡೆ. A great, foremost widow. ಮಲ್ಯರಣ್ಡೆ! ಅನ್ದರೆ ಉಲ್ಲಾಸಿಸಿ ಕೊಣ್ಡು ಹೋದ ಹಾಗೆ (Prv.).

ಮಲ್ಲ malla. (= ಮೊಲ್ಲ?). One of the *tatsamas* (Šmd. 384; Čt. II, 48; Kk. 95; Šm. 77). A wrestler, a boxer by profession; a very strong man, an athlete (ಕೆಸರಿಂಕ Šmd. II, Kk. 78, as wrestlers use to practice in the garuḍi the floor of which is covered with earth). 2, strong, stout, athletic;—good, excellent (*cf.* ಮಲ್ಲು). 3, N. of various men (see *e. g.* Bp. 9,

8; B. 2, 19);—N. of an Asura. ಎಲ್ಲಾ ಹೋದರೂ ಮಲ್ಲ ಉಬ್ಬಿದ.—ನಿಲ್ಲದಿರುವ ಮಲ್ಲನ ಸಂಗಡ, ಕಲ್ಲು ಹೊತ್ತೀಯಾ? ಅನ್ದ ಹಾಗೆ.—ನಲ್ಲಮಲ್ಲನಾದರೂ ಚಲ್ಲೋದು ತಪ್ಪದು (Prvs.).—ಮಲ್ಲಗಣ್ಟು. A band that wrestlers use to tie round the waist (Grj. 7, after 11).—ಮಲ್ಲಗಾಳಗ. -ಕಾಳಗ. A wrestling or boxing match (Šmd. 386; Kk. 100; Bh. 4, 2, 61; ನಿಯುದ್ಧ, ಬಾಹುಯುದ್ಧ Nr., o. r.-ಗಾಳೆಗ).—ಮಲ್ಲಜೀಯ. N. (Bp. 58, 21).—ಮಲ್ಲಣಾರ್ಯ. -ಅಣ-ಅರ್ಯ. N. (Ršv. 1, 17).—ಮಲ್ಲದಾಳ. -ತಾಳ. The slapping or clapping of wrestlers (Ŏpr. 5, after 76).—ಮಲ್ಲಪ್ಪ. -ಅಪ್ಪ. N. (My.).—ಮಲ್ಲಯ್ಯ. -ಅಯ್ಯ. N. (Bp. 9, 11; see ಗೋಡೆ-, ರಾಚ-). *Cf.* ಮಲ್ಲಯ್ಯ s. ಮಲ್ಲಿ.—ಮಲ್ಲವಾತು. -ಮಾತು. (Šmd. 386; Kk. 100). A wrestlers' expression, a battle-cry.

ಮಲ್ಲಣಿ mallaṇi. = ಮಲ್ಲಟಿ, q. v.—ಮಲ್ಲಣಿಗೊಳ್. = ಮಲ್ಲಟಿಗೊಳ್. (Grj. 1, after 131; 2, after 71 & 106; 6, 6; 8, 10; V. 9, after 79).

ಮಲ್ಲಮುರಾನ್ತಕ malla-murântaka. (Šmd. 386; Kk. 100). The strong Vishṇu or Kṛishṇa;—the slayer of Malla and of Mura: Vishṇu.

ಮಲ್ಲಯುದ್ಧ malla-yuddha. A pugilistic encounter, a wrestling or boxing match. See ಹೋರ್; Ŏpr. 5, after 75; 6, 65; J. 27, 6.

ಮಲ್ಲರಂಗ malla-raṅga. A wrestling place, a palaestra (My.).

ಮಲ್ಲಳಿ mallaḷi. A coming together, a large concourse of people, a crowd, etc. (ಸಬ್ಬಮ, ಮೇಳ Šm. 53; Tĕ. ಮಲ್ಲಡಿ).

ಮಲ್ಲಟಿ mallaḷi. = ಮಲ್ಲಣಿ. Turning round, wandering about (ಸುತ್ತಿ ಬರ್ಪುದು Šmd. I; Ŏt. I, 59, o. r. ಮಲ್ಲಣಿ; M. ಮಳಿ, ವಳಿ, Tĕ. ಮಲುಗು, to wander about; to be straitened, distressed). 2, bodily agitation (ಶರೀರವ್ಯಾಕುಲತೆ Šmd. I); perturbation, bewilderment, alarm, fear, amazement (ಅಲರ್, ತಲ್ಲಟಿ, ಅದಿರ್ಪು, etc., ಭಯ Ks.; ತಲ್ಲಟಿ, ತಳವೆಳಗು, ಬಿಕ್ಕುತಿ, ಬೆಗಡು, ಗುರ್ಪು, ಬಿಗುರ್, ಬೆಪ್ಪಳ, ತಳಮಳ, ಬೆಚಗಪ್ಪ ಭಾವ Šm. 49; Kk. 42; Tĕ. ಮಲ್ಲಟಿ, ಮಲ್ಲಡಿ). 3, the black humble bee (ಅಲರ್ವಕ್ಕಿ, etc., ಭ್ರಮರ Ks.; ಅಲರ್ವಕ್ಕಿ, ಪಡಿಮೆ, ಬವರ, etc. Kk. 14).—ಮಲ್ಲಟಿಗಾತಿ. A woman of rambling habits, a gad (ಸುತ್ತಿ ಬರ್ಪಾಕೆ Šm. 74).—ಮಲ್ಲಟಿಗಾತಿ. = ಮಲ್ಲಟಿಕಾತಿ. (ಸುತ್ತಿ ಬರ್ಪಾಕೆ Kk. 28).—ಮಲ್ಲಟಿಗೊಳ್. -ಕೊಳ್. = ಮಲ್ಲಣಿಗೊಳ್. To grow bewildered, to become afraid; to retreat, to flee (ಮೆಯ್ದೆಗೆ, ಒಳಸೋರ್, ಪೆಡ ಮೆಟ್ಟು, ಪೆಡ ಹೋಗು, ಹಿನ್ತೆಗ್ಗೆವರ್, ಬೆಂಗೊಡು, ಪಾಱು, ಸರಿ, ಜಗುಟ್, etc., ಅಪಸರಣ Ks.; Ššv. 2, after 2).

ಮಲ್ಲಾಡ mallâḍa. = ಮಲನಾಡು, etc. (B. 4, 121).

ಮಲ್ಲಾಡು mallâḍu. (= ಮಲಡಾಡು). To strive or struggle for the retention or obtainment of things.—ಮಲ್ಲಾಟ. Mutual strife or struggle for. ಹಸಿಗೆ ಬಣ್ಣಾಟ, ಲಾಭಕ್ಕೆ ಮಲ್ಲಾಟ (Prv.).

ಮಲ್ಲಾಮಲ್ಲಿ mallâmalli. A tatsama: a pugilistic encounter (ಯುದ್ಧ Šmd. 220).

ಮಲ್ಲಾರಿ malla-ari. Kṛishṇa. 2, Šiva (Sk.; Mhr.). 3, N. (My.). 4, one of the râgiṇis.

ಮಲ್ಲಿ malli. = ಮಲಿ, ಮಲ್ಲಿಕೆ, (ಮೊಲ್ಲೆ). Jasminum sambac. (V. 4, 45). 2, N. of males and females (Šiv. 2, 46; My.). ಅಲ್ಲೇ ನ್ಯಾಯ ಇಲ್ಲೇ ಕಣ್ಡಿತು; ಹೊಲ್ಲೀ, ಮಲ್ಲಿ, ಕೊಂಕುಬಿ ಕೂಸ! (Prv.). See ದೀವದ-.—ಮಲ್ಲಮ್ಮ. -ಅಮ್ಮ. N. (My.).—ಮಲ್ಲಯ್ಯ. -ಅಯ್ಯ. N. (Bp. 20, 10; see also s. ಮಲ್ಲ).—ಮಲ್ಲರಸ. -ಅರಸ. N. (Bp. 19 sum.; 19, 20; 20, 31).—ಮಲ್ಲಿದೇವ. N. See ಗೋಣಿಯ-.—ಮಲ್ಲಿನಾಥ. N. (Bp. 58, 9); N. of a poet and commentator on the Mêghadûta, etc. (My.).—ಮಲ್ಲಿಭಟ್ಟ. N. (Bp. 56, 42).

ಮಲ್ಲಿಕ mallika. *A kind of goose or swan with dark-coloured legs and bill.* ಕಾಲ್ ಮೊಗಂ ಮಾಸೆ ಮಲ್ಲಿಕಾಖ್ಯಂ (Mr. 173).

ಮಲ್ಲಿಕಾಕ್ಷ mallika-aksha. *A horse marked with white about the eyes.* ಬಿಳಿಯ ಕಣ್ಣಿರೆ ಮಲ್ಲಿಕಾಕ್ಷಂ (Mr. 276).

ಮಲ್ಲಿಕಾಮಾಲೆ mallikâ-mâlĕ. N. of a vṛitta (Ŏh.).

ಮಲ್ಲಿಕಾರ್ಜುನ mallikâ-arjuna. N. of Šiva and of a liṅga;—N. (Šmd. 2; Bp. 58, 27; see ಪರ್ವತ-, ಮೊರಟದ-, ಸದ್ಗುಣಿ-).—ಮಲ್ಲಿಕಾರ್ಜುನಪಣ್ಡಿತ. N. (Bp. 1, 10; 47, 36).—ಮಲ್ಲಿಕಾರ್ಜುನಯೋಗಿ. N. (Bp. 19, 35; 20 sum.).

ಮಲ್ಲಿಕೆ mallikĕ. ಮಲ್ಲಿಕಾ. = ಮಲ್ಲಿಗೆ. *A generally cultivated flower shrub, Jasminum sambac* Ait. 2, *an earthenware vessel of a peculiar form; a sort of drinking-vessel* (ಪಣಿತೆ Nr.; ಕಳಸಿಗೆ, ಕೌತಿಕೆ Mr. 210; see Hlâ. s. ಮಲ್ಲೆ).

ಮಲ್ಲಿಗೆ malligĕ. Tbh. of ಮಲ್ಲಿಕೆ (Ŏt. II, 7; Nr., Hlâ.; ಎಡಕಲ Mr. 126; Šl. 139; Ĉpr. 6, 64. 71; 7, 158; C.). ಬಲ್ಲವನ ಗುಣ ಮಲ್ಲಿಗೇ ಹಾಗೆ (Prv.). See ಅಡವಿಯ-, ಕದರು-, ಕಸ್ತೂರಿ-, ಕೆಸರ್-, ಕೋಲು-, ಗಿರಿ-, ಜಾಜಿ-, ದುಣ್ಡು-, ದೊಡ್ಡಕಾಡು-, ಸಂಜೆ-, ಹಸರು-; Šmd. 77. 84. 256; Bp. 45, 1. ಮಲ್ಲಿಗೆಹೂವಿನಿನ್ದ ದಾರಿ ನಾರು ಪಾವನವಾಯಿತು (Prv.).

ಮಲ್ಲು mallu. = ಮಲಮಲಿ, etc. (My.).

ಮಲ್ಲೆ mallĕ. = ಮೊಲ್ಲೆ. Jasminum sambac Ait. 2, *a sort of drinking-vessel* (ಕೋತಿಕೆ, ಮಲ್ಲಿಕೆ Hlâ.; Tĕ.: a little shallow earthen vessel). 3, N. of women.—ಮಲ್ಲೆದೇವ. N. (My.; *cf.* ಮಲ್ಲಿ-).

ಮಲ್ಲೀಶ (malla-îša). = ಮಲ್ಲೇಶ್ವರ. (My.).

ಮಲ್ಲೇಶ್ವರ (malla-îšvara). Šiva (C.). 2, N. See ಅಮರಗುಣ್ಡ-.

ಮಲ್ಲೋಗರ mallôgara. = ಮಲನಾಗರು, etc. (My.).

ಮಲ್ಹಣ malhaṇa. = ಮಲುಹಣ. (Ršv. 1, 17).

ಮವಲಂಗ mavalaṅga. The tree Crataeva religiosa, var. nirvala Ham. (St. & Pl.).

ಮವುಜು mavuju. A plantain (My.; H.; Sk. ಮೋಚ).

ಮವುಜೆ mavujĕ. A village (My.; Br.; Mhr., H. ಮೌಜಾ).

ಮವುರಿ mavuri. = ಮೌರಿ, q. v.

ಮವ್ವಳಿಗ mavvaḷiga. See ಕತ್ತಳ-.

ಮಶಕ mašaka. A gnat, a musquito, any fly that bites or stings;—a bug (ತಗುಣಿ Mr. 166).

ಮಶಕಾರಿ mašaka-ari. A spider (ಗುಣಪೃಷ್ಠ, ಜಾಡ Mr. 166).

ಮಶಕೋತ್ಕರ mašaka-utkara. A multitude of stinging flies (Ššv. 4, 45).

ಮಶೀತಿ mašîti. ಮಶೀದಿ. mašîdi. = ಮಸೀದಿ. A mosque (My.; Mhr., H. ಮಶೀದ).

ಮಷಾಲು mashâlu. A torch (My.; Br.; Mhr., H. ಮಶಾಲ).

ಮಷಾಲ್ಜಿ mashâlĉi. A torch-bearer (My.; Mhr., H. ಮಶಾಲಚೀ).

ಮಷಿ mashi. = ಮಸಿ (Šmd. 385), q. v.

ಮಷ್ಕರಿ mashkari. = ಮಸ್ಕರಿ (Šmd. 350), ಮುಸ್ಕರಿ, q. v.

ಮಷ್ಕಿರಿ mashkiri. Obstinacy, stubbornness (My.; H.).

ಮಷ್ಟು mashṭu. = ಮಡ್ಡಿ 1, etc. Dregs, sediment (My.; Tĕ., T.).

ಮಸ masa. 1. = ಮಸೆ 2. Whetting. — ಮಸಗಲ್ಲು. -ಕಲ್ಲು. A whetstone (My.).

ಮಸ masa. 2. = ಮಬ್ಬು 2. — ಮಸಮಸ. rep. Great dimness, darkness (ಬೆಳಗಬ್‌ದುದು Šm. 65). — ಮಸಮಸಕನೆ. rep. Very dim (Čpr. 8, after 60). — ಮಸಮಸವಾಗು. -ಆಗು. Light to go out or disappear, to become very dim or dark (ಬೆಳಗಬ್‌ Kk. 70).

ಮಸ masa. 3. = ಮಸದು, etc. P. p. of ಮಸೆ 1, in ಮಸ ಕೊಳ್ಳು, to whet (My.); mutual rubbing to take place, dissension or enmity to arise (My.).

ಮಸಕ masaka. 1. Vehement emotion, great agitation, passion; wrath, rage (Čpr. 5, after 64; 5, 106; 8, after 62; Abh. P. 7, 57; 9, 70; 14, 105; Grj. 1, 87; Rŝv. 5, after 55; Ŝŝv. 2, after 2; J. 17, 22). ಮಾಯಾ ಮಸಕವನು ಮಣಿಗೊಣ್ಣು (Râm. 3, 8, 11). See ಮಾ-, ಮೆಯ್-, ರಾಸಿ-. — ಮಸಕಂಗುಸ್ದು. -ಂಕುಸ್ದು. Passion to abate (V. 42, 12).

ಮಸಕ masaka. 2. = ಮಸಕು, ಮಸುಕು, ಮಸ್ಕು. (Dimness, obscurity, Tĕ. ಮಸಕ);—a dusky colour (My.; B. 3, 55); impurity, soil (My.).

ಮಸಕನೆ masakanĕ. Dimness; dim. See ಮಸಮಸಕನೆ.

ಮಸಕು masaku. = ಮಸಕ 2, etc. Duskiness, a dusky colour; etc. (My.; see ಕೆಯ್ಮಸಕು No. 1; *cf.* ಮಂಕು, ಮಬ್ಬು, and see M. s. Sk. ಮಸಿ); foulness: inimical action (see ಕೆಯ್ಮಸಕು No. 2). — ಮಸಕುಬಣ್ಣ. A dusky colour (My.; B. 5, 12).

ಮಸಗ masaga. A whetter (Râm. 5, 8, 50).

ಮಸಗು masagu. 1. = ಮೊಸಗು. To expand, to become expanded, developed or exhibited, to become displayed, to break forth or out, to appear, to rise (Abh. P. 11, after 143; 13, 133; Bp. 21, 18; 26, 60; 52, 6; 53, 34; 61, 11; Bh. 4, 4, 10; Râm. 6, 10, 25; Rŝv. 5, after 121; 6, after 11; Ŝŝv. 1, 40; J. 4, 17; 5, 2; 7, 43; 12, 34; 13, 24);—activity to be displayed: to be agitated or commoved (Abh. P. 10, 157; Grj. 2, after 106; Bh. 1, 15, 19; Ŝŝv. 2, 25. 114; J. 8, 32);—to be urged on by the passions, to grow furious, to be enraged, to rage (ವಿಜೃಂಭಣ Šmd. Dh.; Abh. P. 10, 10; 11, 115; 13, 88; Bp. 28, 29; 44, 47; 46, 59; Č. Bp. 47, 19; Râm. 3, 6, 6; 5, 8, 50; Bh. 2, 10, 23. 25; 7, 17, 27; J. 25, 20; Tĕ. ಮಸಗು, to be extended; to be furious). ತೊಡಿಯಂ ಪಾಯ್ದೊತ್ತಿ ಬಸ್ದಂ, ಗಡ, ಮಸಗಿ ಜರಾಸನ್ಧಂ (Šmd. 64 Mdb.). ಕಾಟ್ಟುಬ ಮಸಗಿದ ಪೋಲ್ ಒಡ್ಡಿದುದು ಕುರುಸೈನ್ಯಂ (80). ಮಾವಿನೊಳ್ ಮಸಗುತಮಿರ್ಪ ಬಲ್ಲೀನೆಯ ಸೋನೆಗೆ ಕಾಂಚನಕೇತಕೀವನಪ್ರಸರದಲಂಗಳ್ ಒಲೆಗುಡೆ (83). ಘೇರಿಧ್ವನಿ ಪರ್ವಿತ್ತು, ಎತ್ತಲ್ ಮಸಗಿ ಘೋಷತಿಕ್ಷ್ಣದಕ್ಷಂ (145). ಕೆಸರ್ಮಸಗಿದುದು (217). ಬೇಡರ ಪೋಲ್ ಮಸಗಿ, ತುಡುಗೊಳಲ್ ಬಡುಸನ್ದಂ (281). 2, to display, to exhibit, to manifest (Bh. 8, 28, 20).

ಮಸಗು masagu. 2. (= ಮಸೆ 1). To rub, to brush, to whet (Bp. 38, 58; Râm. 6, 10, 8).

ಮಸಗೆ masagĕ. Dusky colour: mildew (? Bh. 1, 3, 43).

ಮಸಣ masaṇa. = ಮಸಾಣ. Tbh. of ಶ್ಮಶಾನ (Šmd. 358. 359; My.; Mhr.; Tĕ. ಮಸನ; T. ಮಯಾನ). ಮಸಣದ ಬೂದಿ (Bp. 31, 3). See Prvs. s. ಮೆಚ್ಚು 1, ವಸನ 2. — ಮಸಣಗಾಡು. -ಕಾಡು. A cemetery (ಶ್ಮಶಾನ, ಪಿತೃವನ Hlâ.; Bp. 15, 4). — ಮಸಣಗಾಹಿ. -ಕಾಹಿ. Šiva (Č. Bp. 47, 19). — ಮಸಣಯ್ಯ. -ಅಯ್ಯ. N. (Bp. 61, 19; see ತೆಲುಗೇಶ-). — ಮಸಣವಟ್ಟಿಗೆ. -ಪಟ್ಟಿಗೆ. A cemetery (ಸೋಡಬಲಿ Šmd. II). — ಮಸಣವಟ್ಟೆ. -ಪಟ್ಟೆ. = ಮಸಣವಟ್ಟಿಗೆ. (ಸೊಡವಲಿ Kk. 78, o. r. ಸೋಡಬಲಿ).

ಮಸಣಿ masaṇi. Tbh. of ಶ್ಮಶಾನಿ. N. of a form of Durgâ (Šâstrasâra in W. v. 1259; Bp. 23, 18; My.). — ಮಸಣಿ ದೇವ. N. (Bp. 47, 34; see ಗಜೇಶ್ವರ-).

ಮಸದು masadu. = ಮಸೆದು. P. p. of ಮಸೆ 1.

ಮಸರು masaru. = ಮೊಸರು. Curds (ಕ್ಷೀರಜ Čb.). ಮಸರು ಬೆರತ ತುಪ್ಪ (ಪೃಷದಾಜ್ಯ Si. 240). ಮಸರಿನ ಕಡಲು (ದಧ್ಯುದ 31). See Si. 392. — ಮಸರುಚಟ್ಟಿ. (ತೇಮನ, etc. Si. 313).

ಮಸಲ್ masal. Delaying, hindering, opposing (see ಮಡುವಸಲ; Tĕ. ಮಸಲು, ಮಸುಲು, M. ಮದಿಲ್, to protract, delay, confound).

ಮಸಲತು masalatu. ಮಸಲತ್ತು. Holding counsel upon; planning;—a plan, a plot;—counsel;—clever contrivance (My.; Mhr., H.; ಆಲೋಚನ, ಉಪದೇಶ Čb.).

ಮಸಸು masasu. To cause to whet, etc. (Bh. 6, 4, 141; My.).

ಮಸಳೆ masaḷĕ. = ಮೊಸಳೆ. (ಸ್ಥಾನವ್ಯಗ Čb.).

ಮಸಾಣ masâṇa. = ಮಸಣ. (My.).

ಮಸಾರ masâra. A sapphire, an emerald. (R.).

ಮಸಾರೆ masârĕ. — ಮಸಾರೆಭೂಮಿ. A kind of good red soil (S. Mhr.).

ಮಸಾಲಾ masâlâ. = ಮಸಾಲೆ. Drugs, spices, spicery, seasoning drugs, the seasoning put in curry;—horse and cattle physic;—ingredients of compositions (Si. 310; Mhr., H.).

ಮಸಾಲೆ masâlĕ. = ಮಸಾಲಾ. (My.; B. 2, 52; 3, 64; 4, 120. 147; ವೇಸವಾರ G.). ಕೋಡ್‌ಯ ಕೇಳಿ, ಮಸಾಲೇ ಅರೆಯುತ್ತಾರೋ? (Prv.). ಕಾಯಿಪಲ್ಯದೊಳಗೆ ಹಾಕುವ ಮಸಾಲೆ (ವೇಸವಾರ G.).

ಮಸಿ masi. Dirt, impurity (Bp. 1, 14; Tĕ.; *cf.* ಮಸಕ 2, ಮಾಸು 1 & 2). See Prv. s. ಅಟಿವೆ 2.

ಮಸಿ masi. = ಮಷಿ. The black of culinary vessels, crock (My.; Mhr.);—soot, lamp-black (Sk.; My.);—black (the colour, ಕಪ್ಪು Si. 385; My.; Abh. P. 9, 176);—ink (Sk.; C.; B. 1, 22; 2, 1; 4, 209; 5, 169. 218);—charcoal (My.). (T. ಮೈ, M. ಮಯಿ, ಮಷಿ, ಮೈ, black, blackness; ink; antimony; *cf.* ಮಸಕು, etc.). ಎಲ್ಲಾ ಬಣ್ಣಾ ಮಸಿ ನುಂಗಿತು.— ದೆಸೆಯಿಲ್ಲದವ ಮಸಿಗಿನ್ನ ಕಡೆ.— ನಸೀ ಭ್ರಮೆ ಇದ್ದವ ಮಸಿ ಆದರೂ ಹಾಕಿ ಕೊಳ್ಳಾನು.— ತೃಷೆ ಆದವಗೆ ಮಸಿಕೆಣ್ಣ ತನ್ದು ಕೊಟ್ಟ.— ದೋಸೆ ಬಿಸಿಯೆನ್ದು, ಮಸಿಕೆಣ್ಣ ತಿನ್ದ (Prvs.). See Prvs. s. ಮೂಗು, ಶಿಶು, ಶುಚಿ. — ಮಸಿಕುಡಿಕೆ. = ಮಸಿಪಾತ್ರೆ No 1. (My.). — ಮಸಿಪಾತ್ರೆ. An ink-bottle, an inkstand (ದವುತಿ Mr. 359; My.). 2, a pot covered with crock (My.). — ಮಸಿಬಟ್ಟೆ. A rag used in lifting pots from the fire (My.). — ಮಸಿಬುಡಿಕೆ. = ಮಸಿ ಕುಡಿಕೆ. (My.). — ಮಸಿಯಾಗು. -ಆಗು. To become charcoal (said of buried money, Čpr. 9, 12; My.). 2, crock to be produced (My.). — ಮಸಿವಾವಾಳ. A large shrub or small tree with pinnate leaves (Z.).

ಮಸೀದಿ masîdi. = ಮಶೀತಿ, etc. (My.; B. 4, 9); also ಮಸೀದೆ (B. 4, 145).

ಮಸುಕು masuku. = ಮಸಕು, etc. (My.). — ಮಸುಕುಬಣ್ಣ. = ಮಸಕುಬಣ್ಣ. (B. 4, 225; My.).

ಮಸುರ masura. = ಮಸೂರ. (Sk.; Si. 304).

ಮಸುರಗೆ masuragĕ. Tbh. of ಮಸೂರಿಕೆ. A musquito-curtain (Čpr. 6, after 88).

ಮಸುಳ್ masuḷ. = ಮಸುಳು. Lustre to go away or disappear, light to grow faint, to grow dim, to become pale, etc. (ವಿಗತಪ್ರಭೆ Šmd. Dh.; *cf.* ಮಂಕು, ಮಬಬ್). 2, to disappear, to hide one's self (ಮಸುಳಿತೆನೆ ಅಡಂಗಿತು Kk. 72). ಮಸುಳ್ದಂ, ಮಸುಳ್ದಪಂ, ಮಸುಳ್ಗೆ, ಮಸುಳ್ಗುಂ (Šmd. 49. 55). See Čpr. 3, 85; 4, 85; 8, 18; Abh. P. 9, 137; Ššv. 2, 106; J. 11, 25; 19, 31; 23, 85; 28, 2.

ಮಸುಳಿಸು masuḷisu. To cause to lose one's lustre, to cause to grow dim, etc. (Čpr. 6, 58; Bp. 25, 51; Rśv. 9, 20); to cause to disappear, to conceal (ಮರಿಚು Šm. 87; Abh. P. 10, 157). 2, to conceal one's self, to grow faint, to lose one's lustre, etc. (Abh. P. 11, 136; Grj. 2, after 106; Bp. 22, 56; 47, 16; Râm. 5, 9, 24; J. 4, 8; 8, 27).

ಮಸುಳು masuḷu. = ಮಸುಳ್. P. p. ಮಸುಳಿ ಮಸುಳಿದುದು (ಬಾನಲ್ Čt. II, 117). ಮಸುಳಿತೆನೆ ಅಡಂಗಿತು (Kk. 72). ಮಸುಳಿದ ಕಾಂತಿ (ಕಸ್ದು Šm. 98). See Râm. 1, 14, 1; Bh. 5, 1, 39.

ಮಸೂದೆ masûdĕ. A sketch; a foul copy; a draft (My.; Mhr., H. ಮಸುದಾ).

ಮಸೂರ masûra. *A sort of pulse or lentil, Ervum hirsutum, Cicer lens* (= ಮಂಗಲ್ಯಕ; see Si. 304).

ಮಸೂರಬಿದಲೆ masûra-bidalĕ. *Indian jalap, Ipomoea turpethum* R. Br.

ಮಸೂರಿ masûri. = ಮಸೂರ. (Sk.; Si. 301).

ಮಸೂರಿಕ masûrika. = ಮಸೂರ. (ಚಣಂಗಿ Mr. 278).

ಮಸೂರಿಕೆ masûrikĕ, ಮಸೂರಿಕಾ. = ಮಸುರಗೆ. An eruption of lentil-shaped pustules, the small-pox. 2, a procuress. 3, a musquito-curtain. 4, a cushion (Čpr. 8, after 47).

ಮಸೃಣ masṛiṇa. *Soft, tender, smooth;—bland, mild, unctuous, shining.*

ಮಸೆ masĕ. 1. To rub (see ತಿಮ್ಮಸೆ); to grind, to whet, to sharpen (ಘರ್ಷಣ Šmd. Dh.; Čpr. 6, 67; Bp. 40, 57; Ššv. 4, after 6; C.); to rub off (J. 33, 22); to rub one another: to be closely united or blended (J. 8, 4). P. ps. ಮಸದು (Čpr. 6, 67), ಮಸೆದು, ಮಸ್ತು. ಮಸೆದುದು (ನಿಶಾತ, ನಿಶಿತ, ಧೌತ, ತೇಜಿತ Hlâ.). ಮಸೆಯಲ್ ಪಟ್ಟುದು (ನಿಶಿತ, ಕ್ಷ್ಣುತ, etc. Nr.). ಮಸೆದ ತೆರಂ (ತೇಜಿತ Mr. 299). ಅತಂಗೆ ಕತ್ತಿಯುಂ ಮಸೆದಂ (Šmd. 159). ಎಕ್ಕಲಂ ಚಳಿಗದಿರ್ಗಲ್ಲಿನೊಳು ದಾಡಿಯುಂ ಮಸೆದು (Râghŏ. 17, 72). 2, to grow sharp or acute (Čpr. 6, 77; 6, 84; Bp. 8, 25; 61, 40). — ಮಸದಾಟ. -ಆಟ. Fight, quarrel (My.).

ಮಸೆ masĕ. 2. = ಮಸ 1. Whetting (Bh. 7, 15, 56); sharpness (Abh. P. 14, 198). 2, acute, vehement lust (Čpr. 4, 78). 3, a rub, a chafe: a slight wound (ಸ್ವಲ್ಪಕ್ಷತ Šmd. Dh.; Čpr. 10, 81). 4, polish; lustre, shine (ಪೊಗರ್, ತಳಪ, etc., ಕಾಂತಿ Šs.; ತಳಪ Kk. 54. 66). See ಪೊಸ-, ಮೆಯ್-. — ಮಸೆಗಣೆ. -ಕಣೆ. A whetted arrow (J. 21, 20). — ಮಸೆಗಾಣ್. -ಕಾಣ್. A wound to appear (Bh. 1, 7, 4). — ಮಸೆಮುಖ. A shining face (Râm. 6, 10, 8). — ಮಸೆವಡೆ. -ಪಡೆ. To be whetted (J. 4, 19. 31; 12, 25; 26, 55). — ಮಸೆವೊಗರ್. -ಪೊಗರ್. Lustre arising from being whetted (J. 7, 61).

ಮಸ್ಕರ maskara. *A bamboo.*

ಮಸ್ಕರಿ maskari. = ಮಕ್ಕರಿ, ಮಸ್ಕರಿ. Who carries a bamboo cane: a Brâhmaṇa in the fourth order, *a religious mendicant.* 2, the moon. 3, N. of a woman (Abh. P. 9, after 3).

ಮಸ್ಕೀರಿ maskîri. A good-for-nothing fellow (My.; H.).

ಮಸ್ಕು masku. = ಮಸಕ, etc. (My.).

ಮಸ್ತಕ mastaka. *The head, the skull;*—the peak of a mountain, the top of a tree; the upper part of anything. 2, = ನೇತ್ರಿ, etc. (Mr. 140).

ಮಸ್ತಕಮೃಗ mastaka-mṛiga. A louse (ಷಟ್ಪದ, ಹೇನ್ Mr. 166).

ಮಸ್ತಕಸ್ನೇಹ mastaka-snêha. Head-oil: *the brain.*

ಮಸ್ತಕಿ mastaki. Gum mastic (My.; Tĕ., H.).

ಮಸ್ತಿ masti. Intoxication; pride (My.; Mhr., H.; see ಕೊಬ್ಬು-). 2, fatness: the state of an elephant, camel, etc. in rut (My.; Mhr., H.).

ಮಸ್ತಿಷ್ಕ mastishka. *The brain* (ತಲೆಯ ಮಿದುಳು Mr. 397).

ಮಸ್ತು mastu. = ಮಸಸು, etc. P. p. of ಮಸೆ 1. (My.). ಮಸ್ತಾಟ. = ಮಸದಾಟ. (My.). ನೆಸ್ತಾಟಕ್ಕೆ ಹೋಗಿ, ಮಸ್ತಾಟ ಹಚ್ಚಿತು (Prv.).

ಮಸ್ತು mastu. 1. (= ಮತ್ತು). Intoxicated; intoxication; fat, bulky; fatness, stoutness (Mhr., H., Br.; see ಕೊಬ್ಬು-). 2, abundant, plentiful; abundance, plenty (My.; Br.; Mhr., H.).

ಮಸ್ತು mastu. 2. The upper part of thickened sour milk, sour cream. 2, *the watery part of curds, whey;* buttermilk (ಮಜ್ಜಿಗೆ Hlâ.).

ಮಸ್ಲತು maslatu. A plot (My.; H.).

ಮಸ್ಲೀನು maslînu. Muslin (My.; H.).

ಮಹ maha. Great, mighty. 2, *a feast, a festival.* 3, a sacrifice, an oblation. — ಮಹಮನೆ. = ಮಹಾಮನೆ. A large house (liṅgavanta-maṭha) at Uḷavi (near Śirsĕ; Bp. 8, 84; 14, 18; 85, 55).

ಮಹಕಾಳ maha-kâḷa. N. (Bp. 49, 15).

ಮಹಜರು mahajaru. A title-deed granted by the emperor of Hindustan (Mhr., H.). 2, a written statement of a suit and of the award upon it (Br., Mhr.). 3, a general affidavit; a certificate signed by all present at a transaction (My.; Br.).

ಮಹಡಿ mahaḍi. = ಮಾಡಿ 1. (My.; H.).

ಮಹತ್ mahat. = ಮಹತ್ತು (Šmd. 106 Com.), ಮಾ 2 (Šmd. 208. 378; Kâvy. I, 3, 53-56). *Great, mighty, strong, big, large.* 2, numerous, abundant, much, many. 3, high, lofty, eminent, noble; excellent, distinguished. 4, the great principle: the intellect (buddhi). 5, *greatness, power, dominion.*

ಮಹತಾಪು mahatâpu. ಮಹತಾಬು. = ಮತಾಪು, etc. (My.).

ಮಹತಿ mahati. *The seven-stringed lute of Nârada.* 2, the egg-plant (= ಬೃಹತಿ).

ಮಹತ್ತಮ mahat-tama. Greatest, exceedingly great or mighty or powerful. (Čpr. 8, 19).

ಮಹತ್ತಮಸಾಮಾನ್ಯಾಪವರ್ತನ mahattama-sâmânya-apavartana. The greatest common measure (C.).

ಮಹತ್ತರ mahat-tara. Greater, uncommnly mighty, etc. (Bp. 3, 66). 2, the oldest, most respectable; the head or oldest man of the village, house, etc. See ಗೃಹ-, ವನ-.

ಮಹತ್ತು mahattu. Tbh. of ಮಹತ್, q. v. (Bp. 37, 56; 61, 74).

ಮಹತ್ವ mahatva. *Greatness, magnitude, majesty, mightiness,* etc.

ಮಹತ್ವತೆ mahatvatĕ. = ಮಹತ್ವ. (Bp. 36, 52; 38, 72; 43, 74; 46, 79).

ಮಹದಾಶ್ರಯ mahat-âśraya. The protection of the great, taking refuge with great people. (My.).

ಮಹದೇವ maha-dêva. Šiva (Bp. 47, 53); N. (My.).

ಮಹದೇವಿ maha-dêvi. Pârvatî or Durgâ (Bp. 12, 41; 40, 28); N. (47, 38; 59, 8; see ಕೇಳಿಕೆಯ-, ಬಿಜ್ಜ-).

ಮಹನವಮಿ maha-navami. = ಮಹಾನವಮಿ. (Bh. 7, 14, 44).

ಮಹನೀಯ mahanîya. Worthy of honour, praiseworthy, illustrious, glorious. (Bp. 33, 3; 39, 67).

ಮಹಂತ mahanta. = ಮಾತ. Tbh. of ಮಹತ್ (Šmd. 106 Cm.). A great, mighty, etc. man (Bp. 4, 4; 47, 57; 53, 13).

ಮಹಂತು mahantu. The chief of an order of Gôsâvis, etc. (My.; Mhr.).

ಮಹಮದ mahamada. = ಮಹಮ್ಮದ. (My.).

ಮಹಮ್ಮದ mahammada. Mahomed (My.); a Mahomedan (My.).

ಮಹನ್ಮೇರು mahat-mêru. = ಮಹಾಮೇರು. (My.).

ಮಹರಾಜ maha-râja. = ಮಹಾರಾಜ. (My.).

ಮಹರಾಣಿ maha-râṇi. = ಮಹಾರಾಣಿ. (My.; B. 5, 3).

ಮಹರಾಯ maha-râya. = ಮಹಾರಾಯ. (My.).

ಮಹರ್ನವಮಿ mahas-navami. (= ಮಹಾನವಮಿ). N. of the dasari feast (My.), especially of its ninth day (My.). See Bh. 8, 8, 29.

ಮಹರ್ಲೋಕ mahas-lôka. The fourth of the seven worlds which rise one above the other. (Mr. 32).

ಮಹರ್ಷಿ mahâ-ṛishi. A great ṛishi. (My.). 2, anyone of the saptarshis. (My.).

ಮಹಲ mahala. = ಮಹಳ 1, etc. (ಉಪ್ಪರಿಗೆಮನೆ G.).

ಮಹಲು mahalu. 1. = ಮಹಲ, etc., ಮಹಾಲು. An upstair house, a large mansion, a palace (My.).

ಮಹಲು mahalu. 2. = ಮಾಲು1. (My. occassionally). ಮಹಲು ಇರುವಲ್ಲಿ ಹಣ, ಬಹಲು ಇರುವಲ್ಲಿ ಅಧಿಕಾರ (Prv.).

ಮಹಸ್ mahas. = ಮಾಸ 2. Greatness, might. 2, *a feast, a festival.* 3, a sacrifice, an oblation.

ಮಹಸೂಲು mahasûlu. Public revenue (My.; Mhr., H.); private income from land (My.).

ಮಹಸೂಲುದಾರ mahasûlu-dâra. A collector or receiver of taxes (My.; H.).

ಮಹಳ mahaḷa. 1. = ಮಹಲ, ಮಹಲು 1, ಮಾಡ, (ಮಾಳ 1?). Tbh. of ಮಹಾಲಯ. (ಮಹಾಲಯ Bhn. 50).

ಮಹಳ mahaḷa. 2. = ಮಹಾಲಯ No. 2, ಮಾಳ 3. The śrâddha performed in the latter fortnight of the bhâdrapada to the manes of all one's male ancestors; this period (My.; Mhr. ಮಹಾಳ).

ಮಹಾ mahâ. = ಮಂ (ಮಹ್), ಮಾ 2. *Great,* etc. (= ಮಹತ್). Standing before ಖರ್ವ, ಪದ್ಮ, ಕ್ಷೋಣಿ, ಶಂಖ, ಕ್ಷಿತಿ and ಕ್ಷೋಭ, it makes them ten-fold (Mr. 357). — ಮಹಾಮನೆ. = ಮಹ ಮನೆ. (Bp. 61, 74).

ಮಹಾಕಂದ mahâ-kanda. *Garlic.*

ಮಹಾಕಾಯ mahâ-kâya. A man of great stature (Čpr. 6, after 61). 2, N. of a râkshasa (Bp. 18, 20).

ಮಹಾಕಾಲ mahâ-kâla. = ಮಹಕಾಳ, ಮಾಕಾಳ. Šiva (ಶಿವ, ಈಶ್ವರ Nn. 97). 2, a class of pramathas (ಪ್ರಮಥವಿಶೇಷ, ಪ್ರಮಥರ ಭೇದ 97). 3, *N. of a linga at Ujjayini.* 4, great blackness (ಅಸಿತ, ಕಪ್ಪು 97). 5, a clouded day (ದುರ್ದಿನ, ಮೋಡ ಗತ್ತಲೆ 97). 6, a cruel, fierce man (ಕ್ರೂರ 97). 7, the marking-nut tree (ಭಲ್ಲಾತಕ, ಗೇರು 97). 8, *N. of a cucurbitaceous plant, Trichosanthes palmata* (or Cucumis colocynthus, = ಕಿಮ್ಪಾಕ).

ಮಹಾಕಾಲಿ mahâ-kâli. ಮಹಾಕಾಳಿ. = ಮಂಕಾಳಿ, ಮಾಕಾಳಿ, ಮಾಂ ಕಾಳಿ. Durgâ (ಬಳಾರಿ Čt. II, 119). — ಮಹಾಕಾಲಿದೇವ. N. (Bp. 55, 54; 58, 7).

ಮಹಾಕುಲ mahâ-kula. A great or noble family;— *sprung from a noble family, of honorable parentage.*

ಮಹಾಖರ್ವ mahâ-kharva. Ten kharvas. (My.).

ಮಹಾಗಜ mahâ-gaja. (Šmd. 379). A great elephant.

ಮಹಾಗಿರಿ mahâ-giri. (Šmd. 379). A great mountain.

ಮಹಾಗ್ರೀವ mahâ-grîva. Long-necked: a camel. (R.).

ಮಹಾಂಗ mahâ-aṅga. Large-limbed: *a camel.*

ಮಹಾಜನ mahâ-jana. (Šmd. 114). = ಮಾಜನ (379). A great multitude of men, the populace. 2, a great man; a number of respectable men (Bp. 56, 2. 25; My.). 3, a merchant, banker, tradesman.

ಮಹಾಜವ mahâ-java. Very swift (ಅತಿವೇಗ Nn. 97).

ಮಹಾಜಾಲಿ mahâ-jâli. *A species of gôshâ with yellowish flowers.*

ಮಹಾಜ್ವರ mahâ-jvara. Severe fever (ಉಷ್ಣ, ಘರ್ಮ Mr. 387).

ಮಹಾಟವಿ mahâ-aṭavi. A great forest. (R.).

ಮಹಾತಪ mahâ-tapa. Severe penance (ವಂತ, ಮಹಾತಪಸ್ಸು Nn. 54).

ಮಹಾತರು mahâ-taru. A large tree;— a kind of Euphorbia (ವಜ್ರ, ಎಲೆಗಳ್ಳಿ Mr. 136).

ಮಹಾತಲ mahâ-tala. N. of the sixth of the seven lower worlds. (Mr. 32).

ಮಹಾತೇಜಸ್ mahâ-têjas. Of great splendor, etc. 2, *Skanda.*

ಮಹಾತ್ಮ mahâ-âtma. High-souled: *magnanimous, noble-minded, high-minded, generous;*— eminent, distinguished, mighty (ಉದೀರ್ಣ, ಪಿರಿಯ Mr. 238). See Bp. 25, 2; 32, 11; Sp. s. ಕನ್ನಡಿ. ಮಹಾತ್ಮನಿಗೆ ದುರಾತ್ಮನ ಗೊಡವೆ ಏನು? (Prv.).

ಮಹಾತ್ಮೆ mahâtmĕ. Noble-mindedness, etc. (Bp. 46, 50; My.). 2, a noble-minded woman (My.).

ಮಹಾದಾನ mahâ-dâna. *A great gift: epithet of certain valuable gifts or the giving of different kinds of valuable presents to the priests* (sixteen such gifts are particularly enumerated).

ಮಹಾದಾನಿ mahâ-dâni. = ಮಾದಾನಿ (Šmd. 209. 379). One who grants all valuable gifts, a very liberal person.

ಮಹಾದೇವ mahâ-dêva. = ಮಾದೇವ (Šmd. 209. 379). *Šiva* (Bp. 57, 2);—N.

ಮಹಾದೇವಿ mahâ-dêvi. = ಮಾದೇವಿ. *Pârvatî.* 2, the first wife of a king. 3, N.

ಮಹಾದ್ವೀಪ mahâ-dvîpa. A certain division of the earth (see Mr. s. ವರ್ತನೆ).

ಮಹಾಧನ mahâ-dhana. Great wealth. 2, *very costly or precious;* anything costly or precious. 3, rich, wealthy.

ಮಹಾಧೇನು mahâ-dhênu. A sacrificial cow (ಮಾಹೇಯಿ Mr. 180).

ಮಹಾನಕ mahâ-ânaka. A large kettle-drum (Ššv. 5, 53).

ಮಹಾನಟ mahâ-naṭa. The great actor: Šiva. (Sk.; G.).

ಮಹಾನನ್ದ mahâ-ânanda. Great joy, great bliss; *the great bliss of deliverance from further transmigration.*

ಮಹಾನವಮಿ mahâ-navami. = ಮಹನವಮಿ, (ಮಹರ್ನವಮಿ), ಮಹಾನಾಮಿ, ಮಾನಾಮಿ. A festival on the ninth day in the light half of the month Âśvina. (My.). 2, the dasari feast (My.). 3, the last of the nine days or nights dedicated to the durgâ-pûjâ.

ಮಹಾನಸ mahâ-anasa. A large carriage. 2, = ಬಾಣಸ, etc., *a kitchen* (ರಸವತಿ, ಬಾಣಸದ ಮನೆ Mr. 196).

ಮಹಾನಾಭ mahâ-nâbha. N. of a Dânava (Č. Bp. 47, 21).

ಮಹಾನಾಮಿ mahâ-nâmi. = ಮಾನಾಮಿ (Šmd. 209). Tbh. of ಮಹಾನವಮಿ.

ಮಹಾನಿಶೆ mahâ-niśĕ. *Midnight.*

ಮಹಾನೀಲ mahâ-nîla. Dark blue, deep black. 2, a kind of sapphire or emerald. (R.).

ಮಹಾನುಭಾವ mahâ-anubhâva. Being in high esteem, worthy, mighty, exalted, dignified, pre-eminent, just, virtuous; a gentleman. (Šmd. 38; My.). ಮಹಾನುಭಾವರೇ, ಮಹಾಯುಗದಲ್ಲಿ ತಮ್ಮ ಪ್ರಾಯವೆಷ್ಟೆನ್ದು ಕೇಳಿದನನ್ತೆ (Prv.).

ಮಹಾನೈವೇದ್ಯ mahâ-naivêdya. An offering of all sorts of eatables to an idol in a temple (My.).

ಮಹಾನ್ತ mahâ-anta. A man of an eminent nature (Bp. 61, 9). 2, having extensive limits: abundance (My.).

ಮಹಾಪಥ mahâ-patha. = ಮಾಪತ (Šmd. 379). A chief road, a high street, a high road. 2, the great road: death, the way of all flesh.

ಮಹಾಪದ್ಮ mahâ-padma. One of the treasures of Kubêra. 2, N. of a nâga or serpent-demon (Mr. 402, see ಎಣ್ಟು ಕುಲ). 3, ten padmas, a million of millions, one hundred billions and other high numbers.

ಮಹಾಪಾತಕ mahâ-pâtaka. = ಮಾಪಾತಕ (Šmd. 379). A great crime, a crime of the highest degree. See ಪಂಚ-; Bp. 45, 25.

ಮಹಾಪುರುಷ mahâ-purusha. = ಮಾಪುರುಷ (Šmd. 379). A great man, an eminent personage.

ಮಹಾಪ್ರಲಯ mahâ-pralaya. *The total annihilation of the universe at the end of a kalpa* (Bp. 54, 23; 58, 46).

ಮಹಾಪ್ರಸಾದ mahâ-prasâda. A great favour or kindness. (Čpr. 2, after 59; My.).

ಮಹಾಪ್ರಾಣ mahâ-prâṇa. The hard breathing or aspirate, heard in the utterance of aspirated letters (Šmd. 22. 23. 35. 302; Kâvy. I, 1a, 22-27). 2, the letter ಹ. 3, a raven. 4, great spirit or power. 5, a kind of vital air (ಉತ್ತಿ ನಡೆವುದು Mr. 52).

ಮಹಾಪ್ರಾಣಾನುಕರಣ mahâprâṇa-anukaraṇa. An imitative sound with an aspirated letter (Šmd. 35).

ಮಹಾಫಲ mahâ-phala. = ಮಾಪಳ. A great fruit. 2, a great reward. 3, Aegle marmelos Corr. 4, the citron, Citrus medica Lin. (My. occasionally; St. & Pl.; Mhr.). 5, (wrongly also = ಚಕೋತ 2) the shaddock or pamplemose, Citrus decumana Lin.

ಮಹಾಬಲ mahâ-bala. Exceedingly strong, very powerful or mighty (Bp. 58, 6). 2, *wind, storm.* 3, Šiva.

ಮಹಾಬಲಗಿರಿ mahâbala-giri. N. of the Čâmuṇḍî hill near Mysore (My.).

ಮಹಾಬಲಾದ್ರಿ mahâbala-adri. = ಮಹಾಬಲಗಿರಿ. (My.).

ಮಹಾಬಿಲ mahâ-bila. A big hole, a cave. 2, the atmosphere, ether. (ಆಕಾಶ G.).

ಮಹಾಭಾಗ mahâ-bhâga. Highly fortunate; illustrious, highly distinguished. (Abh. P. 11, 76).

ಮಹಾಭಾರತ mahâ-bhârata. The great war of the Bharatas: N. of an epic poem describing the acts, rivalries and contests of the sons of the two brothers Dhṛitarâshṭra and Pâṇḍu, descendants of Kuru and Bharata. (My.).

ಮಹಾಭಾಷ್ಯ mahâ-bhâshya. N. of Patañjali's great commentary on the grammatical sûtras of Pâṇini. (My.).

ಮಹಾಭೀತಿ mahâ-bhîti. Great terror;—*great danger.*

ಮಹಾಭೂತ mahâ-bhûta. *A primary element:* ether, air, fire, water, earth.

ಮಹಾಮತ್ಸ್ಯ mahâ-matsya. *A large fish, a sea-monster.*

ಮಹಾಮನಸ್ mahâ-manas. *High-minded, magnanimous, liberal.*

ಮಹಾಮಹ mahâ-maha. A great festival. (Čpr. 3, after 102).

ಮಹಾಮಾಂಸ mahâ-mâṁsa. Epithet of various kinds of meat: human flesh, beef, etc.

ಮಹಾಮಾತ್ಯ mahâ-amâtya. The prime minister of a king (ಪ್ರಧಾನ Mr. 266).

ಮಹಾಮಾತ್ರ mahâ-mâtra. (= ಮಾವಟಿಗ, etc.). Great in measure, most excellent. 2, *a great officer of state, a prime minister.* 3, *an elephant-driver or keeper, a Mahout; a superintendent of elephants* (ಗಜಾಚೀವ, ಆನೆಯ ವೈದ್ಯನು Hlâ.).

ಮಹಾಮಾಯೆ mahâ-mâyĕ. Great deceit or illusion; the power of illusion which makes the material universe appear as if really existing;—Durgâ. (Bp. 57, 27).

ಮಹಾಮೇದ mahâ-mêda. A species of medicinal plant. See ಅಷ್ಟವರ್ಗ.

ಮಹಾಮೇರು mahâ-mêru. The great mêru (ಮೇರು Nn. 58).

ಮಹಾಯಜ್ಞ mahâ-yajña. A great sacrifice: *a principal act of devotion* of which there are five: brahmayajña, dêva-, pitṛi-, manushya-, bhûta-. See ಪಂಚ-.

ಮಹಾಯುಗ mahâ-yuga. A yuga of the gods: the aggregate of the kṛita, trêtâ, dvâpara, and kali yugas. See Prv. s. ಮಹಾನುಭಾವ.

ಮಹಾರಜತ mahâ-rajata. *Gold.*

ಮಹಾರಜನ mahâ-rajana. *The safflower, Carthamus tinctorius* Lin.

ಮಹಾರಣ್ಯ mahâ-araṇya. *A large wood, a great forest.*

ಮಹಾರಥ mahâ-ratha. A large car, a great chariot. 2, an eminently great warrior fighting from a car (Abh. P. 13, 71. 72; Bh. 8, 24, 41; J. 14, 5).

ಮಹಾರವ mahâ-rava. Loud-sounding, uttering loud cries; a loud sound or cry. See ಬೊಬ್ಬೆಬೆ.

ಮಹಾರಾಜ mahâ-râja. = ಮಹರಾಜ. A sovereign, an emperor. 2, a respectful compellation to superiors. (My., also ಮಹಾರಾಜಶ್ರೀ).

ಮಹಾರಾಜಿಕ mahâ-râjika. *N. of a class of demigods.*

ಮಹಾರಾಣಿ mahâ-râṇi. = ಮಹರಾಣಿ. The principal wife of a râja;—a reigning queen;—an empress (My.; B. 4, 173; 5, 1).

ಮಹಾರಾಯ mahâ-râya. = ಮಹರಾಯ. Tbh. of ಮಹಾರಾಜ. (Bp. 58, 21; My.; B. 4, 126).

ಮಹಾರಾಷ್ಟ್ರ mahâ-râshṭra. = ಮರಾಟ. A great realm (Bp. 51, 17);—the Mahratta country;—relating to that country, as its people, language, etc. (My.).

ಮಹಾರುದ್ರ mahâ-rudra. The great rudra: a form of Šiva.

ಮಹಾರುದ್ರಾಭಿಷೇಕ mahârudra-abhishêka. Bathing of a liṅga with the recitation of the so-called rudrasûkta, especially at śivarâtri (My.).

ಮಹಾರುಷಿ mahâ-rushi. = ಮಹರ್ಷಿ. (Čpr. 3, after 80; 5, after 35).

ಮಹಾರೌರವ mahâ-raurava. *One of the twenty-one hells.*

ಮಹಾರ್ಬುದ mahâ-arbuda. Ten arbudas. (My.).

ಮಹಾಲಕ್ಷ್ಮಿ mahâ-lakshmi. = ಮಾಲಕುಮಿ (Šmd. 209. 379). The great Lakshmi, the śakti or wife of Nârâyaṇa (ಭೋಗಾವತಿ, ರಮೆ Nn. 22; ಗೋಮಿನಿ, ರಾಮೆ 24; ಸಿರಿ 124. 149). 2, Sarasvatî. 3, Durgâ. 4, splendor (ಶೋಭೆ, ಸಿರಿ Nn. 22). ಮಹಾಲಕ್ಷ್ಮಿ ಒಲಿದವಗೆ ದಾರಿದ್ರ್ಯವಿಲ್ಲ, ಸರಸ್ವತಿ ಒಲಿದವಗೆ ಕೆಡ್ಡತನವಿಲ್ಲ (Prv.).

ಮಹಾಲಯ mahâ-âlaya. = ಮಹಲ, ಮಹಲು, ಮಹಳ No. 1, ಮಾಳ 5. A great dwelling, a palace, a temple, etc. 2, = ಮಹಳ 2, q. v. (My.).

ಮಹಾಲಿಂಗ mahâ-liṅga. A great phallus;—having a great phallus; Šiva;—N. (My.). — ಮಹಾಲಿಂಗನ ಬಳ್ಳಿ. A climbing herb growing in hedges, Bryonia laciniosa Lin. (Z.).

ಮಹಾಲು mahâlu. = ಮಹಲ, etc. A palace (My.; Mhr., H.), a hall; a seraglio (Mhr.; H.). 2, a sub-division of a talook or district (Mhr.; see B. 4, 146. 200; ಆಸಾರ-).

ಮಹಾಲೋಕ mahâ-lôka. = ಮಹರ್ಲೋಕ. (My.).

ಮಹಾವನ mahâ-vana. = ಮಹಾರಣ್ಯ. (My.)

ಮಹಾವಾತ mahâ-vâta. A great or stormy wind, a strong blast. (ಬಿರುಗಾಳಿ G.).

ಮಹಾವಾರ್ಧಿ mahâ-vârdhi. An ocean (J. 13, 11).

ಮಹಾವೃಕ್ಷ mahâ-vṛiksha. A great tree;—*a species of Euphorbia, Euphorbia tortilis* or *E. antiquorum.*

ಮಹಾವೃದ್ಧಿ mahâ-vṛiddhi. One of the eight principal drugs or medical roots (Si. 149).

ಮಹಾವೇಶ mahâ-âvêśa Demoniacal possession (ಗ್ರಹ Mr. 490).

ಮಹಾಶಕ್ತಿ mahâ-śakti. Very mighty. 2, a great śakti (Bp. 10, 81).

ಮಹಾಶಬ್ದ mahâ-śabda. A great word, a pre-eminent term (Šm. 116);—a great noise, a loud sound. See ಪಂಚ-.

ಮಹಾಶಯ mahâ-âśaya. The ocean. 2, *high-minded, magnanimous, liberal.*

ಮಹಾಶಾಲಿ mahâ-śâli. *A kind of large and sweet-smelling rice* (ಕಡಮೆಯ ಭೇದಂ Hlâ.).

ಮಹಾಶೂದ್ರ mahâ-śûdra. *A cowherd.*

ಮಹಾಶೂದ್ರಿ mahâ-śûdri. *A female cow-keeper; a herdsman's wife.*

ಮಹಾಶೇಷ mahâ-śêsha. The serpent śêsha (Šm. 119; ಅನನ್ತ, ಧರಣೀನ್ದ್ರ Nn. 57). ಭೂಮಿಯನ್ನು ಮಹಾಶೇಷ ಹೊತ್ತಿರುವನಾದರೆ, ಮಹಾಶೇಷನನ್ನು ಹೊತ್ತವನು ಯಾರು? (Prv.).

ಮಹಾಶೋಕ mahâ-śôka. Great grief or sorrow (J. 2, 8). 2, mahâ-aśôka. A large aśôka tree (2, 8).

ಮಹಾಶೌರ್ಯ mahâ-śaurya. = ಮಾಶೌರ್ಯ (Šmd. 209). Great valour.

ಮಹಾಶ್ರಯ mahâ-âśraya. = ಮಾಸರ 2. A great seat, resting-place, dwelling, etc.

ಮಹಾಶ್ವೇತೆ mahâ-śvêtĕ. *A white variety of the Batatas paniculata* Chois.

ಮಹಾಸನ mahâ-âsana. A great seat, a splendid throne: a howdah (ಅಂಬಾರೆ Mr. 158).

ಮಹಾಸಹೆ mahâ-sahĕ. *The globe amaranth, Gomphraena globosa* Lin.

ಮಹಾಸಾಗರ mahâ-sâgara. = ಮಹೋದಧಿ. (G.).

ಮಹಾಸಾಮನ್ತ mahâ-sâmanta. = ಮಹಾಸಾವನ್ತ, ಮಾಸಾವನ್ತ. A great lord of the borders. (Abh. P. 13, after 101).

ಮಹಾಸಾವನ್ತ mahâ-sâvanta. = ಮಾಸಾವನ್ತ (Šmd. 379). Tbh. of ಮಹಾಸಾಮನ್ತ.

ಮಹಾಸೇನ mahâ-sêna. The commander of a great army. 2, *Skanda.*

ಮಹಾಸೈನ್ಯ mahâ-sainya. (Šmd. 379). A large armed force (ಮನ್ನ್ಯ, ಸೇನೆ Nn. 36).

ಮಹಾಸ್ತ್ರ mahâ-astra. A great weapon, a powerful missile. (J. 13, 37).

ಮಹಾಸ್ನಾಯು mahâ-snâyu. *A great artery.*

ಮಹಾಸ್ರಗ್ಧರೆ mahâ-sragdharĕ. N. of a vṛitta (Čh.; Mr. 366).

ಮಹಾಹರಿ mahâ-hari. Vishṇu.

ಮಹಾಹರಿಪ್ರಿಯೆ mahâhari-priyĕ. Lakshmî (Mr. 18).

ಮಹಾಹವ mahâ-âhava. A great war or battle, a pitched battle. (Šsv. 4, 77).

ಮಹಾಹಿತ mahâ-hita. A great friend (J. 30, 25. 27. 51). 2, mahâ-ahita. A great enemy (30, 25. 27. 51).

ಮಹಿ mahi. ಮಹೀ. Great, large; greatness. 2, *the earth;* soil. See Mr. s. ವರ್ತನೆ. ಮಳಲುಳ್ಳ ಮಹಿ (ಸಿಕತೆ Mr. 93).

ಮಹಿಕೆ mahikĕ. = ಮಿಹಿಕೆ. (ಬರ್ಘ, ಮಂಜು G.).

ಮಹಿತ mahita. Honoured, revered, highly esteemed; proper, right. (Kâvy. V, 967; Bp. 8, 3; 19, 45; 22, 63; 51, 45; Rsv. 1, 8).

ಮಹಿಪ mahi-pa. = ಮಹೀಪ. (A.).

ಮಹಿಮ mahima. Greatness, grandeur, majesty, glory; might, power, energy. 2, the magical power of increasing size at will, illimitable bulk. (My.).

ಮಹಿಮಾಕರ mahimâ-âkara. A mine of glory (Čh. v. 9).

ಮಹಿಮೆ mahimĕ. ಮಹಿಮಾ. = ಮುಯ್ಮೆ, ಮೈಮೆ (Šmd. 361; Čt. II, 85; Rāv. 1, 61; C.). Greatness, etc. (= ಮಹಿಮ No. 1). — ಮಹಿಮೆವೆಡೆಯು. -ವೆಡು. To become great, renowned, etc. (Bp. 27, 27; 44, 72; 53, 31).

ಮಹಿಲಾಖ್ಯೆ mahilâ-âkhyĕ. *A species of odoriferous plant.*

ಮಹಿಲೆ mahilĕ. ಮಹಿಳೆ. *A woman* (Bp. 28, 20).

ಮಹಿಶಾಸನ (mahi-śâsana). A kind of plant (ಶಾಲಿ Mr. 134).

ಮಹಿಷ mahisha. *A (male) buffalo* (ಕೋಣ Mr. 162). 2, an asura slain by Durgâ. 3, the emblem and vehicle of Yama.

ಮಹಿಷಧ್ವಜ mahisha-dhvaja. Yama. See ಜಕ್ಕನ್ನೊಡಲಿದೇರ.

ಮಹಿಷಾಕ್ಷ mahisha-aksha. *A kind of bdellium.*

ಮಹಿಷಾಕ್ಷಿ mahisha-akshi. = ಮಹಿಷಾಕ್ಷ. (ಕೌಶಿಕ, ಗುಗ್ಗುಳ Mr. 144; Bp. 27, 9. 12; 43, 20. 21; 44, 24).

ಮಹಿಷಾಸುರ mahisha-asura. The asura Mahisha slain by Durgâ (Čh. MS. G. v. 4).

ಮಹಿಷಾಸುರಮರ್ದಿನಿ mahishâsura-mardini. Durgâ (My.).

ಮಹಿಷಿ mahishi. = ಮೈಸಿ (Šmd. 361). A buffalo-cow. 2, *the first or properly consecrated wife of a king;*—any queen. See ಪಟ್ಟ-.

ಮಹಿಷ್ಠ mahishṭha. Greatest, largest;—excessive greatness (Bp. 53, 11).

ಮಹೀಕಾನ್ತ mahî-kânta. A king (Čpr. 2, 15).

ಮಹೀಕ್ಷಿತ್ mahî-kshit. *A king.*

ಮಹೀಗೃಹ mahî-gṛiha. A subterraneous room (Čpr. 7, 128).

ಮಹೀಜ mahî-ja. A tree. (Bp. 9, 14; 60, 51).

ಮಹೀಜರಾಜ mahîja-râja. The Indian fig-tree (Bp. 26, 40).

ಮಹೀತಲ mahî-tala. The surface of the earth. (Bp. 50, 50).

ಮಹೀತಲಾಧಿಪ mahîtala-adhipa. A king (Râm. 1, 16, 23).

ಮಹೀದೇವತೆ mahî-dêvatĕ. A Brâhmaṇa (Bp. 55, 85).

ಮಹೀಧರ mahî-dhara. Earth-bearing: a mountain. 2, Kṛishṇa (Mr. 18). 3, N. of a king (Šmd. 32 Mdb.).

ಮಹೀಧ್ರ mahî-dhra. *A mountain.*

ಮಹೀಪ mahî-pa. A king (Bp. 54, 2).

ಮಹೀಪತಿ mahî-pati. = ಮಹೀಪ. (Čpr. 5, 35; Bp. 28, 35).

ಮಹೀಪಾಲ mahî-pâla. A king (Bp. 5, 13; J. 26, 29).

ಮಹೀಭುಜ್ mahî-bhuj. Earth-enjoyer: *a king.*

ಮಹೀಭುಜ mahî-bhuja. Tbh. of ಮಹೀಭುಜ್. (Abh. P. 16, 11; Bp. 11, 17).

ಮಹೀಭೃತ್ mahî-bhṛit. Earth-supporter: *a mountain.* 2, a king.

ಮಹೀಮಣ್ಡಲ mahî-maṇḍala. The circumference of the earth, the whole earth. (My.).

ಮಹೀರಮಣ mahî-ramaṇa. A king (Bp. 33, 13).

ಮಹೀರುಹ mahî-ruha. *A tree.*

ಮಹೀಲತೆ mahî-latĕ. *An earth-worm.* See Nr. s. ನಾಯಿನೊಳಲೆ.

ಮಹೀವರ mahî-vara. A king (Bp. 50, 41).

ಮಹೀವಲ್ಲಭ mahî-vallabha. = ಮಹೀವರ. (Rāv. 9, 27).

ಮಹೀಶ mahî-îśa. A king (Bp. 5, 44; 50, 20; Râm. 2, 1, 8).

ಮಹೀಶ್ವರ mahî-îśvara. = ಮಹೀಶ. (J. 27, 47). 2, the number 16 (Čh.).

ಮಹೀಸುತ mahî-suta. *The planet Mars.*

ಮಹೀಸುರ mahî-sura. A Brâhmaṇa (Bp. 3, 75. 77; 50, 12; 55, 9. 57).

ಮಹೀಸ್ಪೃಶ mahî-spriśa. Touching the ground;—a Vaiśya (Mr. 345).

ಮಹುಳಿ mahuḷi. (Tbh. of ಮೌಲಿ). Sway: overbearing behaviour (Bh. 3, 21, 36).

ಮಹೇಚ್ಛ mahâ-iččha. *Desirous of great ends, having lofty aims or aspirations; magnanimous, high-minded, liberal.*

ಮಹೇನ್ದ್ರ mahâ-indra. Great Indra, regent of the east quarter (Šmd. 168);—any great chief; N. of a gandharva chief (Čpr. 5, 100. 102. 105, etc.). 2, N. of a place; N. of a mountain or a range of mountains.

ಮಹೇನ್ದ್ರಜಾಲ mahêndra-jâla. = ಇನ್ದ್ರಜಾಲ. Indra's net: stratagem, trick; deception, cheating; illusion; conjuring, magic, jugglery, sorcery (Kâvy. IV, 2, 62; Čpr. 7, 145; Bp. 23, 2; 51, 11; My.).

ಮಹೇನ್ದ್ರಮಣ್ಡಲ mahêndra-maṇḍala. N. of a place (Bp. 53, 38).

ಮಹೇನ್ದ್ರಮರ್ದಿ mahêndra-mardi. The crusher of the gandharva king Mahêndra (Čpr. 5, 122).

ಮಹೇನ್ದ್ರಿ mahêndri. Indra's quarter: the east (ಪೂರ್ವ, ಪ್ರಾಚಿ, ಮೂಡಲ್ Mr. 58).

ಮಹೇರಣೆ mahêraṇĕ. *The tree Boswellia thurifera* Roxb.

ಮಹೇಶ mahâ-îśa. = ಮಹೇಶ್ವರ. (Bp. 50, 54). See ಮಾನವಳ ಮದನ-.

ಮಹೇಶ್ವರ mahâ-îśvara. A great lord; *Śiva* (Bp. 61, 46);—N., also of a town (B. 3, 103; 4, 28). See Prv. s. ಮೋಸ ಗಾಜು.

ಮಹೇಶ್ವರಿ mahâ-îśvari. Gaurî (Mr. 12).

ಮಹೈಶ್ವರ್ಯ mahâ-aiśvarya. Supreme lordship, great power; great prosperity or riches (ವಿಭೂತಿ, ದೊಡ್ಡಿಹ ಐಶ್ವರ್ಯ Nn. 106).

ಮಹೋಕ್ಷ mahâ-uksha. *A large bull or ox.*

ಮಹೋಕ್ಷಗ mahôksha-ga. Śiva (Bp. 61, 47).

ಮಹೋಕ್ಷಲಕ್ಷ್ಮ mahôksha-laksha. Śiva (Rāv. 1, 10).

ಮಹೋಗ್ರಾಣಿ mahâ-ugrâṇi. A chief store-keeper. See Mr. s. ಅಪ್ಯಾದತಪ್ರಧಾನ.

ಮಹೋತ್ಪಲ mahâ-utpala. *The lotus, Nelumbium speciosum* Willd. (ಪದ್ಮ, ಅಬ್ಜ, etc. Mr. 419).

ಮಹೋತ್ಪಾತ mahâ-utpâta. Very portentous: a meteor, a comet (ಧೂಮಕೇತು Nn. 33, c. r. ಮಹೋಪ್ಪಾದ; ಧೂಮಕೇತು Mr. 489).

ಮಹೋತ್ಸವ mahâ-utsava. A great festival; a festive train (ಯಾತ್ರೆ Nn. 159; J. 4, 8).

ಮಹೋತ್ಸಾಹ mahâ-utsâha. Great effort or exertion. 2, *possessing great energy, making great efforts, very energetic or persevering* (ಹೆಬ್ಬಾಳು Hlâ.).

ಮಹೋತ್ಸೇಧ mahâ-utsêdha. Great elevation (ಅನ್ತರ, ಅತಿ ಯುದ್ಧ Nn. 77).

ಮಹೋದಧಿ mahâ-udadhi. The great ocean, a great sea (ಮಹಾಸಾಗರ G.).

ಮಹೋದಯ mahâ-udaya. Great happiness or prosperity;—great elevation or eminence;—the final emancipation of the soul. 2, a day very auspicious on account of certain constellations (My.). 3, giving, or possessing, great happiness, etc. (Rśv. 1, 8);—a lord, a master. 4, = ಮಹೋದಯೆ.

ಮಹೋದಯೆ mahâ-udayĕ. *The city of Kanyâkubja or Canouj.*

ಮಹೋದರ mahâ-udara. A large belly (J. 2, 58);—an enlargement of the abdomen (My.); dropsy, ascites. 2, bigbellied;—N. of a râkshasa (Râm. 6, 32 sum.).

ಮಹೋದ್ಯಮ mahâ-udyama. Great effort or exertion. 2, *using great efforts, very diligent or persevering* (ಹೆಬ್ಬಾಳು Hlâ.).

ಮಹೋನ್ನತ mahâ-unnata. Very high, exceedingly lofty, much elevated. (My.).

ಮಹೋನ್ನತಿ mahâ-unnati. Great elevation, high position, high rank (Čpr. 4, 12; Bp. 61, 72).

ಮಹೋಪತಾಪ mahâ-upatâpa. Great trouble or grief (Čpr. 5, 28).

ಮಹೋಪದ್ರವ mahâ-upadrava. Great misfortune or calamity or distress (My.).

ಮಹೋರಗ mahâ-uraga. A large serpent; a great nâga. (My.).

ಮಹೋಲ್ಲಾಸ mahâ-ullâsa. Great delight (My.).

ಮಹೌನ್ನತ್ಯ mahâ-aunnatya. Great elevation (ಉತ್ಸೇಧ, ಅತಿಯುದ್ಧ Nn. 132).

ಮಹೌಷಧ mahâ-aushadha. A very efficacious drug;—*dry ginger* (ಸಾಗರ, ಶುಂಠಿ Mr. 137);—*Allium ascalonicum;—birch.*

ಮಳ್ mal. = ಮಳ್ಳು 1, etc. — ಮಳ್ಗಿಡಿ. Bewilderment, etc. to seize (My.). ಜೊಳ್ಳುಮನುಜರು ತಾವು ಸುಳ್ಳುಸಂಸಾರದೊಳು ಮಳ್ಗಿಡಿದು ಮಾಯೆಯೆಪ್ಪುವಳ ಬಲೆಯೊಳು ಹೊಳ್ಳಾಡುತಿಹರು (Sp.).

ಮಳ mala. See ತಳಮಳ s. ತಳ 1. (T. ಮಳ್ಳೆ= ಮಯಂಗು, see s. ಮಂಕು; *cf.* ಮಟ 2).

ಮಳ mala. = ಮಲ. — ಮಳಮಸ್ತಿಕಸ. A common herb, Spermococe stricta L. f. (Z.).

ಮಳಕ malaka. = ಮೇಳಕ, etc. (My.).

ಮಳಯ malaya. = ಮಳೆಯ, etc. — ಮಳಯರಾಜ. N. (Bp. 9, 46).

ಮಳಲ್ malal. ಮಳಲು. = ಮರಲ್ 2, etc. Sand, gravel (ಶಿವ, ಸಿಕತ Nn. 6; ವಾಲುಕ, ಸಿಕತ Mr. 414; ಪುಟಿಲ್ Kk. 13, o. r. ಮಣಲ್; My.; ಉಸುಬು G.). ಮಳಲ ದಿಣ್ಣೆ (ಸೈಕತ, ಪುಲಿನ, ದ್ವೀಪ Hlâ.). ಮಳಲನುಳ್ಳ ಪ್ರದೇಶ (ಸಿಕತಾವತಿ Nr.). ಮಳಲುಳ್ಳ ಮಹಿ (ಸಿಕತೆ Mr. 93). ಮಳಲ ಬಯ್ಲು (B. 4, 115). ಕಾಸಿದ ಮಳಲ್ (ಮುಮ್ಮುರಿ Śmd. II, o. r. ಮರಲ್). ಮಳಲ ಬೇಳ್ವೆಯಂ ಮಾಡಿದ ವೋಲ್ (II). ತುಟಿದ ಧಾನ್ಯ ಮಳಲುಸಮವೋ? (Prv.). See Bp. 11, 19; 32, 6; 42, 2; 58, 22; ತಾಯ್-. — ಮಳಲೇರಿ. -ಏರಿ. A sand bank (ಸೈಕತ Nr.). — ಮಳಲೊಟ್ಟಿಲ್. -ಒಟ್ಟಿಲ್. A mound or bank of sand (ಪುಲಿನ Nr.; ಸೈಕತ, ದ್ವೀಪ, ಪುಲಿನ Mr. 414).

ಮಳಾರ malâra. = ಮರಾಳ, q. v. (ಕುದುರೆಗಳ ಪಟ್ಟಿ, Kk. 78, o. r. ಮಲಾರ).

ಮಳಿಗೆ maligĕ. = (ಮಣ್ಣಿ 1, q. v.), ಮಱಿಗೆ (?). A warehouse, a shop (My.; ಮಣ್ಣಿ, ಅಂಗಡಿ, ಕೋಠಿ, ದುಕಾನ್, ಶಾಪ್, ಆಪಣ, ನಿಷದ್ಯೆ Si. 106; T. ಮಳಿಗೈ; see s. ಮಾಳಿಗೆ). ತಳಿಗೆ ಚಮ್ಬು ಹೋದ ಮೇಲೆ ಮಳಿಗೇ ಬಾಗಲು ಮುಚ್ಚಿದ ಹಾಗೆ (Prv.).

ಮಳೆಯ malĕya. = ಮಲಯ, etc. — ಮಳೆಯರಾಜ. N. (Bp. 44, 52; 47, 36; 54, 74).

ಮಳ್ಳಿ malli. = ಮರಳಿ, etc. (My.).— ಮಳ್ಳಿಹುಟ. A grasshopper-like insect (S. Mhr.).

ಮಳ್ಳು mallu. 1. = ಮರುಳ್ 2, etc. (My.).

ಮಳ್ಳು mallu. 2. = ಮಡಲು, etc. (My.).

ಮಳ್ಳೆ mallĕ. (= ಮಳ್ಳು 1). See ಕಳ್ಳೆ-.

ಮಱ mala. 1. = ಮೊಳ, etc. A cubit (My.).

ಮಱ mala 2.= (ಮಟ 1), ಮಸ 2, (ಮಳ). Dimness (see s. ಮಂಕು; *cf.* ಮಱಲ್, ಮರುಳ್ 1, ಮಸುಳ್, ಮಬ್ಬು, ಮಾಸು 1 & 2). — ಮಱಮಱಸು. The eyes to become dim (ಕಣ್ಣಡಡು Śmd. I).

ಮಱಲ್ malal. The eyes to become dim. (M. ಮಯಲ್, ಮಱಲ್, dimness, dusk; infatuation, charm of love). ಮಱಲ್ದುದೆನ್ದು, ಕಣ್ಣಡಡಿದ ಭಾವಂ (Śmd. I).

ಮಱಿ mali. (fr. ಮಡಿ 3? *cf.* ಮಬ್ಬು). See ಮಣ್ಮಱಿ.

ಮಱಿಗೆ maligĕ. Tbh. of ಮಠಿಕೆ (Śmd. 30. 341).

ಮಱೆ malĕ. Rain (ವೃಷ್ಟಿ Śmd. I; ಧಾರಾಸಮ್ಪಾತ, ಆಸಾರ Hlâ.; ವೃಷ್ಟಿ, ವರ್ಷ, etc. Nr., Si. 30; ಘನವಾರಿ, ವೃಷ್ಟಿ, ವರ್ಷ Mr. 43; ವೃಷ್ಟಿ Nn. 15. 47; ಸರಿ Kk. 12; ಸರಿ, ವೃಷ್ಟಿ 70; ಸರಿ, ವೃಷ್ಟಿ Śm. 35; ಉಬ್ಬೆ 101; Bhn. 28; C.; M.; Tĕ. ವಾನ; T. ಮಱೈ, ಮೈ, ಮಾರಿ, ಮೇಟಿಗ, ವಾನ್, water; a cloud; rain). ಮಱಿಗೆ ಮುಗಿಲ್ (Śmd. 159). ಮಱೆಯ ನೀರಿಂ ಬೆಳೆವ ಭೂಮಿ (ದೇವಮಾತೃಕ Hlâ.). ಮಱೆಯ ಕಱವ ಮೇಘ (ಘನಾಘನ); ಮಱೆಯ ಬಱಕು (ಅವಗ್ರಾಹ, etc. Nr.). ತಾಂ ಬಿಡದೆ ಸುರಿವ ಮಱೆ (ಆಸಾರ Mr. 44). ಅಲರ ಮಱೆಯೊಳ್ ಮಿನ್ದಂ ಭೂಪಾಲಮನ್ಮಥನ್ ಅಜಿಯೊಳ್ (Śmd. 281). ಇದು ನೋಡು! ಎನ್ಥಾ ದೊಡ್ಡ ಮಱೆ ಬರ ಹತ್ತಿತು! (B. 1, 21). ಮೋಡಗಳಿನ್ದ ಮಱೆ ಬೀಳುತ್ತದೆ (2, 49). ಗುಡುಗು ಬಹಳ ಅಬ್ಬರಿಸಿದ ಬಱಕ ಸ್ವಲ್ಪಾವರೂ ಮಱೆಯಾಗುವದು ಸ್ವಾಭಾವಿಕವೇ (4, 186). ಮಱೆಯಿಲ್ಲದ ಪಯ್ರೂ ಮಾತೆಯಿಲ್ಲದ ಕೂಸೂ ಸಮ. — ಮಱೆಯಿಲ್ಲದ ಬೆಳೆ ಮತಿಯಿಲ್ಲದ ಕೂಸು ಸಮ. — ಕಪ್ಪೆ ಕೂಗಿ, ಮಱೇ ಬರಿಸಿದ ಹಾಗೆ. — ಮಱಿಗೆ ಹೆದಱ, ಹೊಟೇಲಿ ಹಾರಿದ ಹಾಗೆ. — ಮಱೇ ತಡಿಸದ ಕೊಡೆ ಸಿಡಿಲ ತಡಿಸೀತೇ? — ಮಱೆ ಜೋಯಿಸನ ಮಿಣ್ಣ, ಕತ್ತೆ ಗುಡಿಗಾಱನ ಮಿಣ್ಣ. — ಮಱೆ ಮಾಱು ಮರಣ ಯಾರೂ ಅಱಯರು. — ಮಱೆಯಾದರೆ ಕೇಡಲ್ಲ, ಮಗನುಣ್ಡರೆ ಕೇಡಲ್ಲ (Prvs.). See Čpr. 3, 39; 4, 55; 6, 48; Bp. 6, 25; 51, 24; 55, 13; Bh. 1, 19, 21; 2, 13, 7; Rśv. 8, 113; J. 3, 25; 4, 23; Si. 295. 435; ಪೆರ್ಮಱೆ; Prv. s. ಪುಣ್ಯ. — ಮಱೆಗತ್ತಲೆ. -ಕತ್ತಲೆ. Darkness caused by rain (clouds): a dark, cloudy day (ದುರ್ದಿನ Hlâ.). — ಮಱಿಗಱೆ. -ಕಱೆ. To emit rain, to rain (J. 17, 4; Śśv. 2, after 42). ಎಮ್ಮೇ ಮೇಲೆ ಮಱಿಗಱದ ಹಾಗೆ (Prv.). — ಮಱಿಗಾಲ. -ಕಾಲ. The rainy season (ವರ್ಷ, ಪ್ರಾವೃಷ್, ತಪಾತ್ಯಯ Hlâ.; ಪ್ರಾವೃಡ, ತಪಾತ್ಯಯ Mr. 72; C.; G. 130. 180; B. 3, 29; 4, 205; 5, 205; Čpr. 4, 87; Abh. P. 7, 130; Č. Bp. 47, 34; Bh. 8, 26, 1; J. 18, 27). ಚಳೀ ಕಾಲಕ್ಕಿನ್ತ ಮಱಿಗಾಲ ವಾಸಿ. — ಮಱಿಗಾಲದ ಬಿಸಿಲು ನಮ್ಬು ಬಾರದು, ನಗೆಗಾಱನ ಮಾತು ನಮ್ಬ ಬಾರದು (Prvs.). — ಮಱಿಗಾಲು. -ಕಾಲು. = ಮಱಿಗಾಲ. (ಕಾರ್ G.). — ಮಱಿಗುಟಕ. -ಕುಟಕ. The rain-drinker. ಮಱಿಗುಟಕನ ಹಕ್ಕಿ (ಸಾರಂಗ, ಸ್ತೋಕಕ, ಚಾತಕ Si. 172). — ಮಱಿಗುಱುತು. An indication or sign of rain (My.). — ಮಱಿನೀರು. Rain water. ಮಱೇ ನೀರು ಬಿಟ್ಟು, ಮಂಜಿನ ನೀರಿಗೆ ಕೈಯ್ಯೊಡ್ಡಿದ ಹಾಗೆ (Prv.). — ಮಱೆ ಬಿಲ್ಲು. A rainbow (My.; ಇನ್ದ್ರಚಾಪ, ಸುರಚಾಪ G.). — ಮಱೆವನಿ. -ಪನಿ. A drop of rain (J. 25, 5). — ಮಱಿವೆರಸು. -ಬೆರಸು. Rain to be mixed with. ಮಱಿವೆರಸಿದ ಗಾಳಿ (ಝುಂಝಾವಾತ Hlâ.). — ಮಱಿಹನಿ. = ಮಱಿವನಿ. ಮಱೇ ಹನಿ ಬಿಟ್ಟರೂ ಮರದ ಹನಿ ಬಿಡಲಿಲ್ಲ (Prv.). — ಮಱಿಹುಟ. A winged ant that comes out of the ground after the first rains (My.). 2, a rain-worm (ಗಣ್ಣೆಪದ G.).

ಮಳ್ಗಿಸು malgisu. To cause to disappear, to cause to perish, to destroy (Čpr. 6, 9. 84; Abh. P. 10, 173; V. 30, 12).

ಮಳ್ಗು malgu. (= ಮಸ್ಗು 1). To grow dim or faint, to disappear, to perish (Čpr. 2, 87; 7, 8; see ಮಂಕು, ಮಳಿ 2).

ಮಳ್ತಿ malti. = ಮತ್ತಿ 2, etc. (ಬನ್ದು ಮರಂ Šmd. I; ಅರ್ಜುನ Šs.).

ಮಾ mâ. 1. (A contraction of a ಮಸ = ಮಸಕ 1). Great emotion. — ಮಾಮಸಕ. Very great emotion: excessive agitation or bustling activity, great zeal, impetuous ardour (ಸಮ್ಭ್ರಮ Čt. II, 41); great passion or wrath (Abh. P. 11, after 143; Râv. 5, after 121; 6, after 11; Ššv. 3, 55; 4, after 15). — ಮಾಮಸಕಂಗೊಳ್. -ಂ -ಕೊಳ್. To grow full of zeal, etc. (Čpr. 10, 58).

ಮಾ mâ. 2. = ಮಾಂ (ಮಾಙ್), ಮಾನ್, ಮಾಮ್, ಮಾವು q. v. The mango tree and its fruit (T. ಮಾ, ಮಾನ್ದಿ, ಮಾಙ್ಕೈ; M. ಮಾ, ಮಾವು, ಮಾಙ್ಙ; Tě. ಮಾಮಿಡಿ, ಮಾವಿ; Sk. ಮಾಕನ್ದ). — ಮಾಗಾಯ್. -ಕಾಯ್. = ಮಾಗಾಯಿ No. 2, when worn in the ears (Grj. 3, 82. 90; 3, after 91; 3, 107). — ಮಾಗಾಯಿ. -ಕಾಯಿ. = ಮಾಂಗಾಯ್. An unripe mango. 2, a mango-like small ornament worn over the privities of children (My.), or in their ears (Prll. 3, 25; My.). — ಮಾದಳಿರ್. -ತಳಿರ್. = ಮಾನ್ದಳಿರ್. (J. 3, 10). — ಮಾಮರ. A mango tree (ನಿಬಿಡ Čt. I, 62; Čpr. 7, 46. 87; T.). ಮಾಮರನಲ್ಲದಿಲ್ಲ (Šmd. 77). ಮಾಮರದಳ್ತೆಗೊಮ್ಬಿನೊಳ್ ಮಿಳಿರ್ವೆಳವಳ್ಳಿ (81). ತಳಿರ್ಗಳಿನೊರ್ಮೆ, ಪೂಗುಡಿಯಿನೊರ್ಮೆ, ಪಸುರ್ಮಿಡಿಯಿನ್ದೊರ್ಮೆ, ಕಾಯ್ಗಳಿನಿರದೊರ್ಮೆ, ಪಣ್ಗಳಿನದೊರ್ಮೆ ಜನಕ್ಕೆ ಮನಃಪ್ರಮೋದಮಂ ಬಳಯಿಸಿ, ಮಾಣದಿತ್ತು ಸವಿಯಂ, ಕಿವಿಗೋಲಗಿಸಿತ್ತು ಮತ್ತೆ ಕೋಕಿಲರವದೊರ್ಮೆ, ಭೃಂಗರುತದೊರ್ಮೆ, ಶುಕಸ್ವರದೊರ್ಮೆ ಮಾಮರಂ (Čpr. 7, 48). See Bh. 1, 5, 7; Râv. 2, 39. 41; J. 18, 23; 29, 48; 30, 29; ಬನ್ದ ಮಾವು. — ಮಾಮಿಡಿ. (= ಮಾವಿನ ಮಿಡಿ). A pellet-like small unripe mango (J. 3, 82; Râv. 9, 56). — ಮಾವಣ್. -ಪಣ್. A ripe mango (Bp. 11, 11).

ಮಾ mâ. 3. (= ಅಮ, etc.). An interjection expressing admiration: ah! (T., M., Tě.). — ಮಾ ಮಾ. rep. (ಕೊಣ್ಡಾಟ Čt. II, 103; Bp. 8, 17; Bh. 8, 26, 17).

ಮಾ mâ. 1. (Šmd. 103). *Not, no.*

ಮಾ mâ. 2. = ಮಾಂ (ಮಾಙ್). Tbh. of ಮಹತ್, q. v. Great, etc. — ಮಾಗೆಲಸ. -ಕೆಲಸ. A great work (ದೊಡ್ಡ ಕೆಲಸ G.). — ಮಾತಾಯಿ. Great, excellent mother (My.); Durgâ (My.).

ಮಾಂ mâṁ. Me (Bp. 20, 38; 61, 48. 49).

ಮಾಂಸ mâṁsa. *Flesh, meat* (ಅಡಬಳ Bhn. 3; see ಅಡಗು, ಬಾಡು, ಬಿಕ್ಕು); the fleshy part or pulp of fruit.

ಮಾಂಸಗನ್ಡಿ mâṁsa-gandi. Tbh. of ಮಾಂಸಗ್ರನ್ಥಿ. (My.).

ಮಾಂಸಗ್ರನ್ಥಿ mâṁsa-granthi. Flesh-swelling, a gland, a wen. (My.).

ಮಾಂಸಜೀವಿ mâṁsa-jîvi. Living on flesh; an eater of flesh (ಕೀನಾಶ, ಮಾಂಸವ ತಿಮ್ಬುವನು, ಮಾಂಸಾಹಾರಿ Nn. 92).

ಮಾಂಸಭಕ್ಷಕ mâṁsa-bhakshaka. = ಮಾಂಸಜೀವಿ. (Čb. 127).

ಮಾಂಸಭೇದ mâṁsa-bhêda. A kind of flesh. See ಬಿಕ್ಕು, ಮಾಸು.

ಮಾಂಸಭೋಜನ mâṁsa-bhôjana. A dinner of meat (J. 16, 30).

ಮಾಂಸಲ mâṁsala. Fleshy; *lusty, browny, muscular; powerful, strong;*—pulpy.

ಮಾಂಸವಿಕ್ರಯಿ mâṁsa-vikrayi. *Selling flesh; a meat-seller.*

ಮಾಂಸಾದ್ mâṁsa-ad. *Flesh-eating, carnivorous;* (a demon).

ಮಾಂಸಾದಿ mâṁsa-âdi. *Flesh-eating, carnivorous.*

ಮಾಂಸಾರ mâṁsa-âra 6. Tbh. of ಮಾಂಸಾಹಾರ. ಸಂಸಾರ ಬೇಳೇತು ಎನ್ನ, ಮಾಂಸಾರ ಮಾಡ ಬಹುದೇ? (Prv.).

ಮಾಂಸಾಹಾರ mâṁsa-âhâra. The eating of animal food; animal food.

ಮಾಂಸಾಹಾರಿ mâṁsa-âhâri. = ಮಾಂಸಜೀವಿ, q. v.

ಮಾಂಸಿಕ mâṁsika. *A butcher, a seller of meat* (ಕಟಿಕ G.).

ಮಾಕನ್ದ (mâ-kanda). *The mango tree, Mangifera indica* Lin. (ಮಾವಿನ ಮರ Nn. 153; Čpr. 7, 39; Bp. 45, 35; see ಆಮ್ರ, ಮಾವು, ನಿಬಿಡ).

ಮಾಕರ mâ-âkara. A mine of greatness (Bp. 4, 1).

ಮಾಕರಿಸು mâkarisu. = ಮಾಂಕರಿಸು, q. v. To reveal secrets, to touch vulnerable points (My.).

ಮಾಕಾಳ mâ-kâḷa. Tbh. of ಮಹಾಕಾಲ. (Bp. 45, 46; Ššv. 1, 83).

ಮಾಕಾಳಿ mâ-kâḷi. = ಮಾಂಕಾಳಿ. Tbh. of ಮಹಾಕಾಲಿ (Šmd. 209. 379; Čt. II, 70; ದೇವಿ Čt. I, 17; ಗಿರಿಜೆ Šm. 3).

ಮಾಕ್ಷಿಕ mâkshika. (fr. ಮಕ್ಷಿಕಾ). Coming from a bee;—*honey.* See Si. 334.

ಮಾಗಣಿ mâgaṇi. = ಮಾಗಳಿ, (ಮಾಗಿಣಿ?). A herb or half shrub, wild and in gardens, Coleus barbatus Benth. (Z.). — ಮಾಗಣಿಬೇರು. = ಮಾಗಳಿಬೇರು. The roots of mâgaṇi which are pickled (Z.).

ಮಾಗಣಿ mâgaṇi. A division of a talook or district (My., M.; T. ಮಾಗಾಣ; H.).

ಮಾಗಣೆ mâgaṇĕ. = ಮಾಗಣಿ. (Râm. 6, 46, 1).

ಮಾಗದಿ mâgadi. Tbh. of ಮಾಗಧ (ಮಾಗಧಿ). A bard (Bp. 26, 6).

ಮಾಗಧ mâgadha. (fr. ಮಗಧ) Relating to or born in Magadha;—Jarâsandha (Bh. 2, 2, 94. 104); the successor of Jarâsandha (2, 13, 31). 2, *the son of a kshatriya mother and vaiśya father.* 3, *the panegyrist of a king, a bard, a minstrel* (ಗ್ರಾಮ, ಮಾಗಧರ್ Nn. 37). 4, = ಮಾಗಧಿ, long pepper (ಕೃಷ್ಣ, ಹಿಪ್ಪಲಿ Nn. 47; ಕಣ, ಕೃಷ್ಣ, ಹಿಪ್ಪಲಿ Mr. 138, see Sk. ಕಣೆ).

ಮಾಗಧಿ mâgadhi. The Magadha language. 2, *a sort of jasmin, Jasminum auriculatum* (ಶತಪತ್ರ, ಸೇವನ್ತಿಗೆ Nn. 49; ಸೇವನ್ತಿ, ಯೂಥಿಕೆ Mr. 123). 3, *long pepper.*

ಮಾಗಳಿ mâgaḷi. = ಮಾಗಣಿ. (My.; see ನೆಲ-). — ಮಾಗಳಿಬೇರು. = ಮಾಗಣಿಬೇರು. (My.).

ಮಾಗಿ mâgi. = ಮಾಗೆ. Tbh. of ಮಾಘ (Šmd. 364; Čt. II, 43). The cold season (ಹೇಮನ್ತ Mr. 72); coldness. See Râv. 9, 26; J. 8, 3. 6; 15, 18; 28, 1. 2; 30, 16; 33, 11. — ಮಾಗಿಕಾಲ. The cold season (B. 3, 109; 5, 86. 259; My. as ಮಾಗೆ-).

ಮಾಗಿಣಿ mâgiṇi. (= ಮಾಗಣಿ?). N. of a plant (ಮಾಯಿಣಿ, ಗೋಪವಲ್ಲಿ Mr. 131).

ಮಾಗಿಸು mâgisu. To cause to ripen, as fruit (My.).

ಮಾಗು mâgu. To ripen fully as fruit; to grow mature or seasoned, as a medicine or snuff (My.; Tĕ. ಮಾಗು; Tĕ. ಮ್ರಗ್ಗು, to grow very soft, as fruit).

ಮಾಗೆ mâgĕ. = ಮಾಗಿ. (V. 11, 45; My.).

ಮಾಘ mâgha. (fr. ಮಘಾ). = ಮಾಗಿ, ಮಾಗೆ. *The month mâgha which begins with the winter solstice* (January-February). — ಮಾಘಸ್ನಾನ. A bath taken in the month mâgha (looked upon as propitious, My.). ಮಾಘಸ್ನಾನಕ್ಕೆ ಹೋಗಿ, ನಿತ್ಯಸ್ನಾನ ಪೂಜ್ಯ (a naught, Prv.).

ಮಾಘಿ mâghi. The plant Hingtsha repens. (R.).

ಮಾಘ್ಯ mâghya. *The flower of Jasminum multiflorum or pubescens* (ಕೋಲುಮಲ್ಲಿಗೆ Si. 139).

ಮಾಂ mâṅ. (ಮಾಙ್). = ಮಾ 2, etc. Mango. — ಮಾಂಗಾಯ್. -ಕಾಯ್. (Šmd. 210). = ಮಾಗಾಯ್, ಮಾಗಾಯಿ. The ear-ornament called so (Čpr. 3, 48). — ಮಾಂಗೊನರ್. -ಕೊನರ್. A mango shoot (Ršv. 10, 2).

ಮಾಂ mâṅ. = ಮಾ 2. — ಮಾಂಕಾಳಿ. = ಮಾಕಾಳಿ. (My.).

ಮಾಂಕರಿಸು mâṅkarisu. = ಮಾಕರಿಸು, q. v. To disregard, to contemn; to put to shame or into shade, to surpass (ಅವಜ್ಞೆ, ಮೀಱು Šmd. Dh., o. r. ಮಾಕರಿಸು; Čpr. 6, 71; 10, 125; Ršv. 8, 47).

ಮಾಂಗಲ್ಯ mâṅgalya. (fr. ಮಂಗಲ). Conferring happiness, auspicious;—an auspicious or festive ceremony or occasion, as marriage, etc.;—prosperity, happiness, welfare (ಭದ್ರ, ಶಿವ Nn. 6; ಭದ್ರ 41; ಮಂಗಲ 89; J. 25, 5).

ಮಾಂಗಲ್ಯಸೂತ್ರ mâṅgalya-sûtra. = ಮಂಗಳಸೂತ್ರ. (My.).

ಮಾಂಗೆ mâṅgĕ. (Tbh. of ಮಾಘ್ಯ). — ಮಾಂಗೆಯಕ್ಕರಸಿ. -ಅಕ್ಕರಸಿ. N. (Bp. 50, 26).

ಮಾಚ mâča. N. (Šmd. 95); N. of an author (Nn. 3, o. rs. ಜೂದ, ದೂಚ, etc.). See ಅಭಿನವ-. — ಮಾಚಯ. -ಅಯ. N. (Bp. 21, 13; 36, 21). — ಮಾಚಯ್ಯ. -ಅಯ್ಯ. N. (Bp. 9, 37. 47; 22, 37. 67; 27, 76; 36, 19. 22. 36. 44; 37, 3. 8. 24. 26; 61, 8. 5).

ಮಾಚಲ mâčala. — ಮಾಚಲದೇವಿ. N. (Bp. 59, 7; see ಬಡಗಿ-).

ಮಾಚಿ mâči. N. (*cf.* ಮಂಚಿ?). — ಮಾಚಿತನ್ದೆ. N. (Bp. 22, 44). — ಮಾಚಿದೇವ. N. (Bp. 27 sum.; 27, 78; 36, 9. 41; 37, 14. 45; 61, 74. 75). See ಘೂಪದ-, ಮಡಿವಳ-. — ಮಾಚಿದೇವಯ್ಯ. -ಅಯ್ಯ. N. (Bp. 21, 6; 22, 39; 36 sum.; 36, 30. 35; 37 sum.). See ಮಡಿವಳ-, ಮಡಿವಾಳ-.

ಮಾಚಿ mâči. = ಮಂಚಿ, ಮಾಚು. A species of plant (= ಅಮ್ಬಷ್ಠಾ Sk.; ಮಿಟಲಿ Mr. 133, o. rs. ಮಿಟಲೆ, ಮಿಟಲಿ, ಮಾಚು). — ಮಾಚಿಪತ್ರೆ. A common weed, growing flat on the ground, Artemisia maderaspatana Lin. (or Grangea maderaspatana Lam., St. & Pl.; Tĕ., T., M.; ಗ್ರಂಥಿಪರ್ಣ, etc. Si. 155; Sk. ಮಾಚೀಪತ್ರ, a kind of medicinal plant described as pungent, bitter, stomachic and a remover of worms and phlegm). — ಮಾಚಿಪತ್ರೆ. = ಮಾಚಿಪತ್ರಿ. (My.).

ಮಾಚು mâču. = ಮಾಜು 1, etc. See ಮಚಿ-.

ಮಾಚು mâču. = ಮಾಚಿ, q. v.

ಮಾಜನ mâ-jana. Tbh. of ಮಹಾಜನ, q. v. (My.).

ಮಾಜಾತ mâ-jâta. Born of Lakshmî: Kâma (Grj. 8, 38).

ಮಾಜಿ mâji. Gone by; passed away; superseded; become obsolete; former (My.; Mhr., H., Br.).

ಮಾಜು mâju. 1. = (ಮಱಸು), ಮಾಚು, (ಮಬ್ಬಿಸು), ಮಾಂಜು 1, ಮಾಯಿಸು, (ಮಾಸು 1). To cause to grow dim; to cause to disappear; to hide, to, conceal (ಮಸುಳಿಸು Šm. 87; J. 3, 39; 5, 67; 7, 9; 18, 45; 30, 31; My.; Dp. 114, 10; Tĕ. ಮಾಟು; T. ಮಾಯ್, M, ಮಾಯು, to grow dim; to vanish; to wear away; to die; *cf.* ಮಾಯ್). ತೇಜವಿದ್ದದ್ದು ಮಾಜ ಕೂಡೀತೇ? (Prv.).

ಮಾಜು mâju. 2. = ಮಾಂಜು 2. Hiding: dissimulation, deceit, fraud (ವಂಚನೆ Šm. 59. 87).

ಮಾಜುಂ mâjum. An inebriating preparation of the hemp plant (My.; Mhr., H. ಮಾಜೂಮು).

ಮಾಂಜಿಷ್ಠ mâñjishṭha. (fr. ಮಂಜಿಷ್ಠಾ). *Red as madder;* red, red colour (ಕೆಮ್ಪು Hlâ.).

ಮಾಂಜಿಸು mâñjisu. To cause to grow dim or to disappear (V. 12, 75).

ಮಾಂಜು mâñju. 1. = ಮಾಜು 1. To conceal; to suppress the truth (ಅಪಲಾಪ Šmd. Dh.).

ಮಾಂಜು mâñju. 2. = ಮಾಜು 2. (ವಂಚನೆ Kk. 58).

ಮಾಟ mâṭa. (fr. ಮಾಡು 1). Making, doing; a work, a business, a performance, an undertaking (Bp. 30, 22; 37, 34; My.; M.; ಅಗ್ರ, ವಿಧಾನ Nn. 82; ವಿಧಾನ, ಮಾಡುವಸ್ಗಾದು 144, originally ನಿಧಾನ; see ಒಳು-). **2,** = ಮಾಡ್ಕೆ, a manner, a way (My.). **3,** the state of being nicely made, well finished state, handsomeness, beauty, elegance (of horses, jewels, trees, etc., Dp. 99, 3; My.). **4,** a bad design or plan, trickery, jugglery, deceit, magic, sorcery (ಕೈಮ್ಮೆ Čt. II, 85; My.; B. 4, 169; Bh. 1, 8, 94; J. 29, 36; Mhr. ಮಾವ). ಕಾರಣವಿಲ್ಲದ ಕಾರ್ಯವಿಲ್ಲ, ಮಾರಣವಿಲ್ಲದ ಮಾಟವಿಲ್ಲ (Prv.). — ಮಾಟಕೂಟ. Fine, good execution, finish (Bp. 35, 55; J. 24, 48).

ಮಾಟ mâṭa. = ಮಾಡ (Šmd. 338; see ವಲ್ಲಿ-). A house.

ಮಾಟಗಾಱ mâṭa-gâṟa. A magician, a sorcerer (My.).

ಮಾಟಗಾಱಿಕೆ mâṭa-gâṟikĕ. Sorcery (My.).

ಮಾಟಗಾರ್ತಿ mâṭa-gâṟti. A sorceress (My.).

ಮಾಠರ mâṭhara. Vyâsa. 2, *one of the sun's attendants.*

ಮಾಠಾಪತ್ಯ mâṭhâpatya. (fr. ಮಠಪತಿ). Superintendence of a maṭha (My.).

ಮಾಡ mâḍa. = ಮಾಡು 3. A hole or niche made in a wall (Čpr. 7, 54; 8, 99; My.; T., M.; M. ಮಾಳ, a hole in the earth, wood, of snakes, scorpions, etc.; ಮಾಳ, a cave). **2,** a kind of litter in which a body in a sitting position is carried to the grave (Bp. 32, 54. 56. 58).

ಮಾಡ mâḍa. = ಮಹಳ 1, ಮಾಟ, (ಮಾಡಿ 1), ಮಾಡು. A large building (ಹರ್ಮ್ಯ Čt. I, 67; Čpr. 1, 120; 8, 1), an upstair house (ಉಪ್ಪರಿಗೆ Čt. I, 51; Kk. 47. 89; Šm. 38, o. r. ಮಾಡು; M.; Tĕ. ಮಾಡುಗು, ಮಾಡುವು; see ಕನ್ನೆ-, ಕರು-, ನಡೆ-, ನೆಲೆ-, ಪೊಮ್-, ಬಾಗಿಲುವಾಡ, ಬಾಗಿಲ್ಮಾಡ, ಬೆಳರ್-, ಸೆಜ್ಜೆ-. 2, a house in general (T.; M.: a hut of Pulayas; see ಬಳ್ಳಿ-). 3, a sloping or gable roof (My.; Tĕ. ಮಾಡು, the gable end of a house). ಭೂತ ಮರುಳೋ? ಮಾಡ ಮರುಳೋ? (Prv.).— ಮಾಡಹಾಗಲಬಳ್ಳಿ. A climbing herb, Momordica dioica Roxb. (St. & Pl.).

ಮಾಡಿ mâḍi. 1. = ಮಹಡಿ, (ಮಾಡ). An upstair house (My.), a palace (Sk., Mhr.; Tĕ., M. ಮೇಡೆ, T. ಮೇಡೈ; see Mhr. s. ಮಾಳಿಗೆ).

ಮಾಡಿ mâḍi. 2. A vehicle, a cart (ಬಣ್ಡಿ Bhn. 30 in two MSS., ಗಾಡಿ in one; perhaps the idea of ನಡೆಮಾಡ is thought of).

ಮಾಡಿಸು mâḍisu. To cause to make, do, perform, build, etc. (ನಿರ್ಮಾಣಕರಣ Šmd. Dh.; C.). ಶಾಸ್ತ್ರಕ್ರಮದಿನ್ದ ಅಭಿವಾದನಂ ಮಾಡಿಸಿ ಕೊಳುವಾತನು (ಉಪಸಂಗ್ರಾಹ್ಯ Hlâ.). ಸಂಸ್ಕಾರಕ್ಕೋಸ್ಕರ ಸ್ನಾನ ಮಾಡಿಸಲ್ ಪಟ್ಟ ಶವ (Si. 357). See Bp. 8, 48; 15, 26; 19, 69; 28, 21; 30, 6; 37, 58; 38, 78; 42, 12; 49, 36; 50, 42; 52, 2; 53, 28. 32; 54, 15; 55, 14; Bh. 1, 8, 69; 2, 13, 23; J. 10, 27; 28, 60; 29, 34; 31, 29; B. 2, 5; 3, 32. 34; 4, 50. 77. 165; 5, 70. 263.

ಮಾಡಿಸುವಿಕೆ mâḍisuvikĕ. Causing to make, etc. ಪ್ರಮಾಣ ಮಾಡಿಸುವಿಕೆ (ಕೋಶ Si. 460).

ಮಾಡು mâḍu. 1. = ಮಾಟ್. To do, to make, to perform, to accomplish, to cause, to effect, to prepare, to manufacture, to construct, to build, to execute; to cultivate, as a field; etc. (ಕರಣ Šmd. Dh.; C.; M.; T. ಮಾಡಲ್, doing; see the T. s. ಮನೆ & Tĕ. s. ಮಾಟ್ಕಿ). P. p. ಮಾಡಿ. ಮಾಡಿದಂ, etc. (Šmd. 30); ಮಾಡುಗುಂ or ಮಾಟ್ಕುಂ (267); ಮಾಡುಗೆ or ಮಾಟ್ಕೆ (232. 271. 272 Cm.); ಮಾಡುವಂ (235; 271 Cm.), ಮಾಡುವಂ or ಮಾಟ್ಪಂ (28; 272 Cm.); ಮಾಡುವುದು or ಮಾಟ್ಪುದು (271. 272 Cm.); ಮಾಡುವೆಂ or ಮಾಟ್ಪೆಂ (271. 272 Cm.); ಮಾಡಂ (261); ನೀಂ ಮಾಡ or ನೀಂ ಮಾಡಿಂ! (271 Cm.); ನೀಂ ಮಾಡ or ನೀಂ ಮಾಡು! (272 Cm.); ಮಾಡಿಂ! (271. 272 Cm.); ಮಾಡಿ! ಮಾಡಿರಿ! (My.). ಚಿಕ್ಕಣಮಾಗಿ ಮಾಡು (ಕಿಮುಟ್ಟು Šmd. I). ಘಾಸಿ ಮಾಡಿದಂ (ತುಱಿದಂ I). ಮಾಡದ ಕೆಯ್ (ಬೀಱ್ I). ಳಕಾರಮಂ ವಿಕಲ್ಪಂ ಮಾಡ ಬಾರದು (13, o. r. ವಿಕಲ್ಪಮಂ). ಸನ್ಧಿಯಂ ಮಾಡಲಾಗದು (75). ಸಮಾಸಂ ಮಾಡಲಾಗದು (98). ತಣ್ಣಿರ್ದ ಜಸದಿಂ ಬೆಳ್ದಿಂಗಳಂ ಮಾಡಿದಂ (159). ಮಾಡಿದೆಪ್ಪೊಳ್ಪಂ (63). ಮರದಿಂ ಮಾಡಾನೆಯುಂ! (115). ಮರುತ್ತರಂಗಿಣಿಯನ್ದಾಲಿಂಗನಂ ಮಾಡುವಂ (260). ಮನೆಯುಂ ಮಾಡಿದಂ (156). ಕೆಳೆಯಂಗೆ ಸನ್ತಸಮಂ ಮಾಡಿದಂ (159). ಶಿವ, ಸುಖಮಂ ಮಾಡಿಮ್ ಎಮಗೆ! (271 Cm.); ಆಮೆಲ್ಲರೀಗಳ್ ಅಶ್ವಮೇಧಮಂ ಮಾಡುವಂ! (271 Cm.). ಮಾಲವದೇಶಮಂ ಕಿಡಿಸಿ, ತದ್ಧರಾಪುರಸ್ತ್ರೀಯರಂ ತೊಟ್ಟಿರ್ ಮಾಡಿದಂ (120. 288). ದೇಸಿಗರಂ ದೇವರ್ಕಳ್ಗೆ ಒಡೆಯರ್ ಮಾಟ್ಪರೆ? (89). ಒಡಮ್ಬಡಂ ಮಾಡಿದರ್ (121). ಮಾಡಿದಹಂ (Bp. 18, 38). ಇಷ್ಟ ಮಾಡುವ ದೈವವು (ಅಯ), ಅನಿಷ್ಟವ ಮಾಡುವ ದೈವವು (ಅನಯ); ಇಟ್ಟಿಗೆ ಮೊದಲಾದುದಱಿಂ ಮಾಡಿದ ಅರಮನೆ ದೇಗುಲಂಗಳಂ ಪ್ರಾಸಾದ ಎಮ್ಬುದು; ಕ್ಷೇಮಂ ಮಾಟ್ಪವ (ಕ್ಷೇಮಕರ, etc.); ಸುಖಮಂ ಮಾಟ್ಪವ (ಶಿವಂಕರ, etc.); ಅತಿಥಿಯಂ ಪೂಜೆ ಮಾಡುವುದು (ಆತಿಥೇಯ, etc.); ಸ್ಥಿರಮಾಗಿ ಸ್ನೇಹ ಮಾಟ್ಪವನು (ನೀಲೀರಾಗ), ಸ್ಥಿರಮಲ್ಲದೆ ಸ್ನೇಹಂ ಮಾಟ್ಪವನು (ಹರಿದ್ರಾರಾಗ); ಬೃಹಸ್ಪತಿಯ ಯಾಗ ಮಾಡಿದವನು (ಸ್ಥಪತಿ); ಯಾಗ ಮಾಡುವಾತ (ಯಷ್ಟೃ, ಯಜಮಾನ, etc.); ರಾಜಸೂಯಮಂ ಮಾಡಿದಾತನು (ಸಮ್ರಾಜ್); ಅವುದಾಸೀನ ಮಾಡಲ್ ಪಟ್ಟುದು (ಅನಾದೃತ, etc.); ವಶಂ ಮಾಡುವುದು (ವಶೀಕರಣ, etc.); ಲೇಸು ಮಾಟ್ಪುದು (ಸಂಸ್ಕೃತ, etc.); ತುಪ್ಪದಲೆ ಮಾಡಿದುದು (ಸಾರ್ಪಿಷ); ಉಪ್ಪುನೀರಲಿ ಮಾಡಿದುದು (ಉದಲಾವಣಿಕ Hlâ.). ಯಥಾಪ್ರಾಪ್ತದಿನ್ದ ಇಮ್ಮಡಿಯಾಗಿ ಮಾಡಿದ ದಣ್ಡವು (ದ್ವಿಪಾದ್ಯ); ಹೆಬ್ಬಾಗಿಲ ಇಕ್ಕೆಲದಲುಮ್ ಒಳಗಣ ಮೆಯ್ಯೊಳಂ ಸೋಪಾನಂಬೆರಸಿ ಮಾಡಿದ ಮಣ್ಣ ರಾಶಿ (ಹಸ್ತಿನಖ); ಈಗ ಮಾಡುವ ಕಾರ್ಯವನು ಮೆಲ್ಲನೆ ಮಾಡುವವನು (ದೀರ್ಘಸೂತ್ರ, ಚಿರಕ್ರಿಯ); ತಾನು ಹಗೆಯ ಮೇಲೆ ಎತ್ತಿ ಹೋಹಲ್ಲಿ ಹಿನ್ದೆ ರಾಜ್ಯವನುಪದ್ರವ ಮಾಡುವವನು (ಪಾರ್ಷ್ಣಿಗ್ರಾಹ); ಒಬ್ಬುಳಿಯಾಗಿ ಮಾಡುವುದು (ಸಮಾಹಾರ, etc.); ಕಿಱಿದಂ ಪಿರಿದು ಮಾಡುವುದು (ವಿಸ್ತಾರ, etc.); ಆನೆಯ ಹಿಡಿಯಲೋಸ್ಕರ ಮಾಡಿದ ಕಪ್ಪುಗುೞಿ (ಗಜಬನ್ಧನಿ, etc.); ಚನ್ದನಾದಿಗಳಿನ್ದ ಶರೀರಮಂ ಚೊಕ್ಕಟ ಮಾಡುವುದು (ಅಂಗಸಂಸ್ಕಾರ, etc.); ಯಾಗಕ್ಕೆನ್ದು, ಮಾಡಿದ ಜಗಲಿ (ವೇದಿ); ಬಾವಿಯ ಸಮೀಪದಲ್ಲಿ, ಜೀವಧನ ಕುಡಿಯಬೇಕೆನ್ದು, ಮಾಡಿದ ಕಲ್ಲ ದೋಣಿ (ಆಪಾವ, etc.); ಪರಬಲವನು ಭಂಗ ಮಾಡಲೆನ್ದು, ಜೋದರು ಮಾಡುವ ಸಿಂಹನಾದವು (ಕ್ಷ್ವೇಡೆ); ಮಣಿ ಗಾಸ ಮೊದಲಾದವಱಿನ್ದ ಮಾಡಿದ ಪುತ್ತಳಿ (ಪುಸ್ತ); ಮೂಗಿಂಗೆ ತುಷ್ಟಿ ಮಾಡುವ ಗನ್ಧ (ಘ್ರಾಣತರ್ಪಣ); ರಾಶಿ ಮಾಡಿದ ಭತ್ತ (ಬಹುಲೀಕೃತ, etc.); ಕಿಱಿದಾಗಿ ತೆಗೆದು ತನ್ದು ಮಾಡಿದ ತೊಱ್ (ಕುಲ್ಯೆ); ಮಾಡಿ ಕೊಣ್ಡ ನಣ್ಟನು (ಸಖ್ಯ); ಹೊನ್ನು ಬೆಳ್ಳಿಗಳನ್ನು ಕರಗಿಸಿ ಮಾಡಿದುದು (ಕೃತ); ಹಲವು ಕಾಲದ ಹಗೆತನ ಮಾಡಿ ಮಱುಗುಹ (ಅನುಶಯ); ನೀರೊಳಗೆ ಮುೞುಂಕಿ, ಸರ್ವಪಾಪಕ್ಷಯಮಾಗಲೆನ್ದು, ಮಾಡುವ ಜಪವು (ಅಘಮರ್ಷಣ); ಆವಳೊರ್ವ ವೃದ್ಧೆಯಲ್ಲದೆ ಹೇೞಿದ ಕೆಲಸವ ಮಾಡುವಳಾಗಿ ರಾಣಿವಾಸದೊಳ್ ಸುೞಿವಳು (ಅಸಿಕ್ನಿ); ಮೆಯ್ಯ ಹೂಸಲೆನ್ದು, ಮಾಡಿದ ಗುಳಿಗೆ (ವರ್ತಿ); ಕಾನ್ತನ ಹತ್ತಿರ ಬಹ ಸಮಯದೊಳು ಸಮ್ಭ್ರಮದಿಂ ಮಾಡುವ ತೊಡಿಗೆಯ ಪಲ್ಲಟ (ವಿಭ್ರಮ); ಹೊನಲನಿಟ್ಟಿಗೆ ಮಾಡುವ ಕಡೆಲು (ಕೂಪಕ, etc.); ತೆರಳೆಯ ಹುೞು ಮುಕುಲಿತಕಾರದಿನ್ದ ಮಾಡಿದುದ ಬಿಡಿಸಿ ನೆಯ್ದ ಸೀರೆ (ಕೌಶೇಯ); ಲೋಗರ ಮನೆಯಲ್ಲಿ ಇದ್ದವಳಾಗಿ ಮಕರಿಕಾಪತ್ರ ಮೊದಲಾದ ಶಿಲ್ಪವಿದ್ಯೆಯ ಮಾಡುವವಳು (ಸೈರನ್ಧ್ರಿ); ಪರರಿಗೆ ಕೇಡ ಮಾಡಿ, ತನಗೆ ಲೇಸು ಮಾಡಿ ಕೊಳುಹ (ವೃದ್ಧಿ), ತನ್ನ ಹೆಚ್ಚಿಗೆಗೆ ಕೇಡ ಮಾಡಿ ಕೊಳ್ಳದೆ ಇರುಹ (ಸ್ಥಾನ Nr.). ಸಾರಾಯಿ ಮಾಡುವ ಕಡಂಗು (ಮದಿರಾಗೃಹ, etc. Si. 108). ಸರಿ ಮಾಡಲ್ ಪಟ್ಟ ನೆಲ (238). ಅಡಿಗೆ ಮಾಡು (241. 308). ಅಹಸ್ಸನ್ನು ಹದಿನಯ್ದು ಪಾಲು ಮಾಡು (244). ಹಾಡು ಮಾಡು (254. 297). ನಿದ್ರೆ ಮಾಡು (254). ಮದಿವೆ ಮಾಡಿ ಕೊಳ್ಳು (255). ಅಱಿಕೆ ಮಾಡು (260). ರಾಗವನ್ನು ಮಾಡು (261). ಶೃಂಗಾರ ಮಾಡು (271). ಜೀವನ ಮಾಡು (282). ಯುದ್ಧ ಮಾಡು (288). ಸ್ತೋತ್ರ ಮಾಡು (292. 368). ಪಕ್ವ ಮಾಡು (313). ವರ್ತಕತನ ಮಾಡು (324). ಕೂಲಿ ಮಾಡು (339). ಪೂಜೆ ಮಾಡು (339). ಮದ್ಯಪಾನ ಮಾಡು (347). ಪರೀಕ್ಷೆ ಮಾಡು (353). ದಾನ ಮಾಡು (356). ಕೆಲಸ ಮಾಡು (357). ಸ್ನಾನ ಮಾಡು (357). ದೋಸ ಮಾಡು (366). ಅವಮಾನ ಮಾಡು (383). ಹೊನ್ದಿಕೆ ಮಾಡು (410). ಭಾಗವ ಮಾಡುವುದು (ವಿಭಾಗ Nn. 90). ಮಾಡಿದ ಕಾರ್ಯ (ಸಂಸ್ಥೆ 187); ಮರದಿಂ ಮಾಡಿದ ಪ್ರತಿಮೆ (ದ್ರವ್ಯ 164). ಆವನನ್ನು ಗೌಡನನ್ನು ಮಾಡಿದರು; ಅವಳನ್ನು ಹೆಣ್ಡತಿಯನ್ನು ಮಾಡಿ ಕೊಣ್ಡನು, ಅವಳನ್ನು ಹೆಣ್ಡತಿ ಮಾಡಿ ಕೊಣ್ಡನು (My.). ಅವರ್ಗಳಂ ನಲ್ಲಭಕ್ತರನ್ ಅನ್ದು ಮಾಡಿ (Bp. 9, 19). ಅವರನೆಲ್ಲಂ ಹರಭಜಕರಂ ಮಾಡಿ (46 sum.). ನಿನ್ನ ಕಾಲಿಗೆ ಏನು ಮಾಡಿ ಕೊಣ್ಡಿ? (B. 1, 9). ಅವನಿಗೆ ಅರಮನೆಯ ಉದ್ಯೋಗವನ್ನು ಕೊಡ ಬೇಕೆನ್ದು, ಮಾಡಿದನು (made up his mind, 2, 8; My.). ಈ ದಣ್ಡಿಯೊಳಗಿನ್ದ ಓಡಿ ಹೋಗ ಬೇಕೆನ್ದು, ಮಾಡಿದ್ದೇನೆ (made up my mind, 2, 46; My.). ನಮ್ಮ ಮೇಲೆಯೇ ಇಷ್ಟು ಒಲುಮೆ ಮಾಡಲಿಕ್ಕೆ ನಾವೇನು ಅನ್ಥಾದ್ದು ಆತನಿಗೆ ಮಾಡಿದ್ದೇವು? (2, 45). ಈತನು ಕಣ್ಡ ಹುಡುಗರನ್ನೆಲ್ಲ ಗೆಳೆಯರನ್ನು ಮಾಡಿ ಕೊಳ್ಳ ಬೇಕು (2, 9). ಆ ನೊಣವನ್ನು ಏನು ಮಾಡುತ್ತೀ? (2, 42). ಆ ಬಯ್ದ ಹುಡುಗನನ್ನು ಏನು ಮಾಡ ಬೇಕು? (3, 13). ಒನ್ದು ಬಾಡಿಗೆಯ ಬಣ್ಡೀ ಮಾಡುತ್ತೇವೆ (3, 77). ಒಡವೆಗಳನ್ನು ಮಾಱಿ, ಹಣ ಮಾಡಿ ಕೊಣ್ಡು (3, 92). ಆ ಹುಡುಗನು ಹ್ಯಾಗಾದರೂ ಮಾಡಿ, ದಡಕ್ಕೆ ಬನ್ದು ಹತ್ತಿದನು (4, 39). ಮಾಡಿ ಉಣ್ಡರೆ ಮನುಷ್ಯರ ಕಾಟ, ತಿರು ಕೊಣ್ಡು ಉಣ್ಡರೆ ನಾಯಿಯ ಕಾಟ.— ಮಾಡಿ ಕೊಣ್ಡ ಗಣ್ಡ ಹಾಡಿ ಕೊಣ್ಡು ಅತ್ತರೂ ಬಿಡ.— ಮಾಡ ಬಾರದ್ದು ಮಾಡಿದರೆ ಆಗ ಬಾರದ್ದಾಗುವದು.— ಮಾಡಿದ ಸೇವೆ ದಣ್ಡಕ್ಕೆ ಸಾಲದು.— ಮಾಡಿತೋ ಕೆಯ್, ಉಣ್ಡಿತೋ ಬಾಯ್?— ಮಾಡಿದರೆ ಮನೆ, ಹೂಡಿದರೆ ಒಲೆ.— ಮಾಡುವವರ ಕಣ್ಡರೆ ನೋಡು, ನನ್ನ ಸರಿಯೇ! ಎನ್ದ

ಹಾಗೆ. — ಮಾಡುವವರ ಮುನ್ದೆ, ಹೊಡಿಯುವವರ ಹಿನ್ದೆ ನಿಲ್ಲ ಬೇಕು. — ಮಾಡಿದವ ಉಣ್ತಾನು, ಮಲಗಿದವ ಕೆಟ್ಟಾನು. — ಮಾಡಿದವನ ಪಾಪ ಆಡಿದವನ ಬಾಯಲಿ. — ಮಾಡಿದವರಿಗೆ ಮಾಡಿದಷ್ಟು, ನೀಡಿದವರಿಗೆ ನೀಡಿದಷ್ಟು. — ಮಾಡೋದು ದುರಾಚಾರ, ಮನೇ ಮುನ್ದೆ ವೃನ್ದಾವನ. — ಮಾಡಿದ್ದು ಉಣ್ಣೋ, ಮಹಾರಾಯ! — ಮಾಡಿದ್ದು ಆಟ, ಆದದ್ದು ಮಾಟ (a beautiful thing, Prvs.). ಆಡದೆ ಮಾಡುವನು ರೂಢಿಯೊಳಗುತ್ತಮನು, ಆಡಿ ಮಾಡುವನು ಮಧ್ಯಮನ್, ಅಧಮ ತಾನಾಡಿ ಮಾಡದವ (Sp.). ಸಕ್ಕರೆಗೆ ಉಪ್ಪಂ ಸರಿ ಮಾಡ್ಪರೇ? (Śś. 62). See Bp. 12, 4; 22, 26. 27; 23, 6; 27, 31; 33, 33; 42, 3; 46, 24; 49, 32. 56; 53, 14; 58, 31; Bh. 1, 8, 16. 19. 27. 60. 71; 1, 10, 26. 36; 2, 4, 6. 9; 2, 13, 41; 3, 13, 15; Râm. 24, 4; Rśv. 4, 105; 5, 21. 117. 130; 6, 10; 9, 7. 30; 10, after 31; 11, 19; 13, 8. 12. 14. 27; J. 1, 6; 3, 6. 31; 13, 9; 28, 4. 15. 22. 47; 29, 9. 37; 31, 27. 38; B. 2, 43; 3, 29. 84. 101; 4, 154; 5, 39. 132. 133. 205; ಊಟ-, ಕಟ್-, ಕೆಯ್-, ದುಃಖ-, ನೀಡುಮ್-, ಬಾಯ್-, ಮೊದಲು-, ಸ್ನಾನ-, etc. — ಮಾಡಗೊಡು. -ಕೊಡು. To allow to do, etc. (B. 3, 63; 5, 239). — ಮಾಡಾಟ. -ಆಟ. Performing, execution. ದಣೀ ಹೇಳಾಟ, ಬಡಗೀ ಮಾಡಾಟ (Prv.). — ಮಾಡು ಮಾಡು. rep. (B. 3, 38; 5, 67). ಮಾಡಿ ಮಾಡಿ ಮಡಕೆ ತುಮ್ಬುತ್ತಾನೆ, ನೋಡಿ ನೋಡಿ ಬಾಯಲ್ಲಿ ಹಾಕುತ್ತಾನೆ (Prv.). — ಮಾಡೇ ಮಾಡು. To do certainly (B. 4, 12).

ಮಾಡು mâḍu. 2. Doing, making. — ಮಾಡುವೆಟ್ಟು. -ಬೆಟ್ಟು. An artificial hill (Śśv. 2, 46).

ಮಾಡು mâḍu. 3. = ಮಾಡ. A niche in a wall (ಕುಡ್ಯ ವಿಶೇಷ Śmd. Dh.; My.).

ಮಾಡು mâḍu. = ಮಾಡ. An upstair house (see Śm. s. ಮಾಡ and ನಡೆಮಾಡು).

ಮಾಡುವಿಕೆ mâḍuvikĕ. Doing, etc. ಕೆಲಸ ಮಾಡುವಿಕೆ (Si. 80; see 199. 217. 262. 263. 295. 296. 297. 299. 317, etc., etc.).

ಮಾಡುಹ mâḍuha. Doing, making, etc. ವೈದ್ಯಂ ಮಾಡುಹ (ಚಿಕಿತ್ಸೆ, etc.); ವಿಪರೀತಂ ಮಾಡುಹ (ವ್ಯತ್ಯಯ, etc.); ಕಿಱಿದು ಮಾಡುಹ (ಸಂಕ್ಷೇಪ, etc.); ಹಿರಿದು ಮಾಡುಹ (ವ್ಯಾಸ, etc. Hlâ.). ಬೆಪ್ಪ ಕೊಡುಹವುಂ ಬೇಗಮಂ ತಮ್ಪ ಮಾಡುಹವುಂ ಆತಂಚನ ಎಮ್ಬುದು; ತನ್ನ ಕೆಡಿಸಿದಂಗೆ ಕೇಡ ಮಾಡುಹ (ಕ್ಷಯ); ಕೆಯ್ಯಾರೆ ಮಾಡುಹ (ಅಭಿಯೋಗ, ಅಭಿಗ್ರಹ Nr.).

ಮಾಢಿ mâḍhi. *The fibre or vein of a leaf.* 2, the hem or border of a garment. 3, the young leaf before it opens. 4, a back or double tooth. 5, dejection, sadness, affliction. 6, poverty, indigence. 7, anger, passion. 8, honouring, reverencing.

ಮಾಣ್ mâṇ. (Śmd. 58). = ಮಾಣು, ಮಾಯ್, ಮಾಯು, ಮಾಳ್. To stop (v. i.), to cease, to subside, to be laid aside, to be got rid of, to be checked or repressed;—to desist from, to cease from, to give over (ನಿವಾರಣ Śmd. Dh.; Tĕ. ಮಾನು, ಮಾಲು; T., M. ಮಾಱು). **2,** to heal, to be healed or cured, to get better (Tĕ., T., M.; see ಬಿಮಾಱ್; Mhr. ಮಾಠಣೇಂ, to fill up and heal, v. i., as a wound; ಮಾಲಣೇಂ, ಮಾಲವಣೇಂ, to go out, as a light; to cease, subside, as sickness; *cf.* ಮಾಱು 1, and see ಮಾನ್ದಡೆ). P. p. ಮಾಣ್ದು (Śmd. 288; Čpr. 4, 91; 5, 99). ಕುತ್ತಮಾಗಿ ಮಾಣ್ದವನು (ಉಲ್ಲಾಘ Hlâ.). ಕುತ್ತವಾಗಿ ಮಾಣ್ದವಂ (ಉಲ್ಲಾಘ Mr. 240). ಮಾಮುರಂ. . . ಮಾಣದಿತ್ತು ಸವಿಯಂ (Čpr. 7, 48). ಸಾವು ಮಾಣ್ದುದು (Abh. P. 8, 15). ಮಱುಗುವಿನಂ ಮಾಣದೆಚ್ಚನ್ ಅರಿವಾಹಿಣಿಯಂ (Śmd. 282). See Śmd. 79. 153. 180. 207; Čpr. 1, 45; Bp. 14, 30; 17, 5; 21, 36; 24, 74; 28, 57; 40, 49; 41, 7; 43, 58; 45, 41; 46, 32; 49, 27; 50, 70; 55, 80; 59, 3; Bh. 1, 8, 6. 16. 21; Rśv. 13, 19. 25; J. 1, 9; 3, 41; 5, 39; 15, 2. 18; 22, 3. — ಮಾಣ್ ಮಾಣ್. rep. (J. 11, 22).

ಮಾಣವ mâṇava. *A youth, a lad, a youngster.*

ಮಾಣವಕ mâṇavaka. *A lad, a boy.* 2, a pupil. 3, *a necklace of a particular number of strings* (ಅಯಿವತ್ತು ಸರದ ಮುತ್ತು Mr. 338; see s. ಮುತ್ತು). 4, N. of a vṛitta (Čh.). ಮಾಣವಕನತ್ತಣಿಂ ಕಾರ್ಯಮಂ ಬೆಸಗೊಣ್ಡಂ (Śmd. 165).

ಮಾಣವ್ಯ mâṇavya. *A multitude of boys.*

ಮಾಣಿ mâṇi. The membrum virile (My.; T., M.; *cf.* ಕುಮ್ಮಣ್ಣಿ?).

ಮಾಣಿ mâṇi. A lad, a boy (ವಟು, ಮಾಣವಕ Hlâ.). ಎಣ್ಣೆ ಇಲ್ಲದ ಮಾಣಿ ಅಮವಾಸೇ ದಿನ ಓದ ಕೂತ. — ಕಣ್ಡರೆ ಮಾಣಿ, ಉಣ್ಡರೆ ಗೋಣಿ. — ಪಾನಕಾ ಕುಡಿಯುವಾಗ್ಯೆ ಮಾಣಿ ಕುತ್ತಿಗೇ ಹಿಡಿದ. — ಮಾಣೀ ಕೇಡು ಕಣ್ಣಲ್ಲಿ ಬೆಳ್ಳಿ ಮೂಡ (Prvs.).

ಮಾಣಿಕ mâṇika. Tbh. of ಮಾಣಿಕ್ಯ (Śmd. 368; ಪದ್ಮರಾಗ Mr. 101; Bp. 53, 31). ನಾಗರಹಾವಿನ ತಲೇ ಮೇಲೆ ಮಾಣಿಕ ಇದ್ದ ಹಾಗೆ. — ಪ್ರಮಾಣ ಮಾಡಿದರೂ ಮಾಣಿಕ ಸಿಕ್ಕಲಿಲ್ಲ. — ಮಾತು ಬಲ್ಲವ ಮಾಣಿಕ ತನ್ದ, ಮಾತಱಿಯದವ ಜಗಳ ತನ್ದ (Prvs.). See Sp. s. ಮಾತು; ಹಲು-. 2, redness: the menstrual flux, impurity from child-birth (ಮುಟ್ಟವೆ, ಮುಟ್ಟಲ್, ಪೊಲೆ, ಸೂತಕ Čt. II, 51). — ಮಾಣಿಕಗೆಮ್ಪು. -ಕೆಮ್ಪು. (Śmd. 197). The red colour of a ruby. — ಮಾಣಿಕಗೊಪ್ಪು ಜೊಲ್ಲೆಯ. -ಕೊಪ್ಪು-. The end of a female's bundle of hair ornamented with a ruby (Rśv. 11, 84). — ಮಾಣಿಕಚಟ್ಟಿ. A merchant who knows rubies, etc. (ರತ್ನಪರೀಕ್ಷಕ Kk. 35, o. rs. ಚಟ್ಟಿ, ಚೆಟ್ಟಿ; ರನ್ನದ ಪರೀಕ್ಷೆಯಂ ಬಲ್ಲವಂ Śm. 67). — ಮಾಣಿಕಟಕ್ಕೆ. (Śmd. 78 Mdb.). A finger-ring gem consisting of a ruby. — ಮಾಣಿಕದೀಪ್ತಿ. The lustre of a ruby (Râm. 6, 55, 15). — ಮಾಣಿಕಭಣ್ಡಾರ. = ಮಾಣಿಕ್ಯಭಣ್ಡಾರ (Śmd. 377). A store-room, or treasure, of rubies. — ಮಾಣಿಕಪಲ್ಲಣ. -ಪಲ್ಲಣ. A saddle ornamented with rubies (Rśv. 13, 62).

ಮಾಣಿಕ್ಯ mâṇikya. = ಮಾಣಿಕ. *A ruby* (ಶೋಣರತ್ನ, ಪದ್ಮರಾಗ, etc. Nr.). 2, N. of a vṛitta (Čh.). ಮಾಣಿಕ್ಯ ಬಿದ್ದರೆ ಹೆಕ್ಕಬಹುದು, ಮಾತು ಬಿದ್ದರೆ ಹೆಕ್ಕ ಕೂಡದು (Prv.). — ಮಾಣಿಕ್ಯಭಣ್ಡಾರ. = ಮಾಣಿಕಭಣ್ಡಾರ, of. which it is an unwarrantable form (Śmd. 377).

ಮಾಣಿಮನ್ಥ mâṇimantha. (fr. ಮಣಿಮನ್ಥ). *Salt brought from the mountain Maṇimantha, rock-salt* (ಲವಣೋತ್ತಮ, ಸೈನ್ಧವ Mr. 102).

ಮಾಣಿಸು mâṇisu. = ಮಾಂಬಿಸು, etc. To cause to stop, cease, etc. ಮಾಣಿಕುಂ (Śmd. 268). ಮಾಣಿಸುವುದು (ಬಾಧ, ನಿಷೇಧ Nu. 64). ಆನೆ ತಾ ತುಡಗಾಗೆ, ಜ್ಞಾನಿ ಮೂರ್ಖನು ಮಾಗೆ, ಭೂನಾಥ ಜಾರನಾದರೆ ಮಾಣಿಪುದು ಮಾನವರಿಗಳವೆ? (Sp.). See Čpr. 4, 91; 5, 101; Bp. 13, 24; 17, 5; 26, 59; 32, 36; 43, 59; 46, 31; 47, 25; 20, 27. 29; 52, 19; Śśv. 1, 29; J. 12, 21; 28, 5.

ಮಾಣಿಸುಹ mâṇisuha. Causing to stop, etc. (ನಿಷೇಧ, ಇತಿ Nn. 93).

ಮಾಣು mâṇu. = ಮಾಣ್. (Bp. 55, 52). ಮಾಣುವದು (ಆರತಿ, ಅವರತಿ, ವಿರತಿ, ಉಪರಾಮ Nr.).

ಮಾಣ್ಡಲಿಕ mâṇḍalika. (fr. ಮಣ್ಡಲ). Relating to a province;—the governor of a province. (G. 395).

ಮಾಣ್ಡವ್ಯ māṇḍavya. (fr. ಮಣ್ಡು). N. of a teacher and artist (Ch. Sd. MS. v. 14; Bp. 31, 22; Rāv. 7, after 98).

ಮಾತ mâta. = ಮಾತು. ಮಾತವನ್ನು ಮಿಾಱು (G. 407).

ಮಾತ mâta. Tbh. of ಮಹನ್ತ (Śmd. 379 Mdb.). See ಪಡೆ- s. ಪಡೆ 3.

ಮಾತಂಗ mâtaṅga. (fr. ಮತಂಗ). (= ಮಾದಿಗ). *An elephant.* 2, *a man of the lowest rank, a ćāṇḍāla, an outcast* (ಶ್ವಪಚ, ಮಾದಿಗ Mr. 379). See Bp. 57, 72; 60, 10.

ಮಾತಂಗಚರ್ಮಾಮ್ಬರಧರ mâtaṅga-ćarma-ambara-dhara. Śiva (Bp. 25, 44).

ಮಾತಂಗಿ mâtaṅgi. A ćâṇḍâla woman (Bp. 57, 72). 2, Durgâ. See ಮಲ-.

ಮಾತರಪಿತರೌ mâtara-pitarau. (ಮಾತರಪಿತರುಗಳು). *Father and mother.*

ಮಾತರಿಶ್ವ mâtari-śva. *Wind.*

ಮಾತಲಿ mâtali. *The charioteer of Indra.*

ಮಾತಾಪಿತರೌ mâtâ-pitarau. (ಮಾತಾ ಪಿತರುಗಳು). *Father and mother.*

ಮಾತಾಮಹ mâtâ-maha. *A maternal grandfather* (ತಾಯ ತನ್ದೆ Mr. 314).

ಮಾತಾಮಹಿ mâtâ-mahi. A maternal grandmother. (My.).

ಮಾತಾಳಿ mâtu-âḷi. (Śmd. 239). **A talkative, garrulous man** (ಗಱಿಹಂ Bhn. 6; Bh. 4, 8, 36; 7, 17, 37).

ಮಾತಾಳಿ mâtâ-âḷi. The line or assemblage of the mâtṛis or divine energies (ನರೇನ್ದ್ರ, ಹೆಣ್ಣುದೇವತೆಯರು Nn. 136). 2, N. of a being attending on Durgâ (Sk.).

ಮಾತು mâtu. (fr. ಮಾಱು 1). = ಮಾತ. (**A reply,** T. ಮಾಱ್ಱು, M. ಮಾಱು, ಮಾಱ್ಱ, ಮಾಱ್ಱು); **a word; a saying; a language** (ವಾಕ್ಯ Nr.; ಭಾಷೆ, ವಾಚ್, ಉಕ್ತಿ, ವಚನ, etc. Si. 52; C.; T., M.; Tē. ಮಾಟ); **a promise** (C.; Tē.); **slander, rumour** (My.; Tē.). ಮಾತಂ, ಮಾತಿಂ, ಮಾತಿನಿಂ, ಮಾತಿಂಗೆ, ಮಾತಿನತ್ತಣಿಂ, ಮಾತಿನ, ಮಾತಿನೊಳ್ (Śmd. 61. 188), ಮಾತಿಗೆ (C.). ಮಾತುವೆಲ್ಲಂ or ಮಾತೆಲ್ಲಂ ಪೋಲೆ ಸೂರುಳ್ (Śmd. 67). ಏತಱ ಮಾತೊ ಭೂತಲದೊಳ್? (16. 137). ಎಲೆ, ಗಣಪಾ ಎಮ್ಬ ಮಾತು ಬನ್ದಪುದೀಗಳ್ (151). ಮಾತಿನ ಬಲ್ಲಹಂ (196). ಎಲ್ಲರುಂ ಮಾತಱಿಯರ್ (298). ಮಾತೇಂ? (ಹೇದ್ಭುದೇಂ? 85 Om.). ಜನಂಗಳ್ ಆಡುವ ಮಾತು (ವಾರ್ತೆ); ಮನಕ್ಕೆ ಬಹ ಮಾತು (ಹೃದಯಂಗಮ); ಮುನ್ನುಬರಿದು ಮಾತನಾಡುವವನು (ದುರ್ಮುಖ, etc.); ಸೊಗಸುವ ಮಾತು (ಅತ್ಯರ್ಥಮಧುರ, ಸಾನ್ತ್ವ Nr.). ಒಬ್ಬರ ಮಾತುಗಳ ಕೇಳುವುದು (ಹೂಂ Nn. 154); ಮಾತನಾಡದೆ ಸುಮ್ಮನಿಹುದು (ಮೋನ, ತೂಷ್ಣೀಯುತ 155). ಹುರುಳಿಲ್ಲದ ಮಾತು (ಪಸೆ Ot. I, 72). ಮಾತಿಲ್ಲದ ಮೂಗನು (ಮೂಕ Si. 355). ದುಷ್ಟಬುದ್ಧಿ... ನುಡಿದ ಮಾತು (J. 29, 35). ಪಾಮರಜನರು ನುಡಿಯುವ ಕೆಟ್ಟ ಮಾತು (ಗ್ರಾಮ್ಯ, etc. Si. 58). ಶಿಶು... ಸೊಲ್ಲ ಮಾತುಗಳನಾಲಿಸಿ (J. 28, 20). ಮಾತ ಬಲ್ಲಾತಂಗೆ ಮತ್ತೊನ್ದು ಮಾಣಿಕವು, ಮಾತುಗಳಱಿಯದಧಮರಿಗೆ ಮಾಣಿಕವು ತೂತು ಬಿದ್ದನ್ತೆ (Sp.). ಮರ್ಮವಿಲ್ಲದ ಮಾತು ಒಡಮೊಗೆಯ ತೂತು (Dp. 54). ಮಾತಿಗೆ ಮೊದಲೇ ಗಾದೆ, ಊಟಕ್ಕೆ ಮೊದಲೇ ಉಪ್ಪಿನ ಕಾಯಿ.—ಮಾತು ಅಱಿಯದ ಮುಸಲ ಹಾಸುವ ಕವುದಿ ಒಯ್ದ.—ಮಾತಿಗೆ ಮೊದಲಿಲ್ಲ, ಆಕಾಶಕ್ಕೆ ನಿಚ್ಚಣಿಗೆಯಿಲ್ಲ.—ಬಾಯಿವವಗೆ ಒನ್ದು ಮಾತು, ಬಾಡಿಗೊನ್ದು ಗೊನೆ.—ಬೆಲ್ಲ ಎಲ್ಲ ದಿದ್ದರೆ ಬೆಲ್ಲದನ್ಥ ಮಾತು ಇಲ್ಲವೇ?—ಭರವಸವಿಲ್ಲದ ಮಾತು ಕೇಳಿ, ಬಣ್ಣವಾಳ ಕಳ ಕೊಣ್ಡ.—ಮಾತು ಅನ್ಯೋಕೆ ಮಾಡಿ ಆದೆ, ಬೋನ ಉಣ್ಣೋಕೆ ಮಾಡಿ ಆದೆ.—ಮಾತು ಬಾರದಿದ್ದರೆ ಸುಮ್ಮನಿರುವವ ಜಾಣ.—ಮಾತು ಕೊಣ್ಡು ಹೋದವ ಉಣ್ಣು ಬನ್ದ, ಮಾಣಿಕ್ಯ ಕೊಣ್ಡು ಹೋದವ ಹಸ್ತು ಬನ್ದ.—ಮಾತು ಮನೆವಾರ್ತೆಗೆ ಕೇಡು, ತೂತು ಮಡಿಕೆಗೆ ಕೇಡು.—ಮಾತು ಮನೆ ಹಾಯಿ ಮಾಡಿತು, ಸೂಳೆ ನೆರೆ ಹಾಯಿ ಮಾಡಿದಳು.—ಮಾತು ಬನ್ದಾಗ ಸೋತು ಹೋದವನೇ ಜಾಣ.—ಮಾತು ಬಲ್ಲವ ಮಾಣಿಕ ತನ್ದ, ಮಾತಱಿಯದವ ಜಗಳ ತನ್ದ.—ಮಾತೆಲ್ಲಾ ಹೋಲಿಕೆ, ಕೊಳಗ ಮಾತ್ರ ಕಮ್ಮಿ (Prvs.). See Ch. v. 16; Cpr. 2, 88; 4, 78; Bp. 11, 3; 21, 47; 24, 15; 25, 2. 30; 28, 28; 37, 11; 45, 37; 51, 30; 52, 8; 55, 18; 56, 21; Bh. 1, 8, 10. 56. 58; 2, 13, 45; Rāv. 6, 33; 6, after 35 & 98; J. 14, 33; 29, 40; 31, 34; Si. 59. 362. 368; B. 3, 49; 5, 112. 186; Prv. s. ಮಾಣಿಕ್ಯ; ಇನಿವಾತು, ಎರಡ್ಮಾತು, ಒಳ್-, ಗಾಳಿವಾತು, ಗಿಳಿ-, ದಿಟಮಾತು, ನೂರ್-, ಪಱಿವಾತು, etc. **2, an antidote, a remedy** (My.; T. ಮಾಱ್ಱು). — ಮಾತಾಟ. -ಆಟ. Talking, talk; garrulity, loquaciousness (Cpr. 8, 53; Bh. 2, 9, 17). — ಮಾತಾಡಿಸು. -ಆಡಿಸು. To cause to speak, etc. (Bp. 29, 26; 42, 37; 59, 9. 21; J. 16, 9; 17, 50; C.). — ಮಾತಾಡು. -ಆಡು. To utter a word or words; to speak; to converse; to utter (C.). ಕೂಡೆ ಕೂಡೆ ಮಾತಾಡುವುದು (ಸಂಕಥೆ, etc. Hlā.). ಪ್ರೀತಿಯಿನ್ದ ಅನ್ಯೋನ್ಯವಾಗಿ ಮಾತಾಡುವದು (ಸಂಲಾಪ Si. 58). ಮಾತಾಡದೇ ಸುಮ್ಮನೆ ಇರುವಿಕೆ (ಮೌನ 247). ಉದ್ದ ಉರುಟುಮಾತಾಡಿ, ಇದ್ದವನು ಹೋಗಾಡಿ, ಉದ್ದ ಮರದ ತುದಿಯನೇಱ, ಕೈಯ್ ತಪ್ಪಿ, ಬಿದ್ದು, ಸತ್ತನ್ತೆ (Sp.). ಮುಟ್ಟ ತಿಳಿಯದೆ ಮಾತಾಡ ಬಾರದು.—ಮಾತು ಆಡಿದರೆ ಹೋಯಿತು, ಮುತ್ತು ಒಡೆದರೆ ಹೋಯಿತು (Prvs.). ಸತ್ಯ ಮಾತಾಡುವದು (B. 3, 96). See Bp. 1, 51; 40, 37; 47, 11. 18; 58, 50; 57, 40; Rām. 1, 5, 32; J. 18, 55. 58. — ಮಾತಾಡುವಿಕೆ. -ಆಡುವಿಕೆ. Uttering words, etc. ಮೇರೆದಪ್ಪಿ ಹೆಚ್ಚು ಮಾತಾಡುವಿಕೆ (ಪಾರುಷ್ಯ, ಅತಿವಾದ Si. 57). — ಮಾತು ಕಥೆ. dupl. (My.; B. 4, 50. 56. 57; Bp. 55, 31). — ಮಾತು ಕೊಡು. To give one's word, to promise (My.; B. 4, 52). — ಮಾತುಗಳ್ಳ. -ಕಳ್ಳ. A man who is a rascal as to his promises: a liar, a cheat (My.). — ಮಾತುಗುಟ್ಟು. -ಕುಟ್ಟು. = ಮಾತುಂಗುಟ್ಟು (Śmd. 200). To utter abundant words, to prate. ಮೂಗುವಟ್ಟಿರೆ ಕೃಷ್ಣಂ ಮಾತುಗುಟ್ಟದಂ, ಬಱಿಮಾತುಗುಟ್ಟ ಪೋಪರೆ ಗಣ್ಡರೊ? (200 Mdb.). — ಮಾತುಗೇಳ್. -ಕೇಳ್. To listen to words. ಸಜ್ಜರ ನಲ್ಲರ ಮಾತುಗೇಳದೆ ಓಪನೆ, ಪರಮಾತ್ಮ! (Śmd. 120 Mdb.). — ಮಾತುಂಗುಟ್ಟು. -ಂ-ಕುಟ್ಟು. = ಮಾತುಗುಟ್ಟು, q. v. — ಮಾತು ತಪ್ಪಿಸು. To infringe a promise (My.; G. 209). — ಮಾತು ತಪ್ಪು. A promise to be infringed or broken (My.). — ಮಾತು ತಿರಿಗಿಸು. = ಮಾತು ತಪ್ಪಿಸು. (My.). ಕೊಟ್ಟ ಮಾತು ತಿರಿಗಿಸುವವ (ದಾಸೆಗಳ್ಳ G.). ತಾವು ಮೊದಲು ಆಡಿದ ಮಾತು ತಿರಿಗಿಸಲಿಕ್ಕೆ (ತಿರುಗಿಸಲಿಕ್ಕೆ) ಏನೇನು ಹಿನ್ದೆ ಮುನ್ದೆ ನೋಡುವದಿಲ್ಲ (B. 4, 13). — ಮಾತುಬಲ್ಲಹ. = ಮಾತುವಲ್ಲಹ. ಮಾತುಬಲ್ಲಹಂ ತಾ ಸೋತು ಹೋಪಹು ಲೇಸು; ಮಾತಿಗೆ ಮಾತು ಮಥಿಸಲ್ಕೆ ಏಧ ಬನ್ದು ಅಕು ಕೊಣ್ಡಿಹುದು (Sp.). — ಮಾತು ಮಾಡು. To make an agreement by words, to settle (B. 4, 7; B. 5, 110. 114; My.). — ಮಾತು ಮಾತು. rep. ಅವನು ಮಾತು ಮಾತಿಗೆ ಹಟ ಮಾಡುತ್ತಿದ್ದನು (B. 2, 50). ಮಾತು ಮಾತಾಡುತ್ತ ಇಬ್ಬರೂ ಸಿಟ್ಟಿಗೆದ್ದು (5, 139). — ಮಾತು ಮುಱ್. To break a promise (G. 108; My.). — ಮಾತುವಲ್ಲಹ. -ಬಲ್ಲಹ. = ಮಾತಿನ ಬಲ್ಲಹ (Śmd. 196). A man who knows the weight, importance, or influence of words. 2, Brahmâ (?). — ಮಾತುವೆಣ್. -ಪೆಣ್. Sarasvatî (G.). — ಮಾತು ಹಿಡಿ. To lay hold of a particular word or words; to catch one by his word. ಭಟ್ಟ ದಕ್ಷಿಣೆಗಾದರೆ ಮಾತು ಹಿಡಿದಾನು, ಮನ್ತ್ರಕ್ಕಾದರೆ ಬೆನ್ನು ತೋಱಿಸ್ಯಾನು (Prv.). — ಮಾತು ಹೊಱಿಸು. To impute fault, to accuse (My.; ನಿನ್ದಿಸು G. 571). ಅವಳಿಗೆ ಮಾತು ಹೊಱಿಸುತ್ತಾರೆ (B. 5, 292). ಒಬ್ಬನ ಮೇಲೆ ಮಾತು ಹೊಱಿಸುವದು (My.). — ಮಾತಱಿಯಳ್. -ಅಱಿಯಳ್. The mistress of speech: Sarasvatî (Šs.; ಸಾರದೆ, ಭಾರತಿ Kk. 9).

ಮಾತು mâtu. 1. At chess: checkmate (Mhr.; My.; see ಪೇದಾ-. 2, an affair (Mhr.; B. 3, 96).

ಮಾತು mâtu. 2. Tbh. of ಮಾತೃ. (My.).

ಮಾತುಗ mâtu-ga. (Šmd. 237). A talkative man.

ಮಾತುಗಾಱ mâtu-gâṟa. = ಮಾತುಗ. (My.).

ಮಾತುಗಾಱತನ mâtu-gâṟatana. (or -kâ-). Loquacity (Bp. 3, 56).

ಮಾತುಗಾಱಿಕೆ mâtu-gâṟikĕ. (or -kâ-). = ಮಾತುಗಾಱತನ. (My.).

ಮಾತುಗಾರ್ತಿ mâtu-gâṟti. A loquacious woman (My.).

ಮಾತುಬರಿ mâtubari. Respectable, worthy, trustworthy, honest; respectability, trustworthiness (Mhr., H. ಮಾತಬರ, ಮಾತಬರೀ; My., Br.). ಮಾತುಬರಳು, a respectable woman (My.).

ಮಾತುಲ mâtula. *A maternal uncle.* 2, *the thorn-apple, Datura metel or fastuosa.*

ಮಾತುಲಂಗ mâtulanga. = ಮಾತುಲುಂಗ, ಮಾದಲ, ಮಾದಳ, ಮಾದಾಳ, (ಮಾದಿ 2). The citron tree, Citrus medica Lin., var. proper (ರುಚಕ, ಮಾದಲ Nn. 41; ಮಾದಳ Mr. 112; ರುಚಕ Mr. 523; Bp. 19, 66; 26, 35; 45, 40).

ಮಾತುಲಪುತ್ರಕ mâtula-putraka. The little son of a maternal uncle. 2, *the fruit of the thorn-apple.*

ಮಾತುಲಾನಿ mâtulâni. *The wife of a maternal uncle.* 2, *hemp, Crotolaria juncea* Lin.

ಮಾತುಲಾಹಿ mâtula-ahi. *A kind of variegated snake* (ಕೇರೆ Nr.; see Sl. 77).

ಮಾತುಲಿ mâtulî. *The wife of a maternal uncle.*

ಮಾತುಲುಂಗ mâtulunga. = ಮಾತುಲಂಗ, etc. (Sk.; My.).

ಮಾತುಲುಂಗಕ mâtulungaka. *The citron tree, Citrus medica* Lin., var. proper (ಮಾದೀ ಗಿಡ, ಮಾದಾಳದ ಗಿಡ Sl. 141).

ಮಾತುಶ್ರೀ mâtu-šrî. A respectful compellation for a mother or for an elderly female (My.; Tĕ.; Mhr.).

ಮಾತೃ mâtṛi. = ಮಾತು 2, (ಮಾದಿರಿ, etc.). A measurer; a maker, creator;—a knower, see ಪ್ರ-. 2, *a mother.* 3, *a cow.* 4, *a divine mother, the personified energy of a deity, e. g.* brâhmî, mâhêšvarî, kaumârî, vaishṇavî, vârâhî, indrâṇî, čâmuṇḍî (see ಸಪ್ತಮಾತೃಕೆ).

ಮಾತೃಕ mâtṛika. Maternal; fostered or nourished by; see ದೇವ-, ನದೀ-. 2, = ಮಾತ್ರ.

ಮಾತೃಕೆ mâtṛikĕ. A mother; = ಮಾತೃ No 4, see ಸಪ್ತ-. 2, the 14 svaras and 33 vyanjanas of the alphabet (Kâvy. I, 1a, 7). 3, the first or chief letter of a mantra (Bp. 35, 24). 4, the original from which the copy (putrikĕ) is made (My.; *cf.* ಮಾದಿರಿ).

ಮಾತೃಗಾಮಿ mâtṛi-gâmi. One who has committed incest with his mother. (My.).

ಮಾತೃದೀಕ್ಷೆ mâtṛi-dîkshĕ. A course of austerities (as not shaving the head, abstinence from sexual intercourse, etc.) for the first year after one's mother's death (My.).

ಮಾತೃದ್ರೋಹ mâtṛi-drôha. Treachery or hatred against one's mother (My.).

ಮಾತೃದ್ರೋಹಿ mâtṛi-drôhi. One who hates his mother (My.).

ಮಾತೃಮುಖ mâtṛi-mukha. Mother-faced: *a simpleton.*

ಮಾತೃವಿಯೋಗ mâtṛi-viyôga. The separation from, or death of, a mother (My.).

ಮಾತೃಶಾಸಿತ mâtṛi-šâsita. Guided by one's mother: *a simpleton.*

ಮಾತೃಷ್ವಸೃ mâtṛi-svasṛi. *A mother's sister, a maternal aunt.*

ಮಾತೃಷ್ವಸೇಯ mâtṛi-svasêya. *A mother's sister's son.*

ಮಾತೃಷ್ವಸೇಯಿ mâtṛi-svasêyi. *A mother's sister's daughter.*

ಮಾತೃಷ್ವಸ್ರೀಯ mâtṛi-svasrîya. *A mother's sister's son.*

ಮಾತೃಸೇವೆ mâtṛi-sêvĕ. Waiting on a mother (My.).

ಮಾತೃಹತ್ಯ mâtṛi-hatya. Matricide (My.).

ಮಾತೆ mâtĕ. ಮಾತಾ. A mother, etc. (= ಮಾತೃ; Čh. v. 58; My.). ಮಱೆಯಿಲ್ಲದ ಪಯ್ರೊ ಮಾತೆಯಿಲ್ಲದ ಕೂಸೂ ಸಮ.—ಮಾತೆಯುದನ್ನಾ ಮಮತೆಯಿಲ್ಲ, ನೀತಿಯನ್ನಾ ನಿಯಮವಿಲ್ಲ (Prvs.).

ಮಾತ್ರ mâtra. *Measure, quantity, extent, size, bulk.* 2, *the full or simple measure of anything, the whole, the one thing and no more, the totality.* 3, *as much as.* 4, *nothing but, mere, only, none but.* 5, *a minute portion, a particle, an atom.* 6, a prosodial instant. ವಿಭಕ್ತಿಮಾತ್ರಮಂ ಕಳೆಯೆ (Šmd. 91). ವಿದ್ಯೆ ಬುದ್ಧಿಗಳನ್ನು ದಡ್ಡರು ಮಾತ್ರ ಹಱಿಯುತ್ತಾರೆ (B. 1, 4). ಸಿಟ್ಟು ಬನ್ದಾಗ ಮಾತ್ರ ತನ್ನ ತಡವಿದವರನ್ನು ಚಿವರಿ ಕೊಳ್ಳಲಿಕ್ಕೆ ಉಗುರುಗಳನ್ನು ಹೊಱಗೆ ತೆಗೆಯುತ್ತದೆ (1, 27). ಪಾಪಕ್ಕೆ ಅಂಜುವವರು ಮಾತ್ರ ಯಾರಿಗೂ ಅಂಜುವದಿಲ್ಲ (2, 10). ನಾವಿಬ್ಬರೂ ಕೂಡಿ ಬೇಡ ಬನ್ದಾಗ ಮಾತ್ರ ಹಣ ಕೊಡ ಬೇಕು (4, 7). ಯನ್ತ್ರಗಳ ಮೇಲೆ ಮಸಿಯಿನ್ದ ಗೆರೆಗಳು ಮಾತ್ರ ತೆಗೆಯಲ್ ಪಟ್ಟಿದ್ದವು (5, 169). ಅವರನ್ನು ಎಷ್ಟು ಮಾತ್ರಕ್ಕೂ ನಮ್ಬ ಕೂಡದು (4, 107). ಅಷ್ಟು ಮಾತ್ರ, only that much; ಸ್ವಲ್ಪ ಮಾತ್ರ, just a little; ನೀನು ಮಾತ್ರ; ಅವನ ಮಾತನ್ನು ಎಷ್ಟು ಮಾತ್ರಕ್ಕೂ ನಮ್ಬರು; ಮನುಷ್ಯಮಾತ್ರದವನು; ಸೂರ್ಯನು ಮೂಡಿದ ಮಾತ್ರಕ್ಕೆ ಕತ್ತಲೆ ಓಡಿತು; etc. (My.). ಕಪ್ಪೆ ಕೂಗಿದ ಮಾತ್ರಕ್ಕೆ ಕೆಱೆ ತುಮ್ಬಿತೇ? (Prv.) See Bp. 38, 37; 44, 11; 46, 19; 52, 9.

ಮಾತ್ರಕ mâtraka. = ಮಾತ್ರ, *at the end of compounds.*

ಮಾತ್ರತ್ರಯ mâtra-traya. Three prosodial instants or their prosodial time (ಪ್ಲುತ Kâvy. I, 1a, 10. 11).

ಮಾತ್ರಾಗಣ mâtrâ-gaṇa. A peculiar metrical foot of a number of prosodial instants, a mora-foot (Čh.).

ಮಾತ್ರಾಛನ್ದಸ್ mâtrâ-čhandas. A metre consisting of mâtrâ-gaṇas, a mora-metre (Čh.).

ಮಾತ್ರಾಪಿಣ್ಡ mâtrâ-piṇḍa. A kind of metrical combination (Čh.).

ಮಾತ್ರಾರ್ಯೆ mâtrâ-âryĕ. The ârya mora-metre (Čh.).

ಮಾತ್ರೆ mâtrĕ. ಮಾತ್ರಾ. *Measure, quantity, size.* 2, *a small quantity, a particle, an atom.* 3, *substance, property, wealth.* 4, *materials, goods, requisites, household furniture* (ಗೃಹಮುಟ್ಟು, ಮನೆಯ ಮುಟ್ಟುಗಳು Nn. 157). 5, a load, a burden (ಪೊಱೆ, ಹೊಱೆ 157). 6, a prosodial instant, the length of time required to pronounce a short syllable, a mora (Čh.; ಅಕ್ಷರವಿಶೇಷ, ಅಕ್ಷರಂಗಳ ಎಣಿಕೆ 157; Šmd. 19). 7, a line (ರೇಖೆ, ಗೀಱು 157);—the oblique line raised upon the horizontal limb of the nâgarî characters, conveying the power of the vowels ê and ô (Mhr., Sk.). 8, a medicinal preparation of metals (Mhr.); a pill (My.). ಅನನ್ತಯ್ಯನ ಮಾತ್ರೆ ವೈಕುಣ್ಠ ಯಾತ್ರೆ.—ಯಾತ್ರೆಗೆ ಹೋದಾಕ್ಷಣ ಮಾತ್ರೇ ಗುಣ ತಿಳಿದೀತೇ?—ಮಾತ್ರೆಯ ಒನ್ದು ಸುತ್ತಿಗೆ (for a turn in triturating) ಒನ್ದು ವರಹಾ.—ಮಾತ್ರೆ ನುಂಗುವದಕ್ಕೆ ಗೋತ್ರ ಬೇಕೇ? (Prvs.).

ಮಾತ್ರೆವೃತ್ತ mâtrĕ-vṛitta. A vṛitta (metre) consisting of moras (Mr. 366).

ಮಾತ್ಸರ್ಯ mâtsarya. (fr. ಮತ್ಸರ). Envy, jealousy, malice. (My.).

ಮಾಥ mâtha. Churning, stirring; killing. 2, a road. See ಉನ್-; ಪ್ರಮಾಥಿ.

ಮಾದ mâda. 1. (= ಮದ). Drunkenness, intoxication, stupor. 2, *joy, delight.* 3, pride, passion.

ಮಾದ mâda. 2. (Tbh. of ಮಹಾದೇವ). N. (My.). — ಮಾದಣ್ಣ. -ಅಣ್ಣ. N. (Bp. 47, 69; see ಚಿಕ್ಕ-). — ಮಾದಯ. -ಅಯ. N. See ಚಿಕ್ಕ-. — ಮಾದರಸ. -ಅರಸ. N. (Bp. 20, 2; 47, 24; see ಸಕಲೇಶ-, ಸಕಲೇಶ್ವರಸ-). — ಮಾದರಸಯ್ಯ. -ಅಯ್ಯ. N. (Bp. 36, 10; 47, 59).

ಮಾದಣ್ಡೆ mâdaṇḍĕ. O. r. of ಮಾನ್ದಡೆ, q. v.

ಮಾದರ mâdara. (= ಮೇದರ, etc.). N. (Bp. 15, 26; 56, 50). — ಮಾದರಚನ್ನ. N. (Bp. 47, 37). — ಮಾದರಚನ್ನಯ. -ಅಯ. N. (Bp. 33, 16). — ಮಾದರದೂಡಯ. N. (Bp. 56, 51). — ಮಾದರದೊಡಿದೇವ. N. (Bp. 56, 54). — ಮಾದರದೂಡಿ ದೇವಯ್ಯ. -ಅಯ್ಯ. N. (Bp. 58, 5).

ಮಾದರಿ mâdari. = ಮಾದಿರಿ, etc. (My.).

ಮಾದಲ mâdala. Tbh. of ಮಾತುಲಂಗ. (ಬೀಜಪೂರ, ಮಾತುಲುಂಗ ಕ, etc. Nr.; ರುಚಕ, ಮಾತುಲಂಗ Nn. 41; ಮಾತುಲಂಗ Mr. 112; My.). See ಅರೆ-.

ಮಾದಲಾಮ್ಬೆ mâdalâ-ambĕ. N. (Bp. 3, 86).

ಮಾದಲು mâdalu. (= ಮಾದಲ). See ಅರೆ-.

ಮಾದಲೆ mâdalĕ. ಮಾದಲಾ. N. (Bp. 5, 49).

ಮಾದವಿ mâdavi. (Tbh. of ಮಾಧವಿ?). = ಮಾಲವತಿ (Čt. I, 32).

ಮಾದಳ mâdaḷa. = ಮಾದಲ. (ಮಾತುಲಂಗ Mr. 112; ಫಲಪೂರ, ಬೀಜಪೂರ G.; Rśv. 8, 11; J. 3, 34; My.). See ದೇವ-.

ಮಾದಾನಿ mâ-dâni. Tbh. of ಮಹಾದಾನಿ, q. v. (My.).

ಮಾದಾಯಿ mâda-âyi. N. (Bp. 2, 49).

ಮಾದಾಳ mâdâḷa. = ಮಾದಳ. (ಮಾತುಲುಂಗಳ, ಮಾದಿ Śi. 141; ಮಾತುಲಂಗ, ಮಾತುಲುಂಗಕ G.; My.).

ಮಾದಿ mâdi. 1. Intoxicating; gladdening (Sk.).

ಮಾದಿ mâdi. 2. = ಮಾದಲ. (Tĕ.; see Śi. s. ಮಾದಾಳ). 2, = ಮಾದ 2-ಅಯ. — ಮಾದಿರಾಜ. N. (Bp. 2, 46; 9, 44; 19 sum.; 20 sum.; 47, 4. 6. 48; 61, 65. 73). See ಮಣ್ಡಿಗೆ-. — ಮಾದಿ ರಾಜಯ್ಯ. -ಅಯ್ಯ. N. (Bp. 47, 54. 68. 69; 61, 9).

ಮಾದಿಗ mâdiga. (Tbh. of ಮಾತಂಗ). = ಮಾದಗ. A cobbler, a chuckler, an outcast (My.; Tĕ.; ಶ್ವಪಚ, ಮಾತಂಗ Mr. 379; Bp. 57, 37). ಮಾದಿಗರವನ ಎಲೆ (ಚಾಣ್ಡಾಲೀ, etc. Śi. 344). ಆದಿಯಾ ದೈವವಂ ಭೇದಿಸಲಿಕಜ'ಯದೇ, ಹಾದಿಯಾ ಕಲ್ಲಿಗೆಡೆ ಮಾಡಿ, ನಮಿಸುವ ಮಾದಿಗರ ನೋಡು! (Sp.). ಹೊಲೆಯ ಮಾದಿಗರುಣ್ಣ ತೊಗಲಿಟ್ಟ ತೊಗಲೊಳು ಕುಲಜರೆಮ್ಬರಿಗುಣಲಾಯಿತು (sitting on it at their meals); ಹೊಲೆಯನ ಕುಲವಾವುದಯ್ಯ? (Sp.). ಮಾದಿಗನ ಮನೇಲಿ ಪರಮಾನ್ನವಿದ್ದರೆ ಹಾದೀಲಿ ಹೋಗೋರಿಗೇನು? — ಮಾದಿಗನ ಮೆಟ್ಟು ಕಚ್ಚುತ್ತದೆ, ನಾದಿಗನ ಕತ್ತಿ ಚುಚ್ಚುತ್ತದೆ. — ಮಾದಿಗನ ಹೊಲಸು ಸಲ್ಲ, ನಾದಿಗನ ಗಾಯ ಸಲ್ಲ (Prvs.).

ಮಾದಿರಿ mâdiri. (fr. ಮಾತೃ in the sense of ಮಾತೃಕೆ No. 4). = ಮಾದರಿ, ಮಾದ್ರಿ 2. The original, as opposed to a copy (My.; Tĕ.); — a pattern, a specimen, a sample (My.; Tĕ., T.).

ಮಾದು mâdu. P. p. of ಮಾಯ್, ಮಾಯು.

ಮಾದುರ mâdura. (Tbh. of ಮಾಧುರ್ಯ). Sweetness: a delicacy or dainty: sauce. ಚೆನ್ನಾಗಿ ಅಟ್ಟ ಮಾದುರ (ಪ್ರಹೇತ, ಉಪಸಮ್ಪನ್ನ); ಒಗ್ಗರಿಸಿದ ಮಾದುರ (ಪ್ರಯಸ್ತ, ಸುಸಂಸ್ಕೃತ); ರಸಮಿಲ್ಲದ ಹಾಗೆ ಅಟ್ಟ ಮಾದುರ (ಪಿಚ್ಛಿಲ, ವಿಜಲ Nr.).

ಮಾದುರಿಯ mâduriya. Tbh. of ಮಾಧುರ್ಯ. — ಮಾದುರಿಯ ಪ್ಪಡೆ. -ಅಂಪಡೆ. To get (or evince) gracefulness (Grj. 2, after 106).

ಮಾದೃಶ mâ-dṛiśa. Like me, resembling me. (My.).

ಮಾದೆ mâdĕ. = ಮಾಲ, q. v. — ಮಾದೆಕಾಕ. = ಮಾಲ-. A raven (ದ್ರೋಣಕಾಕ, ಕಾಕೋಲ Śi. 173).

ಮಾದೆಗ mâdĕga. = ಮಾದಿಗ. (ಪುಲ್ಕಸ, ಮಾತಂಗ, ಪ್ಲವಕ Hlâ.; o. r., for ಪುಲ್ಕಸ, ಪಕ್ಕಸ).

ಮಾದೇವ mâ-dêva. (= ಮಾದ 2). Tbh. of ಮಹಾದೇವ, q. v. (ಉಮೆಯಾಳ್ದ etc. Čt. II, 5; ಶಿವ Kk. 4; ಈಶ್ವರ Śm. 3; C.; see Sp. s. ದೇವ).

ಮಾದೇವಿ mâ-dêvi. Tbh. of ಮಹಾದೇವಿ. (ಪಾರ್ವತಿ Śs.). 2, the chief queen (Čpr. 5, 3; 6, 97).

ಮಾದ್ಯತ್ mâdyat. Intoxicating; gladdening; furious, in rut (Čpr. 6, 97; Abh. P. 15, 9).

ಮಾದ್ರ mâdra. (fr. ಮದ್ರ). Belonging to Madra.

ಮಾದ್ರಿ mâdri. 1. (fr. ಮದ್ರ). N. of the second wife of Pâṇḍu and mother of Nakula and Sahadêva. (Bh. 1, 4, 65).

ಮಾದ್ರಿ mâdri. 2. = ಮಾದಿರಿ, etc. (My.).

ಮಾದ್ರೇಯ mâdrêya. Son of Mâdri, either Nakula or Sahadêva. (J. 2, 54; 5, 5; 33, 3).

ಮಾದ್ರೇಶ್ವರ mâdra-îśvara. Śalya, the king of Madra (Bh. 9, 1, 2. 19).

ಮಾಧವ mâdhava. (fr. ಮಧು). Made of honey; sweet; — honey (ಜೇನ್ Nn. 17). 2, mead, spirituous liquor (ಮದ್ಯ, ಸುರೆ 17; ಮದ Mr. 509). 3, the second month of spring. 4, *the month vaiśâkha* (April-May, ಮಾಸಭೇದ 17; ವೈಶಾಖ 509). 5, the vernal season, spring (from the middle of March to that of May, ವಸನ್ತ, ವಸನ್ತಮಾಸ 17; ವಸನ್ತ 509). 6, *Vishṇu, Kṛishṇa* (ಕೇಶವ, ಕೃಷ್ಣ 17; ಕೃಷ್ಣ 509). 7, Kubêra (ಕುಬೇರ, ಧನಾಧಿಪ 17). 8, a king (ನರಾಧಿಪ, ಅರಸು 17; ಧರಣಿಪತಿ 509). 9, a woman (ಕಾಮಿನಿ, ಸ್ತ್ರೀ 17; ವಧು 509). See Bp. 48, 55; Prv. s. ಎನ್ 2. — ಮಾಧವರಾಯ. Kṛishṇa; N. See Prv. s. ಅಗು 1.

ಮಾಧವಕ mâdhavaka. *Spirituous liquor* (see Śi. 347).

ಮಾಧವಿ mâdhavi. (= ಮಾದವಿ?). Spring-flower: *the creeper Gaertnera racemosa.* 2, clayed or candied sugar. 3, mead. 4, a procuress, a bawd. 5, the earth.

ಮಾಧವೀಲತೆ mâdhavî-latĕ. *Gaertnera racemosa.*

ಮಾಧುರ mâdhura. (fr. ಮಧುರ). Sweetness. 2, mead, spirituous or vinous liquor. (Bp. 11, 13).

ಮಾಧುರ್ಯ mâdhurya. = ಮಾದುರ, ಮಾದುರಿಯ. Sweetness; — pleasantness, gracefulness. 2, kindness, amiability. 3, in rhetoric: the succession of single words in a sentence. (Kâvy. IV, 1, 3; Bp. 1, 19).

ಮಾಧುರ್ಯಾಧೀನ mâdhurya-adhîna. A kind of anuprâsa (Kâvy. III, 3, B, 81 seq.).

ಮಾಧುರ್ಯೆ mâdhuryĕ. = ಮಾಧುರ್ಯ. (ಜೇವಣಿಗೆ Bhn. 139).

ಮಾಧೂಫಲ mâdhûphala. = ಮಧುಫಲ. (Grj. 10, after 61 & 79; Rśv. 10, 2; V. 5, 3).

ಮಾಧ್ಯನ್ದಿನ mâdhyandina. (fr. ಮಧ್ಯನ್ದಿನ). Midday. (My.). 2, middle.

ಮಾಧ್ಯಾಹ್ನಿಕ mâdhyâhnika. (fr. ಮಧ್ಯಾಹ್ನ). Belonging to midday. (My.).

ಮಾಧ್ವ mâdhva. Sweetness. 2, belonging to Madhva's doctrine; an adherent of Madhva. (My.; see ಶ್ರಿಮತ and ಮುದ್ರಾಧಾರಕ).

ಮಾಧ್ವಿ mâdhvi. A kind of spirituous liquor. (R.). 2, = ಮಾಧವಿ No. 1.

ಮಾಧ್ವೀಕ mâdhvika. *A kind of spirituous liquor* (see Si. 347).

ಮಾನ್ mân. = ಮಾ 2, etc. Mango. — ಮಾನ್ದಳಿರ್. -ತಳಿರ್. = ಮಾದಳಿರ್. Young mango leaves (Čpr. 7, after 115; Bp. 11, 26; Rśv. 2, 46).

ಮಾನ mâna. 1. The act of measuring or meting; *measure in general, dimension, magnitude, amount;* computation of time, etc.;—an instrument for measuring, a measure; measure, rule, standard. 2, *a particular measure or weight,* half a sêru (My.; see Mr. s. ಖರ್ವ and ಪಾಗ; see ಬಳ್ಳ; Bp. 23, 4; Si. 63. 329; ಒಮ್-). 3, likeness, resemblance (= ಉಪಮಾನ); proof (= ಪ್ರಮಾಣ). 4, a building, a house (Vedic Sk.; *cf.* ಮನೆ). ಮಾನದಲ್ಲಿ ಆನೆ ಹಿಡಿದೀತೇ? (Prv.). — ಮಾನಕ್ಕಿ. -ಅಕ್ಕಿ. A measure of rice (Bp. 27, 17).

ಮಾನ mâna. 2. Opinion, conception; apprehension (see ದುರ್ಮಾನ). 2, a good opinion of one's self: *conceit, self-reliance, arrogance, pride.* 3, regard for others, paying honour; honour, respect, reverence (My.).—dignity, high rank, respectability (My.). 4, a wounded sense of honour; indignation excited by jealousy, sulkiness, caprice. 5, a kind of sambhôga (Kâvy. IV, 2, 27). 6, the śiśna or yôni (My.). ಮಾನ ಹೋಗದ ಹಾಗೆ ಬಟ್ಟೆ, ಪ್ರಾಣ ಹೋಗದ ಹಾಗೆ ಅನ್ನ.— ಮಾನ ಹೋದ ಮೇಲೆ ಮರಣ ವಾದ ಹಾಗೆ. — ಮಾನ ಹೋದರೂ ಮರಿಯಾದೆ ಹೋಗಲಿಲ್ಲ. — ಮಾನಕ್ಕೆ ಬಾಗಿ ನಿನ್ತರೆ ಬೋನಕ್ಕೆ ತರುವವರು ಯಾರು? — ಪ್ರಾಣಾ ಬಿಟ್ಟರೂ ಮಾನ ಬಿಡ ಬಾರದು. — ಬುದ್ಧಿಯಿಲ್ಲದವನ ಸ್ನೇಹ ಇದ್ದ ಮಾನಕ್ಕೆ ಹಾನಿ (Prvs.). See Prv. s. ಅಡಿಕೆ 3. — ಮಾನ ಕಳೆ. To remove (the) honour (of one's self or others), to deprive of honour, to disgrace (C.; B. 4, 199; 5, 70). ನನ್ನ ಮಾನ ಕಳೆಯುತ್ತೀ! (4, 199). — ಮಾನ ಕಾಯು. To protect (the) honour (of, B. 5, 71). — ಮಾನ ಕೊಡು. To give honour (My.). ಮಾನ ಕೊಟ್ಟು, ಮರ್ಯಾದೆ ತೆಕ್ಕೊಳ್ಳ ಬೇಕು (Prv.). — ಮಾನಗೇಡಿ. -ಕೇಡಿ. A person deprived of his honour or respect, a dishonourable person (B. 3, 72; My.). ಮಾನಗೇಡಿಗೆ ಬುದ್ಧಿಗೇಡಿ ಗೆಳೆಯ (Prv.). See Prv. s. ಮಾನಿಷ್ಠ. — ಮಾನಗೇಡಿತನ. -ಕೇಡಿತನ. A disgraceful condition or state (My.). — ಮಾನಗೇಡು. -ಕೇಡು. Loss of honour or respect, disgrace (My.; ಅವಮಾನ G.; B. 5, 292). — ಮಾನಂಗೆಡಿಸು. -ಂ-ಕೆಡಿಸು. To disgrace; to disgrace one's self (Bp. 21, 36). — ಮಾನ ತೆಗೆ. = ಮಾನ ಕಳೆ. (My.). — ಮಾನ ತೋರಿಸು. To show respect (My.). — ಮಾನ ಮಾಡು. To honour (ಸ ಮ್ಮಾನಿಸು G.; ಅವನಿಗ-, My.). — ಮಾನ ಹೊನ್ದು. To obtain honour, to get respect (My.). ಮಾನ ಹೊನ್ದಿದ (ಸಭಾಜಿತ G.).

ಮಾನಕಂಜರ mâna-kañjara. N. (Bp. 11, 38; 24, 73; 25, 9; 44, 52).

ಮಾನಂಗಿ mânangi. A small well (ಚುಣ್ಡಿ, ಚುರಿ Mr. 422).

ಮಾನಚ್ಯುತಿ mâna-čyuti. Fall from honour: disgrace (My.).

ಮಾನತನ mânatana. Haughtiness, arrogance. 2, honour; dignity (Bh. 1, 12, 5).

ಮಾನತೆ mânatĕ. Sulkiness, moroseness (Abh. P. 4, 98; see ಮಾನ 2, No. 4).

ಮಾನನ mânana. ಮಾನನೆ. = ಮನ್ನಣೆ. The act of honouring, paying honour, showing respect, reverencing. See ಎ-.

ಮಾನನೀಯ mânaniya. To be honoured, deserving honour or respect. (My.).

ಮಾನಪಾನ mâna-pâna. All sorts of honours and presents (Mhr.; B. 5, 291).

ಮಾನಭಂಗ mâna-bhanga. Loss of honour, humiliation; treating with dishonour. (Bp. 40, 73; My.; B. 4, 9; 5, 160).

ಮಾನಭಂಗಿತ mâna-bhangita. Deprived of honour, humiliated (Bp. 52, 19).

ಮಾನಮರ್ಯಾದೆ mâna-maryâdĕ. Respect, regard (My.).

ಮಾನವ mânava. (fr. ಮನು). Descended from man or Manu;—human. 2, *a human being, a man.*

ಮಾನವತಿ mâna-vati. A woman possessing honour, a respectable woman (Bp. 11, 41; 52, 19; My.);—a high-spirited, haughty woman.

ಮಾನವನ್ತ mâna-vanta. A respectable man (My.; B. 5, 47). See Prv. s. ಶಾನಭಂಗ. Feminine ಮಾನವನ್ತೆ (My.).

ಮಾನವಿ mânavi. A woman (Sk.). 2, human (Mhr.; B. 4, 141; My.).

ಮಾನವೇನ್ದ್ರ mânava-indra. A king (Bp. 61, 38).

ಮಾನವೇಶ mânava-iśa. A king (Bp. 22, 42).

ಮಾನವೇಶ್ವರ mânava-iśvara. A king (Bp. 50, 21; 57, 79).

ಮಾನಶೇಷರಸ mâna-śêsha-rasa. The liquid that remains in a measure. See ಅಬ್.

ಮಾನಸ mânasa. 1. (fr. ಮನಸ್). *Belonging to the mind, mental; ideal.* 2, *the mental powers, the mind, the seat or faculty of reason and feeling* (Čpr. 1, 51; Bp. 47, 52; 49, 34; 61, 2; Śśv. 2, 100). 3, N. of a lake in the Himâlaya mountains.

ಮಾನಸ mânasa. 2. = ಮಾನಿಸ. Tbh. of ಮಾನುಷ್ಯ (Śmd. 359). A man (ಮನುಷ್ಯ, ಮಾನುಷ, ಮನುಜ, etc. Hlâ.; Bp. 47, 52); human. ಆನೆ ಕುದುರೆ ಮಾನಸರ ಸಂಘಾತಂ (ಸ್ಕನ್ಧ Hlâ.). ಮಾನಸರಂ ಪುಳ್ಗೆ ಕಪ್ಪಮಾಗೆ ನೆನೆವಂ (Śmd. 159, o. r. ಮಾನಿಸರಂ). See ದೇವಮಾನಸ, ಮರ-. — ಮಾನಸಗಬ್ಬ. -ಕಬ್ಬ. Tbh. of ಮಾನುಷ್ಯಕಾವ್ಯ (Śmd. 381). — ಮಾನಸದೇರ. -ತೇರ. = ಮಾನಿಸದೇರ. (ನಿರುತಿ Kk. 15, o. r. ಮಾನಿಸ-). — ಮಾನಸಪೊತ್ತಗೆ. -ಪೊತ್ತಗೆ. Tbh. of ಮಾನುಷಪುಸ್ತಕ (Śmd. 380).

ಮಾನಸಗಿರಿ mânasa-giri. The mount Kailâsa in the Himâlaya mountains (Bp. 19, 29).

ಮಾನಸಗೋಲ mânasa-gôla. A certain feat of wrestlers (Čpr. 5, 79).

ಮಾನಸಿ mânasi. A woman gifted with a mind (Tbh. of ಮಾನುಷಿ); a woman (Bp. 52, 20).

ಮಾನಸಿಕ mânasika. (fr. ಮಾಣ್). Stopping, cessation (My.).

ಮಾನಸಿಕ mânasika. Mental. (R.).

ಮಾನಸಿಕೆ mânasa-ikĕ. (Śmd. 248, o. r. in Mḍb. ಮಾನಸಿಕೆ). Mental state or condition; the state of having honourable pride or elevated principles and feelings, high-mindedness (Abh. P. 14, 118).

ಮಾನಸೂತ್ರಸ್ಥಾಪನ mâna-sûtra-sthâpana. The placing or laying of a measuring-cord; the act of establishing or causing (a state, etc.) according to measure: representation, delineation. See ಸೂತ್ರಿಸು.

ಮಾನಸೌಕಸ್ mânasa-ôkas. Dwelling on the lake Mânasa. 2, *a wild goose or swan.*

ಮಾನಸೌಕಸ mânasaukasa. Tbh. of ಮಾನಸೌಕಸ್. (ಮಾನಸೌಕಸ್ Mr. 178).

ಮಾನಸ್ಯ mânasya. Mental, fit for the mind. See ಅ-.

ಮಾನಸ್ಥ mâna-stha. A respectable man (My.). Feminines: ಮಾನಸ್ಥಳು, ಮಾನಸ್ಥೆ (My.).

ಮಾನಸ್ಥಾನ mâna-sthâna. The śiśna or yôni, the privities (My.).

ಮಾನಹಾನಿ mâna-hâni. Dishonour (J. 26, 11; My.).

ಮಾನಹೀನ mâna-hîna. Devoid of honour, disgraced (My.). ಮಾನಹೀನಗೆ ಬೇರೆ ಮಾನಹಾನಿ ಆಗುವದುಂಟೇ? (Prv.).

ಮಾನಾಪಹಾರ mâna-apahâra. Taking away one's own or another's honour or good character (My.).

ಮಾನಾಪಹಾರಿ mâna-apahâri. One who takes away or destroys his own or another's honour (My.).

ಮಾನಾಮಿ mâ-nâmi. Tbh. of ಮಹಾನವಮಿ (Śmd. 209). ಮಾನಾಮಿಯ ಸಾಣೆಯಾಯ್ತು ತನುವವಳುವನಾ (209 Mdb.).

ಮಾನಾಯ mâna-âya. The fees in grain which are given to the man who measures the produce of a village (My.).

ಮಾನಿ mâni. Thinking, considering, regarding. 2, an esteemed, respectable person (Bp. 6, 17; B. 5, 267; My.). ಜೇನುಹುಟಿ ಕಚ್ಚುವಾಗ್ಯೆ ಮಾನಿ! ಎನ್ನದರೆ ಬಿಟ್ಟೀತೇ?—ಧ್ಯಾನಿಸಿದವನೇ ಮಾನಿ (Prvs.). See Prv. s. ಸಂಗ 2.

ಮಾನಿತ mânita. Honoured, respected. See Ĉh. v. 18. 283; Kâvy. III, 3, B, 60; Bp. 2, 1; 44, 20; 58, 33; ಅವ-.

ಮಾನಿನಿ mânini. *An angry or disdainful woman or one offended with her lover.* 2, a respectable woman (see Sp. s. ನಾಡ ಮಾತು, & ಶ್ರೀ-).

ಮಾನಿಷ್ಠ mânishṭha. Very highly honoured or esteemed (My.). ಮಾನಿಷ್ಠರು ಮಾನಕ್ಕೆ ಅಂಜವರೆ ಮಾನಗೇಡಿ ತನಗೆ ಅಂಜದರು ಅಷ್ಟ (Prv.).

ಮಾನಿಸ mânisa. = ಮಾನಸ 2. (Bp. 28, 29; Bh. 1, 10, 18; 2, 4, 6; 3, 13, 16). ಬೊಪ್ಪಿಗೆಯ ಮಾನಿಸಂ (Śmd. 162, o. r. ಮಾನವಂ). ಆನೆ ಕುದುರೆ ಮಾನಿಸರ ಸಂಘಾತ (ಸ್ಕಂಧ Mr. 476). See ಅರೆವಾನಿಸ, ಪಡಿವಾನಿಸ. — ಮಾನಿಸದೇರ. -ತೇರ. = ಮಾನಸ-. (ಕೊನ್ನಗೆಯ್ಯು, ಪಿಚ್ಚವಣಿಗ, ನಿರುತಿ Śm. 12, 13). — ಮಾನಿಸವರಿಜು. -ವರಿಜು. A human form (though a god): a Brâhmaṇa (ಪಾರುವ Ĉt. I, 69, o. r. ಪಾರಿವ).

ಮಾನಿಸು mânisu. To measure, to mark off, to form, to make. 2, to conceive, to think, to opine. See ಅನು-; ತೀರು-. 3, to honour (My.).

ಮಾನುವೆ mânuvĕ. A kind of grass. See Mr. s. ಸೀತೆ.

ಮಾನುಷ mânusha. Human;—*a human being, a man* (ಮಾನವ Ĉt. II, 92). 2, humanity;—human action or effort. See ಅ-.

ಮಾನುಷಪುಸ್ತಕ mânusha-pustaka. = ಮಾನಸಪೊತ್ತಗೆ. A human book.

ಮಾನುಷಿ mânushi. (= ಮಾನಿಸಿ). A woman.

ಮಾನುಷ್ಯ mânushya. = ಮಾನಸ 2, ಮಾನಿಸ. Human;—a man (not Sk.);—humanity, human nature. See ನಿರ್ಮಾನುಷ್ಯ.

ಮಾನುಷ್ಯಕ mânushyaka. Human;—human nature. 2, *a multitude of men.*

ಮಾನುಷ್ಯಕಾವ್ಯ mânushya-kâvya. = ಮಾನಸಗಬ್ಬ. Human poetry.

ಮಾನುಷ್ಯಭವ mânushya-bhava. Coming from a man; human birth (Bp. 3, 28).

ಮಾನೆ mânĕ. (= ಮಾನ 1). A standard or model, a copy (written by a teacher at the head of a page) to write from (My.). — ಮಾನೆ ತಿದ್ದು. To draw the pen over the mânĕ as an exercise (My.).

ಮಾಂತ ma-anta. A term ending in ಮ (ಮ್, Śmd. 318).

ಮಾಂತ್ರಿಕ mântrika. (fr. ಮಂತ್ರ). One who recites mantras; one conversant with spells or incantations; an enchanter, a conjurer, a sorcerer. (Bp. 38, 64; 55, 17; B. 4, 107; My.).

ಮಾಂದಡೆ mândaḍĕ. That which does not stop, cease, etc. (ಮಾಣದು Śmd. II, Kk. 82; in both o. r. ಮಾದಡ್ಡೆ).

ಮಾಂದಿಸು mândisu. To cause to stop or cease (Ĉpr. 6, 84).

ಮಾಂದು mându. (fr. ಮಾಣ್). To stop, to cease (Ĉpr. 10, 107);—to stop, to ward off, to check, etc. (ಪ್ರತಿಷೇಧ Śmd. Dh.; o. r. ಪ್ರಸಿದ್ಧ, probably a mistake for ಪ್ರತಿಷಿದ್ಧ).

ಮಾಂದುರಿಗ mânduriga. O. r. of ಮಂದುರಿಗ, q. v.

ಮಾಂದ್ಯ mândya. (fr. ಮಂದ). Slowness, sluggishness; laziness (ಸ್ವೈರ Nn. 101; Ĉpr. 3, 33; J. 2, 7). 2, stupidity, torpor;—apathy;—weakness. 3, *indisposition, illness, sickness* (ರೋಗ, etc. Mr. 384); apepsy (My.). — ಮಾಂದ್ಯಕಟ್ಟು. -ಕಟ್ಟು. Apepsy (My.).

ಮಾಂಧಾತ mândhâta. Tbh. of ಮಾಂಧಾತೃ (Śmd. 104; Râm. 1, 16, 23; Bhâgavata 9, 6, 26. 27). ಮಾಂಧಾತನ ದೊರೆಯಪ್ಪ ವೀರರುಂ ಚಾಗಿಗಳುಂ (Śmd. 104, o. r. --ಧೀರರುಂ).

ಮಾಂಧಾತೃ mândhâtṛi. N. of a king, son of Yuvanâśva.

ಮಾನ್ಯ mânya. = ಮನ್ನೆಯ. To be respected, respectable, honourable, venerable (Bp. 24, 18; 55, 36); acceptable (B. 3, 53); a respectable man. 2, a ruler, a king (ಚಕ್ರವರ್ತಿ, ಮಾನ್ಯನಪ್ಪವನು Nn. 145). 3, an honourable state, honour (My.); a privilege (Mhr. ಮಾನ); the privilege of going unpunished the whole day for coming early to school (My.). 4, land either liable to a trifling quitrent, or altogether exempt from tax (My.; Tĕ., M.; T. ಮಾನಿಯ; see ನೆತ್ತರು-, ಬಟ-, ಸರ್ವ-). ಮಾನ್ಯದೊಕ್ಕಲ್ (Śmd. 203). ಧಾನ್ಯಧನವಾಗದೇ ಮಾನ್ಯ ಪೂಜ್ಯನಾಗನೇ?—ಧಾನ್ಯ ಹೆಚ್ಚಿದವಗೆ ಮಾನ್ಯ ಬರುವದು.—ಮಾನ್ಯ ಮಾನ್ಯರೆಲ್ಲ ಮಣ್ಣು ಮುಕ್ಕುವಾಗ ಡೊಣ್ಣೆಕಾತ ತಲೆ ಹಾಕುತ್ತಿತ್ತು (Prvs.). 5, the complimentory forms of address in letters (ಒಕ್ಕಣಿಕೆ, ಪತ್ರದಲ್ಲಿ ಬರೆಯುವ ಮಾನ್ಯ G.; Mhr., H. ಮಾನಾ). 6, assent (ಒಡಮ್ಬಡಿಕೆ G.).

ಮಾನ್ಯಗಾರ mânya-gâra. A man holding a mânya, an incumbent, a prebend (My.; Tĕ. ಮಾನ್ಯಗಾಡು).

ಮಾನ್ಯೆ mânyĕ. An honourable woman (Śmd. 174). 2, = ಮಾನ್ಯ No. 6 (B. 5, 67. 78. 162).

ಮಾಪಣ mâpaṇa. Lessening; injuring. See ಪ್ರಮಾಪಣ. 2, measuring; forming, making. See ನಿರ್ಮಾಪಣ.

ಮಾಪತ ma-pata. Tbh. of ಮಹಾಪಥ, q. v.

ಮಾಪತ್ಯ mâpatya. *Kâma.*

ಮಾಪಳ mâ-paḷa. Tbh. of ಮಹಾಫಲ. Citrus medica Lin. (My.). See ಅರೆ-.

ಮಾಪಾತಕ mâ-pâtaka. Tbh. of ಮಹಾಪಾತಕ, q. v.

ಮಾಪಿ mâpi. 1. Determined by measure of capacity (Mhr.); measure; measuring (My., in ಮಾಪಿ ಮಾಡು, to measure). — ಮಾಪಿಜಿನಿಸು. Articles of capacity (not of weight, My.).

ಮಾಪಿ mâpi. 2. = ಮಾಫು, q. v. (My.).

ಮಾಪಿಳ್ಳೆ mâpiḷḷĕ. A Moplah (My.).

ಮಾಪುರಾತನ mâ-purâtana. A great purâtana (Bp. 37, 40).

ಮಾಪುರುಷ mâ-purusha. Tbh. of ಮಹಾಪುರುಷ, q. v.

ಮಾಫಕು mâphaku. Agreeable unto, conformable, suitable (My.; Mhr., H.).

ಮಾಫು mâphu. = ಮಾಪಿ 2. Pardoned (My.; Mhr., H.); remission (as of tax, etc.), abatement; pardon, excusing (My.; Br.; Mhr., H. ಮಾಫೀ); gratis (My.).

ಮಾಮ್ mâm. = ಮಾ 2, etc. — ಮಾಮ್ಬರಲ್ಮಿಡಿ. -ಪರಲ್-. = ಮಾಮಿಡಿ. (Čpr. 7, 110).

ಮಾಮ mâma. = ಮಾವ. Mine, my. 2, an uncle (Sk.; Mhr. ಮಾಮಾ, a maternal uncle). See ಚನ್ದ-.

ಮಾಮಲ mâmala. = ಮಾಮಲೆ. (My.). — ಮಾಮಲದಾರ. = ಮಾಮಲೆದಾರ. (My.).

ಮಾಮಲೆ mâmalĕ. The office of a Mâmalĕdâra (My.; Mhr., H. ಮಾಮಲಾ).

ಮಾಮಲೆದಾರ mâmalĕ-dâra. An officer who collects the revenues of a talook (My.; Mhr., H. ಮಾಮಲತ್ದಾರ).

ಮಾಮಸಕ mâ-masaka. See s. ಮಾ 1.

ಮಾಮಲೇದಾರ mâmalê-dâra. = ಮಾಮಲೆದಾರ. (My.; B. 4, 146; Čb. 43).

ಮಾಮೂಲ್ mâmûl. Usual, ordinary; — custom, usage (My.; Br., Mhr., H.; Si. 104); prescription (in law).

ಮಾಯ್ mây. ಮಾಯು. = ಮಾಽ್, etc. (To grow dim), to be hidden (as to the true form, Čpr. 5, 10), to disappear (as colour, Bp. 27, 5), to cease (as the bustle of business, 21, 16; as the excessive current of a river, 32, 35; as breath, 35, 34), to pass away (as the rainy season, Bh. 8, 26, 1); — to be healed or cured (as blows, Bp. 52, 20; as wales, B. 5, 222; as wounds, My.); — to desist from (Bp. 56, 21); — to abandon (58, 30. 64; 60, 44). P. ps. ಮಾದು, ಮಾಯ್ದು; 3rd person neuter imp. ಮಾದಿತು, ಮಾಯಿತು (My.). — (T. ಮಾಯ್, ಮಾಜ್ಗು, to die, see s. ಮಾಜು 1).

ಮಾಯ mâya. (Šmd. 25). Tbh. of ಮಾಯೆ. (Čpr. 7, 108; Bp. 24, 68; 31, 8; My.). Also: disappearance, vanishing (My.; see ಮಾಯ್). ಮಾಯದಮ್ಮು (Abh. P. 9, 68). — ಮಾಯಜಡ. Foolish through illusion (V. 87, 54). — ಮಾಯಜೋಗಿ. A trick-player, a villain (Abh. P. 16, 7). — ಮಾಯಮಾಗು. -ಆಗು. = ಮಾಯವಾಗು. (Čpr. 4, 87; 5, 6). — ಮಾಯ ಮಾಡು. To cause to disappear, to conceal (Bp. 27, 68; My.). 2, to cheat, to deceive (My.). ಮಾಯ ಮಾಡುವವರಿಗೆ ಮಾರಿ ಬಲ್ಲಳು (Prv.). — ಮಾಯವಾಗು. -ಆಗು. To disappear, to vanish (Bp. 44, 16; 53, 18; My.).

ಮಾಯಕ mâyaka. (= ಮಾಯಿಕ). (ಮಾಯಾವಿ, ಮಾಯಿ, ಮಾಯೆಗೆಯ್ವಂ Mr. 227). ತುತ್ತು ಮುಕ್ಕಿ ಕೊಣ್ಡು, ಮಾಯಕವಾಯಿತೆನ್ದ (Prv.).

ಮಾಯಕಾತಿ mâya-kâti. A woman who is full of deceit or who practices witchcraft (J. 9, 22; Dp. 59, 5).

ಮಾಯಕಾಱ mâya-kâṟa. = ಮಾಯಗಾಱ. (Č. Bp. 20, 25).

ಮಾಯಗಾತಿ mâya-gâti. = ಮಾಯಕಾತಿ. (Bh. 1, 9, 11; My.).

ಮಾಯಗಾಱ mâya-gâṟa. A deceiver (My.); a juggler, a sorcerer (My.).

ಮಾಯವಾದ mâya-vâda. Untruth, falsehood (Dp. 19, 4).

ಮಾಯವಾದಿ mâya-vâdi. A liar (Dp. 167, 2).

ಮಾಯವಿದ್ಯೆ mâya-vidyĕ. Jugglery, sorcery, witchcraft (My.).

ಮಾಯಾಕಾರ mâyâ-kâra. *A conjurer, a juggler.*

ಮಾಯಾಂಗಣಿ mâyâ-aṅgaṇi (*i. e.* aṅganĕ). A deceitful woman (My.).

ಮಾಯಾಜೀವಿ mâyâ-jîvi. Living by jugglery: a juggler. (R.).

ಮಾಯಾದೇವಿ mâyâ-dêvi. *N. of the mother of the Buddha or Šâkyamuni.* 2, Durgâ (B. 5, 49).

ಮಾಯಾದೇವೀಸುತ mâyâdêvî-suta. *Šâkyamuni.*

ಮಾಯಾನ್ತಕ mâyâ-antaka. Šiva (V. 31, 43).

ಮಾಯಾಪಾಶ mâyâ-pâša. The fetters of illusion (Dp. 20, 1). ಕಾಯಾಪಾಶ ಬಿಡಿಸ ಬಹುದು, ಮಾಯಾಪಾಶ ಬಿಡಿಸ ಕೂಡದು (Prv.).

ಮಾಯಾರಾಣಿ mâyâ-râṇi. Kâlî (ಕೃಷ್ಣಾಂಗಿ Mr. 15).

ಮಾಯಾರಿ mâyâ-ari. An enemy of illusion or deceit (Bp. 47, 2; 50, 78; V. 32, 4).

ಮಾಯಾವತಿ mâyâ-vati. A woman possessing powers of illusion or employing deceit. 2, N. of the wife of Pradyumna (J. 33, 42).

ಮಾಯಾವಾದ mâyâ-vâda. The doctrine of non-duality as taught by Šaṅkarâčârya and his followers (My.).

ಮಾಯಾವಾದಿ mâyâ-vâdi. Šaṅkarâčârya, and his adherents (My.).

ಮಾಯಾವಿ mâyâ-vi (*i. e.* -ವಿನ್). *Possessing magical powers; employing deceit; illusory, creating illusions;* a magician, a conjurer, a juggler (ಮಾಯಕ Mr. 227).

ಮಾಯಿ mâyi. 1. Possessing illusive or magical powers; *illusory, unreal, deceptive, subject to mâyâ; — a juggler; a cheat* (ಮಾಯಕ Mr. 227). 2, magical art; deceit (see ಮಟ-). 3, Brahmâ; Šiva; Agni; Kâma. — ಮಾಯಿದೇವ. N. (Bp. 58, 10; Râv. 1, 17). — ಮಾಯಿದೇವಯ್ಯ. -ಅಯ್ಯ. N. (Bp. 37, 7). — ಮಾಯಿದೇವಿ. N. (Bp. 11, 48; 59, 6). — ಮಾಯಿಭಟ್ಟ. N. (Bp. 9, 48; 58, 1).

ಮಾಯಿ mâyi. 2. A mother (My.; H.; Mhr. ಮಾಯ). See Prv. s. ಬೆಲ್ಲ.

ಮಾಯಿಕ mâyika. (= ಮಾಯಕ). *Illusory, creating illusion; deceitful, deceptive;* — a juggler; a cheat. — ಮಾಯಿಕಮಾಯಿಕ. The greatest magician: Šiva (Bp. 61, 15).

ಮಾಯಿಣಿ mâyiṇi. = ಮಾಗಿಣಿ. N. of a plant (ಗೋವನಲ್ಲಿ, ಮಾಗಿಣಿ Mr. 131).

ಮಾಯಿಸು mâyisu. = ಮಾಚು, ಮಾಜು 1, etc., ಮಾಣಿಸು. To cause to disappear (see ಮಟ-); to heal (v. t.), as a wound (My.).

ಮಾಯು mâyu. = ಮಾಯ್ q. v., etc. To heal (v. i.). P. p. ಮಾದು (My.). ಮಾಯುವದು (My.). See Prv. s. ಬೆಂಕಿ.

ಮಾಯು mâyu. *Sounding, crying, roaring,* etc. 2, *gall, bile.*

ಮಾಯೂರ mâyûra. (fr. ಮಯೂರ). *A flock of peacocks.*

ಮಾಯೆ mâyĕ. ಮಾಯಾ. = ಮಾಯ. Art, wisdom; wonderful power. 2, *illusion, trick, artifice, deceit, deception, fraud; jugglery, sorcery, witchcraft,* decoy (ಮಚ್ಚು Mr. 380); wickedness, villany. 3, an illusory image or apparition, phantasm, phantom, anything unreal, anything which deceives the sight. 4, philosophical illusion, idealism, unreality. 5, illusion personified: Durgâ, etc.; N. (see s. ಅರಳೆಲೆ); N. of a city. ಕಾಯವನ್ನು ನಮ್ಬದಿರು, ಮಾಯೆಗೆ ಮರುಳಾಗದಿರು, ಸ್ತ್ರೀಯರನ್ನು ಕಣ್ಣು ನೀನು ಬಯಸ ಬೇಡ! (Dp. 34). ತನ್ನ ತಾನರಿವವನ ಮುನ್ನ ಹೊದ್ದದು ಮಾಯೆ, ಉನ್ನತವಪ್ಪ ಗಜವೇರಿ ಬಪ್ಪವನು ಕುನ್ನಿಗಂಜುವನೆ? (Sp.). — ಮಾಯೆಗೆಯ್. To practice illusion or deceit, etc. ಮಾಯೆಗೆಯ್ವಂ (ಮಾಯಕಂ Mr. 227).

ಮಾರ್ mâr. = ಮಾರು. The measure of a man with extended arms (across the chest), a fathom (ವ್ಯಾಮ Nr.; ವ್ಯಾಮ, ನ್ಯಗ್ರೋಧ Nr.; My.; M. ಮಾರ್, ಮಾಱು; Tĕ. ಬಾರೆ; T. ಮಾರ್, the breast, bosom; ಮಾರ್ಬು, the human breast; breadth). ನೂಱು ಮಾರ ಅಳತೆಯ ಬಟ್ಟೆ (ಘೋಟ್ಟಾಪಥ, ಸಂಸರಣ Nr.).

ಮಾರ mâra. (= ಮಾರಿ). N. (Šmd. 95; My.). See ನಿಡು-, ಮೋಳಿಗೆ-. — ಮಾರಬಯ (-ಬೋಯಿ). N. See Prv. s. ಮಬ್ಬು. — ಮಾರಪ್ರಭು. N. (Bp. 30, 30). — ಮಾರಯ. -ಅಯ. N. (Bp. 30 sum.). — ಮಾರಯ್ಯ. -ಅಯ್ಯ. N. (Bp. 9, 41; 30, 29. 31; see ಅಕ್ಕ-, ಎಳೆಯ ಬಂಗುಳಿಯ-, ಮೋಳಿಗೆಯ-). — ಮಾರವಿಭು. N. See ಮೋಳಿಗೆ-.

ಮಾರ mâra. Killing, destroying, slaying. 2, death, pestilence. 3, hindrance, impediment, opposition (*cf.* ಮಾಱು). 4, *Kâma.* 5, the evil one, the devil (with Buddhists). 6, a parasitical plant (ತರುರುಹ, ಬನ್ದಣಿಕೆ Mr. 142).

ಮಾರಜಿತ್ mâra-jit. Conqueror of the devil: *a Buddha.*

ಮಾರಣ mâraṇa. *Killing, slaughter;*—being killed, destruction. 2, a magical ceremony having for its object the destruction of an enemy. ಕಾರಣವಿಲ್ಲದ ಕಾರ್ಯವಿಲ್ಲ, ಮಾರಣವಿಲ್ಲದ ಮಾಟವಿಲ್ಲ.—ಪುರಾಣಾ ತಿಳಿದರೂ ಮಾರಣ ಬಿಡಲಿಲ್ಲ (Prvs.).

ಮಾರಣಹೋಮ mâraṇa-hôma. An oblation into the fire made with the object of killing an enemy (My.).

ಮಾರಮರ್ದನ mâra-mardana. Šiva (Bp. 43, 1).

ಮಾರಮಾರಣ mâra-mâraṇa. Šiva (Bp. 37, 47).

ಮಾರವ mârava. (fr. ಮರು). Belonging to a region that is destitute of water.

ಮಾರವಕೂಪ mârava-kûpa. A well in a mârava region (V. 3, 61).

ಮಾರವಳಿ mâravaḷi. = ಮಾರವಾಳಿ, (ಮಾರುಳಿ). — ಮಾರವಳಿಹುಲ್ಲು. A fragrant grass, Andropogon shoenanthus Lin. (ಮಾಲಾತೃಣಕ, ಭೂಸ್ತೃಣ, ಇದಬೆನ್ದ ಬಹಳ ಸಾಪೆಗಳನ್ನು ಮಾಡುತ್ತಾರೆ Si. 165).

ಮಾರವಾಡಿ mâravâḍi. A native of Mâravâḍa or Marvar (My.; Mhr.).

ಮಾರವಾಳಿ mâravâḷi. = ಮಾರವಳಿ. — ಮಾರವಾಳಿಹುಲ್ಲು. Several kinds of fodder-grass of the genus Andropogon, as A. scandens Roxb., A. mollicomus Kunth., etc. (Z.; see ದೊಡ್ಡ-).

ಮಾರವೈರಿ mâra-vairi. Šiva (Bp. 40, 81; 55, 54).

ಮಾರಹರ mâra-hara. Šiva (Bp. 22, 5). 2, sign for a long syllable (Čh.).

ಮಾರಾಮಾರಿ mârâmâri. Mutual fighting or beating (My.; Br., Mhr., H.).

ಮಾರಾರಿ mâra-ari. Šiva (Bp. 6, 26; 42, 10; V. 32, 4).

ಮಾರಿ mâri. Killing, slaying;—ruin. 2, any deadly disease, a plague, an epidemic, pestilence; the cholera (B. 5, 205). 3, the goddess of death: Durgâ, Čâmuṇḍi (Čpr. 5, 79). 4, N. ನಾರಿ ಪರಪುರುಷರಿಗೆ ಮಾರಿ, ನಾರಿ ಸ್ವರ್ಗಕೆ ದಾರಿ, ನಾರಿ ಸಕಲರಿಗೆ ಹಿತಕಾರಿ; ಮುನಿದರೆ ನಾರಿಯೇ ಮಾರಿ (Sp.). ಮಾರಿಯ ಕಣ್ಣು ಹೋತನ ಮೇಲೆ.—ಮಾರಿಯ ಮನೆಗೆ ಹೋತ ಕನ್ನ ಕೊರೆದ ಹಾಗೆ.—ಮನೆಗೆ ಮಾರಿ, ಪರರಿಗುಪಕಾರಿ.—ಮಾಯ ಮಾಡುವವರಿಗೆ ಮಾರಿ ಬಲ್ಲಳು.—ಅತ್ತಿತ್ತಲ ಮಾರಿ ಬನ್ದು, ಅತ್ತೆಯ ಬಡು ಕೊಣ್ಡು ಹೋಗಲಿ! ಎಮ್ಬನ್ತೆ.—ಊರಿಗೆ ಬನ್ದ ಮಾರಿ ಉಣ್ಣಲ್ಲದೇ ಹೋಗದು.—ಕೇಳದ ಕಿವಿ ಊರಿಗೆ ಮಾರಿ ತನ್ದು.—ಜಾರೆಗೆ ನೀತಿಯಿಲ್ಲ, ಮಾರಿಗೆ ಕರುಣವಿಲ್ಲ.—ತನಗೆ ಇಲ್ಲದ ಮಾರಿ ತಮ್ಮಡಿಗೆ ವರಾ ಕೊಟ್ಟೀತೇ?—ತಾಯಿ ಮಾರಿಯಾದರೆ ತರಳನೆಲ್ಲಿ ಹೋದಾನು?—ತೂಱುವಾಗ್ಯೆ ಹಾಱದ್ದೆಲ್ಲ ಮಾರೀ ಪಾಲು.—ನಾರಿಯಾಗಿ ಸಮ ನಡೆಯುದಿದ್ದವಳೇ ಮಾರಿ.—ನೆಣ್ಟ, ನೆಣ್ಟಗೆ ಮಾರಿ, ಕುಣ್ಟೆತ್ತು ಹೊಕ್ಕಲಕ್ಕೆ (or ಹೊಲಕ್ಕೆ) ಮಾರಿ (Prvs.). See Bp. 6, 10; Bh. 1, 8, 31; ತಲೆ-, ಪೆರ್-, ಮುಡುಗು-, ಮೆಯ್-, ಹೆಮ್-; Prv. s. ಅವುಡು 2. — ಮಾರಮ್ಮ. -ಅಮ್ಮ. = ಮಾರಿ Nos. 2-4. ಮಾರಮ್ಮನಿಗೆ ಗಣ್ಡನಿಲ್ಲ, ಬೀರಿಹೇವರಿಗೆ ಹೆಣ್ಡತಿಯಿಲ್ಲ (used of unchaste widows).—ಎಲ್ಲರೂ ಹೆಣ್ಣು ಹೆತ್ತರೆ ಮಾರಮ್ಮ ಮರಿಗೆ ಹೆತ್ತಳು (Prvs.). — ಮಾರಿಗುತ್ತ. -ಉತ್ತ. = ಮಾರಿರೋಗ. (Abh. P. 14, after 49). — ಮಾರಿಜಡ. = ಮಾರಿರೋಗ. (My.). — ಮಾರಿದೇವ. N. (Bp. 30, 31; 36, 58; see ಮೋಳಿಗೆ-). — ಮಾರಿಯ ಮೂರಿ. The destroying deity called Mârî. ಕಡೆಗಾಲದ ಮಾರಿಯ ಮೂರಿಯನ್ತೆ (Abh. P. 4, 38). ಪ್ರಲಯಕಾಲದ ಮಾರಿಯ ಮೂರಿಯನ್ತೆ (13, 119). — ಮಾರಿಯುಪದ್ರ. -ಉಪದ್ರ. The cholera (My.). — ಮಾರಿರೋಗ. The cholera (My.; Si. 295). ಮಾರಿರೋಗ ತಗಲು or ಬೀಳು (My.). — ಮಾರ್ಯಮ್ಮ. = ಮಾರಮ್ಮ. ಮಾರ್ಯಮ್ಮ ಆಡಿಯದ ಕೋಣವೇ? (Prv.).

ಮಾರಿಕಾ mârikâ. A plague, a pestilence. — ಮಾರಿಕಾಉಪದ್ರ. The cholera (My.; Ôb. 161). — ಮಾರಿಕಾರೋಗ. The cholera (B. 5, 64).

ಮಾರಿಷ mârisha. = ಮಾರ್ಷ. *An honourable man;*—the manager or one of the principal actors (in dramatic language, ನರ್ತನದ ಹಿರಿಯ Mr. 88).

ಮಾರೀಚ mârîča. (fr. ಮರೀಚಿ). Kaśyapa. 2, N. of a râkshasa (Râm. 3, 7, 24).

ಮಾರೀಫತ್ತು mâriphattu. The instrumentality, authority, or knowledge of a person to an action; trust, charge; by means of, through or by (My.; Br.; Mhr., H. ಮಾರಫತ).

ಮಾರು mâru. = ಮಾರ್. (My.; ವ್ಯಾಮ Si. 212; ನ್ಯಗ್ರೋಧ 431; ಯುಗ, ವ್ಯಾಮ, ನಾಲ್ಕು ಮೊಳ G.). ಮಾರುದ್ದ ಗುಡಿಗೆ (ಭಿಸ್ತಿ ಪಾಲ Si. 290). ಗೇಣುದ್ದ ತಪ್ಪಿದರೆ ಮಾರುದ್ದ ತಪ್ಪುವದು (Prv.). See Dp. 172, 5; ಒಮ್-; Prv. s. ಜೋಟುದ್ದ.

ಮಾರುಡಿಗೆ mâruḍigĕ. N. of a place (Bp. 51, 65).

ಮಾರುತ māruta. (fr. ಮರುತ್). Proceeding from wind, etc. 2, *wind, air.* 3, N. of a metrical foot (Čh.).

ಮಾರುತಪ್ರೇಮಿ māruta-prêmi. Fire, Agni (My.). 2, an antelope (ತಮ್ಮರ, ಕೃಷ್ಣ Mr. 163).

ಮಾರುತಮಿತ್ರ māruta-mitra. Fire, Agni (Bp. 61, 32).

ಮಾರುತಸುತ mâruta-suta. Bhîma (J. 4, 25).

ಮಾರುತಾತ್ಮಜ mâruta-âtmaja. Hanumat (My.); Bhîma (My.).

ಮಾರುತಾಪ್ತ mâruta-âpta. = ಮಾರುತಮಿತ್ರ. (Bp. 54, 11).

ಮಾರುತಿ mâruti. Bhîma (Bh. 1, 10, 29. 32; J. 2, 22. 36; 4, 8). 2, Hanumat.

ಮಾರುತೇಷ್ಟ mâruta-ishṭa. Fire, Agni. 2, N. of a metrical foot (Čh.).

ಮಾರುಳಿ mâruḷi. (= ಮಾರವಳಿ?). A kind of grass (ವಕ್ರ Mr. 110, one MS. ಪಕ್ಷ, and one ಮೂರುಳಿ; *cf.* ಮುರಳಿ?).

ಮಾರೆ mârĕ. (= ಮಾರ). N., *e. g.* in ಮಾರೆಗವುಡ (My.).

ಮಾಱ್ mâṟ. ಮಾಱು. (= ಮಾಱು 1). To be opposite, to be hostile, to oppose (ಇದಿರ್ Šm. 117). ಮೂವರ್ ರಾಯರನೆ ಮಾಱುವನ್ನೆಸೆದಿರ್ಕುಂ (Šmd. 76). ಮಾಱರ್ಪಂ (275). ಮಾಱ್ಪೆಡೆಗೆ ತೋಳ ಬಾಳ ಕೂರ್ಪಂ ತೋರ್ಪಂ (275). ತಿವಧಕ್ತರುಗಳಂ ಮಾಱುವೆನೆ? (Bp. 45, 18). See ಮಾರ್ಮು.

ಮಾಱಣ mâṟaṇa. (= ಮಾಱಣೆ). After, following; the next morning or day (ಸವಳ್ತಡೆ Ŏt. I, 81).

ಮಾಱಣೆ mâṟaṇĕ. Other, following, next. 2, thereupon (Čh. v. 30. 341). — ಮಾಱಣೆದಿವಸ. The next day (My.; B. 4, 52). — ಮಾಱಣೆರಾತ್ರಿ. The following night (My.; B. 4, 175).

ಮಾಱಾಳಿ mâṟu2-âḷi. (Šmd. 239). A barterer, a seller, a vaišya (239).

ಮಾಱಿಸು mâṟisu. To cause to sell (My.). 2, to exchange, to change (as money, My.). ತಿಳಿಪಿಲ್ಲವೆನ್ನ, ತೆಱಗೇ ಇಟ್ಟು ಕೊಣ್ಣು, ಚರಿಗೆ ತಪ್ಪಲೇ ಮಾಱಿಸಿ ಕೊಣ್ಣ (Prv.).

ಮಾಱು mâṟu. 1. To take or give one thing for another: to barter, to sell (ವಿಕ್ರಯ Šmd. Dh.; Šm. 117; C.; T., M. ಮಾಱು, Tĕ. ಮಾರು, to be changed, altered; to exchange, barter). ಮಾಱುವಂ (Šmd. 232). P. p. ಮಾಱಿ. Present participle ಮಾಱುವ (also J. 6, 16), once ಮಾರ್ಪ (J. 6, 19). ಮಾಱುವವನು (ವಿಕ್ರೇತೃ, ವಿಕ್ರಯಿಕ); ಮಾಱುವ ದ್ರವ್ಯ (ವಿಕ್ರೇಯ, ಪಣಿತವ್ಯ, etc.); ಮಾಱಲ್ ಬೇಡಿ ಅಂಗಡಿಯಲ್ಲಿ ಪಸರಿಸಿದ ದ್ರವ್ಯವು (ಕ್ರಯ್ಯ); ಕೆಯ್ದುವ ಮಾಱುವವನು (ಶಸ್ತ್ರಾಜೀವ, etc.); ಕೊಳು ಮೊದಲಿನ್ದ ಅಧಿಕವಾಗಿ ಮಾಱಿದುದು (ಅಧಿಕಫಲ, ಲಾಭ Nr.). ಮೂಲಿಕೆಗಳ ಮಾಱುವವನು (ಮೂಲಿಗ Nn. 43). ಕಳ್ಳ ಮಾಱುವ ಗೃಹ (ಗಂಜ Mr. 198); ಮಾಱುವ ಠಾವು (ಪೇಟೆ 350). ಕೊಣ್ಣು ಮಾಱುವ ವ್ಯಾಪಾರ ಮಾಡುವಿಕೆ (ವಾಣಿಜ್ಯ Si. 299). ಕೊಣ್ಡು ಮಾಱುವ ವ್ಯಾಪಾರಿ (ವಾಣಿಜ, etc. 324); ಮಾಱುವವನು (ವಿಕ್ರೇತೃ, etc. 324); ಮಾಱುವದು (ವಿಪಣ, ವಿಕ್ರಯ 325); ಹೆಣ್ಡಾ ಮಾಱುವವನು (ಶೌಣ್ಡಿಕ, etc. 339); ಮಾಂಸ ಮಾಱುವವನು (ವೈತಂಸಿಕ, etc. 340). ಅಂಗಡೀ ಮಾಱಿ, ಗೊಂಗಡೀ ಹೊದ್ದ.— ಪೀತಾಮ್ಬರ ಉಟ್ಟರೂ ಕೋತಮ್ಬರಿ ಮಾಱೋದು ಬಿಡಲಿಲ್ಲ (Prvs.). 2, to be sold, to sell (My.). ನಿನ್ನಿನ್ದ ಎತ್ತು ಮಾಱಿತು, ನನ್ನಿನ್ದ ಒಣ್ಟೆ ಮಾಱಿತು (Prv.). 3, to be changed into another form, *e. g.* in ಮಱಹಂ ಮಾಱು, to become motionless or paralyzed (for joy, etc., Bp. 36, 28). 4, to change (v. t., Bp. 32, 38). — See Ŏpr. 10, 12; Bp. 27, 21; 42, 5. 10; 60, 14; B. 1, 10; 2, 13; 4, 40. 44. 95. 196; 5, 79. 113. — ಮಾಱಾಟ. -ಆಟ. Exchange, barter, selling (ಪರಿವೃತ್ತಿ, ವಿನಿಮಯ Mr. 346; C.; B. 3, 29. 58; 4, 157; 5, 79. 127. 148). ಮಾಱಾಟಾ ಮಾಡುವವ (ವಿಕ್ರಯಿಕ, ಬಣಜಿಗ); ಮಾಱಾಟದ ಒಡವೆ (ಪಣ್ಯ G.). — ಮಾಱಾಡು. -ಆಡು. To sell (Šmd. 232). — ಮಾಱಾಡುಹ. -ಆಡುಹ. Bartering, selling (ಪರಿವೃತ್ತಿ, ವಿನಿಮಯ, ವೈಮೇಯ Hlâ.).

ಮಾಱು mâṟu. 2. = (ಮಱು 1), ಮಾರ್. The state of being other, different, or next; that of being changed or altered;—that which is given in exchange, barter;—that which is put for sale;—selling, sale (ವಿಪಣ, ವಿಕ್ರಯ Nr.; Tĕ., T., M.; see ಕೆಯ್-; Prv. s. ಮಱಿ). 2, the state of being opposite or hostile. 3, the state of being reflected. See ಮಾತು; ಮುಮ್- s. ಮುಮ್. — ಮಾಱಿ ಕೊಳ್ (*i. e.* ಮಾಱಿನ್ನು-). To buy. ಮಾಱಿ ಕೊಮ್ಬುವನು (ಕ್ರಾಯಕ, ಕ್ರಯಿಕ); ಮಾಱಿ ಕೊಮ್ಬ ವಸ್ತು (ಕ್ರೇಯ Nr.). — ಮಾಱಂಕ. -ಅಂಕ (Šmd. 386; Kk. 97). A different, uncommon, not generally worn mark (of distinction, Ršv. 6, after 11). 2, the counterpart of any real form, a likeness (Bh. 1, 7, 19; 2, 3, 9). 3, that with which one vies: a rival (Bp. 49, 24). — ಮಾಱಿದಿ. -ಅಡಿ. An opponent, an enemy (ಮಱುವಸಲ, ಪಗೆ Šm. 40; ವಿರೋಧಭಾವ Kk. 67; ಪಗೆ, etc., ಶತ್ರು Šs.). — ಮಾಱನೆಯ. -ಅನೆಯ. Subsequent. ಮಾಱನೆಯ ದಿನ (ಉತ್ತರೇದ್ಯುಸ್ Si. 477; My.). — ಮಾಱಪ್ಪ. -ಅಪ್ಪ. A merchant. ಊರಪ್ಪನ ಎತ್ತು, ಮಾಱಪ್ಪನ ಗೋಣಿ (Prv.). — ಮಾಱವ. -ಅವ. A seller (B. 5, 85). — ಮಾಱಾನ್ -ಆನ್. To stand or hold out against, to oppose, to resist (Šmd. 284; Abh. P. 9, 69; 13, 121; Bp. 54, 50; 58, 37; Bh. 1, 8, 13; Č. Bp. 8, 12; J. 7, 55; 20, 14). — ಮಾಱಾನೆ. -ಆನೆ. Another or second elephant (Abh. P. 3, 80). ಮುಗಿಲಂ ಮಾಱಾನೆಗೆತ್ತಂ (Šmd. 282). — ಮಾಱಿಸು. -ಇಸು. To discharge an arrow in opposition (Abh. P. 5, 86). — ಮಾಱುಗುಡು. -ಕುಡು. To give one's self over to, to yield (Ŏpr. 8, after 56). — ಮಾಱುಗೊಳ್. -ಕೊಳ್. (= ಮಾರ್ಕೊಳ್?). To take up a hostile position, to quarrel about (Bp. 22, 64). — ಮಾಱುತ್ತರ. -ಉತ್ತರ. A reply, an answer (Ršv. 4, 133; T.). — ಮಾಱುತ್ತರಂಗೊಡು. -ಂ-ಕೊಡು. To reply (J. 21, 24). — ಮಾಱುತ್ರಿನೇತ್ರ. Other or further three eyes (Bp. 24, 71). — ಮಾಱುಪಾಣ್ಬು (Šmd. 205). Another jump, etc. — ಮಾಱುನೊಗ. Another or separate yoke (ಪ್ರಾಸಂಗ, ನೊಗಕ್ಕನ್ತಲೂ ಎರಡನೆಯದಾದ ನೊಗ Si. 277). — ಮಾಱುವೋಗು. -ಪೋಗು. To enter another state: to grow amazed or bewildered (Bh. 4, 3, 10. 34; J. 4, 51); to fall under the influence of, to be brought into subjection (Bp. 26, 21). — ಮಾಱೊಡ್ಡು. -ಒಡ್ಡು. To become opposite, to assume a hostile position (Grj. 6, after 67); to place or array opposite (J. 33, 31).

ಮಾಱುಳಿ (mâṟu-uḷi). Another business or affair (Râm. 1, 16, 51).

ಮಾಱೆ mâṟĕ. = ಮೋಱೆ. See ಅಱ-.

ಮಾರ್ mâṟ. = ಮಾಱು 2. — ಮಾರ್ಕಟ್ಟಳೆ. (Šmd. 79, o. r. ಮಾರ್ಕಟ್ಟೆ). Another rule. — ಮಾರ್ಕಟ್ಟು. A selling-structure: "a market" (ವಿಪಣಿ, ಪಣ್ಯವೀಥಿಕೆ Si. 106; My.). — ಮಾರ್ಕಟ್ಟೆ. See ಮಾರ್ಕಟ್ಟಳೆ. Another bank, etc. — ಮಾರ್ಕೊರಲ್. Another or second throat (or voice). ಮಾರ್ಕೊರಲ ಭೈರವಂ (Šmd. 79, o. r. ಮಾರ್ಕೊರಲ-). — ಮಾರ್ಕೊಳ್. To become opposite to, to front, to encounter; to oppose, to resist (ಸಮ್ಮುಖ Šmd. Dh.; ತಳ್ವೊಯ್, ತೊಡರ್, etc., ಪ್ರತಿಹತ Šs.; Abh. P. 15, after 30 & 71 & 72; Ššv. 4, after 85). — ಮಾರ್ಕೋರ್ಲ್. A counter-arrow (Bh. 1, 7, 34). — ಮಾರ್ತರ್. To come down in an uncommon way or rushingly. ಮಾರ್ತಪ್ಪ ತೆರೆಗಳಂ ತರಲಾರ್ತುದು ತನ್ನ ದಿಗೆ ಸುರನದಿವಿಭ್ರಮಮಂ (Šmd.

79. 286). — ಮಾತಲೆ. (Šmd. 79). Another head. ಮಾತಲೆಯೆ ದಿನಾಥಿಪಂಗೆ ಪಿರಿದಾದೊಡಂ (Abh. P. 10, 235). — ಮಾದನಿ. An echo (Čpr. 2, 7; Abh. P. 12, 51; Bhâgavata 10, 18, 9). — ಮಾನಡೆ. To march against (V. 36, 6). — ಮಾನಾಳ. Another stalk of the lotus (Čpr. 8, 10). — ಮಾನುಡಿ. To answer, to reply (Abh. P. 15, after 72; 16, after 7; Bp. 14, 10; V. 40, 89). — ಮಾಪಡೆ. 1. (ಮಾಪಡಿ). Equality, likeness (ಸರಿ, ದೊರೆ, ಜಾಸಟಿ, ಎಣೆ, etc., ಸಮಾನ Ks.). — ಮಾಪಡೆ. 2. Another or second host, etc. (Čpr. 5, after 39). — ಮಾಪಡೆಗಾಣ್. -ಕಾಣ್. To see another force (Abh. P. 10, 28). — ಮಾಪೆಜ್ಜೆ. Another step or move. — ಮಾಪೆಜ್ಜೆಗೆಡು. Another step or move to fail or become impossible (J. 6, 30). — ಮಾಪೊಡಪು. = ಮಾಪೊಳಪು. A reflected counterpart, a reflection (ಪಡಿನೆಬಿಲ್, ಪ್ರತಿಬಿಂಬ Ks.). — ಮಾಪೊಯ್. To beat against: to resist, to oppose. ದಿಗ್ಗಜಚಯಮುಂ ಮಾಪೊಯ್ಯುವೇ? (Šmd. 153. 255). — ಮಾಪೊಳಪು. = ಮಾಪೊಡಪು. (ಪಡಿನೆಬಿಲ್, ಪ್ರತಿಬಿಂಬ Kk. 62; Šm. 64; Rŝv. 6, after 24). — ಮಾಪೊಳೆ. To be reflected (V. 4, 15; 23, 9). ಬಾಲೆ. . . ಪಲಗೆಮಾಣಿಕದೊಟ್ಟಿಲಲಿ ಮಗ್ಗುಲಲಿ ಮಲಗಿಸಿ ಈಕ್ಷಿಸುತ, ಮಾಪೊಳೆವ ತನ್ನನೆ ಕಣ್ಣುನಲಿವುತ, ನಗುತ (Prll. 3, 27). — ಮಾಬಟ್ಟೆ. Another road (Abh. P. 7, after 7 & 82). — ಮಾಬಡ್ಡಿ. Compound interest (My.). — ಮಾಬಲ. An opposing force (Šmd. 292; Abh. P. 2, after 62). — ಮಾಮಲೆ. To make opposition, to oppose (Bp. 21, 15; 22, 12; 27, 28; 32, 20; 58, 66; Č. Bp. 47, 13; Rŝv. 5, 117; Râm. 4, 6, 28; J. 2, 54). — ಮಾಮುಗಿಲ್. Opposing clouds (Abh. P. 16, 74). — ಮಾಮುನಿ. To evince anger against (Bp. 28, 32). — ಮಾವಲ. -ಬಲ. = ಮಾಬಲ. (Šmd. 207 Mdb.; 386).

ಮಾರ್ಕ mârka. A low caste of Karṇâṭaka Brâhmaṇas (My.).

ಮಾರ್ಕಣ್ಡೇಯ mârkaṇḍêya. N. of a ṛishi, son of Mṛikaṇḍu, and the author of the Mârkaṇḍêya purâṇa through the instrumentality of some sapient birds. (J. 32, 81). ಮೂರ್ಖನಾದವಗೆ ಮಾರ್ಕಣ್ಡೇಯನ ಆಯುಷ್ಯವಿದ್ದರೂ ಏನು ಫಲ? (Prv.).

ಮಾರ್ಕಣ್ಡೇಯಪುರಾಣ mârkaṇḍêya-purâṇa. N. of a purâṇa (Bp. 43, 76) in honour of Kṛishṇa.

ಮಾರ್ಕವ mârkava. *The plant Eclipta prostrata* Lin.

ಮಾರ್ಗ mârga. (partly fr. ಮೃಗ). *Seeking, search; investigation, inquiry* (ಅಱಿಸಿ ಕೊಮ್ಬುದು Mr. 475). 2, the track of a wild animal: any track, *a road, a way* (ಹಾದಿ Nn. 42; ಬಟ್ಟೆ 86; ಪಥ, ಪದವಿ, ಬಟ್ಟೆ Mr. 187; see ದೊಡ್ಡ ಮಾರ್ಗ, ಬಟ್ಟೆ). 3, a channel, a canal. 4, mode, manner, method, characteristic, usage, custom, use (Šmd. 50; Kâvy. III, 2; III, 1, A, 24. 25); style, diction (see ದೇಸಿ-); the right way. 5, *the month mârgaśirsha* (November-December). — ಮಾರ್ಗನಷ್ಟಪ್ಪು. -ಂತಪ್ಪು. The proper course or right way to be missed (Šmd. 114).

ಮಾರ್ಗಕ್ರಮಣ mârga-kramaṇa. Journeying (B. 5, 227. 298).

ಮಾರ್ಗಣ mârgaṇa. Seeking, searching for; research;— *begging, asking, desiring;—a beggar, a suppliant, a mendicant* (ಯಾಚಕಜನ, ಬೇಡುವವರು Nn. 70; ಆಸೆಯಿಂ ಬೇಱ್ಪಿಂ Mr. 518). 2, *an arrow* (ಅಮ್ಬು Nn. 17; ಶರ, ಅಮ್ಬು 70; ಬಾಣ 75; ನಾರಾಚ 518). 3, an enemy (ಅರಾತಿ, ವೈರಿ 70). 4, an inhabitant of hell (ನಾರಕ, ನಾರಕಜೀವಿಗಳು 70). 5, a kind of tree (ಕೀಚಕಾಂಘ್ರಿಪ, ಕೀಚಕದ ಮರ 70; ಕೀಚಕ 518).

ಮಾರ್ಗಣೆ mârgaṇĕ. = ಮಾರ್ಗಣ. (ಅಣ್ಬು, ಅಮ್ಬು Nn. 116).

ಮಾರ್ಗದರ್ಶನ mârga-darśana. Exhibition of the right way or mode (Kâvy. III, 1, 2, etc.).

ಮಾರ್ಗವಿದ mârga-vida. One who knows the right way or mode (Šmd. 22. 172).

ಮಾರ್ಗಶೀರ್ಷ mârga-śîrsha. *The month in which the full moon enters the constellation mṛigaśiras* (November-December; B. 5, 307. 308).

ಮಾರ್ಗಸ್ಥ mârga-stha. A traveller, a wayfarer. (My.; B. 4, 155).

ಮಾರ್ಗಾನ್ತರ mârga-antara. Another road. 2, proximity to a road (J. 7, 16).

ಮಾರ್ಗಿಕ mârgika. A traveller. (My.). 2, a hunter.

ಮಾರ್ಗಿತ mârgita. *Sought, searched;* inquired after; pursued;— desired.

ಮಾರ್ಗೀಕೃತ mârgî-kṛita. Customary (Bh. 1, 7, 10).

ಮಾರ್ಜ mârja. Cleaning; a cleaner, a scourer. See ಶಸ್ತ್ರ-.

ಮಾರ್ಜನ್ mârjan. "Margin" (My.).

ಮಾರ್ಜನ mârjana. Cleaning, cleansing, scouring, washing. 2, *the plant Symplocos racemosa* Roxb.

ಮಾರ್ಜನಿ mârjani. Wiping away, cleansing. See ಸ-. 2, a broom.

ಮಾರ್ಜನೆ mârjanĕ. (ಮಾರ್ಜನ). *Cleansing the person by wiping or bathing or rubbing it with unguents.*

ಮಾರ್ಜಾರ mârjâra. *A cat.*

ಮಾರ್ಜಾರಿ mârjâri. A female cat. 2, a civet-cat. 3, musk (ಜವಾದಿ Mr. 336).

ಮಾರ್ಜಾಲ mârjâla. = ಮಾರ್ಜಾರ. (ಮಂಜರ Bhn. 10).

ಮಾರ್ಜಾಲಕಿಶೋರನ್ಯಾಯ mârjâla-kiśora-nyâya. The rule of the cat and its kitten, *i. e.* the rule or instinct which leads the stronger to carry or protect the weaker (used of God when thought to act kindly independantly of man's faith and devotion, My.).

ಮಾರ್ಜಿತ mârjita. Cleansed, scoured, purified, swept.

ಮಾರ್ಜಿತೆ mârjitĕ. *Curds with sugar and spices.*

ಮಾರ್ತಣ್ಡ mârtaṇḍa. *The sun.* 2, the number 12 (Čh.).

ಮಾರ್ತಾಣ್ಡ mârtâṇḍa. = ಮಾರ್ತಣ್ಡ.

ಮಾರ್ತಾಣ್ಡೋಪಲ mârtâṇḍa-upala. The sun-stone (ನೇಸರ್ಗಲ್ Čt. II, 81).

ಮಾರ್ದಂಗಿಕ mârdaṅgika. (fr. ಮೃದಂಗ). A drummer (ಮದ್ದಳಿಗ II, 60; Čpr. 6, after 86).

ಮಾರ್ದವ mârdava. (fr. ಮೃದು). Softness, weakness, mildness; kindness, gentleness (Bp. 18, 41; 24, 58; 38, 1; 40, 81; 43, 19; 55, 49).

ಮಾಱ್ಪು mâṟpu. Exchange, change (My.; Tĕ.). — ಮಾಱ್ಪಾಗು. To be altered, to change (My.).

ಮಾರ್ಮ mâṟma. (fr. ಮಾಱ್). = ಮರ್ಮ, (ಮಾಱ್ಪು). An opponent (ಮಲೆವ Šmd. II; Šm. 48; Kk. 92, o. r. ಮರ್ಮ).

ಮಾರ್ಷ mârsha. (fr. ಮರ್ಷ). = ಮಾರಿಷ.

ಮಾರ್ಷ್ಟಿ mârshṭi. Cleaning, cleansing, wiping, rubbing;— *cleansing the person by wiping or bathing or rubbing it with unguents.*

ಮಾಲ mâla. = ಮೊಲು 2. — ಮಾಲಗಣ್ಣು. = ಮಾಲು-. (My.). — ಮಾಲಗಮ್ಬ. -ಕಮ್ಬ. A leaning column (S. Mhr.).

ಮಾಲ mâla. = ಮಾಡೆ, ಮಾಳ 4. N. of a district, lying west and south-west of Bengal (B. 2, 52). 2, *N. of a barbarous tribe;* a barbarian. 3, a forest or wood near a village (*cf.* ಮಲೆ 2). 4, deceit, fraud, artifice. 5, low, base (Sk.; Tĕ. ಮಾಲೆ, a Pariah, outcaste = ಚಣ್ಡಾಲ; vile, base, inferior, wild). — ಮಾಲಕಾತಿ. = ಮಾಡೆ-. (Tĕ.; Si. 173).

ಮಾಲಕ mâlaka. A forest or wood near a village. 2, *the nimb tree, Melia sempervirens* Roxb. 3, a garland; a ring.

ಮಾಲಕುಮಿ mâ-lakumi. Tbh. of ಮಹಾಲಕ್ಷ್ಮಿ, q. v. (ಇಬ್ಬಿರೆ Šm. 6; ಶ್ರೀಸತಿ Kk. 7).

ಮಾಲತಿ mâlati. *The great-flowered jasmin, Jasminum grandiflorum* Lin. (ಜಾಜಿ Mr. 128; see ಜಾಜಿ).

ಮಾಲವ mâlava. = ಮಾಳವ. N. of a country, Malva (Šmd. 120. 288). 2, N. of a râga.

ಮಾಲವತಿ mâla-vati. = ಮಾಡವಿ (Čt. I, 82).

ಮಾಲಾಕಾರ mâlâ-kâra. *A wreath-maker, a flower-seller, a florist* (ಮಾಲೆಗಾಱ Hlâ.).

ಮಾಲಾತೃಣಕ mâlâ-tṛiṇaka. *A fragrant grass, Andropogon schoenanthus* Lin.

ಮಾಲಾತೋರಣ mâlâ-tôraṇa. = ಮಾಲೆದೋರಣ (Šmd. 381). A festoon.

ಮಾಲಾಬನ್ಧ mâlâ-bandha. = ಮಾಳಾಬನ್ಧ. A band or chain of garlands.

ಮಾಲಾರೂಪಕ mâlâ-rûpaka. A kind of rûpaka (Kâvy. III, 3, B, 81 seq.).

ಮಾಲಾವೃತ್ತ mâlâ-vṛitta. A class of vṛittas (Čh.).

ಮಾಲಿ mâli. Wearing a garland or chaplet. See ಅಂತು-. 2, = ಮಾಲಾಕಾರ. 3, N. of a râkshasa (Abh. P. 13, 121). 4, a gardener (Sk.; My.).

ಮಾಲಿಕ mâlika. *A garland-maker, a flower-seller, a florist* (ಮಾಲೆಗಾಱ Mr. 376). See ಕುಸುಮ-.

ಮಾಲಿಕೆ mâlikĕ. A garland; a necklace; a collection of things arranged in a line;—a species of jasmin. See ನವ-, ಪುಷ್ಪ-, ರಾಗ-; Bp. 46, 62. 2, = ಮಾಳಿಗೆ, a palace.

ಮಾಲಿನಿ mâlini. A female florist;—a woman who wears a garland. 2, N. of a vṛitta (Čh.). 3, N. of the daughter of king Vîravarma (J. 27, 12. 16. 17, etc.).

ಮಾಲಿನ್ಯ mâlinya. (fr. ಮಲಿನ). Uncleanness, impurity; sinfulness (Bp. 40, 64; My.). 2, blackness, obscurity.

ಮಾಲಿಸು mâlisu. To look obliquely, to turn the eye and cast a look from a corner, to leer (ಕಟಾಕ್ಷ Šmd. Dh.). 2, to bend to one side (v. t., as a post, etc., My.; Tĕ. ವಾಲ್ಚು). 3, to behold for a long time (ದೀರ್ಘಾಲೋಕ Šmd. Dh.).

ಮಾಲೀಕ mâlîka. An owner; a master (My.; Br., Mhr., H.).

ಮಾಲೀದಿ mâlîdi. A kind of sweetmeat (ತುಪ್ಪದಲ್ಲಿ ಕರದು ಸಕ್ಕರೆಯಲ್ಲಿ ಹೊರಳಿಸಿದ ಗೋಧಿಯ ತುಕಡಿಗಳ ಚೂಱು Čb. 136).

ಮಾಲೀಮ mâlîma. A ship's officer, master (B. 5, 164; Mhr., H.).

ಮಾಲೀಸು mâlîsu. Grooming (of a horse, My.; Br., Mhr., H.).

ಮಾಲು mâlu. 1. = ಓಲು 3, ವಾಲು. To bend (v. i., My.; Tĕ. ವಾಲು, ವ್ರಾಲು).

ಮಾಳು mâḷu. 2. = ಮೂಳ. Sloping, slanting; a slope, descent (Tĕ. ವಾಲು). — ಮಾಲುಗಣ್ಣು. -ಕಣ್ಣು. An eye that looks obliquely, a squint-eye (My.).

ಮಾಲು mâlu. 1. = ಮಾಲು 2. Property; goods, wares (My.; Br., Mhr., H.). — ಮಾಲುದಾರ. A man of property (My.); an owner (My.).

ಮಾಲು mâlu. 2. N. of a particular mixed caste;—N. of one of Šiva's attendants;—a species of creeper.

ಮಾಲುಧಾನ mâlu-dhâna. *A particular kind of snake* (ಕೇರೆ Nr.; see Si. 77).

ಮಾಲೂಮ್ mâlûm. Known (My.; Mhr., H.).

ಮಾಲೂರ mâlûra. *The bael tree, Aegle marmelos* Corr. (ಶ್ರೀಫಲ, ಬಿಲ್ವ, ಬಿಲ್ವತ Mr. 112). 2, the wood-apple tree, Feronia elephantum Corr. (*cf.* ಬೆಳಲ).

ಮಾಲೆ mâlĕ. = Sk. ಮಾಲೆ, q. v.

ಮಾಲೆ mâlĕ. ಮಾಲಾ = ಮಾಳೆ 1. One of the *tatsamas* (Šmd. 384; Kk. 95; Šm. 77). *A wreath, a garland, a chaplet;*—a string; a necklace; a rosary. 2, *a row, a line;—a series.* See Prv. s. ಶಾಲೆ 2. — ಮಾಲೆಗಿಡಿ. -ಕಿಡಿ. Sparks in rows (Râm. 6, 14, 20). — ಮಾಲೆದುಮ್ಬಿ. -ತುಮ್ಬಿ. A string of black bees. ಅವಳ ಕುರುಳ್ಗೆ ಮಾಲೆದುಮ್ಬಿಗಳ್ ಎಣೆಯೆ (Šmd. 139). — ಮಾಲೆದೊಡರ್. -ತೊಡರ್. A chain of garlands (Grj. 2, after 106). — ಮಾಲೆದೋರಣ. -ತೋರಣ. = ಮಾಲಾತೋರಣ, q. v. — ಮಾಲೆವೂ. -ಪೂ. A flower, or flowers, of a garland (Čpr. 1, 125; 3, 47; Abh. P. 5, 124).

ಮಾಲೆಗಾತಿ mâlĕ-gâti. = ಮಾಲೆಗಾರ್ತಿ. (J. 5, 58; 6, 17. 19).

ಮಾಲೆಗಾಱ mâlĕ-gâṟa. (Šmd. 235. 246). = ಮಾಲಾಕಾರ. (ಮಾಲಾಕಾರ, ಮಾಲಿಕ Nr.; ಮಾಲಾಕಾರ, etc. Hlâ.; ಮಾಲಿಕ Mr. 376; Čpr. 3, 28; Č. Bp. 47, 41). See ಪ್ರಾತಿಹಾರಿಕ.

ಮಾಲೆಗಾರ್ತಿ mâlĕgâṟa-ti. (Šmd. 244. 246). A female wreath-maker or florist (Čpr. 3, after 4; Grj. 2, 86).

ಮಾಲೊಸರು mâlŏsaru. (Mr. 408, o. r. ಮೂಲೊಸರು).

ಮಾಲೋಪಮೆ mâlâ-upamĕ. A kind of upamĕ (Kâvy. III, 3, B, 63 seq.).

ಮಾಲ್ಯ mâlya. *A wreath, a garland, a chaplet.*

ಮಾಲ್ಯವತ್ mâlya-vat. Adorned with garlands. 2, *N. of a mountainous range.*

ಮಾಲ್ಯವನ್ತ mâlya-vanta. Tbh. of ಮಾಲ್ಯವತ್. = ಮಾಲ್ಯವತ್ No. 2 (Bp. 19, 27; My.). 2, N. of a râkshasa.

ಮಾವ mâva. (Šmd. 25). Tbh. of ಮಾಮ. A mother's brother (My.; T., M. ಮಾಮ; Tĕ. ಮಾಮೆ); a wife's or husband's father (ಶ್ವಶುರ Nr.; My.; G.; ಶ್ವಶುರ, ಗಣ್ಡನ ತನ್ದೆಯೂ ಹೆಣ್ಡತಿಯ ತನ್ದೆಯೂ Si. 191; ಪೂಜ್ಯ, ಶ್ವಶುರ 444). ವಿಷ್ಣುವಿನ ಮಾವಂ (ದುಗ್ಧಾಬ್ಧಿ Mr. 19). ಹೆಣ್ಡತಿಯ ತನ್ದೆಯಾ ಹೆಸರಿಡುವ ಕಾಯಿ (the mango, Bĕdagina čaupadi). ಮಾವನ್ದಿರ್ or ಮಾವಂಗಳ್ (Šmd. 124. 126). ಮಾವಂಗಳ್ (Čpr. 6, 88; 7, 90). ಅತ್ತೆ ಮಾವನ್ದಿರು (ಶ್ವಶ್ರೂಶ್ವಶುರ Si. 194; My.). ಅತ್ತೆಯ ತುಱುಬು ಮಾವಗೆ ದಾನ.—ಅತ್ತೇ ಮೇಲೆ ಅತ್ತೆ ಏಱಿದರೆ ಕೊಡೇ ಹಿಡಿಯಲಿಕ್ಕೆ ಮಾವ ಬರಬೇಕು.—ಮಗನಿಗೆ ಮಾವ ಸತ್ತರೇನು? ಸೊಸೆಗೆ ಅಪ್ಪ ಸತ್ತರೇನು? (Prvs.). See Bp. 4, 49; Bh. 1, 8, 26; 2, 13, 48; Rśv. 9, 38; J. 6, 48. 53; 11, 6; B. 2, 39; ಸೋದರ-.

ಮಾವಟಿಗ mâ-v-âṭiga. (Šmd. 240). (fr. ಮಹಾಮಾತ್ರ). An elephant-driver (J. 3, 22; ಯನ್ತ್ರ, ಹಸ್ತಿಪಕ Si. 421; ಆರೋಹ 466; My.; Tĕ. ಮಾವಟೀಡು, ಮಾಷ್ಟೀಡು).

ಮಾವತ mâvata. = (ಮಾವಟಿಗ), (ಮಾವತಿಗ), ಮಾವನ್ತ, (ಮಾವನ್ತಿಗ), ಮಾವುತ, ಮಾವ್ತ. An elephant-driver, a mahaut (ಜೋದ Ŝs.; My.; B. 5, 62; Mhr., H. ಮಹಾತ, ಮಾಹೂತ).

ಮಾವತಿಗ mâvatiga. A mahaut (Bp. 22, 15. 29; 61, 24; ಹಂಟಿಗ Čt. I, 18).

ಮಾವನ್ತ mâvanta. = ಮಾವತ. (ಹಸ್ತ್ಯಾರೋಹ, ನಿಷಾದಿ, etc. Nr.; ಹಸ್ತ್ಯಾರೋಹ, ಹಸ್ತಿಪಕ, ನಿಷಾದಿ Hlâ.; ಜೋದ Kk. 65, Šm. 51; Grj. 6, 75; Bp. 21, 37. 41; 59, 34).

ಮಾವನ್ತಿಗ mâvantiga. = ಮಾವತಿಗ. (ನಿಸಾದಿ Šmd. 305; ಯನ್ತೃ, ಹಸ್ತಿಪಕ Nr.).

ಮಾವಿ mâvi. = ಮಾಸು 2. **The after-birth** (Tĕ.). — ಮಾವಿಚೇಲ. The chorion (ಗರ್ಭಾಶಯ, ಜರಾಯು Si. 194).

ಮಾವಿ mâvi. Of a yellowish green colour (C.; Mhr., H. ಮಾವಾ).

ಮಾವು mâvu. = ಮಾ 2, etc. **The mango; the mango tree, Mangifera indica Lin.** (ಆಮ್ರ, etc. Mr. 112; C.). ಮಾವಿನ ಮರ (ಮಾಕನ್ದ Nn. 153). ಮಾವಿನ ಗಿಡ (ಆಮ್ರ, ಚೂತ, ರಸಾಲ Si. 129). ವಸನ್ತದೊಳ್ ಮಾವು ಬನ್ದುದು (Šmd. 163). ನೆಲ್ಲುಂ ಕೌಂಗುಂ ಮಾವುಂ ಮಲ್ಲಿಗೆಯುಂ ಬೆಳೆವುವಲ್ಲಿ ಕಬ್ಬಿನ ರಸದಿಂ (84. 256). See Šmd. 88; Čpr. 6, 64; 7, 90. 152; Bp. 3, 75; Č. Bp. 11, 5; Râv. 2, 35. 37; J. 8, 3; 8, 4; 17, 4; 29, 45; Si. 228; B. 2, 16. 35. 51; ಇಮ್ಮಾವು, etc.

ಮಾವುತ mâvuta. = ಮಾವತ, etc. (ನಿಷಾದಿ, ಹಸ್ತ್ಯಾರೋಹ Mr. 157, o. r. ಮಾವತ; Č. Bp. 47, 32; B. 4, 28; My.).

ಮಾವುಲಿಗ mâvuliga. (Tbh. of ವಾಗುರಿಕ?). **A man who uses nets for catching deer, etc.** (ಮೃಗಯು, ಲುಬ್ಧಕ, ವ್ಯಾಧ, ವಾಗುರಿಕ Hlâ.).

ಮಾವ್ತ mâvta. = ಮಾವುತ, etc. (Č. Bp. 47, 44; My.).

ಮಾಶೌರ್ಯ mâ-śaurya. Tbh. of ಮಹಾಶೌರ್ಯ, q. v.

ಮಾಷ mâsha. A bean;—*a kind of pulse, Phaseolus radiatus* Roxb. (ಉದ್ದು Mr. 374); see ಉದ್ದು. 2, a particular weight of gold, etc. (said to be about 17 grains troy).

ಮಾಷಕ mâshaka. A particular weight of gold, etc. (ಎರಡು ಗುಲಗಂಜೀ ತೂಕದ ಬೆಳ್ಳಿ Si. 329).

ಮಾಷಪರ್ಣಿ mâsha-parṇi. *A kind of leguminous shrub, Glycine debilis* Lin.

ಮಾಷಾಪೂಪ masha-apûpa. A round flat cake of Phaseolus radiatus with a hole in the middle, especially used at śrâddhas (My.).

ಮಾಷೀಣ mâshîṇa. *A field of mâshas.*

ಮಾಷ್ಯ mâshya. *A field of mâshas.*

ಮಾಸ್ mâs. = ಮಾಸ 1. *The moon; a month.*

ಮಾಸ mâsa. 1. *The moon;—a month of thirty days* (ತಿಂಗಳ್ Šm. 112). ಮಾಸಕ್ಕೆರಡು ಸಲ ಉಪವಾಸ ಮಾಡಿದರೂ ಕಾಸೊನ್ದು ಬಿಡಲಾರ (Prv.). 2, the number 12. — ಮಾಸಕಟ್ಟೆಪ್ಪ. N. (Bp. 56, 35). — ಮಾಸಗಟ್ಲೆ. -ಕಟ್ಲೆ. A monthly rule or practice (My.). — ಮಾಸ ಮಾಸ. rep. Every month (Bp. 26, 8; Č. Bp. 47, 7).

ಮಾಸ mâsa. 2. (Tbh. of ಮಹಸ್; see ಮಾಸವಳ, ಮಾಸಾಳು).

ಮಾಸಪಂಚಕ mâsa-pañčaka. An aggregate of five months. 2, the fifth month (! Ššv. 2, 99).

ಮಾಸರ mâsara. A dusky colour (Tĕ.: mingled, mixed). ತುರಗವರ್ಣಂ....ಮಾಸರಮಾಗೆ ಮಾರ್ವಣಕ್ಕು (Mr. 275, o. r. ಮುಪ್ಪುರನಕ್ಕು).

ಮಾಸರ mâsara. 1. The meal of parched barley mixed with sour milk or buttermilk and covered with grass. 2, *the scum of boiled rice,* rice-gruel.

ಮಾಸರ (mâ-âsara). 2. Tbh. of ಮಹಾಶ್ರಯ. (Čpr. 8, 50. 52; 9, 72). See Čpr. s. ಬಗೆ 2.

ಮಾಸರಿ mâsari. See ಲವಂಗಮಾಸರಿಹುಲ್ಲು.

ಮಾಸಲು mâsalu. Impurity, dirtiness (My.). ಬಟ್ಟೆ ಮಾಸಲಾಗಿದೆ (My.). — ಮಾಸಲುಬಟ್ಟೆ. A dirty cloth (My.).

ಮಾಸವಳ (mâsa2-vaḷa). (Šmd. 234). = ಮಾಸವಳ್ಳ (234) and ಮಾಸಾಳು. A great, mighty, influential man, a hero, a leader. — ಮಾಸವಳಮದನಮಹೇಶ. (Šmd. 207). The great lord Kâma who is very influential.

ಮಾಸವಳ್ಳ mâsa-vaḷḷa. = ಮಾಸವಳ, q. v.

ಮಾಸಾರ್ಧ mâsa-ardha. *A half-month* (ಪಕ್ಷ, ಹದಿನಯು ದಿನ Nn. 112; ಪಕ್ಷ Mr. 497). ಮಾಸಾರ್ಧವಾದರೆ ಅಮಾವಾಸೆಯೋ? ಹುಣ್ಣಿಮೆಯೋ? ಎನ್ದು ಕೇಳಿದನನ್ತೆ (Prv.).

ಮಾಸಾವನ್ತ mâ-sâvanta. = ಮಹಾಸಾವನ್ತ, q. v.

ಮಾಸಾಳಿ mâsâḷi. = ಮಾಸಾಳು. (Č. Bp. 47, 22).

ಮಾಸಾಳು mâsâḷu. (= ಮಾಸವಳ). A great man, a hero, a leader (Grj. 2, after 106; Bh. 7, 2, 7). ಆತನು ಕಲ್ಲಿನಾಥನ ಕಡುಗಲಿಯು ಮಾಸಾಳು ಮಾಹೇಶ್ವರರ ಬಲದೊಳು (Bp. 37, 46). ಆಳುತನವಾಭರಣವೇ! ಮಾಸಾಳು ಮೆರ್ದ್ದೋಲ್ ಅಬಿಸಲ್ ಅಹಿತರ ಮೇಲೆ ಬಾ! (Bh. 8, 4, 31). ವನಿತೆಯರು ಬಳಸಿದರು ಬವರದ ಮನಸಿಜನ ಮಾಸಾಳೆನನ್ದದಲಿ ಉಭಯಭೂಮಿಪರ (Râm. 1, 16, 52).

ಮಾಸಿ mâsi. A certain weight (Mhr. ಮಾಶೆ). ಅಯ್ದು ಗುಂಜೆಯ ಮಾಸಿ (ಮಾಷ G.).

ಮಾಸಿಕ mâsika. Monthly. (Si. 248). 2, = ಮಾಸಿಕಶ್ರಾದ್ಧ. (My.).

ಮಾಸಿಕಶ್ರಾದ್ಧ mâsika-śrâddha. A monthly śrâddha (My.).

ಮಾಸು mâsu. 1. (= ಮಾಜು 1, etc.). **To grow dim, to be obscured, to fade, to decrease** (J. 15, 17); **to become dusky, grey, or black; to be stained, to become foul, dirty, impure or filthy** (ಮಲೀಮಸ Šmd. Dh.; ಮಲಿನತೆ Šm. 110; Bp. 21, 8; J. 18, 25; My.; B. 1, 6; Tĕ. ಮಾಯು; *cf.* ಮಸಿ, ಮಬ್ಬ 2). **2, to dirty, to soil** (My.; B. 2, 1; 5, 297). ಮಾಸಿದ ಹರಿಯ ಸೀರೆ (ನಕ್ತಕ, ಕರ್ಪಟ Nr.). ಮಾಸಿದುದು (ಕಶ್ಮಲ, ಮಲಿನ, ಮಲೀಮಸ, ಮ್ಲಾನ Hlâ.; ಪಿಪ್ಪಲ, ಮಲಿನ Nn. 62; ಮಲೀಮಸ, ಮಲಿನ, ಕಜ್ಜರ, ಮಲದೂಷಿತ, ಕೊಳೆಯಾದುದು Si. 368). ಮಾಸಿದ ಕಾಲ್ ಮೊಗಂಗಳಿಂ ಮಲ್ಲಿಕಂಗಳೆಮ್ಬುದು; ನಸು ಮಾಸಿದ ಎರಂಕೆಗಳಿಂ ಕಲಹಂಸೆಗಳೆಮ್ಬುದು (Hlâ.). ಕಾಲ್ ಮೊಗಂ ಮಾಸೆ ಮಲ್ಲಿಕಾಕ್ಷಂ; ಪಕ್ಷ ಮಾಸೆ ಕಲಹಂಸೆಯಕ್ಕುಂ (Mr. 173). ತುರಗವರ್ಣಂ...ಮಾಸೆ ಬೋರಂ (275). ದೋಸೇ ಮಾಡಲಿಕ್ಕೆ ಮಾಸಿದವಳಿನ್ದ ಆಗದೇ?—ಬಟ್ಟೆ ಮಾಸಿದರೆ ಅಗಸಗೆ, ನಾಲಿಗೆ ಮಾಸಿದರೆ ಕೆರಕ್ಕೆ. —ಮಾಸಿದ್ದಕ್ಕೆ ಹೆದರಿದವಳು ಮುಸರೆಗೆ ಹೆದರ್‍ಯಾಳೇ?—ಮಾಸುವ ಮೂರಿಗೆ ಹೇಸುವ ಗಣ್ಣನನ್ತೆ (Prvs.).

ಮಾಸು mâsu. 2. = ಮಾವಿ. **Impurity, filth, dirt** (T. ಮಾ, ಮಾಚು; M. ಮಾಚ್ಚು, ಮಾಚು, ಮಾಯ್ಚು). **2, the after-birth, placenta** (ಜರಾಯು Šmd. Dh.; Šm. 110; My.; M. ಮಾಚ್ಚು, ಮಾಚು; Mhr. ವಾರ); **the exterior membrane which invests the fetus, chorion** (ಗರ್ಭಾಶಯ, ಜರಾಯು, ಉಲ್ಬ, ಕಲಲ Nr.). ಕೂತು ಕೂಸಿಪ್ಪ ಚೇಲಂ ಜರಾಯು; ಆ ತಟದ ಗಲ್ಲೆ ಉಲ್ಬಂ; ಆ ತೊಡಲಿಸುತ್ತಿಪ್ಪ ಮಾಸು ಕಲಲಂ (Mr. 308). — ಮಾಸುಚೇಲ. = ಮಾವಿ-. ಮಾಸು ಚೇಲದಲ್ಲಿ ಹುಟ್ಟಿದ ಪಶುವು ಮೊದಲಾದವುಗಳು (ಜರಾಯುಜ Si. 367).

ಮಾಸೂರೀಣ mâsûrîṇa. (fr. ಮಸೂರ). A field of lentils (ಮಸೂರಿಗಳು ಬೆಳೆಯುವ ನೆಲ Si. 301).

ಮಾಸೋಪಮೆ mâsa-upamĕ. A simile derived from the moon or the months (Kâvy. III, 3, B, 63 seq.).

ಮಾಸ್ಮ mâ-sma. *Not, no.*

ಮಾಹಾಕುಲ mâhâkula. (fr. ಮಹಾಕುಲ). *Of noble family or lineage, nobly born.*

ಮಾಹಾತ್ಮ್ಯ mâhâtmya. (fr. ಮಹಾತ್ಮ). High-mindedness. 2, *exalted state or position, greatness, majesty, dignity.* 3, a work giving an account of the merits of any holy place or object, a legend.

ಮಾಹಾತ್ಮ್ಯೆ mâhâtmyĕ. = ಮಹಾತ್ಮ್ಯ. (ಭಗ Nn. 52).

ಮಾಹಿಷ mâhisha. (fr. ಮಹಿಷ). *Coming from or belonging to a buffalo.*

ಮಾಹಿಷಿ mâhishi. A she-buffalo (Čpr. 4, 48).

ಮಾಹಿಷ್ಮತಿ mâhishmati. N. of a city. (J. 9, 10. 11. 15).

ಮಾಹಿಷ್ಯ mâhishya. *The son of a Kshatriya father and a Vaiśya mother.*

ಮಾಹೆ mâhĕ. A month (My.; Br., Mhr., H.).

ಮಾಹೆವಾರಿ mâhĕvâri. A monthly settlement; a monthly register of occurrences; monthly accounts (My.; Mhr.); monthly (My.; Br.).

ಮಾಹೇಯ mâhêya. (fr. ಮಹಿ). Earthen, terrestrial.

ಮಾಹೇಯಿ mâhêyi. *A cow* (ಹೋಮಧೇನು Hlâ.; ಮಹಾಧೇನು Mr. 180).

ಮಾಹೇಶ mâhêśa. (fr. ಮಹೇಶ). Relating to Śiva. (J. 20, 14).

ಮಾಹೇಶ್ವರ mâhêśvara. (fr. ಮಹೇಶ್ವರ). Relating to Śiva; a worshipper of Śiva (Bp. 3, 41; 7, 1; 36, 36; see ವೀರ-).

ಮಾಹೇಶ್ವರಿ mâhêśvari. *Pârvatî, Durgâ* (Mr. 14).

ಮಾಳ್ mâḷ. = ಮಾಣ್, etc. To cease, etc. ಮುಟ್ಟುವೆ ಮಾಳ್ದವಳು (ಪುಷ್ಪಿಣೀ, ನಿಷ್ಫಲೆ Hlâ.). (2, to abandon, see ಮಾಳ್ಮುಕಿ).

ಮಾಳ mâḷa. 1. (Šmd. 40, one MS. ಮೋಳ). = (ಮಹಳ 1?). Mhr. ಮಾಳ, a loft). See ನಡುಮಾಳ (? Mdb. MS. has ನಿಡುಮಾಳ, q. v. s. ನಿಡು).

ಮಾಳ mâḷa. 2. A plain, an extended tract of ground (My.; Mhr.; see ಗೋ-); a bed for filling in sea-water (B. 4, 202).

ಮಾಳ mâḷa. 3. = ಮಹಳ 2, etc. (My.; Tĕ., M. ಮಾಳಯ; T. ಮಾಲಯ). ನಾಳೆ ಮಾಳಹಬ್ಬ, ಹೋಳಿಗೆ ಬೇಕಾದಷ್ಟು (Prv.). — ಮಾಳಪಕ್ಷ. = ಮಾಳ. (My.).

ಮಾಳ mâḷa. 4. = ಮಾಲ. Deceit, etc. See ಮಾಳಿಗ. 2, N. of men (My.). ಸಾಯುವ ಕಾಲಕ್ಕೆ ಮಾಳಪ್ಪಸೆಟ್ಟಿ ಮೀನು ತಿಂದು ಸತ್ತ (Prv.).

ಮಾಳಚಿ mâḷači. N. ಮಾಳಚಿಯ ಭರ್ತೃ ಮಯ್ಲಾರಿ (Mr. 15).

ಮಾಳವ mâḷava. = ಮಾಲವ. (Bp. 6, 18; 61, 30; B. 4, 39).

ಮಾಳವಿ mâḷavi. A Malva woman. 2, N. of a râga (My.).

ಮಾಳಾಬಂಧ mâḷâ-bandha. = ಮಾಲಾಬಂಧ. See ಅಯಾಟಿಗ.

ಮಾಳಾಯಿ mâḷi-âyi. N. ಉಮ್ಮೋಕೆ ತಿಮ್ಮೋಕೆ ಮಾಳಾಯಿ, ಕಿಚ್ಚು ಹೊಡಿಸೋಕೆ ಸಾಸ್ತ್ರಾಯಿ (Prv.).

ಮಾಳಿ mâḷi. = ಮಾಳೆ 2. N. (of washer-women, etc. My.; Mhr. ಮಾಳೀ, a female gardener or florist). 2, a woman unable to copulate (My.).

ಮಾಳಿಗ mâḷa-iga. (Šmd. 233). A deceitful man (?).

ಮಾಳಿಗೆ mâḷigĕ. (Šmd. 40). (Tbh. of ಮಾಲಿಕೆ). A common house with a flat roof; an upstair house with a flat roof (My.; ಅಟ್ಟ G.; Tĕ. ಮಾಳಿಗೆ, a house, abode; M. ಮಾಳಿಗೆ, ಮಳಿಗೆ, an upper story; a palace; T. ಮಾಳಿಗೈ, a palace; a house; Mhr. ಮಾಳೀ, an upper story; a boarded loft; a sort of garret; see ಮಾಡ, ಮಾಡಿ 1); the flat roof of a house (My.; ದಡ್ಡಿ Čt. II, 38; Šs.; Kk. 46). ಮಾಳಿಗೆಯ ಕುಪ್ಪೆ (G. 184). ನಮ್ಮ ಮನೆಯ ಮಾಳಿಗೆಯ ಕುಪ್ಪೀ ಮೇಲೆ ಗುಬ್ಬಿ ಗೂಡು ಕಟ್ಟಿ ಕೊಂಡು ಇರುತ್ತದೆ (B. 2, 5). ಗುಡ್ಡಹರಿಗಳ ಮಾಳಿಗುರಿಯಿತು (Bp. 56, 33). ದೂಳಿ ದೂಪವಾದೀತೇ? ಮಾಳಿಗೆ ಸ್ವರ್ಗವಾದೀತೇ?—ದೂಳಿಯಿಂದ ಮಾಳಿಗೆಯಾದೀತೇ?—ಮಠದ ಮಾಳಿಗೇ ಏಡ್‌ದವ ಗಟ್ಟಾ ಹತ್ತ್ಯಾನೇ? (Prvs.). See ನೆಲ-, ಬೆಳ್ಳು-. ಕಾಡು ವೀಳೆಯಕಿಮ್ಮು, ಲೋಹನಾಂಕಿತಕಿಮ್ಮು, ಕೂಡುಗಳಿಮ್ಮು ಮಾಳಿಗೆಗೆ; ಭಕ್ತ ಗೆಯ್ದು ಆಚಾರವಿಮ್ಮು (Sp.). — ಮಾಳಿಗೇ ಮನೆ. A house with a flat roof. ಬಯ್ಲುಸೀಮೆಯಲ್ಲಿ ಮಬ್ಬು ಕಡಿಮೆ ಬೀಳುವದರಿಂದ ಮಾಳಿಗೇ ಮನೆಗಳನ್ನು ಕಟ್ಟುವ ನಡಾವಳಿ ವಿಶೇಷವುಂಟು (B. 4, 122).

ಮಾಳೆ mâḷĕ. 1. ಮಾಳಾ. = ಮಾಲೆ. See ಮಾಳಾಬಂಧ.

ಮಾಳೆ mâḷĕ. 2. = ಮಾಳಿ. N. of women. ಯಾರೂ ಇಲ್ಲದ ಊರಿಗೆ ಅಗಸರ ಮಾಳೆಯೇ ಮುತ್ತಯ್ದೆ (Prv.).

ಮಾಳ್ಮುಕಿ mâḷmuki. (fr. ಮಾಳ್). A wife who does not leave her husband (ಮಗಳ್ಮಾ, ಗಣ್ಣನ ಪತ್ತಿ ಬಿಡದಾಕೆ Šmd. II).

ಮಾೞ್ mâḻ. = ಮಾಡು 1, q. v. To do, etc. ಮಾೞ್ಪಿಂ (Šmd. 28. 217. 275); ಮಾೞ್ಪರ್ (39); ಮಾೞ್ಪರ್ (44); ಮಾೞ್ಪುದು (48. 79. 92. 151. 222. 375); ಮಾೞ್ಕೆ (232. 270); ಮಾೞ್ಪಿ (Šm. 97). ಶ್ರೀಸೋಮನಾಥಂ ನಮಗೆ ಅಭಿಮತಮಂ ಮಾೞ್ಕೆ! (Mr. 1a). ಮುಂಕಡೊಳ್ ನೃಪಗೆ ನಿನ್ನ ಸೇವೆ ಮಾೞ್ಪ ಬೊಮ್ಮೆಗಳು (ಪಾಂಚಾಲಿಕೆ, ಪುತ್ರಿಕೆ 204). ಓಲೆಗಳ ಮಾೞ್ಪವಂ (ಪತ್ರಿಕ 377). ನೀತಿಯ ಬಲ್ಲವ ಪುರುಷಂ, ಮಾತುಗಳ ಕೆಡಿಸಿ ನುಡಿಯದಾತನೆ ಚತುರಂ, ಪ್ರೀತಿಯ ಮಾೞ್ಪನೆ ನಣ್ಬಂ, ಭೀತಿಯೊಳಿರ್ಪವನೆ ಭೃತ್ಯ (Subbâshita-kandapadya).

ಮಾೞ್ಕೆ mâḻkĕ. Doing; performance, execution; business; manner, mode (Tĕ. ಮಾಟ್ಕ, ಮಾಡ್ಕ). ಜೆಬವನ ಕಣ್ಗಳ್ ಅನ್ಧಕನ ಕಾಲ್ಗಳ್ ಇವನ್ತೊಡಗೂಡಿ ಗಾವುದಂ ತಳರ್ದೊಡೆ ಬಲ್ಲಿದಂ ನಡೆದ ಮಾೞ್ಕೆಯೆನಿಪ್ಪುದೆ? (Grj. 1, 26). See Šmd. 38. 64. 128. 187; Čh. v. 132; Čpr. 8, 49; Bp. 3, 37; 22, 14; 34, 6; 60, 30; J. 2, 26; 5, 24; 19, 29.

ಮಿಕ mika. Tbh. of ಮೃಗ. (My.; B. 4, 37. 181).

ಮಿಕಿ miki. (= ಮಿಟಿ). A term in imitation of blinking (Tĕ. ಮಿಡಿಕಿಂಚು, to blink the eyes; T., M. ಮಿಟುಕ್ಕು, to open the eyes; Mhr. ಮಿಚಮಿಚ, blinking). — ಮಿಕಿ ಮಿಕಿ ನೋಡು = ಮಿಟಿ ಮಿಟಿ ನೋಡು. To look at in a blinking and inquisitive manner (B. 3, 74).

ಮಿಕ್ಕು mikku. 1. (= ಮಿಡುಕು 2). A groan. — ಮಿಕ್ಕೆನ್-ಎನ್. To groan (Bp. 54, 81).

ಮಿಕ್ಕು mikku. 2. P. p. of ಮಿಗು.

ಮಿಕ್ಕು mikku. 3. = ಮಿಗು. To grow abundant, to increase (Bp. 13, 17); to exceed (B. 5, 284. 284); to remain, etc. (T., Tĕ. ಮಿಂಚು). ತುಕ್ಕ ಹಿಡಿದ ಖಡ್ಗ ಮಿಕ್ಕಿದವನಿಗೂ ಆಗದು (Prv.). — ಮಿಕ್ಕೇಱು. To rise greatly (Grj. 8, 12).

ಮಿಕ್ಕು mikku. 4. Excess; the state of being more or above or other; remainder, rest (My.; T. ಮಿಚ್ಚ; Tĕ. ಮಿಂಚು). ಮಿಕ್ಕಿನ ವಿಭಕ್ತಿಗಳ್ (ಉಟಿದ ವಿಭಕ್ತಿಗಳ್ Šmd. 149 Cm.). See Bp. 13, 14. 22; 14, 10; 18, 102; 19, 28; 28, 22; 37, 25; 38, 65; 43, 34; 50,

42; 51, 20; 57, 64; 58, 32; 59, 56. — ಮಿಕ್ಕಾಗು. -ಆಗು. To be left, to remain, to be another (B. 3, 21; My.). ಜೀವರ ತ್ಸಳೆಣೆಯೇ ಮಿಕ್ಕಾದ ಪಾಷಾಣಂ? (Si. 62).

ಮಿಗ miga. Tbh. of ಮೃಗ (Šmd. 353; ಮೃಗ Nn. 59; ಎರಲೆ Šs.). ಪಕ್ಕಿ ಮಿಗಂಗಳ್ (Šmd. 89). ಮಿಗಮುಂ ಕೆಡಪುವ ಗುಡಿ (ಇಬ'ಸಿಲ್ II). ಮಿಗಮಿರ್ಪ ತಾಣಂ (ಪಕೆ Kk. 78; Šm. 31). — ಮಿಗಗೆಡಪು. -ಕೆಡಪು. To cause beasts to fall into. ಮಿಗಗೆಡಪುವೆಡೆ (ಇಱುಸುಲ್ Šm. 31). — ಮಿಗಗೆಯ್ಕು. -ಕೆಯ್ಕು. Šiva (ಶಿವ Kk. 4; ಈಶ್ವರ Šm. 2). — ಮಿಗದ ಅಂಕೆಗ. Having the mark of an antelope: the moon (R.). — ಮಿಗದಾಣ. -ತಾಣ. A place for beasts (ಪಕೆ Šm. 96). — ಮಿಗದೇರ. -ತೇರ. Wind, the wind-god (ಅನಿಲ Kk. 16; Šm. 13; Šśv. 1, 39). — ಮಿಗಲಕ್ಷಣ. The moon (ಶಶಿ Kk. 44; ಚನ್ದ್ರ Šm. 16). — ಮಿಗವಕ್ಕಗ. = ಮಿಗವಕ್ಕೆಗ, q. v. — ಮಿಗವಕ್ಕೆ. -ಪಕ್ಕೆ. The lair of a wild beast (ಪಕೆ Kk. 52). — ಮಿಗವಕ್ಕೆಗ. -ಪಕ್ಕೆಗ. He on whom an antelope reposes: the moon (ಚನ್ದಿರ, etc., ಶಶಿ Kk. 44, o. r. -ವಕ್ಕಗ). — ಮಿಗವಗೆ. -ಪಗೆ. A tiger (Šśv. 1, 39). — ಮಿಗವಟ್ಟೆ. -ಬಟ್ಟೆ. A track of wild beasts (ಸರು Šs.). — ಮಿಗವಱಿ. -ಮಱಿ. A young beast (ಕೊಱಸು Kk. 53). — ಮಿಗವೇಣ್ಟೆ. -ಬೇಣ್ಟೆ. Hunting wild beasts (ಸರವಿ Kk., o. r. ಸವಿಲ್).

ಮಿಗತೆ migatĕ. Surplus; remnant, rest (My.; Tě.).

ಮಿಗಲು migalu. = ಮಿಗಿಲು. (My.).

ಮಿಗಸು migasu. = ಮಿಗಿಸು. (My.).

ಮಿಗಿಲು migilu. ಮಿಗಿಲ್. = ಮಿಗಲು. Greatness, muchness, abundance; excellence, superiority, surpassingness; superabundance, excess; remainder, rest (My.; Tě. ಮಿಗಲೆ, ಮಿಗುಲು, ಮಿಗುಲೆ). ನಲನ್...ಪತ್ನಿ ಪಾರ್ವತಿಗೆ ನಾಕು ಮಡಿ ಮಿಗಿಲ್ (Râm. 3, 2, 18). ಜನಪಂ...ಅರ್ಥನು, ಜನಪರಲಿ ಮಿಗಿಲೆನಿಸಿ, ರಾಜ್ಯವ (3, 2, 25). ಸನ್ನ ನಾಡು ಸಮಸ್ತವಸ್ತುಗಳಿನ್ದ ಪೂರಿತಹಸ್ತಿನಾಪುರದಿನ್ದ ಮಿಗಿಲ್ (Bh. 1, 8, 27). See Čh. v. 4. 8; Ŏpr. 2, 91; 5, 26; Bp. 52, 8. — ಮಿಗಿಲಾಗು. -ಆಗು. To become or be greater or superior, to surpass, to excel (J. 18, 25; My.). ಗಜಪಯರೂಢಿಯೊಳ್ ಭಗದತ್ತನಿನ್ ಆ ನಲನಿಂ ಮಿಗಿಲಾದಂ (Šmd. 203). ತಪ್ಪದೀ ಪಥಮ್ ಎಲ್ಲರೊಳು ಮಿಗಿಲಪ್ಪ ಕನ್ನಡ ಬೊಮ್ಮಿದೇವಗಳ್ (Bp. 31, 25). ಮಿಗಿಲಾದವನ ಹತ್ತರ ಹಗೆ ಸಲ್ಲ, ನಗೆಗಾರಿನ ಹತ್ತರ ಮೈತ್ರಿ ಸಲ್ಲ (Prv.). 2, to be left as a remnant (My.).

ಮಿಗಿಸು migisu. = ಮಿಗಸು. To make great or excessive, etc. (J. 8, 31; 17, 57); to cause to be left or remain (24, 23; My.).

ಮಿಗು migu. = ಮಿಕ್ಕು 3, (ಮಿಂಚು 1). To grow great, abundant or excessive (ಪಿರಿದಾಗು Šm. 81), to exceed, to grow more or larger (ಅತಿಕ್ರಮಣ Šmd. Dh.; Šm. 81);—to superabound, to be in excess, to be over and above, to remain over, to be left as a remnant, to remain; to be other or not the others (ಅವಶಿಷ್ಟ Šmd. Dh.; Šm. 81; ಅಲ್ಲದೆ ಉಱ Šmd. 119. 144. 256 Cm.; ಉಱ 184. 210. 252 Cm.; My.; T.);—to go beyond, to surpass, to put into shade (ಮಾರ್ಕೊಳ್, ತಳ್ತಿಯ್, ಮೀಱು, etc., ಪ್ರತಿಹತ Šs.; Ŏpr. 1, 33. 101; J. 7, 31; 10, 12; 16, 7);—to be counteracted (see ಮನ-). P. p. ಮಿಕ್ಕು (Šmd. 284. 287). ಇವಱನ್ತೆ ಮಿಕ್ಕುದಂ ನೋಡಿ ಕೊಳ್ವುದು (Šmd. 134). ಮಿಕ್ಕುದು (ಉಲ್ಬಣ, ಉದ್ಭಟ, ಉತ್ಕಟ, ಉದ್ಧತ); ಉಣ್ಣ ಮಿಕ್ಕುದು (ಎಥುಸ, ಭುಕ್ತಶೇಷ Hlâ.). ಬೆಳುಪು ಮಿಕ್ಕ ಕಣ್ಣವಳು (ವಾಮಲೋಚನೆ Nr.). ಭೋಜನಕ್ಕಾಗಿ ಮಿಕ್ಕದು (ಎಥುಸ Mr. 220). ಪಟ್ಟಾಭಿಷಿಕ್ತಳು ಆದ ರಾಣಿ ದೇವಿ, ಮಿಕ್ಕನ್ಹ ರಾಜಪತ್ನಿ ಭಟ್ಟಿನಿ (Si. 65). See Šmd. 136. 207. 284. 287; Ŏpr. 8, 87; Bp. 5, 61; 21, 23; 32, 10. 32; 35, 36; 40, 34; 43, 27. 28; 47, 50; 51, 48. 50; 55, 4; Mr. 7; Šm. 6; Bh. 1, 10, 29; 2, 18, 6. 10. 11; Rśv. 5, 129; 6, after 11, thrice; 6, after 137; 8, after 125; 13, 26; 13, after 70; 13, 77; 13, after 91; J. 7, 31; 8, 2; 10, 12; 28, 22. 57; 29, 23. 46; 30, 24; Si. 243. 317; Mr. s. ಕಱು 1; ಕೆಯ್ಮಿಗು.

ಮಿಗೆ migĕ. 1. Abundance, excess (T. ಮಿಗೈ; see ಒಗು-).

ಮಿಗೆ migĕ. 2. (Šmd. 110). Infinitive of ಮಿಗು; So as to abound, abundantly, excessively, much; further; well (ನಾಡೆ, ಎಡೆ, ಅವಗಂ, ನೆಱೆ, etc., ಅಧಿಕ Šmd. 391; ಕರಂ, ನೆಱೆ, ನೂಳದು, etc. Šm. 58; ಪಾದಪೂರಣಾರ್ಥಂ Čt. I, 19; II, 34). ಮಿಗೆ ನುಡಿಯ ಬಲ್ಲಾತನು (ವಾಗೀಶ, ವಾಕ್ಪತಿ Nr.). See Šmd. 112. 221. 278; Šm. 10. 11. 79. 100; Grj. 10, 112; Bp. 2, 42; Bh. 1, 20, 55; 2, 13, 46; 3, 13, 35; Rśv. 5, 33. 37; J. 3, 25; 28, 5. 18. — ಮಿಗೆ ಮಿಗೆ. rep. (Bp. 22, 65). — ಮಿಗೆವೋಗು. -ಪೋಗು. To grow abundant, etc. (Ŏpr. 1, 69).

ಮಿಗೆ migĕ. Tbh. of ಮೃಗ. — ಮಿಗೆವರಗ. -ಪರಗ. The moon (ಚನ್ದ್ರ Čt. I, 46).

ಮಿಂಗು mingu. (= ನುಂಗು). To swallow (Tě.; R.; T. ಮಿಂಗು, ಮಿಜ್ಜೆ, ಮಿಱುಂಗು, ವಿಱುಂಗು, to eat).

ಮಿಜಾಜು mijâju. Fastidiousness, airs and affectation, high notions and fancies (My.; Mhr., H.).

ಮಿಂಚಿಸು minčisu. To cause to shine, to make bright, to furbish, to polish (My.).

ಮಿಂಚು minču. 1. (= ಮಿಗು, etc.). To become great, to excel, as in any work (My.; Tě.; T. ಮಿಂಚು);—to go beyond, to exceed (My.; Tě., T.). ಅಯ್ವತ್ತು ವರುಷಗಳಿಗೆ ಮಿಂಚಿದ ವಯಸ್ಸು (ಸ್ಥವಿರ, ವೃದ್ಧತ್ವ Si. 195);—to expire, as a period, to pass beyond reach (My.; Tě. ಮಿಗುಲು);—to behave overbearingly or proudly (My.; Tě., T.). See ಕೆಯ್ಮಿಂಚು 2.

ಮಿಂಚು minču. 2. (= ಮಿನುಕು 1, etc.). To shine, to be bright, to sparkle, to glitter; to flash, to lighten (ದೀಪ್ತಿ Šmd. Dh.; Šm. 85; C.; T., M. ಮಿನ್ನು). ಜಳಜಳನೆ ಮಿಂಚಿತ್ತು ಸಿಡಿಲ ಕೆಯ್ಗೊವಿಗೆಯೋಲ್ (Šmd. 229). ಮಿಂಚುವ ಬಟ್ಟಪ ತೊನ್ನು (ಕೋಠ, ಮಣ್ಡಲಕ Nr.). See Bp. 42, 30; Šm. 41; Bh. 1, 19, 20; Rśv. 6, 54; 8, 102; J. 3, 3; 4, 30; 17, 2; ಕೆಯ್ಮಿಂಚು 1.

ಮಿಂಚು minču. 3. Shine, lustre, brightness, glitter; lightning (ಕಳೆ, ಕದಿರು, ಮಿನುಗು, ಹಚಿ, ದಾಳ, ಮಿಱುಗು, ಪೊಳಪು, etc., ಕಾನ್ತಿ Šm. 15; ಕಾನ್ತಿ Kk. 25; ದೀಪ್ತಿ Šm. 85; ಭ್ರಮರ, ಹೊಳಪು Nn. 63; ವಿದ್ಯುತ್ Šmd. Dh.; ವಿದ್ಯುತ್ತು Šm. 85; ತಮ್ಪೆ, ಚಪಲೆ, ಕ್ಷಣಿಕೆ, etc. Hlâ.; ಘನದೀಪ್ತಿ, ಸೌದಾಮಿನಿ, ಚಪಲೆ, etc. Mr. 43; ತಮ್ಪೆ, ಶತಹ್ರದೆ, etc. Si. 30; ಹ್ರಾದಿನಿ, ತಟಿತ್ 435; ವಿದ್ಯುತ್ 480; ಮುಗಿಲ್ಬೆಳಗು Šs.; C.; Tě.; T. ಮಿನ್; M. ಮಿನ್ನು). ಕಾರ್ಗಾಲ ಮಿಂಚಿನೋಲ್ ಪೊಳೆದವೊ ಬಾಳ್ಗಳ್! (Šmd.

218 Mdb.). ಬೀಸುವ ಬಿರುಗಾಳಿ, ಕೊಳ್ವ ಮುಗಿಲ್, ಪೊಯ್ವ ಸಿಡಿಲ್, ಚಳಿಲಿಮ್ಬ ಮಿಂಚು (218 Mdb.). ಖಡ್ಗಾಯುಧಚಾಪಮಂ ಪೊಳೆವ ಮಿಂಚನೆ ಪೋಲ್ತಿರೆ ಬೀಸು! (272). ಅಂಜಿನಲ್ಲಿ ಹೋದರೆ ಮಿಂಚಿನ ಭಯ ತಪ್ಪೀತೇ? (Prv.). See Čpr. 2, 92; 4, 38. 42; Bp. 34, 29; 37, 25; 40, 57; 42, 4; Rsv. 6, 54; 8, 118; 13, 78; J. 2, 1; 3, 25; 5, 11; 12, 19; 15, 17. **2**, a silver-ring worn by married women on the second toe (My.; Tĕ.; T., M. ಮಿಂಜ). ಮಿಂಚು ಕಡಗ ತಾಳಿ ಇಲ್ಲದೆ ಮದುವೆಯೇ? (Prv.). — ಮಿಂಚುಗಲ್ಲು. -ಕಲ್ಲು. Talc (ಅಭ್ರ W. p. 540). — ಮಿಂಚುದಲೆ. -ತಲೆ. A shining head (from being bald, oiled, etc. Bp. 51, 54). — ಮಿಂಚುಪುಡಿ. A powder used in anointing the body. ಮೆಯ್ಮಿಂಚುಪುಡಿ (ಚರ್ಜಿ, etc. Si. 225). — ಮಿಂಚುಬಳ್ಳಿ. The heart-pea (ಪಾರಾವತಾಂಘ್ರಿ, ಕಟಭಿ, ಪಣ್ಯೆ, etc. Si. 159). — ಮಿಂಚುಬುಬಿ. -ಪುಬಿ. (Šmd. 204). A fire-fly, a fire-worm (ಖದ್ಯೋತ, ಜ್ಯೋತಿರಿಂಗಣ Nr.; ಪತಂಗ, ತಲಭ Nn. 61; ಖದ್ಯೋತ Mr. 176; Bh. 7, 6, 59; J. 9, 16). ಸರಿಯೇ ಸೂರ್ಯಗೆ ಕೋಟಿ ಮಿಂಚುಬುಬಿಗಳ್? (Šš. 62). — ಮಿಂಚು ಮಾಡು. To cause to shine, etc. (My.). 2, to decorate one's self (My.). — ಮಿಂಚುಹುಬಿ. = ಮಿಂಚುಬುಬಿ. (My.; ಇಸ್ತ್ರಗೋಪ G.).

ಮಿಟಕಿಸು miṭakisu. To open and shut (the eyes) rapidly; to twinkle, to blink; to beckon with the eye; to look at inquisitively with the eyes half shut; to stare (My., with or without ಕಣ್ಣು; see Tĕ. & T. s. ಮಿಕಿ).

ಮಿಟಕು miṭaku. = ಮಿಟಕಿಸು. (My.).

ಮಿಟಗರಿಸು miṭagarisu. = ಮಿಟಕಿಸು. (My.).

ಮಿಟಲ miṭala. = ಮಿಟಲಿ 2, ಮಿಟಲೆ, (ಮಿಟಿಲ), ಮಿಟ್ಲೆ. — ಮಿಟಲಗಿಡ. A small craggy tree with rough leaves, Epicarpurus orientalis Blum. (Z.). See ಮರ-.

ಮಿಟಲಿ miṭali. 1. = ಮಿಟಿಲಿ, q. v.

ಮಿಟಲಿ miṭali. 2. = ಮಿಟಲ, etc. (Its leaves are used like sand-paper, My.).

ಮಿಟಲೆ miṭalĕ. = ಮಿಟಲ, etc. (My.).

ಮಿಟಾಯಿ miṭâyi. = ಮಿಠಾಯಿ. (My.).

ಮಿಟಿ miṭi. (= ಮಿಕಿ, ಮಿಳಿ). Blinking; staring (see s. ಮಿಕಿ). — ಮಿಟಿ ಮಿಟಿ ನೋಡು. = ಮಿಕಿ ಮಿಕಿ ನೋಡು. (My.). — ಮಿಟಿಮಿಟಿಸಗ್ಗ. A svarga in which the deities (who do not shut the eye-lid) only stare at one another, a svarga that has no attractions and offers no happiness (Čpr. 4, 30; My. as ಮಿಟಿಮಿಟಿಸ್ವರ್ಗ).

ಮಿಟಿಲ miṭila. = (ಮಿಟಲ, etc.). N. of a plant (ದುರ್ಗಾ Mr. 116).

ಮಿಟಿಲಿ miṭili. N. of a plant (ಮಾಚಿ Mr. 133, o. r. ಮಿಟಲಿ).

ಮಿಟ್ಟ miṭṭa. = ಮಿಟ್ಟನೆ, q. v.

ಮಿಟ್ಟನೆ miṭṭanĕ. (fr. ಮಿಡುಕು 1 or ಮಿಡುಗು). (= ಮಿಡ, etc.). In a sorrowful manner. — ಮಿಟ್ಟನೆ ಮಿಡುಕು. To be greatly grieved, to weep on account of sorrow (V. 34, 92). ಮಿಟ್ಟನೆ ಮಿಡುಕಿತು (ಅಟಿಲ್ Čt. II, 27; Šm. 59; Kk. 48, o. r. ಮಿಟ್ಟೆ ಮಿಡುಕಿತು).

ಮಿಟ್ಟು miṭṭu. = ಮಿಟ್ಟೆ 2, ಮಿಣ್ಟೆ 2. Rising or high ground, a hill (Tĕ. ಮಿಟ್ಟು; see ಇಬಿಎಟ್ಟು; T. ಮಿಡಲ್, ಎಡಲ್, greatness; M. ಮಿಬುಕ್ಕೆ, ಮಿಕ್ಕೆ, strength; *cf.* ಮಾಟು 4, etc.). **2**, a mass, a multitude. ಮಿಟ್ಟೆಮ್ಬುದು ಮಿಣ್ಟೆ ಅಪ್ಪುದು (Čt. II, 78).

ಮಿಟ್ಟೆ miṭṭĕ. 1. = ಮಿಣ್ಟೆ 1, q. v. (Rsv. 5, 52).

ಮಿಟ್ಟೆ miṭṭĕ. 2. = ಮಿಟ್ಟು, etc. The state of being high, raised, or jutting out (T.); rising ground, a hill (My.; Tĕ.; T. ಮಿಟ್ಟೈ, ಮೇಡು; see ಮೆಲ್ಲ, ಮೇಡು). See ಮೂಎಟ್ಟೆ?. **2**, a mass, a large number (Bh. 7, 4, 32). — ಮಿಟ್ಟೆ ತಗ್ಗು. Hills and dales (My.). — ಮಿಟ್ಟನೆಲ. Rising ground (My.). — ಮಿಟ್ಟವರಹಾ. A kind of gold pagoda worth four Rupees (Tĕ.; R.).

ಮಿಟ್ಲೆ miṭlĕ. = ಮಿಟಲ, etc. (My.). See ಮರ-.

ಮಿಠಾಯಿ miṭhâyi. = ಮಿಟಾಯಿ. Sweetmeats (My.; B. 3, 101; Mhr., H. ಮಿಠಾಯೀ; Mhr. ಮಿಷ್ಟಾಯೀ, sweetness; Mhr., H. ಮಿಠಾ, sweet).

ಮಿಠಾಯಿಗಾರ miṭhâyi-gâṛa. A maker, or seller, of sweetmeats (My.).

ಮಿಠಾಲಕಡಿ miṭhâ-lakaḍi. Sweet wood: liquorice root (ಮಧುಕ, ಮಧುಯಷ್ಟಿಕೆ, ಅತಿಮಧುರ, etc. Si. 148; H.).

ಮಿಡ miḍa. = (ಮಿಟ್ಟನೆ), (ಮಿಡಿ 9), ಮಿಡು. Sorrowfully. — ಮಿಡ ಮಿಡನೆ ಮಿಡುಕು. = ಮಿಟ್ಟನೆ ಮಿಡುಕು. (Bp. 24, 56).

ಮಿಡ miḍa. Tbh. of ಮೃಡ. Šiva. (ಈಶ್ವರ Šm. 2).

ಮಿಡತೆ miḍatĕ. = ಮಿಡಿಚೆ, etc. (My.; Tĕ.).

ಮಿಡಿ miḍi. 1. = ಮಡ 1, etc. The heel (Rsv. 5, after 55). See ಹಿಮ್ಮಡಿ. — ಮಿಡಿವಿಡಿ. -ಪಿಡಿ. To seize (another's) heel (J. 15, 31).

ಮಿಡಿ miḍi. 2. (= ಮೆಳೆ). A bush, a small shrub (T. ಮಿಡೈ; T. ಮಿಡೈ, ಮಿಣ್ಡು, to be pressed or thronged). See ಗೂರಿ-, ಗೋರಿ-.

ಮಿಡಿ miḍi. 3. (= ಮಾಟು 2). To strike at or strike with a finger or the fingers (as an earthen pot to prove its soundness, My.); to fillip (see ಬೆರಲ್-); to strike with the index, as the strings of a lute, etc. (ಅಂಗುಲಿಪ್ರಹರಣ Šmd. Dh.; Šm. 92; M.; T. ಮೀಟ್ಟು, Tĕ. ಮಿಟು). **2**, to toss up with the thumb, as a Rupee (My.; Tĕ.). **3**, to move with a jerk of the fingers, to pull or extend the string of a bow (Bh. 7, 10, 38; J. 12, 46; 13, 64; T.). ಬೇಡತಿಯು . . ಸುಣ್ಣಬಟ್ಟ ಮೊಲೆಗಳ ಮೇಲೆ ಕಸ್ತುರಿಯನಿಟ್ಟು, ಸಿಳ್ಳುಗುಂಸ್ತಲಿ ಒಲಿದೊಲಿದು ಮಿಡಿದು, ಬಾಜಿಸಿ, ಪಾಡುತಿರೆ (Râghč. 17, 66). ಗಲ್ಲವನೊಡನೆ ಮಿಡಿದು (Bp. 15, 13). ಚಾಪಮಂ ಪಿಡಿದು, ಮಿಡಿದು (J. 8, 35). ಮಿಡಿದರೊಡೆವನ್ತೆ ಅಮೃತರಸದಿಂದ ನೆರೆದ ಪೊಂಗೊಡಮೊಲೆಯನ್ ಅವನ ವಕ್ಷಃಸ್ಥಲದೊಳಿಟ್ಟು ಒತ್ತಿದೊಡೆ (11, 17).

ಮಿಡಿ miḍi. 4. P. p. of ಮಿಡಿ 3, in ಮಿಡಿ ಮಿಡಿದು (Bh. 8, 21, 12).

ಮಿಡಿ miḍi. 5. (= ಮಿಣ್ಚು 1). To leap, to bounce, as a horse, to hop (Rsv. 6, after 11; Tĕ. ಮಿಡಿ, ಮಿಡೆ); to move about rapidly, as a tuft of hair (Bp. 24, 44); to leap, to pass over by leaping (Abh. P. 4, 122). **2**, to make fly: to shed, as tears (J. 19, 20. 27).

ಮಿಡಿ miḍi. 6. Springing, bouncing, hopping. — ಮಿಡಿನಾಗರ. The venomous Coluber nâga of Russel (Bḍ.; Tĕ. ಮಿಡಿನಾಗು, ಮಿಣ್ನಾಗು, the adder).

ಮಿಡಿ miḍi. 7. A very young, quite unripe, pebble or pellet-like fruit (ಶಲಾಟುಫಲ Šmd. Dh.; ಶಲಾಟು Šm. 92; ಎಳೆಗಾಯಿ, ಹದಿರ್, ಪೀಚು 22; ಎಳೆಗಾಯ್ Kk. 23; My.; ಪರಳುಗಾಯಿ Bhn. 58; Čpr. 1, after 101; 7, 87; Rśv. 2, 47; M. ಮಿಡಿ, a small cucumber before the flowers fall off). ಒಣಗಿದ ಮಿಡಿ (ವಾನ, ಒಣಗಾಯಿ Si. 123). ಮಿಡಿ ಪಣ್ಣಾಗದೆ? (Sŝ. 44). See ಪಸುರ್-, ಪೂ-, ಮಾ-. — ಮಿಡಿಗಾಯಿ. -ಕಾಯಿ. A hard, unripe fruit (ಶಲಾಟು Si. 123). 2, the fruit of the climbing herb Momordica charantia Lin. (St. & Pl.). ತಿರುಳುದೋರ್ವ ಮಿಡಿಗಾಯಿ (ಕೋಮಲ, ಶಲಾಟು Mr. 109). — ಮಿಡಿಮಾವು. A quite unripe mango (My.).

ಮಿಡಿ miḍi. 8. Moving with a pull of the fingers, propelling. — ಮಿಡಿವಿಲ್. -ಬಿಲ್. A bamboo slit at the one end of which a pebble is kept which is propelled by bending the end backwards and letting it spring back (My.; Rśv. 5, 52. 80).

ಮಿಡಿ miḍi. 9. (fr. ಮಿಡುಕು 1). = ಮಿಡು. Grief. See ಸಿಡಿ-.

ಮಿಡಿಚೆ miḍiče. = ಮಿಡತೆ, ಮಿಡಿತೆ, ಮಿಡುಚು. That which hops: a grasshopper, a locust (ನೀಲಕಣ್ಣ Nn. 49; ಪತಂಗ, ಶಲಭ Si. 176; My.; M. ಎಟ್ಟಲ್, ವೆಟ್ಟಲ್; T. ವೆಟ್ಟುಕ್ಕಿಳಿ).

ಮಿಡಿತೆ miḍitĕ. = ಮಿಡಿಚೆ, etc. (My.; Si. 176; Tĕ. ಮಿಡುತ).

ಮಿಡು miḍu. = ಮಿಡ, etc. — ಮಿಡು ಮಿಡನೆ ಮಿಡುಕು. = ಮಿಡ ಮಿಡನೆ-. (Bp. 26, 15; 40, 35; Rśv. 13, after 104). — ಮಿಡು ಮಿಡುಕು. = ಮಿಡು ಮಿಡನೆ-. (Č. Bp. 19, 32).

ಮಿಡುಕು miḍuku. 1. = ಮಿಡುಗು. To grieve, etc. (ಅಡಿಲು Šm. 80; Bp. 24, 56; 26, 15; 40, 35; Rśv. 5, 41; 13, after 104; Tĕ.; T. ವಿಳಿ). See ಮಿಟ್ಟನೆ-.

ಮಿಡುಕು miḍuku. 2. (= ಮಿಕ್ಕು 1). Grieving, lamenting, groaning (Tĕ. ಮಿಡುಕು, ಮಿಡುಕೆ).

ಮಿಡುಕು miḍuku. 3. = ಮಿಡುಂಕು, (ಮಿಸುಕು 1, etc.). To recover consciousness, to become conscious, to grow animated or quickened, to become lively or vigorous, to be alive (ಚೈತನ್ಯ Šmd. Dh., o. r. ಮಿಡುಂಕು; ಅಸು Šm. 80; Čpr. 5, 115; J. 21, 40). 2, to move (v. i., Čpr. 5, after 64; Bp. 47, 25. 58; 54, 81; Rśv. 1, 41; J. 22, 20; 25, 54; see Sp. s. ಬೆರಳುಚಾಳಿ). 3, to urge on, to push (see ಕಡು-; M. ಮಿಡುಕ್ಕು, ಮುಡುಕ್ಕು, T. ಮುಡುಕ್ಕು, ವಿಡುಕ್ಕು, to animate; to urge on). 4, to move (v. t., Rśv. 5, 89).

ಮಿಡುಕು miḍuku. 4. Moving, setting in motion (Čpr. 5, 99); animation, life, liveliness, activity, sprightliness, vigor, strength, valor (ಪರಾಕ್ರಮ Bhn. 3, o. r. ಕಡುಪು; Bh. 3, 13, 20; Râm. 4, 3, 8; J. 2, 28; 4, 30; 17, 30; 25, 31; M. ಮಿಡುಕ್ಕು, T. ಮಿಡಲ್, ಮುಡುಕ್ಕು). — ಮಿಡುಕುಗುಂದು. -ಕುಂದು. Activity, etc. to decrease (Šśv. 2, 79).

ಮಿಡುಗು miḍugu. = ಮಿಡುಕು 1. To be very much distressed, to grieve, to mourn (ಸಂಖಿನ್ನ Šmd. Dh., ದುಃಖಿತನಾದ ಚಿನ್ನೆ Cm.; M. ಮುಡುಗು).

ಮಿಡುಂಕು miḍuṅku. = ಮಿಡುಕು 3, q. v.

ಮಿಡುಚು miḍuču. = ಮಿಡಿಚೆ, etc. (Bp. 56, 24).

ಮಿಡ್ಡೆ miḍḍĕ. = ಮುಡ್ಡಿ 1. — ಮಿಡ್ಡೆ ಕೂಟು. = ಮುಡ್ಡಿ ಯನ್ನ. (My.).

ಮಿಣ miṇa. (ಮಿನು, ಮಿಣು, ಮಿಸು). Glittering; sparkling. (Tu. ಮೆಣ್; Mhr. ಮಿಣಮಿಣಣೇಂ, to burn dimly). — ಮಿಣಗುಟ್ಟು. -ಕುಟ್ಟು. To glitter (My.). — ಮಿಣ ಮಿಣನೆ ಮಿಂಚು. To glitter (My.).

ಮಿಣಕು miṇaku. 1. = ಮಿಣುಕು 1, ಮಿನುಕು 1. To glitter (My.).

ಮಿಣಕು miṇaku. 2. ಮಿಣಕ್. = ಮಿಣ, ಮಿಣುಕು 2. (Tĕ. ಮಿಣುಕು, ಮಿನುಕು, ಮಿನ್ಕು; M. ಮಿನುಕ್ಕು). — ಮಿಣಕುಹುಳು. = ಮಿಂಚುಹುಳು. (ಖದ್ಯೋತ, ಜ್ಯೋತಿರಿಂಗಣ Si. 176). ಮಿಣಕುಹುಳು ತಿಣಕಿದರೆ ಜೇನು ಬಸ್ಸಿತೇ? (Prv.). — ಮಿಣಕ್ಕೆನ್ನು. -ಎನ್ನು. To glitter (My.).

ಮಿಣಕೆ miṇakĕ. = ಮಿಣಿಕೆ, ಮಿನಿಕೆ, q. v. (My.).

ಮಿಣಿ miṇi. = ಮಿಳಿ. A rope made of twisted leather straps (ಚರ್ಮಪಾಶ Mr. 286; Si. 277; C.; M. ಮಡೆ, ಮಿಡೆ, ಮುಡೆ, to braid, twist; Tĕ. ಮೆಲಿ, a turn, twist; cf. ಮೆಡಲು). ತೊಗಲ ಮಿಣಿ (ನಧ್ರಿ, ವಧ್ರಿ, ವರತ್ರೆ, ತೊಗಲ ಹಗ್ಗ Si. 344). ಬಿಟ್ಟು ಆಡುವ ಗೆಣೆಯು ಹಲಿಕುತೊಗಲಿನ ಮಿಣಿಯು (Dp. 54). See ಕಟ್ಟು-.

ಮಿಣಿಕೆ miṇikĕ. = ಮಿಣಕೆ, etc. (My.).

ಮಿಣುಕು miṇuku. 1. = ಮಿಣಕು 1. (My.; Tu. ಮೆಣುಕು).

ಮಿಣುಕು miṇuku. 2. = ಮಿಣಕು 2. (My.).

ಮಿಣ್ಟೆ miṇṭĕ. 1. = ಮಿಟ್ಟಿ 1. A kind of weapon (ಶರಮುಣ್ಣೆ Mr. 296; Šśv. 3, 28; Râm. 3, 3, 18).

ಮಿಣ್ಟೆ miṇṭĕ. 2. = ಮಿಟ್ಟೆ 2, etc. A mass, a multitude (Rśv. 5, 80).

ಮಿಂಡ miṇḍu1-as. 1. A man who does not restrain the animal passion, a libertine, a paramour, a lover, a whoremaster (Čpr. 3, after 73; Bp. 11, 5. 6; 40, 13. 25. 56; 42, 13. 19. 29; Si. 193; G. 139; My.; Tĕ.). ಗಣ್ಡ ಬಯ್ದರೆ ಹುಚ್ಚು, ಮಿಣ್ಡ ಬಯ್ದರೆ ಮೆಚ್ಚು (Prv.). — ಮಿಣ್ಡಜಂಗಮ. A lascivious Jaṅgama (Bp. 6, 33; 11, 2. 23. 43. 50). — ಮಿಣ್ಡಪ್ರಾಯ. The age in which animal passion is powerful, nubile age, etc. (Bp. 25, 9. 10). — ಮಿಣ್ಡಭಕ್ತ. A lascivious devotee (Bp. 11, 37). — ಮಿಣ್ಡವಡ್ಡಿ. -ಹಡ್ಡಿ. A lusty hog (Bh. 3, 13, 18). — ಮಿಣ್ಡಸಂಗಯ್ಯ. N. (Bp. 59, 5). — ಮಿಣ್ಡಹರೆಯ. = ಮಿಣ್ಡಪ್ರಾಯ. (Bp. 9, 33; 27, 65).

ಮಿಂಡ miṇḍu 2-as. 2. A man of high position or character: a hero (Bh. 3, 18, 38). 2, somebody (or something) that is above or beyond another's reach, beyond his faculties, or out of his power. ಕತ್ತೆ ಚಿತ್ರಗಾರನ ಮಿಣ್ಡ (is an object that he never can draw well), ಹಣ ನೋಟಗಾರನ ಮಿಣ್ಡ (is something he is likely to make mistakes about), ಟವಣೆ ಶಾನಭೋಗನ ಮಿಣ್ಡ. — ದೋಣೀ ಪಾಟದ ಮೇಲೆ ಅಪ್ಪಿಗಾರನ ಮಿಣ್ಡ. — ಹೊಲಿ ಪಾಟದ ಮೇಲೆ ಅಪ್ಪಿಗರ ಮಿಣ್ಡ. — ತುರುಕಮಿಣ್ಡ ಬರುವಾಗ್ಗೆ ಎದುರು

ಚುಕ್ಕಿಯೇ? (Prvs.). See Prvs. s. ಉಂಯಿ, ದಿಣ್ಣು, ಮಟ್, ಮೋಟ ಮರ.

ಮಿಣ್ಡಗಾತಿ miṇḍa-gâti. An incontinent woman, an adulteress, a whore (My.).

ಮಿಣ್ಡಗಾಱ miṇḍa-gâṟa. A paramour, an adulterer, a whoremaster (ಜಾರ, ಉಪಪತಿ Sl. 193). ಉಣ್ಡವನಿಗೆ ಹಸಿವಿಲ್ಲ, ಮಿಣ್ಡಗಾಱನಿಗೆ ನಾಚಿಕೆಯಿಲ್ಲ (Prv.).

ಮಿಣ್ಡತನ miṇḍatana. Lasciviousness, whoredom (Bp. 40, 34).

ಮಿಣ್ಡಿ miṇḍi. A lusty female; a woman of nubile age (see ತುಱು-, ಸಱ್-). ಮಿಣ್ಡಿಯಾ ಗಣ್ಡ ತಾ ದಣ್ಡಿಂಗೆ ಹೋದರೇ (ಅದು ಯಾರೂ) ಹಿಣ್ಡಿಯ ಹೆಡಿಗೆಗೆ ಕೋಣನ ತನ್ದು, ಕಣುಗಣ್ಣು, ಹೊಡದನ್ತೆ (ಅಗುತ್ತದೆ, Sp.). — ಮಿಣ್ಡಿವೆಣ್ಡತಿ. -ಪೆಣ್ಡತಿ. A lusty wife (Râghô. 17, 65).

ಮಿಣ್ಡು miṇḍu. 1. Animal passion, sensual longing, lustiness (J. 3, 8; 30, 5).

ಮಿಣ್ಡು miṇḍu. 2. (= ಮಿಾಣ್ಟು 5). The position of being raised (too much, as a lever). ಸನ್ನೆಗೋಲು ಮಿಣ್ಡಾಗಿದೆ (My.).

ಮಿಣ್ಣಿ miṇṇi. = ಮಿಳ್ಳಿ, etc. A small wooden or metal spoon; a small metal vessel in the form of a čambu, any small metal vessel used for drinking (My.). 2, = ಮಿಣ್ಣು, e. g. ಮಿಣ್ಣಿಕಾಯಿ, ಮಿಣ್ಣಿಗಡಿಯಾರ (My.).

ಮಿಣ್ಣು miṇṇu. The state of being small, short, dwarfish. ಮಿಣ್ಣಾಗಿದ್ದವನ ಬಣ್ಣವೇ ಬೇಱೆ (Prv.).

ಮಿಣ್ಣೆ miṇṇĕ. = ಮಿಾಟೆ (Ks.).

ಮಿತ mita. 1. Measured, meted, measuring;—defined, limited;—moderate; regular; scanty, frugal; sparing; little, brief, concise;—examined, known. See Čh. v. 221. 224. ಮಿತವಾದ್ದು ಬಾಳುವದು, ಹಿತವಾದ್ದು ಫಲಿಸುವದು (Prv.).

ಮಿತ mita. 2. Tbh. of ಮೃತ (Šmd. 353).

ಮಿತಭಾಷಿ mita-bhâshi. Speaking little, seldom speaking; speaking in a deliberate manner. (My.).

ಮಿತಮ್ಪಚ mita-m-pača. Cooking food by measure: a miser; *niggardly, stingy, avaricious.*

ಮಿತವಚನ mita-vačana. = ಮಿತಭಾಷಿ. 2, N. (Ršv. 5, after 130).

ಮಿತಿ miti. Measuring; measure; weight; determinate amount; limit; moderation; accurate knowledge. ಮಿತಿ ಮಾಡ್‌ದರೂ ಗತಿ ಮಾಡ ಬೇಕು (Prv.). ಆ ವ್ಯಾಪಾರವು ಮಿತಿ ಮಾಡ್ ಬೆಳದಿರುತ್ತದೆ (B. 4, 28; see 4, 119). See ಪ್ರ-. 2, interest on money loans (Mhr.). — ಮಿತಿ ಮೀಱೆ. dupl. ಮಿತಿ ಮೀಱೆಯಿಲ್ಲದ ಮೋಹದ ಚಿನ್ತೆ (Dp. 36, 1).

ಮಿತಿಳೆ mitiḷĕ. Tbh. of ಮಿಥಿಲೆ (Šmd. 338).

ಮಿತ್ತಡಿ mittaḍi. N. See ನಾಟ್ಯನ-. — ಮಿತ್ತಡಿಯನಾರ್. N. (Bp. 17, 1).

ಮಿತ್ತು mittu. Tbh. of ಮೃತ್ಯು (Šmd. 351; Čpr. 5, 110; Bp. 40, 55; J. 14, 15).

ಮಿತ್ರ mitra. *A friend, an associate.* 2, *an ally.* 3, *the sun.* 4, N. of an âditya or form of the sun, commonly associated with Varuṇa. ಅಮರಮುನಿಗಳು (ಎಷ್ಟುವಿನ) ಮಿತ್ರರಕ್ಕು (Mr. 19). Feminine ಮಿತ್ರಳು (My.; B. 5, 289). ಮಿತ್ರನಿಗೆ ಮುಜ್ ಮಾಡ ಬೇಡ, ಶತ್ರುವಿಗೆ ಜೊತೆಯಾಗ ಬೇಡ (Prv.).

ಮಿತ್ರಘ್ನ mitra-ghna. Friend-killing, treacherous. (My.).

ಮಿತ್ರಜ್ಞ mitra-jña. Mindful of a friend's benefits, thankful to him (My.).

ಮಿತ್ರಜ್ಞತೆ mitra-jñatĕ. Thankfulness for a friend's benefits (My.).

ಮಿತ್ರತ್ವ mitratva. Friendship; alliance; intimacy. (J. 19, 42; My.).

ಮಿತ್ರದ್ರೋಹ mitra-drôha. Injury or betrayal of a friend, malice indulged against a friend. (My.).

ಮಿತ್ರದ್ರೋಹಿ mitra-drôhi. The betrayer of a friend, a false or treacherous friend. (My.). ಮಿತ್ರದ್ರೋಹಿಯಾದವಗೆ ಕಾಣುವವರೆಲ್ಲ ಶತ್ರುಗಳೇ (Prv.).

ಮಿತ್ರಭೇದ mitra-bhêda. Separation of friends, breach of friendship. (My.). 2, N. of the first book of the pañčatantra.

ಮಿತ್ರಲಾಭ mitra-lâbha. Acquisition of friends or of friendship, forming friendship. (My.). 2, N. of the first book of the hitôpadêša.

ಮಿತ್ರವರ್ಗ mitra-varga. Friends looked upon as a class (My.).

ಮಿತ್ರೆ mitrĕ. A female friend (ಸಾರಜ್ಞೆ, ಸಖಿ, ಸಹಜೀವಕೆ, etc., ಕೆಳದಿ Mr. 305).

ಮಿಥಸ್ mithas. *Together, mutually, reciprocally.*

ಮಿಥಿಲಾಪುರ mithilâ-pura. = ಮಿಥಿಲೆ. (J. 19, 19).

ಮಿಥಿಲೆ mithilĕ. ಮಿಥಿಲಾ. = ಮಿತಿಳೆ, ಮಿಥುಳೆ. *N. of a city, the capital of Vidêha or Tirhut and residence of king Janaka.*

ಮಿಥಿಲೇನ್ದ್ರ mithilâ-indra. Janaka (J. 19, 36).

ಮಿಥಿಲೇನ್ದ್ರಸುತೆ mithilêndra-sutĕ. Sîtâ (J. 19 sum.).

ಮಿಥುನ mithuna. A pair (male and female, boy and girl, etc.; ದಮ್ಪತಿಗಳ್, ಸತಿಪತಿಗಳ್ Mr. 24); *a pair, a couple, a brace;* twins: the sign of the zodiac Gemini. 2, union, junction. 3, cohabitation, copulation. ಸತಿ ಪುರುಷರುಂ ಕೂಡಿ ನುಡಿವಲ್ಲಿ ಮಿಥುನವೆನಿಕ್ಕು (Mr. 434).

ಮಿಥುನೀಕರಿಸು mithunî-karisu. To practise copulation (Abhâ. 2, 73).

ಮಿಥುಳೆ mithuḷĕ. = ಮಿಥಿಲೆ. (Grj. 2, 81).

ಮಿಥ್ಯ mithya. = ಮಿಥ್ಯೆ. ಇತ್ತ ವರ ಮಿಥ್ಯವಾದರೆ ಮತ್ತೆ ಬೇಡೋದು ಯಾಕೆ? (Prv.).

ಮಿಥ್ಯತನ mithyatana. = ಮಿಥ್ಯಾತ್ವ. See Sp. s. Tbh. ಮುತ್ತು.

ಮಿಥ್ಯಾ mithyâ. = ಮಿಥ್ಯೆ. *Falsely, wrongly, untruly, deceitfully;*—false, untrue, sham, unjust;—untruth (personified as the wife of adharma).

ಮಿಥ್ಯಾಕರ್ಷೆ mithyâ-âkarshĕ. Vainly attracting (one's mind or attention to a person). ಮಿಥ್ಯಾಕರ್ಷೆ ಕೇಳ್ವಲ್ಲಿ ಕಟ್ಟಿದ್ (Mr. 535).

ಮಿಥ್ಯಾಚರಣ mithyâ-âčaraṇa. = ಮಿಥ್ಯಾಚರ್ಯೆ. (Čpr. 10, 123).

ಮಿಥ್ಯಾಚರ್ಯೆ mithyâ-âčaryĕ. *False behaviour, hypocrisy.*

ಮಿಥ್ಯಾಜ್ಞಾನತೆ mithyâ-jñânatĕ. False conception, misapprehension (Čpr. 10, 123).

ಮಿಥ್ಯಾತ್ರಿ mithyâtri. A liar (ಕ್ಷುಲ್ಲಕ, ಮಿಥ್ಯಾವಾದಿ Nn. 58).

ಮಿಥ್ಯಾತ್ವ mithyâtva. Falsity, unreality, untruth. (Čpr. 7, 8).

ಮಿಥ್ಯಾದರ mithyâ-âdara. Hypocritical reverence, etc. See ಜೋಸರಿಸು.

ಮಿಥ್ಯಾದೃಷ್ಟಿ mithyâ-dṛishṭi. *False doctrine, heresy.*

ಮಿಥ್ಯಾಪವಾದ mithyâ-apavâda. A false accusation (My.).

ಮಿಥ್ಯಾಭಿಯೋಗ mithyâ-abhiyôga. An unjust claim;—*a false accusation.*

ಮಿಥ್ಯಾಭಿಶಂಸನ mithyâ-abhiśaṁsana. *A false accusation.*

ಮಿಥ್ಯಾಮತಿ mithyâ-mati. *False opinion, error, mistake.*

ಮಿಥ್ಯಾಲೋಚನೆ mithyâ-âlôčanĕ. A false thought (My.).

ಮಿಥ್ಯಾವಾದಿ mithyâ-vâdi. Speaking untruly; a liar (ಮಿಥ್ಯಾತ್ವ, ಕ್ಷುಲ್ಲಕ Nn. 58; My.). 2, a follower of Śankarâčârya (My.).

ಮಿಥ್ಯಾವಿನಯ mithyâ-vinaya. Hypocritical reverence, etc. (ಬೋಸರ Čt. I, 41).

ಮಿಥ್ಯೆ mithyĕ. = ಮಿಥ್ಯ, ಮಿಥ್ಯಾ. Untruth, falsehood, fraud, hypocrisy (ಕುಕ್ಕುಟ, ಶಾಪ್ಪುರಿ, ಮಾಯೆ, etc. Mr. 450; My.).

ಮಿದಿ midi. To pound (ಮುಸಲಕ್ರಿಯೆ Śmd. Dh.; ಮುಸಲಘಾತ Śm. 98; V. 30, after 35; My.; Tĕ. ಮೆದುಗು, to be pounded or triturated; T. ಮಿದಿ, ಮಿರಿ, M. ಮೆದಿ, to tread on, to trample, to tread, as loam; to thrash);—to beat (Grj. 2, after 106), to kill, to destroy (ಘಾತ Śmd. Dh.; ಸಂಹಾರ Śm. 98);—to rub, to grind, to triturate (ಮರ್ದನ Śmd. Dh.). ಮಿದಿವುದು (ಸಮ್ಮರ್ದ, ಪರಿಮಲ Hlâ.). ಧಾನ್ಯಾದಿಪಿಷ್ಟಮಂ ಮಿದಿದು ಪುರಿಯಲ್ಕೆ ಸತ್ತುಗಂ (Mr. 219).

ಮಿದಿಸು midisu. = ಮಿದ್ದಿಸು. To cause to pound, to have pounded, etc. (Bp. 27, 49).

ಮಿದು midu. Tbh. of ಮೃದು. (My.; B. 1, 15).

ಮಿದುಡು miduḍu. = ಮಿದುಳು, q. v. (Tĕ.; ಗೋದ G.; B. 4, 24).

ಮಿದುವು miduvu. = ಮಿದು. (My.; B. 3, 30).

ಮಿದುಳು miduḷu. ಮಿದುಳ್. (Śmd. 59). Tbh. of ಮೇದಸ್ (*cf.* ಮೇದುರ). Marrow; the brain (Abh. P. 13, 63; Rśv. 5, after 120; Râm. 6, 30, 15; J. 21, 48; 22, 23. 26; B. 4, 32; see ಬಿಸುಮಿದುಳ್). ತಲೆಯ ಮಿದುಳು (ಮಸ್ತಿಷ್ಕ, ಗೋರ್ದ Hlâ., Nr., Mr. 397).

ಮಿದ್ದಿಸು middisu. = ಮಿದಿಸು. (My.).

ಮಿನಹು minahu. Of or in the afore-said month (Mhr., H.). 2, till, until (My.).

ಮಿನಾಹಿ minâhi. Deduction, subtraction (H. ಮಿನ್ಹಾಯಿ). 2, discharging, dismissing, putting out of office (My.).

ಮಿನಿ mini. = ಮಿನು.—ಮಿನಿ ಮಿನಿಸು.—ಮಿನು ಮಿನಿಸು. (Grj. 4, 79).

ಮಿನಿಕೆ minikĕ. = ಮೀಣಕೆ, ಮಿಣಕೆ. A climbing herb, the melon vine, Cucumis melo Lin. (St. & Pl.; ಕರ್ಕಟಿಕೆ Mr. 135; *cf.* ಮೆಕ್ಕೆ).

ಮಿನು minu. (= ಮಿಣ), ಮಿನಿ. Sparkling, shining, etc. (T. ಮಿನ್). — ಮಿನು ಮಿನನೆ. rep. Very glitteringly, brightly or brilliantly (Abh. P. 7, 7). — ಮಿನು ಮಿನಿಸು. To shine brightly (Grj. 4, 80). — ಮಿನು ಮಿನುಪು. Great sparkling, etc. ಮಿನು ಮಿನುಪ ಯೋಗವಟ್ಟಿಗೆ (Kk. 33).

ಮಿನುಕು minuku. 1. = (ಮಿಂಚು 2), ಮೀಣಕು 1, etc., ಮಿನುಗು 1, (ಮಿಱುಗು 1, ಮಿಸುಗು 1). To shine, to glitter (ಕಾಂತಿ Śmd. Dh.).

ಮಿನುಕು minuku. 2. = ಮಿನುಗು 2. Lustre, etc. (B. 4, 126. 158; Tĕ.).

ಮಿನುಕು minuku. 3. To speak in an indistinct, faint or low tone; to murmur (ಅನ್ತರ್ಗತಸ್ವನ Śmd. Dh.; Mhr. ಮಿಣಮಿಣಣೇಂ; Sk. ಮಿಣ್ಮಿಣ, speaking indistinctly through the nose; T. ಮಿಣ್ಮಿನು, an internal sound).

ಮಿನುಗು minugu. 1. = ಮಿನುಕು 1. To shine, to be bright, to sparkle, to glitter; to be beautiful (J. 4, 1). ಮಿನುಗುವ ಆದಿಮೂರ್ತಿ (Śm. 21). ಮಿನುಗುವಾಯುಧಂ (Č. Bp. 42, 14). ಮಿನುಗಲ್ (47, 16). ಮಿನುಗುವ ವಸನ್ತ ದೂತಿಕೆ (Kk. 18). ಮಿನುಗುವ ಪಾಟುಗುಪ್ಪೆ (71). ಮಿನುಗುವ ಅನ್ನಂ (*i. e.* ಅನ್ತಃಪುರಂ, 61).

ಮಿನುಗು minugu. 2. = ಮಿನುಕು 2. Shine, lustre, glitter, sparkling (ಕಾನ್ತಿ Kk. 25; Śm. 15; Bh. 7, 6, 59). — ಮಿನುಗುವಡೆ. -ಪಡೆ. To obtain lustre, etc. (Śśv. 3, after 35).

ಮಿನ್ದು mindu. P. p. of ಮೀ 1, ಮೀಯು.

ಮಿರಾಸಿ mirâsi. A hereditary entitlement to yearly, monthly or daily gifts of corn, money, etc. (My., also as ಮಿರಾಸು; Mhr., H. ಮಿರಾಸ, a hereditary office in a village; land-tax).

ಮಿರಾಸಿದಾರ mirâsi-dâra. A man who possesses or enjoys a mirâsi (My.).

ಮಿಱು miṟu. (= ಮಿಣ, etc.). Shining, sparkling (*cf.* ಮೆಱ್ 1 & 2). — ಮಿಱು ಮಿಱನೆ ಮಿಂಚು. To shine brilliantly (My.).

ಮಿಱುಗು miṟugu. 1. (= ಮಿನುಕು 1, etc.). To glitter, to flash, to sparkle, to shine (ಚಕಚಕಾಯಮಾನ Śmd. Dh.; My.). ಮಿಱುಗುತ್ತಿರ್ದ ತ್ರಿಶೂಲದಿಂ (Śmd. 72). ಮಿಱುಗುತ ಪೋದಂ (280). ಮಿಱುಗುವ (J. 8, 3; 11, 8; 33, 19; Śśv. 8, 27). ಮಿಱುಪ (Čpr. 4, 82; J. 25, 5). ಮಿಱುಪಂ (Śmd. 275). ಲಲಾಟದೊಳ್ ಮಿಱುಪ ಕಣ್ಣುರಿಯನ್ತೆ (275). See Čpr. 6, 16; 8, 58; Bp. 13, 17; 27, 77; 28, 26; 42, 24; 44, 1; 56, 29; J. 15, 5).

ಮಿಱುಗು miṟugu. 2. Glitter, shine, lustre, polish, etc. (ಮಿಂಚು, ಮಿನುಗು, etc., ಕಾನ್ತಿ Śm. 15; Kk. 25; Bp. 40, 4; My.; *cf.* ಮೆಱುಗು). ಮಿಱುಗು ಮಾಡು, ಮಿಱುಗು ಹಾಕು (My.).

ಮಿಱುಪು miṟupu. = ಮಿಱುಗು 2. (Čpr. 4, 62; 7, 110; Râm. 1, 5, 30; Tĕ. ಮೆಱುಪು, ಮಿಱುಪು).

ಮಿರ್ಲೆ mirlĕ. A kind of aquatic bird (My.).

ಮಿಲತ್ milat. ಮಿಲತ್. (Śmd. 100). Joining, uniting with; meeting; mixing; assembling.

ಮಿಲದ್ವಿಷ್ಕಿರ milat-vishkira. (Śmd. 100, o. r. ಮಿಲದ್ವಿಷ್ಟರ).

ಮಿಲದ್ವಿಷ್ಟರ milat-vishṭara. (Śmd. 100, o. r. ಮಿಲದ್ವಿಷ್ಕಿರ).

ಮಿಲನ milana. Mixing with, coming in contact with, associating with; coming together, meeting, assembling, union (ಕಟಾಹ, ಕೂಟ Nn. 107; ಶಾಣ್ಣ, ಕೂಟ 116; ಪ್ರಮಾಣ, ಕೂಟ 139); contact.

ಮಿಲಾಕತ್ತು milâkattu. Mingling, mixing; a meeting, an interview (My.; Mhr. ಮಿಳಕತ, mingling or mixing with; earnings, gains).

ಮಿಲಾಯಿಸು milâyisu. To mix (v. t.), to mingle; to join; to bring together, to cause to meet, to introduce (My.; Tĕ. ಮಿಳಾಯಿಂಚು);—to be mixed, united, joined, etc. (My.).

ಮಿಲಾವಣೆ milâvaṇĕ. Mingling with, mixing; coming together, meeting, assembling (My.).

ಮಿಲಿತ milita. ಮಿಳಿತ. United, mixed, combined; connected; found, met, encountered. See Čpr. 2, after 91; 10, after 91; Bp. 38, 14; 39, 50; ಪ್ರ-.

ಮಿಲ್ಟೇರಿ milṭêri. Military (Si. 278).

ಮಿಶನರಿ miśanari. = ಮಿಷನೇರಿ. (B. 5, 303).

ಮಿಶ್ರ miśra. Mixed, mingled, blended, joined; combined (My.); associated, connected;—manifold, diverse;—mixing, mixture. 2, a species of root or radish.—See Šmd. 361. 362; ಸಮ್-, ಸಾಲಾ-.

ಮಿಶ್ರಣ miśraṇa. Mixing, uniting, mingling;—union, combination (B. 4, 88; My.);—addition.

ಮಿಶ್ರಬನ್ಧನ miśra-bandhana. Binding or joining diverse things, or joining things so that they be blended. See ಪೆಣೆ.

ಮಿಶ್ರವರ್ಣ miśra-varṇa. Being of a mixed colour; a mixed colour (Kâvy. V, 935 seq.).

ಮಿಶ್ರಿ miśri. = ಮಿಶ್ರ No. 2, ಮಿಸಿರಿ. See ಸಾಲಾ-. 2, sugarcandy (My.; Mhr., H. ಮಿಶ್ರಿ).

ಮಿಶ್ರಿತ miśrita. Mixed, mingled, blended, united, joined (Bp. 36, 54; My.); added; respected, respectable.

ಮಿಶ್ರೇಯೆ miśrêyĕ. *The herb Anethum panmori* Roxb., *or a species of anise.*

ಮಿಷ misha. Opening the eyes; winking. 2, rivalry, emulation, envy. 3, *deceit, fraud, trick, pretence, pretext, false appearance.* See ಅನು-, ನಿ-.

ಮಿಷನೇರಿ mishanêri. = ಮಿಶನರಿ. A missionary (My.).

ಮಿಷಿತ mishita. Opened eyes, opened. See ಉನ್-.

ಮಿಷ್ಟ mishṭa. Sprinkled, moistened. 2, nice, savoury; sweet, sugary.

ಮಿಷ್ಟಾನ್ನ mishṭa-anna. *Sweet or savoury food, sweetmeats, etc.* (ರಸಾಯನ G.).

ಮಿಸಕು misaku. = ಮಿಸುಕು 1, etc. — ಮಿಸಕಾಡು. -ಆಡು. = ಮಿಸುಕಾಡು. (My.). — ಮಿಸಕ್ಯಾಡು. = ಮಿಸಕಾಡು. (ಮಿಡುಕು Čb.).

ಮಿಸಲು misalu. One's proper place (in an assembly, Mhr.);—official view or examination, inspection (of troops, peons, horses, etc., My.).

ಮಿಸಿ misi. *A sort of fennel, Anethum sowa;—Anethum panmori* Roxb. 2, *spikenard, Nardostachys jatamansi* Dec.

ಮಿಸಿಕು misiku. = ಮಿಸುಕು 1, etc. (B. 4, 185; My.).

ಮಿಸಿರಿ misiri. = ಮಿಶ್ರಿ. See ಸಾಲಾ-.

ಮಿಸಿಸು misisu. To cause to shine or become full of lustre (Čpr. 3, 71; 3, after 102; 7, 145).

ಮಿಸು misu. (= ಮಿಱು, etc.). Shining, etc. — ಮಿಸುವಂಚೆ. Beautiful cloth (ಅಱುವೆ Kk. 54, o. r. ಮಿಸೆ-).

ಮಿಸುಕು misuku. 1. = (ಮಿಡುಕು 3), ಮಿಸಕು, ಮಿಸಿಕು. To move, to stir; to quiver, to throb, to swing, etc. (ಸ್ಪನ್ದನ Šmd. Dh.; Čpr. 5, 19; Grj. 4, 67; Bp. 14, 2; 21, 18; 26, 35; 34, 5; 50, 59; Šśv. 3, 53; Râm. 6, 10, 8; My.; Tĕ. ಮಿಸುಗು). — ಮಿಸುಕಾಡು. -ಆಡು. To move, to stir (My.). ಮಿಸುಕಾಡದೆ ಇರುವನ್ಥಾದು (ನಷ್ಟಚೇಷ್ಟತ G.).

ಮಿಸುಕು misuku. 2. Moving, shaking, swinging. ಮಿಸುಕಿನೊಳ್ ಒಲೆ (Šm. 108).

ಮಿಸುಗು misugu. 1. (= ಮಿನುಕು 1, etc.). To shine, to glitter, to sparkle, etc. (ಕಾನ್ತಿ Šmd. Dh.). ಮಿಸುಗುವ (Čpr. 8, 52). ಮಿಸುಗುವ ಅಱು (Šmd. 75). ಮಿಸುವ (Čpr. 1, after 101; 5, 40; 6, 58; Šm. 9. 68. 72; Bp. 8, 18; 23, 39; 29, 18; 31, 12; 38, 36; 42, 23; Č. Bp. 5, 49; J. 6, 44; Kk. 3; see Šmd. 289). ಅಶೋಕೆಯ ಮಿಸುವ ಪೊಸದಳಿರ್ (Čpr. 7, after 92). See Prll. 3, 25; Rśv. 1, after 135; 6, after 11; 13, 62. 63. 70. 83; J. 6, 44; 11, 10; 28, 18.

ಮಿಸುಗು misugu. 2. Shine, lustre (V. 5, 69).

ಮಿಸುನಿ misuni. The glittering metal: gold (ಕಸವರ, ಸೊನ್ನೆ, ಚೆಮ್ಬೊನ್ನು Šs.; ಕಸವರ, ಸೊನ್ನೆ, ಚೆಮ್ಬೊನ್ನು, ಕಡವರ Šm. 68; Bp. 23, 35; Râm. 1, 13, 8; Bh. 1, 15, 8; 2, 13, 44; Rśv. 6, after 11; 13, 62. 63; J. 5, 7). See ನಲ್-. — ಮಿಸುನಿಪೊಗ. Fire (ಅಗ್ನಿ Šs.). — ಮಿಸುನಿಯಡ್ಡಣಿಗೆ. -ಅಡ್ಡಣಿಗೆ. A golden stand (V. 14, after 28). — ಮಿಸುನಿಱವಕೆ. A bodice interwoven with gold-thread (V. 5, after 14). — ಮಿಸುನಿವಟ್ಟಲ್. -ಬಟ್ಟಲ್. A gold cup (J. 6, 44). — ಮಿಸುನಿವಟ್ಟೆ. -ಬಟ್ಟೆ. A garment interwoven with gold-thread (Rśv. 5, after 19). — ಮಿಸುನಿವಣ್ಣ. -ಬಣ್ಣ. Gold-colour (J. 16, 3). — ಮಿಸುನಿವೆಟ್ಟ. -ಬೆಟ್ಟ. Mêru (R.).

ಮಿಹಿಕೆ mihikĕ. = ಮಹಿಕೆ. *Mist, fog; frost, snow.*

ಮಿಹಿರ mihira. *The sun.*

ಮಿಹಿರಾಧ್ವ mihira-adhva. The sky (Abh. P. 11, 145).

ಮಿಳ್ mil. (= ಮಿಟಿ). — ಮಿಳ್ಮಿಳನೆ. rep. In a staring manner (V. 35, after 55; see T., M. s. ಮಿಳಿ).

ಮಿಳಿ miḷi. = ಮಿಣಿ. A leather rope; a rope; a strap (ಆಬನ್ಧ, ಯೋಕ್ತ್ರ, ಯೋಕ್ತ್ರ Nr.; Č. Bp. 47, 44; My.). ಆನೆಯ ನಡುವ ಬಿಗಿವ ಮಿಳಿ (ಕಕ್ಷ್ಯೆ); ಬಾರ ಮಿಳಿ (ನಧ್ರಿ, ವಧ್ರಿ, ವರತ್ರ Nr.). ಉರಮಿಳಿ (ಚೂಷೆ, ಕಕ್ಷ್ಯೆ, ವರತ್ರ Hlâ.). ಬಾರು ಮಿಳಿಗಳ ಮಾಡುವವನು (ಚರ್ಮಕೃತ್ Nn. 152). See ಪೆರ್ಮಿಳಿ.

ಮಿಳಿರ್ miḷir. 1. To move to and fro, to move about, to swing, to wave, to jump or fly about, to roll, etc. (ಲುಠನ Šmd. Dh.; ನೆಗೆ Čt. I, 36). ಮಿಳಿರ್ದು (Šmd. 28). ಮಿಳಿರ್ವ ಎಳವಳ್ಳಿ (Šmd. 81). ಮಿಳಿರ್ವ ಪತಾಕೆಗಳ್ (Râm. 1, 13, 4). ಸಿನ್ಧುರಂಗಳ... ಮಿಳಿರ್ವ ಕೊರಲ ಮಿಸುನಿಯ ತೊಂಗಲ್ವರಜ (Rśv. 6, after 11). ಮಿಳಿರ್ದೆತ್ತಂ ತೋಱಿ ಪೊಮ್ಪುಟ್ಟೆಯ ಪಡಿಯಿಗೆಗಳ್ (13, 69). ಗಗನಲಕ್ಷ್ಮಿಯ ಪಯೋಧರಮಂ ಮುಸುಂಕಿದ ಚೀನಾಮ್ಬರದ ಸೆಱಗಿನನ್ತೆ ತೊಳ ತೊಳಪ ಪಡಿಯಿಗೆಯ ಪಟಂಗಳ್ ಮಿಳಿರುತ್ತಿರೆ (13, after 71). ಮಿಳಿರ್ದು ಮಿಳ್ಳಿಸೆ ವಾನರಕೇತನಂ (Abh. P. 13, 119). See Čpr. 1, 106; 4, 42. 82; 5, 69. 131; 6, 64; 7, 52; Abh. P. 14, 192. — ಮಿಳಿರ್ದಾಡು. -ಆಡು. To wave, to float, etc. ರಥದ... ತುದಿಯೊಳ್ ಮಿಳಿರ್ದಾಡೆ ಕೇತನಂ (Rśv. 13, 87).

ಮಿಳಿರ್ miḷir. 2. Moving to and fro, etc. (ಸಂಚಲತ Čt. II, 84).

ಮಿಳಿರ್ miḷir. 3. To prosper, to flourish, to increase or grow greatly, to become powerful (ಸಮೃದ್ಧಿ Šmd. Dh.; ವೃದ್ಧಿಯಾಗು Šm. 23; T.; T. ಮಿಳಿರ್, ಎಳಿರ್, greatness, fertility, plenty). ಮಿಳಿರ್ದು (Šm. 23).

ಮಿಳಿರ್ಚು miḷirču. To move about (v. t., J. 15, 8).

ಮಿಳ್ಳಿ milli. = ಮಿಣ್ಣೆ No. 1, q. v., ಮಿಳ್ಳೆ. (My.; Si. 241; Tĕ. ಮಿಲ್ಲಿ, ಮಿಳ್ಳಿ).

ಮಿಳ್ಳಿಱಿ milliṟi. To move to and fro, to move

about (v. i., Šáv. 3, 62). — ಮಿಳ್ಳಿಱಾಡು. -ಆಡು. = ಮಿಳಿಱ್. (Rāv. 6, 70; V. 31, 7; Šáv. 4, 9).

ಮಿಳ್ಳಿಸು miḷḷisu. (= ಮೆಳ್ಳಿಸು). To move about, to fly, to float, to wave. ಜಯಕೇತು ಮಿಳ್ಳಿಸೆ (Abh. P. 3, 51). ಮಿಳ್ಳಿಸೆ ಗುಡಿಗಳ್ (3, 134). ಮಿಳಿರ್ದು ಮಿಳ್ಳಿಸುವ ಪೆಸ್ಸರ ಕುಡುಪಿನ ಪಡಿಯಿಗೆಗಳುಂ ಸನ್ನಣಿಸಿ (13, after 34). ಮರುತ್ಪಥದೊಳ್ ಮಿಳ್ಳಿಸೆ ಪಡಿಯಿಗೆ (13, 68). ಮಿಳಿರ್ದು ಮಿಳ್ಳಿಸೆ ವಾನರಕೇತನಂ (13, 119). 2, to jump, to frisk (ನೆಗೆ Kk. 54; ದಿಂಕಿಡು, ದಾಣ್ಟು, ಸರಳಿಸು, ಕೊಣಕಿಡು Šm. 31).

ಮಿಳ್ಳೆ miḷḷĕ. = ಮಿಳ್ಳಿ, etc. (My.; Si. 310).

ಮಿಟ್ಟು miṭṭu. Tbh. of ಮೃತ್ಯು (Šmd. 351; ಜೋಯಿ Šmd. I; Čpr. 8, after 44; Šáv. 2, 67; 4, after 19). ಮಿಡ್ತುಗೆ ಮಾರಿಗೆ ಪಕ್ಷರ್ (Šmd. 287 Mdb.).

ಮೀ mi. 1. = ಮೀಯು. To cause to bathe, to wash, to bathe (ಸ್ನಪನ Šmd. Dh.). 2, to bathe (v. i.). 3, to pour over (the body, J. 11, 41). P. p. ಮಿನ್ದು (Šmd. 48. 281). ಮಿನ್ದುಣ್ಣಂ (280). ಅಲರ ಮಣಿಯೊಳ್ ಮಿನ್ದಂ ಭೂಪಾಲಮನ್ಮಥನ್ ಆಜಿಯೊಳ್ (281). ಮೀವುದು (ಅಪ್ಲವನ, ಸ್ನಾನ, ಸವನ Hlā.). ಮೀವುದು ಗೃಹ (ಉದ್ವರ್ತನಾಲಯ Mr. 196). ಮಾಡುತಂ ಕಡುಬಾಪಂಗಳ, ಮೀಯಲ್ ಅತ ಕುಚಿಯೇ? (Sk. 64). ಮೀಪರೇ (ಮೀವುದಕ್ಕೆಯಲ್ಲ ಪೋಪರೇ? ಪಾಪಮೇನ್? ಅದು ಕೆಸಱೆ? ಮೀಪರೆ ಮೆಯ್ಯ ಮಲ ಪೋಪುದೇ; ಪಾಪ ಲೇಪಿಸಲಕ್ಕುಂ? (Sp.). See J. 3, 24; 9, 26; 19, 7; 29, 48.

ಮೀ mi. 2. ಮೀಯು. A bath. See Sp. s. ಬಾಸೆಯಿಲ್ಲದ.

ಮೀಂ min. ಮೀಱ್. = ಮೀನ್ 1, etc. A fish. ಮೀಂಗಳ್ (Čpr. 5, 40; 6, 78; 8, 97). — ಮೀಂಗುಡಿ. A banner the ensign of which is a fish (Čpr. 6, 64). — ಮೀಂಗುಲಿ. -ಕುಲಿ. (Šmd. 221). A fish-killer; a crane or king-fisher (Šáv. 3, 33).

ಮೀಟು miṭu. 1. Jumping, flying (cf. ಮೀಣ್ಟು 1). — ಮೀಟುಮೀನು. A flying-fish (ಪ್ರೋಷ್ಠಿ, ಶಫರಿ, ಹಾಱ್ ಬೀಳುವ ಮೀನು, ಹಾಱುಮೀನು Si. 87).

ಮೀಟು miṭu. 2. (= ಮಿಡಿ 3, q. v.). To strike the wires of a lute or guitar with the index-finger, to touch the lute or guitar (My.; Tě., T., M.).

ಮೀಟು miṭu. 3. = ಮೀಣ್ಟು 2. To raise with any lever (My.; M. ಮಿಡನ್ದು); to raise (Bh. 1, 8, 27). — ಮೀಟಾಡಿಸು. -ಆಡಿಸು. To raise and shake (J. 18, 43).

ಮೀಟು miṭu. 4. = (ಮಿಣ್ಟು 2), ಮೀಣ್ಟು 5. Eminence, greatness, superiority, excellency, excess, etc.; beauty, niceness (ಅಗ್ಗಳ, ನೆಱೆ, ನೂಳದು, ಒಟ್ಟಜೆ, ಪೆರ್ಮೆಗೆ, etc., ಅತಿಶಯ Ks.; ಉತ್ತಮ Bhn. 41; My.; Bh. 3, 18, 88; 3, 19, 50; 7, 14, 30; J. 17, 9; 34, 10. 30; Tě.; T. ಮೀಳ್; cf. ಮಿಟ್ಟು, ಮೀಱು, ಮೇಡು). ಈಡಿಲ್ಲದವನಿಗೆ ಮೀಟಾದ ಹೆಂಗಸು (Prv.).

ಮೀಟು miṭu. Salt (Mhr. ಮೀಠ). — ಮೀಟುಮೋಳೆ. A place where salt is manufactured (My.; Mhr.).

ಮೀಟೆ miṭĕ. = ಮಿಣ್ಣೆ. (Ks.).

ಮೀಢ miḍha. *Passed as urine, urined, watered.* 2, a battle, a combat. See ಅಜ-.

ಮೀಣ mina. = ಮೀಹ. Bathing, bath (My.). See Prv. s. ಮುಂಚು 1.

ಮೀಣ್ಟು minṭu. 1. (= ಮಿಡಿ 5). To jump, to bounce (Rāv. 13, 91; cf. ಮೀಟು 1).

ಮೀಣ್ಟು minṭu. 2. = ಮೀಟು 3. To pull up by the roots, to tear out, to tear up, to pull out (ಉತ್ಪಾಟನ Šmd. Dh.; ಕೀಳ್ Šm. 90; Grj. 10, 74; Rām. 3, 6, 43; Rāv. 5, 89; M. ಮೀಣ್ಟು); to raise with a lever. ಮೀಣ್ಟಿದಂ (Šmd. 48).

ಮೀಣ್ಟು minṭu. 3. (Šmd. 48). An instrument for pulling up or raising, a lever (ಉತ್ಕರ್ಷದ್ರವ್ಯ Šmd. Dh.; Šm. 90; Tě. ಮೀಟಿ).

ಮೀಣ್ಟು minṭu. 4. (= ಮೀಟು 2). To strike, to thrill, to cause a tingling sensation or sharp pain (?). ಮೀಣ್ಟುವ ಅಗ್ಗದ ಶೋಕದಿನ್ದಿರದೆ ಪೋಱಿಮುಟ್ಟು (J. 31, 54).

ಮೀಣ್ಟು minṭu. 5. = ಮೀಟು 4. (ಅಧಿಕತೆ Čt. I, 7).

ಮೀತ mita. Hurt, injured, killed. See ಪ್ರ-.

ಮೀದು midu. P. p. of ಮೀಯು. (My.).

ಮೀನ್ min. 1. (*Supposed* to be Tbh. of ಮೀನ Šmd. 365). ಮೀನು. = ಮೀಂ (ಮೀಱ್), ಮೀನ್ 1. A fish (ಮತ್ಸ್ಯ Šm. 99; ವೈಸಾರಿಣ, ಜಲಚರ, ಮೀನ, etc. Hlā.; ಮೀನ, etc. Mr. 409; ಜಲಚರ, ಸಾರ Nn. 80; ಪೃಥುರೋಮ, ಝುಷ, ಮತ್ಸ್ಯ, ಮೀನ Si. 87; ಅನಿಮಿಷ 461; C.; Tě., T., M.). ಮೀನಾಗಿಯುಮ್ ಎಸಡಿಯಾಗಿಯುಮ್ ಏನಾಗಿಯುಂ ತಾನಲ್ಲಂ (Šmd. 84). ತೊಡರೆ ಮೀನ್ ಮೃಗಲಾಂಛನಧೀವರಂ ತಡಿಗೆ ಬೀಸಿದ ಜಾಲಮನ್ ಒತ್ತಿ ತನ್ದಡಸಿ ಬಾನ್ದೊಡೆಯೊಳ್ ತೆಗೆವನ್ದೊನ್ದಡೆಗೆ ಬನ್ದುವು ತಣ್ಗದಿರೋಳಿಗಳ್ (Lilv. 3, 2). ಹೆಣ್ಣುಮೀನು (ಪ್ರೋಷ್ಠಿ, ಶಫರಿ); ಕಿಱಿಯ ಮೀನ ಮೊತ್ತಂ (ಕ್ಷುದ್ರಾಣ್ಡ, ಮತ್ಸ್ಯಸಂಘಾತ, etc.); ಚೇರಿಲ್ಲಿ ತಿಮಿ ತಿಮಿಂಗಿಲ ತಿಮಿಂಗಿಲಗಿಲ ಇವು ಒನ್ದೊನ್ದಕ್ಕೆ ಹಿರಿಯವಪ್ಪ ಮೀನು; ಮೀನ ಗಾಳ (ಪಡಿಶ Hlā.). ನೂಱು ಯೋಜನವನುಳ್ಳ ಮೀನು ತಿಮಿ, ಆ ಮೀನ ನುಂಗುವ ಮೀನು ತಿಮಿಂಗಿಲಂ (Nr.). ಮೀನುಗಳನ್ನು ಹಿಡಿಯುವ ಬೆಸ್ತರನು (ಕೈವರ್ತ, etc. Si. 86); ಮೀನುಗಳನ್ನು ಹಿಡಿದು ಹಾಕಿ ಕೊಳ್ಳುವ ಬುಟ್ಟಿ (ಮತ್ಸ್ಯಾಧಾನಿ, etc. 86). ಕಪ್ಪೆಗಳು ಮೀನುಗಳು ಇಪ್ಪದಱು ತೀರ್ಥವೇ? (Sp.). ಆನೆ ನೀರಾಟದಲಿ ಮೀನ ಕಣ್ಣಾಂಟುವದೆ? (Sp.). ಮೀನು ಬಲ್ಲುದೆ ನೀರು ಹವುಳು ಸೋದೆ ಎಮ್ಬುವದನು? (Dp. 76). ಪರೀಕ್ಷೆಗೆನ್ದು ಮೀನು ತಿನ್ದರೂ ಬಾಯಿ ನಾಱದೆ ಇದ್ದೀತೇ? — ಮೀನು ನೀರಲ್ಲಿ ಮುಣುಗಿದರೆ ಸ್ನಾನದ ಫಲ ಬನ್ದೀತೇ? — ಪ್ರಾಣಪ್ರಾಣ ಸ್ನೇಹವಾದರೂ ಮೀನಿನ ಬುಟ್ಟಿಗೆ ಕೆಯ್ ಹಾಕ ಬೇಡ! ಎಮ್ಬನ್ತೆ (Prvs.). See Rāv. 5, 115; 13, 78; J. 6, 6. 8; 9, 24; Si. 87. 88. 90; ಉಣಚಿಮೀನು, ಆಱು ದಾಡೆಯ-, ಕರಿಯ-, ಕಿಱು-, ಕೆಮ್ಬು-, ಕೇರೆ-, ಕೆಚ್ಚನೆಯ-, ಚಿಳಿಯ-, ಜೋಱ-, ಬಟ್ಟೆ-, ಬಳ್ಳಿ-, ಬಾಳು-, ಬಾಳೆ-, ಮಱ್-, ಮೀಟು-, ಸಾವಿರದಾಡೆಯ-, ಹಾಱು-, ಹಾವು-, ಹುಲ್ಲು-, ಹೆಮ್-, etc. — ಮೀನ ಕಣ್ಣ. = ಮೀನಗಣ್ಣ. The calf of the leg (My.). — ಮೀನಮ್ಬುಱು. -ಅಂ-ಪುಱು. (Šmd. 205). A worm for catching fishes; (a fire-fly = ಮೀಮ್ಬುಱು). — ಮೀನು ಬಲೆ. A fishing-net (My.). — ಮೀನುಬೇಟೆ. Fishing (My.). — ಮೀನ್ವಣ್ಣ. Fish-colour (ಪಚ್ಚೆ ತೀವಿರ್ದ ಬಣ್ಣ Kk. 25).

ಮೀನ್ min. 2. (= ಮೀನ್ 1, a fish of the sky-ocean?). = ಮೀಮ್ 2. A star (ನಕ್ಷತ್ರ Šmd. II; ತಾರಗೆ Čt. I, 46; ಅಱಿಲ್, ತಾರಗೆ, ನಕ್ಷತ್ರ Kk. 10 b; ಅಱಿಲ್, ನಕ್ಷತ್ರ 30; ಅಱಿಲ್, ತಾರಗೆ, ತಾರೆ Šm. 16; ಭಗಣ 99; Grj. 4, 66; T., M.; T. also: glittering; cf. ಮಿನು, etc.). 2, glittering (see ಮೀಮ್ಬುಱು). — ಮೀನ್ಗಳಿಱಿಯ. -ಎಱೆಯ. The moon (ಚನ್ದಿರ, etc., ಶಶಿ Kk. 44). — ಮೀನ್ವಟ್ಟೆ. -ಬಟ್ಟೆ. The sky (ಆಕಾಶ Kk. 12).

ಮೀನ mina. = ಮೀನ್ 1. *A fish.* 2, the Pisces of the zodiac.

ಮೀನಕೇತನ mîna-kêtana. *Kâma.*

ಮೀನಕೇತು mîna-kêtu. = ಮೀನಕೇತನ. (Čpr. 6, 67).

ಮೀನಗಂಡ mîna-kaṇḍa. The calf of the leg (ಜಂಘೆ G.).

ಮೀನಗಾಱ mîna-gâṟa. = ಮೀನುಗಾಱ. (ಬೆಸ್ತ Čb.).

ಮೀನಧ್ವಜ mîna-dhvaja. Kâma (My.).

ಮೀನಲಾಂಛನ mîna-lâṅčhana. Kâma (My.).

ಮೀನಾಕ್ಷಿ mîna-akshi. A fish-eyed woman (Čh. v. 126); N.; a form of Durgâ at Madhurĕ (My.).

ಮೀನಾಂಕ mîna-aṅka. Kâmá (J. 6, 20).

ಮೀನುಗಾಱ mînu-gâṟa. A fisherman (My.).

ಮೀಮ್ mîm. 1. = ಮೀನ್ 1, etc. A fish. — ಮೀಮ್ಬಱಿಯಿಗೆಯ. -ಪಱಿಯಿಗೆಯ. Kâma (ಮನ್ಮಥ Šm. 7). — ಮೀಮ್ಬಱಿಏಗೆಯ. -ಪಱಿಏಗೆಯ. Kâma (ಮನ್ಮಥ Kk. 8). — ಮೀಮ್ಬುಲಿಗ. (-ಬ್-ಉಲಿಗ). An osprey (ಉತ್ಕ್ರೋಶ, ಕುರರ Nr.; Bh. 1, 20, 53; Râm. 3, 3, 18). — ಮೀಮ್ಬುೞಿಗ. (-ಬ್-ಉೞಿಗ). Any aquatic bird, as a crane, gull, etc., feeding on fish. ಮೀಮ್ಬುೞಿಗನ ಹಕ್ಕಿ (ಧ್ವಾಂಕ್ಷ Nr.).

ಮೀಮ್ mîm. 2. = ಮೀನ್ 2. A star; glittering. — ಮೀಮ್ಬಟ್ಟೆ. The sky (ಗಾಳಿವಟ್ಟೆ Kk. 10*b*). — ಮೀಮ್ಬುೞು. -ಪುೞು. A fire-fly, a fire-worm (V. 29, 45; Ššv. 1, 71).

ಮೀಮಾಂಸ mîmâṁsa. Tbh. of ಮೀಮಾಂಸೆ. (My.). ಮೀಮಾಂಸಶಾಸ್ತ್ರ (G. 415). ಮೀಮಾಂಸಶಾಸ್ತ್ರವನ್ನು ಬಲ್ಲವ (ಜೈಮಿನೀಯ G.).

ಮೀಮಾಂಸಕ mîmâṁsaka. A follower of the mîmâṁsâ system. (My.; ಮೀಮಾಂಸಶಾಸ್ತ್ರವನ್ನು ಬಲ್ಲವ G.).

ಮೀಮಾಂಸೆ mîmâṁsĕ. *Reflection, investigation, examination, discussion.* 2, a philosophical system: the uttara mîmâṁsâ, but especially the pûrva mîmâṁsâ. (My.).

ಮೀಯ್ mîy. (Šmd. 58, o. r. in Mḍb. ಮಿಯ್). = ಮೀ 2 (?).

ಮೀಯಿಸು mîyisu. = ಮೀಸು. To cause to take a bath, to bathe (v. t., My.).

ಮೀಯು mîyu. = ಮೀ 1. To take a bath, to bathe (v. i., My.). P. ps. ಮಿನ್ದು, ಮೀದು. ತೆರೇ ತೆಗೆದು ಮೀಯೋದುಣ್ಟೇ? — ಮಿನ್ದುಟ್ಟ ಮಡಿಯಾದರೂ ಹಿನ್ದು ಮುನ್ದು ನೋಡದವ ಮನ್ಡಿಗೆಲ್ಲಾ ಮುಟ್ಟಿಸ್ಯಾನು (Prvs.).

ಮೀಱು mîṟu. ಮೀಱ್. To go beyond; to go beyond the proper limit, as speech, etc.; to evade (v. t.); to transgress, as an order, etc.; to surpass, to exceed, as one person the other in learning, etc., to put into shade; to pass, to elapse, as time; to move out of reach, not to be obtained, as a situation, etc.;—to be or become excessive, as trouble, etc.;—to be elated, lofty, unrestrained, or proud; to act overbearingly, proudly or in opposition, to bear onward forcibly (ಅತಿಕ್ರಮಣ Šmd. Dh.; ಅವಜ್ಞೆ, ಕಡೆಗಣ್ಣು Šmd. Dh.; ಮಾರ್ಕೊಳ್, ಮಿಗು, etc., ಪ್ರತಿಹತ Šs.; My.; Tĕ., M.; T. ಮೀಱು, ಏಱು; *cf.* ಮೀಟು 4). P. ps. ಮೀಱಿ (Šmd. 224; Čpr. 1, 38. 64; 5, 73; J. 6, 31), and, in *later* time, also ಮೀರ್ದು (J. 3, 21; 11, 12; 31, 30). ಮೀಱಿದ (J. 3, 41). ಮೀಱಿದುದು (ಅತ್ಯಯ, ಅತಿಕ್ರಮ Nr.; ಭೂತ, ಕೈಮೀಱಿ ಹೋದದು Nn. 78). ತನ್ನಿನ್ದ ಮೀಱಿದುದು (ಅತ್ಯಯ Nn. 184). ಮೀಱಿ ಕುಡಿವುದು (ಅಪಾನ, ಪಾನಗೋಷ್ಠಿ Mr. 221); ಮೀಱಿದ ಉದ್ಧ (ಅಯನ್ತ್ರಿತ, ಉದ್ದಾಮ, ಉಚ್ಛೃಂಖಲ 445). ಮೀಱುವ (Čpr. 8, 69). ಹದ್ದು ಮೀಱುವದು (ಸ್ಖಲಿತ, ಛಲ Si. 295); ಕಟ್ಟಳೆಯನ್ನು ಮೀಱಿ ಹೋಗುವಿಕೆ (ಪರ್ಯಯ, ಅತಿಕ್ರಮ, ಅತಿಪಾತ, ಉಪಾತ್ಯಯ 399). ತುಟೀ ಮೀಱಿದ ಹಲ್ಲು, ಮಠಾ ಮೀಱಿದ ಕವ್ವ.—ನುಂಗ ಬಾರದ ತುತ್ತೂ ತುಟಿ ಮೀಱಿದ ಹಲ್ಲೂ ಸಮ.—ಮಿತಿ ಮೀಱಿದರೂ ಗತಿ (refuge, good fortune) ಮೀಱ ಬೇಕು (Prvs.). ಎನ್ದಿಗೂ ತಾಯಿ ತನ್ದೆಗಳ ಮಾತು ಮೀಱ ಬಾರದು (B. 3, 2). ಅವರ ಮಾತು ಮೀಱಿದ ದೋಷಕ್ಕೆ ನಾವು ಪಾತ್ರರಾಗುವೆವು (4, 48). See Šmd. 277; Bp. 22, 22; 32, 32; 36, 28; 39 sum.; 39, 14. 49; 45, 18; 50, 66; 52, 8. 24; 56, 20; 61, 29; Bh. 1, 8, 58. 75; 2, 4, 8; Ršv. 6, after 11; 13, after 65; 13, 69. 78. 91; 14, 30; J. 4, 65; 11, 20. 26; 12, 38. 39; 26, 26; ಕೆಯ್-; Sp. s. ಬಾಯ್ಮೀಱು.

ಮೀಱುಹ mîṟuha. Going beyond, transgressing, etc. (ಅತ್ಯಾಧಾನ, ಅತಿಕ್ರಮ Hlâ.; see ಕೆಯ್-).

ಮೀಲನ mîlana. Closing the eyes; winking, blinking, twinkling;—the closing of a flower;—a covert or concealed simile. See ಉನ್-, ನಿ-, Čpr. 7, 87, and *cf.* the T., M. s. ಮಿೞಿ.

ಮೀಲಿತ mîlita. Closed; twinkled; half opened, unblown, partly opened;—disappeared;—collected, assembled, gathered together. See ಉನ್-.

ಮೀಲೆ mîlĕ. Closing the eyes, etc. See ಪ್ರ-.

ಮೀಸಲ್ mîsal. ಮೀಸಲು. (*i. e.* ಮಿಗಿಸಲ್, that which is left for or is different from). Any thing (as food, water, milk, money, a cow and its products, plates, a business, etc.) that is set apart for some purpose (*e. g.* to be used for children, guests, beggars, idols, one's self, etc.) and is to be left untouched till the object is accomplished; anything untouched or undefiled (see ನಾಣ್ಮೀಸಲ್); that which is dedicated or vowed (ಬಱಿಸದಿರ್ಪುದು Bhn. 9; My.; M. ಮಾತ್ತು; Tĕ. ಮೀದು; *cf.* Sk. ಮಿಯೇಧ, food set before the gods). ಕೊತ್ತಿ ಬಲ್ಲುದೆ ಹಾಲು ಮೀಸಲೆಮ್ಬುದನು? (Dp. 76). See Bp. 42, 9; 59, 56; Bh. 8, 8, 8; 8, 26, 36; V. 9, 74; J. 7, 42; 15, 15; 24, 7. — ಮೀಸಲನ್ನ. -ಅನ್ನ. Food set apart for a special purpose (My.). — ಮೀಸಲಱಿ. -ಅಱಿ. The particular aim, dedication, state or form to be destroyed or lost (Bhâgavata 3, 2, 52; Bh. 2, 2, 114; 8, 27, 13). — ಮೀಸಲುಕಾಣಿಕೆ. A present destined for a particular purpose (My.). — ಮೀಸಲು ಕಟ್ಟು. To set (anything) apart for a particular purpose (My.; Tĕ.). — ಮೀಸಲುನೀರು. Water set aside, especially in the name of an idol (My.). — ಮೀಸಲುಹಸು. A cow whose milk, etc. is set apart especially for an idol (My.). — ಮೀಸಲುಹಾಲು. Milk set apart for a special purpose (Bp. 14, 8; My.). — ಮೀಸಲೆಮ್ಮೆ. -ಎಮ್ಮೆ. A buffalo whose milk, etc. is set apart for a particular purpose (My.). — ಮೀಸಲೆಲೆ. -ಎಲೆ. A leaf-plate or betel leaves put for a particular person (My.). — ಮೀಸಲ್ಪಾಯ್. -ಪಾಯ್. To go beyond the aim, to become excessive (Čpr. 8, 50).

ಮೀಸಿ mîsi. = ಮೀಸೆ, q. v. (B. 2, 22). ಗಡ್ಡ ಮೀಸಿ (ಶ್ಮಶ್ರು ವ್ಯಂಜನ Nr.).

ಮೀಸು mîsu. = ಮೀಯಿಸು. (My.).

ಮೀಸೆ mîsĕ. = ಮೀಸಿ. A mustache, the mustaches (ಶ್ಮಶ್ರು Hlâ., Nr., Mr. 319; ಕೂರ್ಚ, ಶ್ಮಶ್ರು Nn. 89; My.; M. ಮೀಶ,

ಮೀಶೆ; T. ಮೀಶ್ಸೆ, ಮೀಶ್ಸೆ; Tĕ. ಮೀಸ; Mhr. ಮಿಶೀ; H. ಮುಛಾ). ಗಡ್ಡ ಮೀಸೆಯಿಲ್ಲದ ಗಣ್ಡಗೂಸು (ತೂಬರ Hlâ.). ಮೊಕಮುಡಿಯನಾಗಿ ಬಿದ್ದರೂ ಮೀಸೆ ಮಣ್ಣಾಗಲಿಲ್ಲ (Prv.). See Čpr. 5, 69; 6, 23; Bp. 20, 11; 31, 13; 56, 38; 57, 74; 59, 5. 15; Ŗśv. 5, 51; J. 9, 8; Si. 195. 216. 443; ಕುಡಿ-, ಕೆದಱು-; Prvs. s. ಮನೆ, ಸಗಣಿ. — ಮೀಸೆ ತಿಕ್ಕು. To trim the mustaches. ಅಪ್ಪಲಿ ಕುಡಿಯುವವಗೆ ಮೀಸೆ ತಿಕ್ಕುವವರು ಇಬ್ಬರು (Prv.). — ಮೀಸೆ ಮುಱಿ. To turn or twist the mustaches (in anger, etc., Ŗśv. 6, 36). ದೋಸೇ ತಿನ್ನುವಾಗ ಮೀಸೆ ಮುಱಿದ ಹಾಗೆ (Prv.).

ಮೀಹ miha. Bathing, bath. ಮೀಹದ ಮನೆ (Bp. 56, 52).

ಮು mu. = ಮುಕ್ 1, ಮುಗ್, ಮುಚ್, ಮುಂ (ಮುಞ್) 1, ಮುನ್ 1, ಮುಪ್, ಮುಮ್ 1, ಮುಯ್ 1, ಮುಲ್, ಮುವ್, ಮೂ 1, ಮೂಱು, ಮೂರ್ (Śmd. 222. 223; Tĕ., M.). Three.

ಮುಕ್ muk. 1. = ಮು, etc. Three. — ಮುಕ್ಕಟ್ಟು. Three (*i. e.* many) obstacles or difficulties, etc. (My.; see ಇಕ್ಕಟ್ಟು-). 2, three ties (put round a bundle, My.). — ಮುಕ್ಕಡಿ. Three cuts, parts or bits (Râm. 6, 30, 14; 6, 54, 17). — ಮುಕ್ಕಣ್. Three eyes (Bp. 15, 8). — ಮುಕ್ಕಣ್ಣ. -ಕಣ್-ಅ3. He of three eyes: Śiva (ಗೊರವ Čt. I, 2; II, 28; Bp. 15, 18; 27, 26; Śśv. 4, 88; J. 19, 4). — ಮುಕ್ಕಣ್ಣದೇವ. The god with three eyes: Śiva (Bp. 54, 25). — ಮುಕ್ಕನ್ದಿ. A cow that calves every third year (My.). — ಮುಕ್ಕಾಣಿ. Three sixty-fourths (My.). — ಮುಕ್ಕಾಲು. Three feet. 2, a tripod (My.; Tĕ. ಮುಕ್ಕಲಿ; T., M. ಮುಕ್ಕಾಲಿ). 3, three quarters of any whole, three-fourths (My.). ಮುಕ್ಕಾಲುಪಾಲು (My.; B. 4, 54. 202). ಮುಕ್ಕಾಲುರೂಪಾಯಿ. (My.; B. 4, 187; 5, 98). ಮುಕ್ಕಾಲುಸೇರು (My.; B. 5, 102). 4, a copper coin worth three kâsus (My.). — ಮುಕ್ಕಾಲುವಾಸಿ. = ಮುಕ್ಕಾಲು No. 3. (My.). — ಮುಕ್ಕುಪ್ಪೆ. (Śmd. 223). Three heaps, three hills. 2, a mode of cultivation by which the crop is divided into three parts, of which one is for the landowner and two are for the cultivator (My.). — ಮುಕ್ಕೊಡೆ. (Śmd. 223). Three umbrellas or parasols. ಮುಕ್ಕೊಡೆ ಪುಷ್ಪವೃಷ್ಟಿ ಸುರದುನ್ದುಭಿ (223 Mḍb.). — ಮುಕ್ಕೋಟಿ. Three kôṭis (J. 16, 31). — ಮುಕ್ಕೋಟಿಯೇಕಾದಶಿ. N. of a tîrtha-festival at Tirupati (My.).

ಮುಕ್ muk. 2. = ಮುಂ (ಮುಞ್), etc. The front, etc. — ಮುಕ್ಕಟ್ಟು. The front side, the forepart (B. 3, 118; 4, 61; My.). ಮುಕ್ಕಟ್ಟಿನ ಮಱೆ³, the former or early rain (S. Mhr.).

ಮುಕ್ muk. 3. = ಮೂ 3, etc. The nose. (Tĕ. ಮುಕ್ಕು). — ಮುಕ್ಕಡಿ. Nose-cut: a noseless state. ಮುಕ್ಕಡಿಯವ (ವಿಗ್ರ, ಗತನಾಸಿಕ, ಮೂಗಿಲ್ಲದವ Si. 197).

ಮುಕ muka. Tbh. of ಮುಖ (Śmd. 338; My.).

ಮುಕರ mukara. A kind of round nose-ring (My.; Tĕ. ಮುಕ್ಕರ; Mhr.).

ಮುಕಱು mukaṟu. = ಮುಕ್ಕುಱು 1, etc. ಜೇನ ನೊಣಗಳು ಅಲ್ಲಲ್ಲಿಗೆ ಮುಕಱ್ ಕೊಣ್ಡು ಕೂತಿದ್ದವು (B. 4, 171).

ಮುಕಳಿ mukaḷi. = ಪುಕಳಿ, ಮುಕುಳಿ, ಮುಕ್ಕಿ. The female organ of generation (My.). 2, the anus (My.; Tĕ. ಮುಡ್ಡಿ).

ಮುಕಾರೆಯರು mukârĕyaru. A class of people who hire out carts, and bring cocoanuts and salt up from the coast (S. Mhr.).

ಮುಕುಟ mukuṭa. = ಮಕುಟ. *A crown, a crest, a diadem.*

ಮುಕುಡು mukuḍu. Tbh. of ಮುಗ್ಧ. ಮುಕುಡನೆ ಮುಗ್ಧಂ (Bhn. 66, o. rs. ಮುತುಡು, ಮುಗುರು).

ಮುಕುತಿ mukuti. Tbh. of ಮುಕ್ತಿ (Śmd. 336 Mḍb.; My.; Dp. 56, 3).

ಮುಕುನ್ದ mukunda. *Vishṇu.* 2, N. of a particular treasure. 3, *the resin of Boswellia thurifera* Roxb.

ಮುಕುರ mukura. = ಮಕುರ. *A mirror* (ಕನ್ನಡಿ Nn. 102; ಕೆಯ್ಗನ್ನಡಿ Čt. II, 14). 2, N. of two vṛittas (Čh.).

ಮುಕುಲ mukula. = ಮುಗುಳ್, etc. *An opening bud, a bud* (ಮೊಗ್ಗೆ Mr. 107). 2, a bud-like junction or bringing together of the fingers of the hand. 3, N. of a vṛitta (Čh.).

ಮುಕುಲತೆ mukulatĕ. The state of being joined like a bud (Čpr. 3, 4).

ಮುಕುಲನ mukulana. Shutting the eye to some extent, one of the kriyâs (Kâvy. V, 70).

ಮುಕುಲಭಾವ mukula-bhâva. A closing, shutting state (Čpr. 8, 101).

ಮುಕುಲಿತ mukulita. Budded, having buds;—closed like a bud, half-closed;—closed, shut. (Abh. P. 6, after 112; 12, after 2; Bp. 1, 54; 2, 26; 3, 24).

ಮುಕುಷ್ಠಕ mukushṭhaka. = ಮಕುಷ್ಠಕ. (G.).

ಮುಕುಳಿ mukuḷi. = ಮುಕಳಿ, etc. (My.).

ಮುಕುಳಿಸು mukuḷisu. = ಮುಕ್ಕಳಿಸು, etc. (My.).

ಮುಕ್ಕ mukka. A gobbler. See ಮುಣ್ಮುಕ್ಕ.

ಮುಕ್ಕ mukka. (Tbh. of ಮೂರ್ಖ). A common word of abuse (My.). ಬುದ್ಧಿಯಿಲ್ಲದ ಮುಕ್ಕ ಇದ್ದವರಿಗೆಲ್ಲ ಕೇಡು ತನ್ದ (Prv., or . . . . ತನ್ತು).

ಮುಕ್ಕಱೆ mukkaṟĕ. (ಮುಕ್ಕಱೆ). = ಮುಲುಕು 2. (My.).

ಮುಕ್ಕಳಿಸು mukkaḷisu. = ಮುಕ್ಕುಳಿಸು, etc. (My.).

ಮುಕ್ಕಳಿಸುವಿಕೆ mukkaḷisuvikĕ. Rinsing the mouth with water (ಗಣ್ಡೂಷ Si. 485).

ಮುಕ್ಕಾಮ್ mukkâm. = ಮೊಕಾಮು, etc. (B. 5, 5. 222).

ಮುಕ್ಕಾರ್ತಿ mukkârti. — ಮುಕ್ಕಾರ್ತಿಗಡ್ಡೆ. = ಗಿಣಿಮೂಗಿನ ಗಡ್ಡೆ. A climbing plant with large tubers that sprout and grow even in the air, Corallocarpus epigaea Hook. f. (Z.).

ಮುಕ್ಕಿ mukki. Feminine of ಮುಕ್ಕ (Râm. 5, 2, 34).

ಮುಕ್ಕಿಱಿ mukkiṟi. (= ಮುಕ್ಕಱೆ). To strain, to make violent efforts, in pain, etc. (?). ಬಿಡ್ಡನ್ದನೆ ಮುಕ್ಕಿಱಿದುದು (Čt. I, 11).

ಮುಕ್ಕು mukku. 1. To eat in a certain manner, to put any dry grain, bran, kernels, flour, etc. into the mouth with the hollowed hand and gobble (ಖಾದನವಿಶೇಷ Śmd. Dh.; Śm. 79; My.; Ŗśv. 5, after 55; J. 19, 4; T. ಮೊಕ್ಕು; Tĕ. ಬೊಕ್ಕು). ಪಿರಿದು ತವರಾಜಂ ಕಟ್ಟಿದಿರೊಳಾಗಳುಮ್ ಇರಲ್, ಅದಂ ಬಿಟ್ಟು, ತವುಡಂ ಮುಕ್ಕುವನ ಪೋಲು (Bp. 60, 45). ಮುಕ್ಕಿದನು ಮಹಿಮೆಯನು (Bh. 8, 6, 24). ಬೀಸುವ ಮುಣ್ಡೆಗೆ ಮುಕ್ಕಿದ್ದೇ ಲಾಭ. — ಬಂಗಿ ಮುಕ್ಕುವವನಿಗೆ ಅಂಗಿಯಾದರೂ ಉಳಿಯದು (Prvs.). See Prvs. s. ನೆತ್ತ, ಭಲಾ, ಮಾನ್ಯ, ಸಿಟ್ಟು.

ಮುಕ್ಕು mukku. 2. = ಮುಕ್ರು, etc. Pride, arrogance (ಕಾಮುಕರ, ಗಬ್ಬ, ಬಿಂಕ, ಪನ್ನ, ಗರ್ವ Šm. 38; ಗರ್ವ 79; M. ಮುಸ್ಕು).

ಮುಕ್ಕು mukku. 3. = ಮುಬುಕು 1. The state of being somewhat broken; a small break; a small fragment (ಈಪತ್ಖಣ್ಡನ Šm. 79; Bh. 7, 15, 17; My.; Tê. ಮುಕ್ಕ). ಮೂಬಿಗೆ ಮುಕ್ಕುಮಡಿಕೆ ಅದರೆ ಆಗದೇ? (Prv.). — ಮುಕ್ಕುಹೋಗು. -ಪೋಗು. To be broken to some extent (Rŝv. 5, after 55).

ಮುಕ್ಕು mukku. 4. A certain vessel, pot, pan or cup (ಭಾಣ್ಡ Šm. 79; Tê. ಮೂಕುಡು, an earthen platter used as a cover).

ಮುಕ್ಕುಡಿ mukkuḍi. (ಅವಗಡಿಕೆ Bhn. 3, o. r. ಅವಗಡ).

ಮುಕ್ಕುರಿ mukkuri. (ಮುಕ್ಕುಱಿ). Straining in pain or distress (? Bh. 7, 17, 26; cf. ಮುಕ್ಕರೆ, ಮುಕ್ಕುಱಿ).

ಮುಕ್ಕುಱಿಕು mukkuṟiku. 1. To come or fall upon, to attack, to besiege, to surround, to cover, etc. (ಮುತ್ತು Čt. II, 86; Râm. 6, 35, 15; Bh. 3, 18, 34; 3, 19, 26; 7, 15, 56; 8, 13, 10; 8, 26, 10; 10, 12, 16; J. 14, 6).

ಮುಕ್ಕುಱಿಕು mukkuṟiku. 2. = ಮುಕ್ಕುಱು 2. — ಮುಕ್ಕುಱಿಕುಗೊಳ್. -ಕೊಳ್. To come or fall upon, etc. (Râm. 5, 9, 2).

ಮುಕ್ಕುಱು mukkuṟu. 1. = ಮುಕಱು, ಮುಕ್ಕುಱಿಕು 1, ಮುಸುಱು, (ಮುತ್ತು 1), ಮುಸುಱ್ 1. To come or fall upon, to inclose, to cover, etc.

ಮುಕ್ಕುಱು mukkuṟu. 2. Coming or falling upon, covering, etc. (ಮುಸುಱುಹಂ Šmd. II; ಮುಸುರ್ವುದು Kk. 79).

ಮುಕ್ಕುಳ್ mukkuḷ. = ಮುಕ್ಕುಳಿ. A mouthful of water for rinsing the mouth; rinsing the mouth; cleaning the teeth (ಗಣ್ಡೂಷ, ಮುಖಪೂರಣ Hlâ.; ಗಣ್ಡೂಷ Nr.; ಗಣ್ಡೂಷ Šm. 69; ದನ್ತಧಾವನ Šs.). — ಮುಕ್ಕುಳುದಕ. -ಉದಕ. Rinsing-water in the mouth (Bp. 18, 36. 49). — ಮುಕ್ಕುಳೊಳಿರಿಸು. -ಇರಿಸು. To put water into the mouth for rinsing or ejecting (Bp. 18, 47).

ಮುಕ್ಕುಳಿಸು mukkuḷisu. = ಮುಕುಳಿಸು, ಮುಕ್ಕಳಿಸು, ಮುಗಳಿಸು. To rinse the mouth with water and spit it out; to spit out, to throw out, to throw away, to abandon, to reject (ಗಣ್ಡೂಷ Šmd. Dh.; My.; Tê. ಪುಕ್ಕಲಿಂಚು; T. ಪಿಲಿಬ್ಬು, ಪಿಲ್ಬು, ಪಿಳಿರ್; T. ಮುಕ್ಕುಳಿ, ಮೊಕ್ಕುಳ, to bubble up, ferment). ಇಭಾಸಿರಂ ಮದಮಂ ಮುಕ್ಕುಳಿಸಿರ್ದ ವನ್ತಿಘಟೆಗಳ್ (Šmd. 22. 83). ಚೊಕ್ಕಟದ ತನಿಸುಖದ ಮುಕ್ಕುಳಿಸುವ ಅನುಭವಿ (Čidakhaṇḍânubhavasâra 1, 7). See Čpr. 7, 48; 8, after 44; 10, 2; Bp. 18, 31; 42, 30; 59, 20; Bh. 5, 11, 40; 6, 1, 48; Šŝv. 5, 7; J. 5, 29; 8, 16; 18, 12; 30, 42; B. 5, 127.

ಮುಕ್ಕುಳೆ mukkuḷe. = ಮುಕ್ಕುಳ್. (ದನ್ತಧಾವನ Kk. 56, o. r. ಮುಕ್ಕುಳಿ).

ಮುಕ್ತ mukta. Loosened, unloosed, let loose, set free, relaxed;—discharged, shed, thrown, cast, shot;—abandoned, quitted, left, put off, laid aside; (ended); given up;—released, liberated, emancipated (from transmigration, personal existence, etc., B. 4, 78; My.); to be emancipated, requiring freedom (from worldly existence, etc., Bp. 51, 28). ಮುಕ್ತಮಾಡುದು (ಪೂರಣೆ, ಮುಕ್ತಾಯ Nn. 93). Feminine ಮುಕ್ತಳು (B. 5, 72; My.).

ಮುಕ್ತಕ muktaka. A separate or detached stanza the meaning of which is complete in itself (ಇಷುಕುಂಗಬ್ಬ Kâvy. V, 961).

ಮುಕ್ತಕಂಚುಕ mukta-kañčuka. *A snake that has cast its slough.*

ಮುಕ್ತಕೇಶ mukta-kêśa. Loose-haired, having the hair dishevelled or hanging down. (My.).

ಮುಕ್ತಕೇಶಿ mukta-kêśi. N. of a female (Šŝv. 3, 12).

ಮುಕ್ತಾಗುಣ muktâ-guṇa. A string of pearls. 2, *the excellence of a pearl, its lustre or water;* an excellent pearl.

ಮುಕ್ತಾಫಲ muktâ-phala. A pearl (ತಾರ, ಮುತ್ತು Nn. 40; J. 2, 27).

ಮುಕ್ತಾಮುಕ್ತ mukta-amukta. Loosed and not loosed: (a weapon which may be) *hurled or wielded,* as a club, etc.

ಮುಕ್ತಾಯ muktâya. Completing; conclusion, end (ಪಾವಕ, ಪೂರಣ Nn. 122; ಪರಿಸಮಾಪ್ತಿ, ಪೂರಣೆ, ಸಮ್ಪೂರ್ಣ 157; ಇತಿ, ಪೂರಣೆ, ಮುಕ್ತಮಾಡುದು 93; My.; Si. 64). — ಮುಕ್ತಾಯಗೊಳಿಸು. -ಕೊಳಿಸು. To complete, to finish, to execute (Si. 62; My.).

ಮುಕ್ತಾಲಿ mukta-ali. Black bees that are separated from—;—muktâ-âli, a multitude of pearls (Rŝv. 8, after 8).

ಮುಕ್ತಾವಲಿ muktâ-âvali. *A string or garland of pearls, a pearl necklace.*

ಮುಕ್ತಾಶುದ್ಧಿ muktâ-śuddhi. The elegance of a pearl;—*a beautiful pearl.*

ಮುಕ್ತಾಸ್ಫೋಟ muktâ-sphôṭa. *A pearl oyster;* a pearl-shell (ಶುಕ್ತಿ, ಮುತ್ತಿನ ಸಿಪ್ಪೆ Hlâ.).

ಮುಕ್ತಾಹಾರ muktâ-hâra. A string of pearls (J. 31, 12). 2, mukta-âhâra, abandoned food: abandonment of food (31, 12).

ಮುಕ್ತಿ mukti. = ಮುಕುತಿ. Loosing, release, setting free. 2, *abandoning, abandonment, giving up, leaving off.* 3, discharging, throwing, casting, shooting. 4, becoming free, freedom. 5, *final liberation or emancipation, the delivery of the individual soul from the body, its exemption from further transmigration and its re-absorption into the soul of the universe, final beatitude* (ನಿಃಶ್ರೇಯಸ, ಮೋಕ್ಷ, etc. Mr. 26). See ನಾಲ್ಕು-. ಮುಕ್ತಿಯಾದರೂ ಶಕ್ತಿಯಿನ್ದ ಸಿಕ್ಕೀತೇ?—ಭಕ್ತಿಯಿನ್ದ ಮುಕ್ತಿ, ಯುಕ್ತಿಯಿನ್ದ ಉಕ್ತಿ.—ಮುಕ್ತಿನ ಮುಕ್ತಿಗಿನ್ತ ಈಗಿನ ಭುಕ್ತಿ ಲೇಸು (Prvs.). See Prv. s. ಶ್ರವಣ 3.

ಮುಕ್ತಿಕನ್ನಿಕೆ mukti-kannikê. An emancipated girl: Pârvatî (Bp. 24, 42).

ಮುಕ್ತಿಪಥ mukti-patha. The path to final emancipation (ವೈಕುಣ್ಠ, ಮುಕ್ತಿಮಾರ್ಗ Nn. 57).

ಮುಕ್ತಿಮಾರ್ಗ mukti-mârga. = ಮುಕ್ತಿಪಥ, q. v. (My.).

ಮುಕ್ತಿವಿಹೀನ mukti-vihîna. Destitute of final emancipation (Bp. 40, 73).

ಮುಕ್ತಿಸತಿ mukti-sati. = ಮುಕ್ತಿಕನ್ನಿಕೆ. (Bp. 24, 45). 2, Lakshmî (My.). 3, final emancipation looked upon as a woman (My.).

ಮುಕ್ತಿಸಾಧನೆ mukti-sâdhanĕ. A means of obtaining mukti (My.).

ಮುಕ್ತಿಸೋಪಾನ mukti-sôpâna. A stair-case or ladder to reach mukti (My.).

ಮುಕ್ತೆ muktĕ. ಮುಕ್ತಾ. = ಮುತ್ತು, ಮುತ್ತೆ, ಮೋತಿ 1. *A pearl.* 2, an emancipated woman; a dropped female object (see ಮುತ್ತೆ). 3, a harlot.

ಮುಕ್ಳಿ mukḷi. = ಮುಕಳಿ, etc. See Prvs. s. ಕುಕ್ಲಾಟ and ಸಾಯು.

ಮುಖ mukha. = ಮುಕ, ಮೊಕ, ಮೊಗ. *The mouth; the beak of a bird, snout or muzzle of any animal.* 2, *the face;* a direction, a quarter;—facing. 3, *the fore-part or front of anything, the van of an army,* etc. 4, *the head, tip or point of anything, the point of an arrow, the nipple of the breast,* etc. 5, the edge of any sharp instrument;—surface, upper side. 6, opening, aperture, the mouth of a vessel, the eye of a needle, etc.;—*entrance, egress;* the entrance of a house; the mouth or embouchure of a river. 7, pre-eminent, chief, best. 8, *beginning, commencement; beginning with; this and the other ones, and so on.* 9, means, expedient. See *e. g.* Śmd. 107. 124. 150. 168. 170. 171; Kâvy. III, 3, B, 153; V, 967; Bp. 31, 4; 38, 5; 51, 12; 54, 18; Mr. & Nn. s. ಪೋತ್ರ; ಕೃತ-, ದಿವಸ-. ಮುಖ ನೋಡಿ ಗುಣುತು ತಿಳಿಯದಿದ್ದರೆ, ನಖ ನೋಡಿ ತಿಳಿದೀತೇ?— ಆಮಿವದೂ ಮುಖವೇ, ನಗುವದೂ ಮುಖವೇ (Prvs.). — ಮುಖದಿನ್ದ. = ಮುಖಾನ್ತರ. (J. 11, 2; My.). — ಮುಖದಿರುಹು. -ತಿರುಹು. = ಮೊಗದಿರುಹು. (Bh. 6, 4, 36). — ಮುಖ ಮುಬಿ°. To put to shame (My.).

ಮುಖಕಮಲ mukha-kamala. Face-lotus, a lotus-like face (My.).

ಮುಖಜ mukha-ja. A Brâhmaṇa. (R.).

ಮುಖಣ್ಡ mukhaṇḍa. A chief, a master. ಮುಖಣ್ಡನಾಗಿರುವಿಕೆ (ಶೃಂಗ Si. 411). ಗ್ರಾಮಾಧಿಕಾರಿ ಮುನ್ತಾದ ಮುಖಣ್ಡನು (ಅಧ್ಯಕ್ಷ 462).

ಮುಖಣ್ಡಿ mukhaṇḍi. *A kind of weapon.* See ಮುಸುಣ್ಡಿ.

ಮುಖದಾಕ್ಷಿಣ್ಯ mukha-dâkshiṇya. Kindness, etc. only shown in a person's presence (My.).

ಮುಖಪಂಕಜ mukha-paṅkaja. = ಮುಖಕಮಲ. (J. 32, 24).

ಮುಖಪೂರಣ mukha-pûraṇa. *A mouthful of water; a mouthful in general* (see Hlâ. s. ಮುಕ್ಕಳ°).

ಮುಖಬನ್ಧನ mukha-bandhana. *A cover, a lid.*

ಮುಖಭಂಗಿತ mukha-bhaṅgita. Putting (a person) to shame whilst facing (him, My.).

ಮುಖಭದ್ರ mukha-bhadra. N. of a plant (Bp. 45, 46).

ಮುಖಭಾವ mukha-bhâva. The state, cast, or expression of the countenance (My.).

ಮುಖಭೇದ mukha-bhêda. Distortion of the face. (My.).

ಮುಖಮಜ್ಜನ mukha-majjana. Washing the face (My.).

ಮುಖಮಣಿ mukha-maṇi. = ನಾಯಕಮಣಿ. (Si. 217).

ಮುಖಮರ್ಜನ mukha-marjana. Washing the face (B. 4, 194; My.).

ಮುಖಮಲ್ mukhamal. Velvet (My.; Br., H.).

ಮುಖಮುದ್ರೆ mukha-mudrĕ. Cast or expression of countenance (B. 3, 108; 5, 130).

ಮುಖರ mukhara. Talkative, garrulous, noisy;—*foul-mouthed, scurrilous, speaking harshly or abusively.*

ಮುಖರತೆ mukharatĕ. Talkativeness, garrulity. (Ŏpr. 3, after 9).

ಮುಖರಿತ mukharita. Rendered noisy, sounding, ringing (My.).

ಮುಖಲೋಮಿ mukha-lômi. A cockroach (ತೊಣ್ಣಂಗಿ Mr. 165).

ಮುಖವಾದ್ಯ mukha-vâdya. A wind-instrument (My.).

ಮುಖವಾಸ mukha-vâsa. = ಮುಖವಾಸನ. (J. 15, 45).

ಮುಖವಾಸನ mukha-vâsana. *A perfume for the mouth.*

ಮುಖವಿಕಾರ mukha-vikâra. Alteration or distortion of the face. See ಮುಖುಕು.

ಮುಖವೀಣೆ mukha-viṇĕ. A kind of pipe or flageolet (My.).

ಮುಖಶ್ರೀ mukha-śrî. = ಮೊಗಸಿರಿ. Beauty of countenance, a beautiful face.

ಮುಖಸ್ತುತಿ mukha-stuti. Flattery (My.; Tĕ.).

ಮುಖಾಗ್ರ mukha-agra. *The extremity of the mouth, extremity; a snout.*

ಮುಖಾನ್ತರ mukha-antara. Another face or mouth or expedient;—by means of, through (My.; Tĕ.; B. 4, 59. 196; 5, 70).

ಮುಖಾನ್ತ್ರ mukhântra. Tbh. of ಮುಖಾನ್ತರ. (My.).

ಮುಖಾಬಿಲೆ mukhâbilĕ. = ಮೊಕಾಬಿಲೆ. Confronting, bringing face to face, comparison, collation (My.; Tĕ., H.).

ಮುಖಾಮುಖಿ mukha-â-mukhi. Face to face (My.; Tĕ.).

ಮುಖಾಮ್ಬುಜ mukha-ambuja. = ಮುಖಕಮಲ. (My.).

ಮುಖಾರವಿನ್ದ mukha-aravinda. = ಮುಖಕಮಲ. (My.).

ಮುಖಿ mukhi. A woman with a face—. See *e. g.* ಅಬ್ಜ-, ಅಧಿ-, ಇನ್ದು-.

ಮುಖೋದ್ಗತ mukha-udgata. Sprung from the mouth (My.); known by heart (Bp. 3, 42).

ಮುಖ್ಯ mukhya. Belonging to the mouth or face;—*being at the head; principal, chief, prime, primary; first, eminent, pre-eminent, first-rate, most excellent* (ವಿಶೇಷ Śmd. 172 Cm.). 2, *the chief, the most excellent among, the first or best of; a leader, a guide* (ನಾಗ, ಮೊದಲಿಗ Nn. 26; ಪೆಗ್ಗಡೆ Kk. 38; Śm. 47; Bp. 50, 18). 3, a principal thing; chief ordinance. 4, beginning with, this and the other ones, and so on (ಮೊದಲಾದ Nn. 167; Bp. 28, 22; 48, 38; 44, 64; 53, 5; 54, 19). Feminine ಮುಖ್ಯಳು, an eminent or a leading woman, a high lady (ವರಾರೋಹೆ Mr. 306). — ಮುಖ್ಯ ಮುಖ್ಯ. rep. The various chief— (B. 4, 80. 94).

ಮುಖ್ಯಋಷಿ mukhya-ṛishi. An eminent ṛishi. ತವಗೆಯ್ದು ಮುಖ್ಯಋಷಿಯರೆನಿಪರ್ ಕಪಿಲ, ಮರೀಚಿ, ಜೈಮಿನಿ, ಗೌತಮ, ದಧೀಚಿ, ಪುಲಸ್ತ್ಯ, ಅಂಗಿರಸ, ಜಹ್ನು, ಜಮದಗ್ನಿ, ಅತ್ರಿ, ಪುಲೋಮ, ವಸಿಷ್ಠ, ಕವೇರ, ಕಾಶ್ಯಪ, ಸುಮಾಣ್ಡವ್ಯ (Mr. 258).

ಮುಖ್ಯಜನ mukhya-jana. Chief people; persons that are of great importance or requisite for anything (My.).

ಮುಖ್ಯತೆ mukhyatĕ. Pre-eminence, the state of being best or chief or of great importance, principalness, primacy, superiority (Śmd. 172. 197).

ಮುಖ್ಯತ್ವ mukhyatva. = ಮುಖ್ಯತೆ. (Śmd. 197 Cm.; 262).

ಮುಖ್ಯಪ್ರಾಣ mukhya-prâṇa. Hanumat (My.).

ಮುಖ್ಯಸ್ಥ mukhya-stha. A man standing at the head, a chief, a leader (My.). Feminine ಮುಖ್ಯಸ್ಥಳು (My.).

ಮುಖ್ಯಾನುಯಾಮಿ mukhya-anuyâmi. *Following a chief; striving for the best.*

ಮುಖ್ಯಾಪ್ತ mukhya-âpta. A chief friend (My.).

ಮುಗ್ mug. = ಮು, etc. Three. — ಮುಗ್ಗರೆ. = ಮುಗ್ಗೆರೆ. Three lines or stripes. — ಮುಗ್ಗರೆಪಂಚೆ. A pañčĕ with three lines in its border (My.). — ಮುಗ್ಗರೆಬೆಳ್ಳಿ. Silver the value of which merchants or goldsmiths mark with three lines (four such lines denoting pure silver): somewhat impure silver (My.). — ಮುಗ್ಗುಡ್ಡೆ. (Šmd. 223). Three heaps. — ಮುಗ್ಗೆರೆ. = ಮುಗ್ಗರೆ. (My.).

ಮುಗಟ mugaṭa. = ಮುಗುಟ, etc. (My.; Mhr. ಮುಕಟಾ, ಮುಕುಟ, ಮುಗಟಾ, ಮುಗುಟ).

ಮುಗದು mugadu. = ಮುಗಿದು. P. p. of ಮುಗಿ. ತೆಗದು ಕೊಂಡಷ್ಟು ಮುಗದರೆ ಮುಗನಿಗೇನು ಉಟದೀತು? (Prv.).

ಮುಗಲ್ mugal. (= ಮುಗಿಲ್). Genitive ಮುಗಲ, (not ಮುಗಲಿನ, Šmd. 134).

ಮುಗಸು mugasu. = ಮುಗಿಸು. (B. 5, 148; My.).

ಮುಗಳಿಸು mugaḷisu. = ಮುಕ್ಕುಳಿಸು, etc. (My.).

ಮುಗಳು mugaḷu. = ಮುಗುಳ್. A bud; that is shaped like a bud. — ಮುಗಳಕ್ಕಿ. -ಅಕ್ಕಿ. Rice that is not properly boiled (My.). — ಮುಗಳಕ್ಕಿಗಂಜಿ. Water of boiling rice, used for medicinal purposes (My.).

ಮುಗಿ mugi. (= ಮುಗುಳ್, ಮುದಿ 3). To contract, shut up or close, as a flower (ಪುಷ್ಪಸಂಕೋಚನ Šmd. Dh.; ಕುಸುಮಸಂಕೋಚನ Šm. 80; Čpr. 2, 52; 7, 142; Grj. 4, 70; Rāv. 9, 9; J. 17, 21; 26, 5). 2, to close (v. t.), to shut, as the eyes, the mouth, etc. (Bp. 42, 15; 46, 56; Rāv. 6, 9; 11, 10). 3, to join the two hands with the open palms brought together (in saluting, My.; Čpr. 2, 39; Bp. 37, 3. 4. 52; 39, 52; 43, 32; J. 7, 15; 17, 47; Si. 212. 248). ಕೆಯ್ಮುಗಿಯುವವನು (ವನ್ದಾರು, ಅಭಿವಾದಕ Si. 360). 4, to close (v. i.), to end, to terminate, to be finished, to be accomplished (ಇಲ್ಲವೆ Šm. 80; J. 8, 10; 32, 21; My.; T., Tĕ.; *cf.* ಮುದಿ 3). P. ps. ಮುಗದು, ಮುಗಿದು. ಮುಗಿದ ಕಾರ್ಯ (ನಿಧಾನ, ಮುಗಿದವಸ್ಥಾ ಕೆಲಸ Nn. 144). ಮುಗಿದ ಬಗೆ (ನಿಧಾನ Mr. 483). ಮುಗಿದುದು (ಸಿದ್ಧ, ನಿರ್ವೃತ್ತ, ನಿಷ್ಪನ್ನ Nr.). ಮುಗಿದು ಹೋದದು (ಅವಸಿತ, ಸಿತ Si. 381). ಕೃಷ್ಣಪಕ್ಷ ಮುಗಿಯುವಾಗ ಮಾಡ ತಕ್ಕ ಯಾಗ (ದರ್ಶ 251). ಮದುವೇ ಮುಗಿದರೂ ಮದುಮಗನ್ನ ನೋಡಲಿಲ್ಲ (Prv.). ಊಟ ಮುಗಿದ ಬಯಿಕ (B. 4, 57).

ಮುಗಿಯುವಿಕೆ mugiyuvikĕ. Closing, joining. ಬಗಸೆ ಹಿಡಿದ ಹಾಗೆ ಕೆಯ್ ಮುಗಿಯುವಿಕೆ (ಬ್ರಹ್ಮಾಂಜಲಿ Si. 248). 2, ending, ceasing; the state of being complete (ಅರತಿ, ಅವರತಿ, ಉಪರತಿ, ವಿರತಿ, ಉಪರಾಮ 400; ಕೃತ, ಪರ್ಯಾಪ್ತಿ 426).

ಮುಗಿಲ್ mugil. ಮುಗಿಲು. = (ಮುಗಲ್), ಮುಗುಲು. A cloud (ಅಭ್ರ, ಅಬ್ದ, ಘನ, ಮೇಘ, etc. Hlâ.; ಮೇಘ Kk. 12; ನೀರ್ದೆರ್, ಮೋಡ, ಮೇಘ Šm. 14; My.; T., M.; Tĕ. ಮೊಗುಲು, ಮೊಯಿಲು, ಮೊಯುಲು; *cf.* ಮುಸುಟ್; Sk. ಮುದಿರ); a series or bank of clouds (ಕಾದಮ್ಬಿನಿ Šm. 107); — the sky (ಆಕಾಶ Šm. 107; Čpr. 1, 108). ಮುಗಿಲ್ಗಳೆರ! (Šmd. 153). ಮುಟಿಗೆ ಮುಗಿಲ್ (159). ಮುಗಿಲಂ ಮಾಡಾಂನೆಗೆತ್ತಂ (282. 287). ಕಟಿದ ಮುಗಿಲ್ (ಘನಾಘನ Hlâ.; Mr. 483). ಮೊಳೆದಿಗುರ ಮುಗಿಲ್ (ವರ್ಷನ್ಯ Hlâ.). ಮಟಿ ಸುರಿಯುವ ಮುಗಿಲು (ಘನಾಘನ Si. 435). ನೆಗಟಿ ಹಾಟಿದರೆ ಮುಗಿಲಿಗೆ ಮುಟ್ಟೀತೇ?—ಕೂಸು ಕಾಸ ಹಡೆಯದು, ಜೋಗಳ ಮುಗಿಲ ಮುಟ್ಟಿತು (Prvs.). See Čpr. 1, 132; 3, 81; 4, 38; Abh. P. 13, 63. 75; Č. Bp. 5, 52; Bh. 1, 19, 18. 19; Rāv. 6, after 11; 8, 116; 3, 25; 15, 17; 17, 2. 4; 25, 5; J. 3, 18. 25; 8, 32; ಕಾರ್ಮುಗಿಲ್, ಕಿಱು-, ಬೆಳ್ಮುಗಿಲ್, ಮಾರ್ಮುಗಿಲ್. — ಮುಗಿಲ ಕಿಚ್ಚು. A flash of lightning (ಮೇಘವಹ್ನಿ, ಇರಮ್ಮದ Hlâ.; ಮೇಘಜ್ಯೋತಿ, ಇರಮ್ಮದ Nr.). — ಮುಗಿಲಟ್ಟಣೆ. -ಅಟ್ಟಣೆ. A loft or tower as high as the sky (J. 17, 6). — ಮುಗಿಲಟ್ಟಳೆ. -ಅಟ್ಟಳೆ. = ಮುಗಿಲಟ್ಟಣೆ. (Čpr. 1, 111; 8, after 44; Râm. 1, 13, 2; J. 3, 20). — ಮುಗಿಲ ಪೂ. Water (ಜಲ Šs.). — ಮುಗಿಲ ಬಣ್ಣ. Cloud-colour (B. 3, 114). — ಮುಗಿಲುಗಡವು. -ಕಡವು. The tree Nauclea orientalis. ಮುಗಿಲುಗಡವಿನ ಮರ (ನೀಪ, ಪ್ರಿಯಕ, ಕದಮ್ಬ, ಹಲಿಪ್ರಿಯ Nr.). — ಮುಗಿಲುದ್ದ. -ಉದ್ದ. As high as the sky (Abh. P. 4, 28; 13, 66). — ಮುಗಿಲೊಡು. -ಒಡ್ಡು. A mass, or host, of clouds (Abh. P. 13, 76). — ಮುಗಿಲ್ಗಲ್. -ಕಲ್. Hail (ಅಲಿಗಲ್ Čt. II, 113). — ಮುಗಿಲ್ಗಿಚ್ಚು. -ಕಿಚ್ಚು. = ಮುಗಿಲ ಕಿಚ್ಚು. (ಸಿಡಿಲ್ಮೆಳಗು Čt. II, 113). — ಮುಗಿಲ್ದನಿ. The report of a cloud, thunder (ಮೊಟಗು Šmd. I; Šm. 35). — ಮುಗಿಲ್ದೇರ. -ತೇರ. Indra (ಇನ್ದ್ರ, etc., ಬಲವೈರಿ Kk. 10*b*; ಇನ್ದ್ರ, etc., ಸುರಪತಿ Šm. 9). — ಮುಗಿಲ್ತುಱು. A piece of a cloud (Čpr. 9, 5). — ಮುಗಿಲ್ವಟ್ಟೆ. -ಬಟ್ಟೆ. The sky (ಆಕಾಶ Kk. 12; Abh. P. 3, 28; 12, 96; Rāv. 3, after 35). — ಮುಗಿಲ್ವೆಳಗು. -ಬೆಳಗು. Lightning (ಮಿಂಚು Šs.). — ಮುಗಿಲ್ಪೊರೆ. -ಪೊರೆ. A layer or stratum of clouds (Abh. P. 3, 40).

ಮುಗಿಸು mugisu. = ಮುಗಸು, ಮುಗುಸು 1, (ಮುಚ್ಚು 1). To close (v. t.), as a flower (J. 17, 57); to conclude, to finish (J. 34 sum.; My.; Tĕ. ಮೊಗಿಡಿಂಚು, ಮೊಗುಚು, ಮೊಗುಡ್ಚು). ಇದೇ ತಿಂಗಳಲ್ಲಿ ಎಲ್ಲ ಬರಹ ಮುಗಿಸುತ್ತೇನೆ (B. 1, 11). ಮುಂಚಿನ ಪುಸ್ತಕವನ್ನು ನೀವು ಹಲವು ಸಾರಿ ಚನ್ನಾಗಿ ಓದಿ ಮುಗಿಸಿದಿರಿ (3, 1). ಚನ್ನಾಗಿ ಅಭ್ಯಾಸ ಮಾಡಿ, ಮೂಱನೇ ಪುಸ್ತಕವನ್ನು ಮುಗಿಸಿದಿರಿ (4, 1). ನಾಟಕಕಥೆಯನ್ನು ಮುಗಿಸುವದು (ನಿರ್ವಹಣ Si. 65).

ಮುಗು mugu. = ಮೂ 3, etc. The nose. — ಮುಗುದಾಣ. The cord put through an ox's nose. ಮುಗುದಾಣದ ಎತ್ತು (ನಸ್ತಿತ, etc. G.).

ಮುಗುದ muguda. Tbh. of ಮುಗ್ಧ (Čt. II, 120; Bh. 4, 4, 61; Tĕ.).

ಮುಗುರ mugura. See ಮುಕುರು.

ಮುಗುಱು muguṟu. ಮುಗುಱ್. = ಮುಕುಱು, etc. To inclose, to come or fall upon, etc. (see ಮೂಡಿಗೆ). ಮುಗುರ್ವ (J. 3, 6).

ಮುಗುಲು mugulu. = ಮುಗಿಲ್. (ಗಗನ Čb.).

ಮುಗುವಳಿ muguvaḷi. (fr. ಮುಕ್ 2?). A previous settlement about salary, rent, work, etc. (My.).

ಮುಗುಸು mugusu. 1. = ಮುಗಿಸು, etc. (My.).

ಮುಗುಸು mugusu. 2. = ಮೊಗಸು 2, ಮೊಗಸು. Wish, desire (ಇಚ್ಛೆ Kk. 73, o. r. ಮೊಗುಸು; Tĕ. ಮುಚ್ಚಟ, ಮೋಜು; Tĕ. ಮುರಿ = ಆಶೆ ಪಡು).

ಮುಗುಳ್ mugul. (= ಮುಗಿ). To close or shut, as the eye-lids, etc. (ನಿಮೀಲನ Šmd. Dh.); to bud, to sprout (ಮುಗುಳ್ದೋಱು Šm. 21; ಮುಗುಳಾಗು Kk. 20; T. ಮುಗಿಬ್; M. ಮುಗಳ್, ಮುಗುಳ್). ಮುಗುಳ್ದ ಅಕ್ಷಿ (Ššv. 2, 94). ಮುಗುಳ್ದಂ (Šmd. 49). ಮುಗುಳ್ತು (Ššv. 2, 41). ಮುಗುಳ್ತುದು (Kk. 20; Ršv. 2, 41; 8, 122). ಅದಿಮುರ್ತಿ ಮುಗುಳ್ತು ಪೆತ್ತಲುಂ (Čpr. 7, 41). ಮುಗುಳ್ತುದಾಸ್ಯಪದ್ಮದ ಮಧುವಿನ್ದೆ ಪಕುಲಂ (7, 113).

ಮುಗುಳ್ mugul̤. (Šmd. 59). ಮುಗುಳು. = ಮುಗಳು. *Said* to be Tbh. of ಮುಕುಲ (Šmd. 365; *cf.* ಮೊಗ್ಗು). A bud, an opening bud (ಮುಕುಲ, ಕುಟ್ಮಲ Nr.; ನನೆ, ಮೊಗ್ಗೆ, ಸಬುರಕ, ಕುಟ್ಮಲ Šm. 22; Kk. 23; My.; Tĕ. ಮೊಗಡೆ; M. ಮುಗಿಬ್, ಮೊಟ್ಟು). ಹೂವಿನ ಮುಗುಳು (ಕೋರಕ, ಜಾಲಕ, ಕಲಿಕ, ಕುಟ್ಮಲ, ಮುಕುಲ Hlâ.). ಮುಗುಳ್ಗೆ (Šmd. 52), ಮುಗುಳ್ಗಳ್ (52; Čpr. 7, 59; Ršv. 2, 41). ಸಮ್ಪಗೆಯ ಮುಗುಳ ಮೊಳಗಳ್ (Čpr. 7, after 92). See ಎದೆ-, ಬಲ್-, ಬಿರಿ-, ಮೊನೆ-; Čpr. 6, after 64. — ಮುಗುಳಮ್ಬ. -ಅಮ್ಬು-ಅ 3. Kâma (ಮೊಗ್ಗಮ್ಬ Čt. II, 95; Ršv. 11, 95; J. 31, 2). — ಮುಗುಳಾಗು. -ಆಗು. Buds to be produced: to bud (Kk. 20). — ಮುಗುಳುಗಣ್. -ಕಣ್. An eye like an opening bud (Bh. 3, 17, 18). — ಮುಗುಳುನಗೆ. = ಮುಗುಳ್ನಗೆ. (Bp. 24, 52; 41, 5; B. 4, 186). — ಮುಗುಳುಬೊಕ್ಕೆ. A bud-like eruption of the skin (ಪಿಟಕ 384, o. r. ಮುಳ್ಳು-). — ಮುಗುಳ್ಗಣೆ. -ಕಣೆ. A bud-arrow (Ršv. 5, after 19). — ಮುಗುಳ್ಗಾಯ್. -ಕಾಯ್. (Šmd. 53). A fruit that has just come out of the flower, a very small fruit. — ಮುಗುಳ್ದೋಱು. -ತೋಱು. -ದೋಱ್. Buds to appear: to bud (ಮುಗುಳ್ Šm. 21). ಮುಗುಳ್ದೋಱವ (J. 8, 17). — ಮುಗುಳ್ನಗೆ. A smile (ಸ್ಮಿತ, Hlâ.; ಹಸಿತ Mr. 330; Čpr. 8, after 71; Bp. 3, 27; 15, 35; 17, 11). — ಮುಗುಳ್ಪಡೆ. -ಮಡೆ. A shower of buds (Ršv. 8, after 5).

ಮುಗುಳಿ muguḷi. = ಮುಗ್ಲಿ, q. v. A thorny tree with leaves like those of the Acacia concinna or sîgĕ, the Acacia suma (My.). ತಿಗುಳ ಜನಗೆಣಿಗಿನ್ದ ಬಗಳುವ ಶುನಿ ಲೇಸು, ಮುಗುಳಿಯ ಮರದ ನೆರಳಿನಿನ್ದ ನುಂಗುವಾ ನೆಗಬು ಲೇಸು (Sp.).

ಮುಗುಳ್ಚು muguḷču. To cause to contract, close or shut, to shut (v. t., ಸಂಕೋಚಕರಣ Šmd. Dh.; Ršv. 11, 149; Ššv. 2, 40).

ಮುಗ್ಗರಿಸು muggarisu. = ಮುಗ್ರಿಸು. To stumble, to trip (My.).

ಮುಗ್ಗಲು muggalu. Mustiness, mouldiness (My.).

ಮುಗ್ಗಾ muggâ. = ಮುಬುಗಾ. See ತಿಗ್ಗಾ-. 2, = ಮುಗ್ಧೆ. See ಹಿಗ್ಗಾ ಮುಗ್ಗಾ.

ಮುಗ್ಗಿಸು muggisu. To cause to stumble or fall (Bp. 47, 16).

ಮುಗ್ಗು muggu. 1. = ಮುಗ್ಗು, etc. To be interrupted or hindered in going, to stumble, to trip; to fall; to sink; to be deprived of power (ಗತಿಭಂಗ Šmd. Dh.; Šm. 85; My.; M. ಮುಡಙ್ಙು, T. ಮುಡಂಗು, to be bent, contracted, hindered, obstructed, stopped, to be deprived of the use of the limbs; see ಮುಡುಕು 1). See Bp. 28, 55; Č. Bp. 42, 28; Râm. 5, 8, 70; Bh. 1, 20, 61; 3, 18, 41; 8, 24, 47; 8, 26, 21. 54; J. 3, 38; 4, 45; 7, 46; 8, 32; 15, 41; 27, 7.

ಮುಗ್ಗು muggu. 2. A pitfall, in ತಗ್ಗು-

ಮುಗ್ಗು muggu. 3. To get or have the smell of corruption, to become or be musty or mouldy by dampness (ಜೀರ್ಣವಗನ್ಧ Šmd. Dh.; Šm. 85; My.; Tĕ. ಮುಕ್ಕು, ಮುಗ್ಗು; Tĕ. ಮುರುಗು, T. ಮುರಿ, ಮುರುಂಗು, to putrify, rot, perish; *cf.* ಮುಲುಕು 1?).

ಮುಗ್ಗು muggu. 4. An offensive smell, fustiness, mustiness, mouldiness (My.; Tĕ. ಮುರುಗುಡು; M. ಮುಯಿಙ್ಙು, ಮುಷಿಙ್ಙು, ಮುಷುಙ್ಙು, ಮುಙಙ್ಙು; T. ಮುರುಗು, smell; ಮೊಙ್ಙು, the strong smell of sheep; M. ಮುತಿಡು, ಮುತಿರೆ, bad smell of the body). — ಮುಗ್ಗುನಾತ. A fusty smell (My.). — ಮುಗ್ಗುನಾತು. = ಮುಗ್ಗುನಾತ. (ಜೀರ್ಣವಗನ್ಧ G.). — ಮುಗ್ಗು ಹಿಡಿ. To get a musty smell, to become musty. ಅದು ಮುಗ್ಗು ಹಿಡಿಯಿತು or ಅದಕ್ಕೆ ಮುಗ್ಗು ಹಿಡಿಯಿತು (My.).

ಮುಗ್ಧ mugdha. = ಮುಕುಡು q. v., ಮುಗುಡ. Stupified, perplexed, confused; — stupid, ignorant; foolish, silly, simple; — infatuated, enamoured; — artless, innocent, rendered attractive by youthful simplicity, charming, lovely, beautiful. See Šmd. 256. Feminine ಮುಗ್ಧಳು (My.). — ಮುಗ್ಧಯ್ಯ. -ಅಯ್ಯ. N. See ಶಿವ-. — ಮುಗ್ಧಸಂಗಯ್ಯ. N. (Bp. 12 sum.; 12, 1).

ಮುಗ್ಧತನ mugdhatana. Stupidity, silliness, ignorance; — simplicity, artlessness, loveliness, gracefulness (Bp. 13, 17. 27).

ಮುಗ್ಧಭಾವ mugdha-bhâva. Stupidity, simplicity (My.).

ಮುಗ್ಧಸಮಾಗಮ mugdha-samâgama. A kind of sambhôga (Kâvy. IV, 2, 22).

ಮುಗ್ಧಾಭಾವ mugdhâ-bhâva. The state, or manner, of a stupid, etc. woman. (J. 18, 10).

ಮುಗ್ಧೆ mugdhĕ. ಮುಗ್ಧಾ. A young and beautiful female (Grj. 3, after 91); a clever woman (ವಾಣಿನಿ Mr. 306), etc.; a stupid woman; an artless woman. ನಾಣಂ ಪಿಂಗಿಸಿ ಮುಗ್ಧೆಗೆ ಜಾಣಂ ಕೆಯ್ಕೊಳಿಸುವನ್ತೆ (Šmd. 84 Mḍb.).

ಮುಗ್ರಿಸು mugrisu. = ಮುಗ್ಗರಿಸು. (My.).

ಮುಗ್ಲಿ mugli. = ಮುಗುಳಿ. A white Acacia, Acacia suma (Van Someren; My.).

ಮುಂ muṅ. ಮುಬ್. (fr. ಮುನ್ದು Šmd. 198). = ಮುಕ್ 2, ಮುಂ (ಮುಞ್) 2, (ಮುತ್, ಮುದು 2), ಮುನ್ 2, ಮುನ್ದು 2, ಮುನ್ನು, ಮುಮ್ 2, (ಮುಳ್ 1), (ಮೊತ್ತ 2, ಮೊದಲ್, ಮೊಮ್). That which is before, in front of, or preceding in space; that which is preceding in time; that which is towards a place (etc.), in front or onward; that which is following (Tĕ.; T. ಮುನ್; M. ಮು, ಮುನ್, ಮಿನ್). — ಮುಂಕಣಿ. The fore-place or part, the front (Grj. 7, 47; Bh. 8, 24, 39). — ಮುಂಕುಡಿ. = ಮುಂಗುಡಿ. (Bh. 6, 2, 10). — ಮುಂಕೊಳ್. -ಕೊಳ್ಳು. To go to the front; to move on, to advance; to push (v. i.); to bear against; to endeavour to be the first or to excel; to be eager or ardent (Bp. 3, 30; 5, 25. 35; 11, 2; 15, 32; 42, 15; 51, 69; 55, 9; 60, 35; Č. Bp. 42, 25; Ršv. 6, after 11; J. 4, 13; 12, 9; 14, 4; 15, 6; 16, 4; 27, 33). — ಮುಂಕೊಳಿಸು. = ಮುಂಗೊಳಿಸು. To cause to go to the front, etc. (Bh. 6, 4, 106; J. 8, 13). 2, to cause one's self to go to the front, to advance (Bh. 6, 4, 67). — ಮುಂಗಟ್ಟು. -ಕಟ್ಟು. A broad offset at the outside of the foot of a wall (My.). 2, the inside part of the embankment of a tank (My.). — ಮುಂಗಡ. -ಕಡ. Advance in money or grain (My.). ಅಂಗಡಿ ಇದ್ದರೆ ಸಾಲದು, ಮುಂಗಡ ಬೇಕು (Prv.). — ಮುಂಗಡಿ. -ಕಡಿ. = ಮುಂಗಡೆ. (Bp. 32, 59; Č. Bp. 42, 15). — ಮುಂಗಡೆ. -ಕಡೆ. The front side, etc. (ಮುನ್ದೆ, ಮುನ್ದುಗಡೆ Šmd. 86 Cm.; ಪರಂ 87; ಪರ 214 Cm.; Bp. 4, 12; 5, 44; 14, 6; 21, 9; 24, 35; 38, 47; 57, 44; Rśv. 5, 92; 6, after 11; Śšv. 3, 62). — ಮುಂಗಣ್ಣು. -ಕಣ್ಣು. The eye in front: a summerset with the face in front (My.). ಮುಂಗಣ್ಣು ಹೊಡೆ (My.). — ಮುಂಗತ್ತಲೆ. -ಕತ್ತಲೆ. The first darkness, *i. e.* that immediately succeeding sunset (My.). 2, the darkness that precedes the rise of the moon (My.). — ಮುಂಗಥೆ. -ಕಥೆ. The continuation of a story (J. 25, 1). — ಮುಂಗನ್ದಾಯ. -ಕನ್ದಾಯ. Assessment paid at the first instalment (My.). — ಮುಂಗಳ್. -ಗಳ್. The syllable ಗಳ್ which has been adduced before (Šmd. 258). — ಮುಂಗಳುಪು. -ಕಳುಪು. To send in advance (J. 8, 47). — ಮುಂಗಾಣ್. -ಕಾಣ್. = ಮುನ್ದುಗಾಣ್. To see or consider what is before or coming, to have foresight (Bp. 26, 16; 50, 57; J. 2, 16; 16, 14). — ಮುಂಗಾಣಿಕೆ. -ಕಾಣಿಕೆ. First sight (Bh. 8, 27, 5). — ಮುಂಗಾರ್. -ಕಾರ್. ಮುಂಗಾರು. = ಮುಂಗಾರಿ, ಮುಂಗಾರೆ. The first or early rains (Rśv. 8, 4; J. 12, 15; 26, 69; My.; B. 4, 91). ಅಮ್ಮೂರಿಯಲ್ಲಿ ಕೂತರೂ ಮುಂಗಾರು ಬಿಡಲಿಲ್ಲ (Prv.). — ಮುಂಗಾರಿ. -ಕಾರಿ. = ಮುಂಗಾರ್. (S. Mhr.). — ಮುಂಗಾರುಪಯಿರು. An early growing crop, the first crop (My.). — ಮುಂಗಾರುಬೆಳೆ. The first crop (My.). — ಮುಂಗಾರುಮಟಿ. = ಮುಂಗಾರು. (My.). — ಮುಂಗಾರೆ. -ಕಾರೆ. = ಮುಂಗಾರ್, ಮುಂಗಾರಿ. ಮುಂಗಾರೇ ಮಟಿ[3] (G. 132). — ಮುಂಗಾಲ್. -ಕಾಲ್. (Šmd. 199). ಮುಂಗಾಲು. The fore leg or legs (of quadrupeds, Čpr. 4, 48; 5, 59; Śšv. 3, 63; J. 25, 8; B. 3, 108; My.; Si. 169. 270). ಆನೆಯ ಮುಂಗಾಲ್ (ಗಾತ್ರ Mr. 158). 2, the upper part of the foot (My.). — ಮುಂಗುಡಿ. -ಕುಡಿ. = ಮುಂಕುಡಿ. The fore point, the avant-guard or advanced body (ಮುನ್ದುಜೂಣಿ, ಅಗ್ರಬಲ Bhn. 39; Bh. 1, 19, 9; 6, 4, 101. 111); the front (Râm. 1, 14, 22. 23; 3, 4, 7). 2, the nose (ಮೂಗು Bhn. 47). — ಮುಂಗುಡಿಗೆದಱು. -ಕೆದಱು. The avant-guard to scatter or go in different directions (Grj. 6, after 56 & 67). — ಮುಂಗುರುಳು. -ಕುರುಳು. A front lock (ಅಲಕ, ಚೂರ್ಣಕುನ್ತಲ Si. 215; My.; see ಸುಱಿ-). — ಮುಂಗೆಡಿಸು. = ಮುನ್ದುಗೆಡಿಸು, q. v. To ruin prospects or coming joy (Bp. 40, 49). — ಮುಂಗೆಡು. -ಕೆಡು. = ಮುನ್ದುಗೆಡು, q. v. Prospects or coming welfare or happiness to be ruined, etc. (Bp. 41, 8). — ಮುಂಗೆಡೆ. -ಕೆಡೆ. To fall with the head downward or on the face (Bh. 6, 8, 12). — ಮುಂಗೆಯ್. 1. To do or perform in time preceding or in a previous time or previously (J. 29, 33). ಮುಂಗೆಯ್ದ ಅರ್ಜಿತಂ (Sk. 26). 2, to do or perform in time to come (J. 28, 7). — ಮುಂಗೆಯ್. -ಕೆಯ್. 2. (Šmd. 89. 199, o. r. ಮುಂಗಯ್). The forearm (ಪ್ರಕೋಷ್ಠ Hlâ., Nr., Mr. 322; ಕಿಚ್ಚು Si. 405; Čpr. 6, after 64; 8, 64; V. 36, 21; see Šmd. 89; Si. 210; Prv. s. ಸನ್ತೆ 1). ನಿಗುರಿದ ಕೆಯ್ವೆರಸಿದ ಮುಂಗೆಯ್ (ಹಸ್ತ); ಮೊಣಕೆಯ್ಯ ಕೆಳಗಣ ಭಾಗವು (ಪ್ರಕೋಷ್ಠ Nr.). ಮುಂಗೆಯ್ಯಲ್ಲಿ ಇಕ್ಕುವನ್ತಾ ಆಭರಣ (ಕಂಕಣ, ಹಸ್ತವಿಭೂಷಣ Nn. 127). ಮುಂಗೆಯ್ಯುಲಿಹ ಸರ್ವಭೂಷಣಂ (ಹಸ್ತಸೂತ್ರ Mr. 340). ಮುಂಗೆಯ್ ಆಡಿದರೆ ಮೊಣಗೆಯ್ ಆಡುವದು (Prv. with regard to a favor in requital). 2, the upper part of the hand (My.). 3, the fore part, the front (of a house or village, My.). — ಮುಂಗೆಯ್ಯಿ. -ಕೆಯ್ಯಿ. = ಮುಂಗೆಯ್ 2. (My.). — ಮುಂಗೆಯ್ಸರಳ್. (Šmd. 41). A plain wire-bracelet round the forearm. — ಮುಂಗೇಣಿಕಾಣಿ. A chief trafficker, a sĕṭṭi, a chief (Bh. 8, 24, 42). — ಮುಂಗೊಳ್. -ಕೊಳ್. = ಮುಂಕೊಳ್. (Čh. v. 2; Śšv. 4, 110). — ಮುಂಗೊಳಿಸು. -ಕೊಳಿಸು. = ಮುಂಕೊಳಿಸು. To proceed, etc. (Râm. 3, 8, 69; 6, 13, 21). — ಮುಂಗೋಪ. -ಕೋಪ. Precipitant, but momentary anger (My.). — ಮುಂಗೋಪಿ. -ಕೋಪಿ. A person who soon gets angry, but whose anger lasts only for a little while (My.; Si. 361). — ಮುಂಗೋಲ್. -ಕೋಲ್. -ಗೋಲು. The beam of a balance when its one side weighs down by overweight; weight over and above what is required by custom or law (My.). 2, the state of being before or in front to the distance of a measuring-staff (Abh. P. 4, after 53). — ಮುಂಗೋೞ್. -ಕೋೞ್. The cock that first crows (at dawn, about 4 o'clock, My.).

ಮುಂಕಣಿಸು **munkaṇisu.** To advance, to proceed (Grj. 6, after 67). 2, to stretch forth (6, after 56).

ಮುಂಗಲಿ **muṅgali.** = ಮುಂಗುರಿ, etc. (ವಿಷಜಿತ, ಬಭ್ರು, ನಕುಲ Mr. 166, o. r. ಮುಂಗುಲಿ; ನಕುಲ G.).

ಮುಂಗಿ **muṅgi. 1.** = ಮುಂಗುರಿ, etc. (Tē.). — ಮುಂಗಿಮೇವುಗಿಡ. (ನಾಕುಲಿ, ನಕುಲೇಷ್ಟೆ, ಗನ್ಧನಾಕುಲಿ, ಸುರಸೆ, ನಾಗಸುಗನ್ಧೆ, ಭುಜಂಗಾಕ್ಷಿ, etc. Si. 150).

ಮುಂಗಿ **muṅgi. 2.** Coloured stripes running to the length of a piece of cloth, in ಮುಂಗಿಕುಪ್ಪಸ, -ಸೀರೆ, etc. (My.).

ಮುಂಗಿಲಿ **muṅgili.** = ಮುಂಗುರಿ, etc. (My.).

ಮುಂಗಿಸಿ **muṅgisi.** = ಮುಂಗುರಿ, etc. (My.; Tē.; ಬಭ್ರು, ಎಪ್ಪುಲವಾದ ನಕುಲ Si. 450).

ಮುಂಗು **muṅgu.** See ಆನೆ-.

ಮುಂಗುರಿ **muṅguri.** = ಮುಂಗಲಿ, ಮುಂಗಿ 1, ಮುಂಗಿಲಿ, ಮುಂಗಿಸಿ, ಮುಂಗುಲಿ. The mungoose, Viverra ichneumon (ಬಭ್ರು Hlâ., the MS. ಮೂಂಗುರಿ; ನಕುಲ, ಬಭ್ರು Nr.; Nn. 125, one MS. ಮುಂಗುಲಿ; Abh. P. 15, after 37; Mhr. ಮುಂಗೂಸ).

ಮುಂಗುಲಿ **muṅguli.** = ಮುಂಗುರಿ, etc. (ಗೀತ, ಬಭ್ರು Nn. 35; ಬಭ್ರು Mr. 481; J. 15, 19; 24. 34; My.).

ಮುಚ್ **muč.** = ಮು, etc. Three. — ಮುಚ್ಚಂಜೆ. -ಸಂಜೆ. The three periods or divisions of the day: dawn, noon and evening or sunset (ಮೂಸಂಜೆ, ತ್ರಿಸನ್ಧ್ಯ Šm. 13; My.; T. ಮುಚ್ಚನ್ದಿ). See ಸಿರಿವತ್ತು. — ಮುಚ್ಚವಡಿ. -ಸವಡಿ. (Šmd. 223). Three junctions; three pairs. — ಮುಚ್ಚಾಲ್. -ಸಾಲ್. (Šmd. 83. 223). Three rows, etc. — ಮುಚ್ಚೆರೆ. -ಸೆರೆ. (Šmd. 83. 223). Three palmfuls. — ಮುಚ್ಚೋಟು. -ಸೋಟು. (Šmd. 223). Three spans. — ಮುಚ್ಚೋರೆ. (-ಸೋರೆ). Rice and hĕsaṛu flour mixed with water, salt and jīrigĕ, and pressed through an ŏraḷu with three apertures into threads which are formed into round rings and fried in ghee (My.).

ಮುಚ್ **muč.** Freeing or delivering from, discharging, letting fall, etc. See ಜಲ-, ಪಯೋ-.

ಮುಚುಕುನ್ದ **mučukunda.** The plant Pterospermum suberifolium (ಸದಾಪುಷ್ಪ Mr. 127). 2, N. of a muni or king.

3, Mučukunda, the son of Mandhâtṛi, who, for the benefit of Kṛishṇa, killed Kâlayavana, Kṛishṇa's enemy. (Bhâgavata 10, 21, 53).

ಮುಚುಕುನ್ದವರದ mučukunda-varada. Kṛishṇa, the rewarder of Mučukunda (My.).

ಮುಚ್ಚ mučča. A man who is stupified or has fainted (ಮೂರ್ಛೆಪೋದಂ (Kk. 75, o. r. ಮೂರ್ಛಿದಂ). *Cf.* ಮುಚ್ಚುಱು?

ಮುಚ್ಚಕ muččaka. Closing, shutting. See ಒಳ-.

ಮುಚ್ಚಱ muččaṟa. A void, a vacuum, a blank; utter destitution; ruin; vacuity (ಶೂನ್ಯ Č̌t. II, 54).

ಮುಚ್ಚಱು muččaṟu. = ಮುಚ್ಚಱ. ಮುಚ್ಚಱೆನಿಸ್ದು ಶೂನ್ಯಂ (Šs.; *cf.* ಮುಚ್ಚುಱು).

ಮುಚ್ಚಲು muččalu. ಮುಚ್ಚಲ್. (= ಮುತ್ತಲು). Closing, covering, screening; the state of being closed, etc. (ಅಪವಾರಿತ, ಸಂವೃತ, ಸಂವೀತ, ಪಿಹಿತ Mr. 441). 2, a small winnowing fan (ಮೊಱ), used by children as a toy (My.; Tĕ. ಮುಚ್ಚಲಿ; T. ಮುಚ್ಚ, ಮುಚ್ಚಲ್; *cf.* ಮೊಱ).

ಮುಚ್ಚಲಿಕೆ muččalikĕ. A written engagement under a penalty; a bond of record, a recognizance; the bond of agreement furnished by the parties of a pañčâyat; a final agreement in writing (My.; Tĕ.; Mhr., H. ಮುಚಲಕಾ).

ಮುಚ್ಚಳ್ muččaḷ. = ಮುಚ್ಚಳ. ಮುಚ್ಚಳ್ಗಳ್ (Č. Bp. 5, 3).

ಮುಚ್ಚಳ muččaḷa. A covering; a cover, a lid (My.; ಅನ್ತರ್ಧೆ, ವ್ಯವಧೆ, ಅಪಿಧಾನ, ಛಾದನ, etc. Śi. 31; ಶರಾವ 309; Bp. 5, 58; Bh. 8, 23, 39; see Mr. s. ಉತ್ಪುಟ). ಮುಚ್ಚಳದ ಕರಡಿಗೆ (ಸಮುದ್ಗ, ಸಮ್ಪುಟ Mr. 463). ಬಾವಿಯ ಮುಚ್ಚಳ (ವೀನಾಹ Śi. 90); ಕಡುಬುಮುಚ್ಚಳ (ಪುಟಪಾಕ, ಪಿಷ್ಟಪಚನ 309).

ಮುಚ್ಚಳಿಕೆ muččaḷikĕ. = ಮುಚ್ಚಿಕೆ. See ಕಣ್ಣುಮುಚ್ಚಳಿಕೆಯಾಟ.

ಮುಚ್ಚಿ mučči. A man employed in public offices to make pens, ink, provide paper, seal letters, bind books, etc. (My.; Tĕ.; H.).

ಮುಚ್ಚಿಕೆ muččikĕ. Shutting, closing. See ಕಣ್ಣುಮುಚ್ಚಿಕೆಯಾಟ.

ಮುಚ್ಚಿಗ muččiga. A plasterer, a mason, a bricklayer (ಪಲಗಣ್ಡ Mr. 379).

ಮುಚ್ಚಿಗ muččiga. (fr. ಮುಚ್ಚೆ 2). A worker in leather, a shoe-maker, etc. (ಚರ್ಮಕೃತ್, ಬಾರು ಮಿಳಿಗಳ ಮಾಡುವವನು Nn. 152; Bp. 21, 44; Č. Bp. 47, 41).

ಮುಚ್ಚಿಗೆ muččigĕ. A covering, the ceiling of a room (My.).

ಮುಚ್ಚಿಸು muččisu. To cause to close, etc. (My.). ಗವಿಯ ಬಾಗಿಲನ್ನು ಮುಚ್ಚಿಸಿ ಬಿಟ್ಟನು (B. 5, 43).

ಮುಚ್ಚು muččü. 1. (= ಮುಗಿಸು). To close (v. t.), to shut; to shut up; to cover; to conceal (ಆಚ್ಛಾದನ Śmd. Dh.; My.; Tĕ.; *cf.* Sk. ಮುದ್ಗ). 2, to close (v. i.), to shut (My., especially with ಕೊಳ್ಳು). ಮುಚ್ಚುವಂ (Śmd. 260). ಮುಚ್ಚಿದುದು (ಅಪವಾರಿತ, ಪಿಹಿತ, ಸಂವೀತ, ಸಂವೃತ, ಸ್ಥಗಿತ Hlâ.). ಮುಚ್ಚಲ್ ಪಟ್ಟುದು (ಪ್ರಚ್ಛಾದಿತ, ಸಂವೀತ Hlâ.; ಛನ್ನ, ಛಾದಿತ Nr.). ಅಲಿಗಳ ಮುಚ್ಚಿ ತಿಱುವುದು (ಕೃಕರ Mr. 52). ಮೋಡ ಮುಚ್ಚಿರುವ ದಿವಸ (ದುರ್ದಿನ Śi. 31); ಅಲಸ್ಯದಿನ್ದ ಕಣ್ಣು ಮುಚ್ಚಿ ಮೆಯ್ಮುಱಿತು ಗುಟುಕಿಸುತ ಬರುವ ಗಾಢನಿದ್ರೆ (ತನ್ದ್ರಿ, ಪ್ರಮೀಲೆ 74); ಬಾಗಿಲು ಮುಚ್ಚ ತೆಗೆಯುವ ಕದ (ಕಪಾಟ, etc. 112). ಬೆಕ್ಕು ಯಾವಾಗಲೂ ಉಗುರುಗಳನ್ನು ಮುಚ್ಚಿ ಕೊಣ್ಡಿರುತ್ತದೆ (B. 1, 27). ಕೆಲವು ಗಿಡಗಳು ಕೆಯ್ ಹಚ್ಚಿದ ಕೂಡಲೆ ಮುಚ್ಚಿ ಕೊಳ್ಳುತ್ತವೆ (8, 35). ಒನ್ದು ಸುಳ್ಳು ಮುಚ್ಚುವದಕ್ಕೆ ಹಲವು ಸುಳ್ಳು ಮಾತುಗಳನ್ನು ಹುಟ್ಟಿಸಬೇಕಾಗುತ್ತದೆ (3, 96). ಕುರುಡ ಕಣ್ಣು ಮುಚ್ಚಿದರೂ ತೆಱೆದರೂ ಒನ್ದೇ. — ಬೆಕ್ಕು ಕಣ್ಣು ಮುಚ್ಚಿ, ಹಾಲು ಕುಡಿದರೆ ಲೋಕ್ಕವರಿಗೆ ಕಾಣದೇ? — ಮುಚ್ಚಿ ಇಟ್ಟರೆ ಹುಚ್ಚು ಹೋದೀತೇ? — ತೂತು ಬಿದ್ದದು ಮಾತಿನಿನ್ದ ಮುಚ್ಚೀತೇ? — ಪುಕುರ್ ಅನ್ದರೆ ಹರ್ಕು ಮುಚ್ಚೀತೇ? (Prvs.). See Čpr. 3, after 102; Bp. 14, 6; 22, 33; 24, 57; 50, 7; 56, 18; 57, 2; Bh. 1, 10, 25; Râv. 11, 10; J. 13, 18; 21, 34; Śi. 224. 378. 381. — ಮುಚ್ಚಾಟ. -ಆಟ. Shutting-play. See ಕಣ್ಣು- s. ಡಂಗುಬಿಟಾಟ. — ಮುಚ್ಚಾಲೆ. -ಅಲೆ. Shutting and troubling. See ಕಣ್ಣು-. — ಮುಚ್ಚು ಮುಚ್ಚು. rep. ಗುಡ್ ಹೊಡೆಯುವಾಗ ಯಾರಾದರೂ ಒನ್ದು ಕಣ್ಣು ಮುಚ್ಚೀ ಮುಚ್ಚುತ್ತಾರೆ (B. 3, 50).

ಮುಚ್ಚು muččü. 2. Shutting, etc. — ಮುಚ್ಚುಗಣ್. -ಕಣ್. Shut eyes (Bh. 8, 11, 30). — ಮುಚ್ಚುಗಣೆ. -ಕಣೆ. Hidden arrows (Râm. 6, 51, 9). — ಮುಚ್ಚುಗದಹು. -ಕದಹು. A door that is shut (Bp. 57, 43). — ಮುಚ್ಚುಗಲ್ಲು. -ಕಲ್ಲು. The stone-cover of a gutter, etc. (My.). — ಮುಚ್ಚುಮಱೆ. dupl. Concealing and hiding; secrecy: hypocricy, deception (Bp. 28, 47; 40, 61; Bh. 6, 5, 47; Ram. 6, 51, 9; J. 26, 67; My.).

ಮುಚ್ಚುಱು muččuṟu. -ಱಿ. To become torpid or stupified, to lose consciousness, to faint away, to swoon, to be troubled in mind (ಮೂರ್ಛೆಪೋಗು Śmd. 2; Tĕ. ಮುಚ್ಚಱು, to be perturbated, to grieve, sorrow = ವ್ಯಾಕುಲ ಪಡು).

ಮುಚ್ಚುವಿಕೆ muččuvikĕ. Shutting, etc. (ಅನ್ತರ್ಧೆ, ವ್ಯವಧೆ, etc., ಹೊದಿಕೆ Śi. 31; ಆಚ್ಛಾದನ, ಸಮ್ಪಿಧಾನ 488; ತಿರಸ್ 470).

ಮುಚ್ಚೆ muččĕ. A cover, a lid. See ಎಸ-.

ಮುಚ್ಚೆ muččĕ. 1. Tbh. of ಮೂರ್ಛೆ. (ಮೂರ್ಛೆ Čt. II, 54; Šs.; ಹರವಸ, ಮೂರ್ಛೆ Kk. 31; ಜೊಂಗುಳಿ, ಹರವಸ, ಮೂರ್ಛೆ Šm. 56). See ನಸು-.

ಮುಚ್ಚೆ muččĕ. 2. = ಮೊಚ್ಚೆ, ಮೋಜಾ, ಮೋಜಾ. A shoe (Mhr., H. ಮೋಜಾ; see ಮುಚ್ಚಿಗ, ಮೋಚೆ).

ಮುಜರಾ mujarâ. ಮುಜರೆ. Any authorised deduction, reduction, remission (My.; Br., H.). 2, respect, obeisance, a bow or a salâm (Mhr., H.; My.; Br.).

ಮುಜರಾಯಿ mujarâyi. Deductions from the public revenue for religious or charitable purposes, allowances or grants to temples, maṭhas and satras (My.; H.).

ಮುಜಾಕು mujâku. Moment, matter, consequence (My.; Mhr., H. ಮುಚಾಕು).

ಮುಜೂರಿ mujûri. = ಮಜೂರಿ. (Śi. 347, *only* in Śi.). 2, = ಮೂಜುವರಿ, ಮೂಜೂರಿ, refractoriness (My.; H.).

ಮುಂ muṅ. ಮುಙ್. 1. = ಮು, etc. Three. — ಮುಂಚಣ್ಡೆ. -ಸಂಡೆ. (= ಮುಚ್ಚಂಜೆ). The three auspicious periods of a day (ಸಿರಿವತ್ತು Čt. I, 81, o. r. ಮುಚ್ಚಂಜೆ).

ಮುಂ muṅ. ಮುಙ್. 2. = ಮುಂ (ಮುನ್), etc. That which is before, etc. — ಮುಂಚೂಣಿ. The van of an army (J. 8, 28). — ಮುಂಚಿಡಿಗು. = ಮುಂಚೆಡಿಗು. (Râm. 8, 4, 8). — ಮುಂಜಾನೆ. = ಮುಂಜಾವ, ಮುಂಜಾವು. The first watch, especially that of the morning; early in the morning (My.; B. 1, 3. 4. 26. 32. 74; 5, 126). ಮುಂಜಾನೆಯ ಮಬ್ ಅಲ್ಲ, ಮಧ್ಯಾನದ ನೆಲ್ಪನಲ್ಲ.—ಅಂಜನಕ್ಕೆ ಅಂಜ ಬೇಡ, ಮುಂಜಾನೆಗೆ ಆಡ ಬೇಡ (Prvs.). See ಬೆಳಗು-. — ಮುಂಜಾವ. = ಮುಂಜಾವು. The first watch (especially that of the morning, My.). See ಇರುಳು-. — ಮುಂಜಾವು. = ಮುಂಜಾವ. (My.; ಅಹರ್ಮುಖ, ಪ್ರಾತಃಕಾಲ G.; B. 2, 32. 33; 3, 27). — ಮುಂಜುಟ್ಟು. A tuft of hair on the crown of the head (My.). — ಮುಂಜೂರ್. -ಸೂರ್. (Šmd. 83. 199). The front-eaves of a house. — ಮುಂಜೆಱಗು. -ಸೆಱಗು. = ಮುಂಜಱಗು. The front end of a female's garment (Râm. 1, 16, 52; J. 12, 51). — ಮುಂಜೆಱಂಗು. -ಸೆಱಂಗು. (Šmd. 83). = ಮುಂಜೆಱಗು. — ಮುಂಜೋಲೆ. A forward motion (B. 4, 61).

ಮುಂಚ muńču2-ಙ3. A man of the front, a chief, a leader (ಮೊದಲಿಗ Čt. I, 49).

ಮುಂಚತ್ muńčat. (Šmd. 100). Loosing, loosening, opening, etc.

ಮುಂಚತ್ಕಂಚುಕ muńčat-kańčuka. (Šmd. 100). A loosening bodice.

ಮುಂಚಿತ muńčita. The state of being before in time, before-hand, previous or prior (My.). ಯಾವದೊನ್ದು ಕೆಲಸಕ್ಕೆ ಕೆಯ್ ಹಾಕುವದಕ್ಕಿನ್ತ ಮುಂಚಿತವಾಗಿ (B. 4, 15). ಮಾಗೀ ಕಾಲದ ವಿಷಯದಲ್ಲಿ ಮುಂಚಿತವಾಗಲೇ ನಾನು ವಿಚಾರ ಪಡಲಿಲ್ಲ (5, 86). ಹೀಗೆ ಆತನು ಮುಂಚಿತವಾಗಲೇ ಹೇಲಿದ್ದನು (5, 149). ಅವನಿಗೆ ಮುಂಚಿತವಾಗಿ ಬರು, --ಹೋಗು (My.).

ಮುಂಚು muńču. 1. (= ಮುನ್ದು 1). To be or go before or first, to precede, to outgo;—to go beyond, to exceed;—to outdo, to surpass, to excel (ಅಗ್ರಗಮನ Šmd. Dh.). ಒರ್ವರೊರ್ವರ್ಗೆ ಮುಂಚುವುದು (ಅಹಮಹಮಿಕೆ Hlâ.). ನಾ ಮುಂಚೆ, ತಾ ಮುಂಚೆ ಇಹೆನೆನ್ದು, ಒಬ್ಬರಿಗೊಬ್ಬರು ಅತಿಕ್ರಮಿಸಿ ಮುಂಚುವುದು (ಅಹಮ್ಪೂರ್ವಿಕೆ Nr. a). ಒರ್ವರೊರ್ವರ್ಗೆ ಮುಂಚೂದು (ಅಹಮಹಮಿಕೆ Mr. 464). ರಣಕ್ಕೆನ್ನಿನ್ದೆ ನೀಂ ಮುಂಚಿದಯ್ (Šmd. 263). ಊಟಕ್ಕೆ ಮುಂಚು, ದಣ್ಡಿಗೆ ಹಿಂಚು.—ಊಟಕ್ಕೆ ಮುಂಚು, ವಿಾಣಕ್ಕೆ ಹಿಂಚು (when he may quietly take his bath, Prvs.). See Šmd. 119; Grj. 2, after 106; Râm. 3, 2, 21; Bh. 1, 19, 20; 8, 28, 10; Šâv. 4, 40; J. 16, 7; 26, 10; 28, 53.

ಮುಂಚು muńču. 2. (= ಮುನ್ತು). The state of preceding or being before in time or position (see ಮುಂಚು), the state of being previous or prior, former time, etc. (My.). ಮುಂಚಿನ ಪುಸ್ತಕವನ್ನು ಅನ್ತು ನೀವು ಹಲವು ಸಾರಿ ಚನ್ನಾಗಿ ಓದಿ ಮುಗಿಸಿದಿರಿ (B. 3, 1). ಈ ದೇಶಕ್ಕೆ ಈಗ ಮುಂಚಗಿನ್ತ ಹೆಚ್ಚು ತಾಮ್ರವು ಬರುತ್ತದೆ (4, 164). ಮುಂಚಿನನ್ತೇ ಪ್ರತಿವರ್ಷ ಕಪ್ಪ ಕೊಡುತ್ತಾ ಬನ್ದನು (4, 216). ಅವನ ಮುಂಚಿನ ಸ್ಥಿತಿಯನ್ನೂ ಈಡೆಯ ಸ್ಥಿತಿಯನ್ನೂ ಸರಿ ಮಾಡಿ ನೋಡಿದರೆ (5, 212).

ಮುಂಚೆ muńčĕ. (= ಮುನ್ತೆ). In advance, in the first place (ಪುರಸ್ತಾತ್ Sl. 468);—previously, formerly, first (My.);—before-hand; before, earlier than, ere (My.). ನಾ ಮುಂಚೆ ಇಹೆ, ತಾ ಮುಂಚೆ ಇಹೆನೆನ್ದು, ಒಬ್ಬರಿಗೊಬ್ಬರು ಅತಿಕ್ರಮಿಸಿ ಮುಂಚುವುದು (ಅಹಮ್ಪೂರ್ವಿಕೆ Nr. b). ಎಲ್ಲರಿಗೂ ತಿಳಿದದಕ್ಕಿನ್ತ ಮುಂಚೆ ಮೊದಲು ಒಬ್ಬನಿಗೆ ತಿಳಿದ ತಿಳುವಳಿಕೆ (ಉಪಜ್ಞೆ Sl. 286). ಕೆಲವು ವರುಷಗಳ ಮುಂಚೆ (B. 5, 223; My.) or ಕೆಲವು ವರುಷಗಳಿಗೆ ಮುಂಚೆ (My.). ಈ ಚೂರಿ ಒಯ್ದು, ಅವನ ಗಣ್ಟೆನೊಳಗೆ ಮುಂಚೆ ಇದ್ದ ಹಾಗೆ ಇಟ್ಟು ಬಿಡುತ್ತೇನೆ (B. 2, 29). ಈಯುವದಕ್ಕೆ ಮುಂಚೆ ಪಾಚಿಯ ಗಿಡದ ಸುತ್ತು ಮುತ್ತು ಮಱಿಗಳು ಹುಟ್ಟುತ್ತವೆ (2, 38). ಮುಂಚೆ ಲವಂಗಗಳು ನಾಲ್ಕು ಆಣೆಗೆ ತೊಲೆ ದೊರೆಯುತ್ತಿದ್ದವು, ಆದರೆ ಈಗ ಒನ್ದು ಆಣೆಗೆ ಮೂಱು ನಾಲ್ಕು ತೊಲೆ ಆಗಿವೆ (3, 13). ಅಂಜೇ ಕಾಗದ ಮುಂಜೇ ಬನ್ದರೆ ಲಂಚ ಯಾಕೆ? (Prv.). ಅವನು ಬರುವದಕ್ಕಿನ್ತ ಮುಂಚೆ, ಅವನು ಬರುವದಕ್ಕೆ-, ಅವನು ಬಾರದ-, ಅವನು ಬಾರದ್ದಕ್ಕಿನ್ತ- (before or ere he comes or came, My.). See Bp. 36 sum.; 45, 24; B. 3, 116; 5, 223.

ಮುಂಜ muńja. = (ನೊದೆ), ಮದಿ, ಮುಂಚ, ಮುಂಜೆ, (ಮೆದೆ), ಮೊದೆ. *A sort of rush or grass, Saccharum munja* Roxb. (ಮೊದೆ Mr. 109), which is used to form the brahmanical girdle (mêkhalâ) as well as ropes, brooms, small baskets, thatches, etc. 2, the brahmanical girdle.

ಮುಂಜಕ್ಷಯ muńjakshaya. = ಮುಂಜಕ್ಷಯ, q. v.

ಮುಂಜಾತೃಣ muńjâ-triṇa. = ಮುಂಜ No. 1. (ಮೊದೆ Šmd. Dh., o. r. ಮುಂಜತೃಣ).

ಮುಂಜಿ muńji. = ಮುಂಜ No. 1. (My.). 2, the investiture of a young Brâhmaṇa with the sacrificial thread (ಉಪನಯನ Mr. 255; My.; Mhr.; B. 2, 52). 3, euphemistically: the circumcision of Mohammedans (My.). ಮುಂಜಿಯನ್ನು ಮಾಡುವಾಗ ಕೆಯ್ಯೊಳಗೆ ಕೊಡುವ ಮುತ್ತುಲಗಿದದ ಕೋಲು (ಆಷಾಢ); ಹದಿನಾಱು ವರ್ಷಗಳ ತನಕ ಮುಂಜ ಆಗದವನು (ವ್ರಾತ್ಯ G.). — ಮುಂಜಿಗಟ್ಟು. -ಕಟ್ಟು. To invest with the sacrificial cord (Bp. 3, 44). — ಮುಂಜಿಗಿಡ. = ಮುಂಜ No. 1. (St. & Pl.). — ಮುಂಜಿತೃಣ. = ಮುಂಜಾತೃಣ, q. v. — ಮುಂಜಿ ಬಿಡಿಸು. To remove what is connected with upanayana. ಮುಂಜಿ ಬಿಡಿಸುವ ಸಂಸ್ಕಾರವಾದವನು (ಅಪ್ಲವವ್ರತಿ G.). — ಮುಂಜಿಹುಲ್ಲು. = ಮುಂಜತೃಣ. (My.).

ಮುಂಜಿಕೇಶಿ muńji-kêśi. Having rush-like hair: Vishṇu or Krishṇa (Mr. 17).

ಮುಂಜೆ muńjĕ. ಮುಂಜಿ. = ಮುಂಜ No. 1. 2, = ಮುಂಜ No. 2. (ಚೌಲೋಪನಯನ G.).

ಮುಟ್ಟ muṭṭa. 1. Prosperity, etc. ಮುಟ್ಟಮೆ ಪಡುಂ (Čt. II, 79; is the term ಮುಟ್ಟಮೆ?).

ಮುಟ್ಟ muṭṭa. 2. See s. ಮುಟ್ಟು 1.

ಮುಟ್ಟ muṭṭa. 3. = ಮುಟ್ಟು 2. — ಮುಟ್ಟಗೋಲು. = ಮುಟ್ಟುಗೋಲು, q. v. (My.). ದಣ್ಡ ಬೇಡ್, ಮುಟ್ಟಗೋಲು ಬೇಡ್ (Prv.). — ಮುಟ್ಟಚಟ್ಟು. = ಮುಟ್ಟುಚಟ್ಟು. (My.).

ಮುಟ್ಟಯಿಸು muṭṭayisu. To touch, to reach (Č. Bp. 47, 32).

ಮುಟ್ಟಲ್ muṭṭal. ಮುಟ್ಟಲು. = ಮುಟ್ಟಲೆ, ಮುಟ್ಟವೆ, ಮುಟ್ಟಿಲ್, ಮುಟ್ಟು 2, ಮುಟ್ಲು. Touch, contact. 2, the menses, menstruation, lochia; impurity from child-birth (ರಜಸ್, ಪುಷ್ಪ, ಆರ್ತವ Nr.; ಮಾಶಿಕ, ಮುಟ್ಟವೆ, ಪೊಲೆ, ಸೂತಕ Čt. II, 51; ಅಣ್ಬು Šm. 64). — ಮುಟ್ಟಲ ಮುರಿಕೆ. A sensitive plant (ನಮಸ್ಕಾರಿ G.; B. 3, 35). — ಮುಟ್ಟಲುಮುರಿಕೆ. = ಮುಟ್ಟಲ-. (ಖದಿರಿ, ಗಣ್ಡಕಾರಿ, ಗಣ್ಡಕಾಲಿ G.).

ಮುಟ್ಟಲೆ muṭṭalĕ. = ಮುಟ್ಟಲ್, etc. ಸ್ತ್ರೀಯರ ಮುಟ್ಟಲೆ (ಸ್ತ್ರೀಕುಸುಮ, ಋತು Nr.). — ಮುಟ್ಟಲೆಗಾಣ್. -ಕಾಣ್. Menstruation to appear. ಮುಟ್ಟಲೆಗಾಣುತ ಇರ್ದವಳು (ಮಧ್ಯಮೆ, ದೃಷ್ಟರಜಸ್); ಮುಟ್ಟಲೆಗಣ್ಡ ಸ್ತ್ರೀ (ಪುಷ್ಪವತಿ Nr.).

ಮುಟ್ಟವೆ muṭṭavĕ. = ಮುಟ್ಟಲೆ, etc. (ಮಾಶಿಕ, ಮುಟ್ಟಲ್, ಪೊಲೆ, ಸೂತಕ Čt. II, 51). — ಮುಟ್ಟವೆಗಾಣ್. = ಮುಟ್ಟಲೆಗಾಣ್.

ಮುಟ್ಟವೆಗಣ್ಣವಳು (ಅವಿ, ಉದಕ್ಯೆ, ಆತ್ರೇಯಿಕೆ, ಪುಷ್ಪವತಿ); ಕನ್ಯಕೆಯಾಗಿ ಮುಟ್ಟವೆಗಣ್ಣವಳು (ರಾಕೆ Hlâ.).

ಮುಟ್ಟಾಮುಟ್ಟಿ muṭṭâmuṭṭi. Tbh. of ಮುಷ್ಟಾಮುಷ್ಟಿ, q. v.

ಮುಟ್ಟಾಳ muṭṭu-âḷa. See s. ಮುಟ್ಟು 3.

ಮುಟ್ಟಿ muṭṭi. Tbh. of ಮುಷ್ಟಿ. (My.; T.). See ಮುಟ್ಟಾ-. — ಮುಟ್ಟಿಯುಗಳ. Both fists (Šŝv. 4, 77).

ಮುಟ್ಟಿಗೆ muṭṭigĕ. Tbh. of ಮುಷ್ಟಿಕೆ (Šmd. 370).

ಮುಟ್ಟಿಲ್ muṭṭil. = ಮುಟ್ಟಲ್, etc. (ಅಣ್ಣು Kk. 64, o. r. ಮುಟ್ಟಲ್).

ಮುಟ್ಟಿಸು muṭṭisu. To cause to touch, to make to touch; to apply to;—to convey, as a person from one place to another, etc.;—to cause to reach, to deliver, as a letter, etc.; to apprise of;—to apply or lay out, to expend, as money for building a tank, etc.;—to kindle a dîpa or lamp (C.; Tĕ.);—to sting. ಡೋಣಿಗಳೊಳಗಿನ್ದ ಸರಕುಗಳನ್ನೂ ಒಯ್ದು, ಹಡಗಕ್ಕೆ ಮುಟ್ಟಿಸುತ್ತಾರೆ (B. 3, 119). ಕೆಲಸ ತೀರಿದ ಕೂಡಲೇ ನಿಮ್ಮ ಪದಾರ್ಥವನ್ನು ನಿಮಗೆ ತನ್ದು ಮುಟ್ಟಿಸುತ್ತೇನೆ (4, 52). ಚೇಳಿಗೆ ಪಾರುಪತ್ಯ ಕೊಟ್ಟರೆ ಬಾದಕ್ಕೊನ್ದು ಸರ್ತಿ ಮುಟ್ಟಿಸೀತು (Prv.). See Bp. 6, 7; 38, 37; 44, 11; 56, 57; Ršv. 12, 39; J. 4, 69; B. 4, 53; 5, 39. 54. 157. 284.

ಮುಟ್ಟು muṭṭu. 1. To touch (v. t.);—to touch, to come in contact with;—to reach, to come to hand, to arrive, as a letter, etc. (with Dative of person);—to reach, as a place, to arrive at (with Dative);—to be laid out, expended, or used, as money, etc. (ಸ್ಪರ್ಶನ Šmd. Dh.; ಪರಿಸನ Šm. 88; C.; Tĕ., M.; T., M. ಮುಟ್ಟು, to dash against, knock, tap, butt, strike). ಮುಟ್ಟಿತು, ಮುಟ್ಟಿದು ದಿವಮಂ (Šmd. 266). ಮುಟ್ಟುವುದು (ಸ್ಪರ್ಶನ Nn. 155). ಕಡೆ ಮುಟ್ಟಲ್ ಓದುವುದು (ಸಾಕಲ್ಯವಚನ, ಪಾರಾಯಣ Hlâ.). ಆಡು ಮುಟ್ಟದ ಗಿಡ (ವೈದ್ಯಮಾತ್ರ, etc. Si. 147). ಮುಟ್ಟಿ ಬಿಡ ಪದದ ನುಡಿ (ದಣ್ಡಕ Mr. 85). ಈ ಮನೆ ಕಟ್ಟುವದಕ್ಕೆ ಬಾರಿ ಹಣ ಮುಟ್ಟಿತು, - - - ಜಿಚ್ಚು ಆಳು ಮುಟ್ಟಿತು (My.). ಆ ಹಳ್ಳಿಗೆ ಹೋಗಿ ಮುಟ್ಟಿದನು (B. 3, 124). ಇದು ನನ್ನ ಪಾಲು, ನನಗೆ ಮುಟ್ಟಿತು (4, 10). ಆ ಸುದ್ದಿ ಮುಟ್ಟುತ್ತಾಲೆ (4, 217). ಆ ವಸ್ತುಗಳು ಆ ಪುರಕ್ಕೆ ಮುಟ್ಟಲಿಲ್ಲ (5, 69). ಎಡಾಯಿತಿಗೆ ಹೋಗಿ ಮುಟ್ಟುತ್ತಾರೆ (5, 227). ಅವನು ಮನೆಯಿನ್ದ ಗುಡಿಗೆ ಹೋಗುವದಕ್ಕೆ ತುಮ್ಬ ಹೊತ್ತು ಮುಟ್ಟಿತು (My.). ನೆಗಡಿ ಹಾಟ್‌ದರೆ ಮುಗಿಲಿಗೆ ಮುಟ್ಟೀತೇ? — ಮುಟ್ಟದ ಕೆಯ್ಗೆ ಒಟ್ಟ, ಕಟ್ಟದ ಹೊಡೆಗೆ ದಿಟ್ಟ (Prvs.). See Čpr. 1, 108; 4, 14; Bp. 21, 10; 36, 19; 40, 56; 44, 32; 50, 6; 58, 35. 38; 60, 29. 31; Č. Bp. 5, 52; Šŝv. 4, after 6; J. 3, 18; 8, 17. 26; 21, 17; Si. 374; B. 4, 217; 5, 270. — ಮುಟ್ಟು. = ಮುಟ್ಟಿ. ಮನೆ ಮುಟ್ಟ ಬನ್ದನು (My.). ಅವನ ಚಿರಾಯುಷ್ಯಂ ಮುಟ್ಟ (Čpr. 5, 101). — ಮುಟ್ಟದರೆ ಮುನಿ. = ಮುಟ್ಟದರೆ ಮುನಿಯ. (My.). — ಮುಟ್ಟದರೆ ಮುನಿಯ. = -ಮುನಿವ. (My.). — ಮುಟ್ಟದರೆ ಮುನಿವ. A sensitive plant (ನಮಸ್ಕಾರಿ, ಗಣ್ಡಕಾರಿ, ಸಮಂಗೆ, ಖದಿರಿ Si. 157). 2, a prickly shrub, the humble plant, Mimosa pudica Lin. (St. & Pl.). — ಮುಟ್ಟದರೆ ಮುರುಟುವ. A sensitive plant (ನಮಸ್ಕಾರಿ, etc. Nr.). — ಮುಟ್ಟು ಮುಟ್ಟು. rep. (Bp. 17, 8; 35, 2; 38, 48). — ಮುಟ್ಟಿ. = ಮುಟ್ಟ. Infinitive: so as to touch, as far as, till, to, up to (ವರಂ, ವರೆಗಂ, ಸೀಮಾರ್ಥ Šmd. 295; Čpr. 9, 93). ಕುಮ್ಬಳಕಾಯಿಕಳ್ಳ! ಅನ್ದರೆ ಭುಜಾ ಮುಟ್ಟಿ (or ಹೆಗಲು ಮುಟ್ಟಿ) ನೋಡಿದ ಹಾಗೆ (Prv.). — ಮುಟ್ಟಿವರ್. -ಬರ್. To come near, to approach (Abh. P. 7, after 105; 9, 144; 10, 19; 11, after 132).

ಮುಟ್ಟು muṭṭu. 2. = ಮುಟ್ಟ3, (ಮುಟ್ಟಲ್, etc.), (ಮುಡ 1, ಮುಡಿ 5). Touching; touch, contact (see ಕಣ್-); defilement by contact. 2, the menses, lochia (My.; ರಜಸ್, ಪುಷ್ಪ, ಆರ್ತವ Si. 188; ಸ್ತ್ರೀರಜ, ಆರ್ತವ, ಋತು, ಪುಷ್ಪ G.; Tĕ., T.); a children's disease coming from the touch of a menstruous woman who is not the mother (Bp. 15, 22). ಮುಟ್ಟಿನ ಮನೆ (= ಮುಟ್ಟು-, My.). ಮುಟ್ಟಾದವಳು (ರಜಸ್ವಲೆ, ಸ್ತ್ರೀಧರ್ಮಿಣಿ, ಮಲಿನಿ, ಪುಷ್ಪವತಿ, etc. Si. 188; ಅವಿ, ಆತ್ರೇಯಿ G.). ಮುಟ್ಟು ಹೋದ ಹೆಂಗಸು (ನಿಷ್ಕಲೆ G.). 3, impediment, hindrance, stoppage (T., M.; see ಕಟ್ಟುಮುಟ್ಟು No. 1). 4, a prop, a stay (T.; see ಕಟ್ಟುಮುಟ್ಟು No. 2). 5, nonplus, embarrassment, want (T., M.). — ಮುಟ್ಟುಕುಟ್ಟು. Pain preceding or accompanying menstruation (My.). — ಮುಟ್ಟುಗೋಲು. -ಕೋಲು. = ಮುಟ್ಟಗೋಲು. A stoppage-staff or pole, *i. e.* a staff or pole that was used to shut the door of a house or the gate of a village to forbid any one to enter either of them, for the sake of sequestration or the seizure of the property of the house- or village-people: total pillage (My.). ಮುಟ್ಟುಗೋಲು ಹಾಕು, to pillage (My.). — ಮುಟ್ಟುಚಿಟ್ಟು. = ಮುಟ್ಟಚಿಟ್ಟು. Ceremonial uncleanness, *e. g.* from menstruation, from touching a dead body, etc. (My.). — ಮುಟ್ಟು ನಿಲ್ಲು. Menstruation to cease (My.). — ಮುಟ್ಟು ನೀರು. A bath after menstruation (My.). — ಮುಟ್ಟುಮನೆ. A room appropriated to a woman in menstruation or child-birth (My.). — ಮುಟ್ಟುರೋಗ. A children's disease coming from the touch of a menstruous woman who is not the mother (My.).

ಮುಟ್ಟು muṭṭu. 3. = ಮುರುಟು 2. Contracting, shrinking, etc. — ಮುಟ್ಟಾಳ. -ಆಳ (*i. e.* ಆಟ). Cowardice; bluntness, stupidity (Râm. 6, 46, 3; T. ಮುಟ್ಟಾಟ್ಟ). — ಮುಟ್ಟಾಳು. -ಆಳು. A coward; a stupid man (My.). — ಮುಟ್ಟುಮುಡುಗ ಗಿಡ. A sensitive plant (ನಮಸ್ಕಾರಿ, etc. Si. 157).

ಮುಟ್ಟು muṭṭu. 4. (= ಮೋಹ3). An implement, a tool, a thing; utensils, furniture; things belonging to a house, as beams, etc.; the wooden frame of a maddaḷĕ (ಉಪಕರಣ Šmd. Dh.; Šm. 88; My.; T.; Šâstrasâra in W. v. 1258. 1259; Čpr. 9, 93; 9, after 102; Bh. 1, 10, 18). ಗೃಹಕ್ಕೆಸವ ಮುಟ್ಟುಗಳ್ (ಸಾಧನ Mr. 501). ಮನೆಯ ಸಮಸ್ತ ಮುಟ್ಟುಗಳು (ಸಾಧನ, ಗೃಹೋಪಕರಣ Nn. 114); ಮನೆಯ ಮುಟ್ಟುಗಳು (ಮಾತ್ರೆ, ಗೃಹ ಮುಟ್ಟು, ಮನೆಯುಪಕರಣ 157); ಮನೆಯ ಮುಟ್ಟುಗಳು (ವೇಶ್ಮಾಂಗ, ಮನೆಯ ಮುಟ್ಟುಗಳ ಭೇದ, ಕೊಲೆ 158). ಅರ್ಗಳಿಕೆ ಎನ್ದು, ಆವುಚದ ಮುಟ್ಟುಮುಕ್ಕಂ (Šmd. I). ಕಾರುಕನ ಮುಟ್ಟನೊಳ್ ಉಳಿ (Šm. 116). See ಎರವು-, ಮನೆ-, ಮರ-.

ಮುಟ್ಟುವಳಿ muṭṭuvaḷi. Expenses, outlay, as of money, grain, etc. (My.).

ಮುಟ್ಟುವಿಕೆ muṭṭuvikĕ. = ಮುಟ್ಟುಹ. (ಸ್ಪೃಷ್ಟಿ, ಸೃಷ್ಟಿ Si. 389).

ಮುಟ್ಟುಹ muṭṭuha. Touching; touch; contact (ಸ್ಪೃಷ್ಟಿ, ಪೃಕ್ತಿ Nr.; ಸ್ಪರ್ಶಮೆಮ್ಪ ವಿಷಯಂ Nr.).

ಮುಟ್ಟೆ muṭṭe. See s. ಮುಟ್ಟು 1.

ಮುಟ್ಲು mutlu. = ಮುಟ್ಟಲ್. — ಮುಟ್ಲ ಮುರಿಕೆಗಿಡ. = ಮುಟ್ಟದರೆ ಮುನಿವ ಗಿಡ (St. & Pl.).

ಮುಡ muḍa. 1. = ಮುಟ್ಟ 3, ಮುಟ್ಟು 2, ಮುಡಿ 5. — ಮುಡಚಟ್ಟು. = ಮುಟ್ಟಚಟ್ಟು, ಮುಟ್ಟುಚಟ್ಟು, ಮುಡಿಚಟ್ಟು. (C.).

ಮುಡ muḍa. 2. = ಮುಡು 1. P. p. of ಮುಡಿ 1, in ಮುಡಕೊಳ್ಳು. (My.).

ಮುಡಹ muḍaha. (fr. ಮುಡಿ 3). A resourceless man (Bh. 4, 6, 24).

ಮುಡಿ muḍi. 1. To bind or tie the hair; to fasten or set in the hair of the head, as flowers, etc. (ಕೇಶಬನ್ಧನ Śmd. Dh.; Śm. 92; My.; Abh. P. 9, 178; Bp. 5, 28; J. 11, 37; 18, 25; T., M.; T., M. also: to knot, put a knot). ಪೂವಂ ಮುಡಿದಂ (Śmd. 156). ಚೆಣ್ಡಿಕೆಯಲ್ಲಿ ಮುಡಿದ ಹೂ (ಪ್ರಫ್ರಷ್ಪಕ Hlā.). ಮುಣ್ಡೆಯಲಿ ಮುಡಿದ ಹೂಚಪ್ಪರಿಗಳು (ಶೀರ್ಷಕ Mr. 334). ಮುಣ್ಡೆಯೊಳು ಮುಡಿದ ಪೂಸರ (ನಿರ್ಯೂಹ Si. 466). ಜೇನು ಬಲ್ಲುದೆ ಮುಡಿದ ಹೂವಿನಾ ಪರಿಮಳವ? (Dp. 76). ನಾಗಸಮ್ಮಿಗೇ ಮುಡಿಯ ಬೇಕಾದರೆ ನಾರು ಯಾಕೆ? (Prv.). See Si. 230.

ಮುಡಿ muḍi. 2. = ಮುಡು 2, (ಸೂಟಿ, ಸೂಡೆ). A knot or bundle of the hair of the head (of males or females, which when tucked, forms the turubu, My.; T., M.; Tĕ.: a knot); a braid of hair, hair twisted into a single unornamented braid and allowed to fall on the back (ವೇಣಿ, ಧಮ್ಮಿಲ್ಲ, ಕುನ್ತಲ, ಕಬರಿ Hlā.). ಮುಡಿಯ ಮೇಗಣ ಮುತ್ತಿನ ಸೆಣ್ಡು (ವಾಲಪಾಶ್ಯೆ, ಪಾರಿತಥ್ಯೆ Nr.). ಮುಡಿಗಿಕ್ಕಿದಂ (Śmd. 63). See Čpr. 7, 77. 118. 144; Bp. 5, 28; 11, 41; 29, 3; 52, 39; J. 2, 9; 6, 12; 10, 50; 11, 10. 19. ಅರ್ಧ-, ಕಟ್ಟು-, ಜಡೆ-, ಪೆರ್-, ಬಲ್-, etc. **2,** a growth of hair on the head, left unshaven on account of a vow to an idol (My.). **3,** an oval bundle formed of layers of straw, etc., containing grain, etc. (Tu., T., M.; Mhr. ಮುಡಾ, ಮುಡೀ). **4,** a hollow ring of brass or silver in which certain herbs are inclosed, worn on the upper arm and used as an inferior charm (My.). ತಡೇ ಕಟ್ಟುಬವನ ಮುನ್ದೆ ಮುಡಿಯೇನು? (Prv.). **5,** a kind of crown for idols (My.). — ಮುಡಿ ಕಟ್ಟು. 1. = ಮುಡಿಗಟ್ಟು. To tie up in a bundle of straw (as grain, seeds, etc., for which a buṭṭi is required). ಮುಡಿ ಕಟ್ಟಿ ಆಯಿತು, ಬುಟ್ಟಿ ಕೊಣ್ಡು ಬಾ! (Prv.). — ಮುಡಿಕಟ್ಟು. 2. Hair ornamented and braided round the head, etc. (ಮೌಲಿ Nr.). — ಮುಡಿಗಟ್ಟು. = ಮುಡಿಕಟ್ಟು 2. (Grj. 6, after 56). — ಮುಡಿಗಮ್ಪು. -ಕಮ್ಪು. The smell of a muḍi of hair (Rśv. 4, 2; 4, after 14). — ಮುಡಿಗೆಣಸು. A climbing plant, the West Indian yam, Dioscorea alata Lin. (St. & Pl.). — ಮುಡಿದಲೆ. -ತಲೆ. A head with a knot of hair (Bp. 27, 38). — ಮುಡಿಬಿಜ್. -ಬಿಜ್. An opened, loose bundle of hair (Rām. 6, 51, 93). — ಮುಡಿಬಳೆ. = ಮುಡಿ 3. (My.). — ಮುಡಿಮಣಿ. -ಮಣಿ. A gem for the hair-muḍi (G. 417). — ಮುಡಿವಾಳ. -ಬಾಳ. A kind of perfume or fragrant grass, Andropogon schoenanthus Lin. (ಬಾಲ, ಹ್ರೀವೇರ, ವರ್ಹಿಷ್ಠ, ಕೇಶಾಮ್ಬುನಾಮ Nr.; ಬಾಲ Mr. 131; ವಾಳ Śm. 27; J. 3, 30). ಮುಡಿವಾಳ ಲಾಮಂಚಗಳ ಬೇರ್ಗಳ್ (J. 3, 36). 2, = ಲಾವಂಚ (St. & Pl.). — ಮುಡಿವಿಕ್ಕು. -ಪಿಕ್ಕು. To comb the (loose) hair-knot (Čpr. 6, after 86). — ಮುಡಿವಿಡಿ. -ಪಿಡಿ. To lay hold of the hair-knot (V. 4, 6). 2, ruin to happen (4, 6; see ಮುಡಿ 4). — ಮುಡಿವೂ. -ಪೂ. Flowers of a hair-knot (J. 11, 19).

ಮುಡಿ muḍi. 3. (= ಮುಗಿ No 4). To end, to come to an end, to become extinct (ನಿರ್ವಹಣ Śmd. Dh.; Śm. 92; T., M. ಮುಡಿ, to come to an end, become extinct; T. ಮುಂಜು = ಮುಡಿ, & to die; ಮೂ, to end = ಮುಗಿ, & to grow old = ಮುಪ್ಪಾಗು, see ಮುಡು 1; ಮುಟ್ಟು, to end = ಮುಡಿ; to grow ripe; ಮುಟ್ಟು, end; M. ಮುಡಿಪ್ಪ, destruction; cf. ಮುಡು 1).

ಮುಡಿ muḍi. 4. End, ruin, destruction (J. 2, 9; 33, 14). See ಅಡಿ-; ಮುಡಿವಿಡಿ No. 2.

ಮುಡಿ muḍi. 5. = ಮುಡ 1, etc. — ಮುಡಿಚಟ್ಟು. = ಮುಟ್ಟುಚಟ್ಟು, etc. (My.). ಹೆತ್ತ ಮುಡಿಚಟ್ಟನಿನ್ನ ಅಪವಿತ್ರವಾಗಿರುವ ವಠಾರ (ಅರಿಷ್ಟ, ಸೂತಿಕಾಗೃಹ Si. 108).

ಮುಡಿಪು muḍipu. 1. To end (v. t., Abh. P. 15, after 54; 16, 37).

ಮುಡಿಪು muḍipu. 2. = ಮುಡುಪು 1. (My.).

ಮುಡಿಯಿಸು muḍiyisu. ಮುಡಿಯಿಸಿದಂ (Śmd. 273).

ಮುಡಿಸು muḍisu. To fasten or set in the hair-knot or braids of hair (of others), as flowers (Čpr. 5, 119; Bp. 40, 39; J. 28, 21; My.). See ಹೂ-.

ಮುಡು muḍu. 1. = ಮುಡ 2. P. p. of ಮುಡಿ 1, in ಮುಡು ಕೊಳ್ಳು (My.). ಹೂವು ಮುಡು ಕೊಳ್ಳು (ಸೂಡು G.). ತುರುಬು ಮುನ್ತಾದ ಕೇಶಪಾಶದ ನಡಿವೆ ಈಚೆಗೆ ಕಾಣದ ಹಾಗೆ ಮುಡು ಕೊಣ್ಡಿರುವ ಹುವ್ವಿನ ಸರ (ಗರ್ಭಕ Si. 229).

ಮುಡು muḍu. 2. = ಮುಡಿ 2. — ಮುಡುವಾಳ. = ಮುಡಿವಾಳ. (ಬಾಲ, etc. Si. 152).

ಮುಡುಕು muḍuku. 1. = ಮುಡುಗು 1, ಮುದುಬು, ಮುದುಕು q. v., (ಮೊಟ್ಟು 1). To bend (v. i.), to shrink, to become crooked, to be contracted, to be distorted (Bp. 29, 11; T. ಮುಡಂಗು, ಮುಡಂಗು; see s. ಮುಗ್ಗು 1). **2,** to bend (v. t.), to crook, to distort, etc. (Bp. 35, 21).

ಮುಡುಕು muḍuku. 2. = ಮುಡುಗು 2, (ಮೊಟಕು 1). Bending, shrinking, becoming or being crooked, being distorted, etc.;—a curve; a corner, an angle (see ಇಡು-; T. ಮುಡಕ್ಕು, a bend, curve). — ಮುಡುಕುಮೂರಿ. Dengue (My.).

ಮುಡುಗು muḍugu. 1. = ಮುಡುಕು 1, No. 1. (My.).

ಮುಡುಗು muḍugu 2. = ಮುಡುಕು 2. See ಮುಟ್ಟು-. — ಮುಡುಗುದಾವರೆ. -ತಾವರೆ. The humble plant, Mimosa pudica Lin. (St. & Pl.; Tĕ. ಮುಣುಗು-, Hibiscus mutabilis).

ಮುಡುಪು muḍupu. 1. = ಮುಡಿಪು 2. A bundle, a money-bag (Grj. 10, after 79; Bp. 11, 14; Tĕ.); a bundle the contents of which (money or jewels) are dedicated to an idol (My.).

ಮುಡುಪು muḍupu. 2. = ಮುಡುಹು, etc. (Ŏpr. 3, 64; Śśv. 4, 79; Rāv. 5, after 120; Tĕ. ಮೂಪು; T. ಮೊಯ್ಯುಬ್ಬ; Mhr. ಮುಣ್ಡಾ, the region or round of the shoulder; T. ಮುದುಗು, the back = ಹುವಲ್).

ಮುಡುಬು muḍubu. = ಮುಡುಕು 1, No. 1. (Bp. 57, 59).

ಮುಡುಹು muḍuhu. = ಮುಡುಪು 2, ಮುಯ್ 2, ಮುಯಿಬು, ಮುಯಿವು, ಮುಯ್ಯು 1. The upper portion of the arm, the shoulder, the shoulder-blade (ಸ್ಕನ್ಧ ಸ್, ಭುಜಶಿರಸ್, ಅಂಸ Nr.; ಅಂಸ Mr. 321; ಮುಯ್ Ŏt. II, 105; Bp. 33, 17; 61, 28; Rām. 6, 10, 5; Bh. 3, 13, 32; 7, 1, 14; J. 10, 42). ಮುಡುಹಿನ ಸನ್ಧಿಗಳು (ಜತ್ರುಗಳು Nr.).

ಮುಣಗ muṇaga. = ಮುಟಿಕೆ, etc. See ಗುಡ-.

ಮುಣಗು muṇagu. = ಮುಳುಗು 1, etc. (My.; Ŏb. 36). ಮುಣಗೋಣ (ಪ್ಲವ Ŏb., sic!).

ಮುಣಿಗು muṇigu. = ಮುಳುಗು, etc. (My.).

ಮುಣಿಗಿಸು muṇigisu. = ಮುಳುಗಿಸು, etc. To immerse (v. t.), to dip, to plunge (Bp. 3, 49; My.; Tĕ. ಮುಣಿಗಿಂಚು);—to bathe (v. t., My.);—to ruin (My.).

ಮುಣುಗಿಸು muṇugisu. = ಮುಣಿಗಿಸು, ಮುಳುಗಿಸು, ಮುಬ್ಬಿಗಿಸು, ಮುಳುಗಿಸು, ಮುಳುಂಕಿಸು. (My.). ಅಮ್ಮು ಬಿಡಲಿಕ್ಕೆ ತಿಳಿಯದೇ ಇದ್ದರೆ ಚಮ್ಮು ಮುಣುಗಿಸಲಿಕ್ಕೆ ತಿಳಿಯದೇ? (Prv.).

ಮುಣುಗು muṇugu. 1. = ಮುಳುಗು, ಮುಣಿಗು, ಮುಳುಗು 2, etc. To go or sink under water, to sink, to be plunged in a liquid; to immerse one's self, to dip, to bathe;—to sink below the horizon, to set;—to be ruined (My.; Tĕ. ಮುಣು ಗು, ಮುಣುಗು, ಮುನುಗು; Sk. ಮುಣ್ಡ್, to sink). ಮಂಚು ಸುರಿ ದರೆ ನಂಜನಗೂಡು ಮುಣುಗೀತೇ?—ಮೀನು ನೀರಲ್ಲಿ ಮುಣುಗಿದರೆ ಸ್ನಾನದ ಫಲ ಬನ್ದೀತೇ? (Prvs.). See Prvs. s. ಸರಿ, ಮುದ್ದೇ ಕಟ್ಟಿಣ.

ಮುಣುಗು muṇugu. 2. = ಮುಡಗು 3, ಮುಳುಕು 2, ಮುಳುಗು 2. An immersion, a dip.— ಮುಣುಗಿಕ್ಕು. -ಇಕ್ಕು. = ಮುಣುಗು ಹಾಕು. (My.).— ಮುಣುಗು ಹಾಕು. To perform an immersion of one's self; to dip the head whilst standing up to the waist in water (My.). ಮೂರು ಮುಣುಗು ಹಾಕಿದನು (My.).

ಮುಣ್ಡ muṇḍa. = ಮುಣ್ಡು, ಮೊಣ್ಡ, ಮೊಣ್ಡು, ಮೊಣ್ಡೆ. *Shaved, close-shaved, bald, having no hair on the head;* a man with a shaved head (ಬೋಳಿ Śmd. I). 2, hornless; destitute of some limb (see ಮುಣ್ಡಕಾಲು). 3, stripped of leaves or branches; a tree stripped of its leaves or branches, the trunk of a lopped tree, a pollard (ಛಿನ್ನಕುಜಾತ, ಕಡಿದ ಮರ, ಕಡಿದ ಭೃಂಗಮರ, ತಲೆ ಕಡಿದ ಮರ Nn. 12). 4, a headless body (ಕಬನ್ಧ 12; ಕಬನ್ಧ, ರುಣ್ಡ Hlā.; ರುಣ್ಡ Mr. 397; ಕಡುಕು Śm. 80; ಅಟ್ಟೆ 89). 5, a bald or shaven head, a bald pate. 6, pointless, blunt. 7, low, mean. 8, a barber. 9, *the head.* 10, myrrh. 11, N. of a daitya. See Bp. 24, 2; 36, 15; 38, 25.— ಮುಣ್ಡ ಮೋಹು. To put a covering on the head as the sign of being a brahmanical widow (My.). ಹೆಸರುಕಾಳಿಗೆ ಮುಣ್ಡ ಮೋಟ ಕೊಣ್ಡ ಹಾಗಾಯಿತು (Prv.).

ಮುಣ್ಡಕ muṇḍaka. = ಮುಣ್ಡಿಗೆ. The lopped trunk or stem of a tree;—a barber;—the head.

ಮುಣ್ಡಕಾಲ muṇḍa-kāḷa. A man without a hand or the hands (Bp. 33, 18).

ಮುಣ್ಡನ muṇḍana. *Shaving the head closely, tonsure; shearing.*

ಮುಣ್ಡನಕ್ರಿಯೆ muṇḍana-kriyĕ. The act of shaving the head closely. See ಛದ್ರಿಸು.

ಮುಣ್ಡಾಶ್ಮ muṇḍa-aśma. A pointless or round stone (ಗುಣ್ಡು Mr. 206).

ಮುಣ್ಡಾಸ muṇḍāsa. = ಮುಣ್ಡಾಸು. A turban (B. 3, 80; 5. 123; Si. 217; Mhr., H. ಮುಣ್ಡಾಸ, ಮುಣ್ಡಾಸೇc).

ಮುಣ್ಡಾಸನ muṇḍa-āsana. A particular posture in sitting, (Bh. 7, 4, 57).

ಮುಣ್ಡಾಸು muṇḍāsu. = ಮುಣ್ಡಾಸ. (My.; ಉಷ್ಣೀಷ, ಕಿರೀಟ Si. 461). ಉಣ್ಡೆ, ಏನೋ, ಗುಣ್ಡಾ? ಅನ್ದರೆ ಮುಣ್ಡಾಸು ಮೂವತ್ತು ಮೊಳ ಅನ್ದ ಹಾಗೆ.—ಒಲ್ಲಿಯಲ್ಲಿಯೇ ಮುಣ್ಡಾಸು ಮಾಡು!—ತಲೆ ಚನ್ನಾಗಿ ದ್ದರೆ ಮುಣ್ಡಾಸು ಸಹಸ್ರ ಕಟ್ಟ ಬಹುದು.—ಸಣ್ಣ ತಲೆಗೆ ದೊಡ್ಡ ಮುಣ್ಡಾಸು (Prvs.).

ಮುಣ್ಡಿ muṇḍi. Shaven, close-shaved, bald, shorn; lopped; hornless. 2, *a barber.* 3, N. of a śakti or mâtri; *cf.* ಚಾ-. 4, a species of plant (ಬೋಳಿತರ Śmd. I; ಬೋಳಿತರ, ವಶ, ಭಿಕ್ಷು Mr. 130). 5, chain-armour, armour (ಜಾಳಿಕ Mr. 292). 6, a pounder or pestle without a ferrule (My.).

ಮುಣ್ಡಿಗೆ muṇḍigĕ. Tbh. of ಮುಣ್ಡಕ. A stem, a post, a pillar (ಸ್ಥಾಣು Mr. 200; Abh. P. 11, 154; Grj. 2, after 106; Rāv. 6, after 11; My.); a wooden bar (see ಲಾಳ-); the head (see ಅರಿಸಿನಮುಣ್ಡಿಗರೋಗ).

ಮುಣ್ಡಿತ muṇḍita. *Close-shaved;* shorn; bald; lopped.

ಮುಣ್ಡು muṇḍu. 1. (= ಮುತ್ತು 5, etc.). Kissing, caressing, fondling (T. ಮುಗರು, to smell to a thing, to explore by the smell; M. ಮುಗರು, to smell; to kiss; to fondle; *cf.* ಮೂಸು).— ಮುಣ್ಡಾಡು. -ಆಡು. To kiss; to caress; to fondle. ಆಡಿಸುವ ಕೆಳದಿಯರ ಸನ್ನೆಯಲಾಡಿಸುವ ಪರಿ ಪರಿಪವನ ಎನುತ ಕೂಡೆ ನಡೆ ತನ್ದಪ್ಪಿ, ಮೇಲುದ ಸೆರಗಿನೊಳಗಡಗಿ, ನೋಡುತಲಿದಾ ಎನುತ ಚೆಯ್ ಮುಣ್ಡಾಡಿ, ಮುನ್ದಲೆವಿಡಿದು, ಕುಣಿ ಕುಣಿದಾಡಿ, ಸೌಖ್ಯವನೀವುತಿರ್ದಳು ಬಾಯೆ ಮೋಹಿಸಿಗೆ (Prll. 3, 29). ತನ್ದೆ...ಅವನನ್ನು ಮುಣ್ಡಾಡಿದನು (B. 3, 7). ಕಣ್ಣಿದ್ದನಾಡೆ ಭೂಮಣ್ಡಲವು ಮುನಿವುದು; ಕೊಣ್ಡಾಡುತಿಪ್ಪೆ ನುಡಿದರೆ ಜಗವೆಲ್ಲ ಮುಣ್ಡಾಡುತಿಹುದು (Sp.). See Ŏpr. 1, after 105; 6, 98; 8, after 44; Grj. 1, 11; 3, 107; Bp. 4, 66; 5, 61; 12, 8; 18, 7; 24, 86; 38, 76; 46, 74; 47, 39; V. 14, 44; J. 5, 17; 7, 63; 13, 53; 18, 10.— ಮುಣ್ಡಿಡು. -ಇಡು. To kiss (Abh. P. 7, after 106).

ಮುಣ್ಡು muṇḍu. 2. (Tbh. of ಮುಣ್ಡ?). A short cloth (My.; M., T.), used as a turban or as an under-girth cloth (My.).

ಮುಣ್ಡು muṇḍu. Tbh. of ಮುಣ್ಡ. A headless body (Bp. 40, 62), etc. ತಲೆಯಿಲ್ಲದ ಮುಣ್ಡು (ಕಡುಕು, ಕಬನ್ಧ G.).— ಮುಣ್ಡುಗಳ್ಳಿ. -ಕಳ್ಳಿ. = ಮೊಣ್ಡುಗಳ್ಳಿ. The leafless, milk-hedge plant, Euphorbia antiquorum Lin. (ಸ್ನುಹಿ Mr. 136; ಸುಧಾ, ಸ್ನುಹಿ, ಬೊನ್ತೇ ಕಳ್ಳಿ Si. 438); the Euphorbia called triangular spurge (My.).— ಮುಣ್ಡುಬೊಮ್ಮಯ್ಯ. N. (Bp. 58, 11).— ಮುಣ್ಡುಮುಟಿಕ. = ಮುಣ್ಡುಮುಳುಕ No. 1. (ಆತಾಯಿ, ಆತಾಪಿ, ಚಿಲ್ಲ Si. 178).— ಮುಣ್ಡುಮುಳುಕ. The head-plunger: the Bengal kite, Falcocheela Lath. (ಆತಾಪಿ, ಶಕುನಿ, ಚಿಲ್ಲ Hlā.; ಆತಪವಕ್ಷಿ, ಚಿಲ್ಲ Mr. 171). 2, a kind of duck; the water-fowl Pelicanus fusicollis (ಪ್ಲವ ಎನ್ದು, ಮುಣ್ಡುಮುಳುಕ; ನೀ

ರುಗೋಱಿಯೆನಲ್ಕೆ, ಎಮ್ಬರು (Nr.). — ಮುಱುಂಡಿವೋಗು. -ಪೋಗು- To get maimed (Abh. P. 13, after 54).

ಮುಣ್ಡೆ muṇḍĕ. A close-shaved woman: a widow (ವಿಶ್ವಸ್ತೆ, ವಿಧವೆ Nr.; ವಾಪಿತೆ Mr. 303). 2, *a female mendicant* (ಭಿಕ್ಷು 303). 3, an unchaste woman, a harlot (My.). ಮುಣ್ಡೆಗೆ ಗಣ್ಡ ಬಾಱಿನು, ಮೂಱಿಕಿವಿಗೆ ಓಲೆ ಬಾಱಿದು.— ಮುಣ್ಡೆಗೆ, ಮುಣ್ಡೆ ಕಣ್ಡರೆ, ಉಣ್ಡಷ್ಟು ಸನ್ತೋಷ.— ಮುಣ್ಡೆ ಹೆತ್ತು, ಗುಣ್ಡಿಗೆ ಹಾಕಿದ ಹಾಗೆ.— ಮುಣ್ಡೇ ಮದುವೆಗೆ ಮೂವತ್ತು ವಿಘ್ನ.— ಮುಣ್ಡೇ ಮದುವೆಯಲ್ಲಿ ಉಣ್ಡವನೇ ಜಾಣ.— ಅಣ್ಡೇ ಬಾಯಿ ಕಟ್ಟಿ ಬಹುದು, ಮುಣ್ಡೇ ಬಾಯಿ ಕಟ್ಟ ಕೂಡದು.— ಅಣ್ಡೆಯೊಳಗಣ ನೀರು, ಮುಣ್ಡೇ ಕೆಯ್ಯೊಳಗಣ ಹಣ ಸಮ.— ಆ ಮಾತಿಗೆ ಈ ಮಾತು ಪ್ರತ್ಯುತ್ತರವಡೆ, ಮುಣ್ಡೆ! ಅನ್ದರೆ ಮುಣ್ಡೇ ಗಣ್ಡ! ಎಮ್ಬುವದು.— ಆನೇ ಚಾಕರನ ಹೆಣ್ಡತಿ ಆಱು ತಿಂಗಳಿಗೆ ಮುಣ್ಡೆ, ಕುದುರೇ ಚಾಕರನ ಹೆಣ್ಡತಿ ದಿನ ದಿನಕ್ಕೂ ಮುಣ್ಡೆ, ದಣ್ಡಿಗೆ ಹೋದವನ ಹೆಣ್ಡತಿ ಎಲ್ಲಿದ್ದರೂ ಮುಣ್ಡೆ.— ಕಳ್ಳನ ಹೆಣ್ಡತಿ ಎನ್ದಿದ್ದರೂ ಮುಣ್ಡೆ.— ಕಣ್ಡ ಕಣ್ಡವರಿಗೆಲ್ಲಾ ಹಲ್ಲು ಕಿರಿದರೂ ಗಣ್ಡ ಸತ್ತ ಮುಣ್ಡೆಗೆ ಬೋಱಿಸದೇ ಬಿಡರು.— ಗಣ್ಡ ಸತ್ತ ಮೇಲೆ ಮುಣ್ಡೆಗೆ ಬುದ್ಧಿ ಬನ್ತು.— ತಣ್ಡದ ಜನರು ಹಿಣ್ಡು ಒಡ ಕೊಣ್ಡು ಹೋದರೆ ಮುಣ್ಡೆಯರಿನ್ದ ಕಡೆ.— ಕೆಟ್ಟ ಮುಣ್ಡೆ ಕುಲಾ ಸೇರಳು.— ದುಗ್ಗಾಣಿಯ ಮುಣ್ಡೇ ಹತ್ತರ ದುಡ್ಡಿನ ದೋಸೆಗೆ ಹೋದ.— ನಿತ್ಯಮುಣ್ಡೇ ಪಟ್ಣದಲ್ಲಿ ಎಚ್ಚಱಿದ್ದವನೇ ಜಾಣ.— ಪಾಪೀ ಗಣ್ಟು ಪರರಿಗೆ, ಮುಣ್ಡೇ ಗಣ್ಟು ಕಣ್ಡವರಿಗೆ.— ಪೋಲೀ ದನಕ್ಕೆ ಹಾಲು ಹೆಚ್ಚು, ಕೂಲೀ ಮುಣ್ಡೆಗೆ ನಾಲಿಗೆ ಹೆಚ್ಚು.— ಬಾಱುವವರ ಮುನ್ದೆ ಬೋಱುಮುಣ್ಡೆ ಬಯ್ದು ಕೊಣ್ಡು ಅತ್ತ ಹಾಗೆ.— ಬೀಸುವ ಮುಣ್ಡೆಗೆ ಮುಕ್ಕಿದ್ದೇ ಲಾಭ.— ತುಣ್ಡು ಪಿಣ್ಡ ಸಿಕ್ಕಿದ ಮೇಲೆ ಮುಣ್ಡೆಗೆ ಯಾರ ಹಂಗು? (Prvs.). See Prvs. s. ಮೂಡ 1, ಸನ್ನ್ಯಾಸಿ, ಸವತಿ 1.— ಮುಣ್ಡೆಮುಸುಕು. The cover of cloth over the head of a widow (occasionally over the head of a man when in grief or dishonor, My.).

ಮುತ್ mut. = ಮುತ್ತು 4. — ಮುತ್ತನ್ದೆ. = ಮುತ್ತಾತ. (B. 3, 111; My.). — ಮುತ್ತಾತ. A great grandfather (My.; ಪ್ರಪಿತಾಮಹ, ತಾತನ ತನ್ದೆ, ತನ್ದೆಗೆ ಪಿತಾಮಹ Si. 192; T. ಮೂದಾದೈ, a grandfather).

ಮುತ್ತ mutta. 1. = ಮುತ್ತು 2. See ಸುತ್ತ-.

ಮುತ್ತ mutta. 2. = ಮುತ್ತಗ, etc. (Čpr. 7, 59; Ššv. 4, 100). ಮುತ್ತದ ಪೂಗೆಣ್ಡಂ (Ršv. 9, 50). See ಮುಳು-.

ಮುತ್ತಗ muttaga. = ಮುತ್ತ 2, ಮುತ್ತಲ, ಮುತ್ತುಕ, ಮುತ್ತುಗ, ಮುತ್ತುಲ, ಮುಟ್ಟುಗ, ಮುಱುಗ. A tree with large red or orange flowers, the bastard teak, Butea frondosa Roxb. (ಪಲಾಶ, ಕಿಂಶುಕ, ಪರ್ಣ, ವಾತಪೋಥ Nr.; ನ್ಯಗ್ರೋಧ, ಪಲಾಶ Nn. 42, o. r. ಮುತ್ತುಗ; My.; Tĕ. ಮೋದುಗ; T. ಮುರುಕ್ಕು, ಪುರಜು, ಪುರೈಜು; T. ಮುತ್ತಗ is a tree with serrate leaves, Zizyphus trinervius). See ಮುಳ್-, ಮುಳ್ಳು-.

ಮುತ್ತಲ muttala. = ಮುತ್ತಗ, etc. ಮುತ್ತಲಗಿಡ (ಕಿಂಶುಕ G.). ಮುತ್ತಲದ ಗಿಡ (S. Mhr.). ಮುತ್ತಲಎಲೆ (B. 5, 58). See ಚೆಲೋ-, ಮುಳ್ಳು-.

ಮುತ್ತಲು muttalu. (= ಮುಟ್ಟಲು No. 1.) Environing, surrounding. See ಸುತ್ತ-, ಸುತ್ತು-.

ಮುತ್ತಿಗ muttiga. = ಮುತ್ತಿಗೆ. (Bp. 16, 10).

ಮುತ್ತಿಗೆ muttigĕ. = ಮುತ್ತಿಗ. Covering; surrounding;—a siege, a blockade (J. 22, 37; My.; Tĕ.; T. ಮುಱ್ಱುಗೈ). ಸೇವಕಜನರ ಮುತ್ತಿಗೆ (ಪರಿಕ್ರಿಯೆ); ಚಾಕರಿಯವರ ಮುತ್ತಿಗೆ (ಪರಿಸರ್ಪ G.). — ಮುತ್ತಿಗೆ ಇಕ್ಕು. = ಮುತ್ತಿಗೆ ಹಾಕು. (J. 17, 7). — ಮುತ್ತಿಗೆ ತೆಗೆ. To raise a siege (My.). ನೀವು ಪಟ್ಣಕ್ಕೆ ಹಾಕಿದ ಮುತ್ತಿಗೆ ತೆಗೆಯ ಬೇಕು (B. 5, 39). ಆ ಮುತ್ತಿಗೆಯನ್ನು ತೆಗದು ಹಾಕಿ (5, 53). — ಮುತ್ತಿಗೆ ಹಾಕು. To lay siege to, to besiege (My.). ಆ ಪಟ್ಣಕ್ಕೆ ಮುತ್ತಿಗೆ ಹಾಕಿ (B. 4, 146). See B. 5, 38. 68. 187.

ಮುತ್ತಿಸು muttisu. To cause to surround, to cause to besiege (ದುರ್ಗಸಂವೇಷ್ಟನ Šmd. Dh.).

ಮುತ್ತು muttu. 1. (= ಮುಕ್ಕುಱು 1). To inclose; to cover, to settle upon, as flies, etc.; to environ, to encompass, to surround, to hem or shut in; to besiege; to drive into straits; to attack; to swarm or crowd together, as bees, etc., to throng (ನಿರೋಧಾವರಣ Šmd. Dh.; Šm. 97; ಮುಕ್ಕುಱಿ Čt. II, 86; My.; ಮುತ್ತಿಗೆ ಹಾಕು G.; T. ಮುಱ್ಱು, ಮೂಜು, ಮೂಂಜು, ಮೊಯ್, ಮೋದು; Tĕ. ಮುಟ್ಟು, ಮೂಗು; M. ಮುಟ್ಟಕ್ಕೆ; M. ಮುಱ್ಱು, to be close; ಮೂಡು, to be covered; to cover). ಕಹಳೆಗಳು ಮುತ್ತಿ ಉಲಿಯಲ್ಕೆ ಕೋಲಾಹಲಂ (Mr. 288). ಮುತ್ತಿದನೋ? ಇನ್ದೆ ಕೋಣ್ಟೆ ಧೂಳಿಪಟಂ! (Šmd. 69). ಕೆಲದನ್ ಅಲ್ಲಿದನ್ ಇಲ್ಲಿದನ್ ಈಗಳ್ ಎಮ್ಬಿನಂ ಮುತ್ತಿದನ್ ಒನ್ದೆ ತೇರೊಳ್ ಅಮರೇನ್ದ್ರಸುತಂ ಕುರುವೃನ್ದನ್ ಎಲ್ಲಮಂ (136). ಎತ್ತಿದ ಕೆಯ್ಯೊಳ್ ಮುತ್ತಿದನ್, ಅತ್ತಿತ್ತುತ್ತೆತ್ತಂ ಸಾರ್ವರ್ ಇನ್ನಹಿತರ್ಕಳ್ (145). ಮುತ್ತವೇೞ್ದಂ (-ಪೇೞ್ದಂ 277). ಮುತ್ತಿ ಬಿಟ್ಟಂ (280). ಶತ್ರುಗಳ್ ಬನ್ದು, ನಿಜನಗರಮಂ ಮುತ್ತಿದೊಡೆ (J. 28, 15). ಮುತ್ತಿ ಕೊಳ್ಳುವಿಕೆ (ಆಸಾರ, ಪ್ರಸರಣ, ಎಲ್ಲ ಕಡೆಗಳಲ್ಲಿಯೂ ಸೇನೆ ವ್ಯಾಪಿಸುವಿಕೆ Si. 291); ಸುತ್ತ ಮುತ್ತಿ ಇರುವವರು (ಪರೀವಾರ 449). ಅಗಳು ಚಲ್ಲಿದರೆ ಕಾಗೆ ಮುತ್ತುತ್ತವೆ.— ಕೆಣ್ಡಕ್ಕೆ ಇಱುವೆಗಳು ಮುತ್ತ್ಯಾವೋ? (Prvs.). See Čpr. 1, 78; 5, 102; Abh. P. 10, after 201; Bp. 34, 16; 56, 28; Ršv. 6, after 115; 6, 116; 6, after 116; J. 3, 25; 4, 35; 8, 23; 14, 4; 26, 6.

ಮುತ್ತು muttu. 2. = ಮುತ್ತ 1. Surrounding, etc. See ಸುತ್ತು-.

ಮುತ್ತು muttu. 3. P. p. of ಮುದು 1.

ಮುತ್ತು muttu. 4. = ಮುತ್, ಮುದಿ, etc. Advanced age, oldness, old age, priority (T. ಮುದು, ಮೂ, ಮೂದು, ಮೂರಿ, ಮುಱಿ, ಮುಱ್ಱಿಲ್; M. ಮುದು, ಮೂದು). — ಮುತ್ತಜ್ಜ. -ಅಜ್ಜ. = ಮುತ್ತಪ್ಪ. (My.). — ಮುತ್ತಜ್ಜಿ. -ಅಜ್ಜಿ. = ಮುತ್ತವ್ವ. (My.). — ಮುತ್ತಪ್ಪ. -ಅಪ್ಪ. A great grandfather (My.). — ಮುತ್ತಬ್ಬೆ. -ಅಬ್ಬೆ. = ಮುತ್ತಮ್ಮ. (Kâvy. III, 3, 12). — ಮುತ್ತಮ್ಮ. -ಅಮ್ಮ. = ಮುತ್ತವ್ವ. (Abh. P. 10, after 145; My.). — ಮುತ್ತಯ್ದೆ. -ಅಯ್ದೆ. An elderly (or young), respectable woman whose husband is alive (ಚಿರಣ್ಟಿ, ಸುವಾಸಿನಿ Nr.; Si. 184; My.; Tĕ.). ಪಟ್ಟೆಗೆ ಮುಯ್ಲಿಗೆ ಸಲ್ಲ, ಮುತ್ತಯ್ದೆಗೆ ಹಾದರ ಸಲ್ಲ.— ಯಾರೂ ಇಲ್ಲದ ಊರಿಗೆ ಅಗಸರ ಮಾಳೆಯೇ ಮುತ್ತಯ್ದೆ.— ಮುತ್ತಯ್ದೇ ಕೆಯ್ಯ ಭಿಕ್ಷ ಮೂಱು ಹಿಡಿ ಸಾಕು (Prvs.). ಮದುವೆ ಮುನ್ತಾದ ಶುಭಕಾರ್ಯದಲ್ಲಿ ಮುತ್ತಯ್ದೆಯರು ಅರಿಸಣದ ಅಕ್ಕಿಯನ್ನು ತಲೆಯ ಮೇಲೆ ಹಾಕುವದು (ಸೇಸೆ G.). See Bp. 4, 33; Č. Bp. 47, 5; Prv. s. ಸನ್ನ್ಯಾಸಿ. — ಮುತ್ತಯ್ದೆತನ. The state of being a muttaidĕ (Grj. 4, 95; 10, 97; Râm. 6, 12, 34; J. 5, 55; G. 92; My.). — ಮುತ್ತಯ್ಯ. -ಅಯ್ಯ. = ಮುತ್ತಪ್ಪ, ಮುತ್ತ. (J. 4, 40. 41; My.). ಹೆತ್ತಾತನ್ ಅರ್ಜುನನು, ಮುತ್ತಯ್ಯ ದೇವೇನ್ದ್ರ, ಮತ್ತೆ ಮಾತುಲನು ಹರಿಯಿರೆ ಅಭಿಮನ್ಯು ಸತ್ತನೇಕಯ್ಯ? (Sp.). — ಮುತ್ತವ್ವ. -ಅವ್ವ. = ಮುತ್ತವ್ವೆ. (My.). — ಮುತ್ತವ್ವೆ. -ಅವ್ವೆ. A great grandmother (Bp. 45, 38; Râm. 5, 8, 72; My.; Tĕ.). — ಮುತ್ತುಂಗಾಲ್. -ಂ-ಕಾಲ್. Old time, old age. See Šmd. 294 s. ಒಲೆ 4.

ಮುತ್ತು muttu. 5. = (ಮುಣ್ಡು 1), ಮುದ್ದು. A kiss (ಚುಮ್ಬನ Šm. 97; My.; T. ಮುತ್ತು; M. ಮುತ್ತ, ಮುತ್ತಿ, ಮುತ್ತು; M. ಮುತ್ತು, ಮೊತ್ತು, to kiss; to sip; Mhr. ಮುಕಾ, a kiss).

ಮುತ್ತಿಡು, ಮುತ್ತು ಕೊಡು (My.). ತಾಸಿಗೊಂದ್ದು ಕೂಸ ಹೆತ್ತರೆ ಈ ಸೀಸು ಮುತ್ತು.— ಮನೆಯ ದೀಪವಾದರೆ ಮುತ್ತು ಕೊಡ ಬಹುದೇ? (Prvs.). See Prvs. s. ಯೋಗ್ಯಗಳು, ಸಲಿಗೆ.

ಮುತ್ತು muttu. Tbh. of ಮುಕ್ತೆ (or ಮುತ್ಯ). A pearl (ಮೌಕ್ತಿಕ Šmd. Dh.; Šm. 97; Mr. 412; ಮುಕ್ತೆ Hlâ.; ಮುಕ್ತಾಫಲ Nn. 40; My.; T. ಮುತ್ತ, ಮುತ್ತು; Tĕ. ಮುತ್ತಿಯ, ಮುತ್ತೆಮು; M. ಮುರು, an oyster). ಅಯ್ವತ್ತು ಸರದ ಮುತ್ತು (ಮಾಣವಕ); ನೂರು ಸರದ ಮುತ್ತು (ದೇವಚ್ಛಂದ); ಮುತ್ತಿನ ಸಿಪ್ಪು (ಮುಕ್ತಾಸ್ಫೋಟ, ಶುಕ್ತಿ); ಮುತ್ತಿನ ಹಾರ (ರಜತ, ತಾರ Hlâ.). ತೆತ್ತಿಸಿದ ಮುತ್ತು (ರಜತ, ಪಣ್ಣಿದ ಮೌಕ್ತಿಕ Nn. 104). ನೂರು ಸರಮುತ್ತು (ದೇವಚ್ಛಂದ); ಅಯಿವತ್ತು ಸರಮುತ್ತು (ಮಾಣವಕ Mr. 338). ಮುತ್ತು ಕೆಟ್ಟರೆ ಬತ್ತಕ್ಕಿಂತ ಕಡೆಯಾದೀತೇ?— ಮುತ್ತು ಹುಟ್ಟೋದು ಚಿಪ್ಪಿನಲ್ಲೇ.— ಮುತ್ತಿನ ಬೆಲೆ ಕತ್ತೆಗೆ ತಿಳಿದೀತೇ?— ತೊತ್ತಿಗೆ ಯಾಕೆ ಮುತ್ತಿನಾಭರಣ?— ಮುತ್ತಿನಷ್ಟು ಗಣ್ಡ (only a very small husband) ಇದ್ದರೆ ಬೆಟ್ಟದಷ್ಟು ಮಕ್ಕಳ ಹೆರುವೆನು.— ಮುತ್ತಿನನ್ಥ ಗಣ್ಡ ಇರ ಬೇಕು, ಕತ್ತೆಯನ್ಥ ಅತ್ತೆ ಇರ ಬೇಕು.— ಹತ್ತು ಕಟ್ಟುವಲ್ಲಿ ಒನ್ದು ಮುತ್ತು (one excellent thing) ಕಟ್ಟ ಬೇಕು (Prvs.). ಮುತ್ತು ಮುದಿಕೆಗೆ ಯಾಕೆ? ತೊತ್ತೇಕೆ ಗುರುಗಳಿಗೆ? ಬತ್ತಿದ ಕೆರೆಗೆ ತೆರೆಗೇಕೆ? ಶ್ರವಣರಿಗೆ ಮಿಥ್ಯತನವೇಕೆ? (Sp.). See Čpr. 7, 41; Abh. P. 13, 123; Grj. 10, 40; Č. Bp. 2, 4; 5, 51; Râm. 1, 13, 4; Bh. 2, 13, 7. 26; Rśv. 5, 24. 25. 41; 8, 118; J. 3, 17; 6, 6; 10, 3; 17, 6. 26. 28; 18, 23; 28, 44; ಒಳ್-.

ಮುತ್ತುಕ muttuka. = ಮುತ್ತಗ, etc. See ಮುಳ್-, ಮುಳ್ಳು-.

ಮುತ್ತುಗ muttuga. = ಮುತ್ತುಕ, etc. (ಪಲಾಶ, ಬ್ರಹ್ಮವೃಕ್ಷ Mr. 115; ಪಲಾಶ, etc. Śl. 128; Bp. 45, 38; Śśv. 3, 32; My.). ಆಡುಗಾಲ ಮರೆ ಹೋದ್ದರೂ ಮುತ್ತುಗಕ್ಕೆ ಮೂರೇ ಎಲೆ (Prv.). See ಮುಳ್-, ಮುಳ್ಳು-.

ಮುತ್ತುಲ muttula. = ಮುತ್ತುಗ, etc. (ಕಿಂಶುಕ, ಪರ್ಣ, ವಾತಪೋಥ G.). ಮುಂಜಿಯನ್ನು ಮಾಡುವಾಗ ಕೆಯ್ಯೊಳಗೆ ಕೊಡುವ ಮುತ್ತುಲಗಿಡದ ಕೋಲು (ಆಷಾಢ G.).

ಮುತ್ತುಹ muttuha. Inclosing, surrounding, falling upon, etc. ಪರಿದು ಮುತ್ತುಹ (ಅಭ್ಯವಸ್ಕನ್ದನ, ಅಭ್ಯಾಸಾದನ Nr.).

ಮುತ್ತೆ muttĕ. Inclosing, surrounding, falling upon, etc. See ಪರಿ- (s. ಪರಿ 3).

ಮುತ್ತೆ muttĕ. Tbh. of ಮುಕ್ತೆ. See ಅವಿರ್ಮುತ್ತೆ.

ಮುತ್ಯ mutya. = ಮುತ್ತಯ್ಯ. ಪಾಣ್ಡವರ ಮುತ್ಯನು (ಶನ್ತನು G.).

ಮುತ್ಯ mutya. A pearl (Sk.). See ಮುತ್ತು.

ಮುತ್ಸದ್ದಿ mutsaddi. = ಮುಸದ್ದಿ. One of the public officers: an accountant, a clerk (My.; Tĕ.; Mhr., H.).

ಮುದ್ mud. Joy, pleasure, delight, gladness, rejoicing. (Rśv. 13, 50). 2, one of the sañcâribhâvas (Kâvy. IV, 2, 16).

ಮುದ muda. Tbh. of ಮುದೆ, or of ಮುದ್. (Šmd. 106; ಸನ್ತೋಷ Nn. 78; ದೊನ್ದುಳ Šm. 113). — ಮುದನೂರ್. -ಊರ್. N. (Bp. 48, 39). — ಮುದನ್ದಳೆ. -ಂ-ತಳೆ. To obtain joy, to become joyful (Rśv. 4, 60). — ಮುದವ್ಪಡು. -ಂ-ಪಡು. To experience joy, to be glad, to rejoice (Rśv. 6, after 115; 11, after 175). — ಮುದವ್ಪೆಱು. -ಂ-ಪೆಱು- = ಮುದನ್ದಳೆ. (Bp. 24, 75; Šśv. 2, 92). — ಮುದವಲರು. -ಅಲರು. Joy to bloom or become great: to rejoice greatly (Bp. 45, 16. 28). — ಮುದವೆಱು. -ಪೆಱು. = ಮುದವ್ಪೆಱು. (Bp. 2, 55; 22, 35; 37, 56; 53, 66; 57, 34).

ಮುದಕ mudaka. = ಮುದುಕ. An old man (My.; B. 3, 44; ಆರ್ಯ, ವೃದ್ಧ Nn. 106; ಪ್ರವಯಸ್, ಸ್ಥವಿರ, ವೃದ್ಧ, ಜೀನ, ಜರ್ಣ, ಜರತ್ Śl. 196; ದಶಮಿಸ್ಥ, ವೃದ್ಧ 429). ಬಹಳ ಮುದಕ (ವರ್ಷೀಯಸ್, ದಶಮಿ, ಜ್ಯಾಯಸ್ Śl. 196).

ಮುದಕಿ mudaki. = ಮುದುಕಿ, etc. (My.; Śl. 188; B. 3, 59; 4, 6. 7).

ಮುದಡು mudaḍu. 1. = ಮುದುಡು 1, etc. (My.).

ಮುದಡು mudaḍu. 2. = ಮುದುಡು 2. — ಮುದಡುಗಿವಿ. = ಮುದುಡು-. (My.).

ಮುದಯಿಸು mudayisu. To be glad, etc. — ಮುದ ಮುದಯಿಸು. To play joyfully about (J. 6, 7).

ಮುದರಿಸು mudarisu. To cause to fold, to cause to draw aside, etc. (My.).

ಮುದರು mudaru. = ಮುದುಡು 1, etc. (My.).

ಮುದಶ್ರು mud-aśru. Tears of joy (Čpr. 1, 49; 8, after 101).

ಮುದಿ mudi. = ಮುದು 2, etc. Advanced age, etc. (My.; Tĕ.; T. ಮುದಿಯನ್, an elder). — ಮುದಿಕಾಗಿ. = ಮುದುಗಾಗೆ. (ದ್ರೋಣಕಾಕ, ಕಾಕೋಲ Śl. 137; My.). — ಮುದಿಗುಣ್ಟಣಿ. -ಕುಣ್ಟಣಿ. An old procuress (Râm. 5, 2, 34). — ಮುದಿಗೂಡು. An old, worn out body (J. 26, 39). — ಮುದಿಗೂನು. -ಕೂನು. An old hump. See Prv. s. ಮುದ್ದುಗೂಸು. — ಮುದಿಗೂಬೆ. An old owl: an old man or woman (My.). ಒನ್ದು ಕಂಚಾಯಿತು, ಒನ್ದು ಮಿಂಚಾಯಿತು; ಮುನ್ದೆ ಕೂತಿಯಾ, ಮುದಿಗೂಬೆ? (Prv.). — ಮುದಿಡೊಂಬ. An old ḍomba. ಮುದಿಡೊಂಬನ ಆಗ (Prv.). — ಮುದಿಪಾದು. = ಮುದುಪಾದು. An old harlot (Rśv. 11, 181). — ಮುದಿಪ್ರಾಯ. Advanced, old age (above 60, My.). — ಮುದಿಮುಣ್ಡೆ. An old widow or harlot (Râm. 5, 8, 72). — ಮುದಿಯೆತ್ತು. -ಎತ್ತು. = ಮುದುಎತ್ತು. (ವೃದ್ಧೋಕ್ಷ, etc. Śl. 319; ಜರದ್ಗವ, etc. G.; My.). — ಮುದಿವೆಣ್. -ಪೆಣ್. An old woman (Č. Bp. 47, 42).

ಮುದಿಕಿ mudiki. = ಮುದುಕಿ, etc. (My.; ವೃದ್ಧೆ, ಪಲಿಕ್ನಿ Śl. 185; ವೃದ್ಧೆ 196, see 187; ವೃದ್ಧೆ G.).

ಮುದಿತ mudita. Rejoiced, joyful, delighted, glad;—pleasure, happiness. See ಅ-, ಪ್ರ-, ಸಮ್-; Čpr. 4, 30; Bp. 17, 14; J. 18, 25.

ಮುದಿತನ muditana. Old age (ಸ್ಥಾವಿರ, ವೃದ್ಧತ್ವ Śl. 195; ಜ್ಯಾನಿ, ಜೀರ್ಣ 389). ಬಹಳ ಮುದಿತನ (ವಿಸ್ರಸೆ, ಜರೆ 195; see 197).

ಮುದಿರ mudira. *A cloud* (ಮೇಘ G.; *cf.* ಮುಗಿಲ್). 2, a lover a libertine. 3, a frog.

ಮುದಿಷ್ಟ mudishṭa. (F). See ಓಮಕಸಾಲೆ.

ಮುದು mudu. 1. = ಮೊದೆ. To advance in growth, to increase; to become full grown; to mature; to advance in years, to become old (ವೃದ್ಧಿ Šmd. Dh., one MS. ಮೊದೆ; Tĕ. ಮುದಿ; T. ಮುಟ್ಟು, ಮೂ, ಮುದುಗು; M. ಮುದು, ಮೂ; *cf.* ಮುಂ, ಮುಟ್, etc.; see also s. ಮುದಿ 3). P. p. ಮುತ್ತು. ಮುತ್ತಂ (Šmd. 284). ಮುತ್ತುದು ನೇಸಱ ತೇಜಂ, ಸತ್ತುದು ದಾವಾಗ್ನಿ (264. 284). ಮುತ್ತ ಕಾಯ್ (ತವಿಲ್ I). ಮುತ್ತದು (ಜರಠ); ಮುತ್ತೆತ್ತು (ವೃದ್ಧೋಕ್ಷ, ಜರದ್ಗವ Hlâ.). ಮುತ್ತ ಮಾವಿನ ಹಣ್ಣು (Bp. 15, 25). ನೆಱೆ ಮುತ್ತದಂ ತೊಱದು (18, 30). ಜರನುಂ ಮುತ್ತು, ಮುಪ್ಪಿನಲಿ ಇನಿತು ಧೃತಿಗೆಡಲೇಕೆ? (25, 23). ನೆಱೆ ಮುತ್ತುವಲ್ಲಾ ದೇಹಂ (44, 5). ಮುತ್ತ ಮುಸುಡು (Rśv. 11, 163).

ಮುದು mudu. 2. = (ಮುಂ, etc.), ಮುತ್, ಮುಪ್ಪು 4 q. v., ಮುದಿ, ಮೂ 2. (*Cf.* ಮೊಮ್). — ಮುದುಎತ್ತು. An old ox

(ವೃದ್ಧೋಕ್ಷ, ಜರದ್ಗವ Nr.). — ಮುದುಗರಡಿ. -ಕರಡಿ. An old bear (Bp. 34, 8). — ಮುದುಗಾಗೆ. -ಕಾಗೆ. A raven (ದ್ರೋಣಕಾಕ, etc. Nr.). — ಮುದುಗೂಗೆ. = ಮುದಿಗೂಬೆ. (Bh. 2, 10, 55). — ಮುದುಗೊಣ್ಡೆ. -ಕೊಣ್ಡೆ. N. of a town (Bp. 26, 54). — ಮುದುತಪಸಿ. An old ascetic (Bp. 52, 21). — ಮುದುಪಾಱು. = ಮುದಿಪಾಱು. (Rśv. 11, 162). — ಮುದುಸೂಳೆ. An old harlot (Bp. 52, 34). — ಮುದೆತ್ತು. = ಮುದುಎತ್ತು. (My.).

ಮುದುಕ muduka. = ಮುದಕ. An old man (ಕಿಱಿವ Śmd. I; ಕೆಱಿವ Čt. I, 3; ಪ್ರವಯಸ್, etc. Nr.; ವೃದ್ಧ Si. 432; Abh. P. 4, 112; My.; B. 2, 30). ಮುದುಕರ ಗುಮ್ಪು (ವಾರ್ಧಕ Si. 195). ಮುದುಕನಾದರೂ ತವಕು ಬಿಡಲಿಲ್ಲ.—ಬೆನ್ನು ಬಿದ್ದ ಮುದುಕ ಬಿಮ್ಮನೆ ನಿನ್ತು ಹಲ್ಲು ಕಿಸಿದನನ್ತೆ (Prvs.).

ಮುದುಕತನ mudukatana. Old age (My.; ವಾರ್ಧಕ Si. 195; ಜ್ಯಾನಿ, ಜೀರ್ಣ 389).

ಮುದುಕಿ muduki. = ಮುದಕಿ, ಮುದಿಕಿ. An old woman (ವೃದ್ಧೆ, etc. Nr.; My.; M. ಮೂಪ್ಪಿ, ಮೂತ್ತಿ; Tě. ಮುದುಸಲಿ, ಮುದುಸಲಿದಿ). ಆವಳೊರ್ವಳು ಮುದುಕಿಯಾಗಿ ಕಾವಿಯ ಸೀರೆಯನುಟ್ಟವಳು ಅಥವಾ ಗಣ್ಡನಿಲ್ಲದವಳು ಕಾತ್ಯಾಯನಿ ಎನಿಸುಗು (Nr.). ಮನೆಗೆ ಒನ್ದು ಮುದುಕಿ, ಒಲೆಗೆ ಒನ್ದು ಕುಣ್ಟಿ.—ನಿಲ್ಲಲಾಱದ ಮುದುಕಿ ಕಲ್ಲು ಹೊತ್ತಾಳೇ? (Prvs.).

ಮುದುಕು muduku. = ಮುಡುಕು 1, etc. To clasp or embrace one's (own) body (ಶರೀರೋಪಗೂಹನ; ಉಪಗೂಹನವೆನ್ನು, ಆಲಿಂಗನಂ; most MSS., also Mḍb., have ಮುಡುಕು).

ಮುದುಗರ mudugara. Tbh. of ಮುದ್ಗರ. (Rām. 6, 3, 12).

ಮುದುಡು muduḍu. 1. = ಮುದಡು 1, ಮುದರು, ಮುರುರು, ಮುದ್ರು, (ಮುರುಟು 1). To bend (v. i.); to shrink, to contract, to shrivel up, as flowers or leaves, to wrinkle, as drying cloth or a hide, or as the skin (ಸಂಕೋಚನ Śmd. Dh.; My.; ಕಿಱಿದಾಗು G.); to be reduced in bulk, to be collected or closed (ಕಿಱಿದಾಗು G.). ಕೆಯ್ ಕಾಲು ಮುದುಡೋಣ (G. 226). ಮೊಗ್ಗೆಯ ಬುಡದಲ್ಲಿ ತುಮ್ಬು ಇರುತ್ತದೆ, ಒಳಗೆ ಹೂವಿನ ಸಣ್ಣ ಸಣ್ಣ ಪಕಳಿಗಳು ಒನ್ದಕ್ಕೊನ್ದು ಹೊನ್ದಿ ಮುದುಡಿ ಕೊಣ್ಡು ಇರುತ್ತವೆ (B. 3, 36). 2, to bend (v. t.); to draw in or backward, as a limb; to press into irregular inequalities, to crumple, to rumple, as cloth, paper; to fold regularly or irregularly, as a mat, a mattress; to pull up, as clothes when walking through water; to draw aside, as clothes, feet, so as to avoid their touching anything, or as a curtain (My.). ಒನ್ದು ದಿನ ಅಂಗಾಲ ನೆಟ್ಟೊಡೆ... ನಿನ್ದು ನೆಲನಂ ಮೆಟ್ಟದಲ್ಲದೆ ನಡೆಯ ಬಾರದಡಿ, ಹಿನ್ದಿಸೆಗೆ ಕಾಲ್ ಮುದಡ ಬಾರದು (Bp. 48, 34). ಅಲ್ಲಿಯ ಹೂವುಗಳಿಗೆ ಕೆಯ್ ಹಚ್ಚದೆ, ತಮ್ಮ ಅಱಿವೆಗಳನ್ನು ಮುದುಡಿ ಕೊಣ್ಡು, ಅವುಗಳಿಗೆ ತಾಕಗೊಡದೆ (B. 3, 31).

ಮುದುಡು muduḍu. 2. = ಮುದಡು 2, (ಮುರುಟು 2). Shrinking, contracting, etc. — ಮುದುಡುಗಿವಿ. -ಕಿವಿ. An ear the outside of which is shrunk (Bp. 58, 49; My.). — ಮುದುಡುಗೊಳ್. -ಕೊಳ್. To shrink (J. 30, 22).

ಮುದುರು muduru. = ಮುದುಡು 1, etc. (My.).

ಮುದೆ mudĕ. (= ಮುದ). Pleasure, enjoyment, joy, gladness.

ಮುದ್ಗ mudga. *A kind of kidney-bean, Phaseolus mungo* Willd. (ಹೆಸಱು Mr. 374). 2, a cover, covering, lid. 3, = ಮುದ್ಗು (ಶಂಖದ ಹುಳು G.).

ಮುದ್ಗಪರ್ಣಿ mudga-parṇi. *A kind of kidney-bean, Phaseolus trilobus* Ait. (see Si. 149).

ಮುದ್ಗರ mudgara. = ಮುದುಗರ. *A hammer-like weapon, a mace* (ಘನ Mr. 510); — a staff weighted at the bottom with iron for breaking clods of earth. 2, a bud (*cf.* ಮುಗುಳ್).

ಮುದ್ಗಲ mudgala. Nn. 96 for ಪುದ್ಗಲ, q. v. 2, N. of a ṛishi and of other persons.

ಮುದ್ಗಾನ್ನ mudga-anna. Rice boiled together with the kidney-bean (My.).

ಮುದ್ದ muddu-a3. N. (My.; B. 2, 49).

ಮುದ್ದತು muddatu. = ಮುದ್ದತ್ತು. (Čb. 9, 68; My.).

ಮುದ್ದತ್ತು muddattu. A space of time, a term (My.; G. 175; Mhr., H. ಮುದ್ದತ).

ಮುದ್ದಾಂ muddâm. ಮುದ್ದಾಮು muddâmu. Expressly, positively (Mhr., H.); fixed, established, permanent (Br.). 2, own (My.; B. 5, 126). ಮುದ್ದಾಮ್ ಆಳು, ಮುದ್ದಾಂ ಮನುಷ್ಯ, own servant (My.).

ಮುದ್ದಿ muddi. 1. Feminine of ಮುದ್ದ. N. (My.).

ಮುದ್ದಿ muddi. 2. = ಮುದ್ದೆ. (B. 4, 121; 5, 19).

ಮುದ್ದಿಕೆ muddikĕ. = ಮುದ್ದಿಗೆ 1. Tbh. of ಮೃದ್ವೀಕೆ (Śmd. 351 Mḍb.).

ಮುದ್ದಿಗ muddiga. N. (Bp. 29, 7).

ಮುದ್ದಿಗೆ muddigĕ. 1. Tbh. of ಮೃದ್ವೀಕೆ (Śmd. 351. 353).

ಮುದ್ದಿಗೆ muddigĕ. 2. Tbh. of ಮುದ್ರಿಕೆ (Śmd. 345).

ಮುದ್ದಿಸು muddisu. To kiss; to caress, to fondle (Bp. 18, 57; Rśv. 8, after 82; 11, 105; Śśv. 1, 82; J. 8, 12; 28, 16; M. ಮಣಕ್ಕ, ಮುಗಕ್ಕ, to smell; to kiss).

ಮುದ್ದು muddu. = ಮುತ್ತು 5, q. v. A kiss (ಲಲ್ಲೆ, ಅರುಮೆ Kk. 31; Śm. 75; ಓಷ್ಠಪಾನ, ವದನಕೂಟ, ಚುಮ್ಬನ Mr. 330; C.; Tĕ.); love, affection, charm; an object of love. ಬುದ್ಧಿವನ್ತರ ಜೋಡಿ ಮುದ್ದಿನ ಹಾಗೆ ಇದ್ದೀತು.—ಮುದ್ದೆಲ್ಲಾ ಮೂಱನೆಯ ಹೆಣ್ಡತಿಗೆ (Prvs.). See Čpr. 1, 86; 1, after 105; Bp. 1, 51; 24, 45; 32, 45; 47, 32. 42; J. 18, 20; 28, 22; Prvs. s. ಮಕ್ಕಳು, ಮೊಲ and ಹೆಣ್ಡತಿ. — ಮುದ್ದಂಚೆ. -ಅಂಚೆ. A charming goose (Rśv. 12, 28). — ಮುದ್ದಾಟ. -ಆಟ. Frequent kissing (Čpr. 8, 42). — ಮುದ್ದಾಡಿಸು. -ಆಡಿಸು. To make (somebody) to kiss frequently (Čpr. 6, 98). — ಮುದ್ದಾಡು. -ಆಡು. To kiss mutually; — to kiss frequently (Abh. P. 4, 28; Bp. 15, 14; My.; B. 3, 31). — ಮುದ್ದಾಯಿ. -ಆಯಿ. N. (Bp. 59, 6). — ಮುದ್ದಿಕ್ಕು. -ಇಕ್ಕು. To kiss (My.). — ಮುದ್ದಿಡು. -ಇಡು. = ಮುದ್ದಿಕ್ಕು. (My.). See Prv. s. ಮನೆ. — ಮುದ್ದು ಕೊಡು. = ಮುದ್ದಿಕ್ಕು. (My.). — ಮುದ್ದುಗೂಸು. -ಕೂಸು. A dear child (My.). ಮಕ್ಕಳಿಲ್ಲದವರಿಗೆ ಮುದಿಗೂಸೇ ಮುದ್ದುಗೂಸು (Prv.). — ಮುದ್ದುಗೆಯ್. -ಕೆಯ್. To kiss; to treat with affection, to caress, to fondle (Rśv. 11, 104; J. 3, 31; 6, 47; 11, 15; 18, 49; 28, 20). — ಮುದ್ದುಗೆಯ್ತ. -ಕೆಯ್ತ. Caressing, etc. (Čpr. 3, 44; 8, 53). ನಗೆಮೊಗಮಂ ಪೊದಱಿ ಪೊಸ ಜವ್ವನಮಂ ಮಿಗಿಲಪ್ಪ ಗಾಡಿಯಂ ಸೊಗಯಿಪ ಮುದ್ದುಗೆಯ್ತುಮನೊಱಲ್ದಿನಿಸಂ ಮನವಾರೆ ಕೇಳ್ದು ತೊಟ್ಟಗೆ ಕೊಳೆ

ಮೇಲೆವಾಯ್ತು ಮಹಿಷಾಸುರನಂ ತವೆ ಕೊಂದಳಾವಳ್ ಆ ಭಗವತಿ ತಾನೆ ಎೀರಸಿರಿಯಕ್ಕೆ ಜಯಾಸಿಗೆ ನಾಗವರ್ಮನಾ! (one Čh. MS. as its v. 4). — ಮುದ್ದುನುಡಿ. A pleasant, sweet word. ಮನವೆಪ್ಪು ಗಿಳಿಯನೊಯ್ಯಾರದೊಳೋವಿ, ಮೆಲ್ಲನೆ ಮುದ್ದುನುಡಿಗಲಿಸೆಲೆ, ಮಾನಿನಿ! (Kp. 4, 8, 1). — ಮುದ್ದುಮಗ. A dear son (My.; B. 3, 7). — ಮುದ್ದುಮಗು. = ಮುದ್ದುಗೂಸು. (My.). — ಮುದ್ದು ಮಾಡು. = ಮುದ್ದುಗೆಯ್. To caress, etc. ಅವನನ್ನು- - (My.). — ಮುದ್ದುಮಾತು. = ಮುದ್ದುನುಡಿ. (My.; G. 446). — ಮುದ್ದುಮೊಗ. A sweet face (My.). — ಮುದ್ದು ಮೋಹಿಸು. To cause love to dash or pierce into (anybody): to endear one's self. ಎಲ್ಲರ್ಗೆ ಮುದ್ದು ಮೋಹಿಸುತಿರ್ಪನು (J. 28, 22). — ಮುದ್ದುರಂಗ. N. ಎಲೆ! ಎಮ್ಮುವದಕ್ಕೆ ಅವಳೇ (wife) ಇಲ್ಲ, ಮಗನ ಹೆಸರು ಮುದ್ದುರಂಗ ಎಪ್ಪನ್ತೆ (Prv.). — ಮುದ್ದು ಏಡು. -ಬೀಡು. To bestow many kisses; to treat very kindly (Rśv. 4, 73; Śśv. 3, 43).

ಮುದ್ದುತನ muddutana. Pleasantness, charm, beauty (Rśv. 1, after 135). ಬಾಲೆ. . ಬೀಡುತಿರ್ದಳು ಮುದ್ದುತನವನು (Prll. 3, 31). ಮುದ್ದುತನ ಮಿಗೆ ಮಾಯೆ (ಎಪ್ಪ ಬಾಲೆ) ತನ್ನನ್ತೆ ನಡೆಯ ಕಲಿಸಿದಳ್ ಅಂಜೆವಿಣ್ಡಿಗೆ (3, 32).

ಮುದ್ದೆ muddĕ. = ಮುದ್ದಿ 2. A roundish mass, a ball, a roundish lump (as of iron, food, etc.), a clod (as of earth, etc.), etc. (ಪಿಣ್ಡ Nr.; My.; Tĕ. also ಮೊದ್ದು; J. 18, 20; T. ಮುತ್ತೈ; see ಕೆಯ್-; Mhr. ಮೂದ, a rice-lump; see ಮೊತ್ತ 1). ಗನ್ಧದ ಮುದ್ದೆ (ಗಾತ್ರಾನುಲೇಪನಿ, ವರ್ತಿ Śi. 229); ಮದ್ಯ ಮಾಡವದಕ್ಕೆ ನಾನಾ ದ್ರವ್ಯಗಳು ಕೂಡಿಸಿದ ಮುದ್ದೆ (ಮೇದಕ, ಜಗಲ 348). ಮಾಂಸದ ಮುದ್ದೆ (ಕ್ಲೋಮ); ಮಣ್ಣಿನ ಮುದ್ದೆ (ಪಿಣ್ಡ G.). ಕೆಸರಿನ ಮುದ್ದೆ (G. 572). ಬೆಲ್ಲದ ಮುದ್ದೆ (My.). 2, râgi-porridge (My.). ಮುದ್ದೆಗೆ ಎದ್ದು, ಗುದ್ದಲಿಗೆ ಬಿದ್ದ.—ಮುದ್ದೆ ಬೆಲ್ಲವಾದರೆ ಮುದ್ದಿಗೆ ಆಗದೇ? (Prvs.). 3, a weaver's peg-stand (S. Mhr.).—See ಮೇಲು-; Prv. s. ಅಟ್ಟು 5. — ಮುದ್ದೆತೊವೆ. Tovĕ-porridge (My.). — ಮುದ್ದೆಪಲ್ಲೆ. Vegetable-porridge My.). — ಮುದ್ದೆಬೆಲ್ಲ. A round lump of jaggory (My.). — ಮುದ್ದೇಕಬ್ಬಿಣ. A roundish lump of iron. ಮುದ್ದೇ ಕಬ್ಬಿಣ ಮುಣುಗುವದು, ಬಿಲ್ಲೇ ಕಬ್ಬಿಣ ತೇಲುವದು (Prv.).

ಮುದ್ರಾಕರ mudrâ-kara. A maker of seals, an engraver, a coiner. (R.).

ಮುದ್ರಾಕ್ಷರ mudrâ-akshara. Type, print. (My.).

ಮುದ್ರಾಕ್ಷರಶಾಲೆ mudrâkshara-śâlĕ. A printing-office (My.).

ಮುದ್ರಾಂಕಿತ mudrâ-aṅkita. Stamped or marked with a seal (My.); printed. (My.).

ಮುದ್ರಾಂಗುಲೀಯಕ mudrâ-aṅgulîyaka. A seal-ring (My.).

ಮುದ್ರಾಧಾರಕ mudrâ-dhâraka. A bearer of the seals. 2, a man who impresses various sectarian marks and figures on his forehead and other parts of the body: a Mâdhva (My.).

ಮುದ್ರಾಧಾರಣೆ mudrâ-dhâraṇĕ. Having the body branded with hot seals by a guru, a custom of the Mâdhvas (My.).

ಮುದ್ರಾಧಾರಿ mudrâ-dhâri. = ಮುದ್ರಾಧಾರಕ. (My.).

ಮುದ್ರಾಶಕ್ತಿ mudrâ-śakti. Power (of a râja, guru, etc.) derived from setting or affixing seals to documents (My.).

ಮುದ್ರಿಕೆ mudrikĕ. = ಮುದ್ದಿಗೆ 2. A seal, a signet, a seal-ring, a signet-ring (ಉಂಗರದಲ್ಲಿ ಅಕ್ಕರಂ ಬರೆಯೆ ತಾ ಮುದ್ರಿಕೆಗಳೆನಿಕ್ಕುಂ Mr. 340; ಬಾಲಕ 525; Bp. 54, 55; J. 18, 6). 3, a stamp, an impression. 4, a mode of intertwining the fingers during worship. 5, dedication to a deity put at the end of chapters or of a book (My.). ಮುದ್ರಿಕೆಯಿಲ್ಲದ ಮುನ್ನೂರು ಪದ (Prv.). — ಮುದ್ರಿಕೆಯುಂಗುರ. = ಮುದ್ರೆಯುಂಗುರ, q. v. (My.).

ಮುದ್ರಿತ mudrita. Sealed, stamped, impressed, marked, struck, printed; contracted, closed, sealed up; unblown. (Čpr. 8, after 4; Bp. 1, 14; 35, 8).

ಮುದ್ರಿಸು mudrisu. To seal; to stamp; to print; to coin; to shut; to seal up, to enclose; to envelop (Čpr. 8, 41; Abh. P. 16, 41; Bp. 24, 22; 35, 9; 58, 58; Bh. 1, 8, 70; 8, 23, 38; Rśv. 5, after 25). ಅಕ್ಷಿ ಮುದ್ರಿಸೆ ಸುಪ್ತಿ (Mr. 317). 2, to agree to, to assent, to promise (ಅಂಗೀಕರಣ Śmd. Dh.). ಮುದ್ರಿಸಿದಂ (274).

ಮುದ್ರು mudru. = ಮುದುಡು 1, etc. (My.).

ಮುದ್ರೆ mudrĕ. ಮುದ್ರಾ. (= ಮೊಹರು). A seal, a signet, a seal-ring. 2, the mark of a seal; a stamp, a print; a seal of lac (J. 29, 36; 30, 24). 3, a form or figure made by Vaishṇavas, etc. on their body. 4, a coin. 5, stamp, cast, air;—an air or a disposition of countenance during meditation, etc. (Mhr.; B. 4, 10. 184);—a person as to shape and bulk (Mhr.). 6, a mode of intertwining the fingers during worship. 7, shutting, closing. — ಮುದ್ರೆಕರ್ತ. A man entrusted by a guru with his seal and deputed by him to settle disputes of caste (My.; Tĕ.). — ಮುದ್ರೆಕೋಲು. A wooden seal, for sealing heaps of corn (My.; Tĕ.). — ಮುದ್ರೆಯವ. -ಅವ. A man who applies a public seal (My.). 2, = ಮುದ್ರಾಧಾರಕ No. 2, a Mâdhva (My.). — ಮುದ್ರೆಯುಂಗುರ. -ಉಂಗುರ. A seal-ring, a signet-ring (ವೇದಿಕೆ, ಮುದ್ರಿಕೆಯುಂಗುರ Nn. 148). — ಮುದ್ರೆಯುದ್ಯೋಗ. -ಉದ್ಯೋಗ. The business of applying public seals (My.).

ಮುಧಾ mudhâ. *In vain, to no purpose.*

ಮುನ್ mun. 1. = ಮು, etc. Three. — ಮುನ್ನೀರ್. The ocean (so called as it contains three different waters: rain, river-water, and the water of the abyss, and has three different qualities: to produce, to preserve, and to destroy, T.; Br. derives it from ಮುನ್ 2: the first or original waters, which however in T. is ತೊನ್ನೀರ್;—ಸಮುದ್ರ Śmd. II; Čt. I, 70; Kk. 85; ವಾರ್ಧಿ Čt. II, 16; ಜಲಲ್, ಜಲಧಿ Śm. 36; Čpr. 1, 109; Abh. P. 10, 157; J. 19, 4). — ಮುನ್ನೀರೊಡೆಯ. -ಒಡೆಯ. The ocean's lord: Varuṇa (ವರುಣ Kk. 15; Śm. 13). — ಮುನ್ನೀರಗಿಚ್ಚು. -ಕಿಚ್ಚು. Submarine fire, the fire of the lower regions (ಕಡಲುರಿ, ಬಡಬಾನಲ Čt. II, 118). — ಮುನ್ನೀರ್ಮಗ. The moon (ಚನ್ದ್ರ Čt. I, 107; ಇರುಳೊಡೆಯ II, 6). — ಮುನ್ನೀರ್ವಕ್ಕಿಗ. -ಪಕ್ಕಿಗ. He who reposes on the ocean: Vishṇu (ಉಪೇನ್ದ್ರ Śm. 5. 6; Kk. 7, o. r. ಮುನ್ನೀರ್ವಟ್ಟಿಗ). — ಮುನ್ನೀರ್ವಟ್ಟಿಗ. -ಪಟ್ಟಿಗ. = ಮುನ್ನೀರ್ವಕ್ಕಿಗ, q. v. — ಮುನ್ನೀರ್ವೆಂಕೆ. -ಬೆಂಕೆ. = ಮುನ್ನೀರಗಿಚ್ಚು. (ಬಡಬಾನಲ Śs.). — ಮುನ್ನೂರು. Three hundred (My.; Tĕ.; see Prv. s. ಮುದ್ರಿಕೆ). ಮುನ್ನೂರ ಅರುವತ್ತು (Bp. 33, 18). ಮುನ್ನೂರಾ ಅಯ್ವತ್ತು (B. 2, 22).

ಮುನ್ mun. 2. = ಮುಂ (ಮುಜ್), etc. That which is before, etc. 2, before (Čpr. 5, 22). — ಮುನ್ತಿಳುಪು. To let know or indicate before-hand (Čh. v. 70). — ಮುನ್ತಪ್ಪು. -ತಪ್ಪು. To fail in the front (Abh. P. 18, 71). — ಮುನ್ದಲೆ. -ತಲೆ. = ಮುನ್ನೆಲೆ. The upper front part of the head; the forehead (Čpr. 8, 64; 8, after 101; J. 18, 20).

ಮುನ್ದಲೆಯ ಹೂ (ಲಲಾಮಕ Hlâ.). ಮುನ್ದಲೆಯಲಿ ಅಲೆವ ಮಾಲೆ (ಲಲಾಮಕ Mr. 334). ಮುನ್ದಲೆಯ ಉಂಗುರಕೂದಲುಗಳು (ಭ್ರಮರಕ G.). 2, locks of hair hanging down on the forehead (My.). — ಮುನ್ದಲೆವಿಡಿ. -ಪಿಡಿ. To seize the forehead or the locks hanging down on it (Prll. 3, 29). — ಮುನ್ದಳೆ. -ತಳೆ. To proceed (J. 3, 13; 4, 15. 16; 19, 7). — ಮುನ್ದಿವಸ. The previous day (Bp. 53, 16). — ಮುನ್ದೆಲೆ. -ತೆಲೆ. = ಮುನ್ದಲೆ. (Bp. 29, 3; 51, 71). — ಮುನ್ದೆಸೆ. The front side or direction (Bp. 5, 40; 18, 5. 33; 20, 41; 24, 44; 27, 11; 32, 38; 43, 84; 52, 47; 58, 29; 59, 19; 60, 54; 61, 23; Rśv. 13, 71). — ಮುನ್ದೋಱು. -ತೋಱು. To appear beforehand (My.). 2, to shew beforehand; to show the way (My.). — ಮುನ್ನಡಿ. -ಅಡಿ. The fore part of the foot, the point of the foot (Čpr. 5, 22; 7, 112). — ಮುನ್ನಡಿವಿಡಿ. -ಪಿಡಿ. To seize the point of the foot (Abh. P. 3, 153). — ಮುನ್ನೆಗಪು. To raise and stretch forth (Śśv. 3, 63). — ಮುನ್ನೆರಪು. To join (v. t.) in the beginning (Śśv. 5, 31). — ಮುನ್ನೇಸಱ್. The dawn (ಮುಮ್ಪೊಱ್ತು Śs.).

ಮುನ muna. = ಮುನಿದು. P. p. of ಮುನಿ 1, in ಮುನಕೊಳ್ಳು. See Prv. s. ಓಟು.

ಮುನಸಪು munasapu. = ಮುನಸೀಪು. A native civil judge (of the lowest class; Si. 258, Tě.; Mhr., H. ಮುನಸಫ, ಮುನಸೂಫ).

ಮುನಸೀಪು munasîpu. = ಮುನಸಪು. (My.). See ಗ್ರಾಮ-.

ಮುನಾಸಬು munâsabu. Right, proper, fit, due (My.; Br.; Mhr., H.).

ಮುನಿ muni. 1. (= ಮುಳಿ 1). To become angry or wrathful, to manifest anger, to be displeased (ಕ್ರೋಧ Śmd. Dh.; My.; T., M.; T. ಮುನ್ನೆ, to be bold; to be angry). ಮುನಿವವ (ಕೋಪನ, ಕ್ರೋಧನ, ಕ್ರೋಧಿ, ರೋಷಣ); ಇದೆಡೆಯಲಿರ್ದುಂ ಪೆಱಿರ್ಗೆ ಮುನಿವವಂ (ಗೋಷ್ಠನಿಷ್ಠ Hlâ.). ಪರರ ಸಮ್ಪತ್ತಿಗೆ ಮುನಿವ ಮನುಷ್ಯನು (ಅನ್ಯಶುಭದ್ವೇಷ, ಮತ್ಸರ); ಮುನಿದು ನೋಡುವ ನೋಟ (ಅದೃಷ್ಟಿ Nr.). ಕವಿಗೆ ಕವಿ ಮುನಿವಂ (Śmd. 159; see Śmd. s. ಬಿಣ್ಪು). ಪಿತಾ ಮಾತಾ ಮುನಿದ ಸುತನಿಗೆ ಗತಿಯೇನು? — ಒಲಿದರೆ ನಾರಿ, ಮುನಿದರೆ ಮಾರಿ (Prvs.). ಅರಸೊಲಿದು ನಡಿಸಿದರೆ ಸಿರಿಯಕ್ಕು, ದೆಸೆಯಕ್ಕು, ಕರಿತುರಗಬಲವು ಪಿರಿದಕ್ಕು; ಮುನಿದರೆ ಕರ ನಾಶವಕ್ಕು (Sp.). ಎನ್ತಪ್ಪನಾದರೂ ಮನ್ತ್ರಿಯ ಹಗೆ ಹೊಲ್ಲ; ಎನ್ತಕ್ಕುಮ್ ಅರಸು ಮುನಿದರೆ? ಆ ಮನ್ತ್ರಿಯನ್ತಕನಕ್ಕು (Sp.). See Čpr. 8, 54. 95; Abh. P. 14, 58; Bp. 22, 21. 28. 65; 45, 3; 47, 11. 12. 19. 28; Bh. 6, 2, 2; J. 6, 2. 30; 24, 55; ಮುಟ್ಟದರೆ ಮುನಿವ.

ಮುನಿ muni. 2. That becomes angry (see ಮುಟ್ಟದರೆ ಮುನಿ). 2, anger. — ಮುನಿಯ. -ಅ 3. That becomes angry (see ಮುಟ್ಟಿರೆ ಮುನಿಯ).

ಮುನಿ muni. *A recluse who lives alone and has taken the vow of silence.* 2, *an ascetic* (ತಪಸ್ವಿ Śmd. Dh.); a sage, a saint; a devotee; a monk; — *a Buddha or Arhant.* 3, a male devil (My.). See Bp. 10, 27-29. 4, the number 7 (Čh.; see ಸಪ್ತರ್ಷಿ).

ಮುನಿಪ muni-pa. = ಮುನೀನ್ದ್ರ. (Bp. 43, 41; 50, 70).

ಮುನಿಪು munipu. (= ಮುಳಿಸು). Anger, passion (ಕೋಪ Nn. 142. 167; J. 28, 5; T. ಮುನಿವು).

ಮುನಿಪುಂಗವ muni-puṅgava. An eminent sage (J. 2, 20; 21, 44).

ಮುನಿಮತ muni-mata. N. of a vṛitta (Čh.).

ಮುನಿಮನ muni-mana. N. of a vṛitta (Čh.).

ಮುನಿಯಿಸು muniyisu. To cause to become angry, to irritate (Abh. P. 14, 58).

ಮುನಿವಟು muni-vaṭu. A muni's lad or student (J. 19, 44).

ಮುನಿವರ muni-vara. An excellent muni (My.).

ಮುನಿಷಿ munishi. A secretary, a writer (My.; Br.; Mhr., H. ಮುನಶಿ). 2, a teacher of language (My.; Mhr.).

ಮುನಿಷೀಗಿರಿ munishî-giri. The office or business of munshi (My.; Mhr. ಮುನಶೀಗಿರಿ).

ಮುನಿಸು munisu. (= ಮುಳಿಸು). Anger, wrath, passion, rage, enmity (ಕೋಪ, ಕ್ರೋಧ, ಅಮರ್ಷ, ರೋಷ, ಪ್ರತಿಘ Hlâ.; ಅನುಶಯ Hlâ.; ರೋಷ, etc. Mr. 234; ಮುಳಿಸು, etc., ಕೋಪ Čt. II, 27; ಮುಳಿಸು, ಕಿಸುಗಣ್ಣು, ಸೆಣಸು, etc., ಕೋಪ Śm. 39, Kk. 43; My.). ಮುನಿಸುಳ್ಳಾತನು (ಲೋಭಿ, ಮತ್ಸರ Nr.). ಮುನಿಸುಳ್ಳವಂ (ಅಮರ್ಷಣ, ಕ್ರೋಧಿ, ರೋಷಣ Mr. 234). ಮುನಿಸಿದು ನಿನತ್ತು, ಸಯ್ರಣೆಯೆನತ್ತು, ಕೆಳದಿಗೆ ತನತ್ತು ಸನ್ನಿಸುವೆಸಕಂ (Śmd. 179). ಕೊಟ್ಟು ಬರುವ ನಿಷ್ಟುರಕ್ಕಿನ್ತ ಕೊಡದೇ ಬರುವ ಮುನಿಸು ಲೇಸು (Prv.). See Čpr. 5, 134; 8, after 79; Grj. 2, after 106; Bp. 18, 9; 31, 19; 47, 9. 19-22. 25. 27; Bh. 1, 8, 77; J. 4, 54). — ಮುನಿಸುಗುಟ್ಟು. -ಕುಟ್ಟು. To grow angry or sulky (Dp. 63, 1). — ಮುನಿಸು ತಿಳಿ. Anger to calm down or be appeased (Bp. 47, 19. 21. 27; My.). — ಮುನಿಸು ತಿಳಿಹು. To appease anger (Bp. 47, 20; 47, 56). — ಮುನಿಸು ತಿಳುಹು. = ಮುನಿಸು ತಿಳಿಹು. (Bp. 18, 9; 47, 27). — ಮುನಿಸು ಹರಿ. Anger to go away or cease (My.). — ಮುನಿಸುಹರೆವು. Spreading or increase of anger (Bp. 40, 85).

ಮುನಿಸುಗಾಱ munisu-gâṟa. A passionate man (My.).

ಮುನೀನ್ದ್ರ muni-indra. A great sage or ascetic (ಪದ್ಮ, ಯತಿ, ಯತೀನ್ದ್ರ Nn. 54); ಪುಣ್ಡರೀಕ Mr. 504). 2, *a Buddha or Jina.* 3, Śiva; etc.

ಮುನೀಶ್ವರ muni-îśvara. = ಮುನೀನ್ದ್ರ. (Śmd. 124; Bp. 61, 46; J. 27, 18). 4, a male devil (My.).

ಮುನ್ತು muntu. = ಮುನ್ದು 2 (Śmd. 146), (ಮುಂಚು 2). ಕೆಬ್ಬಾಗಿಲ ಮುನ್ತು (ಮುಖ, ನಿಃಸರಣ Hlâ.). ಮುನ್ತಣ, ಮುನ್ತಣಂ (Śmd. 135). ಆನೆಯ ಮುನ್ತಣ ಲಲಾಟ (ಅವಗ್ರಹ Mr. 155). — ಮುನ್ತಣಂ. -ಅಣ್-ಅಂ. (Śmd. 136). A man of the front. — ಮುನ್ತಾಗು. -ಆಗು. To become or be the first of a series. ಕೆಲಸ ಕೆಟ್ಟು ಹೋದ ಮೇಲೆ ತನ್ನ ಅಜಾಗರೂಕತೆ ಅವಿವೇಕ ಮುನ್ತಾದದನ್ನು ಕುಱಿತು ವ್ಯಸನ ಪಡುತ ಪರೋಪಕಾರತಾತ್ಪರ್ಯವುಳ್ಳ ಸಾತ್ವಿಕ ಬುದ್ಧಿ (ಪಶ್ಚಾತ್ತಾಪ, etc. Si. 69). ಪರದ್ರೋಹಾರ್ಥವಾಗಿ ಒಬ್ಬನನ್ನು ತೋಱಿಸಿ, ಮತ್ತೊನ್ದು ಕೊಡುವದು ಮುನ್ತಾದ ಮೋಸವು (ಕಪಟ, etc. 71). ಉಪ್ಪು ಮುನ್ತಾದ ಗಡ್ಡೆಗಳನ್ನು ಅಗಿಯುವ ಮರದ ಗುದ್ದಲಿಗಳು (ಅಭ್ರಿ, etc.). ಊರ ಸುತ್ತಲೂ ಹಾಕಿರುವ ಬೇಲಿ ಮುನ್ತಾದ ತಡೆಗಳು (ಪ್ರಾಚೀನ, etc. 107). ಮಾವು ತೆಂಗು ದಾಡಿಮ್ಬೆ ಮುನ್ತಾದವುಗಳು (ವಾನಸ್ಪತ್ಯ 119). ಪಟೇಲ್‌ರಾಯಿ ಮುನ್ತಾದವರು (ಪ್ರಧಾನ, etc. 258). ಸೇಕದಾರ ಮಾಮುಲೇದಾರ ಮುನ್ತಾದವರು (ಗೋಪ, etc. 259). ರಾಜದರ್ಶನಾರ್ಥವಾಗಿ ತರ ತಕ್ಕ ಕಾಣಿಕೆ ನಜರ್ ಮುನ್ತಾದದು (ಪ್ರಾಭೃತ, etc. 266). ಕರಗಿ, ಗಟ್ಟಿ ಒಡವೆ ಮುನ್ತಾಗಿ ಮಾಡಲ್ ವಟ್ಟದು (ಕೃತ 330). ಆ ಮನೆಯ ಯಜಮಾನನು ತನ್ನ ಹೆಣ್ಡತಿ ಮಕ್ಕಳು ಸೊಸೆನ್ದಿರು ಮೊಮ್ಮಕ್ಕಳು ಆಶ್ರಿತರು ಆಳುಮಕ್ಕಳು ಮುನ್ತಾದವರನ್ನು ಕೂಡಿ ಕೊಣ್ಡು (B. 2, 20). ಮದುವೆ ಮುಂಜಿ ಮುನ್ತಾದ ಸಮಾರಮ್ಭಗಳು (2, 52). ಸರಕಾರದವರು ಸಾವಕಾರ ಮುನ್ತಾದವರಿಗೆ ಅವರವರ ಗಣ್ಯತೆಯ ಯೋಗ್ಯತಾನುಸಾರವಾಗಿ ಉತ್ಪನ್ನದೊಳಗಿನ್ದ ಇಷ್ಟಿಷ್ಟು ದೊರೆದೀತೆನ್ಬುದಾಗಿ ವರ್ಷಾಶನಗಳನ್ನು ಮಾಡಿ ಕೊಟ್ಟಿದ್ದಾರೆ (5, 111). — ಮುನ್ತೆ. -ಎ. (Śmd. 146). (= ಮುಂಚೆ), ಮುನ್ದೆ. In front of anything that is behind (ಮುನ್ದುಗಡೆ 52 Cm.; ಇದಿರೊಳ್ 226 Cm.; Ĉh. v. 111). 2, hereafter, thereafter; henceforth (ಮುನ್ದೆ Śmd. 399 Cm.; see Sp. s. ಸವಿಮಾತು). 3, previously, beforehand. ಮುನ್ತೆ ಬನ್ದು, ಸೀನೆನಗೆ ವಸನ್ತನಾಗಮನ ಮಂ ನೆಟ್ಟೆ ಸೂಚಿಸಿ ಕೊಟ್ಟೆಯ್! (Čpr. 7, 41). ಮುನ್ತ್ರಿಯಾ ಹಗೆ, ನೃಪನ ಕಾನ್ತಿಯಾ ಸವಿಮಾತು, ಮುನ್ತ್ರವಿಲ್ಲದನ ಗೆಳೆತನಗಳು ತನ್ನ (ನ್ನು) ಮುನ್ತೆ ಕೊಲ್ಲುವವು (Sp.). See Bp. 17, 9; 20, 31; 41, 15; 51, 25; 52, 43; J. 2, 30.

ಮುನ್ದ munda. = ಮುನ್ದು 2. — ಮುನ್ದಗಡೆ. = ಮುನ್ದುಗಡೆ. (ಹೂಣಿ G.; My.). — ಮುನ್ದಗಾಣ್. = ಮುನ್ದುಗಾಣ್. (Bp. 34, 10; My.). — ಮುನ್ದ ಮಾಡು. = ಮುನ್ದು-. (ಚಾಚು G.).

ಮುನ್ದು mundu. 1. (= ಮುಂಡು 1). To be or go before, first or in advance (ಪುರಸ್ಸರಣ Śmd. Dh.; T.).

ಮುನ್ದು mundu. 2. = ಮುಂ (ಮುಜ್, Śmd. 198), etc., ಮುನ್ತು (146), ಮುನ್ದ (My.; Tš.). The front-part or side, the front (ಅಗ್ರ Śmd. Dh.; 212 Cm.);—the state of being in front of anything that is behind, following, succeeding (as a letter, etc., ಪರಂ 17. 59. 80. 84. 85. 196. 212. 225. 336. 384);—the state of being advanced in position; that of being first;—the state of being before or previous;—the state of being future;—(in front, etc.). ಮುನ್ದಣ, ಮುನ್ದಣಂ (Śmd. 135), (ಮುನ್ದರ್ಕೆ); ಮುನ್ದಕೆ, ಮುನ್ದಕ್ಕೆ, ಮುನ್ದಣಗೆ (see s. ಪಡು 3), ಮುನ್ದಣ್ಗೆ; ಮುನ್ದಿನ. ಊರ ಮುನ್ದು (Śmd. 162). ಮನೆಯ ಮುನ್ದಣ ಇಕ್ಕೆಲಂ (ಪ್ರಘಾಣ, ಅಲಿನ್ದ); ಹಿನ್ದು ಮುನ್ದು ಆದಾತನು (ಪರಾಙ್ಮುಖ, ಪರಾಚೀನ Nr.). ಮುನ್ದಣ ಮೆಯಿ (ಕ್ರೋಡ, ಅಂಕ, ಉತ್ಸಂಗ); ಹಿನ್ದು ಮುನ್ದಾಗುಹ (ವಿಪರೀತ, ಪರಾಚೀನ Hlâ.). ಹಿನ್ದು ಮುನ್ದಾಡುದು (ವಿಪರೀತ Nn. 151). ನಾನು ಮುನ್ದು, ತಾನು ಮುನ್ದು ಎಮ್ಬದಾಗಿ ಮಾಡಲ್ ಪಡುವ ಕೆಲಸ (ಅಹಮ್ಪೂರ್ವಿಕೆ Si. 293); ಶೋಕಾದಿಗಳಿನ್ದ ಹಿನ್ದು ಮುನ್ದು ತಿಳಿಯದವನು (ವಿಹಸ್ತ, ವ್ಯಾಕುಲ 365); ಮುನ್ದಾಗಿ ಮಾಡಲ್ ಪಟ್ಟದು (ಪುರಸ್ಕೃತ, ಅಗ್ರತಃಕೃತ 428); ಎಡದ ಕಾಲು ಹೆಜ್ಜೆ ಮುನ್ದಕ್ಕೆ ನೀಡಿಟ್ಟು (288). ನಮಗೆ ಮುನ್ದಕೆ ಸರ್ವಥಾ ಅಮಿತ್ರನಹನು! (J. 30, 25). ರಕ್ಷಸನಹನು ಮುನ್ದಕ್ಕೆ ತನಗವಂ! (Bh. 1, 3, 28). ಮನ್ತ್ರಲಕ್ಷಂ. . . ಮುನ್ದಣ್ಗೆ ಬರೆವರೆ (Rśv. 13, after 95). ಕಳ್ಳಿಗೆ ಮುನ್ದು, ಕಡಿವಾಣಕ್ಕೆ ಹಿನ್ದು.—ಈರಣ್ಣನ ಮುನ್ದಣ ಬಸವಣ್ಣ.—ಮುನ್ದಣ ಬುದ್ಧಿ ತಪ್ಪಿದರೆ ಮೂರು ಪಾರಿಯ ಮಣ್ಣೀ.—ಮುನ್ದಿನ ಮುಕ್ತಿಗಿನ್ತ ಈಗಿನ ಭುಕ್ತಿ ಲೇಸು (Prvs.). ಆತನು ತುಸು ಮುನ್ದಕ್ಕೆ ಹೋದನು (B. 2, 53). ಮುನ್ದಿನವರು (3, 115). See Bp. 18, 4; 26, 28; 32, 22; 40, 8; 43, 52; 44, 9; 57, 42; Rśv. 13, after 1 & 61. — ಮುನ್ದಕೆ ಮಾಡು. To push forward: to shut, as a door (My.; B. 4, 42). — ಮುನ್ದಕೆ ಹಾಕು. To place, or throw, in front of (My.). 2, to put to the future, to put off, to delay (My.). — ಮುನ್ದಯ್ದು. -ಆಯ್ದು. To go on, to advance (Śśv. 3, 49; J. 16, 20). — ಮುನ್ದರಿ. -ಅರಿ (= ಹರಿ). (= ಮುನ್ದುಪರಿ). To run before, to go in advance; to surpass, to excel (My.; B. 4, 143); to go forward (My.). — ಮುನ್ದರಿಸು. -ಅರಿಸು (= ಹರಿಸು). To cause to run in advance, as a horse (My.); to cause to proceed, to get on, as a work (My.). — ಮುನ್ದಱಿ. = ಮುನ್ನಱಿ (s. ಮುನ್ನ). To know beforehand (Abh. P. 9, 158); to know what is to come (Abh. P. 9, 158; Râm. 6, 51, 14; J. 5, 20); to be far-seeing, forecasting or provident. ಮುನ್ದಱಿವವನು (ದೀರ್ಘದೃಷ್ಟಿ Hlâ.; Mr. 240). — ಮುನ್ದಾಗು. -ಆಗು. To be or go before (the rest), to go to the front, to be the first, to excel (B. 5, 43. 168. 185. 285; My.). — ಮುನ್ದಿಕ್ಕು. -ಇಕ್ಕು. = ಮುನ್ದಿಡು. (J. 24, 43; My.). — ಮುನ್ದಿಡು. -ಇಡು. To put before or in front; to put or place in the presence of some one, to present, as a cause or suit; to make something one's chief object or aim; to put to the front, to treat with honour; to put forward, to extend, as the feet (Čpr. 1, 132; 5, after 111; Bp. 6, 7; 12, 7; 14, 18; 37, 51; Rśv. 5, 133; My.). — ಮುನ್ದಿರ್. -ಇರ್. To be in front (of some one, Bp. 47, 43; 57, 61). — ಮುನ್ದಿರಿಸು. -ಇರಿಸು. = ಮುನ್ದಿಡು, ಮುನ್ನಿರಿಸು. (Bp. 31, 28; 59, 12; My.). — ಮುನ್ದಿಟಿಪು. -ಇಟಿಪು. To put down in front of (Čpr. 2, after 59). — ಮುನ್ದುಕಡೆ. = ಮುನ್ದುಗಡೆ. ಮುನ್ದುಕಡೆ ನಡೆಯುವ ಊಟಿಗದವನು (ಪುರೋಗ, ಅಗ್ರೇಸರ, ಪುರಸ್ಸರ, etc. Si. 281). — ಮುನ್ದುಗಡೆ. -ಕಡೆ. = ಮುನ್ದ-. The front side or direction, the front; the state of being in front, or in front of any thing that is behind; in front; to the front, forwards (My.; J. 28, 45; B. 5, 297). ಮುನ್ದುಗಡೆಯಲ್ಲಿ (ಮುನ್ತೆ Śmd. 52 Cm.; ಇದಿರೊಳ್ 62 Cm.; ಮುನ್ದೆ 64 Cm.; ಪರದೊಳ್ 20 Cm.). ತಲಬಾಗಿಲ ಮುನ್ದುಗಡೇ ಇರುವ ಅಂಗಳ (ಪ್ರಘಾಣ, etc. Si. 110); ಮುಖದ ಮೇಲೆ ಜೋಲಾಡುವನ್ತೆ ಮುನ್ದುಗಡೆಗೆ ಕಟ್ಟಿಕೊಣ್ಡ ಹುವ್ವಿನ ಸರ (ಲಲಾಮಕ 229). — ಮುನ್ದುಗಾಣ್. -ಕಾಣ್. To see what is before (one's self); to know what to do, to be unperplexed or unbewildered; to have foresight (Bp. 43, 36; Rśv. 6, after 11). — ಮುನ್ದುಗಾಣಂ. -ಕಾಣಂ. A man who does not see what is before himself, a blind, stupid man (ಮೋಡಾಮೋಡಿ Bhn. 40). — ಮುನ್ದುಗಾಣಿಸು. -ಕಾಣಿಸು. To appear what is to be done (J. 2, 43). — ಮುನ್ದುಗಿಡಿಸು. -ಕಿಡಿಸು. = ಮುನ್ದುಗೆಡಿಸು. (Grj. 9, 68). — ಮುನ್ದುಗಿಡು. -ಕಿಡು. = ಮುನ್ದುಗೆಡು. (Grj. 2, after 106; 6, after 5). — ಮುನ್ದುಗೆಡಿಸು. -ಕೆಡಿಸು. = ಮುಂಗೆಡಿಸು, ಮುನ್ದುಗಿಡಿಸು. To ruin prospects or coming joy; to cause to be at a loss; to discomfit (Bp. 18, 22. 65; J. 15, 33; 27, 10; Abhâ. 1, 24). — ಮುನ್ದುಗೆಡು. -ಕೆಡು. = ಮುಂಗೆಡು, ಮುನ್ದುಗಿಡು. Prospects or coming happiness to be ruined; to be at a loss, to grow perplexed or bewildered, to despair (Rśv. 13, after 104; J. 15, 26). ಮುನ್ದುಗೆಟ್ಟವನು (ವ್ಯಗ್ರ, ಆಕುಲ Nr.). — ಮುನ್ದುಗೊಳ್. -ಕೊಳ್. To put before one's self, to remember (Grj. 4, 103). 2, to take the lead, to go in front (8, after 56). — ಮುನ್ದುಜೂಡಿ. = ಮುಂಗುಡಿ, q. v. — ಮುನ್ದು ಮಾಡು. = ಮುನ್ದ-. To put to the front (as a speaker, etc. My.); to bring forward, to cause to advance (in learning, etc. B. 5, 213; My.);—to extend. — ಮುನ್ದುಪರಿ. -ಪರಿ. (= ಮುನ್ದರಿ). To run, hurry or rush forward; to advance; to come to the front; to act precipitately or inconsiderately (ಮುಮ್ಬರಿ Kk. 71; Bh. 1, 14, 20; J. 10, 53; 13, 1; 23, 15; B. 5, 385). ಮುನ್ದುವರಿದು ಮಾತನಾಡುವವನು (ದುರ್ಮುಖ, ಮುಖರ, ಅಬದ್ಧಮುಖ Nr.). — ಮುನ್ದೂಟಿ. -ಊಟಿ. (= ಹೂಟಿ). A leather rope for cart (S. Mhr.). — ಮುನ್ದೆ. ಮುನ್ದು-ಎ3 (Śmd. 146). = ಮುನ್ತೆ (146), ಮುನ್ದು 2 (146). The front, etc.; before, in front of; in front of a thing that is behind; before, in advance, at the head; forward; first, in the first instance; further; thereafter, hereafter, in future (ಪುರಸ್ತಾತ್, ಅಗ್ರತಃ Si. 468; ಮುನ್ದುಗಡೆಯಲ್ಲಿ Śmd. 64. 86. 143 Cm.; ಅಗ್ರದೊಳ್ 66. 225. 245 Cm.; ಅಗ್ರದಲ್ಲಿ 120 Cm.; ಪರದೊಳ್ 127. 192. 214. 236 Cm.; ಇದಿರ್ 223 Cm.; C.). ವಿಜಯ ದಿಟ್ಟಿಗೆ ಸೊಗಯಿಪುದು ಮುನ್ದೆ ಮನ ರಕ್ಷೆಯಿಲಂ (Śmd. 266). ಎಡದ ಕಾಲನುಸುಗಿ ಬಲದ ಕಾಲ ಮುನ್ದೆ ಇಕ್ಕುವವನು (ಆಲೀಢ); ಮುನ್ದೆ ಹೋಹವನು (ಪುರೋಗ, etc. Nr.). ಮನೆತಲ

ಬಾಕಲ ಮುನ್ದೇ ಇರುವ ಬಯಲ್ಲು (ಮುಖ, ನಿಸ್ಸರಣ Si. 113); ಮುನ್ದೆ ಪ್ರಯೋಜನಕ್ಕಿಲ್ಲದೇ ವ್ಯಯವಾಗಿ ಹೋಗುವಿಕೆ (ವ್ಯಯ 393). ಅದಱಿನ್ದ ಮುನ್ದೆ (from that time, B. 4, 80; My.). ಕುದುರೇ ಹಿನ್ದಿರ ಬೇಡ, ಅರಮನೇ ಮುನ್ದಿರ ಬೇಡ.— ನರೀ ಕಥೆಯ ಮುನ್ದೆ ಹರಿ ಕಥೆಯೇ? (Prvs.). See Ch. v. 17. 101; Bp. 1, 21. 59; 2, 10; 5, 38; 22, 48; 30, 20; 46, 36; 49, 16; 50, 23; 53, 17; Šm. 20; Bh. 1, 8, 20; 2, 4, 6; Ŏ. Bp. 4, 7; Rśv. 5, 118; J. 3, 1; 10, 10; 13, 31. 62; 28, 29. 59; B. 2, 42; 4, 1. 138; 5, 43; Prv. s. ನವ್ವಳ. — ಮುನ್ದೆ ಬರ್. -ಬರು. To come or arrive first (B. 5, 53; My.). 2, to come, or to happen, hereafter or in future (Rśv. 13, 18; My.). ಮುನ್ದೆ ಬರುವ ಸಮಯ (ಆಯತಿ, ಉತ್ತರಕಾಲ Si. 266); ಮುನ್ದೆ ಬರ ತಕ್ಕ ಪ್ರಯೋಜನ (ಉದರ್ಕ, ಉತ್ತರಫಲ 266); ಮುನ್ದೆ ಬರುವ ದಿನ (ಶ್ವಸ್ 477). — ಮುನ್ದೆವರಿ. -ವರಿ. = ಮುನ್ದುವರಿ. To rush, or come, forward or to the front. ಆ ಮಕ್ಕಳು ತಮ್ಮ ತಮ್ಮೊಳಗೆ, ನಾ ಮುನ್ದೆ ನೀ ಮುನ್ದೆ ಅನ್ನ, ಜೀವದ ಮೇಲೆ ಉದಾರರಾಗಿ ಮುನ್ದೆವರಿದರು (B. 5, 43). — ಮುನ್ದೆ ಹಿನ್ದೆ. Before and behind (Bp. 56, 13).

ಮುನ್ದುಱು mun-turu s. Running or moving before, etc. (ಮುಮ್ಬರಿವುದು Kk. 24; Šm. 50). — ಮುನ್ದುಱುವರಿ. -ವರಿ. To move in front, to go before (Abh. P. 15, 2).

ಮುನ್ದೆ mundĕ. 1. See s. ಮುನ್ದು 1.

ಮುನ್ದೆ mundĕ. 2. A jar-like brass vessel (My.).

ಮುನ್ನ munna. ಮುನ್ನಂ. The front, etc. (= ಮುನ್ದು 2);—in front, before; beforehand; formerly, previously; in a former time or in former times; first, first of all; prior to; preceding, former; following, henceforth, after, thereafter (ಅದಿ, ಅಗ್ರ, ಪುರಾ, ಪೂರ್ವ, ಪ್ರಥಮ, ಪ್ರಾಕ್, ಪುರಸ್ Hlā.; ಪುರಸ್, ಪುರತಸ್, ಅಗ್ರತಸ್ Nr.; T.). ಮುನ್ನಿನ (Bp. 20, 5; 22, 48; 27, 24. 49; 30, 31; 51, 64; 61, 60; the form probably belongs to ಮುನ್ 2). ಮುನ್ನಿನ ದಿನಂ (= ಮುನ್ನಾದಿನ, 43, 67). ನಿನ್ನ ಕೊರಳಿಗೆ ಕಪ್ಪು ಬಾರದ ಮುನ್ನ (ere the black colour came—), ತ್ರಿಪುರಂಗಳುರಿಯದ ಮುನ್ನ, ಗೌರಿಯ ಮದುವೆಯಾಗದ ಮುನ್ನ, ಭೂಗಗನದಿಂ ನಿಜಯಂ ಜಗಕೆ ರಚಿಸದ ಮುನ್ನ, ಮೂರ್ತಿಗಳೆಣ್ಬವಿಲ್ಲದ ಮುನ್ನಮ್, ಅಜಹರಿಗಳು ಜನಿಸದತ್ತತ್ತಲಿಂ ಮುನ್ನ, ಅತ್ತಲಿಂ ಮುನ್ನತ್ತಲಿಂ ಮುನ್ನತ್ತ ನೀವೆನ್ನಾಳ್ದನ್, ಅನ್ ಅಳ್ (9, 50. 51). ಕಿಳರ್ವ ಗೋಟಿಗೆಯ ದನಿ ಕಿವಿವೊಗದ ಮುನ್ನಂ (Rśv. 6, after 11). ಕಾತಿಗೊಳ್ವದ ಮುನ್ನ (Bh. 1, 10, 36). ಮುಡವು ಸೊಂಕದ ಮುನ್ನ (6, 2, 2). ಅದಱಿಂ ಮುನ್ನ (Bp. 21, 46). ಜಾಯಿಲ (ಎಕ್ಕಲನಂ) ಕಣ್ಣು ಪಾಯಲ್, ಅದಱಿಂ ಮುನ್ನ (ಬೇಡಂ) ಪರಿದು ಬನ್ದು (Rāghĕ. 17, 72). ತಾ ಮುನ್ನ ಮಾಡಿದುದೆರೆಯ ಕಳ್ದಿಕ್ಕೆ? (Sp.). ಮುನ್ನ ಮಾಡಿದ ಪಾಪ ಹೊನ್ನಿಲೇ ಪೋಪುದೇ? (Sp.). ಮುನ್ನ ಶತಕೋಟಿರಾಯರಾಳಿದಾ ನೆಲಂ (Dp. 1). See Abh. P. 5, 75; Bp. 2, 10; 4, 27; 20, 41; 30, 9; 38, 51; 43, 49. 69; 44, 4; 53, 27. 33; 55, 32; 60, 4; Bh. 1, 8, 90; 2, 13, 48; J. 1, 10; 6, 30; 18, 19; 29, 32. 36; 31, 35. Remark: The compound terms below might be put to ಮುನ್ನೆ. — ಮುನ್ನಮೆ. -ಎ. = ಮುನ್ನವೆ. (Rśv. 13, after 77). — ಮುನ್ನಱಿ. -ಅಱಿ. = ಮುನ್ದಱಿ. To know beforehand; to see before one's self; etc. (Bp. 1, 55; 18, 67; 25, 7; 30, 25). — ಮುನ್ನವೆ. -ಎ 3. Even before, beforehand, etc. ಇದಱುಪದ್ರವವೆನ್ತು ನೋಡುವೆನ್? ಇದಕೆ ಮುನ್ನವೆ ಸಾವೆಂ! (Bp. 13, 26). ಹಿಡಿಯ ಪೋಪುದಱಿನ್ದ ಮುನ್ನವೆ (53, 49). See Grj. 4, 54; Bp. 21, 46; 28, 48; 48, 23; 52, 32; 56, 40; Rśv. 13, 96; J. 7, 47. Also ಮುನ್ನವೇ (Bp. 5, 13). — ಮುನ್ನಾ. = ಮುನ್ನ. ಮುನ್ನಾದಿನ, ಮುನ್ನಾದಿವಸ, the day before, the day preceding to-day (B. 4, 154; My.). — ಮುನ್ನಾಡು. ಮುನ್ನ-ಆಡು. To utter before or previously (Bp. 25, 33). — ಮುನ್ನಿರಿಸು. -ಇರಿಸು. = ಮುನ್ದಿರಿಸು. (Bp. 14, 7). — ಮುನ್ನಿರುಳ್. -ಇರುಳ್. The first part of the night, nightfall (ಪ್ರದೋಷ Hlā.). — ಮುನ್ನೀ. -ಈ. To give before or ere (one is asked). ಬೇಡದೇ ಮುನ್ನೀವ ರೂಢಿಯೊಳಗುತ್ತಮನು, ಬೇಡಿದಡೀವ ಮಧ್ಯಮನೇ, ಅಧಮ ತಾ ಬೇಡಿದಡೀಯಂ (Sp.). 2, to give in a former time (Bp. 56, 45). — ಮುನ್ನೊರ್ವ. -ಒರ್ವ. One at a former time; a predecessor (J. 28, 14).

ಮುನ್ನಲ್ munnal. = ಮುನ್ನ. (Bp. 35, 46; 50, 72).

ಮುನ್ನಾಗ munnâga. = ಪುನ್ನಾಗ No. 5. A timber tree yielding a red dye, Rottleria tinctoria Roxb. (St. & Pl.).

ಮುನ್ನು munnu. = ಮುನ್ 2, etc. Formerly, before, etc. (*only* in Si.). ಮುನ್ನು ಹಸುವುಗಳು ಮೇಯಿಸಲ್ ಪಟ್ಟ ಸ್ಥಲ (ಅತಿತ, ಗವೀನ Si. 318). ಈ ಪದಗಳಿಗೆ ಮುನ್ನು ಪೇಳ್ದ ರೂಪಭೇದವಿದ್ದ ಲಿಂಗನಿರ್ಣಯವಾಗುವದಿಲ್ಲ (385).

ಮುನ್ನೆ munnĕ. ಮುನ್ 2-ಎ 3. (Šmd. 60. 63). (= ಮುನ್ನವೆ). Even the front, etc. (*e. g.* perhaps J. 8, 25; 19, 4; 29, 32; T. ಮುನ್ನೈ, antiquity). — ಮುನ್ನಿಱಿ. -ಇಱಿ. (Šmd. 60. 63, where this reading, instead of ಮುನ್ನಱಿ, is in Mdb. MS.). To stab or kill at a former time or previously (Bp. 21 sum.). — ಮುನ್ನುೞಿ. -ಉೞಿ. To remain alive afterwards. ಇನ್ದ್ರನಂ ಗಿರಿಶನಂ ಸರ್ವಸ್ವಮಂ ಕೊಣ್ಡು, ಮುನ್ನುೞಿವರ್ (Šmd. 78).

ಮುಪ್ mup. = ಮು, etc. Three. — ಮುಪ್ಪಟ್ಟೆ. Three stripes or lines (My.). — ಮುಪ್ಪಟ್ಟೆ. Three bare places on the head (My.). — ಮುಪ್ಪಾಗ. Three pâgas or three-fourths of a pana (3 anĕs 6 kâsus, My.). ಹಾಗದ ಕೋತಿ (or ಗೋದಿ) ಮುಪ್ಪಾಗದ ಬೆಲ್ಲ ತಿನ್ತು.— ಹಾಗದ ಕೋಟಿ ಮುಪ್ಪಾಗದ ಮೇವು ತಿನ್ತು.— ಆಡು ಹಾಗ, ಕೂಲಿ ಮುಪ್ಪಾಗ.— ಊಟ ಹಾಗ, ಪಲಹಾರ ಮುಪ್ಪಾಗ.— ಹಾದಿಜಗಳ ಹಣವಷ್ಟ (or ಹಣಹಾಗ), ಬೀದಿಜಗಳ ಮುಪ್ಪಾಗ (Prvs.). — ಮುಪ್ಪುರಿ. (Šmd. 223). Three twists (Râm. 6, 14, 20); three strings, cords or strands (Abhâ. 2, 105; a three-fold cord, T.). — ಮುಪ್ಪುರಿಗೂಡು. -ಕೂಡು. Three cords to be united (Abh. P. 3, 64). — ಮುಪ್ಪುರಿಗೊಳ್. -ಕೊಳ್. To get three turns or twists (Râm. 6, 13, 6); to form three cords (Grj. 8, after 45; Rśv. 4, 113). — ಮುಪ್ಪುರಿಗೊಳಿಸು. -ಕೊಳಿಸು. To twist three times together (Bp. 57, 18). — ಮುಪ್ಪೊಱಲ್. (Šmd. 223). Three cities: Tripura. — ಮುಪ್ಪೊಱಲುರಿಕ. -ಉರಿಕ. He who burnt Tripura: Šiva (ಈಶ್ವರ Šm. 2. 3).

ಮುಪ್ಪು muppu. Old age (ಜರೆ, ವಿಸ್ರಸೆ Hlā., Nr.; ಸ್ಥಾವಿರ, ವೃದ್ಧತ್ವ Si. 195; ಜ್ಯಾನಿ, ಜೀರ್ಣ 389; My.; Tĕ.; T. ಮೂಪ್ಪು; T. ಮುನ್ಪು, ಮೂಪು also: superiority, pre-eminence; antiquity; see ಮುದು 1, etc.). ಮಣ್ಡೆಯ ಕೂದಲು ಮೊದಲಾದವ ಬಿಳ್ಳಿ ಮುಪ್ಪಿನಿನ್ದಾದ ಬಿಳುಪು (ಪಲಿತ Nr.). ಮುಪ್ಪು ಬಪ್ಪಾಗೆ ಶಿಥಿಲಂ (Mr. 310). ಕೇವಲ ಮುಪ್ಪು (ಜರೆ, etc. Si. 195). ಮುಪ್ಪಾದೆಂ (J. 32, 21). ಮುಪ್ಪಾದ ಮೇಲೆ ಮೂಱು ದಿನವಿರ ಬಾರದು.— ಚಿನ್ತೆಯೇ ಮುಪ್ಪು, ಸನ್ತೋಷವೇ ಯೌವನ.— ಸೂಳೆ ಮುಪ್ಪಾಗಿ ಕೀಲ ಹಿಡು ಕೊಣ್ಡನ್ತೆ (Prvs.). See Bp. 25, 23; B. 3, 25; 4, 2. 156; Prv. s. ಲೆಕ್ಕ. — ಮುಪ್ಪುದೋಱು. -ತೋಱು. Old age to appear. ಮುಪ್ಪು ದೋಱುವವಂ (ವಿಸ್ರಸ, ಜರಾವತ್ Mr. 310).

ಮುಮ್ mum. 1. = ಮು, etc. Three. — ಮುಮ್ಮಡಿ. Three folds; three times; thrice as much, etc.; triplicity (Bp. 25, 10; 28, 39; Si. 285; My.). ಬಿಳೀ ಕರಡಿಗಳು ಊದೀ ಬಣ್ಣದ ಕರಡಿಗಿನ್ತ ಮುಮ್ಮಡಿ ದೊಡ್ಡವಿರುತ್ತವೆ (B. 3, 108). —

ಮುಮ್ಮಡಿಕೆ. = ಮುಮ್ಮಡಿ. (My.). — ಮುಮ್ಮಡಿಸು. To make three folds or three-fold; to do thrice as much; to treble (Bp. 23, 37; My.). — ಮುಮ್ಮಾಱು. (Šmd. 228). Three articles of exchange (? Tě.; three turns or times; see another ಮುಮ್ಮಾಱು 3, ಮುಮ್ 2). — ಮುಮ್ಮೊನೆ. Three points (see another ಮುಮ್ಮೊನೆ s. ಮುಮ್ 2). — ಮುಮ್ಮೊನೆಗೆಯ್ದು. -ಕೆಯ್ದು. A trident (ತಿಸುಳ Čt. II, 79; Šs.).

ಮುಮ್ mum. 2. = ಮುಂ (ಮುಱ್), etc. That which is before, etc. (*cf.* ಮೊದಲ್); before, at a previous time (Čpr. 3, 28; 4, 33; 8, 42; Rśv. 11, after 156). — ಮುಮ್ಪಥ. The path or place in front (J. 14, 27). — ಮುಮ್ಪುಗು. To rush forward or enter into (J. 6, 8). — ಮುಮ್ಪೇೞ್. To say or mention before (Abh. P. 11, 7). ಎನ್ತುಂ ಮುಮ್ಪೇೞ್ದರ್ಥಾನ್ತರಮ್ ಅನ್ತುಟನೆ ಬಱಿಕ ತೋಱುವುದದು ದೃಷ್ಟಾನ್ತಂ (Kåvy. III, 3, B, 99). — ಮುಮ್ಪೊಣರ್. To close with first, to fight in the front (Rśv. 13, 86). — ಮುಮ್ಪೊಱ್ತು. The dawn (ಮುನ್ನೇಸಱ್ ಶ್ಸ.). — ಮುಮ್ಪೋಗು. To precede (Kåvy. III, 3, B, 108). — ಮುಮ್ಪಗಲ್. -ಪಗಲ್. (Šmd. 199). The first part of the day, the dawn (ಪೊಱ್ತಱ್, ಉಷಃಕಾಲ Šm. 18; Čpr. 8, 108). — ಮುಮ್ಪುಗೆ. To think of before (Abh. P. 9, 83). — ಮುಮ್ಪಡ.1. The forepart of the haunch (? Ŏpr. 8, 69; Rśv. 11, 145). — ಮುಮ್ಪಡ. -ಪದ. 2. The next verse (Rśv. 11, 33). — ಮುಮ್ಪನಿ. -ಪನಿ. The drops that precede a shower (Bh. 1, 19, 21; Rśv. 8, 122; V. 5, after 14). — ಮುಮ್ಪರಯ. -ಪರಯ. (Šs.). The first period of life. — ಮುಮ್ಪರಿ. -ಪರಿ. 1. To run in front; to run or rush forward; to advance (ಮುನ್ನಡವರಿ Kk. 71; Råm. 3, 4, 7; Rśv. 13, 95; J. 2, 65; 18, 62; 20, 37). ಮುಮ್ಪರಿವುದು (ಮುನ್ನಡಱು Šm. 50). — ಮುಮ್ಪರಿ. -ಪರಿ. 2. Running forward. — ಮುಮ್ಪರಿವರಿ. -ಪರಿ. To run or rush forward (Råm. 5, 3, 45). — ಮುಮ್ಪರೆ. -ಪರೆ. To extend forwards: to increase (Rśv. 4, after 14; 11, 157; V. 5, 7; Råm. 3, 8, 69). — ಮುಮ್ಬಾಗ. = ಮುಮ್ಬಾಗ. (My.). — ಮುಮ್ಬಾಗಲು. The front door (My.). — ಮುಮ್ಬಾರ. Weight in the forepart (of a cart, C.). — ಮುಮ್ಬೆಳ್ಚು. -ಬೆಳ್ಚು. To increase greatly (J. 30, 22). — ಮುಮ್ಬೆಡೆ. The first time of sowing seed (My.). — ಮುಮ್ಬೆಳಱು. The form of the moon's light in the šukla paksha before it gets full (My.). — ಮುಮ್ಬೆಳಗು. The dawn (J. 1, 3). — ಮುಮ್ಭಾಗ. The forepart, the front part, the front (My.; B. 3, 99; 4, 83). ಮನ್ದಿರದ ಮುಮ್ಭಾಗ (Mr. 491). ಅಣ್ಣುಗಳ ಮುಮ್ಭಾಗಮೂಡ ದಿಮ್ಮಿ (ಜಘನ Sl. 208); ಆನೆಯ ಮುಮ್ಭಾಗ (ದನ್ತಭಾಗ 270); ರಥ ಮೊದಲಾದ ವಹನಗಳ ಮುಮ್ಭಾಗ (ಧುರ್ 276). — ಮುಮ್ಮನೆ. A house in front, an opposite house (Bp. 48, 20. 25). — ಮುಮ್ಮಾಗಿ. (Šmd. 199). The first part of the cool season. — ಮುಮ್ಮಾಱು. Alteration of mind or bewilderment that is occasioned beforehand. ಮುಮ್ಮಾಱುವೋಗು. -ಪೋಗು. To become bewildered beforehand (Bh. 4, 3, 34). — ಮುಮ್ಮುಖ. = ಮುಮ್ಮೊಗ. (Bh. 6, 4, 107). — ಮುಮ್ಮೇಳ. The performance of a dancing girl in front of the musicians and singers at her back (My.; see Prv. s. ಹಿಮ್ಮೇಳ). — ಮುಮ್ಮೊಗ. The forehead; the front, the forepart;—facing, fronting, front (ಅದಲೆ Čt. II, 111; ಅದಲೆ, ಅಭಿಮುಖ Šs.). — ಮುಮ್ಮೊನೆ. An extreme point; a sharp point (Råm. 1, 16, 52; 3, 8, 22; Bh. 8, 23, 15; J. 30, 11; Šśv. 4, 42).

ಮುಮುಕ್ಷು mumukshu. Desirous of freeing. 2, eager to be free (from mundane existence), striving after mukti or emancipation; a person desirous of mukti. (Čpr. 1, 27; 9, after 27; Bp. 7, 15).

ಮುಮೂರ್ಷು mumûrshu. Wishing to die, being about to die, being at the point of death. (Čpr. 10, 57).

ಮುಮ್ಬಯಿ mumbayi. = ಬೊಮ್ಬಯಿ. Bombay (B. 2, 83; 4, 28. 104).

ಮುಮ್ಬರಿ mumbari. = ಮುಮ್ಮರಿ, q. v. (see another ಮುಮ್ಬರಿ s. ಮುಮ್ 2).

ಮುಮ್ಬಿಗ mumbiga. A man of the front (Bh. 3, 18, 30).

ಮುಮ್ಬು mumbu. The forepart; the front (Bp. 1, 50; Rśv. 13, after 71; Råm. 6, 30, 14); the vanguard (Abh. P. 14, 10); the direction of the front; the state of being previous. — ಮುಮ್ಬಿಡು. To go or go away before or in advance (?); to place before one's self: to learn or consider beforehand (? ಪುರೋಽವಗಮನ Šmd. Dh.).

ಮುಮ್ಮರಿ mummari. = ಮುಮ್ಮುರಿ. (ಕಾಸಿದ ಮಳಲ್ Kk. 89, o. r. ಮುಮ್ಬರಿ and ಕಾಸಿದ ಮಣಲ್; *cf.* ಮುರುಮ್ಬು 2?).

ಮುಮ್ಮಳಿ mummaḻi. = ಮಣ್ಮಳ್, etc. An abnormal, hideous death (ರೂಪಱ್ದ ಸಾವು Bhn. 28; Abh. P. 13, 65. 92).

ಮುಮ್ಮುರಿ mummuri. = ಮುಮ್ಬರಿ, ಮುಮ್ಮರಿ. Heated sand (ಕಾಸಿದ ಮಳಲ್ Šmd. II, o. r. ಮರಲ್; *cf.* ಮುರ್ಮುರ?).

ಮುಮ್ಮುಳಿ mummuḻi. = ಮುಮ್ಮಳ್, etc. (Bh. 8, 24, 18).

ಮುಯ್ muy. 1. = ಮು, etc. Three (ಮೂಱು Šmd. 222; Tě.). ಮುಯ್ಯೆನ್ದಂ (222). — ಮುಯ್ಯಡಿ. -ಅಡಿ. (Šmd. 223). Three feet. — ಮುಯ್ಯಾಕು. -ಆಕು. Three leaves (Tě.). — ಮುಯ್ಯಾಕುಪೊನ್ನೆ. The plant Hedysarum gangeticum (Tě.; ಎಡಾರಿಗನ್ಧಿ, etc., ಮೂಱೆಲೆಹೊನ್ನೆ Sl. 150). — ಮುಯ್ಯಿಕ್ಕಾರ್. -ಈರ್. Six. — ಮುಯ್ಯಿಕ್ಕಾರಡಿ. -ಅಡಿ. (Šmd. 223). Six feet;—that which has six feet: the black humble bee (ತುಮ್ಬಿ Šmd. II). — ಮುಯ್ಯಿಕ್ಕಾರೊಗ. Skanda (ತಾರಕಮಥನ Čt. I, 92; II, 52; ಗುಹ Kk. 6). — ಮುಯ್ಯೆರಡು. -ಎರಡು. = ಮುಯ್ಯಿಕ್ಕಾರ್. — ಮುಯ್ಯೆರಡಡಿ. -ಅಡಿ. = ಮುಯ್ಯಿಕ್ಕಾರಡಿ. (ಪಱಪು, ಬಮರ 2, etc. Kk. 14; ತುಮ್ಬಿ, etc. 90). — ಮುಯ್ಯೇೞ್. Twenty-one. ಚಲದಿಂ ಮುಯ್ಯೇೞ್ ಸೂೞ್ ಕ್ಷತ್ರಿಯರನಱಸಿ, ಕೊನ್ದಿಕ್ಕಿದಂ ಜಾಮದಗ್ನ್ಯಂ (Šmd. 223).

ಮುಯ್ muy. 2. = ಮುಡುಹು, etc. The upper part of the arm, the shoulder-blade, the shoulder (ಮುಡುಹು Čt. II, 105; ತೋಳ್ದಲೆ, ಭುಜದ ತುದಿ Šm. 71). — ಮುಯ್ಯಾನ್. -ಆನ್. To put the shoulder to: to apply the mind to; to resort to; to approach (Grj. 4, after 33; 7, after 72; Rśv. 11, 108; V. 15, 16).

ಮುಯ್ muy. 3. = ಮುಯ್ಯಿ, ಮುಯ್ಯು 2. (Linking to, from ಮುಡಿ 1?): requital, the act of returning like for like: the return of good for good, an equivalent returned for anything given (done or suffered), recompense; the return of evil for evil, retaliation, punishment. 2, a present given to the bride and bridegroom at their marriage by relations, etc., with the prospect of a recompense being made on such an occasion in their own house (ತೆಲ್ಲಟ Šm. 62). ಮದುವೆಯ ಮುಯ್ಯ ಸೀರೆ (see s. ತೆರಬ್ಬು).

ಮುಯಿ muyi. = ಮುಯ್3, etc. Requital in a good or in a bad sense (ಪ್ರತಿಯಾತನ, ಪ್ರತಿಕೃತಿ Mr. 458; My.). 2, = ಮುಯ್3, No. 2 (ತೆಲ್ಲಟ್ಟು Čt. II, 69; Bh. 1, 10, 18; My.). — ಮುಯಿ ಮಾಡು. To present an object at a marriage with the prospect of a proper recompense (My.). — ಮುಯಿಗೆ ಮುಯಿ ತೀರಿಸು. To requite, to repay, in a good or in a bad sense (My.).

ಮುಯಿಬು muyibu. = ಮುಯ್2, etc. (ತೋಳ್ದಲೆ, ಭುಜಾಗ್ರ Šs.).

ಮುಯಿವು muyivu. = ಮುಯಿಬು, etc. See Kk. s. ಮುಯ್ವು 1.

ಮುಯ್ವು muyvu. 1. = ಮುಯ್2, etc. (ಭುಜಾಗ್ರ, ಅಂಸ Hlå.; ತೋಳ್ದಲೆ, ಭುಜಾಗ್ರ Kk. 67, o. r. ಮುಯಿವು; Abh. P. 8, 31; 14, after 184). See ಪೊಱ-. — ಮುಯ್ವಾನ್. -ಆನ್. = ಮುಯ್ಯಾನ್. To apply the mind to: to reason (Čpr. 4, 45; 7, 69).

ಮುಯ್ವು muyvu. 2. = ಮುಯ್3, etc. ಮುಯ್ವಂ ಮಗುಳ್ಚುವುದು (ಪ್ರತಿನಿರ್ಯಾತನ Hlå.).

ಮುರ mura. 1. (fr. ಮುರಿ1). = ಮುರವು, ಮುರು1 No. 1, ಮುರುಗು, ಮುರುವು, ಮುರುಹು No. 2. That is bent: a wire-ring used as an ornament for the nose and the ear (My.).

ಮುರ mura. 2. P. p. of ಮುರಿ1, in ಮುರ ಕೊಳ್ಳು (My.).

ಮುರ mura. 1. Encompassing, encircling, surrounding. 2, a daitya slain by Kṛishṇa (Šmd. 183). — ಮುರಗೇಡಿ. -ಕೇಡಿ. Kṛishṇa (Bh. 6, 1, 61).

ಮುರ mura. 2. = ಮುರೆ. (ಗನ್ಧವತಿ, ಸುರಭಿ Mr. 129).

ಮುರಕ ·muraka. (Bending?; see ಒಡ ಮುರಕನ ಕಾಯಿ). — ಮುರಕನಾಡು. N. of a province in Tĕlugu (My.; Tĕ. ಮುರಕ-, ಮುರಿಕಿ-). — ಮುರಕನಾಡುಬ್ರಾಹ್ಮಣರು. A caste of Tĕlugu smârta Brâhmaṇas belonging to that province (My.).

ಮುರಗ muraga. Tbh. of ಮೃಗ. — ಮುರಗಲಿಂಗ. = ಮೃಗಲಿಂಗ. (Bp. 19, 74).

ಮುರಗಿ muragi. Tbh. of ಮೃಗಿ. — ಮುರಗಿಮಠ. A maṭha with the muragaliṅga in the Nagara province (My.).

ಮುರಜ muraja. *A kind of small drum, a tambourine* (ಮೃದಂಗ, ಮದ್ದಳೆ Mr. 80). 2, a verse artificially arranged in the form of a drum, one of viččhittičitras (Kâvy. III, 2, B, 57. 60 seq.).

ಮುರಜನಾದ muraja-nâda. The sound of the muraja (Mr. 81; texts very corrupt).

ಮುರಜಿತ್ mura-jit. Vishṇu or Kṛishṇa. (Kâvy. V, 62).

ಮುರಜೆ muraje. = ಮುರಜ No. 1. See Mr. s. ಅಂಕ No. 16.

ಮುರಟು muraṭu. = ಮುರುಟು1, etc. ಪುಷ್ಪವಾಟಿಕೆಗಳು ಮುರಟಿದವು (Bp. 57, 48).

ಮುರದಾರಸಿಂಗಿ muradâra-singi. = ಮುರುದಾರಸಿಂಗಿ. Sulphate of copper; or litharge, semi-vitrified oxide of lead (My.; Br., H. ಮುರುದಾರು, ಮುರ್ದಾರುಸಿಂಗು).

ಮುರಧ್ವಂಸಿ mura-dhvamsi. = ಮುರಜತ್. (J. 2, 49. 54. 60).

ಮುರನಾಶನ mura-nâšana. = ಮುರಧ್ವಂಸಿ. (Bp. 57, 24).

ಮುರಮಥನ mura-mathana. = ಮುರನಾಶನ. (J. 13, 52).

ಮುರರಿಪು mura-ripu. = ಮುರಾರಿ. 2, N. of a metrical foot (Čh.).

ಮುರಲಿ murali. ಮುರಲೀ. ಮುರಳಿ. A flute, a pipe. (My.).

ಮುರಲೀಧರ muralî-dhara. A flute-bearer: Kṛishṇa. (My.; cf. K. ಮುರಿ).

ಮುರವು muravu. = ಮುರ1, etc. (My.).

ಮುರಹರ mura-hara. Kṛishṇa (Mr. 18; Šmd. 81; J. 4, 72). 2, N. of a metrical foot (Čh.).

ಮುರಳಿ muraḷi. = ಮುರುಳಿ. N. of a kind of grass which does much harm when in fields (its seed may be eaten, My.). See Prvs. s. ಎಳ್ಳು.

ಮುರಾನ್ತಕ mura-antaka. Vishṇu or Kṛishṇa (Šmd. 292; J. 14, 14). 2, sign for a short syllable (Čh.).

ಮುರಾರಿ mura-ari. *Vishṇu or Kṛishṇa.* 2, N. of authors.

ಮುರಿ muri. 1. To bend, to be bent; to grow crooked; to turn;—to wind, to have many turns or a winding course, to meander;—to stretch one's self with windings of the limbs (ವಕ್ರಭಾವ Šmd. Dh.; ವಕ್ರತೆ Šm. 105; My. with ಕೊಳ್ಳು). 2, to bend, to turn round or twist (as the whiskers); to stretch (the body) with windings (of the limbs, My.), etc. ಮುರಿವ ಫಣಿ (ಜಿಹ್ಮಗ, ಕುಣ್ಡಲಿ Mr. 460). ಕಣ್ಣ ಮುರಿದೆವೆ (ವರ್ತ್ಮ 469). ದೋಸೆ ತಿನ್ನುವಾಗ ಮೀಸೆ ಮುರಿದ ಹಾಗೆ (Prv.). See Čpr. 7, 134; Grj. 2, after 106; Bp. 20, 11; 32, 28; 38, 17; 44, 5; 46, 56; 59, 12; Bh. 1, 10, 32; 3, 18, 32. 33; Ršv. 5, 33; 5, after 120; 6, 36; J. 12, 26; 25, 45; ಮೆಯ್-.

ಮುರಿ muri. 2. = ಮುರಿದು. Short P. p. of ಮುರಿ1. (Bp. 47, 59; 52, 12).

ಮುರಿ muri. 3. (= ಮುರಿವು). The state of bending, being bent, curved, etc. (see ಕರಿ ಮುರಿ s. ಕರಿ2, ಬಲಮುರಿ, ಬಿಟ್ಟುಮುರಿ); a bend, a winding, the winding course of a river; a ring (see ಪುಲ್ಲ ಮುರಿ s. ಪುಲ್). 2, a ring of bent gold or silver wire worn on wrist (ಕರಾಭರಣ Šm. 105; My.; see ಕೆಯ್-, ನಾಗ-). 3, a pad of wool or down laid under the saddle of an ox (My.; see Prv. s. ಎತ್ತು 4). 4, a contrivance (a sort of iron ring) to keep the pair of rollers of a sugar-mill together (My.). — ಮುರಿಗಡಲು. -ಕಡಲು. A turning, i. e. churned, ocean (Bh. 7, 3, 19). — ಮುರಿದಿಟ್ಟಿ. A crooked look or eye (a side-glance, Ršv. 1, after 135). — ಮುರಿಮುಲಕು. A sash twisted round (Bh. 8, 24, 24). — ಮುರಿಯಾಟ. -ಆಟ. Twisting the body about, contortion (Bh. 1, 6, 14).

ಮುರಿ muri. 4. Preparation; preparedness (ಸಮಕಟ್ಟು Šm. 105; M. ಮುಜ್, T. ಮುಟ್ಟಿ, what is binding, law, custom, duty, proper behaviour; ಮುಱ್, to be decided; to settle; T. ಮುರುಗು, Tĕ. ಮುರುವು, beauty).

ಮುರಿ muri. 5. A bull or ox (ಬಲಿವರ್ದ Šm. 105; T., M. ಮೂರಿ).

ಮುರಿಕೆ murikĕ. Bending, moving out of a straight line. See ಮುಟ್ಟಲು-. 2, bending, crooking by straining. See ಜಿಡ-.

ಮುರಿಕೆ murikĕ. Tbh. of ಮೂಲಿಕೆ. See ಗಿಡ-.

ಮುರಿಗ muriga. = ಕ್ಷುರಗ. Tbh. of ಮೃಗ. — ಮುರಿಗಪ್ಪ. -ಅಪ್ಪ. N. (B. 2, 25).

ಮುರಿಗೆ murigĕ. Bending, twisting; a twist. See ಕೆಯ್-, ಗೋಣ್-, ಜಿಡ-. 2, = ಮುರಿ 3, No. 2. (Si. 220; see ನಾಗ-).

ಮುರಿಪು muripu. To turn round or whirl the fist (ಮುಷ್ಟಿಭ್ರಮಣ Šmd. Dh.).

ಮುರಿವು murivu. (= ಮುರಿ 3, ಮುರುಹು). Bending or twisting (the body in dancing, Grj. 2, after 106); a bend; a winding, the winding course of a river (J. 19, 5). ತೊಱೆಯ ಮುರಿವು (ಚಕ್ರ, ಪುಟಭೇದ Hlâ.). 2, turning round about, encompassing, surrounding (Bh. 7, 5, 27. 34).

ಮುರು muru. 1. = ಮುರ 1, etc. (My.). 2, turning; a turn. — ಮುರುದಲೆ. -ತಲೆ. The place where one turns round into a cross road (My.).

ಮುರು muru. 2. P. p. of ಮುರಿ 1 in ಮುರು ಕೊಳ್ಳು. (My.).

ಮುರುಗ muruga. Tbh. of ಮೃಗ. — ಮುರುಗದೇವ. N. (Bp. 58, 17).

ಮುರುಗು murugu. = ಮುರು 1, etc. (My.; Tĕ., T.).

ಮುರುಚು muruču. To turn round, to twist (Bh. 4, 4, 14).

ಮುರುಟು muruṭu. 1. = (ಮುದುಡು 1, etc.), ಮುರಟು, ಮುರುಣ್ಟು 1. To be bent or drawn together, to contract, to shrink, to shrivel (My.; Mhr. ಮುರಡಣೇಂ, to double over, under back; to gather up in folds, crimple; to turn round, as the head; to turn back; to wrench, to twist, turn and wriggle). ಮುಟ್ಟಿದರೆ ಮುರುಟುವ, a sensitive plant (ನಮಸ್ಕಾರಿ, etc. Nr.). See Bp. 18, 30; 21, 20; 57, 56. 59.

ಮುರುಟು muruṭu. 2. = ಮುಟ್ಟು 3, (ಮುದುಡು 2). Contracting, shrinking, the state of being contracted, etc. — ಮುರುಟುಗಿವಿ. -ಕಿವಿ. = ಮುದುಡುಗಿವಿ. (Bp. 20, 11; My.). — ಮುರುಟುಗೆಯ್. -ಕೆಯ್. A shrivelled hand (Râm. 5, 8, 64).

ಮುರುಟುಹ muruṭuha. Contracting, shrinking; that contracts. ಹತ್ತಿದರೆ ಮುರುಟುಹಂ (ತೀಕ್ಷ್ಣಿ, ರಕ್ತಪದಿ Mr. 145).

ಮುರುಡಸಿಂಗ muruḍasiṅga. A kind of medicinal plant and its root (ಸಿದ್ಧಿ G.).

ಮುರುಡಸಿಂಗಿ muruḍasiṅgi. = ಮುರುಡಸಿಂಗ. (ಸುದ್ಧಿ G.).

ಮುರುಡಸೆ muruḍasĕ. A certain plant (ವರ್ತಕಿ Mr. 140).

ಮುರುಡಿ muruḍi. (= ಮುರ್ಗಿ). A shrub or small tree, Helicteres isora Lin. (Z.).

ಮುರುಡಿಸು muruḍisu. To pluck up by twisting (Bh. 1, 8, 18; see Mhr. s. ಮುರುಟು 1).

ಮುರುಡು muruḍu. = ಮೊರಡು 1. Roughness, ruggedness, unevenness (My.; T. ಮುರಡು; see ಕರಡು-). — ಮುರುಡುಗಲ್ಲು. -ಕಲ್ಲು. A rough stone (My.).

ಮುರುಣ್ಟು muruṇṭu. 1. = ಮುರುಟು 1, etc. (Č. Bp. 46, 25; Râv. 9, 21; V. 11, 60).

ಮುರುಣ್ಟು muruṇṭu. 2. To cause to burn, to kindle (ದಹನಕರಣ Šmd. Dh.; T., M. ಮೂಟ್ಟು; T. ಮೂಳು, to catch fire; M. ಮುಱ್, to be scorched in frying; T. ಮುಱುಗು, to scorch in boiling or frying; cf. ಮೂಡಲು 2; ಮೊರಹು 3).

ಮುರುದಾಸಿಂಗಿ murudâ-siṅgi. = ಮುರದಾರಸಿಂಗಿ. (My.).

ಮುರುವು muruvu. = ಮುರ 1, etc. (My.; Tĕ.). ಮುರುವಿಗೆ ಬಗೆ ಇಲ್ಲದಿದ್ದರೆ ಹರವಿಗೂ ದರಿದ್ರವೇ? (Prvs.). 2, going or whirling round (of the mind for joy, etc., Bh. 1, 8, 81; 1, 19, 17).

ಮುರುಹು muruhu. = (ಮುರಿವು), ಮೊರಹು 1, ಮೊರೆಹು. A bend, a curve (Bh. 1, 8, 70); a winding, the winding course of a river; a surrounding place; the state of being distorted, distortion (Râm. 3, 7, 18); crookedness of mind (Râm. 1, 5, 31); a crooked object: a pervert (Bp. 40, 62). ನೀರ ಮುರುಹು (ಚಕ್ರಾದಿ Mr. 416). 2, = ಮುರ 1, etc. (Bp. 16, 8). 3, turn: repetition, successive recitation (Bh. 8, 7, 18).

ಮುರುಳಿ muruḷi. = ಮುರಳಿ. (My.; cf. ಮೂರುಳಿ?).

ಮುರೆ murĕ. = ಮೊರೆ 1. To hum, to buzz, as the humble bee and other insects (ಭ್ರಮರಾದಿನಿನದ Šmd. Dh.); to sound or play a lute, or to sound, as a lute does (ತನ್ತ್ರಂಕ್ರಿಯ Šmd. Dh.).

ಮುರೆ murĕ. = ಮುರ 2, ಮುಳೆ, (ಮೊರ), ಮೊರೆ. *A species of fragrant plant, a vegetable perfume* (ಗನ್ಧದ್ರವ್ಯ Nr.).

ಮುಱ muṟa. = ಮುಱಿದು, ಮುಱಿದು, ಮುಱು. P. p. of ಮುಱ್ 1, in ಮುಱ ಕೊಳ್ಳು (My.). ತನ್ನ ದನ್ತಾ ತಾನು ಮುಱ ಕೊಣ್ಡು, ಅನ್ನನ ಮೇಲೆ ದೂಱು ಹೇಱಿದ (Prv.).

ಮುಱಕ muṟaka. 1. = ಮುಱುಕ 1. (My.). 2, the state of being broken or out of repair. ಮುಱಕಮನೆಗೆ ಒಡಕಗಡಿಗೆ.— ಪರರ ಒಡವೆ ಸಿಕ್ಕಿದರೆ, ಹಱಕಾದರೇನು? ಮುಱಕಾದರೇನು? ತುರಕ ಬಿಟ್ಟಾನೇ? (Prvs.).

ಮುಱಕ muṟaka. 2. = ಮುಱುಕು 4, etc. (ವಯ್ಯಾರ, ಒಯ್ಯಾರ G.). ಸ್ತ್ರೀಯರ ಒನ್ದು ತರದ ಮುಱಕ (ವಿಚ್ಛಿತ್ತಿ G.).

ಮುಱಕು muṟaku. = ಮುಱಕ 2. (My.). ಮುಱಕಿನವಳು (ಒಯ್ಯಾರಗಿತ್ತಿ G.).

ಮುಱದು muṟadu. = ಮುಱಿದು. P. p. of ಮುಱ್ 1. (My.; B. 8, 71; Čb. 177).

ಮುಱವ muṟava. = ಮುಱುವ, q. v. (My.). ತಾಳೆ ಹಣ್ಣು ತಾನೇ ಬಿದ್ದರೂ ಜಾಱಿದ ಮುಱವಗೆ ಜಾಯಿ ಮುಚ್ಚತು.— ತಲೇ ಕೂದಲು ನೆರೆಯಾದ ಮೇಲೆ ತಪ್ಪಿ ಕೊಣ್ಡ ತಪ್ಪಲಿದುಮುಱವ (Prvs.).

ಮುಱಿ muṟi. 1. To occasion a flaw in a thing by bending it, to sever by fracture, to break (v. t., as sticks, chains, bread, etc., but, e. g., not such things as ropes or earthen vessels); to break off, as leaves, fruits, etc.; to crush; to break down, to defeat, to rout, to destroy; to break up; to put an end to; to do away (ಮೋಟನ Šmd. Dh.; My.; T.);—to break (v. i.); to become weakened in constitution, to lose strength; to be impaired, etc. (My.; T. ಮುರಿ, ಮುಱಿ). P. ps. ಮುಱಿದು, ಮುಱಿದು (My.). ನೆಟ್ಟನೆಯೆ ಮುಱಿದುದು (Šmd. 1). ಮುಱಿದ ಕೊಮ್ಬಿನ ಎತ್ತು (ಕೂಟೆ Hlk.). ಕೊಮ್ಬು ಮುಱಿದ ಎತ್ತು (ಕೂಟೆ); ಮನಸು ಮುಱಿದವನು (ಪ್ರತ್ಯಾದಿಷ್ಟ, ನಿರಸ್ತ, etc.); ಮುಱಿಯಲ್ ಪಟ್ಟುದು (ರುಗ್ಣ, ಭುಗ್ನ Nr.). ಮುಱಿದು ಹೋದದು (ರುಗ್ಣ, ಭುಗ್ನ Si. 378). ಧರ್ಮಮಿಲ್ಲದ ಅರಸು ಮುಱಿದ ಕಾಲಿನ ಗೊರಸು (Dp. 54). ಮನೆ ಮುಱಿದರೆ ಕಟ್ಟ ಬಹುದು, ಮನ ಮುಱಿದರೆ ಕಟ್ಟ ಲಾಸ (Prv.). ನಾವು ಪ್ರಾಮಾಣಿಕತನದಿನ್ದ ನಡ ಕೊಳ್ಳುವವರಾದರೆ ಒನ್ದೊನ್ದು ವೇಳೆ ನಮ್ಮ ಗೆಳೆಯರ ಮನಸ್ಸು ಸಹ ಮುಱಿಯ ಬೇಕಾಗು ವದು (B. 3, 105). ಇವರು ಆ ರಾಜನನ್ನು ಮುಱಿಯುವ ಬಗ್ಗೆ (4, 9). ಆದಱಿನ್ದ ಮುನ್ದೆ ಜಂಗಮರ ಬಣ್ಣ ಮುಱಿಯಿತು (4, 80). ಸ ರಕಾರದವರು ಈ ಪಟ್ಟವನ್ನು ಮುಱಿದು (4, 147). ಕೆಲವರು ಮಡಿದು ಹೋದರು, ಕೆಲವರು ಮುಱಿದು ಓಡಿ ಹೋದರು (5, 48).—See Čpr. 6, 29; 10, 56; Grj. 2, after 106; Bp. 40, 41; 46, 57; 51, 7; 56, 29; 57, 23; Bh. 1, 8, 21. 94; 1, 19, 18; 2, 4, 5. 9. 12; 2, 13, 16; Rśv. 9, 7; 6, after 11 (twice); 6, after 24; Šśv. 4, 15; J. 2, 65; 8, 35. 36. 49; 15, 14; 18, 2; 25, 34. 36; Prv. s. ಸೊಣ್ಣ.— ಮುಱಿ ನೂಕು. = ಮುಱಿಯ ನೂಕು. (Bh. 7, 3, 34).

ಮುಱಿ muṟi. 2. = ಮುಱಿದು. P. p. of ಮುಱಿ 1, in ಮುಱಿ ಮುಱಿದು (Bp. 52, 48; Bh. 1, 9, 10).

ಮುಱಿ muṟi. 3. A fragment, a piece, a broken- or torn-off particle (ಖಣ್ಡ Šmd, Dh.). ಒರ್ಕುಡಿತೆನೀ ಗೆರ್, ಪಱಿಪಟ್ಟೆರ್ಕೆಯ ಮುಱಿಗೆ ದೇಸಿಗರಂ ದೇವರ್ಕಳ್ಗೊಡೆಯರ್ಮೂ ಟ್ಟರೆ? (Šmd. 39. 345). See ಮುಗಿಲ್ಮುಱಿ; Čpr. 5, after 64; 6, 53. 2, the state of being broken, broken off, etc. — ಮುಱಿಗೆಡೆ. -ಕೆಡೆ. To be routed and fall (Râm. 5. 8, 37). — ಮುಱಿದಲೆ. -ತಲೆ. A head that is cut off (Bh. 8, 8, 8). — ಮುಱಿವಡೆ. -ಪಡೆ. To be routed or defeated (Bh. 8, 5, 15; J. 24, 35).

ಮುಱಿಕಿ muṟiki. = ಮುಱಿಗಿ. (Cf. ಮುಱಿಕಿಲ್ 1). — ಮುಱಿ ಕಿಬಳ್ಳಿ. A hispid, procumbent herb, Ruellia dura, N. ab E. (Z.).

ಮುಱಿಕಿಲ್ muṟikil. 1. (= ಮುಱುಕಿಲ್). N. of a plant (ಮೊರಡಿ Šm. 25. 95. 106; ಮುಱಿಕೀ ಮರ G.).

ಮುಱಿಕಿಲ್ muṟikil. 2. Impurity, foulness, uncleanness (ಅಶುಚಿ Šm. 106; cf. Tš. ಮುರಿಕೆ; ಮುಲುಕು 1; ಮುಡ 1?).

ಮುಱಿಗಿ muṟigi. = ಮುಱಿಕಿ. (B. 2, 81).

ಮುಱಿಗೆ muṟigĕ. Breaking, etc. — ಮುಱಿಗೆಗೆಯ್. To break, to cut into pieces (V. 14, 28).

ಮುಱಿಯುವಿಕೆ muṟiyuvikĕ. Breaking, etc. (ಪ್ರದ ರ, ಭಂಗ Si. 448).

ಮುಱಿವು muṟivu. Crushing; destruction (Bh. 1, 9, 10).

ಮುಱಿಸು muṟisu. To cause to break, to cause to crush, etc. (My.). ಗರ್ವ ಮುಱಿಸಿ ಕೊಣ್ಡವನು (ಅತ್ತ ಗರ್ವ, ಅಭಿಭೂತ Nr.). 2, to get changed, as large money into smaller, etc. (My.). ಅವನ ತಾಯಿ ತನ್ನ ಮೆಯ್ ಮೇಲಿನ ಚೂಱು ಚೂಱು ವಸ್ತುಗಳನ್ನು ಮುಱಿಸಿ, ಬನ್ದ ಹಣ ದಿನ್ದ ವರ್ಷ ಎರಡು ವರ್ಷ ಬಡತನದಿನ್ದ ಕಾಲ ಕಳೆಯುತ್ತ (B. 4, 50). ಗಣ್ಟು ಪರರ ಕೆಯ್ಲಿ ಕೊಟ್ಟು, ಸೊಣ್ಣಾ ಮುಱಿಸಿ ಕೊಣ್ಡ.— ಅಲ್ಲದ ಕೆಲ ಸಕ್ಕೆ ಹೋಗಿ, ಹಲ್ಲು ಮುಱಿಸಿ ಕೊಣ್ಡನು (Prvs.).

ಮುಱು muṟu. = ಮುಱಿ. P. p. of ಮುಱಿ 1, in ಮುಱು ಕೊಳ್ಳು (My.).

ಮುಱುಕ muṟuka. 1. = ಮುಱುಕ 1 No. 1. A man who breaks or ruins (My.; see ಮನೆ-);—a maimed man; an imbecile man (My.);—maimed (see ಮೆಯ್-).

ಮುಱುಕ muṟuka. 2. = ಮುಱುಕು 4, etc. (Râm. 1, 5, 30; 1, 14, 24; 3, 4, 8; Bh. 3, 14, 39).

ಮುಱುಕತನ muṟukatana. Breaking, ruining. See ಮನೆ-.

ಮುಱುಕಿಲ್ muṟukil. (= ಮುಱಿಕಿಲ್ 1). N. of a plant (ಅಭ್ರವಿಭ್ರಮ Mr. 116).

ಮುಱುಕಿಸು muṟukisu. To cause to appear distorted, to distort or change, as the face or its features. ಮೋಱೆಯನ್ ಅನ್ತು ಮುಱುಕಿಸುತ (Bp. 29, 5). ಮುಸುಡಂ ಮುಱುಕಿಸುತ (38, 17).

ಮುಱುಕು muṟuku. 1. = ಮುಕ್ಕು 3. A fragment, a bit, as of bread, sweetmeats, etc. (My.). ಮು ಱುಕು ಹೂಱುಗಳು ಭಿತ್ತ, ಶಕಲ, ಖಣ್ಡ, ಅರ್ಧ Si. 32). ಮುಱುಕಿಲ್ಲ ದ ಅಕ್ಕಿ (ಅಕ್ಷತ 314). ತಿರುಕನಿಗೆ ಮುಱುಕು ಇದ್ದಾಗ್ಯೂ ತಿಂದುಮ್ಬು ವದು ತಪ್ಪದು (Prv.).

ಮುಱುಕು muṟuku. 2. (ಮುರುಕು). = ಮುರ್ಕು, etc. (My.). ಮುಱುಕು ಇದ್ದವಗೆ ನರಕ ತಪ್ಪದು.— ಮುಱುಕು ಇಲ್ಲದ ಹೆಂ ಗಸಿಲ್ಲ, ಸುಱುಕು ಇಲ್ಲದ ಊಟವಿಲ್ಲ.— ತವುಡು ತಿನ್ದರೂ ಮುಱುಕು ಥೆನ (Prvs.).

ಮುಱುಕು muṟuku. 3. To give a different shape (to the face), to twist (it) out of (its) natural shape, to distort (it), to change the expression (of it, ಮುಖವಿಕಾರ Šmd. Dh.; T., M. ಮುಱುಕ್ಕು, to twine, twist, wrest, wreath; to be angry, irritable; to tighten; to clench; to press, urge; to remain tight, firm).

ಮುಱುಕು muṟuku. 4. = ಮುಱುಕ 2, ಮುಱುಕ 2. Changing the expression of one's countenance, distortion of its features, making foppish or coquettish airs, showiness, parade, etc. — ಮುಱುಕು ಮಾಡು. (ಒಯ್ಯಾರಿಸು G.).

ಮುಱುಗಾ muṟugâ. = ಮುಗ್ಗಾ. So that a breakage takes place. See ತಿರುಗಾ-.

ಮುಱುವ muṟuva. = ಮುಱಿವ. A maimed man; an imbecile man; a poor wretch (My.). See ಕುಣ್ಟ-, ತಿರುಕ-, ನಾಯಿನ್ದ-. ಕಾಣದ ಮುಱುವ ಕನಸು ಕಣ್ಡರೆ ಎದ್ದು ಬಾರಿ ಎದ್ದು ಕೂತ (Prv.).

ಮುರ್ಕು (muṟku). = ಮುಕ್ಕು 2, ಮುಱುಕು 2. Pride, arrogance (ಗರ್ವ Kk. 57; cf. ಮೊರಕು).

ಮುರ್ಗಿ murgi. (=ಮುರುಡಿ). — ಮುರ್ಗಿಕಾಯಿಗಿಡ. A shrub or small tree, Helicteres isora L. (Z.).

ಮುರ್ಗು murgu. — ಮುರ್ಗಿನ ಹುಳಿಮರ. The mate mangosteen, Garcinia purpurea Roxb., Wall. (—indica Chois., St. & Pl.).

ಮುರ್ಚು murču. (fr. ಮುರಿ 1). To cause to bend or shrink (Ksv. 9, 7 MS.).

ಮುರ್ಪು murpu. (murpu). (Śmd. 51 Mdb.).

ಮುರ್ಮುರ murmura. A fire made of chaff (Sk.; *cf.* ಮುಮ್ಮುರಿ?).

ಮುಲ್ mul. = ಮು, etc. Three. — ಮುಲ್ಲೋಕದಲ್ಲಣ. -ತಲ್ಲಣ. He who agitates or alarms the three worlds (Râm. 6, 52, 4).

ಮುಲಾಜು mulâju, = ಮುಲಾಜೆ. Regard for (My.; Mhr., H. ಮುಲಾಜಾ).

ಮುಲಾಜೆ mulâjĕ. = ಮುಲಾಜು. (My.; Br.).

ಮುಲಾಮು mulâmu. = ಮಲಾಮು. (My.). 2, a gilding or plating (My.; B. 4, 146; Mhr., H. ಮುಲಾಮಾ).

ಮುಲು mulu. Crawling, as lice on the head, worms in a wound (*cf.* ಮೆರಿ). — ಮುಲುಗುಟ್ಟು. -ಕುಟ್ಟು. To crawl, as lice. 2, to cause the feeling as if worms were moving within, as a sore (My.).

ಮುಲುಕು muluku. 1. To be unbearable; to be disgusting (ಅಸಹ್ಯತ್ವ Śm. 80; ಮುಳಿಕಿಲ್ 2; ಮುಗ್ಗು 3?; T. ಮೊಕ್ಕೈ, ignominy, shame, disgrace); to feel disgust (Bp. 47, 18).

ಮುಲುಕು muluku. 2. = ಮುಕ್ಕರೆ, ಮೂಲುಗು. To strain with a grunting, groaning or moaning noise, as when easing nature (My.; Tĕ., M. ಮುಕ್ಕು, M. also ಮಿಕ್ಕು), or in travail; to suffer the throes of childbirth, to be in labour (ಪ್ರಸವನಕ್ರಿಯೆ Śmd. Dh.; ಪ್ರಸವವೇದನ Śm. 80; Bp. 57, 15; see T., M. s. ಮುಱುಕು 3; M. ಮುಱುಕ್ಕು, writhing, agony); to groan when lifting a heavy load (My.).

ಮುಲುಕು muluku. 3. Straining, etc. in childbirth (My.). ಆಱು ಹೆತ್ತವಳಿಗೆ ಮೂಱು ಹೆತ್ತವಳು ಮುಲುಕು ಕಲಿಸಿದಳಂತೆ (Prv.).

ಮುಲೆ mulĕ. Tbh. of ಮುರೆ. (ಕಾಲವರ್ಣಿ, ಮುರೆ, etc. Si. 152).

ಮುಲ್ಕಿ mulki. (Tĕ. ಮುಲಿಕಿ, ಮುಲ್ಕಿ, an arrow; an arrow head; the peg of a top; *cf.* ಮುಳ್). — ಮುಲ್ಕಿಕಸ. A weed, Acalypha ciliata (Z.).

ಮುಲ್ಕಿ mulki. Relating to revenue matters; revenue (My.; B. 5, 7; Mhr. ಮುಲಕೀ). 2, home, native, indigenous (Mhr.).

ಮುಲ್ಲಾ mulla. A Mahomedan jurist or theologian;—a schoolmaster (My.; Br.; Mhr., H. ಮುಲನಾ, ಮುಲ್ಲಾ). — ಮುಲ್ಲಶಾಸ್ತ್ರ. The Koran (My.).

ಮುಲ್ಲಂಗಿ mullaṅgi. = ಮೂಲಂಗಿ. Tbh. of ಮೂಲಕ. (My.; Tĕ.; T. ಮುಳ್ಳಂಗಿ).

ಮುಲ್ಲೆಗ mullĕga. = ಮೆಲ್ಲಿಗ, (ಮೊಲ್ಲಿಗ). A poor man (ದಾರಿದ್ರ Čt. I, 59, o. r. ಮೆಲ್ಲಿಗ).

ಮುವ್ muv. = ಮು, etc. Three. — ಮುವ್ವತ್ತು. -ಹತ್ತು. Thirty (My.). — ಮುವ್ವರು. Three persons (My.; B. 5, 146).

ಮುಶಲ mušala. = ಮುಸಲ. *A pestle;*—a mace, a club.

ಮುಶಲಿ mušali. = ಮುಸಲಿ. Armed with a club;—*Baladêva.* 2, *the house-lizard* (ಗೃಹಗೋಧಿಕ, ಗೃಹಪಿಕ, ಹಲ್ಲಿ Mr. 166). 3, *the plant Curcutigo orchioides* Roxb.

ಮುಶಲಿಕೆ mušalikĕ. *The house-lizard.* 2, an iguana (ಗೋಧ, ಉಡು Mr. 163).

ಮುಶಲ್ಯ mušalya. *Deserving to be pounded to death or to be put to death with a club.*

ಮುಶ್ರ mušira. The hot season; heat (ಗ್ರೀಷ್ಮ, ಬೇಸಗೆ Nn. 91). 2, a chowrie (ಚಮರ, ಚಾಮರ 91). 3, a throne (ಆಸನ, ಸಿಂಹಾಸನ 91). 4, buttermilk (ಮಥಿತ, ಮಜ್ಜಿಗೆ 91). 5, a staff, a club (ದಣ್ಡ, ಗದೆ 91).

ಮುಷಿತ mushita. = ಮುಷ್ಟ. *Stolen, robbed;*—bereft of, deprived of.

ಮುಷ್ಕ mushka. *A testicle* (ಅಣ್ಡ Hlâ.; ವೃಷಣ, ಲಿಂಗದ ಎಡೆಯ ಅಣ್ಡ Mr. 328). 2, *the scrotum or bag containing the testicles.* 3, the penis (ಲಿಂಗ, ಶಿಶ್ನ Nn. 117; ಮುಷ್ಟಿ 328; ಲಿಂಗ Mr. 514). 4, seizing, grasping, grasp, clenching (ಸಂಗ್ರಹ 328).

ಮುಷ್ಕಕ mushkaka. *A species of tree the ashes of which are used as a cautery* (=ಗೋಲೀಢ; see ಮೊಕ್ಕ).

ಮುಷ್ಕರ mushkara. Pertinaciousness, stubbornness, obstinacy, insolence (My.; Tĕ., T.; M.: strength; power; M. ಮುಷ್ಕು, strength, vigour; insolence, presumption; ಮುಱುಕ್ಕ, tightness; urgency, rigour, see ಮುಱುಕು 2 & 3; T. ಮುಱುಕ್ಕು, repugnance); ಮುಷ್ಕನ್, stout, stubborn, violent; M., T. ಮುಷ್ಕರನ್, a strong, self-willed, obstinate man; Sk. ಮುಹೀರ, a fool; *cf.* ಮುಸುಣ್ಡಿ?).

ಮುಷ್ಕರ mushkara. Having testicles; a man with large testicles.

ಮುಷ್ಕಿ mushki. = ಮುಸುಕಿ. The arms or feet as pinioned (Mhr., H. ಮುಸಕ್ಯಾ). — ಮುಷ್ಕಿ ಕಟ್ಟು. To pinion (My.).

ಮುಷ್ಕೀಲು mushkilu. Difficult, hard; a difficulty (My.; Mhr., H. ಮುಶಕೀಲ).

ಮುಷ್ಟ mushṭa. = ಮುಷಿತ. See ಪ್ರ-.

ಮುಷ್ಟಾಮುಷ್ಟಿ mushṭâ-mushṭi. = ಮುಟ್ಟಾಮುಟ್ಟಿ. Fist to fist: hand to hand fighting, fisticuffs (ಮುಷ್ಟಿಯಿಂ ಮುಷ್ಟಿಯಿಂ ಮೆಯ್ಯೊಡ್ಡಿ ಮಾಡುವ ಯುದ್ಧಂ Śmd. 220, o. r. ಮುಟ್ಟಾಮುಟ್ಟಿ; ನಿಯುದ್ಧ, etc., ಜಟ್ಟಿಗರ ಕುಸ್ತಿ, ಕೆಯ್ಯಾಳಗ Si. 294; Tĕ.).

ಮುಷ್ಟಿ mushṭi. The vomit nut, Strychnos nux vomica Lin. (Tĕ., also ಮುಸಿಡಿ, ಮುಸಿಣಿ, ಮುಸಿನಿ). 2, the plant dhṛiti (Mr. 150, o. r. ಮುಷ್ಟೆ). — ಮುಷ್ಟಿತಪ್ಪಲ. A climbing plant, Lettsonia uniflora Roxb. (Z.).

ಮುಷ್ಟಿ mushṭi. = ಮುಟ್ಟಿ. Stealing, filching, pilfering. 2, *the closed or clenched hand, the fist* (ಬಲಿದು ಹಿಡಿಗೆಯ್ದ ಕೆಯ್ Mr. 323). 3, *a fistful, a handful.* 4, *a hilt or handle of a sword, etc.* (ಬಿಲ್ಲ ನಡು Mr. 294). 5, the penis (ಮುಷ್ಕ Mr. 328). — ಮುಷ್ಟಿಗೆಯ್. To clench the fist, to close the hand. ಕೆಯ್ಯ ಮುಷ್ಟಿಗೆಯ್ದು ಆಳಿಯೆ ರಕ್ಷಿಯಿಕ್ಕು (Mr. 323). — ಮುಷ್ಟಿ ಹಿಡಿ. = ಮುಷ್ಟಿಗೆಯ್ (My.). ಕಪಿ ಮುಷ್ಟಿ ಹಿಡಿದ ಹಾಗೆ (Prv.).

ಮುಷ್ಟಿಕ mushṭika. *A goldsmith.* 2, N. of an asura. 3, a fight with fists. 4, a particular position of the hands.

ಮುಷ್ಟಿಕೆ mushṭikĕ. = ಮುಟ್ಟಿಗೆ, ಮುಷ್ಟಿಗೆ. The fist, the hand.

ಮುಷ್ಟಿಗೆ mushṭigĕ. Tbh. of ಮುಷ್ಟಿಕೆ. (Śmd. 338).

ಮುಷ್ಟಿಗ್ರಾಹ್ಯ mushṭi-grâhya. A grasp, a handful (ಹಿಡಿ Čt. II, 14).

ಮುಷ್ಟಿಘಾತ mushṭi-ghâta. A blow with the fist (Čpr. 5, after 76).

ಮುಷ್ಟಿತಾಡನ mushṭi-tâḍana. Striking with the fist. See ಗುದ್ದು.

ಮುಷ್ಟಿನಿಷ್ಪೀಡನ mushṭi-nishpîḍana. Pressing out with the closed hand. See ಹಿಣ್ಣು.

ಮುಷ್ಟಿಪ್ರಹರಣ mushṭi-praharaṇa. Striking at, or into, with the fist. See ತಿವಿ.

ಮುಷ್ಟಿಬನ್ಧ mushṭi-bandha. *Clenching the fist, closing the hand.* 2, a handful.

ಮುಷ್ಟಿಭ್ರಮಣ mushṭi-bhramaṇa. Whirling the fist. See ಮುರಿಪು.

ಮುಷ್ಟಿಯುದ್ಧ mushṭi-yuddha. A fight with fists, a pugilistic encounter. (Śśv. 4, 65; My.).

ಮುಸಕು musaku. = ಮುಸುಕು 1. (ವ್ಯಾಪಿಸು Čb.).

ಮುಸಗು musagu. = ಮುಸುಕು 1. ದೊಡ್ಡ ದೊಡ್ಡ ಗಿಡಗಳಿನ್ದ ಮುಸಗಲ್ ಪಟ್ಟ ಕಾಡುಗಳು (B. 5, 116).

ಮುಸಟೆ musaṭi. = ಮುಸುಟಿ, etc. — ಮುಸಟೆಯ ಚವುಡಿದೇವ. N. (Bp. 34, 47).

ಮುಸಡಿ musaḍi. = ಮುಸುಡು, etc. (My.).

ಮುಸದ್ದಿ musaddi. = ಮುತ್ಸದ್ದಿ. (My.; Tĕ.).

ಮುಸಱು musaṟu. = ಮುಸುಱು 1, etc. (My.).

ಮುಸಱೆ musaṟĕ. (ಮುಸರೆ). (That has been covered, etc.?): boiled rice, which is considered to be unclean by Mâdhva Brâhmaṇas, though they eat it and offer it to idols (My.). 2, the vessels in which anything has been boiled and which want cleansing (My.). ಮೂಸಿ ದ್ದಕ್ಕೆ ಹೆದಱದವಳು ಮುಸಱೆಗೆ ಹೆದಱ್ಯಾಳೇ? — ನಾಯಿ ಮುಟ್ಟಿದ ಗಡಿಗೆ ಮುಸಱೆಯಾದರೇನು? ಮಡಿಯಾದರೇನು? (Prvs.). See Prvs. s. ಸೊಕ್ಕು 2, ಹೇಸು 1. — ಮುಸಱೆಗಡಿಗೆ. A pot in which anything has been boiled and which has not yet been cleansed (My.).

ಮುಸಲ musala. 1. A Musalmân, a Mussulman (C.). ಮೂತು ಅಱಿಯದ ಮುಸಲ ಹಾಸುವ ಕವುದಿ ಒಯ್ದ (Prv.).

ಮುಸಲ musala. 2. = ಮುಶಲ. (ಒನಕೆ Mr. 209).

ಮುಸಲಕ್ರಿಯೆ musala-kriyĕ. Working with a pestle; pounding. See ಅವಲ್, ಕುಣುಕು, ಕುಮ್ಮು, ಮಿದಿ.

ಮುಸಲಘಾತ musala-ghâta. Striking with a pestle. See ಮಿದಿ.

ಮುಸಲಮಾನ musalamâna. = (ಮುಸಲ 1), ಮುಸಲ್ಮಾನ. A Mussulman (My.; B. 4, 8. 145; Mhr., H.).

ಮುಸಲಿ musali. = ಮುಶಲಿ, (ಬೊಸಳೆ). Balarâma (ಬಲ Mr. 503; ರಾಮ 504). 2, the house-lizard (ಗೃಹಗೋಧಿಕೆ, ಹಲ್ಲಿ Nr.); etc.

ಮುಸಲ್ಮಾನ musalmâna. = ಮುಸಲಮಾನ. (My.; B. 3, 33; 4, 180; Br.).

ಮುಸಾಫರ musâphara. A traveller (My.; Mhr., H. ಮುಶಾಫರ).

ಮುಸಾಫರಿ musâphari. Relating to travelling or travellers (My.; Mhr., H.).

ಮುಸಿ musi. = ಮೂಸೆ, etc. A crucible (B. 4, 106; ತೈಜಸಾವರ್ತಿನಿ G.).

ಮುಸು musu. 1. = ಬುಸ್, etc. — ಮುಸುಗುಟ್ಟು, -ಕುಟ್ಟು. = ಬುಸುಗುಟ್ಟು. To fume, etc. (My.; Tĕ. ಮುಸಮುಸಮುಸು).

ಮುಸು musu. 2. = ಮುಸುಕು 3, ಮುಸುವ. A large and black kind of ape (ಗೋಲಾಂಗೂಲ, ಕೃಷ್ಣವಕ್ತ್ರ Hlâ.; Mr. 161; Râm. 6, 30, 7. 16; Rśv. 11, 163; J. 21, 18. 33; T. ಮುಚು; M. ಮೊಚ್ಚೆ, a light coloured monkey).

ಮುಸುಕಿ musuki. = ಮುಷ್ಕಿ. (C.).

ಮುಸುಕು musuku. 1. = ಮುಸಕು, ಮುಸಗು, ಮುಸುಗು, ಮುಸುಂಕು 1 (Śmd. 48), (ಮೊಗಸು 3). To cover; to hide; to veil, to shroud;—to come, settle or fall upon, as flies, etc.; to close, to swarm or crowd together; to spread over or about (ಆವರಣ Śmd. Dh.; My.). ಮುಸುಕಿದುದು (ರೂಷಿತ, ಗುಣ್ಠಿತ Hlâ.; Nr.). ಮುಸುಕಿದ ಅಜ್ಞಾನ (ಮುಮೋಹ Mr. 488). ಕೆನ್ದೂಳ್ ಅಡರ್ದು, ನಭಮಂ ಮುಸುಕಿತು (J. 22, 5). ತುಮ್ಬಿಗಳ್ ಕಾರ ಮುಗಿಲನ್ತೆ ನವಪಾರಿಜಾತದ ಕುಸುಮ ಪರಿವುಲಕೆ ಸನ್ತತಂ ಮುಸುಕಲ್ (33, 20). See Čpr. 6, 73; Bp. 19, 81; 28, 6; 32, 34; 34, 6; 35, 9; 43, 11. 27; 46, 59; 49, 23; 53, 51; 54, 55; 57, 70; 58, 50. 61; 61, 12; Bh. 1, 10, 2; 2, 13, 9; Prll. 3, 24; Râghĕ. 17, 64; Rśv. 13, 17; Śśv. 5, 10; J. 2, 9; 4, 30. 34; 8, 6. 27. 29. 37. 49; 15, 4; 22, 1. 5. 17. 36. 38; 26, 6; 33, 18.

ಮುಸುಕು musuku. 2. = ಮುಸುಂಕು 2. Covering, hiding; a cover; a veil; a part of one's cloth thrown over the head (like a hood; ಆವರಣಭಾವ Śmd. Dh.; ಕುವರ, ಜವನಿಕೆ Bhn. 61; ಮುಸುಮ್ಬು Kk. 54, Śm. 62; My.; Tĕ. ಮುಸುಕು, ಮುಸುಂಗು). ಮುಸುಕಿಕ್ಕು (Bp. 12, 48). ಮುಸುಕಿಡು (Grj. 9, 68; J. 26, 10). See Bp. 28, 49; 43, 14; 47, 25; 51, 31; 58, 58; Bh. 8, 25, 31; ಮುಣ್ಡೆ-, ಮೇಲು-. — ಮುಸುಕಿನ ಜೋಳ. A kind of jôḷa, Indian corn (My.).

ಮುಸುಕು musuku. 3. = ಮುಸು 2, etc. (Râm. 6, 1, 10).

ಮುಸುಗು musugu. = ಮುಸುಕು 1, etc. (Grj. 5, 86; Bh. 8, 24, 18; Tĕ. ಮೂಗು). ಮುಸುಗಿರ್ದ ಪುಂತು ದುರ್ಗುಣವೆಮ್ಬ ಕಳೆಯ ಕಿತ್ತು (Sarvabhûshaṇa in B. 5, 319).

ಮುಸುಂಕು musuṅku. 1. = ಮುಸುಕು 1 (Śmd. 48), etc. ಮುಸುಂಕಿದರ್ಥಂ (ಶಾಸಣಿ Čt. II, 53). See Čpr. 1, 92; 7, 82; Grj. 2, after 106; 5, after 86; Rśv. 6, after 11; 8, 99; 9, 7. 12; 11, 18; 13, after 71.

ಮುಸುಂಕು musuṅku. 2. = ಮುಸುಕು 2. — ಮುಸುಂಕುಗತ್ತಲೆ. -ಕತ್ತಲೆ. Overspreading darkness (Grj. 4, 73).

ಮುಸುಟಿ musuṭi. = ಮುಸಟಿ, ಮುಸುಟಿ No. 2. N. of a town (Bp. 32, 5). — ಮುಸುಟಿಚವುಡಯ. N. (Bp. 32, 9). — ಮುಸುಟಿಚವುಡಯ್ಯ. N. (Bp. 32, 11; 47, 34; 61, 8). — ಮುಸುಟಿಚಾವುಣ್ಡರಾಯ. N. (Bp. 32, 1). — ಮುಸುಟಿಯ ಚವುಡಿದೇವಯ್ಯ. N. (Bp. 58, 5). — ಮುಸುಟಿಯ ರಾಯ. N. (Bp. 32, 23. 59).

ಮುಸುಟೆ musuṭĕ. The elephant-creeper, Argyreia speciosa Sweet. ಜುಕ್ಷಗನ್ಧೆ, ಛಗಲಾನ್ತ್ರಿ, ಆವೇಗಿ, ವೃದ್ಧದಾರಕ, ಜುಂಗ Nr.; T. ಮುಚುಟ್ಟೆ, Ipomoea candicans Rottl.; ಬೇಯ್-, Convolvulus speciosus Lin.). 2, = ಮುಸುಟಿ. — ಮುಸುಟಿಚವುಡಯ್ಯ. N. (Bp. 46, 43). — ಮುಸುಟಿಯ ಚವುಡರಾಯ. N. (Bp. 46, 45).

ಮುಸುಡಿ musuḍi. = ಮುಸುಡು, etc. (My.).

ಮುಸುಡು musuḍu. = ಮುಸಡಿ, ಮುಸುಡಿ, ಮುಸುಳಿ (ಮೂತಿ, ಮೋಱೆ). The face; the mouth; the snout, the muzzle; the nose or nostrils of a horse (ಮೊಗ Šm. 71; ಪ್ರೋಥ, ಘೋಣೆ Hlâ.; My.; T. ಮೂಂಜ; Tĕ. ಮೂತಿ; M. ಮುಗಱು, ಮುಚ್ಚಿ, ಮುಞ್ಞಿ, ಮೊಞ್ಞಿ, ಮೂಜ್ಜು, ಮೊತ್ತಿ, ಮೋಸ್ತಿ; Mhr. ಮುಸಕಡ; *cf.* ಮೂಗು; see ಮೋಱೆ). ಕುದುರೆಯ ಮುಸುಡು (ಗೋಣ, ಪ್ರೋಥ Mr. 274). ಆನೆಮುಸುಡಿನ ನೆಗಡು (ನಕ್ರ, ಕುಮ್ಭೀರ Nr.). See Bp. 3, 85; 5, 30; 21, 18; 32, 27; 38, 17; 39, 64; 40, 68; 46, 64; 47, 11. 46; 53, 64; 55, 16; 59, 10; 61, 13; Bh. 2, 13, 42. 44; Rŝv. 11, 163; Šŝv. 4, 11; J. 16, 22; ಬಲ್-.

ಮುಸುಣ್ಡಿ musuṇḍi. (=ಮೊಸಣ್ಡಿ). A crooked, perverse, rude person; a coward (My.; T. ಮುಜುಡ, ಮುಟುಣ್ಡಿ, which Rottler derives from ಮುಸು, ape).

ಮುಸುಣ್ಡಿ musuṇḍi. A kind of weapon (Hlâ. MS. instead of ಮುಟುಣ್ಡಿ; T.; Abh. P. 13, after 76; Râm. 3, 6, 9).

ಮುಸುಣ್ಡಿತನ musuṇḍitana. Crookedness, perverseness; cowardice (My.).

ಮುಸುಮ್ಬು musumbu. (Šmd. 48, o. r. ಮುಸುಮ್ಬೆ). A cover, a veil (ಮುಸುಕು Kk. 54; Šm. 62; Čpr. 7, 114).

ಮುಸುಮ್ಬೆ musumbĕ. = ಮುಸುಮ್ಬು, q. v.

ಮುಸುಱ್ musuṟ. ಮುಸುಱು. 1. = ಮುಕೆಱು, ಮುಕ್ಕುಱು1, ಮುಸುಱು, ಮುಸಱು. To cover; to hide; to go upon; to come, settle or fall upon, to cover, as flies, crows, etc.; to swarm or crowd together (ಸಂಛನ್ನ Šmd. Dh.; Abh. P. 2, 15; Tĕ.). P. p. ಮುಸುಱಿ (Čpr. 5, after 64; Abh. P. 3, 139; 10, after 201; Grj. 2, after 106). ಮುಸುಱ್ವುದವೆ ನೆಱೆ ಮುಕ್ಕುಱಿದ್ದಕ್ಕು (Kk. 79, o. r. ಮುಸುಕುವದಳೆ).

ಮುಸುಱ್ musuṟ. ಮುಸುಱು. 2. A cover, a veil (ಕೊಪ್ಪರಿ Ŏt. I, 38, MS. ಮುಸುರ್). — ಮುಸುಱುಗಟ್ಟು. -ಕಟ್ಟು. A cover to form (over the eye by rheum, My.).

ಮುಸುಱುಹ musuṟuha. Covering, etc. ಮುಕ್ಕುಱಿಸ್ದು, ಮುಸುಱುಹಂ (Šmd. II).

ಮುಸುವ musuva. = ಮುಸು 2, etc. (My.; see ಕೊಣ್ಡ-).

ಮುಸುಳಿ musuḷi. = ಮುಸುಡು, etc. (ಕಕುದ Nn. 148).

ಮುಸುಳು musuḷu. The state of being covered: disguise, deception (J. 6, 84).

ಮುಸ್ತ musta. *A species of grass, Cyperus rotundus* Lin. *and its root* (see ಕೇವಟಿ). See ಮುಳ್ಳು-.

ಮುಸ್ತಕ musṭaka. *A species of grass, Cyperus rotundus* Lin.

ಮುಸ್ತಾಭ musta-âbha. The grass Cyperus hexastachyus Rottl. — ಮುಸ್ತಾಭಪೂರಣ. A ball made of the roots of Cyperus fried in ghee and mixed with rice-flour, sugar, etc., given especially to Varâha svâmi (Vishṇu)'s idol as an offering (My.).

ಮುಸ್ತಿ musti. = ಮುಸ್ತ. See Nr. s. ಕೇವಟಿ.

ಮುಸ್ತೆ mustĕ. *Cyperus rotundus* Lin. *and its root.* See ಭದ್ರ-.

ಮುಸ್ತೈದು mustaidu. Prepared, ready (My.; Br., H.; ಸಿದ್ಧ, ತಯಾರ G.; ತಯಾರ ಮಾಡಿದು Ŏb.).

ಮುಹಗ್ಗಳ muhaggaḷa. A certain feat of wrestlers (Čpr. 5, 77).

ಮುಹಡ muhaḍa. A certain feat of wrestlers (Čpr. 5, 77).

ಮುಹುರ್ muhur. = ಮುಹುಸ್. (Šmd. 99).

ಮುಹುರ್ದೃಷ್ಟ muhus-dṛishṭa. *Repeatedly seen, well known* (ಮಗುಟೆ ಮಗುಟೆ ಕಣ್ಡುದು Hlâ.).

ಮುಹುರ್ನಿರೀಕ್ಷಣ muhus-nirikshaṇa. (Šmd. 99). Looking at repeatedly.

ಮುಹುರ್ಭಾಷೆ muhus-bhâshĕ. *Repeating what is said, tautology.*

ಮುಹುರ್ಮುಹುಸ್ muhus-muhus. At every moment, repeatedly, again and again (My.).

ಮುಹುಸ್ muhus. In a moment;—for a moment. 2, *at every moment, repeatedly* (ಮತ್ತೆ ಮತ್ತೆ Mr. 430).

ಮುಹೂರ್ತ muhûrta. 1. A moment, an instant, any short space of time; time (J. 29, 12; My.). 2, the fit time (Bp. 53, 32; My.). 3, *the thirtieth part of a day and night, a period or hour of 12 kshaṇas or 48 minutes.* 4, the twelfth part of a day and night (My.). ಇದೆ ಇದೆ ಸಾರ್ಕೆ ಸಾರ್ಕೆ! ಗಣಕಾವಳಿ ಪೇಳ್ದ ಮೂಹೂರ್ತಂ! (Šmd. 231). See Prv. s. ಕುಣ್ಡೆ.

ಮುಹೂರ್ತ muhûrta. 2. Tbh. of ಮೂರ್ತ. A form: a sitting posture. — ಮುಹೂರ್ತಗೊಳ್ಳು. -ಕೊಳ್ಳು. To sit down (My.).

ಮುಹೂರ್ತಿಕ muhûrtika. An astrologer (Abh. P. 4, after 24).

ಮುಳ್ mul. 1. = ಮುಳ, ಮುಳು, ಮುಳ್ಳ, ಮುಳ್ಳು. A thorn; a pointed thing, as a prickle, a sting, a spur, the hand of a clock, the tongue of a balance, etc. (ಕಣ್ಟಕ Nn. 39. 81. Mr. 334; T., M.; Tĕ. ಮುಲು, ಮುಲ್ಲು; *cf.* ಮುನ್ 2, ಮೊನೆ 1, ಮೊಳೆ 2). ಮುಳ್ಗಿ (Šmd. 139). ಮುಳ್ಳಾಗಿ (84, o. r. ಮುಳ್ಳಂ). ಮುಳ್ಗಳ್ (Rŝv. 5, 118; 13, 19). ಎಯ್ಯ ಮೃಗದ ಮುಳ್ (ಶಲ Mr. 164). See Čpr. 5, after 64; Bp. 15, 11; 31, 3; 51, 66; 55, 44. — ಮುಳ್ಕೀರೆ. The plant Amaranthus spinosus (My.). — ಮುಳ್ಗತ್ತಿಗೆ. -ಕತ್ತಿಗೆ. A knife for cutting thorns (V. 11, 61). — ಮುಳ್ಪುಗು. The entering of a thorn (Čpr. 6, 38). — ಮುಳ್ಮುತ್ತಗ. = ಮುಳ್ಳುಮುತ್ತಗ, etc. (ವಂಶ, ಮುಳ್ಳುಮುತ್ತಗ Nn. 54, o. r. -ಮುತ್ತುಗ). — ಮುಳ್ಮುತ್ತುಕ. = ಮುಳ್ಮುತ್ತುಗ. (J. 23, 40). — ಮುಳ್ಮುತ್ತುಗ. = ಮುಳ್ಮುತ್ತಗ. See ಮುಳ್ಮುತ್ತಗ & ಮುಳ್ಳುಮುತ್ತ. — ಮುಳ್ಮುಱಿ. A thorn (to enter and) break (Râm. 6, 45, 15; My.). — ಮುಳ್ವೆರಸು. -ಬೆರಸು. To be full of thorns, to have thorns. ಮುಳ್ವೆರಸಿದ ಗುಱುಱುಗೊಮ್ಬು (ಶಬಲೆ Šmd. I). — ಮುಳ್ಳಿಡಿ. -ಇಡಿ. Thorns to abound (J. 10, 24). — ಮುಳ್ಳಿಱ್. -ಇಱ್. To cause a thorn to enter, to run a thorn into (Bp. 51, 34).

ಮುಳ್ mul. 2. (= ಮುಳಿ 1). To be irritated, to be vexed or annoyed, to become angry (ಕಣ್ಟಕ Šmd. Dh.). ಮುಳ್ದು, ಛತ್ರಪ್ರೇಹಿಯಂ ಕೊಲವೇಳ್ದು (Bp. 61 sum.). 2, to prick, to sting (see ಮುಳುಹು).

ಮುಳ mula. = ಮುಳ್ 1, etc. — ಮುಳಗಳ್ಳಿ. = ಮುಳ್ಳುಗಳ್ಳಿ. (ಸುಧ, ಸುಧೆ Ŏb.).

ಮುಳಿ muḷi. 1. (= ಮುನಿ 1, ಮುಳ್ 2). To grow passionate, angry, etc. (ಕೋಪ Šmd. Dh.; My.). See Čpr. 7, 67. 148; Bp. 18, 40; 27, 54; 28, 14; 46, 19; 47, 27; 50, 24; 55, 38; Bh. 1, 10, 36; 8, 23, 21; Rŝv. 11, 10; 13, 26; J. 3, 4; 7, 35; 8, 37. 40. 42. 43; ಕಡು-.

ಮುಳಿ muḷi. 2. = ಮೊಳೆ 2. A germ: a cause (My.).

ಮುಳಿಯಿಸು muḷiyisu. To cause to become angry (ಕೋಪ Śmd. Dh.).

ಮುಳಿಸು muḷisu. (= ಮುನಿಸು). Anger, passion (ಮುನಿಸು, etc., ಕೋಪ Ćt. II, 27; ಕನಲ್ಕೆ, etc., ಕೋಪ Kk. 43; ಮುನಿಸು, ಕಿಸುಗಣ್ಣು ಸೆಣಸು, etc., ಕೋಪ Śm. 39; My.). ಭಯದಿನ್ದಂ ಮುಳಿಸಿನ್ದಂ ಸ್ಮಯದಿನ್ದಂ (Śmd. 131). ಮುನಿಸಲ್ತೆಮುಗಾತನೊಳ್ ಆವ ಪಾಂಗಿನಿಂ (290, o. r. ಮುನಿಸಿಲ್ಲೆ-). See Ćpr. 5, 49; Abh. P. 10, 21. 94; Grj. 3, 48; Bp. 3, 61; 18, 43; 21, 44; 22, 48; 40, 58; 47, 22. 27; 49, 38; 54, 30; 55, 30; 60, 26; Śśv. 1, 46; V. 4, 6; J. 2, 5. — ಮುಳಿಸನ್ದೋಱು. -ತೋಱು. To show anger (Abh. P. 10, after 18). — ಮುಳಿಸು ತಿಳಿ. Anger to be appeased (Bp. 47, 28). — ಮುಳಿಸು ತಿಳುಹು. To appease anger (Bp. 47, 27).

ಮುಳು muḷu. = ಮುಳ್ 1, etc. A thorn. ಕಲು ಮುಳುಗಳ್ (Bh. 1, 8, 93). — ಮುಳುಗತ್ತಿ. -ಕತ್ತಿ. A knife for (cutting) thorns (Bp. 20, 12). — ಮುಳುದೊಡಕು. -ತೊಡಕು. Entanglement of thorns, entangling thorns (Bh. 3, 13, 29). — ಮುಳುಮುತ್ತ. = ಮುಳ್ಳುಮುತ್ತಗ, etc. (ಪಲಾಶ, ಮುತ್ತಗ Nn. 147, o. r. ಮುಳ್ಮುತ್ತುಗ). — ಮುಳುಮೊನೆ. The point of a thorn (Bh. 1, 6, 6). — ಮುಳುವೆಟ್ಟು. -ಪೆಟ್ಟು. A stroke with thorns (Bh. 3, 21, 15). — ಮುಳುವೇಲಿ. -ಬೇಲಿ. A hedge of thorns (Bh. 3, 18, 26).

ಮುಳುಹು muḷuhu. Pricking, stinging, goading; —a goad (ಪ್ರಾಜನ Mr. 371). — ಮುಳುಹುಗೋಲ್. -ಕೋಲ್. A goad (ಪ್ರತೋದ, ಪ್ರಾಜನ, ತೋತ್ರ Hlâ.).

ಮುಳ್ಳ muḷḷa. = ಮುಳ್ 1, etc. The hand of a clock (B. 5, 181).

ಮುಳ್ಳು muḷḷu. = ಮುಳ್ 1, etc. A thorn, etc., (C.), a fork (B. 5, 284). ಎಯ್ಯ ಮುಳ್ಳು (ಶಲಲ, ಶಲ Hlâ., Nr.). ಧಾನ್ಯದ ಮುಳ್ಳು (ಕಿಂಶಾರು, ಶಸ್ಯಶೂಕ); ಧಾನ್ಯದ ತುದಿಯ ಮುಳ್ಳು (ಕಿಂಶಾರು, ಧಾನ್ಯಶೂಕ Nr.). ಒಳ್ಳೆಯನಿರದ ಊರು, ಕಳ್ಳನೊಡನಾಟವೂ, ಸುಳ್ಳನ ಮಾತಿವು ಮೂಱು ಕೆಸಱೊಳಗೆ ಮುಳ್ಳು ತುೞಿದನ್ತೆ (Sp.). ಗಡಿಯಾರದ ತಗಡಿನ ನಡುವೆ ಸಣ್ಣದೊನ್ದು ದೊಡ್ಡದೊನ್ದು ಎರಡು ಮುಳ್ಳುಗಳು ಹಚ್ಚಿರುತ್ತವೆ (B. 3, 87). ಮುಳ್ಳು ತೆಗದು, ಕೊಳ್ಳಿ ಹೆಟ್ಟಿದ ಹಾಗೆ.—ಅಂಗಾಲಿನ ಮುಳ್ಳು ತೆಗಿಯುವದಕ್ಕೆ ಕೊಡಲಿ ಬೇಕೇ? (Prvs.). — ಮುಳ್ಳಂಕೋಲೆಗಿಡ. -ಅಂಕೋಲೆ-. The herb Barleria longiflora Lin. (St. & Pl.). — ಮುಳ್ಳಪನ್ದಿ. A porcupine (Śśv. 4, 17). — ಮುಳ್ಳಾವಿಗೆ. -ಆವಿಗೆ. A wooden shoe in the inside of which thornlike nails are fixed, worn by devotees of Śiva and Vishṇu (My.). — ಮುಳ್ಳಿಡು. -ಇಡು. Horripilation to take place. ಅವನ ಮೆಯ್ ಮುಳ್ಳಿಟ್ಟು (B. 5, 71). — ಮುಳ್ಳು ಅಟ್ಟೆ. The shrub Capparis aphylla Roxb. (ಕರೀರ, ಕ್ರಕರ, ಗ್ರನ್ಥಿಲ Si. 140). — ಮುಳ್ಳು ಕಲ್ಲು. Thorns and stones. ಮುಳ್ಳು ಕಲ್ಲು ಇದ್ದ ಹಾದಿ (ವ್ಯಧ್ವ G.). — ಮುಳ್ಳುಗಳ್ಳಿ. -ಕಳ್ಳಿ. The prickly pear, Opuntia dillenii Haw. (St. & Pl.). 2, a thorny and milky shrub or tree, Euphorbia nivulia Ham. (Z.). — ಮುಳ್ಳುಗಿಡ. A thorny shrub or tree (B. 3, 66; ಕರೀರ Si. 450). — ಮುಳ್ಳುಗೆಣಸು. A prickly kind of yam, Dioscorea tomentosa Spr. (St. & Pl.). — ಮುಳ್ಳುಗೊಗ್ಗಿ. -ಕೊಗ್ಗಿ. A shrubby plant of a greyish hue, Indigofera argentea Lin. (Z.; My.). 2, = ಕೊಗ್ಗಿಗಿಡ (Z.). — ಮುಳ್ಳುಗೋರಟೆ. = ಮುಳ್ಳುಗೋರಣ್ಟೆ No. 2. (Z.). — ಮುಳ್ಳುಗೋರಣ್ಟ. The shrub Barleria cristata Lam. (—buxifolia Roxb., ಸೈರೇಯಕ, ಝಿಣ್ಟಿ Si. 140). ಕೆಮ್ಪು ಹುವ್ವಿನ ಮುಳ್ಳುಗೋರಣ್ಟ (ಕುರವಕ 140). — ಮುಳ್ಳುಗೋರಣ್ಟೆ. = ಮುಳ್ಳುಗೋರಣ್ಟ. (ಸೈರೇಯಕ, ಝಿಣ್ಟಿ Nr.). ಕೆಮ್ಪಿನ ಮುಳ್ಳುಗೋರಣ್ಟೆ (ಕುರವಕ); ಅರಿಸಿನಬಣ್ಣದ ಮುಳ್ಳುಗೋರಣ್ಟೆ (ಕುರಣ್ಟಕ, ಸಹಚರಿ, ಪೀತಝಿಣ್ಟಿ Nr.). 2, = ಮುಳ್ಳುಗೋರಟೆ, a small prickly shrub with yellow flowers, Barleria prionitis Lin. (St. & Pl.). — ಮುಳ್ಳುಗೋಲು. -ಕೋಲು. A goad for driving cattle; a spear tipped with iron (ಶಲ್ಯ, ಶಂಕು Si. 290; ಪ್ರಾಜನ, ತೋದನ, ತೋತ್ರ 302). — ಮುಳ್ಳುಜಾಗನ ಗಡ್ಡೆ. A perennial creeping plant forming large roundish prickly heads of flowers close to the earth, Lepidagathis cristata Willd. (Z.). — ಮುಳ್ಳುಜಾಜಿ. Different kinds of small shrubs of the genus Barleria, *e. g.* ಅರಸಿನಮುಳ್ಳುಜಾಜಿ = ಮುಳ್ಳುಗೋರಣ್ಟೆ No. 2; others are B. dichotoma and buxifolia (Z.). — ಮುಳ್ಳುಬೇಲಿ. A thorn hedge (My.). — ಮುಳ್ಳುಮದರಂಗಿ. = ಮುಳ್ಳುಗೋರಣ್ಟೆ No. 2. (St. & Pl.). — ಮುಳ್ಳುಮುತ್ತಗ. = ಮುಳ್ಮುತ್ತಗ, ಮುಳ್ಮುತ್ತುಕ, ಮುಳ್ಮುತ್ತುಗ, ಮುಳ್ಳುಮುತ್ತುಕ, ಮುಳ್ಳುಮುತ್ತುಗ, (ಮುಳ್ಳುಮುತ್ತಲ). The tree Andersonia rohitaka Roxb. (ರೋಹಿ, ರೋಹಿತಕ, ಪ್ಲೀಹಶತ್ರು, ದಾಡಿಮಪುಷ್ಪಕ Nr.; ರೋಹಿಣದ ಮರ Nr.; My.; see Nn. s. ಮುಳ್ಮುತ್ತಗ; Tē. ಮುಲುಮೋದುಗ, Anders. rohitaka). — ಮುಳ್ಳುಮುತ್ತಲ. A thorny tree with corky bark and scarlet flowers, Erythrina suberosa Roxb. (Z.). 2, the tree Jonesia asoka Roxb. (ಅಶೋಕ G.). — ಮುಳ್ಳುಮುತ್ತುಕ. = ಮುಳ್ಳುಮುತ್ತಗ. (ರೋಹಿ, ರೋಹಿತಕ, etc. Si. 133; My.). — ಮುಳ್ಳುಮುತ್ತುಗ. = ಮುಳ್ಳುಮುತ್ತುಕ. (Si. 133; My.). — ಮುಳ್ಳುಮುಸ್ತ. A spinous shrub, Canthium parviflorum Lam. (St. & Pl.). — ಮುಳ್ಳುಮೊಗ. = ಮುಳ್ಳುನೋೞ್. (My.). — ಮುಳ್ಳುಮೊನೆ. The point of a thorn (J. 26, 6; My.). ಮುಳ್ಳುಮೊನೆಯಷ್ಟು ಆಸ್ಪದ ಕೊಡದವನ ತಳ್ಳಿಗೆ ಹೋಗ ಬೇಡ (Prv.). ಸಿದ್ಧರಿಗೆ ಯೋಗವನು, ಬುದ್ಧಿವನ್ತಗೆ ಮತಿಯ, ಬಿದ್ದಿದ್ದಡವಿಗೆ ಕಿಚ್ಚನು, ಮುಳ್ಳುಮೊನೆ ತಿದ್ದಿದವರಾರು? (Sp.). — ಮುಳ್ಳುಮೋೞ್. A pock-marked face (My.). — ಮುಳ್ಳುಲಗಾಮು. A rough bit (My.). — ಮುಳ್ಳುಸವುತೆ. The common cucumber, Cucumis sativus Lin. (St. & Pl.; My.). — ಮುಳ್ಳುಸಾವನ್ತಿಗೆ. = ಮುಳ್ಳುಸೇವನ್ತಿಗೆ. (My.). — ಮುಳ್ಳುಸೀಗೆ. A kind of fragrant plant (ಜನಿ, ಜತೂಕೆ, ರಜನಿ, ಜತುಕೃತ್, ಚಕ್ರವರ್ತಿನಿ, ಸಂಸ್ಪರ್ಶೆ Nr.; see ಕೋರಿನ್ದೆ). — ಮುಳ್ಳುಸೇವನ್ತಿಗೆ. A kind of white rose, Rosa glandulifera (ತರಣಿ G.; My.). — ಮುಳ್ಳುಹನ್ದಿ. A porcupine (My.). ಮುಳ್ಳುಹನ್ದಿಯ ಕೂದಲು (ಶಲಲ, ಶಲ, etc. Si. 168). — ಮುಳ್ಳುಹರಿವೆ. A common weed, Amarantus spinosus Lin. (Z.; My.). — ಮುಳ್ಳುಹುೞು. A scorpion (ಶೂಕಕೀಟ, ವೃಶ್ಚಿಕ Si. 405, *only* in Si.).

ಮುೞಿಕ muḻaka. = ಮುೞುಗ, ಮುೞುಕ, etc. A plunger, a diver. See ಮುೞ್ಗು-.

ಮುೞಿಗಿಸು muḻagisu. = ಮುೞುಗಿಸು, etc. (My.).

ಮುೞಿಗು muḻagu. 1. = ಮುೞ್ಗು, etc. ವಾರುಣಿಯನ್ ಒಲಿದು ಮುಟ್ಟದ ಕಾರಣದಿಂ ಮುೞುಗುವನ್ತೆ, ತನ್ನಯ ಕಳೆಯಂ ನೀರೊಳ್ ಅಲೆವನ್ತೆ ಪಶ್ಚಿಮವಾರುಧಿಯೊಳ್ ಮಗ್ನನಾದನ್ ಅಮೃತಕರಂ (Lilv. 8, 6).

ಮುೞಿಗು muḻagu. 2. = ಮುೞುಗು 1, etc. (My.). ಯಾವಾಗಲೂ ಮುೞಿಗಿ ಕೊಣ್ಡಿರುವ ಮೀನು (ಮದ್ಗುರ Si. 87). ಮುೞಿಗೋಣ (ಮಜ್ಜನ Ćb.).

ಮುೞಿಗು muḻagu. 3. = ಮುೞುಗು 2, etc. (My.).

ಮುೞಿವು muḻavu. = ಮುೞುವು. (B. 5, 66; M. ಮುೞ್, vexation, trouble).

ಮುೞಿಗಿಸು muḻigisu. = ಮುೞಿಗಿಸು, etc. (My.).

ಮುೞಿಗು muḻigu. = ಮುಳುಗು 1, etc. (Bp. 50, 5; My.).

ಮುೞಿಂಕು muḻiṅku. = ಮುಳುಗು 1, etc. (Čpr. 5, 59; 9, after 56).

ಮುೞುಕ muḻuka. = ಮುಳಕ etc., ಮುಳುಗ. See ಮುಣ್ಡು-.

ಮುೞುಕು muḻuku. 1. = ಮುಳುಗು 1, etc., ಮುಳುಂಕು q. v. (Šmd. Dh.; Bp. 59, 17). — ಮುಳುಕಾಡು. -ಆಡು. = ಮುಳ್ಕಾಡು. To immerse one's self repeatedly or playfully (Čpr. 3, 37).

ಮುೞುಕು muḻuku. 2. = ಮುಣುಗು 2, etc. (My.; T. ಮುಳುಕ್ಕು; Tĕ. ಬುಡುಕ, ಮುಣಕ, ಮುನಕ, ಮುನುಕ).

ಮುೞುಗ muḻuga. = ಮುಳುಕ, etc. See ಗಣ್ಡು-, ಗುಣ್ಡು-.

ಮುೞುಗಿಸು muḻugisu. = ಮುಣುಗಿಸು, etc. To immerse (v. t.); to dip, to plunge; to bathe (v. t.);—to ruin (My.; Tu. ಮುರ್ಕಾವು). ಅರಸನ ರಾಜ್ಯವನ್ನು ಮುಳುಗಿಸಿ ಬಿಟ್ಟನು (B. 4, 146). ಕಟ್ಟಿಗೆಯ ಅಕ್ಷರಗಳನ್ನು ಕೆತ್ತಿಸಿ, ಅವನ್ನು ಒನ್ದು ತರದ ಜಗಟನ್ನ ರಸದೊಳಗೆ ಮುಳುಗಿಸಿ (4, 207). ಕೆಲವರಿಗೆ ಒಳಿತು ಮಾಡುವವಳಕ್ಕೋಸ್ಕರ ಕೆಲವರಿಗೆ ಮುಳುಗಿಸಿದನ್ತೆ ಆದೀತು (5, 112). ಬೊಬ್ಬಿಱಿದುದು ಸೇನೆ, ನಿಮಿಷಕೆ ಮೊಬ್ಬು ಮುೞುಗಿಸಿತೀ ಬಲವಂ (Bh. 8, 23, 20). ವಿಷದ ಕುಮ್ಬಳಕಾಯ ತನ್ದದನ್ ಅಸಮ ಬಹುತೀರ್ಥದಲಿ ಮುೞುಗಿಸೆ ವಿಷವೆಮ್ಬುದು ಹೋಗಿ, ಸೀಕಾಯಹುದೇ? (Jns. 22, 29).

ಮುೞುಗು muḻugu. 1. = ಮುಣಗು, ಮುಣೆಗು, ಮುಣುಗು 1, ಮುಳಗು 2, ಮುೞಿಗು, ಮುೞುಕು 1, ಮುೞುಂಕು, ಮುಳುಂಕು, ಮುೞುಂಗು, ಮುೞ್ಕು. To go or sink under water; to sink; to become plunged in a liquid; to immerse one's self, to dive, to to dip; to set, as the sun, etc.;—to be ruined (ನಿಮಗ್ನ Šmd. Dh., the MSS. wavering between ಮುೞುಗು and ಮುಳುಗು; My.; T.; T. also ಮೂೞ್ಗು; Tu. ಮುರ್ಕು; M. ಮುಙ್ಙು, ಮುಙ್ಙು, to immerse, v. t., etc.). ಹಿರಿದು ಪಾಪವ ಮಾಡಿ, ಹರಿವ ನೀರೊಳು ಮುೞುಗೆ ಕರಗೊಡೇ ಪಾಪ? (Sp.). ಮೆಲ್ಲ ಮೆಲ್ಲನೆ ತರಣಿ ಮುೞುಗಿದಂ ಪಡುಗಡಲೊಳ್ (J. 26, 5). ಹೊತ್ತು ಮುಳುಗಲು ಬಾಡಿ ಬಚ್ಚಿಡುವದೆಲ್ಲ (an umbrella, Bēḍagu čaupadi). ಮೀನು ನೀರಿನಲ್ಲಿ ಮುಳುಗಿದರೆ ಸ್ನಾನದ ಫಲ ಬನ್ದೀತೇ? (Prv.). See Čpr. 7, 139; 8, 88; Bp. 42, 2; 49, 89; 52, 15. 7; Rśv. 5, 45; 6, 6; J. 3, 39; Si. 254; B. 2, 45; 4, 31; 5, 242. 294.

ಮುೞುಗು muḻugu. 2. = ಮುಳುಕು 2, etc. (My.).

ಮುೞುಂಕಿಸು muḻuṅkisu. = ಮುಳುಗಿಸು, etc. (Bp. 27, 65).

ಮುೞುಂಕು muḻuṅku. = ಮುಳುಗು 1, etc. (ಜಲನಿಮಜ್ಜನ Šmd. Dh.; Čpr. 8, 31). ನೀರೊಳಗೆ ಮುೞುಂಕೆ ಸರ್ವ ಪಾಪಕ್ಷಯವಾಗಲೆನ್ದು ಮಾಡುವ ಜಪವು (ಅಘಮರ್ಷಣ Nr.).

ಮುೞುಂಗು muḻuṅgu. = ಮುಳುಗು 1, etc. ಮುೞುಂಗಿದಂ (ಅದ್ದಿಂ Šmd. I, o. r. ಮುಳುಂಗಿದಂ). ನೀರೊಳ್ ಮುೞುಂಗಿದಂ (ಅದ್ದಿಂ I, o. r. ಮುಳುಂಗಿದಂ). See Čpr. 7, 148; Grj. 1, 28; Rśv. 6, after 24; 12, 12; 13, 48. — ಮುೞುಂಗಾಡು. -ಆಡು. To immerse one's self repeatedly or playfully, etc. (Č. Bp. 32, 40; 47, 6).

ಮುೞುವು muḻuvu. = ಮುಳುವು. Ruin, loss. ನಿನ್ನ ಜಟಮಾರಿತನವೇ ನಿನಗೆ ಮುಳುವು ಆಯಿತು (B. 2, 50). ಯಾವ ಕೋಡುಗಳ ಬಗ್ಗೆ ನನಗೆ ಬಹಳ ಗರ್ವ ಬನ್ದಿತ್ತೋ, ಆ ಕೋಡುಗಳೇ ಕಡೆಗೆ ನನ್ನ ಪ್ರಾಣಕ್ಕೆ ಮುಳುವು ಆದವು (3, 19). ಜಾಣರು ಮೋಸಹೋಗದೆ, ಧೂರ್ತರ ಹಂಚಿಕೆಗಳು ಅವರಿಗೇ ಮುಳುವಾಗುವನ್ತೆ ಮಾಡುತ್ತಾರೆ (4, 19).

ಮುೞ್ಕು muḻku. = ಮುಳುಗು 1, etc. — ಮುೞ್ಕಾಡು. = ಮುಳುಕಾಡು. (Čpr. 4, 54; Abh. P. 3, after 133; 14, 59).

ಮುೞ್ಗು muḻgu. = ಮುಗ್ಗು 1, ಮುಳುಗು 1, ಮೊೞ್ಗು 1. To fall, to fall down (ಬೀೞ್ Šmd. I; ಪತನ Šmd. Dh.; Čpr. 5, 22). 2, to make obeisance (ಪೊಡಮಡು Šmd. I).

ಮುೞ್ತಗ muḻtaga. = ಮುತ್ತಗ, etc. (ಒನ್ದು ಮರಂ Šmd. I).

ಮುೞ್ತುಗ muḻtuga. = ಮುತ್ತುಗ, etc. (ಪಲಾಶವೃಕ್ಷ Ši.).

ಮೂ mū. 1. = ಮು, etc., ಮೂಱು (Šmd. 222). Three (T.). — ಮೂಗಣ್ಡುಗ. -ಕಣ್ಡುಗ. Three kaṇḍugas (My.). — ಮೂಗನ್ದಾಯ. -ಕನ್ದಾಯ. The three spaces of four months (in astrology, My.). — ಮೂಗಳ. -ಕಳ. Three kaḷas or kōḷagas (My.). ಉಪ್ಪಿಲ್ಲದೆ ಮೂಗಳ ಗಂಜೀ ಕುಡಿಯುವವನಿಗೆ ಉಪ್ಪಿದ್ದರೆ ನಾಗಳವೂ ಸಾಲದು (Prv.). — ಮೂಗಾವುದ. (Šmd. 223; My.). Three leagues. ಮೂಗಾವುದಮಂ ನಡೆದಂ (157). — ಮೂಗೆಯ್. -ಕೆಯ್. (Šmd. 223). Three hands; three branches. ಪಣೆಯುಂ ಮೂಗೆಯ್ಯ ಕವಲ್ ಕವಲ್ತು ಪಲವುಂ (223). — ಮೂಗೆರೆ. = ತ್ರಿವಲಿ. (V. 4, 110). — ಮೂಗೇಣ್. (Šmd. 223). Three spans. — ಮೂಗೊಂಕು. -ಕೊಂಕು. (Šmd. 223). Three bends or curves. — ಮೂಗೊಳ. -ಕೊಳ. = ಮೂಗಳ. (My. occasionally). — ಮೂಗೋಣ್ಟು. Three corners or sides: the place enclosed within them. ಹರ್ಮ್ಯಾದಿಗಳ ಮೂಗೋಣ್ಟು (ಕಕ್ಷ್ಯೆ, ಹರ್ಮ್ಯಾದಿಪ್ರಕೋಷ್ಠ Nr.). — ಮೂಗೋಱು. -ಕೋಱು. = ಮುಕ್ಕಪೆ. (My.). ಕಡೆ ಮೂಗೋಱುಂ ಬೋಱಿಸಿ, ನಡುದಲೆಯೊಳ್ ಮೆಟಿಸನೊಡೆದು (Šmd. 223). — ಮೂಜಗ. The three worlds (Bp. 4, 42; 11, 22; 54, 55; J. 2, 12. 25; 18, 12; 19, 4). ಮೂಜಗದೊಡೆಯ (Bp. 29, 29). — ಮೂಡೊಂಕು = ಮೂಗೊಂಕು. (Bp. 17, 2). — ಮೂದಲೆ. -ತಲೆ. (Šmd. 223). Three heads. — ಮೂದೆಱ. -ತೆಱ. Three kinds (Šmd. 131; ಮೂಱು ತೆಱ 94 Cm.; ಮೂಱು ಪ್ರಕಾರ 141 Cm.; Čpr. 3, 102). — ಮೂದೇವರ್. The three (chief) gods (J. 19, 4). — ಮೂನೂಱು. (Šmd. 223). Three hundred. ಮೂನೂಱಿಪ್ಪತ್ತು (Čpr. 9, 50). — ಮೂಲೋಕ. (Šmd. 170. 223). = ಮೂಜಗ. See Šm. 114; J. 8, 25; 26, 26; 28, 2. — ಮೂವಟ್ಟೆ. -ಬಟ್ಟೆ. = ತ್ರಿಪಥ. (J. 19, 4). — ಮೂವಡಿ. -ಮಡಿ. Three folds; three times (Grj. 6, 48). ಆ ಬಳಾರಿಯೆಂ ಮೂವಡಿ.. ನೆಗೞ್ತಿಯದಟರ ಭೀಮಂ (Šmd. 81). — ಮೂವಡಿಸು. -ಪಡಿಸು. To treble (v. i., Grj. 7, after 11). — ಮೂವಣ್ಣ. -ಬಣ್ಣ. Three colours (Čpr. 8, 75; V. 4, 114). — ಮೂವತ್ತು. -ಪತ್ತು. Thirty (Bp. 27, 37; 33, 13; C.). ಮೂವತ್ತು ದಿವಸಮಂ ಮಾಸ ಎಮ್ಬುದು (Hlā.). ತಾಂ ದಿವಸ ಮೂವತ್ತು ಮಾಸವದು (Mr. 69). ಮೂವತ್ತು ವರುಷದ ವರೆಗೆ ಮದುವೆ ಆಗದವನಿಲ್ಲ, ಮೂಱು ಜಾವಕ್ಕೆ ಊಟ ಆಗದವನಿಲ್ಲ (Prv.). — ಮೂವತ್ತಾಱು, thirty-six (Bp. 42, 39). ಮೂವತ್ತಾಱುಂ ಗುಣಂಗಳ್ ತಮಗಮರ್ದಿರೆ (Šmd. 201). ಮೂವತ್ತಾಱುಂ ಗುಣದಿಂ (Abh. P. 1, 19). — ಮೂವತ್ತು ನಾಲ್ವತ್ತು, thirty or forty (B. 3, 111. 115). — ಮೂವತ್ತು ಮೂಱ್, -ಮೂಱು, thirty-three (Mr. 348). ಮೂವತ್ತುಮೂಱು ನೂಱು (B. 4, 174). ಮೂವತ್ತು ಮೂಕೋಟಿ (J. 19, 4). ಮೂವತ್ತಿರ್ವರ್, thirty-two persons (Čpr. 9, 51). ಮೂವತ್ತು ಮೂವರ್ (Šmd. 122). — ಮೂವತ್ತೆರಡು, thirty-two (Čh. v. 387; Mr. 348; Ši. 416). ಮೂವತ್ತೊನ್ದು, thirty-one (B. 4, 100). — ಮೂವರ್. -ರು. Three persons (Šmd. 154; Bp. 32, 47; 61, 22. 24. 31. 33; Bh. 1, 8, 3; J. 2, 43). ಮೂವರ ಕಿವಿಗೆ ಮುಟ್ಟಿದ್ದು ಮೂಱು ಲೋಕಕ್ಕೆ ಮುಟ್ಟುವದು. — ಮೂವರು ಹೊತ್ತ ಬಣ್ಡಿ ಹೊಲಕ್ಕೆ ಹೋಗದು,

ಮನೆಗೆ ಬಾರದು (Prvs.). See Prv. s. ಲೋಕಾನ್ತ. — ಮೂವಳಸು. -ಬಳಸು. 1. To go round thrice (Abh. P. 9, 26). — ಮೂವಳಸು. -ಬಳಸು. 2. Three rounds or encompassings (Čpr. 8, after 44; Abh. P. 13, 99; 10, after 91). — ಮೂವಾಬ್. -ಬಾಬ್. Three states of life. ಮೂವಾಬ್ ಇಕ್ಕಿದುರ್ವರ್ರೆಯೊಳ್ (Šmd. 81. 197 Mdb.). — ಮೂವಿಟ್ಟಿ. (Šmd. 223). -ವಿಟ್ಟಿ (?). Three hills (?). — ಮೂವಿಧಿ. Three methods, etc. (Č. Bp. 47, 22). *Cf.* ಮೂಱು ವಿಧ. — ಮೂವೆಳಸು. -ಬೆಳಸು. (Šmd. 223, o. r. -ವಳಸು). Three crops. — ಮೂಸಂಜೆ. = ಮುಚ್ಚಂಜೆ, q. v. — ಮೂಹುರಿ. Three strings or cords (Bp. 38, 14).

ಮೂ mû. 2. = ಮುದು 2, etc. **Advanced age.** — ಮೂದೇವಿ. The elder sister of Lakshmî, the goddess of misfortune (My.; Tě., T.). See Prv. s. ಮೂಸು.

ಮೂ mû. 3. = ಮೂಗು, etc. **The nose.** — ಮೂಕೊಱಿತಿ. A woman whose nose has been cut off (Râm. 3, 6, 8). 2, N. of a plant (ವದನಿ Mr. 122). — ಮೂಕೊಱೆಯ. A noseless man (ವಿಗತನಾಸಿಕ Nr., Mr. 389; Râm. 6, 28, 11; 6, 38, 6; 6, 47, 22; T. ಮೂಕ್ಕರೈಯ). — ಮೂಗಳೆ. -ಕಳೆ. To deprive of the nose (Râm.). — ಮೂಗುರ್ಚ. -ಕುರ್ಚ. (= ಮೂಕೊಱೆಯ). A noseless, disgraced man (Bh. 4, 4, 61). 2, N. of a tree (My.; *cf.* ಮೂಕೊಱಿತಿ). — ಮೂದಾಣ. The cord put through a bullock's nose (My.). — ಮೂದಾಣಿ. = ಮೂದಾಣ. (My.). — ಮೂದಾನ. = ಮೂದಾಣ. (My.).

ಮೂಕ mûka. = ಮೂಗ, (ಮೂಂಗ), ಮೂಗು. *Dumb; speechless, silent, mute* (Mhr. ಮುಕಾ); a dumb man. 2, N. of a Dânava (Bh. 3, 5 sum., etc.). ಪ್ರೋಕನಿಗೆ ನಾಕ ಸಲ್ಲ, ಮೂಕನಿಗೆ ಸ್ವಪ್ನ ಸಲ್ಲ.—ಮೂಕನ ಸ್ವಪ್ನ ಹೇಳಲಿಕ್ಕೆ ತಿಳಿಯದು, ಹೇಳದೆ ತೀರದು.—ಮೂಕನೆದುರಿಗೆ ಮೂಗು ತುಱಿಸಿ ಕೊಣ್ಡ ಹಾಗೆ (Prvs.). See Prv. s. ಪ್ರತ್ಯುತ್ತರ. — ಮೂಕಮುಂಜ. ಮೂಂಗನೆನೆ ಮೂಕಮುಂಜ (Čt. I, 73).

ಮೂಕತೆ mûkatě. Dumbness, muteness, silence (Čpr. 1, 23; 7, 46).

ಮೂಕಾಮ್ಬೆ mûka-ambě. N. of a šakti of Šiva (My.).

ಮೂಕಾಸುರ mûka-asura. The asura Mûka (Ššv. 4, after 17).

ಮೂಕಿ mûki. The taper pole or shaft of a carriage (My.). — ಮೂಕಿಮರ. = ಮೂಕಿ. (My.). — ಮೂಕಿಹೊಱೆ. A bundle of fire-wood of a tapering form (My.).

ಮೂಕಿ mûki. = ಮೂಗಿ. A dumb female (My.; B. 3, 50; Sk. ಮೂಕೀ).

ಮೂಕೀಭಾವ mûkî-bhâva. The state of being dumb or silent (Čpr. 1, 41; Abh. P. 7, 156).

ಮೂಕುತಿ mû-kuti. (-ಕುತ್ತು 3). = ಮೂಗುತಿ. A nose-jewel, a nose-ring (ಘ್ರಾಣಾಂಕುಶ Mr. 337; My.; T. ಮೂಕ್ಕುತ್ತಿ, M. ಮೂಕ್ಕುತ್ತಿ; Grj. 3, after 91; 10, 39; Bp. 12, 20; 16, 8; Ršv. 1, after 135).

ಮೂಗ mûgu-a 3. A man with a nose. See ನಿಡು-.

ಮೂಗ mûga. Tbh. of ಮೂಕ. (ಮೂಕ, ಅವಾಚ್ Nr.; ಜಡ, ಕಲ Hlâ., Mr. 388; ಮೌನಿ Bhn. 12; Bp. 47, 65). ಮಾತಿಲ್ಲದ ಮೂಗನು (ಮೂಕ Si. 355). ಕಿವುಡನಿಗೂ ಮೂಗನಿಗೂ ಹೋಲಿಕೆಯಾದವನು (ಅನೇಡಮೂಕ 363). ಕಿವುಡಯಜಮಾನಗೆ ಮೂಗಬಣ್ಟ (Prv.).

ಮೂಗತನ mûgatana. Dumbness (My.). — ಕಿವುಡುತನ ಮೂಗತನ ಉಳ್ಳವನು (ಏಡಮೂಕ Si. 363).

ಮೂಗಿ mûgi. A person with a nose. See ನಿಡು-. **2, N. of a bird** (ಘ್ರಾಣಿ Mr. 175).

ಮೂಗಿ mûgi. Tbh. of ಮೂಕಿ (ಮೂಕೀ). (My.). See Prv. s. ಮಲೆಯಾಳ.

ಮೂಗು mûgu. = ಮುಕ್ 3, ಮುಸು, ಮೂ 3. **The nose** (ಸಿಂಘಿಣಿ, ನಾಸಿಕೆ, ನಾಸೆ, ಘ್ರಾಣ, ಘೋಣೆ Hlâ., Mr. 319; ಶ್ರವಣ, ನಾಸಿಕ Nn. 50; ಘ್ರಾಣ, ಗನ್ಧವಹೆ, ಘೋಣೆ, ನಾಸೆ, ನಾಸಿಕೆ Si. 213; My.; T. ಮೂಕು; Tě. ಮುಕ್ಕು, ಮೂಡಿ); **a forepart; a snout, etc.; a bill or beak; the nozzle of a vessel** (My.; T.; ಮುಂಗುಡಿ Bhn. 47; *cf.* ಮುನ್ 2, etc.; ಮುಸುಡಿ, etc.). ಚಿಕ್ಕ ಮೂಗಿನವ (ನಃಕ್ಷುದ್ರ); ಮೂಗಿಲ್ಲದವನು (ವಿಗ್ರ Hlâ.). ಎಱಗಿದ ಮೂಗುಳ್ಳವನು (ನತನಾಸಿಕ, etc.); ಚಪ್ಪಟೆ ಮೂಗಿನವನು (ಖುರನಸ್); ಮೂಗಿಂಗೆ ತುಷ್ಟಿ ಮಾಡುವ ಗನ್ಧ (ಸುರಭಿ, ಘ್ರಾಣತರ್ಪಣ Nr.). ಮೂಗಿನ ಕಮ್ಬು (Mr. 280); ಒತ್ತಿ ಮೂಗಂ ಜುಚ್ಚೆ ನಸ್ತಿತಂ (179). ಚಿಕ್ಕ ಮೂಗುಳ್ಳವನು (ಅವಟೀಟ, ನತನಾಸಿಕ, etc. Si. 197); ಮೂಗ ತೀಟೇ ಕಜ್ಜ ಯುಳ್ಳವನು (ಪಾಮನ, ಕಚ್ಛುರ 202); ನೇಗಲ ಮೂಗು (ಪೋತ್ರ 452); ಪಕ್ಷಿಯ ಮೂಗು (ಚಂಚು, ತ್ರೋಟಿ 178); ಕುದುರೆಯ ಮೂಗು (ಪ್ರೋಥ, ಘೋಣೆ 274); ಹನ್ದಿಯ ಮೂಗು (ಪೋತ್ರ 452). ನೆಲನ ಮೂಗಿಂಗೂಱೆ ಹಿಣ್ಡನೊದೆದೆಕ್ಕಲಂ (Râghč. 17, 72). ಮೂಗಿಗಿನ್ತ ಮೂಗುತಿ ಭಾರ.—ಮೂಗಿನ ಮೇಲೆ ಮಸಿ ಅನ್ದರೆ ಕೋಪ.—ಮೂಗಿಲ್ಲದವಳಿಗೆ ಮೂಗುತಿ ಯಾಕೆ?—ಮೂಗು ಕೊಯಿ ಕೊಣ್ಡು, ಅವಲಕ್ಷಣ ಅನ್ನಿಸಿ ಕೊಣ್ಡ ಹಾಗೆ.—ಮೂಗು ಕೊಯಿದರೂ ಮೂಗಿನ ಸೊಳ್ಳೆ ಉಣ್ಟಲ್ಲ? ಅನ್ದ ಹಾಗೆ (Prvs.). ನಿಜತಿರವನೊಲೆದು, ಮೂಗಿನ ಮೇಲೆ ಬೆರಳಿಟ್ಟು, ಮೌನದಿಂ ನಿನ್ದು (J. 18, 47). ಮೂಗಿನ ಕತ್ತಿ (a knife for cutting off the nose, Bp. 53, 57). See Bp. 20, 12; 22, 40; 45, 29; 46, 59; 47, 2; 50, 24; Bh. 1, 10, 38; ಕುಱು-, ತುದಿ-, etc. — ಮೂಗಕ್ಕೆ. -ಅಕ್ಕೆ. Weeping at which tears come down also through the nose (Râm. 1, 4, 9). — ಮೂಗ ದಾಣ. = ಮೂಗು-. (My.). — ಮೂಗ ದಾರ. = ಮೂಗ ದಾಣ. (My.). — ಮೂಗಱಿ. -ಅಱಿ. To cut off the nose (V. 41, 37). — ಮೂಗಱಿಕ. -ಅಱಿಕ. (*i. e.* ಹಱಿಕ). A man whose nose is cut off (My.). — ಮೂಗಱಿಕಿ. -ಅಱಿಕಿ. (*i. e.* ಹಱಿಕಿ). = ಮೂಗುಹಱಿಕಿ. (My.). — ಮೂಗಱಿಕಿ. -ಅಱಿಕಿ (*i. e.* ಹಱಿಕಿ). = ಮೂಗುಹಱಿಕಿ. (Râm. 3, 6, 52). — ಮೂಗಿಡು. -ಇಡು. To muzzle, to string a rein through the nose. ಮೂಗಿಟ್ಟುದು (ನಸ್ತಿತ, ನಸ್ಯೋತ. Hlâ.). — ಮೂಗಿಲಿ. -ಇಲಿ. A musk-rat (My.). — ಮೂಗುಕಟ್ರಿ. = ಮೂಗ್ಗಟ್ರಿ. Dyspepsy that affects the nose so that dumbness is created (My.). — ಮೂಗುಕೊಕ್ಕರೆ. A crane (ಬಕ, ಕಹ್ವ Si. 174, *only* in Si.). — ಮೂಗು ತುಱಿಸಿ ಕೊಳ್ಳು. To scratch one's nose (which when done before a ಮೂಕ, is understood as if one wanted to deride him on account of his dumbness). ಮೂಕನೆದುರಿಗೆ ಮೂಗು ತುಱಿಸಿ ಕೊಣ್ಡ ಹಾಗೆ (Prv.). — ಮೂಗುದಾಣ. The cord put through an ox's nose (My.). — ಮೂಗುದಾರ. = ಮೂಗುದಾಣ. (My.). — ಮೂಗುನೇಣ್. -ಣು. = ಮೂಗುದಾಣ. (Č. Bp. 47, 46). ಎತ್ತುಗಳ ಮೂಗುನೇಣು (ನಾಸ್ಯ Nr.). — ಮೂಗುಬೊಟ್ಟು. A trinket for the nose (My.). — ಮೂಗುಬ್ಬಸ. -ಉಬ್ಬಸ. Difficult breathing through the nose, stoppage of breath (Râm. 30, 37). — ಮೂಗುವಟ್ಟಿಗೆ. -ಪಟ್ಟಿಗೆ. Silence (ಠಿಕ್ಕಟ, ಮೌನ Šs.). — ಮೂಗುವಡು. -ಪಡು. To lay hold of one's nose: to become mute or silent (ಮೌನ Šmd. Dh.). ಮೂಗುವಟ್ಟುದು (ಮೌನಾರ್ಥಂ Kk. 53). — ಮೂಗುಹಱಿಕಿ. = ಮೂಗಱಿಕಿ, ಮೂಗಱಿಕಿ. A woman whose nose is cut off (G. 421). — ಮೂಗ್ಗಟ್ರಿ. = ಮೂಗುಕಟ್ರಿ. (My.).

ಮೂಗು mûgu. Tbh. of ಮೂಕ. Dumbness (My.). — ಮೂಗು ಗಾಯ. A wound of which the mouth is shut: a swelling occasioned by a blow (My., also ಮೂಗ್ಗಾಯ). — ಮೂಗು ಬಲಿ. An offering to an idol without music (My.). — ಮೂಗುಮಾರಿ. A silent, mysterious Durgâ (Bh. 3, 6, 81; My.).

ಮೂಗುತಿ mû-kuti. = ಮೂಕುತಿ. (Bp. 4, 39; 14, 4; Râm. 6, 12, 34; My.). ಮೂಟೇ ಮೂಗುತಿ ಹೋದ ದೆಸೆಯಿನ್ದ ಮೂಲೇ ಕಸವೆಲ್ಲ ಹೋಯಿತು (Prv.). See Prvs. s. ಮೂಗು. — ಮೂಗುತಿಬಳ್ಳಿ. A name given to several species of Ipomaea, such as I. sepiaria Koen., I. obscura Bot. Reg., etc. (Z.).

ಮೂಂಗ mûṅga. (Tbh. of ಮೂಕ; see ಮೂಕಮುಂಚಿ).

ಮೂಜುವರಿ mûjuvari. = ಮೂಜೂರಿ. (My.).

ಮೂಜೂರಿ mûjûri. = ಮುಜೂರಿ No. 2, ಮೂಜುವರಿ. Refractoriness (My.; H.).

ಮೂಟೆ mûṭĕ. = (ಮುಡಿ 2), (ಮೊಟ್ಟೆ). A bundle of grain, cloth, etc., a pack, a bale (My.; Tĕ.; T. ಮೂಟ್ಟೈ; M. ಮೂಡ; T., M. ಮೂಟ್ಟು, to join, link, stitch together; *cf.* ಮೂಡೆ).

ಮೂಡ mûḍa. = ಮೂಡಲ್ 1 (Śmd. 145), ಮೊಡಿ, ಮೂಡು 2. The direction in which the sun rises: the east (C.; M. ಮೂಡು, root, origin). ಮೂಡಣ, ಮೂಡಣ್ಗೆ, ಮೂಡಣಿಂ, ಮೂಡಣತ್ತಣಿಂ (Śmd. 135. 147), ಮೂಡಣದಿನ್ದ (B. 4, 205). ಪಡುವ ಮೂಡ ತೆಂಕ ಬಡಗ ಪೊಡವಿಪತಿಗಳ್ ಇಲ್ಲೆನಲ್ ನಡೆದು, ಗೆಲ್ದು (145). ಮೂಡಣಿಂ ಕ್ರಮದಿನಿರ್ದ ದೆಸೆಯಾನೆಗಳು (ಐರಾವತ ಪುಣ್ಡರೀಕ ಇತ್ಯಾದಿ Hlâ.). ಮೂಡಣೆಲರೂಡೆ (Rśv. 9, 30). ಮೂಡಣ ಸನ್ತೆಗೆ ಹೋಗ ಬೇಡ, ಮುಣ್ಡೇ ಮಗನನ್ನು ತರ ಬೇಡ (Prv.). — ಮೂಡಣಂ. -ಅನ್-ಅಂ. (Śmd. 136). A man of the east. — ಮೂಡಗಡೆ. -ಕಡೆ. The east side or quarter (Bp. 24, 36; My.). — ಮೂಡಣ ತೆಂಕಣ ದೇಶ. The south-east (ಪ್ರಾಗ್ದಕ್ಷಿಣದೇಶ Nr.). — ಮೂಡಣ ದಿಕ್ಕು. = ಮೂಡಣ ದೆಸೆ. (ಎಶಾಖ Mr. 528; B. 3, 25). — ಮೂಡಣ ದೆಸೆ. The east (ಐನ್ದ್ರಿ, ಪೂರ್ವೆ, ಪ್ರಾಚಿ Hlâ.; J. 31, 63). — ಮೂಡದೆಸೆ. The east (J. 2, 65; 17, 40). ಪಸರಿಸಿದತ್ತು ಮೂಡದೆಸೆಯೊಳ್ ಬೆಳಗೇಮ್ಪು (Śmd. 266). — ಮೂಡವೆಟ್ಟು. -ಬೆಟ್ಟು. The eastern mountain (ಪೂರ್ವಾಚಲ Ks.).

ಮೂಡಲ್ mûḍal. ಮೂಡಲು. 1. = ಮೂಡ. (Śmd. 145. 147), etc. The east (ಪ್ರಾಚಿ, ಪೂರ್ವ Mr. 58; My.); in the east. ಮೂಡಲಿರ್ದ ಪದದೊಳ್ ತಾಂ ರಾಮನೊ ವಲ್ಲಭಂ? (Śmd. 145). ಮೂಡಲಾದುದು (ಪ್ರಾಚೀನ, ಪ್ರಾಂಚ್ Hlâ.; ಪ್ರಾಚೀನ Mr. 58). ಮೂಡಲು ಮೊದಲಾದ ಎಣ್ಟು ದೆಸೆಗಂ ಕ್ರಮದಿನ್ದೊಡೆಯರು (ಇನ್ದ್ರ ಅನಲ ಯಮ ಇತ್ಯಾದಿ Hlâ.). ಮೂಡಲಲ್ಲಿ ಹುಟ್ಟಿದದು (ಪ್ರಾಚೀನ Si. 29). See Bp. 22, 28; Râm. 1, 14, 2; Bh. 2, 4, 9; Si. 28.

ಮೂಡಲ್ mûḍal. ಮೂಡಲು. 2. Dry cow-dung (Si. 315; Tĕ. ಮೂಟ; M. ಮುಳಿ, scorched or dry; *cf.* ಮುರುಬ್ಬು 2; Sk. ಮೋಣ).

ಮೂಡಾವೆ mûḍâvĕ. = ಮೂಡೆ No. 2. A pillow, a cushion (ಕವುಳುಡೆ, ಮಲಗು Ks.; ಕವುಳುಡೆ Čt. II, 83, o. r. ಮೂಡಾವಿ).

ಮೂಡಿ mûḍi. = ಮೂಡ 1, etc. Rising of the sun, etc. (ಉದಯ Śmd. II; Kk. 75, o. r. ಮೂಡಿತು).

ಮೂಡಿಗೆ mûḍige. A quiver (ತೂಣೀರ, ಉಪಾಸಂಗ, ತೂಣ, ತೂಣಿ, etc. Hlâ.; ಡೊಣೆ, ಬತ್ತಳಿಕೆ, ಕಣೆಯ ಪೊದೆ Kk. 40; ಡೊಣೆ, ಬತ್ತಳಿಕೆ, ಪೊದೆ Śm. 43; ಇಷುಧಿ Bhn. 30; Čpr. 1, 106; Râm. 3, 6, 5; Śśv. 4, 54; J. 3, 33; My.; T. ಮೂಡು, ಮೂಯ್, M. ಮೂಡು, Tĕ. ಮೂಯು, to be covered; to cover; T. ಮೂಟ್ಟು, M. ಮೂಡಲ್, ಮೂಡಿ, ಮೂಡು, a cover; T. ಮೂಡ, M. ಮೂಡಲ್, dark sky; *cf.* ಮುಗುಚು, ಮುಸುಗು; ಮುಗಿಲ್, ಮೋಡ).

ಮೂಡಿಸು mûḍisu. To cause to rise, etc. ಉಗಿಯ ಯನ್ತ್ರದಿನ್ದ ಮೊಹರಗಳ ಮೇಲೆ ಅಕ್ಷರಗಳನ್ನು ಮೂಡಿಸುತ್ತಾರೆ (B. 5, 224).

ಮೂಡು mûḍu. 1. To rise, to arise; to originate, to be produced; to be born, to come into existence; to become visible or apparent; to come about (ಉತ್ಪತ್ತಿ Śmd. Dh.; C.). ಮೂಡಿತು (*i. e.* ಮೂಡಿದದು, ಉದಯ Kk. 75, o. r. ಮೂಡಿ). ಮೆಯ್ಯಮಿಮೂರ್ಡಿತು (ಪುಳಕ Čt. II, 76). ತಲಿತದಿನೆ ನೇಸರ್ಮೂಡಿದುದು (Śmd. I). ಹೊಸತಾಗಿ ಮೂಡಿದ ಮೊಳೆ (ಅಂಕುರ); ಇನ್ದ್ರಚಾಪ ಸಟಿನೆ ಮೂಡಿದಡೆ ರೋಹಿತ ಎನಿಸುಗು, ಅದು ಕೊರಡು (Nr.). ರವಿ ಮೂಡಿದಂ or ರವಿ ಮೂಡಿದುದು (Śmd. 109). ನೇಸರ್ಮೂಡಿದುದು ಮಿಣ್ತು ಮೂಡುವ ತೆಐದಿಂ (217). ಎಡಗಡೆಯ ಮುಂಗಾಲ ಹೆಜ್ಜೆ ಪೂರಾ ಮೂಡಿದ್ದಿಲ್ಲ (B. 4, 170). ಕಾಗದದ ಮೇಲೆ ಅಕ್ಷರಗಳು ಮೂಡಿದ್ದನ್ನು ಕಣ್ಡನು (4, 207). See Čpr. 3, 37; 4, 54; Abh. P. 13, 74; Bp. 24, 45; 25, 21; 37, 68; 39, 51; 52, 28; 53, 14; 57, 47; 59, 14; Č. Bp. 4, 7; Rśv. 5, 39; 8, 105; 12, 42; 13, 45; J. 1, 3; 6, 11; 22, 5; 26, 5. 13. 26; 29, 9. 34; Bh. 1, 8, 48.

ಮೂಡು mûḍu. 2. = ಮೂಡ 1, etc. — ಮೂಡುಗಡೆ. = ಮೂಡಗಡೆ. (My.).

ಮೂಡೆ mûḍĕ. A straw-bundle containing pulse or râgi (My.; M.; *cf.* ಮೂಟೆ). **2,** = ಮೂಡಾವೆ, a pillow, a cushion (Rśv. 1, after 135). ನಾಡುಗಳೆಲ್ಲ ಓಡುವಾಗ ಮೂಡೇ ಅಪೇಕ್ಷಿಸಿದ (Prv.). See Prv. s. ಮೂಢಭಕ್ತಿ.

ಮೂಢ mûḍha. = ಮೂರ, ಮೋಡ, ಮೋಳ. Stupefied, bewildered, perplexed, confused;—*stupid, dull, silly, foolish, simple, ignorant;*—a fool, etc. ಮೂಢಗೆ ಹೇಲ್ದ ಬುದ್ಧಿ, ಅಡಿಗೆ ಹಾಕಿದ ಮೇವು (Prv.). 2, gone astray or adrift; wrong, out of the right place (see ಕುಕ್ರ-).

ಮೂಢಚಿತ್ತ mûḍha-citta. A foolish, silly man (ಕುಬುಬ Bhn. 61).

ಮೂಢತನ mûḍhatana. = ಮೂಢತ್ವ. (My.; B. 4, 49).

ಮೂಢತೆ mûḍhatĕ. = ಮೂಢತ್ವ. (Śśv. 4, 113).

ಮೂಢತ್ವ mûḍhatva. Stupidity, bewilderment, simplicity, folly, ignorance. (My.; ಅಚಾತುರ್ಯ Čb.).

ಮೂಢಭಕ್ತಿ mûḍha-bhakti. A simple, undiscriminating or blind devotion to, or faith in, one's guru or deity (My.). ಮೂಢಭಕ್ತಿಗೆ ಕೇಡಿಲ್ಲ, ಮೂಡೆಗಾಗಿಗೆ ಭಯವಿಲ್ಲ (Prv.).

ಮೂಢಾತ್ಮ mûḍha-âtma. A person bewildered in mind, a foolish, ignorant person, a fool. (J. 11, 28; My.).

ಮೂತ mûta. *Bound, tied.*

ಮೂತಿ mûti. = ಮೋತಿ. The face, the mouth, the snout, etc. (My.; see T., etc. s. ಮುಸುಡು; ಅಸ್ರ G.).

ಮೂತ್ರ mûtra. *Urine* (ಪಪುಜಲ Mr. 328). See ಮಲ-. — ಮೂತ್ರಕಟ್ಟು. = ಮೂತ್ರಬನ್ಧ. (My.).

ಮೂತ್ರಕೃಚ್ಛ್ರ mûtra-kṛicchra. *Strangury.*

ಮೂತ್ರಗನ್ಧ mûtra-gandha. The smell of urine. See ಕೊರ್ಚು 3.

ಮೂತ್ರದ್ವಾರ mûtra-dvâra. The urethra (My.).

ಮೂತ್ರಬನ್ಧ mûtra-bandha. Stoppage of urine, strangury (My.).

ಮೂತ್ರರೋಗ mûtra-rôga. A sickly discharge of urine (My.).

ಮೂತ್ರಶಂಕೆ mûtra-śaṅkĕ. Urgent need for making water (My.).

ಮೂತ್ರಿತ mûtrita. *Voided as urine; soiled with urine.*

ಮೂತ್ರಿಸು mûtrisu. To discharge urine (Bp. 32, 26; 60, 50; My.).

ಮೂದಲಿಸು mûdalisu. To confront and upbraid, to taunt (My.; Tĕ. ಮುದಲಕಿಂಚು, ಮೂದಲಿಂಚು; T. ಮುಗದಲ್ಪೆ, ಮೂದಲಿ, ಮುದರಿ). See Čpr. 10, after 86; 10, 109; Abh. P. 9, 83; 14, 133; 16, after 5; Bp. 20, 24; 28, 21; 30, 29; 32, 33; 36, 42; 39, 19; 42, 18; 44, 69; 46, 48. 50. 51; 49 sum.; 49, 18. 21; 52, 32. 33; 53 sum.; 53, 14; 56, 20; 59, 55; Rśv. 6, after 11; J. 8, 33.

ಮೂದಲೆ mûdalĕ. Confronting and upbraiding, taunt (Čpr. 1, 14; Bh. 6, 2, 4; 8, 28, 11; J. 22, 31; 28, 15; My.; T.). — ಮೂದಲೆವಾತು. -ಮಾತು. = ಮೂದಲೆ. (Śśv. 4, 131).

ಮೂಬದಲು mûbadalu. = ಮೂಬದಲೆ. (ನಿಮಯ, ಸ್ನೈಮೇಯ, ಪರಿದಾನ, ಪರಿವರ್ತ, ಪ್ರತಿದಾನ, ವಿನಿಮಯ, ವೈಮೇಯ G.; ವಿನಿಮಯ Čb.).

ಮೂಬದಲೆ mûbadalĕ. = ಮೂಬದಲು. Exchanging, exchange, barter; sums lent and paid on running accounts without the use of receipts or documents on either side (ಪ್ರತಿ Si. 468; My.; Mhr. ಮೋಬದಲಾ, ಮೋಬಾದಲಾ; Br. ಮುಬಾದಿಲೆ, ಮೊಬಾದಲಾ).

ಮೂಮೆ mûmĕ. = ಮೂರ್ಮೆ. (ಮೂಱುಂ ಸೂಳ್ Čt. II, 85).

ಮೂರ mûra. = ಮೂಢ. 2, destroying, killing (ಮೂರದೇವ, a particular kind of demon).

ಮೂರಿ mûri. The destroying deity. See ಮೂರಿಯ-.

ಮೂರುತಿ mûruti. Tbh. of ಮೂರ್ತಿ. (My.). See ತ್ರೈ-; J. 10, 38; Dp. 32, 5.

ಮೂರುಳಿ mûruḷi. = ಮಾರುಳಿ, q. v.

ಮೂಱು mûṟu. (Śmd. 154). = ಮು, etc. (222). The number three; three (ತ್ರೇತೆ, ತ್ರಯ Nn. 98; Bp. 40, 73; C.; T. ಮೂಣ್ಸು; M. ಮೂನ್ನು; Tĕ. ಮುಗುರು, ಮುಗ್ಗುರು, ಮೂಡು; Tu. ಮೂಜಿ). ಮೂಱಱ Ch. 326), ಮೂಱಱ (C.); ಮೂಱನ್ನು (Si. 62; C.); ಮೂಱಱಲ್ಲಿ (Śmd. 32. 189 Cm.; Nn. 98; Bp. 35, 32; C.); ಮೂಱಱೊಳ್ (Śmd. 189); ಮೂಱಱಂ (135); ಮೂಱರ್ಕೆ; ಮೂಱಕ್ಕೆ (Bp. 21, 27; C.). ಮೂಱು ಮಾತ್ರೆಯನುಳ್ಳುದು (ತ್ರಿಮಾತ್ರಕಂ Śmd. 18 Cm.). ಮೂಱು ಲಿಂಗಂ (ಸ್ತ್ರೀ ಪುಂ ನಪುಂಸಕಗಳೆಲ್ಪು ಮೂಱು ಲಿಂಗಂ 186 Cm.). ಮೂಱುಂ ಲಗ್ಗದೊಳಂ (Čpr. 5, after 76). ಮೂಱುಂ ಲೋಕವಿದೆಲ್ಲಂ (ತ್ರಿಭುವನಮಖಿಲಮಿದಂ); ಮೂಱು ವೇದಂಗಳುಂ (ತ್ರಯಿ); ಎರಡು ಮೂಱು ಸೂಳ್ ನುಡಿವ ನುಡಿ (ಆಮ್ರೇಡಿತ); ಪಾದ ದೇವ ಭಟ್ಟಾರಕ ಈ ಮೂಱುಂ ಹೆಸರ ಕಡೆಯೊಳು ಪೂಜಾವಚನ; ಭದ್ರ ಮನ್ದ ಮೃಗ ಎನ್ದು, ಇನ್ತು ಆನೆಗಳ್ ಮೂಱು ತೆಱನಕ್ಕುಂ; ಮೂಱು ರೇಖೆಯನುಳ್ಳ ಕೊರಳು (ಕಮ್ಬುಗ್ರೀವೆ Hlâ.). ಮೂಱು ದಾರಿ ಉತ್ತ ಕೆಯಿ (ತ್ರಿಗುಣಾಕೃತ Nr.). ಮನ್ದಂ ಮೃಗಂ ಭದ್ರಮೆನಲು ಗಜಜಾತಿ ಮೂಱಿನ್ದಮಕ್ಕು (Mr. 154). ಮೂಱು ವೇದಗಳು (ತ್ರಯಿ Si. 53). ಮೂಱು ದಿನದ ದಾಟಿಗೆ ಆಱು ಜೋಡು ಓಲೆ.—ಮುಪ್ಪಾದ ಮೇಲೆ ಮೂಱು ದಿನವಿರದಾರದು.—ಆಲಸ್ಯದವಗೆ ಎರಡು ಕೆಲಸ, ಲೋಭಿಗೆ ಮೂಱು ಖರ್ಚು (Prvs.). See Prv. s. ಮುತ್ತಯ್ದೆ. — ಮೂಱಗ್ನಿ. -ಅಗ್ನಿ. The three sacrificial fires (ತ್ರೇತೆ Si. 239). — ಮೂಱಡಿ. -ಅಡಿ. Three feet (Bp. 2, 5; J. 16, 20). — ಮೂಱಡಿಗ. -ಅಡಿಗ. Agni (ಅಗ್ನಿ Śs.). — ಮೂಱನೆಯ. -ಅನೆಯ. Third (Bp. 58, 59; B. 2, 48; C.). ಮೂಱನೆಯ ವರ್ಣಂ (Śmd. 373). ಮೂಱನೆಯ ಯುಗ (ದ್ವಾಪರ Nr.). — ಮೂಱನೆಯಂ. (Śmd. 243). A third man. — ಮೂಱನೆಯವ. -ಅವ. A third man (C.). ಮೂಱನೆಯವರು ಕೇಳದ ಮಾತು (ಅಷಡಕ್ಷೀಣ G.). ಮೂಱನೆಯವನೊಬ್ಬ (B. 3, 71). — ಮೂಱನೆಯವಳು. -ಅವಳು. ಮೂಱನೆಯಾಕೆ. -ಆಕೆ. A third woman (My.; B. 5, 283). — ಮೂಱಮ್ಬಕ. -ಅಮ್ಬಕ. Three eyes (J. 31, 46). — ಮೂಱವಸರ. -ಅವಸರ. The three times: morning, noon, and evening (Bp. 18, 42; 44, 24; 45, 10). — ಮೂಱಿರುಳ್. -ಇರುಳ್. Three nights (J. 32, 20). — ಮೂಱು ಏಣಿನ ಕಳ್ಳಿ. A large leafless, thorny and milky shrub, Euphorbia antiquorum Lin. (Z.). — ಮೂಱು ಕಟ್ಟು. Three bands or ties (J. 8, 19). — ಮೂಱು ಕಣ್. Three eyes (Bp. 50, 66). ಮೂಱು ಕಣ್ಣವ. -ಅವ. A man with three eyes (J. 16, 20). — ಮೂಱು ಗಾವುದ. = ಮೂಗಾವುದ. ಮೂಱು ಗಾವುದದೊಳಗೆ ಬ್ರಾಹ್ಮಣರಿಲ್ಲದಿದ್ದರೆ ಅಶ್ವಮೇಧಯಾಗ ಮಾಡ್ಯೇನು ಅನ್ದ ಹಾಗೆ (Prv.). — ಮೂಱು ಗ್ರಾಮ. Three villages. 2, a musical expression. ಶ್ರುತಿಯೊಳ್ ಇಪ್ಪತ್ತೆರಡು ಗಮಕಮಕ್ಕು, ಅವಕೆ ದೇಶೀಯ ಮೇಳಮಕ್ಕು, ಅವಕೆ ಮೂಱು ಗ್ರಾಮಮ್, etc. (Mr. 78). — ಮೂಱು ದಾರಿ. A place where three roads meet and much dust is found. ಮುನ್ದಣ ಬುದ್ಧಿ ತಪ್ಪಿದರೆ ಮೂಱು ದಾರಿಯ ಮಣ್ಣೇ.— ಮೂಱು ದಾರಿ ಆಱು ಬಟ್ಟೆ (said when a business is spoiled, Prvs.). — ಮೂಱು ನಾಮ. The three sectarian lines applied to a Vaishṇava's forehead and other parts of the body. ಮೂಱು ನಾಮದವ ಸ್ವರ್ಗಕ್ಕೆ ಹೋದರೆ ಹನ್ನೆರಡು ನಾಮದವ ಎಲ್ಲಿ ಹೋದಾನು? (Prv.). — ಮೂಱು ನಾಲ್ಕು. Three or four (B. 2, 21. 35; 3, 13; C.). — ಮೂಱು ನಾಲ್ಕುಂ. Seven (Bp. 5, 64). — ಮೂಱು ಬಾರಿ. Three times (Bp. 50, 38; My.). — ಮೂಱು ಮನ್ದಿ. Three persons (C.). ಹುರುಳಿ ತಿನ್ನುವವನಿಗೆ ಕಣ್ಣ ಹಿಡಿಯುವವರು ಮೂಱು ಮನ್ದಿ (Prv.). — ಮೂಱು ಮೂಱು. Three and three, in a distributive sense, each three, every three (B. 3, 3. 106; 4, 46). — ಮೂಱು ಮೂರ್ತಿ. = ತ್ರಿಮೂರ್ತಿ. (My.). — ಮೂಱು ಮೋಹ. Three môhas (Čpr. 8, 30). — ಮೂಱು ಲೋಕ. The three worlds. ಮೂವರ ಕಿವಿಗೆ ಮುಟ್ಟಿದ್ದು ಮೂಱು ಲೋಕಕ್ಕೆ ಮುಟ್ಟುವದು.— ತಾನುಣ್ಬೋ? ಮೂಱು ಲೋಕ ಉಣ್ಬೋ? (Prvs.). — ಮೂಱು ವರುಷ. Three years. ಮೂಱು ವರುಷದ ಬುದ್ಧಿ ನೂಱು ವರುಷದ ತನಕ (Prv.). — ಮೂಱುವರೆ. -ಂ-ಅರೆ. Three and a half (My.; B. 3, 86; 5, 252). — ಮೂಱು ವರ್ಣ. Three colours;—three letters: the letters a, u, ma (My.; ಶ್ವೇತವರ್ಣಾತ್ಮಕವಾದ ಪ್ರಣವ Kp. 4, 8, 1 Cm.). — ಮೂಱು ವಿಧ. = ಮೂರ್ವಿಧ. Three modes, etc. ಪೊಲನಱಿಯದ, ನೆಲನಱಿಯದ, ಕೆಲನಱಿಯದ, ಮೂಱು ವಿಧವಱಿಯದ (Śmd. 127; *cf.* ಮೂಱು ವಿಧಿ). — ಮೂಱುಂ ಸೂಳ್. Three times (ಮೂಮೆ Čt. II, 85). — ಮೂಱು ಸಂಜೆ. Evening-twilight, nightfall (My.; ಪಿಮ್ಬಗಲ್ G.; B. 3, 80). — ಮೂಱು ಸನ್ಧ್ಯೆ. = ತ್ರಿಸನ್ಧ್ಯೆ. (Bp. 39, 4). — ಮೂಱು ಸೂಳ್. -ಸೂಱು. Three times or turns (Bp. 46, 55; 51, 79; 60, 61). — ಮೂಱು ಹೊತ್ತು. The three periods of the day: morning, noon, and evening (Bp. 50, 66; My.). — ಮೂಱೂ ಕಾಲು. Three and a quarter (My.; B. 5, 255). — ಮೂಱೂ ಸಂಜೆ. = ಮೂಱು-. (ಪ್ರದೋಷ G.; B. 4, 176. 183; My.). ಮೂಱೂ ಸಂಜೆಯ ಬಿಸಲು (G. 153). — ಮೂಱೆರಡು. -ಎರಡು. Six (Bp. 1, 9; My.). — ಮೂಱೆಲೆಗನ್ನೆ. -ಎಲೆ-. The plant Hedysarum gangeticum (ವಿದಾರೀಗನ್ಧೆ, ಸಾಲಪರ್ಣಿ, ಅಂಶುಮತಿ, ಸ್ಥಿರೆ, ಧ್ರುವೆ Nr.). — ಮೂಱೆಲೆಹೊನ್ನೆ. = ಮೂಱೆಲೆಗನ್ನೆ. (Si. 150; My.).

ಮೂರ್ mûr. = ಮೂಱು, etc. (Bp. 46, 3). See ಮೂರ್ಮೆ. — ಮೂರ್ಕೋಟಿ. Three krores (J. 19, 4). — ಮೂರ್ಗಳ್. Three (plural form, Č. Bp. 47, 30). — ಮೂರ್ದಿನ. Three days (Bp. 27, 22). — ಮೂರ್ವಿಧ. = ಮೂಱು ವಿಧ. (Bp. 18, 87). — ಮೂರ್ಸೂಳ್. = ಮೂಱು ಸೂಳ್. (Bp. 9, 7; 50, 30).

ಮೂರ್ಖ mûrkha. = ಮುಕ್ಕ. Stupid, foolish, silly, ignorant;—*a fool, a blockhead.* ಮೂರ್ಖಗೆ ಹೇಳಿದ ಬುದ್ಧಿ, ಗೋ

ಕಲ್ಲ ಮೇಲೆ ಹೊಯಿದ ಮಟಿ[3] (Prv.). See Sp. s. ಮೆಲು. — ಮೂರ್ಖನೆಯ್ನಾರ್. N. (Bp. 44, 60. 63. 64). — ಮೂರ್ಖಪಟ್ಟು. The obstinate way in which a fool grasps or handles a business (My.).

ಮೂರ್ಖತನ mûrkhatana. Stupidity, folly, foolishness, dulness, ignorance (ವ್ಯಾಮೋಹ Čb.; My.; B. 4, 161; 5, 109).

ಮೂರ್ಖತೆ mûrkhatĕ. = ಮೂರ್ಖತನ. (Sk.; Grj. 6, 11).

ಮೂರ್ಖತ್ವ mûrkhatva. = ಮೂರ್ಖತೆ. (Sk.; My.).

ಮೂರ್ಚು mûrču. 1. (= ಮುಚ್ಚುಬು). To be stupefied, etc. See Kk. s. ಮೂರ್ಛೆವೋಗು.

ಮೂರ್ಚು mûrču. 2. (Tbh. of ಮೂರ್ಛೆ). — ಮೂರ್ಚೋಗು. (*i. e.* ಮೂರ್ಚು ಹೋಗು). To be stupefied, to faint away, etc. (ಹಮ್ಮುದಪ್ಪೋಗು Čt. II, 111).

ಮೂರ್ಛನ mûrčhana. Stupefying, etc. 2, fainting, swoon, stupor, etc. 3, violence, vehemence; growth, increase. 4, swelling or rising of sounds, an intonation, note, a tone or semi-tone in the musical scale (Sk.; V. 11, 8).

ಮೂರ್ಛನೆ mûrčhanĕ. ಮೂರ್ಛನಾ. = ಮೂರ್ಛನ. — ಮೂರ್ಛನೆ ತಿಳಿ. Loss of consciousness, etc. to disappear (Bp. 28, 61). — ಮೂರ್ಛನೆ ಬಿಗಿ. Stupor to seize firmly or become strong (Bp. 28, 54).

ಮೂರ್ಛಾನುಗತ mûrčhâ-anugata. Arrived at a swoon: swooned (J. 4, 48).

ಮೂರ್ಛಾಲ mûrčhâla. *Fainting, fainted, senseless.*

ಮೂರ್ಛಾವಿಲ mûrčhâ-âvila. Not clear (in one's mind) on account of stupor (Šěv. 5, 18).

ಮೂರ್ಛಾವೇಗ mûrčhâ-vêga. Violence or intensity of fainting (Čpr. 5, 18).

ಮೂರ್ಛಿ mûrčhi. A person overcome with stupor;—*a* puffed-up, proud or insolent man (ಸೊಕ್ಕಿದಂ Bhn. 65).

ಮೂರ್ಛಿತ mûrčhita. *Stupefied, rendered senseless, fainted, fainting.* (Bp. 46, 28; My.). Feminines ಮೂರ್ಛಿತಳು (B. 5, 132), ಮೂರ್ಛಿತೆ (My.). 2, *grown, increased, augmented, swollen, intensified, thick, solid.*

ಮೂರ್ಛಿಸು mûrčhisu. To become torpid or stupefied, to become senseless, to faint away, to swoon (Č. Bp. 19, 31).

ಮೂರ್ಛೆ mûrčhĕ. ಮೂರ್ಚ್ಛೆ. = ಮುಚ್ಚೆ 1, (ಮೂರ್ಚು 2). *Fainting, loss of consciousness, a swoon, stupor;*—spiritual stupor or blindness, hallucination (ಮಱಹು Nn. 124). 2, the rising of sounds, diatonic scale. — ಮೂರ್ಛೆಗೊಳ್ಳು. -ಕೊಳ್ಳು. = ಮೂರ್ಛೆವೋಗು. (My.). — ಮೂರ್ಛೆ ತಿಳಿ. A swoon to pass away: to recover from fainting, etc. (ಮಲರ್ಚು G.; My.). ಮೂರ್ಛೆ ತಿಳಿದಂ (ತೆವರ್ತ್ತಂ Kk. 91). — ಮೂರ್ಛೆದಿಳಿ. -ತಿಳಿ. = ಮೂರ್ಛೆ ತಿಳಿ. (Abh. P. 9, 111). — ಮೂರ್ಛೆರೋಗ. Epilepsy (My.). — ಮೂರ್ಛೆವೋಗು. -ಪೋಗು. To become torpid or stupefied, to become senseless, to lose consciousness, to faint, etc. (Abh. P. 10, 154; Šěv. 4, 22). ಮೂರ್ಛೆವೋದಂ (ಮುಚ್ಚಂ Kk. 75, c. r. ಮೂರ್ಚಿದಂ). See ಮುಚ್ಚುಬ್. — ಮೂರ್ಛೆ ಹೊನ್ದು. = ಮೂರ್ಛೆಗೊಳ್ಳು. (My.; ಹಮ್ಮಯ್ಸು G.).

ಮೂರ್ತ mûrta. = ಮುಹೂರ್ತ 2. Thickened; *settled into any fixed shape, formed, substantial, solid, material, corporeal, embodied.* 2, *stupefied, unconscious, fainted, insensible.* — ಮೂರ್ತಗೊಳಿಸು. = ಮೂರ್ತಿ-. To cause to take a (sitting) posture: to cause to sit down (Bp. 4, 5). — ಮೂರ್ತ ಮಾಡು. To form a (sitting) figure: to sit down (My.).

ಮೂರ್ತಿ mûrti. = ಮೂರುತಿ. Any solid body, any material form, anything which has definite shape and limits; a material element (especially as a component of the human body);—*body, form, visible shape; matter, substance;*—embodiment, manifestation, incarnation, personification. 2, *an image, an idol, a statue, a figure, a form.* ಮೂರ್ತಿ ಸಣ್ಣದಾದರೂ ಕೀರ್ತಿ ದೊಡ್ಡದು (Prv.). — ಮೂರ್ತಿಗೊಳ್. -ಕೊಳ್. To assume a body or form (Abh. P. 8, 144. 145); to take a (sitting) posture: to sit down (Šěv. 1, after 72; 5, after 57; V. 14, after 31). — ಮೂರ್ತಿಗೊಳಿಸು. -ಕೊಳಿಸು. = ಮೂರ್ತಗೊಳಿಸು. (Rěv. 3, after 80; V. 14, after 27 & 28; 28, after 13). — ಮೂರ್ತಿವಡೆ. -ಪಡೆ. To assume a body or form (Šěv. 1, after 79).

ಮೂರ್ತಿಪೂಜೆ mûrti-pûjĕ. Idol-worship (My.).

ಮೂರ್ತಿಮತ್ mûrti-mat. Having a material or bodily form, material, embodied, corporeal, incarnate, personified.

ಮೂರ್ತಿಮದ್ವಸ್ತುಸಮ್ಮದ mûrtimat-vastu-sammada. The pleasant group of embodied objects (ಪುದ್ಗಲ, ಮೂರ್ತಿಯುಳ್ಳ ವಸ್ತುಗಳು Nn. 96).

ಮೂರ್ತ್ಯಷ್ಟಕ mûrti-ashṭaka. Eight forms (Šěv. 5, 34; see ಅಷ್ಟಮೂರ್ತಿ).

ಮೂರ್ಧ mûrdha. The forehead;—*the head* (ತಲೆ Mr. 815);—the top. ಮೂರ್ಧ್ನಿ, on the head, at the head (My.; G.).

ಮೂರ್ಧಜ mûrdha-ja. *The hair of the head.*

ಮೂರ್ಧನ್ಯ mûrdhanya. Belonging to the head. 2, cerebral, as a letter (Šmd. 27).

ಮೂರ್ಧಪಿಣ್ಡ mûrdha-piṇḍa. A lump upon the head of an elephant: *either of the globes on the forehead of an elephant* (ಕುಮ್ಭ, ಆನೆಯ ಕುಮ್ಭಸ್ಥಲ, ಎರಡು ಕುಮ್ಭಸ್ಥಲದ ನಡು ಬೀಡು ಎಮ್ಬುದು Hlâ.).

ಮೂರ್ಧವೇಷ್ಟನ mûrdha-vêshṭana. *A turban.*

ಮೂರ್ಧಾಭಿಷಿಕ್ತ mûrdha-abhishikta. Having the head anointed, inaugurated, installed;—*a consecrated king;*—*a Kshatriya;*—a royal counsellor.

ಮೂರ್ಧಾಭಿಷೇಚನ mûrdha-abhishêčana. The act of consecrating, anointing, inauguration (J. 18, 3).

ಮೂರ್ಧ್ನ್ಯಾಘ್ರಾಣ mûrdhni-âghrâṇa. Smelling at the head (Grj. 8, 110; 8, after 119).

ಮೂಱ್ಮೆ mûṟ-mĕ. (Šmd. 248). = ಮೂಮೆ. Thrice.

ಮೂರ್ವೆ mûrvĕ. *The plant Sanseviera roxburghiana Shult.*, a sort of creeper from the fibres of which bow-strings and the girdle of the Kshatriyas are made.

ಮೂಲ mûla. *The root of any plant or tree* (ಬೇರ್ Nn. 66; ಮರದ ಬೇರು 100; *cf.* ಮೊದಲ್; Tĕ. ಮುದಲ = ಮೂಲ; M. ಮೂಡು, the bottom). 2, the bottom of anything (ಬುಡ್ಡ, ಮೊದಲ್ Nn. 136);—*the basis, the ground-work, the beginning;*—a wall (ಮೊದಲ್, ಶಾಲ 2 Nn. 20). 3, *root, origin;* cause; means; the first cause. 4, the original, the original text of any work. 5, original property, capital, principal, stock. 6, *the nineteenth lunar asterism.* 7, the end: termination, destruction, ruin (My.). ಮೂಲ ತಿಳಿದವಗೆ ಮೇಲೆ ತೋಱಿಸ ಬೇಡ. — ಕುರುಡಿಗೆ ಮದುವೆಯಾದರೆ ಮನೇ ಗಡಿಗೆಗೆ ಮೂಲ. — ಬಡವನ ಸಿಟ್ಟು ದವಡೆಗೆ ಮೂಲ. — ಚಾಲೀ ಬಿತ್ತಲು ಕಾಲಿಗೆ ಮೂಲ. — ಮೊಣ್ಣಕೊಡಲಿ ಬೆಟ್ಟಿಗೆ ಮೂಲ. — ಚಾಲಿ ನೆಟ್ಟು ಕಾಲಿಗೆ ಮೂಲವಾಯಿತು (Prvs.). — ಮೂಲಗಣ್ಣು. = ಮೂ

ಲಧನ. (B. 5, 102). — ಮೂಲಬಣ್ಣವಲ. = ಮೂಲಗಣ್ಣು. (B. 5, 98; My.). — ಮೂಲಮ್ಬುರಂ. -ಂ-. To the bottom (Čpr. 5, after 42).

ಮೂಲಕ mûlaka. = ಮುಲ್ಲಂಗಿ, ಮೂಲಗೆ, ಮೂಲಂಗಿ. Having roots; rooted in, springing from;—on the ground or reason of; on account of (My.; B. 4, 92. 163). 2, an esculent root;—*the radish, Raphanus sativus* Lin.

ಮೂಲಕರ್ಮ mûla-karma. *Magical employment of roots, sorcery.*

ಮೂಲಕಾರಣ mûla-kâraṇa. The first or original cause (My.).

ಮೂಲಗೆ mûlagĕ. Tbh. of ಮೂಲಕ. (ಮೂಲಕ Hlâ.).

ಮೂಲಂಗಿ mûlangi. Tbh. of ಮೂಲಕ. (ಮೂಲಕ Nr.; Mr. 95; Si. 162; My.).

ಮೂಲತಃ mûla-taḥ. From the root;—from the beginning (B. 4, 89; My.).

ಮೂಲದ್ರವ್ಯ mûla-dravya. = ಮೂಲಧನ. (ಪರಿಪಣ G.; My.).

ಮೂಲಧನ mûla-dhana. *Original property, capital, principal, stock* (Bp. 27, 1).

ಮೂಲನ mûlana. Rooting. See ನಿರ್ಮೂಲನ.

ಮೂಲನಕ್ಷತ್ರ mûla-nakshatra. = ಮೂಲ No. 6. (J. 28, 14).

ಮೂಲನಗರ mûla-nagara. *Old town, opposed to the suburbs.*

ಮೂಲನಿವಾಸಿ mûla-nivâsi. An original inhabitant, an aboriginal (B. 4, 205; My.).

ಮೂಲಬಲ mûla-bala. An original force, the principal force or army (My.); one's own army (Si. 267).

ಮೂಲಭದ್ರಿಕೆ mûla-bhadrikĕ. A certain permutation of letters (Mr. 352).

ಮೂಲಭೂತ mûla-bhûta. Become the root or original. (B. 4, 36).

ಮೂಲಮನ್ತ್ರ mûla-mantra. An original or fundamental mantra; the principal mantra of a sect (Bp. 38, 45; My.).

ಮೂಲರೋಗ mûla-rôga. = ಮೂಲವ್ಯಾಧಿ. (My.).

ಮೂಲವಿಗ್ರಹ mûla-vigraha. A base-idol: an idol of stone that is not taken out of the temple for processions (My.).

ಮೂಲವ್ಯಾಧಿ mûla-vyâdhi. The disease called piles (ಗುದಕೀಲಕ, etc. Hlâ.; ಅಸನಾಂಕುರ Mr. 386; ಅರ್ಶಸ್, ದುರ್ನಾಮಕ, ಮೊಳೇ ರೋಗ Si. 201; ಅರ್ಶಸ್, ದುರ್ನಾಮಕ G.; C.; Tĕ., T.; Mhr. ಮೂಳವ್ಯಾಧಿ).

ಮೂಲಸ್ಥಾನ mûla-sthâna. The place of origin (B. 3, 28; My.);—a principal place.

ಮೂಲಸ್ಥಾಪಕ mûla-sthâpaka. The first establisher, the founder (B. 4, 213; My.).

ಮೂಲಾಧಾರ mûlâ-âdhâra. A mystical circle situated above the generative organs (see ಚಕ್ರ).

ಮೂಲಿಕ mûlika. Primary, principal. 2, the first one, an elder brother (ಅಗ್ರಜ, ತನ್ನಿನ್ದವೂ ಹಿರಿಯನು Nn. 44). 3, the slough of a snake (ನಿರ್ಮೋಕ, ಹಾವಿನ ಪೊರೆ 44). 4, a weapon (ಶಸ್ತ್ರ, ಆಯುಧ 44). 5, a physician (ವೈದ್ಯನು 44). 6, a sick man (ರೋಗಿ, ವ್ಯಾಧಿಷ್ಠ 44). 7, the moon (ಮೃಗಧರ, ಚನ್ದ್ರ 44).

ಮೂಲಿಕಾಶಕ್ತಿ mûlikâ-sakti. The virtue of a medicinal root (My.).

ಮೂಲಿಕೆ mûlikĕ. ಮೂಲಿಕಾ. = ಮುರಿಕೆ. A root; a multitude or collection of roots. 2, Ceylon leadwort (ಶಿಖಿ, ಚಿತ್ರಮೂಲಿಕೆ Nn. 4). ಮೂಲಿಕೆಗಳ ಮಾಱುವವನು (ಕದಲಿ, ಮೂಲಿಗ Nn. 43).

ಮೂಲಿಗ mûla-iga. (Šmd. 233). A vendor of (medicinal) roots (ಕದಲಿ, ಮೂಲಿಕೆಗಳ ಮಾಱುವವನು (Nn. 43). 2, a man of ancient times (ಪಟಿಯಂ Šmd. 232 Mdb.).

ಮೂಲಿತ mûlita. Rooted. See ಉನ್-, ನಿರ್-.

ಮೂಲೀಕರ್ಮ mûlî-karma. *Magical employment of roots, sorcery.*

ಮೂಲುಗು mûlugu. = ಮುಲುಕು 2. (My.; Tĕ.).

ಮೂಲೆ mûlĕ. A corner; an angle; a point of the compass (My.; Tĕ., M.; T. ಮೂಲೈ). ಎರಡು ದಿಕ್ಕುಗಳ ನಡುವೆ ಇರುವ ಮೂಲೆಗಳು (ಅಪದಿಶ, ವಿದಿಶ್ Si. 29). ಮೂಲೆಗೆ ಇಡುವಸ್ಥಾದ್ದು ಮಧ್ಯದಲ್ಲಿಡ ಬಾರದು.—ಮೂಟೀ ಮೂಗುತಿ ಹೋದ ದೆಸೆಯಿನ್ದ ಮೂಲೇ ಕಸವೆಲ್ಲ ಹೋಯಿತು (Prvs.). See ಚೌ-, ದಿಗ್-; Bp. 26, 26; 28, 34. 52; 54, 12; Bh. 1, 20, 57; B. 2, 50; 4, 177; 5, 191. 227; Prv. s. ಮೊದಲು. — ಮೂಲೆದಣ್ಡಿಗೆ. = ದಣ್ಡಿಗ. (My.). — ಮೂಲೆಮಟ್ಟ. A mason's or carpenter's square (My.).

ಮೂಲ್ಯ mûlya. Being at the root;—to be eradicated;—to be bought for a price, purchasable. 2, original value; *price, worth, value, cost.* 3, wages. 4, capital, principal.

ಮೂಷಕ mûshaka. = ಮೂಸಕ. A thief;—*a mouse; a rat.*

ಮೂಷಕವಾಹನ mûshaka-vâhana. Gaṇêśa (My.).

ಮೂಷಿಕ mûshika. = ಮೂಸಿಕ. *A mouse; a rat;*—a thief, a plunderer.

ಮೂಷಿಕಪರ್ಣಿ mûshika-parṇi. *An aquatic plant, Salvinia cucullata* Roxb. (see ಇಲಿವಾಲ).

ಮೂಷಿಕೆ mûshikĕ. *A female rat or mouse, a rat, a mouse* (ಹೆಗ್ಗಣ Si. 170).

ಮೂಷಿತ mûshita. = ಮುಷಿತ. *Stolen.*

ಮೂಷೆ mûshĕ. = ಮುಸಿ, ಮೂಸಿ, ಮೂಸೆ. A rat, a mouse. 2, *a crucible.*

ಮೂಸಕ mûsaka. Tbh. of ಮೂಷಕ. — ಮೂಸಕದೇರ. -ತೇರ. Gaṇêśa (ವಿನಾಯಕ Kk. 5, o. r. ಮೂಸಿಕ-).

ಮೂಸಣ್ಡಿ mûsaṇḍi. (= ಮುಸುಣ್ಡಿ). — ಮೂಸಣ್ಡಿತೊತ್ತು. -ತೊತ್ತು. A perverse maid (Bp. 55, 29).

ಮೂಸಿ mûsi. Tbh. of ಮೂಷೆ. A crucible (ಮುಸಿ G.). ಭಂಗಾರವನ್ನು ಕರಗಿಸುವ ಮೂಸಿ (ತೈಜಸಾವರ್ತಿನಿ G.).

ಮೂಸಿಕ mûsika. Tbh. of ಮೂಷಿಕ. — ಮೂಸಿಕದೇರ. = ಮೂಸಕ-, q. v.

ಮೂಸು mûsu. To smell (v. t., ಆಘ್ರಾಣ Šmd. Db.; Bp. 24, 29; Rśv. 5, after 114; My.; T. ಮೋ, ಮೋರು, ಮುಗರು; Tĕ. ಮೂರ್ ಕೊನು, ಮೂರು ಕೊನು, ಮೂಶಿ ಚೂಚು, ಮೂಚೂಚು; see ಮುಣ್ಡು 1). ಮೂಸಲ್ ಪಟ್ಟುದು (ಘ್ರಾಣ, ಘ್ರಾತ Nr.). ಪೂವಂ ಮೂಸಿದಂ (Šmd. 156). ಮೂಸಿದ್ದು ಮೂದೇವಿಗೂ ಆಗದು (Prv.). — ಮೂಸಿ ನೋಡು. To explore by the smell: to smell (C.; ಆಘ್ರಾಣಿಸು, ಘ್ರಾಣಿಸು G.). ಮೂಸಿ ನೋಡಲ್ ಪಟ್ಟುದು (ಘ್ರಾಣ, ಘ್ರಾತ Si. 378). ಮೂಸಿ ನೋಡಿದರೆ ಹೂಸಿನ ನಾತ ಹೋದೀತೇ? (Prv.). See Bp. 14, 30; 24, 78; 32, 27; 60, 32.

ಮೂಸೆ mûsĕ. Tbh. of ಮೂಷೆ. A crucible (My.; Tĕ.; T. ಮೂಶೈ; Mhr. ಮೂಸ, ಮೋಸ; Mhr. also: a matrix; a mould; a trace, a track). ಚಿನ್ನ ಮೊದಲಾದುದು ಕರಗಿಸುವ ಮೂಸೆ (ಮೂಷೆ, etc. Si. 345).

ಮೂಳೆ mûḷĕ. A bone (ಎಲು, ಅಸ್ಥಿ Šm. 32; ಎಲು Bhn. 81; Abh. P. 13, after 54; Šśv. 4, 15; My.; Tĕ. ಮುಡುಸು

a bone). ತಲೇ ಮೂಳೆ (ಕರ್ಪರ, ಕಪಾಲ Si. 206); ಬೆನ್ನು ಮೂಳೆಗೆ ಬುಡ (ತ್ರಿಕ 209); ಹಣೆಯ ಮೂಳೆ (ಶಂಖ, ಲಲಾಟಾಸ್ಥಿ 408).

ಮೂಟಿ mûḷa. The state of being deprived of or without, that of being bare, that of being maimed (*cf.* ಮೋಟು). 2, a man without ears, an earless man (ಕಿವಿಯಿಲ್ಲದಂ Mr. 389). 3, a man who has lost any member; a word of abuse: a man with a mental defect, a fool, a brute (My.; see Bp. 14, 30; 52, 10; ಕಾಮುಮೂಟಿ). ತೋಳು ಪೂಜಿಸಿಕೊಳ್ಳುವದಕ್ಕೆ ಹೋಗಿ, ಮೂಟನಾದ.—ದೂಳಲ್ಲಿ ಬಿದ್ದವ ಮೂಟನಿನ್ನ ಕಡೆ (Prvs.). See Prv. s. ಬಡಿವಾರ. — ಮೂಟಕಿವಿ. A maimed ear; an ear without any ornament (My.). ಮುಣ್ಣಿಗೆ ಗಣ್ಣ ಪಾಡಿನು, ಮೂಟಿಕಿವಿಗೆ ಓಲೆ ಪಾಡಿದು (Prv.). — ಮೂಟನಾಯಿ. A maimed dog. ತೂಳು ಒನ್ದು ಹೇಟಿದ ಮಾತು ಮೂಟನಾಯಿ ಹ್ಯಾಗೆ ಕೇಳ ಬೇಕು?—ಹೆಣ್ಡತಿ ಹೆಗ್ಗಡತಿಯಾದರೆ ಗಣ್ಡ ಮೂಟನಾಯಿಗಿನ್ತ ಕಡೆ (Prvs.).

ಮೂಟಿ mûḷi. 1. = ಮೂಟ No. 1. See ಕತ್ತು-, ಕಾಲು-, ಕೈಯ್-. (M., T. ಮೂಳಿ). 2, an earless woman (ಕಿವಿಯಿಲ್ಲದವಳ್ Šmd. I; Râm. 5, 2, 34; see ಕಿವಿ- No. 1). 3, a woman without any ornament in her ears (My.; see ಕಿವಿ- No 2). 4, a widow (My.; see ಉಜ್ಜ-; Prv. s. ಮುಕ್ಕ 3). ಮೂಟೀ ಮೂಗುತಿ ಹೋದ ದೆಸೆಯಿನ್ದ ಮೂಲೇ ಕಸವೆಲ್ಲಾ ಹೋಯಿತು.—ಕಿವಿ ಕಿತ್ತ ಮೂಟಿ ಬೇಲಿ ನುಗ್ಗ ಹೆದರುವಳೇ?—ನೂಲೋ ಹೆಣ್ಡತಿಯ ಬಿಟ್ಟು, ಹೇಲೋ ಮೂಟಿಯ ತನ್ದ.—ಮಂಕುಮೂಟಿಯಾದರೆ ಬೆಂಕಿ ಹೊತ್ತದೇ? (Prvs.).

ಮೂಟಿ mûḷi. 2. The spout of a water-jar (ಕರಗದ ಬೂಳಿ Šmd. I).

ಮೃಕಣ್ಡು mṛikaṇḍu. N. of a ṛishi, the father of Mârkaṇḍêya.

ಮೃಗ mṛiga. = ಮಿಕ, ಮಿಗ, ಮಿಗೆ, ಮುರಗ, ಮುರಿಗ, ಮುರುಗ. *A wild beast.* 2, *any quadruped, an animal in general, e. g.* a cow (ಪಶುವ್ರಜ, ಗೋವುಗಳು Nn. 81);—*a deer, an antelope* (ಕಮಲ, ಎರಳೆ Nn. 29; ಹರಿಣಿ, ಎರಳೆ 95; ಹುಲ್ಲೆ Mr. 162);—*an elephant characterized by particular marks* (ದನ್ತಿ, ಆನೆ 81; see Hlâ. s. ಮೂರು);—a jackal (ವನಾಯು, ನರಿ 81);—game in general (ಬೇಟ್ಮೃಗ, ನಾನಾಮೃಗ 81). 3, *the spots on the moon represented as a hare or antelope.* 4, the nakshatra Mṛigaširas (ತಾರಗೆ, ನಕ್ಷತ್ರ 81). 5, *seeking, research, investigation.*

ಮೃಗಜಲ mṛiga-jala. Deer-water: mirage. (ಬಿಸಲ್ಗುದುರೆ G.).

ಮೃಗಜಾಲಿಕೆ mṛiga-jâlikĕ. *A net for snaring game.*

ಮೃಗಣೆ mṛigaṇĕ. *Seeking, searching, research, inquiry.*

ಮೃಗತೃಷ್ಣೆ mṛiga-tṛishṇĕ. Deer-thirst: *mirage.*

ಮೃಗದಂಶ mṛiga-damša. Animal biter: *a dog.*

ಮೃಗದ್ವಿಷ mṛiga-dvisha. A lion (ಸಿಂಹ G.).

ಮೃಗಧರ mṛiga-dhara. The moon (ಚನ್ದ್ರ Nn. 44; J. 10, 5). 2, Šiva (My.). 3, the number 1 (Čh.). 4, a mountain (J. 10, 5).

ಮೃಗಧೂರ್ತಕ mṛiga-dhûrtaka. *A jackal.*

ಮೃಗನಯನೆ mṛiga-nayanĕ. = ಮೃಗಾಕ್ಷಿ. (Bp. 41, 5).

ಮೃಗನಾಭಿ mṛiga-nâbhi. *Musk.* ತಲೆಗೆ ಎಣ್ಣೆ ಇಲ್ಲ, ತನು ಮೃಗನಾಭಿ ಬೇಡಿತು (Prv.).

ಮೃಗನಾರಿ mṛiga-nâri. A vegetable and medicinal substance, erycibe paniculata, used as a vermifuge (ವಿಳಂಗ Mr. 142).

ಮೃಗನೇತ್ರ mṛiga-nêtra. N. of a vṛitta (Čh.).

ಮೃಗಪತಿ mṛiga-pati. *A lion.* 2, a tiger. 3, a roe-buck.

ಮೃಗಪಾಲಿಕೆ mṛiga-pâlikĕ. A musk-deer. (R.).

ಮೃಗಪೋತ mṛiga-pôta. A young deer, a fawn;—a young wild beast (ಕೊಣಸು Čt. II, 80).

ಮೃಗಬನ್ಧನಿ mṛiga-bandhani. *A net for snaring game.*

ಮೃಗಭೇದ mṛiga-bhêda. A sort of quadruped. See ಉಡು.

ಮೃಗಭೇದನ mṛiga-bhêdana. A tiger; N. of an asura (Šśv. 5, 9).

ಮೃಗಮದ mṛiga-mada. *Musk.*

ಮೃಗಯಾತ್ರೆ mṛiga-yâtrĕ. Hunting, the chase (Šśv. 2, 118).

ಮೃಗಯು mṛigayu. *A huntsman.*

ಮೃಗಯೆ mṛigayĕ. *Hunting, the chase.*

ಮೃಗರಿಪು mṛiga-ripu. *A lion* (Bp. 52, 50; Bh. 1, 8, 40).

ಮೃಗರೋಮಜ mṛiga-rôma-ja. *Woollen.*

ಮೃಗಲಂಘನ mṛiga-laṅghana. Leaping or jumping of animals. See ಕೊಣಕು.

ಮೃಗಲಾಂಛನ mṛiga-lâñčhana. The moon (Lîlv. 3, 2).

ಮೃಗಲಿಂಗ mṛiga-liṅga. = ಮುರಗಲಿಂಗ. N. of a liṅga (Bp. 19, 74).

ಮೃಗವಧಾಜೀವ mṛiga-vadha-âjîva. *A huntsman.*

ಮೃಗವಾಹನ mṛiga-vâhana. Vâyu. (R.).

ಮೃಗವಿಶೇಷ mṛiga-višêsha. A kind of quadruped. See ಉಡು.

ಮೃಗವ್ಯ mṛigavya. *Hunting, the chase.*

ಮೃಗಶಿರ mṛiga-šira. = ಮೃಗಶಿರಸ್. (My.).

ಮೃಗಶಿರಸ್ mṛiga-širas. *The fifth lunar mansion or nakshatra.*

ಮೃಗಶಿರೆ mṛiga-širĕ. = ಮೃಗಶಿರಸ್. (ಮೃಗಶೀರ್ಷ Mr. 39; My.).

ಮೃಗಶೀರ್ಷ mṛiga-šîrsha. *The fifth lunar mansion.*

ಮೃಗಶೃಂಗಧರ mṛiga-šṛiṅga-dhara. Carrying a stag's horn (J. 33, 40).

ಮೃಗಾಕ್ಷಿ mṛiga-akshi. A woman with eyes like an antelope's. (J. 11, 8; 30, 15).

ಮೃಗಾಂಕ mṛiga-aṅka. *The moon* (ಸಸಿ Šm. 111; Kk. 97; Šmd. 336).

ಮೃಗಾದನ mṛiga-adana. *A hyena;*—a hunting leopard.

ಮೃಗಾರಾತಿ mṛiga-arâti. A lion (ಸಿಂಹ Mr. 159).

ಮೃಗಾರಿ mṛiga-ari. A lion;—*a tiger.*

ಮೃಗಾಶನ mṛiga-ašana. A tiger;—a leopard;—a lion (G.).

ಮೃಗಿ mṛigi. = ಮುರಗಿ. *A female deer or antelope, a doe.* (Čpr. 4, 47; Bp. 34, 29).

ಮೃಗಿತ mṛigita. Chased, hunted after;—*sought, searched for.*

ಮೃಗೇನ್ದ್ರ mṛiga-indra. *A lion;*—a tiger.

ಮೃಗೋದ್ಭವ mṛiga-udbhava. Musk (Rśv. 18, 88; Šśv. 1, 50).

ಮೃಜೆ mṛijĕ. Wiping, cleansing; *cleaning the person by wiping, bathing, or rubbing it with unguents.*

ಮೃಡ mṛiḍa. = ಮಿಡ. *Šiva.*

ಮೃಡಾನಿ mṛiḍâni. *Pârvati.*

ಮೃಣಾಲ mṛiṇâla. The creeping root of a lotus; *the film or fibres attached to the stalk of a lotus; the hollow or* *tubular stalk of a lotus* (ಪ್ರಕಾಣ್ಡ, ತಾವರೆಯ ದಣ್ಟು Nn. 60; ವಿಸ, ಕೊನರ್ Nr.; ನಾಳ Hlâ.). ತಾವರೇ ಬಳ್ಳಿಯ ಕೊಬಿವಿಗಳು (ಮೃಣಾಲ, ಬಿಸ Si. 96).

ಮೃಣ್ಮಯ mṛid-maya. = ಮೃನ್ಮಯ.

ಮೃಣ್ಮಯಪಾತ್ರೆ mṛiṇmaya-pâtrĕ. An earthen vessel (ಮಣ್ಣಿ ಮಡಕೆ Nn. 35).

ಮೃತ mṛita. = ಮಿತ 2. *Dead, deceased;* mortal (Bp. 51, 29). 2, death (ನಿರ್ಯಾಣ, ಸಾವು Nn. 90). 3, a dead body, a corpse (ಕುಣಪ, ಹೆಣನು Nn. 11; ಶಬ, ಸಾವು 64). 4, water (ಅರ್ಣ, ಉದಕ 11). 5, disease (ರೋಗ, ವ್ಯಾಧಿ 11). 6, dispute (ವಾದ, ಜಗಳ 11). 7, begging. — ಮೃತವಾಗು. -ಆಗು. To die (My.). ಆ ಯುವತಿ ಮೃತವಾಗೆ (Bp. 32, 42).

ಮೃತತಿಥಿ mṛita-tithi. The death-day of any relation, on which śrâddha is performed (My.).

ಮೃತಪತ್ರ mṛita-patra. A written will (B. 5, 264).

ಮೃತಸಂಸ್ಕಾರ mṛita-saṁskâra. *Funeral rites or ceremonies, obsequies.* (ಸಾಧನ G.).

ಮೃತಸಂಜೀವ mṛita-sañjîva. Making alive: N. of a plant (Râm. 6, 36, 45).

ಮೃತಸಂಜೀವಕ mṛita-sañjîvaka. Reviving the dead (J. 24, 9).

ಮೃತಸಂಜೀವಿ mṛita-sañjîvi. = ಮೃತಸಂಜೀವ. (Râm. 6, 36, 46).

ಮೃತಸ್ನಾತ mṛita-snâta. *One who has washed himself after a death or funeral, bathed after mourning.*

ಮೃತಸ್ನಾನ mṛita-snâna. *Ablution after a death or funeral.*

ಮೃತಾಲಕ mṛitâlaka. *A kind of loam or clay.*

ಮೃತಾಶೌಚ mṛita-aśauča. Impurity contracted through a death in one's family (My.).

ಮೃತಿ mṛiti. Death (ನಿರ್ಯಾಣ, ಸಾವು Nn. 79; ಸಾವು G.). See ಸಾಯ್; Kâvy. IV, 2, 16.

ಮೃತೆ mṛitĕ. *Food or alms obtained by begging.*

ಮೃತ್ತಾಲಕ mṛittâlaka. = ಮೃತಾಲಕ.

ಮೃತ್ತಿಕೆ mṛittikĕ. *Earth, clay, loam.*

ಮೃತ್ತು mṛittu. Tbh. of ಮೃದ್. (My.).

ಮೃತ್ಪಿಣ್ಡ mṛid-piṇḍa. A clod of earth, a lump of clay.

ಮೃತ್ಪಿಣ್ಡಸಂಘಟನ mṛitpiṇḍa-saṅghaṭana. Joining clods of earth together. See ಒಟ್ಟು 2.

ಮೃತ್ಯು mṛityu. = ಮಿತ್ತು, ಮಿಟ್ಟು. *Death* (ಸಾವು G.; see ಬೋಬಿ 1); death personified, also as a female (Dp. 4, 4); — Yama, the god of death. ತೃಪ್ತನಿಗಾದರೂ ಮೃತ್ಯು ತಪ್ಪದು (Prv.).

ಮೃತ್ಯುಂಜಯ mṛityu-ṅ-jaya. Overcoming death. 2, *Śiva*

ಮೃತ್ಯುಂಜಯಮನ್ತ್ರ mṛityuñjaya-mantra. A mantra that overcomes death (Čpr. 5, after 35).

ಮೃತ್ಯುತಿಥಿ mṛityu-tithi. = ಮೃತತಿಥಿ. (B. 4, 215).

ಮೃತ್ಯುಪತ್ರ mṛityu-patra. = ಮೃತಪತ್ರ. (B. 5, 183).

ಮೃತ್ಯುಭಯಹರ mṛityu-bhaya-hara. Removing the peril of death or the fear of death (Bp. 46, 33).

ಮೃತ್ಯುಹರ mṛityu-hara. Remover of death: Śiva (Šêv. 4, 45).

ಮೃತ್ಸೆ mṛitsĕ. *Good earth or clay.*

ಮೃತ್ಸ್ನೆ mṛitsnĕ. *Good earth or clay.* 2, *a kind of loam or clay.*

ಮೃದ್ mṛid. ಮೃತ್. = ಮಟ್ಟಿ, ಮೃತ್ತು. *Earth, soil, clay, loam.*

ಮೃದಂಗ mṛidaṅga. *A sort of tabour* (ಮದ್ದಳೆ, ಮುರಜ Hlâ.; ಮದ್ದಳೆ Nn. 66, Mr. 80; ರಿಗ್ಗವಣೆ Čt. II, 97). 2, N. of a plant (= ಘೋಷಾತಕಿ in Sk.; ಫಲಿನಿ, ಜಾಲಿನಿ, ಹೀರೆ Mr. 146).

ಮೃದು mṛidu. = ಮಿದು, ಮಿದುವು, ಮೆತ್ತು, ಮೆದು (ಮೆಲ್, ಮೆಲು). *Soft, tender, supple, flexible, pliant.* 2, *mild, gentle;*— softness, mildness, gentleness; — weak, moderate; blunt; slow. ನಯವಿದ್ದಲ್ಲಿ ಜಾಱುವದು, ಮೃದುವಿದ್ದಲ್ಲಿ ಊಱುವದು (Prv.).

ಮೃದುತರ mṛidu-tara. Uncommonly mild, etc. (Bp. 33, 4; 38, 36; 39, 61; 57, 36).

ಮೃದುತಲ mṛidu-tala. A soft sole of the foot (Grj. 3, after 91).

ಮೃದುತ್ವಚ್ mṛidu-tvač. *A species of birch tree* (= ಭೂರ್ಜ).

ಮೃದುನೇತ್ರ mṛidu-nêtra. N. of a vṛitta (Čh.).

ಮೃದುಲ mṛidula. *Soft, tender, mild, gentle.*

ಮೃದುಯಾನ mṛidu-yâna. Slow walk (Čpr. 7, 119).

ಮೃದುವಾಕ್ಕು mṛidu-vâkku. A mild, gentle word (My.).

ಮೃದುಶಬ್ದ mṛidu-śabda. A gentle sound or word (Kk. 2).

ಮೃದುಸ್ಮಿತ mṛidu-smita. A gentle smile (Šêv. 4, 59).

ಮೃದೂಕ್ತಿ mṛidu-ukti. A gentle word (Cpr. 5, 17).

ಮೃದ್ಘಟ mṛid-ghaṭa. = ಮೃದ್ಭಾಣ್ಡ. (My.).

ಮೃದ್ಭಾಣ್ಡ mṛid-bhâṇḍa. *An earthen vessel.*

ಮೃದ್ವೀಕಾಲತೆ mṛidvîkâ-latĕ. A vine (Čpr. 1, after 101).

ಮೃದ್ವೀಕೆ mṛidvîkĕ. = ಮುದ್ದಿಕೆ, ಮುದ್ದಿಗೆ 1. A vine; — *a bunch of grapes, a grape.*

ಮೃಧ mṛidha. *War, battle.*

ಮೃನ್ಮಯ mṛid-maya. = ಮೃಣ್ಮಯ. Made of earth or clay, earthen.

ಮೃಷಾ mṛishâ. In vain, to no purpose, uselessly. 2, *wrongly, falsely, untruly.* 3, untruth.

ಮೃಷಾರ್ಥಕ mṛishâ-arthaka. *Having a false sense or meaning, untrue, absurd.*

ಮೃಷೆ mṛishĕ. = ಮೃಷಾ No. 3. Untruth (My.).

ಮೃಷ್ಟ mṛishṭa. Wiped, rubbed; *cleansed, clean, pure;*— smeared, besmeared; — prepared, dressed, savoury. 2, pepper.

ಮೃಷ್ಟಾನ್ನ mṛishṭa-anna. Delicate food, dainties (ಅಮನ್ತ್ರಣ Nn. 155; J. 6, 53).

ಮೆ mĕ. 1. An affix for the formation of nouns, *e. g.* ಒಳ್ಮೆ, ಬಳ್ಮೆ, ಕಡುಮೆ, ಮೆಯ್ಮೆ, ಕೂರ್ಮೆ, ಪೆರ್ಮೆ (Šmd. 248).

ಮೆ mĕ. 2. An affix for expressing so and so many times, *e. g.* ಒರ್ಮೆ, ಇರ್ಮೆ, ಮೂರ್ಮೆ, ಸಾಸಿರ್ಮೆ, ಪಲರ್ಮೆ (Šmd. 242. 248).

ಮೆಕ್ಕಾ mêkkâ. = ಮಕ್ಕಾ, etc. (Si. 101; My.).

ಮೆಕ್ಕೆ mĕkkĕ. A climbing herb, Cucumis trigonus Roxb. (Bryonia callosa Rottl., ಉರ್ವಾರು Mr. 148; Bh. 1, 8, 76; My.; *cf.* ಮಿನಿಕೆ). ಅಕ್ಕಿಯಿನ್ದಲೆ ತೆಂಗು, ಮೆಕ್ಕೆಯಿಂ ಕಣಕ, ಜಾನಕ್ಕಿಯಿಂ ಲಂಕೆ ಕೆಡುವನ್ತೆ ದುರ್ಬುದ್ಧಿ ಪೊಕ್ಕಲ್ಲಿ ಕೇಡು (Sp.). See ದೊಡ್ಡ-, ಹಾವು-, ಹೆಮ್-.

ಮೆಚ್ಚವಣಿಗೆ mĕččavaṇigĕ. What recommends itself or is praiseworthy (ಮೆಚ್ಚನುಳ್ಳುದು Šmd. II; Kk. 75; Šm. 56).

ಮೆಚ್ಚಿಕೆ mĕččikĕ. = ಮಚ್ಚಿಕೆ, ಮೆಚ್ಚಿಗೆ. Assent, approval, approbation, liking, pleasure (My.). See ಮೆಚ್ಚು-.

ಮೆಚ್ಚಿಗೆ mĕččigĕ. = ಮೆಚ್ಚಿಕೆ. (My.).

ಮೆಚ್ಚಿಸು mĕččisu. = ಮಚ್ಚಿಸು, etc. To cause to assent, etc., to please (Bp. 12, 25; 25, 14; 31, 28; 52, 28; 58, 54; 58, 26; 61, 54; Śāv. 2, 64; J. 7, 15).

ಮೆಚ್ಚು mĕčču. 1. = ಮಚ್ಚು 1, etc. To assent, to agree to, to admit to be true, to approve, to be pleased with; to like (ಅಭ್ಯುಪಗಮ Śmd. Dh.; ಒಡಮ್ಬಡು Śmd. 4. 296 Cm.; ಅಂಗೀಕರಿಸು 385 Cm.; My.; Tĕ.; T. ಮೆಚ್ಚು, to praise, laud). ಅಃ, ಸನ್ದಯುಮಿಲ್ಲ! ಮೆಚ್ಚಿದೆಂ (Śmd. 20). ದೇವತೆಯರ್ ಮೆಚ್ಚೆ, ವರಮನ್ ಅರಸಂಗಿತ್ತರ್ (109). ಬಿರುದಾವಳಿಯೊಳ್ ಮೆಚ್ಚಿದನ್ತೆ ಪೇಳ್ವುದು (207). ಚದುರರ್ ಅದಂ ಮೆಚ್ಚರ್ (296). ವಿಜಯಸಿರಿ ವಾಚಾಟರಿಗೆ ಮೆಚ್ಚುವಳೆ? (Bh. 2, 13, 47). ಮೆಚ್ಚಿದವನಿಗೆ ಮಸಣವೇ ಸುಖ (Prv.). See Čpr. 7, after 94; Grj. 10, 114; Bp. 22, 19; 24, 67; 25, 26; 27, 64; 36, 16; 37, 10; 40, 41; 41, 30; 43, 40; 46, 51; 54, 76; 57, 61; 60, 60; Nn. 3; Śm. 1; J. 2, 28; 29, 32.

ಮೆಚ್ಚು mĕčču. 2. = ಮಚ್ಚು 2, etc. Assent, approbation; what recommends itself, is pleasant, etc.; satisfaction, pleasure. (Tĕ.). ಮೆಚ್ಚಿನೊಳ್ ಅಶ್ಲೇಷದೊಳ್ ಬೆಚ್ಚ ಓ (Śmd. 69). ನಾನಾರ್ಥರತ್ನಾಕರಂ... ಜಗದೊಳ್ ಜಾಣರ ಮೆಚ್ಚು (Nn. 168). ನಚ್ಚುಮೆಚ್ಚಿನ ದಾದಿಯರ್ಗಂ ಮೆಚ್ಚನೀವುತಿರ್ದಳು ಮೋಹಿನೀದೇವಿ (Prll. 3, 26). See Čpr. 3, 45; Abh. P. 3, 67; 8, 65; Bp. 14, 18; 28, 47; 43, 37. — ಮೆಚ್ಚುಗುಡು. -ಕುಡು. To assent (Čpr. 7, after 95; 11, after 26); to give what creates satisfaction (V. 14, 56).

ಮೆಚ್ಚು mĕčču. 3. = ಮಚ್ಚು 3. See Bhn. 58. ಮಚ್ಚು. — ಮೆಚ್ಚುಮದ್ದು. = ಮಚ್ಚುಮದ್ದು. (G. 423).

ಮೆಚ್ಚುತು mĕččutu. That which recommends itself or is pleasant. — ಮೆಚ್ಚುತುಣ್ಣಿ. Delightful food (Śmd. 75; it is a bad compound, as it may be taken for ಮೆಚ್ಚು-ತುಣ್ಣಿ 75).

ಮೆಚ್ಚುವಿಕೆ mĕččuvikĕ. Assenting, agreeing to, etc. (G. 423).

ಮೆಟ್ಟಿಗೆ mĕṭṭigĕ. A step, a stair; steps, stairs (My.; Tĕ. ಮೆಟಿಕೆ, ಮೆಟ್ಟಿಕೆ).

ಮೆಟ್ಟಿಸು mĕṭṭisu. To cause to step or walk, to cause to tread on, etc. (My.; Rāv. 6, after 11; see ಹಿಮ್-).

ಮೆಟ್ಟು mĕṭṭu. 1. To put or place down the foot or feet; to step, to pace, to walk; to tread or trample on; to put the foot on or in, to put on, as a slipper or shoe (ಪಾದವಿನ್ಯಾಸ Śmd. Dh.; ಚರಣವಿನ್ಯಾಸ Śm. 88; My.; Tĕ.; see s. ಮಿದಿ). ಮುಟ್ಟಿತು ಮುಟ್ಟದು ದಿವಮಂ, ಮೆಟ್ಟಿತು ಮೆಟ್ಟದು ರಸಾತಲಾಗ್ರ ಮನೆಮ್ಬೊಲ್ ಬಿಟ್ಟಳವಾಗಿರೆ ದಿವಿಜರ ದಿಟ್ಟಿಗೆ ಸೊಗಯಿಪುದು ಮುನ್ದೆ ಮನ್ದರಶೈಲಂ (Śmd. 266). ಬಕನನ್ತಿರೆ ಮೆಲ್ಲನೆ ಮೆಟ್ಟು! (272). ಅಡಿಯಿಂ ಸೀಳುವಡಾನೆ ಮೆಟ್ಟಲಹುದೇ? (Śś. 11). ತೆರೆದ ಕೆಣ್ಣುವಂ ಮೆಟ್ಟಿ ಮಲುಗುವಾ ತೆಬಿನನ್ತೆ ಅಱಿಯದರ ಕೂಟ (Sp.). ಪುಲಿನ್ದಂ... ಕೆರ್ಪಂ ನಲವಿಂ ಮೆಟ್ಟುತ್ತೆ (Rāv. 5, 51). ಮೆಟ್ಟಿ ಸೀಳ್ವ... ಗಜಂಗಳ್ (6, after 11). ಮೆಟ್ಟದಲ್ಲದೆ ಹಾವು ಕಡಿಯದು. — ಮೆಟ್ಟದಾಕ್ಷಣ ಗಟ್ಟಿ ತಗ್ಗೀತೇ? — (ಕೆಲಸನ್ನು) ಮೆಟ್ಟೀ! ಅನ್ದರ ತಿನ್ದರೇನು ಕೊಟ್ಟೀ? ಅನ್ದ (Prvs.). See Čpr. 6, after 44; Bp. 12, 12; 22, 15; 26, 14; 32, 32; 43, 34; 45, 6; 51, 41; 60, 14; Rāv. 4, after 14; 6, after 11; 13, 96; J. 7, 17; B. 5, 297; ತಡಮ್-, ಪೆಡಮ್-, ಹಿಮ್-.

ಮೆಟ್ಟು mĕṭṭu. 2. Stepping; a step of the foot (ಅಡಿವಜ್ಜೆ Čt. I, 47); that goes (see ಪೆಡಮೆಟ್ಟು 2). 2, the step or stop of a stringed instrument on which the finger is pressed so as to modify the tone (My.; T., Tĕ.). 3, a sandal, a shoe (ಪಾದತ್ರಾಣ Śmd. Dh.; ಕೆರ್ಪು Śm. 88; My.; Tĕ.). ನೆಲ್ಲಾರೊಳಗಣ ಸಾಲ ಮೆಟ್ಟಿನೊಳಗಣ ಕಲ್ಲು. — ನಿನ್ನ ಹೊಡಿಗೆ ನನ್ನ ಮೆಟ್ಟೇ? (Prvs.). 4, the step of a stair (Bp. 20, 21; My.). ಮೆಟ್ಟುಗಳು (ಆರೋಹಣ, ಸೋಪಾನ Śi. 112; ಸೋಪಾನ, ಪಾವಟಿಗೆ G.). 5, a kind of foot-ring of which two are put to the second toe and which tingle when struck together by walking (My.). — ಮೆಟ್ಟಕ್ಕಿ. -ಅಕ್ಕಿ. Rice which is stepped on: a large platter filled with rice on which the bridegroom has to stand at the marriage ceremonies (Grj. 10, after 82, 10, 85; Bh. 1, 16, 65; Rām. 1, 16, 46; J. 31, 16). — ಮೆಟ್ಟುಗತ್ತಿ. -ಕತ್ತಿ. = ಈಳಿಗೆ No. 2, ಈಳಿಗೆಕತ್ತಿ. (My.). — ಮೆಟ್ಟುಗಲ್ಲು. -ಕಲ್ಲು. A step-stone, a stair. ಮೆಟ್ಟುಗಲ್ಲೇ ಗಟ್ಟಿ, ದಾಪಿ ಸೀರೇ ಭಾಗೀರಥಿ. — ಮೆಟ್ಟುಗಲ್ಲು ಚಿನ್ನವಾದರೆ ನಿನಗರವಾಸಿ, ನಿನಗರವಾಸಿ (Prvs.). — ಮೆಟ್ಟುಹಲಿಗೆ. The lower timber of a door (Śi. 110).

ಮೆಟ್ರೆ mĕṭṛĕ. The throat (My.; T. ಮುನ್ನೈ, ಮೆನ್ನಿ, the throat; M. ಮನ್ನ, Tĕ. ಮೆಡ, the neck; T., M. ಮಿಡಱು, the neck; the throat). — ಮೆಟ್ರೆಗಟ್ಟು. -ಕಟ್ಟು. A swelling of the glands of the throat (My.).

ಮೆಟ್ಲ mĕṭla. A step, a stair. See ಕಲ್ಲು-.

ಮೆಟ್ಲು mĕṭlu. = ಮೆಟ್ಲ. (My.).

ಮೆಡಱು mĕḍaṟu. To plait, as screens. ತಟ್ಟಿ ಮೆಡಱಿದನೆನ್ದು, ತಟ್ಟಿವೆಣದಂ (Śmd. II; Kk. 76; see ಮಿಣಿ).

ಮೆಣಸಿಗೆ mĕṇasigĕ. N. of a plant (ಅರು Mr. 139).

ಮೆಣಸು mĕṇasu. = ಮೆಳಸು, etc. (ವೇಲ್ಲಜ, ಮರಿಚ Nr.; ವೇಲ್ಲಜ, ಮರಿಚ, ಉಷಣ Hlā.; ಉಷಣ, ಮರೀಚಕ Mr. 136; Bp. 33, 18; My.; B. 4, 177). ಮೆಣಸು ಕೊಡಿತರೆ ಜೋಳಕ್ಕಿನ್ನ ಕಡೆಯೇ? (Prv.). See ಕಾಡು-, ಮರ-; Prv. s. ಸಂಸ್ಕೃತ. — ಮೆಣಸಿನ ಕಸ. A common weed, Cleome monophylla Lin. (Z.). 2, the weed Vinca pusilla Murr. (Z.). — ಮೆಣಸಿನ ಕಾಯಿ. Chilli, the pod of the Spanish or Cayenne pepper, Capsicum annuum Lin. (Z.; My.; B. 4, 177). — ಮೆಣಸಿನ ಬಳ್ಳಿ. The black pepper vine, Piper nigrum Lin. (Z.; My.). — ಮೆಣಸಿನ ಹಮ್ಬು. = ಮೆಣಸಿನ ಬಳ್ಳಿ. (My.). — ಮೆಣಸುಕಾಯಿ. ಮೆಣಸಿನ ಕಾಯಿ. A corn of black pepper (My.; B. 4, 71).

ಮೆತ್ತಗೆ mĕttu-agĕ 4. = ಮೆತ್ತಿಗೆ. Softness; soft, pliant, etc.; softly; slowly (Bp. 38, 35; My.; T. ಮಿರುದು, ಮೆತ್ತು). ಮೆತ್ತಗಿರುವದು (ಮೃದು, ಮೃದುಲ, ಕೋಮಲ, etc. Śi. 374). ಚಿಕ್ಕನ ಮೆಯ್ಯು ಹತ್ತಿಯ ಹಾಗೆ ಮೆತ್ತಗಿರುತ್ತದೆ (B. 1, 26). ಹಾವಿನ ಮೆಯ್ ಮೆತ್ತಗೆ (2, 22). ಒಣ್ಣೆಯ ಅಂಗಾಲು.. ಬಹು ಮೆತ್ತಗೆ ಇರುತ್ತವೆ (3, 64). ನೆನೆದ ಕಲ್ಲು ಮೆತ್ತಗೆ ಆದೀತೇ? (Prv.).

ಮೆತ್ತನೆ mĕttanĕ. = ಮೆತ್ತಿಗೆ. Plastering; plaster for coating walls, etc. (My.). ಮೆತ್ತನೆ ಹಾಳು (My.).

ಮೆತ್ತಾನೆ mĕttu-anĕ 2. = ಮೆತ್ತಾನೆ. Soft, etc. (My.).

ಮೆತ್ತನ್ನ mĕttu-anna 1. Soft, etc. (My.). ಮೆತ್ತನ್ನ ಹುಲ್ಲು (G. 63). ಮೆತ್ತನ್ನ ತೊಗಲು (B. 1, 20). See 3, 30. 31; 4, 144. 215.

ಮೆತ್ತಾನೆ mĕttu-ânĕ 4. = ಮೆತ್ತನೆ. (My.).

ಮೆತ್ತಿಗೆ mĕttigĕ. = ಮೆತ್ತನೆ. (My.).

ಮೆತ್ತಿಗೆ mĕttigĕ. = ಮೆತ್ತಗೆ. (My.).

ಮೆತ್ತು mĕttu. To coat walls with chunam or mud, to plaster, to plaster over, to lay on or apply to; to press into (J. 12, 27; My.; Tĕ.; T., M. ಮೆಜುಗು, to daub a place with cow-dung, to wax or varnish; Tĕ. ಮೇಗು, to smear, besmear; see ಮೆರುಗು); to cover (J. 14, 4). ಎಲುವನಿಕ್ಕಿ ಮೆತ್ತಿದ ಗೋಡೆ (ಏಡೂಕ Nr. a). ಮೆತ್ತಿದ ನೆರಕೆ (ಏಡೂಕ Nr. b). ಜೊಬ್ಬು ಮೆತ್ತುವ ಕೆಲಸ (ಪುಸ್ತ Si. 344). ಇಲಿಯನ್ನು ಒಳಗೆ ಬಿಟ್ಟು, ಬಿಲಕ್ಕೆ ಮಣ್ಣು ಮೆತ್ತಿದ.—ಕತ್ತಿಗೆ ಮೆತ್ತಿದ ಜೇನು (Prvs.). ಅಮರಾರಿಗೆ . . . ಕೇಪಾನ್ನದಲಿ ತೋಯಿಸಿ ತುತ್ತುಗಳ ತೂಗುತ್ತ ಮೆತ್ತಿ ಕೊಣ್ಡನು ಪಾಯೊಳ್ (Bh. 1, 10, 32).

ಮೆತ್ತು mĕttu. Tbh. of ಮೃದು. See ಮೆತ್ತನ್ನ, ಮೆತ್ತಾನೆ; T. s. ಮೆತ್ತಗೆ.

ಮೆತ್ತುವಿಕೆ mĕttuvikĕ. Smearing over, etc. (ಸಮೂಲವ್ಯ, ವಿಲೇಪನ Si. 397).

ಮೆತ್ತೆ mĕttĕ. Bedding, a matrass (My.; Tĕ., M.; T. ಮೆತ್ತೈ).

ಮೆದಗ mĕdaga. (fr. ಮೆದೆ). A stupid man (My.). Feminine ಮೆದಗಿ (My.).

ಮೆದಡು mĕdaḍu. Tbh. of ಮೇದಸ್. Marrow; the brain (Tĕ.; ಹೃದಯದಲ್ಲಿಯೂ ಎಲುವುಗಳಲ್ಲಿಯೂ ಇರುವ ನೆಣ, ಮೇದಸ್ Si. 204).

ಮೆದಳು mâdaḷu = ಮೆದಡು. (My.).

ಮೆದು mĕdu. Tbh. of ಮೃದು. (My.; T.).

ಮೆದುಳ್ mĕduḷ. = ಮೆದುಳು. (J. 12, 45).

ಮೆದುಳು mĕduḷu. = ಮೆದಡು. (My.). ಎಲುವುಗಳ ಗೂಡಿನಲ್ಲಿರುವ ಮೆದುಳು (ಮಸ್ತಿಷ್ಕ, ಗೋರ್ಧ Si. 205).

ಮೆದೆ mĕdĕ. A heap, a pile (Bh. 1, 15, 7); a stack, especially of straw before being thrashed (ತೃಣರಾಶಿ Ŝm. 99; My.). 2, a crude mass: stupidity, silliness (ಜಡ್ಡತನ Ŝm. 99). ಹುಲ್ಲುಮೆದೆ (ತೃಣ್ಯೆ, ತೃಣಸಂಹತಿ Si. 165). ಮೆದೇ ಹುಲ್ಲು ಸೂಜಿಯಾಗುತ್ತದೆ, ಹಿಡಿಹುಲ್ಲಿಗೆ ಒಡ್ಡಾಡುತ್ತಾನೆ (Prv.). — ಮೆದೆಗೆಡಹು. -ಕೆಡಹು. To make fall down in heaps (J. 12, 48). — ಮೆದೆಗೆಡೆ. -ಕೆಡೆ. To fall down in heaps (Grj. 6, after 5; 6, 8; J. 22, 23). — ಮೆದೆಯೊಟ್ಟು. -ಒಟ್ಟು. To pile, to stack (My.). — ಮೆದೆಹಾಕು. = ಮೆದೆಯೊಟ್ಟು. (My.).

ಮೆದೆ mĕdĕ. (Tbh. of ಮುಂಜ). = ಬಲ್ಬಜ (Si. 163).

ಮೆದ್ದು mĕddu. P. p. of ಮೆಲು, ಮೆಲ್ಲು.

ಮೆನ್ತೆ mĕntĕ. Tbh. of ಮನ್ಥ. A common vegetable plant, fenugreek, Trigonella foenum graecum Lin. (My.; Tĕ. ಮೆನ್ತಿ; T. ವೆನ್ದಿಯ, ವೆನ್ದೈಯ; M. ವೆನ್ದಯ; Mhr. ಮೇಥೀ). ಮೆನ್ತೆ ತಿನ್ದಾಕ್ಷಣ ಕುನ್ತೀ ಮಗನಾದಾನೇ? (Prv.). — ಮೆನ್ತೆಕಾಯಿ. Fenugreek grain (My.). — ಮೆನ್ತೆಪಲ್ಯ. The fenugreek vegetable (My.). — ಮೆನ್ತೆಸೊಪ್ಪು. = ಮೆನ್ತೆಪಲ್ಯ. (My.).

ಮೆನ್ತೆಯ mĕntĕya. = ಮೆನ್ತೆ. (My.).

ಮೆನ್ತ್ಯ mĕntya. = ಮೆನ್ತೆಯ. (My.). ಅನ್ತ್ಯಜನಲ್ಲಿ ಹೋಗಿ, ಮೆನ್ತ್ಯ ಕಡ್ಡಿ ಹಾಗೆ (Prv.).

ಮೆನ್ಥೆಯ mĕnthĕya. (= ಮೆನ್ತ್ಯ). The creeper Gaertnera racemosa (ಅದಿಮುರ್ಘತ್ತೆ, etc. Kk. 18).

ಮೆಯ್ mĕy. (Ŝmd. 58). = ಮಯ್ 1, ಮಯಿ, ಮೆಯಿ, ಮೆಯ್ಯಿ, ಮೈ. The body;—side, part; place (ಒಡಲ್, ಡೊಕ್ಕೆ Ŝm. 71; ಸ್ವರೂಪ Ŝmd. 142. 358. 385 Cm.; My.; T., M. ಮೆಯ್, ಮೇನಿ; Tĕ. ಮಯಿ, ಮುಯಿ, ಮೆಯಿ, ಮೇ, ಮೇನು). ಮೆಯ್ಯ ಮುಸಿ (Ŝmd. 84). ತುರುಗಳ ಮೆಯ್ಯಗಳ ರೋಮಂ (291). ಪಿನ್ತಣ ಮೆಯ್ಯೊಳ್ (201); ಪೆಱಗಣ ಮೆಯ್ಯೊಳ್ (52). ಮೆಯ್ಯ ಕೂದಲು (ರೋಮ, ತನೂರುಹ); ಪಡೆಯ ಹಿನ್ದಣ ಮೆಯ್ (ಪ್ರತಿಗ್ರಹ Hlâ.). ಮೆಯ್ಯ ಕೂದಲು (ರೋಮ, etc.); ಪ್ರಾಣಿಗಳ ಮೆಯ್ಯ ತೆರೆ (ವಲಿ); ಕೋಡಗದ ಮೆಯ್ಯ ಬಣ್ಣ (ಶ್ಯಾವ, etc.); ಕಣ್ಣು ಹಕ್ಕು ಮೊದಲಾದ ಮೆಯ್ಯ ಮಲಂ (ಕಿಟ್ಟ, etc.); ಮೆಯ್ಯ ಹಾಸಲೆನ್ದು ಮಾಡಿದ ಗುಳಿಗೆ (ವರ್ತಿ); ಬಡ ಮೆಯ್ಯವನು (ಅಮಾಂಸ, etc.); ತುಮ್ಬಿದ ಮೆಯ್ಯವನು (ಬಲವಾನ್); ಹೆಬ್ಬಾಗಿಲ ಇಕ್ಕೆಲದಲುಮ್ ಒಳಗಣ ಮೆಯ್ಯೊಳಂ ಸೋಪಾನಂ ಬೆರಸಿ ಮಾಡಿದ ಮಣ್ಣ ರಾಶಿ (ಹಸ್ತಿನಖ Nr.). ಮೆಯ್ಯ ತಿಮಿರು (ಕಣ್ಡು, ಖರ್ಜು Mr. 384); ಮೆಯ್ಯ ಕೂದಲ್ (ಲೋಮ 319). ಮೆಯ್ಯ ಜೋಡು (ಸವಗ Ŝm. 42). ಮೆಯ್ಯ ಬಲಕಡೆ (ಅಪಸವ್ಯ Si. 376); ಮೆಯ್ಯೊಳಗೆ ಎಡಗಡೆ (ಸವ್ಯ 376); ಹಾವಿನ ಮೆಯ್ (ಭೋಗ 410); ಚಿಕ್ಕ ಮೆಯ್ಯವನು (ಪೃಶ್ನಿ, ಅಲ್ಪತನು 198); ಅಜೀರ್ಣದಿನ್ದ ಮೆಯ್ ಬಿಸಿಯಾಗುವಿಕೆ (ಜ್ವರ 201. 400); ಮೆಯ್ಯೊಳಗೆ ಹುಟ್ಟಿದ ಕೂದಲು (ತನೂರುಹ, etc. 216). ಮೆಯ್ ಬೆಳ್ಳಗಾದವನ ನೆರಳು ಬೆಳ್ಳಗೆಯೇ?—ಮೆಯ್ಯೆಲ್ಲ ಚಿನ್ನ, ಕಿವಿ ಮಾತ್ರ ಹಿತ್ತಾಳೆ.—ಮೆಯ್ಯಲ್ಲಿ ಹುಟ್ಟಿದ ರೋಗಕ್ಕಿನ್ತ ಕಾಡಿನಲ್ಲಿ ಹುಟ್ಟಿದ ಔಷಧ ಮೇಲು (Prvs.). ಆಳಳು ಅವನನ್ನು ಕಣ್ಡ ಕೂಡಲೆ ಇಱಿಯಲಿಕ್ಕೆ ಅವನ ಮೆಯ್ಮೇಲೆ ಬರುತ್ತದೆ (B. 2, 19). ಆ ಹಾವು . . ಅವನ ಮೆಯ್ಮೇಲಿಯೇ ಬನ್ತು (2, 28). ಹುಚ್ಚುನಾಯಿಗಳನ್ನು ತನ್ದು, ದಾರಿಕಾಱರ ಮೆಯ್ಮೇಲೆ ಬಿಡುತ್ತೀರೋ? (2, 53). See Čpr. 5, 63. 69. 123; Bp. 57, 60; Bh. 1, 5, 5; 3, 13, 17; Rsv. 9, 22; J. 11, 25. 37; 28, 4; 30, 19; ಇಮ್-, ಎಣ್-, ಕೆಳ-, ಹೊಱ-. — ಮೆಯ್ಕಟ್ಟು. The build or form of the body (C.; B. 3, 39; 4, 22; B. 5, 66. 165. 276). — ಮೆಯ್ಗೂದಲು. The hair of the body (Si. 73). — ಮೆಯ್ಕೆಡಿಸು. To ruin (one's) body (My.). —ಮೆಯ್ಕೆಡು. The body to be ruined, wasted away, etc. (Bp. 56, 52; 57, 57). — ಮೆಯ್ಕೊಡು. = ಮೆಯ್ಗುಡು, ಮೆಯ್ಗೊಡು. To deliver the body or one's self over, to present, exhibit or expose the body or one's self (Bh. 1, 10, 38); to apply the body (or shoulders) to. — ಮೆಯ್ಕೊಟಿ³. Impurities on the body (My.). — ಮೆಯ್ಗಡಿತ. -ಕಡಿತ. Cutting the body (Bh. 6, 8, 12). — ಮೆಯ್ಗಣ್ಣ. -ಕಣ್ಣ. He who has the body full of eyes: Indra (ಸುರಪ Čt. II, 31). — ಮೆಯ್ಗಮ್ಪು. -ಕಮ್ಪು. The smell or fragrance of the body (J. 3, 8. 10). — ಮೆಯ್ಗರೆ. -ಕರೆ. To hide the body or one's self (ಅಡಂಗು Ŝs.; Kk. 43; Ŝm. 44). ಭೃಂಗತತಿ . . . ಕುತ್ತೆಸಳ್ಗುಱಿವ ದೊಳ್ ಅಯ್ದೆ ಮೆಯ್ಗರೆದು, ಕೇಸರದೊಳ್ ನಲುವಿಂ ಪೊರಳ್ದು (Čpr. 7, 60). ಮೆಯ್ಗರೆಯಲ್ ಪಾಣ್ಡವರ್ಗೆ ನೆಱೆದುವು ಬರಿಸಂ (Ŝmd. 73). See Čpr. 7, 44. 109; 8, 29. 101; Abh. P. 1, 60; 7, 89; 10, 9; 14, 122; Grj. 1, 66; Rsv. 13, 90; Č. Bp. 42, 27. 28; J. 16, 42. — ಮೆಯ್ಗರ್ಚು. -ಕರ್ಚು. To wash (or rub) the body (Rsv. 2, after 8). — ಮೆಯ್ಗರ್ಪು. -ಕರ್ಪು. (Ŝmd. 50). The body's black colour. — ಮೆಯ್ಗಲಿ. -ಕಲಿ. A person of a powerful body, a valiant person (Abh. P. 5, 4. 78). ಕಾದುವವರೊಳ್ ಈತಂ ಮೆಯ್ಗಲಿ (Ŝmd. 163). — ಮೆಯ್ಗಳ್ಳ. -ಕಳ್ಳ. A lazy man (C.; B. 4, 139; Si. 401). — ಮೆಯ್ಗಳ್ಳತನ. -ಕಳ್ಳತನ. Slothfulness, laziness (C.; B. 4, 139). — ಮೆಯ್ಗಳ್ಳಿ. -ಕಳ್ಳಿ. A lazy woman (My.). — ಮೆಯ್ಗಾಣಿಕೆ. -ಕಾಣಿಕೆ. Showing the body. See ಇಮ್ಮೆಯ್ಗಾಣಿಕೆ. — ಮೆಯ್ಗಾಪು. -ಕಾಪು. = ಮೆಯ್ಗಾಪು. (Abh. P. 12, after 31). — ಮೆಯ್ಗಾವಲು. -ಕಾವಲು. =

ಮೆಯ್ಗಾಪು. (My.). — ಮೆಯ್ಗಾಹು. -ಕಾಹು. Protection of the body; body-guard (Bh. 7, 9, 70). — ಮೆಯ್ಗುಂದು. -ಕುಂದು. = ಮೆಯ್ಗೆಡು, etc. (Rŝv. 8, 83; 11, 125). — ಮೆಯ್ಗುದುರು. -ಕುದುರು. The body to recover from illness (My.). — ಮೆಯ್ಗುಸ್ದು. -ಕುಸ್ದು. The body to emaciate, become lean or weak (ಇದಿ Ŝmd. I; Ŝŝv. 2, 106). — ಮೆಯ್ಗೂಟ. -ಕೂಟ. Coition (J. 6, 82). — ಮೆಯ್ಗೂಡಿಕೆ. -ಕೂಡಿಕೆ. Union of bodies (Râm. 6, 11, 7). — ಮೆಯ್ಗೂಡು. To be joined to the body or one's self (Bh. 10, 7, 31). 2, to contract the body (3, 18, 35). — ಮೆಯ್ಗೂದಲು. = ಮೆಯ್ಕೂದಲು. (ತನೂರುಹ, ರೋಮ Si. 216). — ಮೆಯ್ಗೆಡು. = ಮೆಯ್ಕೆಡು. (Bp. 56, 57; 57, 65). — ಮೆಯ್ಗೆದಱು. -ಕೆದಱು. To toss the body about, to rouse it up (Bh. 1, 9, 8). — ಮೆಯ್ಗೊಡಹು. -ಕೊಡಹು. To shake the body (Rŝv. 5, 89). — ಮೆಯ್ಗೊಡು. -ಕೊಡು. = ಮೆಯ್ಕೊಡು, etc. (Râm. 5, 9, 2; Bh. 2, 2, 96; J. 21, 21; 25, 31; 30, 34). ಅಡವಿಯೊಳಗಿಹ ವೇಣು ತಿದ್ದಿದರೆ ಮೆಯ್ಗೊಟ್ಟು, ಕಡುಹುಳ್ಳ ದೊರೆಗಳನು ಹೊಡೆವುತಿಹುದು (Dp. 148). — ಮೆಯ್ಗೊಲೆ. -ಕೊಲೆ. Killing by means of the body (Rŝv. 6, after 11). — ಮೆಯ್ಚಾಚು. To stretch out the body, to bend towards (Bh. 1, 20, 61). — ಮೆಯ್ಜೋಡು. A coat of mail (ಕವಚ, ವರ್ಮ Nn. 88; ಸವಗ Kk. 43; J. 9, 27; see ಇಮ್-). — ಮೆಯ್ಝಳ. Heat of the body (Râm. 2, 7, 3). — ಮೆಯ್ತುಮ್ಬು. So that the body is filled: all over the body; through the whole body (C.; B. 1, 5; 8, 35). ಮೆಯ್ತುಮ್ಬ ಬಟ್ಟೆ, ಹೊಟ್ಟೆ ತುಮ್ಬ ಅನ್ನ (Prv.). — ಮೆಯ್ತುಮ್ಬು. The body to be filled (Bp. 12, 17). 2, the body to become stout and strong (My.). ತುಮ್ಬಿದ ಮೆಯ್ಯವನು (ಬಲವಾನ್, Nr.). 3, to be possessed by an evil spirit or a deity (My.). — ಮೆಯ್ದಡವು. -ತಡವು. To stroke the body, to caress, to fondle (Bp. 4, 70; 14, 2; 60, 31. 36; 61, 62; Bh. 7, 10, 36; Ŝŝv. 5, 40; J. 13, 24; 28, 55). — ಮೆಯ್ದಡಿ. -ತಡಿ. A saddle on the body (Bh. 7, 10, 86). — ಮೆಯ್ದಳಿ. The body considered as a leaf or leaves (?); or -ತಳಿ, the body considered as a place of refuge (? Čpr. 2, 14). — ಮೆಯ್ದೀವು. -ತೀವು. The body to be full. ಮೆಯ್ದೀವಿ, with the whole body (Grj. 8, after 119). — ಮೆಯ್ದುಮ್ಬು. = ಮೆಯ್ತುಮ್ಬು. (Bp. 35, 57). — ಮೆಯ್ದೆಗೆ. -ತೆಗೆ. To keep the body or one's self away from; to shun; to be afraid; to take one's self off, to run away (ಅಕ್ಕುಳಿಸು, ಪೆಡಮೆಟ್ಟು, etc., ಅಪಸರಣ Ŝs.). ಕೆಲಸಕ್ಕೆ ಮೆಯ್ದೆಗೆವವನು (ಮನ್ದ, ತುನ್ದ, ಆಲಸ್ಯ, etc. Nr.). See Grj. 5, after 46; Bh. 3, 13, 18; 7, 4, 41; 8, 1, 22; J. 8, 33. — ಮೆಯ್ದೊಗಲು. -ತೊಗಲು. The skin of the body (Râm. 6, 14, 22; G. 277; B. 5, 234). — ಮೆಯ್ದೊಡವು. -ತೊಡವು. = ಮೆಯ್ದೊಡಿಗೆ. (Čpr. 1, 132; Abh. P. 3, 39). — ಮೆಯ್ದೊಡಿಗೆ. -ತೊಡಿಗೆ. Ornaments of the body (J. 33, 22). — ಮೆಯ್ದೊಳೆ. -ತೊಳೆ. To wash the body; to wash thoroughly (Bp. 3, 32; Rŝv. 6, after 24; 11, 7). — ಮೆಯ್ದೋಱ್. -ತೋಱ್. ಮೆಯ್ದೋಱು. The body or one's self to appear, to appear (Čh. v. 244 in two MSS.; Ŝŝv. 2, 66; J. 2, 66). 2, to cause to appear, to show (Bh. 6, 8, 77; Dp. 119, 5). 3, to exhibit valour (Grj. 6, after 67; Bh. 6, 7, 25). ಆರ್ ಮೆಯ್ದೋಱುವರ್? ಆರ್ ನಿಲ್ವರ್? ಆರ್ ಪೊಣರ್ವರ್ (Ŝmd. 183). — ಮೆಯ್ನವಿರ್. The hair of the body (Čpr. 5, after 64). ಮೆಯ್ನವಿರ್ ಮೂಡಿತು (*i. e.* ಮೂಡಿದುದು, ಪುಳಕ Čt. II, 76). — ಮೆಯ್ನೆಱೆ. The body to become mature: the menses to set in: to become pubescent (C.). ಮೆಯ್ನೆಱೆವವಳು (ದೃಷ್ಟರಜೆ, ಮಧ್ಯಮೆ); ಮೆಯ್ನೆಱೆಯದ ಕನ್ಯೆ (ನಗ್ನಿಕೆ); ಮೆಯ್ನೆಱೆಯದ ಹೆಂಗಸು (ಅನಾಗತಾರ್ತವೆ G.). — ಮೆಯ್ನೋಟ. The look or appearance of the body (Bh. 1, 8, 94). — ಮೆಯ್ನೋತ. Pain in the body (My.). — ಮೆಯ್ನೋವು. = ಮೆಯ್ನೋತ. (My.). — ಮೆಯ್ಪೆಚ್ಚು. = ಮೆಯ್ಪೆರ್ಚು. (J. 5, 7). — ಮೆಯ್ಬಣ್ಣ. The colour of the body (B. 3, 74; 4, 22). — ಮೆಯ್ಬರು. To become stout and strong (My.). ಅವನಿಗೆ ಮೆಯ್ ಬನ್ತು (My.). — ಮೆಯ್ಬಲಿ. To make one's body strong and ready for exertion (Bh. 1, 14, 10). — ಮೆಯ್ಬಿಡಿರು. To stretch out the limbs, etc. (Bh. 6, 9, 14). — ಮೆಯ್ಬೆದಱು. The body to start or be roused (Bh. 10, 9, 6). — ಮೆಯ್ಬೊಗ್ಗು. To bend the body, as in work (My.). ಮೆಯ್ಬೊಗ್ಗದವ, a sluggard (My.). — ಮೆಯ್ಮಱಪು. = ಮೆಯ್ವಱಹು. Forgetting one's self: unconsciousness; swoon; torpor; inadvertance (Čpr. 8, 69). — ಮೆಯ್ಮಱವು. = ಮೆಯ್ಮಱಹು. (J. 12, 31). — ಮೆಯ್ಮಱವೆ. = ಮೆಯ್ಮಱವು. (Bh. 1, 9, 8). — ಮೆಯ್ಮಱೆ. To forget one's self: to become unconscious; to swoon, to faint;—to grow intoxicated, as from pride;—to be inadvertent or careless (My.). ಮೆಯ್ಮಱೆದಿರುಹ (ಪ್ರಮಾದ, ಅನವಧಾನತೆ (Nr.). ಮದ್ಯಪಾನಾದಿಗಳಿನ್ದ ಮೆಯ್ಮಱತವನು (ಮತ್ತ, ಶೌಣ್ಡ, ಉತ್ಕಟ, ಕ್ಷೀವ Si. 359). See Bp. 14, 26; 40, 72; Bh. 5, 4, 102; 6, 3, 68; 7, 14, 51; Rŝv. 11, 35; J. 4, 47; 7, 39. 45. 55; 21, 36; Si. 74; B. 5, 187. — ಮೆಯ್ಮಱೆಯುವಿಕೆ. Becoming unconscious, etc. (ಮೂರ್ಛೆ, ಕಶ್ಮಲ, ಮೋಹ Si. 295). — ಮೆಯ್ಮಸಕ. Great agitation, passion, impetuous ardour (Bh. 2, 2, 109). — ಮೆಯ್ಮಸೆ. A slight wound of the body (Bh. 7, 2, 9; 7, 14, 7). — ಮೆಯ್ಮಾರಿ. A killer of the body (Bh. 7, 2, 27). — ಮೆಯ್ಮುರಿ. To stretch the body with windings of the limbs; to wind the body, as a snake; etc. (Čpr. 6, 23; Bp. 59, 12; Bh. 3, 13, 33; 5, 1, 19; Ŝŝv. 3, 48; J. 4, 48. 49). — ಮೆಯ್ಮುಱುಕ. Broken with regard to the body: maimed, lame (Bh. 10, 4, 16). — ಮೆಯ್ಮುಳ್ಪು. Bristling of the body's hair (ಪುಳಕ Čb.). — ಮೆಯ್ಮೆಚ್ಚಿಕೆ. Loving care for (another's) body or person, attendance, service (J. 25, 2). — ಮೆಯ್ಮೇಗು. The surface of the body. ಅವನ ಮೆಯ್ಮೇಗಿನ ಬಾಸಱಿಕೆಗಳು (B. 5, 222). — ಮೆಯ್ಮೇಟಿ. A chief body-servant (ಸಂವಾಹಕ, ಅಂಗಮರ್ದ Hlâ.). — ಮೆಯ್ಮೇಲೆ. On or upon the body (C.; B. 3, 31; see B. 2 s. ಮೆಯ್). — ಮೆಯ್ಮೇಲೆ ಬರು. To come upon one's body, to fall upon, to attack (B. 5, 62; My.). — ಮೆಯ್ಮೇಲೆ ಹಾಕು. To put upon (another's) person, to burden (anything) on (another one, B. 4, 187). — ಮೆಯ್ಮೇಲೆ ಹೋಗು. To go or fall upon one's body, to attack (B. 3, 40; My.). — ಮೆಯ್ಮೇಳ. (Ŝmd. 40). Body-union: intercourse (?). — ಮೆಯ್ಯಱ್. The body to know: to become perceivable (Bh. 7, 6, 61). 2, to know the faculty of one's own body (in eating, etc., My.). 3, to know one's self, to be conscious (see Ŝâstrasâra s. ಎಸಳ್). — ಮೆಯ್ಯವಚು. To press the body against (Bh. 2, 10, 13). — ಮೆಯ್ಯಳಿಪು. -ಅಳಿಪು. The body's desire (Čpr. 9, 56). — ಮೆಯ್ಯಳುಕು. -ಅಳುಕು. The body to tremble (Bh. 2, 2, 105). — ಮೆಯ್ಯಾನಿಸು. -ಆನಿಸು. To present the body to (Čpr. 4, 26). — ಮೆಯ್ಯಾರಯ್ಕೆ. -ಆರಯ್ಕೆ. Looking to one's own body, taking care of it (My.). — ಮೆಯ್ಯಿಕ್ಕು. -ಇಕ್ಕು. 1. To posture one's self: to assume the position proper for salutation, to salute, to make obeisance, to prostrate. ದ್ವಾರಪಾಲಂ... ಸಾನನ್ದಗೆ ಮೆಯ್ಯಿಕ್ಕೆ (Sânandačaritra). See Grj. 2, after 106; 5, 39; Bp. 4, 6; 24, 52; 30, 8; 32, 10; 37, 28; 39, 51; 43, 32; 49, 31; Bh. 6, 6, 17; Rŝv. 5, after 24; 10, after 1; J. 6, 40. — ಮೆಯ್ಯಿಕ್ಕದಂ, a male who does not prostrate; a deity (ನಿರ್ಜರ Kk. 10*a*). — ಮೆಯ್ಯಿಕ್ಕು. -ಇಕ್ಕು. 2. Salutation, obeisance, etc. (ಮೊಗ್ಗು, ತುಱುಗಲ್, ಕುಮ್ಮು, etc., ನಮಸ್ಕಾರ Ks.). — ಮೆಯ್ಯಿಬು. -ಇಬು. An abortion to happen (My.). — ಮೆಯ್ಯುಕ್ಕು. -ಉಕ್ಕು. To come up and run over the body (J. 12, 25). — ಮೆಯ್ಯುಡುಗು. -ಉಡುಗು. The body to shrink, etc. (J. 21, 41). — ಮೆಯ್ಯುಣ್ಣು. -ಉಣ್ಣು. To be imbibed or absorbed. ನೀರೆಲ್ಲ ಮೆಯ್ಯುಣ್ಣು (B. 4, 158). — ಮೆಯ್ಯುಬ್ಬು. -ಉಬ್ಬು. Swelling, etc. of the body (Bh. 1, 13, 61). — ಮೆಯ್ಯುರಿ. -ಉರಿ. 1. The body to burn or be hot (My.). — ಮೆಯ್ಯುರಿ. -ಉರಿ. 2. Burning or heat of the body (My.). — ಮೆಯ್ಯೊಡ್ಡು. -ಒಡ್ಡು. To put or present the body to (J. 8, 5; 28, 50); to apply or devote one's self to. ಕೆಲಸಕ್ಕೆ ಮೆಯ್ಯೊಡ್ಡುವವನು (ದಕ್ಷ, ಚತುರ, ಪೇಶಲ, etc. Nr.). — ಮೆಯ್ಯೊರೆ. -ಒರೆ. Similarity of a body (J. 11, 11). — ಮೆಯ್ವೆತ್ತು. -ಪೆತ್ತು. A body or form to come about (Grj. 4, 67). — ಮೆಯ್ಮಱಹು. -ಮಱಹು. = ಮೆಯ್ಮಱಪು. (ಅನವಧಾನ, ಪ್ರಮಾದ Mr. 451). — ಮೆಯ್ವಸ. -ಬಸ. (Šmd. 81). Body-subjection; body-desire, desire (Abh. P. 13, 78). — ಮೆಯ್ವಸವೊಸ್ತು. -ಪೊಸ್ತು. Desire to attach one's self to or lay hold of. ಮೆಯ್ವಸವೊಸ್ತೆ ಪೂವಿನೊಳೆ ಪೋಗಿ ಮೊಗಂಮುರಿದಳ್ಳೆಗೊಪ್ಪಿನೊಳ್ ಪಾಯ್ದುದು (Šmd. 81 Mdb. and another MS.). — ಮೆಯ್ವಸುರ್. -ಪಸುರ್. Green colour of the body (Čpr. 7, 43). — ಮೆಯ್ವಸೆ. Serum or marrow of the body (Râm. 3, 6, 57). — ಮೆಯ್ವಱಿ. -ಪಱಿ. Adaptedness to the body: propriety (Čpr. 7, 71); control, power, subjection (Bh. 2, 2, 3; 8, 18, 15; J. 6, 35). ಅಶ್ವಂಗಳಂ.... ಮೆಯ್ವಱಿಗೆ ತನ್ದು (Ršv. 6, after 11). — ಮೆಯ್ವಿಡು. -ಬಿಡು. To be fearless, bold, etc. (ನಿಃಶಂಕತೆ Šmd. Dh.). — ಮೆಯ್ವೆಱು. -ಪೆಱು. -ಪೆಱ್. To take or assume a body or form (Čh. v. 170; Čpr. 2, 34; 7, 38; 10, 84; Ršv. 5, after 115). — ಮೆಯ್ವೆರ್ಚಿಸು. -ಪೆರ್ಚಿಸು. To cause the body to swell, etc. (Čpr. 10, 58). — ಮೆಯ್ವೆರ್ಚು. -ಪೆರ್ಚು. The body to swell: to be inflated with pride; to be filled with exultation (Čpr. 4, 47; 6, 26; 7, 88; Abh. P. 9, 56; 10, 29). — ಮೆಯ್ವೆಸ. ? (Čpr. 10, 84). — ಮೆಯ್ವೆಳಗು. -ಬೆಳಗು. Lustre of the body (Čpr. 1, 10; 7, 78; Râm. 1, 14, 1). — ಮೆಯ್ಸಂಚು. Stratagems of the body (Bh. 8, 23, 10). — ಮೆಯ್ಸಲ್. The body to enter, to enter, etc. (Grj. 2, after 106; Ršv. 11, 83. 125). — ಮೆಯ್ಸವಿ. Sweetness or charm of the body. ಬಾಯ್ಸವಿಗೆ ಮೆಯ್ಸವಿ ಕಣ್ಸವಿಯಪ್ಪ ರೂಪು (Šmd. 83). — ಮೆಯ್ಸಾರ್. The body to approach, to approach, etc. (Ršv. 9, 17; 11, 148; Ššv. 3, after 35). — ಮೆಯ್ಸಾರ್ಚು. To cause the body or one's self to approach or to stand opposite, to expose one's self (Abh. P. 9, 69; 13, 120); to go near, to approach (Čpr. 8, after 44; Ršv. 2, after 76). 2, to put to or on one's body (Ršv. 8, 124). — ಮೆಯ್ಸಾಲ. A loan without pledge or mortgage (My.). ಪೈಸಲುಗೊಣ್ಡ ಮನುಷ್ಯಗೆ ಮೆಯ್ಸಾಲ ನಪ್ಪುರು (Prv.). — ಮೆಯ್ಸಾಲಪತ್ರ. A simple bond (My.). — ಮೆಯ್ಸಿರಿ. Beauty of the body (Čpr. 2, 7; 3, 36; Abh. P. 1, 64; Bh. 4, 6, 21; 5, 9, 63; Ršv. 13, 60; J. 25, 5). ಮೆಯ್ಸಿರಿಯ ಕಾನ್ತಿ (ಗನ್ಧರ್ವ Mr. 518). — ಮೆಯ್ಸೋಂಕು. Touch of the body (Čpr. 6, 84). — ಮೆಯ್ಸೊಬಗು. (Šmd. 83). Beauty of the body. — ಮೆಯ್ದುತ್ತು. To act upon the body, to affect (one), as food, medicine, etc. (My.).

ಮೆಯಿ mĕyi. = ಮೆಯ್, etc. (My.). ಮುನ್ದಣ ಮೆಯಿ (ಕ್ರೋಡ, ಅಂಕ, ಉತ್ಸಂಗ Hlā.). ಹರಡುಗಳೊಳಗಣ ಮೆಯಿ (ಪಾರ್ಷ್ಣಿ, ಮಡ Nr.).

ಮೆಯ್ಮೆ mĕy-mĕ. (Šmd. 248). Bodiliness (?).

ಮೆಯ್ಯಿ mĕyyi. = ಮೆಯಿ, etc. (My.).

ಮೆರ mĕra. P. p. of ಮೆರೆ in ಮೆರ ಕೊಳ್ಳು (My.).

ಮೆರಸು mĕrasu. To cause to wander, to spread everywhere, as a secret (My.).

ಮೆರುಗು mĕrugu. (= ಮಿಱುಗು 2). Shine, lustre (My.; T. ಮೆರುಗು, ಮೆಱುಗು, smoothness, glitter, lustre; Tĕ. ಮೆರುಗು, ಮೆರುಂಗು, grease, oil, ghee; polish, lustre; see ಮೆತ್ತು & ಮೇಣ).

ಮೆರೆ mĕrĕ. To wander, to roam about (Bp. 52, 35; My.; Tĕ. ಮೆಲಗು; cf. ಮಿಡಿ 5, ಮಿಡುಕು 3, ಮುಲು). 2, to be carried on, to last, as a feast (Bp. 28, 57).

ಮೆಱ mĕṟa. = ಮೆಱೆ 2. — ಮೆಱಮಿಣ್ಡನಾರ್. N. (Bp. 26, 1).

ಮೆಱದು mĕṟadu. = ಮೆಱೆದು. P. p. of ಮೆಱೆ 1.

ಮೆಱಯಿಸು mĕṟayisu. = ಮೆಱಸು, etc. To cause to shine, etc. (Bp. 4, 64; 15, 17; 57, 9. 32).

ಮೆಱವಣಿ mĕṟa-vaṇi. (or -aṇi). Display, ostentation, parade, show (Bp. 27, 75; 33, 10; 34, 36; 54, 76).

ಮೆಱವಣಿಗೆ mĕṟa-vaṇgĕ (or -aṇigĕ). Ostentatious display; a great, able performance (Bp. 26, 69); a public procession (of marriage, of an idol, of a birthday, etc. My.; Tĕ. ಮೆರವಣಿ).

ಮೆಱಸು mĕṟasu. = ಮೆಱಯಿಸು, ಮೆಱೆಸು. To cause to shine; to make manifest; to display; to exhibit (Bp. 13, 27; 15 sum.; 23, 12; 25, 18; 35, 53. 54; 59, 58).

ಮೆಱಹು mĕṟahu. Shine, lustre, brightness (J. 33, 19).

ಮೆಱಿಸು mĕṟisu. = ಮೆಱಸು, etc. (B. 3, 29; 5, 47).

ಮೆಱೆ mĕṟĕ. 1. To shine; to gleam, to glitter; to become manifest, to appear (Tĕ. ಮೆಱ, ಮೆಱು; cf. ಮಿಱು, etc.);—to assume an ostentatious appearance. P. ps. ಮೆಱದು, ಮೆಱೆದು. ತೊಡೆಗಳ್ ರಮ್ಭಾಸ್ತಮ್ಭಕ್ಕೆಡೆಗಳ್, ಕಣ್ಗಳ್ ಮನೋಜವೀರನ ಗೇಣ್ಗಳ್, ನಿಡಿದೋಳ್ಗಳ್ ದಿಕ್ಕರಿಕರದೊಡನಾಡಿಗಳ್ ಎನಿಸಿ, ಮೆಱೆವುದಾತನ ರೂಪಂ (Šmd. 117). ಸಡಗರಮಿದು! ಜಯಮೆ ಮೆಱೆವುದು! (177). ಮೆಱೆಗು ಸುಮ್ಮನೆ ಸುಮ್ಮಗೆ ಬಱಿದೆ ಅಲ್ಲವಱೆಮ್ಮ ಮಾತು ಅಕಾರಣದೊಳ್ (398). See Čpr. 1, 120; 4, 64; Bp. 31, 4; 33 sum.; 37, 59; 39, 42. 65. 66; 40, 28; 44, 68; 52, 41; 61, 26; Č. Bp. 5, 4. 50. 52; 11, 6; Bh. 1, 8, 83; 1, 19, 18; Ršv. 2, 37; 5, 26. 28. 38; 6, after 11 (twice); 11, 2; Râm. 1, 13, 9; J. 2, 1. 48; 3, 2; 6, 5; 17, 4; 25, 3. 5; 28, 18; Nn. 168; Mr. 7; ಸೂಕ್ತಿಸು. 2, to make manifest; to display; to show, to exhibit (ವಿಡಮ್ಬ Šmd. Dh.; Čpr. 6, 81; 7, 77. 110; Abh. P. 9, 177; Bp. 53, 10; 61, 7. 78; Ršv. 7, after 97; Ššv. 4, 63).

ಮೆಱೆ mĕṟĕ. 2. = ಮೆಱ. Shine, lustre; ostentation. — ಮೆಱೆಮಿಣ್ಡ. N. (Bp. 26, 15. 21; 37, 44). — ಮೆಱೆಮಿಣ್ಡದೇವ. N. (Bp. 27, 75). — ಮೆಱೆಮಿಣ್ಡನಾರ್. N. (Bp. 26 sum.).

ಮೆಱೆ mĕṟĕ. 3. Tossing (cf. ಮಿಡು). — ಮೆಱೆಕೋಲು.

A staff with a hook used to toss the straw that has been trodden out by oxen, and remove it to one side (ಉತ್ಕಲಿ Mr. 372; My.).

ಮೆರ್ಚಿಸು mĕrčisu. = ಮಚ್ಚಿಸು, etc. (Čpr. 8, 21; V. 29, 35).

ಮೆಲ್ mĕl. 1. = ಮೆಲಿ, ಮೆಲು, ಮೆಲ್ಲು. To chew, to masticate, to eat with a muttering sound, to mumble, to eat (Čpr. 8, 41; J. 26, 57). (T. ಮೆಲ್ಲು). P. ps. ಮೆಲ್ದು (Čpr. 5, after 39; Ršv. 4, 66), ಮೆಲ್ತು (Bp. 1, 65). ಮೆಲಲ್ ಪೋದಂ (Šmd. 86). ಮೊಗದೊಳ್ ಮೆಲ್ದಂ (163). ಮೆಲ್ಲಯ್, ಮೆಲ್ಲರ್ (87). ಮೆಲ್ವ ತನಿವಣ್ಣಳ್ (J. 28, 20). ಮೆಲ್ಲ ನೊ? (Bp. 24, 58). ಬಸವ, ನೀ ಮೆಲ್ಲೆನೆಲು (37, 66). — ಮೆಲ್ ಮೆಲ್. rep. (J. 30, 39).

ಮೆಲ್ mĕl. 2. A ripe fruit. ಮೆಲ್ಲೆಸ್ದನಿಪುದು ಪಣ್ಣಾದು (Čt. I, 2). ಮೆಲ್ಲನಿಪುದು ಪಣ್ಣೆನ್ದನಿಪರ್ಥನಾಮಂ (Čt. II, 28).

ಮೆಲ್ mĕl. (fr. ಮೆಲ್ಲಿತ್ತು Šmd. 195. 213). (Tbh. of ಮೃದು). = ಮೆಲು. Soft, tender, pliant, mild, gentle, kind, pleasant; slow, etc. (T. ಮೆಲ್, ಮೆಲು, thin, light). — ಮೆಲ್ನಗೆ. A smile (Ršv. 13, 104). — ಮೆಲ್ನಡೆ. A gentle, slow walk (Ršv. 6, 23; J. 28, 49). — ಮೆಲ್ನುಡಿ. (Šmd. 197). A gentle or soft voice or word (J. 28, 36). ಮೆಲ್ನುಡಿಗುಡು. -ಉಡು. To utter gentle words (Ršv. 14, 35). — ಮೆಲ್ಲಡಿ. -ಅಡಿ. (Šmd. 195. 213). A soft foot (Grj. 3, 40. 75. 89; Bp. 4, 6. 16; 5, 20; 19, 22; 25, 2; 32, 30; 45, 26; 50, 26. 72; 54, 44; Č. Bp. 5, 20; J. 4, 5; 8, 17). — ಮೆಲ್ಲುಲಿ. -ಉಲಿ. A gentle, sweet sound. (Čpr. 8, 68; Abh. P. 12, 27). ಮೆಲ್ಲು ಲಿಗುಡು. -ಉಡು. To emit a gentle, sweet sound (Ršv. 9, 59; 18, 102). — ಮೆಲ್ಲೆಲರ್. -ಎಲರ್. A gentle breeze (Ršv. 2, after 76; V. 9, 24). — ಮೆಲ್ವಾತು. -ಮಾತು. (Šmd. 81). A gentle, kind word. — ಮೆಲ್ವಾಸು. -ಪಾಸು. A soft bed (11, 24; 18, 30; J. 28, 20). — ಮೆಲ್ವಿನ್ನಣಿ. -ಬಿನ್ನಣಿ. (Šmd. 198). A pleasant, kind scholar. — ಮೆಲ್ವಿಲ್. -ಬಿಲ್. A pliant bow (Čpr. 4, 45). — ಮೆಲ್ಸರ. (Šmd. 83). A gentle, sweet sound (Čpr. 3, 95). — ಮೆಲ್ಸರಿ. A gentle, light rain (Grj. 3, 61; Ršv. 8, 112).

ಮೆಲಕು mĕlaku. = ಮಲಕು 3, etc. Bringing up again for rumination. 2, (that by means of which rumination is performed): the lower jaw, or the corner of the mouth (B. 3, 24; 5, 21; ದವಡೆ, ಸೃಕ್ವ C.). — ಮೆಲಕಾಡಿಸು. To chew the cud (C.; B. 3, 10. 16. 17. 24; 5, 14). ದನಗಳ ಮೆಲಕಾಡಿಸೋಣ (ರೋಮನ್ಥ C.). — ಮೆಲಕಾಡು. = ಮೆಲಕಾಡಿಸು. (My.). — ಮೆಲಕು ಹಾಕು. = ಮೆಲಕಾಡಿಸು. (My.; B. 5, 22).

ಮೆಲಿ mĕli. = ಮೆಲ್ 1, etc. P. p. ಮೆಲಿದು. (Bp. 15, 24. 25; 19, 81; 32, 21; 43, 65. 79; 54, 30).

ಮೆಲು mĕlu. = ಮೆಲ್ 1, etc. P. p. ಮೆದ್ದು (Bp. 24, 58; J. 6, 47; My.). ಮದ್ಯವ ಸೇವಿಸುವಾಗ ಮೆಲುವ ಗುಗ್ಗುರಿ (ಅವದಂಶ Nr.). ಇಲ್ಲೆನ್ನು, ಹುಲ್ಲು ಮೆಲ ಬಹುದೇ?—ಈಸೀಸಗಲ ದೋಸೆ ಏ ಸೇಸು ಮೆದ್ದೀ? (Prvs.). ಮೆದ್ದದು (Sl. 384). ಒಲೆಗುಣ್ಣನೊಬ್ಬನೇ ಮೆಲ ಬಹುದು ಎನ್ದರೂ ಮೆಲ ಬಹುದೆನ್ದು, ಎನಬೇಕು; ಮೂರ್ಖನ ಗೆಲ ಬಾರದಯ್ಯ! (Bp.). See Bp. 14, 11; 18, 16; 24, 55. 68; 60, 40.

ಮೆಲು mĕlu. = ಮೆಲ್. — ಮೆಲುನಗೆ. = ಮೆಲ್ನಗೆ. (Bh. 7, 7, 39). — ಮೆಲುನುಡಿ. = ಮೆಲ್ನುಡಿ. (Bp. 42, 25).

ಮೆಲುಕು mĕluku. = ಮೆಲಕು, etc. (My.).

ಮೆಲ್ಕು mĕlku. = ಮೆಲಕು, etc. — ಮೆಲ್ಕಾಡು. = ಮೆಲಕಾಡು. (Ršv. 5, 78). — ಮೆಲ್ಕಾಯಿಸು. -ಆಯಿಸು. = ಮೆಲಕಾಡಿಸು. (My.).

ಮೆಲ್ಪು mĕl-pu. (Šmd. 248). Softness, mildness, etc. (ಮೆ ಲ್ಲಿತು Čt. II, 97; Čpr. 8, 62; Abh. P. 10, 232; V. 8, 27).

ಮೆಲ್ಲ mĕlla. Excessiveness; exceedingly, much, further (ಅಗುನ್ದಲೆ, ಆರಂ, ನೆಜೆ, ನೂಳದು, ಅಯ್ದೆ, ಪೆಮ್ಪು, ನೀಡೆ, ಸಾಡೆ, etc., ಅಧಿಕ Šm. 58; T. ಮೆತ್ತ, much, very = ಮಿ ಗುತ್ತ; Tě. ಮಿಟ್ಟ, ಮೆಣ್ಣು, ಮಿಟ್ಟು, = ಅಧಿಕ; cf. ಮಿಗಲು, ಮಿಕ್ಕು 2, ಮೇಲ್).

ಮೆಲ್ಲ mĕlla. (fr. ಮೆಲ್). = ಮೆಲ್ಲೆ. Abbreviation of ಮೆಲ್ಲನೆ. (Šmd. 229; T. ಮೆಲ್ಲ, ಮೆಳ್ಳ). — ಮೆಲ್ಲ ಮೆಲ್ಲಕೆ. rep. = ಮೆಲ್ಲ ಮೆಲ್ಲನೆ. (C.; B. 5, 132. 195). — ಮೆಲ್ಲ ಮೆಲ್ಲಗೆ. rep. = ಮೆಲ್ಲ ಮೆಲ್ಲನೆ. (C.; B. 4, 79. 134). — ಮೆಲ್ಲ ಮೆಲ್ಲನೆ. rep. (Šmd. 229). Very gently or softly; very slowly; very deliberately (Čpr. 8, after 4 and 44; Bp. 20, 5; 26, 27; 59, 11; J. 26, 5; 28, 16; My.).

ಮೆಲ್ಲಕೆ mĕllakĕ. = ಮೆಲ್ಲಗೆ. (C.; B. 2, 1; 5, 137. 154).

ಮೆಲ್ಲಕ್ಕೆ mĕllakkĕ. = ಮೆಲ್ಲಕೆ. (My.). ಮೆಲ್ಲಕ್ಕೆ ಉಣು! ಮಲನಾ ಡಿಗೆ ಹೋಗಿ ಬರುತ್ತೇನೆ ಅನ್ದ (Prv.).

ಮೆಲ್ಲಗೆ mĕllagĕ. = ಮೆಲ್ಲನೆ. (My.; ತನ್ವೈ, ಅದ್ರುತ Sl. 475; Tě. ಮೆಲ್ಲಗಾ). ಮೆಲ್ಲಗೆ ಹೋಹವನು (ಮನ್ದಗಾಮಿ, ಮನ್ಥರ Nr.). ವಿಚಾ ರಿಸಿ ಮೆಲ್ಲಗೆ ಕಾರ್ಯವನ್ನ ಮಾಡುವವನು (ದೀರ್ಘಸೂತ್ರ, ಚಿರಕ್ರಿಯ Sl. 356).

ಮೆಲ್ಲನೆ mĕl-anĕ 1. (Šmd. 109. 229. 389). Gently, softly; slowly; deliberately (ತನ್ವೈ, ಅದ್ರುತ Nr.; C.; Tě.). ಮೆಲ್ಲನಿ ರ್ದರ್ ನುಡಿದರ್ (Šmd. 112). ಬಿಳನಸ್ತಿರೆ ಮೆಲ್ಲನೆ ಮೆಟ್ಟು! (272). ಮೆಲ್ಲನೆ ಗೆಯ್ವವ (ಕುಣ್ಠ, ಮನ್ದ Hlâ.). ಈಗ ಮಾಡುವ ಕಾರ್ಯವನು ಮೆಲ್ಲನೆ ಮಾಡುವವನು (ದೀರ್ಘಸೂತ್ರ, ಚಿರಕ್ರಿಯ); ಮೆಲ್ಲನೆ ದಾಟು ಸುಹ (ವಿಲಮ್ಬಿತ Nr.). ಮೆಲ್ಲನೆ ಕಿಲುಮ್ಬಿನ ಕಾಳಿಕೆಗೆ ನಾಮಂ (Kk. 51). ಮೆಲ್ಲನುಚ್ಚಳಿಪುದೆನೆ ಪೊರಪೊಣ್ಮುವುದು (74). See Čpr. 8, 15. 58; 8, 30. 59; Bp. 1, 53; 3, 15; 32, 25. 89; 57. 75. 82; Ršv. 12, after 41; 13, 8; 13, after 95; J. 5, 59; 26, 4; 28, 26; 29, 7; 30, 39; B. 3, 51; 5, 137.

ಮೆಲ್ಲಿತು (mĕl-itu). = ಮೆಲ್ಲಿತ್ತು, (Šmd. 96). That which is soft, mild, etc. ಮೆಲ್ಲಿತಹುದು (ಕೋಮಲ, ಮೃದುಲ, ಮೃದು Nr.). ಮೆಲ್ಲಿತಲ್ಲದೆಲರ್ (Ršv. 2, 35). Plural: ಮೆಲ್ಲಿದುವು (Šmd. 117). ಮೆಲ್ಲಿದುವಪ್ಪ ಕಾಲ ತಲಮುಂ ಕಡುವೆಟ್ಟಿದುವಪ್ಪ ಹಸ್ತಮುಂ (117).

ಮೆಲ್ಲಿತ್ತು (mĕl-ittu). = ಮೆಲ್ಲಿತು. (Šmd. 96; ಮೆಲ್ಪು Čt. II, 97; ಮೃದು Šm. 50; Grj. 3, 101).

ಮೆಲ್ಲಿದ mĕllida. A gentle, etc., man. ಮೆಲ್ಲಿದಂ (Šmd. 184).

ಮೆಲ್ಲು mĕllu. = ಮೆಲ್, etc. (My.). P. p. ಮೆದ್ದು (My.). ಧರೆ ಬೀಜಂಗಳ ನುಂಗೆ, ಬೇಲಿ ಪೊಲವೆಲ್ಲಂ ಮೆದ್ದೊಡಂ, ಗಣ್ಡ ಹೆಣ್ಡಿರನ್ ಅತ್ಯುಗ್ರದಿ ಶಿಕ್ಷಿಸಲ್, ಪ್ರಜೆಗಳಂ ಭೂಪಾಲಕಂ ಬಾಧಿಸಲ್, ತರುವೇ ವ ಣ್ಣಗಳ ಮೆಲ್ಲಿ, ಮಾತೆ ವಿಷಮಂ ಪೆತ್ತರ್ಭಕಂಗೂಡಿಸಲ್, ಹರ ಕೊಲ್ಲಲ್ ಪರ ಕಾಯ್ವನೇ? (Sk. 20).

ಮೆಲ್ಲೆ mĕllĕ. = ಮೆಲ್ಲ. Slowly (My.).

ಮೆಲ್ಲೆಗ mĕllĕga. = ಮುಲ್ಲೆಸ, q. v.

ಮೆಳ್ mĕḷ. (ಮೇಳ್ ?). Bewilderment, etc. (cf. ಬೆಳ್ಳ ಳ? or ಬೇಳ್ 3?). — ಮೆಳ್ಪಡೆ. The state of being bewildered, etc. (ಮರುಳ್ತನ Šmd. II, o. r. ಮೆಳ್ಪಡೆ; ಮರುಳ್ತನ Kk. 86). — ಮೆಳ್ಪಡೆ. = ಮೆಳ್ಪಡೆ, q. v.

ಮೆಳೆ mĕḷĕ. (= ಮಿಡಿ 2). A bush, a clump, a thicket (ಕುಂಜ Nr.; Čpr. 5, after 39 & 64; Ršv. 4, 23; Bh. 2, 2, 57; 7, 17, 26; My.; see ಬಲು). ಹಣಿಯಿಲ್ಲದ ಮೆಳೆ ಬಳ್ಳಿ ಗಿಡುಗಳ್

(ಗುಲ್ಮ Nr.). ಹಲವು ಬಳ್ಳಿಗಳು ಹಬ್ಬಿದನ್ತಾ ಮೆಳೆಗಳು (ಪಲವು ಲತಾ ವೇಷ್ಟಗುಲ್ಮ Nr. 162). ಬೆತ್ತದ ಮೆಳೆ (ವೇತಸ G.). ಮೆಳೆಯಲಿಕ್ಕಿದ ಜೇನು, ಶೂದ್ರ ಕಲಿತನ್ತಾ ವಿದ್ಯೆ, ಉಚ್ಛಿಷ್ಟವಾಗಲು ಮೃಷ್ಟಾನ್ನವು, ಸರ್ಪ ಕಾಯ್ವ ಧನಮುಂ, ಬುದ್ಧಂಗೆ ಸೌಭಾಗ್ಯಮುಂ, ಹೊಲೆಪಾಟನ್ದಲೆ ಕೂಡಲಿಕ್ಕೆ, (ಕೂಡಲಿಕ್ಕಿದ್ದು) ಪರರಿಂ ಬೇಱಾಗೆ (ಅದು) ತಾಂ ಪೋಪ ವೋಲ್ ಗಡುಸೇನುಣ್ಣದೆ ಪೋಪುದಯ್ (Sk. 80). ಬಳೆಗಿಲ್ಲದ ಕಮ್ಚುಳಿ ಮೆಳೇ ಮೇಲೆ ಬಿದ್ದರೇನು? ಮುಳ್ಳಿನ ಮೇಲೆ ಬಿದ್ದರೇನು? (Prv.). — ಮೆಳೆದೋಱು. -ತೋಱು. To grow luxuriantly (V. 37, 69).

ಮೆಳ್ಳ mĕḷḷa. = ಮೆಳ್ಳೆ. 2, a squinting man. ಕುರುಡರೊಳಗೆ ಮೆಳ್ಳನೇ ಶ್ರೇಷ್ಠ (Prv.). — ಮೆಳ್ಳಗಣ್ಣು. = ಮೆಳ್ಳೆಗಣ್ಣು. (My.).

ಮೆಳ್ಳಿಸು mĕḷḷisu. (= ಮಿಳ್ಳಿಸು). To move round (v. t.), to cause to revolve, to roll, as the eyeball (Bp. 1, 49; 32, 25; 49, 20; 59, 11).

ಮೆಳ್ಳೆ mĕḷḷĕ. = ಮೆಳ್ಳ No. 1. Rolling; looking obliquely, squinting (Tĕ. ಮೆಲ್ಲ). — ಮೆಳ್ಳೆಗಣ್. -ಕಣ್. = ಮೆಳ್ಳೆಗಣ್ಣು. (Bp. 58, 49). — ಮೆಳ್ಳೆಗಣ್ಣು. -ಕಣ್ಣು. An eye the ball of which continually turns to all sides; a squint-eye (My.). ಮೆಳ್ಳೆಗಣ್ಣಿನವನು, a man with squint-eyes (ವಲಿರ, ಕೇಕರ Nr.; Si. 199).

ಮೆೞಸು mĕḻasu. (ಮೆಳಸು). = ಮೆಣಸು, ಮೆಱಸು. *Said* to be Tbh. of ಮರಿಚ Šmd. 347, or ಮರೀಚ 360. 364. 369; p. 369 the word, according to the MSS., appears as ಮೆಳಸು; *cf.* K. ಕಱಲೆ=Sk. ಕಲಿರ, ಕರೀರ). Black pepper (T. ಮಿರಿಯಲ್, ಮಿಳಗು, ಮುೞಗು; M. ಮಿಳಗು, ಮುಳಗು; Tĕ. ಮಿರಿಯ; Tu. ಮುಣಚ). ಪಱಗನ್ನಡದ ಪುಮಂಗೊಳೆ ಕೊೞಸಿಕ್ಕದಮುಂ ತಗುಳ್ದಿ ಜಾಣ್ಗಿಡೆ ಮುತ್ತುಂ ಮೆೞಸುಂಗೋಡನ್ತಿರೆ ಪೇಡ್ವಬಗವಿಗಳ ಕವಿತೆ ಬುಧರನ್ ಎರ್ದೆಗೊಳಿಸುಗುಮೇ? (Šmd. 78; Kâvy. I, 1*b*, 24, where ಮೆೞಸುಂ-). See s. ಮೂಗೋಱು.

ಮೇ mê. 1. = ಮೇಯ್, ಮೇಯು. To graze, to eat grass, to browse, to feed, to eat (ತಿರ್ಯಕ್ಖಾದನ Šmd. Dh.; Bp. 60, 22. 24; T., M. ಮೇಯ್, Tĕ. ಮೆಯ್ಯು, ಮೇಯು). P. p. ಮೇದು (Čpr. 4, 48; Rŝv. 5, 78; 9, 26). ಮೇದತ್ತು (Šmd. 265 Cm.). ಕಣ್ಠೀರವಂ ಪುಲು ಮೇವುದೆ (Bp. 11, 11). ಮೇದುದು (Rŝv. 9, 26).

ಮೇ mê. 2. = ಮೇಲ್, etc. That which is above, etc. (Tĕ., M.). — ಮೇಗಡೆ. -ಕಡೆ. The upper side (Bp. 22, 15; My.). — ಮೇಗರೆ. -ಕರೆ. The upper border: the upper side (Bh. 3, 6, 48; 8, 4, 22). 2, superficialness, shallowness: sham (4, 2, 7; 8, 23, 28). — ಮೇಗಾಟು. -ಗಾಟು. The main guard (My.). — ಮೇಗಾಲ್. -ಕಾಲ್. ಮೇಗಾಲು. The upper side of the foot; the instep; the forepart of the foot (ಪಾದಾಗ್ರ, ಪ್ರಪದ Nr.; Abh. P. 13, after 54; Bp. 43, 86; My.). ಕೀೞು ಕೆಣಕ ಬೇಡ, ಮೇಗಾಲು ತುಱಿಸ ಬೇಡ (Prv.). — ಮೇಗಾವಲು. Guard, supervision (Râm. 6, 6, 8). — ಮೇಗಾಳಿ. Wind that has passed over any object (Bh. 1, 9, 10). — ಮೇಗೆಯ್. -ಕೆಯ್. The back of the hand; the metacarpus (ಕರಭ, ಮಣಿಕಟ್ಟು ತೊಡಗಿ ಕಿಱುಕುಣಿಕೆಪರ್ಯನ್ತವಾಗುಳ್ಳ ಕೆಯ್ಯ ಹೊಱಗು Nr.; ಕರೋರ್ಧ Mr. 322; My.). — ಮೇಗೆಯ್ಯಿ. -ಕೆಯ್ಯಿ. = ಮೇಗೆಯ್. (My.).

ಮೇ mê. 3. The baa or bleeting of sheep and the cry of goats (My.; T. ಮೇಯ್).

ಮೇಕಲ mêkala. N. of a mountain; N. of a people.

ಮೇಕಲಕನ್ಯಕೆ mêkala-kanyakĕ. *The Narmadâ river.*

ಮೇಕಲಕನ್ಯೆ mêkala-kanyĕ. *The Narmadâ river* (ರೇವೆ, ನರ್ಮದೆ Mr. 414).

ಮೇಕು mêku. (Superiority): rivalry (My.).

ಮೇಕು mêku. A peg, a tent-pin, a small stake, a nail (My.; Tĕ., T.; Mhr., H. ಮೇಖ).

ಮೇಕೆ mêkĕ. A she-goat (My.; Tĕ.; Sk. ಮೇಕ, a he-goat). ನೂಕಿಸಿ ಕೊಣ್ಣ ಹೋಗುವದಕ್ಕಿನ್ತ ಮೇಕೆ ಕಾಯೋದು ಲೇಸು (Prv.). — ಮೇಕೆಯೊಲ್ಲದ ಗಿಡ. -ಒಲ್ಲದ-. The tree Justicia ganderussa & adhatoda (ವೈದ್ಯಮಾತೃ, ಸಿಂಹಿ, ವೃಷ, ಅಟರೂಷ, etc., ಅಡ್ಡಸರದ ಗಿಡ, ಆಡುಸೋಗೆ-, ಆಡು ಮುಟ್ಟದ- Si. 147).

ಮೇಖಲೆ mêkhalĕ. *A waist-band; a girdle, a zone; the zone of a woman; the triple zone worn by the first three classes* (ಕಂಕಣ, ಉಡಿಪಾರ Nu. 45; ಕಾಂಚಿ, ಉಡಿದಾರ Nn. 118). 2, a thing that surrounds: a woman's cloth (ವಸ್ತ್ರ, ಸೀರೆ 118). 3, a sword-belt; *a sword-knot or string fastened to the hilt.* 4, the edge or top of a mountain (ಪರ್ವತದಗ್ರ, ಬೆಟ್ಟದ ತುದಿ 118). 5, the buttock (ಜಘನ, ತಿಕ); *the hips.*

ಮೇಗ mêga. Tbh. of ಮೇಘ. (My.).

ಮೇಗು mêgu. = ಮೇಗೆ (Šmd. 145), ಮೇಂ (198), ಮೇಲ್ 1, etc. The upper side, the surface, etc. (T. ಮೇಕ್ಕು; see ಮೆಯ್-; Bp. 6, 9; 55, 52). Declension: ಮೇಗಣ (Šmd. 135; Čpr. 5, 109; Bp. 38, 58; My.), ಮೇಗಳ (My.); ಮೇಗಣಿಂ (Šmd. 135); ಮೇಗಣ್ಗೆ (Sŝv. 2, after 42). ಅಡಿಮೇಗುಗಳ್ (Šmd. 198). ಮೇಗಣ ಪೆಸರು, names for "above" etc. (ಉಪರಿಷ್ಟಾತ್, ಉಪರಿ, ಊರ್ಧ್ವ); ಮೊಣಕೆಯ್ಯಿನ್ದ ಮೇಗಣ ಬಾಗೆ (ಪ್ರಕಾಣ್ಡ Hlâ.). ಮಧ್ಯದ ಮೇಗಣ ನಿಡಿ (ಕಾರೋತ್ತರ, etc.); ಮೇಗಣ ದಿನದಲ್ಲಿ (ಪರೇಧ್ಯವಿ); ಮುಡಿಯ ಮೇಗಣ ಮುತ್ತಿನ ಸೆಣ್ಡು (ವಾಲಪಾಶ್ಯೆ, etc. Nr.). ಬೆಟ್ಟದ ಮೇಗಳ ನೆಲ (ಅಧಿತ್ಯಕೆ Si. 117; My.).

ಮೇಗೆ mêgĕ. = ಮೇಗು (Šmd. 145), etc., ಮೇಲೆ (348 Cm.; My.). See Čpr. 5, 51. 107; Bp. 45, 3; 46, 6; 49, 12; 50, 75; 57, 2; ಆ-.

ಮೇಘ mêgha. = ಮೇಗ. *A cloud* (ನೀರ್ದೇರ್, ಮುಗಿಲ್ Kk. 12; ನೀರ್ದೇರ್, ಮುಗಿಲ್, ಮೋಡ Šm. 14; ಮೋಡ 95). 2, a mass, a multitude. 3, *the fragrant grass Cyperus rotundus* Lin. ಮೇಘ ನೋಡಿ ನವಿಲು ಕುಣಿದರೆ ಗೂಗೆಯ ನೋಡಿ ಕೋಱಿ ಕುಣಿಯಿತನ್ತೆ (Prv.). 4, N. of one of the six râgas or musical scales (see Bp. 19, 8).

ಮೇಘಕುಸುಮ mêgha-kusuma. Water (ಉದಕ Mr. 404).

ಮೇಘಗರ್ಜನೆ mêgha-garjanĕ. Thundering, thunder (My.).

ಮೇಘಜಾಲ mêgha-jâla. *A mass of clouds, thick clouds.*

ಮೇಘಜ್ಯೋತಿ mêgha-jyôti. *Lightning.*

ಮೇಘಡಮ್ಬರ mêgha-ḍambara. = ಮೇಘಾಡಮ್ಬರ. A mass of clouds (Čpr. 4, after 42; Mhr.). 2, a parasol, an umbrella (ಚಟಿ, ಕೊಡೆ, ಛತ್ರ Sŝ.; Čpr. 4, after 42; Rŝv. 6, after 11). 3, cloud-drum: thunder (Sk.).

ಮೇಘತಿಮಿರ mêgha-timira. *Darkness resulting from a clouded sky, cloudy weather.*

ಮೇಘದೂತ mêgha-dûta. Cloud-messenger;—a poem by Kâlidâsa (My.).

ಮೇಘದ್ವಾರ mêgha-dvâra. The sky (My. Amara).

ಮೇಘಧ್ವನಿ mêgha-dhvani. The muttering of clouds: thunder (ಪರ್ಜನ್ಯ, ಮುಗಿಲ ಗರ್ಜನೆ Nn. 57; ಅಭ್ರಗರ್ಜಿತ 135).

ಮೇಘಧ್ವಾನ mêgha-dhvâna. = ಮೇಘಧ್ವನಿ. (ಮೊಱಗು Kk. 12).

ಮೇಘನಾದ mêgha-nâda. Thunder;—making a noise like thunder. 2, N. of a son of Ghaṭôtkača (J. 2, 35. 40).

3, the plant Amaranthus polygonoides. 4, the palâśa tree, Butea frondosa.

ಮೇಘನಾದಾನುಲಾಸಿ mêghanâda-anulâsi. Rejoicing in the rumbling of thunder-clouds: *a peacock.*

ಮೇಘನಾಮ mêgha-nâma. *The grass Cyperus rotundus Lin.*

ಮೇಘನಿನದ mêgha-ninada. (= ಮೇಘನಾದ). Thunder. 2, = ಕಿಱುಕಸಲೆ, q. v.

ಮೇಘನಿರ್ಘೋಷ mêgha-nirghôsha. *Thunder.*

ಮೇಘಪುಷ್ಪ mêgha-pushpa. *Water.*

ಮೇಘಮಣ್ಡಲ mêgha-maṇḍala. The sphere of the clouds, the atmosphere (My.; B. 5, 143).

ಮೇಘಮಾಲೆ mêgha-mâlĕ. *A line or succession of clouds, gathering of clouds.*

ಮೇಘವರ್ಣ mêgha-varṇa. The hue of a cloud: ash-colour (My.). 2, N.

ಮೇಘವರ್ಣಕ mêgha-varṇaka. = ಮೇಘನಾದ No. 2. (J. 2, 44).

ಮೇಘವಹ್ನಿ mêgha-vahni. *Lightning.* See ಸಿಡಿಲ್.

ಮೇಘವಾಹನ mêgha-vâhana. *Indra.* 2, Śiva.

ಮೇಘವಿಸ್ಫೂರ್ಜಿತ mêgha-visphûrjita. Thunder. 2, N. of a vṛitta (Ĉh.).

ಮೇಘಾಗಮ mêgha-âgama. Approach of clouds: the rainy season (Ĉpr. 4, 31; Râm. 4, 6, 4).

ಮೇಘಾಗ್ನಿ mêgha-agni. = ಮೇಘವಹ್ನಿ. (ಸಿಡಿಲ್ Śm. 107).

ಮೇಘಾಡಮ್ಬರ mêgha-âḍambara. = ಮೇಘಡಮ್ಬರ. A mass of clouds; the lowering of the clouds (Mhr.). 2, an umbrella. 3, thunder. 4, a mass of drums.

ಮೇಘಾಧ್ವ mêgha-adhva. The sky (ಆಕಾಶ G.).

ಮೇಂ mêṅ. ಮೇಱ್. = ಮೇ2, ಮೇಗು (Śmd. 198), ಮೇಲ್, etc. The upper side, etc. — ಮೇಂಗಾಲ್. -ಕಾಲ್. (Śmd. 198. 199). = ಮೇಗಾಲ್. ಉದ್ದಮಾಗಿ ಬಿಗಿದ ಮೇಂಗಾಲ್ (199 Mḍb.). — ಮೇಂಗೆಯ್. -ಕೆಯ್. (Śmd. 198. 199). = ಮೇಗೆಯ್.

ಮೇಚಕ mêčaka. Dark-blue, dark-coloured, black;—*dark-blue colour, black* (ಹರಿತ, ಪಚ್ಚೆಯ ವರ್ಣ Na. 60). 2, *an eye of a peacock's tail.* 3, a wild mountaineer (ಕಿರಾತ, ಶಬರ 60). 4, a cloud (ಬಲಾಹಕ, ಮೇಘ 60). 5, moon-light (ಕೌಮುದಿ, ಬೆಳುದಿಂಗಳು 60).

ಮೇಚಕಶೈಲ mêčaka-śaila. A black hill (Śśv. 4, 3).

ಮೇಚಕಿತ mêčakita. Become black (Śśv. 2, 51).

ಮೇಜವಾನಿ mêjavâni. Entertaining, feasting, receiving hospitably (My.; B. 3, 94; 4, 21. 122; Mhr., H.).

ಮೇಜಿಸ್ಟ್ರೇಟ್ mêjistrêṭ. Magistrate (My.; Si. 55).

ಮೇಜು mêju. A table (My., Br.; Mhr., H.; B. 4, 188; 5, 140. 285);—dinner (My.);—the stake or sum played for at dice (My.). — ಮೇಜು ಕಟ್ಟು. To stake (My.).

ಮೇಜೋಡು (mê-jôḍu). A stocking, a pair of stockings (My.).

ಮೇಟಿ mêṭi. 1. Loftiness, greatness, excellence, superiority (Bp. 35, 55; 51, 75; 54, 17; J. 6, 37; Tĕ.; T. ಮೇಟ್ಟವೈ; see ಮೇಡು). 2, a big man, a chief, a head (Bp. 9, 12; 16, 5; Tĕ., T.; see ಮೆಯ್ಗ). 3, a head-servant (My.; T., a supposed Anglicism from "mate").

ಮೇಟಿ mêṭi. 2. = ಮೇಣಿ. The plough-tail (My.; Tĕ. ಮೇಡಿ; T., M. ಮೇೞಿ). ಮೇಟೀ ಬಲವಿದ್ದರೆ ಕೋಟಿ ಗೆಲಬಹುದು (Prv.). — ಮೇಟಿಪಾಲು. = ಮೇಣಿಪಾಲು. (My.).

ಮೇಟಿ mêṭi. Tbh. of ಮೇಥಿ. (ಮೇಥಿ Nr.; ಮೇಥಿ Mr. 372, o. r. ಮೇಥಿ, ಖಲೇವಾಲಿ, ಮೇಥಿ Hlâ.; ಮೇಥಿ Si. 303; My., also ಮೇಟಿಕಮ್ಬ, ಮೇಟಿಮರ).

ಮೇಥಿ mêthi. = ಮೆಟಿ, ಮೇಧಿ, ಮೇಣ್ಟಿ, ಮೇಧಿ. A pillar, a post;—*a pillar in the middle of a threshing-floor to which oxen are bound;*—a post to which cattle are tied;—a prop for supporting the shafts of a carriage.

ಮೇಡಿ mêḍi. The glomerous fig tree, Ficus racemosa (Tĕ. = ಉದುಮ್ಬರ). 2, the opposite-leaved fig tree, Ficus oppositifolia Roxb. (ಕಾಕೋದುಮ್ಬರಿಕೆ, ಫಲ್ಗು, ಮಲಪು, ಜಘನೇಫಲೆ Si. 137, see ಬ್ರಹ್ಮ-).

ಮೇಡು mêḍu. Height; rising ground, a hillock (T., M.; My.; T. ಮೇಡೈ, an artificial mound; Tĕ. ಮೇಟ, accumulation, alluvial soil; *cf.* ಮಿಟ್ಟು, etc., ಮಿಡು 4, ಮೇಟಿ 1).

ಮೇಧಿ mêḍhi. = ಮೇಥಿ, etc. See Mr. s. ಮೇಟಿ.

ಮೇಢ್ರ mêḍhra. *The penis.* 2, *a ram.*

ಮೇಣ್ mêṇ. = ಮೇಣು, ಮೇಲ್, etc. What is above: above; upwards; further; and, besides; or (ಏಕಲ್ಪಾರ್ಥ Śmd. 397; ಏಕಲ್ಪದಿನ್ದೆ 52. 95. 105 Cm.; ಅದಲ್ಲದೆ 52. 82. 86. 225 Cm.; M. ಮೇನ್). See Śmd. 59. 68. 83. 127. 177; Ĉpr. 4, 31; Bp. 20, 41; 46, 34; Śm. 53; Bh. 1, 20, 60; 2, 13, 34. 38; Râv. 13, 84; J. 4, 66; 28, 2. 57; 29, 38. — ಮೇಣ್ಬಳ್ಕು. To bend or turn upwards (Râv. 9, 29).

ಮೇಣ mêṇa. = ಮಯಣ. Tbh. of ಮದನ. Bees, wax (C.; Mhr.; B. 3, 63; T., M. ಮೆಝು, ಮೆಝುಗು; see ಮೆರುಗು);—oily dirt (My.; Mhr.);—gum, resin (My.). ಜೇನುಮೇಣ (ಮಧೂಚ್ಛಿಷ್ಟ, ಸಿಕ್ಥಕ Si. 334; My.). ಎಲವದ ಮೇಣ (ಪಿಚ್ಛಿ, etc. 133). ಮೇಣಗಪ್ಪಟ. Waxed cloth (My.); a rain-coat (My.). — ಮೇಣದ ಬತ್ತಿ. A wax-candle (My.; Si. 231); any candle (My.).

ಮೇಣಸಿ mêṇasi. = ಮೇಥಸಿ, q. v.

ಮೇಣಿ mêṇi. = ಮೇಟಿ 2. (My.). — ಮೇಣಿಪಾಲು. The share of the crop which is given to the person who assisted the owner in ploughing, etc. (My.).

ಮೇಣಿಸು mêṇisu. To be up to: to liken, etc. ಮೇಣಿಸುವುದು (ಎಸಕ Ĉt. II, 41).

ಮೇಣು mêṇu. = ಮೇಣ್, etc. (Bp. 39, 36; Bh. 1, 8, 5. 16). ಅಭಿಯೋಗ ಅಭಿಗ್ರಹ ಎನ್ದೊಡೆ ಕೆಯ್ಯಾರೆ ಮಾಡುಹ, ಮೇಣು ಇದಿರೆದ್ದು ಕಾದುಹ; ನೀವಾಕ ಎನ್ದೊಡೆ ಧಾನ್ಯಾದಿಗಳ ಆರ್ಘಮಂ ಪಾರ್ವುದು, ಮೇಣು ಧಾನ್ಯವ ಹೊಯಿವುದು; ಆಕ್ರೋಶನ ಎನ್ದೊಡೆ ಬಯ್ವುದು, ಮೇಣು ಬೇಡೆನ್ದು ಒದಱುಹ (Nr.).

ಮೇನೆ mênĕ. = ಮೇನ. A kind of palankeen (Mhr. ಮೇಣಾ; B. 5, 39. 40. 286).

ಮೇಣ್ಟಿ mêṇṭi. (Śmd. 48). = ಮೇಟಿ. Tbh. of ಮೇಥಿ (372, o. r. ಮೇಥಿ).

ಮೇಣ್ಢ mêṇḍha. *A ram.*

ಮೇಥಿಕೆ mêthikĕ. = ಮನ್ಥಿ, etc. (Sk.).

ಮೇಥಿನಿ mêthini. = ಮೇಥಿಕೆ, etc. (Sk.).

ಮೇದ mêda. = (ಮಾದರ), ಮೇದರ, ಮೇದಾರ. A man who plaits baskets, mats, etc. of bamboo splits, a man of the basket-maker-caste (ಗವಙಿ'ಗ Šm. 58; ಚಪಕಾರಕ, ವಂಶಚ್ಛೇದಿ Mr. 377; My.; *cf.* the terms s. ಮಣಿ?). — ಮೇದಗೇರಿ. -ಕೇರಿ. A street where Mêdas live (My.). — ಮೇದರವ. -ಅವ. = ಮೇದ (My.; Tĕ.). — ಮೇದರವಳು. -ಅವಳು. A Mêda woman (Čb. 94; My.).

ಮೇದ mêda. Fat (ವಸೆ, ನೆಣ Mr. 398; see ಮೇದಸ್). 2, a particular mixed caste: the son of a Vaidêha by a Kârâvara female.

ಮೇದಕ mêdaka. *Spirituous liquor used for distillation.*

ಮೇದರ mêdara. = ಮೇದ, etc. (My.; Tĕ.). See ದೀವಿ-. — ಮೇದರಕೇತಿದೇವ. N. (Bp. 37 sum.; 37, 1. 11. 37). — ಮೇದರಕೇತಿದೇವಯ್ಯ. N. (Bp. 58, 8).

ಮೇದಸ್ mêdas. = ಮಜ್ಜೆ, ಮಿದುಡು, ಮಿದುಳು, ಮೆದಡು, ಮೆದಳು, ಮೆದುಳ್, ಮೆದುಳು, ಮೇದ. *Fat, marrow, lymph, brain* (ನೆಣ Hlâ.).

ಮೇದಾರ mêdâra. = ಮೇದ, etc. (S. Mhr.; ಗವಙಿ'ಗ G.). — ಮೇದಾರವಳು. -ಅವಳು. A Mêdâra woman (G. 378).

ಮೇದಿನಿ mêdini. *The earth, land, ground* (ಎಳೆ, ಬೂವಿ, ಬುವಿ, ದರೆ, ನೆಲ, ತಿರೆ, ರಸ್ನವಸಿಲಿಳ್, ಪೊಡವಿ Šm. 37). — ಮೇದಿನಿಯ ಸುತೆ. Sîtâ (J. 18, 6).

ಮೇದಿನೀಪಾಲ mêdinî-pâla. A king (J. 4, 51).

ಮೇದಿನೀಶ mêdini-îśa. A prince, a king (Bp. 58 sum.; 58, 75).

ಮೇದಿನೀಶ್ವರ mêdini-îśvara. = ಮೇದಿನೀಶ. (Bp. 3, 86; 57, 17; 58, 30).

ಮೇದಿನೀಸುರ mêdinî-sura. A Brâhmaṇa (Bp. 3, 52; 57, 77).

ಮೇದು mêdu. P. p. of ಮೇ 1, ಮೇಯು. (My.).

ಮೇದುರ mêdura. Fat; *smooth, soft, bland, unctuous;*—thick, dense.

ಮೇದೆ mêdĕ. A root resembling ginger, said to be one of the eight principal medicines. See ಅಷ್ಟವರ್ಗ.

ಮೇಧ mêdha. A sacrifice. (See ಅಶ್ವ-, ತುರಗ-, ನರ-, ಪುರುಷ-).

ಮೇಧಸ್ mêdhas. = ಮೇಧ.

ಮೇಧಸಿ mêdhasi. N. of a plant (ಉರಿಯ ಮರ Mr. 118, o. r. ಮೇಣಸಿ).

ಮೇಧಾದಕ್ಷಿಣಾಮೂರ್ತಿ mêdhâ-dakshiṇa-mûrti. A person clever in bestowing wisdom: Śiva (My.).

ಮೇಧಾವನ್ತ mêdhâ-vanta. An intelligent, wise man (My.).

ಮೇಧಾವಾನ್ mêdhâ-vân. = ಮೇಧಾವನ್ತ. (My.).

ಮೇಧಾವಿ mêdhâ-vi (-vin). *Possessed of mental power, intelligent, wise, judicious;* a learned man, etc. 2, N. of a king (J. 28, 14). 3, = ಗೋಪೀಚನ್ದನ (Bp. 3, 54).

ಮೇಧಾವಿನಿ mêdhavini. An intelligent female. 2, N. (J. 28, 59; 29, 40).

ಮೇಧಿ mêdhi. = ಮೇಳಿ, etc. *A pillar in the middle of a threshing-floor to which oxen are bound.*

ಮೇಧೆ mêdhĕ. ಮೇಧಾ. *Understanding, intelligence, prudence, wisdom.*

ಮೇಧೋಹೋತ mêdhas-hôta. A sacrificial priest: N. of a brahmarâkshasa (J. 16, 23. 24).

ಮೇಧ್ಯ mêdhya. Fit for a sacrifice, fresh from blemish, as a victim. 2, *clean, ritually pure,* not defiling by contact or by being eaten. See ಅ-.

ಮೇನ mêna. = ಮೇಣೆ. A kind of palankeen (My.; ಶಿಬಿಕೆ, etc., ಅನ್ದಳ, ಡೋಲಿ, ಪಾಲಕ್ಕಿ Si. 275; M. ಮೇನಾವು).

ಮೇನಕಾತ್ಮಜೆ mênakâ-âtmajĕ. *Pârvati.*

ಮೇನಕಾತ್ಮರುಹೆ mênakâ-âtma-ruhĕ. Pârvatî (ಗೌರಿ Mr. 12).

ಮೇನಕೆ mênakĕ. ಮೇನಕಾ. *N. of an Apsaras, wife of Himâlaya and mother of Pârvati.*

ಮೇನೆ mênĕ. ಮೇನಾ. = ಮೇನಕೆ. (Grj. 2, 106; Č. Bp. 36, 16).

ಮೇಪು mêpu. = ಮೇಹು, etc. — ಮೇಪುಗಾಡು. -ಕಾಡು. = ಮೇಹುಗಾಡು. (Čpr. 8, after 4).

ಮೇಯ್ mêy. = ಮೇ 1, etc. P. p. ಮೇಯ್ದು (Bp. 60, 34).

ಮೇಯ mêya. To be measured, measurable;—capable of being estimated, discernible. See ಅ-, ಅನು-.

ಮೇಯಿಸು mêyisu. (Šmd. 25). = ಮೇಸು. To graze (v. t.), to feed, to cause (animals) to eat (C.). ಮೇಯಿಸಿದಂ (Šmd. 64). ಜಗುನೆಯ ತಡಿಯಲ್ಲಿ ತುರುಗಳಂ ಮೇಯಿಸಿದಂ (278). ಮುನ್ನು ಪಸುವುಗಳು ಮೇಯಿಸಲ್ ಪಟ್ಟ ಸ್ಥಲ (ಅತಿತ, ಗವೀನ Si. 318). ಕುರಿ'ಗಳನ್ನೆಲ್ಲ ಹೊಡ ಕೊಂಡು ಹೋಗಿ, ಅಡವಿಯೊಳಗಿನ ಗಿಡಗಣ್ಟಿಗಳನ್ನು ಮೇಯಿಸಿ (B. 2, 45). ದನಾ ಮೇಯಿಸುವವನಿಗೆ ಘನ ಯಾಕೆ? (Prv.).

ಮೇಯು mêyu. = ಮೇ 1, etc. To graze (v. i.); etc. (My.). P. p. ಮೇದು (C.). 3rd person imperfect ಮೇದಿತು, ಮೇಯಿತು (My.). ಗಣ್ಟುಗುಬ್ಬಿ ಮೇದು ಬರುವ ತನಕ (B. 2, 6). ಆಡುಗಳು ಗುಡ್ಡದ ಮೇಲೆ ಮೇದು (3, 10). ಮೇಯಿತು (G. 424). ಮೇದ ಮೋಟೂ ಹೋದ ಹೆಜ್ಜೆಯೂ ಕಾಣುವದಿಲ್ಲ.—ಕತ್ತೆ ಮೇದಲ್ಲಿ ಮತ್ತೆ ಮೇವಿಲ್ಲ.—ಉದ್ದು ಮೇದ ಕತ್ತೇ ಹಾಗೆ ಬುದ್ಧಿಹೀನನು.—ಬೇಲಿ ಎದ್ದು ಹೊಲ ಮೇಯುವಾಗ್ಯೆ ಕಾಯೋದು ಯಾರು?—ಆನೆಯಾಗಿ ಕಬ್ಬು ಮೇಯುವದಕ್ಕಿನ್ತ ಇರುವೆಯಾಗಿ ಸಕ್ಕರೆ ಮೇಯುವದು ಲೇಸು (Prvs.).

ಮೇರು mêru. *N. of a fabulous mountain, said to form the central point of Jambudvîpa and to be 84,000 yôjanas high* (ಸುರಗಿರಿ, ಕನಕಾದ್ರಿ Mr. 29; Abh. P. 5, 91; Bp. 57, 68; see ಶಕ್ರಕ್ರೀಡಾಚಲ). 2, the large middle gem of a necklace. ಮೇರುವಿಂಗಣೆಯಿಲ್ಲ, ಧಾರುಣಿಗೆ ಪಡಿಯಿಲ್ಲ; ಕಾರಣೆ ಕರಪ್ಪ ಹಿರಿಯರ ಸಂಸರ್ಗಮ್ ಅರಿನ್ದಮ್ ಅಧಿಕಂ! (Sp.).

ಮೇರುಪ್ರಸ್ತಾರ mêru-prastâra. A term for a representation of all the possible combinations of a metre (Mr. 367).

ಮೇರುವೆ mêruvĕ. A pile, a pyramid, a high top (Č. Bp. 5, 3. 4; *cf.* ಮೇಡು? or ಮೇರು?).

ಮೇರೆ mêrĕ. (Tbh. of ಮರ್ಯಾದೆ). A boundary, a limit, an edge, a verge; an end;—the bounds of propriety, moderation;—manner;—extent, rate (ಅನ್ತ್ಯ Šmd. 366 Cm.; ಸಂಸ್ಥಾ, ಮರ್ಯಾದೆ, ಧಾರಣೆ, ಸ್ಥಿತಿ Nr.; C.; Tĕ., M.; T. ಮೇರೈ; Mhr. ಮೇರ). 2, sphere, region, place of habitation (ಹಕ್ಕೆ, ಇಕ್ಕೆ, ಇಮ್ಬು, etc., ಆಶ್ರಯ Šs., Kk. 64). 3, devotion, prayer (B. 5, 298). ಹೊಲಮೇರೆ (ಅವಧಿ, ಆಘಾಟ, ಸೀಮ, ಸೀಮೆ Hlâ.). ಹೊಲದ ಮೇರೆ (ಸೀಮ, ಸೀಮೆ Nr.). ಈ ಮೇರೆ ತಿಳಿಯ ತಕ್ಕದು (Si. 36. 276); ಈ ಮೇರೆ ಊಹಿಸ ತಕ್ಕದು (385). ಮೇರೆಯಿಲ್ಲದಸ್ಥ (ನಿರವಧಿ G.). ಕರೆದು ಕೆಮ್ಮದು ಬಿಳಿದು ಈ ಮೇರೆಗೆ ಮಣ್ಣು ಹಲವು ತರದ್ದು ಇರುತ್ತದೆ (B. 1, 1). ವಿಚಾರವಿಲ್ಲದವರು ಈ ಮೇರೆಗೆ ಕೇಡಿಗೆ ಒಳಗಾಗುತ್ತಾರೆ (1, 11). ಇದೇ ಮೇರೆಗೆ ದೇವರು ಕೊಟ್ಟ ಬುದ್ಧಿಯನ್ನು ಮನುಷ್ಯರು ಕೆಟ್ಟ ಕೆಲಸಕ್ಕೆ ಉಪಯೋಗಿಸಿದರೆ ಕೇಡು ಬರುವದು (2, 5). See Bh. 5, 1, 6; J. 10, 34; B. 2, 13. 14. 32. 36; 5, 85. — ಮೇರೆ ಕಟ್ಟು. To fix boundaries (My.). — ಮೇರೆಕಲ್ಲು. A boundary-stone (My.). — ಮೇರೆ ತಪ್ಪು. The prescribed, proper or usual bounds or limits to be missed, deviated from or exceeded; to exceed such bounds. ನಡೆ ತನ್ನಂ ಮೇರೆ ತಪ್ಪಿ ಕವಿವ ಅಮ್ಬುಧರವ್ಯೂಲ್ (Šmd. 281). See Prv. s. ಸಮುದ್ರ 1. — ಮೇರೆದಪ್ಪು. = ಮೇರೆ ತಪ್ಪು. (Abh. P. 9, 186; J.

5, 23; 8, 14. 26; Rāv. 13, after 45). ಮೀರಿದಪ್ಪಿ ಹೆಚ್ಚು ಮಾತಾಡುವಿಕೆ (ಪಾರುಷ್ಯ, ಅತಿವಾದ Si. 57); ಮೀರಿದಪ್ಪಿದ ಬುದ್ಧಿ (ಉನ್ಮಾದ, ಚಿತ್ತವಿಭ್ರಮ 70). ಮೀರಿದಪ್ಪಿ ಜಗಳಾಡೋಣ (ಖಲ); ಮೀರಿದಪ್ಪಿದ (ಸಂವರ್ಧಿತ, ಬಹಳ ಹೆಚ್ಚಾದ G.). — ಮೀರಿವರಿ. -ವರಿ. To run over its bounds (J. 1, 1; 4, 7).

ಮೇಲ್ mêl. = (ಮಿಗಿಲು, ವಾಸಲ್), ಮೇ೨, ಮೇಗು, ಮೇಗೆ, ಮೇಂ (ಮೇಱ್), ಮೇಣ್, ಮೇಣು, ಮೇಲ, ಮೇಲು, ಮೇಲೆ (Śmd. 146). That which is above, the top part, the upper part; the surface;—that which is on high; high, superior region;—that which is more; that which is upper, higher, better, superior; that which is good, beneficial, excellent or noble; superior position;—(superior, etc.);—that which is to come, future, following;—over, above, on; upwards; afterwards; after; farther (ಉಪರಿ, ಅಗ್ರ Nr.; ಉಪರಿ, ಊರ್ಧ್ವ Mr. 59; ಅಗ್ರ Śmd. 348. 349 Cm.; T., M.; Tĕ. ಮೇಲು; see ಮೆಲ್ಲ). Declension: (ಮೇಲಕೆ), ಮೇಲಕ್ಕೆ, ಮೇಲಕೆ, ಮೇಲಣ (C.). ಕುಲಂ ಮೇಲೆನಿಸಿದುದು (Śmd. 187). ತಾನೆ ಮೇಲೆಮ್ಬವನು (ಅಹಂಯು, ಅಹಂಕಾರಿ); ಮೇಲಪ್ಪ ಫಲಂ (ಉದರ್ಕ, ಉತ್ತರಫಲ); ಮೇಲಪ್ಪ ಕಾಲಂ (ಉತ್ತರಕಾಲ, ಆಯತಿ Hlâ.). ತೊಡೆಯ ಮೇಲಿಕ್ಕಿ ದಾಡಿ'ಸುಹ (ಅಂಕ್ಯ); ನಾಳೆಯೆಮ್ಬ ದಿನದಲ್ಲಿ ಶ್ವಃ ಎನಿಸುಗು, ಅಲ್ಲಿನ್ದ ಮೇಲಣ ದಿನದಲ್ಲಿ ಪರಶ್ವಃ ಎನಿಸುಗು; ಮೇಲಕ್ಕೆ ನಿಗುಚಿದ ತೋಳು ಸಹಿತಮಹ ಪುರುಷಪ್ರಮಾಣಿನಲ್ಲಿ ಪೌರುಷ ಎನಿಸುಗು; ಎಲ್ಲಾ ರಸಂಗಳ ಮೇಲಣ ಉದಕವು (ಮಣ್ಣ); ಓಗರದ ಮೇಲಣ ನಿಡಿ (ಮಾಸರೆ, etc.); ಮೇಲಕ್ಕೆ ಹಾರುವ ಪಕ್ಷಿ (ಉಡ್ಡೀನ); ಇಲ್ಲದ ಹೊಲ್ಲಹಂ ಮೇಲಿಕ್ಕಿ ನುಡಿಹ (ಮಿಥ್ಯಾಭಿಶಂಸನ, etc. Nr.). ಪೆಱರಿನ್ದ ಮೇಲೆಮ್ಬಂ (ಅಹಂಕಾರಿ Mr. 230); ಮೇಲಪ್ಪ ಫಲಂ (ಉತ್ತರ, ಉದರ್ಕ 72); ಮೇಲನೀಕ್ಷಿಸುವುದು (ಉನ್ಮೀಲನ 317); ಮೇಲು (i. e. ಮೇಲೂ) ಕೆಳಗಂ ನೋಡುವನು ಅನಿಲಂ (ದೇವದತ್ತ 52); ಕುದುರೆಯ ಉರದಿನ್ದ ಮೇಲಿರ್ಪ ಸುಟಿ' (ರೋಚಮಾನ 281); ಮೇಲ ಬಯಸುವಂ (ಲುಬ್ಧ, ತೃಷ್ಣಕ, etc. 282); ಕೆಳಗಾಡು ಮೇಲಾಡು ಹಲ್ಲಿರಲು (ಕುದುರೆ) ಜಯಮಕ್ಕು (277); ಬಿತ್ತರದ ಭೂ ಭುವಸ್ ಸ್ವರ್ ಮಹಜ್ ಜನಂ ತಪಂ ಸತ್ಯಮ್ ಎನ್ದೆಂಬು ಮೇಲಣ ಲೋಕಮಕ್ಕುಂ (32). ಮೇಲನಱ'ಯದೆ, ಮಿಕ್ಕು ನುಡಿದಪೆ! (Bp. 21, 23). See Bp. 1, 20; 5, 18; 18, 13. 38; 39, 58; 42, 33; 43, 38; 44, 7; 46, 30; 48, 29; 51, 15; 59, 16; 61, 53; Č. Bp. 5, 48; Bh. 1, 8, 16. 61; Rāv. 9, 29; 10, after 31; 11, 67. — ಮೇಲಱ'. -ಅಱ'. To think to know more than (another). ಮೇಲಱ'ದು ತರ್ಕಿಪಂ (ವಾದಿ, ತಾರ್ಕಿಕ Mr. 360). — ಮೇಲಲ್ಲದವ. -ಅಲ್ಲದವ. A man who has no high position (or character, ಕೀರ್ತಿ Śm. 114). — ಮೇಲಾಗು. -ಆಗು. To become or be higher, superior, better, excellent, etc. (Bp. 3, 69; 51, 12; C.). ತಮಗಿನ್ತ ಮೇಲಾದವರನ್ನು ಸರಿಗಟ್ಟಿಕೊಳ್ಳ ಬೇಕೆಮ್ಬ ಒಣ ಹೆಮ್ಮೆ (B. 2, 12). ತೇಜವುಳ್ಳವನ್ನ ಬಡವೆಗಳಿಗಿನ್ತ ಮೇಲಾದ ಸುನ್ದರನೂ ತೇಜವುಳ್ಳವನೂ ಸೂರ್ಯನೇ! (3, 27). ಒಬ್ಬ ಮೇಲಾದ ಚಿತ್ರಗಾರನು (3, 49). ಗೋಧೀ ರೊಟ್ಟಿ ಎಲ್ಲಕ್ಕೂ ಮೇಲಾದದ್ದು (3, 110). — ಮೇಲಾರಯ್ಕೆ. -ಆರಯ್ಕೆ. Superintendence, control (Rām. 1, 7, 24; J. 12, 11). — ಮೇಲಿಕ್ಕು. -ಇಕ್ಕು. To put upon, to charge with (My.). ಇಲ್ಲದ ಹೊಲ್ಲಹಂ ಮೇಲಿಕ್ಕಿ ನುಡಿಹ (ಮಿಥ್ಯಾಭಿಶಂಸನ, etc. Nr.). 2, to place higher, to esteem more highly (Bp. 55, 44). 3, to be put or fall upon (J. 13, 12). — ಮೇಲುಕ್ಕು -ಉಕ್ಕು. To swell or rise higher, above or over (Bp. 32, 35). — ಮೇಲುಗುಳ್. -ಉಗುಳ್. To spit upon (J. 5, 29). — ಮೇಲುಡೆ. -ಉಡೆ. An upper garment (Śāv. 3, 11). — ಮೇಲೆನಿಸು. -ಎನಿಸು. To have one's self called superior or excellent, to be excellent, etc. (Bp. 50, 15; 51, 1. 73; 55, 58; 60, 41; J. 4, 51). — ಮೇಲೊಗು. -ಒಗು. To burst forth excessively (Bh. 2, 5, 51). — ಮೇಲೊದಗು. -ಒದಗು. To be or become endowed with superior power (Bp. 58, 35). — ಮೇಲ್ಕಟ್ಟು. = ಮೇಲು-. An upper tie: an awning, a canopy (ಚನ್ದ್ರೋದಯ, ಖಚಿವ, ವಿತಾನ, ಉಲ್ಲೋಚ Mr. 204; ವಿತಾನ Nn. 115, o. r. ಮೇಲುಕಟ್ಟು; ವಿತಾನ, ಉಲ್ಲೋಚ Si. 224; Abh. P. 4, 27; Bp. 18, 38; Bh. 2, 6, 25; Č. Bp. 5, 51). — ಮೇಲ್ಕಡೆ. The upper side; on the top; above; upon (Si. 110. 224; My.). — ಮೇಲ್ಕೀಳ್. That which is high or low, great or small, good or bad (Č. Bp. 42, 29). — ಮೇಲ್ಗಟ್ಟು. -ಕಟ್ಟು. 1. To force upon (My.). — ಮೇಲ್ಗಟ್ಟು. 2. = ಮೇಲ್ಕಟ್ಟು. ವಸನ್ತಗೃಹದ.... ಎಳೆವಾಡಿ'ಯ ಸುಟಿ'ಯೆಲೆಯ ತಳತಳಿಪ ಮೇಲ್ಗಟ್ಟು (Čpr. 7, after 92). — ಮೇಲ್ಗಡೆ. = ಮೇಲ್ಕಡೆ. (C.). ಸ್ತ್ರೀಯರ ಭಗದ ಮೇಲಗಡೆ (ಜಘನ, etc. Si. 208); ಕೆಯ್ಮೇಲ್ಗಡೆ (210); ಕುದುರೆಯ ಕೊರಳುಮೇಲ್ಗಡೆ (ನಿಗಾಲ 273). See Si. 115; B. 3, 9; 4, 22. 83; 5, 181. — ಮೇಲ್ಗಾವಲಿ. -ಕಾವಲಿ. Superintendence, overseership, control (My.). — ಮೇಲ್ಗಾವಲು. -ಕಾವಲು. = ಮೇಲ್ಗಾವಲಿ (My.). — ಮೇಲ್ಗುಡಿ. = ಮೇಲುಗುಡಿ. An excellent, or a raised, flag (Rāv. 8, 2). — ಮೇಲ್ಗಯ್. -ಕೆಯ್. A superior hand (J. 21, 14). — ಮೇಲ್ತರ. A superior kind (My.; B. 162). — ಮೇಲ್ದವಡೆ. The upper jaw (B. 4, 22). — ಮೇಲ್ದುಡುಗೆ. -ತುಡುಗೆ. (Śmd. 78, o. r. -ದುಡಿಗೆ). An excellent ornament. — ಮೇಲ್ದೆಸೆ. = ಮೇಲ್ಕಡೆ. (Bp. 34, 5). — ಮೇಲ್ದೋಲ್. -ತೋಲ್. The surface of the rind (of a plant, B. 4, 40; My.). — ಮೇಲ್ನುಡಿ. = ಮೇಲು-. An excellent, appropriate word (Bp. 40, 6). — ಮೇಲ್ನೆಲೆ. An upper story (Rāv. 8, after 125). — ಮೇಲ್ಪಡು. = ಮೇಲಾಗು. (My.). — ಮೇಲ್ಪೋಗು. = ಮೇಲುಪೋಗು. Falling upon: destruction (Bh. 10, 4, 21). — ಮೇಲ್ಪೋಡು. A kind of metrical composition in which kandas and vrittas are mixed (Kāvy. V, 962). — ಮೇಲ್ಬರಹ. A superscription; the direction on a letter (My.). — ಮೇಲ್ಬೀಟು. = ಮೇಲ್ವರಿ & ಮುಗುಡು (G.). — ಮೇಲ್ಭಾಗ. The upper (or fore) part. ಕಾಲಿನ ಮೇಲ್ಭಾಗ (ಪ್ರಪದ); ಪರ್ವತದ ಮೇಲ್ಭಾಗ (ಪ್ರಸ್ಥ G.). ಸಮುದ್ರದ ದಣ್ಡೆಯ ಮೇಲ್ಭಾಗವು (B. 4, 69). ರುಣ್ಡದ ಮೇಲ್ಭಾಗಕ್ಕೂ ಹಿಮ್ಭಾಗಕ್ಕೂ ತಲೆ ಅನ್ನುತ್ತಾರೆ (4, 82). ಹುಬ್ಬುಗಳ ಮೇಲ್ಭಾಗದಲ್ಲಿ ಹಣೆ ಇರುತ್ತದೆ (4, 83). See Si. 111. 213. — ಮೇಲ್ಮಡಿವಾಸು. -ಪಾಸು. A newly washed cloth or sheet to be put on a bed (Bp. 12, 19). — ಮೇಲ್ಮಾಡು. = ಮೇಲು-1, No. 1. To turn upwards (B. 4, 209). — ಮೇಲ್ಮಾಳಿಗೆ. An upper story (My.; G. 386). — ಮೇಲ್ಮುಚ್ಚಳ. An upper cover: a lid; a thatch, a roof (My.). ಮನೆಯ ಮೇಲ್ಮುಚ್ಚಳದ ಅಂಚು (ವಲೀಕ Si. 111); ಯಜ್ಞಶಾಲೆಯ ಮೇಲ್ಮುಚ್ಚಳ (ಕುಮ್ಬೆ 239). — ಮೇಲ್ಮುಸುಕು. = ಮೇಲುಮುಸುಕು. A covering over (the body or the head): an upper garment;—a part of one's cloth put over the head; a veil (ಜಳಮ್ಬ Kk. 21; Č. Bp. 47, 39). — ಮೇಲ್ಮೇಲ್. = ಮೇಲೆ ಮೇಲೆ q. v. Up and up; one upon or after the other; etc. (ಎಕ್ಕೆಕ್ಕೆ, ತೀನ ತೀನ Čt. II, 72). — ಮೇಲೊತ್ತು. -ಒತ್ತು. To rush upon (Čpr. 2, 22). — ಮೇಲ್ಲೋಕ. The upper or good world: heaven (My.). — ಮೇಲ್ವಟ್ಟು. -ಪಟ್ಟು. An awning (ವಿತಾನ Mr. 493). — ಮೇಲ್ವರಿ. -ಪರಿ. To run or go upwards;—to run or flow over;—to rush upon. ಪುಲಿ ಗರ್ಜಿಸುತ ಬರಲ್ (ಶಬರಂ) ಬಿಲ್ಗೊಲುದಳೆವನಿತಱೊಳಗೆ ಸೊಕ್ಕಾನೆ ಮೇಲ್ವರಿಯೆ (Rāghr. 17, 70). See Grj. 8, after 8; Bp. 18, 48. 62; 22, 30; 46, 51; 49, 7; 61, 61; Rāv. 13, after 45; V. 29, 20. — ಮೇಲ್ವಾಯ್. -ಪಾಯ್. = ಮೇಲೆವಾಯ್. To come upward, to rise;—to run or flow over;—to rush upon; to jump upon;—to become excited or angry (ಅವ್ವಳಿಸು Čt. II, 84). ಕಡಲುಕ್ಕಿ ಮೇಲ್ವಾಯದ ತಡೆ (ವೇಲೆ Si. 456). See Čpr. 5, 74; Abh. P. 9, 44. 83. 146; Bp. 59, 18; Rśv. 6, 23; J. 7, 49; 11, 15; 18, 55; 28, 46; Si. 83. — ಮೇಲ್ವಾಯಿ. -ಪಾಯಿ. = ಮೇಲ್ವಾಯ್. (Bh. 3, 13, 27). — ಮೇಲ್ವಿಚಾರಕ. An overseer, a superintendent (My.). — ಮೇಲ್ವಿಚಾರಣೆ. Overseership, superintendence (My.). — ಮೇಲ್ವೊದಕೆ. -ಪೊದಕೆ. An upper covering, a garment; a roof, a thatch (Rśv. 10, after 31). — ಮೇಲ್ಸೀಮೆ. The upper country: the country on the Ghauts (My.);—the country above the Ghauts (from the coast). — ಮೇಲ್ಸೆಱಗು. The end of a woman's garment that is not tucked, but is put over the upper body (Bp. 15, 21; My.). — ಮೇಲ್ಹೊದಕೆ. = ಮೇಲ್ವೊದಕೆ. An upper garment (Bp. 29, 18), etc. — ಮೇಲ್ಹೊದಕೆದೆಗೆ. -ತೆಗೆ. To take the upper garment off (Bp. 56, 30).

ಮೇಲ mêla. = ಮೇಲ್, etc. — ಮೇಲಕಟ್ಟು. = ಮೇಲ್ಕಟ್ಟು. (ವಿತಾನ Čb.). — ಮೇಲಗೆಲಸ. -ಕೆಲಸ. Other work (B. 4, 122). — ಮೇಲಸ್ವರ. A high, shrill note (ತಾರ Čb.).

ಮೇಲ mêla. = ಮೇಳ, q. v. Meeting, coming together, union, intercourse. 2, an assembly, company, society (ವಿಧಿ Nn. 21). 3, a large concourse of people collected at stated periods for religious or commercial purposes; —a fair. 4, a band of musicians (Mhr.). 5, a set of dancing-girls, musicians, and singers, and their performance (My., as ಮೇಳ). 6, a musical scale (*cf.* ಮೇಲ್). ಶ್ರುತಿಯೊಳ್ ಇಪ್ಪತ್ತೆರಡು ಗಮಕಮಕ್ಕು, ಅವಕೆ ದೇಶೀಯಮೇಳಮಕ್ಕು, ಅವಕೆ ಮೂಱು ಗ್ರಾಮಂ, etc. (Mr. 78).

ಮೇಲಕ mêlaka. Meeting;—*a congress, an assembly, a company.*

ಮೇಲನ mêlana. = ಮೇಳನ. Meeting, coming together, joining;—mixing with, mixture;—adding to. See ವಿರಲವಸ್ತು-, ಸಮ್-.

ಮೇಲಾಪ mêlâpa. ಮೇಳಾಪ. Uniting; bringing together, joining, assembling; conjunction (Kâvy. IV, 2, 20; Bh. 2, 7, 4; 2, 12, 78; J. 19, 55).

ಮೇಲಾಪಕ mêlâpaka. ಮೇಳಾಪಕ. = ಮೇಲಾಪ. (Sk.; Čpr. 4, after 50).

ಮೇಲಾಪಿಸು mêlâpisu. ಮೇಳಾಪಿಸು. To bring together, to join, to get ready (Bh. 8, 26, 22).

ಮೇಲು mêlu. = ಮೇಲ್, etc. That which is above, etc. (My.). ಕುಳ್ಳಿರಲಱಿಯದೆ ಮೇಲು ಮೊಗಮಾಗಿ ಮಲಗಿಹ ಮಗವು (ಉತ್ತಾನಶಯ, ಡಿಮ್ಭ Nr.). ಮೊಱಕೆಯ್ಯ ಮೇಲು (ಪ್ರಕಾಣ್ಡ Mr. 323). ಜಯಿಸುವ ಶಕ್ತಿಗಳ ಮೇಲು (Bp. 28, 46). ಪೆಱರ ಮೇಲನ್ನು ಕಣ್ಣು ಸಯ್ರಿಸಲಾಱದೇ ಕಳವಳಗೊಳ್ಳುವದು (ಅಕ್ಷಾನ್ತಿ, etc. Si. 68); ನೀರೂಱ ಮೇಲಕ್ಕೇಱುವ ಗುಳ್ಳೆಗಳು (ವಕ್ರಗಳು 82); ಎಲ್ಲಾ ಮಾಂಸಗಳಲ್ಲಿಯೂ ಮೇಲಾದ ಕೊಬ್ಬು (ವಸೆ 205); ಮೇಲಕ್ಕೆ ಎತ್ತಿ ಚಾಚಲ್ ಪಟ್ಟ ಕೆಯ್ಯುಳ್ಳ ಮನುಷ್ಯನ ಆಳತೆ (ಪೌರುಷ 212); ಹೆಣ್ಣಾದ ಮೇಲಣ ತಿಳಿ (ಕಾರೋತ್ತರ, etc. 348); ಮೇಲಾಗಿರುವಿಕೆ (ಉತ್ಕರ್ಷ, ಅತಿಶಯ 390); ಮೇಲಕ್ಕೆ ಹಾಕುವಿಕೆ (ಉತ್ಕ್ಷೇಪಣ 400); ಬಹಳ ಮೇಲಕ್ಕೆ ಬೆಳದಮ (ಉಚ್ಚ, etc. 372); ಮೇಲಕ್ಕೆ ಕೆಳಗಿನಿನ್ದ ಎತ್ತಲ್ ಪಟ್ಟದು (ಸಮುದಕ್ತ, ಉದ್ಧೃತ 378); ಮೇಲಿನಿನ್ದ ಕೆಳಕ್ಕೆ ತಳ್ಳಿಬಿಡುವಿಕೆ (ಅವನಾಯ, ನಿಪಾತನ); ಜೀವದ ಮೇಲಣ ಆಶೆಯಿಲ್ಲದೇ ಮಡುಕುವ ಕೆಲಸ (ಅತ್ಯಾಹಿತ, ಮಹಾಭಯ 427). ರಾವಣನ ಮೇಲಣ ರಾಜಕಾರಿಯದ ಕಥನಕಾಲೋಚಿಸಿ (J. 18, 5). ಮೇಲಕ್ಕೆ ಎತ್ತುವದು (ಉದ್ಧರ Dhw.). ಕವಿಕುಲದ ಮೇಲುಗಳೆ! (you who are the best of—, Sp.). ಇವರೆಲ್ಲ, ಬಱಿಕ ಅವಿಚಾರದಿಂ ನೀವು ಅವರ ಮೇಲಿಂಗೆ ಎತ್ತಿ ಹೋದಡೆ (Bp. 21, 36). ಜಲಿಗೇ ಮೇಲಿನ ಬರಹ (B. 1, 11). ಈ ದ್ವೀಪದ ವಾಯವ್ಯದಣ್ಡೇ ಮೇಲಿನ ಹಾಗೆ ಮುತ್ತು ಮತ್ತೆಲ್ಲಿಯೂ ಹೊಱಸುವದಿಲ್ಲ (4, 205). ಮರದ ಮೇಲಿನ್ದ ಬೀಱುವದು (1, 9). ಇದು ನನಗೆ ಬಂಗಾರದನ್ತೆ ಕಾಣುತ್ತದೆ. ಯಾತಱ ಮೇಲಿನ್ದ? (on what account? why? 1, 18). ಗಿಡದ ಮೇಲಿನ್ದ ಹಾಱ ಬನ್ದು (2, 26). ಸಮುದ್ರದ ಮೇಲಿನ್ದ ಪ್ರಯಾಣ ಮಾಡುವದಕ್ಕಾಗಿ ಹಡಗುಗಳನ್ನು ಮಾಡುತ್ತಾರೆ (3, 116). ದೇವರನ್ನು ಯಾರೂ ನೋಡಿಲ್ಲ; ಆದರೆ ಇಷ್ಟಱ ಮೇಲಿನ್ದಲೇ, ಆತನು ಇಲ್ಲವೆನ್ದು, ಸರ್ವಥಾ ಊಹಿಸಲಾಗದು (4, 58). ಇನ್ಥಾ ತರದ ಭೂರಚನೆ ಇದ್ದಲ್ಲಿ ಇನ್ಥಾ ಧಾತು ದೊರೆಯುವದೆನ್ದು, ಅನುಭವದ ಮೇಲಿನ್ದ ಗೊತ್ತಾಗುವದು (4, 95). ಇದು ಹಱೇ ಲೇಖಗಳ ಮೇಲಿನ್ದ ತಿಳಿಯ ಬರುತ್ತದೆ (4, 148). ಸರಕುಗಳು ಹಡಗದಿನ್ದ ಸುಲಭವಾಗಿ ಬೇಗನೇ ಹೋಗುವನ್ತೆ ಎತ್ತುಗಳ ಮೇಲಿನ್ದ ಹೋಗವು (4, 161). ಮೊದಲು ಜನರು ಕಾಲ ನಡಿಗೆಯಿನ್ದಾಗಲಿ ಕುದುರೆಯ ಮೇಲಿನ್ದಾಗಲಿ ಇಲ್ಲವೆ ಬಣ್ಡಿಯ ಮೇಲಿನ್ದಾಗಲಿ ಪ್ರವಾಸ ಮಾಡುತ್ತಿದ್ದರು (4, 188). ಅರಸನ ಅಪ್ಪಣೆಯ ಮೇಲಿನ್ದ ಎಲ್ಲ ಹಡಗಗಳನ್ನು ನೋಡುವದಕ್ಕೋಸ್ಕರ ಒನ್ದು ಸ್ಥಳದಲ್ಲಿ ಕೂಡಿಸಿದರು (5, 192). ಮೇಲಕ್ಕೆ ತಲೆಯೆತ್ತಿ (2, 11). ಮೇಲಕ್ಕೆ ಮೋಱ ಮಾಡಿಕೊಣ್ಡು (3, 95). ಆ ನಾಯಿ ಮೋಱ ಮೇಲಕ್ಕೆ ಮಾಡಿ, ಏನೋ ಬೇಡುವನ್ತೆ ಕುಂಯಿ ಕುಂಯಿ ಮಾತ ಹತ್ತಿತು (3, 122). ಎಲ್ಲ ನಾಡುಗಳ ಕುದುರೆಗಳೊಳಗೆ ಅರಬಸ್ಥಾನದ ಕುದುರೆಗಳು ಮೇಲು (3, 54). ಎಲ್ಲ ಹುಡುಗರಿಗಿನ್ತ ಅವನು ಸಣ್ಣವನಿದ್ದಾಗ್ಯೂ ವಿದ್ಯೆಯಿನ್ದ ಅವರೊಳಗೆ ಮೇಲು ಇದ್ದನು (3, 61). ಮೇಲಿನ ಮೋಡ ನೋಡಿ, ವರ್ತನೇ ಬಾವಿಯಲ್ಲು ಉಚ್ಚಿ ಹೊಯಿದ ಹಾಗೆ.—ಮೇಲು ಮಾಡಿದರೆ ಕೀಱು ಆಗುವದು.—ದೀನನ ಸಿರಿಗಿನ್ತ ದಾನಿಯ ಬಡತನವೇ ಮೇಲು.—ನಳಿನಕ್ಕಿನ್ತ ಶ್ರೇಷ್ಠ ಪುಷ್ಪವಿಲ್ಲ, ಆಳಿಗಳಿಗಿನ್ತ ಮೇಲು ಹುಱಗಳಿಲ್ಲ.—ತಿಪ್ಪಯ್ಯಗೆ ಸೂಜ ಮೇಲು, ಕಳ್ಳಗೆ ಬಾಯಿ ಮೇಲು.—ನಮ್ಮಿನ್ದ ಮೇಲು ಯಾರು? ನಾವೇ ಮೇಲು!—ಪುತ್ತಳಿಗಿನ್ತ ಮೇಲು ಬಂಗಾರವಿಲ್ಲ, ಮಕ್ಕಳಿಗಿನ್ತ ಮೇಲು ತೊಡಲು ಇಲ್ಲ.—ಮೇಲಿನಿನ್ದ ಹದ್ದು ಆಱಯದು, ಕೆಳಗಿನಿನ್ದ ಕಾಗೆ ಆಱಯದು.—ಬಲದಲ್ಲಿ ವಾಲಿ ಮೇಲು, ಛಲದಲ್ಲಿ ರಾಮ ಮೇಲು.—ಮೆಯ್ಯಲ್ಲಿ ಹುಟ್ಟಿದ ರೋಗಕ್ಕಿನ್ತ ಕಾಡಿನಲ್ಲಿ ಹುಟ್ಟಿದ ಔಷಧ ಮೇಲು (Prvs.). — ಮೇಲಂಗಿ. -ಅಂಗಿ. An upper aṅgi (My.). — ಮೇಲ ಮುದ್ದೆ. The earth put on a ceiling or a flat roof (B. 4, 121). — ಮೇಲ ಮೆಯ್. The upper side (My.). ಎಲೆಯ ಮೇಲ ಮೆಯ್ (B. 4, 70). — ಮೇಲಾಟ. -ಆಟ. Outbidding (another, My.). — ಮೇಲಾಡು. -ಆಡು. To bid above (another, My.). — ಮೇಲಾಯ. -ಆಯ. The upper part of the body (from the navel, My.; Si. 76). 2, further income; (as) a further requisition (Bh. 1, 10, 11). — ಮೇಲಿನ ದಿನ. The following or next day (My.). — ಮೇಲಿನ್ದ ಮೇಲೆ. One after the other; from time to time, again and again, continually (C.). ಈ ಸ್ಥಲದ ಐತಿಹ್ಯ ನೋಡಲಾಗಿ ಮೇಲಿನ್ದ ಮೇಲೆ ಹಱಬರು ಹೋಗುತ್ತಾರೆ, ಹೊಸಬರು ಬರುತ್ತಾರೆ (B. 4, 157). ಈಗ ಸರ್ವಸಾಧಾರಣಜನರು ಸಹ ಪರ ಊರಲ್ಲಿದ್ದ ತಮ್ಮ ಆಪ್ತ ಇಷ್ಟರಿಗೆ ಮೇಲಿನ್ದ ಮೇಲೆ ಕ್ಷೇಮಸಮಾಚಾರದ ಪತ್ರಗಳನ್ನು ಬರೆಯುತ್ತಾರೆ (B. 4, 87). ತಾಯಿ ಮೇಲಿನ್ದ ಮೇಲೆ ಸಿಟ್ಟು ಮಾಡಿದರೂ ಈಕೆ ತನ್ನ ನಡತೆ ಬಿಡುವದಿಲ್ಲ (1, 6). — ಮೇಲುಕಟ್ಟು. = ಮೇಲ್ಕಟ್ಟು. (ಚನ್ದ್ರೋದಯ, ವಿತಾನ, ಉಲ್ಲೋಚ, ಖಜಕ Hlâ.; ಉಲ್ಲೋಚ, ವಿತಾನ Nr.; ವಿತಾನ, ಚನ್ದ್ರೋದಯ Nr.; ವಿತಾನ Nn. 115, o. r. ಮೇಲ್ಕಟ್ಟು; Bp. 12, 13; Bh. 1, 12, 11; Râm. 13, 7). — ಮೇಲು ಕೀಱು. = ಮೇಲ್ಕೀೞ್. (My.). — ಮೇಲುಗಟ್ಟು. = ಮೇಲುಕಟ್ಟು. (Râm. 1, 7, 14; Bh. 5, 11, 34). — ಮೇಲುಗಡೆ. = ಮೇಲ್ಗಡೆ. (My.; B. 5, 23. 249). — ಮೇಲುಗಾಣ್. -ಕಾಣ್. To see the future or what is to come (Bh. 6, 3, 71). — ಮೇಲುಗಾಳಗ. -ಕಾಳಗ. A fight with a favourable issue: victory (Bh. 6, 5, 7). — ಮೇಲುಗುಡಿ. -ಕುಡಿ or ಗುಡಿ. = ಮೇಲ್ಗುಡಿ. A raised banner (Bh. 5, 11, 44). — ಮೇಲುಗುಡಿದೋಳ್. -ಕುಡಿ-ತೋಳ್. A sprout-like upraised arm (Bh. 3, 4,

42). — ಮೇಲುಗೆಯ್. -ಕೆಯ್. A raised hand (Bh. 6, 2, 1). — ಮೇಲುಗೋಟೆ. -ಕೋಟೆ. N. of a place of Vaishnava pilgrimage near Seringapatam in Mysore (My.). ಈ ಮು ಖಕ್ಕೆ ಯಾಕೆ ಮೇಲುಗೋಟೆನಾಮ (that is white)? — ಮೇಲುಗೋ ಟೇ ಜಾತ್ರೆಯಲ್ಲಿ (where all appear with bare heads) ನನ್ನ ಬೋಳಿದಾಸಯ್ಯನ ಕಣ್ಡಿಯಾ? (Prvs.). — ಮೇಲುಚನ್ದನ. Superior sandal-wood (Bp. 50, 35). — ಮೇಲುಜಾತಿ. A high caste or family (My.). — ಮೇಲುತಲೆ. An excellent head (Bp. 38, 61). — ಮೇಲುತೋಳು. The upper portion of the arm (My.; ಮೊಣಕೆಯ್ಗಿನ್ತಲೂ ಮೇಲೆ ಕಂಕಳ ವರಿಗೂ ಇರುವದು Si. 210). — ಮೇಲುದವಡೆ. = ಮೇಲ್ದವಡೆ. (Si. 214). — ಮೇಲುದಿರುಹು. -ತಿರುಹು. To turn upwards (Bh. 6, 5, 13). — ಮೇಲುದುಟಿ. -ತುಟಿ. The upper lip (B. 3, 30; 5, 30; My. as ಮೇಲುತುಟಿ). — ಮೇಲುದುರ್ಗ. A high, superior fort (Bp. 16, 29; Bh. 2, 4, 11). — ಮೇಲುದೋತ್ರ. An upper cloth; a superior dôtra (ಸುಚೇಲಕ, etc. Si. 223). — ಮೇಲುನುಡಿ. = ಮೇಲ್ನುಡಿ. (Bp. 40, 39). — ಮೇಲುನೋಟ. Looking upwards (ಸಮುದ್ವೀಕ್ಷಣ G.). 2, a fine sight (My.). — ಮೇಲುಪಂಕ್ತಿ. The best or principal row (of a company next to the idol, Bp. 59, 9; My.). 2, an upper line (My.). — ಮೇಲುಪೋಗು. = ಮೇ ಲ್ಪೋಗು. Going upward: death (Bh. 2, 10, 81). 2, falling upon: destruction (3, 5, 2). — ಮೇಲುಪ್ಪರಿಗೆ. -ಉಪ್ಪರಿಗೆ. The highest story of a house; a grand house (My.); (ಉ ಪಕಾರಿಕೆ, ಚನ್ದ್ರಶಾಲೆ, ಹರ್ಮ್ಯ G.). See B. 5, 41. 97. — ಮೇಲು ಬಟ್ಟೆ. Superior, fine cloth (ಸುಚೇಲಕ, ಪಟ Si. 223). — ಮೇಲು ಬೀಳು. To come for to quarrel; — to outbid; — to fall upon, to use force; — to become a loss (My.). — ಮೇ ಲುಬುಕ್ಕಿಹಿಟ್ಟು. Superior perfume (ಚೂರ್ಣ, ವಾಸಯೋಗ Si. 229). — ಮೇಲುಭಾಗ. = ಮೇಲ್ಭಾಗ. (Bh. 2, 8, 28). — ಮೇಲು ಮದ. Excessive pride (Bh. 10, 10, 1). — ಮೇಲು ಮಾಡು. 1. To turn upwards, as the face (My.; B. 5, 21. 143. 295). 2, to do a kindness, to bestow a favour (My.). — ಮೇಲುಮಾಡು. 2. = ಮೇಲುಮಾಳಿಗೆ. (My.). — ಮೇಲುಮಾಳಿ ಗೆ. = ಮೇಲ್ಮಾಳಿಗೆ. (My.). — ಮೇಲುಮುಚ್ಚಳ. = ಮೇಲ್ಮುಚ್ಚಳ. (My.). ಮನೆಯ ಮೇಲುಮುಚ್ಚಳ (ಪಟಲ, ಛದಿಸ್ Si. 111). — ಮೇಲುಮುದ್ದೆ. = ಮೇಲ ಮುದ್ದೆ. (C.). — ಮೇಲುಮುಸುಕು. = ಮೇಲ್ಮುಸುಕು. (ಪ್ರಾವಾರ q. v., ಉತ್ತರಾಸಂಗ, ಬೃಹತಿಕೆ, ಸಂವ್ಯಾನ, ಉತ್ತರೀಯ Nr.; Si. 224; ಜಳಮ್ಮ Ŝm. 59; Bh. 6, 9, 39; My.). — ಮೇಲುವತ್ತಿಗೆ. -ಪತ್ತಿಗೆ. The upper-holding: the circumference or periphery of a wheel (ನೇಮಿ, ಪ್ರಧಿ Mr. 285). — ಮೇಲುವಾಸಿ. A beneficial promise (Bh. 8, 22, 42). — ಮೇಲುವಿಳಾಸ. The superscription or direction on a letter, address (My.). — ಮೇಲುವೆರಳು. -ಬೆರಳು. A finger (put) on (the nose, Bh. 3, 2, 2). — ಮೇಲುವೆಸರು. -ಪೆಸರು. A surname (Bh. 2, 9, 29). — ಮೇಲುವೊದಕೆ. -ಪೊದಕೆ. = ಮೇಲುಹೊ ದಿಕೆ. (Bh. 1, 12, 11). — ಮೇಲುಸಣಿಗು. = ಮೇಲ್ಸೆಣಿಗು. 2, screen, umbrage (Bh. 2, 5, 41). — ಮೇಲುಸೀರೆ. A superior sîrê (ಸುಚೇಲಕ, etc. Si. 223). — ಮೇಲುಸುರು. -ಉಸುರು. Panting, a pant (Bh. 7, 15, 46; My.). — ಮೇಲುಹಾಸಿಗೆ. A sheet put over a mattress (ನಿಚೋಲ, ಪ್ರಚ್ಛದಪಟ, ಹಾಸಿಗೇ ಮೇಲೆ ಹಾಸುವ ನವುರುಬಟ್ಟೆ Si. 223; My.). — ಮೇಲುಹೊದಿಕೆ. = ಮೇಲ್ಪೊದಕೆ. An upper garment (My.; ಪ್ರಾವಾರ, ಉತ್ತರಾಸಂ ಗ, etc. Si. 224). 2, a thatch, a roof (My.; ಪಟಲ, ಛದಿಸ್ Si. 111). — ಮೇಲುಹೊಳೆ. A river that has reached an uncommonly high level in its bed (My.; ಪರೀವಾಹ, etc. Si. 83). — ಮೇಲೋಗರ. -ಓಗರ. By-meat: vegetables (My.; ವಾಜ, ಶಾಕ Nn. 124). ಮೇಲೋಗರವ ಬೆಳೆವ ತೋಟ್ಟ (ಶಾಕಕ್ಷೇತ್ರ Nr.). 2, vegetable sauce (My.).

ಮೇಲುದು mêl-udu. An upper garment (ಪ್ರಾವರ ಣ, ಸಂವ್ಯಾನ, ಪ್ರಚ್ಛಾದನ, ಉತ್ತರೀಯ Hlâ.; ಪ್ರಾವರಣ, ಉತ್ತರೀಯ Mr. 348); — the end of a female's garment that is laid over or covers the breast (ಕುಚದ ಮೇಲಿರ್ಪ ಸೆರಗು Ŝm. 71; Râm. 1, 5, 30; J. 3, 7). Genitive: ಮೇಲುದದ (Ŝmd. 135), ಮೇಲುದಿನ (Bh. 2, 14, 71; J. 6, 46; 11, 8; 30, 7), ಮೇಲುದ (Prll. 3, 29); Accusative: ಮೇಲುದಂ (Čpr. 1, 95; J. 5, 60; 18, 21; 25, 3); Ablative: ಮೇಲುದದಿಂ (Čpr. 6, 89). ಮೇಲು ದದಸೆಱಂಗನ್ ಓಸರಿಸುವನ್ತಿರೆ (Ŝmd. 135).

ಮೇಲೆ mêlĕ. = ಮೇಲ್ (Ŝmd. 146), etc. That is above: above; over; on; upon; upwards; after; afterwards; in addition to; more; farther; for, toward; on the pledge of (somebody's word or property); on account of; in some degree, somewhat (ಅಗ್ರದಲ್ಲಿ Ŝmd. 149 Cm.; ಅ ಮೇಲೆ 210 Cm.; ಮೇಗೆ 348 Cm.; My.). ಮೇಲೆಯುಂ ಕೆಳಗೆಯುಂ (26). ಅವುದಾನೊನ್ದು ಮರದ ಮೇಲೆ ಮರನನಿರಿಸಿ ಕೆತ್ತಲು ಪಟ್ಟುದು ಆ ಅಡೆಯ ಮರನು (ಉದ್ಘನ); ಆನೆಯ ಮೇಲೆ ಹಾಸುವ ಚಿತ್ರಕಮ್ಬಳ (ಅಸ್ತರಣ, etc. Nr.). ಹಗಲಿರುಳಾದಡೆ ಗಣರಾತ್ರ ಎಮ್ಬುದು, ಅಲ್ಲಿನ್ದ ಮೇಲೆ ಚಿರರಾ ತ್ರ ಎಮ್ಬುದು (Hlâ.). ಗಣ್ಡನು ಸತ್ತ ಮೇಲೆ ಮಿಣ್ಡನ ದೆಸೆಯಿನ್ದ ಹು ಟ್ಟಿಸಿ ಕೊಣ್ಡ ಹಾದರದ ಮಗನು (ಗೋಲಕ Si. 193); ಚಿತ್ರಿದ ಮೇಲೆ ಉತ್ತದು (ಬೀಜಾಕೃತ, etc. 301). ಕಟ್ಟೆ ತುಮ್ಬಿದ ಮೇಲೆ ಚಣಮಾತ್ರ ಮರಲಿಲ್ಲ (Dp. 44). ಪಿಡಿಯೊಳ್ ತುಮ್ಬಿರೆ ಪಂಕ ಮೇಲೆ ತೊಳೆಯಲ್ ತಾಂ ಶುದ್ಧನೇ? (Ŝŝ. 64). ಮದನನ ಮೇಲೆ ತಪ್ಪಿಲ್ಲ (J. 31, 36). ಸಾವಿರದ ಮೇಲೇಪ್ಪೊಱು ಬಸದಿಗಳ್ (Bp. 51, 66). ಅವನ ಮನೆ ನಮ್ಮ ಸಾಲೇ ಹಾದೀ ಮೇಲೆ ಅದೆ (B. 2, 35). ನೀನು ನಿನ್ನ ಗೆಳೆಯರ ಮೇಲೆ ಮಾಡುವನ್ತೆ ಹಗೆಗಳ ಮೇಲೆ ಸಹಾ ಉಪಕಾರ ಮಾಡುತ್ತಾ ಬಾ! (2, 36). ಆ ಪಾರಿವಾಳಗಳು ನೆಲದ ಮೇಲೆ ಉರುಳುತ್ತ ಹೋಗುತ್ತವೆ (3, 114). ಮುನ್ದೆ ಅವರಿಗೆ ಎಪತ್ತಿನ ಮೇಲೆ ಎಪತ್ತುಗಳು ಬರುತ್ತವೆ (4, 1). ಆ ಪಟ್ಟಣದಿನ್ದ ಕೆಲವು ಹರದಾರಿಗಳ ಮೇಲೆ ಒಂದು ಸಣ್ಣ ಹಳ್ಳಿ ಅದೆ (4, 30). ಇಲ್ಲಿನ್ದ ಅಯ್ದು ಹರದಾರಿಯ ಮೇಲೆ ಇರುವ ರಾಮಪು ರವೆಮ್ಬ ಊರಿಗೆ ಹೋಗು! (4, 179). ನಿನ್ನ ಒಣ್ಟೆಯನ್ನು ಜಾವಿಯ ಮೇಲೆ ನಿಲ್ಲಿಸಿ (4, 181). ಅವನು ಪರರಾಜನ ಮೇಲೆ ಹೊರಟಾಗ್ಯೆ (5, 58). ಉಪಯೋಗದ ಮೇಲೆ ಪದಾರ್ಥಗಳ ಬೆಲೆಯು ಹೆಚ್ಚು ಕಡಿಮೆ ಇರುವದಿಲ್ಲ (B. 5, 74). ವ್ಯಾಪಾರದ ಮೇಲೆ ಊರಿಗೆ ಹೋದನು (My.). ಎಮ್ಮೆ ಕಪ್ಪಿನ ಮೇಲೆ ಅದೆ (B. 1, 15; My.). ಆ ನಾಡೊಳಗಿನ ತೋ ಳಗಳು ಕೆಮ್ಪಿನ ಮೇಲಿರುತ್ತವೆ (3, 85). ಕಪ್ಪಿಣದ ಬಣ್ಣ ತುಸು ಕೆಮ್ಪಿ ನ ಮೇಲೆ ಇರುವದು (4, 147). ಅದು ಬಿಳುಪಿನ ಮೇಲೆ ಅದೆ (My.). ಅವನು ಕೋಪದ ಮೇಲೆ (*i. e.* ಕೋಪದಲ್ಲಿ) ಇದ್ದಾನೆ (My.). ಅವನ ಬದುಕಿನ ಮೇಲೆ ಅವನಿಗೆ ಇಪ್ಪು ಕೊಟ್ಟನು (My.). ಅವನ ಮಾತಿನ ಮೇಲೆ ನಾನು ಇವನಿಗೆ ನೂರು ರೂಪಾಯಿ ಕೊಟ್ಟೆನು (My.). ತಪ್ಪಿನ ಮೇಲೆ ದಣ್ಡೆಸಿಡೊಡೆ (Bp. 53, 34). ಮೂಲ ತಿಳಿದವಗೆ ಮೇಲೆ ತೋ ರಿಸ ಬೇಡ (Prv.). See Ŝmd. 124. 152; Čh. v. 387; Bp. 5, 18; 22, 52; 27, 1; 28, 42; 32, 45; 37, 42. 44; 38, 11; 39, 42; 46, 44; 47, 19; 51, 23. 59. 69; 61, 13. 66; Bh. 1, 5, 9; 1, 8, 5. 65; Râv. 6, after 11, twice; 13, 69; J. 3, 21; 12, 20; 13 sum.; 13, 8; 15, 10; 25, 5; 26, 26; 28, 19; 30, 25; Si. 69. 78. 84. 198. 215. 224. 266. 283. 380; ಅ-, ಇನ್ನು-. — ಮೇಲೆ ಇಡು. To put upon (Râv. 9, 28). — ಮೇಲೆ ಕೆಳಗೆ ಆಗು. To move up and down (B. 4, 150). — ಮೇಲೆಗಡೆ. = ಮೇಲ್ಗ ಡೆ. (Si. 110). — ಮೇಲೆ ನಡೆ. To march against (Bh. 1, 5, 7). — ಮೇಲೆ ಬರ್. To come upon, to attack (Bh. 1, 19, 19). — ಮೇಲೆ ಬೀೞ್. -ಬೀಳು. (= ಮೇಲು-). To fall upon (Bp. 27, 58; 52, 14; J. 15, 19). 2, to begin to quarrel with. See Prv. s. ಮೇಳದವ. 3, to urge one with impertinence to buy anything (My.). ಮೇಲೆ ಬಿದ್ದ ಸರಿಗೆ (or ಸೂ

ಳಿಗೆ) ಹಾಗದ ಕಾಸು (ಕೊಡುತ್ತೇನೆ ಅನ್ನ ಹಾಗೆ, Prv.). — ಮೇಲೆ ಮೇಲೆ. = ಮೇಲ್ಮೇಲ್. Up and up, higher and higher, to a great height;—one after the other; in a series, in succession;—from time to time, continually;—before long, by and by (ತೇನ ತೇನ Šmd. II; Čt. I, 97; Kk. 90; Šm. 65; Č. Bp. 42, 13; Abhâ. 1, 7; B. 4, 161). — ಮೇಲೆವಾಯ್. = ಮೇಲ್ವಾಯ್. See Čh. s. ಮುದ್ದುಗೆಯ್ತು; Čpr. 6, after 40. — ಮೇಲೆ ಹೋಗು. To march against. ತಾನು ಹಗೆಯ ಮೇಲೆ (ದಣ್ಣನ್) ಎತ್ತಿ ಹೋಹಲ್ಲಿ ಹಿನ್ದೆ ರಾಜ್ಯವನುಪದ್ರವ ಮಾಡುವವನು (ಪಾರ್ಷ್ಣಿಗ್ರಾಹ Nr.).

ಮೇಲೆ mêlĕ. ಮೇಲಾ. Any black substance used for writing, ink (*cf.* ಮಯ್ಲ್ಲಿ). 2, *the indigo plant.* 3, a musical scale.

ಮೇವು mêvu. = ಮೇಹು, etc. Grazing; pasturage, feed of any kind (C.; Tĕ. ಮೆಸಗು, ಮೆಸವು, to feed on, etc.). ಎತ್ತುಗಳಿಗೆ ಮೇಲೆ ಮೇಲೆ ಮೇವೂ ವಿಶ್ರಾನ್ತಿಯೂ ಬೇಕು (B. 4, 161). ಹಾಗದ ಕೋಟಿ ಮುಪ್ಪಾಗದ ಮೇವು ತಿನ್ದು.—ಮೂಢಗೆ ಹೇಳಿದ ಬುದ್ಧಿ, ಅಡಿಗೆ ಹಾಕಿದ ಮೇವು.—ಕತ್ತೆ ಮೇದಲ್ಲಿ ಮತ್ತೆ ಮೇವಿಲ್ಲ (Prvs.). See ಪುಲ್-, ಮುಂಗಿ-; V. 5, after 14; J. 15, 19.

ಮೇಷ mêsha. = ಮೇಸ. *A ram.* 2, *the sign of the zodiac Aries.* 3, N. of a demon said to possess children (Sk.). 4, winking, twinkling. See ಉನ್-, ನಿ-.

ಮೇಷಕಮ್ಬಲ mêsha-kambala. *A woollen blanket.*

ಮೇಷಯುದ್ಧ mêsha-yuddha. A ram-fight (My.).

ಮೇಷಾಣ್ಡ mêsha-aṇḍa. Having ram's testicles: Indra (My.).

ಮೇಷಿ mêshi. An ewe. (R.).

ಮೇಸ mêsa. Tbh. of ಮೇಷ. (Šmd. 335).

ಮೇಸು mêsu. = ಮೇಯಿಸು (C.). ಒಬ್ಬ ಕುರುಬಹುಡುಗನು ಕುರಿಗಳನ್ನು ಮೇಸುವದಕ್ಕೆ ದಿನಾಲು ಅಡವಿಗೆ ಹೋಗುತ್ತಿದ್ದನು (B. 2, 34). ಎಲ್ಲರು ತಮ್ಮ ದನ ಕರುಗಳನ್ನು ಆ ಭೂಮಿಯೊಳಗೆ ಮೇಸುತ್ತಾರೆ (5, 114).

ಮೇಸ್ತ್ರಿ mêstri. A head workman (My.; Tĕ., M., Mhr.; fr. Portuguese mestre).

ಮೇಹ mêha. Urine. 2, *urinary disease, excessive flow of urine, diabetes; gonorrhoea* (ಮೂತ್ರರೋಗ, ರಕ್ತಮೇಹ ಬಿಳೀ ಮೇಹ ಎಮ್ಬ ಎರಡು ಪ್ರಕಾರ G.). 3, venereal disease (My.). — ಮೇಹಕಾವು. Morbid heat from venereal disease (My.). — ಮೇಹವೆಟ್ಟೆ. = ಮೇಹಕಾವು. (My.).

ಮೇಹಕಾಸ mêha-kâsa. A cough caused by venereal affections (My.).

ಮೇಹಕ್ಷಯ mêha-kshaya. Consumption occasioned by venereal disease (My.).

ಮೇಹಗ್ರನ್ಥಿ mêha-granthi. Venereal herpes (My.).

ಮೇಹಜಾಡ್ಯ mêha-jâḍya. = ಮೇಹರೋಗ. (My.).

ಮೇಹನ mêhana. Passing urine. 2, *the penis.* 3, urine.

ಮೇಹರೋಗ mêha-rôga. = ಮೇಹ No. 2. (My.).

ಮೇಹವಾಯು mêha-vâyu. Rheumatism, cramp, or flatulence from venereal disease (My.).

ಮೇಹಶೂಲೆ mêha-šûlĕ. Venereal pains in the abdomen (My.).

ಮೇಹು mêhu. = ಮೇವು, ಮೇವು. (Čpr. 4, 47; Bp. 60, 27. 31. 34; Bh. 3, 6, 60). ಮೇಹಿಂಗೆ (Bp. 58, 44). — ಮೇಹುಗಾಡು. -ಕಾಡು. = ಮೇವುಗಾಡು. The wild or jungle where beasts graze, pasture-ground (Bh. 3, 13, 17; 7, 1, 12). — ಮೇಹುನಾಡು. Pasture-ground (Bh. 3, 7, 10).

ಮೇಹುಕಾಱ mêhu-kâṟa. A man who eats roots, berries, etc. (Bh. 6, 1, 11).

ಮೇಳ mêḷa. = ಮೇಲ Nos. 1-6, q. v. 7, mirth, merriment, jest, sport, joking, fun (ಅಲ್ಲಣಿಗೆ, ಸಬ್ಬವ Šmd. II; ಅಲ್ಲಣಿಗೆ Šmd. 25; ಅಲ್ಲಣಿಗೆ Čt. I, 30; ಸಬ್ಬವ I, 26; ಅಲ್ಲಣಿ, ಸಬ್ಬವ Kk. 78; ಸಬ್ಬವ, ಅಲ್ಲಳಿ Šm. 53). ಮೇಳದ ರಥ (ಪುಷ್ಪರಥ Mr. 285). ಮೇಳ ಕೂಡಿಸದೆ, ತಾಳ ಬಡಿದ ಹಾಗೆ (Prv.). See ಮೆಯ್-, Čpr. 8, 53; Abh. P. 12, 74; J. 6, 47; 7, 6. 8, a musical instrument (see ನುಡಿ-). — ಮೇಳಂಗೆಯ್. -ಂ-ಗೆಯ್. To tune (a lute, etc. Rśv. 1, after 135; 11, 87). — ಮೇಳಂಗೊಳ್. -ಂ-ಕೊಳ್. To join (v. i., Rśv. 9, 29). — ಮೇಳದವ. -ಅವ. A man belonging to a set of performers (My.). ಕುಣಿಯಲಾರದ ಬೊಡ್ಡಿ ಮೇಳದವನ ಮೇಲೆ ಬಿದ್ದಳು (Prv.). — ಮೇಳದವಳ್. -ಅವಳ್. ಮೇಳದವಳು. A dancing-girl (Bp. 5, 43; My.). 2, = ಮೇಳದಾಕೆ. ಒಡ್ಡೊಡ್ಡೊಡ್ಡೆನುತೊಡ್ಡಿ, ಮೇಳದವಳ್ ಕುಂಕುಮವಾರಿ ಕುಪ್ಪಳಿಸಿ ಪೊಯ್ದಳ್ (Šmd. 231). — ಮೇಳದಾಕೆ. -ಆಕೆ. A female buffoon, etc. (ಸಬ್ಬವಕಾತಿ Šs.; Šm. 74; ಸಬ್ಬವಗಾತಿ Kk. 28, o. r. -ಕಾತಿ). — ಮೇಳದಾತ. -ಆತ. A male buffoon (ಪರಿಹಾಸ, ದ್ರವ, ನರ್ಮ Hlâ.).

ಮೇಳಗಾಱ mêḷa-gâṟa. = ಮೇಳದವ. (My.).

ಮೇಳಣೆ mêḷaṇĕ. Tbh. of ಮೇಲನ. (Čpr. 7, 97).

ಮೇಳಮ್ಬ mêḷamba. The black humble bee (ತುಮ್ಬಿ Šmd. II; ಆಱಡಿ, ಬವರ, etc. ಚಿತ್ರವಿಹಗ Šm. 27; ತುಮ್ಬಿ, etc. Kk. 14. 90; Tĕ. ಮಿಳಿನ್ದ, Mhr. ಮಿಲಿನ್ದ).

ಮೇಳಯ mêḷaya. Uniting, joining, union. — ಮೇಳಯ ಮಾಡು. To join (v. t.), to get ready (Bh. 8, 24, 14).

ಮೇಳಯಿಸು mêḷayisu. (Šmd. 65). To meet, to come together, to combine (Mr. 361). 2, to join, to put to (Grj. 2, after 106; 10, 38; Râm. 3, 6, 48); to bring together, to assemble (J. 25, 10).

ಮೇಳಯ್ಸು mêḷaysu. = ಮೇಳಯಿಸು. To come together (Bp. 42, 14); to form a member of a meeting. ಮೇಳಯ್ಸಿ ನಾನಾರವಕ್ಕೆ ಪ್ರತಿಗೆಯ್ವುವಂ (ಹರ್ಮಣ, ವಾಗ್ಮಿ Mr. 360).

ಮೇಳವ mêḷava. Union (Râm. 6, 11, 7); an assembly, a meeting (Bh. 2, 2, 1); harmony (J. 33, 19); a chorus, a dance accompanied with song and music (Bp. 4, 7. 8; J. 33, 26).

ಮೇಳವಣಿ mêḷavaṇi. A chorus, a dance accompanied with song and music (Bh. 1, 12, 20).

ಮೇಳವಿಸು mêḷavisu. To bring together; to mix; to join (Bp. 3, 27; 4, 35; 38, 14); to fasten (Čpr. 7, 30); to get ready (Bh. 8, 24, 49); to form and prepare, as a plot (Bp. 11, 4).

ಮೇಳಿಗೆ mêḷigĕ. A concourse or mass of people, an assembly (Bp. 11, 4).

ಮೇಳಿಸು mêḷisu. To join (v. i.), to unite, etc. (ಸಂಯೋಗ Šmd. Dh.; Čpr. 10, 5; Abh. P. 3, 155; 5, 58; 16, 61). ರುಧಿರಂ ದಿಗನ್ತಮಂ ಮೇಳಿಸೆ (Abh. P. 13, 63). 2, to join for coition (Abh. P. 9, 152).

ಮೈ mey. For Kannaḍa and some Tbh. words that appear with this initial in writ or print see s. ಮಯ್ and ಮೆಯ್; *e. g.* ಮೈ = ಮೆಯ್, etc.; ಮೈದ= ಮಯ್ದ; ಮೈದುನ = ಮಯ್ದುನ; ಮೈಲಾರ = ಮಯ್ಲಾರ; ಮೈಲಿ, ಮೈಲಿಗೆ = ಮಯ್ಲಿ, ಮಯ್ಲಿಗೆ; etc.

ಮೈತ್ರ maitra. (fr. ಮಿತ್ರ). Of or belonging to a friend; of or belonging to Mitra. 2, friendship, friendliness, good-will (ಸ್ನೇಹ, ಪ್ರೀತಿ, etc. Mr. 430; Bp. 18, 59);—association, intimate connection, union. 3, a friend (My.). ಚೈತ್ರದಲ್ಲಿ (when it is very hot) ಮೈತ್ರನಾದರೂ ಮೆಯ್ ತಗಲಿಸ ಕೂಡದು (Prv.).

ಮೈತ್ರಾವರುಣ maitrâvaruṇa, Of or belonging to Mitra and Varuṇa: *Vâlmîki*. 2, Agastya.

ಮೈತ್ರಾವರುಣಿ maitrâvaruṇi. *Agastya*. 2, Vasishṭha. 3, Vâlmîki.

ಮೈತ್ರಿ maitri. *Friendship*. 2, a friend. ಮಿಗಿಲಾದವನ ಹತ್ತಿರ ಹಗೆ ಸಲ್ಲ, ನಗೆಗಾರನ ಹತ್ತಿರ ಮೈತ್ರಿ ಸಲ್ಲ (Prv.).

ಮೈತ್ರೆ maitrĕ. N. of the wife of one of the chief ṛishis (Mr. 258).

ಮೈತ್ರೇಯ maitrêya. Friendly. 2, N. of a ṛishi (My.).

ಮೈತ್ರ್ಯ maitrya. *Friendship*.

ಮೈಥುನ maithuna. (fr. ಮಿಥುನ). Paired; united by marriage. 2, *union, connection*. 3, *copulation, coitus*. 4, marriage, matrimony (*cf*. ಮಯ್ಥುನ). See ಕೂಡು, ಗರ್ಭ, ಸುನ್ನ.

ಮೈದಾನ maidâna. A plain, a level tract (My.; Tĕ., M.; Mhr., H.).

ಮೈನ maina. The Gôravaṅka, a kind of jay, Gracula religiosa (C.; Mhr., H. ಮೈನಾ; Tĕ.; M. ಮೈನಾಗ, ಮೈನಾನ್).

ಮೈನಾಕ mainâka. N. of a mountain (son of Himavat by Mênâ). (Grj. 2, after 106; Bp. 19, 27).

ಮೈಮೆ maimĕ. = ಮಯ್ಮೆ. Tbh. of ಮಹಿಮೆ (Ŝmd. 361; Ĉt. II, 85; Ĉpr. 4, 11; 5, 28; Grj. 10, after 79). — ಮೈಮೆವೆಟ್. -ವೆಟ್. To obtain greatness, etc. (Ŝŝv. 2, 6).

ಮೈರೇಯ mairêya. *A kind of spirituous liquor;* toddy (ಆಸವ, ಕಳ್ಳು, etc., ಕಳ್ Mr. 221; Tu. ಮಾರ).

ಮೈಲಿ maili. = ಮಯ್ಲಿ 1 & 2.

ಮೈಲಿಗೆ mailigĕ. = ಮಯ್ಲಿಗೆ.

ಮೈಸಿ maisi. Tbh. of ಮಹಿಷಿ (Ŝmd. 361). — ಮೈಸೂರು. The town, or country, of Mysore (Si. 329; C.; B. 3, 28).

ಮೊಕ್ mŏk. P. p. of ಮೊಗೆ 1, in ಮೊಕ್ಕೊಳ್ಳು (My.).

ಮೊಕ mŏka. Tbh. of ಮುಖ. (My.; Tĕ.). — ಮೊಕಮಡಿಯನಾಗಿ. -ಅಡಿಯನ್-ಆಗಿ. With the head downwards, topsy-turvy. See Prv. s. ವಿಾಸೆ. — ಮೊಕವಾಡ. = ಮೊಗವಡ, ಮೊಗವಾಡ.

ಮೊಕತಾ mŏkatâ. = ಮೊಕ್ತಾ. (My.).

ಮೊಕದ್ದಮೆ mŏkaddamĕ. An affair, a matter; a case, civil or criminal (My.; Tĕ.; Mhr., H. ಮುಕದಮಾ).

ಮೊಕರರು mŏkararu. Settled, fixed, certain (My.; Br.; Mhr., H. ಮುಕರರ).

ಮೊಕರೂರು mŏkarûru. = ಮೊಕರರು. (My.).

ಮೊಕಾಬಿಲೆ mŏkâbilĕ. = ಮುಕಾಬಿಲೆ. (My.).

ಮೊಕಾಮು mŏkâmu. = ಮುಕ್ಕಾಮ್, ಮೊಕ್ಕಾಮು. A place of alighting: a stage; encamping;—a place of residence (My.; Br.; Mhr., H. ಮುಕಾಮ).

ಮೊಕೋಬ mŏkôba. A fragrant powder that is taken with snuff, etc. (My.; H.).

ಮೊಕ್ಕ mŏkka. = ಮೊಕ್ಕೆ. Tbh. of ಮೋಕ್ಷ. A species of tree the ashes of which are used as a cautery. ಮೊಕ್ಕದ ಮರ (ಗೋಲೀಢ, ಘುಾಟಲ, ಘಣ್ಟಾಪಾಟಲಿ, ಮೋಕ್ಷ, ಮುಷ್ಕಕ Nr.; St. & Pl.: Calosanthes indica Blum.).

ಮೊಕ್ಕಳ mŏkkaḷa. (Ŝmd. 49). = ಮೊಗ್ಗರ. A heap, a mass, an assemblage (ಮೊಗ್ಗರ, etc., ಶ್ರೇಣಿಕೆ Kk. 17; ಗೊಂದಣಿ, ತೆರಳ್ಕೆ, ಒಬ್ಬುಳಿ, ಹೊರಳಿ, ಮೊತ್ತ, ಮೊಗ್ಗರ, etc., ಶ್ರೇಣಿಕೆ Ŝm. 54; ನೆರವಿ 111; Tĕ. ಮೂಕ);—abundance; abundant, much, exceeding, etc. (ಪೆಗ್ಗಳ Ŝmd. 168 Cm.; ಪ್ರಾಜ್ಯ, ಭೂರಿ, ಬಹುಲ, ವಿಪುಲ, ಪುಷ್ಕಲ, etc. Hlâ.; ಅಗುರ್ವಲೆ, etc., ಪಿರಿದು Kk. 49; ಅಗುರ್ವಲೆ, ಕರ, ನೆರೆ, ಸೂಳದು, ಅಯ್ದೆ, ಪೊಮ್ಮುಳ್, etc., ಅಧಿಕ Ŝm. 58; ಅಧಿಕ 111; *cf*. ಮುಕ್ಕುಱು 1 & 2; T. ಮುಡುಗು, ಮೊಯ್, to swarm as bees, etc., to throng;—a crowd, throng). (See Ĉpr. 6, 88; 8, 47; Bp. 40, 58; V. 40, 75. — ಮೊಕ್ಕಳದ ರಾಮಯ್ಯ. N. (Bp. 58, 3).

ಮೊಕ್ಕಾಮು mŏkkâmu. = ಮೊಕಾಮು, etc. (My.).

ಮೊಕ್ಕು mŏkku. = ಮೊಗ್ಗು 2, q. v.

ಮೊಕ್ಕೆ mŏkkĕ. = ಮೊಕ್ಕ. ಮೊಕ್ಕೇ ಮರ (ಗೋಲೀಢ, etc. Si. 130; Tĕ.).

ಮೊಕ್ತಾ mŏktâ. = ಮೊಕತಾ. In front, before, face to face (My.).

ಮೊಕ್ತಿಯಾರ್ mŏktiyâr. ಮೊಕ್ತಿಯಾರ. Absolute, free; a plenipotentiary (Mhr., H. ಮುಕ್ತ್ಯಾರ, ಮುಖತ್ಯಾರ); independence, plenipotency (My.); an agent, an attorney. See Prv. s. ಬೇರೋಜುಗಾರಿ.— ಮೊಕ್ತಿಯಾರ್ನಾಮ, a power of attorney (My.; Mhr. ಮುಖತ್ಯಾರ-).

ಮೊಕ್ತಿಯಾರಿ mŏktiyâri. Full powers or authority delegated: absolute state, etc. (My.; Mhr. ಮುಖತ್ಯಾರಿ).

ಮೊಕ್ತೇಸರ mŏktêsara. = ಮುಕ್ತೇಸರ. A headman; a chief officer (My.; H.).

ಮೊಖಮಲ್ಲು mŏkhamallu. = ಮುಖಮಲ್ಲು. (My.).

ಮೊಗ್ mŏg. = ಮೊಚ್ 3, etc. Refuge, shelter. — ಮೊಗ್ಗಲ್ಲು. -ಕಲ್ಲು. A rock of shelter or a sheltered rock (Bh. 3, 18, 30).

ಮೊಗ mŏga. 1. P. p. of ಮೊಗೆ 1, in ಮೊಗ ಮೊಗದು (Bp. 56, 12; 58, 68; Ĉ. Bp. 28, 20; J. 6, 39; 8, 39).

ಮೊಗ mŏga. 2. = ಮೊಗು, etc. (My.).

ಮೊಗ mŏga. 3. = ಮೊಗಸಿ. P. p. of ಮೊಗಸು, in ಮೊಗ ಮೊಗಸು s. ಮೊಗಸು 1.

ಮೊಗ mŏga. Tbh. of ಮುಖ (Ŝmd. 340. 355; ಮುಖ, ಆಸ್ಯ Hlâ.; ಮುಸುಡು Ŝm. 71; My.). ಮೊಗದೊಳ್ ಮೆಲ್ದಂ (Ŝmd. 168). ಮೊಗ ನೋಡಿದಂ or ಮೊಗಂ ನೋಡಿದಂ (200). ಕೆಮ್ಮುಪ್ಪ ಕಾಲ್ ಮೊಗಂಗಳಿಂ ರಾಜಹಂಸೆಗಳ್ (Hlâ.). See Ĉpr. 3, 35; Bp. 5, 20; Rêv. 11, 10; 18, after 18; J. 8, 39; 15, 3; ಅಗ್ಗಿ-, ಅಯ್-, ಅಬು-, ಕರಿ-, ನಗೆ-, etc. — ಮೊಗಗೆಡಿಸು. -ಕೆಡಿಸು. To put (a person) to shame whilst facing (him, ಅವನ or ಅವನನ್ನು My.). ಮೊಗಗೆಡಿಪ ಪುಣದೊಳಗೆ ಸುಡುತಿರುವ ಚಿನ್ತೆ (Sarvabhûshaṇa in B. 5, 320). — ಮೊಗಗೊಡು. -ಕೊಡು. To turn the face towards one (My.). — ಮೊಗಂಗುಡು. -ಂ-ಕುಡು. = ಮೊಗಗೊಡು. (Ĉpr. 6, 83). — ಮೊಗ ಚಿಟ್ಲಿಸು. = ಮೊಗ ಸಿಣ್ಡಿಸು. To express contempt or disgust by the face, to frown (My.; Tĕ. ಮುಖಮು ಚಿಟ್ಲಿಂಚು). — ಮೊಗದಣ್ಡೆ. A face looked upon as a wreath (Bh. 6, 4, 36). — ಮೊಗದಾವರೆ. -ತಾವರೆ. A lotus-like face (Rêv. 10, 8; 18, 102; J. 3, 22). — ಮೊಗ ದಿರುಹು. -ತಿರುಹು. To turn the face (J. 2, 58). — ಮೊಗದೊಡಗು. -ತೊಡಗು. To form tops or crests (as waves, J. 12, 13). — ಮೊಗದೊಳೆ. -ತೊಳೆ. To wash the face (J. 30, 42). — ಮೊಗದೋಱು. -ತೋಱು. To show the face (J. 17, 34). — ಮೊಗ ಬಾಡು. The face to become pale (Bp. 54, 31). — ಮೊಗಮಿಕ್ಕು. -ಇಕ್ಕು. To put the face, mouth, or trunk (Abh. P. 13, after 76; Rêv. 5, 79). — ಮೊಗಮಿಡು. -ಇಡು. = ಮೊಗಮಿಕ್ಕು. (J. 15, 45). — ಮೊಗಂಬಡೆ. -ಂ-ಪಡೆ. To obtain a (conciliatory, kind) face (or look from another), to win over, to conciliate, to pacify; to be civil, etc. (ಅನುನಯ Šmd. Dh.). — ಮೊಗಮ್ಪುಗು. -ಪುಗು. 1. The face to enter: to meet in front, to face (Čpr. 5, after 39; 5, 79; 10, 83; Abh. P. 13, 81). — ಮೊಗಮ್ಬುಗು. -ಪುಗು. 2. Facing. ಮೊಗಮ್ಬುಗು ತರ್. To face (Abh. P. 13, 81). — ಮೊಗರವ್ಪ. = ಮೊಗವಡ. (Č. Bp. 47, 44; Bh. 7, 4, 9; 9, 2, 42; Rśv. 6, after 11). — ಮೊಗರಾಗ. (Šmd. 207). Red or bright colour of the face. — ಮೊಗರಾಗಂಗಿಡು. -ಂ-ಕಿಡು. Bright colour of the face to disappear (Abh. P. 7, after 163). — ಮೊಗವಡ. -ವಡ. = ಮೊಕವಾಡ, etc. A kind of head-stall for horses and oxen (Grj. 6, after 56; 7, 46; Bh. 9, 2, 42; My.). 2, a cloth made to cover the face (of elephants, Abh. P. 13, 71). 3, a mask (My.; Mhr. ಮುಖವಟಾ, ಮುಖೋಟಾ). 4, a muzzle (My.; Mhr. ಮೋವಾಳೀಂ). — ಮೊಗವರಿಗೆ. -ಪರಿಗೆ. A shield to protect the face (Bh. 6, 4, 89; 9, 2, 42). — ಮೊಗವಱ್. -ಅಱ್. To know the face (of a person): to be more or less familiar with, to be acquainted with. — ಮೊಗವಱಿಕೆ. -ಅಱಿಕೆ. Acquaintance, intimacy (ಪರಿಚಯ, ಸಂಸ್ತವ Mr. 454). — ಮೊಗವಱಿತ. -ಅಱಿತ. = ಮೊವಱಿಕೆ. ಸಂಸ್ತವ, ಪರಿಚಯ Hlå.). — ಮೊಗವಲರ್. -ಅಲರ್. The face to bloom or become bright (Bp. 24, 44). — ಮೊಗವಲರಿಸು. -ಅಲರಿಸು. To cause the face to bloom, etc. (Bp. 45, 36). — ಮೊಗವಾಡ. (-ಪಾಡ). = ಮೊಗವಡ Nos. 1 & 3. (My.). — ಮೊಗವಾಸ. Tbh. of ಮುಖವಾಸ. (J. 12, 6; 15, 24. 44. 45). — ಮೊಗಸನ್ನೆ. A sign of the face (Bh. 4, 19, 43). — ಮೊಗಸಸಿ. A moon-like, lovely face; the face considered as a moon (Rśv. 1, after 135). — ಮೊಗಸಾಲೆ. A front verandah (ಪ್ರಘಣ, ಪ್ರಘಾಣ, ಅಲಿನ್ದಕ Hlå.; Rśv. 13, after 1 & 61; My.). — ಮೊಗ ಸಿಣ್ಡಿಸು. = ಮೊಗ ಚಿಟ್ಲಿಸು. (My.). — ಮೊಗಸಿರಿ. = ಮುಖಶ್ರೀ. Beauty of the face (Rśv. 13, after 59). — ಮೊಗಸೂರಿಗೆ. A sword or knife attached to the forepart (of a carriage, Bh. 9, 2, 43).

ಮೊಗಚು mŏgaču. = ಮಗಚು, etc. (My.).

ಮೊಗಟ mŏgaṭa. = ಮುಗಟ, etc. (My.).

ಮೊಗಡು mŏgaḍu. = ಮೊಗಳು. (My.).

ಮೊಗದು mŏgadu. = ಮೊಕೆದು. P. p. of ಮೊಗೆ 1.

ಮೊಗದುಂ mŏgadum. = ಮುಗುದುಮ್ಮಿ. — ಮೊಗದುಂಸಕ್ಕರೆ. A kind of sugar (ಫಾಣಿತ Si. 312; My.).

ಮೊಗಱು mŏgaṟu. (ಮೊಗರು). (fr. ಮುಗುಱು ?). The state of being (still partly) covered (?). — ಮೊಗಱುಗಾಯಿ. -ಕಾಯಿ. (= ಮುಗುಳ್ಗಾಯ್). A fruit that has just come out of the flower, a very small fruit (My.). — ಮೊಗಱುಬದನೆ. A badanĕ that is still very young (My.).

ಮೊಗಲ mŏgala. A Mogul (My.; B. 4, 3; Mhr., H. ಮೋಗಲ).

ಮೊಗಲಾಯಿ mŏgalâyi. Relating to the Moguls (My.; Br.; Mhr.).

ಮೊಗಸು mŏgasu. 1. To begin to exert one's self, to make one's self ready for work, to act zealously after (or for) a contrived plan, to exert one's self (ಉದ್ಯೋಗಾರಮ್ಭ Šmd. Dh.; ಎರಚಿತೋದ್ಯೋಗ Šm. 110; T. ಮುಯಲ್, ಮುಯಲು, to apply one's self to a thing, to make effort; Tĕ. ಮೊಸೆ, to busy himself, engage in; to prepare, be ready; ಮೊಗೆಸೊನು, to begin = ಮೊದಲು ಪಟ್ಟು). See Čpr. 8, after 4; Abh. P. 1, 77; 12, 9; Râm. 6, 46, 16; Bh. 6, 4, 101; 7, 5, 39; 7, 18, 14; J. 8, 39; 28, 45. — ಮೊಗ ಮೊಗಸು. rep. To exert one's self very much (J. 12, 22).

ಮೊಗಸು mŏgasu. 2. = ಮುಗುಸು 2, etc. Desire, wish (ಇಚ್ಛೆ Šm. 50. 110).

ಮೊಗಸು mŏgasu. 3. (fr. ಮೊಗೆ 5. = ಮುಸುಕು 1, etc.). To cover, to fall upon, to attack (J. 8, 31).

ಮೊಗಳು mŏgaḷu. = (ಮುಗಿಲ್), ಮೊಗಡು. The ridge of a roof (My.; Tĕ. ಮುಗಡು, ಮೊಗಡು, ಮೊಗಲು, ಮೊಗುಟು, ಮೋಡು; M. ಮುಗಡು, ಮುಗಳ್; T. ಮುಗಡು; see s. ಮೊರಡು 2).

ಮೊಗೞ್ mŏgaḷ. = ಮುಗುೞ್. (V. 36, after 65).

ಮೊಗಿಸು mŏgisu. To cause to lade, etc. (My.).

ಮೊಗು mŏgu. = ಮಗವು, ಮಗು, etc. (My.; ಪೋತ, ಪಾಕ, ಅರ್ಭಕ, ಡಿಮ್ಭ, ಪೃಥುಕ, ಶಾವಕ, ಶಿಶು Si. 179; ಭ್ರೂಣ, ಅರ್ಭಕ 418; ಪೋತ, ಶಿಶು 422; ಗರ್ಭ, ಅರ್ಭಕ 441).

ಮೊಗುಂ mŏgum. General, undefined, not particularized (My.; Mhr., H. ಮೋಘಮ).

ಮೊಗುಚು mŏguču. = ಮಗಚು, etc. (My.). ಕಿವಿ ಕೇಳದಿದ್ದರೆ ಕೆಯ್ ಮೊಗುಚದೇ? (Prv.).

ಮೊಗುಟ mŏguṭa. = ಮೊಗಟ, etc. (My.).

ಮೊಗುವು mŏguvu. = ಮೊಗು, etc. (My.; ಪೃಥುಕ Si. 404; ಡಿಮ್ಭ, ಶಿಶು 440).

ಮೊಗುವುತನ mŏguvutana. Childhood (Bh. 1, 3, 17).

ಮೊಗುಸು mŏgusu. = ಮುಗುಸು 2, q. v., etc.

ಮೊಗೆ mŏgĕ. 1. To take (water with a vessel out of a pond, tank or stream for one's use, Abh. P. 7, 105; 7, after 105; J. 6, 6; My.; ಜಲಾಕರ್ಷಣ Šmd. Dh.; T. ಮುಗ, ಮೊಳ್ಳು; Tĕ. ಮುಂಚು). 2, to lade, to lade out (any fluid with a small vessel, etc. out of a larger one), to scoop, to bale (ಜಲವ ಮೊಗೆ Šm. 82; My.; *cf.* ಮುಗಿ 2). P. ps. ಮೊಕ್, ಮೊಗ, ಮೊಗದು, ಮೊಗೆ, ಮೊಗೆದು. See Bp. 56, 31; Bh. 8, 23, 11; J. 12, 8.

ಮೊಗೆ mŏgĕ. 2. = ಮೊಗ 1, etc. P. p. of ಮೊಗೆ 1, in ಮೊಗೆ ಮೊಗೆದು (Grj. 4, 131; Bp. 56, 9; Bh. 8, 21, 4).

ಮೊಗೆ mŏgĕ. 3. The state of (water) being sufficient to be taken (out of a pond, etc.). See Prv. s. Tbh. ಮುಗೆ.

ಮೊಗೆ mŏgĕ. 4. = ಮಗೆ, etc. A small earthen vessel for lading out, etc. (ಘಟಭೇದ Šmd. Dh., o. r. ಘೋಘೇದ; ಕುಮ್ಭದ ಭೇದ Šm. 82; ಅಣಿಮುಣಿಕೆ Mr. 211; My.). ಮೊಗೆ ಮಾಡದ ಕುಮ್ಬಾಱ ಗುಡಾಣ ಮಾಡ್ಯಾನೇ? — ಮಘೇ ನೀರು ಮೊಗೇಲಿಡು! ಅನ್ದ ಹಾಗೆ (Prvs.). — ಮೊಗೆನೀರು. A mŏgĕ-full of water. ಮೊಗೆನೀರಿನೊಳಗೊನ್ದು ನೆಗದಿಬಿಡಿದನ್ಹಿಗೆ ತಗುಣೆ ಹೆಬ್ಬುಲಿಯ ಹಿಡಿದನ್ದು ಹೆಣ್ಣಿನ ಬಗೆಯ ನಮ್ಬುವದು (Sp.). — ಮೊಗೆವಾಲ್. -ಪಾಲ್. A mŏgĕ-full of milk (Bp. 1, 20).

ಮೊಗೆ mŏgĕ. 5. To cover; to fall upon, to close with; to go close to (J. 8, 39; 12, 13; 13, 12; Grj. 3, after 119; see T. s. ಮೊಕ್ಕಳ್). 2, to grow abundant (see ಪೊಗರ್ಪೊಗೆ).

ಮೊಗೆ mŏgĕ. 6. (= ಮೊಗೆ 3?). — ಮೊಗೆಯ ಭೂಮಿ. A fertile, yellowish soil (ಪಾಣ್ಡುಭೂಮಿ, ಉದಗ್ಭೂಮಿ Hlå.).

ಮೊಗ್ಗರ mŏggara. (Śmd. 49). (= ಮೊಕ್ಕಳ, ಮೋಹರ). A mass, a heap (of clouds, etc.); an assemblage, a body; an army, a force (ಗೊಂದಣಿ, ಹೊರಳಿ, ಮೊತ್ತ, ಮೊಕ್ಕಳ, etc., ಶ್ರೇಣಿಕೆ Śm. 54; ಒಟ್ಟು 88; ಜಂಗುಳಿ, ಮೊಕ್ಕಳ, etc., ಶ್ರೇಣಿಕೆ Kk. 17; ಬಲ Bhn. 13; Cpr. 5, 110; 7, after 81; J. 3, 38; 8, 32). — ಮೊಗ್ಗರವಪ್ಪಾಯ್. -ಂ -ಪಾಯ್. To form a mass or body, etc. (Grj. 6, after 67).

ಮೊಗ್ಗರಿಸು mŏggarisu. To grow collected into a mass or body, etc. (Grj. 6, after 56).

ಮೊಗ್ಗು mŏggu. (Śmd. 49). = ಮೊಗ್ಗೆ 1, etc. (J. 10, 14; My.; T. ಮೊಕ್ಕು). ಅಜ್ಞನ ಬುದ್ಧಿ ಮೊಗ್ಗಿನ ಹಾಗೆ, ಪ್ರಾಜ್ಞನ ಬುದ್ಧಿ ಫಲದ ಹಾಗೆ (Prv.).

ಮೊಗ್ಗೆ mŏggĕ. 1. = ಮಗ್ಗು 4, ಮೊಗ್ಗು. A bud (ಕೋರಕ Nn. 164; ಮುಕುಲ, ಕಲಿಕೆ, etc. Mr. 107; ಉತ್ಕಲಿಕೆ 527; ನನೆ, ಮುಗುಳ್, ಸರ್ಜುಕ, ಕುಟ್ಮಲ Śm. 22; Kk. 23; ಕೋಶ, ಕುಟ್ಮಲ Si. 460; My.; Tĕ.; T., M. ಮೊಟ್ಟು; cf. ಮುಗುಳ್, ಮೊಳಕೆ; Mhr. ಮೋಗ, a germ, shoot; see Cpr. 1, 106; Bp. 22, 8; Rśv. 10, after 81; J. 31, 9; B. 3, 36). ಹೂವಿನ ಮೊಗ್ಗೆ (ಕುಟ್ಮಲ್ಯ Nn. 52; ಉತ್ಕಲಿಕೆ, ಕೋರಕ 102). — ಮೊಗ್ಗಮ್ಬು. -ಅಮ್ಬು. He whose arrows are buds: Kāma (Ċt. II, 95).

ಮೊಗ್ಗೆ mŏggĕ. 2. = ಮಗ್ಗಿ. ಅಂಕೆ ಮೊಗ್ಗೆ ಬಳ್ಳಿಗಳನ್ನು ಕಲಿಯುತ್ತೇನೆ (B. 1, 11).

ಮೊಚ್ಚೆ mŏċċĕ. = ಮುಚ್ಚೆ 2, etc. A shoe (Bh. 6, 4, 52; My.).

ಮೊಜಾ mŏjā. = (ಮೊಚ್ಚೆ), ಮೋಜಾ. (Si. 279, *only* in Si.).

ಮೊಟಕು mŏṭaku. 1. The state of being (shrunk or) small in size; a bit, a piece, as of a pencil, etc. (My.; Tĕ. ಮೊಟಿಕೆ; cf. ಮುದುಕು 2, ಮೋಟು). ಮೊಟಕಾದವನು (ಖರ್ವ, ಹ್ರಸ್ವ, ವಾಮನ, ಗಿಡ್ಡನು Si. 197; My.). — ಮೊಟಕುಕತ್ತಿ. A small sword, a cutlass (My.; Si. 290; Tĕ. ಮೋಟಕತ್ತಿ). — ಮೊಟಕುಬೆರಳು. The little finger (My.). — ಮೊಟಕುಹಾದಿ. A short road that soon ends (My.; ಬಹಳ ದೂರವಿಲ್ಲದೇ ಇರುವ ಹಾದಿ Si. 105).

ಮೊಟಕು mŏṭaku. 2. The sound produced by the grazing of cattle, etc. — ಮೊಟಕು ಮೊಟಕೆನ್ನು. -ಎನ್ನು. The repeated sound of mŏṭaku to be produced (My.).

ಮೊಟ್ಟ mŏṭṭa. 1. = ಮಟ್ಟ 1, etc. Exactness, etc. — ಮೊಟ್ಟಮೊದಲ್. -ಮೊದಲು. = ಮುಟ್ಟಮೊದಲು. (Bp. 24, 80; 32, 7; 45, 30; My.).

ಮೊಟ್ಟ mŏṭṭa. 2. = ಮಟ್ಟ 3. — ಮೊಟ್ಟಕಿರುಬ. A hyena (My.).

ಮೊಟ್ಟು mŏṭṭu. 1. To rap the head (of another) with the knuckles of the fist (My.; Tĕ.).

ಮೊಟ್ಟು mŏṭṭu. 2. A rap with the knuckles of the fist (My.; M. ಮುಟ್ಟು; see ತಲೆ-). ಮೊಟ್ಟು ಬಿತ್ತು (My.).

ಮೊಟ್ಟೆ mŏṭṭĕ. 1. An egg (ಪೇಶೀಕೋಶ, ಅಣ್ಡ Hlā.; ಅಣ್ಡ Śm. 88; Si. 179. 367; My.; T. ಮುಟ್ಟೈ; M. ಮುಟ್ಟ, ಮೊಟ್ಟ). ಕೇಡುಗಾಲಕ್ಕೆ ನಾಯಿಮರಿ ಮೊಟ್ಟೆ ಇಕ್ಕಿತು (Prv.). See Prv. s. ತೊಟ್ಟ 2.

ಮೊಟ್ಟೆ mŏṭṭĕ. 2. = ಮಟ್ಟೆ. (My.).

ಮೊಟ್ಟೆ mŏṭṭĕ. = ಮುಟ್ಟೆ. A leather bag (ಸಮ್ಮದ ತಿತ್ತಿ Śm. 88). 2, a bundle, a bale, a burden, a load (Bp. 21, 15; 29, 18. 19; Rām. 5, 8, 73; My.; Mhr. ಮೋಟ; cf. ಮೂಟೆ). ಅಟ್ಟಿಕ್ಕುವವನಿಗೆ ಹೆಣ್ಡತಿಯಾಗ ಬೇಡ, ಮೊಟ್ಟೆ ಹೊರುವವನಿಗೆ ಆಳಾಗ ಬೇಡ. — ಪಟ್ಟೇ ಸೀರೆಯುಟ್ಟರೂ ಮೊಟ್ಟೆ ಹೊರುವದು ತಪ್ಪಲಿಲ್ಲ. — ನೇಯಿದರೆ ಬಟ್ಟೆ, ಕಟ್ಟಿದರೆ ಮೊಟ್ಟೆ. — ಬಣ್ಡೆ ಬಣ್ಡಾಟ, ಹೇರು ಜೆಟ್ಟಾಟ, ತಲೆಮೊಟ್ಟೆ ಪರಮಸುಖ. — ಮೊಟ್ಟೆ ಕಟ್ಟಲಿಕ್ಕೆ ತಿಳಿಯದವ ಹೊಟ್ಟೆ ಕಟ್ಟ್ಯಾನೇ? (Prvs.). See Bp. 21, 15; 29, 18.

ಮೊಡವಿ mŏḍavi. = ಮೊಡವೆ. A small pimple in the face (Rśv. 4, 9; 9, 48; J. 18, 25; My.; Tĕ. ಮೊಟಿಮ; T. ಪರು, ಪರುವು).

ಮೊಡವೆ mŏḍavĕ. = ಮೊಡವಿ. (My.).

ಮೊಡ್ಡ mŏḍḍa. = ಮದ್ದ, ಮೊರಡ. (My.).

ಮೊಣ mŏṇa. = ಮೊಳ, q. v. — ಮೊಣಕಾಲ್. -ಕಾಲು. The knee (ಜಾನು, ಅಷ್ಠೀವತ್ Hlā.; ಜಾನು G.; My.; Bp. 57, 59; B. 2, 30; 3, 24). ಮೊಣಕಾಲು ಊದಲಿಕ್ಕೆ ತಿಳಿಯದವ ಮೊಣಕೈಯ್ಯಿನ್ದ ನಿತ್ತಾನೇ? — ಮಣ್ಡಿ ಇರುವಾಗ್ಯೆ ಮೊಣಕಾಲಿಗೆ ಪಟ್ಟವೇ? (Prvs.). — ಮೊಣಕಾಲುಟಣ್ಣು. The hollow on each side of the knee (C.). — ಮೊಣಕಾಲುಗಣ್ಟು. The knee and all that pertains to it (My.). — ಮೊಣಕಾಲುಚಿಪ್ಪು. The knee-pan (My.). — ಮೊಣಕಾಲುದ್ದ. -ಉದ್ದ. As high as the knee, knee-deep. ಹಾಪಿ ಸಮುದ್ರಕ್ಕೆ ಹೋದರೂ ಮೊಣಕಾಲುದ್ದನೀರು (Prv.). — ಮೊಣಕಾಲುಮುರಿ. N. of a talook in Mysore (My.). — ಮೊಣಕೈಯ್. The elbow (Bp. 24, 82; 27, 6; My.). ಮೊಣಕೈಯ್ಯಿನ್ದ ಮೇಗಣ ಬಾಗೆ (ಪ್ರಕಾಣ್ಡ Hlā.). — ಮೊಣಗೆಯ್. = ಮೊಣಕೈಯ್. (My.; see Prv. s. ಮುಂಗೆಯ್ 2).

ಮೊಣ್ಡ mŏṇḍa. = ಮೊಣ್ಡು. Tbh. of ಮುಣ್ಡ. — ಮೊಣ್ಡಕೈಯಿ. A maimed hand (My.; Tĕ. ಮೊಣ್ಡಿಚೆಯಿ). — ಮೊಣ್ಡಕೊಡಲಿ. A blunt axe or hatchet. ಮೊಣ್ಡಕೊಡಲಿ ಜೆಟ್ಟಿಗೆ ಮೂಲ (Prv.). — ಮೊಣ್ಡಗತ್ತಿ. -ಕತ್ತಿ. A blunt knife (My.). — ಮೊಣ್ಡಗುದ್ದಲಿ. A blunt hoe (My.). — ಮೊಣ್ಡಚೂರಿ. = ಮೊಣ್ಡಗತ್ತಿ. (B. 4, 40; My.). — ಮೊಣ್ಡಪುರಿ. = ಚೂರುಮುರಿ. (My.). — ಮೊಣ್ಡಬಾಲ. A docked, stumpy tail (My.; B. 3, 44). — ಮೊಣ್ಡಸೀಗೆ. A large, very thorny climber, Caesalpinia sepiaria Roxb. (Z.; My.).

ಮೊಣ್ಡು mŏṇḍu. Stupid obstinacy, especially in demanding or dunning (My.; Tĕ.; T. ಮುಣ್ಡು, ಮೊಣ್ಡು; see ಮೊಟ್ಟ 1). — ಮೊಣ್ಡ. -ಅ 3. An obstinate man, one who begs impudently (My.). ಮೊಣ್ಡನ ಕೊನ್ದವರಿಲ್ಲ, ನಾಯಿಯ ತಿನ್ದವರಿಲ್ಲ (Prv.). — ಮೊಣ್ಡಾಟ. -ಆಟ. Stupid obstinacy; obstinate, impudent begging (My.). — ಮೊಣ್ಡಿ. An obstinate female (My.).

ಮೊಣ್ಡು mŏṇḍu. = ಮೊಣ್ಡ. Tbh. of ಮುಣ್ಡ. (My.). ಕೊಡ್ಲಿ ಮೊಣ್ಡಾಯಿತು (My.). — ಮೊಣ್ಡು ಕೈಯ್. = ಮೊಣ್ಡ ಕೈಯ್ಯಿ. (My.).

ಮೊಣ್ಡುತನ mŏṇḍutana. Stupid obstinacy (My.).

ಮೊಣ್ಡೆ mŏṇḍĕ. ಮೊಣ್ಡಿಯ. Tbh. of ಮುಣ್ಡ. (Tĕ. ಮೊಣ್ಡೆಮು). ತಲೆ ಹೋಗಿ ಕುಣಿದಾಡುವ ಮೊಣ್ಡಿಯ (ಕಬನ್ಧ, etc. Si. 297). — ಮೊಣ್ಡೆಮರ. A small tree, Cerbera odollam Gaertn. (St. & Pl.).

ಮೊತ್ತ mŏtta. 1. A heap, a mass; a multitude, a flock, etc.; a collection, a code (ಸಮೂಹ, ನಿಕರ, ವ್ರಜ, etc. Nr.; ಜಂಗುಳಿ Ċt. II, 99; ಪುಷ್ಕಳ, ಪ್ರಘೂರಿ, ಬಹುಳ, etc. Mr. 430; ಮೊಗ್ಗರ, ಮೊಕ್ಕಳ, ಒಬ್ಬುಳಿ, ಹೊರಳಿ, etc. ಶ್ರೇಣಿಕೆ Kk. 17, Śm. 54; ಓಳಿ Bhn. 6; ನೆರವಿ 10; ಉರಳಿ 61; My.; Tĕ. ಮೊತ್ತ, bulk, lump; Tĕ. ಮೊತ್ತ, the total, whole; T. ಮೊತ್ತ, universal; T., M. ಮುಟು, ಮುಟುದು, that is whole, entire; M. ಮುಟುಕ್ಕ, to grow thick, big; to grow ripe; ಮಱಿಱ್ಪು, thickness, thronged state; ಮುಱಿ³, protuberance, tumour; T. ಮುಟ್ಟು, the end, see ಮುಡಿ 3; see ಮುದ್ದೆ, ಮೊನೆ 2). ಕಾಗೆಯು ಮೊತ್ತಂ (ಕೊತ್ತಱ Šmd. I). ಕಿಱಿಯ ಮೀನ ಮೊತ್ತಂ (ಕ್ಷುದ್ರಾಣ್ಡಮತ್ಸ್ಯಸಂಘಾತ, etc.); ಹಿಮದ ಮೊತ್ತಂ (ಹಿಮಾನಿ); ಸೂಳೆಯರ ಮೊತ್ತಂ (ಗಾಣಿಕ್ಯ Hlâ.). ಮಱಿಮೀನ ಮೊತ್ತ (ಕ್ಷುದ್ರಾಣ್ಡಮತ್ಸ್ಯಸಂಘಾತ, ಪೋತಾಧಾನ); ಆನೆಗಳ ಮೊತ್ತಕ್ಕೆ ಒಡೆಯನಾಗಿದ್ದ ಆನೆ (ಯೂಥನಾಥ); ಧರ್ಮಂಗಳ ಮೊತ್ತವು (ಸ್ಮೃತಿ, ಧರ್ಮಸಂಹಿತೆ Nr.). ಮಱಿಮೀನ ಮೊತ್ತಂ (ಕ್ಷುದ್ರಾಣ್ಡ Mr. 410). ಕವಿಜನರ ಮೊತ್ತಂ (Sp.). See Bp. 5, 39; 19, 83; 22, 57; 28, 22; 36, 31; 58, 53; 60, 33; J. 4, 19; 5, 15. — ಮೊತ್ತವೆಱು. -ಪೆಱು. To become a heap, to be heaped, etc. (Bp. 32, 6).

ಮೊತ್ತ mŏtta. 2. = ಮೊದಲ್ (Šmd. 229). — ಮೊತ್ತ ಮೊದಲ್. (Šmd. 229). The very beginning; at the very first; in the first place (Čpr. 1, after 82).

ಮೊದ mŏda. = ಮೊದಲ್. — ಮೊದ ಮೊದಲು. = ಮೊತ್ತ ಮೊದಲ್. (My.; B. 4, 189).

ಮೊದಲ್ mŏdal. (fr. ಮುಂ, ಮುಜ಼್, etc.). ಮದಲು, ಮೊತ್ತ 2 (Šmd. 229), ಮೊದ, ಮೊದಲು. The state of being first, preceding, in front, or prior; the state of being chief, the chief thing; the beginning; the root; the base; the extremity or tip; the original, principal or capital, the stock in trade;—at the beginning, first, etc.; for the first time (ಆದಿ, ಪೂರ್ವ, ಪೌರಸ್ತ್ಯ, ಪ್ರಥಮ, ಆದ್ಯ Nr.; ಮೂಲ Nr.; ಮೂಲ Nn. 20; ಆದಿ 111; ಬುಧ್ನ, ಮೂಲ 136; ಆದ್ಯ, ಆದಿ Mr. 460; ಆರಮ್ಭ 432; ಆದಿ Šmd. 9. 13. 52. 84. 117. 118. 147. 171. 199. 258. 352; ಮೂಲ 7. 8. 253. 259 Cm.; ಪೂರ್ವ 17. 46. 51. 54. 71. 258. 377 Cm.; ಮುಖ್ಯ 18 Cm.; ಪ್ರಥಮ 78. 171 Cm.; My. as ಮೊದಲು; T., M. ಮುದಲ್; Tĕ. ಮೊದಲು, ಮ್ರೋಲು; Mhr. ಮುದಲ). ನಾಭಿಯ ಮೊದಲ್ (Šmd. 8). ಪೂರ್ವಪದದ ಕಡೆಯುಂ ಪರಪದದ ಮೊದಲುಂ (60). ಮದಗಜಮೆರಡಱ ಬಾಲದ ಮೊದಲಂ ಪಿಡಿದು (91). ಆದೇಶಮೆನ್ದೊಡೆ ಮೊದಲಿರ್ದುದಂ ತೊಲಗಿಸಿ ಬರ್ಪುದು (30 Cm.). ಮೊದಲ್ಗೆ (258 Cm.). ಮೊದಲ ನಾಟ್ಯಂ (ಪೂರ್ವರಂಗ); ಮೊದಲ ಮನೆ (ಚನ್ದ್ರಶಾಲೆ, ಶಿರೋಗೃಹ); ಎಱಕೆಯ ಮೊದಲ್ (ಪಕ್ಷತಿ); ಆನೆಯ ಮೊದಲ ಬಾಲ (ಪೇಚಕ, ಪುಚ್ಛಮೂಲ Hlâ.). ಮರದ ಮೊದಲಲ್ಲಿ ಉದಕವ ನೆಱೆವ ಕಟ್ಟೆ (ಆಲವಾಲ, etc.); ಕೊಳುಮೊದಲಿನ್ದ ಅಧಿಕವಾಗಿ ಮಾಱಿದುದು (ಅಧಿಕಫಲ, ಲಾಭ); ವೇದದ ಮೊದಲನೋದ ತೊಡಗಿದವನು (ಶೈಕ್ಷ, ಪ್ರಾಥಮಕಲ್ಪಿಕ); ಮರದ ಮೊದಲಿನ್ದ ಕೊಮ್ಬುಪರ್ಯನ್ತರವಿರ್ದ ನಡುವಣ ದಿಣ್ಡು (ಪ್ರಕಾಣ್ಡ, ಸ್ಕನ್ಧ); ಮೊದಲ ಕಲ್ಪ (ಮುಖ್ಯ); ಮೊದಲಿನ್ದ ತುದಿವರಮುಱರ್ದ ಲತೆ (ಆರೋಹ Nr.). ಮೊದಲ ಮನೆ (ಚನ್ದ್ರಶಾಲೆ Mr. 201); ಮೊದಲ ಗಱಿ (ಪಕ್ಷತಿ 168); ಕರ್ಣದ ಮೊದಲ್ (ಚೂಲಿಕೆ 156); ಮೊದಲ ಬಾಲಂ (280); ಕುದುರೆಯ. . ಎರಡು ಕರ್ಣದ ಮೊದಲೊಳ್ (ಸುೞಿ) ಇರೆ ಶುಭಂ (289); ಮೊದಲ ನರ್ತನಂ (ಪೂರ್ವರಂಗ 79). See Čpr. 2, 41; 3, 38. 40; 5, 96; Bp. 41, 8; 52, 1; 56, 42; 60, 14. 40; 61, 57; Bh. 1, 8, 31; Rśv. 5, 40; 9, 18; 13, 5; J. 13, 42; 30, 29; 31, 36. — ಮೊದಲನಕ. -ಅನಕ. To the root (Bp. 60, 40). — ಮೊದಲನೆಯ. -ಅನೆಯ. ಮೊದಲನೇ. So much as the beginning or first: first, etc. (My.). ಮೊದಲನೆಯದು, ಮೊದಲನೇದು, that is the first, the first (Si. 97; B. 1, 12; C.); ಮೊದಲನೆಯವ, who is the first, the first (C.; B. 5, 80). ಮೊದಲನೇ ಮುಖ್ಯಕಾರ್ಯ (Si. 396). ಮೊದಲನೇ ಭಾಗ (B. 4, 13). ಮೊದಲನೇ ಪುಸ್ತಕ (4, 44). — ಮೊದಲಾಗು. -ಆಗು. To become or be the first of a series (C.). ಮೊಱಗು ಮೊದಲಾದ ಪಲ ತೆಱದ ದನಿಗಳ್ (Šmd. 10). ಏಕಾರಂ ಮೊದಲಾದ ಸನ್ಧ್ಯಕ್ಷರಂಗಳ್ (ಏಕಾರಮುಖ್ಯಸನ್ಧ್ಯಕ್ಷರಂಗಳ್ 18 Cm.). ತೃತೀಯೆ ಮೊದಲಾದುವಱೊಳ್ (130). ಉರ್ದು ಕಡಲೆ ತೊವರಿ ಗೋದುವೆ ಹೆಸಱು ಮೊದಲಾದುವನಿಕ್ಕಿ ಅಟ್ಟ ಕೂೞ್ (ಪುಳ್ಗ I). ಇವು ಮೊದಲಾದ ಮಹಾಪ್ರಾಣಾನುಕರಣಂಗಳ್ (I). ಮೊದಲಾದುದು (ಆದ್ಯ, ಆದಿಮ); ಅಶ್ವಿನಿ ಮೊದಲಾದ ನಕ್ಷತ್ರಂಗಳಂ ಚನ್ದ್ರಮನ ಸ್ತ್ರೀಯರಂ ದಾಕ್ಷಾಯಣಿ ಎಮ್ಬುದು; ಹೇಲೆ ವಿಲಾಸ ಇವು ಮೊದಲಾದುವು ಸ್ತ್ರೀಯರ ಭಾವಂಗಳು; ಹಸು ಎಮ್ಮೆ ಮೊದಲಾದುವೆಲ್ಲಂ (ಜೀವಧನ); ಸ್ವಸ್ತಿಕ ವರ್ಧಮಾನ ನನ್ದ್ಯಾವರ್ತ ಈ ಮೂಱು ಮೊದಲಾಗುಳ್ಳುವು ಅರಮನೆಯ ಚನ್ದಂಗಳು; ಬಿಟ್ಟೇಱು ಮೊದಲಾದುದು (ಪಾಣಿಮುಕ್ತ); ಅಭಿಧಾನ ವ್ಯಾಹಾರ ಇವು ಮೊದಲಾಗುಳ್ಳುವು ನುಡಿಯ ಭೇದಂಗಳು; ಬ್ರಹ್ಮಚಾರಿ ಮೊದಲಾದ ನಾಲ್ಕು ಆಶ್ರಮಂ; ಇಟ್ಟಗೆ ಮೊದಲಾದುವಱಿಂ ಮಾಡಿದ ಅರಮನೆ ದೇಗುಳಂಗಳಂ ಪ್ರಸಾದ ಎಮ್ಬುದು; ಲೆಪ್ಪ ಮೊದಲಾಗುಳ್ಳ ಕೆಲಸ (ಪುಸ್ತಕರ್ಮ); ಕಿರಾತ ಶಬರ ನಿಷ್ಟ್ಯ ಪುಲಿನ್ದ ನಾಹಲ ಭಟ ಮೂಲ ಮ್ಲೇಚ ಈ ೭ ಬೇಡರ್ (ಭಿಲ್ಲ) ಮೊದಲಾಗುಳ್ಳ ಅನ್ತ್ಯಜಾತಿಗಳು (Hlâ.). ಆಕಳ ಹಾಲು ಮೊಸರು ಮೊದಲಾದವೆಲ್ಲಂ (ಗವ್ಯ); ನೂಲು ಮೊದಲಾದವಱ ಕಟುಕು (ವಕ್ಷ್ರ); ವೀಣೆ ಮೊದಲಾಗಿರ್ದವಱ ಕುಡುಹು (ಕೋಣ Nr.). ಆದಿತ್ಯ ಮೊದಲಾದ ನವಗ್ರಹಂಗಳು (ಆದಿತ್ಯಾದಿನವಗ್ರಹ Nn. 33); ಮನ್ತ್ರಿ ಮೊದಲಾದ ಹದಿನೆಣ್ಟು ಮನ್ದಿ ಪ್ರಧಾನರು (ಅಷ್ಟಾದಶಾಮಾತ್ಯರ್ 48); ಮೊದಲಾದ (ಮುಖ್ಯ 167). See Bp. 58, 12. 19; 59, 53; Bh. 1, 20, 53; J. 5, 43; 12, 24; 28, 52. — ಮೊದಲೆನಿಸು. -ಎನಿಸು. To make one's self called, or to be, the first of a series (Bp. 59, 35; 61, 9). — ಮೊದಲ್ಗೊಳ್. -ಕೊಳ್. To take as the first of a series (C.). 2, to begin (v. t. or v. i., Čpr. 8, 10). ಇದು ಮೊದಲ್ಗೊಣ್ಡು ಶುಕ್ಲತುಭ್ರಾದಿಶಬ್ದಗಳ ವರಿಗೂ ಹೇೞಲ್ ಪಡುವ ಪದಗಳು (Si. 70). ಹತ್ತು ರೂಪಾಯಿ ಮೊದಲ್ಗೊಣ್ಡು ಸಾವಿರ ರೂಪಾಯಿತನಕ ಗಡಿಯಾಳಗಳು ಇರುತ್ತವೆ (B. 3, 88). — ಮೊದಲ್ಗೊಳುಹ. -ಕೊಳುಹ. Beginning, commencement (ಉಪಜ್ಞ, ಉಪಕ್ರಮ, ಆರಮ್ಭ Hlâ.).

ಮೊದಲಿಗ mŏdaliga. A chief, a headman (ನಾಗ, ಮುಖ್ಯ Nn. 26; ಮುಂಚ Čt. I, 49; Bp. 19, 1; Č. Bp. 47, 38; My.).

ಮೊದಲು mŏdalu. = ಮೊದಲ್, etc. (Bp. 16, 12; 55, 44; C.). ಮರದ ಮೊದಲು (ಅವಾಗ್ಭಾಗ, ಬುಧ್ನ); ಆನೆಯ ಕಿವಿಯ ಮೊದಲು (ಕರ್ಣಮೂಲ, ಚೂಲಿಕೆ); ಎಱಕೆಯ ಮೊದಲು (ಪಕ್ಷತಿ, ಪಕ್ಷಮೂಲ Hlâ.). ತೋಳ ಮೊದಲುಗಳೆರಡೂ (ಬಾಹುಮೂಲಂಗಳು, ಕಕ್ಷಂಗಳು Nr.). ಮೊದಲು ಬಿತ್ತಿ, ಬೞಿಕ ಗೆಯಿದ ಕ್ಷೇತ್ರ (ಬೀಜಾಕೃತ Si. 301); ಈ ಕೆಲಸಕ್ಕೆ ಇದೇ ಮೊದಲೆನ್ದು ಹೇೞ್ವಿಕೆ (ಉಪಕ್ರಮ, etc. 442). ಅವರು ಒನ್ದುವೇಳೆ ಮೊದಲು ನಮ್ಬದಿದ್ದರೂ (B. 4, 17). ಪೃಥ್ವಿಯ ಮೇಲೆ ಮೊದಲಿನಷ್ಟು (as many as in former times) ಸಿಂಹಗಳು ಈಗ ಇಲ್ಲ (4, 215). ಮಯಿಲ್ಲಾ ತೆಗೆಯುವ ಯುಕ್ತಿಯನ್ನು ಒಬ್ಬ ಬುದ್ಧಿವನ್ತನಾದ ಶಸ್ತ್ರವೈದ್ಯನು ಸನ್ನ 1796ನೆಯ ಇಸವಿಯಲ್ಲಿ ಮೊದಲು ಹುಡುಕಿ ತೆಗೆದನು (4, 220). ಮೊದಲಿನನ್ತೆ (as before, B. 5, 94). ಏೞು ಮಾತೃಕೆಯರಲ್ಲಿ ಮೊದಲಿನವಳು (ಬ್ರಾಹ್ಮಿ G.). ಮೊದಲು ಮಱಿ³, ಆ ಮೇಲೆ ಕೊಱಿ³. — ಮೊದಲುದೇವರು (= ಮೂಲವಿಗ್ರಹ) ಮೂಲೇಲಿದ್ದರೂ ಹನುಮನ್ತರಾಯಗೆ ದೀಪೋತ್ಸವವು. — ಮೊದಲು ಕೂಡ ಬಾರದು, ಕೂಡಿ ಕಾಡ ಬಾರದು. — ಮಾತಿಗೆ ಮೊದಲು ಗಾದೆ, ಊಟಕ್ಕೆ ಮೊದಲು ಉಪ್ಪಿನ ಕಾಯಿ. — ಮೊದಲಿಗೆ ಮೋಸ, ಲಾಭಕ್ಕೆ ಗುದ್ದಾಟ (Prvs.). — ಮೊದಲುಕಥೆ. An old legend (ಪುರಾಣ, ಆದಿಕಥೆ Nn. 138). — ಮೊದಲುಕಾರಣ. The first or original cause (My.). — ಮೊದಲುಗಣ್. -ಕಣ್. The root of the eye (ಅಕ್ಷಿಮೂಲ, ಪೂರ್ವನೇತ್ರ Mr. 317). — ಮೊದಲುಗೊಮ್ಬು. -ಕೊಮ್ಬು. The root of an elephant's tusk (ಕರೀರಿ, ದನ್ತಮೂಲ Hlâ.). — ಮೊದಲುಗೊಳ್. -ಕೊಳ್. = ಮೊದಲ್ಗೊಳ್ No. 1. (C.). ಬೇರು ಮೊದಲುಗೊಣ್ಡು ರೆಮ್ಬೆಗಳ ವರಿಗೂ ಗಿಡದ ಮಧ್ಯಭಾಗ (ಪ್ರಕಾಣ್ಡ, etc. Si. 121). ಅನ್ದಿನ ದಿವಸ ಮೊದಲ್ಗೊಣ್ಡು ಅವನು ದಿನಾಲು ನಿಯಮದಿನ್ದ ವ್ಯಾಯಾಮ ಮಾಡ ಹತ್ತಿದನು (B. 4, 124). — ಮೊದಲುತರ. The first or best sort (My.). — ಮೊದಲು ಮಾಡು. To make a beginning, to begin (My.). ಕೆಲಸಕ್ಕೆ ಮೊದಲು

ಮಾಡುವಿಕೆ (ಪ್ರಕ್ರಮ, ಉಪಕ್ರಮ Sl. 396; ಉಪಕ್ರಮ 442). — ಮೊದಲು ಮೊದಲು = ಮೊದ ಮೊದಲು. At the very first (B. 4, 87). — ಮೊದಲೆ. -ಎ 3. = ಮೊದಲೇ. (J. 24, 11; 25, 1). — ಮೊದಲೇ. -ಏ 2. The very beginning;—even first or prior;—at the first beginning; at first; first of all (C.). ಈ ರಾಜನು ಕೃಷ್ಣರಾಜನಿಗಿನ್ತ ಮೊದಲೇ ತೀರಿದನು (B. 4, 7). ಒಡವೆಗಳನ್ನು ಹೆಚ್ಚಿಗೆ ಸಮ್ಪಾದಿಸಿದರೆ, ಜನರು ನಮಗೆ ಅವನ್ನು ದಕ್ಕಗೊಡುವದಿಲ್ಲೆನ್ದು, ಅಂಜಿಕೆಯಿನ್ದ ಮೊದಲೇ ಯಾರೂ ಗಳಿಸುವದಿಲ್ಲ (B. 5, 91). ಹೊಟ್ಟೆ ಏನೂ ದುಡಿಯುವದಿಲ್ಲ, ಈ ಹೊಟ್ಟೆಯಿನ್ದ ನಮಗೆ ಲಾಭವನ್ನು ಮೊದಲೇ ಇಲ್ಲ (5, 93).

ಮೊದಿರ mŏdira. (Tbh. of ಮುದ್ರೆ). A ring (T., M. ಮೋದಿರ). — ಮೊದಿರಕಣ್ಣಿ. A climbing shrub, Hugonia mystax Lin. (St. & Pl.; T., M. ಮೋದಿರಕಣ್ಣಿ).

ಮೊದೆ mŏdĕ. = ಮುದು 1, q. v.

ಮೊದೆ mŏdĕ. (= ನೊದೆ, ಮಿದಿ). Tbh. of ಮುಂಜ (Šmd. 369. 372). The grass Saccharum munja (ಮುಂಜಾತೃಣ Šmd. Dh.; ಮುಂಜ, ಶರ Mr. 109).

ಮೊದ್ದು mŏddu. = ಮುದ್ದು 2. A lump, a mass (Tĕ.; see s. ಮೊತ್ತ 1);—a block, a log of wood (Tĕ.). 2, stupidity (My.; Tĕ.);—bluntness, as of a knife (Tĕ.). — ಮೊದ್ದ. -ಅ 3. A male blockhead (My.). — ಮೊದ್ದಿ. A female blockhead (My.).

ಮೊನೆ mŏnĕ. 1. (fr. ಮುನ್ 2). A point; an extremity, an end;—sharpness (ನಿಶಿತ Šm. 100; My.; Tĕ. ಮುನಿ, ಮೊನ; M. ಮುನೆ; T. ಮುನೈ). 2, smartness: boldness, courage (ಧೈರ್ಯತ್ವ Šm. 100; T., M.). ಸೂಜಿಯ ಮೊನೆ (ಕಣ್ಟಕ Nr.). ಅರ್ಧಚನ್ದ್ರ ಕ್ಷುರಪ ಇವು ಮೊದಲಾಗುಳ್ಳವು ಹೂವಿನೆಲೆಯ ಆಕಾರದ ಭೇದದ ಮೊನೆಯಮ್ಬುಗಳು (Hlā.). ಕೋಡ ಮೊನೆ (Rŝv. 6, after 11). ಬಾಣದ ಮೊನೆ (J. 8, 40). ಆ ತುದಿಯನ್ನು ಅರ್ನದಿನ್ದ ತಿಕ್ಕಿ ಮೊನೆ ಮಾಡುತ್ತಾರೆ (B. 4, 158). See Bh. 8, 22, 38; 8, 23, 81; Abh. P. 9, 69; 13, after 84. 3, the state of being before or preceding (see ಮೊನೆಯೇಡು). — ಮೊನೆಕುತ್ತು. A stroke by the point (of an arrow, Bh. 6, 7, 17). — ಮೊನೆಗಣೆ. -ಕಣೆ. A sharp arrow (Bh. 8, 6, 13; 8, 23, 15; J. 12, 49). — ಮೊನೆಗಾಣಿಸು. -ಕಾಣಿಸು. = ಮೊನೆದೋಱು No. 1. To show the point (of a weapon, Bp. 26, 12). — ಮೊನೆಗಾರು. -ಕಾರು. A tongue used to make wire (My. occasionally). — ಮೊನೆಗುತ್ತು. = ಮೊನೆಕುತ್ತು. (Bh. 7, 14, 9). — ಮೊನೆಗುದ್ದಲಿ. A sharp-pointed hoe, a pick-axe (My.). — ಮೊನೆಗೆಡು. -ಕೆಡು. The point to be spoiled: to become blunt (My.). — ಮೊನೆದೋಱು. -ತೋಱು. = ಮೊನೆಗಾಣಿಸು (Bp. 32, 14). 2, to evince courage (Grj. 2, after 106). 3, a point (as of a thorn, a weapon, etc.) to appear (Bp. 48, 86; Rŝv. 5, 99). — ಮೊನೆಮಲ್ಲಿಗೆ. A kind of jasmine with small, pointed buds (Rŝv. 2, 37). — ಮೊನೆಮುಗುಳ್. A pointed flower-bud (J. 3, 32). — ಮೊನೆಯ ಧರ. N. (Bp. 11, 37; 25, 10). — ಮೊನೆಯಾರ್. (i. e. ಮೊನೆಯವರು). N. See ನರಸಿಂಹ-. — ಮೊನೆಯಿಡು. -ಇಡು. Sharpening (?). ಮೊನೆಯಿಡುನಾಯಿನಾರ್, N. (Bp. 11, 37). — ಮೊನೆವಲ್. -ಪಲ್. A sharp tooth (ಪನೆ Kk. 70; J. 11, 22).

ಮೊನೆ mŏnĕ. 2. An affray, a fight, a battle (ಕಾಳಗ Šmd. II; ಪೊಣರ್, ಕೊಳುಗುಳ, ಬಣ್ಡಣ, ಜುದ್ದ, ಕಾಳಗ Kk. 41; ಕಾಳೆಗ 87; ಕೊಳುಗುಳ, ಬಣ್ಡಣ, ಜುದ್ದ, ಪೊಣರ್, ಕಾಳಗ Šm. 89; ಕಾಳಗ 100; Bh. 3, 18, 30; T. ಮುನೈ; T. ಮೊಯ್, a crowd, throng; a fight, battle; ಮುಯಲ್, a fight, battle;—endeavour; ಮುಯಂಗು, to embrace, hold fast; see ಮೊತ್ತ 1). ಮೊನೆಯೊಳ್ ಸೂಟಿ ತಡವಾಯ್ತು ನೀಮಿರೆ ಮತ್ತವಾರಣಮುಂ ಕಾರಕಚಕ್ರವರ್ತಿಗೆ (Šmd. 263). — ಮೊನೆಗೊಡು. -ಕೊಡು. To offer battle: to fight (Bh. 6, 4, 30). — ಮೊನೆಯಾಳು. -ಆಳು. A warrior (Bh. 3, 8, 7).

ಮೊನೆಗಾಱ mŏnĕ-gāṟa. A bold, courageous man (My.).

ಮೊನೆಯೇಡು mŏnĕ1-ēḍu. Preceding time: last month or last week (? ಕಿಂಚಿದ್ಭೂತಭೂತಕಾಲ Šmd. 400, o. r. ಮೊನೆಯೇಱು). ಮೊನೆಯೇಡಿಂಗೆ (401).

ಮೊನೆಯೇಱು mŏnĕ-ēṟu. = ಮೊನೆಯೇಡು, q. v.

ಮೊನ್ನೆ mŏnnĕ. The day before yesterday; the other day, lately (ಕಾಲವಾಚಕ Šmd. 400; C.; Tĕ.; T. ಮುನ್ದನಾಳ್ಟು, ಮುನ್ದನಾಳ್; Tu. ಮೊರಣಿ, ಮೊರಾನಿ). ಮೊನ್ನಿನ (133. 401); ಮೊನ್ನಿಂಗೆ (401). ಮೊನ್ನೆ ಮದುವೆಯಾದೆನು (Dp. 4). See Bp. 25, 11; 39, 38; 47, 25; 55, 19; Prv. s. ನಿನ್ನೆ. — ಮೊನ್ನೆ ಮೊನ್ನೆ. rep. Lately (My.).

ಮೊಬಲಗು mŏbalagu. Sum (of an account or an addition, My.; Mhr., H. ಮುಬಲಕ್); money (My.).

ಮೊಬ್ಬು mŏbbu. = ಮಬ್ಬು, etc. (Bh. 8, 23, 20, o. r. ಮಬ್ಬು; C.). — ಮೊಬ್ಬಿಱ್. -ಇಱ್. To be bewildered or stupefied (Rām. 6, 44, 51). — ಮೊಬ್ಬುಗಣ್ಣು. = ಮಬ್ಬು-. (My.). — ಮೊಬ್ಬುಗವಿ. A dark cave (My.).

ಮೊಮ್ mŏm. (= ಮುಮ್ 2). — ಮೊಮ್ಮಕ್ಕಳು. Grand-children (C.; B. 2, 20). — ಮೊಮ್ಮಗ. A grand-son (ನಪ್ತೃ Sl. 191, G.; C.; Bp. 30, 26; B. 3, 25). ಮೊಮ್ಮಗನಾದರೆ ಗುಮ್ಮನ ಹಾಗಿರ ಬೇಕೋ? (Prv.). — ಮೊಮ್ಮಗಳು. A grand daughter (ನಪ್ತ್ರಿ, ಪೌತ್ರಿ, ಸುತಾತ್ಮಜೆ Sl. 191: ನಪ್ತ್ರಿ G.; C.; B. 4, 3).

ಮೊಮ್ಮ mŏm-a 3. A grand-son (Bp. 47, 38; Bh. 2, 2, 72; 5, 9, 47; Rām. 1, 8, 33; J. 23, 55; 24, 57; 32, 29).

ಮೊಮ್ಮು mŏmmu. = ಮುಮ್ಮು. (My.).

ಮೊರ mŏra. (= ಮೊರೆ?). — ಮೊರಸಾಸಿವೆ. Black mustard, Sinapis ramosa Roxb. (ರಾಜಿಕೆ, ಕೃಷ್ಣಿಕೆ, ಆಸುರಿ Nr.).

ಮೊರಕು mŏraku. = ಮೊರ್ಕು. To be turning round, or be giddy, from pride (ದರ್ಪಘೂರ್ಣನ Šmd. Dh., o. r. ಮೊರ್ಕು; cf. ಮುರ್ಕು).

ಮೊರಟ mŏraṭa. (ಮೊಱಟ). N. of a village. — ಮೊರಟದ ಬಂಕತನ್ದೆ. N. (Bp. 9, 27; 38, 40). — ಮೊರಟದ ಬಂಕಿದೇವ. N. (Bp. 9, 23; 49, 18; 52, 35). — ಮೊರಟದ ಬಂಕಿದೇವಯ್ಯ. N. (Bp. 58, 8). — ಮೊರಟದ ಮಲ್ಲಿಕಾರ್ಜುನ. N. (Bp. 49, 24).

ಮೊರಡಿ mŏraḍi. 1. N. of a plant (ಮುಚಕಿಲ್ Šm. 25. 95. 106). ಕರಿಯನು ಸೇವಿಪ ಸಿಂಹಕೆ ಮೊರಡಿಯ ಸೇವಿಪುದೆನಿಪ್ಪ ಮೊಲ ಪಾಸಟಿಯೇ (V. 3, 37).

ಮೊರಡಿ mŏraḍi. 2. = ಮಡ್ಡಿ 2, ಮೆಟ್ಟೆ, ಮುರಡಿ, ಮುರ್ಡಿ, ಮೊರಡು 2, ಮೊರಡೆ, ಮೊರ್ಡಿ. A hill, a hillock (ಬೆಟ್ಟು Šm. 95; ದಿಬ್ಬ G.; C.; B. 4, 115). ಬೆಟ್ಟದ ಸಮೀಪದ ಮೊರಡಿಗಳು (ಪಾದಂಗಳ್, ಪ್ರತ್ಯನ್ತಪರ್ವತಂಗಳ್ Nr.). ಕಲ್ಲಿನ ಮೊರಡಿ (ಆಶ್ಮಪಾರ G.). See ಕಿಱು-, ಹೆಮ್-; Šsv. 3, 30; J. 10, 8.

ಮೊರಡು mŏraḍu. 1. = ಮುರುಡು. Roughness, etc. (My.; M. ಮುರ್ಡ್, protuberance; roughness, knottiness, *cf.* ಮೋಡಿ & see s. ಮೊತ್ತ 1). — ಮೊರಡ. -ಅ 2. = ಮುಡ್ಡ, ಮೊಡ್ಡ. A rude, uncultivated, ignorant man (My.; T., M. ಮುರಡ).

ಮೊರಡು mŏraḍu. 2. = ಮೊರಡಿ 2, etc. A stony, rough hillock (My.; Tĕ. ಮೋಡು, a knoll or rising ground, the crest of a hill; T. ಮೋಡು, height, the top of a hill = ಮುಗಡು, see ಮೊಗಳು; ಮುರುಗು, elevation, height; ಮುರಪ್ಪು, a hill of stones; a rock; *cf.* ಮೋಳೆ 2).

ಮೊರಡೆ mŏraḍĕ. = ಮೊರಡಿ 2, etc. ಮೊರಡೆಯ ಮೇಲಾಗಲಿ ಗುಡ್ಡದ ಮೇಲಾಗಲಿ ಹುಲ್ಲು ತಿನ್ನದು ಉಲ್ಲಾಸದಿನ್ದ ಜಗಿದಾಡುವ ಕುಱೀಮಱಿಗಳನ್ನು ನೋಡುತ್ತೇವೆ (B. 3, 90).

ಮೊರಹ mŏraha. = ಮೊರಹು 2. (ಗಾವರ Ŏt. II, 33).

ಮೊರಹು mŏrahu. 1. = ಮುರುಹು, ಮೊರೆಹು. A bend; the winding course of running water. ಕೂಪಾದಿಗಳಿನ್ದ ಉದಕ ಹೊಱಟಷ್ಟು, ಚಕ್ರಾಕಾರದಿನ್ದ ಎಲ್ಲಾ ದೆಸೆಯಲ್ಲಿ ಪಸರಿಸುತ್ತಿದ್ದದು (ಚಕ್ರ, ಪುಟಭೇದ Nr. *a*; ಮೊರೆಹು in Nr. *b*).

ಮೊರಹು mŏrahu. 2. = ಮೊರಹ. Humming, buzzing, murmuring, tinkling, etc. (Bp. 11, 47). See ಜವೊರ್ಗರಹು.

ಮೊರಹು mŏrahu. 3. Anger, wrath (ಕೋಪ Ŏt. I, 72; Bh. 3, 13, 20; *cf.* ಮುರುಣ್ಪು 2?).

ಮೊರಳ್ mŏraḷ. (T. ಮುರಲು, to sound; M. ಮುರಳು, ಮುರುಳು, to hum, grunt, growl, buzz, howl, hem). ಮೊರಳ್ದಂ (Šmd. 49).

ಮೊರೆ mŏrĕ. 1. (Šmd. 27). = ಮುರೆ. To hum, to buzz (Ŏpr. 2, after 93; 5, after 64; Šŝv. 4, 45; Bh. 1, 5, 7; Râm. 2, 7, 4; J. 2, 65; 8, 25. 28; 19, 33; 28, 36; 29, 46; 31, 17); to sound (as instruments, Bp. 46, 58; 60, 42; Č. Bp. 24, 4; J. 33, 26; as vocal music, Bp. 44, 71); to ring (as bells, Bp. 44, 50; 53, 37); to tingle (as gĕjjĕs, Bp. 24, 44; 32, 29); to murmur (as a stream of blood, Abh. P. 9, 124; Rŝv. 6, 47; as a stream, J. 19, 5); to murmur (as mantras repeated, Bp. 1, 47; 39, 4; 54, 45); to creak (as shoes, Bp. 12, 12); to bubble or gurgle (as boiling oil, J. 11, 37); to whizz (as an arrow, Rŝv. 6, 47); to be noisy (as battle cries, Č. Bp. 24, 24); to be uttered plaintively (as cries, Bp. 46, 34); to cause to sound, to grind (as teeth, Bh. 1, 10, 31). ಮೊರವದವುಡೆ (ಡಿಣ್ಡಿಮ Mr. 80).

ಮೊರೆ mŏrĕ. 2. P. p. of ಮೊರೆ 1, in ಮೊರೆ ಮೊರೆದು (J. 3, 37; 19, 5; 33, 26).

ಮೊರೆ mŏrĕ. 3. (ಮೊಱೆ). = ಮೊರಹು 2. Humming, etc. See ಮೊಱೆ 2.

ಮೊರೆ mŏrĕ. Tbh. of ಮುರೆ. (ತಾಲಪರ್ಣಿ, ಮುರೆ, etc. Sî. 152; M. ಮುಱಳ್, ಮೂಱು, myrrh).

ಮೊರೆಹು mŏrĕhu. = ಮೊರಹು 1, q. v.

ಮೊರ್ರೊ mŏrrŏ. = ಮೊಱ್ರೋ. See ಕೊಯ್ಯೋ-.

ಮೊಱ mŏṟa. 1. P. p. of ಮೊಱೆ 1, in ಮೊಱ ಕೊಳ್ಳು (My.).

ಮೊಱ mŏṟa. 2. = ಮೊಱೆ 2. — ಮೊಱಗುಟ್ಟು. -ಕುಟ್ಟು. To roar, as beasts, the wind, waves, etc. (My.).

ಮೊಱ mŏṟa. 3. = ಮಱ 1. A bamboo fan used for winnowing corn, etc., and for various other purposes (ಪ್ರಸ್ಫೋಟನ, ಶೂರ್ಪ Nr.; Sî. 307; ಸೂರ್ಪ Mr. 209; C.; T., M. ಮುಱ; *cf.* ಮುಚ್ಚಲು). ಮೊಱದ ಹಾಗೆ ಕಿವಿಗಳುಳ್ಳವ (ಬಿಂಕಣಗಿವಿಯ, ಗಣೇಶ G.). ತೆರೇ ಕೊಟ್ಟು, ಮೊಱಾ ಕೊಣ್ಡ.— ಮೊಱದಿನ್ದ ಕತ್ತಲೆಯನ್ನು ಹೊಱ ಹಾಕ ಬಹುದೇ? (Prvs.). See J. 31, 55; B. 4, 22. — ಮೊಱದ ವೆಮ್ಮಯ್ಯ. N. (Bp. 37, 7). — ಮೊಱದ ವೇಮಯ್ಯ. N. (Bp. 58, 10).

ಮೊಱಟೆ mŏṟaṭĕ. = ಮೊಱಲೆ, etc. (ರಾಜಾದನ, ಪ್ರಿಯಾಲ, ಪಿಯಾಲ, ಸನ್ನಕದ್ರು, ಧನುಃಪಟ Sî. 129).

ಮೊಱತ mŏṟata. Roaring, etc. (My.).

ಮೊಱಪ್ಪಿ mŏṟappi. = ಮೊಱಲೆ, etc. (ರಾಜಾದನ, etc. Sî. 129).

ಮೊಱಲೆ mŏṟalĕ. = ಮೊಱಟೆ, ಮೊಱಪ್ಪಿ, ಮೊಱವೆ. A large tree, bearing a kind of almonds, Buchanania latifolia Roxb. (ರಾಜಾದನ, ಪಿಯಾಲ, ಸನ್ನಕದ್ರು, ಧನುಃಪಟ Nr.; Tĕ. ಮೊರಲಿ, ಮೋರಲಿ; M. ಮುರಳ್, ಮುಱಳ್).

ಮೊಱವೆ mŏṟavĕ. = ಮೊಱಲೆ. (St. & Pl.).

ಮೊಱೆ mŏṟĕ. 1. (Šmd. 27). To roar, as the sea (J. 26, 14; My.), as a tiger, etc. (Bh. 2, 1, 62; My.); to cry aloud, to clamour, to bawl, to yell (Bp. 56, 7; J. 5, 54; 7, 50); to hiss, as a serpent (Bp. 46, 22; 51, 59; Rŝv. 9, 25; T., M. ಮುಱುಮುಱು, to murmur, grumble; Mhr. ಮುರಮುರಣೇಂ, to mutter, grumble). ಮೊಱೆಯುತ್ತ ಇರುವಸ್ಥಾದು (ಸ್ವನಿತ, ಧ್ವನಿತ, ಕೂಗುತ ಇರುವಸ್ಥಾದು Sî. 379).

ಮೊಱೆ mŏṟĕ. 2. = ಮೊಱ 2. Crying loud, roaring, etc. (Ŏpr. 8, 69). 2, wailing, lamentation (Bp. 40, 55. 58; My. in ಅಱುವಿಕೆಯ-; M. ಮುಱೆ). 3, clamour, complaint (Grj. 6, 6. 9; Rŝv. 13, 136; J. 2, 5; My.; T. ಮುಱೈ). ನನ್ನ ಬಡವನ ಮೊಱೆ ಕೇಳಿ ಕೊಣ್ಡು (B. 4, 107). ಬಡವರು ಬಲಾತ್ಕಾರಕ್ಕೆ ಒಳಗಾಗುತ್ತಾರೆ, ಅವರ ಮೊಱೆಯನ್ನು ಕೇಳುವವರು ಯಾರೂ ಇಲ್ಲದ ಹಾಗಾಗುತ್ತದೆ (B. 5, 2). — ಮೊಱೆಗೆಯ್. To cry loud, to lament (Č. Bp. 46, 20). — ಮೊಱೆಯಿಡು. -ಇಡು. To cry loud; to wail, to lament (Bp. 52, 14; Č. Bp. 50, 27; Rŝv. 13, after 104; J. 11, 34; 26, 52; My.; M.);—to clamour, to complain (Grj. 6, 7; Bp. 3, 38; 27, 52; 28, 27; Rŝv. 13, 134; 13, after 138; J. 21, 5. 7; 24, 36; My.); —to tell in a plaintive manner. ಮೈಥುನವನ್ನು ಕುಱಿತು ಹವ್ವಲಿಸಿ ಕೂಗಿ ಮೊಱೆಯಿಡುವದು (ಆಕ್ರಾರಣೆ Sî. 57). ಅವನು ಮೇಲಕ್ಕೆ ಕಣ್ಣೆತ್ತಿ, ದೇವರಿಗೆ ಮೊಱೆಯಿಟ್ಟು, ಕಣ್ಣೀರು ಸುರಿಸಿದನು (B. 4, 74). ನಾನು ಸತ್ತ ಬಱಿಕ ದೇವರ ಬಱಿಗೆ ಹೋಗಿ, ದೇವರೇ, ನನ್ನ ಕುಟುಮ್ಬದವರನ್ನು ಉಪವಾಸ ಕೊಲ್ಲ ಬೇಡ! ಎನ್ದು, ದೇವರಿಗೆ ಮೊಱೆಯಿಡುವೆನು (4, 77). ದೇವರು ಕರುಣಿಸುತ್ತಾನೆ, ಆದದಱಿನ್ದ ಅವನಿಗೆ ಮೊಱೆಯಿಡು! (4, 144). ಅವನ ಮೇಲೆ ಮೊಱೆಯಿಟ್ಟನು (he complained against him, My.). — ಮೊಱೆಮುಗಿಲ್. A thundering cloud (Bh. 9, 1, 7). — ಮೊಱೆವೆಣ. -ಪೆಣ. A (still) lamenting corpse (Bh. 6, 4, 134). — ಮೊಱೆವೇಱ್. -ಪೇಱ್. To complain (J. 21, 8).

ಮೊಱೆ mŏṟĕ. 3. = (ಮೊಗ), ಮಱೆ 2, etc. Shelter, refuge. — ಮೊಱೆಯೊಗು. -ಒಗು. = ಮಱೆಯೊಗು. To resort to, to go for protection or help (J. 11, 35; 18, 43). — ಮೊಱೆ ಹೊಗು. = ಮೊಱೆಯೊಗು. ಸರ್ವಸ್ತ್ರೀಯರು ಅಗ್ನಿಯ ಮೊಱೆ ಹೊಕ್ಕು, ತಮ್ಮ ಮಾನವನ್ನು ಉಳಿಸಿ ಕೊಣ್ಡರು (B. 5, 48). ಆತನು ದೇವರನ್ನು ಮೊಱೆ ಹೊಕ್ಕು (5, 229).

ಮೊಱೆ mŏṟĕ. 4. (fr. ಮಱು 1). A turn, a time (My.).

ಮೊಱೆಯುವಿಕೆ mŏṟĕyuvikĕ. Crying loud, etc. (ರಣ, ಕ್ವಣ, ಕೂಗುವಿಕೆ Si. 388).

ಮೊಱೋ mŏṟō. = ಮೊರ್ರೋ. An imitative sound of crying loud. — ಮೊಱೋ ಎನ್ನು. To roar, as the sea, rivers, rain, or the wind (My.); to wail (My.).

ಮೊರ್ಕು mŏrku. = ಮೊರಕು, q. v.

ಮೊರ್ಡಿ mŏrḍi. = ಮೊರಡಿ 2, etc. (B. 5, 154. 155. 165; see ಕೆಮ್-).

ಮೊಲ mŏla. (Śmd. 90). = ಮಲ 5. A hare; a rabbit (ಶಶ Nr.; Mr. 160; Si. 170; G.; C.; T. ಮುಚಲ್, ಮುಯಲ್; M. ಮುಯಲ್; Tĕ. ಮೊಸಲಿ, ಕುನ್ದೇಲು). ಮೊಲನು (ಶಶಕ Nn. 27). ಚಿತ್ತವೃತ್ತಿಯನಬಿಡು, ಹತ್ತೆವಿಡಿದೋಲಯ್ಯು! ಚಿತ್ತವ ಪಡೆದು ಮದವೇಱಿ ಮೊಲ ನಾಯಿಾ ಹತ್ತಿದನ್ತಕ್ಕು (Sp.). ಮೊಲದ ಕಣ್ಣು ಬೇಟೆಗಾಱಿಗೆ ಮುದ್ದೇ?— ನಾನು ಹಿಡಿದ ಮೊಲಕ್ಕೆ ಮೂಱೇ ಕಾಲು.— ಮೊಲ ಬರುವಾಗ ನಾಯಿ ಬಯಲ್ಲಕಡೆಗೆ ಕೂತು ಕೊಣ್ಡಿತು.— ಬಲಾತ್ಕಾರದಿನ್ದ ತನ್ನ ನಾಯಿ ಮೊಲನ ಹಿಡಿದೀತೇ? (Prvs.). See V. s. ಮೊರಡಿ 1; Śśv. 3, 34; J. 15, 19; 28, 52; Prv. s. ಸಲಿಗೆ. — ಮೊಲದ ಕಿವೀ ಗಣ್ಡೆ. The resin of Boswellia thurifera Roxb. (ಪಾಲಂಕಿ, ಮುಕುನ್ದ, ಕುನ್ದ, ಕುನ್ದುರು Si. 152). — ಮೊಲದ ಹುಲ್ಲು. A common grass, Andropogon aciculatus Lin. (Z.).

ಮೊಲೆ mŏlĕ. (Śmd. 27). = ಮಲೆ 4. The female breast; the dug of an animal (ಉರಸಿಜ, ಕುಚ, ವಕ್ಷೋಜರುಹ, ಪಯೋಧರ, ಸ್ತನ Hlâ.; Mr. 321; ಸ್ತನ, ಕುಚ Si. 209; C.; T. ಮುಲೈ, ಮೊಂಜ; M. ಮುಲೆ; Tĕ. ಚಿಓಮ್ಮು; Tĕ. ಮೊಲ, the waist, middle). ಒಟ್ಟೆದುವು ಮೊಲೆ (Śmd. 170). ಮೊಲೆಯ ಕೊಟ್ಟು (ಕುಚಮುಖ, ಚೂಚುಕ, ವೃತ, ತಿಶಿ); ತೋಳು ಮೊಲೆ ಕೊರಳ್ಗಳಲ್ಲಿ ಅನುಲೇಪನದಿನ್ದಂ ಬರೆದ ರೇಖೆ (ಪತ್ರವಲ್ಲಿ Hlâ.). ಮೊಲೆಯ ತುದಿ (ಚೂಚುಕ, ಕುಚಾಗ್ರ); ಮೊಲೆಯನುಣ್ಬ ಮಗವು (ಸ್ತನಪ, etc. Nr.). ಮೊಲೆಯ ತೊಟ್ಟು (ಚೂಚುಕ Mr. 321). ಹೆಂಗಳ ಮೊಲೆ (ಸ್ತನ, ಪಯೋಧರ Si. 448). ಆಡಿನ ಕೊರಳ ಮೊಲೆ (ಛಾಗಗಲಸ್ತನ Nn. 67). ದಿಗ್ವಾರಣದ ಮಱಿಯುಮ್ಬುದೇ ಬನ್ದೊರುವನ್ತಿಯ ಮೊಲೆಯಂ? (Bp. 11, 10). ಗಬಿಗೆ ಜಾವದಿವನ ಹೆಣ್ಡತಿಗೆ ಮೊಲೆಯಿಲ್ಲ (a cock, Sp.). ತಾಯಿ ನಿನಗೆ ಮೊಲೆ ಕುಡಿಸುತ್ತಿದ್ದಳು (B. 1, 24). ಆಕಳಿಗೆ ನಾಲ್ಕು ಮೊಲೆಗಳಿರುತ್ತವೆ (8, 17). ಕತ್ತೇ ಮೊಲೆಯಲ್ಲಿ ಕಣ್ಣುಗಹಾಲಿದ್ದರೇನು? (Prv.). See Čpr. 2, 20; 5, 64; Bp. 8, 34; 15, 18. 18; 24, 45; 50, 3. 4; 57, 88; 60, 36; B. 1, 21; 3, 36; ನೆಲೆ-. — ಮೊಲೆಕಟ್ಟು. A breast-girdle (of women, J. 16, 4). — ಮೊಲೆಗುಡು. -ಕುಡು. To give the breast (Rśv. 5, 65). — ಮೊಲೆಗುನ್ನಿ. -ಕುನ್ನಿ. A puppy (My.). — ಮೊಲೆಗೂಸು. -ಕೂಸು. A young child nursed at the breast, a suckling (My.). — ಮೊಲೆಗೆಲ. -ಕೆಲ. The side or region of the breast: the breast (Čpr. 6, after 64 & 91; 5, 60; 30, 8). — ಮೊಲೆಗೊಡು. -ಕೊಡು. = ಮೊಲೆಗುಡು. (Râm. 6, 45, 28; Bh. 3, 18, 29; J. 21, 3). — ಮೊಲೆಗೊಳಿಸು. -ಕೊಳಿಸು. To give the breast (Râm. 6, 45, 28). — ಮೊಲೆತುದಿ. The nipple (My.). — ಮೊಲೆತೊಟ್ಟು. = ಮೊಲೆತುದಿ. (My.). — ಮೊಲೆ ಬರು. The breast of a female to form: the time of maturity to approach (My.). — ಮೊಲೆದಾವು. A morbid enlargement of the breast (My.). — ಮೊಲೆ ಬಿಡಿಸು. To wean. ಕೂಸನ್ನು ಮೊಲೆ ಬಿಡಿಸು (My.). — ಮೊಲೆಮೊಗು. = ಮೊಲೆಗೂಸು. (My.). — ಮೊಲೆಯೂಡು. To suckle (Grj. 3, after 119; J. 15, 19; 18, 21). — ಮೊಲೆವಾಲ್. -ಪಾಲ್. Breast-milk (Abh. P. 6, 49; Bp. 2, 11; 24, 68; 48, 30; 50, 13).

ಮೊಲೋಗರ mŏlŏgara. = ಮುಲಸಾಗರು, etc. (My.).

ಮೊಲ್ಲ mŏlla. (= ಮುಲ್ಲಿ?). N. (Bp. 61, 21). — ಮೊಲ್ಲಯ. -ಅಯ. N. (Bp. 61, 34).

ಮೊಲ್ಲೆ mŏllĕ. = (ಮಲ್ಲಿ, ಮಲ್ಲೆ), ಮೊಳ್ಳೆ 1. A kind of jasmine, Jasminum multiflorum or pubescens (ಮಾಘ್ಯ, ಕುನ್ದ Nr.; ಕುನ್ದ Mr. 125; T. ಮುಲ್ಲೈ, J. angustifolium; J. trichotomum Rottl.; M. ಮುಲ್ಲ, J. sambac; Abh. P. 7, 139; Bp. 45, 41; 50, 72; Rśv. 9, 4; J. 8, 21; 30, 4; 31, 9; My.; Tĕ.).

ಮೊಲ್ಲೆಗ mŏllĕga. (= ಮುಲ್ಲೆಸ). A miserable wretch (Bp. 45, 41).

ಮೊಲ್ಲೋಗರ mŏllŏgara. = ಮೊಲೋಗರ, etc. (My.).

ಮೊಸಗು mŏsagu. = ಮಸಗು 1. (Bh. 10, 2, 11).

ಮೊಸರ್ mŏsar. (Śmd. 58). **ಮೊಸರು.** = ಮಸರು. Curds (ದಧಿ Mr. 182; C.; T. ಮೊಗರು, ಮೋರ್, M. ಮೋರ್, buttermilk; T. ಮುಚರ್, artificially curdled milk; Tĕ. ಪೆರುಗು, curd, cf. ಪೆಣ್ 2). ಮೊಸರ್ಗಳ್ (Śmd. 52). ಮೊಸರ ಮೇಲಣ ನಿಡಿ (ಮಸ್ತು, ಮಸ್ತ 338 Cm.). ಆಳೆ ಬೆರಸಿದ ಮೊಸರು (ದ್ರಪ್ಸ, ದಧ್ಯಘನ); ಮೊಸರಲಿ ಕಲಸಿದ ಸತ್ತುಗ (ಕರಮ್ಭ, ದಧಿಸಕ್ತು); ಮೊಸರಲೆ ಮಾಡಿದದು (ದಾಧಿಕ Hlâ.). ಅಳಕಮಹ ಮೊಸರು (ದ್ರಪ್ಸ್ಯ); ಆಕಳ ಹಾಲು ಮೊಸರು ಮೊದಲಾದವೆಲ್ಲಂ (ಗವ್ಯ); ಕಾಯ್ದು ಬಿಸಿಯಾಗಿರ್ದ ಹಾಲಿನಲ್ಲಿ ಅವುದಾನೊನ್ದು ಮೊಸರ ಹೊಯ್ದುದದಿತ್ತಣಿನ್ದ ಒಡೆದುದು (ಆಮಿಕ್ಷೆ, ಒಡೆ, ಒಟಕ); ಮೊಸರಲ್ಲಿ ಕಲಸಿದ ಜವೆಯ ಹಿಟ್ಟು (ಕರಮ್ಭ, ದಧಿಸಕ್ತು); ಮೊಸರ ಕಟಿಲು (ರಸಾಲೆ, ಮಾರ್ಜಿತ); ಮೊಸರ ಮೇಲಣ ನಿಡಿ (ಮಸ್ತು); ಮೊಸರು ಬೆರಸಿದ ತುಪ್ಪ (ಪೃಷದಾಜ್ಯ Nr.). ಹಾಲು ಕಾಸಿ ಹೆಪ್ಪ ಹಾಕಿದರೆ ಮೊಸರು ಆಗುವದು (B. 1, 15). ಮೊಸರು ಹುಳಿಯೆನ್ತ, ಪಸುರು ಹುಲ್ಲ ಹಿಣ್ಡೆದನನ್ತೆ.— ಬಜ್ಜಗೆ ಮಜ್ಜಗಿಲ್ಲ, ಅಜ್ಜಗೆ ಎಲ್ಲಿ ಮೊಸರು?— ಅಸಲು ಇಲ್ಲದೆ ಬಡ್ಡಿಯಿಲ್ಲ, ಮೊಸರು ಇಲ್ಲದೆ ಮಜ್ಜಗೆಯಿಲ್ಲ.— ಬಲ್ಲದ ಗಣ್ಡನಿಗೆ ಮೊಸರಲ್ಲಿ ಕಲ್ಲು.— ತಾನು ಹೋದರೆ ಮಜ್ಜಗಿಲ್ಲ, ಮೊಸರಿಗೆ ಚೀಟು (Prvs.). See Si. 240. 313. 315. 316; ನೀರು-; Prv. s. ಕೊಸರು 3. ನಾರಿಯಳ (i. e. ನಾರಿಯು) ಗಣ್ಡ ತಾ ಬೇಲೂರ್ಗೆ ಹೋದರೇ ಆಱಿಮೋಗರಕೆ ಮೊಸರಿಕ್ಕಿ ಕಾಗೆಗೆ ತೋಱಿ ಕೊಟ್ಟನ್ತೆ (Sp.). — ಮೊಸರನ್ನ. -ಅನ್ನ. = ಮೊಸರೋಗರ. (C.). — ಮೊಸರೋಗರ. Boiled rice mixed with curds. ಕೋಣ ಗದ್ದೇ ಉತ್ತರೆ ಮೊಸರೋಗರಾ ಇಕ್ಕೋರೋ? (Prv.).

ಮೊಸಳೆ mŏsaḷĕ. = ಮಸಳೆ, (ಮುಸಲಿ). An alligator, a crocodile (ಕುಮ್ಭೀರ, ನಕ್ರ, Hlâ., Mr. 410; ಶಿಶುಮಾರ Nr.; ಕುಮ್ಭೀರ, ಗ್ರಾಹ, ನಕ್ರ, ನೆಗಱು, ಮಕರ G.; ನಕ್ರ, ಕುಮ್ಭೀರ, ನೆಗಱು Si. 69; C.; Tĕ. ಮೊಸಲಿ; M. ಮುದಲೆ; T. ಮುದಲೈ; cf. Sk. ಮೂಷಲ). ಮೊಸಳೆಗೆ ಉಪಕಾರಾ ಮಾಡಿ, ನಶಿಸಿ ಹೋದ ಹಾಗೆ (Prv.). ಬಿಸಲೊಳಗೆ ಬಿದ್ದ ಮೊಸಳೆಯ ಅಸುವಱಿಯದ ಹಾಗೆ ತನ್ದು ನೀರೊಳ್ ಬಿಡಲ್ ಆ ಮೊಸಳೆ ಮುರಳವನ (ಮುರಳಿ ಅವನ) ನುಂಗಿತು; ಪಿಸುಣಂಗುಪಕಾರ ಮಾಡೆ ತಪ್ಪದು ಕೇಡು (Subhâshita kandapadya). — ಮೊಸಳೆತುಪ್ಪ. Alligator's fat, used as a medicine (My.). — ಮೊಸಳೆಪಿಣ್ಡು. -ಪಿಣ್ಡು. A multitude of alligators (Čpr. 5, after 39).

ಮೊಹತರ್ಪ mŏhatarpa. Tax on the shopkeepers and artificers of a village or town (My.; Br.; Mhr. ಮೋಹತರಫಾ); house-tax (My.).

ಮೊಹರ mŏhara. = ಮೊಹರಿ 1, ಮೋಹರ. A gold coin, a mohur (My.; Mhr., H. ಮೋಹರ).

ಮೊಹರಂ mŏharam. = ಮೊಹರಮು. The first Mahomedan month called Moharam (Muharram), and its festival in commemoration of the death of two heroes called Hasan and Husain (C.; Br.; Mhr., H. ಮೋಹರಮು).

ಮೊಹರಮು mŏharama. = ಮೊಹರಂ. (B. 5, 47).

ಮೊಹರಿ mŏhari. 1. = ಮೋಹರ, etc. (My.).

ಮೊಹರಿ mŏhari. 2. = ಮೋರಿ. A little channel to carry off water (My.; Si. 82; Mhr., H. ಮೋಹರೀ).

ಮೊಹರಾ mŏharā. A leader, a chief (My.; Mhr., H. ಮೋಹರಾ). 2, any piece or man at chess, except pawns (My.; Br. ಮೊಹರಾ; H.).

ಮೊಹರು mŏharu. A seal (My.; Br.; Si. 220; Mhr., H. ಮೋಹರ); a seal ring (My.).

ಮೊಹಲಾ mŏhalā. A quarter, a ward (My.; Mhr., H. ಮಹಲಾ).

ಮೊಹಸಲೆ mŏhasalĕ. = ಮೋಸಲೆ. Restraint placed on a person to prevent his escape or to enforce the payment of a demand: arrest, confinement (My.; Br., H. ಮೊಹಸಲು, ಮೊಸೂಲು).

ಮೊಳಕೆ mŏḷakĕ. = ಮೊಳಿಕೆ. A germ, a bud, a sprout (ಒಟ್ಟು Śm. 88; My.; Tĕ. ಮೊಟಿಕೆ, ಮೊಲಕೆ, ಮೋಳಕೆ; Si. 367). ಹೊಸತಾಗಿ ಮುಲತ ಮೊಳಕೆ (ಅಂಕುರ, ಅಭಿನವೋದ್ಭಿದ್ Si. 119).

ಮೊಳತು mŏḷatu. P. p. of ಮೊಳೆ 1.

ಮೊಳಲೆ mŏḷalĕ. = ನೊಳಲೆ. (See Nr. *b* s. ನಾಯಿನೊಳಲೆ; M. ಮುಳೆ, to creep in, etc.; *cf.* ನೊಟಿ).

ಮೊಳಸು mŏḷasu. Germination, etc. (My.). 2, a kind of morbid swelling of the guttural glands (My.).

ಮೊಳಿಕೆ mŏḷikĕ. = ಮೊಳಕೆ. (ಅಂಕುರ Bhn. 28; C.; G. 426; B. 3, 35. 107). — ಮೊಳಿಕೆಹುಲ್ಲು. Grass just come forth out of the ground (ದನ್ತಾಂಕುರ G.).

ಮೊಳೆ mŏḷĕ. 1. To germinate, to grow or shoot forth, to come forth out of the ground, to sprout, to bud, to shoot (ಪ್ರರೋಹಕ್ರಿಯೆ Śmd. Dh.; My.; T. ಮುಳೈ, M. ಮುಳೆ; Tĕ. ಮೊಲಚು, ಮೊಲುಚು);— to grow, to arise;—to appear (T., M., Tĕ.). P. ps. ಮೊಳೆತು (Śmd. 237 Cm.), ಮೊಳತು (Bp. 38 sum.; 39, 36). See Bp. 18, 21; 24, 44; 40, 11; 42, 1; 43, 72; 49, 19; 56, 53; Č. Bp. 8, 13; Bh. 1, 8, 18; Rśv. 8, 124; 13, after 18; J. 8, 4; 33, 14. — ಮೊಳೆ ಮೊಳೆ. rep. (Bp. 38, 39).

ಮೊಳೆ mŏḷĕ. 2. (Śmd. 27. 40). = ಮುಳೆ 2. A germ, a bud, a sprout, a first shoot out of the ground (ಅಂಕುರ Śmd. Dh.; ಅಂಕೂರ, ಅಂಕುರ Hlā., Mr. 106; ಕರೀರ Mr. 125; ಅಗೆ, ಅಂಕುರ Kk. 23; ಅಗೆ, ಅಂಕುರ Śm. 22; ಅಂಕುರ 111; ಸುಟು 115; My.; M. ಮುಳೆ; T. ಮುಳೈ, ಮುಱು). ಹೊಸತಾಗಿ ಮೂಡಿದ ಮೊಳೆ (ಅಂಕುರ Nr.). ಕರ್ಮಮಾರ್ಗಂಗಳ ಮೊಳೆಗಳು (Bp. 40, 57). ಬೆಳೇ ಸಿರಿ ಮೊಳೆಯುಲೇ ಕಾಣುವದು (Prv.). 2, a pin, a nail, a spike, a wedge, a peg, a stake, a pointed object (ಗೂಟ Śm. 111; ಶಲ್ಯ, ಶಂಕು, ಗೂಟ Si. 290; Čpr. 7, 87; My.; T., M.; Tĕ. ಮೊಲೆ; *cf.* ಮುಳ್ 1, ಮೊನೆ 1). ಮೊಳೆಗಳು (ಕರ್ಮಸ್ಥಾನ Mr. 274). ನೊಗದ ಕಣ್ಣಿಗೆ ತಗಲು ಹಾಕುವ ಮೊಳೆ (ಶಮ್ಯೆ, ಯುಗಕೀಲಕ Si. 303). ಕಣ್ಣೆಯುದ ಮೊಳೆ ನೆಡೆದ ಖಡ್ಗದ ಹಿಣ್ಣುಗಳ್ (Bh. 3, 18, 18). ಕುಮುದಮುಕುಲದ ಮೊಳೆಗಳ್ (Rśv. 10, after 31). ಮೊಳೆಗಳಂ ಹೊಡಿ ನೂಂಕಿ, ಒಳ್ಪಿಡ ಮೊಳೆಯನೊರೆಗೊಪ್ಪುಕ್ಕಸಾಲೆ (Bp. 21, 30). ಸಮ್ಪಗೆಯ ಮುಗುಳ ಮೊಳೆಗಳಂ ತೆತ್ತಿಸಿದ ಚಿತ್ರರಮ್ಪಡೆದ ಜವಳಿವಡಿಗಳ್ (Čpr. 7, after 92). ಅಚ್ಚು ಹಾಕುವ ಮೊಳೆಗಳು (types, B. 5, 216). ಮೊಳೆ ಮಾಡಲಿಕ್ಕೆ ತಿಳಿಯದ ಕಮ್ಮಾರಿ ಮರಸುತ್ತು ಹಾಡ್ಯಾನೇ? (Prv.). 3, the core of a boil (My.; T.). 4, piles (My.; M.). — ಮೊಳೆಗಾಣಿಸು. -ಕಾಣಿಸು. To let appear a germ: to show to a small extent (J. 30, 32). — ಮೊಳೆದಿಗುರು. -ತಿಗುರು. A wheel with a sharp edge: a discus, a thunderbolt. ಮೊಳೆದಿಗುರ ಮುಗಿಲ್ (ಪರ್ಜನ್ಯ, ಗರ್ಜನ್ಮೇಘ Hlā.). — ಮೊಳೆದೋಱು. -ತೋಱು. To show a germ; to arise (J. 2, 5; 31, 4). — ಮೊಳೆನೊಲೆ. Breasts that are forming (J. 6, 27). — ಮೊಳೆರೋಗ. The piles (ದುರ್ನಾಮಕ, ಅರ್ಶಸ್, ಮೂಲವ್ಯಾಧಿ Si. 201; My.). — ಮೊಳೆವಲ್. -ಪಲ್. A pointed tooth (J. 8, 21);—a young tooth: a milk tooth (Śśv. 3, 43; J. 28, 18). — ಮೊಳೆವುಲ್. -ಪುಲ್. Grass just come forth out of the ground, very young grass (Rśv. 5, 78). — ಮೊಳೆವೋಗು. -ಪೋಗು. To germinate, to sprout, etc. (Rśv. 6, 2). — ಮೊಳೆ ಹೊಮ್ಮು. A sprout to grow: a bifurcation (*i. e.* duplicity) to arise (Bh. 7, 1, 41).

ಮೊಳ್ದು mŏḷdu. To transpass, to transgress, to trespass (ಅತಿಕ್ರಮಣ Śmd. Dh.; *cf.* ಮುನ್ 2, ಮುಳ್ 2).

ಮೊಳ್ಳೆ mŏḷḷĕ. 1. = ಮೊಲ್ಲೆ. ಮೊಳ್ಳೇ ಗಿಡ (ಮಾಘ್ಯ, ಕುನ್ದ, ಕೋಲುಮಲ್ಲಿಗೆ Si. 139, *only* in Si.).

ಮೊಳ್ಳೆ mŏḷḷĕ. 2. A prominent navel (My.).

ಮೊೞ mŏḻa. = ಮೞ 1, ಮೊಣ 1. Projecting joint (M.; M. ಮುೞ, a knuckle, joint; ಮುೞ, protuberance, projection, see ಮೊರಡು 1; T. ಮುಡಿ, ಮುಳಿ, a joint of the body; a knot in the stem of a plant, etc.): the distance from the elbow to the end of the middle finger, etc., a cubit (ಅರತ್ನಿ Śmd. I; ಕಿಷ್ಕು, ಹಸ್ತ Si. 405; C.; T. ಮುೞ; Tĕ. ಮೂರೆ, ಮೊ). ಮೊೞನು (ಪ್ರಮಾಣಿಕ); ಹಿಡಿ ಕೆಯ್ಸಿದ ಮೊೞನು (ರತ್ನಿ); ಕಿಱುಕುಣಿಕೆಯಿನ್ದ ಅಳೆದ ಮೊೞನು (ಅರತ್ನಿ Hlā.). ಹಿಡಿಕೆಯ ಹಿಡಿದು ಅಳೆದ ಮೊೞದಲ್ಲಿ ಸರತ್ನಿ ಎನಿಸುಗು; ಹಿಡಿಕೆಯ ಹಿಡಿದು ಕಿಱುಕುಣಿಕೆಯ ಬಿಟ್ಟು ಅಳೆದ ಮೊೞದಲ್ಲಿ ಅರತ್ನಿ ಎನಿಸುಗು (Nr.). ಅಳವಲ್ಲಿ ಕಿಱುಬೆರಳ ಮೊೞಂ (ಅರತ್ನಿ Mr. 323); ಅಳವ ಮೊೞ (ಪ್ರಮಾಣಿಕ 323); ಗೇಣ್ ಎರಡಾಗಲ್ ಒನ್ದು ಮೊೞನಕ್ಕು, ಅದಕೆ ಮಿಕ್ಕ ನಾಲ್ಸೆರಳು ಪೆಚ್ಚಲ್ಕೆ ಗಜಮ್ ಅಕ್ಕು, ಮೊೞನೆರಡಾಗೆ ನಾಭಿಗೋಲ್ ಎನ್ದೆನಿಕ್ಕು, ಎರಡು ಕೋಲ್ ಆಗೆ ದಣ್ಡಮ್ ಎನಿಕ್ಕುಮ್, ಆ ದಣ್ಡಮ್ ಎರಡು ಸಾವಿರಮಾಗೆ ಕ್ರೋಶಮ್ (o. rs. ಕೋಶಮ್, ಕ್ರೋಶ) ಅಕ್ಕು, ಅವು ನಾಲ್ಕುವರಲು ಯೋಜನಮ್ ಅಕ್ಕು, ಅವಿಪ್ಪತ್ತು ಪೇಳ್ವಮ್ ಅಕ್ಕು, ಅವು ಹತ್ತು ವರ್ತನಾಖ್ಯಂ (325). ಚಾಚಲ್ ಪಟ್ಟ ಕೆಯ್ಯುಳ್ಳ ಹಸ್ತ ಅನ್ದರೆ ಮೊೞ (ಹಸ್ತ); ಹಿಡಿಯೊಡಗೂಡಿದ ಮೊೞ ಅನ್ದರೆ ಹಿಡಿ ಕಡಿಮೇ ಮೊೞ (ರತ್ನಿ); ಚಾಚಲ್ ಪಟ್ಟ ಕಿಱುಬೆರಳುಳ್ಳ ಹಿಡಿಯಿನ್ದ ಒಡಗೂಡಿದ ಮೊೞ (ಅರತ್ನಿ Si. 212). ತೋಟ ಮೂಱು ಮೊೞ, ಕಾಯಿ ಆಱು ಮೊೞ.—ಧರ್ಮಕ್ಕೆ ಪಟ್ಟ ಕೊಟ್ಟರೆ ಹಿತ್ತಲಿಗೆ ಹೋಗಿ, ಮೊೞ ಹಾಕಿ ನೋಡಿದ.—ಬಱಗೆಯ್ಯಲಿ ಮೊೞ ಹಾಕಿದ ಹಾಗೆ (Prvs.). See B. 3, 103; 4, 146; Prv. s. ಸನ್ತೆ 1. — ಮೊೞಕಾಲ್. -ಕಾಲು. = ಮೊಣ-. The knee (ಒಳ್ತೊಡೆಯ ಸನ್ದು Śmd. I; ಜಾನು, ಊರುಪರ್ವ, ಅಷ್ಠೀವತ್ Nr., Mr. 332, Si. 207; My.; M. ಮುೞಕಾಲ್, T. ಮುೞಂಗಾಲ್; Tĕ. ಮೋಕಾಲು). ಅಗಲದ ಮೊೞಕಾಲುಳ್ಳವನು (ಪ್ರಜ್ಞು, ಪ್ರಗತಜಾನುಕ); ಕೂಡಿದ ಮೊೞಕಾಲುಳ್ಳವನು (ಸಂಜ್ಞು, ಸಂಗತಜಾನುಕ Nr.). See Si. 198; B. 5, 21. 293. 298. — ಮೊೞಕೆಯ್. = ಮೊಣ-. The elbow (ಕಫೋಣಿ, ಕೂರ್ಪರ Nr.; Si. 210; My.; M. ಮುೞಕೆಯ್, T. ಮುೞಂಗೆಯ್; Tĕ. ಮೋಚೆಯ್ಯಿ). ಮೊೞಕೆಯ್ಯ ಕೆಳಗಣ ಭಾಗವು (ಪ್ರಕೋಷ್ಠ, ಮುಂಗೆಯ್ Nr.). ಮೊೞಕೆಯ್ಯ ಮೇಲು (ಪ್ರಕಾಣ್ಡ Mr. 323). ಮೊೞಕೆಯ್ಯಾಡಿದರೆ ಮುಂಗೆಯ್ಯಾಡುತ್ತದೆ.—ಮೊಣಕಾಲು ಊಱಲಿಕ್ಕೆ ತಿಳಿಯದವ ಮೊೞಕೆಯ್ಯಿನ್ದ ನಿತ್ತಾನೇ? (Prvs.). See Bp. 4, 12; B. 2, 31.

ಮೊೞಗು mŏḻagu. 1. (= ಮಗ್ಗು 2). To sound, as

certain musical instruments (ವಾದನಕ್ರಿಯೆ Šmd. Dh.; Šm. 84);—to roar; to thunder (ಸ್ತನಿತ Šmd. Dh.; M. ಮುಖಿಪ್ಪು; T. ಮುಬಿಂಗು; Tĕ. ಮ್ರೋಗು, ಮ್ರೋಯು). ಬಹುವಾದ್ಯ ಮೊಳಗಲ್ ಅದು ಲಗ್ಗೆ ಅಕ್ಕುಂ (Mr. 288). See Ŏpr. 8, 94; Grj. 9, 41; Bp. 57, 47; Č. Bp. 28, 20; Bh. 1, 19, 19; 7, 10, 28; 7, 17, 25; Rŝv. 6, after 11; 13, 71; J. 7, 22; 10, 47; 11, 15; 13, 24. 41. 43; 17, 2. 2, to play certain instruments (Bh. 7, 10, 38).

ಮೊಳಗು mŏḷagu. 2. The sound of certain musical instruments (ವಾದ್ಯ, ವಾದನವಿಧಿ Šmd. I);—roaring; thundering, thunder (ಮುಗಿಲ ದನಿ Šmd I; ಘನರವ, ಸ್ತನಿತ Mr. 43; ಮೇಘಧ್ವಾನ Kk. 12; ಸಿಡಿಲ ದನಿ 78; ಸಿಡಿಲ ರವ Šm. 35; Šmd. 10; Ŏpr. 5, 61; 10, 26; Abh. P. 10, 157; 11, 18; Grj. 9, 41. 42; Šŝv. 3, 36; J. 11, 22). — ಮೊಳಗಿಸು. -ಇಸು. To sound as certain instruments, etc. (Abh. P. 12, 50).

ಮೊಳಗು mŏḷagu. 3. The plant Marsilea quadrifolia Lin. (ಒಸ್ಡು ಮರ Šmd. I; ವೃಕ್ಷಭೇದ Šmd. Dh.; ತರುಭೇದ Šm. 35; Šŝv. 3, 32). ಮೊಳಗಿನ ಮರ (ವಾತಳ, ಶೀತಲೆ, ಉಪರಾಜಿತೆ, ಅಶನಪರ್ಣಿ Nr.; ಕಪ್ಪುಬತಿ Mr. 120).

ಮೊಳಸು mŏḷasu. = ಮೆಳಸು, q. v.

ಮೊಳ್ಗು mŏḷgu. 1. = ಮುಳ್ಗು, etc. To bow (v. i.), to bend, to bow to (ನಮನ Šmd. Dh.; Rŝv. 4, 114; Tĕ. ಮೊಕ್ಕು, ಮೊಗ್ಗು, ಮ್ರೊಗ್ಗು; see ಮುಮುಕು 1 & ಮುಗ್ಗು 3).

ಮೊಳ್ಗು mŏḷgu. 2. = ಮೊಕ್ಕು. A bow, an obeisance (ತುಱಿಲ್, ಎಱಗು, ಮಣಿ, ಕುಮ್ಮು, ಪೊಡವಡಿಕೆ, ನಮಸ್ಕಾರ Šm. 34; Kk. 34, o. r. ಮೊಕ್ಕು; Tĕ. ಮೊಕ್ಕು, ಮೊಗ್ಗು, ಮೋಮುಪು, ಮೋಪ್ಪು).

ಮೋಕ mŏka. The state of being let loose: a cast-off skin (see ನಿರ್ಮೋಕ).

ಮೋಕು mŏku. (fr. ಮುನ್ 2). The upper portion, the top, the forepart (Bh. 7, 7, 45). ಕತ್ತರಿಸಿ ಕೊಣ್ಡು ಬಿದ್ದ ಪರ್ವತದ ಮೋಕು (ಪ್ರಪಾತ, ಭೃಗು G.). ರಥ ಮುನ್ನಾದವು ಗಳ ಮೋಕು (ಯಾನಮುಖ G.). ಅವನು ಹಳದೀ ಗಟ್ಟದ ಮೋಕು ಹಿಡಿದು, ಕೂತನು (B. 5, 62).

ಮೋಕ್ಷ mŏksha. = (ಮುಕ್ತಿ), ಮೊಕ್ಕ, ಮೊಕ್ಕೆ. Untying, letting loose, setting free, liberating;—freeing one's self from;—liberation, deliverance, escape, release. 2, *liberation from individual existance, the deliverance of the soul from the body, its exemption from further transmigration, and its absorption into the soul of the universe; final beatitude.* 3, death (My.). 4, *a species of tree* (see ಮೊಕ್ಕ). ಸತ್ತು ಹೋದರೆ ನಿನಗೆತ್ತಣದು ಮೋಕ್ಷಮ್, ಅಯ್? ಸತ್ತು ಹೋಗದತಿಜೀವಮಿರಲು ಮೋಕ್ಷದ ಗೊತ್ತು ತಿಳಿ! (Sp.). ಮೋಕ್ಷ ಸಿಕ್ಕ ಬೇಕಾದರೆ ಭಿಕ್ಷ ತಿನ್ನ ಬೇಕೇ? (Prv.; see Prv. s. ಸಾಕ್ಷಿ). 5, the liberation of an obscured planet, the last contact or separation of the eclipsed and ĕclipsing bodies (My.).

ಮೋಕ್ಷಕ mŏkshaka. *Setting at liberty, freeing;* a deliverer, a liberator.

ಮೋಕ್ಷಕರ್ತ mŏksha-karta. The worker or giver of final emancipation: Vishṇu; Šiva (My.).

ಮೋಕ್ಷಕಾಲ mŏksha-kâla. The time of ಮೋಕ್ಷ No. 5. (My.).

ಮೋಕ್ಷಗತಜೀವ mŏksha-gata-jîva. A being that attains or has attained mŏksha (ಭವ್ಯ, ಮೋಕ್ಷವನಯ್ದುವ ಜೀವನು Nn. 90).

ಮೋಕ್ಷದ mŏksha-da. = ಮೋಕ್ಷದಾಯಕ. (My.).

ಮೋಕ್ಷದಾಯಕ mŏksha-dâyaka. Giver of mŏksha: Vishṇu; Šiva (My.); giving mŏksha (My.).—ಮೋಕ್ಷದಾಯಕಿ. Pârvati (J. 15, 25).

ಮೋಕ್ಷಧರ್ಮ mŏksha-dharma. Law or rule of emancipation (My.).

ಮೋಕ್ಷನಾಯಕ mŏksha-nâyaka. Who leads to mŏksha: Vishṇu; Šiva (My.).

ಮೋಕ್ಷಪ್ರದ mŏksha-prada. = ಮೋಕ್ಷದಾಯಕ. (My.).

ಮೋಕ್ಷಭಾಗ್ಯ mŏksha-bhâgya. The complete attainment or excellence of mŏksha (My.).

ಮೋಕ್ಷಮಾರ್ಗ mŏksha-mârga. The path to mŏksha (My.).

ಮೋಕ್ಷರಾಜ್ಯ mŏksha-râjya. The world of mŏksha (My.).

ಮೋಕ್ಷಲಕ್ಷ್ಮಿ mŏksha-lakshmi. Mŏksha considered as a beautiful woman (Ŏpr. 1, 8).

ಮೋಕ್ಷಶಾಸ್ತ್ರ mŏksha-šâstra. The doctrine of mŏksha. (Abhâ. 1, 35).

ಮೋಕ್ಷಸಮ್ಪದ mŏksha-sampada. = ಮೋಕ್ಷಭಾಗ್ಯ. (Abhâ. 1, 6; 2, 94).

ಮೋಕ್ಷಸಾಧನ mŏksha-sâdhana. Means of emancipation (My.).

ಮೋಕ್ಷಸ್ನಾನ mŏksha-snâna. An ablution performed at the last contact of an eclipsed body (My.).

ಮೋಕ್ಷಾಂಗನೆ mŏksha-anganĕ. The mŏksha-woman: Pârvati (ಅಮುರ್ಮಾವೇಣ್ Kk. 70; Šm. 34; Bp. 24, 17).

ಮೋಕ್ಷಾಧಿಕಾರಿ mŏksha-adhikâri. A person entitled to or fit for mŏksha (My.).

ಮೋಕ್ಷಾಪೇಕ್ಷೆ mŏksha-apĕkshĕ. Desire for mŏksha (Abhâ, 1, 24).

ಮೋಕ್ಷಿತ mŏkshita. Set free, liberated. See ಶಾಪ-.

ಮೋಖೂಪು mŏkhûpu. Abolishment, cessation (My.; Br.; H.).

ಮೋಘ mŏgha. *Vain, useless, purposeless.*

ಮೋಘೆ mŏghĕ. *The trumpet-flower, Bignonia suaveolens* (ಪಾದರಿ G.). 2, a species of plant the seeds of which are used as a vermifuge (= ವಿಡಂಗ; ವಾಯಿವಿಡಂಗ G.).

ಮೋಚ mŏča. Liberating (Bp. 53, 3);—final emancipation (ಮುಕ್ತಿ, ಮೋಕ್ಷ Nn. 20);—freedom from worldly passion, asceticism (ವಿರಾಗ, ವೈರಾಗ್ಯ 20);—composedness, calmness (ಸ್ಥಿರ, ಸುಸ್ಥಿರ 20). 2, a tree; the horse-radish tree, Moringa pterygosperma Gaertn. (ಭೂಜ, ಮರ 20). 3, *a fruit of the Musa sapientum, a plantain* (ಕದಳಿ, ಬಾಟಿ 20). ವಕ್ಕಾರಕಪ್ಪಳ, ಬಸಱೂರ ಜಪ್ಪಳ, ಕೋಟೇಶ್ವರಕೋಡೀ ಹಬ್ಬ, ಮೂಡೂ ಕಣ್ಣರೆ ಮೋಚ (Prv.).

ಮೋಚಕ mŏčaka. Liberating;—final emancipation (ಮುಕ್ತಿ Mr. 510);—a deliverer, a liberator;—freedom from worldly desires (ವಿರಾಗ 510);—an ascetic;—long-lived, long-lasting (ಸ್ಥಿರಾಯು 510). 2, a tree; the silk-cotton tree (ಭೂರುಹ 510). 3, *the horse-radish tree, Moringa pterygosperma* Gaertn. (ನುಗ್ಗಿ 510). 4, the plantain tree (ಬಾಟಿ 510).

ಮೋಚನ mŏčana. (ಮೋಚನೆ). Releasing, liberating, liberation, setting free, loosing; unyoking; discharging. See ಗರ್ಭ-, ವಿ-.

ಮೋಚಿ mŏči. A shoemaker (My.; Mhr., H.; see ಮುಚ್ಚಿ 2). — ಮೋಚಿಕೇರಿ. A shoemakers' street (My.).

ಮೋಚು môču. To become a widow (ವೈಧವ್ಯ Šmd. Dh.; My.; Tĕ. ಮೋಸಿ, T. ಮೋಪ್ಪಿ, a widow). ಅವಳು ಮೋಚಿದಳು (My.). ಈಚಲದ ಮರ ಹೀನ, ನೀಚರದು ನೆರೆ ಹೀನ, ಮೋಚಿದ ಹೆಣ್ಣು ತರಹೀನ, ಮನೆಯೊಳಗೆ ಪೇಚಾಟ ಹೀನ (Sp.). 2, to put a covering (on the head) as the sign of being a widow (Bp. 36, 15; see ಮುಣ್ಡ-).

ಮೋಚೆ môče. 1. ಮೋಚಾ. *The plantain or banana tree, Musa paradisiaca* Lin. (Musa sapientum Roxb. 2, *the cotton shrub* (ಹತ್ತೀ ಗಿಡ G.). 3, the silk-cotton tree, Bombax heptaphyllum Roxb. (ರೇಶ್ಮೀ ಗಿಡ G.).

ಮೋಚೆ môče. 2. = ಮೋಜಾ, etc. A shoe (Tu.). ಈಚೆಯಿನ್ದ ಆಚೆಗೆ ಹೋಗಲಿಕ್ಕೆ ಮೋಚೆಯಿನ್ದಾಗುವದೇ? (Prv.).

ಮೋಜಗಾಱ môja-gâṟa. = ಮೋಜುಗಾಱ. (ವಿಲಾಸಿ, ಸಲೀಲ G.).

ಮೋಜಾ môjâ. = ಮುಚ್ಚೆ 2, ಮೊಚ್ಚೆ, ಮೊಜಾ, ಮೋಚೆ 2. A boot (My.; Br.; Mhr., H. ಮೋಜಾ, a stocking, a sock; a glove).

ಮೋಜು môju. = ಮೌಜು. Play, sport; acts or sights of exciting merriment; wanton sport (My.; Mhr., H. ಮೌಜ).

ಮೋಜುಗಾಱ môju-gâṟa. = ಮೋಜಗಾಱ. A playing, sportive, wanton man (My.).

ಮೋಟ môṭa. 1. Stupidity (Tĕ. ಮೋಟು, ಮೋಟ; M. ಮೋಟ್ಟು, obstinacy, perverse pride, see ಮೊರಡು 1; T. ಮೋಟ್ಟುತನ, stupidity = ಮುರಟ್ಟುತನ; *cf.* ಮೊಣ್ಡು, see ಮೋಟಗಾಱ and s. ಮೋಟು).

ಮೋಟ môṭa. 2. See s. ಮೋಟು.

ಮೋಟ môṭa. 3. = ಮೋಟು, q. v. — ಮೋಟಕರ. = ಮೋಟಕೆಯ್. (Bp. 38, 28). — ಮೋಟಕೆಯ್. = ಮೋಟಗೆಯ್. (Bp. 38, 18. 25). ಹಾಸುವಿಲ್ಲದ ನಿದ್ರೆ, ಪೂಸುವಿಲ್ಲದ ಮಾಯು, ಬಾಸೆಯಿಲ್ಲದನ ಗೆಳೆತನ ಮೋಟಕೆಯ್ ಬೀಸಿ ಕರೆದನ್ತೆ (Sp.). — ಮೋಟಗೆಯ್. -ಕೆಯ್. = ಮೋಟುಗೆಯ್. (Bp. 38, 16). — ಮೋಟಮುಲಿದೇವ. N. (Bp. 38, 21). — ಮೋಟವಾದ. Discourse or dispute without a point, foolish discourse, etc. (Bp. 54, 17).

ಮೋಟ môṭa. Strong, coarse (My.; Mhr. ಮೋಟಾ); large, thick (My.; Mhr.).

ಮೋಟಗಾಱ môṭa1-gâṟa. A man who makes a fool of himself. ತಾಟುಗಾಱನು ಆಟಕ್ಕೆ ಹೋಗಿ, ಮೋಟಗಾಱನಾಗಿ ಬಿದ್ದ (Prv.).

ಮೋಟನ môṭana. Crushing, breaking, grinding, destroying. See ಉಡಿ 1, ಮುಱ' 1. 2, disgrace (My.).

ಮೋಟಿ môṭi. See ಕರ್ಣ-. (*Cf.* ಮೋಟ s. ಮೋಟು?).

ಮೋಟು môṭu. = ಮೋಟ 3. The state of being deprived of the point, short or stumpy, that of being maimed;—the stump of a tree (My.; ಸ್ಥಾಣು, ಧ್ರುವ, ಶಂಕು Si. 120); stubbles (My.; Tĕ. ಮೋಟು, ಮೋಡು, T. ಮುರುಡು, M. ಮುರಡು, the stump of a tree; that of the arm or leg; T. ಮೂಟ್ಟು, a stump; stupidity; M. ಮೂಳೆ, cattle without horns or with horns turned; stupidity; *cf.* ಮೂಱ, ಮೊಟಕು 1, ಮೋಟ 1). ಮೇದ ಮೋಟೂ ಹೋದ ಹೆಜ್ಜೆಯೂ ಕಾಣುವದಿಲ್ಲ (Prv.). ಬಾಲ ಮೋಟಾದ ಎತ್ತು (ವಣ್ಡ Nr.). ಮೋಟಿನ ಮರ (ಸ್ಥಾಣು Si. 419). See Prv. s. ಹಾರೆ. — ಮೋಟ. -ಅ 3. A man deprived of the forearm (My.; Bp. 38, 54; Dp. 55, 2). ಕೆಯ್ ಕಾಲು ಮೋಟನಾದಂ (ಕುಣಿಕ Mr. 389). ದಾಟೆಯಿನ್ದ ಹೋಗಿ, ಮೋಟನಾದ (Prv.). 2, a short, dwarfish man (My.). — ಮೋಟ ಮರ. (*i. e.* ಮೋಟನ-). = ಮೋಟುಮರ. ಮೋಟ ಮರ ಗಾಳಿಗೆ ಮಿಣ್ಡ (Prv.). — ಮೋಟಾಳು. -ಆಳು. A little servant, an underling (My.; see Prv. s. ಆಟಾಳು). — ಮೋಟಿ. A female who is deprived of the forearm or is dwarfish (My.). — ಮೋಟುಗಿವಿ. -ಕಿವಿ. A maimed ear (My.). — ಮೋಟುಗುದ್ದಲಿ. A shovel without a point, a short shovel (My.). — ಮೋಟುಗೆಯ್. -ಕೆಯ್. A maimed arm (My.). — ಮೋಟುಬಾಲ. A docked, stumpy tail (My.). — ಮೋಟುಮರ. A branchless trunk or stem (My.).

ಮೋಡ môḍa. A cloud (ನೀರ್ದೇರ್, ಮುಗಿಲ್, ಮೇಘ Šm. 14; ಮೇಘ 95; Râm. 1, 16, 16; C.; B. 1, 21; 2, 49); cloudiness, a cloudy day, hazy weather (ದುರ್ದಿನ, ಅಭ್ರತಿಮಿರ Mr. 43; Tĕ.; see ಮುಗಿಲ್, ಮುತ್ತು 1, ಮೂಡಿಗೆ). ಮೋಡ ಮುಚ್ಚಿರುವ ದಿವಸ (ದುರ್ದಿನ Si. 31). ಮೋಡವು (rainless clouds) ಕಣ್ಡರೆ ನಾಯಿ ಬಾವಿಗೆ ಉಚ್ಚೆ ಹೊಯಿದ ಹಾಗೆ (Prv.). — ಮೋಡಗತ್ತಲೆ. -ಕತ್ತಲೆ. Cloudy weather (ದುರ್ದಿನ Nn. 97). — ಮೋಡಗವಿ. -ಕವಿ. Clouds to overspread the sky (B. 3, 68).

ಮೋಡ môḍa. = ಮೋಳ. Tbh. of ಮೂಢ (Šmd. 356; ಗಾವ್ಷ Šm. 95).

ಮೋಡಾಮೋಡಿ môḍa-â-môḍi. 1. A blind, stupid man (ಮುನ್ದುಗಾಣನ್ Bhn. 40, one MS. ಕನ್ದುಗಾಣನ್). See Bp. 19, 15; Bh. 1, 7, 41; 7, 14, 8.

ಮೋಡಾಮೋಡಿ môḍâmôḍi. 2. (fr. ಮೋಡಿ 3). A beautiful, elegant fashion or style (Grj. 2, after 106; Bp. 19, 15; Bh. 1, 7, 41; 7, 14, 8).

ಮೋಡಿ môḍi. A kind of craft, or enchantment, used by one to try the ability of another, the conjurer burying anything in the ground whilst repeating some mantras, and telling his rival to remove it by his mantras, if he can (My.; Tĕ., T., M.). — ಮೋಡಿ ತೆಗೆ. To overpower the môḍi and take up the buried thing (My.). — ಮೋಡಿ ಹಾಕು. To bury an object under the repetition of mantras (My.).

ಮೋಡಿ môḍi. 1. The Môr or common business character of the Marathi (My.; Mhr. ಮೋಡೀ, ಮೋಡು), a running hand (My.).

ಮೋಡಿ môḍi. 2. A kind of drug, the root of the long pepper vine (ಶಿರ, ಹಿಪ್ಪಲೀ ಬೇರು G.; My.).

ಮೋಡಿ môḍi. 3. A turn, a caste, a style, a fashion (of speech, composition, action, Mhr.; Bh. 2, 12, 18; J. 23, 15; Tĕ., M.).

ಮೋಡಿಗಾಱ môḍi-gâṟa. A man who performs the môḍi enchantment (for money, My.). ನಾಡು ಓಡುವಾಗ ಮೋಡಿಗಾಱ ಬನ್ದ (Prv.).

ಮೋಣ môṇa. Dried fruit (Sk.; *cf.* ಮೂಡಲ್ 2).

ಮೋತಾದಾರ môtâdâra. A groom (Mhr., H. ಮೋತದ್ದಾರ, ಮೋತಾದ್ದಾರ; ವಾಹಕ Čb.).

ಮೋತಿ môti. = ಮೂತಿ. The face, etc. ಜಾತಿವರ್ಣದ ಹಯಕ್ಕೆ ಅಂಘ್ರಿವಲಯಂ ವಾಲ ಮೋತಿ ಕಪ್ಪಾಗೆ ಸತ್ತ್ವಾಧಿಕಂ (Mr. 278).

ಮೋತಿ môti. 1. (Tbh. of ಮುಕ್ತಾ). A pearl (My.; Mhr. ಮೋತೀಂ). — ಮೋತೀಚೂರು. An ornamented border to a dôtra, etc.; N. of a sweetmeat (Mhr.; My.).

ಮೋತಿ môti. 2. A corn-handler: a petty grocer (Mhr., H. ಮೋದೀ). — ಮೋತೀಖಾನೆ. The commissariat department of an army (Mhr., H. ಮೋದೀ-); a granary (My.).

ಮೋತೆ môtĕ. (fr. ಮುಗಿ No. 2). The leaf-like envelope over the flowers of the plantain, the cocoanut and kêdagĕ (My.). 2, a scale or coat (*only* in Si.). ಒನ್ದು ಗಡ್ಡೆಯೊಳಗೆ ಅನೇಕ ಮೋತೆಗಳುಳ್ಳ ಗಣ್ಟೇ ಮುಸ್ತೆಗಳು (ಡೂಡಾಲೆ, ಚಕ್ರಲೆ, ಉಜ್ಜಟ Si. 162). — ಮೋತೆಗಾಯಿ. -ಕಾಯಿ. A cocoanut that is not yet quite out of the môtĕ, a very young, tender cocoanut.

ಮೋದ môda. Delight, gladness, joyousness. 2, fragrance, perfume. See ಅನು-, ಆ-, ಪ್ರ-; Bp. 5, 2; 43, 75. — ಮೋದವಡುಕ್ಕು. -ಅಡುಕ್ಕು. Delight to go into or enter (Bp. 57, 17).

ಮೋದಕ môdaka. Causing happiness or delight. 2, *a small round sweetmeat* (= ಕಾಯಿಕಡಬು My.).

ಮೋದಣ್ಡ môdaṇḍa. The state of being undetermined, undefined, not particularized (My.; Sk. ಮೋ, not indeed).

ಮೋದನ môdana. Pleasing, affording pleasure;—joy, pleasure. See ಅನು-.

ಮೋದಿತ môdita. Pleased, delighted;—delight (Bp. 2, 51).

ಮೋದಿಸು môdisu. To rejoice, to be glad;—to be fragrant (Bh. 5, 3, 93).

ಮೋದು môdu. 1. = ಮೋಹು. To strike, to beat, to smite (ತಾಡನ Śmd. Dh.; ಪೊಯ್ Kk. 59; Śmd. 16; Abh. P. 2, 45; 7, 58; 9, 151; 10, 58; 14, 90. 101; Grj. 4, 157; Bh. 7, 4, 3; 7, 18, 32; V. 14, 107; J. 7, 47; Tĕ., T. ಮೊತ್ತು, ಮೋದು); to dash against, to attack (ಎದಿಗು, ಪೊಯಿ Śs.; T., M.). ಗದೆಯಿಂ ಮೋದಿದಂ (Śmd. 157).

ಮೋದು môdu. 2. A swelling occasioned by a blow; a hard boil; a venereal tumor (My.). — ಮೋದುಗಟ್ಟು. -ಕಟ್ಟು. A môdu to be formed (My.).

ಮೋದೆ môdĕ. ಮೋದಾ. Feminine of ಮೋದ. See ಅಜ-.

ಮೋನ môna. Tbh. of ಮೌನ. Silence (ತುಷ್ಣೀರುತ, ನುಡಿಯದಿಹುದು Nn. 155; Bh. 7, 19, 52; 9, 1, 7; Abhâ. 1, 49; My.; T.; Mhr. ಮೋಹನ). 2, rejection, abandoning, asceticism (ತ್ಯಜಿಸುವುದು, ಬಿಡುವುದು 155). 3, a royal assembly (ರಾಜಭಾಗ, ರಾಜಸಭೆ 155).

ಮೋಪು môpu. (fr. ಮೋಟ್). A load, a burden (Tĕ.). 2, heaviness, as of a load (My.); severeness, as of a wound or of blows (My.; Tĕ.). firmness, as of grasping (My.). 3, grasp: convenient time or opportunity (for punishing or rewarding, My.). 4, all heavy wooden things used for house-building, as beams, rafters, pillars, doors, etc. (My.).

ಮೋಮ್ môm. Tbh. of ಮದನ. (My.; H.). — ಮೋಮ್ಬತ್ತಿ. A wax-candle (My.).

ಮೋರ môra. Tbh. of ಮಯೂರ (Śmd. 356. 361; ಸೋಗೆ, ನವಿಲ್ Kk. 24; Śm. 29; Mhr.). — ಮೋರಥೂತ. Blue vitriol (ಮಯೂರಕ, ವಿತುನ್ನಕ G.; Mhr., H. ಮೋರಥುತ).

ಮೋರಟ môraṭa. *The root of the sugar-cane.*

ಮೋರಟೆ môraṭĕ. *Hemp used for bow-strings, Sanseviera roxburghiana* Schult.

ಮೋರಿ môri. = ಮೊಹರಿ 2. A little channel to carry off water (My.; Mhr.).

ಮೋಱ್ môṟ. ಮೋಱು. To carry on the head (ತಿರೋಧಾರಣ, in one MS. of Śmd. Dh.; Tĕ. ಮೋಯು; see ಮೋಪು).

ಮೋಱೆ môṟĕ. The face (ವದನ, etc. Mr. 315; C.; Tĕ. ಮೋಮು, ಮೋರೆ; M. ಮುಗಱು, ಮೋಱ್; see ಮುಸುಡು). ಎಮ್ಮ ಮೋಱೆ (Śmd. 161). ಮೋಱೆ ಕಣ್ಡರೆ ತಿಳಿಯೋದಿಲ್ಲವೇ? ಅನ್ದ ಹಾಗೆ.—ಮೋಱೆ ಕಣ್ಡರೆ ಮನಸು ಇದಿ'ದೀತೇ?—ನೀರುಳ್ಳಿಯುವನ ಸಂಗಡ ಹೋರಾಟಕ್ಕೆ ಹೋದರೆ ಮೋಱೆಲ್ಲ ನಾಱದೇ?—ಬುದ್ಧಿವನ್ತರ ಮೋಱೆ ಮುದ್ದಿನ ಹಾಗೆ ಇದ್ದೀತು (Prvs.). See Bp. 9, 31; 20, 12; 32, 28; 38, 14; 46, 57; 52, 13; 58, 49; 60, 23; Śšv. 8, 55; Bh. 2, 13, 42; 3, 13, 27; B. 2, 2. 15; 3, 43. 62. 95. 99. 122; 4, 3. 199; 5, 73.

ಮೋರ್ಚಾ môrĉâ. A battery: fortifications (Mhr., H. ಮೋರಚಾ; My.; Br. ಮೋರ್ಚಾ).

ಮೋರ್ಚಿಂಗು môrĉiṅgu. A jew's-harp (My.; Mhr., H. ಮೋರಚಂಗ).

ಮೋಷ môsha. Robbery, theft, stealing; plundering, sacking; stolen property;—a robber, a thief. See ಪರಿ-.

ಮೋಷಕ môshaka. *A robber, a thief.*

ಮೋಷಿ môshi. = ಮೋಷಕ. See ಪರಿ-.

ಮೋಸ môsa. = ಮೋಸು. Deceit, fraud, trick, duping; hypocrisy (C.; Tĕ., T., M.); blunder, fault, mistake (My.; M.); detriment danger, peril (My.; T., Tĕ.); loss (My.; M.; *cf.* ಮೋಷ and Sk. themes ಮುಷ್, ಮುಸ್, ಮುಂಚ್, to cheat; ಮುಹ್, to err, be mistaken). ಮೋಸ ಯಾರ ದಾಸನಲ್ಲ (Prv.). ಅವನ ಪ್ರಾಣಕ್ಕೆ ಮೋಸವಿಲ್ಲ (there is no danger—, My.). See J. 2, 5; 4, 15; 7, 28. 32; 31, 39. — ಮೋಸಗೊಳಿಸು. -ಕೊಳಿಸು. To deceive (My.). ಮೋಸಗೊಳಿಸುವ ಮಾತು (ಅಪಲಾಪ, etc. Si. 58; ವಿಸಂವಾದ G.). ಹಿರಿಯರನ್ನು ಮೋಸಗೊಳಿಸದನ್ತ ದೊಡ್ಡ ಮನಸ್ಸಿನ ಹುಡುಗನು (B. 3, 8). See B. 4, 19. 45. — ಮೋಸಗೊಳ್ಳು. -ಕೊಳ್ಳು. To be deceived (My.; B. 5, 9). ಮೋಸಗೊಣ್ಡವನು (ವಿಪ್ರಲಬ್ಧ G.). — ಮೋಸ ಬೀಱು. To be deceived (My.). — ಮೋಸ ಮಾಡು. To deceive (My.). ಮೋಸ ಮಾಡುವವನು (ವಂಚಕ, etc. Si. 366). ಏನಾದರೂ ಹೊತ್ತು ಬನ್ದರೆ ಒಡೆಯಗೆ ಮೋಸ ಮಾಡಿ, ಕೆಯ್ಗಣ್ಬು ಮಾಡಿ ಕೊಳ್ಳುತ್ತಾರ (B. 5, 288). — ಮೋಸ ಹೋಗು. To be deceived (C.). ಜಾಣರಾದವರು ಮೋಸ ಹೋಗದೆ (B. 4, 19). ಕೋಮಟಿ ಮೋಸ ಹೋಗುವದಿಲ್ಲ, ಮೋಸ ಹೋದರೆ ಜೀಱುವದಿಲ್ಲ (Prv.).

ಮೋಸಗಾತಿ môsa-gâti. = ಮೋಸಗಾರ್ತಿ (My.).

ಮೋಸಗಾಱ môsa-gâṟa. = ಮೋಸುಗಾಱ. A deceiver, a deceitful or treacherous man, a trickster (ಕಪಟಿ, ದಾಮ್ಭಿಕ G.; C.; B. 2, 52; 3, 51; 4, 107). ಮೋಸಗಾಱನ ಮನಸು ಮಹೇಶ್ವರ ಬಲ್ಲ (Prv.).

ಮೋಸಗಾರ್ತಿ môsa-gârti. A deceitful, artful, treacherous woman (My.).

ಮೋಸಬೆ môsabĕ. Responsibility (My.; H.).

ಮೋಸಮೆ môsamĕ. = ಮೋಸಬೆ. (My.).

ಮೋಸಲೆ môsalĕ. = ಮೊಹಸಲೆ. (My.).

ಮೋಸು môsu. = ಮೋಸ. (ಉಪಧಿ, ಕಪಟ, ಕಾಪಟ್ಯ, ಕುಟಿಲ, ಕುಸೃತಿ G.).

ಮೋಸುಗಾಱ môsu-gâṟa. = ಮೋಸಗಾಱ. (G. 174, 229).

ಮೋಹ môha. *Stupor, unconsciousness, loss of consciousness, fainting, a swoon* (ಘನ Nn. 15);—delusion, bewilderment, perplexity, phrenzy;—*weakness of intellect, igno-*

rance, folly, infatuation; fascination; error, mistake. 2, the state of being enamoured, affection or fondness, love (with or without sound judgment, ಕೂರ್ಮೆ Čt. II, 76; ಮಮಕಾರ Kk. 30; Bp. 18, 13; 47, 38. 41; 48, 23; Bh. 2, 1, 58; J. 2, 34; 28, 55; My.; Mhr.). ಕಡೆಯಿಲ್ಲದ ಸಂಸಾರದ ನಡುಗಡಲೊಳು ಮೋಹವೆಂಬ ಬಲುಬಲೆಯೊಳು ನೀಂ ತೊಡರ್ದು ಬೀಳದೆ (Jmt. 24). See Kâvy. IV, 2, 16; ನಿರ್ಮೋಹ. 2, a magical art employed to bewilder an enemy. —ಮೋಹಗೊಳಿಸು. -ಕೊಳಿಸು. To bewilder (My.). 2, to excite affection, to fascinate, to charm (My.). ಮೋಹಗೊಳಿಸುವದಕ್ಕಾಗಿ ತೋರಿಸುವ ಹಸ್ತದ ಅಭಿನಯ (ಭಾವಕ G.). — ಮೋಹಗೊಳ್ಳು. -ಕೊಳ್ಳು. To become stupefied, to grow bewildered (My.). 2, to become full of affection, to be fascinated, etc. (My.). — ಮೋಹಚೂರಣ. Love-powder (My.). — ಮೋಹದ ರಾಣಿ. A wife who has great affection for her husband (My.).

ಮೋಹಕ môhaka. Bewildering, confusing; the act of bewildering, etc. (Râm. 6, 47, 38).

ಮೋಹನ môhana. Stupefying, depriving of consciousness, bewildering, deluding, deceiving; charming, fascinating, alluring (ವೈಶಿಕ Nn. 134); temptation, seduction;—stupor, unconsciousness. 2, *sexual intercourse* (ನಿಧಿ Nn. 105). See ಚಿತ್ತ-; Čpr. 1, 59; J. 2, 48; 11, 17; 16, 13.

ಮೋಹನಮನ್ತ್ರ môhana-mantra. Incantations used to bewilder a person (My.).

ಮೋಹನಾಂಗ môhana-aṅga. A man with a fascinating body (My.).

ಮೋಹನಾಂಗಿ môhana-aṅgi. A woman with a fascinating body (My.).

ಮೋಹನಾಸ್ತ್ರ môhana-astra. A missile weapon charmed to bewilder the person against whom it is directed. (My.).

ಮೋಹನೀಯ môhanîya. Relating to or producing bewilderment, etc.; perplexing, confusing; that causes distraction, pain or affliction (Abh. P. 16, 53).

ಮೋಹಪಾಶ môha-pâśa. The snare of (worldly) illusion (My.). ಮೋಹಪಾಶೆ, a woman who uses that snare (Bp. 40, 54).

ಮೋಹರ môhara. (= ಮೊಗ್ಗರ). A mass, a multitude, a host, an army (ಘಟ್ಟ Bhn. 37; ನೃಪಸೈನ್ಯ 23; Tĕ.: battle array). See Grj. 7, 56; Bp. 37, 31; Bh. 10, 4, 21; 10, 10, 24; Râm. 6, 30, 14. 31; J. 12, 40; 14, 7; 16, 8. 9. — ಮೋಹರವರಿಗೆ. -ಪರಿಗೆ. A mass of shields (Bh. 7, 3, 77).

ಮೋಹರ môhara. = ಮೊಹರ, etc. (B. 5, 80. 221. 224).

ಮೋಹರಿಸು môharisu. To become plentiful or abundant (Grj. 3, 28). 2, to be formed into a host (J. 17, 7). 3, to form a host: to array, as troops for battle (Bh. 7, 5, 27). ಮೋಹರಿಸಿರ್ದ ಸೇನೆ (ಸನ್ನಾಹ, ಕಾಳೆಗಕ್ಕೆ ಒಡ್ಡಿದ ಸೇನೆ Nn. 105).

ಮೋಹಳ môhaḷa. (fr. ಮೋಹು). That which is affixed: the hilt of a sword, of a dagger, etc. (ಹಾಲಿ, ಪರಟು Mr. 297; Bp. 9, 30; 28, 53; Bh. 7, 1, 12; Tĕ. ಮೋಹಣ).

ಮೋಹಿ môhi. Stupefying, perplexing, beguiling, alluring; —fascinating, charming; charm (Bp. 12, 41; 35, 43; see ಪತಿ-). — ಮೋಹಿ ಕೊಳ್. To be fascinated, charmed or delighted (Bp. 1, 63; 32, 15).

ಮೋಹಿಚಕ môhičaka. N. of a plant (ತ್ರಿಪತ್ರಕ, ಕಿಂಶುಕ Mr. 122, o. r. in two MSS. ಹಿತಚಕ).

ಮೋಹಿತ môhita. Stupefied, bewildered, infatuated, deluded beguiled, fascinated. See ಕಡು-.

ಮೋಹಿನಿ môhini. A fascinating woman. 2, N. of an Apsaras (Sk.); a female ghost of beautiful form (My.);— N. (Prll. 3, 29). — ಮೋಹಿನಿಯವತಾರ. -ಅವತಾರ. An incarnation of Vishṇu in the form of a môhinî to beguile the asuras (My.).

ಮೋಹಿಸು môhisu. To cause to beat or dash against or into etc.; to apply or put to (with force), to thrust, etc. (J. 12, 49). ತನ್ನ ಕರವಾಳ ಮುನ್ನೆ ಕೊರಳಲಿ ಮೋಹಿಸಲು (Bp. 27, 31). See ಮುದ್ದು-.

ಮೋಹಿಸು môhisu. To grow unconscious, to faint, to become stupefied, etc. (J. 30, 26; 31, 36). 2, to be fascinated, to take a liking to; to feel affection for; to desire; to love (Bp. 25, 25; 51, 23; Šśv. 1, after 79; J. 30, 27. 28. 51; 31, 36; My.). ಅಸವಲ್ಲದವನ ಕೂಡೆ ಆರಮ್ಭಾ ಮಾಡಿ, ಹಸೀ ಆವರೇ ಕಾಯಿಗೆ ಮೋಹಿಸಿದ (Prv.).

ಮೋಹು môhu. = ಮೋದು 1. To beat, to strike, to smite, to deal a blow (Bh. 6, 4, 67; Râm. 1, 14, 2; 6, 30, 30; 6, 51, 68); to slam (Bp. 43, 46). 2, to put to, to affix; to put or place down; to put (Bp. 42, 36; 47, 31; Bh. 7, 3, 21; 8, 18, 14; 8, 19, 80; 10, 3, 8).

ಮೋಳ môḷa. Gone astray or adrift: stray; mad. ಬೆಳಗವರೆಗೆ ಕಡದ ಬೆಣ್ಣೆ ಮೋಳಬೆಕ್ಕಿನ ಪಾಲು ಆಯಿತು (Prv.).

ಮೋಳಿಗೆ môḷigĕ. N. of a village (?). — ಮೋಳಿಗೆ ಮಾರ. N. (Bp. 30, 6. 7). — ಮೋಳಿಗೆಮಾರವಿಭು. N. (Bp. 30, 1. 4). — ಮೋಳಿಗೆಮಾರಿದೇವ. N. (Bp. 30, 8. 11. 32). — ಮೋಳಿಗೆಮಾರಿದೇವಯ್ಯ. N. (Bp. 30, 27). — ಮೋಳಿಗೆಯ ಮಾರಯ್ಯ. N. (Bp. 58, 7).

ಮೋಳೆ môḷĕ. 1. (fr. ಮುಱು 1). A small hole (made by crabs, etc.) in the banks of rice-fields or tanks, a fissure (My.).

ಮೋಳೆ môḷĕ. 2. A pile, a heap (of salt-earth, My.; *cf.* ಮೊರಡು 2). See ಉಪ್ಪಾಟ-, ಮಾಟು-.

ಮೌ mau. For a few words with this final in writ or print see ಮವು.

ಮೌಕಲಿ maukali. = ಮೌಕುಲಿ. *A raven* (ಅಡವಿಯ ಕಾಗೆ Hlâ.).

ಮೌಕುಲಿ maukuli. *A raven* (ಸಿರಿಕಾಕ, ವನಾಶ್ರಯ, ದ್ರೋಣ, ಕಾಕೋಲ, ಕಾಡ ಕಾಗೆ Mr. 170).

ಮೌಕ್ತಿಕ mauktika. (fr. ಮುಕ್ತಾ). *A pearl* (ಮುತ್ತು Mr. 412; see ಮುತ್ತು).

ಮೌಕ್ತಿಕಫಲ mauktika-phala. = ಮುಕ್ತಾಫಲ. (Bp. 4, 3).

ಮೌಜು mauju. = ಮೋಜು. (ಲಲನ G.).

ಮೌಂಜ maunja. (fr. ಮುಂಜ). Made of muṅja grass.

ಮೌಂಜಿ maunji. The brahmanical girdle made of a triple string of muṅja grass (My.).

ಮೌಂಜೀಬನ್ಧನ maunjî-bandhana. The investiture with the brahmanical girdle (My.).

ಮೌಢ್ಯ maudhya. (fr. ಮೂಢ). *Stupidity, folly, ignorance.* ಪಾಡ್ಯ ಪಾಠಕ್ಕಾಗದು, ಮೌಢ್ಯ ಕೆಲಸಕ್ಕಾಗದು (Prv.).

ಮೌದ್ಗಲ್ಯ maudgalya. (fr. ಮುದ್ಗಲ). Sprung from or relating to Mudgala; N. of a ṛishi (My.).

ಮೌದ್ಗೀನ maudgîna. (fr. ಮುದ್ಗ). *Sown with beans, bearing beans, as a field.*

ಮೌದ್ಗ್ಯ maudgya. = ಮೌದ್ಗೀನ. (Čpr. 1, 89).

ಮೌನ mauna. (fr. ಮುನಿ). = ಮೋನ. The office or position of a muni. 2, *silence; taciturnity;* stillness (ಸುಮ್ಮಗೆ, ಸುಮ್ಮನೆ, ಉಸಿಕನೆ Śmd. 389; ಕುಂಗು Čt. I, 35; ಜಾಗು 1, 71; ಸಯ್ತು, ಸಾವಗಿಪ್ಪುದು Kk. 49; ಏನಸು, ಗುಟುಗುಮ್ಮನೆ, ರಿಕ್ಕಟೆನ್ದಲ್, etc. 50; ಮೂಗುವಟ್ಟುದು 53; see ಮೂಗುವಡು; Bp. 61, 58). ಮೌನದಿನ್ದಿರು (B. 4, 49). ಮೌನಂ ಸರ್ವತ್ರ ಸಾಧನಂ (Prv.). — ಮೌನಗೊಳ್. -ಕೊಳ್. ಮೌನಗೊಳ್ಳು. To become silent (Bp. 37, 9; My.). — ಮೌನಗೊಳಿಸು. -ಕೊಳಿಸು. To silence (My.).

ಮೌನತ್ವ maunatva. Silence (My.).

ಮೌನವ್ರತ mauna-vrata. A vow of silence (My.).

ಮೌನಿ mauni. A person who observes silence or is taciturn; one who does or can not speak (ಮೂಗ Bhn. 12). 2, = ಮುನಿ. (Sk.; Bp. 6, 17).

ಮೌರಜಿಕ maurajika. (fr. ಮುರಜ). *A drummer.*

ಮೌರಜಿಗ maurajiga. Tbh. of ಮೌರಜಿಕ. (Bh. 3, 20, 25).

ಮೌರಿ mauri. = ಮುವ್ವರಿ. A clarionet (Č. Bp. 5, 7; My.; Tĕ.).

ಮೌರ್ವ maurva. N. of a horse. ತುರಗವರ್ಣಂ ಮೂಸ್ಥರವಾಗೆ ಮೌರ್ವನಕ್ಕು (Mr. 275, o. r. ಮವ್ವರ).

ಮೌರ್ವಿ maurvi. (fr. ಮೂರ್ವಾ). A girdle or string made of mûrvâ. 2, *a bow-string* (ಬಿಲ್ಲ ಜೇವೆ Nn. 27. 73).

ಮೌಲ maula. (fr. ಮೂಲ). Radical, original, of old standing, ancient; holding an office from ancient times (Čpr. 2, after 49).

ಮೌಲಧನ maula-dhana. = ಮೂಲಧನ. (Čpr. 2, after 49).

ಮೌಲಬಲ maula-bala. = ಮೂಲಬಲ. (Čpr. 10, after 94).

ಮೌಲಿ mauli. = (ಮುಳುಲಿ), ಮೌಳಿ. *The head, the top of any thing.* 2, *a crown, a crest, a diadem* (ಕಿರೀಟ, ಮುಕುಟ Nn. 101; ಮಕುಟ Mr. 521). 3, *a lock of hair left on the crown of the head at and after tonsure* (ಚೂಡ 521). 4, *hair ornamented and braided round the head* (ಜಟೆ, ಜಡೆ 101; ಕೇಶ 521). 5, superintendence, etc. (ಅಧ್ಯಕ್ಷತೆ, ಒಡೆತನ 101, as ಮೌಳಿ, o. rs. ಕರ್ತೃತ್ವ, ಕರ್ತನ).

ಮೌಲ್ಯ maulya. (fr. ಮೂಲ). = ಮೂಲ್ಯ. Being at the root, etc. 2, price, worth, value, cost (ಅರ್ಘ್ಯ, ಬೆಲೆ Nn. 102; ಕ್ಷಿಪ್ತ, ವೇತನ, ಹೊತ್ತ ಬೆಲೆ Mr. 846). See Bp. 48, 66; ಅ-.

ಮೌಷ್ಟಿ maushṭĕ. (fr. ಮುಷ್ಟಿ). *A combat with fists, playing at fisticuffs.*

ಮೌಹೂರ್ತ mauhûrta. (fr. ಮುಹೂರ್ತ). *An astrologer.*

ಮೌಹೂರ್ತಿಕ mauhûrtika. Momentary. 2, relating to a particular time. 3, *an astrologer.*

ಮೌಳಿ mauḷi. = ಮೌಲಿ, q. v. (ಮಕುಟ Bhn. 6; My.). — ಮೌಳಿ ದೇವಯ್ಯ. N. (Bp. 58, 2).

ಮ್ಬರ್ m-bar. = ಬರ್ 3, etc. An affix for the plural. ಕೆಲಬರ್ or ಕೆಲಮ್ಬರ್, ಪಲಬರ್ or ಪಲಮ್ಬರ್ (Śmd. 122).

ಮ್ಯಾ myau. Imitation of the mewing of a cat (C.; Mhr.). — ಮ್ಯಾ ಮ್ಯಾ. rep. (C.).

ಮ್ರೇಡಿತ mrêḍita. Mad. See ಆ-.

ಮ್ಲಾನ mlâna. Withered, faded. 2, wearied. 3, languid. 4, faint, feeble, weak. 5, dispirited, dejected, downcast, melancholy. 6, *foul, dirty* (= ಮಲಿನ). 7, black, dark-coloured. 8, withered or faded state, etc. See ಉಚ್ಛಪುಚ್ಛ; ಪಾಡು; Čpr. 8, 5.

ಮ್ಲಾನತೆ mlânatĕ. Witheredness, the state of being faded; that of being out of spirits; languor (Čpr. 8, 14).

ಮ್ಲೇಚ್ಛ mlêččha. A man speaking any language but Samskṛita and not conforming to brahmanical institutions: *a non-Arian, a barbarian, a man of an outcast race, as a Kirâta, Śabara or Pulinda,* etc. (ಬೇಡರ್ ಮೊದಲಾಗುಳ್ಳ ಅನ್ತ್ಯಜಾತಿಗಳು Hlâ.); Mahomedan (My.). ಮ್ಲೇಚ್ಛರೆನ ಕೊಡವ ಕೊಡಗರು (Mr. 379, in three MSS; one MS. . . . ಕೊಡವ ಕೊಂಕರು, *i. e.* probably ಕೊಂಗರು).

ಮ್ಲೇಚ್ಛದೇಶ mlêččha-dêśa. *A foreign or barbarous country, any country inhabited by Mlêččhas.*

ಮ್ಲೇಚ್ಛಮುಖ mlêččha-mukha. What is barbarian-faced (or has the copper-coloured complexion of the Greek or Mahomedan invaders of India): *copper.*

ಮ್ಲೇಂಚ್ಛ mlêṅččha. Tbh. of ಮ್ಲೇಚ್ಛ. (My.).

ಯ್

Y

ಯ್ y. The forty-sixth letter of the Alphabet (Šmd. 12. 21). It is the final of several nouns and verbs (58). About its use in euphony see Šmd. 64. 65. 67. 68. 69; and about its being doubled, 84. 86. 87. It takes the place of ಗ್ in ಪೋಯ್ತು, ಆಯ್ತು (Šmd. 289). For other changes observe *e. g.* ಮದನ = ಮಯಣ, ಮದವನ = ಮಯ್ದುನ; ಯಕ್ಷ = ಜಕ್ಕ, ಯಜ್ಞ = ಜನ್ನ, ಯಮ = ಜವ, ಯಮಲ = ಜವಳ್ ವೇಧ = ಯಜ್ಜ; ಯಜಮಾನ = ಎಜಮಾನ, ಯಜ್ಞ = ಎಜ್ಞ, ಯತಿ = ಎತಿ, ಯಮ = ಎಮ; ಯೋಗ್ಯ = ಪೋಗ್ಯ; ಅರ್ಕ = ಯಕ್ಕ, ಯಮಲ = ಅಮಳ್; ಯುಗ = ನೊಗ; ಯವಸ = ತವಸ, ದವಸ; ವಿಂಗಡಿಸು = ಯಿಂಗಡಿಸು; ವಿಭೂತಿ = ಯಿಬೂತಿ; ವ್ಯಸನ = ಯೆಸನ. In vulgar Kannaḍa initial ಎ is often represented by ಯ, *e. g.* ಯಕ್ಕ = ಎಕ್ಕ, ಯಣ್ಣೆ = ಎಣ್ಣೆ, ಯಮ್ಮೆ = ಎಮ್ಮೆ; an initial ಇ is often written and pronounced as ಯಿ, *e. g.* ಯಿಕ್ಕು = ಇಕ್ಕು, ಯಿಲಿ = ಇಲಿ. Further ಏತ becomes ಯಾತ, ಏಲಕ್ಕಿ ಯಾಲಕ್ಕಿ, ಆಂ ಯಾನು, ಏ ಯಾ, ಆವ ಯಾವ. See also ಈ 4, ಏ 1 and ಏ 4; ಯುಗಾದಿ = ಉಗಾದಿ; ಹೋಯಿತು, etc.

ಯ ya. The letter ಯ್ pronounced with a short a, as is generally done at school.

ಯ ya. One of the metrical feet (Čh.; Mr. 363). 2, the number 1 (Mr. 349).

ಯಕಾರ ya-kâra. The letter ಯ (Šmd. 11).

ಯಕೃತ್ yakṛit. *The liver.*

ಯಕ್ಕ yakka. = Tbh. ಎಕ್ಕ 1 (My.). ಎಕ್ಕ ಹುಟ್ಟಿಸು, to grow yakka (on another's place): to ruin (ಮನೆಯನ್ನು or ಅವನನ್ನು, My.). 2, = Tbh. ಎಕ್ಕ 2, a card with a unit, an ace (My.).

ಯಕ್ಕು yakku. = ಎಕ್ಕು 1. (My.). Also: to beat soundly (Bh. 3, 10, 51; My.).

ಯಕ್ಷ yaksha. = ಜಕ್ಕ 2. *N. of certain demi-gods who are attendants on Kubêra,* generally regarded as beings of a benevolent and inoffensive disposition, but occasionally classed with piŝâčas, etc. 2, a ghost, a spirit. 3, *Kubêra.*

ಯಕ್ಷಕರ್ದಮ yaksha-kardama. *A perfumed paste consisting of camphor, agallochum, musk, and bdellium.*

ಯಕ್ಷಗಾನ yaksha-gâna. A kind of popular dramatic composition (My.).

ಯಕ್ಷಧೂಪ yaksha-dhûpa. *The resin of Shorea robusta;*— resin in general.

ಯಕ್ಷಪ yaksha-pa. = ಯಕ್ಷರಾಜ್. (My.).

ಯಕ್ಷರಾಜ್ yaksha-râj. *Kubêra.*

ಯಕ್ಷಿ yakshi. = ಜಕ್ಕಿ, ಜಕ್ಕೆ. A female Yaksha. 2, Kubêra's wife.

ಯಕ್ಷಿಣಿ yakshiṇi. = ಜಕಣಿ, ಜಕ್ಕಣಿ, ಜಕ್ಕಿಣಿ. A female Yaksha. 2, Kubêra's wife. 3, a sort of female fiend attached to the service of Durgâ and frequently maintaining intercourse with mortals. 4, sorcery done with the help of that fiend (My.).

ಯಕ್ಷಿಣಿಗಾಱ yakshiṇi-gâṟa. A sorcerer (My.).

ಯಕ್ಷಿಣೀಮನ್ತ್ರ yakshiṇî-mantra. Spells repeated for magical purposes (My.).

ಯಕ್ಷಿಣೀವಿದ್ಯೆ yakshiṇî-vidyĕ. = ಯಕ್ಷಿಣಿ No. 4. (My.).

ಯಕ್ಷೇಶ yaksha-îŝa. A king of the Yakshas. 2, Kubêra. ಶ್ರೀಮೂನಿನೀಶ ಯಕ್ಷೇಶ ವಾಣೀಶರ್ ಎಪ್ಪವರು (ಶಿವನ) ನಿಜಮಿತ್ರರಕ್ಕು (Mr. 13).

ಯಕ್ಷ್ಮ yakshma. *Pulmonary consumption.*

ಯಕ್ಷ್ಮರೋಗ yakshma-rôga. = ಯಕ್ಷ್ಮ (My.; ಕ್ಷಯರೋಗ G.).

ಯಜನ yajana. The act of sacrificing (in or for one's own person); sacrifice;—a place of sacrifice. See ನೂಱು ಯಜನ, ಷಟ್ಕರ್ಮ.

ಯಜಮಾನ yajamâna. = ಎಜಮಾನ. *A man who sacrifices* (ಯಾಗ ಮಾಡುವಾತ Hlâ.): *a man* (generally a householder) *who institutes or performs a regular sacrifice and pays the expenses of it;*—any person who intends performing or is able to bear the cost of a regular sacrifice. 2, a householder, the master of a house; the chief or head of a family, caste, etc. (My.);—a respectable, especially elderly man (My.);—a compellation by the wife for her husband (My.). See B. 1, 14; 4, 43; 5, 84. 89. 102. 115. 117. 275. Feminine: ಯಜಮಾನಳು (= ಯಜಮಾನಿ My.; ಒಡತಿ G.; B. 5, 287).

ಯಜಮಾನಗಿತ್ತಿ yajamâna-gitti. A woman who is chief, exercises authority, etc., a mistress (My.). 2, a wife (My.).

ಯಜಮಾನತನ yajamânatana. The rank or position of a yajamâna (My.).

ಯಜಮಾನತಿ yajamânati. = ಯಜಮಾನಗಿತ್ತಿ. (My.).

ಯಜಮಾನಿ yajamâni. = ಯಜಮಾನಗಿತ್ತಿ. (My.; Dp. 1, 1).

ಯಜಮಾನಿಕೆ yajamânikĕ. The rank or position of a yajamâna or yajamâni (My.).

ಯಜಿಸು yajisu. To sacrifice, to kill as a sacrificial victim (Bhâgavata 9, 7, 7. 8).

ಯಜು yaju. Tbh. of ಯಜುಸ್. (My.).

ಯಜುರ್ವೇದ yajur-vêda. The sacrificial vêda, *i. e.* the collective body of mantras for the Adhvaryu priest, formed out of the ṛigvêda, with additional texts for sacrificial purposes (My.).

ಯಜುಸ್ yajus. = ಯಜು, ಯಜುಸ್ಸು. A sacrificial prayer or formula. 2, a technical term for certain words or mantras (chiefly taken from the ṛigvêda), muttered in a peculiar manner at a sacrifice, and thus distinguished from the ṛiĉs which are recited, and from the sâmans which are sung. 3, *the yajurvêda.*

ಯಜುಸ್ಸು yajussu. Tbh. of ಯಜುಸ್ (Šmd. 106).

ಯಜುಸ್ಸೂಕ್ತಿ yajus-sûkti. A nice word or sentence from the yajurvêda (Bp. 48, 74).

ಯಜ್ಜ yajja. = ಬೆಜ್ಜ 2, etc. Tbh. of ವೇಧ 1. (My.; Si. 345).

ಯಜ್ಞ yajña. = ಎಜ್ಞ, ಜನ್ನ. *A sacrifice.* See ಮಹಾ-; Bp. 55, 6. — ಯಜ್ಞ ಮಾಡು. To sacrifice (My.); to kill (My.); to beat soundly (My.). ಯಜ್ಞ ಮಾಡೋಣ (ಯಜನ G.).

ಯಜ್ಞಕಂಕಣ yajña-kaṅkaṇa. A bracelet (chiefly of cotton thread) worn at the time of sacrificing (My.).

ಯಜ್ಞಕುಂಡ yajña-kuṇḍa. A hole in the ground for receiving the sacrificial fire (My.).

ಯಜ್ಞಕೃತ್ yajña-kṛit. Performing or arranging a sacrifice;—a priest conducting a sacrifice;—Vishṇu (My.).

ಯಜ್ಞತಂತ್ರ yajña-tantra. Sacrificial ritual (Śl. 285).

ಯಜ್ಞದೀಕ್ಷೆ yajña-dîkshĕ. Initiation into sacrifices, admission to sacrificial rites; due performance of the sacrifice (My.).

ಯಜ್ಞಪಶು yajña-paśu. An animal for sacrifice, a sacrificial victim (My.).

ಯಜ್ಞಪಾತ್ರ yajña-pâtra. A sacrificial vessel (My.).

ಯಜ್ಞಪುರುಷ yajña-purusha. The soul of sacrifice: fire, Agni (My.). 2, Vishṇu (My.).

ಯಜ್ಞಭೂಮಿ yajña-bhûmi. A place for sacrifice (My.; G. 584).

ಯಜ್ಞವಾಟ yajña-vâṭa. A place prepared and enclosed for a sacrifice (J. 34, 10).

ಯಜ್ಞವೇದಿ yajña-vêdi. A raised place (altar) for sacrifice (Bp. 55, 17; My.).

ಯಜ್ಞಶರ್ಮ yajña-śarma. N. (Bp. 56, 35).

ಯಜ್ಞಶಾಲೆ yajña-śâlĕ. A sacrificial shed;—a house or place for keeping the sacrificial fire (My.).

ಯಜ್ಞಶಿರ yajña-śira. The head of sacrifice: Vishṇu (Bp. 54, 46).

ಯಜ್ಞಸಾಧನ yajña-sâdhana. Accomplishing sacrifices (Sk.);—materials for a sacrifice (My.).

ಯಜ್ಞಸೂತ್ರ yajña-sûtra. The sacrificial cord (My.; see Nr. s. ನೆಗಹು 1).

ಯಜ್ಞಸೇನ yajña-sêna. N. of Drupada (My.).

ಯಜ್ಞಾಂಗ yajña-aṅga. Any means or instrument of a sacrifice. 2, *the glomerous fig-tree, Ficus glomerata* Roxb.

ಯಜ್ಞಾಂತ yajña-anta. *The conclusion or termination of a sacrifice* (ಅವಭೃಥ, ಯಜ್ಞದ ತೀರ್ಗಡೆ Hlâ.).

ಯಜ್ಞಾರಿ yajña-ari. Śiva (Sk.; My.);—Vîrabhadra (My.).

ಯಜ್ಞೀಯ yajñîya. *Relating to a sacrifice; suitable or fit for sacrifice;* sacred, adorable.

ಯಜ್ಞೇಶ್ವರ yajña-îśvara. Vishṇu. 2, fire, Agni (My.).

ಯಜ್ಞೋಪಕರಣ yajña-upakaraṇa. Any utensil or implement useful or necessary for sacrifice (My.).

ಯಜ್ಞೋಪವೀತ yajña-upavîta. The investiture of youths of Brâhmaṇas, Kshatrîyas and Vaiśyas with the sacrificial thread that is worn over the left shoulder and hanging down diagonally across the body to the right hip. 2, the sacrificial cord itself (Bp. 32, 51; My.).

ಯಜ್ವ yajva. A sacrificer, *one who performs sacrifices in due form or agreeably to the ritual of the vêda.*

ಯತ್ yat. 1. = ಯದ್.

ಯತ್ yat. 2. Striving or endeavouring after, exerting one's self;—going, moving. See ಸಂ-.

ಯತ yata. Raised, held up, lifted up; stretched out; etc. 2, kept or held in, restrained, curbed, kept in check; governed;—limited, moderate. 3, *the spurring or guiding of an elephant by means of the rider's feet* (ಒದವ ಗತಿ Mr. 157; *cf.* ಯಾತ). See ಆ-, ಉದ್-, ನಿ-, ಪ್ರ-.

ಯತನ yatana. = ಯತ್ನ, etc. The act of making effort or exertion, an effort, an endeavour (My.).

ಯತಸ್ yatas. From which, whence;—*because, as;*—where, whither.

ಯತಿ yati. = ಎತಿ, ಜತಿ. Restraint, control, check; guidance; stopping, ceasing, term. 2, a pause (in music); harmonious musical time or measure (see ಜತಿ). 3, caesura (in prosody, Čh.; Kâvy. II, 2, B, 27-29; Čt. II, 121). 4, *a person who has restrained his passions and abandoned the world; an ascetic, a devotee; a religious mendicant.* 5, = ಮುನಿ, the number 7 (Čh. v. 189). ಗತಿಗೆಟ್ಟ ಮತಿಹೀನನು ಯತಿಯಾಗುವದುಂಟೇ? (Prv.). See ಆ-, ನಿ-.

ಯತಿನಿಂದೆ yati-nindĕ. Abusing a religious mendicant. ಪರನಿಂದೆ ಗೃಹಕ್ಷಯ, ಯತಿನಿಂದೆ ಕುಲಕ್ಷಯ (Prv.).

ಯತಿಪ yati-pa. An eminent ascetic or sage (Čpr. 2, 64).

ಯತಿಪತಿ yati-pati. = ಯತಿಪ. (Čpr. 2, 78).

ಯತಿಭಂಗ yati-bhaṅga. Violation of caesura (Kâvy. II, 2, B, 3. 27-29).

ಯತಿವಿಲಂಘನ yati-vilaṅghana. Passing beyond or neglecting the caesura (in grammar or prosody, Šmd. 408).

ಯತೀಂದ್ರ yati-indra. A great ascetic (ಪದ್ಮ, ಯತಿ Nn. 54; ಯೋಗೀಶ್ವರ 62).

ಯತೀಶ yati-îśa. = ಯತೀಂದ್ರ. (ಕಂ Nn. 506).

ಯತೀಶ್ವರ yati-îśvara. = ಯತೀಶ. (ಜಟಿ, ಯೋಗೀಂದ್ರ Nn. 16).

ಯತ್ಕಿಂಚತ್ yat-kiṅčat. Tbh. of ಯತ್ಕಿಂಚಿತ್. (My.).

ಯತ್ಕಿಂಚಿತ್ yat-kiñčit. Whatsoever, somewhat (My.).

ಯತ್ಕಿಂಚಿತ yat-kiñčita, Tbh. of ಯತ್ಕಿಂಚಿತ್. (B. 5, 90; My.).

ಯತ್ತ yatta. = ಜತ್ತ. Endeavoured; making effort or exertion; prepared, ready; cared for, attended to. 2, restrained, etc. (= ಯತ). See ಆ-.

ಯತ್ನ yatna. = ಎತನ, ಎತ್ತನ, ಎತ್ನ, ಜತನ, ಯತನ. *Effort, exertion;* an effort; *energy, diligence, perseverance;* pains, care; effort for, endeavour after (ಸಾಧಿತಬುದ್ಧಿಯುಜ್ಜುಗ, ಸಾಧಿಸಲು ಪಟ್ಟ ಬುದ್ಧಿಯುದ್ಯೋಗ Nn. 148); eagerness, speed (ಶೀಘ್ರ, ವೇಗ 148; ಪರಿಶ್ರಮ Mr. 490);—help, etc. (ಉಪಕಾರ 148; 490).— ಯತ್ನ ನಡಿಸು. To use or make efforts, etc. ಎದೆಗುಂದ ಬೇಡಿರಿ! ಮುತ್ತಿಪ್ಪ ಹೆಬ್ಬಗೇ ಯತ್ನ ನಡಿಸಿರಿ! (B. 4, 16).— ಯತ್ನ ನಡೆ. An effort (or efforts) to avail, etc. ಅವರ ಯತ್ನ ನಡೆಯಲಿಲ್ಲ (B. 5, 68).— ಯತ್ನ ಮಾಡು. To make effort, to exert one's self, to endeavour, to strive after, to take pains; to make an effort or efforts (C.). ಕೈಯ್ಯಾಳದ ಮಟ್ಟಿಗೆ ನಿಮ್ಮ ಸಿಟ್ಟು ನುಂಗುವದಕ್ಕೆ ಯಾವಾಗಲೂ ಯತ್ನ ಮಾಡಿರಿ! (B. 4, 16). ಅವರು ಆ ದಣ್ಣನ್ನು ಪುರದ ಹತ್ತರ ಬರಗೊಡ ಬಾರದೆನ್ದು ಬಹಳ ಯತ್ನ ಮಾಡಿದರು (5, 68). ಪಕ್ಷಿ ಇದ್ದವನು ಯತ್ನ ಮಾಡಿದರೆ (ಹೆಚ್ಚಿನ) ರತ್ನ ಸಿಕ್ಕೀತೇ?—ಭಗೀರಥ ಯತ್ನ ಮಾಡಿ, ಭಾಗೀರಥಿ ತನ್ದ; ನಗರದವ ಯತ್ನ ಮಾಡಿ, ನಗಾ ಕಳ ಕೊಣ್ದ (Prvs.).

ಯತ್ನಯಿಸು yatnayisu. = ಎತ್ನಯಿಸು, ಯತ್ನಯ್ಸು. (My.).

ಯತ್ನಯ್ಸು yatnaysu. = ಯತ್ನ ಮಾಡು. (My.).

ಯತ್ನಿಸು yatnisu. = ಯತ್ನಯ್ಸು. (B. 5, 41; My.).

ಯತ್ವ yatva. The letter ಯ್, or the letter and syllable ಯ (Šmd. 63. 188. 288. 389).

ಯತ್ಸುಖ yat-sukha. (Šmd. 100). Which or what joy, whichever or whatever joy.

ಯಥಾ yathâ. *In which manner, in which way, as, like as, like.* ಯಥಾ ರಾಜಾ ತಥಾ ಪ್ರಜಾ (Prv.).

ಯಥಾಕಾಮ yathâ-kâma. (ಯಥಾಕಾಮಂ). According to wish, as one likes, at pleasure (My.).

ಯಥಾಕಾಮಿ yathâ-kâmi. *Acting according to will or pleasure, independent, uncontrolled.*

ಯಥಾಕಾಲ yathâ-kâla. The proper time (for anything), a suitable moment; (ಯಥಾಕಾಲಂ) according to time, in due time, at the proper moment, at the right time (My.).

ಯಥಾಕ್ರಮ yathâ-krama. (ಯಥಾಕ್ರಮಂ). *According to order, in due succession, regularly, methodically, orderly, properly.* 2, a kind of vâstava (Kâvy. III, 3, B, 3. 13-15).

ಯಥಾಗತಿ yathâ-gati. As the course: as customary or usual, as before (My.).

ಯಥಾಜನೋದ್ವೇಜನ yathâ-jana-udvêjana. According to (its) hurting the feelings of persons (Kâvy. III, 3, B, 75).

ಯಥಾಜಾತ yathâ-jâta. Just as born: *senseless, stupid, foolish.*

ಯಥಾತಥ yathâ-tatha. (ಯಥಾತಥಂ). *In conformity with truth or reality.*

ಯಥಾಪೂರ್ವ yathâ-pûrva. (ಯಥಾಪೂರ್ವಂ). As before, as previously;—in succession, one after another (My.).

ಯಥಾಪ್ರಕಾರ yathâ-prakâra. As before, as previously (C.).

ಯಥಾಪ್ರತಿ yathâ-prati. Agreeably with the original copy; a true copy (My.).

ಯಥಾಪ್ರಯೋಗ yathâ-prayôga. (ಯಥಾಪ್ರಯೋಗಂ). According to use or practice (Šmd. 345); common usage or custom (My.).

ಯಥಾಪ್ರಾಪ್ತ yathâ-prâpta. In conformity with a particular state or condition; conformity with them (see Nr. s. ಇಮ್ಮಡಿ).

ಯಥಾಮತಿ yathâ-mati. According to opinion; to the best of one's judgment; suitably to one's capacity (My.).

ಯಥಾಯಥ yathâ-yatha. (ಯಥಾಯಥಂ). *Properly, suitably, fitly;*—in regular order, by degrees.

ಯಥಾಯೋಗ್ಯ yathâ-yôgya. (ಯಥಾಯೋಗ್ಯಂ). Accordantly with propriety or suitableness, rightly, justly, suitably (B. 5, 177; My.).

ಯಥಾರೀತಿ yathâ-rîti. Accordantly with custom, as customary or usual (My.).

ಯಥಾರ್ಥ yathâ-artha. Conformable to the truth or true meaning, agreeing with fact, true, real, genuine, right, suitable; truth, etc. (Bp. 57, 28; My.); (ಯಥಾರ್ಥಂ) *according to the meaning, according to reality, suitably, fitly, truly, justly.*

ಯಥಾರ್ಥಗತಿ yathârtha-gati. The true, proper course (Kâvy. II, 2, B, 27-29).

ಯಥಾರ್ಥಜ್ಞ yathârtha-jńa. One who knows the truth, etc. (Čpr. 5, 31).

ಯಥಾರ್ಥತ್ವ yathârthatva. Suitableness, fitness, propriety, truthfulness (My.).

ಯಥಾರ್ಥವರ್ಣ yathârtha-varṇa. Having a true colour or appearance: *a spy, a secret emissary.*

ಯಥಾರ್ಥಾನುವೃತ್ತಿ yathârtha-anuvṛitti. Proper reference to what precedes (Kâvy. III, 1, A, 4).

ಯಥಾರ್ಹ yathâ-arha. As deserving, according to merit, appropriate, suitable, just, adequate; (ಯಥಾರ್ಹಂ) suitably, etc.

ಯಥಾರ್ಹವರ್ಣ yathârha-varṇa. Having a suitable appearance: *a spy, a secret emissary.*

ಯಥಾವತ್ yathâ-vat. According to propriety, becomingly, properly, exactly, truly;—according to law (My.).

ಯಥಾವಿಧಿ yathâ-vidhi. *According to direction or precept, according to rule, duly, fitly, suitably.*

ಯಥಾಶಕ್ತಿ yathâ-šakti. According to one's power or ability, to the utmost of one's power (Bp. 45, 14).

ಯಥಾಶಕ್ತಿಸಾಗಮಾನ yathâšakti-sâgamâna. (*i. e.* sahagamana). Going with the deceased husband (at cremation) to the extent of one's power (contemptuously said of the wife who, instead of burning herself with the husband, throws a bamboo tube on the pile (My.).

ಯಥಾಶಾಸ್ತ್ರ yathâ-šâstra. (ಯಥಾಶಾಸ್ತ್ರಂ). According to the codes of law or to the precepts of science, as the law ordains (Si. 234; My.).

ಯಥಾಸಂಖ್ಯ yathâ-saṅkhya. Relative order;—(ಯಥಾಸಂಖ್ಯಂ) *according to number, number for number.*

ಯಥಾಸಮ್ಭವ yathâ-sambhava. Accordance with possibility or inclination (Šmd. 164); (ಯಥಾಸಮ್ಭವಂ) compatibly, according to the previous order.

ಯಥಾಸ್ಥಾನ yathâ-sthâna. The right, proper, or usual place;—(ಯಥಾಸ್ಥಾನಂ) according to place, all in regular order, in statu quo, properly, suitably (My.).

ಯಥಾಸ್ಥಿತ yathâ-sthita. (ಯಥಾಸ್ಥಿತಂ). Suitably with (the requirement of) circumstances, properly, conveniently;—as things stood before, in statu quo (B. 4, 155; My.).

ಯಥಾಸ್ಥಿತಿ yathâ-sthiti. In accordance with usage or custom, as usual, as on previous occasions (My.).

ಯಥಾಸ್ವ yathâ-sva (ಯಥಾಸ್ವಂ). Each on his own account, individually;—*properly, suitably.*

ಯಥೇಚ್ಛ yathâ-iččha. = ಎಥೇಚ್ಛ. Agreeable to wish or desire;—(ಯಥೇಚ್ಛಂ) according to wish or desire, ad libitum, plentifully, copiously;—lawlessly. (My.; B. 4, 77. 122).

ಯಥೇಚ್ಛೆ yathâ-iččhĕ. A suitable wish or desire (Sk.). 2, = ಯಥೇಚ್ಛ. (My.).

ಯಥೇಪ್ಸಿತ yathâ-îpsita. As wished, agreeable to wish or expectation;—(ಯಥೇಪ್ಸಿತಂ) *according to one's desire, ad libitum;*—wantonly, wilfully.

ಯಥೇಷ್ಟ yathâ-ishṭa .= ಎಥೇಷ್ಟ. As wished or desired, agreeable to wish, wished for;—(ಯಥೇಷ್ಟಂ) *at pleasure, ad libitum;*—wilfully.

ಯಥೇಷ್ಟಾಚಾರ yathêshṭa-âčâra. Doing what one likes, unrestrained, wilful, lawless, licentious;—heedless proceedings, wilfulness. See ವಿಸಟಮ್ಬರಿ.

ಯಥೋಚಿತ yathâ-učita. *Accordant with propriety or equity, right, proper;*—(ಯಥೋಚಿತಂ) suitably, fitly, properly.

ಯಥೋತ್ತರ yathâ-uttara. Following in regular order or succession;—(ಯಥೋತ್ತರಂ) *in regular order or succession, one after another.*

ಯಥೋದ್ಗತ yathâ-udgata. As arisen, as one came (into the world): *without sense, childlike, stupid.*

ಯದ್ yad. = ಯತ್ 1. (Šmd. 100). Who, which, what, whoever, whatsoever, etc. 2, *for which reason, on which account, since, as, because.*

ಯದಾ yadâ. At what time, when;—since, as (My.).

ಯದಾನಿಬಳ್ಳಿ yadâni-baḷḷi. A winding half shrubby plant, Cocculus villosus Dec. (St. & Pl.).

ಯದಿ yadi. *If, in case that.*

ಯದು yadu. = ಎದು. N. of a son of Yayâti, brother of Puru and ancestor of Kṛishṇa (Śmd. 2. 301). 2, N. of a country to the west of the Yamunâ;—N. of the dakshiṇa country. ಯದುಗಳು, the family and descendants of Yadu (J. 25, 18).

ಯದುಕುಲ yadu-kula. The family of Yadu. ಯದುಕುಲದ ಕ್ಷತ್ರಿಯರ್ (ಯಾದವರ್ Śmd. 2 Cm.).

ಯದುಕುಲಾಗ್ರಣಿ yadukula-agraṇi. Kṛishṇa (J. 33, 3).

ಯದುಕುಲೇನ್ದ್ರ yadukula-indra. = ಯದುಕುಲಾಗ್ರಣಿ. (J. 2, 19).

ಯದುಕುಲೋದ್ಭವ yadukula-udbhava. Kṛishṇa (My.).

ಯದುಗಿರಿ yadu-giri. The Yadu-hill: Mêlkôṭĕ, to the north of Mysore (My.).

ಯದುಗಿರಿನಾಯಕ yadugiri-nâyaka. Vishṇu (My.).

ಯದುಗಿರಿನಾಯಕಿ yadugiri-nâyaki. Lakshmî (My.).

ಯದುನೃಪಾಲ yadu-nṛipâla. King Yadu, etc.

ಯದುನೃಪಾಲಕಟಕ yadunṛipâla-kaṭaka. The whole number of the Yadu kings (Śmd. 301 Mdb.).

ಯದುರಾಜ yadu-râja. Kṛishṇa (J. 26, 70).

ಯದುಶೈಲ yadu-śaila. = ಯದುಗಿರಿ. (My.).

ಯದೃಚ್ಛೆ yad-ṛiĉchĕ. *Acting as one likes, following one's own inclination, self-will, wilfulness, independence; spontaneity;* casual course, accident, chance (ಸ್ವಛನ್ದ, ಅನಿಮಿತ್ತ, ತನ್ನ ಇಚ್ಛೆ Mr. 452). 2, a noun which is neither a generic nor specific term nor noun of agency, one either not derived from authority or not possessing meaning.

ಯದ್ಭವಿಷ್ಯ yad-bhavishya. One who says "what will be" or "what must be": *a man who believes in the power of fate, a fatalist.*

ಯದ್ವದ yad-vada. *Talking anything, talking nonsense, saying no matter what.*

ಯದ್ವಾ yad-vâ. Or, or else, whether.

ಯದ್ವಾತದ್ವಾ yadvâ-tadvâ. Disorderly; disorder, confusion (My.).

ಯನ್ತೃ yantṛi. Restraining, controlling; guiding. 2, one who restrains, a governor, etc.; *a charioteer;—an elephant driver or rider.*

ಯನ್ತ್ರ yantra. = ಎನ್ತ್ರ, ಜನ್ತ್ರ. A means or instrument for holding or restraining or fastening anything. 2, a band, a fastening, a tie, a thong, etc. 3, *any instrument, a machine, an engine, an apparatus.* 4, restraint, constraint, force. 5, a plate or birch-leaf on which are written the names of certain deities, etc. and which is worshipped and tied to the upper arm for the removal of demoniac influences, etc., an amulet, a charm (J. 8, 26); a diagram of a mystical nature or astrological character used as an amulet. See ಮನ್ತ್ರ-. — ಯನ್ತ್ರ ಕಟ್ಟು. To tie an amulet to the upper arm (My.).

ಯನ್ತ್ರಕ yantraka. A bandage;—a restrainer; a machinist. See ಕು-.

ಯನ್ತ್ರಕಲೆ yantra-kalĕ. The mechanical art, mechanics (B. 4, 163).

ಯನ್ತ್ರಣ yantraṇa. Restraint, etc., control, rule, etc. See ನಿ-.

ಯನ್ತ್ರತನ್ತ್ರ yantra-tantra. Amulets and (other) devices (Bp. 40, 62; 43, 79; 50, 78; 51, 11).

ಯನ್ತ್ರಧಾರಾಗೃಹ yantra-dhârâ-gṛiha. A room fitted up with a kind of shower-bath (Čpr. 7, 146).

ಯನ್ತ್ರಮುಕ್ತ yantra-mukta. *Thrown by any kind of machine* (said of weapons).

ಯನ್ತ್ರಿತ yantrita. Restrained, checked, curbed; bound, fastened, fettered; subject to;—one who makes exertions or takes pains. See ಅ-, etc.

ಯನ್ತ್ರಿಸು yantrisu. To bind, etc. (Bp. 60, 22).

ಯಭನ yabhana. Sexual intercourse (R.; see ಯಾಭ).

ಯಭಸ್ವ yabhasva. Know carnally (My.).

ಯಮ yama. = ಎಮ, ಜಮ, ಜವ 2. Restraining, controlling, taming, keeping in check; *restraint* (of the senses, affections, etc.), *self-control;—any great moral duty* (which is obligatory, as chastity, refraining from violence or injury, patience, truthfulness, honesty, as opposed to ನಿಯಮ). 2, *Yama* (the sister of Yamî and son of Vivasvat, the sun), *the god who presides over the pitṛis and rules the spirits of the dead: the judge and punisher of the dead, and the guardian or regent of the south quarter,* in which direction in some region of the lower world is his abode. 2, *a pair, a brace, a couple;*—a twin, one of a pair or couple, a fellow. ನಿಯಮವುಳ್ಳವನನ್ನು ಕಣ್ಡರೆ ಯಮನಿಗೂ ಭಯ (Prv.). — ಯಮಗೊಲೆ. -ಕೊಲೆ. Slaughter done by Yama. ಕರಿವ ಕಾಡೆಣ್ಣೆಯೊಳು ಇರ್ಬ ಬೆನ್ನೊಳು, ಕರುಳ ಹೆರೆವ, ಬಾಯೊಳಗಲ ಸರಿವ, ಕರಗಸದಿಂ ಕೊಡುವ, ಕೆಯ್ ಕಾಲುಗಳ ಮುರಿವ, ಕೆಂಗೆಣ್ಡದೊಳು ಹುರಿವ ಯಮಗೊಲೆಗಳಕಿ ಸಾಯಲಾಪವಲೇ (Sarpabhûshaṇa in B. 5, 320). — ಯಮದಿಕ್ಕು. The south (My.). — ಯಮನವ. -ಅವ. = ಯಮನಾಳು. (Dp. 4). — ಯಮನಾಳು. -ಆಳು. = ಯಮದೂತ. (My.).

ಯಮಕ yamaka. Restraint;—a religious obligation;—a twin, one of a pair; doubled, two-fold. 2, the repeating or setting in opposition in the same stanza of words or syllables different in meaning but similar in sound, a kind of play on words or paronomasia (Śmd. 26-28; Kâvy. III, 2, B, 2-32). See ಪದವರ್ಣವ್ಯಾವೃತ್ತಿ.

ಯಮಕಿಂಕರ yama-kiṅkara. = ಯಮದೂತ. (My.).

ಯಮದಣ್ಡ yama-daṇḍa. = ಜವದಣ್ಡ. Yama's rod (J. 7, 49).

ಯಮದೂತ yama-dûta. A messenger of death, Yama's messenger, employed to bring the souls of the dead to Yama's judgment-seat, and thence conduct them to their final destination (Abh. P. 13, 42).

ಯಮಧರ್ಮರಾಯ yama-dharmarâya. Yama (My.).

ಯಮನ yamana. Restraining, controlling, etc. See ಸಂ-.

ಯಮನಗರಿ yama-nagari. = ಯಮಪುರ. (Bp. 61, 38).

ಯಮನನ್ದನ yama-nandana. Dharmarâja (Bh. 1, 10, 21).

ಯಮನಿಯಮ yama-niyama. Obligatory and self-imposed restraint or religious observance (Bp. 38, 5; J. 23, 2).

ಯಮಪುರ yama-pura. = ಜವಪುರ. The city or abode of Yama (Abh. P. 13, 42).

ಯಮಪುರಿ yama-puri. = ಯಮಪುರ. (My.).

ಯಮಬಾಧೆ yama-bâdhĕ. = ಯಮಯಾತನೆ. (My.).

ಯಮಯಾತನೆ yama-yâtanĕ. The torment or torture inflicted by Yama (My.).

ಯಮರಾಜ್ yama-râj. *King Yama.*

ಯಮರಾಜ yama-râja. = ಯಮರಾಜ್. (Bp. 10, 30).

ಯಮಲ yamala. = ಅಮಳ್, ಅವಳ, ಜವಳ, ಜವಳಿ, ಸವಡ. *A pair.* 2, twin, one of a pair or couple, paired, doubled. 3, the number two.

ಯಮಲಮರ್ದಲ yamala-mardala. = ಜವಳಿವದ್ದಳೆ. A double drum.

ಯಮಲಿ yamali. = ಅವಳಿ, ಜವಳಿ, etc. A pair. 2, a sort of dress consisting of two pieces.

ಯಮಲೋಕ yama-lôka. Yama's world (My.).

ಯಮಹರ yama-hara. Śiva (Bp. 46, 33).

ಯಮಾನುಜೆ yama-anujĕ. Yama's sister: the river Yamunâ (Mr. 414).

ಯಮಾನ್ತಕ yama-antaka. Śiva (My.).

ಯಮಿ yami. One who restrains himself, an ascetic (ತಪಸಿ Śm. 109; Bp. 54, 24). 2, Yamî, the sister of Yama: the river Yamunâ. See ದಿನಕರಾತ್ಮಜೆ.

ಯಮುನಾಭಿದ್ yamunâ-bhid. Who has divided the river Yamunâ into two parts (with his ploughshare): Baladêva. (R.).

ಯಮುನಾಭ್ರಾತೃ yamunâ-bhrâtṛi. The brother of Yamunâ: *Yama.*

ಯಮುನೆ yamunĕ. ಯಮುನಾ. = ಜಗುನೆ, ಜಮುನೆ. *The river Yamunâ* (Jumna), personified as Yamî, the twin sister of Yama and daughter of the sun.

ಯಮೋಪಮ yama-upama. A man like Yama (J. 11, 34).

ಯಯಾತಿ yayâti. N. of the fifth monarch of the lunar race, from the two wives of whom came the two lines of the lunar race, that of Yadu and that of Puru (Bhâgavata 9, 20, 8; see ದೇವಯಾನಿ).

ಯಯು yayu. = ಯುಯು. Going, running about. 2, *a horse* (ಕುದುರೆ Hlâ.). 3, *a horse fit for sacrifice.* See Bp. 59, 37.

ಯರ್ತ yarta. Tbh. of ವ್ಯರ್ಥ. (My.).

ಯವ yava. = ಎವೆ, ಜವೆ 2, ಯವೆ No. 1, ಯೆವೆ. Removal, separation (see ಅವಯವ). 2, *barley, Hordeum hexastichon;*— a barley corn, as a measure or as a weight. 2, a figure or mark on the hand resembling a barley corn, supposed to indicate good fortune.

ಯವಕ yavaka. = ಯವಕೆ. Barley;—a sort of barley.

ಯವಕೆ yavakĕ. = ಯವಕ. ಯವಕೆಗಳು ಬೆಳೆಯುವ ಕ್ಷೇತ್ರ (ಯವಕ್ಯ Si. 301).

ಯವಕ್ಯ yavakya. *Sown with barley, producing barley, fit for barley.*

ಯವಕ್ಷಾರ yava-kshâra. = ಜವಕಾರ. *An alkali prepared from the ashes of burnt barley-straw, saltpetre, nitre, nitrate of potash.*

ಯವಕ್ಷೋದ yava-kshôda. Barley-meal. (R.).

ಯವನ yavana. = ಜವನ 1. Speed, velocity. 2, a fast horse, a courser. 3, an Ionian, a Greek; a Mahomedan, an individual of a foreign race (ತುರುಕ, ತುರುಷ್ಕ, ಜೋನಗ Mr. 382).

ಯವನಕ yavanaka. = ಜೋನಗ. A Greek; a Turk (see Mr. s. ಯವನ).

ಯವನದೇಶ yavana-dêśa. The country of the Yavanas: Ionia, Bactria, Turkisthân, Arabia (My.).

ಯವನಾಲ yava-nâla. A sort of grass or grain, Andropogon bicolor. 2, a kind of millet (ಕಳಕ, ಜೋಳ Mr. 374).

ಯವನಿ yavani. A Yavana woman (My.).

ಯವನಿಕೆ yavanikĕ. = ಜವನಿಕೆ. A curtain, a screen; a veil (Čpr. 4, 31).

ಯವಫಲ yava-phala. That which has barley-like fruit: *a bamboo.*

ಯವಲ yavala. Bamboo-seed (Bp. 14, 15).

ಯವಸ yavasa. = ತವಸ, ದವಸ. *Grass, fodder, pasturage, pasture, meadow grass.*

ಯವಸಾಯ yavasâya. Tbh. of ವ್ಯವಸಾಯ. (My.).

ಯವಾಗು yavâgu. *Rice-gruel* (see ಗಂಜಿ 1).

ಯವಾಗ್ರಜ yava-agra-ja. = ಯವಕ್ಷಾರ. *Nitre, saltpetre.*

ಯವಾನಿ yavâni. *Bishop's weed, Ptychotis ajowan* Dec. (Ligusticum. a. Roxb.; ಜಾಪಾರ Mr. 136).

ಯವಾನಿಕೆ yavânikĕ. *Ptychotis ajowan* Dec.

ಯವಾರ yavâra. Tbh. of ವ್ಯವಹಾರ. A law-suit; fight, quarrel (My.).

ಯವಾಸ yavâsa. = ಯಾಸ 1. *The manna plant, Alhagi maurorum* Tournef.

ಯವಿಷ್ಠ yavishṭha. Youngest.

ಯವೀಯಸ್ yavîyas. Younger; *a younger brother.*

ಯವೆ yavĕ. Tbh. of ಯವ. Barley (ಯವ Nr.; Mr. 374; Si. 301. 304). ಯವೆ ಗೋಧಿ ಮೊದಲಾದವೆಲ್ಲಂ (ಶೂಕಧಾನ್ಯ Nr.). 2, Tbh. of ಯವ್ಯ (Mr. 93).

ಯವ್ಯ yavya. *A field of barley* (ಯವೆ Mr. 93).

ಯವ್ವನ yavvana. Tbh. of ಯೌವನ. (My.; Tĕ.).

ಯವ್ವನಿಗ yavvaniga. Tbh. of ಯೌವನಿಕ. (ತರುಣ, ಯುವ Mr. 309).

ಯವ್ವನೆ yavvanĕ. Tbh. of ಯೌವನಿ. See ನವ-; Bp. 40, 18.

ಯಶ yaśa. = ಜಸ, ಯಶಸ್, ಯಶಸ್ಸು (Śmd. 107). (ಕೀರ್ತಿ Nr. 56; ಭಗ 515).

ಯಶಃಪಟಹ yaśas-paṭaha = ಯಶಟ್ಪಟಹ. *A double drum.*

ಯಶಃಶೇಷ yaśas-śêsha. Having nothing left but glory or fame: dead;—death. (R.).

ಯಶಟ್ಪಟಹ yaśaṭ-paṭaha. = ಯಶಃಪಟಹ. (Abh. P. 9, 94).

ಯಶಶ್ರೀ yaśa-śrî. Splendour of glory (Čpr. 4, 10; 6, 1).

ಯಶಸ್ yaśas. = ಯಶ, etc. *Honour, glory, renown, fame, reputation;* beauty, splendour, magnificence.

ಯಶಸ್ಕರ yaśas-kara. Causing renown, conferring fame or distinction, famous, glorious (My.).

ಯಶಸ್ವಿ yaśas-vi. (-vin). Possessing honour or glory, renowned, famous (My.).

ಯಶಸ್ಸು yaśassu. Tbh. of ಯಶಸ್ (ಯಶ Śmd. 107).

ಯಶೋದೆ yaśas-dĕ. = ಜಸೋಯೆ. A glory-giving female: *the wife of the cowherd Nanda and foster-mother of Krishṇa* (J. 6, 44; 7, 24).

ಯಶೋಲತೆ yaśas-latĕ. Fame looked upon as a creeper (Čpr. 7, 32).

ಯಶೋವನ್ತ yaśas-vanta. A man who possesses fame or glory (My.).

ಯಷ್ಟಿ yashṭi. *A pole, a staff, a stick;*—a wooden roller (ಧ್ರುವ, ಕಣೆ Mr. 213);—a column, a pillar. 2, *a club, a mace.* 3, *a string, a string of pearls;*—a kind of pearl necklace. See ಏಕ-, ಭಾರ-, ಹಂಸಾ-.

ಯಷ್ಟಿಕೆ yashṭikĕ. A staff, a stick, a club, etc. (= ಯಷ್ಟಿ). See ಏ-, ಚರ್ಮ-.

ಯಷ್ಟಿಮಧು yashṭi-madhu. *Liquorice root, liquorice.*

ಯಷ್ಟಿಮಧುಕೆ yashṭi-madhukĕ. *Liquorice.* See ಮಧುಕ.

ಯಷ್ಟ್ರು yashṭra. = ಯಜಮಾನ. *A sacrificer.*

ಯಾ yâ. = ಏ 5. What? which? (T.; Tĕ.; T. also ಯಾಂಗು = ಎಂಗು; ಯಾದು = ಎದು). — ಯಾ ಪಾಟಿ. What, or which, manner? (My.).

ಯಾ yâ. = ವಾ. Or (My.; B. 5, 7).

ಯಾಕೆ yâkĕ. = ಏಕೆ. Why? wherefore? (My.; Bp. 25, 18; B. 1, 25; 3, 72; 4, 10. 18. 75; 5, 40. 223; C.). ಯಾಕಾಗವಲ್ಲದು? (*i. e.* ಯಾಕೆ ಆಗ ಒಲ್ಲದು? C.).

ಯಾಗ yâga. = ಜಾಗ 1. *A sacrifice* (to the gods). ಯಾಗ ದವರ್ (Bp. 56, 35). ಯಾಗದಾವಿನ ಕಪ್ಪು (ಯೂಪ Nr.). ಯಾ ಗಕೆ ಆಯ್ದಿದ ಪಶು (ಪ್ರಾಕೃತ Mr. 461). — ಯಾಗಗೆಯ್. To sacrifice. ಯಾಗಗೆಯ್ವಂ (ಸ್ಥಪತಿ Mr. 261).

ಯಾಗದೀಕ್ಷೆ yâga-dîkshĕ. = ಯಜ್ಞದೀಕ್ಷೆ. (My.).

ಯಾಗಪ್ಪ yâgappa. A chisel used in breaking stones (My., but neither Tĕ. nor T.; *cf.* ವೇಧ 1?).

ಯಾಗಮಂಟಪ yaga-manṭapa. A shed or hall for sacrifices (J. 26, 46).

ಯಾಗವ್ರಯ yâga-vraya. Expense for a sacrifice: a fee, a present (ದಾನ, ದಕ್ಷಿಣೆ Mr. 261).

ಯಾಗಶಾಲೆ yâga-śâlĕ. = ಯಜ್ಞಶಾಲೆ. (ಜನ್ನಣೆ Čt. I, 70); a place for hômas in a temple (My.).

ಯಾಗ್ರ yâgra. Tbh. of ವ್ಯಾಘ್ರ. (My.).

ಯಾಚಕ yâčaka. *A petitioner, a beggar* (ಬೇಡುವವನು Nn. 70). Feminine ಯಾಚಕಿ.

ಯಾಚನಕ yâčanaka. *A petitioner, a beggar.*

ಯಾಚನೆ yâčanĕ. Asking, soliciting;—*a petition, an entreaty, a request.*

ಯಾಚಿತ yâčita. *Asked, prayed for, solicited.*

ಯಾಚಿತಕ yâčitaka. *Anything borrowed.*

ಯಾಚಿಸು yâčisu. To ask, to beg, to solicit, to request. See ಎರೆವಂ, ಬೇಡು; Bp. 6, 6; J. 26, 49.

ಯಾಚ್ಞೆ yâčńĕ. *A petition, a request, an entreaty;* begging. See ಎರೆ 4, ಬೇಡು.

ಯಾಜಕ yâjaka. A sacrificer, a sacrificing priest, *a priest officiating at a sacrifice.*

ಯಾಜನ yâjana. The act of causing a sacrifice to be performed, superintending or assisting at the sacrifices of others. See ಷಟ್ಕರ್ಮ; J. 5, 24; ಮುಖ-.

ಯಾಜಮಾನ yâjamâna. The part of a sacrificial ceremony performed by the yajamâna or institutor of the sacrifice himself. See ಸದ್-.

ಯಾಜಿ yâji. A sacrificer. 2, a sacrifice. See ಸೋಮ-.

ಯಾಜ್ಞ yâjña. (fr. ಯಜ್ಞ). Belonging to sacrifice.

ಯಾಜ್ಞವಲ್ಕ್ಯ yâjñavalkya. N. of an ancient ṛishi;—N. of the author of a code of law (My.).

ಯಾಜ್ಞಸೇನಿ yâjñasêni. (fr. ಯಜ್ಞಸೇನ). Draupadi (My.).

ಯಾಜ್ಞಿಕ yâjñika. (= ಜನ್ನಿಗ). Relating or belonging to sacrifice. 2, a sacrificer, the officiating priest at a sacrificial ceremony, the institutor of a sacrifice; one skilled in sacrificial rites, a ritualist (Bp. 8, 64; 56, 34).

ಯಾಜ್ಯ yâjya. 1. To be sacrificed; sacrificial; one on whose behalf a sacrifice is made (J. 5, 24).

ಯಾಜ್ಯ yâjya. 2. Tbh. of ವ್ಯಾಜ್ಯ. (My.).

ಯಾತ yâta. = ಏತ 2. A picotta (My.; G. 426. 478). ಯಾತಗಣೆಯದು ಚಿಗತು ಕಾತು ಫಲವಾದವನ್ನು ಹೋತು ಹೆಬ್ಬುಲಿಯ ನಿಜ್‌ವನ್ನು ಚೆಣ್ಣಿನ ಮಾತ ನೆಟ್ಟು! (Sp.). ಯಾತ ತಲೆ ತೂಗಿದರೆ ಪಾತಾಳದ ನೀರು ಬನ್ನು, ತಾತ ತಲೆ ತೂಗಿದರೆ ವಗಡ ಬಿತ್ತು (Prv.).

ಯಾತ yâta. Gone;—going;—motion. 2, *the guiding or driving of an elephant with a hook or goad* ಅಂಕುಶಚಾರಣ Hlâ.; ಒದುವುದು Hlâ., *cf.* ಯತ). See ಏ-. 3, a foot-soldier (ಪದಾತಿಕ, ಪತ್ತಿ, etc., ಕಾಲಾಳ್ Mr. 287).

ಯಾತಕೆ yâtakĕ. ಯಾತಕ್ಕೆ yâtakkĕ. = ಏತಕೆ, etc. Why? for what end? (Bp. 24, 65; 25, 17; C.; B. 1, 25; 5, 76).

ಯಾತನ yâtana. = ಯಾತನೆ. The act of requiting, etc. (ಕಾರಣ, ದಣ್ಡಣೆ Mr. 392; see ನಿF-).

ಯಾತನೆ yâtanĕ. Requital, retaliation, reward, return. 2, *acute pain, torment, anguish, agony,* especially *punishment inflicted by Yama, the pains of hell* (ಕಾರಣೆ, ದಣ್ಡಣೆ Hlâ.).

ಯಾತಯಾಮ yâta-yâma. That which has stood for a night: used, spoiled, impaired. 2, one who has run out or completed a course: *exhausted, old, aged.*

ಯಾತರ್ yâtar. = ಏತರ್. ಯಾತರ = ಏತರ, of what? (C.; B. 1, 18; 3, 115). ಯಾತರ್‌ನ್ದ (C.; B. 3, 69. 91). ಯಾತರದು (Bp. 28, 31; C.; B. 1, 18). ಯಾತರವ = ಏತರವ. (C.). ಯಾತರಲ್ಲಿ ಏನೂ ಇಲ್ಲ, ಪಾತ್ರದಾಗೆ ಕಲ್ಲು ಬಿತ್ತು (Prv.).

ಯಾತಿ yâti. Going, marching, proceeding (ಅಯ್ದುವುದು Nn. 77).

ಯಾತು yâtu. A goer;—a traveller, a wayfarer. 2, *a râkshasa, an evil spirit, a demon.* 3, witchcraft; injury; torture.

ಯಾತುಧಾನ yâtu-dhâna. *A râkshasa, an evil spirit, a demon.*

ಯಾತೃ yâtṛi. A goer, a traveller. 2, a charioteer. 3, *a husband's brother's wife* (ನಗೆವೆಣ್ Mr. 312).

ಯಾತ್ಯ yâtya. To be tormented, subject to the torments of hell: *a condemned spirit, an inhabitant of hell.*

ಯಾತ್ರಾದಾನ yâtrâ-dâna. A present of navadhânya given by one who commences a journey or by the pûjâri at the commencement of a car-festival, with the object of obtaining good success (My.).

ಯಾತ್ರೆ yâtrĕ. ಯಾತ್ರಾ. = ಜಾತ್ರೆ. *Going, travel, march* (ಗಮನ, ಗಮನಿಪುದು Nn. 159). 2, *the march of an army, an expedition.* 3, going on a pilgrimage, pilgrimage, a company of pilgrims. 4, a periodical festival in honour of an idol, to which pilgrims resort; a car-festival; a festive procession, a great festival (ಮಹೋತ್ಸವ, ಮಹಾ ಉತ್ಸವ 159). 5, *support of life, maintenance, support.* 6, going after, following: *conformity to usage, practice, custom, usage* (ಅನುಸರಿಸುವುದು 159; Hlâ.; Mr. 479). ಯಾತ್ರೆಗೆ ಹೋದರೂ ಪಾತ್ರೆ ಬಿಡಲಿಲ್ಲ.—ಯಾತ್ರೆಗೆ ಹೋದಾ ಕ್ಷಣ ಮಾತ್ರೇ ಗುಣ ತಿಳಿದೀತೇ? (Prvs.).

ಯಾತ್ರೋತ್ಸವ yâtrâ-utsava. A *festive procession* (Ŏpr. 2, after 94).

ಯಾತ್ರೋತ್ಸಾಹ yâtrâ-utsâha. = ಯಾತ್ರೋತ್ಸವ (Ŏpr. 2, 90).

ಯಾದ yâda. Tbh. of ಯಾದಸ್. (ಅನಿಮಿಷ, ಮೀನ್ Nn. 148).

ಯಾದಃಪತಿ yâdas-pati. *The ocean, the sea.*

ಯಾದವ yâdava. (fr. ಯದು). Descended or coming from Yadu; a descendant of Yadu;—Kṛishṇa. See Šmd. 2.

302; Bp. 54, 63; J. 4, 52; 7, 2. — ಯಾದವರೆಬಿ°ಯ. -ಎಬಿ° ಯ. Krishṇa (J. 2, 46).

ಯಾದವಶಿಖಾಮಣಿ yâdava-śikhâmaṇi. Kṛishṇa (J. 24, 39).

ಯಾದವಾಚಲ yâdava-aćala. = ಯದುಗಿರಿ. (My.).

ಯಾದವಾದ್ರಿ yâdava-adri. = ಯಾದವಾಚಲ. (My.).

ಯಾದವೇನ್ದ್ರ yâdava-indra. Kṛishṇa (J. 5, 5).

ಯಾದಸ್ yâdas. = ಯಾದ. Any animal living in water, *any large aquatic animal, a sea-monster*.

ಯಾದಸಾಮ್ನಾಥ yadasâm-nâtha. Lord of sea-animal: *Varuṇa*.

ಯಾದಸಾಮ್ಪತಿ yadasâm-pati. *Varuṇa*.

ಯಾದಾಸ್ತು yâdâstu. A memorandum, a rough note, a memorial (My.; Br., H.).

ಯಾದಿ yâdi. Remembrance;—memorandum-scrap (My.; Br.; Mhr., H. ಯಾದ, ಯಾದಿಲ).

ಯಾದೃಶ yâ-dṛiśa. Which like? what like? of what kind? which? what? as like (My.).

ಯಾನ yâna. Going, moving, riding; marching or proceeding (against an enemy). 2, *a conveyance or vehicle of any kind, a carriage*, etc. 3, a channel to carry off water (ಸಾರಣಿ, ನೀರ ಹರುಕಣಿ Mr. 422; *cf.* ಪಾನ).

ಯಾನಪಾತ್ರ yâna-pâtra. *A boat, a ship.*

ಯಾನಮುಖ yâna-mukha. *The forepart of a carriage.*

ಯಾನು yânu. = ಆಂ 1, etc. I. (R.; Tu., T. ಯಾನ್).

ಯಾನೆಗ yânega. See ಗಜಾಜ್ಯೆ.

ಯಾನ್ತ ya-anta. A term ending in ಯ or ಯ್ (Śmd. 318).

ಯಾನ್ತ್ರಿಕ yântrika. (fr. ಯನ್ತ್ರ). Relating to instruments or machines (B. 5, 227).

ಯಾಪನ yâpana. Causing to go or pass away;—spending time, wasting time, delay, procrastination; loitering, staying. 2, supporting life: *maintenance, support.*

ಯಾಪಾರ yâpâra. Tbh. of ವ್ಯಾಪಾರ. Trade, traffic (My.). — ಯಾಪಾರ ಸಾಪಾರ. Dupl. (My.).

ಯಾಪ್ಯ yâpya. = ಜಾಪ್ಯ. To be passed or spent, as time;—to be removed or cured;—to be rejected or expelled. 2, *low, vile, contemptible, little, trifling, unimportant.*

ಯಾಪ್ಯಯಾನ yâpya-yâna. *A palanquin, a litter.*

ಯಾಭ yâbha. Sexual intercourse (ವ್ಯವಾಯ, ರತಿ, ಮೈಥುನ, ಕೂಟ Mr. 329).

ಯಾಮ yâma. 1. (= ಯಮ). *Restraint; forbearance.* See ಆ-, ಉಪ-. 2, relating to, or coming from, Yama.

ಯಾಮ yâma. 2. = (ಜಾನೆ), ಜಾಮ, ಜಾವ, ಜಾವು. Going, proceeding, motion, course. 2, *a night-watch, a period or watch of three hours, the eighth part of a day.*

ಯಾಮಿ yâmi. 1. = ಜಾಮಿ. A sister, female relation. 2, one who restrains, etc. See ಅನ್ತರ್-.

ಯಾಮಿ yâmi. 2. Possessing watches: night (ಯಾಮಿನಿ Mr. 65).

ಯಾಮಿಕ yâmika. Being on watch; a watchman, one on guard or duty at night (V. 6, 42).

ಯಾಮಿನಿ yâmini. *Night* (ಯಾಮಿ Mr. 65).

ಯಾಮಿನೀಪತಿ yâminî-pati. The moon (My.).

ಯಾಮೀರ yâmîra. The moon. (R.).

ಯಾಮುನ yâmuna. (fr. ಯಮುನಾ). Relating to, or coming from, the river Yamunâ;—*antimony;*—N.

ಯಾಮ್ಯ yâmya. Relating to Yama;—*southern; the south.*

ಯಾಯಜೂಕ yâyajûka. Frequently sacrificing; *a performer of frequent sacrifices.*

ಯಾಯವಾರ yâyavâra. Tbh. of ಯಾಯಾವರ. Also: alms (My.). ಬುಧವಾರವಾದರೆ ಯಾಯವಾರ ಇಕ್ಕ ಬಾರದೇ? (Prv.).

ಯಾಯಾವರ yâyâvara. Going repeatedly; wandering in all directions;—a vagrant mendicant;—the life of a wandering beggar.

ಯಾಯಿ yâyi. Going, moving, etc.; a traveller, etc. See ಅನು-.

ಯಾಯಿವಾರ yâyivâra. = ಯಾಯವಾರ. (My.).

ಯಾರ್ yâr. ಯಾರು yâru. = ಆರ್ 1, etc. The plural of ಯಾವ: who? (C.). ಯಾರಿಗೆ (B. 5, 127). ಯಾರೋ (B. 3, 44. 99. 126; 4, 205). ಯಾರೋ ಒಬ್ಬ (3, 6). ಯಾರ್ಯಾರು (3, 53). ಯಾರಿಗೆ ನಿತ್ತರೂ ಬೊಮ್ಮಬಟ್ಟೆಗೆ ನಿಲ್ಲಲಿಲ್ಲ.— ಯಾರಿಗೆ ಯಾರಿಲ್ಲ, ಪಾರಿಗೆ ಸುಂಕವಿಲ್ಲ (or ಸಂಗಾತವಿಲ್ಲ).— ಯಾರಿಗೆ ಶರಣು ಬಿದ್ದರೂ ಮರಣದ ಭಯ ತಪ್ಪದು.— ಯಾರೂ ಇಲ್ಲದ ಊರಿಗೆ ಅಗಸರ ಮಾಳಿಯೇ ಮುತ್ತಯ್ದೆ.— ಯಾರೂ ಇಲ್ಲದ ಊರಿಗೆ ಹೋಗಿ, ನೀರುಮುಜ್ಜಗೆ ಬಯಸಿದ ಹಾಗೆ (Prvs.). See Si. 189. 264. 278.

ಯಾರಿ yâri. = ಈರಿ. A species of plant. ಯಾರಿಯೆನೆ ಚಾರಮಸ್ಕಡಮೆನಲಾ ಬುಗುರಿ (Mr. 117; o. r. in one MS. ಯಾರಿಯೆನೆ ಚರಮುಸ್ಕನ್ದೆಯೆನಲಾ ಬುಗರಿ; two MSS. ಈರಿಯೆನೆ ಚೇಲಮುಸ್ಕನ್ದೆಯೆನಲಾ ಬುಗುರಿ).

ಯಾಲ yâla. = ಏಲಾಂ, etc. (My.).

ಯಾಲಕಿ yâlaki. = ಯಾಲಕ್ಕಿ. (Bp. 26, 36; My.).

ಯಾಲಕ್ಕಿ yâlakki. = ಏಲಕ್ಕಿ. (ಪೃಥ್ವಿಕೆ G.; C.; B. 3, 29). ಯಾಲಕ್ಕೀ ಕಾಯಿ (ಉಪಕುಂಚಿಕೆ G.). See Si. 152. 153. 415.

ಯಾವ yâva. = ಆವ, etc. What? which? (C.). ಯಾವ ತಿಂಗಳಲ್ಲಿ ಆ ಹುಣ್ಣಿಮೆ ಬರುವದೊ, ಆ ತಿಂಗಳು ಪುಷ್ಯಮಾಸ ಎನ್ನಲ್ ಪಡುವದು (Si. 42). ಯಾವನು (-ಆವನು) ಹಗೆಯವರನ್ನು ಗೆಲ್ಲುವವಕ್ಕಾಗಿಯೇ ಬಹಳವಾಗಿ ಹೋಬಿಡುತ್ತಾನೋ, ಅನ್ಧನನು ಅಭ್ಯಮಿತ್ರ್ಯ, etc. (282). ಆನೆಯ ಮುಮ್ಭಾಗವು ಯಾವದೋ (-ಆದೋ), ಅದು ದನ್ತಭಾಗ (270). ಯಾವ ಮುಳ್ಳಿಗಾದರೂ ಶೂಕ ಎಮ್ಬ ಹೆಸರು (306). ಯಾವದಸ್ದರೆ (-ಅನ್ದರೆ, B. 5, 109). ಯಾವದಾದರೂ (-ಆದರೂ, 5, 113. 300). ಯಾವದಾದರೊನ್ದು (-ಆದರೂ ಒನ್ದು, B. 3, 2. 3; 4, 129. 134; 5, 124). ಯಾವದೊನ್ದು (ಯಾವದೊ ಒನ್ದು, B. 5, 117). ಅಪ್ಪಾ, ಈ ಜನರು ಯಾವದೋ ಆಟ ಆಡುತ್ತಾರಲ್ಲೇ? (4, 150). ಈ ವಜ್ರವು ಯಾವದೋ ಒನ್ದು ದೇವಾಲಯದೊಳಗಿನ ಮೂರ್ತಿಯ ಕಣ್ಣೊಳಗೆ ಕೂದ್ರಿಸಿತ್ತು (4, 174). ಯಾವದೋ ಒನ್ದು ಕರೀ ಬೀಜದ ಚೀಲವು (4, 62). ಯಾವನೋ ಒಬ್ಬನು ಆ ದೇಶಕ್ಕೆ ಎಮ್ಮೆ ಕೋಣಗಳನ್ನು ಒಯ್ದನೆನ್ದು, ಹೇಳುತ್ತಾರೆ (3, 24). ಯಾವನೋ ಒಬ್ಬ ಅನ್ಯದೇಶದ ಮನುಷ್ಯನು ಆ ಪಟ್ಟಣದೊಳಗಿರುತ್ತಿದ್ದನು (5, 221). ಯಾವ ಕಾರ್ಯವೂ ಹಿನ್ದೆ, ದೇವಕಾರ್ಯ ಮುನ್ದೆ.— ಯಾವ ಕಾಲ ತಪ್ಪಿದರೂ ಸಾಯುವ ಕಾಲ ತಪ್ಪದು.— ಯಾವ ದೇವರು ವರಾ ಕೊಟ್ಟರೂ ಗಣ್ಡನಿಲ್ಲದೆ ಮಕ್ಕಳಾಗವು.— ಯಾವ ರಾಯರಿಗೆ ರಾಜ್ಯವಾದರೂ ರಾಗಿ ಬೀಸೋದು ತಪ್ಪೋದಿಲ್ಲ (Prvs.). ಯಾವ್ಯಾವ (= ಯಾವ ಯಾವ, B. 5, 13. 96). ಯಾವಾಕೆ (-ಆಕೆ, = ಯಾವಳು, B, 5, 290). ಯಾವಾತ (-ಆತ, = ಯಾವನು, G. 13). — ಯಾವನು. Which man? who? (My.). — ಯಾವಲ್ಲಿ. -ಅಲ್ಲಿ. Where? whither? (My. B. 5, 63). — ಯಾವಳು. Which woman? who? (My.). — ಯಾವಾಗ. -ಆಗ. When? (My.; B. 2, 5; 5, 58). ಯಾವಾಗಿನನ್ತೆ (ಯಾವಾಗಿನ ಅನ್ತೆ), as usual (My.; B. 5, 103). — ಯಾವಾಗಲಾದರೂ. -ಆಗಲಾದರೂ. At any time (one does not know when, My.). — ಯಾವಾಗಲು. -ಆಗಲು. ಯಾವಾಗಲೂ. -ಆಗಲೂ. Always, ever (My.; ಸರ್ವದಾ, ಸದಾ Si. 477; ಅನವರತ, ನಿತ್ಯ G.). See B. 1, 14. 26; 2, 8; 3, 32; 5, 103; Si. 87. — ಯಾವಾಗಾ

ದರೂ. -ಆದರೂ. = ಯಾವಾಗಲಾದರೂ. (My.; B. 5, 205. 302). — ಯಾವಾಗ್ಯೆ. = ಯಾವಾಗ. (My.). ಯಾವಾಗ್ಯಾದರೂ. = ಯಾವಾಗಾದರೂ. (My.). — ಯಾವಾಗ್ಯೂ. -ಆಗ್ಯೂ. = ಯಾವಾಗಲೂ. (My.). ಜೀನನ ಮನಸ್ಸು ಯಾವಾಗ್ಯೂ ಹೀನವೇ ಸರಿ (Prv.).

ಯಾವ yâva. (fr. ಯವ). Relating to barley. 2, *lac or the red dye prepared from the cochineal insect* (ಅಲತಿಗೆ, ಅರಗು, ಮದರಂಗಿಯ ರಸ G.).

ಯಾವಕ yâvaka. *Lac, the red dye.* 2, *half ripe barley; forced rice;*—a kind of food prepared from barley, barley gruel (ಅರ್ಧ ಬೇಯಿಸಿದ ಕಾಯಿ, ಗುಗ್ಗರಿ G.). 3, a kind of pulse, Dolichos biflorus (see ಅಲಸಣ್ಡಿಗೆ).

ಯಾವಕದ್ರವ yâvaka-drava. = ಯಾವಕ No. 1. (Čpr. 6, after 64).

ಯಾವಜ್ಜೀವ yâvat-jîva. (ಯಾವಜ್ಜೀವಂ). Throughout life, all one's life long (My.).

ಯಾವತ್ yâvat. As great, as large; *as much, as many;* as often, as far, as long;—*how much, how many;—as much as, as many as, all, all whatsoever, the whole, totally;—as long as;—as far as, unto, until.*

ಯಾವತ್ತರು yâvattaru. Tbh. of ಯಾವತ್. As many persons as, all persons; also ಯಾವತ್ತರೂ (-ಊ, B. 2, 50). ಯಾವತ್ತರಿಗೂ (B. 3, 89. 92).

ಯಾವತ್ತು yâvattu. Tbh. of ಯಾವತ್. All, the whole (C.; B. 3, 26. 27. 75); also ಯಾವತ್ತೂ (C.; B. 3, 27. 128).

ಯಾವನ yâvana. (fr. ಯವನ). Born or produced in the land of the Yavanas; *incense.*

ಯಾಷ್ಟೀಕ yâshṭika. (fr. ಯಷ್ಟಿ). *A warrior armed with a club.*

ಯಾಸ yâsa. 1.= ಯವಾಸ. *The manna-plant, Alhagi maurorum.*

ಯಾಸ yâsa. 2. Tbh. of ವೇಷ. (My.).

ಯಾಸಿ yâsi. = ಯಾಸೆ, etc. (B. 3, 84; 5, 252).

ಯಾಸೆ yâsĕ. Tbh. of ವ್ಯಾಜ? or of ವ್ಯಾಸ?). = ಏಸೆ q. v., ಯಾಸಿ. Bent, crooked, slanting (Tĕ. ಯಾಸೆ, ವ್ಯಾಸ).

ಯಿ yi. For Kannaḍa words with this initial see ಇ.

ಯಿಗತಿ yigati. Tbh. of ಯುಕ್ತಿ. (S. Mhr.).

ಯಿಗುತಿ yiguti. = ಯಿಗತಿ. (My.).

ಯಿಗ್ರ yigra. Tbh. of ವಿಗ್ರಹ. (My.).

ಯಿಂಗಡ yiṅgaḍa. = ಎಂಗಡ. (My.).

ಯಿಂಗಡಿಸು yiṅgaḍisu. = ಎಂಗಡಿಸು. (My.).

ಯಿಸವಾಸ yisavâsa. Tbh. of ವಿಶ್ವಾಸ. (My.).

ಯೀ yî. For Kannaḍa words with this initial see ಈ.

ಯೀಬೂತಿ yîbûti. Tbh. of ವಿಭೂತಿ. (My.).

ಯುಕ್ yuk. (ಯುಜ್). Yoked;—in couples or pairs, even, not odd; even line (Čh.); a pair, two.

ಯುಕುತ yukuta. Tbh. of ಯುಕ್ತ. (My.).

ಯುಕುತಿ yukuti. Tbh. of ಯುಕ್ತಿ. (Bp. 20, 25; My.).

ಯುಕ್ತ yukta. = ಯುಕುತ. Yoked, joined, united; joined with, endowed or furnished with, possessed of, having, possessing (Šmd. 372);—*arranged in regular order, adapted, fitted, fit, suitable, just, proper, right, moderate, due;*—fixed on, intent on;—occupied with, engaged in, attentive, given up or devoted to;—proved, inferred, deduced by argument. Feminine: ಯುಕ್ತೆ (A.), ಯುಕ್ತಳು (My.). — ಯುಕ್ತಗೆಯ್. To join one's self to, to be found in. ಉಕ್ತದಿಂ ಧರೆಯೊಳಿಹ ಜೀವಗಳು ಜಲದಲ್ಲಿ ಯುಕ್ತಗೆಯ್ವವು (Mr. 412).

ಯುಕ್ತರಸೆ yukta-rasĕ. *N. of a plant* (= ಏಲಾಪರ್ಣಿ, ರಾಸ್ನೆ).

ಯುಕ್ತಾಯುಕ್ತ yukta-ayukta. Suitable and unsuitable (G. 516; My.).

ಯುಕ್ತಿ yukti. = ಜುಕುತಿ, ಜುಗುತಿ, ಜುತ್ತಿ, ಯಿಗತಿ, ಯುಕುತಿ. Yoking, joining, *function, union, combination, connection.* 2, application, use, employment, practice, usage. 3, appliance, means, plan, scheme, expedient. 4, trick, contrivance, device, stratagem, ingenuity, cunning. 5, skill, dexterity, art, tact (J. 1, 6). 6, *suitableness, adaptedness, fitness, propriety.* 7, the art (as of a piece of mechanism); the secret, the key, etc. 8, in law: enumeration of circumstances, etc. 9, reasoning, argument, inference, deduction from circumstances. 10, in the drama: connection of events in the plot. 11, in rhetoric: emblematic or mystical expression of purpose. 12, supplying an ellipsis. ಯುಕ್ತಿಯ ಮಾತು ಮುಕ್ಕಳಿಸ್ವಾದರೂ ತಿಳುಕೊ!—ಭಕ್ತಿಯಿನ್ದ ಮುಕ್ತಿ, ಯುಕ್ತಿಯಿನ್ದ ಉಕ್ತಿ (Prvs.). See Prv. s. ತಕ್ತ. — ಯುಕ್ತಿ ತೆಗೆ. To take hold of a contrivance, etc., to frame and use it (My.; B. 5, 222); to make an invention (My.; B. 5, 170. 171. 224). — ಯುಕ್ತಿ ಹುಡುಕಿ ತೆಗೆ. To make an invention (My.; B. 5, 178. 179). — ಯುಕ್ತಿ ಹುಡುಕು. To seek or seek after a contrivance, etc. (My.).

ಯುಕ್ತಿಪರ yukti-para. Filled with fitness, etc., suitable, apt; ingenious, etc. (B. 5, 182; My.).

ಯುಕ್ತಿವನ್ತ yukti-vanta. A man fertile in expedients or of resources; an ingenious or clever man; etc. (My.).

ಯುಕ್ತಿಶಾಲಿ yukti-śâli. = ಯುಕ್ತಿವನ್ತ. (My.).

ಯುಕ್ತಿಸಾಧ್ಯ yukti-sâdhya. Attainable by expedients, etc. (My.).

ಯುಕ್ತಿಸಾಮರ್ಥ್ಯ yukti-sâmarthya. The power that is in expedients, etc. (My.).

ಯುಕ್ತಿಸು yuktisu. To direct or bend the thoughts towards any object, to consider, to think upon (Bp. 10, 42; 26, 49; 39, 12; 47, 56; 58, 14).

ಯುಗ yuga. = ಜುಗ, ನಗ 3, ನೊಗ. *A yoke* (ನೊಗನು Nn. 90). 2, *a pair, a couple* (ದ್ವಿತಯ, ಎರಡು 90; ಎರಡು 84; ತೋಡು Šm. 91). 3, wife and husband (ದಮ್ಪತಿ, ಸ್ತ್ರೀಪುರುಷರು 90). 4, a period or astronomical cycle of five years, a lustrum. 5, the period of a year (see ಯುಗಾದಿ). 6, *an age of the world,* of which there are four: kṛita, trêtâ, dvâpara, and kali (ಕಾಲ 90). 7, the number 4 (Čh.; ನಾಲ್ಕು Mr. 347). 8, a measure of length (ಮೂರು, ನಾಲ್ಕು ಮೊಳ G.). 9, a species of drug (= ವೃದ್ಧಿ; ಔಷಧ G.). Feminine: ಯುಗೆ, she who possesses a pair (A.).

ಯುಗಕೀಲಕ yuga-kîlaka. *The pin of a yoke.*

ಯುಗನ್ಧರ yuga-n-dhara. *The pole of a carriage.*

ಯುಗಪತ್ yuga-pat. = ಯುಗಪದ್. (Šmd. 99. 107).

ಯುಗಪತ್ರಕ yuga-patraka. *Mountain ebony, the tree Bauhinia variegata.*

ಯುಗಪತ್ಸಮ್ಭ್ರಮ yugapat-sambhrama. (Šmd. 99). Simultaneous agitation, etc.

ಯುಗಪದ್ yuga-pad. Being in the same yoke or by the side of each other: *together, at one time, simultaneously, at once, all at once, all together.*

ಯುಗಪದುಕ್ತಿ yugapad-ukti. Speaking of or mentioning two (persons, etc.) at one time (Šmd. 261. 269).

ಯುಗಪಾರ್ಶ್ವಗ yuga-pârśva-ga. *Going at the side of the yoke* (said of young ox in training).

ಯುಗಲ yugala. = ಜೋಳ 2. *A pair, a couple, a brace.*

ಯುಗಲತೆ yugalatĕ. The state of being a couple (ಎರಡೆರಡು Šmd. 255).

ಯುಗಲಸನ್ಧಾನ yugala-sandhâna. Joining or fastening a pair together. See ಕಟ್ಟಳೆ.

ಯುಗಲಾರ್ಥ yugala-artha. Having or conveying the meaning of a pair (Šmd. 174).

ಯುಗಲೋಚ್ಚಾರಣ yugala-uččaraṇa. Uttering twice (Šmd. 230).

ಯುಗಾಕ್ಷ yuga-aksha. The two axles (J. 8, 38).

ಯುಗಾಂಗುಲಿವಿಮೋಚನ yuga-anguli-vimôčana. Unloosening, or sending forth, with a pair of fingers. See ಚಿಮ್ಮು.

ಯುಗಾದಿ yuga-âdi. = ಉಗಾದಿ. The commencement of a yuga, the beginning of the world (Bp. 5, 62). 2, the commencement of a year, a new year's first day (and its feast, My.). ಉಣ್ಣದ್ದೇ ಯುಗಾದಿ, ಮಿನ್ದದ್ದೇ ದೀವಳಿಗೆ (Prv.). — ಯುಗಾದಿಹಬ್ಬ. A festivity observed on a new year's day (My.).

ಯುಗಾನ್ತ yuga-anta. The end of a yoke;—the end of a generation;—*the end of a yuga or age, destruction of the world.*

ಯುಗ್ಮ yugma. = ಜುಗಮು, ಜುಗುಮು. *A pair, a couple, a brace.* 2, = ಯುಜ್, an even line (Čh.).

ಯುಗ್ಮೆ yugmĕ. = ಯುಗ್ಮ No. 2. (Čh.).

ಯುಗ್ಯ yugya. Fit or proper to be yoked or harnessed. 2, *a vehicle, a carriage.* 3, any yoked or draught animal.

ಯುಜ್ಯ yujya. = ಉದ್ದಿ. Allied; fit; union (see Tĕ. s. ಉದ್ದಿ and ಪಿಳ್ಳಾವುದ್ದಿ).

ಯುತ yuta. Fastened to or on, attached to; added, joined, united; furnished with, endowed with, possessed of, filled with (ಅನ್ವಿತ, ಸಂಹಿತ, ಸಮನ್ವಿತ, ವಾನ್, etc., ಕೂಡಲ್ Mr. 440). See Čh. v. 56; J. 10, 5; ಧಾನ್ಯಯುತತೃಣರಾಶಿ, ನಿ-, ವಿ-.

ಯುತಕ yutaka. A pair, a couple;—union;—a sort of dress worn by women. (R.).

ಯುತಿ yuti. (= ಜೊತೆ). Junction, union, joining, uniting.

ಯುದ್ಧ yuddha. = ಜುದ್ದ. *A war, a battle, a conflict, a fight, a combat.* See ಕಾದು 1. — ಯುದ್ಧಂಗೆಯ್. -ಂ-ಗೆಯ್. = ಯುದ್ಧ ಮಾಡು. (Šŝv. 4, 77). — ಯುದ್ಧ ನಡೆ. A war to be carried on or happen (B. 5, 67; My.). — ಯುದ್ಧ ಮಾಡು. To make war, to fight (B. 5, 53; My.).

ಯುದ್ಧಕ್ರಮಣಗಮನ yuddha-kramaṇa-gamana. Going in a warlike manner, etc. See ಉಬುಮ್ಬು.

ಯುದ್ಧಭೂಮಿ yuddha-bhûmi. A field of battle (My.).

ಯುದ್ಧರಂಗ yuddha-ranga. = ಯುದ್ಧಭೂಮಿ. (My.).

ಯುದ್ಧಸಮಯಕ್ರಮ yuddha-samaya-krama. The manner of the time of a war (Čpr. 4, 44).

ಯುಧ್ yudh. *A war, a fight, a battle.*

ಯುಧಿಷ್ಠಿರ yudhi-sthira. Firm or steady in battle: the eldest of the five sons of Pâṇḍu (ಧರ್ಮಜ, ಧರ್ಮಪುತ್ರ Mr. 264; J. 2, 5; 7, 67).

ಯುಯು yuyu. = ಯುಯು. *A horse.*

ಯುವ yuva. (ಯುವನ್). = ಯುವಾನ. Young, youthful, juvenile, adult, arrived at puberty;—strong, excellent. 2, *a youth, a young man.* 3, the ninth year in the cycle of sixty (My.).

ಯುವತಿ yuvati. *A young woman.*

ಯುವನಾಶ್ವ yuvanâśva. N. of the father of Mândhâtṛi, and of other persons.

ಯುವರಾಜ yuva-râja. An heir apparent associated with the reigning sovereign in the government, a crown prince (ಪಟ್ಟದ ಕುವರಂ Mr. 310).

ಯುವಾಧಿಪ yuva-adhipa. = ಯುವರಾಜ. (Čpr. 6, 37).

ಯುವಾನ yuvâna. Tbh. of ಯುವ (ಯುವನ್, Šmd. 108; Kâvy. I, 2, 96-103).

ಯುವೇಶ್ವರ yuva-îśvara. = ಯುವರಾಜ. (Čpr. 2, 56).

ಯುವೋನ್ಮೃಗ yuva-unmṛiga. Young men looked upon as large wild animals or game (Grj. 2, 88).

ಯುಷ್ಮದ್ yushmad. You, your (Šmd. 100; 300 Cm.; Kâvy. I, 2, 66-70; I, 5, 6-12. 27-31; Bp. 47, 64).

ಯುಷ್ಮದ್ಗುಣ yushmad-guṇa. (Šmd. 100). Your merit, etc.

ಯೂಕ yûka. A louse (Šm. 79).

ಯೂಕಸಮೃದ್ಧಿ yûka-samṛiddhi. Increase of lice. See ಪೇನ್.

ಯೂಕಾಭೀತಿ yûkâ-bhîti. Fear on account of lice (Čpr. 1, 45).

ಯೂಕೆ yûkĕ. ಯೂಕಾ. = ಯೂಕ.

ಯೂಥ yûtha. *A flock, a herd*; a troop; a multitude.

ಯೂಥನಾಥ yûtha-nâtha. The leader of a troop; *the head of a flock or herd.*

ಯೂಥಪ yûtha-pa. *The leader of a herd* (especially of elephants).

ಯೂಥಿ yûthi. = ಯೂಥಿಕೆ. (V. 4, 45).

ಯೂಥಿಕೆ yûthikĕ. *A kind of jasmine, Jasminum auriculatum* (ಮಾಗಧಿ, ಸೇವನ್ತಿ Mr. 123).

ಯೂಪ yûpa. *A post or stake to which the sacrificial victim is fastened* (J. 18, 12). 2, a column erected in honour of a victory.

ಯೂಪಕಟಕ yûpa-kaṭaka. *A ring at the top of the sacrificial post.*

ಯೂಪಖಣ್ಡ yûpa-khaṇḍa. *Shavings of the wood of which a sacrificial post is made.*

ಯೂಪಸ್ತಮ್ಭ yûpa-stambha. = ಯೂಪ No. 1. (My.).

ಯೂಪಾಗ್ರ yûpa-agra. *The top of the sacrificial post.*

ಯೂಷ yûsha. *Soup, broth, pease-soup, the water in which pulse of various kinds has been boiled.*

ಯೆಗ್ಗಳ yĕggaḷa. = ವೆಗ್ಗಳ. (My.).

ಯೆಂಗಿ yengi. (Tbh. of ವ್ಯಂಗ್ಯ). — ಯೆಂಗಿ ಹಾಕು. To cheat (My.).

ಯೆಸನ yesana. Tbh. of ವ್ಯಸನ. (My.).

ಯೆವೆ yĕvĕ. Tbh. of ಯವ. (Ši. 304).

ಯೇರಣಿಗ yĕraṇiga. = ವೇರಡಿಗ, q. v.

ಯೇಸ yêsa. Tbh. of ವೇಷ. (My.).

ಯೋಕ್ತೃ yôktṛi. (= ಜೋದ). One who yokes or harnesses, a coachman, a driver; one who employs or makes use of. See ಪ್ರ-.

ಯೋಕ್ತ್ರ yôktra. (= ಯೋತ್ರ). *A tie, a fastening, a cord, a halter, a rope, a thong* (ಹಗ್ಗ Hlâ.);—the tie of the yoke of a plough;—the thongs by which an animal is attached to the pole of a vehicle.

ಯೋಕ್ತ್ರಕ yôktraka. = ಜೊತ್ತಿಗೆ, ಜತಿಗೆ, ಜತ್ತಿಗೆ, ಜೆತ್ತಿಗೆ, ಜೊತಿಗೆ, ಜೊತ್ತಗೆ, ಜೊತ್ತಿಗೆ, ಯೋಕ್ತ್ರ q. v. A tie, etc.

ಯೋಗ yôga. = ಜೋಹ, ಜೋಗ, ಜೋಹ, ಸೋಗು. Yoking, joining, junction, union, contact; *connection, association* (ಕೂಟ Śmd. 161 Cm.; ಕೂಟ, ಸಂಗ Nn. 113; ಕೂಟ, ನೀವಿ 105; ಕೂಟ Mr. 514);—*combination or mixing of various materials, mixture;—the arraying or equipping (of an army), arrangement, disposition;—manner, method, means; an expedient, a plan, a device;*—supernatural means, charm, magic, magical art. 2, undertaking, work, business; performance, execution. 3, *fitness, propriety, suitability.* 4, accession of property, substance, wealth (ಧನ 113; ದ್ರವ್ಯ 514). 5, conjunction (of stars);—lucky conjuncture; an auspicious moment; good luck, a good or happy condition (ಸದ್ಗತಿ, ಒಳ್ಳೆಹ ಗತಿ 113; ಸುಗತಿ 514); final beatitude (ಮುಕ್ತಿ 514);—luck, destiny (My.). 6, a period of time; a day (ದಿನ, ದಿವಸ 113; ದಿನ 514). 7, a particular division of time or astronomical period, indicating the sum of the longitude of the sun and moon; twenty-seven (or twenty-eight) such yôgas are enumerated (ವಿಷ್ಕಮ್ಭಾದಿಯೋಗ Mr. 68). 8, a constellation, an asterism. 9, etymology, derivation of the meaning of a word from its root; the etymological meaning of a word, opposed to rûḍhi. 10, the connection of words together, construction. 11, a rule, an aphorism, a precept. 12, zeal, endeavour. 13, *application or concentration of the thoughts, fixing the mind on a particular point and keeping the body in a fixed posture, abstract contemplation, meditation* (ಜಪಾರ್ಚನ, ಜಪ ಅರ್ಚನೆಗಳು 113; ನೆನವ ಸುಧ್ಯಾನ 514). 14, the systematic practice of the above abstract contemplation, the yôga system (darśana) of philosophy as established by Patañjali, a division of the sâṅkhya system (ಯಮನಿಯಮಾದಿಗಳ್ Mr. 259). 15, a good quality (ಸದ್ಗುಣ, ಒಳ್ಳಿಹ ಗುಣ 113). 16, the body (ಕಾಯ, ದೇಹ 113; ತನು 514). 17, disguise (ವೇಷ 113; ವೇಶ 514); a spy. 18, application of a remedy: a remedy, a medicine (ಔಷಧ 113; ಔಷಧ 514). 19, a kind of boat (see s. ಜೋಗ). ಯೋಗವಿದ್ದಷ್ಟು ಭೋಗಿಸ್ಯಾನು (Prv.).

ಯೋಗಕ್ಷೇಮ yôga-kshêma. Happy condition and health, well-being, welfare (My.). ಯೋಗಕ್ಷೇಮ ತಿಳಿಯಬಿದ್ದರೂ ರೋಗದ ಚಿಕಿತ್ಸೆ ಬಲ್ಲ (Prv.).

ಯೋಗದೃಷ್ಟಿ yôga-dṛishṭi. Knowledge obtained by meditation (My.).

ಯೋಗಧಾರಣ yôga-dhâraṇa. Continuance or perseverance in abstract contemplation (My.).

ಯೋಗಧ್ಯಾನ yôga-dhyâna. Contemplation (of the deity) in mental concentration (My.).

ಯೋಗನಿದ್ರೆ yôga-nidrĕ. Contemplation-sleep: a state of half contemplation and half sleep, a state between sleep and wakefulness which admits of the full exercise of the mental powers; the sleep of Vishṇu, etc. at the end of a yuga (Bp. 4, 9; 35, 8. 41).

ಯೋಗಪಟಿ yôga-paṭi. = ಯೋಗಪಟ್ಟ. (ವ್ಯಾಪಿ Mr. 256, one MS. ಯೋಗಪಟಿ).

ಯೋಗಪಟ್ಟ yôga-paṭṭa. = ಯೋಗಪಟ್ಟಿಕೆ. (Sk.; R.).

ಯೋಗಪಟ್ಟಿಕೆ yôga-paṭṭikĕ. = ಜೋಗವಟ್ಟಿಗೆ, ಯೋಗವಟ್ಟಿಗೆ. The cloth thrown over the back and knees of an ascetic during meditation (Sk. ಯೋಗಪಟ್ಟಕ).

ಯೋಗಪಾದುಕೆ yôga-pâdukĕ. = ಜೋಗವಾವುಗೆ, ಯೋಗವಾವುಗೆ. A magical shoe, supposed to carry the wearer wherever he wishes.

ಯೋಗಪೀಠ yôga-pîṭha. A particular posture during religious contemplation (Sk.; *cf.* ಯೋಗಾಸನ; Bp. 23, 21).

ಯೋಗವಟ್ಟಿಗೆ yôga-paṭṭigĕ. Tbh. of ಯೋಗಪಟ್ಟಿಕೆ. (ಜೋಗವಟ್ಟಿಗೆ Kk. 33).

ಯೋಗವನ್ತ yôga-vanta. A lucky man (My.).

ಯೋಗವಾವುಗೆ yôga-pâvugĕ. Tbh. of ಯೋಗಪಾದುಕೆ. (Kk. 33).

ಯೋಗವಾಹ yôga-vâha. A letter on the top of another (Śmd. 369); especially a term for the sounds visarjanîya (visarga), jihvâmûlîya, upadhmânîya, and nâsikya (sonnĕ, Śmd. 25. 26. 43. 44).

ಯೋಗವಿಭಾಗ yôga-vibhâga. The disuniting or separation of that which is usually combined together into one, the separation of one rule into two, making two rules of what might be propounded as one (Śmd. 300. 419).

ಯೋಗಶಕ್ತಿ yôga-śakti. The power derived from yôga (My.).

ಯೋಗಶಾಲಿ yôga-śâli. = ಯೋಗವನ್ತ. (My.).

ಯೋಗಾಕ್ಷರ yôga-akshara. A compound consonant (when such consonants are used for alliteration there is some freedom, but their upper consonant must be *always* the same, Ĉh. v. 54 and an instance found in one MS.).

ಯೋಗಾಚಾರ yôga-âĉâra. The observance or practice of the yôga. 2, a follower of a particular Buddhist sect.

ಯೋಗಾಚಾರ್ಯ yôga-âĉârya. A teacher of the yôga system of asceticism. 2, a teacher of the magical art. See Bp. 24, 48.

ಯೋಗಾಭ್ಯಾಸ yôga-abhyâsa. Practice of the yôga (My.).

ಯೋಗಾಸನ yôga-âsana. The posture or mode of sitting proper for abstract meditation (My.).

ಯೋಗಿ yôgi. = ಜೋಗಿ. A follower of the yôga system, a yôgi; an ascetic; a devotee (ಧಗ Mr. 515; Śmd. 2; Bh. 1, 8, 24; C.); a class of śaiva devotees and beggars (My.). 2, a magician, one supposed to have obtained supernatural powers. ಮನವ ಘನದಲಿ ಕಟ್ಟಿ, ಘನವ ಮನದಲಿ ಕಟ್ಟಿ, ಮನಮ್ ಅದುವೆ ಪಾಪಕೆಳಸದಾ ಯೋಗಿಗೆ ವನವಾಸ ಯಾಕೆ? (Sp.). ಯೋಗಿಯಾದರೂ ಭೋಗ ಬಿಡ (Prv.).— ಯೋಗಿದೇವ. N. (Bp. 58, 9).

ಯೋಗಿಣಿ yôgiṇi. Tbh. of ಯೋಗಿನಿ. A female yôgi (J. 15, 15). 2, = ಯೋಗಿನಿ No. 1 (J. 15, 21). 3, an unlucky conjunction of stars (Mr. 59).

ಯೋಗಿತ yôgita. Yoked, joined. See ಸಂ-. 2, *bewitched, under the influence of charms or sorcery, mad.* See Nr. s. ಮರುಳ್ 2.

ಯೋಗಿನಿ yôgini. = ಯೋಗಿಣಿ. A female demon or being endowed with magical power, a fairy, a sorceress, one of the eight yôginis created by and attendant on Durgâ (Sk.). 2, a class of yôginis, of which sixty-four are enumerated (J. 5, 72).

ಯೋಗೀನ್ದ್ರ yôgi-indra. = ಯೋಗೀಶ್ವರ. (ಯತೀಶ್ವರ Nn. 18).

ಯೋಗೀಶ್ವರ yôgi-îśvara. A great yôgi (ಪಿಪ್ಪಲ, ಯತೀನ್ದ್ರ Nn. 62; ಎತೀಶ್ವರ 78).

ಯೋಗೇಷ್ಟ yôga-ishṭa. *Lead;* tin.

ಯೋಗ್ಯ yôgya. = ಯೋಗ್ಯ. Fit for the yoke; fit for yôga. 2, *useful, serviceable, fit, becoming, suitable, proper, able, fit for, qualified for;* a useful, etc. man (ಅದಿಯನ್ Kk. 68). Feminine: ಯೋಗ್ಯಳು. ಸತ್ತಿಗೆ ಯೋಗ್ಯಳಾದವಳು ಮುತ್ತು ಬಯಸಿದ ಹಾಗೆ (Prv.). 2, *a species of plant or drug* (ವೃದ್ಧಿ, ಸಿದ್ಧಿ, ಲಕ್ಷ್ಮಿ, ವದ್ಧಿಯೆಮ್ಬ ಗನ್ಧದ್ರವ್ಯಂ Nr.).

ಯೋಗ್ಯತನ yôgyatana. = ಯೋಗ್ಯತೆ. (B. 5, 290; My.).

ಯೋಗ್ಯತೆ yôgyatĕ. *Suitableness, propriety, fitness, appropriateness;*—ability, capability (ಪುರುಷ್ Ôt. I, 48). ಯೋಗ್ಯತೆಯಱಿಯದ ದೊರೆತನವೂ ರೋಗವಱಿಯದ ವೈದ್ಯನೂ ಒನ್ದೇ (Prv.).

ಯೋಗ್ಯಾರಥ yôgyâ-ratha. *A carriage employed in military exercises.*

ಯೋಗ್ಯೆ yôgyĕ. ಯೋಗ್ಯಾ. Exercise, practice, especially *gymnastics, warlike or martial exercise, drill.*

ಯೋಚನ yôcana. = ಯೋಚನೆ. Tbh. of ಯೋಜನ. Application of the mind, deliberation, consideration, reflection, thought; sorrowful thought (ವಿಚಾರ G.; B. 5, 30).

ಯೋಚನೆ yôcanĕ. = ಯೋಚನ. (ಗತಿ Nn. 166; My.; Tĕ.; M. ಯೋಜನೆ; T. ಯೋಜಸ್ಸು). ಕಜ್ಜಯಿದ್ದವನಿಗೆ ಲಜ್ಜೆಯಿಲ್ಲ, ಅಜ್ಜಯಿದ್ದವನಿಗೆ ಯೋಚನೆಯಿಲ್ಲ.—ದೆವ್ವ ಹಿಡಿದವಗೆ ದೈವದ ಯೋಚನೆ ಏನು?—ಧೀರನಿಗೆ ಯಾಕೆ ನಾರೀ ಯೋಚನೆ?—ಪಾಪಿಗೆ ಪಾರಾಯಣದ ಯೋಚನೆ ಉಣ್ಟೇ?—ಪ್ರಾಣಾ ಹೋಗುವಾಗ್ಯೆ ಕೋಣನ ಯೋಚನೆ ಏನು?—ಬಡ್ಡಿಗೆ ಯಾತಕೆ ಬದುಕಿನ ಯೋಚನೆ?—ಬಣ್ಣನಿಗೆ ಪಿಣ್ಡದ ಯೋಚನೆಯೇ?—ಬಾರಿನವರಿಗೆ ಬೇರಿನ ಯೋಚನೆ ಯಾಕೆ?—ಬಾಯಿತಪ್ಪಿದ ಬಱಿಕ ಬಳೆಯ ಯೋಚನೆ ಯಾಕೆ?—ಬೆಳಗಾದ ಮೇಲೆ ಬೆಟ್ಟದ ಯೋಚನೆ (Prvs.). See B. 5, 65. 68. 200.

ಯೋಚಿಸು yôcisu. (= ಯೋಚಿಸು). To deliberate, to reflect, to think;—to consider, to ponder, to weigh in the mind; to ascertain (Śmd. 187. 188; Bp. 5, 55; 50, 44; B. 3, 15. 51; My.). ಯೋಚಿಸಿದ ಹಾಗೆ ಸೂಚಿಸುವದು (Prv.).

ಯೋಜನ yôjana. = ಯೋಚನ, ಯೋಚನೆ. The act of joining, junction, harnessing, yoking, etc.;—the act of applying, application, fixing, arranging, preparation. 2, a stage or distance gone in one harnessing or without unyoking: *a measure of distance equal to four krôśas* or about 9 English miles (others: about equal to an European league, *i. e.* 4 or 5 English miles; others: equal to $2\frac{1}{2}$ English miles; ನಾಲ್ಕು ಹರದಾರಿ G.; My.). 3, grammatical construction. 4, application of the thoughts: directing the thoughts to one point, concentration of the mind, abstraction (Sk.);—devising, contriving, inventing (B. 5, 227; Mhr. ಯೋಜನಾ). ಯೋಜನ ನಡಿಯಲಿಕ್ಕೆ ಕೂಡದಿದ್ದರೂ ಭೋಜನದಲ್ಲಿ ಕಡಿಮೆಯಿಲ್ಲ.—ಭೋಜನ ಆನ್ದರೆ ಯೋಜನ ಹೋದೇನು ಅನ್ದ ಹಾಗೆ (Prvs.).

ಯೋಜನಗನ್ಧಿ yôjana-gandhi. A woman whose fragrance extends for a yôjana: Satyavatî, the wife of Śantanu (Bh. 1, 2, 23; Sk. -ಧೆ).

ಯೋಜನವಲ್ಲಿ yôjana-valli. *Bengal madder, Rubia munjista.*

ಯೋಜನಸ್ತನಿ yôjana-stani. N. of a female demon (J. 16, 35. 36. 41).

ಯೋಜಿತ yôjita. Joined, united, etc. See ಸಂ-.

ಯೋಜಿಸು yôjisu. (= ಯೋಚಿಸು). To yoke to, to put to, to join; to bestow upon (Čpr. 4, 3. 60; 7, 3; Abh. P. 3, 146). 2, to deliberate, etc. (Bp. 3, 68; 51, 30). 3, to approve, to assent to, to permit, to grant (ಅನುಮತ Śmd. Dh.).

ಯೋಜ್ಯ yôjya. To be joined; fit to be applied; to be appointed; to be made use of or employed; etc. See ನಿ-.

ಯೋತ್ರ yôtra. (= ಯೋಕ್ತ್ರ). *A tie, a band, a cord, a rope;* etc. (ಕಣ್ಣಿ, ಹಗ್ಗ, ಬನ್ಧ Mr. 371).

ಯೋದ್ಧೃ yôddhṛi. *A fighter, a warrior, a soldier, a combatant.*

ಯೋಧ yôdha. (= ಜೋದ). *A warrior, a soldier.*

ಯೋಧಕ yôdhaka. = ಜೋದಕ, ಯೋಧ. (My.; ಕಾದುವವನು G.).

ಯೋಧನ yôdhana. Fighting, battle, strife. See ದುರ್-.

ಯೋಧಸಂರಾವ yôdha-saṁrâva. *Challenging to battle, mutual defiance of combatants.*

ಯೋಧ್ಯ yôdhya. Fit to be fought, to be overcome in battle, conquerable. Feminine: ಯೋಧ್ಯೆ; see ಅ-.

ಯೋನಿ yôni. *The womb, the uterus, the matrix, the vulva, the vagina; the female organs of generation* (ಪುಕ್ಕ Śm. 78);—any place of birth;—*birth, origin, source;*—family, race, stock, caste.

ಯೋನಿಜ yôni-ja. Born or produced from the womb, viviparous (Bp. 2, 10; 54, 26).

ಯೋಷಿತ್ yôshit. *A woman; a wife.*

ಯೋಷಿತೆ yôshitĕ. *A woman; a wife.*

ಯೋಷೆ yôshĕ. *A woman; a wife.*

ಯೌಕ್ತಿಕ yauktika. (fr. ಯುಕ್ತಿ). A king's companion or associate (= ನರ್ಮಸಚಿವ). (R.).

ಯೌಗಿಕ yaugika. (fr. ಯೋಗ). Useful, applicable;—proper, customary, usual;—*suiting the derivation, agreeing with the etymology, derivative;*—relating to the yôga.

ಯೌತಕ yautaka. Property given at marriage, a woman's dowry, *a nuptial gift, presents made to a bride at her marriage by her father and friends,* also to the bridegroom.

ಯೌತವ yautava. = ಪೌತವ. *Measure in general.*

ಯೌವತ yauvata. (fr. ಯುವತಿ). *An assemblage of young women.*

ಯೌವತರತ್ನ yauvata-ratna. A number of girls that resemble precious stones (Čpr. 7, 128).

ಯೌವನ yauvana. (fr. ಯುವ, ಯುವನ್). = ಜವ್ವನ, ಯುವ್ವನ. Juvenile;—*youth, youthfulness, the prime of life, the bloom of youth, puberty, manhood.* ಚಿನ್ತೆಯೇ ಮುಪ್ಪು, ಸನ್ತೋಷವೇ ಯೌವನ.—ಯೌವನ ಕುನ್ದಿದರೂ ಗಂಪರ ಬಿಡಲಿಲ್ಲ (Prvs.).

ಯೌವನಮದ yauvana-mada. The pride of youth (My.).

ಯೌವನಶ್ರೀ yauvana-śrî. The beauty of youthfulness (Čpr. 2, 19).

ಯೌವನಾವಸ್ಥೆ yauvana-avasthĕ. The state of youth, youthfulness, puberty (My.).

ಯೌವನಾಶ್ವ yauvanâśva. (fr. ಯುವನಾಶ್ವ). A son of Yuvanâśva: Mândhâtṛi, and others (J. 2, 34. 36; 8, 34).

ಯೌವನಿ yauvani. (ಯೌವನೆ at the end of compounds). = ಜವ್ವನಿ, ಜವ್ವನೆ, ಯುವ್ವನೆ. A young woman.

ಯೌವನಿಕ yauvanika. = ಜವ್ವನಿಗ, ಯುವ್ವನಿಗ. A youth, a young man (Grj. 2, after 106).

ಯೌವನೋನ್ಮತ್ತೆ yauvana-unmattĕ. A female intoxicated on account of her youth (Čpr. 8, after 4).

ಯೌವರಾಜ್ಯ yauva-râjya. (fr. ಯುವರಾಜ). The rank or office of an heir-apparent; his rights and privileges, right of succession to the kingdom (Čpr. 2, 41; 4, after 88).

ಯೌವರಾಜ್ಯಾಭಿಷೇಕ yauvarâjya-abhishêka. Consecration for the official duties of an heir-apparent (Čpr. 2, 54).

ರ್ R

ರ್ r. The forty-seventh letter of the Alphabet (Šmd. 12. 21). It is the final of many words (58), becomes ಲ್ (42), ಣ್ (42). ಮ್ (248), ನ್ (281), arises from ಱ್ (50), and ಡ್ (in ಅರೆ = ಅಡೆ, ಒಡೆ), is occasionally dropped when arisen from ಱ್ (see *e. g.* ಒದುಱು 1, etc.), and in the *present* language represents also ಱ್.

ರ ra. The letter ರ pronounced with a short a, as is generally done at school.

ರ ra. N. of a metrical foot (Čh.; Mr. 349). 2, the number 2 (Mr. 349).

ರಂಹಸ್ ramhas. *Speed, velocity;* eagerness, impetuosity.

ರಂಹಸ rambasa. = ರಂಹಸ್. (ಜವ, ರಯ, etc., ಓಟ Mr. 278).

ರಕಮು rakamu. An item or article (of an account); an amount (of money); an appointed quantity: a dose; a piece (My.; B. 5, 264; Mhr., H.). — ರಕಮುವಾರು. Article by article, piece by piece (My.; Mhr., H.).

ರಕಾರ ra-kâra. The letter or syllable ರ (Šmd. 11).

ರಕುತ rakuta. Tbh. of ರಕ್ತ. (Râm. 3, 6, 56; Bh. 8, 22, 46; Śl. 204. 427; My.).

ರಕ್ಕ rakka. Tbh. of ರಕ್ಷೆ. See ರಕ್ಕಸಂಕಲೆ. 2, Tbh. of ರಕ್ತ; see ಅಂಗ-.

ರಕ್ಕಸ rakkasa. Tbh. of ರಾಕ್ಷಸ. (Šmd. 356; Kk. 11*a*; ಪೃಥ್ವೀಜನ Hlâ.; ಅಮರ್ದುಣಿವಗೆಯ Kk. 56; ಚುಕ್ಕಿಗುವರ, ಮಬ್ಬಿಗ, ಅಸುರ Šm. 9; ಒಲಿ 108). — ರಕ್ಕಸಗಂಗ. See Čh. s. ಅಜಿತಸೇನ. — ರಕ್ಕಸದಲೆ. -ತಲೆ. The head of a râkshasa (Râm. 3, 6, 56). — ರಕ್ಕಸವೇರ. The enemy of the rakkasas: Vishṇu (ಉಪೇಂದ್ರ Kk. 7). — ರಕ್ಕಸರೋಜ. -ಓಜ. Šukra (ಶುಕ್ರ, ಅಸುರಗುರು Šm. 17). — ರಕ್ಕಸವಗರಣ. -ಪಗರಣ. Tbh. of ರಾಕ್ಷಸಪ್ರಕರಣ (Šmd. 380). — ರಕ್ಕಸವಗೆಯ. -ಪಗೆಯ. Vishṇu (ಹರಿ Čt. II, 4; ಉಪೇಂದ್ರ Šm. 6). — ರಕ್ಕಸವಡೆ. -ಪಡೆ. An army of râkshasas (Abh. P. 18, after 126). — ರಕ್ಕಸವಲಗೆ. -ಪಲಗೆ. The shield of a râkshasa (Râm. 3, 6, 41). — ರಕ್ಕಸವೇರ. -ಬೇರ. = ರಕ್ಕಸವೇರ. (ವಿಷ್ಣು Šs.).

ರಕ್ಕಸಂಕಲೆ rakka-saṅkalĕ. Tbh. of ರಕ್ಷಾಶೃಂಖಲ (Šmd. 376).

ರಕ್ಕಸಿ rakkasi. (Šmd. 49. 287). Tbh. of ರಾಕ್ಷಸಿ. (Bp. 40, 52; J. 16, 35). ರಕ್ಕಸಿಯ ಕತ್ತಿಗೆ (ಡಾಹಿಣಿ Šmd. II). ರಕ್ಕಸಿಯ ಕತ್ತಿ (ಡಾಕಿನಿ Kk. 81).

ರಕ್ಕೆ rakkĕ. Tbh. of ರಕ್ಷೆ (Šmd. 346; ಕಾಪು Čt. I, 84). See ಅಂಗ-, ಜೀವ-, ಪಕ್ಕ-, ಪಾದ-. — ರಕ್ಕೆವಣಿ. -ಮಣಿ. Tbh. of ರಕ್ಷಾಮಣಿ (Čt. II, 104).

ರಕ್ತ rakta. = ರಕುತ, ರಗತ, ರಗುತ. *Coloured, dyed, painted, tinged.* 2, *reddened, red;* red colour (ಅರುಣ, ಕೆಮ್ಮು Nn. 126; ಕೆಮ್ಮು Mr. 518). 3, *blood* (ನೆತ್ತರು Nn. 54. 126; ರುಧಿರ 518; ಕೆನ್ನೀರ್ Kk. 40). 4, *saffron* (ಕಾಶ್ಮೀರ, ಕುಂಕುಮದ ಹೂವು 126; ಕುಂಕುಮ 518). 5, affected by passion, impassioned, passionately fond of;—passion, love (ಮೋಹ 126; ಅನುರಾಗ 518). 6, loving, dear, beloved. 7, lovely, pleasant, sweet. 8, copper. 9, vermilion. 10, cinnabar. ಬಂಗಾರದ ಕತ್ತಿಯಾದರೆ ರಕ್ತ ಬಾರದೇ? (Prv.). ರಕ್ತದ ಮಡು (Śl. 295). — ರಕ್ತ ಉಗು. Blood to issue (Bp. 57, 75). — ರಕ್ತಕೊಡಿಗೆ. Free land granted by a ruler to a brave soldier who has risked his person in battle, or if he has bled for him, to his family (My.). — ರಕ್ತದ ಹೊನ್ನೆ ಮರ. = ಹೊನ್ನೆ ಮರ (Z.). — ರಕ್ತ ಹರಿ. Blood to flow or stream (Rêv. 18, after 96). — ರಕ್ತ ಸುರಿ. Blood to flow (Bp. 46, 22; 57, 60; C.).

ರಕ್ತಕ raktaka. Red, etc. 2, *the plant Pentapetes phoenicea.*

ರಕ್ತಕಂಠಿಕೆ rakta-kaṇṭhikĕ. A woman with a sweet voice (Čpr. 8, after 96).

ರಕ್ತಕಮಲ rakta-kamala. A red lotus-flower (My.).

ರಕ್ತಕಾಸ rakta-kâsa. Cough attended with spitting of blood (My.).

ರಕ್ತಕುಷ್ಠ rakta-kushṭha. Red leprosy (My.).

ರಕ್ತಕುಸುಮ rakta-kusuma. A morbid issue of blood from the yôni (My. as an adopted term).

ರಕ್ತಚಂದನ rakta-čandana. *Red sandal, Pterocarpus santolinus* L. f.

ರಕ್ತಚ್ಛದ rakta-ĕ-čhada. Red-winged: N. of a bird (ಪಿಕ್ಕಳಿಕೆ Mr. 175).

ರಕ್ತತೆ raktatĕ. Redness;—the state of being affected by passion, affection (Kâvy. V, 85).

ರಕ್ತಧಾರೆ rakta-dhârĕ. A stream of blood (Rêv. 18, 96).

ರಕ್ತಪ rakta-pa. Blood-drinking;—a râkshasa. See ರಕ್ತಪೆ.

ರಕ್ತಪಕ್ವ rakta-pakva. Blood-ripeness, pus. See ಕೀ 2.

ರಕ್ತಪದಿ rakta-padi. A species of plant (ಶೀಲ್ಕ್ರಿ, ಹತ್ತಿದರೆ ಮುದುಟುಹಂ Mr. 145).

ರಕ್ತಪವಳ rakta-pavaḷa. = ರಕ್ತಬಾಳ. (My.).

ರಕ್ತಪಾನ rakta-pâna. The drinking of blood (J. 2, 60).

ರಕ್ತಪಾಯಿ rakta-pâyi. Blood-drinking;—a bug. (R.).

ರಕ್ತಪುಷ್ಪ rakta-pushpa. A red flower (My.). 2, red-flowered: N. of various plants.

ರಕ್ತಪೆ rakta-pĕ. *A blood-sucker, a leech.*

ರಕ್ತಫಲೆ rakta-phalĕ. *The plant Momordica monadelpha* Roxb. (ತೊಂಡೆ ಬಳ್ಳಿ G.).

ರಕ್ತಬಾಳ rakta-bâḷa. Gum-myrrh (ಗಂಧರಸ, ಗೋಪ, ರಸಗಂಧ G.; My.).

ರಕ್ತಭೇದಿ rakta-bhêdi. The dysentery (My.).

ರಕ್ತಮಣ್ಡಲ rakta-maṇḍala. A large red-ringed snake, the bite of which causes putrification of the blood (My.).

ರಕ್ತಮೇಹ rakta-mêha. Passing of blood in the urine, bloody urine (My.; G. 425).

ರಕ್ತಶಾಲಿ rakta-śâli. *Red rice, Oryza sativa.*

ರಕ್ತಶ್ಯಾಮ rakta-śyâma. *Dark-red.*

ರಕ್ತಸಂಕೋಚ rakta-saṅkôča. Safflower. (ಕುಂಕುಮ G.).

ರಕ್ತಸನ್ಧ್ಯಕ rakta-sandhyaka. *The flower of the red water-lily, Nymphaea rubra.*

ರಕ್ತಸರೋರುಹ rakta-sarôruha. *A red lotus.*

ರಕ್ತಾಕ್ಷ rakta-aksha. Red-eyed;—*a male buffalo.*

ರಕ್ತಾಕ್ಷಿ rakta-akshi. A buffalo (ಕೋಣ Mr. 162). 2, the fifty-eighth year in the cycle of sixty (My.).

ರಕ್ತಾಂಗ rakta-aṅga. Red-bodied;—a bug;—*a species of plant* (=ಕಾಮ್ಪಿಲ್ಲ).

ರಕ್ತಾಂಗಿ rakta-aṅgi. The plant Rubia munjista (ಮಂಜಿಷ್ಠೆ, etc. Mr. 139, one MS. ರಕ್ತಾಂಗಿ).

ರಕ್ತಾತಿಸಾರ rakta-atisâra. The dysentery (My.).

ರಕ್ತಾಮ್ಬರ rakta-ambara. A red garment (J. 8, 46).

ರಕ್ತಾರ್ಜುನ rakta-arjuna. The tree Terminalia arjuna (ನ ದೀಸರ್ಜ, ಅರ್ಜುನ, etc., ತೋರಮತ್ತಿ, ಕೆಮ್ಪುಮತ್ತಿ Si. 132).

ರಕ್ತಿ rakti. Pleasingness, loveliness;—affection, attachment, devotion. See ಅನು-, ವಿ-, ಸು-; Bp. 18, 97; 26, 24.

ರಕ್ತೆ raktĕ. The red one: *one of the seven tongues of fire.*

ರಕ್ತೇಕ್ಷಣ rakta-îkshaṇa. A man who has red eyes (from wrath, My.).

ರಕ್ತೋತ್ಪಲ rakta-utpala. *The blossom of the red water-lily, Nymphaea rubra.*

ರಕ್ತೋದನ rakta-ôdana. Red boiled rice (for a bali, Bh. 1, 7, 19).

ರಕ್ತೋದೆ rakta-udĕ. ರಕ್ತೋದಾ. A (female) river that has red water (Čpr. 1, after 81).

ರಕ್ಷ raksha. = ರಕ್ಕ No. 2. A guard, a protector.

ರಕ್ಷಃಸಭ rakshas-sabha. *An assemblage or multitude of râkshasas.*

ರಕ್ಷಕ rakshaka. Who, or what, guards, watches, takes care of, protects, saves, keeps, or tends; a guardian, a protector, etc. (ಕಾಪಾಡುವವನು G.; Bp. 10, 41; 28, 64; My.). ಪಕ್ಷಾ ಮಾಡುವವ ರಕ್ಷಕನಾದಾನೇ? (Prv.).

ರಕ್ಷಣ rakshaṇa. The act of guarding, watching, tending, caring for, protecting, preserving, maintaining, or saving; a guardian, etc. See ಪಾದ-; ವಿಶ್ವ-; ಕಾ, ಸಲಹು, ಸಾಕು 2.

ರಕ್ಷಣೆ rakshaṇĕ. = ರಕ್ಷಣ. (ಕಾಪಾಡುವಿಕೆ G.; My.). ರಕ್ಷಣೆ ಮಾಡಲಿಕ್ಕೆ ತಿಳಿಯದಿದ್ದರೂ ಭಕ್ಷಣೆ ಮಾಡಲಿಕ್ಕೆ ಬಲ್ಲ.—ಪ್ರಾಣಿಗಳ ರಕ್ಷಣೆ ಗೆನ್ನ, ಗೋಣಿ ಉಟ್ಟರೆ ಆದೀತೇ? (Prvs.).

ರಕ್ಷಸ rakshas. *An evil being or demon, a râkshasa.*

ರಕ್ಷಾಪತ್ರ rakshâ-patra. A blank leaf at the beginning and end of a book to protect it, a book-cover (My.; ಪುಸ್ತಕದ ಮೇಲಿನ ಕಾಗದ, ಕವರ G.).

ರಕ್ಷಾಬನ್ಧ rakshâ-bandha. The binding of a twist of thread around the wrist as a preservative (against evil spirits, etc.), done on particular occasions (as marriage, sacrifice, investiture with the sacrificial cord, etc. My.).

ರಕ್ಷಾಮಣಿ rakshâ-maṇi. = ರಕ್ಷೆಮಣಿ. A jewel worn as a preservative (against evil spirits, etc.). 2, (a man who is) a jewel of protection (Abh. P. 10, 84).

ರಕ್ಷಾಶೃಂಖಲ rakshâ-śriṅkhala. = ರಕ್ಕಸಂಕಲಿ. A chain worn as a preservative.

ರಕ್ಷಿ rakshi. *A guardian, a protector, a defender, a guard.*

ರಕ್ಷಿಣಿ rakshiṇi. A protectress (A.).

ರಕ್ಷಿತ rakshita. *Guarded, protected, taken care of, preserved, maintained, kept, saved from* (ಕಾಯಲ್ ಪಟ್ಟ, ಕಾಪಾಡಿದ G.). Feminine ರಕ್ಷಿತೆ (J. 5, 52).

ರಕ್ಷಿತೃ rakshitṛi. *One who guards or protects, a guardian,* etc.

ರಕ್ಷಿವರ್ಗ rakshi-varga. *A body-guard.*

ರಕ್ಷಿಸು rakshisu. To guard, to take care of, to protect, to preserve, to save, to keep, to maintain, to tend, to govern (ಪಾಲನ Śmd. 717; ಕಾಪಾಡು G.; C.). ರಕ್ಷಿಸುವುದು (ಪರಿಪಾಲನೆ Nn. 113); ರಕ್ಷಿಸುವವನು (ಅಕ್ಷ, ಪೋಷಕ 37). ರಕ್ಷಿಕೆ or ರಕ್ಷಿಕ್ಕೆ (Śmd. 270). See Śmd. 155, 264; Bp. 5, 67; 36, 36; 51, 49; 53, 48; 61, 50. 93; J. 11, 2; 13, 34; B. 4, 83.

ರಕ್ಷೀಕೃತ rakshî-kṛita. = ರಕ್ಷಿತ. (Čpr. 1, 101).

ರಕ್ಷೆ rakshĕ. = ರಕ್ಕ No. 1, ರಕ್ಕೆ. The act of guarding or protecting, protection, care, etc. 2, a preservative (against evil spirits, etc.): a piece of thread bound round the wrist, a mark made with ashes on the forehead, a mark made by cauterizing (My.); *ashes of cow-dung* (ಕ್ಷಾರ, ಭಸ್ಮ, ವಿಭೂತಿ, etc., ಸಾರಿಪ್ಪ ಬೂದಿ Mr. 48), etc. See ಪಾದ-. — ರಕ್ಷೆಗಟ್ಟು. -ಕಟ್ಟು. To tie a preservative or amulet (Čpr. 6, 107). — ರಕ್ಷೆಬಳೆ. A ring worn on the right upper arm as an amulet (My.). — ರಕ್ಷೆಬೊಟ್ಟು. A round mark or spot of ashes, lamp-black, etc. put on the forehead to save one from fear, etc. (My.).

ರಕ್ಷೋಗಣ rakshas-gaṇa. A company of demons (J. 10, 4).

ರಕ್ಷೋಘ್ನ rakshas-ghna. Killing or destroying demons (J. 16, 39; 33, 40).

ರಕ್ಷ್ಣ rakshṇa. *Protection.*

ರಕ್ಷ್ಯ rakshya. Proper or worthy to be guarded, protected, taken care of, etc. (My.).

ರಗಡ ragaḍa. Abundance, profusion, masses, lots, heaps; press, throng (Mhr., H.; S. Mhr.).

ರಗತ ragata. Tbh. of ರಕ್ತ. (My.). — ರಗತಬಾಳ. = ರಕ್ತಬಾಳ. (Čb. 132).

ರಗಳೆ ragaḷĕ. Tbh. of ರಘಟೆ (Śmd. 31). A class of Mora feet metres (Čh., often used for inferior poetry and sportfully). 2, a vain word, vain words, gabble (B. 4, 198; My.; see ಒಣ-, ಗಜ-. 3, a long-continuing, never-ending business; lengthiness, prolixity (My.).

ರಗುತ raguta. Tbh. of ರಕ್ತ. (ಕೆನ್ನೀರ್, ನೆತ್ತರ್, ಶ್ರೋಣಿತ Śm. 44; My.).

ರಘಟೆ raghaṭĕ. = ರಗಳೆ. A class of Mora feet metres (Čh.).

ರಘು raghu. N. of a king who was the grandfather of Daśaratha and great-grandfather of Râmačandra (Râm. 1, 16, 23).

ರಘುಕುಲ raghu-kula. The race or family of Raghu (J. 18, 32. 45; 19, 22).

ರಘುಕುಲೋದ್ಭವ raghukula-udbhava. Râma (J. 19, 15).

ರಘುಜ raghu-ja. Râma (J. 6, 2).

ರಘುನನ್ದನ raghu-nandana. A descendant of Raghu: Râma (My.).

ರಘುನಾಥ raghu-nâtha. The leader of the Raghus: Râma (Bp. 31, 21; J. 18, 4. 46).

ರಘುಪತಿ raghu-pati. = ರಘುನಾಥ. (J. 18, 17. 44).

ರಘುರಾಮ raghu-râma. Râmaćandra (Abh. P. 8, 152; Bp. 54, 39).

ರಘುವಂಶ raghu-vamśa. The race or family of Raghu. 2, N. of a poem (by Kâlidâsa) in honour of the race of Raghu (My.).

ರಘುವರ raghu-vara. Râma (J. 18, 15; 20 sum.).

ರಘುವೀರ raghu-vîra. Râma (J. 18, 7).

ರಘುಸುತ raghu-suta. = ರಘುನನ್ದನ. (Mr. 19).

ರಘೂದ್ವಹ raghu-udvaha. Râma (J. 19, 4; 20, 5).

ರಂಕ ranka. Niggardly, mean, indigent, poor, miserable, hungry; a beggar. 2, slow. (R.).

ರಂಕು ranku. *A species of deer or antelope, the spotted axis* (ಮರೆ Mr. 163). See ಜಲ-.

ರಂಕೆ rankĕ. = ರೆಂಕೆ, ರೊಂಕೆ q. v. The grunt of an ox (Sd., Tĕ.; Mhr. ರೇಂಕಣೇಂ, to grunt, as a buffalo).

ರಂಗ ranga. = ರಂಗು. Colour, paint, hue. 2, *a place of public amusement or for dramatic exhibitions, a stage, an arena, a circus, a place of public contests.* 3, a place of assembly. 4, an assembly or assemblage of spectators. 5, a field of battle. 6, dancing, singing, acting, fun, frolic, pleasure. 7, *tin.* 8, Vishṇu (My.); N. (My.; B. 1, 15. 23). ರಂಗನ ಮುನ್ದೆ ಸಿಂಗನೇ? (Prv.). 9, splendour, brilliance, glow, and glitter; beauteousness or excellence of state (Mhr.; see ರಂಗು). 10, devotion, love, see ಸು-. — ರಂಗಮ್ಪುಗು. -ಪುಗು. To enter an arena, etc. ರಂಗಮ್ಪೊಕ್ಕಂ (Śmd. 200). — ರಂಗಮ್ಮ. -ಅಮ್ಮ. N. (My.). — ರಂಗಯ್ಯ. -ಅಯ್ಯ. N. (My.).

ರಂಗನಾಥ ranga-nâtha. Vishṇu (My.); N.

ರಂಗನಾಯಕ ranga-nâyaka. = ರಂಗನಾಥ. (My.). — ರಂಗನಾಯಕಮ್ಮ. -ಅಮ್ಮ. Lakshmî (My.).

ರಂಗನಾಯಕಿ ranga-nâyaki. Lakshmî (My.).

ರಂಗಭೂಮಿ ranga-bhûmi. A palaestra, an arena, a circus, a theatre (My.; ನೃಪದ್ಮ G. sic!).

ರಂಗವಲಿ ranga-vali. = ರಂಗವಲ್ಲಿ No. 2, etc. (ಕಡೆ, ಪೂವಲಿ Śs.; ಕಡೆಯ Kk. 26; Čpr. 4, 42; V. 14, 51). ಅವಿರಲಮಾಗಿ ತಳಿದ ಕುಂಕುಮಜಲದ ಪಳೆಯದೊಳ್ ಅದಾರ ಬಗೆಗಂ ಮಾಸರಂ ಅದ ನಾಗಕೇಸರದ ರಜದ ರಂಗವಲಿ (Čpr. 7, after 92).

ರಂಗವಲ್ಲಿ ranga-valli. = ರಂಗವಲಿ, ರಂಗವಾಲಿ, ರಂಗೋಲೆ. A kind of plant used at sacrifices (Sk.). 2, ornamental lines and figures drawn with various powders on the floor, the walls, in front of the house, on the floor before an idol, etc. (Śśv. 5, after 57).

ರಂಗವಾನ್ ranga-vân. Śukra, the preceptor of the daityas (ಅಸುರಗುರು, etc., ಶುಕ್ರ Mr. 38).

ರಂಗವಾಲಿ ranga-vâli. = ರಂಗವಲ್ಲಿ No. 2. ವೃಕ್ಷಂ ಲತೆ ಸ್ವಸ್ತಿಕಂ ಪದ್ಮರೇಖೆ ಗೃಹಲಕ್ಷಣಮೆನಿಪ್ಪ ಬನ್ಧಂ ರಂಗವಾಲಿಯಕ್ಕು (Mr. 201). See Bp. 4, 54; 6, 20; 9, 20; 12, 13; 19, 69; 41, 21; 27, 14; J. 17, 28.

ರಂಗಸ್ವಾಮಿ ranga-svâmi. Vishṇu, Krishṇa; N. (My.). ಆಗ ಭೋಗಕ್ಕೆಲ್ಲಾ ರಂಗಸ್ವಾಮಿ, ಸತ್ಯಪ್ರಮಾಣಕ್ಕೆ ಗಂಗಾಧರೇಶ್ವರ (Prv.).

ರಂಗಳಿಸು rangalisu. To press and rub fine, as small articles, with the fingers on the palm of the hand (My.; Mhr., H. ರಗಡಣೇಂ).

ರಂಗಾಜೀವ ranga-âjîva. *A painter.* 2, an actor.

ರಂಗಾರೆ rangârĕ. A dyer (C.; Mhr., H.).

ರಂಗಿ rangi. Lakshmî; N. (My.; B. 1, 22). 2, colouring, dyeing, painting; passionate; attached to, finding enjoyment in; etc. See ಸುರಂಗಿದ.

ರಂಗಿಣಿ rangiṇi. The indigo shrub, Indigofera tinctoria Lin. (ನೀಲಿ Mr. 131). 2, a scandent thorny shrub, Asparagus racemosus Willd.

ರಂಗಿಸು rangisu. (Śmd. 22). To be coloured, to redden; to have the passions or feelings roused, to be excited (Bp. 26, 12).

ರಂಗು rangu. Tbh. of ರಂಗ. Colour, paint, hue (My.);—redness;—beauty; splendour (ಕಾನ್ತಿ Śm. 83; V. 5, 69);—pleasantness, agreeableness, pleasure (ರಮ್ಯ 83);—ಒಡಪು (83). — ರಂಗುದುಟಿ. -ತುಟಿ. (Śm. 118). A red lip. — ರಂಗುಮಹಲು. A saloon, a drawing-room, a banqueting-room (Mhr. ರಂಗಮಹಾಲ; R.). — ರಂಗುಮಾಣಿಕ. A splendid ruby (J. 8, 45). — ರಂಗುವರಲ್. -ಪರಲ್. A ruby (see s. ಕಿಕ್ಕಿರ್ 1). — ರಂಗುವಾಲ. -ಮಾಲ. (ಅರಿಷ್ಟ, ಫೇನಿಲ, ಅರಟಾಳದ ಗಿಡವೆನ್ತಲೂ ಅನ್ನುವರು Si. 128).

ರಂಗೋಲೆ rangôlĕ. Tbh. of ರಂಗವಲ್ಲಿ. Ornamental lines and figures, etc. (My.; Mhr. ರಾಂಗೋಳೀ). ರಂಗೋಲೆ ಹಾಕಲಿಕ್ಕೆ ತಿಳಿಯದಿದ್ದರೂ ಹೊಂಗರಳನ ಕೆತ್ತೆ ತೆಗೆಯಲಿಕ್ಕೆ ತಿಳಿಯದೇ?—ಚಾಪೇ ಕೆಳಗೆ ಒಬ್ಬ ತೂರಿದರೆ ಇನ್ನೊಬ್ಬ ರಂಗೋಲೇ ಕೆಳಗೆ ತೂರಿದ (Prvs.).

ರಚನಾತಿಶಯ raćanâ-atiśaya. Eminence of formation or composition (Kâvy. IV, 1, 2).

ರಚನೆ raćanĕ. ರಚನಾ. Making, forming, fabricating, building, formation, creation, arranging, preparing (J. 5, 2; 27, 7);—(orderly and becoming) arrangement, disposition, preparation, performance, accomplishment, fabrication;—*dressing or decorating of the hair;* embellishment (ಬಣ್ಣ Čt. I, 74); *stringing flowers or garlands* (ಸನ್ದರ್ಭ, ಶ್ರನ್ಥನ, ಗುಮ್ಫ, ಗ್ರನ್ಥನ Mr. 425); *the arrangement of troops* (ವ್ಯೂಹ Nn. 108); *arranging of the parts of a literary composition, composition,* etc.;—a literary production. ರಚನೆಯಲ್ಲಿ ಕಡಿಮೆಯಾದರೂ ವಚನದಲ್ಲಿ ಕಡಿಮೆಯಿಲ್ಲ (Prv.). — ರಚನೆವೆಟ್. -ಪೆಟ್. To be arranged in a proper manner (Čh. v. 339).

ರಚಯಿಸು raćayisu. = ರಚಿಸು. (Čh. v. 1).

ರಚಿತ raćita. Made, formed, fabricated, produced, contrived, planned, arranged, composed; adorned, etc. (Čh. v. 1. 233; Kâvy. IV, 1, 5; Čpr. 2, 59; Bp. 1, 52; ರಚಿಸಲ್ ಪಟ್ಟ Śmd. 93 Cm.).

ರಚಿಸು raćisu. To make, to form, to construct, to compose, to array, etc. (Bp. 9, 6; 53, 29; J. 5, 20; 12, 10; 33, 33; My.).

ರಜ್ಜೆ raććĕ. (fr. ಅರಚು & ಅರಸು). = ರಟ್ಟು 2. Crying aloud (of children), noisy and abusive clamour (of bad women, My.). 2, report, publication, betraying, divulging a secret, bringing before the public (Tĕ. ರಚ್ಚ, ರಟ್ಟಡಿ, ರಟ್ಟು, ಬಟ್ಟು, ರದ್ದಿ, ರಪ್ಪೆ, ಬಪ್ಪೆ, ಔಕ್ಕ; Tĕ. ಎರುಗಿಂಚು, to tell, publish; T. ಅರಟ್ಟು, to sound; ಅಟ್ಟೆ, a word; see ರಟ್ಟಡಿತನ, ರಪ್, ರವಳಿ, ಹರಟೆ). — ರಜ್ಜೆಗೆಲೆ. -ಕೆಲೆ. To vociferate abusively (Sâ. 98). — ರಜ್ಜೆ ಮಾಡು. To cry aloud, to scream (as a child, My.). 2, to vociferate abusively; to abuse (My.). — ರಚ್ಚೆ ವಾತು. -ಮಾತು. Report, defamation, scandal (ಜನ ವಾದ, ಜನಶ್ರುತಿ, ವಿಗಾನ, ವಚನೀಯತೆ, etc. Hlâ.).

ರಜ್ raj. = ರಜ್ಜು. (Šmd. 106; *cf.* ಸೃಜ್).

ರಜ raja. = ರಜಸ್, q. v. (ಪರಾಗ Hlâ.; Mr. 108; ದೂಳು Nn. 69; ರೇಣು, ದೂಳು, -ಗುಣ, ಗುಣಭೇದ, -ಅರುಣ, ಕೆಮ್ಮು Nn. 90). 6, a particle (of metal, earth, etc.; My.; B. 4, 105; Mhr.). ಹೂವಿನ ರಜ (ರಜಸ್ Hlâ.).

ರಜಕ rajaka. *A washerman* (ಬಲಿ, ಅಸಗ, o. r. ಅಗಸ Nn. 16).

ರಜಕಿ rajakí. A washerwoman (ಅಗಸಗಿತ್ತಿ G.; My.).

ರಜತ rajata. *White,* silver-coloured (ಸಿತ, ಬಿಳಿದು Nn. 104). 2, *silver* (ಬೆಳ್ಳಿ 104; Nn. 44). 3, *gold.* 4, pure; pureness (ವಿಮಲ, ನಿರ್ಮಲ, ನಿರ್ಮಲತ್ವ 104). 5, *a pearl-ornament or necklace* (ಪಣ್ಣಿದ ಮೌಕ್ತಿಕ, ತೆತ್ತಿಸಿದ ಮುತ್ತು 104; ಸರ್ವ ಮಣಿಹಾರ Mr. 467). 6, N. of a particular mountain (ಧರಾಧರ, ಪರ್ವತಭೇದ 104).

ರಜತಗಿರಿ rajata-giri. Kailâsa (Bp. 44, 68; Č. Bp. 47, 4); N. of a particular mountain (Č. Bp. 47, 12). *Cf.* ರಾಜತ ಗಿರಿ, ರೌಪ್ಯಧರಣೀಧರ.

ರಜತದ್ಯುತಿ rajata-dyuti. Hanumat. (R.).

ರಜತಪರ್ವತ rajata-parvata. Kailâsa (Bp. 34, 19).

ರಜತಪ್ರಸ್ಥ rajata-prastha. Kailâsa. (R.).

ರಜತಭಸ್ಮ rajata-bhasma. Calcined silver (My.).

ರಜತಶೈಲ rajata-šaila. Kailâsa (Bp. 10, 16; 44, 37).

ರಜತಾಚಲ rajata-ačala. = Kailâsa (Bp. 24, 65; 27, 6).

ರಜತಾಚ್ಛತೆ rajata-aččhatĕ. Brightness of silver (Čpr. 6, 4).

ರಜತಾದ್ರಿ rajata-adri. Silver-mountain: N. of a particular mountain (ಬೆಳ್ಳಿವೆಟ್ಟು, ಬಿಂಜರಿವೆಟ್ಟು Šm. 10; Abh. P. 12, 11); Kailâsa (J. 5, 35).

ರಜನ rajana. Colouring, dyeing. See ಮಹಾ-.

ರಜನಿ rajani. ರಜನೀ. *Night.* 2, Durgâ. 3, *a species of plant* (= ಜತುಕೃತ್). 4, the long-rooted turmeric, Curcuma longa Lin. (ಹರಿದ್ರೆ, etc., ಅರಿಸಿನ Mr. 130).

ರಜನಿಕರ rajani-kara. Night-maker: *the moon.*

ರಜನಿವರ್ಣ rajani-varṇa. Yellow colour (ಪೀತ, ಹರಿದ್ರ Mr. 444).

ರಜನೀಕರ rajaní-kara. = ರಜನಿಕರ. (Bp. 5, 32).

ರಜನೀಚರ rajaní-čara. The moon. 2, a râkshasa (My.). 3, a thief. 4, an owl, a bat, etc.

ರಜನೀಚಾರಿ rajaní-čâri. = ರಜನೀಚರ. (Ršv. 11, 74).

ರಜನೀಪತಿ rajaní-pati. The moon (My.).

ರಜನೀಪಾಲ rajaní-pâla. The moon (My.).

ರಜನೀಮುಖ rajaní-mukha. Beginning of night: *evening, nightfall.*

ರಜನೀಶ rajaní-îša. = ರಜನೀಪತಿ. (Ššv. 1, 83).

ರಜನೀಶಕೋಟೀರ rajaníša-kôṭíra. Šiva (J. 15, 23).

ರಜನೀಸಂಚರ ralaní-sañčara. = ರಜನೀಚಾರಿ. (Ršv. 11, 73).

ರಜಪುತ್ರ rajaputra. Tbh. of ರಾಜಪುತ್ರ. A Rajpoot (My.; Tĕ.; B. 4, 40; Mhr. ರಜಪುತ). ರಜಪುತ್ರನಾದರೂ ಅಜನ ಬರಹ ವಿಾ ಜ್ಯಾನೇ? (Prv.).

ರಜಪುಷ್ಪಿ raja-pushpi. See ಆವರೆ No. 2.

ರಜಪೂತ rajapûta. = ರಜಪುತ್ರ. ರಜಪೂತಸ್ಥಾನ, Rajpootana (B. 4, 115).

ರಜಸ್ rajas. = ರಜ q. v., ರಜಸ್ಸು. Gloom, dimness, darkness. 2, *dust,* powder, any small particle of matter. 3, *the dust or pollen of flowers.* 4, the darkening quality (guṇa): *passion, foulness.* 5, *the menstrual excretion.*

ರಜಸ್ವಲೆ rajas-valĕ. *A menstruating woman.*

ರಜಾ rajâ. Leave, permission. 2, leave of absence (My.; Mhr., H.).

ರಜಾಯಿ rajâyi. A quilt, a quilted garment (Mhr., H. ರಜ ಈ; ನೀಶಾರ G.).

ರಜೋಗುಣ rajas-guṇa. The quality rajas or passion (My.).

ರಜೋಮೂರ್ತಿ rajas-mûrti. Brahmâ (G.).

ರಜೋವಿಕೃತಿ rajas-vikṛiti. Perturbation of passion (Čpr. 4, 43).

ರಜೋಹರಣಧಾರಿ rajas-haraṇa-dhâri. *An ascetic, a pious man.*

ರಜ್ಜು rajju. = ರಜ್. *A rope, a cord, a string, a line* (ರಣೆ Šs.; ಸರವಿ Šm. 108). 2, a lock of braided hair, a braid. 3, N. of a particular constellation.

ರಜ್ಜುಕ್ರಿಯೆ rajju-kriyĕ. Rope-making. See ಹಮ್ಮು.

ರಂಜಕ rañjaka. 1. Colouring, dyeing. 2, causing affection or passion, exciting love or pleasure, gladdening, rejoicing, pleasing (see ಮನೋ-). 2, red sandal (ರಕ್ತಚಂದ ನ G.).

ರಂಜಕ rañjaka. 2. Priming-powder (Mhr., H.; My.; Br.; T. ಇರಂಜಗ). 2, the match of a rocket (Mhr., H.). 3, the train of powder to a mine (My.; Mhr., H.). ರಂಜಕದ ಕಡ್ಡಿ or ರಂಜಕದ ಪೆಟ್ಟಿಗೆ, the match of a rocket (My.).

ರಂಜಣಿಗೆ rañjaṇigĕ. A large jar for keeping sandal-paste, perfumed water, musk, etc. in (Bh. 1, 12, 16; Râm. 1, 13, 9; 6, 55, 32; Mhr. ರಾಂಜಣ).

ರಂಜನ rañjana. Colouring, dyeing. 2, exciting passion or love; exhilerating, delighting, rejoicing, giving pleasure; conciliating, befriending. See ಮನೋ-. 3, *red sandal-wood.*

ರಂಜನಿ rañjani. *The indigo plant.*

ರಂಜನೆ rañjanĕ. = ರಂಜನ. Decoration (ರಚನೆಯ ಪರಿಕರ Čt. I, 63). 2, a female of beautiful form or qualities, ರಚಿತರಂಜನೆ (Prll. 3, 10).

ರಂಜಿತ rañjita. Coloured, dyed, tinted; — made splendid, adorned, beautiful (Ršv. 6, after 17). 2, affected, moved; — highly delighted.

ರಂಜಿಸು rañjisu. To be coloured. 2, to shine, to be splendid; to appear (Šmd. 397); to be beautiful, to look beautiful or handsome (ಶೋಭೆ Šmd. Dh.; Čpr. 1, 79; Abh. P. 3, 152; Č. Bp. 11, 5; Ršv. 2, 11; 6, 9; Ššv. 1, 54. 74. 76; J. 4, 5; 8, 22. 46; 33, 18). ರಂಜಿಸುಕ್ಕು (Šmd. 268). 3, to be affected or moved, to have the passions of feelings roused, to be excited, etc. (ರಾಗ Šmd. Dh.). 4, to be pleased or delighted with. 5, to cause to shine, etc. (Bp. 61, 79).

ರಟತ್ raṭat. (Šmd. 100). Shouting, yelling, crying, calling out.

ರಟತ್ಕೋಕಿಲ raṭat-kôkila. (Šmd. 100). A crying cuckoo.

ರಟನ raṭana. Shouting, cry or shout of applause (Ršv. 6, after 11).

ರಟಿತ raṭita. Screamed, shouted, etc.; a shout, a roar, etc.

ರಟ್ಟಡಿತನ raṭṭaḍitana. Noisy and abusive clamouring (V. 28, 63; see Tĕ. s. ರಚ್ಚೆ).

ರಟ್ಟು raṭṭu. 1. (fr. ಎರಡು). Double (Tĕ. ರಟ್ಟ): a cloth woven with double thread, coarse, thick cloth (My.; M.; Tĕ. ರಟ್ಟು, ರಟ್ಟಮು; see ಗಂಜ-). 2, the cover of a book; its binding (My.).

ರಟ್ಟು raṭṭu. 2. = ರಟ್ಟೆ, q. v. (My.; Tĕ.; see Prv. s. ಸಂಸಾರ).

ರಡ್ಡಿ raḍḍi. See ಅಕ್ಕರಡ್ಡಿಗಿಡ.

ರಡ್ಡಿ raḍḍi. (Tbh. of ರಾಟ್). A king, a ruler: a Reddi, a petty baron, a title of a caste of Tĕlugu cultivators (who ruled the Tĕlugu country from A. D. 1125-1439, Br., and who at present still frequently are the headmen of villages, My.; Tĕ. ರಡ್ಡಿ, ರೆಡ್ಡಿ; T. ಇರಟ್ಟಿ, ಇರೆಟಿ).

ರಣ raṇa. 1. *Sound, noise.* 2. *battle, war, combat* (ಕಾಳೆಗ Nn. 155). 3, joy, delight. — ರಣಗತ್ತಲೆ. -ಕತ್ತಲೆ. The darkness of battle, battle regarded as darkness (Abh. P. 13, 39). — ರಣಗಲಿ. -ಕಲಿ. A hero in war, a brave man (ಲೋಕಿಗ Čt. I, 41). — ರಣಗಾಳೆ. -ಕಾಳೆ. A straight war-trumpet (My.). — ರಣದವಕ. -ತವಕ. Eagerness for battle; noise and velocity (J. 12, 13). — ರಣದವಕಿಗ. -ತವಕಿಗ. A man who is eager for combat (Râm. 4, 8, 12). — ರಣದಾಗಡಿಗ. -ತಾಗಡಿಗ. A man who has ardour for combat (Bh. 8, 10, 51). — ರಣದಾಣಿಗ. -ತಾಣಿಗ. A man who stands firm in battle (Bh. 7, 17, 21). — ರಣದಾಟು. = ರಣವಾದ್ಯ. (My.). — ರಣಮಯ್ಲಾರ. A kind of demons that frequent battle-fields (Bh. 5, 9, 70). — ರಣವಾತು. -ಮಾತು. Battle-words: taunt in battle (Bh. 8, 28, 11). — ರಣಹದ್ದು. A vulture (C.). — ರಣಹಲಿಗೆ. A kind of war-drum (G. 45. 135). — ರಣಹಾಳೆಹದ್ದು. The Bengal vulture, Vultur bengalensis, and V. monarchus (Bḍ.). — ರಣಹೇಡಿ. A man who cowardly flies in battle (My.).

ರಣ raṇa. 2. = ಐಣ. Tbh. of ವ್ರಣ. (My.; Tĕ.; T. ಇರಣ). — ರಣವೈದ್ಯ. Tbh. of ವ್ರಣವೈದ್ಯ (My.).

ರಣದೋಹಳ raṇa-dôhaḷa. A man who has an ardent desire for battle (Čpr. 6, 29).

ರಣಧೀರ raṇa-dhîra. A man who is brave or bold in war (ತೋರಣತ್ತ Bhn. 25).

ರಣಬಾಲಕ raṇa-bâlaka. An inexperienced soldier, a recruit (Abh. P. 3, 47; 6, 84).

ರಣಭೂತ raṇa-bhûta. A demon that frequents battle-grounds (My.).

ರಣಭೂಮಿ raṇa-bhûmi. A field of battle (J. 24, 64; G. 426; B. 5, 55).

ರಣಭೇರಿ raṇa-bhêri. A military kettle-drum (My.).

ರಣಮಂಡಲ raṇa-maṇḍala. A field of battle (J. 12, 9; 24, 48).

ರಣಮುಖ raṇa-mukha. The front or van of battle (My.).

ರಣರಂಗ raṇa-raṅga. A field of battle (J. 8, 33; 12, 19).

ರಣರಣಕ raṇa-raṇaka. *Anxious regret for some beloved object, a longing, anxious desire.*

ರಣರಣಿಕೆ raṇa-raṇikĕ. = ರಣರಣಕ. (ಉತ್ಕಂಠೆ, ಉತ್ಕಲಿಕೆ, etc., ಆತುರ Mr. 446).

ರಣವಾದ raṇa-vâda. The siddhi to gain the victory (Bh.).

ರಣವಾದ್ಯ raṇa-vâdya. Martial music (My.).

ರಣವೀರ raṇa-vîra. A hero in war, a warrior (My.).

ರಣವೈದ್ಯ raṇa-vaidya. A military doctor (My.). 2, see s. ರಣ 2.

ರಣಶೂರ raṇa-śûra. = ರಣವೀರ. (My.).

ರಣಸಂಕುಲ raṇa-saṅkula. *The confusion or noise of a battle, a mixed or tumultuary combat, a melée.*

ರಣಾಗ್ರ raṇa-agra. The head or front of a battle (My.).

ರಣಾಂಕಣ raṇa-aṅkaṇa. = ರಣಾಂಗಣ No. 1. (J. 21, 13).

ರಣಾಂಗಣ raṇa-aṅgaṇa. A battle-place, a field of battle. 2, war, battle (ಬಲ, ಕಾಳೆಗ Nn. 14; ಘನ, ಸಂಗ್ರಾಮ, ಕಾಳೆಗ 15).

ರಣಾಜಿರ raṇa-ajira. Arena for fighting, a battle-field (Râv. 6, after 17).

ರಣಾರಂಭ raṇa-ârambha. Commencement of a battle. See ಕೆಯ್ಯಿಕ್ಕು.

ರಣಾವನಿ raṇa-avani. = ರಣಭೂಮಿ. (J. 24, 40).

ರಣಿತ raṇita. Sounded, sounding, a sound (Čpr. 1, after 101).

ರಣೆ raṇĕ. A string, a rope (J. 28, 47; see Tbh. ಅಗ್ಗರಣೆ).

ರಣೋತ್ಸಾಹ raṇa-utsâha. Prowess in battle (J. 14, 2).

ರಣ್ಟೆ raṇṭĕ. A small plough drawn by one pair of oxen (C.).

ರಣ್ಡೆ raṇḍĕ. A widow (ವಿಧವೆ G.; My.);—a slut; a whore; an adulteress (My.). 2, *the plant Salvinia cucullata* Roxb. ರಣ್ಡೆಗೆ ಗಣ್ಡನಿಲ್ಲ, ಬಣ್ಡೆಗೆ ನೀತಿಯಿಲ್ಲ.—ಬಣ್ಡೆ ವೊಡೆಯ ಬಹುದು, ರಣ್ಡೇ ಮನಸು ಒಡೆಯ ಕೂಡದು (Prvs.). — ರಣ್ಡೆಗಣ್ಡ. A widow's husband (a word of abuse, My.). — ರಣ್ಡೆಮಗ. A son born to a widow (a word of abuse, My.). — ರಣ್ಡೆಮುಣ್ಡೆ. A shorn wench; an adulteress (My.). ಉಣ್ಡೆಯೇನೋ, ಗುಣ್ಡುಬಟ್ಟ? ಅಣ್ಡರೆ ಹಾವು, ಕಾಣೆ, ರಣ್ಡೆಮುಣ್ಡೆ! (Prv.).

ರಣ್ಡೆತನ raṇḍĕtana. Widowhood (ವೈಧವ್ಯ G.).

ರತ rata. Pleased, delighted, satisfied; enamoured of; delighted with, taking pleasure in; intent on, addicted to; devoted to, occupied in, engaged in; inclined to, disposed; loved, beloved. 2, pleasure, joy (ಹರ್ಷ, ಹರುಷ Nn. 155). 3, *sexual union, coition* (ಕೂಟ, ಸುರತ 155). See ಅನ-, ಧಾರ್ಮಾದಿ-, ವಿ-.

ರತಕೂಜಿತ rata-kûjita. *Lascivious murmur.*

ರತನ ratana. Tbh. of ರತ್ನ. (My.).

ರತವ್ಯಾಹಾರ rata-vyâhâra. = ರತಕೂಜಿತ. (Čpr. 1, 126).

ರತಾನ್ತ rata-anta. N. of a vṛitta (Čh.). 2, end of coition (Čpr. 6, 86; Grj. 4, 89).

ರತಾರ್ಥಿ rata-arthi. *Wishing for sexual enjoyment.*

ರತಿ rati. 1. Pleasure, delight. 2, *love, affection, fondness* (Bp. 50, 72; 52, 1; 56, 8). 3, sexual passion; *sexual intercourse.* 4, a longing, anxious desire (ರಣರಣಿಕೆ, etc., ಆತುರ Mr. 446). *Rati, the wife of Kâma* (ಇಚ್ಛೆ ಗಾತಿ Kk. 8). 5, N. of the sixth kalâ of the moon. See ವಿ-; Kâvy. IV, 2, 14-16. 20. — ರತಿಗೆಡು. -ಕೆಡು. Affection to be destroyed or cease (Bp. 38, 31). — ರತಿಗೆಯ್. To love;—to have sexual intercourse (Bp. 42, 15).

ರತಿ rati. 2. The seed of Abrus precatorius used as a weight (B. 4, 174; My.; Br.; Mhr. ರತೀ).

ರತಿಕಾಲ rati-kâla. The time of coition (G. 385).

ರತಿದೇವಿ rati-dêvi. Rati, Kâma's wife (ಇಚ್ಛಾಣಿ, ರತಿ Nn. 28; ಚಲುವತಿ Čt. I, 91).

ರತಿಪ rati-pa. = ರತಿಪತಿ. (Bp. 40, 7).

ರತಿಪತಿ rati-pati. *Kâma.*

ರತಿಪ್ರಭು rati-prabhu. = ರತಿಪತಿ. (Mr. 22).

ರತೀಶ rati-îśa. Kâma (Grj. 8, 7; Bp. 3, 81; see ಜತ-).

ರತುನ ratuna. Tbh. of ರತ್ನ (Šmd. 336 Mḍb.; My.). — ರತುನದಾಲಿ. -ತಾಲಿ. A plate ornamented with gems (Grj. 3, after 91).

ರತೋತ್ಕಣ್ಠೆ rata-utkaṇṭhĕ. Longing for coition (Čpr. 8, 64).

ರತೋತ್ಸವ rata-utsava. Feast of sexual enjoyment (Čpr. 6, 86).

ರತ್ನ ratna. = ರತನ, ರತುನ, ರನ್ನ. *A jewel, a gem, a precious stone;* a pearl, coral (ಮಣಿ Šmd. Dh.; Šm. 96; Nn. 155; see ನವ-). 2, *anything valuable, any precious thing, anything excellent or best of its kind* (ಭಾಸುರತರ, ಒಪ್ಪುವ ಸ್ಥಾಡು 155). 3, = ರತ್ನತ್ರಯ, q. v. (155). ರತ್ನ ಒಳ್ಳೇದಾದರೆ ಇದ್ದ ಠಾವಿನಲ್ಲೇ ಬೆಲೆಯಾಗುತ್ತದೆ (Prv.). — ರತ್ನಗಮ್ಬಳಿ. = ರತ್ನಕಮ್ಬಲ. (My.; B. 4, 164). — ರತ್ನಪಡಿ. Jewels, gems; jewelry (My.; see Prv. s. ರಾತ್ರೆಯು).

ರತ್ನಕಣ್ಠಿಕೆ ratna-kaṇṭhikĕ. = ಕಣ್ಠಿಕೆ. (Čpr. 2, 55).

ರತ್ನಕಮ್ಬಲ ratna-kambala. = ರನ್ನಗಮ್ಬಳಿ. A figured carpet (My.).

ರತ್ನಕವೀಶ್ವರ ratna-kavîśvara. The poet called Ratna or Ranna (Čpr. 1, 66).

ರತ್ನಗನ್ಧಿ ratna-gandhi. A shrub with showy red and yellow flowers, the peacock's pride, Caesalpinia pulcherrima Swartz (St. & Pl.). See ದೊಡ್ಡ-.

ರತ್ನಗರ್ಭ ratna-garbha. Containing jewels, etc.;—the sea. 2, Kubêra.

ರತ್ನಗರ್ಭೆ ratna-garbhĕ. *The earth.*

ರತ್ನತ್ರಯ ratna-traya. Three jewels or excellent things: accurate perception, complete knowledge, correct conduct (ರತ್ನ, ದರ್ಶನ ಜ್ಞಾನ ಚಾರಿತ್ರ ಎಮ್ಬ ರತ್ನತ್ರಯ Nn. 155).

ರತ್ನನಗರಿ ratna-nagari. N. of a town (J. 26, 8).

ರತ್ನನಾಯಕ ratna-nâyaka. A chief gem. ಹಾರಮಧ್ಯದ ರತ್ನನಾಯಕಂ (ತರಲ Mr. 338).

ರತ್ನಪಟ್ಟಿಕೆ ratna-paṭṭikĕ. = ರನ್ನವಟ್ಟಿಗೆ. A jewel-frontlet.

ರತ್ನಪರೀಕ್ಷಕ ratna-parîkshaka. An examinator of gems (ಮಾಣಿಕಚಟ್ಟಿ Kk. 85).

ರತ್ನಪರೀಕ್ಷೆ ratna-parîkshĕ. Jewel-testing (My.).

ರತ್ನಪುರಿ ratna-puri. = ರತ್ನನಗರಿ. (J. 26, 2. 7).

ರತ್ನಮಂಚ ratna-mańča. (Šmd. 385; Kk. 96). A bedstead studded with precious stones.

ರತ್ನಮಣಿ ratna-maṇi. = ರನ್ನವಣಿ. A ruby (?; *cf.* ರನ್ನವರಲ್?).

ರತ್ನಮಯ ratna-maya. Made or consisting of jewels; abundantly studded with precious stones (Čpr. 4, 25).

ರತ್ನಮಾಲೆ ratna-mâlĕ. A jewel necklace or garland. 2, N. of various works; see ಅಭಿಧಾನ-.

ರತ್ನಶಿಲೆ ratna-śilĕ. A jewelled slab (ಮಣಿಶಿಲೆ Mr. 102).

ರತ್ನಸಾನು ratna-sânu. *The mountain Mêru.*

ರತ್ನಹರ್ಮ್ಯ ratna-harmya. A mansion adorned with precious stones (Čpr. 1, 136).

ರತ್ನಾಕರ ratna-âkara. A jewel-mine;—*the ocean.*

ರತ್ನಾಂಗಿ ratna-aṅgi. = ರತ್ತಾಂಗಿ, q. v.

ರತ್ನಿ ratni. A measure of length: *the distance from the elbow to the end of the closed fist* (ಹಿಡಿಕೆಯ್ಸಿದ ಮೊಳನು Hlâ.). ಕೆಯ್ಯ ಮುಷ್ಟಿಗೆಯ್ದು ಅಳೆಯೆ ರತ್ನಿ ಅಕ್ಕು (Mr. 323).

ರತ್ಯಂಗ rati-aṅga. Pudendum muliebre. (R.).

ರತ್ಯುದ್ಗಮ rati-udgama. Production of love, etc. (Čpr. 4, 26).

ರತ್ವ ratva. The letter or syllable ರ (Šmd. 368).

ರಥ ratha. *A carriage, a car, a chariot.* 2, a warrior, a champion. 3, the body. 4, the foot. 5, a limb, a member, a part. 6, pleasure, delight, desire. 7, a kind of vičchittičitra (Kâvy. III, 2, B, 57. 60 seq.). 8, *the plant Calamus rotang.* ದೊರೆಯು ರಥವಾದರೂ ಎಣ್ಣೆಯಿಲ್ಲದೆ ತಿರುಗದು (Prv.).

ರಥಕಡ್ಯೆ ratha-kaḍyĕ. *A multitude of carriages,* etc.

ರಥಕಾರ ratha-kâra. *A coach-builder, a carpenter, regarded as the son of a Máhishya by a Karaṇî.*

ರಥಗುಪ್ತಿ ratha-gupti. Car-preservative: *a fence of wood or iron protecting a war-chariot from collisions,* etc. See Nr. s. ಕಮ್ಬುಗೆ.

ರಥಗೋಪನ ratha-gôpana. = ರಥಗುಪ್ತಿ. *A fence of wood, etc. Cf.* ರಥಿಗೋಪ.

ರಥದ್ರು ratha-dru. *The tree Dalbergia ougeinensis* Roxb.

ರಥನ್ತರ ratha-n-tara. A vedic hymn in praise of Šiva (Ššv. 1, after 79; My.).

ರಥವಿದ್ಯೆ ratha-vidyĕ. The art of driving cars. (R.).

ರಥವಿಮೋಚನ ratha-vimôčana. The unyoking of a chariot. See ಬಿದಿರ್ಚು.

ರಥವ್ರಜ ratha-vraja. *A number of carriages.*

ರಥಶಾಲೆ ratha-śâlĕ. A carriage-shed, a coach-house (My.).

ರಥಸಪ್ತಮಿ ratha-saptamî. The seventh day in the light half of the month mâgha, so called as the beginning of a manvantara when a new sun ascended his car (My.).

ರಥಾಗ್ರ ratha-agra. The forepart of a carriage (ಅವಸ್ಕರ, ಕುಱುಗೆಯ್ಯಿ Hlâ.; J. 13, 28. 25).

ರಥಾಂಗ ratha-aṅga. *Any part of a carriage.* 2, *a carriage-wheel.* 3, a discus (Čpr. 6, 101). 4, *the ruddy goose, Anas casarca* Gm. (ಜಕ್ಕವಕ್ಕಿ Nn. 17).

ರಥಾಂಗಧರ rathâṅga-dhara. Vishṇu (Bp. 18, 94).

ರಥಾಂಗನಾಮಕ rathâṅga-nâmaka. *The ruddy goose.*

ರಥಾಂಗಪಾಣಿ rathâṅga-pâṇi. *Vishṇu or Krishṇa.*

ರಥಾಂಗೋರೋಜೆ rathâṅga-urôje. A woman whose breast is the ruddy goose (V. 4, 7).

ರಥಾಭ್ರಪುಷ್ಪ ratha-abhra-pushpa. *The plant Calamus rotang.*

ರಥಾರೋಹ ratha-ârôha. Mounted on a chariot. 2, the act of mounting or ascending a chariot.

ರಥಾರೋಹಣ ratha-ârôhaṇa. = ರಥಾರೋಹ No. 2. — ರಥಾರೋಹಣಂಗೆಯ್. -ಂ-. To ascend a chariot (J. 25, 17. 29).

ರಥಾವಯವ ratha-avayava. *Any part of a carriage.*

ರಥಿ rathi. Having or possessing a chariot; riding in a chariot;—*an owner of a carriage;—a warrior who fights from a chariot* (ಸೂತ, ರಥಿಕ Nn. 32).

ರಥಿಕ rathika. *One who rides in a carriage;—the owner of a carriage* (ರಥಿ, ಸೂತ Nn. 32);—a charioteer (ಸ್ಯನ್ದನಾರೋಹ, ಕಾಳಗದ ಬಣ್ಡಿಯಂ ಹತ್ತಿ ಹೊಡಹಂ Mr. 247).

ರಥಿಗೋಪ rathi-gôpa. A fence of wood or iron protecting the charioteer (ಸಮುಕ್ಷದಲ್ಲಿಹ ಕಟ್ಟವಂಜರ Mr. 286).

ರಥಿನ rathina. *One who rides in a chariot;—the owner of a carriage.*

ರಥಿರ rathira. *One who goes by chariot;—the owner of a carriage;*—a warrior.

ರಥೋತ್ಸವ ratha-utsava. The car-festival, a procession of an idol mounted on a car (My.).

ರಥೋದ್ಧತೆ ratha-uddhatĕ. N. of a vṛitta (Čh.).

ರಥ್ಯ rathya. *A carriage-horse.*

ರಥ್ಯೆ rathyĕ. *A road for carriages, a high-road.* 2, *a number of carriages.* See Si. s. ಹಾದಿವಾರ.

ರದ rada. Splitting, rending. 2, *a tooth;* a tusk.

ರದನ radana. Splitting, etc. 2, *a tooth;* a tusk (ಪಲ್, ಜನ್ತ Šm. 70).

ರದನಚ್ಛದ radana-č-čhada. *A lip.*

ರದನಿ radani. = ರದಿ. (Čh., in one MS.'s v. 23).

ರದಿ radi. *An elephant.*

ರದ್ದು raddu. Cast off, laid by; rendered null and void, cancelled, repealed (My.; Br.; Mhr., H.).

ರನ್ತು rantu. A way, a road;—a river. (R.).

ರನ್ಧ್ರ randhra. *A split, a rent, a fissure, an opening, an aperture, a hole, a chasm, a cavity* (ಸನ್ಧಿ, ಛಿದ್ರ Nn. 164; ಘುವಿನಿಮ್ನ, ಗರ್ತ, etc., ಕುಡಿ' Mr. 392); one of the nine openings reckoned in the human body (two in the nose, two in the eyes, two in the ears, one in the mouth, urethra, and anus);—the number 9 (Čh.; ಒಮ್ಬತ್ತು Mr. 347);—*a defect, a fault, a flaw, a weak part, an assailable point.*

ರನ್ಧ್ರಿ randhri. A sieve, a strainer (ಚಾಲನಿ, ಸಾರಣಿಗೆ Mr. 208).

ರನ್ಧ್ರಿಸು randhrisu. To make or bore a hole (as in walls, trees, etc., My.), to split, to open (Bh. 1, 20, 60).

ರನ್ನ ranna. Tbh. of ರತ್ನ (Šmd. 350; Čt. I, 100; II, 15; Čpr. 8, 96). 2, N. of a poet (My.; see ರತ್ನಕವೀಶ್ವರ). — ರನ್ನಗನ್ನಡಿ. -ಕನ್ನಡಿ. A gemmed mirror (J. 1, 10). — ರನ್ನಗಮ್ಬಳಿ. Tbh. of ರತ್ನಕಮ್ಬಲ (Šmd. 381; Bp. 8, 26). — ರನ್ನಜಗಲಿ. A seat set or studded with gems (Č. Bp. 5, 50). — ರನ್ನದಪ್ಪಲ್. -ತಪ್ಪಲ್. Mêru (ಪೊನ್ಬೆಟ್ಟು, ಸುರಗಿರಿ Šm. 10). — ರನ್ನದಾರತಿ. -ಆರತಿ. An ârati ornamented with precious stones (Ššv. 5, after 57). — ರನ್ನದಾಳಿ. -ತಾಳಿ. = ರತುನದಾಲಿ. (V. 5, after 14). — ರನ್ನದೆನೆ. -ತೆನೆ. A gemmed top of a rampart (J. 3, 19). — ರನ್ನದೇರ್. -ತೇರ್. A conveyance studded with gems. (R.). — ರನ್ನದೊಟ್ಟಿಲ್. -ತೊಟ್ಟಿಲ್. A cradle studded with gems (Grj. 3, 66). — ರನ್ನದೊಡವು. -ತೊಡವು. Jewel-ornaments (J. 11, 41). — ರನ್ನಪಲ್ಲಕ್ಕಿ. A palankeen set with gems (Č. Bp. 47, 39). — ರನ್ನವಟ್ಟಲ್. -ಬಟ್ಟಲ್. A gem cup (R.). — ರನ್ನವಟ್ಟಿಗೆ. Tbh. of ರತ್ನಪಟ್ಟಿಕೆ. (Šmd. 380). — ರನ್ನವಟ್ಟಿ. -ಪಟ್ಟಿ. = ರನ್ನವಟ್ಟಿಗೆ. (Grj. 6, after 56). — ರನ್ನವಣಿ. Tbh. of ರತ್ನಮಣಿ. (Šmd. 380). — ರನ್ನವರಲ್. -ಪರಲ್. A ruby (ಕೆಮ್ಬರಲ್, ಕಿಸುಗಲ್, ಕುರುವಿನ್ದ Šm. 68). — ರನ್ನವಲ್ಲಣ. -ಪಲ್ಲಣ. A saddle set with gems (Ššv. 2, 38). — ರನ್ನವಸರ. -ಪಸರ. A shop where jewels are sold (Grj. 2, 93). — ರನ್ನವಸಿಜವಳ್. -ಬಸಿಱ ಅವಳ್. The earth (ಧರೆ Kk. 16). — ರನ್ನವಸಿಱಳ್. -ಅಳ್. = ರನ್ನಬಸಿಱವಳ್. (ಪೊಡವಿ, etc., ಮೇದಿನಿ Šm. 37). — ರನ್ನವಾವುಗೆ. -ಪಾವುಗೆ. A shoe studded with gems (Ššv. 1, 78; 5, after 57). — ರನ್ನವಾಸಜ. -ಪಾಸಜ. A slab ornamented with precious stones (J. 3, 13). — ರನ್ನವೆಳಗು. -ಬೆಳಗು. The lustre of gems or pearls (J. 6, 6).

ರನ್ನೆ rannĕ. An excellent female (J. 30, 3).

ರಪ್ rap. = ರೊಪ್. A sound imitating that of slapping, and that of a heavy body falling suddenly (Mhr. ರಪಾಟಾ, a smart smack or slap; cf. ಬಿಪ್ಪು). — ರಪ್ ರಪ್. rep. (My.).

ರಪಣ rapaṇa. = ರವಣ 2. A kind of weapon (Bh. 1, 10, 14; 3, 22, 30; 8, 24, 50).

ರಪು rapu. = ರಫ್ಫು. Darning (Mhr., H. ರಫೂ).

ರಪುಗಾಱ rapu-gâṟa. A darner (S. Mhr.).

ರಪ್ಪನೆ rappanĕ. With the sound of ರಪ್ (My.).

ರಪ್ಪರ rappara. (Bh. 8, 19, 41).

ರಫ್ಫು rappu. = ರಪು. (My.). — ರಫ್ಫು ಮಾಡು. To darn (My.).

ರಬ್ಬಳಿಗೆ rabbaḷigĕ. Gaṅji made of jôḷa grits (S. Mhr. among jaṅgamas; Mhr. ರವಾಳ, granulous; composed of granules, as honey, ghee, etc.).

ರಬ್ಬು rabbu. To crouch, to stoop low (ಕುಸುಂಗು, ಕುಗ್ಗು G.; B. 5, 242).

ರಭಸ rabhasa. = ರವಸು. *Violence, impetuosity, vehemence, haste, speed, velocity, precipitation.* 2, passion, anger, rage. 3, passionate fondness. 4, joy, pleasure. 5, a loud cry, clamour, a loud noise (of demons, thunder, rain, kettle-drums, etc., My.; ದೊಡ್ಡ ಧ್ವನಿ G.; Bh. 2, 18, 33; Č. Bp. 5, 5).

ರಭಿ rabhi. Pleasurableness. See ಸು-.

ರಮ rama. Pleasing, delightful; dear, beloved; etc. See its feminine ರಮೆ.

ರಮಡೋಲು ramaḍôlu. A large double-drum (My.).

ರಮಣ ramaṇa. Causing pleasure, pleasing, agreeable, delightful, charming (ರಮಣೀಯ, ರಮಣೀಯಕ Čt. II, 114). 2, *a lover; a husband.* 3, pleasure (Bp. 55, 39);—sporting, amorous sport. 4, Kâma. 5, an ass.

ರಮಣಿ ramaṇi. *A beautiful young woman; a wife, a mistress* (ಉಡುಪೆ, ಸ್ತ್ರೀ Nn. 72).

ರಮಣೀಯ ramaṇîya. Pleasing, pleasant, agreeable, delightful, beautiful, lovely, charming (ಮನೋಹರ Nn. 93; ಮನೋಹರ, ಸೌಮ್ಯ, etc. Mr. 424; ರಮಣ, etc. Čt. II, 114).

ರಮಾಕರ ramâ-kara. Creating fortune (Bp. 44, 15).

ರಮಾಧವ ramâ-dhava. Vishṇu (J. 6, 5).

ರಮಾಪತಿ ramâ-pati. Vishṇu (My.).

ರಮಾಪ್ರಿಯ ramâ-priya. Vishṇu (My.). 2, a lotus (Sk.).

ರಮಾರಮಣ ramâ-ramaṇa. = ರಮಾಧವ. (J. 32, 34).

ರಮಿತ ramita. Delighted; carnally known (J. 2, 10).

ರಮಿಯಿಸು ramiyisu. = ರಮಿಸು No. 2. (Čpr. 3, after 28).

ರಮಿಸು ramisu. To be pleased or delighted, to rejoice, to play (J. 10, 4). 2, to enjoy sexually; to know carnally (ಕ್ರೀಡೆ Šmd. Dh.; ಸಮ್ಭೋಗ Nn. 140; Bp. 42, 32; 54, 48; J. 11, 21; 15, 44; 16, 13; 19, 22; Abhâ. 2, 85. 90; My.).

ರಮೆ ramĕ. ರಮಾ. A wife, a mistress; a woman (ಸ್ತ್ರೀ Nn. 140). 2, *Lakshmi* (ಭೋಗಾವತಿ, ಮಹಾಲಕ್ಷ್ಮಿ Nn. 22; ಗೋಮಿನಿ, ಮಹಾಲಕ್ಷ್ಮಿ 140; ಇಂಗಡಲಣುಗಿ Čt. II, 119). 3, good luck, fortune, riches, opulence;—splendour, pomp. 4, sexual intercourse (ಸಮ್ಭೋಗ, ರಮಿಸುವುದು 140).

ರಮ್ಪ rampa. Clamour, vociferation (My.; Tĕ. ರಮ್ಪಿ, ರಮ್ಪು, ಬಿನ್ತು; see ರಜ್ಜೆ).

ರಮ್ಪಿಗೆ rampigĕ. (fr. ಅರಿ 1? or ಅಡ್ 2?). A shoemaker's knife or awl (ಚರ್ಮಪ್ರಭೇದಿಕೆ G.; Tĕ. ರಮ್ಪೆ; cf. Mhr., H. ರಾಪೀ ?).

ರಮ್ಬ ramba. Tbh. of ರಮ್ಭ 1. See ಮೊಗ-.

ರಮ್ಬು rambu. Tbh. of ರಮ್ಭ 2. (Cf. ರಮ್ಪ). — ರಮ್ಬಾಟ. -ಆಟ. Clamour, noise (B. 4, 185).

ರಮ್ಬೆ rambĕ. = ರೆಮ್ಬೆ. A twig, a small bough, a branch (My.; Si. 122; Tĕ. ರಿವಟಿ, ರಿಪ್ಪೆ, ಜೆಬ್ಬೆ, ಜೆಮ್ಮೆ = ಉಪಶಾಖೆ).

ರಮ್ಬೆ rambĕ. Tbh. of ರಮ್ಭೆ (Šmd. 339). ಅಪ್ಪೆಗಾಲು ಹಾಕಿದರೆ ರಮ್ಬೆ ಸಿಕ್ಕುಳೇ ? (Prv.).

ರಮ್ಭ rambha. 1. = ರಭ್ಪ. Seizing, taking;—taking hold of, clasping, embracing. 2, a prop, a support, a staff, a stick. See ಆ-, ಪರಿ-, ಪ್ರಾ-.

ರಮ್ಭ rambha. 2. = ರಮ್ಬು. Sounding, roaring, bellowing, lowing, making a noise.

ರಮ್ಭಣ rambhaṇa. = ರಮ್ಭ 1. See ಪರಿ-.

ರಮ್ಭಿತ rambhita. = ರಮ್ಭ 2. (Br.; R.).

ರಮ್ಭೆ rambhĕ. = ರಮ್ಬೆ, ಬಮ್ಬೆ. *The plantain tree, Musa sapientum* (ಮೋಚೆ, ಬಾಡಿ³ Nn. 62). 2, *N. of an Apsaras*, a beautiful nymph of Indra's residence (ಸುರಸತಿ, ದೇವಸ್ತ್ರೀ 62). 3, a harlot. 4, water (ಅರ್ಣ, ಉದಕ 62). See Bp. 41, 3.

ರಮ್ಮದ rammada. = ಇರಮ್ಮದ. A flash of lightning (ವಾರಿವಾಹದ ಕಿಚ್ಚು Mr. 48).

ರಮ್ಯ ramya. *Enjoyable, pleasing, pleasant, delightful, agreeable, beautiful, handsome;*—beauty, etc. (ಬೆಡಂಗು Kk. 32; ರಂಗು Šm. 88).

ರಮ್ಯಕ ramyaka. = ರಮ್ಯ. (A.). 2, N. of a varsha or division of the world (Čpr. 3, after 32).

ರಯ raya. *The stream of a river, current.* 2, *velocity, speed, swiftness.*

ರಯತ rayata. = ರಯಿತ, ರೈತ. A subject (as of a king); a tenant (as of a landholder); a ryot (My.; B. 5, 106. 110. 233; Mhr., H.).

ರಯತಾಪಿ rayatâpi. Peasantry; the condition, duties of a subject (My.; Mhr., H. ರಯತಾವಾ).

ರಯಿ rayi. = ರೈ. Wealth, etc.

ರಯಿತ rayita. = ರಯತ. (My.; B. 5, 111).

ರಯ್ಯ rayya. Tbh. of ರೈ. (Wealth). 2, beauty, loveliness (ರಮ್ಯ Čt. I, 92; II, 52; ಚೊಕ್ಕಳಿಕೆ, ಚೊಕ್ಕ, ಲೇಸು, ಎಡ್ಡ, etc., ಮನೋಹರ Šm. 55; Kk. 18; Čpr. 1, 86).

ರಲ್ಲಕ rallaka. *A woollen cloth, a blanket.* 2, *an eyelash.*

ರವ rava. 1. A cry, a shriek, a bray, a yell, a howl, a roar; etc.;—*clamour, outcry;—sound, noise.* ಸಿಡಿಲ ರವ (Šm. 84). — ರವಂಗುಡು. -ಂ-ಕುಡು. To sound (Ršv. 7, 17).

ರವ rava. 2. An imitative sound. — ರವ ರವ. rep. The biting (upon the tongue) of certain substances (Mhr.). ರವ ರವ ಎನ್ನು, to bite (upon the tongue, C.); (the tongue) to be bitten or irritated (for abuse, My.).

ರವಕಾಯ rava-kâya. Sound-bodied: a man who is an incorporation of a certain (musical) sound. ಷಡ್ಜಾದಿಯಂಗಿರಸವಾಗುರುಕಶ್ಯಪಂ ಸುವಸಿಷ್ಠ ನಾರದನ್ ಅತ್ರಿ ಕಪಿಲಂ ಕ್ರಮದಿ ರವಕಾಯರ್ ಅಕ್ಕು (Mr. 177).

ರವಡಿ ravaḍi. = ರಾಡಿ. (Moral Class-book p. 121).

ರವಣ ravaṇa. 1. *Crying, making an outcry or noise of any kind, sounding* (see Nr. s. ಒದಱು 1). 2, jesting; a jester. 3, unsteady, fickle. 4, *a camel.* 5, the cuckoo. 6, sharp, hot (*cf.* ರವ 2).

ರವಣ ravaṇa. 2. = ರಪಣ. (Bh. 3, 24, 46).

ರವಣಿಕೆ ravaṇika. A stick put through one of the two holes in a book of cadjan leaves to keep them together (ಪುಸ್ತಕವಂ ಪೊತ್ತಿಪ್ಪ ಕೋಲ್ Mr. 359 in two MSS.; one MS. ಠವಣಿಕೆ, another ಟವಣಿಕೆ).

ರವದಿ ravadi. Leaves of jôḷa (S. Mhr.). See ಒಣ-. — ರವದಿ ರಪ್ಪಡಿ. reit. (S. Mhr.).

ರವಸು ravasu. Tbh. of ರಭಸ. Clamour (My.).

ರವಳಿ ravaḷi. Cry, clamour, vociferation (Abh. P. 13, after 11; Tĕ. ಬವಲಿ; *cf.* ರಪ್ಪ್, etc. and Sk. ರವಣ 1).

ರವಳಿಗೆ ravaḷigĕ. A small bamboo basket. ಬಿದಿರಿನಿನ್ದ ಮಾಡಿದ ಬುಟ್ಟಿ, ರವಳಿಗೆ ಮುನ್ತಾದವು (ವಿದಲ); ಅಕ್ಕಿ ತೊಳೆಯುವ ರವಳಿಗೆ (ಅಲು G.).

ರವಳಿಸು ravaḷisu. To vociferate (v. i., V. 28, 73).

ರವಾನಿಸು ravânisu. To send on, to despatch, to transmit (My.).

ರವಾನೆ ravânĕ. Sending off, sending on, despatch (My.; Br.); a pass, a permit, a passport (Br.; Mhr., H. ರವಾನಾ).

ರವಿ ravi. *The sun* (ತಿಗ್ಮಾಂಶು, ಸೂರ್ಯ Nn. 119; ಅರ್ಕ Mr. 489; ನೇಸಱ್ Čt. I, 95. 103; II, 20). 2, *a mountain* (ಧಾತ್ರೀಧರ, ಪರ್ವತ 119; ಗಿರಿ 489). 3, the number 12 (Čh.; ಹನ್ನೆರಡು Mr. 347). 4, wealth (ಪೃಕ್ಥ, ಧನ 119; ಪೃಕ್ಥ 489). 5, N. of a metrical foot (Čh.; Mr. 364). ರವಿ ಕಾಣದುದ್ದು ಕವಿ ಕಣ್ಣ, ಕವಿ ಕಾಣದದ್ದು ಹೆಡಿಗೆಗುಮ್ಮ ಕಣ್ಣ (Prv.). — ರವಿಗಿವಿ. reit. (Grj. 6, 38).

ರವಿಕಲಮ್ಬ ravi-kalamba. N. of a magical arrow (J. 13, 15).

ರವಿಕಾನ್ತ ravi-kânta. A sort of crystal (ಬಿಸುಗಲ್ Čt. II, 112; Grj. 1, 59).

ರವಿಕುಮಾರ ravi-kumâra. Karṇa (J. 2, 37).

ರವಿಕುಲ ravi-kula. The solar race of kings of Ayôdhyâ (J. 18, 1).

ರವಿಜ ravi-ja. Karṇa (Mr. 263). 2, the planet Saturn.

ರವಿಜಾತ ravi-jâta. = ರವಿಜ. (Šmd. 182).

ರವಿನನ್ದನ ravi-nandana. = ರವಿಜ 1 & 2. 3, Yama (Râm. 1, 3, 26). 4, Sugrîva.

ರವಿಪ್ರಭೆ ravi-prabhĕ. N. of a vṛitta (Čh.).

ರವಿವಾರ ravi-vâra. Sunday (Mr. 68; My.).

ರವಿಸು ravisu. To cry, to sound. See ನಿ-; J. 15, 47.

ರವಿಸುತ ravi-suta. Karṇa (Šmd. 251; J. 14, 5). 2, Yama (Bp. 18, 19). 3, Sugrîva. 4, Saturn.

ರವುಡಿ ravuḍi. — ರವುಡಿ ರಪ್ಪಡಿ. (S. Mhr.).

ರವೆ ravĕ. (Tbh. of ಲವ). A grain (as of gunpowder, sand, etc.), a granule (as of sugar, etc. My.; Mhr., H. ರವಾ); a particle of anything (My.; Tĕ.; ರವೆ, ಬವೆ; T. ಇರವೈ; Mhr., H.); hail or small shot (My.; Br.; T.); granulous wheaten flower, grits (My.; Mhr., H.; see ಗೋದಿ-); a small spark (My.); dust (Bp. 18, 59. 66; Tĕ.). — ರವಪ್ಪು.

-ಅಷ್ಟು. As much as a particle: a little, a trifle (My.; Tĕ. ರವನ್ತ). — ರವೆಗುನ್ದು. -ಕುನ್ದು. A small difference to exist (Bh. 8, 22, 41). — ರವೇಸು. -ಏಸು. = ರವಷ್ಟು. (My.). — ರವ್ವೋಟು. -ಓಟು. = ರವೇಸು, etc. (My.). — ರವ್ವೋಸು. -ಒಸು. = ರವ್ವೋಟು. (My.).

ರವೇಸು ravêsu. Manner, fashion, course (Mhr., H.); customary fees (Br., R.).

ರಶನೆ raśanĕ. A rope;—a rein, a bridle. 2, *a girdle, a zone; a woman's zone.*

ರಶೀತಿ raśîti. = ರಶೀದಿ, ರಶೀದು. A "receipt" (My.).

ರಶೀದಿ raśîdi. = ರಶೀತಿ. (My.).

ರಶೀದು raśîdu. = ರಶೀದಿ. (My.).

ರಶ್ಮಿ raśmi. = ರಸುಮೆ. A rope;—*a bridle, a rein.* 2, *a ray of light, a beam;* light. 3, an eyelash. 4, a goad.

ರಸ rasa. The sap or juice of plants;—the juice of the sugar-cane, syrup. 2, *the best or finest or prime part of anything, essence* (ಶಕ್ತಿ, ಸತ್ವ Nn. 83; ಇರ್ಪು Kk. 56). 3, *any liquid or fluid.* 4, *melted butter, ghee;* water (ಅಮ್ಬು, ಉದಕ 83; ಉದಕ Mr. 499); liquor; milk; etc. (ಘೃತಾದಿರಸ ಪಂಚಕ, ತುಪ್ಪ ಮೊದಲಾದ ಅಯ್ದುರಸ 83, see ಪಂಚರಸ; ಘೃತಾದಿ ಷಡುರಸ 499);—a condiment, sauce, spice, seasoning. 5, nectar (ಅಮೃತ 83). 6, *poison* (ಹಲಾಹಲ, ವಿಷ 83; ವಿಷ 499). 7, *myrrh.* 8, *quicksilver* (ಪಾರದ, ಪಾದರಸ 83; ಪಾರದ 499). 9, gum, resin (ಪಗಿನು, ಹಗಿನು 83; ಪಗಿನು 499). 10, *a constituent fluid or essential juice or element of the body:* chyle, blood, flesh, fat, bone, marrow, and *semen virile* (ರಸಮುಖ್ಯಸಪ್ತಧಾತು, ರಸ ಮೊದಲಾದ ಸಪ್ತಧಾತು 83; ಧಾತು, ವೀರ್ಯ 499). 11, a metal, an ore (ಕನಕಾದಿಲೋಹ 83). 12, *taste, flavour, savour, relish:* the six principal tastes (being madhura, amla, lavaṇa, kaṭuka, tikta, and kashâya, ಲವಣಕಷಾಯಮುಖ್ಯರಸಮ್ ಆಱು 83). 13, *taste, inclination for anything, passion, desire, love* (ನಾನಾ ತೆಱದ ರಾಗ 499; ವಿಷಯಂಗಳು, ವ್ಯಸನಂಗಳು 83). 14, pleasure, charm, grace, elegance, beauty, sweetness, spirit, wit; joy, etc. (ಉತ್ಸಹ, ಉತ್ಸವ 83). 15, taste, style, character (of a work). 16, essential or inherent property. ರತಿಸ್ಥಿತಿಯಿನ್ದ ಪೊಡಿಗೆ ಪುಟ್ಟಿದ ಮನವಿಕಾರಂ ಸ್ವಭಾವಮುಕ್ಕು, ಅದು ರಸಮೆನಿಕ್ಕು (Mr. 75). 17, the number 6 (Ŏh.; ಆಱು Mr. 347; see No. 12). 18, ಗದವಿಶೇಷ (ಗದಭೇದ 83). 19, *taste, sentiment, feeling, emotion, pathos, any affection of the mind, as an object of dramatic composition* wherein nine rasas are enumerated: śriṅgâra, bhaya, śânta, adbhuta, bîbhatsa, hâsya, raudra, vîra, and karuṇa (Kâvy. IV, 1; IV, 2. 14. 19. 20 seq.; ನವರಸ, ಶೃಂಗಾರಾದಿನವರಸ 83; Mr. 75; ಒಮ್ಬತ್ತು ರಸ 499; to which occasionally vâtsalya, paternal fondness, is added). — ರಸ ಕಟ್ಟು. To kill mercury (My.). — ರಸಕರ್ಪೂರ. White sublimate or submuriate of mercury, made with sulphur, quicksilver, and common salt (My.). — ರಸಗವಳ. -ಕವಳ. Savoury mouthfuls: well-seasoned rice (My.). — ರಸಬಾಡಿ. A plantain of a sweet flavour (My.; B. 2, 38). — ರಸಮ್ಬಡೆ. -ಂ-ಪಡೆ. To obtain sweetness, etc. (Grj. 2, after 106). — ರಸವಾಟಿ. = ರಸಬಾಡಿ. (see s. ಒಸಗೆಯೋಲೆ).

ರಸಗನ್ಧ rasa-gandha. Gum-myrrh (ರಕ್ತಬಾಳ, etc. G.).

ರಸಘುಟಿಕೆ rasa-ghuṭikĕ. A pill made with quicksilver (My.).

ರಸಚಿತ್ರ rasa-čitra. Tasteful ornament (in composition, Śmd. 408).

ರಸಜ rasa-ja. Sugar, molasses. 2, blood. (R.).

ರಸಜ್ಞ rasa-jña. Knowing tastes. 2, a writer who understands the rasas. 3, an alchemist. 4, a physician.

ರಸಜ್ಞೆ rasa-jñĕ. *The tongue.*

ರಸತ್ rasat. Tasting, perceiving flavour (Sk.; Sd.). 2, crying, sounding (Sk.).

ರಸದಾನ rasa-dâna. Presenting fluids. See ಹನಿಸು.

ರಸದಾಳಿ rasa-dâḷi. ರಸದಾಲಿ. = ರಸ್ತಾಳಿ. A fine sort of sugar-cane (Tĕ. ರಸದಾಡಿ). — ರಸದಾಳಿಗರ್ವು. -ಕರ್ವು. = ರಸದಾಳಿ. (J. 3, 5). — ರಸದಾಳಿಕಬ್ಬು. = ರಸದಾಳಿಗರ್ವು. (My.).

ರಸದ್ರವ್ಯ rasa-dravya. A fluid (Śmd. 35).

ರಸಧಾನ್ಯಾಕರ್ಷಣಪಾತ್ರ rasa-dhânya-âkarshaṇa-pâtra. A vessel for the reception of liquids and grain. See ಸೆಡೆ.

ರಸಧಾರೆ rasa-dhârĕ. A flow of juice (Śiv. 2, 49).

ರಸನ rasana. 1. Tasting; taste; perception. See feminine ರಸನೆ.

ರಸನ rasana. 2. Roaring, crying, etc.

ರಸನಾಯಕ rasa-nâyaka. Quicksilver. 2, Śiva. (R.).

ರಸನೆ rasanĕ. *The tongue.*

ರಸಪಾತ್ರೆ rasa-pâtrĕ. A vessel for fluids (ಕಾಳಂಜ Mr. 265).

ರಸಬದ್ಧಗಿಡ rasa-baddha-giḍa. N. of a tree (ಸೂದ, ಪೂಷ, ಕ್ರಮುಕ, etc. Si. 131).

ರಸಭವ rasa-bhava. Blood. (R.).

ರಸಭಸ್ಮ rasa-bhasma. Calx or oxide of mercury (My.).

ರಸಭಾಣ್ಡ rasa-bhâṇḍa. A vessel for keeping liquids (A.).

ರಸಯೋನಿ rasayôni (-yôgi?). Borax (ಟಂಕಣ, ಬೆಳುಗಾರ Nr.).

ರಸರಸಾಯನ rasa-rasâyana. An excellent boiled fruit-juice (Bp. 30, 5. 6; J. 6, 44).

ರಸವತ್ rasa-vat. = ರಸವತ್ತು. Having juice or sap; tasteful, savoury, well-seasoned, well-flavoured; tasty, charming, elegant, beautiful; full of feeling; spirited, witty, (Kâvy. IV, 2, 59).

ರಸವತಿ rasavati. *A kitchen.*

ರಸವತ್ತು rasa-vattu. Tbh. of ರಸವತ್. (My.; B. 5, 214).

ರಸವತ್ತ್ವ rasa-vattva. Juiciness; savouriness; tastefulness; elegance, beauty (Kâvy. IV, 1, 10).

ರಸವರ್ಗ rasa-varga. All condiments (as pepper, salt, etc.) collectively (My.). 2, a mixture that forms an excellent gârĕ or mortar (My.).

ರಸವಾದ rasa-vâda. Metallurgy; alchemy (ಧಾತುವಾದ, ಸತ್ವ Nr.; ಡಳ, ವಾದ Nn. 9; My.).

ರಸವಾದಿ rasa-vâdi. An alchemist (My.).

ರಸವಿಹೀನ rasa-vihîna. Deprived or devoid of juice. See ಕೊರಗು.

ರಸಶುದ್ಧಿ rasa-śuddhi. Purification of quicksilver, etc. (My.).

ರಸಸಿದ್ಧಿ rasa-siddhi. Knowledge of the art of performing various chemical operations with mercury which secure health and wealth to the adept; skill in alchemy (My.).

ರಸಸಿನ್ದೂರ rasa-sindûra. A sort of factitious cinnabara (My.).

ರಸಹಾರಿ rasa-hâri. Fluid-remover: a sort of stone (ಉಮ್ಮೆಕಲ್ Mr. 206, q. v.).

ರಸಾಂಜನ rasa-añjana. *A sort of collyrium.*

ರಸಾತಲ rasâ-tala. The surface of the earth (Ššv. 4, 129. 2, *the lower world* (ಪಾತಾಳ Nn. 13; ಪಾತಾಲ Mr. 329). 3, one of the seven regions under the earth (Mr. 32).

ರಸಾಧಿಭೂತೆ rasâ-adhibhûtĕ. The mistress of the earth (Ršv. 5, 134).

ರಸಾನ್ನ rasa-anna. Well-flavoured, savoury food (Bp. 43, 20).

ರಸಾಭಾಸ rasa-âbhâsa. The semblance or mere appearance of sentiment, a sentiment attributed to an inanimate object. 2, the unsuitable manifestation of a sentiment. 3, disorder, confusion, spoiled condition, ruin (My.).

ರಸಾಯನ rasa-ayana. = ರಸೆಯನ. A medicine supposed to prevent old age and prolong life, an elixir, elixir vitae;—any medicine or medicinal compound. 2, alchemy, chemistry, the employment of mercury as a remedy or for magical purposes. 3, boiled fruit-juice to which milk, sugar, etc. are added (My.). 4, a particular drug used as a vermifuge (= ವಿಡಂಗ). ಇವು (ಷಟ್ರಸಂಗಳ್) ತಮ್ಮೊಳ್ ಒನ್ದೊನ್ದು ಬೆರಸಿ ತೋಱಲು ಸ್ವಾದುರುಚಿರಸಾಯನ ಮೆನಿಕ್ಕುಂ (Mr. 218). See ರಸ-.

ರಸಾರುಹ rasâ-ruha. A tree (Ršv. 10, after 124; Ššv. 2, after 42).

ರಸಾರ್ದ್ರ rasa-ârdra. A relish in a liquid state, well-seasoned sauce, broth. See ಸಾಱು 2.

ರಸಾರ್ದ್ರೆ rasa-ârdrĕ. A woman wet from any fluid (J. 6, 22).

ರಸಾಲ rasâla. *The mango tree* (Šm. 26). 2, *the sugar-cane.* 3, a kind of sugar-cane (= ಪುಣ್ಡ್ರಕ).

ರಸಾಲೆ rasâlĕ. *Curds mixed with sugar and spices.*

ರಸಾವಿಷ್ಟ rasa-âvishṭa. Possessed of taste for (Grj. 5, 22).

ರಸಾಳೆ rasâḷĕ. Tbh. of ರಸಾಲ. ರಸಾಳೇ ಕಬ್ಬು (Čb. 139).

ರಸಾಸ್ವಾದನ rasa-âsvâdana. The sipping of juices or liquids. See ಹೀರ್ 1.

ರಸಿಕ rasika. Tasty, savoury, sapid. 2, full of feeling or passion; graceful, elegant, beautiful. 3, spirited, witty, humourous, jocular. 4, apprehending or appreciating flavour or excellence. 5, having a liking or passion for, delighting in. 6, lustful. 7, gracefulness, etc. (Bp. 53, 39). 8, a man full of feeling or passion, etc.; a man who appreciates excellence, etc. (Šmd. 167; Bp. 40, 24; J. 34, 44; Kk. 3. 20. 94). 9, a libertine (My.; B. 5, 206).

ರಸಿಕತನ rasikatana. = ರಸಿಕತ್ವ. (Bp. 9, 30; 33, 15).

ರಸಿಕತ್ವ rasikatva. Tastefulness, savouriness, sapidity. 2, taste, feeling, the state of having a taste for; that of appreciating excellence, etc.; affection; spiritedness; taking pleasure in (My.). 3, libertinism, lewdness (My.).

ರಸಿಕೆ rasikĕ. = ರಸಿಗೆ. The juice of the sugar-cane (Sk.). 2, the serum on a wound (My.; B. 4, 220. 221).

ರಸಿಗೆ rasigĕ. Tbh. of ರಸಿಕೆ No. 2. (Bp. 39, 64; My.).

ರಸಿತ rasita. 1. Tasted; having taste or sentiment;—gilded, plated;—vinous liquor.

ರಸಿತ rasita. 2. Sounded;—a roar, a cry, a noise, a sound; *the rattling of thunder.* See ಘೋಷ-.

ರಸುಮೆ rasumĕ. Tbh. of ರಶ್ಮಿ (Čt. II, 55; My.). ರಸುಮೆ ಹರೆ, rays of light to spread (My.).

ರಸೆ rasĕ. ರಸಾ. *The earth, ground, soil.* 2, *the plant Clypea hernandifolia* W. & A. (see ಅಗುಲುಸುಣ್ಟಿ). 3, *the plant Boswellia thurifera* Roxb. — ರಸೆಗಱ್ತಲೆ. -ಕತ್ತಲೆ. Darkness that covers the whole earth (Grj. 4, 73).

ರಸೆಯನ rasĕyana. Tbh. of ರಸಾಯನ (Šmd. 360. 373).

ರಸೋಕ್ತಿ rasa-ukti. A word full of sentiment, etc. (Grj. 2, after 106).

ರಸೋನ rasôna. = ರಸೋನಕ, ಲಸೋನ, q. v.

ರಸೋನಕ rasônaka. *A kind of garlic, shallot, Allium ascalonicum.*

ರಸೋಲೂಖಲ rasa-ulûkhala. A sugar-cane mill (ಆಲೆಗಾಣ Mr. 213).

ರಸ್ತಾಳೆ rastâḷĕ. Tbh. of ರಸಬಾಳೆ. (My.; Si. 163).

ರಸ್ತು rastu. Grain stored up for an army (My.; Br.; Mhr., H. ರಸದ).

ರಸ್ತೆ rastĕ. A road, a way (My.; Br.; Mhr., H. ರಸ್ತಾ).

ರಸ್ಯ rasya. Juicy, tasty, palatable. 2, blood. (R.).

ರಹ raha. 1. = ರಹಸ್; see ವಿ-. 2, the state of being hidden from the intellect or surpassing it: wonderfulness, a great marvel (ಅತ್ಯಾಶ್ಚರ್ಯ Bhn. 50; Bh. 3, 13, 8; 4, 9, 22).

ರಹ raha. 2. = ರಹಿ 2. Way; method, manner (My.; Mhr., H. ರಹಾ).

ರಹಣಿ rahaṇi. = ರಹಿಣಿ. Dancing, pantomime (= ನಟನೆ, q. v.; Bp. 28, 20; Bh. 1, 15, 19; Mhr. ರಹಣೀ, manner of life, daily walk; ordinary course);—manner (Bh. 3, 22, 18; Râm. 1, 2, 17).

ರಹದಾರಿ rahadâri. Passage to and fro (on a road); traffic (Mhr., H.); a passport (My.; Br.); transit duty; a guard taken on a journey (Br.).

ರಹಸ್ rahas. = ರಹ 1. Loneliness, solitariness, solitude; privacy, secrecy, retirement;—a solitary abode, a hiding place. 2, *a secret, a mystery.* 3, *sexual intercourse.* 4, *secretly.*

ರಹಸ್ಯ rahasya. *Secret, private, clandestine, concealed;* fit to be concealed; mysterious. 2, anything hidden or recondite, a secret; *a secret doctrine or mystery, the doctrine of the upanishads.*

ರಹಾಟ rahâṭa. = ರಾಟಣ, etc. A machine for drawing water; the wheel of a machine in general (Mhr., H.; Br. & R. as ರಹಟ).

ರಹಿ rahi. 1. A person who is alone, etc. See ವಿ-. 2, a kind of fly (ತೊಣಸೆ Mr. 177).

ರಹಿ rahi. 2. = ರಹ 2. (ಈ ಪ್ರಕಾರ Bhn. 50; Bh. 2, 2, 78; 3, 13, 16).

ರಹಿಣಿ rahiṇi. = ರಹಣಿ. Manner (J. 17, 55).

ರಹಿತ rahita. Left, quitted, forsaken, abandoned, deserted. 2, *deprived of, void or destitute of, without.*

ರಹಿತತೆ rahitatĕ. The state of being without, etc. (V. 14, 61).

ರಹಿಸು rahisu. To be current or fitted for general acceptance (Bh. 3, 22, 18).

ರಾಕಡಿ râkaḍi. = ರಾಗಟೆ. A golden circular ornament worn

by females upon their hair-tresses (My.; Tĕ. ರಾಕಿಡಿ, ರಾಗಡಿ, ರಾಗಿಡಿ; Mhr. ರಾಖಡಿ).

ರಾಕಾಚನ್ದ್ರ râkâ-čandra. Full moon (My.).

ರಾಕಾತ್ರಿಜ râkâ-atrija. = ರಾಕಾಚನ್ದ್ರ. (V. 3, 39).

ರಾಕಾಶಶಾಂಕ râkâ-šašânka. = ರಾಕಾಚನ್ದ್ರ. (J. 29, 38).

ರಾಕಾಸಿ râkâsi. Tbh. of ರಾಕ್ಷಸಿ. (My.).

ರಾಕಾಸುಧಾಕರ râkâ-sudhâkara. = ರಾಕಾಚನ್ದ್ರ. (G.).

ರಾಕೆ râkĕ. ರಾಕಾ. *The day of full moon, full moon* (ತುಮ್ಬಿದ ಹುಣ್ಣಿವೆ Hlâ.; ಇನ್ದು ಪೆರ್ಚಿದ ಪೌರ್ಣಮಿ Mr. 69). 2, *a girl in whom menstruation has just commenced* (ಪ್ರಥಮ ಋತುವಾಗಿರ್ದ ಮಡದಿ Mr. 302).

ರಾಕೇನ್ದು râkâ-indu. = ರಾಕಾಚನ್ದ್ರ. (My.).

ರಾಕ್ಷಸ râkshasa. (fr. ರಕ್ಷಸ್). = ರಕ್ಕಸ. Demoniacal. 2, *an evil being or demon, an evil or malignant spirit;* a goblin. 3, a yaksha or attendant of Kubêra (ರಕ್ಕಸ, ಪುಣ್ಯಜನ Hlâ.). ರಾಕ್ಷಸನಾದರೆ ಭಿಕ್ಷುಕನಿಗೆ ಏನು? (Prv.). 4, a form of marriage: the violent seizure and rape of a girl after the defeat or destruction of her relatives.

ರಾಕ್ಷಸಕೃತ್ಯ râkshasa-kṛitya. A fiendish, cruel deed (My.).

ರಾಕ್ಷಸಪ್ರಕರಣ râkshasa-prakaraṇa. = ರಕ್ಕಸನಗರಣ. A râkshasa-drama, etc.

ರಾಕ್ಷಸರಾಜ râkshasa-râja. Nairṛita, the ruler of the south-west quarter (Bp. 10, 30).

ರಾಕ್ಷಸವೈದ್ಯ râkshasa-vaidya. Harsh medical treatment (My.).

ರಾಕ್ಷಸಾಧಿಪ râkshasa-adhipa. Kubêra (Mr. 54). 2, Râvaṇa (My.). 3, Nairṛita (My.).

ರಾಕ್ಷಸಾನ್ತಕ râkshasa-antaka. Vishṇu or Kṛishṇa (J. 18, 40).

ರಾಕ್ಷಸಾನ್ತಕಿ râkshasa-antaki. Pârvatî (Râm. 1, 1, 4).

ರಾಕ್ಷಸಾರಿ râkshasa-ari. Vishṇu or Kṛishṇa (J. 10, 32).

ರಾಕ್ಷಸಿ râkshasi. = ರಕ್ಕಸಿ, ರಾಕಾಸಿ. *A female demon.* 2, *a kind of perfume* (ಚಣ್ಣಿ, ಧನಹರಿ, etc., Nr.).

ರಾಕ್ಷಸೇಶ್ವರ râkshasa-îšvara. = ರಾಕ್ಷಸಾಧಿಪ. (My.).

ರಾಕ್ಷೆ râkshĕ. = ಲಾಕ್ಷೆ. *Lac, the red dye.*

ರಾಗ râga. Colour, hue, tint; *red colour.* 2, affection, emotion, passion, feeling. 3, *love, sympathy, interest in anything, joy, pleasure; vehement longing or desire.* 4, greediness, envy. 5, anger, wrath. 6, loveliness, beauty. 7, a musical mode (Mr. 78; see Bp. 19); a tune;— a musical note, harmony, music. ರಾಗ ನೆನಪಾಗುವಾಗ ತಾಳ ಮರೆತು ಹೋಯಿತು.— ರಾಗ ಬರುವಾಗ ತನ್ತಿ ಹರಿಯಿತು.— ಉಗುಬ್ ಉಗುಬ್ ರೋಗ, ಬೊಗಳೆ ಬೊಗಳೆ ರಾಗ (Prvs.). See Kâvy. IV, 2, 49. ಶ್ರುತಿಯೊಳ್ ಇಪ್ಪತ್ತೆರಡು ಗಮಕಮಕ್ಕು, ಅವಕೆ ದೇಶೀಯಮೇಳಮಕ್ಕು, ಅವಕೆ ಮೂರು ಗ್ರಾಮಂ, ಅವಕೆ ಪದಿನೆಣ್ಬು ಜಾತಂ ದಾಸಣಿಸಿರಲ್ಕೆ ಅವರಿನೊಳುದಿಸಿದ ರಾಗಾಂಗ ಭಾಷಾಂಗಂ ಕ್ರಿಯಾಂಗಮ್ ಉಪಾಂಗಮ್ ಎಮ್ಬ ನಿಜಭಾಷೆಯೊಳು ನೂರೊನ್ದು ರಾಗಂಗಳ್, ಅವರಿಲ್ಲಿ ನೂರೊನ್ದು ತಾಳಮಕ್ಕುಂ (Mr. 78). — ರಾಗ ತೆಗೆ. To begin a tune, to begin to sing (My.). — ರಾಗ ನುಡಿಸು. To make music (My.). — ರಾಗ ಮಾಡು. = ರಾಗ ಹಾಡು. (My.; ಉಲಿ Ŏb.). — ರಾಗವಪ್ಪೆಱು. -ಂಪೆಱು. To experience affection, joy, etc. (Bp. 2, 56; 3, 31; 29, 29). — ರಾಗ ಹಾಡು. To sing a tune (My.). ಪುಣ್ಯವನ್ತ ಹಾಡಿದ್ದೇ ರಾಗ, ವೈದ್ಯ ಹೇಳಿದ್ದೇ ರೋಗ (Prv.). — ರಾಗ ಹೇಳು. To utter or sing a tune (My.).

ರಾಗಟೆ râgaṭĕ. = ರಾಕಡಿ. (My.).

ರಾಗತೆ râgatĕ. The state of being red (Ŏpr. 7, 147), etc.

ರಾಗದ್ವೇಷ râga-dvêsha. Hatred that arises from anger or envy (My.).

ರಾಗಮಾಲಿಕೆ râga-mâlikĕ. A piano, a harmonium, a concertina, etc. (My.; Si. 292); also ರಾಗಮಾಲಿಕೆಪೆಟ್ಟಿಗೆ (My.).

ರಾಗಮಾಲೆ râga-mâlĕ. = ರಾಗಮಾಲಿಕೆ. (My.).

ರಾಗಾಂಗ râga-anga. Auxiliary musical modes (see Mr. s. ರಾಗ).

ರಾಗಾಧರ râga-adhara. A man with red lips (Šmd. 266, one MS.); a red lip.

ರಾಗಾಧರೆ râga-adharĕ. A woman with red lips (Rŝv. 13, after 45).

ರಾಗಾನ್ಧತೆ râga-andhatĕ. Blindness from love or interest in (Ŏpr. 4, 52; Grj. 7, after 42).

ರಾಗಿ râgi. Raggy, a sort of grain much cultivated in the south, Eleusine coracana Pers. (ಧೂಳಿಕ Mr. 373; C.; Mhr.; Tĕ.; M. ರಾಗಿ, ಲಾಯಿ; T. ಇರಾಗಿ; Sk., Pers. ರಾಗಾ, ರಾಗೀ). ಕಲ್ಲೇ ಸಂಗಡ ರಾಗಿ ಕೂಡಿ ಹುರಿದ ಹಾಗೆ.— ರಾಗಿ ತಿನ್ದವ ರೋಗಿ, ಅಕ್ಕಿ ತಿನ್ದವ ಹಕ್ಕಿ.— ಮೂಢಭಕ್ತಿಗೆ ಕೇಡಿಲ್ಲ, ಮೂಡೆರಾಗಿಗೆ ಭಯವಿಲ್ಲ.— ಯಾವ ರಾಯರಿಗೆ ರಾಜ್ಯವಾದರೂ ರಾಗಿ ಬೀಸೋದು ತಪ್ಪೋದಿಲ್ಲ.— ಕಾಲ ಕೆಟ್ಟಿತು, ಕಾಗೆ ರಾಗೀ ತಿನ್ತು (Prvs.). See ನಾಯಿ-. — ರಾಗಿಮುದ್ದೆ. A lump of râgi-hiṭṭu, and râgihiṭṭu itself (My.). — ರಾಗಿಯಮ್ಬಲಿ. -ಅಮ್ಬಲಿ. Raggy gruel (My.). — ರಾಗಿರೊಟ್ಟಿ. Raggy bread (C.). — ರಾಗಿಹಿಟ್ಟು. Raggy meal;— a thick paste or porridge made of it (C.; B. 3, 46). — ರಾಗಿಹುಲ್ಲು. Raggy grass or straw (My.).

ರಾಗಿ râgi. (Šmd. 109). *Coloured, dyed;*— red;— full of feeling or passion; given up to passion;— full of love;— passionately fond of, taking great pleasure in; having great taste or relish for;— a painter;— a person given up to passion;— one who is fond of, a lover;— a lustful man, a libertine. ಆಗದ ಹೋಗದ ಬದುಕಿಗೆ ರಾಗಿ ಯಾಕೆ? (Prv.).

ರಾಗಿತೆ râgitĕ. The state of being coloured or red (Ŏpr. 7, 96), etc.

ರಾಗಿಸು râgisu. (Šmd. 68. 92). To be coloured; to shine (Bp. 57, 55; Rŝv. 2, 11); to feel vehement longing or desire; to be very fond of, to love (Grj. 4, 84; Bp. 23, 21; 38, 16).

ರಾಗೆ râgĕ. N. of a daughter of Angiras (? Čpr. 1, 86).

ರಾಘವ râghava. (fr. ರಘು). A descendant of Raghu. 2, Râmačandra (Ch. 56; Bp. 13, 30; J. 2, 25; 8, 40). 3, N. of an author (Bp. 1, 11). — ರಾಘವಯ್ಯ. -ಅಯ್ಯ. N. (My.).

ರಾಘವಾತ್ಮಜರ್ râghava-âtmajar. The sons of Râma: Kuŝa and Lava (J. 19, 48).

ರಾಘವಾನುಜ râghava-anuja. Lakshmaṇa (J. 20, 54. 61).

ರಾಘವೇನ್ದ್ರ râghava-indra. Râmačandra (J. 18, 11; 19 44); N. (My.).

ರಾಘವೇಶ್ವರ râghava-îšvara. = ರಾಘವೇನ್ದ್ರ. (J. 19, 2. 23).

ರಾಘು râghu. A lover, a gallant (Mhr.). 2, = ರಾಘವ, N. (My.; B. 1, 21).

ರಾಘೆ râghĕ. The thigh (? Grj. 2, after 106).

ರಾಂಕವ rânkava. (fr. ರಂಕು). *Made from the hair of the ranku deer.*

ರಾಚ râča. Tbh. of ರಾಜ. A man belonging to the kshatriya tribe: a class of Tĕlugu Râjpoots who are counted as Šûdras (commonly Vaishṇavas, My.; Tĕ.). — ರಾಚಪ್ಪ. -ಅಪ್ಪ. N. (My.; Tĕ.). — ರಾಚಮಲ್ಲಯ್ಯ. N. (Bp. 58, 1).

ರಾಚಾವಾರ râčâvâra. = ರಾಚೇವಾರ. (My.).

ರಾಚೇವಾರ râčêvâra. = ರಾಚ, ರಾಚಾವಾರ. (My.; Tĕ.).

ರಾಜ್ râj. = ರಾಜ. Nominative ರಾಟ್. Shining, radiant. 2, *a king, a chief.*

ರಾಜ râja. = ಅರಸ, ಅರಸು, ರಾಚ, ರಾಯ, ರಾವು 2. *A king, a sovereign, a prince, a chief* (ಧರಣೀಶ, ದೊರೆ Nn. 80); a most excellent man; any principal object or anything the best of its kind;—a master (ಮುಖ್ಯ, ಶ್ರೇಷ್ಠ 80). 2, *a man of the military caste, a Kshatriya.* 3, *the moon* (ಮೃಗಾಂಕ, ಚನ್ದ್ರ 80). 4, an ascetic (ಸಯ್ಯಮಿ, ಎತಿ 80). 5, a house (ಮನ್ದಿರ, ಮನೆ 80). 6, white (ಸಿತ, ಬಿಳಿದು 80). 7, black (ಅಸಿತ, ಕಪ್ಪು 80). ರಾಜರ ಶೀಲ ತಿರುಕರ ಲಕ್ಷಣ.—ಯಥಾ ರಾಜಾ ತಥಾ ಪ್ರಜಾ (Prvs.). — ರಾಜಕನ್ನಿಕೆ. An (unmarried) princess (My.; B. 4, 5). — ರಾಜಗುಳ್ಳ. A species of Solanum (Si. 149). — ರಾಜನೆಲ್ಲು. A good kind of paddy (My.). — ರಾಜಪಾಲು. The portion of a crop falling to the share of the owner (My.). — ರಾಜಪೆಣ್ಡಿ. Sprung from a royal house (ರಾಜಬೀಜ, etc., ರಾಜವಂಶದಲ್ಲಿ ಹುಟ್ಟಿದವನು, ಅರಸುಪೆಣ್ಡಿ Si. 232). — ರಾಜಬಾಡ್. = ರಾಜಕದಲಿ. (My.). — ರಾಜಬೀದಿ. Tbh. of ರಾಜವೀಥಿ, q. v. (B. 4, 149; My.). — ರಾಜಹುಣ್ಣು. A carbuncle (My.).

ರಾಜಕ râjaka. Irradiating, splendid. 2, a little king, a petty prince. 3, *a king, a sovereign.* 4, *a number of kings.* 5, what comes from a king (good or bad things, but especially oppression from a foreign invader, My.; Tĕ. ರಾಜಕ). ರಾಜಕ ಬನ್ದರೂ ರಾಜ್ಯಕ್ಕೆ, ದೈವಿಕ ಬನ್ದರೂ ರಾಜ್ಯಕ್ಕೆ (Prv.).

ರಾಜಕದಲಿ râja-kadali. An excellent kind of plantain (Čpr. 6, 105; Šŝv. 2, after 42).

ರಾಜಕಶೇರು râja-kašêru. *The fragrant root of Cyperus pertenuis* Roxb. (= ನಾಗರ).

ರಾಜಕಾರಸ್ಥಾನ râja-kâra-sthâna. A royal scheme, policy; a council of state (Mhr.; B. 5, 188).

ರಾಜಕಾರ್ಯ râja-kârya. A king's duty or business, state affairs (J. 2, 54).

ರಾಜಕೀಯ râjakîya. Regal, royal, kingly (My.; B. 4, 116. 117).

ರಾಜಕೀರ râja-kîra. = ಅರಗಿಣಿ. (J. 26, 21).

ರಾಜಕುಮಾರ râja-kumâra. A king's son, a prince (My.).

ರಾಜಕುಲ râja-kula. A royal family;—the court of a king;—a royal palace;—a courtesan, a harlot (ವಾರಸತಿ, ವಿಲಾಸಿನಿ Mr. 305).

ರಾಜಗೃಹ râja-gṛiha. A royal dwelling, a palace (ರಾಜಸದನ, etc., ಅರಮನೆ Si. 109).

ರಾಜಚಿಹ್ನ râja-čihna. ರಾಜಚಿಹ್ನೆ. A mark or sign of royalty, insignia of royalty, regalia (Čpr. 2, after 93).

ರಾಜಚೂಡಾಮಣಿ râja-čûḍâmaṇi. The best or most excellent of kings (My.).

ರಾಜಛತ್ರ râja-čhatra. A parasol regarded as an ensign of royal power (B. 5, 62).

ರಾಜತ್ râjat. Ruling; shining (Râv. 13, 76).

ರಾಜತ râjata. (fr. ರಜತ). Silvery;—silver.

ರಾಜತಗಿರಿ râjata-giri. Kailâsa (Bp. 25, 15).

ರಾಜತರು râja-taru. The tree Cassia fistula Lin. (ಆರಗ್ವಧ, etc., ಕಕ್ಕೆ Mr. 114). 2, the plant Pterospermum acerifolium.

ರಾಜತಶೈಲ râjata-šaila. = ರಾಜತಗಿರಿ. (Bp. 24, 49).

ರಾಜತಾಚಲ râjata-ačala. = ರಾಜತಶೈಲ. (Bp. 8, 29; 57, 19).

ರಾಜತಾದ್ರಿ râjata-adri. = ರಾಜತಾಚಲ. (Bp. 12, 25).

ರಾಜತ್ವ râjatva. Kingship, royalty, the rank or function of a king, kingly dignity or authority, government (My.).

ರಾಜದನ್ತ râja-danta. A principal tooth, a front tooth, an incisor. (R.).

ರಾಜಧರ râja-dhara. Moon-wearer: Šiva (Bp. 8, 29).

ರಾಜಧರ್ಮ râja-dharma. A king's duty;—a law as prescribed in the šâstras for the guidance of kings in the administration of government;—a virtue befitting a king (My.).

ರಾಜಧಾನಿ râja-dhânî. *A royal city, a capital, a metropolis.*

ರಾಜನ râjana. Illuminating, causing to shine. See ನೀ-. 2, belonging to a royal family, of regal descent. — ರಾಜನದ ಬೊಮ್ಮದೇವಯ್ಯ. N. (Bp. 58, 2).

ರಾಜನಾಮ râja-nâma. The name of king (Čpr. 4, 20). 2, the plant Trichosanthes dioeca.

ರಾಜನೀತಿ râja-nîti. Royal conduct or policy, the administration of government, politics (My.).

ರಾಜನ್ಯ râjanya. *A man of the military or regal tribe, a Kshatriya.*

ರಾಜನ್ಯಕ râjanyaka. *A number of Kshatriyas.*

ರಾಜನ್ವತ್ râjan-vat. *Having a good king, governed by a just monarch.*

ರಾಜಪಟ್ಟ râja-paṭṭa. A royal fillet or tiara. — ರಾಜಪಟ್ಟಂಗಟ್ಟು. -ಂ-ಕಟ್ಟು. To tie the royal fillet (Č. Bp. 47, 9).

ರಾಜಪತ್ನಿ râja-patnî. A king's wife, a queen (My.).

ರಾಜಪದವಿ râja-padavi. The rank of a king, kingship, royalty (My.).

ರಾಜಪುಂಗವ râja-puṅgava. A most excellent king (My.).

ರಾಜಪುತ್ರ râja-putra. = ರಜಪುತ್ರ, ರಜಪೂತ. A king's son, a prince. 2, a Rajpoot (My.; B. 4, 3).

ರಾಜಪೂಜಿತ râja-pûjita. Honoured by kings: excellent (My.).

ರಾಜಪ್ರಕೃತಿ râja-prakṛiti. A king's minister (ಮನ್ತ್ರಕ್ಷಾತ್ರವಟ್ಟ Mr. 267).

ರಾಜಫಣಿ râja-phaṇi. An ophiophagous serpent (ಫಣಿಭುಜ್, ಅರವಾವು Mr. 401).

ರಾಜಬಲೆ râja-balĕ. *The plant Paederia foetida* Lin.

ರಾಜಬಾಟೆ râja-bâṭĕ. = ರಾಜಮಾರ್ಗ. (My.).

ರಾಜಬೀಜಿ râja-bîji. *Sprung from a royal progenitor, of royal parentage or descent.*

ರಾಜಭವನ râja-bhavana. A king's abode, a palace (My.).

ರಾಜಭಾಗ râja-bhâga. A royal assembly or court (ಮೋನ, ರಾಜಸಭೆ Nn. 155).

ರಾಜಭೋಗ râja-bhôga. A royal repast. 2, enjoyments fit for a king (My.).

ರಾಜಮನ್ದಿರ **râja-mandira.** The palace of a king, a royal mansion (Čpr. 2, after 91; Bp. 61, 28).

ರಾಜಮರಾಲ **râja-marâla.** A kind of flamingo or goose (ಕಾಲ್ ಮೊಗಂ ಕೆಮ್ಪುದೋಱೆ ರಾಜಮರಾಲಂ Mr. 178).

ರಾಜಮರ್ಯಾದೆ **râja-maryâdĕ.** Respect shown to a king and to superiors in general (My.).

ರಾಜಮಹಿಷಿ **râja-mahishi.** The properly consecrated wife of a king (My.).

ರಾಜಮಾನ್ಯ **râja-mânya.** Worthy to be honoured by kings: excellent (My.; B. 4, 87).

ರಾಜಮಾರ್ಗ **râja-mârga.** The king's highway; a royal or main road, a high road (Čpr. 1, after 125; Bp. 32, 12);—a fashion, custom sanctioned by general approbation (Mhr.).

ರಾಜಮುದ್ರೆ **râja-mudrĕ.** A royal signet; a governmental seal or impression (My.).

ರಾಜಯಕ್ಷ್ಮ **râja-yakshma.** *Pulmonary consumption, atrophy.*

ರಾಜಯೋಗ **râja-yôga.** A configuration of planets, etc. at the birth of any person indicating him to be destined for kingship. 2, an easy mode of meditation (yôga) as distinguished from the more rigorous (My.).

ರಾಜಯೋಗ್ಯ **râja-yôgya.** Befitting a king, princely (My.).

ರಾಜರತ್ನಾಪೀಡ **râja-ratna-âpîḍa.** Wearing a chaplet of brilliant gems (Čpr. 7, after 148).

ರಾಜರಾಜ **râja-râja.** A king of kings. 2, *Kubêra.*

ರಾಜರ್ಷಿ **râja-ṛishi.** A royal ṛishi or saint, a ṛishi of royal descent (My.).

ರಾಜಲಕ್ಷಣ **râja-lakshaṇa.** A royal sign or token, any mark on the body, etc. indicating a future king. 2, royal insignia, regalia (My.).

ರಾಜಲೋಕ **râja-lôka.** A company of kings (Čpr. 2, after 91; 5, 111).

ರಾಜವಂಶ **râja-vaṁśa.** A royal family; a dynasty (Si. 232).

ರಾಜವಂಶ್ಯ **râja-vaṁśya.** *Belonging to a royal family, of regal race or descent.*

ರಾಜವತ್ **râja-vat.** Having a king. 2, like a king (My.).

ರಾಜವದನೆ **râja-vadanĕ.** A woman with a moon-like face (J. 28, 52).

ರಾಜವರ್ತ್ಮ **râja-vartma.** = ರಾಜಮಾರ್ಗ. (Sk.; My.).

ರಾಜವಲ್ಲಭ **râja-vallabha.** A king's favourite. (R.).

ರಾಜವಶ್ಯ **râja-vaśya.** Bringing over a king to one's own views by mantras (My.).

ರಾಜವಾಹನ **râja-vâhana.** A royal horse (ವಂಶವಲ್ಲವದ ವಾಜಿ Šmd. II; Kk. 78; Šm. 41).

ರಾಜವಾಹ್ಯ **râja-vâhya.** *A royal elephant.*

ರಾಜವಿಡ್ಡೂರ **râja-viḍḍûra.** Molestation (of the subjects) proceeding from a ruler (My.).

ರಾಜವಿದ್ಯೆ **râja-vidyĕ.** Royal science, state policy (Ŏpr. 4, 5).

ರಾಜವೀಜಿ **râjavîji.** = ರಾಜಬೀಜ.

ರಾಜವೀಥಿ **râja-vîthi.** = ರಾಜಬೀದಿ. A principal street, a high street, a main road (ಸುಮುಖ, ರಾಜಬೀದಿ Nn. 126).

ರಾಜವೃಕ್ಷ **râja-vṛiksha.** = ರಾಜತರು. *The tree Cassia (or Cathartocarpus) fistula* Lin. (see ರಾಜತರು).

ರಾಜವೈದ್ಯ **râja-vaidya.** A royal physician: an eminent physician (My.). 2, excellent practice of medicine (My.).

ರಾಜಶಾರ್ದೂಲ **râja-śârdûla.** A great king (My.).

ರಾಜಶಾಸನ **râja-śâsana.** A royal edict or order (My.).

ರಾಜಶಿಖಾಮಣಿ **râja-śikhâmaṇi.** The first of kings (My.).

ರಾಜಶಿರೋಮಣಿ **râja-śirômaṇi.** = ರಾಜಶಿಖಾಮಣಿ. (My.).

ರಾಜಶೇಖರ **râja-śêkhara.** The chief of kings (J. 2, 13). 2, Šiva (J. 2, 18). 3, N. of a king of Čôḷamaṇḍala (Rśv. 4, 58).

ರಾಜಶೇಖರವಿಲಾಸ **râjaśêkhara-vilâsa.** King Râjaśêkhara's sport, N. of a Kannaḍa poem by Shaḍakshari dêva (Šsv. 5, 68).

ರಾಜಶ್ರೀ **râja-śrî.** Royal sovereignty or majesty;—a term of courtesy for a person in general (My.; B. 4, 87).

ರಾಜಶ್ರಿಯಾವಿರಾಜಿತ **râjaśriyâ-virâjita.** Adorned with majesty and grace (Mhr.; B. 4, 87; My.).

ರಾಜಸ **râjasa.** (fr. ರಜಸ್). Belonging or relating to the guṇa or quality rajas;—endowed with or influenced by the quality of passion, passionate, lustful, etc. (My.).

ರಾಜಸದನ **râja-sadana.** *A palace.*

ರಾಜಸಭೆ **râja-sabhĕ.** *A royal assembly or court, a court of justice, a privy council* (ಆಸ್ಥಾನ Hlâ.; ಮೋಲ, ರಾಜಭಾಗ Nn. 155).

ರಾಜಸರ್ಪ **râja-sarpa.** = ರಾಜಫಣಿ. *An ophiophagous serpent* (ಸರ್ಪಭುಜ್, ಅರಹಾವು Hlâ.).

ರಾಜಸರ್ಷಪ **râja-sarshapa.** *Black mustard, Sinapis ramosa* Roxb.

ರಾಜಸಿಂಹ **râja-siṁha.** An illustrious king (My.).

ರಾಜಸೂಯ **râja-sûya.** *A great sacrifice performed by a universal monarch attended by his tributary princes.*

ರಾಜಸೇವೆ **râja-sêvĕ.** King's service, royal service (My.).

ರಾಜಹಂಸ **râja-haṁsa.** = ರಾಯಂಚೆ. *A flamingo.* 2, an illustrious king. (Čpr. 7, 149). 3, an eminent person (Čh. v. 16).

ರಾಜಾ **râjâ.** = ರಾಜ. (Nom. of ರಾಜನ್). — ರಾಜಾರೂಪಾಯಿ. The former Mysore râja's rupee (My.). — ರಾಜಾಸಾದ್. = ರಾಜಾಸಾಹೇಬ. (My.). — ರಾಜಾಸಾಹೇಬ. A title of native râjas (My.).

ರಾಜಾಂಗ **râja-aṅga.** = ರಾಜ್ಯಾಂಗ. (My.). 2, = ರಾಜಬೀಜ. (My.).

ರಾಜಾಜ್ಞೆ **râja-âjñâ.** A king's edict, royal decree or demand, ordinance (My.).

ರಾಜಾದನ **râja-adana.** *A large tree, bearing a kind of almonds, Buchanania latifolia* Roxb. (see ಮೊಬಲೆ). 2, *a large tree, cultivated for its eatable fruits, Mimusops kauki* Lin.

ರಾಜಾಧಿರಾಜ **râja-adhirâja.** A king of kings, a paramount sovereign, a mighty potentate (ರಥವನೇಱುವಂ Mr. 287).

ರಾಜಾನ್ನ **râja-anna.** Royal food: a kind of rice of a superior quality (see s. ನೆಲ್ಲು). ಭಕ್ತಿಯಿಲ್ಲದ ತಿಷ್ಯ, ಗೊತ್ತು ಗಟ್ಟುವದೇತ ಬತ್ತಿದ ಕೆಟಿಯ ಬಯ್ಲಲ್ಲಿ ರಾಜಾನ್ನ ಬಿತ್ತಿ ಬೆಳದನ್ತೆ (Sp.). — ರಾಜಾನ್ನ ಅಕ್ಕಿ. = ರಾಜಾನ್ನ. (Bp. 27, 15; 33, 13; My.). — ರಾಜಾನ್ನನೆಲ್ಲು. Râjânna paddy (Bp. 27, 16; My.).

ರಾಜಾರ್ಕ **râja-arka.** Moon and sun. 2, the plant Calotropis gigantea. (R.).

ರಾಜಾರ್ಥ **râja-artha.** Royal revenue, tax (ಕರ, ಸಿದ್ದಾಯ Nn. 19).

ರಾಜಾರ್ಹ râja-arha. Fit or suitable for a king, royal, noble. 2, *aloe wood, Agallochum.*

ರಾಜಾಲಯ râja-âlaya. = ರಾಜಗೃಹ. (J. 23, 52).

ರಾಜಾವರ್ತ râja-âvarta. A kind of gem: a sapphire of a light colour (ಎಳೆನೀಲ Šmd. II; ಎಳೆಯ ನೀಲ Kk. 85; Šm. 69).

ರಾಜಾಸ್ಥಾನ râja-âsthâna. The court of a king (My.).

ರಾಜಿ râji. 1. *A strip, a line, a row* (ಲೇಖೆ, ಎಡೆಬಿಡು ಇಲ್ಲದ ಸಾಲು Nr.); a multitude (ಪಙ್ತಿ Hlâ.; ಆಳಿ, ಆವಳಿ, ವೀಥಿ, ಪಙ್ತಿ Mr. 359; Kâvy. V, 44; Bp. 9, 14; 35, 16; 61, 61).

ರಾಜಿ râji. 2. Willing, ready (Mhr., H.); good will and pleasure; full consent, willingness, acquiescence, agreement, content, pleasure (My.; Br.). See ರಾಜೀನಾಮೆ. — ರಾಜಿ ಮಾಡು. To bring to terms (My.). — ರಾಜಿಯಾಗು. -ಆಗು. To consent, etc. (My.).

ರಾಜಿಕ râjika. = ರಾಜೀಕ. Relating to or being connected with a king; = ರಾಜಕ No. 5 (My.);—a lord, a noble person. See ಮಹಾ-. 2, = ರಾಜಿಕೆ No. 3. (ಸರ್ಷಪ, ಸಾಸುವೆ Mr. 137).

ರಾಜಿಕೆ râjikĕ. A stripe, a line, a row. 2, a field. 3, *black mustard, Sinapis ramosa* Roxb.

ರಾಜಿತ râjita. Illuminated, irradiated; adorned, embellished. See Čh. v. 191; Kk. 1; ಅ-.

ರಾಜಿಲ râjila. Striped. 2, *a species of snake* (ಡುಣ್ಡುಭ, ಒಳ್ಳೆ Hlâ.; Mr. 401; see ಮಣ್ಣು ಮುಕ್ಕಹಾವು).

ರಾಜಿಸು râjisu. To shine, to glitter, to be radiant or splendid (ಶೋಭೆ Šmd. Dh.; Bp. 57, 19; Rŝv. 10, after 1; J. 1, 10; 2, 12; 3, 32; 5, 35; 18, 38);—to make radiant (see ವಿ-).

ರಾಜೀಕ râjika. Tbh. of ರಾಜಿಕ. What comes from a king, especially from a foreign invader: ransacking, etc. (My.; Si. 391).

ರಾಜೀನಾಮೆ râjî-nâmĕ. A written acknowledgment given by the plaintiff of a cause being finally settled; a deed of resignation (of an office), of relinquishment (of a claim), an acquittance;—a written declaration of one's willingness to follow the directions of (Mhr., H.; My., Br.).

ರಾಜೀವ râjîva. *A species of fish.* 2, a kind of deer. 3, a blue lotus-flower; *a lotus* (ಕಮಲ, ತಾವರೆ Nn. 22). 4, a multitude (ಸಮಿತಿ, ಸಮೂಹ 22). 5, the hair of the head (ಶಿರೋರುಹ, ಮಣ್ಡೆಯ ಕೂದಲ್ 22). 6, water (ವಾರಿ, ಉದಕ 22).

ರಾಜೀವನೇತ್ರ râjîva-nêtra. Vishṇu or Kṛishṇa (J. 14, 3).

ರಾಜೀವಮಿತ್ರ râjîva-mitra. The sun (J. 3, 23).

ರಾಜೀವಮುಖಿ râjîva-mukhi. A woman with a lotus-like face (Bp. 40, 68).

ರಾಜೀವಲೋಚನೆ râjîva-lôčanĕ. A woman with lotus-like eyes (Bp. 42, 12).

ರಾಜೀವಸಖ râjîva-sakha. The sun (Šâstrasâra in W. v. 1505).

ರಾಜೇನ್ದ್ರ râja-indra. A king of kings, a supreme sovereign (J. 2 sum.; 2, 11; 21, 25. 37). 2, N. — ರಾಜೇನ್ದ್ರಚೋಳ. N. (Bp. 44, 58). — ರಾಜೇನ್ದ್ರಮುನಿ. N. (Bp. 52, 18).

ರಾಜೋಪಭೋಗ್ಯ râja-upabhôgya. Fit for the use or amusement of a king (J. 18, 30).

ರಾಜ್ಞಿ râjñi. = ರಾಣಿ. *A queen.*

ರಾಜ್ಞೀಪಟ್ಟ râjñî-paṭṭa. = ಅರಸಿಪಟ್ಟ. The fillet or tiara of a queen.

ರಾಜ್ಯ râjya. *A kingdom, a country, a principality, an empire, a government* (ನೆಲ Čt. II, 63). See Prv. s. ರಾಜಕ. 2, administration or exercise of government. 3, kingship. — ರಾಜ್ಯಂಗೆಯ್. -ಎಂ-. = ರಾಜ್ಯ ಮಾಡು. (My.). — ರಾಜ್ಯ ಮಾಡು. To exercise government, to rule (B. 5, 39). — ರಾಜ್ಯವಾಳು. -ಆಳು. To rule (Bp. 27, 28; My.).

ರಾಜ್ಯಪದ râjya-pada. (= ರಾಜಪದವಿ). Kingship (obtained by consecration, ಪಟ್ಟಾಭಿಷೇಕವಿಶೇಷ Nn. 139).

ರಾಜ್ಯಭರ râjya-bhara. Getting or taking charge of an empire (Čpr. 2, after 56).

ರಾಜ್ಯಭಾರ râjya-bhâra. The weight of (the duties) of government. 2, the act of taking care of government: rule, reign (My.; B. 5, 1). — ರಾಜ್ಯಭಾರಂಗೆಯ್. -ಎಂ-. To rule (My.). — ರಾಜ್ಯಭಾರ ಮಾಡು. = ರಾಜ್ಯಭಾರಂಗೆಯ್. (My.).

ರಾಜ್ಯಲಕ್ಷ್ಮಿ râjya-lakshmi. The good fortune of a kingdom, glory of sovereignty (Čpr. 6, 101).

ರಾಜ್ಯಶ್ರೀ râjya-šrî. An empire looked upon as a beautiful woman (Čpr. 2, after 39).

ರಾಜ್ಯಶ್ರೀಕ râjya-šrîka. Possessing a prosperous government (Čpr. 3, 70).

ರಾಜ್ಯಾಂಗ râjya-aṅga. (= ರಾಜಾಂಗ). Limb of royalty: *a requisite of regal administration,* enumerated *e. g.* as nine, viz. the monarch, the prime minister, a friend or ally, treasure, territory, a stronghold, an army, the companies of citizens, and the purôhita.

ರಾಜ್ಯಾಧಿಪತಿ râjya-adhipati. A ruler, a king (My.).

ರಾಜ್ಯಾಭಿಷೇಕ râjya-abhishêka. Inauguration to a kingdom, coronation (My.).

ರಾಟ್ râṭ. = ರಡ್ಡಿ, ರೆಡ್ಡಿ, ರಾಜ್ (of which it is the nominative). A king (ಅರಸು Nn. 119; Mr. 262).

ರಾಟಣ râṭaṇa. (Tbh. of ಅರಘಟ್ಟ). = (ಅರಟೆ), ರಹಾಟ, ರಾಟವಾಣ, ರಾಟವಾಳ, ರಾಟಳ, ರಾಟಾಣ, ರಾಟಾಳ, ರಾಟಿ, ರಾಟೆ, ರಾಟ್ಣ, ರಾಟ್ಣೆ, ಬಾಟಳ, ಬಾಟಾಳ, ಬಿರಾಟ್ಟ. A machine for drawing water;—water-wheel worked with the feet;—a spinning wheel;—a machine for reeling;—the wheel of a machine in general (ಉದ್ಘಾಟಕ, ಘಟೀಯನ್ತ್ರ, ಪಾದಾವರ್ತ, ಅರಘಟ್ಟಕ Hlâ.; My.; Tĕ. ರಾಟ್ನ, ರಾಟ್ನ; T. ಇರಾಟ್ಟಿನ; M. ಬಿರಾಟ್ಟು). See ಕೆಯ್-. 2, a whirling machine, "an up and down" in which people amuse themselves at jâtrĕs (My.; Tĕ. ರಾಟ್ನ).

ರಾಟವಾಣ râṭavâṇa. = ರಾಟಣ. (My.).

ರಾಟವಾಳ râṭavâḷa. = ರಾಟವಾಣ. (My.).

ರಾಟಳ râṭaḷa. = ರಾಟಣ. (Grj. 2, after 71; My.).

ರಾಟಾಣ râṭâṇa. = ರಾಟವಾಣ. (My.).

ರಾಟಾಳ râṭâḷa. = ರಾಟವಾಳ. (Rŝv. 8, after 5; My.).

ರಾಟಿ râṭi. = ರಾಟೆ. ನೀರು ಸೇದುವ ರಾಟ (ಅರಘಟ್ಟ); ಬಾವಿಯೊಳಗಿನ ನೀರು ತೆಗೆಯ ತಕ್ಕ ರಾಟ (ಉದ್ಘಾಟನ); ಬಾವಿಯೊಳಗಿನ ನೀರು ಸೇದುವ ರಾಟ (ಘಟೀಯನ್ತ್ರ G.).

ರಾಟಿಸು râṭisu. To wind upon a reel, to reel (Si. 221, *only* in Si.).

ರಾಟೆ râṭĕ. = ಅರಟೆ, ರಾಟಣ, etc. (My.; Si. 90. 343). See ಕೆಯ್-.

ರಾಟ್ಣ râṭṇa. = ರಾಟಣ. (My.).

ರಾಟ್ಣೆ râṭṇĕ. = ರಾಟ್ಣ. (My.).

ರಾಡಿ râḍi. = ರಜಡ. A mass of mud; slop; foul, turbid (My.; Mhr. ರಬಾಡಾ, ರಾಡ, ರಾಡಾ, ರಾಬಡಿಲೆ).

ರಾಢೆ râḍhĕ. *Splendour, light, lustre, beauty.*

ರಾಣಿ râṇi. = ರಾಣೆ. See ಹಾವು-.

ರಾಣಿ râṇi. Tbh. of ರಾಜ್ಞೀ. (My.; Tĕ.; Mhr.; Nn. 2; Bp. 50, 20; J. 2, 58; Si. 65. 182. 183). A queen. 2, a wife (My.). ರಾಣಿಯ ವಾಸ (ಅವರೋಧ, etc. Hlâ.). ರಾಣಿಯಾದರೆ ಗೋಣಿಯೆತ್ತ ಬಾರದೇ? (Prv.). — ರಾಣಿರಾಜ್ಯ. A queen's government (My.). — ರಾಣಿವಾಸ. The inner apartments of a palace, the queen's or women's apartments (ಹೆಣ್ಣವಾಸ Kk. 63; Šm. 37; Si. 119; Bp. 45, 25; J. 33, 13). — ರಾಣೀವಾಸ. = ರಾಣಿವಾಸ. (J. 7, 20).

ರಾಣಿಕ râṇika. (fr. ರಣ). That is agreeable (Bh. 3, 21, 12).

ರಾಣುವೆ râṇuvĕ. An army, an armed force (ಸೇನೆ Bhn. 53; Tĕ., M.; T. ಇರಾಣುವ).

ರಾಣೆ râṇĕ. = ಅರಣೆ, ರಾಣಿ. See ಹಾವು-.

ರಾತಲ್ râtal. A weight of twelve, fifteen, or sixteen ounces (Mhr., H. ರತಲ; M. ರಾತ್ತಲ್; Port. arratel; My. = 16 ounces or 1 lb.).

ರಾತೀಪು râtîpu. = ರಾತೀಬು. (My.).

ರಾತೀಬು râtîbu. Nutritive and fattening diet (for men and animals, My.; Mhr., H. ರತೀಬ); a regular quantity of food (My.). ಮನೆಯಲ್ಲಿ ರಾತೀಬಿಗೆ ಗತಿಯಿಲ್ಲ, ರತ್ನಪಡಿಯ ವ್ಯಾಪಾರ (Prv.).

ರಾತ್ರ râtra. = ರಾತ್ರಿ. See ಪಂಚ-.

ರಾತ್ರಿ râtri. *Night* (ಇರುಳ್ Šm. 19; ಅನೇಕ ರಾತ್ರ, ಹಲವು ರಾತ್ರೆ Nn. 161, o. r. ರಾತ್ರೆ). 2, a superior, a master (ಪರಿವೃಢ, ಒಡೆಯನು 161). — ರಾತ್ರಿವೇಳೆ. = ರಾತ್ರಿಕಾಲ. (My.).

ರಾತ್ರಿಕಾಲ râtrikâla. Night-time (My.; B. 5, 258).

ರಾತ್ರಿಚರ râtri-čara. A night-rover, a thief, a robber. 2, a watchman, a patrol. 3, *a râkshasa;* a goblin.

ರಾತ್ರಿಜ râtri-ja. A star, a constellation. (R.).

ರಾತ್ರಿಜಲ râtri-jala. Dew, mist, fog. (R.).

ರಾತ್ರಿಜಾಗರ râtri-jâgara. A dog (Mr. 185).

ರಾತ್ರಿಂಚರ râtri-ṅ-čara. = ರಾತ್ರಿಚರ. *A râkshasa.*

ರಾತ್ರಿಂದಿವ râtri-n-diva. *A night and day, day and night.*

ರಾತ್ರಿಮಣಿ râtri-maṇi. The moon. (R.).

ರಾತ್ರಿಮಾನ râtri-mâna. The length of a night (B. 5, 307; My.).

ರಾತ್ರಿಸಂಚಾರ râtri-sañčâra. Going or walking about at night; going to a brothel (My.).

ರಾತ್ರೀಶ râtri-îša. The moon (Bp. 24, 48).

ರಾತ್ರೀಶ್ವರ râtri-îšvara. = ರಾತ್ರೀಶ. (Grj. 4, 44).

ರಾತ್ರೆ râtrĕ. = ರಾತ್ರಿ, q. v. (My.).

ರಾದಾರಿ râdâri. = ರಹದಾರಿ. (My.).

ರಾದ್ಧ râddha. Propitiated, conciliated. 2, accomplished, completed, finished, done; — prepared; ready. 3, obtained, attained. See ಅಪ-.

ರಾದ್ಧಾಂತ râddha-anta. An established end or result, *a demonstrated conclusion, a demonstrated truth, a dogma;* the conclusion of an argument.

ರಾದ್ಧಾಂತಪಾರಗ râddhânta-pâraga. Conversant with dogmas (Čpr. 9, 21).

ರಾಧ râdha. Carrying out, doing; see ಅಪ-. 2, favour, good-will, kindness; — a gift; — liberality; — success; — opulence. 3, *the month vaišâkha* (April-May).

ರಾಧನ râdhana. Pleasing, propitiating; — pleasure, satisfaction; — accomplishing, effecting; — obtaining. See ಆ-.

ರಾಧಾಪತಿ râdhâ-pati. Kṛishṇa (My.).

ರಾಧಾಸುತ radhâ-suta. Karṇa. (R.).

ರಾಧಿಕೆ râdhikĕ. = ರಾಧೆ. (My.).

ರಾಧೆ râdhĕ. ರಾಧಾ. N. of the foster-mother of Karṇa. 2, N. of a cowherdess, the favourite mistress and consort of Kṛishṇa in Vṛindâvana. 3, *N. of the sixteenth lunar asterism.*

ರಾಧೇಯ râdhêya. Karṇa (My.).

ರಾಂತ ra-anta. A term with final ra (r, Šmd. 53. 103. 319; Kâvy. I, 2, 93-95).

ರಾಪ râpa. The property of astringency; the astringent and austere juice of certain fruits and plants (Mhr.; B. 3, 46).

ರಾಪು râpu. (Tbh. of ರಾಹು). = ರಾವು 1. A startle. — ರಾಪು ಗೊಳ್. -ಕೊಳ್. To be startled (J. 28, 50).

ರಾಪ್ತಿ râpti. Custom, usage (= ರೂಢಿ My.; H. ರಾಫ್ತಾ). — ರಾಪ್ತಿ ಬೀಳು. To become customary, familiar, etc. (My.).

ರಾಮ râma. Stopping, staying, pausing; see ವಿ-. 2, pleasing, delighting; — *lovely, beautiful, charming, pleasant* (ಸೌಂದರ, ರೂಪು Nn. 24; ಚೆಲುವು Mr. 504). 3, *dark, black* (ಅಸಿತ, ಕಪ್ಪು 24; ಅತಿಕಪ್ಪು 504). 4, *white* (ಧವಲ, ಬಿಳಿದು 24; ಬಿಳಿದು 504); — pure (ವಿಮಲ, ನಿರ್ಮಲ 24). 5, joy, pleasure. 6, Parašurâma, the sixth avatâra of Vishṇu (ಜಾಮದಗ್ನ್ಯ, ಪರಶುರಾಮ 24; ಜಮದಗ್ನಿತನಯ 504; Mr. 19). 7, Râmačandra, Vishṇu's seventh avatâra (ದಾಶರಥಿ, ರಾಮಚಂದ್ರ 24; ದಶರಥಾತ್ಮಜ 504; Mr. 19). 8, *Balarâma,* Vishṇu's eighth avatâra and elder brother of Kṛishṇa (ಹಲಾಯುಧ, ಬಲದೇವ 24; ಮುಸಲಿ 504; Mr. 19). 9, a lover. 10, *a kind of deer* (see ವಿಷಹರಮೃಗ). 11, a horse. See Šmd. 68. 76. 113. 116. 142. 145. 146. 183. 255. ಬಲದಲ್ಲಿ ವಾಲಿ ಮೇಲು, ಛಲದಲ್ಲಿ ರಾಮ ಮೇಲು. — ಬೆಳಗಾನಾ ರಾಮಾಯಣ ಕೇಳಿ, ರಾಮನಿಗೆ ಸೀತೆಯೇನಾಗ ಬೇಕೆನ್ದ. — ರಾಮನಂಥಾ ರಾಜನಿಲ್ಲ, ಕಾಮನಂಥಾ ಪುರುಷನಿಲ್ಲ. — ರಾಮನಾಮ ಜಪ ಮಾಡುವದು, ತಲೆಕೂದಲಿನ್ದ (for —) ಕುತ್ತಿಗೆ ಕೊಯ್ಯುವದು. — ರಾಮಗುಳ್ಳ. The plant Solanum jacquini Willd. (St. & Pl.; Si. 149. 426). — ರಾಮಟಂಕ. ರಾಮಟೆಂಕ. A rare gold coin on which Râma's paṭṭâbhishêka is represented (My.). — ರಾಮತುಳಸಿ. The herb Ocimum album Lin. (St. & Pl.). — ರಾಮಪಟ್ಟಿಯಾಟ. = ತಿಳಿಯಾಟ. (S. Mhr.; see ಉಪ್ಪು 2). — ರಾಮಬಣ್ಟ. Râma's soldier: a monkey; — Hanumat (My.). — ರಾಮಯ. -ಅಯ. N. See ಏಕಾನ್ತ-. — ರಾಮಯ ದೇವ. N. See ಉದರದ-. — ರಾಮಯ್ಯ. -ಅಯ್ಯ. N. (Bp. 9, 47; 49, 5. 7; see ಏಕಾನ್ತ-, ಮೊಕ್ಕಳದ-). — ರಾಮರಸ. -ಅರಸ. N. of Abhinavamaṅga's father (Mr. 540).

ರಾಮಗಿರಿ râma-giri. N. of a hilly place in Mysore (My.).

ರಾಮಚನ್ದ್ರ râma-čandra. Moon-like Râma: Râma, the son of Dašaratha (J. 19, 52; 20, 3). See ರಾಮ No. 7.

ರಾಮಜಯನ್ತಿ râma-jayanti. = ರಾಮನವಮಿ. (My.).

ರಾಮಠ râmaṭha. *Asa foetida* (ಇಂಗು Šm. 83).

ರಾಮಣೀಯಕ râmaṇîyaka. (fr. ರಮಣೀಯ). Lovely, pleasing, etc. (ರಮಣ, ರಮಣೀಯ Čt. II, 114; Abhâ. 2, 83; J. 13, 28).

ರಾಮದೂತ râma-dûta. Râma's messenger: Hanumat; — a monkey (My.).

ರಾಮನವಮಿ râma-navami. N. of the ninth day in the light half of čaitra, being the birthday of Râmačandra (My.).

ರಾಮನಾಥ râma-nâtha. Šiva; N. of a linga (Bp. 51, 12. 13. 14. 34. 51. 60; 54, 62. 63).

ರಾಮನಾಥಪುರ râmanâtha-pura. N. of a place on the Kâvêri in Mysore (My.), and of one near Râmêśvara (My.).

ರಾಮಪುರ râma-pura. N. of several places in Mysore (My.), and Southern Mahratta (B. 4, 179).

ರಾಮಫಲ râma-phala. The bullock's heart, the fruit of the tree Anona reticulata Lin. (My.; St. & Pl.; Z.).

ರಾಮಬಾಣ râma-bâṇa. Râma's arrow (J. 21, 33. 34). 2, a term for a promise, prediction, expedient, etc. that is sure, infallible (Mhr., My.). 3, a kind of firework (My.).

ರಾಮರಸ râma-rasa. An intoxicating potion prepared from hemp (bangi) and sugar (My.).

ರಾಮಲಿಂಗ râma-linga. N. of a linga (Bp. 57, 54).

ರಾಮವಾಕ್ಯ râma-vâkya. A true word, a faithful promise (My.).

ರಾಮಸೇತು râma-sêtu. Râma's bridge: Adam's bridge (My.).

ರಾಮಾಣ್ಯ râmâṇya. Tbh. of ರಾಮಾಯಣ. (My.). ರಾಮಾಣ್ಯವು ಸಾಮಾನ್ಯವಲ್ಲಣ್ಣ, ಆಳಿಗೆ ಅಳುಭಾರ! (Prv.).

ರಾಮಾದೇವಿ râmâ-dêvi. N. (Bp. 59, 3).

ರಾಮಾನುಜ râma-anuja. Lakshmaṇa (Râm. 1, 16, 24; My.). 2, Bharata (J. 21, 15. 19). 3, a Vaishṇava teacher of the twelfth century (My.; see ಶ್ರೀಮತ). 4, a follower of the sect of Râmânuja (My.). — ರಾಮಾನುಜಕೂಟ. The sattra where Râmânujas have to take their meals (My.).

ರಾಮಾನುಜಭಾಷ್ಯ râmânuja-bhâshya. A commentary by Râmânuja on the bhagavadgîtâ (My.).

ರಾಮಾಯಣ râma-ayana. = ರಾಮಾಣ್ಯ. Râma's goings or adventures: an epic poem by Vâlmîki, describing the adventures of Râmačandra. ಬೆಳಗಾನಾ ರಾಮಾಯಣ ಕೇಳಿ, ರಾಮನಿಗೆ ಸೀತೆಯೇನಾಗ ಬೇಕೆನ್ದ.— ಮಜ್ಜಿಗೆಗೆ ತಕ್ಕ ರಾಮಾಯಣ ಹೇಬಿದ (Prvs.).

ರಾಮಾವತಾರ râma-avatâra. Râmačandra (Bp. 54, 62; J. 13, 42. 46).

ರಾಮೆ râmĕ. ರಾಮಾ. *A charming, handsome woman.* 2, *a woman in general* (ಕಾಮಿನಿ, ಸ್ತ್ರೀ Nn. 24; ಲಲನೆ Mr. 504). 3, Lakshmî (ಗೋಮಿನಿ, ಮಹಾಲಕ್ಷ್ಮಿ 24).

ರಾಮೇಶ್ವರ râmêśvara. Šiva; a linga of Šiva (Bp. 43, 48; 51, 57). 2, N. of various places, especially Ramisseram between Ceylon and the coast of Coromandel. ರಾಮೇಶ್ವರಕ್ಕೆ ಹೋದರೂ ಶನೀಶ್ವರ ಬಿಡದು (Prv.).

ರಾಮ್ಭ râmbha. (fr. ರಮ್ಭ). *The bamboo staff of a religious student.*

ರಾಯ râya. Tbh. of ರಾಜ (Šmd. 369; Kk. 101; C.; Tĕ., T., M., Mhr.; and of ರಾಜ್ಯ, see ರಾಯಬಾರ). ರಾಯರ ಪಾದದಾಣೆ! ಹಾರೆ ನುಂಗು! ಅನ್ದ ಹಾಗೆ.— ರಾಯರು ಸತ್ತ ಹಾವಳಿ.— ಬರುತ್ತಾ ಬರುತ್ತಾ ರಾಯನ ಕುದುರೆ ಕತ್ತೆ ಆಯಿತು.— ಯಾವ ರಾಯರಿಗೆ ರಾಜ್ಯವಾದರೂ ರಾಗಿ ಬೀಸೋದು ತಪ್ಪೋದಿಲ್ಲ.— ರಾಯ ಸತ್ತರೂ ಹೆಣ, ನಾಯಿ ಸತ್ತರೂ ಹೆಣ (Prvs.). — ರಾಯಕೋಲಾಹಳ. (Šmd. 208). Loud noise of a king, etc. — ರಾಯಗಿಡಿಗ. = ರಾಯಗಿಡಿಬಿಡಿ. (Bh. 6, 2, 3). — ರಾಯಗಿಡಿಬಿಡಿ. A large drum shaped like an hour-glass (Bh. 4, 2, 17). — ರಾಯಗೋಟೆ. -ಕೋಟೆ. (Šmd. 387). A royal fort. — ರಾಯಗೋಪುರ. A very large kind of tower at Šrîranga near Trichonopoly (and other places, My.). ರಾಯಗೋಪುರವನ್ನು ಹದ್ದು ಕೊಣ್ಡು ಹೋಯಿತೋ? (Prv.). — ರಾಯಂಚೆ. -ಅಂಚೆ. Tbh. of ರಾಜಹಂಸ. (ರಾಜಹಂಸ Šs.). — ರಾಯನೆಲ್ಲಿ. = ಅರನೆಲ್ಲಿ. (Z.; ಶ್ಯಾಮ Čb.). — ರಾಯ ಬಹಾದರ್. A title of honor for Hindus (My.). — ರಾಯ ಬಾರ. = ರಾಜ್ಯಭಾರ. (My.; Tĕ.). — ರಾಯದಾರಿ. An embassador (My.; Tĕ.). — ರಾಯಚೋರೆ. A large shrub or small tree, Webera corymbosa Willd. (St. & Pl.). — ರಾಯವಳ. -ಬಳ. A royal force or army (Râm. 4, 7 sum.).

ರಾಯಸ râyasa. Secretaryship in native governments, clerkship (Tĕ., M.; T. ಇರಾಯಜ). 2, a letter from a superior (guru, etc., My.). — ರಾಯಸದವ. -ಅವ. A clerk (My.).

ರಾಯಿ râyi. A stone (Tĕ. ರಾ, ರಾಯಿ, ಜಾ, ಜಾಯಿ; *cf.* ಅರ್ 4); a rubber (see ಅಕು-; Tĕ. ರಾಚು, ರಾಯು, T. ಅರಾವು, M. ರಾಗು, to rub; to file; *cf.* ಅರೆ 2). — ರಾಯಿಪುಡಿಸಕ್ಕರೆ. A coarse-grained candy sugar (Si. 312; My.).

ರಾರಾಜಿಸು rârâjisu. To be full of splendour, to be beautiful, to look beautiful or handsome, to shine (Čpr. 6, 57; J. 11, 24; 18, 25).

ರಾಲ râla. = ಅರಾಲ No. 2, ರಾಳ. *The resin of the Sâla tree, Shorea robusta* Gaertn.

ರಾವ râva. A cry, a shriek, a roar, a scream, a yell, etc., the cry of any animal;—a sound, noise in general. ಪುಗಿಲ್ಪುಗಿಲೆನಿಪ ರಾವಂ (ಕೋಕಿಲನಿನದಂ Čt. II, 93). See ಒಳಲು.

ರಾವಣ râvaṇa. Screaming, roaring, etc.; the vociferator: Râvaṇa, the ruler of Lankâ (Ceylon), with ten heads and twenty arms, the chief of the râkshasas (Bp. 54, 62; J. 2, 25). ರಾವಣನ ಹೊಟ್ಟೆಗೆ ಕಾಸಿನ ಮಜ್ಜಿಗೆ.— ರಾವಣನ ಹೊಟ್ಟೆಗೆ ಅರೆಕಾಸಿನ ಸುಣ್ಣ (Prvs.).

ರಾವಣಕರ râvaṇa-kara. The number 20 (Čh.).

ರಾವಣರಿಪು râvaṇa-ripu. = ರಾವಣಾರಿ. (J. 21, 34).

ರಾವಣಾರಿ râvaṇa-ari. Râmačandra (J. 18, 10; 19, 41).

ರಾವಣಿ râvaṇi. Any son of Râvaṇa, especially Indrajit (Râm. 6, 13, 16).

ರಾವಿ râvi. The tree Ficus religiosa (Tĕ.; *cf.* ಅರಳಿ 1). — ರಾವಿಚೆಟ್ಟು. = ರಾವಿ. (Tĕ.; ಬೋಧಿದ್ರುಮ, ಅಶ್ವತ್ಥ, etc., ಅರಳೀ ಮರ Si. 125).

ರಾವಿ râvi. N. of a river in the Panjaub (My.).

ರಾವು râvu. 1. = ರಾಹು. Tbh. of ರಾಹು. The daitya Râhu (My.). 2, a startle. — ರಾವುಗಣ್ಣು. -ಕಣ್ಣು. A malicious eye, the evil eye (My.). — ರಾವು ತಟ್ಟು. A startle or horror to touch or come upon one (My.). — ರಾವು ತೆಗೆ. To wave an offering (of a fowl, sheep, etc.) slowly downwards in front of a person to remove the influence of evil (My.). — ರಾವು ಬಡಿ. = ರಾವು ತಟ್ಟು. (My.).

ರಾವು râvu. 2. Tbh. of ರಾಜ. A king (used as an honorific affix to names, Mhr.; My.).

ರಾವುತ râvuta. = ರಾವ್ತ, ರಾಹುತ. A horseman, a trooper (ಗೋಟಾಯ್ಲ Čt. II, 39; Kk. 36; Šm. 45; Bh. 3, 5, 22; J. 22, 7. 21. 43; My.; Tĕ. ರಾಹುತು, ರಾಹುತ್ತು; T. ಇರಾವುತ್ತ; M. ಱಾವುತ್ತು; Mhr. ರಾಊತ; *cf.* ರಾಮು, a horse?). ತತ್ತಳದ ರಾವುತಂ (Šmd. 162). ಇದ್ದ ಮನೆ ಬಿದ್ದು ಹೋದರೆ ಗೆದ್ದು ಕೊಣ್ಡ ರಾವುತ.— ಎನ್ದೂ ಏರಿದ ರಾವುತ ಕುದುರೇ ಹಿನ್ದು ಮುನ್ದಾಗಿ ಏರಿದ (Prvs.).

ರಾವುತಿಕೆ râvutikĕ. The business of a trooper (Bh. 1, 7, 2).

ರಾವೆ râvĕ. N. of a plant (ಸೋವೆ Mr. 120).

ರಾವ್ತ râvta. = ರಾವುತ, etc. (Bh. 2, 13, 32; Ŭ. Bp. 47, 44).

ರಾಶಿ râśi. = ರಾಸಿ. *A heap, a mass, a pile, a group, a multitude, a quantity, a number;* exceedingly much (My.). 2, *a sign of the zodiac,* an astrological house. 3, the figure or figures put down for an arithmetical operation (such as multiplying, dividing, etc.). See ಕುಪ್ಪಳಿಸು, ಪುಂಜಿಸು.

ರಾಶಿಕುಂಡಲಿ râśi-kuṇḍali. = ರಾಶಿಚಕ್ರ No. 2. (My.).

ರಾಶಿಚಕ್ರ râśi-ćakra. The zodiacal circle, the zodiac. 2, an astrological diagram (My.).

ರಾಶ್ಯಧಿಪ râśi-adhipa. The regent of an astrological house (My.).

ರಾಷ್ಟ್ರ râshṭra. *A kingdom, a realm, an empire;* a district, a country, a territory. 2, *any public calamity* (as famine, plague, etc.), affliction.

ರಾಷ್ಟ್ರಿಕೆ râshṭrikĕ. *A kind of Solanum* (= ಬೃಹತಿ).

ರಾಷ್ಟ್ರಿಯ râshṭriya. Belonging or relating to a kingdom. 2, *a king's brother-in-law.*

ರಾಸ râsa. Uproar, din, noise. 2, a particular rustic dance, that in which Kṛishṇa and the gôpîs engaged.

ರಾಸಕ್ರೀಡೆ râsa-krîḍĕ. The circular dance of Kṛishṇa and the cowherdesses (Bhâgavata 10, 28 sum.).

ರಾಸಭ râsabha. Sounding, braying, etc. 2, *an ass.*

ರಾಸಿ râsi. Tbh. of ರಾಶಿ (Śmd. 335; see Mr. 408). See ಕುಪ್ಪಳಿಸು. — ರಾಸಿಮುಸಳ. Excessive passion or wrath (Čpr. 6, after 40). — ರಾಸಿ ಮಾಡು. To make or form into a heap, to heap together, to pile up, to accumulate (C.; G. 186. 334. 527; B. 4, 40).

ರಾಸ್ನೆ râsnĕ. *The thorny shrub Mimosa octandra* Roxb. (= ಏಲಾಪರ್ಣಿ). 2, *the ichneumon plant* (= ನಾಕುಲಿ).

ರಾಸ್ಮೆ râsmĕ. Tbh. of ರಾಸ್ನೆ (My.; Tš.). = ರಾಸ್ನೆ No. 1. (ಏಲಾಪರ್ಣಿ, ರಾಸ್ನೆ, etc., ಸಣ್ಣ ದುಮ್ಮುರಾಸ್ಮೆ Si. 157; My.). 2, a tall perennial plant, the greater Galangal, Alpinia galanga Sw. (St. & Pl.; see ದುಮ್ಮುರಾಸ್ಮೆ).

ರಾಹು râhu. = ರಾಹೂ, ರಾವು 1. (The seizer): N. of a daitya or demon with four arms and a tail, who drank a portion of the amṛita produced by the gods from the churned ocean, for which reason Vishṇu severed his head and two of his arms from the rest of the body; the head and tail were transferred to the stellar sphere, the head wreaking its vengeance on the sun and moon by occasionally swallowing them for a time, while the tail, under the name of Kêtu, gave birth to a numerous progeny of comets and fiery meteors: the dragon's head, *the ascending node of the moon* (ಸಿಂಹಿಕಾತನುಜ Mr. 39; ಗ್ರಹವಿವರ, ಗ್ರಹಭೇದ Nn. 76; ಬಾಂಗೆಸೆವ ಹಾವು Kk. 11 *b;* ಬಾಮ್ಮಾವು 12; ಜಾಬ್, ಎಲರ್ವಟ್ಟೆವಾವು Šm. 17; see Mr. 59). 2, an eclipse, the moment of occultation or obscuration. 3, a startling event, any public calamity, as an eclipse, a meteor, an earthquake, etc. (ಉತ್ಪಾತ 76). 4, a formidable poison (ಕರಾಲ, ಮಹಾವಿಷ 76). 5, fire (ಅನಲ, ಅಗ್ನಿ 76).

ರಾಹುಗ್ರಸ್ತ râhu-grasta. Swallowed by Râhu: *eclipsed.*

ರಾಹುಟಿ râhuṭi. A small tent (Mhr., H. ರಾವಟೀ; B. 4, 23; 5, 240).

ರಾಹುತ râhuta. = ರಾವುತ, etc. (Bp. 61, 24; Si. 484; My.; B. 4, 181).

ರಾಹುಸಂಸ್ಪರ್ಶ râhu-saṁsparśa. *An eclipse of the sun or moon.*

ರಾಳ râḷa. = ರಾಲ, etc. (ಶಾಲ, ಸಜ್ಜರಸ Mr. 144; ಯಕ್ಷಧೂಪ, ಸರ್ಜರಸ G.); resin in general (Mhr.; My.). — ರಾಳದ ಮರ. The white Dammer tree, Vateria indica Lin. (St. & Pl.). — ರಾಳಧೂಪದ ಮರ. A tall tree furnishing the resin called black Dammer (Z.).

ರಿ ri. The second note of the gamut (Mr. 76; see ಸಪ್ತಸ್ವರ).

ರಿಕಾಪು rikâpu. = ರಿಕಾಬು. A stirrup (My.; Mhr., H. ರಿಕಬೀ, ರಿಕಿಬಿ).

ರಿಕಾಬು rikâbu. = ರಿಕಾಪು. (My.).

ರಿಕಾಮಿ rikâmi. Empty, void, hollow, vacant, unemployed, etc. (ರಿಕ್ತಕ G.; Mhr. ರಿಕಾಮಾ).

ರಿಕ್ಕಟ rikkaṭa. = ರೆಕ್ಕಟ, etc. Silence, taciturnity (ಮೂಗುವಟ್ಟಿಗೆ, ಮೌನ Ś.s.); silently, etc. (ಗುಮುಗುಮ್ಮನೆ, ಬಿಮ್ಮನೆ, ಬಿಮ್ಮಗೆ Kk. 50).

ರಿಕ್ಕು rikku. = ರುಕ್ 3, ರುಕ್ಕು, etc. (My.).

ರಿಕ್ತ rikta. Emptied, cleared, purged;—*empty, void; poor, indigent;*—vain, worthless;—left, abandoned;—devoid of, without. See ಅತಿ-.

ರಿಕ್ತಕ riktaka. *Empty, void.*

ರಿಕ್ತೆ riktĕ. A poor woman (My.). 2, epithet of the fourth, ninth, or fourteenth days of the lunar fortnight (My.).

ರಿಕ್ಥ riktha. Property left at death, inheritance, bequest. 2, *property in general, substance, wealth.*

ರಿಕ್ಥಿ rikthi. An heir. (R.).

ರಿಗ್ಗ rigga. — ರಿಗ್ಗವಣೆ. -ವಣೆ. A sort of tabour (ಮೃದಂಗ Ŭt. II, 97; Čpr. 8, 30).

ರಿಂಖ riṅkha. (also ರಿಂಖೆ). Creeping; sliding; dancing; one of a horse's paces; a horse's hoof; deceiving, disappointing. (R.).

ರಿಂಖಣ riṅkhaṇa. = ರಿಂಗಣ. (J. 22, 23).

ರಿಂಗಣ riṅgaṇa. *The act of moving, crawling, creeping.* 2, dancing; a (certain) dance (ಕುಣಿಹಂ Čt. II, 57; ಕುಣಿಹಂ, ನಟ್ಟಣಂ Kk. 59; Bh. 1, 12, 15; see ರಿಂಖ). 3, *slipping, sliding.* 4, *deviating* (from rectitude, duty, etc.). — ರಿಂಗಣಗುಣಿ. -ಕುಣಿ. To perform a (certain) dance (Šśv. 5, 37; J. 12, 45).

ರಿಜು riju. Tbh. of ಋಜು (Śmd. 353).

ರಿಣ riṇa. Tbh. of ಋಣ (Śmd. 353; Bp. 61, 56; ಸಾಲ Nn. 122; My.).

ರಿತು ritu. Tbh. of ಋತು (Śmd. 353; Śm. 20; Čpr. 7, 38; My.).

ರಿಪು ripu. *An enemy, an adversary, a foe* (ಹಗೆ Nn. 75).

ರಿವಾಜು rivâju. Usage, custom (C.; B. 5, 9; Mhr., H.).

ರಿಷಿ rishi. = ಋಷಿ. (Sk.; My.).

ರಿಷ್ಟ rishṭa. Injured, hurt, wounded;—unlucky;—mischief, harm;—*misfortune, bad luck; destruction, loss;*—*sin.* 2, *good luck, prosperity.* See ಅ-.

ರಿಷ್ಟತಾತಿ rishṭa-tâti. *Causing prosperity, propitious, auspicious.*

ರಿಷ್ಟಿ rishṭi. = ಋಷ್ಟಿ. *A sword.*

ರಿಸಾಲು risâlu. = ರಿಸಾಲೆ. A troop of horse (My.; Mhr., H. ರಿಸಾಲಾ).

ರಿಸಾಲುದಾರ risâlu-dâra. The commander of a risâlu (My.).

ರಿಸಾಲೆ risâlĕ. = ರಿಸಾಲು. (My.).

ರಿಸಿ risi. Tbh. of ಋಷಿ (Šmd. 353; Čt. II, 42; Kk. 33; Šm. 34; Čpr. 5, 20).

ರೀಢೆ rîḍhĕ. *Disrespect, slight, contempt.*

ರೀಣ rîṇa. *Dropping, trickling, oozing, distilling, flowing.*

ರೀತಿ rîti. Dropping, flowing; *going, moving, motion;*— a stream —a course. 2, *way, method, mode, manner, fashion;*—usage, observance (ಆಚಾರ Mr. 250). 3, style, diction (Kâvy. IV, 1, seq.). 4, *brass, bell-metal.* 5, calx of brass;—rust of iron;—scoria of any metal. ರೀತಿ ತಿಳಿಯದಿದ್ದರೂ ಮಾತು ಬಲ್ಲ (Prv.). — ರೀತಿವಡೆ. -ಪಡೆ. To obtain a manner (Šsv. 2, 30).

ರೀತಿಕೆ rîtikĕ. Brass, bell-metal (ಪುಷ್ಪಕ, ಹಿತ್ತಾಳೆ Nn. 123; ಹಿತ್ತಾಳೆ Mr. 98).

ರೀತಿಕ್ರಮರಸನಿರೂಪಣ rîti-krama-rasa-nirûpaṇa. Representation of the proper dictions and of the sentiments: N. of one of the adhikaraṇas of the kâvyâvalôka (Kâvy. I, 1*a*, 5; IV, 1 seq.).

ರೀತಿಪುಷ್ಪ rîti-pushpa. *Calx of brass.*

ರೀತಿವಿಫಲ rîti-viphala. Unprofitableness or unmeaningness of diction, vain diction (one of the ashṭâdaśadôshas, Čh. v. 40).

ರುಂ ruṁ. The sound of a small spinning top (S. Mhr.). — ರುಂ ರುಂ. rep. The sound of a certain drum that is not beaten, but rubbed with a stick (S. Mhr.).

ರುಕ್ ruk. 1. = ರುಚ್, of which it is the nominative. (ದಾಮ, ಕಿರಣ Nn. 33; ಕಿರಣ 131).

ರುಕ್ ruk. 2. = ರುಜ್, of which it is the nominative.

ರುಕ್ ruk. 3. Tbh. of ಋಚ್. See ರುಗಾಗಮ.

ರುಕುಮಿಣಿ rukumiṇi. Tbh. of ರುಕ್ಮಿಣಿ. (Bp. 54, 35; My.).

ರುಕ್ಕು rukku. = ರಿಕ್ಕು. Tbh. of ಋಚ್. (My.).

ರುಕ್ಪ್ರತಿಕ್ರಿಯೆ ruk2-pratikriyĕ. *Counteraction of disease, practice of medicine.*

ರುಕ್ಮ rukma. Bright, radiant;—*gold;*—iron.

ರುಕ್ಮಕಾರಕ rukma-kâraka. *A goldsmith.*

ರುಕ್ಮವತಿ rukma-vati. N. of the wife of Aniruddha. (R.).

ರುಕ್ಮಾಂಗದ rukma-aṅgada. N. of a king. (J. 11, 30).

ರುಕ್ಮಿಣಿ rukmiṇi. = ರುಕುಮಿಣಿ. N. of a daughter of king Bhîshmaka, carried off and espoused by Kṛishṇa (J. 6, 52; 7, 3. 8. 11. 24). 2, the goddess Lakshmî. — ರುಕ್ಮಿಣೀಸುತ. Pradyumna (J. 22, 18).

ರುಕ್ಷ ruksha. 1. = ರೂಕ್ಷ. Rough, harsh to the touch, not smooth or soft;—rough to the taste, astringent, not bland;—*rough, rugged, uneven;—harsh, cruel, unkind, austere.*

ರುಕ್ಷ ruksha. 2. Tbh. of ಋಕ್ಷ. A star (ನಕ್ಷತ್ರ Nn. 40, o. r. ಋಕ್ಷ; ತಾರೆ Mr. 513); a bear (Bp. 61, 83).

ರುಗಾಗಮ ruk3-âgama. The ṛigvêda (Šsv. 1, 65).

ರುಗ್ಣ rugṇa. Broken;—thwarted;—*bent, crooked, curved;*—injured;—diseased, sick, infirm. See Mr. s. ಭಗ್ನ.

ರುಙ್ಮಂಜರಿ ruk1-mañjari. A cluster of lustre or rays (Čpr. 1, 19).

ರುಚ್ ruč. = ರುಕ್ 1. *Light, lustre, brightness.* 2, *a ray of light.* 3, pleasure, wish, desire;—loveliness, beauty.

ರುಚಕ ručaka. = ರುಚಿಕ. Agreeable, pleasing; auspicious; any auspicious thing, any object supposed to bring good luck (ಭದ್ರ, ಮಾಂಗಲ್ಯ Nn. 41; ವರಮಂಗಲದ್ರವ್ಯ Mr. 523). 2, sharp, acid;—tonic, stomachic. 3, *sochal salt* (ಸೌವರ್ಚಳ Hlâ.; ಲವಣ, ಉಪ್ಪು 41; ಲವಣ 523). 4, a kind of golden ornament (ಆಭರಣ 41; 523). 5, a tooth (ದಶನ, ದನ್ತ 41; ದನ್ತ 523). 6, the throat, the neck (ಶಿರೋಧರ, ಕೊರಳ್ 41; ಕೊರಳ್ 523). 7, a mountain (ಭೂಧರ, ಪರ್ವತ 41). 8, ambrosia (ಅಮೃತ 41). 9, the citron (ಮಾತುಲಂಗ, ಮಾದಲ 41; ಮಾತುಲಂಗ 523).

ರುಚಾಳಿಸು ručâḷisu. To compare (ಹೋಲಿಸು Šs.; T. ಉಚಿಯಿ, to be like; ಉಚಿಯ್ಪು, comparison).

ರುಚಿ ruči. *Light, lustre, splendour,* beauty; colour. 2, *a ray of light.* 4, *wish, desire, pleasure, will;*—inclination, taste for, liking for (Šmd. 158), relish. 5, *passion.* 6, taste, perception by the palate;—flavour, relish, savour, savouriness (ಸಾಧನ, ಅನ್ನಮುಖ್ಯರುಚಿಸಂಚಯ, ಅನ್ನಮೊದಲಾದ ರುಚಿಗಳು, o. r. ಅನ್ನ ಮೊದಲಾದ ರುಚಿಕರಂಗಳು Nn. 114). ಕಾರ ಕಹಿ ಹುಳಿ ಒಗರುಗಳೆಂಬ ನಾಲ್ಕು ರುಚಿಗಳು (ಸೌರಭ್ಯ Nn. 119, o. r.— ನಾಲ್ಕು ರಸಗಳು). 7, a kind of bitter grass (ಕಹಿಹುಲ್ಲು Mr. 110). 8, N. of another plant (ಚಿತ್ತರಟೆ, ಸಿಂಹಿಕೆ Mr. 130). ರುಚಿಯಿಲ್ಲದಿದ್ದರೆ ಹಸಿಯಕ್ಕಿ ತಿನ್ನಾನೇ? (Prv.). See Prvs. s. ಲೇವಡಿ, ಸಗಣಿ. — ರುಚಿ ಕಾಣು. = ರುಚಿ ನೋಡು. ರುಚಿ ಕಣ್ಡ ನಾಯಿ ಸುಚಿಯಾದರೂ ಬಿಡದು (Prv.). — ರುಚಿ ನೋಡು. To examine the taste of anything: to taste, to try (C.; B. 4, 59). — ರುಚಿ ಹತ್ತು. To prove luscious, to become or be luscious or savoury; to become or be tasty or agreeable (C.; B. 4, 48).

ರುಚಿಕ ručika. = ರುಚಕ. Shining, etc. (Bp. 3, 1).

ರುಚಿಕರ ruči-kara. Causing pleasure. 2, making tasteful; savoury, tasty; that makes tasteful, etc. (My.; see Nn. s. ರುಚಿ No. 6).

ರುಚಿಕಾರ ruči-kâra. = ರುಚಿಕರ. ಅನ್ನಾದಿರುಚಿಕಾರ (ಸಾಧನ Mr. 501).

ರುಚಿತ್ವ ručitva. The state of taking pleasure in. 2, the state of possessing splendour, beauty or colour (Čpr. 7, 89).

ರುಚಿರ ručira. Bright, brilliant, shining; *beautiful; pleasing; charming, pleasant;*—sweet, dainty, nice;—stomachic. 2, N. of a vṛitta (Čh.).

ರುಚಿರಾಮ ruči-râma. Quicksilver (ಸೂತ, ಪಾದರಸ Nn. 131). 2, the eye (ದೃಕ್, ಕಣ್ಣು 131). 3, white (ಸಿತ, ಬಿಳಿದು 131; ಬಿಳಿದು Mr. 475).

ರುಚಿಸು ručisu. To find pleasure in, to desire, to enjoy (Bp. 11, 10). 2, to appear as savoury, to be luscious, savoury or tasty (My.); to be agreeable, as a word (My.).

ರುಚ್ಯ ručya. Bright, radiant; *beautiful, handsome, pleasing, delightful;—a lover;* a husband.

ರುಜ್ ruj. = ರುಕ್ 2. Breaking, dashing to pieces; fracture. 2, *sickness, disease;*—toil, fatigue.

ರುಜ ruja. = ರುಜ್. (Sk.).

ರುಜನ rujana. = ರುಜ. See ರೋಗ-.

ರುಜು ruju. 1. Tbh. of ಋಜು. ಇನ್ದ್ರನ ಬಿಲ್ಲುರುಜು (ರೋಹಿತ Hlâ.).

ರುಜು ruju. 2. Signature;—proof (My.; Br.; H.). — ರುಜು ಮಾಡು. To sign;—to prove (My.). — ರುಜುವಾತ್. Proved, established (My.).

ರುಜೆ rujĕ. Breaking, fracture, destruction. 2, *sickness, disease, pain.*

ರುಂಜೆ ruñjĕ. A brazen drum (Tĕ.; Abh. P. 4, 56).

ರುಣ ruṇa. Tbh. of ಋಣ. (My.; Bh. 1, 8, 39). ಕುಣಿ ಅಗಿ ಸಿದರೆ ರುಣ ತೀರೀತೇ (or ತೀರಿತೇ)? (Prv.). See Prvs. s. ಸು ಮು 1, ಹಣ, ಹಣ 1.

ರುಣ್ಡ ruṇḍa. *A headless body, a mere trunk* (retaining life and continuing to mix in battle). 2, the head as separated from the body, a skull (Mhr.; ಸಿರ Ŝs.).

ರುಣ್ಡಮಾಲೆ ruṇḍa-mâlĕ. A necklace or wreath of skulls (J. 13, 63; 14 sum.; 14, 19; Mhr.; My.).

ರುಣ್ಡಿಕೆ ruṇḍikĕ. A field of battle. 2, the threshold of a door. 3, a go-between. 4, superhuman power. (R.).

ರುತ ruta. 1. Broken to pieces, divided. See ನಿ-.

ರುತ ruta. 2. = ರುತಿ, ರುತು 2. Sounded, filled with cries;—*any cry or noise: the note of birds, humming of bees,* etc.;—song.

ರುತಿ ruti. = ರುತ 2. (Rŝv. 13, 76).

ರುತು rutu. 1. Tbh. of ಋತು (ತುಟಿ Nn. 18; ಶಾರದೆ 28; Si. 44; My.). ವಸನ್ತ ಗ್ರೀಷ್ಮ ಪ್ರಾವೃಷ್ ಶರದ್ ಹೇಮನ್ತ ಶಿಶಿರ ಎನ್ದ ಅರುಂ ರುತುಗಳಕ್ಕುಂ (Hlâ.).

ರುತು rutu. 2. Tbh. of ರುತ 2. (ಗೀತ Nn. 85).

ರುದಿತ rudita. Cried, lamented, wept; *a crying, a weeping, a wailing, a lamentation.*

ರುದ್ದು ruddu. = ರುಬ್ಬು 1. (Tĕ.); to beat soundly (My.).

ರುದ್ಧ ruddha. Stopped, checked, impeded, opposed;—*shut in, confined, surrounded, fenced in.*

ರುದ್ರ rudra. Crying, howling, roaring; one who roars, etc. 2, the roarer or howler: N. of the god of tempests and father of the Rudras or Maruts. 3, *Ŝiva.* 4, *Ŝiva as the regent of the north-east quarter.* 5, any one of the (eleven) Rudras or storm winds, *i. e. a class of demigods* who are regarded as inferior manifestations of Ŝiva (Bp. 61, 53; see ಪನ್ನೊನ್ದು ರುದ್ರರ್). 6, the number 11 (Ĉh.; ಹನ್ನೊನ್ದು Mr. 347; Bp. 5, 64). 7, sign for a metrically long syllable (Ĉh.). 8, N. of a class of feet (Ĉh.). 9, = ರುದ್ರಸೂಕ್ತ (My.). ರುದ್ರನಾದರೇನು? ಭದ್ರನಾದರೇನು? ನಿದ್ರೆ ಬನ್ದರೆ ಸರಿ (Prv.). — ರುದ್ರಗಣ್ಟಿ. A dôtra or sîrĕ with a border the texture of which represents rudrâkshas (My.). — ರುದ್ರಗಣ್ಟು. The peculiar knot with which a Ŝaiva joins the two ends of his sacrificial thread (My.). — ರುದ್ರದೇವಯ್ಯ. N. (Bp. 58, 1). — ರುದ್ರಯ್ಯ. -ಅಯ್ಯ. N. (My.). See ಕಾಲಾಗ್ನಿ-.

ರುದ್ರಟ rudraṭa. N. of the author of the Ŝringâratilaka. See Kâvy. V, 970.

ರುದ್ರಪಶುಪತಿ rudra-paŝupati. N. (Bp. 9, 45; 13, 1).

ರುದ್ರಪುಷ್ಪ rudra-pushpa. *The shoe-flower* (ದಾಸವಣ, ಜಪೆ Hlâ. MS.; the print has ಓಡ್ರಪುಷ್ಪ).

ರುದ್ರಪ್ರಕರ rudra-prakara. The multitude of Rudras (Bp. 10, 19).

ರುದ್ರಪ್ರಯಾಗ rudra-prayâga. N. of the place where the river Mandâkinî joins the Ganges. (R.).

ರುದ್ರಭೂಮಿ rudra-bhûmi. A burying or burning ground (My.).

ರುದ್ರಮನ್ತ್ರ rudra-mantra. = ರುದ್ರಸೂಕ್ತ. (My.).

ರುದ್ರಮುದ್ರೆ rudra-mudrĕ. The mark or impression of a linga (Bp. 57, 32).

ರುದ್ರವೀಣೆ rudra-vîṇĕ. Rudra's lute: a lute with two dried sôrĕ-gourds (My.). 2, a particular religious observance.

ರುದ್ರವೀರ್ಯ rudra-vîrya. Ŝiva's semen;—quicksilver; sulphur (My.).

ರುದ್ರಸೂಕ್ತ rudra-sûkta. N. of a ṛigvêda hymn adressed to Rudra (Ŝsv. 1, after 79; 4, 101).

ರುದ್ರಾಕ್ಷ rudra-aksha. Rudra-eyed: the tree Elaeocarpus ganitrus, and its berry (sacred to Ŝiva). See Bp. 12, 12; 32, 51; 41, 8.

ರುದ್ರಾಕ್ಷಮಾಲೆ rudrâksha-mâlĕ. A rosary made of rudrâksha berries (My.).

ರುದ್ರಾಕ್ಷಿ rudra-akshi. = ರುದ್ರಾಕ್ಷ. (My.; see ಅಡವಿ-).

ರುದ್ರಾಕ್ಷಿಭಸಿತಾಕಲಿತದೇಹಿ rudrâkshi-bhasita-âkalita-dêhi. Ŝiva;—a Lingavanta (Bp. 27, 30).

ರುದ್ರಾಕ್ಷಿಭಸಿತಾಭರಣ rudrâkshi-bhasita-âbharaṇa. Ŝiva; a Lingavanta (Bp. 27, 33).

ರುದ್ರಾಕ್ಷಿಸರ rudrâkshi-sara. = ರುದ್ರಾಕ್ಷಮಾಲೆ. (My.).

ರುದ್ರಾಕ್ಷೆ rudra-akshĕ. = ರುದ್ರಾಕ್ಷ. (Bp. 3, 26; 12, 19; 38, 14; 41, 20).

ರುದ್ರಾಣಿ rudrâṇi. *Rudra's wife Durgâ.*

ರುದ್ರಾಭಿಷೇಕ rudra-abhishêka. Anointing a linga whilst repeating the rudrasûkta (My.).

ರುದ್ರಾವತಾರ rudra-avatâra. An incarnation of Ŝiva (Bp. 58, 6; 60, 1).

ರುದ್ರೇಶ rudra-îŝa. The ruler of the Rudras (Bp. 24, 48).

ರುದ್ರೋದ್ಗಾರಿ rudrôdgâri. Tbh. of ರುಧಿರೋದ್ಗಾರಿ. (My.).

ರುಧಿರ rudhira. Red;—*blood;*—saffron.

ರುಧಿರಾಕ್ಷ rudhira-aksha. N. of a râkshasa (J. 20, 48. 49. 51).

ರುಧಿರೆ rudhirĕ. N. of a plant (ಮದುರಂಗಿ Mr. 117).

ರುಧಿರೋದ್ಗಾರಿ rudhira-udgâri. Spitting blood;—the fifty-seventh year in the cycle of sixty (My.).

ರುನ್ದಿ rundi. Breadth, width (My.; Mhr.).

ರುನ್ದ್ರ rundra. Large, great (Bp. 1, 40; 8, 4; it is the word that, instead of ವಕ್ತ್ರ, appears in the Mysore Amarakôŝa; see Si. 370).

ರುಪಾಯಿ rupâyi. = ರೂಪಾಯಿ. (C.).

ರುಬರೂಬು rubarûbu. = ರೂಬರೂ, ರೂಬರೂಬು. Face to face (My.; Mhr., H. ರುಬುರೂ, ರುಬೇರೂಬ, ರೂಬರೂ).

ರುಬ್ಬು rubbu. 1. (fr. ಒರೆ 3). = ರುದ್ದು. To grind in a mortar (My.; Tĕ.).

ರುಬ್ಬು rubbu. 2. Grinding. — ರುಬ್ಬುಗುಣ್ಡು. A grind-stone (My.; Tĕ. ರುಬ್ಬುರಾಯಿ).

ರುಮ ruma. = ರುಮೆ. (Si. 312).

ರುಮಾಲ rumâla. = ರುಮಾಲು, ರೂಮಾಲು, ರೂಮಾಲೆ. A handkerchief, a towel; any square piece of cloth for wrapping round the head or for tying up articles, a turban, etc. (Br.; B. 2, 7; Ŏb. 73. 134; Mhr., H. ರುಮಾಲ; T. ಉರು ಮಾಲೈ).

ರುಮಾಲು rumâlu. = ರುಮಾಲ. (My.). See Prv. s. ರುಪ್ಪಿ.

ರುಮೆ rumĕ. *A salt-pit, a salt-mine* (especially one in the district of Sambhar in Ajmere); rock-salt (ಉಪ್ಪಿನ ಕಲ್ಲುಗಳು Mr. 100). See s. ಉಪ್ಪಿನ ಕಟ್ಟೆ.

ರುರು ruru. *A kind of deer* (ಬಿಳಿಯ ರೇಖೆಯನುಳ್ಳ ಸಾರಂಗ Nr.).

ರುವಿ ruvi. (fr. ರೂಪ್ಯ?). = ರುವ್ವಿ. A farthing, a kâsu (My.; Tĕ. ರುವ್ವ; Mhr. ರುಕಾ, the 12th part of an Anna).

ರುವೂಕ ruvûka. = ಉರುವೂಕ, ರೂಬುಕ, ರೂವುಕ. (Colebr.).

ರುವ್ವಿ ruvvi. = ರುವಿ. (My.). ರುವ್ವಿ ಕೊಡದವ ರುಮಾಲು ಕೊಟ್ಟಾನೇ? (Prv.).

ರುಷ್ rush. *Anger, wrath, passion.*

ರುಷಿ rushi. Tbh. of ಋಷಿ (Čt. II, 42; see ಮಹಾ-).

ರುಷಿತ rushita. Enraged, irritated, angry (My.).

ರುಷ್ಟಿ rushṭi. Tbh. of ವೃಷ್ಟಿ. (My.).

ರುಸಬು rusaba. Tbh. of ವೃಷಭ (My.).

ರುಸಿ rusi. Tbh. of ಋಷಿ. (My.; Tĕ.).

ರುಸುಮು rusumu. Fees, dues, commission (My.; Br.; H.).

ರುಹ್ ruh. = ರುಹ. See ಅಮ್ಭೋ-.

ರುಹ ruha. Rising, mounting, springing up, growing, increasing; mounted, ascended upon. See ಅಮ್ಭೋ-, ಕರ-, ಕ್ಷಿತಿ-, ರಸಾಲ-.

ರುಹೆ ruhĕ. *Bent grass, Panicum dactylon* (see Si. 162).

ರುಳಿ ruḷi. A silver chain worn on the leg, just above the ankle, by women (My.; Mhr. ರುಳಣೇಂ, to shake gracefully).

ರೂ rû. (fr. ಒರೆ 5?). Repetition of words and sentences to commit them to memory. (Tĕ. ರುವ್ವು). — ರೂ ಹಾಕು. To repeat words frequently to commit them to memory (My.; G. in his preface).

ರೂಂ rûm. N. of a country (Si. 101).

ರೂಕ್ಷ rûksha. = ರುಕ್ಷ 1. (ತೀಕ್ಷ್ಣ, ತಿಗ್ಮ, etc. Mr. 84; Čpr. 5, after 4).

ರೂಕ್ಷಣ rûkshaṇa. Making rough, rugged or harsh; making dry or thin. See ವಿ-.

ರೂಕ್ಷೆ rûkshĕ. Dryness, aridity, emaciation; harshness, unkindness, cruelty (Bp. 61, 83).

ರೂಡಿ rûḍi. Tbh. of ರೂಢಿ (Šmd. 339; Bp. 50, 36). ಹಾಗೆ ಇದ್ದ ಪಕ್ಷಕ್ಕೆ ನಮ್ಮಲ್ಲಿ ಹೊಸ ನಡತೆಗಳು ಎನ್ದಿಗೂ ರೂಡಿಯಲ್ಲಿ ಬರುತ್ತಿದ್ದಿಲ್ಲ (B. 4, 188). — ರೂಡಿದೊಟ್. -ತೊಟ್. The usual current of a river (Bp. 50, 38). — ರೂಡಿ ಬೀಳು. To become habitual or customary (My.). — ರೂಡಿ ಮಾಡು. To practice, to learn by practice (Čpr. 2, after 14; My.). — ರೂಡಿ ಮಾತು. A commonly known and used word (My.).

ರೂಡಿಸು rûḍisu. To be commonly known and used (J. 28, 22; B. 5, 113);—to assemble in numbers (J. 4, 14; Ššv. 4, 42);—to become or be notorious or famous (Bp. 5, 41; 26, 62; 42, 6; 51, 42; 54, 55; 56, 30). 2, to ascend, to rise (Bp. 24, 50). 3, to cause to grow, become large or much, to accumulate, to join (as property, grain, etc., My.).

ರೂಢ rûḍha. Mounted, risen, ascended;—sprung up, born, produced;—grown, increased, developed;—large, bulky, great, much;—commonly known, notorious;—certain, ascertained;—traditional, generally received, popular, customary, conventional, not to be etymologically resolved;—having a special meaning or one not depending directly on the etymology;—obscure. See Šmd. 75. 158. 174.

ರೂಢನಾಮ rûḍha-nâma. A noun of which the meaning is not to be etymologically resolved, a word not etymologically derived, a word used in a conventional sense (Šmd. 93-95).

ರೂಢಮೂಲ rûḍha-mûla. Well-rooted, well-established, powerful (My.).

ರೂಢಿ rûḍhi. = ರೂಡಿ q. v., ಋಢಿ. Mounting, ascending, rise, ascent. 2, springing up, birth, origin. 3, fame, renown, notoriety. 4, custom, customary usage, common currency, general prevalance, use; popularity; familiarity with. 5, a popular or conventional acceptation of words (as opposed to their direct etymological meaning). 6, the employment of a word in a sense not borne out by its etymology. ರೂಢಿಯಿಲ್ಲದ ಪದ ಹಾಡಿದರೆ ತಿಳಿದಾನೇ? (Prv.). See Šmd. 29. 122. 202. 391; Kâvy. VI, 1; Sp. s. ಮಾಡು 1. — ರೂಢಿವಡೆ. -ಪಡೆ. = ರೂಢಿವೆಟ್ No. 2. (Grj. 2, after 106). — ರೂಢಿವೆಟ್. -ಪೆಟ್. To obtain use or notoriety: to come into common use (ರೂಢಿಯಾಗು Šmd. 186 Cm.). 2, to grow great or famous (Čpr. 2, 16; Bp. 37, 68).

ರೂಢಿತ rûḍhita. = ರೂಢ. Mounted, ascended (Bp. 50, 2).

ರೂಢಿಪತಿ rûḍhi-pati. A notorious ruler. See Sp. s. ನಾಡು.

ರೂಢಿಶಬ್ದ rûḍhi-šabda. = ರೂಢನಾಮ (Sk.). 2, a word that is commonly known and used (My.).

ರೂಢಿಸು ruḍhisu. = ರೂಡಿಸು, q. v.

ರೂಪ rûpa. = ರೂಪು, ರೂವು, ರೂಹು. *Any outward appearance or phenomenon, form, figure, shape* (ಪರಿಜು Čt. I, 100; ವರ್ಣ, ನಾನಾವರ್ಣ Nn. 119);—image, resemblance, semblance;—any visible object, an image, an idol. 2, the form of a noun or verb, etc. in grammar, an inflected form by declension or conjugation. 3, a handsome form, shapeliness, beauty. 4, natural state or condition, nature, property, feature, character. 5, kind, sort, species. 6, mode, manner. 7, a single specimen, a type, a pattern, an exemplar. 8, the number one, the arithmetical unit. 9, in algebra: a known quantity. 10, a drama, a play, a dramatic composition. 11, cattle. 12, *a beast,* a number of beasts or various beasts (ಮೃಗಸಮೂಹ, ನಾನಾಮೃಗಂಗಳು 119). — ರೂಪುವೆಟ್. -ಂ-ಪೆಟ್. To get a form (Grj. 4, 34).

ರೂಪಕ rûpaka. Illustrating by metaphor, figurative;—a peculiar metaphor or simile (upamâ) in rhetoric, the description of one object under the form of an another which it is poetically supposed to resemble (Kâvy. III, 3, B, 41. 80 seq.; ಅಲಂಕಾರ Nn. 135; ಅತ್ಯಲಂಕಾರ Mr. 526). 2, a form, a figure, a shape, an image; a peculiar shape or image, a feature (? ಪ್ರತಿಮಾಭೇದ, ಪ್ರತುಮೆಗಳ ಭೇದ 135). 3, a kind, a species (ಸಲಾಕ್ಷಣ್ಯ, ಲಕ್ಷಣಭೇದ 135). 4, shapeliness, beauty (ಸರೂಪ, ಚೆಲುವು 135). 5, a drama, a play, a dramatic composition (ಕಾವ್ಯ 526). 6, a theatrical performance, dancing (ತಾಣ್ಡವ, ನೃತ್ಯ 135; ನಾಟ್ಯ 526). 7, a particular time in music (ತಾಳವಿಭೇದ 135; ತಾಳಮಾನ 526). 8, a clever man (ಚತುರ, ಚದುರ 135);—a cunning, crafty man (ಧೂರ್ತ 526).

ರೂಪಕತಾಲ rûpaka-tâla. = ರೂಪಕ No. 7. (My.).

ರೂಪಕರೂಪಕ rûpaka-rûpaka. A kind of rûpaka in rhetoric (Kâvy. III, 3, B, 81 seq.).

ರೂಪಣ rûpaṇa. Forming, representing; figure; figurative illustration. See ನಿ-.

ರೂಪತೆ rûpatĕ. The state of being formed or composed of; the state of having a form. See ದ್ವಿ-.

ರೂಪದ್ವಿತ್ವ rûpa-dvitva. Repetition of the form of a noun, etc. (Kâvy. I, 3, 89-97; *cf.* ಪದಯುಗಳೋಚ್ಚರಣ).

ರೂಪವತಿ rûpa-vati. A handsome or beautiful woman (My.; B. 5, 43).

ರೂಪವನ್ತ rûpa-vanta. A handsome man (My.). Feminines ರೂಪವನ್ತಳು, ರೂಪವನ್ತೆ (My.).

ರೂಪಹೀನ rûpa-hîna. Devoid of beauty, ugly. ರೂಪಹೀನ ಮಾಡುದು (ವಿಕಟ, ಕುರೂಪು Nn. 146).

ರೂಪಾಕಾರ rûpa-âkâra. = ರೂಪಾರ. A beautiful form (?).

ರೂಪಾಜೀವೆ rûpa-âjîvĕ. *A harlot, a prostitute.*

ರೂಪಾದಿಲೇಖನ rûpa-âdi-lêkhana. Writing or drawing figures, etc. See ಚಿತ್ರಿಸು.

ರೂಪಾನ್ತರ rûpa-antara. Another form, a change of form (Šmd. 111 Cm.; 156; My.).

ರೂಪಾಯಿ rûpâyi. (fr. ರೂಪ್ಯ). = ರುಪಾಯಿ. A Rupee (C.; Mhr. ರುಪಯಾ; B. 2, 25; 4, 87). ೧ ರೂಪಾಯಿತೂಕ (ಕನಿಷ್ಠ ಪಲ); ೨ ರೂಪಾಯಿತೂಕ (ಮಧ್ಯಮಪಲ); ೩ ರೂಪಾಯಿತೂಕ (ಉತ್ತಮಪಲ); ೧, ಅಥವಾ ೨, ಅಥವಾ ೩ ರೂಪಾಯಿಗಳ ತೂಕದ ಚಿನ್ನ (ಕುರುವಿನ್ತ, ಚಿನ್ನದ ಪಲ Si. 328).

ರೂಪಾರ rûpa-âraĕ. Tbh. of ರೂಪಾಕಾರ (Šmd. 388).

ರೂಪಾವಳಿ rûpa-âvaḷi. The rows or tables of declension or conjugation (B. 5, 271).

ರೂಪಿ rûpi. Having form or figure;—*well-shaped, handsome, beautiful;*—appearing as, like.

ರೂಪಿತ rûpita. Formed, represented, exhibited, imagined. (Bp. 49, 41; see ಅವ- and ಕುಣ್ಠಿತ).

ರೂಪಿಸು rûpisu. = ರೂಹಿಸು. To form, to mould, to figure, to represent (as any image, picture, etc., My.); to show, to point out (as a fault, My.). 2, to view, to inspect, to look at, to consider, to regard (Bp. 4, 53; 15, 15; 19, 50). 3, to appear (Bp. 19, 38; 51, 40; 61, 18).

ರೂಪು rûpu. Tbh. of ರೂಪ. (Šmd. 364; Čpr. 6, 79; Bp. 4, 53; 23, 26; 50, 25; 51, 32; 52, 34. 56; Č. Bp. 11; J. 28, 40; ಪರಿಬು Čt. I, 69; ಬಲ Nn. 14; ಸೌನ್ದರ 24; ಚೆಲ್ವ 68; ಚೆಲುವು 70; ಆಕಾರ 71). ರೂಪಿನ್ದೆ (Šmd. 10); ರೂಪಿಂಗೆ (131); ರೂಪಿನಲ್ಲಿ (141 Cm.). ಮರದಿನ್ದ ಮಾಡಿದ ರೂಪು (ದ್ರವ್ಯ, ಮರದಿನ್ದ ಮಾಡಿದನ್ಥಾ ಪ್ರತುಮೆಗಳು Nn. 164). See Sp. s. ಸ್ವರ 2. — ರೂಪಡಗು. -ಅಡಗು. A form to disappear (J. 15, 40). — ರೂಪಅಟ್. -ಅಟ್. Natural form, or beauty, to be destroyed (Bp. 57, 56). ರೂಪಅ'ದ ಸಾವು (ಮಣ್ಣಾದ್ Šmd. I). 2, to destroy a form, etc. (Bp. 16, 3). — ರೂಪಾನ್. -ಆನ್. To take or assume a form, etc. (Rŝv. 13, after 77). — ರೂಪಿಡು. -ಇಡು. To indicate or evince anger or passion (ಕ್ರೋಧನಿರ್ದೇಶ Šmd. Dh.). — ರೂಪುಗರೆ. -ಕರೆ. Form or beauty to disappear (Abh. P. 3, 39. 45). — ರೂಪುಗಾಣಿಸು. -ಕಾಣಿಸು. A form or figure to appear (Bp. 16, 5). — ರೂಪುಗಿಡು. -ಕಿಡು. Natural form, or beauty, to be destroyed or disappear. See ಅಟ್[3] and ಕಡಿಕುಡು; Abh. P. 13, 69. — ರೂಪುಗೆಡು. -ಕೆಡು. = ರೂಪುಗಿಡು. (Bp. 57, 70). — ರೂಪುಗೊಳ್. -ಕೊಳ್. = ರೂಪಾನ್. (Čpr. 7, 80; Bp. 15, 17). — ರೂಪುದಳೆ. -ತಳೆ. = ರೂಪುಗೊಳ್. (Čpr. 5, 81). — ರೂಪುದೋಱು. -ತೋಱು. To show a form (V. 14, 106; 14, after 106; Šŝv. 2, 92). — ರೂಪುವಡೆ. -ಪಡೆ. = ರೂಪುಗೊಳ್. (Rŝv. 5, after 50).

ರೂಪ್ಯ rûpya. = ರುಪಾಯಿ, ರೂಪಾಯಿ. *Handsome, beautiful.* 2, bearing a stamp, stamped. 3, *wrought metal, silver or gold bearing a stamp or impression, a stamped coin.* 4, *silver.*

ರೂಪ್ಯಾಧ್ಯಕ್ಷ rûpya-adhyaksha. *A master of the mint.*

ರೂಬಕಾರಿ rûbakâri. The written record of case (My.; H.).

ರೂಬರೂ rûbarû. = ರುಬರೂಬು, etc. (Si. 399; My.).

ರೂಬರೂಬು rûbarûbu. = ರೂಬರೂ. (My.).

ರೂಬುಕ rûbuka. = ರೂವುಕ. (ಅವುಡಲ ಗಿಡ G.).

ರೂಮಾಲು rûmâlu. = ರುಮಾಲ, etc. (My.; M. ಱುಮಾಲ್).

ರೂಮಾಲೆ rûmâlĕ. = ರೂಮಾಲು. ಘುಮಾಲೆಯಿಲ್ಲದಿದ್ದರೆ ರೂಮಾಲೆ ಬೇಡವೋ? (Prv.).

ರೂಲು rûlu. A "rule", a ruler (My.); a line (My.). — ರೂಲು ದೊಣ್ಣೆ. A ruler (My.).

ರೂವು rûvu. Tbh. of ರೂಪ (Šmd. 364).

ರೂವುಕ rûvuka. = ರುವೂಕ, etc.

ರೂಷಿತ rûshita. Adorned, decorated. 2, *covered, overspread* (ಗುಣ್ಠಿತ, ಮುಸುಕಿದುದು Hlâ., c. r. ಕುಣ್ಠಿತ). 3, made rough or rugged. 4, *pounded, reduced to dust* (see ಗುಣ್ಠಿತ).

ರೂಹಿಸು rûhisu. = ರೂಪಿಸು. To appear (Grj. 6, after 56; Râm. 8, 6, 6).

ರೂಹು rûhu. Tbh. of ರೂಪ. (ಪರಿಬು Šs.). — ರೂಹುಗಾಣಿಸು. -ಕಾಣಿಸು. To show (J. 13, 42); to show a form (26, 3).

ರೆಕ್ಕಟ rĕkkaṭa. = ರಿಕ್ಕಟ, ಡಿಕ್ಕಟ. (ಬಿನ್ನಗೆ, ಬಿನ್ನನೆ, ಸುಮ್ಮಗೆ Šs.).

ರೆಂಕೆ rĕṅkĕ. = ರಂಕೆ. (Sd.; Tĕ. ರೆಙ್ಕು, to low as cattle).

ರೆಂಜೆ rĕñjĕ. The tree Mimusops elengi Lin. (St. & Pl.; M. ಇಲಞ್ಞಿ, ಇಲಙ್ಞಿ; T. ಇಲಂಜ). See ಗುಡ್ಡ-.

ರೆಡ್ಡಿ rĕḍḍi. = ರಡ್ಡಿ. (My.).

ರೆಬ್ಬೆ rĕbbĕ. (or ರೆಬ್ಬು? Tĕ. ಜೆಬ್ಬ = K. ರೆಮ್ಬೆ; Tĕ. ಱಪ್ಪ, ill-fame; abuse, see ರಚ್ಚೆ). — ರೆಬ್ಬಯ್ಯ. -ಅಯ್ಯ. N. (Bp. 37, 6). — ರೆಬ್ಬವ್ವೆ. -ಅವ್ವೆ. N. See ಪುರಾತ-.

ರೆಮ್ಬೆ rĕmbĕ. = ರಮ್ಬೆ, q. v. A twig, etc. (My.; Si. 117. 120. 121. 123. 143).

ರೆಮ್ಮ rĕmma. (= ರೇಮ?). — ರೆಮ್ಮಾಯಿ. -ಆಯಿ. N. of Abhinavamaṅga's mother (Mr. 540).

ರೆಳ್ಳು rĕḷḷu. A reed, used to write with, Saccharum sara (Tĕ. ರೆಲ್ಲು). — ರೆಳ್ಳುಗಸವು. -ಕಸವು. N. of a grass (ಕಾಶ, etc. Si. 163).

ರೇ rê. 1. A particle of calling (a male): oh you! you fellow! sirrah! etc. (Sk., Mhr.; Bp. 55, 46; 61, 20).

ರೇ rê. 2. = ರಯಿ, ರೈ, etc. Property, possessions, goods, wealth, gold;—costliness;—grandeur, shine, glitter, lustre, beauty. See ರೇವತ್.

ರೇಕ rêka. Emptying, evacuating; resigning, leaving; looseness, purging. 2, suspicion, doubt, care. 3, an outcast. 4, a frog. See ಅತಿ-.

ರೇಕು rêku. A thin plate of metal (used in covering other metals instead of gilding or plating, My.; Tĕ.; T. ಇರೇಕ್ಕು); gold (My.). 2, the leaf of a flower, the petal of a flower (My.; Tĕ., T.). ಎಳೇ ರೇಕುಗಳು (ಸಂವರ್ತಿಕೆ, etc. Si. 97). — ರೇಕವ್ವೆ. -ಅವ್ವೆ. N. (Bp. 9, 35).

ರೇಕೆ rêkĕ. Tbh. of ರೇಖೆ. A line. ರೇಕೆ ಎಳ್, -ಬರೆ, -ಹಾಕು (My.). 2, regular arrangement, order, trim (My.). — ರೇಕೆ ಮಾಡು. To put in proper order, to arrange properly

(My.). ರೇಖೇ ಮಾಡಲಿಕ್ಕೆ ತಿಳಿಯದಿದ್ದರೆ ತೋಕೂರಿಗೆ ಹೋಗಲಿಕ್ಕೆ ತಿಳಿಯದೇ? (Prv.).

ರೇಖಾಂಶ rêkhâ-aṁśa. A degree of longitude; longitude (B. 5, 807).

ರೇಖಾಗಣಿತ rêkhâ-gaṇita. Geometry (My.).

ರೇಖಾತ್ರಿತಯ rêkhâ-tritaya. A triad of lines or stripes, three lines, etc. (Bp. 41, 2).

ರೇಖಾಯಿಲ rêkhâ-âyila. (Śmd. 252). A man who delineates, paints, or writes.

ರೇಖಿಕೆ rêkhikĕ. ರೇಖಿಕಾ. = ರೇಖೆ. A line (drawn from the outer corner of the eye, Ŏpr. 8, 77).

ರೇಖೆ rêkhĕ. ರೇಖಾ. = ರೇಕ್, ಲೇಖೆ. *A line* (ಗೆರೆ Čt. I, 48; Śm. 16; ಗೀಟು Nn. 157); *a streak, a stripe;*—a row, a series;—a continuous line;—drawing;—the first or prime meridian (from Ceylon to the North-pole). 2, fulness, satisfaction. 3, deceit, fraud. 4, a small quantity, a little portion. — ರೇಖೆಗೊಳಿಸು. -ಕೊಳಿಸು. To put a line to (V. 5, after 14).

ರೇಗಿಸು rêgisu. (To cause to rise); to irritate, to excite, to make angry (My.; Tĕ. ರೇಚು).

ರೇಗು rêgu. 1. (fr. ಎರ್ 1, etc.). To rise, as dust (Tĕ.); —to be aroused, to get excited, to become angry, to begin to rage (My.; Tĕ. ರೇಗು, ಲೇಚು).

ರೇಗು rêgu. 2. (= ಎಗಚೆ, etc.). The Jujube (ಬದರ, etc., ಎಳಚಿ, etc. Si. 130; Tĕ.).

ರೇಗುಪ್ತಿ rê-gupti. N. of a râga (My.).

ರೇಚ rêča. Emission of breath, etc. (in yôga, see ರೇಚಕ). 2, N. of two plants. — ರೇಚಯ್ಯ. -ಅಯ್ಯ. N. (Bp. 9, 87).

ರೇಚಕ rêčaka. Emptying, purging; emitting the breath;—emission of breath, exhalation, expiration (ನಾಸಿಕದಿ ಬಿಡುವ ಅನಿಲಂ Mr. 58); expelling the breath out of one of the nostrils (in the practice of yôga). 2, a purge, cathartic. 3, N. of men.

ರೇಚನ rêčana. = ರೇಚಕ. See ವಿ-.

ರೇಚಿತ rêčita. Left void or empty, freed from, cleared; purged. 2, *one of a horse's paces, cantering* (or moving in the longe, or sidling; ಕುದುರೆಯ ದುಡಕಿಯ ನಡಿಗೆ G.).

ರೇಜಿಗೆ rêjigĕ. Disgust (My.; *cf.* ಅರೋಚಕ?).

ರೇಜುದಾನು rêjudânu. A sandbox used by a writer (My.; Br., H.).

ರೇಣು rêṇu. *Dust.* 2, *the pollen of a flower.* 3, a female elephant (ಹೆಣ್ಣಾನೆ Mr. 153). ರೇಣು ಮಾಣಿಕವಾದರೂ ವಾಣಿಜತನ ಬಿಟ್ಟಾನೇ? (Prv.). 4, N.

ರೇಣುಕ rêṇuka. N. of a Yaksha. 2, N. of one of Śiva's pramathas (Bp. 1, 52); N. of a śaiva devotee and poet (Rśv. 1, 17). 3, N. of a serpent (Bp. 46, 28). 4, N. of an elephant. 5, a sort of pulse (ಬಟಗಡ್ಲೇ ಕಾಯಿ G.). — ರೇಣುಕಬೀಜ. (ಕಪಿಲೆ, ಹರೇಣು G.).

ರೇಣುಕಾಸುತ rêṇukâ-suta. Paraśurâma (My.).

ರೇಣುಕೆ rêṇukĕ. ರೇಣುಕಾ. The wife of Jamadagni and mother of Paraśurâma (Mr. 258). 2, *a particular drug or medicinal substance,* said to be fragrant, but bitter and slightly pungent in taste, and of a greyish colour.

ರೇಣುಕೇಶ rêṇuka-îśa. = ರೇಣುಕ No. 2. (Rśv. 1, 53; *cf.* ರೇಣುಕಾಚಾರ್ಯ 1, 56).

ರೇತ rêta. = ರೇತಸ್. (ಶುಕ್ಲ, ಇನ್ದ್ರಿಯ Nn. 32; ಇನ್ದ್ರಿಯ 37. 48).

ರೇತಸ್ rêtas. = ರೇತ, ರೇತು. *Semen virile.* 2, quicksilver.

ರೇತು rêtu. Tbh. of ರೇತ. (ತೇಜಸ್, ಬೀಜ, ವೀರ್ಯ G.).

ರೇಫ rêpha. = ರೇಫೆ. A burr, a burring sound: the letter ರ (ರ್, ಱ್, Śmd. 41. 217; ವಿಸರ್ಜ, ನೀಟು Nn. 62, o. r. ಗೀಟು). 2, cretic, one short syllable between two long syllables. 3, passion. 4, *low, vile, contemptible.* See Kâvy. I, 3, 60-63. 98-103; III, 2, B, 48-51.

ರೇಫಸ್ rêphas. *Low, vile, contemptible.*

ರೇಫಸ rêphasa. Tbh. of ರೇಫಸ್. (Mr. 225).

ರೇಫಸಂಯೋಗ rêpha-saṁyôga. A term that is endowed with the rêpha (Śmd. 50).

ರೇಫಾನ್ತ rêpha-anta. A term with a final rêpha (Śmd. 53).

ರೇಫಾಶ್ರಿತ rêpha-âśrita. Closely connected with the rêpha (Śmd. 26).

ರೇಫೆ rêphĕ. Tbh. of ರೇಫ. See Śmd. 27. 71. 75. 217. 218. — ರೇಫೆವೆರಸು. -ಬೆರಸು. To be united with a rêpha (Śmd. 38. 71).

ರೇಮ rêma. (Tbh. of ರೇವ). — ರೇಮಯ. -ಅಯ. N. (Bp. 48, 22). — ರೇಮಯ್ಯ. -ಅಯ್ಯ. N. (Bp. 48, 30; see ಕದಿರ-).

ರೇರಿಹಾಣ rêrihâṇa. Śiva;—a thief;—an Asura. (R.).

ರೇಲ rêla. The Cassia tree (Tĕ.; ಅರಗ್ವಧ, ಆರೇವತ, etc. Si. 126).

ರೇವ rêva. (= ರೇಮ). N. of the father of Raivata (Sk.). — ರೇವಣ. (-ಅಣ). N. (Rśv. 1, 55. 61).

ರೇವಡಿ rêvaḍi. = ಲೇವಡಿ 2. A kind of sweetmeat (Mhr.). 2, exposed and disgraced state; utter discomfiture and disconcernment (Mhr.). — ರೇವಡಿಗಿಡ. A wiry thorny shrub, Capparis divaricata Lam. (Z.; see ಎಳ್ಳು-, ಮುರ-).

ರೇವತ್ rê2-vat. Rich, wealthy;—grand in external appearance, shining, beautiful, illustrious.

ರೇವತಿ rê-vati. N. of the twenty-seventh nakshatra (My.). 2, the wife of Balarâma.

ರೇವತೀರಮಣ rêvati-ramaṇa. *Balarâma.*

ರೇವತೀಶ rêvati-îśa. Balarâma (ಬಲ Mr. 21).

ರೇವನ್ತ rêvanta. N. of the fifth Manu of the present kalpa;—N. of a king (Bh. 1, 7, 2). 2, Tbh. of ರೇವತ್ (A.).

ರೇವಲ್ಚಿನ್ನಿ rêval-činni. A tall perennial plant, growing in Central Asia, Rhubarb, Rheum palmatum Lin. (St. & Pl.; My.; Br.; Mhr. ರೇವಸ, ರೇವಾಚಿನೀ).

ರೇವು rêvu. (ಱೇವು). (fr. ಎಱಗು 1). Descending, disembarking: a landing place, a beach, a port or haven (My.; T. ಇರೇವು; T. ಇಱಂಗು, M. ಇಱಙ್ಙು, to descend, go down, disembark).

ರೇವೆ rêvĕ. 1. *The Narmadâ river.*

ರೇವೆ rêvĕ. 2. Fine gravel;—the grit of sugar, milk, etc. (Mhr. ರೇವ; B. 4, 55).

ರೇಶಮಿ rêśami. = ರೇಶ್ಮೆ, etc. (B. 5, 219).

ರೇಶಿಮಿ rêśimi. = ರೇಶ್ಮೆ, etc. (G. 151. 165. 279). — ರೇಶಿಮಿಗಿಡ. = ರೇಶ್ಮೀ ಗಿಡ. (Čb. 189).

ರೇಶ್ಮಿ rêśmi. = ರೇಶ್ಮೆ etc. ರೇಶ್ಮೀ ವಸ್ತ್ರ (ದುಕೂಲ, ಕ್ಷೌಮ G.). — ರೇಶ್ಮೀ ಗಿಡ. The silk-cotton tree (ಮೋಚೆ, ಶಲ್ಮಲಿ, ಶಾಲ್ಮಲಿ G.).

ರೇಶ್ಮೆ rêśmĕ. = ರೇಶಮಿ, ರೇಶಿಮಿ, ರೇಶ್ಮಿ, ರೇಷ್ಮೆ, ರೇಸಿಮಿ, ರೇಸಿಮೆ. Silk; silken (My.; B. 3, 9. 102; Mhr., H. ರೇಶೀಮು, silk;

ರೇಶಮಾ, silken). — ರೇಶ್ಮೆಹುಳು. The silkworm (My.; Si. 221).

ರೇಷಣ rêshaṇa. Howling, yelling, roaring. (R.). 2, injury, hurt.

ರೇಷೆ rêshĕ. ರೇಷಾ. A line (ಲೇಖೆ, ಗೆರೆ G.; My.; Mhr.; see ಮಧ್ಯ-).

ರೇಷ್ಮೆ rêshmĕ. = ರೇಶ್ಮೆ, etc. (Si. 221).

ರೇಸಿಮಿ rêsimi. = ರೇಶಿಮಿ, etc. (B. 4, 70).

ರೇಸಿಮೆ rêsimĕ. = ರೇಶ್ಮೆ, etc. ರೇಸಿಮೆಬಟ್ಟೆ (B. 5, 295). ರೇಸಿಮೆಯ ಎಲೆ³ (4, 176). — ರೇಸಿಮೆಹುಳು. = ರೇಶ್ಮೆ-. (B. 4, 162; 5, 89).

ರೈ rai. = ರಯಿ, ರಯ್ಯ, ರೇ 2. *Property, wealth;—gold;*—shine, lustre, beauty (see ರೇವತ್);—costliness. ರೈ ಒದವಿತ್ತು (Šmd. 64).

ರೈಟರ್ raiṭar. A "writer" (C.; Si. 261).

ರೈತ raita. = ರಯತ, etc. (Si. 118; B. 4, 80; Mhr. ರೈಯತ).

ರೈತೋರಣ rai-tôraṇa. A festoon of gold (Čpr. 7, 5).

ರೈಧಾರೆ rai-dhârĕ. A shower of gold (Čpr. 4, 92).

ರೈವತ raivata. (fr. ರೇವತ್). Rich, wealthy. 2, N. of the fifth Manu (My.). 3, N. of a mountain; N. of a king.

ರೈವತಕ raivataka. N. of a mountain (My.).

ರೈವೃಷ್ಟಿ rai-vṛishṭi. = ರೈಧಾರೆ. (Abh. P. 3, 137; 9, 2).

ರೊಕ್ಕ rŏkka. Cash, ready money; change; money in general (C.; Si. 84; B. 1, 23; 3, 77; Tĕ.; M. ರೊಕ್ಕ, ರೊಕ್ಕ; Mhr. ರೋಕಡಾ, ರೋಖೀ; see Dp. 40; cf. ರೋಕ). ಹೊಟ್ಟೆಯ ದಾಟಿಸುವ ರೊಕ್ಕ (ತರವಣ್ಯ G.). ರೊಕ್ಕಕ್ಕೆ ಕಡಿಮೆಯಾದರೆ ದುಕ್ಕಕ್ಕೂ ಕಡಿಮೆಯೇ?—ಅಣ್ಣ ಮಣ್ಣು ಮಾಡಿದ, ತಮ್ಮ ರೊಕ್ಕಾ ಮಾಡಿದ.—ನಿಮ್ಮಲ್ಲಿ ಎಷ್ಟು ರೊಕ್ಕ ಉಣ್ಟೋ, ನಮ್ಮಲ್ಲಿ ಅಷ್ಟು ಲೆಕ್ಕ ಉಣ್ಟು.—ಪಕ್ಕವಿದ್ದರೆ ಹಕ್ಕಿ, ಹಿಡೀಲಿ ಕೊಟ್ಟ ರೊಕ್ಕಕ್ಕೆ ದುಕ್ಕವೇನು?—ಬೊಕ್ಕೆ ಎದ್ದರೆ ರೊಕ್ಕ ಬನ್ದೀತೇ? (Prvs.).

ರೊಂಕೆ rŏṅkĕ. = ರಂಕೆ, etc. The grunt of a wild buffalo. — ರೊಂಕಿಡು. -ಇಡು. To grunt (Šiv. 8, 56). Cf. ರೊಯ್.

ರೊಚ್ಚು rŏččhu. (ಲೊಚ್ಚು). = ರೊಚ್ಚೆ, ರೊಜ್ಜು, ರೊಜ್ಜೆ, (ರೊಣ್ಡೆ, ರೋತೆ). Mud, mire, foul water (My.; Tĕ. ರೊಚ್ಚು, ರೊಮ್ಪಿ; cf. ಉರ್ದುಲ್, ಒಟೆ³ 1).

ರೊಚ್ಚೆ rŏččĕ. = ರೊಚ್ಚು. (My.).

ರೊಜ್ಜು rŏjju. = ರೊಚ್ಚು. (My.). ದುರ್ಜನರ ಕೂಡ ಒಡನಾಟ ರೊಜ್ಜನನ್ತಿಹುದು (Sp.).

ರೊಜ್ಜೆ rŏjjĕ. = ರೊಚ್ಚೆ. (My.).

ರೊಟ್ಟಿ rŏṭṭi. Bread; a cake of bread (Č. Bp. 47, 42; C.; Br.; M. ರೊಟ್ಟಿ; G. 202; B. 2, 12; Mhr., H. ರೋಟೀ). ಅಕ್ಕೀ ಹಿಟ್ಟ ನೊಳಗೆ ಬೆಲ್ಲವನ್ನೂ ತುಪ್ಪವನ್ನೂ ಹಾಕಿ ಮಾಡಿದ ರೊಟ್ಟಿ (ಕಜ್ಜಾಯ G.). ರೊಟ್ಟಿಗೆ ಬನ್ದ ನಾಯಿ ತುಪ್ಪಕ್ಕೆ ಬನ್ದೀತೇ?—ರೊಟ್ಟಿ ತೊಳೆದು, ನೀರು ಕುಡಿದ ಹಾಗೆ.—ಪೆಟ್ಟಿಗೆ ಪೆಟ್ಟು, ರೊಟ್ಟಿಗೆ ತುಪ್ಪ (Prvs.). See Prv. s. ಐಟ್ಟ. — ರೊಟ್ಟಿಗಿಡ. ರೊಟ್ಟಿಹೂವಿನ ಗಿಡ. = ಕಪ್ಪೆರೊಟ್ಟಿ ಗಿಡ. (Z.).

ರೊಡ್ಡ rŏḍḍa. (= ಎಡ 2). The left, the left side (Tĕ.). — ರೊಡ್ಡಕೆಯ್. The left hand (My. occasionally; Tĕ. ರೊಡ್ಡಚೆಯ್ಯಿ).

ರೊಣ rŏṇa. Tbh. of ಋಣ. ಹಣ ಕೇಡು, ರೊಣ ತೀರಿಸಿ ಕೊಣ್ಡ (Prv.).

ರೊಣಕ rŏṇaka. Tbh. of ಋಣಿಕ. (My. occasionally).

ರೊಣಕು rŏṇaku. Jumping, leaping (cf. ಕೊಣಕು 2). — ರೊಣಕಿಡು. -ಇಡು. To jump, etc. ಎಮ್ಮೆ ಕೋಣಗಳು ರೊಣಕಿಡೋಣ (ಮಿಳ್ಳಿಸು, ಸರಳಿಸು G.).

ರೊಣ್ಡಿ rŏṇḍi. The haunch (Tĕ.; My.).

ರೊಣ್ಡೆ rŏṇḍĕ. Mud (Bp. 10, 8; My.; cf. ರೊಚ್ಚು).

ರೊಪ್ rŏp. = ರಪ್. (My.).

ರೊಯ್ rŏy. A sound produced by a paper-kite (S. Mhr.). 2, the grunt of a buffalo (S. Mhr.). Cf. ರೊಂಕೆ.

ರೊಷ್ಟು rŏshṭu. Teasing, vexing, annoying (My.; Tĕ.; cf. ಒರಸು 2).

ರೋಕ rôka. Light, lustre. 2, *a hole, an aperture, a cavity.* 3, a boat, a ship. 4, buying with ready money (cf. ರೊಕ್ಕ).

ರೋಗ rôga. (fr. ರುಜ್). Breaking up of strength: *sickness, disease, malady.* ರೋಗವುಡುಗಿಸು (Bp. 50, 29). ರೋಗದಲ್ಲಿ ಬೀಳು (B. 5, 167). ರೋಗವಾದರೇನು? ಭೋಗವಾದರೇನು? ಹೋಗಲಿಕ್ಕಾಗದೇ?—ಉಗುಬ್ ಉಗುಬ್ ರೋಗ, ಬೊಗಳೆ ಬೊಗಳೆ ರಾಗ.—ಪುಣ್ಯವನ್ತ ಹಾಡಿದ್ದೇ ರಾಗ, ವೈದ್ಯ ಹೇಳಿದ್ದೇ ರೋಗ.—ಯೋಗಕ್ಷೇಮ ತಿಳಿಯದಿದ್ದರೂ ರೋಗದ ಚಿಕಿತ್ಸೆ ಬಲ್ಲ (Prvs.). See Prvs. s. ವಾಸಿ 4, ವೇಗ. — ರೋಗ ರುಜನ. dupl. (My.).

ರೋಗಚಿಹ್ನೆ rôga-čihnĕ. = ರೋಗಲಕ್ಷಣ. (My.).

ರೋಗನ್ rôgan. Varnish (My.; Br.; Mhr., H. ರೋಗನ).

ರೋಗಪರೀಕ್ಷೆ rôga-parîkshĕ. The examination of a disease (My.).

ರೋಗಭೇದ rôga-bhêda. A kind or variety of disease. See ಉಡಿ, ಕುಷ್ಠ.

ರೋಗಯುತ rôga-yuta. Possessed of sickness: a sick man (ರೋಗಸ್ಥ Nn. 143, o. r. ರೋಗಿ).

ರೋಗರಾಜ rôga-râja. Consumption (My.).

ರೋಗಲಕ್ಷಣ rôga-lakshaṇa. The sign or symptoms of a disease (My.).

ರೋಗಶಮನ rôga-šamana. = ರೋಗಶಾನ್ತಿ. (My.).

ರೋಗಶಾನ್ತಿ rôga-šânti. Cure or alleviation of disease (My.).

ರೋಗಸಮೂಹ rôga-samûha. = ರೋಗಾವಳಿ, q. v.

ರೋಗಸ್ಥ rôga-stha. A sick man (ರೋಗಯುತ, ರೋಗಿ Nn. 143).

ರೋಗಹರ rôga-hara. Taking away disease, remedial (Si. 199; My.).

ರೋಗಹಾರಿ rôga-hâri. Curing, curative. 2, *a physician.*

ರೋಗಾವಳಿ rôga-âvaḷi. A line or number of diseases (ಆತಂಕ, ರೋಗಸಮೂಹ Nn. 66).

ರೋಗಿ rôgi. Sick, diseased;—a sick person (ಮೂಲಿಕ, ವ್ಯಾಧಿಸ್ಥ Nn. 44; ರೋಗಯುತ 143; Šmd. 159). ರೋಗಿ ಬಯುಸಿದ್ದೇ ವೈದ್ಯ ತರಿಸಿದ.—ರೋಗಿ ಬಯುಸಿದ್ದು ಹಾಲೋಗರ, ವೈದ್ಯ ಹೇಳಿದ್ದು ಹಾಲೋಗರ.—ರಾಗಿ ತಿನ್ದವ ರೋಗಿ, ಅಕ್ಕಿ ತಿನ್ದವ ಹಕ್ಕಿ (Prvs.).

ರೋಗಿತ rôgita. *Diseased;*—mad (said of a dog).

ರೋಗಿಷ್ಠ rôgishṭha. Most sick: one who is always sickly or ill (My.).

ರೋಗೋಪಶಮನ rôga-upašamana. Cure or alleviation of disease (My.).

ರೋಚಕ rôčaka. Making bright. 2, giving an appetite. 3, sapid, tasty, savoury (My.);—pleasing, agreeable (V. 28, 80). 4, a stomachic, a stimulant. 5, hunger, appetite. See ಅ-.

ರೋಚನ rôčana. Making bright, illuminating; splendid; pleasing, charming. 2, sharpening or giving an appetite, stomachic; a stomachic. 3, *a variety of the silk-cotton tree.* 4, a particular yellow pigment, see ಗೋ-. 5, = ರೋಚನಿ No. 2 (? V. 5, 3).

ರೋಚನಿ rôčani. *The plant Convolvulus turpethum* R. Br. 2, *N. of another plant, a perfume and drug so called* (= ಕಾಮ್ಪಿಲ್ಲ; see ವಸಾರೆ).

ರೋಚಮಾನ rôčamâna. Shining, bright; pleasing, agreeable. 2, a tuft or curl of hair on a horse's neck (or above the breast, ಕುದುರೆಯು ಉರದಿನ್ದ ಮೇಲಿರ್ಪ ಸುಳಿ Mr. 281).

ರೋಚಿ rôči. = ರೋಚಿಸ್. (ರಶ್ಮಿ ದೀಧಿತಿ, etc. Mr. 35; see ಮಣಿ-).

ರೋಚಿಷ್ಣು rôčishṇu. Shining, bright, splendid; *gaily adorned, elegantly dressed.*

ರೋಚಿಸ್ rôčis. = ರೋಚಿ. *Light, splendour, flame.* 2, *a ray of light.*

ರೋಜ rôja. 1. = ರೋಜಾ. A rose (My.).

ರೋಜ rôja. 2. Fast, a fast (My.; Mhr., H. ರೋಜಾ).

ರೋಜಾ rôjâ. = ರೋಜ 1. (Si. 139; My.).

ರೋಜಿ rôji. Daily food or subsistence (Mhr., H. ರೋಜಿ); work (My.).

ರೋಜು rôju. A day (My.; Mhr., H.);—wages for a day (Dp. 169, 3; Mhr., H.);—service, work, employment (My.; H.).

ರೋಜುಗಾಱ rôju-gâṟa. A man who has service, a workman, a servant (My.; see ಚೇ-).

ರೋಜುಗಾಱಿ rôju-gâṟi. Work, employment;—wages, pay, earning (My.).

ರೋಜುಗಾಱಿಕೆ rôju-gâṟikĕ. Work, employment (My.).

ರೋಜುನಾಮ rôju-nâma. A ledger-book, a journal or day-book, a diary (My.; Mhr.).

ರೋಟು rôṭu. = ರೋಡ್. (My.).

ರೋಡ್ rôḍ. A "road" (Si. 104; My.).

ರೋತೆ rôtĕ. (= ರೋಸು 1). Dirt, filth, ordure, any nasty thing (My.; Te.; *cf.* ರೊಚ್ಚು; ಒಚಿತ).

ರೋದನ rôdana. *Weeping, wailing, lamentation* (My., also ರೋದನೆ). 2, *a tear, tears.* See ಅರ್, ಅಟ್ಟಿ.

ರೋದನಿ rôdani. *The plant Alhagi maurorum* Tournef.

ರೋದಸ್ rôdas. *Heaven.*

ರೋದಸಿ rôdasi. *Heaven and earth* (Mr. 25).

ರೋದಿಸು rôdisu. To weep, to wail (J. 19, 16. 38; My.).

ರೋದೋಂಗಣ rôdas-angaṇa. The sky (ಕಕುಭ, ಆಕಾಶ Nn. 143).

ರೋದೋರಂಗ rôdas-ranga. = ರೋದೋಂಗಣ. (Čpr. 6, 25).

ರೋಧ rôdha. Stopping, checking, arresting, holding, restraining, impeding, etc.; restraint, stoppage, obstruction, suppression, prevention, prohibition; confining; blocking up; siege; attacking; a dam, a bank. See ಅನು-, ನಿ-, ನ್ಯಗ್ರೋಧ, ಪ್ರತಿ-, ವಿ-.

ರೋಧಕ rôdhaka. Stopping, checking, etc. See ಉಪ-, ಪ್ರತಿ-.

ರೋಧನ rôdhana. = ರೋಧ. See ಅವ-, ವಿ-.

ರೋಧಸ್ rôdhas. *A bank, a dam; a shore.*

ರೋಧಾಕರ್ಷಣ rôdha-âkarshaṇa. Laying hold of and pulling forcibly. See ಎಱ್.

ರೋಧಿ rôdhi. Stopping, etc.; one who stops, etc. See ಪ್ರತಿ-, ವಿ-.

ರೋಧೋಭಾಗ rôdhas-bhâga. A mound, a rampart (ವಪ್ರ Nn. 61).

ರೋಧೋವಕ್ರೆ rôdhas-vakrĕ. Winding along its banks: *a river* (ತೊಱೆ Hlâ.).

ರೋಪ rôpa. 1. Causing to grow;—healing;—putting or placing on;—setting up, erecting, raising. 2, an arrow. See ಆ-.

ರೋಪ rôpa. 2. Confusing, perplexing; disturbing. (R.).

ರೋಪಣ rôpaṇa. 1. = ರೋಪ 1. See ಆ-.

ರೋಪಣ rôpaṇa. 2. = ರೋಪ 2. (R.).

ರೋಪಿತ rôpita. Made to grow; raised, erected; set, planted, placed in or upon. See ಆ-, ಉಪ-.

ರೋಮ rôma. = ರೋಮ, ಲೋಮ. *The hair on the body of men and animals; wool, down, nap, bristles, feathers.* ಪಕ್ಕಿಯ ರೋಮಂ (ತುಪ್ಪುಳ್ Šmd. I; Šm. 30). ರೋಮವಿದ್ದರೇನು? ಗೋಮು ತಿಳಿಯದೇ? (Prv.).

ರೋಮಕ rômaka. 1. = ರೋಮ at the end of compounds.

ರೋಮಕ rômaka. 2. Roman; Rome. See ರೌಮಕ.

ರೋಮಕರ್ಣಕ rôma-karṇaka. Hair-eared: a hare. (R.).

ರೋಮಕೂಪ rôma-kûpa. A pore of the skin (My.).

ರೋಮನ್ಥ rômantha. *Ruminating, chewing the cud.*

ರೋಮಪಾದ rôma-pâda. N. of a king (My.).

ರೋಮರಾಜಿ rôma-râji. A row or line of hair, a streak of hair (My.).

ರೋಮವಿಕಾರ rôma-vikâra. Change of the hair of the body: *bristling or erection of the hair of the body, horripilation.*

ರೋಮಶ rômaša. = ಲೋಮಶ. Hairy, etc.;—a sheep, a ram;—a hog, a boar;—N. of a ṛishi (J. 32, 31; 33, 39; 34, 38).

ರೋಮಹರುಷಿತ rôma-harushita. Tbh. of ರೋಮಹರ್ಷಿತ. Feminine ರೋಮಹರುಷಿತೆ (Râm. 1, 2, 10).

ರೋಮಹರ್ಷ rôma-harsha. = ಲೋಮಹರ್ಷ. *The bristling of the hair of the body,* a thrill or shudder (caused by joy, astonishment, fear, cold, etc.), horripilation.

ರೋಮಹರ್ಷಣ rôma-harshaṇa. = ಲೋಮಹರ್ಷಣ, q. v. (J. 25, 25).

ರೋಮಹರ್ಷಿತ rôma-harshita. Having the hair of the body bristling or erect with joy or horror.

ರೋಮಾಂಚ rôma-añča. = ಲೋಮಾಂಚ. *Erection of the hair of the body,* a thrill of rapture; a thrill of horror, horripilation.

ರೋಮಾಂಚಕಂಚುಕಿತ rômâñča-kañčukita. Furnished with a coat of mail consisting (as it were) of the hair of the body erect through astonishment, etc. (Abh. P. 9, after 2).

ರೋಮಾಂಚತೆ rôma-añčatĕ. = ರೋಮಾಂಚ. (Čpr. 2, 81).

ರೋಮಾಂಚನ rôma-añčana. = ರೋಮಾಂಚ. (ಪುಳಕ Nn. 39. 63. 145). See Kâvy. IV, 2, 17.

ರೋಮಾಂಚನಸುಖ rômâñčana-sukha. Joy attended with a thrill of rapture (ಜಮ್ಮನೆ Čt. I, 44).

ರೋಮಾವಳಿ rôma-âvaḷi. = ರೋಮರಾಜಿ. (My.).

ರೋಮಿ rômi. Hairy, etc.;—a kind of deer; the yak (ಗೋಕರ್ಣ, ಚಮರೀಮೃಗ Mr. 163).

ರೋಮೋದ್ಗಮ rôma-udgama. *Erection of the hair of the body* (= ರೋಮಹರ್ಷ).

ರೋಲಮ್ಬ rôlamba. = ಲೋಲಮ್ಬ. A bee. (ಭೃಂಗ, ಷಟ್ಪದ, etc., ತುಮ್ಬಿ Si. 176; My. Amara).

ರೋವ rôva. Tbh. of ರೋಮ (Šmd. 347).

ರೋಷ rôsha. = ರೋಸ. *Anger, rage, wrath, passion, fury.* 2, an arrow (ಅಮ್ಬು Mr. 295; *cf.* ರೋಪ 1).

ರೋಷಣ rôshaṇa. *Angry, wrathful, passionate.*

ರೋಷನ್ rôshan. Lighting, illumination (My.; H.).

ರೋಷಾಕರ rôsha-âkara. A source for anger (Šêv. 4, 4).

ರೋಷಾವೇಶ rôsha-âvêśa. Possession by anger (Čpr. 2, after 24; Šâv. 4, after 70).

ರೋಸ rôsa. Tbh. of ರೋಷ (Šmd. 335 Mdb.). — ರೋಸವಡಗು. -ಅಡಗು. Anger to subside (Bp. 20, 24).

ರೋಸು rôsu. 1. (= ರೊಚ್ಚೆ). Dirt, filth, ordure, any nasty thing (My.). *Cf.* ರೊಚ್ಚೆ.

ರೋಸು rôsu. 2. To dislike, to feel disgust (My.; Tĕ. ರೋಯು). ಮನಸ್ಸು ರೋಸಿ ಹೋಗುವಿಕೆ (ಆರ್ತನ, ಬೇಸರಿಕೆ, etc., ಬೇಜಾರು Si. 398).

ರೋಹ rôha. = ರೋಹಣ. See ಆ-.

ರೋಹಕ rôhaka. Riding on; a rider. See ಆ-. 2, growing on.

ರೋಹಣ rôhaṇa. Rising; mounting upwards, ascending; riding on, sitting or standing on;—growing;—growing over, healing. See ಆ-. 2, N. of a mountain (Adam's peak in Ceylon).

ರೋಹಣಗಿರಿ rôhaṇa-giri. = ರೋಹಣಾದ್ರಿ. (Rśv. 1, 29).

ರೋಹಣದ್ರುಮ rôhaṇa-druma. *The sandal tree.*

ರೋಹಣಾದ್ರಿ rôhaṇa-adri. Mêru (Bp. 19, 29).

ರೋಹಿ rôhi. Rising; mounting, etc.; growing; grown. 2, *the tree Andersonia rohitaka* Roxb. 3, a kind of deer (*cf.* ರೋಮಿ?).

ರೋಹಿಣ rôhiṇa. = ರೋಹಿ No. 2. ರೋಹಿಣದ ಮರ (ಮುಳ್ಳುಮುತ್ತಗ Nr.).

ರೋಹಿಣಿ rôhiṇi. (Šmd. 118). ರೋಹಿಣೀ. Rising, mounting, etc. See ಅಧಿ-. 2, = ರೋಹಣದ್ರುಮ (ಮಲಯಜ, ಚನ್ದನ, ಗನ್ಧ Mr. 335). 3, the red one: N. of the ninth nakshatra (Sk.); N. of the fourth nakshatra (My.), that is personified as a daughter of Daksha and the wife of the moon (Bp. 4, 30). 4, N. of various women, *e. g.* of Balarâma's mother. 5, *a cow.* 6, a young girl.

ರೋಹಿಣೀಪತಿ rôhiṇî-pati. = ರೋಹಿಣೀವಲ್ಲಭ. (My.).

ರೋಹಿಣೀವಲ್ಲಭ rôhiṇî-vallabha. *The moon.*

ರೋಹಿಣೀಶ rôhiṇî-îśa. The moon (Mr. 36).

ರೋಹಿಣೀಸುತ rôhiṇî-suta. The planet Mercury (My.). 2, Balarâma (My.).

ರೋಹಿತ್ rôhit. The sun. 2, = ರೋಹಿತ No. 3. 3, the female of a deer, a doe. (R.).

ರೋಹಿತ rôhita. = ಲೋಹಿತ. *Red, of a red colour;* the colour red; coloured. 2, *a kind of deer.* 3, *the fish Cyprinus rohita* Ham. 4, *a kind of rainbow appearing in a straight form, Indra's bow unbent and invisible to mortals* (ಇನ್ದ್ರನ ಬಿಲ್ಲುರುಜು Hlâ.; see ಋಜುರೋಹಿತ and s. ಕೊರಡು). 5, blood. 6, saffron.

ರೋಹಿತಕ rôhitaka. *The tree Andersonia rohitaka* Roxb.

ರೋಹಿತಾಶ್ವ rôhita-aśva. Having red horses: *fire, Agni.*

ರೋಹಿಷ rôhisha. A kind of fragrant grass. 2, a species of fish. 3, a kind of deer. See ರೌಹಿಷ.

ರೌಕುಳ raukuḷa. Formidableness (Bh. 7, 16, 36; J. 27, 7; o. r. ತಾಕುಳ).

ರೌಚನಿಕ raučanika. (fr. ರೋಚನ). Yellowish;—the tartar of the teeth. (R.).

ರೌದ್ರ raudra. (fr. ರುದ್ರ). Belonging to Rudra or to the Rudras. 2, Rudra-like: violent, impetuous, *terrible, formidable.* 3, one of the rasas in dramatic composition: ardour, passion, *anger, wrath, rage, fury* (Kâvy. IV, 1, 7. 10. 11; IV, 2, 37. 40. 41. 52. 57; ತಾಗುಳ Bhn. 47). 4, *heat, hot weather.* 5, a kind of evil spirit. 6, the fifty-fourth year of the cycle of sixty.

ರೌದ್ರತೆ raudratĕ. Wild or savage state, fierceness, formidableness, dreadfulness (Bp. 58, 5).

ರೌದ್ರಾಯಮಾನ raudrâyamâna. Formidable, etc. (Čpr. 4, 29).

ರೌದ್ರಿ raudri. Gauri. 2, a species of creeper (ಕಣಚಿ Mr. 147). 3, the fifty-fourth year of the cycle of sixty (My.).

ರೌಪ್ಯ raupya. (fr. ರೂಪ್ಯ). Made of silver, etc.;—silver (ರಜತ, etc., ಬೆಳ್ಳಿ Mr. 98; ತಾರೆ 513).

ರೌಪ್ಯಧರಣೀಧರ raupya-dharaṇîdhara. = ರಜತಗಿರಿ. Kailâsa (Bp. 44, 73).

ರೌಮಕ raumaka. (fr. ರೋಮಕ 2). Roman. 2, (fr. ರುಮಾ), *a kind of salt* produced from a salt-pit near Sambhar in Ajmere.

ರೌರವ raurava. (fr. ರುರು). Made of the hide of ruru deer. 2, dreadful, terrible. 3, unsteady; cheating, dishonest. 4, *one of the hells.*

ರೌಹಿಣೇಯ rauhiṇêya. (fr. ರೋಹಿಣೀ). *Balarâma.* 2, *the planet Mercury.* 3, an emerald.

ರೌಹಿಷ rauhisha. (= ರೋಹಿಷ). *A kind of deer.* 2, *a sort of grass* (see ಕಾಚಿಹುಲ್ಲು). 3, a species of fish.

ಱ್ R̤

ಱ್ r̤. The forty-eighth letter of the Alphabet (Šmd. 26-28). It is the final of many words (58. 59. 78. 79. 275. 284. 256), and the initial of some; it changes into ತ್ (215. 282. 285), into ಡ್ (206), into ಟ್ (218), and into ಯ್ (223); replaces the Saṁskṛita ರ್ e. g. in ಱೂಢಿ (in Padmarâja's Sânandačaritra there is also ಘ್ಯಾನಾಱೂಢಂ), ಕಾಱ, ಗಾಱ; and since about one or two hundred years is represented by ರ್ in the common Kannaḍa language. (See also ಱಣ 2, ಱಮ್ಭೆ). It is occasionally elided (Šmd. 222. 246. 247). About its representation of the upadhmânîya see ○○. 2, it forms an auxiliary in ಱ 2.

ಱ r̤a. 1. The letter ಱ್ pronounced with a short a.

ಱ r̤a. 2. (i. e. ಱ್-ಅ 11). = ದ3, etc. An auxiliary used in the formation of the genitive singular and plural neuter of pronouns. See ಅಱ್ 1.

ಱಕಾರ r̤a-kâra. The letter or syllable ಱ (ಱ್, Šmd. 53. 58. 78. 217; Kâvy. I, 3, 98-103).

ಱಕ್ಕೆ r̤akkĕ. = ಱೆಕ್ಕೆ, etc. (My.).

ಱಂಚಿ r̤añči. = ಱಂಚೆ, etc. (ಗುಱ, ತಂಗುಡ, ಪಕ್ಕರಕ್ಕೆ Kk. 58, o. r. ದಂಚಿ).

ಱಂಚಿಕೆ r̤añčikĕ. = ಱಂಜಿಕೆ. An uncovered box or chair upon an elephant, for the convenience of the riders: a howdah (ಮುಹಾಸನ Mr. 158; Č. Bp. 47, 44).

ಱಂಚೆ r̤añčĕ. = ಱಂಚಿ, ಱೆಂಚೆ. The armour and gear of elephants; horse trappings, martingale, etc. (ಗುಱ Ŏt. II, 104; ಗುಱ, ಕುದುರೆ ಆನೆಗಳ ಪಕ್ಕರಕ್ಕೆ Kk. 42; Šm. 41; Č. Bp. 42, 26).

ಱಂಜಿಕೆ r̤añjikĕ. = ಱಂಚಿಕೆ. (J. 8, 38).

ಱಟ್ಟೆ r̤aṭṭĕ. = ಱೆಟ್ಟೆ. A wing (ಎಱಂಕೆ, ಪಕ್ಕ Kk. 69; ಎಱಂಕೆ Šm. 30). 2, the upper part of the arm, from the elbow to the shoulder (My.; ಪ್ರಗಣ್ಡ G.; Tĕ. ರಟ್ಟ); the arm (My.). ಱಟ್ಟೆ ಇದ್ದರೂ ಅಟ್ಟು ಉಣ್ಣ. — ಱಟ್ಟೆ ಮುರಿಯ ಬೇಕು, ರೊಟ್ಟಿ ತಿನ್ನ ಬೇಕು (Prvs.). See ಬೀಱು-. — ಱಟ್ಟೆಕ್ಕು. -ಇಕ್ಕು. To put the upper arm in position (Bp. 27, 64).

ಱಣ r̤aṇa. = ರಣ 2. (ಪುಱುಕು Kk. 91).

ಱತ್ವ r̤a-tva. The letter or syllable ಱ (Šmd. 79 Cm.).

ಱಪ್ಪೆ r̤appĕ. = ಱೆಪ್ಪೆ. (My.).

ಱಮ್ಭೆ r̤ambhĕ. = ರಮ್ಭೆ. (Šmd. 160 Mdb. Cm.).

ಱವಕೆ r̤avakĕ. = ಱವಿಕೆ. A bodice (worn by females, V. 5, after 14; My.; Tu.; Tĕ. ಱಯಿಕೆ, ಱವಿಕೆ); a quilted jacket, armour, mail (ವಾರವಾಣ, ಕಂಚುಕ Nn. 97). See ಪೂ-, ಮಸುನಿ-.

ಱವಿಕೆ r̤avikĕ. = ಱವಕೆ. (Bp. 14, 15; My.).

ಱೞ r̤a-ḻa. A compound letter used to represent the letter ಱ or a term with the letter ಱ (Šmd. 26. 27. 28. 29. 31. 32. 51. 78).

ಱೞಾನ್ತ r̤aḻa-anta. A term with final ಱ್. (Šmd. 52. 54).

ಱಾಟಳ r̤âṭaḻa. = ಱಾಟಾಳ, q. v.

ಱಾಟಾಳ r̤âṭâḻa. = ರಾಟಣ, etc. ಸಲಿಲೋದ್ವಾಹನ ಘಟಿಯನ್ತ್ರ, ಉದ್ಘಾಟನ ಎನ್ದೊಡೆ ಬಾವಿಯ ನೀರನೆತ್ತುವ ಜನ್ತ್ರವಿಶೇಷವು, ಇದು ಱಾಟಾಳದ ಹೆಸರು (Nr. a;- - - ಇದು ಱಾಟಳದ ಹೆಸರು Nr. b). ತಿರಿಗಿಬಹ ಱಾಟಾಳಂ (ಅರಘಟಿಕ, ಉದ್ಘಾಟಕ Mr. 422).

ಱಾಟ್ಟ r̤âṭṭa. = ಱಾಟಾಳ. ಬಾವಿಯ ಱಾಟ್ಟಂ (ಪ್ರಧಿ, ನೇಮಿ Hlâ.).

ಱಾನ್ತ r̤a-anta. A term with final ಱ (ಱ್, Šmd. 284. 328).

ಱಿಕಾರ r̤i-kâra. The syllable ಱಿ (Šmd. 184).

ಱೂಢಿ r̤ûdhi. = ರೂಢಿ. (Šmd. 391 Mdb. Cm.). — ಱೂಢಿವೆಱ್. = ರೂಢಿವೆಱ್. Šmd. Mdb. Cm. 186 in sûtra and ṭiku).

ಱಿಕ್ಕಟ r̤ikkaṭa. = ರಿಕ್ಕಟ, etc. (Abh. P. 1, 107).

ಱೆಕ್ಕೆ r̤ĕkkĕ. = ಎಱಕೆ 2, etc. A wing (J. 19, 34; C.; Tĕ.; ಗರುತ್, ಪಕ್ಷ, ಪತ್ರ, ಪತತ್ರ, ತನೂರುಹ Si. 178); a leaf of a door (Tĕ.). ನವಿಲಿನ ಱೆಕ್ಕೆ (ಶಿಖಣ್ಡ, etc. Si. 177); ಬಾಣದ ಱೆಕ್ಕೆಗಳು (ಪಕ್ಷ, ವಾಜ 289). See Abhâ. 2, 72; B. 2, 23; 4, 118. — ಱೆಕ್ಕೆಬಾಗಿಲು. A leaved door (ಪಕ್ಷದ್ವಾರ, ಪಕ್ಷಕ Si. 110). — ಱೆಕ್ಕೆಯಿಱುವೆ. -ಇಱುವೆ. A winged ant (My.). — ಱೆಕ್ಕೆಹುಱ. = ಈಚಲುಹುಱ. (My.).

ಱೆಂಚೆ r̤ĕñčĕ. = ಱಂಚೆ, etc. (Bh. 6, 4, 140; 8, 24, 14).

ಱೆಟ್ಟೆ r̤ĕṭṭĕ. = ಱಟ್ಟೆ. (My.). ಮೊಣ್ಣಕೊಡಲಿ ಱೆಟ್ಟೆಗೆ ಮೂಲ (Prv.).

ಱೆಪ್ಪು r̤ĕppu. To strike (ಪ್ರಹರಣ Šmd. Dh.; Tĕ. ಱೊಪ್ಪು, to beat).

ಱೆಪ್ಪೆ r̤ĕppĕ. = ಱಪ್ಪೆ. An eyelid (ಪಱ್ Šm. 117; ವರ್ತ್ಮ Si. 437; Bp. 18, 57; 46, 56; B. 4, 83; C.; Tĕ.). ಹದಿನೆಣ್ಟು ಸಾರಿ ಱೆಪ್ಪೆ ಆಡಿಸುವಷ್ಟು ಹೊತ್ತು (ಕಾಷ್ಠೆ Si. 40). ಱೆಪ್ಪೆ ಹದ್ದಿದರೆ ಇಪ್ಪೆ ಹಾಕುವದು ಬಿಟ್ಟೀತೇ? (Prv.). — ಱೆಪ್ಪೆಪಾಟು. The twinkling of an eye. ೫೦ ಱೆಪ್ಪೆಪಾಟುಗಳ ಹೊತ್ತು (ಕಳೆ Si. 456). — ಱೆಪ್ಪೆ ಬಡಿ. To wink (My.).

ಱೊಪ್ಪ ṟoppa. (Šmd. 48). A fold (for sheep and goats, Grj. 1, 104; My.).

ಱೊಪ್ಪು ṟoppu. To roar; to grunt (like a hog, Ššv. 4, 12; Tĕ.).

ಱೊಬ್ಬೆ ṟobbĕ. (= ರೊಜ್ಜೆ?). — ಱೊಬ್ಬೆಯೆನ್ನದ ಹದಿಳು (Šmd. II, o. r. ರಣಜ್ಜೆಯೆನ್ನ-).

ಱೋಡು ṟôḍu. (Sk. ರೋಡ್, ಲೋಡ್, to be foolish or mad = ಉನ್ಮಾದ;—to despise, disrespect = ಅನಾದರ). — ಱೋಡಾಡು. -ಆಡು. To laugh at with a distortion of one's body, with grimaces, violently or sarcastically, to deride (ವಿಕೃತಾಂಗಾವಹಸನ Šmd. Dh.; Grj. 9, 104). ಱೋಡಾಡುವ ನಗೆ (ಅಪ್ಪುರಿತಕ, ಹಾಸ, ಸೋತ್ಪ್ರಾಸ Nr.).

ಲ್ L

ಲ್ l. 1. The forty-ninth letter of the Alphabet (Šmd. 12. 21). It is final in many words (58), becomes ರ (42) and ನ (280. 281), is elided (229), and when the final of a short monosyllabic theme, is doubled before a following short vowel (84. 87) except in ಕೊಲೆ (86). An initial ಲ್ has been changed into ನ್, e. g. in ನಂಗಲ್, ನೇಗಲ್ ನೇವಣ, ನೇವಳ, ನೊಚ್ಚಿಗೆ.

ಲ್ l. 2. A letter of euphony in ಲಿ (ಲ್-ಇ 18), e. g. ಬುದ್ಧಿಯಿನ್ದಲಿ (Bp. 1, 3), ಒಡಬಡುತಲಿ (2, 2), ಮಾಡಲಿ ಬೇಡ (58, 5); in ಲೆ (ಲ್-ಎ 8) or ಲೇ (ಲ್-ಏ 2), see e. g. Si. 106. 121; and in ಲು (ಲ್-ಉ 9) or ಲೂ (ಲ್-ಊ 7), see e. g. Si. 19. 20. 44. 47. 49. 61. 102. 103. 106. 268. 299. 307; ಲಿ 2, ಲು, ಲುಂ, ಲೂ, ಲೆ, ಲೇ.

ಲ la. The letter ಲ್ pronounced with a short a, as is generally done at school.

ಲ la. Sign for a metrically short syllable (Čh.; Mr. 363). 2, the number 3 (Mr. 349).

ಲಕ್ lak. A sound to imitate that of slapping with the palm of the hand. 2, one to imitate the tinkling or clinking of a post-runner's gĕjjĕs. — ಲಕ್‌ಲಕ್. rep. (My.).

ಲಕ laka. = ಲಕು. A sound in imitation of glittering. — ಲಕಮುಕ. The blue king-fisher (Pr.). — ಲಕಲಕ. Glitter, gleam, flash (Mhr., also ಲಖಲಖ); with a flash, brightly, brilliantly (B. 4, 70. 174).

ಲಕಚ lakača. A kind of instrument used by artisans (Mr. 383).

ಲಕಡಿ lakaḍi. Wood (Mr., H.; see ಮಿಅಾ-).

ಲಕಾರ la-kâra. The letter ಲ (ಲ್, Šmd. 11).

ಲಕು laku. = ಲಕ. — ಲಕುಮುಕ. The king-fisher (Tĕ.; cf. ಲಕಮುಕ). 2, the lapwing (ಟಿಟ್ಟಿಭಕ Si. 178. Tĕ.).

ಲಕುಚ lakuča. = ಲಿಕುಚ. *A kind of bread-fruit tree, Artocarpus lacucha* Roxb. See Nr. s. ಕಂಠ.

ಲಕುಟ lakuṭa. = ಲಗುಡ, q. v. A staff; a club.

ಲಕುಮಣ lakumaṇa. Tbh. of ಲಕ್ಷ್ಮಣ (Šmd. 336).

ಲಕುಮಿ lakumi. Tbh. of ಲಕ್ಷ್ಮಿ (Šmd. 336; ಸಿರಿ, etc., ಇನ್ದಿರೆ Šm. 6; see ಮಾ-).

ಲಕೋಟು lakôṭu. = ಲಕೋಟೆ 1, ಲಕ್ಕೋಟೆ. The envelope of a letter (My.; Mhr., H. ಲಖೋಟಾ, ಲಿಫಾಫಾ); a closed letter, a letter sealed or wafered (My.; Mhr., H.).

ಲಕೋಟೆ lakôṭĕ. 1. = ಲಕೋಟು, etc. (My.). — ಲಕೋಟೆಹೋಳಿಗೆ. A kind of hôḷigĕ (My.).

ಲಕೋಟೆ lakôṭĕ. 2. The fruit called Laquot (My.).

ಲಕ್ಕ lakka. Tbh. of ಲಕ್ಷ (Šmd. 346; Bp. 10, 13; 22, 52; J. 10, 48). 2, N. (My.).

ಲಕ್ಕಣ lakkaṇa. Tbh. of ಲಕ್ಷಣ (Šmd. 346; see 334 and ಸಚ್ಚು-).

ಲಕ್ಕಣಿಕೆ lakkaṇikĕ. = ಲೆಕ್ಕಣಿಕೆ. (G. 103. 445; My.).

ಲಕ್ಕಾ lakkâ. A kind of pigeon (B. 3, 114).

ಲಕ್ಕಿ lakki. = ನೆಕ್ಕಿ, ಲಕ್ಕಿಲಿ, ಲೆಕ್ಕಿ, ಲೊಕ್ಕಿ. The shrub or small tree Vitex negundo or trifolia Lin. (ಸಿನ್ದುವಾರ, ನಿರ್ಗುಣ್ಡಿ, ಇನ್ದ್ರಾಣಿ Mr. 114, o. r. ಲೊಕ್ಕಿ, ಸಿನ್ದುಕ, ಸಿನ್ದುವಾರ, ಇನ್ದ್ರಸುರಸ, ನಿರ್ಗುಣ್ಡಿ, ಇನ್ದ್ರಾಣಿಕೆ Si. 138; ಶೇಫಾಲಿಕೆ 484; ಇನ್ದ್ರಸುರಸ, ಸಿನ್ದುವಾರ G.). See ಅಡವಿಯ-, ಕರೀ-, ಕರ್ಲಕ್ಕಿ, ಬಿಳಿಹೂವಿನ-, ಬಿಳೀ-. — ಲಕ್ಕಿದೇವಯ್ಯ. N. (Bp. 58, 3).

ಲಕ್ಕಿಲಿ lakkili. = ಲಕ್ಕಿ. ಕರೀ ಹುವ್ವಗಳುಳ್ಳ ಲಕ್ಕಿಲಿ (ಶೇಫಾಲಿಕೆ, ಸುವಹೆ, ನಿರ್ಗುಣ್ಡಿ, ನೀಲಿಕೆ Si. 138); ಬಿಳೀ ಹುವ್ವಗಳುಳ್ಳ ಲಕ್ಕಿಲಿ (ಸ್ವೇತಸುರಸ, ಭೂತವೇಶಿ 139).

ಲಕ್ಕೆ lakkĕ. Tbh. of ಲಕ್ಷ. (Čpr. 6, 37).

ಲಕ್ಕೋಟೆ lakkôṭĕ. = ಲಕೋಟು, etc. (My.).

ಲಕ್ತಕ laktaka. = ನಕ್ತಕ. *A dirty and tattered cloth, a rag.* 2, lac, the red dye (= ಅಲಕ್ತಕ).

ಲಕ್ತಿಕೆ laktikĕ. = ಲಕ್ತಕ No. 2. (ಪಕ್ಕಿ Mr. 110, o. r. ಅಲಕ್ತಿಕೆ).

ಲಕ್ಷ laksha. = ಲಕ್ಕ, ಲಕ್ಕೆ. A mark, a sign, a token. 2, *a mark or sign to aim or shoot at, a butt, an aim, a target* (ಶರವ್ಯ, ನಿಮಿತ್ತ, ಗುರಿ Mr. 296). 3, appearance, show, pretence, disguise, fraud. 4, *a lac, one hundred thousand.* 5, = ಲಕ್ಷ್ಯ No. 3, consideration, attention, regard (Mhr.). (ಸಾಲ) ಲಕ್ಷವಾದರೂ ಭಿಕ್ಷೆ ಬೇಡ ಬಾರದು. — ಲಕ್ಷಕ್ಕೆ ಒಬ್ಬ ಭಕ್ತ, ಕೋಟಿಗೆ ಒಬ್ಬ ಮುಕ್ತ (Prvs.). — ಲಕ್ಷಕೊಡು. To give heed, to pay attention to, to care for, to mind, to aim at (B. 5, 94. 124. 169. 181). — ಲಕ್ಷಗಟ್ಟಲೆ. -ಕಟ್ಟಲೆ. By lacs (My.; B. 4, 119). — ಲಕ್ಷಗಟ್ಲೆ. -ಕಟ್ಲೆ. = ಲಕ್ಷಗಟ್ಟಲೆ. (My.; B. 3, 80). — ಲಕ್ಷಗೊಡು. -ಕೊಡು. = ಲಕ್ಷಕೊಡು. (B. 5, 67. 97. 186). — ಲಕ್ಷದೊಳಗೆ ಇಡು. To consider, to regard, to pay attention to (B. 5, 198). — ಲಕ್ಷದೊಳಗೆ ಬರು. To come under observation, to come to the mind, to become a matter of concern, to be perceived (B. 5, 107. 124. 203).

ಲಕ್ಷಕ lakshaka. Marking, indicating, etc. (Bp. 61, 50).

ಲಕ್ಷಚ್ಯುತ laksha-čyuta. A man who has deviated from, or missed, the mark (ತಪ್ಪಲೆಚ್ಚಂ Mr. 296).

ಲಕ್ಷಣ lakshaṇa. = ಲಕ್ಕಣ. *A mark, a distinctive mark, a sign, a token, a characteristic* (Šmd. 3);—character, attribute, quality. 2, *a lucky mark, a favourable sign;*—handsomeness (My.; Mhr.). 3, a symptom or indication of disease. 4, an accurate description, a definition (Šmd. 6 Cm.). 5, *aiming at, aim, intention, scope, object, signification;*—observation, sight, seeing (ದರ್ಶನ, ಧ್ಯಾನ, ಅವಲೋಕನ, ನೋಟ Mr. 316);—form, kind;—cause, occasion;—operation, influence. 6, the Indian crane, Ardea sibirica (ಸಾರಸ G.). ಭಾಗಾಕಾರಾ ತಿಳಿಯದಿದ್ದರೆ ಹಾಗದ ಲಕ್ಷಣ ತಿಳಿಯದೇ?— ರಾಜರ ತೀವಿ ತಿರುಕರ ಲಕ್ಷಣ (Prvs.). See Šmd. 334. 335; Nn. s. ಪ್ರತ್ಯಯ and ಸ್ವರ. — ಲಕ್ಷಣಗೇಡಿ. -ಕೇಡಿ. A person deprived of good marks, an unlucky person. ಲಕ್ಷಣಗೇಡಿ ಹೆತ್ತಳೇ ಲೆಕ್ಕವಿಲ್ಲದ ಮಕ್ಕಳ? (Prv.). — ಲಕ್ಷಣಮ್ಪಿಡಿ. -ಂ-ಪಿಡಿ. To lay hold of characteristics (Šśv. 1, after 79).

ಲಕ್ಷಣವನ್ತ lakshaṇa-vanta. A man endowed with good marks, a lucky man; a handsome man (My.). ಲಕ್ಷಣವನ್ತಗೆ ಭಿಕ್ಷೆಯೇ ಸಿರಿ (Prv.).

ಲಕ್ಷಣವಿಧಿ lakshaṇa-vidhi. The rule or method of definition (Šmd. 371).

ಲಕ್ಷಣಸಮ್ಬನ್ಧ lakshaṇa-sambandha. Connection with a distinctive mark or attribute (Šmd. 161; ಕುರುಹಿನ ಸಮ್ಬನ್ಧ 162).

ಲಕ್ಷಣಾಚಾರ್ಯ lakshaṇa-âčârya. A distinguished teacher (Šmd. 3).

ಲಕ್ಷಣೆ lakshaṇĕ. An indirect indication or hint, an ellipsis, a word or phrase understood though not expressed, metonymy;—indirect application of a word (as distinguished from its literal meaning). (My.).

ಲಕ್ಷಲಕ್ಷಿತ laksha-lakshita. A man who hits the mark (ತಾಗಲೆಸುವವಂ Mr. 296).

ಲಕ್ಷಾಧಿಕಾರಿ laksha-adhikâri. A man possessed of a lac, a millionaire (My.).

ಲಕ್ಷಾನ್ತರ laksha-antara. A lac and more, very much (My.).

ಲಕ್ಷಾವಧಿ laksha-avadhi. The extent of a lac, very much, very many; by lacs (My.; B. 4, 147. 171).

ಲಕ್ಷಿತ lakshita. Marked, denoted, characterized; recognisable by; defined; hinted at; aimed at; remarked, observed, perceived, discovered, beheld, evident; considered, regarded; enquired into, examined. See ಅ-, ಲಕ್ಷ-; Čpr. 3, after 102.

ಲಕ್ಷಿತೇಶ್ವರ lakshita-îśvara. One regarded or favoured by Šiva (Rśv. 1, 10).

ಲಕ್ಷಿಸು lakshisu. To distinguish; to indicate;—to aim at; to consider, to regard, to examine, to behold, to notice, to know, to perceive (ಕುರುವಿಡು Šmd. 334 Cm.; ಕುರುಪಿಡು 335 Cm.; My.).

ಲಕ್ಷೀಕರಿಸು lakshî-karisu. To aim at; to look at, to behold, to mind, to pay attention to (My.).

ಲಕ್ಷೇಶ್ವರ laksha-îśvara. = ಲಕ್ಷಾಧಿಕಾರಿ. (My.). ಲಕ್ಷೇಶ್ವರನೊಬ್ಬ, ಭಿಕ್ಷೇಶ್ವರನೊಬ್ಬ (Prv.).

ಲಕ್ಷ್ಮ lakshma. *A mark, a sign, a token, a characteristic* (ಕಲಂಕ, ಕುರುಹು Nn. 86). 2, *the chief, principal, most excellent.*

ಲಕ್ಷ್ಮಣ lakshmaṇa. = ಲಕುಮಣ, ಲಕುಮ, ಲಕ್ಕ. Having marks or signs. 2, *possessed of lucky marks or signs, lucky, fortunate, prosperous.* 3, the male Indian crane, Ardea sibirica (see ಹೆಣ್ಣು-). 4, Râmačandra's younger brother (Šmd. 116; Abh. P. 7, 75; J. 16, 14; 18, 2. 4).

ಲಕ್ಷ್ಮಣೆ lakshmaṇĕ. *The female of the crane Ardea sibirica.*

ಲಕ್ಷ್ಮಿ lakshmi. ಲಕ್ಷ್ಮೀ. = ಲಕುಮಿ, ಲಚ್ಚಿ. *Good fortune, prosperity, wealth, success, happiness.* 2, *beauty, loveliness, charm, splendour.* 3, a rich or beautiful woman; *N. of the goddess of fortune and beauty, the wife of Vishṇu,* sprung from the froth of the ocean when churned by the gods and demons. 4, N. of other females. 5, *N. of a plant* (= ವುದ್ಧಿ; see Nr. s. ವದ್ಧಿ). 6, turmeric. — ಲಕ್ಷ್ಮೀಕಳೆ. ಲಕ್ಷ್ಮೀಕಾನ್ತಿ. The splendour of wealth (as seen in the person of a rich man, My.).

ಲಕ್ಷ್ಮೀಕರ lakshmî-kara. Causing prosperity, productive of wealth (My.).

ಲಕ್ಷ್ಮೀಕಾನ್ತ lakshmî-kânta. Vishṇu. (J. 9, 34; 26, 77).

ಲಕ್ಷ್ಮೀಧರ lakshmî-dhara. N. of various persons. 2, Lakshmaṇa (Abh. P. 7, after 78).

ಲಕ್ಷ್ಮೀಪತಿ lakshmî-pati. = ಲಕ್ಷ್ಮೀಕಾನ್ತ. (J. 8, 49. 67).

ಲಕ್ಷ್ಮೀಪುತ್ರ lakshmî-putra. Kâma. 2, a prosperous rich man (My.).

ಲಕ್ಷ್ಮೀಪುರ lakshmî-pura. N. of a town (Čpr. 1, 128).

ಲಕ್ಷ್ಮೀಮನೋವಲ್ಲಭ lakshmî-manas-vallabha. Vishṇu (J. 17, 60).

ಲಕ್ಷ್ಮೀರಮಣ lakshmî-ramaṇa. Vishṇu (Bp. 58, 62; J. 1, 1).

ಲಕ್ಷ್ಮೀಲೋಲ lakamî-lôla. Vishṇu, Kṛishṇa (Bh. 2, 3, 1; Râm. 1, 5, 7; J. 13, 28).

ಲಕ್ಷ್ಮೀವತ್ lakshmî-vat. *Lucky, prosperous, fortunate, wealthy, rich;*—handsome, beautiful.

ಲಕ್ಷ್ಮೀವನ್ತ lakshmî-vanta. A wealthy man (My.).

ಲಕ್ಷ್ಮೀವರ lakshmî-vara. = ಲಕ್ಷ್ಮೀಕಾನ್ತ. (J. 1, 8; 13, 64).

ಲಕ್ಷ್ಮೀವಲ್ಲಭ lakshmî-vallabha. = ಲಕ್ಷ್ಮೀರಮಣ. (Bp. 54, 40).

ಲಕ್ಷ್ಮೀವಾರ lakshmî-vâra. Thursday. (R.).

ಲಕ್ಷ್ಮೀಶ lakshmî-îśa. Vishṇu (J. 1, 11). 2, N. (1, 11).

ಲಕ್ಷ್ಮೀಶ್ವರ lakshmî-îśvara. = ಲಕ್ಷ್ಮೀಶ. See Prv. s. ಲಾವಂಚ.

ಲಕ್ಷ್ಯ lakshya. To be marked, to be defined or described (Šmd. 6 Cm.);—having marks or attributes;—*to be aimed at;*—deserving to be regarded;—recognisable by. 2, *an aim, an object, a butt, a target;*—a characteristic sign or feature (ಕುರುವು Šmd. 4 Cm.); an illustration (ಉದಾಹರಣೆ 139 Cm.). 3, = ಲಕ್ಷ No. 5, attention, consideration, etc. (My.; Mhr.). 4, *sham, pretence, fraud.*—See Kâvy. V, 4-9. — ಲಕ್ಷ್ಯ ಕೊಡು. = ಲಕ್ಷ ಕೊಡು. (B. 4, 184; 5, 210). — ಲಕ್ಷ್ಯಕ್ಕೆ ತರು. To mark, to mind, etc. (My.; B. 5, 205). — ಲಕ್ಷ್ಯದಲ್ಲಿ ಇಡು. = ಲಕ್ಷದೊಳಗೆ ಇಡು. (My.; B. 3, 6; 4, 94.

153. 170). — ಲಕ್ಷ್ಯದೊಳಗೆ ಬರು. = ಲಕ್ಷದೊಳಗೆ ಬರು. (My.; B. 5, 124. 153).

ಲಕ್ಷ್ಯಸಿದ್ಧಿ lakshya-siddhi. Proof derived from examples or illustrations (ಉದಾಹರಣೆಗಳ ಸಿದ್ಧಿ Šmd. 298 Cm.).

ಲಗಕ್ರಿಯೆ la-ga-kriyĕ. Doing the short and long syllables: a kind of prosodical computation (Čh.).

ಲಗಡಿಸು lagaḍisu. (= ಲಗಾಯಿಸು). To beat, to flog (Bh. 3, 6, 28; My.; Mhr., H. ಲಗಾವಿಣೇಂ).

ಲಗಬಗೆ laga-bagĕ. = ಲಗೆಬಗೆ. Hastily (B. 4, 38; Mhr. ಲಗ ಬಗ).

ಲಗಬಿಗಿ laga-bigi. Hurry and bustle (B. 4, 43; Mhr. ಲಗಬಗ).

ಲಗಳಿ lagaḷi. (*cf.* Mhr. ಲಗಟ, ಲಾಗಟ?). — ಲಗಳಿಚೆಣ್ಣು. (S. Mhr.).

ಲಗಾಂ lagâṁ. = ಲಗಾಮು, ಲಗಾಮು. The bit of a bridle, a bit-mouth;—a bridle (My.; ಕವಿಕೆ, ಖಲೀನ Si. 274; Mhr., H. ಲಗಾಮು).

ಲಗಾಟಿ lagâṭi. An unchaste, quarrelsome, wicked woman (My.; *cf.* Sk. ಲಂಕೆ, ಲಂಜೆ, ಲಟ್ವೆ; Sk. ಲಂಗ = ಸಂಗ).

ಲಗಾಮ lagâma. = ಲಗಾಂ. (ಕಡಿವಾಣ, ಕಲೀಯು, ಕವಿಕೆ, ಪಲ್ಯಯನ, ವಾಘೆ G.; B. 4, 79).

ಲಗಾಮು lagâmu. = ಲಗಾಮ. (My.; B. 5, 12). ತುಣ್ಣಿಕುದುರೆಗೆ ಗಣ್ಣುಲಗಾಮು (Prv.).

ಲಗಾಯಿಸು lagâyisu. To join, to affix, to put to or on; to push in (Sk. ಲಗ್; Mhr. ಲಗಟಣೇಂ). 2, = ಲಗಡಿಸು, q. v. (My.). 3, to push into the mouth, to eat (My.).

ಲಗಾವು lagâvu. Union, connection, association (My.; Mhr. ಲಗ, ಲಗಾ).

ಲಗು lagu. Tbh. of ಲಘು. Light;—relieved after suffering, better in health; alleviation;—quickly, swiftly. — ಲಗು ಬಿಗು. The state of being either easy to be subdued or difficult to be subdued (as another's mind); that of being either not strict or strict (as another's words or order, My.). — ಲಗು ಲಗು. rep. Very quickly (B. 2, 38).

ಲಗುಡ laguḍa. = ಲಕುಟ. *A stick, a staff;* a club (ಲಕುಟ, ದಾಣೆ Šmd. 388).

ಲಗುನ laguna. Tbh. of ಲಗ್ನ (Šmd. 336 Mḍb.; Šm. 20; Mhr. ಲಗನ).

ಲಗೆಬಗೆ lagĕ-bagĕ. = ಲಗಬಗೆ. (B. 4, 184).

ಲಗ್ಗ lagga. (= ಲಗ್ಗೆ 2). (Čpr. 5, after 76).

ಲಗ್ಗಿಕ laggika. Tbh. of ಲಾಗ್ನಿಕ (Šmd. 351, o. r. ಲಗ್ಗಿಗ in Mḍb.; 356, o. r. ಲಗ್ಗಿಗ in Mḍb.).

ಲಗ್ಗಿಗ laggiga. (Šmd. 49). See ಲಗ್ಗಿಕ.

ಲಗ್ಗೆ laggĕ. 1. (Tbh. of ಲಗ್ನ). A union or concord of the sounds of various musical instruments (ಬಹುವಾದ್ಯ ಮೊದಲ್ Mr. 288; Râm. 3, 6, 3; 6, 11, 16; Bh. 5, 11, 39; 8, 21, 26). See ಸಬ್ಬ-. — ಲಗ್ಗೆವಜ°. -ವದ°. Various concordantly sounding drums (Č. Bp. 42, 24; J. 13, 43). — ಲಗ್ಗೆಸೂಳು. A loud sound of laggĕ (Bh. 5, 11, 39).

ಲಗ್ಗೆ laggĕ. 2. (Tbh. of a ಲಂಘ = ಲಂಘನ). Ascending, scaling, escalade (My.; Tĕ.); an assault, an attack, a storm (ದಾಟಿ° Bhn. 18). See Čpr. 5, 79. 104; Râm. 6, 11 sum.; 6, 11, 7. 14; Č. Bp. sum.; Rŝv. 6, after 116. ಲಗ್ಗೆ ಹತ್ತು, to scale (My.). — ಲಗ್ಗೆಚೆಣ್ಣಾಡು. -ಆಡು. To play at the game of throwing balls at one another (My.). — ಲಗ್ಗೆಚೆಣ್ಣು. An assault-ball: the ball used in that game (My.).

ಲಗ್ನ lagna. = ಲಗುನ, (ಲಗ್ಗೆ 1). Attached, adhered, stuck, held fast;—attached to, joined to, connected with;—joined, united;—fastened in, sticking in;—intent on;—auspicious. 2, the moment of the sun's entrance into a zodiacal sign. ಪರಿವಿಡಿದು ಮೇಷಾದಿಗಳು ಲಗ್ನಮ್ ಅಕ್ಕು (Mr. 65). 3, *the rising of the sun, of the planets, or of a sign of the zodiac.* 4, the division of the equator which rises in succession with each sign in an oblique sphere. 5, an auspicious moment, a particular time fixed upon as lucky for the performance of anything;—the decisive moment, time for action. 6, marriage: nuptials (My.; Mhr.; B. 4, 214). 7, a bard or minstrel who awakes the king in the morning. 8, *an elephant in rut* (ಮದಗಜ Mr. 155). 9, the twelfth part of a day and night (My.).

ಲಗ್ನಕ lagnaka. *A surety, a bondsman, a bail.*

ಲಗ್ನಕಚ lagna-kača. Joined hair, hair matted and twisted together (ಜಟೆ, ಜಡೆ Nr.).

ಲಗ್ನಕಾಲ lagna-kâla. The moment or time pointed out by astrologers as favorable for any undertaking, an auspicious moment or time. 2, the time of marriage (My.). ಲಗ್ನಕಾಲಕ್ಕೆ ವಿಘ್ನ ಮೂಡ ಬಾರದು (Prv.).

ಲಗ್ನಪತ್ರಿಕೆ lagna-patrikĕ. The paper on which the auspicious moment for the celebration of a marriage is noted down (My.; Mhr.);—a letter sent to call people to a marriage (My.).

ಲಗ್ನಸಮಾರಮ್ಭ lagna-samârambha. The celebration of a marriage (My.; B. 4, 215).

ಲಗ್ನಾಧಿಪತಿ lagna-adhipati. The reigning star in a constellation (My.).

ಲಗ್ನಾಹ lagna-aha. A day fixed upon or chosen as favourable for any undertaking, especially for a marriage (Čpr. 6, 44).

ಲಘಿಮೆ laghimĕ. Lightness, absence of weight: a kind of siddhi or supernatural faculty of assuming excessive lightness at will (Mr. 455). 2, smallness, insignificance. 3, frivolousness, fickleness. 4, meanness.

ಲಘಿಷ್ಠ laghiṣṭha. (fr. ಲಘು). Most quick; lightest; smallest (My.).

ಲಘು laghu. = ಲಗು. *Quick, swift, fleet, rapid* (ಶೀಘ್ರ, ವೇಗ Nn. 145; ಶೀಘ್ರ Mr. 528);—*quickly.* 2, light, easy, not difficult, not heavy. 3, prosodically light or short; a short syllable; a mora (Čh.; Mr. 363; Šmd. 19; Kâvy. II, 2, B, 30-32; ಸಯ್ಯು Ša.). 4, little, small, slight, unimportant, trivial, insignificant, of little worth or estimation. 5, weak, feeble, wretched, low, lowly, humble (ದೈನ್ಯ 145);—mean, contemptible, vain, frivolous. 6, pithless, sapless (ನಿಸ್ಸಾರ 145; 528). 7, soft, low, gentle (as sound). 8, *pleasing, agreeable, pleasant, handsome, beautiful;*—a charming, clever man (ಮನೋಜ್ಞ, ಬಲ್ಲಿದ 145). 9, the going or velocity of the wind (ವಾಯುಚಾರ, ವಾಯುವಿನ ಚಾರ, ಗಾಳಿಯ ನಡೆ 145; ಮರುತಗತಿ 528). 10, *the plant Trigonella corniculata* Lin. (see Si. 155). 11, Agallochum, a particular kind of Agallochum (ಅಗರು 145, o. r. ಮರುಗ; ಅಗರು Mr. 528 in one MS., o. r. ಅರಗು). 12, the root of Andropogon muricatus (ಕರೇ ದಾಳದ ಬೇರು G.). — ಲಘುಪಾಡು. An easy manner (Bh. 1, 7, 1).

ಲಘುಚಂಚುಘಾತನ laghu-čañču-ghâtana. A slight stroke with the beak. See ಕಮ್ಮಗಳು.

ಲಘುತಮ laghu-tama. = ಲಘಿಷ್ಠ.

ಲಘುತಮಸಾಮಾನ್ಯಾಪವರ್ತನ laghutama-sâmânya-apavartana. The least common multiple (C.).

ಲಘುತ್ವ laghutva. Quickness; lightness; levity: want of decorum; incivility, unpoliteness, disrespect (My.); thoughtlessness, levity, frivolity.

ಲಘುಲಯ laghu-laya. *The root of Andropogon muricatus.*

ಲಘುಶಂಕೆ laghu-śaṅkĕ. Making water (My.; Mhr.).

ಲಘುಹಸ್ತ laghu-hasta. Light-handed, ready-handed, expert, clever;—*a spedious shooter, a good archer* (ತೀಕ್ಷ್ಣವೆ ಸುವಾತ Hlâ.).

ಲಂಕಾಧಿಪತ್ಯ laṅkâ-âdhipatya. The rule over Laṅkâ (J. 13, 7).

ಲಂಕಾನಾಥ laṅkâ-nâtha. Râvaṇa (My.).

ಲಂಕಾನಿವಾಸಿ laṅkâ-nivâsi. An inhabitant of Laṅkâ (J. 2, 10).

ಲಂಕಾಪತಿ laṅkâ-pati. = ಲಂಕಾನಾಥ. (My.).

ಲಂಕಿಣಿ laṅkiṇi. A female demon of Laṅkâ (Râm. 5, 2, 7; My.). 2, a woman without fear and shame (My.).

ಲಂಕಿತ laṅkita. Mistake for ಲಂಘಿತ. Passing over from one to another (Bp. 19, 11).

ಲಂಕೆ laṅkĕ. ಲಂಕಾ. *The capital of Râvaṇa in Ceylon; Ceylon.* 2, N. of a female evil spirit. 3, an unchaste woman. ಅಂಕೆಯಿಲ್ಲದ ಕಪಿ ಲಂಕೇ ಸುಟ್ಟಿತು.—ಲಂಕೆಗೆ ಹೋದರೂ ಕೊಂಕಣಿಕೆ ಬಿಡಲಿಲ್ಲ (Prvs.). See Sp. s. ಮೆಕ್ಕೆ; Bp. 54, 62.

ಲಂಕೇಶ್ವರ laṅkâ-îśvara. = ಲಂಕಾಪತಿ. (My.).

ಲಂಕೋಪಿಕೆ laṅkôpikĕ. *The plant Trigonella corniculata* Lin.

ಲಂಗ laṅga. A skirt (worn by Mahomedan and certain Hindu females, My.; H.). See Prv. s. ಬೆಕ್ಕಪ್ಪ.

ಲಂಗರ್ laṅgar. = ನಂಗಲ್, ಲಂಗರ. An anchor (My.; Si. 85; M.; Mhr. ನಾಗರ, ನಾಂಗರ; Mhr., H. ಲಂಗರ; Br. ನಂಗೂರ, ಲಂಗರು; T. ಇಲಂಗರ್, ನಂಗುರ, ನಂಗೂರ).

ಲಂಗರ laṅgara. = ಲಂಗರ್. (B. 3, 118).

ಲಂಗೋಟಿ laṅgôṭi. A piece of cloth worn round the loins covering the privities (My.; ಕೌಪೀನ, ಗುಹ್ಯಾಂಗ Si. 437; Mhr., H.; Br.).

ಲಂಘನ laṅghana. (= ಲಗ್ಗ, ಲಗ್ಗೆ 2). The act of leaping or jumping, going by leaps or jumps, springing;—leaping over, overstepping, stepping across, crossing;—one of a horse's paces: curvetting, bounding. 2, *going beyond bounds, transgressing, violation*;—offence, affront;—contempt. 3, ascending, mounting; assaulting, storming, capturing a fort; capture, conquest. 4, fasting, abstinence. See ಗತಿ-; ಕುಪ್ಪ, ದಾಣ್ಟು, ಹಾಯ್, ಲಾಗು 1.

ಲಂಘನೆ laṅghanĕ. = ಲಂಘನ 1-3. (My.).

ಲಂಘಿತ laṅghita. Left over, overstepped, passed beyond, passed over;—transgressed, violated;—disregarded;—insulted. See ಲಂಕಿತ; V. 11, 9.

ಲಂಘಿಸು laṅghisu. To leap, to spring (Bp. 32, 25; 61, 32; Râv. 5, 116);—to jump or spring over, to leap or step over; to overstep, to overflow (Čpr. 5, 40);—to ascend, to mount upon; etc.

ಲಂಘ್ಯ laṅghya. To be jumped or stepped over, to be crossed;—attainable;—capable of being transgressed or violated;—to be neglected or disregarded;—capable of being wronged. See ಅ-.

ಲಚುಮ lačuma. Tbh. of ಲಕ್ಷ್ಮಣ. (My.).

ಲಚ್ಚಣ laččaṇa. Tbh. of ಲಾಂಛನ (Šmd. 340. 372; ಲಾಂಛನ Čt. II, 29; see ಮಿಗ-).

ಲಚ್ಚಿ laččì. Tbh. of ಲಕ್ಷ್ಮಿ (My.; Tĕ.).

ಲಚ್ಮ lačma. = ಲಚುಮ. (My.).

ಲಜ್ಜಾಲು lajjâ-âlu. Bashful, modest, shameful (My.).

ಲಜ್ಜಾವತಿ lajjâ-vati. A woman possesssed of shame, etc. (My.). 2, a prickly shrub, the humble plant, Mimosa pudica Lin. (St. & Pl.).

ಲಜ್ಜಾವಿಹೀನ lajjâ-vihîna. Destitute of shame, void of modesty, shameless, impudent (ನಾಣಿಲಿ Kk. 39; Šm. 48).

ಲಜ್ಜಾವಿಹೀನತ್ವ lajjâ-vihînatva. Shamelessness, impudence (ಬಣ್ಣು Šm. 93).

ಲಜ್ಜಾಶೀಲ lajjâ-śîla. *Of a modest disposition, bashful, modest* (ನಾಚುವಾತನು Nr.).

ಲಜ್ಜಾಹೀನ lajjâ-hîna. = ಲಜ್ಜಾವಿಹೀನ. (My.).

ಲಜ್ಜಿತ lajjita. *Ashamed, abashed, modest, bashful* (ಹ್ರೀತ, ನಾಚಿದುದು Nr.);—embarrassed, perplexed. Feminine ಲಜ್ಜಿತೆ (Grj. 10, 2).

ಲಜ್ಜಿಸು lajjisu. To be ashamed, to blush (Čpr. 6, 77; Bp. 20, 24; 24, 66; 41, 10; 46, 7; 54, 82; J. 7, 58).

ಲಜ್ಜೆ lajjĕ. ಲಜ್ಜಾ. *Shame, modesty, bashfulness;* embarrassment, perplexity (ಪಾಲಿ Nn. 31);—one of the sañčâribhâvas (Kâvy. IV, 2, 16). See ನಾಂಚು, ನಾಣ್ಚು. — ಲಜ್ಜೆಪಡು. = ಲಜ್ಜಿಸು. (My.). — ಲಜ್ಜೆವೆರಸು. -ವೆರಸು. To be joined with or possessed of shame, to feel ashamed (J. 11, 28).

ಲಜ್ಯೆ lajyĕ. *Shame, modesty, bashfulness.*

ಲಂಚ laṅča. = ಲಂಚೆ. (ಲಂಚೆ Mr. 270; My.; Mhr. ಲಾಂಚ). ಲಂಚ ಕೊಟ್ಟರೂ ಸಂಚು ತಿಳಿಸಲಿಲ್ಲ.—ಲಂಚ ಕೊಣ್ಣುವ ಕೊಂಚ.—ಅಂಚೇ ಕಾಗದ ಮುಂಚೇ ಬನ್ದರೆ ಲಂಚ ಯಾಕೆ?—ಮುಂಚಕ್ಕೆ ಮಣೆ ಯಾಕೆ? ಲಂಚಕ್ಕೆ ಹೊಣೆ ಯಾಕೆ? (Prvs.). ಸೂಡದು ಲಂಚವ ಕೊಣ್ಣು, ಕೊಡುವುದೊಚ್ಚತಬೆಳಗ; ಪೊಡವಿಗೆ ಸೂರ್ಯ ಬೆಳಗೀವೋಲ್ ಲಂಚವ ಹಿಡಿಯುದವ ಧರ್ಮ (Sp.). — ಲಂಚ ಗಿಂಚ. reit. (My.). — ಲಂಚ ತಿನ್ನು. To take bribes (My.). — ಲಂಚ ಸಂಚ. reit. (My.).

ಲಂಚಖೋರ laṅča-khôra. A receiver of bribes (My.).

ಲಂಚಗಾರ laṅča-gâra. = ಲಂಚಖೋರ. (My.).

ಲಂಚಂಗುಳಿ laṅča-ṅ-guḷi. (Šmd. 238). A man who takes bribes.

ಲಂಚವಣಿಗ laṅča-vaṇiga. (Šmd. 242). = ಲಂಚಂಗುಳಿ.

ಲಂಚೆ laṅčĕ. *A present, a bribe* (ಲಂಚ Mr. 270).

ಲಂಜೆ laṅjĕ. An adulteress (Sk.).

ಲಟ್ lat. = ನಟ. A sound to imitate that of cracking the finger joints and that of the branch of a tree breaking. — ಲಟ್ ಲಟ್. rep. (My.).

ಲಟ laṭa. 1. = ನಟ, etc. — ಲಟ ಲಟ. rep. = ಲಟ್ ಲಟ್. (My.).

ಲಟ laṭa. 2. = ಲೊಟ. — ಲಟ ಪಟ. = ಲೊಟ ಪಟ. ಕದ ನುಂಗು ವವನಿಗೆ ಹಪ್ಪಳ ಲಟ ಪಟ (Prv.).

ಲಟಕಟಿಸು laṭakaṭisu. To grow agitated; to become restless; to be alarmed (Râm. 3, 6, 45; Bh. 3, 13, 34; 7, 3, 77; 8, 24, 46; 8, 25, 7; J. 4, 18; 12, 12; Mhr. ಲಟ ಪಟ, lively motion; restlessness; the agitation of terror).

ಲಟಕ್ಕನೆ laṭakkanĕ. = ನಟಕ್ಕನೆ. (My.).

ಲಟಪಟ laṭapaṭa. Restlessly, quickly (see Mhr. s. ಲಟಪಟಿಸು). ಲಟಪಟ ನಡುಗು (B. 4, 41).

ಲಟಲಟಿಸು laṭa-laṭisu. To shake tremulously and quickly (Bh. 3, 21, 14; 7, 6, 66; Mhr. ಲಟಲಟಣೇಂ).

ಲಟಾಪಟಿ laṭâpaṭi. Altercation, sharp bandying of angry words, coming to blows (My.; Mhr.).

ಲಟ್ಟ laṭṭa. A stick; a club (My.; Mhr., H.);—monstrously large, stout, thick (My.; Si. 303; Mhr., H.). — ಲಟ್ಟಾವಾಕ್ಯ. = ಗೆಜ್ಜೆಗೋಲು. (My.; H.).

ಲಟ್ಟಣಿಗೆ laṭṭaṇigĕ. A roller (to ink forms of types, B. 4, 209); a rolling-pin (My.; Mhr. ಲಾಟಣೇ, ಲಾಟ).

ಲಟ್ಟಿಸು laṭṭisu. To roll out, as a piece of pastry or dough (My.; Mhr. ಲಾಟಣೇಂ).

ಲಟ್ಟೆ laṭṭĕ. A rude and reckless woman (Bp. 40, 56; Mhr. ಲಾಟ್ಯಾ; Sk. ಲಟ್ವ, a bad, contemptible man).

ಲಟ್ವೆ laṭvĕ. *A kind of bird,* said to be a kind of sparrow. 2, a game, gambling. 3, a bad or unchaste woman.

ಲಡಾಯಿ laḍâyi. Fighting; a fight; war (C.; Br.; Čb. 7. 17. 111, etc.; Mhr., H. ಲಢಾಈ). ಬಡಾಯಿ ಬಲ್ಲವನು ಲಡಾಯಿ ಬಲ್ಲನೇ? (Prv.).

ಲಡಿ laḍi. A string (of pearls, etc.; Mhr., H. ಲಡ, ಲಢ, ಲಡೀ; My.; Si. 218. 219).

ಲಡ್ಡ laḍḍa. = ಲಡ್ಡ 1. A wretch, a villain, a bad man (Sk.).

ಲಡ್ಡಿಕೆ laḍḍikĕ. = ಲಡ್ಡಿಗೆ. See ಗುಳ್ಳರಿಗೆ.

ಲಡ್ಡಿಗೆ laḍḍigĕ. Tbh. of ಲಡ್ಡುಕ. See Prvs. s. ತಣಿಗು, ಸಡ್ಡಕ.

ಲಡ್ಡು laḍḍu. = ಲೊಡ್ಡು. Pithlessness, weakness (as that of wood, My.). — ಲಡ್ಡಾಗು. -ಆಗು. To become pithless or weak, as wood (My.). — ಲಡ್ಡುತೊಲೆ. A pithless, unsound beam (My.). — ಲಡ್ಡುಮರ. A pithless tree (My.). — ಲಡ್ಡುಸವುದೆ. Pithless firewood (My.).

ಲಡ್ಡು laḍḍu. = ಲಾಡು. A sweetmeat-ball of numerous varieties (Sk.; Mhr. ಲಡ್ಡು, ಲಾಡು; My.).

ಲಡ್ಡುಕ laḍḍuka. = ಲಡ್ಡಿಕೆ, ಲಡ್ಡಿಗೆ, ಲಡ್ಡು q. v., ಲಡ್ಡುಗೆ. (Sk.).

ಲಡ್ಡುಗೆ laḍḍugĕ. Tbh. of ಲಡ್ಡುಕ. (ಮೋದಕ Nr.; ಲಡ್ಡುಕ Nr.; Šmd. 159; Bp. 14, 15; Bh. 1, 19, 18; V. 9, 78).

ಲಂಡ laṇḍa. 1. (Tbh. of ಲಡ್ಡ, q. v.). (Tĕ.; T. ಇಲಣ್ಡ; Mhr.: a deeply designing and knavish fellow; a refractory child, etc.). ಪಿಣ್ಡ ಹಾಕಿದರೂ ಲಣ್ಡನೆನಿಸಿ ಕೊಳ್ಳೋದು ತಪ್ಪಲಿಲ್ಲ (Prv.).

ಲಂಡ laṇḍa. 2. = ಲದ್ದಿ. Excrement (Sk., also ಲೇಣ್ಡ; ಲದ್ದಿ Mr. 158).

ಲತಾಗೃಹ latâ-gṛiha. A creeper-house, an arbour (My.).

ಲತಾಂಗಿ latâ-aṅgi. A woman of a creeper-like delicate form (Čpr. 2, 14; 3, 68; Bp. 3, 4; 48, 4; 52, 1).

ಲತಾಂತ latâ-anta. The end of a creeper: a flower (ಪ್ರಸೂನ, ಹೂ Nn. 25; ಸುರಭಿ, ಪುಷ್ಪ 30; ಸುಮನ, ಪುಷ್ಪ 63; ಪುಷ್ಪ 120; Bp. 26, 39; Šsv. 3, 16; J. 18, 19).

ಲತಾಂತಶರ latânta-śara. Kâma (J. 6, 36).

ಲತಾಬಂಧ latâ-bandha. N. of a certain feat of wrestlers (Šsv. 4, 75).

ಲತಾವಧು latâ-vadhu. A creeper looked upon as a woman (J. 3, 23).

ಲತಿಕಾಗೃಹ latikâ-gṛiha. = ಲತಾಗೃಹ (Čpr. 3, after 23).

ಲತಿಕಾಸಮೂಹ latikâ-samûha. A clump or bush of creepers, etc. (ಗುಂಪು, ಲತೆಯ ಹೊದರು Nn. 133).

ಲತಿಕೆ latikĕ. ಲತಿಕಾ. A small creeper; a winding plant in general; a plant of any kind. (Čpr. 1, 33; 4, 36; 7, 152; Bp. 18, 84).

ಲತೆ latĕ. ಲತಾ. One of the *tatsamas* (Šmd. 384; Kk. 95; Šm. 77): *a creeper, a climbing or winding plant.* 2, a plant of any kind (ಸಸಿ Šm. 111). 3, *a branch.* 4, *the plant Panicum italicum.* 5, *the plant Cardiospermum halicacabum.* 6, *the plant Gaertnera racemosa.* 7, the plant tŏṭṭi (Šmd. 89). 8, the plant biṅga (Šmd. 88). — ಲತೆವನೆ. -ಮನೆ. (Šmd. 386). A bower, an arbour. — ಲತೆವಳ್ಳಿ. -ಬಳ್ಳಿ. (Šmd. 386; Kk. 99). A branched creeper.

ಲತೋದ್ಗಮ latâ-udgama. *The upward climbing of a creeper* (ಮರದ ಮುದಲ್ Hlâ.).

ಲತ್ತೆ lattĕ. = ಲಾತು. A kick; a blow (My.; Mhr. ಲತ್ತಾ, ಲಾತ). ಲತ್ತೆ ಹಾಡಿಸು (B. 5, 18). ನಿನಗೆ ಲತ್ತೆ ಬೀಬಲಿಕ್ಕಿಲ್ಲ (3, 61; My.). ಲತ್ತೆ ಕೊಡು, -ಹಾಕು (My.).

ಲತ್ವ latva. The letter or syllable ಲ (ಲ್, Šmd. 41. 281. 366).

ಲದ್ದಿ laddi. The dung of elephants, camels, horses, asses, or mules (My.; ಲಣ್ಡ Mr. 158; Tĕ. ಲದ್ದಿ, ಲದ್ದೆ; T. ಇಲತ್ತಿ, ಇಲತ್ತೈ; Mhr., H. ಲೀದ; Mhr., H. ಲೇಣ್ಡ, a nodule of the dung of sheep, goats, horses, camels, rats, etc.). ಕುಲಕ್ಕೆ ತಕ್ಕ ಬುದ್ಧಿ, ಆಹಾರಕ್ಕೆ ತಕ್ಕ ಲದ್ದಿ (Prv.). ಲದ್ದಿ ಹಾಕು (My.).

ಲಪನ lapana. Speaking, talk. 2, *the mouth;* the face.

ಲಪನಶ್ರೀ lapana-śrî. The lustre of the face (Čpr. 5, 188).

ಲಪಿತ lapita. *Spoken, said,* chattered; speech.

ಲಪ್ಪ lappa. Tbh. of ಲೇಪ. Putty (My.).

ಲಪ್ಪಟ್ಟೆ lappaṭṭĕ. A cloth for wrapping round the head (My.; Mhr., H. ಲಪೇಟ, ಲಪೇಟಾ).

ಲಬ laba. ಲಬಾ labâ. ಲಬೋ labô. A sound in imitation of that produced by beating one's self on the mouth. — ಲಬ ಲಬ. rep. (My.; Tĕ.; Mhr.: gabble, clack). ಲಬ ಲಬ ಅನ್ನ ಬಡ ಕೊಳ್ಳು (My.). — ಲಬಾ ಲಬ. = ಲಬ ಲಬ. (My.). — ಲಬೋ ಲಬೋ. = ಲಬಾ ಲಬ. (My.).

ಲಬ್ಧ labdha. *Taken hold of, obtained, received, got, gained, won, acquired.* 2, obtained, as a quotient by division, etc. (Mr. 63).

ಲಬ್ಧನಾಶ labdha-nâśa. The loss of anything acquired (My.).

ಲಬ್ಧವರ್ಣ labdha-varṇa. Having learnt his letters: *lettered, learned, skilful, clever.*

ಲಬ್ಧಾಗಮನಾಭ್ಯನುಜ್ಞೆ labdha-âgamana-abhyanujñĕ. Order obtained to come near (Čpr. 5, after 112).

ಲಬ್ಧಾನುಜ್ಞ labdha-anujña. *One who has obtained leave of absence.*

ಲಬ್ಧಿ labdhi. *Obtaining, gaining, acquisition, acquirement, attainment.* 2, anything gained or obtained, gain, profit. 3, the quotient in arithmetic.

ಲಬ್ಬೆ labbĕ. A caste of people who originally were Arabs. They are still Mahomedans, but speak a low dialect of Tamil; they sell ghee, cloths, etc. (My.; Tĕ.; H.).

ಲಭ labha. = ಲಬ್ಧ. See ಅ-, ದುರ್ಲಭ, ಸು-.

ಲಭಿಸು labhisu. To be gained or obtained, etc. (My.).

ಲಭ್ಯ labhya. Acquirable, obtainable, attainable, procurable (My.). 2, intelligible. 3, *suitable, proper, fit.*

ಲಮಾಣಿ lamâṇi. = ಲಮ್ಬಾಣಿ, etc. (S. Mhr.).

ಲಮ್ಪಟ lampaṭa. = ಲಮ್ಪಳ 1, ಲಮ್ಬಳ. Covetous, greedy, desirous, lustful;—*hampering after, addicted to, devoted to* (women and worldly pleasures), *lascivious, dissolute* (ಲೋಲುಪ, ಲೋಲುಭ Nr.; ಲಾಲಸ, ಲೋಲುಪ, etc., ಅಳುಪುವಂ Mr. 282).

ಲಮ್ಪಟತನ lampaṭatana. = ಲಮ್ಪಟತೆ. (ಲೋಲುಪ್ತಿ G.).

ಲಮ್ಪಟತೆ lampaṭatĕ. Eagerness, greediness; libertinism, dissoluteness, lewdness. (Čpr. 4, 80).

ಲಮ್ಪಟತ್ವ lampaṭatva. = ಲಮ್ಪಟತೆ. (J. 4, 60).

ಲಮ್ಪಟೆ lampu-aṭĕ. = ಅಲಪಟೆ. Weariness, fatigue (Tĕ.; My.).

ಲಮ್ಪಟೆ lampaṭĕ. A woman who is addicted to (J. 5, 56).

ಲಮ್ಪು lampu. = ಅಲಮ್ಪು, q. v.

ಲಮ್ಬ lamba. = ಲಮ್ಬು. Hanging down, depending, pendulous, pendent, dangling (Bp. 59, 17). 2, hanging on or upon, attached to. 3, long, tall;—length (My.). 4, expanded, great, large;—spacious, capacious. 5, a perpendicular (in geometry). See ಅವ-, ಆ-, ಪ್ರ-, ಪ್ರಾ-. 6, N. of a Daitya (Č. Bp. 47, 21).

ಲಮ್ಬಕರ್ಣ lamba-karṇa. A long-eared male (Bp. 8, 33);—an elephant;—an ass; etc.

ಲಮ್ಬಜಠರ lamba-jaṭhara. A big-bellied male (Bp. 8, 33).

ಲಮ್ಬಜಿಹ್ವ lamba-jihva. A long-tongued male (Bp. 8, 33).

ಲಮ್ಬಣ lambaṇa. = ಲಮ್ಬಳ. Tbh. of ಲಮ್ಬನ. — ಲಮ್ಬಣಮಾಲೆ. Long garlands (V. 5, 2; Ršv. 8, after 5).

ಲಮ್ಬಣಿಗೆ lambaṇigĕ. Tbh. of ಲಮ್ಬನ. (ಲಮ್ಬನ Nr.).

ಲಮ್ಬನ lambana. = ಲಮ್ಬ, ಲಮ್ಬಣ, ಲಮ್ಬಳ 2. Hanging down, depending, etc. 2, *a long necklace depending from the neck to the navel*. See ಆ-.

ಲಮ್ಬನಾಸಿಕ lamba-nâsika. A long-nosed male (Bp. 8, 33).

ಲಮ್ಬನೇತ್ರ lamba-nêtra. A large-eyed male (Bp. 8, 33).

ಲಮ್ಬಳ lambaḷa. 1. Tbh. of ಲಮ್ಪಟ (Šmd. 31, or perhaps ಲಮ್ಬಟ 31).

ಲಮ್ಬಳ lambaḷa. 2. Tbh. of ಲಮ್ಬನ. A long garland (Čpr. 6, 49; Râm. 1, 7, 14).

ಲಮ್ಬಳ lamabaḷa. = ಲಮ್ಬಳ 1, q. v.

ಲಮ್ಬಾಡಿ lambâḍi. = ಲಮಾಣಿ, ಲಮ್ಬಾಣಿ. A Lumbadee (or Brinjari), a migratory caste who trade in salt, grain, bullocks, etc., and often have the character of being thieves (My.; Br.; H.; T. ಇಲಮ್ಬಾಡಿ; M. ಲಮ್ಮಾಗಳ್). *Cf.* ಸುಕಾಲಿಗ.

ಲಮ್ಬಾಣಿ lambâṇi. = ಲಮ್ಬಾಡಿ. (My.; B. 4, 130).

ಲಮ್ಬಿ lambi. Hanging down, depending, pendent; *hanging on or upon, suspended from;* being attached to, resting on. See ಅರ್ಧ-.

ಲಮ್ಬಿಕೆ lambikĕ. Hanging down, etc. 2, the uvula. 3, the lobe of the ear (ಪತ್ರಾಶ್ರಯ, ಹಾಲೆ (Mr. 319). See ಪ್ರಾ-.

ಲಮ್ಬಿತ lambita. Hanging down, pendent; suspended; sunk, gone down; laying hold of, attached to; supported or resting on;—slow (of time in music). See ಆ-, ವಿ-; Čpr. 2, 58; Bp. 12, 14.

ಲಮ್ಬಿಸು lambisu. To hang down, to dangle, to hang from, etc. (J. 7, 16; 13, 59). 2, to extend, to become great (Bh. 2, 2, 108); to lengthen, to expand (as words, time, etc., My.).

ಲಮ್ಬು lambu. = ಲಮ್ಬ, ಲಾಮ್ಬಿ. Tbh. of ಲಮ್ಬ. Long; length (My.; Tĕ.; Mhr. ಲಾಮ್ಬ, ಲಾಮ್ಬಿ).

ಲಮ್ಬೋದರ lamba-udara. Pot-bellied: a glutton; *Gaṇeša.*

ಲಮ್ಬೋದರಿ lamba-udari. N. of a female demon (J. 16, 35. 36. 41).

ಲಮ್ಭ lambha. = ಲಭ. Obtaining, attaining, attainment, acquirement; finding, meeting with;—procuring; causing to get;—gain. See ಆ-, ಉಪ-, ಪ್ರ-, ವಿಪ್ರ-, ವಿ-.

ಲಯ laya. (= ಲಾಯ). Clinging, adhering, adherence, clinging to, embracing. 2, lying, reclining, dwelling in, staying in; lurking, hiding, cowering;—rest, repose; place of rest, a dwelling, a house (see ಆ-). 3, melting, fusion; melting away; dissolution, extinction, destruction (ಶಂಕು, ಕೆಡುವನ್ನಾಡು Nn. 147); ಲಯವಹುದು (ನಿರ್ಮೂಲನ, ಪ್ರಲಯ 100);—disappearing, vanishing, disappearance. 4, mental inactivity, slackness of mind. 5, *equal time in music and dance* (ಸಮಾನಮ್ ಆಗುಹಂ Hlâ.); ಸಮುವೆತ್ತಲ್ಲಿ (Mr. 79); *time in music* (Čh.), regarded as of three kinds: druta, madhya, vilambita. 6, a pause in music. 7, the root of Andropogon muricatus (ಬಾಳದ ಬೇರು G.). ಬಲವಿದ್ದವದ್ದು ಲಯವಾದ ಮೇಲೆ ಭಯ ಪಡುವದೇ ಸರಿ.—ಭಯವಾದ್ದು ನಯದಿದ್ದ ಲಯವಾದೀತೇ? (Prvs.). See ಅಡೆಯಿಸು, ಅಬ್ಬಿ, ಪ ಟ್ಟಬಿಸು.

ಲಯಕಾಲ laya-kâla. Time of dissolution or destruction. (Bp. 54, 12; Ššv. 4, 38).

ಲಯಗ್ರಾಹಿ laya-grâhi. N. of two vṛittas (Čh.).

ಲಯನ layana. Clinging, adhering; lying; rest, repose; a place of rest, a house. See ಗುಣಲಯನ.

ಲಯಾಗ್ನಿ laya-agni. The fire at the destruction of the world (Bp. 56, 24).

ಲಲನ lalana. Playing, sporting, dallying; play, etc. (ಮೋಜು G.);—a husband (Bp. 11, 45). 2, lolling the tongue.

ಲಲನೆ lalanĕ. A wanton woman. 2, *a woman in general* (ರಾಮೆ Mr. 504; Grj. 3, 11; Bp. 40, 12); a wife. 3, the tongue. ಜಲದ ಒಳಗಿನ ಕಲ್ಲು ಸಲೆ ಬೆವರ ಬಲ್ಲುದೇ? ಲಲನೆಯರ ಒಲುಮೆ ತನಗೆಮ್ಬ ಮರುಳಂಗೆ ಮುಲರೋಗದನ್ತೆ (Sp.).

ಲಲನ್ತಿಕೆ lalantikĕ. *A long pendulous necklace, one reaching to the navel.*

ಲಲಾಟ lalâṭa. *The forehead.* ಲಲಾಟದಲ್ಲಿ ಇಲ್ಲದ್ದು ಲಾಗಾಟ ಹಾಕಿದರೂ ಸಿಕ್ಕದು (Prv.).

ಲಲಾಟಪಟ್ಟ lalâṭa-paṭṭa. The plate of the forehead: *the forehead.* 2, a tiara, a fillet.

ಲಲಾಟರೇಖೆ lalâṭa-rêkhĕ. A line on the forehead supposed to indicate long life (Sk.). 2, destiny written by Brahmâ on each man's forehead (My.).

ಲಲಾಟಲಿಖಿತ lalâṭa-likhita. = ಲಲಾಟರೇಖೆ No. 2. (My.).

ಲಲಾಟಲೇಖೆ lalâṭa-lêkhĕ. = ಲಲಾಟರೇಖೆ No. 2. (My.).

ಲಲಾಟಶೂನ್ಯ lalâṭa-šûnya. A man who has a bare forehead, *i. e.* a forehead without any sectarian mark (My.).

ಲಲಾಟಾಕ್ಷ lalâṭa-aksha. Šiva (Bp. 61, 89).

ಲಲಾಟಿಕೆ lalâṭikĕ. *An ornament worn on the forehead.* 2, *a mark made with sandal, etc. on the forehead.* See ನೊಸಲ ಪಟ್ಟ.

ಲಲಾಮ lalâma. *A mark or spot on the forehead* (ತಿಲಕ, ಬೊಟ್ಟು Nn. 26; ತಿಲಕ Mr. 498). 2, *a mark or spot in general, a sign, a token.* 3, a good mark (ಸಲಕ್ಷಣ, ಒಳ್ಳಿಹ ಲಕ್ಷಣ 29). 4, *a banner, a flag, an ensign* (ಧ್ವಜ, ಪತಾಕೆ 26).

5, *eminence, greatness, dignity* (ತುಂಗ, ದೊಡ್ಡಿತು 26; ಹೆಮ್ಮೆ 498). 6, *beauty* (ಶೃಂಗಾರ 26). 7, *an ornament* (ವಿಭೂಷಣ, ಆಭರಣ 26; ಆಭರಣ 498). 8, *any one who is the ornament of his class, any eminent or principal person* (ಶ್ರೇಷ್ಠ, ಮುಖ್ಯ 26; ಮುಖ್ಯ 498). 9, Sarasvatî (ಭಾರತಿ, ಸರಸ್ವತಿ 26). 10, Lakshmî (ಗೋಮಿನಿ, ಮಹಾಲಕ್ಷ್ಮಿ 26). 11, a bull, an ox (ವೃಷಭ, ಬಸವ 26). 12, *a horse* (ತುರಂಗ, ಕುದುರೆ 26; ವಾಜಿ 26). 13, the sun (ಪತಂಗ, ಸೂರ್ಯ 26);—the moon (ಚನ್ದ್ರ 26). 14, a point (ಅಗ್ರ, ತುದಿ 26). 15, *a horn* (ಶೃಂಗ, ಕೋಡು 26; ಕೋಡು 498). 16, *a tail* (ವಾಲ, ಬಾಲ 26; ನೀಳ್ದ ಲರ್ವ ಬಾಲ 498). 17, a ray (ಅಂಶು, ಕಿರಣ 26). 18, red (ಅರುಣ, ಕೆಮ್ಪು 26). 19, lac, the red dye (ಅಲತಿಗೆ 498). 20, white (ಧವಲ, ಬಿಳಿದು 26). 21, sport (ಕೇಲಿ, ಕ್ರೀಡೆ 26). 22, a sound or tone (ನಾದ, ಸ್ವರ 26).

ಲಲಾಮಕ lalâmaka. *A chaplet or wreath of flowers worn on the forehead.*

ಲಲಿತ lalita. Sported, played; sporting, playing, dallying, wanton, frolicsome, amorous, voluptuous;—lovely, handsome, beautiful, graceful, elegant;—simple, artless; gay, cheerful;—soft, gentle;—pleasant, agreeable, sweet, wished for, desired, loved. 2, sport, dalliance, amorous gesture;—grace, beauty; charmingness, *gracefulness of gait, softness and delicacy of motion,* languid gestures in a woman;—any natural and artless act;—simplicity, innocency. 3, N. of a plant (ಹಸ್ತುಗಣೆ Mr. 121). 4, N. of a vṛitta (Čh.).

ಲಲಿತಗತಿ lalita-gati. N. of a vṛitta (Čh.).

ಲಲಿತಪದ lalita-pada. N. of three vṛittas (Čh.).

ಲಲಿತವೃತ್ತಿ lalita-vṛitti. A kind of anuprâsa (Kâvy. III, 2, B, 52. 53).

ಲಲಿತಾಂಗ lalita-aṅga. A handsome, etc. body (J. 19, 51).

ಲಲಿತಾಂಗಿ lalita-aṅgi. A handsome, etc. woman (Bp. 57, 61; J. 3, 10).

ಲಲಿತೆ lalitĕ. A wanton woman;—a woman in general. 2, one of the ragaḷĕ metres (Čh.).

ಲಲ್ಲಯಿಸು lallayisu. To caress, to kiss, etc. (Čpr. 8, after 4).

ಲಲ್ಲೆ lallĕ. Coaxing, caressing, blandishing; love, affection; a kiss (ಅರಮೆ, ಮುದ್ದು Ś. s.; ಅರುಮೆ, ಮುದ್ದು Kk. 31; Śm. 75; Čpr. 4, 78; 8, 53; Râv. 8, after 82; J. 6, 34; Mhr. ಲಳಾ). — ಲಲ್ಲೆಗಯ್. To caress; to kiss (J. 11, 22; 15, 48). — ಲಲ್ಲೆನುಡಿ. = ಲಲ್ಲೆವಾತು. (Č. Bp. 19, 32). — ಲಲ್ಲೆವಾತು. -ಮಾತು. A blandishing word, an affectionate word (Râm. 3, 8, 38; J. 11, 21. 23).

ಲವ lava. (= ರವೆ). *The act of cutting up or off; reaping, mowing, plucking or gathering.* 2, anything cut off, a section; *a fragment, a piece, a bit, a small piece, a small quantity, a tittle* (ಅಸ್ತು q. v., ತುಣ್ಣು Nn. 65; ತುಣ್ಣು 125). 3, a minute division of time, half a second, a moment, an instant. 4, a shorn fleece, wool, hair. 5, N. of a son of Râmačandra and Sîtâ, brother of Kuśa (J. 20, 5, seq.). 6, = ಲಾವ, a kind of quail. 7, = ಲವಂಗ, cloves. 8, the root of Andropogon muricatus. 9, = ಲಲನ, sport. 10, one of the vâstavas (= ಲೇಶ, Kâvy. III, 3, B, 3. 35-37). — ಲವದನಿತು. -ಅನಿತು. As much as a particle: a little (Bp. 4, 64).

ಲವಂಗ lavaṅga. (= ಲವ No. 8, ಲವಿ). *The clove tree, Myristica cariophyllata; cloves* (ದೇವಕುಸುಮ Nr.; ದೇವಕುಸುಮ, ಲವಿ, ತೀಖ್ಣ Mr. 143). 2, Cassia bark, green cinnamon (ತ್ವಕ್ಪತ್ರ, ವರಾಂಗಕ, etc. Nr.; Śl. 155; ನೀರಸನಿ, ಭಾಳಪರ್ಣ, ಕುಟನ್ನಟ Mr. 142). — ಲವಂಗಚಕ್ಕೆ. Cinnamon (My.). — ಲವಂಗಚಕ್ಕೆ ಮರ. The cinnamon tree, Cinnamomum zeylanicum Nees. (St. & Pl.). — ಲವಂಗಚೂರು. Boiled and dried pieces of the areca nut, the form of which resembles cloves (My.). — ಲವಂಗದಾನಿ. A metal box for keeping cloves, etc. (My.). — ಲವಂಗಪಟ್ಟೆ. = ಲವಂಗಚಕ್ಕೆ. (My.; T.). — ಲವಂಗ ಪತ್ರೆ. The leaves of Laurus cassia (My.; T.). — ಲವಂಗ ಮೂಸರಿಹುಲ್ಲು. A grass with a fragrant root, Panicum cimicinum Lin. (Z.).

ಲವಡಾ lavaḍâ. = ಲವುಡಾ. The penis (My.; Mhr.).

ಲವಡಿ lavaḍi. = ಲವುಡಿ 2, ಲವುಣ್ಡೆ. A female slave (My.; Mhr., H.);—a strumpet, a harlot (My.).

ಲವಣ lavaṇa. *Salt: sea-salt, rock or fossil salt* (ಉಪ್ಪು Nn. 23; ರುಚಕ, ಉಪ್ಪು 41; ಸಮುದ್ರಜ, ಕಲ್ಲುಪ್ಪು Mr. 143). 2, *saline, salt, briny, brinish.* 3, charming, handsome, beautiful. 4, N. of a Daitya.

ಲವಣದಾನವ lavaṇa-dânava. = ಲವಣ No. 4. (J. 20, 48).

ಲವಣಭಸ್ಮ lavaṇa-bhasma. Calcined salt (My.).

ಲವಣಸಮುದ್ರ lavaṇa-samudra. = ಲವಣೋದ. (My.).

ಲವಣಾಕರ lavaṇa-âkara. *A salt-mine.*

ಲವಣಾಸುರ lavaṇa-asura. = ಲವಣದಾನವ. (J. 20, 35).

ಲವಣಿ lavaṇi. = ಲವಣೆ 2. Stooping, bending, winding, inclining forward or towards, when they form artistic or clever attitudes in dance or war (Râm. 6, 38, 14; Râv. 5, after 19; Bh. 1, 7, 3. 28; 5, 11, 39; 10, 6, 25; Mhr. ಲವಣ, a winding). 2, flash, shine (Bh. 2, 13, 28; see ಲವಣಿಸು). — ಲವಣಿಸಾರ. The highest degree of perfection in the above-mentioned attitudes (Grj. 2, after 106).

ಲವಣಿಸು lavaṇisu. To wind or wriggle, as a serpent, etc. Mhr. ಲವಣೇಂ). 2, to shine, to be full of lustre, to flash (Bh. 8, 23, 32; Mhr. ಲವಣೇಂ).

ಲವಣೆ lavaṇĕ. 1. Lustre, beauty (Sk.).

ಲವಣೆ lavaṇĕ. 2. = ಲವಣಿ No. 1. (Bh. 2, 2, 108; 10, 7, 85).

ಲವಣೋತ್ತಮ lavaṇa-uttama. *River or rock salt.* 2, nitre.

ಲವಣೋದ lavaṇa-uda. *The ocean.*

ಲವಣೋದಕ lavaṇa-udaka. *Salt water, brine.* 2, the ocean.

ಲವಣೋದಕಿ lavaṇa-udaki. What has been put into salt water, pickles of fruits, leaves, etc. (ನೀರುಪ್ಪಿನಲಿ ಕಲಸಿ ದವು Mr. 216).

ಲವಣೋದಧಿ lavaṇa-udadhi. The ocean (My.).

ಲವನ lavana. = ಲವ. *Cutting; reaping.* See ಕೊಯ್. 2, an implement for cutting, a sickle, etc.

ಲವಲವಿಕೆ lavalavikĕ. = ಹವಹವಿಕೆ. Ardent desire, longing (ಔತ್ಸುಕ್ಯ, ಪರಾಯಣ, ಲಾಲಸೆ G.; J. 27, 32; 29, 1; 30, 24; 33, 1; My.; Mhr. ಲವಣೇಂ, the mind to incline or be affected towards). ಲವಲವಿಕೆಯುಳ್ಳಂ (ಉತ್ಕಣ್ಠಿತ Mr. 242).

ಲವಲವಿಸು lavalavisu. To desire ardently (Č. Bp. 19, 32).

ಲವಲಿ lavali. The small tree Averrhoa acida Lin. (Cicca disticha Lin., Čpr. 6, 74; see ಅರನೆಲ್ಲಿ).

ಲವಿ lavi. = ಲವಂಗ, q. v.

ಲವಿತ್ರ lavitra. An instrument for cutting: *a sickle,* etc. See ಮಚ್ಚು.

ಲವುಡಾ lavuḍâ. = ಲವಡಾ. (My.).

ಲವುಡಿ lavuḍi. 1. (= ಲಗುಡ?). A kind of iron weapon, an iron club (Bh. 3, 13, 19; 6, 4, 141; 6, 7, 17; 8, 10, 10; Râm. 6, 80, 15; Rśv. 6, after 11).

ಲವುಡಿ lavuḍi. 2. = ಲವಡಿ, etc. (My.).

ಲವುಣ್ಡಿ lavuṇḍi. = ಲವುಡಿ 2, etc. (My.; Tĕ.).

ಲಶುನ laśuna. *Garlic.* (ಗೃಂಜನ, ಲಸೋನ, ಪಲಾಣ್ಡು, ಅರಿಷ್ಟ, ಉಳ್ಳಿ Mr. 137).

ಲಷಿತ lashita. Wished, desired. See ಅಭಿ-.

ಲಷ್ಕರು lashkaru. An army (My.; Mhr., H.); a cantonment (My.). 2, a lascar (Mhr., H.).

ಲಸತ್ lasat. (Śmd. 100). Shining, glittering, bright; beautiful; skilful, clever (ಒಪ್ಪಲ್ ಪಟ್ಟ 244 Cm.; J. 2, 11; 5, 4);—sporting, playing.

ಲಸದ್ವಚನ lasat-vačana. (Śmd. 100). A clever word.

ಲಸಿತ lasita. Played, sported, sporting, playing;—shone, shining, beautiful;—appeared, come to light;—skilled, skilful. See Kâvy. III, 3, B, 96; Ŏpr. 4, 89; Bp. 1, 58; 12, 37; 31, 30; 39, 64; ವಿ-.

ಲಸೋನ lasôna. = ರಸೋನ. See Mr. s. ಲಶುನ.

ಲಸ್ತಕ lastaka. *The middle of a bow.*

ಲಸ್ತಕಿ lastaki. A bow. (R.).

ಲಹಣಿ lahaṇi. = ಲಹರಿ 1. Undulation (of voices in singing). — ಲಹಣಿವಡೆ. -ವಡೆ. To produce undulation (Grj. 2, after 106).

ಲಹರಿ lahari. 1. = ಲಹಣಿ. *A large wave, a billow;* an undulation: a waving line (Mhr. ಲಹರ); undulating lines or flashes of lustre or beauty (Râm. 1, 7, 14; Bh. 1, 7, 26; 1, 15, 19; 2, 13, 25. 26; 5, 11, 39; 6, 2, 17; 8, 25, 6; 10, 6, 25). See ವಚೋ-.

ಲಹರಿ lahari. 2. An intoxicating substance (Č. Bp. 47, 45); intoxication (My.; see Prv. s. ಅಪಿನಿ; Br., H. ಲಾಹಿರಿ).

ಲಹರಿಕೆ laharikĕ. A large wave or billow (Čpr. 1, 80).

ಲಳಿ laḷi. Briskness, sprightliness, liveliness (in music, Bp. 19, 11. 14; Bh. 8, 21, 26); enthusiasm, animation, cheerfulness (Bh. 10, 7, 20. 35; Râm. 1, 15, 22; 3, 6, 45; 6, 9, 24; J. 9, 23. 24; 13, 24; 24, 72; *cf.* ನಲಿ 3?); adroitness, dexterity (Bh. 2, 2, 108; J. 23, 15); wonderfulness (Râm. 1, 7, 14; 6, 26, 37; J. 22, 21).

ಲಳಿಗೆ laḷigĕ. = ನಳಿಗೆ, ಲೊಳಗೆ. Tbh. of ನಲಿಕ. A tube (ನಾಡಿ Nr.); a bamboo joint used as a vessel (My.).

ಲಳ್ಳಿ laḷḷi. = ನಳ್ಳಿ. A crab (My.).

ಲಾಕ lâka. = ಲಾಕಳ. ಲಾಕಮೆ ಲಾಕಳಂ (Čt. II, 109).

ಲಾಕಳ lâkaḷa. = ಲಾಕ, q. v.

ಲಾಕ್ಷ lâksha. = ಲಾಕ್ಷೆ. (ಶೀಲಕ, ಅರಗು Nn. 101).

ಲಾಕ್ಷಣಿಕ lâkshaṇika. (fr. ಲಕ್ಷಣ). Knowing marks or characteristics;—distinguished, great (Śm. 77);—a man who knows marks, etc.: a distinguished teacher (Śmd. 3. 407; Čt. I, 1). 2, characteristic; technical.

ಲಾಕ್ಷಣ್ಯ lâkshaṇya. Relating to a sign or mark, etc. See ಸ-.

ಲಾಕ್ಷಾಗೃಹ lâkshâ-gṛiha. = ಲಾಕ್ಷಾಭವನ. (My.).

ಲಾಕ್ಷಾಪ್ರಸಾದನ lâkshâ-prasâdana. *The red lôdhra tree.*

ಲಾಕ್ಷಾಭವನ lâkshâ-bhavana. A house made of shell-lac (Bh. 1, 8, 64).

ಲಾಕ್ಷಾಮುದ್ರೆ lâkshâ-mudrĕ. A seal of lac (Grj. 2, 65).

ಲಾಕ್ಷಾರಸ lâkshâ-rasa. A liquid made from shell-lac, used in colouring the sole of the foot (My.).

ಲಾಕ್ಷೆ lâkshĕ. ಲಾಕ್ಷಾ. = ಲಾಕ್ಷ. *A kind of red dye, lac;*—the insect which produces the lac.

ಲಾಖಿ lâkhi. A red dye extracted from the shell-lac: crimson (C.; Br., H.; Mhr. ಲಾಖ).

ಲಾಗ lâga. 1. (= ಲಾಗು 1). A summerset (My.; Tĕ. ಲಾಗು, T. ಇಲಾಗು). ಮುಖದಿಡೊಪ್ಪನ ಲಾಗ (Prv.). — ಲಾಗ ಹಾಕು. To make a summerset, to tumble over head and ears (My.). — ಲಾಗ ಹೊಡೆ. = ಲಾಗ ಹಾಕು. (C.; B. 3, 114). — ಲಾಗಾಟ. -ಅಟ. Repeated summersets. ಲಲಾಟದಲ್ಲಿ ಇಲ್ಲದ್ದು ಲಾಗಾಟ ಹಾಕಿದರೂ ಸಿಕ್ಕದು (Prv.).

ಲಾಗ lâga. 2. = ಲಾಗು 2, No. 2. See ಹಸ್ತಲಾಗ.

ಲಾಗವಡು lâgavaḍu. = ಲಾಗವಾಡು, ಲಾಗೋಡು. Expense, cost (My.; Tĕ. ಲಾಗುಬಡಿ, ಲಾಗುವಡು, ಲಾಗುವಡೆ; Mhr. ಲಾಗವಡ).

ಲಾಗವಾಡು lâgavâḍu. = ಲಾಗವಡು. (My.).

ಲಾಗಾಯಿತು lâgâyitu. Beginning, commencement; from the beginning or from a long time (My.; Br., H. ಲಾಗಾಯತು).

ಲಾಗಿಸು lâgisu. 1. To jump (Č. Bp. 47, 37; Râghô. 17, 78; Bh. 10, 7, 20).

ಲಾಗಿಸು lâgisu. 2. To make ready, to cause to arise and proceed, to despatch, to emit (Bh. 8, 23, 40; Mhr. ಲಾವ ಣೇಂ. Mhr. ಲಾಗಣೇಂ, to come or arise unto; to arise and proceed; to be applied unto; to be joined to; to be arrived at the proper stage, etc.; see ಲಾಗು 2, ಲಾವಣಿ 1).

ಲಾಗು lâgu. 1. (= ಲಾಗ 1). A leap, a bound, a jump (ಲಂಘನ Śm. 82; Rśv. 5, after 19; Râm. 3, 8, 68; Tĕ.; T. ಇಲಾಗು; Mhr. ಲಾಗ); a summerset (see Tĕ., T. s. ಲಾಗ).

ಲಾಗು lâgu. 2. Excessiveness, excess, etc. (ವೆಗ್ಗಳ Śm. 82; Bp. 6, 9; Bh. 1, 20, 26; 6, 2, 23; 8, 23, 40; Râm. 1, 15, 22; Mhr. ಲಾಗ, coming in contact, joining, etc.; see ಲಾಗಿಸು 2, ಲಾವಣಿ 1). 2. catch, hold: an aim, an object (Bh. 6, 2, 23; Mhr. ಲಾಗ).

ಲಾಗೋಡು lâgôḍu. = ಲಾಗವಡು, etc. (My.).

ಲಾಗ್ನಿಕ lâgnika. = ಲಗ್ಗಿಳ, ಲಗ್ಗಿಗ. Relating to a bondsman (?).

ಲಾಘ lâgha. = ಲಾಘವ. See ಉಲ್-.

ಲಾಘವ lâghava. (fr. ಲಘು). Quickness, swiftness, speed;—lightness, levity; shortness of a vowel or syllable;—versatility, dexterity (J. 22, 6);—ease, facility;—health;—littleness;—delicacy, fineness; masterliness of workmanship;—insignificance, meanness;—slight, disrespect.

ಲಾಂಗಲ lâṅgala. = ನೇಗಲ್, etc. *A plough.* 2, the palm tree.

ಲಾಂಗಲದಣ್ಡ lâṅgala-daṇḍa. *The pole or beam of a plough.*

ಲಾಂಗಲಪದ್ಧತಿ lâṅgala-paddhati. A plough's path or line: *a furrow.*

ಲಾಂಗಲಿ lâṅgali. Furnished with or possessing a plough: Baladêva. 2, *the cocoa-nut tree; the cocoa nut.*

ಲಾಂಗಲಿಕಿ lâṅgaliki. = ಲಾಂಗುಲಿಕಿ. *The plant Methonica superba* Lam. (= ಅಗ್ನಿಶಿಖೆ; see ತರಿಗೊಟ್ಟು).

ಲಾಂಗು lâṅgu. "Long" (Si. 222).

ಲಾಂಗುಲಿ lâṅguli. N. of a plant (see Nr. s. ಜಲಪಿಪ್ಪಲಿ).

ಲಾಂಗುಲಿಕಿ lâṅguliki. = ಲಾಂಗಲಿಕಿ. (ನಾಂಗುಲಿಕ, ಅಗ್ನಿಶಿಖೆ Nr., o. r. ಲಾಂಗಲಿಕಿ).

ಲಾಂಗೂಲ lâṅgûla. *A tail* (ಬಾಲ Nn. 130; ವಾಲಧಿ, ಬಾಲ Mr. 274). 2, the penis.

ಲಾಚಾರು lâčâru. Helpless, forlorn, poor (My.; Mhr., H.; ಲಾಚಾರಿ, helplessness;—helpless and wretched state, Mhr., H.).

ಲಾಜ lâja. = ಲಾಜೆ. Commonly in the plural: ಲಾಜಂಗಳ್, *parched grain.*

ಲಾಜಾಂಜಲಿ lâja-añjali. An añjali filled with parched grain (Čpr. 6, after 77).

ಲಾಜಾಶ್ಮ lâja-aśma. The marriage-ceremony of throwing parched grain into the fire and of performing the aśmârôpaṇa (J. 31, 18).

ಲಾಜೆ lâjĕ. Parched grain (ಅರಳು, ಲಾಜಾಪ್ಲೆ Mr. 375).

ಲಾಂಛನ lâñčhana. *A mark, a sign, a token, a spot;—a stain, a stigma, a mark of ignominy* (B. 4, 20). 2, a name, an appellation.

ಲಾಂಛಿತ lâñčhita. Marked, distinguished, characterized;—decorated;—furnished with (My.).

ಲಾಂಚ್ಛ್ಯನ lâñčhyana. = ಲಚ್ಛಣ q. v., ಲಾಂಛನ.

ಲಾಟ lâṭa. = ಲಾಡ 1, ಲಾಡಿ. N. of a people and of the district inhabited by them. 2, repetition of words in the same sense but in a different application;—idle or childish language. 3, old, worn, spoiled.

ಲಾಟಭಾಷಿಕ lâṭa-bhâshika. = ಲಾಡವಾಸಿಗ. A man who speaks the language of the Lâṭas.

ಲಾಟಿ lâṭi. = ಲಾಡ್. Feminine of ಲಾಟ. A Lâṭa woman; etc.

ಲಾಟಿಸು lâṭisu. To beat (My.).

ಲಾಟು lâṭu. A "lot", a quantity or large number, a mass (My.; Br.). ಲಾಟಿಗೆ ಲಾಟು, ಹೊಟ್ ದಾಟು (Prv.).—ಲಾಟು ಲಾಟು. rep. ಜನಸು ಲಾಟು ಲಾಟಾಗಿ ಅವೆ (My.). ದನ ಲಾಟು ಲಾ ಟಾಗಿ ಬರುತ್ತವೆ (My.).

ಲಾಡ lâḍa. 1. = ಲಾಟ No. 1. (ಲಾಡ Mr. 382; My.).

ಲಾಡ lâḍa. 2. = ಲಾಳ 2, etc. (My.; Br.).

ಲಾಡಿ lâḍi. = ಲಾಳಿ, q. v.

ಲಾಡಿ lâḍi. A cord (My.; Mhr. ನಾಡಾ). 2, a strap, a thong (of a horse, My.; Mhr.). 3, the tape (of drawers, etc. My.; Mhr. ನಾಡ, ನಾಡಿ).

ಲಾಡು lâḍu. = ಲಡ್ಡು. (My.; see ಗುಂಡಾ-).

ಲಾತು lâtu. = ಲತ್ತೆ, q. v. (My.).

ಲಾನ್ತ la-anta. A term with final ಲ್ (Šmd. 41. 321).

ಲಾನ್ತವ lântava. N. of a certain part of the earth (Abh. P. 16, 73; 16, after 73).

ಲಾನ್ದರ lândara. A "lantern" (My., also ಲಾನ್ಟ್ರು; Tĕ., M.).

ಲಾಪ lâpa. Chattering, speaking, talking. See ಪ್ರ-, ಸಂ-.

ಲಾಭ lâbha. Obtaining, receiving, gaining, getting, finding;—*acquirement, acquisition;—gain, advantage, profit.* ಲಾಭಮಾಡುದುದು (ಉದಾದುದು Šmd. I). ಲಾಭವಿಲ್ಲದೆ ಸೆಟ್ಟಿ ಹಳ್ಳಿಗೆ ಹೋಗ.—ಬೀಸುವ ಮುಣ್ಣಿಗೆ ಮುಕ್ಕದ್ದೇ ಲಾಭ.—ಬೆಲೆ ಬಿದ್ದ ಸರಕಿನ ಲ್ಲಿ ಲಾಭ ಉಣ್ಟೇ?—ಹಸಲಿಗೆ ಟಕ್ಕಾಟ, ಲಾಭಕ್ಕೆ ಮರ್ಲಾಟ (Prvs.).

ಲಾಭನಷ್ಟ lâbha-nashṭa. Profit and loss (My.).

ಲಾಭಿಸು lâbhisu. To gain, to have advantage or profit (J. 17, 1).

ಲಾಮಚ lâmača. = ಲಾಮಜ್ಜ, ಲಾಮಜ್ಜ, (ಲಾಮಜ್ಜಕ), ಲಾಮಂಚ, ಲಾವಂಚ. Tbh. of ಲಾಮಜ್ಜ (Šmd. 369 Mdb., o. r. ಲಾಮಚ್ಚ). A grass with fragrant roots used for fans, etc., the cuscus-grass, Andropogon muricatus Retz. (ಕೊಳವೇರ್ Šmd. II, o. r. ಲಾಮಜ್ಜ; Kk. 85; ಬಾಳ Nn. 123, o. r. ಲಾ ಮಂಚ).

ಲಾಮಚ್ಚ lâmačča. = ಲಾಮಚ, q. v. (ಕೊಳವೇರ್, ಬಾಳ Šm. 27; ಬಾಳ್ 111).

ಲಾಮಜ್ಜ lâmajja. = ಲಾಮಚ, q. v.

ಲಾಮಜ್ಜಕ lâmajjaka. (= ಲಾಮಜ್ಜ). *The root of Andropogon muricatus* Retz.

ಲಾಮಂಚ lâmañča. = ಲಾಮಚ, etc. (ಉಶೀರ, ಅಭಯ, ನಲದ, ಲಾಮಜ್ಜಕ, etc. Si. 164; ಬಾಳ Čt. II, 70; Mr. 181; ಬಾಲಕ Mr. 525; ಕೊಳವೇರ್ Kk. 32; My.; see Nn. s. ಲಾಮಚ).

ಲಾಮ್ಬಿ lâmbi. = ಲಮ್ಬು, q. v. (My.).

ಲಾಯ lâya. (= ಲಯ). A stable. (ಕುದುರೆಯ ಲಾಯ, ಮನ್ದುರ Nr.; Si. 108; My.). ವಾಜಿಗಳ ಲಾಯ (ಮನ್ದುರ Mr. 193). ಅರಸನ ಕುದುರೆ ಲಾಯದಲ್ಲೇ ಮುಪ್ಪಾಯಿತು (Prv.). See Prv. s. ಪಾಲ; J. 16, 2; 17, 57.

ಲಾಲ್ lâl. = ಅಲ್. (Mhr., H., Br. ಲಾಲ್, red).—ಲಾಲ್ ತಿಗಡೆ. (= ಅಲ್ತಿಗುಡು). ಭೇದಿ ಆಗುವ ಲಾಲ್ ತಿಗಡೆ (ತ್ರಿಪುಟ, ತ್ರಿವೃತ್, etc. Si. 148; My.).—ಲಾಲ್ ಬಾಗ್. A fine, royal garden (ಉ ದ್ಯಾನ, ಆಕ್ರೀಡ Si. 118).

ಲಾಲನ lâlana. = ಲಾಲನೆ. (Sk.; My.).

ಲಾಲನೆ lâlanĕ. Caressing, fondling, coaxing, dandling (J. 28, 19; (My.);—coaxing play (Bh. 3, 13, 18). ಲಾಲನೆ ಮಾಡಲಿಕ್ಕೆ ಕಡಿಮೆಯಿಲ್ಲದಿದ್ದರೂ ಪಾಲನೆಗೆ ಮಾತ್ರ ಕಡಿಮೆ.—ಪಾಲನೆ ಯಿಲ್ಲದಿದ್ದರೆ ಲಾಲನೆಗೆ ಕಡಿಮೆಯೇ? (Prvs.).

ಲಾಲಸ lâlasa. *Longing, ardent desire;*—ardently desirous of, eagerly longing for, etc. (ಲೋಲುಪ, ಲೋಲುಭ, ಲಮ್ಪಟ, ಲೋಲ, ಅಳುಪುವಂ Mr. 232).

ಲಾಲಸೆ lâlasĕ. = ಲಾಲಸ, especially *the longing of a pregnant woman.*

ಲಾಲಾ lâlâ. N. of an asura (Bp. 54, 56; Grj. 10, after 110).

ಲಾಲಾಜಲ lâlâ-jala. = ಲಾಲೆ. (My.).

ಲಾಲಾಮದ lâlâ-mada. = ಮದಜಲ. (Abh. P. 3, 130).

ಲಾಲಿ lâli. A lullaby sung to children (My.).—ಲಾಲಿ ಹಾಡು. To sing a lullaby (My.). 2, ಲಾಲಿಹಾಡು. = ಲಾಲಿ. (My.).

ಲಾಲಿತ lâlita. Caressed, tenderly cherished, fondled, nursed, coaxed, indulged;—loved, desired;—pleasure, joy, love. See Kâvy. III, 1, A, 15; Bp. 4, 16; 5, 18; 10, 16; 19, 11; 56, 8.

ಲಾಲಿತ್ಯ lâlitya. Loveliness, charm, grace, beauty, pleasantness;—gaiety;—amorous or languid gestures. See Bp. 1, 19. 40; ಪಾಕ-.

ಲಾಲಿಸು lâlisu. To caress, to fondle, to coax, to dandle (Čpr. 4, 78; Bp. 29, 34; 47, 31; J. 19, 47). 2, kindly to attend to, kindly to listen to, to accept favourably (Bp. 50, 27; Kk. 3; My.).—ಲಾಲಿಸು ಲಾಲಿಸು. rep. of No. 1. (Bp. 6, 31).

ಲಾಲೆ lâlĕ. ಲಾಲಾ. = ಲಾಳ 3. *Saliva, spittle, slaver* (Sk. also ಲಾಲ). See ಲೋಳೆ, etc.

ಲಾಲ್ಯ lâlya. To be caressed, fondled, or coaxed (Bp. 43, 66; 46, 72).

ಲಾವ lâva. Cutting, severing; reaping; plucking; destroying. 2, *a sort of quail, Perdix chinensis.*—ಲಾವಕ್ಕಿ. -ಹಕ್ಕಿ. = ಲಾವ. (My.; G.); the red spur-fowl, Galloperdix spadiceus (Bd.).

ಲಾವಕ lâvaka. = ಲಾವಗ, ಲಾವಿಗ, ಲಾವುಗ. A cutter; a reaper; a destroyer, one who seeks to destroy (Bh. 2, 1, 61). 2, a snake-catcher and exhibiter (ಹಾವಡಿಗ Čt. I, 58). 3, = ಲಾವ No. 2, a quail.

ಲಾವಕತನ lâvakatana. Tale-bearing (? see Prv. s. ಸೇವಕ; Mhr. ಲಾವಾಲಾವ, tale-bearing).

ಲಾವಗ lâvaga. Tbh. of ಲಾವಕ. See ಕರಿ-, ಕೆಮ್ಮು-.

ಲಾವಂಚ lâvañča. = ಲಾಮಚ, etc. (ಬಾಲ Si. 457; My.). ಲಾವಂಚವೂ ಹುಲ್ಲೇ, ಲಕ್ಷ್ಮೀಶ್ವರನೂ ಮನುಷ್ಯನೇ, ಆದರೆ ಭೇದವಿಲ್ಲವೇ? (Prv.).

ಲಾವಣ lâvaṇa. A list of soldiers or of public servants (My.; Br.; M. ಲಾವಣ, ಲಾವಣೆ; T. ಇಲಾವಣ).

ಲಾವಣಿ lâvaṇi. 1. = ಲಾವಣಿಗೆ. A mass, a collection, an assembly, a throng (ಗೊಣ್ದಣಿ, ಸನ್ದಣಿ, ಒಗ್ಗು, ಪಸರ, etc., ಸಮೂಹ Šs.; Mhr. ಲಾವಣೇಂ, fr. ಲಾಗಣೇಂ, to place in contact or connection, to join together, etc.; see s. ಲಾಗಿಸು 2, ಲಾಗು 2).

ಲಾವಣಿ lâvaṇi. 2. A obscene kind of ballad and its rustic tune (My.; Mhr.).

ಲಾವಣಿಗೆ lâvaṇigĕ. = ಲಾವಣಿ 1. (ಓಳಿ, ಸಮೂಹ Kk. 72, o. r. ತಾವಣಿಗೆ; Bh. 1, 7, 26; 2, 2, 109; 2, 13, 26; 3, 13, 18; 6, 2, 17; 8, 3, 3; Râm. 6, 14, 18).

ಲಾವಣ್ಯ lâvaṇya. (fr. ಲವಣ). Saltness. 2, beauty, loveliness, charm, gracefulness (ಚನ್ದ Šm. 99; ಡಾಳ Bhn. 26; Čh. v. 10; Ŏpr. 5, 96; Grj. 4, after 120).

ಲಾವಣ್ಯವತಿ lâvaṇya-vati. A beautiful, handsome woman (My.).

ಲಾವಣ್ಯವನ್ತ lâvaṇya-vanta. A handsome man (My.). Feminines: ಲಾವಣ್ಯವನ್ತಳು, ಲಾವಣ್ಯವನ್ತೆ (My.).

ಲಾವಿಗೆ lâvigĕ. Tbh. of ಲಾವಕ. ಲಾವಿಗೇ ಹಕ್ಕಿ (ಲಾವ Si. 177; My.).

ಲಾವುಗೆ lâvugĕ. Tbh. of ಲಾವಕ. (ಲಾವ Nr.; ಕಪಿಂಜಲ Mr. 177; ನೀಲಕಣ್ಣ Nn. 49; Bh. 1, 20, 53).

ಲಾಷುಕ lâshuka. Covetous, greedy. See ಅಭಿ-.

ಲಾಸ lâsa. Jumping about, sporting; dancing; wanton sport. See ವಿ-.

ಲಾಸಕ lâsaka. One who sports, etc.;—a male dancer, an actor.

ಲಾಸಿ lâsi. Moving to and fro, dancing. See ಅನು-.

ಲಾಸಿಕೆ lâsikĕ. *A female dancer, a dancing girl.*

ಲಾಸ್ಯ lâsya. *A dance, dancing* (ನೃತ್ಯ, ತಾಣ್ಡವ, ನಾಟ್ಯ Mr. 79); a dance accompanied with instrumental music and singing;—*a dance in which the emotions of love are mimically represented, a Nach.* 2, a dancer (fem. ಲಾಸ್ಯೆ).

ಲಾಳ್ lâḷ. (ಲಿಂಗವತ್ತಿಗೆ Šmd. II, o. r. ವಾಳೆ; ಲಿಂಗವತ್ತಿಗೆ Kk. 82, one MS. perhaps ನಾಲ್).

ಲಾಳ lâḷa. 1. Tbh. of ನಾಲ 1. A tube; a stalk. 2, = ಲಾಳಿ, a kind of reed of which pens are made (My.). — ಲಾಳದ ಕಡ್ಡಿ. A pen made of that reed (My.). — ಲಾಳಮುಣ್ಡಿಗೆ. = ಲಾಳವಿಣ್ಡಿಗೆ. (My.). — ಲಾಳವಿಣ್ಡಿಗೆ. -ಪಿಣ್ಡಿಗೆ. A wooden bolt or bar for fastening a door (ಅಗ್ಗಳಿಕೆ Šmd. I, o. rs. ಅಗರಳಿಕೆ, ಅರ್ಗಳಿ; ಪರಿಘ, ಪರಿಘಾತನ Hla., Nr.; Râm. 6, 51, 86; My.).

ಲಾಳ lâḷa. 2. = ನಾಲ 2, etc. (My.).

ಲಾಳ lâḷa. 3. = ಲಾಲೆ. — ಲಾಳವಾಯ್ದೆಱೆ. -ಬಾಯ್-ಪೆಱೆ. A mouth with saliva looked upon as the moon (Čpr. 3, 44).

ಲಾಳಕ lâḷaka. One who shoes horses or bullocks (Ŏ. Bp. 47, 41).

ಲಾಳಬನ್ದಿ lâḷa-bandi. = ನಾಲಬನ್ದಿ, etc. (My.).

ಲಾಳಿ lâḷi. A pair of tongs, a pair of pincers (ತಣ್ಡಸ, ಇಕ್ಕಳ, ಗಾಳುಕ Mr. 383, one MS. ಲಾಡಿ; Tĕ. ಲಾಗು, ಲಾಗು, to pull, drag, draw, twitch, *cf.* ಎಳೆ 1).

ಲಾಳಿ lâḷi. = ನಾಳಿ, etc. A weaver's shuttle (My.; B. 5, 227). ನೆಯ್ಯುವವನಿಗೆ ಲಾಳಿ, ನಗಕ್ಕೆ ಗಾಳಿ (Prv.). 2, = ಲಾಳ 1 No. 2. — ಲಾಳೀ ಕಡ್ಡಿ. ಏರಣ, ಏರತರ ಎನ್ದರೆ ಮರಕಬ್ಬು; ಕೆಲವರು ಲಾಳೀ ಕಡ್ಡಿ ಅನ್ನುವರು, ಕೆಲವರು ಹುಲ್ಲಾಳೀ ಕಡ್ಡಿ ಅನ್ನುವರು (Si. 164). — ಲಾಳೀ ಸೊಪ್ಪು. A vegetable with stalks, a species of Amaranthus (My.).

ಲಾಱ lâḷa. = ಳಾಱ. Tbh. of ಲಾಟ (Šmd. 30; ಲಾಡ Mr. 382; Bp. 6, 18). — ಲಾಱಬಾಸೆಗ. = ಲಾಟಭಾಷಿಕ (Šmd. 30).

ಲಾೞಿ lâḻi. Tbh. of ಲಾಟಿ. (Čt. II, 91).

ಲಿ li. 1. = ಅಲಿ 2, etc. (C.). See *e. g.* ಕೆಯ್ಲಿ (B. 4, 72. 158. 187; 5, 303), ದಾರಿಲಿ (s. ದೂರ), ಬೀದಿಲಿ (B. 4, 170), ಬಾಯಿಲಿ (4, 187), ಸಂಗತಿಲಿ (4, 214), ಹೆಸರ್ಲಿ (5, 303). In S. Mhr. ಲಿ (as ಲು in My.) is used in multiplication, *e. g.* ಅಯ್ದು ನಾಲ್ಕಲಿ, twenty.

ಲಿ li. 2. Occasionally = ಲೆ, *e. g.* ಮೂದಲಿಸುತಲಿ (Bp. 28, 21; see ಅ 2).

ಲಿಕುಚ likuča. = ಲಕುಚ. *The tree Artocarpus lacucha* Roxb.

ಲಿಕ್ಷೆ likshĕ. *A nit, a young louse.*

ಲಿಖನ likhana. Scratching; writing, inscribing;—a writing, a written document, etc.

ಲಿಖಿತ likhita. Scratched, scraped, scarified;—written (Bp. 5, 52; Râm. 1, 16, 6);—drawn, delineated, painted;—*a writing, a written document or composition, scripture.* 2, N. of a ṛishi (J. 12, 1. 2).

ಲಿಖಿಸು likhisu. To write (ಬರೆ Šmd. 5 Cm.; Bp. 53, 73).

ಲಿಗಾಡು ligâḍu. A perplexing affair, a trouble, a dilemma, a scrape; a calumnious invention (Mhr. ಲಿಗಾಡ). 2, compensation for damages (My.).

ಲಿಂಗ liṅga. = ನಿಂಗ. *A mark, a sign, a token, an emblem*; a distinguishing or discriminating mark, a characteristic, a specification (ವಸ್ತುನಿಕಾಯನಾಮವಚನನಿರ್ದಿಷ್ಟಂಗಳು, ಲೋಕದ ವಸ್ತುಗಳ ಹೆಸರ ಹೇಳುವುದು Nn. 117; Šmd. 154). 2, *a proof, an evidence, a means of proof, proof from a sure sign or token;*—inference (ಅನ್ಮಾನ, ಅನುಮಾನ 117; ಅನುಮಾನ Mr. 514). 3, *the penis* (ಮುಷ್ಕ, ಶಿಶ್ನ 117; ಮುಷ್ಕ 514; ಮೇಢ್ರ, ಶಿಶ್ನ, etc. Mr. 328). 4, *Šiva's genital organ, the phallus; Šiva worshipped in the form of a phallus* (ಶಿವಮೂರ್ತಿಭೇದ, ಶಿವಮೂರ್ತಿ 117; ಶೈವಮೂರ್ತಿ 514). 5, the image of a god, an idol. 6, a nominal theme or base, the crude form or base of a noun (Šmd. 47. 51. 52. 88-90. 92. 98-100. 102-105. 107. 114. 118. 120. 174; Kâvy. I, 2, 1. 14-19; ಪ್ರಕೃತಿ 514). 7, gender in grammar (Šmd. 96. 97. 108. 109-113. 128. 138. 187). 8, the indestructible original of the gross or visible body. 9, prakṛiti or pradhâna. 10, N., *e. g.* of the author of the Kabbigara keypiḍi (Kk. 1. 101). ಲಿಂಗಕ್ಕೆ ಹೊಲೆ ಇಲ್ಲ, ಗಂಗೆಗೆ ಮಡಿ ಇಲ್ಲ (*i. e.* its purity does not go by touch);—ಲಿಂಗ ಹಚಿದ ಮೇಲೆ ಜಂಗಮನ ಹಂಗೇನು?—ಪಂಗುವಾದರೂ ಲಿಂಗಪೂಜೆಯಿದ್ದರೆ ಭಂಗವಾಗ (Prvs.). ಒಟ್ಟಿಯೂ ಕಲ್ಲಿಂಗೆ ಒಟ್ಟ ಪತ್ರೆಯನ್, ಇಟ್ಟು ಕಟ್ಟಿದ ಲಿಂಗಮ್ ಅಡಿಯಾಗಿ ಶರಣೆಮ್ಬ ಪ್ರಸ್ತರಾ ನೋಡು! (Sp.). See ಚರ-; Bp. 8, 48. 49; Prv. s. ಸವಾಸೇರು. — ಲಿಂಗದ ಕಾಚಿದೇವ. N. (Bp. 58, 1). — ಲಿಂಗದೇವ. N. (Bp. 58, 6; 59, 1; see ಸೊಡ್ಡಳ-). — ಲಿಂಗದೊಣ್ಡೆಬಳ್ಳಿ. -ತೊಣ್ಡೆ-. A climbing herb growing in hedges, Bryonia laciniosa Lin. (C.). — ಲಿಂಗಪ್ಪ.

-ಅಪ್ಪ. N. (My.). — ಲಿಂಗಬಣಜಿಗ. A Liṅgavanta baṇajiga (My.). — ಲಿಂಗಮ್ಮ. -ಅಮ್ಮ. N. (My.). — ಲಿಂಗಯ್ಯ. -ಅಯ್ಯ. N. (My.). — ಲಿಂಗಸೆಟ್ಟಿ. N. (B. 3, 38). — ಲಿಂಗಾದೇವಿ. N. (Bp. 12, 42; 59, 7).

ಲಿಂಗಕ liṅgaka. *Grammatical gender* (at the end of compounds).

ಲಿಂಗಜಂಗಮ liṅga-jaṅgama. The phallus and the jaṅgama; or the jaṅgama who is an incarnate phallus (Bp. 1, 38; 24, 69; 30, 3).

ಲಿಂಗಜಂಗಮಪೂಜನ liṅgajaṅgama-pûjana. Worship of the liṅga-jaṅgama (Bp. 24, 89).

ಲಿಂಗತ್ರಯ liṅga-traya. The three grammatical genders (Šmd. 57. 97 Cm.; 111. 113. 152. 171. 188. 267. 297). 2, the ishṭa-, guru-, and prâṇa-liṅga (Bp. 8, 49; 48, 5). See Nn. s. ಲಿಂಗವರ್ಚಸ.

ಲಿಂಗದೇಹ liṅga-dêha. The subtile body which accompanies the grosser (sthûladêha) in all its transmigrations and is not destroyed by death (My.).

ಲಿಂಗದ್ವಯ liṅga-dvaya. A couple of liṅgas (Bp. 38, 66).

ಲಿಂಗಧಾರಕ liṅga-dhâraka. A Liṅgavanta (My.; Bp. 58, 51).

ಲಿಂಗಧಾರಿ liṅga-dhâri. = ಲಿಂಗಧಾರಕ. (My.).

ಲಿಂಗನ liṅgana. Embracing, an embrace. See ಆ-.

ಲಿಂಗನದಿ liṅga-nadi. N. of the Narmadâ (Si. 93).

ಲಿಂಗಪಸಾದ liṅga-pasâda. = ಲಿಂಗಪಸಾಯಿತ. (Bp. 4, 11).

ಲಿಂಗಪಸಾಯಿತ liṅga-pasâyita. Blessed or presented by the liṅga: N. of a dagger used by Liṅgavantas (Bp. 9, 21. 30).

ಲಿಂಗಪುರಾಣ liṅga-purâṇa. N. of one of the Purâṇas, in which Šiva, supposed to be present in a great fiery liṅga, gives an account of the creation, etc. as well as of his own incarnations, in opposition to those of Vishṇu (My.).

ಲಿಂಗಪೂಜೆ liṅga-pûjĕ. Worship of the liṅga (Râv. 4, after 14).

ಲಿಂಗಪ್ರಸಾದ liṅga-prasâda. A portion or remnant of any thing that has been presented to a liṅga (Bp. 33, 12; 45, 19; 58, 16. 32. 38; 61, 20).

ಲಿಂಗಭಟ್ಟೀಯ liṅga-bhaṭṭîya. ಲಿಂಗಾಭಟ್ಟೀಯ. N. of a commentary on the Amarakôša (My.).

ಲಿಂಗಮುದ್ರೆ liṅga-mudrĕ. An impression of the liṅga (applied to bullocks, etc. My.). — ಲಿಂಗಮುದ್ರೆಕಲ್ಲು. A boundary stone bearing the impression of the liṅga (My.).

ಲಿಂಗವಚನ liṅga-vačana. Gender and number (in grammar, Šmd. 57).

ಲಿಂಗವಚನಭೇದ liṅgavačana-bhêda. Difference with regard to gender and number: one of the dôshas in upamĕs (Kâvy. III, 3, B, 75 seq.).

ಲಿಂಗವಚೋವಿಭೇದ liṅga-vačas-vibhêda. = ಲಿಂಗವಚನಭೇದ. (Kâvy. III, 3, B, 75 seq.).

ಲಿಂಗವತ್ತಿಗೆ liṅga-pattigĕ. (ಬಾಳ್, q. v.).

ಲಿಂಗವಂತ liṅga-vanta. A male individual of the sect who exclusively worship Šiva, his phallus, and Basava, and carry the representation of the phallus suspended around the neck (Bp. 8, 49; 9, 5; 21, 9. 39; 29, 8; 35, 48; 54, 78; 59, 21; 61, 10. 21; C.). Feminine ಲಿಂಗವಂತಳು (C.). The members of the liṅgavanta (or Vîrašaiva) sect are 1, Ârâdhya Brâhmaṇas (about one amongst a thousand); 2, Kshatriyas (who at present appear to be very rare); 3, Vaišyas or Šĕṭṭis (viz. Baṇajigas, Baḷĕgâṛas, Nĕykâṛas, Kañčagâṛas, Gâṇigâs, and Kumbâṛas); 4, Šûdras (viz. Gouḍas, Ŏkkaligas, Kuṛubas, Baḍagis, Akkasâlĕs, Suṇṇagâṛas, Agasas, and Kshaurakas; 5, Jaṅgamas or Ayyas (who are either Brâhmaṇas, Sĕṭṭis, or Šûdras; 6, Antyajas (who were clearly acknowledged as members of the sect at the time of its founder Basava, under the last but one of the Čâḷukya kings of Kalyâṇa, but are now disowned as such, with the exception of the Čalavâdis, who put ashes to their forehead, worship the liṅga (though not tying it to their neck), and have to walk before the corpse of a Liṅgavanta that is carried to the grave or before an idol (Šiva or Basava) when carried about. Members of Nos. 1-5 eat in company (excepting the Kshaurakas who have to sit separately), but do not intermarry. The pûjâris of the Liṅgavantas are either poor Sĕṭṭis or Šûdras of their sect; if there is a liṅga besides a Basava (bullock) in the temple, a Šaiva Brâhmaṇa of any sect will officiate as pûjâri in Liṅgavanta temples. Jaṅgamas do not make namaskâra to the Basava in a temple, but do so to the liṅga there, and when poor, may so far act also as pûjâris. — ಲಿಂಗವಂತನುಡಾಸಿ. N. (Bp. 44, 48).

ಲಿಂಗವರ್ಚಸ liṅga-varčasa. Proof-form: a form with three kinds of proof (? ಸಾಧನ, ಲಿಂಗತ್ರಯಪರೀಕ್ಷಿಸುವುದು Nn. 114; ಸಾಧನ Mr. 501).

ಲಿಂಗವೃತ್ತಿ liṅga-vṛitti. *One who assumes the dress, etc. of an ascetic to gain a livelihood, a religious hypocrite* (see ಧರ್ಮಧ್ವಜ).

ಲಿಂಗಶರೀರ liṅga-šarîra. = ಲಿಂಗದೇಹ. (My.).

ಲಿಂಗಾಂಗಣ liṅga-aṅgaṇa. An area where a phallus is placed and worshipped (Bp. 19, 69).

ಲಿಂಗಾನುಶಾಸನ liṅga-anušâsana. The doctrine or laws of grammatical gender (My.).

ಲಿಂಗಾಯತ liṅga-âyata. = ಲಿಂಗವಂತ. (My.).

ಲಿಂಗಾಯಿತ liṅga-âyita. = ಲಿಂಗಾಯತ. (My.).

ಲಿಂಗಾಯ್ತ liṅga-âyta. = ಲಿಂಗಾಯಿತ. (My.).

ಲಿಂಗಾವತಾರ liṅga-avatâra. An incarnation of Šiva's phallus: Basava, etc. (Bp. 22, 58).

ಲಿಂಗಿ liṅgi. = ಲಿಂಗಿ. Wearing a distinguishing mark;— characterized by;—bearing false marks, a hypocrite;— one who is entitled to wear religious marks: *an ascetic;*— one who wears the phallus: a liṅgavanta (Bh. 1, 12, 22);—N. of females (My.). See Bp. 36, 60; 54, 27; ಸರ್ಗ-.

ಲಿಂಗೈಕ್ಯ liṅga-aikya. Identity with the šiva-liṅga (Bp. 57, 68; 58 sum.; 58, 15. 20).

ಲಿತ್ವ litva. The syllable ಲಿ (Šmd. 220; Kâvy. I, 3, 57-59).

ಲಿಪಿ lipi. = ಲಿಪಿ. Smearing, besmearing, anointing, plastering;—painting, drawing, writing. 2, *written characters, the letters.* 3, *a writing, a writ,* a manuscript, a document, a letter (ಅಕ್ಷರದ ಬರಹ Hlâ.; Bp. 5, 53). 4, *a drawing, a picture* (ಚಿತ್ರದ ಬರಹ Hlâ.). ಲಿಪಿ (of Brahmâ) ಮಾಡಿಲಿಕ್ಕೆ ಪಿಟ್ಟಲಿಕೆಯಿನ್ನ ಕೂಡೀತೇ? (Prv.).

ಲಿಪಿಕ lipika. A writer, a scribe (ಗ್ರನ್ಥಲೇಖಕ Mr. 360).

ಲಿಪಿಕರ lipi-kara. An anointer, a white-washer, a plasterer. 2, *a writer, a scribe, a copyist.* 3, an engraver.

ಲಿಪಿಕಾರ lipi-kâra. = ಲಿಪಿಕರ. *A writer, a scribe, a copyist;* etc.

ಲಿಪಿಜ್ಞ lipi-jña. One who understands writing, etc. (Kk. 101).

ಲಿಪಿಸಂಖ್ಯೆ lipi-saṅkhyĕ. *A number of written characters.*

ಲಿಪ್ತ lipta. Smeared, besmeared, anointed. 2, *stained, soiled, defiled.* 3, smeared with poison, poisoned. 4, *eaten.*

ಲಿಪ್ತಕ liptaka. *A poisoned arrow.*

ಲಿಪ್ಯಮಾನ lipyamâna. The state of being smeared, etc. (Čpr. 1, after 81).

ಲಿಪ್ಸು lipsu. *Desiring to become possessed of, eager for, covetous.*

ಲಿಪ್ಸೆ lipsĕ. *The desire to gain or to obtain, desire for possessing.*

ಲಿಫಾಫೆ liphâphĕ. An envelope (My.; Br.; Mhr., H. ಲಿಫಾಫ).

ಲಿಮ್ಬಳ limbaḷa. A Kŏṅkaṇiga (ಕೊಂಕಣಿಗ Mr. 382 two MS., one MS. ರಿಂಬಳ, another one ವಿಮ್ಬಳ).

ಲಿಮ್ಬೆ limbĕ. = ನಿಮ್ಬೆ 1, etc. The acid lime, etc. (My.; St. & Pl.).

ಲಿವಿ livi. = ಲಿಪಿ. *Writing, writ,* etc.

ಲಿಹ್ lih. Licking. See ಪುಷ್ಪ-, ಮಧು-.

ಲೀಢ lîḍha. Licked, tasted, devoured, eaten; darted out (as the tongue). See ಅವಲೀಢ; Grj. 5, 26.

ಲೀನ lîna. Clung to, adhered to, attached to, clinging to, embracing;—lying, resting on, staying in; hiding, entered into. 2, dissolved, melted;—absorbed, absorbed in or into, swallowed up in; intimately united with; devoted to. 3, disappeared, effaced, vanished, departed. See ಅನ್ತರ್ಲೀನ, ಪ್ರ-.

ಲೀನತ lînata. = ಲೀನ. See ವಿ-.

ಲೀನತೆ lînatĕ. The state of adhering;—the state of being hidden or concealed; etc.

ಲೀಲಾಲಸತೆ lîlâ-alasatĕ. The state of being tired of sport (Čpr. 3, 85).

ಲೀಲಾವತಿ lîlâ-vati. A beautiful, or wanton, woman. 2, N. (J. 33, 48). 3, N. of a town (Čpr. 1, 83). 4, N. of several treatises.

ಲೀಲಾವಹ lîlâ-vaha. Conveying or bringing sport (Čpr. 4, after 42).

ಲೀಲಾವಿಭೂತಿ lîlâ-vibhûti. Great sport (My.).

ಲೀಲೆ lîlĕ. ಲೀಲಾ. *Play, sport, diversion, amusement, pastime.* 2, wanton sport, *amorous pastime, as shown in the imitation of a lover's gait, manner, speech, etc.* (in his absence), wantonness. 3, joking, frivolity, child's play. 4, sportive appearance, dissimulation, sham. 5, air, mien, manner. 6, grace, beauty, loveliness. 7, a story about the sport of a deity. ಲೀಲೆ ಕೇಳಿ ದಾಕ್ಷಣ ಮೇಲಕ್ಕೆ ಏಟ್ಯಾನೇ? (Prv.).—ಲೀಲೆವಡೆ. -ಪಡೆ. To get beauty (Rŝv. 5, after 19).

ಲು lu-u9. (= ಲುಂ, ಲೂ). See ಲ್ 2. It is used also in multiplication, *e. g.* ಎರಡು ಮೂಱಲು, six, ಅಯ್ದು ನಾಲ್ಕಲು, twenty, ಆಱು ಏೞಲು, forty-two, etc. (My.).

ಲುಂ lu-um 1. (= ಲು, etc.). See ನಿಚ್ಚಲುಂ.

ಲುಕಸಾನು lukasânu. = ಲುಕುಸಾನು, etc. (My.).

ಲುಕುಸಾನು lukusânu. = ಲುಕಸಾನು, ಲುಕ್ಸಾನು. Loss; damage (My.; Mhr., H. ನುಕಸಾನ, ನುಕಸಾನೀ, ಲುಕಸಾನ, ಲುಕಸಾನೀ; Br.).

ಲುಕ್ಸಾನು luksânu. = ಲುಕುಸಾನು. (My.).

ಲುಂಗಿ luṅgi. A piece of cloth tied round the loins by males, reaching down to the knees (My.; ಅಧೋರುಕ G.; H.).

ಲುಚ್ಚಾ luččâ. Dissolute, libertine, mean, base, low (used of persons, words, business, etc., My.; Br.; Mhr., H.).

ಲುಚ್ಚಾತನ luččâtana. Dissoluteness, profligacy, meanness, etc. (My.; Br.).

ಲುಚ್ಚೇಗಿರಿ luččĕ-giri. = ಲುಚ್ಚಾತನ. (Mhr.; ತನ್ತ್ರ Čb.).

ಲುಟಾಯಿಸು luṭâyisu. To plunder (My.; Br.; Mhr. ಲುಟಣೇಂ).

ಲುಠನ luṭhana. Rolling, rolling or wallowing on the ground, weltering; moving about, moving to and fro; rolling down. See ಪರಿ-; ಚಿಮಿಚಿಮಿಸು, ಪೊರಳ್, ಪೊರಳ್ಚು, ಮಿಳಿರ್.

ಲುಠಿತ luṭhita. Rolled;—rolling;—fallen;—*the rolling on the ground (of a horse).*

ಲುಣ್ಟಾಕ luṇṭâka. A robber, a thief (Sk.). 2, a crow (Sk.). 3, raising, lifting up (ನೆಗೆಪುವುದು Kk. 74; Šm. 66; not Sk.). See ಲೋಕ-.

ಲುಪ್ lup. *Dropping out, elision, cutting off, rejection.*

ಲುಪ್ತ lupta. Broken, injured, destroyed (Bp. 8, 3);—robbed, deprived of;—omitted, neglected (J. 6, 45);—cut off, elided; rejected, disappeared, lost; obsolete;—plunder, booty, stolen property (ಅಪಹೃತಿ, ಕಳವಿನೊಡವೆ Mr. 226).

ಲುಪ್ತಪದ lupta-pada. *Wanting (whole) words.*

ಲುಬ್ಧ lubdha. Desiring;—*covetous, greedy, avaricious.* 2, a hunter. 3, a lustful man, a libertine.

ಲುಬ್ಧಕ lubdhaka. A greedy or avaricious man, a miser (ಕೃಪಣ, ದೀನ Nn. 127). 2, *a huntsman* (ಶಾಬರ, ಕಿರಾತ 127; ಕಣ್ಬಕ, ಬೇಡ Nn. 39). 3, the sixth (or eighth, My.) nakshatra or lunar mansion (ಆರ್ದ್ರೆ, ಆರ್ದ್ರಾನಕ್ಷತ್ರ 127; ಆರ್ದ್ರೆ, ಪುಷ್ಯ Mr. 39). 4, the star Sirius.

ಲುಬ್ಧತ್ವ lubdhatva. Avariciousness, covetousness (My.).

ಲುಭಿತ lubhita. Perplexed, disturbed, deluded, fascinated. (R.).

ಲುಲಾಪ lulâpa. *A male buffalo.*

ಲುಲಾಯ lulâya. *A male buffalo* (ಕೋಣನು Nn. 61. 102).

ಲುಲಿತ lulita. *Shaken, agitated, tossed about, shaking about, tremulous, waving,* etc.

ಲುಳಿ luḷi. Agility, the power (or art) of moving the limbs quickly, briskness, nimbleness, quick motion; tremulous motion or vibration of lustre or light (Bh. 1, 7, 41; 2, 2, 103. 104; 6, 3, 18. 21; 6, 4, 54. 78; 8, 23, 17; 8, 24, 24; 10, 6, 22; 10, 7, 2. 51; Ššv. 4, 80; J. 9, 23; 24, 72).—ಲುಳಿವಡೆ. -ಪಡೆ. To produce quickness, to act quickly (Râm. 6, 51, 48).

ಲೂ lu-û7. (= ಲು). See s. ಲ್ 2. ಯಾವಾಗಲೂ (B. 1, 14), ಪ್ರೀತಿಯಿದ್ದಲೂ ಭಕ್ತಿಯಿದ್ದಲೂ, ಬೇಕೆನ್ತಲೂ (1, 24), ತಕ್ಕದ್ದೆನ್ತಲೂ, ಒಳ್ಳೇದೆನ್ತಲೂ, ಸಾಕೆನ್ತಲೂ (3, 13). See s. ಇನ್ತ 1.

ಲೂಟಿ lûṭi. Robbing; booty, spoil (C.; Sí. 295; Br.; Mhr., H. ಲೂಟು). ಬೇಟೆಗೋಸ್ಕರ ಬನ್ದು, ಲೂಟ ಮಾಡಿದ ಹಾಗೆ (Prv.).

ಲೂತಿ lûti. = ನೂತಿ, (ಲೂತೆ). A sort of venereal sore about the face (ಆಸನದ ಹುಣ್ಣು Mr. 386), etc. (My.). ಪ್ರೀತಿಯಿನ್ದ ನೀತಿ ಹುಟ್ಟುವದು, ಲೂತಿಯಿನ್ದ ಗಜ್ಜ ಹುಟ್ಟುವದು (Prv.).

ಲೂತೆ lûtĕ. (= ಲೂತಿ, etc.). *A spider*. 2, a kind of cutaneous disease (said to be produced by moisture from a spider).

ಲೂನ lûna. *Cut, severed, clipped; cut off; reaped;* plucked, gathered; wounded; bitten; destroyed. 2, *a tail*. See ತಱ್.

ಲೂಮ lûma. *A tail.*

ಲೆ lĕ-ĕ. = (ಅಲೆ 4), ಲಿ 2, (ಲೇ). See *e. g.* ಬರ್ಪೆತಲೆ (Bp. 3, 34), ಸಹಿತಲೆ (5, 14), ಬಲಗಣ್ಣಿನ್ದಲೆ (18, 46), ಎನುತಲೆ (22, 53; 42, 33), ನಗುತಲೆ (23, 14), ಅಕ್ಷತೆಯಿನ್ದಲೆ (24, 23), ಒಲವಿನ್ದಲೆ (28, 8), ಇರುತಲೆ (47, 24), ಅನ್ತರಲೆ (B. 5, 137), ಆಗುತಲೆ (B. 5, 294. 295), ನೋಡದಲೆ, ಹೇಳಿದಲೆ (My.).

ಲೆಕ್ಕ lĕkka. (Tbh. of ಲೇಖಾ). Reckoning, reckoning up, numbering, numeration, calculation, computation; arithmetic; a sum; an account; a number, a numeral (ಅಂಕೆ, ಸಂಖೆ Mr. 349; ಸಂಖ್ಯೆ Šmd. 123 Cm.; 243 Cm.; ವಸು, ಸಂಖ್ಯೆ, ಗಣನಾಭೇದ Nn. 17; Čh. v. 229. 288; My.; Tĕ.; T. ಇಲಕ್ಕ; ಎಣಿಕೆ G.). 2, estimation, esteem, regard (Tĕ.; Mhr. ಲೇಖಾ; Mhr. ಲೇಖಣೇಂ, to write; to esteem, reckon). ಲೆಕ್ಕ ತಿಳಿಯದಿದ್ದರೆ ಒಕ್ಕಲಿಗರೇನು ಮಾಡ್ಯಾರು?— ಲೆಕ್ಕವಿಲ್ಲದ ಬದುಕು ಒಮ್ಮಾರು ಕಡಿಮೆ.— ಲೆಕ್ಕದಿನ್ದ ಹೊತ್ತದಕ್ಕೂ ಮುಪ್ಪಿನಿನ್ದ ಸತ್ತದಕ್ಕೂ ದುಃಖವೇನು? — ನಿಮ್ಮಲ್ಲಿ ಎಷ್ಟು ರೊಕ್ಕ ಉಣ್ಟೋ, ನಮ್ಮಲ್ಲಿ ಅಷ್ಟು ಲೆಕ್ಕ ಉಣ್ಟು.— ಬರದು ತಿಳಿಯದ ಲೆಕ್ಕ ಕಡೆಗೆ ದುಃಖ.— ಮಣಿಯಗಾರನಿಗೆ ದುಃಖ ಸುಖ ಹೇಳಿದರೆ ಮಣುವಿನ ಲೆಕ್ಕ ಬಿಟ್ಟಾನೇ?— ಲಕ್ಷಣಗೇಡಿ ಹೆತ್ತಳೇ ಲೆಕ್ಕವಿಲ್ಲದ ಮಕ್ಕಳ? (Prvs.). See Bp. 1, 34; 31, 29; Sl. 219. 278. 326. 327. 370. 371; Prv. s. ವೀಸ. — ಲೆಕ್ಕ ಇಡು. To keep account (B. 5, 81; My.). — ಲೆಕ್ಕ ಕಾಯು. To watch over accounts (and examine them). ಲೆಕ್ಕ ಕಾಯುವವ (ಗಣಕ, ಗಣಿಕ, ಶಾನಭೋಗ G.). — ಲೆಕ್ಕ ಕೊಡು. To deliver in an account; to give an account (My.). ದೇವರಿಗೆ ಅದರ ಲೆಕ್ಕ ಕೊಡ ಬೇಕಾದೀತು (B. 5, 189). ನಾವೆಲ್ಲರು ದೇವರು ಕೊಟ್ಟ ಐಶ್ವರ್ಯದ ವಿನಿಯೋಗದ ಲೆಕ್ಕವನ್ನು ದೇವರ ಹತ್ತರ ಕೊಡ ಬೇಕಾದೀತೆನ್ದು, ನೆನಪಿಡ ಬೇಕು (5, 204). — ಲೆಕ್ಕಗೊಳ್. -ಕೊಳ್. To regard, to mind (Bp. 40, 77). — ಲೆಕ್ಕ ಪಕ್ಕ. reit. (My.). — ಲೆಕ್ಕಭೇದ. A mode of calculation or counting (ಪುರ, ಗಣನೆ Nn. 72). — ಲೆಕ್ಕ ಮಾಡು. To count, to reckon up; to compute (My.; ಎಣಿಸು G.; B. 4, 100). — ಲೆಕ್ಕಸಂಖ್ಯೆ. dupl. (ಕೋಟಿ, ಗಣನೆ Nn. 43). — ಲೆಕ್ಕಾಚಾರ. -ಆಚಾರ. = ಲೆಕ್ಕ. (My.).

ಲೆಕ್ಕಣಿ lĕkkaṇi. Tbh. of ಲೇಖನಿ. (My.).

ಲೆಕ್ಕಣಿಕೆ lĕkkaṇikĕ. Tbh. of ಲೇಖನಿಕೆ. (ಕಲಾಮು Mr. 359; My.; B. 1, 28; 3, 57). ಚಿತ್ರವ ಬರೆವ ಲೆಕ್ಕಣಿಕೆ (ತೂಲಿಕೆ, ತೂಲಿಕೆ Nr.; Sl. 345).

ಲೆಕ್ಕಣಿಗೆ lĕkkaṇigĕ. = ಲೆಕ್ಕಣಿಕೆ. (My.).

ಲೆಕ್ಕಿ lĕkki. = ಲಕ್ಕಿ, etc. (My.).

ಲೆಕ್ಕಿಗ lĕkka-iga. (Šmd. 283). An arithmetician. (Kp. 2, 21, 3).

ಲೆಕ್ಕಿಸು lĕkkisu. To count, to reckon up; to compute (My.; ಗಣಿಸು G.). ಲೆಕ್ಕಿಸ ಬಾರದು (ಪ್ರಸೂನ, ಅಸಂಖ್ಯಾತ Nn. 25). ಲೆಕ್ಕಿಸ ಬಾರದುದು (ಅಗಣಿತ, ಲೆಕ್ಕಮಿಲ್ಲದುದು 48). ಲೆಕ್ಕಿಪ ಸಂಖೆ (ಪದ್ಮ Mr. 507). 2, to esteem, to regard, to mind, to consider (Grj. 3, 5; Bp. 1, 34; 24, 85; 39, 48; Ššv. 4, after 17).

ಲೆಂಕ lĕṅka. A male servant (Bp. 9, 39; 27, 73; 47, 85; 52, 35; Tĕ.; see ಶಿವ-; Mhr. ಲೇಂಕ, a son; a daughter). — ಲೆಂಕಬೊಮ್ಮಯ್ಯ. N. (Bp. 58, 8). — ಲೆಂಕರ ಲೆಂಕ. A servant of servants (Bp. 27, 70; Râm. 5, 3, 57).

ಲೆಂಕಿತಿ lĕṅka-iti. A female servant (ಅಸಿಕ್ನಿ Hlâ.; Mr. 304).

ಲೆತ್ತ lŏtta. = ನೆತ್ತ. (My.; ಅಕ್ಷ, ದೇವನ G.; ಅಕ್ಷ, ದೇವನ, ಪಾಶಕ Sl. 349). ಲೆತ್ತದ ಆಟ (ಕೈತವ G.). ಲೆತ್ತ ಹಾಕಲಿಕ್ಕೆ ಹೋದರೆ ಬೋಳಿ ಬಿತ್ತು (Prv.). — ಲೆತ್ತ ಪಗಡೆ. Lĕtta and pagaḍĕ (My.; ಅಕ್ಷ Čb.). — ಲೆತ್ತಸಾಲೆ. = ನೆತ್ತಸಾರಿ. (ಅಷ್ಟಾಪದ, ಶಾರಿಫಲ, ನೆತ್ತ ಪಾಡುವ ಹಲಿಗೆ Sl. 349).

ಲೆಪ್ಪ lĕppa. Tbh. of ಲೇಪ್ಯ (Šmd. 351; Abh. P. 3, 26. 28; 3, after 26; ಲೇಪ್ಯರೂಪು Kk. 46). ಲೆಪ್ಪದ ಚಿತ್ರದ ಸ್ತ್ರೀ (ಅಂಜಲಿಕಾರಿಕೆ); ಲೆಪ್ಪ ಮೊದಲಾಗುಳ್ಳ ಕೆಲಸ (ಲೇಪ್ಯಾದಿಕಂ ಸರ್ವಂ, ಪುಸ್ತಕರ್ಮ Hlâ.).

ಲೆಪ್ಪಗಾಱ lĕppa-gâṟa. A plasterer, a bricklayer; one who moulds or models (ಲೇಪಕ, ಪಲಗಣ್ಡ Hlâ.).

ಲೇ lê-ê2. (= ಲೆ, etc.). See *e. g.* ಕೂಡಲೇ (B. 1, 14), ಅನ್ತರಲೇ (4, 63), ಕೊಡದಲೇ (B. 5, 77).

ಲೇಕಣಿ lêkaṇi. Tbh. of ಲೇಖನಿ. (My.).

ಲೇಖ lêkha. *A writing, a writ, a letter, a document*, etc. (ಅಕ್ಷರ, ಲಿಪಿ, ಲೇಖನ, ಬರಹ Mr. 360; Bp. 5, 54; B. 1, 15; 4, 148). 2, *a deity*.

ಲೇಖಕ lêkhaka. *A writer, a scribe, a copyist, a clerk, a secretary.*

ಲೇಖಣಿ lêkhaṇi. Tbh. of ಲೇಖನಿ. (My.; B. 5, 183; Mhr.).

ಲೇಖನ lêkhana. Scratching, scarifying, making an incision;— writing; copying;— a writing, etc. (see Mr. s. ಲೇಖ; Bp. 5, 58). See ವಿ-; ಬರೆಯಿಸು.

ಲೇಖನಿ lêkhani. = ಲೆಕ್ಕಣಿ, ಲೇಕಣಿ, ಲೇಖಣಿ. A reed-pen, a pen, a style.

ಲೇಖನಿಕೆ lêkhanikĕ. = ಲಕ್ಕಣಿಕೆ, ಲೆಕ್ಕಣಿಕೆ, ಲೆಕ್ಕಣಿಗೆ. An instrument for writing and painting, a reed-pen, etc.

ಲೇಖರ್ಷಭ lêkha-ṛishabha. Best of deities: *Indra.*

ಲೇಖವಾಹಕ lêkha-vâhaka. A letter-carrier (Abh. P. 4, after 42).

ಲೇಖಾಮಣ್ಡಲಿಕ lêkhâ-maṇḍalika. An accountant general (Bp. 5, 14).

ಲೇಖಿತ lêkhita. Scratched; written (My.).

ಲೇಖಿಸು lêkhisu. To write (My.).

ಲೇಖೆ lêkhĕ. = ರೇಖೆ. A scratch; *a streak, a line; a stripe, a stroke* (ರಾಜಿ, ಎಡೆದೆರಹು ಇಲ್ಲದ ಸಾಲು Nr.);— a furrow, a row, a groove. 2, writing; a writ (Bp. 50, 38);— *drawing lines, delineation, drawing;* painting;— a drawing, a figure; an impression, a mark. 3, the curved line or pale streak of the young moon, the moon's crescent (see ಇನ್ದು-). 4, *a flash* (of lightning). See ಪತ್ರ-.

ಲೇಡಿ lêḍi. A "lady" (My.).

ಲೇಣಾ lêṇâ. ಲೇಣ (in ದೇಣಾ-). ಲೇಣೆ. = ಲೇವಾ. Borrowing. — ಲೇಣಾದೇಣಾ. = ಲೇವಾದೇವಿ. (My.). — ಲೇಣೆದೇಣೆ. = ಲೇಣಾದೇಣಾ. (My.).

ಲೇಪ lêpa. = ಲಪ್ಪ. Besmearing, daubing, anointing, plastering. 2, materials to be smeared with: salve, ointment, unguent; *plaster, mortar, chunam, white-wash*, etc. 3, a particular rite at funeral oblations. 4, impurity, dirt, any grease or dirt sticking to vessels, etc. 5, a spot, a stain, moral impurity. 6, *food, victuals.* ಮುಣ್ಡೇ ನೋತಕ್ಕೆ ಕುಣ್ಡೆಗೆ ಲೇಪವೇ? (Prv.).

ಲೇಪಕ lêpaka. *A plasterer, a bricklayer;* one who moulds or models. (ಲೇಪಗಾರ Mr. 377; see ಲೆಪ್ಪಗಾಱ).

ಲೇಪಗಾಱ lêpa-gâṟa. = ಲೇಪಕ, q. v.

ಲೇಪನ lêpana. Smearing, besmearing, smearing over, daubing, anointing, spreading on, plastering (ಚರ್ಚ,

ಅನುಲೇಪನ Nn. 73). 2, anything smeared on, salve, ointment, plaster, mortar, white-wash, etc. See ಊಡು; ವಿ-. — ಲೇಪನಗೆಯ್. To besmear, etc. (Bp. 39, 6).

ಲೇಪನಕ್ರಿಯೆ lêpana-kriyĕ. = ಲೇಪನ No. 1. (ಅಣ್ಕೆ, ಅಣ್ಪು Kk. 55, o. r. ಅನುಲೇಪನ).

ಲೇಪಾಳಿಗ (lêpa-âḷiga). A man who covers with unguents (?). See ಲೇಪಾಳಿಗಿತಿ.

ಲೇಪಾಳಿಗಿತಿ lêpâḷiga-iti. (Šmd. 244). A female lêpâḷiga.

ಲೇಪಿತ lêpita. Smeared, besmeared, etc. (My.).

ಲೇಪಿಸು lêpisu. To smear, to spread over or on, to besmear, to anoint, to cover by smearing, etc. (ಬಡಿ Šmd. I; Čpr. 6, after 64; Bp. 12, 11; My.; Si. 445). ಮಿಾ ಪರೆ ಪೋಪರೇ? ಪಾಪವೇನ್? ಅದು ಕೆಸರೆ? ಮಿಾಪರೆ ಮೆಯ್ಯ ಮಲ ಪೋಪುದೇ; ಪಾಪ ಲೇಪಿಸಲಕ್ಕುಂ? (Sp.). 2, to be smeared or anointed, etc. (Čpr. 8, 39).

ಲೇಪು lêpu. A sort of quilt (Mhr. ಲೇಪ); a mattress, a bed (My.; Tĕ.).

ಲೇಪ್ಯ lêpya. = ಲಿಪ್ತ. To be smeared, etc. 2, *spreading over, smearing, plastering;*—making models, moulding, modelling;—moulded, modelled;—a model. — ಲೇಪ್ಯರೂಪ. A modelled form, a model (ಲೆಪ್ಪ Kk. 46).

ಲೇಪ್ಯಕರಣ lêpya-karaṇa. Smearing, besmearing, daubing, etc. See ತೊಡೆಯಿಸು.

ಲೇಪ್ಯಕರ್ಮ lêpya-karma. Moulding, making models, modelling. See ಕರುವಿಡು.

ಲೇಪ್ಯಮಯ lêpya-maya. *Made of mortar or clay, moulded.*

ಲೇಲಿಹಾನ lêlihâna. Frequently licking or darting out the tongue: a serpent (My. Amara).

ಲೇಲಿಹ್ಯಮಾನ lêlihyamâna. Frequently licking, constantly darting out the tongue (Čpr. 1, 135).

ಲೇವಡಿ lêvaḍi. 1. Derision, mockery (My.; H.).

ಲೇವಡಿ lêvaḍi. 2. = ರೇವಡಿ. ಲೇವಡೀ ರುಚಿ ಹಾವಡಿಗ ಬಲ್ಲನೇ? (Prv.).

ಲೇವಳ lêvaḷa. = ನೇವಳ, ಲೇವಾಳ. ಲೇವಳಂ ಪದಕ ಸರಪಳಿ ಪಟ್ಟಿಕಾದಿಗಳು ಸ್ತ್ರೀವೇಯಂ (Mr. 339).

ಲೇವಾಳ lêvâḷa. = ಲೇವಳ, etc. (Abh. P. 7, 41).

ಲೇವಾ lêvâ. = ಲೇಣಾ. — ಲೇವಾದೇವಿ. Borrowing and lending (My.; Mhr., H.; Br. ಲಾವಾದೇವಿ; T. ಇಲೇವಾದೇಯಿ).

ಲೇಶ lêša. What is torn off: *a small part or portion, a particle, an atom, a bit, a little bit, a small quantity, a little* (ಗುಣ, ತುಣ್ಣು Nn. 78);—smallness, littleness, briefness. 2, a particular figure of speech in rhetoric, employment of a comparison instead of a direct statement; —representing as a disadvantage what is otherwise regarded as an advantage and vice versa (Kâvy. III, 3, B, 35).

ಲೇಶಮಾತ್ರ lêša-mâtra. Only a little (My.).

ಲೇಶಾಂಶ lêša-amša. A small part (My.).

ಲೇಶ್ಯೆ lêšyĕ. ಲೇಶ್ಯಾ. Lustre, light. (Čpr. 3, after 32).

ಲೇಷ್ಟು lêshṭu. (= ಲೋಷ್ಟ). *A clod, a lump of earth.*

ಲೇಸಿಗ lêsiga. An excellent man: a brave man (ರಣಗಲಿ Čt. I, 41).

ಲೇಸು lêsu. Goodness; excellence, superiority; a superior thing; well-being, welfare, health; alleviated state; pleasantness; beauty; properness, propriety, fitness, recommendableness; rightness; reality (ವಲ್ಗು, ವಾಮ Nr.; ಒಳ್ಪು Čt. II, 81; ಸೌಷ್ಠವ Mr. 451; ಅನು, ಹಸ, ಚೊಕ್ಕ, etc., ಮನೋಹರ Kk. 18; ಚೊಕ್ಕಳಿಕೆ, ಚೊಕ್ಕ, ರಯ್ಯ, ಎಡ್ಡ, etc., ಮನೋಹರ Šm. 55; My.; Tĕ. ಲೆಸ್ಸ, ಲೇಸು). ಲೇಸಾದ (ಸತ್ Šmd. 65 Cm.). ಲೇಸಾಗಿ (ಸಂ 93. 98 Cm.). ಲೇಸಪ್ಪುದು (ಚಾರು, ರಾಮ Nr.). ಲೇಸಾಗಿರ್ಪುದು (ಸೌಷ್ಠವ, ಅವಷ್ಟಮ್ಭ Hlå.). (ಕುದುರೆಯಲ್ಲಿ) ತಳ್ಳಿತ್ತು ಕೆಮ್ಮಿಸಿದೆನಿಪ್ಪ ನಾಲಗೆ ಲೇಸು (Mr. 277). ಲೇಸಾದ ಕಾವ್ಯಮಾರ್ಗಂ (ಸುಮಾರ್ಗಂ Šmd. 4 Cm.). ಲೇಸಹ ರೋಗ (ವ್ಯಾಮ, ಸರೋಗ Nn. 129). ಲೇಸಲ್ಲಂ (Šmd. 63). ಲೇಸಿನೊಳ್ (J. 29, 32); ಲೇಸ (23, 54); ಲೇಸಂ (2, 3, 13). ಏನೇನೋ! ಓದಿನ ಪರಿ ಲೇಸು, ಲೇಸು! (Šmd. 69). ಲೇಸು ಆಗುವಾಗ್ಯೆ ಗಾಸಿಗೊಳ್ಳ ಬಾರದು.—ಒಬ್ಬರಿಗೆ ಇಬ್ಬರು ಲೇಸು, ಹಬ್ಬಕ್ಕಿನ್ತ ಮದುವೆ ಲೇಸು.—ಲೇಹ ಕುಡಿದರೆ ಲೇಸು ಆದೀತು.—ನಾಶ ಮಾಡುವವನು ದಾಸನಾದರೆ ಲೇಸು ಮಾಡ್ಯಾನೇ?—ಹೆಡ್ಡನಾದರೂ ದೊಡ್ಡವನೇ ಲೇಸು (Prvs.). See Šmd. 174; Čpr. 1, 48; 2, 48; Bp. 1, 21; 23, 5; 29, 18; 40, 68; 48, 19; 51, 50; Bh. 1, 8, 90; 2, 13, 24. 37; Rŝv. 4, 118; 30, 51; J. 2, 18; 18, 40; 28, 46; B. 1, 17; ಕಡು-. — ಲೇಸುದೋಱು. -ತೋಱು. Well-being to appear or arise (Dp. 30, 1). — ಲೇಸು ಲೇಸು. rep. (ಕೊಡ್ಡಾಟ Čt. II, 103; Bp. 13, 7; 20, 9; 36, 15; 42, 9; 54, 84).

ಲೇಹ lêha. Licking, tasting, sipping. 2, anything to be taken by licking, a lambative, a medicine to be taken by licking, a linctus. ಲೇಹ ಕುಡಿದರೆ ಲೇಸು ಆದೀತು (Prv.).

ಲೇಹನ lêhana. Licking, tasting or lapping with the tongue. See ಈಪಲ್-, ತಿರ್ಯಕ್ಕಣ್ಣತಿ-, ನಕ್ಕು.

ಲೇಹ್ಯ lêhya. To be licked, lickable, capable of being licked or eaten by licking, fit to be licked;—a lambative, a medicine to be taken by licking, a linctus (My.);—nectar, ambrosia.

ಲೈಂಗಿ laiṅgi. (fr. ಲಿಂಗ). A Liṅgavanta (Bp. 18, 98; 29, 8).

ಲೈಂಗ್ಯ laiṅgya. (fr. ಲಿಂಗ). Relating to Šiva's phallus and its worship (Bp. 19, 5; 37, 36).

ಲೈಂಗ್ಯಪುರಾಣ laiṅgya-purâṇa. = ಲಿಂಗಪುರಾಣ. (Bp. 43, 76).

ಲೊಕ್ಕಿ lŏkki. = ಲಕ್ಕಿ, etc. (ಇನ್ದ್ರಾಣಿ, ನಿರ್ಗುಣ್ಡಿ Nn. 28). ಕರಿಯ ಲೊಕ್ಕಿ (ಶೇಫಾಲಿಕೆ Nr.).

ಲೊಗಡಿ lŏgaḍi. = ಲೊದಡಿ, etc. (S. Mhr.; occasionally).

ಲೊಚ್ lŏč. ಲೊಚ lŏča. A sound to imitate that produced by lapping or sucking in a peculiar manner; one to imitate that of smacking (in tasting); a particular sound of the house-lizard. — ಲೊಚ್ ಲೊಚ್. rep. (C.). — ಲೊಚಗುಟ್ಟು. -ಕುಟ್ಟು. To lap, as dogs, etc. do; to suck the breast, etc. with the sound of lŏča, as babies; to smack in tasting; to smack, as the house-lizard does (My.). — ಲೊಚ ಲೊಚ. rep. With the repeated sound of ಲೊಚ. ನಾಯಿಗಳು ಬೆಕ್ಕುಗಳ ಹಾಗೆ ತುದಿನಾಲಿಗೆಯಿನ್ದ ಲೊಚ ಲೊಚ ನೀರು ಕುಡಿಯುತ್ತವೆ (B. 3, 40). — ಲೊಚ್ಚ ಲೊಚ್ಚ ಎನ್ದು ಕುಡಿ (My.).

ಲೊಚ್ಚಗೆ lŏččagĕ. = ನೊಚ್ಚಗೆ. (My.).

ಲೊಟ lŏṭa. = ಲಟ 2, ಲೊಟಾ, ಲೊಡೆ. A sound to imitate that of gabbling or jabbering, that of a stone, etc. being shaken in an unsound pot, that of a cracked bell being rung, that of metal vessels, etc., shaken about in a sack or carriage, that of unsound wooden utensils, wheels, etc. when shaken, of the wooden bell on a cow's neck when shaken, or of a dry loose kernel when shaken in the nut. — ಲೊಟ ಕಲೆ. 1. = ಲೊಟಗರೆ. (My. occasionally). — ಲೊಟಕಲೆ. 2. Gabbling, jabbering (My.). — ಲೊಟಗರೆ. -ಕರೆ. To gabble, to jabber (My.). — ಲೊಟಗುಟ್ಟು. -ಕುಟ್ಟು. = ಲೊಟಗರೆ. (My.). — ಲೊಟ ಪಟ. reit. = ಲಟ ಪಟ, ಲೊಟ ಲೊಟ. The repeated sound of lŏṭa (My.). 2, the state of being quite empty, as a house; nothing (My.). — ಲೊಟ ಲೊಟ. rep. = ಲಟಪಟ No. 1. (My.).

ಲೊಟಕ್ lŏṭak. = ನಟಕು, etc. (S. Mhr.).

ಲೊಟಕು lŏṭaku. To scold (My.). See Prv. s. ಸೋರು 1.

ಲೊಟಾ lŏṭâ. = ಲೊಟ. — ಲೊಟಾ ಲೊಟಾ. rep. = ಲೊಟ ಲೊಟ. (My.).

ಲೊಟ್ಟೆ lŏṭṭĕ. 1. A smack or cluck with the tongue (in driving cattle, etc., in playing, etc., My.; Tĕ.). ಲೊಟ್ಟೆಯಲ್ಲಿ ಗಟ್ಟಿಗನಾದರೂ (ತೆಗೆ) ಕೊಟ್ಟ ವಿನಹಾ (ಅವನನ್ನು) ಬಿಡುವದಿಲ್ಲ (Prv.). — ಲೊಟ್ಟೆ ಹಾಕು. To click or smack the tongue against the palate (My.). See Prv. s. ಕಟ್ಟು. — ಲೊಟ್ಟೆ ಹೊಡೆ. = ಲೊಟ್ಟೆ ಹಾಕು. (My.).

ಲೊಟ್ಟೆ lŏṭṭĕ. 2. Emptiness, hollowness (Tĕ., M.; T. ಉಲೊಡಕ್ಕು. See ಲೊಲ್ಲೊಟ್ಟೆ.

ಲೊಡ lŏḍa. = ಲೊಟ. (My.). — ಲೊಡ ಬಡ. reit. = ಲೊಟ ಪಟ. (My.).

ಲೊಡ್ಡು lŏḍḍu. = ಲಡ್ಡು. (My.; *cf.* ಲೊಟ್ಟೆ 2).

ಲೊತ್ತ lŏtta. A hollow, a ravine, a pit. (Tĕ. ಲೊತ್ತ, ಲೊಡ್ಡಿ, ಲೊಟ್ಟ, ಲೋತು; *cf.* ಲೊಟ್ಟೆ 2). ಪದಿನಾಲ್ಕು ಬಾಯಂ ತೆಱೆದೊಡೆ ಪದಿನಾಲ್ಕು ಲೊತ್ತದಂತಿರ್ಪುದು (Šmd. 227 Mdb.):

ಲೊದಡಿ lŏdaḍi. = ಲೊಗಡಿ, ಲೊದಳೆ, etc. ರಕ್ತವಿಕಾರದಿಂದ ಆದ ಲೊದಡಿ (ಕಫ); ಎದೆಯೊಳಗಿನ ಲೊದಡಿ (ಶ್ಲೇಷ್ಮ, ಕಫ G.).

ಲೊದಳಿ lŏdaḷi. = ಲೊದಳೆ, etc. (Râm. 6, 20, 38).

ಲೊದಳೆ lŏdaḷĕ. = ಲೊಗಡಿ, ಲೊದಡಿ, ಲೊದಳಿ, ಲೊದ್ಲೆ, ಲೋಳಿ, ಲೋಳ, ಲೋಳಿ, ಲೋಳು, ಲೋಳೆ q. v. Saliva, slaver, tenacious mucus, etc. (Bh. 3, 25, 6. 19; My.).

ಲೊದ್ಲೆ lŏdlĕ. = ಲೊದಳೆ, etc. (My.).

ಲೊಲ್ lŏl. = ಲೊಳ್ 1, ಳೊಳ್ 1. — ಲೊಲ್ಲೊಟ್ಟೆ. Perfect emptiness: nothing. ಊರಿಗೆ ಹಬ್ಬವಾದರೆ ನಾಯಿಗೆ ಲೊಲ್ಲೊಟ್ಟೆ (Prv.).

ಲೊಳ್ lŏḷ. 1. = ಲೊಲ್, etc. — ಲೊಳ್ಳೊಟ್ಟೆ. = ಲೊಲ್ಲೊಟ್ಟೆ. (My.).

ಲೊಳ್ lŏḷ. 2. = ಳೊಳ್ 2. Imitation of the sound of a dog's barking. (Tĕ.). — ಲೊಳ್ ಲೊಳ್. rep. (My.).

ಲೊಳ lŏḷa. = ಳೊಳ q. v. (My.).

ಲೊಳಗೆ lŏḷagĕ. = ಲಳಿಗೆ, etc. ನಾಯಿಾ ಬಾಲವನ್ನು ಲೊಳಗೆಯೊಳಗೆ ಹಾಕಿದರೆ ನೆಟ್ಟಗಾದೀತೇ? (Prv.).

ಲೋಕ lôka. = ಲೋಗ. The vast space, the wide world, sky, heaven; any division of the universe; *the world;*— any place, *a region, a tract, a country, a district, a province.* 2, *mankind, folk, man, men, people* (Šmd. 187); subjects (as contrasted with the king). 3, common life, ordinary practice, common usage. 4, seeing, looking, sight, regard. ಬಿತ್ತರದ ಭೂರ್ ಭುವರ್ ಸ್ವರ್ ಮಹಜ್ ಜನಂ ತಪಂ ಸತ್ಯಮ್ ಎನ್ದೀಯ ಮೇಲಣ ಲೋಕಮುಕ್ಕುಂ; ಮುತ್ತತಲ ವಿತಲ ಸುತಲ ರಸಾತಲ ತಲಾತಲ ಮಹಾತಲ ಪಾತಾಲಮ್ ಎನ್ದು, ಸತತಂ ವರ್ತಿಸುವ ಕೆಳಲೋಕಮ್ ಏಱಕ್ಕು (Mr. 32). ಲೋಕದವರೆಲ್ಲಾ ಸತ್ತರೆ ಶೋಕ ಮಾಡುವವರು ಯಾರು?— ಲೌಕಿಕ ನಡಿಸಿ, ಲೋಕವೇ ಮಟಿಕೆ.— ಲೋಕ ಹಾದಿಾದರೆ ನಾಕ ಹಾದಿಾದೀತೇ? (Prvs.). See ದ್ವಿಸಪ್ತ-, ಸಪ್ತ-; Bp. 32, 31; 36, 62. — ಲೋಕನಡತೆ. The manner of the world (My.). — ಲೋಕವಾಡಿಕೆ. The custom of the world (My.).

ಲೋಕಕರ್ತ lôka-karta. The creator of the world (Bp. 10, 41).

ಲೋಕಜಿತ್ lôka-jit. Conquering heaven;—a conqueror of the world;—a sage;—*a Buddha.*

ಲೋಕತ್ರಯ lôka-traya. The three worlds: heaven, earth, and the lower regions (My.).

ಲೋಕಧಾತು lôka-dhâtu. The earth;—a particular division of the earth.

ಲೋಕಧಾತ್ವಂಶ lôkadhâtu-amśa. *A country.*

ಲೋಕನ lôkana. Looking, seeing, viewing. See ಅವ-, etc.

ಲೋಕನಾಥ lôka-nâtha. Lord of worlds: Brahmâ;—Vishṇu or Krishṇa (Dp. 28);—Šiva (Bp. 55, 20);—N. (59, 4);—a king.

ಲೋಕನೇತ್ರ lôka-nêtra. The sun (My.); the moon (My.).

ಲೋಕಪದ್ಧತಿ lôka-paddhati. General or universal way (My.).

ಲೋಕಪಾಲ lôka-pâla. A guardian of the world, a regent of a quarter of the world (= ದಿಕ್ಪಾಲ). 2, *a king, a sovereign.*

ಲೋಕಪ್ರಸಿದ್ಧಿ lôka-prasiddhi. Universal establishment or reception, general notoriety or prevalence (ಲೋಕರೂಢಿ Šmd. 334 Cm.).

ಲೋಕಬಾನ್ಧವ lôka-bândhava. *The sun.*

ಲೋಕಮರ್ಯಾದೆ lôka-maryâdĕ. Popular observance, established usage or custom (My.).

ಲೋಕಮಾತೃ lôka-mâtṛi. *Lakshmî.*

ಲೋಕಮಾತೆ lôka-mâtĕ. Lakshmî (Mr. 18).

ಲೋಕಮೂಢ lôka-mûḍha. Folly arising from the example given by (other) people (Šâstrasâra in W. v. 1255. 1256. 1257).

ಲೋಕಯಾತ್ರೆ lôka-yâtrĕ. Travelling round the world (J. 26, 26). 2, the business and traffic of men, worldly affairs, ordinary actions or conduct. 3, man's pilgrimage through this world (My.).

ಲೋಕರಕ್ಷಕ lôka-rakshaka. Protector or saviour of the world (Bp. 10, 41). 2, a king.

ಲೋಕರೀತಿ lôka-rîti. The manner of the world (My.).

ಲೋಕರೂಢಿ lôka-rûḍhi. = ಲೋಕಪ್ರಸಿದ್ಧಿ (Šmd. 334 Cm.).

ಲೋಕಲುಣ್ಟಾಕ lôka-luṇṭâka. A notorious robber (Abh. P. 4, 35).

ಲೋಕವಾದ lôka-vâda. The talk of the world: *public rumour, popular report, common talk, news.*

ಲೋಕವಾರ್ತೆ lôka-vârtĕ. The world's news: popular report or rumour (My.).

ಲೋಕವಿರುದ್ಧ lôka-viruddha. Contrary to universal notions or facts: one of the vâkyadôshas (Kâvy. II, 2, B, 3. 19-23).

ಲೋಕವ್ಯವಹಾರ **lôka-vyavahâra.** The affairs or business of the world: universal use, popular usage (Šmd. 231).

ಲೋಕಸಾಕ್ಷಿ **lôka-sâkshi.** Witness of the world, universal witness. 2, Brahmâ. 3, fire (My.).

ಲೋಕಾಚಾರ **lôka-âčâra.** Popular usage (My.).

ಲೋಕಾನೀಕ **lôka-anîka.** All the several worlds (My.);—a large number of people (My.).

ಲೋಕಾನ್ತ **lôka-anta.** The world's end: publicity; amongst the people, public, notorious (Bp. 52, 45). ಇಬ್ಬರಿದ್ದರೆ ಏಕಾನ್ತ, ಮೂವರಿದ್ದರೆ ಲೋಕಾನ್ತ.— ಏಕಾನ್ತ ಹೋಗಿ, ಲೋಕಾನ್ತವಾಯಿತು (Prvs.).

ಲೋಕಾನ್ತರ **lôka-antara.** Another world; the next world, a future life (My.).

ಲೋಕಾಪವಾದ **lôka-apavâda.** The reproach or censure of the world, general outcry against, popular accusation (J. 19, 40; 21, 63; Dp. 91, 4).

ಲೋಕಾಯತ **lôka-âyata.** Materialistic, atheistical;—*materialism, the system of atheistical philosophy taught by Čârvâka.*

ಲೋಕಾಲೋಕ **lôka-alôka.** World and no world: the visible and invisible world (Kâvy. I, 1*a*, 2). *a mythical belt or circle of mountains surrounding the earth and separating it from the region of darkness.*

ಲೋಕೇಶ **lôka-îša.** *Brahmâ.*

ಲೋಕೇಶ್ವರ **lôka-îšvara.** Šiva (Bp. 58, 17).

ಲೋಕೋಕ್ತಿ **lôka-ukti.** A general or common saying; a proverb;—the language of the people (Šmd. 119).

ಲೋಕೋತ್ತರ **lôka-uttara.** Surpassing the world, beyond what is common or general, unusual, extraordinary.

ಲೋಕೋತ್ತರವರ್ಣನ **lôkôttara-varṇana.** Description of unusual qualities (Kâvy. III, 1, A, 18).

ಲೋಕೋದ್ಧಾರ **lôka-uddhâra.** Deliverance or salvation of mankind (My.).

ಲೋಕೋಪಕಾರ **lôka-upakâra.** A public charity (My.).

ಲೋಕೋಪಕಾರಕ **lôka-upakâraka.** Beneficial to the public; a public benefactor (My.).

ಲೋಗ **lôga.** Tbh. of ಲೋಕ. Mankind, people, folks, a common man. ಲೋಗರ ಮನೆಯಲ್ಲಿ ಇದ್ದವಳಾಗಿ ಮಕರಿಕಾಪತ್ರ ಮೊದಲಾದ ಶಿಲ್ಪವಿದ್ಯೆಯ ಮಾಡುವವಳು (ಸ್ವೈರಣ್ಣಿ); ಲೋಗರ ಕೊಂದು ಇಹ, ಕೆಡಿಸಿ ಇಹೆನೆಮ್ಬ ವಿಚಾರಂ (ವ್ಯಾಪಾದ, etc.); ಲೋಗರ್ ಇಕ್ಕುವ ಕೂಳಿನುಣ್ಬವಂ (ಪರಾನ್ನ, etc. Nr.). ಲೋಗರ ಮನೇಲಿ ಎಮ್ಮೆಯಿದ್ದರೆ ತನ್ನ ಮನೇಲಿ ಹಾಲೋಗರಕ್ಕೆ ಕಡಿಮೆಯೇನು? (Prv.). See Bp. 36, 8; 43, 36; 52, 2; Bh. 7, 1, 25; V. 8, 19; 14, 37; J. 6, 53; ಪರಿಪೀಡನ.

ಲೋಚ **lôča.** Seeing, looking or gazing at. See ಉಲ್-.

ಲೋಚಕ **lôčaka.** A stupid man. 2, the pupil of the eye. 3, lamp-black. 4, a lump of flesh (ಮಾಂಸದ ಕರಣೆ G.); etc., etc.

ಲೋಚನ **lôčana.** Illuminating, brightening; causing to see. 2, *the eye* (ಕಣ್ Nn. 5). 3, the number 2 (see ಕೃತಯುಗ).

ಲೋಚನಕ್ರಿಯೆ **lôčana-kriyĕ.** The act of causing to behold or look at. See ನೋಡಿಸು.

ಲೋಚನಗೋಚರ **lôčana-gôčara.** Perceptible, cognizable, worthy of observation or adoration (ವನ್ದನ, ಕಣ್ಣಿಗೆ ಕಾಣಬಹನ್ನಾದು Nn. 37). 2, the range or horizon of the eye.

ಲೋಚನವಾರಿ **lôčana-vâri.** A tear, tears (Bp. 36, 8).

ಲೋಚನಾಂಕಿತ **lôčana-aṅkita.** The eye and its mark (made with a collyrium, see Sp. s. ಮೂಳಿಗೆ).

ಲೋಚಮಸ್ತಕ **lôča-mastaka.** *Cock's comb, Celosia cristata.*

ಲೋಟಾ **lôṭâ.** 1. An earthen pot used on water-wheels, etc.; a metal cup (Mhr., H.; Si. 309; My.).

ಲೋಟಾ **lôṭâ.** 2. A species of pigeon (B. 3, 114; Mhr., H. ಲೋಟಣ).

ಲೋಟಿ lôṭi. = ಲೋಟ. (My.).

ಲೋಟಿಸು **lôṭisu.** To roll (v. t.); to push vehemently, etc. (Bh. 3, 12, 38; Mhr. ಲೋಟಣೇಂ). See ನಿರ್-.

ಲೋಟು **lôṭu.** Tumbling upon, pushing, shoving, disturbance, annoyance (My.).

ಲೋಡನ **lôḍana.** Agitating, moving about, stirring, disturbing. See ಆ-.

ಲೋಡಿಗೆ **lôḍigĕ.** = ಲೋಡು No. 1. (Bh. 10, 4, 14).

ಲೋಡು **lôḍu.** A long bolster for the back of sitters to recline upon (My.; Tĕ.; Mhr. ಲೋಡ).

ಲೋಣಿಕೆ **lôṇikĕ.** A kind of sorrel (ಕ್ಷುಲ್ಲಕಾಮ್ಲೆ, ಪುಳುಮ್ಬುಜಿನೆ Mr. 141).

ಲೋಧ್ರ **lôdhra.** *A tree the bark of which is used in dyeing, Symplocos racemosa* Roxb. ಕೆಮ್ಪಿನ ಲೋಧ್ರ (ತಿರೀಟ, ತಿಲ್ವ, ಮಾರ್ಜನ); ಬಿಳಿಯ ಲೋಧ್ರ (ಗಾಲವ, ಶಾವರ or ಶಾಬರ, ಲೋಧ್ರ Nr.). ಅಶ್ವತ್ಥಾಕಾರಮುಪ್ಪ ಬ್ರಹ್ಮವೃಕ್ಷ (ಲೋಧ್ರ, ತೂದ, ಪೂಗ, ಕ್ರಮುಕ Nr.).

ಲೋಧ್ರಪುಷ್ಪ **lôdhra-pushpa.** The tree Bassia latifolia Roxb. (ಮಧೂಕ, ಗುಡಪುಷ್ಪ, ಇಪ್ಪೆ Mr. 140).

ಲೋಪ **lôpa.** Breaking, cutting off; destruction. 2, rubbing, plundering. 3, deprivation, want, deficiency; loss. ಲೋಪವೇನೂ ಇಲ್ಲ, ದೀವಕ್ಕೆ ಮಾತ್ರ ಬಗೆ ಇಲ್ಲ (Prv.). 4, omission, separation, disappearance, dropping or falling out, rejection, annulling, cancelling;—grammatical elision (Šmd. 56. 57. 62. 67. 70. 118-122. 183. 195. 198. 209. 211. 212. 223. 226. 228. 229. 234. 243. 274. 278. 288. 289. 295. 343. 344. 360. 365. 367. 370. 371. 379. 380-382; Kâvy. I, 2, 12. 13. 17-19; I, 3, 18-20. 49-52. 60-74. 80-83; I, 4, 9. 10; I, 5, 32. 33. 38-40).—ಲೋಪಮೈದುರ್. -ಂ-ಪೊದುರ್. To suffer elision (Šmd. 195).

ಲೋಪತ್ವ **lôpatva.** The state of being injured, destroyed, annihilated, etc. See ಅಳಿವು.

ಲೋಪವೃತ್ತಿ **lôpa-vṛitti.** The state of elision, elision (Šmd. 370).

ಲೋಪಾಮುದ್ರಾಪತಿ **lôpâmudrâ-pati.** Husband of Lôpâmudrâ: *Agastya,*

ಲೋಪಾಮುದ್ರೆ **lôpa-amudrĕ.** *The wife of Agastya* (Mr. 258).

ಲೋಪಾಶ **lôpâša.** A jackal, a fox. (R.).

ಲೋಪಿಸು **lôpisu.** = ಲೋಬಿಸು. To omit, to drop, to elide (Šmd. 150. 268. 344. 356).

ಲೋಪ್ತ್ರ **lôptra.** *Stolen property, plunder, booty.*

ಲೋಬ **lôba.** Tbh. of ಲೋಭ (Šmd. 339).

ಲೋಬಾನ **lôbâna.** Olibanum, frankincense (My.; ತುರುಷ್ಕ, ಪಿಣ್ಯಾಕ, ಪಿಣ್ಯಾಕ, ಯಾವನ, ಸಿಲ್ಹ G.; Mhr., H.).

ಲೋಬಿಸು **lôbisu.** Tbh. of ಲೋಪಿಸು. To go away, to disappear. ಲಾಭ ಲೋಬಿಸಿತು (Prv.).

ಲೋಬೆ lôbĕ. = ಲೋಪೆ. (My.).

ಲೋಭ **lôbha.** = ಲೋಬ. Eager desire, covetousness, cupidity, avarice, greed (Sk.; My.). 2, affection or favour

(Mhr.; B. 4, 19). ಲೋಭ ನಡಿಸಿ ನಡಿಸಿ, ಭೋಗ ಕೆಡಿಸಿ ಕೊಣ್ಡ (Prv.).

ಲೋಭತ್ವ lôbhatva. = ಲೋಭ No. 1. ನಾಭಿವರಿಯನ್ತರ ಉಟ್ಟಾಕ್ಷ ಣ ಲೋಭತ್ವ ಹೋದೀತೇ? (Prv.).

ಲೋಭಿ lôbhi. Eager after, greedy, covetous, avaricious, grasping, stingy; a greedy, etc. person (ನೆಲಕಲ Šmd. II; Čt. I, 10; II, 17; Kk. 84; Šm. 57; ಕೃಪಣ, ಕ್ಲೀಬ Nn. 146). ಆಲಸ್ಯದವಗೆ ಎರಡು ಕೆಲಸ, ಲೋಭಿಗೆ ಮೂರು ಖರ್ಚು.— ಪಾಪಿಗೆ ಪರಮಾಯು, ಲೋಭಿಗೆ ಚಿರಾಯು.— ಪಿಸುಣನ ದ್ರವ್ಯ ಲೋಭಿ ಬಯಸಿದ ಹಾಗೆ.— ಅಡಿದರೆ ಕೊಡದ ಲೋಭಿ ಬೇಡಿದರೆ ಕೊಟ್ಟಾನೇ? (Prvs.).

ಲೋಭಿತನ lôbhitana. = ಲೋಭಿತ್ವ. (My.).

ಲೋಭಿತ್ವ lôbhitva. The condition of being covetous, stingy, etc. (My.).

ಲೋಮ lôma. = ರೋಮ. *The hair on the body of men and animals* (ಮೆಯ್ಯ ಕೂದಲ್ Mr. 319; see ಪ್ರತಿ-). 2, a tail.

ಲೋಮಕರ್ಕಟ lôma-karkaṭa. Bishop's weed (ಅಜಮೋದ, ಓವ Mr. 186).

ಲೋಮವಿಷ lôma-visha. Whose hair is poisonous (said of tigers, etc.). (R.).

ಲೋಮಶ lômaša. = ರೋಮಶ. Hairy, etc.

ಲೋಮಶೆ lômašĕ. *The plant Nardostachys jatamansi* Dec. (= ಜಟಾಮಾಂಸಿ).

ಲೋಮಹರ್ಷ lôma-harsha. = ರೋಮಹರ್ಷ. *The bristling or erection of the hair of the body, etc.*

ಲೋಮಹರ್ಷಣ lôma-harshaṇa. = ರೋಮಹರ್ಷಣ. Causing bristling or erection of the hair of the body, causing a shudder, thrilling. 2, *the bristling of the hair of the body, horripilation, thrilling with delight, shuddering with horror.*

ಲೋಮಾಂಚ lôma-añča. = ರೋಮಾಂಚ. See s. ಕೊಳರ್.

ಲೋಮಿ lômi. See s. ತಾವಿ.

ಲೋಮಿಕೆ lômikĕ. The herb Hibiscus esculentus Lin. (ಬೆಣ್ಡೆ Mr. 149).

ಲೋಯಿ lôyi. = ಲೋಳೆ, etc. — ಲೋಯಿಸರ. = ಲೋಳ-, ಲೋಳಿ-, ಲೋಳು-. The plant Aloe perfoliata Lin. (ಕುಮಾರಿ Mr. 181); the small aloe, Aloe litoralis Koen. (St. & Pl.; Z.).

ಲೋಲ lôla. *Moving hither and thither, shaking, swinging about, dangling, trembling, quivering;* agitated, alarmed; unsteady, restless, uneasy; *changeable, inconstant, fickle.* 2, *longing for, eager or anxious for; cupidinous, lustful, greedy* (ಲಾಲಸ, ಲೋಲುಪ, etc., ಅಳುಪುವಂ Mr. 282). 3, joy (not Sk.). ಹತ್ತಾದರೆ (if he is entrusted only with a loan of ten Rupees, it is a) ಸಾಲ (to him; but) ನೂರಾದರೆ ಲೋಲ, ಸಾವಿರಾದರೆ ಸಮ್ಪನ್ನ (Prv.). See ಘೂ-, ಲಕ್ಷ್ಮೀ-.

ಲೋಲತ್ lôlat. Moving to and fro, moving about (Čpr. 6, 18).

ಲೋಲತರ lôla-tara. Uncommonly cupidinous, etc. (Bp. 38, 61).

ಲೋಲತೆ lôlatĕ. Movableness, tremulousness; fickleness, unsteadiness, restlessness;—eager desire for, cupidity, lustfulness, lust. See ವಿ-.

ಲೋಲನ lôlana. = ಲೋಲ. See ಅಲೆ.

ಲೋಲನಯನೆ lôla-nayanĕ. A woman with a rolling eye (Bh. 5, 11, 84).

ಲೋಲಮತಿ lôla-mati. A fickle mind;—an eager mind (Bp. 46, 75).

ಲೋಲಮ್ಬ lôlamba. = ರೋಲಮ್ಬ. (J. 9, 28).

ಲೋಲಲೋಚನೆ lôla-lôčanĕ. = ಲೋಲಾಕ್ಷಿ. (My.).

ಲೋಲಾಕ್ಷಿ lôla-akshi. A woman with a rolling eye (My.).

ಲೋಲಾಪ್ತಿ lôlâpti. Tbh. of ಲೋಲುಪತೆ. (My.).

ಲೋಲಿತ lôlita. Moved hither and thither, shaken, agitated, tremulous, trembling. (R.).

ಲೋಲುಪ lôlupa. *Very desirous, very eager, ardently longing for; greedy after, covetous* (ಲಾಲಸ, ಲೋಲುಭ, ಲಮ್ಪಟ, ಲೋಲ, ಅಳುಪುವಂ Mr. 282; Bp. 57, 1).

ಲೋಲುಪತೆ lôlupatĕ. = ಲೋಲಾಪ್ತಿ, ಲೋಲುಪ್ತಿ. Eager desire or longing;—greediness, cupidity, desire, lust, lustfulness (My.).

ಲೋಲುಪತ್ವ lôlupatva. = ಲೋಲುಪತೆ. (My.).

ಲೋಲುಪ್ತಿ lôlupti. Tbh. of ಲೋಲುಪತೆ. (ಲಮ್ಪಟತನ G.; J. 5, 68; 6, 45; 9, 9).

ಲೋಲುಭ lôlubha. = ಲೋಲುಪ, q. v. *Very desirous, etc.*

ಲೋವೆ lôvĕ. = ಲೋವೆ. A sloping affixture to a flat roof (My.). 2, the frame-work of a sloping roof: wood for the support of ಲೋವೆ No. 1 (ಗೋಪಾನಸಿ Hlâ.; Mr. 200). ಲೋವೆಯು ಹೊದ್ದಿಸಿದ ಹೊಂಕ ಮರಂ (ಗೋಪಾನಸಿ Nr.). See Râm. 1, 7, 14; Bh. 2, 13, 25; Č. Bp. 5, 8; J. 6, 20; 17, 6. 23; Sl. 109; ಜುಂಜುಲೋವೆ.

ಲೋಷ್ಟ lôshṭa. = ಲೇಷ್ಟು. *A lump of earth or clay, a clod* (ಹೆಣ್ಟೆ Mr. 371; ಹೆಟ್ಟೆ Šm. 89).

ಲೋಷ್ಟಕ lôshṭaka. = ಲೋಷ್ಟ. *A clod.*

ಲೋಷ್ಟಭೇದ lôshṭa-bhêda. = ಲೋಷ್ಟಭೇದನ. (ಕೊರಡು Mr. 370).

ಲೋಷ್ಟಭೇದನ lôshṭa-bhêdana. *An agricultural instrument for breaking clods, a clod-crusher, a harrow* (ಕೋಟಿಶ, ಹಲಿಕೆ Hlâ.).

ಲೋಹ lôha. Red, reddish, copper-coloured. 2, *any metal* (see ಪಂಚ-). 3, gold. ಕನಕಾದಿಲೋಹ (ರಸ Nn. 33). 4, *iron;* steel (ಉಕ್ಕು Šm. 79; ಕಬ್ಬಿಣ, ಉಕ್ಕು Sl. 332). 5, copper. 6, blood. 7, a weapon. 8, *aloe wood, Agallochum.* ಲೋಹದ ಘಟ್ಟ (ಪಡ್ Šmd. I). — ಲೋಹಪಕ್ಕರೆ. -ಪಕ್ಕರೆ. The iron armour of horses (Šmd. 22. 33; Abh. P. 18, 60).

ಲೋಹಕಾನ್ತ lôha-kânta. A loadstone, a magnet (My.).

ಲೋಹಕಾರ lôha-kâra. *A worker in iron, a smelter of iron, an iron-smith, a blacksmith.* 2, a copper-smith; one who sells copper-vessels (ಬೋಗಾರ Hlâ.; see s. ಲೋಹಕಾರಕ).

ಲೋಹಕಾರಕ lôha-kâraka. = ಲೋಹಕಾರ 1. 2, a copper-smith. ಆ ಲೋಹಕಾರಕನೆನಲು ಕಂಚಗಾರನ್; ಅದ ಪೇಟ್ ಮಾಡುವನ ಬೋಗಾರನೆನ್ದನಿಸಿಕ್ಕು (Mr. 376).

ಲೋಹಕಿಟ್ಟ lôha-kiṭṭa. Rust of iron, or iron filings (My.).

ಲೋಹಜಿತ್ lôha-jit. A diamond. (R.).

ಲೋಹಟಂಕ lôha-ṭanka. An iron hammer (ಸುತ್ತಿಗೆ Mr. 383).

ಲೋಹದ್ರುತಿ lôha-driti. Steel drops (My.).

ಲೋಹಪೃಷ್ಠ lôha-prishṭha. Iron-backed: *a heron.*

ಲೋಹಪ್ರತಿಮೆ lôha-pratimĕ. *An iron image;*—an anvil.

ಲೋಹಭಸ್ಮ lôha-bhasma. Rust of iron, or a medicinal preparation from it (My.; B. 4, 149).

ಲೋಹಭೇದ lôha-bhêda. A kind of metal or of iron. See ಉಕ್ಕು.

ಲೋಹಮಾರಕ lôha-mâraka. Calcining metal. 2, the Achyranthes triandra Roxb. (R.).

ಲೋಹಮಾರ್ಗ lôha-mârga. A railway (My.).

ಲೋಹಲ lôhala. Iron, made of iron. 2, *speaking indistinctly or inarticulately.*

ಲೋಹವರ lôha-vara. The most precious metal, gold. (R.).

ಲೋಹಸನ್ಧಾನ lôha-sandhâna. Soldering. See ಬಿಸು 3.

ಲೋಹಾಭಿಸಾರ lôha-abhisâra. *Lustration of arms, a military ceremony observed by kings before commencing a campaign, or for making the army ready for attack and battle* (see Ši. s. ನಿವಾಳಿಸು, and Nr. s. ನಿವಾಳಿಸುಹ).

ಲೋಹಾಭಿಹಾರ lôha-abhihâra. = ಲೋಹಾಭಿಸಾರ. *Lustration of arms, etc.*

ಲೋಹಿತ lôhita. = ರೋಹಿತ. *Red* (ಕೆಂಬಾಲ, ಕೆಮ್ಪು Nn. 54; ಅರುಣ, ಕೆಮ್ಪು 87); the colour red. 2, *blood.* 3, copper, metal. 4, anger, wrath (ಸರೋಷ, ಕೋಪ 87). 5, joy (ಸನ್ತಸ, ಸನ್ತೋಷ 87). 6, an axe, a hatchet (ಸೃಣಿ, ಕೊಡಲಿ 87). 7, all (ಅಖಿಲ, ಎಲ್ಲವು 87).

ಲೋಹಿತಕ lôhitaka. *A ruby.*

ಲೋಹಿತಚನ್ದನ lôhita-čandana. Saffron.

ಲೋಹಿತಾಂಗ lôhita-aṅga. Red-limbed: *the planet Mars.*

ಲೋಹಿತಾಶ್ವ lôhita-aśva. Having red horses: Agni, fire (Mr. 45).

ಲೋಹಿನಿ lôhini. *A woman with a red-coloured skin or red with anger.*

ಲೋಳ lôḷa. = ಲೋಳೆ, etc. — ಲೋಳಸರ. = ಲೋಳಿಸರ, etc. (My.).

ಲೋಳಿ lôḷi. = ಲೋಳೆ, etc. — ಲೋಳಿಸರ. = ಲೋಳಿಸರ, etc. (My.).

ಲೋಳು lôḷu. = ಲೋಳೆ, etc. — ಲೋಳುಸರ. = ಲೋಳಿಸರ, etc. (My.).

ಲೋಳೆ lôḷĕ. = ಲೊಡಳೆ, etc. Saliva, slaver; tenacious mucus, phlegm; a ball of viscid mucus of the nose, or a pendulous globe of phlegm; expectorated phlegm (ಲಾಳೆ Nr.; Bp. 46, 57; Bh. 6, 3, 4; 3, 23, 40; My.; Mhr. ಲೋಳೆ).

ಲೌಕಾಯತಿಕ laukâyatika. (fr. ಲೋಕಾಯತ). A follower of Čârvâka, a materialist, an atheist. (R.).

ಲೌಕಿಕ laukika. (fr. ಲೋಕ). Worldly, mundane, terrestrial;—popular, general, familiar from long established or extensive prevalence;—belonging to ordinary life, occurring in every-day life, vulgar, common, ordinary;—pertaining to this world or life;—secular, not sacred (as opposed to vaidika, šâstrîya, etc.);—a common or ordinary man (as opposed to the learned, etc.); a man of the world; a Brâhmaṇa who is a government official;—anything occurring in the world, the laws or ordinances of the world, secular business, public affairs. ಲೌಕಿಕ ನಡಿಸಿ, ಲೋಕವೇ ಮಱೆತ (Prv.). See Čh. v. 12; Bp. 1, 57; 7, 2; 40, 34; 48, 28; B. 4, 215. — ಲೌಕಿಕಖರ್ಚು. Bribes (My.).

ಲೌಕಿಕತನ್ತ್ರ laukika-tantra. Expedients or tricks used by government officials or by traders (My.).

ಲೌಕಿಕವ್ಯಾಪಾರ laukika-vyâpâra. Common or ordinary practice or transaction (My.).

ಲೌಕಿಕಸನ್ಧಾನ laukika-sandhâna. = ಲೌಕಿಕತನ್ತ್ರ (My.).

ಲೌಕೀಕ laukîka. Tbh. of ಲೌಕಿಕ. (My.). — ಲೌಕೀಕ ಕೆಲಸ. A secular business or profession (My.).

ಲೌಡಿ lauḍi. = ಲವುಡಿ 1, q. v.

ಲೌಭ್ಯ laubhya. (fr. ಲೋಭ). Cupidity, avarice (My.).

ಲೌಲ್ಯ laulya. (fr. ಲೋಲ). *Restlessness, instability, inconstancy, fickleness.* 2, eagerness, lustfulness, eager desire, greediness, passion. See Bp. 43, 66; 46, 72; ಅ-.

ಲೌಹ lauha. (fr. ಲೋಹ). Made of metal; coppery; metallic; iron. 2, *metal.* 3, *iron.*

ವ್ V

ವ್ v. The fiftieth letter of the Alphabet (Šmd. 11. 12. 21. 53). *It often changes places with* ಬ್, *e. g.* ಕೆಲಸಕ್ಕೆವರ್, ಸೆಲೆಗೆವರ್ (Šmd. 82), ಇರ್ವರ್ or ಇರ್ಬರ್, ಪಲವರ್ or ಪಲಬರ್ (121-123), ದೇರ್ವರಸು, ಎಳವಳ್ಳಿ, ಅಳ್ವಲ್ಕೆ, ಕಡುವೆಳ್ಪು (81), ದೆಸೆಗೆವಿದ್ (134), ಏವನ್ದಂ (211), ಬಿಟ್ಟವೆಸಗೆ, ತೆಳ್ವಸಿದ್ (212), ಊರ್ವೇಱಲಿ (218), ಕುಡುವಿಲ್ (220), ಮೂವೆಳಸು (223), ಇನ್ದ್ರವೆಬ್ಬೀಲ್ (251), ನಾನ್ಬಂ, ಎನ್ಬಂ, ತಿನ್ಬಂ (275);—with ಪ್ (or ಹ್), *e. g.* ಬಿಮುರ್ವಱನಿ, ಎಸಳ್ವಸೆ (54), ಪರಿವವೊನಲ್ (65), ಬೆಳೆವೊಲ, ಎಳವೆದ್, ಸೀರ್ವೊಱನಲ್ (81), ಊರ್ಗೆವೋಗು, ತರವೇಱ್ (82), ಕಾಲ್ವಿಡಿ (155), ಕೆಯ್ದುವೊದ್ (171), ಮಱೆವುಗು, ಬೆಸವಡೆ (200), ಏವೇೞ್ವಂ, ಏವೋದಂ (211), ಬೆಳ್ವಲ್ (213), ನಿಡುವಯಣ (215), ಕಿಸುವೊನ್ (216), ಬಿಱುವೊಯಲ್, ಕುಡುವೆಱ್ (218), ನಾಣಿಲಿವೆಣ್ (221), ಉಡಲ್ವೇಱ್, ಬಿತ್ತರಿಸಲ್ಕೆವೇಱ್ (278), ಬರವೇಱ್ (293), ಅಡಂಗೆವೊಯ್ (293. 406), ಸೋಲ್ವಂ, ಮಾಲ್ವಂ, ಬೇಲ್ವಂ (317. 275), ಬರ್ಪಂ (275), ತಪ್ಪಂ, ತಪ್ಪಪಂ (= ತಪ್ಪಂ, ತಪ್ಪಪಂ, 286);—*with* ಮ್, *e. g.* ದೋಷವಿದು (= ದೋಷಮಿದು, 155), ಭೇದವಂ (= ಭೇದಮಂ, 155), ಪಱವಾನಿಸ, ಮೆಲ್ವಾತು (81), ಕೌಚವಣ್ಮ (= ಕೌಚಮಣ್ಮು), ನಾಸಿಕವಡ್ಡಂ (= ನಾಸಿಕಮಡ್ಡಂ), ತಾವರೆ or ತಾಮರೆ, ಸಾವನ್ತ or ಸಾಮನ್ತ, ತಿವಿರ್ or ತಿಮಿರ್, ತೆವರ್ or ತೆಮರ್, ಸಾವಿ or ಸಾಮಿ (128), ಎವೆ or ಎಮೆ (q. v.), ಪಿರಿದುವೆಮ್ಬ (393), ತಾವೊಗೆದು (393), ನೇಮದಿನ್ದವೆ (Bp. 27, 51), ಉದಕದಿನ್ದವೇ (33, 6), ಬಾಗಿಲವರಿನ್ದವೆ (35, 47), ಸಮತೆಯಿನ್ದವೆ (45, 43), ಮಿಡುಕುತವೆ (24, 56), ಎನುತ್ತವೆ (24, 59; 26, 8), ಕೀರ್ತಿಸುತವೆ (32, 49), ಎಚರಿಸುತವೆ (44, 7), (*cf.* also *e. g.* the later Kannaḍa ಪೊಲವನು = ಪೊಲನಂ, ಪೊಲಮಂ, and ಉವ 3, ಉವಂ 1 & 2, ಉವ್ವಂ);—*with* ಗ್, see ತೊಗಲ್ = ತೊವಲ್;—*and* (in mediaeval Kannaḍa, when the corresponding later and new forms are compared) *with* ಯ್, *e. g.*, ಪಿಡಿವುತ (= later and new ಪಿಡಿಯುತ, Bp. 8, 43), ಜಱೆವುತ್ತ (9, 10), ಬಯ್ವುತ (9, 13), ಕಡವುತ (13, 2), ಸುರಿವುತ (18, 46. 51; 22, 57), ಕರೆವುತ (24, 44), ನಡವುತಂ (26, 68), ಮುಗಿವುತ್ತ (27, 72), ಮುಳಿವುತಂ (26, 17), ಮಲವುತ (33, 21), ಬರವುತಂ (33, 48), ನೆನೆವುತಂ

(38, 49), ತೆಗವುತ (38, 50), ಜೋಳವುತ (44, 46); see ಉತ, ಉತಂ, ಉತ್ತ 1.—*It frequently is a letter of euphony, e. g.* ಪಟುವೇಳವಾಕ್ಯಂ, ಏಳುವಿದು, ಮಡುವಿದು, ಕುಡುವಿಲ್ಲ (Šmd. 63), ಮನುವಿನ, ಪೂವಿನ, ಹೋತ್ರುವೆ (66), ಜೊವೆನ್ದ್ವಂ, ಗೋವಿನ, ಮಾತು ವೆಲ್ಲಂ, ಸೊವಡುವೊನ್ದು, ಸುರಸಿನ್ದುವೆ, ಏಳುವಿಲ್ಲದ (67), ಪೂವಿನ, ಪಿತೃವಿನ, ಮಡುವಿಂ (133), ಇವಿದು, ಈವೀ, ಈವಿದು (67), ಅವುವಿಂಗೆ (117), ಅವುವಿನ (119), ಆರುವಕ್ಕುಂ (120), ಆರುವಿಂಗೆ (123), ಆಲು ವಿಂಗೆ (150), ಅದುವೆ (153. 155. 171. 172. 174), ಅದುವಿದುವು ದು (181. 185. 202), ಎವುವಿನ (257), ಇಸುವಿನ (268; see s. ಉ 4; *cf.* ಎರ್ = ಇರ್).—*In vulgar language and writ it is often put before the vowels* ಉ, ಊ, ಒ, ಓ, *e. g.* ವುಣ್ಣಾಗು (Dh. 23), ವೂರು (Dh. 23; Sl. 118. 339), ವೋವ (once in Nr.); *and an initial* ಒ *is often written in the form of* ವ (see ಒ 1).—Observe also the use that is made of ವ್ in ಕೊಲುವುತ್ತ (Bp. 22, 29), ಪಾಯ್ವುತ್ತ (32, 27), and ಕೊಯ್ವುತ್ತ (34, 16), and the regular ಹಸಿವುದು (13, 6).

ವ va. 1. The letter ವ pronounced with a short a, as is generally done at school. 2, the number 4 (Mr. 349).

ವ va. 2. (ವ್-ಅ 17). = ಪ 2, etc. A syllable used in the formation of the future tense and of the present or future relative participle, *e. g.* ಕುಡುವಂ, ಉಡುವಂ, ಪಿಡಿವಂ (Šmd. 260), ಮುಸುಳ್ವಂ (55), ಅಯ್ದುವುವು (54), ಪಾಡುವೆಂ, ಪಾಡುವೆವು (91), ಸಂಚರಿಸುವ (56), ಒಗುವ, ಒತ್ತುವ, ಬೇಡುವಂ, ಪೊಯ್ವಂ (91), ಪಾಡುವ ತುಮ್ಬಿ, ಕುಡು ವ ಪುಟಿಲ್, ಬೀಸುವ ಚಾಮರಂ, ಪೊಡೆವ ಭೇರಿ, ಪೂರಯಿಸುವ ಶಂಖಂ, ಪಿಡಿವ ಕಹಳೆ, ಪೊಣ್ಮುವ ಘರ್ಮಜಲಂಗಳ್ (201). ಹಸಿವು ದು (Bp. 13, 6). ತಿಸುವನ್ ಅರಿಸುವ ಮುರಳಿ ಬರಿಸುವ ಗಸಣಿ ಯಾಕೆ? (24, 65). ತಿವಿವ ಮುರಳ್ಚುವ ಅಬ್ಬರಿಪ ಗರ್ವಿಪ ಬೊಬ್ಬಿಡುವ ಆರ್ವ ಸಾರ್ವ ಮೇಣ್ ಕವಿವ ಕಡಂಗುವ ಇಟ್ಟಣಿಸ... ಏಟ್ಗೆಯ ಬಲಂ (Rśv. 13, 84). ಕುಸಿದಿಟ್ಟ ಚಕ್ರದನ್ತೆ ಕುನುಂಗಿ ಪರಿವ ಸುಟ್ಟು ರೆಗಾಳಿಯನ್ತೆ ಸುಡುಸುಡುದು ಪರಿವ ತೋರಣದೊಳ್ ನುಸುಳ್ವನ್ತೆ ತಲೆ ವರ್ಗಿ ಪರಿವ ಕಳಕಳಮನಾಲಿಸುತೆ ಅಡ್ಡವರಿಯೊಳ್ ಅನ್ತು ನಿನ್ದಿ ದಿರ್ಚಿ ಪರಿವ ಒಟ್ಟಜೆಯಿಂ ಸಿಲ್ಕಿದರಂ ಪಿಡಿವ ಜಡಿವ ಜಾಡಿಸುವ ತುಡುಂಕಿ ತೆಗೆವ ತೊಡಂಗಿ ಪಾಯ್ವ ಕಡಂಗಿ ಪೊಯ್ದೆತ್ತಿ ಡಾಪುವ ಪೊತ್ತು ಪರಿವ ಸುತ್ತಿ ತೆಗೆವ ಮೆಟ್ಟಿ ಸೀಳ್ವ ಕಟ್ಟುಟ್ಟಿಬಿಯ ದುಷ್ಟಗಜಂಗಳ್ (6, after 11).—Observe the vulgar forms ಕೇಳವನು (= ಕೇಳ್ವವನು or ಕೇಳುವವನು), ಮಾಡವನು (= ಮಾಡುವವನು, B. 5, 138), ಮುಕ್ಕ ವನು (= ಮುಕ್ಕುವವನು G.).

ವ va. 3. (ವ್-ಅ 8). = ಅ 8 q. v., ಪಾ.

ವ va. 4. Probably = ಹ 2. See ಉವ 2, No. 2 and ಒಕೆ; *cf.* ಇಕ್ಕುವ, ಹಣ್ಣುವ, ಹಳಿದಿಸುವ.

ವಂ vam. (ವ್-ಅಂ 2). = ಅಂ 2.

ವಂಶ vaṁśa. = ಬಂಷ, ವಂಚ. *A bamboo* (ಬಿದಿರ್ Nn. 54; Mr. 519); a flute, a pipe, a fife. 2, a staff. 3, *the back-bone, the spine* (ಬೆನ್ನಸ್ಥಿ 54; ಬೆನ್ನ ನಿಟ್ಟೆಲುವು Mr. 474; ಅಪರ 519). 4, *a lineage, a race, a family* (ಕುಲ 54; 519); a dynasty. 5, an assemblage, a multitude (ಸಮೂಹ 54). 6, severe penance (ಮಹಾತಪ, ಮಹಾತಪಸ್ಸು 54). 7, the tree Andersonia rohitaka Roxb. (ಮುಳ್ಮುತ್ತಗ 54). 8, the Sal tree, Shorea robusta. 9, water (ವಾರಿ 54 in one MS.). See ತಳಿ, ಬಡ್ 1.

ವಂಶಚ್ಛೇದಿ vaṁśa-ċ-ċhēdi. One who does bamboo work, a basket-maker, etc. (ಚಪಕಾರಕ, ಮೇದ, Mr. 377). 2, = ವಂಶ ನಾಶಕ. (My.).

ವಂಶಜ vaṁśa-ja. Made of bamboos. 2, belonging to the family of (Bp. 24, 7). 3, sprung from a good family.

ವಂಶಧರ vaṁśa-dhara. Carrying bamboos: N. of a mountain (Ūpr. 5, after 65).

ವಂಶನಾಶಕ vaṁśa-nāśaka. A man who destroys the line of descent, the last of a family or race (My.).

ವಂಶಪರಮ್ಪರೆ vaṁśa-paramparĕ. Family succession, lineage, descent, the order of a race; progeny. (My.; B. 4, 31).

ವಂಶರೋಚನೆ vaṁśa-rōčanĕ. *Bamboo manna, Tabashir.*

ವಂಶವೃಕ್ಷ vaṁśa-vṛiksha. Genealogical tree (My.).

ವಂಶವೃದ್ಧತ್ವ vaṁśa-vṛiddhatva. Old age of bamboos. See ಕಟ್ಟಿ.

ವಂಶವೃದ್ಧಿ vaṁśa-vṛiddhi. Growth or a multitude of bamboos. 2, prosperity of a family (My.).

ವಂಶಶಲಾಕೆ vaṁśa-śalākĕ. *A bamboo peg, a bamboo pin or stake.*

ವಂಶಸ್ಥ vaṁśa-stha. Standing in or belonging to a (good) family or race. ವಂಶಸ್ಥನಾದರೂ ವಂಶಾನ್ತಕನಾದ (Prv.). 2, N. of a vṛitta (Ch.).

ವಂಶಾಂಕುರ vaṁśa-aṅkura. *The shoot of a bamboo* (ಬಿದಿರ ಕಟಿಲೆ Nn. 136).

ವಂಶಾನುಚರಿತ vaṁśa-anučarita. The history of a family or dynasty, a genealogical list (My. Amara).

ವಂಶಾನ್ತಕ vaṁśa-antaka. = ವಂಶನಾಶಕ. See Prv. s. ವಂಶಸ್ಥ.

ವಂಶಾವಲಿ vaṁśa-āvali. The line of a family, the series of progenitors, genealogy, a genealogical table (My.).

ವಂಶಾಸನ vaṁśa-āsana. A bamboo seat, a mat (ಚಾಪೆ Mr. 208).

ವಂಶಿ vaṁśi. *A flute, a pipe.*

ವಂಶಿಕ vaṁśika. Relating to a bamboo. 2, pertaining to a family (see ಅನ್ವರ್-). 3, *aloe wood, Agallochum.*

ವಂಶೋದ್ಧಾರಕ vaṁśa-uddhāraka. One who preserves a race or family (My.).

ವಕ vaka. = ಬಕ q. v., ವೃಕ. *A crane, Ardea nivea.* 2, *the plant Sesbana grandiflora* (Agati grandiflora Desv. = ಪಿಶಾಚ್ಯೇಲ).

ವಕಾರ va-kāra. The letter ವ (Šmd. 11).

ವಕಾಲತ್ತು vakālattu. The duties or office of a Vakil (My.; Mhr., H.; M.).—ವಕಾಲತ್ತುನಾಮೆ. The credentials furnished to a Vakil, a power of attorney (My.; Mhr., H.).

ವಕೀಲ vakīla. A lawyer, a pleader (My.; Mhr., H.);—an ambassador, an envoy, a factor (B. 5, 67; Mhr.; H.).

ವಕೀಲಿ vakīli. = ವಕಾಲತ್ತು. (My.; B. 5, 229).

ವಕುಲ vakula. ವಕುಳ vakuḷa. = ಬಕುಳ. *The tree Mimusops elengi* Lin.

ವಕೋಟ vakōṭa. = ಬಕೋಟ. *A crane.*

ವಕ್ಕಣಿಸು vakkaṇisu. To explain; to state (J. 10, 29).

ವಕ್ಕಣೆ vakkaṇĕ. = ಒಕ್ಕಣೆ, (ವಕ್ಖಾಣ?). Tbh. of ವ್ಯಾಖ್ಯಾನ. Explanation, comment; statement (J. 30, 51).

ವಕ್ಖಾಣ vakkhāṇa. (Šmd. 28). Tbh. of ವ್ಯಾಖ್ಯಾನ (?).

ವಕ್ತವ್ಯ vaktavya. To be spoken or uttered, fit or proper to be said;—to be spoken about or against, *blamable, reprehensible;—accountable, responsible;—subject, dependent;*—a rule, a precept, a sentence;—speaking;—censure.

ವಕ್ತಾರ vaktâra. Tbh. of ವಕ್ತೃ. (My.).

ವಕ್ತೃ vaktṛi. A speaker; an orator;—speaking;—loquacious. 2, *speaking well or sensibly, eloquent;*—honest. See ಅತಿ-.

ವಕ್ತೃತ್ವ vaktṛitva. Ability to speak, eloquence (My.).

ವಕ್ತ್ರ vaktra. The organ of speech, *the mouth;—the face.* 2, in algebra: the initial quantity or first term of a progression. 3, the root of Tabernaemontana coronaria.

ವಕ್ತ್ರೆ vaktrĕ. A woman who has a face. 2, (= ವಕ್ತ್ರ No. 3?). N. of a plant (ಬಕ್ಕುಡಿ Mr. 145).

ವಕ್ರ vakra. = ಒಕ್ಕರ, ಬಂಕ, ವಂಕ. *Crooked, winding, tortuous, curved, bent, meandering, curly* (ಕೊಂಕು Nn. 24; ಡೊಂಕು 54, o. r. ಕೊಂಕು; ಕೊಲ್ಲೆ Kk. 74); retrograde. 2, prosodically long; a prosodically long syllable (the form of the long mark being curved, Ĉh.; see ಕೊಂಕು 2, No. 2). 3, crooked in disposition, cunning, fraudulent, dishonest;—evasive, ambiguous. 4, cruel, malignant. 5, *the winding course of a river, the arm or bend of a stream* (= ಪುಟಭೇದ, q. v.). 6, *the planet Mars* (ಕಿಬಿ, ಅಂಗಾರಕ, ಮಂಗಳ Nn. 4; ಅಂಗಾರಕ, ಅವನಿಜ, ಭೌಮ, ಮಂಗಲ Mr. 38; ಕಿಬಿ Mr. 503). See ಕುಡು 3, ಸೆಡೆ 2; Prv. s. ಶುಕ್ರ.— ವಕ್ರಗಣ್ಣು. -ಕಣ್ಣು. = ಮಾಲುಗಣ್ಣು. (My.).

ವಕ್ರಗತಿ vakra-gati. Crooked or winding course;—apparent retrograde motion or retrogression;—a devious or fraudulent course or conduct (My.).

ವಕ್ರಗ್ರೀವ vakra-grîva. Crooked-necked: a camel. (R.).

ವಕ್ರತರ vakra-tara. Uncommonly crooked, etc. (Ĉpr. 9, 15).

ವಕ್ರತುಂಡ vakra-tuṇḍa. Wry-mouthed: Gaṇapati (My.). 2, a parrot.

ವಕ್ರತೆ vakratĕ. Crookedness, curvedness, tortuousness, bending, meander;—retrograde motion (in astronomy);—perverseness, falseness, dishonesty, ambiguity. See ಮುರಿ; Grj. 2, after 106; 6, 37.

ವಕ್ರತ್ವ vakratva. = ವಕ್ರತೆ. (My.; B. 4, 65).

ವಕ್ರದ್ವಾರ vakra-dvâra. = ವಂಕದರ, ವಂಕದಾರ, ವಂಕಬಾರ. A crooked door or entrance, etc.

ವಕ್ರನಾಸಿಕ vakra-nâsika. Crooked-nosed; an owl (My.).

ವಕ್ರಬುದ್ಧಿ vakra-buddhi. A person of a crooked disposition of mind, an ill-intentioned, malevolent person (ಕುಟರ, ಕುಟಿಲಾಶಯ Hlâ.);—a crooked, etc. mind.

ವಕ್ರಭಾವ vakra-bhâva. The state of being bent or crooked, curvature, crookedness;—fraudulent or dishonest disposition, cunning, craft, deceit. See ಉಬುಗು, ಎಡಬು 1, ಮುರಿ 1.

ವಕ್ರಭೂಮಿ vakra-bhûmi. A bent or curved ground. See ಕುನಿ 2.

ವಕ್ರಮಾರ್ಗ vakra-mârga. A crooked path; crooked conduct (My.).

ವಕ್ರರೇಖೆ vakra-rêkhĕ. A curved line (My.).

ವಕ್ರಶೃಂಗೆ vakra-śriṅgĕ. A cow with bent horns (Sl. 321).

ವಕ್ರಸಂಸ್ಥ vakra-saṁstha. *Placed transversely.*

ವಕ್ರಾಂಗಿ vakra-aṅgi. A person with crooked limbs (J. 16, 20).

ವಕ್ರಿ vakri. Crooked; retrograding; dishonest;—a cunning, fraudulent, or malevolent person (ಕುಟರ, ನಿಯತಹಾರಿ, ಕುವಿಲಾಸಿ Mr. 244). 2, a species of grass (ಮಾರುಳಿ Mr. 110).

ವಕ್ರಿಮ vakrima. Bent, curved. (Ĉpr. 3, after 9; 8, after 30).

ವಕ್ರಿಸು vakrisu. = ಒಕ್ಕರಿಸು. To become crooked;—to become transverse, to oppose (J. 2, 52).

ವಕ್ರೋಕ್ತಿ vakra-ukti. Indirect or perverse speech, equivocation, prevarication, evasive speech or reply, evasion;—hint, insinuation;—pun;—sarcasm. See Kâvy. III, 2, B, 2. 88-91; III, 3, B, 2. 148. 159 seq.

ವಕ್ಷ vaksha. = ಅಕ್ಕು. Tbh. of ವಕ್ಷಸ್. (Mr. 327; Bp. 41, 28).

ವಕ್ಷಸ್ vakshas. *The breast.*

ವಕ್ಷಸ್ಥ vaksha-stha. Pectoral (Bp. 46, 34).

ವಕ್ಷಸ್ಥಲ vaksha-sthala. = ವಕ್ಷ. (My.).

ವಕ್ಷೋಜ vakshas-ja. The female breast (Ĉpr. 4, 40).

ವಕ್ಷೋರುಹ vakshas-ruha. *The female breast.*

ವಗಲಾ vagalâ. = ಬಗಳಾ. A goddess worshipped by the tântrikas (Sk.).

ವಗೈರೆ vagairĕ. And the rest, et caetera (My.; Br.; Mhr., H.).

ವಗ್ರಹ vagraha. Tbh. of ಅವಗ್ರಹ. Drought (My. occasionally; *cf.* the form of ವತಂಸ).

ವಗ್ರಾಹ vagrâha. Tbh. of ಅವಗ್ರಾಹ. Drought (My. occasionally).

ವಂಕ vaṅka. (= ಬಂಕಾ). Tbh. of ವಕ್ರ (see ವಂಕದರ, etc.). Crookedness; (a corner);—the winding course of a stream, the bend of a river;—etc. 2, a door, a gate (Bh. 10, 4, 18).

ವಂಕದರ vaṅka-dara. Tbh. of ವಕ್ರದ್ವಾರ (Śmd. 384; Ĉpr. 5, 105).

ವಂಕದಾರ vaṅka-dâra. = ವಂಕದರ (Śmd. 384).

ವಂಕಬಾರ vaṅka-bâra. = ವಂಕದಾರ (Śmd. 384).

ವಂಕಿ vaṅki. = ಬಂಕಿ, (ಬಂಕಿ). A kind of hook. 2, a sort of knife or sword (ದೀವಿವೋದರಗತ್ತಿ Mr. 383; Rśv. 6, after 11). 3, a kind of curved armlet (My.; ಕೇಯೂರ, ಅಂಗದ Sl. 220; Bh. 1, 8, 76). 4, = ಮುರಿ 3 No. 4 (My.).

ವಂಕುಡಿ vaṅkuḍi. = ಬಂಕುಡಿ. A sort of weapon: a dagger (? Ŏ. Bp. 47, 37; Tĕ. ವಂಕಿಣಿ, a dagger; ವಂಕಿ, a sword of a wavy shape; M. ವಂಗಿ, T. ವಾಂಗು, a kind of dagger).

ವಂಕ್ಷಣ vaṅkshaṇa. *The groin, the pubic and iliac regions; the joint of the thigh* (ತೊಡೆಯ ಸನ್ಧಿ Hlâ.; ಎರಡು ತೊಡೆಗಳ ಸನ್ಧಿ Mr. 332).

ವಂಗ vaṅga. Bengal proper (Bp. 6, 18); a king of Bengal (Bh. 2, 4, 9); an inhabitant of Bengal. 2, *tin* (ಮಧು, ತವರ Nn. 13). 3, lead.

ವಂಗಡ vaṅgaḍa. An assemblage, a multitude, etc. (ಜಂಗುಳಿ, ಬಳಗ, ಬಮ್ಬಲ್, ತಣ್ಡ, etc., ಶ್ರೇಣಿಕೆ Kk. 17; ಗೊಣ್ಡಣಿ, ಬಳಗ, ಜಂಗುಳಿ, ಬಮ್ಬಲ್, etc. ಶ್ರೇಣಿಕೆ Śm. 54; Grj. 10, after 79; Bp. 10, 31; 40, 4; J. 22, 4). *Cf.* ಪಂಗಡ?

ವಂಗಡಿಸು vaṅgaḍisu. To come together, to be amassed, etc. (V. 5, 84).

ವಂಗಭಸ್ಮ vaṅga-bhasma. Calx of tin (My.).

ವಂಗಾರ vangâra. = ಬಂಗಾರ, ಬಂಗಾರ, etc. (My.).

ವಂಗಿ vaṅgi. A certain feat of wrestlers (Čpr. 5, 77).

ವಚ vača. Tbh. of ವಚಸ್. (ತದ್ಭ Nn. 94; see ನಾಮು-, ಪುನರ್-).

ವಚನ vačana. Speaking, uttering, reciting, declaring, ordering; mentioning; naming. 2, *a speech, a word, an expression, an utterance, a sentence, a message* (ನುಡಿ Nn. 52); a declaration, an affirmation, a promise. 3, pronunciation. 4, a text, a dictum, an aphorism, a rule, a precept, a passage of a book or code. 5, the meaning of a word (in grammar). 6, grammatical number (Šmd. 154. 183; Kâvy. I, 5, 13-16). ವಚನ (of a physician) ಕೇಳಿದ್ದರೆ ಆಹಾರವಚನವಾದೀತೇ?—ವರಹವಿಲ್ಲವಿದ್ದರೂ ವಚನಕ್ಕೆ ದರಿದ್ರವೇ?—ರಚನೆಯಲ್ಲಿ ಕಡಿಮೆಯಾದರೂ ವಚನದಲ್ಲಿ ಕಡಿಮೆಯಿಲ್ಲ (Prvs.). — ವಚನ ಕಡೆಗಾಣಿಸು. To fulfil a promise (B. 4, 78). — ವಚನ ಕೊಡು. To give a promise, to promise (My.; B. 5, 47). — ವಚನ ನೆಱವೇಱಿಸು. To fulfil a promise (My.).

ವಚನತ್ರಯ vačana-traya. The three grammatical numbers (êka-, dvi-, bahu-, Šmd. 57. 111. 139. 152. 267. 297).

ವಚನತ್ರಿತಯ vačana-tritaya. = ವಚನತ್ರಯ. (Šmd. 111).

ವಚನದೋಷ vačana-dôsha. A mistake in speech, a slip of the tongue (J. 26, 18).

ವಚನಭ್ರಷ್ಟ vačana-bhrashṭa. A man strayed from his promise, one who has broken his promise (My.).

ವಚನಮಾತ್ರ vačana-mâtra. Mere words. 2, mere numbering or counting (Šmd. 154).

ವಚನವಿರೋಧ vačana-virôdha. Being at variance with words; inconsistency of words, precepts or texts, incongruity (Sk.); faltering in speaking (see ಉಗ್ಗು).

ವಚನಸ್ಥ vačana-stha. A man who abides by his word, a truthful or trustworthy man (My.).

ವಚನೀಯ vačanîya. To be spoken, fit or proper to be said, mentionable; to be called or named; to be spoken about or against; liable to reproach;—reproach, censure, blame.

ವಚನೀಯತೆ vačanîyatĕ. Liability to be spoken about or against; *rumour, report, evil report, blamableness, detraction, scandal; blame, reprehension* (ಜನವಾದ, ಜನಶ್ರುತಿ, ವಿಗಾನ, ರಚ್ಚೆವಾತು Hlâ.).

ವಚನೇಸ್ಥಿತ vačanê-sthita. Abiding in a command: *obeying orders, compliant, obedient.*

ವಚಸ್ vačas. = ವಚ. *Speech; voice.* 2, a speech, a word (ವಾಕ್ಯ Šmd. 301). 3, advice, counsel. 4, edict, command. 5, a sentence. 6, grammatical number.

ವಚಸ vačasa. = ವಚಸ್. (A.). 2, talkative, eloquent.

ವಚಿಸು vačisu. To speak, etc. (Râm. 3, 6, 54).

ವಚೆ vačĕ. = ಬಜೆ, ಬಜೆ, ವಜೆ 1. *An aromatic water-plant, Acorus calamus* Lin.

ವಚೋಲಹರಿ vačas-lahari. Flashes or beautiful style of diction (Râm. 1, 1, 12).

ವಜನಿ vajani. Of weight, not of capacity (Mhr., H.; My.; Si. 327).

ವಜನು vajanu. = ಬಜನ, q. v. Weight (My.; Br.).

ವಜನುದಾರ vajanu-dâra. Weighty; influential; an influential man (My.; Mhr., H.).

ವಜಾ vajâ. Subtracted (Mhr., H.);—subtraction; deduction; removal (My.). — ವಜಾ ಮಾಡು. To subtract, etc.; to remove; to dismiss (My.; ಕಳೆ G.).

ವಜಾವಟ್ಟ vajâ-vaṭṭa. Making the required deductions and allowances and determining the several dues; making up and settling of accounts betwixt parties; deducting out of a gross amount some particular amounts and bringing to account the remainder (Mhr., H. ವಜಾವಾಟ; My.).

ವಜೀರ vajîra. A vizier, a prime minister (My.; Br.; Mhr., H.). 2, a horseman (Br.). ಕುದುರೆ ವಜೀರ (ಅಶ್ವರೋಹ, etc. Si. 278). 3, the queen at chess (My.; Mhr., H.). 4, a playing card bearing the figure of a vajîra (My.).

ವಜೆ vajĕ. 1. Tbh. of ವಚೆ. (ಉಗ್ರಗಂಧಿ, ಬಜೆ Mr. 136).

ವಜೆ vajĕ. 2. = ಒಜ್ಜೆ, etc. Weight (My.).

ವಜ್ಜರ vajjara. = ಒಜ್ಜರ. See ಕಿ. ಶ. ಒಬಿನ್ತ.

ವಜ್ಜರಕ್ಕೆ vajjarakkĕ. = ಬಜ್ಜರಕ್ಕೆ, q. v.

ವಜ್ಜೆ vajjĕ. = ಒಜ್ಜೆ, etc. — ವಜ್ಜಯ್ಯ. -ಅಯ್ಯ. N. See ಅಣಕ-.

ವಜ್ರ vajra. = ಒಜ್ಜರ, ಬಜ್ಜರ, ಬಜ್ಜರ, ಬಜ್ಜರ, ವಯಿರ 2. Adamantine, hard, impenetrable. 2, severe, harsh. 3, *a thunderbolt, the weapon of Indra;* a discus; any destructive weapon. 4, *a diamond.* 5, a form of military array. 6, a particular configuration of the planets and stars. 7, the plant Emblic myrobalan. 8, a kind of Euphorbia (ಶಕ್ರ, ಕಳ್ಳಿಯ ಮರ Nn. 80, o. r. ವಜ್ರಿ). 9, a kind of very tenacious mortar or hard cement (Sk.); a strong glue (used by carpenters, etc., My.; Tŏ., T.). 10, an impetuous or overawing man (Mhr.). — ವಜ್ರಗಾರೆ. A hard or durable plaster (My.). — ವಜ್ರಂಗೊಳ್. -ಂ-ಕೊಳ್. To seize a thunderbolt or discus (Šmd. 200).

ವಜ್ರಕರ್ಣ vajra-karṇa. N. of a man (Abh. P. 7, 72. 80).

ವಜ್ರಕವಚ vajra-kavača. An impenetrable armour (ಕಂಚುಕ, ತೊಗಲ ಕುಪ್ಪಾ Si. 279).

ವಜ್ರಕಾಯ vajra-kâya. Having a frame hard as adamant; one who has a very robust and hardy body (My.). 2, a robust and hardy body, an iron frame (My.).

ವಜ್ರಕೀಟ vajra-kîṭa. A winged insect which bores holes in wood and stone (My.).

ವಜ್ರಜ್ವಾಲೆ vajra-jvâlĕ. *A thunder-flash, lightning.*

ವಜ್ರದನ್ತ vajra-danta. Hard-toothed: a hog, a boar. 2, a rat. — ವಜ್ರದನ್ತಗಿಡ. (ಕೇಸರ, ವಕುಲ, ಪವಳದ ಹುವ್ವಿನ ಗಿಡ, ಹಲ್ಲುಮುದ್ದುಗಿಡ Si. 137).

ವಜ್ರದನ್ತಿ vajra-danti. N. of a plant (ಹಳದೀ ಗೋರಟಗಿಡ G.).

ವಜ್ರದೇಹ vajra-dêha. = ವಜ್ರಕಾಯ. (My.).

ವಜ್ರದ್ರು vajra-dru. *A species of Euphorbia.*

ವಜ್ರಧರ vajra-dhara. *Indra.*

ವಜ್ರನಿರ್ಘೋಷ vajra-nirghôsha. *A clap of thunder.*

ವಜ್ರಪಂಜರ vajra-pañjara. A very firm cage; an impregnable hold, an asylum (Bp. 28, 25; 61, 90; Bh. 8, 25, 27).

ವಜ್ರಪಾಣಿ vajra-pâṇi. Holding a thunderbolt in the hand; Indra (My.).

ವಜ್ರಪುಷ್ಪ vajra-pushpa. *The blossom of tila or Sesamum.*

ವಜ್ರಮುಷ್ಟಿ vajra-mushṭi. A hard or iron fist. 2, a weapon of the athletae, etc. (Abh. P. 13, after 76; Bh. 4, 2, 65; J. 3, 32).

ವಜ್ರಲೇಪ vajra-lêpa. = ವಜ್ರ No. 9. (Čpr. 5, 79; J. 10, 12).

ವಜ್ರಶರೀರ vajra-śarīra. = ವಜ್ರದೇಹ. (My.).

ವಜ್ರಶುಂಠ vajra-śuṇṭa. An extremely stupid and illiterate man (My.).

ವಜ್ರಾಂಗಿ vajra-aṅgi. = ವಜ್ರಕವಚ. (Č. Bp. 47, 44).

ವಜ್ರಾಸನ vajra-âsana. A diamond seat or throne. 2, a particular way of sitting (see ಆಸನ 2).

ವಜ್ರಿ vajri. *Indra* (Bp. 54, 4). 2, a kind of Euphorbia (ಮ ಹಾತರು, ಎಲೆಗಳ್ಳಿ Mr. 136; see ವಜ್ರ No. 8).

ವಜ್ರಿತನಯ vajri-tanaya. The monkey-king Bâli (Râm. 4, 2, 25).

ವಂಚ vañča. Tbh. of ವಂಶ (Śmd. II).

ವಂಚಕ vañčaka. Deceiving, cheating; fraudulent, deceitful, crafty. 2, *a deceiver, a rogue, a cheat, a knave.* 3, *a jackal.* ವಂಚಕನಿಗೆ ಸಂಚು ಕೊಟ್ಟ ಹಾಗೆ (Prv.). See ದೇಹ-, ಧನ-, ಪ್ರಾಣ-.

ವಂಚಕತ್ವ vañčakatva. Fraud, etc. See ಅ-, ನಿರ್-.

ವಂಚಕಿ vañčaki. A female deceiver, etc. (Bp. 40, 53).

ವಂಚನ vañčana. The act of deceiving, cheating, tricking, defrauding, shunning, evading, *fraud, deceit.* 2, illusion, delusion, hallucination. See ಅಬ್.

ವಂಚನೆ vañčanĕ. = ಬಂಚನೆ, ವಂಚನ. (ಪ್ರಲಮ್ಭ, ವಿಪ್ರಲಾಪ Mr. 449). ವಂಚನೇ ಹಣ ಸಂಚಯನಕ್ಕೆ ಬಾರದು. — ಪ್ರಪಂಚ ಬಿಟ್ಟರೂ ವಂಚನೆ ಬಿಡ (Prvs.). See ಮೂಜು 2, ಮೂಂಜು 2.

ವಂಚಿತ vañčita. *Deceived, tricked, cheated, imposed upon.*

ವಂಚಿಸು vañčisu. To deceive, to cheat (a person, ಅವನನ್ನು or ಅವನಿಗೆ, My.); — to deny, to withhold wrongfully, to hide (ಅಪಲಾಪ Śmd. Dh.). ವಂಚಿಸುವುದವಂಗೆಯುಂ ನಿನಗೆಯುಂ ಸಹಜಂ, ಬಿಡಿಸಲ್ಕೆ ಬಳ್ಕುಮೆ? (Śmd. 150). See Bp. 6, 1; 10, 7; 25, 29; 37, 15; 39, 20; 57, 35; J. 29, 34; B. 5, 95. 106.

ವಂಚಿಸುಹ vañčisuha. Deceiving, etc. (ವಿಪ್ರಲಮ್ಭ, ವಿಪ್ರಲಾಪ, etc. Hlâ.).

ವಂಚುಕ vañčuka. = ವಂಚಕ. (ನರಿ G.).

ವಂಜಿ vañji. (In Tamil partly a Tbh. of ವಂಶಿ). See ನಬು-?

ವಂಜುಲ vañjula. *The tree Dalbergia ougeinensis* Roxb. 2, *the tree Jonesia asoca* Roxb. 3, *common cane or ratan Calamus rotang* Lin. (ವಾನೀರ, ವಿದುಲ, ವೇತಸ, ಹಜ್ಜೆಯ ಮರ Hlâ.). 4, a sort of bird. See ಹೊಬಿಸು.

ವಟ vaṭa. 1. = ಒಟ, ಬಡ. A sound to imitate that of gabbling, jabbering, prating, or croaking. — ವಟವಟ. rep. The repeated sound of vaṭa (My.; Mhr.).

ವಟ vaṭa. 2. = ವಡೆ, ಹೊಡೆ. *The Banyan or Indian fig-tree, Ficus indica* Roxb. (F. bengalensis Lin., ಶಿವ, ಆಲದ ಮರ Nn. 6; ನ್ಯಗ್ರೋಧ, ಆಲದ ಮರ 42; ಕುಜಾತವಿವರ, ವೃಕ್ಷಭೇದ 96; ಆಲದ ಮರ Mr. 123). 2, *a string, a rope, a tie* (ವಟರ, ಕಾಲುಕಣ್ಣಿಗಳು Mr. 380). 3, a little ball, a globule, a pill, a small lump or roundish mass. 4, a cake made of pulse ground and fried with oil or ghee. 5, a small shell, the cowry. 6, Kâma (ಮದನ, ಕಾಮನು 96). 7, the juice that exudes from an elephant's temples when in rut (ಮದ, ಆನೆಯ ಮದ 96). 8, leavings (ಉಚ್ಛಿಷ್ಟ 96). 9, equality in shape or dimension. 10, a round figure, a circle, a cipher.

ವಟಕ vaṭaka. A small lump or round mass, a ball, a globule. 2, *a cake made of pulse fried in oil or ghee* (ಹೊಡೆ Nr.). 3, a particular weight, 8 mâshas.

ವಟಪುರ vaṭa-pura. N. (Bp. 21, 1).

ವಟರ vaṭara. A string, a rope, a tie (see Mr. s. ವಟ 2, No. 2). 2, wicked, villainous. 3, a thief. 4, a cock; etc., etc.

ವಟಾರ vaṭâra. (Probably fr. Mhr. ವಾಡಾ, house, and ವಾರ, enclosure; or = ವಾಟ 1-ಆರ 7). = ಒಟಾರ, ವಟ್ಟಾರ. (My.). 2, a lodge, a room (Sl. 109; Mhr. ವರಾಣ).

ವಟಿ vaṭi. = ವಟ 2, No. 2. (ಹಗ್ಗ G.).

ವಟಿಕೆ vaṭikĕ. (= ವಳಿಗೆ). A small lump or roundish mass, a ball, a bolus, a pill. 2, a chessman.

ವಟು vaṭu. *A boy, a lad, a stripling, a youth* (ತನುಜರೊಳ್ ಚಿಕ್ಕವಂ Mr. 309). 2, a young Brâhmaṇa or brahmačâri, a religious student (J. 7, 4; 13, 14).

ವಟುಕ vaṭuka. = ವಟು. A boy, etc. (Bp. 50, 6). 2, a deity that guards places, fields, etc. (ಕ್ಷೇತ್ರಪಾಲ Mr. 14). 3, a stupid fellow, blockhead.

ವಟುತನ vaṭutana. The state of a brahmačâri. (Râm. 5, 9, 27).

ವಟ್ಟ vaṭṭa. = ಒಟ್ಟ, q. v. Discount: a deduction made by money-changers in their own favor; a deduction made by money-lenders in their own favor; a deduction made by government in their own favor (My.; Bp. 27, 52); — loss (Bp. 5, 33). ವಟ್ಟ ಕೊಟ್ಟ ವಿನಹಾ ಸೆಟ್ಟಿ ಬಿಡ. — ಸಲ್ಲದ ಹೊನ್ನಿಗೆ ವಟ್ಟವಿಲ್ಲ (Prvs.). — ವಟ್ಟಸ್ತಿಡಿಬ್. -ತಿಬ್. To pay discount: to be humbled (Abh. P. 12, 68).

ವಟ್ಟಾರ vaṭṭâra. = ವಟಾರ, etc. (My. occasionally).

ವಟ್ಟಿಸ vaṭṭisa. A certain feat of wrestlers (Čpr. 5, 77).

ವಟ್ಟು vaṭṭu. (Mhr. ವಾಢಾ, interest, in ಪುಲಿವಟ್ಟು?).

ವಟ್ರ vaṭra. = ಬಟ್ಟ 1, etc. Roundness (Tĕ.). — ವಟ್ರಸುಡಿ. = ವಟ್ರಸುಡಿ. (Tĕ.; My.). — ವಟ್ರಸುಡಿದೀರ್ಘ. The form of the letter ಊ when joined to a consonant (Tĕ.; My.). — ವಟ್ರಸುಟಿ. The round twirl: the form of the letter ಉ when joined to a consonant (My.).

ವಡ vaḍa. Tbh. of ವಾಟಿ. A garden.

ವಡಕಾರ vaḍa-kâra. A gardener. See ಪುಲ್ಲ-.

ವಡಂಗ vaḍaṅga. = ವಿಡಂಗ. See ವಾಯು.

ವಡಂಜಿ vaḍañji. N. of a garment (Bp. 11, 26).

ವಡಬಶಿಖಿ vaḍaba-śikhi. = ವಡಬಾಗ್ನಿ. (J. 13, 59).

ವಡಬಾಗ್ನಿ vaḍabâ-agni. = ಬಡಬಾಗ್ನಿ. Submarine fire (ವಡವಾನಲ Nn. 13; J. 13, 11).

ವಡಬೆ vaḍabĕ. ವಡಬಾ. = ವಡವೆ.

ವಡವಾಗ್ನಿ vaḍavâ-agni. = ವಡಬಾಗ್ನಿ, etc. (Sk.).

ವಡವಾನಲ vaḍavâ-anala. = ಒಡಬಾನಲ, ಬಡಬಾನಲ. *Submarine fire, the fire of the lower regions* (said to be at the South-pole).

ವಡವಾಮುಖ vaḍavâ-mukha. = ವಾಡವಾಮುಖ. *Submarine fire.* 2, the entrance to the lower regions at the South-pole: *the infernal regions* (ಪಾತಾಳ Hlâ.).

ವಡವೆ vaḍavĕ. ವಡವಾ. = ಬಡಬೆ, ವಡಬೆ. *A female horse, a mare.* 2, the nymph Aśvinî. 3, a female slave. 4, a harlot, a prostitute.

ವಡಿ vaḍi. = ಬಿಡಿ 4. Heat (My.).

ವಡಿಗ vaḍiga. (Śmd. 283. 284). = ಬಿಡಿಗ. One who puts, etc. See ಅರಲ್-, ಕುಂಚ-, ಪುಲ್ಲ-.

ವಡಿಶ vaḍiśa. = ಬಡಿಸ, ವಲಿಶ. A hook, *a fish-hook* (ಗಾಣ Mr. 462, o. r. ಗಾಳ).

ವಡೆ vaḍĕ. = ವೊಡೆ. Tbh. of ವಟ (or ವಡಾ). A cake made of pulse (Sk. ವಟ, ವಟಕ, ವಡಾ, ವಡಿಕಾ; Mhr. ವಡಾ; My.; B. 4, 55; Tĕ.; T. ವಡೈ; see ಆಮು-). ಒಡೆಯನ ಕಣ್ಣ ಮೇಲೆ ವಡೆ ತಿನ್ನಲಿಕ್ಕೆ ದರಿದ್ರವೇ? (Prv.). See Prv. s. ಶ್ರಾದ್ಧ.

ವಡ್ರ vaḍra. *Large, great* (see ಡುಡ್ಡ).

ವಣಿ vaṇi. = (ಅಣಿ 3, etc.; or = ಪಡಿ 1, etc.), ವಣೆ, (ವಳಿ). An affix for forming masculine and neuter nouns (see ಉರ-, ನೆಟ್-, ಪಕ್ಕ-, ಪಕ್ಷ-, ಮೆಲು-).

ವಣಿ vaṇi. A mode in saṅgîta (V. 11, 9).

ವಣಿಕ್ಕು vaṇikku. Tbh. of ವಣಿಜ್. (My.).

ವಣಿಕ್ಪಥ vaṇij-patha. Trader's path: *a merchant's street, a market;* a merchant's shop. 2, traffic, a trader's business.

ವಣಿಗ vaṇiga. (Śmd. 241. 242). = (ಪಡಿಗ, ಪಳಿಗ), ವನಿಗ, ವಳಿಗ. An affix for the formation of masculine nouns; see ಎರ-, ಕೂಟ್-, ಪಿಚ್ಚ-, ಮುದ-, ಲಂಚ-, ಸಾಲ-.

ವಣಿಗೆ vaṇigĕ. (= ಅಣಿಗೆ 2, etc.; or = ಪಡಿಕೆ, ಪಳಿಕೆ, ವಳಿಗೆ). An affix for forming neuter nouns; see ಉರ-, ನೆಲು-, ನೆಟ್-, ಮೆಲು-.

ವಣಿಗ್ಧನ vaṇij-dhana. *The capital of a trader.*

ವಣಿಗ್ಭಾವ vaṇij-bhâva. The state of being a merchant: *traffic, trade, commerce.*

ವಣಿಗ್ವರ vaṇij-vara. A great merchant (Č. Bp. 47, 41).

ವಣಿಗ್ವಾಟ vaṇij-vâṭa. = ವಣಿಕ್ಪಥ No. 1. (J. 6, 14).

ವಣಿಜ್ vaṇij. Nom. ವಣಿಕ್. = ವಣಿಕ್ಕು. *A merchant, a trader.* 2, trade, merchandise.

ವಣಿಜ vaṇija. = ವಣಿಜ್. (ಬಣಂಜಿಸುವ ವರಎಪಣಿಕ, ನೈಗಮ Mr. 345).

ವಣಿಜಕ vaṇijaka. = ಬಣಜಿಗ, ಬಣಂಜಿಗ, ಬಣಿಜಿಗ. A merchant.

ವಣಿಜೆ vaṇijĕ. = ಬಣಿಜು. (My.).

ವಣಿಜ್ಯ vaṇijya. *Trade, traffic.*

ವಣಿಜ್ಯೆ vaṇijyĕ. *Trade, traffic.*

ವಣೆ vaṇĕ. = ವಣಿ, etc. See ಉರ-.

ವಣ್ಟ vaṇṭa. = ಬಣ್ಟ 1, q. v. Tbh. of ವಣ್ಠ (Śmd. 338, o. r. ಬಣ್ಟ).

ವಣ್ಟಕ vaṇṭaka. Dividing. 2, *a part, a portion.* 3, an unmarried man (*cf.* K. ಬಣ್ಟಿಗ).

ವಣ್ಟಿಸು vaṇṭisu. To cause to come off or out: to take out, to remove, as a thorn (Râm. 2, 4, 19; *cf.* Mhr. ವಟಣೇಂ, to rise; to come off; etc.).

ವಣ್ಠ vaṇṭha. = ಬಣ್ಟ 1, ವಣ್ಟ. A servant. 2, crippled, maimed;—a dwarf. 3, an unmarried man. 4, a javelin.

ವಣ್ಡ vaṇḍa. = ಬಣ್ಡ 1. Maimed, defective, crippled;—an ox without a tail. 2, impotent, emasculated.

ವಣ್ಡಾರ vaṇḍâra. N. of a place in South Canara. ವಣ್ಡಾರ ಕಮ್ಬಳ, ಬಸ್ರೂರ ಜಪ್ಪಳ, ಕೋಟೇಶ್ವರ ಕೋಡೀ ಹಬ್ಬ ಮೂಡಿಸಿ ಕಣ್ಡರೆ ಮೋಚ.— ಪಾಣ್ಡವರನ್ಡರೆ ವಣ್ಡಾರಕಮ್ಬಳದ ಕೋಣಗಳೋ? (Prvs.).

ವಣ್ಡು vaṇḍu. = ಒಣ್ಡು. (My.).

ವತ್ vat. 1. ವನ್ತ. = ವನ್ತ, (ವಾನ್). Possessing, having, endowed with.

ವತ್ vat. 2. As, like (ಅನ್ತೆ Śmd. 139 Cm.).

ವತ vata. *Ah! alas! oh!*

ವತಂಸ vataṁsa. = ಅವತಂಸ (Sk.). *Cf.* the form of ವಗ್ರಹ.

ವತನ vatana. A hereditary estate (B. 5, 203; Mhr., H.).

ವತನದಾರ vatana-dâra. The holder of a vatana (B. 5, 204; Mhr., H.; My. as ವತನ್ದಾರ).

ವತನವೃತ್ತಿ vatana-vṛitti. Proceedings with regard to a vatana (B. 5, 204).

ವತಿ vati. 1. Asking, begging.

ವತಿ vati. 2. (fr. ವತ್ 1). = ವನ್ತೆ. She who is possessing, etc. See ಅಷ್ಟ-, ದ್ವೀಪ-, etc.

ವತ್ತ vatta. = ವೊತ್ತ. Tbh. of ವರ್ತ. See ಚಕ್ಕ-, ಚಲ್ಲ-, ಚೆಲ್ಲ-.

ವತ್ತಿ vatti. Tbh. of ವರ್ತಿ. See ಜಗ-.

ವತ್ತಿಸು vattisu. Tbh. of ವರ್ತಿಸು. See ಕೆಯ್-.

ವತ್ವ vatva. The letter ವ (ವ್, Śmd. 65. 80. 121. 122. 127. 132. 188. 250. 274. 341. 347. 350).

ವತ್ಸ vatsa. = ಬಚ್ಚ. *A calf* (ಕರು Śm. 38; ಕನ್ದು 98; ಕರುಬೋರಿ Mr. 178; ವತ್ಸಸಮೂಹ, ಕರುಗಳು Nn. 110, o. r. ವತ್ಸ);—*a child,* often used as a term of endearment; a son, a boy. 2, *a year* (ಸಂವತ್ಸರ 110). 3, *the breast, the chest.* 4, purity (ನಿರ್ಮಲತ್ವ 110). 5, a sign (ಕುರುಹು, ಕುರುಹು 110). 6, Varuṇa (ಪಾಶಿ, ವರುಣನು 110).

ವತ್ಸಕ vatsaka. A little calf. 2, *the medicinal plant Wrightia antidysenterica* R. Br.

ವತ್ಸಕಾಮೆ vatsa-kâmĕ. *A cow longing for her calf.*

ವತ್ಸತರ vatsa-tara. More than a calf: *a young ox or bull, a steer* (ತಿರ್ದುಗುವೋರಿ Hlâ.).

ವತ್ಸನಾಭ vatsa-nâbha. *A particular kind of strong poison* prepared from the root of a kind of aconite (said to resemble the nipple of a cow; ಬಚನಾಗ G.).

ವತ್ಸನಾಭಿ vatsa-nâbhi. = ವತ್ಸನಾಭ. (My.; Bp. 58, 55).

ವತ್ಸರ vatsara. *A year.*

ವತ್ಸರವಿವರ vatsara-vivara. A certain year, one of the years (ಪ್ಲವಂಗ, ವತ್ಸರಭೇದ Nn. 46).

ವತ್ಸಲ vatsala. Child-loving: *affectionate, kind, loving, tender.* 2, fond of, devoted to.

ವತ್ಸಲತೆ vatsalatĕ. = ವತ್ಸಲತ್ವ. See ಭಕ್ತ-.

ವತ್ಸಲತ್ವ vatsalatva. Affectionateness, lovingness, tenderness, affection (Bp. 20, 34).

ವತ್ಸಲೆ vatsalĕ. = ಬಚ್ಚಣೆ 1, ಬಚ್ಚಳೆ 1. *A cow fond of her calf.*

ವತ್ಸಾದನಿ vatsa-adani. She who eats her own offspring (or berries): *the plant Cocculus cordifolius* Dec.

ವತ್ಸೆ vatsĕ. A female calf. 2, a little daughter, a little girl (My.).

ವದ vada. Speaking. 2, *speaking well or sensibly.* See ಪ್ರಿಯಂ-, ಯುದ್-.

ವದನ vadana. The act of speaking. 2, *the mouth, the face, the countenance* (ಮುಖ, ವಕ್ತ್ರ, etc., ಮೋರೆ, ಬಾಯ್ Mr. 315). ವದನೆ, she who has a mouth or countenance (see ಕಮಲ-, etc.).

ವದನಕೂಟ vadana-kûṭa. A kiss (ಚುಮ್ಬನ, ಓಷ್ಠಪಾನ, ಮುದ್ದು Mr. 330).

ವದನವನಜಾತೆ vadana-vanajâtĕ. A woman with a lotus-like mouth or face (Bp. 41, 4).

ವದನಾರವಿನ್ದ vadana-aravinda. A lotus-like mouth (J. 32, 32).

ವದನಿ vadani. N. of a plant (ಮೂಕೊಟಿತಿ Mr. 122).

ವದರೆ vadarĕ. = ಬದರೆ, q. v.

ವದವು vadavu. The shrub Dichrostachys cinerea W. & A. (St. & Pl.; Tĕ. ವೆಲುತುರು, ವೆಲುತುರು; T. ಎಡತ್ತೇರಿ).

ವದಾನ್ಯ vadânya. *Eloquent;*—speaking kindly or agreeably; —*affable;—bountiful, liberal, munificent* (ಮನ್ನಣೆಯ ನುಡಿ ಸಹಿತವೀವಂ Mr. 237).

ವದಾವದ vadâvada. Speaking much, talkative;—a speaker; —*able to speak well, eloquent.*

ವಡ್ಡಿ vaddi. Tbh. of ವೃದ್ಧಿ 1. ವಡ್ಡಿಯೆಮ್ಬ ಗನ್ಧದ್ರವ್ಯಂ (ಯೋಗ್ಯ, ವೃದ್ಧಿ, ಸಿದ್ಧಿ, ಲಕ್ಷ್ಮಿ Nr.).

ವಧ್ರಿ vaddhri. = ವಧ್ರಿ, ವರ್ಧ್ರಿ. *A leathern strap or thong.*

ವದ್ಯ vadya. To be uttered or spoken; speech; speaking, conversing. See ಅ-.

ವಧ vadha. = ವಧೆ. Striking, killing; *slaughter, murder* (ಕೊಲೆ Nn. 132).

ವಧಿಸು vadhisu. To strike, to kill, to slay, to murder (Bp. 18, 26; 24, 21. 51; 28, 8; 53, 43; 54, 14; 55, 18; J. 31, 37).

ವಧು vadhu. ವಧೂ. A bride or newly married woman, *a young wife, a spouse.* 2, *a woman in general, a female.* 3, *a daughter-in-law.* 4, the plant *Trigonella corniculata* Lin.

ವಧುತಾತ vadhu-tâta. A father-in-law (ಹೆಣ್ಣ ಕೊಟ್ಟವಂ Mr. 313).

ವಧೂಟಿ vadhûṭi. *A young woman living in her father's house* (whether married or not, ಚಿರಣ್ಟಿ; ಜವ್ವನಿ Mr. 302); a woman in general (J. 34, 30).

ವಧೂಟಿಕೆ vadhûṭikĕ. = ವಧೂಟಿ. (Bp. 12, 11).

ವಧೂವರ vadhû-vara. Bride and bridegroom (My.).

ವಧೆ vadhĕ. = ವಧ (Šmd. 102; J. 2, 17).

ವಧೋದ್ಯತ vadha-udyata. *Prepared or ready to kill, murderous.*

ವಧ್ಯ vadhya. *To be killed, to be put to death, deserving death;*—an enemy (Bp. 24, 20).

ವಧ್ಯಾಭಾವ vadhya-abhâva. Invulnerableness (Čpr. 8, after 39).

ವಧ್ರಿ vadhri. = ವಡ್ರಿ. *A leathern strap or thong* (ವಾರ ಮಿಳಿ Nr.).

ವನ vana. = ಬನ. *A wood, a forest* (ಎಪಿನ, ಅರಣ್ಯ Nn. 43; see ಮಲೆ); a grave, a garden; (a field, see ಕಡಿಮಾ-). 2, a place of abode, a residence (*cf.* ಮನೆ). 3, *water* (ಉದಕ, ನೀರ್ 43). 4, light, splendour. ವನ ಹಣ್ಣಾಯ್ತು, ಗಿಣೀ ಬಾಯಿಗೆ ಹುಣ್ಣಾಯಿತು (Prv.).

ವನಗಜ vana-gaja. A wild elephant (My.).

ವನಚರ vana-čara. *Roaming in woods, living in a forest;*—a forester (Čpr. 5, 48); etc.

ವನಜ vana-ja. Forest-born. 2, produced in water: a lotus (Čpr. 7, after 117; 7, 122). 3, N. of a vṛitta (Čh.).

ವನಜಜ vanaja-ja. Brahmâ (ಬ್ರಹ್ಮನು Nn. 59).

ವನಜದಲ vanaja-dala. A lotus-leaf. 2, N. of a vṛitta (Čh.).

ವನಜನಯನೆ vanaja-nayanĕ. A woman with lotus-like eyes (Bp. 42, 27).

ವನಜಮುಖಿ vanaja-mukhi. A woman with a lotus-like face (Bp. 5, 31).

ವನಜಸಮ್ಭವ vanaja-sambhava. Brahmâ.

ವನಜಸಮ್ಭವಗಣ vanajasambhava-gaṇa. A class of metrical feet (Čh.).

ವನಜಾಕ್ಷ vanaja-aksha. Vishṇu, Kṛishṇa (ಅಜ, ಕೃಷ್ಣ Nn. 47).

ವನಜಾತ vana-jâta. A lotus.

ವನಜಾತಕೋಶ vanajâta-kôša. The pericarp of a lotus (ಕರ್ಣಿಕೆ, ತಾವರೆಯ ಕರ್ಣಿಕೆ Nn. 21).

ವನಜಾಮ್ಬಕಿ vanaja-ambaki. A woman with lotus-like eyes (J. 24, 58).

ವನತಿಕ್ತಿಕೆ vana-tiktikĕ. *The plant Clypea hernandifolia* W. & A.

ವನದೇವತೆ vana-dêvatĕ. A sylvan deity, a dryad (Šmd. 108; Čpr. 1, after 101; 2, after 85).

ವನದೇವಿ vana-dêvi. = ವನದೇವತೆ (Čpr. 5, 48; J. 3, 32). 2, the forest-goddess: Čâmuṇḍi (ಚಾಮುಣ್ಡಿ, ಚರ್ಚೆ, ಭೈರವಿ Mr. 14).

ವನಧಿ vana-dhi. The ocean (Bp. 5, 5). See ಕೃಪಾ-.

ವನಧಿಪೀತ vanadhi-pîta. Agastya (Mr. 257).

ವನನ vanana. Liking, loving;—causing to like. See ಸಂ-.

ವನನಿಧಿ vana-nidhi. The ocean (Bp. 48, 7; 55, 47).

ವನಪಶು vana-pašu. A wild beast (B. 5, 237).

ವನಪಾಲ vana-pâla. A forest or grove protector, a gardener (Čpr. 2, 91; Ršv. 10, 2).

ವನಪಾಲಕ vana-pâlaka. = ವನಪಾಲ. (Č. Bp. 45, 29).

ವನಪ್ರಸ್ಥ vana-prastha. Retiring into a forest, leading the life of an anchorite. See ವಾನಪ್ರಸ್ಥ.

ವನಪ್ರಿಯ vana-priya. Fond of the wood: *the cuckoo.*

ವನಮಕ್ಷಿಕೆ vana-makshikĕ. *A gad-fly.*

ವನಮಂಜರಿ vana-mañjari. N. of two vṛittas (Čh.).

ವನಮಯೂರ vana-mayûra. N. of a vṛitta (Čh.).

ವನಮಲ್ಲಿಕೆ vana-mallikĕ. Wild jasmine (My.).

ವನಮಹತ್ತರ vana-mahattara. The overseer of a garden, a gardener (Čpr. 2, after 59 & 62 & 69).

ವನಮಹಿಷ vana-mahisha. A wild buffalo (ಕಾಡುಕೋಣ G.).

ವನಮಾಲಾಧರ vanamâlâ-dhara. = ವನಮಾಲಿ. (My.).

ವನಮಾಲಿ vanamâli. Adorned with a vanamâlĕ: *Kṛishṇa, Vishṇu.*

ವನಮಾಲಿಪ್ರತುಮೆ vanamâli-pratumĕ. An idol of Kṛishṇa or Vishṇu (Bp. 53, 71).

ವನಮಾಲೆ vana-mâlĕ. ವನಮಾಲಾ. (Šmd. 386). A garland of wood-flowers; the chaplet worn by Kṛishṇa.

ವನಮುದ್ಗ vana-mudga. *A sort of kidney-bean, Phaseolus trilobus* (see ಮಡಕೀ ಕಾಯಿ).

ವನರಾಜಿ vana-râji. A row of trees; *a long tract of forest.*

ವನರುಹ vana-ruha. A lotus (Čh. v. 108. 172).

ವನರುಹಭವ vanaruha-bhava. Brahmâ.

ವನರುಹಭವಾಣ್ಡ vanaruhabhava-aṇḍa. The universe (J. 2, 1).

ವನರುಹೋದರ vanaruha-udara. Vishṇu.

ವನರುಹೋದರಗಣ vanaruhôdara-gaṇa. A class of metrical feet (Čh.).

ವನಲಕ್ಷ್ಮಿ vana-lakshmi. A forest looked upon as a beautiful woman (Čpr. 2, 77; 3, 83).

ವನಲತೆ vana-latĕ. N. of a vṛitta (Čh.).

ವನವಲ್ಲರಿ vana-vallari. N. of a vṛitta (Čh.).

ವನವಹ್ನಿ vana-vahni. *A forest-fire, a wood on fire.*

ವನವನಧಿ vana-vanadhi. A forest looked upon as an ocean (Šśv. 2, after 42).

ವನವಾಸ vana-vâsa. Living in a wood, residence in a forest (J. 2, 18). ಮನವ ಘನದಲಿ ಕಟ್ಟಿ, ಘನವ ಮನದಲಿ ಕಟ್ಟಿ, ಮನವ ದುಪೆ ಪಾಪಕೆಳಸದಾ ಯೋಗಿಗೆ ವನವಾಸ ಯಾಕೆ? (Sp.). ವನವಾಸಕ್ಕೆ ಹೋದರೂ ಘನಕಷ್ಟ ಬಿಡಲಿಲ್ಲ (Prv.).

ವನವಾಸಿ vana-vâsi. One who dwells in a forest; a hermit (My.).

ವನಶೃಂಗಾಟ vana-śṛiṅgâṭa. *The plant Asteracantha longifolia* Nees. 2, = ನೆಗ್ಗಿಲ್, q. v.

ವನಸಮೂಹ vana-samûha. *A thick forest or wood, a quantity of groves or forests.*

ವನಸ್ಥ vana-stha. Living in the wood;—a hermit, an ascetic (My.).

ವನಸ್ಥಲ vana-sthala. A wood, a forest (J. 19, 28).

ವನಸ್ಥಲಿ vana-sthali. = ವನಸ್ಥಲ. (Sk.; Šśv. 2, 50).

ವನಸ್ಪತಿ vana-s-pati. *A large tree bearing fruit, but apparently having no blossoms.* 2, *any tree.*

ವನಾನ್ತ vana-anta. The skirts of a wood, the neighbourhood of a forest;—the middle or interior of a grove or garden (Rśv. 5, 57).

ವನಾನ್ತರ vana-antara. The middle or interior of a wood (ಕದಲಿ, ಅರಣ್ಯಮಧ್ಯ Nn. 43, o. r. ಅರಣ್ಯ-); a forest (ಕರಕ, ಅರಣ್ಯ 50; Bp. 26, 34). 2, another wood

ವನಾಯು vanâyu. N. of a son of Purûravas;—N. of a dânava;—a district to the north-west of India inhabited by the Vanâyus. 2, ವನ-ಆಯು, living in the wood: a jackal (ಮೃಗ, ನರಿ Nn. 81, o. r. ಕರಿ).

ವನಾಯುಜ vanâyu-ja. *Produced or bred in Vanâyu, a horse of Vanâyu,* a Persian horse (ಕುದುರೆ ಪಾರಶೀಕದೇಶದೊಳ್ ಪುಟ್ಟಿದ ವನಾಯುಜಂ Mr. 282).

ವನಾಶ್ರಯ vana-âśraya. Living in the forest;—an inhabitant of the wood;—*a raven.*

ವನಾಶ್ವ vana-aśva. A wolf (ಕೋಕ, ತೋಳನು Nn. 128).

ವನಿ vani. The elephant grass (ಅಷು Mr. 110).

ವನಿಗ vaniga. = ವಣಿಗ. See ಮುದ-.

ವನಿತ vanita. Solicited, begged; wished for, desired, loved;—served.

ವನಿತೆ vanitĕ. *A loved woman, a wife, a mistress* (ಹೆಣ್ಣುಗೆ Šs.). 2, *a woman in general.* 3, a kind of aromatic root (ಪಣ್ಣಗ್ರನ್ಥಿ, ಕರ್ಪೂರಸುಣ್ಣೆ Mr. 135).

ವನಿಪ vanipa. = ವನೀಪಕ. (Mr. 235).

ವನೀಪಕ vanîpaka. *A beggar, a mendicant.*

ವನೀಯಕ vanîyaka. *A beggar.*

ವನೇಚರ vanĕ-čara. Wandering in a forest, dwelling in a forest;—a forester; an anchorite, a hermit;—a sylvan;—an imp, a demon;—a wild beast (Šmd. 144).

ವನೇಚರಪತಿ vanĕčara-pati. A chief of foresters or hunters (Čpr. 5, 58).

ವನೇಜ vanĕ-ja. Born in the woods. 2, produced in water: a lotus (ಗೋಪ, ತಾವರೆ Nn. 53).

ವನೇಜಮಿತ್ರ vanĕja-mitra. The sun (ಅರ್ಕ, ಸೂರ್ಯ Nn. 13).

ವನೇಜಾತ vanĕ-jâta. = ವನೇಜ. (ಪುಣ್ಡರೀಕ, ತಾವರೆ Nn. 18).

ವನೇರಣ vanĕ-raṇa. A jungle sheep (ಅಟವ್ಯಜ, ಕೊಣ್ಣಗುರಿ Mr. 160).

ವನೋತ್ಥ vana-uttha. Risen in, or coming forth from, a wood (Čpr. 5, 61).

ವನೌಕಸ್ vana-ôkas. Living in a forest;—a forester;—an anchorite, a hermit; *an ape.*

ವನೌಕಸ vana-ôkasa. Tbh. of ವನೌಕಸ್. (ವನೌಕಸ್, ಕೋಡಗ Mr. 161).

ವನ್ತ vanta. Tbh. of ವತ್ 1. (ಉಳ್ಳ, ಒಡೆಯ Šmd. 78. 241. 242; ಯುತ Mr. 440; Mhr.). Feminine ವನ್ತಳು (My.).

ವನ್ತಿ vanti. = ಒನ್ತು q. v., ವನ್ತು. A turn, a time (My.).

ವನ್ತಿಗ vantiga. (fr. ವನ್ತ). A man who possesses, has, etc. See ಸ್ಥಲ-.

ವನ್ತಿಗೆ vantigĕ. Possession, etc. See ಪಾಲು-, ಸಿರಿ-, ಸ್ಥಲ-. 2, a public subscription (My.). ವನ್ತಿಗೆ ಎತ್ತು, ವನ್ತಿಗೆ ಹಾಕು (My.).

ವನ್ತು vantu. = ವನ್ತಿ, etc. (My.).

ವನ್ತೆ vantĕ. Tbh. of ವತಿ 2. (My.).

ವನ್ದ vanda. (= ಬನ್ದು 1, ಬೊನ್ದು). Praising, extolling, blessing; begging.

ವನ್ದನ vandana. Begging, soliciting, asking. 2, praising, praise. 3, showing honour, obeisance, reverence, adoration (ಲೋಚನಗೋಚರ, ಕಣ್ಣಿಗೆ ಕಾಣ ಬಹನ್ಥಾದು Nn. 87). 4, a festoon (ತೋರಣ 87). 5, pleasant, etc. (ಮನೋಹರ, ನಿರ್ಮಲ 87). 6, an aquatic animal (ಜಲೋಜನ್ತು, ಜಲಚರ 87). 7, darkness (ತಿಮಿರ, ಕತ್ತಲೆ 87). 8, water (ಅರ್ಣ, ಉದಕ 87). — ವನ್ದನಂಗೆಯ್. -ಂ-ಗೆಯ್. To reverence, to salute respectfully (Bp. 30, 20).

ವನ್ದನಮಾಲಿಕೆ vandana-mâlikĕ. = ವನ್ದನಮಾಲೆ. (Čpr. 4, 64).

ವನ್ದನಮಾಲೆ vandana-mâlĕ. *A festoon suspended across gateways, etc. on festive occasions* (ತೋರಣ Mr. 200).

ವನ್ದನೀಯ vandanîya. To be praised or worshipped, praiseworthy, adorable, to be saluted or made obeisance to (J. 33, 25).

ವನ್ದನೆ vandanĕ. *Praise, worship, adoration.* 2, = ವನ್ದನ No. 3. ನಿನ್ದನೆ ಮಾಡುವವನಿಗೆ ವನ್ದನೆಯಿಲ್ಲ (Prv.). — ವಂದನೆಕೊಳ್. To get respectful greetings, to be made obeisance to (J. 33, 25). — ವಂದನೆ ಮಾಡು. = ವನ್ದನಂಗೆಯ್. ವನ್ದನೆ ಮಾಡಿದರೂ ಹನ್ದೀ ಕಾಟ ಹೋಗಲಿಲ್ಲ (Prv.).

ವನ್ದರಿ vandari. = ಒನ್ದರಿ, etc. (My.).

ವನ್ದರೆ vandarĕ. = ವನ್ದರಿ (My.).

ವನ್ದಾಕೆ vandâkĕ. A parasitical plant (also ವನ್ದಕ, ವನ್ದನ, ವನ್ದಾರ, ವನ್ದೆ, q. v.).

ವನ್ದಾರು vandâru. Praising, celebrating;—*respectful, civil, polite;*—a panegyrist.

ವನ್ದಿ vandi. 1. = ಬನ್ದಿ 1. *A captive, a prisoner.* 2, plunder, booty, spoil.

ವನ್ದಿ vandi. 2. = ಬನ್ದಿ 2. *A praiser, a panegyrist, an encomiast, a bard* (ಪ್ರಬೋಧ, ವೈತಾಲಿಕ, ಮಾಗಧ, ಸೂತ, ಕೀರ್ತಿಪನರ Mr. 270). ವನ್ದಿ ಪೊಗಟೆ ಚಾಗಿ ಕೊಟ್ಟಂ (Šmd. 296).

ವನ್ದಿತ vandita. = ಬನ್ದಿತ. Praised, extolled; done homage, respecfully saluted; venerated, adored (Nn. 1; Bp. 34, 37).

ವನ್ದಿವ್ರಾತ vandi-vrâta. A multitude of bards (ಸೂತ, ವನ್ದಿಜನಂಗಳ್ Nn. 32, o. r. ವನ್ದಿಸಮೂಹ).

ವನ್ದಿಸು vandisu. = ಬನ್ದಿಸು, ಬನ್ದಿಸು, ಪೊನ್ದಿಸು. To praise, to eulogize; to show honour, to do homage, to salute respectfully; to venerate, to worship;—(with ಕೊಳ್) to be honoured. ಪ್ರತಿಪತಿಯಂ... ವನ್ದಿಸಿದಂ (Čpr. 3, 70). ವನ್ದಿಸುವ ಮನುಜಂ (ಉಪಸಂಗ್ರಹಣ Mr. 251). ಸಭೆಗೆ ವನ್ದಿಸಿ (J. 8, 11); ಪದಕೆ ವನ್ದಿಸಿ (12, 4). ಭೂಜನರಿನ್ದೆ ವನ್ದಿಸಿ ಕೊಣ್ಬಳ್ (ಇಳಾ ವನ್ದ್ಯೆ Šmd. 2 Cm.). See Bp. 4, 47; 49, 31; 61, 60; J. 5, 51; 33, 25.

ವನ್ದೆ vandĕ. (= ವನ್ದಾಕೆ, etc.). *A parasitical plant* (see ಬನ್ದಣಿಕೆ);—the parasitical plant Epidendrum tesselatum, etc.

ವನ್ದ್ಯ vandya. To be praised, laudable, praiseworthy;—to be reverentially saluted; adorable, very venerable;—to be respected (Čh. v. 11). See ಅ-; J. 26, 31. Feminine ವನ್ದ್ಯೆ (Šmd. 1).

ವನ್ದ್ರ vandra. A worshipper, a votary, a follower. (R.).

ವನ್ದ್ರಿ vandri. = ವನ್ದರಿ, etc. (My.).

ವನ್ಧುರ vandhura. = ಬನ್ಧುರ 2. The seat of a charioteer.

ವನ್ಧ್ಯ vandhya. = ಬನ್ಧ್ಯ.

ವನ್ಧ್ಯಾಸ್ತನ vandhyâ-stana. The breast of a barren woman (Čpr. 3, 7).

ವನ್ಧ್ಯೆ vandhyĕ. ವನ್ಧ್ಯಾ. = ಬಂಜೆ 1, ಬನ್ಧ್ಯೆ. See Hlâ. & Si. s. ಬಂಜೆ 1.

ವನ್ಯ vanya. (fr. ವನ). *Belonging to a wood, produced in a wood;* living in woods.

ವನ್ಯೆ vanyĕ. *A multitude of groves, a large forest.* 2, abundance of water, a flood.

ವಪನ vapana. *Shearing, shaving.* 2, sowing seed. See ಕಿರಿ; ನಿರ್-.

ವಪು vapu. = ವಪುಸ್.

ವಪುಜಲ vapu-jala. Urine (ಮೂತ್ರ Mr. 328).

ವಪುಸ್ vapus. A form, a figure, a body, a person, an appearance;—*the body;*—a beautiful form or figure;—beautiful appearance, beauty;—a marvellous phenomenon.

ವಪುಸಿದ್ಧಿ vapu-siddhi. A kind of penance (ನಿರ್ವಾಣ Mr. 507).

ವಪೆ vapĕ. *A cavity, a hollow, a hole.* 2, *the serum of flesh.* 3, *fat, marrow.* 4, the omentum.

ವಪ್ತೃ vaptṛi. A shearer, a shaver. 2, a sower, a planter, a husbandman. 3, *a procreator, a progenitor, a father* (*cf.* ವಪ್ರ, No. 5).

ವಪ್ರ vapra. A sown field; *a field in general;* a garden or plantation (ವನ, ಉಪವನ Nn. 61). 2, *a rampart, a mud-wall, a mound* (ರೋಧೋಭಾಗ 61); a bank;—a fort (ಕೋಟೆ Hlâ.; ಶಾಲ, ಕೋಟೆ 61);—a ditch. 3, *the slope or declivity of a hill, table-land on a mountain* (ಅಚಲ, ಪರ್ವತ 61; ಅತುಲಪರ್ವತದ ಪೊರೆ Mr. 477). 4, the circumference of a sphere or globe (ಪರಿವೇಷ 61). 5, a father (ಪಿತೃ 61). 6, *lead.* 7, dust, earth. 8, sin (ಪಾಪ 61). 9, the butting of an elephant, bull, etc.

ವಮಥು vamathu. *Vomiting, ejecting from the mouth.* 2, *water ejected from an elephant's trunk* (ಆನೆಯ ಕರದಿಂ ಕೆದರ್ವ ಸಣ್ಣ ಹನಿ Mr. 156).

ವಮನ vamana. Vomiting. See ಕಾರ್. 2, an emetic. 3, offering oblations to fire. 4, pain, paining. ವಮನ ಮಾಡಿ ಮಾಡಿ, ಗದುನಕ್ಕೆ (for death) ಸಿದ್ಧವಾದ (Prv.).

ವಮಿ vami. *Vomiting,* being sick.

ವಮ್ರಿ vamri. *An ant.*

ವಮ್ರೀಕೂಟ vamrî-kûṭa. *An ant-hill.*

ವಯ್ vay. ವಯ್ಯು vayyu. = ಒಯ್ 1, etc. To carry off, etc. ನೀರಿನ ಮೇಲೆ ಚಲ್ಲಟ್ ಸಾಮಾನುಗಳನ್ನು ವಯ್ವ ಮರದ ದೋಣಿಗಳು (ದ್ರೋಣಿ Si. 84).

ವಯ vaya. Tbh. of ವಯಸ್ (Šmd. 107; ಪ್ರಾಯ, ವಯಸ್ಸು Nn. 88; My.; B. 5, 283).

ವಯಃಸ್ಥ vayas-stha. Being in the period of youth or in the prime of age, young, youthful; *a man of the virile age;* middle-aged, mature. 2, a contemporary, an associate, a friend.

ವಯಃಸ್ಥೆ vayas-sthĕ. A female contemporary, a female friend or companion. 2, *the plant Emblica officinalis* Gaertn. 3, *a medicinal root* (see ಗೂರಿಮಿಡಿ). 4, *the plant Terminalia chebula or citrina.* 5, *the moon plant, Asclepias acida* (= ಬ್ರಾಹ್ಮಿ; see ಹೊನ್ನಗನ್ನೆ s. ಹೊನ್).

ವಯಸ್ vayas. = ವಯ, ವಯಸು, ವಯಸ್ಸು. The time of health and strength, youth, the prime of life. 2, *any period of life, age, time of life, state of existence, year of life or age.* 3, *a bird.*

ವಯಸ vayasa. = ವಯಸ್. (at the end of compounds; Čpr. 3, 77; Rŝv. 4, 78).

ವಯಸು vayasu. Tbh. of ವಯಸ್. (Čpr. 4, 61; My.).

ವಯಸ್ಕ vayaska. = ವಯಸ, q. v. (B. 4, 146). 2, advanced in age (My.; Mhr.).

ವಯಸ್ಯ vayasya. Relating to age;—being of the same age, contemporary;—*a companion of equal age, an associate, a friend.*

ವಯಸ್ಯೆ vayasyĕ. *A female companion or friend.*

ವಯಸ್ಸು vayassu. Tbh. of ವಯಸ್ (Šmd. 107). ವಯಸ್ಸು ಕಡಿಮೆಯಾದರೂ ಆಯಾಸದಲ್ಲಿ ಕಡಿಮೆಯಿಲ್ಲ (Prv.).

ವಯಿ vayi. = ವಹಿ. (My.).

ವಯಿನ vayina. Tbh. of ವಹನ? (or *cf.* ಬಯಿಸು?). A way, a means, a contrivance (My.; T., Tĕ. also ವಯನ).

ವಯಿರ vayira. 1. Tbh. of ವೈರ. See ವಯಿರಿ.

ವಯಿರ vayira. 2. Tbh. of ವಜ್ರ. (T.; My.). — ವಯಿರಮುಡಿ. A sort of crown of the Vishṇu idol at Mêlugôṭĕ (My.).

ವಯಿರಿ vayiri. Tbh. of ವೈರಿ. (ವೈರಿ Nn. 25, in one MS.).

ವಯೋಧರ್ಮ vayas-dharma. The laws for, or practices of, or nature of the different periods of life (Bp. 40, 30; My.).

ವಯೋಧಿಕ vayas-adhika. Older in age;—advanced in age; exceedingly old;—an old man (My.).

ವಯೋವೃದ್ಧ vayas-vṛiddha. Advanced in years, old (J. 32, 10).

ವಯ್ಕರಿ vaykari. = ವೈಖರಿ. Way, manner, style (Tĕ. ವೈಖರಿ; *cf.* ವಯಿನ?); good manner or style (My.).

ವಯ್ಯಾರ vayyâra. = ಒಯ್ಯಾರ q. v., ವೈಯಾರ. (Tbh. of ವಿಹಾರ). Going about for show, parade: ostentatious and proud display of one's person, clothes, ornaments, etc., attempt to attract admiration or notice, showiness, dandyism, coquetry (My.; ಮುಟಿಕ, ಮುಟುಕು G.). ತನಡು ತಿಮ್ಬುವವಗೆ ವಯ್ಯಾರ ಯಾಕೆ? (Prv.).

ವಯ್ಯಾರತನ vayyâratana. = ಒಯ್ಯಾರತನ, ವಯ್ಯಾರ. (My.; ಭಂಗಿ G.).

ವಯ್ಯಾರಿ vayyâri. = ಒಯ್ಯಾರಿ. A showy man (My.) or woman (C.).

ವಯ್ಯಾರಿಸು vayyârisu. = ಒಯ್ಯಾರಿಸು. Proudly to display one's person, etc., to play the coquette, etc.

ವಯ್ಯಾಳಿ vayyâḷi. (Tbh. of ವಾಹ್ಯಾಳಿ). = ಉಯ್ಯಾಳಿ, ಒಯಾಳಿ, ಒಯ್ಯಾಳಿ, ವಯ್ಹಾಳಿ, (ವಾಹಳಿ, ವಾಳಿ), ವೈಹಾಳಿ. An excursion on horseback, a ride (C.; Tĕ. also ವಯಾಳಿ); a procession of idols on wooden horses carried by people (My.). — ವಯ್ಯಾಳಿಗೆಯ್. To take an excursion on horseback. ವಸುಮತೀಶ್ವರನ್ ಅಖಿಲಪರಿವಾರಸಹಿತಂ ವಯ್ಯಾಳಿಗೆಯ್ಯಾವಸರದಲಿ (Bp. 37, 65).

ವಯ್ಯಾಳಿಗ vayyâḷiga. = ಉಯ್ಯಾಳಿಗ, ಒಯ್ಯಾಳಿಗ. A man who makes an excursion on horseback or takes a ride (My.).

ವಯ್ವಾಟ vayvâṭa. = ವಯ್ವಾಟು, ವಹಿವಾಟು. Administration or management of;—skill in carrying on, despatch;—business, traffic;—enjoying, using, use;—practice;—intercourse with;—a report (as of a public officer) of his conduct (Mhr. ವಹಿವಾಟ; S. Mhr.).

ವಯ್ವಾಟು vayvâṭu. = ವಯ್ವಾಟ. Practice; intercourse with (My.).

ವಯ್ಹಾಳಿ vayhâḷi. = ವಯ್ಯಾಳಿ, etc. (My.).

ವರ್ var. ವರು. = ಬರ್ 3, etc., *e. g.* ಎಲ್ಲವರ್, ಮೂವರ್, ಇರ್ವರ್, ನೂರ್ವರ್ (Śmd. 122. 123).

ವರ vara. = ಒರ 2, ಬರ, (ವರಿ 1, etc.). Surrounding, encompassing. 2, compass, space, room;—limit; up to, till, as far as (ಸೀಮೆ Śmd. 295; see ಅನ್ನೆವರಂ, ಇನ್ನೆ-, ಎನ್ನೆ-, ಈವ-, ತುದಿ-). 3, selecting, choosing, engaging. 4, *requesting, soliciting, entreating.* 5, choice, election, wish, desire, request. 6, *a boon, a blessing, a favour;*—a gift; a reward, a recompense. 7, any desirable object. 8, a dowry. 9, charity, alms. 10, one who chooses: *a suitor, wooer, a lover; a bridegroom, a husband.* 11, wished for, desirable, valuable, *precious, excellent, best;* the best, most excellent or eminent;—eldest. 12, *saffron.*— ವರಂ, *preferably, rather, better.* ತಾ ಕಾಣದ ದೇವರು ಪೂಜಾರಿಗೆ ವರಾ ಕೊಟ್ಟೀತೇ?— ತನಗೆ ಇಲ್ಲದ ಮಾರಿ ತಮ್ಮಡಿಗೆ ವರಾ ಕೊಟ್ಟೀತೇ? (Prvs.). — ವರದ ಸೋಮವ್ವೆ. N. (Bp. 50, 56).

ವರಕ varaka. A cover; a cloak; a cover or awning. 2, a chooser, an asker. 3, a wish, a request, a boon. See ಅಷ.

ವರಕವಿ vara-kavi. An excellent (inspired) poet (Dp. 8 pallavi).

ವರಕು varaku. = ಅರಕು No. 2, ಒರಕು. A leaf (of gold, etc.), a thin plate of metal, tinsel (My.; Mhr., H. ವರಖ).

ವರಚಕ್ರಿ vara-čakri. Vishṇu; having excellent ruddy geese (J. 15, 12).

ವರಟ varaṭa. *A kind of wasp.*

ವರಟೆ varaṭĕ. *A kind of wasp.* 2, *a goose, a female swan* (*cf.* ವರಲೆ).

ವರಣ varaṇa. Enclosing, encircling, surrounding;—screening, covering, protecting. 2, *a rampart, a mound, a wall, an outer enclosure.* 3, *a causeway, a bridge, a dam* (ಕಟ್ಟೆ Hlâ.). 4, choosing, selecting, choice of a bride;—wishing, requesting, soliciting. 5, *the tree Crataeva roxburghii* R. Br. (ವಾಯುವಡಂಗದ ಗಿಡ G.).

ವರಣಾಸಿ varaṇasi. = ವಾರಾಣಸಿ. (Sk.).

ವರಂಡ varaṇḍa. *A veranda, a portico.* 2, a multitude. 3, an eruption on the face.

ವರಣ್ಯ varaṇya. (= ವರೇಣ್ಯ). Desirable, pleasant, etc. (ಮನೋಹರ, ಸೌಮ್ಯ, etc. Mr. 424).

ವರತೀರ್ಥ vara-tîrtha. An excellent piece of water (ಅಬ್ಧಿ, ಉತ್ತಮತೀರ್ಥ Nn. 74).

ವರತ್ರೆ varatrĕ. A strap, a thong, a strip of leather, a girth;—*an elephant's or horse's girth.*

ವರದ vara-da. *Granting wishes, conferring a boon or boons,* ready to fulfil requests or answer prayers. See Bp. 39, 68; 53, 46.

ವರದಕ್ಷಿಣೆ vara-dakshiṇĕ. A present made to the bridegroom by the father of the bride in giving her away (My.).

ವರದರಾಜ varada-râja. N. of the idol of Vishṇu at Kâńči (My.).

ವರದಾನಿ vara-dâni. A woman who confers boons (Bp. 48, 19).

ವರದಿ varadi. (Tbh. of ವಾರ್ತೆ; *cf.* ವರ್ತಮಾನ). Tidings, report, intelligence, communication (My.; M. ವರುದಿ). — ವರದಿ ಮಾಡು. To give information, to communicate, to report (My.). — ವರದಿ ಹೇಳು. To tell tidings: to give information (to a superior, as *e. g.* a clerk does regarding the contents of written petitions, letters, etc., My.). ವರದಿ ಹೇಳುವವನಿಗಾದರೂ ಹರದನ ಹಂಗು ಬೇಕು (*e. g.* for getting a loan of money, Prv.).

ವರದೆ varadĕ. A woman who confers boons; Sarasvatî (Kâvy. I, 1*a*, 2; J. 1, 4).

ವರಧುರ್ಯೆ vara-dhuryĕ. A pregnant woman (ಗರ್ಭಿಣಿ, etc. Mr. 307).

ವರಪೂಜೆ vara-pûjĕ. Respectful attentions shown by the bride's parents to the bridegroom in giving their daughter away (My.).

ವರಪ್ರಸಾದ vara-prasâda. A deity's bestowal of desired kindness; an eminent favour (Râm. 1, 1, 10; My.).

ವರಪ್ರೌಢ vara-prouḍha. A highly proficient man (ಚಿತ್ತಗ, ಬುದ್ಧಗ, ಬಿನ್ನಣಿ Śm. 47).

ವರಯಿತ varayita. Tbh. of ವರಯಿತೃ (Mr. 307).

ವರಯಿತೃ varayitṛi. *A suitor, a wooer, a lover, a bridegroom, a husband* (ವರಯಿತ Mr. 307).

ವರಯಿಸು varayisu. = ವರಿಯಿಸು, ವರಿಸು. To choose, to elect, to desire, to claim, to make one's own (ಸ್ವೀಕಾರ Śmd. Dh., o. r. ವರಿಯಿಸು).

ವರರುಚಿ vara-ruči. N. of a poet and grammarian; N. of a lexicographer (see Hlâ. s. ಕೋ 3; Mr. 1*b*). ವರರುಚಿಯ ಜಾಣ್ಮೆ (Mr. 4).

ವರಲೆ varalĕ. = ವರಟೆ, (ವಾರಲೆ). *A goose, a female swan* (Bh. 1, 20, 53).

ವರವಧು vara-vadhu. A virtuous wife (ಜಿತಕಾಮೆ, ಪತಿವ್ರತೆ Nn. 44).

ವರವನಿತೆ vara-vanitĕ. = ವರಸ್ತ್ರೀ (Bp. 45, 25).

ವರವರ್ಣ vara-varṇa. Beautiful colour; beautiful letters or syllables (J. 1, 12).

ವರವರ್ಣಿ vara-varṇi. Having a beautiful complexion or colour.

ವರವರ್ಣಿನಿ vara-varṇini. A woman with a beautiful complexion;—*an excellent woman.* 2, *turmeric.*

ವರಸಾಮ್ಯ vara-sâmya. Likeness (in form) of the bride to the bridegroom (My.).

ವರಸೆ varasĕ. = ವರಿಸೆ A line, a row (ಪಂಕ್ತಿ, ಸಾಲು My.; Tĕ. also ವರುಸೆ); lineage, race, family (My.; Tĕ.; T. ವರಿಚೈ, row, regularity, order, rule = ಒಟಿುಂಗು; ವರುಕ್ಕೈ, ವರ್ಗೈ, order; see ಒಯ್ಯಕನೆ, ಓಜೆ; *cf.* ಬಟಿಸು, ಬಟ್ 1 & ವರ್ಗ). ಹೇವ ಗೇಡಿಗಳಿಗೆ ಪಾವಿಯೇನು? ವರಸೆಯೇನು? (Prv.).

ವರಸೆ varasĕ. (fr. Sk. ವೃತ್, to turn?). = ವರಿಸೆ. A turn, a time (Tĕ.). 2, revolving. — ವರಸೆ ತಿರಿಗಿಸು. To swing round or brandish, as a sword, knife or club (My.).

ವರಸ್ತ್ರೀ vara-strî. *An excellent woman.*

ವರಹ varaha. Tbh. of ವರಾಹ. = ಒರ 1, ಒರಹ, ವರಹಾ, ವರಾ. A boar, a hog (Bp. 54, 41. 43). 2, a gold coin with a boar-stamp, a pagoda (My.; B. 4, 81; Tĕ. ವರಹಾ, ವರಹಾನಿ, ವರಾ; T. ವರಾಗ; M. ವರಾಹ). ಮಣವಿಲ್ಲದ ಕಣ್ಣಿಯಿಲ್ಲ, ಹಣವಿಲ್ಲದ ವರಹವಿಲ್ಲ (Prv.).

ವರಹಾ varahâ. = ವರಹ, q. v. (My.). — ವರಹಾಕಟ್ಟು. A brush made of hog's bristles (My.; Si. 168; Tĕ. ವರಾಕಟ್ಟೆ). — ವರಹಾಕಟ್ಟೆ. = ವರಹಾಕಟ್ಟು. (Si. 168). — ವರಹಾಕೂಚ. = ವರಹಾಕಟ್ಟು. (My.). — ವರಹಾಕೂರ್ಚ. = ವರಹಾಕೂಚ. (My.). — ವರಹಾಬಣ್ಣ. The colour of the gold of a pagoda or of an English pound sterling (My.).

ವರಹೀನ vara-hîna. Devoid of personal charms, riches, appropriate age, etc. ಕುಲಹೀನನಾದರೂ ವರಹೀನನಾಗ ಬಾರದು (Prv.).

ವರಾ varâ. = ವರಹ, q. v. (My.).

ವರಾಕ varâka. Pitiable, miserable, poor, wretched, low, vile. Feminine ವರಾಕೀ (V. 9, 57).

ವರಾಂಗ vara-aṅga. The best member: *the head.* 2, *the female pudenda.* 3, *excellent or beautiful in all parts.*

ವರಾಂಗಕ vara-aṅgaka. *Cassia bark, green cinnamon.*

ವರಾಟ varâṭa. = ವರಾಳ. A cowry, Cypraea moneta (used as a coin, 1/80 of a paṇa, ಕವರ್ದ, ಕವಡೆ Mr. 412). 2, *a rope, a cord.*

ವರಾಟಕ varâṭaka. *A cowry* (ಕವಡೆ Nr.). 2, *a rope, a cord.* 3, *the seed-vessel of a lotus-flower.*

ವರಾಡ varâḍa. A public subscription; tax, impost (My.; Tĕ. ವಿರಳ, ವಿರಾಳ).

ವರಾತ varâta. Urging for payment, dunning (My.; Mhr., H.). ವರಾತದವನಿಗೆ ವರಾತವಾದರೂ ಮಾಟಿ ಕೊಡ ಬೇಕು (Prv.). See Prv. s. ಹರದ.

ವರಾತು varâtu. = ವರಾತ. (My.).

ವರಾರೋಹ vara-ârôha. An excellent rider. 2, *having fine hips.*

ವರಾರೋಹೆ vara-ârôhĕ. A handsome or elegant woman, a noble lady (ಮುಖ್ಯಳ್ Mr. 306). 2, the hip or flank.

ವರಾಶಿ varâśi. *Coarse cloth.*

ವರಾಹ varâha. = ವರಹ, etc. *A boar, a hog.* 2, the third or boar-incarnation of Vishṇu (Mr. 19). — ವರಾಹತಿಮ್ಮಪ್ಪ. The Vĕṅkaṭaramaṇa of Tirupati (Dp. 119, 5).

ವರಾಳ varâḷa. = ವರಾಟ (Śmd. 31). 2, N. of a country and its people (Bp. 6, 19; Bh. 2, 4, 11). 3, N. of a râga (My.).

ವರಾಳಿ varâḷi. N. of a râga (My.; T.).

ವರಿ vari. 1. = (ಬರ, ಬರೆ, ವರ No. 2), ವರಿವು, (ವರೆ 1). Limit (Tĕ. ಬರಿ). ವರಿಗೆ, to the limit of, up to; till, until, as far as (C.; Mhr. ವರೀ; Si. 378); frequently also ವರಿಗೂ (ವರಿಗೆ-ಊ 7; C.; Si. 50. 121. 210. 224. 328. 373. 466). ಹಲವು ಕಾಲದ ವರಿಗೆ (B. 5, 113). ಇಷ್ಟು ಹೊತ್ತಿನ ವರಿಗೆ (5, 120). See ಈ ವರಿಗೆ.

ವರಿ vari. 2. *The plant Asparagus racemosus.*

ವರಿ vari. 3. (fr. ವರ, what is requested? or fr. ಬರಿ 2?). Tax, cess; levy, contribution (T., M.; My.). See ನೀರು-. — ವರಿ ಎತ್ತು. = ವರಿ ತೆಗೆ No. 1. (My.). — ವರಿ ತೆಗೆ. To gather or raise taxes (My.). 2, to remove taxes (My.). — ವರಿ ಹಾಕು. To impose taxes (My.).

ವರಿಯಿಸು variyisu. = ವರಯಿಸು, q. v. (Śkv. 5, 60).

ವರಿವಸಿತ varivasita. *Served, honoured, adored.*

ವರಿವಸ್ಯಿತ varivasyita. *Served, honoured, adored.*

ವರಿವಸ್ಯೆ varivasyĕ. *Service, honour, worship,* devotion.

ವರಿವು varivu. = ವರಿ 1. (T. ವರೈವು). ವರಿವಿಗೆ, ವರಿವಿಗೂ = ವರಿಗೆ, ವರಿಗೂ (My.; Si. 199. 302. 326. 403. 445. 466. 468. 485).

ವರಿಷ್ಠ varishṭha. (fr. ವರ). The most excellent, best (Bp. 21, 5). 2, *widest, broadest, largest, greatest.* 3, *copper.*

ವರಿಸು varisu. = ಒರಿಸು, ವರಯಿಸು. (Bp. 40, 43; Si. 378; My.).

ವರಿಸೆ varisĕ. = ವರಸೆ. (My.).

ವರಿಸೆ varisĕ. = ವರಸೆ. (My.).

ವರೀಯಸ್ varîyas. (fr. ವರ). *More excellent, better, uncommonly excellent.* 2, *wider, broader, larger, uncommonly large.*

ವರುಣ varuṇa. *The god of the heavens and of the waters,* who seizes transgressors with his noose (pâśa, see ಪಾಶಪಾಣಿ), inflicts diseases (especially dropsy), and pardons sin;—*the regent of the western quarter* (ಪಶ್ಚಿಮದ ದೆಸೆಗೊಡೆಯ, ಮುನ್ನೀರೆಟಿಯ, ನೀರೊಟ್ಟಲಾಣ್ಮ, ನೆಗಟ್ದೀರ Kk. 15; see ದಿಕ್ಪಾಲ). 2, *the tree Crataeva roxburghii* R. Br. — ವರುಣ ದಿಕ್ಕು. The western quarter (My.).

ವರುಣಾಣಿ varuṇâṇi. Varuṇa's wife (Abh. P. 8, 2).

ವರುಣಾತ್ಮಜೆ varuṇa-âtmajĕ. Varuṇa's daughter: *spirituous or vinous liquor.*

ವರುಣಾಸ್ತ್ರ varuṇa-astra. = ವಾರುಣಾಸ್ತ್ರ. A kind of weapon (J. 20, 56).

ವರುತ್ರ varutra. An upper and outer garment. (R.).

ವರುಷ varusha. Tbh. of ವರ್ಷ. (ಬರಿಸ Śs.; Grj. 9, 51; Bp. 20, 30; My.). ವರುಷ ಹೆಚ್ಚಾದರೆ ವರಸೇ ಸಂಗಡ ಹೋಗಲಿಕ್ಕೇನು? (Prv.). — ವರುಷಗಟ್ಟಲೆ. -ಕಟ್ಟಲೆ. Yearly rule or order;—every year (My.). — ವರುಷಮ್ಬರೆ. -ಂ-ಬರೆ. For a year (Bp. 26, 3). — ವರುಷ ವರುಷ. rep. Every year (Bp. 23, 21; 53, 11; 54, 50). — ವರುಷಾನುವರ್ಷ. -ಅನುವರ್ಷ. Yearly;—for years (B. 5, 97).

ವರುಸ varusa. Tbh. of ವರ್ಷ. (My.).

ವರೂಥ varûtha. Protection;—*a sort of ledge or fender fastened round a chariot as a defence against collision* (see Nr. s. ಕಮ್ಬುಗೆ). 2, armour, a coat of mail. 3, a shield (made of leather, etc.). 4, a multitude, a host, a swarm, a flock, an assemblage, an army. 5, a chariot (not Sk.; J. 14, 17; 25, 41; see ಮಣಿ-).

ವರೂಥಿನಿ varûthini. *A multitude, a troop, an army.*

ವರೆ varĕ. = ವಾರೆ, etc. See ಇಬ-.

ವರೆ varĕ. 1. = ಅರೆ 2, ಬರೆ, etc., ವರಿ 1. Limit, boundary, measure: up to, until, as far as (M.; T. ವರೈ). See ಅನ್ನೆ-, ಇನ್ನು-. — ವರೆಗಂ. ವರೆಗೆ-ಅಂ 5. Up to, until, as far as, till (ಸೀಮೆ Śmd. 295). See ಇನ್ನೆ-. — ವರೆಗೂ. ವರೆಗೆ-ಊ 7. =

ವರೆಗಂ. ಇಲ್ಲಿನ ವರೆಗೂ (B. 3, 11; My.). — ವರೆಗೆ. = ವರೆಗಂ. ಕೆಲವು ದಿವಸಗಳ ವರೆಗೆ (B. 1, 27; My.). ಅವು ಸಿದ್ಧವಾಗಿ ಮಾರಾಟಕ್ಕೆ ಬರುವ ವರೆಗೆ (4, 157). ಮಂಗಳವಾರದ ವರೆಗೆ ಗಂಗಳ ತೊಳೆಯ ಬಾರದೇ? (Prv.).

ವರೆ varĕ. 2. A woman who chooses; see ವತಿಂ-. 2, an excellent woman; the best of women.

ವರೇಣ್ಯ varêṇya. (= ವರಣ್ಯ). Desirable; *excellent, superior, chief, pre-eminent.*

ವರೇಶ್ವರ vara-îśvara. Presiding over boons;—Śiva (Bp. 61, 46).

ವಱಿ vaṟi. = ವಱು. See s. ಈವಱು.

ವಱು vaṟu. (or ಅಱು, ಹಱು? *cf.* ಹೊತ್ತಱು). See ಈವಱು.

ವಱಿಕೆ vaṟke. (or ಅಱ್ಕೆ?). = ವಱು. See s. ಈವಱು.

ವರ್ var. A sound produced by insects gnawing wood. — ವರ್ ವರ್. rep. (S. Mhr.).

ವರ್ಕರ varkara. Any young animal; *a kid, a lamb* (*cf.* ಕಱ 2?).

ವರ್ಗ varga. Excluding, removing. 2, a class or multitude of similar things, a division, a class, a tribe, a troop, a company, a society, a family (ಜಾತಿಗಳು Nn. 159). ವರ್ಗ ವಲ್ಲಿ ತಪ್ಪಿದರೆ ಊರ್‍ಗವಲ್ಲಿ ತಪ್ಪೀತೇ? (Prv.). 3, the whole class of objects of life (ತ್ರಿವರ್ಗ, ಧರ್ಮಾರ್ಥಕಾಮವೆಮ್ಬ ತ್ರಿವರ್ಗ 159). 4, *any series or group of words classified together.* 5, a class or series of consonants in the alphabet (Śmd. 21. 43. 44. 192. 283; Kâvy. I, 1*a*, 15. 16; I, 1*b*, 28-41; I, 2, 110-112; I, 3, 64-68; III, 2, B, 48-51; see ಅ-). 6, every thing embraced or comprehended under any department or head, everything included under a category;—severality of things or beings ranged under a common denomination (ಪ್ರತ್ಯೇಕಮೆನಿಪ್ಪೆಡೆ, ಪ್ರತ್ಯೇಕಪ್ರತ್ಯೇಕವಾಗಿಹುದು 159). 7, *a section, a chapter of a book.* 8, a sphere, a province. 9, a school-class (B. 1, 11; My.). 10, the square of a number. 11, bodily actions (ಶರೀರಕರ್ಮ, ಶರೀರಾಧೀನವಾದ ಕರ್ಮ 159). 12, all actions or doings (ಸಂಜನಿತಸಮಸ್ತಕೃತ್ಯ, ಹುಟ್ಟಲು ಪಟ್ಟ ಎಲ್ಲಾ ಕಾರ್ಯ 159). 13, women (ಕಾಮಿನೀಜನ, ಸ್ತ್ರೀಯರು 159). 14, location or transfer (of officers from one place or business to another, My.). 15, transferment of right or ownership with regard to lands (My.). 16, a ledger (My.). — ವರ್ಗ ಕೊಡು. To deliver land to somebody as his property (My.). — ವರ್ಗದಕ್ಕರ. -ಅಕ್ಕರ. = ವರ್ಗಾಕ್ಷರ. (Čh. v. 55).

ವರ್ಗತೃತೀಯ varga-tṛitîya. The third consonant of a varga (Śmd. 337).

ವರ್ಗದ್ವಿತೀಯ varga-dvitîya. (or ವರ್ಗದ್ವಿತೀಯ ವರ್ಣ Śmd. 337). The second consonant of a varga.

ವರ್ಗಪಂಚಮ varga-pañčama. The fifth consonant of a varga (Śmd. 193).

ವರ್ಗಪ್ರಥಮ varga-prathama. The first consonant of a varga (Śmd. 77. 337; Kâvy. I, 1*b*, 23-31).

ವರ್ಗಪ್ರಾಸ varga-prâsa. A kind of alliteration (Čh.).

ವರ್ಗಮೂಲ varga-mûla. Square root (My.).

ವರ್ಗಾಕ್ಷರ varga-akshara. A classified consonant (Śmd. 21. 192 Cm.; Ŏpr. 1, after 84).

ವರ್ಗೀಯ vargîya. Belonging to a class or family;—belonging to, or forming, a class of consonants. See ಅ-.

ವರ್ಚ varča. Tbh. of ವರ್ಚಸ್. (ಬುಧ, ಚನ್ದ್ರನ ಮಗನು G.).

ವರ್ಚಸ್ varčas. Vigour, energy. 2, *light, lustre, brilliancy.* 3, form, figure, shape, colour. 4, *excrement, ordure, feces.* 5, N. of a son of Sôma.

ವರ್ಚಸ varčasa. = ವರ್ಚಸ್ (at the end of a compound). 2, Tbh. of ವರ್ಚಸ್. (ನಿಸರ್ಗ, ವಿಮುಕ್ತ Mr. 488). See ಲಿಂಗ-.

ವರ್ಚಸ್ಕ varčaska. *Ordure.*

ವರ್ಚಸ್ವಿ varčas-vi (-vin). Full of power or vigour; full of lustre (My.).

ವರ್ಜ varja. = ವರ್ಜನ. (Sk.; My.).

ವರ್ಜನ varjana. Excluding; avoiding, leaving, abandoning, giving up, renouncing;—desertion;—*exclusion.* 2, *killing, hurting, injury.*

ವರ್ಜನೀಯ varjanîya. To be excluded; to be avoided, improper, censurable (My.).

ವರ್ಜಿತ varjita. Excluded; abandoned, avoided; relinquished; left, remnant; deprived of, destitute of, without (Bp. 22, 51; 30, 1; see ಅನ್ನವರ್ಜಿತವ್ರತ and ಪ್ರಾಯ, ಪ್ರ್ಯ-). ಅಪ್ಪುರವರ್ಜಿತಪಂಚಭೂತ (ಆಕಾಶ ಹೊರತಾದ ಪಂಚಭೂತ Nn. 82).

ವರ್ಜಿಸು varjisu. To avoid, to leave, to abandon, etc. (ಬಿಡು Nn. 111; Bp. 22, 9; 55, 29; 60, 39; 61, 6; My.).

ವರ್ಜ್ಯ varjya. = ವರ್ಜನೀಯ. (Sk.; My.).

ವರ್ಣ varṇa. = ಬಣ್ಣ. Covering; a cover;—an abode, a place (ಆವಾಸ, ಸ್ಥಾನ Nn. 71). 2, outward appearance, exterior, form, figure (ರೂಪು, ಆಕಾರ 71). 3, *colour, hue, tint, dye, paint* (ಶ್ವೇತಾದಿಷಡ್ವರ್ಣ, ಬಿಳಿದು ಮೊದಲಾದ ಆಱು ವರ್ಣಂಗಳು 71; ಶ್ವೇತ ಮೊದಲಾದ ವರ್ಣಂಗಳ್ Mr. 499). 4, *lustre, beauty* (ಶೋಭೆ, ಒಪ್ಪವುದು 71; ವಿಶೋಭೆ 499). 5, *a coloured blanket for an elephant,* etc. 6, staining or anointing the body with coloured unguents (ಉದ್ವರ್ತನ, ತೊಳೆವುದು 71, o. r. ತೊಡೆವುದು). 7, *dress, decoration, embellishment* (ವೇಷ 499, o. r. ವೇಶ). 8, gold. 9, *saffron.* 10, the colour of gold upon the touchstone (as indicating its quality). 11, *a sort, a kind, a species, a class, a race, a tribe, an order, a caste* (ದ್ವಿಜಾದಿಕುಲ, ಬ್ರಾಹ್ಮಣ ಮೊದಲಾದ ಹದಿನೆಣ್ಬು ಜಾತಿಗಳು 71; ವಿಪ್ರಾದಿಜಾತಿ 499). 12, *a letter of the alphabet* (ಬಾವನ್ನಾಕ್ಷರ, ಅಯ್ವತ್ತೆರಡು ಅಕ್ಕರಂಗಳ್ 71; ಅಕ್ಷರ 499; Śmd. 10. 337; Kâvy. I, 1*a*, 7. 28. 29; III, 2, B, 29-32; III, 3, B, 162; IV, 1, 2). 13, quality, property. 14, *a musical mode* (ಗೀತ, ರಾಗ 71; ಗೀತ 499). 15, *praise* (ಸ್ತುತಿ, ಸ್ತೋತ್ರ 71; ಸ್ತುತಿ 499, o. r. ಶ್ರುತಿ); renown, fame, glory. 16, a religious observance, asceticism (ತಪ, ತಪಸ್ಸು 71; ವ್ರತ 499). 17, a garland of flowers (ಮಾಲೆ, ಹೂವಿನ ಮಾಲೆ 71). 18, semen virile (ಶುಕ್ಲ, ಇನ್ದ್ರಿಯ 71). 19, an ear (ಶ್ರೋತ್ರ, ಕಿವಿ 71). 20, final emancipation (ಕೈವಲ್ಯ, ಮೋಕ್ಷ 71). 21, a flower-bud (? ಉದ್ಗಮ 71). ವರ್ಣ ಹೆಚ್ಚಿದರೂ ಮರಣ ಪಡೆಯದೆ ಇರ (Prv.).

ವರ್ಣಕ varṇaka. A mask, the dress of an actor. 2, colour, paint; *anything for smearing on the body, a perfume for it.* 3, a letter, a syllable. 4, sandal. 5, a panegyrist, a bard. 6, a kind of imaginative poetical diction; (an epic). ನಗರಾರ್ಣವಸಮ್ಯೋಗಂ ನಗಪನ್ನಾ ಕೋಗದ ಯಂಸಲೀಲಕ್ರೀಡಾದಿಗಳಾಗೆ ಮಧುರಸರಸೋಕ್ತಿಗಳಿಂ ವರ್ಣಿಸುಗೆ ವರ್ಣಕಂಗಳನ್ ಅವಱೊಳ್ (Kâvy. V, 966; see Bp. 1, 11. 21; Râv. 1, 78).

ವರ್ಣಕಕೃತಿ varṇaka-kṛiti. An imaginative poetical composition; (an epic). ಅಱುವತ್ತೇಱಿಂ ಕನ್ನಡೊಳ್ ಉಱುವ ಮಹಾ

ಘಾರತದೀ ವರ್ಣಕಕೃತಿಯೊಳ್ ತುಱುಗಿಹ ಶಬ್ದಾರ್ಥಕ್ಕೋಸ್ಕರವಾಗಿಯೆ ಪೇೞ್ದಿನಖಿಲಶಬ್ದಾನ್ತರಮಂ (Bhn. 68 of Mâdêvapura).

ವರ್ಣನ varṇana. Painting, colouring; delineation; *description, representation, explanation, describing, pointing out qualities;*—praise (see ಕೀರ್ತಿಸು).

ವರ್ಣನೆ varṇanĕ. = ಬಣ್ಣಣೆ. Description, etc. (= ವರ್ಣನ);—*praise, commendation, panegyric*. — ವರ್ಣನೆ ಮಾಡು. To describe, etc. (ವರ್ಣಿಸು G.).

ವರ್ಣಪಂಚಕ varṇa-pañčaka. What consists of five syllables: the pañčâkshari (Bp. 5, 1).

ವರ್ಣಪುಷ್ಪ varṇa-puṣpa. = ವರ್ಣಪುಷ್ಪ. (Hlâ. MS.).

ವರ್ಣಪುಷ್ಪ varṇa-pushpa. *The blossom of the globe-amaranth* (ಬಣ್ಣದ ಹೂ Hlâ.; see ಅಮಿಲಾತ).

ವರ್ಣಪೂರ varṇa-pûra. = ಬಣ್ಣಪೂರ. Filling with colour; filled with colour, coloured.

ವರ್ಣಪೂರರೇಖೆ varṇapûra-rêkhĕ. A coloured line or streak, (coloured lines or streaks). See ಗುಡಿಕಟ್ಟು.

ವರ್ಣಮಾಲೆ varṇa-mâlĕ. The alphabet (My.).

ವರ್ಣಶರ varṇa-śara. = ಬಣ್ಣಸರ No. 1. A coloured arrow.

ವರ್ಣಸಂಕರ varṇa-saṅkara. A mixture or confusion of castes through intermarriage with different castes (My.).

ವರ್ಣಸಂಖ್ಯೆ varṇa-saṅkhyĕ. The counting of letters or syllables (ಗ್ರನ್ಥ, ಅಕ್ಷರಂಗಳ ಭೇದ, ಅಕ್ಷರದ ಎಣಿಕೆ Nn. 141).

ವರ್ಣಸಂಜ್ಞೆ varṇa-sañjñĕ. (= ವರ್ಣಾಂಕ). Letter-name: the state of being counted as a letter (Śmd. 16).

ವರ್ಣಸರ varṇa-sara. = ಬಣ್ಣಸರ No. 2. A coloured string: a string of gold beads, corals, etc.

ವರ್ಣಾಂಕ varṇa-aṅka. Letter-mark: the state of bearing the characteristic mark of a letter or of being a letter (Śmd. 15).

ವರ್ಣಾತ್ಮ varṇa-âtma. Consisting of sounds or letters; a word (My.).

ವರ್ಣಾವೃತ್ತಿ varṇa-âvṛitti. The repetition of letters of similar or cognate sound in the course of a stanza, etc. (Śmd. 26-28. 43).

ವರ್ಣಾವೃತ್ತಿಯಮಕ varṇâvṛitti-yamaka. A peculiar kind of yamaka (Kâvy. III, 2, B, 3 seq.).

ವರ್ಣಾಶ್ರಮ varṇa-âśrama. Caste and order, class and stage of life (ಗೋತ್ರ, ಕುಲ Nn. 16; Čpr. 2, after 49; Bp. 55, 6).

ವರ್ಣಾಶ್ರಮಧರ್ಮ varṇâśrama-dharma. The duties of caste and order (My.).

ವರ್ಣಿ varṇi. Having the colour or appearance of;—belonging to a tribe;—belonging to the caste of;—a man belonging to one of the four castes;—*a religious student or brahmačâri;*—a painter;—a writer, a scribe.

ವರ್ಣಿತ varṇita. Painted, delineated;—described, explained;—*praised, eulogized*.

ವರ್ಣಿನಿ varṇini. A caste-woman. 2, *a woman in general*.

ವರ್ಣಿಸು varṇisu. (Śmd. 92). = ಬಣ್ಣಿಸು, ಬಣ್ಣಿಸು. To depict, to delineate, to write, to describe;—to praise (ಸ್ತೋತ್ರ Śmd. Dh.). See Kâvy. s. ವರ್ಣಕ; Bp. 61, 77; J. 7, 61.

ವರ್ತ varta. = ವತ್ತ, ಪೊತ್ತ. Turning one's self, turning round, revolving. 2, moving on, proceeding (ಗತಿ, ವರ್ತನೆ, ಗಮನ Nn. 166). 3, occupying one's self with. 4, manner of existence or subsistence, livelihood, living. See ಪರಿ-, ಪ್ರ-, ಶಬ್ದ-, ಸಂ-, and Mr. s. ವರ್ತನೆ.

ವರ್ತಕ vartaka. Who or what abides or exists, abiding, existing, living;—given up to, devoted or attached to; being occupied with, following a profession (ಆಚರಣ Śmd. 232). 2, a trader, a merchant (C.; B. 3, 14). 3, = ಪ್ರವರ್ತಕ (Bp. 55, 19). 4, *a horse's hoof*. 5, *a quail*. 6, a kind of insect (ಕೆನ್ದಲೇ ವ್ಯಾಪಾರದ ಹುೞು Si. 406).

ವರ್ತಕತನ vartakatana. The state of being a merchant; traffic, trade (My.; ವಣಿಗ್ಭಾವ, ವ್ಯಾಪಾರ Si. 299). — ವರ್ತಕತನ ಮಾಡು. To trade (My.). ವರ್ತಕತನ ಮಾಡುವವನು (ವಣಿಜ್, etc. Si. 324).

ವರ್ತಕಿ vartaki. N. of a plant (ಮುರುಡಸೆ Mr. 140). 2, a quail.

ವರ್ತನ vartana. (= ವೃತ್ತಿ Śmd. 80 Cm.; ವರ್ತನೆ 196. 241 Cm.). Turning, revolving. 2, moving forward, moving about, moving, walking (ಸಂವರ್ತ, ಚರಿತ್ರ, ಚರಿಸುವುದು Nn. 160). 3, proceeding, conduct, behaviour; practice, observance (ಧರ್ಮ, ಚಾರಿತ್ರ Nn. 79), employment, use. 4, stationary, stable; staying, abiding, being, living, residing. 5, living on, supporting life by; *livelihood, subsistance;*—earnings, hire, wages, salary. 6, occupation, profession;—intercourse, commerce, traffic. 7, causing to revolve, move, be or exist. 8, appointing, appointment (Sk.; My. as ವರ್ತನೆ).

ವರ್ತನಿ vartani. *A way, a road, a path*.

ವರ್ತನೆ vartanĕ. = ವರ್ತನ, (ವೃತ್ತಿ Śmd. 11. 46 Cm.; ವರ್ತ, ಗತಿ, ಗಮನ Nn. 166). 9, a measure of fifty maṇḍalas. ವರ್ತನೆಯದು ಅಯ್ವತ್ತು ಮಣ್ಡಲಮ್ ಎನಿಕ್ಕು, ಅವು ಅಯ್ವತ್ತು ವರ್ತಮ್ (two MSS. ವಾರ್ತಮ್) ಎನಿಕ್ಕು, ಅವು ಅಯ್ವತ್ತು ಸಂಚೆವರಲು ಉತ್ತಮದ್ವೀಪಮ್ ಅಕ್ಕು, ಅವು ಎಂಠತಿಯೆನಲ್ ಮಹಾದ್ವೀಪಮ್ ಎನ್ದೆನಿಕ್ಕು, ಮತ್ತಾ ಮಹಾದ್ವೀಪ ಹತ್ತಾಗಲ್ ಈ ಮಹಿಯ ಬಿತ್ತರಮ್ ಎನಿಕ್ಕು, ಅದಱ ನವಭಾಗ ಖಣ್ಡಮ್ (o. rs. ಪಾಣ್ಡಮ್, ಭಾಣ್ಡಮ್) ಅಕ್ಕು, ಒತ್ತಿನಲ್ಲಿಹ ವಾರ್ಧಿ ಭೂಸಂಖೆಯಿಂ ಮೇಲೆ ಕಾಲ್ಸಂಖೆ ಪೆರ್ಚೆ ತೋರ್ಕುಂ (Mr. 326; see Mr. 325 s. ಮೊಱ). See ವಿರಾಗ-. — ವರ್ತನೆಗೆ ಸಲಿಸು. To use, to make use of (Mr. 3). — ವರ್ತನೇ ಬಾವಿ. A well which one has appointed for his water-supply. ಮೇಲಿನ ಮೋಡ ನೋಡಿ, ವರ್ತನೇ ಬಾವಿಯಲ್ಲು ಉಚ್ಚೆ ಹೊಯಿದ ಹಾಗೆ (Prv.). — ವರ್ತನೇ ಮನೆ. A house which has been appointed for being furnished with the necessary supply of milk, etc. (My.).

ವರ್ತಮಾನ vartamâna. = ಒರ್ತಮಾನ. Turning, turning round, revolving. 2, being, existing, living, extant;—*present;* presence;—the present tense (Śmd. 54. 266. 294; Kâvy. I, 5, 1-5. 13-16. 34. 35). 3, news, tidings (C.; Mhr.).

ವರ್ತಮಾನಕಾಲ vartamâna-kâla. The present time; the present tense (Śmd. 54. 91 Cm.; 267; ಸಮ್ಪ್ರತಿ 294 Cm.).

ವರ್ತಮಾನಕ್ರಿಯೆ vartamâna-kriyĕ. The present tense (Śmd. 91. 279).

ವರ್ತಮಾನಪತ್ರ vartamâna-patra. A news-paper (Mhr.; C.; B. 4, 87. 183).

ವರ್ತಮಾನವರ್ಷ vartamâna-varsha. The current year. See ಸೂಚ್.

ವರ್ತಮಾನವಿಹಿತಕ್ರಿಯೆ vartamâna-vihita-kriyĕ. Action performed in the present: the present tense (Śmd. 279).

ವರ್ತಿ varti. = (ಬಟ್ಟಿ 2), ಬತ್ತಿ, ವತ್ತಿ. Turning, revolving; causing to move. 2, moving, going, behaving; having force, being in use (Kâvy. III, 1, A, 24). 3, abiding, staying, resting, being, situated. 4, conducting one's self, behaving, acting, practising. 5, what is rolled: *the wick of a lamp.* 6, *the projecting threads or unwoven ends of woven cloth* (ಸೀರೆಯ ಕರೆ Hlâ.; ಸಿಚ, ಕರೆ Mr. 342). 7, a swelling or protuberance formed by internal rupture, a rupture. 8, *an ointment, a perfume for the person.* ವರ್ತಿ ಉರಿಯಿತೋ? ತೈಲ ಉರಿಯಿತೋ? (Prv.).

ವರ್ತಿಕೆ vartikĕ. *A quail.* 2, a roll or ball of cotton (ಹಂಜಿ Mr. 207); the wick of a lamp. 3, a paint-brush.

ವರ್ತಿತ vartita. Caused to be or exist; being. See ತಿಯರ್ಗ್ಗ್.

ವರ್ತಿಷ್ಣು vartishṇu. Turning, revolving, circular. 2, *abiding, staying, being stationary or fixed;* standing firm.

ವರ್ತಿಸು vartisu. (Śmd. 92). = ವರ್ತ್ತಿಸು. To turn round; to cause to go (see ಕೆಯ್-). 2, to move, to go;—to move about, to walk, to conduct one's self;—to be used or employed;—to take place, to occur;—to occupy one's self with;—to enter upon. 3, to stay, to abide, to be; to live (ವರ್ತನ Śmd. Dh.). See Śmd. 5. 11. 21. 97. 154. 175. 237. 240. 241. 255. 396. 397; Čpr. 3, 35; 6, after 106; Bp. 2, 40; 23, 26; 39, 8; 43, 34; 45, 12; 49, 8; 60, 15. 16; Mr. 498. 506; Kk. 29; Śm. 11; J. 5, 46; 20, 41; 31, 34; B. 4, 10; Si. 42. 67. ಲಕ್ಷ್ಮಿ ಇತ್ಯಾದಿ ಶೋಭೆಯಲ್ಲಿ ವರ್ತಿಸುಗುಂ (Hlâ.). ಊತ ಸ್ಯೂತ ಇವು ನೂಲ ನೆಯ್ಗೆಯಲ್ಲಿಯೂ ಹೊಲಿಗೆಯಲ್ಲಿಯೂ ವರ್ತಿಸುಗು (Nr.). See Mr. s. ವಾಸವತಿ.

ವರ್ತುಲ vartula. (= ಬಟ್ಟಲ್, etc.). *Round, circular, globular, spherical* (ನಿಸ್ತಲ, ವೃತ್ತ, ಬಟ್ಟಿತು Hlâ., Nr.);—a ball;—a circle;—a kind of pulse, a pea;—the round bulb of a kind of onion.

ವರ್ತೆ vaṟtĕ. = ಒಜಿತೆ, etc. (My.; G. 97. 378. 546).

ವರ್ತ್ಮ vartma. What turns: a whirlpool, an eddy (ಆವರ್ತ, ಸುಟಿ Nn. 86). 2, *an eyelid* (ವರ್ತ್ಮ ಕಣ್ಣಿನ ಎವೆ 86; ಕಣ್ಣು ಮುರಿದ ಎವೆ Mr. 469). 3, *a way, a road, a path* (ಮಾರ್ಗ, ಬಟ್ಟೆ 86).

ವರ್ತ್ಮನಿ vartmani. = ವರ್ತನಿ. (Sk.; ಮಾರ್ಗ G.).

ವರ್ಧ vardha. Increasing, augmenting, etc. See ಪ್ರ-. 2, lead.

ವರ್ಧಕ vardhaka. 1. Increasing, strengthening, etc. 2, *the plant Clerodendrum siphonantus* R. Br.

ವರ್ಧಕ vardhaka. 2. Cutting, dividing, cutting off.

ವರ್ಧಕಿ vardhaki. = ಬಡಗಿ, etc. *A carpenter* (ಬಡಗಿ Mr. 376, o. r. ಬಡಿಗಿ).

ವರ್ಧನ vardhana. 1. *Increasing, augmenting, growing, thriving;*—increase, growth, prosperity, success. 2, causing to increase, magnifying, strengthening;—a restorative;—elevation;—a granter of increase, a bestower of prosperity. See ನನ್ದಿ-, ವಟ್ಟ-, ಪೀಠ-, ಪ್ರ-, etc.

ವರ್ಧನ vardhana. 2. *Cutting, cutting off.*

ವರ್ಧನಿ vardhani. *A broom, a brush.* 2, *a water-jar of a peculiar shape.*

ವರ್ಧನ್ತಿ vardhanti. = ಬರ್ದನ್ತಿ. (Day of) growth or increase: a birth-day, a natal festivity (My.). See ವರ್ಷ-.

ವರ್ಧಮಾನ vardhamâna. = ಬದ್ದವಣ 2. Increasing, growing, thriving, prospering, prosperous. 2, *the castor-oil plant, Ricinus communis* (see ಅವುಡಲ). 3, the district Burdwan. 4, the last of the Arhats (Kâvy. I, 1a). 5, *a dish or platter of a peculiar shape* (see ಶ್ರಾವೆ). 6, *a palace or temple built in the shape of a kind of mystical figure or diagram.*

ವರ್ಧಮಾನಕ vardhamânaka. *A dish or platter of a particular shape, a lid, a cover.*

ವರ್ಧಿ vardhi. Increasing, growing, thriving;—augmenting, strengthening.

ವರ್ಧಿತ vardhita. Increased, grown, made prosperous (Bp. 40, 1; My.).

ವರ್ಧಿಷ್ಣು vardhishṇu. *Increasing, growing, thriving.*

ವರ್ಧಿಸು vardhisu. To increase, to grow, to thrive (Bp. 1, 25; 3, 58; 20, 30; 21, 7; 36, 49; 54, 57. 84; 61, 67; J. 18, 3; My.).

ವರ್ಧ್ರಿ vardhri. = ವಧ್ರಿ. *A leather strap, a thong.*

ವರ್ಮ varma. 1. *Defensive armour, a coat of mail* (ಮೆಯ್ಜೋಡು Nn. 88). 2, a bulwark, shelter, defence, protection (frequently at the end of the names of Kshatriyas). 3, N. of particular preservative formulas or prayers. See ಕೃತ-, ನಾಗ-.

ವರ್ಮ varma. 2. (= ಮರ್ಮ). The art and trick of a process, machine, etc., the latent meaning of a passage in a book, etc., the point (My.; Mhr., H.). ವರ್ಮ ಬಲ್ಲವ ಕೆಲಸಕ್ಕೆ ಅಂಜ್ಯಾನೇ? (Prv.). See ವರ್ಮಕರ್ಮ, ವರ್ಮಭೇದ.

ವರ್ಮಕ varmaka. = ವರ್ಮ 1, No. 1. See ಕೃತ-.

ವರ್ಮಕರ್ಮ varma-karma. Secret, mysterious work (Bp. 36, 21).

ವರ್ಮಭೃತ್ varma-bhṛit. Wearing armour: *a mailed soldier.*

ವರ್ಮಭೇದ varma-bhêda. = ಮರ್ಮಭೇದ. See ನೆಡ್ ಕೊಳ್.

ವರ್ಮಿತ varmita. *Clad in armour, mailed.*

ವರ್ಯ varya. To be chosen, eligible;—to be solicited;—*excellent, eminent, best.*

ವರ್ಯೆ varyĕ. *A girl who has the privilege of choosing her husband.*

ವರ್ವಣೆ varvaṇĕ. *A blue fly.*

ವರ್ವರ varvara. = ಬರ್ಬರ, q. v.

ವರ್ವರೆ varvarĕ. = ಬರ್ಬರೆ, q. v.

ವರ್ಷ varsha. = ಒರುಷ, ಒರುಸ, ಬರಿಸ, ವರುಷ, ವರುಸ. *Raining, rain,* a shower of rain (ಸರಿ Śm. 103); effusion, seminal effusion. 2, *a year.* 3, *a division of the world or known continent.* 4, a day (see ವರ್ಷವಾಚಕ). — ವರ್ಷಗನ್ತಿ. -ಕನ್ತಿ. (A cow, etc.) bearing a calf every year (My.). ಅವುಬಾನೊನ್ದು ವರ್ಷಗನ್ತಿಯಾಕಳುಣ್ಟು, ಅದು ಸಮಾಂಸಮಾನ (Nr.). — ವರ್ಷಗನ್ದಿ. -ಕನ್ದಿ. = ವರ್ಷಗನ್ತಿ. (My.). ವರ್ಷಗನ್ದಿಯಪ್ಪ ಪಸು (ಸಮಾಂಸಮಿನೆ Hlâ.).

ವರ್ಷಕಾಲ varsha-kâla. The rainy season (My.).

ವರ್ಷಣ varshaṇa. Raining, rain. See ಅ-.

ವರ್ಷಧರ varsha-dhara. A cloud. 2, *a eunuch,* an attendant on the women's departments. 3, N. of a mountain (Abh. P. 10, 3).

ವರ್ಷಧಾರೆ varsha-dhârĕ. The stream or flow of rain (My.).

ವರ್ಷಪರ್ವತ varsha-parvata. One of the mountainous ranges supposed to separate the various divisions of the globe from each other. (R.).

ವರ್ಷಫಲ varsha-phala. The events of the year as determined astrologically on the first day of it (My.).

ವರ್ಷಭೇದ varsha-bhêda. A kind of rain. See ಜಿನುಗು 3.

ವರ್ಷಯೋಗ varsha-yôga. A conjunction of nakshatras that bodes rain (My.).

ವರ್ಷರ್ತು varsha-ṛitu. The rainy season (My.).

ವರ್ಷವರ varsha-vara. = ವರ್ಷಧರ No. 2. *A eunuch.*

ವರ್ಷವರ್ಧನ್ತಿ varsha-vardhanti. = ವರ್ಧನ್ತಿ. (My.; Sk. ವರ್ಷವೃದ್ಧಿ).

ವರ್ಷವಾಚಕ varsha-vâčaka. A term that refers to years or days (Šmd. 401).

ವರ್ಷಾ varshâ. Yearly, every year (B. 4, 78; My.). See also ವರ್ಷೆ.

ವರ್ಷಾಋತು varshâ-ṛitu. = ವರ್ಷರ್ತು. (Čpr. 4, after 49; Mhr.).

ವರ್ಷಾಕಾಲ varshâ-kâla. The rainy season (My.).

ವರ್ಷಾನ್ತರ varsha-antara. Another year;—other years, some years (My.).

ವರ್ಷಾಬ್ದಿಕ varsha-âbdika. An annual offering made to departed ancestors (My.).

ವರ್ಷಾಭು varshâ-bhu. (-bhû). Produced in the rains: *a frog.* 2, *a female frog, any small frog.* 3, hogweed. 4, an earth-worm.

ವರ್ಷಾಭ್ವಿ varshâ-abhvi. *A female frog* (ಭೇಕಿ, ಪೆಣ್ಗಪ್ಪೆ Mr. 411).

ವರ್ಷಾಲಂಕಾಯಿಕೆ varshâ-laṅkâyikĕ. The plant Trigonella corniculata Lin. (= ಲಂಕೋಪಿಕೆ, Sk.).

ವರ್ಷಾಶನ varsha-aśana. An annual allowance (My.; B. 4, 174; 5, 111. 112).

ವರ್ಷಿಷ್ಠ varshishṭha. *Oldest, very old;*—largest, greatest;—best.

ವರ್ಷೀಯಸ್ varshîyas. *Older, very old.*

ವರ್ಷುಕ varshuka. Rainy.

ವರ್ಷುಕಾಬ್ದ varshuka-abda. *A rainy cloud.*

ವರ್ಷುಕಾಮ್ಬುದ varshuka-ambuda. *A rain-cloud.*

ವರ್ಷೆ varshĕ. ವರ್ಷಾ. *Rain, the rains.*

ವರ್ಷೋಪಲ varsha-upala. *Hail.*

ವರ್ಷ್ಮ varshma. *Measure;* height, elevation. 2, form, shape; *the body.*

ವರ್ಹ varha. = ಬರ್ಹ. See ಪರಿ-.

ವರ್ಹಣ varhaṇa. Pulling up, tearing up, eradicating. See ನಿ-.

ವರ್ಹಿಣ varhiṇa. = ಬರ್ಹಿಣ, q. v.

ವರ್ಹಿಣವಾಹನ varhiṇa-vâhana. = ಬರ್ಹಿಣವಾಹನ, q. v.

ವರ್ಹಿತ varhita. Pulled up, eradicated. See ಆ-.

ವರ್ಹಿಷ್ಠ varhishṭha. = ಬರ್ಹಿಷ್ಠ, q. v.

ವಲ್ val. = ಒಲ್ 1, *e. g.* in the vulgar ನಾ ವಲ್ಲೆ, ನನಗೆ ತಿಳಿಯ ವಲ್ಲದು, ಯಾಕಾಗ ವಲ್ಲದು (C.).

ವಲ vala. ವಲಂ. Most certainly! to be sure! (ಏಗಂ, ಪೆರಿಂ, ದಲ್, ಅತಿನಿಶ್ಚಯ Šmd. 392; ನಿಶ್ಚಯಮಾಗಿ 58. 196 Cm.; ನಿಶ್ಚಯಂ 59 Cm.; ವಿಶೇಷವಿಸ್ಪಷ್ಟಾರ್ಥಂ Čt. II, 71; ನಿಕ್ಕುವ, ನಿಸದ, ನನ್ನಿ, ನೆನಸು, ಪೆರಿಂ, ದಲ್, ಸಾಜ, ದಿಟ Šm. 34; ಪೆರಿಂ, ನೆನಸು, ದಿಟ Kk. 48).

ವಲ vala. = ಬಲ 2, q. v. 2, see s. ಕುಣ್ಣಲು.

ವಲಕ್ಷ valaksha. *White;* the colour white (*cf.* ಬೆಳ್?).

ವಲಗ್ನ valagna. = ಅವಲಗ್ನ. (Sk.).

ವಲಜ vala-ja. = ಬಲಜ. (G.).

ವಲಜೆ vala-jĕ. = ಬಲಜೆ. (G.).

ವಲಭಿ valabhi. *The wooden frame of a roof, a roof* (ಆಚ್ಛಾದನ, ಮನೆಯ ಹೊದಕೆ Hlâ.; ಛದೆ, ಮನೆಗೆ ಏಱಿಸಿದ ಹೊದಕೆ Mr. 200).

ವಲಯ valaya. = (ಬಳೆ), ವಳಯ, etc. What surrounds: *a bracelet, an armlet, a ring* (see ಬಾಹು-);—a zone, a girdle. 2, a circle, a boundary, a circumference (see ಅಂಘ್ರಿ-, ಜಗತೀ-, ದಿಗ್-; Bp. 6, 22). 3, a boundary, an enclosure, a fence.

ವಲಯಿತ valayita. *Encircled, surrounded, encompassed, enclosed* (ವೇಷ್ಟಿತ, ಪರಿಕ್ಷಿಪ್ತ, ಸುತ್ತು Mr. 434).

ವಲರಿಪು vala-ripu. Indra (Mr. 41).

ವಲಲ valala. Bhîma (Bh. 4, 4, 23).

ವಲವರ valavara. = ಒಲವರ, q. v. (Bh. 8, 16, 28; 8, 23, 25).

ವಲಸೆ valasĕ. = ಒಲಸೆ, etc. Flight, a removing from home for fear of a hostile army, emigration (My.; Tĕ.; T. ವಲಜಲ್, ವಲಜೈ; ಒಱದಲ್, departure, *cf.* ಉಱ 1; ವಲ್ಲಯಿಸು?). — ವಲಸೆ ತೆಗೆ. To leave, all at once, one village and go to another for safety (My.).

ವಲಾಗ್ರ valâgra. = ಬಾಲಾಮಿ. (St. & Pl.).

ವಲಾರಾತಿ vala-arâti. = ಬಲಾರಾತಿ. *Indra.*

ವಲಿ vali. 1. = ಬಲಿ, ವಳಿ No. 1. 2, *a natural line or fold of skin, a wrinkle, a fold of skin, over the navel* (ತೆರೆ Kk. 13; Šm. 35).

ವಲಿ vali. 2. Tbh. of ವಲ್ಲಿ. See ಪೂ-, ರಂಗ-.

ವಲಿತ valita. = ವಳಿತ. Surrounded; moved; constrained; wrinkled. See ನಿ-, ಸಂ-.

ವಲಿನ valina. = ಬಲಿನ. *Wrinkled, shrivelled.*

ವಲಿಭ valibha. *Wrinkled.*

ವಲಿಯ valiya. (T. ವಲಿಯನ್, ವಲಿಯಾನ್, a small, black bird). — ವಲಿಯನ ಹಕ್ಕಿ. (ವ್ಯಾಘ್ರಾಟ, ಭರದ್ವಾಜ Nr.).

ವಲಿರ valira. *Squint-eyed.*

ವಲಿಶ valiśa. = ವಡಿಶ, etc. (Sk.).

ವಲಿಸೆ valisĕ. = ವಲಸೆ, etc. (My.).

ವಲೀಕ valîka. *The edge of a thatched roof, the eaves of a roof* (ಸೂರು Hlâ.; Mr. 200).

ವಲೀಮುಖ valîmukha. = ಬಲೀಮುಖ.

ವಲೆ valĕ. = ವಲ್ಲ. (ನಿಷ್ಪಾವಕ, ಅವರೆ Mr. 374).

ವಲ್ಕ valka. *The bark of a tree.* 2, the scales of a fish.

ವಲ್ಕಲ valkala. *The bark of a tree.* 2, *a garment made of bark* (ನಾರ ಸೀರೆ Bhn. 24).

ವಲ್ಕಿನಿ valkini. (= ಬಾರಂಗಿ Mr. 121, one MS. ವಲ್ಲನೆ; Sk. ವಲ್ಕಲಾ, a medicinal substance said of cooling properties).

ವಲ್ಗನ valgana. Going by leaps, bounding, jumping (Čpr. 3, 51).

ವಲ್ಗಿತ valgita. Leaped;—*a bound, gallop, one of the paces of a horse.*

ವಲ್ಗು valgu. *Handsome, beautiful, lovely* (ವಲ್ಗು, ವಾಮ, ಲೇಸು Nr.).

ವಲ್ಗುದರ್ಶನ valgu-darśana. A beautiful sight (ಒಳ್ಳಿಹ ನೋಟ Nr.).

ವಲ್ಗುಲ valgula. (= ಬಾವಲ್). A flying fox.

ವಲ್ಗೆ valgĕ. *A bridle, a rein.*

ವಲ್ಭನ valbhana. *Eating:* food.

ವಲ್ಮೀಕ valmîka. *An ant-hill, the mound made by the white ant* (ಹುತ್ತು Nn. 71; ಹುತ್ತ 128). 2, swelling of the neck or of the chest and other parts of the body (see ಪಾದ-).

ವಲ್ಲ valla. = ವಲೆ. *A species of pulse, Phaseolus radiatus* (ನಿಷ್ಪಾವಕ, ಅವರೆ Hlâ., Nr.; see ಅವರೆ). 2, winnowing corn (*cf.* ಅಲೆ 1, ಒನೆ, ಒಲೆ 2). 3, prohibiting, prohibition (*cf.* ಒಲ್ 1, ವಲ್).

ವಲ್ಲಕಿ vallaki. *A lute, the vîṇâ;* a vîṇâ with two strings (Mr. 80). See ಚಿಕ್ಕಾಲ-.

ವಲ್ಲಭ vallabha. = ಬಲ್ಲಹ. *Beloved, desired, dear;*—supreme, superintending. 2, a lover, a husband, a friend, a favourite (Śmd. 3). 3, *a superintendent.* 4, a chief herdsman.

ವಲ್ಲಭೆ vallabhĕ. A beloved female, a wife, a mistress. (Bp. 2, 29; 48, 10; J. 7, 58).

ವಲ್ಲಯಿಸು vallayisu. To turn round or backwards (v. i.), to retreat (ಮೆಯ್ದಿರುಗೆ, ಹಿಮ್ಮೆಟ್ಟು, ಬೆಂಗೊಡು, etc., ಅಪಸರಣ Śs.; Sk. ವಲ್ಲ್, to go, to move; *cf.* ವಲಸೆ?).

ವಲ್ಲರಿ vallari. *A branching foot-stalk, a compound pedicle;*—a cluster of blossoms (ಮಂಜರಿ, ಗೊಂಚಲ್ Mr. 106);—a creeping or twining plant.

ವಲ್ಲವ vallava. *A cook* (ಸೂಪಕಾರ, ಸೂದ, ಭೂಪವರ್ಗಳ ಅಡಿಗೆಯವಂ Mr. 269). 2, *a cowherd.*

ವಲ್ಲಿ valli. = ಬಳ್ಳಿ, ವಲಿ 2. *A creeper, any climbing or creeping plant.* See ರಂಗ-. 2, the earth.

ವಲ್ಲಿಮಾಟ valli-mâṭa. = ಬಳ್ಳಿಮಾಡ. A house of creepers, an arbour.

ವಲ್ಲಿವೃದ್ಧಿ valli-vṛiddhi. The growth of creepers. See ಮಡಲ್.

ವಲ್ಲೀಕರಣ vallî-karaṇa. The making of creeper-like (*i. e.* long) forms. See ಚರ್ಮ-.

ವಲ್ಲೂರ vallûra. *Dried flesh.* ಹವಣಿಪುದು ಮಾಂಸಮಂ ತುಣ್ಣುಗೆಯ್ದು ಉಪ್ಪೂಡಿದವದಲ್ಲಿ ವಲ್ಲೂರಮೆನಿಸಿಕ್ಕು (Mr. 218). 2, a thicket. 3, a desert. 4, an uncultivated field; a desert (*cf.* ಪಾಳ್?).

ವಲ್ಲ್ಯಗ್ರ valli-agra. The foremost part or point of a creeper. See ಕುಡಿ.

ವಲ್ವಜ valvaja. = ಬಲ್ಬಜ, q. v. (ಗಂಜಳದ ಹುಲ್ಲು Hlâ.).

ವವ್ vav. A sound in imitation of barking. —ವವ್ವ. = ವವ್ವಾ. (S. Mhr.). —ವವ್ವಾ. rep. (My.).

ವಶ vaśa. = ಬಸ 1, ವಸ 1. Willing; subdued, subject, submissive, obedient, tamed, overpowered; fascinated; charmed. 2, *wish, desire;*—will, authority;—power, influence, (force, virtue, sake, Śmd. 42. 86. 264. 351);—control, supremacy, mastership;—subjection, submission, the state of being overpowered (ಮಗ್ಗು Ĉt. I, 4);—charge, the exercise of custody or care. ಹಣವನ್ನು ಒಬ್ಬ ನಮ್ಮಿಗೆಯುಳ್ಳ ಮುದಕಿಯ ವಶಕ್ಕೆ ಕೊಟ್ಟು (B. 4, 6). ವಶವೊಪ್ಪಿಸಿದರೂ ದಸೆ ಬಿಡುವದಿಲ್ಲ (Prv.). 3, N. of a plant (see ಬೋಧಿತರು).—ವಶ ಮಾಡು. To subject to one's will, to get into one's power, to subjugate, to subdue (Bh. 1, 8, 45; My.; B. 4, 80).

ವಶಂವದ vaśa-m-vada. Speaking submissively to the will of another: compliant, submissive (My.).

ವಶಕ್ರಿಯೆ vaśa-kriyĕ. *The act of subduing or overpowering* (especially by drugs, charms, or incantations).

ವಶವರ್ತಿ vaśa-varti. Acting obediently to the will of another, obsequious (J. 29, 21; 30, 20).

ವಶಿಕ vaśika. *Void, empty* (*cf.* ಬರಿ?).

ವಶಿತ್ವ vaśitva. Subjugation, dominion;—one of the siddhis: subduing by magical means. See ಅಷ್ಟಸಿದ್ಧಿ.

ವಶಿಷ್ಠ vaśishṭha. = ವಸಿಷ್ಠ, q. v. See ಮುಖ್ಯಋಷಿ.

ವಶೀಕರಣ vaśî-karaṇa. *The act of making subject, subjugating, overcoming by magic rites, enchanting, charming.*

ವಶೀಕರಿಸು vaśî-karisu. = ವಶ ಮಾಡು, q. v. (My.).

ವಶೀಕೃತ vaśî-kṛita. Brought into subjection, subdued, etc. (Ĉpr. 4, after 28; Bp. 36, 38).

ವಶೀಭೂತ vaśî-bhûta. Become subject, brought under control, etc. (Bp. 49, 36).

ವಶೆ vaśĕ. = ಬಸೆ 1. *A woman;* a wife. 2, a cow. 3, a barren woman (ಬಂಜೆ Mr. 181). 4, *a barren cow.* 5, *a female elephant.*

ವಶ್ಯ vaśya. To be subjected, able to be subdued, controllable, governable;—subdued;—*under control, obedient, tamed,* docile, humble.

ವಶ್ಯಾಂಜನ vaśya-añjana. A collyrium by which a person may bring every body and all things he wishes into his own power (Ĉpr. 5, 55; My.).

ವಷಟ್ vashaṭ. = ವೌಷಟ್. *An exclamation used on making an oblation to a deity with fire:* may he (Agni) bear it to the gods!

ವಷಟ್ಕೃತ vashaṭ-kṛita. *Offered in fire with the exclamation of* ವಷಟ್; an oblation made in fire with the formula vashaṭ. ಬಯಲಾಗಮದ ಹವಿ ವಷಟ್ಕೃತಮಕ್ಕು (Mr. 261).

ವಷ್ಕಯಿಣಿ vashkayiṇi. *A cow that has already full-grown calves* (ಕಡೆಗಣ್ಣಿ Hlâ., Mr. 181); *a cow that has borne many calves.*

ವಸ vasa. 1. Tbh. of ವಶ. See ದಕ್ಕು 1; Bp. 6, 8; ಗರ-, ಮೆಯ್ವಸ, ಹರ-.

ವಸ vasa. 2. = ವಸನ 2. (J. 18, 29).

ವಸಡಿ vasaḍi. = ಬಸದಿ, etc. (C.).

ವಸಡು vasaḍu. = ವಸತಿ, etc. (My.).

ವಸತಿ vasati. = ಬಸತಿ, ಬಸತಿ, ಬಸದಿ, ಬಸ್ತಿ. Dwelling, living, abiding in;—*a dwelling-place* (B. 4, 126), *a house, an abode, a residence;*—*a Jaina monastery or temple* (ಜನಗೃಹ Hlâ., Mr. 475; ಜೈನರಿಹ ಗೃಹ Mr. 222). 2, *night.* 3, homeliness: commodiousness, comfort, commodity, convenience (My.; Tĕ., M.).

ವಸಥ vasatha. Abiding, dwelling; a dwelling-place. See ಶಯ್ಯಾ-; ಸಂ-.

ವಸನ vasana. 1. = ಬಸನ 1. A dwelling, a residence, a house. See ಅಸತಿ-.

ವಸನ vasana. 2. = ಬಸನ 2, ವಸ 2. Covering, clothing, wearing;—*cloth, clothes, dress, attire* (ವೇಷ್ಟನ, ವಸ್ತ್ರಭೇದ Nn. 28; ಹುಟ್ಟಿಗೆ, etc. Śs.). ವಸನವಿದ್ದವನಿಗೂ ಮಸಣ ತಪ್ಪದು (Prv.).

ವಸನಬನ್ಧಿಕೆ vasana-bandhikĕ. What binds or joins cloth: a needle (ಸೂಜಿ Mr. 206).

ವಸನಾಶ್ರಯ vasana-âśraya. A cloth-louse (ಕೂಡಿ Mr. 166).

ವಸನ್ತ vasanta. = ಬಸನ್ತ. *Spring, the vernal season* (comprising the months ĉaitra and vaiśâkha, from the middle of March to that of May, Mr. 70; My.; ಸುರಭಿ

Nn. 30; ಹೂವಿನ ಹಬ್ಬ, ಸುಗ್ಗಿ, ಬಸನ್ತ Šm. 20; ಮಧುಪ್ರಿಯ, ಚೈತ್ರ Nn. 29; see Nn. s. ಮಾಧವ). 2, dysentery, diarrhoea; small-pox. 3, a kind of râga (My.; Mhr.). 4, = ಓಕುಳಿ, saffron water (My.; Tě., T.; Mhr., H. ಬಸನ್ತೀ, of a yellow colour). — ವಸನ್ತಸೋಮಯಾಜಿ. N. (B. 2, 52).

ವಸನ್ತಕಾಲ vasanta-kâla. The vernal season (My.).

ವಸನ್ತತಿಲಕ vasanta-tilaka. N. of a vritta (Čh.).

ವಸನ್ತದೂತ vasanta-dûta. The cuckoo (My.).

ವಸನ್ತದೂತಿ vasanta-dûti. = ವಸನ್ತದೂತಿಕೆ. (Sk.; My.).

ವಸನ್ತದೂತಿಕೆ vasanta-dûtikĕ. The creeper Gaertnera racemosa (ಅದಿರ್ಗನ್ತಿ, ಅದಿಮುರ್ಗಿತ್ತೆ Kk. 18; Šm. 21; Čpr. 7, 41).

ವಸನ್ತದ್ರುಮ vasanta-druma. The mango tree. (R.).

ವಸನ್ತಮಣ್ಟಪ vasanta-maṇṭapa. A shed erected in gardens, near roads and temples, used, during the hot weather, for recreation's sake, etc. (My.).

ವಸನ್ತಮಾಸ vasanta-mâsa. (ಮಾಧವ, ವಸನ್ತ Nn. 17).

ವಸನ್ತರ್ತು vasanta-ṛitu. The vernal season (My.).

ವಸನ್ತಸಖ vasanta-sakha. Kâma (Čpr. 8, after 70).

ವಸನ್ತೋತ್ಸವ vasanta-utsava. The spring festival or celebration of the return of spring (Bp. 42, 11). 2, any festive occasion on which vasanta (ôkuḷi) is sprinkled or squirted (My.).

ವಸರ vasara. (?). See ಅಂಗುಡಿ. (was it ಅಂಗಡಿ ಪಸರಂ?).

ವಸಲೆ vasalĕ. (= ಬಸಲೆ). The tree Crataeva roxburghii R. Br. (ವರುಣ, ಸೇತು, ತಿಕ್ತಶಾಕ, ಕುಮಾರಕ, ಮುದವಸಲೀ ಗಿಡ, ಉಲಿಮಿರಿಬಸಲೆ Si. 126).

ವಸೂರೆ vasûrĕ. 1. N. of a perfume and drug. ಕಾಮ್ಪಿಲ್ಯ ಕರ್ಕಶ ಚನ್ದ್ರ ರಕ್ತಾಂಗ ರೋಚನಿ ಅನ್ದರೆ ಕಮ್ಪಿಲ್ಲ ರೋಚನಿ ಎಮ್ಬ ಓಷಧಿ, ಇದನ್ನು ಗಟ್ಟಿದ ಕೆಳಗೆ ವಸಾರೆ ಅನ್ನುವರು (Si. 158).

ವಸಾರೆ vasârĕ. 2. A veranda (My.; H. ವಸಾರಾ).

ವಸಿ vasi. 1. (ವಶಿ). (What controls or keeps firm?): a clamp (ಜಿಗುಳೆ Mr. 370).

ವಸಿ vasi. 2. = ಒಸಿ, ವೊಸಿ. A little (My.; Mhr. ವಾಇಸಾ).

ವಸಿಯಿಸು vasiyisu. To dwell, to abide (Abh. P. 9, 165; 15, after 58).

ವಸಿರ vasira. *A plant bearing a pungent seed or fruit resembling pepper, Scindapsus officinalis* Schott. (= ಗಜ ಪಿಪ್ಪಲಿ). 2, *sea-salt.*

ವಸಿಷ್ಠ vasishṭha. = ವಶಿಷ್ಠ. (fr. ವಸು). Most wealthy. 2, N. of a ṛishi, the purôhita of king Sudâs. 3, one of the prajâpatis. See ರವಕಾಯ; Bp. 57, 72; J. 13, 40; 18, 9. — ವಸಿಷ್ಠದರ್ಭೆ. A species of darbhĕ (Si. 164).

ವಸಿಷ್ಠಪುತ್ರ vasishṭhaputra. A son of Vasishṭha. See Nr. s. ಕೊರಳು.

ವಸಿಸು vasisu. = ವಸಿಯಿಸು. To dwell, to live, to abide in, to dwell with or live near (Bp. 8, 24; 19, 24; 61, 80; My.).

ವಸೀಲು vasîlu. Connection with great personages as a means of power or profit, interest: an influential person as a medium of advancement (My.; Mhr., H. ವಶಿಲಾ); support, patronage (My.; Br. ವಸೀಲಾ). — ವಸೀಲುದಾರ. An influential person as a medium of advancement, a patron (My.).

ವಸು vasu. Good; wealthy; sweet. 2, eminence, excellence, a good quality (ಗುಣ Nn. 17). 3, chief, eminent (ಮುಖ್ಯ 17). 4, *light, radiance;—a ray of light* (ಅಂಶು, ಕಿರಣ 17; ರಶ್ಮಿ Mr. 493). 5, *fire, Agni* (ಅನಲ, ಅಗ್ನಿ 17; ಅಗ್ನಿ 493). 6, gold (ಕನವರ, ಪೊನ್ Šmd. II). 7, *wealth, riches* (ಧನ 17; 493). 8, *a gem, a jewel* (ರತ್ನ 17). 9, *N. of a kind of deity belonging to a class of eight* (ಸುರ, ದೇವತೆಗಳ ಭೇದ 17; ತ್ರಿದಶರ್ 493). 10, the number 8 (Čh.; ಸಂಖ್ಯೆ, ಗಣನಾಭೇದ 17; ಎಣ್ಬು Mr. 347). 11, a rein (ಅನೀನು Čb.). 12, the tie of a yoke. 13, cloth (ಅಂಶುಕ, ವಸ್ತ್ರ 17). 14, a shield (ಖೇಟಕ, ಹರಿಗೆ 17). 15, a forest (ಕಾನನ, ಅರಣ್ಯ 17, o. r. ಅರಣ್ಯ; ವನ 493). 16, proximity (ನಿಕಟ, ಸಮೀಪ 17). 17, a sort of salt (ಬಳೆಯುಪ್ಪು Mr. 143). 18, *the tree Sesbana grandiflora* (= ಬಕ; see ಚಿನ್ನಧಾರೆ). 19, the plant Trophis aspera.

ವಸುಕ vasuka. The tree Sesbana grandiflora. 2, *the shrub Asclepias gigantea* (= ಅರ್ಕ, etc.). 3, *sea-salt; a fossil salt* (ಅಟ್ಟುಪ್ಪು Mr. 143).

ವಸುಕರ vasu-kara. The sun (Mr. 34).

ವಸುಕಾನ್ತಿ vasu-kânti. The moon-plant, Asclepias acida (ಹೊನ್ನಗನ್ಟಿ Mr. 135).

ವಸುಜಾಲಕ vasu-jâlaka. A gold-coloured bud (ಹೊಮ್ಮುಗುಳು Mr. 141). See ಹೊಮ್ಮುಗುಳು.

ವಸುದೇವ vasu-dêva. *The husband of Dêvaki and father of Krishṇa.* See ಮಣ್ಣಿಗೆಯ-.

ವಸುಧಾಧೀಶ vasudhâ-adhîśa. A king (Râm. 1, 13, 12).

ವಸುಧಾಮರ vasudhâ-amara. A Brâhmaṇa (Abh. P. 8, after 50).

ವಸುಧಾರಮಣ vasudhâ-ramaṇa. A king (Bp. 46, 74).

ವಸುಧೆ vasu-dhĕ. ವಸುಧಾ. She who contains wealth: *the earth* (ಪೊಡವಿ Šm. 108).

ವಸುಧೇಶ vasudhâ-îśa. A king (Bp. 27, 10).

ವಸುಧೇಶ್ವರ vasudhâ-îśvara. = ವಸುಧೇಶ. (Bp. 43, 10).

ವಸುನ್ಧರೆ vâsu-n-dharĕ. She who carries wealth: *the earth.*

ವಸುಭೂತಿ vasu-bhûti. N. (Abh. P. 8, after 50).

ವಸುಮಣಿ vasu-maṇi. A name for all gems. ಎಲ್ಲಾ ರತ್ನಮಂ ವಸುಮಣಿ ಎಮ್ಬುದು (Hlâ.). ಸರ್ವರತ್ನಂ ವಸುಮಣಿಗಳೆನಿಸಿಕ್ಕುಂ (Mr. 100).

ವಸುಮತಿ vasu-mati. ವಸುಮತೀ. She who possesses treasures: *the earth.*

ವಸುಮತಿಪತಿ vasumati-pati. = ವಸುಮತೀಶ. (Prll. 3, 24).

ವಸುಮತೀಶ vasumati-îśa. A king (Mr. 189).

ವಸುಮತೀಶ್ವರ vasumati-îśvara. = ವಸುಮತೀಶ. (Bp. 37, 65; 55, 18).

ವಸುಮತೀಸುರ vasumati-sura. A Brâhmaṇa (Bp. 3, 85; 55, 29).

ವಸುವಿಭೇದಕ vasu-vibhêdaka. A goldsmith (Râm. 5, 8, 50).

ವಸುವೀರ್ಯ vasu-vîrya. Fire, Agni (Mr. 45).

ವಸುಷೇಣ vasu-sêna. Karṇa. (R.).

ವಸೂಲಾತಿ vasûlâti. = ವಸೂಲು. (My.).

ವಸೂಲು vasûlu. Revenue, rent (Mhr., H.);—collections, collection (My.; Br.). — ವಸೂಲುಬಾಕಿ. Balance due of the revenue, of grain, of money, etc. (My.). — ವಸೂಲು ಮಾಡು. To collect, as revenue, etc. (My.).

ವಸೆ vasĕ. = ಬಸೆ 2. *The serum or marrow of the flesh, marrow, adeps, fat* (ನೆಣ Hlâ.; ಮೇದ, ನೆಣ Mr. 398).

ವಸ್ತ vasta. = ಬಸ್ತ. Abiding (*e. g.* in a state of abstinence, see ಉಪ-);—an abode. 2, *a he-goat.*

ವಸ್ತಾದಿ vastâdi. A master or teacher, especially a teacher of singing, dancing, wrestling, etc. (My.; Mhr., H. ಉಸ್ತಾದ).

ವಸ್ತಿ vasti. (fr. ಒಸರ್ 1, or ಬಸಿ 1). Dampness (in walls after heavy rains, My.).

ವಸ್ತಿ vasti. (= ವಸತಿ). Abiding, staying; an abode;—peopled state; the people, population (Mhr.; B. 4, 145; My.). 2, *the lower-belly, the abdomen,* the hypogastric or pubic region (*cf.* ಬಸಿಱ್);—the pelvis;—the bladder. 3, *the unwoven threads of a web of cloth; the ends or skirt of a cloth.* ವಸ್ತಿಯಿದ್ದಲ್ಲಿ ಕಸ್ತಿ ಮಾತ ಬಾರದು (Prv.).

ವಸ್ತು vastu. = ವಸ್ತು. Any really existing or abiding substance, a real substance;—the real; reality. 2, object, the object (of love, etc.). 3, a thing in general; any article; substance, wealth, property, goods (ವಿತ್ತ, ಬಣ್ಣ Mr. 346; ಸಾರ Nn. 80). 4, essence; the pith or substance of anything;—essential property, nature. 5, the main plot or subject of a poem or play. 6, means, mode, plan, project, design. ಕೊಟ್ಟ ವಸ್ತುವಿನ ಬಱಯೊಳ್ ಕುಡುವುದು (ಬಱವಱ Šmd. I).

ವಸ್ತುಕ vastuka. Substantial, real, true, not connected with imagination, faithful (as a narrative); poetical diction that closely adheres to facts (Bp. 1, 11. 21; Rêv. 1, 78; Šêv. 5, 59).

ವಸ್ತುಕವಿ vastu-kavi. A real poet (Čh. v. 148).

ವಸ್ತುಕೃತಿ vastu-kriti. A composition closely adhering to facts (Ôpr. 1, 51).

ವಸ್ತುಪ್ರತತಿ vastu-pratati. A multitude of things (ನಾನಾ ವಸ್ತುಗಳು Nn. 59; see s. ಸತ್).

ವಸ್ತುವಿಕಾರ vastu-vikâra. A change of form of a thing (Šmd. 162).

ವಸ್ತುಸಮೂಹ vastu-samûha. A large number of things; the aggregate of things (ವಸ್ತುಪ್ರತತಿ, ಸತ್ Nn. 84).

ವಸ್ತುಸ್ವಭಾವ vastu-svabhâva. The true nature of anything.

ವಸ್ತುಸ್ವಭಾವಕಥನ vastusvabhâva-kathana. A faithful narration or representation (ವಾಸ್ತವ Kâvy. III, 3, B, 2).

ವಸ್ತೂಪಮೆ vastu-upamĕ. A kind of simile (Kâvy. III, 3, B, 63 seq.).

ವಸ್ತ್ಯ vastya. *An abode, a house.*

ವಸ್ತ್ರ vastra. (= ಬಟ್ಟೆ 2). *Cloth, clothes, garment, raiment, dress; a cloth;* a handkerchief (My.). — ವಸ್ತ್ರಗಾಯು. Sifting through a cloth (My.).

ವಸ್ತ್ರಕ್ರಿಯೆ vastra-kriyĕ. The fabrication of cloth. See ನೆಯ್.

ವಸ್ತ್ರಗಲಿತ vastra-galita. Strained or sifted through a cloth (My.).

ವಸ್ತ್ರಗಾಲಿ vastra-gâli. = ವಸ್ತ್ರಗಲಿತ. (My.; Mhr. ವಸ್ತ್ರಗಾಳ).

ವಸ್ತ್ರಗಾಲಿತ vastra-gâlita. = ವಸ್ತ್ರಗಲಿತ. (My.).

ವಸ್ತ್ರದಶೆ vastra-daśĕ. The unwoven threads of a web of cloth; the ends or skirt of a cloth. See ಕರೆ 6.

ವಸ್ತ್ರದಾನ vastra-dâna. Giving, or a gift of, clothes (Grj. 3, 63; Bp. 24, 72).

ವಸ್ತ್ರಪ್ರಕ್ಷಾಳನ vastra-prakshâlana. The washing of clothes. See ಒಗೆ.

ವಸ್ತ್ರಪ್ರವೇಷ್ಟನ vastra-pravêshṭana. The covering over with clothes. See ಉಡು 1.

ವಸ್ತ್ರಯೋನಿ vastra-yôni. *The material of which cloth is made.*

ವಸ್ತ್ರವಿಶೇಷ vastra-viśêsha. A sort of cloth. See ಪಱ 2.

ವಸ್ತ್ರವೇಶ್ಮ vastra-vêśma. *A tent.*

ವಸ್ತ್ರಸ್ವಲ್ಪಘಾತನ vastra-svalpa-ghâtana. Slightly striking or beating a cloth. See ಕುಕ್ಕು 3.

ವಸ್ತ್ರಹೀನ vastra-hîna. Devoid of clothes, without clothes. ವಸ್ತ್ರಹೀನನೋ? ಕುಲಹೀನನೋ? (Prv.).

ವಸ್ತ್ರಾಗ್ರ vastra-agra. The ends or skirt of a cloth. See ಕರೆ 6.

ವಸ್ತ್ರಾಂತರಪ್ರವೇಶ vastra-antara-pravêśa. The tucking in of (the end of) a cloth. See ಸೆಕ್ಕ್.

ವಸ್ನ vasna. 1. Cloth, a cloth, clothes.

ವಸ್ನ vasna. 2. Hire, wages; *price.*

ವಸ್ನಸೆ va(*i. e.* ava)-snasĕ. = ಅವಸ್ನಸೆ. *A tendon, a nerve.*

ವಹ vaha. Bearing, carrying, conveying, bringing. See ಗನ್ಧ-, ನಿ-, ಪ್ರ-, ಲೀಲಾ-, ಹುತ-. 2, any vehicle or means of conveyance. 3, a road, a way. 4, *the shoulder of an ox.*

ವಹಣಿ vahaṇi. 1. Grand display; pomp (ವಿಹಾಯ Bhn. 5).

ವಹಣಿ vahaṇi. 2. Tbh. of ವಹನ. Waves, billows (ತೆರೆಗಳ್ Bhn. 15; Mhr. ವಹಾಣ, stream, flow; a brook). See Grj. 2, after 106.

ವಹಣೆ vahaṇĕ. Tbh. of ವಹನೆ. (Bp. 5, 43).

ವಹನ vahana. (= ವಯಿನ). Bearing, carrying, conveying; —being carried or borne along, proceeding, moving;—flowing (as a stream); (a current; a stream);—(a way, see ವಹ No. 3);—any vehicle or means of conveyance;—a raft, a float, a boat. See ಉದ್-, ನಿರ್-, ಪ್ರ-.

ವಹನೆ vahanĕ. = ವಹಣಿ. A river, a stream in general.

ವಹಮಾನ vahamâna. Bearing, carrying, conveying;—being carried or riding on;—flowing;—having, possessing;—carriage, conduct (J. 18, 42).

ವಹವಾ vahavâ. = ವಾಹವಾ. (My.).

ವಹಿ vahi. = ವಯಿ. A stitched book (for accounts, etc.); any book (Râm. 6, 45, 63; My.; Mhr., H. ವಹೀ).

ವಹಿಕ vahika. A bearer (ಮನುಷ್ಯರ ಹೊಱುವವಂ Mr. 331).

ವಹಿತ್ರ vahitra. = ಬಹಿತ್ರ, etc. A raft, a float, a boat, a vessel (Bp. 8, 9; Šêv. 5, 32).

ವಹಿತ್ರಕ vahitraka. = ಬಹಿತ್ರಕ. A raft, etc. (= ವಹಿತ್ರ).

ವಹಿತ್ರಭೇದ vahitra-bhêda. A kind of vessel. See ಪಾಱು 2.

ವಹಿಲ vahila. (A current, a flow, the state of being borne along swiftly): quickness, agility (ಚಳಕ Bhn. 60, o. r. ವಹಿಲ್ ತ್ವರಿತಂ; ವೇಗಾರ್ಥಂ 65);—quickly (ಗಮ್ಮನೆ Čt. II, 79; Mhr. ವಹಿಲಾ). See Bp. 16, 24; 21, 38; 23, 20; 31, 9; Šêv. 2, 38; Bh. 1, 10, 28; 8, 28, 36. 37; J. 10, 38.

ವಹಿವಾಟು vahivâṭu. = ವಯ್ವಾಟ, q. v. (ಬಱಕೆ G.; B. 5, 266; My.).

ವಹಿಸ್ vahis. = ಬಹಿಸ್.

ವಹಿಸು vahisu. To bear, to sustain; to carry, to convey; to lead (J. 8, 44; Si. 273; My.);—to appropriate to one's self (My.);—to be carried along, to proceed, to become current (Râm.).

ವಹ್ನಿ vahni. *Fire.* 2, the number 3 (Čh.; Mr. 540). 3, N. of a metrical foot (Čh.). 4, *lead-wort, Plumbago zeylanica.*

ವಹ್ನಿಜ vahni-ja. Skanda (Mr. 16).

ವಹ್ನಿರೇತಸ್ vahni-rêtas. *Šiva.*

ವಹ್ನಿಶಿಖ vahni-šikha. *Safflower, Carthamus tinctorius.*

ವಹ್ನಿಸಖ vahni-sakha. The wind (Rśv. 9, 7).

ವಹ್ಲಿ vahli. Speaking, telling (*cf.* ಪೇಳ್?).

ವಹ್ಲಿಕೆ vahlikĕ. = ವಹ್ಲಿ. See ಪ್ರ-.

ವಳ್ val̤. (ಬ-ಅಳ್ 4). (Šmd. 185. 186).

ವಳ್ val̤. (Tbh. of ವಲಯ, what covers or surrounds). = ಒಳ್, ಒಳು, ಒಳೆ, ವಳೆ, ವಳಯ q. v., ವಳೆಯ, ಪೊಳೆ. (T. ವಳ್, a leather thong).

ವಳ val̤a. = ಬಳ 2, ವಳ್ಳ, (ವಾಡ, ವಾಡಿ, ವಾಳ). **An affix for the formation of masculine nouns,** *e. g.* ಅಡಪವಳಂ, ಮಾಸವಳಂ, ಮಡಿವಳಂ, ಪಡೆವಳಂ, ಸೆಜ್ಜೆವಳಂ, ಅಡುವಳಂ (Šmd. 234), ಪಸುಬೆವಳಂ, ಪೂವಳಂ (Šm. 67), ಜನ್ನ-, ತುಱು-, ತೋಟ-.

ವಳಯ val̤aya. = ವಲಯ, (ವಳ್, etc.), ವಳೆಯ q. v. A bracelet, an armlet, a ring (ಕಟಕ Mr. 528); a zone, a girdle. 2, a circle, a boundary, a circumference (see ಇಲಾ-, ಸುತ್ತು-, ಹೊಱ-). 3, a gold or silver ring occasionally put round the hoof of a horse (ತಾಐ Mr. 274, o. r. ಲೋಮಿ. See Šmd. and Kk. s. ವಳೆಯ).

ವಳಾವಳಿ val̤âval̤i. Restless anxiety (Bh. 3, 2, 23; Mhr. ವಳವಳ).

ವಳಿ val̤i. (= ಪಡಿ 1, etc.). **An affix for forming neuter nouns,** *e. g.* ನಡೆವಳಿ, ನುಡಿವಳಿ, ಸಲ್ವಳಿ (Šmd. 252), ಹುಟ್ಟುವಳಿ.

ವಳಿ val̤i. = ವಲಿ 1. A wave; a wrinkle (ತೆರೆ Čt. I, 59; Čpr. 2, 83; see ತಿವಳಿ). 2, a mode in sangîtâ (Grj. 2, after 106; V. 11, 9).

ವಳಿಗ val̤iga. = ವಣಿಗ, etc. See ಕಳ-, ಮಡ-.

ವಳಿಗೆ val̤igĕ. (Šmd. 39). = ವಱಿಗೆ, ಪೊಳಿಗೆ. (Tbh. of ವಟಿಕೆ). A round lump or mouthful of food (ಜೀವಣ, ಕವಳ, ತುತ್ತು Kk. 46; Šm. 59).

ವಳಿತ val̤ita. = ವಲಿತ. A circle, a district, a territory, a dependency (J. 28, 53; 31, 19. 27; My.; Tĕ. ವಣಿತ).

ವಳಿತ್ರಯ val̤i-traya. = ತ್ರಿವಲಿ. (J. 8, 19).

ವಳೆ val̤ĕ. = ವಳ್, etc., ಪೊಳೆ. ವಳೆಯೆನಲ್ ಕುದುರೆಯ ವಳೆಯಂ (Šm. 41, o. r. ಪೊಳೆಯೆನಲ್). See ಪ್ರಭಾ-.

ವಳೆಯ val̤ĕya. = ವಳಯ, etc. (ಆವಾಪ, ಪಾರಿಹಾರ್ಯ, etc. Mr. 340). ಒಳೆನ್ದು, ಕುದುರೆಯ ವಳೆಯಂ (Šmd. II). ಪೊಳೆಯೆನಲ್ ಕುದುರೆಯ ವಳೆಯಂ (Šmd. 41, o. r. ವಳೆ). ಪೊಳೆಯೆನಲ್ ಕುದುರೆಯ ವಳೆಯಂ (Kk. 81, o. r. ವಳಯಂ). ಬೆಟ್ಟಿದುವುವೆನಿಪ್ಪ ಲೋಹಖುರವಳೆಯಂಗಳ್ (Šmd. 120). See ಸುತ್ತು-, ಹೊಱ-.

ವಳ್ತಿ val̤ti. The feminine form of ವಳ. See ಗಟ್ಟ-, ತುಱು-.

ವಳ್ಳ val̤l̤a. = ವಳ, *e. g.* ಅಡಪವಳ್ಳಂ, ಮಾಸವಳ್ಳಂ, ಮಡಿವಳ್ಳಂ (Šmd. 234).

ವಱಿಗೆ val̤igĕ. or ವಳಿಗೆ q. v. (Šmd. 39).

ವಾ v-â. (*i. e.* the lengthened ಅ 8). = ಅ 8, q. v., ವ 3. ತಿಳಿಸುವಾ! (B. 3, 83). ನೋಡುವಾ! (B. 5, 150). ಮಾಡುವಾ! (My.).

ವಾ vâ. 1. *Or* (ಪ್ರತ್ಯುಪಮಾವಿಶೇಷ, ಪ್ರತ್ಯುಪಮಾನಗಳು Nn. 139; ಪ್ರತ್ಯುಪಮೆ Mr. 533); *either - or not* (ವಿಕಲ್ಪ 533); else; *as if;* or else.

ವಾ vâ. 2. Tbh. of ವಾಃ. (ಜಲ, ಉದಕ Nn. 139). See ವಾರಾಶಿ.

ವಾಂಶಿಕ vâṁšika. (fr. ವಂಶ). A flute-player. (Čpr. 6, after 86).

ವಾಂಶ್ಯ vâṁšya. (fr. ವಂಶ). = ವಾಸ 1, q. v. Made of bamboo (Sk. ವಾಂಶ).

ವಾಃ vâḥ. = ವಾರ್. Water.

ವಾಃಕಣ vâḥ-kaṇa. A water-drop (Čpr. 4, 46).

ವಾಃಕಿಟಿ vâḥ-kiṭi. Water-pig: a porpoise. (R.).

ವಾಃಕೇಲಿ vâḥ-kêli. Sporting or gamboling in water (Čpr. 1, 100).

ವಾಃಕ್ರೀಡೆ vâḥ-krîḍĕ. = ವಾಃಕೇಲಿ. (Čpr. 7, 148).

ವಾಕ್ vâk. = ವಾಕ್ಕು, ವಾಚ್. (ಶಾರದೆ, ಸರಸ್ವತಿ Nn. 28).

ವಾಕ vâka. Sounding; speaking. See ವಿ-.

ವಾಕರಿಕೆ vâkarikĕ. = ಓಕರಿಕೆ, etc. (My.; Tĕ. ವಾಕರ).

ವಾಕರಿಸು vâkarisu. = ಒಕ್ಕರಿಸು, etc. (My.).

ವಾಕಳಿಕೆ vâkal̤ikĕ. = ವಾಕರಿಕೆ. (My.).

ವಾಕಳಿಸು vâkal̤isu. = ವಾಕರಿಸು. (My.).

ವಾಕಿಂಗ್ vâking. "Walking" (Si. 275).

ವಾಕು vâku. (Curvature, Mhr.): an ornament for the wrist (of females and children, My.; Si. 219; Mhr. ವಾಕ, ವಾಂಕ).

ವಾಕುಚಿ vâkuči. = ಬಾವುಚಿಗೆ, ಬಾವುಚಿ, ವಾಕುಷಿ, ವಾಗುಚಿ, ವಾಗುಷಿ. *The plant called purple flea-bane, Vernonia anthelmintica* Willd. (Serrata anth. Lin.; ಬಾವುಚಿ Mr. 122).

ವಾಕುಷಿ vâkushi. = ವಾಕುಚಿ. See Nr. s. ಬಾವುಚಿಗೆ.

ವಾಕ್ಕಲಹ vâk-kalaha. Speech-strife: quarrel, dispute (My.).

ವಾಕ್ಕು vâkku. Tbh. of ವಾಕ್ (Šmd. 106; ವಾಗ್ದೇವಿ 2 Cm.).

ವಾಕ್ಕುಟಿಲ vâk-kuṭila. A man who is crooked or dishonest in his speech (My.); — dishonesty in speech (My.).

ವಾಕ್ಕೋವಿದ vâk-kôvida. Skilled in speech or language (ವಾಕ್ಪ್ರೌಢ Šmd. 174 Cm.).

ವಾಕ್ಚಾತುರ್ಯ vâk-čâturya. Cleverness of speech (My.). ವಾಕ್ಚಾತುರ್ಯವಿಲ್ಲದವನಾದರೆ ನಾಕ ಸೇರುವನೇ? (Prv.).

ವಾಕ್ಚಾಪಲ್ಯ vâk-čâpalya. Volubility of speech; rattle, gabble (My.).

ವಾಕ್ಪಟುತ್ವ vâk-paṭutva. Skill or ability in speech, eloquence (My.).

ವಾಕ್ಪತಿ vâk-pati. *Eloquent; an eloquent man.* 2, Bṛihaspati (Mr. 38; Kâvy. I, 5, 47).

ವಾಕ್ಪರಿಣತ vâk-pariṇata. Proficient in speech or language (ವಾಕ್ಪ್ರೌಢ Šmd. 249 Cm.).

ವಾಕ್ಪಾರುಷ್ಯ vâk-pârushya. Harshness or severity of language; wordy violence; scurrility (My.).

ವಾಕ್ಪೌರುಷ vâk-paurusha. Power in speaking or using big words (My.).

ವಾಕ್ಪ್ರಗುಮ್ಫನ vâk-pra-gumphana. Stringing together or good arrangement of words (Čpr. 1, 59).

ವಾಕ್ಪ್ರೌಢ vâk-prauḍha. Proficient in speech or language (see ವಾಕ್ಕೋವಿದ, ವಾಕ್ಪರಿಣತ).

ವಾಕ್ಪ್ರೌಢಿ vâk-prauḍhi. Proficiency in speech or language (Čpr. 1, 11).

ವಾಕ್ಯ vâkya. *Speech,* saying, assertion, statement; a word (ಸೊಲ್ Čt. II, 97). 2, *a sentence;* a period (Šmd. 170-172; Kâvy. I, 1*b*, 32-41; II, 2, B, 1. 2);—prose (Šmd. 80). 3, a rule, a precept, an aphorism.

ವಾಕ್ಯಖಂಡ vâkya-khaṇḍa. Syntax (My.).

ವಾಕ್ಯದೀಪಕ vâkya-dîpaka. Illustration or explanation of a sentence (Šmd. 177).

ವಾಕ್ಯದೋಷ vâkya-dôsha. A fault of the sentence; a violation of certain rules of poetical composition (Kâvy. II, 2, B, 1 seq.).

ವಾಕ್ಯನಿರ್ವಾಹ vâkya-nirvâha. The completion or end of a sentence (Šmd. 178).

ವಾಕ್ಯಮಾಲೆ vâkya-mâlĕ. A line of words: a sentence (Šmd. 92).

ವಾಕ್ಯವಿದ vâkya-vida. Possessed of the knowledge of words or language (ಉಕ್ತಿವಿದ Šmd. 102 Cm.).

ವಾಕ್ಯವೇಷ್ಟನ vâkya-vêshṭana. A complex of (*e. g.* saṁskṛita) words: a quotation (Šmd. 73).

ವಾಕ್ಯಶೇಷ vâkya-šêsha. The remainder of a speech, anything intended to be said but left unsaid. (R.).

ವಾಕ್ಯಾನ್ವಯ vâkya-anvaya. The natural order, or logical connection, of words in a sentence (Šmd. 174).

ವಾಕ್ಯಾರ್ಥ vâkya-artha. The meaning of a word or sentence (Kâvy. II, 1, 6). 2, inquisition concerning a doctrine, etc.: a disputation, a discussion; a lecture (My.).

ವಾಕ್ಯಾಲಂಕಾರ vâkya-alaṅkâra. *An expletive.*

ವಾಕ್ಯೋಪಮೆ vâkya-upamĕ. A kind of simile (Kâvy. III, 3, B, 63 seq.).

ವಾಕ್ಶ್ರೀ vâk-šrî. The beauty of speech; Sarasvatî (Čpr. 2, 1; 4, 10).

ವಾಕ್ಶ್ರೀನಿವಾಸ vâk-šrî-nivâsa. The beauty of speech dwelling in or on—(Kâvy. III, 3, B, 178; Čt. II, 122).

ವಾಕ್ಸುವರ್ಣ vâk-suvarṇa. Speech considered as gold (Čpr. 1, 60).

ವಾಗ್ vâg. = ವಾಕ್. — ವಾಗ್ಗೊಸರಣೆ. Good style of composition (My.). — ವಾಗ್ವ್ಯಯ. Expenditure of words or speech, waste of breath (My.).

ವಾಗಾಡಂಬರ vâg-âḍambara. A vain display of words (My.).

ವಾಗೀಶ vâg-îša. *A master of language, an eloquent man.* 2, Bṛihaspati. 3, Brahmâ. 4, N. of a man (Ršv. 1, 77). — ವಾಗೀಶಾರ್ಯ. -ಆರ್ಯ. N. (Bp. 44, 47).

ವಾಗೀಶ್ವರ vâg-îšvara. Brahmâ (My.).

ವಾಗೀಶ್ವರಿ vâg-îšvari. Sarasvatî (My.).

ವಾಗು vâgu. = ವಾಗುಸ. A sort of large fish (ಮದ್ಗು, ಶೃಂಗಿ, ಹೆಮ್ಮೀನ್ Mr. 409).

ವಾಗುಜಿ vâguji. = ವಾಕುಚಿ, etc. (Sk.).

ವಾಗುರ vâgura. = ವಾಗುರೆ. (ಜಾಲಿಕ, ಬೆಳ್ಳಾರ Mr. 380).

ವಾಗುರಿಕ vâgurika. *One who uses nets for catching deer, etc.*

ವಾಗುರೆ vâgurĕ. *A net* (for catching deer or wild animals), *a snare, a noose.*

ವಾಗುಷಿ vâgushi. = ವಾಕುಚಿ. See Nr. s. ಬಾವುಚಗೆ.

ವಾಗುಸ vâgusa. = ವಾಗು. (Sk.). See ಹೆಮ್ಮೀನ್.

ವಾಗೆ vâgĕ. = ವಾಘೆ. *A bridle* (ವಲ್ಗೆ, ಕುಶೆ, ರಶ್ಮಿ Hlâ.).

ವಾಗ್ಗೇಯಕಾರತೆ vâk-gêya-kâratĕ. Performance of good composition and song (Čpr. 2, after 14).

ವಾಗ್ಜಾಲ vâg-jâla. A congeries of words; prate, gabble (My.).

ವಾಗ್ಝರಿ vâg-jhari. Current of words: good style of composition (My.).

ವಾಗ್ದತ್ತ vâg-datta. Promised;—a promise (My.);—betrothed.

ವಾಗ್ದರಿದ್ರ vâg-daridra. Poor in speech, of few words, speaking little or humbly, speaking guardedly. (R.).

ವಾಗ್ದಾನ vâg-dâna. Giving by promise;—betrothing;—a promise (My.).

ವಾಗ್ದೃಷ್ಟ vâg-dṛishṭa. Verbal evidence (Bp. 51, 12).

ವಾಗ್ದೇವತೆ vâg-dêvatĕ. = ವಾಗ್ದೇವಿ. (Kâvy. I, 1*a*, 4).

ವಾಗ್ದೇವಿ vâg-dêvi. The goddess of speech or eloquence: Sarasvatî (Šmd. 1).

ವಾಗ್ಬಲ vâg-bala. Powerful in speaking;—the power of speech (My.).

ವಾಗ್ಮಿ vâgmi. Speaking much, loquacious, talkative, verbose. 2, *speaking well, eloquent;* an eloquent man (ಚರ್ಮಣ, ಮೇಳಯ್ಸಿ ನಾನಾ ರವಕ್ಕೆ ಪ್ರತಿಗೆಯ್ವವಂ Mr. 360).

ವಾಗ್ಯತ vâg-yata. Reserved in speech, taciturn, silent. (R.).

ವಾಗ್ರುತ vâg-ruta. A deaf man (? ಕೇಳದವಂ Mr. 440, text corrupt).

ವಾಗ್ವರ vâg-vara. Brahmâ; Bṛihaspati (Ššv. 5, 27).

ವಾಗ್ಬಾಣ vâg-vâṇa. A word considered as an arrow (Čpr. 1, 44).

ವಾಗ್ವಾದ vâg-vâda. Quarrel, verbal dispute (My.).

ವಾಗ್ವಿದ vâg-vida. Clever in speech, skilled in language (Šmd. 398).

ವಾಗ್ವಿಭವ vâg-vibhava. Power, or excellence, of speech or diction (Kâvy. I, 5, 50).

ವಾಗ್ವಿರೋಧ vâg-virôdha. Enmity appearing in words (My.).

ವಾಗ್ವೃಷ್ಟಿ vâg-vṛishṭi. A shower of words (Čpr. 3, 68).

ವಾಘೆ vâghĕ. = ವಾಗೆ. (ಕುಶೆ, ರಶ್ಮಿ Mr. 274; Grj. 2, after 106; J. 13, 24).

ವಾಙ್ vâṅ. = ವಾಗ್.

ವಾಙ್ನಿಷ್ಠುರ vâṅ-nishṭhura. Cruelty shown by words (My.).

ವಾಙ್ಮನಸು vâṅ-manasu. Speech and mind (Bp. 50, 70).

ವಾಙ್ಮಯ vâṅ-maya. Relating to speech; consisting of words; eloquent, rhetorical;—speech;—eloquence;—rhetoric. (R.).

ವಾಙ್ಮಾಧುರ್ಯ vâṅ-mâdhurya. Sweetness or pleasantness of speech (My.).

ವಾಙ್ಮುಖ vâṅ-mukha. *The opening or commencement of a speech, an exordium.*

ವಾಙ್ಮೂಲ vâṅ-mûla. Origin of words: deposition (Tĕ.; My.).

ವಾಚ್ vâč. = ವಾಕ್, ವಾಕ್ಕು, (ವಾಗ್, ವಾಙ್). Speaking;—speech; voice; talk; language; discourse. 2, *a word;* a saying. 3, *the goddess of speech, Sarasvatî* (ಶಾರದೆ, ವಾಕ್, ಸರಸ್ವತಿ Nn. 28).

ವಾಚಂಯಮ vâčam-yama. Speech-restrainer: *a sage who practises rigid taciturnity.*

ವಾಚಕ vâčaka. Speaking, reading; declaratory, expressing, signifying;—verbal, expressed by words;—a speaker, a reader;—*a word.* See Čh. v. 1. 18; ಘೂ-. — ವಾಚಕದಾಟಿ. Fluency in reading (My.).

ವಾಚಕತೆ vâčakatĕ. Expressiveness, significance; the meaning that is intended to be expressed (Kâvy. III, 1, A, 13-15).

ವಾಚಕಶಕ್ತಿ vâčaka-śakti. Power in reading (My.).

ವಾಚನ vâčana. The act of reciting or reading, recitation. 2, the act of relating or declaring, proclamation, declaration. See ಸ್ವಸ್ತಿ-.

ವಾಚನೆ vâčanĕ. = ಬಾಚನೆ, ವಾಚನ.

ವಾಚಸ್ಪತಿ vâčas-pati. The lord of speech: *Bṛihaspati.*

ವಾಚಾಗುರು vâčâ-guru. A teacher of sacred texts (Bp. 1, 1).

ವಾಚಾಟ vâčâṭa. *Talkative, loquacious.*

ವಾಚಾಮಗೋಚರ vâčâm-agôčara. Impossible to be expressed by words (My.).

ವಾಚಾಂಬಿಕೆ vâčâ-ambikĕ. Sarasvati; N. of the mother of the poet Argaḷa (Čpr. 1, 54).

ವಾಚಾಲ vâčâla. *Talkative;*—boasting.

ವಾಚಾಲಕ vâčâlaka. = ವಾಚಾಲ. (My.).

ವಾಚಿ vâči. = ಹಾಮಚಿ. (Tĕ.). — ವಾಚಿತೀಗೆ. = ಹಾಮಚಿಬಳ್ಳಿ. (Si. 159; Tĕ.).

ವಾಚಿ vâči. (= ವಾಸಿ 4). Speaking, uttering, expressing; what expresses: a word. See ಕ್ರಮ-, ಗುಣ-, ಭಾವ-, ಮನೋಹರ-. 2, expressing genus, generic. 3, a word which defines or limits the meaning of another word; an epithet, an attribute, an adjective (ವಿಶೇಷ Nn. 103, o. r. ವಿಶೇಷಣ). 4, a speaker, a counsellor, a minister (ಪ್ರಧಾನ, ಸಚಿವ 103). 5, Sarasvati (ಸರಸ್ವತಿ 103). 6, an attribute, a quality, a good quality; good or improved state or condition (ಗುಣ 103).

ವಾಚಿಕ vâčika. Verbal, oral. 2, *communicated by speech or by word of mouth.* 3, news, tidings, intelligence.

ವಾಚಿಸು vâčisu. To speak, to say, to utter, to declare (Râm. 1, 16, 6; J. 11, 30; 26, 15. 49; 29, 4).

ವಾಚೆ vâčĕ. ವಾಚಾ. Speech;—a holy word, a sacred text, a divine utterance;—an oath.

ವಾಚೋಯುಕ್ತಿ vâčas-yukti. Possessing fitness or dexterity of speech.

ವಾಚೋಯುಕ್ತಿಪಟು vâčôyukti-paṭu. *Skilled in fitness of speech, eloquent.*

ವಾಚ್ಯ vâčya. To be spoken or said, proper (or possible) to be said. 2, to be spoken against, blamable, censurable, contemptible. 3, to be predicated (of anything), attributive, adjective, declinable as an adjective, taking three genders. 4, that which may be said of anything. 5, a predicate (in grammar). 6, the voice of a verb. See Čh. v. 1; Kâvy. III, 3, B, 159.

ವಾಚ್ಯಲಿಂಗ vâčya-liṅga. Adjective gender, *i. e.* gender that depends on the word which is to be distinguished or defined (ವಿಶೇಷ್ಯಾಧೀನಲಿಂಗ Śmd. 108. 109); *adjusting itself to the gender of a noun, being an adjective.*

ವಾಚ್ಯಲಿಂಗಕ vâčya-liṅgaka. *Being an adjective.*

ವಾಚ್ಯಲಿಂಗಕತ್ವ vâčya-liṅgakatva. *The state of being an adjective.*

ವಾಚ್ಯಾವಾಚ್ಯ vâčya-avâčya. Proper to be said and improper to be said (My.).

ವಾಜ vâja. = ಓಜ. An artificer, etc. (My.). ವಾಜರಮನೆ (ಆವೇಶನ, ಶಿಲ್ಪಶಾಲೆ Si. 108).

ವಾಜ vâja. Strength, vigour, energy. 2, *speed* (ತುರ್ಣ, ವೇಗ Nn. 124). 3, one of the paces of a horse (ಅಶ್ವಗತಿ, ಕುದುರೆಯ ನಡೆ 124; ತುರಗಗತಿ Mr. 524). 4, boiled rice, food in general, vegetable food (ಶಾಕ, ಮೇಲೋಗರ 124; ಶಾಕ 524). 5, clarified butter, ghee (ಘೃತ, ತುಪ್ಪ 124; ತುಪ್ಪ 524). 6, *a wing;—the feather of an arrow* (ಛದ, ಗಱಿ 124; ಗಱಿ 524). 7, a mantra or prayer concluding a sacrifice (ಮಖಾನ್ತ್ಯ, ಯಜ್ಞದ ಕಡೆ 124; ಕ್ರತುವಿನನ್ತ್ಯ 524). 8, N. of a tree (ತರುಭೇದ, ವೃಕ್ಷಭೇದ 124; ತರು 524; *cf.* ವಾಜ No. 7?).

ವಾಜಪೇಯ vâja-pêya. *N. of a particular sacrifice.*

ವಾಜಿ vâji. Strong, powerful, impetuous; swift. 2, *a horse* (ಕುದುರೆ Nn. 14. 51; ತುರಗ, ಕುದುರೆ 75). 3, *a bird* (ವಿಯಚ್ಚರ, ಪಕ್ಷಿ 75). 4, *an arrow* (ಮಾರ್ಗಣ, ಬಾಣ 75). 5, a bone (? ಅಷ್ಟಿ 75, o. r. ಅಸ್ಥಿ). 6, an enemy (ರಿಪು, ಹಗೆ 75). 7, the plant ವಾಜಿದನ್ತಕ.

ವಾಜಿತರ vâji-tara. A mule (ಚಕ್ರಿಪತಿ, ಹೇಸರಗತ್ತೆ Mr. 186).

ವಾಜಿದನ್ತಕ vâji-dantaka. *The shrub Justicia adhatoda* (and ganderussa Lin., = ಆಟರೂಷ).

ವಾಜಿಧ್ವಾನ vâji-dhvâna. Neighing (ಪುಣ್ಡರೀಕ, ಕುದುರೆಯ ಧ್ವನಿ Nn. 18).

ವಾಜಿನಿ vâjini. *A mare.*

ವಾಜಿಬಿ vâjibi. Fit, proper, right (My.; Br.; Mhr., H. ವಾಜಬೀ, ವಾಜವೀ).

ವಾಜಿಮಿ vâjimi. = ವಾಜಬಿ. (My.).

ವಾಜಿಮೇಧ vâji-mêdha. A horse-sacrifice (J. 2, 25. 66).

ವಾಜಿಶಾಲೆ vâji-śâlĕ. *A horse stable.*

ವಾಂಚಲ್ಯ vâṅčalya. Tbh. of ವಾತ್ಸಲ್ಯ. (My.).

ವಾಂಛಿತ vâṅčhita. *Wished, desired, longed for.*

ವಾಂಛಿಸು vâṅčhisu. To wish, to desire (My.).

ವಾಂಛೆ vâṅčhĕ. *Wish, desire;* desire for.

ವಾಟ vâṭa. 1. = ಓಟ. (My.).

ವಾಟ vâṭa. 2. A slope, an incline, as of the ground, of a roof, of a water-course, etc. (My.; Tĕ.; T., M. ವಾಟ; *cf.* ವಾರೆ & ವಾಲು). ಕ್ರಮವಿನ್ಹ ವಾಟವಾಗಿ ಇಱಿಯ ತಕ್ಕ ನೆಲ (ಪ್ರವಣ Si. 421).

ವಾಟ vâṭa. (= ಬಟ್ಟೆ 1, ಬಾಟೆ, ಬಾಡು, ವಡ). *An enclosure,* a piece of enclosed ground, a court-yard, a compound. 2, a garden, a park, a plantation. 3, the enclosure of a town or village, a fence, a wall, a hedge, etc. 4, a road, a way (*cf.* ಬಱಿ 1); a street (see ವೇಶ್ಯಾ-). 5, course, procedure (Mhr.). 6, made of the vaṭa-tree.

ವಾಟಿ vâṭi. 1. A garden. See ಪುಷ್ಪ-.

ವಾಟಿ vâṭi. 2. A street (My.; ಓಣಿ G.). 2, = ಟೊಂಕ (G.).

ವಾಟಿಕ vâṭika. = ಬಾಡಗ, ವಾಡಿಗ. A gardener. 2, a garden (see ಪುಷ್ಪ-).

ವಾಟಿಕೆ vâṭikĕ. An enclosure; a garden. See ಅನ್ನ-, ಪುಷ್ಪ-, ವೃಕ್ಷ-.

ವಾಟಿ vâṭi. = ಓಟಿ 1. (My.).

ವಾಟೆ vâṭĕ. 1. = ಓಟೆ 2. q. v. (My.).

ವಾಟೆ vâṭĕ. 2. = ಓಟೆ 1, etc. (My.).

ವಾಟ್ಯಾಲಕ vâṭyâlaka. *The plant Sida cordifolia or rhomboidea* (= ಬಲೆ).

ವಾಡ vâḍa. = ವಾಳ. See ಕುಳ-.

ವಾಡಬ vâḍaba. = ವಾಡವ.

ವಾಡಬಾನಲ vâḍaba-anala. = ವಾಡವಾನಲ. (ವಾಡವ, ವಡವಾಗ್ನಿ Nn. 13).

ವಾಡವ vâḍava. = ಬಾಡಬ, ಬಾಡವ, ವಾಡಬ, ವಾರುವ. *Submarine fire* (ವಡವಾನಲ, ವಡಬಾಗ್ನಿ Nn. 13). 2, the lower regions (at the south-pole, ದಾನವವಾಸ, ರಸಾತಲ 13). 3, a country (ಜನಾನ್ತ, ದೇಶ 13). 4, *a Brâhmaṇa* (ವಿಪ್ರ 13). 5, *a stud, a collection of mares;* a horse (ತುರಂಗ, ಕುದುರೆ 13).

ವಾಡವಾಗ್ನಿ vâḍava-agni. = ಬಾಡಬಾಗ್ನಿ. Submarine fire.

ವಾಡವಾನಲ vâḍava-anala. *The fire of the lower regions.*

ವಾಡವಾಮುಖ vâḍavâ-mukha. = ವಡವಾಮುಖ. (ವಾರಿಧಿಯ ಕಿಚ್ಚು Mr. 48).

ವಾಡವೇಯ vâḍavêya. = ಬಾಡಬೇಯ. *A bull, an ox.*

ವಾಡವ್ಯ vâḍavya. *A number of Brâhmaṇas.*

ವಾಡಿ vâḍi. (= ವಳ). (Tĕ. ವಾಡಿ, ವಾಳಿ). See ನಾಯಕವಾಡಿ.

ವಾಡಿ vâḍi. An enclosure; an enclosing wall (Mhr., H.); an enclosed piece of meadow-field, or garden-ground;—a hamlet (*cf.* ಪಾಡಿ);—a division of the suburban portion of a city (Mhr. ವಾಡೀ).

ವಾಡಿಕೆ vâḍikĕ. (fr. ಒಡ). Usage, custom, practice; the state of being habitual, that of being well known by practice (My.; ರೂಢಿ G.; Tĕ. ವಾಡಿಕೆ, ವಾಡುಕೆ, ವಾಳಿ; T. ವಾಡ್ಕೆ; Tĕ. ವಾಡು, to use, make use of). ವಾಡಿಕೆಯಾಗಿ ಗಿಡದ ಟೊಂಗೆಗಳ ತುದಿಯಲ್ಲಿ ಮೊಗ್ಗೆಗಳಾಗುವವು (B. 3, 36). ಚಿನ್ನವು ವಾಡಿಕೆಯಾಗಿ ಚಿಕ್ಕ ದೊಡ್ಡ ರಜಗಳ ರೂಪದಿನ್ದ ದೊರೆಯುತ್ತದೆ (4, 105). ದಿವಸ ಹೋದವರಿಗೆ ವಾಡಿಕೆಯಾಗಿ ಅಷ್ಟು ನಿದ್ದೆ ಬೇಕಾಗುವದಿಲ್ಲ (4, 135). ನನಗೆ ಈ ಕೆಲಸ ವಾಡಿಕೆಯಿಲ್ಲ (My.). ವಾಡಿಕೆಯಿಲ್ಲದವನಾದರೆ ಹಾಡಿಕೆ ತಿಳಿಯುವದೇ? (Prv.). See ಲೋಕ-.

ವಾಡಿಗ vâḍiga. (Tbh. of ವಾಟಿಕ). = ಬಾಡಗ. See ಹುವ್ವಾಡಿಗ, ಹೂವಾಡಿಗ.

ವಾಡೆ vâḍĕ. = ಓಡೆ, q. v. (My.; ಕುಸೂಲ, ಗಳಿಗೆ Si. 416).

ವಾಢ vâḍha. = ಬಾಢ No. 1. *Hard, firm, strong;*—much, abundant, excessive, exceeding. ವಾಢಂ, *much, excessively;—indeed, truly, surely positively, very well, yes.*

ವಾಣ vâṇa. = ಬಾಣ. See ವಾಗ್-.

ವಾಣಿ vâṇi. 1. = ಬಾಣಿ. *Sound, speech; voice.* 2, *Sarasvatî* (ಗೋ, ಸರಸ್ವತಿ Nn. 5; ಸರಸತಿ, ವಾಣಿ, etc. Kk. 9). 3, speaking. 4, (fr. ವಾಣ) having an arrow or arrows. 5, = ವಾಣಿಜ, a Banyan (Mhr.). 6, an oil-miller, an oilman (T. ವಾಣಿಯ). ವಾಣಿ ಗಾಣಿ (= ಗಾಣಿಗ) ತೇಲಿ ಅನ್ದ ಹಾಗೆ (Prv.). 7, articles of trade (see ಹಸರುವಾಣಿ).— ವಾಣಿಯರಸ. -ಅರಸ. Brahmâ (Bp. 46, 78).

ವಾಣಿ vâṇi. 2. *Weaving;*—a weaver's loom.

ವಾಣಿಗ vâṇiga. A knave (? Bp. 28, 19; in a corrupt line of Čt. I, 34 there is: ವಾಣಿಗ ರಕ್ಕು, the metre would require ರಕ್ಕಂ, whether ಠಕ್ಕಂ; o. r. is ಠಂಕಂ).

ವಾಣಿಜ vâṇija. = ವಾಣಿಯ No. 1. *A merchant,* a Banyan.

ವಾಣಿಜತನ vâṇijatana. Traffic, trade. ರೇಣು ಮಾಣಿಕವಾದರೂ ವಾಣಿಜತನ ಬಿಟ್ಟಾನೇ? (Prv.).

ವಾಣಿಜ್ಯ vâṇijya. = ವಾಣಿಯ No. 2. *Traffic, trade* (ಹೆರದು Mr. 346).

ವಾಣಿಜ್ಯತನ vâṇijyatana. = ವಾಣಿಜತನ. (My.).

ವಾಣಿನಿ vâṇini. *A sharp or clever woman, a shrewd woman* (ವಿದಗ್ಧೆಯುಂ ಮುಗ್ಧೆಯುಮ್ ಆಗಿರ್ಪವಳು Hlâ.; ಮುಗ್ಧೆ Mr. 306). 2, *a dancing girl.* 3, *a drunken woman,* one literally or figuratively intoxicated, *a passionate woman* (ಮತ್ತೆ Hlâ.; ಸೊಕ್ಕಿದವಳು Nr.).

ವಾಣಿಯ vâṇiya. Tbh. of ವಾಣಿಜ. (Č. Bp. 47, 41; Bh. 8, 24, 42). 2, Tbh. of ವಾಣಿಜ್ಯ. (Bh. 2, 15, 37).

ವಾಣೀಶ vâṇi-îśa. Brahmâ, one of the attendants on Śiva. ಶ್ರೀಮಾನಿನೀಶ ಯಕ್ಷೇಶ ವಾಣೀಶರ್ ಎಮ್ಬವರು (ಶಿವನ) ನಿಜಮಿತ್ರರಕ್ಕೆ (Mr. 13).

ವಾಣೀಶ್ವರ vâṇi-îśvara. Brahmâ (Bp. 1, 46).

ವಾತ vâta. Blown; extinguished. 2, *wind, air, breeze.* 3, wind or air, as one of the humours of the body. 4, morbid affection of the windy humour, rheumatism, gout. 5, N. of a metrical foot (Čh.). ನಾತವಾಗಲಿ ಪರಿಮಳವಾಗಲಿ ವಾತಕ್ಕೆ ಭೇದವಿಲ್ಲ.—ನಾಥನಾದರೂ ವಾತ ಬಿಡದು (Prvs.). See ಮಜ್ಜಾಸಾರ.

ವಾತಕ vâtaka. *The plant Marsilea quadrifolia* Lin. (= ಅತನಪರ್ಣಿ; see ಮೊದಗು 3).

ವಾತಕಿ vâtaki. *Rheumatic, gouty.*

ವಾತಕುಮ್ಭ vâta-kumbha. *The part of an elephant's forehead below the frontal sinuses.*

ವಾತಗುಲ್ಮ vâta-gulma. Acute gout (Sk., Mhr.), attended by an induration of the mesenteric glands (C.).

ವಾತಜ್ವರ vâta-jvara. Fever occasioned by the prevalence of the vâta-humour (My.).

ವಾತಧಾತು vâta-dhâtu. One of the (three) arteries near the wrist (My.).

ವಾತನಾಡಿ vâta-nâḍi. = ವಾತಧಾತು. (My.).

ವಾತನಾರಾಯಣ vâta-nârâyaṇa. A small plant of which the fruits are eaten and the leaves, roots, etc. used to remove rheumatism (My.; also ವಾತನಾರಾಯಣಿ).

ವಾತಪೂರಣ vâta-pûraṇa. A flag (Bp. 6, 21).

ವಾತಪೋಥ vâta-pôtha. *The Palâśa tree, Butea frondosa.*

ವಾತಪ್ರಕೋಪ vâta-prakôpa. Excess of vâta in the body (My.).

ವಾತಪ್ರಮಿ vâta-prami. *A sort of swift antelope.*

ವಾತಮಣ್ಡಲಿ vâta-maṇḍali. Wind-circle: a whirlwind (ಸುಟಿವ ಅನಿಲ Mr. 50).

ವಾತಮೃಗ vâta-mṛiga. *A sort of swift antelope.*

ವಾತರೋಗ vâta-rôga. Rheumatism, gout (My.; B. 4, 71). ವಾತರೋಗವಿದ್ದವನಾದರೆ ವಾದ್ಯ ಬಾಜಿಸುವನೇ? (Prv.).

ವಾತರೋಗಿ vâta-rôgi. *Afflicted with vâtarôga.*

ವಾತಶರೀರ vâta-śarîra. A body afflicted with vâta (My.). ವಾತಶರೀರಿ, a person who has such a body (My.).

ವಾತಸಹ vâta-saha. *Afflicted with vâta.*

ವಾತಸುತ vâta-suta. Hanumat (Râm. 4, 1, 16).

ವಾತಾಯನ vâta-ayana. = ದಾದಣ, ಬಾದವಣ. *An air-passage, an air-hole, a window.*

ವಾತಾಯು vâtâyu. *An antelope, a deer.*

ವಾತಾಶನ vâta-aśana. The act of eating wind (Śev. 2, 99). 2, a serpent (My.). 3, a tiger (My.).

ವಾತಾಹಾರ vâta-âhâra. = ವಾತಾಶನ No. 1. (My.).

ವಾತೂಲ vâtûla. *Afflicted with vâta.* 2, mad, insane. 3, *a whirlwind, a gale.*

ವಾತೂಲಿಕೆ vâtûlikĕ. = ವಾತೂಲ No 3. (Čpr. 4, after 18).

ವಾತ್ಯೆ vâtyĕ. *A whirlwind, a gale.*

ವಾತ್ಸಕ vâtsaka. (fr. ವತ್ಸ). *A herd of calves.*

ವಾತ್ಸಲ್ಯ vâtsalya. (fr. ವತ್ಸಲ). = ವಾಂಛಲ್ಯ. Lovingness: tender fondness (J. 18, 60; My.; ಮಮತೆ G.).

ವಾತ್ಸ್ಯಾಯನ vâtsyâyana. N. of a muni and of a writer on amorous subjects (Rŝv. 1, after 135).

ವಾದ vâda. 1. = ಓದ. A ditch, a trench; a pitfall for catching elephants (Tĕ. ಓದ; Abhâ. 2, 4; *cf.* ವಾರಿ 3 No. 4?).

ವಾದ vâda. 2. (= ಓಮ, etc.). — ವಾದಕ್ಕಿ. -ಅಕ್ಕಿ. Bishop's weed (My.).

ವಾದ vâda. = ಬಾದು 1. Speaking, talking. 2, sound, sounding; playing a musical instrument (see ವೀಣಾ-). 3, discourse, conversation. 4, disputation, debate, dispute, controversy, words (ವ್ಯಾತ, ಜಗಳ Nn. 11). 5, explanation, exposition. 6, a plaint, a suit at law. 7, report, rumour. ವಾದಾ ಮಾಡಿ ಮಾಡಿ, ಹಾದರ ಕಲಿತು ಕೊಣ್ಣ.—ಭೇದಾ ತಿಳಿಯದಿದ್ದರೂ ವಾದಾ ಬಿಡುವದಿಲ್ಲ (Prvs.). 8, a marvellous skill or siddhi (to make gold, etc. ಧಳ, ರಸವಾದ Nn. 9; My.; Abhâ. 2, 37; see ರಣ-, ರಸ-).

ವಾದಕ vâdaka. Speaking; a speaker. 2, a player of a musical instrument, a musician (Šmd. 46). ಪಾತ್ರವಾಡೆ ವಾದಕಂ ಬಾಜಿಸಿದಂ (296).

ವಾದನ vâdana. The act of sounding;—instrumental music; the sound of musical instruments.

ವಾದನಕ್ರಿಯೆ vâdana-kriyĕ. The sounding of musical instruments. See ಮೊಱಗು.

ವಾದನದಣ್ಡ vâdana-daṇḍa. *A stick, etc. for striking a musical instrument, a plectrum, etc.* (ವಾದ್ಯಮುಂ ನುಡಿಸುವ ಕುಡುಹು Šmd. 46 Cm.). *Cf.* ವಾದ್ಯಕೋಣ.

ವಾದನವಿಧಿ vâdana-vidhi. A mode of the sound of musical instruments. See ಮೊಱಗು.

ವಾದಪ್ರತಿವಾದ vâda-prativâda. A set disputation, assertion and counter-assertion, dispute, debate (My.; B. 5, 226).

ವಾದವಿವಾದ vâda-vivâda. A discussion about any statement, argument and disputation, dispute, debate, argumentation (B. 4, 206; My.).

ವಾದಿ vâdi. Speaking; asserting; disputing. 2, a speaker. 3, a disputant; a dialectician (ತಾರ್ಕಿಕ, ಮೇಲಱಿದು ತರ್ಕಿಪಂ Mr. 360; Bp. 53, 67). 4, a plaintiff, an accuser. 5, an explainer, an expounder of the law, śâstras, etc., a great personage or doctor (ನರೇನ್ದ್ರ Nn. 136; Mr. 490). 6, one who maintains any particular system of doctrine (see ಅದ್ವಯ-, etc.). 7, learned; wise, sage, skilful. See ಚಲ-, ಸ್ವರ-, ಹಟ-. ವಾದಿಯ ಸಂಗಡ ವಾದಿಸಲು ಸಲ್ಲ, ಕುಣ್ಟನ ಕೂಡ ಹಾದಿ ನಡೆಯಲು ಸಲ್ಲ (Prv.).

ವಾದಿತ್ರ vâditra. *A musical instrument.*

ವಾದಿನಿ vâdini. The feminine form of ವಾದಿ. See ಪರಿ-.

ವಾದಿಪ್ರತಿವಾದಿ vâdi-prativâdi. An assertor and a counter assertor;—a plaintiff and a defendant (My.).

ವಾದಿಸು vâdisu. = ಬಾಜಿಸು, ಬಾಱಿಸು. To dispute (v. i.); to debate; to speak contentiously (Bp. 3, 52; 55, 54; Bh. 1, 3, 16; My.; see Prv. s. ವಾದಿ). 2, to sound a musical instrument, to play.

ವಾದ್ಯ vâdya. = ಬಾಜಾ, ಬಾಜೆ. To be spoken (see ಅಭಿ-);—*any musical instrument;—instrumental music.* ವಾದ್ಯ ಬಾಱಿಸು (B. 5, 294).

ವಾದ್ಯಕೋಣ vâdya-kôṇa. = ವಾದನದಣ್ಡ. (ಬಾಜಿಸುವ ಕುಡುಹು Nn. 127).

ವಾದ್ಯಭಾಣ್ಡ vâdya-bhâṇḍa. *A musical instrument.*

ವಾದ್ಯಭಾಣ್ಡಮುಖ vâdyabhâṇḍa-mukha. *The mouth or top part or point of a musical instrument.*

ವಾದ್ಯವಿಶೇಷ vâdya-viśêsha. A sort of musical instrument. See ಪಟಹ.

ವಾಧ್ರೀಣಸ vâdhrîṇasa. *A rhinoceros.*

ವಾನ್ vân. The masculine form of ವತ್ 1. (ಅನ್ವಿತ, ಸಂಹಿತ, ಯುತ, etc. Mr. 440).

ವಾನ vâna. 1. Blown; blown upon;—*dry, dried* (*cf.* ಒಣ); dry or dried fruit (ಶಲಾಟು, ಒಣಗಿದ ಕಾಯಿ Nn. 90; ಒಣಗು ಪೋರ್ವ ಕಾಯಿ Mr. 109). 2, blowing;—moving, rolling. 3, fragrance. See ನಿರ್-.

ವಾನ vâna. 2. Weaving, sewing. 2, the fruit of actions (ಕರ್ಮಫಲ, ಕಟ್ಟಿದನ್ತಾ ಕರ್ಮಗಳು Nn. 90). 3, what is complete or perfect (ಅಕ್ಷೀಣ, ಕೊಱತೆಯಿಲ್ಲದನ್ತಹುದು 90).

ವಾನ vâna. 3. (fr. ವನ). Relating to a forest or wood. 2, a multitude of woods, a collection of groves or thickets. 3, table-land (ಸಾನು, ಬೆಟ್ಟದ ತಪ್ಪಲು Nn. 90).

ವಾನಪ್ರಸ್ಥ vânaprastha. (fr. ವನಪ್ರಸ್ಥ). *A Brâhmaṇa of the third order (âśrama) who has passed through the stages of student and householder, and has left his house and family for the woods.* 2, *the tree Bassia latifolia* (= ಗುಡಪುಷ್ಪ).

ವಾನರ vânara. *A monkey.*

ವಾನರಕುಲ vânara-kula. Belonging to the monkey tribe: Nîla (ನೀಲ, ವಾನರಭೇದ, ಕಪಿಗಳ ಭೇದ Nn. 30).

ವಾನರವರಧ್ವಜ vânara-vara-dhvaja. Arjuna (J. 8, 37).

ವಾನರಸಮುನ್ನತಧ್ವಜ vânara-samunnata-dhvaja. Arjuna (J. 13, 8).

ವಾನಸ್ಪತ್ಯ vânaspatya. (fr. ವನಸ್ಪತಿ). *A tree the fruit of which is produced from* (visible) *blossoms.*

ವಾನಾಯು vânâyu. (fr. ವನಾಯು). The district Vanâyu.

ವಾನಾಯುಜ vânâyu-ja. = ವನಾಯುಜ. *A Vânâyu horse.*

ವಾನೀರ vânîra. *A sort of cane, the ratan, Calamus rotang* Lin. (ಹಜ್ಜೆಯ ಮರ Hlâ.).

ವಾನೇಚರ vânê-čara. Wandering or dwelling in forests (Čpr. 1, 137).

ವಾನೇಯ vânêya. *The fragrant grass Cyperus rotundus.*

ವಾನ್ತ va-anta. 1. A word with final ವ (ವ್, Šmd. 323).

ವಾನ್ತ vânta. 2. Vomited, ejected from the mouth, effused. See ಉಬ್-.

ವಾನ್ತಿ vânti. Vomiting;—the matter vomited;—an emetic. ಕುಡಿದ ವಿಷವು ಹೊಟ್ಟೆಯೊಳಗೆ ನಿಲ್ಲದೆ, ದುಣ್ಣರಿಸಿ, ವಾನ್ತಿಯಾಗಿ ಹೊಱಗೆ ಬಿತ್ತು (B. 5, 72). ಭ್ರಾನ್ತಿ ಹಿಡಿದವಗೆ ವಾನ್ತಿ ಕೊಟ್ಟರೆ ಹೋದೀತೇ? (Prv.). — ವಾನ್ತಿಭೇದಿ. Vomiting and purging: cholera (My.). — ವಾನ್ತಿಭ್ರಾನ್ತಿ. Vomiting and aberration: cholera (C.; B. 4, 132).

ವಾಪ vâpa. Sowing seed, strewing. 2, weaving. 3, shearing, shaving. See ನಿರ್-, ಪರೀ-, ಪ್ರತೀ-.

ವಾಪನ vâpana. 1. = ವಾಪ. See ನಿರ್-.

ವಾಪನ vâpana. 2. Blowing. See ನಿರ್-.

ವಾಪಸು vâpasu. Back, in return (C.; Br.; Mhr., H.).

ವಾಪಿ vâpi. 1. A sowing machine (ಕೂರಿಗೆ Mr. 370).

ವಾಪಿ vâpi. 2. = ಬಾಂವಿ, ಬಾಮಿ, ಬಾವಿ, ವಾಯಿ. *An oblong reservoir of water, a pool or lake* (ಬೆಂಚೆ Hlâ.); a well.

ವಾಪಿತ vâpita. Sown;—shaven, shorn. See ಪರಿ-.

ವಾಪಿತೆ vâpitĕ. A close-shaved woman, a widow (ಮುಣ್ಡೆ Mr. 305);—a female mendicant (ಭಿಕ್ಷು 303).

ವಾಮ vâma. = ಬಿಮ, etc. (My.).

ವಾಮ vâma. 1. *Beautiful, handsome, pleasing, lovely* (ಮನೋಹರ, ಒಳ್ಳಿತ್ತು Nn. 24; *cf.* ಓ 4?).

ವಾಮ vâma. 2. *Reverse, adverse, opposite, contrary, inverted* (ಪ್ರತಿಕೂಲ Nn. 24). 2, *left, not right* (ಎಡದ ಭಾಗ 24). 3, crooked (ವಕ್ರ, ಕೊಂಕು 24). 4, bad, vile, base, wicked. 5, short.

ವಾಮದೇವ vâma-dêva. *Śiva*. 2, N. of a ṛishi (J. 20, 3; 33, 39).

ವಾಮದೇವವದನ vâmadêva-vadana. N. of one of Śiva's faces (Śâv. 5, 4).

ವಾಮನ vâmana. Short in stature, dwarfish;—*a dwarf* (ಗುಜ್ಜ, ಕುಬ್ಜ Nn. 132; ಕೆಯ್ ಕಾಲು ಕಿರಿದಾಗೆ ವಾಮನನೆನಿಕ್ಕು Mr. 389). 2, Vishṇu in his dwarf (5th) incarnation, on account of Bali (Mr. 19; J. 26, 47). 3, *the elephant that supports the south* (or western) *quarter*. 4, N. of the author of the kâvyâlaṅkâravṛitti (Kâvy. V, 970). — ವಾಮನಾರ್ಯ. -ಆರ್ಯ. N. (Bp. 56, 27).

ವಾಮನಪುರಾಣ vâmana-purâṇa. The purâṇa that contains an account of the dwarf-incarnation of Vishṇu (Bp. 48, 76).

ವಾಮನಾವತಾರ vâmana-avatâra. = ವಾಮನ No. 2. (My.).

ವಾಮನೇತ್ರೆ vâma-nêtrĕ. *A woman with beautiful eyes.*

ವಾಮಲೂರ vâmalûra. *An ant-hill* (ವಲ್ಮೀಕ, ಹುತ್ತು Mr. 401).

ವಾಮಲೋಚನೆ vâma-lôčanĕ. *A woman with beautiful eyes.*

ವಾಮಾಂಗ vâma-aṅga. The left side of the body (J. 26, 57).

ವಾಮಾಂಗಿ vâma-aṅgi. A wife who is the left side of her husband (J. 26, 56).

ವಾಮಾರ್ಧಾಂಗ vâmâ-ardhâṅga. Śiva, the husband of Pârvatî (Bp. 61, 40).

ವಾಮಿ vâmi. *A mare.*

ವಾಮೆ vâmĕ. (= ಬಣಿವೆ, etc.). A heap of grass, straw, wood, etc. (Tĕ. ಓವು, ಓವೆ, ವಾಮಿ; Tĕ. ವಾಪು, swelling, *cf.* ವಾ 2). ಹುಲ್ಲುವಾಮೆ (ತೃಣ್ಯೆ, ತೃಣಸಂಹತಿ, ಹುಲ್ಲುರಾಶಿ Si. 165).

ವಾಮೆ vâmĕ. ವಾಮಾ. *A handsome female;*—an intelligent woman (ಮನೋಜ್ಞೆ, ಜಾಣೆ Nn. 24);—Gaurî;—*a woman in general* (ಭಾಮಿನಿ, ಸ್ತ್ರೀ 24).

ವಾಯ vâya. 1. (Śmd. 25). (Tbh. of ವ್ಯಾಜ). Deceit, lie, vainness, pretext (ಪುಸಿ Bhn. 5; Bp. 40, 45; Bh. 8, 13, 47; J. 5, 38; 9, 22. 34; 11, 34; 18, 55; 26, 43; *cf.* ಬಾದ No. 2).

ವಾಯ vâya. 2. Weaving, sewing. See ತನ್ತು-, ತುನ್ನ-.

ವಾಯಜ vâyaja. (Tbh. of ವೈಡೂರ್ಯ?). See ಬಾಲ-.

ವಾಯದಣ್ಡ vâya-daṇḍa. *A weaver's loom.*

ವಾಯನ vâyana. = ಬಾಗಿನ, ಬಾಯಿನ. Sweetmeats or cakes which may be eaten during a religious fast;—presents of sweetmeats, etc., forming part of an offering to a deity, or prepared on festive occasions, such as marriages, etc., and sent as presents to friends and acquaintances.

ವಾಯವಡಂಗ vâya-vaḍaṅga. = ವಾಯವಿಡಂಗ, ವಾಯವಿಳಂಗ, ವಾಯಿವಡಂಗ, ವಾಯಿವಿಡಂಗ, ವಾಯುವಳಂಗ, ವಾಯುವಿಳಂಗ, q. v. (ಅಮೋಘೆ, ವರಣ, ಎಡಂಗ, ವೇಲ್ಲ, ಸೇತು G.; Mhr. ವಾವಡಿಂಗ, the plant Embellia ribes).

ವಾಯವಿಡಂಗ vâya-viḍaṅga. = ವಾಯವಡಂಗ, etc. (ಕೃಮಿಘ್ನೆ, ಚಿತ್ರತಣ್ಡುಲ G.).

ವಾಯವಿಳಂಗ vâya-viḷaṅga. = ವಾಯವಿಡಂಗ. (My.).

ವಾಯವ್ಯ vâyavya. Windy; relating to Vâyu;—the quarter or region of the wind, the north-west (presided over by the lôkapâla Vâyu). (My.; B. 4, 114. 117).

ವಾಯವ್ಯಾಸ್ತ್ರ vâyavya-astra. A kind of weapon (J. 13, 15).

ವಾಯಸ vâyasa. *A crow* (ಕಾಗೆ Nn. 14. 16).

ವಾಯಸಾರಾತಿ vâyasa-arâti. *An owl.*

ವಾಯಸಿ vâyasi. *The plant Solanum indicum* Lin. (= ಕಾಕಮಾಚಿ; see Nr. s. ಗಣಿಕೆ).

ವಾಯಸೋಲಿ vâyasôli. *A medicinal root* (= ಕಾಕೋಲಿ; see ಗೊರಿಮಿಡಿ).

ವಾಯಿ vâyi. Tbh. of ವಾಪಿ 2. — ವಾಯಿಕಟ್ಟು. (ವೀಣಾಹ Si. 91).

ವಾಯಿಣ್ಟೆ vâyiṇṭĕ. (Tĕ. ವಾಯಿಣ್ಟೆ, ವಾವಿಣ್ಟೆ). — ವಾಯಿಣ್ಟೆ ಚಟ್ಟು. (ಬರ್ಬರೆ, ಕವರಿ, etc., ನಾಡುವ್ಯೇಳೆ Si. 157; Tĕ.).

ವಾಯಿದೆ vâyidĕ. A promise, an agreement, an engagement with fixedness of term (Mhr., H.); period; term fixed for payment; instalment, stated period (My.; Br.).

ವಾಯಿವಡಂಗ vâyi-vaḍaṅga. = ವಾಯವಡಂಗ. (ಮೋಘ G.).

ವಾಯಿವಿಡಂಗ vâyi-viḍaṅga. = ವಾಯಿವಡಂಗ. (ತಣ್ಡುಲ G.).

ವಾಯು vâyu. *Wind, air; Vâyu, the god of the wind.* 2, *the air of the body, a vital air,* of which five are reckoned: prâṇa, apâna, samâna, udâna, vyâna. 3, N. of a metrical foot (Čh.). 4, rheumatism, gout (C.).

ವಾಯುಗುಲ್ಮ vâyu-gulma. = ವಾತಗುಲ್ಮ. (My.).

ವಾಯುಚಾರ vâyu-čâra. The fleetness of the wind (ಲಘು, ಗಾಳಿಯ ನಡೆ Nn. 145).

ವಾಯುತ್ರಯ vâyu-traya. (ವಿಶ್ವಕರ್ಮ Nn. 40).

ವಾಯುನನ್ದನ vâyu-nandana. Bhîma (J. 2, 54).

ವಾಯುಪಂಚಕ vâyu-pañčaka. The set of five vital airs (see ವಾಯು No. 2; My.).

ವಾಯುಪುತ್ರ vâyu-putra. Bhîma (ಭೀಮ, ಭೀಮಸೇನ Nn. 5; ಕುರುವೈರಿ, ವೃಕೋದರ, ಭೀಮ Mr. 264). 2, Hanumat.

ವಾಯುಭಕ್ಷಕ vâyu-bhakshaka. N. of a ṛishi (J. 33, 40).

ವಾಯುಮೃಗ vâyu-mṛiga. = ವಾತಮೃಗ. (ವಾತಮೃಗ, etc., ಗಾಳಿಗೆದುರಾಗಿ ನಡಿಯುವ ಸ್ವಭಾವವುಳ್ಳ ಹುಲ್ಲೆ, ಕಡಹದ ಜಾತಿಯಲ್ಲಿ ಅಭೇದವು Si. 168).

ವಾಯುರಯ vâyu-raya. Fleet as the wind (Râv. 13, 91).

ವಾಯುಲಿಂಗ vâyu-liṅga. N. of a phallus of Śiva (My.).

ವಾಯುವಿಕಾರ vâyu-vikâra. A change of form of the air of the body. See ಕೇಗು.

ವಾಯುವಳಂಗ vâyu-vaḷaṅga. = ವಾಯವಡಂಗ, etc. (My.).

ವಾಯುವಿಳಂಗ vâyu-viḷaṅga. = ವಾಯವಡಂಗ, etc. *A plant of which the seed is used as a vermifuge, Erycibe paniculata* Roxb. (ವೇಲ್ಲ, ಅಮೋಘೆ, ಕ್ರಿಮಿಘ್ನ, ವಿಡಂಗ etc. Si. 147).

ವಾಯುವೇಗ vâyu-vêga. The velocity of the wind; a gust or blast of wind;—fleet as the wind (Bp. 34, 24; My.).

ವಾಯುವೇಗಿ vâyu-vêgi. Fleet as the wind; — N. of a horse (Bp. 59, 39).

ವಾಯುಶರೀರ vâyu-śarîra. = ವಾತಶರೀರ. (My.).

ವಾಯುಸಖ vâyu-sakha. *Fire.*

ವಾಯುಸಖಿ vâyu-sakhi. *Fire.*

ವಾಯುಸಂಚಾರ vâyu-sañcâra. The blowing of the wind (ತೀಟ, ತೀಡೂದು, ಊದೂದು Ks.).

ವಾಯುಸುತ vâyu-suta. = ವಾಯುಪುತ್ರ. (ಭೀಮ Mr. 512).

ವಾಯುಸ್ತಮ್ಭ vâyu-stambha. One of the siddhis: raising the body in the air and maintaining it in such a position without support (My.).

ವಾಯುಸ್ಪರ್ಶನ vâyu-sparśana. The touching or touch of the wind. See ತೀಡು.

ವಾರ್ vâr. = ವಾ 2, ವಾರು 1, ವಾಃ. *Water.*

ವಾರ vâra. 1. = ಓರ, ವಾರೆ, etc. Declivity, sloping; side (T., M.; My. in compounds). See ಇಳಿ-, ತಾಳ್-. *Cf.* ವಾಸರ. — ವಾರಗಚ್ಚೆ. -ಕಚ್ಚೆ. A kaččĕ that hangs to one side (My.). — ವಾರದುಟುಬು. = ಓರೆದುಟುಬು. (My.).

ವಾರ vâra. 2. A share: a landlord's half share of the produce of a field in lieu of rent (Bp. 27, 52; My.; Tĕ., T., M.; see ಇರ-, ಇರು-; *cf.* ಅರ್ 7?). — ವಾರಕ್ಕೆ ಕೊಡು. To give land to somebody for the sake of cultivation (retaining the ownership and) receiving half its produce instead of rent (My.; also cattle, etc. are given on vâra, My.).

ವಾರ vâra. 1. (= ಬಾರಿ 2). Anything which screens, covers or surrounds; a cover. 2, a multitude, a quantity, a heap. 3, a flock, a herd, a troop. 4, *a turn, a time;* (turning round, see ಕೆಯ್ವಾರ No. 1; ಪುರ-). 5, a day of the week; a stated and recurring day for furnishing a meal to poor males (Mhr.; My.). 6, *a moment, an occasion, an opportunity.* 7, (choosing, preferring; adoring, in ಕೆಯ್ವಾರ No. 2). See ಪರಿ-, ಮಧು-, ಶನಿ-, etc. 8, = ಪಾರ, the opposite bank of a river. — ವಾರ ಕೊಡು. To fix a day for free-boarding once a week (My.). — ವಾರದನ್ನ. -ಅನ್ನ. Food that is obtained by poor males, according to rotation, from the houses of charitable people (My.). — ವಾರದ ಮನೆ. A house where vâradanna is given (My.). — ವಾರದ ಮೇಲೆ ಊಟ ಮಾಡು. To eat gratis by turns in different houses (My.).

ವಾರ vâra. 2. = ವಾಲ 1. A tail (Sk.).

ವಾರಕ vâraka. Restraining, opposing, resisting, obstructing, removing. See ನಿ-.

ವಾರಗಿತ್ತಿ vâra-gitti. = ಓರಗಿತ್ತಿ. (My.).

ವಾರಡಿ vâraḍi. = ಓರಡಿ.

ವಾರಣ vâraṇa. *Warding off, keeping off or back;* — stopping; removing; restraining, resisting, opposing; — screening, covering; — guarding, protecting, taking care of; — defending, defence, resistance; — opposition, prohibition; obstacle, impediment. 2, armour, mail. 3, the embankment of a tank (ತಟಾಕಬನ್ಧನ, ಕೆರೆಯ ಏರಿ Nn. 99; ಸೇತು, ಕಟ್ಟೆ Mr. 416). 4, *an elephant* (ಆನೆ, ಗಜ 99). 5, a camel (ಶೀಘ್ರಗಾಮಿ, ಒಟ್ಟೆ 99; ಕರಭ Mr. 469). 6, a cloud (ಜಲಧರ, ಮೇಘ 99). See ವ್ಯಾಘಾತ-, ಪ್ರ-, ಮತ್ತ-. — ವಾರಣ ಮಾಡು. To ward off, to remove, as fear, trouble (My.).

ವಾರಣನಗರ vâraṇa-nagara. Hastinâpura (J. 7, 1).

ವಾರಣಬುಸೆ vâraṇa-busĕ. *The plantain, Musa sapientum.*

ವಾರಣಹಸ್ತ vâraṇa-hasta. The trunk of an elephant. ವಾರಣಹಸ್ತದ ಅಗ್ರ (ಪುಷ್ಕರ, ಆನೆಯ ಸುಣ್ಡಿಲ ತುದಿ Nn. 27).

ವಾರಣಾವತ vâraṇâvata. N. of a town (perhaps Allahabad, Bh. 1, 8, 77. 83).

ವಾರಣಾವತಿ vâraṇâvatî. = ವಾರಣಾವತ. (My.).

ವಾರಣಾಸಿ vâraṇâsi. = ವಾರಾಣಸಿ. (Bp. 54, 65; 58, 34; My.).

ವಾರಣಾಸ್ಯ vâraṇa-âsya. Gaṇapati (ವಿಘ್ನರಾಜ, ವಿನಾಯಕ, etc. Mr. 16).

ವಾರನಾರಿ vâra-nârî. = ವಾರಸ್ತ್ರೀ. (Bp. 40, 81; J. 7, 6).

ವಾರಪುರನ್ಧ್ರಿ vâra-purandhri. = ವಾರಸ್ತ್ರೀ. (Bp. 40, 56).

ವಾರಮುಖ್ಯೆ vâra-mukhyĕ. *The chief of a number of harlots, a royal courtezan.*

ವಾರಲೆ vâralĕ. (= ವರಲೆ). *A female swan, a goose* (see ಹೆಣ್ಣಂಚೆ).

ವಾರವನಿತೆ vâra-vanitĕ. = ವಾರಸ್ತ್ರೀ. (Bp. 40, 51).

ವಾರವಾಣ vâra-vâṇa. *A bodice; a quilted jacket, a cuirass, armour, mail* (ಕವಚ, ಜೋಡು; ಕಂಚುಕ, ಜಿರಳೆ Nn. 97; ಕಂಚುಕ, ಚೊಲಕ, ಕುಪ್ಪಸ, ಬಾಚಿ Mr. 348).

ವಾರಶೂಲ vâra-śûla. = ವಾರಶೂಲೆ. (Mr. 59).

ವಾರಶೂಲೆ vâra-śûlĕ. Any unpropitious day or direction of the compass which is to be avoided for beginning a journey, celebrating marriages, etc. (My.).

ವಾರಸತಿ vâra-sati. = ವಾರಸ್ತ್ರೀ. (ರಾಜಕುಲ, ವಿಲಾಸಿನಿ Mr. 305; Bp. 28, 22; 40, 41). ವಾರಸತಿಯರ ಹಿಣ್ಡು (ಗಾಣಿಕ್ಯ 305).

ವಾರಸದಾರ vârasa-dâra. = ವಾರಸುದಾರ. (B. 5, 6).

ವಾರಸು vârasu. Heritage; the proprietorship of it (My.; Br. ವಾರಿಸು; Mhr., H. ವಾರಸಾ, ವಾರೀಸ); claim, title (My.; Mhr.).

ವಾರಸುದಾರ vârasu-dâra. An inheritor or a proprietor of lands, etc. (My.; Mhr. ವಾರಸೇದಾರ, ವಾರೀಸ-).

ವಾರಸುನ್ದರಿ vâra-sundarî. = ವಾರಸ್ತ್ರೀ. (Sk.; My.).

ವಾರಸ್ತ್ರೀ vâra-strî. *A common woman, a harlot, a courtezan.*

ವಾರಾಂಗನೆ vâra-aṅganĕ. = ವಾರಸ್ತ್ರೀ. (Bp. 40, 3).

ವಾರಾಣಸಿ vâraṇasi. = ವರಣಸಿ, ವಾರಣಾಸಿ. *The town Benares* (Bp. 53, 58; 57, 23). — ವಾರಾಣಸಿಯ ದಸರಿಯ ಪೊತ್ತಿ. A kind of cloth (Bp. 11, 26).

ವಾರಾಶಿ vâ2-râśi. Water-heap: the ocean (ಸಿನ್ಧು, ಪಾರಾವಾರ, ಅರ್ಣವ, etc. Mr. 405; Bp. 4, 44; 53, 25; Sk. ವಾರ್ರಾಶಿ). — ವಾರಾಶಿದುರ್ಗ. A fortress in the ocean (Bp. 54, 36).

ವಾರಾಹ vârâha. (fr. ವರಾಹ). Relating to a boar, boarish; — a boar.

ವಾರಾಹಪುರಾಣ vârâha-purâṇa. The vaishṇava purâṇa, said to have been revealed to the earth by Vishṇu in the form of a boar (Bp. 43, 76).

ವಾರಾಹಿ vârâhî. One of the mâtṛis, the śakti of Vishṇu in the form of a boar (see ಮಾತೃ and ಸಪ್ತಮಾತೃಕೆ). 2, *an esculent root or yam, Dioscorea* (= ಗೃಷ್ಟಿ).

ವಾರಿ vâri. 1. = (ಬಾರಿ 2), ವಾರು 2. By; according to; for (Br.; Mhr. ವಾರೀಂ; My. *e. g.* in ದಿನಸುವಾರಿ, according to the articles; see ತರಾ-).

ವಾರಿ vâri. 2. Regularity, regular practice: unrelenting demand (*cf.* ವಾರಿ 1?). ವಾರಿಯಿಲ್ಲದ ಸುಂಕ ದಾರಿಗೆ ದಾರಿಯೇ! (*i. e.* it escapes by the many ways leading to and from a place, Prv.).

ವಾರಿ vâri. 3. *Water.* 2, a particular drug (= ಹ್ರೀವೇರ). 3, *a place for tying or fastening an elephant.* 4, a hole or trap for catching elephants (*cf.* ವಾದ 1?). — ವಾರಿವರಲ್. -ವರಲ್. Hall (Grj. 9, 46).

ವಾರಿಗೆ vârigĕ. = ಓರಿಗೆ, etc. (C.).

ವಾರಿಚರ vâri-čara. Moving or living in water, aquatic;— a fish (My.).

ವಾರಿಜ vâri-ja. A lotus (ತಾವರೆ Nn. 8).

ವಾರಿಜಬಾನ್ಧವ vârija-bândhava. The sun (ಸೂರ್ಯ Nn. 8).

ವಾರಿಜಭವ vârija-bhava. Brahmâ (Kk. 1).

ವಾರಿಜರಿಪು vârija-ripu. The moon. 2, N. of a metrical foot (Čh.).

ವಾರಿಜವಿಲೋಚನ vârija-vilôčana. Vishṇu (ವಿಷ್ಣು Nn. 8).

ವಾರಿಜವೈರಿ vârija-vairi. The moon (ಚನ್ದ್ರ Nn. 8).

ವಾರಿಜಾಕ್ಷ vârija-aksha. Vishṇu (Bp. 54, 41).

ವಾರಿಜಾಕ್ಷಿ vârija-akshi. A woman with lotus-like eyes (My.).

ವಾರಿಜಾನನೆ vârija-ânanĕ. = ವಾರಿಜಾಕ್ಷಿ. (Bp. 40, 29).

ವಾರಿಜಾಮ್ಬಕ vârija-ambaka. Vishṇu or Kṛishṇa (J. 2, 49).

ವಾರಿಜಾಸನ vârija-âsana. Brahmâ (My.).

ವಾರಿಜೋದ್ಭವ vârija-udbhava. Brahmâ (ಬ್ರಹ್ಮ Nn. 8).

ವಾರಿತ vârita. Warded off, prevented, hindered, impeded, stopped, restrained. See ಅ-, ಅಪ-; Bp. 5, 16; 28, 58.

ವಾರಿದ vâri-da. Water-giving: *a cloud.*

ವಾರಿದಪಥ vârida-patha. The sky (ಗಗನ Mr. 31).

ವಾರಿಧರ vâri-dhara. Water-holding: a cloud (ಮೇಘ, ಮುಗಿಲ್ Nn. 57; ಮೇಘ Mr. 42; ಘನ 510).

ವಾರಿಧಿ vâri-dhi. Water-hold: the ocean (Šmd. 408; Čpr. 1, 61; Bp. 4, 75). — ವಾರಿಧಿಯ ಕಿಚ್ಚು. (ವಾಡವಾಮುಖ Mr. 48).

ವಾರಿಧಿಕನ್ಯೆ vâridhi-kanyĕ. Lakshmî (My.).

ವಾರಿಧಿರಾಜ vâridhi-râja. Varuṇa (Bp. 10, 30).

ವಾರಿನಾಥ vâri-nâtha. The ocean. 2, Varuṇa. 3, a cloud. (R.).

ವಾರಿನಿಧಿ vâri-nidhi. Water-receptacle: the ocean (ವಾರಾಶಿ, etc. Mr. 405).

ವಾರಿಪರ್ಣಿ vâri-parṇi. *The aquatic plant Pistitia stratiotes* Lin.

ವಾರಿಪ್ರದ vâri-prada. A cloud (ಮೇಘ Nn. 19).

ವಾರಿಪ್ರವಾಹ vâri-pravâha. *A water-fall, a cascade.*

ವಾರಿಫೇನ vâri-phêna. Cuttle-fish bone (ಕಡಲ ನಾಲಿಗೆ Mr. 144).

ವಾರಿಭವ vâri-bhava. = ವಾರಿಜ. (My.).

ವಾರಿಭೃತ್ vâri-bhṛit. A cloud (My.).

ವಾರಿಮುಚ್ vâri-muč. Water-discharging: a cloud. (R.).

ವಾರಿಯನ್ತ್ರ vâri-yantra. = ಜಲಯನ್ತ್ರ. (My.).

ವಾರಿರಮ್ಯ vâri-ramya. The deep (ಅಗಾಧ, ಗಭೀರ, etc., ಮಹಾಸಾಗರದ ನೀರ ಗುಮ್ಮು Mr. 405).

ವಾರಿರುಹ vâri-ruha. A lotus (ಅಬ್ಜ Mr. 516).

ವಾರಿವಾಹ vâri-vâha. Water-bearer: *a cloud.*

ವಾರಿವೃದ್ಧಿ vâri-vṛiddhi. *Flood-tide* (see ನೀರೊತ್ತು).

ವಾರಿಸು vârisu. = ಬಾರಿಸು 1. (Čt. II, 78). To ward off, to restrain, to keep back, to stop, to remove (Čpr. 8, 67; Bp. 1, 44; 21, 37; 26, 53; My.).

ವಾರಿಸೇಚನ vâri-sêčana. Sprinkling of water (J. 11, 24).

ವಾರು vâru. 1. Tbh. of ವಾರ್. See ವಾರುಧಿ.

ವಾರು vâru. 2. = ವಾರಿ 1. (My.; Mhr., H. ವಾರ, like, in, with, or after the fashion of detail, etc.). See ದಿನ-.

ವಾರುಣ vâruṇa. (fr. ವರುಣ). Connected with Varuṇa. 2, N. of a weapon. 3, N. of one of the divisions of Bhâratavarsha. 4, water.

ವಾರುಣಾಸ್ತ್ರ vâruṇa-astra. N. of a weapon (J. 13, 13. 14).

ವಾರುಣಿ vâruṇi. The western quarter or region presided over by Varuṇa, *the west;* the west looked upon as a woman (Lilv. 3, 4. 6). 2, a particular kind of spirit; *any spirituous liquor.* 3, N. of the lunar asterism šatabhishaj, *i. e.* requiring a hundred physicians. 4, a species of dûrvâ grass. 5, the bitter apple, Cucumis colocynthis (ಬಲಿಬನ್ಧಾಕ್ಷಿ, ಹಾವುಮೆಕ್ಕೆ Mr. 146). 6, a place for catching elephants (ಗಜವ ಹಿಡಿವ ಠಾವು Mr. 157; *cf.* ವಾರಿ 3 No. 4). 7, the bastard sago tree (ಬಯ್ನೆ Mr. 117).

ವಾರುಧಿ vâru1-dhi. (Tbh. of ವಾರ್ಧಿ). The ocean (Lilv. 8, 6);—the number 4 (Čh.).

ವಾರುವ vâruva. Tbh. of ವಾಹವ. A horse (Bh. 7, 18, 44; J. 4, 25; Dp. 172, 5).

ವಾರುಷಿಕ vârushika. Tbh. of ವಾರ್ಷಿಕ. Possessing years (J. 32, 37).

ವಾರೆ vârĕ. = ಓರ, ಓರೆ, ವರೆ, ವಾರ 1. Declivity, sloping (C.; see ಇಳಿ-; *cf.* ವಾಲು).

ವಾರ್ vâṛ. = ವಾರ್.

ವಾಱ್ಪತತ್ vâṛ-patat. The descending or flowing down of water (Čpr. 1, 72).

ವಾಱ್ಪೂರ vaṛ-pûra. A flood of water (Čpr. 8, 90).

ವಾರ್ತ vârta. (or ವಾರ್ತ್ತ, fr. ವೃತ್ತಿ). Being in good state: *healthy, hale;*—welfare, health. 2, *chaff;*—meanness, vileness (ಹೊಲ್ಲಹ Nn. 138). 3, = ವಾರ್ತೆ, news (ಚರನುಡಿ, ದೂತರ ವಾಕ್ಯ 138). 4, = ವಾರ್ತೆ, vedic tradition (ಸಮನ್ತು, ಅನುಶ್ರುತ 138);—good, virtuous (ಸವು, ಸಮಾನ 138);—visible, manifest (ಪ್ರತ್ಯಕ್ಷ, ದೃಷ್ಟ 138). See Mr. s. ವರ್ತನೆ.

ವಾರ್ತಾಕ vârtâka. *The egg-plant, Solanum melongena* Lin. (ಬದನೆ Hlâ.).

ವಾರ್ತಾಕಿ vârtâki. *The egg-plant.*

ವಾರ್ತಾವಹ vârtâ-vaha. A news-bearer. 2, *a vendor of grain, rice, oil, etc., a chandler*

ವಾರ್ತಾವಿಶೇಷ vârtâ-višêsha. A way of becoming manifest (ಸಾಕ್ಷಾತ್ Nn. 118).

ವಾರ್ತಾಹರ vârtâ-hara. One who conveys news: a news-bearer, a messenger (Čpr. 6, after 88).

ವಾರ್ತಿಕ vârtika. Relating to news; conveying intelligence;— relating to business, following an occupation. 2, an intelligencer, a reporter, a spy, an envoy. 3, *a great teacher* (ನರೇನ್ದ್ರ, q. v.). 4, a vaišya. 5, an explanatory or supplementary rule, a critical gloss.

ವಾರ್ತಿಕಷಟ್ಪದಿ vârtika-shaṭpadi. = ವಾರ್ಧಕ-, etc. (Čh.).

ವಾರ್ತೆ vârtĕ. ವಾರ್ತಾ. = ಬಾರ್ತೆ, (ವರದಿ), ವಾರ್ತ. Abiding, staying, being. 2, *livelihood; business; profession;*—agriculture, trade, the occupation of a vaišya. 3, *tidings, report, rumour, news, intelligence* (ನುಡಿವ ಗುಮಿತ Mr. 534). 4, knowledge (ಸಂಜ್ಞೆ Mr. 480). 5, the state of being or becoming manifest (ಪ್ರತ್ಯಕ್ಷ 534). 6, the state of being equal, good, etc. (ಸಮ 534). 7, meanness, vileness (ಹೊಲ್ಲಹ 534). 8, a particular figure of rhetoric: simple description, the mere narration of facts without rhetorical or poetical embellishment.

ವಾರ್ಧಕ vârdhaka. (fr. ವೃದ್ಧ). Increase, augmentation. 2, *old age.* 3, *a collection of old men.*

ವಾರ್ಧಕಷಟ್ಪದಿ vârdhaka-shaṭpadi. = ವಾರ್ತಿಕ-, ವಾರ್ಧಿಕ-, ವಾರ್ಧಿಕ್ಯ-, ವಾರ್ಧೀಕ-. N. of a metre (Čh.; My.).

ವಾರ್ಧಕ್ಯ vârdhakya. = ವಾರ್ಧಿಕ್ಯ. Old age (Sk. & Mhr.).

ವಾರ್ಧರ vâr-dhara. A cloud (Ššv. 2, 38).

ವಾರ್ಧಿ vâr-dhi. = ವಾರುಧಿ. The ocean (ಸಿನ್ಧು, ಸಮುದ್ರ Nn. 70; ಸಮುದ್ರ 89; ಮುನ್ನೀರ್ Čt. II, 16; see s. ವರ್ತನೆ). 2, the number 4 (Čh.; see Mr. s. ದ್ವಾಪರ).

ವಾರ್ಧಿಕ vârdhika. = ವಾರ್ಧಕ. (not Sk.).

ವಾರ್ಧಿಕಷಟ್ಪದಿ vârdhika-shaṭpadi. = ವಾರ್ಧಕಷಟ್ಪದಿ, etc. (Čh.; My.).

ವಾರ್ಧಿಕ್ಯ vârdhikya. = ವಾರ್ಧಕ್ಯ. (not Sk.; ಮುಪ್ಪು G.; My.).

ವಾರ್ಧಿಕ್ಯಷಟ್ಪದಿ vârdhikya-shaṭpadi. = ವಾರ್ಧಕಷಟ್ಪದಿ, etc. (Čh.).

ವಾರ್ಧಿತ vârdhita. Increased, grown, great, large (Šmd. 188; Kâvy. I, 2, 87).

ವಾರ್ಧಿವಿಭು vârdhi-vibhu. Varuṇa (Mr. 49).

ವಾರ್ಧೀಕ vârdhîka. = ವಾರ್ಧಕ. (not Sk.).

ವಾರ್ಧೀಕಷಟ್ಪದಿ vârdhîka-shaṭpadi. = ವಾರ್ಧಕಷಟ್ಪದಿ, etc. (Mr. 3).

ವಾರ್ಧುಷಿ vârdhushi. (fr. ವೃದ್ಧಿ). *One who exacts high interest, a usurer.*

ವಾರ್ಧುಷಿಕ vârdhushika. *A usurer.*

ವಾರ್ಬಿನ್ದು vâr-bindu. A water-drop (Čpr. 4, 40).

ವಾರ್ಯ vârya. To be warded off or prevented, to be checked or impeded, to be stopped or obstructed. See ಅ-, ನಿರ್-. 2, eligible, desirable, excellent (Bp. 39, 53).

ವಾರ್ಲಿಪಿ vâr-lipi. A writing on water (V. 3, 72).

ವಾರ್ಷಿಕ vârshika. (fr. ವರ್ಷ). = ವಾರುಷಿಕ. Belonging to the rainy season;—belonging to a year, annual. 2, *N. of a medicinal plant* (= ತ್ರಾಯನ್ತಿ).

ವಾರ್ಹತ vârhata. = ಬಾರ್ಹತ, q. v. See ಹೆಗ್ಗುಳ್ಳ.

ವಾಲ vâla. 1. = ಬಾಲ, etc. *Hair.* 2, a tail. 3, *the cuscus-grass, Andropogon muricatus* Retz. (= ಹ್ರೀವೇರ).

ವಾಲ vâla. 2. = ವಾಲಗ 1. — ವಾಲಕ್ರಿಯೆ. = ವಾಲಗಕ್ರಿಯೆ, q. v.

ವಾಲಕ vâlaka. = ಬಾಲಕ. A bracelet. 2, a finger-ring. 3, = ವಾಲ 1 No. 3, *the cuscus-grass.* 4, a tail.

ವಾಲಖಿಲ್ಯ vâla-khilya. A collection of eleven additional or apocryphal hymns in the eighth maṇḍala of the ṛigvêda (Sk.). 2, a divine personage of a particular class; they are enumerated as 60,000, were produced from the hair of Brahmâ's body, and are of the size of the thumb (Mhr.; My.).

ವಾಲಗ vâlaga. 1. = ಓಲಗ 1 q. v., ವಾಲ 2. (Tbh. of ವಾಲಕ, in the meaning of tailing, following or hanging to like a tail, being closely attached to? *cf.* ಬಾಲಿಸು in ಹಿಮ್-; —or of ವಾರಕ, fr. ವೃ, in the meaning of choosing, selecting, adoring?). Service, etc. (My.). ವಾಲಗಂ ಪಡೆವುದುಮ್ ಆಲೋಚನೆಗೆ ಪೊಕ್ಕಂ (Šmd. 295). — ವಾಲಗಕ್ರಿಯೆ. Doing service (at meals, o. r. ವಾಲಕ್ರಿಯೆ). See ಬಡಿಸು 2.

ವಾಲಗ vâlaga. 2. = ಓಲಗ 2. A hautboy (My.; *cf.* ವೇಣುಕ?).

ವಾಲಧಿ vâla-dhi. = ಬಾಲಧಿ. *A hairy tail* (ಲಾಂಗೂಲ, ಕುದುರೆಯ ಬಾಲ Mr. 274).

ವಾಲಪಾಶ್ಯೆ vâla-pâšyĕ. = ಬಾಲಪಾಶ್ಯೆ. *An ornament worn between the hair when parted on the forehead;—a string of pearls binding the hair.*

ವಾಲವ್ಯಜನ vâla-vyajana. Tail-fan: a chowrie, a whisk (Si. 267).

ವಾಲಹಸ್ತ vâla-hasta. *A hairy tail.*

ವಾಲವ vâlava. = ಬಾಲವ. The second astrological division of time or karaṇa.

ವಾಲಾಗ್ರ vâla-agra. The end of a tail (J. 16, 41).

ವಾಲಿ vâli. = ಬಾಲಿ, q. v. (J. 18, 5). ವಾಲಿಯಂಗಕ್ಕೆ ಕಲೆಯಿಲ್ಲ, ರಾಮನ ಬಾಣಕ್ಕೆ ಹುಸಿಯಿಲ್ಲ.— ವಾಲೀ ಹಾಗೆ ಬಲವನ್ತನಿಲ್ಲ, ಹಾಲಿನಕ್ಕಿನ್ತ ಸವಿಯಿಲ್ಲ.— ಬಲದಲ್ಲಿ ವಾಲಿ ಮೇಲು, ಛಲದಲ್ಲಿ ರಾಮ ಮೇಲು (Prvs.).

ವಾಲಿಜ vâli-ja. Vâli's son Angada (My.).

ವಾಲಿತನೂಜ vâli-tanûja. = ವಾಲಿಜ. (My.).

ವಾಲೀ vâlî. A protector, a patron; a master (My.; Mhr., H.).

ವಾಲು vâlu. = ಓಲು 3, ಮೂಲು 1, q. v. (My.; Tĕ.; Tĕ. ವಾಲು = ಮೂಲು 2, sloping, slanting, descending, etc., long; a slope; *cf.* ಒಲೆ 2, ವಾಟೆ 2, ವಾರೆ).

ವಾಲುಕ vâluka. = ವಾಲುಕೆ (Šmd. 102). Sand, gravel (ಸಿಕತ, ಮಳಲ್ Mr. 414). 2, *a kind of drug and perfume* (= ಏಲವಾಲುಕ, ಹರಿವಾಲುಕ; ಕಸ್ತುರಿಕಾಮ Mr. 131). 3, a species of cucumber (ಸವುತೆ Mr. 148; *cf.* ವಾಲುಕಿ).

ವಾಲುಕಾಸ್ತಮ್ಭ vâlukâ-stambha. A pillar of sand, a cloud of drifting sand (My.).

ವಾಲುಕಿ vâluki. *A species of cucumber, Cucumis utilissimus* (ಸವುತ್ತೆ Hlâ.).

ವಾಲುಕೆ vâlukĕ. ವಾಲುಕಾ. = ವಾಲುಕ. *Sand, gravel.*

ವಾಲುವಿಕೆ vâluvikĕ. Sloping; descending, perching (ಸಣ್ಣೀನ, ಇಳಿಯುವಿಕೆ Si. 178).

ವಾಲೆ vâlĕ. = ಓಲೆ. (My.; B. 2, 1). ಕಿವಿಯೊಳಗಿನ ವಾಲೆ (ಕರ್ಣಿಕೆ); ಪುಸ್ತಕದ ವಾಲೆ (ಸಮ್ಪುಟ G.).

ವಾಲೆಕಾಱ vâlĕ-kâṟa. = ಓಲೆಕಾಱ. (My.).

ವಾಲ್ಕ vâlka. (fr. ವಲ್ಕ). *Made of the bark of trees.*

ವಾಲ್ಮಿಕ vâlmika. = ವಾಲ್ಮೀಕ. — ವಾಲ್ಮಿಕದೇವ. N. of a phallus of Šiva (Bp. 26, 16).

ವಾಲ್ಮಿಕಿ vâlmiki. = ವಾಲ್ಮೀಕಿ. — ವಾಲ್ಮಿಕೀನಾಥ. = ವಾಲ್ಮಿಕದೇವ. (Bp. 26, 45).

ವಾಲ್ಮಿಕೇಶ್ವರ vâlmika-îšvara. = ವಾಲ್ಮಿಕದೇವ. (Bp. 26, 18).

ವಾಲ್ಮೀಕ vâlmîka. (fr. ವಲ್ಮೀಕ). = ವಾಲ್ಮೀಕಿ. — ವಾಲ್ಮೀಕವಲ್ಲಭ. = ವಾಲ್ಮಿಕದೇವ. (Bp. 26, 24. 58). — ವಾಲ್ಮೀಕವಿಭು. = ವಾಲ್ಮೀಕವಲ್ಲಭ. (Bp. 26, 28).

ವಾಲ್ಮೀಕಿ vâlmîki. *N. of the author of the Râmâyaṇa* (J. 19, 38. 39, etc.).

ವಾಲ್ಮೀಕೇಶ್ವರ vâlmîka-îšvara. = ವಾಲ್ಮೀಕವಲ್ಲಭ. (Bp. 26, 4. 5. 10. 32).

ವಾವದೂಕ vâvadûka. Talking much. 2, *eloquent.*

ವಾವಿ vâvi. = ವಾವೆ. Consanguinity, affinity, relationship (My.; Tĕ. = ವರಸೆ; vedic Sk. ಜಾಮಿ, related by blood; blood-relationship, consanguinity). See Prv. s. ವರಸೆ. — ವಾವಿ ವರಸೆ. dupl. (My.).

ವಾವಿಲಿ vâvili. The tree Vitex negundo (Tē.; ಸಿನ್ದುಕ, ಸಿನ್ದುವಾರ, ಲಕ್ಕಿ Si. 138).

ವಾವೃತ್ತ vâvṛitta. *Chosen, selected.*

ವಾವೆ vâvĕ. = ವಾಎ. (My.).

ವಾಶಿ vâśi. (= ವಾಸಿ 4). Roaring, singing, crying; a war-cry; voice, speech. 2, = ವಾಸಿ 5, an axe.

ವಾಶಿಕೆ vâśikĕ. = ವಾಸಿಕೆ. (ಅಡಸಾಲದ ಗಿಡ G.).

ವಾಶಿತ vâśita. Roared, cried, sung, etc.;—*the cry of birds or animals.* 2, = ವಾಸಿತ, perfumed, scented.

ವಾಶಿತೆ vâśitĕ. *A female elephant.* 2, *a woman.*

ವಾಶ್ರ vâśra. (= ವಾಸರ). Roaring, bellowing, crying, shrieking, singing.

ವಾಷ್ಪ vâshpa. = ಬಾಷ್ಪಿ, ಬಾಷ್ಪ. *Vapour, steam, mist.* 2, *a tear* (of joy). See ಸೆಕೆ.

ವಾಷ್ಪಿಕೆ vâshpikĕ. *N. of a drug.*

ವಾಸ vâsa. 1. Tbh. of ವಾಂಶ್ಯ (Śmd. 368. 372). Made of bamboo (or reed): a flute, a fife. See ವಾಸಗಾಣ, ವಾಸರವ and Mr. s. ಅಯ್ದು ಉತ್ತಮವಾದ್ಯ.

ವಾಸ vâsa. 2. Dwelling, resting, living;—*a dwelling-place, a house, a habitation;*—site, situation, abode, place of staying or abiding. ವಾಸ ತಪ್ಪಿದರೂ ಹಾಸಲಿಕ್ಕೆ ತಪ್ಪಲಿಲ್ಲ (Prv.). See ಪ್ರ-.

ವಾಸ vâsa. 3. Perfuming; perfume. See ಪಟ-2, ಮುಖ-. 2, scent, trace, sign; the smallest remains of (Mhr.).

ವಾಸ vâsa. 4. Dress, cloth, clothes. See ಕಟ್ಟು-, ಪಟ-.

ವಾಸಕ vâsaka. 1. Causing to inhabit, making to dwell or abide;—a dormitory.

ವಾಸಕ vâsaka. 2. Perfuming, fumigating, filling with perfume; perfume. See ಪಟ-. 2, *the shrub Gendarussa vulgaris* Nees. (Justicia gendarussa Lin.; ಅಡಸಾಲದ ಗಿಡ G.).

ವಾಸಕ vâsaka. 3. Clothing, clothes.

ವಾಸಕಸಜ್ಜಿಕೆ vâsaka-sajjikĕ. A woman (or wife) dressed in all her ornaments, etc. to receive her lover (or husband, Rāv. 11, after 126).

ವಾಸಗಾಣ vâsa-gâṇa. A flute-player (ವೇಣುಧ್ವನಿ ವೈಣವಿಕ Nr.).

ವಾಸಗೃಹ vâsa-gṛiha. *An inner apartment, a dormitory.*

ವಾಸತೇಯಿ vâsatêyi. (fr. ವಸತಿ). *Night.*

ವಾಸನ vâsana. 1. Causing to abide;—abiding, abode;—a particular posture during abstract meditation;—any receptacle or vessel;—knowledge. See ಉದ್-, ಪ್ರ-.

ವಾಸನ vâsana. 2. The act of perfuming, fumigating with fragrant vapours; perfume. See ಮುಖ-.

ವಾಸನ vâsana. 3. (= ವಾಸಣ). Enveloping, covering;—cloth, clothes;—an envelope.

ವಾಸನದ್ರವ್ಯ vâsana-dravya. A perfume (Bp. 46, 54).

ವಾಸನಾವಾಸನ (vâsanâ-vâsana). Perfuming with scent (? Bp. 42, 26).

ವಾಸನಿಸು vâsanisu. To perfume. ನೆತ್ತಿಯ ವಾಸನಿಸಿದರೆ ಸತ್ತಿಗೆ ಹಿಡಿದ ಹಾಗೆ (Prv.).

ವಾಸನೆ vâsanĕ. 1. (fr. ವಾಸನ 2). Smell, odour, scent; fragrance, flavour (ಸೊಡಮ, ನಱು, ಸಾನ್ತ, etc. Kk. 55; Bp. 26, 43; 28, 6; 33, 7; 61, 80; C.; B. 4, 176; see ದುರ್-, ಸು-). ಬಸೇ ವಾಸನೆಯಲ್ಲಿ ಸೊಸೆಯು ಹ್ಯಾಗೆ ಕರ ತರೋದು? (Prv.).—ವಾಸನೆಹುಲ್ಲು. The lemon grass, Andropogon shoenanthus Lin. (St. & Pl.).

ವಾಸನೆ vâsanĕ. 2. (fr. ವಾಸನ 1). Knowledge derived from memory, *the present consciousness of past perceptions, an impression remaining unconsciously in the mind from past good or evil actions and hence producing pleasure or pain* (ಹಿನ್ದಿನ ನೆನಪು G.). 2, fancy, imagination, idea, inclination. 3, expectation, desire; trust, confidence (ಬ ಯಕೆ G.).

ವಾಸನ್ತ vâsanta. (fr. ವಸನ್ತ). Relating to spring, vernal.

ವಾಸನ್ತಿ vâsanti. = ವಾಸನ್ತಿ. *The creeper Gaertnera racemosa* Roxb. (= ಅತಿಮುಕ್ತ). 2, a species of jasmine, Jasminum auriculatum.

ವಾಸನ್ತಿಕ vâsantika. Vernal. 2, *the buffoon* (vidûshaka) *in a drama.* 3, a dancer, an actor.

ವಾಸನ್ತಿಕೆ vâsantikĕ. ವಾಸನ್ತಿಕಾ. Spring (Grj. 7, 38).

ವಾಸಯೋಗ vâsa-yôga. *Fragrant powder sprinkled on the clothes,* the ôkuḷi.

ವಾಸಯೋಗ್ಯ vâsa-yôgya. Fit to reside in (My.).

ವಾಸರ vâsara. = ಬಿಸರ, etc. (C.; *cf.* ವಾರ 1).

ವಾಸರ vâsara. *A day* (ಹಗಲು Nn. 149). 2, = ವಾಸೀರ (ವೇತ ಸ, ವಂಜುಲ, ವಿದುಲ, ಶೀತ, ಪಚ್ಚೆ Mr. 124; *cf.* ವಾಸ 1).

ವಾಸರಪತಿ vâsara-pati. The sun (My.).

ವಾಸರಮಣಿ vâsara-maṇi. The sun (My.).

ವಾಸರವ vâsa-rava. The sound of a flute (Mr. 81).

ವಾಸರು vâsaru. = ವಾಸರ. (My.).

ವಾಸರೆ vâsarĕ. = ವಾಸರು. (My.).

ವಾಸರೇನ್ದು vâsara-indu. A day-moon (Ōpr. 9, after 10).

ವಾಸರೈ vâsarai. (= ವಾಸತೇಯಿ). Night (ಇರುಳು Mr. 65).

ವಾಸವ vâsava. (fr. ವಸು). *Indra.* (Bp. 57, 78).

ವಾಸವತಿ vâsa-vati. A house in which there are many clothes (ಬಹುವಸ್ತ್ರ ವರ್ತಿಸಿಹ ಮನೆ Mr. 196).

ವಾಸವನನ್ದನ vâsava-nandana. Arjuna; Vâli; Jayanta (My.).

ವಾಸವಾತ್ಮಜ vâsava-âtmaja. Arjuna, etc. (My.).

ವಾಸವಾನುಜ vâsava-anuja. Vishṇu (My.).

ವಾಸಸ್ vâsas. *Cloth, clothes, dress, a garment;*—a curtain; a cover.

ವಾಸಸ್ಥಲ vâsa-sthala. A place of residence, a house (My.).

ವಾಸಸ್ಥಾನ vâsa-sthâna. = ವಾಸಸ್ಥಲ. (My.).

ವಾಸಾಗಾರ vâsa-âgâra. *A sleeping apartment* (ಸೆಜ್ಜೆಯ ಮನೆ Hlâ.).

ವಾಸಾನ್ತರ vâsa-antara. An abode (Bp. 50, 14).

ವಾಸಿ vâsi. 1. Abiding, dwelling, inhabiting; an inhabitant. See *e. g.* ನಗರ-, ಪ್ರ-, ಸಹ-, etc.

ವಾಸಿ vâsi. 2. Having or wearing clothes, clothed.

ವಾಸಿ vâsi. 3. Having or emitting perfume.

ವಾಸಿ vâsi. 4. (Tbh. of ವಾಚ; *cf.* also ವಾಶಿ No. 1). A word, a promise; an asseveration, vow; resolution; obstinacy (ಪನ್ತ Bhn. 9; Bp. 9, 33; 40, 33; Bh. 2, 2, 114; 4, 4, 70; 7, 1, 9; 8, 22, 44; 8, 26, 36; Śśv. 4, 36; J. 2, 5; 16, 15; 20, 7; 28, 18; 25, 32). 2, quality: the state of being so and so much (My.; Tē., T.; see ಅರ-, ಕಾಲು-, ಮುಕ್ಕಾಲು-): a good quality, a good condition or state, an improved state: the state of being better (in health, etc.), relief, ease; surpassingness, superiority, preference (My.; Tē.,

T.; see ಅಮು-, ಕಾರ್ಯಗ-, ಹೆಸರು-; Bh. 8, 22, 21; J. 23, 54). ವಾಸಿಯಾಗದ ರೋಗಕ್ಕೆ ರಾಸಿಮದ್ದು ಮಾಡಿದರೂ ವ್ಯರ್ಥ.—ಈತನಿಗಿನ್ತ ಆತ ವಾಸಿ, ಎಬ್ಬಿಸಿದರೆ ಉಣ್ಣುತ್ತಾನೆ.—ಚಳೀ ಕಾಲಕ್ಕಿನ್ತ ಮಟಿಗಾಲ ವಾಸಿ.—ತುಚ್ಛನ ಸಂಗಡ ಬಾಟಿಯೋಕಿನ್ತಲೂ ಹುಚ್ಚನ ಸಂಗಡ ಬೀಟಿಯೋದು ವಾಸಿ.—ಬಾತಿದ್ದವನಿಗೆ ಹೂಸಿದಷ್ಟು ವಾಸಿ.—ಮತ್ತೆ ಹುಟ್ಟದ ಕೋಡಿಗಿನ್ತ ಮುಂಚೆ ಇರುವ ಕಿವಿಯೇ ವಾಸಿ (Prvs.). 3, reasonableness, moderation (of price, in ಬಾರಣವಾಸಿ, My.). ವಾಸೀಲಿ ಸಿಕ್ಕಿದ ಜೀನಸು ಹಾಸಿಗೆಯಲ್ಲಿ ಆದರೂ ಕೊಣ್ಣಾನು (Prv.). 4, excess, interest (M.; see ತಲ-).

ವಾಸಿ vâsi. 5. = ಬಾಚಿ 2, ವಾಶಿ No. 2. An axe, an adze.

ವಾಸಿಕೆ vâsikĕ. = ವಾಶಿಕೆ. The shrub Justicia ganderussa.

ವಾಸಿಗ vâsiga. A (house) servant (ಭೃತ್ಯ Bhn. 26).

ವಾಸಿತ vâsita. = ವಾಶಿತ No. 2. *Perfumed, scented, made fragrant.*

ವಾಸಿನಿ vâsini. A woman who abides or dwells (Kâvy. I, 1a, 2). 2, a woman who wears (a garment, etc.).

ವಾಸಿಸು vâsisu. 1. To dwell, to abide (Čpr. 1, after 101; My.; B. 4, 127. 418).

ವಾಸಿಸು vâsisu. 2. To have an odour or particular scent, to smell, to be fragrant, to be perfumed (Bp. 12, 9; 44, 4). 2, to perceive by the nose, to smell (ಆಘ್ರಾಣ Šmd. Dh.; Čpr. 3, 44; 6, 49; 8, 37; Ššv. 2, 96; My.). 3, to perfume. ಸುಗನ್ಧದ್ರವ್ಯದಿನ್ದ ವಾಸಿಸಿದ ವಸ್ತು (ಭಾವಿತ, ವಾಸಿತ); ಕಯ್ಯಗುಳಿಗೆ ಮೊದಲಾಗಿ ಮುಖ ವಾಸಿಸುವ ಗನ್ಧಂ (ಆಮೋದಿ, ಮುಖವಾಸನ Nr.).

ವಾಸು vâsu. Dwelling in: the universal soul; the soul; Vishṇu. 2, *a young girl.*

ವಾಸುಕಿ vâsuki. = ಬಾಸುಗಿ, ವಾಸುಗಿ. *The serpent Vâsuki,* brother of šêsha or ananta and sovereign of the snakes.

ವಾಸುಗಿ vâsugi. Tbh. of ವಾಸುಕಿ (Šmd. 337; ಅಮೃತಕರ, ಶೇಷ, ಧರಣೀನ್ದ್ರ Nn. 35; see Mr. s. ಎಣ್ಬುಕುಲ; Bp. 51, 57).

ವಾಸುದೇವ vâsu-dêva. *Vishṇu or Kṛishṇa* (Bp. 54, 24. 49; 57, 24); N. (My.). ತಣ್ಣಾ ಮುಣ್ಣಾ ವಾಸುದೇವ (Prv.).

ವಾಸೆ vâsĕ. *The tree Justicia adhatoda* Lin.

ವಾಸ್ತವ vâstava. (fr. ವಸ್ತು). Substantial; real, true;—one of the arthâlankâras of poetical composition: a faithful narration or representation (ವಸ್ತುಸ್ವಭಾವಕಥನ Kâvy. III, 3, B, 1-59);—substantiated, determined, demonstrated.

ವಾಸ್ತವಿಕ vâstavika. Substantial, real, actual, according with reality, just, right;—demonstrated (ಸತ್ಯ G.; My.; B. 4, 67. 160).

ವಾಸ್ತವೀಕ vâstavîka. Tbh. of ವಾಸ್ತವಿಕ. (Čb. 52; B. 5, 118).

ವಾಸ್ತವ್ಯ vâstavya. = ವಾಸ್ತವ. (My.). 2, fit or purposed to be inhabited;—an inhabitant.

ವಾಸ್ತು vâstu. The site or foundation of a house, *a building place, building ground.* 2, *a house, a habitation, a place of abode.*

ವಾಸ್ತುಕ vâstuka. *The pot-herb Chenopodium album* (ಚಕ್ಕವತ್ತ Hlâ., Nr., Mr. 95, Nn. 145).

ವಾಸ್ತುಕ್ರಮ vâstu-krama. The plan of a building ground or of a dwelling (Č. Bp. 5, 49).

ವಾಸ್ತುಪುರುಷ vâstu-purusha. The tutelary god of a house (My.).

ವಾಸ್ತುವಿಧೇಯ vâstu-vidhêya. (A place) fit for placing or building a habitation or habitations on (Bh. 1, 7, 13).

ವಾಸ್ತುಶಾನ್ತಿ vâstu-šânti. = ಗೃಹಶಾನ್ತಿ. (My.).

ವಾಸ್ತೂಕ vâstûka. = ವಾಸ್ತುಕ. *Chenopodium album.*

ವಾಸ್ತೋಷ್ಪತಿ vâstôsh-pati. Lord of the house: *Indra.*

ವಾಸ್ತ್ರ vâstra. (fr. ವಸ್ತ್ರ). Made of cloth; *covered with cloth.*

ವಾಹ್ vâh. Bearing, carrying. See ಪೃಷ್ಠ-, ಹವ್ಯ-.

ವಾಹ vâha. Bearing, carrying, conveying, drawing; see ಗನ್ಧ-, ಪರೀ-, ಪ್ರ-, ವಾರಿ-, ಎ-. 2, a bearer, a porter. 3, a beast of burden. 4, *a horse* (Abh. P. 13, after 66). 5, any vehicle. 6, the arm. 7, *a measure of capacity, nearly equal to a ton in weight* (ಇಬ್ಬಳ Nr.).

ವಾಹಕ vâhaka. Bearing, carrying, conveying. See ಲೇಖ-, ಸಂ-, ಸ್ಕನ್ಧ-. 2, a porter, a carrier. 3, the driver of a chariot. 4, a horseman (Abh. P. 13, 65; Bp. 59, 40).

ವಾಹಕತ್ವ vâhakatva. Horsemanship (Ršv. 13, 25).

ವಾಹದ್ವಿಷತ್ vâha-dvishat. *A buffalo.*

ವಾಹನ vâhana. Carrying, bearing, conveying, conducting, driving. See ಉದ್-, ನರ-;—*any vehicle, a chariot, a carriage.*

ವಾಹವಾ vâhavâ. = ವಹವಾ. Bravo! capital! excellent! (My.; Tĕ.; Mhr., H.).

ವಾಹಸ vâhasa. A large snake, especially *the Boa constrictor* (ಹೆಬ್ಬಾವು Hlâ.; ಅಜಗರ, ತ್ರಿಲಿಂಗ, ಗೋನಾಸ, ಶಯು, ಹಿರಿಯ ಹಾವು Mr. 400; see Si. 77).

ವಾಹಳಿ vâhaḷi. = ವಾಳಿ (Šmd. 361). (Tbh. of ವಾಹ್ಯಾಳಿ). A row of horses, etc.: an exhibition of horses, etc. and of their running. ತುರಗದ ವಾಹಳಿ (Šmd. 131).

ವಾಹಳಿತನ vâhaḷitana. Horsemanship (Ršv. 6, after 11; 13, 32).

ವಾಹಾರೋಹಭೇದ vâha-ârôha-bhêda. A mode of mounting horses. See ಕೊಸೆ 2.

ವಾಹಿ vâhi. Bearing, carrying. See ಸಾಧು-. 2, a chariot.

ವಾಹಿಕ vâhika. = ವಾಹಿ. See ಅತಿ-.

ವಾಹಿತ್ಥ vâhittha. *The part of an elephant's forehead below the frontal globes.*

ವಾಹಿನಿ vâhini. ವಾಹಿನೀ. *A river.* 2, *an army, a body of forces* (ಬಲ Šm. 108). 3, *a division of an army:* 81 elephants, 81 cars, 243 horse, and 405 foot.

ವಾಹಿನೀಪತಿ vâhinî-pati. *The leader of an army, a general.*

ವಾಹಿಸು vâhisu. To cause to bear, to place upon or in. ವಾಹಿಸಲ್ (ಆರೋಪಿತ, ಹಿತ, ನಿಹಿತ, ನ್ಯಸ್ತ Mr. 462).

ವಾಹ್ಯ vâhya. To be carried or borne;—a carriage, a vehicle;—any beast of burden: an ox, a horse, etc. See ಕವ್ವಲ-, ಪೃಷ್ಠ-. 2, = ಬಾಹ್ಯ, q. v.

ವಾಹ್ಯಕ vâhyaka. *A carriage.* See ಕವ್ವಲಿ-.

ವಾಹ್ಯಾಳಿ vâhya-âḷi. = (ವಯ್ಯಾಳ, etc., ವಾಹಳಿ), ವೈಹಾಳಿ, ವೈಹ್ಯಾಳಿ (Šmd. 361). A row of horses, etc.: an exhibition of horses, etc. and of their running.

ವಾಹ್ಲಿಕ vâhlika. = ಬಾಹ್ಲಿಕ.

ವಾಹ್ಲೀಕ vâhlîka. = ಬಾಹ್ಲೀಕ.

ವಾಳ vâḷa. (= ವಳ, etc.). See ಆಕೆ-, ತುಟು-, ತೋಟ-, ಮಡಿ-, ಹೊಣೆಗೆ-.

ವಾಳ vâḷa. = ಬಾಲ, etc. A tail (ಪ್ರವಾಲ, ಬಾಲ Nn. 7; ಲಲಾಮ, ಬಾಲ 26). 2, a tumour, a bubo (Mhr. ವಳ, ವಾಳಾ).

ವಾಳತನ vâḷatana. The state of being occupied with or of being endowed with. See ಆಕೆ-

ವಾಳಸಿಗ vâḷasiga. = ಬಾಣಸಿಗ. (Râm. 5, 8, 51).

ವಾಳಿ vâḷi. Tbh. of ವಾಹಳಿ (Šmd. 361).

ವಾಳಿಕೆ vâḷikĕ. = ವಾಳಿಕನ. See ಆಕೆ..

ವಾಳೆ vâḷĕ. O. r. of ಉಾಳೆ, q. v.

ವಾಳೆಯ vâḷĕya. (Bh. 2, 14, 61).

ವಿ vi. (= ವೆ 1). An affix for forming verbal nouns, *e. g.* ಅಳವಿ, ಬಳವಿ (Šmd. 247).

ವಿ vi. 1. = ವಿಃ. A prefix: apart, apart from, asunder; in different directions; to and fro; away, away from, off; different; various; distinct; manifold; contrary; improper; etc. 2, a prefix that intensifies an idea.

ವಿ vi. 2. = ವಿಃ. *A bird.*

ವಿಂಶತ್ vimśat. = ವಿಂಶತಿ. (My.).

ವಿಂಶತಿ vimśati. = ಬೀಸಿಗೆ. *Twenty.*

ವಿಂಹಲ vimhala. Tbh. of ವಿಹ್ವಲ. (ವಿಕ್ಲೀಬ, ಅಸ್ಥಿರ Mr. 245; Bp. 22, 14; 57, 74).

ವಿಕಂಕತ vikaṅkata. *The plant Flacourtia sapida* Roxb. (= ಗ್ರಕ್ಷಿಲ).

ವಿಕಚ vi-kača. Having no hair, bald. 2, *blown, opened, expanded* (as a flower, etc.), spread.

ವಿಕಚತೆ vi-kačatĕ. The state of being blown. 2, the state of being without hair (Čpr. 9, after 42).

ವಿಕಜ್ಜಲ vi-kajjala. Devoid of lamp-black collyrium (Čpr. 8, 77).

ವಿಕಟ vi-kaṭa. (= ವಿಗಡ). *Large, great* (ದೊಡ್ಡಿತು Nn. 146); powerful. 2, formidable, hideous, ugly, uncouth (ಕುರೂಪ, ರೂಪಹೀನವಾದುದು 146);—crooked, perverse (ಕೊಂಕು, ಡೊಂಕು 146; ಕರಾಲ, ಅತಿಕೊಂಕು Mr. 450; see ಕೊಂಕು 1 & 2);—horrible, frightful. 3, *beautiful, excellent.*

ವಿಕಟತೆ vikaṭatĕ. The state of being large, hideous, etc. (Bh. 1, 8, 89).

ವಿಕತ್ಥನ vi-katthana. Boasting, vaunting, boastful. 2, speaking ostentatiously, proclaiming loudly;—*praise.* 3, irony.

ವಿಕರ vi-kara. = ವಿಕಿರ. A bird (Mr. 167).

ವಿಕರಾಲ vi-karâla. = ವಿಕ್ರಾಳ. Very formidable or terrible; hideous (My.).

ವಿಕರಿಸು vi-karisu. To alter, to change (v. t., in arithmetic, My.).

ವಿಕರ್ತನ vi-kartana. *The sun.*

ವಿಕರ್ತನೋದ್ಭವ vikartana-udbhava. Šani, Saturn (Bp. 10, 80).

ವಿಕರ್ಮ vi-karma. Various business or duty; see ಶಿಲ್ಪ-. 2, fraud. 3, not acting, free from action.

ವಿಕಲ vi-kala. (ವಿಕಳ). Deprived of a part, defective, imperfect, incomplete. 2, decayed, impaired, withered, waned. 3, confused, confounded, agitated, sorrowful (Čpr. 5, after 39; Bp. 3, 51; 4, 55). 4, option; optionally (ವಿಕಲ್ಪವಾಗಿ Šmd. 124 Cm.). — ವಿಕಲಗೊಳಿಸು. -ಕೊಳಿಸು. To confuse, etc. (Râm. 3, 7, 34).

ವಿಕಲತೆ vi-kalatĕ. Confusion, agitation, sorrow (Bp. 37, 9; 40, 64; 56, 31).

ವಿಕಲತ್ವ vi-kalatva. = ವಿಕಲತೆ. (ಬೆಬ್ಬಳ Bhn. 44).

ವಿಕಲಪಾಣಿ vikala-pâṇi. = ವಿಕಲಪಾಣಿಕ. (ವಿಕಹಸ್ತ Mr. 389).

ವಿಕಲಪಾಣಿಕ vikala-pâṇika. *One who has a mutilated hand.*

ವಿಕಲಮತಿ vikala-mati. = ವಿಕಲ No. 3. (J. 25, 60).

ವಿಕಲಾಂಗ vikala-aṅga. *Having mutilated or defective limbs, deformed.*

ವಿಕಲಿಸು vikalisu. To grow confused, etc. (Č. Bp. 19, 31).

ವಿಕಲ್ಪ vi-kalpa. *Alternative, option* (ಮೇಣ್ Šmd. 396); admission of an option or alternative, the act of allowing a rule to be observed or not at pleasure (Šmd. 12. 41). 2, uncertainty, ambiguity. 3, indecision, doubt, hesitation. 4, error, mistake, ignorance. 5, suspicion, surmise, evil apprehension, an evil thought (Mhr.; B. 4, 51). See ನಿರ್-; ಮನೋ-; ಸ್ವ-; Bp. 2, 19; Šmd. 13; ಹಂ.

ವಿಕಲ್ಪಬಿನ್ದು vikalpa-bindu. An optional bindu (Šmd. 48).

ವಿಕಲ್ಪಿತ vi-kalpita. Made optional, held to be optional, optional (Bp. 8, 3).

ವಿಕಲ್ಪಿಸು vi-kalpisu. To prepare differently; to prescribe variously; to form (Šmd. 160).

ವಿಕಸತ್ vi-kasat. Opening (as a flower), budding, blown (Kâvy. V, 35).

ವಿಕಸನ vi-kasana. (ವಿಕಶನ). Bursting; opening (as a flower), blossoming, blowing, expanding; displaying itself. See ಅರಲ್ 1, ಅಲರ್ 1, ಅಲರ್ಚು, ಕಿಸಿ 1, and ದನ್ತ-.

ವಿಕಸಿತ vi-kasita. *Blown* (as a flower, ಅಲರು Nn. 115).

ವಿಕಸಿಸು vi-kasisu. To open (v. i.), to expand. ವಿಕಸಿಸುವ ಸ್ವಭಾವವುಳ್ಳದು (ವಿಕಾಸಿ, ವಿಕಸ್ವರ, ಅರಳುವನ್ತಾದು Si. 361).

ವಿಕಸೆ vi-kasĕ. *Bengal madder, Rubia munjista* (= ಮಂಜಿಷ್ಟೆ).

ವಿಕಸ್ವರ vi-kasvara. *Opening, expanding.*

ವಿಕಾರ vi-kâra. *Change, change of form or nature, alteration or deviation from any natural state, modification* (ರೂಪಾನ್ತರ Šmd. 111 Cm.), *abnormity.* 2, change for the worse, change from a state of health, disease, sickness. 3, change from the quiescent condition of the soul, perturbation, emotion, passion, feeling, excitement. See ಧ್ವನಿ-, ನಿದ್ರಾ-, ಮುಖ-, ರೋಮ-. — ವಿಕಾರಗೊಳ್ಳು. -ಕೊಳ್ಳು. To deviate from the natural or proper state (B. 5, 196; My.).

ವಿಕಾರಚೇಷ್ಟೆ vikâra-česhṭĕ. Abnormal action (Čpr. 5, 120).

ವಿಕಾರಿ vi-kâri. Producing a change; undergoing a change. 2, an ugly, ill-natured person (Bp. 14, 26; 40, 53). 3, the thirty-third year in the cycle of sixty (My.).

ವಿಕಾರಿಸು vikârisu. = ವಿಕರಿಸು. (My.).

ವಿಕಾರ್ಯ vi-kârya. Transformable, modifiable (Šmd. 156).

ವಿಕಾಶ vi-kâśa. (= ವಿಕಾಸ). Opening, expanding, blowing (as a flower ವಿಕಸಿತ, ಅಲರು Nn. 115; ಅಲರು 120, o. r. ವಿಕಾಸ). 2, appearance, becoming visible, display, manifestation, exhibition, open or splendid appearance (ವ್ಯಕ್ತ, ಹೆಸ್ಸಾಗಿ ಕಾಣ ಬಹನ್ತಾದು 115).

ವಿಕಾಶಿ vi-kâśi. = ವಿಕಾಸಿ.

ವಿಕಾಸ vi-kâsa. (= ವಿಕಾಶ). *Opening, expanding, blowing (as a flower, etc.), budding.* 2, expanse, sky, heaven. 3, = ವಿಕಾಶ No. 2, appearance, etc. 4, pleasure, joy, enjoyment. See ಅರಲ್ 1, ಮನೋ-; Čh. v. 134; Kâvy. V, 70; Grj. 3, 47; Bp. 2, 16.

ವಿಕಾಸಿ vi-kâsi. = ವಿಕಾಶಿ. Opening, blowing, budding. 2, becoming visible or apparent, becoming manifested, shining forth. 3, *expanding, spreading, developing itself.* See Nr. s. ಅರಳು 1.

ವಿಕಾಳಿಸು vikâḷisu. (fr. ವಿಕ್ರಾಳ?). To become very formidable or excessive (Bh. 3, 19, 37; J. 18, 14).

ವಿಕಿರ vi-kira. = ವಿಕರ. Scattering about (as boiled rice at a śrâddha, My.). 2, *a bird*. 3, a well.

ವಿಕಿರತ್ vikirat. Scattering about (Čpr. 1, 141).

ವಿಕೀರಣ vi-kiraṇa. Scattering. 2, *gigantic swallow-wort, Calotropis gigantea* (= ಅರ್ಕ 1).

ವಿಕೀರ್ಣ vi-kirṇa. Scattered in different directions, thrown about (or away), sprinkled, tossed about, dispersed, dishevelled;—spread about, expanded, extended, diffused (ಹರಹಿದನ್ನಾದು, ಪ್ರಸರ Nn. 108);—covered, filled with;—torn asunder, split, rent;—celebrated, famous. See ಕರ-, ಕೆದರ್ 1, ಬಿದಿರ್ 1, ಸಿಡಿ 3, ಸಿಡಿಲ್ 1; J. 29, 11.

ವಿಕೀರ್ಣಪತನ vikirṇa-patana. Falling in a scattered-about manner. See ಪಡಲಿಡು.

ವಿಕೀರ್ಯ vi-kirya. Having scattered about, having spread in different directions. See ಪೀಟ್ 1.

ವಿಕುರ್ವಾಣ vi-kurvâṇa. Undergoing or causing a change of form or of mind;—feeling emotions of joy, *rejocing, cheerful*.

ವಿಕೃತ vi-kṛita. Changed, altered, modified, transformed, changed in form or feeling;—changed for the worse, *diseased;* disfigured, ugly; afflicted, hurt (ವಿಪ್ರಲಬ್ಧ, ದೈನ್ಯ Mr. 242); unnatural;—affected by passion; entertaining feelings of disgust or aversion, estranged;—strange, extraordinary. 2, change, alteration;—any disorder; diseased state;—any passion;—disgust, aversion. See Bp. 43, 82. — ವಿಕೃತತೋಱು. -ತೋಱು. To show grimaces (Śšv. 1, after 79).

ವಿಕೃತಗತಿ vikṛita-gati. A deformed walk. See ಕುಬ್ಜ 1.

ವಿಕೃತರೂಪ vikṛita-rûpa. Changed in form or appearance, misshaped, ugly-faced (Śmd. 120 Mḍb.).

ವಿಕೃತಾಕಾರ vikṛita-âkâra. = ವಿಕೃತರೂಪ. (My.).

ವಿಕೃತಾಂಗ vikṛita-aṅga. Changed or distorted in form or limbs. (Kâvy. IV, 2, 30).

ವಿಕೃತಾಂಗಾಪಹಸನ vikṛitâṅga-apahasana. Laughing at with grimaces. See ಜೋಡಾಡು.

ವಿಕೃತಿ vi-kṛiti. *Change, alteration of any kind* (as of purpose, mind, form, nature, matter, etc.);—change from a natural or healthy state, sickness, disease;—change from a quiescent state, emotion, anger, wrath, fear; disgust, aversion (Čpr. 1, 49). 2, *a production or that which is evolved from a previous source* (prakṛiti). 3, N. of a type of metres (Čh.; Mr. 362). ಪ್ರಕೃತಿಯಿಲ್ಲದಿದ್ದರೂ ವಿಕೃತಿ ಬಿಡಲಿಲ್ಲ (Prv.). See ಕ್ಷೀರ-, ಮನೋ-, ರಜೋ-; Bp. 88, 31. 4, the twenty-fourth year in the cycle of sixty (My.).

ವಿಕ್ಕಿರ vikkira. Tbh. of ವಿಷ್ಕಿರ (Śmd. 350). A bird (ಪಕ್ಕಿ 350).

ವಿಕ್ತ vikta. Separated. See ವಿ-.

ವಿಕ್ರಮ vi-krama. Stepping or going beyond; going, proceeding, walking;—*a step, a stride*. 2, *heroism, prowess, heroic valour, great power or strength* (ಪನ್ನತಿಕೆ Čt. II, 15). 3, = ವಿಕ್ರಮಾದಿತ್ಯ. 4, the fourteenth year in the cycle of sixty (My.). — ವಿಕ್ರಮಚೋಳ. N. (Bp. 27, 67; 44, 58).

ವಿಕ್ರಮಶಕ vikrama-śaka. The era of Vikramâditya, which begins 57 B. C. (My.; B. 5, 37).

ವಿಕ್ರಮಶಾಲಿ vikrama-śâli. A valourous, courageous person (My.).

ವಿಕ್ರಮಹೀನ vikrama-hîna. *Destitute of valour, wanting in courage.*

ವಿಕ್ರಮಾದಿತ್ಯ vikrama-âditya. N. of a king of Ujjayini (Oujein), the founder of the vikramaśaka (My.).

ವಿಕ್ರಮಾರ್ಕ vikrama-arka. = ವಿಕ್ರಮಾದಿತ್ಯ. (My.).

ವಿಕ್ರಯ vi-kraya. (= ಬಿಕರಿ). *Sale, selling, vending* (ಕೊಡುಹ Mr. 346). See ಬಿಲ್ 1, ಮಾಱು 1.

ವಿಕ್ರಯಿ vi-krayi. = ವಿಕ್ರಯಿಕ. See ಮಾಂಸ-.

ವಿಕ್ರಯಿಕ vi-krayika. *A seller, a vender.*

ವಿಕ್ರಯಿಸು vi-krayisu. To sell, to vend (Bp. 30, 4; 42, 10; My.).

ವಿಕ್ರಾಂತ vi-krânta. Stepped or passed beyond. 2, *valiant, mighty victorious, courageous;—a hero*. 3, a step. 4, valour, prowess; eminence (ಶುಭ, ಪರಾಕ್ರಮ Nn. 139; ಶುಭ, ಮಂಗಲ, etc. Mr. 530).

ವಿಕ್ರಾಳ vi-krâḷa. Tbh. of ವಿಕರಾಲ. (Mhr.; Čb. 116).

ವಿಕ್ರಿಯಾಬಲ vikriyâ-bala. The power of changing the form of one's body ad libitum (Abh. P. 16, 49).

ವಿಕ್ರಿಯೆ vi-kriyĕ. ವಿಕ್ರಿಯಾ. (= ವಿಕೃತಿ). *Change, alteration;* transformation, change of mind, etc.; any change from a natural or quiescent state: disease;—emotion, anger, passion;—injury, mischief. See Bp. 4, 60; 6, 24.

ವಿಕ್ರೀಡಿತ vi-krîḍita. Played with; play, sport. See ಮತ್ತೇಭ-, ಶಾರ್ದೂಲ-.

ವಿಕ್ರೀತ vi-krîta. Sold (My.).

ವಿಕ್ರುಷ್ಟ vi-krushṭa. Called out, cried out. 2, *harsh, gruff, abusive, unkind* (as speech);—harsh speech (ಬಲುನುಡಿ Mr. 84).

ವಿಕ್ರೇತೃ vi-krêtṛi. *A seller, a vender.*

ವಿಕ್ರೇಯ vi-krêya. *To be sold, saleable, vendible.*

ವಿಕ್ಲಬ vi-klaba. = ವಿಕ್ಲವ. (Čpr. 5, 19).

ವಿಕ್ಲವ vi-klava. Overcome with fear or agitation, *confused, agitated, bewildered; excited, alarmed.*

ವಿಕ್ಲೀಬ vi-klîba. (= ವಿಕ್ಲವ). Agitated, alarmed, confused (ಎಂಹಲ, ಅಸ್ಥಿರ Mr. 245).

ವಿಕ್ಷಾವ vi-kshâva. Sneezing, cough. 2, *a sound.*

ವಿಕ್ಷಿಪ್ತ vi-kshipta. Thrown apart or asunder; thrown away, cast, thrown; scattered; bewildered, perplexed (My.).

ವಿಕ್ಷೇಪ vi-kshêpa. Throwing apart or asunder;—throwing away, casting, throwing; projection;—sending, despatching;—casting off or aside, discarding; rejecting, refuting;—throwing about; scattering;—confusion, alarm, fear;—looking about vaguely or wildly;—a side-glance (ಕಟಾಕ್ಷ, ಕಡೆಗಣ್ಣ ನೋಟ Mr. 316). See ಅಂಗ-, ದೃಷ್ಟಿ-, (ಬಯ್ 2).

ವಿಕ್ಷೇಪಣ vi-kshêpaṇa. = ವಿಕ್ಷೇಪ. (A.).

ವಿಕ್ಷೇಪಶಕ್ತಿ vikshêpa-śakti. The projective power (of ignorance or mâyâ), that power of projection which raises up on the soul enveloped by it the appearance of an external world (Abhâ. 5, 56).

ವಿಖಚಿತ vi-khačita. Well inlaid or studded (Bp. 50, 15).

ವಿಖು vikhu. = ವಿಗ್ರ. Noseless. (R.).

ವಿಖ್ಯಾತ vi-khyâta. Generally known, notorious, renowned, famous, celebrated (Šmd. 138; Bp. 61, 88; J. 10, 44); = ವಿಖ್ಯಾತಿ (Mr. 417).

ವಿಖ್ಯಾತಿ vi-khyâti. Notoriety, fame, celebrity. ವಿಖ್ಯಾತಿ ಪಟ್ಟರೂ ಅಪಖ್ಯಾತಿ ಹೋಗಲಿಲ್ಲ (Prv.). See Bp. 39, 66; J. 2, 6; ನೆಗಳ್ತೆ. — ವಿಖ್ಯಾತಿವೆಡು. -ಪೆಡು. To become notorious, etc. (Bp. 57, 73).

ವಿಖ್ಯಾಪನ vi-khyâpana. Making known; declaring, announcing, publishing; explanation, exposition; avowing, acknowledging, confessing (My.).

ವಿಗಡ vigaḍa. Tbh. of ವಿಕಟ. Large, great, etc.; a great, etc. man; a wicked man (ಕೆಡುಕ Čt. I, 89). See Bp. 5, 40, 8, 11; 13, 15; 29, 10; 36, 22; 38, 24; 49, 42; 50, 60; 61, 12; PrlI. 3, 5; Bh. 6, 2, 2. 4; Râm. 6, 10, 15; J. 5, 26; 17, 53.

ವಿಗಡಿಸು vigaḍisu. To become crooked or perverse (Bh. 1, 8, 30). 2, to strike or impress with horror (3, 5, 11).

ವಿಗಡೆ vigaḍĕ. (fr. ವಿಗಡ). A great, powerful, perverse, etc. woman (Bp. 55, 36; J. 16, 4).

ವಿಗತ vi-gata. Gone away, departed, disappeared, ceased, gone;—dead;—parted, separated;—devoid of;—lost;—*destitute of light, obscured, gloomy, dark.* 2, the flight of birds.

ವಿಗತಕೃಪ vigata-kṛipa. Devoid of pity (Čpr. 5, 41).

ವಿಗತಪ್ರಭಾವ vigata-prabhâva. Disappeared strength, etc. See ಜಳಿ.

ವಿಗತಪ್ರಭೆ vigata-prabhĕ. Disappeared lustre. See ಮುಸುಳ್.

ವಿಗತಭಾವ vigata-bhâva. Disappeared nature, etc. See ಜಳಿ.

ವಿಗತಾರ್ತವೆ vigata-ârtavĕ. *A woman in whom the menstrual excretion has ceased.*

ವಿಗತಾರ್ಥ vigata-artha. Devoid of meaning or sense (Čpr. 5, 74).

ವಿಗತಾಸು vigata-asu. One whose life is going (Čpr. 6, 94).

ವಿಗರ್ಹಣ vi-garhaṇa. Blaming, blame, abuse, censure, reproach. (R.).

ವಿಗಲತ್ vi-galat. Flowing away, flowing, etc. (Čpr. 1, 130).

ವಿಗಲಿತ vi-galita. ವಿಗಳಿತ. Flowed away, trickled, oozed; dropped down, dropped, fallen; liquefied; passed away (My.).

ವಿಗಳಿಗೆ vi-gaḷigĕ. Tbh. of ವಿಘಟಿಕೆ. (Mr. 63; Bp. 8, 16; My.).

ವಿಗಾನ vi-gâna. Singing discordantly; *defamation, ill report;* censure, reproach. See ದುರ್-.

ವಿಗೀತ vi-gîta. Badly sung; decried, abused, reproached. (R.).

ವಿಗುರ್ಬಣೆ vigurbaṇĕ. That which is formidable, a fearful object, a thing which causes amazement (Abh. P.10, after 147; Bp. 18, 67; *cf.* ಅಗುರ್ಬು, ಗುರ್ಬು, etc., ಬಿಗುರ್ಪು).

ವಿಗುರ್ಬಿಸು vigurbisu. To become or be formidable (Abh. P. 9, 186; 9, after 186). 2, to make terrible, to make (some thing) an object of amazement (10, after 147 & 149; 14, after 90).

ವಿಗುರ್ವಿಸು vigurvisu. = ವಿಗುರ್ಬಿಸು No. 1. (Abh. P. 14, after 6 & 170). 2, = ವಿಗುರ್ಬಿಸು No. 2. (8, after 46).

ವಿಗ್ನ vigna. Shaken, trembling, agitated, disturbed, alarmed. See ಉ-.

ವಿಗ್ರ vigra. *Noseless.*

ವಿಗ್ರಹ vi-graha. = ಯಿಗ್ರ. *Stretching out or apart, extension, expansion* (ವಿಸ್ತರ Nn. 98). 2, *shape, form, figure;* an image, an idol (My.). 3, *the body* (ಶರೀರ, ದೇಹ 98). 4, distributing into parts, dividing; separation, resolution, analysis, resolution of a compound word into its constituent parts, the separation or analysis of any word capable of separation. 5, a division, a part, a portion; a given thing (ಕೊಟ್ಟುದವೆ Mr. 474). 6, liberal; liberality (ಅತ್ಯುದಾರ, ಉದಾರ 98). 7, *opposition, encounter, conflict, quarrel, war, assault* (ಕಾಳಗ 98). 8, the expanse, the sky (ಗಗನಾಂಗಣ, ಆಕಾಶ 98). See Bp. 53, 2; 54, 86; 61, 35.

ವಿಗ್ರಹಾರಾಧನೆ vigraha-ârâdhanĕ. Idol-worship, idolatry (My.).

ವಿಗ್ರಹಾವೇಶ vigraha-âvêśa. Intentness on war (J. 22, 35).

ವಿಗ್ರಹಿಸು vi-grahisu. To oppose, to offer opposition, to quarrel; to assault, to wage war against (Bp. 21, 38; 22, 15).

ವಿಘಟನ vi-ghaṭana. Becoming separate, flying apart, being divided, being severed (see ವಿಂಗಡ);—breaking up, destruction, ruin, misfortune;—striking asunder, hurting, destroying (Ch. v. 56).

ವಿಘಟಿಕೆ vi-ghaṭikĕ. = ವಿಗಳಿಗೆ. A particular measure of time, the sixtieth part of a ghaṭikâ, equal to twenty-four seconds.

ವಿಘಟಿಸು vi-ghaṭisu. To become separate (Čpr. 2, after 39).

ವಿಘುಡಿಸು vi-ghaḍisu. To separate (v. t., Abh. P. 2, 65).

ವಿಘಸ vi-ghasa. Remains of food (ಉಣ್ಡು ಮಿಕ್ಕುದು Hlâ.; ಭೋಜನಕ್ಕಾಗಿ ಮಿಕ್ಕದು, ಉಣ್ಡ ಭಾಜನದೋಳ್ ಇರೆ ಫೇಲಿ ಉಚ್ಛಿಷ್ಟಮ್ ಎನಿಸಿಕ್ಕು Mr. 220);—*the residue of an oblation of food (offered to the gods, to the manes, to a guest, or to a spiritual preceptor).*

ವಿಘಾತ vi-ghâta. Destruction; killing;—a blow;—opposition, prohibition, prevention, impediment, obstacle;—abandoning. See Bp. 54, 25; Bh. 2, 2, 10; 3, 18, 31; ಕಾಯುರ್-.

ವಿಘಾತಕ vi-ghâtaka. One who destroys or kills. See ತಿಲ-.

ವಿಘಾತಿ vi-ghâti. = ವಿಘಾತ. See Bp. 16, 7; Bh. 2, 2, 109; J. 26, 2; 32, 56. 2, he who, or that which, destroys, opposes, etc.

ವಿಘೂರ್ಣಿಸು vi-ghûrṇisu. To expand greatly, to become excessive (Abh. P. 13, 35).

ವಿಘ್ನ vi-ghna. Destroying. 2, *an obstacle, an impediment, a hindrance, an embarrassment, an opposition* (ಅನ್ತರಾಯ, ವ್ಯಪಾಯ Mr. 252). 3, any difficulty or trouble. ಮುಗ್ಗೇ ಮದುವೆಗೆ ಮೂವತ್ತು ವಿಘ್ನ.—ಲಗ್ನಕಾಲಕ್ಕೆ ವಿಘ್ನ ಮಾಡ ಬಾರದು.—ವಿಘ್ನವಾಯಿತೆನ್ನು, ನಗ್ನವಾದರೆ ಆದೀತೇ? (Prvs.). See ವ್ಯಪಾಯ.

ವಿಘ್ನರಾಜ vighna-râja. He who overrules obstacles or difficulties: *Gaṇêśa.*

ವಿಘ್ನೇಶ್ವರ vighna-îśvara. = ವಿಘ್ನರಾಜ. (ವಿನಾಯಕ Nn. 165).

ವಿಂಗಡ viṅgaḍa. = ಇಂಗಡ, ಯಿಂಗಡ. (Tbh. of a ವಿಘಟ = ವಿಘಟನ). The state of being separate, disunited or apart, separation, parting (My.; Tĕ. & T. ವಿಂಗಡ, ವಿಂಗಳ; Mhr. ವಿಘಡ).

ವಿಂಗಡಿಸು vingaḍisu. = ಇಂಗಡಿಸು, ಯಿಂಗಡಿಸು, ಹಿಂಗಡಿಸು. To separate (v. t.), to disunite (My.). ಒನ್ದೊನ್ದು ಶಬ್ದ ಬೇಱೆ ಬೇಱೆ ವಿಂಗಡಿಸಿ ಅರ್ಥ ತಿಳು ಕೊಣ್ಡು ಓದ ಬೇಕು (B. 3, 4).

ವಿಚಕಿಲ vi-čakila. *A kind of jasmine* (ಮಲ್ಲಿಗೆ Hlâ., Mr. 126; ಕಠ್ರ, ಗಿರಿಮಲ್ಲಿಗೆ Nn. 80, one MS. only ಮಲ್ಲಿಗೆ).

ವಿಚಕ್ಷಣ vi-čakshaṇa. Seeing distinctly, clear-seeing, *far-sighted, discerning, knowing, wise, clever, proficient* (Šmd. 68; ವಿಧಿ, ಬಲ್ಲವರ್ Nn. 21; ವಿದ್ವಾಂಸ Mr. 223; Čpr. 1, 86; Bp. 51, 65; 61, 93).

ವಿಚಕ್ಷಣೆ vi-čakshaṇĕ. A clever female. 2, cleverness, skill (My.).

ವಿಚಯ vi-čaya. = ವಿಚಯನ. (Sk.; A.).

ವಿಚಯನ vi-čayana. *Searching for, search, research, investigation, seeking.*

ವಿಚರಣ vi-čaraṇa. = ವಿಚಾರ. See ಪ್ರ-.

ವಿಚರ್ಚಿಕೆ vi-čarčikĕ. *Cutaneous eruption, scab, itch, herpes.*

ವಿಚಲ vi-čala. Moving about, shaking, unsteady, unfixed (J. 26, 18).

ವಿಚಲಿತ vi-čalita. Moved about, moving about; agitated; swerved. See Čh. v. 214; Bp. 35, 24; ಅ-.

ವಿಚಾರ vi-čâra. = ವಿಚ್ಯಾರ. Wandering, roaming about, going or moving about (J. 15, 14). 2, *deliberation, consideration, reflection, investigation, examination, trial* (ಮೀಮಾಂಸ Hlâ.; Šmd. 394; ವಿತಾನ Nn. 115; Mr. 498; ತರ್ಕ Nn. 148). 3, the exercise of judgment or reason, discriminating, judging, discrimination, judgment, decision. 4, subject, topic (My.). 5, doubt, hesitation. 6, perplexity, anxiety, anxious thought, trouble (My.; Mhr.). ವಿಚಾರದಲ್ಲಿ ಕಡಿಮೆಯಾದರೂ ಆಚಾರದಲ್ಲಿ ಕಡಿಮೆಯಿಲ್ಲ (Prv.). See ಆರ್⁶ 1. — ವಿಚಾರಗೆಡು. -ಕೆಡು. Judgment to be lost: to grow perplexed, bewildered or distracted. ದುಃಖದಿನ್ದ ವಿಚಾರಗೆಟ್ಟವನು (ವಿಹಸ್ತ, ವ್ಯಾಕುಲ G.). — ವಿಚಾರಗೇಡಿ. -ಕೇಡಿ. One who has lost his judgment, a bewildered or foolish person (Bp. 34, 7; 51, 5). — ವಿಚಾರಗೇಡಿತನ. -ಕೇಡಿತನ. Loss of judgment, foolishness (B. 5, 94). — ವಿಚಾರ ತಿದ್ದು. To investigate, to examine. ಸರ್ವರ ವಿಚಾರಮಂ ತಿದ್ದುವವಂ (ಕಾರಣಿಕ, ಪರೀಕ್ಷಕ Mr. 244). — ವಿಚಾರ ಪಡು. To experience anxious thought; to use earnest thought, to reflect, to care (B. 5, 71. 86. 182; My.). — ವಿಚಾರ ಮಾಡು. To investigate, to inquire into (My.). 2, to reflect (B. 3, 128; 4, 56; My.). 3, to entertain anxious thoughts, to be anxious (My.).

ವಿಚಾರಕ vi-čâraka. A man who investigates, judges, or manages (My.). See ಮೇಲ್-.

ವಿಚಾರಣೆ vi-čâraṇĕ. = ಇಸಾರಣೆ. *Deliberation, consideration, examination, investigation;* the exercise of judgment. — ವಿಚಾರಣೆ ಆಗು. An examination or trial to take place (B. 5, 279). — ವಿಚಾರಣೆಕರ್ತ. One who makes investigation, a judge;—a manager, a superintendent, a master (My.). — ವಿಚಾರಣೆ ನಡೆ. = ವಿಚಾರಣೆ ಆಗು. (B. 4, 198). — ವಿಚಾರಣೆ ಮಾಡು. To examine, to investigate, to try (B. 5, 267. 268. 279). — ವಿಚಾರಸಾರಿ. N. (Bp. 12, 4).

ವಿಚಾರದೂರ vičâra-dûra. Far from (*i. e.* without) judgment, etc. (Bp. 26, 57).

ವಿಚಾರಪರ vičâra-para. Occupied with reflection, thoughtful, inquisitive (B. 5, 182).

ವಿಚಾರಭ್ರಷ್ಟ vičâra-bhrashṭa. Fallen from, or deprived of, judgment, etc. (Bp. 45, 21).

ವಿಚಾರವನ್ತ vičâra-vanta. A man who considers, is inquisitive, thoughtful, or considerate (Bp. 28, 13).

ವಿಚಾರಿ vi-čâri. A deliberate, thoughtful, or considerate person (B. 5, 52. 213).

ವಿಚಾರಿತ vi-čârita. *Deliberated about, examined, inquired into, judged.*

ವಿಚಾರಿಸು vi-čârisu. To examine, to investigate, to inquire into, to inquire after; to ask; to reflect, etc. (ವಿತಾನ, ವಿಚಾರ Nn. 115; ವೇದನ 156; Šmd. 44. 72. 88. 297 Cm.; Čpr. 2, after 49 & 61; Bp. 34, 8. 27; 40, 37. 50; 51, 56; Mr. 472; J. 11, 35; B. 5, 186. 192; My.).

ವಿಚಾರಿಸುಹ vi-čârisuha. Examining, etc. ವಿಚಾರಿಸುಹಂ (ಅದುವದು Šmd. 11).

ವಿಚಾರೆ vi-čârĕ. A woman who thinks about, etc. (Bp. 40, 57).

ವಿಚಾರ್ಯ vi-čârya. To be deliberated (adj.). 2, having deliberated; see ಅ-.

ವಿಚಾಲಿತ vi-čâlita. Moved about, shaken. See ಅ-.

ವಿಚಿಕಿತ್ಸೆ vi-čikitsĕ. *Doubt, uncertainty.*

ವಿಚಿತ್ರ vi-čitra. Variegated;—handsome, beautiful, elegant;—wonderful, surprising (ಆಶ್ಚರ್ಯ Nn. 13). 2, N. of a vṛitta and of a Kannaḍa metre (Čh.). See Čpr. 2, after 59; Ššv. 4, 30; J. 2, 47.

ವಿಚಿತ್ರತರ vičitra-tara. Uncommonly beautiful, etc. (Šmd. 301).

ವಿಚಿತ್ರದೇಹ vičitra-dêha. Having a variegated body; elegantly formed;—a cloud. (R.).

ವಿಚಿತ್ರಲಲಿತ vičitra-lalita. N. of a vṛitta (Čh.).

ವಿಚಿತ್ರವೀರ್ಯ vičitra-vîrya. N. of a king of the lunar race (Bh. 1, 3, 1).

ವಿಚಿತ್ರಿತ vi-čitrita. Variegated, coloured; wonderful (Čpr. 1, 83).

ವಿಚೇತನೆ vi-čêtanĕ. Senselessness, unconsciousness (Čpr. 8, 36).

ವಿಚ್ಛನ್ದ vi-č-čhanda. = ಪಿಚ್ಛನ್ದ, ಬಿಚ್ಚಣ್ಣ, ಬಿಚ್ಚನ್ದ, ವಿಚ್ಛನ್ದಕ q. v., ವಿಚ್ಛನ್ದ.

ವಿಚ್ಛನ್ದಕ vi-č-čhandaka. *A building consisting of several stories and surrounded by a portico;* a palace, a temple.

ವಿಚ್ಛಾಯ vi-č-čhâya. 1. *The shadow of a flock of birds.*

ವಿಚ್ಛಾಯ vi-č-čhâya. 2. Destitute of shadow, shadowless. 2, a jewel, a gem.

ವಿಚ್ಛಾಯೆ vi-č-čhâyĕ. Discoloured condition (Bp. 46, 58).

ವಿಚ್ಛಿತಿ viččhiti. Tbh. of ವಿಚ್ಛಿತ್ತಿ. Cessation (My.).

ವಿಚ್ಛಿತ್ತಿ vi-č-čhitti. Cutting asunder, tearing asunder, dividing, separating;—cutting off, breaking off;—interruption, cessation;—stealing, theft; anything stolen (ಚೌರ್ಯ, ಸ್ತೇಯ, ಕಳವು Mr. 226);—destruction, loss;—cesura, pause in a verse;—boundary, limit;—N. of certain amorous gestures practised by a mistress or heroine in a drama. See ಪಱ್ 1.

ವಿಚ್ಛಿತ್ತಿಚಿತ್ರ viččhitti-čitra. N. of a class of embellishments in poetical composition (Kâvy. III, 2, B, 2. 56-80; *cf.* III, 1 and ನಾನಾ-).

ವಿಚ್ಛಿನ್ನ vi-č-čhinna. Cut asunder, severed, divided, parted; cut off; broken off, broken; interrupted, discontinued, ceased; violated; destroyed; variegated, diversified (Bp. 27, 18; 30, 2; B. 4, 78). — ವಿಚ್ಛಿನ್ನ ವಿಚ್ಛಿನ್ನ. rep. Various (Bp. 35, 35).

ವಿಚ್ಛೇದ vi-ĉ-ĉhêda. Cutting asunder or into pieces, dividing, separation, disjunction; cutting off; breaking off, breaking; a broken piece; interruption, termination, disappearance; the division of a book, a section; dissension, difference; space, interval. See ಎಡೆಯುಡುಗು.

ವಿಚ್ಛೇದನ vi-ĉ-ĉhêdana. Cutting asunder, etc. (ಕಲ್ಪನ, ಕರ್ತನ, etc., ಕಡಿಮ Mr. 433).

ವಿಚ್ಯಾರ vichyâra. Tbh. of ವಿಚಾರ. (Ĉb. 143). — ವಿಚ್ಯಾರಗೆಡು. = ವಿಚಾರಗೆಡು. (Ĉb. 126).

ವಿಚ್ಯಂಡ vichyanda. = ವಿಚ್ಛಂಡ. See ಬಿಚ್ಚಂಡ.

ವಿಜನ vi-jana. Free from people, *lonely, solitary.*

ವಿಜನನ vi-janana. Bearing young, bringing forth. See ವೈಜನನ.

ವಿಜಪಿಲ vijapila. *Mud, a muddy place* (ಪಿಚ್ಛಿಲ, ಕೆಸರುಳ್ಳೆಡೆ Hlâ., MS. ವಿಜಲಕ; ಪಿಚ್ಛಿಲ, ಕೆಸರು ನೀರ್ Mr. 418).

ವಿಜಯ vi-jaya. Conquest, *victory*, overcoming. 2, a victor (ಘುರಜ್ಯೆತ್ರ, ಕಾಳೆಗದಲ್ಲಿ ಗೆದ್ದವನು Nn. 94). 3, Arjuna (ಪಾರ್ಥ, ಅರ್ಜುನ 94). 4, yellow myrobalan, Terminalia chebula (ಅಭಯ, ಅಣಲೆ 94; Sk. ವಿಜಯೆ). 5, the twenty-seventh year of the cycle of sixty (My.).

ವಿಜಯತೆ vi-jayatĕ. Victorious state (Bp. 36, 28).

ವಿಜಯದಶಮಿ vijaya-daśami. The tenth day of the dasarî feast (My.).

ವಿಜಯನಗರ vijaya-nagara. N. of a town (B. 3, 14; 4, 7. 30. 126).

ವಿಜಯನ್ತ vi-jayanta. The victorious: Indra. See ವೈಜಯನ್ತ.

ವಿಜಯರಾಘವ vijaya-râghava. Râma; N. (My.).

ವಿಜಯಲಕ್ಷ್ಮಿ vijaya-lakshmi. = ಜಯಲಕ್ಷ್ಮಿ. (Abh. P. 9, 165; Grj. 2, after 106).

ವಿಜಯಶೇಷಿ vijaya-śêshi. = ವಿಜಯಸೇಸಿ. (Śmd. 376). One who has almost gained the victory.

ವಿಜಯಶ್ರೀ vijaya-śrî. = ವಿಜಯಲಕ್ಷ್ಮಿ. (Ŏpr. 4, 10).

ವಿಜಯಸೇಸಿ vijaya-sêsi. Tbh. of ವಿಜಯಶೇಷಿ, q. v.

ವಿಜಯಾನನ್ದ vijaya-ânanda. N. of a vṛitta (Ĉh.).

ವಿಜಯಾರ್ಧ vijaya-ardha. N. of a mountain (Ĉpr. 6, 2).

ವಿಜಯಿ vi-jayi. Hemp (ಬಂಗಿ Mr. 116; Sk. ವಿಜಯೆ).

ವಿಜಯೇಶ್ವರ vijaya-îśvara. Śiva (Bp. 42 sum.; 42, 39).

ವಿಜಯೋತ್ಸವ vijaya-utsava. Victory-festival (J. 28, 49).

ವಿಜಾತ vi-jâta. Born separately;—base-born; of a mixed origin;—generated; born;—wild, refractory (Mhr.).

ವಿಜಾತಿ vi-jâti. 1. Different origin or birth. 2, a different species; a different kind (Mr. 337). 3, a different caste or tribe;—a low caste (J. 17, 1; My.; see Sp. s. ಜಾತಿಹೀನ).

ವಿಜಾತಿ vi-jâti. 2. The feathered tribe, birds (V. 4, 18).

ವಿಜಾತೀಯ vi-jâtîya. Of a different or mixed origin;—of a different kind or sort (My.).

ವಿಜಾತೆ vi-jâtĕ. *A woman who has borne children;* a mother.

ವಿಜಾಪುರ vijâ-pura. N. of a town (B, 4, 8. 145). ವಿಜಾಪುರದಲ್ಲಿ ಇಜಾರದವರೆಷ್ಟು ಜನ? ಅನ್ದ ಹಾಗೆ (Prv.).

ವಿಜಿಗೀಷಣ vi-jigîshaṇa. = ವಿಜಿಗೀಷು. (Bp. 20, 38).

ವಿಜಿಗೀಷು vi-jigîshu. Desirous of victory or conquest, desirous to overcome or surpass (Ĉpr. 7, after 28). ಶತ್ರುವನಾಕ್ರಮಿಸಲು ಸಮರ್ಥನಲ್ಲೆನ್ದು, ದೇಶಕಾಲಾದಿಗಳಂ ಪಾರುತೆ ದುರ್ಗಾದಿಗಳಂ ಪೆಚ್ಚಿಸುವ ವಿಜಿಗೀಷುವಿನ ಸ್ಥಿತಿಯು (ಆಸನ Nr.).

ವಿಜಿಗೀಷೆ vi-jigîshĕ. *A desire to conquer or overcome or surpass, emulation.*

ವಿಜಿತ vi-jita. Conquered, subdued, won, gained (Ĉpr. 6, 6. 43; Bp. 5, 1; 39, 56; Rśv. 5, 26).

ವಿಜಿತಬಲ vijita-bala. One who has conquered an army (Râm. 1, 14, 2).

ವಿಜಿಲ vijila. *Sauce, etc. mixed with rice-water or gruel; any sauce, or condiment with gravy* (see Nr. s. ಮೂದುರು).

ವಿಜುಗುಪ್ಸತೆ vi-jugupsatĕ. Disgust, aversion: one of the sthâyibhâvas (Kâvy. IV, 2, 15).

ವಿಜುಲಿ vijuli. (= ವಿಜಲ). (ತುದಿಯ ಕಚ್ಚುರಿ Mr. 219).

ವಿಜೃಮ್ಭ vi-jṛimbha. Displaying, extending, etc. (Ĉpr. 4, 33).

ವಿಜೃಮ್ಭಣ vi-jṛimbhaṇa. Yawning, gaping;—expanding, unfolding, displaying, exhibiting, extending;—displaying activity or energy, exhibit courage, power, etc.;—blossoming, budding;—pastime, sport. See ಕೆಳರ್ 1, ಘೂರ್ಣಿಸು, ಮುಸಗು 1; Ĉpr. 5, 118.

ವಿಜೃಮ್ಭಿತ vi-jṛimbhita. Yawned; expanded, opened, unfolded, displayed, exhibited, acted;—*blown, blossomed;*—arisen, appeared; — sported, wantoned; — pastime, sport;—wish, desire;—act. See ಘುಜಂಗ-; Bp. 58, 68.

ವಿಜೃಮ್ಭಿಸು vi-jṛimbhisu. To yawn; to expand, to unfold one's self, etc. See Bp. 39, 43; 51, 59; 53, 9; Rśv. 5, 116; 13, 4.

ವಿಜ್ಞ vi-jña. Knowing, intelligent; wise, learned; *clever, skilful;* discreet.

ವಿಜ್ಞಪ್ತಿ vi-jñapti. = ವಿಜ್ಞಾಪನ. (My.).

ವಿಜ್ಞಾತ vi-jñâta. Discerned, understood, known;—*celebrated, famous, notorious.*

ವಿಜ್ಞಾನ vi-jñâna. = ಬಿನ್ನಣ, etc. Distinguishing, perceiving, discerning, understanding; *intelligence, knowledge, science, learning, worldly knowledge of any kind, wisdom;* experience, experimental knowledge; skill.

ವಿಜ್ಞಾನಿ vi-jñâni. = ಬಿನ್ನಣಿ. Learned, well-informed, clever, skilful, proficient.

ವಿಜ್ಞಾನಿಕ vi-jñânika. = ಬಿನ್ನಣಿಗ. Learned, etc. (= ವಿಜ್ಞಾನಿ).

ವಿಜ್ಞಾನೇಶ್ವರೀಯ vijñâna-îśvarîya. N. of a commentary (the mitâksharâ) by Vijñânêśvara on Yâjñavalkya's dharmaśâstra (My.).

ವಿಜ್ಞಾಪನ vi-jñâpana. = ಬಿನ್ನ 2, ಬಿನ್ನಪ, ಬಿನ್ನಹ. The act of making known or acquainting, teaching;—representing, informing;—respectful statement or communication, respectful representation, humble intimation. — ವಿಜ್ಞಾಪನಂಗೆಯ್. -ಂ-ಗೆಯ್. To state respectfully (Rśv. 5, 133; Śśv. 1, after 79; J. 2, 37).

ವಿಜ್ಞಾಪನಪತ್ರಿಕೆ vijñâpana-patrikĕ. = ಬಿನ್ನವತ್ತಳೆ. A letter of respectful communication and petition (My.).

ವಿಜ್ಞಾಪನೆ vi-jñâpanĕ. = ವಿಜ್ಞಾಪನ. (My.).

ವಿಜ್ಞಾಪಿತ vi-jñâpita. Apprised, informed; respectfully told and represented (My.).

ವಿಜ್ಞಾಪಿಸು vi-jñâpisu. = ಬಿನ್ನವಿಸು, etc. To make a respectful representation or request, to state respectfully, to represent, to submit (My.).

ವಿಜ್ಞಾಪ್ತಿ vi-jñâpti. = ವಿಜ್ಞಪ್ತಿ. (G.).

ವಿಜ್ಞಸಾರ vijñâ-(*i. e.* ವಿಜ್ಞ)sâra. One who is the best of the skilful, etc. (Râm. 1, 8, 21).

ವಿಜ್ಞೇಯ vi-jñêya. To be perceived or known or understood (Hlâ. II, 109);—cognizable, discernible, comprehensible.

ವಿಂಜು viñju. A wagtail (ಖಂಜನ, ಖಂಜರೀಟ Hlâ.).

ವಿಟ್ viṭ. Nominative of ವಿಶ್, q. v.

ವಿಟ viṭa. = ವಿಠ. *A voluptuary, a libertine, a lecher, a gallant, a paramour* (see Mr. s. ವೇಶ್ಯಾವರ);—a catamite;—a rogue, a cheat. ವಿಟನಾದವಗೆ ಮಠವಾದರೇನು? (Prv.).

ವಿಟಕೋವಿದ viṭa-kôvida. An experienced libertine (Bp. 26, 11).

ವಿಟಗಾತಿ viṭa-gâti. = ವಿಟಗಾರ್ತಿ. (My.).

ವಿಟಗಾಱ viṭa-gâṟa. A libertine, a lecher (My.; ವಿಟ G.).

ವಿಟಗಾಱಿಕೆ viṭa-gâṟikĕ. Whoredom, lewdness (My.).

ವಿಟಗಾರ್ತಿ viṭa-gârti. A strumpet, a harlot (My.).

ವಿಟಂಕ vi-ṭaṅka. *A dove-cot* (ಕಪೋತ, ಪಟ್ಟಿಗೆ Mr. 200).

ವಿಟಚೇಷ್ಟೆ viṭa-čêshṭĕ. The conduct of a libertine or lewd man, lewdness (Bp. 26, 14).

ವಿಟಜಂಗಮ viṭa-jaṅgama. A lewd Jaṅgama (Bp. 11 sum.).

ವಿಟತನ viṭatana. = ವಿಟತ್ವ. (Bp. 42, 6; My.).

ವಿಟತ್ವ viṭatva. Lewdness (Bp. 12, 56; 26, 19; My.).

ವಿಟಪ viṭapa. *The young branch of a tree or creeper; a branch* (in general, ಮರದ ಕೊಮ್ಬು Hlâ.; Mr. 104); *a bush, a thicket* (ಪೊದಱ್ Hlâ.).

ವಿಟಪಿ viṭapi. ವಿಟಪೀ. Having branches; *a tree;* the Indian fig-tree, Ficus indica.

ವಿಟಪೀವರ viṭa-pîvara. A stout, robust gallant. 2, viṭapîvara, an excellent tree (J. 6, 27).

ವಿಟಲ viṭala. = ವಿಟ್ಠಲ, etc. (My.).

ವಿಟಾಳ viṭâḷa. Impurity, pollution (Mhr.; Bh. 3, 5, 19; 3, 18, 10).

ವಿಟ್ಖದಿರ viṭ-khadira. *A kind of fetid Mimosa, Vachellia farnesiana* W. & A. (= ಅರಿಮೇದ).

ವಿಟ್ಚರ viṭ-čara. Filth-goer: *a village hog.*

ವಿಟ್ಟು viṭṭu. Tbh. of ವಿಷ್ಣು-.— ವಿಟ್ಟಣ್ಣ. -ಅಣ್ಣ. N. See ಹೆಗಲ-.

ವಿಟ್ಟೆ viṭṭĕ. Tbh. of ವಿಷ್ಟೆ. (Bp. 11, 11).

ವಿಟ್ಠಲ viṭṭhala. = ವಿಟಲ, ವಿಠಲ. Vishṇu or Kṛishṇa (worshipped as Viṭôba especially at Punderpoor, My.; see ಪುರನ್ದರ-).

ವಿಠ viṭha. = ವಿಟ. (ಮಧುಪ್ರಿಯ, ಭುಜಂಗ Nn. 29; ಭುಜಂಗ 63).

ವಿಠಲ viṭhala. = ವಿಟ್ಠಲ. (My.). — ವಿಠಲಭಟ್ಟ. N. ವಿಠಲಭಟ್ಟನು ಪುರಾಣ ಬಿಟ್ಟಲ್ಲಿಯೇ ಮುಗಿಯಿತು (Prv.). — ವಿಠಲರಾಯ. Kṛishṇa; N. (My.).

ವಿಡ viḍa. *A kind of factitious salt;*—a particular kind of fetid salt. 2, a fragment, a bit (*cf.* ಬಿಡ 2).

ವಿಡಕ viḍaka. (= ಪಿಟಕ). A basket (ಹೆಡಗೆ Mr. 208, o. rs. ಹೆಡಿಗೆ, ಹೆಡೆಗೆ).

ವಿಡಂಗ viḍaṅga. = ವಡಂಗ, ವಿಳಂಗ. *The vegetable and medicinal substance Embelia ribes* (Erycibe paniculata, considered of great efficacy as a vermifuge, = ಅಮೋಘ; see Mhr. s. ವಾಯವಡಂಗ). See ವಾಯ-.

ವಿಡಮ್ಬ vi-ḍamba. = ವಿಡಮ್ಬನ. See ಮೆಱೆ 1; Bh. 1, 15, 19.

ವಿಡಮ್ಬಕ vi-ḍambaka. A man who ridicules or mocks (ನಿನ್ದಿಸುವವನು G.).

ವಿಡಮ್ಬನ vi-ḍambana. Imitation, copying, assuming a similar appearance or dress, disguise, masquerade;—simulation; imposture, deceiving, deception, fraud (Sk.; ಕಪಟ, ವಂಚನೆ My.; Bh. 8, 22, 22). 2, making a show of: displaying, exhibiting, showing, display, manifestation, etc. (see ಜೇದ-, ವಿಸ್ಮಯ-). 3, ridiculing, mocking; slighting (ಕಳೆ Šm. 112). 4, afflicting, distressing, vexation, distress. 5, = ಡವುಲು (G.).

ವಿಡಮ್ಬರ vi-ḍambara. = ವಿಡಮ್ಬನ. (Bp. 40, 51. 81. 82. 84).

ವಿಡಮ್ಬಿತ vi-ḍambita. Imitated, simulated; mocked at; deceived; vexed; distressed, abject. (R.).

ವಿಡಮ್ಬಿಸು vi-ḍambisu. To become manifest, to appear (Čpr. 5, 19).

ವಿಡಲವಣ viḍa-lavaṇa. = ವಿಡ. (ಕೃತಕ Mr. 143).

ವಿಡಾಯ viḍâya. = ವಿಡಾಯಿ. Grand display; pomp; greatness; might (Bh. 3, 8, 31; V. 38, 30; J. 29, 11; 31, 14; ವಹಣಿ Bhn. 5).

ವಿಡಾಯಿ viḍâyi. = ವಿಡಾಯ, q. v. (Bh. 1, 12, 3; 3, 6, 21; Râm. 1, 16, 41; 6, 14, 24; J. 4, 30; 33, 26). — ವಿಡಾಯಿಗೆಡಿಸು. -ಕೆಡಿಸು. To destroy the greatness or might of—(Râm. 1, 16, 6).

ವಿಡೂರ viḍûra. = ವಿಡ್ದೂರ. ವಿಡೂರ ಬನ್ದದ್ದು ಆಡೂರಿಗೆ ಹೋದರೆ ಬಿಟ್ಟೀತೇ? (Prv.).

ವಿಡೋಜಸ್ viḍôjas. *Indra.*

ವಿಡೌಜಸ್ viḍaujas. = ಬಿಡೌಜ. *Indra.*

ವಿಡ್ದೂರ viḍḍûra. = ಇಡ್ದೂರ, ವಿಡೂರ. Enmity, annoyance, molestation (My.; Tĕ.; see ರಾಜ-).

ವಿಡ್ವರಾಹ viṭ-varâha. (= ವಿಟ್ಚರ). A village hog. (R.).

ವಿಣ್ಮೂತ್ರ viṭ-mûtra. Feces and urine (My.; B. 5, 321).

ವಿತ್ vit. (= ಬಿತ್ತು). Knowing, knowledge.

ವಿತಂಸ vi-taṁsa. = ವೀತಂಸ.

ವಿತಣ್ಡ vi-taṇḍa. A sort of lock or bolt with three divisions or wards. 2, an elephant. 3, = ವಿತಣ್ಡೆ, q. v. (My.).

ವಿತಣ್ಡಾವಾದ vitaṇḍâ-vâda. = ವಿತಣ್ಡೆ. (My.).

ವಿತಣ್ಡಾವಾದಿ vitaṇḍâ-vâdi. A person who raises idle objections, a hypercritic (My.).

ವಿತಣ್ಡೆ vi-taṇḍĕ. = ವಿತಣ್ಡ No. 3, ವಿದಣ್ಡ. *Cavil, captious objection, carving, idle confuting or objecting against, hypercriticism, perverse or frivolous argument, unprofitable and vexatious wrangling.* 2, criticism in general.

ವಿತತ vi-tata. Stretched out; extended, spread out, expanded; lengthened, elongated, large, broad, wide; prepared, diffused, performed, accomplished, celebrated. 2, any stringed instrument. See Šmd. 129; Čh. v. 8; Kâvy. I, 1*a*, 6; Čpr. 5, 50; Bp. 1, 48; 6, 22; Mr. 362; ತತ-.

ವಿತತಿ vi-tati. Stretching out; spreading, extension, expansion; a collection, a quantity, a multitude; a clump, a cluster (Bp. 1, 42. 51; 5, 29. 39; 55, 22; J. 31, 56).

ವಿತಥ vi-tatha. *Untrue, false.*

ವಿತನ್ತು vi-tantu. Having no thread (with the marriage badge): a widow (My.). 2, a good horse.

ವಿತನ್ದ್ರ vi-tandra. Untired, indefatigable, without sleep.

ವಿತನ್ದ್ರತ್ವ vi-tandratva. Wakefulness, vigilance, indefatigableness (Rśv. 1, 9).

ವಿತರಣ vi-tarana. Crossing or passing over. 2, a gift, a donation. 3, giving up, abandoning. 4, liberal; regardless of restraint (as to expense); liberality (Čpr. 2, 5; Bp. 5, 64; 19, 4; Rśv. 4, 112; My. also as ವಿತರಣೆ).

ವಿತರಣಗುಣ vitarana-guna. Liberality (My.).

ವಿತರತ್ vi-tarat. Passing over; conveying away; giving; producing, causing (Čpr. 7, 151).

ವಿತರ್ಕ vi-tarka. Reasoning, argument, discussion, controversy (ವಿವಾದ Šmd. 105 Cm.); inference, conjecture, guess, supposition, opinion;—*deliberation, consideration of probabilities or alternatives, doubt, apprehension* (ತರ್ಕ Mr. 522). See Kâvy. I, 5, 48; III, 3, B, 9; Čpr. 1, 31.

ವಿತರ್ಕಿತ vi-tarkita. Conjectured, imagined, anticipated. (R.).

ವಿತರ್ದಿ vi-tardi. *A raised square piece of ground in the centre of a house or temple,* a quadrangular seat of earth, etc., a kind of altar or temporary stage, a temporary platform. See Nr. s. ಜಗಳಿ.

ವಿತರ್ದಿಕೆ vi-tardikĕ. =(ಬಿತ್ತರಿಗೆ), ವಿತರ್ದಿ. *A raised square piece of ground, etc.* (ಜಗಲಿ Hlâ.; ಜಗುಲಿ, ವೇದಿಕೆ Mr. 199).

ವಿತಲ vi-tala. The second in order of the seven lower regions (see Mr. s. ಕೆಳಲೋಕ; Bp. 32, 36; J. 24, 12).

ವಿತಸ್ತಿ vi-tasti. *A long span measured by the extended thumb and little finger,* equal to twelve aṅgulas (ಕಿರುಮೆರಳ ಗೇಣ್ Mr. 324).

ವಿತಾನ vi-tâna. *Stretching or spreading out, expansion, extension* (ಪ್ರಸರ, ಹರಹಿಸುವುದು Nn. 115). 2, increase (ಪೆರ್ಚುಗೆ, ಹೆಚ್ಚುಗೆ 115);—*a heap, a quantity, a multitude.* 3, *an awning, a canopy* (ಮೇಲ್ಕಟ್ಟು, ಮೇಲುಕಟ್ಟು 115; ಮೇಲ್ಕಟ್ಟು Mr. 493). 4, *a sacrifice* (ಮಖ, ಯಜ್ಞ 115; ಮಖ 493). 5, the sacrificial hearth on which the sacred fires are kept, or the sacred fire itself. 6, *season, opportunity* (ಅವಧಿ 493);—leisure, rest, interval of occupation. 7, unfolding: deliberation, etc. (ವಿಚಾರ, ವಿಚಾರಿಸುವುದು 115; ವಿಚಾರ 493). 8, quickness (ತೀಕ್ಷ್ಣ, ಬೇಗ 115). 9, *empty, vacant* (ಶೂನ್ಯ 115; 493). 10, pithless, sapless. 11, *dull, stupid.* See Čh. v. 62. 92. 100. 283.

ವಿತಾಳ vitâḷa. Tbh. of ವಿತಾನ. Expansion, extension, increase, excess (Bh. 8, 26, 44).

ವಿತಾಳಿಸು vitâḷisu. To expand (v. i.), to increase, to become excessive (Râm. 6, 50, 5, 18); to be wholly engaged or absorbed in (Bh. 2, 9, 29).

ವಿತುನ್ನ vi-tunna. *The pot-herb Marsilia quadrifolia* (M. dentata Roxb.).

ವಿತುನ್ನಕ vi-tunnaka. *The tree Flacourtia cataphracta* Roxb. 2, *coriander seed.* 3, *blue vitriol.*

ವಿತೆ vitĕ. Tbh. of ವ್ಯಥೆ (Šmd. 388. 353; ಪ್ರಯೋಜನಮಲ್ಲದುದು 388).

ವಿತ್ತ vitta. *Known, notorious, famous.* 2, found out; *investigated, examined, discussed, judged.* 3, found, acquired, gained, possessed. 4, *property, wealth, goods, money, substance, thing* (ಪ್ರಕರ, ಅರ್ಥ Nn. 45; ವಸ್ತು, ಬಣ್ಣ Mr. 346). 5, power.

ವಿತ್ತವಣಿಜ vitta-vaṇija. A shroff (ಚಿನ್ನವರದಂ Mr. 358).

ವಿತ್ತಾಧಿಪ vitta-adhipa. Kubêra (Čpr. 2, after 23).

ವಿತ್ತಾಧೀಶ vitta-adhîśa. = ವಿತ್ತಾಧಿಪ. (Šśv. 1, 33).

ವಿತ್ತಿ vitti. 1. Knowledge; investigation. 2, probability. 3, acquisition, gain. See ಪರಿ-.

ವಿತ್ತಿ vitti. 2. Tbh. of ವೃತ್ತಿ 1. (Šmd. 353 Mdb.).

ವಿತ್ತೇಶ್ವರ vitta-îśvara. Kubêra (My.).

ವಿತ್ತೇಷಣ vitta-îshaṇa. Desire of wealth (My.).

ವಿತ್ಪತ್ತಿ vitpatti. Tbh. of ವ್ಯುತ್ಪತ್ತಿ. (My.).

ವಿತ್ಪನ್ನ vitpanna. Tbh. of ವ್ಯುತ್ಪನ್ನ. (Bh. 3, 19, 9; My.).

ವಿತ್ರ vitra. Tbh. of ವೃತ್ರ. See ವಿತ್ರಾರಿ.

ವಿತ್ರಸ್ತ vi-trasta. Frightened, alarmed. (R.).

ವಿತ್ರಾರಿ vitra-ari. = ವೃತ್ರಾರಿ. Indra;—N. of a serpent (Bp. 46, 28).

ವಿತ್ರಾಸ vi-trâsa. *Fear, terror, alarm.*

ವಿದ್ vid. ವಿತ್. Who or what knows, a knower, knowing. 2, obtaining, possessing (ಯುತ, etc. Mr. 440). 3, knowing, knowledge. See ಆತ್ಮ-, ತ್ರಿಕಾಲ-, ಸಂ-.

ವಿದ vida. Knowing, a knower. See ಆತ್ಮ-, ವೇದ-. 2, one who has obtained. See ಕೀರ್ತಿ-, ಸುಪಯೋ-.

ವಿದಂಶಿಕೆ (vi-daṁśikĕ). = ಅದ್ದುಪುಡಿ. (Mr. 213).

ವಿದಗ್ಧ vi-dagdha. Burnt, inflamed; consumed by fire; cooked; destroyed, spoiled. 2, *clever, shrewd, knowing, witty;*—subtle, cunning, crafty.

ವಿದಗ್ಧತನ vi-dagdhatana. Sharpness, shrewdness, cleverness, wit (Bp. 12, 6; 17, 23).

ವಿದಗ್ಧೆ vi-dagdhĕ. A sharp or knowing woman (ಜಾಣೆ Hlâ.; Čh. v. 100).

ವಿದಣ್ಡ vi-daṇḍa. = ವಿತಣ್ಡ, etc. (Bp. 58, 8).

ವಿದತ್ vidat. ವಿದನ್ತ್. *Knowing, learned, intelligent, wise.*

ವಿದನಿ vi-dani. Tbh. of ವಿಧ್ವನಿ. (Bp. 47, 8).

ವಿದರ vidara. *Tearing asunder, rending.*

ವಿದರ್ಭ vidarbha. A district and city to the south-west of Bengal, the modern Berar proper. 2, the king of Vidarbha (Râm. 3, 2, 16).

ವಿದರ್ಭಕನ್ಯೆ vidarbha-kanyĕ. = ವಿದರ್ಭಜೆ. (My.).

ವಿದರ್ಭಜೆ vidarbha-jĕ. Damayantî, the wife of Nala. 2, Rukmiṇî, the wife of Kṛishṇa (My.).

ವಿದರ್ಭರೀತಿ vidarbha-rîti. The style of poetical composition that is peculiar to Vidarbha (Kâvy. IV, 1, 2-4. 9).

ವಿದಲ vi-dala. *Rent asunder, split: opened, blown* (as a flower);—rending; the cuttings or chips of any substance;—a basket made of split bamboos (*cf.* ಬಿದಿರು).

ವಿದಲನ vi-dalana. Tearing or rending asunder, splitting, breaking to pieces (Bp. 31, 1).

ವಿದಲಿತ vi-dalita. Burst asunder, rent, torn, split;—opened, blown (as a flower, Čpr. 6, 81).

ವಿದಲಿತವನರುಹ vidalita-vanaruha. N. of a vṛitta (Čh.).

ವಿದಾರಕ vi-dâraka. Tearing asunder, rending; a render, a divider. 2, a tree or rock in the middle of a stream dividing its course (see Nr. s. ಕವಲ್ 1). 3, *a hole or pit for water sunk in the bed of a dry river.*

ವಿದಾರಣ vi-dâraṇa. Tearing asunder, rending, splitting;—killing, massacre, slaughter; war (ಕಾಳಗ Mr. 289). See ಪೋಟ್ 1, ಸೀಳ್ 1.

ವಿದಾರಿ vi-dâri. Tearing asunder. 2, *the plant Batatas paniculata* Chois.

ವಿದಾರಿತ vi-dârita. Torn asunder, rent, split. (R.).

ವಿದಾರಿಸು vi-dârisu. To tear asunder or to pieces, to rend, to split (Bp. 22, 12; 29, 6; see Grj. s. ಜುಬುಕು).

ವಿದಾರೀಗನ್ಧೆ vidârî-gandhĕ. *The plant Hedysarum gangeticum.*

ವಿದಾಹ vi-dâha. Burning; great heat (Čpr. 8, 84; see ತನು-).

ವಿದಿಕ್ಕು vi-dikku. Tbh. of ವಿದಿಶ್. (My.).

ವಿದಿತ vidita. *Known, perceived, understood;* apprised, informed; represented;—knowledge, information, representation; consideration, thought (Bp. 2, 24).

ವಿದಿಶ್ vi-diś. ವಿದಿಕ್. = ವಿದಿಕ್ಕು. An intermediate point of the compass.

ವಿದಿಶೆ vi-diśĕ. = ವಿದಿಶ್. (ಅನ್ತರಾಲ, ಪ್ರದಿಶೆ Mr. 59).

ವಿದು vidu. 1. = ಬಿದು 2. *The hollow between the frontal globes of an elephant.*

ವಿದು vidu. 2. = ಬಿದು 1. Tbh. of ವಿಧು. (ಚನ್ದ್ರ Šm. 16).

ವಿದುರ vidura. *Knowing, intelligent, wise.* 2, N. of the younger brother of Dhṛitarâshṭra and Pâṇḍu (J. 7, 19).

ವಿದುಲ vidula. *The ratan, Calamus rotang* (and also Calamus fasciculatus, ಹಚ್ಚೆಯ ಮರ Hlâ.; see Si. 128; *cf.* ಬಿದುರು).

ವಿದುಷ vidusha. Tbh. of ವಿದ್ವಸ್. A learned, wise man, a scholar (My.).

ವಿದುಷಿ vidushi. A learned, intelligent woman (Sk.; My.).

ವಿದೂರ vi-dûra. Very far, remote;—far from, devoid of, without (ರಹಿತ Šmd. 4 Cm.; Bp. 32, 2; Bh. 1, 7, 3).

ವಿದೂರಥ vidûratha. N. of a king, younger brother of Haṁsadhvaja (J. 10, 44).

ವಿದೂಷಕ vi-dûshaka. Corrupting, contaminating, a defiler;—censorious; a detractor, an abuser;—jocular; a jester, a buffoon; the jocose companion and confidential friend of the hero of a dramatical play;—a libertine, a catamite. See Čpr. 8, after 44; Bp. 22, 60; J. 6, 31; 7, 6.

ವಿದೆ vidĕ. ವಿದಾ. (= ಬಿತ್ತಿ). Knowledge, learning; understanding, intellect.

ವಿದೇಶ vi-dêśa. Another or foreign country, any place away from home (My.).

ವಿದೇಹ vi-dêha. Bodiless, Kâma (Čpr. 1, 77). 2, a district in the province of Behar, Mithilâ, Tirhut (Čpr. 1, 74. 77. 78);—its people; a king of Mithilâ (Janaka, etc.; Râm. 1, 16, 21).

ವಿದೇಹಕನ್ಯೆ vidêha-kanyĕ. Sîtâ (My.).

ವಿದೇಹೆ vi-dêhĕ. *Mithilâ* (the capital of Tirhut).

ವಿದ್ದಿ viddi. = ಬಿದ್ದಿ. Tbh. of ವೃದ್ಧಿ 1 (Šmd. 353).

ವಿದ್ದೆ viddĕ. Tbh. of ವಿದ್ಯೆ. (My.; Tĕ.). ಬಿಲ್ಲ ವಿದ್ದೆಯಂ ಬಲ್ಲವನು (ಕೃತಪುಂಖ, etc. Hlâ.).

ವಿದ್ಧ viddha. = ಬಿದ್ದ 2. *Pierced, perforated, penetrated;* wounded; beaten; thrown, cast, sent; opposed, impeded;—resembling, like.

ವಿದ್ಧಕರ್ಣಿ viddha-karṇi. Having bored ears. 2, *the plant Clypea hernandifolia* W. & A.

ವಿದ್ಯ vidya. A scholar (Šmd. 402; Čpr. 5, 133). 2, Tbh. of ವಿದ್ಯೆ (Bh. 1, 8, 13; J. 2, 61; My.; B. 4, 2; 5, 171; see ನಿಜ-). ವಿದ್ಯಕ್ಕಿನ್ತ ಬುದ್ಧಿ ಶ್ರೇಷ್ಠ, ಬುದ್ಧಿಗಿನ್ತ ಆಹಾರ ಶ್ರೇಷ್ಠ.—ವಿದ್ಯವಿಲ್ಲದವ ಹದ್ದಿಗಿನ್ತ ಕಡೆ (Prvs.).

ವಿದ್ಯಮಾನ vidyamâna. Being perceived or known; being found, being present; *being in existence, existing;* actual, real; being in one's possession.

ವಿದ್ಯಾ vidyâ. = ವಿದ್ಯೆ. ವಿದ್ಯಾ ಬಣ್ಣಾರಿಸಿ, ಬಿಟ್ಟು, ದೊಡ್ಡೆಯಾಗಿ, ಬಣ್ಡೆಯ ಜೋವನಾದ (Prv.). — ವಿದ್ಯಾಖಾತೆ. Educational department (G.'s preface).

ವಿದ್ಯಾಗುರು vidyâ-guru. A teacher of knowledge or science (My.).

ವಿದ್ಯಾತ್ರಯ vidyâ-traya. = ತ್ರೈವಿದ್ಯ. (Čpr. 1, 31).

ವಿದ್ಯಾದಾತೃ vidyâ-dâtṛi. One who imparts knowledge, a teacher (My.).

ವಿದ್ಯಾದಾನ vidyâ-dâna. The giving of knowledge, teaching (My.).

ವಿದ್ಯಾಧನ vidyâ-dhana. Wealth consisting in learning;—money acquired by scholarship (My.).

ವಿದ್ಯಾಧರ vidyâ-dhara. = ಬಿಜ್ಜೋದರ. Knowledge-holder; a particular kind of good or evil genius attending upon the gods; a kind of spirit or fairy. 2, the number 12 (? Čh.). 3, N. of persons.

ವಿದ್ಯಾಧರಚಕ್ರವರ್ತಿ vidyâdhara-čakravarti. King Vidyâdhara (Šmd. 155).

ವಿದ್ಯಾಧರಿ vidyâ-dhari. = ಬಿಜ್ಜೋದರಿ. A female of the vidyâdharas, a fairy, a sylph.

ವಿದ್ಯಾಧೇನು vidyâ-dhênu. The cow of knowledge, a form of the cow called kâmadhênu (Šâstrasâra in W. v. 1259).

ವಿದ್ಯಾಭ್ಯಾಸ vidyâ-abhyâsa. Pursuit of learning, study (My.; B. 5, 88. 166. 197).

ವಿದ್ಯಾಮದ vidyâ-mada. Pride of learning (My.).

ವಿದ್ಯಾಮೃತ vidyâ-amṛita. Learning looked upon as ambrosia (Čpr. 4, 3).

ವಿದ್ಯಾರ್ಥ vidyâ-artha. = ವಿದ್ಯಾಧನ. ವಿದ್ಯಾರ್ಥವೇ ವೆಗ್ಗಳಂ (Šš. 15).

ವಿದ್ಯಾರ್ಥಿ vidyâ-arthi. One who seeks for knowledge: a student, a pupil, a disciple (My.; B. 3, 1. 3).

ವಿದ್ಯಾಲಯ vidyâ-âlaya. A school; a college (My.).

ವಿದ್ಯಾವನ್ತ vidyâ-vanta. A learned man (My.). Feminines ವಿದ್ಯಾವನ್ತಳು, ವಿದ್ಯಾವನ್ತೆ (My.).

ವಿದ್ಯಾವಿನೋದ vidyâ-vinôda. Artful play (J. 33, 19).

ವಿದ್ಯಾವಿಶಾರದತ್ವ vidyâ-viśâradatva. Skill in science and art (Čpr. 2, after 14).

ವಿದ್ಯಾವ್ಯಾಸಂಗ vidyâ-vyâsaṅga. Diligent study of science and art (My.).

ವಿದ್ಯಾಶಾಲಿ vidyâ-śâli. Possessed of learning; a learned person (My.).

ವಿದ್ಯಾಶಾಲೆ vidyâ-śâlĕ. An institution for learning: a school; a college (My.).

ವಿದ್ಯಾಶಿಕ್ಷಕ vidyâ-śikshaka. A man who teaches knowledge (ಕಲ್ಲಾಯ್ತ Kk. 36).

ವಿದ್ಯಾಶುಲ್ಕ vidyâ-śulka. The rate of a teacher's fees (My.).

ವಿದ್ಯಾಸದನ vidyâ-sadana. = ವಿದ್ಯಾಲಯ. (My.).

ವಿದ್ಯಾಸಾಧನೆ vidyâ-sâdhanĕ. Acquisition of knowledge (My.).

ವಿದ್ಯಾಸಾಫಲ್ಯ vidyâ-sâphalya. The profit of learning (My.).

ವಿದ್ಯಾಸಾಮರ್ಥ್ಯ vidyâ-sâmarthya. The power of learning or science (My.).

ವಿದ್ಯಾಹೀನ vidyâ-hîna. Destitute of knowledge or learning, uninstructed, ignorant (My.).

ವಿದ್ಯುಜ್ಜಿಹ್ವ vidyut-jihva. Lightning-tongued: a kind of râkshasa (My.).

ವಿದ್ಯುತ್ vi-dyut. = ವಿದ್ಯುತ್ತು. *Lightning.* See ಮಿಂಚು 3.

ವಿದ್ಯುತ್ತು vi-dyuttu. Tbh. of ವಿದ್ಯುತ್ (Šmd. 106).

ವಿದ್ಯುನ್ನಟಿ vidyut-naṭi. Lightning looked upon as an actress (Čpr. 4, 31).

ವಿದ್ಯುನ್ಮಾಲಿ vidyut-mâli. N. of an asura (My.).

ವಿದ್ಯುನ್ಮಾಲೆ vidyut-mâlĕ. Garland of lightning: N. of a vṛitta (Čh.).

ವಿದ್ಯುಲ್ಲತೆ vidyut-latĕ. Lightning-creeper: forked or zigzag lightning (B. 5, 219; My.).

ವಿದ್ಯೆ vidyĕ. ವಿದ್ಯಾ. =(ಬಜ್ಜೆ), ಬಂಜೆ 2, ಬಿಜ್ಜೆ, ವಿಜ್ಜೆ. Knowledge, learning, science; an art;—magical skill;—a spell, an incantation;—the goddess Durgâ; learning considered as a goddess. See Kâvy. II, 1, 1-5. ವಿದ್ಯೆಗೆ ಎಣೆ ಇಲ್ಲ, ಬುದ್ಧಿಗೆ ಕಡೆ ಇಲ್ಲ (Prv.). See Abh. P. s. ಪೊಡಕರಿಸು.

ವಿದ್ರಧಿ vidradhi. *A* (deep-seated or internal) *abscess.*

ವಿದ್ರವ vi-drava. Running in different directions or away, *flight, retreat;* panic. 2, flowing out, oozing. 3, melting, liquefaction. 4, censure. 5, intellect.

ವಿದ್ರಾವ vi-drâva. Flight, retreat;—liquefaction. (R.).

ವಿದ್ರಾವಣ vi-drâvaṇa. Driving away, chasing, defeating (Abh. P. 10, 226; Grj. 2, after 106; Bp. 53, 1; 60, 1);—liquefaction.

ವಿದ್ರಾವಿತ vi-drâvita. Driven away, put to flight (My.);—liquefied.

ವಿದ್ರುತ vi-druta. Run in different directions or away;—agitated, alarmed;—*liquefied, liquid, fluid.*

ವಿದ್ರುಮ vi-druma. *Coral* (ಹವಳ Nn. 130; ಹೆಂಗುಡಿ Kk. 47; Šm. 68).

ವಿದ್ರುಮಲತೆ vidruma-latĕ. *A sort of perfume* (= ಕಪೋತಾಂಘ್ರಿ).

ವಿದ್ವಜ್ಜನ vidvat-jana. A learned man, a scholar, a philosopher (Kâvy. IV. 2, 59; Abh. P. 6, 98).

ವಿದ್ವತ್ vidvat. = ವಿದ್ವತ್ತು, ವಿದ್ವಸ್.

ವಿದ್ವತ್ತು vidvattu. Tbh. of ವಿದ್ವತ್. (My.).

ವಿದ್ವತ್ತೆ vidvattĕ. = ವಿದ್ವತ್ವ. (Mhr.; B. 5, 169).

ವಿದ್ವತ್ವ vidvatva. Learning, erudition (Čb. 134; My.).

ವಿದ್ವತ್ಸಭೆ vidvat-sabhĕ. An assembly or congregation of scholars (Čt. I, 1).

ವಿದ್ವತ್ಸಮೂಹ vidvat-samûha. = ವಿದ್ವತ್ಸಭೆ. (ಬುಧಚಯ Šmd. 258 Cm.).

ವಿದ್ವತ್ಸಮ್ಭಾವನೆ vidvat-sambhâvanĕ. Respectful reception or treatment of learned men (My.).

ವಿದ್ವತ್ಸಮಾಜ vidvat-samâja. = ವಿದ್ವತ್ಸಭೆ. (My.).

ವಿದ್ವತ್ಸೇವೆ vidvat-sêvĕ. Service of or attendance on scholars. ಪ್ರತಿಭೆಯುಮ್ ಅಭ್ಯಾಸಮುಂ ವಿದ್ವತ್ಸೇವೆಯುಂ ಕಾವ್ಯಪರಿಚಯಮುಂ ಕವಿತೆಗೆ ಕಾರಣಂ (Šmd. 175).

ವಿದ್ವಸ್ vidvas. ವಿದ್ವತ್. = ವಿದುಷ, ವಿದ್ವತ್, ವಿದ್ವತ್ತು, ವಿದ್ವಾಂಸ, ವಿದ್ವಾನ್. *Learned, wise;* a wise man, a learned man, a scholar.

ವಿದ್ವಾಂಸ vidvâmsa. Tbh. of ವಿದ್ವಸ್ (Šmd. 108; ಧೀಮತ್, ಧೀರ, etc. Hlâ.; ತೀರ್ಥ Nn. 48; ಕವಿ 59; ಪಣ್ಡಿತ 126; ಸೂರಿ Mr. 223; Šmd. 133. 294 Cm.; C.). Nn. 42 has the following explanation of it (P o. rs. being ವಿದ್ವಂಶ, ವಿದ್ವಾಂತ, ವಿದ್ವನ್ನ, ವಿದ್ವಾನ್ನ): ಆಗಸ (ಆಕಾಶ); 2, ಚಿತ್ರ (ಚಿತ್ರಂಗಳ್); 3, ಶಾಶ್ವತ (ಸ್ಥಿರ); 4, ಶಂಕರ (ಈಶ್ವರ); 5, ಸರಸಿಜನಾಭ (ವಿಷ್ಣು); 6, ಸಮಾನ (ಸಮ); 7, ಗುಣಾಢ್ಯ (ಗುಣಶ್ರೇಷ್ಠನು, ಗುಣಜ್ಞನು); 8, ಅಸಿತ (ಕಪ್ಪು).—Feminine ವಿದ್ವಾಂಸಳು (My.). ವಿದ್ವಾಂಸನಾದರೂ ವಿದ್ವಂಸನಾಗದೆ ಇರ.—ವಿದ್ವಾಂಸರ ಮುನ್ದೆ ವಿದ್ವಾಂಸರು ಬರ ಬಹುದೇ, ಗೋವಿನ್ದ? (Prvs.).

ವಿದ್ವಾನ್ vidvân. = ವಿದ್ವಸ್. (ವಿದ್ವಾಂಸ Mr. 223; B. 5, 230).

ವಿದ್ವಿಟ್ vi-dviṭ. = ವಿದ್ವಿಷ್. (Čpr. 5, 34).

ವಿದ್ವಿಟಿ vi-dviṭi. Tbh. of ವಿದ್ವಿಷ್. (ವಿದ್ವಿಷ Čt. II, 116).

ವಿದ್ವಿಟ್ಸ್ತ್ರೀ vidviṭ-strî. A hostile woman (not a good compound, Šmd. 76).

ವಿದ್ವಿಷ್ vi-dvish. ವಿದ್ವಿಟ್. = ವಿದ್ವಿಟಿ. Hating, inimical, hostile, adverse; an enemy, a foe.

ವಿದ್ವಿಷ vi-dvisha. = ವಿದ್ವಿಷ್. (ವಿದ್ವಿಟಿ Čt. II, 116; Bp. 51, 11).

ವಿದ್ವಿಷ್ಟ vi-dvishṭa. Hated, disliked, odious. 2, an enemy (Grj. 2, after 106).

ವಿದ್ವೇಷ vi-dvêsha. *Enmity, hatred;* contempt.

ವಿದ್ವೇಷಣ vi-dvêshaṇa. One who hates, a hater. 2, hatred, enmity.

ವಿದ್ವೇಷಣವಿದ್ಯೆ vidvêshaṇa-vidyĕ. Vidyâ looked upon as a deity who creates enmity (Abh. P. 6, 93).

ವಿದ್ವೇಷಿ vi-dvêshi. Hating, hostile;—an enemy (My.).

ವಿಧ್ vidh. Piercing, penetrating. See ವ್ಯಾ-.

ವಿಧ vi-dha. Form, manner, kind, sort;—fold (after numerals). *Cf.* ವಿಧೆ. ವಿಧ ತಿಳಿದವನಾದರೂ ವಿಧಿ ಬಿಡದು.—ವಿಧ ತಿಳಿಯದಿದ್ದರೆ ಮದ ಹೋದೀತೇ? (Prvs.).—ವಿಧವಿಧ. rep. ವಿಧ ವಿಧವಾಗಿ, variously (My.).

ವಿಧಜ್ಞ vidha-jña. Knowing the form or manner. See ದೀಕ್ಷಾ-.

ವಿಧವತೆ vi-dhavatĕ. Widowhood (Čpr. 1, 35).

ವಿಧವೆ vi-dhavĕ. = ಬೆಧವೆ. A husbandless woman: *a widow* (ಪತಿ ಸತ್ತವಳು Mr. 303).

ವಿಧಾತ vi-dhâta. Tbh. of ವಿಧಾತೃ. (My.).

ವಿಧಾತೃ vi-dhâtṛi. An arranger, a disposer, a maker, a creator. 2, *Brahmâ.*

ವಿಧಾತ್ರ vi-dhâtra. Tbh. of ವಿಧಾತೃ. (Šmd. 104; Kâvy. 1, 2, 93-95). ಧಾತು ತಿಳಿಯದವನು ವಿಧಾತ್ರನಿಗಿನ್ತ ಕಡೆ (Prv.).

ವಿಧಾನ vi-dhâna. = ಬೆಸನ 1. The act of putting in order, arranging, making ready, disposing, ordering, performing, forming, making, placing on, putting on or in, putting down, commencing (ಅಗ್ರ Nn. 32, o. r. ಮೊದಲ್);—arrangement, disposition, creation;—act, action, especially the performance of prescribed acts or rites. 2, a rule, a precept; a law, an ordinance, an injunction; a regulation, sacred text. 3, an act of worship, a rite, a ceremony. 4, *a form, a mode, a method, a manner* (ವಿಧಿ Nn. 21). 5, a means, an expedient. 6, an assembly (ತನ್ತ್ರ, ಕೂಟ 75; *cf.* ವಿಧಿ No. 12). 7, in grammar: affixing, prefixing, taking as an affix, etc. See ಸಮುಚ್ಚಯ; Šmd. 14. 42. 65. 352. 383.

ವಿಧಾನಪೂರ್ವಕ vidhâna-pûrvaka. According to rule or precepts (My.; B. 4, 215).

ವಿಧಾಯಕ vi-dhâyaka. Disposing, arranging, performing; consigning; enjoining. 2, a precept; an injunction (My.). 3, one who rules, a ruler, a leader (My.).

ವಿಧಾವನ್ತ vidhâ-vanta. A man who receives hire, a hireling (Ŏ. Bp. 47, 15; Bh. 2, 1, 40).

ವಿಧಿ vi-dhi. = ಬಿದಿ. A rule, a formula, a precept, an injunction, a text prescribing any act or observance, a vedic text; the vêda (ಶ್ರುತಿ, ವೇದ Nn. 21). 2, *an order, an ordinance, a statute, a law.* 3, a rite, a ceremony. 4, a method, a manner, a way (ವಿಧಾನ Nn. 21). 5, *Brahmâ* (ಅಮ್ಬುಜಾಸನ, ಬ್ರಹ್ಮ 21; ವಿಶ್ವಕರ್ಮ Mr. 520). 6, *Vishṇu.* 7, an excellent person (ಉತ್ತಮರ್ 21). 8, a clever or wise person (ವಿಚಕ್ಷಣರ್, ಬಲ್ಲವರ್ 21). 9, a poet (ಕವಿ, ಕವೀಶ್ವರ 21). 10, a physician. 11, *fate, destiny.* 12, an assembly (ಮೇಳ 21; ಕೂಟ Mr. 483; *cf.* ವಿಧಿ No. 6). 13, *time* (ಕಾಲ 21; ಕಾಲ 483). 14, in grammar: the imperative (Šmd. 90. 91. 270. 272. 276. 289. 290; Kâvy. I, 5, 1-5). See Šmd. 41. 120. 342. 366; Prv. s. ವಿಧಿ. — ವಿಧಿ ಪಡು. -ಪಡು. To obtain or suffer fate (Čpr. 9, 8).

ವಿಧಿಕ್ರಿಯೆ vidhi-kriyĕ. The imperative (Šmd. 86, No. 144. 91).

ವಿಧಿತ vi-dhita. Arranged, settled; apportioned, fixed, decreed (Bp. 2, 9).

ವಿಧಿದರ್ಶಿ vidhi-darši. *A priest whose business is to see that everything at a sacrifice is done according to prescribed rules.*

ವಿಧಿಪ್ರಕಾರ vidhi-prâkâra. According to rule (My.).

ವಿಧಿರೂಪ vidhi-rûpa. The imperative; the permissive imperative (as in ಮಾಡಲಿ, My.).

ವಿಧಿಲಿಖಿತ vidhi-likhita. Brahmâ's writ (on a man's forehead): destiny (My.).

ವಿಧಿವತ್ vidhi-vat. Agreeably to rule, in due form (My.).

ವಿಧಿವನ್ತ vidhi-vanta. A man who is in conformity with caste-rules (Bp. 57, 6).

ವಿಧಿವಶ vidhi-vaša. The power or influence of a rule or of fate (Kâvy. III, 3, B, 48; Čpr. 3, 39).

ವಿಧಿಸು vi-dhisu. To prescribe, to order, to ordain, to appoint, to allot; to give order to (a person). (Bp. 43, 82; Si. 265; My.; B. 4, 186).

ವಿಧೀಕರಣ vidhî-karaṇa. The act of putting in order, arranging, regulating or ordering. See ಏಳವು.

ವಿಧು vidhu. = ಬಿದು 1, ಎದು 2. *The moon.* 2, *Vishṇu.*

ವಿಧುಕಲಾಧರ vidhu-kalâ-dhara. Šiva (Bp. 11, 16).

ವಿಧುತ vi-dhuta. Shaken about; shaken off; *abandoned, relinquished, left off.*

ವಿಧುಧರ vidhu-dhara. Šiva (Bp. 52, 5).

ವಿಧುನ್ತುದ vidhun-tuda. Moon-troubler: *Râhu.*

ವಿಧುಬಿಮ್ಬ vidhu-bimba. The moon's disk (J. 4, 7).

ವಿಧುಮುಖಿ vidhu-mukhi. A woman with a moon-like face (My.).

ವಿಧುಮೌಲಿ vidhu-mauli. Šiva (Bp. 61, 89).

ವಿಧುರ vidhura. *Separated;* separation (from a mistress or lover, ಅಗಲ್ಕೆ Hlâ.). 2, agitated, troubled, distressed, bewildered. 3, *adverse;* adversity (ಹೊಲ್ಲಮೆ Hlâ.).

ವಿಧುರೆ vidhurĕ. A woman who is distressed (Čpr. 5, 124).

ವಿಧುವನ vi-dhuvana. *Shaking about, trembling, tremor.*

ವಿಧುವನಕರಣ vidhuvana-karaṇa. Causing to shake about or tremble, etc. See ಕೊಸೆ.

ವಿಧುಹಾಸ vidhu-hâsa. = ಚನ್ದ್ರಹಾಸ No. 3. (J. 29, 8; 31, 37).

ವಿಧೂತ vi-dhûta. Shaken or tossed about; trembling;— shaken off, dispelled, removed;—abandoned;—repugnance (Bp. 10, 12; 21, 2; 38, 67; 39, 67).

ವಿಧೂನನ vi-dhûnana. Causing to shake or tremble;— *shaking, trembling, tremor.*

ವಿಧೃತ vi-dhṛita. Kept apart. 2, seized, grasped, held; taken, assumed, possessed (Čpr. 4, after 42).

ವಿಧೆ vi-dhĕ. ವಿಧಾ. (= ಬೆಸ). *Form, formula, rule.* 2, *manner, kind, sort, way.* 3, act, action. 4, doing well, prosperity, affluence. 5, *hire, wages.* 6, the food of horses, elephants, etc., fodder.

ವಿಧೇಯ vi-dhêya. To be arranged, to be prescribed, to be enjoined;—to be placed on, fit to be put or built on (see ವಾಸ್ತು-);—to be performed;—liable to be ruled, governable, subject to;—*compliant, submissive, tractable,* obedient. See ಬಡಿ¹ 1.

ವಿಧೇಯತೆ vi-dhêyatĕ. = ವಿಧೇಯತ್ವ. (Čpr. 2, after 49).

ವಿಧೇಯತ್ವ vi-dhêyatva. Tractableness, docility, submission, obedience (My.).

ವಿಧ್ಯರ್ಥ vidhi-artha. The imperative (in grammar, Šmd. 54. 264. 269. 270 Cm.).

ವಿಧ್ಯುಕ್ತ vidhi-ukta. Declared or enjoined by the vêdas or šâstras (My.).

ವಿಧ್ವಂಸ vi-dhvaṁsa. Falling to pieces; ruin, destruction, death (Bp. 24, 7);—a man liable or subject to death, one who dies (see Prv. s. ವಿಧ್ವಾಂಸ). 2, aversion, enmity. 3, insult, offence.

ವಿಧ್ವನಿ vi-dhvani. = ಎದನಿ. An unnatural sound.

ವಿನತ vi-nata. Bent down, bowed;—humble, modest;— dispirited (Čh. v. 246; Bp. 35, 3).

ವಿನತಾತನಯ vinatâ-tanaya. Garuḍa (Čpr. 5, 75).

ವಿನತಾನನ್ದನ vinatâ-nandana. Garuḍa (Čpr. 2, after 7). 2, vinata-ânandana, one who treats friends or guests humbly and courteously (2, after 7).

ವಿನತಾಸುತ vinatâ-suta. Garuḍa (J. 14, 21).

ವಿನತಿ vi-nati. Bowing down, bending;—humility, modesty (Bp. 5, 47).

ವಿನತೆ vi-natĕ. ವಿನತಾ. *One of the wives of Kašyapa and mother of Garuḍa and Aruṇa;*—a bent down, etc. woman.

ವಿನದ vi-nada. Sound, noise. (A.).

ವಿನದ್ಧ vi-naddha. Firmly bound or tied. See ಅ-.

ವಿನಮಜ್ಜನಾರ್ದನ vinamat-janârdana. Šiva (Bp. 61, 48).

ವಿನಮತ್ vi-namat. Bending down, bowing.

ವಿನಮಿತ vi-namita. Bowed down, bowed, bent;—humble, modest. (Čh. v. 227; Šěv. 5, after 55). Feminine ವಿನಮಿತೆ (Čh. v. 224, where originally ವೃತ್ತಸ್ತನಭರವಿನಮಿತೆ; Grj. 5, after 12).

ವಿನಮಿಸು vi-namisu. To bow (v. i.) in token of reverence, to make obeisance (Bp. 23, 35).

ವಿನಮ್ರ vi-namra. Bowed (ಮಣಿ, ಆತಿಬಾಗಿದುದು Nn. 67);— depressed;—humble, modest;—N. of a vṛitta (Čh.).

ವಿನಯ vi-naya. Leading away;—leading, guidance, training, discipline;—gentleman-like bearing, good behaviour, decorum; condescension, affability; humility (Čpr. 2, 18; My.);—reverence (Šmd. 124), obeisance, courtesy.

ವಿನಯಗ್ರಾಹಿ vinaya-grâhi. *Compliant, submissive, humble.*

ವಿನಯಪೂರ್ವಕ vinaya-pûrvaka. With reverence, etc. (Bp. 25, 38; 28, 48; My.).

ವಿನಯಿತ vi-nayita. = ವಿನೀತ. A well-behaved, etc. man. ಎಡೆವಱಿವ ವಿನಯಿತಂ ಪೀತರಾಗನೆನಿಕ್ಕು (Mr. 241). See Mr. s. ಸೀಲೀರಾಗ.

ವಿನಯೋಕ್ತಿ vinaya-ukti. A gentle, modest, etc. word (J. 18, 41).

ವಿನಯೋಪಚಾರ vinaya-upačâra. Respectful, etc. attentions (My.).

ವಿನಶನ vi-naśana. Perishing, loss; disappearance. 2, the place where the river Sarasvatî is lost in the sand: Kurukshêtra (Śi. 101).

ವಿನಶ್ವರ vi-naśvara. *Liable to be destroyed, perishable.*

ವಿನಹ vinaha. Tbh. of ವಿನಾ. (My.; ಹೊರ್ತು G.).

ವಿನಹಾ vinahâ. Tbh. of ವಿನಾ. (My.; Tš.). ಲೊಟ್ಟೆಯಲ್ಲಿ ಗಟ್ಟಿ ಗನಾದರೂ (ತಲೆಗೆ) ಕೊಟ್ಟ ವಿನಹಾ (ಅವನನ್ನು) ಬಿಡುವದಿಲ್ಲ.—ವಟ್ಟ ಕೊಟ್ಟ ವಿನಹಾ ನಟ್ಟ ಬಿಡ (Prvs.). See Prvs. s. ಸಿಟ್ಟು ಬರು & ಹೆಣ್ಣು.— ವಿನಹಾಯಿತಿ. Exception (My.).

ವಿನಾ vinâ. *Without, except* (ವ್ಯತಿ, ಪೃಥಕ್, ಅನ್ತರ, ಬೇಱು ನುಡಿವೆಡೆ Mr. 584); exclusive of. ಮನುಷ್ಯನು ವಿನಾ ಮಿಕ್ಕೆಲ್ಲಾ ಜನ್ತುಗಳ ಗುಮ್ಪಿಗೂ ಯೂಥವೆನ್ದು ವಿಶೇಷನಾಮವು (Śi. 180).

ವಿನಾಡಿ vi-nâḍi. A period of twenty-four seconds, the sixtieth part of a nâḍi or Indian hour (My.).

ವಿನಾದ vi-nâda. = ವಿನದ. (A.).

ವಿನಾಯಕ vi-nâyaka. = ಬೆನಕ. Taking away; a remover (of obstacles): *Gaṇêśa* (ಎಲರುಣಿವಸಿಬಿ, ಎಡಗೇಡಿ, ಪೆರ್ಬೊಡೆಯ, ಸುಣ್ಡಿಲ ಮೊಗ, etc. Šm. 4; Kk. 5). 2, leading; a leader or guru. 3, *a Buddha or Jina.* 4, anarchical (My.).

ವಿನಾಯಿಸು vinâyisu. (fr. ವಿನಾ). To be excepted. ಅವನಿಗೆ ವಿದ್ಯೆ ವಿನಾಯಿಸಿ ಬೇಱೆ ಪ್ರವೃತ್ತಿಯಿಲ್ಲ (My.). 2, to except, to exempt (My.).

ವಿನಾಶ vi-nâśa. *Utter loss, perdition, ruin, destruction, annihilation, extinction* (Bp. 38, 3; 47, 51; 54, 22). See ಅಱಿ 1, ಕಿಡು 2, ನನ್ದು 2.

ವಿನಾಶನ vi-nâśana. Destructive, ruinous;—completely lost or ruined (see Mr. s. ಮೃತ);—destruction, annihilation (My.).

ವಿನಾಶೋನ್ಮುಖ vinâśa-unmukha. About to perish: *full ripe, mature.*

ವಿನಾಹ vi-nâha. = ವೀನಾಹ.

ವಿನಿದ್ರ vi-nidra. Sleepless, awake (Bp. 34, 2).

ವಿನಿನ್ದಿತ vi-nindita. Reproached, reviled, abused. 2, blameless (Čh. v. 7).

ವಿನಿಪತತ್ vi-ni-patat. Falling down, falling (Čpr. 4, 44).

ವಿನಿಮಯ vi-nimaya. *Exchange, barter.* 2, a pledge, a deposit, a security. See ತಿಱ್.

ವಿನಿಯತ vi-niyata. Restrained, checked, controlled (Bp. 46, 71).

ವಿನಿಯೋಗ vi-niyôga. Unyoking, separating; parting with; giving up. 2, appointment (to any office). 3, assignment, apportionment, distribution (of eatables, My.). 4, commission, charge. 5, application, use, employment (J. 20, 5; My.). ನಾವೆಲ್ಲರು ದೇವರು ಕೊಟ್ಟ ಐಶ್ವರ್ಯದ ವಿನಿಯೋಗದ ಲೆಕ್ಕವನ್ನು ದೇವರ ಹತ್ತರ ಕೊಡ ಬೇಕು (B. 5, 204). 6, an appointed task or duty, a business, a function, service (Č. Bp. 47, 15; Šśv. 1, after 79; J. 7, 4). ಇವರು ಘೋರಮಣರಲ್ಲಿ ವಿನಿಯೋಗಮುಂ ತಾಳ್ದು, ಪದಿನೆಣ್ಬರು ಪ್ರಧಾನರೆನಿಕ್ಕುಂ (Mr. 272; see ಅಷ್ಟಾದಶಪ್ರಧಾನ). ಓಲಗದ ವಿನಿಯೋಗಭೇದ (ಕರಣ, ಸಭಾಭೇದ Nn. 108). ವಿನಿಯೋಗಕ್ಕೆ (distribution) ಕಡಿಮೆಯಾದರೂ ಹನಿಯೋಗಕ್ಕೆ ಕಡಿಮೆಯಿಲ್ಲ (Prv.). 7, a servant (V. 6, 44).

ವಿನಿಯೋಗಿಸು vi-niyôgisu. To assign, to apportion (Bh. 1, 10, 4; My.). 2, to use (My.).

ವಿನಿರ್ಮಲ vi-nirmala. Very pure (Čpr. 1, 79; Bp. 24, 38; 30, 1; 38, 43*b*; 41, 30; 54, 20; 57, 66).

ವಿನಿರ್ಮಲತೆ vi-nirmalatĕ. Great pureness or brightness (Šśv. 2, 32).

ವಿನಿರ್ಮಿತ vi-nirmita. Formed or made of;—constructed, built, formed, made, created (Čh. v. 182. 194. 222; Čpr. 6, 5).

ವಿನಿವರ್ತನ vi-nivartana. Causing to come forth, calling forth, arousing (Čpr. 9, 39).

ವಿನಿಶ್ಚಲ vi-niśčala. Immovable, firm, steady (Abh. P. 16, 28; Bp. 10, 16; 21, 34; 26, 55; 60, 16; 61, 70).

ವಿನಿಶ್ಚಿತ vi-niśčita. Ascertained, settled, decided, certain (Bp. 54, 49).

ವಿನಿಹಿತ vi-nihita. Put off or down; placed or put on; fixed upon, directed; fixed in (Rśv. 5, 35).

ವಿನೀತ vi-nîta. Led away, taken away; removed;—conducted, performed, done (Kâvy. 4, 1);—*well-trained, educated, disciplined, refined, well-behaved, well-controlled;* compliant; *modest, demure, meek,* virtuous, gentle;—tamed, broken in;—plain, neat (in dress, etc.);—lovely, handsome (Bp. 43, 78; My.).

ವಿನೀತಿ vi-nîti. Good behaviour, reverence, homage; morals (Bp. 27, 76; 39, 23; 57, 90).

ವಿನೀಲತೆ vi-nîlatĕ. The state of being dark-blue or blue (Kâvy. V, 50).

ವಿನುತ vi-nuta. Praised (ಕೊಣ್ಡಾಡಲ್ಪಟ್ಟ Šmd. 92. 256 Cm.; Čh. v. 11. 60). 2, N. of a vṛitta (Čh.).

ವಿನುತಪ್ರಾಸ vinuta-prâsa. A kind of alliteration (Čh.).

ವಿನುತಿ vi-nuti. Praise (My.).

ವಿನುತಿಸು vi-nutisu. To utter with praise (Bp. 1, 37); to praise (25, 38; 38, 60; 59, 50; 61, 60).

ವಿನುತ್ಯ vi-nutya. = ವಿನುತ. (Šśv. 5, 63).

ವಿನೂತ vi-nûta. = ವಿನುತ. Praised (Čh. v. 224, o. r. ವಿನೂತ್ನ; Čpr. 2, after 7).

ವಿನೂತ್ನ vi-nûtna. New, novel. See Čh. s. ವಿನೂತ.

ವಿನೇಯ vi-nêya. To be taken away;—to be governed or directed, governable, tractable; compliant, disciplined, refined (Čpr. 1, 3. 8. 53. 60. 68; Abh. P. 1, 4).

ವಿನೋದ vi-nôda. = ಬಿನದ. Driving away; removing; abandoning. 2, *diversion, sport, pastime, play.* 3, interesting pursuit or occupation, pleasure, gratification, happiness (Šmd. 251). 4, eagerness. 5, jesting, joking (Mhr., My.).

ವಿನೋದಗಾತಿ vinôda-gâti. A playful, wanton woman (ಲಲನೆ Śi. 182; My.).

ವಿನೋದಗಾಱ vinôda-gâṟa. A playful, wanton man (My.); a man fond of jesting (My.).

ವಿನೋದನ vi-nôdana. = ವಿನೋದ. (Čpr. 2, 14).

ವಿನೋದಿಸು vi-nôdisu. = ಬಿನದಿಸು. To play, to sport (My.). 2, to be delighted, to be happy (Bp. 4, 9; My.).

ವಿನ್ದ vinda. Finding, getting, gaining, taking; one who finds, etc. See ಗೋ-.

ವಿನ್ದು vindu. = ಬಿನ್ದು. 2, *intelligent, knowing*.

ವಿನ್ದುಜಾಲಕ vindu-jâlaka. = ಬಿನ್ದುಜಾಲಕ. See Hlâ. s. ಚುಬ್ಬು.

ವಿನ್ಧ್ಯ vindhya. = ಬಿಂಜ. *N. of a range of mountains.* 2, a hunter.

ವಿನ್ಧ್ಯಾಚಲ vindhya-ačala. The Vindhya mountains (ಬಿಂಜ ವೆಟ್ಟು Ks.).

ವಿನ್ಧ್ಯಾದ್ರಿ vindhya-adri. = ವಿನ್ಧ್ಯಾಚಲ. (G. 51).

ವಿನ್ನ vinna. Known;—*discussed, judged.* 2, *obtained, gained.*

ವಿನ್ನಾಣ vinnâṇa. = ಬಿನ್ನಾಣ. (Abh. P. 11, after 46 & 94).

ವಿನ್ಯಸ್ತ vi-ni-asta. Placed down, deposited, fixed;—inlaid, paved;—delivered;—offered, presented (Bp. 7, 16).

ವಿನ್ಯಾಸ vi-ni-âsa. Putting or placing down; depositing, entrusting; a deposit;—putting or placing on or into;—placing in order, adjusting, disposing, arranging, distributing (ನಿಱುಗೆ Śmd. 5); orderly arrangement, disposition;—any site or receptacle on or in which anything is placed or deposited;—an assemblage. See ಅಕ್ಷರ-, ಚರಣ-, ಪದ-, ಬಲ-; Kâvy. III, 2, B, 33; Si. 66. 2, gesticulation (My.).

ವಿಪಕ್ವ vi-pakva. *Cooked, dressed;*—ripened, mature.

ವಿಪಕ್ಷ vi-paksha. *An opponent, an antagonist, an adversary, an enemy;* a rival;—contrary, hostile. 2, a disputant. 3, an exception (in grammar). 4, a syllogism in which the proposition to be maintained is always wanting. 5, an instance on the opposite side (Bp. 45, 44; 61, 47. 50. 83; Bh. 1, 8, 17).

ವಿಪಜ್ಜಲನಿಧಿ vipad-jalanidhi. An ocean of distress, etc. (Bp. 58, 52).

ವಿಪಂಚಿ vi-panči. *A lute* (with five strings, Mr. 80; ಪ್ರವಾಲ, ವೀಣೆಯ ಜೋಳಹು Nn. 7, o. r. ವೀಣೆ).

ವಿಪಣ vi-paṇa. *Selling, sale.*

ವಿಪಣಿ vi-paṇi. *A shop, a stall* (see ಪಣ 2, No. 12);—a market-street;—any article for sale.

ವಿಪಣಿಕ vi-paṇika. A dealer, a merchant (ವಣಿಜ, etc. Mr. 345).

ವಿಪತ್ಕಾಲ vipad-kâla. A time of calamity, adversity (My.).

ವಿಪತ್ತಿ vi-patti. Going wrongly: *adversity, calamity, misfortune, disaster.*

ವಿಪತ್ತು vi-pattu. = ವಿಪ್ಪತ್ತು. Tbh. of ವಿಪದ್. (My.). ವಿಪತ್ತು ಬನ್ದರೂ ಆಪತ್ತು ಬಿಡಲಿಲ್ಲ (Prv.).

ವಿಪಥ vi-patha. A wrong way; *a bad road.*

ವಿಪದ್ vi-pad. ವಿಪತ್. = ವಿಪತ್ತು, ವಿಪ್ಪತ್ತು. Going wrongly: *adversity, calamity, misfortune, disaster, distress;* death.

ವಿಪದೆ vi-padĕ. Misfortune, adversity (Sk.). 2, a miserable woman (J. 5, 61).

ವಿಪನ್ನ vi-panna. Gone wrong, fallen into adversity or misfortune, unfortunate, distressed; lost; failed (Čpr. 4, 40).

ವಿಪನ್ನತೆ vipannatĕ. The state of being without or destitute of (Čpr. 3, 79).

ವಿಪರಿಯಸ್ತಕ vi-pari-astaka. = ವಿಪರ್ಯಸ್ತಕ. (Mr. 256 in 2 MSS.).

ವಿಪರೀತ vi-parîta. Gone or turned the wrong way, *reversed, inverted, opposite, adverse, perverse, contrary;* reversed state (ಹಿನ್ದು ಮುನ್ದಾಗುಹ Hlâ.; ಅಭಿಹಾರ, ಹಿನ್ದು ಮುನ್ದಾದುದು Nn. 151);—wrong, contrary to rule;—uncommon, unusual (My.);—different;—cross;—disagreeable;—inauspicious; hostile (Kâvy. II, 2, B, 19-23; Bp. 18, 45; 21, 18; 39, 40; 50, 58). Feminine ವಿಪರೀತೆ (J. 5, 61). — ವಿಪರೀತಕೆಲಸ. Unusual, exorbitant work or business (My.).

ವಿಪರೀತಕಲ್ಪನ viparîta-kalpana. One of the padadôshas (Kâvy. II, 1, A, 12. 16-19; see ಅಷ್ಟಾದಶದೋಷ).

ವಿಪರೀತಕಾಲ viparîta-kâla. An adverse time, a time of calamity (My.).

ವಿಪರೀತತನ vi-parîtatana. Contrariety, inversion, reverse or opposite state or condition (Čb. 124).

ವಿಪರೀತಪತನ viparîta-patana. Falling upside down. See ಕವಿಚು 2.

ವಿಪರ್ಯಯ vi-pari-aya. *Reverse, inversion, contrariety;* inverted order, perverseness, obstruction, opposition (ವಿಪರೀತಂ ಮಾಡುಹ Hlâ.);—reverse of fortune, misfortune, calamity;—exchange, barter; error, transgression;—mistake;—enmity;—destruction.

ವಿಪರ್ಯಸ್ತಕ vi-pari-astaka. = ವಿಪರಿಯಸ್ತಕ, q. v. What is thrown across (the shoulders): a dôtra (Mr. 256).

ವಿಪರ್ಯಾಯ vi-pari-âya. = ವಿಪರ್ಯಯ. (Kâvy. III, 1, A, 24).

ವಿಪರ್ಯಾಸ vi-paryâsa. *Reverse, contrariety;* opposition;—interchange;—error, mistake, delusion. See Čh. 54. 239. 254; ತಪ ಮಾಡು, ತೊಡಕು 1.

ವಿಪರ್ಯಾಸೋಪಮೆ viparyâsa-upamĕ. One of the similes (Kâvy. III, 3, B, 63 seq.).

ವಿಪಲ vi-pala. ವಿಪಳ. A moment, an instant (B. 4, 103).

ವಿಪಶ್ಚಿತ್ vipaš-čit. *Wise, learned, intelligent.*

ವಿಪಾಕ vi-pâka. Cooking thoroughly: cooking, dressing;—ripening, ripeness, maturity;—digestion;—result; *the consequence or result of any action* either in this or in a former birth matured by the operation of time;—calamity, distress.

ವಿಪಾದಿಕೆ vi-pâdikĕ. *A blister or sore on the foot.*

ವಿಪಾಶ್ vi-pâš. *The Vipâšâ or Beas river in the Panjâb.*

ವಿಪಾಶೆ vi-pâšĕ. -ಶಾ. *The Beas river.*

ವಿಪಿನ vipina. *A wood, a forest, a grove* (ಸುರಭಿ, ಆರಣ್ಯ Nn. 30, o. r. ಅರಣ್ಯ).

ವಿಪಿನಚರ vipina-čara. Roaming or living in a forest; a wild animal (Čpr. 4, 48).

ವಿಪಿನಾಶ್ವ vipina-ašva. A species of deer (ಕಡವೆ Mr. 160).

ವಿಪುಲ vi-pula. *Large, great, extensive, broad, wide, spacious* (ದೊಡ್ಡಿತು Nn. 36. 127); ample, abundant, much; deep, profound.

ವಿಪುಲತರ vipula-tara. Uncommonly large, etc. (A.).

ವಿಪುಲವಿದ್ಯಾಶಿಕ್ಷಕ vipula-vidyâ-šikshaka. A teacher of many sciences (ಓಜ Kk. 35). See s. ಕಲ್ಲಾಯ್ತ.

ವಿಪುಲಾಧಿನಾಯಕ vipulâ-adhinâyaka. The ruler of the town Vipulĕ. (Čpr. 5, 116).

ವಿಪುಲೆ vi-pulĕ. ವಿಪುಲಾ. The wide (female): *the earth.* 2, N. of a ṛishi's wife (Mr. 258). 3, N. of a metre (Čh.). 4, N. of a town (Čpr. 5, 93; 6, after 11 & 17).

ವಿಪ್ಪತ್ತು vippattu. Tbh. of ವಿಪದ್. (My.).

ವಿಪ್ರ vipra. A singer of vedic hymns, a poet, a ṛishi. 2, *a Brâhmaṇa* (ಪಾರ್ವ Čt. II, 50; ಭೂಸುರ, ಬ್ರಾಹ್ಮಣ Nn. 104). 3, a ray (ಮರೀಚಿ, ಕಿರಣ 104). 4, the kuśa grass (ಕುಶೆ, ದರ್ಭೆ 104).

ವಿಪ್ರಕಾರ vi-prakâra. *Treating with disrespect, hurt, injury, offence* (ಉಪಮರ್ದ, ಕಿಪ್ಪುಳುವುದು Mr. 457);—abuse;—opposition;—retaliation;—various manner.

ವಿಪ್ರಕಾರಣ vi-prakâraṇa. Offensiveness, offence;—deceit (ವ್ಯಾಲಿಕ, ವಂಚನ, ಅಬಿಗೊಳುಹಂ Mr. 439).

ವಿಪ್ರಕೃತ vi-prakṛita. *Treated with disrespect, hurt, injured, offended;*—abused;—opposed;—retaliated.

ವಿಪ್ರಕೃಷ್ಟ vi-prakṛishṭa. Drawn or removed away;—*remote, distant.*

ವಿಪ್ರಕೃಷ್ಟಕ vi-prakṛishṭaka. *Remote, distant.*

ವಿಪ್ರತಿಷಿದ್ಧ vi-prati-siddha. Contradicted, opposed, prohibited, forbidden (Kâvy. III, 3, B, 140).

ವಿಪ್ರತಿಸಾರ vi-pratisâra. *Repentance.*

ವಿಪ್ರತೀಸಾರ vi-pratîsâra. *Repentance.*

ವಿಪ್ರಯುಕ್ತ vi-prayukta. Disjoined, separated. Feminine ವಿಪ್ರಯುಕ್ತೆ (Čpr. 8, 7).

ವಿಪ್ರಯೋಗ vi-prayôga. *Disjunction, separation.*

ವಿಪ್ರಲಬ್ಧ vi-pralabdha. Cheated, deceived;—*hurt, injured,* afflicted, disappointed (ವಿಕೃತ, ಖೈನ್ಯ Mr. 242).

ವಿಪ್ರಲಮ್ಭ vi-pralambha. Cheating; *deceiving by false assertions or by not keeping a promise; deception, deceit* (in general). 2, quarrel, disagreement. 3, disunion, disjunction. 4, *separation of lovers,* one of the śriṅgâra-rasas in poetry (Kâvy. IV, 2, 20. 26-29).

ವಿಪ್ರಲಾಪ vi-pralâpa. Talking idly, prattling;—*mutual contradiction, wrangling, quarrelling, quarrel;*—deception.

ವಿಪ್ರವಾರಣ vi-pravâraṇa. A gift, a present (ದಾನ Mr. 455).

ವಿಪ್ರಶ್ನಿಕೆ vi-praśnikĕ. *A female fortune-teller.*

ವಿಪ್ರಿಯ vi-priya. Unpleasant, disagreeable, unbeloved;—*offence, transgression.* 2, very much beloved (Šmd. 166).

ವಿಪ್ರುಷ್ vi-prush. = ವಿಪ್ಲುಷ್. *A drop of any fluid.*

ವಿಪ್ರೇನ್ದ್ರ vipra-indra. An excellent Brâhmaṇa (J. 26, 33).

ವಿಪ್ಲವ vi-plava. Floating or drifting about or in different directions;—confusion, perplexity;—trouble, disaster, calamity;—predatory or devastating warfare;—rapine, extortion;—*affray, scuffle, turmoil, disturbance.*

ವಿಪ್ಲವನ vi-plavana. = ವಿಪ್ಲವ. (Čpr. 1, after 81).

ವಿಪ್ಲುಷ್ vi-plush. = ವಿಪ್ರುಷ್. *A drop of any fluid.*

ವಿಫಲ vi-phala. Fruitless, useless, ineffectual, unmeaning, vain, idle. See ರೀತಿ-; Bp. 26, 48.

ವಿಫುಲ್ಲಿತ vi-phullita. Expanded, blown, as a flower (ಅರಳಿದ G.).

ವಿಬನ್ಧ vi-bandha. = ವಿವನ್ಧ. Entire stoppage;—fastening or binding well or on different sides, a dike (? ಪಾಲಿ, ಆಶಿಬನ್ಧನ Nn. 31);—*constipation, ischury.*

ವಿಬಾಡ vibâḍa. (ವಿಭಾಡ). A man who beats or destroys (Râm. 6, 10, 25; 6, 50, 45).

ವಿಬಾಡಿಸು vibâḍisu. (ವಿಭಾಡಿಸು). To beat, to flog; to subdue; to destroy (*cf.* ಬಡಿ 1). ಗರ್ವಿಸುವ ದಕ್ಷಿಣಪತಿಯ ಮದವಂ ವಿಬಾಡಿಸುವ ಸರ್ವಮಂಗಲೆಯಣುಗ ಬಾರಾ! (Bp. 24, 37). ಒಬ್ಬನೆ ಭೀಮನ್ ಅನಿಬರ ಸದೆವ, ತಾ ಸೋತರೆ ವಿಬಾಡಿಸಿ ಕೆಡದುವನು, ಗೆಡ್ಡೋಡಿದರೆ ಬೆಮ್ಬತ್ತಿ ಹಿಡಿದೆಬೊದು ಸದೆದು ಬಿಡುವನು (Bh. 1, 6, 3). ಬಗೆಯದೆನ್ನೊಡಲಸುರಘಾತಿಗೆ ಮಿಗೆ ವಿಬಾಡಿಸಿ ಕೊಡುವೆಂ (1, 10, 18). ಬಲುಗತ್ತೆ ಗೂಳಿಯನ್ ಇವ ವಿಬಾಡಿಸಿದನೇ (2, 10, 18). See J. 4, 14; 6, 54; 14, 12; 21, 21.

ವಿಬುಧ vi-budha. A learned or wise man (ವಿದ್ವತ್ Šmd. 181 Cm.). 2 *a god.*

ವಿಬುಧಪತಿ vibudha-pati. Indra (Kk. 1).

ವಿಬೋಧ vi-bôdha. 1. Awaking; perceiving; intelligence; wisdom (Kâvy. I, 1 *a*, 1).

ವಿಬೋಧ vi-bôdha. 2. Want of consciousness, absence of mind.

ವಿಭಕ್ತ vi-bhakta. Divided, partitioned, portioned. 2, parted, separated. — ವಿಭಕ್ತಕುಟುಮ್ಬ. A family the members of which are separated, each having received his portion of the family property (My.). — ವಿಭಕ್ತಸಹೋದರರು. Brothers who are separated, each having received his portion of the paternal inheritance (My.).

ವಿಭಕ್ತಿ vi-bhakti. A division, a partition. 2, a part, a portion, a share of inheritance, etc. 3, a termination or inflection either of a case or of the persons of a verb (Šmd. 46. 62. 86. 88. 90. 116. 163. 170. 194. 195. 253. 255. 256. 259; Kâvy. I, 1*b*, 1-5; I, 2, 1. 17-22. 55-61; I, 5, 1-16).

ವಿಭಕ್ತಿಗಣ vibhakti-gaṇa. The various terminations or inflections (Kâvy. I, 3, 1-4).

ವಿಭಕ್ತಿಪರಿಣಾಮ vibhakti-pariṇâma. Changes of the inflections of nouns or of cases (Šmd. 177).

ವಿಭಕ್ತಿಮಾಲೆ vibhakti-mâlĕ. The row of the terminations or their collection arranged in order (Šmd. 89).

ವಿಭಕ್ತಿರೂಪಕ vibhakti-rûpaka. A kind of rûpaka (Kâvy. III, 3, B, 81 seq.).

ವಿಭಂಗ vi-bhaṅga. Breaking, fracture; destroying;—division;—stoppage, obstruction;—bending, contracting;—expression or play of features (Bp. 61, 49).

ವಿಭಂಗಿತ vi-bhaṅgita. Broken, destroyed, divided, etc. (Bp. 7, 3).

ವಿಭಂಗಿಸು vi-bhaṅgisu. To break to pieces, to destroy (Šŝv. 4, 129).

ವಿಭಜನ vi-bhajana. Division, (also in arithmetic, My.), separation, disjunction, partition. See ಎಕ್ಕ 1, ಪಸು 3, ಬಿಡು 1.

ವಿಭಜಿಸು vi-bhajisu. To divide, to partition; to divide (in arithmetic, My.).

ವಿಭರ್ತ್ಸನ vi-bhartsana. (= ನಿರ್ಭರ್ತ್ಸನ). See ಕೊಕ್ಕರಿಸು 1.

ವಿಭವ vi-bhava. Manifestation; display, magnificence (Bh. 1, 8, 164); greatness, glory, dignity, majesty, excellence; power; wealth; lofty-mindedness, magnanimity;—the second year in the cycle of sixty (My.). See ಅಲಮ್ಬು. — ವಿಭವಪ್ಪೆಟ್. -ಂ-ಪೆಟ್. To obtain greatness, to appear in a glorious state (Šŝv. 1, after 81).

ವಿಭವರಮೆ vibhava-ramĕ. A woman possessed of greatness or wealth: Lakshmî (Râv. 13, after 71).

ವಿಭವವತ್ vibhava-vat. *Possessed of power, wealthy.*

ವಿಭಾಕರ vibhâ-kara. *The sun.*

ವಿಭಾಗ vi-bhâga. Dividing, division, separation, partition (ನಿರ್ಯಾಣ, ಭಾಗವ ಮಾಡುವುದು Nn. 90);—*portion, part, share* (ಪಾಲಿ, ಭಾಗೆಯ Nn. 31; ಭಾಗ, ಭಾಗಿ 79);—the share or portion of an inheritance (ವೈಭಾಗ, ದಾಯ Nn. 142);—partition of inheritance, distribution, apportionment;—arrangement. See Kâvy. III, 3, B, 162. — ವಿಭಾಗಪತ್ರ. A deed of partition (My.). — ವಿಭಾಗಸಾಧನ. A partition-settling, a deed of partition (My.).

ವಿಭಾಗಿಸು vi-bhâgisu. To divide, to apportion, to distribute (Šmd. 46; B. 5, 92; My.).

ವಿಭಾಜ್ಯ vi-bhâjya. To be divided or apportioned, portionable, divisible (My.).

ವಿಭಾತ vi-bhâta. Shining;—*dawn, day-break.*

ವಿಭಾತಿ vi-bhâti. Shine, lustre, beauty (Bp. 18, 39; 38, 45);—dawn.

ವಿಭಾವ vi-bhâva. Any condition which excites or develops a particular state of mind or body: one of the divisions of bhâvas (Kâvy. IV, 2, 18. 19);—any causative or exciting property (as dress, perfumes, etc. causing amorous desire, extravagant gesture causing mirth, etc., etc., Čpr. 4, 78)—discrimination, judgment;—a friend, an acquaintance. See Bp. 8, 5; 53, 31; 55, 1.

ವಿಭಾವನ vi-bhâvana. = ವಿಭಾವನೆ. Causing to appear distinctly; clear perception, distinguishing or perceiving distinctly, discrimination, judgment. 2, description of effects not arising from the usual causes, peculiar causation; or description by negatives, bringing out the qualities of any object more clearly than by positive description.

ವಿಭಾವನತೆ vi-bhâvanatĕ. Manifestation (Bp. 56, 47).

ವಿಭಾವನೆ vi-bhâvanĕ. = ವಿಭಾವನ No. 2. One of the atiŝayas in arthâlaṅkâra (Kâvy. III, 3, B, 121. 130 seq.).

ವಿಭಾವರಿ vibhâ-vari. The dawn. 2, *night.*

ವಿಭಾವಸು vibhâ-vasu. Abounding in light;—*the sun;—fire.*

ವಿಭಾಷೆ vi-bhâshĕ. An alternative, option (Kâvy. III, 2, B, 33). 2, another or foreign language (My.).

ವಿಭಾಸ vi-bhâsa. Tbh. of ವಿಭಾಸೆ. (Bp. 16, 23).

ವಿಭಾಸಿ vi-bhâsi. Shining, radiant (Čpr. 2, 13).

ವಿಭಾಸೆ vi-bhâsĕ. Bright shine, light, lustre.

ವಿಭಾಸ್ಕರ vi-bhâskara. Very shining or resplendent (Bp. 46, 69. 70).

ವಿಭಿನ್ನ vi-bhinna. Split or broken asunder, divided, separated, pierced;—scattered, dispersed, dispelled, gone (Bp. 42, 20);—bewildered, estranged, perplexed;—disappointed;—various, different.

ವಿಭೀತ vi-bhîta. Fearless. 2, *the tree Terminalia bellerica* Roxb. (ತಾಟ್ Hlâ.).

ವಿಭೀತಕ vi-bhîtaka. *The tree Terminalia bellerica* Roxb. (ಅಕ್ಷ, ತಾಟ್ Mr. 122, o. r. ತಾಡ್).

ವಿಭೀಷಣ vi-bhîshaṇa. Terrifying, formidable. 2, N. of the younger brother of Râvaṇa (J. 18, 7. 8. 38; see ನಿತ್ಯ ಜೀವಿ).

ವಿಭು vi-bhu. Being everywhere, omnipresent;—excellent, eminent, supreme; capable, able;—a lord, a ruler, a master, an owner;—Brahmâ; Vishṇu; Šiva (Čh. v. 5; J. 4, 62; 19, 15).

ವಿಭುತ್ವ vi-bhutva. Might, power (Rŝv. 13, 10); mastership, ownership (My.).

ವಿಭೂತಿ vi-bhûti. = ಇಬತ್ತಿ, ಈಬೂತಿ, ಊಬತ್ತಿ, ಯಿಬೂತಿ. *Great power, might, dominion, supremacy, dignity;* great success, prosperity, welfare (ಮಹೈಶ್ವರ್ಯ, ದೊಡ್ಡಿಹ ಐಶ್ವರ್ಯ Nn. 106); glory, renown (ಜಸ, ಕೀರ್ತಿ 106); superhuman power (consisting of eight faculties; see ಅಷ್ಟ-). 2, the ashes of cow-dung (ಭೂತಿ, ಬೂದಿ 106; ಕ್ಷಾರ, ಭಸ್ಮ, etc., ಸಾರಿಪ್ಪ ಬೂದಿ Mr. 48). 3, N. of a vṛitta (Čh.). — ವಿಭೂತಿಕಸ. = ಬೂದಿಗನ ಕಸ. (Z.). — ವಿಭೂತಿಗಟ್ಟಿ. A quadrangular cake of indurated ashes (My.). — ವಿಭೂತಿ ಯುಣ್ಡೆ. -ಉಣ್ಡೆ. A ball of indurated ashes (My.).

ವಿಭೂಷಣ vi-bhûshaṇa. Decoration, ornament; *an ornament* (ಅಲಾಮು, ಆಭರಣ Nn. 26; see ಮಣಿ-).

ವಿಭೂಷಿತ vi-bhûshita. Adorned, decorated, ornamented (My.).

ವಿಭೂಷೆ vi-bhûshĕ. Decoration; *lustre, splendour, beauty.*

ವಿಭೃತಿ vi-bhṛiti. (= ಪ್ರಭೃತಿ). (Bp. 46, 73).

ವಿಭೆ vi-bhĕ. ವಿಭಾ. *Light, lustre; a ray of light.*

ವಿಭೇದ vi-bhêda. Breaking asunder, dividing, splitting in two, breaking; opening; separating (ಒಕ್ಕಿಲ್ Mr. 372); loosening, untying, etc.;—a variety, a kind, distinction, difference (ಭೇದ Nn. 18. 37; ವಿವರ 72; Čh. v. 25; J. 13, 41).

ವಿಭೇದಕ vi-bhêdaka. A man who divides or pierce. See ವಸು-.

ವಿಭೇದಿಸು vi-bhêdisu. To cleave, to divide, to pierce (Šŝv. 1, 16; My.). 2, to become different, to alter (My.).

ವಿಭೋಗ vi-bhôga. Enjoyment, joy (Bp. 8, 58; 57, 92).

ವಿಭ್ರಮ vi-bhrama. Roaming or wandering about, whirling round, going round (ತಿರಿಗಿ ಬಾಹನ್ನಾದು Nn. 129, o. r. ತಿರುಗುವನ್ನಾದು);—error, mistake;—*doubt, apprehension;—hurry, confusion, bewilderment, agitation, alarm, perturbation, flurry* (ಸೊಗುರಿಸಿದುದು Čt. II, 89); especially *one of the classes of feminine action proceeding from love, as when an enamoured woman through flurry puts on her ornaments in the wrong places* (see Nr. s. ಒಳು 2);—rapture;—*beauty, charm, grace.* See ಚಿತ್ತ-; Nn. & Mr. s. ಶೋಭೆ 1.

ವಿಭ್ರಮಣ vi-bhramaṇa. = ವಿಭ್ರಮ. (ಸಮ್ಭ್ರಮ, ತಿರುಗುವುದು Nn. 63).

ವಿಭ್ರಮಿ vi-bhrami. Agitated, alarmed, etc. (ವಿಹ್ವಲ Nn. 149).

ವಿಭ್ರಮಿಸು vi-bhramisu. To be confused, to become bewildered, to fall into error, etc. (Bp. 45, 17; 54, 30; 55, 34).

ವಿಭ್ರಾಜ್ vi-bhrâj. *Shining, splendid.*

ವಿಭ್ರಾಜಿತ vi-bhrâjita. Made splendid or bright (J. 7, 9).

ವಿಭ್ರಾಜಿಸು vi-bhrâjisu. To shine forth, to shine, to glitter, to be bright (Bp. 3, 68; 36, 50; A.).

ವಿಭ್ರಾನ್ತ vi-bhrânta. Whirled about; agitated, bewildered, flurried, confused (Abh. P. 14, 171; Bp. 22, 50; 29, 22). Feminine ವಿಭ್ರಾನ್ತೆ (40, 27).

ವಿಭ್ರಾನ್ತಿ vi-bhrânti. Confusion, bewilderment, etc. (Čpr. 2, 52; Bp. 22, 4; Rŝv. 6, 20; see ದಾವ-). — ವಿಭ್ರಾನ್ತಿಗೊಳ್. -ಕೊಳ್. To grow confused, etc. (Bp. 18, 46).

ವಿಮಗ್ನ vi-magna. Plunged into, deeply entered into (Bp. 12, 30).

ವಿಮಣ್ಡಿತ vi-maṇḍita. Greatly adorned or decorated (Abh. P. 14, 177).

ವಿಮತ vi-mata. Disagreed, disagreeing, dissenting;—at variance, averse;—slighted, despised, offended;—of a different mind or disposition;—an enemy;—a different religion or caste (My.).

ವಿಮತಸ್ಥ vimata-stha. A man of a different religion or caste (My.).

ವಿಮನಸ್ vi-manas. Changed in mind or feeling;—averse, displeased;—*sad, distressed, heart-broken;*—absent in mind;—perplexed, bewildered.

ವಿಮನಸ್ಕ vi-manaska. Depressed in spirit, sad, melancholy (My.). 2, of estranged mind.

ವಿಮಯ vi-maya. (ವಿಮೇಯ). Exchange, barter.

ವಿಮರ್ದ vi-marda. Crushing, bruising; grinding, pounding;—rubbing; *trituration* (of perfumes);—touch, contact;—destroying;—war, battle.

ವಿಮರ್ದನ vi-mardana. = ವಿಮರ್ದ. Trituration (of perfumes, ಮರ್ದಿಸುಹ, ಪರಿಮಳ Nr.); etc. See ಹಸ್ತ-.

ವಿಮರ್ಶ vi-marśa. Consideration, deliberation;—investigation, examination, inquiry (My. as ವಿಮರ್ಶೆ), discussion.

ವಿಮರ್ಶಕ vi-marśaka. An investigator, etc. (My.).

ವಿಮರ್ಶನ vi-marśana. = ವಿಮರ್ಶ. Investigation, etc. (G.).

ವಿಮಲ vi-mala. *Stainless, spotless, pure, clean, clear* (ಪಳಂಚಿ Čt. II, 59). — ವಿಮಲದೇವ. N. (Bp. 58, 4). — ವಿಮಲಾದೇವಿ. -ದೇವಿ. N. (Bp. 59, 8).

ವಿಮಲತರ vimala-tara. Uncommonly pure (Bp. 39, 63; 46, 64).

ವಿಮಲತ್ವ vi-malatva. Stainlessness, cleanliness, purity, clearness (Bp. 2, 37).

ವಿಮಲಮತಿ vimala-mati. (Šmd. 111). Pure-minded.

ವಿಮಲಾತ್ಮಕ vimala-âtmaka. Pure-minded, *clean, pure.*

ವಿಮಲಿತ vi-malita. Made clean, clean (Bp. 4, 27; 55, 39).

ವಿಮಲೆ vi-malĕ. A stainless woman;—*a particular plant* (= ಚರ್ಮಕಷೆ, etc.).

ವಿಮಲೇನ್ದ್ರಮುನಿಪ vimala-indra-munipa. N. (Bp. 52, 18).

ವಿಮಾತೃ vi-mâtṛi. A step-mother.

ವಿಮಾತೃಜ vimâtṛi-ja. *A step-mother's son.* See ಸವತಿದಾಯ್.

ವಿಮಾನ vi-mâna. 1. Disrespect, dishonour.

ವಿಮಾನ vi-mâna. 2. A measure. 2, *a car or chariot of the gods,* serving as a throne or as conveyance through the skies, self-directed and self-moving; a palankeen (ತಿಬಿಕೆ Nn. 42). See ಪಾಡು 2. ವಿಮಾನ ಏರಿ ಬೇಕಾದರೆ ಪರಮಾನ್ನ ತಿನ್ನಬೇಕೇ? (Prv.).

ವಿಮಿಶ್ರ vi-miśra. Mixed or mingled together.

ವಿಮಿಶ್ರವರ್ಣ vimiśra-varṇa. Commingled or double letters (Kâvy. III, 1, A, 4).

ವಿಮುಕ್ತ vi-mukta. Loosed, let loose, sent forth, liberated; freed from; quitted; issued from; hurled, thrown (ನಿಗಮ, ಬಿಟ್ಟುದು Nn. 40; Šmd. 296 Mḍb.; see Čpr. 6, 3; J. 5, 30; 10, 9). 2, excrement (see Mr. s. ನಿಸರ್ಗ & *cf.* ವಿಸರ್ಗ).

ವಿಮುಕ್ತಿ vi-mukti. Liberation, release; escape. 2, final emancipation (My.).

ವಿಮುಖ vi-mukha. Having the face turned away or cast down, averted; turned away from;—disinclined, opposed (Bp. 39, 68; 60, 9; J. 11, 4. 5). ಪ್ರಮುಖನಾದವನು ವಿಮುಖನಾಗ ಬಾರದು (Prv.).

ವಿಮುಖ್ಯ vi-mukhya. Chief, excellent.

ವಿಮುಖ್ಯಾಸ್ಪದ vimukhya-âspada. The best place or state: detachment of the soul from further transmigrations, etc. (ಕೈವಲ್ಯ, ಮುಖ್ಯವಾದ ಸ್ಥಾನ Nn. 165).

ವಿಮುಂಚಿ vi-muñči. N. of a Brâhmaṇa (Abh. P. 6, after 32 & 35).

ವಿಮುಣ್ಡನ vi-muṇḍana. Shaving (ಕ್ಷೌರ, etc. Mr. 438).

ವಿಮೋಕ್ಷ vi-môksha. Liberation, release, freedom;—discharging;—final emancipation. See Bp. 24, 85; 34, 86; 46, 8; ಶಾಪ-.

ವಿಮೋಚನ vi-môčana. Unloosing, loosening; unharnessing; sending forth; liberating, setting at large; emitting; giving up, quitting; throwing;—escape, liberation, release. See ಉಡು 1, ಕಡು 3, ಬಿಡು 1; ಕರ-, ಗಾಢ-, ಯುಗಾಂಗುಲಿ-, ರಥ-; J. 8, 6.

ವಿಮೋಚನೆ vi-môčanĕ. = ವಿಮೋಚನ. (My.).

ವಿಮೋಚಿಸು vi-môčisu. To liberate, to free, to set at large (My.).

ವಿಮೋಹ vi-môha. Infatuation, bewilderment, confusion. See ದುರ್-; ಬೆಚ್ಚಳಿಸು; Čpr. 3, 26; 5, 6. 8.

ವಿಮೋಹನ vi-môhana. Confusing, perplexing, infatuating, bewildering, stupefying; alluring, seducing, bewitching, tempting. See ಚಿತ್ತ-.

ವಿಮೋಹನವಿದ್ಯೆ vimôhana-vidyĕ. The art or power of bewitching (Čpr. 5, 5).

ವಿಮೋಹಿಸು vi-môhisu. To grow confused, to become perplexed or bewildered (Čpr. 2, 25; 4, 78).

ವಿಮ್ಬ vimba. = ಬಿಮ್ಬ.

ವಿಮ್ಬಿ vimbi. = ಬಿಮ್ಬಿ.

ವಿಮ್ಬಿಕೆ vimbikĕ. = ಬಿಮ್ಬಿಕೆ.

ವಿಯಚ್ಚರ viyat-čara. A bird (ಪಕ್ಷಿ Nn. 75). 2, a monkey (Abh. P. 12, 93. 96). 3, a Gandharva.

ವಿಯಚ್ಚರೇಶ್ವರ viyaččara-îśvara. A king of the Gandharvas (Čpr. 6, after 18).

ವಿಯತ್ vi-yat. *The sky, the atmosphere.* 2, a zero (see s. ದ್ವಾಪರ).

ವಿಯತಿ vi-yati. A wrong caesura (Bp. 1, 18).

ವಿಯತ್ತಲ viyat-tala. = ವಿಯತ್. (Bp. 11, 44; 44, 40).

ವಿಯಚ್ಛುಕ viyat-śuka. The sky considered as a parrot (Čpr. 4, 50).

ವಿಯದ್ಗಂಗೆ viyat-gaṅgĕ. *The sky-Ganges, the heavenly Ganges*; the galaxy.

ವಿಯನ್ನೀರಜ viyat-nîraja. The sky looked upon as a lotus (Čpr. 8, 34).

ವಿಯನ್ಮಹೀರುಹ viyat-mahîruha. A tree of the sky (Čpr. 3, 96).

ವಿಯಮ vi-yama. *Restraint, check; forbearance;*—rest, cessation;—pain, distress. See Sl. s. ಸಾಕು ಮಾಡು.

ವಿಯಾತ vi-yâta. *Shameless, impudent, ill-behaved, bold.*

ವಿಯಾಮ vi-yâma. = ವಿಯಮ. *Restraint,* etc.

ವಿಯುಕ್ತ vi-yukta. Disjoined, detached, separated (Čh. v. 57).

ವಿಯುತ vi-yuta. Separated, deprived of, separated from.

ವಿಯುತಾರ್ಥಕ viyuta-arthaka. *Void of meaning.*

ವಿಯೋಗ vi-yôga. *Separation* (ಅಗಲಿಕೆ Nn. 149), disunion, disjunction;—loss, death, absence.

ವಿಯೋಗಿ vi-yôgi. Being separated;—one who is separated from his wife, etc. (Čpr. 4, 39; Ššv. 1, 52);—the ruddy goose. ವಸನ್ತರಾಜನ್ ಎಬ್ಬಿನ್ಡಪನ್ ಇನ್ದು, ನಾಳೆ ಬರ್ದುಕಿಲ್ಲ ವಿಯೋಗಿಗೆ (Šmd. 260. Mdb.).

ವಿಯೋಗಿನಿ vi-yôgini. A woman separated from her husband or lover (Čpr. 4, 40).

ವಿರ್ v-ir². An affix for the plural, masculine and feminine, *e. g.* ತನ್ದೆವಿರ್, ತಾಯ್ವಿರ್, ಸೊಸೆವಿರ್ (Šmd. 120), ಅತ್ತೆವಿರ್, ಅತ್ತೆವಿರ್ಗಳ್ (124).

ವಿರ vira. = ಇರ 2, etc. Two.— ವಿರಜಾಜಿ. Double jasmine (Tê.; ಸಪ್ತಲೆ, ನವಮಾಲಿಕೆ, ಹೆಜ್ಜಾಜಿ Si. 139).

ವಿರಕ್ತ vi-rakta. Discoloured. 2, disaffected, estranged, indifferent. 3, free from passion or affection; one who is void of attachment to worldly objects or freed from worldly affections and passions (ವಿರಾಗಾರ್ಹ, ವೈರಂಗಿಕ Hlâ.; ವೈರಾಗಿ Mr. 236).

ವಿರಕ್ತಿ vi-rakti. Change of disposition or feeling, estrangement. 2, absence of affection, freedom from passion, weanedness from the world (Čpr. 7, 28; Bp. 44, 65; J. 4, 50; see Si. s. ಆಸ್ತಿಕ್ಯ).

ವಿರಚನ vi-račana. The act of arranging, arrangement; constructing, contriving, contrivance; making; compiling, composing, composition; embellishing; any artificial or ornamental fabric.

ವಿರಚನಾರ್ಥ viračana-artha. The meaning of viračana; an object of embellishment. See ಪೋಲ್ 3.

ವಿರಚನೆ vi-račanĕ. = ವಿರಚನ. (Bp. 11, 31; My.).

ವಿರಚಿತ vi-račita. Arranged; contrived, constructed, formed, made, prepared; compiled, composed (Šmd. 408; Čpr. 6, 43; J. 3, 2).

ವಿರಚಿತೋದ್ಯೋಗ viračita-udyôga. Arranged undertaking, etc. See ಪೊಗಸು 1.

ವಿರಚಿಸು vi-račisu. To arrange; to construct, to build, to form, etc.; to compile, etc. (Kâvy. I, 1*a*, 3; Čh. v. 172; Čpr. 1, after 133; 6, 90; Bp. 1, 23; 4, 27; 21, 27; 25, 20; 53, 32; Mr. 422).

ವಿರಜಸ್ vi-rajas. Free from dust;—passionless;—free from the menstrual excretion.

ವಿರಜಸ್ತಮಸ್ virajas-tamas. *Free from the qualities of passion and ignorance.*

ವಿರಂಚಿ viranči = ವಿರಿಂಚಿ. *Brahmá.*

ವಿರಡ virada. (Tbh. of ವಿರಾಟ್). ಹರಿಯ ಬಸುರೊಳಗಬಿಲಲೋಕದ ವಿರಡವಡಗಿಹ ಪೋಲು (Bh. 1, 1, 12).

ವಿರತ vi-rata. Ceased from, desisting from, stopped, ceased;—rested, ended, concluded; come to an end. See ಅ-; Grj. 4, after 104; Bp. 27, 33.

ವಿರತಿ vi-rati. *Cessation, stop, end;*—pause, caesura (Čh.);—indifference.

ವಿರಥ vi-ratha. Having no car or chariot, chariotless (J. 12, 24. 47).

ವಿರಲ virala. = ವಿರಳ. Having interstices, separated by intervals (of space or time; *cf.* ಬಿಡು 2, ಬಿರಿ 3 or ಬೇರ್?);—*not close or compact, open in texture, not thick or dense, fine, thin, delicate;—loose, wide apart;*—rare, of unfrequent occurrence; rare, scarce;—single;—remote;—*little, few.* See ಅ-.

ವಿರಲತೆ viralatĕ. = ವಿರಳತೆ. The state of being of unfrequent occurrence, etc.

ವಿರಲತ್ವ viralatva. = ವಿರಲತೆ, ವಿರಳತ್ವ.

ವಿರಲವಸ್ತುಮೇಲನ virala-vastu-mêlana. Joining or collecting things that are separated from one another. See ಅಯ್ 2.

ವಿರಲವಸ್ತ್ವಾಕರ್ಷಣ virala-vastu-âkarshaṇa. Pulling or taking things towards one's self that are separated by intervals. See ಅಯ್ 2.

ವಿರಲಾರ್ಥ virala-artha. In a separate, loose, or single manner. See ಪಟಿಪಟಿನೆ.

ವಿರಲಿತ viralita. Not compacted, not closely united, not dense. See ಅ-.

ವಿರಲೇತರ virala-itara. Other than wide apart: *dense, thick, compact, close.*

ವಿರಸ vi-rasa. Juiceless, sapless, flavourless, tasteless, insipid; dry, flat (as speech); unenergetic; vigourless;—painful; saplessness, etc.; pain. See Bp. 3, 46; 19, 1; J. 22, 16; 40, 30; B. 5, 139; ಶ್ರುತಿ-. Feminine ವಿರಸೆ (Bp. 40, 53; J. 5, 61). ಸರಸ ವಿರಸನಾಗದೇ? (Prv.).

ವಿರಹ vi-raha. = ಬಿರಯ, ಬಿರಹ. *Separation, parting, separated state* (especially of lovers or friends); the anguish of separation (ಅಲ್ಲರ Čt. I, 85; ಉತ್ಕಲಿಕೆ Nn. 102; ಬೇಟ Bhn. 41);—loneliness, distance;—want of;—abandonment, cessation, relinquishment. ತಾಳಲಾಱದ ವಿರಹ ತಿಣಿಕೆವರೆ ಹೋದೀತೇ? (Prv.).

ವಿರಹಜ್ವರ viraha-jvara. The anguish of separation (Čpr. 8, after 66).

ವಿರಹತಾಪ viraha-tâpa. = ವಿರಹಾಗ್ನಿ. (My.).

ವಿರಹಾಗ್ನಿ viraha-agni. The fire of separation (Čpr. 5, 129).

ವಿರಹಾನಲ viraha-anala. = ವಿರಹಾಗ್ನಿ. (Čpr. 8, 6).

ವಿರಹಿ vi-rahi. = ಬಿರಯಿ, ಬಿರಹಿ. Being separated from, absent from, bereft of;—a man separated from his beloved ones, or one who suffers the pangs of absence from them (Šmd. 16, o. r. ಬಿರಯಿ; J. 1, 9; 3, 24. 26). Feminine ವಿರಹಿಣಿ (Ršv. 11, 10).

ವಿರಹಿತ vi-rahita. Abandoned, deserted, left, left alone, solitary, lonely, separated, absent from;—devoid of, exempt from, bereft of, destitute of, free from, wanting, without (Šmd. 82; Bp. 18, 98; 25, 32; 46, 16; J. 18, 13). Feminine ವಿರಹಿತೆ (J. 5, 51).

ವಿರಹಿಸು virahisu. = ಬಿರಯಿಸು. To be abandoned; to be separated from, etc.

ವಿರಳ viraḷa. = ವಿರಲ. (ಬಿಡಿಕೆ Čt. I, 43; ಬೇಟ್ Šmd. 336 Mdb. Cm.). ವಿರಳಂ (ಕಿಱಿದೆಡೆಯೊಳ್ Šmd. 226).— ವಿರಳದುಟಿ. -ತುಟಿ. Separated lips (Bp. 46, 57).

ವಿರಳತೆ viraḷatĕ. = ವಿರಲತೆ. (ಕೆಲವೆಡೆ Šmd. 211; ವಿರಳತ್ವ Cm.).

ವಿರಳತ್ವ viraḷatva. = ವಿರಲತ್ವ, ವಿರಳತೆ, q. v.

ವಿರಾಗ vi-râga. Change of colour or feeling. 2, absence of desire or passion; disregard of all sensual enjoyment (ಮೋಹ, ವೈರಾಗ್ಯ Nn. 20; ಅಕ್ಷ, ವೈರಾಗ್ಯ 37; ಭಗ, ವೈರಾಗ್ಯ 52; ಮೋಚಕ Mr. 510).

ವಿರಾಗವರ್ತನೆ virâga-vartanĕ. A life void of passion or desire (Čpr. 2, 85).

ವಿರಾಗಾರ್ಹ virâga-arha. *Qualified for freedom from passion* (see Hlâ. s. ವಿರಕ್ತ).

ವಿರಾಗಿ vi-râgi. Void of passion or desire (My.).

ವಿರಾಜ್ vi-râj. ವಿರಾಟ್. Shining; splendour; beauty. 2, *a man of the regal or military class.* 3, the first progeny of or male power of Brahmâ and producer of the first Manu or Manu svâyambhuva. 4, intellect located in and ruling over the collective aggregate of bodies. 5, the body.

ವಿರಾಜ vi-râja. = ವಿರಾಜ್ No. 1. (ಒಪ್ಪವನ್ನಾದು Nn. 77).

ವಿರಾಜಮಾನ vi-râjamâna. Shining, brilliant, splendid, handsome (My.).

ವಿರಾಜಿ vi-râji. A person who shines or is filled with brightness (Nn. 1).

ವಿರಾಜಿತ vi-râjita. Illuminated, irradiated, splendid, shining, brilliant, handsome; manifested (Čpr. 2, 93; Râv. 8, 2).

ವಿರಾಜಿಸು vi-râjisu. To shine, to be brilliant, etc. (Čh. v. 184. 203. 214; Čpr. 1, after 125; 4, 73; Bp. 4, 24; 57, 65; Râv. 6, 7).

ವಿರಾಟ್ vi-râṭ. = (ವಿರಡ), ವಿರಾಜ್.

ವಿರಾಟ virâṭa. N. of a district of India (perhaps Berar) and of its town (Bh. 4, 1 sum., etc.). 2, N. of a king (G. 69).

ವಿರಾಟ್ಪುರುಷ virâṭ-purusha. = ವಿರಾಜ್ No. 3. (My.).

ವಿರಾಧ vi-râdha. Opposition; annoyance;—N. of a râkshasa (J. 19, 20).

ವಿರಾಮ vi-râma. Cessation, rest, repose;—stoppage, stop, pause; caesura (Čh.; Kâvy. II, 2, B, 27-29). 3, *end, conclusion, term;*—the stop: a small oblique stroke placed under a consonant to denote that it is quiescent. 4, N. of a vṛitta (Čh.). — ವಿರಾಮಚಿಹ್ನ. Any sign in a book to indicate a pause of the voice in reading (B. 2, 1; 3, 5; My.).

ವಿರಾಮಸಮಯ virâma-samaya. Time of ending, end (Čpr. 4, after 49).

ವಿರಾವ vi-râva. *Sound, cry.*

ವಿರಿಂಚ viriñča. *Brahmâ.*

ವಿರಿಂಚಿ viriñči. = ವಿರಂಚ. *Brahmâ.*

ವಿರುತ vi-ruta. Shrieking, howling, crying, humming, chirping (ಪಕ್ಷಿಗಳ ನುಡಿ Mr. 168).

ವಿರುತಿ vi-ruti. Cry, clamour, sound, tone (Kâvy. V, 47; Čpr. 6, 96).

ವಿರುತ್ತು vi-ruttu. Tbh. of ವಿರುದ್ (Šmd. 106 Cm.).

ವಿರುದ್ vi-rud. = ವಿರುತ್ತು, q. v. Crying aloud, lamenting, etc.

ವಿರುದ vi-ruda. = ಬಿರುದ, etc. Crying; proclaiming; a laudatory poem, a panegyric.

ವಿರುದ್ಧ vi-ruddha. Opposed, hindered, obstructed;—contrary, repugnant, opposite, contradictory, perverse, reverse;—incongruous;—hostile, adverse, at variance;—unpropitious, unfavorable, disagreeable;—prohibited, forbidden;—opposition, contrariety, perverseness, incongruity; hostility, enmity, disagreeableness.

ವಿರುದ್ಧಸಮಾಸ viruddha-samâsa. An incongruous, improper composition of words (ಅರಿಸಮಾಸ Šmd. 207).

ವಿರುದ್ಧಾಭಾಸ viruddha-âbhâsa. = ವಿರೋಧಾಭಾಸ. The semblance of opposite qualities: one of the ślêshas (Kâvy. III, 3, B, 148. 158 seq.).

ವಿರುದ್ಧಾರ್ಥ viruddha-artha. An improper or a contradictory meaning (Bp. 1, 18).

ವಿರುದ್ಧಾರ್ಥಪದ viruddhârtha-pada. A word (or verse) that is contradictory to or inconsistent with the meaning (Kâvy. II, 2, B, 13-15).

ವಿರುಪೆ virupĕ. (Tbh. of ವಿರೂಪೆ?). N. (of a village, Kk. 2).

ವಿರುವಕ viruvaka. See Mr. s. ಜಲರಂಕು.

ವಿರೂಕ್ಷಣ vi-rûkshaṇa. Making rough or dry, astringent. 2, *censure, blame, reviling, abuse;*—oath, imprecation.

ವಿರೂಕ್ಷಿಸು virûkshisu. To feel aversion or dislike (Abh. P. 9, 191).

ವಿರೂಪ vi-rûpa. Deformed, of ill-looking form, misshapen, ugly, unusual in form or nature, monstrous, unnatural;—deformity, etc. 2, of various form, multiform.

ವಿರೂಪತೆ vi-rûpatĕ. Deformity, malformation (Čpr. 7, 79).

ವಿರೂಪಸಂಧಿ virûpa-sandhi. A composition of words that is unusual in its form (Kâvy. II, 1, A, 16-19).

ವಿರೂಪಾಕ್ಷ virûpa-aksha. Having deformed eyes (*i. e.* an odd number of them): *Šiva.* 2, N. (Kk. 101). See ಪಮ್ಪಾ-; Bp. 59, 4.

ವಿರೇಕ vi-rêka. Purging, evacuation of the bowels. 2, a purgative. (R.).

ವಿರೇಚನ vi-rêčana. = ವಿರೇಕ No. 1. (My.).

ವಿರೋಕ vi-rôka. Shining, *a ray of light.*

ವಿರೋಚನ vi-rôčana. Shining, illuminating. 2, *the sun* (ಪತಂಗ, ಸೂರ್ಯ Nn. 6). 3, *the moon* (ಇನ್ದು, ಚನ್ದ್ರ 6). 4, *fire* (ಅನಲ, ಅಗ್ನಿ 6). 5, N. of an asura, the father of Bali (ದೈತ್ಯ, ರಾಕ್ಷಸ 6). 6, a child, a boy (ಬಾಲಕ 6).

ವಿರೋಧ vi-rôdha. Opposition, obstruction, hindrance, impediment;—impediment to the successful progress of a plot in a drama;—restraint, check;—siege, blockade, confinement;—contradiction, contrariety, antithesis, contrast;—inconsistency, opposition of qualities (in food, medicine, etc.);—antagonism; *hostility, enmity* (ಹಗೆ Nn. 97); one of the atiśayas in poetry (Kâvy. III, 3, B, 121 seq.).

ವಿರೋಧನ vi-rôdhana. The act of opposing, obstructing, hindering, etc.;—*opposition, contradiction;*—incongruity.

ವಿರೋಧಭಾವ virôdha-bhâva. An enemy (ಮಾರಿದಿ Kk. 67);—inimical disposition.

ವಿರೋಧಾಭಾಸ virôdha-âbhâsa. = ವಿರುದ್ಧಾಭಾಸ. (Kâvy. III, 3, B, 148. 158 seq.).

ವಿರೋಧಿ vi-rôdhi. Opposing, adverse to, etc. 2, *an opponent, an enemy* (ಹಗೆ Mr. 290). 3, the twenty-third year of the cycle of sixty (My.).

ವಿರೋಧಿಕೃತ್ virôdhi-kṛit. The forty-fifth year of the cycle of sixty (My.).

ವಿರೋಧಿಮರ್ದನ virôdhi-mardana. A victor (ಜಿಷ್ಣು, ಹಗೆಯ ಗೆಲ್ದವನು Nn. 38).

ವಿರೋಧಿಸು virôdhisu. To hinder, to obstruct (ಅವನನ್ನು-, My.); to hate (My.). 2, to be opposed to or inconsistent with (*e. g.* ಅನ್ನವು ದೇಹಕ್ಕೆ, My.); to be hostile (J. 2, 39; 10, 38).

ವಿರೋಧೋಕ್ತಿ virôdha-ukti. *Contradiction.*

ವಿಲ vila. = ಬಿಲ.

ವಿಲಕ್ಷ vi-laksha. Having no distinguishing mark or aim;—strange, extraordinary;—embarrassed;—*astonished, surprised;*—abashed, ashamed.

ವಿಲಕ್ಷಣ vi-lakshaṇa. Having different or opposite marks or characteristics, other, different;—extraordinary, strange, odd, novel. 2, any state or condition for which no cause can be assigned, *vain or causeless state.* (B. 4, 215. 224; 5, 255; My.).

ವಿಲಕ್ಷ್ಯ vi-lakshya. Having perceived. 2, having become bewildered or confused (Bh. 3, 13, 10).

ವಿಲಗ vilaga. Incongruity, unsuitableness, inconsistency, discordance, discrepancy (Bh. 3, 12, 3; J. 5, 62; 18, 49; Mhr.).

ವಿಲಗ್ನ vi-lagna. Fastened or attached to, fixed or resting on, connected with (J. 8, 41). 2, *the waist* (ನಡು Hlâ.).

ವಿಲಂಘನ vi-laṅghana. The act of passing beyond, transgressing, overstepping, violating, neglecting;—transgression, offence. See ಯತಿ-.

ವಿಲಂಘಿಸು vi-laṅghisu. To jump, to skip, to leap or jump over (Rŝv. 5, 77).

ವಿಲಮ್ಬ vi-lamba. Hanging or falling down, pendulousness. 2, slowness, delay (Si. 63; My.). See ಅ-.

ವಿಲಮ್ಬನ vi-lambana. = ವಿಲಮ್ಬ. See ಅ-.

ವಿಲಮ್ಬಮಾನ vilamba-mâna. Slow measure or time (Si. 63).

ವಿಲಮ್ಬಿ vi-lambi. Depending, pendulous;—slow;—the thirty-second year of the cycle of sixty (My.).

ವಿಲಮ್ಬಿತ vi-lambita. Hanging or falling down, depending;—pendulous;—dependent on;—retarded, delayed, protracted; *slow* (as time in music, etc.); slowness (Abh. P. 4, 9). See ಅ-.

ವಿಲಮ್ಬಿಸು vi-lambisu. To hang down, on, or from. 2, to protract, to procrastinate (My.).

ವಿಲಮ್ಭ vi-lambha. Giving;—*liberality.*

ವಿಲಯ vi-laya. Dissolution, liquefaction;—destruction, especially destruction of the world (Bp. 53, 9).

ವಿಲಯರುದ್ರ vilaya-rudra. A terrible form of Šiva at the dissolution of the world (J. 13, 11).

ವಿಲಯಾಗ್ನಿ vilaya-agni. The fire at the destruction of the world (Rŝv. 5, 115).

ವಿಲಸ vi-lasa. Tbh. of ವಿಲಾಸ. (Šmd. 359; Bp. 4, 10; 39, 25; Mhr.).

ವಿಲಸತ್ vi-lasat. Flashing, shining, brilliant, beautiful, splendid, elegant, charming (ಚಿರ, ಒಪ್ಪವಡ್ಡಾದು Nn. 165, o. r. ಒಳ್ಳಿತ್ತು; ಒಪ್ಪಲ್ಪಟ್ಟ Šmd. 23 Cm.; Bp. 35, 7);—playing, sporting.

ವಿಲಸನ vi-lasana. Flashing, gleaming;—sporting, play, sport (Bp.).

ವಿಲಸಿತ vi-lasita. Flashing, gleaming, glittering, shining; manifested; a gleam, a flash; appearance, manifestation;—sported; sportive, wanton; sport, play, pastime, dalliance. See Ĉh. v. 163. 210; Ĉpr. 4, 44; Bp. 4, 23; 51, 33; Mr. 1 *a*; Šm. 58; ಭ್ರಮರ-. Feminine ವಿಲಸಿತೆ (Ĉh. v. 178; A.).

ವಿಲಾಪ vi-lâpa. *Lamentation, crying, weeping, wailing, moaning* (ಪರಿದೇವನ, ಪೆರ್ಚಿದ ಅಳ್ಕೆ Mr. 396).

ವಿಲಾಯತಿ vilâyati. Relating to a foreign country (Mhr.); a foreign country, but understood especially of England or Europe (My. also as ವಿಲಾಯಿತಿ; B. 1, 22; 3, 50; 5, 227; Br.; Mhr., H. ವಿಲಾಯತ). — ವಿಲಾಯತಿಗಳ್ಳಿ. -ಕಳ್ಳಿ. A milky plant or small shrub, used as a bordering in gardens, Euphorbia lithymaloides Willd. (Z.). — ವಿಲಾಯತಿಯಲ್ಲೆ ಕಾಯಿಮರ. -ಅಲ್ಡೆ-. A road-side tree with fragrant flowers, Sumach caesalpinia coriaria Willd. (St. & Pl.). — ವಿಲಾಯತೀ ಹತ್ತಿ. = ಕರಿಹತ್ತಿ. (Z.). — ವಿಲಾಯತೀ ಪರಲುಗಿಡ. The shrub Adenoropium multifidum Pohl. (St. & Pl.). — ವಿಲಾಯತೀ ಹುಣಸೆ. A road-side tree, Albizzia glomerifera Kurz. (? Z.).

ವಿಲಾಸ vi-lâsa. = ವಿಲಸ. Shining forth, appearing, manifestation: a label, a direction on a letter, the marks on goods or packets (My.; Tĕ., T.; see ಮೇಲು-), a short inscription naming the builder of a temple, etc. (My.). 2, *sport, pastime, amusement, play, merriness* (ಉಲ್ಲಾಸ Ĉt. I, 85), especially amorous pastime, diversion (with women, dancers, singers, etc.); *coquetry, affectation of coyness, wantonness:* a form of feminine gesture considered as indicative of amorous sentiments, such as change of place, posture, gait, look, hiding at the approach of a lover, assuming a look of displeasure, etc. 3, grace, elegance, charm, beauty. — ವಿಲಾಸನ್ದೋಱು. -ತೋಱು. To show play, to divert, to amuse (Šŝv. 2, 39). — ವಿಲಾಸವ್ಪೆಱ್. -ಪೆಱ್. To get beauty, to be full of beauty (Grj. 6, 67).

ವಿಲಾಸತೆ vilâsatĕ. Sporting, sport, etc. (Râm. 3, 2, 16).

ವಿಲಾಸಾವನಮ್ರ vilâsa-avanamra. Bowing in a sportive or coquettish manner. See ನಿಕ್ಕುಳಿಸು.

ವಿಲಾಸವಾಸ vilâsa-vâsa. A pleasure-house, a summer-house (Ĉpr. 7, 92).

ವಿಲಾಸಿ vi-lâsi. Wanton, sportive, coquettish, playful, dallying; a sporter, a voluptuary, a sensualist (ಸಲೀಲ G.). — ವಿಲಾಸಿದೇವ. N. See ಒಡತಿಯ-.

ವಿಲಾಸಿತ vi-lâsita. Made merry, diverted, amused (Bp. 57, 78).

ವಿಲಾಸಿನಿ vi-lâsini. A wanton woman, a courtesan, a harlot (ವಾರಸ್ತ್ರೀ, etc. Hlâ.; ವಾರಸತಿ, ರಾಜಕುಲ Mr. 305). 2, a coquettish woman;—a woman in general (Bp. 59, 26; J. 2, 7).

ವಿಲಿ vili. A sound in imitation of convulsive movements (Tĕ. ವಿಲವಿಲ, T. ವೆಲವೆಲ, with cramps, convulsively; M. ವಿಲಕ್ಕು, a cramp, a stitch; *cf.* ಇಲುಕು). — ವಿಲಿವಿಲಿಸು. To be convulsed, to shake with irregular spasms (V. 28, 70).

ವಿಲಿಖಿತ vi-likhita. Scratched, scraped; written (Ĉpr. 1, 73; 2, after 14).

ವಿಲಿಪ್ತ vi-lipta. Smeared, smeared over, besmeared (J. 31, 22).

ವಿಲೀನ vi-lîna. Clinging to, cleaving to, addicted to, immersed in. 2, *dissolved, liquefied, melted, liquid.* 3, disappeared, vanished, perished. See ಪರಿ-; ಕರಗು; Bp. 12, 1; 35, 4.

ವಿಲೀನಿತ vi-lînita. Immersed in; dissolved; disappeared (Bp. 35, 40).

ವಿಲುಲಿತ vi-lulita. Shaken down, falling down, rolling down (Abh. P. 12, after 10).

ವಿಲೂನ vi-lûna. Cut asunder, cut off, cut (Bp. 53, 4).

ವಿಲೆ vilĕ. A class or head; rank, order (Mhr., H. ಎಲ್ಲಾ, ಎಲ್ಲೆಲ್). 2, order, arrangement (My.). 3, readiness (as of money for payment, My.). — ವಿಲೆವಾರಿ. Assorting, classifying (My.; Mhr., H. ವಿಲ್ಹೇವಾರೀ). 2, distribution; settlement (My.; Tĕ.).

ವಿಲೇಖನ vi-lêkhana. Scratching, making incisions, writing;—making furrows;—digging. See ಉಳುಕ್, ಬರೆ 1.

ವಿಲೇಪನ vi-lêpana. Smearing over, besmearing, plastering, spreading over, anointing; smearing or spreading on; anointing the body with fragrant oils, etc. (ಅಂಗರಾಗ, ಉದ್ವರ್ತ, ತೀವಿ ಪೂಸುವುದು Mr. 339);—*unguent for perfuming the body* (ಗೋಮುಖ, ಅನುಲೇಪನ Nn. 20).

ವಿಲೇಪಿ vi-lêpi. *Rice gruel* (ಗಂಜಿ Hlâ.).

ವಿಲೇಪಿತ vi-lêpita. Smeared over, besmeared, smeared, plastered, anointed (My.).

ವಿಲೇಪಿಸು vi-lêpisu. To smear over, etc. (My.).

ವಿಲೋಕನ vi-lôkana. The act of looking or regarding; sight, observation. — ವಿಲೋಕನಂಗೆಯ್. -ಂ-. To look at or upon, to regard (Abh. P. 6, after 112).

ವಿಲೋಕನೀಯ vi-lôkanîya. Worthy of being looked at, agreeable, beautiful (Čpr. 5, after 118).

ವಿಲೋಚನ vi-lôcana. The eye (ಕಣ್ಣು Nn. 51. 61; Bp. 18, 75; J. 11, 25). 2, the sun (ಸೂರ್ಯ Mr. 34). 3, one who has an eye—(Abh. P. 12, after 10; Bp. 80, 2).

ವಿಲೋಭನ vi-lôbhana. The act of leading astray, perplexing, beguiling;—allurement, attraction, temptation, seduction;—flattering, praise, commendation (especially by contrast with inferiority). (R.).

ವಿಲೋಭಿತ vi-lôbhita. Allured, beguiled; deceived; flattered, praised. (R.).

ವಿಲೋಮ vi-lôma. Against the hair, against the grain, out of the usual or proper course, reverse, inverted, contrary, opposite;—reverse order, opposite course, reverse (Čh. v. 238).

ವಿಲೋಮಕ್ರಿಯೆ vilôma-kriyĕ. The negative mood (Šmd. 281. 282).

ವಿಲೋಲ vi-lôla. Moving or shaking about;—shaking, trembling, tremulous, fickle, unsteady; tremor (ನಡುಕ Čt. II, 39);—rolling (as the eye), tossing about, waving. See Šmd. 112; Čh. v. 132. 203. 251; Bp. 16, 29; 21, 2.

ವಿಲೋಲತೆ vi-lôlatĕ. Tremulousness, unsteadiness; rolling (of the eyes, Bp. 3, 33).

ವಿಲೋಲುಪ vi-lôlupa. Very desirous, ardently longing for (Bp. 27, 59).

ವಿಲ್ವ vilva. = ಬಿಲ್ವ.

ವಿವಕ್ಷಿತ vivakshita. Wished or intented to be spoken or said; purposed, intended; meant, signified, literal (not figurative); wished, desired; *handsome, pleasing, agreeable,* calm, gentle (ಸೌಮ್ಯ, ಚೆಲುವಿಕೆ; ಸೂನೃತ, ಧೀರ Nn. 103; ಸೌಮ್ಯ Mr. 471). 2, the proximity of a house (ಭವನಾಭ್ಯರ್ಣ, ಮನೆಯ ಸಮೀಪ 103).

ವಿವಕ್ಷಿಸು vivakshisu. To wish or desire to speak or to say;—to intend; to wish, to desire (Čpr. 2, after 49; Mr. 480).

ವಿವಕ್ಷೆ vivakshĕ. *A wish or desire to speak or to express;*—meaning, sense;—intention, purpose, wish, desire (Šmd. 117. 266).

ವಿವಧ vivadha. = ಎವನ್ಧ, ವೀವಧ. *A yoke or pole for carrying burdens;*—a burden, a load (carried on the head, ಪರ್ಯಾಹಾರ, ವೀವಧ, ಭಾರ, ತಲೆಹೊಣೆ Hlâ.; ವೀವಧ, ವಿವನ್ಧ, ತಲೆಹೊಣೆ Mr. 213; see Nr. s. ಎಡೆಯಾಡು). 2, *a road.*

ವಿವನ್ದ vivanda. Tbh. of ವಿಬನ್ಧ (Šmd. 342, o. r. ವಿಬನ್ದ).

ವಿವನ್ಧ vivandha. Tbh. of ವಿವಧ.

ವಿವರ vi-vara. = ವಿವರು. Uncovering, spreading out; expansion, opening, widening; separation; division, variety, distinction (see ಕುಜಾತ-, ಕುಲ-, ಗ್ರಹ-, ದಿಗ್-); specification, detailed account, particulars (My.). 2, *a fissure, a hole, a chasm, a cave, a burrow, a hollow;*—an interval, an intermediate space. 3, a breach, a fault, a flaw, a vulnerable place, a weak point. See ಕಾಸು 2, ಬೇರ್ಪಡು. — ವಿವರಪತ್ರಿಕೆ. A written statement containing all the particulars (My.). — ವಿವರವಿವರ. rep. (Bp. 33, 11).

ವಿವರಣ vi-varaṇa. Uncovering, spreading out, expanding, opening, unfolding; separating. 2, *explanation, exposition, interpretation, comment* (ವ್ಯಾಖ್ಯಾನ, ಆಖ್ಯ Mr. 251). 3, detailing, describing, description, specification, detailed account. See ಕಾರ್ಪಾಸ-, ಖನನ-; ಪಿಕ್ಕು.

ವಿವರಣೆ vi-varaṇĕ. = ವಿವರಣ. Distinction (Šmd. 252); explanation, etc. (My.).

ವಿವರಿಸು vi-varisu. To be spread out, to unfold or display one's self, to become manifest, to appear (ವಿವರಮಾಗು Šmd. 401 Cm.; Čh. v. 214). 2, to separate (Bp. 24, 23; 59, 42). 3, to explain, to interpret (My.); to particularize, to detail, to specify (Bp. 39, 20; 54, 58; J. 5, 37; My.).

ವಿವರು vivaru. Tbh. of ವಿವರ. Specification, etc. (B. 4, 167. 168).

ವಿವರ್ಜಿತ vi-varjita. Left, abandoned; destitute of, entirely free or exempt from, without (Bp. 8, 2).

ವಿವರ್ಜಿಸು vi-varjisu. To leave, to abandon (Grj. 10, 88).

ವಿವರ್ಣ vi-varṇa. Colourless; pale, wan, pallid;—bad-coloured, discoloured;—low, vile;—*unlettered, ignorant, stupid;—a man of low caste.*

ವಿವರ್ಣಿಸು vi-varṇisu. To describe (Kâvy. V, 939).

ವಿವರ್ತನ vi-vartana. Turning round, revolution;—circumambulating (as an altar, etc.);—passing through a change or succession of various states or existences. (R.).

ವಿವರ್ಧನ vi-vardhana. Augmenting, increase, growth (Bp. 1, 17; My.).

ವಿವರ್ಧಿಸು vi-vardhisu. To increase, to become enlarged, to become powerful, etc. (Bp. 35, 57).

ವಿವಶ vi-vaša. Unrestrained, unsubdued, uncontrolled. 2, independent. 3, subject, subjected; authority, power (Bp. 26, 30). 4, *apprehensive of death.*

ವಿವಸ್ವತ್ vi-vasvat. The shining one: *the sun.* 2, *a deity.*

ವಿವಸ್ವನ್ತ vi-vasvanta. Tbh. of ವಿವಸ್ವತ್. The sun (ನಲಿನೀಮಿತ್ರ, ಸೂರ್ಯ Nn. 110). 2, a deity (ಸುಪರ್ವ, ದೇವತೆ 110). 3, Brahmâ (ಸರೋಜಾಸನ, ಬ್ರಹ್ಮ 110).

ವಿವಹನ vi-vahana. = ವಿವಾಹ. (Čpr. 6, 50).

ವಿವಾಕ vi-vâka. One who declares or who decides causes, a judge. See ಪ್ರಾಡ್-.

ವಿವಾದ vi-vâda. *A dispute, a quarrel, a controversy, a debate, a contest, contention.* 2, a contest at law, *a lawsuit.* 3, crying out, sound. See ಕೇಳರ್.

ವಿವಾಹ vi-vâha. Carrying off, leading away; conducting home;—*the taking a wife, marriage, matrimony.*

ವಿವಾಹದೀಕ್ಷೆ vivâha-dîkshĕ. The marriage rite, marriage ceremony (Sk.). 2, the rite of not shaving the head for six months after marriage (My.).

ವಿವಿಕ್ತ vi-vikta. Separated, disjoined, detached, kept apart, scattered, abstracted, sequestered. 2, *single, alone, solitary.* 3, distinguished, discriminated, judged. 4, altered. 5, judicious. 6, *pure, faultless.* 7, profound (as judgment or thought). 8, separation, etc. See Kâvy. V, 50.

ವಿವಿಧ vi-vidha. *Of various sorts or kinds, divers, manifold, various* (Bp. 35, 33; 52, 41).

ವಿವಿರಕ್ತ vi-virakta. Perfectly indifferent to (Bp. 39, 68).

ವಿವೃತ್ತ vi-vṛitta. Turned or twisted round, whirling, revolving, rolling. See ಅ- & ಘೋಳ.

ವಿವೇಕ vi-vêka. *Discrimination, judgment, the faculty of distinguishing and classifying things according to their real properties;*—in the vêdânta system: the power of separating the invisible soul or the brahma from the visible world or reality from mere semblance or illusion. 2, true knowledge. 3, discretion. 4, discussion, investigation. — ವಿವೇಕವ್ಪಡೆ. -ಂ-ಪಡೆ. To acquire knowledge or skill (Grj. 2, after 106).

ವಿವೇಕಜಲ vivêka-jala. Discrimination looked upon as water (Šsv. 4, after 99).

ವಿವೇಕತೆ vi-vêkatĕ. Judgment, discrimination, the faculty of judgment (Čpr. 2, 34).

ವಿವೇಕಿ vi-vêki. Discriminating, judicious, prudent, descreet, considerate; a discriminator, etc. See Čh. V, 968; Bp. 36, 38; ಅ-.

ವಿವೇಕಿಸು vi-vêkisu. To distinguish, to discriminate, to decide, to act with judgment, to judge (Bp. 36, 45; Râm. 1, 3, 9).

ವಿವೇಚನೆ vi-vêčanĕ. (ವಿವೇಚನ). Discriminating, distinguishing; investigation (My.).

ವಿವ್ವೋಕ vivvôka. = ಬಿಬ್ಬೋಕ. (G.).

ವಿಶ್ viš. *An agriculturist, a merchant, a vaišya.* 2, *a man in general; people.*

ವಿಶ viša. = ವಿಶ್. (ವೈಶ್ಯ Mr. 345). 2, = ವಿಸ 2.

ವಿಶಂಕಟ vi-šankaṭa. (ವಿಸಂಕಟ). *Great, large, broad* (ವಿಶಾಲ, ಅತಿಯಗಲ Mr. 450);—strong, vehement.

ವಿಶಂಕೆ vi-šankĕ. Suspicion, doubt, fear, apprehension (Šmd. 16. 67. 176. 396; Kâvy. I, 1b, 15-22).

ವಿಶದ vi-šada. *Clear, pure, bright, pellucid;*—white;—*evident, apparent, obvious, manifest;*—beautiful (Kâvy. III, 1, A, 8).

ವಿಶದತ್ವ vi-šadatva. Clearness, brightness (Čpr. 3, 94).

ವಿಶದೀಕರಿಸು višadî-karisu. To make clear, to explain (Čpr. 2, after 14).

ವಿಶರ vi-šara. Splitting, bursting;—*destroying, killing, slaughter.*

ವಿಶಲ್ಯ vi-šalya. Free from thorns or darts;—free from trouble or embarrassment, without care or pain.

ವಿಶಲ್ಯೆ vi-šalyĕ. *The plant Cocculus cordifolius* DC. (Menispermum cordifolium Willd., = ಗುಡೂಚಿ). 2, *a sort of pot-herb* (see ಹಾವುಮೆಕ್ಕೆ; Tĕ. s. ತರಿಗೊಟ್ಟು). 3, *the plant Croton polyandrum* Roxb. 4, the plant Convolvulus turpethum. See ಎಲುವುಸನ್ಧಿಗಿಡ, ಬೆಳ್ಳೆಬಿದುರು.

ವಿಶಸನ vi-šasana. Cutting up; *killing, slaying, immolating, slaughter* (ಸೂದನ, etc., ಕೊಲೆ Mr. 300).

ವಿಶಾಖ vi-šâkha. Branchless;—having spreading branches. 2, an attitude in shooting, standing with the feet a span apart. 3, the top of a tree (ಭೂರುಹಾಗ್ರ, ಮರದ ತುದಿ Nn. 38); the branch of a tree (ಮರದ ಶಾಖೆ Mr. 528). 4, *Kârttikêya* (ಕ್ರೌಂಚಾರಿ, ಸ್ವಾಮಿಕಾರ್ತಿಕೇಯ 38; ಗುಹ 528). 5, power (ಶಕ್ತಿ 38). 6, an enemy (ರಿಪು, ವೈರಿ 38). 7, = ವಿಶಾಖೆ (ತಾರಕ, ನಕ್ಷತ್ರಭೇದ 38; ತಾರೆ 528). 8, the east (ಸುರಪಾಶೆ, ಮೂಡದಿಕ್ಕು 38; ಮೂಡಣ ದಿಕ್ಕು 528). 9, = ತಾಳಧರ (ತಾಳಧರ, ತಾಳಧಾರಿ 38; ತಾಳಧಾರಿ 528).

ವಿಶಾಖೆ vi-šâkhĕ. *The sixteenth lunar asterism.*

ವಿಶಾಪ vi-šâpa. Deliverance from a curse (J. 33, 8; My.).

ವಿಶಾಯ vi-šâya. *Sleeping and watching alternately,* as watchmen.

ವಿಶಾರದ vi-šârada. *Learned, wise; skilled in, conversant with.* 2, *confident, bold, presuming.*

ವಿಶಾರದತ್ವ vi-šâradatva. Skilfulness, skill in. See ವಿದ್ಯಾ-.

ವಿಶಾಲ višâla. *Large, great, wide, broad, extensive* (ದೊಡ್ಡಿತು Nn. 20). 2, (= ವಿಶಾಲೆ), the bitter apple, Cucumis colocynthis (? ಕಿರಿಲ್ಲಿಕ, ಬೆಳ್ಳಡಕಿಲ್ Mr. 133).

ವಿಶಾಲತೆ višâlatĕ. *Largeness, greatness, width, breadth, expansion, magnitude, bulk* (ಪರಿಣಾಹ, ಸುತ್ತು Hlâ.).

ವಿಶಾಲತ್ವಚ್ višâla-tvač. *The tree Bauhinia variegata* Lin. (others: Echites scholaris Lin.; = ಶಾರದಿ). See Nr. s. ಎದಿ[3] ಲೆವಾಡಿ[3].

ವಿಶಾಲೆ višâlĕ. *The bitter apple, Cucumis colocynthis* Lin.

ವಿಶಿಖ vi-šikha. Devoid of the šikhâ; pointless; without a crest. 2, *an arrow.*

ವಿಶಿಖೆ vi-šikhĕ. A spade; a hoe. 2, a spindle. 3, *a broad or carriage road.* 4, a barber's wife.

ವಿಶಿಷ್ಟ vi-šishṭa. Distinguished, distinct, particular, special, peculiar;—endowed with some distinguishing and particularizing property or adjunct, having distinctive qualities or exclusive properties;—distinguished by, endowed with, possessed of, having;—superior, excellent, more excellent, better (Šmd. 125; Bp. 3, 70; 40, 3). 2, without a rest; all (My.).

ವಿಶಿಷ್ಟಾದ್ವೈತ višishṭa-advaita. A unity with distinction: a union of prakṛiti and purusha with the brahma, at which the two are always in it, but are distinct from it (My.; see ತ್ರಿಮತ and ಶ್ರೀವೈಷ್ಣವ).

ವಿಶೀರ್ಣ vi-šîrṇa. Shattered, broken to pieces, wrecked (ಒಡದುದು Nn. 96; ಜರ್ಜರ, ಒಡದುದು Nn. 41; Čpr. 2, 22);—decayed, withered, rotten; impaired, wasted (ನಷ್ಟ, ನಷ್ಟ ಮಾಡುದು 41; Čpr. 5, after 51). 2, a flag (ಪತಾಕೆ 41). 3, a lotus (ಸರಸಿಜ, ತಾವರೆ 41).

ವಿಶುದ್ಧ vi-šuddha. Completely purified or cleansed; cleared; clean (ಗೋಮುಖ, ಶುದ್ಧ Nn. 20; My.); pure, free from all vice or fault; pious, virtuous; humble, modest, compliant; rectified, corrected, without error, correct, accurate (My.). 2, a kind of mystical circle (čakra) in the body: the hollow between the frontal sinuses. See Kâvy. IV, 2, 54; Bp. 3, 5; 38, 40; 40, 73; 41, 28; 54, 21.

ವಿಶುದ್ಧಿ vi-śuddhi. Complete purity; cleansedness, purity; correct state, rectitude. See ತುಲಾಮಾನ-.

ವಿಶೂನ್ಯ vi-śûnya. Void, non-existent (ಅಕಸ್ಮಿಕ, ಇಲ್ಲದುದು Nn. 126).

ವಿಶೃಂಖಲ vi-śṛinkhala. Unfettered, unrestrained. (R.).

ವಿಶೇಷ vi-śêsha. = ವಿಸೇಸ. The act of distinguishing or discriminating, discrimination. 2, *difference, distinction,* a distinguishing property or mark, a specific quality, speciality, peculiarity (ಅಲ Mr. 530). 3, particularity (Śmd. 229);—the state of being especial, especialness. ವಿಶೇಷವಾಗಿ, especially (ನೀಡದಂ Śmd. 172 Cm.). 4, in grammar: a word which defines or limits the meaning of another word. 5, *a species, a kind, a sort, a variety, a mode, a manner* (see *e. g.* ಪಾದನ-, ತರು-, ಘೂ-, ಮೃಗ-, etc.). 6, a distinct or different object. 7, distinction, peculiar merit, excellence, superiority. 8, predicament (in logic). 9, extraordinary, singular (My.; Mhr.);—much, more (My.; Mhr.). See Nn. s. ಬಾಹು. — ವಿಶೇಷಧೂಪದ ಮರ. The tree Boswellia thurifera Roxb. (St. & Pl.).

ವಿಶೇಷಕ vi-śêshaka. Distinguishing, characteristic, attributive;—any distinguishing property or characteristic;—an attribute, a predicate;—*an ornamental or sectarial mark on the forehead.*

ವಿಶೇಷಣ vi-śêshaṇa. Distinguishing, discriminative, attributive; distinctive (as a property, etc.). 2, *distinction, discrimination.* 3, a word which particularizes or defines another word, the differencer or distinguisher of another word (called the viśêshya); an epithet, an attribute, an adjective. 4, a word used in apposition. See Śmd. 6 Cm. 167. 168. 169. 175. 187; Čh. v. 1; Kâvy. I, 2, 55-57; III, 1, A, 18; III, 3, B, 96. 153. 156. 159; & s. ಬಾಹು.

ವಿಶೇಷಣಪದ viśêshaṇa-pada. A differencer (see ವಿಶೇಷಣ No. 3); an attribute, an adjective (Śmd. 170).

ವಿಶೇಷತಸ್ viśêsha-tas. *Especially, particularly.*

ವಿಶೇಷತ್ವ vi-śêshatva. Distinction, excellence, superiority (Śmd. 125).

ವಿಶೇಷಾರ್ಥ viśêsha-artha. A peculiar or excellent meaning (J. 4, 8). 2, much money (4, 8).

ವಿಶೇಷಿಸು vi-śêshisu. To distinguish; to particularize, to specify (Śmd. 229; My.). 2, to become particular, to become much, more or extraordinary, as wind, etc. (My.).

ವಿಶೇಷೋಕ್ತಿ viśêsha-ukti. Statement of distinction, description of excellence: one of the atiśayas in arthâlankâra (Kâvy. III, 3, B, 121. 144 seq.).

ವಿಶೇಷ್ಯ vi-śêshya. To be distinguished; requiring to be defined or determined; distinguished, pre-eminent. 2, the word to be differenced or distinguished, the thing or object to be particularized by another word (called the viśêshaṇa), a substantive, a noun; the subject of a predicate (Śmd. 6 Cm.; 169. 187. 212; Kâvy. I, 3, 18-20; III, 3, B, 121. 144 seq.; Čh. v. 1).

ವಿಶೇಷ್ಯಪದ viśeshya-pada. = ವಿಶೇಷ್ಯ No. 2. (Śmd. 170 Cm.).

ವಿಶೇಷ್ಯಾಧೀನಲಿಂಗ viśêshya-adhîna-linga. Gender that depends on or adjusts itself to a noun, or a word the gender of which depends on or adjusts itself to a noun (ವಾಚ್ಯಲಿಂಗ Śmd. 108. 109. 110).

ವಿಶೋಕ vi-śôka. Free from sorrow; exemption from grief, joy (My.).

ವಿಶ್ರಬ್ಧ vi-śrabdha. Entrusted, confided;—*reliable, trustworthy;*—confident, fearless;—firm, quiet, steady (ಸ್ಥಿರ, ಹದುಳವುಳ್ಳವಂ Mr. 236);—tranquil, patient, meek, lowly-minded, not lofty.

ವಿಶ್ರಮ vi-śrama. Cessation from labour or fatigue;—rest, repose;—pause, stop; caesura (Čh.).

ವಿಶ್ರಮಣ vi-śramaṇa. = ವಿಶ್ರಮ. (Čh.).

ವಿಶ್ರಮಿಸು vi-śramisu. To rest, to repose (Čpr. 5, after 44; Śsv. 5, 15).

ವಿಶ್ರಮ್ಭ vi-śrambha. *Trust, confidence.* 2, affection; affectionate inquiry.

ವಿಶ್ರವ vi-śrava. Tbh. of ವಿಶ್ರವಸ್. (My.).

ವಿಶ್ರವಸ್ vi-śravas. A son of Pulastya and father of Kubêra and of Râvaṇa.

ವಿಶ್ರವಸು viśravasu. Tbh. of ವಿಶ್ರವಸ್. (Râm. 1, 8, 23. 24).

ವಿಶ್ರಾಣನ vi-śrâṇana. Giving away, *gift, donation.*

ವಿಶ್ರಾನ್ತ vi-śrânta. Rested, reposed; rest, repose;—pause; caesura (Čh.);—calm, composed.

ವಿಶ್ರಾನ್ತಿ vi-śrânti. Cessation from toil or work, rest, repose (Bp. 61, 67; J. 3, 13; My.; B. 4, 134). — ವಿಶ್ರಾನ್ತಿಗೊಳ್ಳು. -ಕೊಳ್ಳು. To take rest (B. 4, 48; Čb. 62; My.).

ವಿಶ್ರಾಮ vi-śrâma. = ವಿಶ್ರಮ. (Čh.; Bp. 7, 17).

ವಿಶ್ರಾವ vi-śrâva. Being heard far and wide: *great fame or celebrity.*

ವಿಶ್ರುತ vi-śruta. Heard of far and wide, *renowned, celebrated, famous* (ಪ್ರಸಿದ್ಧವಾದ Śmd. 161 Cm.).

ವಿಶ್ಲಥ vi-ślatha. Untied, loose (Čpr. 4, 36).

ವಿಶ್ಲೇಷ vi-ślêsha. *Disunion, disjunction;* being divided; *separation;* absence, bereavement. See ಊರು-, ಪ್ರ-; ಬಗಿ 1. 2, one of the dôshas in poetical composition (Čh. 40). 3, firm union or junction; see ಗಾತ್ರ-.

ವಿಶ್ವ viśva. *All, every, every one;* much, many (ಅದಭ್ರ, ಬಹಳ Nn. 95). 2, *N. of a kind of deity belonging to a class of ten* (or twelve), viz. vasu, satya, kratu, daksha, kâla, kâma, dhṛiti, kuru, purûravas, mâdravas, (rôčaka or lôčana, and dhvani). 3, Vishṇu (Bp. 57, 26). 4, one of the vital airs (ಕೆಯ್ ಕಾಲ ಗತಿಯಲ್ಲಿಹುದು Mr. 52). 5, the universe, the world (ಜಗ, ಲೋಕ 95). 6, the ornamented gateway or tower of a temple (ಗೋಪುರ 95). 7, *dry ginger* (ಶುಂಠಿ 95). 8, the number 13 (ಪದಿಮೂರು Mr. 347). 9, N. of a Samskṛita lexicon (My.). — ವಿಶ್ವಯ. -ಅಯ. N. (Bp. 58, 11).

ವಿಶ್ವಕದ್ರು viśva-kadru. *A dog trained for the chase.*

ವಿಶ್ವಕರ್ತ viśva-karta. The creator of the universe (Bp. 51, 13; My.).

ವಿಶ್ವಕರ್ಮ viśva-karma. All-maker: *the architect or artist of the gods,* Tvashṭri, who presides also over all manual labours as well as the sixty-four mechanical arts, whence he is worshipped by artizans (ವಿಶ್ವಕರ್ಮ Nn. 40). 2, Brahmâ (ಅಮ್ಬುಜಭವ, ಬ್ರಹ್ಮ 40; ವಿಧಿ Mr. 520). 3, Śiva (ಶಿವ 40; ಈಶ್ವರ 520). 4, a counsellor, a minister (ಮನ್ತ್ರಿ 40; 520). 5, the sun (ಸೂರ್ಯ 40; ರವಿ 520). 6, = ವಾಯುತ್ರಯ (40). 7, the whole multitude of stars (ಭಗಣ, ನಕ್ಷತ್ರ 40).

ವಿಶ್ವಕೃತ್ vis̀va-kṛit. = ವಿಶ್ವಕರ್ಮ. *The architect of the gods.*

ವಿಶ್ವಕೇತು vis̀va-kêtu. *Kâma's son Aniruddha.*

ವಿಶ್ವಕ್ಸೇನ vis̀vak-sêna. = ವಿಷ್ವಕ್ಸೇನ. (Bp. 54, 44).

ವಿಶ್ವಗುರು vis̀va-guru. The guru of the universe (Bp. 51, 13).

ವಿಶ್ವಜಿತ್ vis̀va-jit. All-subduing: N. of a particular ceremony or sacrifice (My.).

ವಿಶ್ವಂಚ್ vis̀vañċ. = ವಿಷ್ವಂಚ್. *Cf.* ವಿಸಟ?

ವಿಶ್ವತಃಪಾದ vis̀vatas-pâda. Having feet on every side: S̀iva (S̀śv. 4, 130).

ವಿಶ್ವತಶ್ಚಕ್ಷು vis̀vatas-ċakshu. Having eyes on every side: S̀iva (S̀śv. 4, 130).

ವಿಶ್ವತಸ್ vis̀va-tas. Everywhere, all around, universally.

ವಿಶ್ವತೆ vis̀vatĕ. The state of being all (Mr. 534).

ವಿಶ್ವತೋಬಾಹು vis̀vatas-bâhu. Having arms on every side: S̀iva (S̀śv. 4, 130).

ವಿಶ್ವತೋವಕ್ತ್ರ vis̀vatas-vaktra. Having a face on every side: S̀iva (S̀śv. 4, 130).

ವಿಶ್ವದಾತ vis̀va-dâta. The giver of all (Bp. 51, 13).

ವಿಶ್ವದೇವ vis̀va-dêva. = ವಿಶ್ವ No. 2.

ವಿಶ್ವನಾಥ vis̀va-nâtha. S̀iva, as the object of adoration at Benares (My.); N. (My.).

ವಿಶ್ವಪತಿ vis̀va-pati. Lord of the universe; S̀iva (Bp. 58, 68).

ವಿಶ್ವಪ್ರಕಾಶ vis̀va-prakâs̀a. N. of a lexicon by Mahês̀vara. 2, its author. ವಿಶ್ವಪ್ರಕಾಶನ ಚದುರು (Mr. 4).

ವಿಶ್ವಭರ್ತ vis̀va-bharta. The nourisher or supporter of the universe (Bp. 51, 13).

ವಿಶ್ವಭೇಷಜ vis̀va-bhêshaja. *Dry ginger.*

ವಿಶ್ವಮಯ vis̀va-maya. Made or consisting of all, comprehensive of all: S̀iva (Bp. 51, 13).

ವಿಶ್ವಮ್ಭರ vis̀vam-bhara. Supporting the universe, all-maintaining; *Vishṇu.*

ವಿಶ್ವಮ್ಭರೆ vis̀vam-bharĕ. *The earth.*

ವಿಶ್ವರಕ್ಷಣ vis̀va-rakshaṇa. The protector or saviour of the world (Bp. 50, 74).

ವಿಶ್ವರೂಪ vis̀va-rûpa. Taking all forms, existing in all forms, universal, omnipresent; *Vishṇu or Krishṇa.*

ವಿಶ್ವವಲ್ಲಭ vis̀va-vallabha. S̀iva (Bp. 51, 84; 57, 26).

ವಿಶ್ವಸನ vi-s̀vasana. (= ವಿಶ್ವಾಸ). Trusting, confiding in (My.).

ವಿಶ್ವಸನೀಯ vi-s̀vasanîya. To be trusted, reliable, trustworthy, credible (My.).

ವಿಶ್ವಸಿಸು vi-s̀vasisu. = ವಿಶ್ವಾಸಿಸು. (My.).

ವಿಶ್ವಸೃಜ್ vis̀va-sṛij. ವಿಶ್ವಸೃಟ್. A creator of the universe; *Brahmâ.*

ವಿಶ್ವಸ್ತ vi-s̀vasta. Trusted, confided in; worthy of trust; faithful; full of confidence, bold, fearless.

ವಿಶ್ವಸ್ತೆ vi-s̀vastĕ. *A widow.*

ವಿಶ್ವಹರ್ತ vis̀va-harta. One who destroys, or absorbs, the universe (Bp. 51, 13).

ವಿಶ್ವಾತ್ಮ vis̀va-âtma. The universal soul; Brahmâ; Vishṇu; S̀iva (My.).

ವಿಶ್ವಾನರ vis̀vâ-nara. Ruling or benefiting all men: the sun. See ವೈಶ್ವಾನರ.

ವಿಶ್ವಾಮಿತ್ರ vis̀vâ-mitra. (or vis̀va-amitra). N. of a Kshatriya (son of Gâdhi) who elevated himself to the rank of a Brâhmaṇa (ಕೌಶಿಕ Mr. 257; J. 18, 37; 20, 3).

ವಿಶ್ವಾಮಿತ್ರದರ್ಭೆ vis̀vâmitra-darbhĕ. A kind of darbha grass, (S̀i. 164).

ವಿಶ್ವಾಮಿತ್ರಸೃಷ್ಟಿ vis̀vâmitra-sṛishṭi. Vis̀vâmitra's creation (who is fabled to have created several things in rivalry of Brahmâ, *e. g.* the fruit of the palmyra in imitation of the human skull, the buffalo in imitation of the cow, (the ass of the horse, etc.): lie, untruth (My.).

ವಿಶ್ವಾವಸು vis̀vâ-vasu. Wealth of all: N. of one of the gandharvas (worshipped at marriages, My.). 2, the thirty-ninth year in the cycle of sixty (My.).

ವಿಶ್ವಾಸ vi-s̀vâsa. = ಯಿಸವಾಸ. *Trust, confidence, faith, reliance* (ಪ್ರತ್ಯಯ, ನಮ್ಬುಗೆ Nn. 137; ನಮ್ಬಿಗೆ G.); — hope, wish (ಶ್ರದ್ಧೆ, ಬಯಕೆ Nr.); — affection, love (My.; Tĕ.). See ನಚ್ಚು 1, ನಮ್ಬು. 2, a confidential communication, a secret. — ವಿಶ್ವಾಸವಿಡು. -ಇಡು. To place confidence in, to rely on (ಒಬ್ಬನ ಮೇಲೆ, ಒನ್ದರ ಮೇಲೆ, or ಒಬ್ಬನಲ್ಲಿ, ಒನ್ದರಲ್ಲಿ, My.; B. 5, 88, 233; ನಮ್ಬು G.). — ವಿಶ್ವಾಸವನ್ಬಿಡು. -ಉಬು. To abandon one's confidence (Bp. 31, 15).

ವಿಶ್ವಾಸಘಾತ vis̀vâsa-ghâta. Breach of trust, treachery (B. 4, 34; 5, 70; My.).

ವಿಶ್ವಾಸಘಾತಕ vis̀vâsa-ghâtaka. A traitor, a betrayer (My.). 2, = ವಿಶ್ವಾಸಘಾತ. (My.).

ವಿಶ್ವಾಸಘಾತಕತನ vis̀vâsa-ghâtakatana. = ವಿಶ್ವಾಸಘಾತ. (My.).

ವಿಶ್ವಾಸಘಾತಕಿ vis̀vâsa-ghâtaki. A woman who abuses confidence (Bp. 40, 53; My.).

ವಿಶ್ವಾಸತನ vis̀vâsatana. Trustworthiness (Bp. 31, 14).

ವಿಶ್ವಾಸಸೂಚಕ vis̀vâsa-sûċaka. A divulger of secrets, a treacherous man (Bh. 1, 8, 66).

ವಿಶ್ವಾಸಿ vi-s̀vâsi. Confiding, trusting; a person who confides or trusts (My.). 2, trustworthy, trusty, honest; a trustworthy person (Bp. 9, 42; 29, 1; 59, 28; S̀ś. s. ಪುಲಿ; My.). 3, one who loves (My.).

ವಿಶ್ವಾಸಿತನ vi-s̀vâsitana. Love, affection (ಪ್ರೇಮ, ಪ್ರಿಯತೆ, ಹಾರ್ದ, ಸ್ನೇಹ S̀i. 70).

ವಿಶ್ವಾಸಿಸು vi-s̀vâsisu. To consider as trustworthy or true, to trust (ಅವನನ್ನು or ಅದನ್ನು, My.). 2, to love (ಅವನನ್ನು, My.).

ವಿಶ್ವೆ vis̀vĕ. *The medicinal plant Aconitum ferox.* 2, *dry ginger.*

ವಿಶ್ವೇದೇವ vis̀vê-dêva. = ವಿಶ್ವ No. 2. (My.).

ವಿಶ್ವೇಶ vis̀va-îs̀a. S̀iva (Bp. 58, 62); = ವಿಶ್ವನಾಥ (J. 5, 30; 13, 45). 2, Vishṇu (J. 26, 74).

ವಿಶ್ವೇಶ್ವರ vis̀va-îs̀vara. S̀iva, as worshipped at Benares (Bp. 58, 56. 67; 57, 23); N. (My.).

ವಿಷ್ vish. = ವಿಟ್. *Feces, ordure, excrement.*

ವಿಷ visha. = ಇಸ, ಬಿಸ 1, ವಿಸ 1. *Poison, venom* (ನಂಜು Nn. 11); anything bitter; bitterness. 2, *water* (ಜಲ 11). 3, cruel, etc.; cruel speech (ಕಠೋರ, ನಿಷ್ಠುರ 11, o. rs. ನಿಟ್ಟುರ, ನಿಷ್ಠುರದ ನುಡಿ). 4, intoxication, madness, etc. (ಮದ 11). ವಿಷ ತಿನ್ದರೆ ಬದುಕ ಬಹುದು, ವಿಷಮದಲ್ಲಿ ಬದುಕ ಕೂಡದು. — ವಿಷದನ್ನ ಉಣ್ಣಲ್ಲದೆ ವಿಷ ತಿಳಿಯದು (Prvs.). See ಅಚ್ಚ-; ನಂಜು 2. — ವಿಷಕುಮ್ಬಳ. (ಕಹಿಸೋರೆ G.). — ವಿಷಖಿದ್ದಿ. The under-shrub Sida carpinifolia Lin. (St. & Pl.). — ವಿಷಗಟಿಗೆ. An unlucky time (My.). — ವಿಷಗಿಡ. The thorn-apple

(?). ವಿಷಗಿಡದ ಹುಬಿ (ಮಾಲುಧಾನ, ಮಾತುಲಾಹಿ, ಉಮ್ಮತದ ಹುಬಿ Si. 77). — ವಿಷಬಳ್ಳಿ. A poisonous creeper; a water-creeper. ವಿಷಬಳ್ಳೀ ಮಿಾನು (ಗ್ರಾಹ, ಅವಹಾರ Si. 88). — ವಿಷಮುಂಗುಲಿ. The bulbous plant Crinum deflexum Ker. (St. & Pl.). — ವಿಷವಿಕ್ಕು. -ಇಕ್ಕು. To put or administer poison (Bp. 49, 30; My.). — ವಿಷವಿಱ್. -ಇಱ್. Poison to lose its effects (My.). — ವಿಷವಿಱಿಸು. -ಇಱಿಸು. To remove the effects of poison, to dispel poison (My.). ವಿಷವನ್ನಿಱಿಸುವ ವೈದ್ಯನು (ಜಾಂಗುಲಿಕ G.). — ವಿಷವೇಱು. -ಏಱು. Poison to take effect (B. 3, 101; 5, 49; My.).

ವಿಷಕಂಠ visha-kaṇṭha. = ವಿಷಕನ್ಧರ. (My.).

ವಿಷಕನ್ಧರ visha-kandhara. Śiva (Bp. 59, 36).

ವಿಷಕನ್ನಿಕೆ visha-kannikĕ. A maiden who poisons by her touch everybody who marries her (J. 15, 50).

ವಿಷಕಪರ್ದ visha-kaparda. Śiva (Bp. 49, 39).

ವಿಷಕಾರಕ visha-kâraka. Poisonous (B. 3, 37; My.).

ವಿಷಜಿತ visha-jita. An ichneumon (ಬಭ್ರು, ನಕುಲ, ಮುಂಗಲಿ Mr. 166).

ವಿಷಣ್ಣ vi-shaṇṇa. (vi-sanna). Dejected, sad, downcast (My.).

ವಿಷಧರ visha-dhara. Holding or containing poison; *a snake* (Bp. 21, 1). 2, holding or carrying water; a cloud (21, 1). 3, Śiva (21, 1; 49, 39).

ವಿಷಧರಾಹಿತ vishadhara-ahita. Snake-enemy: Garuḍa (Bp. 21, 1). 2, a peacock (21, 1). 3, the moon, as an enemy of the serpent râhu (21, 1).

ವಿಷಪ visha-pa. Elephantiasis (ವಿಸರ್ಪ, ಶ್ಲೀಪದ Mr. 385).

ವಿಷಪುಚ್ಛ visha-puĉcha. A scorpion (My.).

ವಿಷಬ್ರಧ್ನ visha-bradhna. A cloud (ವಾರಿದ, ಮೇಘ No. 55, o. rs. ವೃಷಬ್ರಧ್ನ, ವಿಷಬ್ರುಧ್ನ). 2, a forest (ಅರಣ್ಯ, ವನ 55). 3, a bad man (ದುರ್ಜನ, ದುಷ್ಟ 55). 4, a snake (ಸರ್ಪ, ಹಾವು 55). 5, Śiva (ಶಂಕರ, ಈಶ್ವರ 55). 6, the sun (ಹಂಸ, ಸೂರ್ಯ 55).

ವಿಷಭಿಷಜ್ visha-bhishaj. *A poison-doctor*; a dealer in antidotes.

ವಿಷಮ vi-sama. Uneven: rough, rugged. 2, unequal, irregular. 3, odd, not even (in numbers). 4, different. 5, difficult, hard to be understood. 6, coarse, rude, cross. 7, disagreeable, painful, troublesome, vexatious. 8, odd, unusual, unequalled, unparalleled. 9, intermittent, inconstant. 10, unfair, dishonest. 11, bad, adverse, unpropitious. 12, wicked. 13, fearful, awful, unhappy. 14, unevenness, etc. etc. (ವೈಷಮ್ಯ Ćt. II, 16). 15, one of the dôshas in poetical composition (Ćh. v. 40). Feminine ವಿಷಮೆ (J. 5, 61). ವಿಷ ತಿನ್ದರೆ ಬದುಕ ಬಹುದು, ವಿಷಮದಲ್ಲಿ ಬದುಕ ಕೂಡದು.—ವಿಷಯ ತಿಳಿಯದಿದ್ದರೆ ವಿಷಮ ತಿಳಿಯದೇ? (Prvs.).

ವಿಷಮಕಾಲ vishama-kâla. An unfavourable time, an inauspicious season (My.).

ವಿಷಮಗೋ vishama-gô. Having an odd number of eyes (*i. e.* three eyes): Śiva (Bp. 1, 6).

ವಿಷಮಚ್ಛದ vishma-ĉ-ĉhada. *The tree Bauhinia variegata* Lin. (= ವಿಶಾಲತ್ವಚ್, q. v.).

ವಿಷಮಜ್ವರ vishama-jvara. A fever of irregular periods and of unequal paroxysms (Mhr., Sk.); an unremittent fever (causing the tongue to become red or black, My.); remittent fever (Mhr.).

ವಿಷಮತ್ visha-mat. A snake.

ವಿಷಮತರ vishama-tara. Uncommonly uneven, etc., etc. (Bp. 58, 56).

ವಿಷಮತೆ vi-samatĕ. The state of being rude or wicked, wickedness (Ćpr. 2, after 24; 5, 44).

ವಿಷಮತ್ಪೀಡನ vishamat-pîḍana. A hawk; a falcon (ಪ್ರಾಚಿಕೆ, ಶ್ಯೇನ, ಗಿಡುಗ Mr. 174).

ವಿಷಮದಾರಿ vishama-dâri. The shrub Clerodendron inerme R. Br. (St. & Pl.).

ವಿಷಮನಯನ vishama-nayana. = ವಿಷಮಗೋ. (Bp. 12, 87).

ವಿಷಮಬುದ್ಧಿ vishama-buddhi. A crooked or wicked mind (My.).

ವಿಷಮವಿಭಾಗ vishama-vibhâga. An unequal division of property amongst co-heirs (My.).

ವಿಷಮವೃತ್ತ vishama-vṛitta. A class of vṛittas (Ćh.).

ವಿಷಮಶರ vishama-śara. = ವಿಷಮಾಯುಧ. (My.).

ವಿಷಮಶೀತಜ್ವರ vishama-śîta-jvara. = ವಿಷಮಜ್ವರ. (My.).

ವಿಷಮಸಂಖ್ಯೆ vishama-saṅkhyĕ. An odd number (My.).

ವಿಷಮಸಾಯಕ vishama-sâyaka. = ವಿಷಮಾಯುಧ. (My.).

ವಿಷಮಸಿಂಹ vishama-simha. The fierce lion, the lion (see Mr. s. ಕೊಳ್ಳಗ).

ವಿಷಮಾಧ್ವ vishama-adhva. A rough road (ಕಾನ್ತಾರ, ಬಿಱಿಸಿನ ಹೆದ್ದಾರಿ Nn. 106).

ವಿಷಮಾಯುಧ vishama-âyudha. Having an odd number of arrows (*i. e.* five arrows): *Kama.*

ವಿಷಮಾಸ್ತ್ರ vishama-astra. = ವಿಷಮಾಯುಧ. (Ćpr. 2, 80).

ವಿಷಮಿಸು vi-shamisu. To become abnormal or dangerous, as a fever (My.).

ವಿಷಮುಷ್ಟಿ visha-mushṭi. A kind of shrub possessing medicinal properties (My.; Strychnos, Tĕ.).

ವಿಷಮೋನ್ನತ vishama-unnata. *Unevenly raised, having ups and downs* (ಕುಱು ತೆವರು Hlâ.; ಸ್ಥಪುಟ, ಅತಿನಳ್ಳ ಬುಗುಡು Mr. 450).

ವಿಷಮೋರಗ vishama-uraga. A fierce serpent (Ćpr. 1, 139).

ವಿಷಯ vi-shaya (vi-saya). = ವಿಸಯ. Binding to (any one or anything). 2, *an object of sense* (which are five in number: śabda, sparśa, rûpa, rasa, and gandha; see Nr. s. ಕೇಳುಹ);—an organ of sense (Śmd. 163). 3, the number 5 (Ćh.). 4, anything perceptible by the senses, any object (of affection, of desire, of art, etc.). 5, a worldly object or aim, pursuit, affair, business, transaction. 6, worldly or sensual enjoyment, pleasure of sense, sensuality, sensual passion (ರಸ, ವ್ಯಸನ Nn. 83); coition (J. 15, 50). 7, an object of concern, concern, respect, regard, reference, aim (Śmd. 58. 71. 76. 78); subject, subject-matter, topic, the subject of a book. 8, *a country, a region, a district, a province, a realm.* 9, *a department, a field, a sphere, an element, a peculiar province or abode.* 10, that which comes within the range of sight, horizon, scope, *range, compass, reach.* 11, *a refuge, an asylum.* ವಿಷಯ ತಿಳಿಯದಿದ್ದರೆ ವಿಷಮ ತಿಳಿಯದೇ? (Prv.).

ವಿಷಯಗ್ರಾಮ vishaya-grâma. *The aggregate or assemblage of objects of sense or visible objects.*

ವಿಷಯಲಮ್ಪಟ vishaya-lampaṭa. Addicted to worldly objects, pursuits or sensual enjoyment (Dp. 4, 1).

ವಿಷಯಲೋಭ vishaya-lôbha. = ವಿಷಯಾತುರ. (Abh. P. 2, 18).

ವಿಷಯಾತುರ vishaya-âtura. Great desire for objects of sense or for sensuality (Bp. 40, 63).

ವಿಷಯಾನನ್ತರ vishaya-anantara. *Neighbouring.*

ವಿಷಯಾನ್ತರ vishaya-antara. A different country or province; a different topic (My.).

ವಿಷಯಾಭಿಲಾಷೆ vishaya-abhilâshĕ. = ವಿಷಯಾತುರ. (My.).

ವಿಷಯಿ vi-shayi Relating to objects of sense; attached to sensual objects; engaged in worldly occupations or enjoyments;—a man of the world;—a materialist. 2, *an organ of sense.*

ವಿಷಯೆ vi-shayĕ. N. of a female (J. 30, 1, etc.).

ವಿಷಯೇನ್ದ್ರಿಯ vishaya-indriya. An organ of sense (My.).

ವಿಷವೈದ್ಯ vìsha-vaidya. *A poison-doctor.*

ವಿಷಸೂಚಕ visha-sûčaka. The Greek partridge, Perdix rufa (= ಚಕೋರ). (R.).

ವಿಷಹರ visha-hara. Removing poison, antidotal (My.).

ವಿಷಹರಮೃಗ vishahara-mṛiga A kind of deer (ರಾಮ, ಹಿರಿಯ ಪುಷ್ಪಿ, ಹಿರಿದಹ ಮರೇ ಮೃಗ Si. 170).

ವಿಷಹಾರಿ visha-hâri. A species of plant (ಕನ್ದೆ, ಮುದುವಾಗಲ್ Mr. 149).

ವಿಷಾಂಗನೆ visha-aṅganĕ. = ವಿಷಕನ್ನಿಕೆ. (J. 15, 48).

ವಿಷಾಣ vishâṇa. *The horn of any animal* (ಶೃಂಗ, ಕೋಡು Nn. 28). 2, *the tusk of an elephant* or boar.

ವಿಷಾಣಿ vishâṇi. *The shrub Odina wodier* Roxb. (= ಅಜಶೃಂಗಿ, q. v.).

ವಿಷಾದ vi-shâda. (vi-sâda). *Dejection, lowness of spirits, despondency, want of energy, languor, lassitude; sadness, sorrow; fear* (Kâvy. II, 2, B, 7; B. 4, 197). 2, one of the sañčâribhâvas (Kâvy. IV, 2, 16).

ವಿಷಾದಗರ್ಭ vishâda-garbha. Containing or filled with sadness (Čpr. 3, 77).

ವಿಷಾದನ vi-shâdana. (vi-sâdana). = ವಿಷಾದ. (Čpr. 4, 46).

ವಿಷಾಪಹಾರ visha-apahâra. Taking away or removing poison (Čpr. 5, after 39).

ವಿಷು vishu. In two equal parts;—various, manifold. 2, the fifteenth year in the cycle of sixty (My.). 3, = ವಿಷುವ. (My.).

ವಿಷುವ vishuva. *The equinoctial point or equinox,* the first point of Aries or Libra into which the sun enters at the vernal or autumnal equinox.

ವಿಷುವತ್ vishu-vat. *The equinoctial point or equinox.*

ವಿಷೂಚಿ vi-sûči. A kind of spasmodic cholera (My.; Sk. ವಿಸೂಚಿಕೆ).

ವಿಷೆ vishĕ. *A kind of very active vegetable poison, Aconitum ferox* (= ಅತಿವಿಷ).

ವಿಷೋರ್ವೀರುಹ visha-urvîruha. A poison tree, the Upas tree (Abh. P. 2, 16).

ವಿಷ್ಕಮ್ಭ vi-skambha. *An obstacle, an impediment* (ತಗಹು 453). 2, *the bolt or bar of a door.* 3, the first of the twenty-seven astronomical periods or yôgas, the leading star of the first lunar mansion (ವಿಷ್ಕಮ್ಭಾದಿಯೋಗ Mr. 68).

ವಿಷ್ಕರ vishkara. = ವಿಷ್ಕಿರ. A bird (Mr. 167; V. 12, 73).

ವಿಷ್ಕಿರ vishkira. = ವಿಕ್ಕಿರ. *A bird;*—a cock.

ವಿಷ್ಟ vishṭa. Entered, gone to; penetrated, pervaded. See ಉಪ-, ನಿ-. 2, (Tbh. of ವಿಷ್ಟಿ), that which is inauspicious (ಅಶುಭ, ಅಲ್ಲದುದು Nn. 103). 3, sin (ಪಾಪೌಘ, ಪಾಪರಾಶಿಗಳು 103).

ವಿಷ್ಟಪ vishṭapa. = ಪಿಷ್ಟಪ. *The world.*

ವಿಷ್ಟಮ್ಭ vi-stambha. Planting firmly, placing in or on. 2, obstruction of the urine or feces. 3, *paralysis, loss of motion.*

ವಿಷ್ಟರ vi-stara. = ವಿಸ್ತರ. Spreading; anything spread out: a layer, a bed, a couch; *a seat, a stool, a throne* (ಸಿಂಹಾಸನ Nn. 69; ಆಸನ, ಪೀಠ, ಮಣೆ Mr. 208). 2, *a handful of kuśa grass.* 3, *a tree.*

ವಿಷ್ಟರಶ್ರವಸ್ vishṭara-śravas. *Vishṇu or Kṛishṇa.*

ವಿಷ್ಟಿ vishṭi. = ಬಿಟ್ಟಿ. *Unpaid labour, press-service.* 2, dispatching;—consigning to hell. 3, N. of the seventh karaṇa or astrological division of the day.

ವಿಷ್ಟಿಸು vishṭisu. To ease nature (My.).

ವಿಷ್ಟೆ vishṭĕ. = ವಿಷ್ಟ Nos. 2 & 3, ವಿಷ್ಠೆ.

ವಿಷ್ಟ್ಣು vishṭṇu. Tbh. of ವಿಷ್ಣು. (*e. g.* Nn. 57. 58; My.).

ವಿಷ್ಠೆ vishṭhĕ. = ವಿಟ್ಟಿ, ವಿಷ್ಟ, ವಿಷ್ಟೆ. *Feces, excrement.*

ವಿಷ್ಣು vishṇu. = ವಿಟ್ಟು, ವಿಷ್ಟ್ಣು. *The second deity of the Hindu triad or trimûrti.* — ವಿಷ್ಣುಸ್ವಾಮಿ. N. (Bp. 56, 36).

ವಿಷ್ಣುಕಾನ್ತಿ vishṇu-kânti. = ವಿಷ್ಣುಕ್ರಾನ್ತಿ. A small creeping herb with sky-blue flowers growing on road-side, Evolvulus alsinoides Lin. (ನೇತ್ರಮೂಲಿ, ಜಯನ್ತಿ Mr. 128; Z.).

ವಿಷ್ಣುಕ್ರಾನ್ತಿ vishṇu-krânti. = ವಿಷ್ಣುಕಾನ್ತಿ. (St. & Pl.; Z.).

ವಿಷ್ಣುಕ್ರಾನ್ತೆ vishṇu-krântĕ. *The creeper Clitoria ternatea* Lin. (= ಆಸ್ಫೋತೆ).

ವಿಷ್ಣುಗಣ vishṇu-gaṇa. A class of metrical feet (Čh.).

ವಿಷ್ಣುಗುಪ್ತ vishṇu-gupta. = ಚಾಣಕ್ಯ (Sk.). 2, the guru of Čâṇakya (My.).

ವಿಷ್ಣುತ್ವ vishṇutva. The state of being Vishṇu (Bp. 54, 33).

ವಿಷ್ಣುನಕ್ಷತ್ರ vishṇu-nakshatra. The nakshatra called śravaṇa (J. 18, 33).

ವಿಷ್ಣುಪದ vishṇu-pada. *The sky, the atmosphere.*

ವಿಷ್ಣುಪದಿ vishṇu-padi. Issuing from Vishṇu's foot: *the Ganges.*

ವಿಷ್ಣುಪಾದೋದ್ಭವೆ vishṇu-pâda-udbhavĕ. = ವಿಷ್ಣುಪದಿ. (My.).

ವಿಷ್ಣುರಥ vishṇu-ratha. Vishṇu's chariot: *Garuḍa.*

ವಿಷ್ಣುವಾಹನ vishṇu-vâhana. = ವಿಷ್ಣುರಥ. (My.).

ವಿಷ್ಯ vishya. *Deserving death by poison.*

ವಿಷ್ವಕ್ vishvak. *Every way, all around, everywhere.*

ವಿಷ್ವಕ್ಕು vishvakku. Tbh. of ವಿಷ್ವಚ್. (Śmd. 106 Cm.).

ವಿಷ್ವಕ್ಸಮ vishvak-sama. *Equal all about, round.*

ವಿಷ್ವಕ್ಸೇನ vishvak-sêna. = ವಿಶ್ವಕ್ಸೇನ. *Vishṇu or Krishṇa;* the general of Vishṇu's host (My.; Bp. 57, 22). 2, N. of a king, etc.

ವಿಷ್ವಕ್ಸೇನಪ್ರಿಯೆ vishvaksêna-priyĕ. Lakshmî. 2, *a sort of yam, Dioscorea* (= ವಾರಾಹಿ).

ವಿಷ್ವಕ್ಸೇನೆ vishvak-sênĕ. *A kind of plant* (= ಪ್ರಿಯಂಗು, ಫಲಿನಿ).

ವಿಷ್ವಚ್ vishu-ač. = ವಿಷ್ವಂಚ್. See ವಿಷ್ವಕ್ಕು.

ವಿಷ್ವಂಚ್ vishu-añč. ವಿಷ್ವಕ್. = ವಿಶ್ವಂಚ್. *Going everywhere, all-pervading.*

ವಿಷ್ವದ್ರ್ಯಂಚ್ vishu-adri-añč. *Going everywhere, all-pervading.*

ವಿಸ visa. 1. Tbh. of ವಿಷ. (Šmd. 335).

ವಿಸ visa. 2. = ಬಿಸ 2, ವಿಶ No. 2. *The film or fibres of the stalk of the water-lily or lotus, the part of the stalk of the lotus which is underground, the stalk itself.* See s. ಕೊಬಿವಿ.

ವಿಸಂವಾದ vi-saṁvâda. False assertion, *breaking a promise, deception;*—contradiction, disagreement.

ವಿಸಕಣ್ಠಿಕೆ visa-kaṇṭhikĕ. (= ಬಿಸಕಣ್ಣ). *A small crane* (ಬೆಳ್ಳಕ್ಕಿ Hlâ.).

ವಿಸಜ visa-ja. = ಬಿಸಜ. Fibre-produced: *a lotus-flower.*

ವಿಸಂಚಿಸು vi-sañcisu. To go asunder or to pieces (Bh. 4, 9, 58); to become bereft of power (4, 9, 88).

ವಿಸಟ visaṭa. = ಬಿಸುಟ. (Tbh. of ವಿಶ್ವಂಚ್ ?). — ವಿಸಟವ್ಸರಿ. -ಂ-ಪರಿ. To run according to one's desire or ad libitum; to run from street to street; to spread far about (ಯಥೇಷ್ಟಾಚಾರ Kk. 73; ಯಥೇಷ್ಟದ ಆಚಾರ Šm. 50; ಬೀದಿವರಿ Bhn. 10; Rŝv. 5, after 19; 6, after 11; Ššv. 1, 77; 4, 13; Bh. 5, 2, 4; J. 22, 42; 32, 11). — ವಿಸಟವ್ಸರಿಯಿಸು. -ಂ-ಪರಿಯಿಸು. To cause to run ad libitum, etc. (Rŝv. 6, after 11).

ವಿಸನ್ಧಿ vi-sandhi. Absence of combination of letters (Šmd. 73. 75). 2, wrong combination of letters: one of the padadôshas (Kâvy. II, 1, A, 12. 16-19).

ವಿಸಪ್ರಸೂನ visa-prasûna. Fibre-produced: *a lotus-flower.*

ವಿಸಮುಗೋಲು visamugôlu. = ಇಸಬುಗೋಲು. (St. & Pl.).

ವಿಸಯ visaya. Tbh. of ವಿಷಯ. (Šmd. 335).

ವಿಸರ vi-sara. Going forth or abroad; going; spreading, extending;—*a multitude, a crowd, a flock,* etc. See Šm. 77; ಪಂಚಮಹಾವಿಸರವಾದ್ಯ.

ವಿಸರತ್ vi-sarat. Spreading, extending (Rŝv. 14, after 106).

ವಿಸರ್ಗ vi-sarga. Sending forth, letting go, emission;—*dismissal, abandonment, relinquishment, rejection,* casting off, repudiating, getting rid off; giving away;—*voiding, evacuation of excrement; excrements;*—separation;—emanation; creation;—final emancipation, freedom from transmigration;—the aspirate marked by two dots (Šmd. 19. 20. 25. 26. 44. 45. 107; Ch.; Mr. 363).

ವಿಸರ್ಜ vi-sarja. Letting go, abandonment (ತ್ಯಜ, ಬಿಡುವುದು Nn. 62). 2, the rêpha (ರೇಫ, ನೀಟು 62). 3, conduct, etc. (ಚರಿತ್ರ, ಚಾರಿತ್ರ 62).

ವಿಸರ್ಜನ vi-sarjana. Sending forth, letting go, letting loose, emitting, dispatching, dismissal;—abandoning, relinquishing, quitting, abandonment, getting rid off (ಪ್ರತೀಹಾರ, ತ್ಯಜಿಸುವುದು Nn. 100), voiding; giving away, *donation, gift.* See ಅಂಗುಲಿ-, ಮಲ-; ಉಗು 1, ಕಳೆ 1, ತೊಡೆ 1.

ವಿಸರ್ಜನೀಯ vi-sarjanîya. To be sent forth, etc.; proper, fit or necessary to be abandoned;—the aspirate marked by two dots (ವಿಸರ್ಗ Šmd. 19 Cm.).

ವಿಸರ್ಜನೆ vi-sarjanĕ. = ವಿಸರ್ಜನ. (My.).

ವಿಸರ್ಜಿಸು vi-sarjisu. To get rid off, to abandon, to reject (Čpr. 3, after 38; 5, after 35; Bp. 60, 15; My.).

ವಿಸರ್ಪ vi-sarpa. Creeping about; gliding; spreading about;—erysipelatous inflammation, a sort of dry spreading itch; morbid enlargement of the leg, elephantiasis (ಶ್ಲೀಪದ, ವಿಷಪ Mr. 385).

ವಿಸರ್ಪಣ vi-sarpaṇa. = ವಿಸರ್ಪ. Creeping about; gliding, going gently;—*spreading, extending, diffusion;*—itch, itching (ಪ್ರಸರ, ಚಿಬ್ಬು ತುರಿ ಹಿಡಿವುದು Nr.).

ವಿಸಾಗರಿ visâgari. A hinge, an iron band or clamp (M., Portuguese; Mg.).

ವಿಸಾರ vi-sâra. Going out or forth; spreading out, expansion; flowing, sliding, gliding along;—*a fish.*

ವಿಸಾರಿ vi-sâri. Going out or forth; *spreading, expanding, diffusing;* expansion, diffusion (Čpr. 2, 12), gliding along.

ವಿಸಿತ visita. Tbh. of ಪಿಶಿತ. Flesh (V. 14, 34).

ವಿಸಿನಿ visini. = ಬಿಸಿನಿ. *An assemblage of lotus-flowers, a place abounding in lotuses.* 2, *the lotus plant, Nelumbium speciosum.* 3, lotus fibres.

ವಿಸುಮಯ visumaya. Tbh. of ವಿಸ್ಮಯ. (Bp. 50, 59; My.).

ವಿಸ್ರೃತ vi-sṛita. *Spread out, extended, expanded, diffuse;* drawn (as a bow-string).

ವಿಸ್ರೃತಿ vi-sṛiti. Going forth, going; expansion, extension. See ಪದ-.

ವಿಸ್ರೃತ್ವರ vi-sṛitvara. Spreading about;—*sliding, gliding along, flowing, creeping.*

ವಿಸ್ರೃಮರ vi-sṛimara. = ವಿಸ್ರೃತ್ವರ. *Sliding,* etc.

ವಿಸ್ರೃಷ್ಟ vi-sṛishṭa. Let go, sent forth, emitted, emanated, created (My.).

ವಿಸೇಸ visêsa. Tbh. of ವಿಶೇಷ. (My.).

ವಿಸ್ತ vista. *A weight of gold, equal to one karsha or sixteen mâshas,* about half an ounce troy. See ಕುರು-.

ವಿಸ್ತರ vi-stara. = ಬಿತ್ತರ (Mr. 447; Kk. 68; Šm. 51). Spreading; extension, expansion (ವಿಗ್ರಹ Nn. 98; ವಿಸ್ತೀರ್ಣ 140), *prolixity, diffuseness; detailed description, minute detail;* amplification. 2, an affectionate solicitation. 3, anything spread out, a layer, a bed;—a seat, a stool. 4, abundance, quantity, multitude. 4, good, pure; goodness, purity (ಸಾದ್ಗುಣ್ಯ, ಪವಿತ್ರ 140). 5, a stone (ದೃಷತ್, ಕಲ್ಲು 140). See Mr. s. ವ್ಯಾಸ.

ವಿಸ್ತರಣ vi-staraṇa. = ವಿಸ್ತರ No. 1. (Bp. 39, 68; 55, 51).

ವಿಸ್ತರಿತ vi-starita. Extended, expanded; enlarged (J. 2, 13).

ವಿಸ್ತರಿಸು vi-starisu. = ಬಿತ್ತರಿಸು. To spread out (v. t.), to extend, to amplify, to particularise at length, to detail (Bp. 4, 8; 5, 37; 6, 27; 11, 17; 26, 64; 31, 32; 55, 39; Sl. 351; J. 10, 22; My.).

ವಿಸ್ತಾರ vi-stâra. = ಬಿತ್ತರ, q. v. *Spreading, expansion, extension, diffusion;* detail;—breadth, amplitude (ಅಗಲ Bhn. 19); — *vastness, expanse* (ವಿಸ್ತೀರ್ಣ Mr. 538); — amplification, evolution (as of a subject);—*the branch of a tree with its new shoots.* See ಪರ್ಬು 1, ಪೆರ್ಚು 1, ಬಿತ್ತಿಸು, ಬಿಚ್ಚಬಿಸು, ಬಿತ್ತರಿಸು.

ವಿಸ್ತಾರಕ vi-stâraka. A man who spreads or propagates (Grj. 6, 4; Bp. 58, 52).

ವಿಸ್ತಾರಿಸು vi-stârisu. = ವಿಸ್ತರಿಸು. (Čpr. 3, after 28; 5, 17; Bp. 10, 55; 56, 1; My.). 2, to spread out (v. i.), to extend, to become large, to expand (Čpr. 2, 12; 4, 10).

ವಿಸ್ತೀರ್ಣ vi-stîrṇa. Spread about, strewed;—spread out, extended, expanded; broad; *large, great, vast;* roomy, wide (ವಿಸ್ತರ, ತೆರಿಪು Nn. 140; ವಿಸ್ತಾರ Mr. 538).

ವಿಸ್ತೃತ vi-stṛita. Spread; *diffuse;* broad; ample.

ವಿಸ್ತೋತ್ರ vi-stôtra. Great praise (Bp. 59, 45).

ವಿಸ್ನೇಹ vi-snêha. Want of affection. See ಘನ-.

ವಿಸ್ಪಷ್ಟ vi-spashṭa. Clear, apparent, manifest, evident,

distinct, open; plain, intelligible. See Čt. s. ವಲ; Čpr. 3, 68; Bp. 11, 1; 48, 33; ಅ-.

ವಿಸ್ಫಾರ vi-sphâra. Trembling, vibrating;—*the twang of a bow-string* (see Nr. s. ಜೇವೊಡೆ 2).

ವಿಸ್ಫುಟ vi-sphuṭa. = ಸ್ಫುಟ. Clear, etc. (Bp. 21, 26; 56, 32).

ವಿಸ್ಫುಟತರ visphuṭa-tara. Uncommonly clear, etc. (Bp. 58, 59).

ವಿಸ್ಫುರಣ vi-sphuraṇa. Trembling, quivering, tremor;—flashing, glittering, shine (Bp. 26, 10).

ವಿಸ್ಫುರತ್ vi-sphurat. Trembling, quivering, throbbing; glittering;—flashing vividly on the mind;—swolling, enlarging (Bp. 35, 12).

ವಿಸ್ಫುರಿತ vi-sphurita. Shaken, quivering, tremulous; tremor (Šmd. 119);—swollen, enlarged.

ವಿಸ್ಫುರಿಸು vi-sphurisu. To flash, to glitter, to shine (Râm. 1, 3, 31).

ವಿಸ್ಫುಲಿಂಗ vi-sphuliṅga. A spark of fire. 2, *a sort of poison* (Bp. 53, 52).

ವಿಸ್ಫೂರ್ಜಿತ vi-sphûrjita. Resounded, resounding; roar. See ಮೇಘ-.

ವಿಸ್ಫೂರ್ತಿ vi-sphûrti. Flashing, glittering, shine (Bp. 46, 40; 48, 1).

ವಿಸ್ಫೋಟ vi-sphôṭa. *A boil, a tumour, a pustule.*

ವಿಸ್ಮಯ vi-smaya. = ವಿಸುಮಯ. *Wonder, surprise, amazement, astonishment* (ಬಿಸವನ್ನ Čt. II, 94; Kk. 49). 2, one of the sthâyibhâvas (Kâvy. IV, 2, 15). — ವಿಸ್ಮಯಂಗೊಳ್, -ಂ-ಕೊಳ್. To grow astonished, etc. (V. 5, 25). — ವಿಸ್ಮಯ ಪಡು. To be surprised, etc. (B. 4, 110; My.). — ವಿಸ್ಮಯಮ್ ಉಱು. Surprise to arise (Čpr. 5, 90). — ವಿಸ್ಮಯಪ್ಪಡು, -ಂ-ಪಡು. = ವಿಸ್ಮಯ ಪಡು. (Čpr. 1, 134; 2, after 24 & 61; Bp. 57, 84). — ವಿಸ್ಮಯಪ್ಪಡೆ, -ಂ-ಪಡೆ. = ವಿಸ್ಮಯಂಗೊಳ್. (Kšv. 4, 86). — ವಿಸ್ಮಯವೊನ್ದು, -ಒನ್ದು. = ವಿಸ್ಮಯಪ್ಪಡೆ. (Bp. 24, 15).

ವಿಸ್ಮಯವಿಡಮ್ಬನ vismaya-viḍambana. Manifestation of surprise (Šmd. 394).

ವಿಸ್ಮಯಾನ್ವಿತ vismaya-anvita. *Filled with wonder, astonished.*

ವಿಸ್ಮರಣ vi-smaraṇa. Forgetting, oblivion, unmindfulness. See ಮಱೆ[3] 1; Bp. 43, 76.

ವಿಸ್ಮಾಪನ vi-smâpana. (= ಬಿಸವನ್ನ?). Causing wonder or surprise, exciting astonishment.

ವಿಸ್ಮಿತ vi-smita. Astonished, surprised, astounded, perplexed (Bp. 32, 16; 53, 26; J. 10, 22. 33).

ವಿಸ್ಮೃತ vi-smṛita. *Forgotten.*

ವಿಸ್ಮೃತಿ vi-smṛiti. Forgetfulness, loss of memory, oblivion, unmindfulness (My.).

ವಿಸ್ರ visra. *A smell like that of raw meat.*

ವಿಸ್ರಮ್ಭ vi-srambha. = ವಿಶ್ರಮ್ಭ.

ವಿಸ್ರಸ vi-srasa. Infirm from old age, old (ಜರಾವತ್, ಮುಪ್ಪು ದೋಱುವವಂ Mr. 310).

ವಿಸ್ರಸೆ vi-srasĕ. *Decrepitude, weakness, the infirmity of old age.*

ವಿಸ್ರಸ್ತ vi-srasta. Fallen down, dropped; infirm, weak (My.).

ವಿಸ್ರಾವ vi-srâva. Flowing forth, dropping, trickling (My.).

ವಿಸ್ವರ vi-svara. Without a wowel (Šmd. 289. 290). 2, discordant, unharmonious.

ವಿಹ vi-ha. (ವಿಹಾ). The sky, the air.

ವಿಹಗ viha-ga. *A bird.* See ಚಿತ್ರ-. 2, cloud. 3, an arrow. 4, the sun; the moon;—a planet.

ವಿಹಗೇನ್ದ್ರ vihaga-indra. Garuḍa.

ವಿಹಗೇನ್ದ್ರವಾಹನ vihagêndra-vâhana. Vishṇu or Kṛishṇa (J. 8, 44).

ವಿಹಂಗ viha-ṅ-ga. = ವಿಹಗ. *A bird;* etc.

ವಿಹಂಗಮ viha-ṅ-gama. *A bird;* etc.

ವಿಹಂಗರಾಜ vihaṅga-râja. Garuḍa.

ವಿಹಂಗರಾಜರಥ vihaṅga-râja-ratha. Vishṇu or Kṛishṇa (Kšv. 5, 26).

ವಿಹಂಗಿಕೆ vihaṅgikĕ. *A pole or yoke for carrying burdens* (ಕಾಸಿನ ಕಪ್ಪಿ Hlâ.).

ವಿಹತಿ vi-hati. A stroke, a kick (Bp. 18, 48);—striking, killing; hurting.

ವಿಹರಣ vi-haraṇa. Removing, taking. 2, going about for pleasure or exercise (Čpr. 1, after 81; 6, after 88; 7, after 117; Rsv. 13, 63; Bh. 1, 15, 19). 3, amusing or diverting one's self, pastime, pleasure.

ವಿಹರಿಸು vi-harisu. To take away, to remove, to destroy. 2, to go or walk about for pleasure or exercise, to ramble, to roam (Bp. 44, 7; 52, 11; Rsv. 13, 26; My.). 3, to amuse or divert one's self, to sport, to play (Bp. 19, 48; My.). See ಸು-; J. 25, 46.

ವಿಹಸಿತ vi-hasita. Smiled, laughed; smiled at;—*a smile, a laugh.*

ವಿಹಸ್ತ vi-hasta. Handless; helpless;—*confounded, perplexed, bewildered* (ವ್ಯಾಕುಲ, ಕಳವಳಿಸುವವಂ Mr. 239).

ವಿಹಾಪಿತ vi-hâpita. Caused to abandon or give up. 2, given up, given;—*a gift, a donation.*

ವಿಹಾಯಸ್ vihâyas. *The sky, the atmosphere, the air.* 2, *a bird.*

ವಿಹಾಯಸ vihâyasa. = ವಿಹಾಯಸ್. (Šmd. 106; ಬಲ, ಆಕಾಶ Nn. 14; ಆಕಾಶ 25; ಗಗನ Mr. 31). 2, (ಪಕ್ಷಿ Mr. 167).

ವಿಹಾಯಸಾ vihâyasâ. *Through the sky or air, in the air.*

ವಿಹಾರ vi-hâra. (= ಪಯ್ಯಾರ, etc.). Taking away, removing. 2, *walking for pleasure or amusement, taking an airing, wandering, roaming, gadding, going about* (ಪರಿಕ್ರಮ, etc., ನಡೆ Mr. 438). 3, amusing or diverting one's self, sporting, play, sport, pastime, pleasure (*cf.* the meaning of ವಿಹೃತ, ವಿಹಾರಿ No. 3). 4, the hall where (priests) walk about: Buddhist or Jaina temple or convent. 5, a temple. 6, a palace. 7, a pleasure-garden.

ವಿಹಾರಶರಣ vihâra-šaraṇa. A pleasure-house, a playhouse (Si. 117).

ವಿಹಾರಿ vi-hâri. Wandering or roaming about for pleasure; one who wanders, etc. 2, enjoying one's self. 3, beautiful.

ವಿಹಾರಿಸು vi-hârisu. = ವಿಹರಿಸು No. 2. (Bh. 1, 5, 5).

ವಿಹಾಸ vi-hâsa. A smile, a laugh. See ವೈಹಾಸಿಕ.

ವಿಹಿತ vi-hita. Placed or deposited at, in, to, or unto;—apportioned;—put in order, regulated, arranged, settled, ordered, ordained;—suitable, fit, proper (Bp. 55, 42; My.; B. 4, 195);—done, performed;—formed;—furnished with, possessed of; connected with (ಕೂಡಲ್ ಪಟ್ಟ Śmd. 140. 279 Cm.).

ವಿಹೀನ vi-hîna. Entirely abandoned, destitute;—deprived of, void or devoid of, free from, without. See ಕುಲ-, ಗತಿ-, ನೀತಿ-, ಮುಕ್ತಿ-, ರಸ-, ಲಜ್ಜಾ-.

ವಿಹೀನತಿಕೆ vi-hînatikĕ. = ವಿಹೀನತೆ. See ಭಕ್ತಿ-.

ವಿಹೀನತೆ vi-hînatĕ. The state of being wholly abandoned;—that of being deprived of, etc. See ಮತಿ-.

ವಿಹೀನತ್ವ vi-hînatva. = ವಿಹೀನತೆ. See ಲಜ್ಜಾ-.

ವಿಹೃತ vi-hṛita. Removed, destroyed (Rśv. 1, 8). 2, sported, played. 3, one of the blandishments or feminine modes of indicating love, hesitation or reluctance to avow feelings to a lover.

ವಿಹೃತಿ vi-hṛiti. Taking away. 2, opening, expanding. 3, sport, pastime, pleasure (Bh. 1, 15, 19).

ವಿಹ್ವಲ vi-hvala. = ವಿಂಹಲ. Shaking about; *agitated, alarmed, perturbed, disquieted, confused* (ಭ್ರಮೆ, ವಿಭ್ರಮ Nn. 149);—stupid (ಜಡ 149);—a wicked man (ದುರ್ಜನ 149);—distressed, afflicted;—desponding. Feminine ವಿಹ್ವಲೆ (Čpr. 5, 125; J. 5, 61).

ವಿಹ್ವಲತೆ vi-hvalatĕ. Agitation, perturbation, consternation, anxiety (Čpr. 4, 18).

ವಿಳಂಗ viḷanga. (Śmd. 29). Tbh. of ವಿಡಂಗ. (ವೇಲ್ಲ, ಅಮೋಘೆ, ವಿಡಂಗ Nr.; ಮೃಗನಾರಿ Mr. 142; see ವಾಯು-, ವಾಯುು-). 2, (= ಮರಹದುಬೆ Nr.).

ವಿಳ್ಳೆ viḷḷĕ. = ವಿಳ್ಳೆಯ. (Č. Bp. 47, 42; My.).

ವಿಳ್ಳೆಯ viḷḷĕya. = ವೀಟ, etc. (My.). ವಿಳ್ಳೇದ ಎಲೇ ಬಳ್ಳಿ (Si. 152).

ವೀ vî. = ವಿ 1 & 2.

ವೀಕಾಶ vî-kâśa. *Manifestation, display.* 2, absence of manifestation, *solitude, privacy.*

ವೀಕ್ಷಣ vi-îkshaṇa. The act of seeing or looking at sight (Bp. 7, 15; 18, 77; 61, 93). See ಸಂ-.

ವೀಕ್ಷಿತ vi-îkshita. Seen, viewed. 2, a glance, a look (My.).

ವೀಕ್ಷಿಸು vi-îkshisu. To see, to behold, to view, to observe (Bp. 18, 87).

ವೀಕ್ಷೆ vi-îkshĕ. Seeing, looking at, sight (My.).

ವೀಖೆ vîkhĕ. *Walking.* See Hlâ. s. ನಡಹ.

ವೀಚಿ vîči. (= ಪಿಂಚಿ). *A wave, a small wave* (ಪಿಂಚಿ Čt. I, 18; ನೀರ ತೆರೆ Nn. 5. 107. 164; ತರಂಗ, ಭಂಗ, ಉಮ್ಮಿದೆರೆ Mr. 406).

ವೀಚು vîču. (= ಬೀಗು 1?). To retreat, to disappear (Bh. 8, 12, 3).

ವೀಜ vîja. 1. = ಬೀಜ.

ವೀಜ vîja. 2. A certain attendant of a king (Čpr. 8, after 44).

ವೀಜನ vîjana. Fanning (*cf.* ಬೀಸು 1); a fan (Čpr. 5, 128; Grj. 2, 80; 4, 106; Śśv. 3, after 35).

ವೀಜ್ಯಮಾನ vîjyamâna. Being fanned, fanned (Čpr. 7, after 84).

ವೀಟಿ vîṭi. = ಉಳ್ಳ, ಉಳ್ಳೆಯ, ವಿಳ್ಳೆ, ವಿಳ್ಳೆಯ, (ವೀಟಿಕೆ), ವೀಳಯ, (ವೀಳಿಗೆ), ವೀಳೆ, ವೀಳೆಯ, ವೀಳ್ಯ, ವೀಳ್ಯಯ, ವೀಳ್ಯ, ವೀಳ್ಯೆಯ. The betel plant, Piper betel;—the leaf of Piper betel, the roll of this leaf with betelnut, spices, and lime to be chewed (My.; Tč. ವಿಡಿಯೆ, ವಿಡೆಮು, ವಿಡ್ಯ, ವೀಡಿಯ, ವೀಡೆಮು, ವೀಡ್ಯ; Mhr., H. ವಿಡಾ, ವಿಡೀ).

ವೀಟಿಕೆ vîṭikĕ. = ವೀಟಿ, ವೀಳಿಗೆ. (My.).

ವೀಣಾಗಾನ vîṇâ-gâna. The music of the lute (My.).

ವೀಣಾದಣ್ಡ vîṇâ-daṇḍa. *The neck of a lute.*

ವೀಣಾಧ್ವನಿ vîṇâ-dhvani. The sound of the lute (Mr. 81).

ವೀಣಾನಾದ vîṇâ-nâda. = ವೀಣಾಧ್ವನಿ. (My.).

ವೀಣಾವಾದ vîṇâ-vâda. *A lutanist.*

ವೀಣಾವಾದನ vîṇâ-vâdana. Playing on the lute (My.).

ವೀಣೆ vîṇĕ. ವೀಣಾ. = ಈಣೆ, ಬೀಣೆ. *The Indian lute* (see Bp. 19, 7). ವೀಣೆ ಬಾರಿಸಲಿಕ್ಕೆ ತಿಳಿಯದಿದ್ದರೆ ಸಾಣೆ ತೇಯಲಿಕ್ಕೆ ತಿಳಿಯದೇ? (Prv.). — ವೀಣೆಯ ಕುಪ್ಪಳಕಾಯಿ. The gourd of a lute (ಕಕುಭ G.). — ವೀಣೆಯ ಸೋರೆಬುರುಡೆ. = ವೀಣೆಯ ಕುಪ್ಪಳಕಾಯಿ. (My.).

ವೀಣೆಗಾಱ vîṇĕ-gâṛa. A lutanist (ವೀಣಾವಾದ Nr.; My.).

ವೀಣ್ಟು vîṇṭu. To throw away, etc. (ಬಿಸುಡು Čt. I, 42, o. r. ನೀಣ್ಟು).

ವೀತ vi-ita. 1. Gone apart, gone away, departed, disappeared (Čpr. 7, after 62);—set free, let go; exempt, freed from, devoid of.

ವೀತ vîta. 2. Gone, moved;—gone towards, approached;—accepted, liked;—quiet, tame, *unfit for war* (as a horse, etc.);—driven;—*driving an elephant as well with a goad as by spurring it with the feet* (ಮುಟ್ಟಿಯೊದಹಂ ಚಾರಣಂ ಕೂಡೆ Mr. 158).

ವೀತ vîta. 3. Covered, clothed, put on, worn. See ಉಪ-, ನಿ-, ಸಂ-.

ವೀತಂಸ vî-taṁsa. = ವಿತಂಸ. *A cage, any net or chain or apparatus for confining beasts or birds.*

ವೀತಕೇತಕ vîta-kêtaka. Free from screw-pines (Čpr. 4, after 42).

ವೀತರಾಗ vîta-râga. Free from passions or affections; calm;—colourless;—a man with subdued passions;—*a Buddhist or Jaina saint* (ಜಿಷ್ಣು, ಜಿನ Nn. 38; ಜಿನೇನ್ದ್ರ Mr. 23; ಜಿಷ್ಣು Mr. 512).

ವೀತಶೋಕ vîta-śôka. Free from care or sorrow (My.).

ವೀತಿ vîti. = ಪೀತಿ 2. Going, etc.;—light, lustre;—a horse.

ವೀತಿಹೋತ್ರ vîti-hôtra. *Agni, fire.*

ವೀಥಿ vîthi. = ಬೀದಿ, ವೀದಿ. *A row, a line.* 2, *a road, a street.* — ವೀಥಿಗೊಳ್. -ಕೊಳ್. To form a row or line (Grj. 7, after 72).

ವೀಥಿಕೆ vîthikĕ. = ವೀಥಿ. See ವಣ್ಯ-.

ವೀದಿ vîdi. Tbh. of ವೀಥಿ. — ವೀದಿ ವೀದಿ. rep. (Bp. 5, 19; 21, 9; 52, 42).

ವೀಧ್ರ vîdhra. *Clean, clear, pure, bright* (*cf.* ಬಿಳ್).

ವೀನಾಹ vî-nâha. = ವಿನಾಹ. *A top or cover for the mouth of a well* (ಬಾಯಿಕಟ್ಟು Si. 91; ಬಾವಿಯ ಮೊಟ್ಟೆಯ ಬಾರಿ, ಯಾತದ ಬಾರಿ G.).

ವೀಪ್ಸೆ vîpsĕ. *Several or successive order or series, the arrangement of things or properties in regular succession or each by each;* repetition, the repetition of words to imply continuous or successive action (Śmd. 228. 230; Kâvy. I, 3, 89-97).

ವೀರ vîra. = ಈರ 1, ಬೀರ, ಬೀರೆ. Heroic, mighty, powerful, strong, robust, excellent, eminent;—*a hero, a brave man, a warrior, a champion, an eminent man;*—Vîrabhadra (ಭಯಂಕಾರಿ, ದಕ್ಷಾರಿ, ಶರಭ Mr. 15); N. (My.);—power, strength, prowess (ಪೌರುಷ, ಪ್ರತಾಪ, ಪರಾಕ್ರಮ Mr. 438; ತುದಾಲ್ Kk. 76; Śmd. 163; Čpr. 2, 5; Abh. P. 7,

54);—*heroism, valour, as one of the rasas* (Kâvy. IV, 1, 7. 9; IV, 2, 37-39. 52. 57);—fire. ವೀರನ ಶೌರ್ಯ ಹಾರುವನ ಮೇಲೆಯೇ? (Prv.). 2, a man of whom some ancestor died in battle, called so when he on the first of phâlguna, habited as a warrior, proceeds with warlike pomp and state to make obeisance to an idol (Mhr.). — ವೀರಗೆಲಸ. -ಕೆಲಸ. A heroic, etc. act or work (Bp. 48, 18; 53, 53). ವೀರಗೆಲಸದ ಸೋಯಿದೇವ. N. (Bp. 58, 10). — ವೀರ ಚೋಳ. N. (Bp. 44, 58). — ವೀರಚೋಳವೆ. -ಅವೆ. N. (Bp. 15, 25; 40, 29). — ವೀರಚೋಳವ್ವೆ. -ಅವ್ವೆ. N. (Bp. 9, 40). — ವೀರ ಚೋಳಾದೇವಿ. -ದೇವಿ. N. (Bp. 33, 17). — ವೀರದಮ್ಬುಲ. -ತಮ್ಬು ಲ. Betel fit for a vira (Bp. 60, 61). — ವೀರದೇವ. N. (Bp. 58, 10). — ವೀರನೇಪುರ. An anklet fit for a vira (Bh. 1, 14, 6). — ವೀರಪಲಗೆ. A tabor fit for a vira (Bp. 5, 40). — ವೀರಪಟ್. A garment fit for a vira (J. 12, 51). — ವೀ ರಪವಾಡ. Fanatical and generally cruel and furious acts (as ripping open one's belly, cutting one's throat, etc., in the name of Vishṇu or Śiva, My.). — ವೀರಬೊಮ್ಮಯ್ಯ. N. (Bp. 58, 10). — ವೀರಮಣ್ಡಿ. Genuflection of a warrior when shooting an arrow (My.). — ವೀರಮ್ಬೆಟು. -ಂಪೆಟು. To assume heroism, to become valourous, etc. (Bp. 61, 34). — ವೀರರಾಯು. N. of a king (B. 2, 20). — ವೀರವಡೆ. -ಪಡೆ. = ವಿರಮ್ಬೆಟು. See ಪಾಮ್ಬು. — ವೀರಶಂಕರದಾಸ. N. (Bp. 53, 50). — ವೀರಸಂಗವ್ವೆ. N. See ನೇಮದ-. — ವೀರಸೆಟ್ಟಿ. N. (B. 3, 14). — ವೀರಸೇಸ. Sêsô fit for a vira (Grj. 7, after 72).

ವೀರಕ vîraka. A hero;—one of the pramathas (Bp. 1, 52; 37, 50; 49, 5; 58, 54).

ವೀರಕಂಕಣ vîra-kaṅkaṇa. A wrist-ornament for a warrior (My.).

ವೀರಗಣ vîra-gaṇa. A host of vîras. 2, Vîrabhadra (Bp. 21, 43).

ವೀರಗಣೇಶ್ವರ vîragaṇa-îśvara. Vîrabhadra (Bp. 50, 24).

ವೀರಣ vîraṇa. A double drum used at weddings, etc. (Tĕ.; Ŏ. Bp. 5, 7; *cf.* M., T. ವೀರ್, crying, bellowing, etc.).

ವೀರಣ vîraṇa. *The fragrant grass Andropogon muricatus.*

ವೀರಣಿ vîraṇi. = ವೀರಣ. *Andropogon muricatus.*

ವೀರಣೀಮೂಲ vîraṇî-mûla. *The root of Andropogon muricatus.*

ವೀರತನ vîratana. = ವೀರತ್ವ. (My.).

ವೀರತರ vîra-tara. Bolder; a great hero;—*Andropogon muricatus.*

ವೀರತರು vîra-taru. *The tree Terminalia arjuna* W. & A.

ವೀರತೆ vîratĕ. = ವೀರತ್ವ. (Bp. 54, 76).

ವೀರತ್ವ vîratva. Heroism, prowess, valour, courage (Bp. 44, 49; 46, 79). See ತುಱಿಲ್.

ವೀರಪತ್ನಿ vîra-patnî. *The wife of a hero.*

ವೀರಪಾಣ vîra-pâṇa (-pâna). *The drink of warriors,* taken, before or during a battle, for refreshment or to raise the courage.

ವೀರಬಲ vîra-bala. A force of warriors, etc. (ಸರ್ವಸನ್ನಾಹ Mr. 472).

ವೀರಭಕ್ತ vîra-bhakta. A man who is exclusively devoted to one deity (Bp. 6, 26).

ವೀರಭಕ್ತಿ vîra-bhakti. Devotion that is exclusively directed towards one deity (Bp. 32, 11. 49; 34, 34; 58, 13).

ವೀರಭಟ vîra-bhaṭa. Bhîma (ಭೀಮ, ಭಟಾಗ್ರಣಿ Nn. 5).

ವೀರಭದ್ರ vîra-bhadra. A distinguished hero;—an avatâra or son of Śiva, said to have been created from Śiva's mouth (or from a drop of his sweat) in order to spoil the sacrifice of Daksha, clothed in a tiger's skin drippping with blood (ಜೀರ, ಅರೆವಾಸಿಸವಗೆಯ Kk. 6, Śm. 5; ವೀರ, ಭಯಂಕಾರಿ, ದಕ್ಷಾರಿ, ಶರಥ Mr. 15; Bp. 13, 7; 22, 2; 37, 50; 43, 7; 45, 47; 49, 5; 54, 52; 58, 54; 61, 22); N. (C.). — ವೀರಭದ್ರನ ಜಾತ್ರೆ. A festival in honour of Vîrabhadra (Bp. 42, 10). — ವೀರಭದ್ರನ ಹಲಿಗೆ. A plate with an image of Vîrabhadra (Bp. 14, 14). — ವೀರಭದ್ರಯ್ಯ. -ಅಯ್ಯ. N. (Bp. 59, 3).

ವೀರಭಾರ್ಯೆ vîra-bhâryĕ. *The wife of a hero.*

ವೀರಮಾತೃ vîra-mâtṛi. *The mother of a hero.*

ವೀರಮಾಹೇಶ್ವರ vîra-mâhêśvara. = ವೀರಶೈವ. (Bp. 3, 33; 22, 5; 25, 4; 43, 1; 58, 16).

ವೀರರಸ vîra-rasa. Heroism as one of the rasas (Śśv. 4, 67; J. 12, 25).

ವೀರರಾಘವ vîra-râghava. Râmaċandra; N. (My.).

ವೀರಲ vîrala. (= ವೀರ) in ವೀರಲ ದೇವಿ, N. (Bp. 59, 8).

ವೀರಲಕ್ಷ್ಮಿ vîra-lakshmî. = ವೀರಶ್ರೀ. (Grj. 2, after 106).

ವೀರವರ್ಮ vîra-varma. N. of a king (J. 27 sum.; 27, 4, etc.).

ವೀರವರ್ಮಕ vîra-varmaka. = ವೀರವರ್ಮ. (J. 27, 12. 18).

ವೀರವಸನ್ತ vîra-vasanta. N. of a Liṅgâyta who was expected to be born in A. D. 1583 and to become king in Basava's town (Kalyâṇa paṭṭaṇa, Č. Bp. 63, 64-74).

ವೀರವೃಕ್ಷ vîra-vṛiksha. *The marking-nut plant, Semecarpus anacardium* Lin.

ವೀರವೈಷ್ಣವ vîra-vaishṇava. A champion of the notions and practices of the Vaishṇavas, a follower of Râmânuja (My.).

ವೀರಶೈವ vîra-śaiva. A champion of the notions and practices of the Śaivas, a Liṅgavanta (Bp. 3, 49; 25, 26; 44, 36; 50, 43).

ವೀರಶೈವಾಚಾರ vîraśaiva-âċâra. The practices of the Vîraśaivas (Bp. 22, 23).

ವೀರಶ್ರೀ vîra-śrî. = ಜೀರಸಿರಿ. The glory of valour; heroism.

ವೀರಸೂ vîra-sû. *The mother of a hero.*

ವೀರಸೇನ vîra-sêna. Having an army of heroes; N. of the father of Nala; N. of a great Jaina muni.

ವೀರಸೇನತೆ vîra-sênatĕ. The state of being a Vîrasêna (Čpr. 1, 31).

ವೀರಹ vîra-ha. Destroyer of the sacrificial fire: *a Brâhmaṇa who has suffered the sacred domestic fire to become extinct.*

ವೀರಾಜಿ vîrâ-ji. Master Vîra (Mhr.). ಎಲ್ಲರೂ ನನಗಂಜದರೆ ನಾನು ವೀರಾಜಗಂಜುವೆನು (Prv.).

ವೀರಾವತಾರ vîra-avatâra. Śiva's avatâra as Vîrabhadra (Bp. 61, 22. 24).

ವೀರಾವೇಶ vîra-âvêśa. Excitement of valour (J. 8, 32; 25, 20).

ವೀರಾಶಂಸನ vîra-âśaṁsana. *The post of danger in a battle.*

ವೀರಾಸನ vîra-âsana. Kneeling on one knee. 2, a particular posture in sitting practised by ascetics (sitting on the thighs, one leg being in the other, My.).

ವೀರು vîru. A fortified place, a stronghold (Čpr. 5, 65; Sk. ವೀಡು, ವೀಳು).

ವೀರುಧ್ vî-rudh. *A far-spreading creeper; a bush* (ಪೊದಲ್ Hlâ.).

ವೀರುಧ vî-rudha. = ವೀರುಧ್. (ಗುಲ್ಮ etc., ನೆಯ್ದೆಗೊಜ್ಜೆದರ್ ಪೊದಲ್ Mr. 108).

ವೀರೇಶ್ವರ vîra-îśvara. Śiva; Vîrabhadra. (Bp. 48, 16).

ವೀರ್ಯ vîrya. *Vigour, strength, power, energy.* 2, heroism, prowess, valour, fortitude, courage. 3, virile energy, virility. 4, *semen virile.*

ವೀರ್ಯಪುಷ್ಟಿ vîrya-pushṭi. Virile strength (My.).

ವೀರ್ಯವತಿ vîrya-vati. Possessing seeds, etc.; N. of a plant (ಜುಂಜು Mr. 149).

ವೀರ್ಯವನ್ತ vîrya-vanta. A vigorous, brave or heroic man (My.).

ವೀರ್ಯವೃದ್ಧಿ vîrya-vṛiddhi. Increase of virile energy (My.).

ವೀರ್ಯಶಾಲಿ vîrya-śâli. = ವೀರ್ಯವನ್ತ. (My.).

ವೀರ್ಯಶುಲ್ಕೆ vîrya-śulkĕ. A woman who has prowess or heroism as her price, one who is to be purchased by valour (My.).

ವೀರ್ಯಸ್ಖಲನ vîrya-skhalana. = ವೀರ್ಯಸ್ರಾವ. (My.).

ವೀರ್ಯಸ್ರಾವ vîrya-srâva. Seed-flow: the emission of semen at other times than in sexual intercourse, pollution (My.).

ವೀವಧ vîvadha. = ವಿವಧ, q. v. *A yoke or pole for carrying burdens, etc.*

ವೀಸ vîsa. = ಈಸ 1. The fraction called one-sixteenth, $\frac{1}{16}$ of a haṇa, etc. (Bp. 28, 34; 57, 78; My.; Tĕ.; Tu. ವಿಸ, ವೀಸು; T. ವೀಚು; M. ವೀತ; *cf.* ವಿಸ್ವ?). ಹನ್ನೆರಡಲ್ಲಿ ವೀಸಪಾಲು (ಕಲೆ Si. 31). ವೀಸದ ಲೆಕ್ಕ ತಿಳಿಯದವ ಬಾಸೆಯ ಲೆಕ್ಕ ಮಾಡ್ಯಾನೇ? — ಬೀಗನ ಹತ್ತರ ಹೋಗಿ, ಹಾಗೂವೀಸ ಕೇಳಿದ ಹಾಗೆ (Prvs.). ಬಾಸಿಯನು ಹೋಗುವಗೆ ವೀಸ ಹತ್ತದು ಕೆಯ್ಗೆ, ಹೇಸಿ ತೊಲಗುವಳು ಜಯಲಕ್ಷ್ಮಿ, ಆಯುಷ್ಯ ನಾಶವಾಗುವದು (Sp.). — ವೀಸಬಡ್ಡಿ. Interest to the amount of the sixteenth part (My.); — something small or insignificant (Bh. 4, 4, 70); — interest at the rate of one aṇĕ and 2 kâsus for 8 rupâyis (My.).

ವೀಳಯ vîḷaya. Tbh. of ವೀಟಿ. (My.; see Kk. s. ವೀಳಿಗೆ).

ವೀಳಿಗೆ vîḷigĕ. Tbh. of ವೀಟಿಕೆ (Šmd. 81; Kk. 59, o. ra. ವೀಳಯ, ವೀಳೆಯ; T. ವೀಡಿಗ್ಯೆ, M. ವೀಡಿಗೆ).

ವೀಳೆ vîḷĕ. Tbh. of ವೀಟಿ. (My.; B. 3, 18; 4, 40; Mhr. ವೇಲ). — ವೀಳೆಯ ಶಾಸ್ತ್ರ. The distribution of betel on the occasion of promising to give a daughter in marriage (My.).

ವೀಳೆಯ vîḷĕya. Tbh. of ವೀಟಿ. (ವೀಟಿಕೆ Čt. II, 13; ತಾಮ್ಬೂಲ Mr. 337; J. 2, 42; 7, 34; My.; see Kk. s. ವೀಳಿಗೆ). ವೀಳೆಯ ದೆಲೆ (B. 4, 204). — ವೀಳೆಯಗೊಳ್, -ಕೊಳ್. To take betel (J. 11, 41). — ವೀಳೆಯಂಗೊಡು. -ಂ-ಕೊಡು. To give betel (J. 28, 21).

ವೀಳ್ಯ vîḷya. Tbh. of ವೀಟಿ. (My.). ಪಟ್ಟೇ ವೀಳ್ಯಕ್ಕೆನ್ತ, ಹೋಗಿ, ಕುಟ್ಟಿಸಿ ಕೊಣ್ಡು ಬನ್ದ. — ಪಟ್ಟೇ ವೀಳ್ಯವಾದರೆ ಘಟ್ಟರಿಗಾಗದೇ? (Prvs.). — ವೀಳ್ಯದ ಬಳ್ಳಿ. The betel-leaf pepper, Piper betel Lin. (St. & Pl.; Z.). — ವೀಳ್ಯದೆಲೆ. -ಎಲೆ. A betel-leaf (C.). — ವೀಳ್ಯದೆಲೇ ಬಳ್ಳಿ. -ಎಲೇ-. = ವೀಳ್ಯದ ಬಳ್ಳಿ. (ತಾಮ್ಬೂಲವಲ್ಲಿ, etc. Si. 152).

ವೀಳ್ಯಯ vîḷyaya. = ವೀಳಯ. (ತವಲಾಯ Bhn. 17).

ವೀಳ್ಯೆ vîḷyĕ. = ವೀಳ್ಯ. ಸುಣ್ಣವಿಲ್ಲದ ವೀಳ್ಯೆ, ಬಣ್ಣವಿಲ್ಲದ ಮದುವೆ, ಹೆಣ್ಣಿಲ್ಲದನ ಸಂಸಾರ, ಮಳಲೊಳಗೆಯೆಣ್ಣೆ ಹೊಯ್ದನ್ತೆ (Sp.).

ವೀಳ್ಯೆಯ vîḷĕya. = ವೀಳೆಯ. (My.).

ವು vu. 1. For Kannaḍa words with this initial see ಉ.

ವು vu. 2. = ಉ 5, q. v.

ವು vu. 3. (= ವ 1). An affix for forming verbal nouns (Šmd. 247); occasionally it is dropped (56).

ವುಕ vuka. = ಬುಕ, ವಕ. A species of plant.

ವೂ vû. For Kannaḍa words with this initial see ಊ.

ವೃಂಹಿತ vṛiṁhita. = ಬೃಂಹಿತ. *The roaring of elephants.* 2, grown, increased.

ವೃಕ vṛika. *A wolf.* 2, a jackal. 3, a crow, etc.

ವೃಕಧೂಪ vṛika-dhûpa. *Compounded perfume.* 2, *turpentine.*

ವೃಕೋದರ vṛika-udara. Wolf-bellied: Bhîma (ಕುರುವೈರಿ, ವಾಯುಪುತ್ರ, ಭೀಮ Mr. 264; J. 2, 1. 40).

ವೃಕ್ಣ vṛikṇa. *Cut*; torn; broken.

ವೃಕ್ಷ vṛiksha. *A tree*; a shrub; especially also the tilaka (ತಿಲಕ, ತಿಲಕವೃಕ್ಷ Nn. 110), the syandana (ಸ್ಯನ್ದನ, ತಾಟಿಯ ಮರ 110), the nandîvaṭṭa (110), the sarala (110), the kaṅkêlli (ಕಂಕೇಲ್ಲಿ, ಅಶೋಕೆ 110), the môča (ಮೋಚ, ಬಾಳ್ 110), the dava (ದವ, ಚಿತ್ರಮೂಲ 110), the nalina (ನಲಿನ, ತಾವರೆ 110), and the śâla (ಶಾಲ, ಅಸಿನ ಮರ 110). See ಇಂಗಳ 2, ಇಟ್ಟಿ, ತಾಯ್ 1, ತೇಗು 1. ವೃಕ್ಷ ದೊಡ್ಡದಾದರೂ ಪಕ್ಷಿ ಹೇಲದೆ ಬಿಡದು (Prv.).

ವೃಕ್ಷಭೇದ vṛiksha-bhêda. A kind of tree. See ಅಸು 2, ತವಸಿ, ತೇಗು 1; ಪೊಟಿಗು 3.

ವೃಕ್ಷಭೇದಿ vṛiksha-bhêdi. Tree(wood)-splitter: *a carpenter's chisel*; — a hatchet.

ವೃಕ್ಷರುಹೆ vṛikha-ruhĕ. *A parasitical plant.*

ವೃಕ್ಷವಾಟಿಕೆ vṛiksha-vâṭikĕ. *A grove of trees, a garden.*

ವೃಕ್ಷಾದನ vṛiksha-adana. *A carpenter's chisel*; — an adze; — a hatchet.

ವೃಕ್ಷಾದನಿ vṛiksha-adani. *A parasitical plant.*

ವೃಕ್ಷಾಮ್ಲ vṛiksha-amla. *The hog-plum, Spondias mangifera*; — acid seasoning.

ವೃಕ್ಷಾರೋಹಣ vṛiksha-ârôhaṇa. Mounting or climbing a tree. See ಹಲಕು.

ವೃಕ್ಷೋತ್ಪಲ vṛiksha-utpala. *The tree Pterospermum acerifolium* Willd. (ಕೊಸಗು Hlâ.).

ವೃಜಿನ vṛijina. *Crooked, bent, curved.* 2, *curled hair, hair* (ತಿರೋಜ, ಮಣ್ಡೆಯ ಕೂದಲ್ Nn. 64). 3, wicked; *wrong, sin, vice, wickedness* (ಪಾಪ 64; ಗತಿ, ದುಷ್ಕರ್ಮ Nn. 166); — harshness, etc. (ತೀವ್ರ, ನಿಷ್ಠುರವು 64). 4, distress, misery, affliction (ಅತಿಕ್ಲೇಶ Mr. 468). 5, sickness (ರುಜೆ, ರೋಗ 64). 6, a crocodile (ನಕ್ರ, ನೆಗಳು 64).

ವೃಧ vṛidha. Raised, lifted up, increased. See ಪರಿ-.

ವೃತ್ vṛit. Turning, turning round; moving, going; existing. See ನಿ-.

ವೃತ vṛita. 1. = ವೃತ್ತ 2. Screened, covered, concealed, encompassed, surrounded, enveloped (ಸುತ್ತಲ್ ಪಟ್ಟ Šmd. 11 Cm.; 344; ಬಳಸಿದ, ಸುತ್ತಿ 345; see ಸಿ-); — restrained, kept back; impeded, hindered, checked;—chosen, selected; preferred;—*agreed, assented to;*—loved, adored;—solicited, asked for.

ವೃತ vṛita. 2. = ಋತ, q. v. (Nn. 9).

ವೃತ vṛita. 3. = ವೃತ್ತ 1 (*cf.* ವೃತ್). (ವೃತ್ತ, ವ್ಯಾವೃತ್ತ, ಮರಳಿದುದು Nr.).

ವೃತಿ vṛiti. = ವೃತ್ತಿ 2. Surrounding, encompassing; hiding;—*an enclosure, a hedge* (ಆವೇಷ್ಟಕ, ಬೇಲಿ Hlâ.). 2, *choosing, selecting, preferring;* selection, choice;—soliciting, asking for.

ವೃತ್ತ vṛitta. 1. = (ಬಟು, etc., ಬಟ್ಟ 1, etc.), ವೃತ 3. Turned, turned round. 2, *round, rounded, circular* (ಬಟುವು Nn. 112; ಬಟುವು Mr. 529, o. r. ಬಟುಹು; ಚಕ್ರ, ಬಟುಹು Nn. 49, o. r. ಬಟ್ಟಿತ್ತು; ಬಟುಹು Nn. 95). 3, been, existed, lived;—*happened, having taken place;*—*past, gone, finished;*—dead, deceased;—done, performed, engaged in, undertaken. 4, proceeded, derived from. 5, *fixed, firm, strong* (ದೃಢ, ಸತ್ವ 112; ದೃಢ 529). 6, unimpaired. 7, famous. 8, event, occurrence, news. 9, procedure;—practice, profession, occupation, means of subsistence. 10, act, action, behaviour, demeanour, *conduct* (ಚಾರಿತ್ರ, ನಡವಳಿ 112); observance of any enjoined practice (ವಿಮಲಚಾರಿತ್ರ 529);—actual practice, law. 11, a circle, a circumference. 12, the epicycle (in astronomy). 13, *metre;* a form or class of metre (Ch.; Mr. 366; ಛನ್ದ 529);—a verse. 14, ambrosia (ಅಮೃತವು 112; 529). 15, = ವೃತ್ರ, an enemy (ಅರಿ, ಹಗೆ 112). 16, = ವೃತ್ರ, a daitya (ದೈತ್ಯ, ರಾಕ್ಷಸಭೇದ 112; ದೈತ್ಯ 529). 17, = ವೃತ್ರ, darkness (ತಿಮಿರ, ಕತ್ತಲೆ 112). — ವೃತ್ತವೆಱು. -ವೆಱು. To become round (Bp. 4, 17).

ವೃತ್ತ vṛitta. 2. = ವೃತ 1. *Chosen, selected,* etc.

ವೃತ್ತತೆ vṛittatĕ. Roundness (ಉರುಟು Šm. 90).

ವೃತ್ತಭೇದ vṛitta-bhêda. A verse (ಪದ Nn. 84).

ವೃತ್ತಸಮ್ಪನ್ನ vṛitta-sampanna. Well behaved or conducted, behaving with propriety. (R.).

ವೃತ್ತಾಧ್ಯಯನರ್ಧಿ vṛitta-adhyayana-ṛiddhi. *Increase of moral conduct and study, holiness resulting from observance of rules and study.*

ವೃತ್ತಾನ್ತ vṛitta-anta. The end or result of a course of action: occurrence, incident, event. 2, *tidings, rumour, report, intelligence;*—*a tale, a story, an account.* 3, *a topic, a subject.* 4, *sort, kind; mode, manner, state.* 5, *the whole, totality.* (Bp. 22, 49; 28, 17; 34, 18; 53, 74).

ವೃತ್ತಾನ್ತರ vṛitta-antara. Different (various) news or tales (Bp. 26, 64).

ವೃತ್ತಿ vṛitti. 1. = ವಿತ್ತಿ 2. Turning, turning round, revolving. 2, the circumference of a circle or wheel. 3, being, existence, abiding, staying, remaining. 4, state, condition. 5, proceeding, course, conduct, behaviour, action. 6, a way, a manner. 7, *practice, business, profession, function, employment, mode of life;*—*livelihood, maintenance, means of subsistence* (ವಾರ್ತೆ, ಜೀವನ, ಬಾಡಿಗೆ Mr. 345); Inâm land (My.). 8, application, use, currency; occurrence. 9, *style in composition* (Kâvy. III, 1, A, 12. 24; III, 3, B, 3. 171; IV, 1; IV, 1, 5; IV, 2, 58 seq.; V, 70). 10, *comment, commentary, explanation, exposition, gloss* (Šmd. 5, etc.). 11, wages, hire; fee. See ಅಕ್ಷರ-, ಅರ್ಥ-, ಇತ್ವ-, ದ್ವಿತ್ವ-, ತೃತೀಯ-, ನಿ-, ಪರಿ-, ಪ್ರ-, ಬಹುಳ-, ಮನೋ-, ಲೋಪ-, ಶಿಥಿಲ-.

ವೃತ್ತಿ vṛitti. 2. = ವೃತಿ. A hedge (ಅರಘಟ್ಟಕ, ಬೇಲಿ Mr. 192).

ವೃತ್ತಿಕೆ vṛittikĕ. A kind of metre (see ಪ್ರಾಚ್ಯ-). 2, a ring (ಬಳೆ Mr. 285). 3, a kind of plant (ಕಟ್ಟವತ್ತಿ Mr. 145).

ವೃತ್ರ vṛitra. = ವಿತ್ರ, (ವೃತ್ತ 1, Nos. 15. 16. 17). *Darkness.* 2, a cloud. 3, *the demon Vṛitra, the perpetual enemy of Indra.* 4, a wicked man, an enemy.

ವೃತ್ರರಿಪು vṛitra-ripu. Indra (Mr. 41).

ವೃತ್ರಶಾತ್ರವ vṛitra-šâtrava. Indra (Bp. 21, 31).

ವೃತ್ರಹ vṛitra-ha. *Indra.*

ವೃತ್ರಾರಿ vṛitra-ari. *Indra.*

ವೃಥಾ vṛithâ. = ವೃಥೆ. *Unnecessarily, uselessly, fruitlessly, in vain.* 2, *wrongly, incorrectly.* 3, idly, falsely. 4, vain, purposeless, useless, fruitless.

ವೃಥಾಕೃತ vṛithâ-kṛita. Done in vain (J. 4, 63).

ವೃಥಾಭಿಯೋಗ vṛithâ-abhiyôga. A useless attack (Bh. 2, 3, 9).

ವೃಥೆ vṛithĕ. = ವಿಥೆ, ವೃಥಾ. (ನಿಷ್ಫಲ, ಮೋಘ, ನಿರರ್ಥಕ Mr. 462).

ವೃದ್ಧ vṛiddha. Increased, augmented. 2, grown up, full-grown. 3, *old, aged, advanced in years, ancient.* 4, great, large. 5, *wise, learned.* 6, an old man (ಮುದಕ Nn. 106; ಸ್ಥವಿರ, ಹರೆಯ ಹೋದವಂ Mr. 310);—a respectable man;—a sage, a saint. 7, *benzoin.*

ವೃದ್ಧತ್ವ vṛiddhatva. *Old age.* See ವಂಶ-; Sp. s. ತರುಣತ್ವ.

ವೃದ್ಧದಾರಕ vṛiddha-dâraka. *The plant Argyreia speciosa or argentea* Sweet. (= ಮುಕ್ಷಗನ್ಧ).

ವೃದ್ಧನಾಭಿ vṛiddha-nâbhi. *Having a prominent navel;* corpulent.

ವೃದ್ಧಭಕ್ತ vṛiddha-bhakta. An ancient devotee (Bp. 60 sum.).

ವೃದ್ಧಶ್ರವ vṛiddha-šrava. Tbh. of ವೃದ್ಧಶ್ರವಸ್. Indra (Mr. 40).

ವೃದ್ಧಶ್ರವಸ್ vṛiddha-šravas. Having great glory: *Indra.*

ವೃದ್ಧಸಂಘ vṛiddha-saṅgha. *An assembly of old men, a meeting or council of elders.*

ವೃದ್ಧಸೇವೆ vṛiddha-sêvĕ. The serving or honouring of learned men (šâstrânvitasêvĕ, Kâvy. II, 1, 1-5); reverence for the aged.

ವೃದ್ಧಾಪ್ಯ vṛiddha-âpya. Old age (J. 5, 52; My.).

ವೃದ್ಧಿ vṛiddhi. 1. = ಬದ್ಧಿ 2, ಬಿದ್ಧಿ, ವದ್ಧಿ, ವಿದ್ಧಿ. *Increase, increment, augmentation, growth.* 2, a heap, a quantity, an assemblage, a multitude. 3, prosperity, success, advancement. 4, extension of power or revenue, as one of the conditions or objects of royal power. 5, profit, gain. 6, *paying back money lent with increase or interest, returning the principal with a proportionate increment.* 7, money-lending, usury, interest (ಕಲಾನ್ತರ, ಬಡ್ಡಿ Mr. 346). 8, in grammar: a peculiar increase or lengthening to which vowels are subject under certain conditions (Šmd. 17). 9, *a sort of medicinal drug* (see Nr. s. ವದ್ಧಿ). See ಬಳೆ 1, ಮಿಳಿರ್ 3, ಮುದು 1. 10, impurity arising to a household on the occasion of a birth in it (Mhr.; My.).

ವೃದ್ಧಿ vṛiddhi. 2. Cutting off, abscission;—in law: forfeiture, deduction. (R.).

ವೃದ್ಧಿಕರ vṛiddhi-kara. Yielding or causing increase, etc. (Bp. 58, 14; My.).

ವೃದ್ಧಿಜೀವ vṛiddhi-jîva. *One who lives by money-lending, a usurer.*

ವೃದ್ಧಿಜೀವನ vṛiddhi-jîvana. *Gaining a livelihood by money-lending, subsistence by usury, usury.*

ವೃದ್ಧಿಜೀವಿಕೆ vṛiddhi-jîvikĕ. = ವೃದ್ಧಿಜೀವನ. *Gaining a livelihood, etc.*

ವೃದ್ಧಿಮತ್ vṛiddhi-mat. *Having increase, increased, increasing, growing*;—prosperous.

ವೃದ್ಧಿಹೀನ vṛiddhi-hîna. Devoid of increase or growth. See ನುಡಿಕು.

ವೃದ್ಧೆ vṛiddhĕ. *An old woman.*

ವೃದ್ಧೋಕ್ಷ vṛiddha-uksha. *An old bull or ox.*

ವೃದ್ಧ್ಯಾಜೀವ vṛiddhi-âjîva. *One who lives by money-lending, a usurer* (ಬಡ್ಡಿಗೊಡುವವಂ Mr. 345, one MS. ವೃದ್ಧ್ಯಾಜೀವಿ).

ವೃದ್ಧ್ಯಾಜೀವಿ vṛiddhi-âjîvi. = ವೃದ್ಧ್ಯಾಜೀವ, q. v.

ವೃನ್ತ vṛinta. *The stalk of a flower or of a leaf or of a fruit.* 2, *a nipple.*

ವೃನ್ತಕ vṛintaka. = ವೃನ್ತ. See ತಾಲ-.

ವೃನ್ದ vṛinda. = ಬಿನ್ದ, ಬೃನ್ದ. *A heap, a multitude, a large number; a flock, a drove.*

ವೃನ್ದಾರಕ vṛindâraka. *Much, great.* 2, *excellent, eminent, chief, best*;—*respectable, venerable.* 3, *handsome, pleasing.* 4, *a deity, a god* (ನಾಕಾವಾಸ, ದೇವತೆ Nn. 153). 5, an elephant (ಇಭ, ಆನೆ 153). 6, a cloud (ಬಲಾಹಕ, ಮೇಘ 153). 7, a tree (ಕುಜ, ವೃಕ್ಷ 153).

ವೃನ್ದಾರಕತ್ವ vṛindârakatva. Beauty (Ŏpr. 7, 92).

ವೃನ್ದಾರಕಪಥ vṛindâraka-patha. The sky (ಗಗನ Mr. 31).

ವೃನ್ದಾವನ vṛindâ-vana. A wood near the town Gôkula in the district of Mathurâ where Kṛishṇa as gôpâla passed his youth, associating with the cowherds and milkmaids (Bhâgavata 10, 14, 57, etc.). 2, a little tower-form erection of earth in which the worshippers of Kṛishṇa plant and preserve the tulasî. ಮೂಡೋದು ದುರಾಚಾರ, ಮನೇ ಮುನ್ದೆ ವೃನ್ದಾವನ (Prv.).

ವೃನ್ದಿಷ್ಠ vṛindishṭha. *Very much or great; very excellent; most beautiful.*

ವೃನ್ದೆ vṛindĕ. ವೃನ್ದಾ. = ವೃನ್ದಾವನ No. 1. 2, the tulasî, Ocymum sanctum.

ವೃಶ್ಚಿಕ vṛiśčika. *A scorpion* (see ಚೇಳ್, ಎಮ್ಮೆಚೇಳು). 2, the zodiacal sign Scorpio. 3, a hairy caterpillar. 4, a centipede.

ವೃಶ್ಚಿಕಮಾಸ vṛiśčika-mâsa. The month when the sun is in Scorpio (My.).

ವೃಷ್ vṛish. Raining. See ಪ್ರಾ-.

ವೃಷ vṛisha. A rainer, a sprinkler. 2, *a bull* (ಗೂಳಿ, ಬಸವ Nn. 16). 3, *the zodiacal sign Taurus.* 4, *an amorous or lustful man.* 5, *the chief of a class, anything the best of its kind: excellent, pre-eminent.* 6, *justice or virtue personified as a bull* (ಶರೀರಭೇದ 16);—virtue, goodness (ಒಳ್ಳಿ, ಒಳ್ಳಿತು 16; Abh. P. 1, 19). 7, justice, virtue, morality; attentive to duties (ಸುಧರ್ಮ, ಸದ್ಧರ್ಮ 16). 8, a Jina (ಅಜಿತ, ಜಿನ 16). 9, *Indra.* 10, *a rat.* 11, *the plant Gendarussa vulgaris* or *adhadota* (= ಅಟರೂಷ). 12, *a particular drug.*

ವೃಷಕೇತು vṛisha-kêtu. = ವೃಷಧ್ವಜ No. 3. (J. 2, 35; 3, 14; 7, 35; 8, 36).

ವೃಷಣ vṛishaṇa. Raining, sprinkling. 2, *a testicle* (ಮುಷ್ಕ, ತರುಡು Sî. 209). 3, *the scrotum or bag containing the testicles.*

ವೃಷದಂಶ vṛisha-daṁśa. Rat-devourer: *a cat.*

ವೃಷದಂಶಕ vṛisha-daṁśaka. *A cat.*

ವೃಷಧ್ವಜ vṛisha-dhvaja. Having a bull for a sign: *Śiva.* 2, having a rat for a sign: Gaṇapati. 3, Karṇa's son (J. 2, 37; 8, 29).

ವೃಷಭ vṛishabha. = ಋಷಭ, ಬಸ 2, ಬಸವ, ರುಸಬು. *A bull* (ಗೋೞ್ದ Kk. 6); the zodiacal sign Taurus. 2, anything good or excellent of its kind: *good, excellent, best* (ಭದ್ರ, ಒಳ್ಳಿತು Hlâ.; ಒಳ್ಳಿತಂ Mr. 467). *3, *a particular drug.*

ವೃಷಭಗಮನ vṛishabha-gamana. Śiva (Bp. 50, 10).

ವೃಷಭಧ್ವಜ vṛishabha-dhvaja. Śiva (Śśv. 4, 72; 5, 57).

ವೃಷಭಪ್ರಾಸ vṛishabha-prâsa. A kind of alliteration (Čh.).

ವೃಷಭಮಾಸ vṛishabha-mâsa. The month when the sun is in Taurus (My.).

ವೃಷಭರಥ vṛishabha-ratha. Śiva (My.).

ವೃಷಭಲಕ್ಷ್ಯ vṛishabha-lakshya. Śiva. ವೃಷಭಲಕ್ಷ್ಯಂ, the metrical foot ∪∪∪-- (Čh.).

ವೃಷಭಾಯತ vṛishabha-âyata. The stateliness of a bull (J. 16, 12).

ವೃಷಭವಾಹನ vṛishabha-vâhana. Śiva (My.).

ವೃಷಭವಾಹಿನಿ vṛishabha-vâhini. A cow (Mr. 180).

ವೃಷಭೇನ್ದ್ರ vṛishabha-indra. Śiva's bull Basava (Bp. 46, 74; Śśv. 5, 56; see ಆದಿ-).

ವೃಷರಾಜ vṛisha-râja. = ವೃಷಭೇನ್ದ್ರ. (J. 14 sum.).

ವೃಷಲ vṛishala. *A Śûdra* (ಕುಂಟಣಿಗ Mr. 375).

ವೃಷಲಿ vṛishali. A woman of the Śûdras, a low caste woman. 2, an unmarried girl twelve years old, in whom menstruation has commenced.

ವೃಷಲೀಪತಿ vṛishalî-pati. The husband of a woman of low caste, a Brâhmaṇa who owns such a woman as his mistress (My.).

ವೃಷವಾಹನ vṛisha-vâhana. Śiva (My.).

ವೃಷಸ್ಯನ್ತಿ vṛishasyanti. *A lascivious woman.* See Hlâ. s. ಅದಿಕೆ 1.

ವೃಷಾಕಪಾಯಿ vṛishâkapâyi. Wife of vṛisâkapi: the dawn;—*Lakshmî*;—*Gaurî.*

ವೃಷಾಕಪಿ vṛishâkapi. The sun. 2, Agni, fire (ಅಗ್ನಿ Nn. 58). 3, *Vishṇu* (ಮುಕುನ್ದ, ವಿಷ್ಣು 58). 4, *Śiva* (ಶಿಪಿವಿಷ್ಟ, ಈಶ್ವರ 58). 5, a kind of tree (ಶಾಖಿ, ವೃಕ್ಷಭೇದ 58). 6, a kind of animal (ಮೃಗಭೇದ 58). 7, a sword (ಖಡ್ಗ, ಆಯುಧ 58).

ವೃಷಾಂಕ vṛisha-aṅka. Bull-marked: *Śiva* (Śmd. 386).

ವೃಷಾಧಿಪ vṛisha-adhipa. = ವೃಷರಾಜ. (Śśv. 1, 36).

ವೃಷಾಧಿರಾಜ vṛisha-adhirâja. = ವೃಷಾಧಿಪ. (Śśv. 5, 63).

ವೃಷಿ vṛishi. *The seat of a religious student, a kind of seat or cushion made of kuśâ grass wound into a pad, the seat or cushion of an ascetic.*

ವೃಷೆ vṛishĕ. *The tree Gendarussa vulgaris or adhadota*

(Justitia adhatoda Lin.). 2, *the plant Salvinia cucullata* Roxb.

ವೃಷ್ಟಿ vṛishṭi. = ರುಷ್ಟಿ. *Rain*, a shower (ಮಳೆ³ Nn. 15. 47. 69; ಸರಿ, ಮಳೆ³ Kk. 70). — ವೃಷ್ಟಿಗಱೆ³. -ಕಱೆ³. To rain (Śšv. 3, 59).

ವೃಷ್ಣಿ vṛishṇi. Raining. 2, *a ram.* 3, *a ray of light.* 4, N. of one of the Yâdava kings (J. 12, 32; 14, 3).

ವೃಹತ್ vṛihat. = ಬೃಹತ್. See ಹಿರಿದು s. ಹಿರಿ 1.

ವೃಹತಿ vṛihati. = ಬೃಹತಿ. See ಹೆಗ್ಗಳ್ಳ.

ವೆ vĕ. 1. (= ಎ). An affix for forming verbal nouns, *e. g.* ಮಱಿವೆ, etc. (Śmd. 247).

ವೆ vĕ. 2. = ಎ 13. A sound that is used to express disgust (My.).

ವೆಕ್ಕಸ vĕkkasa. (fr. ಬಿಱು). Roughness, unsmoothness; harshness, severity; unkindness; unpleasantness, etc. (ಪರ್ವಂಕೆ Čt. I, 12; Abhâ. 2, 52. 54; J. 16, 22; 26, 11; Tĕ. ವೆಕಟು, ವೆಕ್ಕಸ, ವೆಗಟು, harshness, repugnance, disgust, dislike).

ವೆಕ್ಕಳಿಸು vĕkkaḷisu. = ವೆಗ್ಗಳಿಸು. (J. 14, 6).

ವೆಕ್ತ vŏkta. Tbh. of ವ್ಯಕ್ತ. (My.). ವೆಕ್ತವಾದುದು (ಸ್ಫುಟ, ಖಲು, ಸ್ಪಷ್ಟ Dhw. 29).

ವೆಗ್ಗಳ vĕggaḷa. (Śmd. 49). = (ಅಗ್ಗಳ), ಎಕ್ಕಳ, ಎಗ್ಗಳ, ಯೆಗ್ಗಳ, q. v., ವೆಗ್ಗಳೆ, ಹೆಗ್ಗಳ. Muchness, abundance, greatness, excess (ಅಥಕ Čt. II, 62; ಲಾಗು Śm. 82; Bp. 22, 65; Śšv. 4, 20; Tĕ. ವೆಕ್ಕಸ, ವೆಗ್ಗಲ);—a great man (see Prv. s. ಅಗ್ಗಳ). — ವೆಗ್ಗಳವಾಗು. -ಆಗು. To become much, etc. (ಅಗ್ಗಲಿಸು Śmd. 209 Cm.). ವೆಗ್ಗಳವಾಗಿ (ಪೀನಂ 108 Cm.; ಘನವಾಗಿ 287 Cm.). ವೆಗ್ಗಳವಾಗಿ ಬಾರದು (ಘನಮಿಲ್ಲ 342 Cm.). ವೆಗ್ಗಳವಹ ದಾನ (ದಾನೋತ್ಕೃಷ್ಟ Nn. 142, o. r. ಹಿರಿದಾಹ-).

ವೆಗ್ಗಳತನ vĕggaḷatana. = ವೆಗ್ಗಳಿಕೆ (Bh. 7, 16, 14).

ವೆಗ್ಗಳಿಕೆ vĕggaḷikĕ. The state of being much, excess, abundance (Bp. 12, 14; Bh. 1, 5, 8).

ವೆಗ್ಗಳಿಗ vĕggaḷa-iga. A superior man (ಜೆಚ್ಚಿನವ G.).

ವೆಗ್ಗಳಿಸು vĕggaḷisu. = ವೆಕ್ಕಳಿಸು. To become much, to increase greatly, to become plentiful (ಅಗ್ಗಲಿಸು Śmd. 365 Cm.); to go beyond the common boundary (in emotions), to be elated or actuated by impulse. See Bp. 4, 25; 28, 56; 34, 23; 36, 62; 40, 40; 42, 16; 44, 33; 50, 42; 54 sum.; 57, 48; Bh. 3, 13, 27; J. 10, 14; 23, 16; 25, 5; 30, 19.

ವೆಗ್ಗಳೆ vĕggaḷĕ. = ವೆಗ್ಗಳ. — ವೆಗ್ಗಳೆಯ. -ಅತ. A superior man (Bh. 8, 21, 15; 8, 23, 43).

ವೆಗ್ಗು vĕggu. = ಎಗ್ಗು 2, etc. (My.).

ವೆಂಕ vĕṅka. = ವೆಂಕಟ, (My.). — ವೆಂಕಪ್ಪ. -ಅಪ್ಪ. N. (My.). ಅಚ್ಚು ಬೆಲ್ಲ ಅಚ್ಚಪ್ಪಗೆ, ನುಚ್ಚು ಗಂಜ ವೆಂಕಪ್ಪಗೆ (Prv.). — ವೆಂಕಯ್ಯ. -ಅಯ್ಯ. N. (My.).

ವೆಂಕಟ vĕṅkaṭa. = ಎಂಕಟ, ಎಂಗಟ, ವೆಂಗಟ. N. of an idol of Vishṇu on a hill at Tirupati (Tripati, My.). — ವೆಂಕಟಗಿರಿ. The hill on which Vishṇu is worshipped (My.). 2, a fort on that hill (My.). — ವೆಂಕಟಪ್ಪ. -ಅಪ್ಪ. N. (see s. ವೆಂಕಟರಮಣ). — ವೆಂಕಟರಮಣ. The lord Vĕṅkaṭa: Vishṇu (My.; Dp. 140 pallavi). ವೆಂಕಟರಮಣ! ಎನ್ನರೂ ವೆಂಕಟಪ್ಪ ಬೆನ್ನು ಬಿಡ. — ಸಂಕಟ ಬನ್ದರೆ ವೆಂಕಟರಮಣ (Prvs.). — ವೆಂಕಟಾಚಲ. -ಅಚಲ. = ವೆಂಕಟಗಿರಿ. (My.). — ವೆಂಕಟಾದ್ರಿ. -ಅದ್ರಿ. = ವೆಂಕಟಾಚಲ. (My.). 2, N. of a man (B. 4, 9; My.). — ವೆಂಕಟೇಶ. -ಈಶ. = ವೆಂಕಟರಮಣ. (My.; Dp. 132 pallavi; 140, 10. 16; 141 pallavi). 2, N. (My.).

ವೆಂಕಟಿ vĕṅkaṭi. = ಎಂಕಟಿ, ಎಂಗಟಿ, ವೆಂಗಟಿ. N. of females (My.).

ವೆಂಕಿ vĕṅki. = ವೆಂಕು. N. of females (My.).

ವೆಂಕು vĕṅku. = ವೆಂಕಿ. (My.). ವೆಂಕು ಪಣಮ್ಬೂರಿಗೆ ಹೋದ ಹಾಗೆ (Prv.). — ವೆಂಕಮ್ಮ. -ಅಮ್ಮ. N. (My.). — ವೆಂಕುಬಾಯಿ. = ವೆಂಕಮ್ಮ. (My.).

ವೆಂಗಟ vĕṅgaṭa. = ವೆಂಕಟ, etc. (My.).

ವೆಂಗಟಿ vĕṅgaṭi. = ವೆಂಕಟಿ, etc. (My.).

ವೆಂಗಳಿ vĕṅgaḷi. = ಎಂಗಳಿ, ವೆಂಗಿ. (Tĕ. ವೆಕಲಿ, ವೆಂಗಳಿ, ವೆಂಗಿಲಿ; *cf.* ವೆಱ್?). — ವೆಂಗಳಯ್ಯ. -ಅಯ್ಯ. = ವೆಂಗಳಿ. (My.).

ವೆಂಗಿ vĕṅgi. (fr. ವೆಱ್). = ಎಂಗಿ 1. A mad man, a fool (Bp. 9, 10).

ವೆಂಗುರ್ಲೆ vĕṅgurlĕ. The town Vingorla (B. 4, 179).

ವೆಂಗ್ಯ vŏṅgya. Tbh. of ವ್ಯಂಗ್ಯ. Crookedness, perverseness, impropriety, contrariety (My.; Tĕ.). — ವೆಂಗಮಾತು. A crooked, etc. word (My.).

ವೆಚ್ಚ vĕčča. Tbh. of ವ್ಯಯ. Spending, expenditure, outlay, disbursement (Bp. 26, 18; 29, 9; My.; Tĕ.; Mhr. ವೇಚ). ವೆಚ್ಚಕ್ಕೆ ಕಡಿಮೆಯಾದರೂ ಮಚ್ಚರಕ್ಕೆ ಕಡಿಮೆಯಿಲ್ಲ (Prv.). — ವೆಚ್ಚಮಾಡು. To spend (B. 3, 93; 4, 194; 5, 81. 95). — ವೆಚ್ಚವಾಗು. -ಆಗು. To be spent, to be consumed (B. 4, 164). — ವೆಚ್ಚ ಸಚ್ಚ. reit. (My.). — ವೆಚ್ಚ ಹತ್ತು. Expenditure to be called for or to be required (B. 5, 82). — ವೆಚ್ಚ ಹಿಡಿ. = ವೆಚ್ಚ ಹತ್ತು. (B. 5, 276; My.).

ವೆಚ್ಚಿಸು vŏččisu. To spend (Bp. 40, 41; J. 31, 26; My.); to distribute (J. 28, 58).

ವೆಜನಿ vĕjani. (ಹೆಜ್ಜಾವೆ Mr. 110, o. r. ಹೆಜ್ಜಾತಿ; Sk. ವೇಜಾನೀ, the medicinal plant Serratula anthelmintica = ಸೋಮರಾಜಿ).

ವೆಜ್ಜ vĕjja. = ಬೆಜ್ಜ 2, etc. A perforation, etc. (My.).

ವೆಂಜನ vŏñjana. Tbh. of ವ್ಯಂಜನ. Condiment; boiled and seasoned vegetables, pickles, chutney (My.).

ವೆಟ್ಟೆ vĕṭṭĕ. 1. = ಎಟ್ಟೆ 1. Heat (My.; Tĕ.; M.; T. ವೆಟ್ಟೆ; Tĕ. also ವೇಡಿ, ವೇಣ್ಣ). See ಮೇಹ-. — ವೆಟ್ಟೆಭೂಮಿ. A hot, *i. e.* strengthless, poor soil (My.). — ವೆಟ್ಟೆರೋಗ. Venereal disease (My.). — ವೆಟ್ಟೆಶರೀರ. A body morbidly heated (My.).

ವೆಟ್ಟೆ vĕṭṭĕ. 2. = ಎಟ್ಟೆ 2, ಬೆಟ್ಟೆ 2, etc. — ವೆಟ್ಟೆಬಂಗಾರ. = ಬೆಟ್ಟೆ ಚಿನ್ನ. (My.). — ವೆಟ್ಟೆಬೆಳ್ಳಿ. = ಬೆಟ್ಟೆಬೆಳ್ಳಿ. (My.).

ವೆಡ್ಡಯ್ಸು vĕḍḍaysu. = ವೇಡಯಿಸು, etc. (Bh. 3, 18, 5; J. 31, 11).

ವೆಣ್ಟಣಿಸು vŏṇṭaṇisu. To encircle; to beset, to cover; to pervade, to go everywhere; to occupy; to be encircled or surrounded (Bh. 8, 25, 19; Râm. 5, 8, 66; J. 9, 31; 10, 43; 13, 67; 17, 7; Mhr. ವೇಟಾಳಣೇಂ, ವೇಢಣೇಂ).

ವೆಣ್ಣಮಯ್ಯ vĕṇṇamayya. (*cf.* ವೆಮ್ಮಯ್ಯ?). N. (Čh. v. 5. 9.

11. 13. 14, according to one MS. also in 6; o. rs. ವೆಣ್ಣಮಯ್ಯ, ವೆಣ್ಮಮಯ್ಯ).

ವೆತಿರೇಕ vĕtirêka. = ಬೆತಿರೇಕ, q. v. Tbh. of ವ್ಯತಿರೇಕ. (My.).

ವೆಠೆ vĕṭĕ. = ಬೆಠೆ, q. v. Tbh. of ವ್ಯಥೆ. (My.; Tĕ.).

ವೆತ್ಯಾಸ vĕtyâsa. Tbh. of ವ್ಯತ್ಯಾಸ. (My.).

ವೆಧವೆ vĕdhavĕ. Tbh. of ವಿಧವೆ. (My.).

ವೆಮ್ಮ vĕmma. (= ವೇಮ). N. — ವೆಮ್ಮಯ್ಯ. -ಅಯ್ಯ. N. See ಮೊಬಿನ-.

ವೆಯ್ vĕy. ವೈ. ವೈಯ್ಯು. = ಒಯ್ 1, etc. To carry off, etc. ವೈಯೋಣ (ನಯನ, ವಾಹನ Čb.). ವೈಯ್ಯು (G. 485).

ವೆಱ vĕṟa. ವೆಱಂ. (fr. ಬಱ). Firmly, emphatically, most certainly, verily (ಏಗಂ, ವಲಂ, ದಲ್, ಅತಿನಿಶ್ಚಯಾರ್ಥಂ Šmd. 392; ವಲಂ, ನೆನಸು, ದಿಟ Kk. 48).

ವೆಱ್ vĕṟi. Madness, intoxication, fury, folly, confusion, fear (T., M.; Tĕ. ವೆಱ್ಱಿ; R.; T. also: a devil; see ಬೆಚ್ಚು 1, ಬೆಬಿಗು; *cf.* ಪೇ 1; Mhr. ವೇಡ, madness, folly).

ವೆರ್ತ vĕrta. Tbh. of ವ್ಯರ್ಥ. (My.).

ವೆಲ vĕla. — ವೆಲನಾಡು ಬ್ರಾಹ್ಮಣರು. N. of a class of Tělugu smârta Brâhmaṇas (My.).

ವೆಲ್ಲಹಿಸು vĕllahisu. (fr. ವೇಲ್ಲನ). ನೆಲದಲ್ಲಿ ಅಡಿಗಡಿಗೆ ವೆಲ್ಲಹಿಸುವಲ್ಲಿ ಉಪಾವೃತ್ತ ಲುಠಿತ ಎನಿಸುಗು, ಇದು ಹೊರಳುವುದು (Nr.).

ವೆವಧಾನ vĕvadhâna. Tbh. of ವ್ಯವಧಾನ. (My.).

ವೆವಸಾಯ vĕvasâya. Tbh. of ವ್ಯವಸಾಯ. (My.).

ವೆವಸ್ತೆ vĕvastĕ. Tbh. of ವ್ಯವಸ್ಥೆ. (ಸಿರಿ, ಸೂರುಳು Nn. 150; My.).

ವೆವಹಾರ vĕvahâra. Tbh. of ವ್ಯವಹಾರ. (Šmd. 368 Mḍb.; Bp. 21, 16; Dp. 1, 8; My.; Tĕ.).

ವೆಸನ vĕsana. Tbh. of ವ್ಯಸನ. (My.; Čb. 147).

ವೆಸನಿ vĕsani. Tbh. of ವ್ಯಸನಿ. (Bp. 44, 55; My.).

ವೇಕ vêka. Separation; discrimination. See ಪ್ರ-, ವಿ-.

ವೇಗ vêga. = ಬೇಗ. Agitation;—impetus, impulse, momentum. 2, *impetuosity, speed, rapidity, quickness, velocity* (ಮಹಾಜವ, ಅತಿಬೇಗ Nn. 97; ಚಕ್ಕನೆ Čt. II, 36; ಘುದಿಲನೆ II, 37); *haste, rashness*, violence. 3, *stream, current.* 4, energy, activity, force, power, strength. 5, an enemy (ಅರಾತಿ, ಹಗೆ 97). 6, a fence, etc. (ಪರಿಧಿ, ಕೋಟೆ 97). 7, the Strychnos nux vomica (ಕಿಮ್ಮುಷ್ಟಿ, ಕಾಂಜಿರ 97). ವೇಗದವನಿಗೆ ರೋಗ ತಪ್ಪದು (Prv.).

ವೇಗತನ vêgatana. Haste, violence (ಉದ್ವೃತ್ತ G.).

ವೇಗತ್ವ vêgatva. Haste (My.).

ವೇಗಶಾಲಿ vêga-śâli. An agile, quick, active or nimble person (My.).

ವೇಗಾಯಿಲ vêga-âyila. A courier, an express (ಹರಿಕಾರ Šs.).

ವೇಗಾಯ್ಲ vêga-âyla. Very swift, of great velocity; a runner (ಕಡುವೇಗಂ Čt. II, 32; Bh. 2, 2, 107).

ವೇಗಿ vêgi. *Swift, fleet, impetous, rapid, hasty*;—a courier, an express.

ವೇಂಗಿ vêṅgi. A country in the Rajahmandry (Râjamahêndra) district (Tĕ. ವೇಗಿ, ವೇಂಗಿ). — ವೇಂಗಿಪವು. N. of a place in Vêṅgi (Čh. 4). — ವೇಂಗಿವಿಷಯ. The Vêṅgi district (Čh. 4).

ವೇಟ vêṭa. A twist (of straw, grass, etc., Mhr.). See ಹುಲು-.

ವೇಡಯಿಸು vêḍayisu. = ವೆಡ್ಡಯ್ಸು, ವೇಡಯ್ಸು. (Č. Bp. 47, 82).

ವೇಡಯ್ಸು vêḍaysu. = ವೇಡಯಿಸು, etc. (Tbh. of ವೇಷ್ಟಿಸು). To surround, to enclose, to encompass, to invest, to hem in, to secure (Bp. 51, 69; J. 31, 33; Râm. 3, 6, 1; Mhr. ವೇಢಣೇಂ).

ವೇಡೆ vêḍĕ. 1. = ಬೇಡೆ. A boat.

ವೇಡೆ vêḍĕ. 2. (Tbh. of ವೇಷ್ಟ). Surrounding, enclosing, encircling, blockading, blockade (Râm. 5, 8, 74; Bh. 3, 12, 18); anything that surrounds or encompasses, a ring, an enclosure, a fence (Bh. 3, 13, 24. 25; Mhr. ವೇಢಾ). — ವೇಡೆಗೊಳ್. -ಕೊಳ್. To be encompassed or entangled (Bh. 3, 8, 31). — ವೇಡೆಯಾಗು. -ಆಗು. A blockade to take place (Bh. 3, 12, 16).

ವೇಡೆಯ vêḍĕya. (= ವೇಡೆ 2, ವೇಢೆಯ). Enclosing; an enclosure, a fence; a circle described by a moving body. 2, a ring or troop of horses, or a circular motion of horses (ಹಯಮಣ್ಡಲಿ Bhn. 40, one MS. ಹಯಮಣ್ಡಲ; Tĕ. ವೇಡೆಮು, ವೇಡೆಮ್ಮು, riding or running round in the ring). — ವೇಡೆಯವನಿಕ್ಕು. -ಇಕ್ಕು. To put a fence round; to secure or shut up by an enclosure (Bp. 50, 52; 51, 70).

ವೇಢೆಯ vêḍhĕya. (Šmd. 24). (= ವೇಡೆಯ).

ವೇಣಿ vêṇi. ವೇಣೀ. Weaving, braiding. 2, *a braid of hair, hair twisted into a single unornamented braid and allowed to fall on the back.* 3, the conflux or meeting of two or more rivers or streams in a common point of union (see ತ್ರಿ-). 4, *a stream, a current.* 5, N. of a river. 6, *the plant Lipeocercis serrata* Trin. (the grass Andropogon serratus, = ಜುರೆ; see ದಾಗಡಿ). 7, a certain weight (used for musk, My.).

ವೇಣೀಬನ್ಧ vêṇî-bandha. The binding of a braid of hair, or a tie for it (My.).

ವೇಣು vêṇu. *A bamboo* (see ಬಿದಿರ್ 2); a reed. 2, *a flute, a fife, a pipe.*

ವೇಣುಕಾಣ್ಡ vêṇu-kâṇḍa. A multitude of bamboos (Šsv. 3, after 35).

ವೇಣುಗೋಪಾಲ vêṇu-gôpâla. Kṛishṇa (My.).

ವೇಣುಧ್ಮ vêṇu-dhma. *A flute-player, a fifer, a piper.*

ವೇಣುನಾದ vêṇu-nâda. The sound of a flute (My.).

ವೇಣುಪತ್ರ vêṇu-patra. A bamboo-leaf (V. 8, 11).

ವೇಣುವಾದ್ಯ vêṇu-vâdya. = ವೇಣು No. 2. See ಕೊಳಲ್.

ವೇತಣ್ಡ vêtaṇḍa. = ವೇದಣ್ಡ. (Mr. 158; Bp. 5, 14).

ವೇತನ vêtana. (= ವೇತೆ). *Hire, wages;*—livelihood, subsistence.

ವೇತನಾದಾನ vêtana-adâna. Non-payment of wages. (R.).

ವೇತಸ vêtasa. *The ratan, Calamus rotang* Willd. (see ಪಟ್ಟೆ).

ವೇತಸ್ವತ್ vêtas-vat. *Abounding in reeds or canes.*

ವೇತಾಲ vêtâla. ವೇತಾಳ. = ಬೇತಾಳ. *A kind of ghost, a goblin, a vampire, a demon* (J. 12, 45; 31, 55). 2, a door-keeper. 3, ಆಚಾರ್ಯನು (Mr. 299).

ವೇತಾಲಪಂಚವಿಂಶತಿ vêtâla-pañčavimśati. A collection of twenty-five tales told by a Vêtâla to Vikramâditya (My.).

ವೇತೆ vêtĕ. (= ವೇತನ). *Hire, wages.* (*Cf.* ದಾಬ್ತೆ?).

ವೇತ್ತ vêtta. Tbh. of ವೇತ್ತೃ. (Bp. 46, 1; My.).

ವೇತ್ತಿ vêtti. A touch-stone (ಪರೀಕ್ಷಿತ, ಒರೆಗಲ್ಲು Mr. 358).

ವೇತ್ತೃ vêttṛi. = ವೇತ್ತ. One who knows, a knower; a sage. 2, one who obtains or acquires. See ಪರಿ-.

ವೇತ್ತೃತೆ vêttṛitĕ. Knowledge (Ŏpr. 1, 31).

ವೇತ್ರ vêtra. A reed, a cane, the ratan (ಬೆತ್ತ Mr. 145; Sk. also ವೇತ); a stick, a staff, a rod, a mace.

ವೇತ್ರಧರ vêtra-dhara. A mace-bearer, *a door-keeper.*

ವೇತ್ರಪಾಣಿ vêtra-pâṇi. Staff-handed: a door-keeper (My.).

ವೇತ್ರವತಿ vêtra-vati. *The river Betwa.*

ವೇತ್ರಾಸನ vêtra-âsana. Cane-seat: *a small cot or oblong low couch of cane work.*

ವೇದ vêda. = ಏದ, ಬೇದ 1. Knowing, knowledge. 2, *the Vêda, the three Vêdas* (the trayî): ṛigvêda, yajurvêda, and sâmavêda, to which the atharvavêda is added (ಶ್ರುತಿ, ವೇದ Nn. 58; ಪಠಿವಾತು Kk. 70, Šm. 34; Bp. 55, 45). See ಆರಣ್ಯಕ, ಉಪನಿಷದ್ and ಬ್ರಾಹ್ಮಣ No. 3; also ವೇದಾಂಗ. 3, Brahmâ (ಪಿತಾಮಹ, ಬ್ರಹ್ಮ 58). 4, the sun (ತಪನ, ಸೂರ್ಯ 58). 5, that which is chief (ಮುಖ್ಯವು 58). ವೇದವೆಮ್ಮುವದು ಗಾದೆಯೋ? — ವೇದಾ ತಿಳಿದವನಾದರೂ ವೇದನೆ ಬಿಟ್ಟೀತೇ? — ವೇದ ಗಾದೆಮಾತು, ಶಾಸ್ತ್ರ ಸನ್ನೆಗುಲ್ಲು, ಪುರಾಣ ಪುಣ್ಣರ ಗೋಟ್ಟೆ. — ವೇದಾ ತಿಳಿಯದಿದ್ದರೆ ಹಾದಿ ತಿಳಿಯದೇ? — ವೇದಾ ಪಠಿಸಿದವ ಭೇದಾ ಮಾಡ್ಯಾನೇ? (Prvs.). See Prv. s. ಗಾದೆ. — ವೇದದ ಪಕ್ಷಿ. (ತಿತ್ತಿರಿ Si. 177).

ವೇದಗರ್ಭ vêda-garbha. Brahmâ (Râm. 1, 1, 10).

ವೇದಣ್ಡ vêdaṇḍa. = ವೇತಣ್ಡ. An elephant (Bp. 8, 19; 10, 1; 19, 34; 22, 32; 36, 39; 51, 69; Tĕ.).

ವೇದನ vêdana. Knowledge, perception (ಬಲ್ಲತನ Nn. 156; Kâvy. II, 1, 1); — deliberation, reflection, etc. (ವಿಚಾರಿಸುವದು 156). 2, pain, agony (ನೋವು 156). See ಪ್ರಸವ-. — ವೇದನಂಗೊಳ್. -ಂ-ಕೊಳ್. To get pained, etc. (Bp. 39, 31).

ವೇದನಾಧ್ವನಿ vêdanâ-dhvani. A sound of pain. See ಒಟಿಲ್ 3, ನರಲ್.

ವೇದನಿಕರ vêda-nikara. = ವೇದಸಮೂಹ, q. v.

ವೇದನೆ vêdanĕ. ವೇದನಾ. = ಬೇದನೆ, ವೇದನ No. 1. *Knowledge, perception* (ಬಲ್ಲತನ Mr. 479). 2, *pain, torment, smart, agony* (Šmd. 393; Bp. 52, 13; Prv. s. ವೇದ).

ವೇದಪಾರಗ vêda-pâraga. A Brâhmaṇa skilled in the vêda (My.).

ವೇದಪಾರಂಗತ vêda-pârangata. = ವೇದಪಾರಗ. (My.).

ವೇದಪಾರಾಯಣ vêda-pârâyaṇa. Reciting the vêda; one who recites the vêda (My.; Šâstrasâra in W. v. 1291).

ವೇದಪಿತಾಮಹ vêda-pitâmaha. N. of a dog (Bp. 55, 46. 52).

ವೇದಬಾಹಿರ vêda-bâhira. = ವೇದಬಾಹ್ಯ. (Bp. 51, 54; 54, 8).

ವೇದಬಾಹ್ಯ vêda-bâhya. External to the vêda, not founded on the vêda; contrary to the vêda (Bp. 49, 14); one who is not allowed to read the vêda (My.).

ವೇದಮೂರ್ತಿ vêda-mûrti. Embodiment of the vêda: an honourable compellation used in letters before the name of a learned Brâhmaṇa (My.; B. 4, 87).

ವೇದವಿತ್ತ vêda-vitta. One whose wealth or power is the vêda (Bp. 6, 17).

ವೇದವಿದ್ vêda-vid. ವೇದವಿತ್. Knowing the vêda, conversant with the vêda; a Brâhmaṇa versed in the vêdas (My.).

ವೇದವಿದ vêda-vida. Tbh. of ವೇದವಿದ್ (Šmd. 106. 129; Bp. 5, 2).

ವೇದವೃನ್ದ vêda-vṛinda. The vêdas collectivly, all the vedic texts (ನಿಗಮ Mr. 465).

ವೇದವೇದ್ಯ vêda-vêdya. He who is to be known by the vêda: the universal soul; Brahmâ; Vishṇu; Šiva (My.).

ವೇದವ್ಯಾಸ vêda-vyâsa. Vêda-arranger: Vyâsa or Bâdarâyaṇa (ಕೃಷ್ಣ, ಬಾದರಾಯಣ Nn. 47; J. 2, 13. 31).

ವೇದಶಾಸ್ತ್ರಸಮ್ಪನ್ನ vêda-šâstra-sampanna. Versed in the vêdas and šâstras: an epithet of a learned Brâhmaṇa (B. 4, 87; My.).

ವೇದಸ್ vêdas. Acquisition, wealth. 2, the vêdas collectively. See ಜಾತ-, ಸರ್ವ-.

ವೇದಸಮೂಹ vêda-samûha. = ವೇದವೃನ್ದ. (ನಿಗಮ, ವೇದನಿಕರ Nn. 40).

ವೇದಾಂಗ vêda-aṅga. N. of certain works or classes of works regarded as auxiliary to and even in some sense as part of the vêda; they are: šikshâ, čhandas, vyâkaraṇa, nirukta, jyôtisha, and kalpa (Bp. 26, 46). See ಷಡಂಗ.

ವೇದಾಧ್ಯಯನ vêda-adhyayana. The going over or study of the vêdas (Si. 235; My.).

ವೇದಾನ್ತ vêda-anta. End of the vêda: an upanishad; — *the uttaramîmâmsâ, and the popular pantheistic creed of the present day, which is based on the upanishads* (Bp. 51, 12; 53, 7).

ವೇದಾನ್ತವೇದ್ಯ vêdânta-vêdya. He who is to be known by the upanishads: the universal soul; Vishṇu; Šiva (My.).

ವೇದಾನ್ತಶಾಸ್ತ್ರ vêdânta-šâstra. The vêdânta philosophy (My.).

ವೇದಾನ್ತಿ vêdânti. A follower of the vêdânta philosophy (Bp. 6, 10; 55, 16). — ವೇದಾನ್ತಿಗಳ ಕೃಷ್ಣಪ್ಪ. N. (Bp. 56, 41).

ವೇದಾಭ್ಯಾಸ vêda-abhyâsa. Study of the vêda (My.).

ವೇದಾಭ್ಯಾಸಿ vêda-abhyâsi. One who studies or has studied the vêda (My.).

ವೇದಾಳಿ vêda-âḷi. A Brâhmaṇa (ಪಾರ್ವ Ŏt. I, 21).

ವೇದಿ vêdi. 1. Knowing, acquainted with; — a knower; a learned Brâhmaṇa; a teacher. See ನೀತಿ-.

ವೇದಿ vêdi. 2. (= ವೇದಿಕೆ). *A raised place made of kuša grass or strewed with it and prepared for an oblation for placing the vessels used at a sacrifice, a place or ground (more or less raised and of various shapes) prepared for sacrifice* (ಯಾಗದ ಭೂಮಿ Mr. 260); — an altar; — a raised quadrangular piece of ground in the centre of a house or temple, a quadrangular seat of earth, etc. (ಜಗಲಿ Nn. 86; Šŝv. 1, 70). 2, a seal-ring (see ಸ್ವರ್ಣ-).

ವೇದಿಕೆ vêdikĕ. *A raised square piece of ground in the centre of a house or temple,* a quadrangular seat of earth, etc., a seat (ಜಗಲಿ Nn. 148; ವಿತರ್ದಿಕೆ, ಜಗುಲಿ Mr. 199). 2, a seal-ring (ಮುದ್ರೆಯುಂಗುರ Nn. 148). (Bp. 47, 10; 48, 20).

ವೇದಿತ vêdita. Made known, represented, known (Bp. 3, 20; 55, 19).

ವೇದಿಸು vêdisu. To make known, to represent (Bp. 19, 6; 21, 27; 25, 7; 36, 42; 43, 75); — to suffer pain, to be afflicted (5, 2); — to present, to offer (39, 6). See ನಿವೇದಿಸು, ಸು-. 2, to afflict, to trouble (Bp. 38, 62 ?; My.). ಬೂದಿಯೊಳು ಹುದಿಗಿಸಿ, (ತನ್ನವರನ್ನು) ವೇದಿಸಿ, ಮಟಿ ಮಾಡಿ, ಕಾದಿ

ದರ್ ಚಿನ್ನದೊಳು (ಏನೂ) ಬೆರಸಿ, ಒರೆ ಹಚ್ಚಿ, ಊದುತಾ ಬೋಸಿವ (ಅಕ್ಕಸಾಲೆಯನು, Sp.).

ವೇದೆ vêdĕ. 1. = ವೇದನೆ. Pain (My.; Si. 424; Tê. ವೇಧ).

ವೇದೆ vêdĕ. 2. Lively and never-intermitted remembrance, a constant pricking (Bh. 3, 13, 67; Mhr. ವೇಧ).

ವೇದೋಕ್ತ vêda-ukta. Taught by or declared in the vêdas (J. 2, 30; 19, 54; 20, 4).

ವೇದೋಕ್ತಾಶೀರ್ವಾದ vêdôkta-âśîrvâda. A mode of blessing in a letter from a Brâhmaṇa to his son or to a Kshatriya or Vaiśya (My.).

ವೇದ್ಯ vêdya. Possible, necessary or proper to be known or ascertained (Bp. 26, 7; see ವೇದ-);—known (My.);—a knower (Bp. 1, 43; 8, 49; 46, 23).

ವೇಧ vêdha. 1. = ಬೆಜ್ಜ 2, etc. *Piercing, penetrating, boring, perforation;*—a hole, an excavation.

ವೇಧ vêdha. 2. Tbh. of ವೇಧಸ್. (My.).

ವೇಧನ vêdhana. Piercing, perforation. See ಮತ್ಸ್ಯ-.

ವೇಧನಿಕೆ vêdhanikĕ. *A borer, an auger, a gimblet, an awl,* etc.

ವೇಧಮುಖ್ಯಕ vêdha-mukhyaka. *Zedoary, Curcuma zerumbet* Roxb.

ವೇಧಸ್ vêdhas. = ವೇಧ 2. An arranger, a creator;—*Brahmâ;—Vishṇu.*

ವೇಧಿ vêdhi. Piercing; hitting a mark; a butt, a target. See ಶತ-, ಶಬ್ದ-, ಶೀಘ್ರ-.

ವೇಧಿತ vêdhita. *Pierced, perforated.*

ವೇಧ್ಯ vêdhya. To be pierced or perforated;—*a mark for shooting at, a butt, a target.*

ವೇಪಥು vêpathu. *Trembling, tremor.*

ವೇಪನ vêpana. Trembling, tremor (My.).

ವೇಪಿಸು vêpisu. Tbh. of ವ್ಯಾಪಿಸು. (Bp. 50, 25).

ವೇಮ vêma. (= ವೆಮ್ಮ, ವ್ಯೋಮ). N. (Bp. 46, 76. 77. 79). — ವೇಮುಗುರು. N. (Bp. 46, 62). — ವೇಮನಯ್ಯ. -ಅಯ್ಯ. N. (Bp. 46, 18). — ವೇಮನಾರಾಧ್ಯ. -ಆರಾಧ್ಯ. N. (Bp. 46 sum.; 46, 78). — ವೇಮನಾರ್ಯ. -ಆರ್ಯ. N. (Bp. 46, 56. 64-66). —ವೇಮಯ್ಯ. -ಅಯ್ಯ. N. See ಬೆಲಿದೇವಿಯರ-, ಮೊದಿನ-. — ವೇಮಎಝು. N. (Bp. 46, 76). — ವೇಮಾರಾಧ್ಯ. -ಆರಾಧ್ಯ. N. (Bp. 46, 80). — ವೇಮಾರ್ಯ. -ಆರ್ಯ. N. (Bp. 46, 60).

ವೇಮ vêma. *A loom* (see Nr. s. ನೆಯ್ಗೆಕಾಣಿ & Si. s. ಕೊಡಿವಿ).

ವೇಮದಣ್ಡ vêma-daṇḍa. = ವೇಮ. See Nr. s. ನೆಯ್ಗೆಕಾಣಿ.

ವೇರ vêra. A root (see ಶೃಂಗ-, and *cf.* ಬೇರ್). 2, the body. 3, the egg-plant. 4, saffron.

ವೇರಡಿಗ vêraḍiga. (Mr. 382 in two MSS.; see ಕೇರಲ).

ವೇಲಾವನ vêlâ-vana. *A wood on a shore or sea-coast* (ಸಮುದ್ರದ ತಡಿಯ ಬನ Hlâ., Mr. 406).

ವೇಲೆ vêlĕ. ವೇಲಾ. = ವೇಳೆ, ವೇಳ್ಯ. *Time;* season (ಕಾಲ Nn. 152). 2, opportunity, interval, leisure (ಪ್ರಸ್ತಾವ 152); convenience (ಕುತಲ Mr. 488 one MS., another one ಕುತ, the others quite corrupt). 3, the sea-shore ಜಲಧಿತೀರ 152). 4, *tide, especially flood-tide* (ವಾರಿವೃದ್ಧಿ, ನೀರೊತ್ತು Hlâ.). 5, a firm decree or declaration (ವ್ಯವಸ್ಥೆ, ಪ್ರಮಾಣ್, ಪ್ರಮಾಣ 152; ವ್ಯವಸ್ಥೆ Mr. 488).

ವೇಲ್ಲ vêlla. Going, moving; shaking; rolling on the ground. 2, *a particular plant* (= ವಿಡಂಗ, q. v.).

ವೇಲ್ಲಜ vêllaja. *Black pepper* (*cf.* ಮೆಣಸು).

ವೇಲ್ಲತ್ vêllat. Moving about, shaking about (Čpr. 3, 17; 5, 61).

ವೇಲ್ಲನ vêllana. = ವೇಲ್ಲ. No. 1. See ವೆಲ್ಲಹಿಸು.

ವೇಲ್ಲಿತ vêllita. *Shaken, shaking, trembling, tremulous.* 2, *bent, crooked* (*cf.* ಬಳಸು 1).

ವೇಶ vêśa. Entrance, ingress. 2, an abode. 3, *a house of prostitutes.* 4, dress, apparel. 5, disguise, masquerade (ಯೋಗ Mr. 514). See ಆ-, ಕೇಶ-, ದುರ್-, ನಿ-, ಪ್ರ-, etc.

ವೇಶನ vêśana. Entering, access, etc. See ಸಂ-.

ವೇಶನ್ತ vêśanta. *A small pond* (*cf.* ಬೆಂಚಿ).

ವೇಶಸ್ತ್ರೀ vêśa-strî. = ವೇಶ್ಯಾಸ್ತ್ರೀ. A harlot (ಗಣಿಕೆ, etc. Dhw. p. 11).

ವೇಶಿ vêśi. Tbh. of ವೇಶ್ಯೆ. (Bp. 42, 1). ದಾಸಿಗೆ ಭಯವಿಲ್ಲ, ವೇಶಿಗೆ ದಯವಿಲ್ಲ (Prv.).

ವೇಶೆ vêśĕ. = ವೇಶಿ. (Sp. s. ಪಡಿ 2).

ವೇಶ್ಮ vêśma. *A house, an abode.*

ವೇಶ್ಮಭೂ vêśma-bhû. *The site of a habitation,* ground suitable for a house.

ವೇಶ್ಮಾಂಗ vêśma-aṅga. A member or article of a house (ಮನೆಯ ಮುಟ್ಟುಗಳು Nn. 158).

ವೇಶ್ಯ vêśya. To be entered;—a habitation;—the habitation of harlots.

ವೇಶ್ಯಾಜನಸಮಾಶ್ರಯ vêśyâ-jana-samâśraya. *A habitation of harlots.*

ವೇಶ್ಯಾಪತಿ vêśyâ-pati. *The paramour of a harlot* (ಭುಜಂಗ Hlâ.).

ವೇಶ್ಯಾಮಾತೆ vêśyâ-mâtĕ. Harlot-mother; N. of the mother of Maluhaṇi (Bp. 42, 6. 19).

ವೇಶ್ಯಾಲಯ vêśyâ-âlaya. = ವೇಶ್ಯಾಜನಸಮಾಶ್ರಯ. (ಸೂಳೆಯರ ಗೃಹ Mr. 198).

ವೇಶ್ಯಾವರ vêśyâ-vara. = ವೇಶ್ಯಾಪತಿ. (ವಿಟ, ಭುಜಂಗ, etc. Mr. 239).

ವೇಶ್ಯಾವಾಟ vêśyâ-vâṭa. A harlot-street (Šmd. 91 Mdb.).

ವೇಶ್ಯಾಸ್ತ್ರೀ vêśyâ-strî. = ವೇಶ್ಯೆ. (My.).

ವೇಶ್ಯೆ vêśyĕ. ವೇಶ್ಯಾ. = ವೇಶಿ, ವೇಶೆ. *A courtezan, a harlot, a prostitute* (ಸೂಳೆ Hlâ., Mr. 305; see ಸ್ವವೇಶ್ಯೆ).

ವೇಷ vêsha. = ಯಾಸ, ಯೇಸ, (ವೇಶ), ವೇಸ. *Dress, apparel, garb.* 2, disguise, masquerade (ಯೋಗ Nn. 113; ಜೋಹ Bhn. 45). 3, hypocrisy, falsity (ಕಪಟ My.). 4, *ornament, decoration.* See ಪರಿ-. ವೇಷಕ್ಕೆ ತಕ್ಕ ಹಾಸ್ಯ, ದೇಶಕ್ಕೆ ತಕ್ಕ ಭಾಷೆ (Prv.). — ವೇಷನ್ತಳೆ. -ಂ-ತಳೆ. To assume a garb or the garb of, etc. (Bp. 21, 30; 29, 5; 57, 25; V. 14, after 37). — ವೇಷಮ್ಬಡೆ. -ಂ-ಪಡೆ. = ವೇಷನ್ತಳೆ. (Šêv. 1, after 71). — ವೇಷಮ್ಬೆಙು. -ಂ-ಪೆಙು. = ವೇಷನ್ತಳೆ. (Bp. 27, 62).

ವೇಷಗಾಣ vêsha-gâṇa. A masquerader (C.).

ವೇಷಧಾರಿ vêsha-dhâri. *One that assumes the garb of.* 2, a hypocrite. 3, one who is disguised.

ವೇಷವಾರ vêshavâra. = ವೇಸವಾರ.

ವೇಷಿ vêshi. Having a dress, dressed;—assuming a particular garb or form (Bp. 25, 1; 52, 3).

ವೇಷ್ಟ vêshṭa. (= ವೇಡೆ 2). Surrounding, enclosing;—an enclosure, a fence;—a halo round the sun or moon (ಪರಿವೇಷ, ನಾನಾರೂಪು Nn. 23);—a turban; a dôtra (ವಸನ, ವಸ್ತ್ರ, ವಸ್ತ್ರಭೇದ 23); a crown (ಮಕುಟ 23). 2, the head (ಉತ್ತ

ಮೂಂಗ, ತಿರಸ್ಸು 23). 3, exudation, gum; resin (see ಶಾಲ್ಮಲೀ-, ಶ್ರೀ-). See ಪ್ರ-.

ವೇಷ್ಟಕ vêshṭaka. Surrounding, encompassing;—anything which encloses or invests: a turban, etc.;—resin, gum (ಅಣ್ಟು G.).

ವೇಷ್ಟನ vêshṭana. Surrounding, encompassing, enclosing, encircling;—anything that surrounds or encompasses: a wrapper; a fence; a turban, a tiara, a diadem; a girdle; a band; a cover, a case; the outer ear. See ಕರ್ಣ-, ಮೂರ್ಧ-; ಸುತ್ತು1.

ವೇಷ್ಟಿ vêshṭi. A dôtra (My.).

ವೇಷ್ಟಿತ vêshṭita. *Surrounded, encompassed, enclosed, encircled*, enveloped, bound or wound round, wrapped up; dressed; invested; impeded, blocked, secured from access.

ವೇಷ್ಟಿತಕ vêshṭitaka. That is surrounded, etc. (Čpr. 7, 94).

ವೇಷ್ಟಿಸು vêshṭisu. (= ಬೇಡಯಿಸು, etc.). To surround, to enclose, to encompass, to encircle; to wind or wrap round (Čpr. 6, after 64).

ವೇಸ vêsa. Tbh. of ವೇಷ. (Šmd. 335; My.; see ತಪ-).

ವೇಸರ vêsara. *A mule* (J. 7, 5; *cf.* ಹೇಸರ, ಹಾಸರ).

ವೇಸರಿ vêsari. A female mule (Čpr. 7, after 81).

ವೇಸರೆ vêsarĕ. = ವೇಸರ. (J. 5, 73).

ವೇಸವಾರ vêsavâra. = ವೇಶವಾರ. *A particular condiment or kind of seasoning* (consisting of coriander, mustard, pepper, ginger, spice, etc., ಊಟದ ಪರಿಕಾರ Hlâ.).

ವೇಹತ್ vêhat. *A cow miscarrying from taking the bull unseasonably.* 2, *a cow that has taken the bull* (ಕಟ್ಟಿದಾವು Hlâ.).

ವೇಹಿ vêhi. A cow that has taken the bull (ಸಮ್ಭೋಗದಾವು Mr. 180)

ವೇಳೆ vêḷĕ. = ವೇಲೆ. Time (Bp. 35, 47; 41, 10; 47, 19; J. 2, 67; C.). See ಒನ್ದು ವೇಳೆ. — ವೇಳೆ ಕಳೆ. To spend time (B. 4, 194; 5, 167). ವೇಳೆ ಕಳೆವೆನೆನ್ದರೆ ಕಾಳ ಕೇಳ್ಯಾನೇ? (Prv.). — ವೇಳೆಗಳೆ. -ಕಳೆ. = ವೇಳೆ ಕಳೆ. (B. 5, 97). — ವೇಳೆಯಾಳು. -ಆಳು. A watchman (Bp. 53, 35). — ವೇಳೆ ಹತ್ತು. Time to be required (B. 5, 171. 173).

ವೇಳ್ಪ vêḷpa. A large measure of distance (see Mr. s. ಪೊಱ).

ವೇಳ್ಯ vêḷya. Tbh. of ವೇಲೆ. Time (B. 5, 19; My.).

ವೈ vĕy. = ವೆಯ್, q. v.

ವೈ vai. *Indeed, certainly; so, just.*

ವೈಕಕ್ಷ vaikaksha. (fr. ವಿಕಕ್ಷ). A garland or string of flowers, worn as a kind of scarf hanging down below the hip, or like the sacrificial cord, over the left shoulder and under the right arm (ವಕ್ಷಿಗಳು Mr. 334). 2, *an upper garment* (ಶಾಟಿ, etc., ಪೊದವ ಉತ್ತರಾಸಂಗ Mr. 256).

ವೈಕಕ್ಷಕ vaikakshaka. = ವೈಕಕ್ಷ No. 1. *A garland worn scarf-like across the chest*, etc.

ವೈಕಂಕತ vaikaṅkata. (fr. ವಿಕಂಕತ). *Coming from the plant vikaṅkata*, and the plant itself.

ವೈಕಟಿಕ vaikaṭika. *A jeweller.*

ವೈಕಲ್ಪಿಕ vaikalpika. (fr. ವಿಕಲ್ಪ). Doubtful, dubious; alternative, optional; option (ವಿಕಲ್ಪ Šmd. 278. 355).

ವೈಕಲ್ಯ vaikalya. (fr. ವಿಕಲ). Imperfection, incompleteness, deficiency, defect; a defective or imperfect state of any limb or organ; incompetency, insufficiency;—agitation, flurry, perturbation. See Kâvy. III, 3, B, 144; B. 4, 34; My.; ಮನೋ-).

ವೈಕಾರಕ vaikâraka. (fr. ವಿಕಾರ; Sk. ವೈಕಾರಿಕ). A modifier;—a blacksmith (ಕಮ್ಮಟಿ Mr. 376).

ವೈಕಾಸ vaikâsa. (fr. ವಿಕಾಸ). Smiling, laughter (ನಕ್ಕುದು Čt. I, 42).

ವೈಕುಣ್ಠ vaikuṇṭha. *Vishṇu or Kṛishṇa* (ಅರವಿನ್ದಾಕ್ಷ, ವಿಷ್ಣು Nn. 57). 2, *Indra* (ಬಿಡೌಜ, ಇನ್ದ್ರ 57). 3, *the heaven of Vishṇu.* 4, the way of final emancipation (ಮುಕ್ತಿಮಾರ್ಗ, ಮುಕ್ತಿಪಥ 57). 5, sign for a metrically short syllable (Čh.). ಕೈಲಾಸದವರು ಬಲ್ಲರು, ವೈಕುಣ್ಠದವರು ಬಲ್ಲರು.—ವೈಕುಣ್ಠಕ್ಕೆ ಹೋದರೂ ಕುಣ್ಟನಾಗಿತ್ತಿಯುವದ್ರು ತಪ್ಪಲಿಲ್ಲ (Prvs.).

ವೈಕುಣ್ಠಯಾತ್ರೆ vaikuṇṭha-yâtrĕ. Going to Vaikuṇṭha: death. ಅನನ್ತಯ್ಯನ ಮಾತ್ರೆ ವೈಕುಣ್ಠಯಾತ್ರೆ (Prv.).

ವೈಕುರ್ವಣ vaikurvaṇa. Alteration, change (Abh. P. 16, 48).

ವೈಕೃತ vaikṛita. (fr. ವಿಕೃತಿ). Undergoing change, changed; change, modification, alteration;—change of mind, aversion, disgust. (R.).

ವೈಖರಿ vaikhari. = ವಯ್ಖರಿ. Articulate utterance; the faculty of speech (Sk.; Mhr.). 2, good manner or style (T.; Tĕ.).

ವೈಖಾತಿಕ vaikhâtika. Known, notorious, famous (Čpr. 8, after 105).

ವೈಖಾನಸ vaikhânasa. *A Brâhmaṇa of the third order, a vânaprastha or hermit.* 2, N. of a sect of Vaishṇavas (My.).

ವೈಖಾನಸಾಗಮ vaikhânasa-âgama. The laws of the Vaikhânasas (My.).

ವೈಚಕ್ಷಣ್ಯ vaičakshaṇya. (fr. ವಿಚಕ್ಷಣ). Proficiency, skill, cleverness (My.).

ವೈಚಿತ್ರ್ಯ vaičitrya. (fr. ವಿಚಿತ್ರ). Variety;—variegatedness; manifoldness;—surprisingness, surprise, wonderfulness (Čpr. 4, after 50).

ವೈಜ vaija. Tbh. of ವೈದ್ಯ. — ವೈಜನಾಥ. = ವೈದ್ಯನಾಥ. A form of Šiva (Bp. 52, 29; B. 3, 76). — ವೈಜವೆ. -ಅವೆ. N. (Bp. 52, 20). — ವೈಜಪ್ಪೆ. -ಅಪ್ಪೆ. N. (Bp. 52, 5. 21. 28. 29). — ವೈಜಾಮ್ಬಿಕೆ. -ಅಮ್ಬಿಕೆ. N. (Bp. 52, 27). — ವೈಜಿ. = ವೈಜಪ್ಪೆ. (Bp. 52, 7).

ವೈಜನನ vaijanana. (fr. ವಿಜನನ). *The last month of pregnancy.*

ವೈಜಯನ್ತ vaijayanta. (fr. ವಿಜಯನ್ತ). The banner of Indra. 2, *a banner or flag in general.* 3, *the palace of Indra.*

ವೈಜಯನ್ತಿ vaijayanti. *A banner, a flag.* 2, the necklace of Vishṇu (My.). 3, N. of a lexicon and of its author (Mr. 1b). ವರವೈಜಯನ್ತಿಯ ನಯಂ (Mr. 4).

ವೈಜಯನ್ತಿಕ vaijayantika. *A flag-bearer.*

ವೈಜಯನ್ತಿಕೆ vaijayantikĕ. *The plant Sesbania aegyptiaca Pers.*

ವೈಜ್ಞಾನಿಕ vaijñânika. (fr. ವಿಜ್ಞಾನ). *Skilful, conversant with, clever.*

ವೈಡೂರಿಯ vaiḍûriya. Tbh. of ವೈಡೂರ್ಯ. (Bh. 2, 13, 25).

ವೈಡೂರ್ಯ vaiḍûrya. = (ವಾಯಜ), ವೈದೂರ್ಯ. A gem of a dark colour, *Lapis lazuli or a kind of turkois* (ಸೌನ್ದರ, ಬಾಲವಾಯಜ Mr. 101).

ವೈಣವ vaiṇava. (fr. ವೇಣು). Belonging to a bamboo or reed;—*a bamboo-staff;* a staff (ಲಗುಡ, ದಣ್ಡ, etc., ದಡಿ Mr. 442);—*bamboo-seed* (ಬಿದಿರಕ್ಕಿ Nr.).

ವೈಣವಿಕ vaiṇavika. *A flute-player, a flutist.*

ವೈಣಿಕ vaiṇika. *A flutist.*

ವೈಣುಕ vaiṇuka. *A bamboo-pike, pointed with iron and used to drive an elephant;*—a piper, a flutist.

ವೈತಂಸಿಕ vaitaṁsika. (fr. ವಿತಂಸ). *A seller of the meat of beasts or birds, a butcher* (ಕೌಳಿಕ, ಕಟಿಕ Mr. 379).

ವೈತಣ್ಡಿಕ vaitaṇḍika. (fr. ವಿತಣ್ಡೆ).=ವೈದಣ್ಡಿಕ, q. v. (Sk. ವೈತಣ್ಡಿಕ, a disputatious or captious person).

ವೈತನಿಕ vaitanika. (fr. ವೇತನ). Living on wages;—*a hireling; a labourer.*

ವೈತರಣಿ vaitaraṇi. (fr. ವಿತರಣ). A river which must be crossed before entering the infernal regions: *the river of hell.*

ವೈತಾಲಿ vaitâli. N. of a metre (Čh.).

ವೈತಾಲಿಕ vaitâlika. *A bard whose duty is to awaken a prince at dawn with music and song.*

ವೈತಾಲಿಕೆ vaitâlikĕ. N. of a metre (Čh.).

ವೈದಗ್ಧಿ vaidagdhi. (fr. ವಿದಗ್ಧ). Artifice, craft, trick. (R.).

ವೈದಗ್ಧ್ಯ vaidagdhya. (fr. ವಿದಗ್ಧ). Cleverness, dexterity, skill, acuteness, wit;—cunning, craft (My.).

ವೈದಣ್ಡಿಕ vaidaṇḍika. (fr. ವಿದಣ್ಡ).=ಬಿದಣ್ಡೆ, q. v. (Šmd. II; Kk. 81; Šm. 52), ವೈತಣ್ಡಿಕ.

ವೈದರ್ಭ vaidarbha. (fr. ವಿದರ್ಭ). Belonging to the country Vidarbha;—N. of its sovereign, the father of Damayantî.

ವೈದರ್ಭಮಾರ್ಗ vaidarbha-mârga. A particular style of poetical composition (Kâvy. III, 1, A, 25).

ವೈದರ್ಭಿ vaidarbhi. Damayantî;—Rukmiṇî (My.).

ವೈದಿಕ vaidika. (fr. ವೇದ). *Relating to the vêdas, derived from or conformable with the vêdas, vedic, prescribed by the vêdas* (Čh. v. 12);—vedic ritual;—*a man well versed in the vêdas;*—a religious mendicant (My.). ವೈದಿಕ ತಿಳಿಯದಿದ್ದರೂ ಬಯ್ದಾಡಲಿಕ್ಕೆ ಬಲ್ಲ (Prv.).

ವೈದಿಕಜಾತ vaidika-jâta. Sprung from a vaidika (Bp. 60, 52).

ವೈದಿಕಜೀವನ vaidika-jîvana. Living as a religious mendicant by begging alms (My.).

ವೈದಿಕಮಾರ್ಗ vaidika-mârga. The rites of vaidikas (My.).

ವೈದಿಕವೃತ್ತಿ vaidika-vṛitti.=ವೈದಿಕಜೀವನ. (My.).

ವೈದೀಕ vaidîka. Tbh. of ವೈದಿಕ. (My.; Tĕ.). 2, the day of performing a śrâddha (My.).

ವೈದುಷ್ಯ vaidushya. (fr. ವಿದ್ವಸ್). Wisdom, learning, sapience (J. 2, 18).

ವೈದೂರ್ಯ vaidûrya.=ವೈಡೂರ್ಯ. *The lapis lazuli or a kind of turkois.*

ವೈದೇಹ vaidêha. (fr. ವಿದೇಹ). The king of Vidêha, father of Sîtâ. 2, a dweller in Vidêha. 3, *a trader, a merchant.*

ವೈದೇಹಕ vaidêhaka. *A trader, a merchant.* 2, *the son of a Vaiśya father and Brâhmaṇa mother.*

ವೈದೇಹಿ vaidêhi. Sîtâ (J. 18, 33. 36; 19, 1. 38. 48). 2, *long pepper, Piper longum.*

ವೈದ್ಯ vaidya. (fr. ವೇದ).=ಬೆಜ್ಜ 1, ಬೆಜ್ಜು, ವೈಜ. Vedic. 2, relating to medicine, medical, medicinal. 3, a learned man, a Paṇḍit; a follower of the vêdas, one well versed in them. 4, *a medical man, a doctor, a physician* (ಅಮೃತಕರ Nn. 35). 5, the business of a physician, medical practice, medical treatment (My.). 6, a medicine (ಪ್ರತಿಷ್ಕರ, ಭೇಷಜ Nn. 27). ವೈದ್ಯನಿಗೆ ಆಯುಷ್ಯ ಹಣ ಕೊಟ್ಟರೂ ಆಯುಷ್ಯವದು (death) ತಪ್ಪಲಿಲ್ಲ.—ಪುಣ್ಯವನ್ತ ಹಾಡಿದ್ದೇ ರಾಗ, ವೈದ್ಯ ಹೇಳಿದ್ದೇ ರೋಗ.—ಯೋಗ್ಯತೆಯುಳ್ಳಯುದ ದೊರೆತನವೂ ರೋಗವಳ್ಳಯುದ ವೈದ್ಯನೂ ಒನ್ದೇ.—ರೋಗಿ ಬಯಸಿದ್ದೇ ವೈದ್ಯ ತರಿಸಿದ.—ಮಡಿಯೊಳಗಿನ ಹುಣ್ಣು, ಮೂವನವರ ವೈದ್ಯ (Prvs.). See Bp. 46, 28; 59, 29.—ವೈದ್ಯಕೆಲಸ. The business of a physician (My.).

ವೈದ್ಯತನ vaidyatana. Medical science; the business of a physician (B. 3, 109; 4, 220; 5, 210).

ವೈದ್ಯನಾಥ vaidya-nâtha. Šiva (My.). 2, N. of a poet.

ವೈದ್ಯನಾಥೀಯ vaidyanâthîya. A treatise on ethics by the poet Vaidyanâtha (My.).

ವೈದ್ಯಭಾಗ vaidya-bhâga. A portion of the medicine sold and administered by a doctor, forming a part of his fee (My.). 2, a part of a book that treats on medicine (My.).

ವೈದ್ಯಮಾತೃ vaidya-mâtṛi. The mother of a physician. 2, *the plant Gendarussa vulgaris* Nees. (Justicia gendarussa Lin.).

ವೈದ್ಯಶಾಸ್ತ್ರ vaidya-śâstra. A work on medicine; the science of medicine (My.).

ವೈಧವ್ಯ vaidhavya. (fr. ವಿಧವಾ). Widowhood. See ಮೋಡು.

ವೈಧಾತ್ರ vaidhâtra. (fr. ವಿಧಾತೃ). *Sanatkumâra, the son of Brahmâ.*

ವೈಧೃತಿ vaidhṛiti. (fr. ವಿಧೃತ). N. of a particular position of the sun and moon (yôga) that is considered a malignant aspect (My.).

ವೈಧೇಯ vaidhêya. (fr. ವಿಧೇಯ). *Foolish, ignorant.*

ವೈನತೇಯ vainatêya. (fr. ವಿನತಾ). *Garuḍa, the son of Vinatâ.*

ವೈನಯಿಕ vainayika. (fr. ವಿನಯ). Relating to moral conduct or discipline. 2, *a chariot employed in military exercises* (ಕ್ರಮದ ರಥ Hlâ.).

ವೈನೀತಕ vainîtaka. (fr. ವಿನೀತ). *An indirect means of conveyance,* as a porter carrying a dooly, a palanquin-bearer, a horse dragging a carriage, etc.

ವೈಪರೀತ್ಯ vaiparîtya. (fr. ವಿಪರೀತ). *Contrariety, adverseness, reverse.*

ವೈಭವ vaibhava. (fr. ವಿಭವ). Power, greatness, grandeur glory, magnificence and splendour of state, wealth (Čpr. 4, 89; Bp. 50, 16; 58, 14; J. 2, 52; 33, 19; Bh. 1, 8, 59; B. 5, 42. 212; My.).

ವೈಭಾಗ vaibhâga. (fr. ವಿಭಾಗ). The share or portion of an inheritance, or partition of inheritance (ವಿಭಾಗ, ದಾಯ Nn. 142).

ವೈಭಾವೆ vaibhâvĕ. (fr. ವಿಭಾವ). A female gifted with discrimination. See ಕಟ್ಟು-, s. ಕಟ್ಟು 1.

ವೈಭೋಗ vaibhôga. Tbh. of ವೈಭವ. (My.).

ವೈಮನಸು vaimanasu. Tbh. of ವೈಮನಸ್ಯ.=ವೈಮನಸ್ಯ No. 2. (S. Mhr.).

ವೈಮನಸ್ಯ vaimanasya. (fr. ವಿಮನಸ್). Great sadness or sorrow, distractedness (J. 4, 47; 15, 26; My.). 2, hostility of feeling towards (Mhr.).

ವೈಮಲ್ಯ vaimalya. (fr. ವಿಮಲ). Spotlessness, cleanliness, purity (ವಿಮಲ Čt. II, 114).

ವೈಮಾತ್ರೇಯ vaimâtrêya. (fr. ವಿಮಾತೃ). *A step-mother's son.*

ವೈಮಾನಿಕ vaimânika. (fr. ವಿಮಾನ). A deity (Bh. 8, 25, 19).

ವೈಮೇಯ vaimêya. (= ವಿಮಯ). *Barter, exchange.*

ವೈಯಾಕರಣ vaiyâkaraṇa. (fr. ವ್ಯಾಕರಣ). Grammatical;—a grammarian (Šmd. 173 Cm.; 221. 272).

ವೈಯಾಕರಣೆ vaiyâkaraṇi. A female grammarian (Sk.). 2, a grammarian (Mbr.; My.).

ವೈಯಾಘ್ರ vaiyâghra. (fr. ವ್ಯಾಘ್ರ). Belonging to a tiger; consisting of a tiger's skin; *covered with a tiger's skin;*—a tiger's skin.

ವೈಯಾತ್ಯ vaiyâtya. (fr. ವಿಯಾತ). Immodesty, boldness, impudence. (R.).

ವೈಯಾರ vaiyâra. = ವಯ್ಯಾರ. (My.).

ವೈಯಾಸಿಕ vaiyâsika. (fr. ವ್ಯಾಸ). Composed by Vyâsa (My.).

ವೈರ vaira. (fr. ವೀರ). = ಬೇರ 1, ವಯಿರ 1. Heroism. 2, *enmity, malice, spite, hatred* (ಅಱಿಮಿ Šm. 95). 3, an enemy (ಪ್ರಧ್ವಂಸ, ರಿಪು Nn. 25). ವೈರವಿದ್ದವನಿದ್ದ ಕ್ಷೌರ ಮಾಡಿಸಿ ಕೊಣ್ಣಹಾಗೆ (Prv.).

ವೈರಂಗಿಕ vairaṅgika. (fr. ವಿರಂಗ). *A passionless man, an ascetic* (see ವಿರಕ್ತ).

ವೈರತನ vairatana. = ವೈರತ್ವ. (My.; Čb. 62).

ವೈರತ್ವ vairatva. Enmity, hostility, hatred (My.; Sk. ವೈರಿತ್ವ). See Prv. s. ವೈರಾಗ್ಯ.

ವೈರನಿರ್ಯಾತನ vaira-niryâtana. *Revenge, retaliation.*

ವೈರಮ್ಭಣ vairambhaṇa. (fr. ವಿರಮ್ಭಣ). One of the vital airs (ತಿರಿಗಿಸುವ ಗಾಳಿ Mr. 52).

ವೈರವಶ vaira-vaša. Enemy or hatred-controlled: control over hostile feelings, calmness (? ನಿರ್ವಾಣ, ವೈರದ ಶಮ Nn. 19, o. r. ವೈರವ ಸಮ).

ವೈರಶುದ್ಧಿ vaira-šuddhi. The removal or wiping out of a grudge: *revenge, retaliation.*

ವೈರಸ್ಯ vairasya. (fr. ವಿರಸ). Juicelessness, etc. 2, pain (Čpr. 3, after 76).

ವೈರಾಗಿ vairâgi. (fr. ವಿರಾಗ). = ಬೈರಾಗಿ. One who has subdued all worldly desires, an ascetic or devotee (ವಿರಕ್ತ Mr. 236). 2, a class of religious mendicants.

ವೈರಾಗ್ಯ vairâgya. Freedom from passion, absence of all worldly desires and appetites, renunciation of all sensuous delight (ಮೋಚ, ವಿರಾಗ Nn. 20; ಅಕ್ಷ, ವಿರಾಗ 37; ಭಗ, ವಿರಾಗ 52; Čpr. 9, 39; Bp. 48, 27). ವೈರಾಗ್ಯವುಳ್ಳವನಾದರೂ ವೈರತ್ವ ಬಿಡಲಿಲ್ಲ (Prv.).

ವೈರಿ vairi. = ವಯಿರಿ. *An enemy* (ಹಗೆ Nn. 39).

ವೈರಿದ್ರುಮ vairi-druma. Enemies looked upon as a tree (J. 2, 41).

ವೈರಿಪದ vairi-pada. An improper word (Bp. 1, 18).

ವೈರೋಚನ vairôčana. (fr. ವಿರೋಚನ). Bali, the son of Virôčana.

ವೈರೋಚನನಿಕೇತನ vairôčana-nikêtana. Abode of Bali: *pâtâla, the infernal regions.*

ವೈಲಕ್ಷಣ್ಯ vailakshaṇya. (fr. ವಿಲಕ್ಷಣ). Contrariety, difference (B. 4, 14), disparity. 2, novelty; strangeness, oddness (Si. 230; My.; Mbr.).

ವೈವಧಿಕ vaivadhika. (fr. ವಿವಧ). *A chandler, a peddler, a vender of grain, oil, ghee, etc.*

ವೈವರ್ಣ್ಯ vaivarṇya. (fr. ವಿವರ್ಣ). Change of colour or complexion;—one of the sâtvikabhâvas (Kâvy. IV, 2, 17). 2, deviation or secession from caste, etc. 3, heterogeneity.

ವೈವರ್ತ vaivarta. (fr. ವಿವರ್ತ). Revolution, change or modification of existence. See ಬ್ರಹ್ಮ- in ಬ್ರಹ್ಮವೈವರ್ತಪುರಾಣ.

ವೈವಸ್ವತ vaivasvata. (fr. ವಿವಸ್ವತ್). *Vivasvat's son Yama.* 2, Yama's brother, the Manu of the present period. 3, Šani. 4, the seventh or present period or manvantara.

ವೈವಾದ vaivâda. Difference (? ಭಿನ್ನ Bhn. 8, o. r. ವೈವಾವ).

ವೈವಾಹ vaivâha. (fr. ವಿವಾಹ). = ವೈವಾಹಿಕ. Relating to marriage;—marriage (J. 10, 23; 30, 33). ವೈವಾಹವಾದ ಅಂಗನಾತತಿ (ಮದುವೆಯಾದ ಸ್ತ್ರೀಯರು Nn. 136).

ವೈವಾಹಿಕ vaivâhika. = ವೈವಾಹ. (Sk.).

ವೈಶದ್ಯ vaišadya. (fr. ವಿಶದ). Whiteness;—cleanness, purity, clearness (Rŝv. 1, 1).

ವೈಶಮ್ಪಾಯನ vaišampâyana. N. of a sage, who was also the narrator of the Mahâbhârata to Janamêjaya. 2, N. of the author of a law-book. 3, Vyâsa (ಸತ್ಯವತಿಜ, ಪರಾಶರ, ವ್ಯಾಸ Mr. 257, one MS., against the metre, ಸತ್ಯವಾದಿ).

ವೈಶಸ vaišasa. (fr. ವಿಶಸ). Striking, killing, slaughter. 2, distress, pain, anguish;—hinderance, impediment.

ವೈಶಸನ vaišasana. (fr. ವಿಶಸನ). = ಬಿಸಸನ, ವೈಶಸ.

ವೈಶಾಖ vaišâkha. (fr. ವಿಶಾಖಾ). = ಬೇಸಗೆ, ವೈಸಾಗ. *The second month of the year* (April-May; B. 5, 307. 308). 2, *a churning-stick.* 3, a particular attitude in shooting (standing with the feet a span apart). 4, relating to Kârttikêya (Čpr. 4, after 42). ವೈಶಾಖಮಾಸ ಬನ್ದರೂ ವೈಶ್ಯರ ಉಪದ್ರ ಬಿಡಲಿಲ್ಲ (Prv.).

ವೈಶಿಕ vaišika. (fr. ವೇಶ್ಯಾ). = ಭೇಷಜ No. 2, ವೈಸಿಕ. A kind of nâyaka or lover in erotic poetry, one who associates with courtezans. 2, the allurements of harlots, the arts of courtezans (Sk.);—deluding, deceiving, seduction (ಆಕರ್ಷ, ಮೋಹನ Nn. 134).

ವೈಶೇಷಿಕ vaišêshika. (fr. ವಿಶೇಷ). Characteristic. 2, a follower of the vaišêshika doctrine. 3, one of the divisions of the nyâya school of philosophy founded by Kaṇâda, propounding the doctrine of particularity or individual essence, *i. e.* maintaining the eternally distinct nature of the nine substances: air, fire, water, earth, mind, ether, time, space, and soul, of which the first five are held to be atomic (Bp. 15, 12; 53, 8).

ವೈಶ್ಯ vaišya. (fr. ವಿಶ್). *A man of the third caste whose business is agriculture and trade* (ವಸುಬೆವಳ Kk. 34; Šm. 67). See Prv. s. ವೈಶಾಖ.

ವೈಶ್ಯಕಾನ್ತೆ vaišya-kântĕ. = ವೈಶ್ಯೆ. (Čpr. 3, after 76).

ವೈಶ್ಯೆ vaišyĕ. *A woman of the Vaišya caste.*

ವೈಶ್ರವಣ vaišravaṇa. (fr. ವಿಶ್ರವಸ್). *Kubêra.*

ವೈಶ್ವದೇವ vaišvadêva. (fr. ವಿಶ್ವದೇವ). An offering or sacrifice to the višvadêvas; a daily offering to all deities (that is given to the dog kept in the house, My.).

ವೈಶ್ವದೇವಿ vaišvadêvi. The eighth day of the second half of the month mâgha. 2, N. of a vṛitta (Čh.).

ವೈಶ್ವಾನರ vaiśvânara. (fr. ವಿಶ್ವಾನರ). *Agni, fire.* 2, N. of a metrical foot (Čh.).

ವೈಷಮ್ಯ vaishamya. (fr. ವಿಷಮ). Inequality, unevenness, oddness. 2, calamity, misery, distress (ವಿಷಮ Čt. II, 116). 3, injustice. 4, solitariness, singleness.

ವೈಷಯ vaishaya. (fr. ವಿಷಯ). Relating to a vishaya;—a vishaya (ವಿಷಯ Čt. II, 116).

ವೈಷಯಿಕ vaishayika. Relating to an object; having for an object; being the aim or object of an action when it is observed by the senses (Šmd. 155);—sensual; carnal.

ವೈಷಸಮ್ಯ vaishasamya. = ವೈಷಮ್ಯ? (ಬಿಸಸನ Čt. II, 115).

ವೈಷ್ಣವ vaishṇava. (fr. ವಿಷ್ಣು). Relating or belonging to Vishṇu;—a worshipper or follower of Vishṇu (Bp. 53, 10; J. 12, 1; 23, 68; 24, 56). ವೈಷ್ಣವರ ಮಕ್ಕಳಿಗೆ ಅಂಗಾರವೇ ಬಂಗಾರ, ಸ್ಮಾರ್ತರ ಮಕ್ಕಳಿಗೆ ಗನ್ಧವೇ ಚನ್ದ.—ಸ್ಮಾರ್ತರಿಗೆ ಸ್ವಾರ್ಥ ಹೆಚ್ಚು, ವೈಷ್ಣವರಿಗೆ ಉಪ್ಪು ಹೆಚ್ಚು.—ಪ್ರಸ್ತಕ್ಕೆ ಭಕ್ಷ್ಯ, ವೈಷ್ಣವರಿಗೆ ಕಷ್ಟ, ನಾರಾಯಣ ಅನ್ದವಗೆ ಮೋಕ್ಷ (Prvs.).

ವೈಷ್ಣವಪುರಾಣ vaishṇava-purâṇa. A purâṇa of the Vaishṇavas (Bp. 46, 76).

ವೈಷ್ಣವಿ vaishṇavi. The personified śakti of Vishṇu (see ಸಪ್ತಮಾತೃಕೆ).

ವೈಸಾಗ vaisâga. Tbh. of ವೈಶಾಖ. (Šmd. 340).

ವೈಸಾರಿಣ vaisâriṇa. (fr. ವಿಸಾರಿ). *A fish.*

ವೈಸಿಕ vaisika. Tbh. of ವೈತಿಕ. Deceit, fraud, falsity, hypocrisy, false and crafty practice (ಡೊಳ್ಳಾಸ Šs.; ಡೊಳ್ಳಾಸ Čt. II, 20; ಕಪಟಕೃತ್ಯ Bhn. 9; Bp. 20, 20; 24, 54; 37, 10; 40, 51. 60; 51, 21; Bh. 8, 26, 29; Râm. 5, 8, 72).

ವೈಹಾಯಸ vaihâyasa. (ವಿಹಾಯಸ್). Being in the air, aerial (Čpr. 6, after 16).

ವೈಹಾಯಸಮಾರ್ಗ vaihâyasa-mârga. The atmosphere, the air, the sky (Čpr. 5, after 22).

ವೈಹಾಸಿಕ vaihâsika. (fr. ವಿಹಾಸ). *A comic actor, a jester, a buffoon.*

ವೈಹಾಳಿ vaihâḷi. Tbh. of ವಾಹ್ಯಾಳಿ. (Šmd. 361, o. r. ವೈಹ್ಯಾಳಿ; Čpr. 8, after 51; Râv. 13, 25; 13, after 82; Bh. 5, 3, 65).

ವೈಹ್ಯಾಳಿ vaihyâḷi. = ವೈಹಾಳಿ, q. v.

ವೊ vŏ. For Kannaḍa words with this initial see ಒ.

ವೊಡೆ vŏḍĕ. = ವಡೆ, q. v. (ವಟಕ Nr.; C.; V. 14, 80). ದಧಿಯೊ ಮ್ರದುಗ್ಧಾದಿಯುಲ್ಲಿ ವೊಡೆಗಳಂ ಕಲಸಲ್ ಅದು ಕರಮ್ಭಕಂ (Mr. 219).

ವೊತ್ತ vŏtta. = ವತ್ತ. See ಚಲ್ಲ-.

ವೊನ್ದಿಸು vŏndisu. Tbh. of ವನ್ದಿಸು. (Bp. 35, 8; 37, 63; 39, 7. 37; 47, 24; 57, 61).

ವೊಲ್ vŏl. = ಒಲ್ 2, etc. Likeness, etc.;—like, as, similar to; as if; so that (ವೋಲ್, ಅನ್ತೆ, ಅನ್ತೆವೋಲ್, ಪೋಲಿಸುವ ಎಡೆ Šmd. 78. 250; ಹಾಗೆ 75 Cm.; ಅನ್ತೆ, ತೋಡು, ವಡಿ, ಸಾಮ್ಯ Čt. I, 88; ವೋಲ್, etc., ಸಾಮ್ಯ II, 32; ಅನ್ತೆವೋಲ್, ಅನ್ತಿರೆ, ಪೋಲಿಪ ಅರ್ಥ Šm. 55). ಫಣಿಯ ವೊಲ್ (Šmd. 28). ಗಿರ್ಗಟದ ದನಿವೊಲ್ (75). ಕಮ್ಮಬಿವೊಲ್ (91). ಸರ್ವವಿದ್ಯೆ ಸಂಜನಿಪ ವೊಲ್ (Râv. 4, 76). ಘನನಿನದಕ್ಕೆ ದರ್ಗಳಮ್ ಎನಿಪ್ಪ ವೊಲ್ (5, 116). ಕೋಡುಗಲ್ಲಂ ಪತ್ತುವ ವೊಲ್ (J. 2, 65). ತನ್ನ ವೊಲ್ (17, 2). ಎನ್ದಿನ ವೊಲ್ (26, 26). ಮನ್ತ್ರಭಿನ್ನಮ್ ಆಗದ ವೊಲ್ (29, 27). See Bp. 21, 42; 37, 54; 51, 32. 33; Râv. 2, 39. 41.

ವೊಲು vŏlu. = ವೊಲ್, etc. (Bp. 56, 47).

ವೊಸಿ vŏsi. = ವಸಿ 2. (My.).

ವೊಸ್ತು vŏstu. Tbh. of ವಸ್ತು. (Bp. 61, 84).

ವೊಳಿಗೆ vŏḷigĕ. = ವಳಿಗೆ, etc. (ಜೀವಣ, ಕಬಳ, ತುತ್ತು Šs.).

ವೊಳೆ vŏḷĕ. = ವಳೆ, etc. See Šm. s. ವಳೆ and Kk. s. ವಳೆಯ.

ವೋ vô. For Kannaḍa words with this initial see ಓ.

ವೋಗ್ಯ vôgya. Tbh. of ಯೋಗ್ಯ. (S. Mhr.).

ವೋಟಿ vôṭi. (= ಪೋಟಿ). *A female servant.*

ವೋಢವ್ಯ vôḍhavya. To be borne or carried; able to be borne, etc. (R.).

ವೋಢೃ vôḍhṛi. One who carries or bears or draws;—*a bearer, a porter;*—a leader;—a draught horse;—a bull;—a bridegroom.

ವೋಪದೇವ vôpa-dêva. N. of a grammarian (of about the latter half of the 13th century; see s. ಐ).

ವೋಮ vôma. = ಓಮ, etc. Bishop's weed (My.).

ವೋಲ್ vôl. = ವೊಲ್, etc. (ಅನ್ತೆ, ಅನ್ತೆವೋಲ್, ವೊಲ್, ಪೋಲಿಸುವ ಎಡೆ Šmd. 250; ಉಪಮೆ 251; ಅನ್ತಿರೆ, ಅನ್ತೆ, ಅನ್ತೆವೋಲ್, ಉಪಮಾನಾರ್ಥ 397; ಪೋಲಿಸುವ ಅರ್ಥ 397 Cm.; ವೊಲ್, etc., ಸಾಮ್ಯ Čt. II, 32; Kk. 63; Šm. 55; ಹಾಗೆ Šmd. 7 Cm.; 19 Cm.; ಹಾಂಗೆ 148 Cm.). ವೋಲೊಳ್ ಹ್ರಸ್ವಮುಮ್ ಆಕ್ಕುಂ (Šmd. 250). ಜಲನಿಧಿಯ ವೋಲ್ (251). ಇನ್ದ್ರವೋಲ್ (251). ಮಳಲ ಬೇಣ್ಟೆಯುಂ ಮಾಡಿದ ವೋಲ್ (Šmd. II). ಅಚ್ಚಮುತ್ತಿನ ಪೊಸ ಪಚ್ಚೆಯುಂ ತಳೆದ ವೋಲ್ (Čpr. 7, 41). ಲೋಕಂ ಲಾಲಿಸುವ ವೋಲ್ (Bp. 1, 20). See Čpr. 4, 43; Râv. 2, 48; Bh. 1, 8, 53; J. 4, 19.

ವೋಲ vôla. = ಬಾಳ 2, ಬೋಲ, ಬೋಟ, ಬೋಳು. *Gum-myrrh.*

ವೋಳಿ vôḷi. A number of flags (ಧ್ವಜಾನೀಕ, ಪತಾಕೆಯ ಸಮೂಹ Nn. 153, o. r. ಓಳಿ). 2, an ear (ಕರ್ಣ, ಕಿವಿಗಳು 153). 3, a creeper, a plant (ಲತೆ, ಲತೆಗಳು 153). 4, cloth (ಅಮ್ಬರ, ವಸ್ತ್ರ 153). 5, a wicked man (ಅಧಮನರ, ಅಧಮಮನುಷ್ಯ 153; *cf.* ಪೋಲಿ?).

ವೌಷಟ್ vaushaṭ. = ವಷಟ್. *An exclamation used on offering an oblation to the gods or manes with fire.*

ವ್ಯಂಸಕ vi-aṃsaka. Dividing asunder, etc.;—*deceitful; a rogue, a cheat, a juggler.* See ಜಲಿಕ.

ವ್ಯಕ್ತ vi-akta. = ವೆಕ್ತ. Caused to appear, manifested, developed, manifest, apparent, evident, clear (ವಿಕಾಶ, ಚೆನ್ನಾಗಿ ಕಾಣ ಬಹನ್ದಾದು Nn. 115); specifically known or understood;—specified, distinguished;—specific, individual;—*wise, learned.* See ಪ್ರ-. — ವ್ಯಕ್ತ ಪಡಿಸು. To make clear, to manifest, to show (B. 4, 49; My.).

ವ್ಯಕ್ತತರ vyakta-tara. Uncommonly or very evident or plain (Čh. v. 228).

ವ್ಯಕ್ತಿ vi-akti. Visible appearance or manifestation, making clear or evident, clearness, distinctness, discernibility, discrimination (Kâvy. III, 3, B, 130; ನೆಟ್ಟನೆ Čt. II, 87); indication. 2, specific appearance or variation, individuality (B. 5, 279; ಪೃಥಗಾತ್ಮತೆ G.). 3, *a person, an individual* (opposed to jâti). 4, a real being, an entity (Mhr.). 5, a harlot (My.). See ಅರ್ಥ-, ಸ್ಥಾನ-.

ವ್ಯಗ್ರ vi-agra. = ಬ್ಯಗ್ರ. *Distracted, bewildered, perplexed, agitated, alarmed, disquieted.* 2, *zealous, eagerly engaged in, occupied, zealously occupied.*

ವ್ಯಗ್ರತೆ vyagratĕ. Perplexedness, perplexity, confusion (ಕ್ಷೋಭ Čb.);—zealous occupation, zeal; immoderate zeal (Râv. 13, 8. 9).

ವ್ಯಂಕೋಜಿ vyaṅkôji. Mhr. form of Vĕṅka (B. 4, 81).

ವ್ಯಂಗ vi-aṅga. Limbless; *deformed, mutilated, crippled;* deficient, unentire, as an article (Mhr.).

ವ್ಯಂಗತ್ವ vyaṅgatva. Deformedness, crippled state. ಅವಯವವ್ಯಂಗತ್ವ (ವೈಕಲ್ಯ Čb.).

ವ್ಯಂಗ್ಯ vi-aṅgya. = ಯೆಂಗಿ, ವೆಂಗ್ಯ. To be indicated correctly (see ವ್ಯಕ್ತ); to be intimated by sarcastic allusions or insinuations (adj.);—allusive language or insinuation, sarcasm, covert expression of suspicion or contempt, etc.;—deformedness, crookedness, perversity, impropriety (My.; Tĕ.).

ವ್ಯಂಗ್ಯಾರ್ಥ vyaṅgya-artha. A covert meaning;—a crooked, improper meaning (My.).

ವ್ಯಂಗ್ಯೋಕ್ತಿ vyaṅgya-ukti. Covert language, sarcastic insinuation;—a crooked or an improper speech (My.).

ವ್ಯಜನ vi-ajana. = ಬಿಂಕಣ, ಬಿಂಕಣಿ, ಬಿಜ್ಜಣಿಗೆ, etc. *A fan* (ಬೀಸಣಿಗೆ Nn. 166).

ವ್ಯಂಜಕ vi-añjaka. Making clear, manifesting, indicating;—*external indication of passion or feeling,* gesture, dramatic action.

ವ್ಯಂಜನ vi-añjana. = ಬೆಂಜನ, ವೆಂಜನ. The act of making clear, marking, indicating. 2, a consonant (Šmd. 19. 21. 59. 82. 183. 192. 214. 215. 217. 223; Kâvy. I, 1*a*, 7-9. 28. 29; Čh.). 3, *a mark, a spot, a sign, a token.* 4, a sign of puberty; *the beard* (see ಮೀಸೆ). 5, *a mark of sex or gender, a privy part* (male or female). 6, *seasoning, condiment, sauce* (ಹಾಲೋಗರದ ಪಾಯಸ Mr. 215). 7, = ವ್ಯಜನ, *a fan.* 8, = ವ್ಯಂಜನೆ.

ವ್ಯಂಜನಸನ್ಧಿ vyañjana-sandhi. The junction of consonants (in grammar, My.).

ವ್ಯಂಜನಾಂಗ vyañjana-aṅga. Having the body, form or character of a consonant (Šmd. 20).

ವ್ಯಂಜನಾನ್ತ vyañjana-anta. Ending in a consonant; a word with a final consonant (Šmd. 58. 105. 133. 138. 152. 260).

ವ್ಯಂಜನೆ vi-añjanĕ. Figurative expression or insinuation; irony, sarcasm; suggestion. (R.).

ವ್ಯಂಜಿಸು vi-añjisu. To cause to appear, to manifest. See ಅಭಿ-.

ವ್ಯಡಮ್ಬಕ vyaḍambaka. *The castor-oil plant, Ricinus communis* (= ಏರಣ್ಡ).

ವ್ಯಡಮ್ಬನ vyaḍambana. = ವ್ಯಡಮ್ಬಕ. (Sk.).

ವ್ಯಡಮ್ಬರ vyaḍambara. = ವ್ಯಡಮ್ಬನ. (Sk.; see ಅವುಡಲ).

ವ್ಯತಿ vi-ati. Different (ಪೃಥಕ್, ವಿನಾ, ಅನ್ತರ, ಬೇರು ನುಡಿವೆಡೆ Mr. 584).

ವ್ಯತಿಕರ vi-ati-kara. Acting reciprocally, reciprocal;—reciprocal action, mutual relation;—obstruction, hinderance; reverse, misfortune, calamity (Čpr. 5, 180; Abh. P. 15, after 69). 2, scattering in different directions; mixing or blending together, mixture.

ವ್ಯತಿಕರಣ vi-ati-karaṇa. Mixing or blending together, mixture (Kâvy. IV, 2, 54).

ವ್ಯತಿಕೀರ್ಣ vi-ati-kirṇa. Scattered about in different directions; mixed together (Kâvy. II, 2, B, 4).

ವ್ಯತಿಕ್ರಮ vi-ati-krama. Passing over or beyond, transgressing; violating, disregard;—inverted order, reverse, contrariety, opposition, the contrary of anything: crime, sin: adversity, misfortune (My.).

ವ್ಯತಿರಿಕ್ತ vi-ati-rikta. Reaching beyond, surpassing, excessive, immoderate;—separate, different from, distinct from;—wanting, void of;—excepted; without, except;—withdrawn, withheld (My.).

ವ್ಯತಿರಿಕ್ತತೆ vyatiriktatĕ. The state of being withdrawn or absent (Čpr. 5, 18).

ವ್ಯತಿರೇಕ vi-ati-rêka. = ಬೆತಿರೇಕ, ವೆತಿರೇಕ. Reaching or passing beyond, excelling, excellence;—separation from, difference, distinction, separateness;—*exception, exclusion;*—contrariety, contrast, dissimilitude; a particular figure in poetry, one of the vâstavas: the contrasting of things compared in some respects with each other (Kâvy. III, 3, B, 3. 38-47);—negative inference.

ವ್ಯತಿಹಾರ vi-ati-hâra. Taking or receiving mutually;—barter, exchange;—reciprocity;—the composition of words seen *e. g.* in ಬಡ್ಗಾಬಡ್ಗಿ, ಮುಖಾಮುಖಿ (My.).

ವ್ಯತೀತ vi-ati-ita. Passed away, passed by, passed over, gone (My.).

ವ್ಯತೀಪಾತ vi-atipâta. Falling entirely away; deviation from right, excessive sin, great or portentous calamity; any portent or prodigy indicating or occasioning calamity, as a comet, an earthquake, etc.;—one of the astronomical yôgas;—a malignant aspect of the sun and moon (My.).

ವ್ಯತ್ಯಯ vi-ati-aya. Going away or in a different direction, *contrariety, opposition to the usual rule, irregularity; reverse;* inverted or reverse order; transposition, interchange (Šmd. 5. 261; Čpr. 7, 96).

ವ್ಯತ್ಯಸ್ತ vi-ati-asta. Thrown or placed in an inverted position, reversed, inverted; contrary (Čpr. 7, 151; My.).

ವ್ಯತ್ಯಾಸ vi-ati-âsa. = ವೆತ್ಯಾಸ. *Inverted position, inverted or reverse order; contrariety, oppositeness, opposition, variation;* difference (My.).

ವ್ಯಥಕ vyathaka. *Inflicting pain, painful.*

ವ್ಯಥನ vyathana. The being agitated or afflicted; suffering pain, being sorrowful;—giving pain. See ನಿರ್-; ನೋ.

ವ್ಯಥಿತ vyathita. Agitated, disquieted, pained; distressed, afflicted; troubled (My.).

ವ್ಯಥಿಸು vyathisu. To be afflicted, to be sorrowful or unhappy (J. 7, 39; 18, 21).

ವ್ಯಥೆ vyathĕ. = ಬೆತೆ, ಬಿಬೆ, ವೆತೆ. Disquietude, perturbation, agitation; *pain, affliction, agony;* sorrow, unhappiness; distress; anguish, ache; alarm, fear.

ವ್ಯಧ vyadha. *Piercing, perforating, boring.*

ವ್ಯಧ್ವ vi-adhva. *A bad road;* a wrong road.

ವ್ಯನ್ತರ vi-antara. = ಬೆನ್ತರ. A kind of supernatural being (piŝâča, bhûta, etc.).

ವ್ಯಪದೇಶ vi-apadêša. Information, apprising, notice, hint;—designation by name or appellation; a name, an appellation; *fraud, craft, deceipt, pretext, shame, stratagem, device;*—one of the upamĕs (Kâvy. III, 3, B, 61. 108 seq.).

ವ್ಯಪಸರ್ಗ vi-apa-sarga. Letting go; dismissing, relinquishing, abandoning (Kâvy. III, 3, B, 62).

ವ್ಯಪಾಕೃತ vi-apâkṛita. Perfectly taken away or removed (Čpr. 9, 20).

ವ್ಯಪಾಯ vi-apâya. Going away, departure (Čpr. 3, after 77). 2, an obstacle, an impediment (ಅನ್ತರಾಯ, ವಿಘ್ನ Mr. 252).

ವ್ಯಪೇತ vi-apa-ita. Gone apart, severed, separated; gone away, passed away, departed; opposed to, contrary. (See ಅ-).

ವ್ಯಪೇತಾವ್ಯಪೇತಯಮಕ vyapêta-avyapêta-yamaka. A kind of yamaka (Kâvy. III, 2, B, 3 seq.).

ವ್ಯಭಿಚರಿಸು vi-abhi-čarisu. To go astray: to commit adultery (My.; Tč.).

ವ್ಯಭಿಚಾರ vi-abhi-čâra. Going or departing from, going away; wandering away, going astray;—following improper courses, profligacy; adultery (My.);—erroneous or fallacious reasoning;—irregularity, anomaly.— ವ್ಯಭಿಚಾರ ಮಾಡು. To commit adultery (used of males and females, My.). ವ್ಯಭಿಚಾರ ಮಾಡಿದರೂ ಅಭಿಚಾರ ಬಿಡಲಿಲ್ಲ (Prv.). — ವ್ಯಭಿಚಾರಸ್ತ್ರೀ. An adulteress (My.; ಕರ್ಷಣಿ G.). — ವ್ಯಭಿಚಾರಸ್ತ್ರೀಯಳು. = ವ್ಯಭಿಚಾರಸ್ತ್ರೀ. (G. 37. 60. 276. 327).

ವ್ಯಭಿಚಾರಿ vi-abhi-čâri. Going away; going astray, deviating from; doing what is improper; profligate; an adulterer, an adulteress (My.; ಅನುಕ, ಕಮನ, ಕಾಮಾನ್ಧ G.);—untrue, false;—irregular, anomalous.

ವ್ಯಭಿಚಾರಿಭಾವ vyabhičâri-bhâva. (= ಸಂಚಾರಿಭಾವ). A transitory feeling or state (of the mind or body described in poetical compositions, Sl. 67).

ವ್ಯಯ vyaya. (vi-aya). = ಬಿಯ್ಯ, ಬೀಯ, ವೆಚ್ಚ, ಪ್ರಯ. Going, moving;—disappearance, loss;—perishing, decay, destruction, decline, misfortune. 2, *spending, expenditure, expense, outlay, disbursement;* squandering, waste. 3, the twentieth year of the cycle of sixty (My.).

ವ್ಯರ್ಥ vi-artha. = ಎರ್ತ, ಯರ್ತ, ಬೆರ್ತ. *Useless, unprofitable, fruitless, ineffectual, vain;*—unmeaning;—uselessness, etc.;—one of the vâkyadôshas (Kâvy. II, 2, B, 3. 13-15). ವ್ಯರ್ಥದ ಆಲಾಪ (ಜಿಬುಚು Kk. 79). ವ್ಯರ್ಥವಾದದಕ್ಕೆ ಸ್ವಾರ್ಥ ಪಟ್ಟಾರೇ?—ವಾಸಿಯಾಗದ ರೋಗಕ್ಕೆ ರಾಸಿ ಮದ್ದು ಮಾಡಿದರೂ ವ್ಯರ್ಥ (Prvs.). See Prv. s. ಸಮಯ. — ವ್ಯರ್ಥಂ ಮಾಡು. To make useless, etc. (Čpr. 4, after 18).

ವ್ಯರ್ಥಕ vi-arthaka. = ವ್ಯರ್ಥ. *Useless etc.*

ವ್ಯರ್ಥಾಲಾಪ vyartha-âlâpa. Useless conversation, speech, etc. (ಚೀಬುಮ್ಮು Šs.).

ವ್ಯಲೀಕ vi-alîka. = ವ್ಯಾಲೀಕ. Disagreeable, painful, offensive;—improper or unfit to be done;—false;—any cause of pain or uneasiness or disagreeableness; *pain, suffering, grief;* any improper act;—contrariety;—*cheating, tricking; falsehood.*

ವ್ಯವಕಲನ vi-ava-kalana. Subtraction, deduction (My.).

ವ್ಯವಚ್ಛೇದ vi-avaččhêda. Cutting off or in pieces;—deviding, separating;—discrimination;—a division, a section, etc.;—*letting fly an arrow, shooting.*

ವ್ಯವಧಾನ vi-avadhana. = ವೆವಧಾನ. The act of placing apart or between, intervening, intervention, interposition, separation, break, gap, temporary stoppage;—anything which intervenes or screens; a screen, a partition, an intervening object;—*intervening space, interval, space;*—an obstruction; the state of being covered or concealed; *covering, concealment;* pretext (ಅಪವಾರಣ Hlâ.; ತಿರೋಧಾನ, ಅಪವಾರಣ, ನೆವ Mr. 435); disappearance;—leisure (My.). ನವಧಾನ್ಯ ಬೆಳದವನಿಗೆ ವ್ಯವಧಾನ ವಿಲ್ಲ (Prv.). See ಕಟ್.

ವ್ಯವಧೆ vi-avadhĕ. Anything which intervenes or conceals from sight; a screen, etc.;—the state of being covered or concealed; *covering, screening, concealment;* disappearance.

ವ್ಯವಯಿಸು vyavayisu. (fr. ವ್ಯವಾಯ). = ಎವಯಿಸು. To have sexual intercourse.

ವ್ಯವಸಾಯ vi-avasâya. = ಬವಸು, ಬವಸೆ, ಬೆವಸಾಯ, ಬೇಸಾಯ, ಯುವಸಾಯ, ವೆವಸಾಯ. Settled determination, resolve, obstinacy. 2, *endeavour, strenuous effort or exertion, activity, energy, diligence, industry, perseverance;* seeking after, wish, desire. 3, action, performance;—conduct, behaviour. 4, following any business or profession; a trade, business, livelihood. 5, cultivation, agriculture (My.; ಸಾಗವಳಿ ಮಾಡೋಣ G.). 6, an artifice, a stratagem, a device.

ವ್ಯವಸಾಯಗಾರ vyavasâya-gâṛa. An agriculturist, a farmer (My.).

ವ್ಯವಸಾಯಿ vyavasâyi. One who acts energitically, a diligent, assiduous, enterprising or persevering man; a clever man (ಅಲಂಕರ್ಮೀಣ, ಕರ್ಮಶೀಲ Hlâ.; My.).

ವ್ಯವಸ್ಥಾಕರಣ vyavasthâ-karaṇa. Making a decision or firm declaration, an oath (ಸಾಕ್ಷಿ, ಸೂರುಳು, ಪ್ರಮಾಣದ ಮಾಡುವುದು Nn. 162).

ವ್ಯವಸ್ಥಾನ vi-ava-sthâna. *Regular arrangement or distribution;*—remaining firm, steadiness; *state, course, condition.*

ವ್ಯವಸ್ಥಾಪಕ vi-ava-sthâpaka. That settles, adjusts or decides (My.).

ವ್ಯವಸ್ಥೆ vi-avasthĕ. ವ್ಯವಸ್ಥಾ. = ವೆವಸ್ತೆ. Placing apart, separating. 2, placing in suitable order, adjusting, arranging, arrangement. 3, relative position or state. 4, fixing on a firm basis: settlement, *a decision, a decree, a rule,* a written declaration of the law; a firm declaration, an affirmation, an oath (ವೇಲೆ, ಪ್ರಮಾಣ್, ಪ್ರಮಾಣ Nn. 152; ವೇಲೆ Mr. 488). 5, *a state, a course, a condition, a system or order of things* (ಸ್ಥಿತಿ, ತನ್ನಿರವು Mr. 486). 6, what is lawful, true or good (see ವೆವಸ್ತು). See Šmd. 57. 183; B. 4, 12. 217. — ವ್ಯವಸ್ಥೆ ಮಾಡು. To lay down a law, to decree (B. 4, 228; My.).

ವ್ಯವಹರಣ vi-ava-haraṇa. = ವ್ಯವಹಾರ. (Šmd. 240 Cm.; My.).

ವ್ಯವಹರಿಸು vi-ava-harisu. To be employed or used, to be in use, to take place (ವರ್ತಿಸು Šmd. 10; ಬರ್ 68 Cm.; see 121. 145. 245. 343. 373. 381; Šm. 13). 2, to use (Šmd. 172; Bp. 28, 19). 3, to deal in, to traffic with, to carry on a business or trade (Šmd. 234. 240). 4, to carry on legal proceedings, to litigate, to contend (My.).

ವ್ಯವಹರಿಸುವಿಕೆ vyavaharisuvikĕ. Carrying on a business, etc. (ಜೀವನ Sl. 436).

ವ್ಯವಹರ್ತೃ vi-ava-hartṛi. One who transacts business or is engaged in any affair;—the conductor of any judicial business, a judge, an umpire;—a litigant, a plaintiff (My.).

ವ್ಯವಹಾರ vi-ava-hâra. = ಬೇಹರ 2, ಬೇಹಾರ, ಯವಾರ, ವೆವಹಾರ. Doing, performing, performance; conduct, behaviour; operation, action; process, procedure, practice;—affair;—occupation, work, profession, business, transaction (ಭೋಗ, ಬೇಪಾರ Nn. 113; My.);—dealing, traffic, commerce, trade;—*a contest at law, a lawsuit* (My.);—the practice of the courts of law;—fight, quarrel (My.);—use, usage, habit, custom (My.);—adherence to law; steadiness, propriety;—a contract. ವ್ಯವಹಾರಕ್ಕೂ ಆಹಾರಕ್ಕೂ ದಾಕ್ಷಿಣ್ಯ ಮಾಡ ಬಾರದು (Prv.). See Šmd. 9. 27 Cm.; 162; Bh. 1, 8, 25.

ವ್ಯವಹಾರಕಾಲ vyavahâra-kâla. The period of action, a mundane period (Abh. P. 1, 48).

ವ್ಯವಹಾರಮೌಲ್ಯಸಂಕೇತನ vyavahâra-maulya-saṅkêtana. Appointment of the price in a transaction. See ಕೆಯ್ಮಾಡು.

ವ್ಯವಹಾರಿ vyavahâri. = ಬೇಪಾರಿ. Transacting, practising any business or trade; a trader, a merchant (My.; see ಘೃತ್ರ-). ಪೋತದ ವ್ಯವಹಾರಿ (ಸಾಂಯಾತ್ರಿಕ Mr. 407). 2, litigant, engaged in a lawsuit. 3, customary. 4, relating to a legal process.

ವ್ಯವಹಾರಿಕ vyavahârika. Relating to practice or business; transacting business, engaged in business;—customary, usual, common, ordinary (My.).

ವ್ಯವಹಾರ್ಯ vyavahârya. To be transacted, to be practised;—liable to a legal process;—to be employed or used;—customary, usual. (R.).

ವ್ಯವಹಿತ vi-ava-hita. Placed apart, placed between; *separated;* impeded; screened from view, concealed; not contiguous, not immediately connected; hostile, opposite; laid aside, passed over, omitted; surpassed, excelled, put to shame; done, performed;—one of the vâkyadôshas (Kâvy. II, 2, B, 3-6). See ಅ-.

ವ್ಯವಹಿತಭ್ರಾತೃ vyavahita-bhrâtṛi. A brother older than one's self, but not the next in age (My.).

ವ್ಯವಹಿತಯಮಕ vyavahita-yamaka. One of the yamakas (Kâvy. III, 2, B, 3 seq.).

ವ್ಯವಹೃತಿ vi-ava-hṛiti. = ವ್ಯವಹಾರ. (Šmd. 26. 27. 76. 143. 266. 393).

ವ್ಯವಾಯ vi-avâya. Separation;—the state of being alone (ಏಕಾಂತ Nn. 152; Mr. 479);—dissolution, disappearance;—dissipation;—loose habits;—*an obstacle, an impediment;*—*sexual intercourse* (ಸುರತಸುಖ 479);—agitation, grief, etc. (ಉದ್ವೇಗ, ಉಮ್ಮಳಿಕೆ 152);—unsteadiness, fickleness (ಚಂಚಲ, ಚಂಚಲತ್ವ 152).

ವ್ಯಷ್ಟಿ vi-ashṭi. Singleness, individuality. 2, an aggregate or whole viewed as consisting of many separate bodies, *e. g.* an object, such as man, viewed as a separate part of a whole or constituting a part of the universal soul, while he is himself composed of parts or individuals (*cf.* ಸಮಷ್ಟಿ). (R.).

ವ್ಯಸನ vi-asana. = ಬಸನ 3, ಬೆಸನ 2, ಬ್ಯಸನ, ಯೆಸನ, ವೆಸನ. Throwing in different directions, away, or about;—separating; arranging. 2, violation, infraction;—*calamity, misfortune, ill-luck;*—*destruction, loss, defeat, falling away.* 3, *a sin, a vice* (*e. g.* the following ten: hunting, gambling, sleeping in the day, calumny, addiction to women, drinking spirits, dancing, singing, and instrumental music, and idle roaming; see ಸಪ್ತವ್ಯಸನ), *a bad or vicious habit in general, inordinate addiction* (ರಸ, ವಿಷಯ Nn. 83). 4, *intense application or attachment to any object, diligence.* 5, grief, sorrow (My.; not Sk.). ಅಶನ ವಸನ ಸಿಕ್ಕಿದ ಮೇಲೆ ವ್ಯಸನವು ಯಾಕೆ?—ವ್ಯಸನ ವಿದ್ದವ ಹಸನು ಆಗನು (Prvs.). See Nn. 158 s. ಪರಿವರ್ತನ.—ವ್ಯಸನ ಪಡು. To feel grief, to sorrow (B. 5, 144; My.).

ವ್ಯಸನಕರ vyasana-kara. Grievous (My.).

ವ್ಯಸನಸುಖ vyasana-sukha. Pleasure arising from a bad habit (Šmd. 394).

ವ್ಯಸನಾರ್ತ vyasana-ârta. *Afflicted by calamity or misfortune, suffering pain.*

ವ್ಯಸನಿ vyasani. = ವೆಸನಿ. Calamitous, unfortunate, unlucky. 2, addicted to any kind of vice or evil practice (Bp. 44, 55; Bh. 1, 6, 1); of vicious habits;—attached intently to any object (Bp. 40, 2). 3, a sorrowful person (My.).

ವ್ಯಸ್ತ vi-asta. Thrown in different directions, away, or about;—separated, divided, severed, distinct, uncompounded;—broken asunder or to pieces, shattered;—different, manifold, various, changed;—scattered, dispersed;—*agitated, disturbed, troubled, confused, confounded, bewildered;*—expelled, removed, spread;—reversed, inverted; disordered, deranged, out of order; reverse, inverse, opposite;—penetrated, pervaded, inherent in or pervading all the several parts of any thing (*cf.* ಸಮಸ್ತ). See Ĉh. v. 19; ಬೆದಱ್.

ವ್ಯಸ್ತಪದ vyasta-pada. Confused statement of a case. 2, a simple or uncompounded word (in grammar). 3, a sentence or stanza the words of which do not occur in the regular order (My.).

ವ್ಯಾಕರಣ vi-âkaraṇa. Undoing, analysis, explaining, expounding. 2, grammatical analysis, grammar (Šmd. 3. 8; see ವಶ-).

ವ್ಯಾಕರಣಕಾರ vyâkaraṇa-kâra. A grammarian (Šmd. 20 Cm.).

ವ್ಯಾಕರಣಜ್ಞ vyâkaraṇa-jña. A grammarian (ವೈಯಾಕರಣ Šmd. 221 Cm.).

ವ್ಯಾಕೀರ್ಣ vi-âkîrṇa. Scattered or tossed in every direction, thrown about or away, disordered (J. 31, 57).

ವ್ಯಾಕುಂಚಿತ vi-âkuñcita. *Crooked, contracted, curved.*

ವ್ಯಾಕುಲ vi-âkula. = ಬಾಗುಳ್, ಬಾಗುಳ, ಬ್ಯಾಕುಲ. *Confounded, confused, agitated, bewildered, perplexed, troubled;*—thrown into disorder; *tumultuous;*—perplexing, bewildering (Šmd. 5);—anxious thought, grief (My.);—busily occupied about anything.

ವ್ಯಾಕುಲತೆ vi-âkulatĕ. Perturbation, agitation, perplexity, bewilderment, alarm;—anxious thought, grief (My.). See ತರೀರ-, ಸ್ಥಾನ-.

ವ್ಯಾಕುಲಿ vi-âkuli. N. of a bird (ಒಂಟಿಚಾಪ, ಕೋಟಿ Mr. 170).

ವ್ಯಾಕುಲಿತ vi-âkulita. = ಬ್ಯಾಕುಲಿತ. Agitated, flurried, perplexed, confounded, alarmed;—grieved (My.);—agitation, perplexity, alarm (Bp. 61, 5).

ವ್ಯಾಕುಲಿತೆ vi-âkulitĕ. An agitated, etc. female (Bp. 40, 83).

ವ್ಯಾಕುಲಿಸು vi-âkulisu. = ಬಾವಳಿಸು. To become perplexed. 2, to grieve (Grj. 4, 66; My.).

ವ್ಯಾಕೂತಿ vi-âkûti. Wrong or evil intention, *fraud, deception, disguise* (see ವ್ಯಾಕೃತಿ No. 4).

ವ್ಯಾಕೂಲ vyâkûla. = ವ್ಯಾಕುಲ. (Ŏb. 124; Mhr.).

ವ್ಯಾಕೃತಿ vi-âkṛiti. Analysing. 2, grammar (Šmd. 15. 17). 3, change of form, development. 4, a way, a manner, a kind, a mode, a form or shape (ಪರಿ, ಭಂಗಿ Hlâ. MS. instead of ವ್ಯಾಕೂತಿ; ಛನ್ದ, ಭಂಗಿ Mr. 445).

ವ್ಯಾಕೋಶ vi-â-kôśa. *Expanded, blossomed, blown* (as a flower).

ವ್ಯಾಖ್ಯಾಕೃತ್ vyâkhyâ-kṛit. An explainer. See ಮನ್ತ್ರ-.

ವ್ಯಾಖ್ಯಾನ vi-âkhyâna. = ಒಕ್ಕಣೆ, ವಕ್ಕಣೆ, ವಕ್ಷಾಣ. Explaining in detail, expounding, commenting; explanation, exposition; gloss, comment, interpretation (My.; Si. 484);—unfolding; — telling in full; — relating, narrating; — naming, calling. ವ್ಯಾಖ್ಯಾನಮಂ ಪೇಳ್ವಿವಂ (ಅಧ್ಯಾಪಕ Mr. 251).

ವ್ಯಾಖ್ಯೆ vi-âkhyĕ. ವ್ಯಾಖ್ಯಾ. *Explanation, exposition; gloss, comment;* description, delineation; definition.

ವ್ಯಾಘಾತ vi-âghâta. Striking against, etc. 2, contradiction, inconsistency of statement (Kâvy. II, 2, B, 13). 3, the thirteenth astronomical yôga.

ವ್ಯಾಘ್ರ vyâghra. = ಬಗ್ಗ, ಬಗ್ಗು 1, ಯೊಗ್ರ. *A tiger.* 2, at the end of a compound: *best, pre-eminent.* 3, N. of an asura (Bp. 18, 23).

ವ್ಯಾಘ್ರನಖ vyâghra-nakha. A tiger's claw. 2, *a sort of perfume* (= ಕರಜ).

ವ್ಯಾಘ್ರಪದ್ vyâghra-pad. also ವ್ಯಾಘ್ರಪಾದ. *The plant Flacourtia sapida* Roxb.

ವ್ಯಾಘ್ರಪಾದ vyâghra-pâda. Tiger-footed. 2, N. (Bp. 44, 46).

ವ್ಯಾಘ್ರಪುಚ್ಛ vyâghra-puččha. A tiger's tail. 2, *the castor-oil plant, Ricinus communis.*

ವ್ಯಾಘ್ರಾಜಿನ vyâghra-ajina. A tiger's skin (used to sit upon, My.).

ವ್ಯಾಘ್ರಾಟ vyâghra-aṭa. *A sky-lark.* 2, *N. of another bird* (ಭರದ್ವಾಜ, ಜೆಗ್ಗಾಟ Hlâ.; ಭರದ್ವಾಜ, ವಲಿಯನ ಹಕ್ಕಿ Nr.).

ವ್ಯಾಘ್ರಾಸನ vyâghra-âsana. A tiger's skin used as a seat (My.).

ವ್ಯಾಘ್ರಾಸುರಹರ vyâghra-asura-hara. Śiva (Grj. 3, 87).

ವ್ಯಾಘ್ರಿ vyâghri. A tigress. 2, *a sort of prickly nightshade, Solanum jacquini* Lin. See ನೆಲಗುಳ್ಳ.

ವ್ಯಾಜ vi-âja. = ವಾಯು 1. *Deceit, deception, fraud, craft, art, cunning; disguise* (either of purpose or of person); *pretext, pretence* (My.). 2, wickedness.

ವ್ಯಾಜನಿನ್ದೆ vyâja-nindĕ. False censure: censure in appearance conveying real commendation; in appearance blaming one, in reality another: disguised reproach (My.).

ವ್ಯಾಜಸಂಸ್ತವ vyâja-saṁstava. A particular figure of rhetoric: disguised reproach; covert praise; praising one person whilst apparently blaming another; censuring one person whilst apparently commending another (Kâvy. III, 3, B, 148 seq.).

ವ್ಯಾಜಸ್ತುತಿ vyâja-stuti. = ವ್ಯಾಜಸಂಸ್ತವ. (Kâvy. III, 3, B, 148 seq.).

ವ್ಯಾಜೋಕ್ತಿ vyâja-ukti. Covert allusion (intended to mislead), innuendo (My.).

ವ್ಯಾಜ್ಯ vi-âjya. (fr. ವಿ-ಅಜ). = ಯಾಜ್ಯ 2. A contest, a quarrel, a dispute (My.; Tŏ., T., M.);—a law-suit (My.; Tŏ., etc.). — ವ್ಯಾಜ್ಯ ತೀರಿಸು. To settle a dispute (B. 4, 93. 142; My.). — ವ್ಯಾಜ್ಯ ಮಾಡು. = ವ್ಯಾಜ್ಯವಾಡು. ವ್ಯಾಜ್ಯ ಮಾಡುವವ ಅಜ್ಜಗೆ ಬಿಟ್ಟಾನೇ? (Prv.). — ವ್ಯಾಜ್ಯವಾಡು. -ಆಡು. To quarrel (My.); to litigate (My.). — ವ್ಯಾಜ್ಯವೆಬ್ಬಿಸು. -ಎಬ್ಬಿಸು. To create a quarrel (B. 2, 25).

ವ್ಯಾಜ್ಯಗಾಱ vyâjya-gâṛa. A litigious man (My.).

ವ್ಯಾಡ vyâḍa. = ವ್ಯಾಲ. *A snake* 2, *a carnivorous animal, a beast of prey.* 3, a villain, a rogue.

ವ್ಯಾಡಾಯುಧ vyâḍa-âyudha. *A sort of perfume* (= ವ್ಯಾಘ್ರನಖ).

ವ್ಯಾತ್ಯುಕ್ಷಿ vyâtyukshi. Bathing together for amusement, mutual splashing and sporting in water. (Si.).

ವ್ಯಾಧ vyâdha. = ಬೇಡ. *A hunter.* 2, a wicked man.

ವ್ಯಾಧಾಮ vyâdhâma. *A thunder-bolt.*

ವ್ಯಾಧಿ vyâdhi. = ಬೇನೆ. *Sickness, ailment, disease.* 2, *the plant Costus speciosus or arabicus* (= ಕುಷ್ಠ).

ವ್ಯಾಧಿಘಾತ vyâdhi-ghâta. *The tree Cathartocarpus fistula* Pers. (Cassia fistula Lin.).

ವ್ಯಾಧಿತ vyâdhita. *Diseased, sick, ill.*

ವ್ಯಾಧಿವಿಕಾರ vyâdhi-vikâra. A change of the nature of a disease (?). See ಇಕ್ಕುಬೇ 2.

ವ್ಯಾಧಿಸ್ಥ vyâdhi-stha. A sick man (ರೋಗಿ Nn. 44. 76).

ವ್ಯಾನ vyâna. 1. Covering. See ಸಂ-.

ವ್ಯಾನ vi-âna. 2. *One of the vital airs, that which is diffused through the body.*

ವ್ಯಾಪಕ vi-âpaka. Reaching through, pervading, diffusive, comprehensive, going everywhere, widely spreading, extending over the whole of anything, invariably concomitant or inherent;—an invariably concomitant or inherent property or substance (Šmd. 162). See ಅಖಿಲ-. 2, a man who is an intimate associate of the whole community (My.).

ವ್ಯಾಪದ್ vi-âpad. Death; calamity; ruin.

ವ್ಯಾಪದ್ಗತ vyâpad-gata. *Involved in calamity.*

ವ್ಯಾಪನ vi-âpana. The act of spreading through or throughout, pervading, penetrating, filling up (My.).

ವ್ಯಾಪರಿಸು vyâparisu. = ವ್ಯಾಪಿಸು. (My.).

ವ್ಯಾಪಾದ vi-âpâda. Destroying, destruction, ruin;—*the wish or project to injure another.*

ವ್ಯಾಪಾದನ vi-âpâdana. *Destroying, killing, slaying, slaughter.*

ವ್ಯಾಪಾದಿತ vi-âpâdita. Destroyed, killed; hurt, injured. (R.).

ವ್ಯಾಪಾರ vi-âpâra. = ಬೇಪಾರ, ಬೇರ 2, ಯಾಪಾರ. The state of being occupied or engaged in; occupation, employment, business, trade, profession (ಉದ್ಯೋಗ Bhn. 51). 2, exercise, practice, exertion, activity. 3, work, affair, operation, action, transaction, doing, performance. 4, trade, traffic (My.; Mhr.). See Sp. s. ಪಾಪಕರ್ಮ. — ವ್ಯಾಪಾರದ ಹುಡಿ. See ಕೆನ್ದಲೇ-. — ವ್ಯಾಪಾರ ನಡಿಸು. To do a work (B. 5, 301). 2, to trade (My.). — ವ್ಯಾಪಾರ ಮಾಡು. To trade (My.). ವ್ಯಾಪಾರ ಮಾಡುವವ (ವರ್ತಕ G.). ಹಡಗದಿನ್ದ ವ್ಯಾಪಾರ ಮಾಡುವವ (ಸಾಂಯಾತ್ರಿಕ G.).

ವ್ಯಾಪಾರಗಾಱ vyâpâra-gâṛa. = ವ್ಯಾಪಾರಿ No. 2. (My.; B. 5, 122).

ವ್ಯಾಪಾರಸ್ಥ vyâpâra-stha. = ವ್ಯಾಪಾರಿ No. 2. (My.; B. 3, 58. 116; 5, 287).

ವ್ಯಾಪಾರಿ vyâpâri. = ಬೇಪಾರಿ, ಬೇರಿ 1. Occupied, busy; transacting business. 2, a tradesman, a dealer, a merchant (My.; Si. 84; ಪರದ, ಹರದ G.).

ವ್ಯಾಪಾರಿಗ vyâpâriga. = ವ್ಯಾಪಾರಿ No. 2. (ಕ್ರಯವಿಕ್ರಯಿಕ G.).

ವ್ಯಾಪಿ vi-âpi. *Reaching through, pervading, extending over or to, overspreading, covering.* 2, all-pervading, diffusive; invariably inherent or concomitant. 3, = ಯೋಗಪಟ, q. v.

ವ್ಯಾಪಿತ vi-âpita. = ವ್ಯಾಪ್ತ. (Bp. 2, 6; 33, 7).

ವ್ಯಾಪಿನಿ vyâpini. Feminine of ವ್ಯಾಪಿ (Čpr. 2, 66).

ವ್ಯಾಪಿಸು vi-âpisu. = ವೇಪಿಸು. To reach through, to spread through, to go everywhere, to overspread, to pervade, to permeate, to cover, to fill, to occupy (Bp. 19, 38; 44, 34; J. 1, 4; 18, 1; Si. 50. 76; B. 4, 202; My.).

ವ್ಯಾಪೃತ vi-âpṛita. Occupied or engaged in. See ಕುಟುಮ್ಬ-.

ವ್ಯಾಪೃತಿ vi-âpṛiti. Occupation, engagement (Čpr. 4, 28; 8, 1; 9, 6).

ವ್ಯಾಪ್ತ vi-âpta. *Spread through, pervaded, pervading, extended, thoroughly occupied or penetrated by; filled up, full;* overspread, covered over; invariably attended or accompanied; etc.

ವ್ಯಾಪ್ತಿ vi-âpti. The act or state of pervading, pervasion, permeation, presence throughout the extension of. 2, universality; fulness (J. 2, 55). 3, obtaining, gaining, acquiring. 4, occupation, work (ಕ್ಷಣ, ಉದ್ಯೋಗ Nn. 117; My.).

ವ್ಯಾಪ್ಯ vi-âpya. Permeable, penetrable. 2, that which may be the site or locality of an invariably concomitant cause or characteristic. 3, that is to be comprehended. 4, *the medicinal plant Costus speciosus or arabicus.*

ವ್ಯಾಮ vyâma. *A fathom or the space between the tips of the fingers of either hand when the arms are extended* (ಅ ಳತೆ, ಪ್ರಮಾಣ Nn. 129). 2, one hundred (ಶತ, ನೂರು 129). 3, sickliness (ಸರೋಗ, ಲೇಸಹ ರೋಗ 129).

ವ್ಯಾಮೋಹ vi-âmôha. Bewilderment. 2, excessive love or affection (Bp. 24, 24; Prll. 3, 12; My.; see ದುರ್-).

ವ್ಯಾಯತ vi-âyata. Drawn asunder, separated;—drawn out, extended, *long, tall;*—hard, firm;—mighty, powerful, strong, intense, much.

ವ್ಯಾಯಾಮ vi-âyâma. Drawing or stretching out;—athletic exercise; exercise of the body in general (My.; B. 4, 122. 124; B. 5, 189);—fatigue, labour;—a fathom.

ವ್ಯಾಲ vyâla. = ಬಿಯಳ, ಬ್ಯಾಲ, ವ್ಯಾಡ. *A snake* (ಉರಗ, ಸರ್ಪ Nn. 74; ಪನ್ನಗ Mr. 486). 2, *a carnivorous animal, a beast of prey* (ಕೊಳ್ಮಿಗ, ಕೊಲುವ ಮೃಗ 74; ಕೊಳ್ಮೃಗ 486). 3, *wicked, villainous, bad;* cruel, fierce, vicious;—*a villain, a cheat, a rogue* (ದುರ್ಜನನು 74); a cruel man (ಅತೀವಹಿಂಸಕರ, ನಾನಾಹಿಂಸೆಗಳ ಮಾಡುವವನು 74); a terrible man (ಭಯಕಾರ 74; ಉರ್ವ ಭಯಕಾರ 486). 4, *a vicious elephant* (ಮದೇಭ, ಸೊಕ್ಕಿದಾನೆ 74; ಇಭ 486). 5, the Ceylon leadwort (ಚಿತ್ರಮೂಲ, etc. Mr. 128).

ವ್ಯಾಲಗನ್ಧಿ vyâla-gandhi. The ichneumon plant (? ನಾಂಗುಲಿಕ Mr. 133, one MS. ವ್ಯಾಲನನ್ದಿ).

ವ್ಯಾಲಗ್ರಾಹಿ vyâla-grâhi. *A snake-catcher.*

ವ್ಯಾಲಪತಿ vyâla-pati. A big snake (in ದುರ್ವ್ಯಾಲಪತಿ, J. 24, 20).

ವ್ಯಾಲಶಾಯಿ vyâla-śâyi. Vishṇu (My.).

ವ್ಯಾಲಾಯುಧ vyâla-âyudha. = ವ್ಯಾಡಾಯುಧ. *A sort of perfume.*

ವ್ಯಾಲಾರಿ vyâla-ari. Garuḍa (Mr. 21).

ವ್ಯಾಲಿ vyâli. The plant Convolvulus argenteus (ಕೋಟಿರಪುಷ್ಪಿ, ಎಮ್ಮೆವಳ್ಳಿ Mr. 148).

ವ್ಯಾಲಿಕ vyâlika. (= ವ್ಯಲೀಕ). Cheating, deceit, falsehood (ವಿಪ್ರಕಾರಣ, ವಂಚನ, ಅಬ್ಗೊಳುಹಂ Mr. 439).

ವ್ಯಾಲೋಲ vi-âlôla. Rolling about, shaking, waving (Čh. v. 202).

ವ್ಯಾವಹಾರಿಕ vyâvahârika. (fr. ವ್ಯವಹಾರ). Relating to business or practice or action, practical, active;—belonging to judicial procedure, judicial, legal;—customary, usual;—use (My.; Si. 48).

ವ್ಯಾವೃತ್ತ vi-âvṛitta. Separated; excluded; freed from;—*turned back, turned round, revolved* (ಮರಳಿದುದು Nr.);—encompassed, surrounded; fenced.

ವ್ಯಾವೃತ್ತಿ vi-âvṛitti. Separation from, selection. 2, exception, exclusion, rejection, removal. 3, turning away. 4, rolling round; repetition. See ಕಾವ್ಯಮಲ-, ಪದವರ್ಣ-.

ವ್ಯಾಸ vi-âsa. = ಬಿಯಸ. Throwing in different directions;—distribution or separation into parts;—severing; *severality, distinction, detail.* 2, diffusing, extending, spreading (ಬಿತ್ತರ, ವಿಸ್ತರ, ಪ್ರಪಂಚ, ಪಿರಿದು ಮಾಡುವುದು Mr. 447); *diffusion, extension, width, breadth;* the diameter of a circle (B. 4, 65; My.). 3, disposing in order, arranging; an arranger;—*Vyâsa, the son of Parâśara and Satyavati,* who is regarded as the original arranger of the vêdas and founder of the vêdânta philosophy (ಕೃಷ್ಣ Mr. 519; ದ್ವೈಪಾಯನ, ಸತ್ಯವತೀಜ, ಪರಾಶರ Mr. 257). See Bp. 54, 64; 57, 72.

ವ್ಯಾಸಪೀಠ vyâsa-pîṭha. A kind of stool on which the book is placed in reading (My.).

ವ್ಯಾಸಂಗ vi-âsaṅga. = ಬಿಯಸಂಗ. Excessive attachment, close adherence, devotion or addiction to;—assiduous application to, diligent study of. See ವಿದ್ಯಾ-.

ವ್ಯಾಸಹಸ್ತ vyâsa-hasta. = ಬಿಯಸಹಸ್ತ. Vyâsa's hand cut off by Nandi, and its image (Bp. 54, 49; 57, 24; 58, 53). See ನನ್ದಿಕಮ್ಬ.

ವ್ಯಾಸೇಶ vyâsa-îśa. N. of a liṅga (Bp. 54, 64).

ವ್ಯಾಹರಣ vi-âharaṇa. *Uttering, pronouncing, etc.*

ವ್ಯಾಹಾರ vi-âhâra. *Uttering, pronouncing; utterance, speech, voice;* a word;—a humorous speech, a facetious allusion.

ವ್ಯಾಹೃತಿ vi-âhṛiti. Utterance, etc. 2, a mystical word pronounced after ôṁ (bhûr, bhuvaḥ and svar being the three great vyâhṛitis).

ವ್ಯುತ್ಕ್ರಮ vi-utkrama. Going out of the right course; transgression;—inverted order, reverse or irregular arrangement, disorder, confusion, contrariety.

ವ್ಯುತ್ಕ್ರಮಣ vi-utkramaṇa. = ವ್ಯುತ್ಕ್ರಮ. (Kâvy. III, 3, B. 16).

ವ್ಯುತ್ಥಾನ vi-utthâna. Rising up against, *opposition, doing anything prohibited;—obstruction, hindering;—following one's own inclination, independent action;*—the completion of a religious act or vow.

ವ್ಯುತ್ಪತ್ತಿ vi-utpatti. = ವಿತ್ಪತ್ತಿ. Production, origin; derivation (of words from roots, etc.), etymology (My.). 2, conversancy with or proficiency in (literature or science);—scholarship, learning. See ಶಾಸ್ತ್ರ-.

ವ್ಯುತ್ಪನ್ನ vi-utpanna. = ವಿತ್ಪನ್ನ. Produced;—derived (from a root, etc.); formed (as a derivative word);—completed, perfected, accomplished. 2, *quite conversant with or proficient in* (literature, etc.);—learned.

ವ್ಯುತ್ಪಾದಕ vi-utpâdaka. Producing, productive;—deriving or tracing (words, My.).

ವ್ಯುತ್ಪಾದನ vi-utpâdana. Tracing (words) back to a root or theme (My.).

ವ್ಯುತ್ಪಾದಿಸು vi-utpâdisu. To derive from a root, to trace back to a root (My.).

ವ್ಯುದಾಸ vi-udâsa. Throwing or scattering in different directions, throwing or laying away or aside; rejection, exclusion; prohibition; disregard for. See ಕ್ಷಿತಿವ್ಯುದಾಸ s. ಜಗ.

ವ್ಯುಷ್ಟ vi-ushṭa. *Dawn, day-break.*

ವ್ಯುಷ್ಟಿ vi-ushṭi. Dawn. 2, *increase, prosperity.* 3, *product, fruit, consequence.*

ವ್ಯೂಢ vi-ûḍha. *Expanded, wide, broad, large;—arrayed, arranged.*

ವ್ಯೂಢಕಂಕಟ vyûḍha-kaṅkaṭa. *Accoutred, mailed, armed.*

ವ್ಯೂತಿ vi-ûti. *Weaving,* sewing.

ವ್ಯೂಹ vi-ûha. = ಬಿಂಹ, ಬಿಪ್ಪ q. v. *A mass, a multitude, a flock* (ಓಘ, ಸಮೂಹ Nn. 108);—an army (ಸೈನ್ಯ, ಸೇನೆ 108). 2, orderly arrangement, disposition, array; *military array* (ರಚನೆ 108; ಪಡಯೊಡ್ಡು Mr. 468; see ಒಡ್ಡು).

ವ್ಯೂಹಪಾರ್ಷ್ಣಿ vyûha-pârshṇi. *The rear of an army.*

ವ್ಯೋಕಾರ vyô-kâra. = ಬೋಗಾಱ. *A blacksmith.* 2, a coppersmith; one who makes and sells brass and copper-vessels (ಲೋಹಕಾರ, ಬೋಗಾಱ Hlâ.; see Mr. s. ಲೋಹಕಾರಕ).

ವ್ಯೋಮ vyôma. (ವೇಮ). N. (Bp. 46, 76. 77). — ವ್ಯೋಮನಾಚಾರ್ಯ. -ಆಚಾರ್ಯ. N. (Bp. 46, 68). — ವ್ಯೋಮನಾರಾಧ್ಯ. -ಆರಾಧ್ಯ. N. (Bp. 46, 41. 45. 81). — ವ್ಯೋಮನಾರ್ಯ. -ಆರ್ಯ. N. (Bp. 46, 67). — ವ್ಯೋಮಪ್ರಭು. N. (Bp. 46, 75. 76). — ವ್ಯೋಮವಿಭು. N. (Bp. 46, 5). — ವ್ಯೋಮಾರ್ಯ. -ಆರ್ಯ. N. (Bp. 46, 76).

ವ್ಯೋಮ vyôma. *The sky, the ether, the atmosphere.* 2, the zero (see ಕೃತಯುಗ).

ವ್ಯೋಮಕಚಾಭಿರಾಮ vyôma-kaća-abhirâma. Śiva (Śśv. 5, 25).

ವ್ಯೋಮಕೇಶ vyôma-kêśa. *Śiva.*

ವ್ಯೋಮಗಂಗೆ vyôma-gaṅgĕ. The heavenly Ganges (My.).

ವ್ಯೋಮನದಿ vyôma-nadi. = ವ್ಯೋಮಗಂಗೆ. (Bp. 24, 74).

ವ್ಯೋಮಯಾನ vyôma-yâna. *A celestial car, a chariot of the gods* (ನಡೆಮಾಡ, ಪಾಱು Śm. 10).

ವ್ಯೋಷ vi-ôsha. *The aggregate of three spices: black pepper, long pepper, and dry ginger.*

ವ್ರಜ vraja. = ಬ್ರಜ. Going, wandering, roaming; *a road.* 2, *a flock, a herd, a multitude.* 3, *a station of cowherds, a cowpen, a cattle-shed.* See ಪಶು-.

ವ್ರಜ್ಯೆ vrajyĕ. *Travelling or wandering about* (in quest of alms, etc.). 2, *march, attack, invasion.* See ಅನು-, ಪರಿ-.

ವ್ರಣ vraṇa. = ಬ್ರಣ, ರಣ 2, ಬಿಣ. *A wound, a sore, an ulcer, a boil, a bruise, a tumor* (ಅರುಸ್, ಪುಣ್ಣು Mr. 398). See ನಾಡೀ-. ಸೊಣ ಕೂತರೆ ವ್ರಣ ಹೊರ್ತು ಹೆಣ ಜೀವಿಸೀತೇ? (Prv.).

ವ್ರಣಕಾರಿ vraṇa-kâri. *Causing wounds,* etc.

ವ್ರಣವೈದ್ಯ vraṇa-vaidya. = ರಣವೈದ್ಯ s. ರಣ 2. A doctor for curing sores, etc. (My.); the science of curing sores, etc. (My.).

ವ್ರಣಾಶನ vraṇa-aśana. A tick (ಉಣ್ಣೆ Mr. 166).

ವ್ರಣಿ vraṇi. N. of a plant (ತೇರಣ Mr. 117).

ವ್ರತ vrata. = ಬತ, ಬ್ರತ. Rite, observance, practice, work (see ಮಧು-). 2, any religious act or obligation enjoined by the gods. 3, sacrifice. 4, *a self-chosen or voluntary act of religious merit* (fasting, continence, etc.), *any self-imposed religious observance or obligation to hold it, vowed observance, a vow made to do or bear.* ನೇಮವಿದ್ದರೆ ವ್ರತ, ಹೋಮವಿದ್ದರೆ ಶೋಭನ (Prv.).

ವ್ರತತಿ vratati. *Expansion, spreading.* 2, *a climbing plant.*

ವ್ರತಭಂಗ vrata-bhaṅga. The breach of a vow (My.).

ವ್ರತಭ್ರಷ್ಟ vrata-bhrashṭa. Fallen or deviated from one's vow (Bp. 57, 76; 60, 27).

ವ್ರತಸಮಾವರ್ತನೆ vrata-samâvartanĕ. = ಸಮಾವರ್ತನೆ. (My.).

ವ್ರತಸ್ಥ vrata-stha. A man that is under the obligation of a religious vow (My.; Śi. 250).

ವ್ರತಹೀನ vrata-hîna. A man who neglects his vowed observance;—bad penance (ಕುತಪ, ಕೆಟ್ಟ ತಪಸ್ಸು Nn. 107).

ವ್ರತಾಚರಣ vrata-âćaraṇa. = ವ್ರತಾಚಾರ. See ನೋನ್.

ವ್ರತಾಚಾರ vrata-âćâra. *The act of observing a vow or religious obligation.*

ವ್ರತಾದಾನ vrata-âdâna. *Undertaking the obligations of a devotee.*

ವ್ರತಿ vrati. = ಬ್ರತಿ. Observing a vow, practising any penance or religious observance: *an ascetic, a devotee* (ಕೆ ತ್ರತಿ Kk. 76);—*a man engaged in the performance of a sacrifice.*

ವ್ರತಿಪತಿ vrati-pati. An eminent ascetic (Ćpr. 2, 65; 3, 70).

ವ್ರತೆ vratĕ. = ಬತೆ, ಬದೆ, ಬ್ರತೆ. A woman who keeps her vow (of loyalty to her husband, see ಪತಿ-).

ವ್ರಯ vraya. Tbh. of ವ್ಯಯ. Spending, expenditure, expense, outlay (My.; Śi. 393; Tŏ.; see ದುರ್-, ಯೂಗ-).

ವ್ರಶ್ಚನ vraśćana. Who or what cuts;—*a small chisel or saw, a fine file.*

ವ್ರಾಜ್ vrâj. Wandering about. See ಪರಿ-.

ವ್ರಾಜಕ vrâjaka. = ವ್ರಾಜ್. See ಪರಿ-.

ವ್ರಾತ vrâta. = ಬ್ರಾತ. *A multitude, a flock, an assemblage, a troop.* 2, manual or bodily labour (Bp. 39, 23; 47, 12).

ವ್ರಾತ್ಯ vrâtya. *A man of one of the first three classes who has lost caste through non-observance of the saṁskâras, an outcaste* (ಸಂಸ್ಕಾರಂಗಳಿಲ್ಲದವನು Hlâ.; ಸಂಸ್ಕಾರಹೀನ Mr. 253);—a man of a particular inferior class (regarded as the descendant of a Śûdra father and Kshatriya mother);—a low or vile person;—an illiterate, ill-bred man (My.).

ವ್ರೀಡೆ vrîḍĕ. *Shame, modesty, bashfulness.* 2, N. of a plant (ಜಕ್ಕುಲಿಗಾರೆ Mr. 134).

ವ್ರೀಹಿ vrîhi. *Rice, paddy* (ನೆಲ್ಲು Hlâ.; Nn. 86).

ವ್ರೀಹಿಭೇದ vrîhi-bhêda. A species of rice. 2, *the grain Panicum miliaceum.*

ವ್ರೈಹೇಯ vraihêya. = ವ್ರೈಹೇಯ. *A field of rice.*

ಶ್ Š

ಶ್ š. The fifty-first letter of the Alphabet (Šmd. 12. 21). It does not occur in pure Kannaḍa (44-45), and appears as ಸ್ in tadbhavas (234. 235), or as ಚ್ (see ಚಕಡಾ, ಚಕ್ಕುಲಿ, ಚಕ್ಕೆ, ಚಳ್ಳೆ, ಚಿಕರಿ, ಚಿಕ್ಕ 2, ಚಿಪ್ಪ, ಚುಕ್ಕಿ; *cf.* also ಛಕ್ಕ).

ಶ śa. The letter ಶ್ pronounced with a short a, as is generally done at school. 2, the number 5 (Mr. 349). 3, = ಶಯು, sleeping, reposing; see ಗಿರಿ-.

ಶಂಸ śaṁsa. Hurting, injuring. See ನೃ-.

ಶಂಸನ śaṁsana. Saying, telling; reciting, repeating; praising (My.).

ಶಂಸಿತ śaṁsita. Said, told;—praised (My.);—desired;—calumniated.

ಶಂಸೆ śaṁsĕ. Speech; praise, eulogium. 2, wish, desire. See ಪ್ರ-.

ಶಕ śaka. N. of a king, especially applied to Šâlivâhana. 2, an era, an epoch (My.; B. 3, 23). 3, N. of a country and of a race of people.

ಶಕಟ śakaṭa. = ಚಕ್ಕಡಿ, etc. *A cart, a waggon* (ಬಣ್ಡಿ Nn. 10; ಅಕ್ಷ, ಬಣ್ಡಿ 37).

ಶಕಟಾಂಗ śakaṭa-aṅga. A part of a cart. See ಈಸು.

ಶಕಲ śakala. *A part, a portion, a piece, a fragment; a potsherd.* 2, *the skull* (ತಲೆಯ ಚಿಪ್ಪು Mr. 397). 3, *skin; bark;*—the scales of a fish.

ಶಕಲಿ śakali. Having scales: *a fish.*

ಶಕವರುಷ śaka-varusha. = ಶಕಾಬ್ದ. (Bp. 61, 92).

ಶಕಾಬ್ದ śaka-abda. A year of the śaka era (especially of that of Šâlivâhana, My.).

ಶಕಾರ śa-kâra. The letter ಶ್ (Šmd. 11).

ಶಕುನ śakuna. = ಸಕುನ. *A bird.* 2, a prognostic, an omen, a prodigy (generally one that indicates good luck). ಶಕುನವಿಲ್ಲದಿದ್ದರೂ ಅಪಶಕುನಕ್ಕೆ ಕಡಿಮೆಯಿಲ್ಲ.—ಶಕುನದ ಹಕ್ಕಿಯ ಗೋಣು ಮುರಿದ ಹಾಗೆ.—ಶಕುನವಾಗುತ್ತದೆನ್ದು, ಬೆಳಗ ತನಕ ಕದ್ದರೆ ಆದೀತೇ? (Prvs.). See ಉರುಗ 2, ಬಿಕ್ಕು 4, ತಾಟ್ 2; Prv. s. ಶೂಲ.

ಶಕುನಿ śakuni. = ಸಕುನಿ. *A bird.* 2, *a kite, Falco cheela.* 3, a doll (ಪುತ್ರಿಕೆ) of omen (ನನ್ದ ಸುರತವನುಸುರ್ವವು ಅಯ್ದು ಶಕುನಿಗಳಕ್ಕು Mr. 204). 4, N. of the maternal uncle of the Kauravas (Bh. 1, 8, 11 seq.). 5, = ಶಕುನ್ತ No. 4 (My.).

ಶಕುನ್ತ śakunta. *A bird.* 2, *a particular kind of bird, probably the Indian vulture or perhaps a sort of falcon.* 3, a small kind of owl (ಪಿಂಗಲಿ, ಭಾಸ, ಹಾಲುವಕ್ಕಿ Mr. 174; see ಪಾಲ್ವಕ್ಕಿ). 4, N. of one of the astronomical periods (karaṇas).

ಶಕುನ್ತಲೆ śakuntalĕ. N. of a daughter of the apsaras Mênakâ by Višvâmitra, who was reared as his daughter by Kaṇva and became the mother of Bharata (My.).

ಶಕುಲ śakula. *A kind of fish* (ಚಿಕ್ಕ ಮೀನ್ Mr. 410). See ಸೀಗಡಿ.

ಶಕುಲಾಕ್ಷಕ śakula-akshaka. *White benî-grass, Panicum dactylon* (= ಗರಿಕ್ಕಾಲಿ).

ಶಕುಲಾದನಿ śakula-adani. *A medicinal plant* (= ಕಟುಕ). 2, *the plant Commelina salicifolia.*

ಶಕುಲಾರ್ಭಕ śakula-arbhaka. *A sort of fish* (= ಗಡಶ).

ಶಕೃತ್ śakṛit. (= ಸಗಣಿ, etc.). *Excrement, ordure, feces, dung, cow-dung* (ವಿಷ್ಠೆ Hlâ.).

ಶಕೃತ್ಕರಿ śakṛit-kari. Dung-making: *a calf.*

ಶಕ್ತ śakta. Strong, mighty, powerful;—*able, capable, competent;*—clever, diligent, attentive, intent. ಭಕ್ತನಿಗೆ ಭುಕ್ತಿ, ಶಕ್ತನಿಗೆ ಶಕ್ತಿ (Prv.). See ಅನು-, ಅ-; Čpr. 5, 118; Bp. 39, 12; 55, 2.

ಶಕ್ತಿ śakti. = ಸಕತಿ, ಸಕುತಿ. *Strength, power; ability, capacity, capability, faculty;*—regal power;—a powerful man (ಬಲಾನ್ವಿತ, ಬಲಾಢ್ಯ Nn. 60). 2, the energy or active power of a deity personified as his wife, *e. g.* Pârvatî (ಗಿರಿಸುತೆ, ಪಾರ್ವತಿ 60; see ಆದಿ-);—a woman (ಕಾಮಿನಿ, ಸ್ತ್ರೀ 60). 3, the power or signification of a word, the force or meaning of a term. 4, *a spear, a pike, a dart;*—a sword (ಖಡ್ಗ, ಆಯುಧಭೇದ 60). 5, N. of a muni. 6, the female organ (as the counterpart of Šiva's phallus worshipped by the śâktas). ಶಕ್ತಿಯಿದ್ದವನಾದರೂ ಯುಕ್ತಿಯಿದ್ದವನ ಕೆಳಗೆ (Prv.).—ಶಕ್ತಿಗೆಡು. -ಕೆಡು. Power to be ruined or lost (Bp. 57, 3).

ಶಕ್ತಿಕ್ಷಯ śakti-kshaya. Diminution or loss of power. See ತುಟ್ಟಿಸು.

ಶಕ್ತಿತೆ śaktitĕ. Power, faculty. See ಅತಿ-.

ಶಕ್ತಿತ್ರಯ śakti-traya. The three constituents of regal power: prabhutva, mantra, and utsâha; or: king, minister, and energy (Čpr. 2, 8; Ršv. 5, after 19).

ಶಕ್ತಿಧರ śakti-dhara. A spearman, a lancer. 2, *Skanda.*

ಶಕ್ತಿಪಾಣಿ śakti-pâṇi. Spear-handed, a spearman. 2, *Skanda.*

ಶಕ್ತಿಪೂಜೆ śakti-pûjĕ. Worship of the śakti No. 6 (as done by the śâktas, My.).

ಶಕ್ತಿಮಾನ śakti-mâna. = ಶಕ್ತಿವನ್ತ. (Mhr.; B. 5, 210; Čb. 36).

ಶಕ್ತಿವನ್ತ śakti-vanta. Strong, mighty; able, competent (Bp. 53, 20; My.).

ಶಕ್ತಿಹೀನ śakti-hîna. Powerless, impotent (B. 5, 210; My.).

ಶಕ್ತಿಹೇತಿಕ śakti-hêtika. *One who has a spear for a weapon, a soldier armed with a lance.*

ಶಕ್ನು śaknu. *Speaking kindly or pleasingly.*

ಶಕ್ಯ śakya. Able, possible, capable, practicable, able to be effected or done, easy to be accomplished;—that may be conveyed or expressed (as sense or meaning by any particular word, etc.). ಶಕ್ಯವಲ್ಲದ ಕಾರ್ಯ ಸಕ್ಕರೆಯಲ್ಲ (Prv.). See Šmd. 5. 231 Cm.; Bp. 39, 20; ಅ-.

ಶಕ್ಯಾರ್ಥ śakya-artha. Admissible meaning, the meaning conveyed by a word (My.).

ಶಕ್ರ śakra. Powerful, strong, mighty. 2, *Indra* (ಇನ್ದ್ರ Nn. 80; Mr. 517). 3, Vishṇu (ಹರಿ, ನಾರಾಯಣ 80). 4, Yama (ಕಾಲ, ಯಮ 80). 5, white (ಶುಭ್ರ, ಬಿಳಿದು 80; ಸಿತ 517). 6, *the plant Wrightia antidysenterica R. Br.* 7, a kind of jasmine (ಏಡಕಿಲ, ಗಿರಿಮಲ್ಲಿಗೆ 80; ಗಿರಿಮಲ್ಲಿಗೆ 517). 8, a kind of Euphorbia (ವಜ್ರ, ಕಳ್ಳಿಯ ಮರ 80, o. r. ವಜ್ರ; ಎಲೆಗಳ್ಳಿ 517). 9, an arbour, etc. (ಉಟಜ, ಪರ್ಣಶಾಲೆ 80). ಶಕ್ರ ಶಕ್ರನಿಗೆ ಸಹಾ ದುರ್ಲಭ (Prv.).

ಶಕ್ರಕ್ರೀಡಾಚಲ śakra-krīḍā-ačala. Indra's pleasure-mountain: *the mountain méru.*

ಶಕ್ರಗೋಪ śakra-gôpa. The insect cochineal (= ಇನ್ದ್ರಗೋಪ). (V. 14, 16).

ಶಕ್ರಚಾಪ śakra-čâpa. The rainbow (ಇನ್ದ್ರಿರವಿಲ್ Śs.; Bp. 37, 25).

ಶಕ್ರಜಿತ್ śakra-jit. N. of the son of Râvaṇa (My.).

ಶಕ್ರಜೇತಾರ śakra-jêtâra. = ಶಕ್ರಜಿತ್. (My.).

ಶಕ್ರಧನುಸ್ śakra-dhanus. *The rainbow.*

ಶಕ್ರಪಾದಪ śakra-pâdapa. *A sort of pine, Pinus deodara* Roxb.

ಶಕ್ರಪುಷ್ಪಿ śakra-pushpi. *The plant Menispermum cordifolium* Willd. (= ಅಗ್ನಿಶಿಖೆ). 2, the plant Pentaptera arjuna (see ತರಿಗೊಟ್ಟು).

ಶಕ್ರಶರಾಸನ śakra-śarâsana. *The rainbow.*

ಶಕ್ರಸಾರಥಿ śakra-sârathi. The charioteer of Indra: *Mâtali.*

ಶಕ್ರಸುತ śakra-suta. Arjuna (J. 14, 28).

ಶಕ್ರೇಭ śakra-ibha. Indra's male elephant (ಐರಾವತ Nn. 124).

ಶಕ್ಲ śakla. = ಶಕ್ನ. (ಸವಿಯಾಗಿ ಮಾತಾಡುವವನು G.).

ಶಕ್ವರಿ śakvari. N. of a type of metres (Čh.; ಛನ್ದ, ಛನ್ದೋಭೇದ Nn. 58; ಛನ್ದಸ್ Mr. 362; ಛನ್ದ Mr. 520). 2, a cow (ಪಶು 58; 520). 3, the vêdânta (ವೇದ 58, one MS. ವೇದಾನ್ತ; ವೇದಾನ್ತ 520).

ಶಂಕಟೆ śaṅkaṭe. = ಶಂಕೆ. See ನಿ-.

ಶಂಕರ śam-kara. = ಸಂಕರ 2. Causing happiness, conferring good fortune. 2, *Śiva.* 3, N. (Bp. 54, 74). — ಶಂಕರದಾಸ. N. See ಎಂಕ-. — ಶಂಕರದಾಸಿ. N. (Bp. 23, 4. 7. 34. 41; see ತರಣ-). — ಶಂಕರದಾಸಿಮಯ್ಯ. -ಅಯ್ಯ. N. (Bp. 9, 38; 23, 1. 5. 25; 29, 30; 44, 46; 47, 35; 58, 4). — ಶಂಕರಯ್ಯ. -ಅಯ್ಯ. N. (Bp. 9, 39).

ಶಂಕರಗಣ śaṅkara-gaṇa. A class of metrical feet (Čh.).

ಶಂಕರತ್ವ śaṅkaratva. The state of being Śiva. See ಅ-.

ಶಂಕರಪ್ರಸಾದಿತ śaṅkara-prasâdita. = ಸಂಕರಪಸಾಯಿತ. Purified by Śiva, etc.; graciously presented by Śiva.

ಶಂಕರಾಚಾರ್ಯ śaṅkara-âčârya. N. of a teacher of the advaita vêdânta philosophy (My.).

ಶಂಕರಿ śaṅkari. Śiva's wife. 2, a kind of vessel (ಸರಕ, ದಾರೆಗಿಣ್ಣಿಲ್ Mr. 212, o. r. -ಗಿಣ್ಣೆಲ್).

ಶಂಕಾನಿವೃತ್ತಿ śaṅkâ-nivṛitti. Putting an end to doubt (My.).

ಶಂಕಾಪರಿಹಾರ śaṅkâ-parihâra. Dispelling doubt (My.).

ಶಂಕಿತ śaṅkita. Doubted, apprehended, feared, suspected, distrusted;—doubtful, uncertain;—*alarmed, frightened, apprehensive, having scruples, fearful of;*—distrustful, suspicious, suspecting (Bp. 52, 35).

ಶಂಕಿ śaṅki. Doubting, suspecting, full of fear.

ಶಂಕಿನಿ śaṅkini. A woman that doubts, suspects or fears (Grj. 7, after 11).

ಶಂಕಿಸು śaṅkisu. To doubt, to be doubtful or uncertain, to hesitate;—to fear, to be alarmed;—to have a suspicion (Čpr. 3, 52; Bp. 25, 26; 48, 55; 56, 16; My.).

ಶಂಕು śaṅku. = ಸಂಕು 1, q. v. *A pin, a peg, a spike* (ಗೂಟ Mr. 200); *a stake, a post, a pale, a pillar.* 2, *a dart, a javelin.* 3, *the trunk of a lopped tree;* wood, dry wood (ಕಾಷ್ಠ, ಕಟ್ಟಿಗೆ, ಒಣಗಿದ ಕಟ್ಟಿಗೆ Nn. 147). 4, the style or pin of a dial. 5, *the skate fish.* 6, a hole, etc. (ಛಿದ್ರ 147). 7, destruction, etc. (ಲಯ, ಕೆಡುವನ್ದಾದು 147). 8, crowdedness, etc. (ಸಂಕೀರ್ಣ, ಇಟ್ಟಿಡೆ 147). 9, a particular high number, ten billions. 10, the sine of altitude. 11, a surveyor's compass (My.). See ಗಿರ್ದಿ.

ಶಂಕುಮತ್ śaṅku-mat. *Filled with spikes or stakes.*

ಶಂಕುಯನ್ತ್ರ śaṅku-yantra. A sun-dial (Mhr.; B. 4, 190).

ಶಂಕುಸ್ಥಾಪನೆ śaṅku-sthâpanĕ. The erection of the first post of a house and its worship (My.). 2, exact determination of the points of the compass by means of ಶಂಕು No. 11 (My.).

ಶಂಕೆ śaṅkĕ. ಶಂಕಾ. = ಸಂಕೆ 1. *Doubt, uncertainty, hesitation, scruple, distrust, suspicion, misgiving, fear, alarm, apprehension* (ಬೆಗಡು Čt. I, 9);—one of the sančâribhâvas (Kâvy. 4, 2, 16). 2, an objection started in disputation. 3, presumption. 4, hope.

ಶಂಖ śaṅkha. = ಸಂಕ 1, ಸಂಕು 2. *A shell, the conch-shell* (ಕಮ್ಬು Nn. 66). 2, *the temple or temporal bone;*—the cheek-bone. 3, *a particular high number,* a hundred billions (ಸಂಖ್ಯಾತ, ಗಣನಾಭೇದ 66; see Mr. s. ಖರ್ವ). 4, *one of Kubêra's treasures* (ನಿಧಿ 66). 5, *a particular perfume.* 6, white (ಶ್ವೇತ, ಬಿಳಿದು 66). 7, a kind of military array (ವ್ಯೂಹ, ಬಿಹ್ಪಭೇದ 66). ಶಂಖ ಪಿಡಿದರೂ ಮಂಕುತನ ಬಿಡಲಿಲ್ಲ.— ಶಂಖ ಊದಿದವಗೆ ಹೂಸಿನ ಪರವಿಯೇನು?—ಆಗೋ ಪೂಜೆ ಆಗಲಿ! ಊದೋ ಶಂಖ ಊದಿ ಬಿಡುವ! (Prvs.). — ಶಂಖಚಕ್ರದ ಕೋಲು. A rod with the seal of a śaṅkha and čakra for marking the person or stamping cattle (My.). — ಶಂಖದ ಹುಡಿ. (ಮುದ್ದ G.).

ಶಂಖದ್ರಾವಿ śaṅkha-drâvi. A kind of sorrel. See ಸಕ್ಕರೆನಿಮ್ಬೆ.

ಶಂಖಧರ śaṅkha-dhara. Kṛishṇa (Mr. 18).

ಶಂಖಧ್ವಾನ śaṅkha-dhvâna. The sound of a conch (My.). 2, the sound produced when beating one's own mouth with the palm of the hand from grief, etc. (My.).

ಶಂಖನಖ śaṅkha-nakha. *The shell of the Trochus perspectivus.*

ಶಂಖಪಾಲ śaṅkha-pâla. = ಸಂಕಪಾಲ. N. of a serpent (see ಎಣ್ಬುಕುಲ and ಅಷ್ಟಫಣಿ).

ಶಂಖಪಾಷಾಣ śaṅkha-pâshâṇa. White oxide of arsenic (My.).

ಶಂಖಪುಷ್ಪಬಳ್ಳಿ śaṅkha-pushpa-baḷḷi. A climbing herb with large blue or white flowers, growing in hedges, Clitoria ternatea Lin. (St. & Pl.).

ಶಂಖಮುದ್ರೆ śaṅkha-mudrĕ. The seal of a conch (My.).

ಶಂಖಲಿಖಿತರ್ śaṅkha-likhitar. The two purôhitas Śaṅkha and Likhita (J. 10, 45. 46; 11, 29. 30).

ಶಂಖವರ್ಮ śaṅkha-varma. N. (Kâvy. I, 2, 99).

ಶಂಖವಾದ್ಯ śaṅkha-vâdya. The conch-shell used for blowing as a horn. 2, conch-music: beating the mouth with the palm of the hand from grief, etc. (My.).

ಶಂಖವೃತ್ತ śaṅkha-vṛitta. N. of a metre (Čh., o. r. ಶಂಖಾವೃತ್ತ).

ಶಂಖಾಸು śaṅkhâsu. N. of a plant (ತುಮ್ಬೆ Mr. 150, o. r. ಶಮ್ಖಾಸು).

ಶಂಖಿ śaṅkhi. Having a conch; possessing shells;— Vishṇu;—a shell-blower;—a worker in shells;—the ocean.

ಶಂಖಿನಿ śaṅkhini. (fem. of ಶಂಖಿ). *The grass Andropogon aciculatus* Roxb.

ಶಚಿ śaći. = ಸಚಿ. *The wife of Indra.*

ಶಚಿದೇವಿ śaći-dêvi. = ಶಚಿ. (ಇನ್ದ್ರಾಣಿ, ಪುಲೋಮಜಾತೆ Nn. 28).

ಶಚಿವಲ್ಲಭ śaći-vallabha. = ಶಚೀಪತಿ. (ಇನ್ದ್ರ Nn. 47).

ಶಚೀಪತಿ śaćî-pati. *Indra.*

ಶಚೀಪಾಲ śaći-pâla. Indra (Mr. 41).

ಶಟ śaṭa. Sour, acid, astringent.

ಶಟಿ śaṭi. *The plant Zedoary, Curcuma zedoaria* (C. ambaldi).

ಶಠ śaṭha. Wicked, bad, perverse, dishonest, perfidious, deceitful (see ದನ್ತ-). 2, *a rogue, a knave.* 3, a fool, a blockhead. 4, roguery, perfidy, deceit (Bp. 40, 52). 5, N. (J. 7, 2; 12, 12. 50).

ಶಠತ್ವ śaṭhatva. Wickedness, depravity, roguery, knavery (Sk.; My.). 2, stupidity, foolishness (My.).

ಶಠಾಗಮಿಕ śaṭha-âgamika. A man well versed in roguery or deceit (Bh. 1, 14, 29).

ಶಠಾರ್ಥ śaṭha-artha. The meaning of deceit. See ಟೊಣೆ 1.

ಶಠೆ śaṭhĕ. = ಸಟೆ 1. Deceit, falsehood, lying (ಕುಕ್ಕುಟಿ, etc. Mr. 450; Bp. 51, 47). 2, a bullock-load (ಹೇಱು Mr. 350).

ಶಣ śaṇa. = ಸಣಬು. Hemp, Cannabis sativa. 2, *a kind of hemp, Bengal San, Crotolaria juncea.*

ಶಣಗ śaṇaga. A bullock on which bundles are put or which carries loads (ಗಣ್ಟಿಕ್ಕುದು Mr. 350).

ಶಣಪುಷ್ಪಿಕೆ śaṇa-pushpikĕ. *Crotolaria of various species* (= ಘಣ್ಟಾರವೆ).

ಶಣಸೂತ್ರ śaṇa-sûtra. *Hempen cord or string, pack-thread, cordage; a net made of hemp.*

ಶಣ್ಟ śaṇṭa. = ಶಾಟ No. 2, ಶೇಟ, ಸಣ್ಟ. A bristle, a stiff hair (Mhr. ಸಡ; *cf.* ಸಟೆ 2);—the hair about the privities (My.; Mhr. ಶೇಣ್ಟ). ಕಣ್ಣು ಕರೆಯದ ಶೆಣ್ಟ ಗಣ್ಡುಕತ್ತೆಯ ಶಣ್ಟ (Dp. 54, 4). ಒನ್ದು ದಿನ ಶೆಣ್ಟ, ಎರಡನೆಯ ದಿನ ಬಣ್ಟ, ಮೂಱನೆಯ ದಿನ ಶಣ್ಟ (Prv.).

ಶಣ್ಡ śaṇḍa. = ಷಣ್ಡ, etc. A multitude. 2, an encampment (ನಿವೇಶ, ಶಿಬಿರ, ಪಾಳೆಯ Nr.).

ಶಣ್ಢ śaṇḍha. = ಷಣ್ಢ, etc. *A eunuch;* an impotent man. 2, bull at liberty.

ಶತ śata. *A hundred* (ನೂಱು Nr. 129). — ಶತವರುಷ. A hundred years (Bp. 32, 47). — ಶತಕನ್ಥೆ. A garment composed of a hundred patches (My.).

ಶತಕೋಟಿ śata-kôṭi. Having a hundred edges: *a thunderbolt.* 2, a hundred krores (Bp. 1, 65; Dp. 1, 2).

ಶತಕ್ರತು śata-kratu. Having or honoured by a hundred sacrifices: Indra (My.).

ಶತಘ್ನಿ śata-ghni. Slaying hundreds: a kind of weapon, a stone or cylindrical piece of wood studded with iron spikes. 2, a cannon (My.).

ಶತಚ್ಛಿದ್ರ śata-ć-ćhidra. A hundred, *i. e.* many, holes or fragments (My.).

ಶತತಮ śata-tama. The hundredth (My.).

ಶತತಾರೆ śata-târĕ. = ಶತಭಿಷಜ್. (My.).

ಶತದಲ śata-dala. A lotus (Ćh. v. 154; Bp. 13, 30; 35, 13).

ಶತದಲಾಕರ śatadala-âkara. A collection or multitude of lotuses (Bp. 19, 61).

ಶತದಲಾಕ್ಷ śatadala-aksha. Vishṇu (Bp. 54, 46).

ಶತದಲಾಮ್ಬಕ śatadala-ambaka. = ಶತದಲಾಕ್ಷ. (Bp. 16, 26).

ಶತದಲಾಸನ śatadala-âsana. Brahmâ (Bp. 16, 26).

ಶತದಲಾಸ್ಯೆ śatadala-âsyĕ. A woman with lotus-like eyes (Bp. 40, 7).

ಶತದ್ರು śata-dru. = ಶಿತದ್ರು. Flowing in a hundred branches: *the river Sutlej* in the Pañjâb.

ಶತದ್ರೋಹಿ śata-drôhi. One who has been guilty of a hundred acts of treason (My.).

ಶತಧಾಮ śata-dhâma. Having a hundred forms: Vishṇu (My.).

ಶತಧಾರ śata-dhâra. Having a hundred edges: *a thunderbolt.*

ಶತಧೃತಿ śata-dhṛiti. Having a hundred sacrifices: Indra. 2, Brahmâ (My.).

ಶತನಾಮೆ śata-nâmĕ. = ಶತಪುಷ್ಪೆ, q. v.

ಶತಪತ śatapata. (Tbh. of a ಶತಪದ°). = ಶತಪದ. (My.).

ಶತಪತ್ರ śata-patra. *A lotus* (ಅಮ್ಬುರುಹ, ತಾವರೆ Nn. 49; *cf.* ನೂಱೆಸಳೆ). 2, a sort of jasmine, Jasminum auriculatum (ಮಾಗಧಿ, ಸೇವನ್ತಿಗೆ 49). 3, *a wood-pecker.* 4, *the Indian crane* (ಸಾರಸ Hlâ.; ಸಾರಸ, ಸಾರಸಪಕ್ಷಿ 49). 5, Indra (ಶತಮಖ, ಇನ್ದ್ರ 49).

ಶತಪತ್ರಕ śata-patraka. *A wood-pecker* (ಬಡಿಗನ ಹಕ್ಕಿ G.).

ಶತಪತ್ರಲೋಚನ śatapatra-lôćana. Vishṇu or Kṛishṇa (J. 13, 37).

ಶತಪತ್ರೋದ್ಭವ śatapatra-udbhava. Brahmâ (Ćh. v. 249).

ಶತಪಥ śata-patha. A hundred paths or lectures (adhyâyas).

ಶತಪಥಬ್ರಾಹ್ಮಣ śatapatha-brâhmaṇa. The brâhmaṇa portion of the white yajurvêda, having one hundred adhyâyas (My.).

ಶತಪದ śata-pada. A hundred or more steps taken for exercise or pleasure: walking for either purpose (My.).

ಶತಪದಿ śata-padi. *A centipede.*

ಶತಪರ್ವ śata-parva. Having a hundred knots or joints: *a bamboo.*

ಶತಪರ್ವಿಕೆ śata-parvikĕ. *Dûrvâ-grass, Panicum dactylon.* 2, *an aromatic water-plant* (= ವಚೆ; see Nr. s. ಕಡುಕೆ).

ಶತಪುಷ್ಪೆ śata-pushpĕ. = ಸದಗುಪ್ಪೆ. *A sort of dill or fennel, Anethum sowa* Roxb. (ಶತನಾಮೆ, ಸಬ್ಬಸಿಗೆ Mr. 136, o. r. ಶತನಾಮಿ).

ಶತಪ್ರಾಸ śata-prâsa. *A kind of oleander, Nerium odorum* Ait.

ಶತಬಲಿ śata-bali. N. of a monkey-chief (J. 21, 9).

ಶತಭಿಷಜ್ śata-bhishaj. Requiring a hundred physicians: N. of one of the nakshatras containing one hundred stars (My.).

ಶತಭಿಷೆ śata-bhishĕ. = ಶತಭಿಷಜ್. (My.).

ಶತಭೀರು śata-bhîru. *A sort of jasmine, Jasminum sambac* Ait.

ಶತಮಖ śata-makha. Having a hundred sacrifices: *Indra.* 2, N. of a metrical foot (Ćh.).

ಶತಮಖಸುತ śatamakha-suta. Arjuna (Śśv. 4, 81).

ಶತಮನ್ಯು śata-manyu. *Indra.*

ಶತಮಾನ śata-mâna. Of the measure or amount of a hundred. 2, *a pala of silver* (ಪಲತೂಕ ಬೆಳ್ಳಿ Si. 495). 3, an âḍhaka. 4, a century (My.; B. 3, 23. 88). 5, a hundred-fold.

ಶತಮೂಲಿ śata-mûli. *A scandent thorny shrub, Asparagus racemosus* Willd. (ಬಹುಸುತೆ, ಅಭೀರು, etc., ಆಸಡಿ Nr.; ಸೇರು, ಆಸಡಿ Mr. 133, one MS. ಸೀರು).

ಶತಮೂಲಿಕೆ śata-mûlikĕ. *The shrub Asparagus racemosus* Willd. (ಅಭೀರು, ಆಸಡಿ Hlâ.).

ಶತರುದ್ರಿಯ śata-rudriya. N. of a hymn in praise of Rudra (My.).

ಶತರೂಪೆ śata-rûpĕ. N. of the daughter and wife of Brahmâ (Bh. 3, 14, 34).

ಶತವೀರ್ಯೆ śata-vîryĕ. *White-flowering dûrvâ* (see Nr. s. ಕಱುಕೆ).

ಶತವೇಧಿ śata-vêdhi. Piercing a hundred: *a kind of dock or sorrel, Rumex vesicarius.*

ಶತಶತಚಂಡಕರಭಾಭಾಂಗರೋಚಿ śata-śata-ĉaṇḍakara-bhâ-bhâ-aṅga-rôci. Śiva (Bp. 58, 67).

ಶತಶರಾಸನ śata-śarâsana. A N. of Śiva (Bp. 16, 26).

ಶತಹ್ರದೆ śata-hradĕ. *Lightning.*

ಶತಾಂಗ śata-aṅga. *A car, a chariot, a carriage.*

ಶತಾನನ್ದ śata-ânanda. *Brahmâ.*

ಶತಾಪರಾಧ śata-aparâdha. A hundred, *i. e.* many, crimes (Śśv. 5, 19).

ಶತಾಯು śata-âyu. (Sk. ಶತಾಯುಸ್). A person a hundred years old (My.).

ಶತಾವರಿ śata-avari. *The shrub Asparagus racemosus* Willd.

ಶತೃ śattṛi. (ಶತೃ). A technical term for the kṛit affix at used in forming present participles.

ಶತೃಣನ್ತ śattṛi-n-anta. A term with final at (Śmd. 99. 100).

ಶತ್ರು śatru. *An enemy, a foe, an adversary.* 2, *an antagonist, a political rival or hostile neighbouring king.*

ಶತ್ರುಘ್ನ śatru-ghna. N. of one of Râmaĉandra's brothers (J. 18, 2. 55. 56).

ಶತ್ರುತ್ವ śatrutva. Hostility, enmity (My.).

ಶತ್ರುಭಾವ śatru-bhâva. = ಶತ್ರುತ್ವ. (My.).

ಶತ್ರುವರ್ಗ śatru-varga. = ಅರಿವರ್ಗ, q. v. (My.).

ಶನಿ śani. = ಸಣಿ, ಸನಿ 2. *The planet Saturn or the regent of it* (of ominous influence). 2, a wicked person, an adversary (My.; Mhr.). ಶನಿ ಕಾಡಿತೆನ್ದು, ಹನಿಗೆ ನಿತ್ತರೆ ಬಿಟ್ಟೀತೇ?—ಶನೀ ಕಾಟದಲ್ಲಿ ಸುಖವುಣ್ಟೇ?—ದಿನ ದಿನ ಶನಿ ಕಾಡಿದರೆ ಬಾಧಿಸೋದು ಯಾವಾಗ?—ಪಂಚಮದ ಶನಿ ಹಂಚಿನಲ್ಲಿ ಉಣಿಸ್ಯಾನು (Prvs.).

ಶನಿಗ್ರಹ śani-graha. The planet Saturn (My.).

ಶನಿಬಾಧೆ śani-bâdhĕ. The ominous influence of Saturn (My.).

ಶನಿವಾರ śani-vâra. = ಸಣಿವಾರ. Saturn's day, Saturday (My.; B. 1, 7). ಎಣ್ಣೆ ಸಿಕ್ಕಿದ್ದೇ ಶನಿವಾರ (Prv.).

ಶನಿವೇದೆ śani-vêdĕ. = ಶನಿಬಾಧೆ. (My.).

ಶನೀಶ್ವರ śani-îśvara. The regent of the planet Saturn, Śani. ಗೋಪಾಲಬುಟ್ಟಿಯಲ್ಲಿ ಶನೀಶ್ವರ ಹೊಕ್ಕ ಹಾಗೆ.—ರಾಮೇಶ್ವರಕ್ಕೆ ಹೋದರೂ ಶನೀಶ್ವರ ಬಿಡದು.—ಭಿಕ್ಷಾನ್ನದ ಕುಕ್ಕೆಗೆ ಶನೀಶ್ವರ ಬನ್ದ ಹಾಗೆ (Prvs.).

ಶನೈಶ್ಚರ śanaiś-ĉara. Slow-going: *the planet Saturn.*

ಶನೈಸ್ śanais. *Slowly, tardily; by degrees, little by little.*

ಶನ್ತ śanta. = ಶನ್ತನು. (Ĉ. Bp. 54, 6). 2, = ಶಾನ್ತ, ಸನ್ತ 2.

ಶನ್ತನು śantanu. N. of the younger brother of Dêvâpi. 2, = ಶಾನ್ತನು, the great grandfather of Pâṇḍu and father of Bhîshma (Bh. 1, 2, 20. 31; My.).

ಶಪಥ śapatha. = ಸಪತ. *An imprecation, a curse.* 2, *an oath, administering an oath, swearing, asseveration by oath or ordeal.* See ಸೂರುಳ್ 2. — ಶಪಥವಾನ್. -ಆನ್. To receive a curse: to be cursed (Bp. 27, 64). — ಶಪಥವಾಳ್. -ಆಳ್. = ಶಪಥವಾನ್. (Bp. 49, 28).

ಶಪನ śapana. *Imprecating, cursing, a curse.* 2, an oath.

ಶಪಿಸು śapisu. To utter a curse (Bp. 61, 8); to curse; to abuse (ಬಯ್ಬನನ್ನು, My.).

ಶಪಿಸುವಿಕೆ śapisuvike. Cursing. ಶತಿಗೊಣ್ಣು ಶಪಿಸುವಿಕೆ (ಆಕ್ರೋಶನ, etc., ಬೊಯಿಲು Si. 387).

ಶಪ್ತಕ śaptaka. Cursed;—sworn. See ಸಂ-.

ಶಪ್ಪ śappa. = ಸಪ್ಪ.

ಶಫ śapha. *A hoof.*

ಶಫರ śaphara. *A kind of carp; a kind of small glittering fish, Cyprinus sophore* Ham.

ಶಫರಿ śaphari. *The female śaphara* (see Mr. s. ಪ್ರೋಷ್ಠಿ).

ಶಬ śaba. = ಶವ, ಶ್ರವ 4, ಸಬ 1, ಸವ 2. A dead body, a corpse (ಮೃತ, ಸಾವು Nn. 64; ಸಾವು Mr. 521; Bp. 32, 13; 46, 35; 47, 7). 2, cloth, clothes (ನಿವಸನ, ವಸ್ತ್ರ 64; ತುಕ 521). 3, all sorts of beasts (ನಾನಾಮೃಗಂಗಳ್ 64; ಅಖಿಲಮೃಗ 521).

ಶಬಗಸ್ತು śabagastu. = ಸರಗಸ್ತು. Nocturnal procession, especially of a marriage (My.; H. ಶಬ್ಗಷ್ತ್).

ಶಬರ śabara. (= ಶಮ್ಬರ). *N. of a wild mountaineer tribe; a Śabara* (ಬುಲ್ಲಿಕ, ಕಿರಾತ Nn. 59; ಬೇಡ, ಬಿಯದ, ಬಿಲ್ಲ Śm. 32). 2, a sort of deer (ಮೃಗ, ಮೃಗಭೇದ 59). 3, Śiva (ಶಿವ, ಹರ 59). 4, the soul (ಜೀವನು 59). 5, N. of a demon (ದೈತ್ಯ, ರಾಕ್ಷಸಭೇದ 59). 6, water (ವಾರಿ, ಉದಕ 59). 7, frost, dew, etc. (ತುಹಿನ, ಹಿಮ 59). 8, a cloud (ಅಭ್ರ, ಮೇಘ 59). 9, variegated colour (ಶಬಲಿತ, ಶುಲವರ್ಣ 59).

ಶಬರಚರ್ಮಾವೃತ śabara-ĉarma-âvṛita. Śiva (Bp. 44, 2).

ಶಬರಲೀಲೆ śabara-lîlĕ. Śiva's sport in the form of a Śabara or huntsman (Śśv. 5, 59).

ಶಬರಶಂಕರ śabara-śaṅkara. Śiva in the form of a Śabara (Śśv. 4, after 46).

ಶಬರಶಂಕರವಿಲಾಸ śabaraśaṅkara-vilâsa. Śabaraśaṅkara's sport: N. of a K. poem by Shaḍaksharidêva.

ಶಬರಸಮೂಹ śabara-samûha. A multitude of Śabaras (ಬೇಡು Śm. 95).

ಶಬರಾಲಯ śabara-âlaya. *The abode of Śabaras.*

ಶಬರಿ śabari. A Śabara-woman (J. 10, 3). 2, N. (18, 5).

ಶಬರೇನ್ದ್ರ śabara-indra. = ಶಬರೇಶ್ವರ. (Śśv. 4, 36).

ಶಬರೇಶ śabara-îśa. = ಶಬರೇಶ್ವರ. (Śśv. 4, 24).

ಶಬರೇಶ್ವರ śabara-îśvara. Chief of the Śabaras: Śiva (Bp. 44, 1).

ಶಬಲ śabala. *Variegated, brindled, speckled* (ಹಲವು ವರ್ಣ Mr. 444); a variegated colour (ಸಾರಂಗ 444).

ಶಬಲವರ್ಣ śabala-varṇa. A variegated colour (ಸಾರಂಗ Nn. 34).

ಶಬಲಿ śabali. *A spotted cow;*—the kâmadhênu.

ಶಬಲಿತ śabalita. = ಶಬಲ. (ಶಬರ, ಶಬಲವರ್ಣ Nn. 59; Čpr. 1, 141; 5, 92; Abh. P. 12, after 2).

ಶಬ್ದ śabda. = ಸದ್ದ, ಸದ್ದು, ಸಬುದ. *Sound, noise; a sound* (ಧ್ವನಿ Šmd. 46 Cm.). 2, *a word, a significant word* (ಸಮಾಖ್ಯ Nn. 166; ಸಮಾಖ್ಯಾನ 115); a declinable word. 3, grammar. ಶಬ್ದದ ಅರ್ಥ ತಿಳಿಯದಿದ್ದರೂ ಹಬ್ಬದ ಹೋಳಿಗೆ ತಿನ್ನಲಿಕ್ಕೆ ಕಡಿಮೆಯಿಲ್ಲ (Prv.). See Šmd. 7. 23. 24. 39. 40; Kâvy. II, 1, 7; II, 2, B, 1. 2.

ಶಬ್ದಖಂಡ śabda-khaṇḍa. A chapter on words (My.).

ಶಬ್ದಖಂಡನ śabda-khaṇḍana. Refutation of words, verbal criticism (Grj. 2, after 106).

ಶಬ್ದಗ್ರಹ śabda-graha. Receiving or catching sound: *the air.*

ಶಬ್ದಗ್ರಾಮ śabda-grâma. *The compass or range of sound.*

ಶಬ್ದಚೋರ śabda-čôra. A plagiarist (My.).

ಶಬ್ದಜ್ಞ śabda-jña. A philologist, a grammarian (Šmd. 98; ಶಾಬ್ದಿಕ 136. 397 Cm.). 2, one skilled in sounds: a time-keeper in musical performances (ತಾಳಧರ Mr. 378).

ಶಬ್ದದೋಷ śabda-dôsha. Verbal fault (in literary composition, My.).

ಶಬ್ದದ್ರವ್ಯ śabda-dravya. The substance called sound (Šmd. 7).

ಶಬ್ದನ śabdana. *Making a sound or noise, uttering sounds;*— sounding, sonorous;— a sound, a noise.

ಶಬ್ದನಿರೂಪಣ śabda-nirûpaṇa. A word's definition or meaning (ಶಬ್ದಾರ್ಥ, ಅರ್ಥ Nn. 156).

ಶಬ್ದಪುಸ್ತಕ śabda-pustaka. A primer on nouns (My.).

ಶಬ್ದಭೇದಿ śabda-bhêdi. An arrow that pierces an object the sound of which only is heard (My.).

ಶಬ್ದಮಂಜರಿ śabda-mañjari. A flower-cluster of words: N. of a Saṁskṛit vocabulary (Nn. 3). 2, = ಕರ್ಣಾಟಕ ಶಬ್ದಮಂಜರಿ. 3, N. of a Kannaḍa vocabulary by Tôṭada Ârya (Šm. 1).

ಶಬ್ದಮಣಿದರ್ಪಣ śabda-maṇi-darpaṇa. The jewel-mirror of grammar: N. of a Kannaḍa grammar by Kêšava (Šmd. 3).

ಶಬ್ದವರ್ತ śabda-varta. The function or use of a word (Grj. 10, 114; Sk. ಶಬ್ದವೃತ್ತಿ).

ಶಬ್ದವೇಧಿ śabda-vêdhi. An archer who can pierce an invisible object the sound of which only is heard (My.).

ಶಬ್ದಶಾಸ್ತ್ರ śabda-śâstra. A grammar (Šmd. 3).

ಶಬ್ದಶ್ಲೇಷ śabda-ślêsha. = ಭಂಗಶ್ಲೇಷ, q. v. (Kâvy. III, 3, B, 147 seq.). *Cf.* ಅರ್ಥಶ್ಲೇಷ.

ಶಬ್ದಸಂಗ್ರಹ śabda-saṅgraha. A collection of words; a vocabulary (? ಪಲ್ಲವ, ಶಬ್ದಸಮೂಹ Nn. 130).

ಶಬ್ದಸಮೂಹ śabda-samûha. = ಶಬ್ದಸಂಗ್ರಹ, q. v.

ಶಬ್ದಸಾಮರ್ಥ್ಯ śabda-sâmarthya. The sense or force of words (Šmd. 3).

ಶಬ್ದಸಿದ್ಧಿಸ್ಮರಣ śabda-siddhi-smaraṇa. Rules on the complete use of words: N. of the first adhikaraṇa of the Kâvyâvalôka (Kâvy. I, 1*a*, 6).

ಶಬ್ದಸೌಷ್ಠವ śabda-saushṭhava. Excellence of words (My.).

ಶಬ್ದಸ್ಮೃತಿ śabda-smṛiti. = ಶಬ್ದಸಿದ್ಧಿಸ್ಮರಣ. (Kâvy. I, 1*a*, 6).

ಶಬ್ದಾನುಶಾಸನ śabda-anuśâsana. A title of Pâṇini's grammar. 2, N. of two other Saṁskṛita grammatical works. 3, N. of a grammar in Saṁskṛita treating on the Kannaḍa language (Šmd. Cm. 66. 105. 106. 271. 281. 287. 300. 301).

ಶಬ್ದಾಂತ śabda-anta. The end of a word (Šmd. 363).

ಶಬ್ದಾಂತರ śabda-antara. Another or different word; the interior of a word: a word (Kâvy. III, 3, B, 147).

ಶಬ್ದಾಂತರಕೂಟ śabdântara-kûṭa. Union or combination with other words (Kâvy. II, 1, 8-11).

ಶಬ್ದಾಂತರಸಂಸರ್ಗ śabdântara-saṁsarga. = ಶಬ್ದಾಂತರಕೂಟ. (Kâvy. II, 1, 8-11).

ಶಬ್ದಾರ್ಥ śabda-artha. The sense or meaning of a word (ಅರ್ಥ, ಶಬ್ದನಿರೂಪಣ Nn.);—that which is real or true (ಸತ್ Nn. 84).

ಶಬ್ದಾಲಂಕಾರ śabda-alaṅkâra. Verbal ornament: rhetorical use of words which is of four kinds: yamaka, anuprâsa, vičchitticitra, and vakrôkti (Kâvy. III, 2, B, 2 seq.).

ಶಬ್ದಾಲಂಕೃತಿ śabda-alaṅkṛiti. = ಶಬ್ದಾಲಂಕಾರ. (Kâvy. III, 2, B, 1).

ಶಬ್ದಾವಯವ śabda-avayava. The component parts of a term or of terms (Kâvy. III, 3, B, 147).

ಶಬ್ದಿತ śabdita. Sounded, made to give out a sound (My.).

ಶಂ śam. *Happiness, joy, welfare, prosperity, hail.*

ಶಮ śama. = ಶಮೆ. *Quiet, tranquillity, rest, calm, peace.* 2, quietude, quietism, stillness of the mind, stoicism, restraint of the organs of sense, indifference to objects of sense, absence of passion. — ಶಮ ದಮ. Quietism and self-command (Bp. 33, 5).

ಶಮತ್ವ śamatva. = ಶಮ. Quietism: one of the sthâyibhâvas (Kâvy. IV, 2, 15. 49).

ಶಮಥ śamatha. *Quiet, tranquillity, quietism,* absence of passion.

ಶಮನ śamana. = ಸವನ 3. Appeasing, allaying, tranquilizing, soothing, quenching, removing. 2, tranquillity, calmness, indifference. 3, cessation, termination, end, destruction. 4, *killing* (animals for sacrifice), *immolation.* 5, *Yama* (ಸವನ, ಯಮ Nn. 103; Bp. 41, 29).

ಶಮನಶಮನ śamana-śamana. Yama's destroyer: Šiva (Bp. 27, 27).

ಶಮನಸ್ವಸೃ śamana-svasṛi. *Yama's sister: the river Yamuná.*

ಶಮಲ śamala. *Feculent matter, feces, ordure; impurity;* sin.

ಶಮಿ śami. ಶಮೀ. = ಜಮ್ಮಿ. *A legume, a pod* (ಶಿಪ್ಪೆ, ಧಾನ್ಯದ ಕೋಗಟು Nr.). 2, *the tree Prosopis spicigera* Lin. (see ಬನ್ನಿ 2);—the tree Mimosa (or Acacia) suma Roxb. 3, the shrub Serratula anthelmintica. 4, = ಕರಿಜಾಲಿಮರ. (St. & Pl.). 5, calm, tranquil.

ಶಮಿತ śamita. *Appeased, allayed, calmed, pacified,* calm, etc.; alleviated, cured; tempered, etc.

ಶಮಿಫಲಿನ śami-phalina. The fruit of the Šamî tree (ಸಂಗರ, ಬನ್ನಿಕಾಯಿ Nn. 19).

ಶಮಿಸು śamisu. To be appeased, to be allayed, to grow calm, to become quiet or tranquil; to cease;—to appease, to pacify, to soothe, etc. (My.).

ಶಮೀಧಾನ್ಯ śamî-dhânya. Pod-grain: *any pulse or grain growing in pods.*

ಶಮೀರ śamîra. *A small variety of the Šamî tree* (also ಶಮೀರು).

ಶಮೆ śamĕ. = ಶಮ. (My.). — ಶಮೆ ದಮೆ. = ಶಮ ದಮ. (Bp. 40, 10; My.).

ಶಮ್ಪಾಕ śam-pâka. = ಸಮ್ಪಾಕ. *The pudding-pipe tree, Cathartocarpus fistula* Pers. (Cassia fistula Lin.).

ಶಮ್ಪೆ śampĕ. *Lightning.*

ಶಮ್ಬ śamba. *Indra's thunderbolt* (ತುರಾಷಾಟ್ತ್ರೀವ್ರಾಸ್ತ್ರ, ಇನ್ದ್ರನ ಆಯುಧವಹನ್ಥಾ ವಜ್ರ Nn. 119). 2, a ship (ಸುಭೈತ್ರ, ಹಡಗು 119).

ಶಮ್ಬಪಾಣಿ śmba-pâṇi. Indra (V. 7, 58).

ಶಮ್ಬರ śambara. (= ಶಬರ), ಸಮ್ಬರ 1. *N. of a demon* (of drought) represented as an enemy of Indra. 2, N. of a daitya, the enemy of Kâma. 3, *a sort of deer* (ಶಿಜ್ಜನೆಯ ಗುಡ್ಡಸಾರಂಗ Nr.; ಎರಳೆ Mr. 163; Mhr. ಸಾಮ್ಬರ). 4, *water* (ನೀರ್ Nn. 27). 5, a cloud.

ಶಮ್ಬರಮಥನ śambara-mathana. Kâma (J. 26, 22).

ಶಮ್ಬರಸೂದನ śambara-sûdana. *Kâma.*

ಶಮ್ಬರಾರಿ śambara-ari. *Kâma.*

ಶಮ್ಬರಾಹಿತ śambara-ahita. Kâma (Bp. 5, 23).

ಶಮ್ಬರಾಹಿತಶಾಸನ śambarâhita-śâsana. Śiva (V. 7, 58).

ಶಮ್ಬರಿ śambari. *The plant Salvinia cucullata* Roxb.

ಶಮ್ಬಲ śambala. = ಸಮ್ಬಲ, ಸಮ್ಬಳ. *Provender or provisions for a journey;* (pay, salary, ಸಮ್ಬಳ Hlâ.).

ಶಮ್ಬವತಿ śmba-vati. The plant Marsilea quadrifolia Lin. (ಮೊದಿಗು Mr. 120).

ಶಮ್ಬವಾಹಕ śamba-vâhaka. A cloud (ಮೇಘ Mr. 42).

ಶಮ್ಬಾಕೃತ śambâ-kṛita. *Twice ploughed* (ಇರ್ದಾರ್ದಿ Hlâ.).

ಶಮ್ಬಾಸುಖಿನಿ śambâ-sukhinî. N. of a plant (ಹೂಲಿ Mr. 122).

ಶಮ್ಬು śambu. = (ಶಮ್ಬು), ಶಮ್ಬುಕ. See s. ಸಿಮ್ಪಿ.

ಶಮ್ಬುಕ śambuka. = ಶಮ್ಬೂಕ. (ಗುಳ್ಳೆ Nn. 151). 2, N. of a râkshasa (Râm. 8, 3 sum.; 8, 1).

ಶಮ್ಬೂಕ śambûka. *A bivalve shell, a cockle* (ಗುಳ್ಳೆ Mr. 412); a small conch-shell; — a snail. 2, N. of a daitya.

ಶಮ್ಬೆ śambĕ. ಶಮ್ಬಾ. The second ploughing of a field.

ಶಮ್ಭಲಿ śambhali. = ಸಮ್ಭಲಿ, ಸಮ್ಬಳಿ. *A procuress, a bawd.*

ಶಮ್ಭು śam-bhu. = ಸಮ್ಭು. Being for or causing happiness; — a happy, prosperous man (ಕೌಶಲ, ಕುಶಲ Nn. 64). 2, Yudhishṭhira (ಧರ್ಮಜ, ಧರ್ಮಪುತ್ರ 64). 3, a Jaina sanctified teacher (ಅರ್ಹನು 64). 4, *Brahmâ* (ಅಜ, ಬ್ರಹ್ಮ 64). 5, *Vishṇu.* 6, *Śiva* (ಶಿವ, ಈಶ್ವರ 64).

ಶಮ್ಭುದ್ವೀಪ śambhu-dvîpa. A resting place for Śiva (Bp. 2, 6).

ಶಮ್ಮಿಸು śammisu. = ಶಂಬಾಸು, q. v.

ಶಮ್ಯೆ śamyĕ. ಶಮ್ಯಾ. *The pin of a yoke*; a wooden stick or post; a staff. 2, a kind of cymbal.

ಶಯ śaya. Lying down, reposing, asleep. 2, sleep, sleeping. 3, a bed, a couch. 4, *a hand* (*cf.* ಕಯ್ 1, ಕೆಯ್ 1).

ಶಯನ śayana. Lying, lying down, reclining; resting, reposing; sleeping. 2, *sleep.* 3, *a couch, a bed* (ಮಂಚ Mr. 202). 4, copulation. ಅಯನ ನೋಡಿದ್ದೂ ಇಲ್ಲ, ಶಯನ ಮಾಡಿದ್ದೂ ಇಲ್ಲ (Prv.).

ಶಯನಗೃಹ śayana-gṛiha. A dormitory (My.).

ಶಯನಸ್ಥಲ śayana-sthala. A couch, a bed (ತಲ್ಪ, ಹಾಸಿಕೆ Nn. 118; ಸಂಸ್ಥೆ, ಶಯ್ಯಾಸ್ಥಲ, ಹಾಸಿಕೆ 162).

ಶಯನಸ್ಥಾನ śayana-sthâna. A sleeping-place, a place of repose; — *a sleeping apartment* (ಸೆಜ್ಜೆಯ ಮನೆ Hlâ.). See ಪಟ್ಟೆ.

ಶಯನಾಸನ śayana-âsana. A seat or place of repose (ಇಳ್ಕೆ, ಪಕ್ಕೆ Mr. 25).

ಶಯನಿಸು śayanisu. To lie down, to recline, to repose, to sleep (Bp. 12, 14; My.).

ಶಯನೀಯ śayanîya. To be lain on, fit or suitable for sleeping; — *a couch, a bed.*

ಶಯಶವಿ (śaya-śavi). A cradle (ಬಾಲಶಯ್ಯೆ, ತೊಟ್ಟಿಲ್ Mr. 203).

ಶಯಾನಕ śayânaka. Reposing, sleeping. See ಪ್ರತಿಸೂರ್ಯ-, ಬಟಿಸೂರ್ಯ-. 2, the boa constrictor. 3, a chameleon.

ಶಯಾಲು śaya-âlu. *Sleepy, slothful, sluggish.*

ಶಯಿತ śayita. Reposed, *sleeping, asleep.*

ಶಯು śayu. *The boa constrictor* (ಹೆಬ್ಬಾವು Hlâ.; ಅಜಗರ, etc., ಹಿರಿಯ ಹಾವು Mr. 400).

ಶಯ್ಯಾಗೃಹ śayyâ-gṛiha. A sleeping-apartment (ಸೆಜ್ಜೆವನೆ, ಪಕ್ಕೆವನೆ Śs.; Čpr. 2, after 39).

ಶಯ್ಯಾಗೃಹರಕ್ಷಕ śayyâgṛiha-rakshaka. A guardian or superintendent of (a king's) sleeping-apartments (ಸೆಜ್ಜೆವಳ Śs.).

ಶಯ್ಯಾವಸಥ śayyâ-avasatha. A sleeping-apartment (ಸಜ್ಜೆವನೆ Mr. 195).

ಶಯ್ಯಾಸ್ಥಲ śayyâ-sthala. = ಶಯನಸ್ಥಲ, q. v.

ಶಯ್ಯೆ śayyĕ. ಶಯ್ಯಾ. = ಸಜ್ಜೆ, ಸೆಜ್ಜೆ. *A couch, a bed* (ಮಂಚ Mr. 202; ಪಟ್ಟೆ, ಸೆಜ್ಜೆ Kk. 30, Śm. 76; ಸೆಜ್ಜೆ Śm. 87). 2, sleeping, sleep (ಸುಪ್ತಿ, ನಿದ್ರೆ Nn. 55).

ಶರ śara. = ಸರ 5. Injuring; hurt. See ಶಿ-. 2, *a sort of reed or grass, Saccharum sara* Roxb. (ತೃಣ, ಹುಲ್ಲು Nn. 35; ಮೊದೆ Mr. 109; ತೃಣ Mr. 509). 3, *an arrow* (ಬಾಣ, ಅಮ್ಬು Nn. 7; ಬಾಣ, ಅಮ್ಬು 35; ಬಾಣ 509). 4, the number 5 (Čh.; ಅಯ್ದು Mr. 347). 5, one of the vičchittičitras (Kâvy. III, 2, B, 57. 60 seq.). 6, the upper part or cream of slightly curdled milk, cream. 7, water (ವಾರಿ, ಉದಕ 35; ಉದಕ Mr. 404; ವಾರಿ 509). 8, a lake (ಸರೋವರ, ಕೊಳನು 35; *cf.* ಸರ 6). 9, sound, noise (ನಿಸ್ವನ, ಧ್ವನಿ 35; *cf.* ಸರ 4).

ಶರಕೋಷ śara-kôsha. A quiver. See ಬೊದೆ 2.

ಶರಖಣ್ಡಿ (śara-khaṇḍi). N. of a weapon (Bh. 9, 2, 48; *cf.* ಶರಮುಣ್ಡಿ).

ಶರಗತಿ śara-gati. An arrow's flight. See ಏಸಾಡು.

ಶರಚ್ಚನ್ದ್ರ śarad-čandra. The autumnal moon (My.).

ಶರಜನ್ಮ śara-janma. *Skanda,* said to have been born in thicket of reeds.

ಶರಣ್ śaraṇ. = ಶರಣು. Tbh. of ಶರಣ 2. — ಶರಣೆನ್. -ಎನ್. To say "(somebody is my) refuge" (Bp 1, 25. 26; 31, 7; 89, 51). — ಶರಣ್ಬುಗು. -ಪುಗು. To go for protection or refuge, to take refuge (Bp. 3, 14; Śšv. 4, after 99; J. 11, 38). ಶರಣ್ಬುಗೆ ಕಾಯಲ್ (Śmd. 84 Mḍb.).

ಶರಣ śaraṇa. 1. Injuring, killing. See ಶಿ-.

ಶರಣ śaraṇa. 2. = ಶರಣ್, ಶರಣು, ಸರಣು. *A protector, a preserver, a defender.* 2, *protection, preservation, help, refuge.* 3, a refuge, an asylum. 4, *a house, an abode;* a lair. 5, a devotee, a liṅgavanta (My.). ಶರಣನ ಗುಣ

ಮರಣವಲ್ಲಿ ನೋಡ ಬೇಕು (Prv.). See Bp. 37, 27; 57, 32. — ಶರಣದೇವ. N. (Bp. 58, 6). — ಶರಣಮ್ಬೊಗು. -ಪೊಗು. = ಶರಣ್ಬುಗು. (Bp. 23, 28; 26, 67; 56, 39). — ಶರಣಶಂಕರದಾಸಿ. N. (Bp. 53, 69).

ಶರಣಾಗತ śaraṇa-âgata. Come for protection;—a refugee, an appellant (Bp. 32, 46; 44, 35; J. 9, 34; B. 4, 219; My.).

ಶರಣಾಗತರಕ್ಷಣ śaraṇâgata-rakshaṇa. Affording protection or shelter to a refugee (My.).

ಶರಣಾಗತಿ śaraṇa-âgati. Coming for protection or help (to a guru in order to be instructed, My.).

ಶರಣಾರ್ಥ śaraṇa-artha. A form of salutation: for the sake of your protection I am your refugee or most humble servant (Mhr.; Bp. 30, 8. 9).

ಶರಣಾರ್ಥಿ śaraṇa-arthi. A person who solicits protection or refuge (My.). 2, = ಶರಣಾರ್ಥ (Bp. 23, 30; 32, 14; 38, 19; 44, 35; My.).

ಶರಣಾರ್ಥಿಸು śaraṇa-arthisu. To solicit protection, help, etc. (Bp. 32, 14).

ಶರಣು śaraṇu. Tbh. of ಶರಣ 2 No. 2. 2, = ಶರಣಾರ್ಥ (My.). — ಶರಣು ಬೀಡು. = ಶರಣುಬುಗು. ಶರಣು ಬಿದ್ದವನಿಗೆ ಮರಣ ಉಂಟೇ? (Prv.). See Prv. s. ಪರಸು. — ಶರಣುಬುಗು. -ಪುಗು. = ಶರಣ್ಬುಗು. (Bp. 3, 14). — ಶರಣುವುಗು. -ಪುಗು. = ಶರಣುಬುಗು. (Bp. 16, 4; 28, 11). — ಶರಣುವೊಗು. -ಪೊಗು. = ಶರಣುವುಗು. (Bp. 23, 17; 46, 36. 50; 50, 6). — ಶರಣು ಶರಣು. rep. (Bp. 41, 7).

ಶರಣ್ಯ śaraṇya. Fit or good for refuge, to be protected or aided, needing protection, poor, helpless, miserable;—a place of refuge; a house;—protection, defence;—a protector, one who affords refuge, etc. (My.). See Bp. 19, 72. 75. 77; 32, 63; 48, 7.

ಶರತ್ śarat. (ಶರತ). = ಶರದ್.

ಶರತ್ಕಾಲ śarad-kâla. The autumnal season (J. 25, 5).

ಶರದ್ śarad. *Autumn, the season of autumn* (the season of two months succeeding the rains, fluctuating from August to November; ಇಷ and ಊರ್ಜ Mr. 70). 2, *a year.* ಶರದೊಳ್ ದಿಗ್ವಿಜಯಮ್ ಉಚಿತಂ (Śmd. 163).

ಶರದ śarada. = ಶರದ್, ಸರದ. (Ršv. 6, after 1).

ಶರದಮ್ಭೋಜಿನಿ śarad-ambhôjini. An autumnal lotus-pond (Ršv. 6, 10).

ಶರದಾಕಾಶ śarad-âkâśa. An autumnal (clear) sky (My.).

ಶರದಿಚನ್ದ್ರೋದ್ಗಮ śaradi-čandra-udgama. Moonrise in the season of autumn (Čpr. 4, 6).

ಶರದಿನ್ದು śarad-indu. The autumnal moon (Bp. 4, 28; 5, 27).

ಶರದೃತು śarad-ṛitu. The season of autumn (Ršv. 6, after 10).

ಶರದೆ śaradĕ. *Autumn, the season of autumn.*

ಶರದ್ದಿನ śarad-dina. An autumnal day (J. 25, 3).

ಶರಧರ śara-dhara. A cloud (Ršv. 1, 120).

ಶರಧಿ śara-dhi. The ocean (ಅಮ್ಬುಧಿ, ಸಮುದ್ರ Nn. 11; ಕಟಕ, ಸಮುದ್ರ Nn. 127, Mr. 523). 2, the number 4 (Čh.). 3, a river (ನದಿ, ಹೊಟಿ 11). 4, a forest (ಕಾನನ, ಅಡವಿ 11). 5, a quiver (ಬಾಣಗೇಹ, ಬತ್ತಳಿಕೆ 11; ತೂಣ, ಶರಾಶ್ರಯ, etc., ಹೊದೆಯೊತ್ತು, ಹೊಣೆ Mr. 295).

ಶರಧಿಶಯನ śaradhi-śayana. Vishṇu (Mr. 17).

ಶರಧಿಸುತೆ śaradhi-sutĕ. Lakshmî (Mr. 18).

ಶರಧೃತ śara-dhṛita. Containing the śara grass;—full of arrows (J. 10, 5).

ಶರನಿಧಿ śara-nidhi. The ocean (ಕಡಲ್ Čt. II, 33; J. 2, 1).

ಶರನ್ಮೇಘ śarad-mêgha. An autumnal cloud (Ršv. 6, 4).

ಶರಪಂಜರ śara-pañjara. An arrow-cage: arrows showered on an enemy so as to encompass him as in a cage (My.). 2, a man in whose body many arrows have lodged (Abh. P. 13, 108).

ಶರಪುಂಖೆ śara-puṅkhĕ. The feathered end of an arrow. 2, a shrubby plant of a greyish hue, Indigofera argentea Lin. (My.).

ಶರಬನ್ಧ śara-bandha. = ಸರಬನ್ಧ. An arrow-tie.

ಶರಭ śarabha. *A fabulous animal with eight legs,* represented as stronger than a lion (ಎಣ್ಬಡಿ Čt. II, 23; ಕೇಸರಿದ್ವಿಷ Mr. 160). 2, an avatâra of Śiva (Bp. 54, 42; 57, 25); Vîrabhadra (ದಕ್ಷಾರಿ, ವೀರಭದ್ರ, etc. Mr. 15).

ಶರಭಪ್ರಾಸ śarabha-prâsa. A kind of alliteration (Čh.).

ಶರಮ śarama. Shame (Mhr., H.). — ಶರಮುಪಟ್ಟಿಯಾಟ. = ರಾಮಪಟ್ಟಿಯಾಟ. (S. Mhr.).

ಶರಮಯ śara-maya. Full of arrows, etc. (My.).

ಶರಮುಣ್ಡಿ śara-muṇḍi. A kind of weapon (ಮಿಣ್ಟೆ Mr. 296).

ಶರರುಹ śara-ruha. A lotus (Ršv. 9, 21).

ಶರವರ್ಷ śara-varsha. A flight or shower of arrows (Ššv. 4, 51; J. 22, 8).

ಶರವಿಮೋಚನ śara-vimôčana. The act of throwing arrows. See ಇಸು 3.

ಶರವೃಷ್ಟಿ śara-vṛishṭi. = ಶರವರ್ಷ. (Ššv. 4, 41).

ಶರವೇದ śara-vêda. = ಧನುರ್ವೇದ. (J. 21, 44).

ಶರವೈರಿ śara-vairi. A kind of bird (ಕಕೂಟ Mr. 172; *cf.* ಶರಾರಿ).

ಶರವ್ಯ śaravya. *A butt or mark for arrows, an aim.*

ಶರಷಟ್ಪದಿ śara-shaṭpadi. N. of a metre (Čh.).

ಶರಸನ್ಧಾನ śara-sandhâna. Fixing an arrow on a bow. See ತುಡು 1.

ಶರಾಗ್ನಿ śara-agni. Fire created by arrows (J. 13, 13).

ಶರಾಭ್ಯಾಸ śara-abhyâsa. *Practice with bow and arrow, archery.*

ಶರಾರತ್ śarârat. Wickedness, outrage (My.; Br.; H.).

ಶರಾರಿ (śara-ari). The bird Turdus ginginianus (ಸರಕೂಟಪಕ್ಕಿ Hlâ.; Sk. also ಶರಾಲಿ).

ಶರಾರು śarâru. *Hurtful, mischievous.*

ಶರಾವ śarâva. = ಶ್ರಾವೆ, ಸರಾವ. *A shallow cup, a dish, a platter; a lid, a cover.*

ಶರಾವತಿ śarâ-vati. Full of reeds: *N. of a river.*

ಶರಾಶ್ರಯ śara-âśraya. A quiver (ಶರಧಿ, etc. Mr. 295).

ಶರಾಸನ śara-asana. Shooting arrows: *a bow.*

ಶರಿರ śarira. = ಶರೀರ. (ಶರೀರ Nn. 150).

ಶರೀರ śarîra. *The body* (J. 8, 33; B. 4, 133; 5, 177). 2, a covert term for pudendum virile or muliebre (Mhr.). See Nr. s. ಪುದ್ಗಲ; Nn. 31 s. ಪಾಲಿ 2.

ಶರೀರಗುಣ śarîra-guṇa. = ಶರೀರಪ್ರಕೃತಿ. (My.).

ಶರೀರಜ śarîra-ja. Produced by or in the body: a son. 2, sickness. 3, lust, passion. 4, Kâma. (R.).

ಶರೀರಜನ್ಯ śarîra-janya. Produced by or in the body (My.).

ಶರೀರತ್ಯಾಗ śarîra-tyâga. Suicide (My.).

ಶರೀರದಣ್ಡನೆ śarîra-daṇḍanĕ. Mortification of the body by austerities; corporal punishment (My.).

ಶರೀರಧರ್ಮ śarîra-dharma. The functions of the body; its nature or constitution (My.).

ಶರೀರಪ್ರಕೃತಿ śarîra-prakṛiti. Constitution of the body (My.).

ಶರೀರಪ್ರಾಣಾರ್ಥ śarîra-prâṇa-artha. Body, life, and property (Bp. 39, 15).

ಶರೀರಬನ್ಧಕ śarîra-bandhaka. Personal pledge: a hostage. (R.).

ಶರೀರವ್ಯಾಕುಲತೆ śarîra-vyâkulatĕ. Agitation of the body. See ಮಲ್ಲಟಿ.

ಶರೀರಸಂಸ್ಕಾರ śarîra-saṁskâra. Decoration or adorning the person (My.).

ಶರೀರಸಮ್ಬನ್ಧ śarîra-sambandha. Bodily connection: relation by marriage, affinity; consanguinity (My.).

ಶರೀರಸಮ್ಬನ್ಧಿ śarîra-sambandhi. One who is related to by marriage or consanguinity (My.).

ಶರೀರಸುಖ śarîra-sukha. Bodily or animal pleasure (My.).

ಶರೀರಸ್ಫುರಣ śarîra-sphuraṇa. Quivering, throbbing, or agitation of the body. See ಉಲುಕು 1.

ಶರೀರಾಂಗಭೇದ śarîra-aṅga-bhêda. A particular limb or part of the body. See ಹಲಕು 2, ಹರಡು 3.

ಶರೀರಾನ್ತ śarîra-anta. Death (My.).

ಶರೀರಾಭಿಮಾನ śarîra-abhimâna. Body-love: taking great care of the body (from fear of disease or death, My.).

ಶರೀರಾವಸಾನ śarîra-avasâna. Death (My.).

ಶರೀರಿ śarîri. Having a body, embodied. 2, *an animal or sentient being;—a man.* 3, the incorporate soul.

ಶರೀರೋಪಗೂಹನ śarîra-upagûhana. Clasping or embracing the body. See ಮುದುಕು.

ಶರೆ śarĕ. = ಸರಿ 6, ಸರೆ. An accumulation, a heap, a mass (ಒಟ್ಟಿಲ್ Mr. 350).

ಶರೌಘ śara-ôgha. A multitude of arrows (Śâv. 4, 131).

ಶರ್ಕರಾವತ್ śarkarâ-vat. *Full of stony particles, gritty, gravelly.*

ಶರ್ಕರಾವರ್ತ śarkarâ-âvarta. A whirlwind abounding with small stones (J. 23, 46).

ಶರ್ಕರಿಲ śarkarila. *Full of stony particles.*

ಶರ್ಕರೆ śarkarĕ. = ಸಕ್ಕರೆ, ಸಕ್ರೆ, ಸಕ್ರೆ. *A potsherd.* 2, *a small stone, a pebble, gravel, grit.* 3, a soil abounding in stony or gritty fragments. 4, *granulated or candied sugar.*

ಶರ್ಧ śardha. A troop, a multitude. 2, strength, power. 3, breaking wind.

ಶರ್ಧಿಸು śardhisu. = ಶ್ರದ್ಧಿಸು. To break wind downwards.

ಶರ್ಮ śarma. Happy, prosperous. 2, a blessing. 3, *happiness, delight, pleasure.* 4, refuge, protection;—a house. ಶರ್ಮಮಿಲ್ಲದ ಗಣ್ಡು ಕರಿಯೊನಕೆಯ ತುಣ್ಡು (Dp. 54). 5, at the end of names of Brâhmaṇas (J. 26, 38).

ಶರ್ವ śarva. = ಸಬ್ಬ 1, ಸರ್ವ 2. *Śiva.* 2, sign for a long syllable (Čh.).— ಶರ್ವಂ. The metrical foot — — (Čh.).

ಶರ್ವರಿ śarvari. *Night.*

ಶರ್ವರೀಪತಿ śarvarî-pati. The moon (My.).

ಶರ್ವಾಣಿ śarvâṇi. = ಸಬ್ಬಾಣಿ, ಸರ್ವಾಣಿ. *Śiva's wife, Pârvati.*

ಶಲ śala. *The quill of a porcupine* (ಎಯ್ಯಮೃಗದ ಮುಳ್ Mr. 164). 2, = ಶಲ್ಕ 1.

ಶಲಭ śalabha. *A grasshopper* (ಪತಂಗ Mr. 176); a locust. 2, *a moth.* 3, a fire-fly (ಪತಂಗ, ಮಿಂಚುಬುಳು Nn. 61).

ಶಲಲ śalala. *The quill of a porcupine.* 2, *a porcupine.*

ಶಲಲಿ śalali. *The quill of a porcupine.* 2, a small porcupine.

ಶಲಾಕೆ śalâkĕ. = ಸಲಿಕ, ಸಲಗೆ, ಸಲಾಕಿ, ಸಲಾಕೆ, ಸಲಾವೆ, ಸಲಿಕ, ಸಲಿಕೆ. A javelin, a dart (ಶಲ್ಯ, ಕೆಯ್ದು Mr. 287). 2, *a spike* (as of grass), *a quill, a pin* (for piercing, etc.), *any long, thin, pointed body, a shaft, a rod, a peg, a thin bar, a rib* (of an umbrella) (ಶಲ್ಯ Nn. 157). 3, *a bone, a rib.* 4, *the bird sârikâ, Turdus salika.*

ಶಲಾಟು śalâṭu. *Fresh, moist, raw, unripe* (as fruit); unripe fruit (ಎಳೆಗಾಯಿ Hlâ.; ಕೋಮಲ, ತಿರುಳುದೋರ್ವ ಮಿಡಿಗಾಯಿ Mr. 109);—dry fruit (ವಾನ, ಒಣಗಿದ ಕಾಯಿ Nn. 90).

ಶಲಾಟುಕ śalâṭuka. Unripe fruit (ಮಿಡಿ Śm. 92).

ಶಲಾಟುಫಲ śalâṭu-phala. = ಶಲಾಟುಕ. See ಮಿಡಿ 7.

ಶಲ್ಕ śalka. = ಚಕ್ಕೆ, ಚಿಕ್ಕೆ, ಸಕ್ಕೆ, ಸಕ್ಕೆ. *A fragment, a splint, a paring, a shaving.* 2, *bark* (of a tree), *rind.* 3, the scale of a fish.

ಶಲ್ಕಿ śalki. *A fish.*

ಶಲ್ಮಲಿ śalmali. = ಶಾಲ್ಮಲಿ. See ರೇಶ್ಮೆ ಗಿಡ.

ಶಲ್ಯ śalya. 1. = ಶಲ್ಯಹ, ಸಲ್ಲೆಹ, ಸೆಲ್ಲೆಹ. *Any stake or rod, a spike, a quill, a pin, a splinter, a thorn, any piercing object* (ಶಲಾಕೆ Nn. 157). 2, *a dart, a javelin, a spear tipped with iron; a pike;* an arrow, a shaft (ಶಸ್ತ್ರ, ಆಯುಧಭೇದ 157; ಶಲಾಕೆ, ಕೆಯ್ದು Mr. 287). 3, *a porcupine.* 4, a fragment, a piece (ಲವ, ತುಣ್ಡು 157). 5, a thin, emaciate body (ಕೃಶಾಂಗ, ಬಡವಾದ ದೇಹ 157). 6, a fence, a boundary. 7, water (ವಾರಿ, ಉದಕ 157). 8, N. of the prince of Madra, maternal uncle of the sons of Pâṇḍu (ಪಾರ್ಥಿವವಿಶೇಷ, ಕ್ಷತ್ರಿಯರ ಭೇದ 157; Mr. 268; J. 2, 17; Bh. 9, 1 sum.). 9, *the thorny shrub Vanguiera spinosa* Roxb. 10, difficulty, embarrassment, distress, trouble.

ಶಲ್ಯ śalya. 2. = ಶಲ್ಲೆ. Tbh. of ಚೇಲ. Muslin cloth without a border (My.; Tĕ. ಶಲ್ಲಾ; T. ಚೆಲ್ಲಾ). ಶಲ್ಯ ಹೊದ್ದು, ಸಾಲ ಮಾಡಿ, ಕಮ್ಬಳಿ ಹೊದೆಯ ಬಾರದು (Prv.).

ಶಲ್ಯಕ śalyaka. *A porcupine.*

ಶಲ್ಯಹ śalyaha. Tbh. of ಶಲ್ಯ No. 2. (A.).

ಶಲ್ಲಕ śallaka. *A porcupine.*

ಶಲ್ಲಕಿ śallakî. = ಸಲ್ಲಕಿ. *The gum olibanum tree, Boswellia thurifera* Roxb. See ತಡಿಕು, ತದುಕು.

ಶಲ್ಲೆ śallĕ. = ಶಲ್ಯ 2, ಶೆಲ್ಲೆ. (My.).

ಶವ śava. = ಶಬ, etc. *A corpse.*

ಶವರ್ಣ śa-varṇa. The letter ಶ (Čh.).

ಶವಸಂಸ್ಕಾರ śava-saṁskâra. Cremation or burial of a corpse (My.).

ಶವಿ śavi. See ಶಯ-. (*Cf.* ಶಿಬಿಕೆ?).

ಶಶ śaśa. = ಸಸ. *A hare.* 2, *spots on the moon supposed to resemble the figure of a hare.*

ಶಶಕ śaśaka. A hare (ಶಶ, ಮೊಲನು Nn. 27).

ಶಶಧರ śaśa-dhara. *The moon.*

ಶಶಧರಕಲಾಶೇಖರ śaśadhara-kalâ-śêkhara. = ಶಶಿಖಣ್ಡಶೇಖರ. (Bp. 38, 46).

ಶಶಲಕ್ಷ್ಮ śaśa-lakshma. = ಶಶಲಾಂಛನ.

ಶಶಲಕ್ಷ್ಮಕಲಾಧರೆ śaśalakshma-kalâ-dharĕ. Pârvatî (Śśv. 5, 47).

ಶಶಲಾಂಛನ śaśa-lâṅčhana. *The moon.*

ಶಶಲೋಮ śaśa-lôma. *The hair of a hare;* hare-skin.

ಶಶಾಂಕ śaśa-aṅka. *The moon.* 2, N. of a metrical foot (Čh.).

ಶಶಾಂಕಲೇಖೆ śaśâṅka-lêkhĕ. A digit of the moon; the lunar crescent (Śśv. 1, 74).

ಶಶಾದನ śaśa-adana. *A hawk, a falcon.*

ಶಶಿ śaśi. = ಸಸಿ 1. Having hare-like spots: *the moon* (ಸವಿಗ ಡಲಣುಗ, ಮಿಗಲಚ್ಛಣ, etc. Kk. 44). 2, the number 1 (ಒನ್ದು Mr. 347; Čh. v. 283. 287). 3, N. of a metrical foot (Čh.; Mr. 364). 4, N. of a peasant (Čpr. 5, 86. 87). 5, the air that is drawn up into the left nostril (Mr. 53).

ಶಶಿಕರ śaśi-kara. A moon-beam (Śśv. 3, after 85).

ಶಶಿಕಲೆ śaśi-kalĕ. A digit of the moon (of which there are sixteen, My.).

ಶಶಿಕಾನ್ತ śaśi-kânta. The moon-stone (= ಚನ್ದ್ರಕಾನ್ತ; J. 8, 13; 10, 2. 3; 25, 5). 2, N. of a vṛitta (Čh.).

ಶಶಿಖಣ್ಡ śaśi-khaṇḍa. = ಶಶಿಕಲೆ. (My.).

ಶಶಿಖಣ್ಡಚೂಡ śaśikhaṇḍa-čûḍa. Whose tuft of hair is a digit of the moon: Śiva (Bp. 10, 1).

ಶಶಿಖಣ್ಡಮೌಲಿ śaśikhaṇḍa-mauli. Śiva (Bp. 38, 25).

ಶಶಿಖಣ್ಡಶೇಖರ śaśikhaṇḍa-śêkhara. Śiva (Bp. 9, 43).

ಶಶಿಚೂಡ śaśi-čûḍa. Śiva (Bp. 24, 86; 51, 9).

ಶಶಿಜೂಟ śaśi-jûṭa. Śiva (Bp. 9, 12).

ಶಶಿಪುರ śaśi-pura. N. of a town.

ಶಶಿಪುರಾಧಿನಾಥಸೋಮೇಶ್ವರ śaśipura-adhinâtha-sômêśvara. N. (Mr. after 90).

ಶಶಿಪುರಾಧೀಶಸೋಮೇಶ śaśipura-adhîśa-sômêśa N. (Mr. 540).

ಶಶಿಪ್ರಭೆ śaśi-prabhĕ. N. of a queen (Čpr. 5, 95. 137; 6, 1. 77).

ಶಶಿಭೂಷಣ śaśi-bhûshaṇa. Śiva (Bp. 50, 71).

ಶಶಿಮುಖಿ śaśi-mukhi. A moon-faced woman (My.).

ಶಶಿಮೌಲಿ śaśi-mauli. Śiva (Bp. 41, 10; 50, 46).

ಶಶಿರೇಖೆ śaśi-rêkhĕ. A digit of the moon (My.). 2, a daughter of Balarâma (My.).

ಶಶಿಲೇಖೆ śaśi-lêkhĕ. A digit of the moon (Abh. P. 4, 30).

ಶಶಿವಕ್ತ್ರೆ śaśi-vaktrĕ. = ಶಶಿಮುಖಿ. (My.).

ಶಶಿವದನೆ śaśi-vadanĕ. = ಶಶಿವಕ್ತ್ರೆ. (Bp. 45, 1).

ಶಶಿಶೇಖರ śaśi-śêkhara. Moon-crested: *Śiva.*

ಶಶಿಹಾಸ śaśi-hâsa. = ಚನ್ದ್ರಹಾಸ. N. (J. 29, 20. 48; 30, 50; 31, 86).

ಶಶೋರ್ಣ śaśa-ûrṇa. *The hair of a hare,* hare-skin.

ಶಶ್ವತ್ śaśvat. *Perpetually, continually, repeatedly, frequently, always, again and again.*

ಶಷ್ಕುಲಿ śashkuli. = ಚಕ್ಕಲಿ, ಚಕ್ಕುಲಿ, ಚಕ್ಕುಳಿ. The orifice of the ear. 2, rice-gruel or barley-water (mixed with rice, sesamum, and other grain). 3, a kind of baked cake.

ಶಷ್ಪ śashpa. = ತಪ್ಪ, ಸಪ್ಪ. *Young grass* (ಎಳಹುಲ್ಲು Hlâ.).

ಶಸನ śasana. The act of striking, wounding, killing, immolation. See ವಿ-.

ಶಸ್ತ śasta. 1. Struck, cut, wounded, injured, killed.

ಶಸ್ತ śasta. 2. Said, told, recited, repeated. 2, praised, eulogized. 3, best, excellent. 4, *auspicious, happy, well, right.* See ಅಭಿ-; Bp. 39, 54.

ಶಸ್ತ್ರ śastra. 1. A hymn, a hymn of praise.

ಶಸ್ತ್ರ śastra. 2. An instrument for cutting or wounding, a weapon;—a sword, a knife, a scymitar (ಕೂರಹು Mr. 383). 2, *iron;* steel. ಶಸ್ತ್ರದ ಅಭ್ಯಾಸವಿಲ್ಲದಿದ್ದರೆ ಕಡಿಯಲಿಕ್ಕೆ ತಿಳಿಯದೋ? (Prv.). See ಕೆಯ್ದು.

ಶಸ್ತ್ರಕ śastraka. *Iron;* steel.

ಶಸ್ತ್ರಕೋಷ śastra-kôsha. The sheath of a weapon. See ಒಱೆ 2.

ಶಸ್ತ್ರಕ್ರಿಯೆ śastra-kriyĕ. Weapon-business. See ಚಮ್ಮು 2.

ಶಸ್ತ್ರಜೀವಿ śastra-jîvi. = ಶಸ್ತ್ರಾಜೀವ. (My.).

ಶಸ್ತ್ರಧರ śastra-dhara. Bearing weapons;—a warrior. See Nr. s. ನಿವಾಳಿಸುಹ.

ಶಸ್ತ್ರಧಾರಿ śastra-dhâri. Bearing arms; an armed man (B. 5, 39. 105).

ಶಸ್ತ್ರಪಿಧಾನ śastra-pidhâna. = ಶಸ್ತ್ರಕೋಷ. (ಕೋಶ, ಕೆಯ್ದುವಿನ ಒಱೆ Nn. 52).

ಶಸ್ತ್ರಮಾರ್ಜ śastra-mârja. *A furbisher, an armourer.*

ಶಸ್ತ್ರಯುದ್ಧ śastra-yuddha. A fight with swords (My.).

ಶಸ್ತ್ರವಿದ್ಯಾಗುರು śastravidyâ-guru. Drôṇa (My.).

ಶಸ್ತ್ರವಿದ್ಯೆ śastra-vidyĕ. The science of arms (My.).

ಶಸ್ತ್ರವೈದ್ಯ śastra-vaidya. A surgeon (My.; B. 4, 20). 2, surgery (My.; B. 5, 273).

ಶಸ್ತ್ರಸಂಚಾಲನ śastra-sañčâlana. The act of shaking arms. See ಕುರುಳ್ಳು, ಕೆಯ್ಮಾಡು.

ಶಸ್ತ್ರಸನ್ನ್ಯಾಸ śastra-sannyâsa. The relinquishment of weapons or of their use (My.).

ಶಸ್ತ್ರಾಜೀವ śastra-âjîva. Living by the profession of arms: *a soldier.*

ಶಸ್ತ್ರಾಜೀವಾವಾಸ śastrâjîva-âvâsa. An abode of soldiers, a casern (or an armory, ಜೀನಶಾಲೆ Mr. 195, q. v.).

ಶಸ್ತ್ರಾಜೀವಿ śastra-âjîvi. = ಶಸ್ತ್ರಾಜೀವ. (ಬ್ರಾಹ್ಮಣರೊಳು ಕೆಯ್ದುವಿಡಿವಂ Mr. 254).

ಶಸ್ತ್ರಾಭ್ಯಾಸ śastra-abhyâsa. The practice of arms, military exercise (My.).

ಶಸ್ತ್ರಾಸ್ತ್ರ śastra-astra. Arms and missile weapons (J. 12, 26).

ಶಸ್ತ್ರಿ śastri. Bearing arms; armed with a sword. 2, *a knife.*

ಶಸ್ತ್ರಿಕೆ śastrikĕ. *A knife, a blade.*

ಶಸ್ಯ śasya. 1. To be told; to be praised, praiseworthy. See ಪ್ರ-.

ಶಸ್ಯ śasya. 2. = ಸಸ್ಯ, etc. To be cut, to be wounded or injured (adj.). 2, corn, grain. 3, the fruit or produce of any plant or tree.

ಶಹಬಾಸು śahabâsu. = ಶಾಬಾಸು, ಶಾಹಾಬಾಸು. Bravo! well done! noble! (My.; Čb. 96; Mhr., H. ಶಾಬಾಸ್).

ಶಹರ śahara. = ಶಹರು, ಷಹರ್, ಷಹರು. A city or large town (Čb. 22; B. 5, 195. 265; Mhr., H. ಶಹರ್).

ಶಹರು śaharu. = ಶಹರ. (My.; Br.).

ಶಹಾ śahâ. A king (My.; Mhr., H.). 2, in chess-playing: check (My.; Mhr., H. ಶಹ).

ಶಹಾಣೆ śahâṇĕ. = ಶಾಣ 3. Sagacious, knowing, clever (Mhr., H. ಶಹಾಣಾ; cf. ಶ್ಯಾಹಣ್ಯಾ). ಜಾಣ್ಮ ಶಹಾಣೆ(ಪಟುತರ Cb.).

ಶಹಾನ śahâna. N. of a râga (My.; H.).

ಶಹಾಮೃಗ śahâ-mṛiga. = ಶಾಹಮೃಗ. The king's animal: a fabulous bird, a griffin (Mhr., H.); an ostrich (My.; B. 4, 191).

ಶಹಾವಲಿಬೇರು śahâvali-bêru. = ಸೀಬರಿಬೇರು. (St. & Pl.).

ಶಾಕ śâka. 1. = ಶಾಖ No. 1. *Any potherb or vegetable;* vegetable food (ವಾಜ, ಮೇಲೋಗರ Nn. 124, one MS. ಶಾಖ; Bp. 24, 34). 2, power, strength. 3, N. of one of the seven dvîpas.

ಶಾಕ śâka, 2. = ಸಾಕ, ಸೆಕೆ, etc., ಸೇಕ 1. Heat (My.).

ಶಾಕಟ śâkaṭa. (fr. ಶಕಟ). *Relating to a cart.* 2, any yoked animal, *a draught-ox.* 3, a field.

ಶಾಕಶಾಕಟ śâka-śâkaṭa. *A field of vegetables,* a kitchen garden. See ಬಾಡು.

ಶಾಕಶಾಕಿನ śâka-śâkina. *A field of vegetables.*

ಶಾಕಿನ śâkina. A field.

ಶಾಕಿನಿ śâkinî. A powerful female: a kind of female demon or fair attendant on Durgâ (Bh. 7, 7, 45).

ಶಾಕುನಿಕ śâkunika. (fr. ಶಕುನ). Belonging or relating to birds;—ominous;—*a fowler.*

ಶಾಕ್ತ śâkta. (fr. ಶಕ್ತಿ). Relating to śakti. 2, a worshipper of the divine energy under its feminine representation. ಪಾರಾಯಣ ಮಾಡುವಾಗ ಭಕ್ತ, ಮದ್ಯಪಾನ ಮಾಡುವಾಗ ಶಾಕ್ತ (Prv.).

ಶಾಕ್ತೀಕ śâktîka. Relating to a spear;—*a spearman, a lancer.*

ಶಾಕ್ತೇಯ śâktêya. = ಶಾಕ್ತ. (My.).

ಶಾಕ್ಯ śâkya. N. of the family of Buddha. 2, *Buddha (son of Mâyâdêvi), the founder of the Buddhist faith.*

ಶಾಕ್ಯಮುನಿ śâkya-muni. = ಶಾಕ್ಯ No. 2. *Buddha.*

ಶಾಕ್ಯಸಿಂಹ śâkya-siṁha. = ಶಾಕ್ಯ No. 2. *Buddha.*

ಶಾಕ್ವರ śâkvara. *A bull, an ox* (ಎತ್ತು Mr. 178).

ಶಾಕ್ವರಾರೋಹ śâkvara-ârôha. One who mounts or has mounted an ox (ಅನಡ್ವಾಹ, ಎತ್ತೇರುವವಂ Mr. 247).

ಶಾಖ śâkha. Tbh. of ಶಾಕ 1, q. v. ಸೀಕ್ಕೊಡಾಗಿ ಬಾಡ್ಡಿ ಶಾಖಂ (ಬಾಡುಕಂ Śmd. I). 2, a measure of capacity (ಕೊಳಗ Mr. 206). 3, Tbh. of ಶಾಖೆ. (Bp. 19, 64).

ಶಾಖಾಚಂಕ್ರಮಣ śâkhâ-čankramaṇa. Skipping from branch to branch: desultory study. (R.).

ಶಾಖಾಚರ śâkhâ-čara. A monkey.

ಶಾಖಾಚರಬಂಧ śâkhâčara-bandha. A certain feat of wrestlers (Śśv. 4, 75).

ಶಾಖಾನಗರ śâkhâ-nagara. *A suburb.*

ಶಾಖಾಮುಖ śâkhâ-mukha. The fore part, top or tip of a branch. See ತಳಲ್.

ಶಾಖಾಮೃಗ śâkhâ-mṛiga. *A monkey.*

ಶಾಖಾಶಿಫೆ śâkhâ-śiphĕ. *A pendent root growing from a branch, as in the Indian fig tree.*

ಶಾಖಾಸ್ಥಿ śâkhâ-asthi. *The bone of the arm or of the leg* (ಕೆಯ್ಯ ಕಾಲ ಎಲ್ಬು Hlâ.; see ನಲಕ).

ಶಾಖಿ śâkhi. Having branches. 2, *a tree.*

ಶಾಖೆ śâkhĕ. ಶಾಖಾ. = ಶಾಖ No. 3. *The branch of a tree, etc., a branch in general.* 2, an arm. 3, a subdivision, a section of any book. 4, a sect, a faction, a party. 5, a traditional recension or text of any of the original vêdas handed down by different schools or sects. 6, any one of the vêdas. See Bp. 43, 75; 55, 45.

ಶಾಂಕರಿ śânkari. (fr. ಶಂಕರ). Pârvatî (Grj. 3, 81).

ಶಾಜೀರಿಗೆ śâ-jîrigĕ. An excellent kind of jîrigĕ (My.; ಸುಗನ್ಧ Cb.).

ಶಾಟ śâṭa. Cloth;—a particular clean or white garment;—a petticoat (cf. ಜಾಡ). 2, = ತಣ್ಟ. (My.; see Prv. s. ಉಪ್ಪಿನ ಕಾಯಿ).

ಶಾಟಕ śâṭaka. = (ಜಾಟಿಗೆ), ಶಾಟಿ. See ಸ್ಥೂಲ-.

ಶಾಟಿ śâṭi. = ಜಾಟಿ, ಸಾಟಿ 1. Cloth. 2, an upper or outer garment (ಬೃಹತಿಕೆ, ವೈಕಕ್ಷ, ಹೊದವ ಉತ್ತರಾಸಂಗ Mr. 256); the cloth of Sannyâsis dyed with red ochre (My.).

ಶಾಠ್ಯ śâṭhya. (fr. ಶಠ). *Villainy, dishonesty, perfidy, deceit.*

ಶಾಡ್ವಲ śâḍvala. = ಶಾದ್ವಲ. *Abounding in fresh grass, green, verdant;*—a grassy spot.

ಶಾಣ śâṇa. 1. = ಸಾಣೆ, ಸಾಣೆ. Sharpening, whetting. 2, a whetstone, a grindstone. 3, *a touchstone.* 4, a saw. See ಖುರ-.

ಶಾಣ śâṇa. 2. (fr. ಶಣ). Hempen.

ಶಾಣ śâṇa. 3. = ಶಹಾಣೆ. A sagacious, knowing, clever man (My.). Feminine ಶಾಣೆ (My.).

ಶಾಣಿ śâṇi. A hempen cloth or garment. 2, a ragged or torn raiment. See Si. s. ಸಾಣೆ.

ಶಾಣೋಪಲ śâṇa-upala. A whetstone (Rśv. 5, 35).

ಶಾಣ್ಡಿಲ್ಯ śâṇḍilya. N. of a muni or sage. 2, *the tree Aegle marmelos* Corr.

ಶಾತ śâta. *Sharpened, whetted, sharp.* 2, *thin, spare, slender, small* (ಅಸಿದು Hlâ.; ಸನ್ನ, ಸಣ್ಣ Mr. 448, o. r. ಶಾನ್ತ). 3, weak, feeble. 4, beautiful, handsome. 5, happy; *joy, pleasure, happiness.* See ಬಸಿ 2.

ಶಾತಕುಮ್ಭ śâta-kumbha. *Gold.*

ಶಾತಕುಮ್ಭಾಸನ śâtakumbha-âsana. A golden seat, a throne (My.).

ಶಾತಕೌಮ್ಭ śâta-kaumbha. Gold; *golden.*

ಶಾತನ śâtana. Sharpening, whetting; sharpness. 2, causing to fall or perish, felling (Bp. 53, 4), causing to wither or decay. 3, cutting off; withering, decaying.

ಶಾತಾತಪ śâtâtapa. N. of the author of a law-book (Bp. 43, 73).

ಶಾತ್ರ śâtra. That which cuts off or away (Bp. 39, 22).

ಶಾತ್ರವ śâtrava. (fr. ಶತ್ರು). Hostile; *an enemy.* 2, enmity, hostility. 3, a multitude of enemies. See ದಮಿತ-, ವೃತ್ರ-.

ಶಾದ śâda. *Young or fresh grass.* 2, *mud, mire.*

ಶಾದಹರಿತ śâda-harita. *Green with young grass.*

ಶಾದಿ śâdi. Marriage (My.; H.).

ಶಾದ್ವಲ śâdvala. = ಶಾಡ್ವಲ. *Abounding in fresh or green grass; etc.*

ಶಾನಭವ śâna-bhava. = ಶಾನಭಾಗ. ಶಾನಭವನ ಗುಣ ಲೆಕ್ಕದಲ್ಲಿ ನೋಡು, ಮಾನವನ್ತನ ಗುಣ ನಡತೆಯಲ್ಲಿ ನೋಡು (Prv.).

ಶಾನಭಾಗ śâna-bhâga. = ಶಾನಭೋಗ. (My.). See Prv. s. ಹೊಟ್ಟೆ 3.

ಶಾನಭೋಗ śâna-bhôga. = ಶಾನಭವ, ಶಾನಭಾಗ, ಶ್ಯಾನಭೋಗ, ಸಾನಬಾಗ, ಸಾನಬೋಗ, ಸೇನಬೋವ, q. v. The clerk of a village or of some villages (My.; ಗಣಿತ, ಗಾವಲ G.). ಶಾನಭೋಗನ ಸವ್ವಳ ಸನ್ತೋ? ಎನ್ನ್ದ, ಕೇಳ ಬೇಡ; ಹೆಣ್ಣತೀ ದೆಸೆಯವರು ಉಣ್ಡರೋ? ಎನ್ನ್ದ, ಕೇಳ ಬೇಡ.—ಊರ ಮೇಲೆ ನೂಱು ಬಿದ್ದರೆ ಶಾನಭೋಗನಿಗೆ ಕೆಟ್ಟದ್ದೇನು? (or ಶಣ್ಬಕ್ಕೇನು?).—ಕತ್ತೆ ಚಿತ್ರಗಾಱನ ಮಿಣ್ಡ, ಹಣ ನೋಟಗಾಱನ ಮಿಣ್ಡ, ಟವಣೆ ಶಾನಭೋಗನ ಮಿಣ್ಡ (Prvs.). See ನಾಡು-.

ಶಾನಭೋಗತನ śânabhôgatana. The office or business of a śânabhôga (My.).

ಶಾನಭೋಗಿಕೆ śânabhôgikĕ. = ಶಾನಭೋಗತನ, ಶ್ಯಾನಭೋಗಿಕೆ. (My.).

ಶಾನಾಯ śâna-âya. The portion of a crop which a śânabhôga receives from villagers as his fees (My.).

ಶಾನೆ śânĕ. = ಸಾನೆ. (Tbh. of ಸೇನೆ). Much; many (My.). ಶಾನೆ ಯಾಶೆಯುಳ್ಳವನು (ಲೋಲುಪ Si. 358).

ಶಾನ್ತ śânta. Appeased, allayed, calmed, alleviated, pacified, stilled, hushed; *tranquil, calm,* free from passions, contented, satisfied, undisturbed;—*put an end to, annihilated, destroyed, ceased, extinguished;*—mild, gentle; meek, humble. 2, *an ascetic whose passions are subdued* (ಇನ್ದ್ರಿಯದೃಢ, ಶ್ರಾನ್ತ Mr. 251). 3, *tranquillity, quietism, as one of the rasas* (Kâvy. IV, 2, 49-51). 4, appeasing, pacifying, stilling (ಸಾಮ, ನಮ್ಬಿಸುಹ Mr. 459). 5, bright, friendly, cheering speech (ಹೊಳಹುನುಡಿ Mr. 84). — ಶಾನ್ತದೇವ. N. (Bp. 58, 10). — ಶಾನ್ತ ಪಡಿಸು. To pacify, etc. (ಸನ್ತವಿಸು G.; My.).

ಶಾನ್ತತನ śântatana. = ಶಾನ್ತತೆ. (ವಿನಯ G.).

ಶಾನ್ತತೆ śântatĕ. Quietness, calmness, quietism, meekness (Čpr. 2, 73; Bp. 20, 25; 38, 6. 13).

ಶಾನ್ತತ್ವ śântatva. = ಶಾನ್ತತೆ. ಸಿಟ್ಟಿಗೆ ಕೊಯ್ದು ಮೂಗು ಶಾನ್ತತ್ವಕ್ಕೆ ಹತ್ತೀತೇ? (Prv.).

ಶಾನ್ತನವ śântanava. Bhîshma, the son of Śântanu (My.).

ಶಾನ್ತನು śântanu. = ಶನ್ತನು No. 2. N. of a king, the father of Bhîshma (Sk.).

ಶಾನ್ತಪೂರ್ವಪ್ರಾಸ śânta-pûrva-prâsa. A kind of alliteration (Čh.).

ಶಾನ್ತಪ್ರಾಸ śânta-prâsa. A kind of alliteration (Čh.).

ಶಾನ್ತಮಣ್ಡಲ śânta-maṇḍala. N. of a place (Bp. 13, 19; 50, 62).

ಶಾನ್ತಮನ śânta-mana. Tranquil-minded, calm (Kâvy. I, 5, 49);—a calm mind.

ಶಾನ್ತಿ śânti. = ಸಾನ್ತಿ. Quiet, quietness, calmness, peace, ease; composure, serenity; mildness; quietism, stoicism; *absence of passion, in difference to objects of pleasure or pain;*—rest, repose, remission;—appeasing, pacification, soothing, allayment, alleviation, satisfying;—causing to cease;—any expiatory or propitiatory rite for averting evil or calamity; ceremonies in conciliation of incensed devils, etc.;—good fortune, felicity. ಶಾನ್ತಿ ತಿಳಿಯದವನಾದರೆ ವಾನ್ತಿವಮನ ಆಗಲಿಕ್ಕಿಲ್ಲವೇ?—ಶಾನ್ತಿ ಮಾಡಿದರೂ ಭ್ರಾನ್ತಿ ಹೋಗಲಿಲ್ಲ (Prvs.). — ಶಾನ್ತಿ ಪಡಿಸು. To appease, etc. (G. 287. 492; My.). — ಶಾನ್ತಿಮರ. The tree Terminalia belorica Roxb. (St. & Pl.).

ಶಾನ್ತಿಕೆ śântikĕ. Calmness, composure, mildness (Bp. 6, 8).

ಶಾನ್ತಿತ śântita. Appeased, tranquil, calm, peaceful (Bp. 20, 19).

ಶಾನ್ತಿಪರ್ವ śânti-parva. N. of the twelfth book of the Mahâbhârata, containing stories, etc. for the tranquillizing of Yudhishṭhira (Bp. 5, 2).

ಶಾನ್ತೀಶ śânti-îśa. N. of the father of the poet Argaḷa (Čpr. 1, 54).

ಶಾಪ śâpa. = ಶ್ರಾಪ, ಸಾಪ 2. *Curse, anathema, cursing, reviling.* 2, abuse. 3, *an oath.* — ಶಾಪ ಕೊಡು. To give a curse, to curse (My.). ರಾಜನಿಗೆ ಹಲವು ಶಾಪಗಳನ್ನು ಕೊಟ್ಟು (B. 5, 71). ಶಾಪಾ ಕೊಡುವವ ಪಾಪಕ್ಕೆ ಹೆದಱ (Prv.). — ಶಾಪ ಕೊಳ್ಳು. To receive a curse, to be cursed. ಪಾಪ ಬರ ಬಾರದೆನ್ನ್ದ, ಶಾಪ ಕೊಣ್ಡ (Prv.). — ಶಾಪವಪ್ಪಡೆ. -ಂ-ಪಡೆ. = ಶಾಪ ಕೊಳ್ಳು. (Bp. 34, 19). — ಶಾಪವೀ. -ಈ. = ಶಾಪ ಕೊಡು. (Bp. 34, 11).

ಶಾಪಗ್ರಸ್ತ śâpa-grasta. Seized by a curse, suffering under a curse (My.).

ಶಾಪಮೋಕ್ಷ śâpa-môksha. Deliverance from a curse (Bp. 34, 12. 14).

ಶಾಪಮೋಕ್ಷಿತ śâpa-môkshita. Released from a curse (Bp. 34, 25).

ಶಾಪರಹಿತ śâpa-rahita. Void of curse (My.).

ಶಾಪವಿಮುಕ್ತಿ śâpa-vimukti. = ಶಾಪಮೋಕ್ಷ. (My.).

ಶಾಪವಿಮೋಕ್ಷ śâpa-vimôksha. = ಶಾಪವಿಮುಕ್ತಿ. (Bp. 34, 17).

ಶಾಪವಿಮೋಚನೆ śâpa-vimôčanĕ. = ಶಾಪವಿಮೋಕ್ಷ. (My.).

ಶಾಪಾನುಗ್ರಹಸಮರ್ಥ śâpa-anugraha-samartha. Capable of conferring benefits and of cursing (My.).

ಶಾಪಿಸು śâpisu. To curse (Bp. 20, 16; 48, 11; 50, 60; 52, 6; 57, 58; J. 15, 32; My.).

ಶಾಬಕ śâbaka. = ಶಾವಕ. (Râm. 3, 8, 25).

ಶಾಬರ śâbara. (fr. ಶಬರ). = ಶಾವರ. Belonging to the Śabaras;—a man of the Śabara tribe (ಲುಬ್ಧಕ, ಕಿರಾತ Nn. 127; Bp. 18, 35). 2, *the tree Symplocos racemosa* Roxb. 3, a kind of non-vêdic mantras which are considered as innocent (ಶಾಪರಹಿತ, My.); magic, sorcery (Mhr.).

ಶಾಬಾಸು śâbâsu. = ಶಹಬಾಸು. (B. 4, 69; My.; Br.; Mhr., H.).

ಶಾಬ್ದ śâbda. (fr. ಶಬ್ದ). Sonorous, sounding;—relating to sound;—relating to or derived from words;—verbal, oral.

ಶಾಬ್ದವೇತೃತೆ śâbda-vêttṛitĕ. Knowledge of grammar (Čpr. 1, 31).

ಶಾಬ್ದಿಕ śâbdika. Relating to sounds or words;—a philologist, a grammarian (Śmd. 87. 135. 252. 395. 396; Čpr. 1, 58).

ಶಾಮ śâma. Tbh. of ಶ್ಯಾಮ (My.); N. (My.).

ಶಾಮಕ śâmaka. Appeasing, curing. ರೋಗಕ್ಕೆ ಶಾಮಕವಾಗಿ ಔಷಧಾದಿಕ್ರಿಯೆಗಳನ್ನು ಮಾಡುವಿಕೆ (ಚಿಕಿತ್ಸೆ Si. 199).

ಶಾಮನ śâmana. Tranquillity, peace;—settling, killing. 2, seeing; hearing. See ನಿ-.

ಶಾಮಿಲ್ śâmil. Including, comprehending, extending to (My.; H.).

ಶಾಮಿಲಾತು śâmilâtu. A part or parcel of land attached to an estate (My.; see Prv. s. ಪಿಸ್ತು).

ಶಾಮ್ಬರಿ śâmbari. (fr. ಶಮ್ಬರ). *Jugglery, sorcery, illusion.*

ಶಾಮ್ಭವ śâmbhava. (fr. ಶಮ್ಭು). Belonging to Śiva;—a worshipper of Śiva (Bp. 50, 4).

ಶಾಮ್ಭವಿ śâmbhavi. Pârvatî (Śšv. 5, 57).

ಶಾಮ್ಭವೀಧವ śâmbhavî-dhava. Śiva (Śšv. 5, 24).

ಶಾಯ śâya. Lying, reposing, sleeping. See ಉಪ-, ವಿ-.

ಶಾಯಿ śâyi. 1. Lying down, reclining, sleeping. See ವ್ಯಾಲ-, ಸ್ಥಣ್ಡಿಲ-.

ಶಾಯಿ śâyi. 2. Ink (My.; Br.; Mhr., H.). ಶಾಯಿಯಿಲ್ಲದೆ ಕಾಗದ ನಾಯಿಗೂ ಬೇಡ (Prv.). — ಶಾಯಿಕುಡಿಕೆ. An ink-bottle (My.).

ಶಾಯಿದಿ śâyidi. A witness at law; witness, deposition (Mhr., H., also ಶಾಹಿದೀ; My.; Br. ಶಾಹಿದಿ). — ಶಾಯಿದಿದಾರ. A witness (My.; Mhr.).

ಶಾರ śâra. *Variegated* (in colour), *of different colours, mixed, blended.* 2, *air, wind.*

ಶಾರಣ śâraṇa. Hurting, injuring, killing. See ನಿ-.

ಶಾರದ śârada. (fr. ಶರದ್). Autumnal. 2, *fresh, new, recent.* 3, able, competent, clever (ಕೌಶಲ, ಕುಶಲ Nn. 28; ಕುಶಲ Mr. 510). 4, breaking, reducing to pieces (? ಕ್ರಿಯಾಖಣ್ಡನ, ಖಣ್ಡನಕ್ರಿಯೆಗಳು 28, o. r. ಶಾರದೆ; ಖಣ್ಡನಕ್ರಿಯೆ 510). 5, fragments, leavings (ಉಚ್ಛಿಷ್ಟವು 28). 6, lean, feeble, poor; leanness; etc. (ಕೃಶ, ಬಡವು 28). 7, *modest, diffident.* 8, corn, grain, fruit. 9, white (ಧವಲ, ಬಿಳಿದು 28; ಅಮಲಪಾಣ್ಡುರ 510). 10, the sky (ನಭ, ಆಕಾಶ 28). 11, a ship (ಛತ್ರ, ಹಡಗು 28). See ಶಾರದೆ.

ಶಾರದಾಭ್ರ śârada-abra. = ಶರದಾಕಾಶ. (Grj. 3, 34).

ಶಾರದಿ śâradi. *The plant Jussiaea repens* Lin. 2, *the tree Alstonia* (or Echites) *sholaris* (= ವಿಶಾಲತ್ವಚ್).

ಶಾರದೆ śâradĕ. ಶಾರದಾ. = ಸಾರದೆ. Sarasvatî (ವಾಕ್, ಸರಸ್ವತಿ Nn. 28; Mr. ಭಾರತಿ 510). 2, understanding, intelligence (ಬುದ್ಧಿ 28; ಸುಬುದ್ಧಿ 510). 3, essence, pith (ಸಾರ, ಕೆಚ್ಚು 28; ಸಾರ 510). 4, a season (ಋತು, ಷಡುರುತು 28).

ಶಾರಿ śâri. = ಚಾರಿ 2, ಸಾರಿ 2. *A piece at chess or at a kind of draughts or at backgammon;*— a kind of die.

ಶಾರಿಕೆ śârikĕ. = ಸಾರಿಕೆ, q. v. (ಗೊರವಂಕೆಹಕ್ಕಿ Si. 484). 2, = ಶಾರಿ.

ಶಾರಿದ śârida. = ಸಾರಿದ. (Śmd. 335 Mdb.).

ಶಾರಿಫಲ śâri-phala. *A chequered cloth or board for playing draughts, etc.*

ಶಾರಿಫಲಕ śâri-phalaka. = ಶಾರಿಫಲ. *A chequered cloth, etc.*

ಶಾರೀರ śârîra. (fr. ಶರೀರ). = ಸಾರೀರ. Corporeal, bodily;— incorporate. 2, a division of medicine comprehending anatomy and pathology (Mhr.; B. 5, 194). 3, = ಸಾರಿರ, gutteral sound (in singing, My.).

ಶಾರೀರಕ śârîraka. Corporeal;— incorporate. 2, the embodied soul, or the doctrine inquiring into its nature. 3, = ಶಾರೀರ No. 2. (Mhr.; B. 5, 197).

ಶಾರೀರಕಮೀಮಾಂಸೆ śârîraka-mîmâmsĕ. An inquiry into the embodied soul (My.).

ಶಾರೀರಾಗ್ನಿ śârîra-agni. The gastric juice (B. 4, 31; My.).

ಶಾರು śâru. Injuring. See ಶಂ-.

ಶಾರ್ಕರ śârkara. (fr. ಶರ್ಕರಾ). *Gravelly, stony;*— sugary.

ಶಾರ್ಙ್ಗ śârṅga. (fr. ಶೃಂಗ). (= ಸಿಂಗಾಡಿ). Made of horn, horny. 2, a bow. 3, *the bow of Vishṇu or Kṛishṇa.*

ಶಾರ್ಙ್ಗಧನ್ವ śârṅga-dhanva. Vishṇu (My.).

ಶಾರ್ಙ್ಗಧರ śârṅga-dhara. Vishṇu or Kṛishṇa (Mr. 18).

ಶಾರ್ಙ್ಗಿ śârṅgi. *Vishṇu.*

ಶಾರ್ದೂಲ śârdûla. *A tiger.* 2, *best, pre-eminent* (at the end of compounds). 3, N. of a metre (Mr. 366). 4, N. of a râkshasa (Bp. 54, 56).

ಶಾರ್ದೂಲವಿಕ್ರೀಡಿತ śârdûla-vikrîḍita. N. of a vṛitta (Čh.).

ಶಾರ್ದೂಲಾಜಿನಾಮ್ಬರ śârdûla-ajina-ambara. Śiva (Bp. 27, 46).

ಶಾರ್ವರ śârvara. (fr. ಶರ್ವರೀ). Nocturnal; *darkness, gloom.* 2, *killing, mischievous, pernicious.*

ಶಾರ್ವರಿ śârvari. Night (Mr. 65). 2, the thirty-fourth year of the cycle of sixty (My.). 3, N. of a śakti (Śâv. 3, 12).

ಶಾಲ śâla. 1. = ಶಾಲು, etc. (B. 5, 297).

ಶಾಲ śâla. 2. = ಸಾಲ 1. *The timber tree Vatica robusta* W. & A. (or Shorea robusta Roxb.; ವನಸ್ಪತಿ, ವೃಕ್ಷಭೇದ Nn. 20; ಅಸಿನ ಮರ Nn. 110; see ಅಸು 2, ರಾಳ); its resin. 2, *a tree in general.* 3, *a surrounding wall of masonry on a rampart, a rampart; a fence or wall surrounding a building, any wall* (ಕೋಟೆ Hlâ.; ಕೋಟೆ Nn. 20. 61. 121; see ಪ್ರಾಕಾರ). 4, large, great, etc. (ವಿಶಾಲ, ದೊಡ್ಡಿತು 20). 5, power, ability (ಶಕ್ತಿ, ಸತ್ವ 20; ಘನಶಕ್ತಿ Mr. 471). 6, a root (ಮೂಲ, ಮೊದಲ್ 20). 7, *a kind of fish, Ophiocephalus wrahl* Ham. (ಬಾಳುಮೀನು Nr.).

ಶಾಲಗ್ರಾಮ śâla-grâma. = ಸಾಲಗ್ರಾಮು, ಸಾಲಿಗ್ರಾಮು, ಸಾಲಿಗ್ರಾವ. A black stone chiefly found in the river Gaṇḍakî and worshipped as sacred to Vishṇu (Sk.).

ಶಾಲಣ śâlaṇa. = ಸಾಲಣ. (Śmd. 335, not in Mdb.).

ಶಾಲಪರ್ಣಿ śâlaparṇi. = ಸಾಲಪರ್ಣಿ. *The shrub Desmodium gangeticum* (or Hedysarum g.). See ಹೊನ್ನೆ.

ಶಾಲಭಂಜಿಕೆ śâla-bhañjikĕ. = ಸಾರಭಂಜಿಕೆ, ಸಾಲಭಂಜಿಕೆ. A doll, a wooden puppet (J. 30, 18). 2, a courtezan, a harlot. 3, a kind of game played in the east of India. ಶಾಲಭಂಜಿಕೆವೆತ್ತು (-ಗೆತ್ತು ?), ಅರಸಂ ನೋಡಿದಂ ಲಲಾಟಿಕೋಮಳೆಯಂ (Śmd. 285, o. r. ಸಾರಭಂಜಿಕೆ).

ಶಾಲಾಜಿರ śâlâjira. *A platter, a dish, a saucer.* See ತ್ರಾವೆ.

ಶಾಲಾವೃಕ śâlâ-vṛika. = ಸಾಲಾವೃಕ. House-wolf: *a dog.*

ಶಾಲಿ śâli. 1. Belonging to a house. 2, endowed with, possessed of, possessing, having (My.). 3, *shining or resplendent with, excellent.*

ಶಾಲಿ śâli. 2. = ಸಾಲೆ 6. Rice, paddy (ವ್ರೀಹಿ, ಸ್ತಮ್ಬಕರಿ, ನೆಲ್ಲು Mr. 373).

ಶಾಲಿಕ śâlika. Belonging to a house. 2, a weaver. 3, a village of artificers. *Cf.* ಶಾಲೆ 2; ಶಾಟ; ಚಾಡ.

ಶಾಲಿಕೆ śâlikĕ. A small house, a room. See Čpr. 4, 64; ಜಯನ-, ಪಾನೀಯ-.

ಶಾಲಿನಿ śâlini. A mistress of a house. 2, N. of two vṛittas (Čh.).

ಶಾಲಿವಾಹನ śâli-vâhana. N. of a king of Pratishṭhâna on the Gôdâvarî, the institutor of the era (śaka) which commences seventy-eight years after Christ.

ಶಾಲಿವಾಹನಶಕ śâlivâhana-śaka. The era of Śâlivâhana (Mr. after 540).

ಶಾಲಿಹೋತ್ರ śâli-hôtra. A horse. 2, N. of a writer on veterinary subjects (Rśv. 6, after 11).

ಶಾಲೀನ śâlîna. Attached to the house or to one's own room: *retiring, humble, modest, diffident.*

ಶಾಲು śâlu. = ಶಾಲ 1, ಶಾಲುವೆ, ಷಾಲು. A woolen shawl (My.; B. 3, 9; 4, 164; Mhr., H. ಶಾಲ). ಶಾಲು ಹೊದ್ದವನಾದರೂ ಶಾಲು ಬಿಟ್ಟಾನೇ ?— ಶಾಲು ಸಕಲಾತಿ ತೇಲಿ ಹೋಗುವಾಗ ಕವುದಿ ತನ್ನ ಗತಿಯೇನು ? ಅನ್ನಿತು (Prvs.). — ಶಾಲುಜೋಡು. A double shawl (My., also ಜೋಡಿ). — ಶಾಲುನಾಮ. = ಶಾಲು. (My.).

ಶಾಲುವೆ śâluvĕ. = ಶಾಲು, etc. (My.; Br.).

ಶಾಲೂಕ śâlûka. *The root of the esculent water-lily.*

ಶಾಲೂರ śâlûra. *A frog.*

ಶಾಲೆ śâlĕ. 1. ಶಾಲಾ. = ಸಾಲೆ 3. *The upper or main branch of a tree.* 2, a hall, a saloon; *an apartment, a room* (ಕೋಣೆ Nn. 121);—*a house* (ಗೃಹ, ಮನೆ Nn. 20);—*a stable.* 3, a school (My.; Mhr.). 4, (= ಶಾಲ 2?) N. of a plant (ಮಹಿಶಾಸನ Mr. 134).

ಶಾಲೆ śâlĕ. 2. Tbh. of ಚೇಲ. = ಸಾಲೆ 2, etc. A woman's garment (ಸೀರೆ My.). ಶಾಲೆ ತರಲಿಕ್ಕೆ ದರಿದ್ರವಾದರೆ ಖೂಲೆ ಹಾಕ ಲಿಕ್ಕೂ ದರಿದ್ರವೇ?—ತಾಯನ್ತೆ ಮಕ್ಕಳು, ನೂಲನ್ತೆ ಶಾಲೆ.—ಬಸಿಬು ಬನ್ದಾ ಕ್ಷಣ ಹಸುರುಶಾಲೆ ಸಿಕ್ಕೀತೇ? (Prvs.). — ಶಾಲೆರೋಗ. = ಸಾಲೆರೋಗ, ಸೀರೆರೋಗ. A morbid issue of blood from the yôni (My.).

ಶಾಲೇಯ śâlêya. *A field of paddy.* 2, *a sort of fennel, Anethum Panmorium* Roxb. (or A. sowa). See ಸಬ್ಬಸಿಗೆ.

ಶಾಲ್ಮಲಿ śâlmali. ಶಾಲ್ಮಲೀ. = ಶಲ್ಮಲಿ. *The seemul or silk-cotton tree, Salmalia malabarica* Sch. & E. (or Bombax heptaphyllum Roxb.; ಸ್ಥಿರಜೀವಿ, ಎಲವ Mr. 119).

ಶಾಲ್ಮಲಿಕುಜ śâlmali-kuja. = ಶಾಲ್ಮಲಿ. (ಶುಳ, ಎಲವದ ಮರ Nn. 153).

ಶಾಲ್ಮಲೀವೇಷ್ಟ śâlmalî-vêshṭa. The gum of the silk-cotton tree.

ಶಾಲ್ಯೋದನ śâli-ôdana. A good kind of boiled rice (J. 6, 44).

ಶಾವ śâva. (fr. ಶವ). Relating to a dead body. 2, *the young of any animal.*

ಶಾವಕ śâvaka. = ಶಾಬಕ. *The young of any animal.*

ಶಾವರ śâvara. = ಶಾಬರ. (ಬಿಳಿಯ ಲೋಧ್ರ Nr.).

ಶಾವಿಗೆ śâvigĕ. = ಸಾವಿಗೆ, q. v. (C.; Bh. 1, 15, 7). Tbh. of ಸೇವಿಕಾ. ಶಾವಿಗೆ ಸಿಕ್ಕಿ ಸತ್ತವನಿಲ್ಲ, ಹಾವಿಗೆ ಸಿಕ್ಕಿ ಬದುಕಿದವನಿಲ್ಲ (Prv.).

ಶಾಶ್ವತ śâśvata. (fr. ಶಶ್ವತ್). = ಸಾಸತ. *Eternal, constant, perpetual, permanent* (ಸ್ಥಿರ Nn. 42; ಸತ Kk. 57). 2, Śiva;—N. 3, heaven, ether.

ಶಾಷ್ಕಲ śâshkala. = ಶಾಷ್ಕುಲ, ಶೌಷ್ಕಲ. (ಅಡಗನ್ ಓರನ್ತೆ ತಿಮ್ಬುವಂ Mr. 231).

ಶಾಷ್ಕುಲ śâshkula. = ಶಾಷ್ಕಲ.

ಶಾಷ್ಕುಲಿಕ śâshkulika. (fr. ಶಷ್ಕುಲಿ). *A quantity of baked cakes.*

ಶಾಸಕ śâsaka. A kind of kettle-drum (see s. ಪಂಚಮಹಾಶಬ್ದ).

ಶಾಸನ śâsana. The act of governing, ruling, government;—training, instructing;—correcting; punishing (see ಪಾಕ್-, ಶಮ್ಬರಾಹಿತ-). 2, instruction, discipline. 3, *an order, a command; a precept* (ಆಜ್ಞೆ, ಶಾಸಿತ, ಪ್ರಯೋಗ, ಪೇಳ್ವುದು Mr. 440). 4, a royal grant, a charter, an edict (inscribed on stone or copper, Bp. 59, 56; Śśv. 1, 36). 5, a writing, a deed, a written contract or agreement. — ಶಾಸನ ಮಾಡು. To punish (B. 4, 142). ದುಷ್ಟರಿಗೆ ದೇವರು ಶಾಸನ ಮಾಡುತ್ತಾನೆ (5, 280).

ಶಾಸನಧಾರಕ śâsana-dhâraka. A man who receives and carries out orders (Bp. 58, 15).

ಶಾಸಿತ śâsita. Governed, ruled, directed; guided (see ಮಾತೃ-);—corrected; punished. 2, = ಶಾಸನ No. 3, q. v.

ಶಾಸಿಸು śâsisu. To instruct; to order; to correct; to punish (ಶಿಕ್ಷೆ Śmd. Dh.; Čpr. 6, 13).

ಶಾಸೆ śâsĕ. = ಸೇಸೆ, q. v. (Bp. 61, 22).

ಶಾಸ್ತ್ರ śâstra. = ಸಾಸ್ತ್ರ. *An order, a command, a rule, a precept.* 2, *a religious or scientific treatise, any work or book of standard authority* (Śmd. 1). 3, a book, a treatise, a body of teaching in general. 4, divination, sooth (My.). ಶಾಸ್ತ್ರ ತಿಳಿಯದಿದ್ದರೂ ವಸ್ತ್ರ ಮಯ್ಲಿಯಾಗಿರ ಬೇಕೇ?—ಶಾಸ್ತ್ರ ಹೇಳಿಲಿಕ್ಕೆ ಮಾಡಿ ಅದೆ, ಬದನೇಕಾಯಿ ತಿನ್ನಲಿಕ್ಕೆ ಮಾಡಿ ಅದೆ (Prvs.). See Prv. s. ವೇದ.

ಶಾಸ್ತ್ರಕಾರ śâstra-kâra. The author of a scientific, etc. book; a writer or author in general (Śmd. 2 Cm.).

ಶಾಸ್ತ್ರಚತುರ್ಮುಖ śâstra-čaturmukha. A man who knows the śâstras like Brahmâ (Śâstrasâra in W. v. 1291).

ಶಾಸ್ತ್ರಜ್ಞ śâstra-jña. Knowing, or skilled in, religious or scientific works (B. 4, 100; My.).

ಶಾಸ್ತ್ರಪದ್ಧತಿ śâstra-paddhati. The way indicated by a śâstra (My.).

ಶಾಸ್ತ್ರಪಾಠ śâstra-pâṭha. The reading or study of a śâstra (My.).

ಶಾಸ್ತ್ರಪಾರಗ śâstra-pâraga. Well versed in śâstras (My.).

ಶಾಸ್ತ್ರವತ್ śâstra-vat. Conformably or according to the śâstras (My.).

ಶಾಸ್ತ್ರವಿದ್ śâstra-vid. *Knowing the śâstras.*

ಶಾಸ್ತ್ರವಿದ śâstra-vida. = ಶಾಸ್ತ್ರವಿದ್. (My.).

ಶಾಸ್ತ್ರವಿರುದ್ಧ śâstra-viruddha. Opposed to the śâstras (Kâvy. II, 2, B, 3. 24-26).

ಶಾಸ್ತ್ರವ್ಯುತ್ಪತ್ತಿ śâstra-vyutpatti. Perfect conversancy with the śâstras (My.).

ಶಾಸ್ತ್ರಶಿಕ್ಷೆ śâstra-śikshĕ. Teaching the śâstras. See ಓದಿಸು.

ಶಾಸ್ತ್ರಸಿದ್ಧ śâstra-siddha. Established by the śâstras (My.).

ಶಾಸ್ತ್ರಸಿದ್ಧಾನ್ತ śâstra-siddhânta. A truth established by the śâstras (My.).

ಶಾಸ್ತ್ರಾನ್ವಿತ śâstra-anvita. A man who understands the śâstras, a learned man (ವೃದ್ಧ Kâvy. II, 1, 1).

ಶಾಸ್ತ್ರಾಭ್ಯಾಸ śâstra-abhyâsa. The study of religious or scientific treatises (Čpr. 1, after 101).

ಶಾಸ್ತ್ರಿ śâstri. Versed in the śâstras; a learned man; a teacher of the śâstras (My.; B. 4, 183. 184). 2, a title affixed to the names of smârta Brâhmaṇas (My.).

ಶಾಸ್ತ್ರೀಯ śâstrîya. Authorized by or conformable to the śâstras, scriptural (Śi. 243. 436).

ಶಾಸ್ತ್ರೋಕ್ತ śâstra-ukta. Declared or enjoined by the śâstras (My.).

ಶಾಹಮೃಗ śâha-mṛiga. = ಶಹಾಮೃಗ. (B. 3, 94).

ಶಾಹಾಬಾಸು śâhâbâsu. = ಶಹಬಾಸು, etc. (Čb. 13; My.).

ಶಿಂಶಪೆ śiṁśapĕ. = ಸಿಸವೆ. *The tree Dalbergia sisu* Roxb.

ಶಿಂಶುಪೆ śiṁśupĕ. = ಶಿಂಶಪೆ. (My. Amara).

ಶಿಂಶುಮಾರ śiṁśu-mâra. = ಶಿಶುಮಾರ. (My. Amara).

ಶಿಂಶುಮಾರಚಕ್ರ śiṁśumâra-čakra. A collection of stars near the dhruva (My.).

ಶಿಂಘಾಣ śiṁhâṇa. = ಸಿಂಹಾಣ, etc.

ಶಿಕಸ್ತು śikastu. Broken or folded state (as of paper); wrecked (as a ship); ruined, out of repair (as a building, tank, etc., My.; Br.; Mhr., H.).

ಶಿಕಾರಿ śikâri. = ಸಿಕಾರಿ. Hunting, the chase (My.; Br.; Mhr., H. ಶಿಕಾರ್). — ಶಿಕಾರಿಯವ. -ಅವ. A hunter (My.).

ಶಿಕ್ಯ śikya. = ಚಿಕ್ಕ 2, ಸಿಕ್ಕ. *A sling for suspending things; a loop suspended from each end of a pole to receive the load* (see ಕಾಚ and ನೆಲಹು);—the strings of a balance.

ಶಿಕ್ಯಿತ śikyita. *Suspended in a śikya* (see s. ನೆಲಹು).

ಶಿಕ್ಯೋತ್ಸವ śikya-utsava. A festival on the day following Kṛishṇa's birthday when Kṛishṇa's idol is carried about in a maṇṭapa in which pots with milk, butter, and curds are suspended (My.).

ಶಿಕ್ಷಕ śikshaka. A male teacher, an instructor (B. 5, 274; My.; see ವಿದ್ಯಾ-; Mr. s. ಭಾವ 2);—one who corrects or chastises (Bp. 10, 41; 28, 64). Feminine ಶಿಕ್ಷಕಳು (My.; B. 5, 275).

ಶಿಕ್ಷಣ śikshaṇa. Learning, acquiring knowledge. 2, teaching, training (Śmd. 68).

ಶಿಕ್ಷಾಕ್ರಮಣ śikshâ-kramaṇa. Methodical instruction or training (Bh. 1, 8, 24).

ಶಿಕ್ಷಾಗುರು śikshâ-guru. A teacher in general. ತತ್ಕರ್ಮ ಶಿಕ್ಷಾಗುರು (*i. e.* ಬಿಲ್ಲ ಕರ್ಮ-) ದ್ರೋಣನಕ್ಕುಂ (Mr. 294). 2, a religious preceptor.

ಶಿಕ್ಷಾಚಾರ್ಯ śikshâ-âčârya. = ಶಿಕ್ಷಾಗುರು.

ಶಿಕ್ಷಾಚಾರ್ಯತನ śikshâčâryatana. Teaching; training (Prll. 3, 32).

ಶಿಕ್ಷಾಲಯ śikshâ-âlaya. A school (ಓದುವ ಗೃಹ Mr. 197).

ಶಿಕ್ಷಾವಚನ śikshâ-vačana. Words of instruction (Čpr. 4, after 24; 4, 25).

ಶಿಕ್ಷಿತ śikshita. Instructed, taught (Čpr. 4, 24);—disciplined, trained; tame; corrected;—*skilful, clever, conversant; skilled in archery.*

ಶಿಕ್ಷಿತಾಯುಧ śikshita-âyudha. *Skilled in weapons.*

ಶಿಕ್ಷಿಸು śikshisu. To teach (as science, Čpr. 4, 4; My.); to check, to train, to discipline, to subdue (ನಿಯಮ Śmd. Dh., o. r. ನಿಯಾಮ; J. 5, 57);—to chastise, to punish (Bp. 27, 33; 36, 30; J. 29, 4; Śâ. 20; My.; Si. 79). ಕಲ್ಲಾಯ್ತನ್ ಓಜನ್ ಎನ್ದೆನೆ ವಿಪುಲವಿದ್ಯಮಂ ಬಲ್ಲಿತಾಗಿಯೆ ಶಿಕ್ಷಿಪಾತಂ (Śm. 46). See Mr. s. ದಣ್ಡ.

ಶಿಕ್ಷೆ śikshĕ. ಶಿಕ್ಷಾ. Learning, study, the acquisition of knowledge. 2, *teaching, instruction, training, discipline.* 3, punishment (My.; Mhr.). 4, one of the vêdâṅgas: the science which teaches proper pronunciation and especially the laws of vedic euphony. See ಸಾಸಿಸು. ಶಿಕ್ಷೆಗೆ ಪಾತ್ರನಾದರೂ ಭಿಕ್ಷೆಗೆ ನಾಡುವನನ್ತೆ.—ಶಿಕ್ಷೆಯಿದ್ದರೆ ಭಕ್ಷ ಬೇಯುತ್ತದೆ ಅನ್ತ.—ಪಕ್ಷಾಭೇದಾ ಮಾಡಿದವಗೆ ಶಿಕ್ಷೆ ತಪ್ಪದು.—ಪುಟಗೋಸಿಗಿನ್ತ ದರಿದ್ರವಿಲ್ಲ, ಮರಣಕ್ಕಿನ್ತ ಶಿಕ್ಷೆಯಿಲ್ಲ (Prvs.). — ಶಿಕ್ಷೆ ಅನುಭೋಗಿಸು. To suffer punishment, to be punished (B. 5, 279; My.). — ಶಿಕ್ಷೆ ಕೊಡು. To give punishment, to punish (B. 5, 268; My.). — ಶಿಕ್ಷೆ ರಕ್ಷೆ. Punishing and protecting (J. 24, 56).

ಶಿಕ್ಷೋಪಕರಣ śikshâ-upakaraṇa. An instrument or tool for training, etc. (Rśv. 6, after 11).

ಶಿಕ್ಷೋಪಾಯ śikshâ-upâya. A means for learning, etc. 2, capital punishment (see Nn. s. ದಣ್ಡ).

ಶಿಖ śikha. = ಶಿಖೆ. The clitoris (ಅಂಗನೆಯ ಯೋನಿಯ ಅಂಕುರಂ Mr. 328). See ಅಗ್ನಿ-.

ಶಿಖಣ್ಡ śikhaṇḍa. A tuft or lock (or locks) of hair left on the crown or sides of the head at tonsure. 2, *the tail of a peacock.* 3, a crest; a top (Čpr. 4, after 75).

ಶಿಖಣ್ಡಕ śikhaṇḍaka. *A tuft or lock* (or locks) *of hair left on the crown or sides of the head at tonsure.*

ಶಿಖಣ್ಡಿ śikhaṇḍi. Tufted; crested. 2, *a peacock.* 3, a kind of snake. ಎರಡು ತಲೆಗಳುಳ್ಳ ಶಿಖಣ್ಡಿ ಎಮ್ಬ ಸರ್ಪ (ರಾಜಿಲ, etc. Si. 77). 4, N. of a ṛishi. 5, N. of a son of Drupada, born as a female (Bh. 6, 8 sum.). 6, an hermaphrodite (Mbr.; My.; ಷಣ್ಡ, ಕ್ಲೀಬ, etc., ನಪುಂಸಕ Si. 195).

ಶಿಖಣ್ಡಿಕೆ śikhaṇḍikĕ. *A tuft or lock of hair on the crown of the head* (ಜೆಣ್ಡಿಕೆ Hlâ.).

ಶಿಖರ śikhara. = ಸಿಕರ. A point, a top, a summit, a pinnacle;—*the peak of a mountain;—the top of a tree.*

ಶಿಖರಿ śikhari. = ಚಿಕರಿ. Pointed, peaked, crested, tufted. 2, *a mountain* (ಪರ್ವತ Nn. 65). 3, *a tree* (ಕುಜ, ಮರನು 65). 4, *the lapwing* (see ಕೊಟ್ಟುಕ). 5, the plant Achyranthes aspera (ಅಪಾಮಾರ್ಗ, ಉತ್ತರಣಿ Mr. 128). 6, a cover, a lid (see ಉತ್ಪುಟ). 7, a forest (ಅರಣ್ಯ, ವನ 65). 8, gold (ಕಾಂಚನ, ಸುವರ್ಣ 65). 9, Arabian jasmine.

ಶಿಖರಿಣಿ śikhariṇi. An eminent or excellent woman. 2, N. of a vṛitta (Čh.). 3, a dish of curds and sugar with spices.

ಶಿಖರಿದಶನ śikhari-daśana. Teeth that resemble the buds of the Arabian jasmine (J. 30, 11).

ಶಿಖಾಮಣಿ śikhâ-maṇi. A crest-gem;—pre-eminent (at the end of compounds, Si. 217).

ಶಿಖಾರ śikhâra. A pleasing tone or note; singing (ಕಲಕಣ್ಠ, ಗಾನ Nn. 73, o. r. ಗಾನವಿದ್ಯ).

ಶಿಖಾವತ್ śikhâ-vat. Having a point; crested; having a tuft of hair;—possessing flame, flaming;—*fire.*

ಶಿಖಾವಲ śikhâ-vala. *A peacock.*

ಶಿಖಿ śikhi. Pointed, crested, peaked, having a tuft or lock of hair on the top of the head. 2, *a peacock* (ನವಿಲ್ Nn. 4; Mr. 503). 3, *fire* (ಅಗ್ನಿ 4; 503). 4, the number 3. 5, N. of a metrical foot (Čh.). 6, *a comet* (ಕೇತು, ಕಿರಣ 4). 7, Kêtu, the descending node (ಕೇತು 503; ಕೇತು Mr. 39). 8, the top of a tree (ಪಾದಪಾಗ್ರ, ಮರದ ತುದಿ 4). 9, the head (ಶಿರಸ್ಸು 4; ಶಿರಸ್, ಚೂಡ Mr. 471). 10, a crest (ಚೂಡ, ಮುಕುಟ 4; ಚೂಡ 503). 11, a tuft of hair left on the crown of the head (ಶಿರಸ್ಸು, ಜೆಣ್ಡಿಕೆ Nn. 162). 12, a Brâhmaṇa (ಬ್ರಾಹ್ಮಣ, ವಿಪ್ರ 4). 13, a black serpent (ಕಾಳೋರಗ, ಕೃಷ್ಣಸರ್ಪ 4). 14, the planet Mars (ಅಂಗಾರಕ, ಮಂಗಳನು 4; ವಕ್ರ 503). 15, a tree (ವೃಕ್ಷ 503; Mr. 103). 16, copper (ತಾಮ್ರ, ತಾಮ್ಬ್ರ 4; ತಾಮ್ರ 503). 17, a helmet (ಸೀಸಕ 1). 18, Ceylon leadwort (ಮೂಲಿಕೆ, ಚಿತ್ರಮೂಲಿಕೆ 4). (In some of the instances ಶಿಖಿ is = ಶಿಖೆ). — ಶಿಖಿ ಗಿಖಿ. reit. (Grj. 6, 38).

ಶಿಖಿಕೇತು śikhi-kêtu. N. of a king (J. 25, 56. 57).

ಶಿಖಿಗ್ರೀವ śikhi-grîva. A peacock's neck. 2, *sulphate of copper, blue vitriol.*

ಶಿಖಿಧ್ವಜ śikhi-dhvaja. = ಶಿಖಿಕೇತು. (J. 26, 32. 55). 2, Kârttikêya (Sk.).

ಶಿಖಿನೇತ್ರ śikhi-nêtra. Śiva (My.).

ಶಿಖಿಪಟೂಕರಣ śikhi-paṭûkaraṇa. Kindling a fire. See ಕತ್ತು 2.

ಶಿಖಿಪಿಂಛ śikhi-pinčha. A feather of a peacock's tail (My.).

ಶಿಖಿಬ್ರುಜ śikhi-braja. The number 3 (Čh.).

ಶಿಖಿವಾಹನ śikhi-vâhana. Having a peacock for his vehicle: *Kârttikêya.*

ಶಿಖಿಸನ್ಧಾರಣ śikhi-sandhâraṇa (?). See ಜಟುಗ.

ಶಿಖೆ śikhĕ. ಶಿಖಾ. = ಶಾಕ 2, ತಿಖ, (ತಿಖಿ), ಸಕೆ, ಸಖೆ, ಸಗೆ, ಸಾಕ, ಸೆಕೆ, ಸೆಖೆ, ಸೆಗೆ. A sharp end, a point, a spike, a peak, a projection, a top, an end or point in general. 2, a crest, a tuft, a plume;—*a tuft or lock of hair on the crown of the head* (see ಕಾಕಪಕ್ಷ);—*a peacock's crest.* 3, *the head;* the chief of anything, the acme. 4, *a nipple.* 5, *a flame.* 6, *a ray of light.* 7, the heat or fever of love. 8, a branch which takes root; any branch.

ಶಿಗ್ರು śigru. *The horse-radish tree, Moringa pterygosperma* Gaertn. (Guilandina moringa Lin.; see ನುಗ್ಗೆ). 2, *a pot-herb in general.*

ಶಿಗ್ರುಜ śigru-ja. *The seed of the Moringa.*

ಶಿಂಘಾಣ śinghâṇa. = ಸಿಂಹಾಣ, etc.

ಶಿತ śita. Sharpened, whetted;—thin, emaciated;—weak, feeble. See ನಿ-, ಸಂ-; Bp. 39, 55.

ಶಿತದ್ರು śita-dru. = ಶತದ್ರು. *The river Sutlej.*

ಶಿತಾರು śitâru. A stringed instrument, a cithara (My.; H.).

ಶಿತಿ śiti. = ಸಿತಿ 2. *White.* 2, *black, dark-blue.*

ಶಿತಿಕಣ್ಠ śiti-kaṇṭha. *Śiva.*

ಶಿತಿಸಾರಕ śiti-sâraka. Having black essence: *a sort of ebony, Diospyros embryopteris* Pers.

ಶಿಥಿಲ śithila. *Loose, slackened, relaxed, untied, lax, not rigid or compact, not close or firm;* out of repair, ruined (as a building, My.);—looseness, laxity, a loose fastening. 2, a peculiar weak state of double consonants: the state of their lacking force of utterance and not lengthening a preceding syllable (Śmd. 52. 71). 3, decayed. 4, *inert, weak, feeble* (ಮುಪ್ಪು ಬಲ್ಪಾಗೆ ಶಿಥಿಲನಕ್ಕುಂ Mr. 310).

ಶಿಥಿಲತೆ śithilatĕ. Looseness, laxity; the state of being unfastened; that of being ruined or out of repair (My.); a state of dissolution; want of energy, languor (Grj. 6, 50). 2, = ಶಿಥಿಲ No. 2 (Śmd. 53. 54).

ಶಿಥಿಲತ್ವ śithilatva. = ಶಿಥಿಲತೆ No. 1. 2, = ಶಿಥಿಲತೆ No. 2 (Śmd. 51. 53. 408).

ಶಿಥಿಲದ್ವಿತ್ವ śithila-dvitva. The state of being doubled on the principle of śithila No. 2 (Śmd. 47. 49. 54).

ಶಿಥಿಲವೃತ್ತಿ śithila-vṛitti. = ಶಿಥಿಲತೆ No. 2. (Śmd. 55. 140).

ಶಿದಾನ śidâna. Behaving badly, etc. (see Mr. s. ದುರ್ವೃತ್ತ).

ಶಿನಿ śini. = ಸಿನಿ. N. of a son of Sumitra;—N. of a descendant of Garga, a chief of the Kshatriya tribe;—a man belonging to a particular class of Kshatriyas. See ಶೈನೇಯ.

ಶಿಪಾರಸು śipârasu. Recommendation; patronage (My.; B. 5, 234; Br.; Mhr., H. ಶಿಫಾರಸ).

ಶಿಪಿ śipi. A ray of light. 2, skin, leather.

ಶಿಪಿವಿಷ್ಟ śipi-vishṭa. *Leprous;* leprosy (ಕಪ್ಪುಚರ್ಮ, ಕೆಟ್ಟ ತೊಗಲು Nn. 143; ಕಪ್ಪುಚರ್ಮ Mr. 479). 2, *bald-headed,* hairless (ಅರೋಮಕ, ರೋಮವಿಲ್ಲದವನು 14, o. r. ರೋಮವಿಲ್ಲದುದು). 3, a sick man (ರೋಗಯುತ, ರೋಗಸ್ಥ 143). 4, *Śiva* (ಅಂಗಜವೈರಿ, ಪರಮೇಶ್ವರ 143).

ಶಿಫಾಕನ್ದ śiphâ-kanda. *The root of a water-lily, etc.* (= ಕರಡಾಟು).

ಶಿಫೆ śiphĕ. ಶಿಫಾ. *A fibrous root; a root growing from a branch* (see ಬೀಳಿಲ್ & ಬೀಳಿಲ್).

ಶಿಬಿ śibi. = ತಿವಿ, ಸಿಬಿ. (J. 24, 21).

ಶಿಬಿಕೆ śibikĕ. = ತಿವಿಕೆ, (ಸಿಡಿಗೆ 2), ಸಿವಿಗೆ. (ವಿಮಾನ Nn. 42; J. 31, 55; 32, 49).

ಶಿಬಿರ śibira. = ತಿವಿರ. (ದಣ್ಣು ಬಿಡುವ ಎಡೆ Mr. 287).

ಶಿಮ್ಬೆ śimbĕ. *A legume, a pod.*

ಶಿರ śira. = ಶಿರಸ್, ಸಿರ 2, ಸಿಲೆ 2, ಸೆಲೆ 2. The head (ಮಣ್ಡೆ Nn. 7). 2, the root of the pepper plant (ಮೋಡಿ, ಹಿಪ್ಪಲೀ ಬೇರು G.). 3, a large serpent (*cf.* ಸೆಲೆ 2).—ಶಿರದಲಿ ಧರಿಸು. To take upon one's head: to accept with pleasure (as a command) for execution, to honour highly (Bp. 39, 42; My.). *Cf.* ತಲೆಯೊಳ್ ಆನ್.—ಶಿರದೊಳ್ ಆನ್. = ಶಿರದಲಿ ಧರಿಸು. (Bp. 28, 63; 44, 73).—ಶಿರದೊಳ್ ಧರಿಸು. = ಶಿರದಲಿ ಧರಿಸು. (Bp. 1, 15; 48, 21).—ಶಿರವಪ್ಪರಂ. -ಂ-ಬರಂ. Up to the head (Grj. 1, 110).—ಶಿರವಾನ್. -ಆನ್. To honour highly (Bp. 45, 16).

ಶಿರಃಕಮ್ಪನ śiras-kampana. Shaking of the head, waving of it (My.).

ಶಿರಃಪ್ರಧಾನಿ śiras-pradhâni. A prime minister (J. 17, 30).

ಶಿರಚ್ಛೇದ śiras-čhêda. Cutting of the head, decapitation (My.).

ಶಿರಸ್ śiras. = ಶಿರಸು, ಶಿರಸ್ಸು. *The head* (ತಿಖಿ, ಚೂಡ Mr. 471). 2, the skull. 3, *the top of a tree; the head or top of anything; the highest part.*

ಶಿರಸಾ śirasâ. With the head: with porfound reverence or humble submission (Mhr.).—ಶಿರಸಾ ಮಾನ್ಯ ಮಾಡಿ ಕೊಳ್ಳು, to honour highly (G., preface; My.).—ಶಿರಸಾ ವಹಿಸು. = ಶಿರದಲಿ ಧರಿಸು. (My.).

ಶಿರಸಿಜ śirasi-ja. Produced on the head: *the hair of the head.*

ಶಿರಸು śirasu. Tbh. of ಶಿರಸ್. (Bp. 49, 17; 54, 6. 42; 59, 12).—ಶಿರಸಿನಲಿ ಧರಿಸು. = ಶಿರದೊಳ್ ಧರಿಸು. (Bp. 53, 23).

ಶಿರಸ್ಕ śiraska. Belonging to the head; that belongs to the head. 2, a helmet; a crown (Śśv. 4, 134); a turban. See ಅ-.

ಶಿರಸ್ತೆ śirastĕ. The office or business of a śirastĕdâra (My.).

ಶಿರಸ್ತೆದಾರ śirastĕ-dâra. The head native clerk in the office of a collector or in a court of justice (My.; Br.; Mhr., H. ಶಿರಸ್ತೇದಾರ).

ಶಿರಸ್ತ್ರ śiras-tra. Head-protector: *a helmet.* 2, a turban, a cap.

ಶಿರಸ್ತ್ರಾಣ śiras-trâṇa. = ಶಿರಸ್ತ್ರ. (My.; Si. 279).

ಶಿರಸ್ನಾನ śira-snâna. Bathing (the body together with) the head: bathing the whole body (My.).

ಶಿರಸ್ಯ śirasya. Belonging to the head;—*clean or unentangled hair.*

ಶಿರಸ್ಸನ್ಧಾನ śiras-sandhâna. The act of joining, or of supporting, the head. See ತಲೆಮಡು.

ಶಿರಸ್ಸು śirassu. Tbh. of ಶಿರಸ್. The head (ಉತ್ತಮಾಂಗ Nn. 23; ಸಿರ, ಮಣ್ಡೆ Nn. 162). 2, a crown, a crest (ಮಕುಟ 162). 3, a tuft of hair on the crown of the head (ತಿಖಿ, ಚೆಣ್ಡಿಕೆ 162).

ಶಿರೀಷ śirîsha. = ಸಿರಸಲ, ಸಿರಿಸ, ಸಿರ್ಸಲ. *The tree Acacia sirissa* Buch. (see ಕಡಚಿ). 2, a large tree, Albizzia lebbeck Benth. (St. & Pl.).

ಶಿರೆ śirĕ. = ಸಿರ 1, ಸಿರೆ, ಸೆರೆ. *Any tubular vessel of the body, a nerve, a tendon, a fibre, a gut, a vein, a blood-vessel, an artery* (ಸೆರೆಯು ನರ Hlâ.). See ನರ.

ಶಿರೋಗೃಹ śiras-griha. *A room on the top of a house.*

ಶಿರೋಗ್ರನ್ಥಿ śiras-granthi. A bunch or chaplet (of pearls) on the head (ತೊಣ್ಣಲ್ Mr. 334).

ಶಿರೋಜ śiras-ja. The hair of the head (ಮಣ್ಡೆಯ ಕೂದಲ್ Nn. 5).

ಶಿರೋದೇಶ śiras-dêśa. *The region of the head, the head.*

ಶಿರೋಧರ śiras-dhara. = ಶಿರೋಧರೆ. (ಕೊರಲ್ Nn. 41. 144).

ಶಿರೋಧರೆ śiras-dharĕ. *The neck.*

ಶಿರೋಧಾರಣ śiras-dhâraṇa. Taking upon or bearing on the head. See ಪೊರ್.

ಶಿರೋಧಿ śiras-dhi. *The neck.*

ಶಿರೋಭ್ರಮಣೆ śiras-bhramaṇĕ. Vertigo, giddiness (J. 13, 35).

ಶಿರೋಮಣಿ śiras-maṇi. Crest-jewel, a gem worn in a crest. 2, a most distinguished person; best (Bp. 41, 5; 61, 70; J. 2, 45; 14, 16).

ಶಿರೋರಕ್ಷೆ śiras-rakshĕ. = ಶಿರಸ್ತ್ರಾಣ. (My.).

ಶಿರೋರತ್ನ śiras-ratna. *A jewel worn in a crest.*

ಶಿರೋರುಹ śiras-ruha. *The hair of the head* (ಮಣ್ಡೆಯ ಕೂದಲ್ Nn. 4. 22. 45).

ಶಿರೋರೋಗ śiras-rôga. Headache (ಮಣ್ಡೆನೋವು Mr. 387, o. r. ಶಿರೋವ್ಯಥೆ).

ಶಿರೋವಲಯ śiras-valaya. A certain feat of wrestlers (Śśv. 4, 75).

ಶಿರೋವೇದನೆ śiras-vêdanĕ. = ಶಿರೋರೋಗ. (My.).

ಶಿರೋವೇಷ್ಟನ śiras-vêshṭana. A turban (ಉಷ್ಣೀಷ, ತಲೆಸುತ್ತು Nn. 121; Ŏpr. 2, 59).

ಶಿರೋವೇಷ್ಟಿ śiras-vêshṭi. = ಶಿರೋವೇಷ್ಟನ. (V. 38, after 98).

ಶಿರೋವ್ಯಥೆ śiras-vyathĕ. = ಶಿರೋರೋಗ, q. v.

ಶಿರೋವ್ಯಾಧಿ śiras-vyâdhi. = ಶಿರೋವ್ಯಥೆ. (My.).

ಶಿರೋಸ್ಥಿ śiras-asthi. *The skull.*

ಶಿರ್ಶಿ śirśi. N. of a town on the western ghauts (My.; B. 3, 30).

ಶಿಲ śila. *Ears of corn left in a field;—gathering ears of corn, gleaning.* See ಉಂಛ.

ಶಿಲವೃತ್ತಿ śila-vṛitti. Subsistence by gleaning (Si. 299).

ಶಿಲಾಜತು śilâ-jatu. *Bitumen; red chalk.*

ಶಿಲಾಜಿತ್ śilâ-jit. = ಶಿಲಾಜತು. (ಅರ್ಘ್ಯ, ಅಶ್ಮಜ, ಅಶ್ಮಪುಷ್ಪ G. as ಶಿಲಾಜತು).

ಶಿಲಾದ śilâ-ada. Stone-eater; N. — ಶಿಲಾದಮುನಿ. N. (Bp. 1 sum.; 1, 64).

ಶಿಲಾಧಾತು śilâ-dhâtu. Chalk; red chalk; etc. (My.).

ಶಿಲಾನದಿ śilâ-nadi. N. of a river on the Himâlaya (My.).

ಶಿಲಾಪಟ್ಟ śilâ-paṭṭa. A flat stone for grinding condiments, etc. (ಅಸಿಯ ಕಲ್ Mr. 406).

ಶಿಲಾಪಾಂಗ śilâ-apâṅga. A deformed, huge stone (J. 10, 7).

ಶಿಲಾಭೇದಿ śilâ-bhêdi. A stone-cutter's chisel. 2, the plant Plectranthus scutellarioides (? ಹಿಟ್ಟುಳಿ Mr. 131; Sk. ಶಿಲಾಭೇದ).

ಶಿಲಾಲಿ śilâli. = ಶೈಲಾಲಿ. See ನಟ.

ಶಿಲಾವರ್ಷ śilâ-varsha. = ಶಿಲಾವೃಷ್ಟಿ. (My.).

ಶಿಲಾವಿಗ್ರಹ śilâ-vigraha. A stone image (My.).

ಶಿಲಾವೃಷ್ಟಿ śilâ-vṛishṭi. Stone-rain: hail (My.).

ಶಿಲಾಶಾಸನ śilâ-śâsana. A grant or edict inscribed on stone (Bp. 37, 25).

ಶಿಲಾಸಾರ śilâ-sâra. Iron (ಗಿರಿಸಾರ, etc., ಕಾರ್ಬೊನ್ Mr. 98).

ಶಿಲಿ śili. The lower timber of a door. 2, *a small earth-worm.*

ಶಿಲೀನ್ಧ್ರ śilîndhra. *A mushroom* (ಅಣಬೆ Nn. 86; Mr. 485). 2, *a sort of tree* (ವೃಕ್ಷ, ಮರದ ಭೇದ 86; ವೃಕ್ಷ 485). 3, an arrow (ಶರ, ಅಮ್ಬು 86).

ಶಿಲೀಮುಖ śilî-mukha. = ಶಿಳೀಮುಖ. *An arrow.* 2, *a bee.*

ಶಿಲುಕು śiluku. Balance in hand (of money, articles, etc., My.; Mhr., H. ಶಿಲಕ್). — ಶಿಲುಕಿನ ಬಾಕಿ. Balance left (My.).

ಶಿಲುಬೆ śilubĕ. = ಸಿಲುಬೆ, q. v.

ಶಿಲೆ śilĕ. ಶಿಲಾ. = ಸಿಲೆ 1, ಸೆಲೆ 1. *A stone; a rock* (ಕಲ್ಲು Nn. 68; ಗುಣ್ಡು Śm. 95; ಕಣಿ 96; ಕಲ್ 108; see ಅಚ್ 4); a flat stone on which substances are ground. ಪೇಷಣಗೆಯ್ವ ಶಿಲೆ (ಕನ್ದು Śm. 98). ಶಿಲೆಯನೆತ್ತುವ ಮರ (ತುಱುಮ್ಬು 101). 2, *the lower timber of a door.*

ಶಿಲೋಚ್ಚಯ śilâ-uččaya. Rock-accumulation: *a mountain.*

ಶಿಲೋದ್ವಹನದಾರು śilâ-udvahana-dâru. A wooden lever for raising stones. See ತಱುಮ್ಬು 2.

ಶಿಲೋರ್ಜಿತ śilâ-ûrjita. Stone-fastened (?): a flag-staff (ಇಟ್ಟಿಜುವ ಧ್ವಂಕಣಿ Mr. 192, originally ಶಿಲೋಜ್ಜಿತ, o. rs. ಶಿಲೋಜಿತ, ಶಿರೋಽಬುತ).

ಶಿಲ್ಪ śilpa. = ಚಿಪ್ಪ. *An art, any manual or mechanical or fine art* (= ಕಲೆ, q. v.; Śmd. 232). 2, *skill in any art.* — ಶಿಲ್ಪಕೆಲಸ. Artisanship (especially work upon stone, My.; B. 4, 147). — ಶಿಲ್ಪಕೆಲಸದವ, -ಅವ. An artisan (especially one who works upon stone, My.).

ಶಿಲ್ಪಕ śilpaka. An artisan (Śmd. 232).

ಶಿಲ್ಪಕರ್ಮ śilpa-karma. = ಶಿಲ್ಪ No. 1. (ಕಲೆ, ಶಿಲ್ಪವಿಕರ್ಮ Nn. 150).

ಶಿಲ್ಪಕಾರಕ śilpa-kâraka. A man versed in an art.

ಶಿಲ್ಪಕಾರಿಕೆ śilpa-kârikĕ. *A woman versed in an art.*

ಶಿಲ್ಪಗಾಣ śilpa-gâṇa. An artisan, a mechanic (B. 4, 95).

ಶಿಲ್ಪವಿಕರ್ಮ śilpa-vikarma. = ಶಿಲ್ಪಕರ್ಮ, q. v.

ಶಿಲ್ಪವಿದ್ಯೆ śilpa-vidyĕ. The science of mechanics, mechanical knowledge, skill in art;—handicraft, art. ಲೋಗರ ಮನೆಯಲ್ಲಿ ಇದ್ದವಳಾಗಿ ಮುಕರಿಕಾಪತ್ರ ಮೊದಲಾದ ಶಿಲ್ಪವಿದ್ಯೆಯ ಮಾಡುವವಳು (ಸೈರನ್ಧ್ರಿ Nr.).

ಶಿಲ್ಪಶಾಲೆ śilpa-śâlĕ. *A work-shop, a manufactory.*

ಶಿಲ್ಪಶಾಸ್ತ್ರ śilpa-śâstra. A treatise on any mechanical or fine art (as architecture, etc.);—mechanics (My.; B. 4, 151).

ಶಿಲ್ಪಿ śilpi. Belonging or relating to any mechanical art;—*an artificer, an artist, an artisan.* 2, images engraved on stone (My.).

ಶಿಲ್ಪಿಕ śilpika. = ಚಿಪ್ಪಿಗ 1, ಶಿಲ್ಪಿಗ. An artisan, a mechanic.

ಶಿಲ್ಪಿಕವಿದ್ಯೆ śilpika-vidyĕ. = ಚಿಪ್ಪಿಗಬಿಚ್ಚೆ, ಶಿಲ್ಪವಿದ್ಯೆ.

ಶಿಲ್ಪಿಗ śilpiga. Tbh. of ಶಿಲ್ಪಿಕ. (B. 4, 151; My.).

ಶಿಲ್ಪಿಶಾಲೆ śilpi-śâlĕ. *A workshop, a manufactory.*

ಶಿವ śiva. = ಶಿವು, ಸಿವ 1. *Auspicious, prosperous, happy* (ಭದ್ರ, ಮಾಂಗಲ್ಯ Nn. 6; ಶುಭ Mr. 495). 2, *bliss, prosperity, happiness, well-being, pleasure* (ಸುಖ 6). 3, *Śiva* (ಈಶ್ವರ 6; ಗಿರಿಜೇಶ್ವ 495; Kk. 5). 4, virtue, etc. (ಪುಣ್ಯ 6). 5, a serpent (ಫಣೀನ್ದ್ರ, ಧರಣೀಭೃ 6; ಸರ್ಪ 495). 6, = ಶಿವೆ, a jackal (ಸೃಗಾಲ, ನರಿ 6; ನರಿ 495; ಜಮ್ಬುಕ, etc., ನರಿ Mr. 162). 7, a parrot

(ಶುಕ, ಗಿಳಿ 6; ತರಣಿ 495, o. r. ಕೀರ). 8, = ಶಿವೆ, the tree Terminalia chebula Roxb. (ಅಭಯೆ, ಅಣಿಲೆ 6; ಅಣಿಲೆ 495). 9, = ಶಿವೆ, the emblic myrobalan (ಅಮಲಕ, ನೆಲ್ಲಿ 6; ನೆಲ್ಲಿ 495). 10, the Banyan tree (ವಟ, ಆಲದ ಮರ 6). 11, the black thorn-apple (ಕರೇ ಮದಗುಣಿಕೆಯ ಗಿಡ Čb.). 12, N. of a mountain (ಕೀಲಕ, ಪರ್ವತವಿಶೇಷ 6). 13, water (ಉದಕ 6). 14, foam, etc. (ಫೇನ, ನೊರೆ 6; ಫೇನ 495). 15, white (ಧವಲ, ಬಿಳಿದು 6). 16, sand (ಸಿಕತ, ಮಳಲ್ 6). 17, thick, close, etc. (ಸಾನ್ದ್ರ, ದಟ್ಟಿತ್ತು 6; ಸಾನ್ದ್ರ 495). 18, a measure of capacity (ಬಳ್ಳ Mr. 206). See Bp. 58, 17-19. ಶಿವ ಕೊಟ್ಟದ್ದು ಸಿದ್ಧಪ್ಪ ಕೊಟ್ಟಾನೇ?— ಶಿವಾ! ಎನ್ದರೆ ಸೆಬಗು ಸುತ್ತಿ ಕೊಣ್ಡ; ಭವಾ! ಎನ್ದರೆ ಭೈರವಾಸ ಹರದು ಬಿಟ್ಟ (Prvs.). ಕಟ್ಟಲೂ ಬಿಡಲು (if one ties and suspends Šiva, *i. e.* his liṅga, round the neck, is it done because) ಶಿವ ಬಟ್ಟಲವ ಕದ್ದನೇ? ಕಟ್ಟಲೂ ಬೇಡ, ಬಿಡ ಬೇಡ! ಕಣ್ ಮನವ ಕಟ್ಟಿದರೆ ಸಾಕು! (Sp.). — ಶಿವಕಪಿದೇವ. N. (Bp. 1, 17). — ಶಿವಕಿಂಕರಯ್ಯ. N. (Bp. 58, 8). — ಶಿವಚಿತ್ತ. N. (Bp. 55, 55). — ಶಿವದಾರ. = ಶಿವಸೂತ್ರ. The cord which like a necklace supports the liṅga on the breast of the Liṅgavantas (C.). 2, the janivâra of the Ârâdhya Brâhmaṇas of which they reject the original meaning, considering it to be identical with No. 1 (C.). — ಶಿವದಾಸಯ್ಯ. N. (Bp. 23, 29). — ಶಿವದೇವ. N. (Bp. 14, 1; see ಬಾಣಸಡ-). — ಶಿವದೇವಿ. N. (Bp. 59, 7). — ಶಿವನ ಕಡ್ಲೆ. An erect shrubby plant, Pavonia zeylanica Cav. (Z.). 2, the plant Hibiscus micranthus Lin. (Z.). — ಶಿವನಾಗಮಯ. N. (Bp. 54 sum.; 57, 86). — ಶಿವನಾಗಮಯ್ಯ. N. (Bp. 38, 46; 55, 2. 8. 23; 57 sum.; 57, 80. 81. 88. 89). — ಶಿವಪಸಾದ. Tbh. of ಶಿವಪ್ರಸಾದ. (Bp. 58, 31. 39). — ಶಿವಪಸಾಯ. = ಶಿವಪಸಾದ. (V. 6, 22). — ಶಿವಪಸಾಯುತ. Tbh. of ಶಿವಪ್ರಸಾದಿತ. (Bp. 57, 81). — ಶಿವಪ್ಪನಾಯಕ. -ಅಪ್ಪ-. N. of a prince of Nagara. ಶಿವಪ್ಪನಾಯಕನ ಶಿಸ್ತು, taxes imposed by him (My.). — ಶಿವಭದ್ರ. N. (Bp. 9, 45). — ಶಿವಮುಗ್ಧಯ್ಯ. N. (Bp. 58, 4). — ಶಿವರಕ್ತಬಳ್ಳಿ. A scandent plant with red and yellow flowers, Gloriosa superba Lin. (St. & Pl.). — ಶಿವರುದ್ರ. N. (B. 2, 43). — ಶಿವಲೆಂಕಮಂಚಣ ಪಣ್ಡಿತ. N. (Bp. 1, 10). — ಶಿವಲೆಂಕಮಂಚಯ್ಯ. N. (Bp. 53, 55).

ಶಿವಕ šivaka. *A post, a pale, a stake, a peg, a plug* (ಗುಡಿಯ ಗೂಟ Hlâ.; ಗೂಟ Mr. 288; ಗುಣ್ಟ, ಕೀಲಕ Nr.).

ಶಿವಕಾರಿ šiva-kâri. One who causes happiness (ಸುಖಂಗೆಯ್ವವಂ Mr. 230).

ಶಿವಕೂಟ šiva-kûṭa. The place in a temple where Šaivas have to take their meals (My.).

ಶಿವಗಂಗೆ šiva-gaṅgĕ. A village and hill in Mysore, noted as a place for pilgrimage; the temple there contains a liṅga and Basava (My.).

ಶಿವಗಣ šiva-gaṇa. Šiva's host of ancient and new followers (pramathas, jaṅgamas, etc. Bp. 57, 90).

ಶಿವಂಕರ šiva-ṅ-kara. *Causing happiness or prosperity, auspicious, propitious.*

ಶಿವತಾತಿ šiva-tâti. = ಶಿವಂಕರ. *Causing happiness, etc.*

ಶಿವದಾನ šiva-dâna. Buttermilk (S. Mhr.); a gift in the name of Šiva (My.). ಅಲ್ಲಿ ಉಣ್ಟು, ಇಲ್ಲಿ ಉಣ್ಟು, ಕಲ್ಲೊಳಗುಣ್ಟೇ ಶಿವದಾನ?— ಅಲ್ಲಿ ಉಣ್ಟು, ಇಲ್ಲಿ ಉಣ್ಟು, ಬಸ್ತಿಯೊಳಗುಣ್ಟೇ ಶಿವದಾನ? (Prvs.).

ಶಿವದೀಕ್ಷೆ šiva-dîkshĕ. Initiation in the doctrines of the šaiva sect (Bp. 57, 4).

ಶಿವಧಾ šivadhâ. An exclamation of sorrow (Grj. 8, 75).

ಶಿವನಾಭಿ šiva-nâbhi. A particular form of the šiva-liṅga (Sk.). — ಶಿವನಾಭಿಬಳ್ಳಿ. = ಸೂತ್ರನಾಭಿಬಳ್ಳಿ. (St. & Pl.).

ಶಿವನಿರ್ಮಾಲ್ಯ šiva-nirmâlya. The flowers, etc. remaining of an offering which has been made to Šiva (My.).

ಶಿವಪುರ šiva-pura. Benares (Sk.); Kailâsa (Bp. 25, 11).

ಶಿವಪೂಜೆ šiva-pûjĕ. Worship or adoration of Šiva. ಶಿವಪೂಜೆಯಲ್ಲಿ ಕರಡಿ ಬನ್ದ ಹಾಗೆ (Prv.).

ಶಿವಪ್ರಸಾದ šiva-prasâda. = ಶಿವಪಸಾದ, ಶಿವಪಸಾಯ. A prasâda received from Šiva or left at his worship (Bp. 58 sum.; 58, 29. 33; 59 sum.; Râv. 13, after 1).

ಶಿವಪ್ರಸಾದಿ šiva-prasâdi. A Liṅgavanta; one who has received a gift from Šiva (My.).

ಶಿವಪ್ರಸಾದಿತ šiva-prasâdita. = ಶಿವಪಸಾಯುತ. Given by Šiva as a prasâda (V. 5, after 14) or left at his worship.

ಶಿವಪ್ರಾಣಿ šiva-prâṇi. A Liṅgavanta (V. 11, 5).

ಶಿವಭಕ್ತ šiva-bhakta. A follower of Šiva; a Liṅgavanta (Bp. 25, 22).

ಶಿವಮಲ್ಲಿ šiva-malli. *The tree Agati grandiflorum* Desv. (Sesbana grandiflora Poir.). 2, the low under-shrub Indigofera aspalathoides Vahl. (St. & Pl.).

ಶಿವಮೂರ್ತಿ šiva-mûrti. Šiva; his phallus (ಲಿಂಗ, ಶಿವಮೂರ್ತಿಭೇದ Nn. 114).

ಶಿವಯೋಗ šiva-yôga. Abstract contemplation of Šiva, cultivating absorption into Šiva by various ascetic means (V. 11, 6).

ಶಿವಯೋಗಿ šiva-yôgi. A person who practises šivayôga (My.).

ಶಿವರಾತ್ರಿ šiva-râtri. A night on which fasting, vigil, etc. are held in honour of Šiva in the dark half of the month mâgha (Bp. 6, 1; 53, 11). ಏಕಾದಶೀ ಮನೆಗೆ ಶಿವರಾತ್ರಿ ಅವ್ವತಣಕ್ಕೆ ಬನ್ದ ಹಾಗೆ (Prv.).

ಶಿವರಾತ್ರೆ šiva-râtrĕ. = ಶಿವರಾತ್ರಿ. (Bp. 9, 39; 26, 3; 41, 23; 42, 10; 53, 30; 54, 76; J. 13, 45). ನವರಾತ್ರೇ ಮಧ್ಯ ಶಿವರಾತ್ರೆ ಬನ್ದೀತೇ? (Prv.). — ಶಿವರಾತ್ರೆ ಗಿವರಾತ್ರೆ. reit. (Bp. 53, 13). — ಶಿವರಾತ್ರೆಯೊಡೇರು. -ಒಡೇರು. A Jaṅgama who has to go from house to house and eat palâra on šivarâtrĕ (My.). — ಶಿವರಾತ್ರೆಸಂಕಣ್ಣ. N. (Bp. 58, 6). — ಶಿವರಾತ್ರೆಸಂಗಯ್ಯ. N. (Bp. 58, 8).

ಶಿವಲಿಂಗ šiva-liṅga. Šiva's genital organ or Šiva worshipped in the form of a phallus (Bp. 26, 50; 61, 70; J. 24, 14; see ಆದಿ-). 2, N. — ಶಿವಲಿಂಗಪ್ಪ. -ಅಪ್ಪ. N. (B. 4, 217). — ಶಿವಲಿಂಗಪ್ರಸಾದ. A prasâda of the šivaliṅga (Bp. 58, 32; 61, 18). — ಶಿವಲಿಂಗರುದ್ರಸರ್ಜ. N. (B. 4, 216).

ಶಿವಲೀಲೆ šiva-lîlĕ. Šiva's sport. ಹುಚ್ಚಲ್ಲ, ಬೆಪ್ಪಲ್ಲ, ಶಿವಲೀಲೆ (Prv.).

ಶಿವಲೋಕ šiva-lôka. Kailâsa (My.).

ಶಿವವಿಪ್ರ šiva-vipra. An Ârâdhya Brâhmaṇa (Bp. 50, 1).

ಶಿವಶಕ್ತಿ šiva-šakti. Šiva's energy personified as his wife. 2, attachment or devotion to Šiva. — ಶಿವಶಕ್ತಿಬಳ್ಳಿ. = ಶಿವರಕ್ತಬಳ್ಳಿ. (St. & Pl.).

ಶಿವಶರಣ šiva-šaraṇa. A Jaṅgama; a Liṅgavanta (My.). — ಶಿವಶರಣಯ್ಯ. -ಅಯ್ಯ. N. (Bp. 46, 44).

ಶಿವಸಮುದ್ರ šiva-samudra. N. of a village and of its temple on the river Kâvêri (My.).

ಶಿವಸೂತ್ರ šiva-sûtra. = ಶಿವದಾರ s. ಶಿವ. (Bp. 44, 61).

ಶಿವಸೋದರಿ šiva-sôdari. A sister in Šiva (Bp. 14, 13).

ಶಿವಾಂಗಿ šiva-aṅgi. N. of a plant (ಬಾಗಿ Mr. 127).

ಶಿವಾಚಾರ śiva-âčâra. The rites or practices of śaivas (especially of liṅgavantas). — ಶಿವಾಚಾರದವ. -ಅವ. A follower of the śaiva rites; a liṅgavanta (My.).

ಶಿವಾಟಿ śivâṭi. Hog-weed (ಪುನರ್ನವೆ, ಕೊಮ್ಮೆ Mr. 133, o. r. ಶವಾಟಿ).

ಶಿವಾದ್ವೈತಭಾಜ್ಯ śiva-advaita-bhâjya. One whose only portion or lot is Śiva (V. 11, 5).

ಶಿವಾನನ್ದ śiva-ânada. Śiva's joy. 2, N. (Bp. 34, 4. 9).

ಶಿವಾಯಿ (śiva-âyi). 1. N. (Bp. 59, 6).

ಶಿವಾಯಿ śivâyi. 2. Besides; except; extra (My.; Br.; Mhr., H.). — ಶಿವಾಯಿಜಮೆ. The effects of persons dying without heirs, etc., which revert to government (My.).

ಶಿವಾರಮಣ śivâ-ramaṇa. Śiva (Bp. 25, 51).

ಶಿವಾರ್ಚನೆ śiva-arčanĕ. Worship of Śiva. ಶೀಲವನ್ತೆ ತನ್ದ ಅಗ್ಗಿಣಿ ಜಂಗಮಗೆ ಶಿವಾರ್ಚನೆಗಾಯಿತು (Prv.).

ಶಿವಾಲಯ śiva-âlaya. Any temple dedicated to Śiva (ಕೇದಾರ, ದೇವಗೇಹ, ದೇವಾಲಯ Nn. 38; Bp. 41, 7).

ಶಿವಾವಲ್ಲಭ śivâ-vallabha. Śiva (Grj. 1, 133; 2, 108).

ಶಿವಿ śivi. = ಶಿಬಿ. N. of a king.

ಶಿವಿಕೆ śivikĕ. = ಶಿಬಿಕೆ, etc. *A palanquin, a litter;*—a bier.

ಶಿವಿರ śivira. = ಶಿಬಿರ. *A camp;* an intrenchment for the protection of an army;—a royal camp, a royal residence.

ಶಿವು śivu. Tbh. of ಶಿವ. N. (B. 2, 16).

ಶಿವೆ śivĕ. ಶಿವಾ. = ಸಿವೆ. The wife of Śiva: *Durgâ.* 2, *a jackal.* 3, *the emblic myrobalan, Emblica officinalis* Gaert. (ನೆಲ್ಲಿ Hlâ.). 4, *the tree Terminalia chebula* Roxb. (see ಅಣಿಲೆ). 5, *the tree Prosopis spicigera* Lin. (see ಬನ್ನಿ 2). See ಶಿವ.

ಶಿವೈಕ್ಯ śiva-aikya. One who has become one with, or has been absorbed into, Śiva (Bp. 27, 71). See ಸಾಂಖ್ಯ-.

ಶಿಶಿರ śiśira. *Cool, cold.* 2, *coolness, cold, frost.* 3, *the cool or cold season* (from about the middle of January to that of March, comprising the months ತಪ & ತಪಸ್ಯ Mr. 70).

ಶಿಶಿರಕರ śiśira-kara. The moon (My.).

ಶಿಶಿರರ್ತು śiśira-ṛitu. = ಶಿಶಿರ No. 3. (My.).

ಶಿಶಿರೋಪಚಾರ śiśira-upačâra. Kind treatment with cooling or refreshing articles (Čpr. 8, 84; Abh. P. 4, 94; Grj. 4, 117; My.).

ಶಿಶು śiśu. = ಸಿಸು. *A child, an infant;—the young of any animal, as a calf, puppy,* etc. 2, a pupil, a scholar. ಶಿಶು ಹೋಗಿ ಕೆಸು ತಿನ್ತು! ಎನ್ತ, ಮುಖಕ್ಕೆ ಮಸಿಯೊರಸಿ ಕೊಣ್ಣ (Prv.).

ಶಿಶುಕ śiśuka. A child. 2, *a fish resembling a porpoise or a porpoise.*

ಶಿಶುತೆ śiśutĕ. = ಶಿಶುತ್ವ. (Čpr. 2, 16).

ಶಿಶುತ್ವ śiśutva. *Childhood.*

ಶಿಶುಪಾಲ śiśu-pâla. N. of a king who was killed by Kṛishṇa (Bh. 2, 8 sum.).

ಶಿಶುಮಾರ śiśu-mâra. = ಶಿಂಶುಮಾರ. *The Gangetic porpoise, Delphinus gangeticus* (see ಮೊಸಳೆ & ನೆಗಳು). 2, the heavenly porpoise: a collection of the stars and planets.

ಶಿಶುಸನ್ಧಾರಣ śiśu-sandhâraṇa. (?). See ಚರ್ಚು.

ಶಿಶುಹಾರಿ śiśu-hâri. Child-destroyer: N. of a female demon (Bp. 14, 14).

ಶಿಶ್ನ śiśna. *The penis.*

ಶಿಶ್ನೆ śiśnĕ. = ಶಿಶ್ನ. (ಮುಷ್ಕ, ಲಿಂಗ Nn. 117; ಮೇಢ್ರ, ಲಿಂಗ, etc. Mr. 328).

ಶಿಶ್ವಿದಾನ śiśvidâna. *Sinful, wicked.*

ಶಿಶ್ರೂಷ śiśrûsha. Tbh. of ಶುಶ್ರೂಷೆ. (ಉಪಾಸ್ತಿ, etc., ಸೇವೆ Mr. 27).

ಶಿಶ್ರೂಷೆ śiśrûshĕ. = ಶಿಶ್ರೂಷ. (My.).

ಶಿಷ್ಟ śishṭa. 1. Left, remaining, residual; remainder. See ಅವ-, etc.

ಶಿಷ್ಟ śishṭa. 2. Ordered, commanded. 2, *disciplined, educated, trained;*—obedient, docile;—*learned, wise;*—*a learned man;*—well-behaved, good, virtuous;—eminent, noble, excellent. 3, instruction, order. See Kâvy. V, 1; Bp. 4, 50; 22, 38; 36, 43; 59, 26.

ಶಿಷ್ಟಪರಿಪಾಲಕ śishṭa-paripâlaka. = ಶಿಷ್ಟಪಾಲಕ. (My.).

ಶಿಷ್ಟಪರಿಪಾಲನ śishṭa-paripâlana. Protection of the virtuous (My.).

ಶಿಷ್ಟಪಾಲಕ śishṭa-pâlaka. A guardian or protector of the virtuous (Č. Bp. 47, 27).

ಶಿಷ್ಟಾಚಾರ śishṭa-âčâra. The manner and procedure, the custom and course, of the venerable and good (My.).

ಶಿಷ್ಟಿ śishṭi. Ruling. 2, *an order, a command.* 3, punishment, chastisement.

ಶಿಷ್ಮಬಾಗೆಮರ śishma-bâge-mara. A valuable timber tree, furnishing a kind of blackwood, Dalbergia sissoo Roxb. (St. & Pl.).

ಶಿಷ್ಯ śishya. To be disciplined or educated. 2, *a pupil, a disciple.* See Bp. 39, 39; J. 2, 18; Sp. s. ರಾಜಾನ್ನ. 3, an apprentice (Mhr.).

ಶಿಷ್ಯತನ śishyatana. Pupilage; apprenticeship (B. 5, 273).

ಶಿಷ್ಯತ್ವ śishyatva. The state or character of a pupil, pupilage (My.).

ಶಿಷ್ಯಸಮ್ಪತ್ತು śishya-sampattu. A large number of pupils or followers (My.).

ಶಿಷ್ಯಾರ್ಜನೆ śishya-ârjanĕ. The gain or fees received from pupils (My.).

ಶಿಸ್ತು śistu. = ಸಿಸ್ತು. Aim (My.; Mhr., H.). 2, a roll of the householders (of a village, etc.) from whom the revenue is to be gathered in, or upon whom an assessment is to be laid (Mhr., H.). 3, assessment, tax (My.; Br.). 4, suitable, proper, correct (Mhr.); beautiful, elegant, decorated; decoration (My.). ಸೆಟ್ಟಿ ಶಿಸ್ತು ಮಾಡುವದಡಿಒಳಗೆ ಪಟ್ಟೆ ಸೂಟೆ ಹೋಯ್ತು (Prv.). — ಶಿಸ್ತುಗಾರ. A decorated man; a fop; a lewd man (My.). — ಶಿಸ್ತುಗಾರಿಕೆ. Lewdness (My.). — ಶಿಸ್ತುಗಾತಿ. A decorated female; a foppish one; a whore (My.).

ಶಿಳೀಮುಖ śiḷî-mukha. = ಶಿಲೀಮುಖ. (ಶರ, ಬಾಣ Nn. 27; Abh. P. 4, 94; J. 22, 42).

ಶೀಕರ śîkara. = ಸೀಕರ, ಸೀವರ. *Thin or drizzling rain, drizzle, spray, rain driven by wind.* 2, a drop of rain or water.

ಶೀಘ್ರ śîghra. *Quick, speedy;*—ಶೀಘ್ರಂ, *quickly, rapidly, swiftly* (ಘೋಂಕನೆ, etc. Śmd. 391; ಘೋಂಕನೆ, ಚದುಪುದನೆ, ಚಟ್ಟರ, etc. Kk. 50; ಚಟ್ಟರ, ಚಟ್ಟರ, ಬೇಗ, ಗದಗದನೆ, ಚದುಪುದನೆ, ಚಕ್ಕನೆ, etc. Śm. 61);—swiftness (Bp. 44, 5).

ಶೀಘ್ರಗಾಮಿ śîghragâmi. Going quickly: a camel (ದಾರಣ, ಒಟ್ಟೆ Nn. 99).

ಶೀಘ್ರವೇಧಿ śighra-vêdhi. Quickly piercing (the mark): *a good archer* (ಶೀಘ್ರವೆಸುವಾತ Hlâ.).

ಶೀಘ್ರೊ śighrŏ. A particular plant (= ದನ್ತಿ, Sk.). 2, another plant (ರಕ್ತಪದಿ, ಹತ್ತಿದರೆ ಮುರುಟುಹಂ Mr. 145).

ಶೀತ śita. = ಸೀತ. *Cold, chilly, frigid;—cold, coldness.* See ಚಳಿ. 2, dull, apathetic; idle, lazy, stupid. 3, *the ratan, Calamus rotang* Willd. (or a kind of ratan, C. fasciculatus; see ವಚ್ಚೆ). 4, *the tree Cordia myxa* Lin. (= ಉಪ್ಪಾಲ). 5, water (Sk); dampness; damp (My.). ಶೀತ ಮಾಡುದವಗೆ ವಾತದ ಭಯವೇನು? (Prv.).

ಶೀತಕ śitaka. *Cold, dull, slow, apathetic; idle, lazy, stupid.*

ಶೀತಕರ śita-kara. Having cold rays: the moon. 2, N. of a metrical foot (Čh.).

ಶೀತಕರಧರ śitakara-dhara. Šiva (Bp. 43, 9).

ಶೀತಕಿರಣ śita-kiraṇa. = ಶೀತಕರ No. 1. (J. 4, 4).

ಶೀತಕೃತ್ಕರ śita-kṛit-kara. The moon (Grj. 4, 114).

ಶೀತಜ್ವರ śita-jvara. A cold fever, ague (ಹಿಮಘರ್ಮ Mr. 387; My.). 2, fever occasioned by cold (My.).

ಶೀತಭೀರು śita-bhîru. Afraid of cold. 2, *Arabian jasmine, Jasminum zambac.*

ಶೀತಮರೀಚಿ śita-marîči. = ಶೀತಕಿರಣ. (ಚನ್ದ್ರ Nn. 123).

ಶೀತರಶ್ಮಿ śita-raśmi. = ಶೀತಮರೀಚಿ. (My.).

ಶೀತರುಚಿ śita-ruči. = ಶೀತರಶ್ಮಿ. (Bp. 11, 18).

ಶೀತಲ śitala. *Cold, chilly, frigid, cool.* 2, *the plant Marsilea quadrifolia* Lin. (see ಮೊಬಗು 3).

ಶೀತಲೆ śitalĕ. = ಸೀತಾಳ, ಸೀತಾಳೆ 1. Small-pox; (the chicken-pox);—the goddess presiding over or inflicting small-pox.

ಶೀತವಾರಿ śita-vâri. Cold water (Grj. 4, 116).

ಶೀತಶಿವ śita-śiva. *A kind of fennel* (= ಶಾಲೇಯ). 2, *a sort of resin, storax or benzoin.* 3, *rock-salt.*

ಶೀತಾಂಶು śita-amśu. Cool-rayed: *the moon.*

ಶೀತಾಂಗ śita-aṅga. Cold-bodied, having cold limbs. 2, a kind of fever. (R.).

ಶೀತಾಮ್ಬು śita-ambu. = ಶೀತವಾರಿ. (J. 3, 12).

ಶೀಧು śidhu. = ಸೀಧು. *A spirit distilled from molasses, rum.*

ಶೀನ śina. *Congealed, thick.*

ಶೀರ śira. = ಸೀರ. (G.).

ಶೀರ್ಣ śirṇa. Withered, shriveled; decayed, rotten; thin, wasted; slender, small; shattered, injured (My.).

ಶೀರ್ಷ śirsha. = ಸಿರಸು. *The head.*

ಶೀರ್ಷಕ śirshaka. = ಸೀಸಕ 1. The head or skull. 2, *a helmet;*—a turban (ತಲೆಸುತ್ತು Mr. 342). 3, an ornament of flowers on the head (ಮಣ್ಡೆಯಲ್ಲಿ ಮುಡಿದ ಹೂಅವುಗಳು Mr. 334).

ಶೀರ್ಷಚ್ಛೇದ್ಯ śirsha-č-čhêdya. *To be beheaded, meriting death by decapitation.* See Nr. s. ಅರಿಸು 1.

ಶೀರ್ಷಣ್ಯ śirshaṇya. *Clean and unentangled hair.* 2, *a helmet;*—a cap.

ಶೀಲ śila. = ಸೀಲ್. *Disposition, inclination, character, natural disposition;—habit, usage.* 2, *practice, behaviour, conduct* (ಆಚಾರ Nn. 129). 3, *good disposition or character, good nature, good conduct, moral practice, virtue, piety.* 4, form, shape, beauty. 5, at the end of compounds: possessed of naturally; propense, prone, disposed to. ಶೀಲವೊಳ್ಳೇದಾದರೂ ಗುಣ ಕೆಟ್ಟದು.— ಸೂಳೆ ಮುಪ್ಪಾಗಿ ಶೀಲ ಹಿಡುಕೊಣ್ಡಸ್ತೆ (Prvs.). See Šmd. 238.

ಶೀಲಗ್ರಹಣ śila-grahaṇa. Following an inclination; observing a practice (Šmd. 238).

ಶೀಲವನ್ತ śila-vanta. A man possessed of good qualities, one of a good or amiable disposition, a well-conducted man (Bp. 1, 33; 47, 49). ಶೀಲವನ್ತರ ಒಡೆಯಲ್ಲಿ ಕೋಟು ಮಾಯವಾಯ್ತು (Prv.). Feminine ಶೀಲವನ್ತೆ. ಶೀಲವನ್ತೆ ತನ್ದ ಅಗ್ಗಿಣಿ ಜಂಗಮಗೆ ಶಿವಾರ್ಚನೆಗಾಯಿತು (Prv.). — ಶೀಲವನ್ತಗ್ಗಯ್ಯ. -ಅಗ್ಗಯ್ಯ. N. (Bp. 58, 7).

ಶೀಲವೃದ್ಧ śila-vṛiddha. Advanced in moral practice, very virtuous (My.).

ಶೀವಲ್ಲಿ śivalli. N. of a creeping plant (ಕಾಣ್ಡೀರ, etc. Mr. 145).

ಶುಕ śuka. = ಸುಕ 1. *A parrot* (ಗಿಳಿ Nn. 10. 23. 153). 2, a mango tree (ಮಾಕನ್ದ, ಮಾವಿನ ಮರ 153). 3, the silk-cotton tree (ಶಾಲ್ಮಲಿಕುಜ, ಎಲವದ ಮರ 153). 4, *a particular drug and perfume* (= ಗ್ರನ್ಥಿಪರ್ಣ). 5, cloth, clothes (ತಟ Mr. 521). 6, a son of Vyâsa (Ršv. 5, 75); an ascetic (ಯೋಗಿ, ಯತಿ 153). 7, Šiva (ರುದ್ರ, ಈಶ್ವರ 153).

ಶುಕತಾತ śuka-tâta. Vyâsa (J. 5, 47).

ಶುಕನಾಸ śuka-nâsa. Having a nose like a parrot's beak. 2, *the tree Calosanthes indica* Bl. (or Bignonia indica Lin.). 3, the tree Bignonia chelonoides Lin.

ಶುಕಪಂಜರ śuka-panjara. A parrot's cage (My.).

ಶುಕವಾಣಿ śuka-vâṇi. The prate of a parrot (My.). 2, a woman who speaks like a parrot (My.).

ಶುಕಸಪ್ತತಿ śuka-saptati. N. of seventy stories related by a parrot (My.).

ಶುಕೋಕ್ತಿ śuka-ukti. The prate of a parrot (ತೊಣ್ಣುಗೆಡದುದು Čt. II, 65).

ಶುಕ್ತ śukta. *Sour gruel* (ಅವನ್ತಿಸೋಮ, ಅಕ್ಕಿಗಚ್ಚು Hlâ.). 2, *sour, acid* (ಅಮ್ಲ, ಹುಳಿತದು Si. 428); *a kind of acid liquid* or vinegar. 3, *harsh; hard* (ಪರುಷ, ಬಿರುಸಿಹುದು Nr.).

ಶುಕ್ತಿ śukti. = ಸುತ್ತಿ. *A pearl-oyster, an oyster-shell* (ಸಿಪ್ಪು Čt. I, 75; ಚಿಪ್ಪು Mr. 412); a small shell, a muscle, a cockle. 2, *a sort of perfume.* 3, a curl on a horse's neck or breast.

ಶುಕ್ತಿಕೆ śuktikĕ. = ಶುಕ್ತಿ No. 1. (My.).

ಶುಕ್ತಿಜ śukti-ja. Oyster-born: a pearl (Kâvy. V, 4; Čpr. 8, 84; Ššv. 1, 34).

ಶುಕ್ತಿಮತ್ śukti-mat. N. of a mountain or mountain range. See ಸಪ್ತಕುಲಾಚಲ.

ಶುಕ್ರ śukra. = ಚುಕ್ಕಿ. Bright, resplendent. 2, white. 3, *Agni, fire.* 4, *the planet Venus, or its regent, the preceptor of the asuras.* 5, *semen virile.* 6, *the month Jyêshṭha* (May-June). ಶುಕ್ರ ವಕ್ರನಾದರೂ ತಕ್ರ ಬಿಡ (Prv.).

ಶುಕ್ರನಾಡಿ śukra-nâḍi. N. of a work on astrology (My.).

ಶುಕ್ರನೀತಿ śukra-niti. N. of a work on ethics (My.).

ಶುಕ್ರಮಹಾದಶೆ śukra-mahâ-daśĕ. An aspect of the planet Venus that is considered as influencing the fortunes of men for good (My., also as ಶುಕ್ರಮಹದಶೆ).

ಶುಕ್ರಮೂಢ śukra-mûḍha. The time of the year during which Venus is invisible, which is considered as inauspicious (My., also as ಶುಕ್ರಮೌಢ್ಯ).

ಶುಕ್ರಲ śukrala. Spermatic, seminal. 2, *lustful.*

ಶುಕ್ರವಾರ śukra-vâra. Friday (C.; B. 1, 7).

ಶುಕ್ರಶಿಷ್ಯ śukra-śishya. Pupil of Śukra: *an Asura.*

ಶುಕ್ರಾಚಾರ್ಯ śukra-âčârya. Śukra, the preceptor of the Asuras (My.). 2, a monoculous man, a Cyclops (My.; Mhr.).

ಶುಕ್ರೋದಯ śukra-udaya. The time of the year when the śukramûḍha has passed away (My.).

ಶುಕ್ಲ śukla. = (ಶುಕ್ರ), ಸುಕಲ 2. *Bright; white;* a white colour (ಸಿತ, ಬಿಳಿದು Nn. 32). 2, *the light half of a month from new to full moon.* 3, the third year in the cycle of sixty (My.). 4, semen virile (ರೇತ, ಇನ್ದ್ರಿಯ 32; ಮಜ್ಜಾಸಾರ, ಇನ್ದ್ರಿಯ Nn. 125; ರೇತಸ್, ಇನ್ದ್ರಿಯ, etc. Mr. 395; ಮಜ್ಜಾಸಾರ Mr. 497; ಸುರತರಸ Mr. 508). 5, the eye (ಅಕ್ಷಿ, ಕಣ್ 32; ಕಣ್ 508). 6, a disease of the cornea or white part of the eye. 7, N. of a month (ಮಾಸ, ಮಾಸಭೇದ 32; ಮಾಸ 508; Mr. 70). 8, large, great (ಪೃಥು, ದೊಡ್ಡಿತು 32). 9, a valiant man (ಸುಭಟ 32; ಕಲಿ 508). — ಶುಕ್ಲಾಟ. -ಆಟ. = ವೀರ್ಯಸ್ರಾವ. ಶುಕ್ಲಾಟಕ್ಕೆ ಶುಣ್ಠೀ ತಿನ್ದು, ಮುಕ್ಕೆಯೆಲ್ಲಾ ಉರಿ (Prv.).

ಶುಕ್ಲತ್ವ śuklatva. Whiteness (My.).

ಶುಕ್ಲಪಕ್ಷ śukla-paksha. *The light half of a month, the period from new to full moon* (ಬೆಳ್ಪಕ್ಕ Kk. 59; Śm. 20). 2, the innocent or pure side of two sides or parties contending. 3, the condition of a female after menstruation during the śuklapaksha (Bp. 40, 21).

ಶುಕ್ಲಪಾಡ್ಯ śukla-pâḍya. The first day of the light half of the month (Si. 39; My.).

ಶುಕ್ಲಾಪಾಂಗ śukla-apânga. Having white eye-corners: a peacock. (R.).

ಶುಚ್ śuč. ಶುಕ್. *Sorrow, grief;*—affliction.

ಶುಚಿ śuči. = ಸುಚಿ. *Bright; white;* a white colour (ಧವಲ, ಬಿಳಿದು Nn. 18). 2, *clean, pure;* purity (ಶುದ್ಧ, ಶುದ್ಧವು 18). 3, virtuous, holy, innocent, undefiled;—honest, upright, true;—correct, accurate, free from fault or error; guileless;—innocence, virtue, goodness;—correctness, accuracy. 4, *a faithful minister;* a true friend. 5, an ascetic (ಯೋಗೀನ್ದ್ರ, ಯತೀಶ್ವರ 18). 6, a Brâhmaṇa (ಬಾಡವ, ಬ್ರಾಹ್ಮಣ 18). 7, *fire* (ಅನಲ, ಅಗ್ನಿ 18). 8, eternal, everlasting (ನಿತ್ಯ, ಕೇಡಿಲ್ಲದುದು 18). 9, = ಅಮೃತ (18). 10, being at the head (ಮುಖ್ಯ, ಮುಖ್ಯವು 18). 11, = ರುತು (18). 12, a particular plant (ಲತಾವಿಶೇಷ, ಬಳ್ಳಿಗಳ ಭೇದ 18). 13, wood (ಕಾಷ್ಠ 18). 14, *the month âshâḍha* (ಆಷಾಢ, ಆಷಾಢಮಾಸ 18). ಶುಚಿಯಲ್ಲಿ ಕಡಿಮೆಯಾದರೂ ಮಸಿ ಹಚ್ಚಿಕೊಳ್ಳೋದರಲ್ಲಿ ಕಡಿಮೆಯಿಲ್ಲ (Prv.).

ಶುಚಿಕರ śuči-kara. Purifying (My.).

ಶುಚಿತನ śučitana. = ಶುಚಿತ್ವ. (Râm. 5, 9, 27).

ಶುಚಿತ್ವ śučitva. Purity, cleanness; virtue, holiness (My.).

ಶುಚಿರ śučira. The colour white (ಸಿತ, ಬಿಳಿದು Nn. 136). 2, goodness, virtue (ಒಳ್ಪು, ಒಳ್ಳಿತು 136).

ಶುಚಿರೋಚಿಸ್ śuči-rôčis. The moon (R.).

ಶುಚ್ಚ śučč. Sorrow, grief; affliction (My.).

ಶುಣ್ಟ śuṇṭa. = ಶುಣ್ಠ. (Mhr.; My.; see ವಜ್ರ-).

ಶುಣ್ಠ śuṇṭha. A blockhead, a dolt (My.; Tē.; Mhr.; T. ಶುಣ್ಠ). ಶುಣ್ಠನಿಗೆ ಎಷ್ಟಾಪ್ಪು ಕಲಿಸಿದರೂ ವ್ಯರ್ಥ (Prv.).

ಶುಣ್ಠಕಾಯ śuṇṭha-kâya. = ಶುಣ್ಠ. (My.).

ಶುಣ್ಠಿ śuṇṭhi. = ಸುಣ್ಠಿ, ಸೊಣ್ಠಿ. *Dry ginger* (ನಾಗರ, ಮಹೌಷಧ Mr. 137). See Prv. s. ಶುಕ್ಲಾಟ.

ಶುಣ್ಡ śuṇḍa. = ಶುಣ್ಡೆ, ಸುಣ್ಡ, ಸೊಣ್ಡ, ಸೊಣ್ಡೆ, ಸೊಣ್ಡೆ. An elephant's trunk (ಇಭಹಸ್ತ, ಆನೆಯ ಕೆಯ್ Nn. 131). 2, a frog (ಭೇಕ, ಕಪ್ಪೆ 131).

ಶುಣ್ಡಾಪಾನ śuṇḍâ-pâna. *A place where spirits are drunk, a tavern.*

ಶುಣ್ಡಾರ śuṇḍâra. = ಶುಣ್ಡ, ಸುಣ್ಡಲು, etc.

ಶುಣ್ಡಾಲ śuṇḍâla. (= ಸುಣ್ಡಲು or ಸೊಣ್ಡಿಲ್-ಆ 3 ?). = ಸುಣ್ಡಾಲ. An elephant.

ಶುಣ್ಡಾಲಕರಾಗ್ರ śuṇḍâla-karâgra. The tip of an elephant's trunk (ಗಜಹಸ್ತಾಗ್ರ, ಕರ್ಣಿಕೆ Nn. 21).

ಶುಣ್ಡಾಲಕಿಶೋರ śuṇḍâla-kiśôra. A young elephant (ಮರಿಯಾನೆ Nn. 98).

ಶುಣ್ಡೆ śuṇḍĕ. ಶುಣ್ಡಾ. *An elephant's proboscis or trunk.* 2, *spirituous liquor.*

ಶುದ್ಧ śuddha. = ಸುದ್ದ. Purified, cleansed, *clean, pure;* purity, purification; anything pure (ಗೋಮುಖ, ವಿಶುದ್ಧವು Nn. 20). 2, stainless, guileless, true, fair, honest, virtuous, holy. 3, free from fault or error; correct, accurate, normal, right (Śmd. 38. 296). 4, simple, unmixed. 5, simple, mere, only, alone; nothing but; wholly. See ಅ-, ಅತಿ-, ಪರಿ-. ಶುದ್ಧಕ್ಕೆ ಹೋದರೆ ಒದ್ದೆ ಉಡಬೇಕಾಗುತ್ತದೆ (Prv.). ಶುದ್ಧಮುಪ್ಪದು (ಪವಿತ್ರ Nn. 59); ಶುದ್ಧಮಹಚರಿತ್ರ (ಬ್ರಹ್ಮ, ಚಾರಿತ್ರ, 79). — ಶುದ್ಧಕಳ್ಳ. A downright thief (My.; see Sp. s. ಕಳ್ಳ). — ಶುದ್ಧಗೊಳಿಸು. -ಕೊಳಿಸು. To purify, ಕಲ್ಮಷವಿಲ್ಲದ ಹಾಗೆ ಶುದ್ಧಗೊಳಿಸಲ್ ಪಟ್ಟಿದು (ನಿರ್ಣಿಕ್ತ, ಶೋಧಿತ, etc. Si. 368; My.). — ಶುದ್ಧಕೋಣಪ. A complete unlettered savage (B. 4, 108). — ಶುದ್ಧಪಡವಲು. Due west. See Sp. s. ಬೀಡು 2. — ಶುದ್ಧಮಾಡು. To make clean (My.). — ಶುದ್ಧರೋಗಿ. A man completely diseased (My.). — ಶುದ್ಧಲೋಭಿ. A complete miser (My.). — ಶುದ್ಧಶೂನ್ಯ. A mere blank, nothing at all, etc. (My.). — ಶುದ್ಧಸಾತ್ವಿಕ. A perfect sâtvika (My.). — ಶುದ್ಧಸುಳ್ಳು. A pure lie (My.).

ಶುದ್ಧಗೆ śuddhagĕ. = ಸುದ್ದಗೆ. Purity. 2, the state of being true or normal: a standard letter (ಶುದ್ಧಾಕ್ಷರ Śmd. 43-45).

ಶುದ್ಧತೆ śuddhatĕ. Purity, cleanness, corretness, etc. (Čpr. 1, 32; Bp. 46, 11).

ಶುದ್ಧತ್ವ śuddhatva. = ಶುದ್ಧತೆ. (My.; ವೈಶದ್ಯ Čb.).

ಶುದ್ಧಪ್ರತಿ śuddha-prati. A correct, faultless, fair copy (My.).

ಶುದ್ಧಬೋಧೆ śuddha-bôdhĕ. Pure, faultless instruction or knowledge (Bp. 27, 76).

ಶುದ್ಧಭಕ್ತಿ śuddha-bhakti. True devotion (Bp. 60 sum.).

ಶುದ್ಧಮನಸ್ಸು śuddha-manassu. A pure, guileless, honest mind (My.).

ಶುದ್ಧಯಿಸು śuddhayisu. (Śmd. 65). = ಸುದ್ದಯಿಸು. To purify, etc.

ಶುದ್ಧಾಕ್ಷರ śuddha-akshara. A standard letter (see ಶುದ್ಧಗೆ).

ಶುದ್ಧಾಚಾರ śuddha-âčâra. Virtuous conduct or practices (My.).

ಶುದ್ಧಾದ್ವಯನಿರಂಜನ śuddha-advaya-niranjana. One who possesses a perfect and peerless purity (J. 13, 28).

ಶುದ್ಧಾನ್ತ śuddha-anta. A pure or sacred interior; the

private or women's apartments (in the palace of a king), *a harem, a seraglio.* 2, *a king's wife or concubine.*

ಶುದ್ಧಾನ್ವಯ śuddha-anvaya. Of a pure race, belonging to a noble family (ಕೌಲೀನ, ಸತ್ಕುಲೀನ Nn. 76).

ಶುದ್ಧಾಪಹ್ನುತಿ śuddha-apahnuti. A particular figure of rhetoric: denial of any quality or property for the sake of applying some other, *e. g.* this is not the moon, it is a lotus of the heavenly Ganges (My.).

ಶುದ್ಧಾಶುದ್ಧ śuddha-aśuddha. Pure and impure, correct and incorrect (My.).

ಶುದ್ಧಿ śuddhi. = ಸುದ್ದಿ. Purity, cleanness, holiness, freedom from defilement;—cleaned state;—*elegance* (of a pearl). 2, purification, cleansing. 3, rightness or goodness; freedom from unpropitious influences, suitableness for holy works (used of planetary aspects, of lunar days, etc.). 4, clearance, acquittal. 5, clearing of expenses, paying off arrears. 6, correction;—correctness, accuracy;—truth, certainty. See ಪಾಯಿ-, ಸ್ಥಿರ-. 7, searching, exploring; searched state (Mhr.).

ಶುದ್ಧಿಪತ್ರ śuddhi-patra. A sheet or paper of corrections, an errata list (My.). 2, a certificate to a person who (through the administration of prâyaścitta) has been purified from his pollution, and restored to fitness for the intercommunication of the social relation (My.).

ಶುದ್ಧೋದನ śuddha-ôdana. N. of a king, the father of Śâkyamuni. See ಶೌದ್ಧೋದನಿ.

ಶುನಕ śunaka. = ಸೊಣಕ, ಸೊಣಗ, ಸೊಣಗು. *A dog.* 2, N. (Bp. 55, 45). ಪಾನಕಾ ಬೇಕೆನ್ನು, ಶುನಕಕ್ಕೆ ಕರದ ಹಾಗೆ (Prv.).

ಶುನಕಿ śunaki. *A bitch.*

ಶುನಾಸೀರ śunâsîra. *Indra.*

ಶುನಿ śuni. *A bitch.* See Sp. s. ಮುಗುಳಿ.

ಶುಭ śubha. = ಸುಬ. Bright, shining; *splendid; handsome, beautiful.* 2, *auspicious, lucky, fortunate, good, happy* (ಮಂಗಲ Nn. 139; Mr. 530);—right, good, virtuous;—eminent, distinguished (ವಿಶೇಷ Mr. 530). 3, *pure* (ಅಮಲ, ನಿರ್ಮಲ 139). 4, anything bright or beautiful, auspiciousness. 5, *good fortune, good luck.* 6, *goodness, welfare, happiness, hail, joy* (ನಲ್ಮೆ Čt. II, 81). 7, perpetuity (ನಿತ್ಯವು 139). 8, kingship (ರಾಜ್ಯಪದ, ಪಟ್ಟಾಭಿಷೇಕ ವಿಶೇಷ 139; ಪಟ 530). 9, valour, etc. (ವಿಕ್ರಾನ್ತ, ಪರಾಕ್ರಮ 139; ವಿಕ್ರಾನ್ತ 530). 10, the prickly pear (ಮುಳಗಳ್ಳಿ Cb.). 11, the śamî tree (? ಭೂಜಾತ, ಮರ 139; Sk. ಶುಭಾ is = ಶಮೀ). ಶುಭ ಮೆಟ್, ಅಶುಭ ತೊಟ್ (Prv.).—ಶುಭಗೇಡಿ. -ಕೇಡಿ. A person of inauspicious words. ಶುಭ ನುಡಿಯೋ, ಶುಭಗೇಡಿ! ಅನ್ನದ ಹನ್ನೆರಡವರೆಲ್ಲ ಬೋದಿ'ಯರು! ಅನ್ನ (Prv.). — ಶುಭಮ್ ಅಸ್ತು. May happiness become your portion! (used in letters, My.);—may it be auspicious, etc.

ಶುಭಂಯು śubhamyu. *Happy, blissful, auspicious, prosperous.* 2, a man who causes welfare, etc. (ಒಳಿತಂಗೆಯ್ವ Hlâ.). *Cf.* ಶುಭಯುತ.

ಶುಭಕರ śubha-kara. Causing welfare, etc.;—auspicious, favourable (Bp. 25, 20; 27, 79; 60, 47).

ಶುಭಕರ್ಮ śubha-karma. A good or virtuous act. 2, a happy or joyous ceremony or rite (as a marriage, upanayana, etc., as opposed to a funeral, dolorous rite, My.; see Nn. s. ಶೋಭನ).

ಶುಭಕಾರ್ಯ śubha-kârya. = ಶುಭಕರ್ಮ No. 2. (Bp. 60, 1; My.). ಶುಭಕಾರ್ಯಕ್ಕೆ ಹೋದರೂ ಅಶುಭವಾಗೋದು ನಿಲ್ಲಲಿಲ್ಲ (Prv.).

ಶುಭಕೃತ್ śubha-kṛit. N. of the thirty-sixth year in the cycle of sixty (My.).

ಶುಭದಾಯಕ śubha-dâyaka. Granting happiness, etc.; one who grants happiness, etc. (My.).

ಶುಭದಾಯಕಿ śubha-dâyaki. A woman who grants happiness, etc.: Pârvatî (Râm. 1, 1, 4).

ಶುಭದಿನ śubha-dina. An auspicious day (Čpr. 2, 54).

ಶುಭನಕ್ಷತ್ರ śubha-nakshatra. A fortunate star (My.).

ಶುಭಪ್ರಸ್ತ śubha-prasta. = ಶುಭಕರ್ಮ No. 2. (My.).

ಶುಭಫಲ śubha-phala. Auspicious result, good or happy consequence (My.).

ಶುಭಮುಹೂರ್ತ śubha-muhûrta. A lucky moment or time (Râm. 1, 3, 7).

ಶುಭಯುತ śubha-yuta. A man who causes welfare, etc. (ಮಿಗೆ ಒಳ್ಳಿತಂ ಮಾಡ್ಪವಂ Mr. 240). *Cf.* ಶುಭಸಂಯುತ.

ಶುಭರೇಖೆ śubha-rêkhĕ. An auspicious line (*e. g.* on the sole of the foot, Mr. 332).

ಶುಭಲಗ್ನ śubha-lagna. = ಶುಭಮುಹೂರ್ತ. (My.).

ಶುಭವಾರ್ತೆ śubha-vârtĕ. Good news (My.; B. 5, 302).

ಶುಭವೇಷಿ śubha-vêshi. One who has an auspicious decoration (*i. e.* a liṅga): a Liṅgavanta (Bp. 50, 71).

ಶುಭಶಕುನ śubha-śakuna. A good omen (My.).

ಶುಭಸಂಯುತ śubha-samyuta. *Endowed with prosperity or happiness, blissful.* 2, a man who causes welfare, etc. (ಒಳಿತಂಗೆಯ್ವ Hlâ.).

ಶುಭಸೂಚನೆ śubha-sûcanĕ. An auspicious hint or sign (My.).

ಶುಭಾಂಗಿ śubha-aṅgi. A handsome-limbed, beautiful woman (Śśv. 1, 76).

ಶುಭಾತ್ಮಕ śubha-âtmaka. *Agreeable, gladdening.*

ಶುಭಾನನ್ತ śubha-ananta. N. of a vṛitta (Čh.).

ಶುಭಾನ್ವಿತ śubha-anvita. *Endowed with prosperity or happiness, prosperous, happy.*

ಶುಭಾವಹ śubha-âvaha. *Causing welfare, etc.*

ಶುಭಾಶುಭ śubha-aśubha. Prosperous and unfortunate, good and evil;—*good and evil, good and bad fortune, weal and woe.*

ಶುಭೋದಯ śubha-udaya. Rising or production of welfare (J. 2, 24).

ಶುಭೋರ śubha-ura. One who has a beautiful chest (J. 5, 6).

ಶುಭ್ರ śubhra. (= ಸುಬ್ಬ). *Shining, radiant, bright.* 2, *white* (ಬಿಳಿದು Nn. 40. 46. 80).

ಶುಭ್ರಕರಿ śubhra-kari. Indra (Mr. 41).

ಶುಭ್ರತೆ śubhratĕ. Whiteness (Čpr. 1, 33).

ಶುಭ್ರದನ್ತಿ śubhra-danti. *The female of the elephant pushpadanta,* Indra's elephant (Mr. 42, o. r. ಅಭ್ರದನ್ತಿ).

ಶುಭ್ರವಸ್ತ್ರ śubhra-vastra. A white cloth (My.).

ಶುಭ್ರವಾಹನ śubhra-vâhana. Arjuna (J. 32, 24).

ಶುಭ್ರಾಂಶು śubhra-amśu. White-rayed: *the moon.*

ಶುಭ್ರಾತಪತ್ರ śubhra-âtapatra. A white parasol (Čpr. 8, 34).

ಶುಭ್ರಾಭ್ರ śubhra-abhra. A bright, clear sky (J. 6, 11).

ಶುಭ್ರೋಪಲ śubhra-upala. A white stone (ಬಳಪ Mr. 359, o. r. ಬಳಪ).

ಶುಮ್ಭ śumbha. = ಸುಮ್ಭ, (ಸೊಮ್ಭ). N. of a demon (Ŏ. Bp. 47, 21; Mhr.). 2, a dull, sluggish and stupid fellow (Mhr.). *Cf.* ನಿಶುಮ್ಭ.

ಶುಮ್ಭನ śumbhana. Injuring, killing (see ನಿ-). 2, shining, brilliant.

ಶುಲ್ಕ śulka. = ಸುಂಕ. *Toll, duty, customs* (ಸುಂಕ Nn. 25; Mr. 484). 2, price; purchase-price for a woman (money, valour, learning, etc.). 3, *the property settled on a woman before marriage;* a dower (ಸ್ತ್ರೀಸಮ್ಬನ್ಧದ ದ್ರವ್ಯ 25; ಸ್ತ್ರೀದ್ರವ್ಯ 484). 4, gain, profit. 5, money advanced to ratify a bargain.

ಶುಲ್ಕಿಕ śulkika. N. of a country. See ಶೌಲ್ಕಿಕೇಯ.

ಶುಲ್ಕಿಗ śulkiga. = ಸುಂಕಿಗ. A collector of customs, a custom-house officer, a publican.

ಶುಲ್ಬ śulba. = ಶುಲ್ವ. (My. Amara).

ಶುಲ್ವ śulva. = ಸುಲ್, ಸುಲು, ಸುಲ್ವ. *A rope; a cord, a string* (ಉರುತನ್ತಿ Mr. 380). 2, *copper.*

ಶುಲ್ವೆ śulvĕ. *A rope.*

ಶುಶ್ರೂಷಣೆ śuśrûshaṇĕ. = ಶುಶ್ರೂಷೆ. (My.).

ಶುಶ್ರೂಷೆ śuśrûshĕ. = ಶಿಶ್ರೂಷೆ, ಶಿಶ್ರೂಷೆ. Desire or wish to hear or to obey; obedience. 2, *service;* obsequiousness, reverence.

ಶುಷಿ śushi. = ಸುಷಿ 2. Drying. 2, *a hole, a chasm.*

ಶುಷಿರ śushira. = ಸುಷಿರ. Full of holes or crevices. 2, *a hole, a chasm* (ಕುಲಿ Hlâ.).

ಶುಷ್ಕ śushka. *Dried, dried up, dry;* shriveled, withered;—groundless, causeless;—unproductive, fruitless, unprofitable, useless, vain.

ಶುಷ್ಕಪರ್ಣ śushka-parṇa. *A dry leaf.*

ಶುಷ್ಕಫಲ śushka-phala. *Dry fruit.*

ಶುಷ್ಕಮಾಂಸ śushka-mâṁsa. *Dry flesh, dry meat.*

ಶುಷ್ಕವಾದ śushka-vâda. Useless talk (My.).

ಶುಷ್ಕೋಪಚಾರ śushka-upaćâra. Unmeaning compliments, etc. (My.).

ಶುಷ್ಮ śushma. *Power, strength, prowess.* 2, *fire;*—light, lustre.

ಶೂಕ śûka. = ಸುಂಕು. *The awn of barley, etc.* 2, a bristle, a spicule; a point (Bp. 39, 64). 3, *pity, compassion, clemency.*

ಶೂಕಕೀಟ śûka-kîṭa. *A caterpillar.* See ಮುಳ್ಳುಹುಳು.

ಶೂಕಧಾನ್ಯ śûka-dhânya. *Any awned or bearded grain, as barley, etc.*

ಶೂಕರ śûkara. = ಸೂಕರ. *A hog, a pig.* ಮಕರರಾಶಿಗೆ ಗುರು ಬನ್ದರೆ ಶೂಕರಗೆ ಏನು? (Prv.).

ಶೂಕಲ śûkala. ಶೂಕಳ. = ಶೂಲಕ, ಸೂಕಳ. *An ill-trained, unbroken, restive horse;* ill-trained, etc. (Abh. P. 4, 112; 16, after 65; Grj. 2, after 106). See Hlâ. s. ಸಿಲುಕುಗುದುರೆ.

ಶೂಕಶಿಮ್ಬಿ śûka-śimbi. *Cowach, Mucuna pruritus* Hook.

ಶೂಚಿ śûći. = ಸೂಚಿ.

ಶೂಚಿಯಾನ śûći-yâna. = ಸೂಯಾಣ. Marching in a sharp file or column.

ಶೂದ್ರ śûdra. = ಸೂದ್ರ. *A man of the fourth or servile tribe* (or caste; ಕುಡಿಯ Ćt. I, 84. 101; Ćt. II, 16; see ಮಹಾ-). Feminine ಶೂದ್ರಳು (My.).

ಶೂದ್ರತ್ವ śûdratva. The state or condition of a śûdra (Bp. 55, 42).

ಶೂದ್ರಿ śûdri. *The wife of a śûdra.* See ಮಹಾ-.

ಶೂದ್ರಿಕ śûdrika. N. of a king (Śmd. 297; Bp. 11, 51; 31, 23).

ಶೂದ್ರೆ śûdrĕ. *A woman of the śûdra tribe.*

ಶೂನ್ಯ śûnya. = ಸುನ್ನ, ಸುನ್ನೆ, ಸೊನ್ನೆ 2. *Empty, void, hollow; vacant; non-existent.* 2, *utterly destitute or deprived of, without.* 3, *ruined.* 4, nonsensical, unmeaning. 5, lonely, private. 6, bare, naked. 7, a void, a vacuum, a blank; inanity. 8, *a lonely place, a desert;* etc. etc. (ಬಳ್ಳಕಟಬಯಲ್ Ćt. I, 86; ಮುಜ್ಜಬ Ćt. II, 54). 9, the sky. 10, a dot, a spot. 11, a cypher, a zero (ಸೊ Mr. 506). 12, the anusvâra or bindu (Śmd. 19). 13, absolute vacuity, nonentity, nihility (one of the principles of bauddha metaphysics). 14, one of the vital airs (ಓಸರಿಸಿ ನಡೆಯದಿರೆ ಶೂನ್ಯಮಕ್ಕು Mr. 53). 15, sorcery (My.). Feminine ಶೂನ್ಯಳು (see ಪತಿ-, ಮತಿ-). — ಶೂನ್ಯದ ಬೊಮ್ಬೆ. An effigy (of clay) that is to represent the person whom the sorcerer wants to destroy (My.).

ಶೂನ್ಯಗಾರ śûnya-gâra. A sorcerer (My.; Si. 340).

ಶೂನ್ಯಗಾರ್ತಿ śûnya-gârti. A sorceress (My.).

ಶೂನ್ಯಲಲಾಟ śûnya-lalâṭa. A forehead destitute of any sectarian mark (My.).

ಶೂನ್ಯವಾದಿ śûnya-vâdi. An atheist;—a Buddhist (My.).

ಶೂನ್ಯಶೀರ್ಷ śûnya-śîrsha. A bare head (Šâv. 4, 108).

ಶೂನ್ಯಸ್ಥಾನ śûnya-sthâna. An empty, waste place. See ಪಾಡು.

ಶೂನ್ಯಹಸ್ತ śûnya-hasta. Empty-handed. (R.).

ಶೂಯಮಾನ śûyamâna. Swelling, enlarging, increasing; thriving. (G.).

ಶೂರ śûra. *A hero, a warrior, a valiant man, a great or mighty man* (ಆಳವಾಳ್ Bhn. 6).

ಶೂರಣ śûraṇa. = ಸುರಣ, ಸೂರಣ. *A kind of esculent root, Amorphophallus campanulatus* Decaisn., or *the Telinga potato, Arum campanulatum* Roxb.

ಶೂರತೆ śûratĕ. Heroism, prowess, valour, bravery (Prll. 3, 7).

ಶೂರತ್ವ śûratva. = ಶೂರತೆ. (Bp. 38, 64).

ಶೂರಸೇನ śûra-sêna. N. of the country about Mathurâ (Bp. 6, 19). 2, N. of a king.

ಶೂರ್ಪ śûrpa. = ಸೂರ್ಪ. *A van, a winnowing basket, a sifting fan.* 2, a measure of two drōṇas.

ಶೂರ್ಪಕ śûrpaka. N. of a demon, an enemy of Kâma.

ಶೂರ್ಪಕಪ್ರಹರ śûrpaka-prahara. Kâma.

ಶೂರ್ಪಕಪ್ರಹರಪ್ರಹಾರಿ śûrpakaprahara-prahâri. Śiva (Bp. 58, 41).

ಶೂರ್ಪಕಮರ್ದನ śûrpaka-mardana. Kâma (Grj. 7, 3).

ಶೂರ್ಪಕರಣ śûrpa-karaṇa. = ಸೂರ್ಪಕರಣ. Winnowing, sifting. See ಒನೆ, ತೆಮ್ಬು.

ಶೂರ್ಪಕರ್ಣ śûrpa-karṇa. An elephant. 2, Gaṇêśa (My.).

ಶೂರ್ಪಕವೈರಿ śûrpaka-vairi. = ಶೂರ್ಪಕಾರಾತಿ. (Mr. 22).

ಶೂರ್ಪಕಾರಾತಿ śûrpaka-arâti. *Kâma.*

ಶೂರ್ಪಕಾರಿ śûrpaka-ari. Kâma.

ಶೂರ್ಪಕಾರಿಪ್ರಹರ śûrpakâri-prahara. Śiva (Bp. 31, 1).

ಶೂರ್ಪಣಖಿ śûrpa-nakhi. ಶೂರ್ಪಣಖೆ śûrpa-nakhĕ. = ಸೂಪ ರ್ಣಕ್ಕೆ. N. of the sister of Râvaṇa (Râm. 3, 4 sum.; J. 16, 14; 18, 4);—any monstrous or hideous female, a Xanthippe, a vixen (My.).

ಶೂಲ śûla. = ಶೂಲೆ, ಸುಳ, ಸೂಲ 2, ಸೂಳ 1. A sharp or pointed weapon: *a pike, a spear, a lance, a spike;*—the trident of Śiva. 2, *a spit.* 3, a stake for impaling criminals. 4, *any sharp or acute pain, especially pain in the stomach and head.* 5, the ninth astronomical yôga (see ವಾರ-). 6, death, dying. 7, one of the viččhittičitras (Kâvy. III, 2, B, 57. 60 seq.). See Bp. 50, 42. 45. 51. 52. ಶೂಲಕ್ಕೆ ತಿಕಾ ಆನಿಸಿ ಕೊಣ್ಣು, ಗವುಳೀ ಶಕುನ ಕೇಳಿದ (Prv.). — ಶೂಲದ ಬೊಮ್ಮ ದೇವಯ್ಯ. N. (Bp. 58, 2).

ಶೂಲಕ śûlaka. = ಶೂಕಲ. *An unbroken, restive horse.*

ಶೂಲಧರ śûla-dhara. Śiva (Mr. 12). — ಶೂಲಧರಂ. The foot — ◡ ◡ — (Čh.).

ಶೂಲಪಾಣಿ śûla-pâṇi. = ಸೂಳಪಾಣಿ. Holding or bearing a pike.

ಶೂಲಾಕೃತ śûla-âkṛita. *Roasted on a spit;* roasted meat. See Nr. s. ಸುಣ್ಣಗೆ.

ಶೂಲಾಯುಧ śûla-âyudha. Śiva (Bp. 25 sum.; 61, 25).

ಶೂಲಿ śûli. = ಸುಳಿ. Suffering sharp pain. 2, a spearman. 3, *Śiva.* — ಶೂಲಿರೋಗ. = ಶೂಲ No. 4. (Bp. 49, 28).

ಶೂಲಿಕ śûlika. Having a pike, etc.;—piercing, killing. See ನಯು-.

ಶೂಲಿಕೆ śûlikĕ. = ಸೂಲಿಕೆ. N. of a plant (ಜಾಲೆ Mr. 138). 2, a crowbar (ಅಯೋಮುಖ, ಒತ್ತುವ ಹಾರೆಗಟ್ಟಿಗೆ Mr. 158). 3, a spear.

ಶೂಲೆ śûlĕ. = ಶೂಲ No. 4, ಸೂಲೆ. (Bp. 49, 26; My.). 2, = ಸೂಳೆ, a harlot, a prostitute (Sk.). — ಶೂಲೆರೋಗ. = ಶೂಲಿ ರೋಗ. (My.; ಶೂಲ G.).

ಶೂಲ್ಯ śûlya. *Roasted on a spit;* roasted meat (ಸುಣ್ಣಗೆ Mr. 217).

ಶೃಗಾಲ śṛigâla. = ಸೃಗಾಲ. *A jackal.*

ಶೃಂಖಲ śṛiṅkhala. = ಶೃಂಖಲೆ, ಸಂಕಲೆ, ಸಂಕೋಲೆ. An iron chain; any chain or fetter. 2, *a belt or chain worn round the waist.* 3, *a chain for confining the feet of an elephant* (Mr. 154).

ಶೃಂಖಲಕ śṛiṅkhalaka. A chain. 2, *a young camel* (or other young animal) *with wooden rings or clogs on his feet* (to prevent his straying). 3, *a camel* (ಒಟ್ಟೆ Hlâ.).

ಶೃಂಖಲಾಬನ್ಧ śṛiṅkhalâ-bandha. = ಸಂಕಲೆವನ್ದ. Confining with chains or fetters.

ಶೃಂಖಲಿತ śṛiṅkhalita. Chained, fettered (ಬೇಡಿ ಹಾಕಸಿ ಕೊಣ್ಣ ವನು Dhw.).

ಶೃಂಖಲೆ śṛiṅkhalĕ. ಶೃಂಖಲಾ. = ಶೃಂಖಲ, etc. (Śśv. 3, 25). 4, N. of a plant (ಕಾಣ್ಣೀರಿ, etc. Mr. 145; Sk. ಶೃಂಖಲೀ is = ಕೋಕಿಲಾಕ್ಷ).

ಶೃಂಗ śṛiṅga. = ಸಿಂಗ 2. *A horn* (ಗೋ, ಕೋಡು Nn. 5; ಲಲಾಮ, ಕೋಡು, ಕೊಮ್ಬು Nn. 26; ಕೋಡು Nn. 34; ವಿಷಾಣ, ಕೋಡು Nn. 28). 2, *the top of a mountain* (ಪರ್ವತದಗ್ರ, ಬೆಟ್ಟದ ತುದಿ 28). 3, a horn used for blowing. 4, height, elevation (ತುಂಗ, ದೊಡ್ಡಿತು 28). 5, *dignity, lordship, supremacy, sovereignty.* 6, a lord, a chief (ಪ್ರಭು, ಮುಖ್ಯ 28). 7, an elephant (ದನ್ತಿ, ಆನೆ 28). 8, a tree (ಪಾದಪ, ಮರ 28). 9, *a medicinal plant and root* (= ಕಾರ್ಕಟಶೀರ್ಷ). 10, N. of a ṛishi (Râm. 1, 5 sum.).

ಶೃಂಗಪುರ śṛiṅga-pura. = ಶೃಂಗೇರಿ. (My.).

ಶೃಂಗರಿಸು śṛiṅgarisu. = ಶೃಂಗಾರಿಸು, ಸಿಂಗರಿಸು. To ornament, to decorate (My.).

ಶೃಂಗವೇರ śṛiṅga-vêra. *Undried ginger* (ಆರ್ದ್ರಕ, ಹಸಿಯ ಅಲ್ಲ Mr. 137).

ಶೃಂಗಸಂಕರ್ಷಣ śṛiṅga-saṅkarshaṇa. Dragging along or pulling with the horns. See ಈಡಿಟ್.

ಶೃಂಗಾಟ śṛiṅgâṭa. A place where four roads meet (ಬಟ್ಟೆಗಳು ಕೂಡೆ Mr. 192). 2, the aquatic plant Trapa bispinosa, etc. (= ಶೃಂಗಾಟಕ).

ಶೃಂಗಾಟಕ śṛiṅgâṭaka. *A place where four roads meet.* 2, the plant Trapa bispinosa. 3, the plant Asteracantha longifolia Nees.

ಶೃಂಗಾರ śṛiṅgâra. = ಸಿಂಗರ, ಸಿಂಗಾರ. Decoration, dress, embellishment; beauty. 2, *love, sexual passion, the erotic sentiment* (rasa) *in poetry, sexual union,* etc. (Kâvy. IV, 1, 9; IV, 2, 14. 20-29. 52. 57). ಶೃಂಗಾರಕ್ಕೆ ಕಡಿಮೆಯಾದರೂ ಮಂಗಾಟಕ್ಕೆ ಕಡಿಮೆಯಿಲ್ಲ.—ಬಂಗಾರವಿದ್ದರೆ ಶೃಂಗಾರ (Prvs.). — ಶೃಂಗಾರಂಗೆಯ್. -ಂ-. To adorn, to decorate (Čpr. 7, after 151). ಶೃಂಗಾರಂಗೆಯ್ವುದು (ಅಕಲ್ಪ, ಮಣ್ಡನ, etc. Hlâ.). — ಶೃಂಗಾರ ಮಾಡು. = ಶೃಂಗಾರಂಗೆಯ್. (ಸಿಂಗರಿಸು G.). — ಶೃಂಗಾರಮ್ಬಡೆಟ್. -ಂ-ಪೆಟ್. To be adorned (Śśv. 1, after 79).

ಶೃಂಗಾರಕ śṛiṅgâraka. Horned, crested. 2, = ಶೃಂಗಾರ. 3, red lead. (R.).

ಶೃಂಗಾರಿತ śṛiṅgârita. Affected by love, impassioned. 2, adorned, decorated. 3, stained with red-lead (Bp. 44, 70).

ಶೃಂಗಾರಚೇಷ್ಟೆ śṛiṅgâra-česhṭĕ. *Love-gesture, any outward action indicating love.*

ಶೃಂಗಾರಯೋನಿ śṛiṅgâra-yôni. Love-source: *Kâma.*

ಶೃಂಗಾರಶೇಖರ śṛiṅgâra-śêkhara. A man greatly addicted to amorous passion (My.).

ಶೃಂಗಾರಿ śṛiṅgâri. Feeling love or amorous passion; enamoured, impassioned. 2, dress, decoration. (R.).

ಶೃಂಗಾರಿಸು śṛiṅgârisu. = ಶೃಂಗರಿಸು, ಸಿಂಗಾರಿಸು. (Bp. 42, 21; My.).

ಶೃಂಗಾರೆ śṛiṅgârĕ. A woman who is decorated (Bp. 5, 26).

ಶೃಂಗಿ śṛiṅgi. = ಸಿಂಗಿ. Horned; crested, peaked. 2, a mountain (ಬೆಟ್ಟ Mr. 96). 3, a kind of gold used for making ornaments. 4, *a sort of Silurus or sheat-fish* (see ವಾಗು). 5, the spotted antelope, or a deer (ಸಾರಂಗ Mr. 162). 6, *a particular medicinal root* (= ವೃಷಭ). 7, a very poisonous medicinal plant (see ಅತಿಬಜೆ). 8, = ಕಡಸೀಗೆ. (Mr. 150). 9, = ಶೃಂಗಿಕ No. 2.

ಶೃಂಗಿಕ śṛiṅgika. *A sort of poison.* 2, a kind of Betula or birch tree.

ಶೃಂಗಿಣಿ śṛiṅgiṇi. A cow.

ಶೃಂಗೀಕನಕ śṛiṅgî-kanaka. *A kind of gold used for ornaments.*

ಶೃಂಗೇರಿ (śṛiṅga-ĕri). = ಶೃಂಗಪುರ. N. of a village and maṭha on the western ghauts (My.).

ಶೃತ śṛita. *Boiled;*—cooked, dressed.

ಶೃತಾನನ್ತ śṛita-ananta. N. of a vṛitta (Čh., o. rs. ಶೃತಾನನ್ದ, ಶುಭಾನನ್ತ).

ಶೆಲ್ಲೆ śellĕ. = ಶಲ್ಲೆ. Tbh. of ಚೇಲ. (B. 3, 27).

ಶೇಕದಾರ śêkadâra. = ಸೇಕದಾರ. The native collector of the revenue of a division of villages or land (My.; Mhr., H. ಶೇಖದಾರ).

ಶೇಕದಾರಿ śêkadâri. = ಶೇಕದಾರಿಕೆ. (My.).

ಶೇಕದಾರಿಕೆ śêkadârikĕ. The office or business of a śêkadâra (My.).

ಶೇಖರ śêkhara. (fr. ಶಿಖರ). *A garland of flowers worn on the top of the head, a chaplet, a crest, a diadem* (ಬಾಸಿಂಗ, ಅವತಂಸ, ಸಿರದ ರತ್ನಚೂಡಾಮಣಿ Mr. 333). 2, the chief or head of any thing (Bp. 59, 50).

ಶೇಟ śêṭa. = ಶಟ್ಟಿ. (My.).

ಶೇನ್ದಿ śêndi. Toddy (My.; H.).

ಶೇಫ śêpha. *The penis.*

ಶೇಫಸ್ śêphas. *The penis.*

ಶೇಫಾಲಿಕೆ śêphâlikĕ. The small tree Nyctanthes arbor tristis Lin. (= ನೀಲಿಕೆ). 2, *the shrub or small tree Vitex negundo or trifolia* Lin. See Nr. s. ಲೊಕ್ಕಿ.

ಶೇಮುಷಿ śêmushi. *Understanding, intellect.*

ಶೇಲು śêlu. = ಚಳ್ಳೆ, etc. *The sepistan plum, Cordia myxa* Lin. (C. latifolia Roxb.).

ಶೇಲೆ śêlĕ. = ಸೇಲೆ. Tbh. of ಚೇಲ. Cloth; a garment (Bp. 18, 60; My.). ನೂಲಿಗೆ ತಕ್ಕ ಶೇಲೆ, ಸಾಲಿಗೆ ತಕ್ಕ ಎಡೆ (Prv.).

ಶೇವ śêva. A snake. 2, height, elevation. 3, happiness. 4, treasure, wealth. 5, Agni. 6, the penis (= ಶೇಫ).

ಶೇವಧಿ śêva-dhi. Wealth-receptacle: one of the treasures of Kubêra. 2, *a hoard, a treasure.*

ಶೇವಲ śêvala. = ಶೇವಾಲ, ಶೈವಲ, ಶೈವಾಲ, ಸೇವಳ, ಸೇವಾಳ. *The aquatic plant Vallisneria octandra* (or Blyxa o.). 2, the green moss-like substance growing on the surface of water, duck-weed.

ಶೇವಾಲ śêvâla. = ಶೇವಲ, etc. *Vallisneria octandra, etc.*

ಶೇಷ śêsha. = ಸೇಸ. *Remaining, other, all the other.* 2, *remainder, leavings, rest, residue, surplus, balance* (Šmd. 162); orts (My.). 3, *the thousand-headed serpent Šêsha.* 4, Balarâma; Lakshmaṇa (My.). 5, distinguishing (see ವಿ-). See Kâvy. V, 32; Nn. s. ಪುಣ್ಡರೀಕ.

ಶೇಷಕ śêshaka. Distinguishing. See ವಿ-.

ಶೇಷಕರಣ śêsha-karaṇa. Causing to remain, leave remaining. See ಉಪಶೇಷ.

ಶೇಷಗಿರಿ śêsha-giri. N. of the hill at Tirupati (My.). 2, N. of men (My.; B. 2, 36).

ಶೇಷಣ śêshaṇa. Distinguishing. See ವಿ-.

ಶೇಷಧರ śêsha-dhara. Šiva (Bp. 25, 14).

ಶೇಷಭೂಷಣ śêsha-bhûshaṇa. Šiva (Bp. 37, 12).

ಶೇಷಾಕ್ಷತ śêshâ-akshata. = ಶೇಷೆ No. 2. (Špr. 6, after 88 & 97).

ಶೇಷಾದ್ರಿ śêsha-adri. = ಶೇಷಗಿರಿ. (My.).

ಶೇಷಾನ್ನ śêsha-anna. Leavings of food (J. 11, 20).

ಶೇಷಿ śêshi. Having an (unessential) rest. See ವಿಜಯ-.

ಶೇಷೆ śêshĕ. = ಸೇಸೆ, etc. The remains of flowers, raw rice, and other offerings made to an idol or used in a śubhakârya and afterwards distributed as a blessing among the worshippers and attendants (My.). 2, raw rice over which incantations have been pronounced and which is thrown on the heads of the bride and bridegroom during the marriage ceremony and other joyous rites (My.). Instead of raw rice also pearls are used (see ಮುತ್ತಿನ ಸೇಸೆ in Špr. 6, 91; Rśv. 8, 118; J. 8, 12).

ಶೈಕ್ಷ śaiksha. (fr. ಶಿಕ್ಷಾ). *A youthful student just commencing the study of the vêdas.*

ಶೈಖರಿಕ śaikharika. (fr. ಶೇಖರ). *The plant Achyranthes aspera* (= ಅಪಾಮಾರ್ಗ).

ಶೈಘ್ರ್ಯ śaighrya. (fr. ಶೀಘ್ರ). Quickness, rapidity. (R.).

ಶೈತ್ಯ śaitya. (fr. ಶೀತ). = ಸೈತ್ಯ. Coldness, frigidity, cold, coolness; dampness (ತಣ್ಣಸ Čt. I, 2; II, 28; ಕೋಡು I, 38; Šm. 94; ಘರ್ಮ, ಶೀತ Nn. 22; ಕೋಡು, ಕೋಟೆ, ತಣ್ಣೆತು Kk. 23; ತಣ್ಣೆತು, ಕೋಡು, ಕೊಟ್ಟೆ Šm. 36; ಕುಳಿರ್ Šm. 105); chilliness; (a shivering); prevalence of cold in the system. — ಶೈತ್ಯಗೊಳ್. -ಕೊಳ್. To grow faint-hearted or cowardly. ಶೈತ್ಯಗೊಣ್ಡವಂ (ಹೇಡಿ Šm. 96).

ಶೈತ್ಯಪದಾರ್ಥ śaitya-padârtha. A cooling thing, as a plantain, an orange, a cucumber, tamarind, curds, etc. (My.).

ಶೈತ್ಯಾಲಯ śaitya-âlaya. A cool house (ಕುಳಿರ್ವನೆ Kk. 23).

ಶೈತ್ಯೋಪಚಾರ śaitya-upačâra. Attention paid to a tired and heated person in order to cool and refresh his system by presenting cool drinking water, flowers, fruits, scented water, etc., by fanning, etc. (My.).

ಶೈಥಿಲ್ಯ śaithilya. (fr. ಶಿಥಿಲ). Looseness, laxity;—flaccidity, slackness, remissness;—dilatoriness; weakness; etc.;—relaxation of rule or connexion. See ಸಡಿಲ್ಲು.

ಶೈಥಿಲ್ಯವರ್ಣ śaithilya-varṇa. A decayed, *i. e.* wrongly omitted, letter (Bp. 1, 18).

ಶೈನೇಯ śainêya. (fr. ಶಿನಿ). Sâtyaki, the charioteer of Kṛishṇa (J. 12, 47).

ಶೈಬ್ಯ śaibya. N. of a ṛishi (J. 33, 39).

ಶೈಲ śaila. (fr. ಶಿಲ). Of stone; stony, rocky. 2, *a mountain.* 3, the number 7 (Čh.).

ಶೈಲಜಾಧಿಪ śailajâ-adhipa. Šiva (Bp. 16, 1).

ಶೈಲಜೆ śaila-jĕ. ಶೈಲಜಾ. Pârvatî.

ಶೈಲಧರೆ śaila-dharĕ. The earth (Mr. 91).

ಶೈಲಪ śaila-pa. = ಶೈಲರಾಜ. (Grj. 3, 105).

ಶೈಲಪುತ್ರಿ śaila-putri. = ಶೈಲಜೆ. (Šśv. 4, 69).

ಶೈಲಭಿದ್ śaila-bhid. Indra (Bp. 17, 12).

ಶೈಲರಾಜ śaila-râja. The Himâlaya.

ಶೈಲರಾಜತನೂಜೆ śailarâja-tanûjĕ. = ಶೈಲಜೆ. (Bp. 10, 33).

ಶೈಲಾಟ śaila-aṭa. A mountaineer, a savage. 2, a lion. (R.).

ಶೈಲಾಲಿ śailâli. (= ಶಿಲಾಲಿ). *An actor, a dancer.*

ಶೈಲೂಷ śailûsha. *An actor, a dancer,* a tumbler, etc. 2, *the bilva tree, Aegle marmelos* Corr. 3, a rogue, a cheat.

ಶೈಲೇಯ śailêya. (fr. ಶಿಲ). Produced from rocks or in the mountains; rocky, stony; hard. 2, *benzoin or storax.*

ಶೈಲ್ಯ śailya. Rocky, stony; hard;—rockiness, stoniness; hardness. 2, a mountain (Mhr.). ಸೀಸದ ಉಳಿಯಲ್ಲಿ ಶೈಲ್ಯ ಒಡೆಯ ಬಹುದೇ? (Prv.).

ಶೈವ śaiva. (fr. ಶಿವ). = ಸೈವ. Relating or belonging to Šiva;—a worshipper or follower of Šiva. See Bp. 25, 5; 57, 42; ವೀರ-.

ಶೈವಕಿ śaivaki. (= ಶಿವಿಕೆ). A litter, etc. (ಪಾನು Mr. 207).

ಶೈವದೀಕ್ಷೆ śaiva-dîkshĕ. Initiation in the doctrines of the śaiva sect (Bp. 57, 67). — ಶೈವದೀಕ್ಷಾಚಾರ್ಯ. -ಆಚಾರ್ಯ. A man who initiates or is fit to initiate in the śaiva doctrines (Bp. 58 sum.). — ಶೈವದೀಕ್ಷಾಮುಖ್ಯ. = ಶೈವದೀಕ್ಷಾಚಾರ್ಯ. (Bp. 58, 20).

ಶೈವಪುರಾಣ śaiva-purâṇa. N. of a purâṇa devoted to the praise of Śiva (Bp. 43, 76).

ಶೈವಮೂರ್ತಿ śaiva-mûrti. Śiva's phallus (ಲಿಂಗ Nn. 514).

ಶೈವಲ śaivala. = ಶೇವಲ, etc. *The aquatic plant Vallisneria octandra* etc.

ಶೈವಲಿನಿ śaivalini. Possessing the plant śaivala: *a river.*

ಶೈವಾಲ śaivâla. = ಶೈವಲ. *The aquatic plant Vallisneria octandra* etc.

ಶೈಶವ śaiśava. (fr. ಶಿಶು). *Childhood, infancy.*

ಶೈಶಿರ śaiśira. (fr. ಶಿಶಿರ). Belonging to the cold or cool season;—the cold or cool season (J. 28, 1).

ಶೋಕ śôka. *Sorrow, grief, mourning, lamentation* (ತಿಮಿರ, ಅಕ್ಕೆ Nn. 12). — ಶೋಕ ಪಡು. To be grieved or sorrowful, to mourn, to lament (B. 5, 39). — ಶೋಕ ಮಾಡು. = ಶೋಕ ಪಡು. (B. 5, 72). ಲೋಕದವರೆಲ್ಲಾ ಸತ್ತರೆ ಶೋಕ ಮಾಡುವವರು ಯಾರು? (Prv.).

ಶೋಕಾಗ್ನಿ śôka-agni. The fire of sorrow, the torment of grief, deep distress (My.).

ಶೋಕಾರ್ತ śôka-ârta. Afflicted with sorrow, sorrow-stricken (J. 19, 39).

ಶೋಕಿಸು śôkisu. = ಶೋಕ ಪಡು. (Bp. 36, 18; My.; ಮಱುಗು G.).

ಶೋಕೋದ್ಗತ śôka-udgata. Proceeded or arisen from sorrow, caused by grief: one of the sthâyibhâvas (Kâvy. IV, 2, 15).

ಶೋಕೋದ್ರೇಕ śôka-udrêka. Excess of sorrow (Čpr. 3, 64; 5, after 11).

ಶೋಚನ śôčana. *Sorrow, grief, mourning, lamentation.*

ಶೋಚಿ śôči. Tbh. of ಶೋಚಿಸ್. (ಕಿರಣ, ರಶ್ಮಿ etc. Mr. 35).

ಶೋಚಿಷ್ಕೇಶ śôčis-kêśa. *Fire.*

ಶೋಚಿಸ್ śôčis. *Light, lustre, radiance, a ray of light.*

ಶೋಣ śôṇa. *Coloured like the red lotus, red,* of a chesnut colour. 2, *the colour of the red lotus, red, crimson.* 3, *a chesnut or bay horse.* 4, *the river Śôṇa* which rises in Gôṇḍavana on the table-land of Amarakaṇṭaka (ನಿರ್ಮಲೆ, ಹಿರಣ್ಯಬಾಹು, ಶೋಣನದಿ Mr. 414).

ಶೋಣಕ śôṇaka. *The plant Bignonia* (or Calosanthes) *indica* (= ಶಟ್ವಂಗ). See ಹೆಮ್ಮರ.

ಶೋಣತೆ śôṇatĕ. Redness (Kâvy. V, 50).

ಶೋಣತ್ವ śôṇatva. = ಶೋಣತೆ. (Kâvy. V, 52).

ಶೋಣರತ್ನ śôṇa-ratna. *A ruby.*

ಶೋಣಾಚಲ śôṇa-ačala. N. of a mountain (J. 22, 5).

ಶೋಣಾಭ್ರ śôṇa-abhra. A red cloud (J. 12, 42).

ಶೋಣಾಮ್ಬರ śôṇa-ambara. A red garment (J. 17, 41).

ಶೋಣಾಶ್ಮ śôṇa-aśma. *A ruby.*

ಶೋಣಿತ śôṇita. (= ಶ್ರೋಣಿತ). Red, crimson, purple;—*blood* (ಕೆನ್ನೀರ್, ರಗುತ, ನೆತ್ತರ್ Šm. 44, originally ಶ್ರೋಣಿತ).

ಶೋಥ śôtha. *Swelling, intumescence, tumefaction from disease;* dropsy.

ಶೋಥಘ್ನಿ śôtha-ghni. *Hogweed, Boerhavia procumbens* Roxb. (B. diffusa Lin.).

ಶೋಧ śôdha. Cleansing (Sk.). 2, correction (Sk.). 3, search, quest; inquiry, investigation; scrutiny, inspection (Mhr.; B. 4, 51. 91. 207. 221; 5, 174). 4, an instrument for dressing cotton (ಬೆಸೆ, ಬಿಲ್, ಕುಡುಹು Mr. 206).

ಶೋಧಕ śôdhaka. Purificatory;—cleansing;—corrective. 2, a purifier; one who corrects (a writing, etc. My.). 3, one who seeks or seeks after (My.). 4, one who inquires, an inquirer or scrutinizer (My.). 5, one who searches (My.). ಶೋಧಕನಾದರೆ ಬಾಧಕವಿಲ್ಲ (Prv.). See ನಗರ-.

ಶೋಧನ śôdhana. = ಶೋಧನೆ, ಸೋದನೆ. The act of cleaning, purifying. 2, refining (as metals); filtering. 3, correction, freeing from faults, clearing away errors, removing anything prejudicial or erroneous. 4, payment, clearance or discharge of a debt, quittance. 5, expiation. 6, retaliation, punishment. 7, subtraction (in arithmetic, ಗತ, ಊನ, ಕಳಹಂ Mr. 440). 8, excrement, feces. 9, searching. See ಕಾರ್ಪಾಸ-, ಪರಿ-, ನಗರ-.

ಶೋಧನಿ śôdhani. *A broom, a brush.* See ಪರಿ-.

ಶೋಧನೆ śôdhanĕ. = ಶೋಧನ, ಸೋದನೆ. The act of straining or sifting (My.). 2, the act of examining (as articles at the custom-house, a disease, a man's understanding, etc., My.); that of examining and cleansing (as the soil for a foundation, My.). 3, the act of seeking (what has been lost, My.). 4, = ಶೋಧ No. 3, the act of searching (for the purpose of finding something, as a house, people, My.).

ಶೋಧಿತ śôdhita. *Cleaned, cleansed;*—purified, refined. 2, *strained, sifted, filtered.* 3, corrected;—examined. 4, excused. 5, discharged, liquidated. 6, acquitted, absolved. 7, purged. 8, sought after (Čh. v. 334). See ಅ-, ಪರಿ-.

ಶೋಧಿಸು śôdhisu. = ಸೋಚ್ಚು, ಸೋದಿಸು, ಸೋಸು 1. To purify (Bp. 43, 24-26), to cleanse (My.); to correct (as a book, My.). ಶೋಧಿಸಿದ್ದು (ನಿಶ್ಚಿತ್ತ G.). 2, to strain, to sift, to filter (Bp. 47, 14. 15; My.). 3, to refine (as metals, My.; B. 4, 105, as jaggory, Bh. 1, 15, 7, My.). 4, to remove impurities out of rice (akki), etc. by picking; to clean a place by removing filth (My.). 5, to examine, to investigate, to search (My.; B. 5, 171 twice; 5, 179). ದೇವರು ನಿರ್ಮಿಸಿದ ಸೃಷ್ಟಿಯನ್ನು ಮನ ಮುಟ್ಟ ಶೋಧಿಸುವದರಿನ್ದ ಅತನ ಬಲ ಜ್ಞಾನ ದಯೆಗಳ ಮಹಿಮೆ ಗೋಚರವಾಗುತ್ತದೆ (B. 4, 59). 6, to seek, to seek for (a passage in a book, a thing that has been lost, etc., My.), to seek after (Bh. 2, 4, 12; My.). ಶಬ್ದಗಳ ಮೂಲ ಶೋಧಿಸೋಣ (ವ್ಯುತ್ಪಾದನ G.). 7, to be cleaned from impurities (as soil, Râm. 1, 7, 11). See ಪರಿ-; Grj. s. ಪುಡಿ. — ಶೋಧಿಸಿ ತೆಗೆ. To come upon by seeking, to discover by study or experiment (B. 5, 175. 181; My.).

ಶೋಧ್ಯ śôdhya. To be purified or cleansed, to be cleaned or refined, impure, etc. See ನಿಃ-.

ಶೋಫ śôpha. = ಶೋಬೆ, ಶೋಭ 2, ಶೋಫೆ 2, ಸೋಬೆ. *Swelling, intumescence, tumefaction from disease* (ಬಾಹು Mr. 385).

ಶೋಬೆ śôbĕ. Tbh. of ಶೋಫ. (My.).

ಶೋಭ śôbha. 1. Bright, brilliant, handsome; lustre.

ಶೋಭ śôbha. 2. Tbh. of ಶೋಫ. See ಬಾ2.

ಶೋಭಕೃತ್ śôbha-kṛit. The thirty-seventh year in the cycle of sixty (My.).

ಶೋಭನ śôbhana. = ಸೋಬಾನೆ. *Shining, splendid;—beautiful, handsome.* 2, propitious, auspicious (Mr. 1); happy;—pleasant (Šmd. 268). 3, lustre, brilliance, splendour (Bp. 1, 39);—any happy or auspicious event or ceremony, as a marriage, etc. (ಮಂಗಲ, ಶುಭಕರ್ಮಗಳು Nn. 154). 4, = ನಿಷೇಕ No. 2 (My.). 5, coitus (My.). ನೇಮವಿದ್ದರೆ ವ್ರತ, ಹೋಮವಿದ್ದರೆ ಶೋಭನ.—ಬಾರು ಬಿಗಿದರೆ ಮದ್ದಳೆ, ನಾರಿ ಇದ್ದರೆ ಶೋಭನ (Prvs.). See Prv. s. ಸೋಬಾನೆ. — ಶೋಭನಗೂಡು. -ಕೂಡು. Brilliance or happiness to be added or to come about (Bp. 24, 45).

ಶೋಭನಪ್ರಸ್ತ śôbhana-prasta. = ಶೋಭನ No. 4. (My.).

ಶೋಭರ śôbhara. (fr. ಶುಭ್ರ). Purity (Râm. 4, 2, 4; Mhr. ಸೋಬರು).

ಶೋಭಾಕರ śôbhâ-âkara. A mine of splendour or beauty (Kâvy. III, 2). 2, śôbhâ-kara, causing lustre, beautifying.

ಶೋಭಾಂಜನ śôbhâ-añjana. *The horse-radish tree, Moringa pterygosperma* Gaertn. (Hyperanthera moringa Vahl.).

ಶೋಭಾಯಮಾನ śôbhâyamâna. Shining, looking beautiful or handsome, splendid (J. 3, 20; 6, 14; B. 5, 12; My.).

ಶೋಭಾಷ್ಟಕ śôbhâ-ashṭaka. = ಮಂಗಳಾಷ್ಟಕ. (Bp. 4, 7).

ಶೋಭಿತ śôbhita. Beautiful, adorned, decorated, made splendid (Bp. 43, 26; J. 4, 8; see ಅ-, ಪರಿ-).

ಶೋಭಿಸು śôbhisu. To shine, to be splendid, to be or look beautiful or handsome, to appear to advantage (Ch. v. 50; Čpr. 2, 54; 3, 104; 5, 93; Kk. 3. 26; Šm. 72).

ಶೋಭೆ śôbhĕ. 1. ಶೋಭಾ. *Light, lustre, splendour, sheen* (ಕಾಂತಿ, ತೇಜಸ್ಸು Nn. 129). 2, *beauty, elegance, grace, comeliness,* appearing to advantage (ಒಪ್ಪವುದು Nn. 71; ಶ್ರೀ 478). 3, Lakshmî (ಸಿರಿ, ಮಹಾಲಕ್ಷ್ಮಿ 129; ಇಂದಿರೆ 478). 4, a lovely woman (ಕಾಂತೆ 478). 5, distinguished merit. See ಎಸೆ, ರಂಜಿಸು, ರಾಜಿಸು, ಸೊಗಯಿಸು. 6, = ವಿಭ್ರಮ (71; 478).

ಶೋಭೆ śôbhĕ. 2. Tbh. of ಶೋಫ. (ಗದ, ರೋಗಭೇದ Nn. 129; My.).

ಶೋಷ śôsha. Drying up, becoming dry; dryness; withering (My. as ಶೋಷು). 2, *pulmonary consumption.*

ಶೋಷಣ śôshaṇa. Drying up; draining; causing to fade. 2, becoming dry; withering;—exhaustion (My. as ಶೋಷಣೆ). See ಆಮ್ಮು 2, ಒಣಗು 1, ತಾಟ್ 1.

ಶೋಷದಾಯಕ śôsha-dâyaka. Giving dryness, drying, causing to languish (Čpr. 3, 64).

ಶೋಷಿತ śôshita. Dried, dried up, desiccated, absorbed, exhausted, drained (My.). See ಸಂ-.

ಶೋಷಿಸು śôshisu. To dry, to become dry, etc. (My.). 2, to make dry, to dry up, etc. (J. 13, 15).

ಶೌಕ śauka. (fr. ಶುಕ). *A flock of parrots.*

ಶೌಕ್ತಿಕೇಯ śauktikêya. (fr. ಶುಕ್ತಿ). *A pearl.*

ಶೌಕ್ಲ್ಯ śauklya. (fr. ಶುಕ್ಲ). *Whiteness;* clearness.

ಶೌಚ śauča. (fr. ಶುಚಿ). Purification (My.). 2, evacuation of excrement. 3, freedom from defilement, purity, cleanness (J. 2, 27; 5, 65).

ಶೌಂಡ śauṇḍa. (fr. ಶುಂಡಾ). Fond of spirituous liquor, addicted to it. 2, *drunk, intoxicated;* passionately fond of anything (see ಜಯ-, ದಾನ-).

ಶೌಂಡಿ śauṇḍi. *Long pepper.*

ಶೌಂಡಿಕ śauṇḍika. *A distiller* (and vender) *of spirituous liquors* (ಸುರೆಯ ಮಾಳ್ಪಿಂ Mr. 378).

ಶೌಂಡಿಲ್ಯಕ śauṇḍilyaka. N. of a ṛishi (Rśv. 5, 75). 2, a young elephant (5, 75).

ಶೌಂಡೀರ śauṇḍîra. Proud, haughty. 2, elevated, looking upwards. (R.).

ಶೌದ್ಧ śauddha. (fr. ಶುದ್ಧ). An Arhat (ಜಿನೇಂದ್ರ, etc. Mr. 28).

ಶೌದ್ಧೋದನಿ śauddhôdani. (fr. ಶುದ್ಧೋದನ). *Śâkyamuni.* 2, *a Buddha.*

ಶೌನಕ śaunaka. N. of a learned ṛishi (Râm. 1, 7, 21).

ಶೌರಿ śauri. (fr. ಶೂರ). = ಸೌರಿ. *Vishṇu or Kṛishṇa.* 2, *the planet Saturn* (Bp. 53, 9; 54, 37. 41).

ಶೌರಿದ (śauri-da). = ಸೌರಿದ, q. v. A gift of Krishṇa, etc. (?).

ಶೌರಿಯ śauriya. Tbh. of ಶೌರ್ಯ. (Bh. 5, 10, 34).

ಶೌರ್ಯ śaurya. (fr. ಶೂರ). *Heroism, valour, prowess, might, courage.* 2, the heroic branch of the dramatic art, representation of war, etc. ಬೆವರು ಸುರಿದರೂ ಶೌರ್ಯ ಹೋಗಲಿಲ್ಲ.—ವೀರನ ಶೌರ್ಯ ಹಾರುವನ ಮೇಲೆಯೇ? (Prvs.).

ಶೌರ್ಯತೆ śauryatĕ. = ಶೌರ್ಯ No. 1. (Bp. 53, 5).

ಶೌರ್ಯವಂತ śaurya-vanta. A man who possesses valour, etc. (My.).

ಶೌರ್ಯಾತಿರೇಕ śaurya-atirêka. Excessive valour, etc. (ಉಬ್ಬಟೆ Bhn. 35).

ಶೌರ್ಯೇತರ śaurya-itara. Devoid of heroism, etc. (Čpr. 5, 89).

ಶೌಲ್ಕಿಕೇಯ śaulkikêya. (fr. ಶುಲ್ಕಿಕ). *A kind of poison.*

ಶೌಲ್ವಿಕ śaulvika. (fr. ಶುಲ್ವ). *A coppersmith.*

ಶೌಷ್ಕಲ śaushkala. = ಶಾಷ್ಕುಲ, ಶಾಷ್ಕುಲ. *An habitual eater of flesh.*

ಶ್ಚ್ಯೋತ śčôta. *Oozing, trickling out;—sprinkling, aspersion, pouring forth, shedding.*

ಶ್ಮಶಾನ śmaśâna. = ಮಸಣ, ಮಸಾಣ. *A cemetery, a burning or burial ground.* ಪರಮೇಶ್ವರನಾದರೂ ಶ್ಮಶಾನ ತಪ್ಪಲಿಲ್ಲ.—ಪಾಷಾಣದ ಭೋಗ, ಶ್ಮಶಾನದ ಸ್ಥಿತಿ ಯಾರು ಬಲ್ಲರು? (Prvs.).

ಶ್ಮಶಾನಭೂಮಿ śmaśâna-bhûmi. = ಶ್ಮಶಾನ. (My.).

ಶ್ಮಶಾನವಾಸಿ śmaśâna-vâsi. Dwelling in cemeteries;—Šiva (My.).

ಶ್ಮಶಾನವೈರಾಗ್ಯ śmaśâna-vairâgya. Abandonment of worldly desire at the sight of a cemetery (My.).

ಶ್ಮಶಾನಿ śmaśâni. = ಮಸಣಿ. Kâlî or Durgâ (not in Sk.).

ಶ್ಮಶ್ರು śmaśru. *The beard* (ಕೂರ್ಚ, ಮೀಸೆ Nn. 89).

ಶ್ಮಶ್ರುಕೂರ್ಚ śmaśru-kûrča. The mustaches (Čpr. 2, 59).

ಶ್ಮಶ್ರುಮುಖಿ śmaśru-mukhi. A woman with a beard. (R.).

ಶ್ಯಾನಭೋಗ śyâna-bhôga. = ಶಾನಭೋಗ. (My.).

ಶ್ಯಾನಭೋಗಿಕೆ śyânabhôgikĕ. = ಶಾನಭೋಗಿಕೆ. (My.).

ಶ್ಯಾಮ śyâma. = ಶಾಮ, ಸಾಮ 2, ಸಾಮೆ, ಸಾವೆ. *Black, dark-coloured; dark-blue* (ಶ್ಯಾಮಲ, ರಾಮ Mr. 443); *green* (ಪಾಲಾಶ, ಹರಿತ್, ಹಸಿರು 443); brown. 2, *a species of Ipomoea with dark blossoms* (= ಪಾಲಿಂದಿ). 3, *the climbing plant Ichnocarpus frutescens* R. Br. (or Echites fr.). 4, *a certain tree* (ಪ್ರಿಯಂಗು, ಫಲಿನಿ, ನೇರಿಲ್ Mr. 111; see s. ಶ್ಯಾಮೆ). 5, = ಶ್ಯಾಮಕ, q. v.

ಶ್ಯಾಮಕ śyâmaka. = ಶ್ಯಾಮಾಕ. A kind of edible grain, *Panicum frumentaceum* (or colonum, ಸಾವೆ Hlâ.).

ಶ್ಯಾಮಕಣ್ಠ śyâma-kaṇṭha. *A peacock.* 2, Śiva.
ಶ್ಯಾಮಕನ್ಧರ śyâma-kandhara. A peacock; Śiva; a serpent (Bp. 1, 5).
ಶ್ಯಾಮಕನ್ಧರಗಮನ śyâmakandhara-gamana. Shaṇmukha (Bp. 1, 5).
ಶ್ಯಾಮಕನ್ಧರರಾಜ śyâmakandhara-râja. The serpent śêsha (Bp. 1, 5).
ಶ್ಯಾಮತೆ śyâmatĕ. Blackness, etc. (Čpr. 7, 79). — ಶ್ಯಾಮತೆ ವೆಱ್. -ಪೆಱ್. To become black, dark-blue, etc. (Śšv. 2, after 42).
ಶ್ಯಾಮಲ śyâmala. *Black; dark-blue.*
ಶ್ಯಾಮಲಾಂಗ śyâmala-aṅga. Vishṇu; Yama (Bp. 1, 5).
ಶ್ಯಾಮಲಾಂಗಿ śyâmala-aṅgi. Kâlî, Pârvatî (Bp. 1, 5).
ಶ್ಯಾಮಲಿತ śyâmalita. Blackened, turned black; darkened, discoloured (Abh. P. 12, after 2).
ಶ್ಯಾಮಲೆ śyâmalĕ. Kâlî, Durgâ (My.).
ಶ್ಯಾಮವರ್ಣ śyâma-varṇa. = ಸಾಮವರ್ಣ. The colour black.
ಶ್ಯಾಮಾಕ śyâmâka. = ಶ್ಯಾಮಕ. *Panicum frumentaceum* (ಸಾವೆ Hlâ.).
ಶ್ಯಾಮಾಂಗ śyâma-aṅga. Black or brown-bodied. 2, the planet Mercury. 3, Vishṇu (My.). 4, N. of a vṛitta (Čh.).
ಶ್ಯಾಮಾಂಗಿ śyâma-aṅgi. A dark or brown-coloured woman (Čh. v. 76). 2, Kâlî (My.).
ಶ್ಯಾಮೆ śyâmĕ. *Night.* 2, = ಶ್ಯಾಮ 4 (see Nr. s. ನೆಬಿಲ್).
ಶ್ಯಾಯ śyâya. Coagulated; viscous, thick. See ಪ್ರತಿ-.
ಶ್ಯಾಲ śyâla. = ಸ್ಯಾಲ. *A wife's brother.*
ಶ್ಯಾಲಕ śyâlaka. A wife's brother (Sk.; ಸ್ವಸ್ತ್ರೀಯ, ಮಯ್ದುನ Nn. 124);—a younger sister's husband (ತಂಗಿಯ ಅಧಿಪಂ Mr. 313). See ಸ್ವ-.
ಶ್ಯಾವ śyâva. (= ಶ್ಯಾಮ). Dark; *dark-brown, brown.*
ಶ್ಯಾಹನ್ಯಾ śyâhanyâ. = ತಹಾಣಿ. (ವೃದ್ಧ Čh.).
ಶ್ಯೇತ śyêta. (*cf.* ಶ್ವೇತ). *White.*
ಶ್ಯೇನ śyêna. = ಸೇನ 1. The colour white. 2, *a hawk, a falcon.* See ಗಿಡಗ.
ಶ್ಯೇನಿ śyênî. *A woman described as resembling a* (white) *water-lily leaf.*
ಶ್ಯೈನಮ್ಪಾತೆ śyaina-m-pâtĕ. That which is accompanied with the flying of falcons: *hunting, the chase.*
ಶ್ಯೋನಾಕ śyônâka. *The plant Bignonia indica* (= ಶೋಣಕ).
ಶ್ರತ್ śrat. Faith, trust, belief.
ಶ್ರದ್ಧಾಭಕ್ತಿ śraddhâ-bhakti. Faith and devotion (My.); confiding devotion.
ಶ್ರದ್ಧಾಯ śraddhâya. N. of a king's minister (J. 10, 37).
ಶ್ರದ್ಧಾಯಷ್ಟಿ śraddhâ-yashṭi. A staff used (by doorkeepers) to (give) confidence (J. 30, 46).
ಶ್ರದ್ಧಾಲು śraddhâ-âlu. *Faithful.* 2, desirous. 3, *a pregnant woman longing for anything.*
ಶ್ರದ್ಧಿಸು śraddhisu. Tbh. of ಶರ್ಧಿಸು, q. v. (My.; Mhr. ಶ್ರದ್ಧಾ, ventris crepitus). ದೇವಸ್ಥಾನಕ್ಕೆ ಹೋಗಿ ಶ್ರದ್ಧಿಸಿದ್ದರೆ ಧೂಪ ಹಾಕಿದಷ್ಟು ಪುಣ್ಯ (Prv.).
ಶ್ರದ್ಧೆ śrat-dhĕ. ಶ್ರದ್ಧಾ. *Faith, belief, trust, confidence.* 2, = ನಡ್ಡೆ 2, respect, reverence. 3, *hope; wish, desire* (ವಿಶ್ವಾಸ, ಬಯಕೆ Nr.). 3, *the longing of a pregnant woman.*
ಶ್ರನ್ಥನ śranthana. *Tying, binding, stringing together, as flowers;* arranging, putting in order (ರಚನೆ Mr. 425). 2, untying, loosening;—destroying, killing.
ಶ್ರಬ್ಧ śrabdha. Careless, negligent, etc. See ವಿ-.
ಶ್ರಮ śrama. = ಶ್ರಮೆ, ಶ್ರವ 1, ಸವ 3. Exertion, labour, toil, taking pains; hard study. 2, exercise, practice, military exercise, drill (ಅಭ್ಯಾಸ Bhn. 33, o. r. ಶ್ರವ). 3, weariness, fatigue. 4, distress, pain;—vexation, annoyance. 5, penance, mortification of the body. 6, one of the sančâri-bhâvas (Kâvy. IV, 2, 16). ಶ್ರಮದ ರಥ (ಯೋಗ್ಯಾರಥ, etc. Hlâ.). See ಅ-. — ಶ್ರಮಗೊಳಿಸು. -ಕೊಳಿಸು. To fatigue; to annoy (G. 252. 259; My.). — ಶ್ರಮಗೊಳ್ಳು. -ಕೊಳ್ಳು. To grow wearied or fatigued (ಅಲಸು, ದಣಿ, ಬಬಲ್ G.; My.), etc. 2, = ಶ್ರಮ ತಕ್ಕೊಳ್ಳು. (B. 4, 2; 5, 93; My.). — ಶ್ರಮ ತಕ್ಕೊಳ್ಳು. To exert one's self, to take pains, to be diligent (B. 4, 1. 109; My.). — ಶ್ರಮ ಪಡಿಸು. To weary, to annoy. See Prv. s. ಶ್ರಾದ್ಧ. — ಶ್ರಮ ಪಡು. To be wearied; to be distressed (ತೊಬಲ್ G.; My.). 2, = ಶ್ರಮ ತಕ್ಕೊಳ್ಳು. (B. 5, 79; My.). — ಶ್ರಮಬಡು. -ಪಡು. = ಶ್ರಮ ಪಡು. No. 2. (B. 5, 79. 208). — ಶ್ರಮ ಬೀಱು. Fatigue, fatiguing exertion or toil to take place (B. 4, 103. 151). — ಶ್ರಮ ಮಾಡು. = ಶ್ರಮ ತಕ್ಕೊಳ್ಳು. (B. 4, 177; 5, 178).
ಶ್ರಮಗಾಱ śrama-gâṟa. A laborious, hard working man (My.).
ಶ್ರಮಣ śramaṇa. = ಶ್ರವಣ 2, ಸವಣ್, ಸವಣ 1. Making effort or exertion, labouring;—following a menial business; vile. 2, an ascetic. 3, *a Buddhist mendicant;—a Jaina* (ಕ್ಷಪಣ, ಜೈನ Hlâ.).
ಶ್ರಮಣೆ śramaṇĕ. *A female religious mendicant.*
ಶ್ರಮನಿವಾರಣೆ śrama-nivâraṇĕ. Removal of fatigue (My.).
ಶ್ರಮಸ್ಥಾನ śrama-sthâna. *A drilling-place.*
ಶ್ರಮೆ śramĕ. Tbh. of ಶ್ರಮ. (My.). ಭ್ರಮೆಯಿದ್ದವಗೆ ಶ್ರಮೆಯಿಲ್ಲ, ಶ್ರಮೆಯಿದ್ದವಗೆ ಭ್ರಮೆಯಿಲ್ಲ (Prv.).
ಶ್ರಮ್ಭ śrambha. = ಶ್ರಬ್ಧ. See ವಿ-.
ಶ್ರಯ śraya. 1. (Tbh. of ಶ್ರಾಯ 1). Improvement of land by cultivation (My.; *cf.* ಉಚ್ಛ್ರಯ?). 2, depreciated land, land let at a rate below its original value, to which it is expected gradually to rise again (My.). — ಶ್ರಯ ಭೂಮಿ. A land fertilized by cultivation. ಸಕಲವಾದ ವಯ್ರು ಪಚ್ಚೆಗಳಿನ್ದ ಸಮ್ಪೂರ್ಣಮಾದ ಶ್ರಯಭೂಮಿ (ಉರ್ವರೆ Si. 190; My.). 2, = ಶ್ರಯ No. 2 (My.). — ಶ್ರಯಸಾಗುವಳಿ. Farming land on a rent below its original value and progressively rising to it (My.). — ಶ್ರಯಸಾಗುವಳಿಚೀಟು. Lease of land let below its value (My.).
ಶ್ರಯ śraya. 2. Going to, approaching for protection, asylum, refuge, protection, shelter. See ಆ-, ಪ್ರತಿ-, ಪ್ರ-; *cf.* ಶ್ರಾಯ 2.
ಶ್ರಯಣ śrayaṇa. = ಶ್ರಯ 2. *Going to, etc.*
ಶ್ರಯಣಿ śrayaṇi. Feminine of ಶ್ರಯಣ. See ಅಧಿ-.
ಶ್ರವ śrava. 1. Tbh. of ಶ್ರಮ. (ಅಭ್ಯಾಸ, ಯೋಗ್ಯೆ Hlâ.). — ಶ್ರವ ಗೃಹ. A place for athletic, etc. exercises (ಖಲೂರಿಕೆ, ಗರುಡಿ ಸಾಧನೆಯ ಮನೆ Mr. 197). — ಶ್ರವಂಗೆಯ್. -ಂಗೆಯ್. To perform military exercise. ಶ್ರವಂಗೆಯ್ವ ಠಾವು (ಖಲೂರಿಕೆ Hlâ.).
ಶ್ರವ śrava. 2. Hearing, listening to. 2, *the ear.*

ಶ್ರವ śrava. 3. = ಸ್ರವ, q. v.

ಶ್ರವ śrava. 4. = ಶಟು, etc. (My.; see ಜೀವ-).

ಶ್ರವಣ śravaṇa. 1. = ಸ್ರವಣ, q. v. Also: the nose (ನಾಸಿಕ, ಮೂಗು Nn. 50).

ಶ್ರವಣ śravaṇa. 2. = ಸವಣ 1. Tbh. of ಶ್ರಮಣ. A Jaina (Bp. 51, 35). See Prvs. s. Tbh. ಮುತ್ತು & ಸಪ್ಪಗೆ.

ಶ್ರವಣ śravaṇa. 3. The act of hearing. 2, studying. 3, *the ear* (ಕರ್ಣ, ಕಿವಿ Nn. 50). 4, *the twenty-second lunar asterism* (ಭಗಣ, ನಕ್ಷತ್ರಭೇದ 50). 5, certain sacrificial ceremonies (ಅಧ್ವರಭೇದ, ಯಜ್ಞಭೇದ 50). 6, good singing, or one who sings songs (ಒಳ್ಳಿತ ಗಾನವು 50, o. r. ಹಾಡುವ ಗಾನ ಹಾಡುವನು 50). ಶ್ರವಣದಿನ್ದ ಮನನ, ಮರಣದಿನ್ದ ಮುಕ್ತಿ (Prv.).

ಶ್ರವಣ śravaṇa. 4. = ಸವಣ 2. A goldsmith's pincers (My.; Tē. ಶ್ರಾವಣ); a pair of tweezers or nippers (My.; see s. ಚಿಮುಟಿಗೆ).

ಶ್ರವಣಕುಣ್ಡಲ śravaṇa-kuṇḍala. An ear-ring (ಕರ್ಣಿಕೆ, ಕರ್ಣಕುಣ್ಡಲ Nn. 21).

ಶ್ರವಣದ್ವಾದಶಿ śravaṇa-dvâdaśi. A particular tithi or lunar day when fasting and other religious ceremonies are observed (My.).

ಶ್ರವಣಭೂಷಣ śravaṇa-bhûshaṇa. An ear-ornament; the ornament of the star śravaṇa (J. 31, 10).

ಶ್ರವಣೆ śravaṇĕ. She who has ears (J. 6, 22).

ಶ್ರವಣೇನ್ದ್ರಿಯ śravaṇa-indriya. The organ of hearing, the ear (My.).

ಶ್ರವಸ್ śravas. *The ear.* 2, fame, renown, glory. See ಉಚ್ಚೈಃ-, ಎಪ್ಪರ-, ವೃದ್ಧ-.

ಶ್ರವಿಷ್ಠೆ śravishṭhĕ. *The twenty-third* (or twenty-fourth) *lunar mansion.*

ಶ್ರಾಣ śrâṇa. Boiled; stewed, cooked; prepared, dressed. 2, moist, wet. See ಸಿರಿವನ್ತಿಗೆ.

ಶ್ರಾಣನ śrâṇana. Giving. See ವಿ-.

ಶ್ರಾಣೆ śrâṇĕ. (fr. ಶ್ರಾಣ). *Rice-gruel* (ಗಂಜಿ Hlâ.).

ಶ್ರಾದ್ಧ śrâddha. (fr. ಶ್ರದ್ಧಾ). Faithful, believing. 2, *a funeral ceremony observed at various fixed periods, consisting of offerings of piṇḍas* (balls of meal) *with water and fire to the gods and manes, and of gifts and food to relations present and assisting Brâhmaṇas* (ತಾಯಿ ತನ್ದೆಗಳ ಸಮ್ಬನ್ಧವಾದ ಕರ್ಮ G.; see Si. 244; B. 4, 215). ಶ್ರಾದ್ಧದೊಳಗೆ ಭಕ್ತಿಯಿನ್ದ ಮಾಡುವ ಬ್ರಾಹ್ಮಣರ ಸೇವೆ (ಪರ್ಯೇಷಣೆ G.). ಶ್ರಾದ್ಧದ ಊಟಕ್ಕೆ ಕರೆದು, ಶ್ರಮ ಪಡಿಸಿದ ಹಾಗೆ.—ಶ್ರಾದ್ಧ ಮಾಡಿ ವಡೆ ತಿನ್ನುವದಕ್ಕಿನ್ತ ಮದುವೆ ಮಾಡಿ ಒಬ್ಬಟ್ಟು ತಿನ್ನುವದು ಲೇಸು (Prvs.).

ಶ್ರಾದ್ಧಕರ್ತೃ śrâddha-kartṛi. The performer of a funeral rite (My.).

ಶ್ರಾದ್ಧಘಾತಕ śrâddha-ghâtaka. Injuring or spoiling of a funeral rite (*e. g.* by defiling acts, My.). 2, one who spoils a śrâddha (My.).

ಶ್ರಾದ್ಧದೇವ śrâddha-dêva. *Yama.*

ಶ್ರಾದ್ಧಪ್ರಯೋಜನ śrâddha-prayôjana. The performance of a śrâddha (Si. 224).

ಶ್ರಾದ್ಧಭೋಕ್ತೃ śrâddha-bhôktṛi. One who eats food prepared at a śrâddha;—a deceased ancestor (My.).

ಶ್ರಾನ್ತ śrânta. Wearied, fatigued, tired, exhausted; distressed. 2, calmed, tranquil. 3, *one whose passions are subdued, an ascetic* (ಇನ್ದ್ರಿಯದ್ಧ, ಶಾನ್ತ Mr. 251). See Bp. 33, 7; ಪಥ-.

ಶ್ರಾನ್ತಿ śrânti. Weariness, fatigue, exhaustion. See ಬಲಿಲ್ 1.

ಶ್ರಾಪ śrâpa. Tbh. of ಶಾಪ. (S. Mhr.; Mhr.; H. ಸರಾಪ್).

ಶ್ರಾಯ śrâya. 1. Belonging to śrî, *i. e.* prosperity, etc. See ಶ್ರಯ 1; *cf.* ಉಚ್ಛ್ರಾಯ?

ಶ್ರಾಯ śrâya. 2. *Approaching for protection, refuge, protection. Cf.* ಶ್ರಯ 2.

ಶ್ರಾವ śrâva. Hearing. See ದುಃ-, ವಿ-.

ಶ್ರಾವಕ śrâvaka. A hearer. 2, a pupil. 3, one of a particular class of Jainas (Bp. 49, 33; 50, 28; 51 sum.; 51, 16. 56. 63).

ಶ್ರಾವಣ śrâvaṇa. = ಆವಣಿ. Relating to the ear, audible (Śmd. 10. 11). 2, belonging to the asterism śravaṇa. 3, *N. of the fifth lunar month* (July-August; B. 5, 307. 308; Bp. 61, 92). 4, the ceremony of renewing the sacrificial thread (My.; Mhr. ಶ್ರಾವಣೀ). 5, the act of causing to be heard.

ಶ್ರಾವಣಿಕ śrâvaṇika. *The month śrâvaṇa.*

ಶ್ರಾವಿತ śrâvita. Caused to be heard, spoken, told, narrated (My.).

ಶ್ರಾವೆ śrâvĕ. Tbh. of ಶರಾವ. (ಶರಾವ, ವರ್ಧಮಾನಕ Nr., Mr. 210; ಶಾಲಾಜಿರ, ವರ್ಧಮಾನ, ಶರಾವ Hlâ.; ಶರಾವ, etc., ಮುಚ್ಚಳ Si. 309; Bp. 58, 68; My.).

ಶ್ರಾವ್ಯ śrâvya. To be caused to be heard;—to be heard;—fit to be heard, pleasing to the ear (Śmd. 267).

ಶ್ರಿತ śrita. Gone to, approached, had recourse to, approached for protection; entered; clung to, founded or placed on; resting or sitting on, attached or contiguous to, connected with, joined with; auxiliary; protected; served, honoured, worshipped; covered with, overspread; contained; having, possessing; assembled, collected. See ಆ-.

ಶ್ರಿತಲೇಖೆ śrita-lêkhĕ. A book (ಬಿತ್ತಿ, ಪುಸ್ತಕ Mr. 359).

ಶ್ರೀ śrî. = ತಿರು, ಸಿರಿ, ಸಿರಿಯು. *Prosperity, well-being, happiness, good fortune, success, thriving or flourishing condition; wealth, riches, plenty.* 2, *high rank, elevation, dignity, majesty, glory;* fame, renown. 3, *beauty, grace, loveliness; splendour, light, lustre.* 4, *Lakshmî, the wife of Vishṇu;* a beautiful woman, a woman (see ಶ್ರೀಪಾನ). 5, any virtue or excellence. 6, decoration, ornament, dress. 7, intellect. 8, the three objects of life collectively (= ತ್ರಿವರ್ಗ). 9, an honorific prefix to the names of deities, celebrated literary works, holy places, spiritual teachers, etc.; it is also written at the beginning of books, letters, and writings generally. 10, *cloves* (= ಲವಂಗ). 11, a kind of ant (ಕೊಡಿಲೆ Mr. 165). 12, N. of a râga. 13, a sort of medicinal drug (= ವೃದ್ಧಿ; poison Tē.). 14, N. of two vṛittas (Ch.). ಶ್ರೀ ಒಣಗಿದೆ, ಗ ಬಿಟ್ಟಿದೆ (Prv., in writing ಶ್ರೀ ಗಣೇಶ). — ಶ್ರೀವಡು. -ಪಡು. = ಸಿರಿವಡು. To obtain prosperity, etc. (Bp. 10, 13).

ಶ್ರೀಕ śrîka. Possessing dignity, etc. See ತಪ-, ದಿಗಮ್ಬರ-, ರಾಜ್ಯ-.

ಶ್ರೀಕಣ್ಠ śrî-kaṇṭha. *Śiva.*

ಶ್ರೀಕಣ್ಠಸಖ śrikaṇṭha-sakha. *Kubêra.*

ಶ್ರೀಕರ śrî-kara. Causing prosperity, etc. (Bp. 2, 38; 4, 38;

35, 36; 39, 55; J. 15, 8). 2, Vishṇu. 3, the red lotus. 4, the hand of Lakshmî (J. 3, 1).

ಶ್ರೀಕಾನ್ತ śrî-kânta. Vishṇu (one MS. of Čh. in its v. 24). 2, N. of a king (Čpr. 4, 60).

ಶ್ರೀಕಾನ್ತೆ śrî-kântĕ. ಶ್ರೀಕಾನ್ತಾ. Lakshmî (My.). 2, N. of Śrîkânta's wife (Čpr. 3, after 28). 3, N. of another Jaina woman (Čh. v. 12).

ಶ್ರೀಕಾರ śrî-kâra. The word śrî occurring at the beginning of a book, letter, etc. (Bp. 4, 27. 38; 42, 26).

ಶ್ರೀಕಾಳಿನಾಥ śrî-kâḷinâtha. Śiva (Bp. 50, 15).

ಶ್ರೀಖಣ್ಡ śrî-khaṇḍa. = ಸಿರಿಕಣ್ಡ. *Sandal-wood* (ಸಿರಿಗನ್ಧ Hlâ.).

ಶ್ರೀಗನ್ಧ śrî-gandha. = ಸಿರಿಗನ್ಧ. Sandal-wood (ಮಲಯಜ, etc. Nr.). — ಶ್ರೀಗನ್ಧದ ಮರ. The sandal-wood tree, Santalum album Lin. (St. & Pl.).

ಶ್ರೀಗಿರಿ śrî-giri. = ಸಿರಿಗಿರಿ. N. of hills that adjoin those at Tirupati (Bp. 1, 64; 2, 28; 58, 52; 61, 73; My.). — ಶ್ರೀಗಿರಯ್ಯ. -ಅಯ್ಯ. N. (Bp. 58, 9).

ಶ್ರೀಘನ śrî-ghana. Coagulated milk. 2, *a Buddha*. See ಬುದ್ಧಾವತಾರ.

ಶ್ರೀಚಕ್ರ śrî-čakra. A circle of metal containing several bîjâksharas of the mantras of Lakshmî, which is worshipped with the purpose of obtaining wealth (My.).

ಶ್ರೀಚೂರ್ಣ śrî-čûrṇa. The substance used for making the central of the sectarian marks on the forehead, etc. of Vaishṇavas and that mark itself (My.).

ಶ್ರೀಜಗತ್ಪತಿ śrî-jagatpati. Kṛishṇa (Mr. 18).

ಶ್ರೀತಾಲ śrî-tâla. ಶ್ರೀತಾಳ. The Talipot or fan-palm, Corypha umbraculifera Lin.

ಶ್ರೀತಾಳಿ śrî-tâḷi. = ಶ್ರೀತಾಳೆ. (ಕರತಾಳ, ಹಿನ್ತಾಲಿ Mr. 359).

ಶ್ರೀತಾಳೆ śrî-tâḷĕ. = ಸೀತಾಳೆ 2. Tbh. of ಶ್ರೀತಾಲ. (My.).

ಶ್ರೀತುಲಸಿ śrî-tulasi. The holy basil of a greenish colour (My.).

ಶ್ರೀದ śrî-da. Bestowing wealth: *Kubêra*.

ಶ್ರೀದಾನ śrî-dâna. Giving a female in marriage (Grj. 3, 63).

ಶ್ರೀದ್ವಾರ śrî-dvâra. = ಸಿರಿಯದರ, ಸಿರಿಯದಾರ, ಸಿರಿಯದಾರ. A royal door; etc.

ಶ್ರೀಧರ śrî-dhara. = ಸಿರಿಧರ. Vishṇu or Kṛishṇa (Bp. 53, 67). 2, N. of a muni (Čpr. 2, after 47; 2, 66). 3, N. of a king (4, 84).

ಶ್ರೀನನ್ದನ śrî-nandana. Lakshmî's son: *Kâma*.

ಶ್ರೀನಾರಿ śrî-nâri. Lakshmî.

ಶ್ರೀನಾರೀಕಾನ್ತ śrînârî-kânta. = ಶ್ರೀಧರ No. 1. (ಬ್ರಹ್ಮ, ಕೃಷ್ಣನು Nn. 79).

ಶ್ರೀನಿತಮ್ಬಿನಿ śrî-nitambini. N. of a female (Čpr. 3, after 76).

ಶ್ರೀನಿವಾಸ śrî-nivâsa. Vishṇu (My.).

ಶ್ರೀಪಣ್ಡಿತ śrî-paṇḍita. = ಶ್ರೀಪತಿಪಣ್ಡಿತ, ಸಿರಿಪಣ್ಡಿತ. (Bp. 55, 25).

ಶ್ರೀಪತಿ śrî-pati. A king. 2, Vishṇu (J. 23, 24). 3, N. of a metrical foot (Čh.).

ಶ್ರೀಪತಿಪಣ್ಡಿತ śrîpati-paṇḍita. = ಸಿರಿಪತಿಪಣ್ಡಿತಯ್ಯ. N. (Bp. 55, 24).

ಶ್ರೀಪದ śrî-pada. A stanza that contains the word śrî (Čh. v. 71; *cf.* ಶ್ರೀಕಾರ).

ಶ್ರೀಪರ್ಣ śrî-parṇa. *The tree Premna spinosa or longifolia* (= ಅಗ್ನಿಮನ್ಥ). 2, a lotus.

ಶ್ರೀಪರ್ಣಿ śrî-parṇi. = ಸೀವಣ್ಣಿ. *The shrub or tree Gmelina arborea* Roxb. (= ಕಾಶ್ಮರಿ). 2, the medicinal plant katphala.

ಶ್ರೀಪರ್ಣಿಕೆ śrî-parṇikĕ. *The medicinal shrub katphala.*

ಶ್ರೀಪರ್ವತ śrî-parvata. = ಶ್ರೀಗಿರಿ. (Bp. 19, 20).

ಶ್ರೀಪಿಷ್ಟ śrî-pishṭa. The resin of the pine tree, turpentine (ಧೂಪ G.).

ಶ್ರೀಪುರ śrî-pura. N. of a town (Čpr. 3, 13; 5, 85).

ಶ್ರೀಪ್ರಭ śrî-prabha. N. of a muni (Čpr. 4, after 24).

ಶ್ರೀಫಲ śrî-phala. *The bilva tree, Aegle marmelos* Corr. (see ಮಾಲೂರ).

ಶ್ರೀಫಲಿ śrî-phali. *The indigo plant.*

ಶ್ರೀಭೂತಿ śrî-bhûti. N. of a prince (Abh. P. 6, 60-62).

ಶ್ರೀಮತ್ śrî-mat. = ಶ್ರೀಮತು, ಶ್ರೀಮನ್ತ, ಸಿರಿವನ್ತ. Possessed of fortune, fortunate, prosperous, thriving;—wealthy, opulent;—beautiful, pleasing;—famous, illustrious. 2, *a title applied to any exalted or venerable person, an illustrious person, a person of high position.* 3, *the tilaka tree.*

ಶ್ರೀಮತು śrî-matu. Tbh. of ಶ್ರೀಮತ್. (My.; B. 4, 87).

ಶ್ರೀಮತ್ಸಕಲಗುಣಸಮ್ಪನ್ನ śrîmat-sakala-guṇa-sampanna. Endowed with every excellent quality (My.).

ಶ್ರೀಮನ್ತ śrî-manta. Tbh. of ಶ್ರೀಮತ್ (Śmd. 108). Fortunate, etc.; a man of fortunate and illustrious station; an opulent, noble man; a rich man (My.; B. 3, 79).

ಶ್ರೀಮನ್ತರಾಜಶ್ರೀ śrîmanta-râjaśrî. A term of courtesy for a person in general (My.; B. 4, 87).

ಶ್ರೀಮಯ śrî-maya. Full of wealth, very rich (Čpr. 4, 10).

ಶ್ರೀಮಾನಿನಿ śrî-mânini. A lovely and respectable woman (Čh. v. 96. 151); Lakshmî.

ಶ್ರೀಮಾನಿನೀಶ śrîmânini-îśa. A Vishṇu, one of attendants on Śiva. See Mr. s. ವಾಣೀಶ.

ಶ್ರೀಮುಖ śrî-mukha. An illustrious countenance, a resplendent face. 2, the seventh year in the cycle of sixty (My.). 3, a letter from a religious teacher (guru), a parent, or any elderly, respectable person (My.).

ಶ್ರೀಮುದ್ರೆ śrî-mudrĕ. A seal containing the figure either of a śaṅkha or of a čakra, or of a gada, or of a padma or of a śârṅga, used by Mâdhvas in marking the face, etc.; its mark (My.). ಕುರುಡಹೊಮಗೆ ಶ್ರೀಮುದ್ರೆ ಸಿಕ್ಕಿದ ಹಾಗೆ (Prv.). — ಶ್ರೀಮುದ್ರೆಗಿಡ. The plant Sida mauritana Herit. (St. & Pl.; My.).

ಶ್ರೀರಂಗ śrî-raṅga. Kṛishṇa (My.). 2, N. 3, the town of Seringham near Trichonopoly (My.). — ಶ್ರೀರಂಗಪಟ್ಟಣ. The town of Seringapatam near Mysore (My.).

ಶ್ರೀರಂಗಿ śrî-raṅgi. Lakshmî (My.); N. (My.).

ಶ್ರೀರಮಣ śrî-ramaṇa. Vishṇu (Kk. 1).

ಶ್ರೀರಾಮ śrî-râma. Râmačandra (J. 20, 47). — ಶ್ರೀರಾಮಭಟ್ಟ. N. (Bp. 56, 27).

ಶ್ರೀರುದ್ರ śrî-rudra. N. of an upanishad (Bp. 53, 39).

ಶ್ರೀಲ śrîla. Prosperous, fortunate; rich, wealthy; *illustrious, of high position;* celebrated.

ಶ್ರೀವತ್ಸ śrî-vatsa. The favourite of śrî: *Vishṇu* (Mr. 18). 2, *a particular mark* (resembling a cruciform flower) *on the breast of Vishṇu or Kṛishṇa*

ಶ್ರೀವತ್ಸಕ śrî-vatsaka. A horse with a curl of hair like

the śrîvatsa on its breast. ದೇವಮಣಿಯೆಮ್ಬ ಸುಳಿಸುರುಳ್ ಶ್ರೀವತ್ಸಕನೆನಿಕ್ಕು (Mr. 276).

ಶ್ರೀವತ್ಸಲಾಂಛನ śrîvatsa-lâṅčhana. *Vishṇu.*

ಶ್ರೀವತ್ಸಾಂಕ śrîvatsa-aṅka. *Vishṇu.*

ಶ್ರೀವಧು śrî-vadhu. Lakshmî (J. 1, 1).

ಶ್ರೀವಧುರಮಣ śrîvadhu-ramaṇa. Vishṇu (My.).

ಶ್ರೀವನಿತೆ śrî-vanitĕ. = ಶ್ರೀವಧು. (Râm. 1, 1, 1).

ಶ್ರೀವರ śrî-vara. = ಸಿರಿವರ. Vishṇu or Kṛishṇa (J. 6, 54).

ಶ್ರೀವರ್ಮ śrî-varma. N. of a king (Čpr. 3, after 102; 4, 10. 25).

ಶ್ರೀವಾಸ śrî-vâsa. *The resin of Pinus longifolia, turpentine.*

ಶ್ರೀವಿಜಯ śrî-vijaya. N. of a Kannaḍa poet (Šmd. 4). — ಶ್ರೀವಿಜಯಮುನಿ. N. (Bp. 52, 17).

ಶ್ರೀವಿಲಾಸಿನಿ śrî-vilâsini. N. of a vṛitta (Čh.).

ಶ್ರೀವೃಕ್ಷ śrî-vṛiksha. *The sacred fig-tree, Ficus religiosa* Lin. (Bp. 40, 72). 2, *a ring or curl of hair on the chest and forehead of a horse.*

ಶ್ರೀವೃಕ್ಷಕಿ śrî-vṛikshaki. *A horse with the śrîvṛiksha.*

ಶ್ರೀವೇಷ್ಟ śrî-vêshṭa. *The resin of Pinus longifolia, turpentine.*

ಶ್ರೀವೈಷ್ಣವ śrî-vaishṇava. A Vaishṇava of the viśishṭâdvaita sect or follower of Râmânuja (My.; B. 4, 81).

ಶ್ರೀಶ śrî-îśa. Vishṇu (Bp. 34, 48; 54, 60). 2, Râmačandra.

ಶ್ರೀಶೈಲ śrî-śaila. = ಶ್ರೀಗಿರಿ. (Bp. 34, 4).

ಶ್ರೀಶ್ವರ śrî-îśvara. = ಶ್ರೀಶ. (Bp. 54, 67).

ಶ್ರೀಷೇಣ śrishêṇa. N. of Śrîvarma's father (Čpr. 3, 19; 4, after 12 & 24).

ಶ್ರೀಸಂಜ್ಞ śrî-sañjña. *Cloves.*

ಶ್ರೀಸತಿ śrî-sati. Lakshmî (ಮಹಾಲಕ್ಷ್ಮಿ Nn. 89; ಸಿರಿಯರಸಿ, ಮಾಲಕುಮಿ Kk. 7).

ಶ್ರೀಸತೀಶ śrîsati-îśa. Vishṇu (Bp. 54, 1).

ಶ್ರೀಹರ್ಷ śrî-harsha. N. of a saṁskṛita writer and poet (My.; see ಹರ್ಷ).

ಶ್ರೀಹಸ್ತಿನಿ śrî-hastini. *The sun-flower, Heliotropium indicum* Lin. (= ಭೂರುಣ್ಡಿ). See ಹಣ್ಡಿ.

ಶ್ರುತ್ śrut. Hearing; sound. See ಪ್ರತಿ-.

ಶ್ರುತ śruta. Heard, listened to;—reported, heard of;—*ascertained, understood;*—called. 2, that which has been heard: *traditional learning and science, a śâstra,* the vêda. See ಅ-, ವಿ-. — ಶ್ರುತ ಪಡಿಸು. To cause to hear, to let know, to tell (B. 5, 159; My.).

ಶ್ರುತಕೀರ್ತಿ śruta-kîrti. Having renowned fame, celebrated (Bp. 26, 65). 2, N. of a Jaina muni (Čpr. 1, 52).

ಶ್ರುತದೇವಿ śruta-dêvi. Goddess of learning: Sarasvatî (Kâvy. III, 3, B, 178).

ಶ್ರುತಿ śruti. = ಸುತಿ. Hearing. 2, *an ear.* 3, anything heard, oral account, report, news. 4, *the vêda;—any vedic text.* 5, the number 4 (ನಾಲ್ಕು Mr. 347). 6, a sound. 7, in music: a quarter tone or interval (twenty-two of these are enumerated, four constituting a major tone, three a minor, and two a semi-tone). ಆ ಸಪ್ತನಾದಕೆ ಇಪ್ಪತ್ತೆರಡು ಶ್ರುತಿಯೆನಿಕ್ಕು (Mr. 78). 8, a sort of drone blown by musicians (My.; Tĕ.). See ಸಪ್ತ-. — ಶ್ರುತಿಗೂಡು. -ಕೂಡು. Vocal song to be adapted (to music, Šśv. 3, after 35). — ಶ್ರುತಿಯವ. -ಅವ. = ಶ್ರುತಿಗಾಟಿ. (My.).

ಶ್ರುತಿಕಷ್ಟ śruti-kashṭa. Painful or harsh to the ear, cacophonous (Šmd. 75).

ಶ್ರುತಿಗಾಟಿ śruti-gâṭa. A drone-player (My.).

ಶ್ರುತಿಚೋರತಮ śruti-čôra-tama. Tama (Hayagrîva), who stole the vêdas (Č. Bp. 47, 26).

ಶ್ರುತಿನಿಕರ śruti-nikara. The vêdas collectively, all the vedic texts (ನಿಗಮ, ವೇದಸಮೂಹ Nn. 40).

ಶ್ರುತಿಪಥ śruti-patha. Sound-path: the ear (Abh. P. 3, 51).

ಶ್ರುತಿಬಾಹಿರ śruti-bâhira. External or contrary to the vêda (Bp. 54, 7).

ಶ್ರುತಿಬಾಹ್ಯ śruti-bâhya. = ಶ್ರುತಿಬಾಹಿರ. (Bp. 50, 47).

ಶ್ರುತಿಭೇದ śruti-bhêda. A division of the vêda (ಪಾಲಿ, ವೇದ ಭೇದ Nn. 31).

ಶ್ರುತಿವಿರಸಪದ śruti-virasa-pada. A word that is painful to the ear (Kâvy. II, 1, A, 20-28).

ಶ್ರುತಿಶಿರಸ್ śruti-śiras. The vêdânta (My.).

ಶ್ರುತಿಸಹ್ಯ śruti-sahya. Agreeable to the ear, euphonic (Šmd. 408).

ಶ್ರೇಣಿ śrêṇi. = ಸೇಣಿ. *A line, a row, a range.* 2, a multitude, a number, a troop (ಸ್ತೋಮ Mr. 422). 3, *a corporation of artisans following the same business, a guild of traders dealing in the same articles.*

ಶ್ರೇಣಿಕೆ śrêṇikĕ. = ಶ್ರೇಣಿ. (ಗೊನ್ದಣ, ತೆರಳ್ಕೆ, ಸಾಲ್, ಒಬ್ಬುಳಿ, ಸೇಣಿ, etc. Šm. 54). 2, a tent.

ಶ್ರೇಯ śrêya. Tbh. of ಶ್ರೇಯಸ್. (Šmd. 107. 159). See Kâvy. II, 2, B, 24).

ಶ್ರೇಯಸ್ śrêyas. Superior, preferable. 2, *best, excellent, eminent.* 3, very fortunate, very prosperous. 4, *virtue, moral merit.* 5, *good fortune, prosperity, bliss.* 6, *final beatitude, release from further transmigration.*

ಶ್ರೇಯಸ śrêyasa. = ಶ್ರೇಯಸ್ (at the end of compounds). See ನಿಃ-.

ಶ್ರೇಯಸಿ śrêyasi. *The ink-nut tree, Terminalia chebula* Roxb. 2, *the plant Clypea hernandifolia* W. & A. 3, *the plant Scindaspus officinalis* Schott.

ಶ್ರೇಯಸ್ಸು śrêyassu. Tbh. of ಶ್ರೇಯಸ್. (Šmd. 107. 159).

ಶ್ರೇಯಾಂಸ śrêyâṁsa. A man possessing prosperity, etc. (My.).

ಶ್ರೇಯೋವನ್ತ śrêyas-vanta. = ಶ್ರೇಯಾಂಸ. (My.).

ಶ್ರೇಷ್ಠ śrêshṭha. *Best, excellent, most excellent, very eminent, pre eminent, far better;*—most prosperous;—oldest, senior. ವಿದ್ಯಕ್ಕಿನ್ತ ಬುದ್ಧಿ ಶ್ರೇಷ್ಠ, ಬುದ್ಧಿಗಿನ್ತ ಆಹಾರ ಶ್ರೇಷ್ಠ (Prv.).

ಶ್ರೇಷ್ಠತನ śrêshṭhatana. = ಶ್ರೇಷ್ಠತ್ವ. (My.; G. 91. 480).

ಶ್ರೇಷ್ಠತೆ śrêshṭhatĕ. = ಶ್ರೇಷ್ಠತ್ವ. (My.).

ಶ್ರೇಷ್ಠತ್ವ śrêshṭhatva. Superiority, eminence, excellence (My.; Čb. 42).

ಶ್ರೇಷ್ಠಿ śrêshṭhi. = ಸೆಟ್ಟಿ, etc. Best, chief. See ಕುಲ-. 2, the head or chief of a company following the same trade, a president or foreman of a guild or corporation (ಸೆಟ್ಟಿ G.).

ಶ್ರೇಷ್ಠೆ śrêshṭhĕ. An excellent woman. 2, an excellent cow (ಸ್ವಚಿಕೆ, ತಲೆಯಾವು Mr. 181).

ಶ್ರೋಣ śrôṇa. *Lame;* a cripple. 2, dressed, cooked, matured. 3, the star śravaṇa.

ಶ್ರೋಣಿ śrôṇi. = ಸೋಣಿ. *The hip and loins, the buttocks* (ಜಘನ Hlâ.; Nn. 2; ಕುಣ್ಡೆ G.).

ಶ್ರೋಣಿತ śrôṇita. Tbh. of ಶೋಣಿತ, q. v. (*cf.* ಶ್ರಾಪ = ಶಾಪ).

ಶ್ರೋಣಿಫಲಕ śrôṇi-phalaka. *The hip.*

ಶ್ರೋತವ್ಯ śrôtavya. To be heard or listened to, fit or necessary to be heard, possible to be heard (My.).

ಶ್ರೋತೆ śrôtĕ. (fr. Sk. ಶ್ರೋತಸ್, the ear). A woman who gives ear to (Bp. 2, 47).

ಶ್ರೋತ್ರ śrôtra. The organ of hearing: *the ear* (ಕಿವಿ Nn. 31. 71; ಇನ್ದ್ರಿಯ Nn. 72). 2, the tip of an elephant's trunk (ಕರಿಕರದ ಅಗ್ರ, ಆನೆಯ ಸುಣ್ಡಿಲ ತುದಿ 72). 3, a river (ಆಪಗೆ, ನದಿ 72). 4, very harsh or cruel (ಅತೀವಕಠೋರ, ಅತಿನಿಷ್ಠುರ 72).

ಶ್ರೋತ್ರಿ śrôtri. A woman who hears (ಕಿವಿಯುಳ್ಳಾಕೆ G.).

ಶ್ರೋತ್ರಿಯ śrôtriya. *A Brâhmaṇa versed in the study of the vêdas, a learned Brâhmaṇa.* — ಶ್ರೋತ್ರಿಯಗ್ರಾಮ. A village of śrôtriyas with rent-free land (My.). — ಶ್ರೋತ್ರಿಯಮಾನ್ಯ. Rent-free land belonging to śrôtriyas (My.). — ಶ್ರೋತ್ರಿಯಾಗ್ರಹಾರ. -ಅಗ್ರಹಾರ. = ಶ್ರೋತ್ರಿಯಗ್ರಾಮ. (My.).

ಶ್ರೋತ್ರೇನ್ದ್ರಿಯ śôtra-indriya. The organ of hearing (My.).

ಶ್ರೌತ śrauta. Relating to the ear. 2, relating or belonging to the śruti (vêda). 3, prescribed by the vêda, founded on it;—sacrificial. 4, any observance ordained by the vêda. 5, a man who observes vedic rites, a priest. ತತ್ತ್ವವಿತುರ್ವರೇಣ್ಯರ್ ಎನ್ನಲ್ ಶ್ರೌತರ್ (Śmd. 93).

ಶ್ರೌತಿ śrauti. (Tbh. of ಶ್ರೋತ್ರಿಯ). A title affixed to the name of Smârtas (My.).

ಶ್ರೌಷಟ್ śraushaṭ. "May he (the god) hear us!" *an exclamation used in making an offering with fire to the gods or departed spirits.*

ಶ್ಲಕ್ಷ್ಣ ślakshṇa. *Small, fine, thin, minute, slender, delicate.* 2, *smooth; soft, gentle, amiable, of pleasing address.* 3, swampy; swampy ground (ಪಿಪ್ಪಲ, ಜವುಗಿನ ನೆಲ Nn. 62).

ಶ್ಲಥ ślatha. *Loose, slack, relaxed* (ಶಿಥಿಲ, ಸಡಿಲ Mr. 461);—untied; dishevelled.

ಶ್ಲಾಘೆ ślâghĕ. Flattery;—*praise;*—boasting.

ಶ್ಲಾಘ್ಯ ślâghya. To be praised or commended, praiseworthy, venerable, respectable (J. 2, 11). 2, praiseworthiness (J. 8, 9); (praise).

ಶ್ಲಾಘ್ಯವಿಶೇಷ ślâghya-viśêsha. A peculiar kind of praise (Kâvy. III, 1, A, 18-21).

ಶ್ಲಿಷ್ಟ ślishṭa. Clung to, adhered to. 2, connected so as to be susceptible of a double interpretation: a figure of speech in arthâlaṅkâra, by which two objects are closely connected and epithets applied to both in common, implied meaning, etc. (Kâvy. III, 3, B, 1. 162; *cf.* ಶ್ಲೇಷ).

ಶ್ಲೀಪದ ślîpada. *Elephantiasis.*

ಶ್ಲೇಷ ślêsha. = ಶ್ಲೇಷೆ. Adhering or clinging to;—embracing. 2, *union, junction, contact.* 3, a figure of alaṅkâra in rhetoric: connection of words so as to admit of a double meaning, verbal equivocation, paronomasia, pun, irony, implied meaning (*cf.* ಶ್ಲಿಷ್ಟ). See Kâvy. III, 2, B, 88-91; III, 3, B, 147-171; ಅರ್ಥ-, ಶಬ್ದ-.

ಶ್ಲೇಷಾಲಂಕಾರ ślêsha-alaṅkâra. The alaṅkâra called ślêsha (My.).

ಶ್ಲೇಷೆ ślêshĕ. = ಶ್ಲೇಷ No. 3. (My.).

ಶ್ಲೇಷೋಪಮೆ ślêsha-upamĕ. A kind of simile (Kâvy. III, 3, B, 68 seq.).

ಶ್ಲೇಷ್ಮ ślêshma. *Phlegm, rheum, the phlegmatic humor;*—a cold (ನೆಗಡಿ Hlâ.).

ಶ್ಲೇಷ್ಮಜ್ವರ ślêshma-jvara. A phlegmatic fever (My.).

ಶ್ಲೇಷ್ಮಣ ślêshmaṇa. *Phlegmatic, abounding or affected with phlegm.*

ಶ್ಲೇಷ್ಮನಾಡಿ ślêshma-nâḍi. A pulse near the wrist indicating the amount (or an excess) of phlegm (My.).

ಶ್ಲೇಷ್ಮರೋಗ ślêshma-rôga. A severe coughing-disease (C.).

ಶ್ಲೇಷ್ಮಲ ślêshmala. = ಶ್ಲೇಷ್ಮಣ. *Phlegmatic, etc.*

ಶ್ಲೇಷ್ಮಶರೀರ ślêshma-śarîra. A body abounding with the phlegmatic humor (My.).

ಶ್ಲೇಷ್ಮಾತಕ ślêshmâtaka. *The tree Cordia latifolia* Roxb. (= ಶೇಲು). See ಚಳ್ಳು.

ಶ್ಲೋಕ ślôka. Praising or hymning in verse. 2, *celebrity, renown, fame, reputation.* 3, *a particular kind of metre, the epic ślôka* (Čh.). 4, any verse or stanza (Sk.; My.).

ಶ್ವ śva. = ಶ್ವನ್, ಶ್ವಾ.

ಶ್ವಃಶ್ರೇಯಸ śvas-śrêyasa. *Happiness, prosperity, bliss.* 2, Brahma, the universal soul.

ಶ್ವದಂಷ್ಟ್ರೆ śva-daṁshṭrĕ. A dog's tooth. 2, *the plant Asteracantha longifolia* Nees. (ನೆಗ್ಗಿಲು Hlâ.).

ಶ್ವನ್ śvan. = ಶ್ವ, etc. *A dog.*

ಶ್ವನಿಶ śva-niśa. *A night on which dogs bark and howl.*

ಶ್ವಪಚ śva-pača. = ಸೊಪಚ. Dog-cooking: *a man of a low and degraded caste* (described as son of an Ugra woman by a Kshatriya), *a Čaṇḍâla.* See Bp. 57, 77; 60, 9.—ಶ್ವಪಚಯ್ಯ. -ಅಯ್ಯ. N. (Bp. 57, 4).

ಶ್ವಭ್ರ śvabhra. *A hole, a chasm;* a den.

ಶ್ವಯಥು śvayathu. *Swelling, morbid intumescence.*

ಶ್ವವಾಹನ śva-vâhana. Bhairava (My.).

ಶ್ವವೃತ್ತಿ śva-vṛitti. The life of a dog;—condition of a dog;—*service, servitude.*

ಶ್ವಶುರ śvaśura. *A father-in-law.*

ಶ್ವಶುರೌ śvaśurau. (dual). ಶ್ವಶುರಂಗಳ್. *A father and mother-in-law.*

ಶ್ವಶುರ್ಯ śvaśurya. *A brother-in-law, a wife's brother, a husband's brother;* a husband's younger brother.

ಶ್ವಶ್ರು śvaśru. *A mother-in-law.*

ಶ್ವಶ್ರೂಶ್ವಶುರೌ śvaśrû-śvaśurau. (dual). ಶ್ವಶ್ರೂಶ್ವಶುರಂಗಳ್. *A mother and father-in-law.*

ಶ್ವಸ್ śvas. *To-morrow,* 2, future. 3, (future happiness).

ಶ್ವಸನ śvasana. Breathing, respiration, breath. 2, *air, wind.* 3, N. of a metrical foot (Čh.). 4, *the thorny plant Vanguiera spinosa* Roxb.

ಶ್ವಸನಾಶನ śvasana-aśana. A snake, a serpent. (R.).

ಶ್ವಸಿತ śvasita. Breathed; sighed;—breathing, breath;—a sigh. See ನಿಃ-.

ಶ್ವಾ śvâ. = ಶ್ವ, etc.

ಶ್ವಾನ śvâna. = ಸಾನ 2, ಸೋನ. (Śmd. 108; Kâvy. I, 2, 96-103). A dog (ಶುನಕ Nn. 74). ನೇಮ ಹೆಚ್ಚಿ, ಹೋಮ ಮಾಡಿ ಶ್ವಾನನ ಹಾಗೆ ತಿರುಗಾಡುವದಾಯಿತು (Prv.). ಶ್ವಾನ ಬಲ್ಲುದೆ ರಾಗ ಭೇದಂಗಳ? (Dp. 76, 2).

ಶ್ವಾನಜಮ್ಬುಕಧ್ವನಿ śvâna-jambuka-dhvani. The howling of dogs and jackals. See ಊಳಿಡು.

ಶ್ವಾಪದ śvâ-pada. *A beast of prey, a wild beast.* 2, a tiger.

ಶ್ವಾವಿಧ್ śvâ-vidh. *A porcupine.*

ಶ್ವಾಸ śvâsa. = ಸೋಸ. Breathing, breath, respiration;—sighing;—air, wind;—hard breathing (My.); asthma. See ಉಚ್ಛ್ವಾಸ, ನಿಃ-. — ಶ್ವಾಸ ಆಡಿಸು. To breathe (My.). — ಶ್ವಾಸ ಆಡು. Respiration to take place (My.). — ಶ್ವಾಸ ಎಳೆ. To inhale, to draw breath (My.). — ಶ್ವಾಸ ಬಿಡು. To exhale (My.).

ಶ್ವಾಸಕ śvâsaka. An utterance, a word (ಉಚ್ಚಾರವ, ಜಿರ್ಕ Mr. 330).

ಶ್ವಾಸಧಾರಣೆ śvâsa-dhâraṇĕ. Suppression or suspension of breath (in yôga, My.).

ಶ್ವಾಸಪ್ರಹರಣ śvâsa-praharaṇa. Expelling breath, blowing. See ಊದು.

ಶ್ವಿತ್ śvit. White. See ಉದ-.

ಶ್ವಿತ್ರ śvitra. *White leprosy, vitiligo.*

ಶ್ವೇತ śvêta. = ಸೇತ. *White* (ಬಿಳಿದು Nn. 66; ಧವಲ, ಬಿಳಿದು Nn. 103). 2, *silver* (ಬೆಳ್ಳಿ 103). 3, one of the ranges of mountains dividing the known continent (ಪರ್ವತ, ಪರ್ವತ ಭೇದ 103). 4, one of the minor divisions of the known continent (ದ್ವೀಪ, ದ್ವೀಪದ ಭೇದ 103). 5, N. (Bp. 41 sum.; 40, 87; 41, 4. 5. 28; 54, 51; see ಕಲಿ-). — ಶ್ವೇತಮುನಿ. N. (Bp. 41, 25. 28).

ಶ್ವೇತಕುಷ್ಠ śvêta-kushṭha. White leprosy (My.).

ಶ್ವೇತಕೇತು śvêta-kêtu. N. of a sage, son of Uddâlaka; N. of a king (My.).

ಶ್ವೇತಗರುತ್ śvêta-garut. *A goose.*

ಶ್ವೇತಚ್ಛದ śvêta-č-čhada. *A goose.*

ಶ್ವೇತದ್ವೀಪ śvêta-dvîpa. = ಶ್ವೇತ No. 4. (My.).

ಶ್ವೇತಮರಿಚ śvêta-mariča. White pepper. 2, *the seed of Moringa pterygosperma* Gaertn. (= ನುಗ್ಗುಬೀಜ).

ಶ್ವೇತರಕ್ತ śvêta-rakta. *Pale red, rosy, pink.*

ಶ್ವೇತರೋಗ śvêta-rôga. A kind of venereal affection in which whitish urine is passed (My.).

ಶ್ವೇತರೋಚಿಸ್ śvêta-rôčis. *The moon.*

ಶ್ವೇತವಾಸಸ್ śvêta-vâsas. Clad in white: *A bauddha* (or jaina) *mendicant* (ಸವಣ Hlâ.).

ಶ್ವೇತವಾಹನ śvêta-vâhana. Having white horses: the moon. 2, Arjuna (J. 13, 16; 24, 62).

ಶ್ವೇತಸುರಸೆ śvêta-surasĕ. *A Vitex negundo* Lin. *with white blossoms.*

ಶ್ವೇತಾಕ್ಷತೆ śvêta-akshatĕ. Uncoloured grains of rice, used for oblations with fire and at funeral rites (My.).

ಶ್ವೇತಾಗರು śvêta-agaru. A white kind of Agallochum (Si. 227).

ಶ್ವೇತಾದ್ರಿ śvêta-adri. The white mountain (J. 3, 16). *Cf.* ರಜತಗಿರಿ.

ಶ್ವೇತಾರ್ಕ śvêta-arka. The Calotropis gigantea alba (ಬಿಳಿ ಕನ ಎಕ್ಕೆ Si. 141; My.).

ಶ್ವೇತಾರ್ಜುನವೃಕ್ಷ śvêta-arjuna-vṛiksha. = ಮತ್ತಿ 2 No. 2, q. v.

ಶ್ವೇತಾಶ್ವತರ śvêta-aśvatara. N. of a ṛishi. 2, N. of an upanishad of the yajurvêda (My.).

ಶ್ವೋವಸೀಯ śvas-vasîya. *Future well-being, good fortune, prosperity, bliss.*

ಷ

SH

ಷ್ sh. The fifty-second letter of the Alphabet (Śmd. 12. 21). It does not occur in pure Kannaḍa (44. 45). It becomes ಸ್, *e. g.* in ವಿಸಯ, or ಚ್, *e. g.* in ಚಟ್ಟ.

ಷ sha. The letter ಷ್ pronounced with a short a, as is generally done at school. 2, the number 6 (Mr. 849).

ಷಕಾರ sha-kâra. The letter ಷ (Śmd. 11).

ಷಕ್ಕು shakku. Doubt, suspicion, misgiving (My.; Mhr., H. ಶಕ, ಶಕ್); blemish, fault (My., *e. g.* in ಷಕ್ಕು ಹೊಡಿಸು).

ಷಟ್ shaṭ. = ಷಷ್. *Six.*

ಷಟ್ಕ shaṭka. = ಛಕ್ಕ. Consisting of six, sixfold, six;—*an aggregate of six* (Śmd. 101; Čh. v. 191).

ಷಟ್ಕರ್ಮ shaṭ-karma. (Śmd. 101). *The six acts or duties enjoined on Brâhmaṇas collectively:* adhyayana, adhyâpana, yajana, yâjana, dâna, and pratigraha (Bp. 2, 46). 2, the six acts or occupations called lêkhana, vyavahâra, kṛishi, khaḍga, gôpâla, yâčnyĕ (Č. Bp. 47, 43). 3, six acts belonging to the practice of yôga. 4, six acts that may be performed by means of magical texts.

ಷಟ್ಕೋಣ shaṭ-kôṇa. Hexangular; a hexagon (My.).

ಷಟ್ಖಂಡ shaṭ-khaṇḍa. Six divisions of the world (Čpr. 5, 34).

ಷಟ್ಚರಣ shaṭ-čaraṇa. Six-footed;—*a bee* (ತುಮ್ಬಿ Hlâ.).

ಷಟ್ತರ್ಕ shaṭ-tarka. Six kinds of tarka (Čpr. 1, 31).

ಷಟ್ತ್ರಿಂಶತ್ shaṭ-triṁśat. Thirty-six.

ಷಟ್ತ್ರಿಂಶತ್ತತ್ವ shaṭtriṁśat-tatva. Thirty-six tatvas (Śśv. 2, 93; see Vivêkačintâmaṇi 3, 2).

ಷಟ್ತ್ರಿಂಶದ್ಗುಣ shaṭtriṁśat-guṇa. Thirty-six guṇas (Čpr. 1, 8).

ಷಟ್ಪಂಚಾಶತ್ shaṭ-pañčâśat. Fifty-six.

ಷಟ್ಪಂಚಾಶದ್ವಿಷಯ shaṭpañčâśat-vishaya. The fifty-six countries (Čh. p. 22).

ಷಟ್ಪದ shaṭ-pada. Six-footed;—*a* (male) *bee;*—a louse (ಮಸ್ತಕಮೃಗ, ಹೇನ್ Mr. 166).

ಷಟ್ಪದಿ shaṭ-padi. Six-footed (feminine). 2, N. of a Kannaḍa metre (Čh.; Mr. 366; Bp. 61, 91). 3, a female bee (Bp. 4, 31; 61, 94).

ಷಟ್ಪ್ರತ್ಯಯ shaṭ-pratyaya. Six kinds of calculations (Čh.).

ಷಟ್ಪ್ರಾಸ shaṭ-prâsa. Six kinds of alliteration (Čh. p. 15 seq.).

ಷಟ್ಛತ shaṭ-śata. One hundred and six. 2, six hundred (Bp. 61, 91).

ಷಟ್ಸಮಾಸ shaṭ-samâsa. Six kinds of compound words (Šmd. 89).

ಷಟ್ಸ್ಥಲ shaṭ-sthala. Six (śaiva) subjects or topics (Šm. 1; Č. Bp. 3, 18. 26), *e. g.* bhakti, mahêśvara, prasâda, prâṇaliṅga, śaraṇa, and aikya (Vivêkačintâmaṇi 2, 80). — ಷಟ್ಸ್ಥಲದವ. -ಅವ. A Liṅgavanta (C.).

ಷಡ್ shaḍ. = ಷಟ್, etc.

ಷಡಕ್ಷರ shaḍ-akshara. Consisting of six syllables; the six syllables ಓಂ ನಮಃ ಶಿವಾಯ (Bp. 61, 47; Šśv. 5, 63).

ಷಡಕ್ಷರಿ shaḍ-akshari. N. (Šśv. 5, 62).

ಷಡಂಗ shaḍ-aṅga. Six-membered, as the shaḍakshara (Bp. 3, 68). 2, the six vêdâṅgas.

ಷಡಧ್ವ shaḍ-adhva. Six particular ways (Bp. 7, 15).

ಷಡಭಿಜ್ಞ shaḍ-abhijña. Knowing six sciences: *a Buddha.*

ಷಡರಿ shaḍ-ari. The six enemies: kâma, krôdha, lôbha, môha, mada, and matsara (Bp. 6, 6; 39, 15).

ಷಡಾನನ shaḍ-ânana. Six-mouthed, six-faced: *Kârtikêya.*

ಷಡಿಂದ್ರಿಯ shaḍ-indriya. An aggregate of six indriyas (My.).

ಷಡು shaḍu. Tbh. of ಷಡ್.

ಷಡುದರುಸನ shaḍu-darusana. Tbh. of ಷಡ್ದರ್ಶನ, q. v.

ಷಡುದರ್ಶನ shaḍu-darśana. Tbh. of ಷಡ್ದರ್ಶನ. (Bp. 3, 66).

ಷಡುದ್ರವ್ಯ shaḍu-dravya. The six elementary substances (of the Jainas): jîva, dharma, adharma, pudgala, kâla, and âkâśa (ಜೀವದ್ರವ್ಯ ಮೊದಲಾದ ಷಡುದ್ರವ್ಯಗಳು Nn. 164).

ಷಡುರಸ shaḍu-rasa. Tbh. of ಷಡ್ರಸ. (ಲವಣಕಷಾಯಮುಖ್ಯರಸ ವಾಱು Nn. 83).

ಷಡುರಸಾನ್ನ shaḍurasa-anna. Boiled rice which has the six flavours (J. 6, 43).

ಷಡುರುತು shaḍu-rutu. Tbh. of ಷಡೃತು. (ರುತು Nn. 23).

ಷಡುವರ್ಗ shaḍu-varga. Tbh. of ಷಡ್ವರ್ಗ. (ಕಾಮಾದಿಷಡುವರ್ಗ Nn. 51).

ಷಡುಸಮಾರ್ಜನಿ shaḍu-samârjani. Six ways of cleansing, cleaning, or rubbing (Bp. 6, 20).

ಷಡೂಷಣ shaḍ-ûshaṇa. Six spices collectively: long pepper, black pepper, dried ginger, the root of long pepper, plumbago, and čavi. (R.).

ಷಡೃತು shaḍ-ṛitu. = ಷಡುರುತು. The six seasons.

ಷಡ್ಗವ shaḍ-gava. A yoke of six oxen;—*a yoke of six* (beasts, as horses, etc.).

ಷಡ್ಗುಣ shaḍ-guṇa. Six-fold, six times. 2, an assemblage of six qualities or properties. 3, *the six acts or measures to be practised by a king in his military capacity:* sandhi, vigraha, yâna, âsana, dvaidhîbhâva, saṁśraya. 4, the six excellent attributes: aiśvarya, jñâna, yaśas, śrî, vairâgya, dharma (Bp. 8, 48).

ಷಡ್ಗುಣೈಶ್ವರ್ಯ shaḍguṇa-aiśvarya. Lordship or greatness consisting in the possession of the six properties or excellencies (Bp. 54, 68; Si. 411).

ಷಡ್ಗ್ರಂಥ shaḍ-grantha. *A variety of the prickly climbing shrub, Caesalpinia bonducella* Flem.

ಷಡ್ಗ್ರಂಥಿ shaḍ-granthi. A kind of aromatic root (ವನಿತೆ, ಕರ್ಪೂರ ರಸುಣ್ಣಿ Mr. 135).

ಷಡ್ಗ್ರಂಥಿಕೆ shaḍ-granthikĕ. *The plant Zeodary, Curcuma zeodarica* (= ಶಟಿ).

ಷಡ್ಗ್ರಂಥೆ shaḍ-granthĕ. *Orris root* (= ವಜೆ, q. v.).

ಷಡ್ಜ shaḍ-ja. Six-born, produced from six (*i. e.* the tongue, teeth, palate, nose, throat, and chest): *N. of the fourth* (or, according to others, of the first) *of the seven primary notes of music* (svaras). See ಸಪ್ತಸ್ವರ.

ಷಡ್ಡಕ shaḍḍaka. = ಸಡ್ಡಕ, q. v. (My.).

ಷಡ್ದಂತ shaḍ-danta. Six teeth (of a horse, Mr. 281).

ಷಡ್ದರ್ಶನ shaḍ-darśana. = ಷಡುದರುಸನ, ಷಡುದರ್ಶನ. The six recognized systems of philosophy: pûrvamîmâṁsâ (by Jaimini), uttaramîmâṁsâ (or vêdânta, by Bâdarâyana), nyâya (by Gôtama), vaiśêshika (by Kaṇâda), sâṅkhya (by Kapila), and yôga (by Patañjali; ತೀರ್ಥ, ದರ್ಶನ, ಷಡು ದರುಸನ, ಆಱು ದರ್ಶನ Nn. 48).

ಷಡ್ದಶನ shaḍ-daśana. *Having six teeth.*

ಷಡ್ಭಾಷೆ shaḍ-bhâshĕ. The six languages: saṁskṛita, prâkṛita, paiśâča, mâlava, mâgadha, râkshasa (My.).

ಷಡ್ರಸ shaḍ-rasa. = ಷಡುರಸ. The six flavours or tastes: madhura, kaṭu, amla, tuvara, tikta, lavaṇa (Mr. 218; J. 2, 64).

ಷಡ್ರಿಪುವರ್ಗ shaḍ-ripu-varga. = ಷಡ್ವರ್ಗ. (Šśv. 2, 90).

ಷಡ್ವರ್ಗ shaḍ-varga. = ಷಡುವರ್ಗ. A class or aggregate of six things, especially of the six faults: kâma, krôdha, lôbha, môha, mada, and matsara (ಕಾಮಾದಿಷಡ್ವರ್ಗ Mr. 259).

ಷಡ್ವರ್ಣ shaḍ-varṇa. The six colours (ಶ್ವೇತಾದಿಷಡ್ವರ್ಣ, ಬಿಳಿದು ಮೊದಲಾದ ಆಱು ವರ್ಣಗಳು Nn. 71).

ಷಡ್ವಿಂಶತಿ shaḍ-viṁśati. Twenty-six (Čh. v. 336).

ಷಡ್ವಿಂಶತಿಛಂದ shaḍviṁśati-čhanda. The twenty-six types of metres (Mr. 348).

ಷಡ್ವಿಭಕ್ತಿ shaḍ-vibhakti. The six personal affixes (Šmd. 253).

ಷಡ್ವೈರಿ shaḍ-vairi. = ಷಡರಿ. (My.).

ಷಣ್ shaṇ. = ಷಟ್, etc.

ಷಣ್ಡ shaṇḍa. = ಶಣ್ಡ, ಶಣ್ಢ, ಷಣ್ಢ, (ಸಣ್ಡ). *A multitude, a collection, a quantity, a group, a heap, a flock* (ಸಮೂಹ Nn. 128);—a place where two things are joined into one (ಎರಡೊನ್ದಾದೆಡೆ, ಎರಡು ಒನ್ದಾಗಿ ಕೂಡಿದ ಠಾವು 128);—two trees being joined (ವೃಕ್ಷವೆರಡು ಬನ್ಧಿಸಿದಲ್ಲಿ Mr. 476);—a thicket, a wood. 2, *a bull at liberty.* 3, a eunuch (ನಪುಂಸಕನು 128).

ಷಣ್ಡಕ shaṇḍaka. A eunuch. 2, = ಸಣ್ಡಿಗೆ. (Mr. 217).

ಷಣ್ಡತಾಯೋಗ್ಯ shaṇḍatâ-yôgya. (A bull) fit to be set free.

ಷಣ್ಡತೆ shaṇḍatĕ. The state of a bull at liberty;—the state of being a eunuch (My.). See Nr. s. ಹೋರಿ.

ಷಣ್ಡತ್ವ shaṇḍatva. The state of being a eunuch; *the state of being neuter* (Hlâ.).

ಷಣ್ಢ shaṇḍha. = ಷಣ್ಡ, ಸಣ್ಡ. *A eunuch.* 2, *the neuter gender.*

ಷಣ್ಢತಿಲ shaṇḍha-tila. *Barren sesamum.*

ಷಣ್ಮತ shaṇ-mata. The six sects: vaishṇava, śaiva, śâktêya, gâṇapatya, kâpâlika, saura (My.).

ಷಣ್ಮುಖ shaṇ-mukha. Six-mouthed, six-faced: *Kârtikêya.* 2, Agni (My.).

ಷತ್ವ shatva. The letter ಷ (ಷ್, Šmd. 350. 369. 370).

ಷರತ್ sharat. = ಶರತ್, (ಶರತು). A wager, a bet (My.; Mhr., H. ಶರ್ಯತು). 2, agreement, conditions agreed upon (My.; Br.; H.).

ಷರಬತ್ sharabat. The drink called Sherbet, composed of water, lemon juice, and sugar (My.; Mhr., H. ಶರಬತ).

ಷರಾ sharâ. Remark; postscript; nota-bene (My.; Br.; H.).

ಷರಾಬು sharâbu. Spirituous liquor (My.; Mhr., H. ಶರಾಬ).

ಷರಾಯಿ sharâyi. Trousers (My.; Br.; H.).

ಷವರ್ಣ sha-varṇa. The letter ಷ (Čh.).

ಷಷ್ shash. = ಷಟ್, ಷಡ್, ಷಡು, ಷಣ್, ಷೋ. *Six.*

ಷಷ್ಟ shashṭa. Sixtieth (after another numeral). 2, Tbh. of ಷಷ್ಠ. (My.).

ಷಷ್ಟಿ shashṭi. 1. Sixty. (Mr. 64; Bp. 24, 14).

ಷಷ್ಟಿ shashṭi. 2. Tbh. of ಷಷ್ಠಿ. (My.). 2, N. of a low caste of Karṇâṭaka Brâhmaṇas (My.).

ಷಷ್ಟಿಕ shashṭika. *A kind of rice ripening in about sixty days.*

ಷಷ್ಟಿಕೆ shashṭikĕ. = ಷಷ್ಟಿಕ. (Si. 301).

ಷಷ್ಟಿಕ್ಯ shashṭikya. *A field of shashṭika.*

ಷಷ್ಟಿಪೂರ್ತಿ shashṭi-pûrti. The end of the cycle of sixty years when a feast is held (My.).

ಷಷ್ಠ shashṭha. Sixth, the sixth (My.).

ಷಷ್ಠಿ shashṭhi. (feminine). = ಚಟ್ಟಿ, ಷಷ್ಟಿ 2. The sixth day of a lunar fortnight (My.). 2, the sixth or genitive case (Šmd. 63. 112. 115. 142. 149. 161. 163. 166. 399; Kâvy. I, 2, 36-40. 52-55; V, 947). 3, a N. of Durgâ as Kâtyâyanî. — ಷಷ್ಠೀಚಟ್ಟಿ. = ಸುಬ್ಬರಾಯಷಷ್ಠಿ. (My.).

ಷಷ್ಠೀಗ್ರಹಣ shashṭhî-grahaṇa. = ಚಟ್ಟಿಗರಣ. (Šmd. 376).

ಷಹರ್ shahar. ಷಹರು. shaharu. = ಶಹರ, etc. (My.).

ಷಹರ್ಜಾಗ shahar-jâga. A place where a city is (My.; Si. 106).

ಷಾಡ್ಗುಣ್ಯ shâḍguṇya. (fr. ಷಡ್ಗುಣ). The aggregate of six qualities. 2, the six measures or acts of royal policy (Čpr. 2, after 49).

ಷಾಣ್ಮಾತುರ shâṇmâtura. (fr. ಷಷ್-ಮಾತೃ). Having six mothers: *Kârtikêya.*

ಷಾಪ್ shâp. A "shop" (My.; ಅಂಗಡಿ, etc. Si. 106).

ಷಾಲು shâlu. = ಶಾಲು, etc. (My.). — ಷಾಲುರುಮಾಲು. A square shawl that is worn like a turban (My.).

ಷಿಕಮಿ shikami. A subordinate tenure in which the holder pays his revenue through the proprietor of the land, not direct (My.; H.). — ಷಿಕಮಿದಾರ. A subordinate cultivator who holds lands in farm and pays the revenue through the proprietor (My.).

ಷಿಡ್ಗ shiḍga. A profligate man, a libertine, a lecher;—an inconstant lover, a gallant (Sk.; My. Amara; *cf.* ಸಿತಗ).

ಷುರು shuru. = ಸುರು 1. Begun (Mhr., H. ಸುರೂ); beginning, commencement (My.; Si. 64; Br.).

ಷೋ shô. = ಷಷ್.

ಷೋಕಿ shôki. Voluptuousness (My.; Mhr., H. ಶೌಕ).

ಷೋಕಿದಾರ shôki-dâra. A voluptuous man (My.).

ಷೋಕು shôku. = ಷೋಕಿ. (My.).

ಷೋದತ್ shô-dat. Six-teethed: *a young ox with six teeth.*

ಷೋಡಶ shô-daśa. *Sixteenth, the sixteenth.* 2, sixteen (Čh. v. 334; J. 32, 43). 3, a śrâddha ceremony performed on the twelfth or sixteenth day after a person's death (My.). — ಷೋಡಶರ್. A class of famous Śaivas (Liṅgavantas, Bp. 48, 18).

ಷೋಡಶಗಣ shôḍaśa-gaṇa. = ಷೋಡಶರ್. (Bp. 54, 76).

ಷೋಡಶದಾನ shôḍaśa-dâna. The aggregate of sixteen kinds of gifts (Ahhâ. 2, 100).

ಷೋಡಶೋಪಚರಣೆ shôḍaśa-upačaraṇĕ. = ಷೋಡಶೋಪಚಾರ. (Bp. 41, 23).

ಷೋಡಶೋಪಚಾರ shôḍaśa-upačâra. Sixteen ways of doing homage (to idols) or showing civility (to men, viz. âsana, svâgata, pâdya, argha, âčamanîya, madhuparka, âčamana, snâna, vasana, âbharaṇa, sugandhi, sumanas, dhûpa, dîpa, naivêdya, vandana). (Bp. 45, 11; My.).

ಷ್ಠೀವ shṭhîva. = ಷ್ಠೀವನ. See ನಿ-.

ಷ್ಠೀವನ shṭhîvana. The act of spitting; spittle. See ನಿ-.

ಷ್ಠೇವ shṭhêva. Spitting. See ನಿ-.

ಷ್ಠೇವನ shṭhêvana. = ಷ್ಠೇವ. See ನಿ-.

ಷ್ಠ್ಯೂತ shṭhyûta. Spit, ejected (as saliva). See ನಿ-.

ಷ್ಠ್ಯೂತಿ shṭhyûti. Spitting. See ನಿ-.

ಸ್ S

ಸ್ s. The fifty-third letter of the Alphabet (Šmd. 12. 21). It takes the place of ಶ್ in tadbhavas (234. 235), becomes ಚ್ (83. 228; 283. 284), ಛ್ (83), ಜ್ (83. 204), and is elided (268. 270. 275), when occasionally it takes the form of the bindu (215). Once it appears as ಗ್ (see ಸೀಗ್ 3 & ಸೀಳು 1). For its connection with ಬ್ *cf. e. g.* ಪಿಸುಕು with ಪಿಬ್ and see M. s. ಮಸಲ್, for that with ಡ್ and ಟ್ see *e. g.* the T., M. and Tĕ. s. ಬಸಿ 1-3, for that with ಜ್ and ಯ್ *e. g.* the terms s. ಉಯ್ಯಲ್, ಬಸಿಟ್ and ಸಯ್ 1, and for that with ಳ್ *cf. e. g.* ಹಿಸಿ with ಹಿಳಿ. (In Tuḷu ಸ್ occasionally is the substitute of ಜ್, so that *e. g.* ಜಾದಿ, a road, appears as ಸಾದಿ; *cf.* Sk. ಸಿನ್ಧು and ಹಿನ್ದು). *Cf.* also ಬೆಸನ 1 = ವಿಧಾನ; ಮಿಡುಕು 3 = ಮಿಸುಕು 1; ಮಿನುಕು 1 = ಮಿಸುಗು 1.

ಸ sa. The letter ಸ್ pronounced with a short a, as is generally done at school.

ಸ sa. 1. With, together with, along with, having, accompanied by, possessing, same, similar. 2, N. of a certain metrical foot (Čh.; Mr. 363). 3, an abbreviated term of the musical note ಷಡ್ಜ (Mr. 76). 4, the number 7 (Mr. 349).

ಸ sa. 2. A Tbh. of ಸ್ವ in ಸರೂಪ 2.

ಸಂ saṁ. = ಸಮ್, q. v.

ಸಂಯ saṁ-ya. A yoke (ಯುಗ, ನೊಗ Mr. 286). 2, a skeleton.

ಸಂಯತ್ saṁ-yat. Contest, *war, battle.*

ಸಂಯತ saṁ-yata. Held together; restrained, checked, fettered, controlled; *constrained, bound;* subdued; *one who restrains himself or controls his passions.*

ಸಂಯತ್ತು saṁyattu. Tbh. of ಸಂಯತ್ (Šmd. 106 Cm.).

ಸಂಯಮ saṁ-yama. *Restraint, check, control; coercion;* avoiding infliction of pain on others, humanity, forbearance, compassionateness; a religious vow.

ಸಂಯಮನ saṁ-yamana. = ಸಂಜಮನ. One who restrains, a ruler. 2, restraining, checking, etc. (= ಸಂಯಮ). (B. 5, 216; My.). 3, a cluster or square of four houses.

ಸಂಯಮನಿ saṁ-yamani. The city or residence of Yama (ಯಮನ ಪಟ್ಟಣ G.; My.).

ಸಂಯಮಿ saṁ-yami. = ಸಂಜಮಿ, ಸಯ್ಯಮಿ. Who or what restrains or subdues; one who subdues or controls his passions, an ascetic (ನಿಶ್ಚಲ, ಯತಿ Nn. 46, o. r. ಸಯ್ಯಮಿ; ಯತಿ 52, o. r. ಸಯ್ಯಮಿ; ಎತಿ 80. 94, o. r. ಸಯ್ಯಮಿ; Bp. 19, 78; 38, 3).

ಸಂಯಾತ್ರೆ saṁ-yâtrĕ. Travelling, voyaging by sea. See ಸಾಂಯಾತ್ರಿಕ.

ಸಂಯಾಮ saṁ-yâma. = ಸಂಯಮ. *Restraint, etc.*

ಸಂಯುಕ್ತ saṁ-yukta. Conjoined; united; attached; mingled, blended; accompanied or attended by; endowed with (J. 5, 53; B. 4, 3. 226; My.).

ಸಂಯುಗ saṁ-yuga. Conjunction, union, mixture; *conflict, war, battle* (ಕಾಳೆಗ Nn. 43). See ಪೊಣರ್ಚು.

ಸಂಯುತ saṁ-yuta. Conjoined, joined together, connected, joined, attached; mixed with, blended; heaped together; endowed or furnished with. See ಶುಭ-.

ಸಂಯೋಗ saṁ-yôga. *Conjunction, connection, junction;* union, close connection, association; mingling, mixing (Šmd. 157; Bp. 57, 69); a conjunct or double consonant (190); conjunction of two heavenly bodies; endowment with;—copulation (Mhr.; My.). ಕಪಿಗಳ ಸಂಯೋಗ (ಕಾಪೇಯ Mr. 161). ಸರ್ವಶಬ್ದಸಂಯೋಗ (538). See ನೆರೆ 1, ಪಾಳಿಸು 2, ಪೆಣೆ 1, ಮೇಳಿಸು; Kâvy. III, 2, B, 29.

ಸಂಯೋಗಿತ saṁ-yôgita. = ಸಂಯೋಜಿತ.

ಸಂಯೋಗಿಸು saṁ-yôgisu. To join, to mix (My.). 2, to copulate, to cohabit (ನೆರೆ G.).

ಸಂಯೋಜಿತ saṁ-yôjita. *Conjoined, joined, united;* attached, annexed,

ಸಂರಕ್ಷಕ saṁ-rakshaka. Guarding, etc.; that guards, protects or keeps carefully (Mhr.; My.).

ಸಂರಕ್ಷಣ saṁ-rakshaṇa. The act of protecting, guarding, keeping, preserving, taking care of, protection; saving. See ಕಾಪಿಡು, ಕೆಯ್ಗಾಯ್; B. 4, 42. — ಸಂರಕ್ಷಣ ಮಾಡು. = ಸಂರಕ್ಷಿಸು. To guard, etc. (ಓ G.).

ಸಂರಕ್ಷಣೆ saṁ-rakshaṇĕ. = ಸಂರಕ್ಷಣ. (ಕಾಪಾಡುವಿಕೆ G.; B. 4, 74. 119. 199; My.).

ಸಂರಕ್ಷಿತ saṁ-rakshita. Protected, preserved, kept, taken care of (My.).

ಸಂರಕ್ಷಿಸು saṁ-rakshisu. To guard, to preserve, to take care of, to protect, to save (ಓವು, ಕಾಪಾಡು G.; B. 1, 25; 4, 77; My.).

ಸಂರಮ್ಭ saṁ-rambha. = ಸೌರಮ್ಭ. Taking hold of, beginning. 2, agitation (arising from fear, joy, etc.); cheerful quickness; flurry;—*energy, zeal, impetuosity* (ಸಮ್ಭ್ರಮ Hlâ.; ಸೌರಮ್ಭ, ಸಂವೇಗ Mr. 438); a festival, a feast (as marriage, My.);—rage, wrath, fury, anger;—*pride, arrogance.*

ಸಂರಾವ saṁ-râva. Clamour, uproar; *sound, noise, crying aloud.* See ಯೋಧ-.

ಸಂರೂಢ saṁ-rûḍha. Grown together, grown over, cicatrized, healed;—grown, sprouted, budded, blossomed;—burst forth, appeared;—taking firm root;—confident, bold. (R.).

ಸಂರೋಧ saṁ-rôdha. Complete obstruction or opposition, impediment, hindrance, stop, check (ವಿಘ್ನ, ಅಡ್ಡಿ G.). 2, throwing, sending.

ಸಂಲಗ್ನ saṁ-lagna. Closely attached, stuck together, united with, adhering (Čpr. 5, 129).

ಸಂಲಬ್ಧ saṁ-labdha. Obtained, received (Čpr. 9, 114).

ಸಂಲಾಪ saṁ-lâpa. = ಸಲ್ಲಾಪ. Talking together, *familiar or friendly conversation,* chat, discourse.

ಸಂಲಾಪಿ saṁ-lâpi. = ಸಲ್ಲಾಪಿ. Conversing together in a friendly way (adj.); discoursing; one who converses or discourses.

ಸಂವತ್ saṁ-vat. *A year.*

ಸಂವತ್ಸರ saṁ-vatsara. *A year;* a year of Vikramâditya's era.

ಸಂವತ್ಸಲವಣ saṁvatsa-lavaṇa. = ಸಂವರ್ಚಲವಣ, ಸೌವರ್ಚಲವಣ. A kind of salt (ರುಚಕ Mr. 143, o. r. ಸಂವಚ್ಚಲವಣ).

ಸಂವದನ saṁ-vadana. Speaking together, conversing. 2, *subduing by charms* (such as mystical gems, drugs, etc.), *overpowering by magic.*

ಸಂವದನೆ saṁ-vadanĕ. = ಸಂವದನ No. 2.

ಸಂವನನ saṁ-vanana. *Subduing by magical drugs or charms;* charming, fascination.

ಸಂವರಣ saṁ-varaṇa. The act of covering or screening, concealing, enclosing, concealment; a secret; a disguise, pretext.

ಸಂವರಣೆ saṁ-varaṇĕ. 1. = ಸಂವರಣ. See ಆಕಾರ-.

ಸಂವರಣೆ saṁvaraṇĕ. 2. = ಸವರಣೆ, ಸೌರಣೆ. Tbh. of ಸಮ್ಭರಣ. Bringing together, collecting; preparing, preparation, making ready, procuring (of materials or ingredients of any kind; ಪಣ್ಣಿಕ Šm. 42; Râm. 3, 8, 36; Bh. 10, 4, 56; Tĕ. ಸವರಣ); nourishing.

ಸಂವರಿಸು saṁvarisu. = ಸವಣಿಸು, ಸವರಿಸು. To bring together, to collect; to make ready; to prepare; to fit; to make preparations; to support or maintain well, to nourish. See Abh. P. 7, 27; 11, 96; Grj. 3, after 119; Bp. 1, 46; Mr. 4; Bh. 1, 5, 22; 1, 10, 17; 2, 10, 24; 3, 19, 44; Râm. 3, 4, 8; 3, 8, 35; 5, 8, 66.

ಸಂವರ್ಚಲವಣ saṁvarča-lavaṇa. = ಸಂವತ್ಸಲವಣ. (My.).

ಸಂವರ್ತ saṁ-varta. Turning towards; going towards; going (ವರ್ತನ, ಚರಿತ್ರ Nn. 160); coming to pass, becoming;—rolling up, destruction; *periodical destruction of the universe* (ಪ್ರಲಯ, ಪ್ರಲಯಕಾಲ 160; ಪರಿವರ್ತ, ಜಗದ್ವಿನಾಶ Mr. 71); *a year* (ಸಂವತ್ಸರ 160); N. of one of the seven clouds at the dissolution of the universe; N. of a ṛishi (J. 5, 43, etc.).

ಸಂವರ್ತಕ sam-vartaka. The world-destroying fire. 2, N. of Balarâma (G.). 3, the plough of Balarâma (G.).

ಸಂವರ್ತನ sam-vartana. = ಸಂವರ್ತ. Periodical destruction of the universe (ಪರಿವರ್ತನ, ಪ್ರಲಯ Nn. 158; ಪರಿವರ್ತನ Mr. 472).

ಸಂವರ್ತಿ sam-varti. = ಸಂವರ್ತಿಕೆ.

ಸಂವರ್ತಿಕೆ sam-vartikĕ. *The new leaf of a water-lily,* the petal or leaf near the filament.

ಸಂವರ್ಧಿತ sam-vardhita. Brought to complete growth, brought up, reared, raised, cherished, protected, encouraged (ಮೇಲೆದಪ್ಪಿದ, ಬಹಳ ಹೆಚ್ಚಾದ G.; My.).

ಸಂವಲಯಾವೇಷ್ಟನ samvalaya-âvêshṭana. N. of a feat of wrestlers (Śśv. 4, 75).

ಸಂವಲಿತ sam-valita. Met together, mixed, mingled; connected or associated with; united; encompassed, surrounded; possessed of. (R.).

ಸಂವಸಥ sam-vasatha. An inhabited place, *a village.*

ಸಂವಾದ sam-vâda. Speaking together, conversation, colloquy, dialogue; discussing, discussion; communication of intelligence, report, information, news; assent; agreement, conformity, sameness; sounding together, as musical instruments. See Kâvy. III, 1, A, 25; Bp. 14, 22; ವಿ.

ಸಂವಾದಿತ sam-vâdita. Caused to speak with, made to converse; sounded, played (Čpr. 2, after 14); agreed with or upon.

ಸಂವಾದಿಸು sam-vâdisu. To speak together, to speak with, to converse;—to discuss; to dispute (Bp. 50, 77; 51, 12).

ಸಂವಾಹಕ sam-vâhaka. *A shampooer* (ಮರ್ದನಿಗ Mr. 377).

ಸಂವಾಹನ sam-vâhana. *Rubbing the person, shampooing.* 2, bearing (a burden), carrying.

ಸಂವಿ samvi. = ಸವಿ 4. Sweetness. ಸಂವಿಮಾತಾಡುವವನು (ತಳ್ಳು); ಸಂವಿಮಾತಿನವ (ತಳ್ಳ Cb.).

ಸಂವಿಗ್ನ sam-vigna. Agitated, startled, started up, alarmed.

ಸಂವಿತ samvita. Probably a mistake for ಸಂವಿಗ್ನ. (ಪ್ರಚ್ಛೋದಿತ, ಬೆದರು Mr. 463).

ಸಂವಿತ್ತಿ sam-vitti. *Perception,* ascertainment, knowledge, consciousness, feeling. 2, *intellect, understanding.* 3, recognition, recollection. 4, accommodation of disputes, harmony.

ಸಂವಿತ್ತು samvittu. Tbh. of ಸಂವಿದ್. (Śmd. 106 Cm.).

ಸಂವಿದ್ sam-vid. *Knowledge,* intellect, understanding. 2, a mutual understanding, *agreement, contract,* covenant. 3, consent, assent, promise. 4, prescribed custom, established usage. 5, *a watch-word, a war-cry.* 6, *war, battle.* 7, *a name, appellation.* 8, a sign, signal. 9, pleasing, delighting.

ಸಂವಿದಾನ sam-vidâna. Being found with or together with; connected, united; agreeing with, harmonious (G.).

ಸಂವಿದಿತ sam-vidita. Known. 2, *agreed upon, assented to, promised;* agreement.

ಸಂವಿದ್ವ್ಯತಿಕ್ರಮ samvid-vyatikrama. Breach of promise, violation of contract. (R.).

ಸಂವಿಧಾನ sam-vidhâna. = ಸುಯಿದಾನ. Disposition, arrangement; performance; plan, mode, rite;—attending to, minding (My.).

ಸಂವೀಕ್ಷಣ sam-vîkshaṇa. *Search, inquiry.*

ಸಂವೀತ sam-vîta. Covered over, coated over, overlaid; *wrapped up, covered;* clothed; adorned (ಆವಾರಿತ, ಸಂವೃತ, etc., ಮುಚ್ಚಲ್ Mr. 441); *surrounded,* enclosed, encompassed, shut in. See ಸುತ್ತು 1.

ಸಂವೃತ sam-vṛita. Covered up, *covered,* enveloped, surrounded, *wrapped up* (ಸಂವೀತ, etc., ಮುಚ್ಚಲ್ Mr. 441); concealed, hidden; secluded; closed, shut up, secured;—filled with, full of; furnished or attended with, accompanied by (Čpr. 2, 92; Rśv. 5, 92).

ಸಂವೃತ್ತ sam-vṛitta. Become, arisen, happened, taken place. 2, furnished with; covered (ಸಮ್ಮಾದಿಸಿದ G.).

ಸಂವೇಗ sam-vêga. *Agitation* (arising from joy, fear, etc.); cheerful quickness (ಹರ್ಷದಿಂದ ತ್ವರ ಮಾಡೋಣ G.); flurry; *excessive impetus or impetuosity, vehemence* (ಸಮ್ಭ್ರಮ Hlâ.; ಸಂರಮ್ಭ, ಸೌರಮ್ಭ Mr. 438); *pride, conceit;* hurry, haste, speed.

ಸಂವೇದ sam-vêda. *Perception, consciousness,* knowledge, understanding.

ಸಂವೇದಿಸು sam-vêdisu. To know thoroughly, to know, to learn (Bp. 1, 22; 47, 69).

ಸಂವೇದ್ಯ sam-vêdya. To be known or understood (adj.); to be made known. 2, *the junction of two rivers.*

ಸಂವೇಶ sam-vêśa. Entering. 2, *reposing, sleep, sleeping.* 3, cohabitation, copulation. 4, dreaming, a dream. 5, a seat.

ಸಂವೇಶನ sam-vêśana. The act of causing to enter or causing to lie down; *sexual union, coition.*

ಸಂವೇಷ್ಟನ sam-vêshṭana. Surrounding, enveloping, encompassing. See ಮುಗ್ಗ-.

ಸಂವ್ಯಾನ sam-vyâna. The act of covering over; a covering; cloth, clothes, garment, vesture; *an upper garment.* See ಉಪ-.

ಸಂಶಪ್ತಕ sam-śaptaka. *A soldier sworn never to recede from a fight and stationed to prevent the flight of others;* a picked warrior.

ಸಂಶಯ sam-śaya. = ಸಂಸಯ, ಸಂಸೆ. Uncertainty, irresolution, *doubt,* scruple, misgiving, suspicion. 2, difficulty, danger, risk, peril. 3, one of the upamĕs (Kâvy. III, 3, B, 61. 103 seq.). — ಸಂಶಯ ಬರ್ನ್ದು. To grow uncertain or irresolute or doubtful; to waver; to become suspicious (Bp. 26, 38). — ಸಂಶಯಗೊಳ್ಳು. -ಕೊಳ್ಳು. = ಸಂಶಯ ಬರ್ನ್ದು. (ಶಂಕಿಸು G.; My.). — ಸಂಶಯ ತಕ್ಕೊಳ್ಳು. = ಸಂಶಯಗೊಳ್ಳು. (B. 5, 292). — ಸಂಶಯ ತೆಗೆ. = ಸಂಶಯ ತಕ್ಕೊಳ್ಳು. (B. 4, 69). — ಸಂಶಯ ಪಡು. To doubt, to suspect (B. 4, 168; My.).

ಸಂಶಯಾತ್ಮ samśaya-âtma. Having a doubtful, or irresolute, mind; a sceptic (My.).

ಸಂಶಯಾಪನ್ನ samśaya-âpanna. Beset with doubt, irresolute; uncertain, dubious.

ಸಂಶಯಾಪನ್ನಮಾನಸ samśayâpanna-mânasa. *Irresolute, unsettled in opinion.*

ಸಂಶಯಿತ sam-śayita. Uncertain, dubious, doubtful (Kâvy. III, 3, B, 103).

ಸಂಶಿತ sam-śita. Thoroughly finished or completed, finished off, accomplished; *established, decided, determined, certain;* firm, resolute (ಸುನಿಶ್ಚಿತ, ದೃಢಚಿತ್ತನ್ Mr. 252).

ಸಂಶೋಷಿತ sam-śôshita. Made thoroughly dry, dried up (Čpr. 4, after 42).

ಸಂಶ್ರಯ sam-śraya. Having recourse to, betaking one's self to; refuge, shelter, protection (ಆಶ್ರಯ G.). 2, seeking alliance, league. 3, an aim, object.

ಸಂಶ್ರವ sam-śrava. Hearing or listening attentively. 2, *promise, assent, agreement.*

ಸಂಶ್ರಿತ sam-śrita. Gone or fled to for refuge, come for protection; taken under protection, sheltered, protected, supported; a dependant, a servant, a follower, 2, united, joined (ಯುತ, ಸಂಘಾತ, etc., ಕೂಡಲ್ Mr. 440).

ಸಂಶ್ರುತ sam-śruta. Well heard. 2, *promised, agreed, assented.*

ಸಂಶ್ಲಿಷ್ಟ sam-ślishṭa. Clasped or pressed together, embraced; joined, united. 2, adjoining, touching, close together. 3, one of the guṇas in poetical composition (Kâvy. III, 1, A, 3. 8-12). 4, endowed; possessed of.

ಸಂಶ್ಲೇಷ sam-ślêsha. *Embrace, embracing.* 2, *union, connection, junction, association, contact.* 3, a kind of ślêsha in poetry (Kâvy. III, 3, B, 164).

ಸಂಸಕ್ತ sam-sakta. Adhered or stuck together, joined or attached or linked together; attached or tied to; fastened; closely connected; *close, near, adjoining, contiguous;* intent on; possessing, endowed with.

ಸಂಸಂಗ sam-sanga. Close connection (Čpr. 2, 62; 4, 40).

ಸಂಸಂಗಿ sam-sangi. One who is closely connected with or endowed with (Čpr. 1, 124).

ಸಂಸದ್ sam-sad. ಸಂಸತ್. Sitting down together. 2, *an assembly, meeting,* congress, session; a court of justice.

ಸಂಸಯ samsaya. Tbh. of ಸಂಶಯ. (Śmd. 335).

ಸಂಸರ samsara. Tbh. of ಸಂಸಾರ. (Jns. 22, 53).

ಸಂಸರಣ sam-saraṇa. Going, proceeding; moving or going round in a circuit, revolving, revolution, passing through a succession of states, *birth and re-birth of living beings;* the world. 2, going well or unobstructedly: *the unresisted march of troops.* 3, the commencement of war or battle. 4, *a highway.* 5, a resting place for passengers near the gates of a city.

ಸಂಸರಿಸು samsarisu. To go towards (and rest on, Rêv. 5, 73).

ಸಂಸರ್ಗ sam-sarga. Mixture or union together, commixture, conjunction, *close or intimate union;* close contact, touch, proximity; association, society; intercourse, sexual attachment or connection, coition; acquaintance, familiarity; intimate relation, co-existence. See Sp. s. ಮೇರು; ತಪ್ಪಾನ್ತರ-.

ಸಂಸರ್ಗದೋಷ samsarga-dôsha. The fault or evil consequences of society (with bad people) (My.).

ಸಂಸರ್ಗಾಭಾವ samsarga-abhâva. In the nyâya philosophy: a particular form of the category of non-existence, said to be of three kinds, prior, incidental, and final, or absence of birth, destruction of present being, and necessary cessation of existence. (R.).

ಸಂಸಾರ sam-sâra. Course, passage. 2, passing through a succession of states, *course or circuit of mundane existence,* transmigration, metempsychosis; the world, human life, secular life; mundane affairs, the affairs of life (B. 5, 122. 291; My.); worldly illusion;—a household (My.; Tĕ.); a family (My.; Tĕ.); a wife (My.; Tĕ.). ಸುಣ್ಣವಿಲ್ಲದ ವೀಳ್ಯ, ಬಣ್ಣವಿಲ್ಲದ ಮದುವೆ, ಹೆಣ್ಣಿಲ್ಲದನ ಸಂಸಾರ ಮಳಲೊಳಗೆ ಎಣ್ಣೆ ಹೊಯಿದನ್ತೆ (Sp.). ನಿಲವಿಲ್ಲದೆ ಹಲದಿನ್ದ ಹೊಲದ ಉಳ್ಕೆ; ನಿಲ ನೋಡಿ, ಸಂಸಾರ.— ಸಂಸಾರ ಗುಟ್ಟು, ರೋಗ ರಟ್ಟು.— ಸಂಸಾರವೆಮ್ಬುದು ಸಾಗರದ ಹೊಟೆ, ಈಸ ಬಲ್ಲವಗೆ ಎದೆಯುದ್ದ.— ಸಂಸಾರ ಸಾಗರ, ಅವಸರಕ್ಕೆ ಯಾರೂ ಇಲ್ಲ.— ಸಂಸಾರ ಬೆಳೀತು ಎನ್ದು, ಮೂಂಸಾರ ಮಾಡ ಬಹುದೇ? (Prvs.). ಕಡೆಯಿಲ್ಲದ ಸಂಸಾರ ನಡುಗಡಲೊಳು ಮೋಹಮೆಮ್ಬ ಬಲುಬಲೆಯೊಳು ನೀಂ ತೊಡರ್ದು ಬೀಳದೆ, ಜೀವನೆ, ನಡೆ, ಧರ್ಮದ ಬಟ್ಟೆಯುಟೀತು (Jm.). — ಸಂಸಾರ ನಡಿಸು. To carry on the affairs of life; to keep house (B. 5, 116; My.). — ಸಂಸಾರ ಮಾಡು. To manage the affairs of life; to keep house (B. 3, 59; My.). — ಸಂಸಾರ ಸಾಗಿಸು. = ಸಂಸಾರ ನಡಿಸು. (B. 5, 124; My.).

ಸಂಸಾರಚಕ್ರ samsâra-čakra. The whirl and maze of mundane affairs or secular life (Mhr.; My.).

ಸಂಸಾರತಾಪತ್ರಯ samsâra-tâpatraya. The three kinds of affliction arising from mundane affairs; familytrouble (My.).

ಸಂಸಾರಪಾಶ samsâra-pâśa. The fetters of the world or worldly illusion (J. 13, 28).

ಸಂಸಾರಭಾರ samsâra-bhâra. The weight of the affairs of life (My.).

ಸಂಸಾರಮಾರ್ಗ samsâra-mârga. The road of the world, the course or stage of mundane affairs, the world. 2, the vulva. (R.).

ಸಂಸಾರವಿಮೋಚನ samsâra-vimôčana. Liberating or emancipating from worldly existence; emancipation from the world (My.).

ಸಂಸಾರಿ sam-sâri. Passing through (successive existences), transmigratory; worldly, mundane, secular; engaged in worldly or secular occupations;—that has the cares of a family (Mhr.); that has a family (My.). 2, *a living or sentient being, an embodied soul* (ಮುದ್ಗಲ, ಆತ್ಮನು Nn. 96). See Bp. 36, 17; 51, 28; ಅ-, ನಿ-; Prv. s. ತಪ್ಪು.

ಸಂಸಾರಿಕ samsârika. Worldly, mundane (Čpr. 2, after 39; 4, 52); a man who has a family (J. 15, 13; My.).

ಸಂಸಿದ್ಧ sam-siddha. Fully done or accomplished, made perfect, perfected; *prepared, made.* 2, one who has attained final emancipation. See Bp. 51, 40; Śm. 1.

ಸಂಸಿದ್ಧಿ sam-siddhi. *Complete accomplishment, completion,* perfection, complete attainment; beatitude, final emancipation 2, *nature, natural disposition,* natural state or quality. 3, a passionate or intoxicated woman. See Bp. 52, 50; 57, 89; 61, 80.

ಸಂಸೃತ sam-sṛita. Gone towards, approached, attained, obtained.

ಸಂಸೃತಿ sam-sṛiti. = ಸಂಸಾರ. (Čpr. 4, after 51; Bp. 11, 1; 21, 29; 44, 65).

ಸಂಸೃತೇನ್ಧನದಾವ samsṛita-indhana-dâva. Fire with much fuel (Bp. 36, 7).

ಸಂಸೃಷ್ಟ sam-srishta. Commingled, conjoined, united, common to all (My.); composed; associated or connected together (as partners, etc.); reunited (as kinsmen, see ಸಂಸೃಷ್ಟಿ No. 2); involved in; cleanly dressed. 2, created (ಕೂಡಿದನ್ಥ, ಹುಟ್ಟಿದನ್ಥ G.).

ಸಂಸೃಷ್ಟಿ sam-srishti. Union, combination; association, intercourse, co-partnership; living together in one family; collection, collecting, assembling; the aggregation or combining of a number of metaphors in one passage. 2, a reunited kinsman (applied to persons of the same family who, after having made a partition, again live together, annulling the partition previously made). 3, a co-partner. See ಸಾಂಸೃಷ್ಟಿಕ.

ಸಂಸೆ samsĕ. Tbh. of ಸಂಶಯ. (C.).

ಸಂಸೇವಿ sam-sêvi. One who serves or worships (Bp. 7, 3).

ಸಂಸೇವ್ಯ sam-sêvya. To be served or honoured, honourable, eminent (Čpr. 6, after 56).

ಸಂಸ್ಕರಣ sam-s-karaṇa. = ಸಂಸ್ಕಾರ. (Kâvy. I, 5, 50).

ಸಂಸ್ಕರಿಸು samskarisu. To put together, to construct;—to form well or thoroughly, to make perfect, to refine;—to form accurately;—to make ready, to prepare, to arrange;—to consecrate, to sanctify;—to invest (with the sacrificial thread);—to purify, to cleanse;—to decorate. See Si. 238-241.

ಸಂಸ್ಕಾರ sam-s-kâra. Forming well or thoroughly, making perfect, *perfecting;* completing, finishing, refining, refinement, accomplishment. 2, forming in the mind, conception, idea, notion; the power of memory, faculty of recollection, *the realising of past perceptions;* self-productive quality; any faculty, capacity, instinct. 3, preparation, making ready, preparation of food, etc., cooking, dressing. 4, decoration, embellishment, ornament, elegance. 5, making sacred, hallowing, consecration, dedication; consecration of a king, etc. 6, making pure, *purification,* purity. 7, *a sanctifying or purificatory rite* or *essential ceremony* (enjoined on all the first three classes or castes; the following are considered as samskâras: garbhâdhâna, pumsavana, sîmantônnayana, jâtakarma, nâmakaraṇa, nishkramaṇa, annaprâśana, čûḍâkarma, upanayana, and vivâha; others name more). 8, any rite or ceremony. 9, funeral obsequies. See ಅಗ್ನಿ-, ಮೃತ-; Bp. 55, 19; B. 4, 215.

ಸಂಸ್ಕಾರಹೀನ samskâra-hîna. Destitute of samskâras; *a man who has not received the samskâras,* a Vrâtya or outcast (see ವ್ರಾತ್ಯ).

ಸಂಸ್ಕಾರಿ sam-s-kâri. One who has received a samskâra or is dedicated to (Bp. 49, 32).

ಸಂಸ್ಕೃತ sam-s-kṛita. = ಸಕ್ಕದ. Carefully or accurately formed, elaborated, highly wrought, artificial, refined, polished, *finished, educated.* 2, made ready, *prepared,* cooked, dressed, compounded. 3, consecrated, sanctified, hallowed, initiated. 4, *cleansed, purified.* 5, decorated, ornamented. 6, *excellent, best.* 7, highly wrought speech, the Samskṛita language (Čh.; Śmd. 44. 62. 64. 105). ಸಂಸ್ಕೃತ ತಿಳಿಯದಿದ್ದರೆ ಮೆಣಸಿನ ಕಾರ ತಿಳಿಯದೇ? (Prv.). See ಅತಿ-, ಸಮ-; ಪ್ರಶಸ್ತ.

ಸಂಸ್ಕೃತಲಿಂಗ samskṛita-linga. A Samskṛita theme or term (Śmd. 408).

ಸಂಸ್ಕೃತಿ sam-s-kṛiti. = ಸಂಸ್ಕಾರ. 2, = ಸಂಕೃತಿ, N. of a type of metres (Mr. 362).

ಸಂಸ್ಕ್ರಿಯೆ sam-s-kriyĕ. = ಸಂಸ್ಕಾರ. Any purificatory rite. 2, funeral ceremonies or obsequies. (R.).

ಸಂಸ್ತರ sam-stara. *A bed, a couch;* a bed made of leaves, etc. 2, *a sacrifice.* 3, a stone (ದೃಷತ್, ಕಲ್ಲು Nn. 144). 4, a wood, a jungle (ಅಟವಿ, ಅಡವಿ 144).

ಸಂಸ್ತವ sam-stava. Praise. 2, association together, *acquaintance, intimacy, familiarity.*

ಸಂಸ್ತವನ sam-stavana. Praise, celebration. See ಹೊಗಳು; Bp. 5, 29.

ಸಂಸ್ತಾವ sam-stâva. Reciting vedic hymns or verses in chorus; *the place occupied at a sacrifice by the Brâhmaṇas reciting hymns;* praise.

ಸಂಸ್ತುತ sam-stuta. Praised well or properly; lauded, eulogized (ಕೊಂಡಾಡಿದ G.; My.). 2, intimate, acquainted, known.

ಸಂಸ್ತುತಿ sam-stuti. Praise in chorus; praise, celebration (Bp. 58, 58).

ಸಂಸ್ತುತ್ಯ sam-stutya. Greatly to be praised, greatly praised (Mr. 1). 2, praise (Bp. 54, 83).

ಸಂಸ್ತ್ಯಾಯ sam-styâya. *An assemblage, a collection, a heap, a multitude;* expansion, diffusion. 2, *vicinity, proximity.* 3, *a habitation, a house.*

ಸಂಸ್ಥ sam-stha. Standing or staying or being together or with, associated; staying, abiding; stationary, fixed; ended, perished, dead; a resident; a neighbour; a spy. See ವಕ್ತ್ರ-. — ಸಂಸ್ಥಂ ಮಾಡು. To establish (Čpr. 2, after 49).

ಸಂಸ್ಥಗಿತ sam-sthagita. Covered with (Čpr. 5, 62).

ಸಂಸ್ಥಾನ sam-shtâna. Standing together, being together. 2, a collection, aggregation, heap. 3, the aggregation of primitive atoms, primary formation. 4, conformation, configuration; form, figure, shape; construction; *disposition, distribution.* 5, *an open place, either in a town or its vicinity;* a common place of abode, vicinity, neighbourhood. 6, *a place where four roads meet* (ಚೌವಟಿ Mr. 192). 7, any place, a station, an abode (ಸನ್ನಿವೇಶ, ನಿಲವು Hlâ.; ನಿಲವು Mr. 461; ಲೇಸಾದ ಸ್ಥಾನ Śmd. 356 Cm.). 8, a royal city (My.; Mhr.); a capital (My.); a state, a government (My.). 9, standing still, dying, death. ಸಂಸ್ಥಾನಕ್ಕೆ ಹೋದರೂ ಮನಸ್ತಾಪ ಹೋಗದು (Prv.). See ಅಕ್ಷರ-; Kâvy. III, 2, B, 56; Bh. 1, 7, 41.

ಸಂಸ್ಥಾನಾಧಿಪತಿ samsthâna-adhipati. A ruler, a king (My.).

ಸಂಸ್ಥಾನಿಕ sam-sthânika. That enjoys a samsthâna or town made over to him for his maintenance (Mhr.); a ruler, a chief (B. 3, 100; 4, 5; My.).

ಸಂಸ್ಥಾಪತ್ತನ samsthâ-pattana. = ಸನ್ತೆವಟ್ಟಣ. (Śmd. 380). A town of assemblage: a town where a fair is kept.

ಸಂಸ್ಥಾಪನ sam-sthâpana. Placing together, collecting. 2, fixing firmly, placing, fixing; confirming, establishing, establishment; a statute, regulation. See ನಡು 2.

ಸಂಸ್ಥಿತ sam-sthita. Standing or being together, contiguous, near. 2, brought together, collected, heaped, covered. 3, agreeing, like, resembling. 4, standing firm, settled, fixed, established. 5, staying, abiding, residing, being in or at. 6, placed in or on (Čpr. 4, after 88). 7, stationary. 8, stopped, concluded, ended; *dead, deceased.* 9, a form of sacrifice, a sacrifice (ಯಜ್ಞ Mr. 260; *cf.* ಸಂಸ್ಥೆ).

ಸಂಸ್ಥಿತಿ saṁ-sthiti. Staying or abiding or being together. 2, collection, accumulation, heap (Bp. 5, 46). 3, standing or staying with, residing or living with or near; contiguity, nearness, connection. 4, standing firm; duration, continuance. 5, abiding, abode; situation, station, state, condition. 6, standing still, stoppage; death, dying.

ಸಂಸ್ಥೆ saṁ-sthĕ. ಸಂಸ್ಥಾ. = ಸನ್ತೆ 1, ಸೌಸ್ಥೆ q. v. An assembly, assemblage; a thicket. 2, staying; residence, abode (ಇಪ್ಪ ಪದ, ಇಹಸ್ಥಾ ಸ್ಥಾನ Nn. 137). 3, a town. 4, a sleeping-place, a bed. 5, state or condition of being, situation, time of life, etc. 6, occupation, business, profession. 7, the aggregate of actions (ಮಾಡಿದ ಕಾರ್ಯ, ಮಾಡಿದನಸ್ಥ ಕಾರ್ಯಗಳು 137). 8, *continuance in the right way, correct conduct.* 9, an ordinance, a rule, an order (ನಿಯಮ Mr. 480). 10, swearing. 11, stop, stay; end, completion; destruction; *death, dying* (ಮರಣ, ಸಾವು Nn. 137). 12, manifestation, appearance. 13, resemblance, likeness; form. 14, a form or kind of sôma sacrifice.

ಸಂಸ್ಪರ್ಶ saṁ-sparśa. Close or mutual contact, touch, touching, conjunction, laying hold of (see ರಾಹು-). 2, perception, sense.

ಸಂಸ್ಪರ್ಶನ saṁ-sparśana. Touch, touching (Bp. 12, 36).

ಸಂಸ್ಪರ್ಶಸಮ್ಬನ್ಧ saṁsparśa-sambandha. Connection by means of touch (Šmd. 161).

ಸಂಸ್ಪರ್ಶೆ saṁ-sparśĕ. *A kind of fragrant plant or perfume* (= ಜನಿ).

ಸಂಸ್ಫೇಟ saṁ-sphêṭa. = ಸಂಸ್ಫೋಟ.

ಸಂಸ್ಫೋಟ saṁ-sphôṭa. *Conflict, war.*

ಸಂಸ್ಫೋಟನ saṁ-sphôṭana. = ಸಂಸ್ಫೋಟ. (Mr. 289).

ಸಂಸ್ಮರಣ saṁ-smaraṇa. *Remembering, recollecting* (Bp. 15, 1). Also ಸಂಸ್ಮರಣೆ (Bp. 39, 29).

ಸಂಸ್ಮಿತ saṁ-smita. Smiled, smiling, etc. (= ಸ್ಮಿತ, Bp. 36, 38).

ಸಂಹ saṁ-ha. = ಸಂಹತ.

ಸಂಹತ saṁ-hata. Struck together, closely joined, closed, shut; *well knit* or compacted together, firmly united, compact, close, firm, solid; closely allied; combined, *joined, connected ;* keeping together; collected, assembled, accumulated; close union (ಕೂಟ Šmd. 219 Mdb. Cm.);—struck, hurt, wounded, killed; fighting (ಕಾದುವುದು Šmd. 219 Cm.).

ಸಂಹತಜಾನು saṁhata-jânu. = ಸಂಹತಜಾನುಕ.

ಸಂಹತಜಾನುಕ saṁhata-jânuka. *Knock-need.*

ಸಂಹತಲ saṁha-tala. *The two hands joined with the open palms brought together.*

ಸಂಹತಿ saṁ-hati. The state of being brought into close contact, firm or close combination; firm union; compactness; *a mass, an assemblage, a collection, a heap, a host, a multitude.*

ಸಂಹನನ saṁ-hanana. Striking together. 2, killing, destroying; a destroyer; destruction (Bp. 54, 57). 3, compactness; strength. 4, *the body.*

ಸಂಹರ saṁ-hara. Drawing together, bringing together; union (ಪೊರ್ದುಗೆ, ಹೊದ್ದುಗೆ Nn. 105, o. r. ಹೊದ್ದಿಗೆ). 2, destroying, destruction (ನಿಮರ್ದನ, ಮರ್ದಿಸುವುದು 105; Bp. 54, 23).

ಸಂಹರಿಸು saṁ-harisu. = ಸಪ್ಪರಿಸು. To bring together, to accumulate (Bp. 43, 24). 2, to crush together, to destroy, to annihilate (Bp. 4, 15; 6, 4; 16, 4; 27, 76; 33 sum.; 47, 2; 57, 25; Bh. 1, 8, 15; Šm. 79). ಸಿಂಹವಾದದ್ದು ಸಂಹರಿಸಲಾಡಿದೋ? (Prv.).

ಸಂಹರ್ಷ saṁ-harsha. = ಸಂಘರ್ಷ 1. Bristling or erection of the hair of the body (either from rapture or terror), thrill of delight, *joy, pleasure.* 2, *emulation, rivalry, contention.*

ಸಂಹಾರ saṁ-hâra. Drawing together, contraction, abridgement, abbreviation, compression. 2, close, end, conclusion. 3, collection, assemblage, accumulation. 4, crushing together: destruction, annihilation (Bp. 50, 80), loss. 5, *the periodical destruction of the universe at the end of a kalpa* (ಸಮುಸುಪ್ತಿ, etc., ಮಹಾಪ್ರಲಯ Mr. 71). 6, withdrawing, withholding, restraining; seizing, laying hold of. ಸಂಹಾರ ಮಾಡುವವ ಕಮ್ಮಾರನಿಗೆ ಬಿಟ್ಟಾನೇ? (Prv.). See ಇರ್ಕು 2, ಮದಿ.

ಸಂಹಾರಕಾಲ saṁhâra-kâla. Time of destruction (Bp. 31, 19).

ಸಂಹಾರಿ saṁ-hâri. One who destroys (Bp. 19, 2).

ಸಂಹಾರಿಸು saṁhârisu. = ಸಂಹರಿಸು No. 2. (Bp. 21, 36; 54, 42).

ಸಂಹಿತ saṁ-hita. Put, joined or fastened together, joined, connected, united, conformable to; endowed with, possessed of, accompanied by, abounding in (ಯುತ, ಅನ್ವಿತ, ಸಮನ್ವಿತ, etc., ಕೂಡಲ್ Mr. 440).

ಸಂಹಿತೆ saṁ-hitĕ. Conjunction, combination, union; euphonic junction (ಸನ್ಧಿ Šmd. 59. 70. 73. 74 Cm.; 76; Kâvy. I, 1*a*, 28. 29). 2, a collection, compilation, compendium. 3, any methodical or arranged collection of texts or verses; the hymnical text of the vêdas.

ಸಂಹೂತಿ saṁ-hûti. Shouting or calling out together, *general shout or clamour, exclamation, tumultuous exultation.*

ಸಂಹೃತ saṁ-hṛita. Drawn together; contracted, abridged; closed; destroyed; collected, assembled; withheld; restrained; seized (G.).

ಸಂಹೃತಿ saṁ-hṛiti. = ಸಂಹಾರ. (A.).

ಸಕಂಚುಕ sa-kančuka. *Furnished with armour or mail.*

ಸಕತಿ sakati. Tbh. of ಶಕ್ತಿ. (Râm. 3, 7, 34).

ಸಕರಣೇನ್ದ್ರಿಯ sa-karaṇêndriya The aggregate of the organs of sense (Bp. 35, 6).

ಸಕರ್ಮ sa-karma. Performing any act or rite. 2, following similar business. 3, together with the actions (Bp. 61, 59).

ಸಕರ್ಮಕ sa-karmaka. Having or performing any act. 2, having an object: transitive; the transitive or active verb (Šmd. 299).

ಸಕಲ sa-kala. 1. (fr. ಕಲಾ). Together with parts or portions; *all, whole, entire;* every thing; the whole. See Bp. 51, 27. 2, a kind of upamĕ (Kâvy. III, 3, B, 81 seq.).

ಸಕಲ sa-kala. 2. Having a soft or low sound.

ಸಕಲಋತು sakala-ṛitu. All seasons (Čpr. 2, 62).

ಸಕಲಾತಿ sakalâti. Europe woollen cloth (chiefly scarlet, My.; B. 2, 38; 8, 9; 5, 284. 297; Br., T., M., H.; Port. escarlata). See Prv. s. ಶಾಲು. — ಸಕಲಾತಿಬಣ್ಣ. The colour called scarlet (My.).

ಸಕಲಾಯ sakala-âya. The whole produce prior to partition between the government and cultivator (My.). — ಸಕಲಾಯರಾತಿ. = ಸಕಲಾಯ. (My.).

ಸಕಳ sakaḷa. = ಸಕಲ 1.

ಸಕಳಿ sakaḷi. — ಸಕಳಿದೇವ. N. (Bp. 59, 1).

ಸಕಳೇಶ sakaḷa-îśa. Śiva; N. (Bp. 19, 6; 47, 50. 51). — ಸಕಳೇಶಮಾದರಸ. N. (Bp. 19, 3. 37; 47 sum.; 47, 38). — ಸಕಳೇಶಮಾದರಸಯ್ಯ. N. (Bp. 37, 6; 47, 63).

ಸಕಳೇಶ್ವರ sakaḷa-îśvara. = ಸಕಳೇಶ. (Bp. 19, 9; 61, 72). — ಸಕಳೇಶ್ವರನ ಮಾದರಸ. N. (Bp. 47, 1. 70; 58, 1).

ಸಕಾಯ sa-kâya. Together with the body (Bp. 61, 59).

ಸಕಾರ sa-kâra. The letter ಸ್ (Śmd. 11).

ಸಕಾರಾನ್ತ sakâra-anta. Ending in ಸ್ (Śmd. 105 Cm.).

ಸಕಾಲ sa-kâla. Seasonable (Sk.); seasonable, good time (My.); (ಸಕಾಲಂ) seasonably, in good time or times, betimes (Sk.; My.).

ಸಕೀಲ sa-kîla. Possessing a pin; being pinned, bound or fastened to (Bp. 38, 68).

ಸಕೀಲಕ sa-kîlaka. = ಸಕೀಲ. 2, union (Bp. 44, 67).

ಸಕುಟಿಲ sa-kuṭila. Having guile, etc., dishonest, fraudulent.

ಸಕುಟಿಲಾತ್ಮ sakuṭila-âtma. A crooked, dishonest, etc. person (Bp. 55, 56).

ಸಕುಟುಮ್ಬ sa-kuṭumba. With or accompanied by a wife (My.). 2, all sorts together (Bh. 2, 2, 97).

ಸಕುತಿ sakuti. Tbh. of ಶಕ್ತಿ. (My.).

ಸಕುನ sakuna. Tbh. of ಶಕುನ. (Śmd. 335). — ಸಕುನವಕ್ಕಿ. -ಪಕ್ಕಿ. A bird of omen (ಪಿಂಗಲಿ Čt. I, 78).

ಸಕುನಗಾಱ sakuna-gâṟa. A fortune-teller (My.).

ಸಕುನಿ sakuni. Tbh. of ಶಕುನಿ. (Śmd. 335).

ಸಕುಪಿತ sa-kupita. Incensed, angry; passion, anger (Bp. 54, 16).

ಸಕುಲ್ಯ sa-kulya. One of the same family and name. 2, a distant relation, a remote kinsman (G.).

ಸಕೂಟ sa-kûṭa. Joined, heaped. 2, the whole (ಒಟ್ಟು G.).

ಸಕೃತ್ sa-kṛit. *Once*, on one occasion only; at one time; *at once*, together; together with, with; always. See ಅ-.

ಸಕೃತ್ಪ್ರಜ sakṛit-praja. Having offspring once: *a crow*.

ಸಕೃತ್ಪ್ರಸೂತೆ sakṛit-prasûtĕ. *A cow that has had one calf* (ಗೃಷ್ಟಿ, ಚೊಚ್ಚಲ ಮಣಕ Hlâ.).

ಸಕೃದ್ಗ್ರಾಹಿ sakṛit-grâhi. That apprehends and understands upon once seeing or hearing (Mbr.; My.).

ಸಕೆ sakĕ. = ಸೆಕೆ, etc. Heat (B. 4, 143; My.).

ಸಕೇಶ sa-kêśa. Having hair, hairy (ಕೂದಲುಳ್ಳ G.).

ಸಕೇಶಿ sa-kêśi. A widow not shaven (on account of her youth, My.).

ಸಕೌಕ್ಷೇಯಕ sa-kaukshêyaka. Having a sword (Čpr. 5, 111).

ಸಕ್ಕ sakka. = ಚಕ್ಕ 2 (*cf.* ಸಖ್ಯ No. 2). — ಸಕ್ಕಸಮ. Quite equal; equiformity. ದ್ರೋಣಂಗಂ ನಿನಗಂ ಬಿಲ್ಲಾಣಿಕೆಯದು ಸಕ್ಕಸಮನೆ? (Śmd. 150 Mdb.). — ಸಕ್ಕಸಮನ. = ಸಕ್ಕಸಮ. (Bp. 18, 88).

ಸಕ್ಕದ sakkada. Tbh. of ಸಂಸ್ಕೃತ. (Śmd. 358. 372; Śm. 59; Kk. 66. 100; Čt. II, 100; see Śmd. 186 Cm.; 334).

ಸಕ್ಕರೆ sakkarĕ. = ಸಕ್ರಿ, ಸಕ್ರೆ. Tbh. of ಶರ್ಕರೆ. (Śmd. 345; Sl. 451; see Śmd. 49; V. 9, 78; J. 28, 20). Sugar. ಜೇನ ತುಪ್ಪಕ್ಕೆ ಸಕ್ಕರೆ ಸಲ್ಲುವದು (Śmd. 159). ಸಕ್ಕರೆಗುಪ್ಪಂ ಸರಿ ಮಾಡ್ಬಹುದೇ? (Sš. 62). ಸಕ್ಕರೆ ಕಹಿ ಆಗದು, ನೆಕ್ಕರೆ ಐಶ್ವರ್ಯ ಬಾರದು.— ಬೇವು ಸೀ ಆಗದು, ಸಕ್ಕರೆ ಕಹಿ ಆಗದು.— ತಾಯಿಗಿನ್ತ ಹಿತವರಿಲ್ಲ, ಸಕ್ಕರೆಗಿನ್ತ ಸವಿ ಇಲ್ಲ.— ಆನೆಯಾಗಿ ಕಬ್ಬು ಮೇಯುವದಕ್ಕಿನ್ತ ಇರುವೆಯಾಗಿ ಸಕ್ಕರೆ ಮೇಯುವದು ಲೇಸು (Prvs.). See ಕಲ್ಲು-, ಬೂರಾ-, ಮೊಗ ದುಂ-, ರಾಯಿಪುಡಿ-. — ಸಕ್ಕರೆಕಂಚಿ. The large citron (S. Mhr.). — ಸಕ್ಕರೆಕಡ್ಡಿ. A sugar stick (My.). — ಸಕ್ಕರೆಕುಮ್ಬಳ. A sweet gourd (My.). — ಸಕ್ಕರೆನಿಮ್ಬೆ. (ಮಧುಕರ, ಶಂಬಿದ್ರಾವಿ Čb.). The sweet lime (My.). — ಸಕ್ಕರೆನೆಲ್ಲಿ. = ಅರನೆಲ್ಲಿ. (Z.). — ಸಕ್ಕರೆ ಪಕ್ಕರೆ. reit. (My.).

ಸಕ್ಕಾಸಕ್ಕಜ sakka-asakkaja. Equal and unequal; equality and inequality (Râm. 5, 9, 6).

ಸಕ್ಕಿ sakki. Tbh. of ಸಾಕ್ಷಿ. (Śmd. 356; Čpr. 5, 70).

ಸಕ್ಕೆ sakkĕ. = ಚಕ್ಕೆ, etc. Tbh. of ಶಲ್ಕ. (Śm. 24, o. r. ಸೆಕ್ಕೆ).

ಸಕ್ತ sakta. Clung, stuck or attached to, joined or connected with, in contact with, near at hand, impending; addicted or devoted to, fond of, intent on; diligent, attentive; belonging or related to, concerning; hindered, impeded. See ಅ-, ಆ-, ಪ್ರ-, ಸಂ-; Bp. 49, 34.

ಸಕ್ತಿ sakti. 1. Clinging to, attachment, contact, union, cohesion; addiction to, devotion.

ಸಕ್ತಿ sakti. 2. Severity, rigour, violence (Mhr., H.). ಸಕ್ತಿ ಮಾಡಿದರೆ ಮುಕ್ತಿ ದೊರಕುವದೇ? (Prv.).

ಸಕ್ತು saktu. 1. The flour of barley (fried before ground); barley meal. See ದಧಿ-; ಹಿಟ್ಟು.

ಸಕ್ತು saktu. 2. Hard, firm; harsh, severe; oppressive, rigorous (My.; Mhr., H. ಸಕ್ತ).

ಸಕ್ತುಫಲಿ saktu-phali. = ಸಕ್ತುಫಲೆ.

ಸಕ್ತುಫಲೆ saktu-phalĕ. *The tree Prosopis spicigera* Lin. *or Mimosa suma* (= ಶಮಿ, ಶಿವೆ; see Nr. s. ಬನ್ನಿ 2).

ಸಕ್ಥಿ sakthi. *The thigh.*

ಸಕ್ರಿ sakri. = ಸಕ್ಕರೆ. (ಶರ್ಕರೆ G.).

ಸಕ್ರೆ sakrĕ. = ಸಕ್ರಿ. (My.). See Prv. s. ಚಕ್ರೇಶ್ವರ.

ಸಕ್ಷತ sa-kshata. Having a wound (Šsv. 5, 36; 5, after 47).

ಸಖ sakha. = ಸಖಿ. (Śmd. 104. 105). ನಿಮಗೆ ಸಖಂ; ಕಮಲಸಖಂ (105).

ಸಖತ್ವ sakhatva. = ಸಖಿತ್ವ. (My.).

ಸಖಾಯ sakhâya. Tbh. of ಸಖಾಯಸ್. (Śmd. 108; Kâvy. I, 2, 96-103). A friend.

ಸಖಿ sakhi. *A male friend, an associate, a companion* (Sk. ಸಖಿನ್). 2, *a female friend or companion*, a woman's confidante (Sk. ಸಖೀ; ಗೆಳತಿ, ಚೆಟ್ಟಿಗೆ Śm., Kk. 29; ಆಳಿ, ಕೆಳದಿ Nn. 138; ಆಳಿ Śmd. I, 143).

ಸಖಿತ್ವ sakhitva. = ಸಖುತ್ವ. Friendship, intimacy (Sk.).

ಸಖೆ sakhĕ. Tbh. of ಶಿಖೆ. Heat (Bp. 44, 22; 45, 2; 53, 58; 56, 38; 57, 18).

ಸಖೇದ sa-khêda. Having grief or sorrow, distressed, painful (B. 4, 146; My.).

ಸಖ್ಯ sakhya. *Friendship, intimacy;* a friend. 2, equality. See Nr. s. ನಣ್ಪು.

ಸಗಟು sagaṭu. = ಸಗಾಟು. The whole in a lump; an average (My.; ಒಟ್ಟು G.; Tē. ಸಗಟು, ಸಗುಟು; T., M. ಚಗಡು; Mhr. ಸಕಟ, in gross, in a lump; indiscriminately).

ಸಗಣ sagaṇa. 1. = ಜಗಲ, ಸಗಣಿ, ಸಗಣೆ, ಸೆಗಣ, ಸೆಗಣಿ. Cow-dung, buffalo-dung (ಗೋಮಯ, ಕರೀಷ Hlâ., Mr. 182; ಅಡೆ Šm. 91; Bp. 32, 27; 60, 4; M., T. ಚಾಣ, ಚಾಣಗ, ಚಾಣಿ; Mhr. ಶೇಣ; Sk. ಛಗಣ, dried cow-dung; *cf.* ಶಕೃತ್). ಕಡುವಿನ ಸಗಣ (ಎರಣ Šm. 83). ಅಳಳ ಸಗಣ (ಗೋವಿಷ್, ಗೋಮಯ); ಆ ಗೋಮಯಮ್ ಒಣಗಿದಡೆ ಕರೀಷ ಎನಿಸುಗು (Nr.). — ಸಗಣಪಿಣ್ಡ. A (dry) cake of cow-dung. ಸಗಣಪಿಣ್ಡದ ಪುಂಜ (ಬಾನ್ Šm. 100).

ಸಗಣ sa-gaṇa. 2. The metrical foot called ಸ (My.).

ಸಗಣಿ sagaṇi. = ಸಗಣ 1, etc. (My.; ಶಕೃತ್, ಮಲ G.). ಸಗಣಿ ತಿನ್ನುವವ ತುಪ್ಪದ ರುಚಿ ಬಲ್ಲನೇ?— ಸಗಣಿ ತಿನ್ನುವವನಿಗೆ ಮೀಸೆ ಹಿಡಿಯುವವನೊಬ್ಬ.— ಧನಾ ತಿಮ್ಬುವವನಿಗೆ ಸಗಣಿ ಆಣೆಯೇ? (Prvs.). ಸಗಣಿ ತೊಪ್ಪೆ ಮುನ್ತಾದದು (ಗೂನ, ಹನ್ನ Si. 380; see 315. 402; ಒಣಸಗಣಿ).

ಸಗಣೆ sagaṇĕ. = ಸಗಣ, etc. (ಎರಣ G. 433). ಅಳಳ ಸಗಣೆ (ಗೋಮಯ G.).

ಸಗರ sagara. N. of a king of Ayôdhyâ (see Mr. 263 s. ಅಬುವರ್, and ಸಾಗರ).

ಸಗರಿ sagari. — ಸಗರಿಕಣ್ಟಿ. A prickly shrub with rose-coloured heads of flowers, Mimosa hamata Willd. (Z.). — ಸಗರಿಮುಳ್ಳು. = ಸಗರಿಕಣ್ಟಿ. (Z.).

ಸಗರ್ಭ sa-garbha. Pregnant. 2, having the same womb: *a brother by the same father and mother*, a brother of whole blood.

ಸಗರ್ಭ್ಯ sa-garbhya. *A brother by the same father and mother.*

ಸಗರ್ವ sa-garva. Proud; pride (ಅತಿಗರ್ವ, ಹಂ Nn. 161).

ಸಗಳಿ sagaḷi = ಸೆಗಳಿ.

ಸಗಾಟ sagâṭa. Great friendship (S. Mhr.).

ಸಗಾಟಿಕೆ sagâṭikĕ. = ಸಗಾಟ. (S. Mhr.).

ಸಗಾಟು sagâṭu. = ಸಗಟು. ಒಗಟುಮಾತಿಗೆ ಸಗಾಟ ತನ್ದ (Prv.).

ಸಗಾಡಿಸು sa-gâḍisu. = ಸಗಾಢಿಸು, q. v.

ಸಗಾಢ sa-gâḍha. = ಸಗಾಢಿಕೆ. Excess, abundance; greatness; vehemence, force (Râm. 3, 8, 36; 6, 24, 18; 6, 50, 43; J. 4, 14).

ಸಗಾಢಿಕೆ sa-gâḍhikĕ. The state of being close, intense, strong, vehement, or excessive: excessiveness, abundance, excess; eminence, greatness (Bh. 7, 17, 31). — ಸಗಾಢಿಕೆವೆಟ್. -ಪೆಟ್. To grow intense, excessive, etc. (Bh. 10, 4, 54).

ಸಗಾಢಿಸು sa-gâḍhisu. = ಸಗಾಡಿಸು. To become close or tight, to come to close quarters (Bh. 6, 2, 5), etc.

ಸಗುಣ sa-guṇa. Having properties or qualities; possessing good qualities or attributes, virtuous; worldly (My.). See ಸಾಗುಣ್ಯ.

ಸಗೆ sagĕ. Tbh. of ಶಿಖೆ. Heat (Tē.; R.).

ಸಗೋತ್ರ sa-gôtra. Being of the same family or kin, related; a kinsman of the same family; one sprung from a common ancestor; one connected by funeral oblations of food and water; *a distant kinsman;*—family, race, lineage (Bp. 8, 63).

ಸಗ್ಗ sagga. 1. Tbh. of ಸ್ವರ್ಗ 1. (Šmd. 368; Kk. 10*b*; ನಾಕಲೋಕ್ Čt. I, 4; II, 95; ಅಮರಲೋಕ Kk. 10*a*; Čpr. 4, 78. 79). See Prv. s. ಸಾಯು. — ಸಗ್ಗದ ಮರ. (ಸುರತರು Šm. 10). — ಸಗ್ಗದಾಣ್ಮ. -ಆಣ್ಮ. Indra (J. 3, 38). — ಸಗ್ಗದುಡು. -ತುಱು. (ಸುರಧೇನು Šm. 10). — ಸಗ್ಗವೊನಲ್. -ಪೊನಲ್. (ಸ್ವರ್ನದಿ Šm. 10). — ಸಗ್ಗವೊಟೆ. -ಪೊಟೆ. (ಸುರನದಿ Čt. II, 45).

ಸಗ್ಗ sagga. 2. Tbh. of ಸರ್ಗ. See ಬಿಲಸಗ್ಗ.

ಸಗ್ಗಳೆ saggaḷĕ. = ಚಕ್ಕಳೆ. A skin-flask: a vessel for holding drinking water (ಕುಡಿನೀರ್ ಇಡುವ ಪಾತ್ರೆ Mr. 265; Bh. 1, 4, 18; J. 28, 55; Tē. ಸಗ್ಗಿಡೆ, a cup, glass = ಚೆಮ್ಬು).

ಸಗ್ಗಿಗ saggiga. A deity (ಸುರ Šm. 9; ನಿರ್ಜರ Kk. 10*a*). — ಸಗ್ಗಿಗಡೊಟೆ. -ತೊಟೆ. (ಸ್ವರ್ನದಿ Šm. 10). — ಸಗ್ಗಿಗರಡಬಳ. -ಅಡಬಳ. Fire (ಅನಲ Šm. 11; ಹವಿರ್ಭುಕ್ Kk. 21). — ಸಗ್ಗಿಗರ ಪಿರಿಯ. Brahmâ (ಬೊಮ್ಮ Kk. 9). — ಸಗ್ಗಿಗರಾಣ್ಬ. -ಆಣ್ಬ. = ಸಗ್ಗಿಗರಾಣ್ಮ q. v. — ಸಗ್ಗಿಗರಾಣ್ಮ. -ಆಣ್ಮ. Indra (ಸುರಪ Kk. 11*a*, o. r. ಸಗ್ಗಿಗರಾಣ್ಬ). — ಸಗ್ಗಿಗರೆಱೆಯ. -ಎಱೆಯ. Indra (ಸುರಪತಿ Šm. 9). — ಸಗ್ಗಿಗರೊಡೆಯ. -ಒಡೆಯ. = ಸಗ್ಗಿಗರೆಱೆಯ. (G.). — ಸಗ್ಗಿಗವಟ್ಟೆ. -ಬಟ್ಟೆ. The sky (ಅಮ್ಬರ Šm. 14; ಆಕಾಶ Kk. 12). — ಸಗ್ಗಿಗವೆಟ್ಟು. -ಬೆಟ್ಟು. The mountain Mêru (ಮೇರು Šs.).

ಸಗ್ಧಿ sa-gdhi. *Eating together.*

ಸಘಾಟ saghâṭa. (= ಸಗಾಢ). Force; brunt (of a battle, Šâstrasâra in W. v. 1302).

ಸಘಾಟಿಕೆ saghâṭikĕ. Forwardness, boldness, confidence, impudence (Bp. 21, 18; 27, 40; 43, 44; J. 17, 9). 2, = ಸಗಾಢಿಕೆ, excess; greatness (J. 34, 10).

ಸಂ saṅ. = ಸಮ್, q. v.

ಸಂಕ saṅka. 1. Tbh. of ಶಂಖ. (Šmd. 338). 2, N. (My.). ಬೆಂಕಿ ಹಾಕಿದರೆ ಸಂಕನ ಮನೆ ಸುಡದೇ? (Prv.). — ಸಂಕದೋಲೆ. -ಓಲೆ. An ôlĕ of white colour (Čpr. 8, 52; V. 7, 9).

ಸಂಕ saṅka. 2. A bridge (My.; *cf.* ಸಂಕ್ರಮ, ಸಂಕ್ರಾಮ; Mhr. ಸಾಂಕೂ, a bridge or a float of rude and hasty construction). ಸಂಕ ಮುಱಿದಲ್ಲೇ ಸ್ನಾನ, ಗ್ರಹಚಾರ ಹಿಡಿದಲ್ಲೇ ದಾನ (Prv.).

ಸಂಕಟ saṅ-kaṭa. = ಸಂಗಟ. Contracted, *narrow, strait;* impassable, impervious; crowded. 2, a narrow passage, strait, defile, pass. 3, a strait, difficulty, trouble, hardship; affliction, distress, agony. ಆವುದು ಸಂಕಟಂ ನಿನಗೆ? ನಿಲ್ಲಜ! ನಿಲ್ಲಜಾ! ಸಯ್ತಿರು! (Šmd. 139). ಅವನನ್ನು ಸಂಕಟದೊಳಗಿನ್ದ ದಾಟಿಸಿದನು (B. 5, 62). ಸಂಕಟ ಬನ್ದರೆ ವೆಂಕಟರಮಣ.— ಬಡವನ ಸಂಕಟ ಮನೆಯೆಲ್ಲ, ಅರಸನ ಸಂಕಟ ರಾಜ್ಯವೆಲ್ಲ.— ಸಂಕಟಕ್ಕೆ ನಾರಾಯಣಾ ಅನ್ದರೂ ವೆಂಕಟಪ್ಪ ಬೆನ್ನು ಬಿಡ (Prvs.). — ಸಂಕಟಗೊಳ್. -ಕೊಳ್. To grow full of trouble, annoyance, etc. (Bp. 44, 13). — ಸಂಕಟ ಪಡು. To suffer trouble, distress, etc. (B. 4, 77; C.).

ಸಂಕಟಕ saṅ-kaṭaka. The loop or knot of strings (ಹಮ್ಮುಗೆಯ ಕುಣಿಕೆಗಳು Mr. 292).

ಸಂಕಥನ saṅ-kathana. The act of narrating fully, narration, relation. See ಬಹು-.

ಸಂಕಥೆ saṅ-kathĕ. *Conversation, discourse, talking together* (ಸಂಗೀತ, ಕೂಡುಮಾತು Mr. 461).

ಸಂಕಪಾಲ saṅkapâla. Tbh. of ಶಂಖಪಾಲ. See Prv. s. ಅಂಕದೊಂಕು s. ಅಂಕ.

ಸಂಕರ saṅ-kara. 1. Mixing together, intermixture, blending, union; confusing, confusion; irregular or unlawful mixture. 2, a mixed caste or race, proceeding from the promiscuous intercourse of the four tribes, etc. 3, *sweepings, dust, off-scourings.* 4, a double sack for manure and grain to be carried on the back of a bullock (My.).

ಸಂಕರ saṅkara. 2. Tbh. of ಶಂಕರ.

ಸಂಕರಜಾತಿ saṅkara-jâti. = ಸಂಕರ 1, No. 2. ಅಮ್ಬಷ್ಠಕರಣಾದಿ ಜಾತಿಗಳು ಸಂಕರಜಾತಿಗಳೆಮ್ಬಲ್ ಪಡುವರು (Si. 336).

ಸಂಕರಪಸಾಯಿತ saṅkara-pasâyita. Tbh. of ಶಂಕರಪ್ರಸಾದಿತ. (Śmd. 380).

ಸಂಕರೀಕರಣ saṅkarî-karaṇa. The act of mixing together; confusing, confusion; causing mixture or loss of caste. (R.).

ಸಂಕರ್ಷಣ saṅ-karshaṇa. Drawing together, contracting; shortening; attracting, drawing; dragging away with, dragging along; making rows, ploughing. 2, *Baladêva*. See ತ್ರಂಗ-.

ಸಂಕಲ saṅ-kala. A pile, a collection, an accumulation, a quantity. See Čt. I, 80 s. ಸಂಕುಲ.

ಸಂಕಲನ saṅ-kalana. The act of heaping together; contact, junction, collision, intermixture (Bp. 51, 39). 2, addition (in arithmetic; My.).

ಸಂಕಲಿಕೆ saṅ-kalikĕ. Union; a pair of wedding garments (My.). — ಸಂಕಲಿಕೆದೋತ್ರ. Two dôtras (My.).

ಸಂಕಲಿತ saṅ-kalita. *Heaped together, piled up, joined;* blended, mixed with (Bp. 22, 25); added. 2, addition (in arithmetic).

ಸಂಕಲೆ saṅkalĕ. Tbh. of ಶೃಂಖಲ. (Śmd. 353; Mr. 154; ದದ್ದು Śmd. I; see ಪಾದ-, ರಕ್ಕ-; Bp. 22, 29). ಕರಿಯ ಸಂಕಲೆ (ನಿಗಳ Čt. I, 64). — ಸಂಕಲೆಯಿಕ್ಕು. -ಇಕ್ಕು. To chain. ತೊಡೆ ಸಂಕಲೆಯಿಕ್ಕಿದ ವೊಲ್ ಕುಡಿಯಳ್ಳಿಗಳಿಪ್ಪ ಸುರಿದುವು ಇರ್ಕೆಲಕೆ ಕರುಳ್ (Śmd. 132). — ಸಂಕಲೆವನೆ. -ಮನೆ. A jail, a prison (Bh. 3, 8, 10). — ಸಂಕಲೆವದ್ದ. Tbh. of ಶೃಂಖಲಾಬದ್ಧ. (Śmd. 380). — ಸಂಕಲೆವೀಡು. -ಬೀಡು. = ಸಂಕಲೆವನೆ. (Čpr. 1, 99).

ಸಂಕಲ್ಪ saṅ-kalpa. Will, volition, strength of will, purpose, mental resolve or determination, resolution, vow. 2, *will, wish, desire.* 3, idea formed in the mind, thought, imagination, fancy, contrivance; consideration, reflection (ನೆನವದು Mr. 456). 4, mind, soul, heart. 5, a solemn vow to perform a ritual observance, declaration of purpose. See Nn. s. ಮನೋವಿಕಲ್ಪ; Bp. 22, 29.

ಸಂಕಲ್ಪಜ saṅkalpa-ja. Kâma. (R.).

ಸಂಕಲ್ಪಜನ್ಮ saṅkalpa-janma. Mind or heart-born: *Kâma.*

ಸಂಕಲ್ಪಿತ saṅ-kalpita. Wished for, aimed at, resolved on; conceived, imagined, thought, contrived (Bp. 8, 3).

ಸಂಕಲ್ಪಿಸು saṅ-kalpisu. To will, to purpose, to resolve (My.); to wish for, to desire, to strive after (Bp. 2, 19).

ಸಂಕಸುಕ saṅ-kasuka. Going or moving about unsteadily, *unsteady, inconstant, fickle;* uncertain, doubtful; weak, feeble; — bad, wicked.

ಸಂಕಾಶ saṅ-kâśa. Light, radiance (ಅರ್ಕ, ಪ್ರಭೆ Nn. 13). 2, appearance. 3, vicinity. 4, *like, similar.*

ಸಂಕಿ saṅki. N. — ಸಂಕಿದೇವ. N. (Bp. 9, 39).

ಸಂಕೀರ್ಣ saṅ-kîrṇa. Poured together, mixed together, intermingled; *confused; miscellaneous;* made full, filled, full; crowded, closely packed (ಸಂಕಲ Čt. I, 80); contracted, narrow (ಶಂಕು, ಇಟ್ಟೆಡೆ Nn. 47); indistinct; scattered, strewed, spread, diffused; sprinkled. 2, of mixed caste, of impure origin; *impure.* 3, *a man of mixed or impure origin,* an outcast. 4, N. of a metre (Čh.). See ಇಡಿ 1, ತಿಣಿ.

ಸಂಕೀರ್ಣಕ saṅ-kîrṇaka. = ಸಂಕೀರ್ಣ No. 4. (Čh.).

ಸಂಕೀರ್ಣರಾಶಿ saṅkîrṇa-râśi. A heap of miscellaneous things. See ನಿಗುಪ್ಪಸು.

ಸಂಕೀರ್ತನ saṅ-kîrtana. The act of reciting or proclaiming at full; greatly praising or celebrating, lauding, honouring, glorification (Bp. 42, 37; My.). — ಸಂಕೀರ್ತನಂಗೆಯ್. -ಂ-. To celebrate or praise greatly (Śśv. 1, after 79).

ಸಂಕೀರ್ತನೆ saṅ-kîrtanĕ. = ಸಂಕೀರ್ತನ. (Bp. 61, 78; My.).

ಸಂಕು saṅku. 1. Tbh. of ಶಂಕು. (Śmd. 335). ಸಂಕುವೆನ್ದು ಕೊರಡುಂ ಗಿರ್ವಣ್ದಿಯುಂ ಅಕ್ಕುಂ (335).

ಸಂಕು saṅku. 2. Tbh. of ಶಂಖ. (ಪಾಂಚಜನ್ಯ, ಶಂಖ Nn. 65; My.; Tĕ.). ಸಂಕನಲ್ಲಿ (Nn. 65).

ಸಂಕುಚಿತ saṅ-kučita. Contracted, narrowed, shrivelled up, shrunk, wrinkled (ಸಙ್ಕ್ಕಾದ G.; My.); closed, shut, unblown.

ಸಂಕುಲ saṅ-kula. Crowded together, thronged; mixed together; *confused, perplexed;* much (ಬಹಳ Čt. I, 80, o. r. ಸಂಕಲ); *filled with, full of.* 2, a crowd, a throng, a multitude (ಗ್ರಾಮ, ಸಮೂಹ Nn. 37; ಸ್ತೋಮ Mr. 422).

ಸಂಕುಲತೆ saṅ-kulatĕ. Confusion, perplexity (Śśv. 4, 107).

ಸಂಕೃತಿ saṅ-kṛiti. = ಸಂಸ್ಕೃತಿ No. 2. N. of a type of metres (Čh.).

ಸಂಕೆ saṅkĕ. 1. Tbh. of ಶಂಕೆ. (Śmd. 335). *Cf.* ನಿಸ್ಸಂಕೆ. ಸಂಕೆ ತಿಳಿಯದವಗೆ ಅಂಕೆ ಮಾಡ ಬೇಡ (Prv.).

ಸಂಕೆ saṅkĕ. 2. (Tbh. of ಸ್ಪೃಕ್ಕೆ). The plant Trigonella corniculata Lin. — ಸಂಕೆಬೇರು. (ಮರುನ್ಮಾಲಿ, ಪಿಶುನೆ, ಸ್ಪೃಕ್ಕೆ, ದೇವಿ, ಲತೆ, ಲಘು, ಸಮುದ್ರಾನ್ತೆ, ಬಧು, ಕೋಟಿವರ್ಷ, ಲಂಕೋಪಿಕೆ, ಸ್ಪೃಕ್ಕ ಎಮ್ಬ ಗನ್ಧದ್ರವ್ಯ Si. 155).

ಸಂಕೇತ saṅ-kêta. Any indicatory sign or gesture, intimation, hint, allusion, *a sign, a signal, a token,* a mark, symbol (ಸಮಯ Mr. 580); gesticulation; *agreement, convention;* engagement, *appointment, assignation* (with a lover).

ಸಂಕೇತಕ saṅ-kêtaka. *An agreement, a convention,* an appointment. 2, a rendezvous.

ಸಂಕೇತನ saṅ-kêtana. = ಸಂಕೇತಕ No. 1. See ವ್ಯವಹಾರಮಾಲ್ಯ-. 2, assignation (see ಸಂಕೇತನಭವನ).

ಸಂಕೇತನಭವನ saṅkêtana-bhavana. A house of assignation, appointed house (J. 26, 9).

ಸಂಕೇತಭೂಮಿ saṅkêta-bhûmi. = ಸಂಕೇತಸ್ಥಲ. (ಕೊಮ್ಮು Kk. 39).

ಸಂಕೇತಸ್ಥಲ saṅkêta-sthala. A place of assignation, appointed place (ವನವು, ಕೊಮ್ಮು Śm. 57; ಪನವು, ಕೊಳ, ಕೊಮ್ಮು Kk. 94).

ಸಂಕೇತಾಕ್ಷರ saṅkêta-akshara. A secret writing (My.).

ಸಂಕೇತಿ saṅ-kêti. A certain caste of smârta Brâhmaṇas in Mysore, speaking a very corrupt Tamil̤ (My.).

ಸಂಕೇತೋದ್ಯೋಗ saṅkêta-udyôga. Secret exertion, etc. See ಹೊಂಚು 1.

ಸಂಕೋಚ saṅ-kôča. Shrinking, contracting, shrivelling up, contraction, shrinking; crouching, cowering; compression, abridgment; diminution; narrowness; shutting up, closing (of flowers). 2, terror, fear (Sk.); reserve, closeness; abashedness, repression (Mhr.; ಭಯ, ಬಿಡೆ Čb.). 3, *saffron.* 4, a sort of skate fish. See ಕುಗಿಸು, ಸುರ್ಕ 1.

ಸಂಕೋಚಕರಣ saṅkôča-karaṇa. The act of causing to shrink, contract, etc. See ಮುಗುಳ್ಚು.

ಸಂಕೋಚಗಾಱ saṅkôča-gâṟa. A man who is abashed or hesitates (in speaking, eating, etc., My.).

ಸಂಕೋಚನ saṅ-kôčana. The act of contracting or shrinking, contraction, causing to shrink or close; contracting, shrinking, closing, etc. See ಉಡುಗು, ಕುಸುಂಗು, ಮುದುಡು, ಸುರುಟ್ಟು, ಸುರುಳ್, ಸುರುಳ್ಚು.

ಸಂಕೋಚಿ saṅ-kôči. Shrinking; contracting; closing. See ಗಾತ್ರ-.

ಸಂಕೋಚಿಸು saṅkôčisu. To shrink, etc.; to close, to shut (as a flower, Čpr. 2, after 39).

ಸಂಕೋಲೆ saṅkôlĕ. = ಸಂಕಲೆ. Tbh. of ಶೃಂಖಲ. (ಶೃಂಖಲ G.; My.).

ಸಂಕ್ರನ್ದನ saṅ-krandana. Crying, roaring. 2, *Indra.*

ಸಂಕ್ರಮ saṅ-krama. = ಸಂಕ್ರಾಮ. Going or coming together, meeting together, etc.; being transferred; etc.

ಸಂಕ್ರಮಣ saṅ-kramaṇa. The act of going along with, concurrence. 2, the act of going or passing through, transition, proceeding, progress; passage. 3, the sun's passage from one sign of the zodiac to another. 4, the day on which the sun passes from one sign of the zodiac to another (My.). 5, the day on which the sun's progress to the north of the equator or summer solstice begins. See ಮಕರ-. 6, the air of both the two nostrils (ಎಡ ಬಲಂ ಬೆರಸಿ Mr. 58).

ಸಂಕ್ರಾನ್ತಿ saṅ-krânti. = ಸಂಕ್ರಮಣ. Passage of the sun or planetary bodies from one sign into another, etc. (ಸೂರ್ಯಮಾರ್ಗ G.), especially the ಮಕರಸಂಕ್ರಾನ್ತಿ (My.). 2, = ಸಂಕ್ರಾನ್ತಿಹಬ್ಬ (G.). ಎನ್ತೆನ್ತವರು ಅನ್ತೇ ಹೋದರು, ಸಂಕ್ರಾನ್ತಿ ಬನ್ದು ಹುಳಿದೋಸೆ ಬೇಡಿತು (Prv.). See B. 5, 309. — ಸಂಕ್ರಾನ್ತಿಹಬ್ಬ. The ಪೊಂಗಲುಹಬ್ಬ, held on ಮಕರಸಂಕ್ರಾನ್ತಿ (My.).

ಸಂಕ್ರಾಮ saṅ-krâma. = ಸಂಕ್ರಮ. *Difficult progress or passage, making one's way over difficult ground* (as over rocks or torrents or inaccessible passes). 2, a causeway, a bridge.

ಸಂಕ್ಲೇಶ saṅ-klêśa. Affliction, pain, torment, anguish. See ಜಿಗಿಲ್ 2, ಪಗಿಲ್ 2.

ಸಂಕ್ಷಿಪ್ತ saṅ-kshipta. Thrown together, heaped up;—dashed together, destroyed; — compressed, abridged, abbreviated, diminished (ಸಂಕ್ಷೇಪ ಮಾಡಿದ G.; My.); concise, compact, small;—thrown, despatched.

ಸಂಕ್ಷುಬ್ಧ saṅ-kshubdha. = ಸಂಕ್ಷುಭಿತ. (ಅಲ್ಲಾಡಿದ G.).

ಸಂಕ್ಷುಭಿತ saṅ-kshubhita. Tossed together, tossed about, violently shaken or agitated (My.).

ಸಂಕ್ಷೇಪ saṅ-kshêpa. Throwing together; compression, *abridgment, abbreviation, rendering concise; conciseness, briefness;* a brief or concise exposition, epitome, paraphrase;—throwing, sending. ಸಂಕ್ಷೇಪವಾಗಿ, concisely, in short, briefly (My.).

ಸಂಕ್ಷೇಪಣ saṅ-kshêpaṇa. = ಸಂಕ್ಷೇಪ. *Abridgment, brevity, abbreviation.*

ಸಂಕ್ಷೇಪಿಸು saṅ-kshêpisu. To abridge, to shorten, to abbreviate (My.); to reduce to a more simple expression, as a compound quantity or equation (My.).

ಸಂಕ್ಷೋಭ saṅ-kshôbha. Shaking about, trembling, agitation; disturbance; overturning, upsetting; pride (G.).

ಸಂಕ್ಷೋಭಿತ saṅ-kshôbhita. Shaken or tossed about;—the state of being violently shaken about or agitated (Čh. G. MS. in its v. 38).

ಸಂಖಿನ್ನ saṅ-khinna. Greatly depressed or distressed, suffering great pain or uneasiness. See ಮಿಡುಗು.

ಸಂಖೆ saṅkhĕ. Tbh. of ಸಂಖ್ಯೆ. (ಲೆಕ್ಕ, ಅಂಕೆ Mr. 349; see Mr. s. ವರ್ತನೆ and ಸ್ವರ 2; Bp. 5, 60; 9, 22; 61, 92).

ಸಂಖ್ಯ saṅ-khya. *Conflict, battle, war.*

ಸಂಖ್ಯಕ saṅ-khyaka. *Numbering, amounting to, composed of a certain number* (at the end of compounds).

ಸಂಖ್ಯಾತ saṅ-khyâta. Reckoned up, enumerated, calculated; *numbered, counted.* 2, number; a particular high number (ಶಂಖ, ಗಣನಾಭೇದ Nn. 66; Bp. 58, 50).

ಸಂಖ್ಯಾನ saṅ-khyâna. The act of reckoning up, numbering, numeration, calculation (see ಸಂಖ್ಯಾಸ). 2, a numeral (Śmd. 169); a noun of a numerical character (as ಇರ್ಕೂಡೆ, ಎರಡುಮ್ಮಾತು, etc., Śs.).

ಸಂಖ್ಯಾಪೂರಣ saṅkyâ-pûraṇa. Completion, *i. e.* gradation, in number (Śmd. 242).

ಸಂಖ್ಯಾರುಚಿ saṅkhyâ-ruči. Reason, intellect (ಮತಿ, ಪ್ರಜ್ಞೆ, etc., ಬುದ್ಧಿ Mr. 223).

ಸಂಖ್ಯಾವತ್ saṅkhyâ-vat. Having number, numbered. 2, possessing reason or intellect, *intelligent.*

ಸಂಖ್ಯಾವಸ್ತು saṅkhyâ-vastu. A thing to which a number is prefixed (Śmd. 170).

ಸಂಖ್ಯಾವಾಚಕ saṅkhyâ-vâčaka. Expressive of number. 2, a numeral (My.).

ಸಂಖ್ಯಾವಾಚಿ saṅkhyâ-vâči. A numeral (Śmd. 22. 110. 122. 170 C.). ಏಳೆನ್ದು, ಸಂಖ್ಯಾವಾಚಿ (Śmd. I).

ಸಂಖ್ಯಾಸ saṅkhyâ-âsa. A kind of computation in prosody (Čh.; Mr. 369, o. r. ಸಂಖ್ಯಾನ).

ಸಂಖ್ಯೆ saṅ-khyĕ. ಸಂಖ್ಯಾ. = ಸಂಖೆ. Reckoning up, numbering, numeration, calculation. 2, an account, sum. 3, *number; a numeral* (ಲೆಕ್ಕ Śmd. 123. 243 Cm.; ಸಂಖ್ಯಾವಾಚಿ 82. 98. 110 Cm.; see ಒನ್ದು 2, ಪತ್ತು 3; Śmd. 22. 120-122. 184. 179-200. 256; Kâvy. I, 1*a*, 22-27; I, 1*b*, 42-47. 62-65). 4, *deliberation, reasoning, reflection; reason, intellect, understanding.* ಸಂಖ್ಯೆಯರ್, persons that number (Bh. 2, 13, 11).

ಸಂಖ್ಯೇಯ saṅ-khyêya. *Numerable, calculable.* 2, that is to be counted (Śmd. 169).

ಸಂಗ saṅga. 1. Tbh. of ಸಂಘ. (Śmd. 338).

ಸಂಗ saṅ-ga. 2. Going together; coming together; joining, uniting, union, contact, touch (ಕೂಟ, ಯೋಗ Nn. 113); *association, intercourse, friendship, love;* sexual intercourse; the confluence of rivers. 2, N. (My.; B. 2, 31). ಸೆಟ್ಟೀ ಸಂಗಾ ಮಾಡು, ಗಿಟ್ಟೀ ಸಂಗಾ ಮಾಡ ಬೇಡ.—ಹಾರವಯ್ಯನ ಸಂಗ ಹಲವಂಗ.—ಹೀನನ ಸಂಗ ಮಾನಿಗೆ ಆಗದು, ಮಾನಿಯ ಸಂಗ ಹೀನಗೆ ಆಗದು (Prvs.). — ಸಂಗ ಮಾಡು. To connect one's self with, to associate with; to have sexual intercourse (ಕೇ G.). — ಸಂಗಯ್ಯ. -ಅಯ್ಯ. = ಸಂಗಮದೇವ (Bp. 9, 32). 2, N. (37, 20; see ಎಣ್ಣ-, ಮುಗ್ಧ-, ಶಿವರಾತ್ರೆ-, ಹೆಮ್ಮೆ-). — ಸಂಗವ್ವೆ. -ಅವ್ವೆ. N. see ವೀರ-.

ಸಂಗಟ saṅgaṭa. Tbh. of ಸಂಕಟ. (My.; Tĕ. ಸಂಗಡ).

ಸಂಗಡ saṅgaḍa. Tbh. of ಸಂಘಾತ. (Śmd. 363; *cf.* ಸಂಘಟ). Closely joined or united, joined;—together with, with (C.); by, in presence. 2, junction, union, combination, company (Śmd. 118; ಸರಿ, ಎಣೆ, ಜೋಡು, ಜೋಳಿ, ಹೋಟೆ, etc., ಸಮಾನ Śs.). ಸಂಗಡದಿಂ ಬನ್ದಂ (Śmd. 157). ಸಿಡಿದುದು ದನ್ತಿದನ್ತಮದು ಸಂಗಡಮಾಗಿರೆ ಕುಮ್ಭಮೌಕ್ತಿಕಂ (Rśv. 5, 46). ರುದ್ರಪ್ರಮಥಮುನಿಗಣಪುಂಗವರ ಸಂಗಡದೊಳ್ (Bp. 27, 56). ಅದಟ ಸಂಗಡಂ

(J. 2, 29). ಅವರ ಸಂಗಡ ಸನ್ತೋಷದಿನ್ದ ಮಾತಾಡುವನು (B. 5, 183). ನಿನ್ನ ಸಂಗಡ ಒಬ್ಬ ಆಳು ಬರುವನು (1, 3). ಬೀದೀಲಿ ಬೆಲ್ಲ ಸುರಿದು, ಹಾದಿಯವರ ಸಂಗಡ ಜಗಳಾಡಿದ ಹಾಗೆ.—ಭರಭರನೆ ಹೋಗಿ, ಭೈರವದೇವರ ಸಂಗಡ ಭೈರವಾಸ ಕೇಳಿದ.—ಮಡದಿ ಇಲ್ಲದವನ ಸಂಗಡ, ಮಕ್ಕಳು ಎಷ್ಟು? ಎನ್ದು ಕೇಳಿದ (Prvs.). See Prv. s. ಸವತಿ.— ಸಂಗಡ ಕರ ಕೊಣ್ಡು ಹೋಗು. To take (somebody) with (one's self, B. 3, 70; 5, 302).— ಸಂಗಡ ತಕ್ಕೊಳ್ಳು. To take (something) with (one's self, B. 5, 298).— ಸಂಗಡ ತೆಗದು ಕೊಣ್ಡು ಹೋಗು. To take (somebody) with (one's self, B. 5, 47).— ಸಂಗಡಲೂ. -ಲೂ. Together also: also together with (G.).— ಸಂಗಡಲೇ. -ಲೇ. Even together with (B. 4, 77).

ಸಂಗಡದಾಳ saṅgaḍadâḷa. Tbh. of ಸಂಘಾತಕಾಳ. (Šmd. 381).

ಸಂಗಡವೆಕ್ಕಣ saṅgaḍavĕkkaṇa. Tbh. of ಸಂಘಾತಪ್ರೇಕ್ಷಣ. (Šmd. 380, o. r. ಸಂಗಡವೆಗ್ಗಣ).

ಸಂಗಡವೆಗ್ಗಣ saṅgaḍavĕggaṇa. = ಸಂಗಡವೆಕ್ಕಣ, q. v.

ಸಂಗಡಿ saṅgaḍi. A companion (ಸಂಗಡ ಇರುವವನು G.; cf. ಸಂಘಟ್ಟಿ). 2, a means, that by the help of which an end is attained (B. 4, 38).

ಸಂಗಡಿಗ saṅgaḍiga. A companion, an associate, a friend (ಮಿತ್ರ, ಪ್ರೇಮಿ, ಸಖ Mr. 311; Čpr. 2, 35; Bp. 26, 12; 29, 8; 47, 36; My.). ಒನ್ದೆ ಪ್ರಾಯದ ಸಂಗಡಿಗನು (ವಯಸ್ಯ, ಸವಯಸ್, ಸ್ನಿಗ್ಧ); ಎಡೆಯಲಾದ ಸಂಗಡಿಗನು (ಮಿತ್ರ, ಸುಹೃತ್ Nr.).

ಸಂಗಡಿಗತನ saṅgaḍigatana. Intimacy, friendship (ಸಖ್ಯ Nr.).

ಸಂಗಡಿಗಿತ್ತಿ saṅgaḍiga-itti. A female companion or friend (My.).

ಸಂಗಡಿಸು saṅgaḍisu. (=ಸಂಗಳಿಸು). Union to take place (ಒನ್ದಾಗು Šmd. 118 Cm.); to be one (Šm. 55); to be closely joined or united; to assemble (v. i.), to be numerous, to swarm, to crowd; to be joined with (see Bp. 5, 44; 12, 18; 32, 52; 50, 16; 57, 44; 60, 34; Ršv. 5, 46; J. 22, 4). 2, to join (v. t., J. 24, 65). 3, to act immediately or directly, to lose no time (ಅಡಸು Šmd. 29 Cm.).

ಸಂಗತ saṅ-gata. Come together, convened, met. 2, joined, conjoined, united, associated, connected with (Kâvy. III, 3, B, 140; IV, 1, 7); united in wedlock; sexually united. 3, assembled, collected, accumulated, mixed. 4, fitted together, *apposite, proper, seasonable, appropriate,* applicable, adapted to, fitted for (Šmd. 166. 219; Kâvy. III, 3, B, 75). 5. union, meeting; association, intercourse, connection; *friendship,* acquaintance.

ಸಂಗತಿ saṅ-gati. = ಸಂಗ್ತಿ. *Coming together, meeting;* interview; union, junction, conjunction, mixture. 2, *association, intercourse, society, company.* 3, *sexual intercourse.* 4, adaptation, fitness, appropriateness, applicability. 5, going to, visiting, frequenting. 6, meeting or coming to pass accidentally, chance, accident. 7, occurrence, affair; matter, subject (C.; B. 3, 1. 13). ಸಂಗತಿ ಸೀಯೋ? ಪಾದೇ ಹಣ್ಣು ಸೀಯೋ?—ಸಂಗತೀ ಗುಣ ನೋಡು ನೋಡು, ಹೆಣ್ಣಿನ ಗುಣ ಹೇತು ನೋಡು (Prvs.). ಸಂಗತಿಯ ನುಡಿಯುತ್ತಿರಲು (ಭಾಷಾಂಗ Mr. 82).— ಸಂಗತಿಗೆ ಬೀಳು. To fall into society. ಎಷ್ಟೋ ಹುಡುಗರು ಕೆಟ್ಟ ಸಂಗತಿಗೆ ಬಿದ್ದು (B. 4, 1).— ಸಂಗತಿಲಿ ಕಟ್ಟಿ ಕೊಳ್ಳು. To take into one's company: to take with one's self. ತಮ್ಮ ತಮ್ಮ ದನ ಕುರಿಗಳ ಹಿಣ್ಡನ್ನು ಸಂಗತಿಲಿ ಕಟ್ಟಿ ಕೊಣ್ಡು, ಯಾವಾಗಲೂ ಸಂಚಾರ ಮಾಡುತ್ತಲೇ ಇರುತ್ತಾರೆ (B. 4, 214).— ಸಂಗತಿವಡೆ. -ವಡೆ. To become proper or applicable (ಸಪ್ಪುನ್ದವಾಗು Šmd. 130 Cm.).— ಸಂಗತಿವೆಱ್. -ವೆಱ್. = ಸಂಗತಿವಡೆ. (Kâvy. V, 950).— ಸಂಗತಿ ಹಿಡಿ. To begin to keep company with, to have intercourse with, to ally or connect one's self with. ಹಿರೇ ಮಗನು ಕೆಟ್ಟ ಗೆಳೆಯರ ಸಂಗತೀ ಹಿಡಿದು (B. 1, 1). ಸಕ್ಕ ಆಳಳು. . . . ತುಡುಗ ಆವಿನ ಸಂಗತಿ ಹಿಡಿಯಿತು (3, 22).

ಸಂಗತಿದೋಷ saṅgati-dôsha. A blemish, vice or ill-habit contracted through keeping company with (My.). ಸಂಗತಿ ದೋಷ ಕೊರಳಿಗೆ ದೊಣ್ಣೆ (Prv.).

ಸಂಗತ್ಯ saṅ-gatya. Having met, having come together, having become united (Sk.). 2, a word or speech in proper course or order (ಕ್ರಮವಿಡಿದ ನುಡಿ Mr. 461).

ಸಂಗಮ saṅ-gama. = ಸಂಗಮ. *Coming together, meeting;* union, junction, contact, touch; *association, intercourse, society, company;* sexual intercourse; *the junction or confluence of two rivers* (ಕೂಡಲ್ Čt. I, 67); *the mouth of a river; planetary conjunction;* fitness, adaptation.— ಸಂಗಮದೇವ. A form or liṅga of Šiva as worshipped at ಕೂಡಲ ಸಂಗಮ (Bp. 4, 70; 5, 7; 22, 53; 32, 11; 35, 50; 61, 51. 55).— ಸಂಗಮನಾಥ. = ಸಂಗಮದೇವ. (Bp. 32, 9).— ಸಂಗಮೇಶ. -ಈಶ. = ಸಂಗಮದೇವ. (Bp. 4, 74; 58, 41; 61 sum.; see ಕೂಡಲ-, ಗುರು-).— ಸಂಗಮೇಶ್ವರ. -ಈಶ್ವರ. = ಸಂಗಮೇಶ. (Bp. 3, 44; 28, 6; 36, 61; 52, 49; 61, 63; see ಕಪ್ಪಡಿ-, ಗುರು-). 2, = ಸಂಗಮೇಶ್ವರಪುರ. (5 sum.).— ಸಂಗಮೇಶ್ವರದೇವ. = ಸಂಗಮದೇವ. (Bp. 30, 29).— ಸಂಗಮೇಶ್ವರಪುರ. The town at ಕೂಡಲ ಸಂಗಮ (Bp. 61, 10).— ಸಂಗಮೇಶ್ವರಲಿಂಗ. = ಸಂಗಮದೇವ. (Bp. 61, 49).

ಸಂಗರ saṅ-gara. 1. Agreeing together; *agreement, assent; promise.* 2, a day and night (ಅಹೋರಾತ್ರಿಗಳ್, ಹಗಲಿರುಳುಗಳ್ Nn. 19).

ಸಂಗರ saṅ-gara. 2. Swallowing up, devouring. 2, flesh, meat (ಮಾಂಸ Nn. 19). 3, *war, battle* (ಕಾಳೆಗ Nn. 9; ಘುರ, ಕಾಳೆಗ 19). 4, *misfortune, calamity, trouble,* pain (ದುಃಖ, ವ್ಯಥೆ 19). 5, a stupid man (ಮೂರ್ಖ, ಮೂಢ 19). 6, the fruit of the šami tree (ಶಮಿಫಲಿನ, ಬನ್ನಿಕಾಯಿ 19).

ಸಂಗರಕ್ರಿಯೆ saṅgara-kriyĕ. Causing to fight. See ಕಾದಿಸು.

ಸಂಗವ saṅgava. Tbh. of ಸಂಗಮ. (Šmd. 347).

ಸಂಗಳಿಸು saṅ-gaḷisu. (= ಸಂಗಡಿಸು). To be joined, combined, mingled or mixed (Ršv. 5, after 19; 5, after 55; 6, after 11; 8, after 5; 8, 85; Šŝv. 1, 50). 2, to be brought about, to be produced (Čpr. 3, 40; 4, 66); to come to pass, to occur, to be used (ಬರ್ Šmd. 256 Cm.; ಉಣ್ಟು 264; ಸಪ್ಪುನ್ದವಾಗು 264 Cm.). 3, to produce (Čpr. 1, 59; 3, 48).

ಸಂಗಾತ saṅgâta. Tbh. of ಸಂಘಾತ. Union, association, company;—with, together with (C.).

ಸಂಗಾತಿ saṅgâti. Tbh. of ಸಂಘಾತಿ. A companion, a friend (My.). See ಸರಿ-.— ಸಂಗಾತಿಮುಚ್ಚೆ. Marks on the body said to indicate the number of a person's friends (in children's language, My.).

ಸಂಗಿ saṅgi. Going with or to, uniting with, flowing together. 2, full of attachment or devotion, attached, devoted, addicted to, fond of; desirous; lustful.— ಸಂಗಿದೇವ. N. (Bp. 59, 1).

ಸಂಗೀತ saṅ-gîta. Sung together, song in chorus or harmony. 2, *singing accompanied by music and dancing,* symphony (ನೃತ್ಯಮ್ ಆ ವಾದ್ಯಮ್ ಆ ಗೀತಮ್ ಇವು ಕೂಡಿದರೆ ಸಂಗೀತಮ್ ಎನ್ದೆನಿಕ್ಕುಂ Mr. 79); singing accompanied with music, a concert; a song sung by many voices, chorus. 3, the art of singing with music and dancing. 4, = ಸಂಗೀತಿ No. 2, conversation, discourse (ಸಂಕಥೆ, ಕೂಡುಮಾತು Mr. 461). ಬಧಿರ ಕೇಳುವನೆ, ಸಂಗೀತವ ಪಾಡಿದರೆ? (Dp. 87). ಸಂಗೀತ ತಿಳಿಯದಿದ್ದರೂ ಅಂಗಿ ಹಾಕಿ ಕೊಳ್ಳಲಿಕ್ಕೆ ಬಲ್ಲ (Prv.). — ಸಂಗೀತದ ಹಕ್ಕಿ. N. of a bird (ಕುಕ್ಕುಭ Si. 177. 178).

ಸಂಗೀತಕ san-gîtaka. Singing together; a concert; symphony; public entertainment consisting of songs combined with music and dancing. See Čpr. 4, 84. ಸಂಗೀತಕನ ಸ್ವರಭೇದ (ತಾರ Nn. 109; o. rs. ಸಂಗೀತದ ಸ್ವರಭೇದ, ರಾಗಭೇದ).

ಸಂಗೀತಗಾಱ saṅgîta-gâṟa. A singer; a teacher of singing. (? R.).

ಸಂಗೀತವಿದ್ಯೆ saṅgîta-vidyĕ. = ಸಂಗೀತಶಾಸ್ತ್ರ. (My.).

ಸಂಗೀತಶಾಸ್ತ್ರ saṅgîta-śâstra. The science of singing combined with music and dancing (My.).

ಸಂಗೀತಸ್ವರ saṅgîta-svara. The seven notes of the musical scale (My.).

ಸಂಗೀತಿ san-gîti. Singing together, a concert, etc. (= ಸಂಗೀತ). 2, *conversation, discourse.*

ಸಂಗೀರ್ಣ san-gîrṇa. Praised. 2, *agreed, assented to, promised.*

ಸಂಗೂಢ san-gûḍha. Completely concealed. 2, contracted, abridged. 3, *brought into contact,* united, joined; *heaped together.* 4, *arranged.*

ಸಂಗೋಷ್ಠಿ san-gôshṭhi. Society, fellowship (Bp. 12, 24; 37, 36).

ಸಂಗ್ತಿ saṅgti. Tbh. of ಸಂಗತಿ. See Prv. s. ಪಂಕ್ತಿ.

ಸಂಗ್ರಥಿತ san-grathita. Strung or tied together. (A.).

ಸಂಗ್ರಹ san-graha. Seizing or holding together, seizing, grasping, clenching (ಮುಷ್ಟಿ Mr. 328), grasp, grip, taking hold of, taking. 2, reception, admission, assent. 3, receiving kindly, guarding, protecting, supporting, entertaining. 4, bringing together, *a gathering, conjunction, collection,* heap, conglomeration (ಕೂಡಲಿಕ್ಕುವುದು Nn. 109), store. 5, *a compilation.* 6, sum, amount, totality. 7, *condensation, conciseness.* 8, *an abridgment,* epitome, summary. 9, a catalogue, list. 10, restraining, confining, controlling. 11, a store-room, a place where anything is kept. See ನೆರೆಪು, ಸಂಚಿಸು, ಸ್ಥಾನಸಂಗ್ರಹ. — ಸಂಗ್ರಹ ಮಾಡು. To gather together, to collect, to amass, to lay up in store (B. 4, 2; 5, 76); etc. (= ಸಂಗ್ರಹಿಸು).

ಸಂಗ್ರಹಣ san-grahaṇa. The act of taking hold of, seizing, grasping, embracing, etc.; bringing or gathering together, collecting, assembling, etc. See ಉಪ-.

ಸಂಗ್ರಹಣಿ san-grahaṇi. Diarrhoea, dysentery (ಗ್ರಹಣೀರುಜ್, ಪ್ರವಾಹಿಕೆ G.).

ಸಂಗ್ರಹಿಸು san-grahisu. To include, to comprehend (Šmd. 66 Cm.). 2, to gather together, to collect, to acquire, to amass, to pile (as books, money, grain, furniture, knowledge, My.; Bp. 9, 38; 16, 12). 3, to abridge (as a story, My.).

ಸಂಗ್ರಹಿಸುವಿಕೆ saṅgrahisuvikĕ. Gathering together; abridging (ದೊಡ್ಡದಾಗಿ ಇರುವದನ್ನು ಚಿಕ್ಕದಾಗಿ ಮಾಡುವಿಕೆ, ಸಂಕ್ಷೇಪಣ, etc. Si. 394).

ಸಂಗ್ರಾಣಿಸು san-grâṇisu. (*t. e.* ಸಂಗ್ರಹಣಿಸು). To bring or gather together, to collect, etc. (Bh. 4, 2, 52).

ಸಂಗ್ರಾಮ (san-grâma). *A battle, war,* fighting (ಘನ, ಕಾಳಿಗ, o. r. ರಣಾಂಗಣ Nn. 15; ಕಾಳಿಗ 91; ಬವರ Bhn. 33).

ಸಂಗ್ರಾಮಧೀರ saṅgrâma-dhîra. Brave in war; a brave warrior (My.).

ಸಂಗ್ರಾಮಲಂಪಟ saṅgrâma-lampaṭa. Hankering after fighting or quarrel (an epithet of Nârada, Grj. 8, after 40).

ಸಂಗ್ರಾಹ san-grâha. Seizure, grasp; clenching the fist. 2, *the fist.* 3, *the handle of a shield.*

ಸಂಗ್ರಾಹ್ಯ san-grâhya. To be laid hold of or seized, capable of being seized, seizable (Kâvy. V, 10); to be collected; to be received.

ಸಂಘ san-gha. = ಸಂಗ 1. Close contact or combination. 2, any collection, a heap, *a mass, a multitude,* a quantity, a crowd, a host, a group, a flock, an assemblage (Bp. 58, 48); any number of people or inhabitants living together;—a committee (as of a school, of a municipality, etc., My.).

ಸಂಘಟ san-ghaṭa. = ಸಂಘಟ್ಟ. (Sk.; Bp. 56, 7).

ಸಂಘಟನ san-ghaṭana. = ಸಂಘಟನೆ, ಸಂಘಟ್ಟನ. (Sk.; My.).

ಸಂಘಟನೆ san-ghaṭanĕ. Contact, union, junction; embrace;—being come by, obtained or acquired;—being accomplished or effected;—rubbing together, friction, crushing, bruising. — ಸಂಘಟನೆಯಾಗು. -ಆಗು. To be applied or used, to occur (ಸನ್ನಿಹಿಸು, ಬರ್ Šmd. 79 Cm.). 2, to meet, to occur with: to occur, to happen (ತಾಗು 174 Cm.).

ಸಂಘಟಿ san-ghaṭi. That crushes: a millstone (ಬೀಸುವ ಕಲ್ಲು Mr. 206).

ಸಂಘಟಿತ san-ghaṭita. = ಸಂಘಟ್ಟಿತ. Joined; come by, obtained, achieved (My.);—struck, sounded.

ಸಂಘಟಿಸು san-ghaṭisu. To join, to be combined (J. 4, 18). 2, to come, to occur, to happen (14, 13). 3, to be obtained (Râm. 5, 9, 27). 4, to be effected. ಸಂಘಟಿಸಿತು (ಸಾಧ್ಯ Bhn. 66). 5, to strike (one thing) against (another, Ššv. 4, 39). 6, to crush (J. 11, 16).

ಸಂಘಟೀಕರಣ saṅghaṭî-karaṇa. Joining. See ಅಮುರ್ಖ.

ಸಂಘಟ್ಟ san-ghaṭṭa. = ಸಂಘಟ. Meeting, joining together, close contact, union. 2, striking against, touch; clashing together, collision; shock, clash, encounter, conflict; embracing. 3, rubbing together, friction.

ಸಂಘಟ್ಟನ san-ghaṭṭana. = ಸಂಘಟನ, ಸಂಘಟ್ಟ. Close contact, contact, union, junction; cleaving or adhering to. 2, striking against, striking; collision. 3, collecting, meeting, encountering, occurrence. 4, rubbing together, friction. See ಪಾದ-; ಕಿಡು ಕುಟ್ಟು, ತಾಗು, ತಾಂಗು 1, ತಾಟು 1, ಪಳಂಚು 1.

ಸಂಘಟ್ಟಿ san-ghaṭṭi. A companion, a follower (Sk.; *cf.* ಸಂಗಡ).

ಸಂಘಟ್ಟಿತ san-ghaṭṭita. = ಸಂಘಟಿತ. Assembled, collected. 2, struck against, touched. (R.).

ಸಂಘರ್ಷ san-gharsha. 1. Tbh. of ಸಂಹರ್ಷ. (See Mr. 533 s. ಹರ್ಷ 3).

ಸಂಘರ್ಷ san-gharsha. 2. Rubbing together, grinding, trituration, friction (ತಿಕ್ಕೋಣ G.); rubbing against (another), collision, mutual attrition, emulation, vying or contending for superiority; envy. See Mr. 463, where the text is corrupt.

ಸಂಘರ್ಷಣ saṅ-gharshaṇa. Rubbing against (another, etc. J. 12, 7; 17, 28).

ಸಂಘಾತ saṅ-ghâta. = ಸಂಗಡ, ಸಂಗಾತ. Close combination, union, association, connection (ಯುತ, etc., ಕೂಡಲ್ Mr. 440). 2, a collection, *a mass, a multitude, an assemblage,* a heap, a cluster, a band. 3, a collection of mucus, phlegm. 4, striking together; striking, killing, hurting. 5, *a division of the infernal regions.* See ಮತ್ಸ್ಯ-.

ಸಂಘಾತತಾಳ saṅghâta-tâḷa. = ಸಂಗಡದಾಳ. (Šmd. 381). Combined musical time, etc.

ಸಂಘಾತಪ್ರೇಕ್ಷಣ saṅghâta-prêkshaṇa. = ಸಂಗಡವೆಕ್ಕಣ. (Šmd. 380). Combined sight, etc.

ಸಂಘಾತಿ saṅ-ghâti. A companion, an associate, a friend (Bp. 57, 10).

ಸಚರಾಚರ sa-čara-ačara. Comprehending all moving and motionless creatures, comprising animate and inanimate, having all things, universal. 2, every created thing animate or inanimate; the universe. See Bp. 10, 42; 51, 15. 31.

ಸಚಿ sači. = ಶಚಿ. The wife of Indra. 2, an associate, a friend. 3, connection, friendship.

ಸಚಿವ sačiva. A companion, a friend. 2, *a counsellor, a minister* (ಪ್ರಧಾನ Nn. 108).

ಸಚಿವೇಶ sači-îśa. A minister of state (Bp. 59, 57).

ಸಚೇತನ sa-čêtana. Having consciousness, sentient, animate, living (Čpr. 8, 102; B. 4, 18).

ಸಚೇಲ sa-čêla. Having clothes, clothed, dressed.

ಸಚೇಲಸ್ನಾನ sačêla-snâna. Bathing with one's clothes on, ablution in one's garments (Bp. 55, 35; B. 5, 61; My.).

ಸಚ್ಚರಿತ sat-čarita. Good conduct, good behaviour (ಪ್ರಧಾನ, ಒಳ್ಳೆಯ ಚಾರಿತ್ರವು Nn. 60). 2, well-behaved; a virtuous, honest, upright man (Šmd. 175; ನೀತಿಗ Čt. I, 89).

ಸಚ್ಚರಿತ್ರ sat-čaritra. = ಸಚ್ಚರಿತ. (Bp. 6, 1; 38, 77; 39, 57; 55, 46).

ಸಚ್ಚಿದಮಲ sat-čit-amala. Pure in nature and thought (Bp. 39, 28. 34).

ಸಚ್ಚಿದಾನನ್ದ sat-čit-ânanda. Existence, thought and joy (an epithet of the universal soul); having existence, thought and joy (Kp. p. 130).

ಸಚ್ಚಿದಾನನ್ದಮಯ saččidânanda-maya. Consisting of existence, thought, and joy (Kp. p. 132; J. 5, 7).

ಸಚ್ಚಿದ್ರೂಪ sat-čit-rûpa. Having the form of true knowledge (Šêv. 4, 124).

ಸಚ್ಚೇತನ sat-čêtana. Having a virtuous mind (Bp. 88, 8).

ಸಜಡ sa-jaḍa. Stupid; ill; etc. See Bp. 40, 65.

ಸಜಮ್ಬಾಲ sa-jambâla. Having mud, *muddy, clayey.*

ಸಜಲ sa-jala. Possessing water, watery, wet, humid.

ಸಜಲತೆ sa-jalatĕ. Wateriness (Čpr. 5, 124).

ಸಜಾ sajâ. Punishment (My.; Mhr., H.; see ಜಾತಿ-).

ಸಜಾತಿ sa-jâti. Of the same sort or kind or species; *of the same class or tribe or caste.*

ಸಜಾತೀಯ sa-jâtîya. *Of the same class or tribe or caste;* etc.

ಸಜೀವ sa-jîva. Having life, alive, animate (My.).

ಸಜ್ಜ sajja. = ಸಜ್ಜು. Covered, clothed, dressed. 2, accoutred, trimmed. 3, ornamented, decorated. 4, *prepared, made ready, ready.* 5, *armed,* fortified. 6, apparatus, equipment, equipage, harness, armour, mail.

ಸಜ್ಜಕ sajjaka. 1. = ಸಜ್ಜುಕ, q. v.

ಸಜ್ಜಕ sajjaka. 2. = ಸಜ್ಜಿಗೆ, q. v. (My.; see ಅಕ್ಕಿ-).

ಸಜ್ಜನ sajjana. 1. Clothing, dressing; preparing, making ready; putting on armour, arming. 2, *a guard,* a sentry, a picket (ಉಪರಕ್ಷಣ, ಪಾಳೆಯದ ಕಾಪು Nr.). 3, a kind of girth (ಉಪರಕ್ಷಣ, ಬಲ್ಲಾಳದಟ್ಟಿ Nr.).

ಸಜ್ಜನ sat-jana. 2. Well-born, of good family, respectable, reputable; virtuous, good. 2, *a good man, a virtuous man* (Šmd. 114). 3, = ಸೌಜನ್ಯ, goodness, generosity, kindness (see s. ಸಾಹಿತ್ಯ). ದುರ್ಜನನ ಸಹವಾಸದಿನ್ದ ಸಜ್ಜನ ಕೆಡುವನು.— ಸಜ್ಜನನಿಗೂ ಸಜ್ಜನನಿಗೂ ಮೂರು ದಾರಿ, ದುರ್ಜನನಿಗೂ ದುರ್ಜನನಿಗೂ ಒನ್ದೇ ದಾರಿ, ಸಜ್ಜನನಿಗೂ ದುರ್ಜನನಿಗೂ ಎರಡು ದಾರಿ (Prvs.). See Bp. 28, 37; 36, 2; 55, 32; 59, 51; Bh. 1, 8, 26; Sp. s. ಸಾಯ್.

ಸಜ್ಜನಮಿತ್ರ sajjana-mitra. A friend of the good (Bp. 36, 2).

ಸಜ್ಜನವಧು sajjana-vadhu. A woman of good family (Šmd. 136).

ಸಜ್ಜನಸಂಗ sajjana-saṅga. Company of the good (My.).

ಸಜ್ಜನಿಕೆ sajjanikĕ. Virtuousness, goodness (Čh. v. 8; My.).

ಸಜ್ಜನೆ sajjanĕ. 1. A virtuous, etc. woman; a wife (ದಾರ, ಕಲತ್ರ, ಗೃಹ, ವಧು, etc. Mr. 306).

ಸಜ್ಜನೆ sajjanĕ. 2. The act of dressing; dress, decoration, equipment, accoutrement, *caparisoning an elephant;* arming.

ಸಜ್ಜರಸ sajjarasa. Tbh. of ಸರ್ಜರಸ. (ಬಹುರೂಪ, ಸರ್ಜರಸ, ರಾಲ, ಸರ್ಜರಸ, Nr.; ರಾಳ, ಶಾಲ Mr. 144; Bh. 1, 8, 69; Si. 227; My.).

ಸಜ್ಜಳ sajjaḷa. A whip (ಸಜ್ಜನಕೋಲೆ, a scourge or whip Br., fr. H. ಸಜಾ). ಅಶ್ವಾದಿಗಳ ಹೊಡೆವ ಸಜ್ಜಳ (ಕಶೆ Nr.).

ಸಜ್ಜಿಕೆ sajjikĕ. 1. = ಸಜ್ಜೆ. The liṅga box (V. 3, 66).

ಸಜ್ಜಿಕೆ sajjikĕ. 2. A female who is clothed or dressed. See ವಾಸಕ-.

ಸಜ್ಜಿಗೆ sajjigĕ. = ಸಜ್ಜಕ 2, ಸೊಜ್ಜಿಗೆ, ಸೋಜಿ. Wheaten flour in fine granules, wheaten grits, rolong (My.; Mhr. ಸೋಜಿ). 2, grits of roasted rice: a mess or dish made of grits of roasted rice (My.; Tĕ., H. ಸುಜ್ಜಿ, ಸೊಜ್ಜಿ, ಸೊಜ್ಜೆ; Mhr. ಸೋಜೀ). ಸಾವೆ ತಿನ್ನುವವನ ಮನೆಯಲ್ಲಿ ಸಜ್ಜಿಗೆ ಹುಡುಕಿದ ಹಾಗೆ.— ಸಮ್ಮುಖದ ಸಮ್ಮಾನಕ್ಕೆ ಒಮ್ಮಾನಕ್ಕಿ ಸಜ್ಜಿಗೆ (Prvs.). See ಅಕ್ಕಿ-.

ಸಜ್ಜಿತ sajjita. Clothed, dressed, made ready, prepared; equipped, *accoutred* (as an elephant for war), armed.

ಸಜ್ಜೀಕರಣ sajjî-karaṇa. Equipping, making ready, preparing; decorating; arming. See ಸಜ್ಜು 1.

ಸಜ್ಜೀಕಾರ sajjîkâra. (= ಸದ್ಯಕ್ಷಾರ). Tbh. of ಸರ್ಜಿಕಾಕ್ಷಾರ. Impure carbonate of soda, country alkali, natron (Mhr. ಸಜ್ಜಾಖಾರ, ಸಜ್ಜೀಖಾರ; ಸರ್ಜಿಕಾಕ್ಷಾರ, ಸುಖವರ್ಚಕ G.).

ಸಜ್ಜೀಕೃತ sajjî-kṛita. Arrayed; prepared; decorated; armed (Čpr. 2, after 93).

ಸಜ್ಜು sajju. Tbh. of ಸಜ್ಜ. Prepared, made ready, ready (My.). ಪೂಜೆ ಮಾಡಿದರೂ ಪೂಜೆ ಸಜ್ಜು ಆಗಲಿಲ್ಲ (Prv.).— ಸಜ್ಜು

ಗೆಯ್. To make ready; to make one's self ready (Rśv. 6, after 116).

ಸಜ್ಜುಕ sajjuka. = ಸಜ್ಜಕ 1, ಸರ್ಜುಕ. Tbh. of ಸದ್ಯಸ್ಕ. New, recent, young (ಪ್ರತ್ಯಗ್ರ, ಸದ್ಯಸ್ಕ Hlâ.). 2, that is young or fresh: a bud (ನನೆ, ಮುಗುಳ್, ಮೊಗ್ಗೆ, ಕುಟ್ಮಲ Śm. 22, o. r. ಸರ್ಜುಕ; Kk. 23, o. r. ಸಜ್ಜಕ; J. 17, 24; 18, 30).

ಸಜ್ಜೆ sajjĕ. = ಚಜ್ಜೆ, etc. The grain Holcus spicatus Roxb. (My.).

ಸಜ್ಜೆ sajjĕ. = ಚಜ್ಜೆ, ಜೆಜ್ಜೆ, ಸಜ್ಜಕೆ 1, ಸೆಜ್ಜೆ q. v. Tbh. of ಶಯ್ಯೆ. A place of rest or repose, a bed (Bh. 1, 8, 86). 2, a place of rest or receptacle for the liṅga or phallus (of Śiva), the liṅga box suspended from the neck by Liṅgavantas (Bp. 38, 15; Tĕ. ಸಜ್ಜೆ, ಸೆಜ್ಜೆ; T. ಚೆಜ್ಜೈ). 3, an upper story (My.; T. ಚೆಜ್ಜೈ). — ಸಜ್ಜೆಮನೆ. = ಸಜ್ಜೆವನೆ. J. 8, 9). — ಸಜ್ಜೆವನೆ. -ಮನೆ. = ಸೆಜ್ಜೆವನೆ. A sleeping-apartment (ಶಯ್ಯಾವಸಥ Mr. 195; J. 18, 30).

ಸಂ saṅ. = ಸಮ್, q. v.

ಸಂಚ saṅča. = ಸಂಚು 2. See Bp. 51, 54 and ಸಂಚಗಾರ್ತಿ.

ಸಂಚ saṅča. Tbh. of ಸಂಚಯ. That is accumulated, put up or saved (for future use, as money, grain, etc., My.).

ಸಂಚಕರ saṅčakara. = ಸಂಚಕಾರ, q. v. Something given by a person as a pledge of bestowing more of the same kind (Čpr. 2, 55).

ಸಂಚಕಾರ saṅčakâra. = ಸಂಚಕರ, ಸಂಚಗಾರ. Tbh. of ಸತ್ಯಂಕಾರ. Something given as a pledge of bestowing more of the same kind (Bh. 8, 5, 9; J. 19, 18; 23, 31); something given in advance as an earnest or security for the performance of a contract, earnest-money, pledge (My.); ratification of a contract or bargain (ಸತ್ಯಾಪನ, ಸತ್ಯಂಕಾರ, ಸತ್ಯಾಕೃತಿ Nr.; see ಪಣಾರ್ಪಣ). ಜೀವಕ್ಕೆ ಸಂಚಕಾರ ಸೀರೆಯ ಸೆರಗು (Prv.). See Si. 325.

ಸಂಚಗಾರ saṅčagâra. = ಸಂಚಕಾರ, etc. ಪಂಚಲೋಹದ ಪಂಚು ಆದರೆ ಸಂಚಗಾರ ಕೊಡ ಬಾರದೇ?— ಸಂಚು ನಡಿಸಲಿಕ್ಕೆ ಸಂಚಗಾರ ಕೊಡ ಬೇಕೇ? (Prvs.).

ಸಂಚಗಾರ್ತಿ saṅča-kârti. (Śmd 246 Mdb.). = ಸಂಚುಗಾರ್ತಿ.

ಸಂಚಯ saṅ-čaya. = ಸಂಚ. Piling together, heaping up, collection, accumulation, heap, hoard, store, *multitude, number*, quantity. — ಸಂಚಯ ಮಾಡು. = ಸಂಚಯ್ಸು. (My.).

ಸಂಚಯನ saṅ-čayana. The act of piling together, heaping up, collecting; putting up or saving (for future use, My.; see Prv. s. ವಂಚನೆ). 2, taking the ashes and bones of a body and casting them, the day after burning, into some river, or burying them (My.).

ಸಂಚಯ್ಸು saṅčaysu. To collect or put up (for future use, My.).

ಸಂಚರ saṅ-čara. Going about; going or passing through, passage, transit; a way; any narrow road or difficult pass, a defile, a bridge over a torrent. See ದುರ್ಗ-.

ಸಂಚರಣ saṅ-čaraṇa. Going together, meeting, joining; passing through; going about, travelling, going; motion; setting in motion, use, practice (Čpr. 3, 95; 4, 15). — ಸಂಚರಣಮ್ಬೆಟ್. -ಂ-ಪೆಡ್. To begin to practise (Śśv. 4, 69).

ಸಂಚರತ್ saṅ-čarat. Going, walking or wandering about (Čpr. 1, 124).

ಸಂಚರಿಸು saṅ-čarisu. To come together, to join, to be combined; to occur, to come or be used (Čh. v. 324; ನೆಲಸು Śmd. 352; ಇರ್ 374; ಬರ್ 395 Cm.). 2, to go or walk about, to move about, to roam, to wander (Bp. 19, 77; J. 3, 3; 20, 42).

ಸಂಚಲ saṅ-čala. = ಸಂಚಳ 1. Moving about (adj.), shaking; moving to and fro, unsteady, wavering, oscillating; fickle; trembling, quivering;—moving away, off or on, departing;—starting or jumping up (ಚಾಪಲ, ಚಂಚಲ, etc. Mr. 228; Śmd. 168; Bp. 40, 57). 2, agitation, commotion, etc. (ಬೆಳ್ಪಳ Kk. 86; Śm. 41; ತೆರಳ್ಕೆ Čt. I, 3).

ಸಂಚಲತೆ saṅ-čalatĕ. ಸಂಚಳತೆ. Shaking, moving to and fro, motion, etc.; agitation, etc. (ಮಿಳಿರ್ Čt. II, 84; Grj. 9, after 58; Bp. 17, 15).

ಸಂಚಲತ್ವ saṅ-čalatva. = ಸಂಚಲತೆ. See ಕದಕದಿಸು.

ಸಂಚಲನ saṅ-čalana. Moving about, shaking, trembling, agitation, etc. See ಅಲುಗು, ಅಲ್ಲಾಡು.

ಸಂಚಲಿತ saṅ-čalita. Moved about, unsteady, trembling, etc. See ಅ-; Bp. 38, 24.

ಸಂಚಲಿಯಿಸು saṅ-čaliyisu. = ಸಂಚಲಿಸು. (Grj. 8, 44).

ಸಂಚಲಿಸು saṅ-čalisu. ಸಂಚಳಿಸು. To move about (v. i.), to shake, to move to and fro, to grow unsteady, to quiver, to tremble (Čpr. 4, 46; Bp. 28, 41; 50, 58; 57, 47; Rśv. 13, after 77). See ಸುಡು 1.

ಸಂಚಳ saṅ-čaḷa. 1. = ಸಂಚಲ.

ಸಂಚಳ saṅčaḷa. 2. Tbh. of ಸೌವರ್ಚಲ. A factitious salt prepared by fusing fossile salt with Emblic myrobalans (nĕlli, Mhr.). — ಸಂಚಳಕಾರ. = ಸಂಚಳ 2. (ರುಚಕ, ಸೌವರ್ಚಲ G.).

ಸಂಚಾರ saṅ-čâra. Going or walking about, roaming, wandering, traversing;—passing through, passage, progress, course; a passage;—the passage or entrance of the sun into a new sign;—difficult progress; etc. ಬಿಡುಗಡೆಯಾದರೂ ನಡುರಾತ್ರೆಸಂಚಾರ ಬಿಡಲಿಲ್ಲ (Prv.). — ಸಂಚಾರ ಮಾಡು. To go or walk about, to wander, to move (B. 4, 13. 165).

ಸಂಚಾರಕ saṅ-čâraka. Causing to go or go towards; conveying, leading; a leader, a guide, a messenger.

ಸಂಚಾರತೆ saṅ-čâratĕ. The act of going or moving about (Grj. 9, 56).

ಸಂಚಾರಿ saṅ-čâri. Moving about, going, moving, roaming, wandering; one who moves about, etc.;—a go-between, a bawd, a procuress (ಸಂಚಾರಿಕೆ Mr. 305). 2, changeable, fickle, unsteady, not permanent, transitory (as a bhâva or feeling);—a transitory bhâva or feeling (J. 21, 58).

ಸಂಚಾರಿಕೆ saṅ-čârikĕ. A female messenger, *a go-between, a bawd, a procuress*.

ಸಂಚಾರಿಭಾವ saṅčâri-bhâva. (= ವ್ಯಭಿಚಾರಿಭಾವ). A transitory bhâva or feeling (Kâvy. IV, 2, 16. 18. 19).

ಸಂಚಾಲನ saṅ-čâlana. The act of causing to move about, that of shaking, etc. See ಶಸ್ತ್ರ-, ಅಸುಮ್ಸು.

ಸಂಚಿ saṅči. A sack, a bag (My.; Tĕ., M.; Mhr. ಚಂಚೀ, a bag with divisions or pockets). ಸಂಚ ದೊಡ್ಡದಾದರೆ ಮಂಚ ಹಿಡಿದೀತೇ? (Prv.).

ಸಂಚಿಕೆ saṅčikĕ. A collection of a few palm leaves forming a book (My.; Tĕ.; Sk. ಸಂಚ); a section or part of a book (My.; Tĕ.).

ಸಂಚಿತ san-čita. Heaped up, accumulated, amassed, collected, gathered, saved (Bp. 24, 3). 2, filled with, furnished or provided with, full of (Bp. 8, 52; 22, 51; 36, 53). 3, the state of being provided with (J. 4, 8).

ಸಂಚಿತಕರ್ಮ sančita-karma. Accumulated guilt, demerit or sins contracted in a former birth (My.).

ಸಂಚಿತದ್ರವ್ಯ sančita-dravya. Amassed wealth (My.).

ಸಂಚಿತಪುಣ್ಯ sančita-puṇya. Accumulated merit, merit wrought out and laid up in a former birth (My.).

ಸಂಚಿಸು sančisu. To pile up, to accumulate, to collect (ಸಂಗ್ರಹ Šmd. Dh.). 2, to collect (v. i.), to be arranged in order (Čh. v. 87).

ಸಂಚು sanču. 1. To be full of artifices or act cunningly (J. 26, 10).

ಸಂಚು sanču. 2. (fr. ಸಮೆ 2?). = ಸಂಚ. (A making, a contrivance): an expedient, a means (My.); an artifice, a stratagem; a trick; intrigue (Râv. 6, after 11; Ššv. 4, 73; J. 6, 34; My.; Tě. ಚಂದು, ಸಂದು, trim, delicacy, fashion; way, mode, manner; artifice, stratagem; Tě. ಸಮುತು, a combination or league, a strike; T. ಚಮುಚು, a seditious assembly, a seditious view, a plot); cleverness, skill. 2, a trace (ಜಾಡ Tě.; Sl. 61). See ಒಳ-, ಮೆಯ್-. ಸಂಚು ನಡಿಸಲಿಕ್ಕೆ ಸಂಚಗಾರ ಕೊಡ ಬೇಕೇ?— ಲಂಚ ಕೊಟ್ಟರೂ ಸಂಚು ತಿಳಿಸಲಿಲ್ಲ.— ಅಂಚು ಇಲ್ಲದ ಹೊಲವಿಲ್ಲ, ಸಂಚು ಇಲ್ಲದ ಮಾತು ಇಲ್ಲ.— ವಂಚಕನಿಗೆ ಸಂಚು ಕೊಟ್ಟ ಹಾಗೆ (Prvs.). — ಸಂಚುಗೂಡು. -ಕೂಡು. Cleverness to be combined with (Râv. 1, after 135). — ಸಂಚುವೆಱ್. -ಪೆಱ್. To get or evince cleverness (Ššv. 3, after 35).

ಸಂಚುಗಾತಿ sanču-gâti. = ಸಂಚುಗಾರ್ತಿ. (My.).

ಸಂಚುಗಾಱ sanču-gâṟa. A man who makes use of good means to reach an aim (My.). 2, a spy (My.).

ಸಂಚುಗಾರ್ತಿ sanču-gâṟti. = ಸಂಚಗಾರ್ತಿ. A woman who employs good means to reach an aim (My.). 2, a pimp (My.).

ಸಂಚೂರ್ಣ san-čûrṇa. Powder, any minute particle of substance. See ನುಱ್ 1, ನುಚ್ಚು.

ಸಂಚೇಯಮಾನ san-čêyamâna. Being heaped, collected, gathered together, or arranged (Čpr. 1, after 127).

ಸಂಛನ್ನ san-čhanna. Entirely covered over or enveloped, concealed, hidden, obscure (Čpr. 6, 14); surrounded; invested, clothed. See ಎಡೆಗಿಱ್, ತುಱುಗು 1, ಮುಸುಱ್ 1.

ಸಂಛಾದಿತ san-čhâdita. Put on as a cover (J. 29, 35).

ಸಂಜ san-ja. Universal producer: Brahmâ; Šiva. — ಸಂಜಯ್ಯ. -ಅಯ್ಯ. N. See ನಿಷ್ಠುರ-.

ಸಂಜನನ san-janana. Birth, production, origin (Čpr. 5, 6). 2, the act of begetting, causing, producing.

ಸಂಜನಿತ san-janita. Produced, caused, created, born, arisen (Čpr. 5, 8; Čh. v. 51; Bp. 7, 7; 26, 39; 29, 24; 30, 8). ಸಂಜನಿತಸಮಸ್ತಕೃತ್ಯ (ವರ್ಗ, ಹುಟ್ಟಲು ಪಟ್ಟ ಎಲ್ಲಾ ಕಾರ್ಯ Nn. 159).

ಸಂಜನಿಯಿಸು san-janiyisu. To be born, to arise, to be produced, to take place, to appear, to happen (ಹುಟ್ಟು Šmd. 134. 192).

ಸಂಜನಿಸು san-janisu. = ಸಂಜನಿಯಿಸು. (Râv. 4, 76; Râm. 6, 48, 9).

ಸಂಜಮಿ sanjami. Tbh. of ಸಂಯಮಿ. (ಸಂಯಮಿ Čt. I, 99, o. r. ಸಯ್ಯುಮಿ).

ಸಂಜಯ san-jaya. N. of the charioteer of king Dhṛitarâshṭra (Bh. 8, 25, 1).

ಸಂಜವನ san-javana. = ಸಂಯಮನ. *A square formed by four houses*, a quadrangle (ಚೌರಗೆ Hlâ.; ಚೌಕ Mr. 195).

ಸಂಜಾತ san-jâta. Born, produced, appeared, arisen, become (Čh. v. 152). 2, a multitude or collection of things.

ಸಂಜೀವ san-jîva. Living together, living. 2, bringing to life, animating, life-restoring (see ಮೃತ-; Bp. 19, 9). 3, Hanumat (ಹನುಮನ್ತ G.).

ಸಂಜೀವಕ san-jîvaka. Living together. 2, animating; the act of bringing to life or restoring life (J. 24, 2. 3. 17; see ಮೃತ-). 3, N. of a bull.

ಸಂಜೀವನ san-jîvana. Living together. 2, remaining alive (My.). 3, bringing to life, animating, re-animating, life-restoring; an animating process; a cordial, an elixir (J. 5, 54; Ššv. 5, after 14; My.). ಸಂಜೀವನ ಅಗ ಬೇಕಾದರೆ ಮಂಜಿನ ನೀರು ಬೇಕೇ? (Prv.).

ಸಂಜೀವನಕರಣಿ sanjîvana-karaṇi. A cordial, an elixir (My.).

ಸಂಜೀವಿನಿ sanjîvini. A plant that restores to life (Râm. 6, 36, 46; Mhr.).

ಸಂಜೀವಿಸು san-jîvisu. To remain alive (My.).

ಸಂಜೆ sanjě. = ಚಂಜೆ, ಸನ್ದೆ. Tbh. of ಸನ್ಧ್ಯೆ. (Šmd. 344; Hlâ.; Šm. 18; ಕುತಪ, ಅಪರಾಹ್ಣ Nn. 107; ಸಾಯಂ Sl. 476; B. 5, 126; C.). — ಸಂಜೆಗತ್ತಲೆ. -ಕತ್ತಲೆ. Evening-darkness. See Sp. s. ಹೊಲೆ. — ಸಂಜೆಗೆಮ್ಪು. -ಕೆಮ್ಪು. The redness of evening (Râv. 11, 7; Ššv. 3, 6; J. 4, 39; 5, 15; 17, 26). — ಸಂಜೆದಾರಕೆ. -ತಾರಕೆ. An evening-star (J. 26, 5). — ಸಂಜೆಮಲ್ಲಿಗೆ. A kind of medicinal flower that opens in the evening (My.). — ಸಂಜೆಮುಗಿಲ್. A (red) evening-cloud (Čpr. 6, 70; Abh. P. 18, 63). — ಸಂಜೆವಱ್. -ಮಱ್. An evening-rain (Č. Bp. 47, 47). — ಸಂಜೆವೆಣ್. -ಪೆಣ್. Evening looked upon as a woman (J. 8, 46; 17, 21). — ಸಂಜೇ ಹೊತ್ತು. Evening-twilight, evening-time (B. 4, 74).

ಸಂಜ್ಞ san-jña. Named, called, designated (see ಶ್ರೀ-). 2, being conscious. 3, = ಸಂಜ್ಞೆ (ನಾಮ, ಮನ್ತ್ರ Mr. 485).

ಸಂಜ್ಞಕ san-jñaka. = ಸಂಜ್ಞ No. 1. See ಬೀಜ-.

ಸಂಜ್ಞಪನ san-jñapana. *The act of killing* (a sacrificial victim).

ಸಂಜ್ಞಾಕ್ಷರ sanjñâ-akshara. A letter, often an initial, denoting a person or thing (My.).

ಸಂಜ್ಞಾಪ್ರಕರಣ sanjñâ-prakaraṇa. A section on letters, etc. (Šmd. 61; Kâvy. I, 1a, 6 seq.).

ಸಂಜ್ಞಾವಾಚಕ sanjñâ-vâčaka. A syllable used to denote a certain object (My.).

ಸಂಜ್ಞಿತ san-jñita. = ಸಯಿಜ್ಞಿತ. Named, called, designated, denominated, termed. 2, renowned, honoured (ಖ್ಯಾತಿತ, ಅರ್ಚನಸಲ್ ಪಟ್ಟುದು Hlâ.).

ಸಂಜ್ಞು san-jñu. *Knock-kneed.*

ಸಂಜ್ಞೆ san-jñě. ಸಂಜ್ಞಾ. = ಸನ್ನೆ, ಸಯ್ಗೆ, ಸೊನ್ನೆ 3. Sense, *consciousness*, becoming aware of anything; knowledge, understanding, intellect; thought, mind, right mind (ಪರಚೇತನ, ಚೈತನ್ಯ Nn. 99). 2, *a sign, token, signal,* symbol, gesture, gesticulation, indication, hint (ಸೂಚನೆ 99; Šmd. 61). 3, *an appellation, a name,* title, designation, term (ನಿಜನಾಮ, ಹೆಸರು 99; ಸಮಾಖ್ಯಯ, ಹೆಸರ್ 159). 4, (in grammar) the name of any thing thought of as standing by itself, any name or noun having a special meaning (see Šmd. 61). 5, an entire or complete army (ಚತುರ್ಬಲ, ಚತುರಂಗಬಲ 99). See ಅಕ್ಷರ-.

ಸಂಜ್ಯೋತಿ saṅ-jyôti. A brilliant light (Bp. 21, 4).

ಸಂಜ್ವರ saṅ-jvara. Full of heat or fever (Ršv. 5, 39). 2, great heat or fever; *heat, burning, scorching.*

ಸಟ saṭa. 1. = (ಸೆಡವು 1). Pride, arrogance. ಸಟವಿದ್ದವನಿಗೆ ಹಟವು ಯಾಕೆ? (Prv.).

ಸಟ saṭa. 2. = ಸೆಡ 1. P. p. of ಸಟಿ 1. — ಸಟ ಕೊಳ್ಳು. To grow puffed up or proud. ತನ್ನ ಪ್ರಶಂಸೆ ಕೇಳಿ, ಕಾಗೆಯು ತಾನು ಯಾರು? ಎಷ್ಟು ಎತ್ತರ ಮರೆತು, ಸಟ ಕೊಂಡು, ಕೊಂಕು ಮಾಡುತ್ತ, ತನ್ನ ಸ್ವರಕ್ಕೆ ಈ ನರಿಯು ಭ್ರಾಂತವಾಗಿದೆ, ಇದನ್ನು ಸಂತೋಷಗೊಳಿಸ ಬೇಕೆಂದ್ದು, ಗಾಯನಕ್ಕೆ ಆರಂಭ ಮಾಡಿತು (B. 3, 12).

ಸಟತನ saṭatana. The state of being puffed up or proud. ಮಠಪತಿಯಾದರೂ ಸಟತನ ಬಿಡಲಿಲ್ಲ (Prv.).

ಸಟಿ saṭi. 1. = ಸೆಡೆ 1. To grow puffed up, etc. (S. Mhr.).

ಸಟಿ saṭi. 2. = ಸೆಟಿ, ಸೆಡೆ 2. To be or become crooked or bent, to bend (S. Mhr.).

ಸಟಿ saṭi. 3. = ಸೆಡೆ 4. Becoming crooked, etc. — ಸಟಿಬೇನೆ. A disease by which the limbs grow bent, convulsions (S. Mhr.).

ಸಟಿಗೆ saṭigĕ. A N. of Durgâ (Mhr. ಸಟವಾಈ, ಸಟವಿ). — ಸಟಿಗೆಯವ್ವ. -ಅವ್ವ. = ಸಟಿಗೆ. (S. Mhr.).

ಸಟುಕ saṭuka. = (ಸಟ್ಟು), ಸಟ್ಟುಗ, ಸೊಟಕ. A ladle of wood or of a cocoa-nut shell (My.).

ಸಟೆ saṭĕ. 1. Tbh. of ಶಠೆ. (Šmd. 338). Falsehood, lying, cheating (ಅನೃತ Šmd. 232 Cm.; J. 5, 56; My.; Tĕ.). ಸಟೆಯ ನುಡಿ (ಅನೃತಂವಚಃ, ಸುಳ್ಳುಮಾತು Si. 59); ಸಟೆಯಾಗಿ ಸನ್ಯಾಸಿವೇಷವನ್ನು ಕಲ್ಪಿಸಿ ಕೊಂಡು ತಿರಿದುಮ್ಬುವವ (ಕುಹನ 254; see 299. 406). ಪುಟವಿಕ್ಕಿದರೂ ಸಟೆ ಬಿಡಲಿಲ್ಲ. — ಸಟೆ ನುಡಿಯುವವನಿಗೆ ಮಠದ ಪೂಜೆ ಯಾಕೆ? (Prvs.). — ಸಟೆ ಪಟೆ. reit. = ಸಟೆ. (My.). — ಸಟೆಪಟೆಕೆಲಸ. Fictitious, useless work (as that of children when they imitate cooking, without fire, water, food, etc., My.). — ಸಟೆಪಟೆಮಾತು. A lie (My.). — ಸಟೆಮಾತು. A lie, untruth. ಮಾಡೋದೇ ಪಾರಾಯಣ, ಆಡೋದೇ ಸಟೆಮಾತು (Prv.).

ಸಟೆ saṭĕ. 2. = ಜಟೆ. *An ascetic's matted or clotted hair;* the mane of a lion, the bristles of a boar. *Cf.* ಕಬ್ಬು.

ಸಟೆಗ saṭĕ-ga. (Šmd. 237). A dishonest, deceitful man (?).

ಸಟೆಗಾರ saṭĕ-gâra. A liar (My.). ಸಟೆಗಾರನ ಮಾತು ದಿಟವಾದರೂ ನಮ್ಬರು (Prv.).

ಸಟೆಗಾರ್ತಿ saṭĕ-gârti. A female liar (My.).

ಸಟ್ಟ saṭṭa. = ಚಟ್ಟ, ಸಟ್ಟಿ etc. Plural ಸಟ್ರು (My.).

ಸಟ್ಟಿ saṭṭi. = ಚಟ್ಟ, ಚಟ್ಟಿ 2, etc., ಸಟ್ಟ, ಸೆಟ್ಟಿ, q. v. (My.). — ಸಟ್ಟಿವರ್ತಕರು. A saṭṭi and other merchants (My.).

ಸಟ್ಟು saṭṭu. = (ಸಟುಕ), ಸಟ್ಟುಗ, (ಸವುಟು). A ladle (Ĉ. Bp. 42, 29; Tu. ಸಟ್ಟು; *cf.* ತರ್ಡು?).

ಸಟ್ಟುಗ saṭṭuga. = ಸಟ್ಟು. A ladle, a spoon (ದರ್ವಿ, ತರ್ಮ, ಖಜಿಕೆ, ದಾರುಹಸ್ತ Hlâ.; ದರ್ವಿ, ಕಮ್ಬಿ, ಖಜಾಕ Nr.; Bp. 58, 40; Si. 310; My.; M. ಚಟ್ಟುಗ; T. ಚಟ್ಟುವ).

ಸಡಕ saḍaka. = ಸಡಕು 1. An ornament of a certain description. ಹದಿವಿಗೆಯ ತುದಿಯ ಸಡಕಂ (ಉಷ್ಣೀಷ Mr. 287). See Hlâ. s. ಹದಿಯಿಗೆ.

ಸಡಕು saḍaku. 1. = ಸಡಕ. ತಳಿತ ಪಲ್ಲವ ಸತ್ತಿಗೆಯ ಹೊಂಗಲಸಗಳ ಹೊದರಿಟ್ಟ ಝಲ್ಲರಿಗಳ ವಿಚಿತ್ರಾಮ್ಬರದ ಮುತ್ತಿನ ಮೇಲುಗಟ್ಟುಗಳ ನೆಲೆ ನೆಲೆಯ ಲೋವೆಗಳ ಮುಕ್ತಾಫಲದ ಸಡಕಿನ ಸೂಸಕದ ಲಮ್ಬಳದ ಲಳಿಗಳ ಲಹರಿಯಲಿ (ಸೌಧಾಳಿಗಳ್) ರಂಜಿಸಿದವು ಅನವರತ (Râm. 1, 7, 14). ವಿಳಿರ್ವ ಪತಾಕೆಗಳ ಪರಿವಿಡಿಯ ಮುತ್ತಿನ ಸೂಸಕದ ಸಡಕುಗಳ ಸೀಗುರಿಯ ಇಡಿದ ಮಣಿಮಯಕಲಶದಿನ್ದ ಎಸೆವ ಎಡ ಬಲದ ಸೌಧಗಳ್ (1, 13, 4).

ಸಡಕು saḍaku. 2. = (ಸಡಗರ 1), ಸೆಡಕು 1. The state of being proper or correct (My.).

ಸಡಗರ saḍa-gara. 1. Nicety, neatness, fitness (Šm. 25. 40. 55), goodness, excellence, beauty (ಒಳ್ಳಿತು Bhn. 56; Bh. 1, 4, 6; 3, 8, 20; *cf.* ಗರಗರಿಕೆ; ಚನ್ 2, ಸಯ್ 1).

ಸಡಗರ saḍagara. 2. Agitation, great activity; eagerness; elation; joy; merrimake, festivity; festive display (ಸಮ್ಭ್ರಮ Ĉt. II, 65; My.; *cf.* ಕಡಂಗು 1 & ಕಡು 1? ಜಯ್?). ಘುರಕ್ಕೊದಗುವರಾರ್? ತೊಡರ್ದೊಡೆ ಥಂಗಂ ಬರ್ಕುಂ! ಸಡಗರಮಿದು! ಜಯಮೆ ಮೆಚ್ಚುವುದು! (Šmd. 177). See Grj. 9, after 58; Bp. 6, 20; 40, 62; 56, 17; Ršv. 6, after 11; 8, after 125; 13, after 65, 71 & 95; Ššv. 4, 130; Râm. 1, 1, 3; 1, 13, 10; 6, 14, 28; B. 3, 71. 77; 5, 291. — ಸಡಗರಾಗು. -ಆಗು. To become or be full of joy or merrimake. ಉಡಹೀನ ಮೂಡಲೂ ನುಡಿಹೀನ ಬಡಗಲೂ ಕಡುಕೋಪದವರು ಪಡವಲು ಟೆಂಕಲೂ ಸಡಗರಾದವರು (Sp.).

ಸಡಗರಿಸು saḍagarisu. 1. To decorate or adorn (one's self, Ršv. 7, after 17; 8, after 5).

ಸಡಗರಿಸು saḍagarisu. 2. To grow agitated, eager, elated or joyful (Grj. 6, after 56; Bp. 5, 28; 24, 44; 30, 9; Ršv. 6, after 17).

ಸಡಲ್ saḍal. = ಸಡಿಲ್, etc. (Bp. 40, 22).

ಸಡಲ saḍala. = ಸಡಿಲ, etc. (My.).

ಸಡಲಿಸು saḍalisu. = ಸಡಿಲ್ಚು, etc. (Bp. 59, 10; J. 27, 40; My.).

ಸಡಲು saḍalu. 1. = ಸಡಿಲ್, etc. P. p. ಸಡಲಿ. (Bp. 22, 8. 33; 44, 9; 45, 20; 46, 57; B. 5, 71. 144; My.). ತೊಗಲು ಸಡಲಿ ಮುಪ್ಪು, ಹಗಲು ಸಡಲಿ ಇರುಳು (Prv.).

ಸಡಲು saḍalu. 2. = ಸಡಿಲು 2, etc. (My.).

ಸಡಿ saḍi. (Tĕ. ಸಡಿ, infamy, slander, reproach, censure, blame = ದೂರು, ಅಪವಾದ, ದೂಷಣ, ಅಪಕೀರ್ತಿ; noise, clamour = ಚಡಿ, ರಣ್ಪೆ; notoriety = ಪ್ರಸಿದ್ಧಿ). — ಸಡಿ ಪಡ. reit. (Grj. 6, 36; 8, 40; Bp. 43, 55).

ಸಡಿಲ್ saḍil. = ಸಡಲ್, ಸಡಲು 1, ಸಡಿಲು 1, ಸಡ್ಲು 1. To become loose; to become slack; to relax (v. i.); to become lax. P. p. ಸಡಿಲ್ದು. ಸಡಿಲ್ದುದು (ಜಂಗಳ Kk. 56; ಜಂಗಳ, ಬಟಿಲ್, ಸೋರ್ Šm. 49; Tĕ. ಸಡಲು, ಸಳ್ಳು). See Ĉpr. 8, 98. 103; Abh. P. 14, after 3; Grj. 10, 92; Bp. 5, 28; 44, 22.

ಸಡಿಲ saḍila. = ಸಡಲ, ಸಡಿಲು 2, etc. (ಶ್ಲಥ, ಶಿಥಿಲ Mr. 461).

ಸಡಿಲಿಸು saḍilisu. = ಸಡಿಲ್ಚು, etc. (Grj. 10, after 61; Bp. 59, 3; Tĕ. ಸಡಲಿಂಚು, ಸಳ್ಳಿಂಚು).

ಸಡಿಲು sadilu. 1. = ಸಡಿಲ್, etc. P. p. ಸಡಿಲಿ (Grj. 4, 30).

ಸಡಿಲು sadilu. 2. = ಸಡಲ, ಸಡಲು 2, ಸಡಿಲ, ಸಡ್ಲ, ಸಡ್ಲು 2, ಸಳ್ಳ, ಸಳ್ಳು. The state of being loose, slack, relaxed, or lax (My.; Tu. ಸಡಿಲ್). — ಸಡಿಲಾಗು. -ಆಗು. To become loose, etc. (C.; G. 125). ನರಗಳು ಸಡಿಲಾಗುತ್ತವೆ (B. 4, 134). — ಸಡಿಲು ಬಿಡು. To relax (v. t.); to remit in respect to restraint or restriction, to allow too much liberty. ಸಡಿಲು ಬಿಟ್ಟವನಿಗೆ ಬುದ್ಧಿ ಮಡಲಲ್ಲಿ ಹಾಕಿದರೂ ಬಾರದು (Prv.).

ಸಡಿಲ್ಚು sadilću. = ಸಡಲಿಸು, ಸಡಿಲಿಸು, ಸಡ್ಲಿಸು. To make loose, to loosen; to slacken; to relax (v. t., ಶೈಥಿಲ್ಯ Šmd. Dh.; Grj. 10, after 61; Rāv. 5, after 19; J. 30, 16).

ಸಡ್ಡಕ saddaka. A man who has become the relation of another by marrying the sister of that man's wife (My.; Tĕ.). ಸಡ್ಡಕನಿಗಿನ್ನ ನಣ್ಟಿಲ್ಲ, ಲಡ್ಡಿಗೆಗಿನ್ನ ಕಜ್ಜಾಯವಿಲ್ಲ (Prv.).

ಸಡ್ಡಿ saddi. = ಸಡ್ಡೆ 1. See ಎಳೆ-.

ಸಡ್ಡೆ saddĕ. 1. A sowing machine used with the hand to sow in rows (ಅಡ್ಡೆ Mr. 370; My.).

ಸಡ್ಡೆ saddĕ. 2. Tbh. of ಶ್ರದ್ಧೆ. Respect, honour, esteem, regard; attention, heed (My.; Tĕ.; T. ಚಟ್ಟೈ; see ಅಸಡ್ಡೆ). — ಸಡ್ಡೆ ಮಾಡು. To respect, to honour, to regard; to heed, to care for or about (My.).

ಸಡ್ಯ sadya. Tbh. of ಶಾಠ್ಯ? ಪಾಡ್ಯವಾದರೂ ಸಡ್ಯವಿರ ಬಾರದು (Prv.).

ಸಡ್ಲ sadla. = ಸಡಿಲು 2, etc. (My.).

ಸಡ್ಲಿಸು sadlisu. = ಸಡಿಲ್ಚು. (My.).

ಸಡ್ಲು sadlu. 1. = ಸಡಿಲ್, etc. (My.).

ಸಡ್ಲು sadlu. 2. = ಸಡಿಲು 2, etc. (My.; ಶಿಥಿಲ, ಶ್ಲಥ G.; *cf.* ಸ್ಥಲು).

ಸಣ saṇa. P. p. of ಸಣೆ 2, in ಸಣ ಕೊಳ್ಳು, to wash (My.).

ಸಣಬು saṇabu. Tbh. of ಶಣ. The sun-hemp plant, Crotolaria juncea L., and the common hemp plant, Cannabis sativa L. (the flower of which is occasionally used in pūjā; ಶಣ Mr. 141; St. & Pl.; ಭಂಗಿ Nr., Si. 301; ಮಾತುಲಾನಿ, ಭಂಗಿ Nr., Si. 305); hemp (My.; Bh. 8, 6, 48; J. 26, 54; B. 5, 146. 296; Si. 121). ಸಣಬು ಬಿತ್ತಿದರು ಕೆಯ್ (ಭಾಂಗೀನ Mr. 98).

ಸಣಸು saṇasu. = ಸೇಣಸು 1, q. v. ಸಣಸುವವನಾದರೆ ಹೆಣ ನೋಡಿ ಹೆದರುವ್ಯಾನೇ? (Prv.).

ಸಣಾಡಿಕಾಗಿಡ saṇāḍikā-giḍa. = ಬಳೆವಡಕಗಿಡ. (St. & Pl.).

ಸಣಿ saṇi. Tbh. of ಶನಿ. (ಶನಿ Šm. 17; My.).

ಸಣಿವಾರ saṇi-vāra. Tbh. of ಶನಿವಾರ. (Šmd. 377; My.).

ಸಣೆ saṇĕ. 1. To cause to assume an expression of displeasure or anger. ಮೋಱೆಯನ್ನು ಸಣೆಯುವನು (My.).

ಸಣೆ saṇĕ. 2. = ಸೆಣೆ 2. To wash, as clothes (My.; *cf.* ಸಳೆ?).

ಸಣ್ಟ saṇṭa. = ಶಣ್ಟ. The hair about the privities. See Prv. s. ಬೇಲ.

ಸಣ್ತರ saṇṭara. = ಸುಣ್ಬುರೆ, etc.. — ಸಣ್ತರಗಾಳಿ. = ಸುಣ್ಬುರೆಗಾಳಿ. (G.).

ಸಣ್ಡ saṇḍa. Tbh. of ಷಣ್ಡ. (Šmd. 339).

ಸಣ್ಡವಣೆ saṇḍavaṇĕ. Tbh. of ಸನ್ಧಾನ. (G.).

ಸಣ್ಡಿಗೆ saṇḍigĕ. = ಸೆಣ್ಡಿಗೆ. Tbh. of ಷಣ್ಡಕ No. 2. A condiment or seasoning of grain or pulse made with chillies, salt, etc., dried and fried in oil or ghee (My.; ಷಣ್ಡಕ Mr. 217; Rām. 5, 8, 69). See Prv. s. ತೇರು 1. ಸಣ್ಡಿಗೆ ಹುರಿಯ ಬೇಕಾದರೆ ಮಣ್ಣಿ ಕೆಳಗೆ ಮಾಡ ಬೇಕೇ?— ಮನೇ ತಿಮ್ಮುವವನಿಗೆ ಕದ ಹಪ್ಪಳ ಸಣ್ಡಿಗೆ (Prvs.). — ಸಣ್ಡಿಗೆಕುಮ್ಬಳಕಾಯಿ. -ಕುಮ್ಬಳ-. (ಇಕ್ಷುಗನ್ಧೆ, ಕರ್ಕಾರು, ಕುಷ್ಮಾಣ್ಡಕ, ಕೂಷ್ಮಾಣ್ಡ, ಕ್ರೋಷ್ಟ್ರು, ಮಹಾಶ್ವೇತ, ವಿದಾರಿ, ಕ್ಷೀರವಿದಾರಿ G.).

ಸಣ್ಡಿಶ saṇḍiśa. A pair of tongs or nippers (Sk.; *cf.* ತಣ್ಡಸ).

ಸಣ್ಡೀನ saṇ-ḍīna. Flying together. 2, *alighting, perching* (as a bird).

ಸಣ್ಣ saṇṇa. Tbh. of ಸನ್ನ 1. Small, little, tiny, minute, thin, fine, delicate, slender, narrow, insignificant; smallness, etc. (ಸನ್ನ, ಶಾತ Mr. 448; ಸ್ತೋಕ, ಅಲ್ಪ, ಕ್ಷುಲ್ಲಕ, ಸೂಕ್ಷ್ಮ, ಕೃಶ, ತನು, etc. Si. 370; ಅಲ್ಪ G.; C.; Mhr. ಸಾನ; M. ಸನ್ನ; Tĕ. ಸನ್ನ, ಸನ್ನೆ; T. ಚನ್ನ). — ಸಣ್ಣ ಇರುವೆ. A small ant (B. 2, 9). — ಸಣ್ಣ ಈಚಲೆಮರ. The small date-palm, Phoenix farinifera Roxb. (St. & Pl.). — ಸಣ್ಣ ಕಡುಕು. N. of a plant (ಕಟುಕಿ Nr.). — ಸಣ್ಣ ಕವಿ. An insignificant or bad poet (ಕುಕವಿ, ಕೀಳ ಕವಿ Cb.). — ಸಣ್ಣ ಕಾಗೆಸೊಪ್ಪು. = ಕರೇ ಹೂಲಿ. (St. & Pl. according to Z.). — ಸಣ್ಣ ಕುಡಿಕೆ. A small kuḍikĕ (My.). — ಸಣ್ಣ ಕೆಱೆ. A small tank (ಅಲ್ಪಸರ G.). — ಸಣ್ಣಕ್ಕಿ. -ಅಕ್ಕಿ. Small-grained, very good rice (My.). — ಸಣ್ಣಗಮ್ಬಳಿ. -ಕಮ್ಬಳಿ. A thin, black cumley (My.). — ಸಣ್ಣ ಗಾರೆ. Fine plaster (My.). — ಸಣ್ಣ ಗಾಳ. (Šmd. 336; Kk. 98). A small fish-hook, etc. — ಸಣ್ಣ ಗೋದಿ. Small wheat (ಮಧುರ Cb.). — ಸಣ್ಣ ಗೋರಣ್ಟೆ. A kind of gōraṇṭĕ (ಸಹೆ, ಕುಮಾರಿ, ತರಣಿ Si. 139). — ಸಣ್ಣ ಜಙ್ಘೆ. A small or thin shank or leg (J. 28, 46). — ಸಣ್ಣ ಜಾಲಿ. = ಕಿಱುಜಾಲಿ. (St. & Pl.). — ಸಣ್ಣ ತಲೆ. A small head. ಸಣ್ಣ ತಲೆಗೆ ದೊಡ್ಡ ಮುಣ್ಡಾಸು (Prv.). — ಸಣ್ಣ ತುಱಿಚಿ. A plant that stings like a nettle, Tragia cannabina L. f. (St. & Pl.). — ಸಣ್ಣದು. -ಅದು. That is small, etc., a small, etc. thing, etc. (C.). ಬೀಜ ಸಣ್ಣದಾದರೆ ಮರ ಸಣ್ಣದೋ? (Prv.). ಬಹಳ ಸಣ್ಣದು (ಅಲ್ಪಿಷ್ಠ G.). — ಸಣ್ಣ ದೊಡ್ಡ. Small and big. ಕೆಲವು ಸಣ್ಣ ದೊಡ್ಡ ನದಿಗಳು (B. 4, 142). — ಸಣ್ಣ ಧ್ವನಿ. A low, whispering voice (G. 146). — ಸಣ್ಣ ನಡು. A slender, delicate waist (J. 16, 8; 18, 34). — ಸಣ್ಣ ನೆಗ್ಗಿಲು. A small kind of nĕggilu (My.). — ಸಣ್ಣ ನೆಲ್ಲಿ. = ಕಿಱುನೆಲ್ಲಿ. (G.). — ಸಣ್ಣ ನೆಲ್ಲು. The paddy of ಸಣ್ಣಕ್ಕಿ (My.). — ಸಣ್ಣ ಪಡವಲಬಳ್ಳಿ. = ಕಹಿಪಡವಲ. (St. & Pl.). — ಸಣ್ಣ ಬಟ್ಟಗಡಲೆ. (ಮುಂಗಲ್ಯಕ, ಮಸೂರ Si. 304). — ಸಣ್ಣ ಬತ್ತ. (ಅಣು Si. 305). — ಸಣ್ಣ ಬರಸ. The plant Euphorbia thymifolia Willd. (Z.). — ಸಣ್ಣ ಬುರ್ಲಿ. The partridge called Perdix hepburnii var. Pallida odypore (Bd.). — ಸಣ್ಣ ಮಲ್ಲಿಗೆ. (ಕುನ್ದ My.). — ಸಣ್ಣಮಾಗು. -ಆಗು. To become small, etc. ಸಣ್ಣಮಾಗಿ ತುಱು (ಕಿಮುದ್ದುಱು Šmd. I). ಸಣ್ಣಮಾದುದು (ಸನ್ನ, ಶಾತ Hlā.). ನಯಮಾಗಿ ಸಣ್ಣಮಾಗಿ ಇದ್ದ ಧ್ವನಿ (ಕಾಕಲಿ Nr.). — ಸಣ್ಣ ಮಾತು. A petty, insignificant word (My.). 2, a low, mean word (My.). ಸಣ್ಣ ಮಾತಾಡೋಣ (ಕೀಱುನುಡಿ Cb.). — ಸಣ್ಣ ಮೊನೆ. A fine point (My.). — ಸಣ್ಣ ಮೋಱೆ. A dejected, low-spirited countenance (B. 3, 34). — ಸಣ್ಣಲುಬು. -ಅಲುಬು. The herb Alysicarpus bupleurifolius D. C. (Z.). — ಸಣ್ಣವ. -ಅವ. A small, etc., young male; a boy (C.). ಸಣ್ಣವರು (ಪಲ್ಲವ, ಬಾಲಕರು Nn. 130; it is also the plural of ಸಣ್ಣವಳು). ಸಣ್ಣವರೂ ದೊಡ್ಡವರೂ ಇಬ್ಬೆಗಳ ಹಾಗೆ ಯಾವಾಗಲೂ ಉದ್ಯೋಗದಲ್ಲಿರ ಬೇಕು (B. 3, 70). ಸಣ್ಣವರೂ ದೊಡ್ಡವರೂ ಕೂಡಿ (5, 211). ಸಣ್ಣವನಾದರೂ ಚಿಮ್ಮಿಗ ಸರೆಯಬೀವೆ ಕದಿಯದೆ ಬಿಡ. — ಸಣ್ಣವನಿದ್ದ ಮಣ್ಣಿನ ಕೆಲಸವು ಆಗದು (Prvs.). — ಸಣ್ಣವಡಂಜಿ. A small kind of vaḍañji (Bp. 11, 26). — ಸಣ್ಣವಳು. -ಅವಳು. A small, etc., young female; a girl (C.). ಸವತಿ ಸಣ್ಣವಳಲ್ಲ, ದಾಯಾದಿ ಚಿಕ್ಕವನಲ್ಲ (Prv.). — ಸಣ್ಣವಳೆ. -ಬಳೆ. A small ring for the wrist (Čpr. 8, 52). — ಸಣ್ಣ ಸಣ್ಣ. rep. ಹಕ್ಕಿ ಇಲಿ ಇಣಚಿ ಮೊಲ ಮುನ್ತಾದ ಸಣ್ಣ ಸಣ್ಣ ಪ್ರಾಣಿಗಳು (B. 3, 31). ಹೂವಿನ ನಡುವೆ ಸಣ್ಣ ಸಣ್ಣ ತನ್ತುಗಳು ಇರುವವು (3, 37). ಮೊದಲು ಜನರು ಸಣ್ಣ ಸಣ್ಣ ತಪ್ಪುಗಳನ್ನು ಮಾಡುತ್ತಾರೆ (3, 38). ಅವನಿಗೆ ಆಱು ಮನ್ದಿ ಸಣ್ಣ ಸಣ್ಣ ಮಕ್ಕಳು (4, 74). ಸಮುದ್ರದಲ್ಲಿ ಎಷ್ಟೋ ಸಣ್ಣ ಸಣ್ಣ ನಡುಗಡ್ಡೆಗಳೂ ಉಸುಬಿನ ದಿನ್ನೆಗಳೂ ಅವೆ! (4, 204). — ಸಣ್ಣ ಹನಿ. A small drop (My.). ಆನೆಯ ಕರದಿಂ ಕೆದರ್ದ ಸಣ್ಣ ಹನಿ (ವಮಥು Mr. 156). — ಸಣ್ಣ ಹುಡಗಿ. A little girl (ಬಾಲೆ, etc. Dhw.). — ಸಣ್ಣ ಹುಡಿ. Fine particles, dust, powder (ಚೂರ್ಣ, ಪಾಂಸು, ರೇಣು, ಧೂಳಿ, etc. Mr. 284). — ಸಣ್ಣ ಹುಡುಗ. A little boy (My.). — ಸಣ್ಣ ಹುಡುಗಿ. = ಸಣ್ಣ ಹುಡಗಿ. (My.). — ಸಣ್ಣ ಹುಲ್ಲು. Small, fine grass (Si. 163). — ಸಣ್ಣ ಹುಳಕ. A kind of sand-piper (Pr.; *cf.* ದೊಡ್ಡ-). — ಸಣ್ಣಾಗು. -ಆಗು. = ಸಣ್ಣವಾಗು. To become small, fine (B. 4, 105. 118. 157; G. 300) or low (in spirits), dispirited, weak (4, 129).

ಸಣ್ಣಗೆ saṇṇa-agĕ4. Small, etc. (My.). ಸಾರಂಗದ ಕಾಲುಗಳು ಉದ್ದವಾಗಿ ಬಹಳ ಸಣ್ಣಗೆ ಅವೆ (B. 3, 18). ಒಟ್ಟೆಯ ಗೋಣು ಸಣ್ಣಗೆ ಉದ್ದವಾಗಿ ಬಿಲ್ಲಿನನ್ತೆ ಡೊಂಕ ಇರುವದು;...ಕಾಲು ಸಣ್ಣಗೆ ಇರುತ್ತವೆ (3, 64). ಸಣ್ಣಗೆ ಕ್ಷಯಿಸಿ ದುರ್ಬಲನಾದವನು (ಗ್ಲಾನ, ಗ್ಲಾಸ್ನು, Si. 402). ಸಣ್ಣಗಿರುವ ನರಗಳು (ಸ್ನಾಯು, etc. 205). ಕಾರುಕೃತ್ಯಗಳಿನ್ದ ಸಣ್ಣಗೆ ಮಾಡಲ್ ಪಟ್ಟ ಸಾಮಾನು (381).

ಸಣ್ಣನೆ saṇṇa-anĕ1. = ಸಣ್ಣಗೆ. (My.). ಸಣ್ಣನಾದುದು (ಬಡವಟ್ಟುದು Čt. I, 15). ಸಣ್ಣನೆಗಿಡ್ಡಾಳು (ವೃಷ್ಣಿ, ಅಲ್ಪತನು Si. 198).

ಸಣ್ಣನ್ನ saṇṇa-anna1. Small, etc. ಒಸ್ದು ಸಣ್ಣನ್ನ ಎದೆ (B. 4, 175). ಸಣ್ಣನ್ನ ಬಿಳೀ ಮುಳಲು (4, 225).

ಸಣ್ಣಿ saṇṇi. A garment of fibres or silk, that is considered always ceremoniously clean and not requiring washing (Tu.). ಎಣ್ಣೆ ಮಾಱುವವಗೆ ಸಣ್ಣಿ ಯಾಕೆ? (Prv.).

ಸಣ್ಣಿಗೆ saṇṇigĕ. That in which anything is made fine or powdered, a mortar. ಶಶಿಕಾನ್ತದ ಸಣ್ಣಿಗೆ (Čpr. 1, 123). ಪೊಸ ಸಣ್ಣಿಗೆಯೊಳ್ ಇಡಿದ (ground) ಪುಲಿನದಿನ್ದ (J. 15, 9).

ಸಣ್ಣಿತು saṇṇa-itu. = (ಸಣ್ಣದು), ಸಣ್ಣಿತ್ತು. That is small, fine, etc. (ಅತಿಚೂರ್ಣ Čt. I, 79).

ಸಣ್ಣಿತ್ತು saṇṇa-ittu1. = ಸಣ್ಣಿತು. ಸಣ್ಣಿತ್ತುಂ ಕೂರಿತ್ತುಮ್ ಅಹ ಧಾನ್ಯದ ತುದಿ (ಶೂಕ Nr.).

ಸಣ್ಣಿಸು saṇṇisu. To powder: to harass greatly (Grj. 2, after 106).

ಸಣ್ಣುಕ saṇṇa-uka. (Šmd. 239). A man who makes small or fine (?).

ಸತ್ sat. ಸನ್ತ್. = ಸತು, ಸದು. *Being, existing.* 2, real, essential, true. 3, *virtuous, good; right, proper* (ಹಿತ, ಪ್ರಯೋಜನ Nn. 84); excellent, best; handsome, beautiful. 4, venerable, respectable. 5, wise, learned. 6, *a good, intelligent or wise person.* 7, that which is, a substance, a thing (ವಸ್ತುಪ್ರತತಿ, ವಸ್ತುಸಮೂಹ 84). 8, (the various worldly objects as being exceedingly numerous): innumerable (ಅಸಂಖ್ಯಾತ 84). 9, that which really is, entity or existence; the really existent, the universal soul. 10, that which is good or real or true; reality, truth (ಶಬ್ದಾರ್ಥ 84). 11, worship (ಉಪಾಸ್ತಿ, ಪೂಜೆ 84). 12, gold (ಜಮ್ಬೂನದ, ಸುವರ್ಣ 84). 13, water. 14, (= ಸದ್?) that is to be left or abandoned (ಹೇಯ, ಬಿಡುವಲ್ಲಿ 84). See Šmd. 113.

ಸತ sata. Constant, eternal (ಶಾಶ್ವತ Kk. 57).

ಸತತ satata. Constant, incessant, perpetual, eternal, continual (Kâvy. II, 2, B, 44). ಸತತಂ, incessantly, *always.*

ಸತತಗತಿ satata-gati. Continually moving; the wind.

ಸತತಗತಿತನುಜ satatagati-tanuja. Hanumat (Abh. P. 11, 60).

ಸತವು satavu. = ಸತುವು. Tbh. of ಸತ್ವ 1. Strength, power; firmness, hardness (My.). 2, = ಸನ್ಧ್ಯಾವರ್ತ (W.). — ಸತವಿನ ಹೂವು. (ಪುಷ್ಪಕೇತು G.).

ಸತಿ sati. 1. (fr. ಸತ್). *A virtuous or faithful wife,* a suttee. 2, a wife (ಗನ್ಧರ್ವ, ಸ್ತ್ರೀ Nn. 135; ಹೆಣ್ಡತಿ G.). ಸತಿಯ ಸೂತಕ (ಋತು 133). ಹುರುಡಿನ ಸತಿ (Šm. 73). ಪತಿ ಇದ್ದವಳೇ ಸತಿ, ಎತಿ ಇದ್ದದ್ದೇ ಕ್ಷೇತ್ರ.—ಪತಿಯಿಲ್ಲದ ಸತಿ, ಗತಿಯಿಲ್ಲದ ದಾತಾರ (Prvs.). — ಸತಿ ಮಾಡಿ ಕೊಳ್. To take a wife (Bp. 51, 9). — ಸತೀ ಹೋಗು. To become a suttee, to burn one's self with the husband's corpse (B. 5, 50).

ಸತಿ sati. 2. In the being or taking place (locative of ಸತ್). 2, = ಸತೀ (*i. e.* ಸತಿ 1, feminine of ಸತ್), being, true, etc. 3, giving, a gift. 4, end, destruction. 5, = ಸತಿಸಪ್ತಮಿ. — ಸತಿಸಪ್ತಮಿ. The locative (used) when (something else) is taking place, a locative-infinitive to be followed by a verb with another agent (Šmd. 162 Cm.; 293 Cm. and vṛitti; 294; 295 vṛitti; 296; 408). — ಸತ್ಯರ್ಥ. -ಅರ್ಥ. The concern or meaning of the ಸತಿಸಪ್ತಮಿ (Šmd. 162. 163. 293).

ಸತೀನ satîna. = ಸತೀಲ.

ಸತೀನಕ satînaka. = ಸತೀಲಕ.

ಸತೀರ್ಥ sa-tîrtha. = ಸತೀರ್ಥ್ಯ.

ಸತೀರ್ಥ್ಯ sa-tîrthya. *A pupil of the same guru,* a fellow religious student.

ಸತೀಲ satîla. = ಸತೀಲಕ.

ಸತೀಲಕ satîlaka. *Pease, pulse of a particular kind* (= ಕಲಾಯ).

ಸತು satu. Tbh. of ಸತ್.

ಸತುಪಾತ್ರ satu-pâtra. Tbh. of ಸತ್ಪಾತ್ರ. (Bp. 18, 59; My.).

ಸತುವು satuvu. = ಸತವು. Tbh. of ಸತ್ವ 1. Strength, etc. 2, = ಸತ್ತು, pewter, zinc (My.; B. 4, 141).

ಸತೃಣ sa-tṛiṇa. Having grass or straw: worthless (Šmd. 72).

ಸತೃಷ್ಣ sa-tṛishṇa. *Thirsty.*

ಸತ್ಕಥೆ sat-kathĕ. An excellent story, especially one that contains no obscenities (My.).

ಸತ್ಕರಣೆ sat-karaṇĕ. Treating with respect, hospitality, etc. (ಅರ್ಘ Mr. 482).

ಸತ್ಕರಿಸು sat-karisu. To treat well or kindly, to treat with respect, to show kindness or respect, to receive hospitably, to welcome; to honour, to worship. See J. 2, 27; 5, 66; 7, 67; 9, 6; 10, 17; 19, 44.

ಸತ್ಕರ್ಮ sat-karma. A good or virtuous act, a pious deed (My.; B. 5, 280).

ಸತ್ಕರ್ಮಿ sat-karmi. A person of virtuous acts, a virtuous person (Jns. 22, 53).

ಸತ್ಕವಿ sat-kavi. An excellent poet (Ch. v. 16; Kâvy. V, 1; Nn. 168; Sm. 118).

ಸತ್ಕವೀನ್ದ್ರ satkavi-indra. = ಸತ್ಕವೀಶ್ವರ. (Râv. 8, after 5).

ಸತ್ಕವೀಶ್ವರ satkavi-îśvara. A most excellent poet (Śmd. 239 Cm.).

ಸತ್ಕಳೆ sat-kaḷĕ. A prime science or fine art. See Nn. s. ಸ್ಯಾತ್.

ಸತ್ಕಾರ sat-kâra. Kind treatment, hospitable treatment or reception, hospitality; reverence, respect; care, attention (ಅರ್ಘ್ಯ Nn. 102; Bp. 5, 17).

ಸತ್ಕಾರ್ಯ sat-kârya. = ಸತ್ಕರ್ಮ. (My.).

ಸತ್ಕೀರ್ತಿ sat-kîrti. Good, great fame (Bp. 36, 47).

ಸತ್ಕುಮಾರ sat-kumâra. = ಸನತ್ಕುಮಾರ.

ಸತ್ಕುಲ sat-kula. A good family, a noble family (ಅನೂಕ, ಒಳ್ಳಿಹ ಕುಲ Nn. 129; Bp. 36, 3).

ಸತ್ಕುಲಜ satkula-ja. Sprung from a noble family; a man born in a noble family (ಒಳ್ಳಿಹ ಕುಲದಲ್ಲಿ ಹುಟ್ಟಿದವನು Nn. 160; ಜಾತ್ಯ Mr. 482; Bp. 57, 39. 55).

ಸತ್ಕುಲಜನ satkula-jana. = ಸತ್ಕುಲಜ. See s. ಸತ್ಕುಲೀನ.

ಸತ್ಕುಲೀನ sat-kulîna. Belonging to a good family, born of a noble family; a well-born man (ಕೌಲೀನ, ಶುದ್ಧಾನ್ವಯ Nn. 76, o. r. ಸತ್ಕುಲಜನ).

ಸತ್ಕೃತ sat-kṛita. Done well, acted rightly or properly. 2, treated with respect or hospitality (J. 32, 55). 3, *respected, revered, honoured;* worshipped, adored, welcomed, saluted. 4, virtue; respect; hospitality.

ಸತ್ಕೃತಿ sat-kṛiti. A good or excellent literary composition (Kâvy. V, 32; Mr. 7). 2, acting properly; a virtuous act; virtue, morality; treating with respect, hospitality (Râm. 1, 5, 25).

ಸತ್ಕೃತ್ಯ sat-kṛitya. A good, virtuous act (My.).

ಸತ್ಕ್ರಿಯೆ sat-kriyĕ. A good or virtuous action, virtue, charity (Bp. 22, 19; 32, 4; 57, 31; Sm. 1; My.). 2, respectful treatment; hospitable treatment (Bp. 60, 62); salutation, welcome. 3, excellent, charming action (Kâvy. IV, 2, 14). 4, any purificatory ceremony. 5, funeral or obsequial ceremonies.

ಸತ್ತ satta. Tbh. of ಸಪ್ತ. Seven (in cards, My.).

ಸತ್ತಪೋವೃತ್ತಿ sat-tapas-vṛitti. Practice of excellent austerities (Cpr. 4, 18).

ಸತ್ತಮ sat-tama. Most or very good or right; most virtuous; *excellent, best;* very venerable.

ಸತ್ತವಿ sattavi. = ಸತ್ತವೆ. (Śmd. 349).

ಸತ್ತವೆ sattavĕ. Tbh. of ಸಪ್ತವಿ. (Śmd. 365; Sm. 19).

ಸತ್ತಾ sattâ. = ಸತ್ತೆ, ಸಥಿ. Being, existence; authority, right over; right of rule, sway, disposal, application or use; power, might (Mhr.; ಆಸ್ಪದ Cb.).

ಸತ್ತಾರ್ಥ sattâ-artha. The meaning of existence or being. See ಉಳ್ 1.

ಸತ್ತಿಗೆ sattigĕ. Tbh. of ಛತ್ರಿಕೆ. (Śmd. 340. 345; Ct. II, 60; ಛತ್ರ, ಆತಪತ್ರ Nr., Mr., 265; ತಳಿರ್ಪಟ Bhn. 32; ತಡ್ Sm. 42. 114; Cpr. 1, 87. 98; 7, 80; Bp. 56, 13; 58, 53; C. Bp. 47, 47; J. 4, 19). ಬಿಳಿಯ ಸತ್ತಿಗೆ (ಸಿತಾತಪತ್ರ Nn. 18). ಸತ್ತಿಗೆ ಅರ್ಥ ಬೋಯಿಗೆ, ಅತ್ತಿಗೆ ಅರ್ಥ ಬಾವಗೆ.— ಸತ್ತಿಯ ವಾಸನಿಸಿದರೆ ಸತ್ತಿಗೆ ಹಿಡಿದ ಹಾಗೆಯೇ.— ಬಿತ್ತಿದ ಬೀಜಕ್ಕೆ ಸತ್ತಿಗೆ ಹಿಡಿದ ಹಾಗೆ (Prvs.).

ಸತ್ತು sattu. P. p. of ಸಾಯ್, ಸಾಯು.

ಸತ್ತು sattu. = ಸತುವು No. 2. Pewter (My.; Tĕ.; Si. 332).

ಸತ್ತುಗ sattuga. Tbh. of ಸಕ್ತುಕ. (Śmd. 351. 360; perhaps Sk. ಸಕ್ತುಕ = ಸಕ್ತು is meant). Flour of parched barley (ಧಾನ್ಯಾದಿಪಿಷ್ಟಮುಂ ಮಿದಿದು ಪುರಿಯಲ್ಕೆ Mr. 219; Mhr. ಸತ್ತೂ; *cf.* ಸದ್ದುಕ). ಮೊಸರಲಿ ಕಲಿಸಿದ ಸತ್ತುಗ (ಕರಮ್ಭ, ದಧಿಸಕ್ತು Hlâ.).

ಸತ್ತುವ sattuva. Tbh. of ಸತ್ತ್ವ (ಸತ್ವ 1). (My.; Tĕ.).

ಸತ್ತೆ sattĕ. (= ಸದೆ 3). Rubbish, dirt, stuff, trash (My.; Tĕ. ಚೆತ್ತ, T. ಚೆತ್ತೈ); **a covert name for a serpent** (My.).— ಸತ್ತೆಹುಲ್ಲು. Worthless grass (My.).

ಸತ್ತೆ sattĕ. = ಸತ್ತಾ. Existence, entity, being, reality (see ಉಳ್ 1); goodness, excellence; essence, sap (My.; Si. 158).

ಸತ್ತ್ರ sad-tra. The true Sk. form of ಸತ್ರ, q. v.

ಸತ್ತ್ವ sat-tva. The true Sk. form of ಸತ್ವ 1, q. v.

ಸತ್ಥಣೆ satthaṇi. One of the terms with ಥ್ (Śmd. 23, o. rs. ಸುತ್ಥಣೆಯ, ಸುಥಣೆ).

ಸತ್ಪಥ sat-patha. *A good road;* good course of life, correct or virtuous conduct.

ಸತ್ಪದ sat-pada. A proper verse or verse-foot (A.).

ಸತ್ಪಾತ್ರ sat-pâtra. = ಸತುಪಾತ್ರ. A proper object of presents or honours, a worthy or virtuous person (ತೀರ್ಥ Nn. 48; J. 10, 27). ಸತ್ಪಾತ್ರದಲ್ಲಿ ಶಾಸ್ತ್ರೋಕ್ತಪ್ರಕಾರ ತಾನಾಗಿ ಕೊಡುವಿಕೆ (ತ್ಯಾಗ, etc. Si. 243). ಕೊಡ ಬೇಕುತ್ತಮನಾದವಂಗೆ ಮುಗಳಂ, ಸತ್ಪಾತ್ರಕಂ ದಾನಮನ್ನಿಡ ಬೇಕು (Sŝ. 25).

ಸತ್ಪುಣ್ಯ sat-puṇya. True virtue, real merit (Bp. 60, 7).

ಸತ್ಪುತ್ರ sat-putra. A good, virtuous son (B. 4, 78; My.).

ಸತ್ಪುರುಷ sat-purusha. A good or virtuous man, a worthy man, a respectable man (ಸಾಧು, ಸಜ್ಜನ, ಆರ್ಯ Hlâ.; ಸಜ್ಜನ, etc. Mr. 241; ಕುಲೀನ, ಉತ್ತಮಪುರುಷ Nn. 45; ಸನ್ತತ್, ಪುದನ 115; Bp. 40, 15; 45, 19; J. 2, 56; B. 4, 185). ಕಪ್ಪೆಗಳು ಮೀನುಗಳು ಇಪ್ಪುದದು ತೀರ್ಥವೇ? ತುಪ್ಪಮ್ ಓಗರಕೆ ಸಲುವದು; ಸತ್ಪುರುಷನಿಪ್ಪುದೇ ತೀರ್ಥ! (Sp.).

ಸತ್ಪ್ರತಿಪಕ್ಷ sat-prati-paksha. A counterbalanced reason or one along with which there exists another equally good on the opposite side; contrariety of argument, existence of opposite premises proving the existence or non-existence of a thing. (R.).

ಸತ್ಫಲ sat-phala. = ಸಪ್ಫಳ. Having good fruit; good fruit (ಪ್ರಸೂನ, ಒಳ್ಳಿಹ ಫಲ Nn. 25, o. r. ಒಳ್ಳಿತ್ತಹ ಫಲ; Bp. 36, 45).

ಸತ್ಯ satya. *True,* real, genuine, sincere, honest, truthful, faithful, virtuous, good. 2, fulfilled, realized. 3, *truth* (ನೈಜ, ನನ್ನಿ Kk. 48; ನಿಕ್ಕುವ, ನನ್ನಿ, ನಿಸದ; ನನ್ನಿ Ct. I, 70. 100); sincerity, reality, goodness, the quality of goodness or purity. 4, demonstrated truth or conclusion, dogma; a fixed rule or order (ನಿಬದ್ಧ, ಕಟ್ಟಳೆ Mr. 358). 5, a solemn asseveration, promise, *oath* (ಪ್ರಮಾಣ, ತಪ್ಪದೆಮ್ಬುದು Nn. 139). 6, the uppermost of the seven lôkas or worlds, the abode of Brahmâ. 7, the first of the four yugas or ages, the best or golden age. ಸತ್ಯಸದ್ಗುಣ ತೀರ್ಥಮ್, ಉತ್ತಮರ ನಡೆ ತೀರ್ಥ, ಸತ್ಕರ ಸಂಗಮ್ ಅದು ತೀರ್ಥ; ಹರಿವ ನೀರ್ ಎತ್ತಣದು ತೀರ್ಥ? (Sp.). ಸತ್ಯವಿದ್ದರೆ ಎತ್ತಲೂ ಭಯವಿಲ್ಲ.— ಸತ್ಯಕ್ಕೆ ಹೋದವ

ನ ಹೆಣ್ಣತಿ ಬತ್ತಲೆ (Prvs.). — ಸತ್ಯಮಾತು. A true, good word (B. 5, 127). ಸತ್ಯಮಾತಾಡು, to speak the truth (B. 3, 36).

ಸತ್ಯಕ satyaka. = ಸತ್ಯ. True, real, etc. 2, N. (J. 11, 50).

ಸತ್ಯಂಕಾರ satya-ṅ-kâra. = ಸಂಚಕರ, ಸಂಚಕಾರ, ಸಂಚಗಾರ. Making good or true, *ratification of a contract or bargain.* 2, something given in advance as an earnest or security for the performance of a contract, earnest-money, pledge.

ಸತ್ಯತನ satyatana. = ಸತ್ಯತೆ. (G. 99. 511; B. 5, 8. 157. 232).

ಸತ್ಯತೆ satyatĕ. Trueness, truth, sincerity, veracity (My.). ಸುಜನಂ ಸತ್ಯತೆಯುಳ್ಳವಂ (Sš.).

ಸತ್ಯತ್ವ satyatva. = ಸತ್ಯತೆ. (Sk.; My.).

ಸತ್ಯಪ್ರತಿಜ್ಞ satya-pratijña. True or faithful to a promise or engagement (My.).

ಸತ್ಯಪ್ರತಿಜ್ಞೆ satya-pratijñĕ. A sincere promise or vow (My.).

ಸತ್ಯಪ್ರಮಾಣ satya-pramâṇa. A sincere oath (My.).

ಸತ್ಯಭಾಮೆ satya-bhâmĕ. N. of one of the eight wives of Kṛishṇa (J. 6, 47. 48. 52).

ಸತ್ಯಮುನಿ satya-muni. A true muni (ಅಜ Mr. 524).

ಸತ್ಯರೂಪ satya-rûpa. A true form; a form of truth or goodness; he whose whole form of being is truth (J. 13, 28).

ಸತ್ಯಲೋಕ satya-lôka. = ಸತ್ಯ No. 6. See Mr. s. ಲೋಕ.

ಸತ್ಯವಚ satya-vaĉa. Tbh. of ಸತ್ಯವಚಸ್. (G.).

ಸತ್ಯವಚನ satya-vaĉana. Truth-speaking, veracity, speaking the truth; a true word, a sincere promise (B. 5, 47; My.).

ಸತ್ಯವಚನಿ satya-vaĉani. A person who speaks truth (B. 5, 38).

ಸತ್ಯವಚಸ್ satya-vaĉas. Truth-speaking, veracious; *a ṛishi;* truth, veracity.

ಸತ್ಯವತ್ satya-vat. Possessing or practising truth, veracious, true.

ಸತ್ಯವತಿ satya-vati. N. of the wife of Parâśara and mother of Vyâsa (Mr. 257; see s. ಗಂಗೆ).

ಸತ್ಯವತಿಜ satyavati-ja. Vyâsa (Mr. 257).

ಸತ್ಯವತೀಸುತ satyavatî-suta. Vyâsa (Sk.; G.).

ಸತ್ಯವನ್ತ satya-vanta. Tbh. of ಸತ್ಯವತ್. A man who practises truth, a faithful, honest, sincere man (ಸತ್ಯಸನ್ಧ G.). Feminine ಸತ್ಯವನ್ತೆ (My.).

ಸತ್ಯವಾಕ್ satya-vâk. ಸತ್ಯವಾಚ್. Truth-speaking, veracious, sincere (My.). 2, a ṛishi.

ಸತ್ಯವಾದಿ satya-vâdi. Speaking truth, veracious; a person who speaks the truth (J. 25, 15; G. 357). See s. ವೈಶಮ್ಪಾಯನ.

ಸತ್ಯಶಾಪ satya-śâpa. An efficacious curse (Bp. 61, 40).

ಸತ್ಯಶಾಲಿ satya-śâlî. Endowed with truth; a faithful, honest person (My.).

ಸತ್ಯಶೀಲ satya-śîla. Disposed to speak the truth, veracious. 2, N. (J. 26, 33).

ಸತ್ಯಸಂಗರ satya-saṅgara. True to an agreement or promise, veracious, faithful (ಸತ್ಯವನ್ತ G.).

ಸತ್ಯಸನ್ಧ satya-sandha. True to an agreement or compact, faithful to an engagement; faithful, veracious; a faithful, etc. man (Abhâ. 1, 43; J. 9, 90).

ಸತ್ಯಾಕೃತಿ satyâ-kṛiti. *Ratification of a bargain.*

ಸತ್ಯಾಚರಣೆ satya-âĉaraṇĕ. Observance of truth (J. 11, 30).

ಸತ್ಯಾನೃತ satya-anṛita. True and false, containing truth and falsehood. 2, practice of truth and falsehood, *commerce, trade, traffic.*

ಸತ್ಯಾಪನ satya-âpana. *Ratification of a bargain.*

ಸತ್ಯೇನ್ದ್ರಚೋಳ satya-indra-ĉôḷa. N. of a king of Ĉôḷa (Rśv. 3, 144; 13, 99).

ಸತ್ಯೇಶ satya-îśa. N. — ಸತ್ಯೇಶಚಾಮಯ. N. (Bp. 36, 58). — ಸತ್ಯೇಶಚಾಮಯ್ಯ. N. (Bp. 47, 35).

ಸತ್ರ satra. = ಸತ್ತ್ರ, ಚತ್ರ1, ಛತ್ರ2. A session; a long sacrificial session or sacrifice; *a sacrifice.* 2, an oblation, offering, gift; giving alms or charity, liberality;— wealth. 3, a residence, house. 4, a place of refuge, a choultry or halting place for travellers or strangers (ತಳಿ Šmd. Db.; Kk. 85; Ĉpr. 5, 46). 5, *covering, concealing.* 6, *a wood, a forest.* 7, the distribution of food to Brâhmaṇas and mendicants; the building erected or the spot appointed for this distribution (Mhr.). ಪುತ್ರರಿಲ್ಲ ದಿದ್ದರೆ ಸತ್ರಕ್ಕೆ ಹೋಗ ಬಾರದೇ? (Prv.). See ಅನ್ನ-.

ಸತ್ರಂ sa-traṁ. *With, together with* (ಕೂಟ Mr. 535).

ಸತ್ರಶಾಲೆ satra-śâlĕ. A building where food and alms are given away to Brâhmaṇas and mendicants, *an almshouse.*

ಸತ್ರಾ sa-trâ. = ಸತ್ರೆ. *With, together with.* 2, always, ever.

ಸತ್ರಾಜಿತ್ satrâ-jit. N. of the father of Satyabhâmâ, father-in-law of Kṛishṇa.

ಸತ್ರಾಜಿತ satrâjita. Tbh. of ಸತ್ರಾಜಿತ್. (Bhâgavata 10, 67 sum.).

ಸತ್ರಾಣ sa-trâṇa. Having power or force; power, force, vehement effort (Bhn. 53; Bb. 2, 2, 96).

ಸತ್ರಾಣಿ sa-trâṇi. A powerful, strong person (ಭೀಮ, ಸತ್ವವನ್ತ Nn. 5).

ಸತ್ರಾರ್ಥ satra-artha. The meaning of a choultry. ತಳಿ ಸತ್ರಾರ್ಥದೊಳ್ ಕುಳಂ (Šmd. I).

ಸತ್ರಿ satri. *A liberal householder* (ಗೃಹಪತಿ) *who constantly performs sacrifices and distributes gifts or alms.*

ಸತ್ರೆ sa-trĕ. = ಸತ್ರಾ, q. v.

ಸತ್ವ satva. 1. = ಸತ್ತ್ವ, ಸತವು, ಸತುವು, ಸತ್ತುವ. *Being, existence,* entity, essence, true essence (ಅಜತದ ಉಳ್ಕೆ Mr. 502, o. rs. ಅಜತಮುಳಿ, ಅಜತಮುಳ್ಕಿ), life, the principle of being. 2, *breath;* spirit, *mind,* sense, consciousness. 3, *a substance, a thing;* wealth. 4, an elementary substance, as earth, air, fire, etc. 5, nature, natural property, characteristic, disposition (ಸುಜನಪ್ರಕೃತಿ 502; ತ್ರಿಗುಣ, ಸತ್ವ ರಜಸ್ ತಮಂಗಳ್ Nn. 14). 6, *any living or sentient being, an animal, a beast,* an evil being, demon, spirit, ghost, goblin, monster (ಭೂತ 502; ಜೀವದಯ, ಜೀವರಾಶಿ 14). 7, goodness, virtue, excellence. 8, truth, certainty, reality. 9, *strength, energy, vigour, power* (ಶಕ್ತಿ 502; ಬಲ, ಶಕ್ತಿ 14; ಅಳ Bhn. 29. 29; ಸಹಸ Bhn. 15). 10, *the quality of purity or goodness* (the other two being rajas and tamas). 11, an embryo. 12, a horse (ವಾಜಿ, ಕುದುರೆ 14). 13, Pârvatî (ಅದ್ರಿಜಾತೆ, ಪಾರ್ವತಿ 14). 14, a mountain (ಪರ್ವತ 14). 15, water (ಅಪ್ಪುಸ, ಉದಕ 14). 16, a cloud (ಘನ, ಮೇಘ 14). 17, alchemy (ಧಾತುವಾದ, ರಸವಾದ 14). 18, a substantive, a noun. See ಊಯು 1. — ಸತ್ವವುಳ್ಳವನು. An able, sensible, clever man (ದಕ್ಷ, ಬಲ್ಲಿದನು Nn. 121).

ಸತ್ವ satva. 2. The letter ಸ್ (Šmd. 32 Cm.; 334. 339. 346. 347).

ಸತ್ವಕ satvaka. See ಸತ್ತುಗ.

ಸತ್ವಗ satva-ga. Going vigorously (?); standing in connection with vigour (?). See ಅಕ್ಕುಡ.

ಸತ್ವಗುಣ satva-guṇa. The faculties or organs of sense (ಅಖಿಲೇನ್ದ್ರಿಯ Nn. 67). 2, the quality of purity or goodness (ತ್ರಿಗುಣಭೇದ, ಗುಣತ್ರಯಭೇದ 67). 3, generosity, liberality (ತ್ಯಾಗ 67). 4, power, valour (ಪರಾಕ್ರಮ 67). 5, the colour of twilight, etc. (ಅಸ್ತರಾಗ, ಸನ್ಧ್ಯಾರಾಗ 67).

ಸತ್ವರ sa-tvara. Having haste or speed, *expeditious, quick, speedy*. ಸತ್ವರಂ, quickly, swiftly, hastily, suddenly.

ಸತ್ವರಗ್ರಹಣ satvara-grahaṇa. Quick or sudden seizure. See ತುಡುಕು 1.

ಸತ್ವವನ್ತ satva-vanta. A powerful man (ಭೀಮ, ಸತ್ರಾಣಿ Nn. 5).

ಸತ್ವಸಾಮಾನ್ಯತೆ satva-sâmânyatĕ. The state of strength being low or feeble. See ಬಸವಡ್.

ಸತ್ವಹೀನ satva-hîna. Impotent, weak; a weak man (My.).

ಸತ್ವಾತಿಶಯ satva-atiśaya. Eminence of, or superiority in, strength (J. 7, 33).

ಸತ್ವಾಧಿಕ satva-adhika. Possessing superior strength (see Mr. s. ಪೊಗಬ); a very powerful man (J. 13, 46).

ಸತ್ವೆ satvĕ. A pregnant woman (ವರಘುರ್ಯೆ, ಗರ್ಭಿಣಿ, etc. Mr. 307; *cf.* ಆಪನ್ನಸತ್ವೆ).

ಸತ್ಸಂಗ sat-saṅga. Association with the good; good company (J. 18, 39). ಮಗನೆ, ನೀಂ ಸತ್ಸಂಗದಲ್ಲಿರ್ಪುದು! (Šś.).

ಸತ್ಸಮ್ಪ್ರದಾಯ sat-sampradâya. Good custom or usage (My.).

ಸತ್ಸಹವಾಸ sat-sahavâsa. Living together with the good, keeping good company, good company (My.).

ಸಥಿ sathi. Tbh. of Mhr. ಸತ್ತಾ. (B. 4, 138).

ಸದ್ sad. = ಸತ್. One who sits or settles down, sitting, dwelling, residing, etc. See ತ್ರಿವಿಷ್ಟಪ-, ದಿವಿ-, ನಿ-, ಸಂ-, ಸಭಾ-.

ಸದ sada. = ಸದ್. See ಅಪ-, ಸಭಾ-.

ಸದಕೀರ್ತನ sat-akîrtana. The neglect to mention what is essential (Kâvy. V, 26).

ಸದಕು sadaku. = ತದಕು 1. To beat (Râm. 6, 43, 8; *cf.* ಸದೆ 1).

ಸದಗುಪ್ಪೆ sadaguppĕ. (= ಸದಾಬು, etc.). Tbh. of ಶತಪುಷ್ಪೆ. A sort of fennel (ಶತಪುಷ್ಪೆ, ಸಿತಛತ್ರೆ, ಅತಿಚ್ಛತ್ರೆ, etc. Nr.).

ಸದನ sadana. Sitting; a seat. 2, *an abode, a dwelling, a house* (ಮನೆ Nn. 84). 3, sinking down, perishing, decaying; exhaustion.

ಸದನಾಂಗಣ sadana-aṅgaṇa. The court or yard of a house (Bp. 40, 3).

ಸದಭಿಮತ sat-abhimata. Approved of by, or pleasant to, intelligent or learned persons (Kâvy. II, 1, 6).

ಸದಮಲ sat-amala. True and pure; truly pure (ನಿರ್ಮಲ Bhn. 64; Šmd. 64; Čh. v. 179. 226). 2, N. of a vṛitta (Čh.).

ಸದಮಲಭಕ್ತಿ sadamala-bhakti. Truly pure devotedness (My.).

ಸದಮಲಾತ್ಮ sadamala-âtma. A truly pure person (Bp. 36, 47).

ಸದಮಲಾತ್ಮಕ sadamala-âtmaka. One whose character is truly pure (Bp. 24, 42; 39, 65; 61, 71).

ಸದಯ sa-daya. Merciful, compassionate, benevolent; mercy, etc. (Bp. 22 sum.; 37, 34).

ಸದರ್ sadar. = ಸದರ 1, ಸದರು. The highest court of the law (Mhr., H. ಸದರ). 2, hall of audience, a state-room, a seat for the administration of justice or the direction of public business (Mhr., H.). 3, chief, principal, head (Mhr., H.). 4, a heading (in papers of accounts, etc. Mhr., H.). — ಸದರ್ ಅದಾಲತ್. A zillah court (My.). — ಸದರ್ ಅಮೀನ್. The second class judge over a civil court subordinate to the zillah courts (My.; Mhr.). — ಸದರ್ ಬೇಸದರ್. A heading and that is not the heading, but comes under it (My.).

ಸದರ sadara. 1. = ಸದರ್. — ಸದರ ಅಮೀನ. = ಸದರ್ ಅಮೀನ್. (B. 5, 106). — ಸದರ ಅಮೀನಿ. Relating to the ಸದರ ಅಮೀನ (B. 5, 87).

ಸದರ sadara. 2. Familiarity, intimacy, friendliness, affability (Bh. 1, 8, 6; My.); acquaintance, knowledge (Bh. 8, 24, 51); facility, easiness, an easy affair (Šśv. 4, 61; J. 16, 35; 25, 15; My.; *cf.* ಚತುರ?). (ಕಾರ್ಯ) ಹೇಳುವದು ಸದರ, ಮಾಡುವದು ಕಷ್ಟ (Prv.).

ಸದರ sa-dara. 3. Fearful, afraid, timorous.

ಸದರಹು sadarahu. = ಸದರಿ. (My.; Mhr. ಸದರಹೂ, accordingly with the heading, text, matter duly set down, etc.).

ಸದರಿ sadari. Afore-said, above-mentioned, that (My.; Br. ಸದರಹಿ, ಸದರ್ಹಿ).

ಸದರು sadaru. = ಸದರ್. A state-room; an assembly (vîramâhêśvaratantraṭîkâ); an assembly before which dancers, players and singers exhibit (My.; T. ಚದರ್, ಚದುರ್). ಸದರು ಇಲ್ಲದಿದ್ದರೆ ಒದಬುವದಕ್ಕೂ ತಿಳಿಯದೋ? (Prv.). *Cf.* ಸದಸ್.

ಸದರ್ಥ sat-artha. True, proper meaning (Mr. 2); having a proper meaning; mannered, tasteful (Kâvy. III, 1, A, 25).

ಸದಲಂಕಾರ sat-alaṅkâra. An excellent rhetorical expression or figure (Kâvy. III, 3, B, 54).

ಸದಸ್ sadas. = ಸದಸ್ಸು. *A seat, an abode, a dwelling.* 2, *an assembly*, a meeting.

ಸದಸತ್ sat-asat. Being and not being, existent and non-existent, real and unreal, true and false; good and bad, virtuous and wicked (My.).

ಸದಸ್ಯ sadasya. Any man present at or belonging to an assembly, an assessor, a spectator, a member of an assembly, a councillor. 2, any one present or assisting at a sacrifice; *a superintending priest* (ṛitvij) whose duties are to superintend the whole sacrifice and correct mistakes.

ಸದಸ್ಸು sadassu. Tbh. of ಸದಸ್. (Šmd. 106 Cm.).

ಸದಳ sadaḷa. Grain (Râm. 1, 16, 10).

ಸದಳಿಗ sadaḷiga. A grain-seller (Č. Bp. 47, 46).

ಸದಾ sadâ. *Always, at all times, continually, perpetually, ever* (ನಿರನ್ತರ, ಅನುಸ್ಯೂತ Nn. 137), everlastingly, eternally (ನಿತ್ಯ, ಕೇಡಿಲ್ಲದನ್ದಾದು 137).

ಸದಾಕಾಲ sadâ-kâla. All times or seasons; at all times, ever (C.).

ಸದಾಗತಿ sadâ-gati. Ever-going: *air, wind, Vâyu.*

ಸದಾಚರಣ sat-âčaraṇa. = ಸದಾಚಾರ. (B. 5, 189; My.).

ಸದಾಚರಣೆ sat-âčaraṇi. = ಸದಾಚಾರಿ. (B. 5, 158; My.).

ಸದಾಚಾರ sat-âčâra. Moral or virtuous conduct, correct deportment, good manners; approved usage, a good custom (Bp. 61, 13; J. 5, 55; Abhâ. 1, 41; B. 5, 204. 281; My.).

ಸದಾಚಾರಿ sat-âčâri. A virtuous person, a person of correct deportment (B. 5, 204; My.).

ಸದಾತನ sadâtana. Continual, perpetual, *eternal.*

ಸದಾದಾನ sadâ-dâna. Always giving: *liberality, munificence.*

ಸದಾನನ್ದ sadâ-ânanda. Always happy (Bp. 2, 17; 3, 58); perpetual happiness (24, 40).

ಸದಾನವ sadâ-nava. Always new (J. 10, 5). 2, ಸ-ದಾನವ, containing demons (10, 5).

ಸದಾನೀರೆ sadâ-nîrĕ. Always possessing water: *N. of a river, the Katôyâ.*

ಸದಾಪ sadâpa. = (ಸದಗುಪ್ಪೆ), ಸದಾಬು, (ಸಬ್ಬಸಿಗೆ, ಸೋಪು). A kind of fennel, Anethum panmori or sowa (ತಾಳೀಯ, ಶೀತ ಶಿವ, etc., ಸಬ್ಬಸಿಗೆ Si. 147; Tĕ.).

ಸದಾಪುಷ್ಪ sadâ-pushpa. Ever-flowering; the plant Pterospermum suberifolium (ಮುಚುಕುನ್ದ Mr. 127); the cocoa-nut.

ಸದಾಬು sadâbu. = ಸದಾಪ. A strong-smelling herb, the common rue, Ruta graveolens L. (Z.).

ಸದಾಭೋಗ sadâ-bhôga. Ever-enjoying. 2, perpetual enjoyment or pleasure (Kâvy. IV, 2, 60).

ಸದಾರ sa-dâra. 1. Accompanied by a wife, together with a wife.

ಸದಾರ sadâra. 2. Very strong or powerful, able (ಸಮರ್ಥ Bhn. 25).

ಸದಾರುಣ sadâ-aruṇa. Always red (J. 2, 8). 2, ಸ-ದಾರುಣ, always rough (2, 8).

ಸದಾಶಿವ sadâ-šiva. Always happy; an epithet of Šiva (ಸೂಚಕ, ತ್ರೈನೇತ್ರ Nn. 122; Bp. 43, 78; 54, 49; 61, 53; J. 5, 35; see ದೇವಾಂಗ); N. (B. 4, 7).

ಸದಿ sadi. = ಸದೆ 1. (G.).

ಸದು sadu. Tbh. of ಸತ್.

ಸದುಗುಣ sadu-guṇa. Tbh. of ಸದ್ಗುಣ. (Râm. 6, 53, 20).

ಸದುಭಕ್ತ sadu-bhakta. Tbh. of ಸದ್ಭಕ್ತ. (Bp. 1, 35; 47, 4).

ಸದುವಿನಯ sadu-vinaya. Tbh. of ಸದ್ವಿನಯ. (Bp. 22, 19; 26, 64).

ಸದೃಕ್ಷ sa-dṛiksha. *Like, resembling, similar* (Kâvy. III, 2, B, 58; Bp. 61, 83).

ಸದೃಶ್ sa-dṛiš. ಸದೃಕ್. *Like, resembling, similar,* same.

ಸದೃಶ sa-dṛiša. *Like, resembling, similar,* same (ಪಾಂಗು Kk. 31; ಪಾಡು Bhn. 30); conformable, fit, proper, right, suitable; worthy (Kâvy. III, 3, B, 144. 156).

ಸದೃಶತೆ sa-dṛišatĕ. Likeness, similarity, sameness (Kâvy. III, 3, B, 75).

ಸದೃಶತ್ವ sa-dṛišatva. = ಸದೃಶತೆ. (Čpr. 8, 2).

ಸದೃಶವೃತ್ತಿ sadṛiša-vṛitti. Comparison; resemblance (ಸಾದೃಶ್ಯ, ಸಮಾನವರ್ತನೆ Šmd. 158. 159).

ಸದೃಶಾಕ್ಷರ sadṛiša-akshara. A similar letter, the same letter (Kâvy. III, 2, B, 38-47).

ಸದೃಶಾರ್ಥತೆ sadṛiša-arthatĕ. The state of having the meaning of ಸದೃಶ. See s. ತೆಂಗು 1.

ಸದೃಶ್ಯ sa-dṛišya. Like, similar (ಸಮ, ಸಮಾನ Nn. 158). 2, appearance, look (ನೋಟ 158).

ಸದೆ sadĕ. 1. = ತದೆ, ಸದಿ. To pound to some extent, to bruise, to squash, to crush (ಈಷಚ್ಚೂರ್ಣ Šmd. Dh.; M.; T. ಚದೈ; see ಜಪಟೆ; *cf.* ಚಚ್ಚು); to strike, to beat (ತಾಡನ Šm. 99). P. ps. ಸದದು, ಸದೆದು, ಸದ್ದು. See Grj. 2, after 106; Bp. 14, 20; 55, 36; Č. Bp. 32, 39; 47, 11; Ršv. 6, after 11; Ššv. 4, 19. 106; J. 7, 47. 59; 13, 50; 14, 5; 16, 26. 34. 35; 18, 6; Bh. 1, 10, 26; 2, 4, 7; ಬೀಡು-. 2, to be reduced to a palpable powder; to be bruised, etc. (Tĕ. ಚದಿ; M. ಚಮುಬ್ಬು).

ಸದೆ sadĕ. 2. Shortened infinitive of ಸದೆ 1. — ಸದೆ ಬಡಿ. To beat (any thing) so as to crush (it, Č. Bp. 32, 44; J. 4, 71; 25, 59; Râm. 5, 9, 6; Bh. 2, 4, 6).

ಸದೆ sadĕ. 3. = (ಸತ್ತೆ), ಸೆದಗೆ. Trash, rubbish, sweepings, stuff, litter, etc. (ಕಸ Šm. 99; Bp. 16, 22). ಉದರಕ್ಕೋಸ್ಕರ ಸದೆಯಾದರೂ ಹುಡುಕ ಬೇಕು. — ಸದೇ ಪದೇ ಜೇಡಿದರೂ ಸದೆ ಕೂಡಿಸೋದು ಬಿಡ. — ಸದೆ ಕೂಡಿಸಲಿಕ್ಕೆ ತಿಳಿಯದವ ಪದನಾದ ಕೆಲಸ ಮಾಡ್ಯಾನೇ? (Prvs.). — ಸದೆಗೂಡಿಸು. -ಕೂಡಿಸು. To collect rubbish, to sweep. ಬುಧವಾರವಾದರೆ ಸದೆಗೂಡಿಸ ಬಾರದೇ? (Prv.). — ಸದೆಬಡಿಗ. A sweeper, a low servant (Abhâ. 2, 95).

ಸದೇಶ sa-dêša. Possessing a country. 2, of the same country or place. 3, *neighbouring, near.*

ಸದ್ಗತಿ sat-gati. Good or happy state, felicity, fortune (ಯೋಗ, ಒಳ್ಳಿಹ ಗತಿ Nn. 113; Bp. 26, 66; 42, 40; J. 2, 33; 26, 56).

ಸದ್ಗುಣ sat-guṇa. = ಸದುಗುಣ. Having good qualities, good, virtuous. 2, a good quality or property, a virtuous nature or disposition (ಒಳ್ಳಿಹ ಗುಣ Nn. 66. 113; Bp. 22, 62; Sp. s. ಸತ್ತ್ವ). — ಸದ್ಗುಣವೆಟ್. -ಪೆಟ್. To acquire a virtuous nature (Bp. 55, 2).

ಸದ್ಗುಣಜಾತ sadguṇa-jâta. A man with innate good qualities (My.).

ಸದ್ಗುಣಿ sat-guṇi. A person who has good qualities, a good, virtuous person (Bp. 41, 23; B. 3, 74; 4, 3). — ಸದ್ಗುಣಿಮಲ್ಲಿಕಾರ್ಜುನ. N. (Bp. 20, 8). — ಸದ್ಗುಣಿಮಲ್ಲಿಕಾರ್ಜುನದೇಶಿಕ. N. (Bp. 19, 85).

ಸದ್ಗುರು sat-guru. A true, good or excellent guru (Čpr. 4, 24; Bp. 35, 27; 37, 32; 50, 29).

ಸದ್ದ sadda. = ಸದ್ದು. Tbh. of ಶಬ್ದ. — ಸದ್ದಂಗಿಡಿಸು. -ಂ-ಕಿಡಿಸು. To destroy the distinction of sound (Abh. P. 5, after 123). — ಸದ್ದಂಗಿಡು. -ಂ-ಕಿಡು. The distinction of sound to be lost (Čpr. 6, 14; Abh. P. 13, after 34; 13, 100).

ಸದ್ದಿದ saddida. = ಸದ್ದಿದ, q. v. *Cf.* ಸದ್ದು 1, so that the meaning would be "a man who has ceased"?

ಸದ್ದೀವಾಲ saddîvâla. A town-magistrate (My.).

ಸದ್ದು saddu. 1. To cease, to stop (v. i. as in speaking or working, used only in the imperative singular ಸದ್ದು, and plural ಸದ್ದಿ, My.; is it = Sk. root ಸದ್?).

ಸದ್ದು saddu. 2. P. p. of ಸದೆ 1. (My.).

ಸದ್ದು saddu. = ಸದ್ದ. Tbh. of ಶಬ್ದ. (ಧ್ವಾನ Kk. 25; My.; Tĕ.; B. 2, 21). ಸದ್ದಾಗುವಿಕೆ (ಶಬ್ದ, etc., ಕೂಗುವಿಕೆ Si. 60). ಸದು

ಕೇಳಿದರೆ ಗವುಜ ನಿಲ್ಲುತ್ತದೆ, ಮದ್ದು ಕುಡಿದರೆ ರೋಗ ನಿಲ್ಲುತ್ತದೆ (Prv.).

ಸದ್ದುಕ sadduka. Barley (B. 3, 66; 5, 36. 287; Mhr. ಸತ್ತೂ; *cf.* ಸತ್ತುಗ).

ಸದ್ದ್ವಿಜ sat-dvija. = ಸದ್ವಿಜ. A true, excellent Brâhmaṇa.

ಸದ್ಧರ್ಮ sat-dharma. A good religion; a good religious practice; justice, virtue, morality; attentive to duties (ವೃಷ, ಸುಧರ್ಮ Nn. 16; Mr. 540).

ಸದ್ಧರ್ಮಚಾರಿಣಿ saddharma-čâriṇi. A woman who lives virtuously: a wife (ದಾರ, ಕಲತ್ರ, ವಧು, etc. Mr. 306). *Cf.* ಸಧರ್ಮಚಾರಿಣಿ.

ಸದ್ಧಾರ್ಮಿಕ sat-dhârmika. A truly virtuous man (ನಿಜಧರ್ಮವುಳ್ಳವ G.).

ಸದ್ಭಕ್ತ sat-bhakta. = ಸದುಭಕ್ತ. A true or good follower or devotee (Bp. 53, 42).

ಸದ್ಭಕ್ತಿ sat-bhakti. True or good devotion, etc. (Bp. 1, 58; 48, 54; 55, 2).

ಸದ್ಭಾವ sat-bhâva. The quality of being, actual existence, reality, being, entity. 2, good nature or disposition (ಜ್ಯೋತಿ, ಒಳ್ಳಿಹ ಮನಸ್ಸು Nn. 66); goodness, amiability. See Bp. 35, 8. 43.

ಸದ್ಮ sadma. A seat; *a house, a habitation;* a temple; an altar; a place, station. See ಈಶ್ವರ-, ಬಲಿ-.

ಸದ್ಮಿ sadmi. An esculent root (ಸೂರಣ, ಕಂದ Mr. 137).

ಸದ್ಯ sadya. = ಸದ್ಯಾ. Tbh. of ಸದ್ಯಸ್. (Bp. 49, 34; My.). ಸದ್ಯಕ್ಕೆ, now, this moment, etc. (My.; B. 4, 12; G. 78). ಸದ್ಯಕ್ಕೆ ಪಡೆಯ ತಕ್ಕ ಫಲ (ಸಾನ್ದೃಷ್ಟಿಕ, ಸದ್ಯಃಫಲ Si. 266).

ಸದ್ಯಃಫಲ sadyas-phala. Instantly bearing fruit; immediate fruit or consequence. See s. ಸದ್ಯ.

ಸದ್ಯಕ್ಷಾರ sadyakshâra. (ಸಜ್ಜೀಕಾರ). Tbh. of ಸರ್ಜಕಾಕ್ಷಾರ. (ಸರ್ಜಕಾಕ್ಷಾರ, ಕಾಪೋತ, etc. Si. 335).

ಸದ್ಯಸ್ sadyas. = ಸದ್ಯ. To-day, this very day, this moment, at this time, now; *at once, on the spot,* presently, forthwith, immediately, on a sudden; quickly.

ಸದ್ಯಸ್ಕ sadyaska. = ಸಜ್ಜುಕ. Belonging to the present day; immediate, present. 2, *new, recent.*

ಸದ್ಯಾ sadyâ. = ಸದ್ಯ. Now (My.; Mhr., Tĕ. ಸಧ್ಯಾ).

ಸದ್ಯಾಜಮಾನ sat-yâjamâna. The excellent part of a sacrifice performed by the yajamâna himself (J. 8, 10).

ಸದ್ಯೋಘೃತ sadyas-ghṛita. Butter just clarified (My.).

ಸದ್ಯೋಜಾತ sadyas-jâta. Newly born, born in a moment. 2, an epithet of Śiva. 3, a calf. 4, fresh butter (My.).

ಸದ್ಯೋವದನ sadyas-vadana. N. of one of Śiva's five faces (Śšv. 5, 8. 31).

ಸದ್ರುತ sa-druta. Having quickness, of a quick tempo (Čh. v. 120).

ಸದ್ವಂಶ sat-vaṁśa. Of a good family or race, of high birth; a good family (ತೀರ್ಥ, ಅಮ್ನಾಯ Nn. 48; Śmd. 160).

ಸದ್ವನಿತೆ sat-vanitĕ. A good, virtuous woman (ಒಳ್ಳಿತ ಸ್ತ್ರೀ Nn. 167).

ಸದ್ವಸ್ತು sat-vastu. A good thing (Čpr. 6, 21); any person or thing true and good.

ಸದ್ವಿಜ sadvija. Tbh. of ಸದ್ದ್ವಿಜ. (Bp. 55, 55).

ಸದ್ವಿಧಿ sat-vidhi. Right, proper manner (Bp. 52, 5).

ಸದ್ವಿನಯ sat-vinaya. = ಸದುವಿನಯ. True decorum or reverence or humility.

ಸದ್ವಿಮಲತ್ವ sat-vimalatva. Excellent purity (Śšv. 1, 3).

ಸದ್ವಿವೇಕ sat-vivĕka. Just discrimination; good discrimination; true knowledge (Śšv. 4, 55).

ಸದ್ವಿಷಯ sat-vishaya. A good object, aim or affair (My.).

ಸದ್ವೃತ್ತ sat-vṛitta. Well-behaved, amiable; virtuous, moral; good conduct (My.).

ಸದ್ವೃತ್ತಿ sat-vṛitti. Good course of conduct (My.). 2, a good, honorable profession or office (My.).

ಸದ್ವ್ಯಯ sat-vyaya. Wise, profitable or proper expenditure (My.; B. 3, 93).

ಸದ್ವ್ಯವಹಾರ sat-vyavahâra. Good business, occupation or transaction (My.).

ಸದ್ವ್ಯಾಪಾರ sat-vyâpâra. Good occupation, practice or transaction (My.).

ಸದ್ವ್ರತಿ sat-vrati. A true, or an excellent devotee (Bp. 38, 31).

ಸದ್ವ್ರತೆ sat-vratĕ. A truly faithful wife (Bp. 11, 32).

ಸದ್ವ್ರಯ sat-vraya. = ಸದ್ವ್ಯಯ. (My.).

ಸಧರ್ಮ sa-dharma. Having similar duties, having the same or similar properties; of the same sect or caste; performing like duties; resembling, equal, like. 2, the duties peculiar to one's religion (J. 8, 44).

ಸಧರ್ಮಚಾರಿಣಿ sadharma-čâriṇi. A wife who assists (her husband) in the performance of religious duties, a virtuous wife; *a wife. Cf.* ಸದ್ಧರ್ಮಚಾರಿಣಿ.

ಸಧರ್ಮಿ sa-dharmi. *Observing the same customs or laws.*

ಸಧರ್ಮಿಣಿ sa-dharmiṇi. *A wife.*

ಸಧ್ರ್ಯಕ್ಕು sadhryakku. Tbh. of ಸಧ್ರ್ಯಚ್. (Śmd. 106 Cm.).

ಸಧ್ರ್ಯಚ್ sadhryač. ಸಧ್ರ್ಯಯಂಚ್. ಸಧ್ರ್ಯಯುಕ್. Going with, *accompanying.*

ಸನ್ san. = ಸನ್ನ 2. An age or period (Mhr., H.), a year; in the year, anno Domini (C.; B. 4, 3; 5, 173. 184; Mhr.).

ಸನಕ sanaka. N. of one of the (four or seven) sons of Brahmâ, inhabiting the janalôka.

ಸನತ್ sanat. Always, ever. 2, Brahmâ.

ಸನತ್ಕುಮಾರ sanat-kumâra. *N. of one of the sons of Brahmâ and oldest of the progenitors of mankind* (see ವೈಧಾತ್ರ).

ಸನತ್ಸುಜಾತ sanat-sujâta. N. of the second of the sons of Brahmâ (My.).

ಸನತ್ಸುತ sanat-suta. = ಸನತ್ಸುಜಾತ. (Bp. 54, 49).

ಸನದಿ sanadi. Relating to a grant, etc., held by a grant, etc. (B. 5, 274; Mhr., H.).

ಸನದು sanadu. = ಸನ್ನದು. A grant, a diploma, a charter, a patent, a commission or warrant (My.; B. 5, 231; My.; Mhr., H. ಸನದ). — ಸನದುಪತ್ರ. A document conveying to an individual emoluments, titles, privileges, offices, or the government rights to revenue from land, etc., under the seal of the ruling authority (B. 5, 232).

ಸನನ್ದ sa-nanda. Joy-possessing; N. of one of the sons of Brahmâ (Bp. 1, 43).

ಸನನ್ದನ sa-nandana. = ಸನನ್ದ. (My.).

ಸನಯ sa-naya. Prudent conduct or behaviour; fitness, propriety (ಜಾತಿ, ಅತಿನಯದವು Nn. 76; Bp. 24, 9).

ಸನಾ sanâ. *Always, perpetually, eternally.* See Mr. s. ಸಾಗುಣ್ಯ.

ಸನಾಡಿಕಾಗಿಡ sanâḍikâ-giḍa. = ಬಳಿವಡಕಗಿಡ. (St. & Pl.).

ಸನಾತನ sanâtana. *Continual, perpetual, eternal;* permanent; ancient. 2, *Vishṇu;* Brahmâ; etc.

ಸನಾಥ sa-nâtha. Having a master or protector, etc. 2, occupied by, possessed by; endowed with, possessed of, possessing, having (Šmd. 251).

ಸನಾದಿ sanâdi. (= ಸುನಾಯಿ, ಸೊನಾಯಿ). A clarion or hautboy (S. Mhr.; Mhr., H. ಸನಈ).

ಸನಾಭಿ sa-nâbhi. Uterine; a near kinsman, a uterine brother; *a relation or kinsman as far as the seventh degree* (= ಸಪಿಣ್ಡ). 2, like, resembling.

ಸನಾಭಿಜನ sanâbhi-jana. Kinsmen (Čpr. 6, 80).

ಸನಾಭಿತೆ sa-nâbhitĕ. The state of having a navel; the state of being a uterine brother (Čpr. 3, after 9).

ಸನಾಮಕ sa-nâmaka. Having the same name (My.). 2, the horse-radish tree, Hyperanthera moringa Vahl.

ಸನಾರಕ sa-nâraka. An inhabitant of hell (ಪಾಪಿಗಳು, ನರಕ ಜೀವಿಗಳು Nn. 70).

ಸನಿ sani. 1. A request, *A respectful entreaty* (addressed to a guru, etc.). 2, giving, donation. 3, service, worship.

ಸನಿ sani. 2. Tbh. of ಶನಿ. (My.). ಸಾಯುವ ತಂಕ ಸನೀ ಕಾಟವಾ ದರೆ ಬಾಟೋದು ಯಾವಾಗ? (Prv.).

ಸನಿನ್ದ sa-ninda. *Attended with blame.*

ಸನಿಷ್ಠೀವ sa-nishṭhêva. *Sputtered; speech accompanied with sputtering.*

ಸನಿಹ saniha. Tbh. of ಸಮೀಪ. (ಸಮೀಪ Kk. 33; ಸಮೀಪ Šm. 59; ಪೊರೆ 103; ಬಳಿ 115).

ಸನೀಡ sa-nîḍa. Having a nest or abode; occupying the same nest or abode; *near, proximate.*

ಸನೀನು sanînu. A bayonet (My.; Br.; Mhr., H. ಸಂಗೀನ).

ಸನುಮತ sanumata. Tbh. of ಸನ್ಮತ. Well-known or understood (Šm. 94. 103).

ಸನೇಮ sa-nêma. Having the same rule, agreeing with one another; alliteration (ಪ್ರಾಸ Šmd. 27 Cm.).

ಸನ್ತ santa. 1. (fr. ಸತ್). = ಸಾನ್ತ 1. A holy man, a saint (My.; Mhr.); venerable, respectable, respected. ಸನ್ತಪಷ್ಪ ರ್ಶನಂಗಳ್ (ತೀರ್ಥ Mr. 532).

ಸನ್ತ santa. 2. Tbh. of ಶನ್ತ No. 2. Gentle, calm, soft; mild, not vehement; soft, placid, lovely (as a disposition, Mhr.; Čh. v. 111). 2, calmness, etc.; peace, agreement (Ršv. 6, 132). ಸನ್ತಂ, mildly, gently (Grj. 4, 47); agreeably (Čh. v. 284). — ಸನ್ತಮಿರ್. -ಇರ್. To be still or calm (Ššv. 1, 83). — ಸನ್ತವಿಡು. -ಇಡು. To appease, to calm, to soothe, etc. (Grj. 3, after 119; 6, 19; 9, 99; Č. Bp. 32, 45; J. 24, 11; Bh. 1, 6, 39); to settle, to cause to sink (Bh. 1, 10, 34).

ಸನ್ತತ್ santat. A virtuous man (ಮದನ, ಸತ್ಪುರುಷನು Nn. 115).

ಸನ್ತತ sam-tata. Stretched along; connected together; extended; continuous, uninterrupted, continual, lasting, eternal. ಸನ್ತತಂ, *constantly, continually, eternally, always.*

ಸನ್ತತಿ sam-tati. Stretching or extending along, extent, expanse; continuity; a continuous line, row; uninterrupted succession, descent; lineage, race; *progeny, offspring, a child,* a son, a daughter (ಪುತ್ರರ್ Nn. 16); a number of people, multitude (Bp. 39, 17).

ಸನ್ತಪನ sam-tapana. The act of inflaming or tormenting. See ಸಾನ್ತಪನ.

ಸನ್ತಪ್ತ sam-tapta. Greatly heated or inflamed, glowing; melted, burnt up, scorched, dried up; inflamed with passion, etc.; *suffering great pain or anguish, tormented,* distressed, afflicted, wearied, fatigued.

ಸನ್ತಮಸ sam-tamasa. *Overspreading or universal darkness.* See ಅವತಮಸ.

ಸನ್ತಯಿಸು santayisu. (fr. ಸನ್ತ2; *cf.* ಸಾನ್ತ್ವ). = ಸನ್ತಯ್ಸು, ಸನ್ತವಿಸು. To appease, to allay, to pacify, to calm, to tranquillize, to soothe, to settle, to comfort, to console (Čpr. 3, after 63; 8, after 65; Bp. 34, 21).

ಸನ್ತಯ್ಸು santaysu. = ಸನ್ತಯಿಸು, etc. (Čpr. 3, after 68; Abh. P. 14, after 7; 15, after 7; Bp. 24, 10; 44, 15; 49, 21; J. 5, 26. 43; 6, 4; 8, 10; 28, 18; 32, 55. 56). — ಸನ್ತಯ್ಸಿ ಕೊಳ್. To appease one's self, to remain calm (Bh. 3, 13, 34).

ಸನ್ತಯ್ಸುಹ santaysuha. The act of appeasing, consoling, consolation, comforting, etc. (ಪ್ರಣತಿ, ಅನುನಯ, ಪ್ರಣಿಪಾತ, ಸಾನ್ತ್ವನ Hlâ.).

ಸನ್ತರ್ಪಣ sam-tarpaṇa. The act of satisfying, satiating; gratifying, delighting; a sumptuous meal (My., also ಸನ್ತರ್ಪಣೆ; ಅನ್ನದಿನ್ದ ತೃಪ್ತಿ ಪಡಿಸೋಣ).

ಸನ್ತವಣ santavaṇa. Tbh. of ಸನ್ಧಾನ. (Šs.; probably mistake for ಸನ್ದವಣೆ).

ಸನ್ತವಣೆ santavaṇĕ. Tbh. of ಸಾನ್ತ್ವನ. (ಪ್ರಣಿಪಾತಿ, ಅನುನಯ, ಪ್ರಣತಿ Mr. 455; *cf.* ಸನ್ತಯ್ಸುಹ).

ಸನ್ತವಿಸು santavisu. = ಸನ್ತಯಿಸು, etc. (Bp. 13, 12; 20, 31; Râm. 5, 8, 24; 5, 9, 25).

ಸನ್ತಸ santasa. Tbh. of ಸನ್ತೋಷ. (ಸನ್ತೋಷ, ಹರಿಸ Šs.; ಹರುಷ Čt. II, 64; ಲೋಹಿತ, ಸನ್ತೋಷ Nn. 87; ಹರ್ಷ 117; Čpr. 1, 77; 4, 71; Bp. 1, 60; 23, 18; 27, 17; 48, 6; Č. Bp. 11, 5). ಕೆಳೆಯಂಗೆ ಸನ್ತಸವಂ ಮಾಡಿದಂ (Šmd. 159 Mdb.). — ಸನ್ತಸಗವ್ವನಿ. -ಕವ್ವನಿ. A tear of joy (V. 5, after 61; Ššv. 5, 14). — ಸನ್ತಸಂಗಿಡು. -ಂ-ಕಿಡು. Joy to be destroyed or lost (Abh. P. 7, 35). — ಸನ್ತಸಂಗೊಳ್. -ಂ-ಕೊಳ್. To grow pleased, delighted, or happy (J. 10, 30). — ಸನ್ತಸಮ್ಬಡಿಸು. -ಂ-ಪಡಿಸು. To cause to be delighted, to rejoice, etc. (Čpr. 2, after 96). — ಸನ್ತಸಮ್ಬಡು. -ಂ-ಪಡು. To feel satisfied, to be pleased or delighted, etc. (Bp. 49, 28; Ršv. 7, after 98; 13, after 64). — ಸನ್ತಸಮ್ಬೆಟ್. -ಂ-ಪೆಟ್. = ಸನ್ತಸಂಗೊಳ್. (Č. Bp. 47, 5). — ಸನ್ತಸವೆಟ್. -ಪೆಟ್. = ಸನ್ತಸಪ್ಪೆಟ್. (Bp. 21, 11; 32, 9; 55, 2). — ಸನ್ತಸವೊನ್ದು. -ಂ-ಒನ್ದು. = ಸನ್ತಸವೆಟ್. (Bp. 24, 6; 38, 76).

ಸನ್ತಾನ sam-tâna. Extending, extension, expansion, spreading; continuance, continuous succession, lineage, race, family (Bp. 61, 38); *progeny, offspring, a child,* a son or daughter (ತನುಜ, ಮಕ್ಕಳು Nn. 92); a number of people, a multitude (ನಿಚಯ, ಸಮೂಹ 92); *one of the five trees of Indra's heaven* (ಸುರಭೂಜ, ಕಲ್ಪವೃಕ್ಷ 92); the body (ಶರೀರ, ದೇಹ 92). ಸನ್ತಾನವಿಲ್ಲದವ ಮನ್ತಾನನ್ತನಾದಾನೇ? — ಸಾವಿರ ಕೊಟ್ಟು ಸನ್ತಾನ ಪಡೆಯ ಬೇಕು (Prvs.).

ಸನ್ತಾನಕ sam-tânaka. Spreading, etc.; one of the five trees of Indra's heaven, the kalpa tree (Čpr. 2, 56).

ಸನ್ತಾನಸಮೃದ್ಧಿ santâna-samṛiddhi. Increase of progeny (My.).

ಸನ್ತಾನಿಕೆ sam-tânikĕ. Froth, foam; cream, coagulated milk; a cobweb; the blade of a knife or sword. (R.).

ಸನ್ತಾಪ sam-tâpa. *Great heat,* burning heat; inflammation, *fire.* 2, affliction, pain, anguish, distress (ಬೇಗುದಿ Čt. II, 89; ಅಂಕ್ Mr. 527; ಬೊದಳುಳಿ Bhn. 64). 3, remorse, resentiment, penance, penitence, repentance. See ಕುದಿ, ಮರುಗು. — ಸನ್ತಾಪಪಡಿಸು. -ಪಡಿಸು. To afflict, to torment, to torture, to harass. ಹೇರಿಗನುಂ ಸನ್ತಾಪಬಡಿಸುವನುಂ ಸ್ವತ ಎನಿಸುಗುಂ (Nr.).

ಸನ್ತಾಪಿತ sam-tâpita. Made very hot, burnt up, scorched; inflamed, consumed; *tormented, pained,* harassed, distressed, afflicted, wearied (Bp. 47, 28).

ಸನ್ತಾಪಿಸು sam-tâpisu. To suffer great pain or anguish, to be distressed or afflicted (Bp. 2, 16. 18; 18, 12; 14, 17; 18, 68; 44, 34; 52, 8; 61, 18).

ಸನ್ತಾಳ santâḷa. N. of a tribe inhabiting the skirts of the Râjmahâl hills (My.; B. 4, 180 wrongly as ಸಾನ್ತಾಳ).

ಸನ್ತಿ santi. = ಸನ್ತೆ 1. (ಹಟ್ಟ, ಬಜಾರ G.).

ಸನ್ತು santu. = ಸನ್ದಿತು. Third person singular of the imperfect of ಸಲ್ಲು (My.). See Prv. s. ಶಾನಭೋಗ.

ಸನ್ತುಷ್ಟ sam-tushṭa. Quite satisfied, contented, well-pleased, delighted (Bp. 8, 70; 5, 17; 30, 7).

ಸನ್ತುಷ್ಟಿ sam-tushṭi. Complete satisfaction, contentment, gratification, delight (Grj. 10, 111; Bp. 29, 34; see ಘೋಷ-).

ಸನ್ತೃಪ್ತಿ sam-tṛipti. Complete satisfaction, etc. (ತೃಪ್ತಿ G.).

ಸನ್ತೆ santĕ. 1. = ಸನ್ತಿ. Tbh. of ಸಂಸ್ಥಾ. An assemblage, a mass, a crowd, etc. (ತಿನ್ತಿಣಿ, ತೆಮ್ಮಲ್, ಒಗ್ಗುರ್, ವಂಗಡ, ಮೊತ್ತ, etc. Šm. 54; Kk. 17). 2, a gathering of buyers and sellers, a (weekly or annual) fair or market (C.; B. 1, 7; Tĕ.; M. ಚನ್ತ, T. ಚನ್ತೈ). 3, a market-place (ನಿಷದ್ಯೆ, ಪಣ್ಯವೀಥಿಕೆ, ಬಜಾರ G.). ಸನ್ತೆಗೆ ಹೋಗುವದು ಒನ್ದು ನಾಯಿ, ಊರಿಗೆ ಹೋಗುವದು ಒನ್ದು ಊಡಕ, ಮನೆಯಲ್ಲಿ ಇರುವದು ಒನ್ದು ಅರಗಿಣಿ.— ಸನ್ತೇ ಗುದ್ದು ಮನೆಗೆ ಬರಲಿಲ್ಲ.— ಸನ್ತೆಗೆ ಚೀಟು, ಮುಂಗೆಯ್ಗೆ ಬಳೆ.— ಸನ್ತೇ ಹೊತ್ತಿಗೆ ಮೂಬಿ ಮೊಬಿ ನೇದ ಹಾಗೆ.— ಸನ್ತೇ ಸೂಳೆಯ ನಚ್ಚಿ, ಮನೇ ಹೆಣ್ಡತಿಯ ಬಿಟ್ಟ.— ಸನ್ತೆ ಹೋದರೂ ಭ್ರಾನ್ತಿ ಹೋಗಲಿಲ್ಲ (Prvs.). — ಸನ್ತೆ ಕಟ್ಟು. A market to convene (v. i.) or assemble (My.). 2, to form or make a fair. ಕಳ್ಳ ಕಳ್ಳರು ಕೂಡಿ, ಸನ್ತೇ ಕಟ್ಟಿದ ಹಾಗೆ (Prv.). — ಸನ್ತೆಕೂಟ. The crowd of people at a fair (My.). — ಸನ್ತೆ ಕೂಡು. = ಸನ್ತೆ ನೆರೆ. (My.). — ಸನ್ತೆಗೋವಿನ್ದ. N. ಅನ್ತಕನ ಶಿಕ್ಷೆಗೆ ಹೆದರೆ, ಸನ್ತೆಗೋವಿನ್ದನ ಸಾಲಕ್ಕೆ ಹೆದರುತ್ತೇನೆ (Prv.). — ಸನ್ತೆ ನೆರೆ. A market to convene (v. i.) or assemble (C.; B. 4, 186). ಸನ್ತೆ ನೆರೆಯುವದಕ್ಕಿನ್ತ ಮುಂಚೆ ಗಬ್ಬುಗಳ್ಳರ ಹಾವಳಿ (Prv.). — ಸನ್ತೆವಟ್ಟಣ. Tbh. of ಸಂಸ್ಥಾಪತ್ತನ. (Šmd. 380).

ಸನ್ತೆ santĕ. 2. Reading and conning in order to commit to memory (Mhr. ಸನ್ಥಾ; Tĕ. ಸನ್ತೆ). 2, the portion to be read and conned, a lesson (Mhr.; My.). — ಸನ್ತೆ ಹೇಳಿಸಿಕೊಳ್ಳು. To have a santĕ repeatedly told one's self by a teacher (My.). — ಸನ್ತೆ ಹೇಳು. (A teacher) to tell a santĕ repeatedly (My.).

ಸನ್ತೋಷ sam-tôsha. = ಸನ್ತಸ. *Contentedness, satisfaction.* 2, happiness, delight, joy, pleasure (ಆಹ್ಲಾದ Nn. 77; ಮುದ 78; ಗನ್ಧನ Mr. 581; ನಲ Bhn.; ದೊನ್ದುಳಿ Šm. 56). ಚಿನ್ತೆಯೇ ಮುಪ್ಪು, ಸನ್ತೋಷವೇ ಯೌವನ.— ಸತ್ತ ಸುದ್ದಿಯನ್ನಾದರೂ ಸನ್ತೋಷದಿನ್ದ ಹೇಳು (Prvs.). — ಸನ್ತೋಷ ಕೊಡು. To give joy. ಸನ್ತೋಷ ಕೊಡುವನ್ಥ (ಆನನ್ದಕರ G.). — ಸನ್ತೋಷಗೊಳಿಸು. -ಕೊಳಿಸು. To satisfy, to please, to rejoice, to gladden, to make happy, to gratify (B. 8, 12). — ಸನ್ತೋಷಗೊಳ್ಳು. -ಕೊಳ್ಳು. To grow delighted or happy. ಸನ್ತೋಷಗೊಮ್ಬುವಿಕೆ (ಮಹೋತ್ಸರ Čb.). — ಸನ್ತೋಷದಿನ್ದ ಇರು. To be joyful or happy (B. 8, 104). — ಸನ್ತೋಷ ಪಡಿಸು. = ಸನ್ತೋಷಗೊಳಿಸು. (C.; B. 8, 105; G. 401). ಸನ್ತೋಷ ಪಡಿಸೋಣ (ಅಪ್ಯಾಯನ G.). — ಸನ್ತೋಷ ಪಡು. To feel satisfied, to be pleased or delighted, to be cheerful, happy or glad (C.; B. 8, 128). — ಸನ್ತೋಷಮ್ಬಡಿಸು. -ಂ-ಪಡಿಸು. = ಸನ್ತೋಷ ಪಡಿಸು. (Čpr. 2, after 49; Abh. P. 7, after 7; Bp. 32, 10). — ಸನ್ತೋಷಮ್ಬಡು. -ಂ-ಪಡು. = ಸನ್ತೋಷ ಪಡು. — ಸನ್ತೋಷವಾಗು. -ಆಗು. Joy to be produced or arise. 2, to become joyful or happy. ಅಲ್ಲಿಯ ಹಡಗಗಳ ಮಾಡುವ ರೀತಿಯನ್ನು ನೋಡಿ, ಬಹಳ ಸನ್ತೋಷಪಾದನು (B. 5, 194).

ಸನ್ತೋಷಕರ santôsha-kara. Causing joy, etc., pleasing (B. 5, 88; My.).

ಸನ್ತೋಷಬಾಷ್ಪ santôsha-bâshpa. A tear of joy (Čpr. 2, after 49).

ಸನ್ತೋಷಿ sam-tôshi. A person of a contented, cheerful or happy disposition (ಉತ್ಸಾಹಿ Mr. 282).

ಸನ್ತೋಷಿತ sam-tôshita. = ಸನ್ತುಷ್ಟ. (Bp. 8, 59).

ಸನ್ತೋಷಿಸು santôshisu. = ಸನ್ತೋಷ ಪಡು. (Bp. 58, 11; My.).

ಸನ್ತೋಷಿಸುವಿಕೆ santôshisuvikĕ. The state of feeling happy, etc. (ದೇವನ Si. 486).

ಸನ್ತ್ರಾಣಿ sam-trâṇi. A person that protects or shelters well (Bp. 11, 31); a very powerful person.

ಸನ್ತ್ರಾಸ sam-trâsa. Great trembling, terror, fear, alarm. See ಅಗಿ 3, ಬೆರ್ಚು 1.

ಸನ್ದಂಶ sam-damśa. A pair of tongs or nippers. See ಇಕ್ಕುಳ್ 1.

ಸನ್ದಕ sandaka. = ಸನ್ದುಕ, etc. (B. 5, 140; My.).

ಸನ್ದಗಿಸು sandagisu. = ಸನ್ದಣಿಸು. (Čpr. 8, after 4).

ಸನ್ದಣ sandaṇa. = ಸನ್ದಣಿ, q. v. Tbh. of ಸನ್ಧಾನ. (Ššv. 1, after 79).

ಸನ್ದಣಿ sandaṇi. = ಸನ್ದಣ, (ಸನ್ದವಣಿ). Tbh. of ಸನ್ಧಾನ. The state of being joined, united, accumulated or associated: crowded or full state; a collection, a mass, a crowd, a throng, a flock, a swarm, etc. (ಆಚಿತ, ನಿಚಿತ, ವ್ಯಾಪ್ತ, ಛನ್ನ, ಕೀರ್ಣ, ಸಂಕುಲ, ಆಕುಲ, ಭರಿತ, ಪೂರ್ಣ Hlâ.; ಭರಿತ, ಪರಿಕೀರ್ಣ, ಪ್ರಪೂರ್ಣ, etc. Mr. 481; ಇಟ್ಟಳ Kk. 68; ಇಱುಬೆ 80; ಜಂಗುಳಿ, ತೆರಳ್ಕೆ, etc., ಶ್ರೇಣಿಕೆ 17; ಇಟ್ಟಳ, ಇಱುಬೆ Šm. 58; ಮೊಕ್ಕಳ, ಬೊಗ್ಗರ, ಪಸರ, ಪಿಣ್ಡು, ಸೇಣಿ, etc. 54; Čpr. 7, after 81; Grj. 9, after 58; 10, after 79; Bp. 5, 38; 59, 9; 61, 25. 28; Č. Bp. 5, 8; 42, 15; J. 33, 26; Tĕ. ಸನ್ದಡಿ). — ಸನ್ದಣಿಗೊಳ್. -ಕೊಳ್. To collect (v. i.), to assemble in crowds, to crowd, to become numerous, to swarm (Grj. 4, 16; Ršv. 5, after 19; 18, after 68; Ššv. 5, 14. 37). — ಸನ್ದಣಿಮರ. Numerous trees (Bh. 8, 9, 24).

ಸನ್ದಣಿಸು sandaṇisu. = ಸನ್ದಗಿಸು. To collect (v. i.), to meet, to join, to assemble or gather in crowds, to flock, to crowd, to throng, to swarm (ಸಮೂಹ Šmd. Dh.); to be or become much, many or numerous (ಬಾಹುಳ್ಯ Šmd. Dh.). See Čpr. 1, after 101; 6, 35; 7, 128; Bp. 1, 44; 2, 21; 5, 28; 16, 32; 35, 42; 36, 22; 47, 59; 52, 12; Ršv. 2, 46; 5, 110; J. 2, 51; 7, 22. 46; 22, 3. 5; Bh. 2, 18, 11. 15. 2, to join (v. t., Bp. 53, 40).

ಸನ್ದಯ sandaya. = ಸನ್ದೆಗ, etc. Tbh. of ಸನ್ದೇಹ. (Šmd. 20. 89. 281; Čpr. 5, 33; T. ಚನ್ದಯ).

ಸನ್ದರಿ sandari. = ಸನ್ದಿ. (ಗೊನಿ, ಸನ್ದಿ G.).

ಸನ್ದರುಶನ sandaruśana. Tbh. of ಸನ್ದರ್ಶನ. (Bp. 35, 41).

ಸನ್ದರ್ಭ sam-darbha. Stringing or connecting together, weaving, interweaving, arranging. 2, collecting, uniting, mixture. 3, regular connection, *composing artificially, a* (literary or poetical) *composition;* construction (ರಚನೆ, etc. Mr. 425). 4, convenience, fitness of time, opportunity, leisure (My.; ಸಮಯ, ಅನುಕೂಲ; Tĕ., T.). 5, affair, matter, subject (My.). See ಅ-.

ಸನ್ದರ್ಭಿಸು sandarbhisu. Opportunity or convenience to be found, to become opportune or convenient (My.).

ಸನ್ದರ್ಶನ sam-darśana. The act of looking steadfastly, gazing, looking; viewing, beholding, seeing, sight, vision; seeing one another, meeting, appearance, presence; an interview, a visit (My.; ಭೆಟ್ಟಿ G.). 2, the act of causing to see, showing, etc. See Čpr. 5, after 2; Bp. 3, 69; 48, 7; J. 24, 70. — ಸನ್ದರ್ಶನ ಕೊಡು. To visit (by coming, My.). — ಸನ್ದರ್ಶನ ತೆಗದು ಕೊಳ್ಳು. To visit (by going to see another, My.).

ಸನ್ದರ್ಶನೀಯ sam-darśanîya. Fit to be looked at (Čpr. 1, 107).

ಸನ್ದವಣೆ sandavaṇĕ. (= ಸನ್ತವಣ). Tbh. of ಸನ್ಧಾನ. (Kk. 57; Śm. 62).

ಸನ್ದಶನ sam-daśana. The two middle teeth (of a horse, ಎರಡು ನಡುದನ್ತಗಳು Mr. 281).

ಸನ್ದಷ್ಟ sam-dashṭa. Bitten (J. 1, 9); compressed, pressed closely together; nipped, pinched. 2, a particular fault in pronunciation (arising from keeping the teeth too close together).

ಸನ್ದಷ್ಟಯಮಕ sandashṭa-yamaka. A kind of yamaka (Kâvy. III, 2, B, 24 seq.).

ಸನ್ದಾನ sam-dâna. *A rope* (especially for tying cattle).

ಸನ್ದಾನಿತ sam-dânita. *Bound, tied.*

ಸನ್ದಾಯ sanda (fr. ಸಲ್)-âya. Delivering over of what is due, payment (My.; T. ಚಂಜಾಯ, ಚನ್ದಾಯ). ಹಡಗದ ಮೇಲೆ ತೆಗದ ಉಪವಾಸ ಏಕಾದಶಿಗೆ ಸನ್ದಾಯ (Prv.).

ಸನ್ದಾಯಿ sandâyi. N. (Ŕśv. 11, after 41 & 74).

ಸನ್ದಾಯಿತ sanda-âyita. = ಸನ್ದಾಯ. (My.).

ಸನ್ದಾವ sam-dâva. = ಸನ್ದ್ರಾವ. Flight, retreat, running away (G.).

ಸನ್ದಿ sandi. = ಸನ್ದರಿ, ಸನ್ದು. Tbh. of ಸನ್ಧಿ. (ಸನ್ದರಿ, ಗೊನ್ದಿ G.). ಎರಡು ತೊಡೆಗಳ ಸನ್ದಿ (ವಂಕ್ಷಣ Mr. 332). ತೊಡೆಯ ಸನ್ದಿ (ವಂಕ್ಷಣ Hlâ.). ಸೊಪ್ಪೆಯ ಜೋಟಿಯ ಸನ್ದಿಯೊಳಗಿನ್ದ ಸಾರಂಗದ ಕೋಡುಗಳು ಆವನ ಕಣ್ಣಿಗೆ ಬಿದ್ದವು (B. 4, 43). — ಸನ್ದಿ ಗೊನ್ದಿ. dupl. A narrow lane or passage; junctions or narrow ways and nooks (C.; Râm. 5, 8, 54; Bh. 2, 4, 11). — ಸನ್ದಿವಾತ. = ಸನ್ದುವಾತ, q. v. (B. 4, 108). — ಸನಿ ಸನ್ದಿ. rep. Various junctions or corners; the various joints (of the body, Bp. 16, 10; 58, 66).

ಸನ್ದಿಗ್ಧ sam-digdha. Besmeared; covered, confused; indistinct, obscure, unintelligible; doubted, dubious, doubtful; entertaining doubt, despairing; uncertain, unsafe, dangerous, riskful (Ŕśv. 13, 8; J. 23, 68; 34, 5).

ಸನ್ದಿತ sam-dita. *Bound, tied.*

ಸನ್ದಿದ sandida. = ಸದ್ದಿದ. See ಉಳಿಗ 1.

ಸನ್ದಿಸು sandisu. = (ಸನ್ಧಿಸು), ಸನ್ನಿಸು. To place together; to join (v. t., ಸನ್ಘಟನ Śmd. Dh.; Čpr. 2, 24; 8, after 4; Čh. v. 59; Bp. 2, 26; 35, 23; 49, 16. 21; 51, 78; 52, 44; 57, 81; 61, 63; J. 8, 8); to touch (Bp. 21, 9. 13); to fasten, to tie (Bp. 9, 26; 49, 44); to fix (an arrow on a bow, Bp. 44, 3); to bring together or unite in friendship. ಮುನಿಸಿದು ನಿನತ್ತು, ಸಯ್ರಣೆಯೆನತ್ತು, ಕೆಳದಿಗೆ ತನತ್ತು ಸನ್ದಿಸುವೆಸಕಂ (Śmd. 179). 2, to join (v. i.), to unite one's self with, to associate one's self to (ಪೊರ್ದುಗೆಯಾಗು Śmd. 114 Cm.; 115; Bp. 40, 11; J. 28, 54; 33, 23); to meet (in battle, Abh. P. 13, 45); to occur, to happen, to come (ಸಂಘಟನೆಯಾಗು, ಬರ್ Śmd. 79 Cm.; ಬರ್ 190. 278 Cm.; 205. 212. 217. 275; Bp. 1, 25; 48, 2; 50, 55; 60, 2).

ಸನ್ದು sandu. P. p. of ಸಲ್ 1, ಸಲು, ಸಲ್ಲು.

ಸನ್ದು sandu. (= ಸನ್ದಿ). Tbh. of ಸನ್ಧಿ. (Śmd. 365, through Mhr. ಸನ್ದ). Juncture, union; an opportunity; a joint, an articulation; a nook, a corner; a lane; a cleft, a gap, a fissure, a crack, an opening, a space between (My.; Tĕ.; T. ಚನ್ದು; Mhr. ಸನ್ಧ). ಆನೆ ಮೆಟ್ಟಿದ್ದೇ ಸನ್ದು, ಸೆಟ್ಟಿ ಬಿಟ್ಟಲ್ಲೇ ಪಟ್ಟಣ. — ಕಳ್ಳಗೆ ಸನ್ದು ಕೊಟ್ಟು, ಒಡವೆಗೆ ಹುಯ್ಯಲಿಕ್ಕಿದ (Prvs.). ಒಳ್ದೊಡೆಯ ಸನ್ದು (ಮೊದಿಕಾಲ್ Śmd. I). See Bp. 1, 62; 2, 43. — ಸನ್ದುಕಟ್ಟು. Conjunction; opportunity, convenience (Si. 284). 2, the place where two lanes meet and form a right angle (My.). 3, the commencement of any conjunction (in astronomy, My.). See ಸಮಯ-. — ಸನು ಕೂಡಿಸು. To rabbet (My.); to shut any crack or hole. ತುಪ್ಪಕ್ಕೆ ಮುಪ್ಪು ಬನ್ದರೆ ಸನ್ದು ಕೂಡಿಸುತ್ತದೆ, ಮನುಷ್ಯನಿಗೆ ಮುಪ್ಪು ಬನ್ದರೆ ಮಣ್ಣು ಕೂಡಿಸುತ್ತದೆ (Prv.). — ಸನ್ದುಗಟ್ಟು. -ಕಟ್ಟು. The exactly opportune period, the very opportunity (Bh. 1, 8, 86). — ಸನ್ದು ಗೊನ್ದಿ. = ಸನ್ದಿ ಗೊನ್ದಿ. (My.). — ಸನ್ದುಬಳ್ಳಿ. A climbing herb with thick four-winged eatable stems, Vitis quadrangularis Wall. (St. & Pl.). — ಸನ್ದು ಬೀಳು. To crack (My.). — ಸನ್ದುರೋಗ. A disease of children arising from cold (śîta) and characterized by panting and heaving of the aḻĕs (My.). — ಸನ್ದುವಡೆ. -ಪಡೆ. To join, to obtain. ಒನ್ದು ಆವಿಗೆಯ ಘಾಣ್ದೊಸ್ದೊನು ಭೋಗವನ್ನಿನ್ದದಿ ಸನ್ದುವಡದು ಹಂಚಾದನ್ತೆ ಬಿನ್ದುವಿನ ದೇಹ (Sp.). — ಸನ್ದುವಾತ. (Tbh. of ಸನ್ಧಿವಾತ Śmd. 376). Rheumatism in the joints (My.). — ಸನ್ದುವಿಡು. -ಬಿಡು. To leave a space (Ŕśv. 10, after 31). — ಸನ್ದು ಸನ್ದು. rep. The various joints (of the body, Bp. 49, 10). — ಸನ್ದುಸೇರುವೆ. Exact joinery (My.).

ಸನ್ದುಕ sanduka. = ಸನ್ದಕ, ಸನ್ದೂಕ, ಸನ್ದೂಕು. A large box, a chest (My.; B. 1, 8; Mhr., H. ಸನ್ದೂಕ).

ಸನ್ದೂಕ sandûka. = ಸನ್ದುಕ, etc. (My.).

ಸನ್ದೂಕು sandûku. = ಸನ್ದೂಕ. (My.).

ಸನ್ದೃಪ್ತ sam-dṛipta. Very mad, wild or proud (Śśv. 3, 57).

ಸನ್ದೃಷ್ಟಿ sam-dṛishṭi. Complete sight, full view; a sight, glance, look, aspect. See ಸಾನ್ದೃಷ್ಟಿಕ.

ಸನ್ದೆ sandĕ. = ಸಂಜೆ. (Bp. 40, 45; My.).

ಸನ್ದೇಗ sandĕga. = ಸನ್ದಯ, ಸನ್ದೆಯ, ಸನ್ದೇಹ. Tbh. of ಸನ್ದೇಹ. (ಸನ್ದೇಹ Nn. 96; Čpr. 2, 79; 8, after 44; Bp. 1, 59; 51, 57; J. 9, 2).

ಸನ್ದೇಯ sandĕya. = ಸನ್ದೇಗ, etc. (ಸನ್ದೇಹ Čt. II, 35).

ಸನ್ದೇಹ sandĕha. = ಸನ್ದೇಯ, etc. (Bp. 16, 24; 34, 18; 53, 17).

ಸನ್ದೇಶ sam-dĕśa. Communication of intelligence, information, tidings, news; a message, commission, command.

ಸನ್ದೇಶವಾಕ್ಯ sandĕśa-vâkya. = ಸನ್ದೇಶವಾಚ್. (G.).

ಸನ್ದೇಶವಾಚ್ sandêśa-vâc. News, tidings; *a commission, an order*.

ಸನ್ದೇಶಹರ sandêśa-hara. A news-bringer, *a messenger*, a courier; an envoy.

ಸನ್ದೇಹ sam-dêha. = ಸನ್ದಿಗ, etc. *Doubt, uncertainty*, suspense; risk, danger. 2, one of the upamês (Kâvy. III, 3, B, 61. 103 seq.). See Sp. s. ಅಬಬು.

ಸನ್ದೇಹಿ sam-dêhi. Doubtful, dubious; doubting (Bp. 51, 29).

ಸನ್ದೋಹ sam-dôha. Milking; the whole of a quantity of drawn milk. 2, *a multitude, a mass*, an assemblage.

ಸನ್ದೋಹಕ sam-dôhaka. = ಸನ್ದೋಹ No. 2. (Čpr. 6, 30).

ಸನ್ದೋಹನ sam-dôhana. = ಸನ್ದೋಹನ No. 2. (A.).

ಸನ್ದೋಹ್ಯ sam-dôhya. Having caused to milk; to be milked (see ಸುಖಸನ್ದೋಹ್ಯ).

ಸನ್ದ್ರಾವ sam-drâva. *Flight*, retreat.

ಸನ್ಧ sam-dha. Holding together; joined; placed in or on; possessing. See ಸತ್ಯ-.

ಸನ್ಧರ್ಮ sam-dharma. = ಸದ್ಧರ್ಮ (*cf.* ಸಧರ್ಮ). ಸನ್ಧರ್ಮದೊಳು ನುಡಿಯ ಕಲಿವುದು (Jm. 13).

ಸನ್ಧರಣ sam-dharaṇa. Holding together, etc.; putting on (as clothes, Bp. 5, 66).

ಸನ್ಧಾನ sam-dhâna. = ಸನ್ತವಣ, ಸನ್ದಣ, ಸನ್ದಣಿ, ಸನ್ದವಣೆ. The act of placing or holding together, joining, junction, uniting; tying or binding together, tying; a cord, a rope (ದಾಮು Mr. 183; *cf.* ಸನ್ದಾನ); intimate union, combining, combination; adaptedness (Bp. 3, 22); composing, *compounding, mixing;* bringing together, uniting in friendship; alliance, league, association; peace; company, companionship; fixing an arrow on a bow (ಕಣೆಯ ಸನ್ಧಾನಂ, ತುಡುವುದು Śm. 92); directing, taking aim; aim, advertence, attention, heed; the application of expedients, the concentration of efforts, energies or talents towards the performance of (Mhr.; see ಲೌಕಿಕ-); assisting, sustaining, supporting; reception, receiving;—*sour rice-gruel* (ಅಮ್ಬಿಲ Hlâ.). See ಅತಿ-, ಕ್ರಮು-, ದೃಢ-, ಯುಗಲ-, ಲೋಹ-, ಶರ-, ಶಿರಸ್-; ಸನ್ಧಿಸು; Nn. s. ಸನ್ಧಿಕಾರ್ಯ.

ಸನ್ಧಾರಣ sam-dhâraṇa. Holding together; holding in, restraining; observing, practising; supporting, sustaining, preserving, maintaining; keeping in mind, remembering; bearing. See ಶಿಖಿ-, ಶಿಶು-.

ಸನ್ಧಾರ್ಯಮಾಣ sam-dhâryamâṇa. Being held together; being held, maintained or preserved (Čpr. 5, after 85).

ಸನ್ಧಿ sam-dhi. = ಸನಿ, ಸನ್ದು. Placing or holding together; conjunction, *junction, union*, combination, connection, contact (ಕೂಟ Mr. 487). 2, *alliance, league, peace*, making a treaty of peace, negotiating alliances (ನೃಪಕೂಟ, ಅರಸುಗಳ ಸನ್ಧಾನ Nn. 164, o. r. -ಸ್ಥಾನ). 3, euphonic junction of final, (middle) and initial letters in grammar (Śmd. 6. 18. 59. 60. 67. 69. 70. 71. 73. 74. 408; Kâvy. I, 6; I, 1*b*, 1 seq.; V, 967; Čt. II, 121). 4, *a joint, an articulation* (of the body, etc.). 5, juncture; critical juncture, opportune moment, time (B. 4, 8. 9. 13. 80; B. 5, 67). 6, *a breach, a chasm, a fissure, a chink, a cleft, a gap, a hole, an opening, a mine* (ರನ್ಧ್ರ, ಛಿದ್ರ Nn. 164; ಕುಣಿ Mr. 487);—a chapter. ಸನ್ಧಿ ಮುಗಿದರೂ ಮುನ್ಧಿ ಹೋಗಲಿಲ್ಲ (Prv.). 7, the vagina or vulva. 8, an interval, pause, rest. 9, a period at the expiration of each yuga or age. 10, smallness (ಅಲ್ಪತ್ವ Nn. 164). — ಸನ್ಧಿ ಸಾಧಿಸು. An opportune moment to be obtained (B. 3, 67); to look out for an opportunity (My.).

ಸನ್ಧಿಕಾರ್ಯ sandhi-kârya. The act of making an agreement or a treaty of peace (ಹರಣ, ಸನ್ಧಿಕೃತ್ಯ, ಸನ್ಧಾನ ಮಾಡುವುದು Nn. 165).

ಸನ್ಧಿಕೃತ್ಯ sandhi-kṛitya. = ಸನ್ಧಿಕಾರ್ಯ, q. v.

ಸನ್ಧಿನಿ sam-dhini. *A cow which has just taken the bull; a cow with calf*. 2, a cow milked unseasonably.

ಸನ್ಧಿವಾತ sandhi-vâta. = ಸನ್ದುವಾತ. Rheumatism in the joints.

ಸನ್ಧಿವಿಗ್ರಹ sandhi-vigraha. Peace and war, reconciliation and rupture (My.).

ಸನ್ಧಿವಿಗ್ರಹಿ sandhi-vigrahi. A minister of war (see Mr. 272 s. ಅಷ್ಟಾದಶಪ್ರಧಾನ).

ಸನ್ಧಿವಿಷಯ sandhi-vishaya. The sphere of grammatical sandhi or its application (ಸನ್ಧಿಪ್ರಯೋಜನ Śmd. 60 Cm.).

ಸನ್ಧಿಸು sandhisu. An irregular form of ಸನ್ದಿಸು, occasionally found in MSS. and books.

ಸನ್ಧಿಸೂಚನೆ sandhi-sûčanĕ. The contents at the head of a chapter (My.).

ಸನ್ಧುಕ್ಷ್ಯಮಾಣ sam-dhukshyamâṇa. Being kindled or lighted up; being animated or revived; being increased (Čpr. 3, after 97).

ಸನ್ಧೆ sam-dhĕ. Junction, union; alliance, compact, stipulation; *a convention, an agreement, a promise*. 2, = ಸನ್ಧ್ಯೆ, twilight. 3, state, condition. 4, *a boundary, a limit*.

ಸನ್ಧ್ಯಕ sam-dhyaka. = ಸನ್ಧ. See ರಕ್ತ-.

ಸನ್ಧ್ಯಕ್ಷರ sandhi-akshara. A compound vowel, a diphthong (Śmd. 17. 18; Kâvy. I, 1*a*, 12-14).

ಸನ್ಧ್ಯಕ್ಷರಿ sandhyakshari. N. of a vičchittičitra (= ದ್ವ್ಯಕ್ಷರಿ, Kâvy. III, 2, B, 58. 69 seq.).

ಸನ್ಧ್ಯಾಕಾಲ sandhyâ-kâla. Twilight-period; evening-time, evening (My.).

ಸನ್ಧ್ಯಾರಾಗ sandhyâ-râga. The (red) colour of twilight or evening (ಅಸ್ತರಾಗ Nn. 67; Čpr. 8, after 4). 2, a sîrĕ which has that colour (Bp. 11, 24). See Mr. s. ಪಟಭೇದ. 3, red-lead.

ಸನ್ಧ್ಯಾರುಚಿ sandhyâ-ruči. = ಸನ್ಧ್ಯಾರಾಗ No. 1. (Čpr. 8, 101).

ಸನ್ಧ್ಯಾರುಣ sandhyâ-aruṇa. The redness of twilight or evening (J. 1, 3; 12, 6).

ಸನ್ಧ್ಯಾವನ್ದನ sandhyâ-vandana. Morning and evening adoration or prayer (My., also as -ನೆ).

ಸನ್ಧ್ಯೆ sam-dhyĕ. = ಸಂಜೆ, etc. Holding or joining together; union, conjunction, connection. 2, *twilight*, morning or evening twilight: evening, dusk: early morning, daybreak. 3, any one of the three divisions of the day (forenoon, noon and afternoon). 4, morning or evening or midday adoration or prayer. 5, the period which precedes a yuga or age. 6, agreement, promise, assent.

ಸನ್ನ sanna. 1. = ಸಣ್ಣ. Sunk down; seated, resting; settled down; still, motionless; sunk, low (in tone, accent, etc.). 2, stunted, shrunk, contracted. 3, a little, a small quantity. 4, depressed, low (in spirits), desponding, dispirited, spiritless, weak, feeble, diminished; *wasted away, decayed, perished, destroyed, spoiled, lost* (ಶಾತ, ಸಣ್ಣದು Mr. 448, o. r. ಶಾನ್ತ, as in the printed edition of Halâyudha; see Hlâ. s. ಸಣ್ಣಮಾಗು); oppressed; gone. *Cf.* ಸನ್ನಕ. See ಅ-, ಉಪ-, ಪ್ರ-.

ಸನ್ನ sanna. 2. = ಸನ್. (B. 4, 116. 145. 216).

ಸನ್ನಕ sannaka. Low, dwarfish (Sk.).

ಸನ್ನಕದ್ರು sanna-kadru. *The tree Buchanania latifolia* Roxb.

ಸನ್ನಣ sannaṇa. = ಸನ್ನಹ. Tbh. of ಸನ್ನಾಹ. (Kk. 42; Ŝm. 39; see ಸಟ್ಟ-, ಸವಗ-).

ಸನ್ನತಿ sam-nati. Bowing down, reverential salutation; reverence, humility. (R.).

ಸನ್ನದು sannadu. = ಸನದು. (My.; Br.).

ಸನ್ನದ್ಧ sâm-naddha. Bound or fastened or tied together; bound or girded on or round, fastened on, girt, bound; dressed or clad in, *armed, mailed, accoutred* (ಕವಚದೊಟ್ಟವಂ Mr. 292); harnessed; arranged, arrayed, prepared, provided; ready for battle; prepared, ready (in general); well provided and furnished with anything; provided with destructive weapons, *murderous, felonious;* closely attached or connected, in close contact with, contiguous, bordering, near. See Čpr. 5, after 51; J. 7, 29; 27, 32. ತರವೇಟ್ ಸನ್ನದ್ಧವಾಜಿಸಾಧನಮಂ! (Ŝmd. 278 Mdb.).

ಸನ್ನದ್ಧತೆ sam-naddhatĕ. The act of dressing or arming one's self (Čpr. 6, 26).

ಸನ್ನಯ sam-naya. Leading or bringing together; a collection, *a multitude, a number, a quantity.* 2, *the rear of an army, a rear-guard.*

ಸನ್ನಲಿಗೆ sannaligĕ. = ಸೊನ್ನಲಿಗೆ, q. v. (ಬಟ್ಟೆತು Ŝs.).

ಸನ್ನಹ sannaha. Tbh. of ಸನ್ನಾಹ. (Bh. 6, 2, 3).

ಸನ್ನಹನ sam-nahana. Binding or fastening or tying together; *the act of arming, preparing, making one's self ready;* preparation.

ಸನ್ನಹಿತ sam-nahita. Bound together; bound to, joined with, in close contact with (Bp. 2, 44; 38, 54; 50, 17; 51, 64). Feminine ಸನ್ನಹಿತೆ (Abh. P. 14, after 105).

ಸನ್ನಾಮ sat-nâma. A good name (Bp. 46, 68. 77). 2, ಸಮ್-ನಾಮ, bowing down before any one, worship.

ಸನ್ನಾಮಿ sat-nâmi. Having a good name (Bp. 2, 46; 36, 44). 2, a worshipper.

ಸನ್ನಾಯ್ಯ sam-nâyya. = ಸಾನ್ನಾಯ್ಯ, q. v.

ಸನ್ನಾಹ sam-nâha. = ಸನ್ನಣ, ಸನ್ನಹ. Binding or fastening together or on; girding on armour, *arming for battle.* 2, preparation, military array (ಒಡ್ಡಣೆ Bhn. 10). 3, an army arranged or ready for battle (ಮೋಹರಿಸಿರ್ದ ಸೇನೆ, ಕಾಳೆಗಕ್ಕೆ ಒಡ್ಡಿದ ಸೇನೆ Nn. 105). 4, *accoutrements, armour, mail;* a collection, a multitude, a number (ಬಹು, ಬಹಳ 105). 5, a man provided with knowledge, a learned man (ಭಾವಕ, ವಿದ್ವಾಂಸ 105). 6, the supreme soul (ಪರಮಾತ್ಮನು 105).

ಸನ್ನಾಹ್ಯ sam-nâhya. (An elephant) *fit for war* (ಕಾದ ಬಲ್ಲುದು, Mr. 156).

ಸನ್ನಿ sanni. 1. Imperative plural of ಸರಿ 1 (Bp. 4, 4).

ಸನ್ನಿ sanni. 2. (*cf.* ತನು). Coolness. — ಸನ್ನಿಗದಿರ. -ಕದಿರ. The moon (ಚನ್ದ್ರ Čt. I, 107; ಇರುಳೆಚಿಯ II, 6).

ಸನ್ನಿ sanni. = ಜನ್ನಿ 2. Tbh. of ಸನ್ನಿಪಾತ No. 3. (ಗ್ರಹಣಿ, ಸೀತಳ Mr. 387; ಗರಲ, ವಿಷ, etc., ಪ್ರಾಣಹರಮಾದ ಪಿತ್ತ, ನಂಜು Si. 78; My.; Tĕ.; M.; T. ಚನ್ನಿ).

ಸನ್ನಿಕರ್ಷ sam-ni-karsha. = ಸನ್ನಿಕರ್ಷಣ. (Sk.; R.).

ಸನ್ನಿಕರ್ಷಣ sam-ni-karshaṇa. The act of drawing together, bringing near; approaching near, approximation, *proximity, nearness, vicinity.*

ಸನ್ನಿಕೃಷ್ಟ sam-ni-kṛishṭa. Drawn together, drawn near; contiguous, proximate, approximate, *near,* adjacent, close; — vicinity.

ಸನ್ನಿಘೃಷ್ಟ sam-ni-ghṛishṭa. Well rubbed. See ಉರ್ದು 1.

ಸನ್ನಿದ sannida. Tbh. of ಸನ್ನಿಧ. (ಸಮ್ಬನ್ಧ Ŝmd. 199 Cm.; Čpr. 6, 92; Abh. P. 14, 105; Ŝšv. 4, 106).

ಸನ್ನಿಧ sam-ni-dha. (= ಸನ್ನಿಧಾನ). Juxta-position, proximity, vicinity; near. See ಸಾನ್ನಿಧ್ಯ.

ಸನ್ನಿಧಾನ sam-ni-dhâna. Placing down together; juxta-position, *proximity, nearness, vicinity, presence;* appearance, becoming visible. 2, placing down, depositing; a receptacle. 3, receiving, taking charge of.

ಸನ್ನಿಧಾನಸಮ್ಬನ್ಧ sannidhâna-sambandha. Connection of proximity (Ŝmd. 161).

ಸನ್ನಿಧಿ sam-ni-dhi. Placing near; juxta-position, *proximity, nearness, vicinity, presence* (ಸಮೀಪ Nn. 139); appearance, visibility, perceptibility. 2, receiving, taking charge of. See Čpr. 2, 73; Bp. 50, 56; 53, 52.

ಸನ್ನಿಪಾತ sam-ni-pâta. = ಸನ್ನಿ. Flying down, alighting, descending, falling down. 2, falling together, meeting; contact, union; collision; collection, assemblage; mixture, miscellaneous collection; coming near, arrival. 3, combined derangement of the three humors (wind, bile and phlegm) producing fever and dangerous illness, as convulsions, paralysis, delirium and syncope (Sk.; My.). — ಸನ್ನಿಪಾತರೋಗ. (ದೋಷ Čb.).

ಸನ್ನಿಪಾತಕ sam-ni-pâtaka. = ಸನ್ನಿಪಾತ No. 3. — ಸನ್ನಿಪಾತಕಜ್ವರ. (ಸಂಕರ Čb.).

ಸನ್ನಿಬದ್ಧ sam-nibaddha. Firmly bound on; firmly tied, fettered; closely connected with or attached to (My.).

ಸನ್ನಿಬನ್ಧ sam-nibandha. Binding firmly, tying. 2, literary composition (Kâvy. II, 2, B, 43). 3, connection; serial arrangement (Kâvy. V, after 2).

ಸನ್ನಿಭ sam-nibha. *Like, similar, resembling.*

ಸನ್ನಿವಾಸ sam-nivâsa. Dwelling together; living in; dwelling place, abode (Bp. 53, 17).

ಸನ್ನಿವಿಷ್ಟ sam-ni-vishṭa. Entered together, met together, assembled; entered deeply into; stationed in, abiding in; inserted in, depending on; contiguous, near; seated, encamped. (R.).

ಸನ್ನಿವೇಶ sam-nivêŝa. Entering together; entering; thorough or deep entrance into, ardent attachment to. 2, assemblage, collection, multitude. 3, union, junction, contact. 4, *proximity, vicinity, neighbourhood.* 5, station, seat, place, position (ಸಂಸ್ಥಾನ, ನಿಲವು Hlâ.); *an open space in or near a town.* 6, causing to enter together, *construction, fabrication, preparation.* 7, form, figure. 8, causing to enter, insertion.

ಸನ್ನಿಸು sannisu. = ಸನ್ನಿಸು. (Čh. v. 328).

ಸನ್ನಿಹಿತ sam-ni-hita. Placed near together, near, contiguous, proximate; close at hand, present; deposited, fixed, laid up; put into; prepared, ready; staying, being. See Bp. 24, 71; 27, 57; 43, 61; J. 10, 2; Bh. 8, 8, 30.

ಸನ್ನುತ sat-nuta. (or sam-nuta). Highly praised or commended, eulogized (Čh. v. 286; Bp. 2, 25; J. 2, 28; 11, 41; 13, 7; 18, 18). Feminine ಸನ್ನುತೆ (My.).

ಸನ್ನುತಾಂಗಿ sannuta-aṅgi. A woman who has highly praised limbs or such a body (Čh. v. 328).

ಸನ್ನುತಿ sat-nuti. (or sam-nuti). Great praise or eulogium (Bp. 28, 45; 38, 49; 61, 75).

ಸನ್ನೆ sannĕ. (fr. ಸಂ1?). = ಸೊನ್ನೆ. A lever (Tĕ.). ಸನ್ನೆ ಸಾವಿರ ಕಾಲಾಳಿನ ಸತ್ವಮ್, ಅಯ್! (Sš. 11). — ಸನ್ನೆಕೋಲು. A pole put under a weight to lift it, a lever (My.).

ಸನ್ನೆ sannĕ. Tbh. of ಸಂಜ್ಞೆ. A sign, etc. (Čpr. 2, after 93; 3, 51; Bp. 5, 39; Rśv. 5, after 114; Šśv. 4, 30; J. 3, 18; B. 3, 51; C.; Tĕ.; T. ಚನ್ನೈ). ಸನ್ನೆ ತಿಳಿಯದಿದ್ದರೆ ಮನ್ನಣೆಯೂ ತಿಳಿಯದೇ? (Prv.). — ಸನ್ನೆಗೆಯ್. To make a sign (Čpr. 8, after 4; Grj. 2, after 106). — ಸನ್ನೆವಾತು. -ಮಾತು. Words expressed by signs (Rām. 6, 10, 12). — ಸನ್ನೆವೇಟೆ. -ಬೇಟೆ. Signs made in hunting (Rśv. 5, 85). — ಸನ್ನೆವೇಕ್ಟೆ. -ಬೇಕ್ಟೆ. = ಸನ್ನೆವೇಟೆ. (Šśv. 3, 47).

ಸನ್ನ್ಯಾಸ sam-nyāsa. = ಸನ್ಯಾಸ. Putting down; deposit, trust; stake, wager. 2, laying aside, relinquishment, resignation, abandonment of all worldly possession and earthly affections, profession of asceticism. 3, *abstinence from food,* fasting as a form of suicide.

ಸನ್ನ್ಯಾಸಿ sam-nyāsi. = ಸನ್ಯಾಸಿ. One who has cast off all worldly possessions and carnal affections, an ascetic. 2, a Brāhmaṇa of the fourth order (āśrama), a religious mendicant.

ಸನ್ನ್ಯಾಸಿಕ sam-nyāsika. A man who abandons or resigns. See ಕರ್ಮ-.

ಸನ್ನ್ಯಾಸಿಮಠ sannyāsi-maṭha. An abode of sannyāsis (Bp. 56, 35).

ಸನ್ಮತ sat-mata. = ಸನುಮತ. Well esteemed. 2, a good, proper mind, thought, view or doctrine (Bp. 3, 76); approbation, sanction (50, 20). ಉನ್ನತನು ಸನ್ಮತವಾಗಿ ನಡಿಯ ಬೇಕು (Prv.).

ಸನ್ಮತಿ sat-mati. Good or right judgment or mind, a wise and discerning heart, a good understanding (Bp. 25, 50; 35, 4; 39, 27; 47, 4).

ಸನ್ಮಥನ sat-mathana. Proper stirring or agitation (Bp. 51, 23).

ಸನ್ಮಾನ sat-māna. Respect for the good; the respect or esteem of the good; respect, honour (Bp. 37, 31; 45, 13; J. 8, 1; ಪುರಸ್ಕಾರ G.; My.; Tĕ.; Mhr.). — ಸನ್ಮಾನ ಮಾಡು. To pay respect to, to honour (G. 93). ನಿನ್ನ ತಾಯಿ ತನ್ದೆಗಳಿಗೆ ಸನ್ಮಾನ ಮಾಡು! (B. 1, 14).

ಸನ್ಮಾನತೆ sat-mānatĕ. The state of being respected (Bp. 46, 11).

ಸನ್ಮಾನಿತ sat-mānita. Respected, honoured (Rśv. 7, after 97; Mhr.).

ಸನ್ಮಾನಿಸು sat-mānisu. To respect, to honour (J. 9, 21; My.).

ಸನ್ಮಾರ್ಗ sat-mārga. A right way; the right way; the proper course; a virtuous way, good or virtuous conduct. ಕಲೀಶ್ವರರ ಉಪಾದರಣಸನ್ಮಾರ್ಗ (Šm. 119). See Bp. 25, 39; 31, 20; 51, 39; B. 5, 203. 209.

ಸನ್ಮಾರ್ಗವರ್ತನ sanmārga-vartana. Going in the right way, good or virtuous conduct (Bp. 46, 10).

ಸನ್ಮಾರ್ಗಸ್ಥ sanmārga-stha. Standing or being in the right way; a man of good or virtuous conduct (My.).

ಸನ್ಮುದ sat-muda. True pleasure, joy, delight, happiness (ಸುಖ, ಹರ್ಷ, etc. Mr. 25; Bp. 4, 70).

ಸನ್ಮುನಿ sat-muni. An excellent sage (Bp. 57, 78).

ಸನ್ಮೂರ್ತಿ sat-mūrti. An excellent form (Bp. 47, 64; 50, 70).

ಸನ್ಮೋಹನ sat-mōhana. Greatly stupefying, bewildering, alluring or fascinating (J. 6, 25).

ಸನ್ಮೋಹನಾಸ್ತ್ರ sanmōhana-astra. A kind of weapon (J. 21, 2).

ಸನ್ಮೋಹನೋತ್ತರೆ sanmōhana-uttarĕ. A woman who is very powerful in alluring, etc. (J. 6, 22).

ಸನ್ಯಾಸ sanyāsa. Common Tbh. of ಸನ್ನ್ಯಾಸ.

ಸನ್ಯಾಸಿ sanyāsi. Common Tbh. of ಸನ್ನ್ಯಾಸಿ. (ಪರಿವ್ರಾಜಕ G.; B. 4, 155; see ಬಾಲ-). ಸನ್ಯಾಸಿಗೆ ಕಟ್ಟಿದ ನಾಯಿ ಬಾಪಕ್ಕೆ ಹೋಗೋ ವರೆಗೆ ಕಾಲು ಕೊಡಿಯುತ್ತದೆ.— ಸನ್ಯಾಸೀ ಹೆಣ್ಡತಿ ಮುಣ್ಡೆಯೂ ಅಲ್ಲ, ಮುತ್ತಯ್ದೆಯೂ ಅಲ್ಲ (Prvs.).

ಸಪಕ್ಷ sa-paksha. Having wings. 2, having a side or party; belonging to the same party; a partisan, a follower, an adherent (Bh. 1, 8, 17).

ಸಪತ sapata. Tbh. of ಶಪಥ. (My.).

ಸಪತಗಾಱ sapata-gāṟa. A man who promises or asseverates by oath (to do something), a vaunter (My.).

ಸಪತ್ನ sapatna. Hostile; *an enemy, an adversary,* a rival (ಹಗೆ Nn. 62).

ಸಪತ್ನಿ sa-patni. = ಸವತಿ. A woman who has the same husband with another woman or whose husband has other wives, a fellow wife, a rival wife (Šśv. 3, after 35).

ಸಪತ್ನೋತ್ಕರ sapatna-utkara. A multitude of enemies (Šśv. 4, 69).

ಸಪತ್ರ sa-patra. Having feathers; an arrow.

ಸಪತ್ರಾಕರಣ sapatrā-karaṇa. Wounding so that the feathered part of an arrow enters the body; causing excessive pain, *worrying any one to death.* See Hlā. s. ಪೀಡಿಸು.

ಸಪದಿ sa-padi. *Instantly, in a moment, immediately;* quickly.

ಸಪರ್ಯ saparya. = ಸಪರ್ಯೆ. (Bp. 39, 27, 58).

ಸಪರ್ಯೆ saparyĕ. *Worship, adoration, reverence* (ಅರ್ಚೆ, ಬಲಿ, ಉಪಚಾರ, ಪೂಜೆ Mr. 28).

ಸಪಾಟ sapāṭa. = ಚಪಟೆ. (S. Mhr.; Mhr.).

ಸಪಾಯಿ sapāyi. Polish, gloss (Mhr., H. ಸಫಾಈ); smoothness; clearness, cleanness, neatness, elegance (My.; Mhr., H.).

ಸಪಿಣ್ಡ sa-piṇḍa. Having the same piṇḍa; *a kinsman entitled to participate in the offering of funeral cakes to the manes of certain relations* (father, grandfather, great-grandfather, etc.) *as far as the sixth* (or fourth) *degree, both in an ascending and descending line* (ತನ್ನ ಗೋತ್ರಜ Mr. 311). See G. s. ಪಿಣ್ಡ.

ಸಪಿಣ್ಡಿ sa-piṇḍi. The offering of a ball of rice, etc. to a deceased relative, commonly on the twelfth (or sixteenth) day after his decease (My.; Mhr.). — ಸಪಿಣ್ಡೀಶ್ರಾದ್ಧ. = ಸಪಿಣ್ಡಿ. (My.).

ಸಪಿಣ್ಡೀಕರಣ sapiṇḍî-karaṇa. Performing the śrâddha to deceased relatives called sapiṇḍas. — ಸಪಿಣ್ಡೀಕರಣಶ್ರಾದ್ಧ. = ಸಪಿಣ್ಡೀಕರಣ. (My.).

ಸಪೀತಿ sa-pîti. *Compotation, drinking together or in company.*

ಸಪ್ತ sapta. = ಸತ್ತ. Seven (Śmd. 101).

ಸಪ್ತಋಷಿ sapta-ṛishi. = ಸಪ್ತರ್ಷಿ. (Bp. 1, 43; 58, 40).

ಸಪ್ತಕ saptaka. Containing seven, seven; the seventh; a collection of seven (Śmd. 101; Č̌h. v. 244; Čpr. 1, 132).

ಸಪ್ತಕಿ saptaki. *A woman's girdle, a zone.*

ಸಪ್ತಕುಲಪರ್ವತ sapta-kula-parvata. = ಸಪ್ತಕುಲಾಚಲ. (My.).

ಸಪ್ತಕುಲಾಚಲ sapata-kula-aĉala. The seven principal mountains of each division of a continent or varsha (My., those of India being mahêndra, malaya, sahya, śuktimat, ṛiksha, vindhya, and pâriyâtra).

ಸಪ್ತಕೋಣ sapta-kôṇa. Septangular, heptagonal. (R.).

ಸಪ್ತಚ್ಛದ sapta-ĉ-ĉhada. Having seven leaves; N. of a tree (Čpr. 5, 49; *cf.* ಸಪ್ತಪರ್ಣ).

ಸಪ್ತಜಿಹ್ವ sapta-jihva. Seven-tongued: agni, fire. (R.).

ಸಪ್ತತನ್ತು sapta-tantu. Having seven performers or seven chief forms: *a sacrifice*, an offering (Abhâ. 2, 98).

ಸಪ್ತತಿ saptati. Seventy. See ಏಕ-.

ಸಪ್ತತ್ರಯ sapta-traya. Twenty-one (Č. Bp. 47, 11).

ಸಪ್ತತ್ವ saptatva. The state of being seven (the possession of seven requisites of royal administration, viz. the monarch, the prime minister, a friend or ally, treasure, territory, a stronghold, and an army, Čpr. 1, 19).

ಸಪ್ತದಶ sapta-daśa. The seventeenth (My.). 2, (Tbh. of ಸಪ್ತದಶನ್), seventeen. (R.).

ಸಪ್ತದ್ವೀಪ sapta-dvîpa. The seven divisions of the terrestrial world (Śmd. 101; Č. Bp. 47, 11; see ದ್ವೀಪ). The seven dvîpas are: jambu, plaksha, śâlmalî, kuśa, krauñĉa, śâka, and pushkara.

ಸಪ್ತಧಾತು sapta-dhâtu. The seven essential ingredients of the body (ಧಾತು Nn. 82). ರಸಮುಖ್ಯಸಪ್ತಧಾತು (ರಸ ಮೊದಲಾದ ಸಪ್ತಧಾತುಗಳು 83).

ಸಪ್ತನಗ sapta-naga. = ಸಪ್ತಕುಲಾಚಲ. See ನಗ 2.

ಸಪ್ತನಾದ sapta-nâda. = ಸಪ್ತಸ್ವರ (Mr. 78).

ಸಪ್ತಪದ sapta-pada. Having seven steps. See ಸಾಪ್ತಪದೀನ.

ಸಪ್ತಪದಿ sapta-padî. The seven steps at marriage (Grj. 10, after 98).

ಸಪ್ತಪರಮಸ್ಥಾನ sapta-parama-sthâna. Seven excellent places (in mukti, Čpr. 1, 8; 4, after 24).

ಸಪ್ತಪರ್ಣ sapta-parṇa. *The tree Alstonia scholaris* R. Br. (ವಿಶಾಲತ್ವಚ್, ವಿಷಮಚ್ಛದ, ಏಡಿಲೆವಾಟಿ Nr.; ಅಸಮಚ್ಛದ, ಏಟಿಲೆಯ ಬಾಟಿ Mr. 111).

ಸಪ್ತಪುರಿ sapta-puri. Seven celebrated towns (of pilgrimage, Abhâ. 2, 96; they are: Ayôdhyâ, Madhurâ, Mâyâ, Kâśi, Kâñĉî, Avanti, and Dvârâvatî, My.).

ಸಪ್ತಮ saptama. The seventh.

ಸಪ್ತಮದ sapta-mada. Seven kinds of pride relating to kula, yauvana, strî, anna, dhana, vidyâ, and udyôga (My.).

ಸಪ್ತಮಾತೃ sapata-mâtṛi. = ಸಪ್ತಮಾತೃಕೆ. (Bp. 58, 40).

ಸಪ್ತಮಾತೃಕೆ sapta-mâtṛikĕ. The divine mothers or personified energies of the principal deities. ಬ್ರಾಹ್ಮಿ, ಮಾಹೇಶ್ವರಿ, ಕೌಮಾರಿ, ವೈಷ್ಣವಿ, ವಾರಾಹಿ, ಮಾಹೇನ್ದ್ರಿ, ಚಾಮುಣ್ಡಿ ಎನೆ ಸಪ್ತಮಾತೃಕೆಯರ್ ಎನಿಸಿಕ್ಕು (Mr. 14; Bp. 30, 31).

ಸಪ್ತಮಿ saptami. = ಸತ್ತವೆ. The seventh case, the locative (Śmd. 115. 144. 146. 162. 164; Kâvy. I, 2, 41-43; see ಸತಿ-). 2, the seventh tithi or lunar day of the fortnight.

ಸಪ್ತರಸನ sapta-rasana. Seven-tongued: agni, fire (Mr. 45).

ಸಪ್ತರ್ಷಿ sapta-ṛishi. = ಸಪ್ತಋಷಿ. The seven great ṛishis: Marîĉi, Atri, Aṅgiras, Pulastya, Pulaha, Kratu, and Vasishṭha (see Mr. s. ಮುಖ್ಯಋಷಿ and ರವಕಾಯ). 2, *the constellation Ursa major* (the seven stars of which are supposed to be the seven great ṛishis, ಚಿತ್ರಶಿಖಣ್ಡಿ, ಋಷಿಯರ್ Mr. 39).

ಸಪ್ತಲೆ saptalĕ. *Double jasmine* (ನವಮಾಲಿಕೆ, ಇರವನ್ತಿ Mr. 126). *The soap-nut plant, Mimosa abstergens* Roxb.

ಸಪ್ತಲೋಕ sapta-lôka. The seven worlds (My.; see s. ಲೋಕ).

ಸಪ್ತವಿಂಶತಿ sapta-viṁśati. *Twenty-seven.*

ಸಪ್ತವಿಂಶತಿನಕ್ಷತ್ರ saptaviṁśati-nakshatra. The twenty-seven asterisms in the moon's path or lunar mansions. See ನಕ್ಷತ್ರ.

ಸಪ್ತವಿಧವಿಭಕ್ತಿ sapta-vidha-vibhakti. The seven kinds of case-terminations (ಏಳು ತೆಱನಾದ ಪ್ರತ್ಯಯಂಗಳ್ Śmd. Cm. 114).

ಸಪ್ತವಿಭಕ್ತಿ sapta-vibhakti. The seven case-terminations (Śmd. 88 Cm.; 88. 89. 111. 148).

ಸಪ್ತವ್ಯಸನ sapta-vyasana. The seven vices or bad habits (ಅಘ, ವ್ಯಸನ, ಸಪ್ತವ್ಯಸನಂಗಳು Nn. 115; see s. ವ್ಯಸನ).

ಸಪ್ತಶ್ರುತಿ sapta-śruti. = ಸಪ್ತಸ್ವರ. ಷಡ್ಜಾದಿಸಪ್ತಶ್ರುತಿಗಳ್ (Bp. 1, 48).

ಸಪ್ತಸಪ್ತಿ sapta-sapti. Having seven horses: the sun (Mr. 34; Bp. 58, 40).

ಸಪ್ತಸಮುದ್ರ sapta-samudra. = ಸಪ್ತಾಬ್ಧಿ. (My.).

ಸಪ್ತಸ್ವರ sapta-svara. *The seven notes of the musical scale or gamut: shaḍja, ṛishabha, gândhâra, madhyama, pañĉama, dhaivata, and nishâda* (ಷಡ್ಜಾದಿಸಪ್ತಸ್ವರ Nn. 84). They are designated by their initial letters or syllables, thus: sa, ri, ga, ma, pa, dha, ni. ಷಡ್ಜ ಋಷಭ ಗಾನ್ಧಾರ ಮಧ್ಯಮ ಪಂಚಮ ಧೈವತ ನಿಷಾದಮ್ ಓರನ್ತೆ ಸಪ್ತಸ್ವರಂಗಳ್ ಅಕ್ಕು; ಅವಱಿಲ್ಲಿ ತೋಱುವ ಅಕ್ಷರದ ಆದಿಸಂಜ್ಞೆ ಸ ರಿ ಗ ಮ ಪ ಧ ನಿ; ನವಿಲು ವೃಷಮ್ ಆಜ ಸಿಂಹ ಪಿಕ ತುರಗ ಕರಿ ಎನಿಪ್ಪವಱ ನಾದಂ (Mr. 76; see Bp. 1, 48; 10, 32; 19, 10; J. 21, 58).

ಸಪ್ತಹಯ sapta-haya. = ಸಪ್ತಸಪ್ತಿ. See ಹಯ.

ಸಪ್ತಹಸ್ತ sapta-hasta. Having seven hands; measuring seven cubits. (R.).

ಸಪ್ತಾಂಗ sapta-aṅga. Consisting of seven members or parts or constituent elements (as a kingdom, ಪ್ರಕೃತಿ Nn. 111; see ಪ್ರಕೃತಿ No. 7 & ಸಪ್ತತ್ವ); the seven constituent elements (Bh. 1, 8, 19). ತನ್ನ ಮೆಯ್ಯೊಳು ಬಲನ್ ಎನಿಪ್ಪ ಅರಸು, ವಿಶ್ವಾಸದಿಂ ನಿಜಮ್ ಎನಿಪ್ಪ ಪೆರ್ಗಡೆ, ನೆಗಳ್ತೆಯ ಸಮ್ಮುಖ ಮೋಸ್ತತದ ಜನಪದಂ, ಜಲತಿಲಾಧಾರಮ್ ಅಹ ಸರ್ವಸಂಗ್ರಹದ ದುರ್ಗಂ, ರನ್ನಹೇಮಾದಿಭಣ್ಡಾರಂ, ಮಹಾವೀರಸೈನ್ಯಂ, ನಿಜಪ್ರಿಯಂ ಕೂಡೆ ಸಪ್ತಾಂಗಸಮ್ಪನ್ನಮ್ ಎನಿಸುವ ರಾಜ್ಯಮ್ ಅಕ್ಕುಮ್, ಇನಿತಿಲ್ಲದಿಹ ರಾಜ ದುರ್ಬಲನ್ ಎನಿಕ್ಕುಂ (Mr. 271).

ಸಪ್ತಾಬ್ಧಿ sapta-abdhi. The seven seas, that of salt-water (lavaṇa), sugar-cane juice or syrup (ikshu), wine (surâ), clarified butter (ghṛita), curds (dadhi), milk (dugdha), and fresh water (jala). (Č. Bp. 47, 11; J. 13, 43).

ಸಪ್ತಾರ್ಚಿ sapta-arči. Tbh. of ಸಪ್ತಾರ್ಚಿಸ್. (ಧೂಮಕೇತು Mr. 489; Bp. 54, 67; Č. Bp. 47, 11).

ಸಪ್ತಾರ್ಚಿಸ್ sapta-arčis. Seven-flamed: *agni, fire.*

ಸಪ್ತಾಶ್ವ sapta-aśva. Having seven horses: *the sun* (ನೇಸರ್, etc. Kk. 45; Bp. 54, 67).

ಸಪ್ತಿ sapti. *A horse.*

ಸಪ್ತಿವರ sapti-vara. An excellent horse (Bp. 59, 36).

ಸಪ್ತೋಪಾಯ sapta-upâya. The seven means of success against an enemy (My.; see s. ಉಪಾಯ).

ಸಪ್ಪ sappa. = ಸಪ್ಪೆ. — ಸಪ್ಪ ಸಪ್ಪನೆ. rep. ಸಪ್ಪ ಸಪ್ಪನೆ ರಸಂ (Šmd. 229).

ಸಪ್ಪ sappa. = ಶಷ್ಪ. Tbh. of ಶಷ್ಪ. The hair round the privities (My.).

ಸಪ್ಪಗೆ sappagĕ. = ಚಪ್ಪಗೆ, ಸಪ್ಪನೆ. Flatly, vapidly, insipidly; flatness, etc.; flat, etc.; spiritless, dull, dejected; inert, without effect, destitute of results (My.; ಅರೋಚಕ, ಸಪ್ಪನ್ನ G.); still, quiet (in Prv.). ಅವನು ಸಪ್ಪಗಿದ್ದಾನೆ (My.). ಉಪ್ಪು ಸಪ್ಪಗೆಯಕ್ಕು, ಕರ್ಪೂರವು ಕರಿದಕ್ಕು, ಸರ್ಪಗೆ ಪಾಲವೆರೆದಕ್ಕು ಶ್ರವಣರುಂ ತಪ್ಪಾಡಿದನ್ನು (Sp. in a sarcastic manner). ಸಪ್ಪಗೆ ಇರು! ಎನ್ನದರೆ ಅಪ್ಪಪ್ಪ! ಎನ್ನ, ಕೂಗಿದ (Prv.).

ಸಪ್ಪಂಗಗಿಡ sappaṅga-giḍa. The long zedoary, Curcuma zerumbet Roxb. (St. & Pl.; H. ಪತ್ತಂಗಲಕಡಿ, St. & Pl.).

ಸಪ್ಪಂಗಮರ sappaṅga-mara. The suppan or brasiletto, Caesalpinia sappan Lin. (St. & Pl.; Kōnkaṇi ಸಪ್ಪಂಗು).

ಸಪ್ಪಡಿ sappaḍi. = ಚಪಟಿ (Sd.). 2, = ಸಪ್ಪಗೆ (Sd.; M. ಚಪ್ಪಡಿ).

ಸಪ್ಪನೆ sappanĕ. = ಸಪ್ಪಗೆ. (My.; see ಸಪ್ಪ-). ಸಪ್ಪನೆಗಂಟಿ (My.).

ಸಪ್ಪನ್ನ sappĕ-anna 1. Flat, insipid, etc. (ಅರೋಚಕ, ಸಪ್ಪಗೆ G.).

ಸಪ್ಪಳ sappaḷa. = ಸಪ್ಪುಳ್, ಸೊಪ್ಪುಳ್, etc. A sound, a noise (My.; ಧ್ವನಿ G. 80; ಕಟ್ಟುಲುಹು 108; Tĕ. ಚಪ್ಪಿಡಿ, ಚಪ್ಪುಡು; see Tĕ. s. ಜಡಿಪು). ವಾದ್ಯದ ಸಪ್ಪಳ (G. 44); ನೀರಿನ ಸಪ್ಪಳ (188); ಗಾಳಿ ಬೀಸುವ ಸಪ್ಪಳ (227); ಕುದಿಯುವ ಸಪ್ಪಳ (231); ಎಲೆಗಳ ಸಪ್ಪಳ (404). ಕಲ್ಲು ನೆಲಕ್ಕೆ ಅಪ್ಪಳಿಸಿದ ಸಪ್ಪಳ (B. 3, 51). ಚಪ್ಪಳ ತಿಮ್ಮುವವನಾದರೆ ಸಪ್ಪಳಾ ನುಂಗ್ಯಾನೇ? (Prv.). — ಸಪ್ಪಳ ಮಾಡು. To make a sound or noise (G. 109). — ಸಪ್ಪಳವಾಗು. -ಆಗು. A sound or noise to be produced. — ಏನಾದರೂ ತುಸು ಸಪ್ಪಳವಾದ ಕೂಡಲೆ ಕಾಡ ನಾಯಿಗಳು ಎಚ್ಚರವಾಗುತ್ತವೆ (B. 3, 40). ಗೂಗೆಯ ಚಿಕ್ಕೆಯ ಗರಿಗಳು ಬಹು ಮೆತ್ತಗಿರುವದರಿಂದ್ದ ಅದು ಹಾರುವಾಗ ಸಪ್ಪಳವಾಗುವದಿಲ್ಲ (3, 120). — ಸಪ್ಪಳಾಗು. -ಆಗು. = ಸಪ್ಪಳವಾಗು. (My.; B. 5, 28).

ಸಪ್ಪು sappu. = ತೊಪ್ಪಲು, etc., ಸೊಪ್ಪು 3 q. v. Foliage, etc. (My.; Tu. ತಪ್ಪು, ಸಪ್ಪು). ಬಸಳೇ ಸಪ್ಪು ಬಸವಗೆ ಯಾಕೆ?— ತಾನು ತಿಪ್ಪೋದು ಪಲ್ಲೇ ಸಪ್ಪು, ಹಿರೇ ಕುದುರೇ ಜೇಷ್ಟೆ (Prvs.).

ಸಪ್ಪುಳ್ sappuḷ. = ಸಪ್ಪಳ, etc. (J. 25, 12).

ಸಪ್ಪೆ sappĕ. = ಚಪ್ಪೆ 3. Flatness, insipidness; the condition of being spiritless, dull, dejected, inert, without effect or destitute of results; flat, etc. (My.; Tĕ., M. ಚಪ್ಪ; Tu. ಚಪ್ಪೆ, ಸಪ್ಪೆ). ಕಾಯಿಸಲ್ ಪಟ್ಟು ಬಿಸಿಯಾದ ಹಾಲಿನಲ್ಲಿ ಮೊಸರು ಸೇರಿ ಹೆಪ್ಪು ಕಟ್ಟಿ ಒಡದನ್ತೆ ಸಪ್ಪೆಯಾಗಿರುವದು (ಆಮಿಕ್ಷೆ Si. 240). ಉಪ್ಪು ಸಪ್ಪೆಯಾದರೂ ಕಾರ ಬಿಡದು (Prv.). — ಸಪ್ಪೆಪಥ್ಯ. Diet without salt, acids and any thing heating (My.). — ಸಪ್ಪೆಪಥ್ಯ ಇಡು. To order such a diet (My.). — ಸಪ್ಪೆಯುಪ್ಪಸ್ತಿ. -ಅಪ್ಪಸ್ತಿ. Medicine requiring persons to abstain from salt, acids and any thing heating (My.). — ಸಪ್ಪೆಯಾಗು. -ಆಗು. To become insipid. 2, to grow spiritless, etc. (My.). ಅವನ ಕೆಲಸ ಸಪ್ಪೆಯಾಯಿತು (My.). — ಸಪ್ಪೆಯಿಡು. -ಇಡು. = ಸಪ್ಪೆಪಥ್ಯ ಇಡು. (My.).

ಸಫ್ಫಳ sapphaḷa. Tbh. of ಸಫಲ. (Šmd. 350).

ಸಪ್ರಕಾರಕ sa-prakâraka. With or according to manner. ಸಪ್ರಕಾರಕವಾಗಿ ತಿಳಿಯುವಿಕೆ (ಉಪಲಮ್ಭ, ಅನುಭವ, ಅನುಭವಿಸುವಿಕೆ Si. 397).

ಸಪ್ರಣವ sa-praṇava. Together with the syllable ôṁ (Bp. 1, 39).

ಸಪ್ರಾಣಿಸು sa-prâṇisu. To recover breath or consciousness (J. 4, 42).

ಸಫಲ sa-phala. Becoming connected with fruit, bearing fruit, fruitful, productive, profitable, yielding profit, yielding a result, successful. See Bp. 5, 35; 24, 8; 26, 66; 43, 77; 47, 60; 57, 63; J. 10, 49.

ಸಫಲತೆ sa-phalatĕ. The state of being productive, etc. (Čpr. 8, 16).

ಸಫಲತ್ವ sa-phalatva. = ಸಫಲತೆ. (My.).

ಸಫಲಿತ sa-phalita. Having fruit, connected with a result, etc. (Bp. 32, 2).

ಸಫಲೀಕೃತ saphalî-kṛita. Made fruitful, etc. (Čpr. 2, after 52).

ಸಫೇದು saphêdu. White, of a clear and bright white (My.; Mhr., H. ಸಫೇತ, ಸಫೇದ; Mhr., H. ಸಫೇತಾ, ceruse or white lead).

ಸಬ saba. 1. Tbh. of ಶವ. (ಕುಣಪ Kk. 41; Šm. 44).

ಸಬ saba. 2. = ಚವ 2 q. v., ಸಬು, ಸಬ್ಬು 1. — ಸಬಕಾರ. = ಚವುಕಾರ. (G. 204; B. 3, 30; 4, 158; 5, 286).

ಸಬಗ sabaga. = ಸೊಬಗ. ಉದ್ದು ಮದ್ದಲ್ಲ, ಕದ್ದವ ಸಬಗನಲ್ಲ (Prv.).

ಸಬಬು sababu. Cause, reason, motive (My.; Mhr., H.); therefore (Mhr.).

ಸಬರ sabara. A pack-saddle for bullocks (ಕಪ್ಪುದಿಗಲ್ Mr. 350; My.; *cf.* Sk. ಸಧರ?), etc. ಆನೆಯ ಸಬರ (G. 232). ಎತ್ತನ್ನು ಹುಲಿ ತಿನ್ತು, ಸಬರ ಮುರೀ ಗೆದ್ದಲು ತಿನ್ತು (Prv.). — ಸಬರಬಣಿಗಿಹಾವು. The rock-snake, the boa constrictor, Python molurus (Bd.).

ಸಬಲ sa-bala. Having power, strength or weight; powerful, strong, vigorous (B. 5, 234). 2, *accompanied by a force or army.*

ಸಬಳ sa-baḷa. 1. = ಸಬಲ. — ಸಬಳಗದ್ಯಾಣ. (Šmd. 385; Kk. 97). A gadyâṇa that has its full weight. — ಸಬಳಗದ್ಯಾಣದೆರೆ. -ತೆರೆ. (Šmd. 387). Tribute of such gadyâṇas.

ಸಬಳ sabaḷa. 2. *One of the Tatsamas* (Šmd. 384; Kk. 95; Šm. 77; *cf.* ಸರ್ಪಲಿ). A spear, a lance, a pike (ಪ್ರಾಸ, ಕುನ್ತ Mr. 298; ಕೊನ್ತ, ಡೊಂಕಣಿ Kk. 40; ಡೊಂಕಣಿ, ಕೊನ್ತ Šm. 43; ಇಟ್ಟಿ 89; Grj. 7, 53; Bp. 34, 34; 57, 29; 61, 25; Bh. 3,

13, 26; Ŏ. Bp. 42, 14; Rŝv. 6, after 11; Tĕ.; T. ಚವಳ). ಸಾಧಿಸಿದರೆ ಸಬಳ ನುಂಗ ಬಹುದು (Prv.).

ಸಬಳತ್ರಿಣೇತ್ರ sabaḷa-triṇêtra. (Šmd. 385; Kk. 97). Triṇêtra with a spear.

ಸಬಳಬಿನ್ನಣಿ sabaḷa-binnaṇi. (Šmd. 385; Kk. 97). A person who is adroit in the use of spears.

ಸಬಳಸಹಸ್ರಬಾಹು sabaḷa-sahasrabâhu. (Šmd. 385; Kk. 97). Sahasrabâhu with a spear.

ಸಬಳಿಗ sabaḷiga. A spearman (ಪ್ರಾಸಿಕ, ಕೌನ್ತಿಕ, ಈಟಿಯೆ ಆಯುಧಮಾಗಿ ಉಳ್ಳವನು Si. 281; Bp. 16, 13).

ಸಬು sabu. = ಸಬ 2, etc. — ಸಬುಕಾರ. = ಸಬಕಾರ. (My.).

ಸಬುದ sabuda. Tbb. of ಶಬ್ದ. (ಶಬ್ದ Nn. 7; Šmd. 336 Mdb.; Bh. 2, 13, 11; Râm. 5, 8, 28. 72; 6, 55, 24).

ಸಬ್ಬ sabba. 1. Tbh. of ಶರ್ವ. Šiva (ಶಿವ Kk. 4; ಈಶ್ವರ Šm. 2).

ಸಬ್ಬ sabba. 2. Tbh. of ಸರ್ಬ (Šmd. 345), ಸರ್ವ 1. All.

ಸಬ್ಬಮಂಗಳೆ sabba-maṅgaḷĕ. Tbh. of ಸರ್ವಮಂಗಲಾ. — ಸಬ್ಬ ಮಂಗಳೆಯಣುಗ. -ಅಣುಗ. Kârttikêya (ಗುಹ Šm. 4).

ಸಬ್ಬಲಕ್ಕಣ sabba-lakkaṇa. Tbh. of ಸರ್ವಲಕ್ಷಣ. (Šmd. 376).

ಸಬ್ಬಲಗ್ಗೆ sabba-laggĕ. = ಸರ್ಬಲಗ್ಗೆ. A union of the sounds of all musical instruments (Bh. 3, 13, 25; 7, 5, 10).

ಸಬ್ಬವ sabbava. (fr. ಸಭ್ಯ?). (An assembly, a gathering): mirth, jest, fun, joking, ridicule (ಅಲ್ಲಣಿಗೆ, ಮೇಳ Šmd. II; ಅಲ್ಲಣಿ, ಮೇಳ Kk. 78; ಅಲ್ಲಳಿ, ಮೇಳ Šm. 58; ಮೇಳ Čt. I, 26; ಹಾಸ್ಯ Čt. II, 104; Tĕ. ಸಬ್ಬಣ್ಡು, a jumble, omnium gatherum).

ಸಬ್ಬವಕಾಱ sabbava-kâṟa. A mirth-maker, a jester, a ridiculer, a buffoon (ಪರಿಹಾಸಕ Kk. 38; Šm. 48; Šŝv. 3, 2).

ಸಬ್ಬವಕಾರ್ತಿ sabbava-kârti. A woman of pleasure, a female buffoon (ಮೇಳದಾಕೆ Šs.; Šm. 74).

ಸಬ್ಬವಗಾರ್ತಿ sabbava-gârti. = ಸಬ್ಬವಕಾರ್ತಿ. (ಮೇಳದಾಕೆ Kk. 28).

ಸಬ್ಬಸನ್ನಣ sabba-sannaṇa. Tbh. of ಸರ್ವಸನ್ನಾಹ. (Šmd. 376)

ಸಬ್ಬಸಿಕೆ sabbasikĕ. = ಸಬ್ಬಸಿಗೆ. (ಶಾಲೇಯ, ಶೀತಶಿವ, ಛತ್ರೆ, ಮ ಧುರಿಕೆ, ಮಿಸಿ, ಮಿಶ್ರೇಯ, ಸದಾಪ Si. 147).

ಸಬ್ಬಸಿಗೆ sabbasigĕ. A sort of fennel, Anethum panmorium Roxb. (ಶಾಲೇಯ, ಶೀತಶಿವ, ಛತ್ರೆ, etc. Nr.). 2, a sort of dill or fennel, Anethum sowa Roxb. (ಶತಪುಷ್ಪೆ, ಶತನಾಮೆ Mr. 186). See ಕಲ್ಲು-, ಕಾಡು-. *Cf.* ಸದಗುಪ್ಪೆ, ಸದಾಪ. — ಸಬ್ಬ ಸಿಗೆಮಾವು. A kind of mango (B. 2, 51).

ಸಬ್ಬಸೀಗೆ sabbasigĕ. = ಸಬ್ಬಸಿಗೆ. (My.).

ಸಬ್ಬಾಣಿ sabbâṇi. Tbh. of ಶರ್ವಾಣಿ. (ಶಿವೆ Kk. 5; ಗಿರಿಜೆ Šm. 3).

ಸಬ್ಬಿಗೆ sabbigĕ. = ಸಬ್ಬೆ. A slender branch of a tree or shrub (My.; *cf.* ಚಿಳ್ಳು, ಸೆಳೆ 1). ಬಿಟ್ಟೀ ಕುದುರೆ, ಅವರಿಕೇ ಸಬ್ಬಿಗೆ (Prv.).

ಸಬ್ಬು sabbu. 1. = ಸಬ 2, etc. Soap (My.).

ಸಬ್ಬು sabbu. 2. Sago (Mhr., H. ಸಾಗ, ಸಾಗೂ; Tĕ. ಸಗ್ಗು, ಸಬ್ಬು; T. ಚವ್ವು). — ಸಬ್ಬಕ್ಕಿ. -ಅಕ್ಕಿ. Sago (My.; T. ಚವ್ವರಿಶಿ).

ಸಬ್ಬೆ sabbĕ. = ಸಬ್ಬಿಗೆ. (My.).

ಸಬ್ರಹ್ಮಚಾರಿ sa-brahmačâri. *A fellow-student, one engaged in the same studies and observing the same austerities.*

ಸಭಯ sa-bhaya. Fearful, apprehensive, timid (Bp. 30, 80; 38, 69; 46, 37; 49, 6).

ಸಭರ sa-bhara. Having weight, ponderous; big with young.

ಸಭರಿತ sa-bharita. = ಭರಿತ. (Bp. 8, 28; 26, 69).

ಸಭರ್ತೃಕೆ sa-bhartṛikĕ. *A woman whose husband is alive.*

ಸಭವ sa-bhava. Having birth or origin (Bp. 51, 28).

ಸಭಾಕಮ್ಪ sabhâ-kampa. Trembling or timidity in company; abashedness in the public assembly; bashfulness (Mhr.; My., also as ಸಭಾಕಮ್ಪನ).

ಸಭಾಗೃಹ sabhâ-gṛiha. An assembly house, a public hall, a town-hall, etc. (My.; Mhr.).

ಸಭಾಜನ sabhâjana. *Courtesy, politeness, civility,* service, honour; *affection, friendship* (ಕೆಳೆಯ Hlâ.). 2, ಸಭಾ-ಜನ, persons of an assembly (My.). 3, ಸ-ಭಾಜನ, possessing a number of vessels.

ಸಭಾಜಿತ sabhâjita. Served, honoured (ಮಾನ ಹೊನ್ದಿದ G.).

ಸಭಾತಾಮ್ಬೂಲ sabhâ-tâmbûla. Betel and betel-nut served out at a meeting (My.).

ಸಭಾಧ್ಯಕ್ಷ sabhâ-adhyaksha. Master of an assembly, president, chairman, master of ceremonies (My.; Mhr.).

ಸಭಾನಾಯಕ sabhâ-nâyaka. The president of an assembly, chairman. ಸುಭಾಷಿತವಿಲ್ಲದವ ಸಭಾನಾಯಕನಾದರೇನು? (Prv.).

ಸಭಾನಿಕೇತನ sabhâ-nikêtana. = ಸಭಾಗೃಹ. (Šŝv. 1, 70).

ಸಭಾನ್ತರ sabhâ-antara. Another assembly; the interior of an assembly or community (Bp. 25, 20. 38; 38, 13).

ಸಭಾಪತಿ sabhâ-pati. = ಸಭಾನಾಯಕ (My.). 2, N. (My.).

ಸಭಾಪರ್ವ sabhâ-parva. N. of the second book of the Mahâbhârata (Bp. 5, 2).

ಸಭಾಪಾಣ್ಡಿತ್ಯ sabhâ-pâṇḍitya. Learning sufficient to flash occasionally at public meetings (My.; Mhr.).

ಸಭಾಮಣ್ಟಪ sabhâ-maṇṭapa. A temporary shed or hall (ಜನಾಶ್ರಯ, ಮಣ್ಡಪ Hlâ.); a portico or an erection in front of a temple where people assemble (Mhr.); the open space of a temple in front of the apartment of the idol (Mhr.); an audience hall, a council-chamber, etc. (My.; Mhr.).

ಸಭಾವ sa-bhâva. A proper bhâva or feeling (in nartana, Rŝv. 5, after 19).

ಸಭಾವಿಭಾವ sabhâ-vibhâva. The majesty of a court (Čpr. 2, 7).

ಸಭಾಸದ್ sabhâ-sad. One who sits at an assembly; *an assistant at an assembly;* a member of any society or company; an assessor of an assembly, council or court.

ಸಭಾಸದ sabhâ-sada. = ಸಭಾಸದ್. (Rŝv. 5, after 19; B. 4, 118; My.).

ಸಭಾಸ್ತಾರ sabhâ-âstâra. *An assistant at an assembly;* a member of any society or company.

ಸಭಾಸ್ಥಾನ sabhâ-sthâna. An assembly-room (My.).

ಸಭಿಕ sabhika. *The keeper of a gambling-house.*

ಸಭೆ sabhĕ. ಸಭಾ. *An assembly, a congregation, a meeting; a society, a company,* a community; good society. 2, a place in which noble or learned persons assemble; *a hall,* a hall of audience, a council-chamber; *a court of justice,* a court, a palace. 3, a gambling-house. ಸಭೆ ಕೂಡಿದಾ ಕ್ಷಣ ಪ್ರಥೆ ಕೊಟ್ಬಾರೋ? (Prv.). — ಸಭೆವೆರಸು. -ಬೆರಸು. A meeting to convene (Bp. 53, 58).

ಸಭ್ಯ sabhya. Belonging or relating to an assembly; fit for an assembly; suitable to or fit for good society; polite, well-bred, decent, refined, civilized; tame, mild or gentle in disposition (B. 3, 16. 21); trusted, confidential, faithful. 2, *an assistant at an assembly;* an assessor. 3, *a man of honourable parentage; a polite man;* a man who is mild and gentle in disposition (My.).

ಸಭ್ಯತನ sabhyatana. = ಸಭ್ಯತ್ವ. (My.; B. 5, 183).

ಸಭ್ಯತ್ವ sabhyatva. Politeness, refinement, good breeding, mild and gentle disposition (My.).

ಸಮ್ sam. = ಸಂ (saṁ), ಸಂ (ಸಙ್, saṅ), ಸಂ (ಸಞ್, sañ). Con, with, together with, along with, together; much, greatly, thoroughly, quite, very, well, completely, etc.; beautifully; same, like, similar.

ಸಮ sama. (fr. ಸಮೆ 2). Getting ready, preparation; readiness. — ಸಮಕಟ್ಟು. 1. To prepare, to make ready; to arrange (ವಿಧಾನ Šmd. Dh.; Čpr. 5, after 135; 6, after 86; Abh. P. 11, 74). ವ್ಯಾಳದನ್ತಿಕುಳಮಂ ಸಮಕಟ್ಟಿಂ! (Šmd. 270). — ಸಮಕಟ್ಟು. 2. Preparation (for a journey, a marriage, etc. My.; ಘಟಿಯ Šmd. I; ಮುರಿ Šm. 105). — ಸಮ ತಳಿಸು. To cause to appear ready, to make ready (Bh. 1, 12, 18). 2, to make one's self ready (J. 32, 8).

ಸಮ sama. 1. = ಸವ 1. *Even, level, flat, plain* (ತಡಮ್ಬರೆ Kk. 69); even (as number). 2, *same, equal.* 3, *like, similar* (ದೊರೆ Šm. 105). 4, acting in the same way or with equal justice towards every one, not having partiality, impartial, alike, fair; neutral; unmoved. 5, straight; uniform; upright, honest, just, temperate; good, virtuous; normal; fit, proper, right, suitable; perfect. 6, ordinary, common; common to all, general; all, every one; full, complete; whole, entire. 7, (in rhetoric) sameness of objects compared to one another, identity of objects compared (Kâvy. III, 1, A, 3-7). 8, (in geometry) a mean. ಸಮಂ, equally, etc.; *with, together with, together* (ಕೂಟ Mr. 585). ಅಣ್ಣಿಯೊಳಗಣ ನೀರು, ಮುಣ್ಡೇ ಕೆಯ್ಯೊಳಗಣ ಹಣ ಸಮ (Prv.). — ಸಮಗೊಳಿಸು. -ಕೊಳಿಸು. To make proper or nice, to put in order (My.). — ಸಮನು. (*i. e.* ಸಮವು). = ಸಮ. ಭಿನ್ನವಾದ ಗಡಿಗೆ ಹೊನ್ನು ಕೊಟ್ಟರೆ ಸಮನಾದೀತೇ? (Prv.). — ಸಮ ಚಡಿಸು. To be equally obstinate (Bh. 2, 2, 95). — ಸಮನ್ತರ್. -ಂತರ್. To make equal (Čpr. 6, 68). — ಸಮ ಮಾಡು. To make even or flat (C.; B. 4, 225). 2, to make equal to (My.). 3, to put in order (My.). 4, to make nice or proper (My.). — ಸಮವೆಟ್. -ಬೆಟ್. To become equal. (ತಾಳಂ) ಸಮವೆತ್ತಲ್ಲಿ ಲಯಮ್ ಎನಿಕ್ಕು (Mr. 79). — ಸಮ ಸಲ್. = ಸವ ಸಲ್. To be in common use, to be well known (ಸಮಾನಮಾಗಿ ಸಲ್ Šmd. 15 Cm.; 25 Cm.; 139 Cm.; Kâvy. I, 5, 38).

ಸಮ sama. 2. = ಸಮ್ಮ. Skin, leather. See ಸಮಗಾಱ.

ಸಮಕಕ್ಷ sama-kaksha. Equal, alike, par (Kâvy. III, 3, B, 164; Mhr.).

ಸಮಕಾಲ sama-kâla. The same time, the same moment; simultaneous, coeval (Kâvy. III, 3, B, 9).

ಸಮಕ್ಷ sam-aksha. Being before the eyes or in sight, visible, being in presence of; sight, presence, front (Čpr. 7, 28; Bp. 22, 12; 30, 8; Mr. 3. 286; J. 38, 40). ಸಮಕ್ಷಂ, before the eyes, in sight of, visibly, in presence of, face to face.

ಸಮಕ್ಷಮ sam-akshama. = ಸಮಕ್ಷ. (My.; ಕಣ್ಣಾರೆ, ಕಣ್ಣುಮುಟ್ಟ G.).

ಸಮಗಾಱ sama-gâṟa. Tbh. of ಚರ್ಮಕಾರ. (ಚರ್ಮಕಾರ, ಪಾದುಕೃತ್ G.). ಗಣ್ಡನ ಕೊರಡು ಸಮಗಾಱನಲ್ಲಿ ಬಿದ್ದ ಹಾಗೆ. — ಹಲವು ಸಮಗಾಱರು ಕೂಡಿ ತೊಗಲೆಲ್ಲ ಹದ ಕೆಡಿಸಿದರು (Prvs.).

ಸಮಗ್ರ sam-agra. *All, entire, whole, full, complete* (Šmd. 251); entireness, totality. ಸುವರ್ಣಸಮಗ್ರದೊಳ್ ಧೌತಂ (Mr. 475).

ಸಮಗ್ರಚೇಷ್ಟೆ samagra-čêshṭĕ. Complete activity, etc. See ಮನವೃತ್ತಿಯ್.

ಸಮಗ್ರತೆ sam-agratĕ. Entireness, completeness, fullness. See ನೆಱೆ[2] 2; Bp. 19, 21; 57, 38.

ಸಮಗ್ರತ್ವ sam-agratva. = ಸಮಗ್ರತೆ. See ಎಱು, ನೆಱೆ[2] 2.

ಸಮಂಗೆ sam-aṅgĕ. *Bengal madder, Rubia munjista or cordifolia.* 2, *a sensitive plant, Mimosa pudica.*

ಸಮಚಿತ್ತ sama-čitta. Even-minded, even-tempered, equanimous; indifferent; having the thoughts directed to the same object. (R.).

ಸಮಚ್ಛೇದ sama-č-čhêda. Common denominator (in arithmetic, Mhr.; My.).

ಸಮಜ sam-aja. *A multitude of beasts or animals.*

ಸಮಜಾತಿ sama-jâti. Equal in kind, homogeneous (My.).

ಸಮಜಾಯಿಷಿ samajâyishi. = ಸಮದಾಯಿಷಿ. Bringing to a right and just understanding, bringing round (Mhr., H. ಸಮಜಾವಿಶೀ, ಸಮಜಲ); persuading, appeasing; right understanding of, with or towards, as effected through speech in conviction or persuasion (My.; Mhr., H.); peace (My.).

ಸಮಜಾಯಿಸು samajâyisu. = ಸಮದಾಯಿಸು. To make (a person) to understand; to explain (a subject, Mhr., H. ಸಮಜಾವಿಣೇಂ); to bring round, to persuade, to convince, to satisfy, to appease (My.; Mhr., H.).

ಸಮಜೋಳಿ sama-jôḷi. A proper match (Râm. 4, 2, 37).

ಸಮಜ್ಞೆ sama-jñĕ. = ಸಮಾಜ್ಞೆ.

ಸಮಜ್ಞೇಯ sam-ajñêya. Wholly baffling or passing knowledge; complete non-cognisance (Bp. 35, 22).

ಸಮಜ್ಯೆ sam-ajyĕ. *A meeting, an assembly.*

ಸಮಂಚಿತ sam-ančita. Gone or joined together, combined, united; greatly honoured, etc. See Bp. 45, 24; 46, 72; Râv. 6, after 17.

ಸಮಂಜ sam-añja. = ಸಮಂಜಸ. See ಅ-.

ಸಮಂಜಸ sam-añjasa. *Proper, right, fit; correct, accurate, true,* consistent; virtuous, just, good; exercised, practised, experienced. See Šmd. 233. 2, propriety, fitness, truth, accuracy, etc.; fame (ಕೀರ್ತಿ, ತೂಕ Nn. 158).

ಸಮಟಿಗೆ samaṭigĕ. = ಚಮ್ಮಟ್ಟಿಗೆ. Tbh. of ಚರ್ಮಪಟ್ಟಿಕೆ. (Šmd. 382).

ಸಮತಿರಿಕ್ತ sam-atirikta. Excessively abundant, exceeding, excessive, much. (R.).

ಸಮತೆ samatĕ. Evenness, sameness, equality, similarity; identity; unity; immovableness; equanimity; propriety; fairness, impartiality, justness, uprightness (ಪ್ರಮಾಣ Mr. 529); perfectness; commonness; — composition of words (Kâvy. I, 3, 84-88). See Bp. 10, 15; 37, 10. — ಸಮತೆಗಟ್ಟು. -ಕಟ್ಟು. To assemble (v. i., Bp. 37, 45). — ಸಮತೆಗೆಡು. -ಕೆಡು. Immovableness to be destroyed; to lose immovableness or a settled state (J. 19, 4). — ಸಮತೆವೊಱ್. -ಪೊಱ್. To carry or exhibit equality or propriety (J. 5, 53).

ಸಮತ್ವ samatva. = ಸಮತೆ. (My.).

ಸಮದ sa-mada. Intoxicated; furious, mad with rut; delighted.

ಸಮದಗಜಗತಿ samada-gaja-gati. A person who has the gait of an elephant in rut (Čb. v. 177).

ಸಮದಣ್ಡಿ sama-daṇḍi. The beam of a balance (ತೂಗುವ ಕೋಲ್ Mr. 358). 2, equally balanced power (Ššv. 4, 66. 85; Bh. 2, 2, 17). — ಸಮದಣ್ಡಿಗೆಯ್. To evince equal power (Ššv. 4, 81).

ಸಮದಾಯಿಸಿ samadâyishi. = ಸಮಜಾಯಿಸಿ. (My.).

ಸಮದಾಯಿಸು samadâyisu. = ಸಮಜಾಯಿಸು. (My.).

ಸಮದೃಷ್ಟಿ sama-drishṭi. The act of looking at equally or impartially, impartial and equal regard, impartiality; the act of facing (Šmd. 264).

ಸಮಧಿಕ sam-adhika. *Very abundant, exceeding, excessive, plentiful.*

ಸಮಧುರ sa-madhura. Sweet, pleasant, pleasing, etc. (Bp. 4, 24; 30, 31; 45, 48; 47, 52).

ಸಮನನ್ತರ sam-anantara. Time immediately following (Râm. 1, 16, 51; J. 2, 3). ಸಮನನ್ತರಂ, immediately after (Čpr. 4, after 140).

ಸಮನಿಸು samanisu. (fr. ಸಮೆ 2). = ಸವನಿಸು. To grow ready or prepared; to be acquired, found, got or gained; to be brought about; to come about; to occur; to become (ಪ್ರಾಪ್ತಿ Šmd. Dh.; ಆಹುದು Šmd. 117. 362; ಪ್ರಾಪ್ತಿಸು 117 Cm.; 131 Cm.; 149 Cm.; 362 Cm.). ಸಮನಿಕುಂ (Šmd. 268). ಪೊಣ್ಣಿಂ ಸಮನಿಸು ಗುಮ್ ಅಲ್ತೆ ಪೆಣ್ಣುಂ ಮಣ್ಣುಂ? (84). ಸಮನಿಸುಗೆ ಜಗಕ್ಕೆಲ್ಲಿಯು ಮ್ ಅಭೀಷ್ಟಂ ಕ್ಷೇಮವೃತ್ತಿ ಕುಶಲಂ ಭದ್ರಂ ಭಾವುಕಂ ಭವಿತವ್ಯಂ ಶ್ರೇಯಂ ಶಿವಂ ಶುಭಂ ಸ್ವಸ್ತಿ ಮಂಗಳಂ ಕಲ್ಯಾಣಂ! (159). See Čpr. 2, 33. 71; 3, 39; 5, 136; 8, 79; Abh. P. 8, 152; 11, 115; 14, 11; Prll. 3, 4; Č. Bp. 47, 16; Rśv. 2, 54; 9, 12; 13, 25; J. 6, 32; 15, 27; 16, 29; 26, 10; Bh. 3, 27, 35. 2, to prepare; to cause to get; to apply to (Grj. 10, 30).

ಸಮನ್ತ sam-anta. Being on every side or part, universal, complete, whole, entire, all. 2, limit, boundary, term, end. See ಸಾಮನ್ತ.

ಸಮನ್ತತಸ್ samanta-tas. *All round, on every side, everywhere, from all quarters,* altogether, wholly.

ಸಮನ್ತದುಗ್ಧೆ samanta-dugdhĕ. *The milk-hedge plant, Euphorbia antiquorum* (= ಸ್ನುಹಿ).

ಸಮನ್ತಭದ್ರ samanta-bhadra. *A Buddha or Jina.* ಸಮನ್ತ ಭದ್ರಸ್ವಾಮಿ (Šmd. 125).

ಸಮನ್ತಾತ್ samantât. *From every side, on every side, from every part, all round.*

ಸಮನ್ತು samantu. (= ಸಮೆ 2). Beauty, grace; beautifully, nicely, etc. (Grj. 1, 108; 3, 120; 4, 22; Bp. 9, 49; Rśv. 18, 25). — ಸಮನ್ತಾಗಿಸು. -ಆಗಿಸು. To make beautiful, nice, neat, etc. (Čpr. 6, 64).

ಸಮನ್ತು samaṁ-tu. (or Sk. sam & K. antu 1). In the very same way: in that way, so, thus (ಹಾಗೆ Šmd. 27 Cm.; ಹಾಂಗೆ 226. 240 Cm.). 2, vedic tradition (ವಾರ್ತೆ, ಅನುಶ್ರುತ Nn. 138).

ಸಮನ್ಧ samandha. Tbh. of ಸಮ್ಬನ್ಧ. (Mhr.; Čb. 47).

ಸಮನ್ವಯ sam-anvaya. Regular succession or order, conjunction, mutual connection (Si. 48). 2, a lineage, a race, a family (Rśv. 18, 63).

ಸಮನ್ವಿತ sam-anvita. Connected with, joined; completely possessed of, endowed with, possessing (ಯುತ, etc., ಕೂಡಲ್ Mr. 440; J. 11, 26).

ಸಮನ್ವಿತಲಯ samanvita-laya. *Keeping time together, etc.* (= ಏಕತಾಲ).

ಸಮಪದ sama-pada. Holding the feet even: an attitude in shooting (Colebr.).

ಸಮಬನ್ಧು sama-bandhu. A kinsman of equal standing (My.); one of equal age (J. 33, 25).

ಸಮಭರವಿಭಾಗ sama-bhara-vibhâga. Proper disjunction of a number (of connected sentences in poetry) (Kâvy. II, 2, B, 27).

ಸಮಭಾಗ sama-bhâga. An equal share (ಪಮ್ಪು Čt. I, 105; II, 9).

ಸಮಭಾವ sama-bhâva. Of like nature or property; sameness, equability; proper nature (Kâvy. IV, 2, 49). See ಎಚ್ಚು 2.

ಸಮಭಿಮತ sam-abhimata. Fully assented to; greatly desired; very much honoured (Kâvy. III, 1, A, 3).

ಸಮಭಿವ್ಯಾಹಾರ sam-abhivyâhâra. Mentioning together; proximity to or association with a word whose meaning is well understood (My.).

ಸಮಭಿಹಾರ sam-abhihâra. Seizing or taking together. 2, repetition, reiteration. See ಕ್ರಿಯಾ-.

ಸಮಭೂಮಿ sama-bhûmi. Even or level ground (My.).

ಸಮಯ sam-aya. = ಸಮೆಯ. Going or coming together. 2, an assemblage, a company, a congregation. 3, *convention, agreement, compact, covenant, treaty, contract; engagement, appointment.* 4, stipulation, condition. 5, *an oath.* 6, concurrence of circumstances, juncture, *fit or proper time, right moment, opportunity,* occasion, *season,* emergency, exigency. 7, *time* (ನಿಮಿಷಭೇದ, ಕಾಲ Nn. 56; ಕಾಲ Mr. 530); leisure. 8, speciality (ವಿಶೇಷ 530). 9, *conventional rule or usage, established custom, law, rule,* religious obligation. 10, *demonstrated conclusion,* dogma (ಸಿದ್ಧಾನ್ತ 530). 11, order, direction, precept. 12, sign, hint, indication (ಸಂಕೇತ 530). 13, poetical idiom or conventionality. See ಕವಿ-, ಕಾವ್ಯ-, ಕು-, ಜನ-, ಪರ-, ಬುದ್ಧ-, ಸ್ವ-. ಸಮಯಕ್ಕಾಗದ ಅರ್ಥ ಸಹಸ್ರವಿದ್ದರೂ ವ್ಯರ್ಥ.— ಸಮಯಕ್ಕಾದವನೇ ನಣ್ಟ, ಕೆಲಸಕ್ಕೊದಗಿದವನೇ ಬಣ್ಟ (Prvs.). — ಸಮಯಸನ್ದು ಕಟ್ಟು. An unluckly conjunction of circumstances, a difficulty (My.).

ಸಮಯಸ್ಥ samaya-stha. A man belonging to a congregation or sect (Bp. 32, 63).

ಸಮಯಾ samayâ. At a fixed or appointed time; in due time or season. 2, *within, in the middle, in the midst.* 3, *near.*

ಸಮಯಾಕಪಟಿ samayâ-kapaṭi. A hypocrite who acts as the occasion suits him (Bp. 45, 21).

ಸಮಯಾಚಾರ samaya-âčâra. Conventional practice or usage. 2, superintendence of a congregation or caste (My.).

ಸಮಯಾಧೀನ samaya-adhina. Dependent on circumstances (Kâvy. V, 54).

ಸಮಯಾನ್ವೇಷಣ samaya-anvêshaṇa. Seeking for an opportunity, etc. See ಹಾರ್.

ಸಮಯಿ samayi. A person belonging to a congregation or sect (Bp. 32, 49; 36, 27; 38, 76; 50, 34; 51, 5; 52, 30).

ಸಮಯಿಸು samayisu. (fr. ಸಮೆ 1). = ಸಮೆಸು, etc. To destroy (ಕೊಲ್ಲು G.).

ಸಮಯೋಚಿತ samaya-učita. Suited to the occasion or time, suitable to an emergency, seasonable, opportune (B. 4, 127).

ಸಮರ sam-ara. Coming together in a hostile manner, conflict, *combat, battle, war* (ಕಾಳೆಗ Nn. 45).

ಸಮರಂಗ samaraṅga. Tbh. of ಸಮರರಂಗ. (Grj. 6, 34; J. 11, 16).

ಸಮರತಿ sama-rati. A kind of coitus (J. 11, 22; 15, 44; 18, 31. 33).

ಸಮರಥ sama-ratha. A superior warrior or hero fighting from a car (J. 14, 5).

ಸಮರರಂಗ samara-raṅga. = ಸಮರಂಗ. A battle-field, a place of combat.

ಸಮರಸ sama-rasa. Fit or suitable sentiment, emotion or feeling (Šêv. 2, 104; 5, 49). *Cf.* ಸಾಮರಸ್ಯ.

ಸಮರಾಂಕಣ samara-aṅkaṇa. = ಸಮರರಂಗ. (Šêv. 5, 52).

ಸಮರಾಂಗಣ samara-aṅgaṇa. = ಸಮರಾಂಕಣ. (Šêv. 5, 51).

ಸಮರಾತ್ರಿ sama-râtri. Midnight (My.).

ಸಮರೂಪ sama-rûpa. Of the same form (My.).

ಸಮರೇಖೆ sama-rêkhĕ. A straight line (My.).

ಸಮರೋಚಿತ samara-učita. *Fit for war* (B. 4, 30).

ಸಮಱು samaṟu. 1. = ಸವಱು. To make proper, fit, neat or beautiful, to trim (ಚಾರುಕರಣ Šmd. Db.). P. p. ಸಮಱ್ (Čpr. 6, after 64; Kâvy. I, 5, 47; Abh. P. 3, 14; 14, 35); to adjust the contents of a corn-measure by scraping off what is above the level of the top (My. as ಸವಱು).

ಸಮಱು samaṟu. 2. Trim, decoration. ಸಮಱು ಮಾಡಿದ ಹೆಣ್ಣು, ಸಮ್ಮಾರ ಮಾಡಿದ ಮೇಲೋಗರ (Prv.).

ಸಮರ್ಚನ sam-arčana. ಸಮರ್ಚನೆ. Adoration, worship (Bp. 29, 28; 31, 2; 34, 3; 45, 10).

ಸಮರ್ಥ sam-artha. Having a similar or suitable aim or object, having proper aim or force, very forcible or adequate, well adapted, well suited, *proper, fit, suitable,* regular (Šmd. 164). 2, capable, competent. 3, very strong, *strong, powerful, able,* energetic (ಸಾಹಸಿ Čt. I, 41; ಐಶ್ವರ್ಯವುಳ್ಳವಂ Mr. 288). 4, having the same sense or meaning, *having the same sense, connected in sense.* 5, having the same construction, being in opposition (as words). 6, full of meaning, coherent, significant, intelligible. 7, made fit or proper, prepared, allowed. 8, a significant word. 9, the construction or coherence of words together in a significant sentence. Feminine ಸಮರ್ಥೆ (My.). See ಸಾಮರ್ಥ್ಯ.

ಸಮರ್ಥತೆ sam-arthatĕ. Adequacy; capability, ability, strength, force, power, energy. 2, sameness of meaning; force or signification (of words), sense, meaning. See Čpr. 1, 33; Bp. 28, 25; 46, 49; 47, 68.

ಸಮರ್ಥತ್ವ sam-arthatva. = ಸಮರ್ಥತೆ. See ಅರ್ 2.

ಸಮರ್ಥನ sam-arthana. The act of making fit or ready; that of giving force or strength, establishing, maintaining, corroborating. 2, *deliberation, determination, deciding on the propriety of anything.* 3, adequacy; capability, force, efficacy, ability. 4, *reconciling differences, reconciliation, allaying disputes.*

ಸಮರ್ಥಿಕೆ sam-arthikĕ. Ability, strength, power (Bp. 19, 56; 46, 78).

ಸಮರ್ಥಿಸು sam-arthisu. To make fit or ready; to establish (My.).

ಸಮರ್ಧಕ sam-ardhaka. Causing to prosper or increase; *granting a blessing or boon.*

ಸಮರ್ಪಕ sam-arpaka. Going or coming together, meeting; fitting, suiting; worthy of; agreeing with; conformable unto (Mhr.; My.; B. 4, 126).

ಸಮರ್ಪಣ sam-arpaṇa. Causing to meet; the act of delivering or handing over, consigning, presenting, offering (My., also as ಸಮರ್ಪಣೆ). — ಸಮರ್ಪಣಂಗೆಯ್. -ಂ-. To present (Bp. 35, 39; 58, 67).

ಸಮರ್ಪಿತ sam-arpita. Delivered, made over, consigned, offered, devoted (Bp. 12, 18).

ಸಮರ್ಪಿಸು sam-arpisu. To deliver completely over, to hand over, to consign, to present, to offer, to devote (Bp. 6, 31; 30, 20; 35, 15; 38, 8; 39, 16. 27; 59, 57; J. 8, 31).

ಸಮರ್ಯಾದ sa-maryâda. Bounded, limited. 2, bordering upon, *near, proximate.* 3, keeping within bounds or in the right course, correct in conduct; respectful.

ಸಮಲ sa-mala. Dirty, impure; *sinful.* 2, excrement, feculent matter, ordure (ಪುರೀಷ, ಮಲ Mr. 396).

ಸಮವಯಸ್ sama-vayas. Equal age; of equal age.

ಸಮವಯಸ sama-vayasa. Tbh. of ಸಮವಯಸ್. (Šmd. 106).

ಸಮವಯಸ್ಕ sama-vayaska. Of equal age (My.).

ಸಮವರ್ತಿ sama-varti. Being equal, being of a fair or impartial disposition; *Yama.*

ಸಮವಸರಣ sam-avasaraṇa. Good luck, felicity (Čpr. 2, 62; Abh. P. 10, 92).

ಸಮವಸರಣಭೂಮಿ samavasaraṇa-bhûmi. An auspicious, holy place (Abh. P. 10, after 92).

ಸಮವಸರಣಸ್ಥಲಿ samavasaraṇa-sthali. = ಸಮವಸರಣಭೂಮಿ. (Čpr. 3, 8).

ಸಮವಾಕ್ಯ sama-vâkya. A word that expresses commonness or generalizes (see Mr. s. ಸರ್ವಥಾ).

ಸಮವಾಯ sam-avâya. Coming or meeting together, conjunction, close union, connection. 2, a collection, an aggregate, a meeting, a concourse, a congress, an assemblage; *a multitude; an association, a joint company.* 3, constant or inseparable connection or cohesion, intimate or material relation.

ಸಮವಾಯಿ sam-avâyi. Closely and intimately connected; intimate and inseparable cause.

ಸಮವಾಯಿಕಾರಣ samavâyi-kâraṇa. Inseparable cause or connection, cause of constant inherence or cohesion, material cause, substantial cause (My.).

ಸಮವೃತ್ತ sama-vṛitta. A class of metres (Čb.). 2, the prime vertical line (in astronomy).

ಸಮವೇತ sam-avêta. *Come together, met together, met;* closely united, mixed, mingled, blended; collected, assembled; intimately united or inherent; contained or comprised in.

ಸಮಷ್ಟಿ sam-ashṭi. Collective pervasion, a collective aggregate or one which is viewed as consisting of one thing or as constituted of parts of which each is substantially the same with the whole, totality (My.).

ಸಮಷ್ಟಿಲೆ sam-ashṭhilĕ. *A kind of pot-herb* (= ಗಣ್ಡೀರ).

ಸಮಸಂಸ್ಕೃತ sama-saṁskṛita. A word that has been adopted from Saṁskṛita without any alteration (Śmd. 98. 408; Kâvy. I, 3, 84-88).

ಸಮಸನ sam-asana. The act of throwing together, aggregation, combination, conjunction, composition, formation of compound words. 2, *contraction, abridgment.*

ಸಮಸನ್ಧಿ sama-sandhi. Equal alliance, peace on equal terms. (R.).

ಸಮಸಪ್ತಕರ್ sama-saptakar. N. of a class of râkshasas (Bh. 7, 5, 27. 28).

ಸಮಸು samasu. (fr. ಸಮೆ 1). = ಸಮಯಿಸು, ಸವಿಸು, etc. To make wear away, etc. (My.).

ಸಮಸುಪ್ತಿ sama-supti. *Universal sleep, the end of a kalpa and destruction of the universe* (ಸಂಹಾರ, etc. Mr. 71).

ಸಮಸ್ತ sam-asta. Thrown together, combined, united, compounded. 2, inherent in or pervading the whole of anything. 3, *all, whole, entire;* the whole.

ಸಮಸ್ಥಾನ sama-sthâna. Equal or proper state or condition; even or level ground (ಪ್ರಮಾಣ, ಸಮವಾದ ಸ್ಥಾನ Nn. 139).

ಸಮಸ್ಯ sam-asya. To be thrown together, to be compounded or combined (adj.); to be made entire or complete.

ಸಮಸ್ಯಾರ್ಥೆ samasya-arthĕ. = ಸಮಾಸಾರ್ಥ. (Colebr.).

ಸಮಸ್ಯೆ sam-asyĕ. *The act of giving part of a stanza to any one and requiring him* (as a proof of his skill) *to complete it.*

ಸಮಳ್ತುಱೆ (samaḻtu-aṟĕ6). = ಸವಳ್ತಡೆ. Daybreak, dawn, morning (ಕಾಲ್ಯ, ಉಷಸ್, ಪ್ರತ್ಯೂಷ, etc. Hlâ.).

ಸಮಾ samâ. = ಸಮೆ 1. *A year.*

ಸಮಾಂಸಮೀನೆ samâ-ṁ-saminĕ. *A cow bearing a calf every year* (ಬಟೆವಿಡದು ವರುಷಕ್ಕೀವುದು Mr. 181).

ಸಮಾಕರ್ಷಿ sam-âkarshi. Drawing together; attracting; drawing out. 2, *a scent spreading far.*

ಸಮಾಕಲಿತ sam-âkalita. Tied or bound to, closely united with (Kk. 2); fully laid hold of or occupied (J. 24, 13).

ಸಮಾಕಾರ sama-âkâra. Of the same or like form, like in appearance (Čpr. 5, 96).

ಸಮಾಕ್ರಾನ್ತ sam-âkrânta. Trod upon. 2, attacked, assailed; seized upon, possessed. 3, overcome; overrun, pervaded, overspread; surmounted (My.).

ಸಮಾಖ್ಯ sam-âkhya. = ಸಮಾಖ್ಯೆ. (ಶಬ್ದ Nn. 166).

ಸಮಾಖ್ಯಾತ sam-âkhyâta. Reckoned up, enumerated; fully related; declared, proclaimed; famed, celebrated, well known, public, notorious. See ಆ-.

ಸಮಾಖ್ಯಾತಿ sam-âkhyâti. Great fame or notoriety. See ಸಲ್.

ಸಮಾಖ್ಯಾನ sam-âkhyâna. A word, a term (ಶಬ್ದ Nn. 115).

ಸಮಾಖ್ಯೆ sam-âkhyĕ. Report, *fame, renown, celebrity.* 2, a name, appellation; a word, a term (ಶಬ್ದ Nn. 69. 70). 3, a document of convention signed by all concerned (My.).

ಸಮಾಗತ sam-âgata. Come together, met, encountered; united, joined; assembled; being in conjunction; come to, approached, arrived, come (ಲೇಸಾಗಿ ಬನ್ದುದಾದ Śmd. 161 Cm.).

ಸಮಾಗಮ sam-âgama. Coming together, meeting, encounter; union, junction; assembling; association, intercourse, society, company; sexual intercourse (Kâvy. IV, 2, 22-24); an assembly; conjunction (in astronomy); approach, arrival.

ಸಮಾಘಾತ sam-âghâta. Striking together; striking down, killing; *conflict, war, battle.*

ಸಮಾಚರಣ sam-âčaraṇa. Coming near, intercourse (Bp. 6, 16); the act of proceeding, practising, performing, observing, behaving.

ಸಮಾಚಾರ sama-âčâra. 1. Equal or similar conduct; upright or virtuous conduct, proper practice.

ಸಮಾಚಾರ sam-âčâra. 2. Proceeding, going. 2, performance, practice, conduct, usage, way. 3, doings; news, report, accounts, intelligence, information. ಬೊಪ್ಪೇ ಜಂಗಮನ ಸಂಗಡ ಕಬ್ಬಿನ ಸಮಾಚಾರವೇ (Prv.). — ಸಮಾಚಾರ ತೆಗೆ. To inquire about (B. 5, 281).

ಸಮಾಚಾರಪತ್ರ samâčâra-patra. A newspaper (My.).

ಸಮಾಜ sam-âja. A meeting, *assembly,* congregation, congress; *a society, company,* association, club; a convivial meeting, party; *a multitude,* a number. See Bp. 26, 36; 57, 19.

ಸಮಾಜ್ಞೆ sam-âjñĕ. *Reputation, fame.*

ಸಮಾಧಾನ sam-âdhâna. The act of putting together or collecting or composing. 2, *fixing the mind intently on an object under consideration, deep meditation, profound contemplation* (ಸಮಾಧಿ Mr. 30). 3, agreeing, assenting, promising. 4, contentment, satisfaction. 5, rest, relief, ease, calm, peace (ಕ್ಷಮ, ಶಾನ್ತ Dhw. 28). 6, removal of an objection. See Bp. 59. 10; Bh. 1, 10, 34; B. 2, 20; 4, 16. 123. 153; 5, 74. 72. 184. 289. ಬಲಿದಾನ ಕೊಟ್ಟರೂ ಸಮಾಧಾನ ಬೇಕು (Prv.). — ಸಮಾಧಾನಗೊಳಿಸು. -ಕೊಳಿಸು. = ಸಮಾಧಾನ ಪಡಿಸು. (My.). — ಸಮಾಧಾನಗೊಳಿಸುವಿಕೆ. -ಕೊಳಿಸುವಿಕೆ. Satisfying, etc. (My.). — ಸಮಾಧಾನಗೊಳ್ಳು. -ಕೊಳ್ಳು. To get comfort, to grow cheerful (B. 3, 18). — ಸಮಾಧಾನದಿನ್ದ ಇರು. To be contented (B. 3, 66). — ಸಮಾಧಾನ ಪಡಿಸು. To satisfy; to comfort, to appease, etc. (ಸನ್ತವಿಸು, ಶಾನ್ತ ಪಡಿಸು G.). — ಸಮಾಧಾನ ಮಾಡು. To satisfy, to please; to comfort, etc. (ಸನ್ತಯ್ಸು G.). ಕಣ್ಣ ಕಣ್ಣವರನ್ನೆಲ್ಲ ಸಮಾಧಾನ ಮಾಡುವದಕ್ಕಾಗಿ ಆ ಮುದಕನು ಮಾಡಿದ ಯತ್ನವು ಕೆಯ್ಗೂಡಲಿಲ್ಲ (B. 3, 72). ಕೃಷ್ಣಾಕುಮಾರಿ . . . ತಾಯಿಯ ಸಮಾಧಾನ ಮಾಡುತ್ತಾಳೆ (5, 72). — ಸಮಾಧಾನವಾಗು. -ಆಗು. Contentment, ease, comfort, etc. to be produced or come (B. 4, 77. 201; 5, 192).

ಸಮಾಧಾನಾರ್ಥ samâdhâna-artha. Purpose or need of contentment, ease, etc. ಕೆಲವು ಶ್ರೀಮನ್ತಜನರಾದರೂ . . . ಸುಮ್ಮನೇ ಮನಸಿನ ಸಮಾಧಾನಾರ್ಥವಾಗಿ ದಿವಾಣಗಿರಿ ಮುಸ್ತಾದ ಕಷ್ಟವುಳ್ಳ ಕೆಲಸಗಳನ್ನು ಮಾಡುತ್ತಾರೆ (B. 5, 37).

ಸಮಾಧಿ sam-âdhi. Putting together, collecting, composing. 2, *fixing the mind intently on an object under considera-*

tion, deep meditation, profound or abstract meditation (on the true nature of soul, etc., ಸಮಾಧಾನ Mr. 30). 3, devotion. 4, a religious vow or self-imposed restraint. 5, *composing differences, making up quarrels, reconcilement.* 6, *agreement, assent, promise.* 7, making good. 8, requital, retaliation. 9, perseverance in extreme difficulties. 10, *collecting and laying up grain in times of dearth* (see Nr. s. synonyme ನೀವಾಕ). 11, a particular figure of rhetoric, described as the coincidence of two events accidentally connected and expressed by a common verb (Kâvy. III, 1, A, 3. 22. 23; Śmd. 118). 12, a grave, a tomb. ಸಮಾಧಿಯಲ್ಲಿಯೂ ಸೊಕ್ಕೇ ಕಾಟ (Prv.). See ಅಷ್ಟವಿಧ-; Bp. 47, 23; 48 sum.; 48, 29; B. 4, 215.

ಸಮಾಧಿಸ್ಥ samâdhi-stha. Abiding in contemplation, absorbed in devout meditation (Bp. 34, 4).

ಸಮಾನ samâna. 1. *Same, alike, similar, equal, uniform, one.* 2, common to all, common, general. 3, *good, virtuous,* right. 4, an equal, a friend; an equal thing, the same. 5, any letter which corresponds to another, a letter having the same place or organ of utterance, a monophthong (Śmd. 13. 16). ಗಲ್ಲಂ ತೋರಣಂ, etc. ಸಂಸ್ಕೃತದಲ್ಲಿಯುಮ್ ಈ ಕರ್ಣಾಟಕದಲ್ಲಿಯುಮ್ ಒನ್ದೆ ಸಮಾನಂ (Čt. II, 48). ಹತ್ತರ ಸಾವು ಮದುವೇ ಸಮಾನ.—ಹತ್ತು ಜನ ಎಮ್ಬುವದು ಮುತ್ತಿನ ಸಮಾನ (Prvs.).

ಸಮಾನ sam-âna. 2. *One of the vital airs, that which circulates about the navel and is considered essential to digestion* (ನಾಭಿಗೆ ಒದಗುವ ಅನಿಲಂ Mr. 51).

ಸಮಾನಕಾಲಿಕ samâna-kâlika. = ಸಮಾನಕಾಲೀನ. (My.).

ಸಮಾನಕಾಲೀನ samâna-kâlîna. Synchronous, occurring or produced at the same time (My.).

ಸಮಾನಜಾತಿ samâna-jâti. Of the same sort; of the same tribe or caste (My.).

ಸಮಾನತ್ವ samânatva. Sameness, equality, likeness; community of kind or quality (ಹೋಲಿಕೆ G.; My.).

ಸಮಾನವಸ್ತು samâna-vastu. A similar or equal thing (Kâvy. III, 3, B, 80).

ಸಮಾನಸ್ಥ samâna-stha. An equal man (My.).

ಸಮಾನಾಕ್ಷರ samâna-akshara. A monophthong (Kâvy. III, 2, B, 54. 55; see ಸಮಾನ 1 No. 5).

ಸಮಾನಾಧಿಕರಣ samâna-adhikaraṇa. Being in the same subject or category, being in the same predicament, having the same location or sphere; agreeing together in the same case, etc., being in the same government; etc., etc. (Sk.; R.).

ಸಮಾನೋದರ್ಯ samâna-udarya. *Born from the same womb, a brother of whole blood.*

ಸಮಾಪನ sam-âpana. The act of causing to obtain or gain completely; accomplishing, conclusion, completion (My.).

ಸಮಾಪ್ತ sam-âpta. Concluded, completed, finished, ended, done (Sk.); exhausted, spent (Mhr.). (Bp. 44, 29; B. 4, 10).

ಸಮಾಪ್ತಿ sam-âpti. Complete acquisition, accomplishment, completion, perfection, *conclusion, finish, end;* exhausted state (Mhr.). ಶರೀರದ ಸಮಾಪ್ತಿ (B. 4, 133). — ಸಮಾಪ್ತಿ ಮಾಡು. To finish (Bp. 32, 39). — ಸಮಾಪ್ತಿಯಾಗು. -ಆಗು. To be concluded (Bp. 61, 92).

ಸಮಾಮ್ನಾಯ sam-âmnâya. Traditional repetition or mention; tradition, repetition, mention; enumeration, reading, recitation. 2, totality, aggregate (ಒಟ್ಟುಬೇರಿಜು Čb.).

ಸಮಾರಮ್ಭ sam-ârambha. Undertaking, enterprise, commencement, beginning; using (Sk.). 2, the arrangement, disposition and management (of a festivity, public entertainment, pompous procession or ceremony): the celebration or solemnization with full form and state (of a religious observance or institution, etc.), a festival (Mhr.; B. 2, 20. 52; 3, 111; 4, 215; My.; ಆಡಮ್ಬರ G.). 3, = ಸಮಾಲಮ್ಭ. (Sk.).

ಸಮಾರಾಧನೆ sam-ârâdhanĕ. ಸಮಾರಾಧನ. The act of conciliating, gratifying, conciliation, serving (Sk.). 2, worship, service (Bp. 12, 16). 3, entertainment made to Brâhmaṇas on festive or religious occasions (Mhr.; B. 4, 52; My.).

ಸಮಾರಾಧಿಸು sam-ârâdhisu. To serve, to worship (My.).

ಸಮಾರೂಢ sam-ârûḍha. Having ascended, mounted, gone up. (A.). 2, grown over, healed. 3, agreed upon.

ಸಮಾರ್ಜನಿ sa(*i. e.* sam-)-mârjani. Rubbing off well, cleansing, purifying. See ಜಡು-.

ಸಮಾಲಕ್ಷಿತ sam-â-lakshita. Looked at attentively, beheld, seen, perceived (Kâvy. II, 2, B, 19).

ಸಮಾಲಮ್ಭ sam-âlambha. *Smearing the body with fragrant unguents.*

ಸಮಾಲಮ್ಭನ sam-âlambhana. = ಸಮಾಲಮ್ಭ. *Smearing* etc.

ಸಮಾವರ್ತನ sam-âvartana. -ನೆ. The act of turning back, returning; a pupil's return home after finishing his religious studies; completing (My.; see ವ್ರತ-). See ಸೋಡಮುಂಜ.

ಸಮಾವಿರ್ಭೂತ sam-âvirbhûta. Fully become visible, manifest (Kâvy. III, 3, B, 170).

ಸಮಾವೃತ್ತ sam-âvṛitta. Come together; returned; completed. 2, *a pupil who has returned home after completing his studies.* See Nr. s. ಜಡೆ.

ಸಮಾವೇಶ sam-avêśa. Entering together, meeting; entrance, penetration; possession (by evil spirits, etc.). 2, entrance into and containedness in, inclusion in or among, contained or comprised state (Mhr.; B. 4, 94).

ಸಮಾಶ್ರಯ sam-âśraya. Seeking protection; support, protection; a place of refuge, a place of resort or shelter, resting-place, dwelling-place. See ವೇಶ್ಯಾಜನಸಮಾಶ್ರಯ.

ಸಮಾಶ್ರಿತ sam-âśrita. Fled to for refuge, resorted to, entered (Râv. 6, after 17). 2, protected, defended, cherished; depending on, supported by.

ಸಮಾಸ sam-âsa. Throwing or bringing together, aggregation, collection, conjunction, connection, union, compounding, composition. 2, *composition of words, a compound word* (Śmd. 6. 70. 73. 80. 88. 90. 93-100; 189. 194. 207. 217. 231. 245. 375. 377. 378. 381. 382. 384. 386; Kâvy. I, 6; I, 3, 1 seq.; I, 4, 50-52; III, 1, A, 18; IV, 1, 7. 11; see ಜಟ್-). ಸನ್ಧಿ ಸಮಾಸವಿಭಕ್ತಿಗಳ್ (Čt. II, 121). 3, composition of differences, reconciliation. 4, a collection of parts, whole, totality, all (ಅಖಿಲ, ಸರ್ವ Mr. 426). 5, *contraction,* abbreviation, condensation, abridgment, *brevity, conciseness.*

ಸಮಾಸಕ್ತ sam-âsakta. Fastened or joined together, attached, united, combined; attached to, fixed on; reached, attained; affected by. (R.).

ಸಮಾಸಪ್ರಾಸ samâsa-prâsa. *Consisting chiefly of compound words.*

ಸಮಾಸಲಿಂಗ samâsa-liṅga. A compound nominal theme (Śmd. 88 Cm.).

ಸಮಾಸವದ್ಭಾವ samâsa-vat-bhâva. The state of being like a compound term (Śmd. 139).

ಸಮಾಸಾದಿತ sam-âsâdita. Approached; assailed; met with, attained, obtained; accomplished, effected, finished, done (My.).

ಸಮಾಸಾದ್ಯ sam-âsâdya. *Attainable, obtainable,* procurable, to be effected.

ಸಮಾಸಾರ್ಥೆ samâsa-arthĕ. *The act of giving a part of a stanza to any one and requiring him* (as a proof of his skill) *to complete it.*

ಸಮಾಸಿಸು sam-âsisu. To join together, to compound, to form a compound (Śmd. 387).

ಸಮಾಸೋಕ್ತಿ samâsa-ukti. A compound metaphor, protracted metaphor (Kâvy. III, 3, B, 61. 91 seq.).

ಸಮಾಹಾರ sam-âhâra. Bringing together, *collection,* accumulation, aggregation. 2, *contraction, abridgment, conciseness, brevity.* 3, composition of words. 4, *conjunction of words and sentences* (as by the particle "and").

ಸಮಾಹಿತ sam-âhita. Placed together, composed, collected, compiled, accumulated, assembled. 2, united, joined, reconciled, made up, set right, settled, arranged. 3, concluded, inferred, demonstrated. 4, agreed upon, assented to; *promised.* 5, imposed, applied. 6, deposited, delivered over. 7, intently absorbed, very intent on. 8, steadfast, firm, calm. 9, made, effected, finished. 10, a pure or holy man. 11, great attention or intentness, description of great intentness (Kâvy. III, 3, B, 3. 48-53).

ಸಮಾಹೃತ sam-âhṛita. Brought together, collected, accumulated, combined, compiled. 2, abundant, much. 3, contracted, abridged. 4, accepted, received, taken (My.; ಕೂಡಿದ, ಅಂಗೀಕರಿಸಲ್ಪಟ್ಟ G.).

ಸಮಾಹೃತಿ sam-âhṛiti. Collection, *compilation; abridgment.*

ಸಮಾಹ್ವಯ sam-âhvaya. Calling out; challenging. 2, *a single combat; war, battle.* 3, *setting animals to fight for sport,* as cocks, rams, etc. 4, *an appellation, name;* a word (ಸಂಜ್ಞೆ, ಹೆಸರು Nn. 159; ಶಬ್ದ 11. 43. 51. 65). 5, equality, etc. (ಸಮ 159).

ಸಮಾಳಿಸು samâḷisu. = ಸಮ್ಭಾಳಿಸು, q. v. To manage, to use address in bringing about a purpose (My.; Tĕ. ಸಮಾಳಿಂಚು; T. ಚಮಾಳಿ).

ಸಮಿತ್ sam-it. Going or coming together; *conflict, war, battle.*

ಸಮಿತ sam-ita. Come together, met; conflict, war (Mr. 289).

ಸಮಿತಿ sam-iti. Coming together, *meeting, union,* association; *an assembly,* a company (ಸಂಗತಿ, ಸಭೆ Mr. 48; ಸಾಂಗತ್ಯ, ಕೂಟ, ಆಸ್ಥಾನ, ಸಭೆ Nn. 141); a multitude (ರಾಜೀವ, ಸಮೂಹ Nn. 22; ಸಂಚಯ, ಸಮೂಹ 141). 2, hostile meeting, *conflict, war, battle.* 3, sameness, likeness, equality; moderation; that is highest, chief, best or excellent (ಉತ್ತಮ 141).

ಸಮಿತೆ samitĕ. Tbh. of ಸಮಿಧ್. (Bp. 39, 33).

ಸಮಿದ್ಧ sam-idh. ಸಮಿತ್. = ಸವದೆ, ಸವುದೆ. That is kindled: *fuel,* wood, firewood, grass, etc. employed as fuel (ಸವುದೆ Nr.).

ಸಮಿಧ sam-idha. Fire (Sk.). 2, Tbh. of ಸಮಿಧ್.

ಸಮಿಧಸ್ಥಲ samidha-sthala. A place for fuel (Śsv. 2, 66).

ಸಮಿಧಿ sam-idhi. = ಸಮಿಧ್. (ಇನ್ಧನ, ಕಾಷ್ಠ, etc., ಅಡುಗಬ್ಬು Mr. 48).

ಸಮಿನ್ಧನ sam-indhana. *The act of kindling,* fuel, firewood.

ಸಮಿಸು samisu. (fr. ಸಮೆ 1). = ಸಮಸು, ಸವಂಯಿಸು, ಸವಸು 2, ಸವಿಸು 1. To cause to wear away, etc. (My.).

ಸಮೀಕ samîka. *Conflict, war, battle.*

ಸಮೀಕರಣ samî-karaṇa. The act of making even or equal. 2, the reducing of fractions to a common denominator, equation (My.).

ಸಮೀಕರಿಸು samî-karisu. To make even or equal, to equalise (Čpr. 2, after 49).

ಸಮೀಕೃತ samî-kṛita. Equalised; levelled, equipoised, balanced; done in the same manner, imitated; summed up, added (Čpr. 4, 27; 4, after 27).

ಸಮೀಕ್ಷ್ಯ sam-îkshya. Having well looked at or considered, having reflected. See ಅಸಮೀಕ್ಷ್ಯಕಾರಿ. 2, to be looked at or considered (adj.); to be investigated.

ಸಮೀಚೀನ samîcîna. (fr. ಸಮ್ಯಂಚ್). Tending in a common direction, agreeing with, *concordant, consistent, convenient, fit, proper, correct, true, just, right.*

ಸಮೀಚೀನತ್ವ samîcînatva. Fitness, justice, etc. (Bp. 2, 31).

ಸಮೀನ samîna. Yearly, annual, relating to a year. See ಸಮಾಂಸಮೀನೆ.

ಸಮೀಪ samîpa. = ಸನಿಹ. Near, contiguous, proximate, adjacent, close by, at hand. 2, *proximity, vicinity; presence* (ಸನಿಹ, ಕೆಲ, ಪೊರೆ, etc. Kk. 33; ಪಕ್ಕ, ಪೊರೆ, ಪೊರ್ದುಗೆ, ಕೆಲ, ಸನಿಹ Śm. 59; ಹತ್ತಿರೆ Nn. 56, o. r. ಹತ್ತರ; 112). See Śmd. 230; Kâvy. I, 3, 89-97; ಪೊರ್ದು 1.

ಸಮೀಪಪ್ರಾಸ samîpa-prâsa. A kind of alliteration (Čh.).

ಸಮೀಪಾಗಮನ samîpa-âgamana. Coming near, approaching. See ಅಯ್ತರ್, ಎಯ್ತರ್, ಸಾರ್ 1, ಸಾರ್ಚು, ಸಾರ್ತರ್.

ಸಮೀಪಿಸು samîpisu. To come near, to approach. ಅವನು ಪಟ್ಟಣಕ್ಕೆ ಸಮೀಪಿಸಿದನು (My.). ಕಾಲ ಸಮೀಪಿಸಿತು (My.). ಅವನ ಉದ್ದೇಶದ ಸಿದ್ಧಿಯು.... ಅವನಿಗೆ ಸಮೀಪಿಸುವದು (B. 5, 207).

ಸಮೀರ sam-îra. *Wind, air.*

ಸಮೀರಕುಮಾರ samîra-kumâra. Hanumat (Râm. 4, 1, 17).

ಸಮೀರಣ sam-îraṇa. *Wind, air.* 2, N. of a certain metrical foot (Čh.). 3, *N. of a plant* (ಮರುವಕ).

ಸಮೀಹಿತ sam-îhita. Longed or wished for; that is desired; wish, desire (Kâvy. III, 3, B, 48).

ಸಮುಖ sa-mukha. Talkative, loquacious; *eloquent.*

ಸಮುಚಿತ sam-učita. Liked; well suited, suitable, fit, right, proper; appropriate, worthy; accustomed, used. See Śmd. 131. 371. 408; Bp. 6, 26; 9, 33; J. 18, 26. 2, suitableness, etc. (Bp. 33, 10; 40, 40).

ಸಮುಚ್ಚಯ sam-uččaya. Collection, assemblage, aggregation, accumulation, multitude, mass, aggregate. 2, *conjunction of words or sentences* (as by the particle "and", etc.). 3, *the gathering together of two or more things independent of each other* (but associated in idea with reference to some common action). 4, the rhetorical ornament of conjunction (Kâvy. III, 3, B, 3. 21-29). See Šmd. 80; 85 Cm.; 86. 149. 176. 187; 199 Cm.; 201 Cm.; 257. 264. 276. 285; 384 Cm.; 396; Bp. 59, 57.

ಸಮುಚ್ಚ sam-uččа. Very lofty or great.

ಸಮುಚ್ಚಯಿಸು samuččayisu. To join words or sentences (My.).

ಸಮುಚ್ಚಾಮರ samučča-amara. A very great deity or dignitary (Ršv. 6, after 17). 2, ಸಮುಚ್-ಚಾಮರ, a large čâmara (6, after 17).

ಸಮುಚ್ಚಾಯಕ sam-uččâyaka. Collecting together, conjoining.

ಸಮುಚ್ಚಾಯಕಾವ್ಯಯ samuččâyaka-avyaya. A conjunction (My.).

ಸಮುಚ್ಛ್ರಯ sam-uččhraya. Raising aloft; elevation, *height* (of a tree, etc.). 2, *opposition, enmity.*

ಸಮುಚ್ಛ್ರಾಯ sam-uččhrâya. Raising up; elevation, height (My.).

ಸಮುಚ್ಛ್ರಿತ sam-uččhrita. Well raised or elevated, high, lofty (Čpr. 4, after 42).

ಸಮುಜ್ಜ್ವಲ sam-ujjvala. Shining very brightly (Bp. 6, 20; 42, 26).

ಸಮುಜ್ಜ್ವಲಿತ sam-ujjvalita. = ಸಮುಜ್ಜ್ವಲ. (Bp. 8, 1).

ಸಮುಜ್ಜ್ವಲಿಸು sam-ujjvalisu. To shine very brightly (Bp. 4, 38; 53, 52).

ಸಮುಜ್ಝಿತ sam-ujjhita. Quite given up, *abandoned, left;* a remnant, leavings. See ಘುಕ್ತ-.

ಸಮುತ್ಕಟ sam-utkaṭa. Very great, excessive (J. 4, 18).

ಸಮುತ್ಕಣ್ಟಕ sam-ut-kaṇṭaka. Having large thorns (Čpr. 5, 65).

ಸಮುತ್ಕೀರ್ಣ sam-utkîrṇa. Greatly piled up, heaped, raised or very lofty (Ršv. 6, after 17).

ಸಮುತ್ತಾರಕ sam-uttâraka. Conveying across; a man who conveys across or transports over (Bp. 56, 52).

ಸಮುತ್ತುಂಗ sam-uttunga. Very lofty, high, etc. (Bp. 1, 82; 17, 18; 38, 44).

ಸಮುತ್ಥ sam-uttha. Rising up, risen; arising, arisen or produced from; occurring, occasioned (Čpr. IV, 2, 20).

ಸಮುತ್ಥಾಂಶು samuttha-amšu. Risen light or rays (Čpr. 6, 71).

ಸಮುತ್ಥಾನ sam-utthâna. Rising up, rising; recovering from sickness or injury; increase; active occupation, effort. (R.).

ಸಮುತ್ಥಿತ sam-utthita. *Risen up, risen, raised;* recovered, cured; swollen up; increased; produced; obtained. 2, a man who has risen or stands (ಊರ್ಧ್ವಜಾನು, ನಿನ್ದು ಇರ್ದವ Hlâ.; ನಿನ್ದ Mr. 246).

ಸಮುತ್ಪನ್ನ sam-utpanna. Sprung up together, arisen, produced, effected, excited; occurred, happened, occurring, taking place (Bp. 2, 25; 24, 81; 38, 49; J. 2, 56).

ಸಮುತ್ಪಿಂಜ sam-utpiṅja. *Excessively confused* or confounded, bewildered. 2, *excessive or complete confusion.*

ಸಮುತ್ಸುಕ sam-utsuka. Very uneasy or anxious, anxiously desirous, longing for, eager for; regretting, missing, grieving for, sorrowful. (A.).

ಸಮುತ್ಸುಕತೆ sam-utsukatĕ. Longing desire (Ššv. 1, 11).

ಸಮುದ sa-muda. Possessing joy, joyful (Čpr. 6, 76).

ಸಮುದಕ್ತ sam-udakta. Lifted up, *raised*, thrown up, drawn up.

ಸಮುದಗ್ರ sam-udagra. Very high, etc. 2, great fierceness or excitement. (A.).

ಸಮುದಯ sam-udaya. Going upwards, rise, ascent, rising. 2, coming together, *a collection, number, mass, multitude, heap, quantity.* 3, totality, the whole. 4, revenue. 5, combination, mixture. 6, effort. 7, *combat, war.* 8, the rear or reserve of an army.

ಸಮುದಯಕರ samudaya-kara. Producing rise or a multitude (Bp. 38, 44).

ಸಮುದಾಚಾರ sam-ud-âčâra. Proper or right practice or usage. 2, intention, purpose, design, motive. (R.).

ಸಮುದಾತ್ತ sam-udâtta. Very elevated, noble, etc. (Bp. 24, 38).

ಸಮುದಾಯ sam-udâya. = ಸಮುದಯ. Rise, etc. 2, *a collection, etc.* 3, *combat, war.*

ಸಮುದಾಯಕ sam-udâyaka. A multitude, etc. (ಸಮೂಹ, ನೆರವಿ Nn. 144).

ಸಮುದಿತ sam-udita. Gone up, risen, ascended, rising upwards, lofty, elevated. 2, arisen, produced, occasioned (ಲೇಸಾಗಿ ಉತ್ಪಾದ Šmd. 98 Cm.). 3, come together, collected, united (ಕೂಡಲ್ ಪಟ್ಟನ್ತು Šmd. 98 Mdb. Cm.). 4, possessed of, furnished with. See Bp. 30, 12; 46, 64.

ಸಮುದ್ಗ sa-mudga. *A covered box or casket* (ಸಮ್ಪುಟ, ಮುಚ್ಚಳವಿದ ಕರಡಿಗೆ, o. r. ಕರಡಿಗೆ Mr. 463).

ಸಮುದ್ಗಕ sa-mudgaka. *A covered box or casket.* See Nr. s. ಸರಕು 1.

ಸಮುದ್ಗತ sam-udgata. Gone up together, risen, ascended, arisen; rising; breaking forth, issuing (Bp. 25, 49).

ಸಮುದ್ಗಯಮಕ samudga-yamaka. A kind of yamaka (Kâvy. III, 2, B, 24 seq.).

ಸಮುದ್ಗೀರ್ಣ sam-udgirṇa. Vomited forth, ejected; raised up, lifted up; raised (as the voice), uttered, exclaimed. (G.).

ಸಮುದ್ಘಾತ sam-udghâta. Thoroughly striking or inflicting, inflicting (Kâvy. IV, 2, 42).

ಸಮುದ್ಘೋಷ sam-udghôsha. A loud cry or sound (Ršv. 6, after 11).

ಸಮುದ್ದಣ್ಡ sam-uddaṇḍa. A very powerful, etc. man (Bp. 39, 56).

ಸಮುದ್ಧತ sam-uddhata. Raised well up, upraised, uplifted, elevated, risen, upheld. 2, puffed up with pride, *proud;* impudent; *ill-mannered.*

ಸಮುದ್ಧರಣ sam-uddharaṇa. Drawing up, upraising, lifting; picking up; *drawing out, taking or lifting out;* extrication, deliverance; extirpation, eradication; *food thrown up* (from the stomach), vomit. See Bp. 10, 11; 38, 1; 60, 1.

ಸಮುದ್ಧರಿಸು sam-uddharisu. To raise up, to deliver, to redeem, to treat kindly (Bp. 3, 5; 15, 7; 23, 40).

ಸಮುದ್ಧೃತ sam-uddhṛita. Well raised or drawn up or

uplifted; picked up; drawn out; extricated; etc. (Śśv. 2, 79).

ಸಮುದ್ಧೃತಿ sam-uddhṛiti. = ಸಮುದ್ಧರಣ. Drawing or pulling up, etc. (A.).

ಸಮುದ್ಭವ sam-udbhava. Existence, production, origin. 2, *sprung up, produced, born, descended from.*

ಸಮುದ್ಭವಿಸು sam-udbhavisu. To be born, to be produced, to arise, to spring up (Bp. 2, 10).

ಸಮುದ್ಭಾವಿತ sam-udbhâvita. Caused to exist, produced (Kâvy. IV, 2, 18; V. 1).

ಸಮುದ್ಯತ್ sam-udyat. Going upwards, ascending, rising, risen, lofty, elevated (Kâvy. III, 3, B, 173; Bp. 39, 54).

ಸಮುದ್ಯೋಗ sam-udyôga. Active exertion, zeal, energy (Bp. 58, 63).

ಸಮುದ್ರ sam-udra. 1. A collection of water, *a sea, the sea, the ocean* (ಮುನ್ನೀರ್ Kk. 85; Čt. I, 70). ಸಮುದ್ರದ ನೆಣ್ಬು, ಉಪ್ಪಿಗೆ ಮಾತ್ರ ಬಡತನ.— ಸಮುದ್ರದಲ್ಲಿ ಕೊಳ್ಳಿ ಇಟ್ಟ ಹಾಗೆ.— ಸಮುದ್ರ ದೊಡ್ಡದಾದರೂ ಪಾತ್ರೆಯಿದ್ದಷ್ಟೇ ನೀರು ಸಿಕ್ಕೀತು.— ಸಮುದ್ರ ಮೇರೆ ತಪ್ಪಿದರೆ ಯಾರು ಮಾಡೋವೇನು?— ಪಾಪಿ ಸಮುದ್ರಕ್ಕೆ ಹೋದರೂ ಮೊಣಕಾಲುದ್ದ ನೀರು (Prvs.). — ಸಮುದ್ರದ ಉಪ್ಪು. Sea-salt (ಅಕ್ಷಿವ G.). — ಸಮುದ್ರಬಳ್ಳಿ. An extensively climbing shrub, the elephant-creeper, Argyreya speciosa Sweet. (Z.). — ಸಮುದ್ರಬಾಟ್. A fish (My.). — ಸಮುದ್ರಸೋಗೆ. = ಸಮುದ್ರಬಳ್ಳಿ. (St. & Pl.). — ಸಮುದ್ರಹಾಲೆ. = ಸಮುದ್ರಸೋಗೆ. (St. & Pl.).

ಸಮುದ್ರ sa-mudra. 2. Having a stamp or seal, stamped, sealed; having marks. See ಸಾಮುದ್ರ 2.

ಸಮುದ್ರಕಾನ್ತೆ samudra-kântĕ. *A river.*

ಸಮುದ್ರಜ samudra-ja. Sea-born; sea-salt; fossil salt (ಲವಣ, ಕಲ್ಲುಪ್ಪು Mr. 148).

ಸಮುದ್ರತಟ samudra-taṭa. The sea-coast (ಸಮುದ್ರದ ದಡ Nn. 132).

ಸಮುದ್ರಫಲ samudra-phala. An evergreen tree with rose-coloured flowers, Baringtonia racemosa Blum. (St. & Pl.). 2, a particular drug (Sk.).

ಸಮುದ್ರಫೇನ samudra-phêna. Sea-foam: cuttle-fish bone, Os sepiae (Colebr.).

ಸಮುದ್ರಮಥನ samudra-mathana. The churning of the ocean (of milk, My.).

ಸಮುದ್ರಲವಣ samudra-lavaṇa. Sea-salt (My.).

ಸಮುದ್ರವಸನೆ samudra-vasanĕ. Sea-clothed: *the earth.*

ಸಮುದ್ರವಹ್ನಿ samudra-vahni. *Submarine fire.*

ಸಮುದ್ರಸೇನ samudra-sêna. N. of a king (Bh. 2, 4, 9).

ಸಮುದ್ರಾತ್ಮಜೆ samudra-âtmajĕ. Lakshmî (J. 5, 65).

ಸಮುದ್ರಾನ್ತ samudra-anta. The sea-shore.

ಸಮುದ್ರಾನ್ತೆ samudra-antĕ. *The shrub Alhalgi maurorum* Tournef. 2, *the cotton plant.* 3, *the plant Trigonella corniculata* Lin.

ಸಮುನ್ದನ sam-undana. *Wetness,* moisture, damp.

ಸಮುನ್ನ sam-unna. *Wet, moist, moistened.*

ಸಮುನ್ನತ sam-unnata. Risen up, raised; elevated, exalted; erect; high, lofty; prominent; dignified; proud. See Bp. 2, 25; 29, 69; 38. 49.

ಸಮುನ್ನತಿ sam-unnati. Elevation, exaltation; height, loftiness; greatness; rank, dignity; pride, arrogance; prosperity, increase. See Bp. 5, 18; 29, 9; 51, 64; 58, 14; ಚಿತ್ತ-.

ಸಮುನ್ನತಿಕೆ sam-unnatikĕ. Greatness, dignity (Bp. 18, 80).

ಸಮುನ್ನದ್ಧ sam-unnaddha. Tied up; raised up, elevated; swollen, pressed up or out; full, excessive; puffed up, proud, *conceited, arrogant, overbearing;* supreme. 2, untied, unfettered; produced.

ಸಮುನ್ಮಿಲಿತ sam-ud-milita. Well united, combined or mixed; closely connected with (Śśv. 1, 35).

ಸಮುಪಚಿತ sam-upačita. Collected, heaped, accumulated (Čpr. 4, after 48).

ಸಮುಪಜೋಷಂ sam-upajôshaṁ. Entirely according to wish or desire, happily. (Colebr.).

ಸಮುಪಾತ್ತ sam-upâtta. Well gained, received, acquired, assumed, accepted (ಲೀಸಾಗಿ ಅಯ್ದಲ್ ಪಟ್ಟ Śmd. 93 Cm.; ಸ್ವೀಕರಿಸಲು ಪಟ್ಟಿದ್ದ Mḍb. Cm.). 2, taken away. 3, collected.

ಸಮುಪೇತ sam-upêta. Come together; arrived at; furnished with, possessed of, endowed with; inhabited by (Kâvy. IV, 1, 5).

ಸಮುಲ್ಲಾಸ sam-ullâsa. Excessive brilliance. 2, sporting, exhileration, great delight (J. 18, 24; 29, 7).

ಸಮುಲ್ವಣಾಮ್ಬು sam-ulvaṇa-ambu. Thick, muddy water (Čpr. 4, 55).

ಸಮುಹ್ಯ sam-uhya. = ಸಮೂಹ್ಯ. (G.).

ಸಮೂರು samûru. *A kind of deer.*

ಸಮೂಲ sa-mûla. Having a root, along with the root (ಬೇರು ಸಹ Čb.; My.). ಸಮೂಲಂ, by the roots, with the roots, completely.

ಸಮೂಹ sam-ûha. A collection, *an assemblage, an aggregate, a heap, a number, a multitude, a quantity* (ಪಸರ Śm. 103; ಲಾವಣಿಗೆ, ಓಳಿ Kk. 72, o. r. ತಾವಣಿಗೆ). See ಗೊಣ್ಡಣಿಸು, ಸನ್ದಣಿಸು. — ಸಮೂಹಗೊಳ್ಳು. -ಕೊಳ್ಳು. To be brought together, to form a heap, to be assembled (G. 191. 395).

ಸಮೂಹ್ಯ sam-ûhya. To be brought together, assembled or collected (adj.). 2, *a kind of sacrificial fire.*

ಸಮೃದ್ಧ sam-ṛiddha. Very prosperous, thriving, flourishing. 2, full-grown, increased, grown. 3, fully furnished with, rich in, *rich, wealthy.* 4, completed, full, complete, entire. ಸಮೃದ್ಧ ಮಘುಗಳ್ (Śmd. 117 Mḍb.).

ಸಮೃದ್ಧಿ sam-ṛiddhi. Great prosperity or success, exuberance, profusion. 2, growing greatly, *thriving, increase;* gain; happiness, good fortune, well-being; *plenty, opulence, wealth.* 3, power, supremacy, sway. See ಒದವು, ಕೊಬ್ಬು 1, ಮಿಳಿರ್ 3.

ಸಮೆ samĕ. 1. = ಸವಿ 1, ಸವೆ 2 q. v. To be spent, to be consumed; to be destroyed; to wear away, to be wasted, consumed or diminished by use and gradual attrition (as vessels, ornaments, etc.), to be abraded; to pass away (as time); to be diminished or grow less (in quantity or quality); to decline in strength; to be levelled by use, as a road (ನಿಃಶೇಷ Śmd. Dh.; My.; Tĕ.; M. ಚವದಿ, consumption; T. ಚವಂಗು, to faint or decline in force, etc.; see ತವು 1, ತವೆ 1).

ಸಮೆ samĕ. 2. = ಸವೆ 3. To be made ready, to be prepared, to be carried out, to be made

(ನಿರ್ವಹಣ Šmd. Dh.). ಮರದೊಳ್ ಸಮೆದ ಅಂಕವಣಿಯನ್ ಏದಿದಂ (Šmd. 288). See Abh. P. 8, 152; 13, 62; Ššv. 2, 39. **2**, to make ready, to prepare, to make (Čpr. 1, 45. 66; 1, after 101; 3, 38; 4, 33; 6, after 64; M. ಚಮೆ, T. ಚಮೈ).

ಸಮೆ samĕ. 1. = ಸಮಾ. *A year.*

ಸಮೆ samĕ. 2. A lamp stand (My.; Mhr. ಸಮಈ).

ಸಮೆಯ samĕya. Tbh. of ಸಮಯ. (Nn. 163).

ಸಮೇತ sam-êta. Come together, met together, assembled, joined or united together, associated; conjoined, concomitant; united with, together with; furnished with, possessed of, having; come near, approached near. ಅವನು ಸಮೇತ ಬನ್ದನು (My.). See Šmd. 18. 98; Bp. 8, 50; 21, 9; 25, 50.

ಸಮೇಲ sa-mêla. ಸಮೇಳ. Coming together, meeting (adj., Bp. 12, 80). 2, union; intercourse; company (12 sum.; 42, 25; 46, 75; 56, 8).

ಸಮೇಲನ sa-mêlana. ಸಮೇಳನ. Union; connection (Bp. 1, 38; 29, 35; 46, 54); = ಮೇಲ No. 5, a set of dancing-girls, etc. (12, 38).

ಸಮೋಕ್ಷ sa-môksha. Release from transmigration (ಕೈವಲ್ಯ, ಮುಕ್ತಿ Nn. 165).

ಸಮೋಕ್ಷಕ sa-môkshaka. *Being together with môksha* (ಮೋಕ್ಷದೊಡಗೂಡಿದ Si. 255).

ಸಮೋಘ sam-ôgha. = ಸವಗ 2. A great multitude.

ಸಮೋಘಸನ್ನಾಹ samôgha-sannâha. = ಸವಗಸನ್ನಣ. An array of a great multitude.

ಸಮ್ಪ sampa. Unanimity, confederacy (Mhr.). — ಸಮ್ಪಗಾವಿ. N. of a place (B. 4, 216).

ಸಮ್ಪಗೆ sampagĕ. = ಸಮ್ಪಿಗೆ. Tbh. of ಚಮ್ಪಕ. A tall tree with very fragrant flowers, Michelia champaca Lin. (ಚಮ್ಪಕ Nr., Čt. II, 7; Si. 25; C.; Čpr. 7, after 92; J. 8, 4; 15, 18). ಅಕ್ಕಟಾ, ಮರುಳ್ದುಮ್ಬಿಗಳ್ ಏಕೆ ಸಮ್ಪಗೆಗಳೊಳ್ ಪಗೆಗೊಣ್ಡಪೊ ನಿರ್ನಿಮಿತ್ತದಿಂ? (Šmd. 148). See ನಾಗ-.

ಸಮ್ಪತ್ತಿ sam-patti. *Prosperity, welfare,* success, increase of wealth or happiness; completion, fulfilment, perfection; excellence; a suitable state or condition (Šmd. 277; B. 5, 87).

ಸಮ್ಪತ್ತು sampattu. Tbh. of ಸಮ್ಪದ್. (Šmd. 106 Cm.; B. 5, 145).

ಸಮ್ಪದ್ sam-pad. ಸಮ್ಪತ್. *Success, welfare, prosperity,* good fortune; luck, fate; increase of wealth or happiness; advantage, benefit, blessing; wealth, riches, treasures; attainment; accomplishing, achieving; excellence; *excess, abundance.*

ಸಮ್ಪದ sampada. Tbh. of ಸಮ್ಪದ್. (Šmd. 106; ಐಶ್ವರ್ಯ Nn. 84; Bp. 21, 35). 2, one who is possessed of or has (J. 2, 10). Feminine ಸಮ್ಪದೆ (Šmd. 188).

ಸಮ್ಪದ್ವಿಶೇಷ sampad-visêsha. Excellent or superior success, etc. (ಐಶ್ವರ್ಯದ ಹೆಚ್ಚುಗೆ Nn. 84).

ಸಮ್ಪನ್ನ sam-panna. Fallen or turned out well; successful, prosperous, thriving, happy, opulent; accomplished, effected, completed, finished, complete, perfect; perfectly acquainted or conversant with; right, correct, fit, proper, worthy; procured, acquired, obtained; possessed of, endowed with. See Kâvy. IV, 2, 14; Šm. 1; J. 2, 28; 6, 40; B. 5, 88. Feminine ಸಮ್ಪನ್ನೆ (Prll. 3, 10).

ಸಮ್ಪನ್ನಗೃಹಸ್ಥ sampanna-gṛihastha. An accomplished, worthy householder (My.).

ಸಮ್ಪನ್ನತೆ sampannatĕ. The state of possessing or being endowed with; accomplishment, attainment, ability (Čpr. 4, after 91; Grj. 6, 37; Bp. 12, 29; Bh. 1, 8, 90).

ಸಮ್ಪರಾಯ sam-parâya. Meeting together (in conflict), *war, battle.* 2, calamity, adversity. 3, *futurity,* future time, future state.

ಸಮ್ಪರಾಯಕ sam-parâyaka. War, battle. (G.).

ಸಮ್ಪರ್ಕ sam-parka. Mixing together, conjunction, union; connection by touching, contact, touch (J. 22, 18; My.).

ಸಮ್ಪಾಕ sam-pâka. = ಶಮ್ಪಾಕ. Cooking or ripening thoroughly; reasoning well, etc. 2, *the pudding-pipe tree, Cathartocarpus fistula* Pers.

ಸಮ್ಪಾತ sam-pâta. Falling or coming together; meeting, encountering; falling, falling down, descending, coming down, alighting; going, moving. See ಧಾರಾ-.

ಸಮ್ಪಾತಿ sam-pâti. N. of a fabulous bird (J. 28, 20).

ಸಮ್ಪಾದ sam-pâda. Acquisition, obtaining (Bp. 4, 64; 57, 6).

ಸಮ್ಪಾದನ sam-pâdana. ಸಮ್ಪಾದನೆ. Effective of, procuring, gaining. 2, the act of bringing about, accomplishing, effecting, making. 3, gaining, acquiring, getting, attaining; gain, etc. (ಗಳಿಕೆ G.; Bp. 27, 50; My.).

ಸಮ್ಪಾದಿತ sam-pâdita. Brought about, accomplished, effected. 2, attained, obtained, gained, gotten (Bp. 58, 7). ಸಮ್ಪಾದಿತಕರ್ಮ (ತರ್ಕ, ಕಟ್ಟಿಲು ಪಟ್ಟ ಕರ್ಮ Nn. 148, o. r. ತನಗೆ ಕಟ್ಟಿ ಕೊಣ್ಡನ್ತಾ ಕರ್ಮಂಗಳು).

ಸಮ್ಪಾದಿಸು sampâdisu. To achieve, to perform; to acquire, to attain, to obtain, to get (Bp. 36, 42; 53, 9. 57; J. 10, 28. 29; 17, 44; C.; B. 3, 15; 4, 2. 51. 183).

ಸಮ್ಪಾದ್ಯ sam-pâdya. Gain, acquisition, acquirement (My.).

ಸಮ್ಪಾಳಿಸು sam-pâḷisu. To guard or protect well (Bh. 3, 10, 4).

ಸಮ್ಪಿಗೆ sampige. = ಸಮ್ಪಗೆ. (ಚಮ್ಪಕ Mr. 126; J. 2, 57). ಸಮ್ಪಿಗೇ ಕಮ್ಪು ಎಣ್ಬುಗಡಿಗೆ, ನೆಣ್ಬರಿಷ್ಟರ ಗುಣ ಅರ್ಥಗಳಿಗೆ (Prv.). See ನೆಲ-; Prv. s. ಸಿಮ್ಪಿಸು. — ಸಮ್ಪಿಗೆ ಮುಗ್ಗು. (ಚಾಮ್ಪೇಯ, ಚಮ್ಪಕ, ಹೇಮಪುಷ್ಪಕ Si. 186). — ಸಮ್ಪಿಗೆಮರ. The sampigĕ tree (C.). — ಸಮ್ಪಿಗೆಯೆಣ್ಣೆ. -ಎಣ್ಣೆ. Sampigĕ oil (My.). — ಸಮ್ಪಿಗೆಹೂ. A sampigĕ flower (ಚಮ್ಪಕ, ಭೃಂಗಾರಿ, ಸುರಭಿ G.).

ಸಮ್ಪಿಣ್ಡಿತ sam-piṇḍita. Heaped together; contracted, clenched.

ಸಮ್ಪಿಣ್ಡಿತಾಂಗುಲಿ sampiṇḍita-aṅguli. *Having the fingers clenched or closed.*

ಸಮ್ಪೀಡನ sam-pîḍana. Compression, pressing together, squeezing, pinching; paining, castigation, punishment; pain, torture (My.; ಬಹುಉಪದ್ರವ G.).

ಸಮ್ಪು sampu. = ಸೊಮ್ಪು, q. v. ಇಮ್ಪು ಸಿಕ್ಕಿದರೆ ಸಮ್ಪು. — ತಮ್ಪು ಇದ್ದವನಿಗೆ ಸಮ್ಪು ಇದ್ದೀತು (Prvs.). 2, N. of a plant (ಇಮ್ಪುವತಿ Mr. 116, o. r. ಸಮ್ಪೆ).

ಸಮ್ಪುಟ sam-puṭa. *A covered box, a casket* (ಸಮುದ್ಗ, ಮುಚ್ಚಳದ ಕರಡಿಗೆ Mr. 468).

ಸಮ್ಪುಟಕ sam-puṭaka. (= ಸಮ್ಪುಳಿಗೆ). *A box, a casket.*

ಸಮ್ಪುರ sampura. Smaliness, fineness (ಕಿರಿದು Čt. II, 73; Tu. ಸಪುರ, ಸಪೂರ; *cf.* ಸಮೆ 1?).

ಸಮ್ಪೂಜನ sam-pûjana. Treating with great respect, honouring, reverence, esteem (Bp. 6, 30).

ಸಮ್ಪೂರ್ಣ sam-pûrṇa. Completely filled or full, replete; full (as the moon); complete, finished; all, whole, entire (ಇತಿ, ಪೂರ್ಣ Nn. 98; ನೆರೆದುದು Kk. 71). See ಅ-; ತುಮ್ಬು 1. 2, any mode of music in which all the notes of the gamut are employed.

ಸಂಪೂರ್ಣತನ sam-pûrṇatana. = ಸಂಪೂರ್ಣತೆ. (ನಿಷ್ಪತ್ತಿ G.).

ಸಮ್ಪೂರ್ಣತೆ sam-pûrṇatĕ. Complete fulness, perfection, completeness, finished state (Čh. v. 296).

ಸಂಪೂರ್ಣತ್ವ sam-pûrṇatva. = ಸಂಪೂರ್ಣತೆ. (My.).

ಸಂಪೂರ್ಣೇನ್ದು sampûrṇa-indu. The full moon. — ಸಂಪೂರ್ಣೇನ್ದುಮುಖಿ. A woman who has a face like the full moon (Čh. v. 69. 135).

ಸಮ್ಪೂರ್ತ sam-pûrta. Completely filled, filled with (Čh. III, 3, B, 103).

ಸಮ್ಪೂರ್ತಿ sam-pûrti. = ಸಮ್ಪೂರ್ಣತೆ. (Bp. 6, 12; J. 5, 72).

ಸಮ್ಪೃಕ್ತ sam-pṛikta. *Mixed together, blended, combined*, conjoined, connected, united (ಅನ್ವಿತ, ಯುತ, etc., ಕೂಡಲ್ Mr. 440). 2, in contact with, touching, *in close contact, near to*.

ಸಮ್ಪೆ sampĕ. = ಸಮ್ಪು No. 2, q. v.

ಸಮ್ಪ್ರತಿ sam-prati. *Now, at this time, at present*. 2, the present time, the present tense (ವರ್ತಮಾನಕ್ರಿಯೆ Šmd. 91 Cm.; ವರ್ತಮಾನಕಾಲ 294 Cm.; Kâvy. I, 5, 24-26).

ಸಮ್ಪ್ರತಿಪತ್ತಿ sam-pratipatti. Approach, arrival, presence, attaining to, obtaining, acquirement, gain; assault; arising, occurring; agreement, concurrence, admission, assent, affirmation; effecting; agreed together, consentient (Kâvy. III, 3, B, 54).

ಸಮ್ಪ್ರತಿಪನ್ನ sam-pratipanna. Gone near, approached, attained, reached, gained, arrived; agreed, concurred; recognised, acknowledged, assented to; brought about, performed (Bh. 1, 8, 90).

ಸಮ್ಪ್ರತ್ಯಯ sam-pratyaya. Firm conviction, perfect faith, *belief, confidence*.

ಸಮ್ಪ್ರದ sam-prada. = ಸಮ್ಪ್ರದೆ. A gift, a present (ಉಚಿತ Mr. 537). 2, quickness, speed (ಪರಿದು ನಡೆವುದು 537).

ಸಮ್ಪ್ರದಾನ sam-pradâna. The act of giving or handing over completely, bestowing; gift, donation, bestowal; one of the Kârakas in grammar, the idea expressed by the dative case (Šmd. 115. 158; Kâvy. I, 2, 2. 3).

ಸಮ್ಪ್ರದಾಯ sam-pradâya. Giving, bestowing; *tradition, established doctrine transmitted from one teacher to another, traditional belief or usage;* a system of religious doctrines; custom, usage.

ಸಮ್ಪ್ರದಾಯಸ್ಥ sampradâya-stha. A man who walks according to established doctrine or usage (My.). Feminine ಸಮ್ಪ್ರದಾಯಸ್ಥೆ (My.).

ಸಮ್ಪ್ರದಾಯಿ sam-pradâyi. One who holds any traditional doctrine, a member of some sect (My.).

ಸಮ್ಪ್ರದಾಯಿನಿ sam-pradâyini. A female who bestows gifts to (Kâvy. I, 1*a*, 2).

ಸಮ್ಪ್ರದೆ sam-pradĕ. = ಸಮ್ಪ್ರದ. A gift (ಉಚಿತ, ಕೊಡುವುದು Nn. 140). 2, speed (ತೂರ್ಣ, ಬೇಗ 140).

ಸಮ್ಪ್ರಧಾರಣ sam-pradhâraṇa. ಸಮ್ಪ್ರಧಾರಣೆ. Determination, deliberation, *deciding on the propriety or impropriety of anything*.

ಸಮ್ಪ್ರಮೋದ sam-pramôda. Great happines, delight (ಸುಖ, ಹರ್ಷ, etc. Mr. 25).

ಸಮ್ಪ್ರಯೋಗ sam-prayôga. Joining together, union, connection, relation, dependance; mutual intercourse; *sexual union, coition;* mutual proportion, order; application, employment; magic.

ಸಮ್ಪ್ರಶ್ನ sam-praśna. Full inquiry; *a question, an inquiry*.

ಸಮ್ಪ್ರಹರ್ಷ sam-praharsha. *Great joy*, thrill of delight.

ಸಮ್ಪ್ರಹಾರ sam-prahâra. Mutual striking; *war, combat*.

ಸಮ್ಪ್ರಾಪ್ತ sam-prâpta. Well reached or attained, arrived, met with; completely obtained, got; effected, accomplished (Bp. 27, 19).

ಸಮ್ಪ್ರಾಪ್ತಿ sam-prâpti. Attainment, obtaining, getting, acquisition; gaining (Bp. 3, 69; 24, 41; 43, 62).

ಸಮ್ಪ್ರಾಪ್ತಿಸು sam-prâptisu. To be obtained, to be got, to be found (Bp. 61, 30).

ಸಮ್ಪ್ರಿಯ sam-priya. Very dear or beloved; mutually dear, loving each other; a very lovely thing (Bh. 2, 13, 24).

ಸಮ್ಪ್ರೀತಿ sam-prîti. Attachment, affection, love; friendly assent; delight (Mr. 1*a*; Bp. 6, 9; 19, 59; 24, 26; 39, 23; J. 2, 6).

ಸಮ್ಫುಲ್ಲ sam-phulla. *Full-blown, blossomed, fully opened* (Bp. 47, 14; 50, 72).

ಸಮ್ಬನ್ಧ sam-bandha. = ಸಮನ್ಧ, ಸಮ್ಮನ್ಧ. Binding together, joining together; union, association, *connection;* relationship, relation (Šmd. 6); a relation, a relative; binding, restraining, restraint. 2, the notion expressed by the genitive case (Šmd. 115. 161). 3, fitness, propriety. See ತಾಂಗು.

ಸಮ್ಬನ್ಧಕ sam-bandhaka. Relating to; fit. 2, a relation; a friend. *Cf.* ಸಮ್ಬನ್ಧಿಕ.

ಸಮ್ಬನ್ಧಭಕ್ತಿ sambandha-bhakti. Mutual or proper attachment (Bp. 55, 27).

ಸಮ್ಬನ್ಧಸಮ್ಬನ್ಧ sambandha-sambandha. The connection of one genitive to another that precedes it (Šmd. 161).

ಸಮ್ಬನ್ಧಾಕ್ಷರ sambandha-akshara. A fit, suitable letter (Ch.).

ಸಮ್ಬನ್ಧಿ sam-bandhi. = ಸಮ್ಮನ್ಧಿ. Connected with. 2, a relation or connexion, a relative, a kinsman (J. 7, 40).

ಸಮ್ಬನ್ಧಿಸು sam-bandhisu. = ಸಮ್ಮನ್ಧಿಸು. To be connected or related; to belong to; to be fit (Bp. 28, 37). 2, to join (v. t., ಕೂಡಿಸು G.).

ಸಮ್ಬನ್ಧಿಕ sam-bandhika. = ಸಮ್ಬನ್ಧಕ. (B. 5, 60; Mhr.).

ಸಮ್ಬರ sambara. 1. Tbh. of ಶಮ್ಬರ. (Šmd. 335).

ಸಮ್ಬರ sambara. 2. = ಚಮ್ಬಾರ 1, ಸಮ್ಬಾರ. Tbh. of ಸಮ್ಭಾರ. Ingredients of seasoning used in cookery, seasoning materials, as pepper, cloves, cinnamon, nutmeg, coriander, etc. (V. 14, 49). — ಸಮ್ಬರಕಾಗೆ. = ಚಮ್ಬಾರಕಾಗಿ, ಸಮ್ಬಾರಕಾಗೆ. (My.; Tŝ.). — ಸಮ್ಬರಗವಳ. Tbh. of ಸಮ್ಭಾರಕಬಳ. (Šmd. 376. 381).

ಸಮ್ಬರಿಸು sambarisu. Tbh. of ಸಂಚರಿಸು. (Râm. 6, 48, 27).

ಸಮ್ಬಲ sambala. = ಶಮ್ಬಲ, ಸಮ್ಬಳ. Provender, stock of provisions for a journey (Sk.).

ಸಮ್ಬಲಿ sambali. Tbh. of ಶಮ್ಬಲಿ. (R.).

ಸಮ್ಬಳ sambaḷa. = ಸಮ್ಬಲ, etc. Pay, salary (monthly or yearly, C.; ಶಮ್ಬಲ Hlâ.; ಪಾಥೇಯ Mr. 234). ಸಮ್ಬಳಕ್ಕಾದರೆ ಮುನ್ದೆ, ಚಾಕ್ರಿಗಾದರೆ ಹಿನ್ದೆ.— ನೋಡದ ಕೆಲಸಕ್ಕೆ ಆಡದ ಸಮ್ಬಳ.— ಕಾನಭೋಗನ ಸಮ್ಬಳ ಸನ್ತೋ? ಎನ್ದು, ಕೇಳ ಬೇಡ; ಹೆಣ್ಣತಿಯ ದೆಸೆಯವರು ಉಣ್ಣರೋ? ಎನ್ದು, ಕೇಳ ಬೇಡ (Prvs.). See B. 5, 80 seq. — ಸಮ್ಬಳಕ್ಕೆ ಇಡು. To take (any body) into one's employ on a monthly or yearly pay (B. 5, 295). ಸ್ತ್ರೀಯರನ್ನು ಸಮ್ಬಳಕ್ಕೆ ಮನೆಯೊಳಗೆ ಇಟ್ಟು ಕೊಳ್ಳುತ್ತಾರೆ (5, 275). — ಸಮ್ಬಳಕ್ಕೆ ನಿಲ್ಲು. To remain, *i. e.* to serve, for a salary (B. 5, 275). — ಸಮ್ಬಳ ತಕ್ಕೊಳ್ಳು. To receive pay. ಸಮ್ಬಳ ತಕ್ಕೊಣ್ಡು ಕೆಲಸ ಮಾಡುವವ (ಕರ್ಮಕರ G.). — ಸಮ್ಬಳ ತಿನ್ನು. To enjoy the benefit of a salary, to receive pay (G. 392). — ಸಮ್ಬಳದವ. -ಅವ. A man who receives a monthly or yearly pay (G. 484). — ಸಮ್ಬಳ ಮುಟ್ಟು. Salary to be paid (B. 5, 270).

ಸಮ್ಬಳಗಾರ sambaḷa-gâṛa. A man who receives a monthly or yearly salary (My.).

ಸಮ್ಬಳಿಗೆ sambaḷigĕ. (Tbh. of ಸಮ್ಪುಟಿಕ). A covered box made of ôlĕ (Bp. 12, 10; 56, 28; My.).

ಸಮ್ಬಾಜಿ sambâji. N. (B. 4, 81; Mhr.).

ಸಮ್ಬಾಧ sam-bâdha. Pressing together, pressure, thronging, blocking up; the state of being thronged, blocked up, confined or hindered (ನಿರ್ಬನ್ಧ Mr. 484); difficulty, obstruction; firmly bound together, *narrow, confined, crowded*. 2, *the female organ of generation*. 3, fear, dread. 4, blame (ತೆಗಳ್ 484; ನಿನ್ದೆ Nn. 156). 5, a curse, an oath (ಭೃಶ 484; ಭೃಶ, ಸೂರುಳು 156). 6, death (ಸಾವು 156).

ಸಮ್ಬಾರ sambâra. = ಸಮ್ಭಾರ 2. (My.; ವೇಸವಾರ, ಮಸಾಲೆ G.). ಹಿಂಗು ಜೀರಿಗೆ ಮುನ್ತಾದ ಸಮ್ಬಾರ (ವೇಸವಾರ, ಉಪಸ್ಕರ, ಮಸಾಲಾ Si. 310). See Prv. s. ಸಮಯ 2. — ಸಮ್ಬಾರಕಾಗೆ. = ಸಮ್ಬರಕಾಗೆ. The crow pheasant (Pr.). — ಸಮ್ಬಾರಗಾಗೆ. = ಸಮ್ಬಾರಕಾಗೆ. (ಭರದ್ವಾಜ G.). — ಸಮ್ಬಾರಬಳ್ಳಿ. The climbing shrub Vitis indica Lin. (St. & Pl.). — ಸಮ್ಬಾರಬೀಜ. Coriander (My.). — ಸಮ್ಬಾರಸೊಪ್ಪು. The coriander plant (My.). — ಸಮ್ಬಾರಹುಲ್ಲು. = ಚಾಹುಲ್ಲು. (St. & Pl.).

ಸಮ್ಬಾಳಿ sambâḷi. (fr. ಸಮ್ಭಾರ?). Multitude, number (? Râm. 1, 18, 7; 6, 50, 12).

ಸಮ್ಬಾಳಿಸು sambâḷisu. = ಸಮಾಳಿಸು. To manage, to use address in bringing about a purpose (My.; Tĕ. ಸಮ್ಬಳಿಂಚು, ಸಮ್ಬಾಳಿಂಚು, *fr.* H. ಸಮ್ಭಾಲ್ನಾ). 2, to support, to preserve, to take care of, to uphold (Mhr. ಸಮ್ಭಾಳಣೇಂ; see ಜೋಲಿ-). 3, to last, to continue unimpaired (as wood, S. Mhr.).

ಸಮ್ಬು sambu. Tbh. of ಶಮ್ಬು. (ಈಶ್ವರ Šm. 3). — ಸಮ್ಬು ಗಿಮ್ಬು. reit. (Bp. 26, 22).

ಸಮ್ಬುದ್ಧಿ sam-buddhi. Perfect knowledge or perception. 2, calling to; the vocative case (Šmd. 151; 154 Cm.; ಮನ್ತ್ರಣ 395 Cm.).

ಸಮ್ಬೆ sambĕ. (= ಸೆಮ್ಬೆ?). A wide-climbing creeper with large pods, commonly cultivated, the sword-bean, Canavalia ensiformis D. C. (S. Mhr.; *cf.* ಜಬ್ಬೆ?). See ಹುಚ್ಚು-. — ಸಮ್ಬೆನೆಲ್ಲು. A superior kind of rice (My.; M. ಚಮ್ಬಾ, ಚಮ್ಬಾನ್).

ಸಮ್ಬೊಳಿ sambŏḷi. Tbh. of ಶಮ್ಬಲಿ. (Bp. 56, 50).

ಸಮ್ಬೋಧನ sam-bôdhana. The act of causing to know thoroughly, informing, instructing; *calling to, addressing;* the vocative case (Šmd. 154). — ಸಮ್ಬೋಧನಪ್ರಥಮಾವಿಭಕ್ತಿ. The vocative of a noun (My.). — ಸಮ್ಬೋಧನವಿಭಕ್ತಿ. = ಸಮ್ಬೋಧನಪ್ರಥಮಾವಿಭಕ್ತಿ. (My.).

ಸಮ್ಬೋಧನೆ sam-bôdhanĕ. = ಸಮ್ಬೋಧನ. (Šmd. 152. 154; ಸಮ್ಬೋಧನ, ಸಮ್ಬುದ್ಧಿ 154 Cm.).

ಸಮ್ಬೋಧಿಸು sam-bôdhisu. To cause to know, to inform, to instruct, to advise; to exhort, to admonish; to explain (Čpr. 5, 29); to call to, to address.

ಸಮ್ಬೋಧೆ sam-bôdhĕ. = ಸಮ್ಬೋಧನ. (ಹಾ, ಹೇಡಿಯುವುದು Nn. 140; ಹೇ, ಅಹೋ, ಹೋ, ಸ್ಮರಣೆ Mr. 537).

ಸಮ್ಬ್ರಾಣಿ sambrâṇi. A Malayan tree, the Java almond, Canarium commune Lin. (St. & Pl.).

ಸಮ್ಭರಣ sam-bharaṇa. = ಸಂವರಣೆ 2. Carrying or bringing together; preparing, making ready, procuring.

ಸಮ್ಭವ sam-bhava. *Birth, production, origin,* existence, being (ಸೂತ, ಹುಟ್ಟುವುದು Nn. 32; Kâvy. V, 40). 2, cause, motive. 3, uniting together, combination, mixing, union. 4, appropriateness, adaptation, adequacy. 5, ability, possibility, probability (B. 5, 108). 6, conformity. 7, equivalence. 8, sprung up, produced, coming from.

ಸಮ್ಭವಿಸು sam-bhavisu. To be born or produced; to exist, to be found, to occur; to take place, to happen (ಹುಟ್ಟು Šmd. 122 Cm., ಅಹುದು Mdb. Cm.; ಹುಟ್ಟು 285. 368 Cm.; ಬರ್ 365 Cm.; Kâvy. 5, 26; Čpr. 1, 50; Bp. 18, 50; 48, 12; J. 8, 35; B. 4, 58).

ಸಮ್ಭಾರ sam-bhâra. = ಸಮ್ಭರ 2, ಸಮ್ಬಾರ. Bringing together, collecting; preparing, preparation, equipment, provision; apparatus, materials, necessaries, constituent parts, ingredient, requisite, assemblage of things required for any purpose; multitude, number, quantity, heap; fulness, completeness; wealth; maintenance, support.

ಸಮ್ಭಾರಕಬಳ sambhâra-kabaḷa. = ಸಮ್ಭರಗವಳ. A bolus of ingredients or seasoning materials.

ಸಮ್ಭಾವನೆ sam-bhâvanĕ. Compatibility, fitness, adequacy, competency, ability. 2, possibility; doubt. 3, considering, reflecting, *supposition,* idea, fancy, *imagination,* thought. 4, regard, esteem. 5, worship, honour. 6, *paying honour, salutation, greeting,* respectful reception or treatment (as of a guest): the honours shown, the presents given, etc.; a present (My.); the (estimated) value or price of a thing (My.). 7, celebrity, fame. See Bp. 40, 34; J. 1, 2; B. 4, 154; ತೀರ್ಥ-.

ಸಮ್ಭಾವಿತ sam-bhâvita. Suited to, adequate, fit for (Čh. v. 180); possible. 2, perceived, thought about, considered, supposed, conjectured, imagined. 3, thought highly of, esteemed, honourable; a respectable, reputable or worthy man (C.; B. 5, 213).

ಸಮ್ಭಾವಿಸು sam-bhâvisu. To think highly of, to honour, to esteem, to do honour to, to pay one's respects to, to salute, to greet; to receive or accept with honour or favour; to honour or gratify with, to present with (Čpr. 2, after 49; Šêv. 4, 117; J. 5, 54; 6, 55).

ಸಮ್ಭಾವ್ಯ sam-bhâvya. To be adapted, to be made fit; *suitable*, capable; supposable, imaginable, possible, *probable;* to be honoured, respectable, etc.; adequacy, competency, fitness. See Bp. 8, 38; J. 1, 4.

ಸಮ್ಭಾಷ sam-bhâsha. Conversation; speaking, saying (ನುಡಿ Nn., o. r. ಸಮ್ಭಾಷಣೆ).

ಸಮ್ಭಾಷಣ sam-bhâshana. Conversation, discourse, conference (Bp. 6, 16). ನುತಸಮ್ಭಾಷಣ (ಒಳ್ಳಿಹ ಸಮ್ಭಾಷಣೆ Nn. 163). 2, war-cry, watch-word. 3, sexual intercourse.

ಸಮ್ಭಾಷಣೆ sam-bhâshaṇě. = ಸಮ್ಭಾಷಣ No. 1. (Šmd. 397; J. 33, 25; C.). — ಸಮ್ಭಾಷಣೆ ಮಾಡು. To speak together, to converse with. ಎಲ್ಲಾ ತರದ ಮನ್ಷಿಯ ಸಂಗಡ ಸಮ್ಭಾಷಣೆಯು ಮಾಡಿದ್ದೇನೆ (B. 5, 152).

ಸಮ್ಭಾಷೆ sam-bhâshě. *Conversation, discourse.* 2, contract, agreement. 3, war-cry. 4, criminal connection.

ಸಮ್ಭೂತ sam-bhûta. Being together, combined with. 2, become, born, produced, arisen; birth, origin (ಭಾವ, ಹುಟ್ಟುವವಸ್ಥಾದು Nn. 100). 3, capable, adequate, equal.

ಸಮ್ಭೂಯ sam-bhûya. Being together, being united or combined with.

ಸಮ್ಭೂಯಸಮುತ್ಥಾನ sambhûya-samutthâna. Engaging in business after joining partnership, association in trade, partnership. (R.).

ಸಮ್ಭೃತ sam-bhrita. Brought together, collected, etc., prepared, got ready, equipped; laden, filled, furnished, endowed, possessed of; full, complete; placed, offered; acquired, gained; produced; maintained, nourished; carried, borne (Bp. 7, 7; J. 10, 5).

ಸಮ್ಭೇದ sam-bhêda. Breaking to pieces, splitting. 2, union, junction, mixture; *the confluence of two rivers, the junction of a river with the sea.*

ಸಮ್ಭೋಗ sam-bhôga. Complete enjoyment, pleasure, delight; fruition (ಭುಕ್ತಿ Nn. 163; ಭುಕ್ತ Mr. 485). 2, lust, desire (ಕಾಮ, ಬಯಕೆ 163; ಕಾಮ 485). 3, *sexual intercourse* (ರತಿ, ಕೂಟ 163; ಸುಣಿಲ್ Kk. 90; Kâvy. IV, 2, 20-25). 4, eating (ಊಟ 163, o. r. in one MS. ಉದ್ರೇಕ). 5, use, employment.

ಸಮ್ಭೋಗಿಸು sam-bhôgisu. To enjoy carnally (My.).

ಸಮ್ಭ್ರಮ sam-bhrama. Moving round, whirling about, turning round (ವಿಭ್ರಮಣ, ತಿರುಗುವುದು Nn. 63); haste, hurry (ಶೀಘ್ರ, ಬೇಗ 63); *flurry, confusion, agitation,* confused and precipitate state of mind (ಅವ್ವರೆ Kk. 81, Šm. 51; ಆವೇಶ Hlâ.); *bustling activity, zeal* (ಘಾಮುಸಕ Čt. II, 41); fear, terror, alarm. 2, a thrill of rapture (ರೋಮಾಂಚನ, ಪುಳಕ 63); rapture, extreme joy or pleasure (My.); grandeur, pomp, parade (My.; ಸಡಗರ Čt. II, 65). 3, the yellow myrobalan tree, Terminalia chebula (ಹರೀತಕೀ, ಅಳಲೆ 63, o. r. ಅಳಲೆ). 4, a lip (ಓಷ್ಠ, ತುಟಿ 63). See Šmd. 142; Kâvy. I, 2, 52-55; Râv. 6, after 11; J. 2, 45; 8, 5; 16, 1; 18, 39. ಸಮ್ಭ್ರಮದ ಸಮ್ಮಾನಕ್ಕೆ ಒಮ್ಮಾನಕ್ಕಿಸಜ್ಜಿಗೆ (Prv.). — ಸಮ್ಭ್ರಮವಾನ್. -ಆನ್. To obtain extreme joy, etc. (Bp. 27, 17). — ಸಮ್ಭ್ರಮವೆರಸು. -ವೆರಸು. Pomp, etc. to be joined with (Bp. 58, 80). — ಸಮ್ಭ್ರಮವೆಟ್. -ಪೆಟ್. = ಸಮ್ಭ್ರಮವಾನ್. (Bp. 2, 21). — ಸಮ್ಭ್ರಮವೊಗೆ. -ಒಗೆ. Great joy, etc. to arise (Bp. 29, 33).

ಸಮ್ಭ್ರಮಿಸು sam-bhramisu. To grow confused or bewildered (Bp. 1, 44; 2, 18; 4, 58; 39, 35; 45, 50).

ಸಮ್ಮ samma. = ಚಮ್ಮ, ಸಮ 2. Tbh. of ಚರ್ಮ. (ತೋಲ್, ತೊವಲ್ Šm. 32, Kk. 46; Râv. 5, 114; Šâv. 3, 16).

ಸಮ್ಮಗಾತಿ samma-gâti. A shoe-maker woman. — ಸಮ್ಮಗಾತಿಯ ಗಿಡು. The soap-nut plant (ಸಪ್ತಲೆ, ವಿಮಲೆ, ಸಾತಲೆ, ಘೂರಿಫೇನ, ಚರ್ಮಕಶಿ Nr.).

ಸಮ್ಮಗಾರ samma-gâra. A shoe-maker (ಚರ್ಮಕಾರ Nr.; Mr. 381).

ಸಮ್ಮತ sam-mata. Agreed, assented to, concurred in; corresponding, like, resembling; attached, liked, beloved; thought highly of, esteemed; thought, considered. 2, assent, consent, approval, acquiescence, concurrence. 3, opinion, impression. See Čpr. 1, 58; J. 26, 57; 31, 76; ಅ-.

ಸಮ್ಮತಿ sam-mati. Sameness of opinion, agreement, consent, assent, approval, approbation. 2, esteem, respect. 3, regard, affection, love. 4, order, command (ಒಡಮ್ಬಡಿಕೆ G.; My.; B. 4, 93).

ಸಮ್ಮತಿಸು sam-matisu. To agree, to consent to, to assent to (Bp. 1, 58; 61, 59; ಒಡಮ್ಬಡು G.; My.).

ಸಮ್ಮತು sammatu. A part (Mhr.); the division of a talook (My.; Br., H. ಸಮುತ್ತು, ಸಮುತ್ತು).

ಸಮ್ಮದ sam-mada. Exhilaration, *joy, pleasure, happiness.*

ಸಮ್ಮದಜನಕ sammada-janaka. Producing or causing joy (Čpr. 1, 49).

ಸಮ್ಮದಿಸು sam-madisu. To rejoice (Bp. 32, 36).

ಸಮ್ಮನ sam-mana. A good mind (Abh. P. 7, 67).

ಸಮ್ಮನಿಸು sam-manisu. To think highly of, to esteem, to value, to honour (Čpr. 4, 23). 2, to regard with awe (7, 40); to take notice of, to notice (7, 97; 8, 83. 95). 2, to be thought of, to occur to one's mind (V. 3, 27).

ಸಮ್ಮನ್ಧ sammandha. Tbh. of ಸಮ್ಬನ್ಧ. (My.; G.; Čb. 176).

ಸಮ್ಮನ್ಧಿ sammandhi. Tbh. of ಸಮ್ಬನ್ಧಿ. (My.).

ಸಮ್ಮನ್ಧಿಸು sammandhisu. Tbh. of ಸಮ್ಬನ್ಧಿಸು. (My. as v. i.).

ಸಮ್ಮರ್ದ sam-marda. Rubbing together, friction; *the pounding or trituration of perfumes* (see s. ಪರಿಮಳ). 2, *conflict, war, battle.*

ಸಮ್ಮಾನ sam-mâna. 1. (= ಸನ್ಮಾನ). Honour (My.; ಪೂಜೆ G.). ಸಮ್ಭ್ರಮದ ಸಮ್ಮಾನಕ್ಕೆ ಒಮ್ಮಾನಕ್ಕಿ ಸಜ್ಜಿಗೆ (Prv.).

ಸಮ್ಮಾನ sam-mâna. 2. Measuring out, equalizing, comparing; measure.

ಸಮ್ಮಾನಿಸು sam-mânisu. (= ಸನ್ಮಾನಿಸು). To honour (My.).

ಸಮ್ಮಾರ್ಜನ sam-mârjana. Sweeping or cleansing thoroughly; cleaning, scouring, purifying, brushing, rubbing or wiping off, sweeping, taking away, removing; the anointing of images, etc. See ಗುದ-; ತೊಡೆ 1, ಬಳ್ 4.

ಸಮ್ಮಾರ್ಜನಿ sam-mârjani. *A brush, a broom.*

ಸಮ್ಮಾರ್ಜನೆ sam-mârjaně. = ಸಮ್ಮಾರ್ಜನ. Smearing with cow-dung (Bp. 9, 41).

ಸಮ್ಮಾರ್ಜಿಸು sam-mârjisu. To clean, etc., to sprinkle, to anoint, to smear with cow-dung (Bp. 19, 69; 41, 21).

ಸಮ್ಮಿತ sam-mita. Measured; of the same measure, equal, same, like, similar. (R.).

ಸಮ್ಮಿಶ್ರ sam-miśra. Commingled, mixed together, mixed, blended, joined; connected, furnished or endowed with. See ಕಲಸು 1, ಬೆರಸು 1; Bp. 46, 61.

ಸಮ್ಮುಖ sam-mukha. Facing, fronting, being in front of, being face to face, opposite; confronting, meeting, encountering; looking towards, directed towards; the state of being in front, etc., presence. ಸಮ್ಮುಖಂ, before the face, in front of, in the presence of (Bp. 5, 52; 29, 10; J. 5, 11; 14, 16). — ಸಮ್ಮುಖಂಗೆಯ್. -ಂ-. To stand face to face, to front (Rév. 6, after 11; Śav. 1, after 79).

ಸಮ್ಮುದ sam-muda. Great joy, joy, pleasure, delight (Bp. 2, 39; 40, 16; 57, 59; J. 31, 76). — ಸಮ್ಮುದವಡೆ. -ಪಡೆ. To obtain joy, to rejoice (Bp. 5, 70; 34, 25).

ಸಮ್ಮುದಿತ sam-mudita. Greatly rejoiced, joyful, happy, delighted, glad (Bp. 1, 58; 2, 24; 37, 34).

ಸಮ್ಮೂಢ sam-mûḍha. Completely stupefied, astounded; unconscious; bewildered; foolish, ignorant. 2, heaped, accumulated. (R.).

ಸಮ್ಮೂರ್ಛನ sam-mûrčhana. Congealing or becoming dense. 2, stupefaction, fainting away. 3, increasing or spreading in all directions, *universal pervasion, entire permeation, expansion,* co-extension. See Nr. s. ಹಸರಿಸು.

ಸಮ್ಮೃಷ್ಟ sam-mṛishṭa. Well swept or scoured, cleaned, cleansed; *strained, filtered.*

ಸಮ್ಮೇಲ sam-mêla. ಸಮ್ಮೇಳ. Meeting or coming together, joining, union; a large concourse of people. 2, a double drum (My., also as ಸಮ್ಮೇಳದ ಡಾಯಿ). ಹಿಮ್ಮೇಳ ಇದ್ದರೆ ಮುಮ್ಮೇಳ, ಇಲ್ಲದಿದ್ದರೆ ಸಮ್ಮೇಳ (Prv.).

ಸಮ್ಮೇಲನ sam-mêlana. Meeting, coming together, joining, assembling, associating with; mixture. See ಒನ್ದು 1, ಒಟ್ಟು 1, ಕೂಡು 1, ಸೇರೆ 1. — ಸಮ್ಮೇಲನವ್ಪಡೆ. -ಪಡೆ. To obtain union (Čpr. 7, 88).

ಸಮ್ಮೇಲಿಸು sam-mêlisu. ಸಮ್ಮೇಳಿಸು. To join (Č. Bp. 19, 41).

ಸಮ್ಮೋದ sam-môda. = ಸಮ್ಮುದ. (Bp. 3, 20. 40; 21, 27; 32, 35; 47, 69).

ಸಮ್ಮೋಹನ sam-môhana. Stupefying, bewitching, fascinating; fascination; stupefaction, bewilderment (J. 11, 21). ತೊಟ್ಟಂ ಸಮ್ಮೋಹನಮನ್ (= ಸಮ್ಮೋಹನಾಸ್ತ್ರಮಂ?) ಅಭಯಂ ಪಾಣ್ಡವಂ (Śmd. 287).

ಸಮ್ಮೋಹನಾಸ್ತ್ರ sammôhana-astra. A kind of weapon (J. 6, 32; 16, 14). ತೊಟ್ಟಂ ಸಮ್ಮೋಹನಾಸ್ತ್ರಮಂ (Śmd. 282).

ಸಮ್ಯಕ್ಕರುಣ samyač-karuṇa. Befitting compassion (Bp. 13, 24).

ಸಮ್ಯಕ್ಕು samyakku. Tbh. of ಸಮ್ಯಚ್. (Śmd. 106 Cm.).

ಸಮ್ಯಗ್ಭಕ್ತಿ samyač-bhakti. Proper or true devotion (Śav. 4, 109).

ಸಮ್ಯಚ್ sami-ač. = ಸಮ್ಯಕ್ಕು, ಸಮ್ಯಂಚ್.

ಸಮ್ಯಂಚ್ sami-añč. ಸಮ್ಯಚ್. Going along with or together. 2, uniform, same, identical. 3, all, entire, whole, complete. 4, *correct, accurate, proper, true, right;* pleasant, agreeable. 5, with, together; entirely, fully; accurately, etc.

ಸಮ್ರಾಜ್ sam-râj. A sovereign lord, *a paramount sovereign, one who rules over other princes and has performed the râjasûya sacrifice.*

ಸಯ್ say. 1. (ಸೆಯ್. ಸೈ). Straightness; downrightness; rectitude, propriety; merit; beauty (see ಕೆಯ್ 4, ಚನ್ 2, ಚಾಡು, ಸತಗರ 1, ಸಸಿನ, ಸಸಿನೆ 2, ಸಾಗು 3, ಸಾವಗಿಸು 1). — ಸಯ್ಗರೆ. -ಕರೆ. Straightness or beauty to hide or disappear: to become downcast (Bh. 4, 4, 55). — ಸಯ್ಗರೆ[2]. -ಕರೆ[2]. To rain, shower or let fall straight down or with accuracy or right heavily (J. 4, 24; 22, 20). — ಸಯ್ಗೆಡಪು. -ಕೆಡಪು. To make fall straight down (J. 6, 32). — ಸಯ್ಗೆಡೆ. -ಕೆಡೆ. To fall straight down or prostrate (Bp. 20, 4. 6; 22, 49; 27, 72; 36, 36; 47, 46; 50, 32; 59, 50; V. 9, 81; J. 11, 34; 28, 6; 31, 58). — ಸಯ್ದೆಗೆ. -ತೆಗೆ. To assume beauty: to become or be beautiful (Bh. 6, 2, 6). — ಸಯ್ಧಾರೆ. A shower that falls straight down or with accuracy, or a right heavy shower (Bh. 6, 7, 17). — ಸಯ್ನಿಮಿರ್. To be stretched straight up (J. 8, 18). — ಸಯ್ನೆಗೆ. To rise straight upward, to bristle (Bh. 7, 7, 52. 66). — ಸಯ್ಯಕ್ಕರ. -ಅಕ್ಕರ. A straight syllable, a syllable denoted by a straight line, *i. e.* a short syllable (Čh. v. 26; *cf.* ಸಯ್ತುಗೆರೆ; Mr. 363. 364). — ಸಯ್ಯಡಿ. -ಅಡಿ. Straight-foot: a person of rectitude or merit (Čh. XX; v. 27. 151; Madras Govt. MS. v. 2). — ಸಯ್ವರಿ. -ಪರಿ. To run or move straight on (V. 5, 11; Śav. 3, 48; 4, 40; 5, 15; Râm. 3, 8, 68; Bh. 3, 13, 26; 3, 17, 35; J. 4, 14; 14, 21; 16, 33). — ಸಯ್ವೆರಗಾಗು. -ಆಗು. To become right or in a great degree astonished (J. 15, 29; 18, 47; 21, 46; 30, 19; 31, 50). — ಸಯ್ವೆರಗು. -ಬೆರಗು. Right great, excessive astonishment, amazement (Grj. 5, 38; Śav. 2, 104; Bh. 4, 4, 21. 31).

ಸಯ್ say. 2. To cease, to be quieted, to be stilled or calmed. ಭಯಂ ಸಯೆ (when . . ., Čpr. 6, 33).

ಸಯ್ say. ಸೈ. = ಸಯಿ, ಸಹಿ. (My.; B. 1, 7; 2, 5). — ಸಯ್ ಸಯ್. rep. (B. 2, 10; 3, 54).

ಸಯಂ sayaṁ. Tbh. of ಸ್ವಯಂ. ಸಯಮ್ ಅಕ್ಕ ವೀಪ್ತಿ ವಿದ್ಯುತ್ತುಗಳೊಳಂ ಮಿಂಚು (Śm. 35).

ಸಯಮ್ಬು sayambu. Tbh. of ಸ್ವಯಮ್ಭು. (Śmd. 368).

ಸಯಿ sayi. = ಸಯ್, etc. A word answering to signature in writing, and to acceptance in oral communication. 2, a particle of emphatic indication or concession: indeed, in truth, aye, of course, well said, correct (My.; Mhr., H. ಸಹ, ಸಹಿ).

ಸಯಿಜ್ಞಿತ sayijñita. Tbh. of ಸಂಜ್ಞಿತ. Honoured, etc. (ಕಾಂಚಿತ, ಅರ್ಚನಂ Mr. 449).

ಸಯಿಸು sayisu. Tbh. of ಸಹಿಸು. (ಸಹಿಸು, ತಾಳು G.; My.; Tē. ಸಯಿಂಚು; T. ಚಗಿಕ್ಕ, ಚಹಿಕ್ಕ).

ಸಯುಕ್ತಿಕ sa-yuktika. Suitable, proper (Śi. 263).

ಸಯುಜ್ sa-yuj. Closely yoked or joined. See ಸಾಯುಜ್ಯ.

ಸಯ್ಗೆ saygĕ. Tbh. of ಸಂಜ್ಞೆ. (My.; Bh. 3, 21, 18; see ಕಣ್-).

ಸಯ್ತ saytu1-as. = ಸಯ್ದ q. v., ಸಯ್ಪ. A man of rectitude, etc. (ನಿರುತ, ತಕ್ಕ Či. I, 39).

ಸಯ್ತು saytu. 1. ಸೈತು. = ಸಯ್ 1, (ಸಯ್ಪು 1). Straightness; rectitude, propriety; a straight line used to denote a short syllable: a short syllable (ಲಘು Ks.). — ಸಯ್ತಿಡು. -ಇಡು. To put in order, to make proper (Grj. 3, after 119); to put on in a proper manner (10, 44). — ಸಯ್ತುಗೆರೆ. A straight line: the sign for a short syllable (Ch. v. 25). — ಸಯ್ತುವರಿಯಿಸು. -ವರಿಯಿಸು. To cause to run or go straight on (Abh. P. 13, 85; 13, after 122; *cf.* ಸಯ್ಪುರಿ).

ಸಯ್ತು saytu. 2. (= ಸಯ್ಪು 2). Cessation, ceasing from action, rest, ease, quiet, stillness, silence (ಸುಮ್ಮನೆ ಇರ್ಪುದು Šm. 63; ಸಾವಗಿಪುದು, ಮೌನಾರ್ಥಂ Kk. 49; *cf.* ಸಸನೆ). — ಸಯ್ತಿರ್. -ಇರ್. ಸಯ್ತಿರು. To be in a state of rest, to be quiet or at ease; to be silent (Čpr. 5, 106; 55, 15; Abh. P. 12, 62; Bp. 28, 34; 52, 21; Rsv. 11, 125; Šsv. 4, 111; V. 9, 92). ಅವುದು ಸಂಕಟಂ ನಿನಗೆ? ನಿಲ್ಲಜ, ನಿಲ್ಲಜಾ! ಸಯ್ತಿರು! (Šmd. 139 Mdb.). — ಸಯ್ತು ಪೋಗು. To take rest, to keep quiet. ಪೊಣಿಮಾಡಿದೆ ಸಯ್ತು ಪೋಕುಮೇ ಪರಸೈನ್ಯಂ? (Šmd. 290 Mdb.).

ಸಯ್ತೆ saytĕ. Straightness; rectitude, etc. (ನೇರ್ಪು Šs.). — ಸಯ್ತೆದೋಱ್. -ತೋಱ್. To appear proper or orderly arranged (Čpr. 2, 20).

ಸಯ್ದ sayda. = ಸಯ್ತು, etc. A man of rectitude, a straightforward, upright or honest man (ಸರಳ, ದಕ್ಷಿಣ Hlâ.). 2, a Brâhmaṇa (ನೇರಿದ Šmd. II, Kk. 93, o. r. ಸಯ್ಪ; ವಿಮ್ಮಡ, ಗನಹ, ನೇರಿದ, ಪಿರಿಯ, ದ್ವಿಜ Šm. 52, Kk. 34).

ಸಯ್ಪು saypu. 1. (= ಸಯ್ತು 1). Rectitude, propriety, justice, virtue, merit (ನೇರ್ಪು Čt. II, 58; ಪುಣ್ಯ Šmd. II; Čt. I, 12; I, 98; II, 110; ಪುಣ್ಯವೀಡು Kk. 89; ಪೂನ್ಯ, ಪುಣ್ಯ Šs.; Šm. 34; Čpr. 3, 45; 9, 55; Abh. P. 7, 78; 10, 7; 13, 113; 15, 37; Rsv. 3, 79; 18, 21; J. 18, 21). — ಸಯ್ಪುವೆಱ್. -ಪೆಱ್. To obtain merit (Čpr. 7, 93).

ಸಯ್ಪು saypu. 2. (= ಸಯ್ತು 2). Cessation, quiet, stillness, etc. — ಸಯ್ಪಿಡು. -ಇಡು. To quiet, to still, to calm, to suppress (J. 20, 38; 24, 10; 28, 55; 32, 46).

ಸಯ್ಯಮಿ sayyami. Tbh. of ಸಂಯಮಿ, q. v. (Bp. 24, 40).

ಸಯ್ರಣೆ sayraṇĕ. = ಸೈರಣೆ. (Tbh. of ಸಹನ). Patience, endurance, forbearance, bearing, enduring (ಮರ್ಷ, ಕ್ಷಮೆ, ತಿತಿಕ್ಷೆ, ಕ್ಷಾನ್ತಿ, ಸಹಿಷ್ಣುತೆ Hlâ.; ತಿತಿಕ್ಷೆ, ಕ್ಷಮೆ, etc. Mr. 431; ಸಾಮು 267; ಕ್ಷಾನ್ತಿ, ತಿತಿಕ್ಷೆ Si. 68; Bp. 38, 12; 42, 20; My.; B. 4, 155). ಸ್ವಭಾವದಿನ್ದ ಸಯ್ರಣೆಯುಳ್ಳವನು (ಸಹಿಷ್ಣು, ಸಹನ, etc. Si. 361). ಮುನಿಸಿದು ನಿನತ್ತು, ಸಯ್ರಣೆಯೆನತ್ತು, ಕೆಳದಿಗೆ ತನತ್ತು ಸನ್ದಿಸುವೆಸಕಂ (Šmd. 179). ಸಯ್ರಣೆಯೆಮ್ಬುದು ಮೆಯ್ಸಿರಿ; ಸಯ್ರಣೆಯೆ ದಾನಧರ್ಮ ಜಪವುಂ ತಪವುಂ; ಸಯ್ರಣೆ ಪುಣ್ಯದ ಮೂಲಂ; ಸಯ್ರಣೆ ಸರ್ವರಿಗೆ ಹಿತವು; ವಾಣಿಯ ಮುಕುರಾ (Subhâshita Kandapadya). ಸ್ಮರಣೆ ತಪ್ಪಿದರೂ ಸಯ್ರಣೆ ಇರ ಬೇಕು (Prv.). — ಸಯ್ರಣೆಗುಸ್ಡು. -ಕುಸ್ಡು. To lose (one's) patience (Râm. 3, 8, 68).

ಸಯ್ರಿಸು sayrisu. ಸೈರಿಸು. (= ಸಹಿಸು). To bear, to bear patiently, to suffer, to endure; to be patient; to bear with, to put up with, to pass unavenged; to be strong or able to bear up against (ಸಹನ Šmd. Dh., o. r. ಕ್ಷಮುತ್ತು; Čpr. 5, 12; 8, after 57; 8, 65. 102; Bp. 8, 56; 18, 23; 18, 36; 22, 34. 63; 23, 40; 27, 60; 32, 62; 34, 13; 37, 42; 40, 42; 49, 23. 45; 57, 14; 60, 3. 16; 61, 56; Šsv. 4, 87; J. 2, 15. 38; 4, 28; 21, 31. 32. 41). ತಪದ ದಾಘೆಯಂ ಸಯ್ರಿಸುವಾತಂ (ದಾನ್ತ Hlâ.). ಹಿರಿಯ ಮೇಲನ್ನು ಸಯ್ರಿಸಲಾಪಿದೇ ಕಳದ ಆಗೊಳ್ಳುವದು (ಅಕ್ಷಾನ್ತಿ, etc. Si. 68); ಸಯ್ರಿಸಿ ಕೊಳ್ಳಲ್ ಪಟ್ಟ ಬೊಯಿಲು ಪೊಡತ ಮುನ್ನಾದವುಗಳು (ಸೋಢ, ಕ್ಷಾನ್ತ 380). ಸಯ್ರಿಸು, ಹೃದಯಮೆ! ಸಯ್ರಿಸು! (Šmd. 155). ಅವಧಿ ಬರ್ಪಿನೆಗಂ ಸಯ್ರಿಸಿದಂ (295). ಬದುಕಿ ಇಲ್ಲದಲ್ಲಿ ಬಾದಿ ಬಹುದು, ಚಳಿಕಾಟ ಸಯ್ರಿಸ ಕೂಡದು (Prv.). See ಅಪರಾಧ-, ತಪ್ಪ-.

ಸಯ್ವ sayva. = ಸಯ್ದ q. v., etc. (ದಕ್ಷಿಣ, ಸರಣ Mr. 243).

ಸರ್ sar. (= ಸರ 2). Head: the chief, principal, president, superintendent, etc.; a prefix to words designating the public officers of state and their offices; the chief leading person of any corporation (Mhr., H. ಸರ; My.). — ಸರ್ ಫೌಜುಕಚೇರಿ. The office of the principal native collector (My.), or of a colonel (My.).

ಸರ sara. 1. = ಸರಿದು. P. p. of ಸರಿ 1, in ಸರ ಕೊಳ್ಳು, to go to one side, or aside, etc. (My.; G. 529).

ಸರ sara. 2. (fr. ಸರಿ 1). — ಸರ ಸರನೆ. rep. Quickly, hastily (Bp. 8, 8. 43; 9, 8; 11, 28; 20, 21; 22, 10; 24, 36; 26, 14; 37, 47; 47, 8. 60; 48, 30; 50, 37; 60, 4; Rsv. 5, after 55; 6, after 11). — ಸರ ಸರಿಸು. To hasten (Râm. 3, 8, 35).

ಸರ sara. 3. An imitative sound (M. ಶರಿ, a rustling sound). — ಸರದುಮ್ಬಿ. -ತುಮ್ಬಿ. A herb or half-shrub with labiate flowers, Leucas collina Dalz. (Z.). — ಸರ ಬರ. reit. The sound produced when eating ambali or when the mucus of the nose is going up and down in the nostrils (My.). 2, that produced when ascending or descending a tree (C.). — ಸರ ಸರ. rep. The sound of rustling (produced by snakes, birds, etc. in leaves, bushes, etc., My.; *cf.* Mhr. ಸರ ಸರ).

ಸರ sara. 4. ಸರವು. = ಸರಡು, etc. Hunting, the chase. ಸರವೆನೆ ಬೇಣ್ಟೆಯೆನೆ ಸರವಿ (Šm. 31).

ಸರ sara. 5. — ಸರಕುಟವಕ್ಕಿ. -ಪಕ್ಕಿ. The bird Turdus ginginianus (ಅಡೇಲು Si. 175). ಶರಾರಿ ಆಟಿ ಆಡಿ ಎನ್ದೊಡೆ ಸರಕುಟವಕ್ಕಿ; ಗಣ್ಡುಮುಯುಗನ್ ಎನ್ದೂ, ಎಮ್ಬರು (Nr.). — ಸರಕೂಟವಕ್ಕಿ. -ಪಕ್ಕಿ. = ಸರಕುಟವಕ್ಕಿ. (ಆಟಿ, ಶರಾರಿ, ಆತಿ Hlâ.).

ಸರ sara. 6. = ಸರಿ 2, q. v. — ಸರಗುಣಿಕೆ. -ಕುಣಿಕೆ. A loop with a running knot, a noose (G. 578; Mhr. ಸರಫಾಂಸ). — ಸರಗುಣಿಕೆಚೀಲ. A bag with a saraguṇikĕ (G. 578). — ಸರಮಿಣಿ. A leather rope with a noose (S. Mhr.).

ಸರ sara. 1. A sudden and forceful gush, rush or proceeding; a fit of delirium or of minor mental disturbance (Mhr.). ವದ ಕಸ, ಸ್ವರ ಸರ (Prv.).

ಸರ sara. 2. (= ಸರ್ & ಸರ 1). — ಸರತಪ್ಪು. Many mistakes (My.). — ಸರಪಟಿಂಗ. A great lecher (My.). — ಸರಮಗ್ಗಿ. The chief multiplication-table, that which every one ought to know (from 1×1 to 10×10, My.). — ಸರವಟ್ಟೆ. -ಬಟ್ಟೆ. The state of being many-wayed, *i. e.* that of being disorderly or without order (My.). 2, that of being falsehood, falsehood, lie (My.).

ಸರ sara. 3. Going, moving, proceeding (adj.); going, motion. See ಅಗ್ರತಃ-, ಅಪ-, ಉಪ-, ಏಕ್ಕ-2, ಪರಿ-, ಪ್ರ-, ವಿ-.

ಸರ sara. 4. Tbh. of ಸ್ವರ 2. (Šmd. 368; ಧ್ವಾನ Šm. 30). Sound, etc. See ಇಂಚರ, ಸಿಡು-, ಸುಣ್ಣರ, ಮೇಲ್-. — ಸರಂಗೆಯ್. -ಗೆ-. To utter a sound, to sound, to cry (Čpr. 2, after 93; Abh. P. 9, after 117). — ಸರನ್ದೋಱು. -ಂ-ತೋಱು. To cry aloud (Rsv. 6, after 11). — ಸರವಿಡಿ. -ಪಿಡಿ. To catch a tone (Čpr. 7, 97). — ಸರವಿಡು. -ಇಡು. = ಸರಂಗೆಯ್. ಸರವಿಡಲು ಕಲಿಸಿದಳ್ ಅಳೆ ತನ್ನರಮನೆಯ ಕೋಗಿಲೆಗೆ (Prll. 3, 32).

ಸರ sara. 5. Tbh. of ಶರ. (Šmd. 335). See ಪಂಚ-, ಬಣ್ಣಸರ No. 1.

ಸರ sara. 6. = ಸರಸ್. A lake, a pond, a pool (ಪದ್ಮ, ಕೊಳನು Nn. 54). See Čpr. 5, after 44; J. 8, 2; ಅಲ್ಪ-.

ಸರ sara. 7. A string (Sk.; Mhr.; My.; Sk. also ಸರತ್, ಸರಿತ್). See ಅಯ್-, ಎಕ್ಕ-1, ಏಕ-, ಕೊಬ್ಬರಿ-, ಬಣ್ಣ- No. 2; Čpr. 6, after 64; 8, after 4; Bp. 32, 29; J. 6, 19; 16, 24; Śl. 217. 218. 229. ನೂಱು ಸರಮುತ್ತು (ದೇವಚ್ಛನ್ದ Mr. 338); ಅಯ್ವತ್ತು ಸರದ ಮುತ್ತು (ಮಾಣವಕ 338); ಒನ್ದು ಸರಮಾಗಿರ್ದ ಹಾರಂ (ಏಕಾವಳಿ, ಕಣ್ಠಿಕೆ 338). ಮಣೀ ಸರಕ್ಕೆ ಗತಿಯಿಲ್ಲದವ ಹಣ ದಕ್ಷಿಣೆ ಕೊಟ್ಟಾನೇ? (Prv.). 2, a long piece of timber put on a roof to support the bamboos (Mhr.; My.). — ಸರಗೊಳಿಸು. -ಕೊಳಿಸು. To form a string or continuous line of (Č. Bp. 58, 20; Râm. 6, 44, 14).

ಸರಃಕಲ್ಪ saras-kalpa. Equal to a lake (Čpr. 2, 58).

ಸರಕ್ sarak. A sound that is produced in sliding (S. Mhr.; Mhr. ಸರಕನ್).

ಸರಕ saraka. Going, moving (*cf.* ಸರಾಗ). 2, a lake, a pond. 3, heaven, sky. 4, a continuous line of road. 5, spirituous liquor, rum. 6, drinking spirits. 7, *a drinking vessel, a goblet* (ಶಂಕರಿ, ಪಾರೆಗಿಣ್ಣಲ್ Mr. 212; *cf.* ಜರಿಗೆ?).

ಸರಕಟಿಸು sarakaṭisu. (fr. ಸರ 1?). To rush forward (? Bh. 8, 13, 12).

ಸರಕರಣ sara-karaṇa. Tbh. of ಸ್ವರಕರಣ. (Šmd. 376).

ಸರಕಾರ sarakâra. = ಸರ್ಕಾರ. The government of a state; the supreme power; the state (My.; Mhr., H.; ಸರಕಾರ is a comprehensive term applying alike to the judicial court of the king or ruler, the collector's cutcherry, the courts of the mâmalēdâra, etc., etc.). ಸರಕಾರಕ್ಕೆ ಕೊಡುವ ತೆಱಗೆಯ ಹಣ (ಭಾಗಧೇಯ G.). — ಸರಕಾರಖಾತೆ. State department, public department (B. 5, 280). — ಸರಕಾರದವರು. -ಅವರು. Government officers (C.; B. 3, 43; 4, 86). — ಸರಕಾರದ ಹಣ. Public money, the money of the state (C.). — ಸರಕಾರಿ. Relating to the government, state or court (My.; B. 4, 142. 214; Mhr.).

ಸರಕಿಸು sarakisu. = ಸರಿಕಿಸು, ಸರುಕಿಸು. To push or move on, aside, away or back (My.; Mhr. ಸರಕಾವಿಣೇಂ; *cf.* ಜರಗಿಸು, ಸರಿಸು).

ಸರಕು saraku. 1. = ಸರ್ಕು. (Tbh. of ಸರಕ, going, *i. e.* movable things? or fr. ಸಂ 1?). Goods, things, commodities, merchandise, cargo; different valuable articles, as cloths, minerals, etc. (Bp. 22, 55; Ŏ. Bp. 47, 20; J. 7, 5; 16, 33; Bh. 1, 10, 34; C.; B. 5, 9. 116; Tĕ. ಸರುಕು; T., M. ಚರಕ್ಕು). ಸರಕನ್ ಇಕ್ಕುವ ಭರಣಿ (ಸಮುದ್ಗಕ, ಸಮ್ಪುಟಿಕ Nr.). ಸರಕು ಒಪ್ಪಿಸಿದ ಮೇಲೆ ಸುಂಕವೇ?—ಬೆಲೆ ಬಿದ್ದ ಸರಕಿನಲ್ಲಿ ಲಾಭ ಉಣ್ಟೇ? (Prvs.). ಸರಕು ತುಮ್ಬುವ ಗೋಣಿ, etc. (ಭಾಣ್ಡ, etc. Śi. 309). See Mr. s. ಉಗ್ರಾಣ.

ಸರಕು saraku. 2. (fr. ಸರಿ 1?). (Going out of the way or aside to show one's esteem?), esteem, regard, care (Bp. 26, 14; 38, 21; 47, 43; 49, 17; 54, 1; 59, 48; Tĕ.). — ಸರಕುಗೊಳ್. -ಕೊಳ್. To regard, to care for, to take care of (Bp. 13, 8).

ಸರಕು saraku. 1. = ಸರುಕು. To slip or slide (Mhr., H. ಸರಕಣೇಂ); to move on, aside, or back; to give place, yield or recoil (My.; Mhr., H.; *cf.* ಜರಗು 1, ಸರಿ 1).

ಸರಕು saraku. 2. Sliding, etc. 2, the side-part, the lower part (Râm. 6, 30, 80). — ಸರಕುದೆಗೆ. -ತೆಗೆ. To slip or run away (Râm. 4, 2, 36).

ಸರಕ್ಕನೆ sarakkanĕ. (fr. ಸರ 2). Swiftly. — ಸರಕ್ಕನೆ ಸರಿ. To move quickly aside (My.).

ಸರಗ saraga. = ಸೆರಗ, q. v. ಸರಗಂ (Šmd. 90 Mdb., o. r. ಸೆರಗಂ).

ಸರಗ saraga. (Tbh. of ಸರಕ?). N. of a vṛitta (Čh.).

ಸರಗಸ್ತು saragastu. = ಶಬಗಸ್ತು. (My.).

ಸರಘೆ saraghĕ. *A bee.* See ಸಾರಘ.

ಸರಂಜಾಮು saranjâmu. Materials, apparatus, utensils, tools, furniture, goods and chattels (My.; B. 5, 196; Mhr., H.).

ಸರಟ saraṭa. *A kind of lizard or chameleon* (ಓತಿ Hlâ.; Nn. 86; ಕಮ್ಬಳಿಯುಳಿಗ Čt. I, 68). See ಓತಿ.

ಸರಡು saraḍu. = ಸರ 4, ಸರವಿ. Hunting, the chase (ಬೇಂಟೆ, ಸರವಿ Ks.; ಬೇಣ್ಟೆ, ಸರವಿ Kk. 51). See ಹಳ್ಳಿ-.

ಸರಣ saraṇa. 1. Going, moving, proceeding; who or what goes or moves. See ಅನು-, ಅಪ-, ಅವ-, ನಿಃ-, ಪುರಃ-, ಪ್ರ-, ಸಂ-.

ಸರಣ saraṇa. 2. = ಸರಲ, ಸರಳ. (ದಕ್ಷಿಣ, ಸಯ್ಯ Mr. 248).

ಸರಣಿ saraṇi. *A road, a path, a way.* 2, manner, mode, method (Bp. 1, 19; 38, 45; Mhr.). 3, a straight or continuous line. 4, a disease of the throat. — ಸರಣಿಗೆಡು. -ಕೆಡು. To lose one's path; to get out of order (Č. Bp. 47, 3).

ಸರಣು saraṇu. Tbh. of ಶರಣ 2. (My.).

ಸರಣೆ saraṇĕ. *The creeping plant Paederia fetida* Lin.

ಸರತ್ sarat. Going, moving, proceeding. 2, a thread, a string.

ಸರತಿ sarati. = ಸರದಿ 1, ಸರ್ತಿ, ಸರ್ದಿ. (Tbh. of ಸರತ್; or could it be = a ಸಲ್ತಿ fr. ಸಲ್ 1? *cf.* ಸಲ?). A course: a time; a turn, rotation (My.; B. 3, 57. 86). ಆಡುಗಳು ಸರತಿಗೆ ಎರಡು ಮೂಱು ಮಱಿಗಳನ್ನು ಈಯುತ್ತವೆ (B. 3, 11). ಗಣ್ಡುಹುಡುಗರ ಸಾಲಿಗಳು . . . ವರುಷದೊಳಗೆ ಎರ್ಡು ಸರತಿ ಕಟ್ಟಾಗುತ್ತವೆ (5, 276). — ಸರತಿಯ ಮೇಲೆ. By turns (My.).

ಸರತ್ನಿ saratni. *A short cubit, from the elbow to the extremity of the fist* (ಹಿಡಿಕೆಯ ಹಿಡಿದು ಅಳೆದ ಮೊಳಂ Nr.; ಗುದ್ದು ಮೊಳ G.).

ಸರಥ sa-ratha. Having a car or chariot; riding in the same car; a warrior. See ಸಾರಥಿ.

ಸರದ sarada. Tbh. of ಶರದ. (Šmd. 385. 289; Čpr. 6, after 64).

ಸರದಾರ saradâra. A chieftain or chief; a prince or a leader; an officer (My.; Mhr., H.; B. 4, 81; 5, 5; ಅನೀಕಸ್ಥ, ವಾಹಿನೀಪತಿ G.). ಸಾವಿರ ಕುದುರೆಗೆ ಸರದಾರನಾದರೂ ಮನೆಹೆಣ್ತಿ ಕಾಸ್ತಾರ (Prv.).

ಸರದಿ saradi. 1. = ಸರತಿ, etc. (My.).

ಸರದಿ saradi. 2. Coldness, dampness (as of climates, air, etc.), coldness (as in drugs, articles of food, etc., the implication being of insalubriousness or injuriousness, Mhr., H.; My.; B. 5, 206; *cf.* ಚಳದಿ); cold in the system, morbid cold.

ಸರದು saradu. P. p. of ಸರಿ 1. (C.). ಎಲ್ಲಾ ಹುಡುಗರು ಮುನ್ದಕ್ಕೆ ಸರದು, ಕೂತು ಕೊಣ್ಡು, ಮನಸುಗೊಟ್ಟು ಕೇಳ ಹತ್ತಿದರು (B. 5, 129). ಆ ದಿವಸ ಅವನು ಅಂಜಿ ಕೊಣ್ಡು ಸರದಿದ್ದರೆ ಹಡಗದೊಳಗಿನ ಜನರೆಲ್ಲರು ಸತ್ತು ಹೋಗುತ್ತಿದ್ದರು (5, 165). — ಸರದಾಡು. -ಆಡು. (ಆಳ ಪಡು Čh.).

ಸರನ್ಧ್ರ sa-randhra. *Full of holes, perforated.*

ಸರಪಣಿ sarapaṇi. = ಸರಪಳಿ, ಸರ್ಪಳಿ. A chain (My.; Si. 218; Tĕ. ಸರಪಣಿ, ಸರವಳಿ; M. ಸರಪ್ಪಳಿ, T. ಚರಪ್ಪಳಿ; *cf.* Sk. ಸರ್ಪಣ?). ಆನೆಯುನ್ನು ಕಟ್ಟಿ ಹಾಕುವ ಲೋಹದ ಸರಪಣಿ (ಶೃಂಖಲ, etc., ಆನೆ ಬೇಡಿ Si. 271). 2, a kind of collar or necklace.

ಸರಪಳಿ sarapaḷi. = ಸರಪಣಿ, etc. (My.). See Bp. 46, 21; 61, 27; Rśv. 6, after 11; Č. Bp. 47, 44; B. 3, 43; Mr. 339 s. ಲೇವಳ.

ಸರಫರಾಜು sarapharâju. Advancement, promotion, commendation and exaltation for exploits or services (Mhr., Br. ಸರಫರಾಜಿ); the attention, regard or kindness shewn by a superior to an inferior (My.; Br. as ಸರಫರಾಜೀ, ಸರಫರಾಜು).

ಸರಬರಾಯಿ sarabarâyi. The act of providing supplies for a journey, etc. (H. ಶರ್ಬರಾಹೀ; My.; H. ಶರ್ಬರಾಹ್, supply; travelling expenses, or cash to pay them).

ಸರಭಸ sa-rabhasa. Possessing speed, etc. ಸರಭಸಂ, with great speed, etc. (Rśv. 6, after 11).

ಸರಮೆ saramĕ. *A bitch.* 2, N. of the wife of Vibhîshaṇa. *Cf.* ಸಾರಮೇಯ.

ಸರಯು sarayu. N. of a river (Šmd. 103; Si. 94; see ಸಾರವ).

ಸರಲ್ saral. = ಸರಳ್, ಸರಳು. (Šmd. 41). An arrow (ಕಣೆ, ಕೋಲ್, ಪುಣುಮ್ಬು, ಅಮ್ಬು Šm. 43; Čpr. 1, 127; 6, 13. 34. 36; Tĕ. ಸರಡು; Sk. ಶರ).

ಸರಲ್ saral. = ಸರಲು. A kind of ornamental chain for the wrist. See ಮುಂಗೆಯ್ಸರಲ್.

ಸರಲ sarala. = ಸರಣ 2, ಸರಳ. Straight, not crooked, right, direct; *honest, sincere, candid, artless, simple, upright* (ಸರಿಸ, ನೇರಿತು Nn. 63). 2, *a species of pine tree, Pinus longifolia* Roxb. (ಭೂಜ, ವೃಕ್ಷಭೇದ 63). 3, a kind of bird, Pavo bicalcarata. 4, the yak or bos grunniens (ಚಮರೀ ಮೃಗ 63). 5, disease, sickliness (ಸರೋಗ, ಬಿಡದೆ ಇಹ ರೋಗ 63).

ಸರಲತರ sarala-tara. Uncommonly straight or direct (Čpr. 2, 59; 3, 54).

ಸರಲತೆ saralatĕ. Straightness; honesty, sincerity, etc. (Čpr. 8, 51).

ಸರಲತ್ವ saralatva. = ಸರಲತೆ. (My.).

ಸರಲದ್ರವ sarala-drava. *The resin of Picus longifolia, turpentine.*

ಸರಲು saralu. = ಸರಲ್. (My.).

ಸರಲೆ saralĕ. = ಸವಣೆ. *A kind of convolvulus* (= ತ್ರಿಪುಟಿ). 2, N. of a bird (Râm. 3, 3, 18; *cf.* ಸರಲ No. 3 & ಸರ್ಲೆ).

ಸರವನ್ದ saravanda. Tbh. of ಶರಬನ್ಧ. (Šmd. 380).

ಸರವನ್ದಿಗ saravanda-iga. (Šmd. 233). A man who ties arrows.

ಸರವಾದಿ saravâdi. Tbh. of ಸ್ವರವಾದಿ. (Šmd. 376). A person who utters musical notes: a (clever) singer (Bh. 3, 20, 27; 8, 23, 6).

ಸರವಿ saravi. = ಸರಡು, etc. (ಬೀಣ್ಬೆ Šmd. II; Šm. 108; Čt. I, 7; ಸರ, ಬೀಣ್ಬೆ Šm. 31; ಸರಡು, ಬೀಣ್ಬೆ Kk. 51; ಸರಡು, ಬೆರಡು Šs.).

ಸರವಿ saravi. (= ಸರ 7). A string, a cord, a rope (ರಜ್ಜು Šm. 108; Bp. 16, 21; 42, 2; Šśv. 2, 31; Bh. 1, 4, 17; T., M. ಚರಡು).

ಸರವೆ saravĕ. = ಸರವಿ. See ನೆಲ್ಲುಹುಲ್ಲು-.

ಸರಶನ sa-raśana. Having a girdle, girdled. See ಸಾರಶನ.

ಸರಸ್ saras. *A lake, a pond.*

ಸರಸ sa-rasa. Having juice, sappy, juicy, succulent; fresh, new; sapid, tasty; spirited, savoury, piquant, witty, jocose; beautiful, charming, excellent; excellence; agreeable; expressive of poetical sentiment; impassioned, enraptured. 2, piquancy, wit, jocosity, fun, a joke, a jest, a witticism (ಚಲ್ಲ Čt. I, 30; My.). 3, cheap (My.). ಸರಸಸಂಗೀತನಿಪುಣಂ (Kk. 101). ಸರಸವಾದರೆ ವಿರಸವಾದೀತು.— ಸರಸವಾದದ್ದೆಲ್ಲಾ ವಿರಸಕ್ಕೆ ಹೇತು.— ಸರಸ ಬೆರಸಿ ಕೊಣ್ಡಿತು (was mixed up with heterogeneous matters, *i. e.* became offensive).— ಸರಸವಿದ್ದವನ ಮನೆಗೆ ಬಟಿಸುಳ್ಳ ಹೋದರೆ ಹೊಟಿಸಿ ಕೊಟ್ಟನನ್ತೆ ಒನ್ದು ಮೊಟಿ ಸುಳ್ಳ (Prvs.). See Bp. 40, 80; J. 2, 60; 15, 45; Prvs. s. ಸರ್ಪ and ಹಾವು. — ಸರಸಪ್ಪಡೆ. -ಂ-ಪಡೆ. To obtain or evince excellence (Grj. 2, after 106). — ಸರಸವಾಡು. -ಆಡು. To sport (Čh. v. 65; Bp. 47, 39; 57, 81; 59, 20; J. 15, 19). — ಸರಸಾಗು. -ಆಗು. To become spirited, beautiful, etc. (B. 4, 183).

ಸರಸಕವಿ sarasa-kavi. An excellent poet; a poet of proper poetical sentiment (Čt. II, 105. 106). ಕರ್ಣಾಟಕಸರಸಕವೀನ್ದ್ರರ್ಕಳ್ (II, 122).

ಸರಸಕೇಲಿ sarasa-kêli. Jocose play (My.).

ಸರಸಗಾತಿ sarasa-gâti. A spirited, jocose woman (My.).

ಸರಸಗಾಱ sarasa-gâṟa. A spirited, jocose man (My.).

ಸರಸತಿ sarasati. Tbh. of ಸರಸ್ವತಿ. (Šmd. 368. 408; ಶಾರದೆ Kk. 9; ಅರವಿನ್ದಭವನ ಅರಸಿ Šm. 8).

ಸರಸರವ sarasa-rava. A charming tone (Šśv. 1, after 79).

ಸರಸವತಿ sarasa-vati. A charming or jocose woman (ಚಲ್ಲಗಾತಿ Kk. 28; Šm. 73).

ಸರಸಾಲೋಕನ sarasa-âlôkana. An agreeable look; a charming or funny expression of the eye (ಕಣ್ಚಲ್ಲ Šs.).

ಸರಸಿ sarasi. 1. A spirited, jocose person (My.).

ಸರಸಿ sarasi. 2. *A pond* (ಬಾವಿ Čt. II, 40; Kk. 85; ಕೊಳ Šm. 36; ಕಾಸಾರ, ಕೊಳ Mr. 417).

ಸರಸಿಜ sarasi-ja. A lotus (ಪುಷ್ಕರ, ತಾವರೆ Nn. 27; ವಿಶೀರ್ಣ, ತಾವರೆ 41; ಪದ್ಮ Mr. 419).

ಸರಸಿಜನಾಭ sarasija-nâbha. Vishṇu (Nn. 42).

ಸರಸಿಜನೇತ್ರ sarasija-nêtra. Vishṇu (My.).

ಸರಸಿಜನೇತ್ರೆ sarasija-nêtrĕ. A woman with lotus-like eyes (Grj. 4, 43).

ಸರಸಿಜಭವ sarasija-bhava. Brahmâ. — ಸರಸಿಜಭವಗಣ. -ಗಣ. A class of metrical feet (Čh.).

ಸರಸಿಜಮಿತ್ರ sarasija-mitra. The sun (My.).

ಸರಸಿಜವಾಸ sarasija-vâsa. Brahmâ (Nn. 150).

ಸರಸಿಜಸಖ sarasija-sakha. The sun. — ಸರಸಿಜಸಖಗಣ. A certain metrical foot (Čh.).

ಸರಸಿಜಾಕ್ಷ sarasija-aksha. Vishṇu or Kṛishṇa (Mr. 17).

ಸರಸಿಜಾಕ್ಷಿ sarasija-akshi. A woman with lotus-like eyes (Bp. 45, 25).

ಸರಸಿಜಾತ sarasi-jâta. A lotus (Bp. 58, 40).

ಸರಸಿಜಾತೋದ್ಭವ sarasijâta-udbhava. Brahmâ (Bp. 38, 63).

ಸರಸಿಜಾನನೆ sarasija-ânanĕ. A woman with a lotus-like face (Bp. 42, 36; 52, 26).

ಸರಸಿಜಾಮ್ಬಕ sarasija-ambaka. Vishṇu (Bp. 10, 31).

ಸರಸಿಜಾರಿ sarasija-ari. The moon (My.).

ಸರಸಿಜಾಲಯೆ sarasija-âlayĕ. Lakshmî (Mr. 18).

ಸರಸಿಜಾವಾಸಿನಿ sarasija-âvâsini. = ಸರಸಿಜಾಲಯೆ. (My.).

ಸರಸಿಜಾಸನ sarasija-âsana. Brahmâ (Bp. 23, 22; 46, 13).

ಸರಸಿಜೋದರ sarasija-udara. Vishṇu. — ಸರಸಿಜೋದರಗಣ. A class of metrical feet (Čh.).

ಸರಸಿಜೋದ್ಭವ sarasija-udbhava. Brahmâ (Mr. 9).

ಸರಸಿರುಹ sarasi-ruha. A lotus (Šm. 1). 2, N. of a vṛitta (Čh.).

ಸರಸಿರುಹಸಮ್ಭವ sarasiruha-sambhava. Brahmâ (Bp. 46, 71).

ಸರಸೀಜ sarasî-ja. A lotus (My.; Tĕ.).

ಸರಸೀಜಾತ sarasî-jâta. = ಸರಸೀಜ. (Bp. 34, 25).

ಸರಸೀರುಹ sarasî-ruha. *A lotus.*

ಸರಸೋಕ್ತಿ sarasa-ukti. A charming, agreeable, witty or jocose word, one expressive of poetical sentiment (Šmd. 81; J. 1, 8; 6, 46; 15, 20).

ಸರಸ್ವತ್ saras-vat. Having water, watery, juicy, sapid; elegant; sentimental. 2, *the sea, the ocean.* 3, *a male river.*

ಸರಸ್ವತಿ saras-vati. = ಸರಸತಿ. *A river* (in general). 2, *the river Sarasvatî.* 3, *the goddess of speech and eloquence,* and wife of Brahmâ. 4, speech, voice, eloquence. 5, an excellent woman. — ಸರಸ್ವತೀಪುತ್ರರುಮ. (ಕರ್ಣಜಲೌಕೆ, ಶ ತಪದಿ Si. 171).

ಸರಸ್ವತೀಪೀಠ sarasvatî-pîṭha. N. of Sṛingêri in Nuggur (My.).

ಸರಸ್ವತೀಪೂಜೆ sarasvatî-pûjĕ. The worship of Sarasvatî, observed in the light half of the month âśvina, when books and implements are held sacred and not allowed to be used (My.).

ಸರಸ್ವತೀವಿಗ್ರಹ sarasvatî-vigraha. A form of Sarasvatî: a very learned person (My.).

ಸರಸ್ವತೀವೀಣೆ sarasvatî-vîṇĕ. A kind of lute with one gourd (My.).

ಸರಹದ್ದು sarahaddu. Frontier or confines, boundary (My.; Mhr.).

ಸರಳ್ saraḷ. = ಸರಲ್, etc. (Šmd. 41). An arrow (ಕಣೆ, ಕೋಲ್, ಅಮ್ಬು Čt. II, 47; ಪೃಷತ್ಕ, ಬಾಣ, ವಿಶಿಖ, ಶರ, ಇಷು, etc. Si. 289; ಶಾಙ್ಗ 417; ಪೀಲು 455; Bp. 4, 26; 52, 16; 61, 25; Râghč. 17, 67; J. 12, 20. 21; 20, 30; 22, 44). — ಸರಳ್ಗಱೆ. -ಕಱೆ. To shower arrows (J. 7, 61).

ಸರಳ saraḷa. = ಸರಲ. Straight, etc. (ದಕ್ಷಿಣ, ಸಯ್ದು Hlâ.; B. 4, 158); N. (J. 27, 5). 2, a species of pine (ವೃಕ್ಷ Nr. 110). 3, N. of two vṛittas (Čh.). — ಸರಳಮರ. = ಸರಳ No. 2. (ಸರಲ, ಪೀತದ್ರು, etc. Nr.).

ಸರಳತನ saraḷatana. = ಸರಲತೆ. (My.).

ಸರಳಿಸು saraḷisu. To jump, to jump about (ಧಿಂಕಿಡು, ಹಾಱು, ಮಿಳ್ಳಿಸು, ಕೊಣಕಿಡು Šm. 31; Abh. P. 7, 86; Rśv. 5, 33. 36; 6, after 11; Šâv. 3, 48).

ಸರಳು saraḷu. = ಸರಲ್, etc. An arrow (Bp. 34, 24; Bh. 3, 13, 22). ಕಬ್ಬಿನದ ವಿಕಾರವು ಕುತಿ ಎನಿಸುಗು, ಸರಳು ಮೊದಲಾದುದು (Nr.). 2, an iron rod, a bar (My.). ಸರಳು ಹೋದಾ ಕ್ಷಣ ದುರುಳತನ ಬಿಟ್ಟಾನೇ? (Prv.). See ಹಿಡಿ-.

ಸರಳೆ saraḷĕ. The notes of the gamut rightly or properly sung up and down (My.; M., Tĕ. ಸರಳಿ; T. ಚರಳಿ).

ಸರಾಗ sarâga. (Tbh. of ಸರಳ?). (Proceeding), unobstructed, easy, without impediment or obstruction (My.; M., Tĕ.; T. ಚರಾಗ; T. also = ಸರಾಳ, directness). — ಸರಾಗಮಾರ್ಗ. A road without any difficulties, an easy road (My.).

ಸರಾತಿ sarâti. A tent-wall (Tĕ. ಸರಾತಿ = ಅಂಕಣ). ಚಿತ್ರಕುಟಿಯ ಸುತ್ತಣ ಸರಾತಿ ಪಟಭಿತ್ತಿಯಕ್ಕು (Mr. 288).

ಸರಾಫ sarâpha. A shroff, a money-changer, a banker (C.; Mhr., H.; Br.); a cash-keeper (My.).

ಸರಾಯ sarâya. = ಸರಾಯಿ, ಸರೆ, (ಸಾರಾಯ 1, ಸಾರಾಯಿ). Spirituous liquor: liquor distilled from the juice of trees of the palm tribe (ಇರೆ, ಮದಿರೆ G.; B. 5, 54; Mhr. ಸರಾ). ಸರಾಯ ಕುಡಿಯುವದಕ್ಕೆ ಕೊಡಿದ ಮುಸ್ಟಿ (ಅಪಾನ); ಕಬ್ಬಿನ ಹಾಲಿನಿನ್ದ ಆಗುವ ಸರಾಯ (ಆಸವ); ಸರಾಯದ ಅಂಗಡಿ (ಪಾನ, ಮದಸ್ಥಾನ, ತುಣ್ಡಾಪಾನ, ಶುಣ್ಡಿ); ಸರಾಯ ಮಾಡುವವ (ಮಣ್ಡಹಾರಕ G.). — ಸರಾಯಬಟ್ಟಿ. A spirit-still (G. 104. 365).

ಸರಾಯಿ sarâyi. = ಸರಾಯ, etc. (S. Mhr.; ಪರಿಸ್ರುತ್, ಪರಿಸ್ರುತೆ G.). ಸರಾಯಿದ ಅಂಗಡಿ (ಪಾನ Čb.).

ಸರಾವ sarâva. = ಶರಾವ. (Sk.; ಪರಿಯಾಣ G.).

ಸರಾಸರಿ sarâsari. In a cursory manner; anyhow; conjecturally, upon a loose estimate;—in the average; average (My.; Br.; T. ಚರಾಚರಿ; Mhr., H.; M. ಶರಾಶರಿ). ಬೇಕೆತೂಕದ ಗುಲಗಂಜ ಅಂಕ್ಕೆ ಸರಾಸರಿ ೧ ರೂಪಾಯಿತೂಕವಾಯಿತು (Si. 328).

ಸರಾಳ sarâḷa. (fr. ಸರಲ). Directness (T. ಚರಾಳ); going without hindrance, without difficulty (My.; T. ಚರಾಳ; Tĕ. ಸರಾಳ).

ಸರಿ sari. 1. To move, to go (Bp. 9, 31; 20, 10; 25, 32; 26, 26; 52, 7; Râm. 5, 8, 55); to go away. ಹಿನ್ದಕ್ಕೆ ಸರಿ (My.; B. 3, 33. 105; 4, 112). ಒತ್ತಟ್ಟಿಗೆ ಸರಿ (My.; B. 5, 48). ಸನ್ತೆಯ (or ಜಾತ್ರೆಯ) ಜನರೆಲ್ಲರು ಸರಿದರು (My.). 2, to go or move to one side or aside (so as to give room, My.; *cf.* ಸರಕು 1); to move out of its place, to slide (v. i., as a curtain, Šsv. 1, after 79; My.); to slide (as a tile on the roof, My.; *cf.* ಜರಿ 1); to go to the right or left (as a door when opened to some extent, My.); to slip (as a piece of wood out of a bundle, etc., My.); to fall down (as corn from a heap), to run over (as anything in measuring, My.; T., M. ಚರಿ); to run off, fall or decrease (as the water of a stream or river, My.). 3, to run away, to flee (ಪಲಾಯನ Šmd. Dh.; Šm. 103; ಮುಯ್ದೆಗೆ, ಜಡಮುಟ್ಟು, ಅಕ್ಕಳಿಸು, etc. ಅಪಸರಣ Šs.; Grj. 1, 89; Bp. 2, 15; J. 4, 46. 47; 18, 35; 17, 20; 31, 79). 4, to put to one side or aside (Râm. 5, 8, 28; J. 18, 21). 5, to draw together, as a net. ಬಲೆಯಂ ಸರಿವ ಕುಣಿಕೆ (ಗೊಣಸು Mr. 380). 6, to put in, to shove in, to push in (as a sword into the sheath, a stick into the side of a cart, etc., My.; see Sarpabhûshaṇa s. ಯಮುಗೊಲೆ, Prv. s. ಬೊಗಳು 1). ಬಿಟ್ಟಕ್ಕೆ ಹೋಗುವವನ ಸೊಣ್ಟದಲ್ಲಿ ಕೊಡ್ಲೆಯನ್ನು ಸರಿದ ಹಾಗೆ (Prv.). P. ps. ಸರದು, ಸರಿದು q. v.; imperative plural also ಸನ್ನಿ q. v.

ಸರಿ sari. 2. = ಸರ 6, ಸರು 1. Sliding, etc. 2, flight (ಪಲಾಯನ Čt. I, 48). 3, the state of being gone, passed or ended, end (My.; Tĕ.; see Prv. s. ಅಕ್ಕ). 4, that of being aside: a side (Bp. 18, 58).

5, = ಜರಿ 3, (ಸಱ್ 2), that has a (steep) side, a precipice, a deep ravine (My.). — ಸರಿಗುಣಿಕೆಗಣ್ಟು. -ಕುಣಿಕೆ-. A running knot (S. Mhr.). — ಸರಿಗುಣ್ಡು. A rock fallen from a mountain. ಗಿರಿಶಿಖರದಿನ್ದುರುಳ್ವ ಸರಿಗುಣ್ಡುಗಳು (ಗಣ್ಡಶೈಲಂಗಳ್ Mr. 96, one MS. ಸಱ್-).

ಸರಿ sari. 3. To put in proper order, to adjust (J. 26, 12).

ಸರಿ sari. 4. = ಸರು 2. The state or condition of being adjusted: fitness, propriety, suitableness, rightness; correctness; evenness; sameness, similarity, equality; an equal thing; fit, proper, right, reasonable, etc., etc.; indeed, in truth (ಸಾಮ್ಯ Śmd. Dh., Śm. 103; ಸಮಾನ Śmd. 24. 111 Cm.; ತೋಡು, ಒರೆ, ದೊರೆ, ತೊಣೆ, ಪಾಸಟಿ, ಸರಿಸ, ಸಾಮ್ಯ Ċt. II, 25; ಸದೃಶ್, ಸಮಾನ, ಸದೃಶ, ಪ್ರಕಾರ, ತುಲ್ಯ, ಸಮ, etc. Hlâ.; ಪಾಡಿ, etc. Śs.; C.; see ನೆಲ-; Śmd. 147; Bp. 11, 27; 22, 18; 28, 11; 40, 33; 45, 25; 48, 27; 50, 34. 35; 53, 73; 54, 5; 55, 22; 59, 47; B. 4, 24. 161; 5, 181. 246). ಹಡಗು ಸರಿಯಲ್ಲಿ ಪಿಡಿವ ಬಣ್ಣಂ (ತ್ರಾಣ Mr. 408). ಧರಣಿಸುರರ್ ಆ ಪಾದ ರಕ್ಷೆಯ ಸರಿಯ ತೂಕಕೆ ಬಾರದು (Bp. 55, 57). ಎನ್ನುವ್ರಂ ನಿಮ್ಮಡಿಯ ಸರಿಯೇ? (59, 51). ಬಿಗಿದ ನೀಲದ ಸರಿಯ ನೆಲಗಟ್ಟುಗಳ್ (Bh. 2, 13, 25). ಸರಿಯ ಗೊರೆಯೋ? ಟಕ್ಕನ ಉಣ್ಡೆಯೋ? ಸವಿಯ ಚಿತ್ರಕವೋ? (1, 8, 76). ಸರಿಯೇ ಸೂರ್ಯಗೆ ಕೋಟಿ ಮಿಂಚುಬುಬುಗಳ್ (Śś. 62). ಉರಿಗಿಡು ಸರಿ ಕಡುವಿಸಿಲ್ (Rśv. 5, 34). ಹೀಗೆಯೇ ಸರಿ (ಏವ, etc. Si. 475); ಇದು ಹೀಗೇ ಸರಿ ಎಮ್ಬ ನಿಶ್ಚಯ (ನೂನಂ 469). ಜೀನನ ಮನಸ್ಸು ಯಾವಾಗ್ಯೂ ಹೀನವೇ ಸರಿ.— ನೀವಾದರೇನು? ನಾವಾದರೇನು? ಬಾವಿಲಿ ನೀರು ಬನ್ದರೆ ಸರಿ.—ಬಲವದ್ದದ್ದು ಲಯವಾದ ಮೇಲೆ ಭಯ ಪಡುವದೇ ಸರಿ.—ಸೋರುವ ಮನೆಯೂ ಬೊಟಕುವ ಗಣ್ಡನೂ ಸರಿ.—ಹರವಿಯನ್ನದಲ್ಲಿ ಒನ್ದಗಳು ನೋಡಿದರೆ ಸರಿ (Prvs.). — ಸರಿಗಟ್ಟು. -ಕಟ್ಟು. To make equal, to make one's equal (My.; ಪುರುಡಿಸು G.). ತಮಗಿನ್ತ ಮೇಲಾದವರನ್ನು ಸರಿಗಟ್ಟಿ ಕೊಳ್ಳ ಬೇಕೆಮ್ಬ ಒಣಹೆಮ್ಮೆಗೆ ಹೋದರೆ ಈ (ಕಷ್ಟದ) ಹಾಡು ಆಗುವದು (B. 2, 12). — ಸರಿಗಾಣ್. -ಕಾಣ್. To compare (Abh. P. 9, 58; Rśv. 4, 79). — ಸರಿಗಾದು. -ಕಾದು. To fight in an equal manner (Abh. P. 10, 226). — ಸರಿಗೂಡು. -ಕೂಡು. To join well, to agree with (as one thing with another, My.). — ಸರಿಗೆವರ್. -ಬರ್. To become equal (Śmd. 83, see ಪವಣ್ಸರಿ; Kâvy. 3, 3, 55). — ಸರಿಗೆ ಸರಿ ಮಾಡು. To requite, to repay (in a good or bad sense, My.). — ಸರಿಗೆಸಲ್. = ಸರಿಗೆವರ್. (Bh. 8, 22, 41). — ಸರಿಗೊಳಿಸು. -ಕೊಳಿಸು. To put in a proper state, to make proper (Râm. 6, 30, 32; My.). — ಸರಿ ನೋಡು. To compare (Rśv. 2, 48; My.). 2, to examine, to superintend (Si. 237; My.). — ಸರಿಪಾಲು. An equal portion or share (My.). ತಮಬಿದವಗೂ ಓಡಿದವಗೂ ಸರಿಪಾಲುಕಪ್ಪ (Prv.). ಆದಿತಂಗೆ ಅರ್ವತ್ತು, ಮಱಿತಂಗೆ ಮೂವತ್ತು, ಬರೆವಂಗೆ ರಾಜ್ಯಸರಿಪಾಲು; ಬ್ರಾಹ್ಮಣ ಬರೆಯದೆ ಕೆಟ್ಟ (Sp.). — ಸರಿಪ್ರಾಯ. Equal or the same age (My.). — ಸರಿ ಬರ್. = ಸರಿವರ್. To become or be equal to, to liken (Č. Bp. 5, 52; Rśv. 8, 105). 2, to become proper, right or correct (as an account, My.). 3, to suit. ನಿನಗೆ ಸರಿ ಬನ್ದದ್ದು ಮಾಡು (B. 4, 200). — ಸರಿಬರಿ. -ಪರಿ. Equal manner, state or condition (Bh. 8, 22, 44). — ಸರಿಬರಿ ತಿದ್ದು. To reproduce equibalance (of two hostile forces that fight, J. 22, 29). — ಸರಿ ಬೀಱು. To become or be right or proper; to fall together, to coincide with; to agree with, to suit (My.). ಅವರ ಕಾಲದ ನಡತೆಗಳೆಲ್ಲ ಈಗ ನಮಗೆ ಸರಿ ಬೀಳವು (B. 4, 190). ಕೇಡ ತರುವದು ನಮಗೆ ಸರಿ ಬೀಳದು (5, 7). — ಸರಿ ಬೆಸಿ. Even and odd. ಸರಿ ಬೆಸಿಯ ಆಟ, a game at evens and odds (played with tamarind seeds, betel nuts, etc. or money, C.). — ಸರಿಮಗ. A son who has reached his proper form: a son grown up (My.). Feminine ಸರಿಮಗಳು (B. 5, 289; My.). — ಸರಿಮನೆ. A house of equal standing, rank or condition (My.). ಸರಿಮನೆಯಾಕೆ ಸರಿಗೆ ಹಾಕಿ ಕೊಣ್ಡರೆ ನೆರಮನೆಯಾಕೆ ಉರುಳು ಹಾಕಿ ಕೊಣ್ಡಳು (Prv.). — ಸರಿ ಮಾಡು. To adjust (Śmd. 98; My.). 2, to compare (Bp. 28, 36; 53, 44-47; My.). 3, to make even or level (as soil, My.; Si. 238). — ಸರಿ ಮಾಡಿ ನೋಡು. To compare (B. 4, 66; 5, 124. 212). — ಸರಿಮಾತು. A word equal to (that of one's master, uttered from arrogance). ಅಱಿವು ಇರದಿರೆ ಹೊಲ್ಲ, ಕಱಿಯ ಬೆದಱಿಲು ಹೊಲ್ಲ, ಅಱಿಯದೂರೊಳಗಿರ ಹೊಲ್ಲ, ದೊರೆಗಳಿಗೆ ಸರಿ ಮಾತು ಹೊಲ್ಲ (Sp.). — ಸರಿ ಮಿಗಿಲು. Equality and surpassingness (Râm. 6, 44, 14; J. 12, 48). — ಸರಿಯಲ್ಲದದು. -ಅಲ್ಲದದು. That is improper, etc. (ಪ್ರಸವ್ಯ, ಪ್ರತಿಕೂಲ, etc. Si. 376). — ಸರಿಯವನು. -ಅವನು. A man of equal standing or position (My.). Feminine ಸರಿಯವಳು (My.). — ಸರಿಯಾಗು. -ಆಗು. To become or be similar or equal to (Čpr. 3, 3; J. 8, 36; 11, 11; 12, 39. 40; Si. 293; My.). ಸರಿಯಹುದು (ಉಪಮೆ, ಉಪಮಾನ, etc. Nr.). 2, to become or be equal (My.). ಅಂಶಕೆ ಸರಿಯಹ ಭಾಗದಲ್ಲಿ ಅರ್ಥ ಎನಿಸುಗು (Nr.). ಎಲ್ಲಾ ಕಡೆಯಲ್ಲಿ ಸರಿಯಹುದು (ಸಾಧಾರಣ, ಸಾಮಾನ್ಯ Nr.). 3, to become or be fit, right or correct (My.). Frequently ಸರಿಯಾಗಿ used adverbially: properly, rightly, correctly, *e. g.* Si. 62. 397. 410; B. 4, 195. — ಸರಿಯಾಳು. -ಆಳು. A labourer of equal standing (My.). — ಸರಿಯಿಕ್ಕು. -ಇಕ್ಕು. To compare (Bp. 11, 22). — ಸರಿಯಿಡು. -ಇಡು. = ಸರಿಯಿಕ್ಕು. (Bp. 24, 27). — ಸರಿಯಿಲ್ಲದ. -ಇಲ್ಲದ. Having no equal. ಸರಿಯಿಲ್ಲದವ (ಅಪ್ರತಿಮ); ಸರಿಯಿಲ್ಲದವಳು (ಅನುಪಮೆ G.). — ಸರಿಯುಳ್. -ಉಳ್. To be equal. ಭಕ್ತಂಗಾರು ಸರಿಯೊಳರು? (Bp. 25, 22). — ಸರಿಯೇ ಸರಿ. Very proper indeed (B. 4, 195). — ಸರಿರಾತ್ರಿ. Midnight (My.). — ಸರಿರಾಜ್ಯ. An equal (portion of a) kingdom, the half of a kingdom. ಅಱಿಯದವರೊಡನಾಡಿ ಸರಿರಾಜ್ಯವಾಳ್ವದಕಿನ್ದ ಅಱಿಕೆಯುಳ್ಳವರೊಡನಾಡಿ ಯಾವಾಗ ಸೆಱೆಯಿಹುದೆ ಲೇಸು (Sp.). — ಸರಿವರ್. -ಬರ್. = ಸರಿ ಬರ್. To become near or nigh, to become equal (Čpr. 4, 89; 6, 57; Rśv. 1, 24; Śśv. 3, 59; 4, 53). — ಸರಿವಾರ. An equal share (My.). — ಸರಿವಿಟ. A gallant, etc. of equal position (Bp. 28, 17; 42, 7). — ಸರಿವೊಗು. -ಪೊಗು. To run equally into one another (Bh. 2, 2, 96). — ಸರಿಸಂಗಾತಿ. A companion or friend of the same age (ವಯಸ್ಯ, ಸ್ನಿಗ್ಧ, ಸವಯಸ್, ಸಮಾನವಯಸ್ಸುಳ್ಳ ಸ್ನೇಹಿತ Si. 206; My.). — ಸರಿ ಸಮ. Quite equal (My.). 2, equality, par (J. 23, 23). — ಸರಿಸಮಾನ. = ಸರಿಸಮ No. 1. (My.). — ಸರಿಹಗಲು. Midday, noon (My.). — ಸರಿಹೊತ್ತು. Exact time. ರಾತ್ರಿಯ ಮಧ್ಯಭಾಗದ ಸರಿಹೊತ್ತು (ಅರ್ಧರಾತ್ರ, ನಿಶೀಥ Si. 38). — ಸರಿ ಹೊನ್ದು. To become fit, to fit (My.); to become equal (C.; B. 4, 73). — ಸರಿ ಹೋಲಿಸು. To compare (Si. 346). — ಸರಿ ಹೋಲುವಿಕೆ. Resemblance (Si. 393).

ಸರಿ sari. 5. (That falls down, a fall of rain?), rain (ಮಱೆ Kk. 12; ಮಱೆ, ವೃಷ್ಟಿ 70; ವರ್ಷ Śm. 103; see Rśv. 3, 112; ಚೆಳ್ಸರಿ; Čpr. 2, 86; 5, 126; Abh. P. 8, 14; 10, 67; Grj. 9, 51; J. 27, 41). ಮುಂಜಿನ ಸರಿ (ಹಗಲಿನ ಹಾವಸೆ Bhn. 8). *Cf.* ಜಿಡಿ 6. — ಸರಿವಱೆ. -ಮಱೆ. All kinds of rain (Abh. P. 9, 61; Bh. 1, 19, 23; 2, 2, 78).

ಸರಿ sari. 6. = ಶರೆ q. v., ಸರೆ. (That fallen down and accumulated?), an accumulation, a heap, a mass (J. 6, 6).

ಸರಿ sari. Going, moving; that goes. 2, a cascade (cf. ಝುರಿ).

ಸರಿಕತನ sarikatana. = ಸರೀಕತನ. Equality of position. ಈ ಜಗತ್ತಿನಲ್ಲಿ ತಮಗಿನ್ತ ಬಲಿಷ್ಠರಾದವರ ಕೂಡ ಸರಿಕತನದ ಸಮ್ಬನ್ಧ ಮಾಡುವ ಭರಕ್ಕೆ ಯಾರೂ ಬೀಳ ಬಾರದು (B. 4, 12).

ಸರಿಕಿಸು sarikisu. = ಸರಕಿಸು, etc. (My.).

ಸರಿಗ sariga. An equal, a man of equal power (Râm. 5, 8, 37; 6, 53, 87).

ಸರಿಗಮಪಧನಿ sa-ri-ga-ma-pa-dha-ni. (J. 21, 58; see Mr. s. ಸಪ್ತಸ್ವರ).

ಸರಿಗೆ sarigĕ. = ಸಲಿಗೆ. An ornament for the neck of females (Kâvy. III, 3, 55; My.; Mhr. ಸರೀ; Sk. ಸಜೂರ್, a necklace). 2, = ಸಲಿಗೆ, a wire (My.; Mhr. ಸರೀ). 3, = ಜರಿ, gold or silver thread (My.; Tĕ.; T. ಜರಿಗೈ). ಬಿಡುಗಾಳಿಗೆ ಹಿಡಿದರೆ ಸರಿಗೆ ಆದೀತೇ?— ಸರಿಮನೆಯಾಕೆ ಸರಿಗೆ ಹಾಕಿ ಕೊಣ್ಡರೆ ನೆರೆಮನೆಯಾಕೆ ಉರುಳು ಹಾಕಿ ಕೊಣ್ಡಳು (Prvs.). — ಸರಿಗೆಯೊಲ್ಲಿ. -ಒಲ್ಲಿ. A small dôtra with borders of gold or silver thread (My.). — ಸರಿಗೆಸೀರೆ. A sîrĕ of the same description (My.).

ಸರಿತ್ sarit. *A stream, a river.* 2, a thread, string.

ಸರಿತ್ಪತಿ sarit-pati. *The ocean.*

ಸರಿತ್ವಾನ್ sarit-vat. The ocean. (R.).

ಸರಿತ್ಸುತ sarit-suta. Bhishma, son of Gaṅgâ. (R.).

ಸರಿದ್ವರ sarit-vara. = ಸರಿದ್ವರೆ. (J. 2, 13).

ಸರಿದ್ವರೆ sarit-varĕ. Best of rivers: *the Ganges.*

ಸರಿಲ್ saril. N. of a fish (Rśv. 5, 115).

ಸರಿಲ sarila. = ಸಲಿಲ.

ಸರಿಷಪ sarishapa. = ಸರ್ಷಪ.

ಸರಿಸ sarisa. Straightness; exactness, propriety, exact measure, measure, exact place, the state of being in a direct line with, opposite or standing in front; equality, etc. (ಸರಳ, ನೇರಿತು Nn. 63; ಸರಿ, etc. ಸಾಮ್ಯ Ĉt. II, 25; ಸರಿ, etc. ಸಮಾನ Ŝs.; Mhr. ಸರಸಾ, similar, like; in the neighbourhood of; along with, together with). See Bp. 5, 4; 52, 33; Rśv. 6, after 11; J. 3, 9; 6, 18; 12, 19; 13, 1. 11. 38. 64; 14, 1. 2; 25, 28; 27, 34; 28, 48; Râm. 6, 44, 14; Bh. 1, 8, 18; Dp. 172. — ಸರಿಸಂಗೊಳ್. -ಂ-ಕೊಳ್. To make to stand in a direct line with one's self (Rśv. 6, after 11).

ಸರಿಸ sarisa. Glue (S. Mhr.; Mhr., H. ಸರಸ; Tĕ., H. ಸರೇಸು, ಸರೀಸು).

ಸರಿಸು sarisu. To move (v. t., B. 5, 165); to move to one side or aside (v. t., My.). — ಸರಿಸಾಡು. -ಆಡು. To move about or from one side to the other (v. t., B. 4, 158).

ಸರಿಸು sarisu. To go, to proceed. See ಅನು-.

ಸರೀಕ sarika. A man of equal position (B. 4, 72; My.; Mhr. ಸರೀಕಾ, like, etc.).

ಸರೀಕತನ sarikatana. = ಸರಿಕತನ. (My.).

ಸರೀಸೃಪ sarisṛipa. Crawling, creeping; *a snake.*

ಸರು saru. 1. = ಸರಿ 2, etc. Moving, going (Bh. 3, 17, 38).

ಸರು saru. 2. = ಸರಿ 4. Sameness, equality. — ಸರುರಾತ್ರಿ. = ಸರಿರಾತ್ರಿ. (ನಟ್ಟಿರುಳ್ G.).

ಸರು saru. 3. A track of wild beasts (ಮಿಗವಟ್ಟೆ Ŝs.; Grj. 1, 83. 86; V. 29, 117; Ŝśv. 4, 28). — ಸರುವಿಡಿ. -ಪಿಡಿ. To seize or follow such a track (Rśv. 5, after 80; Ŝśv. 3, after 44).

ಸರು saru. = ಕ್ಷರು.

ಸರುಕಿಸು sarukisu. = ಸರಕಿಸು, etc. (My.).

ಸರುಕು saruku. = ಸರಕು 1. (My.).

ಸರುಂಕೆಳೆ (saruṅ-kĕḷĕ?). (ಸೂನಾಟ Ŝs.).

ಸರುಜ sa-ruja. Suffering pain or sickness, sick, ill, diseased (ಕೇನಾತ, ಅತಿರೋಗ Nn. 92; Ĉpr. 2, 33; Ŝśv. 5, after 14).

ಸರುಸಪ sarusapa. Tbh. of ಸರ್ಷಪ. (Ŝmd. 336; ಸಾಸವೆ 336).

ಸರೂಪ sa-rûpa. 1. Having shape; well shaped; beauty (ರೂಪಕ, ಚೆಲುವು Nn. 135). 2, same shape, like, similar, resembling. 3, shaped, formed.

ಸರೂಪ sa-rûpa. 2. Tbh. of ಸ್ವರೂಪ. (Ŝmd. 368).

ಸರೆ sarĕ. = ಶರೆ, ಸರಿ 6.

ಸರೆ sarĕ. = ಸರಾಯಿ, etc. (ಹೆಣ್ಡ Ĉb.).

ಸರೆಗಾಱ sarĕ-gâṟa. A man who fabricates and sells spirituous liquor (S. Mhr.).

ಸರೇಫ sa-rêpha. Having the rêpha or letter *r*; a word with *r* (ರೇಫೆಯೊಡನೆ ಕೂಡಿದ ಪದಂ Ŝmd. 49 Cm.; 50); a letter that has the *r* (ರೇಫೆಯೊಡನೆ ಕೂಡಿದ ಅಕ್ಷರಂ 71 Cm.); together with the *r*. See Kâvy. III, 2, B, 50. 51.

ಸರೋಗ sa-rôga. Affected with disease. 2, sickness; sickliness (ಸರಲ, ಬಿಡದೆ ಇಹ ರೋಗ Nn. 68; ವ್ಯಾಮ, ಲೇಸಹ ರೋಗ 129).

ಸರೋಜ saras-ja. Lake-born: *a lotus.*

ಸರೋಜಪಾಣಿ sarôja-pâṇi. Having a lotus in the hand (Nn. 2).

ಸರೋಜಪ್ರಭವ sarôja-prabhava. = ಸರೋಜಸಮ್ಭವ. (Bp. 54, 66).

ಸರೋಜರಿಪು sarôja-ripu. The moon (Ĉpr. 3, 63). 2, N. of a certain metrical foot (Ĉh.).

ಸರೋಜಸಖ sarôja-sakha. The sun (Ĉpr. 3, 68).

ಸರೋಜಸಮ್ಭವ sarôja-sambhava. Brahmâ (ಕಂ, ಬ್ರಹ್ಮನು Nn. 7).

ಸರೋಜಾಮ್ಬಕೆ sarôja-ambakĕ. A woman with lotus-like eyes (Ĉh. v. 58).

ಸರೋಜಾಸನ sarôja-âsana. Brahmâ (Nn. 110).

ಸರೋಜಿನಿ sarôjini. A pond abounding in lotuses; a multitude of lotuses; a lotus (Kâvy. II, 2, B at the end).

ಸರೋಜಿನೀಪತಿ sarojinî-pati. The sun (My.).

ಸರೋಧಿ saras-dhi. The ocean (Rśv. 5, 131).

ಸರೋರುಹ saras-ruha. Pond-growing: *a lotus.*

ಸರೋರುಹಭವ sarôruha-bhava. Brahmâ (Bp. 25, 46).

ಸರೋರುಹಮಿತ್ರ sarôruha-mitra. The sun. 2, N. of a certain metrical foot (Ĉh.).

ಸರೋರುಹಿಣಿ saras-ruhiṇi. A lotus (Ĉpr. 2, 83).

ಸರೋವರ saras-vara. A lake, a pond (ಶರ, ಕೊಳಸು Nn. 35; Šmd. 272).

ಸರೋಷ sa-rôsha. Full of anger, angry, wrathful (ಲೋಹಿತ, ಕೋಪ Nn. 87).

ಸಱ್ sar̤. A sound to imitate that of a flying rocket (C.). — ಸಱ್ ಬಱ್. A sound in imitation of that produced by churning (My.).

ಸಱಗು sar̤agu. = ಸೆಱಗು, etc. (Bp. 27, 61). See ಮುಂಚಱಗು. — ಸಱಗೊಡ್ಡು. -ಒಡ್ಡು. = ಸೆಱಗೊಡ್ಡು, q. v. ತಾನು ಮಾಡಿದ ಅಪರಾಧ ಕ್ಷಮಿಸ ಬೇಕೆನ್ದು, ಅವನಿಗೆ ಸಱಗೊಡ್ಡಿ ಬೇಡಿ ಕೊಣ್ಡನು (B. 4, 155). ನೀನು ಅವನಿಗೆ ಇಷ್ಟು ನಿಷ್ಠುರನಾಗ ಬೇಡ! ನಿನಗೆ ಸಱಗೊಡ್ಡಿ ಬೇಡಿ ಕೊಳ್ಳುತ್ತೇನೆ (4, 201).

ಸಱಂಗು sar̤aṅgu. = ಸಱಗು, etc. See ಕಡೆ-.

ಸಱಿ sar̤i. 1. Paste, gum, glue (ಅಣ್ಟು Šm. 90. 117; C.; B. 1, 22; 4, 40; Tĕ. ಜಱಿ). See Mr. s. ಪಿಪ್ಪಸೆ. — ಸಱಗೊಳ್. -ಕೊಳ್. To become sticky, etc. ಸಱಗೊಣ್ಡುದು (ಚಿಗಿಲ್ತುದು Šs.). — ಸಱಿಮಿಣ್ಡಿ. A female who has not had her first course (ಪ್ರಥಮಋತುವಾಗದವಳ್ Šm.; ಪ್ರಥಮಋತುವಾಗದಳ್ Kk. 27; ಪ್ರಥಮಋತುವಾಗದವಳ್ Šm. 73). — ಸಱಿಯೂಡು. -ಊಡು. Frankincense-paste (Šŝv. 2, after 42).

ಸಱಿ sar̤i. 2. (= ಸರಿ 2 No. 5). A steep, a precipice (ಕಮ್ಮರಿ Šm. 66. 117; ಕಮ್ಮರಿ Kk. 71, but ಸರಿ in the MS.; Bp. 52, 15; J. 10, 8; Tĕ. ಸರ್ರೆ; *cf.* T. ಚಱುಗು s. ಜಾಱು 1?). See Mr. s. ಸರಿಗುಣ್ಡು.

ಸಱೆ sar̤ĕ. = ಸೆಱೆ 2, q. v. (My.). ಸಱೇಲಿ ಬಿದ್ದವನಿಗೆ ಮಱೆಯೇನು? (Prv.). — ಸಱೆ ಬಿಡಿಸು. = ಸೆಱೆ ಬಿಡಿಸು. (My.). — ಸಱೆಮನೆ. = ಸೆಱೆಮನೆ. (My.; ಕಾರಾಗಾರ, ಕಾವಲಿ, ಗುಪ್ತಿ G.).

ಸಱ್ಱನೆ sar̤r̤anĕ. A sound in imitation of that produced by splitting, rending and grating (Šŝv. 3, after 35; J. 13, 35; Bh. 4, 2, 65).

ಸರ್ಕಾರ sarkâra. = ಸರಕಾರ. (My.).

ಸರ್ಕು sarku. = ಸರಕು 1. (My.). ಮೇಲೆ ಬಿದ್ದ ಸರ್ಕಿಗೆ ಹಾಗದ ಕಾಸು (Prv.).

ಸರ್ಗ sarga. = ಸಗ್ಗ 2, ಸ್ವರ್ಗ 2. *Letting go, relinquishment, abandonment; letting loose.* 2, voiding (as excrement). 3, *creation.* 4, nature, the universe. 5, natural property, disposition, tendency. 6, onset, advance, rush. 7, *effort, resolution, determination, resolve, will; ascertainment, certainty.* 8, *a chapter, a book, a section.* See ಉತ್-, ಉಪ-, ಏಕ-, ಗೋ-, ನಿ-, ವಿ-.

ಸರ್ಗಬನ್ಧ sarga-bandha. Chapter-composition, a great poem, any work or book comprising several sections or chapters. See Kâvy. V, 960.

ಸರ್ಜ sarja. *The timber tree Vatica robusta* W. & A. (= ಶಾಲ, q. v.; ಶಾಲ, ಅಸು Mr. 114).

ಸರ್ಜಕ sarjaka. = ಸರ್ಜ. 2, *the tree Terminalia tomentosa* W. & A. (= ಅಸನ).

ಸರ್ಜನ sarjana. = ಸರ್ಗ. Nos. 1 & 2. See ಅತಿ-, ಉತ್-, ಉಪ-, ವಿ-.

ಸರ್ಜರಸ sarja-rasa. = ಸಜ್ಜರಸ, ಸರ್ವರಸ. *The resinous exudation of the tree Vatica robusta; resin.*

ಸರ್ಜಿಕಾಕ್ಷಾರ sarjikâ-kshâra. = ಸಜ್ಜೀಕಾರ, ಸದ್ಯಕ್ಷಾರ, ಸೃಜಿಕಾಕ್ಷಾರ. *Natron.*

ಸರ್ಜಿಕೆ sarjikĕ. ಸರ್ಜಿಕಾ. *Natron, impure alkali or carbonate of soda.*

ಸರ್ಜುಕ sarjuka. = ಸಜ್ಜುಕ, q. v.

ಸರ್ತಿ sarti. = ಸರತಿ, etc. (C.; ಸೂಟ್ G.). ಎರಡು ಸರ್ತಿ (ಇರ್ಮೆ G.). ಆ ಔಷಧದ ಚೀಟುಗಳನ್ನು ತಕ್ಕೊಣ್ಡು, ಮನೆಗೆ ಹೋಗಿ, ಬಸಿಟ್ಟ, ಸರ್ತಿಗೆ ಒನ್ದು ಚೀಟು ತಕ್ಕೊಳ್ಳುವದೇ! ಎರಡು ತಕ್ಕೊಣ್ಡರೆ ವೈದ್ಯ ಹೇಳಿದ್ದಕ್ಕಿನ್ತ ತೀವ್ರ ಶಕ್ತಿ ಬನ್ದೀತೆನ್ದು, ಆಲೋಚಿಸಿ (B. 3, 28).

ಸರ್ದಿ sardi. = ಸರ್ತಿ, etc. (My.). ಸರ್ದೀ ಮೇರೆ (by turns, alternately) ಒಬ್ಬನು ನಿದ್ದೆಗೆಯ್ಯಲು ಮತ್ತೊಬ್ಬನು ಎಚ್ಚರವಾಗಿದ್ದು ಬಟಿಕ ಮಲಗುವದು (ಉಪಕಾಯ, etc. Si. 398).

ಸರ್ಪ sarpa. = ಸಪ್ಪ. A creeping or serpentine or tortuous motion, creeping, gliding, sliding; going, flowing. 2, *a snake, a serpent* (ಹಾವು Nn. 55; ಪುನ್ನಾಗ, ಫಣಿ 61). ಸರ್ಪನ ಕೂಡೆ ಸರಸವೇ? (Prv.). — ಸರ್ಪದ ಕಿವಿಯವ. A man who is quick of hearing (My.).

ಸರ್ಪಕಂಕಣ sarpa-kaṅkaṇa. Šiva (Bp. 31, 1).

ಸರ್ಪಕಣ್ಟಕ sarpa-kaṇṭaka. Danger arising from a serpent or serpents (My.).

ಸರ್ಪಣ sarpaṇa. = ಸರ್ಪ No. 1. See ಅವ-, ಉತ್-, ವಿ-.

ಸರ್ಪತುಣ್ಡಿಕ sarpa-tuṇḍika. A catcher and exhibiter of snakes (ಹಾವಡಿಗ Mr. 391).

ಸರ್ಪನಕ್ಷತ್ರ sarpa-nakshatra. N. of the ninth lunar mansion (J. 34, 21).

ಸರ್ಪಪರ್ಯಂಕ sarpa-paryaṅka. A snake-bed: a snake-basket (ಹೇಳಿಗೆ Mr. 391).

ಸರ್ಪಭುಜ್ sarpa-bhuj. A snake-eater: *an ophiophagous serpent* (ರಾಜಸರ್ಪ, ಅರಹಾವು Hlâ.). 2, a peacock.

ಸರ್ಪಭೂಷಣ sarpa-bhûshaṇa. Šiva (Č. Bp. 47, 17). 2, N. of a Kannaḍa author (B. 5, 319).

ಸರ್ಪಯಾಗ sarpa-yâga. Serpent-sacrifice, a particular sacrifice for the destruction of serpents. (My.).

ಸರ್ಪರಾಜ sarpa-râja. *Vâsuki.*

ಸರ್ಪವೇಣಿ sarpa-vêṇi. A female who has serpent-like braids of hair (J. 11, 7).

ಸರ್ಪಳಿ sarpaḷi. = ಸರಪಣಿ, etc. (ನಿಗಡ, ಶೃಂಖಲ, ಬೇಡಿ G.; My.; B. 2, 13).

ಸರ್ಪಾಕ್ಷಿ sarpa-akshi. The mungoose-plant (ನಾಕುಲಿ, ಸುರಸೆ, ಗನ್ಧನಾಕುಲಿ Si. 150).

ಸರ್ಪಾರಿ sarpa-ari. An ichneumon; a peacock; Garuḍa (My.).

ಸರ್ಪಾಶನ sarpa-aśana. Snake-eater: *a peacock.*

ಸರ್ಪಾಸ್ತ್ರ sarpa-astra. A kind of arrow (Râm. 6, 15 sum.).

ಸರ್ಪಿ sarpi. 1. Tbh. of ಸರ್ಪಿಸ್. (ಸರ್ಪಿಸ್, ತುಪ್ಪ Mr. 183).

ಸರ್ಪಿ sarpi. 2. (ಸರ್ಪಿನ್). Going gently or tortuously, creeping, gliding.

ಸರ್ಪಿಣಿ sarpiṇi. A female serpent (Colebr.).

ಸರ್ಪಿಸ್ sarpis. *Clarified butter, ghee* (ತುಪ್ಪ Hlâ.).

ಸರ್ಪಿಸ್ಸಮುದ್ರ sarpis-samudra. The sea of ghee. (My.).

ಸರ್ಪು sarpu. Tbh. of ಸರ್ಪ. (Čb. 140).

ಸರ್ಪೋಪಜೀವಿ sarpa-upajîvi. A person who subsists by catching and exhibiting snakes (ಕೌತಿಕ, ಹಾವಾಡಿಗ Nn. 10, o. r. ಹಾವಡಿಗ).

ಸರ್ಪೋಪವೀತ sarpa-upavîta. A sacrificial thread made of a serpent (Grj. 10, after 61).

ಸರ್ಬ sarba. = ಸಬ್ಬ 2, ಸರ್ವ 1. All, etc. (Bp. 32, 31; 33, 18; 52, 34; 57, 3. 36). — ಸರ್ಬದಱಿ. The whole army (J. 25, 27). — ಸರ್ಬಲಗ್ಗೆ. = ಸಬ್ಬಲಗ್ಗೆ. (Č. Bp. 47, 32). — ಸರ್ಬಸನ್ನಾಹ. = ಸರ್ವಸನ್ನಾಹ. (J. 12, 12; 22, 2).

ಸರ್ಯ sarya. To be gone; to be approached. See ಉಪಸರ್ಯ, ಪರಿ-.

ಸರ್ಲೆ sarlĕ. A web-footed water-fowl, the teal (My.; see ಚಿಕ್ಕ-, ದೊಡ್ಡ-). — ಸರ್ಲೆಹಕ್ಕಿ. = ಸರ್ಲೆ. (My.).

ಸರ್ವ sarva. 1. = ಸಬ್ಬ 2, ಸರ್ಬ. *All*, every; *whole*, entire, universal, complete (ಎಲ್ಲಾ ವಸ್ತು Nn. 57; ಎಲ್ಲವು 162).

ಸರ್ವ sarva. 2. = ಶರ್ವ. *Śiva*.

ಸರ್ವಂಸಹ sarva-m-saha. *All-sustaining, all bearing;* patient, enduring.

ಸರ್ವಂಸಹೆ sarva-m-sahĕ. *The earth.*

ಸರ್ವಕಾಲಂ sarva-kâlam. For all seasons, at all times. See ಸಾರ್ವಕಾಲಿಕ.

ಸರ್ವಗ sarva-ga. Going everywhere, all-pervading, ubiquitous (Bp. 1, 66).

ಸರ್ವಗತ sarva-gata. Going everywhere, universally diffused, all-pervading, omnipresent (Bp. 21, 24; 39, 12; 51, 34. 57).

ಸರ್ವಜಿತ್ sarva-jit. All-conquering, all-subduing, irresistible; all-surpassing, excellent (My.).

ಸರ್ವಜ್ಞ sarva-jña. All-knowing, omniscient, all-wise. 2, *Śiva*. 3, *a Buddha; a Jina* (ಜಿನೇನ್ದ್ರ Mr. 23). ಸಾರ ಬಲ್ಲವ ಸರ್ವಜ್ಞ (Prv.).

ಸರ್ವಜ್ಞತೆ sarva-jñatĕ. Omniscience (Bp. 53, 5; J. 13, 29). — ಸರ್ವಜ್ಞತೆಯೌಷಧಿ. -ಔಷಧಿ. (ಪಾರಾವತಾಂಘ್ರಿ, etc. Si. 159).

ಸರ್ವಜ್ಞತ್ವ sarva-jñatva. = ಸರ್ವಜ್ಞತೆ. (Bp. 2, 25; 50, 13).

ಸರ್ವತನ್ತ್ರಸ್ವತನ್ತ್ರ sarva-tantra-svatantra. Master of all knowledge (My.).

ಸರ್ವತಸ್ sarva-tas. *From every quarter, from all parts; on all sides, everywhere;* wholly, entirely.

ಸರ್ವತಾಪನ sarva-tâpana. All-inflaming; Kâma. (R.).

ಸರ್ವತೋಭದ್ರ sarvatas-bhadra. Everywhere or on every side good or auspicious. 2, *a temple or palace of a square form and having an entrance opposite to every point of the compass.* 3, a square mystical diagram (painted on a cloth with various colours). 4, a kind of charade in which the same word answers several questions. 5, a particular kind of artificial verse, so contrived that the same meanings and syllables occur, whether the line be read backwards or forwards or in various other directions. 6, one of the viċċhittiċitras (Kâvy. III, 2, B, 57. 60 seq.). 7, *the nimb-tree, Ajadirachta indica* Juss. (= ನಿಮ್ಬ, etc.).

ಸರ್ವತೋಭದ್ರೆ sarvatas-bhadrĕ. *The tree Gmelina arborea* Roxb.

ಸರ್ವತೋಮುಖ sarvatas-mukha. Facing every quarter of the compass, turned everywhere; complete, unrestrained, unlimited. 2, *water*. 3, sky, heaven.

ಸರ್ವತ್ರ sarva-tra. Everywhere, in all places (ಎಲ್ಲಾ ಕಡೆಯಲ್ಲಿ G.); always, at all times. ಮೌನಂ ಸರ್ವತ್ರ ಸಾಧನಂ (Prv.). 2, all (Mhr.).

ಸರ್ವತ್ರಾಣಿ sarva-trâṇi. Almighty (B. 4, 13. 144. 145).

ಸರ್ವಥಾ sarvathâ. In all ways, by all means (ಸಮವಾಕ್ಯ Mr. 584); altogether, entirely, wholly, completely, mostly (ವಿಶ್ವತೆ 584); assuredly, certainly (ಸರ್ವಸತ್ಯ 584); exceedingly; at all times. See B. 4, 201.

ಸರ್ವದಾ sarvadâ. Always, at all times (My.; B. 4, 17).

ಸರ್ವದೇಹಾನಿಲ sarva-dêha-anila. The vital air that is diffused through the body (ವ್ಯಾನ Mr. 51).

ಸರ್ವಧಾರಿ sarva-dhâri. N. of the twenty-second year of the cycle of sixty. (My.).

ಸರ್ವಧುರಾವಹ sarva-dhura-âvaha. *An ox fit for any kind of carriage or draught.*

ಸರ್ವಧುರೀಣ sarva-dhurîṇa. *An ox* (or other animal) *fit for any kind of carriage or draught.*

ಸರ್ವನಾಮ sarva-nâma. *A pronoun* (Śmd. 96. 97. 110. 116. 118. 120. 123. 134. 137. 200. 256; Kâvy. I, 2, 4-11. 17-19. 23-30).

ಸರ್ವನಿಯಾಮಕ sarva-niyâmaka. All-controlling (B. 4, 145).

ಸರ್ವಪತಿ sarva-pati. The lord of all; Śiva (Bp. 51, 18).

ಸರ್ವಪಾಪಕ್ಷಯ sarva-pâpa-kshaya. Destruction or removal of all sin. ನೀರೊಳಗೆ ಮುಳುಂಗೆ, ಸರ್ವಪಾಪಕ್ಷಯಮಾಗಲೆನ್ದು, ಮಾಡುವ ಜಪವು (ಅಘಮರ್ಷಣ Nr.).

ಸರ್ವಪಿತ sarva-pita. The father of all; Śiva (Bp. 50, 8).

ಸರ್ವಪುರುಷಾಧಿಪ sarva-purusha-adhipa. The ruler of all human beings; Śiva (Bp. 50, 8).

ಸರ್ವಪ್ರಕಾರ sarva-prakâra. Every way, mode or manner (My.).

ಸರ್ವಬನ್ಧು sarva-bandhu. A man who is equal to all one's relations (My.).

ಸರ್ವಭಕ್ಷ sarva-bhaksha. *Eating all kinds of food, omnivorous* (ಎಲ್ಲವಂ ತಿಮ್ಬುವಂ Mr. 234).

ಸರ್ವಭಕ್ಷಕ sarva-bhakshaka. = ಸರ್ವಭಕ್ಷ. (Bp. 54, 11). 2, Agni (My.).

ಸರ್ವಭೂಮಿ sarva-bhûmi. The whole earth. See ಸಾರ್ವಭೌಮ.

ಸರ್ವಮಂಗಲ sarva-mangala. All-auspicious (Bp. 50, 8).

ಸರ್ವಮಂಗಲಾಸ್ಪದ sarvamangala-âspada. An all-auspicious seat. 2, sarvamangalâ-âspada, a seat of Pârvatî (J. 10, 35).

ಸರ್ವಮಂಗಳೆ sarva-mangalĕ. = ಸಬ್ಬಮಂಗಳೆ. She who is all-auspicious, *Durgâ, Pârvatî*. 2, N. (Rśv. 7, after 14).

ಸರ್ವಮಯ sarva-maya. Made or consisting of all, all-containing, universal, comprehensive of all (Bp. 10, 54; 39, 12; 51, 18).

ಸರ್ವಮಾತೆ sarva-mâtĕ. The mother of all, Pârvatî (Bp. 50, 8).

ಸರ್ವಮಾನ್ಯ sarva-mânya. Lands or villages exempt from all tax whatsoever (Bp. 27, 58; My.).

ಸರ್ವರಕ್ಷಕ sarva-rakshaka. All-protecting, all-saving; Śiva (Bp. 10, 54).

ಸರ್ವರಸ sarva-rasa. = ಸರ್ಜರಸ. Fluids of all kinds; saltness, salt; *the resinous exudation of the tree Vatica robusta; resin.* See Mr. s. ಉಗ್ರಾಣ.

ಸರ್ವಋತು sarva-ṛitu. Every season.

ಸರ್ವಋತುಕ sarva-ṛituka. Adapted to every season, habitable in.

ಸರ್ವಲಕ್ಷಣ sarva-lakshaṇa. = ಸಬ್ಬಲಕ್ಕಣ. All attributes or qualities, all marks; all lucky marks or favourable signs.

ಸರ್ವಲಿಂಗಿ sarva-lingi. Having all the external marks (of the orthodox faith): *a heretic*, an imposter.

ಸರ್ವಲೆ sarvalĕ. (= ಸಬಳ 2). *A lance, a javelin; an iron club or crow.*

ಸರ್ವಲೋಕ sarva-lôka. The universe. (My.).

ಸರ್ವವರ್ಮ sarva-varma. N. of the author of the kâtantra-sûtras or the grammar kalâpa. See ಅಭಿನವ-.

ಸರ್ವವಿಷಯ sarva-vishaya. All the countries (of India). — ಸರ್ವವಿಷಯಭಾಷಾಜಾತಿ. The peculiar languages of all the countries (of India, Ĉh.). — ಸರ್ವವಿಷಯಭಾಷಾದಿ. -ಅದಿ. The languages of all the countries and their style (Ĉh.).

ಸರ್ವವೇದ sarva-vêda. 1. *A Brâhmaṇa who has read the four vêdas;* having all knowledge.

ಸರ್ವವೇದ sarva-vêda. 2. Tbh. of ಸರ್ವವೇದಸ್. (ಸರ್ವಸ್ವಮಂ ಕೊಟ್ಟವಂ Mr. 261).

ಸರ್ವವೇದಸ್ sarva-vêdas. *A man who gives away all his property to the priests employed by him at particular sacrifices.*

ಸರ್ವವ್ಯಾಪಕ sarva-vyâpaka. All-pervading, ubiquitous. (My.; also ಸರ್ವವ್ಯಾಪಿ).

ಸರ್ವಶಕ್ತಿ sarva-śakti. All might, all power. 2, almighty; the almighty or universal soul (ಸರ್ವಸನ್ನಾಹ Hlâ. Cm.; B. 4, 15).

ಸರ್ವಶೇಷ sarva-śêsha. Anything remaining out of a whole. (R.).

ಸರ್ವಸತ್ಯ sarva-satya. Complete truth. See Mr. s. ಸರ್ವಥಾ.

ಸರ್ವಸನ್ನಹನ sarva-sannahana. *A complete armament.*

ಸರ್ವಸನ್ನಾಹ sarva-sannâha. = ಸಬ್ಬಸನ್ನಣ, ಸರ್ಬಸನ್ನಾಹ. A complete armament, the arming or assembling of foot and horse, elephants and chariots (ವೀರಬಲ Mr. 472). 2, *the supreme or universal soul* (see Hlâ. Cm. s. ಸರ್ವಶಕ್ತಿ).

ಸರ್ವಸಸ್ಯ sarva-sasya. *Bearing all kinds of corn.*

ಸರ್ವಸಾಧನ sarva-sâdhana. All-accomplishing; fulfilling all requirements. Feminine ಸರ್ವಸಾಧನಿ (Kâvy. I, 5, 1. 27. 41).

ಸರ್ವಸಾಧಾರಣ sarva-sâdhâraṇa. Common to all. (My.; B. 4, 87. 189).

ಸರ್ವಸಾಧು sarva-sâdhu. In all respects good, virtuous, etc. (Nn. 150).

ಸರ್ವಸಾಮರ್ಥ್ಯ sarva-sâmarthya. All power, ability or strength (My.).

ಸರ್ವಸಿದ್ಧಿ sarva-siddhi. Accomplishment of every object, attainment of all one's objects, universal success. (My.).

ಸರ್ವಸುಲಭ sarva-sulabha. Easy of access to all (My.).

ಸರ್ವಸುಹೃತ್ sarva-suhṛit. A universal friend (My.).

ಸರ್ವಸ್ವ sarva-sva. *The whole of a person's property or possessions;* whole substance or essence of anything. (Ĉpr. 1, after 78; Śmd. 78).

ಸರ್ವಸ್ವತನ್ತ್ರ sarva-svatantra. Quite self-dependent, quite independent, free or unrestrained (J. 13, 28).

ಸರ್ವಸ್ವಹರಣ sarvasva-haraṇa. The seizure or confiscation of the whole of any one's property; seizure of the whole substance or essence. See ನೆಬ್ಬ್ ಕೊಳ್.

ಸರ್ವಸ್ವಾಪಹಾರ sarvasva-apahâra. Taking away or stealing the whole of any one's property (My.).

ಸರ್ವಾಕರ್ಷಣ sarva-âkarshaṇa. Drawing the whole; taking away the whole. See ಗರವು.

ಸರ್ವಾಂಗ sarva-anga. The whole body (Bp. 4, 41; 37, 24; 48, 11; 57, 61; J. 12, 31. 34). 2, having all members, perfect in limb. 3, all the vêdângas collectively.

ಸರ್ವಾಂಗಕ್ಷೌರ sarvânga-kshaura. Shaving the whole body with the exception of the pańĉaśikhês (My.).

ಸರ್ವಾಂಗೀಣ sarvângiṇa. Spread over all the limbs. (Ĉpr. 1, after 81).

ಸರ್ವಾಣಿ sarvâṇi. = ಶರ್ವಾಣಿ, etc. *Pârvatî.*

ಸರ್ವಾತ್ಮ sarva-âtma. *The universal soul;* epithet of Śiva (Bp. 39, 12).

ಸರ್ವಾಧಿಕಾರ sarva-adhikâra. General superintendence; universal rule, etc. (My.).

ಸರ್ವಾನುಭೂತಿ sarva-anubhûti. Universal experience. 2, all-perceiving. 3, *the plant Convolvulus turpethum* R. Br.

ಸರ್ವಾನ್ನಭೋಜಿ sarva-anna-bhôji. *Eating all sorts of food* (whether clean or otherwise).

ಸರ್ವಾನ್ನೀನ sarvânnîna. *Eating all sorts of food.*

ಸರ್ವಾಪರಾಧ sarva-aparâdha. All offences or transgressions (My.).

ಸರ್ವಾಪರಾಧಿ sarva-aparâdhi. One who has committed all sorts of offences (Bp. 32, 62).

ಸರ್ವಾಭಿಸಾರ sarva-abhisâra. *An attack with a complete army.*

ಸರ್ವಾಯಸ sarva-ayasa. *Entirely made of iron.*

ಸರ್ವಾರ್ಥ sarva-artha. Having all objects or aims. 2, all matters; all objects.

ಸರ್ವಾರ್ಥಸಿದ್ಧ sarvârtha-siddha. One by whom all objects are effected; *Śâkyamuni, Buddha.*

ಸರ್ವಾರ್ಥಸಿದ್ಧಿ sarvârtha-siddhi. = ಸರ್ವಸಿದ್ಧಿ. 2, N. of a king (My.).

ಸರ್ವೇಶ sarva-îśa. Lord of all; the universal soul; a universal monarch, a paramount lord; epithet of Śiva. (Bp. 1, 66; 39, 12; 51, 38).

ಸರ್ವೌಘ sarva-ôgha. *The assembling of a complete army.*

ಸರ್ಷಪ sarshapa. = ಸಣಿಷಪ, ಸರುಸವ, ಸಾಸವಿ, ಸಾಸವೆ, ಸಾಸಿಮೆ, ಸಾಸಿವೆ, ಸಾಸುವೆ. *Mustard, Sinapis dichotoma* Roxb.; *Mustard-seed.*

ಸಲ್ sal. 1. = ಸಲು, ಸಲ್ಲು, (ಸಾಲ್ 1). To enter a place, to enter (ಸ್ಥಾನಪ್ರವೇಶ Śmd. Dh.; Ĉpr. 8, 7; Abh. P. 7, 15); to enter upon, to engage in, to undertake (Śmd. 58); to undergo, to be subjected to (Bp. 59, 49; 61, 57); to join, to associate one's self to (Bp. 37, 23; 48, 19; Bh. 1, 8, 84); to agree to, to be pleased with (Bp. 28, 23; 47, 62); to accrue, to arise (Bh. 1, 10, 39);—to enter upon a course: to pass, to be current (as money, etc.); to be used, to be in use; to pass by general consent, to be valid, proper or fit (ಸಲುವಳಿಯಾಗಿರ್ Śmd. 19 Cm.; 24 Cm.; ಸಲುವಳಿಯಾಗು 27 Cm.; 207 Cm.; see 89. 109. 112. 248. 294; Rśv. 5, 52); to be (241. 367; *cf.* Bp. 55, 12 s. ಸಲು); to pass (as time, Ĉpr. 2, after 14 & 58; 3, after 68; Bp. 43, 14; 44, 5; Rśv. 8, after 96); to pass, to depart from life (My. as ಸನ್ದು ಹೋಗು); to pass from one person to another, to be given (Bh. 1, 8, 59), to be paid or liquidated (My. as ಸಲ್ಲು);—to become agreeable (Bh. 1, 8, 4);—to become or be well-known or famous (ಸಮಾಖ್ಯಾತಿ Šmd. Dh.; Rêv. 5, 28; Bh. 1, 8, 77; Kk. 26). P. p. ಸನ್ದು (Bp. 61, 57); ಸನ್ದಂ, ಸನ್ದಪಂ (Šmd. 280); ಸಲ್ಲವು (291); ಸಲ್ಲದು (Bh. 1, 8, 23). ಸನ್ದಿತು (Bp. 36, 48. 61; 52, 43), ಸನ್ದಿತ್ತು (41, 19). ನುಡಿಗೆಲ್ಲಂ ಸಲ್ಲದ ಕನ್ನಡಂ (Šmd. 121). ಜೇನ ತುಪ್ಪಕ್ಕೆ ಸಕ್ಕರೆ ಸಲ್ವುದು (159). ಎಕೆ ನಿರ್ವಾಹಣಕ್ಕೆ ಸಲ್ಗುಮೊ ಪೂಣ್ದೊಡಂ ಕೃತಿಬ ನ್ಧಮುಂ? (177). ಸನ್ದ ವೀರನೊಳು ಭಯವುಣ್ಟೆ? (Sp.). ಚೆಲ್ವನಾನ್ತು ಸನ್ದ ಸಿಂಹಾಸನಕೆ ಪಟ್ಟವಣೆ ಗದ್ದುಗೆ ಎಮ್ಬುದು (Kk. 26). ಬನ್ದನವ ಮಾಡಿದರು (*i. e.* -ರೂ) ಸನ್ದ ಜ್ಞಾನಿಯೆ ಲೇಸು! (Sp.). See ತಡ್-, ತುದಿಲ್-, ಬಡಿ-, ಮನಂ-, ಮೆಯ್-, ಸಮ-, ಸವ-; ನಿಸ್ಸಡಿಕೆ; Čh. v. 69; Bp. 21, 33; 22, 9; 43, 26; 51, 30; 55, 6; J. 1, 10; 2, 7. 23; 4, 5; Šm. 3. 5. 7. 13. 34. 63. 77. *Cf.* Tē. ಚನು, ಚೆಲ್ಲು; T. ಚೆಲ್ಲು, M. ಚೆಲ್ಲ. — ಸಲ್ಲ. = ಸಲ್ಲದು. It is unfit, improper, etc. ಇದ್ದ ಊರ ಹಗೆ ಸಲ್ಲ, ಕದ್ದು ಕೊಮ್ಬುವರ ನೆರೆ ಸಲ್ಲ.—ಉದ್ದು ಮುದ್ದಿಗೆ ಸಲ್ಲ, ನಿದ್ದೆ ಯೋಗಿಗೆ ಸಲ್ಲ.—ಕೊಂಕುಬಲ್ಲಿ ಕುರು ಸಲ್ಲ, ಕೊಂಕಣಿಗರ ನೆರೆ ಸಲ್ಲ.—ತಪ್ಪೆಯವನ ನಣ್ಟಿಕೆ ಸಲ್ಲ, ಒಣ್ಟಿಯಾಗಿ ಹೋಗ ಸಲ್ಲ.—ಪೋಕನಿಗೆ ನಾಕ ಸಲ್ಲ, ಮೂಕನಿಗೆ ಸ್ವಪ್ನ ಸಲ್ಲ.—ಮರಾಟರ ಹತ್ತರ ಹೋರಾಟ ಸಲ್ಲ.—ಮಿಗಿಲಾದವನ ಹತ್ತರ ಹಗೆ ಸಲ್ಲ, ನಗೆಗಾಡಿನ ಹತ್ತರ ಮೈತ್ರಿ ಸಲ್ಲ (Prvs.). — ಸಲ್ಲದವ. -ಅವ. An improper, useless man (ಎಡೆಗ Kk. 37; Šm. 46). — ಸಲ್ ಸಲ್. rep. (Bp. 47, 62).

ಸಲ್ sal. 2. = ಚುಲ್, etc. See ಮಣ-, ಮಬು-.

ಸಲ sala. = ಸಲವು 2, No. 1. Entering, entrance, ingress (ಪ್ರವೇಶ Šmd. II; Kk. 84). 2, a coming to pass: a time (My.). See *e. g.* ಬನ್ದು ಸಲ.

ಸಲಕಿ salaki. = ಸಲಗೆ. — ಸಲಕಿದಾಯಿಹಕ್ಕಿ. The grey or spot-bill duck, Anas poecilorhyncha (Bd.).

ಸಲಕ್ಷಣ sa-lakshaṇa. Having the same marks (Šmd. 222), of the same species. 2, having marks, being distinguished by (A.). 3, having good marks; a good mark (ಲಲಾಮ, ಒಳ್ಳಿಹ ಲಕ್ಷಣ Nn. 26; Bp. 38, 43). Feminine ಸಲಕ್ಷಣೆ. ಆ ಕನ್ನಿಕೆ ಸಲಕ್ಷಣೆ (Šmd. 109 Mdb., o. r. ಸಲ್ಲಕ್ಷಣೆ).

ಸಲಕ್ಷಣಪುರುಷ salakshaṇa-purusha. A fine looking man (My.).

ಸಲಗ salaga. A leading animal, the leader of a herd (especially an elephant, My.); a bull (ಗೂಳಿ Bhn. 24, o. r. ಸಲಗು). — ಸಲಗಾನೆ. -ಆನೆ. (ಯೂಥನಾಥ, ಯೂಥಪ, ಆನೆಗಳ ಹಿಣ್ಡಿನಲ್ಲಿ ಮುಖ್ಯವಾದ ಗಜ Sl. 269).

ಸಲಗೆ salagĕ. Tbh. of ಶಲಾಕೆ. (Šmd. 359).

ಸಲಣ್ಡು salaṇḍu. The act of entering or going into, entrance, the act of taking possession. — ಸಲಣ್ಡುಗೊಳ್. -ಕೊಳ್. To take possession of, to seize (ಆಕ್ರಮಿಸಿ ಕೊಳ್ Šmd. II; Kk. 86).

ಸಲಪು salapu. = ಸಲವು 1, ಸಲಹು. To forward: to foster, to tend, to preserve, to bring up, to take care of (ರಕ್ಷಣ Šmd. Dh.; Rêv. 2, 50).

ಸಲವು salavu. 1. = ಸಲಪು, etc. (My.; B. 5, 229).

ಸಲವು sal-a-vu. 2. (Šmd. 247). = ಸಲ No. 1. Entrance, etc. (Abh. P. 10, after 116; 11, 67). 2, = ಸಲುವ, validity, force: valid reason, cause, account. ಸಲವಾಗಿ, on account of, for (My.). ಇವಡು ಸಲವಾಗಿ (B. 5, 106).

ಸಲವೆ salavĕ. Washing and bleaching new cotton cloth (My.; Tē. ಚಲವೆ; Tē. ಚಲವೆ also: cold, etc., see ಚಲಿ 1).

ಸಲಹಾ salahâ. = ಸಲಹೆ, ಸಲ್ಲಾ. Counsel (My.; Mhr., H. ಸಲಾ, ಸಲ್ಲಾ).

ಸಲಹು salahu. = ಸಲಪು, etc. (Ŏpr. 8, 81; Bp. 2, 2; 18, 13; 47, 45; 52, 33; Č. Bp. 11, 10; Râm. 3, 2, 15; Bh. 1, 8, 15; J. 1, 2; 2, 50; 11, 35; My.). ಮನೆಯಲ್ಲಿ ಸಲಹಲ್ ಪಟ್ಟು ಬಿಡಕೆಯಾಗಿರುವ ಹಕ್ಕಿಯೂ ಮೃಗವೂ (ಛೇಕ, ಗೃಹ್ಯಕ Sl. 181); ಸಲಹಲ್ ಪಟ್ಟ ಹಕ್ಕಿ ಮುಂತಾದವುಗಳು (ಪುಷ್ಟ, ಪುಷಿತ 380). ಸಲಹ ಲಿಕ್ಕೆ ತಿಳಿಯದಿದ್ದರೆ ಕೊಲ್ಲಲಿಕ್ಕೆ ತಿಳಿಯದೇ? (Prv.).

ಸಲಹುವಿಕೆ salahuvikĕ. Fostering, etc. (ರಕ್ಷೆ, ತ್ರಾಣ Sl. 388).

ಸಲಹೆ salahĕ. = ಸಲಹಾ. (My.).

ಸಲಾಂ salâm. = ಸಲಾಮು. Safety, peace (the word used in salutation by and to most people, accompanied with the raising of the hand to the forehead; it well answers also to compliments, respects and thanks; C.; Mhr., H. ಸಲಾಮು). ಸಲಾಂ, ಸೆಟ್ಟರೇ! (B. 4, 168).

ಸಲಾಕಿ salâki. Tbh. of ಶಲಾಕೆ. An iron rod or bar; a stem (of the sandal tree, My.); etc. ವಜ್ರಸಲಾಕಿ (Sl. 399; My.).

ಸಲಾಕೆ salâkĕ. = ಸಲಾಖೆ. (ಶಲಾಕೆ G.). ಮಾಂಸವನ್ನು ತೆಗೆಯುವ ಸಲಾಕೆ (ಆರ್ಯುದ); ಅಕ್ಕಸಾಲೆಯರ ಸಲಾಕೆ (ಇಷೀಕೆ, ತೂಲಿಕೆ G.). See ಕಬ್ಬಿಣ-.

ಸಲಾಕ್ಷಣ್ಯ sa-lâkshaṇya. A kind, a species (ರೂಪಕ, ಲಕ್ಷಣ ಭೇದ Nn. 135).

ಸಲಾಖೆ salâkhĕ. Tbh. of ಶಲಾಕೆ. See ಗುಣಾಕೃತ-.

ಸಲಾಮು salâmu. = ಸಲಾಂ. (C.). ಕಂಕುಳಲ್ಲಿ ದೊಣ್ಣೆ, ಕೆಯ್ಯಲ್ಲಿ ಸಲಾಮು (Prv.). — ಸಲಾಮು ಮಾಡು. To make salâmu, to compliment by lifting the hand to the forehead (and uttering the term), to greet (C.). ದೊರೆಗೆ ಸಲಾಮು ಮಾಡಿ (B. 3, 63). — ಸಲಾಮು ಹೇಳು. To tell one's compliments or thanks (through any person, My.).

ಸಲಿಕಿ saliki. = ಸಲಿಕೆ. (S. Mhr.). ಕೊಡಲಿ ಗುದ್ದಲಿ ಸಲಿಕಿ ಮುನ್ತಾದ ಒಡಿವೆಗಳು (B. 5, 74).

ಸಲಿಕೆ salikĕ. = (ಸಲೆ 2), ಸಲ್ಲಿಕೆ. Delivering over, paying, payment (My.).

ಸಲಿಕೆ salikĕ. = ಸಲಿಕಿ. Tbh. of ಶಲಾಕೆ. An iron rod, a crow-bar (My.; Tē.); a kind of spade or hoe (My.). See B. 5, 79.

ಸಲಿಗೆ saligĕ. (fr. ಸಲ್ 1). = ಸಲುಗೆ, (ಸಲ್ಗೆ). Familiar intercourse, familiarity (My.); excessive familiarity, indulgence (in the intercourse with children, etc., My., also in ಸಲಿಗೆ ಕೊಡು); improper familiarity, freedom (Bp. 43, 40; My.; Mhr., H. ಸಲುಖಾ, good terms with or together; amicable footing; friendly relation with a foreign power, is Arabic and not to be compared; Mhr. ಸಲಗ, ಸಲಗೀ, intimacy, familiarity, probably is taken from K.). ಆ ಹುಡುಗರು ಹೆದಬಿಡೆ, ಸಲಿಗೆಯಿನ್ದ (ಅವನ ಸಂಗಡ) ಆಡಿದ್ದರಿನ್ದ ರಾಕ್ಷಸನಿಗೆ ಸನ್ತೋಷವಾಗ ಹತ್ತಿತು (B. 5, 133). ಆತನಿಗೆ ಚಿಕ್ಕನ್ದಿನಿನ್ದ ಅವನ ಸಲಿಗೆಯೇ ಬಹಳ (5, 140). ಸಲ್ಲದ ಠಾವಿನಲ್ಲಿ ಸಲಿಗೆ ಮಾಡಿದರೆ ಅಲ್ಲೇ ಹೋಯಿತು ಅಭಿಮಾನ.—ಸಲಿಗೇ ನಾಯಿ ಮೊಲಕ್ಕೆ ಮುತ್ತು ಕೊಟ್ಟ ಹಾಗೆ.—ಸಲಿಗೆ ಕೊಟ್ಟ ನಾಯಿ ತಲೆಗೇರಿತು (Prvs.).

ಸಲಿಗೆ saligĕ. = ಸರಿಗೆ No. 2. A wire (My.).

ಸಲಿಲ salila. = ಸಂಲ. *Water.* 2, N. of a certain metrical foot (Čh.).

ಸಲಿಲಜ salila-ja. A lotus. (My.).

ಸಲಿಲಾಶ್ರಯ salila-âśraya. A tank, a lake (J. 2, 18).

ಸಲಿಸು salisu. = ಸಲ್ಲಿಸು. To cause to enter (Ŏpr. 2, after 49; 5, 50); to execute, to perform (Bp. 12, 45; 42, 16; 44, 18; 59, 24); to use, to employ (Šmd. 38; Mr. 8); to fulfil (as another's desire, Râm. 8, 8, 35; 18, 5; J. 19, 41. 44); to give (Bp. 8, 51; 7, 1; 27, 10), to grant (Rśv. 13, 26; J. 5, 44. 47; Bhâgavata 10, 18, 8), to bestow, to show (Bp. 6, 3; 40, 40); to pay (J. 29, 17); to spend (as time, Bp. 24, 2).

ಸಲೀಲ sa-lîla. Playful, wanton, sportive. (G.).

ಸಲು salu. = ಸಲ್ 1, etc. To enter, etc., etc.; to be (Bp. 55, 12); etc., etc. ಸಲುವತ್ತೆ (*i. e.* ಸಲುವ ಒತ್ತೆ, a fit pledge, 40, 11). ಹುಪ್ಪಮ್ ಓಗರಕೆ ಸಲುವದು (Sp.). — ಸಲು ಸಲು. rep. (Bp. 36, 25).

ಸಲುಗೆ salugĕ. = ಸಲಿಗೆ. (Bp. 6, 3; 40, 40; J. 6, 42. 55; 30, 47).

ಸಲುಪ salupa. Tbh. of ಸ್ವಲ್ಪ. (My.).

ಸಲುಫ salupha. = ಸಬ್ಬಸಿಗೆ. (St. & Pl.).

ಸಲುವಳಿ salu-vaḷi. = ಸಲ್ವಳಿ, (ಸಾಲುವಳಿ). Currency, general acceptance, use;—fitness, propriety (My.; see Šmd. Cm. s. ಸಲ್ 1). — ಸಲುವಳಿಕ್ರಯ. A proper or just price (My.). — ಸಲುವಳಿಮಾತು. A proper word (My.). — ಸಲುವಳಿಯಾಗು. -ಆಗು. To become or be fit or proper (ಆಗು Šmd. 75 & 76 Cm.; ಸಾಲ್ 97 Cm.). — ಸಲುವ ಳಿವ್ಯಾಪಾರ. Just transactions or trade (My.).

ಸಲುವು saluvu. = ಸಲವು 2, No. 2. Cause, etc. ಸಲು ವಾಗಿ = ಸಲವಾಗಿ (C.; B. 1, 24; 2, 82. 83; 3, 77. 78; 5, 104. 182; ಒಸ್ಕರ G.).

ಸಲುಹ saluha. Entering; current, onward motion. See ಬಟ-.

ಸಲೆ salĕ. 1. Infinitive of ಸಲ್ 1. So that it passes: currently, perpetually, constantly (ನಿತ್ಯ Šmd. 395; ತಪ್ಪದೆ 110 Mdb. Cm.); fitly, properly, nicely, well (ಚನ್ನಾಗಿ Šmd. Cm. 110 & 157; ಕೊಣ್ಣಾಡುವ ನುಡಿ Bhn. 38; often the term is a mere expletive or pâdapûraṇa, Ĉt. I, 19; II, 34). See Ĉpr. 1, 69; 3, 64; Bp. 27, 23. 77; 57, 83; Rśv. 5, 122; 8, 112; 11, 68; J. 3, 3. 24. 31; 28, 63; Šm. 8. 4.

ಸಲೆ salĕ. 2. (= ಸಲಿಕೆ, etc.). Payment, the sum paid (My.). 2, that is come by (?): the number resulting from the multiplication of two or more numbers, product (My.; is *this* a foreign term?). — ಸಲೆಗಜ. A square yard (My.). — ಸಲೆ ಮಾಡು. To find the area by multiplication (My.); to find the number of cubic feet by multiplication (My.). — ಸಲೆಯಡಿ. -ಅಡಿ. A square foot; a cubic foot (My.).

ಸಲೋಕ sa-lôka. Being in the same world. See ಸಾಲೋಕ್ಯ.

ಸಲ್ಲ salla. See s. ಸಲ್ 1.

ಸಲ್ಲಕಿ sallaki. = ಶಲ್ಲಕಿ. *The gum olibanum tree, Boswellia thurifera* Roxb. See ತಡಿಕು, ತಡುಕು.

ಸಲ್ಲಲಿತ sat-lalita. Very lovely, handsome or beautiful; very pleasant, wished for, desired or loved (Čh. v. 37; Bp. 9, 19; 22, 27; 35, 16; 39, 13; Rśv. 11, 57; J. 4, 5; 18, 24); great beauty, etc. (Bp. 42, 24). ಸಲ್ಲಲಿತಶಿವಂ (ಹಂಸ Mr. 505).

ಸಲ್ಲಾ sallâ. = ಸಲಹಾ, etc. Counsel (My.; Mhr., H.). 2, peace; truce (My.; Mhr., H.). ಹಗೆಯವರ ಸಂಗಡ ಸಲ್ಲಾ ಮಾ ಡುವಿಕೆ (ಸಿದ್ಧಿ Si. 262).

ಸಲ್ಲಾಪ sallâpa. = ಸಂಲಾಪ. (ಸೂಚಿಸುವ ನುಡಿ Hlâ.; ವ್ಯಾಪಿಸುವ ಸೂ ಚಿಸುವ ನುಡಿ Mr. 88; Bp. 4, 24; 19, 38; 45, 1).

ಸಲ್ಲಾಪಿ sallâpi. = ಸಂಲಾಪಿ. (Bp. 32, 2).

ಸಲ್ಲಿಕೆ sallikĕ. = ಸಲಿಕೆ. (My.). ಸಲ್ಲದ ನಾಣ್ಯ ಸಲ್ಲಿಕೆ ಮಾಡಿ ದರೆ ಅಲ್ಲಿಗೆ ಹೋಯಿತು (Prv.).

ಸಲ್ಲಿಸು sallisu. = ಸಲಿಸು. (My.). Among the My. Liṅgavantas ಸಲ್ಲಿಸು means also 1, to serve up food. 2, to eat.

ಸಲ್ಲೀಲೆ sat-lîlĕ. Great sport or amusement; great grace, beauty or loveliness (Bp. 40, 88; Č. Bp. 47, 2; Rśv. 12, after 41; 13, after 61).

ಸಲ್ಲು sallu. = ಸಲ್ 1, etc. (My.; Bp. 58, 35). P. p. ಸನ್ದು; third person singular imperfect ಸನ್ದಿತು, ಸನ್ತು. ರಾಜರಿಗೆ ಮಾ ತ್ರ ಸಲ್ಲ ತಕ್ಕ ಚಿಹ್ನ (ನೃಪಲಕ್ಷ್ಮ Si. 268). ದೂತತ್ವ ಮಾಡುವವನಿಗೆ ಭೀತತ್ವ ಸಲ್ಲದು.— ಪರವಾಸ ಮಾಡುವವನ ಘರವಸ ಸಲ್ಲದು.— ಪರ ಸು ಸಿಕ್ಕಿದರೂ ನಿರಸವಿದ್ದವಗೆ ಸಲ್ಲದು.— ಸಲ್ಲದ ಹಾವಿನಲ್ಲಿ ಸಲಿಗೆ ಮಾಡಿದರೆ ಅಲ್ಲೇ ಹೋಯಿತು ಅಭಿಮಾನ.— ಸಲ್ಲದ ನಾಣ್ಯ ಸಲ್ಲಿಕೆ ಮಾಡಿದರೆ ಅಲ್ಲಿಗೆ ಹೋಯಿತು.— ಸಲ್ಲದ ಹೊನ್ನಿಗೆ ವಟ್ಟವಿಲ್ಲ (Prvs.).

ಸಲ್ಲುಡಿ sallundi. — ಸಲ್ಲುಡಿಗಿಡ. A climbing shrub with necklace-like fruits, Maerua arenaria Hook. f. & T. (Z.).

ಸಲ್ಲೆ sallĕ. = ಸಲಿಗೆ, ಸಲುಗೆ. (V. 5, after 39).

ಸಲ್ಲೆಹ sallĕha. = ಸಲ್ಲೇಖ. Tbh. of ಶಲ್ಯ 1. (Grj. 7, 54; Rśv. 6, after 11). — ಸಲ್ಲೆಹದ ಕೋಲು. (ಶಲ್ಯ, ಶಂಕು Si. 290).

ಸಲ್ವಳಿ sal-vaḷi. (Šmd. 252). = ಸಲುವಳಿ.

ಸವ sava. P. p. of ಸವೆ 2, in ಸವ ಕೊಳ್ಳು (My.).

ಸವ sava. 1. Tbh. of ಸಮ 1. (G.; ಸಮಾನ Šmd. 267 Cm.; 400 Cm.). — ಸವನು. = ಸಮವು. ಸವನಾಗು. -ಆಗು. To be or become equal, etc. (B. 3, 25; 4, 64). ಸವನಿಲ್ಲದವನ್ನ (G. 86). — ಸವನೆ. -ಎ3. Quite equal, etc.; in the very same manner (B. 3, 4. 39. 89; 5, 274). See ಒನ್ದೇ-. — ಸವನೆಲ. Level ground (ಅಜ G.). — ಸವ ಸಲ್. = ಸಮ ಸಲ್. (Šmd. 400; Šm. 84. 63).

ಸವ sava. 2. Tbh. of ಶವ. (Šmd. 342).

ಸವ sava. 3. Tbh. of ಶ್ರಮ. (Šmd. 347).

ಸವ sava. 4. Pressing out the sôma juice; a libation, oblation, *sacrifice;* the juice or honey of flowers. See ಉತ್ಸವ.

ಸವ sava. 5. Begetting, bringing forth young; a generator; offspring. See ಪ್ರಸವ.

ಸವಗ savaga. 1. (Tbh. of ಕವಚ? or of ಯಮುಕ?). A suit of armour or mail (ಮೈಯ್ಯ ಜೋಡು Šm. 42; ಜೋಡು Bhn. 30; Śśv. 2, 108; J. 12, 49; Bh. 6, 4, 52; 10, 7, 6).

ಸವಗ savaga. 2. Tbh. of ಸಮೋಘ.

ಸವಗಸನ್ನಣ savaga-sannaṇa. Tbh. of ಸಮೋಘಸನ್ನಾಹ. (Šmd. 376).

ಸವಟು savaṭu. 1. = (ಸಟ್ಟು), ಸವುಟು, ಸೋಟು 2. A ladle, a spoon (My.; B. 3, 46).

ಸವಟು savaṭu. 2. To dirty (v. t., as clothes, My.). 2, to become dirty (as clothes, My.; *cf.* ಜಟ್ಟು 2 ?).

ಸವಟೆ savaṭĕ. (= ಸೋಟೆ? ಸೊಟ್ಟೆ?). — ಸವಟವಾಯಂ. -ವಾಯಂ. (Šmd. 95).

ಸವಡ savaḍa. = ಜವಳ. — ಸವಡಗಟ್ಟು. -ಕಟ್ಟು. A double structure or wall; a wall built on the outer side of another to support it (My.). — ಸವಡಬಿತ್ತಿ. = ಸವಡಗಟ್ಟು. (My.).

ಸವಡಿ savaḍi. 1. = ಜವಳಿ. A pair; a junction; confluence (J. 19, 49; see ಒಟ್ಟವಡಿ, ಮುಟ್ಟವಡಿ). See Bhn. s. ಪಿಡಿಸವತಿ. — ಸವಡಿಗಾಲ್. -ಕಾಲ್. Two or both feet (Bh. 2, 10, 13). — ಸವಡಿಗೆಯ್. -ಕೆಯ್. Two or both hands (Bh. 10, 8, 7). — ಸವಡಿಡು. -ಇಡು. To put together, to join, to pair (?). ಸವಡಿಟ್ಟಂ (Šmd. 63). — ಸವಡಿನುಡಿ. Two words (Bh. 3, 6, 93). — ಸವಡಿವಾತು. -ಮಾತು. Two words (Bh. 8, 22, 28). — ಸವಡಿವೆರಳು. -ಬೆರಳು. Two fingers (Bh. 8, 25, 2).

ಸವಡಿ savaḍi. 2. A person who turns water from a tank on rice-fields (My.; H.).

ಸವಡಿಸು savaḍisu. To join, to comprise (Bh. 8, 27, 27).

ಸವಣ್ savaṇ. = ಸವಣ 1. — ಸವಣ್ಮನೆ. A Jaina temple (ಬಸದಿ Čt. II, 100).

ಸವಣ savaṇa. 1. Tbh. of ಕ್ಷಪಣ. (Šmd. 346) and of ಶ್ರವಣ (*i. e.* ಶ್ರಮಣ 345 Mdb.). A Jaina (ಕ್ಷಪಣ, ಜೈನ, ಶ್ರಮಣ Hlâ.). ನಮೋಸ್ತುಗಳೆನ್ದು ಸವಣರ್ಗೆ ಪೆಸರಾಯ್ತು (Šmd. 93). ಸವಣಂ ಬಳಪಂಗೊಳೆ (200). See Čpr. 6, 95; Abh. P. 9, 18; Bp. 28, 37; 49, 9; 51, 36. 77; 52, 16. 20; 53, 10; Tbh. ತಟ್ಟು 1. — ಸವಣಬಳಗೊಳ. -ಕೊಳ. N. of a Jaina village in Mysore (My.). — ಸವಣಬೆಳಗೊಳ. = ಸವಣಬಳಗೊಳ. (My.).

ಸವಣ savaṇa. 2. = ಶ್ರವಣ 4. Pincers (My.).

ಸವಣಿಸು savaṇisu. = ಸವರಿಸು. Tbh. of ಸಂವರಿಸು. To prepare, to make or get ready, to arrange (My.; *cf.* ಸವನಿಸು).

ಸವತಿ savati. = ಸವತೆ, etc. — ಸವತೀ ಕಾಯಿ. (ಉರ್ವಾರು G.; ವಾಲುಕ Čb.).

ಸವತಿ savati. Tbh. of ಸಪತ್ನಿ. A rival wife (Čpr. 6, 1; Bp. 18, 11; J. 18, 10; My.; Tĕ.; Mhr. ಸವತ). ಸವತಿಗೆ ಸವತಿ ಪುಟ್ಟುಡಿಪಳ್ (Šmd. 159). ಸವತೀ ಗಣ್ಣ ಸಾಯಲಿ! ಅನ್ದರೆ ಮುಣ್ಡೆ ಆಗುವವರು ಯಾರು? — ಸವತಿಗೆ ಮುಣ್ಡೆ ಆಗು ಅನ್ದ ಹಾಗೆ. — ಸವತಿ ಸಣ್ಣವಳಲ್ಲ, ದಾಯಾದಿ ಚಿಕ್ಕವನಲ್ಲ. — ದವುತಿ ಇಲ್ಲವೆನ್ದು, ಸವತೀ ಸಂಗಡ ಜಗಳಾಡಿದಳು. — ಸವತೀ ಕಾಯಿ ಕಹಿಯಾದರೆ ಸವತಿ ಏನು ಮಾಡುವಳು? — ಸವುದೆ ತಾರದೆ ಇದ್ದರೆ ಸವತಿ ಏನು ಊಡ್ಯಾಳು? (Prv.). — ಸವತಿದಾಯ್. -ತಾಯ್. A step-mother. ಸವತಿದಾಯ ಮಗನು (ವೈಮಾತ್ರೇಯ, ವಿಮಾತೃಜ Nr.). — ಸವತಿಮಗ. A step-son (My.). Feminine ಸವತಿಮಗಳು (My.). — ಸವತಿಮತ್ಸರ. The enmity between rival wives (My.).

ಸವತೆ savatĕ. = ಸವುತೆ, etc. (My.). — ಸವತೇ ಕಾಯಿ. = ಸವತೀ ಕಾಯಿ. See Prv. s. Tbh. ಸವತಿ.

ಸವದು savadu. = ಸವೆದು. P. p. of ಸವೆ 2. (Bp.).

ಸವದೆ savadĕ. = ಸವುದೆ. (My.). ಸಾಲಗಾರರನ ಮನೆಗೆ ಸವದೆ ಹೊತ್ತರೆ ಮೇಲಣ ಬಡ್ಡಿಗೆ ಸಮವಾಯಿತು (Prv.).

ಸವನ savana. 1. *The act of extracting the juice of the sôma plant;* a libation; an oblation or sacrifice. 2, *bathing; any purificatory ablution.*

ಸವನ savana. 2. The act of bearing children, etc.

ಸವನ savana. 3. Tbh. of ಶಮನ. Yama (ಶಮನನು, ಯಮನು Nn. 103).

ಸವನಿಸು savanisu. (fr. ಸವೆ 3). = ಸಮನಿಸು. To be acquired, found, got or gained; to come about; to occur (ಪ್ರಾಪ್ತಿಸು Šmd. 15. 125. 146. 341; Šâv. 4, 85).

ಸವಯಸ್ sa-vayas. Coeval, cotemporary; a coeval, *a cotemporary, a friend of the same age.*

ಸವಯಿಸು savayisu. = ಸಮಿಸು, etc. To destroy, etc. (Bp. 61, 14).

ಸವರ್ savar. To perish, etc. (ಬೀ, ಕಿಡ್ Bhn. 33, o. r. ಸವೆ).

ಸವರಣೆ savaraṇĕ. = ಸಂವರಣೆ, ಸೌರಣೆ. (My.).

ಸವರಿಸು savarisu. 1. To cause to cut off the side branches of a branch, etc. (My.); to cause to chip (My.); to cause to cut down (J. 9, 22).

ಸವರಿಸು savarisu. 2. To have applied to, etc. (My.).

ಸವರಿಸು savarisu. = ಸಂವರಿಸು. (My.). ತಿರಿಚಿನಾಪಳ್ಳಿಗೆ ತಿರಿದುಮೈಸೂರಿಗೆ ಇಲ್ಲಿನ್ದ ಕೆಯ್ ಸವರಿಸ ಬೇಕೇ? (Prv.).

ಸವರು savaru. 1. To cut off the side branches of a branch of a tree, the branches of a bush or bamboo (My.), or the bark of a tree (B. 3, 7). 2, to diminish prominences of the soil by cutting away a little at a time, to chip (My.). 3, to cut, to cut down (Bp. 53, 10; Râm. 5, 9, 12; Bh. 6, 4, 107; J. 12, 49; 20, 26; 22, 26).

ಸವರು savaru. 2. To rub in or apply to, as water, oil, medicine, polish, or ashes (My.; B. 4, 175; Tĕ. ಜವುರು, ಜಮುರು, ಜವರು, ಜವ್ವರು). 2, to convey with a stick, knife, etc. any sticky substance to a vessel by rubbing the substance off on its brim (My.; B. 4, 40).

ಸವಱು savaṟu. = ಸಮಱು 1. To trim (as the hair with one's hand), etc.; to measure even with the striker (My.). ಬಿಲ್ಲಿನ ಹೆದೆಯನ್ನು ಸವಱ್ ಕೀಳುವಾಗ ನಾರಿಯು ಕೆಯ್ ಕೊಡಿತು ಹಾಳದನ್ತೆ ಅಂಗೆಯ್ಗುಸ್ತಕ್ಕೆ ರಕ್ಷಕವಾಗಿ ಹಾಕಿಕೊಳ್ಳುವ ತೊಗಲ ಕೆಯ್ಚೀಲ (Sl. 287).

ಸವರ್ಣ sa-varṇa. The syllable sa (Čh.). 2, being of the same colour; like, resembling; of the same tribe or class. 3, belonging to the same class of letters, *i. e.* uttered by the same organs of speech. 4, homogeneous; a homogeneity. See Šmd. 13. 15. 16.

ಸವರ್ತಿ sa-varti. A person who moves or walks (Bp. 6, 12).

ಸವಸು savasu. 1. (fr. ಸವೆ 3). To make ready, to prepare (Bh. 1, 8, 86).

ಸವಸು savasu. 2. (fr. ಸವೆ 2). = ಸಮಿಸು, etc. To cause to wear away, to exhaust, to spend (Bp. 18, 20).

ಸವಹೆ savahĕ. = ಸರಲೆ, No. 1.

ಸವಳದೆ savaḷadĕ. Daybreak, dawn (ಉದಯ Šmd. 400).

ಸವಳು savaḷu. = ಚವುಳು, ಸವುಳು, q. v. (ಕಷಾಯ G.). ಸವಳ ನೀರು (B. 5, 74).

ಸವಳ್ತಡೆ (savaḷtu-aḍĕ2). = ಸಮುಳ್ತುಜೆ. Daybreak, dawn, morning (ಉದಯ Śmd. 400). ಸವಳ್ತಡಿಂಗೆ, ಸವಳ್ತಡಿನ (401). 2, the next morning (ಮಾಱಣ Čt. I, 31).

ಸವಾ savâ. = ಸವ್ವಾ. Having a fourth more; more by a fourth (My.; Mhr.). — ಸವಾಸೇರು. 1¼ sêru (in weight, My.). ಸೆಟ್ಟಿ ಸವಾಸೇರು, ಲಿಂಗ ಅಡಿಸೇರು (Prv.).

ಸವಾಯಿ savâyi. Excess by a fourth; having the excess of a fourth (Mhr. ಸವಾಈ). — ಸವಾಯಿಮಾಧವರಾಯ. N. (B. 4, 216).

ಸವಾರ savâra. = ಸ್ವಾರ 2. Mounted upon or seated in (a horse, a coach, etc.; Mhr.); a man on horseback, a horseman (My.; Si. 278; Mhr., H. ಸ್ವಾರ). — ಸವಾರಕಚೇರಿ. The office of troopers or native cavalry (My.).

ಸವಾರಿ savâri. 1. = ಸ್ವಾರಿ. Riding upon the back of any animal or in a carriage, riding; going, walking (My.). ಸವಾರೀ ಎತ್ತು, -ಕುದುರೆ, -ಬಣ್ಡಿ, etc.; ಕುದುರೇ ಸವಾರಿ, ಬಣ್ಡೀ-, etc. (My.). 2, the equipage, retinue or train of a great personage (Mhr., H. ಸ್ವಾರೀ); (the bamboo structure on carts, S. Mhr.). 3, the great personage singly; any person in the customary adulatory or complimentary style (My.; Mhr.).—See Si. 274. 275.

ಸವಾರಿ sa-vâri. 2. A cloud (Abh. P. 13, 59); a stream (13, 61).

ಸವಾಲ್ savâl. ಸವಾಲು. A question, inquiry (My.; Si. 56; Br.; Mhr., H.).

ಸವಾಷ್ಣಿ savâshṇi. Tbh. of ಸುವಾಸಿನಿ. A woman whose husband is living (ಮುತ್ತಯ್ದೆ G.; Mhr. ಸವಾಶೀಣ, ಸವಾಷ್ಣ).

ಸವಿ savi. 1. = ಸವೆ 2. To wear away, etc., to pass, as time (Bp. 25, 6; 27, 21).

ಸವಿ savi. 2. = ಸವೆ 1. To test by eating, to taste; to eat (ಬಾದನಪರೀಕ್ಷೆ Śmd. Dh.; Bp. 15, 25; 24, 29; 28, 31; 33, 17; 36, 46; Śsv. 4, 66. 93; J. 1, 7; 6, 15; 15, 46; C.; B. 4, 2; *cf.* ಚಪ್ಪರಿಸು 1, T. ಚುವೈ, M. ಚುವೆ). ಜ್ಞಾನವುಳ್ಳವರ ಸಂಗ ತಾ ಸಕ್ಕರೆ ಜೇನು ಸವಿದನ್ತೆ (Sp.). ಸಜ್ಜನರ ಸಂಗವದು ಹೆಜ್ಜೇನು ಸವಿದನ್ತೆ (Sp.). ಆಧಾರವಿಲ್ಲದವನ್ ಅಮೃತಾನ್ನ ಸವಿಪಾನೆ? (Dp. 87). — ಸವಿ ಸವಿ. rep. (Grj. 2, after 106; Bp. 10, 49; J. 3, 37).

ಸವಿ savi. 3. P. p. of ಸವಿ 2, in ಸವಿ ಸವಿದು (Bp. 35, 2).

ಸವಿ savi. 4. = ಸಂವಿ. That has taste, that is palatable, savoury, sweet or nice; ambrosia; taste; sweetness (ಮಧುರ Mr. 218; ಇಮ್ಪು Kk. 72, Śm. 65; ಸೀ G.; Čpr. 1, 51; 7, 49; 8, 56. 73. 82; Bp. 10, 49; 33, 17; 36, 46; 51, 49; 60, 42; My.; Tě. ಚವಿ; T. ಚುವೈ, M. ಚುವೆ). ಮಾಮರಂ. . . ಮಾಣದಿತ್ತು ಸವಿಯಂ (Čpr. 7, 41). ಅಱಿವುದೆ ಪಾಲ ಸವಿಯಂ ಕೆಸಱೊಳ್ ಇಹ ಬಕನು? (Bp. 60, 42). ಬಾಯ ಸವಿಯಿಲ್ಲದ ರಸಾಯನದಲಿ ಏನು? (Dp. 167). ಕಬ್ಬು ಕೊನೆಯಿನ್ದ ಮೆದ್ದರೂ ಬುಡದಿನ್ದ ಮೆದ್ದರೂ ಸವಿ ಒನ್ದೇ.—ಕಬ್ಬು ಡೊಂಕಾದರೆ ಸವಿ ಡೊಂಕೇ?—ತಾಯಿಗಿನ್ತ ಹಿತವರಿಲ್ಲ, ಸಕ್ಕರೆಗಿನ್ತ ಸವಿ ಇಲ್ಲ.—ಬೆಲ್ಲದ ಸವಿ ತಿನ್ದ ಕೂಟಿತು ತಿಳಿಯದು.—ಬಲ್ಲವನೇ ಬಲ್ಲ ಬೆಲ್ಲದ ಸವಿ.—ಮಕ್ಕಳ ಬಾಯಿಗೆ ಮಣ್ಣು ಸವಿ.—ಪಾಲೀ ಹಾಗೆ ಬಲವನ್ತನಿಲ್ಲ, ಹಾಲಿನಕ್ಕಿನ್ತ (*i. e.* ಹಾಲಿಗಿನ್ತ) ಸವಿ ಇಲ್ಲ (Prvs.). See ಕಣ್-, ಕಳ್-, ಮೊಯ್-. ಸವಿಯಾಗಿ ಮಾತಾಡುವವನು (ಶಕ್ಲ G.). — ಸವಿಕಿತ್ತಳೇ ಹಣ್ಣು. A sweet ripe orange (G. 155). — ಸವಿಗಡಲ್. -ಕಡಲ್. The sea of ambrosia or milk. — ಸವಿಗಡಲಣುಗ. -ಅಣುಗ. The son of the milk-sea, the moon (ಚನ್ದ್ರ, etc., ಶಶಿ Kk. 44; ಚನ್ದ್ರ Śm. 15. 16). — ಸವಿಗಲೆ. -ಕಲೆ. Sweet (amorous) art (J. 6, 34). — ಸವಿಗಾಣಿಸು. -ಕಾಣಿಸು. To make appear sweet; to please (v. t., Čpr. 3, 101); to cause to taste. — ಸವಿಗಾಣು. -ಕಾಣು. To taste (My.). 2, to be pleased (B. 4, 53). — ಸವಿಗೊಳ್. -ಕೊಳ್. To taste (Bp. 18, 29). — ಸವಿಗೊಳಿಸು. -ಕೊಳಿಸು. To cause to taste or eat (J. 6, 43). — ಸವಿ ತಕ್ಕೊಳ್ಳು. To perceive the sweetness or flavor (of anything, My.). ಬಾಯೊಳಗೆ ತಿನ್ನುವ ವಸ್ತು ಇರುವಾಗ ನಾಲಿಗೆಯೂ ಅಂಗಳೂ ಅದಱ ಸವಿ ತಕ್ಕೊಳ್ಳುತ್ತವೆ (B. 4, 85). — ಸವಿತುಟಿ. A sweet lip (ಇನ್ದುಟಿ G.). — ಸವಿದುತ್ತು. -ತುತ್ತು. A sweet morsel (Grj. 8, 59). — ಸವಿದೋಱು. -ತೋಱು. To appear as or to be sweet or delicious. ಕೊಣ್ಡವಗೆ ಸವಿದೋಱಿತು ಇನ್ತಪ್ಪ ಕಾಯಿ (Bědagučaupadi). — ಸವಿನೀರು. Sweet, fresh, not salt water (B. 4, 101. 143; 5, 74). — ಸವಿನುಡಿ. A sweet word or speech (Grj. 2, after 106; J. 11, 10). — ಸವಿನೋಟ. A pleasant sight (Śs.; J. 6, 34). — ಸವಿನೋಡು. To taste, to relish, to eat (ಆಸ್ವಾದಿಸು G.; Bp. 3, 35; My.). — ಸವಿಮಣ್ಡಲ. The lunar disk (ಚನ್ದ್ರಬಿಮ್ಬ Čt. I, 28). — ಸವಿಮಾತು. A sweet word (My.; B. 4, 17). ಮನ್ತ್ರಿಯಾ ಹಗೆ, ನೃಪನ ಕಾನ್ತೆಯಾ ಸವಿಮಾತು, ಮನ್ತ್ರವಿಲ್ಲದನ ಗೆಳೆತನಗಳು ತನ್ನ ಮುನ್ತೆ ಕೊಲ್ಲುವವು (Sp.). ಸವಿಮಾತಿನವನು (ವದಾನ್ಯ G.). — ಸವಿಮಾವು. A sweet mango (ಇಮ್ಮಾವು, ಸಹಕಾರ G.). — ಸವಿಯೂಟ. -ಊಟ. A savoury, delicious meal (C.). ಸವಿಯೂಟಗಳನುಣ್ಡು ಬೆಮಿಸ ಬೇಡ! (Dp. 4). — ಸವಿವಣ್. -ಪಣ್. A sweet ripe fruit (Śś. 76). — ಸವಿವೆರ್ಚು. -ಪೆರ್ಚು. Sweetness to increase; to increase in sweetness (Čpr. 6, 85). — ಸವಿವೆಸರ್. -ಪೆಸರ್. A pleasant name or word. ಅನ್ನೆಗಂ ಇನ್ನೆಗಂ etc. ಎನ್ದು, ನುಡಿದ ಸವಿವೆಸರ್ ಸೀಮಾರ್ಥದ ಪ್ರಮಾಣಕ್ಕೆ (Kk. 69). — ಸವಿವೇಟ. -ಬೇಟ. Sweet amorous play (J. 15, 43). — ಸವಿ ಸವಿ. rep. (B. 4, 32. 132). — ಸವಿಹಣ್ಣು. = ಸವಿವಣ್. (My.). — ಸವಿ ಹತ್ತು. To have a pleasing taste (C.). ಅದು ಗೋದಿ ರೊಟ್ಟಿಯ ಹಾಗೆ ಸವಿ ಹತ್ತುತ್ತದೆ (B. 3, 78). ಒಣದೊಗಲು ಸಹ ನರಿಗಳಿಗೆ ಸವಿ ಹತ್ತುತ್ತದೆ (5, 262). 2, a taste or desire (for anything) to arise or exist. ಒಮ್ಮೆ ತುದುಗು ದಕ್ಕಿದರೆ ಮುನ್ದೆ ಅದಱ ಸವಿ ಹತ್ತುತ್ತದೆ (B. 3, 78).

ಸವಿಗಾಱ savi-gâṟa. A man who creates pleasant feelings, a jocose or witty man, etc. (ರಸಿಕ, ಜಾಣ, ಸೊಗಸುಗಾಱ, ಸುಖವನ್ನು ಮಾಡಿ ಕೊಳ್ಳುವವನು G.).

ಸವಿತಾರ savitâra. Tbh. of ಸವಿತೃ. The sun (Mr. 34; Śmd. 104).

ಸವಿತೃ savitṛi. Generating, producing, causing. 2, *the sun.*

ಸವಿತ್ರಿ savitri. *A mother.*

ಸವಿಧ sa-vidha. Of the same kind or sort. 2, *near, proximate;* vicinity.

ಸವಿನಯ sa-vinaya. Having good behaviour or propriety, well-conducted, modest; good behaviour, propriety, modesty (Bp. 24, 2; 28, 48; 35, 3).

ಸವಿನಯಸ್ಥ savinaya-stha. A well-behaved, modest man (Bp. 38, 6).

ಸವಿಭವ sa-vibhava. Having greatness or dignity, great, etc. (Čpr. 2, 94).

ಸವಿಸು savisu. 1. = ಸಮಿಸು, etc. (My.).

ಸವಿಸು savisu. 2. To cause to taste or eat (J. 7, 42; 15, 47).

ಸವಿಸ್ತಾರ sa-vistâra. Detailed, circumstantial; circumstantially, minutely (My.; B. 4, 92).

ಸವಿಸ್ಮಯ sa-vismaya. Astonished, surprised. ಸವಿಸ್ಮಯಂ, with surprise (My.).

ಸವಿಹ saviha. Tasting; flavour, as one of the five objects of sense. ಕಾಣ ಬಹುದು, ಕೇಳುಹ, ಪರಿಮಳಿಸುಹ, ನಾಲಿಗೆಯುಲ್ಲಿ ಸವಿಹ, ಮುಟ್ಟುಹ ಎಮ್ಬಿವು ವಿಷಯಂಗಳು (ರೂಪ ಶಬ್ದ ಗನ್ಧ ರಸ ಸ್ಪರ್ಶ Nr.).

ಸವುಂಗನ್ಧಿ savuṅgandhi. Tbh. of ಸೌಗನ್ಧಿ. See Mr. 117 s. ಸೌನ್ದರಿ.

ಸವುಟು savuṭu. ಸೌಟು. = ಸವಟು 1. A spoon, a ladle (ಕಂಬಿಕ Mr. 205; ದರ್ವಿ, ಕಮ್ಬಿ, ಖಜಾಕೆ Si. 310; My.). ಅಡಿಗಿಯ ಸವುಟು (ದರ್ವಿ G.). ಮರದ ಸವುಟು (ತರ್ದು, ದಾರುಹಸ್ತಕ Si. 310). ಅವುಟು ಇದ್ದವನಿಗೆ ಸವುಟಿನಿನ್ದ ಹೊಡೆದ ಹಾಗೆ.— ಸವುಟು ಕೆಯ್ಯಲ್ಲಿ ಇದ್ದಾಗ ಅವುಟು ಮಾಡಿದ್ದೇ ಬನ್ತು (Prvs.).

ಸವುತೆ savutĕ. ಸೌತೆ. = ಸವತಿ, ಸವತೆ, ಸವುನ್ತೆ. A kind of cucumber, Cucumis utilissimus Roxb. (ಉರ್ವಾರು, ಕರ್ಕಟಿ Nr.; ವಾಲುಕ Mr. 148). See ಮುಳ್ಳು-, and *cf.* Mr.'s ಉರ್ವಾರು s. ಮೆಕ್ಕೆ.— ಸವುತೆಕಾಯಿ. A cucumber (My.). ಬಣ್ಣ ಸವುತೆಕಾಯಿ (ಉರ್ವಾರು); ಕಾಡುಸವುತೆಕಾಯಿ (ಕರ್ಕಟಿ Si. 161).— ಸವುತೆಕಾಯಿಕೋಸುಮ್ಬರಿ. A kôsumbari made of cucumbers, curds, etc. (My.).— ಸವುತೆಗಿಡ. The cucumber plant (ಉರ್ವಾರು, ಕರ್ಕಟಿ Si. 161; My.).

ಸವುದೆ savudĕ. ಸೌದೆ. = ಸವದೆ. Tbh. of ಸಮಿಧ್. Firewood, fuel (ಸಮಿಧ್ Nr.; My.). ಸವುದೆ ತಾರದೆ ಇದ್ದರೆ ಸವತಿ ಏನು ಮಾಡ್ಯಾಳು?—ಸವುದೇ ಹೊಟಿ ಹೊತ್ತು ಕೊಣ್ಡು ಪೌದೇಲಿ ಕೂತ ಹಾಗೆ (Prvs.).

ಸವುಧ savudha. Tbh. of ಸೌಧ (on account of the metre in Nn. 94).

ಸವುನ್ತೆ savuntĕ. = ಸವುತೆ, etc. (ವಾಲುಕಿ, ಕರ್ಕಟಿ Hlâ.).

ಸವುಸವ savusava. ಸೌಸವ. Smell; fragrance (ಕಮ್ಪು Šmd. II; Kk. 83; ಆಮೋದ Čt. II, 94; ನರು, ಸೊವಡು II, 45; ಸೊವಡು, ನರು, ಮುಗಮುಗಿಸಿತು, ನಾತ್ರ, ವಾಸನೆ Kk. 55). 2, the nectar of flowers; honey (ಮಕರನ್ದ Šm. 28).— ಸವುಸಗೋಲ. -ಕೋಲ. Who has fragrant arrows: Kâma (ಮನ್ಮಥ Kk. 8).

ಸವುಳು savuḷu. ಸೌಳು. = ಸವಳು, etc. Brackishness (C.; Mhr. ಸಳೂಳ). ಸವುಳುಳ್ಳ ನೆಲ (ಈರಿಣ, etc. Mr. 92).— ಸವುಳ ಕಾರ. = ಚವುಳುಕಾರ. (B. 4, 225, potash; My.).— ಸವುಳ ಗಿಡ. A plant that grows in brackish soil (B. 3, 48).— ಸವುಳುನೀರು. Brackish water (C.; B. 4, 119. 202).— ಸವುಳುನೆಲ. Brackish, saline soil, salt land (My.).— ಸವುಳುಪದಾರ್ಥ. Any vegetable that grows in brackish soil (My.).— ಸವುಳುಪ್ಪು. -ಉಪ್ಪು. = ಚವುಳುಪ್ಪು. (C.; B. 4, 202).— ಸವುಳುಭೂಮಿ. = ಸವುಳುನೆಲ. (My.).— ಸವುಳುಮಣ್ಣು. = ಚವುಳುಮಣ್ಣು. (ಇರಿಣ, ಊಷರ Hlâ.; ಊಷರ, ಇರಿಣ Nr.; ಕ್ಷಾರಮೃತ್ತಿಕೆ G.; C.). ಸವುಳುಮಣ್ಣುಳ್ಳ ಠಾವು (ಊಷ, ಕ್ಷಾರಮೃತ್ತಿಕೆ Nr.). ಸವುಳುಮಣ್ಣಿನ ಸ್ಥಳ (ಇರಣ, ಇರಿಣ); ಸವುಳುಮಣ್ಣಿನ ಭೂಮಿ (ಈರಣ, ಈರಿಣ G.).

ಸವೆ savĕ. 1. = ಸವಿ 2. To taste, to eat (Bp. 8, 16. 44).

ಸವೆ savĕ. 2. = (ಶವೆ 1), ಸಮೆ 1 q. v., etc. To be spent, etc., etc. (ಕ್ಷಯಮನ್ ಆಯ್ದು Bhn. 38; C.; Bp. 11, 14. 16; 16, 16; 27, 1. 15. 42. 47; 48, 22; 44, 29; 59, 14. 42; 61, 14. 39; Šsv. 1, after 15; 4, 57. 84; J. 20, 36; B. 4, 126). P. ps. ಸವದು, ಸವೆದು. ನಯಬಟ್ಟೆಯಾದರೆ ಸವೆಯದೆ ಇದ್ದೀತೇ? (Prv.).

ಸವೆ savĕ. 3. = ಸಮೆ 2. To be made ready, etc. (Č. Bp. 5, 48; Râm. 1, 18, 1). ಲಲಿತೇನ್ದ್ರನೀಲದಿಂ ಸವೆದ ದೊಗರಿ (Râghô. 17, 66). 2, to make ready, etc. (V. 14, 49).

ಸವೇಶ sa-vêša. Dressed, ornamented. 2, *near, proximate.*

ಸವ್ಯ savya. *Left* (not right), left hand. 2, south, southern. 3, reverse, contrary, backward.

ಸವ್ಯಭಿಚಾರ sa-vyabhičâra. A reason or argument that is incompatible with the conclusion drawn from it; an allegation that proves too much; a too general middle term. (R.).

ಸವ್ಯವಹಾರ sa-vyavahâra. Intercourse (My.).

ಸವ್ಯಸಾಚಿ savya-sâči. Arjuna. (Šmd. 268; J. 2, 31; 5, 71).

ಸವ್ಯಾಕುಲ sa-vyâkula. Confused, overcome with fear, etc. (Bh. 3, 19, 18).

ಸವ್ಯಾಪಸವ್ಯ savya-apasavya. Left and right, reverse and direct, wrong and right. (My.).

ಸವ್ಯೇಷ್ಠ savyê-stha. Standing on the left: *a charioteer.*

ಸವ್ಯೇಷ್ಠೃ savyê-sthṛi. = ಸವ್ಯೇಷ್ಠ. *A charioteer.*

ಸವ್ವಳಿ savvaḷi. (fr. a ಸಂವಲಿ). The crest of a wave (Bp. 2, 8; J. 9, 24).

ಸವ್ವಾ savvâ. = ಸವಾ. (B. 5, 270).

ಸಶಂಕ sa-šaṅka. Fearful, doubtful, suspicious. (R.).

ಸಶರೀರ sa-šarîra. Having a body, embodied; together with the body.— ಸಶರೀರಸ್ವರ್ಗ. A svarga to which one goes together with the body, indralôka (My.).

ಸಶಲ್ಯ sa-šalya. Pierced by a thorn or dart, pierced; thorny; troublesome. (R.).

ಸಶಿವ sa-šiva. Šiva-like, of like essence with Šiva (Bp. 1, 31; 24, 14; 61, 71).

ಸಸ sasa. Tbh. of ಶಶ. (G.).

ಸಸನೆ sasanĕ. = ಸಸಿನೆ 1. Still, uttering no sound, motionless (My.; *cf.* ಸಯ್ತು 2). ಸಸನೆ ಇರಲಾರದ ಬಡ್ಡಿಗೇರು ಚುಚ್ಚಿಸಿ ಕೊಣ್ಡಳು (Prv.).

ಸಸಮ್ಭ್ರಮ sa-sambhrama. Filled with confusion or bewilderment, agitated; full of elation. ಸಸಮ್ಭ್ರಮಂ, with perplexity, etc.; in fear; with elation (Râv. 13, after 64).

ಸಸಾಕ್ಷಿಕ sa-sâkshika. Having witnesses, in the presence of witnesses (My., as ಸಸಾಕ್ಷಿಕವಾಗಿ).

ಸಸಿ sasi. To pull out, as corn, etc. (ಸಸ್ಯಾದ್ಯುತ್ಪಾಟನ Šmd. Dh.). 2, to dress cotton (ಕಾರ್ಪಾಸತೋಧನ Šm. 11).

ಸಸಿ sasi. 1. Tbh. of ಶಶಿ. (Šmd. 335). The moon (ಚನ್ದ್ರ Šm. 16. 99; ಮೃಗಾಂಕ 11; Öpr. 3, after 44; Bp. 28, 37).— ಸಸಿಗಲ್. -ಕಲ್. The moon-stone (ಚನ್ದ್ರಕಾನ್ತ Šs.; Râv. 1, after 135; Šsv. 3, 30; 3, after 35).— ಸಸಿಗೆರೆ. The curved line or pale streak of the young moon (Râv. 3, 32).— ಸಸಿದಲೆಯ. -ತಲೆಯ. Šiva (ಪರಮೇಶ್ವರ Šs.).— ಸಸಿಮೊಗ. A moon-like face (Râv. 2, 22).— ಸಸಿವದನ. = ಸಸಿಮೊಗ. (J. 6, 27).

ಸಸಿ sasi. 2. = ಸೊಸಿ. Tbh. of ಸಸ್ಯ. (Šmd. 663; 364. 368). Corn; a young plant (as of rice, etc., My.; ಸೀತ್ಯ ಸಸ್ಯ,

Hlâ.; ಸೀತ್ಕ Mr. 371; ಲತೆ Šm. 111; Šmd. 267; Čpr. 1, after 101; 3, 103; 7, after 96; J. 19, 49). ಸಸಿಯ ಸುಟಿ (Šmd. I).

ಸಸಿಕು sasiku. A certain feat of wrestlers (Čpr. 5, 77).

ಸಸಿನ sasina. (fr. ಸಯ್). Straightness, evenness; rectitude; propriety (ಸೌಘ, ನಿರುತ, ನೇರಿತು Nn. 94; ಪ್ರತ್ಯಕ್ಷ, ನಿರುತ, ತಪ್ಪದೆಮ್ಮುದು 162; Bp. 5, 41; 45, 86; 47, 45; 54, 15; 60, 48; Râm. 6, 51, 16. 17). ಸಸಿನಮಾಡು (ಋಜು, ಅಜಿಹ್ಮ, ಪ್ರಗುಣ Nr.).

ಸಸಿನೆ sasinĕ. 1. = ಸಸನೆ. — ಸಸಿನಿರು. -ಇರು. To be still (Bh. 4, 8, 18).

ಸಸಿನೆ sasinĕ. 2. Straightly; properly, nicely, exactly, etc. (Čh. v. 325; Bp. 6, 11; 11, 21; 20, 7; 21, 37; 28, 29. 49; 32, 4; 43, 36; 48, 6. 22; 52, 10; 53, 64; 56, 57; 60, 19; 61, 40). ಇನ್ದ್ರಚಾಪ ಸಸಿನೆ (ಋಜು) ಮೂಡಿದಡೆ ರೋಹಿತ ಎನಿಸುಗು, ಅದು ಕೊರಡು (Nr.). ಸಸಿನೆ ಫಲವಾಗಿ (ತರು) ಕೆಡಲ್ ಓಷಧಿಗಳಕ್ಕು (Mr. 104); ಸಸಿನೆ ಗೆಲ್ದವ (ಜಿತಾಹವ 300). ಸಸಿನೆ ಮಾಡ್ಪುದು (ಸಾವಗಿಸುವದು Šs.).

ಸಸಿಲ್ sasil. A sort of fish (Ršv. 5, 115).

ಸಸೀಮ sa-sîma. Having the same boundary, *Conterminous, near.*

ಸಸೂತ್ರ sa-sûtra. According to the line or rule, properly, nicely (Râm. 5, 8, 82; My.).

ಸಸ್ತು sastu. P. p. of ಸಸಿ in Prv. s. ಬೆಸ್ತು.

ಸಸ್ಪೃಹತೆ sa-spṛihatĕ. The state of being filled with desire or longing (Bp. 18, 102).

ಸಸ್ಯ sasya. = ಶಸ್ಯ 2, ಸಸಿ 2, ಪೊಸಿ. *Corn, grain;* fruit.

ಸಸ್ಯಕ್ರಿಯೆ sasya-kriyĕ. Work with regard to corn. See ಹರಗು.

ಸಸ್ಯಪಂಕ್ತಿ sasya-paṅkti. A furrow. See ಸಾಲ್ 2.

ಸಸ್ಯಮಂಜರಿ sasya-mañjari. *An ear or spike of corn.*

ಸಸ್ಯವೃದ್ಧಿ sasya-vṛiddhi. Growth of corn. See ಬೆಳೆ 1.

ಸಸ್ಯಶೂಕ sasya-śûka. *An awn or beard of corn.*

ಸಸ್ಯಸಂವರ sasya-saṁvara. *The tree Vatica robusta* (= ಶಾಲ).

ಸಸ್ಯಾದ್ಯುತ್ಪಾಟನ sasya-âdi-utpâṭana. The pulling up (by the roots) of corn. See ಸಸಿ.

ಸಸ್ಯಾವಳಿ sasya-âvaḷi. All sorts of corn or grain (ಸಸಿಗಳ ಸಮೂಹ Šmd. 256 Cm.).

ಸಹ saha. 1. = ಸಹಾ, ಸಾ. *With, along with, together, together with;* also, too.

ಸಹ saha. 2. Bearing, bearing patiently, suffering, enduring. See *e. g.* ತಪಃಕ್ಲೇಶ-, ಸರ್ವಂ-.

ಸಹ saha. 3. = ಸಹಸ್. The month mârgaśirsha (Sk.; Mr. 70).

ಸಹಕಾರ sa-hakâra. 1. Having the letter or sound ha.

ಸಹಕಾರ saha-kâra. 2. Acting with, co-operation; assistance. 2, *a sort of fragrant mango* (ಚೂತ, etc., ಮಾವು Mr. 112).

ಸಹಕಾರಿ saha-kâri. One who co-operates with another, an assistant, associate; co-operating, etc.

ಸಹಗಮನ saha-gamana. = ಸಾಗಮಾನ. The act of going with or accompanying; a woman's going with her deceased husband, *i. e.* burning herself with his dead body (My.).

ಸಹಚರ saha-čara. Going with, accompanying, associating with; a male companion, etc. See ಸಾಹಚರ್ಯ.

ಸಹಚರಿ saha-čari. *A female companion or friend; a wife.* 2, *the shrub Barleria cristata* (or B. prionitis), *yellow and blue Barleria* (ಕೆಮ್ಮುಗೋರಟೆ Mr. 124).

ಸಹಚಾರಿ saha-čâri. = ಸಹಚರಿ. A wife (Mr. 306).

ಸಹಜ saha-ja. = ಸಾಜ, q. v. Born or produced together; born of the same mother, uterine; cognate; innate, inherent, naturally belonging to, natural; co-existent. 2, true, proper; truth (My.; Bh. 1, 8, 11). 3, *a brother of whole blood.* 4, the natural state or disposition, nature, disposition, character (ಆತ್ಮ, ಸ್ವಭಾವ Nn. 464; Šm. 118).

ಸಹಜಗುಣ sahaja-guṇa. Natural disposition, inherent nature (My.).

ಸಹಜದೋಷ sahaja-dôsha. An offence, etc. that can be easily accounted for or explained (My.).

ಸಹಜಧಾತು sahaja-dhâtu. A true verbal theme, the verbal theme itself (ನಿಜಧಾತು Šmd. 250).

ಸಹಜವೈರ sahaja-vaira. Natural enmity (as that between an elephant and a lion, etc., My.).

ಸಹಜವ್ಯಂಜನ sahaja-vyañjana. A natural (final half) consonant (Šmd. 107 Mdb.).

ಸಹಜಾತ saha-jâta. (Šmd. 379). Born together; born from the same mother, a brother (ಸಹೋದರ, ಭ್ರಾತೃ Mr. 311; J. 2, 39); twin-born; innate (Čpr. 4, 90). See ಕಾಲಿನ್ದಿ-.

ಸಹಜೀವಕೆ saha-jîvakĕ. A female friend (ಸಾರಜ್ಞೆ, ಮಿತ್ರೆ, ಸಖಿ, etc., ಕೆಳದಿ Mr. 305).

ಸಹಣಿ sahaṇi. = ಸಾಹಣಿ, (ಸಾಹಣಿಗ). A groom (Ršv. 13, 5; 13, after 61; V. 6, 43; M. ಚಾಣಿ).

ಸಹದೇವ saha-dêva. = ಸಾದೇವ. The youngest of the five Pâṇḍava princes (ಕೌನ್ತೇಯ Mr. 264; Šmd. 116. 263; J. 5, 10; 7, 19; 10, 2).

ಸಹದೇವಿ saha-dêvi. The wife of Sahadêva. 2, a common weed, the ash-coloured flea-bane, Vernonia cinerea Less. (St. & Pl.). 3, *N. of another plant* (ಗಣ್ಡೋತ್ಪಲ, ನಾಕನಾರಿ Mr. 127; ದಣ್ಡೋತ್ಪಲ Hlâ.).

ಸಹದೇವೆ saha-dêvĕ. *N. of a plant* (= ದಣ್ಡೋತ್ಪಲ).

ಸಹಧರ್ಮಿ saha-dharmi. (Šmd. 379). Following the same duties or customs; possessing similar properties.

ಸಹಧರ್ಮಿಣಿ saha-dharmiṇi. *A lawful or legitimate wife.*

ಸಹನ sahana. Enduring, *patient.* 2, enduring, bearing, endurance, patience, forbearance, toleration (ತಾಳ್ಕೆ, ಕ್ಷಮೆ G.). See ಉಱಿಸು, ಸಯ್ರಿಸು.

ಸಹನಶೀಲ sahana-śîla. Of a patient, forbearing disposition (ಕ್ಷಮ Čb.; My.).

ಸಹನೆ sahanĕ. = ಸಹನ No. 2. (Si. 68. 320; My.).

ಸಹಪಂಕ್ತಿ saha-paṅkti. Being in the same line or row; the same row (My.; G. 217).

ಸಹಪಾಂಶುಕ್ರೀಡಿತ saha-pâṁśu-kriḍita. One who has played with another in the sand: a friend from childhood, a cotemporary (Čpr. 4, after 24).

ಸಹಪಾನ saha-pâna. Drinking together (ಸಾರೆ ಕೆಲಬರು ಕೂಡಿ ಕುಡಿಯೆ Mr. 221).

ಸಹಪಾನಕ saha-pânaka. *Drinking together.*

ಸಹಭವ saha-bhava. Born together. 2, affection towards, love (ಪ್ರೀತಿ, ಸ್ನೇಹ, etc. Mr. 430).

ಸಹಭವೆ saha-bhavĕ. A sister of whole blood (ಒಡ ಹುಟ್ಟಿದ ಳು Nn. 109).

ಸಹಭೋಜನ saha-bhôjana. *Eating together;* joint possession. 2, the same dinner (Bh. 1, 8, 45).

ಸಹಭೋಜಿ saha-bhôji. (Śind. 879). One who eats together with others.

ಸಹಮರಣ saha-maraṇa. Dying together, a widow's burning herself with the corpse of her husband. (R.).

ಸಹಮೂಲ saha-mûla. Along with the root (My.).

ಸಹಯೋಗ saha-yôga. Conjuncture: one of the upamĕs (Kâvy. III, 3, B, 61. 112 seq.; in v. 61 the text has ಸಮಯೋಗ).

ಸಹವಾಸ saha-vâsa. = ಸಾವಾಸ. Dwelling or living together; companionship; intercourse. (C.; J. 8, 44; B. 2, 25). ದುರ್ಜನನ ಸಹವಾಸದಿಂದ ಸಜ್ಜನ ಕೆಡುವನು.— ಪರವಾಸ ಮಾಡಿದರೂ ಸಹವಾಸ ಬೇಕು (Prvs.).

ಸಹವಾಸಿ saha-vâsi. = ಸಾವಾಸಿ, q. v. Living together; that abides with, that keeps the company of. 2, N. of a race or family (Abhâ. 1, 3).

ಸಹಶಯನ saha-śayana. Lying together with (My.).

ಸಹಸ್ sahas. = ಸಹ 3. *Strength, force, power.* 2, *the month mârgaśîrsha* (November-December).

ಸಹಸ sahasa. Tbh. of ಸಹಸ್. (ಸತ್ವ Bhn. 15).

ಸಹಸಾ sahasâ. With great force or precipitation, *precipitately*, quickly, inconsiderately; *on a sudden, suddenly; at once, instantly.* 2, never, by no means (Mhr.; B. 4, 61. 93. 124).

ಸಹಸಿ sahasi. Powerful, strong, mighty.

ಸಹಸಿಗ sahasiga. A powerful, strong or mighty man (Râm. 3, 6, 53).

ಸಹಸಿತನ sahasitana. The state of being strong (Grj. 2, after 105).

ಸಹಸ್ತ sa-hasta. Having hands; dexterous or *skilled in handling weapons.*

ಸಹಸ್ಯ sahasya. *The month pausha* (December-January).

ಸಹಸ್ರ sahasra. = ಸಾಯಿರ, ಸಾವರ, ಸಾವಿರ, ಸಾಸಿರ್, ಸಾಸಿರ. *A thousand.* ಸಮಯಕ್ಕಾಗದ ಅರ್ಥ ಸಹಸ್ರವಿದ್ದರೂ ವ್ಯರ್ಥ (Prv.).

ಸಹಸ್ರಕರ sahasra-kara. = ಸಹಸ್ರಕಿರಣ. (My.).

ಸಹಸ್ರಕಾಲ sahasra-kâla. A thousand years, many years (My.). ಬೀಸುವ ಕೆಯ್ ತಪ್ಪಿದರೆ (or ದೊಣ್ಣೆ ತಪ್ಪಿಸಿ ಕೊಣ್ಡರೆ) ಸಹಸ್ರಕಾಲ (ಬದುಕ ಬಹುದು, Prv.).

ಸಹಸ್ರಕಿರಣ sahasra-kiraṇa. Thousand-rayed: *the sun.*

ಸಹಸ್ರದಂಷ್ಟ್ರ sahasra-daṁshṭra. Thousand-toothed: *a sort of sheat fish, Silurus pelorius.*

ಸಹಸ್ರದಲ sahasra-dala. = ಸಹಸ್ರಪತ್ರ. (Bp. 35, 18).

ಸಹಸ್ರಧಾರ sahasra-dhâra. Flowing in a thousand streams; having a thousand edges; the discus of Vishṇu. (R.).

ಸಹಸ್ರಧಾರೆ sahasra-dhârĕ. A stream of water for the ablution of an idol (liṅga, etc.) conveyed through a vessel pierced with a multitude of little holes like a shower-bath (My.).

ಸಹಸ್ರನಯನ sahasra-nayana. Thousand-eyed: *Indra.*

ಸಹಸ್ರನಾಮ sahasra-nâma. The thousand names of any deity. 2, = ಸಹಸ್ರನಾಮಪೂಜೆ (My.).

ಸಹಸ್ರನಾಮಪೂಜೆ sahasranâma-pûjĕ. Worshipping an idol by putting a thousand flowers, or tulasî- or bilva- leaves, on it, at each flower, etc. mentioning one of the idol's names (My.).

ಸಹಸ್ರನಾಮಾರ್ಚನೆ sahasranâma-arčanĕ. = ಸಹಸ್ರನಾಮಪೂಜೆ. (My.).

ಸಹಸ್ರಪತ್ರ sahasra-patra. Having a thousand leaves: *a lotus.*

ಸಹಸ್ರಪತ್ರಾಸನ sahasrapatra-âsana. Brahmâ (My.).

ಸಹಸ್ರಪಾದ sahasra-pâda. Thousand-footed or thousand-rayed: the sun; Vishṇu. (R.).

ಸಹಸ್ರಫಣ sahasra-phaṇa. Having a thousand hoods: the serpent vâsuki (Abh. P. 3, 129).

ಸಹಸ್ರಬಾಹು sahasra-bâhu. Having a thousand arms; Śiva; Kârtivîrya; Bâṇa. See ಸಬಳ-.

ಸಹಸ್ರಮೌಲಿ sahasra-mauli. Thousand-crested: Vishṇu. (R.).

ಸಹಸ್ರಲೋಚನ sahasa-lôčana. Thousand-eyed: N. of a vidyâdhara (Abh. P. 10, after 91).

ಸಹಸ್ರವೀರ್ಯೆ sahasra-vîryĕ. *A kind of dûrvâ or bent grass, Panicum dactylon.*

ಸಹಸ್ರವೇಧಿ sahasra-vêdhi. *A sort of sorrel, Oxalis monadelpha or Rumex vesicarius.* 2, *Asafoetida.* 3, a sort of cane, Calamus fasciculatus.

ಸಹಸ್ರಶಾಖೆ sahasra-śâkhĕ. N. of the sâmavêda (My.).

ಸಹಸ್ರಶಿಖರ sahasra-śikhara. Thousand-peaked: the Vindhya mountain. 2, the hills at Tirupati (My.).

ಸಹಸ್ರಶೀರ್ಷಾ sahasra-śîrshâ. Thousand-headed, having a thousand heads (Bp. 38, 60).

ಸಹಸ್ರಾಂಶು sahasra-aṁśu. Thousand-rayed: *the sun.*

ಸಹಸ್ರಾಕ್ಷ sahasra-aksha. Thousand-eyed: *Indra.*

ಸಹಸ್ರಾಂಗಿ sahasra-aṅgi. The tree Careya arborea Roxb. (ಪೀಲು, ಉಗುನಿ Mr. 146).

ಸಹಸ್ರಾಧಿಪತಿ sahasra-adhipati. The governor of a thousand villages, chief of a district (Sk.).

ಸಹಸ್ರಾಮ್ಬಕ sahasra-ambaka. = ಸಹಸ್ರಾಕ್ಷ.

ಸಹಸ್ರಾಮ್ಬಕಸೂನು sahasrâmbaka-sûnu. Arjuna (Śâv. 5, 53).

ಸಹಸ್ರಾವಧಿ sahasra-avadhi. By thousands (My.; B. 5, 92; Mhr.).

ಸಹಸ್ರಿ sahasri. Having a thousand; consisting of thousands; *amounting to a thousand.* 2, a body of a thousand men, etc. 3, the commander or prefect of a thousand.

ಸಹಸ್ರೇಕ್ಷಣ sahasra-îkshaṇa. = ಸಹಸ್ರಾಕ್ಷ. (Abh. P. 5, 80).

ಸಹಹೇತುಕ saha-hêtuka. Being connected with a reason (Kâvy. III, 3, B, 21).

ಸಹಾ sahâ. Tbh. of ಸಹ 1. (C.; B. 2, 50; 3, 4; 5, 58. 60. 119).

ಸಹಾಧ್ಯಾಯಿ saha-adhyâyi. A fellow student. (My.).

ಸಹಾಯ saha-aya. = ಸಾಯ 1. One who goes along with another, *a companion;* a follower, an adherent, an ally; a servant (ಸೇವಕ, ಅನುಗ, ಅನುಚರ, ಅನುಜೀವಿ, ಓಲೆಕಾಱ Mr. 266). See Nr. s. ಬಲ್ಯಿಪಿ. 2, a helper, a patron. 3, aiding, aid, help, assistance, succour (ಕೆಲಸು Kk. 77; Śm. 57; ಬಲ Nn. 14; C.; Mhr.). — ಸಹಾಯ ಕೊಡು. To give assistance (My.). — ಸಹಾಯ ಮಾಡು. To furnish help, to lend aid, to give assistance or support (C.; B. 4, 2. 116). ನಾವು ಅವನಿಗೆ ಹಣ ಕೊಟ್ಟು ಸಹಾಯ ಮಾಡ ಬೇಕು (B. 3, 93).

ಸಹಾಯಗಾಱ sahâya-gâṟa. A helper, an assistant (My.).

ಸಹಾಯತೆ sahâyatĕ. *Companionship,* association, friendship; assistance, help. 2, *a number of companions,* company of associates or followers.

ಸಹಾಯಿ sahâyi. A companion, an adherent; an assistant (Bp. 59, 39; 60, 62; J. 12, 28).

ಸಹಾಯಿಗ sahâyiga. = ಸಹಾಯಿ. (Grj. 6, 39; Bp. 22, 50).

ಸಹಿ sahi. = ಸಯಿ. Sign of approval, signature (My.). ಆ ಕರಾರನಾಮೆಯ ಮೇಲೆ ಸಹೀ ಮಾಡಿದನು (B. 5, 221).

ಸಹಿತ sahita. Accompanied or attended by, associated or connected with, in company with, with, possessed of. ಸಹಿತಂ, with, along with, together with. See Šmd. 26, 31; Čh. v. 224; Bp. 37, 2; J. 4, 65; 5, 73.

ಸಹಿಷ್ಣು sahishṇu. Able to support, capable of enduring, disposed to bear, *forbearing, patient.*

ಸಹಿಷ್ಣುತೆ sahishṇutĕ. Ability to bear or support; *patience, forbearance,* resignation (ಕ್ಷಮೆ, ಕ್ಷಾನ್ತಿ, etc., ಸಯ್ರಣೆ Hlâ.).

ಸಹಿಸು sahisu. (= ಸಯ್ರಿಸು, q. v.), ಸಯಿಸು, ಸೋಸು 2. To bear, etc., etc. (ತಾಳು G.; My.; Si. 249. 386; B. 5, 12).

ಸಹೃದಯ sa-hṛidaya. Possessing a heart, *good-hearted, compassionate, amiable* (ಲೇಸಪ್ಪ ಮನದವಂ Hlâ.); with the heart, sincere; *intelligent;* a learned man.

ಸಹೆ sahĕ. ಸಹಾ. The earth. 2, *the plant Aloe perfoliata* Lin. 3, *a kind of kidney-bean, Phaseolus trilobus* Ait. See ಮಹಾ-, ಸರ್ವಂ-; Nr. s. ಹೆಸರ್.

ಸಹೋಕ್ತಿ saha-ukti. Speaking at the same time. 2, a figure of rhetoric, either employing a word in a double meaning, or connecting different ideas by using the word saha; a kind of vâstava (Kâvy. III, 3, B, 3. 9-12).

ಸಹೋಢ saha-ûḍha. The son of a woman pregnant at marriage.

ಸಹೋಢಜ sahôḍha-ja. = ಸಹೋಢ. (Sk.; R.).

ಸಹೋತ್ಥ saha-uttha. Coming forth or originating together (Čpr. 4, 90).

ಸಹೋದರ saha-udara. Co-uterine: a brother of whole blood (ಸಹಜಾತ, ಭ್ರಾತೃ Mr. 311). See Šmd. 258.

ಸಹೋದರಿ sahôdari. A sister of whole blood (My.).

ಸಹೋದರೆ sahôdarĕ. = ಸಹೋದರಿ. (Bp. 3, 84).

ಸಹ್ಯ sahya. To be borne or endured, endurable, sufferable, tolerable (see ಅ-). 2, able to bear, adequate to, equal to. 3, strong, powerful. 4, sweet, agreeable (see ಶ್ರುತಿ-). 5, N. of one of the seven principal ranges of mountains in India (ಅದ್ರಿ, ಪರ್ವತ Nn. 101; see ಸಪ್ತಕುಲಾಚಲ). 6, health; a healthy man (ಅರುಜ, ನೀರೋಗಿ 101). 7, wish, desire (ಮನೋರಥ, ಮನಸ್ಸಿನ ಬಯಕೆ 101). 8, adequacy; assistance.

ಸಳಿ saḷi. = ಚಳಿ 2, etc. Coldness, etc. (My.).

ಸಳೆ saḷĕ. = ಸೆಳೆ 3. To pull, etc. ಪಿಡಿದು ಸಳದು ಎತ್ತಿ ಬಿಸಾಡುವಿಕೆ (ನಿರ್ಹಾರ, ಅಭ್ಯವಕರ್ಷಣ Si. 393).

ಸಳೇಹ sa-ḷêha (-lêha). A man who licks with another, one who tries to outdo another, an antagonist (Grj. 2, after 106).

ಸಳ್ತು saḷtu. See ಬಟ್-.

ಸಳ್ಳ saḷḷa. = ಸಡಿಲು 2, etc. (My.; T. ಜಳ್ಳು, to slacken, relent, etc.; *cf.* ಜಳ್ಳು).

ಸಳ್ಳು saḷḷu. = ಸಳ್ಳ, etc. — ಸಳ್ಳುಬರಿ. -ಹರಿ. To run loose: to escape (B. 3, 23).

ಸಾ sâ. Tbh. of ಸಹ 1. (Šmd. 378).

ಸಾಂಯಾತ್ರಿಕ sâṁyâtrika. (fr. ಸಂಯಾತ್ರಾ). *A merchant who trades by sea* (ಪೋತದ ವ್ಯವಹಾರಿ Mr. 407).

ಸಾಂಯುಗೀನ sâṁyugîna. (fr. ಸಂಯುಗ). Relating to war or battle; *warlike, skilled in war.*

ಸಾಂವತ್ಸರ sâṁvatsara. (fr. ಸಂವತ್ಸರ). Yearly, annual, perennial. 2, *an astrologer, an almanac-maker.*

ಸಾಂವತ್ಸರಿಕ sâṁvatsarika. = ಸಾಂವತ್ಸರ. (Sk.; My.).

ಸಾಂಶಯಿಕ sâṁšayika. (fr. ಸಂಶಯ). Dubious, doubtful; *in doubt, uncertain, irresolute.*

ಸಾಂಸರ್ಗಿಕ sâṁsargika. (fr. ಸಂಸರ್ಗ). Contagious (as a disease, My.).

ಸಾಂಸಾರಿಕ sâṁsârika. (fr. ಸಂಸಾರ). Worldly, belonging to the world (My.).

ಸಾಂಸಿದ್ಧಿಕ sâṁsiddhika. (fr. ಸಂಸಿದ್ಧಿ). Effected naturally, belonging to nature, natural, innate (B. 5, 219).

ಸಾಂಸೃಷ್ಟಿಕ sâṁsṛishṭika. The immediate result of actions (ಆಗಳನ್ತಹ ಫಲ Mr. 72).

ಸಾಕ sâka. = ಶಾಕ 2, ಸಕೆ, etc. Heat (My.).

ಸಾಕಂ sâkaṁ. *With, together with, at the same time* (ಕೂಡೆ Mr. 535).

ಸಾಕಲ್ಯ sâkalya. (fr. ಸಕಲ). *Totality, entireness, completeness;* the whole, entire, all (Šmd. 61).

ಸಾಕಲ್ಯವಚನ sâkalya-vačana. *A complete perusal.*

ಸಾಕಾರ sa-âkâra. Having form, having any shape or definite figure, figurate; having one's real form; a definite shape. See Bp. 1, 29; 20, 2; 26, 25; J. 26, 67; Dp. 1, 4; 61, 5.

ಸಾಕಿ sâki. N. of females among smârta and mâdhva Brâhmaṇas (My.). — ಸಾಕಮ್ಮ. -ಅಮ್ಮ. N. (My.).

ಸಾಕಿಸು sâkisu. To cause to bring up, etc. (C.).

ಸಾಕು sâku. 1. To bring up, to foster, to rear, to nurse, to keep, to protect, to preserve (ರಕ್ಷಣ Šmd. Dh.; Šm. 78; Bp. 3, 79; J. 28, 16; C.; Tĕ.; *cf.* ಸಲಹು; Sk. ಚಲ್, to foster). ಓತು ಸಾಕಿದ ದಾದಿ (ಧಾತ್ರಿ Mr. 312). ಸಾಕಿದ ತಾಯಿ (ಧಾತ್ರಿ Si. 451). ಬೊಕ್ಕಸದಲ್ಲಿ ಹಣ ಉಟ್ಟಿದ್ದರೆ ಅಕ್ಕ ಸಾಕ್ಯಾಳೇ?—ಸಾಕಿದ ಮಗ ಸಾಕ ಸೇರಿಸ್ಯಾನೇ? (Prvs.).

ಸಾಕು sâku. 2. Bringing up, fostering, etc. — ಸಾಕು ಕೊಡು. To give to another person to bring up (My.). — ಸಾಕುತನ್ದೆ. A foster-father (My.). — ಸಾಕುತಾಯಿ. A foster-mother (My.). — ಸಾಕು ತೆಗೆ. To take and rear as a child; to adopt (My.). — ಸಾಕುಮಗ. A foster-son; an adopted son (My.). Feminine ಸಾಕುಮಗಳು. (My.). — ಸಾಕುಮಿಗ. A foster-animal, etc. (My.).

ಸಾಕು sâku. 3. (= a ಸಾಲ್ಕುಂ, 3rd person singular future of ಸಾಲ್ 1). He, she or it is sufficient or enough, they are sufficient, etc. (C.). 2, sufficiency; sufficient, enough (C.). 3, enough! (an exclamation denoting disdain, ತಿರಸ್ಕಾರ Šm. 78; C.; ಅಲಮ್, ವಾರಣ, ನಿ, ನಿಷೇಧ Si. 469). ಸಾಕೆಮ್ಬುದು (ಹಸ್ತವಾರಣ, ಪರ್ಯಾಪ್ತಿ, ಪರಿತ್ರಾಣ Nr.). See Bp. 13, 29; 14, 10; 37, 12. 52; 40, 83; 42, 18; 49, 23; 50, 67. 72; Bh. 1, 8, 7. 8. 10; 1, 10, 29; J. 2, 19; 6, 35. ಭಕ್ಷ್ಯವಿಲ್ಲದಿದ್ದರೂ ದಕ್ಷಿಣೆ ಸಿಕ್ಕಿದರೆ ಸಾಕು (Prv.). ನರಿಗಳು ಹಗಲು ಬದಬುವದಿಲ್ಲ; ಇರುಳು ಮಾತ್ರ ಒನ್ದು ಕೂಗಿದರೆ ಸಾಕು, ಯಾವತ್ತು ಕೂಗ ಹತ್ತಿ ಕಳಕಳಾಟ ಎಬ್ಬಿಸುತ್ತವೆ (B. 3, 75). ಕಕ್ಕಡ ದ್ದೊನ್ದು ಕಿಡಿಯು ಅವದಿಲ್ಲಿ (ಮದ್ದಿನಲ್ಲಿ) ಬಿದ್ದರೆ ಸಾಕು, ಮನೆಯು ಸುಟ್ಟು ಬೂದಿಯಾಗುತ್ತದೆ (4, 62; see also 4, 139). (In South

Canara ಸಾಕು is used in the sense of "he, she or it is likely", *e. g.* ಮಳೆ ಬರಲಿಕ್ಕೆ ಸಾಕು). — ಸಾಕಾಗು. -ಆಗು. To become or be sufficient (C.; Si. 230). ಸಾಕಾದಷ್ಟು ಇರುವಿಕೆ (ಏಥಾ, ಸಮೃದ್ಧಿ Si. 389); ಸಾಕಾದ ಮಟ್ಟಿಗೆ ಬೇಕಾದದು ಉಣ್ಣಾಗಿರುವಿಕೆ (ಕುಶಲ 457). ಸಾಕಾಗುವಷ್ಟು ಹುಟ್ಟು (B. 5, 129). 2, to become or be unnecessary, not to be required or desired, to go against one's will; to become or be disgustful (C.). — ಸಾಕು ಮಾಡು. To make or let be sufficient (My.). 2, to avoid, to give up (Si.). ಪರಪೀಡಾದಿಗಳನ್ನು ಸಾಕು ಮಾಡುವಿಕೆ (ವಿಯಾಮ, ವಿಯಮ); ಚನ್ನಾಗಿ ಸಾಕು ಮಾಡಿ ನಿಲ್ಲಿಸಿ ಬಿಡುವದು (ಸಂಯಾಮ, ಸಂಯಮ Si. 393). 3, to cause to feel disgust, to trouble (ನನ್ನನ್ನು or ನನಗೆ, etc., My.). — ಸಾಕು ಸಾಕು. rep. (Bp. 11, 39).

ಸಾಕು sâku. 4. To throw (*cf.* ಹಾಕು, and Tu. ಸಾದಿ, ಹಾದಿ, a road). ಸಾಕಲ್ ಪಟ್ಟುದು (ನುನ್ನ, ಕ್ಷಿಪ್ತ Hlâ.; is ಸಾಕು an error of the copyist?).

ಸಾಕು sâku. 5. A pretence, pretext, excuse, palliation (Tĕ.; T. ಚಾಕ್ಕು; R.).

ಸಾಕೇತ sâkêta. N. of the city Ayôdhyâ or Oude (My.).

ಸಾಕ್ಕಿ sâkki. = ಸಕ್ಕಿ. Tbh. of ಸಾಕ್ಷಿ. (Šmd. 346).

ಸಾಕ್ಷರ sa-akshara. *Having or containing syllables or letters.*

ಸಾಕ್ಷಾತ್ sa-akshât. Before the eyes, in sight of, in presence of, before. 2, *eye to eye, visibly, evidently, openly, manifestly;* truly, certainly (ಸೂನೃತ, ದಿಟ Nn. 118). 3, visibly present, visibly manifested as, *like.* 4, a particular way of manifestation (ವಾರ್ತಾವಿಶೇಷ, ವಾರ್ತಾವಿಶೇಷಂಗಳು 118). 5, one's own sphere or country (ತನ್ನಯ ಸೀಮೆ 118). 6, disease (ಗದ, ರೋಗ 118). 7, a weapon (ಶಸ್ತ್ರ, ಆಯುಧ 118). — ಸಾಕ್ಷಾತ್ತಮ್ಮ. A uterine brother (My.).

ಸಾಕ್ಷಾತ sâkshâta. Tbh. of ಸಾಕ್ಷಾತ್. — ಸಾಕ್ಷಾತಬೊಮ್ಮ. The very Bŏmma, Bŏmma himself (Bp. 55, 33).

ಸಾಕ್ಷಾತ್ಕರಿಸು sâkshât-karisu. To place clearly before one's mind (My.); to see with one's own eyes (My.).

ಸಾಕ್ಷಾತ್ಕಾರ sâkshât-kâra. Perception with one's own eyes or mind (My.; ಉಪಲಬ್ಧಿ, ಪ್ರತ್ಯಕ್ಷ G.).

ಸಾಕ್ಷಾತ್ಕೃತ sâkshât-kṛita. Perceived or experienced; done by self. (R.).

ಸಾಕ್ಷಾತ್ತ್ರಿಯಮ್ಬಕ sâkshât-triyambaka. Šiva himself, the very Šiva (Bp. 54, 32).

ಸಾಕ್ಷಾತ್ಪರಾತ್ಪರ sâkshât-parâtpara. The highest (God) himself (Bp. 51, 30).

ಸಾಕ್ಷಾದ್ಬ್ರಹ್ಮ sâkshât-brahma. The very Brahma (Šsv. 5, 35).

ಸಾಕ್ಷಾದ್ವಿಷ್ಣು sâkshât-vishṇu. Vishṇu himself, the very Vishṇu (My.).

ಸಾಕ್ಷಿ sa-akshi. = ಸಕ್ಕಿ, ಸಾಕ್ಕಿ. Observing, witnessing, seeing. 2, attesting, testifying, giving evidence. 3, evidence, testimony. 4, an observer; an eye-witness; any witness (in law). ಸಾಕ್ಷಿ ಹೇಳಿದರೆ ಮೋಕ್ಷ ಸಿಕ್ಕೀತೇ? — ಪುಣ್ಯಕ್ಕೆ ಫಲವೇ ಸಾಕ್ಷಿ, ಬಾವಿಗೆ ಜಲವೇ ಸಾಕ್ಷಿ. — ಮಣ್ಣುದೇವರಿಗೆ ಮುಜ್ಜನವೇ ಸಾಕ್ಷಿ (Prvs.). See Bp. 35, 50; 53, 71; 54, 51; Bh. 3, 17, 15. — ಸಾಕ್ಷಿಜಾಬಿತಾ. A list of witnesses (My.). — ಸಾಕ್ಷಿಪಟ್ಟಿ. = ಸಾಕ್ಷಿಜಾಬಿತಾ. (My.). — ಸಾಕ್ಷಿಬತ್ತ. Subsistence-money given to attending witnesses (My.).

ಸಾಕ್ಷಿಕ sa-akshika. = ಸಾಕ್ಷಿ. See ಅಗ್ನಿ-, ಸ-; Šsv. 5, 35.

ಸಾಕ್ಷಿಗಾರ sâkshi-gâra. A man bearing witness, a witness (My.).

ಸಾಕ್ಷಿದಾರ sâkshi-dâra. = ಸಾಕ್ಷಿಗಾರ. (My.; B. 5, 265).

ಸಾಕ್ಷಿವಾಙ್ಮೂಲ sâkshi-vâṅmûla. A deposition of evidence (My.).

ಸಾಕ್ಷಿವಿಚಾರಣೆ sâkshi-vicâraṇĕ. The examination of witnesses (My.).

ಸಾಕ್ಷೀಭೂತ sâkshî-bhûta. Established by testimony (Bp. 32, 8). 2, being witness, bearing witness to (My.).

ಸಾಗ sâga. = ಸಾಗು 2. — ಸಾಗ ಮಾಡು. = ಸಾಗು ಮಾಡು. (B. 5, 114). — ಸಾಗವಾಗು. = ಸಾಗು ಆಗು. (B. 5, 115).

ಸಾಗಡೆ sâgaḍĕ. The forest tree Sleichera trijuga (My.; Van Someren).

ಸಾಗಮಾನ sâgamâna. Tbh. of ಸಹಗಮನ. See ಯಥಾಶಕ್ತಿ-.

ಸಾಗರ sâgara. (fr. ಸಾಗು 3). The state of extending one's self and bending forwards. — ಸಾಗರ ಬೀಳು. To extend one's self and bend forwards (S. Mhr.).

ಸಾಗರ sâgara. (fr. ಸಗರ). *The ocean* (said to have been named sâgara by Bhagîratha who is said to have brought the waters of Gaṅgâ from heaven and led them to the sea, calling this sâgara after his ancestor king Sagara; another legend asserts that the bed of the ocean was dug by the sons of Sagara). 2, a kind of computation of time (Ŏpr. 9, 49; Abh. P. 1, after 66. 67 & 68). ಜಾಗಾರಾ ಹಾಡಿದವನು ಸಾಗರ ಹಾದ್ಯಾನೇ? (Prv.).

ಸಾಗರಾಮ್ಬರೆ sâgara-ambarĕ. She who is ocean-clothed: the earth (Mr. 91).

ಸಾಗವಳಿ sâga-paḷi. = ಸಾಗುವಳಿ, q. v. (My.). ಸಾಗವಳಿ ಮಾಡೋಣ (ವ್ಯವಸಾಯ G.).

ಸಾಗವಾನಿ sâgavâni. Made of or belonging to teak wood (My.; Mhr.).

ಸಾಗವಾನು sâgavânu. The teak tree or wood (My.; Mhr., H.).

ಸಾಗಿಸು sâgisu. To cause to go or go on (as a ship, B. 3, 119); ಹಡಗು ಸಾಗಿಸುವ ಹುಟ್ಟು (ಕ್ಷೇಪಣಿ G.);— to carry on, to cause to proceed or advance, to perform or do (as any kind of work, C.; B. 3, 18. 32; 4, 16. 134; 5, 265); to conduct (as any business or affairs, C.; B. 3, 74); to carry on (as commerce, C.; B. 3, 80); to manage (as a household, C.; J. 10, 23; as temples, Bp. 51, 52); to convey (any things, C.; J. 5, 72); to sustain, to maintain, to foster (as children, Bp. 24, 61; 39, 23; J. 32, 29), to nourish (as the belly, B. 1, 10; 2, 32). 2, to keep in or bring into a state of cultivation, to cultivate (as land). ತಾನು ಇಟ್ಟು ಕೊಣ್ಡ ಕೂಲಿಯವರಿನ್ದ ಜಲೋ ಭೂಮಿಯನ್ನು ಸಾಗಿಸಿ (B. 5, 85).

ಸಾಗು sâgu. 1. To go, to move forward, to proceed (as a ship, B. 3, 117. 119; as a person, J. 19, 31; 22, 41; C.; B. 3, 123; 4, 128); to proceed or advance (as work, C.; B. 5, 265); to go, to proceed in a given manner (as actions, B. 4, 184); to continue in time, to last (as a state of things, B. 4, 12); to come upon with grievous effect (as trouble; ನೀವೆಲ್ಲರು... ಕೂಡಿ ಇದ್ದರೆ ನಿಮ್ಮ ಮೇಲೆ ಯಾರ ಕಾಟವೂ ಸಾಗದು B. 2, 30); to be brought about, achieved or accomplished (J. 5, 41; ನನ್ನ ಕೆಯ್ಯಲ್ಲಿ ಸಾಗುತ್ತದೆ My.). (Tĕ. ಸಾಗು; T. ಚಾಯ್, to happen, to succeed). — ಸಾಗ ಕಳುಹಿಸು. To send on, to set (a friend or a traveller) on his way by accompanying him a short distance (My.). — ಸಾಗ ಹಾಕು. To carry on (as work, My.). 2, to send on (as visitors, My.).

ಸಾಗು sâgu. 2. = ಸಾಗ. Advance, improvement: cultivation, tillage. (Tĕ.). — ಸಾಗು ಆಗು. = ಸಾಗವಾಗು. Cultivation to take place (C.; B. 5, 118). — ಸಾಗು ಬೀಳು. Cultivation to fall off or be abandoned. ಸಾಗು ಬಿದ್ದ ಹೊಲ ಹಾಗಕ್ಕೂ ಬೇಡ (Prv.). — ಸಾಗು ಮಾಡು. = ಸಾಗ ಮಾಡು. To cultivate, to till (C.; B. 2, 19; 5, 93. 99). ಬೀಳು ಭೂಮಿಯನ್ನು ಹೊಸದಾಗಿ ಸಾಗು ಮಾಡೋಣ (G. 127). — ಸಾಗು ಸನ್ನು. dupl. = ಸಾಗು. (My.).

ಸಾಗು sâgu. 3. To lengthen, to extend (v. i., as iron under the hammer; Tĕ.; see ಚಾಚು; cf. ಸಯ್ 1?). — ಸಾಗ ಬಡಿ. To elongate (as iron with the hammer, B. 4, 148). — ಸಾಗ ಬಡೆ. = ಸಾಗ ಬಡಿ. (My.).

ಸಾಗುಣ್ಯ sâguṇya. (fr. ಸಗುಣ). Having lasting qualities, perpetual, eternal (ಸಾದಾ, ಸನಾ, ನಿತ್ಯವು Mr. 533).

ಸಾಗುವಳಿ sâgu-paḷi. = ಸಾಗವಳಿ. Cultivation (C.; G. 550; Tĕ. ಸಾಗಬಡಿ, ಸಾಗಬಳಿ, ಸಾಗವಳಿ, ಸಾಗುಬಡಿ). — ಸಾಗುವಳಿಕಾಲ. The time to commence farming (My.). — ಸಾಗುವಳಿ ಮಾಡು. To cultivate, to till (My.). — ಸಾಗುವಳಿಯಾಗು. -ಆಗು. To come under cultivation, to be cultivated or tilled, cultivation to take place (C.; B. 4, 147; 5, 87).

ಸಾಗೂ sâgû. Sago. See ಸಬ್ಬು 2.

ಸಾಂಕ್ರಾಮಿಕ sâṅkrâmika. (fr. ಸಂಕ್ರಾಮ). Contagious (as disease, My.).

ಸಾಂಖ್ಯ sâṅkhya. (fr. ಸಂಖ್ಯಾ). Relating to number or calculation, reckoning up, calculating; deliberating, reasoning. 2, N. of one of the divisions of philosophy (enumerating twenty-five tattvas or true principles, ascribed to Kapila). 3, a follower of the sâṅkhya system of philosophy. 4, N. (Bp. 38, 55; 43, 40). — ಸಾಂಖ್ಯತೊಂಡ. N. (Bp. 50, 62).

ಸಾಂಖ್ಯಶಾಸ್ತ್ರ sâṅkhya-śâstra. The sâṅkhya system of philosophy; any treatise upon it. (My.).

ಸಾಂಖ್ಯಶಿವೈಕ್ಯ sâṅkhya-śivaikya. A man who has become one with Śiva by means of sâṅkhya (Bp. 50, 75).

ಸಾಂಖ್ಯಾಯನ sâṅkhya-ayana. N. of a muni, and of the author of certain sûtras. (Bp. 3, 63. 64).

ಸಾಂಗ sa-aṅga. Having members or subdivisions. 2, comprising every subordinate part, complete in every part, finished, perfect. 3, together with the vedic aṅgas. See Bp. 4, 66; 7, 3; 18, 35; 24, 16. 27. 35. 89; 33, 6; 37, 10; 47, 13; 50, 41; 60, 3; ಅತಿ.

ಸಾಂಗಡ sâṅgaḍa. ಸಾಂಗಡೆ sâṅgaḍĕ. = ಜಂಗಾಲ್ 1, q. v. (My.).

ಸಾಂಗತ್ಯ sâṅgatya. (fr. ಸಂಗತಿ). A meeting, etc. (ಸಮಿತಿ, ಕೂಟ Nn. 141).

ಸಾಂಗು sâṅgu. A spear or a javelin altogether of iron (Mhr., H. ಸಾಂಗ; R.).

ಸಾಂಗೋಪಾಂಗ sâṅga-upâṅga. Being with all its members, items, parts and appendages. 2, along with the vedic aṅgas and upâṅgas. See Bp. 18, 35; 31, 8; 43, 34; 44, 25; 56, 12; Bh. 1, 7, 41; J. 19, 54.

ಸಾಂಗ್ರಾಣಿ sâṅgrâṇi. A flat circular stone with a hole in its midst, used in gymnastic exercises (My.).

ಸಾಂಗ್ರಾಮಿಕ sâṅgrâmika. (fr. ಸಂಗ್ರಾಮ). Relating to war; warlike, martial. (R.).

ಸಾಚಾ sâčâ. True, real (My.; Mhr., H.). 2, a mould or matrice (My.; Mhr., H. ಸಾಂಚಾ).

ಸಾಚಿ sâči. *Crookedly, awry, obliquely.*

ಸಾಚಿವ್ಯ sâčivya. (fr. ಸಚಿವ). Friendship, fellowship (ಗೆಳೆತನ G.). 2, the office of a counsellor, ministership, ministry, administration (ನ್ಯಾಯ ತೀರಿಸೋಣ G.).

ಸಾಚೀಕೃತ sâčî-kṛita. Made crooked; bent, inclined; seen crookedly, distorted, misrepresented. 2, distortion or perversion of mind, prejudice. (R.).

ಸಾಜ jâja. Tbh. of ಸಹಜ. (ಸಹಜ Kk. 94; ಸಿಕ್ಕುವ, ಸಿಸದ, ನನ್ನಿ, ವಲಂ, ದಿಟಂ, ದಲ್, ದಿಟ Śm. 34; Ŏpr. 9, 38).

ಸಾಂಜಲಿ sa-añjali. Being together with the añjali (in saluting, Śśv. 4, 101).

ಸಾಟಿ sâṭi. Likeness, similarity; like, equal (Grj. 6, 26; Śś. 46; Śśv. 2, 17; 4, 85; My.; Tĕ. ಚಾಟುವು, ಚಾಟ್ಟು, ಚಾಟುವೆ, ಸಾಟ, ಸಾಟುವೆ, ಸಾಟಿಕೆ; cf. ಪಾಟ 1?).

ಸಾಟಿ sâṭi. 1. Tbh. of ಶಾಟಿ. Cloth. ಪಾಟಿ ಇಲ್ಲದವನು ಸಾಟಿ ಒಗೆದಾನೇ? (Prv.).

ಸಾಟಿ sâṭi. 2. Barter, exchange (My.; Tĕ. ಸಾಟಾ, ಸಾಟಿ, M. ಸಾಟ್ಟೆ; see Mhr., H. s. ಚಟ್ಟ). ಸಾಟಿಯ ಸಂಸಾರ, ಗೋಟಡಿಕೆಯ ವ್ಯಾಪಾರ (Prv.). — ಸಾಟಿವ್ಯಾಪಾರ. Bartered merchandise (My.).

ಸಾಟೀನ್ sâṭîn. (Satin), thick cotton cloth, a kind of drill (My.; Si. 223).

ಸಾಢ sâḍha. Overcome, conquered. See ಅಷಾಢ.

ಸಾಣಿ sâṇi. = ಸಾಣೆ. — ಸಾಣಿಕಲ್ಲು. = ಸಾಣೆಕಲ್ಲು. (ಶಾಣೋಪಲ G.). — ಸಾಣಿ ಹಿಡಿ. = ಸಾಣೆ ಹಿಡಿ. ಕತ್ತಿಯ ಸಾಣಿ ಹಿಡಿಯುವವ (ಅಸಿಧಾವಕ G.). — ಸಾಣಿ ಹಿಡಿಸು. = ಸಾಣೆ ಹಿಡಿಸು. (G. 494).

ಸಾಣಿಗ sâṇiga. A man who grinds or sharpens tools (Č. Bp. 47, 41).

ಸಾಣಿಗೆ sâṇigĕ. A sieve, a strainer (ಜರಡಿ G.; cf. ಜಾಲನಿ). — ಸಾಣಿಗೆಗಣ್ಣು. -ಕಣ್ಣು. A sieve-like eye (S. Mhr.). — ಸಾಣಿಗೆ ಹಾಕು. To sift, to strain (ಜಾಲಿಸು G.).

ಸಾಣಿಸು sâṇisu. = ಜಾಳಿಸು 1. To sift, to strain (S. Mhr.).

ಸಾಣೆ sâṇĕ. = ಸಾಣಿ. Tbh. of ಶಾಣ 1. (Śmd. 335. 364). A grindstone, a whet-stone (Bp. 37, 49; J. 12, 21; C.; Mhr. ಸಾಣ). ಸಾಣೇ ಗುಣ ಗನ್ಧದಲ್ಲಿ ನೋಡು, ನಾಣ್ಯದ ಗುಣ ಬಣ್ಣದಲ್ಲಿ ನೋಡು. — ಸಾಣೆಗೆ ಕಾಲು ಮುಟ್ಟಿಸು! ಅನ್ದರೆ ಅಜೀ ವರ್ಷದ ಹಾಗೆ ನಾಣ್ಯ ಕೊಡ ಬೇಕು! ಅನ್ದ ಹಾಗೆ (Prvs.). See Mr. s. ತೇ 2; Si. 345. 485. — ಸಾಣೆಕಲ್. ಸಾಣೆಕಲ್ಲು. = ಸಾಣೆ. (Bp. 12, 10; C.). ಮಟ್ಟೆಯಾ ಮಣ್ಣನ್ನು ಇಟ್ಟು ತಾ ನೊಸಲೊಳಗೆ, ನೆಟ್ಟನೆ ಸ್ವರ್ಗವಡೆಯುವರೆ? ಸಾಣೆಕಲ್ ಕೆಟ್ಟ ಕೇಡೇನು? (Sp.). ಸಾಣೆಕಲ್ಲಿಗೂ ಬೋಳಿ ತಲೆಗೂ ಗಣ್ಟು (Prv.). — ಸಾಣೆಗಲ್. -ಕಲ್. = ಸಾಣೆಕಲ್. (Bp. 27, 6). — ಸಾಣೆ ತೇಯು. To grind, to macerate. ವೀಣೆ ಬಾರಿಸಲಿಕ್ಕೆ ತಿಳಿಯದಿದ್ದರೆ ಸಾಣೆ ತೇಯಲಿಕ್ಕೆ ತಿಳಿಯದೇ? (Prv.). — ಸಾಣೆವಿಡಿ. -ಪಿಡಿ. To grind, to sharpen (J. 26, 60). — ಸಾಣೆ

ಹಿಡಿ. = ಸಾಣೆವಿಡಿ. (My.). — ಸಾಣೆ ಹಿಡಿಸು. To get ground or sharpened (My.).

ಸಾಣೆಗಾರ sâṇĕ-gâra. = ಸಾಣೆಗ. (ಶಸ್ತ್ರಮಾರ್ಜ, ಅಸಿಧಾವಕ Nr.; Śl. 338; My.).

ಸಾತಲೆ sâtalĕ. *The soap-nut plant, Mimosa abstergens* Roxb.

ಸಾತಾನಿ sâtâni. = ಚಾತಾಳದವ, q. v. (My.; Tĕ.).

ಸಾತಾರೆ sâtârĕ. N. of a town (B. 4, 81; My.).

ಸಾತಿ sâti. 1. Tbh. of ಸ್ವಾತಿ. (Śmd. 368).

ಸಾತಿ sâti. 2. *Gaining, obtaining, acquisition.* 2, *gift, giving.*

ಸಾತಿ sâti. 3. *End, conclusion;* cessation; destruction; sharp pain.

ಸಾತಿಶಯ sa-atiśaya. Excessive; pre-eminent, excellent (Ĉh. v. 203. 221).

ಸಾತಿಸಾರ sa-atisâra. *Afflicted with dysentery or diarrhoea.*

ಸಾತೀನ sâtîna. (fr. ಸತೀನ). *Pease, Pisum sativum* (ಬಟ್ಟಗಡಲೆ Hlâ.).

ಸಾತೀಲಕ sâtîlaka. = ಸಾತೀನ. (Colebr.).

ಸಾತ್ತ್ವಿಕ sâttvika. (fr. ಸತ್ತ್ವ). = ಸಾತ್ವಿಕ. (Sk.).

ಸಾತ್ಯಕಿ sâtyaki. (fr. ಸತ್ಯಕ). Son of Satyaka and charioteer of Kṛishṇa (J. 7, 2; 8, 10. 29. 34).

ಸಾತ್ಯವತೇಯ sâtyavatêya. (fr. ಸತ್ಯವತಿ). *Vyâsa.*

ಸಾತ್ವತ sâtvata. Vishṇu or Kṛishṇa. 2, *Baladêva.* 3, N. of a people inhabiting a district in central India.

ಸಾತ್ವತಿ sâtvati. One of the four divisions of dramatic style. (Kâvy. IV, 2, 58. 60).

ಸಾತ್ವಿಕ sâtvika. = ಸಾತ್ತ್ವಿಕ. Real, substantial, essential, natural, genuine, true; honest, sincere, good, virtuous, excellent, amiable, gentle, pure (without the least admixture of passion), mild; vigorous, energetic; endowed with the sattvaguṇa (*i. e.* purity or goodness); belonging to or proceeding from this guṇa. 2, *natural indication of feeling or emotion* (bhâva), as a blush or change of colour, etc. See Ĉpr. 6, 72; Bp. 39, 24; 47, 4.

ಸಾತ್ವಿಕತನ sâtvikatana. = ಸಾತ್ವಿಕತ್ವ. (My.).

ಸಾತ್ವಿಕತ್ವ sâtvikatva. Honesty, sincerity, goodness, etc. (My.).

ಸಾತ್ವಿಕಭಾವ sâtvika-bhâva. = ಸಾತ್ವಿಕ No. 2. (Kâvy. IV, 2, 17; Śl. 67).

ಸಾತ್ವಿಕಿ sâtviki. = ಸಾತ್ವಿಕಭಾವ. (Grj. 2, after 106).

ಸಾತ್ವೀಕ sâtvîka. Tbh. of ಸಾತ್ವಿಕ. (My.; G.).

ಸಾದ sâda. 1. Tbh. of ಸಾಧು. (My.). ಸಾದ ಎತ್ತಿಗೆ ಎರಡು ಹೇರು (Prv.).

ಸಾದ sâda. 2. = ಸಾದಾ 2, etc. — ಸಾದಕುರುಬ. A class of Kurubas (My.). — ಸಾದಗೆಮ್ಪು, -ಕೆಮ್ಪು. Pure red (B. 5, 55).

ಸಾದ sâda. 3. Sitting, settling down, sinking; placing, putting; clearness, purity. See ನಿಷಾದ, ಪ್ರಸಾದ.

ಸಾದನ sâdana. Causing to sit or sink; destroying; placing, putting; sitting, settling; sinking; a house, a dwelling; rendering clear; calming. See ಉತ್-, ಪ್ರ-.

ಸಾದನೆ sâdanĕ. 1. = ಸಾದನ. See ಪ್ರ-.

ಸಾದನೆ sâdanĕ. 2. Tbh. of ಸಾಧನ. (Śmd. 339).

ಸಾದರ sa-âdara. Having or paying respect, *respectful, considerate;* impassioned; respect (Bp. 20, 6; J. 16, 13); love (My.). ಸಾದರಂ, respectfully, considerately, reverently (Grj. 10, after 108); noticeably (Ĉh. v. 334).

ಸಾದರಣ sa-âdaraṇa. = ಸಾದರ. (Bp. 45, 11).

ಸಾದರು sâdaru. Arrived, come; produced, issued, edited (My.; Mhr., H. ಸಾದರ).

ಸಾದಾ sâdâ. 1. = ಸದಾ. See Mr. s. ಸಾಗುಣ್ಯ.

ಸಾದಾ sâdâ. 2. = ಸಾದ 2, ಸಾದು 2, ಸಾಧಾ, q. v. — ಸಾದಾ ಅಂಚು. A plain border (My.). — ಸಾದಾಕೆಮ್ಪು. Pure red (My.). — ಸಾದಾನಡಿಗೆ. = ಸಾದಾನಡೆ. (B. 3, 55; 5, 13). — ಸಾದಾನಡೆ. An ordinary pace or walk (My.). — ಸಾದಾಲಕೋಟೆ. A common (not fine) envelope (My.). — ಸಾದಾಲಗಾಮು. A common (unadorned) bridle (My.). — ಸಾದಾಸೀರೆ. A plain female cloth (My.).

ಸಾದಿ sâdi. ಸಾದಿನ್. One who sits or sits down (see ನಿಷಾದಿ); a charioteer; *a horseman, a rider;* one seated or riding on an elephant. 2, destroying.

ಸಾದಿತ sâdita. Sat; made to sit or sink; depressed; etc. See ಅ-.

ಸಾದಿನ sâdina. Tbh. of ಸಾದಿನ್. (ಚಣ್ಣಹಯವೇಱುವಂ Mr. 247; My.).

ಸಾದಿಲವಾರು sâdilavâru. Any contingent charge (as of an office or school for ink, paper, pens, pencils, oil, etc., My.; Mhr., H.).

ಸಾದು sâdu. 1. = ಸಾನ್ದು. (Tbh. of ಸಾನ್ದ್ರ or ಸ್ವಾದು?). A fragrant substance, a perfume (ಗನ್ಧದ್ರವ್ಯ Śm. 99; ಸಾನ್ದ್ರ Mr. 336; Grj. 2, after 106; 3, after 91; Bp. 4, 35; 12, 11; Bh. 1, 12, 16; M. ಚಾನ್ದು, compound ointment of sandal, camphor, musk and saffron = T. ಪುಯಿಚ್ಚಾನ್ದು; T. ಚಾನ್ದು, sandal wood = ಚನ್ದನ; Tĕ. ಚಾದು, to macerate, to triturate in water, see ತೇ 2).

ಸಾದು sâdu. 2. The black colour made of burnt rice or râgi with which females and children mark their foreheads (My.; Tĕ. ಚಾದು). — ಸಾದುಬೊಟ್ಟು. A round spot of ಸಾದು put on the forehead (My.; T. ಚಾನ್ದುಪ್ಪೊಟ್ಟು).

ಸಾದು sâdu. 1. Tbh. of ಸಾಧು. Goodness, kindness (ಸುಜನತ್ವ Śm. 99); etc.

ಸಾದು sâdu. 2. = ಸಾದಾ 2, etc. — ಸಾದುಬಟುವು. Plain roundness. ಸಾದುಬಟುವಾಗಿಹುದು, ಚಕ್ರತಾನಲ್ಲ; ಪಾದ ಮೂಱಿದಕುಣ್ಟು, ಭೃಂಗೀಶನಲ್ಲ; ಸ್ವಾದಕ್ಕೆ ಮೊದಲುಣ್ಟು, ಮೆಲುವದಕ್ಕಲ್ಲ (a tripod, Bĕdagina ĉaupada).

ಸಾದೃಶ್ಯ sâdṛiśya. (fr. ಸದೃಶ). *Likeness, resemblance, similarity;* a likeness, a portrait. See ಫೋಟೋ 1; Śmd. 159; Kâvy. III, 3, B, 60.

ಸಾದೇವ sâ-dêva. Tbh. of ಸಹದೇವ. (Śmd. 379).

ಸಾದ್ಗುಣ್ಯ sâdguṇya. (fr. ಸದ್ಗುಣ). Good, pure (ವಿಸ್ತರ, ಪವಿತ್ರ Nn. 140).

ಸಾದ್ಭುತ sa-adbhuta. Wonderful, etc. (Śiv. 4, 108).

ಸಾದ್ಯ sa-âdya. Having beginning. See ಅ-.

ಸಾಧಕ sâdhaka. Effective, accomplishing, fulfilling, completing, perfecting, finishing; that is effective, etc.; aiding, helping; help. 2, exercise, practice (C.; see ಶಕ್ತಿ-, ಗರುಡಿ-). 3, a skilful man. 4, one who practices (see ಶಕ್ತಿ-). ಬಾಧಕ ಬರುವಾಗ್ಗೆ ಸಾಧಕವೇನು? — ಸಾಧಕಾ (*i. e.* ಸಾಧಕದಿನ್ದ) ಎದ್ದೆ, ಬಾಧಕಾ (*i. e.* ಬಾಧಕದಿನ್ದ) ಪ್ರನ್ಯ (Prvs.). — ಸಾಧಕಬಾಧಕ. Helpful and hurtful; that is helpful or hurtful (My.; Mhr.). — ಸಾಧಕ ಮಾಡು. To practice (with or on,

My.). ಬೋಧಕನಾದರೆ ಸಾಧಕ ಮಾಡಲಿ! (ನಮ್ಮ) ಹಾದಿಗೇನು ಅಡ್ಡಿ? (Prv.).

ಸಾಧಕತಮ sâdhaka-tama. *Very effective.*

ಸಾಧನ sâdhana. = ಸಾದನೆ 2. *The act of accomplishing, effecting, achieving, performing, executing.* 2, settling. 3, accomplishment, completion, complete attainment of any object. 4, a means of accomplishing or effecting, means of obtaining, efficient cause, *a means, an expedient* (ಅಯುತ Nn. 114); *an instrument, an agent.* 5, *an implement, a utensil, an apparatus* (ಗೃಹೋಪಕರಣಂಗಳ್, ಮನೆಯ ಸಮಸ್ತ ಮುಟ್ಟುಗಳು 114; ಗೃಹಕ್ಕೆ ಎಸೆವ ಮುಟ್ಟುಗಳ್ Mr. 501); any weapon (ಕುಠಾದಿಯುಪಕರಣ 501). 6, the instrumental case (in grammar). 7, *the penis.* 8, matter, materials, ingredient, *a substance, a thing;* a drug, medicine. 9, *property, wealth* (ವಸು, ಧನ 114; ವಸು 501). 10, *a component part of an army,* any military apparatus, force, army (ಪಡೆ, ಸೇನೆ 114). 11, aid, assistance, an assistant. 12, substantiation, proof, establishment of the truth, proving, demonstration. 13, a document (My.). 14, a reason or premise leading to a conclusion, middle term in a syllogism. 15, ಲಿಂಗವರ್ಜಸ (ಲಿಂಗತ್ರಯವರ್ತಿಸುವಲ್ಲಿ 114; 501). 16, accomplishing anything by magic or incantations, magic. 17, obtaining (ಪಡಿಯುವಿಕೆ Si. 437); enforcement of payment or settlement (of a debt), *compelling the delivery of anything,* infliction of a fine. 18, good works as secondary means of obtaining purity and emancipation, the observance of moral and ceremonial duties (ಉತ್ತಮಕಾರ್ಯ, ಒಳ್ಳಿತ ಕಾರ್ಯ 114; ಕಾರ್ಯ 501). 19, advantage, profit. 20, friendship. 21, the act of subduing, overcoming, mastering. 22, subduing by charms, stupefying, fascinating. 23, exercise, practice (My.). 24, conciliating, propitiating, worshipping. 25, expressing, denoting; a mark, a sign (ಅಂಕ, ಕುರುಹು 114). 26, a man endowed with fame (ಜಸಯುತ, ಕೀರ್ತಿವಿದನಪಸ್ಥ ಪುರುಷ 114). 27, savor (ಅನ್ನಮುಖ್ಯರುಚಿಸಂಚಯ, ಅನ್ನ ಮೊದಲಾದ ರುಚಿಗಳು 114; ಅನ್ನಾದಿರುಚಿಕಾರ 501). 28, a point of the compass (ಅಸೆ, ದಿಕ್ಕು 114). 29, a bodily organ; the three karaṇas called mana, vaĉana and kâya (ಕರಣತ್ರಯಂಗಳ್, ಮನ ವಚನ ಕಾಯವೆಮ್ಬ ತ್ರಿಕರಣ 114). 30, *torture* (ಪೀಡೆ 501). 31, *killing, destroying.* 32, killing metals (*e. g.* mercury), depriving them by oxidation, etc. of their metallic properties for medicinal or alchemical purposes. 33, burning on the funeral pile, obsequies. 34, setting out, proceeding, *going.* 35, *going after, following.* 36, various modes of writing verses (ಚಿತ್ರ Nn. 8). ಜ್ಞಾನಂ ಸರ್ವತ್ರ ಸಾಧನಂ (Prv.). See Kâvy. III, 3, B, 30; B. 3, 92; 4, 147. 190; 5, 123. — ಸಾಧನಂಗುಡು. -ಂಕುಡು. To give the (necessary) substances (Ŝsv. 2, 64). — ಸಾಧನ ಸಮ್ಪತ್ತು. Materials and means (My.).

ಸಾಧನೆ sâdhanĕ. = ಸಾಧನ Nos. 17 (J. 28, 22; My.) and 23 (My.). ಗರುಡಸಾಧನೆಯ ಮನೆ (ಶ್ರವಗೃಹ, ಖಲೂರಿಕೆ Mr. 197). 2, = ಸಾಧನ No. 4 (B. 5, 39. 195). — ಸಾಧನೆ ಮಾಡು. To practice (with or on, My.). 2, to compel the delivery of anything (taken away), to recover (My.).

ಸಾಧಾ sâdhâ. = ಸಾದಾ 2, etc. Plain, simple; plain, mere, pure, etc. (Mhr., H.). — ಸಾಧಾಉಡುಗೆ. A plain cloth (B. 5, 229). — ಸಾಧಾಜೋಡು. A couple of plain dôtaras woven together (B. 3, 102). — ಸಾಧಾದೋತರಜೋಡು. = ಸಾಧಾಜೋಡು. (B. 3, 102). — ಸಾಧಾಬಟ್ಟೆ. A plain cloth (B. 5, 217). — ಸಾಧಾಬಡತನ. Pure poverty (B. 5, 193).

ಸಾಧಾರಣ sâdhâraṇa. (fr. ಸ-ಧಾರಣ). Belonging or applicable to many, *common to many or all, general, universal, common,* joint. 2, *equal, like, similar.* 3, middling, ordinary (My.; Mhr.). 4, generic. 5, a common rule or precept or one generally applicable. 6, specific character. 7, the forty-fourth year of the cycle of sixty (My.). ಸಾಧಾರಣವಾಗಿ, generally (My.; B. 3, 117); in an ordinary or common way (My.).

ಸಾಧಾರಣತಃ sâdhâraṇa-taḥ. Generally (B. 4, 96. 164).

ಸಾಧಾರಣಧರ್ಮ sâdhâraṇa-dharma. Common or universal duty. (My.).

ಸಾಧಾರಣರೀತಿ sâdhâraṇa-rîti. An ordinary, common manner (B. 2, 1).

ಸಾಧಾರಣೆ sâdhâraṇĕ. = ಸಾಧಾರಣ (B. 5, 200).

ಸಾಧಿತ sâdhita. Effected, completed, finished, achieved, accomplished, succeeded; settled, fulfilled; substantiated, proved; made good, settled, discharged, recovered; obtained; fined; *amerced, punished by fine, made to pay; awarded* (as a punishment or fine); subdued, mastered; enabled to effect or obtain. See ಪ್ರ-.

ಸಾಧಿಷ್ಠ sâdhishṭha. Best, most excellent; very fit, most proper or right; *hardest, very hard or firm.*

ಸಾಧಿಸು sâdhisu. To accomplish, to effect, to perform, to do, to complete, to settle (Ŝmd. 6; B. 4, 13); to observe (J. 10, 15). 2, to substantiate, to prove, to establish; to vindicate (My.; Si. 48). 3, to compel the delivery of anything (taken away), to recover (My.). 4, to obtain; to acquire (Čpr. 8, 84; J. 2, 26; 10, 38; My.; B. 4, 20. 42). 5, to subdue, to overcome, to conquer (Čpr. 7, 29; Ŝmd. 188. 260; Bp. 16, 15; Č. Bp. 47, 11); to master (as any vidyâ, My.). 6, to practice. ಸಾಧಿಸಿದರೆ ಸಬಳ ನುಂಗಬಹುದು (Prv.). 7, to charge (upon another, My.). ತಪ್ಪ ಸಾಧಿಸುವನಲ್ಲಿಪ್ಪವನೆ ಕಡುಹೆಡ್ಡ; ಸರ್ವನುಟಿಹೆಡೆಯ ನೆರಳಲ್ಲಿ ಸೇರಿದ ಕಪ್ಪೆಯನ್ತಕ್ಕು (Sp.). ಸಾಧಿಸಲು ಪಟ್ಟ (ಸಾಧಿತ Nn. 148). ಸಾಧನ ಮಾಡಿದ್ದು (ಸಾಧಿತ G.). See ಜೊತ್ತು-.

ಸಾಧಿಸುವಿಕೆ sâdhisuvikĕ. = ಸಾಧಿಸುಹ. (ಆರಾಧನ Si. 438).

ಸಾಧಿಸುಹ sâdhisuha. Accomplishing, effecting, fulfilling, carrying out, etc. ಹಗೆಯ ಸಾಧಿಸುಹ (ವೈರಶುದ್ಧಿ, ಪ್ರತೀಕಾರ, ವೈರನಿರ್ಯಾತನ Nr.).

ಸಾಧೀಯಸ್ sâdhîyas. Better, more excellent; *more proper or right, very proper or right, very handsome; harder, firmer, very hard or firm.*

ಸಾಧು sâdhu. = ಸಾದ 1, ಸಾದು 1. Accomplished, perfect, excellent, good, eminent. 2, *virtuous, honourable, pious, righteous, faithful, honest;* mild or gentle in disposition (used also of beasts, My.). 3, correct, pure, classical (as a language, etc.). 4, *fit, proper, right.* 5, *pleasing, beautiful.* 6, *well-born, noble, of honourable or respectable descent.* 7, *a good or honest man;* a saint, a sage; a jina, a deified jaina saint or guru (see Mr. s. ಜೈನ). 8, well; well done! good! indeed.

ಸಾಧುಜನ sâdhu-jana. Goodness (ಗುಣ Mr. 501). 2, a good, etc. person (My.).

ಸಾಧುವಾದ sâdhu-vâda. A cry of "good!" (My.).

ಸಾಧುವಾಹಿ sâdhu-vâhi. Carrying well: *a good horse, well-trained horse.*

ಸಾಧುವೃತ್ತಿ sâdhu-vṛitti. Good profession or means of living; good or excellent practice, moral and ritual observances. (My.).

ಸಾಧ್ಯ sâdhya. To be accomplished or effected, to be done; to be formed. 2, accomplishable, practicable, feasible, attainable, being within one's power (to get, etc., ಘನ, ಸಾಧ್ಯವಾದುದು Nn. 15; ಘನ Mr. 510). 3, to be proved or demonstrated. 4, to be inferred or concluded (in logic). 5, to be subdued or mastered, subduable, to be conquered, conquerable. 6, to be cured, curable (as a disease). 7, accomplishment, perfection. 8, an object to be accomplished (in law), the thing to be proved or established by proof, the matter in debate. 9, the major term in a syllogism, the subject of a proposition. 10, *a class of celestial beings.* ಸಾಧ್ಯವಲ್ಲದ ಕೆಲಸ ಮಧ್ಯಾಹ್ನದ ಮೇಲೆ ಆದೀತೇ? (Prv.).

ಸಾಧ್ಯಸಿದ್ಧಿ sâdhya-siddhi. The effecting of what has to be done. 2, the establishing of what has to be proved. 3, the success of an undertaking, accomplishment. 4, proof, conclusion. (R.).

ಸಾಧ್ವಸ sâdhvasa. *Fear, terror.*

ಸಾಧ್ವಿ sâdhvi. A chaste or virtuous woman; *a faithful wife.*

ಸಾನ sâna. 1. Destroying; bringing to an end. See ಅವ-.

ಸಾನ sâna. 2. Tbh. of ಶ್ವಾನ. (ನಾಯ್ Šm. 31).

ಸಾನ sâna. 3. Tbh. of ಸ್ನಾನ. (My.).

ಸಾನನ್ದ sa-ânanda. Possessed of joy, happy, delighted, enjoying happiness, endowed with happiness;—joy, happiness. See Bp. 2, 21; 3, 6; 35, 5; 43, 17; 53, 7; J. 11, 2; 26, 59.—ಸಾನನ್ದದೇವ. N. (Bp. 58, 69).

ಸಾನಬಾಗ sâna-bâga. = ಸಾನಬೋಗ. (My.).

ಸಾನಬೋಗ sâna-bôga. = ಶಾನಭೋಗ, etc. (My.).

ಸಾನಿ sâni. A second: a companion: a fellow, an associate, a colleague (in an office, etc., My.; Tĕ.; H.); also used in the feminine gender, see *e. g.* ದೊರೆಸಾನಿ.—ಸಾನಿಗುಮಾಸ್ತ. A fellow-gumâsta (My.).—ಸಾನಿಶಾನಭೋಗ. A fellow-šânabhôga (My.).

ಸಾನು sânu. *Level ground on the top or edge of a mountain, table-land* (ಬೆಟ್ಟದ ತಪ್ಪಲು Nn. 90. 108; ಗಿರಿಯ ಪೊರೆ Mr. 97). 2, a summit; a point, end, top.

ಸಾನುಕೂಲ sa-anukûla. Friendly, well disposed; suitable, favourable; well equipped (My.).

ಸಾನುನಯ sa-anunaya. *Courteous, kind, civil, polite.*

ಸಾನುನಾಸಿಕ sa-anunâsika. Nasal (My.).

ಸಾನುಭವ sa-anubhava. Possessing fruition or experience; one who enjoys or experiences (Bp. 40, 82). 2, fruition, experience (S, 80; 6, 28; 8, 20).

ಸಾನುಭಾವ sa-anubhâva. = ಅನುಭಾವ No. 2 or 3. (Bp. 33, 2).

ಸಾನುಮತ್ sânu-mat. *A mountain.*

ಸಾನುಮತ sa-anumata. Assented to, concurred with; approbation, assent. See ಸೇರ್.

ಸಾನುಮತಿ sa-anumati. Approbation, assent (My.).

ಸಾನುಮನ್ತ sânu-manta. = ಸಾನುಮತ್. (ಬೆಟ್ಟ Mr. 96).

ಸಾನುಮಾನ sa-anumâna. Dependent on or associated with inference. (R.).

ಸಾನುರಾಗ sa-anurâga. Attached, passionate, impassioned. 2, affection, love, passion, desire (Bp. 24, 50; 35, 3; J. 3, 22).

ಸಾನುಸ್ವಾರ sa-anusvâra. Having the nasal mark anusvâra. (My.).

ಸಾನೆ sânĕ. = ಶಾನೆ, q. v. (My.). Tbh. of ಸೇನೆ. (T. ಚೇನೈ, an army; a great many).

ಸಾನ್ತ sânta. 1. = ಸನ್ತ 1. (My.). *Cf.* ಶಾನ್ತ.

ಸಾನ್ತ sânta. 2. (Tbh. of ಶಾನ್ತ?). Šiva (ಉಮೆಯಾಳ್ವ etc. Ct. II, 5; ಶಿವ Kk. 5; ಈಶ್ವರ Šm. 2).—ಸಾನ್ತಮ್ಮ. -ಅಮ್ಮ. Pârvatî; N. (My.).—ಸಾನ್ತಾಯಿ. -ಆಯಿ. = ಸಾನ್ತಮ್ಮ. ಉಪ್ಪಿಲ್ಲೇಕೆ ತಿಪ್ಪಿಲ್ಲೇಕೆ ಮಾಳಾಯಿ, ಕಿಚ್ಚು ಕೊಟಿಗೋಕೆ ಸಾನ್ತಾಯಿ (Prv.).

ಸಾನ್ತ sa-anta. 3. A word with final ಸ್ (Šmd. 274. 323).

ಸಾನ್ತಪನ sântapana. (fr. ಸನ್ತಪನ). *A sort of severe penance.*

ಸಾನ್ತಿ sânti. Tbh. of ಶಾನ್ತಿ. (Šmd. 335).

ಸಾನ್ತ್ವ sântva. (ಶಾನ್ತ್ವ). Consolation, consoling, comforting; *conciliation; conciliatory, pleasing or mild speech* (ಅತ್ಯರ್ಥಮಧುರ, ಸೊಗಸುವ ಮಾತು Nr.).

ಸಾನ್ತ್ವನ sântvana. (ಶಾನ್ತ್ವನ). = ಸನ್ತವಣೆ. *The act of appeasing or consoling; speaking kindly and in a conciliatory manner; friendly salutation and inquiry, courtesy, complaisance* (ಪ್ರಣತಿ, ಅನುನಯ, ಪ್ರಣಿಪಾತ, ಸನ್ತಯ್ಸುಹ Hlâ.).

ಸಾನ್ತ್ವವಾದ sântva-vâda. Speaking in a kindly and affectionate manner. (R.).

ಸಾನ್ತ್ವಿತ sântvita. (ಶಾನ್ತ್ವಿತ). Consoled, comforted. (R.).

ಸಾನ್ದು sându. (Šmd. 48). = ಸಾದು 1.

ಸಾನ್ದೃಷ್ಟಿಕ sândṛishṭika. (fr. ಸನ್ದೃಷ್ಟಿ). *Present perception of a result, immediate consequence. Cf.* ಸಾಂಸ್ಕೃಷ್ಟಿಕ.

ಸಾನ್ದ್ರ sândra. *Thick, close, dense, compact;* clustered together, collected, united in a mass; course, gross; strong, stout, robust (ಶಿವ, ದಟ್ಟೈಸು Nn. 6; ಘನ, ದಟ್ಟ 15; ಶಿವ Mr. 495); much, abundant, excessive, *vehement, intense;* unctuous, oily; viscid, smooth, soft, bland; pleasing, agreeable. 2, a thicket, a wood; a heap, a cluster. 3, a fragrance (ಸಾದು Mr. 336).

ಸಾನ್ದ್ರತ್ವ sândratva. The state of being thick, etc. etc. See ಮನ್ದಯಿಸು.

ಸಾನ್ದ್ರಪದ sândra-pada. N. of a vṛitta (Čh.).

ಸಾನ್ದ್ರಾನನ್ದ sândra-ânanda. Excessive or great joy (Čpr. 8, 98).

ಸಾನ್ನಾಯ್ಯ sânnâyya. = ಸನ್ನಾಯ್ಯ. *Any substance mixed with ghee, etc., and offered as an oblation with fire* (= ಹವಿಸ್).

ಸಾನ್ನಿಧ್ಯ sânnidhya. (fr. ಸನ್ನಿಧಿ). Nearness, vicinity, proximity; presence. (Bp. 19, 46; 23, 12; 24, 20; J. 10, 19. 20).

ಸಾಪ sâpa. 1. = ಸಾಫು. (B. 5, 116. 117).

ಸಾಪ sâpa. 2. Tbh. of ಶಾಪ. (Šmd. 335).

ಸಾಪತ್ನ sâpatna. (fr. ಸಪತ್ನಿ). Born from a rival wife, belonging to fellow-wives; a son of a rival wife (ದಾಯಾದ್ಯ Mr. 312; Bh. 1, 3, 6).

ಸಾಪತ್ನಿಕೆ sâpatnikĕ. The state of being a rival wife. See ಕೃತ.

ಸಾಪತ್ನ್ಯ sâpatnya. The son of a rival wife. 2, a rival, an enemy, an adversary. 3, the state or condition of a rival wife; rivalry, ambition, enmity. (My.).

ಸಾಪಿಣ್ಡ್ಯ sâpiṇḍya. (fr. ಸಪಿಣ್ಡ). Connection by presenting obsequial offerings to the same Manes, consanguinity, kindred, kin. — ಸಾಪಿಣ್ಡ್ಯಶ್ರಾದ್ಧ. = ಸಪಿಣ್ಡೀಶ್ರಾದ್ಧ or ಸಪಿಣ್ಡೀಕರಣ. See s. ನಿಮಿತ್ತಸ್ಥಲ.

ಸಾಪೆ sâpĕ. = ಚಾಪೆ. A mat (ಕಟ, ಕಿಲಿಂಜಕ Si. 308; My.; Si. 165).

ಸಾಪೇಕ್ಷ sa-apêksha. Having regard or respect to, dependent on. (Kâvy. II, 2, B, 1. 2).

ಸಾಪೇಕ್ಷೆ sa-apêkshĕ. See s. ಬಯಿಕೆ, in G. = ಬಯಕೆ.

ಸಾಪ್ತಪದ sâptapada. (fr. ಸಪ್ತಪದ). Belonging to seven steps, produced by or depending on seven steps.

ಸಾಪ್ತಪದೀನ sâptapadîna. Circumambulation of the nuptial fire by the bride and bridegroom in seven steps. 2, *friendship* (easily contracted), *intimacy*.

ಸಾಫ sâpha. = ಸಾಫು. (Čb. 20).

ಸಾಫಲ್ಯ sâphalya. (fr. ಸಫಲ). Productiveness, fruitfulness; profit, advantage; success. (Grj. 4, 41).

ಸಾಫಲ್ಯತ್ವ sâphalyatva. The state of having productiveness, etc. (Bp. 5, 51).

ಸಾಫು sâphu. = ಸಾಪ 1, ಸಾಫ. Clean (My.; Mhr., H. ಸಾಫ); free from moral impurity; pure; free from disease, clear of blemish; smooth, even; plain, clear, simple, fair (as a piece of composition, speech, etc. (Mhr., H.). 2, ruin, utter destruction (My.; Tĕ.).

ಸಾಬ್ sâb. = ಸಾಹೇಬ. (My.; see ರಾಜಾ-).

ಸಾಬೀತು sâbîtu. = ಸಾಬೂತು. Sound, firm; proved, established (My.; Mhr., H. ಸಾಬೀತ, ಸಾಬೂತ).

ಸಾಬೂತು sâbûtu. = ಸಾಬೀತು. (My.).

ಸಾಭಿಪ್ರಾಯ sa-abhiprâya. Having an aim or purpose, persevering, resolute; having a meaning or sense. (Kâvy. III, 3, B, 166; Rśv. 6, after 132).

ಸಾಭಿಲಾಷೆ sa-abhilâshĕ. Desire, eagerness, wish, passion (J. 26, 6).

ಸಾಮ sâma. 1. Calming, tranquillizing, soothing; reconciling, conciliating, appeasing; *conciliation*, speaking kindly, kindness; gentleness, mildness (ಶಾನ್ತ, ನಮ್ಮಿಸುಹ Mr. 4, 59; ಶಮ್ಯಮ Ŏt. II, 49). 2, negotiation, peaceable or conciliatory behaviour (as one of the four means of success against an enemy, ಸಮ್ಯಕ್ Mr. 267, see ಚತುರೋಪಾಯ). 3, *N. of one of the three principal vêdas* (arranged for chanting).

ಸಾಮ sâma. 2. Tbh. of ಶ್ಯಾಮ. (My.; see ಸಾಮವರ್ಣ). — ಸಾಮಕುಸುಬಿ. The weed Gondocaulon glabrum Cass. (Z.).

ಸಾಮಕಿ sâmaki. See Mr. s. ಪಾವಕೆ.

ಸಾಮಗ್ರಿ sâmagri. (fr. ಸಮಗ್ರ). Entireness, wholeness, etc.; a collection or assemblage of implements or materials, apparatus, goods and chattels, furniture, effects, year. (Čpr. 2, after 14; Kâvy. III, 3, B, 144; My.; B. 4, 12). — ಸಾಮಗ್ರೀಸನ್ನಾಹ. Preparation of all materials or things (My.).

ಸಾಮಜ sâma-ja. Arising from conciliation, produced by gentleness of conduct or kindness. (J. 6, 28). 2, produced by the sâmavêda. (J. 28, 8). 3, an elephant (ವಾರಣ, ಆನೆ Nn. 19; ಕದಲಿ, ಆನೆ 43; J. 6, 9. 28; 28, 8; 34, 11); N. of an asura.

ಸಾಮಜಾರಿ sâmaja-ari. The enemy of the elephant: a lion (Bp. 55, 22).

ಸಾಮಜಾಸುರ sâmaja-asura. The asura Sâmaja or Gajâsura (Bp. 46, 18).

ಸಾಮತಿ sâmati. Tbh. of ಸಾಮ್ಯತೆ. Likeness; a comparison, a simile (My.; Tĕ.).

ಸಾಮನಿ sâmani. = ದಾಮನಿ. (Colebr.).

ಸಾಮನ್ತ sâmanta. (fr. ಸಮನ್ತ). = ಸಾವನ್ತ. Bordering, bounding, neighbouring. 2, a neighbour. 3, a neighbouring king; *a feudatory or tributary prince, the chief of a district* (paying tribute to a lord paramount); a leader, general, captain, champion. 4, neighbourhood. — See Bp. 61, 39.

ಸಾಮನ್ತಿ sâmanti. = ಸಾಮನ್ತಿಗೆ, etc. ಹಳದೀ ಸಾಮನ್ತಿ (ಹೇಮಪುಷ್ಪಿಕೆ Si. 139).

ಸಾಮನ್ತಿಗೆ sâmantigĕ. = ಸಾಮನ್ತಿ, ಸಾವನ್ತಿ, ಸಾವನ್ತಿಗೆ, ಸೇವನ್ತಿ, ಸೇವನ್ತಿಗೆ q. v. ಹಸರುಸಾಮನ್ತಿಗೆ (ಹೇಮಪುಷ್ಪಿಕೆ, ಹಸರುಮಲ್ಲಿಗೆ Si. 139).

ಸಾಮರಸ್ಯ sâmarasya. (fr. ಸಮರಸ). Union of essence, essential union (Bp. 51, 20).

ಸಾಮರ್ಥ್ಯ sâmarthya. (fr. ಸಮರ್ಥ). Sameness of aim or object, sameness or oneness of meaning or signification. 2, adequacy, fitness, capacity, the state of being entitled. 3, *force, power, might, ability, capability, strength, energy, fortitude* (ದ್ರವಿಣ, ಶೌರ್ಯ, ಪರಾಕ್ರಮ, etc. Si. 293; Čpr. 2, 62. 71; Bh. 1, 3, 13. 26). 4, sense or force of words, signification (see ಶಬ್ದ-). 5, wealth. 6, interest, advantage.

ಸಾಮರ್ಥ್ಯತೆ sâmarthyatĕ. The state of having force, power, etc. (Grj. 10, 67).

ಸಾಮವರ್ಣ sâma-varṇa. Tbh. of ಶ್ಯಾಮವರ್ಣ. (Śmd. 368).

ಸಾಮವಾಕ್ಯ sâma-vâkya. A conciliatory expression (My.).

ಸಾಮವಾಯಿಕ sâmavâyika. (fr. ಸಮವಾಯ). Belonging to an assembly or association, collective; relating to close or intimate connection. 2, a minister or counsellor (ಪ್ರಧಾನ G.). 3, the chief of a company or corporation.

ಸಾಮವೇದ sâma-vêda. = ಸಾಮ 1 No. 3. (C.).

ಸಾಮವೇದಿ sâma-vêdi. A Brâhmaṇa who studies the sâmavêda (Bp. 9, 43; 56, 27. 36); N. (15, 25; 24, 74; 57, 1. 2. 5).

ಸಾಮಾಜಿಕ sâmâjika. (fr. ಸಮಾಜ). Relating or belonging to an assembly. 2, *an assistant or spectator at an assembly*, member of an assembly.

ಸಾಮಾನ sâmâna. = ಸಾಮಾನು, q. v. (B. 5, 125. 240). ಸಾಮಾನ ಇದ್ದವಗೆ ಗುಮಾನ ಏನು? (Prv.).

ಸಾಮಾನಿಕ sâmânika. Equal, of the same position (Čpr. 9, 53).

ಸಾಮಾನು sâmânu. = ಸಾಮಾನ. Instruments; apparatus, furniture; goods, chattels, things, articles (C.; B. 3, 66; 4, 60; 5, 122; Si. 84. 381; Br.; Mhr., H. ಸಮಾನ); a thing, an article (My.).

ಸಾಮಾನ್ಯ sâmânya. (fr. ಸಮಾನ). = ಜಾವಳ 2. *Common, general, universal, generic*, equal. 2, vulgar, ordinary, middling, common-place, insignificant, low (see ಕಿಮುಳು).

3, community, generality, universality. 4, totality, entireness. 5, common or generic property, specific property. 6, *kind, sort, genus or species.* 7, equality or sameness of meaning (Śmd. 144. 152). 8, = ಸಾಮ್ಯ 1, the connection of different objects by common properties (Kâvy. III, 3, B, 96 seq.).

ಸಾಮಾನ್ಯಕಾಲ sâmânya-kâla. Time in general. See ಪೊತ್ತು.

ಸಾಮಾನ್ಯಖಂಡ sâmânya-khaṇḍa. A section of words that differ in form, but have the same meaning (Mr. 423 seq.).

ಸಾಮಾನ್ಯತೆ sâmânyatĕ. The state of being common, etc.; that of being low, etc. See ಸತ್ವ-.

ಸಾಮಾನ್ಯಧರ್ಮ sâmânya-dharma. Common or universal duty (My.).

ಸಾಮಾನ್ಯಪ್ರವೇಶ sâmânya-pravêśa. The occurrence of an astrologically unlucky moment (My.).

ಸಾಮಾನ್ಯಬಲ sâmânya-bala. A common force, a force in general. See ಪಡೆ.

ಸಾಮಾನ್ಯಮಾಲಾಬನ್ಧ sâmânya-mâlâbandha. A common garland. See ಅಡಾಯಿಗ.

ಸಾಮಾನ್ಯಲಕ್ಷಣ sâmânya-lakshaṇa. A generic definition or sign, a definition comprising many individuals, a specific characteristic. (R.).

ಸಾಮಾನ್ಯಾಕೃತಿ sâmânya-âkṛiti. A common form, a form in general. See ಪೊಡಿಕು.

ಸಾಮಾನ್ಯೆ sâmânyĕ. An ordinary woman (Bp. 40, 83). 2, one of the transcendental perceptions in the nyâya philosophy.

ಸಾಮಾಭಾಸ sâma-âbhâsa. Mere appearance of conciliation or negotiation (Ŏpr. 6, after 22).

ಸಾಮಿ sâmi. 1. *Half;* blamably.

ಸಾಮಿ sâmi. 2. = ಸಾಪಿ. Tbh. of ಸ್ವಾಮಿ. (Śmd. 128. 368; Bp. 35, 27; 51, 7).

ಸಾಮಿಧೇನಿ sâmidhêni. (fr. ಸಮಿಧ್). *A particular prayer recited on adding fuel to the sacrificial fire.*

ಸಾಮಿಪಕ್ವ sâmi-pakva. Half-ripened (Ŏpr. 6, after 55).

ಸಾಮೀಪ್ಯ sâmîpya. (fr. ಸಮೀಪ). *Nearness, vicinity, proximity, contiguity;* nearness to the deity. (Grj. 3, after 69; Bp. 1, 30; 24, 83).

ಸಾಮೀಪ್ಯಪದ sâmîpya-pada. The state of being near to the deity (V. 14, after 106).

ಸಾಮು sâmu. Gymnastics, feats of strength (My.; Br.; H.). ಸಾಯುವ ತನಕ ಸಾಮು ಕಲಿತರೆ ಯುದ್ಧ ಮಾಡುವದು ಯಾವಾಗ? (Prv.).

ಸಾಮುದ್ರ sâmudra. 1. (fr. ಸಮುದ್ರ 1). Oceanic, marine, sea-born. 2, a seafarer, a mariner. 3, *sea-salt.*

ಸಾಮುದ್ರ sâmudra. 2. (fr. ಸಮುದ್ರ 2). An impression or mark on the body, spot.

ಸಾಮುದ್ರಿಕಾಲಕ್ಷಣ sâmudrikâ-lakshaṇa. Characteristic spots, lines, etc. on any part of the body and their interpretation (My.).

ಸಾಮುದ್ರಿಕಾಶಾಸ್ತ್ರ sâmudrikâ-śâstra. A treatise on the interpretation of spots, etc. upon the body (My.).

ಸಾಮುದ್ರಿಕೆ sâmudrikĕ. -ಕಾ. Spots, lines, etc. on the body and their interpretation (My.; ಮನುಷ್ಯನ ರೇಖೆ ಮುನ್ತಾದ ಲಕ್ಷಣಗಳನ್ನು ನೋಡೋಣ G.).

ಸಾಮೆ sâmĕ. = ಸಾವೆ 1, q. v. Tbh. of ಶ್ಯಾಮ No. 5. (My.). ಸಾಮೇ ಕಾಯಿ (ಶ್ಯಾಮಾಕ Śi. 164).

ಸಾಮೋದ್ಭವ sâma-udbhava. *An elephant.*

ಸಾಮೋಪಚಾರ sâma-upačâra. A mild and moderate application, operation or curative. 2, a mild, conciliating measure. (B. 4, 72; 5, 170).

ಸಾಮೋಪಾಯ sâma-upâya. A mild remedy, moderate measure, gentle means. 2, negotiation, as one of the upâyas or means of success against an enemy (My.).

ಸಾಮ್ಪರಾಯ sâmparâya. (fr. ಸಮ್ಪರಾಯ). Relating to war or battle, warlike. 2, belonging to the future. 3, contention, conflict. 4, the future, future life. (R.).

ಸಾಮ್ಪರಾಯಿಕ sâmparâyika. Relating to war, military, strategic; warlike; calamitous; relating to the other world or a future state, future. 2, *a war-chariot.* 3, *war, battle.*

ಸಾಮ್ಪ್ರತ sâmprata. (fr. ಸಮ್ಪ್ರತಿ). *Fit, proper, becoming.* 2, the present time. ಸಾಮ್ಪ್ರತ, ಸಾಮ್ಪ್ರತಂ, *at present, now.* (B. 4, 189. 214; 5, 265).

ಸಾಮ್ಪ್ರದಾಯ sâmpradâya. (fr. ಸಮ್ಪ್ರದಾಯ). Custom, practice, a custom (C.; Bp. 5, 42; V. 9, 32; B. 4, 88).

ಸಾಮ್ಪ್ರದಾಯಿಕ sâmpradâyika. Relating to traditionary or popular doctrine or practice. (My.).

ಸಾಮ್ಪ್ರದಾಯಿಕಸ್ಥ sâmpradâyika-stha. A man carefully observant of the doctrines and customs of his forefathers (My.).

ಸಾಮ್ಬ sa-amba. Attended by Ambâ or Durgâ: Śiva (Bp. 9, 41). 2, N. of a Yâdava (J. 7, 2; 12, 12; 24, 69). — ಸಾಮ್ಬಯ್ಯ. -ಅಯ್ಯ. N. (My.). — ಸಾಮ್ಬಶಿವ. Śiva along with Ambâ. (My.).

ಸಾಮ್ಬ್ರಾಜ್ಯ sâmbrâjya. Tbh. of ಸಾಮ್ರಾಜ್ಯ. (My.; Tĕ.).

ಸಾಮ್ಬ್ರಾಣಿ sâmbrâṇi. 1. Tbh. of ಸಾಮ್ರಾಣಿ. Benzoin (M. ಸಾಮ್ಬ್ರಾಣಿ, ತಾಮ್ಬ್ರಾಣಿ; T. ಚಾಮ್ಬಿರಾಣಿ; Tĕ. ಸಾಮ್ಬ್ರಾಣಿ, ಸಾಮ್ರಾಣಿ); frankincense (ಲೋಬಾನ My.). — ಸಾಮ್ಬ್ರಾಣಿಎಣ್ಣೆ. An oil extracted from sâmbrâṇi (My.).

ಸಾಮ್ಬ್ರಾಣಿ sâmbrâṇi. 2. N. of a country (Mr. 282); a horse of that country (Mr. 282; Râv. 6, after 11; Bh. 7, 7, 46; Tĕ. ಸಾಮ್ರಾಣಿ).

ಸಾಮ್ಯ sâmya. 1. (fr. ಸಮ). Evenness; *equality, parity, sameness,* equipoise; likeness, similarity (ಸರಿ Śmd. Dh., Śm. 103; ಪೋಲ್, ಅನ್ನ, etc. Ŭt. I, 88; ತೋಡು, ದೊರೆ, ತೊಣೆ, etc. II, 25; ಪೋಲ್, etc. II, 82; ಪಾಂಗು, ಭಂಗಿ II, 101; ಪಡಿ, ಪಾಟಿ, ಪಾಂಗು, ಜವಳಿ, etc. Śm. 55; ಪಾಂಗು 83; ತೋಡು 91; ಪಡಿ 95); a comparison, a simile; *harmony, tempo, equal time in music and dancing;* equability; impartiality, indifference; = ಸಾಮಾನ್ಯ No. 8, the connection of different objects by common properties (Kâvy. III, 3, B, 61. 96 seq.).

ಸಾಮ್ಯ sâmya. 2. Tbh. of ಸ್ವಾಮ್ಯ. (Bp. 51, 21; My.); My. also: fees that, for the performance of particular ceremonies, are to be given to pûjâris, purôhitas and jôyisas.

ಸಾಮ್ಯತೆ sâmyatĕ. = ಸಾಮತಿ. Equality, sameness. ಯಾವ ವಸ್ತುವಿನ ಸಾಮ್ಯತೆಯ ಕೊಡ ತಕ್ಕದ್ದೋ, ಆ ವಸ್ತು (ಉಪಮಾನ G.).

ಸಾಮ್ಯತ್ವ sâmyatva. = ಸಾಮ್ಯತೆ. (ಪಾಟಿ Śm. 90).

ಸಾಮ್ಯಪ್ರತೀತಿ sâmya-pratîti. Notion of similarity (Kâvy. III, 3, B, 30).

ಸಾಮ್ಯಾವಸ್ಥೆ sâmya-avasthĕ. *Equal state, equipoise.*

ಸಾಮ್ರಾಜ್ಯ sâmrâjya. (fr. ಸಮ್ರಾಜ್). Complete or universal sovereignty, empire, dominion. (Čpr. 4, after 24; Bp. 21, 25; 54, 84; 61, 7; B. 4, 227).

ಸಾಮ್ರಾಣಿ sâmrâṇi. = ಸಾಮ್ಬ್ರಾಣಿ 1. A kind of perfume.

ಸಾಯ್ sây. = ಸಾಯು. (Šmd. 58). **To die, to decease, to depart from life** (ಮೃತಿ Šmd. Dh.; ಅಟ್ಟು, ಕಟ್, ಬಿಟ್, ಅಟ್ Šmd. I; Čpr. 5, 74; Abh. P. 6, 62; 6, after 36; 8, 15; 13, 56; 16, after 71; Bp. 13, 14. 16. 17. 26; 14, 20; 15, 2; 22, 53; 24, 12; 32, 50; 35, 33; 42, 5; 43, 14; 46, 20. 23. 58; 49, 18; 50, 31. 37; 52, 8; 56, 16; 57, 32; 60, 24; J. 11, 34; 12, 44; 20, 14; 24, 1; 25, 59; T., M. ಚಾ; Tê. ಚಚ್ಚು; Tu. ಸಯ್, ಸೈ; the word may be connected with ಸಯ್ 2, or with ಸಯ್ 1 and ಚಾಚು). P. p. ಸತ್ತು. ಸತ್ತಂ (Šmd. 285). Present and future participle (instead of ಸಾಯ್ವ) frequently ಸಾವ, q. v. ಸತ್ತಾತ (ಪರಾಸು, ಉಪಸಮ್ಪನ್ನ, ಪ್ರಮೀತ, ಸಂಸ್ಥಿತ, ಮೃತ Hlâ.). ಸತ್ತಂ (ಮೃತ, ಸಂಸ್ಥಿತ, etc. Mr. 394); ಪತಿ ಸತ್ತವಳು (ವಿಧವೆ 303). ಸತ್ತವನ ಸುಡಲೆನ್ದು, ಒಟ್ಟಿದ ಕಟ್ಟಿಗೆ (ಚಿತೆ Nr.). ಸಾಯಲೆವೇಡಿ, ಕಾನ್ ಈಯನೆ ಪರೆಯಂ! ಗಾಂಗೇಯ, ಕೇಳ್ (Šmd. 64 Mdb.). ಸತ್ತು ಹೋದರೆ ನಿನಗದೆತ್ತಣದು ಮೋಕ್ಷಮ್, ಅಯ್! ಸತ್ತು ಹೋಗದತಿಜೀವನಮ್ ಇರಲು ಮೋಕ್ಷದ ಗೊತ್ತು ತಿಳಿ! (Sp.). ಸತ್ಯವನ್ನ ಬಿಡದೇ ಸತ್ತ ಹಾಗಿರ ಬೇಕು; ಸತ್ಯವನ ಬಿಡುಮ್ ಉಸುರಿದರೆ ಸತ್ತವರಿಗತ್ತ ಹಾಗಕ್ಕು (Sp.). ಸತ್ತು ಹುಟ್ಟುವರೆಮ್ಬ ಮಿಥ್ಯದಾ ನುಡಿ ಯಾಕೆ? ಬಿತ್ತಿದರೆ ಬೀಜ ಬೆಳವನ್ತೆ ಗಿಡತಾ ಸತ್ತು ಹುಟ್ಟುವದೆ? (Sp.). ಸಜ್ಜನರು ಸಾಯಲೊಡೆ ನಿರ್ಜರರು ಮಣಿಗುವರು; ದೌರ್ಜನ್ಯಕಾರಿ ಸತ್ತರೇನ್? ದೇಹದ ಕಜ್ಜ ಹರಿದನ್ತೆ! (Sp.). ಸಾಯಲಾಡಿನೆನಲು ಬೆನ್ನು ಬಿಡುವಳೆ ಮೃತ್ಯು? (Dp. 4).

ಸಾಯ sâya. 1. Tbh. of ಸಹಾಯ. ಸಾಯವಿಲ್ಲದ ನಾಯ ಸತ್ಯವಾದರೆ ಏನು? (Dp. 167).

ಸಾಯ sâya. 2. End, close, termination (see ಅವ-). 2, *the close of day, evening.*

ಸಾಯಂ sâyam. *In the evening* (ಬಯ್ಗಿನಲ್ಲಿ Nr.).

ಸಾಯಕ sâyaka. *An arrow.* 2, *a sword.* ಸಾಯಕದ ಪುಂಖ (ಕೆಯ್ಪೊಡೆ Kk. 39).

ಸಾಯಂಕಾಲ sâya-ṅ-kâla. Evening, eventide (ದಿವಸಾನ್ತಮಪ್ಪಇರುಳು Mr. 66; ಸಾಯ Si. 476).

ಸಾಯನ್ತನ sâyantana. Belonging to evening, vesper time. (Čpr. 8, after 4).

ಸಾಯರು sâyaru. Excise, custom (My.; Br.; Mhr., H.).

ಸಾಯಸ sa-âyasa 2. Exertion, trouble, difficulty, weariness (Bp. 55, 36; Abhâ. 1, 32).

ಸಾಯಾಹ್ನ sâya-ahna. Evening, eventide. (My.).

ಸಾಯಿ sâyi. 1. = ಸಾವೆ 2. Cream; any cream-like layer (Mhr. ಸಾಈ; see ಕಲ್ಯಾಣಿ-, ಕಾರ-).

ಸಾಯಿ sâyi. 2. Tbh. of ಸ್ವಾಮಿ. See ಗೋ-. — ಸಾಯಿದೇವ. N. (Bp. 56, 41; 58, 10). — ಸಾಯಿದೇವಿ. N. (Bp. 59, 6).

ಸಾಯಿರ sâyira. Tbh. of ಸಹಸ್ರ. ಸಾಯಿರ ಗಣ್ಡರ್, ಸಾಯಿರ ಪೆಣ್ಡಿರ್, ಸಾಯಿರ ಮನೆಗಳ್ (Šmd. 111).

ಸಾಯು sâyu. = ಸಾಯ್. (C.; ಪಡುG.). P. p. ಸತ್ತು. ಸತ್ತವನು (ಪರಾಸು, ಪರೇತ, ಪ್ರೇತ, etc. Si. 297); ಸಾಯುವದು (ಪಂಚತೆ, ಕಾಲಧರ್ಮ, ದಿಷ್ಟಾನ್ತ, ಪ್ರಲಯ, ಅತ್ಯಯ, ಅನ್ತ, ನಾಶ, ಮೃತ್ಯು, ಮರಣ, ನಿಧನ 297); ಗಣ್ಡನು ಸಾಯದೇ ಇರುವಾಗಲೇ ಮಿಣ್ಡನ ಬೆಸೆಯಿನ್ದ ಹುಟ್ಟಿಸಿ ಕೊಣ್ಡ ಹಾದರದ ಮಗನು (ಕುಣ್ಡ 193); ಗಣ್ಡನು ಸತ್ತ ಮೇಲೆ ಮಿಣ್ಡನ ಬೆಸೆಯಿನ್ದ ಹುಟ್ಟಿಸಿ ಕೊಣ್ಡ ಹಾದರದ ಮಗನು (ಗೋಲಕ 193); ಸತ್ತ ಕಡುವನ್ನು ಈದ ಆಕಳು (ವೇಹತ್ 321). ಸತ್ತ ದಿವಸದಿನ್ದ ಹತ್ತು ದಿವಸದ ತನಕ ಮಾಡುವ ಕರ್ಮ (ಔರ್ಧ್ವದೇಹಿಕ); ಗಣ್ಡ ಸತ್ತ ಬಳಿಕ ಕೆಮ್ಪುಸೀರೆಯು ಉಟ್ಟು ಕೊಳ್ಳುವವಳು (ಕಾತ್ಯಾಯನಿ); ಗಣ್ಡ ಸತ್ತ ಬಳಿಕ ಜಾರಪುರುಷನಿಗೆ ಹುಟ್ಟಿದ ಮಗನು (ಗುಡ); ಸತ್ತ ತಾಯಿ ತನ್ದೆಗಳ ಸಲುವಾಗಿ ಕೊಡುವ ಅನ್ನ (ಪಿಣ್ಡ); ಗಣ್ಡ ಸತ್ತವಳು (ವಿಧವೆ, ವೆಧವೆ); ಗಣ್ಡ ಸತ್ತ ಬಳಿಕ ಕೂಡಲುಳ್ಳವಳು (ಸಕೇತಿ G.). ಆ ಸೆಟ್ಟಿಯು ಒಮ್ಮಿನ್ದೊಮ್ಮೇಲೆ ಸತ್ತನು (B. 2, 25). ತಾಯಿ ತನ್ದೆಗಳು ಪ್ರೀತಿಯಿನ್ದ ನಮ್ಮನ್ನು ಜೋಪಾನ ಮಾಡದಿದ್ದರೆ ನಾವು ಅನ್ದೇ ಸತ್ತು ಹೋಗುತ್ತಿದ್ದೆವು (2, 40). ವೀರಸೆಟ್ಟಿಯೆಮ್ಬ ವರ್ತಕನು. . . ಸಾಯುವಾಗ (3, 14). ಕೋಪರ್ನಿಕಸನು (Copernicus) 71 ವರುಷದವನಾಗಿ ಸತ್ತನು (5, 169). **2, power to be lost** (as that of the foot, hand or tongue), **use to be gone** (as that of teeth), **truth to be gone** (as that of the tongue, *i. e.* of a promise, My.). ಸತ್ತ ಉಟಿ ಕಿಚ್ಚಿಗೆ ಅಂಜೀತೇ? — ಸತ್ತ ಮಗುವಿನ ಕಣ್ಣು ಸಾರೆ. — ಸತ್ತ ಮಗುವಿನ ಚನ್ದ್ರತಾರಾಬಲ ಕೇಳಿದ ಹಾಗೆ. — ಸತ್ತ (*i. e.* ಸತ್ತವನ) ಮುಕ್ಕ ಎತ್ತ ಬಿದ್ದರೇನು? ಸತ್ತ ಎಮ್ಮೆಗೆ ಹಾನೆಹಾಲು, ಹೆತ್ತ ಎಮ್ಮೆಗೆ ಮಾನಹಾಲು. — ಸತ್ತ ಎಮ್ಮೆಗೆ ಹಾಲು ಹೆಚ್ಚು. — ಸತ್ತವನ ಕಾಲು ತಟ್ಟಿದ ಹಾಗೆ. — ಸತ್ತವರ ಮಕ್ಕಳು ಇದ್ದವರ ಕೆಯ್ಯಲ್ಲಿ. — ಸತ್ತು ಸಗ್ಗಾ ಕೂಡಲಿಲ್ಲ, ಇದ್ದು ದೈನಾ ಕೂಡಲಿಲ್ಲ. — ಸತ್ತವರ ಮನೇಲಿ ಕೆಟ್ಟವರು ಯಾರು? ಎನ್ದರೆ ಸತ್ತವನೇ ಕೆಟ್ಟನು. — ಸತ್ತವರಿಗೆ ಅತ್ತರೆ ಅತ್ತವರು ಸಾಯರೇ? — ಸತ್ತ (*i. e.* ಯಾರೂ ಸತ್ತನೆಮ್ಬ) ಸುದ್ದಿಯನ್ನಾದರೂ ಸನ್ತೋಷದಿನ್ದ ಹೇಲಿ! — ಸಾಯುವ ತನಕ ಸಾಮು ಕಲಿತರೆ ಯುದ್ಧ ಮಾಡುವದು ಯಾವಾಗ? — ಸಾಯದಿದ್ದರೆ ಸಾವಿರ ಸೋಜಗ ಕಣ್ದೇನು. — ಸಾಯುವನ ಕಣ್ಣಿಗೆ ಸುಟಿದವನೇ ಜವರಾಯ. — ಸಾಯುವವರಿಗೆ ದೇವರಿಲ್ಲ, ಕೆಟ್ಟವರಿಗೆ ನೆಣ್ಟರಿಲ್ಲ. — ಸಾಯುವೆನೆನ್ದರೆ ಹೆಣ್ಡತಿ ಬಯ್ದಾಳು ಅನ್ದಹಾಗೆ. — ಬನ್ದ ಬನ್ದವರು ನಿನ್ದಿಸಿದರೆ ಗಣ್ಡ ಸತ್ತ ದುಃಖ ಬಿಟ್ಟು ಹೋದೀತೇ? — ಬಾತವರು ಬದುಕುವದಿಲ್ಲ, ಸೀತವರು ಸಾಯುವದಿಲ್ಲ. — ಮಗನಿಗೆ ಮಾವ ಸತ್ತರೇನು? ಸೊಸೆಗೆ ಅಪ್ಪ ಸತ್ತರೇನು? — ಲೆಕ್ಕದಿನ್ದ ಹೊತ್ತದಕ್ಕೂ ಮುಪ್ಪಿನಿನ್ದ ಸತ್ತದಕ್ಕೂ ದುಃಕ್ಕವೇನು? — ಶೋಕದವರೆಲ್ಲಾ ಸತ್ತರೆ ಶೋಕ ಮಾಡುವವರು ಯಾರು? — ಸಾವಿಗೆ ಸಿಕ್ಕಿ ಸತ್ತವನಿಲ್ಲ, ಹಾವಿಗೆ ಸಿಕ್ಕಿ ಬದುಕಿದವನಿಲ್ಲ. — ಸೆಟ್ಟಿಯ ಬಾಯಿ ಸತ್ತಲ್ಲದೆ ತಿಳಿಯದು. — ಸೊಲ್ಲು ಸೊಲ್ಲಿಗೆ ನಲ್ಲನಾದರೆ ಸಾಯೋ ಪರಿಯನ್ತರ ಎಷ್ಟು ನಲ್ಲರು? — ಹೇಳಿದರೆ ತಾಯಿ ಸಾಯುತ್ತಾಳೆ, ಹೇಳದಿದ್ದರೆ ತನ್ದೆ ನಾಯಿ ತಿನ್ನುತ್ತಾನೆ (Prvs.). See Sp. s. ಗುಗ್ಗರಿ 1. — ಸತ್ತು ಸತ್ತು ಉಟಿ. To have a hair-breadth escape, to recover from a dangerous disease (C.; B. 2, 31). — ಸತ್ತು ಸತ್ತು ಬದುಕು. = ಸತ್ತು ಸತ್ತು ಉಟಿ. (My.). — ಸಾಯ ಕೊಲ್ಲು. To murder, to kill (Si. 365. 393). — ಸಾಯಗೊಳಿಸುವಿಕೆ. -ಕೊಳಿಸುವಿಕೆ. Slaughter (ಪ್ರಮಾಪಣ, ನಿಬರ್ಹಣ, ಮಾರಣ, etc. Si. 297).

ಸಾಯುಜ್ಯ sâyujya. (fr. ಸಯುಜ್). Intimate union, identification, absorption into the divine essence. (Grj. 3, after 69; Bp. 1, 31; 53, 54; J. 5, 30).

ಸಾರ್ sâr. 1. = ಸಾರು, (ಸೇರ್). **To come or go near or to, to approach; to be or become near; to join, to associate one's self to; to come to hand, to be obtained; to come about;— to come or go** (ಸಮೀಪಾಗಮನ Šmd. Dh.);**— to be applied or used** (Šm. 29. 91). P. p. ಸಾರ್ದು. ಸಾರ್ದಂ (Šmd. 50. 55). ಸಾರ್ಗು (*i. e.* ಸಾರ್ಗುಂ, Bp. 1, 25). ಎತ್ತಿದ ಕೆಯ್ಯೊಳ್ ಮುತ್ತಿದಪ್, ಅತ್ತಿತ್ತುತ್ತೆಂ ಸಾರ್ವರ್ ಇನ್ನಹಿತರ್ಕಳ್ (Šmd. 145). ಮರಣಂ ಸಾರ್ದಂ (156). ಇದೆ ಇದೆ ಸಾರ್ಕೆ ಸಾರ್ಕೆ ಗಣಕಾವಳಿ ಬೇಡ್ದಿ ಮುಹೂರ್ತಂ! (231). ಅರಯ್ದಾರುಂ ಸಾರಲಿಂ! (277). ಸಾರೆ ಕೆಲಬರು ಕೂಡಿ ಕುಡಿಯೆ (ಸಹಪಾನ Mr. 221). ಇದು ಬಗ್ಗ ಸಾರ್ದ ಗವಿ! (Râghô. 17, 68). See Čpr. 3, 45. 52; 5, 34; 6, 33; 8, 51. 71; Grj. 4, 68; 9, after 58; Bp. 43, 7;

44, 13. 30; 55, 5; 60, 50; Č. Bp. 8, 12; Rāv. 4, after 14; 5, 21; 5, after 114; 5, 122; 9, 7; J. 4, 21. 58; 7, 16; 8, 5; 11, 40; 16, 11; 17, 2; 26, 4; 31, 30; Rām. 3, 2, 16; ಕೆಯ್-, ಬೆಸನಂ-, ಮೆಯ್-.

ಸಾರ್ sâr. 2. = ಸರ್ 1, q. v. P. p. of ಸಾರ್ 1.

ಸಾರ್ sâr. (Tbh. of ಸಾರ). ಸಾರಿಪ್ಪ ಬೂದಿ (ಕ್ಷಾರ, ಭಸ್ಮ, ವಿಭೂತಿ, etc. Mr. 48).

ಸಾರ sâra. Scaffolding (My.; T.; Tē. ಚಾರವೆ, ಸಾರವೆ, ಸಾರುವೆ, ಶಾರ). — ಸಾರಕಟ್ಟು = ಸಾರ. (C.).

ಸಾರ sâra. Going, moving, proceeding (see ಅನು-, ಪರೀ-, ಪ್ರ-, ವಿ-, ಸಂ-). 2, essence, substance; *the substantial or essential part of anything* (ರಸ Čt. I, 70); the best or choicest part (ಶ್ರೇಷ್ಠಮ್ ಆಗುವದು Šmd. 367 Cm.); the quintessence; the matter (of a book, speech, etc.); real meaning, main point, real truth. 3, *marrow*. 4, *pith* (ಕೆಚ್ಚು Nn. 80; ಶಾರದೆ, ಕೆಚ್ಚು 28). 5, *the sap of trees and plants* (see ತರು-). ಮರದ ಸಾರ (ಕೆಚ್ಚು Šm. 87). 6, nectar. 7, the matter formed in a boil or ulcer, pus, any impure matter (ಮಲ 80). 8, *semen virile* (ಇಂದ್ರಿಯ 80). 9, *strength, power*, vigour, prowess, valour, heroism (ಶೌರ್ಯ, ಪರಾಕ್ರಮ 80). 10, firmness, hardness. 11, worth, excellence, highest degree of perfection. 12, *wealth, goods, riches* (ವಸ್ತು 80). 13, a climax (in rhetoric), one of the vâstavas (Kâvy. III, 3, B, 3. 54-56). 14, a compendium, summary, epitome. 15, water. 16, fresh butter. 17, steel. 18, impure carbonate of soda. 19, a fish (ಜಲಚರ, ಮೀನು 80). 20, sickness, disease; misery, etc. (ದುಃಖ 80). 21, *propriety fitness*. 22, essential, substantial; vigorous, strong, hard, etc. (ಸ್ಥಿರ, ಸುಸ್ಥಿರ 80). 23, *excellent;* good, sound, *best*. 24, real, true, genuine. 25, sound (as an argument), thoroughly proved. 26, a decree, a judgment: a verdict (Mhr.). ಸಾರ ಬಲ್ಲವ ಸರ್ವಜ್ಞ (Prv.). — ಸಾರಂಗಿಡು. -ಇಂಗಿಡು. Sap or essence to be lost (Abh. P. 7, 87).

ಸಾರಕ sâraka. Causing to go; cathartic, laxative. See ಉತ್-, etc.

ಸಾರಕೆ sârakĕ. = ಸಾರಿಕೆ, q. v. (ಪೆಣ್ಗಿಳಿ Šm. 28. 29).

ಸಾರಗ sâraga. = ಸಾರಂಗ. A spotted antelope, a sort of deer (My.; ಕೆಮ್ಮುಬಣ್ಣದ ಹುಲ್ಲೇ ಹೋರಿ, ಕಪ್ಪುರ Si. 169).

ಸಾರಗಾನ sâra-gâna. An excellent song (Bp. 1, 7).

ಸಾರಗುಣಿ sâra-guṇi. A person of choice qualities. See Sp. s. ಕಾರಣಿಕ.

ಸಾರಗ್ರಾಹಿ sâra-grâhi. Extracting the essence or best part of anything. (My.; Si. 410).

ಸಾರಘ sâragha. (fr. ಸರಘಾ). Coming from the bee: *honey*.

ಸಾರಂಗ sâranga. = ಸಾರಗ. *Of a variegated colour, variegated, spotted;* a variegated colour (ಶಬಲವರ್ಣ Nn. 84; Mr. 508). 2, the spotted antelope; *a deer*, the spotted deer, Axis maculatus (Gz.; ಕುರಂಗ 34; ಪೃಷತ 508; ಶೃಂಗಿ Mr. 162). 3, a lion. 4, an elephant (ಗಜ, ಆನೆ 34). 5, *the čâtaka bird, Cuculus melanoleucus* (ಚಾತಕ, ಚಾತಕಪಕ್ಷಿ 34; ಚಾತಕ 508; ಭೃಂಗ, etc. Mr. 171). 6, a large bee. 7, a kind of horse (ಅಶ್ವಜಾತಿ 34; ತುರಗಕುಲ 508). 8, a cloud (ಅಭ್ರ, ಮೇಘ 34; ಘನ 508). 9, a horn (ಶೃಂಗ, ಕೋಡು 34). 10, the eyes (ಕಂಗಳ್, ಕಣ್ಣುಗಳ್ 34). 11, camphor. 12, pleasing, beautiful (ಕಮನೀಯ, ಮನೋಹರ 34). 13, gold. ಕರಿಯ ರೇಖೆಯನುಳ್ಳ ಸಾರಂಗ (ಕೃಷ್ಣಸಾರ); ಬಿಳಿಯ ರೇಖೆಯನುಳ್ಳ ಸಾರಂಗ (ರುರು); ಬಿಳುಪು ಘನಮಾದ ಸಾರಂಗ (ನ್ಯಂಕು); ಕೆಚ್ಚನೆಯ ಗುಚ್ಛಸಾರಂಗ (ಕಪ್ಪುರ Nr.). — ಸಾರಂಗಬಣ್ಣ. A variegated colour (B. 3, 55).

ಸಾರಂಗಧರ sâranga-dhara. Šiva (My.).

ಸಾರಂಗಿ sârangi. A kind of fiddle. (My.; Tē.). ಸಾರಂಗಿ ಬಾರಿಸುವ ಬಿಲ್ಲು (ಕೋಣ G. 164); ವೀಣೆ ಸಾರಂಗಿ ಮುನ್ನಾದವುಗಳ ಧ್ವನಿ (ನಿಕ್ವಣ, ನಿಕ್ವಾಣ 288).

ಸಾರಜ್ಞ sâra-jña. Acquainted with the essence, etc. (My.).

ಸಾರಜ್ಞೆ sâra-jñĕ. A female who knows the essence, etc.: a female friend (ಮಿತ್ರೆ, ಸಖಿ, ಸಹಚಾರಿಣಿ, etc., ಕೆಳದಿ Mr. 305).

ಸಾರಟ sâraṭ. = ಸಾರಟ್, ಸಾರೋಟ್. A "chariot", a gig, a buggy, etc. (My.; Tē.).

ಸಾರಣ್ sâraṇ. Nearness, proximity (Abh. P. 9, 38. 100).

ಸಾರಣ sâraṇa. Causing to go or flow. 2, dysentery, diarrhoea (ಬಗುಳ್ Šmd. Dh.). 3, a term used in sangîta (Bp. 19, 8).

ಸಾರಣಿ sâraṇi. *A canal, a drain, a channel, a water-pipe*. 2, the camel on which the sâravâna sits (My.). See ಹರಿಕಣಿ, ಹರುಕಣಿ.

ಸಾರಣಿಗೆ sâraṇigĕ. A sieve, a strainer (ರಡ್ಡಿ, ಚಾಲನಿ Mr. 208).

ಸಾರಣೆ sâraṇĕ. = ಸಾರವಣೆ. Applying to, plastering, smearing, smoothing (with cow-dung, water, etc., C.; Prll. 3, 4; Bp. 4, 3; 47, 14; Č. Bp. 5, 5. 51; Rām. 1, 13, 5; V. 14, 51; J. 17, 27). — ಸಾರಣೆಗೆಯ್. To plaster, to smooth (Šâv. 2, 72).

ಸಾರಣೆ sâraṇĕ. Tbh. of ಚಾರಣ. See ಅಂಕುಸ-.

ಸಾರತಮ sâra-tama. Most excellent, etc. (My.).

ಸಾರತರ sâra-tara. Worthier, more or very excellent, etc. (Bp. 40, 30; My.).

ಸಾರಥಿ sârathi. (fr. ಸರಥ). *A charioteer*, a coachman.

ಸಾರಥಿತನ sârathitana. = ಸಾರಥ್ಯ. (J. 13, 21).

ಸಾರಥ್ಯ sârathya. The office of a charioteer, charioteering, driving. (J. 13, 9).

ಸಾರದೆ sâradĕ. Tbh. of ಶಾರದೆ. (ಶಾರದೆ Kk. 9; ಅರವಿನ್ದಭವನ ಅರಸಿ Šm. 8). — ಸಾರದೆಯಾಳ್ವ. -ಅಳ್ವ. Brahmâ (ಬ್ರಹ್ಮನು Šm. 8).

ಸಾರಭಂಜಿಕೆ sârabhañjikĕ. = ಸಾಲಭಂಜಿಕೆ, q. v.

ಸಾರಮತಿ sâra-mati. Good disposition of mind (Bp. 54, 41. 65).

ಸಾರಮೇಯ sâramêya. (fr. ಸರಮಾ). *A dog*. (Bp. 55, 45. 54). ಸಾರಮೇಯಂಗಳ್, the two four-eyed brindled watch-dogs of Yama.

ಸಾರಯ್ಸು sâraysu. = ಸಾರಿಸು. See s. ಸಾರವಣೆ.

ಸಾರವ sârava. (fr. ಸರಯು). *Being on or belonging to the river Sarayu*.

ಸಾರವಣೆ sâravaṇĕ. = ಸಾರಣೆ. (ಸಾರಯ್ಸುವದು Šs.; Kk. 69; Abh. P. 12, 3; Mhr. ಸಾರವಣ).

ಸಾರವತಿ sâra-vati. N. of a plant (ಪಾಡಗ Mr. 134).

ಸಾರವಾನ್ sâra-vân. One who has strength, etc.; a scholar (ವಿದ್ವಾಂಸ Mr. 228).

ಸಾರವಾನ sâravâna. A camel-driver, a caravaneer (My.; B. 4, 181; Mhr., H.).

ಸಾರವೆ sâravĕ. = ಸಾರ. (My.).

ಸಾರಶನ sâraśana. (fr. ಸರಶನ). = ಸಾರಸನ. See Si. s. ಉತದಾರ.

ಸಾರಸ sârasa. (fr. ಸರಸ್ and ಸರಸ). Relating or belonging to a pond. 2, *the Indian crane, Ardea sibirica* (ಶತಪತ್ರ, ಸಾರಸಪಕ್ಷಿ Nn. 49; ವಿಹಂಗ, ಪಕ್ಷಿಭೇದ Nn. 56; ಪುಷ್ಕರ, ಪೆಣ್ಣು ಲಕ್ಷ್ಮಣ Mr. 172). 3, a flamingo; a goose (ಹಂಸೆ 56; ಮರಾಲ Mr. 521). 4, *a lotus* (ಬಿಸಜ, ತಾವರೆ 56; ಅಮ್ಬುಜ 521). 5, the tree Pterospermum acerifolium (ಬೆಟ್ಟದಾವರೆ Mr. 117). 6, the gâvaṭĕ tree (ಗಾವಟೆ, ಗಾವಟೆಯ ಮರನು 56; ಗಾವಟೆ Mr. 142). 7, death, Yama (ಮೃತ್ಯು 56; ಕಾಲನ್ 521). 8, a mountain (ಗಿರಿ, ಪರ್ವತ 56; ಸಕಲಗಿರಿ 521). 9, nearness, proximity (ಸಮೀಪ, ಹತ್ತಿರೆ 56). 10, a shrewd, sharp man (ಧೂರ್ತ, ಚತುರನು 56). 11, = ಸಾರಸನ, a girdle or zone (ಮೇಖಲೆ, etc., ಉಡಿದಾರ Mr. 344; ಕಾಂಚಿ, ಒಡ್ಯಾಣ Čb.). — ಸಾರಸಪಕ್ಕಿ. -ಪಕ್ಕಿ. = ಸಾರಸ No. 2 or 3. ಸಾರಸಪಕ್ಕಿಯ ಧ್ವನಿ (ಕಹ ಕಹ Ŝs.).

ಸಾರಸನ sârasana. = ಸಾರಶನ. *A woman's zone or girdle; a military belt or girdle* (ನಡುವಿನ ಪಟ್ಟಿ, ಒಡ್ಡ್ಯಾಣ; ಪುರುಷನು ಅಂಗಿ ತೊಟ್ಟು ಮೇಲೆ ಸುತ್ತಿದ ವಸ್ತ್ರ G.).

ಸಾರಸವದನೆ sârasa-vadanĕ. A lotus-faced female (Bp. 46, 43).

ಸಾರಸಿ sârasi. *A female Indian crane.*

ಸಾರಸ್ವತ sârasvata. (fr. ಸರಸ್ವತಿ). Relating or belonging to the river Sarasvatî. 2, relating to the goddess Sarasvatî. 3, eloquent, learned. 4, N. of the country about the Sarasvatî river. 5, N. of a muni. 6, N. of a particular class of Brâhmaṇas. 7, connected with saṁskṛita (ಸಂಸ್ಕೃತಸಮ್ಬನ್ಧವಾದ G.; ಪ್ರಾಕೃತ B. 4, 128).

ಸಾರಸ್ವತಪುರ sârasvata-pura. N. of a town (J. 17 sum.; 17, 18-20. 56).

ಸಾರಾಂಶ sâra-aṁśa. Essence, substance; sap, pith; scope, purport; an abstract, epitome (ತಾತ್ಪರ್ಯ G.; B. 3, 93; My.; Mhr.).

ಸಾರಾಯ sârâya. 1. = (ಸರಾಯ, etc.), ಸಾರಾಯಿ. Spirituous liquor, arrack, gin (My.; Tŏ. ಸಾರಾ, ಸಾರಾಯಿ, ಸಾರಾಯೆ; T., M. ಚಾರಾಯ). ಸಾರಾಯ ಕುಡಿಯೋಣ (ಅನುತರ್ಷಣ, ಮದ್ಯಪಾನ G.). — ಸಾರಾಯಗಿಡ್ಡಂಗಿ. An arrack-godown (My.). — ಸಾರಾಯಗುತ್ತಿಗೆ. A tax levied on the sale of spirituous liquors (My.). — ಸಾರಾಯದ ಅಂಗಡಿ. An arrack shop, a gin shop (My.).

ಸಾರಾಯ sâra-âya. 2. = ಸಾರಾಂಶ. (Bp. 2, 36; J. 5, 48). ಊರಿಂಗೆ ದಾರಿಯನು ಯಾರು ತೋರಿದಡೇನು? ಸಾರಾಯದಾ ನಿಜವ ತೋರು ವಾ ಗುರುವು ಯಾರಾದಡೇನು? (Sp.).

ಸಾರಾಯಿ sârâyi. = ಸಾರಾಯ 1. (Si. 348; B. 4, 25. 71). ಸಾರಾಯಿ ಮಾಡುವ ಗಡಂಗು (ಗಂಜೆ Si. 108).

ಸಾರಾಸಗಟು sârâsagaṭu. In the gross; in the lump; indiscriminately (My.; Mhr. ಸರಸಗಟ).

ಸಾರಾಸಾರ sâra-asâra. Substantial and unsubstantial, valuable and worthless, real and vain; substance and emptiness, the fat and the lean, the good and the bad (My.; B. 5, 100; Mhr.).

ಸಾರಿ sâri. (fr. ಸಾರ್ 1). = ಸಾರೆ 1 No. 2. A going or coming: a time, a turn; time (C.; M. ಸಾರಿ; ಚಾಲ್, time; see ಬಿಯ್ಸಾರಿ, ಮುಚ್ಚಾರಿ). ಹದಿನೆಣ್ಟು ಸಾರಿ ಬೀಪ್ಪೆ ಅಡಿಸುವಷ್ಟು ಹೊತ್ತು (ಕಾಷ್ಠೆ Si. 40); ಸನ್ತೋಷ ತ್ವರೆ ಮುನ್ತಾದವುಗಳಿನ್ದ ಎರಡು ಮೂರು ಸಾರಿ ನುಡಿದ ಮಾತೇ ಮರಳೆ ಮರಳೆ ನುಡಿಯಲ್ ಪಡುವದು (ಆಮ್ರೇಡಿತ 56); ಎರಡು ಸಾರಿ ಮದುವೆ ಆದವಳು (ಪುನರ್ಭೂ, etc. 189); ಬಹುಕಾಲಕ್ಕೆ ಂ ಸಾರಿ ಈಯುವ ಆಕಳು (ಚಿರಸೂತೆ, etc. 322); ವರುಷಕ್ಕೆ ಒನ್ದೇ ಸಾರಿ ಬೆಳೆಯುವ ನೆಲ್ಲು (ಹಾಯನ 434); ಒನ್ದು ಸಾರಿ (ಸಕೃತ್, ಏಕವಾರ 467). ವರುಷಕ್ಕೆ ನಾಲ್ಕು ಸಾರಿ ತೆಂಗಿನ ಕಾಯಿಗಳನ್ನು ಕೊಯ್ಯುತ್ತಾರೆ (B. 2, 42).

ಸಾರಿ sâri. 1. Going, moving, proceeding, resorting to, running, flowing. 2, having the essence or substance of. See ಅಭಿ-, ಪ್ರ-.

ಸಾರಿ sâri. 2. = ಶಾರಿ q. v., ಸಾಲೆ 4. A chess-man, etc. (ಶಾರಿ Nr.; Si. 349; ಆಕರ್ಷ Mr. 492; Bp. 43, 3. 13-15; Bh. 2, 13, 33. 46. 49. 50). See ನೆತ್ತ-, Nr. s. ಆಯ್ದಿಸು, and ದುಣ್ಡಿಚೆ, etc.

ಸಾರಿಕೆ sârikĕ. = ಶಾರಿಕೆ, ಸಾರಕೆ. *The bird called Maina (either the Gracula religiosa or the Turdus salica).* 2, a female parrot (ಪೆಣ್ಗಿಳಿ Ŝs.; ಪೆಣ್ಗಿಳಿ Kk. 24). 3, a virtuous, chaste woman (ಕುಲನಾರಿ, ಪತಿವ್ರತೆ Mr. 305). 4, a piece or man at chess or backgammon; chess-playing. ತೊದ್ಲುಗೆಡೆವ ಶುಕ ಸಾರಿಕೆ (Ŝmd. 24).

ಸಾರಿಗಿ sârigi. = ಸಾರಿ. (B. 5, 139. 148).

ಸಾರಿಗೆ sârigĕ. = ಸಾರೆ 1 No. 1. (Si. 165; *only* in Si.). 2, a complex: a piece of land (My.).

ಸಾರಿದ sârida. Tbh. of ಶಾರಿದ. (Ŝmd. 335 Mḍb., o. r. ಶೌರಿದ = ಸೌರಿದ).

ಸಾರಿರ sârira. Tbh. of ಶಾರೀರ No. 3. (Bp. 19, 10).

ಸಾರಿವೆ sârivĕ. The creeper Ichnocarpus frutescens R. Br. (used as a substitute for Sarsaparilla).

ಸಾರಿಸು sârisu. = ಸಾರಯಿಸು. To smear (the ground, etc. of a house with a wash of cow-dung), to smooth, to clean (C.; Bp. 18, 34; 38, 10; 60, 4; B. 5, 135. 285; Mbr. ಸಾರವಿಣೇಂ). ಸಾರಿಸಿದಂ (Ŝmd. 260). ಸಾರಿಸೋಣ (ಸಮ್ಮಾರ್ಜನ G.). ಆರೋಗ್ಯರಕ್ಷಣಕ್ಕಾಗಿ ನಾವು ಇರುವ ಮನೆ ಆಗಾಗ್ಗೆ ಉಡಿಗಿ ಸಾರಿಸಿ ನಿರ್ಮಲ ಮಾಡ ಬೇಕು (B. 4, 25).

ಸಾರೀರ sârîra. Tbh. of ಶಾರೀರ. (Ŝmd. 335).

ಸಾರು sâru. = ಸಾರ್ 1, q. v. P. p. ಸಾರಿ, once ಸಾರಿದು (Bh. 1, 14, 20). 3rd person future ಸಾರುಗುಂ (Ŝm. 29. 91). ಮಳೆಯ ಸಾರಿ ಬಹ ಗಾಳಿ (ಝಂಝಾನಿಲ Mr. 50); ಊರ ಸಾರಿ ಇರ್ದ ವನಂ (ಆರಾಮ 152). See Bp. 26, 31; 28, 24; 60, 46; Rŝv. 9, 23; Râm. 2, 7, 3; 3, 2, 14. 15. 23; Bh. 1, 10, 29; Dp. 172, 5.

ಸಾರೂಪ್ಯ sârûpya. (fr. ಸರೂಪ 1). Sameness or similarity of form, resemblance, conformity; assimilation to or conformity with the deity. (Grj. 3, after 69; Bp. 1, 31; Rŝv. 11, 67; J. 9, 13).

ಸಾರೂಪ್ಯಪದ sârûpya-pada. The state of being assimilated to the deity (Bp. 44, 32).

ಸಾರೆ sârĕ. 1. Being near, nearness, proximity; union (Bp. 50, 9; 51, 74; V. 4, 105; 9, 87). 2, = ಸಾರಿ, a time, a turn (B. 3, 75; 4, 43. 165. 202. 224; 5, 53. 268). — ಸಾರೆಯಾಗು. -ಆಗು. To become near, to approach (Bh. 3, 16, 13); to be united (Čh. v. 136). — ಸಾರೆವರ್. -ಬರ್. To come near, to approach (Abh. P. 5, 78; 14, after 65; Rŝv. 5, after 55 twice).

ಸಾರೆ sârĕ. 2. = ಸೆರೆ, ಸೇರೆ. The palm of the hand bent so as to receive or hold anything (My.). ಸತ್ತ ಮಗುವಿನ ಕಣ್ಣು ಸಾರೆ (Prv.). See ಬೊಗ್ಸಾರೆ.

ಸಾರೆಟ sârĕṭ. = ಸಾರಟ್, etc. (Si. 275).

ಸಾರೋಟ sârôṭ. = ಸಾರೆಟ್, etc. (My.).

ಸಾರೋಷ್ಟ್ರಿಕ sârôshṭrika. = ಸೌರಾಷ್ಟ್ರಿಕ. (Colebr.).

ಸಾಱಿಸು sâṟisu. To cause to proclaim aloud, etc. (Bp. 44, 70; 51, 70; J. 7, 1. 31; 8, 3; 10, 47; 15, 49. 50; C.; see ಡಂಗುರ.).

ಸಾಱು sâṟu. (ಸಾಱ್). 1. To cry out, to proclaim aloud, to publish (ಘೋಷಣ Šmd. Dh.; C.; T., M. ಚಾಟ್ಟು; Tĕ. ಚಾಟು; *cf.* ತಾಡ್ 2). P. p. ಸಾಱಿ (Čpr. 6, 82). ಗಣ್ಟೆಯ ಬಾಱಿಸಿ ಸಾಱುವವನು (ಚಕ್ರಿಕ, ಘಾಣ್ಟಿಕ Nr.). ಸಾಱುತಿರ್ದಗಳು ಸಕಲಸೊಬಗನು (Prll. 3, 31). ಸಾಱಿ ಕೊನ್ಡರೆ ಪಾಪವಿಲ್ಲ (Prv.). See Bp. 36, 28; 56, 24; J. 2, 62; 24, 68; 25, 44; 31, 75. — ಸಾಱು ಸಾಱು. rep. (Bp. 22, 22).

ಸಾಱು sâṟu. (ಸಾಱ್). 2. = ಸಾರ್ 2. A relish in a liquid state, well-seasoned sauce, broth, pepper-water (ರಸಾದ್ರ್ರ Šmd. Dh.; My.; T., M. ಚಾಱು; Tĕ. ಚೇರು). ಸಾಱು ಚನ್ನಾಗಿದೆ, ನೀರು ಮಾತ್ರ ಹೆಚ್ಚಾಯಿತು.— ಅಡಿಗೇ ಗುಣ ಸಾಱಿನಲ್ಲಿ ನೋಡು, ಮಡಿಗೇ ಗುಣ ಫಲದಲ್ಲಿ ನೋಡು.— ಹುರುಳೀ ಸಾಱಿಗೆ ಹೋಗಿ, ಕುದುರೇ ಕ್ರಯ ಕೇಳಿದ ಹಾಗೆ.— ಹುಳೀ ಸಾಱು ಮಾಡದವ ನಳಪಾಕ ಮಾಡ್ಯಾನೇ?— ಬೇಳೇ ಸಾಱಾದರೆ ಬೋಱಿಗೆ ಆಗದೇ? (Prvs.).

ಸಾಱುಹ sâṟuha. Proclaiming aloud, etc. ಸಾಱುಹವು (ಘೋಷಣೆ Nr.).

ಸಾರ್ sâr. 1. = ಸಾರ್ 2. — ಸಾರ್ತರ್. To approach (ಸಮೀಪಾಗಮನ Šmd. Dh.; Čpr. 2, 93; 6, after 69; 7, 17; Abh. P. 18, 45. 102; Grj. 3, 19).

ಸಾರ್ sâr. 2. = ಸಾಱು 2. ಸಾರ್ಗಳ್ (J. 6, 44).

ಸಾರ್ಕೆ sârkĕ. Approach: nearness, proximity (ಅಣೆ Čt. I, 37; Rśv. 5, after 52). — ಸಾರ್ಕೆವರ್. -ಬರ್. To come near, to approach (Šśv. 2, 9).

ಸಾರ್ಚು sârču. To make one's self to come or go near or to: to go near, to approach (Čpr. 7, 69; J. 28, 45). **2,** to make go or come near or to; to apply to, to put to, on or in, to put (Abh. P. 13, 90; Grj. 10, after 61; Rśv. 5, 73. 92; 6, 9; 6, after 11; 14, 29; J. 5, 11; 14, 26; 18, 21; see ಮೆಯ್.).

ಸಾರ್ಥ sa-artha. Having an object; having meaning, significant, important; serving a purpose, useful, serviceable; of like meaning or purport; having property, opulent, wealthy. 2, a wealthy man. 3, a company of traders, a caravan. *4, a multitude of similar animals, a troop,* a multitude in general.

ಸಾರ್ಥಕ sa-arthaka. Full of meaning, important; serviceable, useful, advantageous; fruitful, yielding fruit (My.).

ಸಾರ್ಥಕತೆ sa-arthakatĕ. The state of being adapted to any purpose, useful, etc., etc. (My.).

ಸಾರ್ಥಕ್ಯ sa-arthakya. Completion, fulfilment; the use or end proper to the product (Mhr.; B. 5, 177).

ಸಾರ್ಥತೆ sa-arthatĕ. The state of being full of meaning, the fullness of meaning; the state of being opulent (Čpr. 3, 11; 4, 20).

ಸಾರ್ಥವಾಹ sârtha-vâha. *The leader of a caravan; a merchant.*

ಸಾರ್ಥಿಕ್ಯ sa-arthikya. = ಸಾರ್ಥಕತೆ. (My.).

ಸಾರ್ದ್ರ sa-ârdra. *Wet, moist, damp.*

ಸಾರ್ದ್ರತ್ವ sa-ârdratva. Wetness, etc. See ತೊಯ್.

ಸಾರ್ಧ sa-ardha. Joined with a half, plus one half, and a half. ಸಾರ್ಧಂ, *with, along with, together with* (ಕೂಟ Mr. 535).

ಸಾರ್ಪಿಷ sârpisha. (fr. ಸರ್ಪಿಸ್). *Containing ghee, cooked with ghee, dressed with ghee* (ತುಪ್ಪದಲ್ಲಿ ಕಲಸಿದವು Mr. 216).

ಸಾರ್ವ sârva. (fr. ಸರ್ವ). Relating to all, general, universal; fit for all. (J. 5, 49).

ಸಾರ್ವಕಾಲ sârvakâla. (fr. ಸರ್ವಕಾಲ). Taking place at all times, suitable for all seasons. ಸಾರ್ವಕಾಲಂ, continually (J. 5, 49).

ಸಾರ್ವಕಾಲಿಕ sârvakâlika. (fr. ಸರ್ವಕಾಲ). Belonging to all times, suited to all seasons, everlasting. (Čpr. 9, 93; Si. 385).

ಸಾರ್ವಜನೀನ sârvajanîna. (fr. ಸರ್ವಜನ). Relating or belonging or suited to all men, universal, public. (My.).

ಸಾರ್ವತ್ರಿಕ sârvatrika. (fr. ಸರ್ವತ್ರ). Belonging to every place, universal, general, suited to all places or circumstances. (My.; B. 4, 87).

ಸಾರ್ವಭೌಮ sârvabhauma. (fr. ಸರ್ವಭೂಮಿ). Relating to or consisting of the whole earth, comprising the whole world, known throughout the world. 2, *a universal monarch, an emperor.* 3, N. of the elephant of Kubêra.

ಸಾರ್ವಭೌಮಕ sarvabhaumaka. An emperor (J. 26, 53), a governor general, a leader (Râm. 4, 2, 24).

ಸಾರ್ವಲೌಕಿಕ sârvalaukika. (fr. ಸರ್ವಲೋಕ). Prevailing throughout the whole world, common to all the world, known by every one, universal. (R.).

ಸಾರ್ವೈಕಾದಶಿ sârva-êkâdaśi. The êkâdaśi of the dark half of the month jyêshṭhâ (My.).

ಸಾರ್ಷ್ಟಿತೆ sârshṭitĕ. Equality in rank or condition, equality in power, etc. See s. ಸಿದ್ಧ No. 22.

ಸಾಲ್ sâl. 1. = (ಸಲ್ 1), ಸಾಲು 1. To be joined or bound to, to become indebted, to be placed under a debt, to be obliged or under obligation (ಋಣ Šmd. Dh.); to be required, fit or proper (ಸಲುವಳಿಯಾಗು Šmd. 97; Čpr. 2, 46. 54; Abh. P. 9, 177. 191; Rśv. 13, 15; J. 5, 60; 18, 21). P. p. ಸಾಲ್ದು. **2,** to be all that is required, to be sufficient or enough, to suffice (Bp. 8, 23. 24; 59, 11; J. 9, 33; 23, 28; 26, 26; see ಸಾಕು 3; T., M., Tĕ. ಚಾಲು).

ಸಾಲ್ sâl. 2. = ಸಾಲು 2. (A joining, *i. e.*) a continuous line, a row; a furrow; a mass, a multitude (ಪಂಕ್ತಿ, ಆಲಿ Nr.; ಸಸ್ಯಪಂಕ್ತಿ Šmd. Dh.; ಆಲಿ, ಪಂಕ್ತಿ Nn. 138, o. r. ಸಮೂಹ; ತೆರಳ್ಕೆ, ಥಟ್ಟು, ಕದಲೆ, ಸನ್ತೆ, etc., ಶ್ರೇಣಿಕೆ Kk. 17; ಗೊನ್ದಣೆ, etc., ಶ್ರೇಣಿಕೆ Šm. 54; ಸೇಣಿ, etc., ಸಮೂಹ Šs.; ಕೇಱ Šm. 107. 114; T., M. ಚಾಲ್; Tĕ. ಚಾಲು). ಸಾಲ್ಗಳ್ (Čpr. 1, after 101; Č. Bp. 42, 13). See Bp. 61, 30; Č. Bp. 5, 48; 42, 14; J. 3, 7. 17. 21. 26; 7, 3; 12, 8; 17, 6; ಮುಚ್ಚಾಲ್. — ಸಾಲಿಡು. -ಇಡು. To form a line, to go or come in rows, to come uninterruptedly one after another; to form a mass; to amass (Abh. P. 9, 69; Grj. 2, after 106; Rśv. 5, 116; 6, after 11; 6, 36; Šśv. 4, 42;

Râm. 6, 12, 26). — ಸಾಲ್ಗೊಳ್. -ಕೊಳ್. To form a line, to be in rows; to form a mass or multitude, to be amassed (Rśv. 2, 36; 5, after 19; 10, after 31; J. 21, 14). — ಸಾಲ್ಗೊಳಿಸು. -ಕೊಳಿಸು. To cause to form a row, to put in rows, to put one after the other (Rśv. 8, 3; J. 23, 60; B. 4, 209). — ಸಾಲ್ದಳೆ. -ತಳೆ. = ಸಾಲ್ಗೊಳ್. (J. 3, 17). — ಸಾಲ್ದೆಗೆ. -ತೆಗೆ. To form a row; to form a mass or multitude (Grj. 4, 68). — ಸಾಲ್ವಲೆ. -ಬಲೆ. A kind of net (Śśv. 3, 24). — ಸಾಲ್ವಿಡಿ. -ಪಿಡಿ. = ಸಾಲ್ಗೊಳ್. (Bp. 26, 41; Rśv. 6, 9; 13, after 77; 13, 92). — ಸಾಲ್ಸರಿ. A kind of rain (Rśv. 8, 112).

ಸಾಲ್ sâl. = ಸಾಲು, ಸಾಲೆ 5. A year (My.; Br.; Mhr., H. ಸಾಲ). — ಸಾಲ್ ಅಖೈರು. The end of a year (My.). — ಸಾಲ್ ಬಸಾಲ್. Every year (My.). — ಸಾಲ್ ಮಜಕೂರು. The present year (My.). — ಸಾಲ್ ವಾರ್. Annual (My.).

ಸಾಲ sâla. Debt (of money, cloth, grain, etc.; ಅಪಮಿತ್ಯಕ, ಉದ್ಧಾರ, ಋಣ, ಪರ್ಯುದಂಚನ Hlâ.; ಋಣ Nr.; ಅಭಿಷಂಗ, ರಿಣ Nn. 122; ಋಣ, ಅಪಮಿತ್ಯಕ, ಉದ್ಧಾರ Mr. 346; ಋಣ, ಪರ್ಯುದಂಚನ, ಉದ್ಧಾರ, ಕಡ Si. 299; C.). ಸಾಲ ತಲೇ ಹೋಟ್, ಬಡ್ಡಿ ಬಣ್ವೀ ಹೋಟ್.—ಸಾಲವೋ? ಶೂಲವೋ?—ನಿನ್ನ ಸಾಲಕ್ಕೆ ನನ್ನ ಹಲಸಿನ ಹಣ್ಣು.—ಪತ್ರೆಯಿಲ್ಲದ ಪೂಜೆ, ಪತ್ರವಿಲ್ಲದ ಸಾಲ.—ಸಾವಿರ ತನಕ ಸಾಲ, ಆ ಮೇಲೆ ಲೋಲ (Prvs.). ಆಲಕ್ಕೆ ಹೂವಿಲ್ಲ, ಸಾಲಕ್ಕೆ ಕೊನೆಯಿಲ್ಲ, ಜಾಲಿಯ ಗಿಡಕ್ಕೆ ಗಸ್ತಿಲ್ಲ; ದೇವರು ಸೂಳೆಗಿಲ್ಲ (Sp.). See Bp. 23, 38; 26, 61; Prv. s. ಲೋಲ. — ಸಾಲ ಕೇಳು. To ask for a loan (My.); to require payment of a debt, to call in a debt (My.). ಸಾಲ ಕೇಳದೆ ಹೋಯಿತು, ಹೊಲ ನೋಡದೆ ಹೋಯಿತು (Prv.). — ಸಾಲ ಕೊಡು. To lend (My.; Bp. 60, 17; B. 5, 98); to pay a debt (Bp. 42, 13). ಸಾಲವ ಕೊಡುವವನು (ಉತ್ತಮರ್ಣ Nr.). ಸಾಲ ಕೊಟ್ಟವನು (ಉತ್ತಮರ್ಣ Si. 300). ಕೊಟ್ಟ ಸಾಲವ ಕೇಳ ಹೋತ್ತನಬ್ಯ, ಕಟ್ಟೆ ತುಂಬಿದ ಮೇಲೆ ಜಣಮಾತ್ರಮ್ ಇರಲಿಲ್ಲ (Dp. 4). — ಸಾಲ ಕೊಳ್ಳು. To borrow (Bp. 60, 17). ಸಾಲವ ಕೊಮ್ಬುವನು (ಅಧಮರ್ಣ Nr.). 2, to receive a loan. ನಮ್ಬಿಗೆಯುಳ್ಳವ ತಾ ಕೊಮ್ಬುವನು ಸಾಲವನು; ನಮ್ಬಿಗೆ ಕೆಟ್ಟ ಬಟಿಕ ಬೆನ್ಹಾವಿಗೆಯ ಕುಮ್ಬುದಸ್ತಿಹನು (Sp.). — ಸಾಲ ತಿದ್ದು. To pay a debt (Bp. 42, 13). See Prv. s. ಸಾಲ ಮಾಡು. — ಸಾಲ ತೀರಿಸು. To discharge a debt (My.; B. 5, 111). ಸಾಲ ತೀರಿಸುವಿಕೆ (ನಿರ್ಯಾತನ Si. 437). See Prv. s. ಸಾಲ ಮಾಡು. — ಸಾಲ ತೀರು. A debt to be discharged. ಜೋಲುವವನ ಕಾಲು ಹಿಡಿದರೆ ಸಾಲ ತೀರೀತೇ? (Prv.). — ಸಾಲ ತೆಗದು ಕೊಳ್ಳು. To contract debt, to borrow (My.). ಸಾಲ ತೆಗದು ಕೊಣ್ಡವನು (ಅಧಮರ್ಣ Si. 300). — ಸಾಲದ ಮನುಷ್ಯ. = ಸಾಲದವ. (ಋಣದ ನರಂ Śmd. 232 Cm.). — ಸಾಲದವ. -ಅವ. A debtor (My.); a creditor (My.). ಸಾಲದವನ ಮುನ್ದೆ ಇರು, ಅರಮನೆಯ ಹಿನ್ದೆ ಇರು (Prv.). — ಸಾಲ ಬಿಡು. To grant quittance of a debt, to quit a debt (of money or goods, My.). — ಸಾಲ ಬೀಳು. To get into debt (My.); a debt to come upon (one, My.). — ಸಾಲ ಮಾಡು. To contract debt, to borrow (My.). ಸಾಲ ಮಾಡಿ, ಓಲೆ ಮಾಡಿದ; ಓಲೆ ಮಾಡಿ, ಬಡ್ಡಿಗೆ ಹೋಯಿತು.—ದ್ರವ್ಯವಿದ್ದವನು ತಿನ್ದು ಸಾಯಲಿಲ್ಲ, ಸಾಲಾ ಮಾಡಿದವ ತಿದ್ದಿ ಸಾಯಲಿಲ್ಲ.—ಸಾಲಾ ಮಾಡಿದವ ತೀರಿಸಿ ಸಾಯಲಿಲ್ಲ, ಮೂಲಾ ಮಾಡಿದವ ಉಣ್ಣು ಸಾಯಲಿಲ್ಲ (Prvs.). — ಸಾಲ ಮುಟ್ಟಿಸು. To pay a debt (B. 5, 112). — ಸಾಲ ಮುಟ್ಟು. dupl. ಸಾಲ ಮುಟ್ಟಲ್ಲಪಾಕೆ ಮೂಱು ಮನೆ ತಿರುಗಿದಳು (Prv.). — ಸಾಲ ಸಲ್ಲು. A debt to be discharged (My.). ಸಾಲ ಸಲ್ಲದಿದ್ದರೆ ಹಾಲು ಕಹಿ ಆದೀತೇ? (Prv.). — ಸಾಲ ಸೋಲ. = ಸಾಲ ಮುಟ್ಟು. (My.). — ಸಾಲ ಹರಿ. A debt to be discharged (My.; B. 5, 222). — ಸಾಲ ಹರಿಸು. To discharge a debt (My.).

ಸಾಲ sâla. 1. = ಶಾಲ 2. *The timber tree Vatica robusta* W. & A.; its resin; etc.

ಸಾಲ sâla. 2. (fr. ಸಾಲೆ 1). A man who has a room or shop. See ಅಕ್-, etc.

ಸಾಲಗಾತಿ sâla-gâti. = ಸಾಲಗಾರ್ತಿ. (My.).

ಸಾಲಗಾಱ sâla-gâṟa. A creditor (My.); a debtor (My.). ಸಾಲಗಾಱನ ಮನೆಗೆ ಸವಡೆ ಹೊತ್ತರೆ ಮೇಲಣ ಬಡ್ಡಿಗೆ ಸಮವಾಯಿತು.—ಪೇಟೆಗೆ ಹೋದರೆ ಸಾಲಗಾಱರ ಕಾಟ, ಮನೆಗೆ ಬನ್ದರೆ ಹೆಣ್ಡತಿಯ ಕಾಟ (Prvs.).

ಸಾಲಗಾರ್ತಿ sâla-gâṟti. A female creditor (My.); a female debtor (My.).

ಸಾಲಗ್ರಾಮ sâla-grâma. = ಶಾಲಗ್ರಾಮ, etc. (Râm. 5, 8, 69; J. 26, 46; 28, 24. 32. 34; 31, 78. 79; see ಪುಟ್ಟ-). 2, N. of a place of pilgrimage in Mysore (My.).

ಸಾಲಂಕಾರ sa-alaṅkâra. Together with ornaments, adorned with jewels and trinkets (J. 2, 27); the state of being so adorned (Râm. 6, 39, 7).

ಸಾಲಂಕಾರಕನ್ಯಾದಾನ sâlaṅkâra-kanyâ-dâna. The giving away in marriage of the female adorned with jewels and trinkets (My.; Mhr.).

ಸಾಲಂಕೃತಕನ್ಯಾದಾನ sa-alaṅkṛita-kanyâdâna. = ಸಾಲಂಕಾರಕನ್ಯಾದಾನ. (My.).

ಸಾಲಂಗುಳಿ sâla-ṅ-guḷi. (Śmd. 238). A person who is wont to contract debt.

ಸಾಲಣ sâlaṇa. Tbh. of ಶಾಲಣ. (Śmd. 335).

ಸಾಲಪರ್ಣಿ sâla-parṇi. = ಶಾಲಪರ್ಣಿ. (ವನಸ್ಪತಿ, ಗಿಡಮೂಲಿಕೆ G.).

ಸಾಲಬಡಕ sâlabaḍaka. -ಪಡಗ. = ಸಾಲವಣಿಗ. (S. Mhr.).

ಸಾಲಭಂಜಿಕೆ sâla-bhañjikĕ. = ಶಾಲಭಂಜಿಕೆ. (ಗೊಮ್ಬೆ G.).

ಸಾಲವಣಿಗ sâla-vaṇiga. (Śmd. 242). A man who contracts debt.

ಸಾಲಶೃಂಗ sâla-śṛiṅga. The coping of a wall. (ಕೊತ್ತಲ, ಹೂಡೆ G.).

ಸಾಲಾ sâlâ. Salep.

ಸಾಲಾಮಿಸಿರಿ sâlâ-misiri. = ಸಾಲಾಮಿಸ್ರಿ. (My.).

ಸಾಲಾಮಿಸ್ರಿ sâlâ-misri. Salep of Misr or Egypt: salep, the tubers of several species of Orchis, especially Orchis mascula L. (My.; Tĕ., M.; St. & Pl.; Si. 151; Mhr. ಸಾಲಮಿಶ್ರೀ).

ಸಾಲಾವಳಿ sâlâvaḷi. = ಸಲುವಳಿ. Fitness, suitableness (My.).

ಸಾಲಾವೃಕ sâlâ-vṛika. = ಶಾಲಾವೃಕ. *A dog.* 2, *a jackal.* 3, *an ape.*

ಸಾಲಿ sâli. Tbh. of ಸಾಲೆ 3. (S. Mhr.). ಅಡಿಗೆಸಾಲಿಗೆ ಅಧಿಕಾರಿ ಆದವನು (ಪೌರೋಗವ Si. 304).

ಸಾಲಿಕೆ sâlikĕ. Business in a room or shop. See ಅಕ್-, etc.

ಸಾಲಿಗ sâla-iga. (Śmd. 233). A debtor (ಋಣಿ 232; ಅಧಮರ್ಣ G.; My.). 2, a creditor (My.). ಸಾಲಿಗಾರ್ ಕಳುಗುಣ್ಡಂ ಮಿಗೆ ಪೇಱುವರ್ (Śk.). ಸಾಲವನು ತರುವಾಗ ಹಾಲು ಹೋಣುಣ್ಡನ್ತೆ; ಸಾಲಿಗನು ಬನ್ದು ಕೇಳಿದರೆ ಕುಣ್ಡೆಗೆ ಚೇಳು ಕಡಿದನ್ತೆ (Sp.). ಸಾಲವನು ಕೊಮ್ಬಾಗ ಹಾಲೋಗರುಣ್ಡನ್ತೆ; ಸಾಲಿಗನು ಬನ್ದು ಎಡೆವಾಗ ಕಬ್ಬದಿಯ ಕೀಲು ಮುಱಿದನ್ತೆ (Sp.). ಬೆಣ್ಡಿರದೆ ಮುಡುಗಿದರು (*i. e.* -ರೂ) ಗುಣ್ಡಿದ್ದು ತೇಲಿದರು (*i. e.* -ರೂ) ಬಣ್ಡಿಯ ನೊಗವು ಜಿಗತರು (*i. e.* -ರೂ) ಸಾಲಿಗನು ಕೊಣ್ಡದ್ದು ಕೊಡನು (Sp.).

ಸಾಲಿಗ sâliga. 1. (fr. ಸಾಲೆ 2). A weaver (ತನ್ತುವಾಯ, ಕುವಿನ್ದಕ Hlâ.).

ಸಾಲಿಗ sâliga. 2. A man who has a room or shop. See ಅಕ-, etc.

ಸಾಲಿಗ್ರಾಮ sâligrâma. Tbh. of ಶಾಲಗ್ರಾಮ. (My.; Mhr. ಶಾಲಿ-; see Prv. s. ತಾದಿ³).

ಸಾಲಿಗ್ರಾವ sâligrâva. = ಸಾಲಿಗ್ರಾಮ. (G.).

ಸಾಲಿತಿ sâliti. A woman who belongs to a man that has a shop or room. See ಅಕ್ಕ-.

ಸಾಲು sâlu. 1. = ಸಾಲ್ 1 No. 2 (without a P. p.). To be sufficient, etc. (C.). ಕನ್ನಡದ ನುಡಿಯಲಿ ತಿಳಿದು, ತನ್ನೊಳು ತನ್ನ ಮೋಕ್ಷವ ಗಟಿಸಿ ಕೊಣ್ಡರೆ ಸಾಲದೇ? ಸಂಸ್ಕೃತದಲಿನ್ನೇನು? (Abhâ. 1, 5). ಯಾತಬಿದು ಹೂವೇನು? ನಾತರದು ಸಾಲದೇ? (Sp.). ಉದ್ದ ಸಾಲದ ಕುಳ್ಳನು (ವಾಮನ, etc. Si. 197); ಅವಕಾಶ ಸಾಲದೇ ಇರುವದು (376); ಬುದ್ಧಿ ಸಾಲದದು (ಅಪ್ರತಿಭ, ಶಾರದ 431). ಎಲ್ಲರಿಗೂ ಸಾಲುವಷ್ಟು ಹೊರಡುವದಿಲ್ಲ (B. 4, 221). ನಮ್ಮ ಹೊಟ್ಟೆಗೆ ಸಾಲದ ಜಾಗಿದೆ (B. 5, 186).

ಸಾಲು sâlu. 2. = ಸಾಲ್ 2. A line, etc. (ಸೀತೆ Mr. 371; ವೀಥಿ, ಆಲಿ, ಆವಲಿ, ಪಂಕ್ತಿ, ಶ್ರೇಣಿ Si. 119; Bp. 28, 46; 60, 19; Râm. 1, 13, 2; C.). ನೇಗಿಲ ಸಾಲು (ಸೀತೆ, ಲಾಂಗಲಪದ್ಧತಿ Hlâ.; Nr.). ರೇಖೆ, ರಾಜಿ ಎನ್ನೊಡೆ ಎಡೆದೆರಹು ಇಲ್ಲದ ಸಾಲು; ವೃಕ್ಷಾದಿಗಳ ಸಾಲಿನ ಮಧ್ಯಮ್ ಎನ್ದೊ, ಎಮ್ಬರು (Nr.). See Si. 284. 301. 302. 303. — ಸಾಲುಗಟ್ಟು. -ಕಟ್ಟು. To form a line or row (Bp. 22, 6). — ಸಾಲುಗೊಳ್. -ಕೊಳ್. = ಸಾಲ್ಗೊಳ್. (Bp. 26, 41; B. 2, 9; 4, 54. 88). — ಸಾಲುತೋಪು. A row of trees (along roads, My.). — ಸಾಲುದಲೆ. -ತಲೆ. A mass of heads (Râm. 3, 6, 10). — ಸಾಲುಮರ. = ಸಾಲುತೋಪು. (My.).

ಸಾಲು sâlu. = ಸಾಲ್, etc. — ಸಾಲುಗುಜಸ್ತಾ. ಸಾಲುಗುದಸ್ತಾ. The past year (My.; Mhr.).

ಸಾಲೆ sâlĕ. 1. See ಬೆವರುಸಾಲೆ. (Mhr., H. ಸಾಲ, bark, rind; husk; the skin, of man or beast, as rubbed off; the dried rind of the mangosteen. Is ಸಾರ to be compared?).

ಸಾಲೆ sâlĕ. 2. = ಶಾಲೆ 2, ಸೇಲೆ, etc. Tbh. of ಚೇಲ (cf. ಜಾಡ). Cloth, etc. — ಸಾಲೆಯ. -ಅ 3. A weaver (ಕುವಿನ್ದಕ Mr. 377, o. r. ಸಾಳೆಯ). — ಸಾಲೆಯವ. -ಅವ. A weaver (especially of coloured cloth, My.). — ಸಾಲೆರೋಗ. = ಶಾಲೆರೋಗ, q. v. (My.). — ಸಾಲೆಹುಳು. A spider (ಲೂತೆ, ತನ್ತುವಾಯ, etc. Si. 171; Tĕ. ಸಾಲೆ = K. ಸಾಲೆಯ).

ಸಾಲೆ sâlĕ. 3. ಸಾಲಾ. = ಶಾಲೆ 1, ಸಾಲಿ. (Sk.; Tbh. of ಶಾಲೆ Šmd. 335). A hall, a room, etc.; a school (C.; B. 1, 7; 5, 274). ಸಾಲೆಯಿಲ್ಲದ ಊರು, ಮೂಲೆಯಿಲ್ಲದ ಪ್ರಸ್ತ ಗೋಲಿಯಾಡುವವರಾದರೂ ಮೇಲು ಅನ್ನಾರೇ? (Prv.). 2, a man who has a room or shop. See ಅಕ-, etc. — ಸಾಲೆಗೆ ಹಾಕು. To put to school (B. 5, 269. 274). — ಸಾಲೆ ಬರೆ. (i. e. ಸಾಲೆಯಲ್ಲಿ ಬರೆ). To write at school, i. e. to study (B. 4, 195). — ಸಾಲೆ ಸ್ಥಾಪಿಸು. To establish a school (B. 5, 272. 302). — ಸಾಲೆ ಹಾಕಿಸು. To have a school put or established (B. 5, 188. 302). — ಸಾಲೆ ಹಾಕು. To put or establish a school (B. 5, 270).

ಸಾಲೆ sâlĕ. 4. = ಸಾರಿ 2, etc. See ಲೆತ್ತ-.

ಸಾಲೆ sâlĕ. 5. = ಸಾಲ್, etc. — ಸಾಲೆ ಸಾಲ್. Yearly (My.; Mhr. ಸಾಲೋಸಾಲ). — ಸಾಲೆ ಹಾಲು. The present year (My.).

ಸಾಲೆ sâlĕ. 6. Tbh. of ಶಾಲಿ 2. See ಗಮ- (s. additions), ಜೇರಿಗೆ-.

ಸಾಲೋಕ್ಯ sâlôkya. (fr. ಸಲೋಕ). The state of being in the same sphere or world (with another), residence in the same heaven (with any particular deity). See Grj. 3, after 69; Bp. 1, 30.

ಸಾಲ್ವ sâlva. N. of a demon-king who was slain by Krishṇa. (J. 7, 28; see ಅನು-).

ಸಾಲ್ವಾನುಜ sâlva-anuja. Sâlva's younger brother (J. 12, 36. 41).

ಸಾಲ್ವಾವರಜ sâlva-avaraja. = ಸಾಲ್ವಾನುಜ. (J. 33, 24).

ಸಾವ sâva. Present and future participle of ಸಾಯ್, frequently occurring instead of ಸಾಯ್ವ (Abh. P. 6, 72; Bp. 50, 55. 60; 58, 35; Bh. 1, 10, 29; J. 5, 54). ಸಾವೆಂ (Bp. 22, 18). ತನ್ನ ತಾ ಸಾವವಂ (ನಯಕೂಲಿಕ Mr. 237); ಮಕ್ಕಳು ಉಟಿ ಸಾವ ಸತಿ (ಭಿನ್ದು 303).

ಸಾವಕಾತಿ sâvakâti. A rich woman (My.).

ಸಾವಕಾರ sâvakâra. = ಸಾವುಕಾರ, ಸಾಹುಕಾರ. A banker, a merchant; a rich man (My.; B. 2, 17; 4, 169; Mhr., H.). ಸಾವಕಾರರಾದರೇನು? ಸಾವು ತಪ್ಪಿಸ್ಯಾರೋ?— ಹುಟ್ಟು ಕೋಲುಕಾಡಿನದು, ಕಟ್ಟು ಸಾವಕಾರನದು (Prvs.).

ಸಾವಕಾರಕಿ sâvakâraki. The business of a sâvakâra (B. 5, 92; Mhr.).

ಸಾವಕಾರಿಕೆ sâvakârikĕ. = ಸಾವಕಾರಕಿ. (My.).

ಸಾವಕಾಶ sa-avakâša. Having leisure, leisurely, slow, soft, easy; leisure, spare time; an interval; slowness, easiness (C.; B. 3, 4. 23; ತಡ G.; M., Tĕ.). ಸಾವಕಾಶಮಲ್ಲದು (ಅವಿಲಮ್ಬಿತ, etc. Si. 376).

ಸಾವಕಾಶಗತಿ sâvakâša-gati. Slow manner. ಸಾವಕಾಶಗತಿಯಾದ ವಿಲಮ್ಬಮಾನ (ವಿಲಮ್ಬಿತ Si. 63).

ಸಾವಗಿಸು sâvagisu. 1. To make straight, proper or nice (ಸಸಿನ ಮಾಡುವುದು Šs.; Abh. P. 5, 49. 58; 7, 28. see ಸಯ್ 1).

ಸಾವಗಿಸು sâvagisu. 2. To cease, to become quiet or still, etc. ಸಯ್ತು, ಮೌನಾರ್ಥಂ Kk. 49, o. r. ಸಾವನಿಸು; cf. ಜಾಗು 2).

ಸಾವಧಾನ sa-avadhâna. Having attention, attentive, heedful, careful, cautious, wakeful; diligent; attention, carefulness, due heed; deliberation. (Bp. 43, 12; J. 27, 48; My.).

ಸಾವಧ್ಯ sâvadhya. (fr. ಸ-ವಧ). Killing, slaughter (ಕರಣ, ಕೊಲೆ Nn. 108).

ಸಾವನ್ತ sâvanta. Tbh. of ಸಾಮನ್ತ (Šmd. 128). See Bp. 5, 14; 9, 45; 59, 26.

ಸಾವನ್ತಿ sâvanti. = ಸಾಮನ್ತಿ, etc. (My.). ಹಳದೀ ಸಾಮನ್ತಿ (ಹೇಮಪುಷ್ಪಿಕೆ Si. 139).

ಸಾವನ್ತಿಗೆ sâvantigĕ. The garden-flower Chrysanthemum indicum Lin. (St. & Pl.; My.). — ಸಾವನ್ತಿಗೇ ಗಿಡ. (ಮಾಗಧಿ, etc. Si. 139).

ಸಾವಯವ sa-avayava. Composed of parts. 2, N. of a kind of rûpaka (Kâvy. III, 3, B, 81 seq.).

ಸಾವರ sâvara. = ಸಾವಿರ. (My.).

ಸಾವರಿಸು sâvarisu. To recover strength, to recruit one's spirits, to regather pristine vigour, power, etc. (ಚೇತರಿಸಿಕೊಳ್ಳು G.; Ĉb.; B. 3, 31; 5, 31; Mhr. ಸಾವರಣೇಂ).

ಸಾವಾಸ sâvâsa. Tbh. of ಸಹವಾಸ. (My.; G.).

ಸಾವಾಸಿ sâvâsi. Tbh. of ಸಹವಾಸಿ (Šmd. 379). A guard or attendant on the women's apartments (ಸೌವಿದ, ಸೌವಿದಲ್ಲ, ಸ್ಥಾಪತ್ಯ, ಕಂಚುಕಿ Hlâ.; ಸೌವಿದ, ಸ್ಥಾಪತ್ಯ Mr. 266); a house-servant (Bp. 31, 12; 47, 35; 59, 28). 2, an ârya (ಆರ್ಯ Mr. 478; Nn. 106). 3, the state of living together. ಅಜ್ಞನ್ದು ಸಾವಾಸಿ (Šmd. II).

ಸಾವಿ sâvi. Tbh. of ಸ್ವಾಮಿ (Šmd. 128; see ಗೋ-).

ಸಾವಿಗೆ sâvigĕ. = ಶಾವಿಗೆ, ಸೇವಗೆ, etc. Macaroni, vermicelli (of rice or wheat, C.; Si. 314; Mhr., H. ಶೇವಈ). ಹನುಮನ್ತರಾಯ ಹಗ್ಗ ತಿನ್ದರೆ ಪೂಜಾರಯ್ಯ ಸಾವಿಗೆ ಬಯಸಿದನನ್ತೆ (Prv.). — ಸಾವಿಗೆಪರಮಾನ್ನ. Vermicelli of wheat fried and mixed with milk, sugar, etc. (My.). — ಸಾವಿಗೆ ಪಾಯಸ. = ಸಾವಿಗೆ ಪರಮಾನ್ನ. (My.; B. 2, 50). — ಸಾವಿಗೆಯೊರಳು. -ಒರಳು. A perforated machine for making vermicelli (My.).

ಸಾವಿತ್ರ sâvitra. (fr. ಸವಿತೃ). Relating or belonging to the sun; descended from the sun; the sun; Šiva; etc. (Sk.; R.).

ಸಾವಿತ್ರಿ sâvitri. A cluster of solar rays. 2, N. of a verse of the ṛigvêda, addressed to the sun, the gâyatrî (*i. e.* III, 62, 10). 3, N. of a wife of Brahmâ. 4, N. of Umâ (J. 31, 72). 5, N. of the wife of king Satyavat, daughter of Aśvapati; etc. 6, N. of a plant (ದೇವಪತ್ರ, ಗಾನ್ಧಾರಿ Mr. 132, o. r. ಸಾವಿತ್ರ).

ಸಾವಿರ sâvira. Tbh. of ಸಹಸ್ರ. (Bp. 28, 40; 30, 10; 39, 45; 50, 53; 51, 73; 60, 19; 61, 57; C.; B. 4, 209; 5, 225). ಸಾಎರವಂ (Bp. 40, 68). ಸಾವಿರದ (51, 66. 68). ಸಾವಿರಮನೂರ್ಕಣ್ಣಿಗ (10, 5). ಸಾವಿರ ಕುದುರೆಗೆ ಸರದಾರನಾದರೂ ಮನೆ ಹೆಣ್ಡತಿ ಕಾಸ್ತಾರ.— ಸಾವಿರ ಕೊಟ್ಟು, ಸನ್ತಾನ ಪಡೆಯ ಬೇಕು.— ಸಾವಿರ ತನಕ ಸಾಲ, ಆ ಮೇಲೆ ಲೋಲ.— ಸಾವಿರ ತೂಕ ಚಿನ್ನಕ್ಕೆ ಹಾಗ ತೂಕ ಮಜ್ಜು.— ಸಾವಿರ ಬೆಕ್ಕು ಕೂಡಿದರೆ ಒನ್ದು ಹುಲಿ ಆದೀತೇ?— ಸಾವಿರ ಬಾರಿ ಗೋವಿನ್ದ ಎನ್ನ ಬಹುದು, ಒಬ್ಬ ದಾಸಯ್ಯಗೆ ಭಿಕ್ಷೆ ನೀಡೋದು ಕಷ್ಟ.— ಸಾವಿರ ಹಾಡ್ ಹೋಯಿತು, ನೂಱು ಬೆರಸಿ ಬನ್ತು.— ಸಾವಿರ ಸುಳ್ಳು ಹೇಳಿ, ಒನ್ದು ಮದುವೆ ಮಾಡು.— ಸಾವಿರಸುಳ್ಳನ ಮಗ ಕೋಟಿ ಸುಳ್ಳ.— ಸಾವಿರ ಸುತ್ತಿಗೆ ಒನ್ದೇ ಗಣ್ಟು.— ಸಾವಿರ ವರುಷವಾದರೂ ಸಾವು ತಪ್ಪದು, ನೂಱು ವರುಷವಾದರೂ ಬೇಡ್ ಆಗುವದು ತಪ್ಪದು (Prvs.). ಸಾವಿರ ದಣ್ಡೆನೊಡೆಯ (ಸಾಹಸ್ರ G.). — ಸಾವಿರಕಾಲು. A kind of innocent articulate with a great number of feet which appears after the first rains and rolls itself firmly up into a ball when touched (My.). — ಸಾವಿರ ಕೋಱೆಗಳುಳ್ಳ ಮೀನು. (ಸಹಸ್ರದಂಷ್ಟ್ರ, etc. Si. 87). — ಸಾವಿರ ದಾಡೆಯ ಮೀನ್. (ಸಹಸ್ರದಂಷ್ಟ್ರ, ಪಾಠೀನ Nr.). — ಸಾವಿರಾರು. -ಆರು 3. Fully a thousand, a great number (C.; B. 2, 9; 3, 46. 47; 5, 108. 211). — ಸಾವಿರಾಳು. -ಆಳು. A thousand people, etc. ಗುಟ್ಟು ಸಾವಿರಾಳ ಪೆಟ್ಟು (Prv.).

ಸಾವಿರು sâviru. = ಸಾವಿರ. ಸಾವಿರ್ಬಿನ್ದ (B. 5, 270).

ಸಾವು sâvu. Death (ನಿಧನ, ನಾಶ, ಮೃತ್ಯು, ಮರಣ, ಪಂಚತ್ವ, etc. Hlâ.; Mr. 394; ಮರಣ Nr.; ನಿರ್ಯಾಣ, ಮೃತಿ Nn. 79; ನಿರ್ಯಾಣ, ಮೃತ 90; ಸಂಸ್ಥೆ, ಮರಣ 137; ಸಮ್ಬಾಧ 156; ಬರ್ದುಗೆ Šmd. II; ಬರ್ದುಗೆ Šm. 44; Abh. P. 8, 15; Bp. 13, 7; 22, 17. 18; Abhâ. 2, 76; C.; B. 5, 155. 206; T. ಚಾ, ಚಾವು, Tĕ. ಚಾವು). 2, a corpse (ಶವ, ಮೃತ Nn. 64; ಶವ Mr. 521). ರೂಪಱಿದ ಸಾವು (ಮಣ್ಮಾಡ್ Šmd. I). ಸಾವಿಂಗೆ ಸಮ್ಮತಿಗೆ ಅವುದನ ರವಯ್ಯ? ಸಾವು ತಾ ಸಮ್ಮತಿಯೊಳಲ್ಲ, ಕೋಪದ ತಾವುದೆ (*i. e.* ತವೆಸುವದೆ) ಸಮ್ಮತಿ (Sp.). ದೊಮ್ಬರ ಸಾವು ಗಣೆಯ ಮೇಲೆ, ಬಿಲ್ಲವರ ಸಾವು ಮರದ ಮೇಲೆ.— ಸಾವಕಾರರಾದರೇನು? ಸಾವು ತಪ್ಪಿ ಸ್ಯಾರೇ?— ಸಾವಿಗೆ ಅಂಜದವನು ನೋವಿಗೆ ಹೆದರ್ಯಾನೇ?— ಹತ್ತರ (*i. e.* ಹತ್ತು ಮನ್ದಿಯ) ಸಾವು ಮದುವೇ ಸಮಾನ.— ಮನವಱಿಯದ ಪಾಪವಿಲ್ಲ, ಶಿವನಱಿಯದ ಸಾವಿಲ್ಲ (Prvs.; see Prv. s. ಸಾವಿರ). — ಸಾವುನೋವು. Death and pain. ಸಾವು ನೋವುಂ ಜೀವಿಗಳಿಗೆಲ್ಲ (Bp. 28, 11). — ಸಾವು ಹುಟ್ಟು. Death and birth (Bp. 54, 21; Šâstrasâra in W. v. 1301).

ಸಾವುಕಾರ sâvukâra. = ಸಾವಕಾರ, etc. (C.; B. 3, 41; 4, 170). ಸಾಲವನ್ನು ಕೊಡುವ ಸಾವುಕಾರ (ಉತ್ತಮರ್ಣ G.).

ಸಾವೆ sâvĕ. 1. = ಸಾಮೆ. The grain Panicum frumentaceum (ಶ್ಯಾಮಾಕ, ಶ್ಯಾಮುಕ Hlâ.; ಶ್ಯಾಮುಕ Mr. 373; My.). See Prv. s. ಸಜ್ಜಗೆ. — ಸಾವೆಯಕ್ಕಿ. -ಅಕ್ಕಿ. The sâvĕ grain (My.).

ಸಾವೆ sâvĕ. 2. = ಸಾಯಿ 1. (My.).

ಸಾವೇರಿ sâvêri. N. of a tune (J. 21, 56; My.; T.).

ಸಾಷ್ಟಾಂಗ sa-ashṭa-aṅga. With eight limbs or members, viz. the hands, breast, forehead, knees and feet; with humble prostration of the body, touching the earth with the eight members; such an humble prostration. (Bp. 1, 54; 4, 47. 58; 49, 36; 53, 28; J. 17, 47). ಸಾಷ್ಟಾಂಗ ಮಾಡಿದರೂ ಆಟ್ಟುವಷ್ಟೋದು ಹೋಗಲಿಲ್ಲ (Prv.). — ಸಾಷ್ಟಾಂಗವೆಱಗು. -ಎಱಗು. To prostrate, touching the earth with the eight members (Bp. 23, 35; 41, 22; J. 11, 1).

ಸಾಷ್ಟಾಂಗದಣ್ಡಪ್ರಣಮ sâshṭâṅga-daṇḍapraṇama. A daṇḍapraṇama at which the eight members touch the ground (Bp. 30, 23; 37, 51; 44, 42).

ಸಾಷ್ಟಾಂಗದಣ್ಡಪ್ರಣಾಮ sâshṭâṅga-daṇḍapraṇâma. = ಸಾಷ್ಟಾಂಗದಣ್ಡಪ್ರಣಮ. (My.).

ಸಾಷ್ಟಾಂಗನಮಸ್ಕಾರ sâshṭâṅga-namaskâra. A namaskâra at which the eight members touch the ground (My.).

ಸಾಷ್ಟಾಂಗಪ್ರಣಾಮ sâshṭâṅga-praṇâma. A praṇâma at which the eight members touch the ground (Bp. 27, 31; 50, 12. 27; J. 13, 25).

ಸಾಸ sâsa. Tbh. of ಸಾಹಸ. (ಸಾಹಸ Šmd. 361; Čt. II, 11; ಆರ್ಪು, ಅದಟು, ಸಾಹಸ Kk. 41; ಅದಟು, ಆರ್ಪು Šm. 38).

ಸಾಸತ sâsata. Tbh. of ಶಾಶ್ವತ. (Šmd. 368).

ಸಾಸವಿ sâsavi. Tbh. of ಸರ್ಷಪ. ಬಿಳಿಯ ಸಾಸವಿ (ಸಿದ್ಧಾರ್ಥ, ಸರ್ಷಪ Hlâ.).

ಸಾಸವೆ sâsavĕ. = ಸಾಸವಿ. (ಸರ್ಷಪ Šmd. 336; ಸರ್ಷಪ, ತನ್ತುಭ, ಕದಮ್ಬಕ Nr.; My.; T. ಐಯವಿ).

ಸಾಸಿ sâsi. Tbh. of ಸಾಹಸಿ. ಅಸನದಲುಮ್ಬುವದು, ಸೂಸುವದು ಬಾಯುಲ್ಲಿ, ಬೇಸಱದ ಹೊತ್ತು ಕೊಲುತಿಹುದು; ಕವಿಗಳ ಸಾಸಿಗಳೆ, ಪೇಳಿ! (a syringe, Sp.).

ಸಾಸಿಗ sâsiga. = ಸಾಹಸಿಗ. Tbh. of ಸಾಹಸಿಕ, q. v. (ಸಮರ್ಥ Čt. I, 41; Abh. P. 9, 101; G. 1, 108; Râm. 3, 6, 48; see s. ತೆವರು 3).

ಸಾಸಿಮೆ sâsimĕ. = ಸಾಸವೆ, etc. The Indian mustard, Brassica juncea, H. f. or T. (St. & Pl.; Z.).

ಸಾಸಿರ್ sâsir. = ಸಾಸಿರ (Šmd. 226). — ಸಾಸಿರ್ಗಣ್ಣ. -ಕಣ್ಣ. Indra (ಸುರಪತಿ Šm. 9). — ಸಾಸಿರ್ಗೆಯ್ಯ. -ಕೆಯ್ಯ. The sun (ರವಿ Šs.). — ಸಾಸಿರ್ಮಡಿ. Thousand-fold (Šmd. 227; Šâstrasâra in W. v. 1269; Grj. 4, 15). — ಸಾಸಿರ್ವನಿತೆಯರ್. A thousand women (Šmd. 227).

ಸಾಸಿರ sâsira. Tbh. of ಸಹಸ್ರ. (Šmd. 225. 226; Čpr. 6, 37; T. ಆಯಿರ). ದೇವರ್ಕಳ ೩ ಸಾಸಿರ ಯುಗಂಗಳು ಬ್ರಹ್ಮನ ೧ ದಿವಸ (Hlâ. I, 115). ಸುರರ ಎರಡು ಸಾಸಿರ ಯುಗಂ ಬ್ರಹ್ಮಂಗೆ ದಿನಮ್ ಎನಿಕ್ಕುಂ (Mr. 71). — ಸಾಸಿರಗೆಯ್ಯ. -ಕೆಯ್ಯ. The sun (ದಿನಗ ದಿರ, etc., ಸಪ್ತಾಶ್ವ Kk.).

ಸಾಸಿರ್ಮೆ sâsir-mĕ. (Šmd. 243). A thousand times.

ಸಾಸಿರ್ವರ್ sâsirvar. (Šmd. 227). A thousand persons. ಸಾಸಿರ್ವರ್ ಪ್ರಿಯತನೂಭವರ್ (227 Mdb.). ಪಯಿಂಛಾಸಿರ್ವರುಂ ಯುದ್ಧದೊಳ್ (121).

ಸಾಸಿವೆ sâsivĕ. = ಸಾಸಿಮೆ, etc. Mustard (Bp. 1, 65; My.; ಸರ್ಷಪ G.); a kind of dish (My.). — ಸಾಸಿವೆಕಾಯಿ. Mustard-seed; a grain of mustard-seed (ಕ್ಷುತಾಭಿಜನನ G.). ಸಾಸಿವೆಕಾಯಿಷ್ಟು ಜೀವ ಉಡಿವರೆ ಆನೆಯಷ್ಟು ಉಕ್ಕೇನು.— ಸಾಸಿವೆಕಾಯಿ ಬೆಕ್ಕಿಗೆ ಪರ್ವತ (Prvs.). — ಸಾಸಿವೆಗದಡು. A disagreeable smell arising from the burning of mustard (Č. Bp. 42, 32). — ಸಾಸಿವೆಯನ್ನ. -ಅನ್ನ. Boiled rice mixed with mustard, etc. (My.).

ಸಾಸುವೆ sâsuvĕ. = ಸಾಸಿವೆ, etc. (ಸರ್ಷಪ, ರಾಜಿಕ Mr. 137; Si. 304; My.). ಬಿಳೀ ಸಾಸುವೆ (ಸಿದ್ಧಾರ್ಥ Si. 304); ಕರೀ ಸಾಸುವೆ (ಕ್ಷವ, etc., ದೊಡ್ಡ ಸಾಸುವೆ, ಹುಚ್ಚು ಸಾಸುವೆ 305).

ಸಾಸೆ sâsĕ. = ಸೇಸೆ. (Bp. 61, 22).

ಸಾಸ್ತ್ರ sâstra. Tbh. of ಶಾಸ್ತ್ರ. (My.).

ಸಾಸ್ನೆ sâsnĕ. *The dewlap of an ox.*

ಸಾಹ್ sâh. Bearing, enduring, able, overpowering, winning. See ತುರಾಷಾಹ್, ಪೃತನಾಷಾಹ್.

ಸಾಹ sâha. = ಸಹ. See ಉತ್-.

ಸಾಹಚರ್ಯ sâhacarya. (fr. ಸಹಚರ). *Companionship, fellowship, company, association, society.*

ಸಾಹಜಿಕ sâhajika. (fr. ಸಹಜ). Natural, co-existent (B. 4, 208).

ಸಾಹಣ sâhaṇa. The act of tending and training horses (Čpr. 9, 95).

ಸಾಹಣಿ sâhaṇi. = ಸಹಣಿ. A groom (Bp. 59, 28).

ಸಾಹಣಿಗ sâhaṇiga. = ಸಾಹಣಿ. (Bp. 9, 47).

ಸಾಹಸ sâhasa. = ಸಾಸ. Violence, force, rapine; *any act of aggression or oppression or hatred.* 2, punishment, chastisement, fine. 3, boldness, daring, courage, effort, prowess, valour, power, strength (ಪರಾಕ್ರಮ Nn. 56; ನಾನಾ, ಅದಟು 145; ಬಲ Šm. 108). 4, foolhardiness, rashness, temerity, inconsiderate hastiness, impetuosity.

ಸಾಹಸಗಾಱ sâhasa-gâṟa. A valorous or daring or effort-making or reckless man (My.).

ಸಾಹಸಾಂಕ sâhasa-aṅka. Marked or characterized by daring or prowess (Ššv. 4, 53).

ಸಾಹಸಾರ್ಣವ sâhasa-arṇava. A man who is an ocean of valour (Ššv. 4, 85).

ಸಾಹಸಿ sâhasi. = ಸಾಸಿ. Violent, furious, ferocious. 2, bold, daring; impetuous; a person who displays boldness, courage, effort, valour, power or strength (My.; B. 4, 68; Râv. 5, 131). 3, foolhardy, rash, inconsiderate.

ಸಾಹಸಿಕ sâhasika. = ಸಾಸಿಗ, ಸಾಹಸಿಗ. *Using great force or violence*, violent, cruel, brutal, ferocious, rapacious. 2, impetuous; bold, daring; valorous, strong, powerful, vigorous, valiant (Čpr. 10, 100; Bh. 4, 2, 67).

ಸಾಹಸಿಗ sâhasiga. Tbh. of ಸಾಹಸಿಕ. A bold, daring, valorous, strong, powerful or valiant man (ಹೋಱಿಗ Bhn. 18; Bp. 22, 2; 49, 45).

ಸಾಹಸ್ರ sâhasra. (fr. ಸಹಸ್ರ). Relating or belonging to a thousand; consisting of a thousand; etc. 2, *a multitude of thousands;* an army or detachment consisting of a thousand men.

ಸಾಹಾಯ್ಯ sâhâyya. (fr. ಸಹಾಯ). Friendship, fellowship, alliance, confederation. 2, help, succour. (R.).

ಸಾಹಿತ್ಯ sâhitya. (fr. ಸಹಿತ). Association, connection, combination, union, society, fellowship; associated with, etc. 2, literary composition, rhetorical composition, rhetoric, poetry. (Bp. 3, 42). 3, a collection of materials or means or rule for the production or performance of anything, a collection of materials or implements for cooking, travelling or working (Grj. 3, after 119; B. 4, 115; My.). ಅವಿರಲಭಕ್ತಸಾಹಿತ್ಯಕು (Mr. 1). ತನುವಿನಿನ್ದೊನ್ದು, ಗುಣಂಗಳಿನ್ದೆರಡು, ಸಾಹಿತ್ಯಂಗಳಿಂ ಮೂಱು, ಮನದಿಂ ನಾಲ್ಕುಮುಲತ್ವದಿನ್ದಯಿದು, ಸುಚಾರತ್ವಂಗಳಿನ್ದಾಱು, ಸಜ್ಜನದಿನ್ದೇೞು, ಸುತತ್ವದಿನ್ದೆ ತಳರ್ದೆಣ್ಬಂಗಂ ಭುಜವೃನ್ದದೊಳ್ ತನಗಿನ್ನಾರ್ ಸರಿ ನಾಗವರ್ಮನುಗೆ ದಾಸಂ ಕಾಲಿದಾಸನ್ಪುರಂ (one MS. of Čh. as its verse 25).

ಸಾಹಿತ್ಯಭೇದ sâhitya-bhêda. A particular figure of speech in rhetoric or poetry (ಜಾತಿ Nn. 76).

ಸಾಹುಕಾರ sâhukâra. = ಸಾವಕಾರ, etc. (My.). ಸಾಹುಕಾರರಿರುವ ಮನೆ (ಹರ್ಮ್ಯ, ಹಣಗಾಱರಿರುವ ಸ್ಥಳ, ಧನಿಕರಿರುವ ಉಪ್ಪರಿಗೆ Si. 109).

ಸಾಹೇಬ sâhêba. (= ಸಾಬ್). A lord or master; a gentleman; Sir, etc. (My.; B. 5, 285; Mhr., H.).

ಸಾಹ್ಯ sâhya. (fr. ಸಹ). Conjunction, union, society, association, companionship. (R.).

ಸಾಳಗ sâḷaga. = ಸಾಳಂಗ. A kind of râga or musical mode (Čpr. 7, 97; Bp. 19, 11; J. 21, 58; Bh. 1, 12, 20; Sk. ಸಾಲಂಗ).

ಸಾಳಂಗ sâḷaṅga. = ಸಾಳಗ. (J. 21, 56).

ಸಾಳುವ sâḷuva. = ಸಾಳ್ವ. A kind of bird, a hawk used in hunting (? Râm. 3, 1, 32; Bh. 1, 20, 53; Tĕ. ಸಾಳುವ, ಸಾಳುವ).

ಸಾಳೆಯ sâḷĕya. = ಸಾಲೆಯ s. ಸಾಲೆ 2, q. v.

ಸಾಳೇರಿಮೃಗ sâḷêri-mṛiga. A porcupine (S. Mhr.; Mhr. ಸಾಳಿನ್ದರ).

ಸಾಳ್ವ sâḷva. = ಸಾಳುವ. (Šsv. 3, 39).

ಸಾೞಿಗೆ sâḻigĕ. = ಜಾೞಿಗೆ, q. v. (ಉಡಿಗೆ Kk. 63).

ಸಿಂಹ siṁha. = ಸಿಂಹ್ವ, ಸಿಂಗ 1, ಸಿವ 2. *A lion.* 2, the sign of the zodiac Leo. 3, *pre-eminent, best;* a hero or any eminent person. ಸಿಂಹವಾದದ್ದು ಸಂಹರಿಸಲಾಱದೋ? (Prv.).

ಸಿಂಹನಾದ siṁha-nâda. *A war-cry, a war-hoop.* See ಅಟ್ಟಹಾಸ.

ಸಿಂಹನಾಶನಮೃಗ siṁha-nâśana-mṛiga. An animal that destroys lions. ಎಣ್ಟು ಕಾಲುಗಳಿನ್ದಲೂ ಎರಡು ಮುಖಗಳಿನ್ದಲೂ ಉಗ್ರವಾಗಿರುವ ಸಿಂಹನಾಶನಮೃಗ (ಶರಭ Si. 170).

ಸಿಂಹಪೀಠ siṁha-pîṭha. = ಸಿಂಹಾಸನ. (ಪಟ್ಟವಣೆ Čt. II, 87; Bp. 51, 10).

ಸಿಂಹಪುಚ್ಛಿ siṁha-pučči. *N. of a plant* (= ಕ್ರೋಷ್ಟುವಿನ್ನೆ, q. v.).

ಸಿಂಹಲ siṁhala. ಸಿಂಹಳ = ಸಿಂಹ್ವಲ, ಸಿಂಗಳ. The island or country of Ceylon (Bp. 6, 18; 61, 30); N. of a king of Ceylon (Râv. 5, 130. 131; 6, 32; 7, 15).

ಸಿಂಹಲಲಾಟ siṁha-lalâṭa. The form of a lion's head on a bracelet (My.).

ಸಿಂಹವಾಹನ siṁha-vâhana. Šiva. — ಸಿಂಹವಾಹನೆ. Durgâ (My.).

ಸಿಂಹವಿಷ್ಟರ siṁha-vishṭara. = ಸಿಂಹಾಸನ. (Grj. 3, 116; 4, after 163).

ಸಿಂಹಸಂಹನನ siṁha-saṁhanana. Lion-shaped: *well-shaped, handsome.*

ಸಿಂಹಸೇನ siṁha-sêna. N. of a king (Šmd. 177).

ಸಿಂಹಾಗಾರ siṁha-âgâra. (Šmd. 283). A lion's den.

ಸಿಂಹಾಣ siṁhâṇa. = ಶಿಂಘಾಣ, (ಸಂಘಾತ), ಸಿಂಘಾಣ, ಸಿಂಹಾನ. The mucus of the nose (Sk.; *cf.* ಸಿಮ್ಬಳ).

ಸಿಂಹಾನ siṁhâna. *Rust of iron.* 2, the mucus of the nose.

ಸಿಂಹಾಸ siṁha-âsa. = ಸಿಂಹಾಸನ. See ಬಿತ್ತರಿಗೆ.

ಸಿಂಹಾಸನ siṁha-âsana. = ಸಿಂಹ್ವಾಸನ. Lion-seat: *a throne* (ಮುಕ್ತೀರ, ಅಸನ Nn. 91; ಭದ್ರಪೀಠ Mr. 262; ಪಟ್ಟವಣೆ, ಗದ್ದುಗೆ

Kk. 26; Bp. 46, 52; 59, 57; Č. Bp. 47, 16). ಮಣೇಲಿ ಉಣ್ಣ್ರಿ ಲಿಕ್ಕೆ ಹಣೇಲಿ ಇಲ್ಲದವ ಸಿಂಹಾಸನ ಏಱ್ಯಾನೇ? (Prv.).

ಸಿಂಹಾಸನಾಧಿಪತಿ **siṁhâsana-adhipati.** A king (My.).

ಸಿಂಹಾಸನಾರೂಢ **siṁhâsana-ârûḍha.** Sitting on a throne; a king (My.).

ಸಿಂಹಾಸನ್ದಿ **siṁha-âsandi.** = ಸಿಂಹಾಸನ. (Abh. P. 6, 169; 13, 101).

ಸಿಂಹಾಸ್ಯ **siṁha-âsya.** Lion-faced. 2, *the plant Gendarussa vulgaris* Nees.

ಸಿಂಹಿ **siṁhi.** A lioness. 2, *the plant Gendarussa vulgaris* Nees. 3, *the plant Solanum melongena.* 4, N. of the mother of Râhu.

ಸಿಂಹಿಕಾತನುಜ **siṁhikâ-tanuja.** Son of Siṁhikâ, Râhu (Mr. 39).

ಸಿಂಹಿಕೆ **siṁhikĕ.** ಸಿಂಹಿಕಾ. N. of the mother of Râhu. (Râm. 5, 1, 22). 2, (= ಸಿಂಹಿ No. 3?) ಚಿತ್ತರಟೆ, ರುಚಿ, ಸೊಣ್ಣೆ (Mr. 130).

ಸಿಂಹ್ವ **siṁhva.** Tbh. of ಸಿಂಹ. (B. 5, 241; Čb. 142. 158. 159).

ಸಿಂಹ್ವಲ **siṁhvala.** Tbh. of ಸಿಂಹಲ. (B. 5, 39).

ಸಿಂಹ್ವಾಸನ **siṁhvâsana.** Tbh. of ಸಿಂಹಾಸನ. (Čb. 158).

ಸಿಕ್ sik. = ಸಿಕ್ಕಿ, ಸಿಕ್ಕು 3. P. p. of ಸಿಕ್ಕು 1 or ಸಿಗು, in ಸಿಕ್ಕೊಳ್ (My.). ಲಂಗರವು ತಳಕ್ಕೆ ಹೋಗಿ, ಬುಡದೊಳಗಿನ ಕೆಸಱಿನೊಳಗೆ ಸಿಕ್ಕೊಣ್ಡು, ನಿಲ್ಲುತ್ತದೆ (B. 3, 118).

ಸಿಕತ **sikata.** = ಸಿಕತೆ. Sand (ಪುೞಿಲ್, ಮಣಲ್, ಮರಲ್, ಮಲರ್ Šm. 36; ಮಳಲ್ Nn. 6); a sand-bank; an island with sandy shores.

ಸಿಕತಾಮಯ **sikatâ-maya.** Full of sand, *sandy.*

ಸಿಕತಾವತ್ **sikatâ-vat.** *Sandy.*

ಸಿಕತಿಲ **sikatila.** *Sandy.*

ಸಿಕತೆ **sikatĕ.** ಸಿಕತಾ. = ಸಿಕತ. Sandy soil (ಮಳಲುಳ್ಳ ಮಹಿ Mr. 93); *sand, gravel;* a sand-bank, etc. (ಪುೞಿಲ್ Čt. II, 10).

ಸಿಕರ **sikara.** Tbh. of ಶಿಖರ. (My.).

ಸಿಕಲ **sikala.** Polishing, furbishing, burnishing (Mhr. ಶಿಕಲ, ಸಿಕಲ).

ಸಿಕಲಗಾರ **sikala-gâra.** = ಸಿಕಲಿಗಾರ. A polisher of tools, weapons, etc. (ಸಾಣೆ ಹಿಡಿಸುವವ, ಶಸ್ತ್ರಮಾರ್ಜಕ G.; Mhr. ಶಿ- and ಸಿ-).

ಸಿಕಲಿಗಾರ **sikaligâra.** = ಸಿಕಲಗಾರ. (S. Mhr.). ಚೀನಗಾಱಿಗೆ ಸಿಕಲಿಗಾರ ಸಾಕ್ಷಿ (Prv.).

ಸಿಕಲಿಗ್ಯ **sikaligya.** = ಸಿಕಲಿಗಾರ. (S. Mhr.).

ಸಿಕಾರ **sikâra.** Hunting; game (Mhr. ಶಿಕಾರ).

ಸಿಕಾರಖಾನೆ **sikâra-khânĕ.** A menagerie, an aviary, etc. (B. 5, 251; Mhr. ಶಿ-).

ಸಿಕಾರಿ **sikâri.** = ಶಿಕಾರಿ, q. v. (My.).

ಸಿಕಿ **siki.** = ಸಿಕೆ, etc. — ಸಿಕಿಯುಂಗರ. -ಉಂಗರ. = ಸಿಕೆಯುಂಗರ. (My.).

ಸಿಕೆ **sikĕ.** = ಸಿಕಿ, ಸಿಕ್ಕ. A coining-die; the royal seal; the stamp produced by the coining-die or by a seal or stamp (Mhr., H. ಶಿಕ್ಕಾ; My.; ಮುದ್ರೆ G.). — ಸಿಕೆಯುಂಗರ. -ಉಂಗರ. The royal seal (My.).

ಸಿಕ್ಕ **sikka.** Tbh. of ಶಿಕ್ಯ. ಸಿಕ್ಕದ ಮೇಲೆ ಇಟ್ಟದ್ದು ಮಕ್ಕಳಿಗಾಗದೋ? (Prv.).

ಸಿಕ್ಕಟಿ sikkaṭi. = ಸಿಕ್ಕಟಿಗೆ, ಸಿಕ್ಕಣಿಗೆ. A comb (My.; Tĕ. ಚಿಕ್ಕಟ್ಟಿ; T. ಚಿಕ್ಕ, ಚೀಪ್ಪು; M. ಚಿಕ್ಕಚುಕ್ಕಿ; M. ಚಿಕ್ಕು, ಚಿರಕ್ಕು, ಚೀಗ, to comb; ಚಿಕ್ಕಚುಕ್ಕು, to disentangle, comb out).

ಸಿಕ್ಕಟಿಗೆ sikkaṭigĕ. = ಸಿಕ್ಕಟಿ, etc. (My.).

ಸಿಕ್ಕಣಿಗೆ sikkaṇigĕ. = ಸಿಕ್ಕಟಿ, etc. (My.).

ಸಿಕ್ಕಿಸು sikkisu. = ಸಿಗಿಸು 2. To insert, to put in or on (My.). ಬೆಟ್ಟಕ್ಕೆ ಹೋಗುವವನ ಸೊಣ್ಟದಲ್ಲಿ ಕುಡುಗೋಲು ಸಿಕ್ಕಿಸಿದ ಹಾಗೆ (Prv.). 2, to cause one's self to be caught, to be caught (My.). 3, to cause to become entangled or ensnared, to entangle, to ensnare (Bp. 42, 16).

ಸಿಕ್ಕು sikku. 1. = ಸಿಗು, ಸಿರ್ಕು 1, ಸಿಲಿಕು, ಸಿಲುಕು 1, ಸಿಲ್ಕು 1. To become entangled; to be caught; to fall into the hands of; to fall or be brought under the power of; to get among; to enter; to be found; to be obtained or got (C.; Tĕ., T., M.; Tu. ಶಿಕ್ಕು, ಸಿಕ್ಕು). ಸಿಕ್ಕಿದ ಆಳಿ ಪೊಱವಣ್ಟವು, ಅಬ್ಜಂಗಳ ಬಸುಱೊಳ್ ಇರ್ದು (Bp. 12, 48). ಖಗಮೃಗನಿಕರದೊಳು ನೆಱೆ ಸಿಕ್ಕಿದೆನು (18, 54). ನಿಮ್ಮ ಠಕ್ಕಿಗೆ ಸಿಕ್ಕುವನ್ತೆ (24, 65). ಬಲೆಗೆ ಮೊದಲಲಿ ಸಿಕ್ಕಿದಾ ಮಾನಂ ತೆಗದು (27, 20). ಬಲೆಯಲ್ಲಿ... ಮತ್ಸ್ಯವು ಸಿಕ್ಕಿ (27, 22). ಈ ಗೃಹರೇಣು ಸಿಕ್ಕಿದವಂಗೆ ಆಹುದು ಮುಕ್ತಿ (30, 13). ಎನ್ನ ಮಾತಿಗೆ ಸಿಕ್ಕಿದಂ (31, 13). ಎನಗೆ ಸಿಕ್ಕಿದೆ! (32, 15). (ಕೇಸರಿ) ಅವಕ್ಕೆ (ಹಾಯಿಲಂಗಳ್ಗೆ) ಸಿಕ್ಕದೆ (34, 24). ಶಿವಯೋಗನಿಪ್ರೆಯೊಳ್ ಅವಿರತಂ ಸಿಕ್ಕಿರಲು (35, 47). ತಾವು ಸಿಕ್ಕಿದೆವೆನುತ (52, 14). ಭಕ್ತಿಹೀನರಿಗೇಕೆ ಸಿಕ್ಕುವನ್ ಈಶ್ವರೇಶ್ವರನು? (53, 20). ಹರಗಣಾಜ್ಞಾಪಾಶದಲಿ ಸಿಕ್ಕಿರ್ಪನ್ ಆ ಹರಿಯು (53, 63). ಕರ್ಮಶಾಸ್ತ್ರಂಗಳ ಬಲೆಗೆ ಸಿಕ್ಕಿ (54, 29). ಬ್ರಹ್ಮತಿಗೆ ಸಿಕ್ಕಿ (54, 39). ಅವನ್ದಿರ ಮನದ ಕುಟಿಲಂಗಳಿಗೆ ಸಿಕ್ಕದೆ (60, 16). ಕರ್ಮವಿಧಿಗಳ ತಮಕೆ ಸಿಕ್ಕದೆ (60, 47). ಸಿಕ್ಕಿದವು ಕಣ್ಣದೊಳ್ ಮಾತುಗಳ್ (J. 19, 14). ಬೇಡರ್ಗೆ ಸಿಕ್ಕದೋಡಿದುದೊನ್ದೆರಲೆ (28, 52). ಇಱುಬಿನಲಿ ಸಿಕ್ಕಿರ್ದ ಹುಲಿ (1, 8, 21). ಸಿಕ್ಕಿದವು ಹೆದ್ದೊಡೆಗಳ್ ಉರಗನ ತೆಕ್ಕೆಯಲಿ (3, 13, 33). ಬುದ್ಧಿಯಿನ್ದಲಿ ಗಱಿಸಿ ಸಿಕ್ಕಿರ್ದ ಅರ್ಥಂ (Dp. 1). ಸಿಂಹವು ಬೇಡರವನ ಬಲೆಯೊಳಗೆ ಸಿಕ್ಕಿ ಕೊಣ್ಡು (B. 4, 91). ಅಪ್ಪೆಗಾಲು ಹಾಕಿದರೆ ರಪ್ಪೆ ಸಿಕ್ಕ್ಯಾಳೇ?— ಕುಡಿಯುವ ಪಾನಕದಲ್ಲಿ ಕಡ್ಡಿ ಸಿಕ್ಕಿದ ಹಾಗೆ.— ಬುಟ್ಟಿ ಇದ್ದವ ನೆಟ್ಟಿಗೆ ಸಿಕ್ಕ್ಯಾನು.— ನೇತಾಡುವವನ ಹತ್ತರ ಮಾತಾಡಲಿಕ್ಕೆ ಹೋದರೆ ಜೋತಾಡುವದು ಸಿಕ್ಕೀತು.— ಶಾವಿಗೆ ಸಿಕ್ಕಿ, ಸತ್ತವನಿಲ್ಲ; ಹಾವಿಗೆ ಸಿಕ್ಕಿ, ಬದುಕಿದವನಿಲ್ಲ.— ಪ್ರಾರ್ಥನೆ ಮಾಡಿದರೆ ಸಿಕ್ಕದ್ದು ಕೀರ್ತನೆ ಹೇಳಿದರೆ ಸಿಕ್ಕೀತೇ?— ಬಲೆಗೆ ಸಿಕ್ಕದ್ದು ಕೋಲಿಗೆ ಸಿಕ್ಕೀತೇ?— ದಾರೀಲಿ ಸಿಕ್ಕಿದ್ದು ಧರ್ಮಕ್ಕೆ ಹೋಯಿತು.— ಬಲೆಗೆ ಸಿಕ್ಕಿದ ಪಕ್ಷಿ, ಬಲೆಗೆ ಸಿಕ್ಕಿದ ಇಱುವೆ.— ಬೆಲೆಯಿಲ್ಲದೆ ಸಿಕ್ಕಿದ್ದು ಬಲೆಗೆ ಹೋಯಿತು.— ಭಕ್ಷ್ಯವಿಲ್ಲದಿದ್ದರೂ ದಕ್ಷಿಣೆ ಸಿಕ್ಕಿದರೆ ಸಾಕು.— ಸಿಕ್ಕಿದರೆ ಉಚ್ಚೆ ಕುಡಿದೇನು, ಸೊಕ್ಕಿದರೆ ರಕ್ತ ಕುಡಿದೇನು.— ಮನ್ನಣೆ ಸಿಕ್ಕದಿದ್ದರೆ ತಲ್ಲಣಗೊಳ್ಳ ಬಹುದೇ? (Prvs.). ಶತ್ರುಗಳ ಕೈಯ್ಗೆ ಸಿಕ್ಕಿದ (ಅಭಿಪನ್ನ Ši. 439). See Bh. 1, 10, 38; J. 6, 30. 2, to cause to go or make go in, to insert, etc. (Bp. 21, 41; 55, 44; J. 23, 1). — ಸಿಕ್ಕಿ ಬೀಱು. To be caught; to fall into (another's) hands (My.).

ಸಿಕ್ಕು sikku. 2. = ಸಿರ್ಕು 2, (ಸಿಲುಕು 2), ಸಿಲ್ಕು 2. The state of being entangled, entanglement, intricacy (My.; Tĕ., T. ಚಿಕ್ಕು); impediment, hindrance, obstacle, trouble (J. 27, 42; My.). ಒನ್ದಕ್ಕೆ ಒನ್ದು ಸೇರದೆ ಸಿಕ್ಕಿಲ್ಲದ ಕೂದಲು (ಶೀರ್ಷಣ್ಯ, etc. Ši. 216); ಕೂದಲುಸಿಕ್ಕು ಬಿಡಿಸುವ ಸಾಧನ (ಪ್ರಸಾಧನಿ, etc., ಚಾಚಣಿಗೆ, 231). — ಸಿಕ್ಕುದಲೆ. -ತಲೆ. An entangled head of hair (My.). — ಸಿಕ್ಕು ಬಿಡಿಸು. To disentangle (as hair or thread, My.). — ಸಿಕ್ಕು ಮಾಡು. To entangle (Dp. 53, 5).

ಸಿಕ್ಕು sikku. 3. (= ಸಿಕ್). P. p. of ಸಿಗು (S. Mhr.). ಸಿಕ್ಕವರ ಸಂಗಡ ಜಗಳಾಡುತ್ತಾರೆ (B. 1, 18). ಇವು (ಎತ್ತು, ಆಕಳು) ಬಹುತರವಾಗಿ ಹೊತ್ತಿಗೆ ಸಿಕ್ಕ ನೀರು ಕುಡಿಯುತ್ತವೆ (3, 17). ಸಾವು ಕಾರನ ಮನೆಯ ಕನ್ನ ಕೊರೆದು, ಸಿಕ್ಕ ಒದುಕು ತಕ್ಕೊಂಡು ಹೋಗಿ (3, 41). ಒಂದು ದಿನ ಕಳವಿನ ಒಡವೆ ಸಹಿತ ಸಿಕ್ಕನು (3, 43). — ಸಿಕ್ಕು ಸಿಕ್ಕು. rep. ಸಿಕ್ಕ ಸಿಕ್ಕ ಹಾಗೆ ಅವನ ಮೇಲೆ ಚಾಡಿ ಹೇದಿ ಹತ್ತಿದನು (B. 4, 51).

ಸಿಕ್ಕೆ sikkĕ. = ಸಿಕೆ, etc. (ಮುದ್ರೆ Ŏb.).

ಸಿಕ್ತ sikta. Sprinkled, besprinkled; wetted, moistened; poured out; impregnated, engendered. See ಅಭಿಷಿಕ್ತ.

ಸಿಕ್ಥ siktha. Boiled rice; a lump of boiled rice, a mouthful of boiled rice kneaded into a ball; bee's-wax; indigo. See ಭಕ್ತ-.

ಸಿಕ್ಥಕ sikthaka. = ಸಿಕ್ಥ. A lump of boiled rice, etc. (see ಭಕ್ತ-); *bee's-wax* (ಮಯಣ Mr. 358, o. r. ಮೇಣ).

ಸಿಗಸು sigasu. = ಸಿಗಿಸು 1. To have split (as wood, My.).

ಸಿಗಿ sigi. To split, as wood; to tear or rend with the teeth, as sugar-cane (My.; Tu. ಶಿಗಿ, ಶಿಗು, ಶಿಗುರು, ಸಿಗುರು).

ಸಿಗಿಸು sigisu. 1. = ಸಿಗಸು. (My.).

ಸಿಗಿಸು sigisu. 2. (fr. ಸಿಗು). = ಸಿಕ್ಕಿಸು. (S. Mhr.).

ಸಿಗು sigu. = ಸಿಕ್ಕು 1. (S. Mhr.). P. p. ಸಿಕ್ಕು 3, q. v. ಮುರಾರಿ ಗೋಪಿಯರಲ್ಲಿ ಹಾದರವಾಡಿ, ಸಿಗನೇ? (Bp. 54, 40). ಒಮ್ಮೊಮ್ಮೆ ಮನುಷ್ಯರೂ ತೋಳಗಳ ಕೆಯ್ಯೊಳಗೆ ಸಿಗುವದುಂಟು (B. 2, 18). ಕಾಡ ನಾಯಿಗಳು ಬಹು ತೀವ್ರ ಓಡುವವು, ಏನು ಮಾಡಿದರೂ ಕೆಯ್ಗೆ ಸಿಗ್ಗುವದಿಲ್ಲ (3, 40). ಆದರೀ ಕತ್ತೆಗಳು ಮನುಷ್ಯರ ಕೆಯ್ಗೆ ಬೇಗ ಸಿಗುವದಿಲ್ಲ (3, 48). ನಿನಗೆ ಅಲ್ಲಿ ಸಿಗದಿದ್ದರೆ ಯಾರ ಬಳಿಯಲ್ಲಾದರೂ ಕೆಯ್ಗಡ ಇಸಕೋ! (3, 78). ನನಗೆ ಈ ಗುಡ್ಡದೊಳಗೆ ದಾರಿ ಸಿಗಲಿಕ್ಕಿಲ್ಲ (3, 123). ನಿಮಗೆ ದಾರಿ ಸಿಗಲೊಲ್ಲದೋ? (3, 123). ಕುದುರೆ ಇನ್ನು ಹ್ಯಾಗೆ ಸಿಗುವದು? (4, 79). — ಸಿಕ್ಕು ಬೀಳು. = ಸಿಕ್ಕು-. ಆ ಹುಟಿವು ಜೇಡಹುಟಿದ ಬಲೆಯೊಳಗೆ ಸಿಕ್ಕು ಬಿದ್ದು (B. 4, 112).

ಸಿಗುಱ್ sigur̤. ಸಿಗುಱು. = ಸಿಬುಱು, ಸಿವಱು, ಸಿವುಱು. A splinter, a shiver; that is pared off, rind (ಕೆಲ್ಲೆ Šm. 49; ಕಕ್ಕು 79; ಕೆಲ್ಲೆ Kk. 56; see ಚಿಪ್ಪು). ಕಳೆದ ಸಿಗುಱಿನ ಕಬ್ಬಿನನ್ತದಿ... ಲಲಿತಮ್ ಆದ ಕನ್ನಡದ ನುಡಿ (Abhâ. 1, 5, o. r. ಸಿಬುಱ್ನ). — ಸಿಗುಱು ಚನ್ನಯ್ಯ. N. (Bp. 58, 7). — ಸಿಗುಱೇಱು. -ಏಱು. Splinters or shivers to rise or be raised (Bh. 5, 11, 39; Râm. 4, 3, 7).

ಸಿಗುಳು sigul̤u. = ಸೀಳ್ 1, etc. ಸಿಗುಳಲ್ ಪಟ್ಟುದು (ದಾರಿತ, ಛಿನ್ನ, ಭೇದಿತ Si. 362; *only* in Si.).

ಸಿಗ್ಗಾಳಿ siggu-âl̤i. (Šmd. 239). A person who is ashamed, a bashful person.

ಸಿಗ್ಗಿಗ siggiga. A daitya or râkshasa (ಮುಚ್ಚಿಗ, ರಕ್ಕಸ, ದೈತ್ಯರಾಕ್ಷಸಾವಳಿ Kk. 11a; *cf.* ಸೆರಗು? Tĕ. ಸೆಗ್ಗು, reproach, censure = ಅಪವಾದ, ನಿನ್ದೆ).

ಸಿಗ್ಗು siggu. (Šmd. 248). Shame, decency; modesty, bashfulness; timidity (My.; Tĕ.); disgust (My.). *Cf.* ಎಗ್ಗು 2; ಸೆಡೆ 3. — ಸಿಗ್ಗಾಗು. -ಆಗು. To feel ashamed, to become bashful (Abh. P. 7, after 58; 9, 39; Bp. 18, 10). — ಸಿಗ್ಗೊನ್ದು. -ಒನ್ದು. = ಸಿಗ್ಗಾಗು. (Bp. 38, 19).

ಸಿಂಗ singa. 1. Tbh. of ಸಿಂಹ. A lion (ಸಿಂಹ Šmd. 348; Čt. I, 96; II, 23; ಕೇಸರಿ Šm. 83; Si. 166). 2, Kâma (ಮನ್ಮಥ Šm. 7; ಮದನ 83). ರಂಗನ ಮುನ್ದೆ ಸಿಂಗನೇ? (Prv.). — ಸಿಂಗಕೇಸರಿ. N. of a plant (ಛತ್ರಶಾಖೆ Mr. 121, o. r. ಚಕ್ರಶಾಖೆ; Sk. ಸಿಂಹಕೇಸರ, the plant Mimusops elengi). — ಸಿಂಗದನ್ನಂ. -ಅನ್ನಂ. A lion-like man (Šmd. 192). — ಸಿಂಗದೇರವಳ್. -ತೇರವಳ್. Whose vehicle is a lion: Durgâ (ಶಿವೆ Kk. 5; ಗಿರಿಜೆ Šm. 3). — ಸಿಂಗಪ್ಪ. -ಅಪ್ಪ. N. (My.). — ಸಿಂಗಪ್ರಾಸ. A kind of alliteration (Ch.). — ಸಿಂಗಮ್ಮ. -ಅಮ್ಮ. N. (My.). — ಸಿಂಗಯ್ಯ. -ಅಯ್ಯ. N. (My.). — ಸಿಂಗವೇಂಟೆ. -ವೇಂಟೆ. (Šmd. 387). A lion's-hunt.

ಸಿಂಗ singa. 2. Tbh. of ಶೃಂಗ (Šm. 83). A horn, etc. — ಸಿಂಗನಾದ. The sound of the horn of an antelope blown by jôgis (My.). — ಸಿಂಗಹಲ್ಲು. An irregular tooth (My.).

ಸಿಂಗಣಿಕ singaṇika. = ಸಿಂಗಳೀಕ. (J. 21, 18. 33).

ಸಿಂಗರ singara. Tbh. of ಶೃಂಗಾರ. (ಜಾಲ, ಶೃಂಗಾರ Nn. 84; ಶೃಂಗಾರ, ತನ್ತ್ರ 75; ಶೃಂಗಾರ 108). — ಸಿಂಗರಂಗೆಯ್. -ಅಂ-. To adorn, to decorate (J. 13, 7). ಸಿಂಗರಂಗೆಯ್ವುದು (ಪ್ರತಿಕರ್ಮ, ಪ್ರಸಾಧನ, etc. Mr. 333). — ಸಿಂಗರಹೋಗಿ. Kâma (ಮನ್ಮಥ Kk. 8). — ಸಿಂಗರವೆಟ್ಟು. -ಅಂ-ಪೆಟ್. To be embellished or adorned (Šîv. 5, after 57). — ಸಿಂಗರವೆಟ್. -ಪೆಟ್. = ಸಿಂಗರವೆಟ್ಟು. (Šîv. 3, after 35).

ಸಿಂಗರಿ singari. Vishṇu in his lion-incarnation; N. (My.). See ಮುಗ್ಗೇರಿಗಳ-.

ಸಿಂಗರಿಗ singara-iga. (Šmd. 233, o. r. ಸಿಂಗಾರಿಗ). A man who adorns.

ಸಿಂಗರಿಸು singarisu. Tbh. of ಶೃಂಗರಿಸು. To adorn, to embellish (Bp. 4, 32; 5, 13; Rŝv. 4, 13; J. 4, 66; 6, 11).

ಸಿಂಗಳ singal̤a. Tbh. of ಸಿಂಹಲ (R.; T. ಚಿಂಗಳ).

ಸಿಂಗಳೀಕ singal̤ika. = ಸಿಂಗಣಿಕ. A black monkey (Râm. 6, 30, 7. 16; My.; Tĕ. ಶಿಂಗಿಲೀಕ).

ಸಿಂಗಾಡಿ singâḍi. A bow (J. 16, 7; 29, 29; T. ಚಿಂಗಾಡಿ, ಚಿಂಗಾಣಿ; M. ಚಿಂಗಾಡಿ, a Turkish bow; Tĕ. ಸಿಂಗಾಣಿ, ಸಿಂಗಿಣಿ, made of horn; a bow made of horn, a bow).

ಸಿಂಗಾರ singâra. Tbh. of ಶೃಂಗಾರ (Šmd. 353; Čt. II, 56). ರಂಗಾ, ಈ ಹೊತ್ತು ಯಾಕೆ ಬಹಳ ಸಿಂಗಾರಾಗಿದ್ದೀ? (B. 2, 7).

ಸಿಂಗಾರಿಸು singârisu. Tbh. of ಶೃಂಗಾರಿಸು. To adorn. 2, to be adorned or decorated (Prll. 3, 4; Râm. 6, 53, 7).

ಸಿಂಗಿ singi. Tbh. of ಶೃಂಗಿ (Šmd. 353; Bp. 58, 55). See ಉರಿ-. — ಸಿಂಗಿದೊಪ್ಪಯ್ಯ. N. (Bp. 58, 6).

ಸಿಂಘಾಣ singhâṇa. = ಸಿಂಹಾಣ, etc. (Colebr.). See ಸಿಮ್ಬಳ.

ಸಿಂಘಿನಿ singhini. *The nose.*

ಸಿಚ್ sic. ಸಿಕ್. *The skirt of a web or dress.*

ಸಿಚ sica. = ಸಿಚ್. (ವರ್ತಿ Mr. 342).

ಸಿಚಯ sicaya. *Cloth, a raiment* (ವಾಸ, ಆಚ್ಛಾದನ, etc., ಸೀರೆ Mr. 341; see ಸೀರೆ).

ಸಿಂಜಾನ sinjâna. Tinkling (Čpr. 1, after 101).

ಸಿಂಜಿ sinji. Tinkling.

ಸಿಂಜಿತ sinjita. Tinkled, tinkling; tinkling (G.).

ಸಿಂಜಿನಿ sinjini. *A bow-string* (ಬಿಲ್ಲ ಹಡೆ Mr. 294). 2, *tinkling rings worn round the toes, a tinkling ornament for the ankle* (ಪಾದಕಟಕ, ಕಾಲ ಕಡಗ IIlâ.; ಹಂಸಕ, etc. Mr. 344).

ಸಿಂಜಿನಿಪ್ರಹರಣ sinjini-praharaṇa. The twang of a bow-string. See ಜೇವಡೆ.

ಸಿಟ್ಟಿ siṭṭi. Tbh. of ಸೃಷ್ಟಿ (Šmd. 370; T.; see s. ಪೆರಣ).

ಸಿಟ್ಟು siṭṭu. Anger, passion, wrath, rage (ಕೋಪ, ಕ್ರೋಧ, ಅಮರ್ಷ, ರೋಷ, ಪ್ರತಿಘ, ರುಷ್, ಕ್ರುಧ್ Si. 69; C.;

T. ಚಿಟ್ಟಿ, ಚೆಟ್ಟಿ; T., M. ಚೀಟ್ಟಿ; Tĕ. ಸೀಸ, ಚಿಸ್ದು; see ಕೀಱು 2, ಚೀಱು 3, ಸೀಱು 2, ಸೇಡು 2). ಸಹಜವಾದ ಸಿಟ್ಟುಳ್ಳವನು (ಕ್ರೋಧನ, ಅಮರ್ಷಣ Si. 361); ಸಿಟ್ಟುಳ್ಳದು (ಅಭಿನೀತ 428). ಸಿಟ್ಟುಳ್ಳನ್ಹಾಕೆ (ಚಣ್ಡಿ Dhw.). ಸಿಟ್ಟಿನವ (ಅಮರ್ಷಣ G.). ಸಿಟ್ಟಿನವಳು (ಭಾಮಿನಿ, ಭಾಮೆ G.). ಬಡವನ ಸಿಟ್ಟು ದವಡೆಮೂಲ.— ಸಿಟ್ಟಿಗೆ ಕೊಯ್ದ ಮೂಗು ಶಾನ್ತತ್ವಕ್ಕೆ ಹತ್ತೀತೇ?— ಸಿಟ್ಟು ತನಗೆ ಕೇಡು, ಸಮಾಧಾನ ಪರರಿಗೆ ಕೇಡು (Prvs.). — ಸಿಟ್ಟಾಗು. -ಆಗು. To grow angry, etc. (ಮುಳಿ G.). ಅನ್ಯಾಯ ಮಾಡಿದರೆ ದೇವರು ನಿಮ್ಮ ಮೇಲೆ ಸಿಟ್ಟಾಗುವನು (B. 4, 94). ನೀವು ಆವನ ಮೇಲೆ ಬಹಳ ಸಿಟ್ಟಾಗುವಿರಿ (4, 199). ಇದನ್ನು ಕೇಳಿ, ಸಿಟ್ಟಾದನು (5, 63). — ಸಿಟ್ಟಿಗೆ ಬರು. To grow angry, etc. ತಾವು ಸಿಟ್ಟಿಗೆ ಮಾತ್ರ ಬರಬಾರದು (B. 4, 124). — ಸಿಟ್ಟಿಗೆಬ್ಬಿಸು. -ಎಬ್ಬಿಸು. To provoke to wrath (G. 186). — ಸಿಟ್ಟಿಗೇಱು. -ಏಱು. To grow angry, etc. (B. 2, 19. 31; 3, 49. 59; 4, 153). — ಸಿಟ್ಟು ಇೞ್. Anger, etc. to abate (B. 3, 60; 5, 197). — ಸಿಟ್ಟು ಇೞಿಸು. To abate anger, etc. ಆತನ ಸಿಟ್ಟು ಇೞಿಸಿದನು (B. 5, 47). — ಸಿಟ್ಟು ಕೊಳ್ಳು. = ಸಿಟ್ಟುಗೊಳ್ಳು (My.). — ಸಿಟ್ಟುಗೊಳಿಸು. -ಕೊಳಿಸು. To cause to become angry, etc. (G. 154). — ಸಿಟ್ಟುಗೊಳ್ಳು. -ಕೊಳ್ಳು. To become angry, etc. ಸಿಟ್ಟುಗೊಣ್ಡ ಅಱುವಿಕೆ (ಮನ್ಯು, ಶೋಕ, ಶುಚ್ Si. 69). — ಸಿಟ್ಟು ತಡ ಕೊಳ್ಳು. To keep down one's anger, etc. (B. 3, 81). — ಸಿಟ್ಟು ತೀರಿಸು. To wreak vengeance for; to revenge one's self. ಮಗನ ಕೊನ್ದ ಸಿಟ್ಟು ತೀರಿಸಿ ಕೊಳ್ಳ ಬೇಕೆನ್ದು (B. 5, 46). ಇದಱ ಸಿಟ್ಟು ತೀರಿಸಿ ಕೊಳ್ಳ ಬೇಕೆನ್ದು (5, 68). — ಸಿಟ್ಟು ತುಮ್ಬಿಸು. To fill with anger, etc. (G. 410). — ಸಿಟ್ಟು ನುಂಗು. To swallow or suppress one's anger, etc. (B. 4, 16). — ಸಿಟ್ಟು ಬರಿಸು. To excite anger, to enrage (ಮುಳಿಯಿಸು G.). — ಸಿಟ್ಟು ಬರು. Anger, etc. to come or arise. ಸುಮ್ಮ ಸುಮ್ಮನೆ ಬಡಿದರೆ ನಿನಗೆ ಹ್ಯಾಗೆ ಸಿಟ್ಟು ಬರುವದೋ, ಹಾಗೆ ದನಕ್ಕೂ ಬರುವದು (B. 2, 19). ಗಣ್ಡನಿಗೆ ಸಿಟ್ಟು ಬನ್ದದನ್ನು ಕಣ್ಡು (3, 60). ಸಿಟ್ಟು ಬನ್ದರೆ ಹಿಟ್ಟು ಮುಕ್ಕು!— ಸಿಟ್ಟು ಬನ್ದರೂ ಅಟ್ಟು ವಿನಹಾ ಉಣ್ಣ ಕೂಡದು (Prvs.). — ಸಿಟ್ಟು ಬಿಡಿಸು. To remove or appease anger (ತಿಳುಪು G.). — ಸಿಟ್ಟು ಬಿಡು. Anger to cease; to forsake wrath. ಪೆಟ್ಟಿಗೆ ಪೆಟ್ಟು ಆದರೂ ಸಿಟ್ಟು ಬಿಡಲಿಲ್ಲ (Prv.). — ಸಿಟ್ಟು ಮಾಡಿಸು. To cause to become angry. ಸಿಟ್ಟು ಮಾಡಿಸಿ ಕೊಳ್ಳು, to cause another's anger to come down upon one's self. ಯಾರನ್ನಾದರೂ ಕೆಣಕಿ, ಸಿಟ್ಟು ಮಾಡಿಸಿ ಕೊಣ್ಡಿರೋ? (B. 3, 84). — ಸಿಟ್ಟು ಮಾಡು. To show anger or displeasure; to become angry with (C.). ತಾಯಿ ಮೇಲಿನ ಮೇಲೆ ಸಿಟ್ಟು ಮಾಡಿದರೂ ಈಕೆ ತನ್ನ ನಡತೆ ಬಿಡುವದಿಲ್ಲ (B. 1, 6). ಏನೇ, ತಂಗೀ, ಬೀಜಕ್ಕೆ ಬಿಟ್ಟ ಹೂವ ಕೊಯ್ಯ ಬೇಕೇ? ಎನ್ದು, ಸಿಟ್ಟು ಮಾಡಿದನು (3, 80). ಕಮತಿಗರಿಗೆ ಸಿಟ್ಟು ಮಾಡಿ (4, 43). ತಮ್ಮನ ಮೇಲೆ ಇಷ್ಟು ಸಿಟ್ಟು ಮಾಡ ಬೇಡ! (4, 201). — ಸಿಟ್ಟು ಹಿಡಿ. To catch anger, to grow angry (B. 3, 40; 5, 28. 67). — ಸಿಟ್ಟೆಬ್ಬಿಸು. -ಎಬ್ಬಿಸು. To arouse anger; to enrage (My.).

ಸಿಟ್ಟುಗಾಱ siṭṭu-gâṟa. A passionate man (My.). ಬಹಳ ಸಿಟ್ಟುಗಾಱ (ಚಣ್ಡ, ಅತ್ಯನ್ತಕೋಪನ Si. 361). — ಸಿಟ್ಟುಗಾಱಳು. A passionate woman (ಕೋಪನೆ, ಭಾಮಿನಿ 182).

ಸಿಡತ siḍata. A quick to-and-fro-movement of the muscles of the head (My.). ತಲೇ ಸಿಡತಕ್ಕೆ ಮಲತೋಥನೇ ಕೊಣ್ಡ ಹಾಗೆ (Prv.). 2, a jumping about from pride (My.).

ಸಿಡದು siḍadu. = ಸಿಡಿದು. P. p. of ಸಿಡಿ 3. (C.).

ಸಿಡಿ siḍi. 1. The state of being small, thin, fine or atomic (ಸೂಕ್ಷ್ಮ Šmd. Dh.; ಕಾಣ ಬಾರದ ಹಾಂಗೆ ಇರ್ದ ಭಾವಂ Cm.; see ಚಿಱ್, ಸಡೆ 2). — ಸಿಡಿಸೋನೆ. A very fine, light drizzle (Râm. 4, 6, 6).

ಸಿಡಿ siḍi. 2. An iron hook (ಅಯಸ Šmd. Dh.; Tĕ.; see ಸಡೆ 2); the hook-machine on which men of the Šûdra class are suspended in the air by a hook passed through the sinews of the back (the hook being attached to one end of a lever which is raised on the top of a high pole or fulcrum) and swung round (by means of a rope fixed to the lever's other end, C.; Tĕ.; T. ಚೆಡಿಲ್). — ಸಿಡಿಮರ. The lever to which the man is secured (My.). — ಸಿಡಿಯಾಟ. -ಆಟ. The ceremony of men being suspended on the siḍi and swung about, which is performed on account of Mârî (My.). — ಸಿಡಿಯಾಡು. -ಆಡು. To perform that ceremony (My.). — ಸಿಡಿ ಹಬ್ಬ. The swinging feast (My.).

ಸಿಡಿ siḍi. 3. To be scattered; to fly about; to be spattered, as mud, etc.; to snap, as parched grain; to burst forth spontaneously, as seed from over-ripe fruit, etc.; to move quickly from side to side, as muscles, as the head from pride; to start; to bounce (ವಿಕೀರ್ಣ Šmd. Dh.; C.; T., M. ತೆಱ್? see s. ಚಿಮುಕಿಸು); to scatter over, to cover (J. 11, 38). ಸಿಡಿದದು (ವಿಕೀರ್ಣ G.). ಉಗುಳು ಸಿಡಿವ ನುಡಿ (ಅಮ್ರೂಟ್ಕೃತ Hlâ.). ವೇದವನ್ನು ಓದುವಾಗ ಬಾಯೊಳಗಿನ್ದ ಸಿಡಿವ ಹನಿ (ಬ್ರಹ್ಮಬಿನ್ದು G.). ಸಿಡಿದಂ, ಸಿಡಿದಪಂ (Šmd. 260). ನ್ಯಗ್ರೋಧಬೀಜಂ ಕೆಲಂ ಸಿಡಿದುಂ ಪೆರ್ಮರನ್ ಆಗದೇ? (Sš. 44). ಚಿಪ್ಪೊಡೆದು ಸಿಡಿವ ಮುತ್ತುಗಳ್ (J. 6, 6). ಗಿಡುಮರನನ್ ಎಡೆಗೊಣ್ಡು ಸಿಡಿದವರ್ ಕೆಲರ್ (16, 40). ಕೆಲಕೆ ಸಿಡಿಯದಿರ್! ಪೊಡೆ! (28, 45). ಅವಂ ಸಿಡಿದೋಡುವಾ ಕುರಂಗದ ಬೆನ್ನನ್ ಆಯ್ದಿದಂ (28, 58). ಬೇಳಮ್ಬದಿನ್ದ ಕೆಲ ಸಿಡಿದು ಬನ್ದ ವಿಷಯ (30, 19). See Ršv. 5, 46; 8, 109; Ššv. 3, 46; Bh. 1, 20, 54; J. 22, 33; 23, 25.

ಸಿಡಿ siḍi. 4. = ಸಿಡಿದು. P. p. of ಸಿಡಿ 3, in ಸಿಡಿ ಸಿಡಿದು (Č. Bp. 2, 4).

ಸಿಡಿ siḍi. 5. The state of being scattered, etc;. that which is scattered or sputtered from the mouth; moving quickly from side to side (on account of pride, My.). 2, an iron spring-trap (J. 28, 47; My.). ಸಿಡಿ ಸುಂದ ಮೇಲೆ ಮಡಿ ಏನು? (Prv.). — ಸಿಡಿದಲೆ. -ತಲೆ. = ಸಿಡಿಯುನ್ದಲೆ. (Bh. 2, 2, 104). 2, a head that moves quickly from side to side (on account of pride, My.). — ಸಿಡಿಯುನ್ದಲೆ. -ಉಂ-ತಲೆ. (Šmd. 204). A head that is flying about or bouncing. — ಸಿಡಿವಲೆ. -ಬಲೆ. A kind of net (Ššv. 3, 24; Bh. 3, 23, 10).

ಸಿಡಿ siḍi. 6. End of thirst or desire: satiety, disrelish, dislike (? ದಾಹಾನ್ತ Šmd. Dh.; *cf.* ಚಿಟ್ಟು 2). hopelessness, despair (? if this were the true meaning, the word would probably be = ಸಿಡಿ 7).

ಸಿಡಿ siḍi. 7. (= ಸೆಡೆ 5?). (Fear, perplexity). — ಸಿಡಿಮಿಡಿ. Great agitation, alarm, consternation (ಕಾತರ, ತಲ್ಲಂಕ Šm. 50; ತಲ್ಲಂಕ Kk. 67; Tĕ. ಚಿಡಿಮುಡಿ). — ಸಿಡಿಮಿಡಿಗೊಳ್. -ಕೊಳ್. To become greatly alarmed (Grj. 2, after 106; 5, 88; Bp. 14, 19; 26, 60; 48, 9; 58, 42; Rśv. 5, after 55; 9, 24;

V. 34, 92; Šśv. 4, 88; Bh. 6, 4, 67; J. 8, 40; 31, 2). — ಸಿಡಿಮಿಡಿ ಬರ್. Consternation to arise (Čpr. 8, after 4; Abh. P. 14, 168). — ಸಿಡಿಮಿಡಿಹಕ್ಕು. (ವರ್ತಿಕೆ Śl. 178).

ಸಿಡಿ siḍi. 8. (= ಸಿಡಿ 5). The fluid flowing from an elephant's temples when in rut (? ಗಜಕ್ರೋಧ ವಸ್ತು Šmd. Dh.).

ಸಿಡಿ siḍi. A ladder: a staircase (My.; Mhr., H. ಸಿಡಿ).

ಸಿಡಿಲ್ siḍil. 1. = ಸಿಡಿಲು 1. To be scattered in different directions; to become loose (ವಿಶೀರ್ಣ Šmd. Dh.; Šm. 107; Čpr. 5, 5; Abh. P. 7, after 52; 11, after 143; 13, 69; Rśv. 5, 69). P. p. ಸಿಡಿಲ್ದು. ಸಿಡಿಲ್ದುದು (ಶ್ಲಥ, ಶಿಥಿಲ Hlå.).

ಸಿಡಿಲ್ siḍil. 2. = ಸಿಡಿಲು 2, ಸಿಡ್ಲು 1. A shaft of lightning, a thunder-bolt (ಅಶನಿ, ಕುಲಿಶ Šmd. Dh.; ಮೇಘಾಗ್ನಿ Šm. 107; Tu. ಶೆಡಿಲ್; *cf.* T. ಚಿಡಿ, splendour, and the terms s. ತಿಂಗಳ್?). ಘನರವಂ ಸ್ತನಿತಮೆನೆ ಮೊಬಗು, ಅಲ್ಲಿಸ್ದು ದುಳ್ಳ ಕಿಡಿಯ ನುಡಿ ಸಿಡಿಲೆನಿಕ್ಕುಂ (Mr. 43). ಚಳಚಳನೆ ಮಿಂಚಿತ್ತು ಸಿಡಿಲ ಕೆಯ್ಯೊವಿಗೆವೋಲ್ (Šmd. 229). ಅರ್ಕೇಸಿನ್ದುಗಳಂ ತವೆ ನುಂಗಿಕೂಗಂ ಕಟ್ಟಲೆ, ಸಿಡಿಲ್ಗಳೆಡೆಗುಗುಂ (267). ಹೊಡೆದ ಸಿಡಿಲ್ (Bh. 1, 8, 31). See Čpr. 5, 5; Abh. P. 13, 75. 76; Grj. 9, after 58; Rśv. 6, after 11; 6, 54; Šśv. 3, 19; J. 7, 55; 13, 43; 15, 17; ಬಡಿ-. — ಸಿಡಿಲ ಗರ್ಜನೆ. A clap of thunder, thunder (J. 7, 31). ಪೊಡೆದ ಸಿಡಿಲ ಗರ್ಜನೆ (13, 1). — ಸಿಡಿಲ ದನಿ. = ಸಿಡಿಲ ಗರ್ಜನೆ. (ಮೊಬಗು Kk. 73). — ಸಿಡಿಲ ಧ್ವನಿ. = ಸಿಡಿಲ ದನಿ. (ಸ್ಫೂರ್ಜಥು Hlå.). — ಸಿಡಿಲನ್ನ. -ಅನ್ನ 1. A man like a thunderbolt. ಸಿಡಿಲನ್ನಂ ಸಿಂಗದನ್ನಂ ಪುರಹರನ ಉರಿಗಣ್ಣನ್ನನ್ ಈ ನಾರಸಿಂಹಂ (Šmd. 192). — ಸಿಡಿಲ ಮರಿ. A small thunder-bolt (Râm. 8, 6, 50). — ಸಿಡಿಲ ರವ. = ಸಿಡಿಲ ದನಿ. (ಮೊಬಗು Šm. 84). — ಸಿಡಿಲ್ದನಿ. = ಸಿಡಿಲ ದನಿ. ಗುಡುಗುಡು ಚಿಟಿಚಿಟಿಲೆನ್ದುಗ್ಗಡದ ಸಿಡಿಲ್ದನಿ ಪೊಡೆಯೆ (Rśv. 8, 113). — ಸಿಡಿಲ್ಬೆಳಗು. -ಬೆಳಗು. Lightning (ಮುಗಿಲ್ಗಿಚ್ಚು Čt. II, 118).

ಸಿಡಿಲು siḍilu. 1. = ಸಿಡಿಲ್ 1. P. p. ಸಿಡಿಲಿ. (ಅಡಿಯು) ತಳ್ಳೆ ಸಿಡಿಲಿತು (Bh. 3, 13, 53).

ಸಿಡಿಲು siḍilu. 2. = ಸಿಡಿಲ್ 2, etc. (C.). ಮೊಬಗುವ ಸಿಡಿಲಿನಬ್ಬರವೋ? (Bh. 1, 19, 19). ಸಿಡಿಲುಗಳ ಗರ್ಜನೆ (3, 13, 20). ಮಬ್ಬೇ ತಡಿಸದ ಕೊಡೆ ಸಿಡಿಲ ತಡಿಸೀತೇ? (Prv.). See Prv. s. ಸಿದ್ಧಾದೇವಿ. — ಸಿಡಿಲೊಲ್ಲದ ಗಿಡ. -ಒಲ್ಲದ-. (ವಾತಳ, ಶೀತಲ Śl. 159).

ಸಿಡಿಸು siḍisu. To cause or make (water, mud, etc.) to fly about (and fall upon persons or things), to spatter, to bespatter (C.). ಸೂಜೆಗಳನ್ನು ಹರಬಿ, ಎಣ್ಣೆಯು ಸಿಡಿಸಿ (B. 4, 158). ಅಲ್ಲಿ ಗಂಗೋದಕವನ್ನು ಸಿಡಿಸಿ, ಆ ಸ್ಥಳವನ್ನು ಶುದ್ಧ ಮಾಡಿದರು (5, 61). ಕೊಬಚೇ ಮೇಲೆ ಹೆಟ್ಟೆ ಹಾಕಿ, ಮೋಚೇ ಮೇಲೆ ಸಿಡಿಸಿ ಕೊಣ್ಣನ್ತೆ (Prv.). 2, to cause to snap, etc. (see ಚಿಟ್ಲಿಸು).

ಸಿಡು siḍu. = ಸಿಡುಕು 2. (*Cf.* Mhr. ಚಿಡಚಿಡಾ, peevish, cross; ಚಿಡಣೇಂ, to take offence). — ಸಿಡುಗುಟ್ಟು. -ಕುಟ್ಟು. = ಸಿಡುಕು 1. (My.).

ಸಿಡುಕು siḍuku. 1. To be snappish: to chide, to scold (in an angry manner, My.).

ಸಿಡುಕು siḍuku. 2. = ಸಿಲುಕು 2, (ಸಿಲ್ಕು 2), ಸಿಲ್ಕು 3. Snappishness: peevishness, irascibility, wrath (My.). — ಸಿಡುಕ. -ಅ. A peevish, irascible, wrathful man (My.). — ಸಿಡುಕಿ. A peevish, etc. woman (My.). — ಸಿಡುಕು ಮೋರೆ. A peevish, sullen, wrathful countenance (My.).

ಸಿಡುಕುತನ siḍukutana. = ಸಿಡುಕು 2. (My.; B. 3, 104).

ಸಿಡುಬು siḍubu. The small-pox (My.); the vaccine. — ಸಿಡುಬಾಗು. -ಆಗು. = ಸಿಡುಬೇಳು. (My.). — ಸಿಡುಬು ಹಾಕು. To vaccinate, to innoculate (My.). — ಸಿಡುಬುಮೋರೆ. A pock-marked face (My.). — ಸಿಡುಬು ಹಾಕು. = ಸಿಡುಬು ಮಾಡು. (My.). — ಸಿಡುಬೇಳು. -ಏಳು. The small-pox to break out (My.).

ಸಿಡುಮ್ಬು siḍumbu. (Šmd. 48). = ಸಿಡುಮ್ಬೆ. A (thorny) tree, a bush, a thicket (ಕುಜ Šs., *cf.* ಕುಂಜ; Rśv. 5, 118; Šśv. 4, 23; *cf.* the terms s. ಗಿಡ).

ಸಿಡುಮ್ಬೆ siḍumbĕ. = ಸಿಡುಮ್ಬು. (ಕುತ್ತುಬು Čt. II, 35).

ಸಿಡೆ siḍĕ. 1. = ಸೆಡೆ 1, q. v.

ಸಿಡೆ siḍĕ. 2. = ಸೆಡೆ 7, q. v.

ಸಿಡ್ಲು siḍlu. 1. = ಸಿಡಿಲ್ 2, etc. (ಸ್ವರು Śl. 449; My.).

ಸಿಡ್ಲು siḍlu. 2. = ಸಿಲ್ಕು 2. Rheum of the eye. ಕಣ್ಣಿನ ಸಿಡ್ಲು (ದೂಷಿಕೆ, ನೇತ್ರಮಲ, ಗೀಜು Śl. 206).

ಸಿಣ್ಡು siṇḍu. A disagreeable, nauseous, fetid smell (as of sheep, tigers, rancid butter, etc., My.; *cf.* ಕೀ 2?).

ಸಿಣ್ಡ್ರಿಸು siṇḍrisu. = ಚಿಟ್ಲಿಸು (in ಮೊಗ-). To put on a snappish, stern, grim or surly look, to frown (My.). 2, to cause (the face) to assume such a look (My.).

ಸಿತ sita. 1. Bound, tied, fastened; surrounded. See ಪ್ರ-.

ಸಿತ sita. 2. *Destroyed; brought to an end, finished, completed.* See ಅವ-.

ಸಿತ sita. 3. *White;* the colour white (ಶುಕ್ಲ, ಬಿಳಿದು Nn. 82; ಕಲಧೌತ, ಬಿಳಿದು 44; ಬಿಳಿದು 80); silver.

ಸಿತಕೀರ್ತಿ sita-kîrti. White, pure glory (Bp. 58, 57).

ಸಿತಗ sitaga. (= ಸಿಡ್ಡಗ?). A lewd, profligate man; a paramour; a whoremonger; an adulterer (ಸೊಡ್ಡಿ, ಪೊಲದಿ, ಜೋಡ, ಪಾಣ್ಬ Šmd. II; ಪಾಣ್ಬ Čt. I, 16; ಜೋಡ, ಪರಳಿಗ, ಪಾಣ್ಬ, ಜಾರ Šs.; ಪೊಲದಿ Kk. 84; ಪಾಣ್ಬ, ಜೋಡ 89; ಪೊಲದಿ Šm. 57; V. 6, 7; Šśv. 2, 36; Bh. 1, 6, 11; *cf.* Mhr., H. ಶಿನ್ದಳ, whorish, unchaste). 2, a wicked or vicious wretch (Tē. ಸಿತಕುಡು = ಕ್ಷುದ್ರುಡು). ಒರ್ಪಿದಿಗೂಯಿಂ ಸಿತಗನ ಕಪ್ಪಡಮುಂ (Šmd. 79). — ಸಿತಗಳನೆ. A vicious elephant (ವ್ಯಾಲ, ದುಷ್ಟಗಜ Hlå.). — ಸಿತಗಳ್. = ಸಿತಗೆ. (V. 9, 91). — ಸಿತಗಾನೆ. = ಸಿತಗಳನೆ. (ವ್ಯಾಲ Mr. 156).

ಸಿತಗತನ sitagatana. Profligacy; whoredom; adultery (ಪಾಟು Šm. 117).

ಸಿತಗೆ sitagĕ. (Šmd. 245). A lewd, profligate woman; a whore; an adulteress (ಪಾಟು, ದಡ್ರುಂಜೆ, ಜೋಡೆ, ಪಾಣ್ಬೆ Šmd. II; ಜೋಡೆ, ಪಾಣ್ಬೆ, ಬಿದೆಗಾರ್ತಿ, ಜಾರೆ Šs.; ಜೋಡೆ Čt. II, 39; ಜೋಡೆ, ಪಾಣ್ಬೆ Kk. 89; ದಡ್ರುಂಜೆ, ಪಾಟು 91; Šm. 75; ಹಾದರಗಿತ್ತಿ, ಜೋಡೆ, ಬಿದೆಗಾರ್ತಿ, ಪಾಣ್ಬೆ, ಜಾರೆ Kk. 29, Šm. 75). See Šmd. 244 s. ಬಕ್ಕಬ್ಬುಯಲ್.

ಸಿತಚ್ಛತ್ರ sita-ć-čhatra. A white umbrella. (R.).

ಸಿತಚ್ಛತ್ರೆ sita-ć-čhatrĕ. *A sort of dill or fennel, Anethum sowa* Roxb.

ಸಿತದೂರ್ವೆ sita-dûrve. White dûrvĕ grass (ಬಿಳಿಯ ಕರಿಕೆ Mr. 109).

ಸಿತದ್ವಿಪೆ sita-dvipĕ. N. of one of the female elephants. See Mr. 59 s. ದ್ವಿಪ.

ಸಿತಪಕ್ಷ sita-paksha. The light half of a lunar month. (Kâvy. V, 30).

ಸಿತಯಶ sita-yaśa. A man of white, pure fame or glory (Bp. 29, 1).

ಸಿತರೋಚಿ sita-rôci. Having white light or splendour: the moon (ಶಶಾಂಕ, ಚನ್ದ್ರ Nn. 146). 2, good report (ಸುಕೀರ್ತಿ 146). 3, a good, virtuous man (ಸಜ್ಜನ 146). 4, an ascetic (ಮುನೀನ್ದ್ರ, ಯತಿ 146). 5, Śiva (ಶಿವ, ಈಶ್ವರ 146).

ಸಿತವಾಹನ sita-vâhana. Having a white horse or white horses: Arjuna (J. 9, 1; 11, 1; 25, 19).

ಸಿತಶಿವ sita-śiva. *Rock-salt.*

ಸಿತಶೂಕ sita-śûka. *Barley.*

ಸಿತಹಯ sita-haya. = ಸಿತವಾಹನ. (ಇನ್ದ್ರಜ, etc., ಫಲ್ಗುನ Mr. 264; Bh. 8, 8, 37).

ಸಿತಾಂಶು sita-aṁśu. The moon; camphor. (R.).

ಸಿತಾಂಗ sita-aṅga. Śukra, the planet Venus (Mr. 38). 2, Śiva (Bp. 35, 24). 3, white limbs, a pale body (Bp. 3, 12).

ಸಿತಾತಪತ್ರ sita-âtapatra. A white umbrella (ಪುಣ್ಡರೀಕ, ಬಿಳಿಯ ಸತ್ತಿಗೆ Nn. 18).

ಸಿತಾತಪವಾರಣ sita-âtapavâraṇa. = ಸಿತಾತಪತ್ರ. (Čpr. 3, 51).

ಸಿತಾನನ sita-ânana. White-faced; Garuḍa. (R.).

ಸಿತಾಬ್ಜ sita-abja. A white lotus (ಪುಣ್ಡರೀಕ Mr. 504).

ಸಿತಾಭ್ರ sita-abhra. A white cloud. 2, *camphor.*

ಸಿತಾಮ್ಬರ sita-ambara. Clothed in white garments; an ascetic wearing white garments, *a Bauddha mendicant.*

ಸಿತಾಮ್ಬುಜ sita-ambuja. *A white lotus.*

ಸಿತಾಮ್ಭೋಜ sita-ambhôja. *A white lotus.*

ಸಿತಿ siti. 1. Binding, fastening. See ಪ್ರ-.

ಸಿತಿ siti. 2. = ಶಿತಿ. (Sk.).

ಸಿತೆ sitĕ. *Candied sugar.*

ಸಿತೇತರ sia-itara. Other than white, *black.*

ಸಿತೇತರಗತಿ sitêtara-gati. Having a black course: *fire.*

ಸಿತೋತ್ಪಲ sita-utpala. A white water-lily (My.).

ಸಿದಿಗೆ sidigĕ. 1. = ಸೆದಗೆ. Tbh. of ಚಿತ್ಯೆ. A funeral pile (ಚಿತಿ, ಚಿತ್ಯೆ Mr. 398).

ಸಿದಿಗೆ sidigĕ. 2. Tbh. of ಶಿವಿಕೆ. A litter, a bier (Bp. 32, 43. 44). ಕುದುರೆಯನ್ನೇರಿದೇ, ಕದನವ ಜಯ್ಸಿದೇ, ಸುದತಿಯರೊಲುವೆಯಲಿ'ಯದಿಹ ಅರಸು ತಾ ಸಿದಿಗೆ ಹೆಣದನ್ತೆ (Sp.).

ಸಿದುಗು sidugu. To search or feel about or for with the hand (ಹಸ್ತಾನ್ವೇಷಣ Śmd. Dh.; Tĕ. ವೆತಕು, ವೆತುಕು, ವೆದಕು, to search = ಅನ್ವೇಷಿಂಚು; ದೇಡು, to search = ವೆತುಕು, ದೇವು, to grope for as with a drag under water; T. ತೇಡು, to seek).

ಸಿದ್ದ sidda. Tbh. of ಸಿದ್ಧ. (My.).

ಸಿದ್ದಾ siddâ. Tbh. of ಸಿದ್ಧಾ. — ಸಿದ್ದಾದೇವಿ. Durgâ; N. (My.). ಇದ್ದವರು ಇದ್ದ ಹಾಗೆ, ಸಿದ್ದಾದೇವಿಗೆ ಸಿಡಿಲು ಬಡೀತು (Prv.).

ಸಿದ್ದಾಯ sidda-âya. Established revenue: tribute paid to a lord paramount (ಅರ್ಥಾಗಮ, ಆಯ, ಭಾಗಧೇಯ, ಬಲಿ, ಕರ Hlâ.; ಕರ, ರಾಜಾರ್ಥ Nn. 19, o. r. ರಾಜಾರ್ಥ, ಭಣ್ಡಾರ; J. 17, 12; 29, 17; Tĕ.: tax, fee).

ಸಿದ್ದಿ siddi. 1. An Abyssinian (My.; Br.; Mhr. ಶಿದ್ದೀ).

ಸಿದ್ದಿ siddi. 2. Tbh. of ಸಿದ್ಧಿ. (My.).

ಸಿದ್ದಿಗೆ siddigĕ. = ಸಿದ್ದೆ. A leather-bottle (for ghee and oil, used in trade, My.; Tĕ. ಸಿದ್ದೆ; T. ಚಿತ್ತಿ, ಚಿತ್ತೈ; T. ಚುತ್ತಿ, M. ಚುತ್ತಿಗೆ, ತುತ್ತಿಗೆ, an oil vessel). — ಸಿದ್ದಿಗೆಬುಡುಬುಡೆ. = ಸಿದ್ದಿಗೆ. (My.; Si. 309).

ಸಿದ್ದೆ siddĕ. = ಸಿದ್ದಿಗೆ, q. v. (My.).

ಸಿದ್ಧ siddha. = ಸಿದ್ದ, ಸಿನ್ದ, ಸಿನ್ದು 1. *Accomplished, effected,* completed, finished, perfected, fulfilled (ನಿರ್ವಾಹ Nn. 94). 2, obtained, acquired, gained. 3, succeeded, successful. 4, settled, established, substantiated, demonstrated, proved. 5, valid (as a rule of grammar or in law). 6, concrete: primitive (in grammar). 7, ready (as money); ready (as a person to act, an animal to be employed). 8, admitted to be true or right, true (ನಿಜ, ನಿಜವಾದದ್ದು 94). 9, adjudicated, decided, terminated (as a lawsuit). 10, paid, liquidated, settled (as a debt). 11, thoroughly prepared, concocted, compounded (as drugs, etc.). 12, cooked, dressed; matured, ripened, ripe. 13, subjugated, subdued, brought into subjection (by magical power). 14, thoroughly skilled or versed in. 15, perfected or sanctified (by penance, etc.). 16, emancipated (from worldly existence, etc.). 17, endowed with supernatural powers or faculties. 18, sacred, holy, pious, divine, immortal, eternal. 19, well-known, eminent, celebrated; illustrious, shining, splendid. 20, *a semi-divine being* (demigod) said to be specially characterized the eight siddhis, inhabiting the middle region (bhuvarlôka) between the earth and the sun. 21, an inspired sage or seer. 22, any holy or sanctified personage or great saint (especially one who has attained one or all of five purposes, viz. sâlôkya, sârûpya, sâmîpya, sâyujya and sârshṭitâ). 23, an adept in magical arts, a magician, an alchemist, etc. 24, final emancipation (ಮುಕ್ತಿ, ಮೋಕ್ಷ 94). 25, a lawsuit, judicial trial. 26, N. of the twenty-first of the astronomical yôgas. — ಸಿದ್ಧಪ್ಪ. -ಅಪ್ಪ. N. ಶಿವ ಕೊಟ್ಟದ್ದು ಸಿದ್ಧಪ್ಪ ಕೊಟ್ಟಾನೇ? (Prv.). — ಸಿದ್ಧ ಮಾಡಿಸು. To have made ready or prepared (B. 5, 71). — ಸಿದ್ಧ ಮಾಡು. To demonstrate, to prove (B. 5, 184); to judge, to decide (as a suit, 5, 273); to accomplish, etc.; to prepare.

ಸಿದ್ಧಕನ್ನಿಕೆ siddha-kannikĕ. A maiden of the siddhas or demigods (Bp. 30, 31).

ಸಿದ್ಧಗಂಗೆ siddha-gaṅgĕ. The celestial Ganges. (R.).

ಸಿದ್ಧತೆ siddhatĕ. Perfection, completion; establishment or validity (of a rule or doctrine). (My.; B. 4, 65).

ಸಿದ್ಧಧಾತು siddha-dhâtu. Quicksilver (Sk.); ore (as gold, etc., My.). 2, a primitive verbal theme (My.).

ಸಿದ್ಧಪತ್ರೆ siddha-patrĕ. Hemp-leaves (for smoking, etc., My.). ಸಿದ್ಧಪತ್ರೆ ಶಿವಧ್ಯಾನ, ಸಿದ್ದೆ ಬಿದ್ದರೆ ಎಮ್ಮೆ ಕೋಣ (Prv.).

ಸಿದ್ಧಪದವಿ siddha-padavi. A divine state (Čpr. 2, after 10).

ಸಿದ್ಧಪ್ರಯೋಗ siddha-prayôga. Perfect or great efficacy (Bh. 1, 3, 16).

ಸಿದ್ಧಪ್ರಸಾದ siddha-prasâda. Remnants of food left by a guru (Bp. 43, 63; 56 sum.; 56, 2. 23. 30).

ಸಿದ್ಧರಸ siddha-rasa. Quicksilver. (Bp. 57, 69). ಸಿದ್ಧರಸ ದೊರಕಿದರೂ ಮಧ್ಯಾನ್ಹ ದರಿದ್ರ ಹೋಗಲಿಲ್ಲ (Prv.).

ಸಿದ್ಧರಾಮ siddha-râma. N. (Bp. 10, 11; 53, 27). — ಸಿದ್ಧರಾಮಯ್ಯ. -ಅಯ್ಯ. N. (Bp. 47, 38).

ಸಿದ್ಧಲಿಂಗ siddha-linga. N. (My.). See Bp. 56, 9.

ಸಿದ್ಧವಟ siddha-vaṭa. N. of a place (Sk.).

ಸಿದ್ಧವಟಧಾಮ siddhavaṭa-dhâma. Šiva (Bp. 1, 2).

ಸಿದ್ಧವಟನಾಥ siddhavaṭa-nâtha. Šiva (Bp. 1, 5).

ಸಿದ್ಧಾ siddhâ. = ಸಿದ್ಧಾ, ಸಿದ್ಧೆ. — ಸಿದ್ಧಾದೇವಿ. = ಸಿದ್ಧಾದೇವಿ. Durgâ (My.); N. (Bp. 59, 8).

ಸಿದ್ಧಾನ್ತ siddha-anta. Established end; demonstrated conclusion of an argument, the true logical conclusion; *established truth, settled opinion or doctrine, dogma, axiom.* 2, any fixed or established text-book resting on conclusive argument, especially certain received treatises on astronomy, algebra, etc. ಕುಡಿಯನೆನಲ್ ಒಕ್ಕಲಿಗನೆನ್ನು, ಇಳೆಗೆ ಸಿದ್ಧಾನ್ತವು (Kk. 34). See Bp. 50, 70; 51, 12; 53, 7. 3, a theorem (Mhr.). — ಸಿದ್ಧಾನ್ತ ಮಾಡು. To demonstrate, to prove (B. 5, 168).

ಸಿದ್ಧಾನ್ತಿ siddhânti. One who establishes or proves his conclusions. 2, one learned in scientific text-books. 3, an astrologer or astronomer (My.). 4, an experimentalist (Mhr.).

ಸಿದ್ಧಾನ್ನ siddha-anna. Dressed food, cooked victuals. (My.).

ಸಿದ್ಧಾರ್ಥ siddha-artha. One who has accomplished an aim or object. 2, *Buddha.* 3, N. of the father of the last and most celebrated Arhat of the present period of time with the Jainas. 4, *white mustard.*

ಸಿದ್ಧಾರ್ಥಿ siddha-arthi. N. of the fifty-third year in the cycle of sixty. (My.).

ಸಿದ್ಧಿ siddhi. = ಸಿದ್ಧಿ. Accomplishment, fulfilment, completion, perfection, complete attainment (of any object), performance. 2, success, prosperity. 3, settlement, establishment, substantiation, demonstration, proof, indisputable conclusion. 4, validity (of a rule or law). 5, certainty, truth, accuracy, correctness. 6, decision, adjudication, determination (of a lawsuit). 7, payment, liquidation (of a debt), acquittance. 8, the solution of a problem. 9, preparation, cooking, maturing, maturity. 10, readiness. 11, complete knowledge. 12, complete perfection or sanctification (by penance, etc.). 13, final emancipation. 14, the acquisition of supernatural powers by magical means; the supernatural faculty so acquired (eight are usually enumerated, viz. aṇiman, mahiman, laghiman, gariman, prâpti, prâkâmya, îśitva, vaśitva; see Mr. s. ಅಣಿಮೆ). 15, any marvellous skill or capability. 16, a magical shoe or slipper (supposed to have the power of conveying the wearer wherever he likes). 17, good effect or result, advantage. 18, understanding, intellect. 19, *a kind of medicinal root* (see ವೃದ್ಧಿ). — See Kâvy. III, 3, B, 144. — ಸಿದ್ಧಿಗೆ ಒಯ್ಯು. To bring to completion, to accomplish, to effect (ಕೊನೆಗಾಣಿಸು G.; B. 5, 55. 58. 199). ಸಿದ್ಧಿಗೆ ಒಯ್ಯೋಣ (ಸಂಸ್ಕಾರ G.). — ಸಿದ್ಧಿಗೆ ತರು. To bring near to completion, to almost accomplish (My.). 2, to accomplish (My.). — ಸಿದ್ಧಿಗೆ ಹೋಗು. To be accomplished or fulfilled (B. 5, 207).

ಸಿದ್ಧಿಗಣೇಶ siddhi-gaṇêśa. N. of Gaṇêśa. ಇದ್ದ ಮತಿ ಹಾಟು ಹೋ, ಸಿದ್ಧಿಗಣೇಶ? (Prv.).

ಸಿದ್ಧಿತ siddhita. Accomplished; obtained (Bp. 56, 9).

ಸಿದ್ಧಿಪ್ರದಾಯಕ siddhi-pradâyaka. Epithet of Gaṇêśa (J. 1, 3).

ಸಿದ್ಧಿಸು siddhisu. To be accomplished, to be fulfilled, to be effected (Bp. 1, 26; 2, 57; 34, 14; 43, 74; 52, 50; 57, 89; My.).

ಸಿದ್ಧೆ siddhĕ. = ಸಿದ್ಧಾ, etc. One of the eight yôginis (Sk.). 2, a medicinal plant or root (= ವೃದ್ಧಿ, Sk.).

ಸಿದ್ಧೇಶ siddha-îśa. N. of Šiva (Bp. 1, 4).

ಸಿದ್ಧೇಶ್ವರ siddha-îśvara. = ಸಿದ್ಧೇಶ. (My.). — ಸಿದ್ಧೇಶ್ವರಸ್ವಾಮಿ. N. (Mr. in one MS. after 464).

ಸಿಧ್ಮ sidhma. = ಚಿಬ್ಬು, etc. *A kind of cutaneous disease, a blotch, pustule, scab* (ಚಿಬ್ಬು Mr. 385); *a kind of leprosy.*

ಸಿಧ್ಮಲ sdhmala. *Covered with blotches or pustules.*

ಸಿಧ್ಮಲೆ sidhmalĕ. *A blotch; a sort of leprosy.* 2, dried fish.

ಸಿಧ್ಯ sidhya. *N. of the asterism Pushya.*

ಸಿಧ್ರಕೆ sidhrakĕ. *A kind of tree* (ಬಿಲ್ಲುಮರ Ši. 484).

ಸಿನಿ sini. = ಶಿನಿ.

ಸಿನಿಸುತ sini-suta. N. of Sâtyaki (J. 25, 19).

ಸಿನೀವಾಲಿ sinîvâli. The day preceding that of new moon; *the day on which the moon rises with a thin crescent of light scarcely visible* (ಚನ್ದ್ರನಂ ಕಾಣ ಬಹನ್ತಹ ಅಮವಾಸ್ಯೆ Hlâ.; ಇನ್ದು ಇರ್ದ ಅಮವಾಸೆ Mr. 69).

ಸಿನ್ದ sinda. Tbh. of ಸಿದ್ಧ (My.). ಸೂಳೆಯ ಬಾಗಲಲ್ಲಿ ಆನೆ ಕಟ್ಟಿದರೆ ಸಿನ್ದ (Prv.).

ಸಿನ್ದಿ sindi. Wild date-tree; the spirituous exudation of it, date-toddy (ಈಚಲ ಹೆಣ್ಣು G.; ಮಧುರ Čb.; Mhr., H. ಶಿನ್ದೀ).

ಸಿನ್ದು sindu. = ಸೆನ್ದು 1. To rub out, to extinguish, to destroy (*cf.* ಶಿಕ್ಕು? ತೀಡು 2). ರಥರ ಜವನಾಳನ್ತಪ್ಪ ಕಣೆ ರೋಮರೋಮನ್ದಪ್ಪದೆ ನಾಣ್ಚೆದುದು, ಸಿನ್ದಿದುದು ಎಳಲಿಪಿಯಂ (Abh. P. 18, 71).

ಸಿನ್ದು sindu. 1. = ಸಿನ್ದ. (My.).

ಸಿನ್ದು sindu. 2. Tbh. of ಸಿನ್ಧು. — ಸಿನ್ದುಬಲ್ಲಾಳ. N. (Bp. 24, 73).

ಸಿನ್ದುಕ sinduka. *The small tree or shrub Vitex negundo* Lin.

ಸಿನ್ದುಕೆ sindukĕ. = ಸಿನ್ದುಕ. (ಕೊಟಿಮುತ್ತಿ Mr. 116).

ಸಿನ್ದುರ sindura. Tbh. of ಸಿನ್ದೂರ (Šmd. 389).

ಸಿನ್ದುವ sinduva. N. (Bp. 38, 57).

ಸಿನ್ದುವಾರ sinduvâra. *The small tree or shrub Vitex negundo* Lin. (= ನಿರ್ಗುಣ್ಡಿ).

ಸಿನ್ದೂರ sindûra. = ಚನ್ದ್ರ 2, etc., ಸೆನ್ದುರ, ಸೇನ್ದುರ. *Red lead, minium* (ಚನ್ದ್ರ Mr. 102). — ಸಿನ್ದೂರಬೊಟ್ಟು. A round mark (on the forehead) made with red lead (My.).

ಸಿನ್ಧ sindha. A kind of banner (Čpr. 7, after 81; Râv. 6, 70; J. 3, 38; 22, 5; 33, 26; Bh. 1, 12, 3).

ಸಿನ್ಧು sindhu. = ಸಿನ್ದು 2. *A river or stream of water* (ನದಿ Na. 70). 2, *the river Indus.* 3, *the ocean, sea* (ವಾರ್ಧಿ, ಸಮುದ್ರ 70). 4, *the country around the Indus, Sindh, and its inhabitants* (ಜನಪದಭೇದ, ದೇಶಭೇದ 70). — ಸಿನ್ಧುಬಲ್ಲಳರಾಯ. N. (Bp. 11, 37).

ಸಿನ್ಧುಜ sindhu-ja. Ocean-born, sea-born, marine. 2, ambrosia (a Ch. MS. in its v. 24). 3, river-born, aquatic. 4, born or produced in Sindh. 5, *rock-salt.*

ಸಿನ್ಧುದೇಶ sindhu-dêśa. The country of Sindh (Šmd. 162; J. 32, 1. 50).

ಸಿನ್ಧುನದಿ sindhu-nadi. The river Indus (B. 4, 114).

ಸಿನ್ಧುಪಾರಜ sindhu-pâra-ja. *Born or produced on the further bank of the Indus or in the country traversed by it.*

ಸಿನ್ಧುರ sindhura. = ಸಿನ್ದುರ. *An elephant.* 2, the number 8 (see Mr. s. ಕೃತಯುಗ). 3, the asura Sindhura, Gajâsura (Bp. 54, 56).

ಸಿನ್ಧುರಂಗ sindhu-ranga. The arena of the ocean (J. 6 sum.).

ಸಿನ್ಧುರನಗರ sindhura-nagara. Hastinâpura (J. 6 sum.).

ಸಿನ್ಧುರಾಜ sindhu-râja. King of Sindh, Jayadratha. 2, king of rivers, the ocean (J. 25, 4).

ಸಿನ್ಧುಲವಣ sindhu-lavaṇa. Rock-salt. (R.).

ಸಿನ್ಧುಸಂಗಮ sindhu-sangama. *The mouth of a river or its point of junction with the sea.*

ಸಿನ್ಧೂತ್ಥ sindhu-uttha. Sindh-produced: *rock-salt.*

ಸಿನ್ಧೂರ sindhûra. = ಸಿನ್ಧುರ. (ನಾಗ, ಆನೆ Nn. 26).

ಸಿಪಾಯ sipâya. = ಸಿಪಾಯಿ. (B. 5, 39. 247).

ಸಿಪಾಯಿ sipâyi. A native soldier; policemen and attendants of kings and grandees who are belted and armed, peons, etc. (C.; B. 2, 5; 3, 124; Mhr., H. ಶಿಪಾಈ). ನೆಚ್ಚಿದ ಸಿಪಾಯಿಗೆ ಬಚ್ಚಿದ ಕುದುರೆ (Prv.). See Prv. s. ಆನೆ 2. — ಸಿಪಾಯಿಗಿರಿ. The profession of a soldier (My.; Mhr.).

ಸಿಪಿಲೆ sipilĕ. A wagtail (? J. 6, 39).

ಸಿಪ್ಪು sippu. (Šmd. 49). = ಚಿಪ್ಪು, ಸಿಮ್ಪು. An oyster-shell, etc. (ಶುಕ್ತಿ Čt. I, 75; Mhr. ಶಿಮ್ಪ, ಶಿಮ್ಪಾ, ಶೀಪ; see ಸಿಮ್ಪಿ, ಸಿಮ್ಪೆ). ಮುತ್ತಿನ ಸಿಪ್ಪು (ಮುಕ್ತಾಸ್ಫೋಟ, ಶುಕ್ತಿ); ತಲೆಯ ಸಿಪ್ಪು (ಕಪಾಲ Hlâ.).

ಸಿಪ್ಪೆ sippĕ. The skin of fruits, the rind of sugar-cane, the fibrous coat of the cocoa and betel nut, the refuse of chewed sugar-cane (My.; *cf.* Sk. ಶಿಮ್ಬಾ, ಸಿಮ್ಬಾ, ಸಿಮ್ಬಿ, a pod?). ಬಾಳೇ ಹಣ್ಣು ತಿನ್ನುವ ಪರದೇಶಿ ಸಿಪ್ಪೆ ಈಚೆಗೆ ಬಿಸಾಡು! ಅನ್ದ.— ಸಿಪ್ಪೆ ಇದ್ದರೆ ಕಾಯಿ, ಮುಪ್ಪು ಆದರೆ ಮರಣ (Prvs.). — ಸಿಪ್ಪೆಗಟ್ಟು. -ಕಟ್ಟು. Rind, *i. e.* scales, to form, to become scaly (B. 4, 191).

ಸಿಬನ್ದಿ sibandi. = ಸಿಬ್ಬನ್ದಿ, q. v. (B. 5, 187. 218).

ಸಿಬಱು sibaṟu. = ಸಿಗುಱ್, etc. ಕಬ್ಬಿನ ಸಿಬಱು (G. 539).

ಸಿಬಿ sibi. = ಶಿವಿ, etc. (Bp. 18, 19).

ಸಿಬ್ಬ sibba. = ಚಿಬ್ಬ, etc. Tbh. of ಸಿಧ್ಮ. (ಕಿಲಾಸ, ಸಿಧ್ಮ Sl. 200; Mhr. ಶಿಬ್ಬೇಂ). ಪ್ರಾಯದ ಆನೆಗೆ ಮೈಮ್ಮೇಲೆ ಪದ್ಮಾಕಾರವಾಗಿ ಏಳುವ ಸಿಬ್ಬದ ಮಚ್ಚೆಗಳು (ಪದ್ಮಕ, ಬಿನ್ದುಜಾಲಕ 270).

ಸಿಬ್ಬನ್ದಿ sibbandi. = ಸಿಬನ್ದಿ. Irregular soldiery, armed peons; an establishment of clerks, peons and servants (My.; Br.; Mhr., H. ಶಿಬನ್ದಿ).

ಸಿಬ್ಬು sibbu. = ಸಿಬ್ಬ, etc. ಸಿಬ್ಬು ಇದ್ದವ ತುಱಿಸಿ ಕೊಣ್ಡರೆ ಅದೊನ್ದು ಹಬ್ಬವೇ? (Prv.).

ಸಿಬ್ಬೆ sibbĕ. = ಸಿಬ್ಬ, etc. ಸಿಬ್ಬೆ ಉಣ್ಟಾದವು (ಸಿಧ್ಮಲೆ Sl. 485).

ಸಿಮಿ simi. The sound of burning gently and hissingly (*cf.* ಚಿಮಿ 1?). — ಸಿಮಿಸಿಮಿಗರೆ. -ಕರೆ. To burn gently with repeated hisses (Râm. 3, 5, 6). — ಸಿಮಿಸಿಮಿಸಿಮಿಸು. = ಸಿಮಿಸಿಮಿಗರೆ. (Bh. 1, 20, 27; 8, 25, 12).

ಸಿಮ್ಪಡಿಸು simpaḍisu. = ಸಿಮ್ಬಡಿಸು, ಸಿಮ್ಮಡಿಸು. To sprinkle; to besprinkle (G. 541). ನೀರ ಸಿಮ್ಪಡಿಸುವ ತೊಗಲಿನ ತಿತ್ತಿ (ಸೇಕಪಾತ್ರ G.). ಸಿಮ್ಪಡಿಸೋಣ (ಅವಸೇಕ Čb.).

ಸಿಮ್ಪಿ simpi. = ಚಿಮ್ಪಿ, etc. Tbh. of Mhr. ಶಿಮ್ಪಾ (see s. ಸಿಪ್ಪು). An oyster-shell, etc. ನೀರೊಳಗಿನ ಸಿಮ್ಪಿ (ಶಮ್ಬು, ಶಮ್ಬುಕ, ಶಮ್ಬೂಕ, ಚಿಮ್ಪಿ, ಚಿಪ್ಪು).

ಸಿಮ್ಪಿಗ simpiga. = ಚಿಪ್ಪಿಗ 2, etc. A tailor (My.; ಚಿಪ್ಪಿಗ, ಹೊಲಿಯುವವ, ತುನ್ನವಾಯ, ಸೌಚಿಕ G.; B. 5, 84. 108). ಎಳ್ಳು ಗಾಣಿಗ ಬಲ್ಲ, ಸುಳ್ಳು ಸಿಮ್ಪಿಗ ಬಲ್ಲ, ಕಳ್ಳರನು ಬಲ್ಲ ತಳವಾರ; ಬಣಜಿಗನ್ ಎಲ್ಲವನು ಬಲ್ಲ (Sp.). — ಸಿಮ್ಪಿಗನ ಹುಲ್ಲು. A very common grass, Panicum cruscorvi L. (? Z.).

ಸಿಮ್ಪಿಣಿ simpiṇi. Sprinkling (Čpr. 8, 4; Abh. P. 7, 159; Mhr. ಶಿಮ್ಪಣೀ). — ಸಿಮ್ಪಿಣಿಯಾಡು. -ಆಡು. To sprinkle on one another (Čpr. 6, 50).

ಸಿಮ್ಪಿಸು simpisu. (fr. ಸಿಡಿ 3). To sprinkle; to besprinkle (ಸೂಸು Šm. 35; ಚಳೆಯ, ಸೂಸು Kk. 69; Čpr. 5, 119; 7, after 129; 7, 133; see ಚಿಮುಕು & ಚಿಮ್ಮು 1). ಸಿಮ್ಪಿಸುವುದು (ಚಳಿಯ Ks.). ಸಿಮ್ಪಿಸಿತು (ಸೂಸಾಟ Ks.). ಸಿಮ್ಪಿಸಿದ ಹನಿಗೆ ಸಮ್ಪಿಗೆ ಅರಳೀತೇ? (Prv.).

ಸಿಮ್ಪು simpu. = ಸಿಪ್ಪು, etc. A pearl-oyster, etc. (Grj. 2, after 71, twice; Bp. 12, 11). ಸಿಮ್ಪಿನ ಚೂರು (Čb. 134).

ಸಿಮ್ಪೆ simpĕ. = ಸಿಮ್ಪಿ, etc. (My.). ಕೂಸಿಗೆ ಹಾಲು ಹಾಕುವ ಸಿಮ್ಪೆ (ಬಳಲೆ G.).

ಸಿಮ್ಬಕ simbaka. N. (Bp. 47, 34; V. 32, 39).

ಸಿಮ್ಬಡಿಸು simbaḍisu. = ಸಿಮ್ಪಡಿಸು, etc. (C.).

ಸಿಮ್ಬಳ simbaḷa. = ಸಿಮ್ಬಳ, ಸುಮ್ಬಳ. The mucus of the nose, snot (My.; Sl. 205; ಸಿಂಘಾಣ G.; Tĕ. ಚೀಮಿಡಿ, ಚೀಮಿಂ; Mhr. ಶೇಮ್ಬೂಡ). — ಸಿಮ್ಬಳ ತೆಗೆ. To blow the nose (My.).

ಸಿಮ್ಬಿ simbi. = ಸಿಮ್ಬೆ. A ring (of cloth) to be put under a vessel, etc. upon the head; a coil (of straw or of a creeper) for setting a vessel on the ground (ಸಿವುಡು Šm. 65; Bp. 24, 64; My.; T. ಚುಮ್ಬಾಡು, ಚುಡುವು, ಚುಮ್ಮಾಡು; Mhr. ಚುಮ್ಬಳ). 2, the coil of a snake (My.). — ಸಿಮ್ಬಿ ಸುತ್ತಿ ಕೊಳ್ಳು. To coil (as a snake, My.).

ಸಿಮ್ಬೆ simbĕ. = ಸಿಮ್ಬಿ. (ಸಿವುಡು Kk. 68).

ಸಿಮ್ಬ್ಳ simbḷa. = ಸಿಮ್ಬಳ, etc. (My.).

ಸಿಮ್ಮಡಿಸು simmaḍisu. = ಸಿಮ್ಪಡಿಸು, etc. (Čb. 152).

ಸಿಯ್ಯನೆ siyyanĕ. Sweetly (ಕಮ್ಮನೆ, ಇಮ್ಮನೆ, ಮೆಲ್ಲನೆ Šmd. 389. 109; Šŝv. 2, 49; *cf.* ಸಿಹಿ, ಸೀ 1).

ಸಿರ sira. 1. Tbh. of ಶಿರಾ. Any tubular vessel of the body, etc. (ನರ, ನಾಡಿ G.; B. 4, 74).

ಸಿರ sira. 2. Tbh. of ಶಿರ (Šmd. 335; ಶಿರಸ್ಸು, ಮಣ್ಡೆ Nn. 162; ರುಣ್ಡ Ks.).

ಸಿರಸ sirasa. Tbh. of ಶೀರ್ಷ. (Bp. 9, 15; see Mr. s. ಧನಂಜಯ).

ಸಿರಸಲ sirasala. = ಸಿರ್ಸಲ, etc. — ಸಿರಸಲಗಿಡ. (ಶಿರೀಷ G.).

ಸಿರಿ siri. = ಸಿರಿಯು. Tbh. of ಶ್ರೀ (Šmd. 336; ಐಶ್ವರ್ಯ Čt. II, 117; Nn. 108; ಮಹಾಲಕ್ಷ್ಮಿ Nn. 124; ಲಕುಮಿ, etc., ಇನ್ದಿರೆ Šm. 6; ಎರವು, ಪೆವಸ್ತೆ, ಸೂರುಳು, ಲಕ್ಷ್ಮಿ, ಮಹಾಲಕ್ಷ್ಮಿ Nn. 149).

See Ŝmd. 159. 160. 296. 408; Čpr. 1, 97; 5, 46; Bp. 37, 32. ಸಿರಿ ಇದ್ದವಗೆ ನರೆ ಬನ್ದರೆ ಹರನಾದಾನೇ?—ಬೆಳೇ ಸಿರಿ ಮೊಳೆಯಲೀ ಕಾಣುವದು.—ಸಿರಿ ಒಲಿದರೆ ಐಶ್ವರ್ಯ, ಹರಿ ಒಲಿದರೆ ವೈಕುಣ್ಠ.—ಹುಲ್ಲಿನ ಉರಿ, ಕನಸಿನ ಸಿರಿ ನಿಲ್ಲದು (Prvs.). See Prv. s. ಬಾವ 1. — ಸಿರಿಕಣ್ಠ. Šiva (Bp. 58, 17). — ಸಿರಿಕಣ್ಣ. Tbh. of ಶ್ರೀಖಣ್ಡ (Ŝmd. 376; Čt. II, 48; Kk. 19; Ŝm. 24). — ಸಿರಿಕನ್ನೆ. The sunflower, Heliotropium indicum Lin. (ಮಘುಮೂಲಿ, ಹಕ್ಲೆ Mr. 150). — ಸಿರಿಕಾಕ. A raven (ಮೌಕಲಿ, etc., ಕಾಡ ಕಾಗೆ Mr. 170). — ಸಿರಿಕಾಳಗಿಡ. A strongly smelling herb, Gynandropsis pentaphylla L. (St. & Pl.). — ಸಿರಿಕಾಳಿ. N. of a town (Bp. 50, 1). — ಸಿರಿಕುಡಿ. N. of a town (Bp. 26, 56). — ಸಿರಿಗಟಿ. -ಕಟಿ. A kind of coloured silk cloth (Bp. 11, 26). — ಸಿರಿಗನ್ಧ. Tbh. of ಶ್ರೀಗನ್ಧ. (ಚನ್ದನ, ಮಲಯಜ, ಶ್ರೀಖಣ್ಡ, etc. Hiâ.; Grj. 2, after 106). — ಸಿರಿಗಮ್ಪು. -ಕಮ್ಪು. Excellent perfume (Čpr. 6, 92; 8, 87). — ಸಿರಿಗರ. Wealth looked upon as an evil spirit (Čpr. 10, 120). — ಸಿರಿಗಿರಿ. Tbh. of ಶ್ರೀಗಿರಿ. (Bp. 2, 45; 10, 13; 18, 9; 58, 34; 59, 3). 2, the Nukhta or comb duck, Sarcidiornis melanonotus (Bd.). — ಸಿರಿಗುರು. An excellent guru (Bp. 56, 8). — ಸಿರಿಗೆಡು. -ಕೆಡು. Wealth to be lost (Bp. 29, 28). — ಸಿರಿಧರ. Tbh. of ಶ್ರೀಧರ. (Bp. 43, 41). — ಸಿರಿಪಣ್ಡಿತ. Tbh. of ಶ್ರೀಪಣ್ಡಿತ. (Bp. 1, 10). — ಸಿರಿಪತಿಪಣ್ಡಿತಯ್ಯ. -ಅಯ್ಯ. = ಶ್ರೀಪತಿಪಣ್ಡಿತ. (Bp. 9, 43). — ಸಿರಿಪರ್ವತ. = ಶ್ರೀಶೈಲ. (Bp. 12, 32). — ಸಿರಿಯ ಕರುಮಾಡ. A lotus (ಕೆಸರ್ಮಲ್ಲಿಗೆ, ತಾವರೆ, etc. Ŝs.); a beautiful upper story (ದುಬ್ಬುಳಿ Kk. 18). — ಸಿರಿಯ ತಮ್ಮ. The moon (ಚನ್ದಿರ, etc., ಶಶಿ Kk. 44). — ಸಿರಿಯರಸ. -ಅರಸ. Vishṇu (ಉಪೇನ್ದ್ರ Kk. 7; Ŝm. 5). — ಸಿರಿಯರಸಿ. -ಅರಸಿ. Lakshmî (ಶ್ರೀಸತಿ Kk. 7). — ಸಿರಿಯ ವರ. Vishṇu (Bp. 1, 46). — ಸಿರಿಯಾಳ. N. of a merchant (Bp. 9, 33. 44; 15, 26; 24 sum.; 24, 3; 25, 11-48; 31, 23; 38, 58; V. 14, 6, etc.). — ಸಿರಿಯಾಳಸೆಟ್ಟಿ. = ಸಿರಿಯಾಳ. (Bp. 24, 4. 74; 25, 13. 14). — ಸಿರಿಯಾಳು. = ಸಿರಿಯಾಳ. (Bp. 37, 44). — ಸಿರಿವಣ್ಣ. -ಬಣ್ಣ. A kind of coloured cloth (Bp. 11, 26). — ಸಿರಿವತ್ತು. -ಪತ್ತು. = ಸಿರಿಪೊತ್ತು, q. v. — ಸಿರಿವರ. Tbh. of ಶ್ರೀವರ. (Dp. 63, 3). 2, the holy fig tree (ಅಶ್ವತ್ಥ, etc., ಅರಳೆ Mr. 113). — ಸಿರಿವಲ್ಲಭ. Vishṇu (My.); N. (Bp. 56, 42). — ಸಿರಿವೆಣ್. -ಪೆಣ್. An excellent woman (Čpr. 10, 128). — ಸಿರಿವೆಣ್ಣು. -ಪೆಣ್ಣು. = ಶ್ರೀವೆಣ್ಣು. ಸಿರಿವೆತ್ತ ಹೆಗ್ಗಡೆಗಳ್ ಅಧ್ಯಕ್ಷರ್ ಅಧಿಕೃತರ್ ಅಕ್ಕು (Mr. 268). — ಸಿರಿಪೊತ್ತು. -ಪೊತ್ತು. = ಸಿರಿವತ್ತು. The three auspicious periods of the day: dawn, noon, sunset (ಮುಂಜನ್ಧೆ Čt. I, 81, o. r. ಮುಚ್ಚಂಜೆ). — ಸಿರಿಸೋಮನಾಥ. N. of a liṅga (Bp. 43, 47). — ಸಿರಿಹರಿ. Vishṇu or Kṛishṇa (Dp. 4).

ಸಿರಿಗಿ sirigi. N. of a woman (Bp. 27, 39).

ಸಿರಿಯ siriya. = ಸಿರಿ. Tbh. of ಶ್ರೀ (Ŝmd. 384).

ಸಿರಿಯದರ siriyadara. Tbh. of ಶ್ರೀದ್ವಾರ (Ŝmd. 384).

ಸಿರಿಯದಾರ siriyadâra. = ಸಿರಿಯದರ. (Ŝmd. 384).

ಸಿರಿಯಬಾರ siriyabâra. = ಸಿರಿಯದಾರ. (Ŝmd. 384).

ಸಿರಿವತ್ತಿಗೆ sirivattigĕ. = ಸಿರಿವನ್ತಿಗೆ, q. v.

ಸಿರಿವನ್ತ siri-vanta. (Ŝmd. 242). Tbh. of ಶ್ರೀಮತ್. A wealthy, etc. man (ಶ್ರೀಮನ್ತ, ಲಕ್ಷ್ಮೀವನ್ತ Nr.; ಐಶ್ವರ್ಯವುಳ್ಳವ Mr. 233; My.). ಸಿರಿವನ್ತರ ಮನೆ (ಹವ್ಯ್ಕ Hiâ.). ಬಡವಗೆ ಯಾಕೆ ಸಿರಿವನ್ತನ ಹೆಣ್ಣು? (Prv.).—Feminine ಸಿರಿವನ್ತೆ (My.).

ಸಿರಿವನ್ತಿಗೆ sirivantigĕ. = ಸಿರಿವತ್ತಿಗೆ. The half of an earthen pot used for parching or frying (ಹುರಿಯೋಡು Ŝmd. II; Ŝm. 51; Kk. 80, o. r. ಸಿರಿವತ್ತಿಗೆ; Sk. roots ಶ್ರೀ, ಶ್ರೈ, ಸ್ರೈ, ಶ್ರಾ, to cook, to boil, to burn, etc.; *cf.* ಶ್ರಾಣ).

ಸಿರಿಸ sirisa. Boldness; heroism; pride (ಅಡಟು, ಕಡುಪು, ದರ್ಪ Čt. II, 49).

ಸಿರಿಸ sirisa. Tbh. of ಶಿರೀಷ. The tree Acacia sirissa Buch. (ಬಾಗೆ Mr. 119; Čpr. 6, 49). ಸಿರಿಸದ ಮರ (ಶಿರೀಷ, ಭಣ್ಡಿಲ, etc. Nr.).

ಸಿರು siru. (= ಕವಲ್, bifurcation?). — ಸಿರುವಾಯಿ. -ಬಾಯಿ. A harelip (My.; T. ಕವರುದಡು).

ಸಿರೆ sirĕ. Tbh. of ಶಿರೆ. (ನಾಳಪತ್ರ, ನರ Mr. 456).

ಸಿರ್ಕಾ sirkâ. Vinegar (Mhr., H. ಶಿರಕಾ; Br. ಸಿರಕಾ, ಸಿರ್ಕಾ).

ಸಿರ್ಕು sirku. 1. = ಸಿಕ್ಕು 1, etc. To become entangled, impeded, etc. (ಪ್ರತಿಬದ್ಧ Ŝmd. Dh.).

ಸಿರ್ಕು sirku. 2. = ಸಿಕ್ಕು 2, etc. — ಸಿರ್ಕುಗೊಳಿಸು. -ಕೊಳಿಸು. To obstruct, to impede (V. 32, 12).

ಸಿರ್ಸಲ sirsala. = ಸಿರಸಲ, ಸಿರಿಸ. Tbh. of ಶಿರೀಷ. A large tree, Albizzia lebbeck Benth. (Z.).

ಸಿಲ್ sil. = ಚುಲ್, etc. See ಮಣಿಸಿಲ್.

ಸಿಲಿಕು siliku. = ಸಿಲುಕು 1, etc. To come in contact with, to fall on (as water, Bp. 42, 31).

ಸಿಲುಕಿಸು silukisu. To cause to be entangled, etc. (Bh. 3, 23, 10).

ಸಿಲುಕು siluku. 1. = ಸಿಲಿಕು, ಸಿಕ್ಕು 1, etc. To become entangled, to be caught, etc. (Bp. 6, 6; 18, 59; 31, 23; 61, 14; J. 2, 57; 10, 12. 17; Râm. 5, 8, 74; Bh. 3, 13, 29; *cf.* ಸಿರ್ಕು). ಸಿಲುಕಿಮದು ಜನದೃಷ್ಟಿ ಬಲುಗತ್ತಲೆಯ ಬನ್ಧದೊಳ್ (Bh. 1, 16, 15). ಮುರಗೂಡಿನಲಿ ಸಿಲುಕಿದ ಹುಲಿಯ ವೋಲ್ (1, 8, 53). ಭೂಪತಿಲಕ ಸಿಲುಕಿದನ್ ಆವದಿರೊಡ್ಡಿದ ಬಲೆಗೆ (2, 13, 45). 2, to cause to go in, to insert, etc. (Râm. 3, 8, 69; T. ಚಿಣುಕ್ಕು).

ಸಿಲುಕು siluku. 2. = (ಸಿಕ್ಕು 2), ಸಿಡುಕು 2, (ಸಿಲ್ಕು 2), ಸಿಲ್ಕು 3. Troublesomeness, viciousness. (Tĕ. ಚಿಲುಗು, ಸಿಲುಗು, ಚಿರುಪು, mischief, etc., *cf.* ಸೆರಗು; T. ಚಿಲುಕ್ಕು, intricacy; trouble, impediment; quarrel). — ಸಿಲುಕುಗುದುರೆ. -ಕುದುರೆ. A troublesome, vicious, restive horse (ತೊಳಕ Hiâ.).

ಸಿಲುಕು siluku. = ಸಿಲ್ಕು. Balance in hand (of money, articles, etc., My.; Mhr., H. ಶಿಲಕ್).

ಸಿಲುಬೆ silubĕ. = ಶಿಲುಬೆ. A crucifix, a cross (My.; Br., M. ಸಿಲುವೆ; Syriac *ślîbo;* H. ಸಲೀಬ್; H. ಸಲ್ಬ್, crucifixion).

ಸಿಲುವು siluvu. (= ಜಿನುಗು 1, etc.). Thin, as boards, paper, sheets of metal; transparent, as water (My.).

ಸಿಲೆ silĕ. 1. Tbh. of ಶಿಲೆ. A stone; a rock (Abh. P. 7, 57; 14, after 88).

ಸಿಲೆ silĕ. 2. = ಸೆಲೆ 2, q. v. See ಬಟ್ಟೆ.

ಸಿಲ್ಕು silku. 1. = ಸಿಕ್ಕು 1, etc., ಸಿರ್ಕು 1 (Ŝmd. Dh.). ತಗಹಿಂ ಸಿಲ್ಕಿದಂ (Ŝmd. 157). See Ŝmd. 264; Čpr. 9, 122; Grj. 4, 16; 5, 49; Bp. 9, 12; 40, 7; Râv. 6, after 11; 13, 103.

ಸಿಲ್ಕು silku. 2. = ಸಿಕ್ಕು 2, etc. An object to entangle or catch game (Râv. 5, after 114).

ಸಿಲ್ಕು silku. 3. = ಸಿಲುಕು 2, etc. Troublesomeness, etc. ಸಿಲ್ಕಾದ ಕುದುರೆ ಸೂಳಕಳನ್ ಎನಿಕ್ಕುಂ (Mr. 276).

ಸಿಲ್ಕು silku. = ಸಿಲುಕು. (My.).

ಸಿಲ್ಲಿಮಿಳ್ಳಿ sillimiḷḷi. Insignificant, trivial, trifling (S. Mhr.).

ಸಿಲ್ಹ silha. Tbh. of ಸಿಹ್ಲ. (ಊದ, ಲೋಬಾನ G.).

ಸಿವ siva 1. Tbh. of ಶಿವ. See ಶಿವೆ. — ಸಿವರಾಮಕಳ್ಳಿ. The prickly pear (St. & Pl.). — ಸಿವಹೊನ್ನಿ. = ಸಿವನ್ನಿ, q. v. (Z.).

ಸಿವ siva. 2. Tbh. of ಸಿಂಹ. See Prv. s. ಹಸ್ತಿ.

ಸಿವಂಗಿ sivaṅgi. The tiger-wolf, the hyena; a leopard used in hunting (ತರಕ್ಷು, ವ್ಯಾಘ್ರಾದನ Si. 167; My.; Tĕ. ಚಿವ್ವಂಗಿ, ಶಿವಂಗಿ, ಶಿವ್ವಂಗಿ; T. ಚಿವಿಂಗಿ; M. ಚಿವಿಙ್ಙಿ).

ಸಿವಡಿ sivaḍi. = ಸಿವಡು, ಸಿವುಡಿ, ಸಿವುಡು. A coil or truss of palmyra-leaves (Bp. 31, 28; 53, 73); a bundle, a mass (Bh. 10, 1, 49).

ಸಿವಡು sivaḍu. = ಸಿವಡಿ, etc. A pad to be put under a load on the head or underneath a pitcher or vessel (My.). 2, a truss or bundle of straw or grass (B. 2, 19; 3, 123), or of betel-leaves (ಎಲೆಯ ಸಿವಡು G. 196).

ಸಿವನಿ sivani. (= ಸಿವನ್ನಿ?). ಕಿಬಿ'ಯ ಸಿವನೀ ಮರ (ಕಟ್ಟಿಲ Si. 131).

ಸಿವನ್ನಿ sivanni. = ಸಿವಹೊನ್ನಿ s. ಸಿವ 1, ಸೀವನ್ನಿ q. v. The tree Gmelina asiatica Roxb. (Z.).

ಸಿವಱು sivaṟu. = ಸಿಗಱ್, etc. (My.).

ಸಿವಿಗೆ sivigĕ. Tbh. of ಶಿಬಿಕೆ (Šmd. 342; Čpr. 7, after 81; Abh. P. 15, after 183).

ಸಿವಿಲ್ sivil. "Civil" (My.; Si. 55).

ಸಿವುಡಿ sivuḍi. = ಸಿವಡಿ, etc. A pad to be put under a load on the head or underneath a pitcher or vessel (Bp. 36, 48).

ಸಿವುಡು sivuḍu. = ಸಿವಡು, etc. A pad, etc. (ಸಿಂಬಿ Šm. 65; ಸಿಂಬೆ Kk. 63; My.). 2, a truss or bundle. ಹು ಲ್ಲಿನ ಸಿವುಡು (G. 547. 556).

ಸಿವುಱು sivuṟu. = ಸಿವಱು, etc. (My.).

ಸಿವೆ sivĕ. Tbh. of ಶಿವೆ (Šmd. 335).

ಸಿಸವೆ sisavĕ. Tbh. of ಶಿಂಶಪಾ. The tree Dalbergia sisu Roxb. (ಅಗುರು, ಕಪೀತನ, ಪಿಚ್ಛಿಲೆ, ಭಸ್ಮಗರ್ಭೆ G.).

ಸಿಸಿಲ್ sisil. N. of a fish (ನಲಮೀನ, ಚಲಿಚಮ Nr., o. r. ನಡಮೀನ).

ಸಿಸು sisu. Tbh. of ಶಿಶು. (Bp. 47, 34).

ಸಿಸ್ತು sistu. = ಶಿಸ್ತು. ಸಿಸ್ತು ಇಲ್ಲದ ಭೂಮಿಗೆ ಶಾಮಿಲಾತು ಕೂಡೀ ತೋ? (Prv.).

ಸಿಹಿ sihi. = ಸೀ 1. Sweetness (ಮಧುರ Nr.; My.). ಸಿಹಿ ಅಹುದು (ಮಧುರ, ಸ್ವಾದು Nr.). ಸಿಹಿ ಆದರೆ ಮೆಲ್ಲುತ್ತಾನೆ, ಕಹಿ ಆದರೆ ಬಿಡುತ್ತಾನೆ (Prv.).

ಸಿಹ್ಲ sihla. = ಸಿಲ್ಹ. *Olibanum*, benzoin, Indian incense.

ಸಿಹ್ಲಕ sihlaka. *Olibanum.*

ಸಿಳ್ಳು siḷḷu. 1. Whistling (of men or birds, C.; Mhr. ಶಿಳೂಳ, ಶಿಟೇ, ಶಿವಳ, ಶಿಳಿ). — ಸಿಳ್ಳು ಹಾಕು. To whistle (C.).

ಸಿಳ್ಳು siḷḷu. 2. = ಸಿಡ್ಡು 2, ಸಿಳ್ಳೆ 2. Rheum of the eye (S. Mhr.).

ಸಿಳ್ಳೆ siḷḷĕ. 1. Bifurcation; a fork, as that formed by two branches (Tĕ. ಚಿಳ್ಳ, ಚಿಳ್ಳಿ). ಹಕ್ಕೀ ಸಿಳ್ಳೆಗಿಡ (ಕೂರ್ಚಶೀರ್ಷ, ಮಧುರಕ, ಶೃಂಗ, ಪ್ರಸ್ವಾಂಗ, ಜೀವಕ Si. 157). ಮರದ ಸಿಳ್ಳೆ (ಸರ್ವಲೆ, ತೋಮ, ಡಾಣೆ ಮುನ್ನಾದ ಆಯುಧ 290).

ಸಿಳ್ಳೆ siḷḷĕ. 2. = ಸಿಳ್ಳು 2, etc. — ಸಿಳ್ಳೆಗಣ್ಣು. -ಕಣ್ಣು. An eye full of rheum (S. Mhr.). — ಸಿಳ್ಳೆಮುಸುಡು. A face covered with rheum, a nasty face (Râm. 5, 3, 72; S. Mhr.).

ಸೀ sī. 1. = ಸಿಹಿ, (ಸೀಯಿ). Sweetness (C.; *cf.* ಸಿಯ್ಯನೆ; see s. ಜೇನ್ and ತೀಬು; T. ತಿತ್ತಿ, ತೀ, ತೀಯ, ತೇಕ್ಕು, ತೇಮ್, M. ತಿತ್ತಿ, Tĕ. ತಿಯ್ಯ, ತೀಪಿ, ತೀಪು, sweetness). ಸೀ ಆಗಿ ಇರುವಿಕೆ (ಮಧುರ Si. 50); ಸೀ ಅದಮು (ಸ್ವಾದು 431; ಮಧುರ 454). ಆಡಿನ ಹಾಲು ಸೀ ಆಗಿ ಇರುವದು (B. 5, 15). ಈ ಹೊತ್ತು ಹರಿಕಥೆ ಸೀಯೋ? ಉಪ್ಪೋ?— ಕಬ್ಬು ಸೀಯನ್ತ, ಬುಡಪರಿಯನ್ತರ ಅಗಿಯ ಬಾರದು.— ದ್ರಾಕ್ಷೆ ಸೀಯೆನ್ದು, ಬಳ್ಳಿ ಸಹ ತಿನ್ನ ಬಾರದು.— ಬೇವು ಸೀಯಾಗದು, ಸಕ್ಕರೆ ಕಹಿಯಾಗದು.— ಸಂಗತಿ ಸೀಯೋ? ಬಾಚೀ ಹಣ್ಣು ಸೀಯೋ? (Prvs.). — ಸೀಕರಣೆ. The pulp of ripe mangoes mixed with milk and sugar (J. 6, 44; My.; B. 3, 94). — ಸೀಕಾಯ್. A sweet fruit (Jns. 22, 29). — ಸೀಕುಮ್ಬಳ. A kind of pumpkin (Si. 161). — ಸೀಗೆಣಸು. A prickly climbing plant, the Goa potato, Dioscorea aculeata L. (St. & Pl.). — ಸೀಡೊಣ್ಡೆಬಳ್ಳಿ. -ತೊಣ್ಡೆ-. A climbing herb, Zehneria umbellata Thwait. (St. & Pl.; My.). — ಸೀನಿಪ್ಪು. = ಸಕ್ಕರೆ ನಿಪ್ಪು. (My.). — ಸೀನೀರು. Drinking water (C.). — ಸೀಪಲ್ಯ. A vegetable dish without tamarind (My.; Si. 310). — ಸೀಮಣ್ಣು. Soil without saltishness (Si. 100). — ಸೀಮಾವು. A mango that is sweet also when unripe (My.). — ಸೀ ಮೊಸರು. Curds that are fresh and sweet (My.). — ಸೀಸಾ ಱು. Pepper water without tamarind (My.). — ಸೀಸೋರೆ. The gourd Lagenaria vulgaris Ser. (ತುಮ್ಬಿ, ಅಲಾಬು Si. 161; My.). — ಸೀಹಿರಳೆ. A sweet lime (My.).

ಸೀ sī. 2. = ಶೀ 1. To be scorched or burnt, to be singed, to be parched (My.). P. p. ಸೀದು (Čpr. 5, 132; Grj. 9, 22; 23, 20). ಮಾರ್ಗದ ತೃಣಂ ಸೀಯೆ (Ššv. 3, 57). ಝಳಕೆ... ಅಮ್ಬುಜದೆಸಳು ಸೀದವು (Bh. 1, 20, 54). ಪಕ್ಕಿಗಳ ಸುಣ್ಣಟಿ ಸೀದುದು;... ಬೇಸಗೆಯುಗ್ರಮ್ ಎನ್ತುಟೋ! (Ršv. 5, 46). ಗರಲಮಯದ ಉರಿಯೊಳ್ ಎವೆ ಸೀವುದು (J. 24, 4). ಸೀದು ಹೋದ ಅನ್ನ (ಭಿಸ್ಸಟೆ, ದಗ್ಧಿಕೆ Si. 315). 2, to scorch, etc. (My.).

ಸೀ sī. 3. The state of being scorched, burnt, etc. (Bp. 14, 9). — ಸೀತೆನೆ. A parched ear of corn (ಅ ಭ್ಯೂಷ Hlâ.; ಉಷೆ Mr. 375, o. r. ಉಷ).

ಸೀ sī. 4. (= ಚೀ; *cf.* ಛೀವು). — ಸೀಮುಱು. -ಪುಱು. O. r. of ಎಮ್ಪುಱು s. ಎ 13. (Šmd. II).

ಸೀಕರ sīkara. = ಶೀಕರ, etc. *Thin or drizzling rain, etc.*

ಸೀಕರಿ sīkari. The state of being scorched, burnt, singed or parched. — ಸೀಕರಿಗೊಳ್. -ಕೊಳ್. = ಸೀಕರಿಯಾಗು. (J. 21, 41). — ಸೀಕರಿ ಮಾಡು. To reduce to charcoal, to burn up (Râm. 5, 9, 13). — ಸೀಕರಿಯಾಗು. -ಆಗು. To become scorched, to be burnt, etc. (Bp. 60, 18). — ಸೀಕರಿವೋಗು. -ಪೋಗು. = ಸೀಕರಿಯಾಗು. (Abh. P. 7, 89; Grj. 8, after 77; Ššv. 2, 107; Bh. 4, 4, 55).

ಸೀಕು sīku. That is scorched, burnt, singed, etc.; anything burnt at the inside bottom of a vessel in cooking (My.). ಒಗರದ ಸೀಕು (ಭಿಸ್ಸ ಟೆ, ದಗ್ಧಿಕೆ Nr.). ಅನ್ನದ ಸೀಕು (ಭಿಸ್ಸಟೆ, etc. Si. 315).

ಸೀಕು sīku. = ಚೀಕು. "Sick" (My.).

ಸೀಗಡಿ sīgaḍi. A very small kind of fish that is sold in a dried state (My.; ಗಡಳ, ಶಕುಲಾರ್ಭಕ Si. 87; Tu. ತೀಕೊಡಿ).

ಸೀಗುಡಿ sīguḍi. = ಸೀಗಡಿ. (Rāv. 5, 115).

ಸೀಗುರಿ sīguri. A kind of chowrie (ಚಾಮರ, ಪ್ರಕೀರ್ಣಕ Hlā.). See Grj. 2, after 106; Rām. 1, 13, 4; Bh. 3, 10, 51; J. 3, 17; 8, 38; 22, 5; 33, 26.

ಸೀಗುರಿಸು sīgurisu. ಸೀಗುರಿಸಿತೆನಲ್ಕೆ ಬಳ್ಳಿ ಮೂಡಿದುದಕ್ಕಂ (Bhn. 12, o. r. ಬಳ್ಳಿ ಮಾಲಿದುದಕ್ಕಂ; *cf.* ಸೂಗರಿಸು?).

ಸೀಗೆ sīgĕ. A climbing prickly shrub the pods of which are used like soap for washing the hair, etc., Acacia concinna D. C. (ತ್ರೈಲಾರಿ Mr. 150; C.; ಚರ್ಮಕಷೆ, ಭೂರಿಫೇನ, ಶಾತಲ G.; Tĕ. ಶೀಕಾಯ, ಸೀಕಾಯ; T. ಚೀಯಕ್ಕಾಯ್; M. ಚೀಕ್ಕಕಾಯಿ, ಚೀಯಕ್ಕಾಯಿ; see ಸೀಗೆಕಾಯಿ. Note: The soap-nut tree is often called ಸೀಗೆ, but not correctly; the soap-nut tree is ಅಣ್ಟವಾಳ, etc.). ಇವನ ವನಿಗೆ ಎಣ್ಣೆ ಸೀಗೆ.— ಎಣ್ಣೆ ಸೀಗೆಗೆ ಹ್ಯಾಗೋ, ಹಾಗೇ ಪ್ರೀತಿ.— ದಾಬಿಯೊಳಗೆ ಸೀಗೆ ಇದ್ದ ಹಾಗೆ (Prvs.). — ಸೀಗೆಕಾಯಿ. The pod or berry of sīgĕ (C.). — ಸೀಗೆಬಳ್ಳಿ. = ಸೀಗೆ. (C.). — ಸೀಗೆಬೇಲಿ. A hedge of sīgĕ (My.). — ಸೀಗೆಸೊಪ್ಪು. The leaves of sīgĕ (medicinally used, My.).

ಸೀಟು sīṭu. 1. = ಸೀಣ್ಟು, q. v. (My.; *cf.* ತೀಡು 2; Tĕ. ಜೇಕು, to creep or slide along the ground on the posteriors).

ಸೀಟು sīṭu. 2. The act of rubbing the anus on the ground, etc. — ಸೀಟುಗಾಲು. -ಕಾಲು. Feet that rub or drag on the ground in walking (My.).

ಸೀಣ್ಟು sīṇṭu. = ಸೀಟು 1. To rub the anus: to move or slide along on the posteriors whilst sitting on the ground (as children or maimed persons do, ಗುದಸಮ್ಮಾರ್ಜನ Šmd. Dh.).

ಸೀತ sīta. Tbh. of ಶೀತ (Šmd. 335).

ಸೀತಱ್ sītaṟ. Anger, wrath (ಮುಳಿಸು, ಕಿಸುಗಣ್ಣು, ಸೆಣಸು, ಕಿನಿಸು, etc., ಕೋಪ Šm. 39; ಕೋಪವಿಕಾರ Kk. 52; ಕೆಕ್ಕಳಿಸಿದುದು, ಭಯವಿಕಾರ Šs.; see ಸಿಟ್ಟು & ಸೀವರಿಸು).

ಸೀತಳ sītaḷa. Combined derangement of the three humours etc. (ಗ್ರಹಣಿ, ಸನ್ನಿ Mr. 387).

ಸೀತಾಕುಮಾರ sītā-kumāra. Lava or Kuša (J. 20, 48. 59. 62).

ಸೀತಾಧುನಿ sītā-dhuni. N. of a river (Čpr. 1, 79).

ಸೀತಾಪತಿ sītā-pati. Rāma (My.).

ಸೀತಾಫಲ sītā-phala. The custard-apple, Anona squamosa Lin., originally American, but now naturalized in India (C.; Tĕ., T., Mhr.).

ಸೀತಾರಮಣ sītā-ramaṇi. Sītā (J. 18 sum.).

ಸೀತಾರಾಮ sītā-rāma. Rāma; N. (My.).

ಸೀತಾಸ್ರೋತ sītā-srōta. = ಸೀತಾಧುನಿ. (Čpr. 1, 82).

ಸೀತಾಳ sītāḷa. = ಸೀತಾಳೆ 1. Tbh. of ಶೀತಲೆ. The chicken-pox (My.). — ಸೀತಾಳಸಿಡುಬು. = ಸೀತಾಳ. (My.).

ಸೀತಾಳೆ sītāḷĕ. 1. = ಸೀತಾಳ. (My.).

ಸೀತಾಳೆ sītāḷĕ. 2. Tbh. of ಶ್ರೀತಾಳೆ. (My.).

ಸೀತು sītu. P. p. of ಸೀನು 1. (My.).

ಸೀತೆ sītĕ. ಸೀತಾ. *A furrow, the track or line of a ploughshare* (ಸಾಲು Mr. 371). 2, *N. of the wife of Rāmačandra, daughter of king Janaka; N.* 3, a kind of grass (ಮೂನುವೆ Mr. 110). See Šmd. 68, 155; Bp. 54, 39; J. 16, 34; 18, 4. 8. 23. 26. 39. 51. 60. ಬೆಳಗಾನಾ ರಾಮಾಯಣ ಕೇಳಿ, ರಾಮನಿಗೆ ಸೀತೆ ಏನಾಗ ಬೇಕೆನ್ದ (Prv.).

ಸೀತೋದಾನದಿ sīta-udā-nadi. N. of a river (Čpr. 3, after 9).

ಸೀತ್ಕಾರ sīt-kāra. A sound made in shivering with cold, sighing (Čpr. 7, 151; Rāv. 9, 22; J. 28, 38). 2, a sound made in sexual enjoyment.

ಸೀತ್ಕೃತ sīt-kṛita. = ಸೀತ್ಕಾರ No. 2. (ಸುರತದೊಳ್ Mr. 89).

ಸೀತ್ಯ sītya. *Ploughed, tilled.* 2, *corn, grain;* a young plant, as of rice, etc. (ಸಸಿ Mr. 371).

ಸೀಧು sīdhu. = ಶೀಧು. (Sk.; G.).

ಸೀಧ್ರ sīdhra. The anus. (R.).

ಸೀನ್ sīn. 1. (Šmd. 59). = ಸೀನು 1. To sneeze (ಕ್ಷುತಕರಣ Šmd. Dh.; T. ಚೀನ್ದು, Tĕ. ಚೀದು, M. ಚೀನ್ದು, ಚೀಱ್ಱು, to blow the nose; T. ತುಮ್ಮು, ತುಮ್ಮು, to sneeze; Mhr. ಶಿಂಕಣೇಂ, to sneeze; ಶಿಂಕ, ಸಿಂಕ, a sneeze; ಶಿಂಕರಣೇಂ, to blow the nose). P. ps. ಸೀನ್ತು, ಸೀನ್ದು (Šmd. 287 Cm.). ಸೀನ್ದಂ (275).

ಸೀನ್ sīn. 2. = ಸೀನು 2. Sneezing; a sneeze (ಕ್ಷುತ್, ಕ್ಷುತ, ಕ್ಷವ Nr.; ಕ್ಷುತ Mr. 387).

ಸೀನು sīnu. 1. = ಸೀನ್ 1. (C.). P. p. ಸೀತು, ಸೀನಿ. ದಾತವರು ಬದುಕುವದಿಲ್ಲ, ಸೀತವರು ಸಾಯುವದಿಲ್ಲ.— ಸೀತರೆ ಬೀಳುವ ಮೂಗು ಶಿವರಾತ್ರಿವರೆಗೆ ಇದ್ದೀತೇ?— ಸೀನಿದರೆ ಜ್ಞಾನನಾದಾನೇ?— ಸೀನಿದರೆ ಹೇನು ಹೋದೀತೇ?— ನೆಗಡಿಯವ ಸೀನುವಾಗ್ಯೆ ದಗಡೀ ಮಗ! ಎನ್ದರೆ ನಿತ್ತಾನೇ? (Prvs.).

ಸೀನು sīnu. 2. = ಸೀನ್ 2. (ಕ್ಷುತ್, ಕ್ಷುತ, ಕ್ಷವ Sl. 200; ಕ್ಷುತ G.; Rām. 5, 3, 45; My.). ಕ್ಷೌರಕ್ಕೆ ಕೂತಲ್ಲಿ ಸೀನು ಬನ್ದ ಹಾಗೆ (Prv.).

ಸೀಪಿಸು sīpisu. To cause to suck (My.).

ಸೀಪು sīpu. = ಚೀಪು. To suck (My.). ಬೊಟ್ಟು (finger) ಸೀಪಿದರೆ ಹೊಟ್ಟೆ ತುಮ್ಬೀತೇ? (Prv.).

ಸೀಬ್ sīb. A sound used in calling cats. — ಸೀಬ್ ಸೀಬ್. rep. (My.).

ಸೀಬರಿ sībari. — ಸೀಬರಿಬಳ್ಳಿ = ಸೀಬರಿಬೇರು. (Z.). — ಸೀಬರಿಬೇರು. A scandent thorny shrub with needle-like leaves, Asparagus sarmentosus Lin. (Z.); also Asparagus racemosus Willd. (Z.).

ಸೀಬಿ sībi. The guava (My.; see ಪೇರಲ; *cf.* H. ಸೇಬ್, ಸೇವ್, an apple). — ಸೀಬಿಹಣ್ಣು. A ripe guava (My.).

ಸೀಬು sību. (fr. ಸೀಳ್ 2?). A bamboo-slit (Bp. 16, 21; B. 4, 122; My.). 2, twigs cut off from bamboos and put on the roofs of houses to protect them against monkeys (My.).

ಸೀಮ sīma. = ಸೀಮೆ. Force, ability, etc. (ಸಾಮರ್ಥ್ಯ Bhn. 19, o. r. ಸೀಮೆ; Mhr. ಸೀಮಾ, excess, extravagance).

ಸೀಮನ್ sīman. = ಸೀಮೆ. (Šmd. 107; Sk.).

ಸೀಮನ್ತ sīmanta. *A separation or parting of the hair on each side of the head so as to leave a line* (made for the first child, My.; ಬಯ್ತಲೆ Mr. 320; J. 13, 37).

ಸೀಮನ್ತಕರಣ sīmanta-karaṇa. The act or ceremony of parting the hair. (My.).

ಸೀಮನ್ತಪುತ್ರ sīmanta-putra. A first-born son (My.). Feminine ಸೀಮನ್ತಪುತ್ರಿ (My.).

ಸೀಮನ್ತಪ್ರಸ್ತ sîmanta-prasta. The ceremony of parting the hair connected with a meal (My.).

ಸೀಮನ್ತಮಣಿ sîmanta-maṇi. A jewel worn on the parting of the hair (J. 18 sum.).

ಸೀಮನ್ತರತ್ನ sîmanta-ratna. = ಸೀಮನ್ತಮಣಿ. (Šśv. 1, after 81).

ಸೀಮನ್ತರೇಖಾವಿಲಾಸ sîmanta-rêkhâ-vilâsa. The beauty of the sîmanta line (Čpr. 1, after 94).

ಸೀಮನ್ತಿನಿ sîmantini. She who has hair-parting, *a woman.*

ಸೀಮನ್ತೋನ್ನಯನ sîmanta-unnayana. Arranging the parting of the hair, N. of one of the saṁskâras (observed by women in the sixth or eighth month of their first pregnancy, My.).

ಸೀಮೆ sîmĕ. ಸೀಮಾ. = ಸೀಮ, ಸೀಮುನ್. *A boundary, bound, border, limit, margin, frontier* (see ಅನ್ತಂ, ಅನ್ತಗಂ, ಇನ್ತಗಂ, etc.); a mark, land-mark; a bank, shore, coast; the horizon; a field. 2, a country (not Sk.; My.; Tĕ., T.). 3, Europe (not Sk.; My.; Tĕ., T.). ಸೀಮೆ ಸ್ವಲ್ಪವಾದರೂ ಕರ ಕರೆ ಹೆಚ್ಚು (Prv.). — ಸೀಮೆಕೋಳಿ. A duck; a goose; a turkey (My.). — ಸೀಮೆಯಕ್ಕಿ. -ಅಕ್ಕಿ. Sago (My.). — ಸೀಮೆಯಗಸೆ. -ಅಗಸೆ. The ring-worm shrub, Cassia alata Lin. (St. & Pl.). — ಸೀಮೆಯೆಣ್ಣೆ. -ಎಣ್ಣೆ. Kerosene oil (My.). — ಸೀಮೆಸುಣ್ಣ. Chalk (My.; B. 4, 126).

ಸೀಯಾಳ sîyâḷa. A tender cocoa-nut (B. 2, 41). 2, the water of an unripe cocoa-nut (Mg.).

ಸೀಯಿ sîyi. = ಸೀ 1. (Si. 124; *only* in Si.).

ಸೀರ್ sîr. = ಈರ್ 3, ಸೀರು 1. A nit, an egg of a louse (ಲಿಕ್ಷೆ Nr.). ಸೀರ್ಗಳ್ (Šmd. 51). *Cf.* ಈರ್ 3.

ಸೀರ sîra. N. of a grâma. — ಸೀರನಾಡುಬ್ರಾಹ್ಮಣರು. N. of a class of Tĕlugu smârta Brâhmaṇas (My.).

ಸೀರ sîra. *A plough.* 2, the sun.

ಸೀರಣ sîraṇa. = ಚೀರಣ, etc., ಸೀರ್ಣ. A small chisel (My.).

ಸೀರಣ sîraṇa. See Mr. s. ಚಾಳೆಯ.

ಸೀರಣಿಗೆ sîru1 or 2-aṇigĕ. = ಈರಣಿಗೆ s. ಈರ್ 3. A comb for clearing the head of nits and lice (My.; ಪ್ರಸಾಧನಿ, ಕಂಕತಿಕೆ Si. 231). — ಸೀರಣಿಗೆಕಸ. A common weed, Sesbania aculeata Pers. (Z.).

ಸೀರಪಾಣಿ sîra-pâṇi. Plough-handed: *Balarâma.*

ಸೀರಾಂಗ sîra-aṅga. *A plough-share.*

ಸೀರಿ sîri. Having a plough: *Balarâma.*

ಸೀರಿಸು sîrisu. To cause to louse (My.).

ಸೀರು sîru. 1. = ಸೀರ್, etc. (My.; Tĕ. ಸೀರಿ, the louse called pediculus pubis).

ಸೀರು sîru. 2. = ಈರ್ 2. To clean from lice, to louse (My.).

ಸೀರೆ sîrĕ. Tbh. of ಚೀರ (Šmd. 347. 364). Cloth; a garment in general (not sewed); a female's garment (not sewed, ಚೇಲ, ಚೀರ, ವಾಸಸ್, ಕರ್ಪಟ, ಆಚ್ಛಾದನ, ಅಮ್ಬರ, ಅಂಶುಕ, ವಸ್ತ್ರ, ಸಿಚಯ, ಪಟ Hlâ.; ವಾಸ, ಆಚ್ಛಾದನ, ವಸ್ತ್ರ, ಪಟ, ಚೇಲ, ಸಿಚಯ, ಅಂಶುಕ, ವಸನ, ಅಮ್ಬರ Mr. 341; ಮೇಖಲೆ, ವಸ್ತ್ರ Nn. 118; ಪುಟ್ಟುಗೆ Čt. II, 78; ಪುಟ್ಟಗೆ Šm. 72; ಜವಳಿ 112; ವಸ್ತ್ರ, ಚೇಲ, ವಸನ, etc. Nr.; ನೇತ್ರ Mr. 516). ಹತ್ತಿಯಿನ್ದ ಆದ ಸೀರೆ (ಕಾರ್ಪಾಸ, ಬಾದರ); ಸೀರೆಯ ಸೆರಗು (ಅಂಚಲ); ಹೊಸ ಸೀರೆ (ಅಹತ); ಪಟ್ಟೆಯ ಸೀರೆ (ಪಟಚ್ಚರ Hlâ.). ಕಾರ್ಪಾಸ ಬಾದರಮೆಮ್ಬ ಎ ಫಲದಿನ್ದ ಆದ ನೂಲ ಸೀರೆ (ಫಾಲ); ತೆರಳೆಯ ಹುಳು ಮುಕುಲಾಕಾರದಿನ್ದ ಮಾಡಿದುದ ಬಿಡಿಸಿ ನೆಯ್ದ ಸೀರೆ (ಕೌಶೇಯ); ಮೃಗಂಗಳ ರೋಮಗಳಿನ್ದಾದ ಸೀರೆ (ರಾಂಕವ); ಹೊಸ ಸೀರೆ (ಅನಾಹತ, ನವಾಮ್ಬರ, etc.); ಹಿರಿಯ ಬೆಲೆಯ ಸೀರೆ (ಮಹಾದಾನ); ಹೊದಕೆಯ ಸೀರೆ (ನಿವೀತ, ಪ್ರಾವೃತ); ಸೀರೆಯ ನೀಳ (ದೈರ್ಘ್ಯ, ಆಯಾಮ, etc.); ಹಳೆಯ ಸೀರೆ (ಜೀರ್ಣವಸ್ತ್ರ); ಮಾಸಿದ ಹಳೆಯ ಸೀರೆ (ನಕ್ತಕ, ಕರ್ಪಟ); ಲೇಸಪ್ಪ ಸೀರೆ (ಸುಚೇಲಕ, ಪಟ); ದೊಡ್ಡ ನೂಲ ಸೀರೆ (ವರಾಶಿ, ಸ್ಥೂಲಶಾಟಕ, ಉಡುವ ಪುಟ್ಟಗೆ); ಹಚ್ಚಡಿಕೆಯ ಸೀರೆ (ನಿಚೋಲ, ಪ್ರಚ್ಛದಪಟ, ಹಚ್ಚಡ); ಉಡುವ ಸೀರೆ (ಪರಿಧಾನ, etc.); ಸೀರೆಯ ಹೊರೆವ ಚೂರ್ಣ (ಪಿಷ್ಟಾತ, ಪಟವಾಸಕ Nr.). ನಾರು ನೂಲು ಕ್ರಿಮಿಜ ರೋಮಂಗಳಿನ್ದ ನೆಯಿದ ಆ ಸೀರೆ ನಾಲ್ಕು ತೆಱನಕ್ಕು (Mr. 341); ಹೊಸ ಸೀರೆ (ಅನಾಹತ); ಪೊಸತಱಿವದು (ಪಟಚ್ಚರ 342); ಒಳಗುಡುವ ಸೀರೆ (ಅನ್ತರ 531). ನಿವಸನೋದ್ವಹನಮೆನ್ದು, ಮದುವೆಯ ಮುಯ್ಯ ಸೀರೆ (Šmd. 239). ಸೀರೆ ಇಲ್ಲವೆನ್ದು ಪಾಳೆ ಉಟ್ಟು ಕೊಣ್ಡ ಹಾಗೆ.— ನೆರಮನೇ ಜಕಣಿಗೆ ತವರ ಮನೇ ಸೀರೆಯೋ?— ಸೀರೆ ಆದರೆ ಹಾರವ ಗಿತ್ತಿಗೆ ಆಗದೇ?— ಸೆರೇ ವರಹ ಕೊಟ್ಟರೂ ಸೀರೇ ವ್ಯಾಪಾರ ಬೇಡ.— ಪುಣ್ಯಕ್ಕೆ ಸೀರೆ ಉಡಿಸಿದರೆ ಹನ್ನೆರಡು ಮೊಳ ಅನ್ದಳು (Prvs.). See Čpr. 7, after 69; Bp. 22, 65; 28, 19; 53, 49; Si. 222. 223. 459. — ಸೀರೆಗಳ್ಳ. -ಕಳ್ಳ. A cloth-stealer (ಪಟಚೋರ Hlâ.). — ಸೀರೆರೋಗ. A morbid issue of blood from the yôni (My.). — ಸೀರೆವರದ. -ಪರದ. A cloth-merchant (ದೂಸಿಗ Šm. 67).

ಸೀಱು sîṟa. = ಗೀಱು 2, etc. A line, a streak, a stripe; full of lines or stripes (B. 3, 74).

ಸೀಱು sîṟu. 1. To be scattered, to be sprinkled, to fly about. P. p. ಸೀಱಿ (Čpr. 4, 40).

ಸೀಱು sîṟu. 2. = ಕೇಱು 2, ಸೇಱು. To grow enraged, to become angry; to grow very contentious or quarrelsome (ದುಃಕಲಹ Šmd. Dh., o. rs. ದುಃಕುಲಹ, ದುಃಖುಲಯ; Bp. 26, 21; 56, 20; M. ಚೀಱ್ಱು, T. ಚೀಸ್ದು, to hiss, rage, rail at one; see ಸಿಟ್ಟು); to rail at, etc. (see ಸೇಱು).

ಸೀಱು sîṟu. 3. = ಚೀಱು 3. Raging, fierceness. (M. ಚೀಱ್ಱ, ಚೀಱ್ಱು). — ಸೀಱಿ ನಾಯಿ. = ಚೀಱಿ ನಾಯಿ. (My.).

ಸೀಱು sîṟu. 4. = ಚೀಱ್, etc. To scream, etc. (Bp. 52, 13).

ಸೀಱುದು sîṟuḍu. A cascade (?). ಕರೆದವು ಸೀಱುಡುಗಳ್, ಪೆರ್ಮರಗಾಡೆಲೆಯಿಕ್ಕಿ, ಕಟ್ಟಿಲೆವಿರ್ದವು, ತೊಱೆಗಳ್ ಪರಿಗೆಟ್ಟವು, ಬೆಳ್ಳಯಲೊಳ್ ಸರಳಿಸಿದವು ಮರುಮರೀಚಿಕಾವಾಹಂಗಳ್ (Abh. P. 7, 86).

ಸೀಱುಮ್ಬುಳ್ sîṟumbuḷ. Being scattered, sprinkled, etc. (ಸೂಸಾಟ Šs.; Kk. 51; Šm. 61). — ಸೀಱುಮ್ಬುಳಾಡು. -ಆಡು. To sprinkle about (Rśv. 5, after 55).

ಸೀರ್ sîṟ. Being scattered, sprinkled, etc. — ಸೀರ್ವನಿ. Spray or fine drops of water (Rśv. 2, after 8; 5, 69; V. 9, 49).

ಸೀರ್ಣ sîṟṇa. = ಸೀರಣ, etc. (My.).

ಸೀರ್ಪ sîṟpa. A finger-ring (ಅಂಗುಲೀಯ Mr. 344).

ಸೀಲ್ sîl. Tbh. of ಶೀಲ (Šmd. 365).

ಸೀಲೆ sîlĕ. Tbh. of ಚೀಲ (Šmd. 347). ಸೀಲೆಗಳ ಎಲೆಗಳ ಧ್ವನಿ (ಮರ್ಮರ Nr.).

ಸೀವಟ sîvaṭa. A squeezed mass or a mass (of fruits, food, etc., Bh. 3, 9, 21; Mhr. ಚಿಂವಟ, ಚವಡಾ).

ಸೀವನ sivana. *Sewing, stitching;* a seam, suture.

ಸೀವನಿ sivani. = ಸೀವನ್ನಿ. ಕಿಡಿಯ ಸೀವನೀ ಮರ (ಶ್ರೀಪರ್ಣಿಕೆ, ಕುಮುದಿಕೆ, etc. Si. 131). 2, a needle (Sk.).

ಸೀವನೆ sivanĕ. = ಸೀವನ್ನಿ. ಸೀವನೆಯ ಮರ (ಗಮ್ಭಾರಿ, ಸರ್ವತೋಭದ್ರೆ, etc. Si. 129).

ಸೀವನ್ನಿ sivanni. = ಸಿವನ್ನಿ, ಸಿವಹೊನ್ನಿ, (ಸೀವನಿ, ಸೀವನೆ). Tbh. of ಶ್ರೀಪರ್ಣಿ (ಗಮ್ಭಾರಿ, ಸರ್ವತೋಭದ್ರೆ, ಕಾಶ್ಮರಿ, ಮಧುಪರ್ಣಿಕೆ, ಶ್ರೀಪರ್ಣಿ, ಭದ್ರಪರ್ಣಿ, ಕಾಶ್ಮರ್ಯ Nr.; ಕಾಶ್ಮರಿ Mr. 122). ಕಿಡಿಯ ಸೀವನ್ನಿ (ಶ್ರೀಪರ್ಣಿಕೆ, ಕುಮುದಿಕೆ, ಕುಮ್ಭಿ, ಕೈಟರ್ಯ, ಕಟ್ಫಲ Nr.).

ಸೀವರ sivara. Tbh. of ಶೀಕರ (Šmd. 362; ತುಸ್ತುರ್ವರನಿ Čt. I, 75; ತುಷಾರ II, 88; ತನ್ದಲ್, ಜಲಕಣ Kk. 13, Šm. 35). *Cf.* ಜೂಪಣಿ.

ಸೀವರಿಸು sivarisu. (ಸೀವಟಿಸು). To hiss, to puff, to pass the proper temper, to show disgust or disdain (Râm. 4, 8, 7; 5, 8, 45; 6, 12, 34; 6, 50, 40; Bh. 8, 24, 41; J. 5, 54; 8, 39; 17, 56; 19, 15; *cf.* ಸೀತಟ್, ಸೀಋ 2).

ಸೀವು sivu. To adorn (ಭೂಷಣ Šmd. Dh.).

ಸೀಸ sisa. A kind of Kannaḍa metre (Čh.; Tĕ.; Tĕ. also: irritation, madness, see s. ಸಿಟ್ಟು).

ಸೀಸ sisa. 1. = ಸೀಸು. Lead (ಸೀಸಕ, ನಾಗ, ಯೋಗೇಷ್ಟ, ವಪ್ರ Nr.; ಸೀಸಕ, ಸೀಸಪತ್ರ Hlâ.; ನಾಗ Nn. 26; C.; Si. 384; B. 4, 106). ಸೀಸದ ಉಳಿಯಲ್ಲಿ ಕೈಲ್ಯ ಒಡಿಯ ಬಹುದೇ?— ಸೀಸವನ್ನು ಇಲಿ ತಿನ್ದರೆ ತಿದ್ದಣ್ಣನ ಹಮ್ದು ಕೊಣ್ಡು ಹೋಯಿತು (Prvs.). — ಸೀಸವಾಳು. -ದಾಳು. A leaden sword (? Bh. 8, 19, 40).

ಸೀಸ sisa. 2. = ಸೀಸೆ. (My.).

ಸೀಸಕ sisaka. 1. Tbh. of ಶೀರ್ಷಕ (Šmd. 345). A helmet (ಶಿಖಿ Nn. 4; ತಲೆಯ ಟವ್ವಳಿ Kk. 43, Bhn. 9; Grj. 2, after 106; T. ಚತ್ತಗ). — ಸೀಸಕನ್ದಾಳ್. -ಂತಾಳ್. To put a helmet on (Ršv. 13, 70).

ಸೀಸಕ sisaka. 2. *Lead.*

ಸೀಸಪತ್ರ sisa-patra. *Lead.*

ಸೀಸು sisu. = ಸೀಸ 1. (ಸೀಸ G.; B. 4, 124. 209).

ಸೀಸೆ sisĕ. = ಸೀಸ 2. A bottle, a flagon (My.; B. 4, 225; Mhr., H. ಶಿಸಾ).

ಸೀಹುಣ್ಡ sihuṇḍa. *The milk-hedge plant, Euphorbia antiquorum.*

ಸೀಳ್ siḷ. 1. = ಸೀಳು 1. To split (v. i.), to be cleft, to divide, to part, to come into; to be rent;—to split (v. t.), etc. (ವಿದಾರಣ Šmd. Dh.; Tĕ. ಚೀಲು). P. p. ಸೀಳ್ದು. ಪೋಟೆನ್ದು, ಸೀಳ್ದ ಭಾಗಂ (Šmd. I). ದಾಯಿಕಮೆನ್ದು, ಸೀಳ್ದೊಣಗಿ ದಾಡ್ದಿ ತಾಪಂ (I). ಉರ್ವೀಧ್ರಪ್ರಜಂ ಸೀಳ್ದುದು... ಆ ಗ್ರೀಷ್ಮದೊಳ್ (Ršv. 5, 36). (ಕೇಸರಿ) ಕುಮ್ಭಿ ತಿರಃಪ್ರದೇಶಮಂ ಕೊನೆವುಗುರಿನ್ದೆ ಸೀಳ್ದು (5, 116). ಸಿಳ್ಕಿದರಂ ಸೀಳ್ದು, ... ಮೆಟ್ಟಿ ಸೀಳ್ವ ಕಟ್ಟುಚ್ಚುಟಿಯ ಮುಷ್ಟಗಜಂಗಳ್ (6, after 11). See Bp. 35, 49; 42, 4; 52, 38; 56, 29; Râghč. 17, 69; Ššv. 4, 6; J. 4, 44; 5, 37; 16, 26; 26, 45. 55. 60-63.

ಸೀಳ್ siḷ. 2. = ಸೀಳು 2. Splitting; a split, a fragment, a piece, a part, a division (ಶಕಲ Šmd. Dh.). ಸೀಳ್ಗಳ್ (J. 4, 46). ಇಟಿದರೆಯು ಏಟಿಲ್ಲ, ಹಟಿದರೆಯು ಸೀಳಿಲ್ಲ (fire, Sp.). — ಸೀಳಾಗು. -ಆಗು. To be divided, etc. (J. 25, 24).

ಸೀಳ್ siḷ. 3. = ಗೀಳ್, ಚೀಳ್. A scream, a cry. (M. ಚೀಳ್, ಚೂಳ್, a whistle, *cf.* ಸಿಳ್ಳು 1). — ಸೀಳಿಡು. -ಇಡು. To scream, etc. (Bp. 20, 13; V. 11, 63).

ಸೀಳ್ siḷ. 4. = ಸೀಳ್ದು. P. p. of ಸೀಳ್ 1. — ಸೀಳ್ದಿಡಹು. To split and throw to the ground (J. 19, 29).

ಸೀಳಿಸು siḷisu. To cause to split, etc. (C.).

ಸೀಳು siḷu. 1. = ಗೀಳು 2, ಸೀಳ್ 1. P. ps. ಸೀಳಿ (C.), ಸೀಳಿದು (= ಸೀಳ್ದು, Bp. 49, 10; 45, 27). ಸೀಳುವದಕ್ಕೆ ಯೋಗ್ಯವಾಗಿರುವದು (ದಾರಿತ, ಭಿನ್ನ, ಭೇದಿತ, ಸಿಗುಳಲ್ ಪಟ್ಟದು Si. 382). ಅಡಿಯಂ ಸೀಳುವಡೆ ಆನೆ ಮೆಟ್ಟಲ್ ಅಹುದೇ? (Sš. 11). ಅವಗಡಿಸಿ, ಸಿಂಹವ ಸೀಳಿದನು (Bh. 3, 13, 30). ಹೆಬ್ಬುಲಿಯ ಸೀಳಿ, ಸಿಂಗವನಿಡಿದು (Râghč. 17, 74). ಕತ್ತೀ ಬಾಯಲಿದ್ದ ತುಪ್ಪ ನೆಕ್ಕಿ, ನಾಲಿಗೆ ಸೀಳಿ ಕೊಣ್ಡ (Prv.). See Bp. 21, 43; 45, 32; 55, 24; B. 1, 21.

ಸೀಳು siḷu. 2. = ಸೀಳ್ 2. (C.; ಸೂತ್ರವೇಷ್ಟನ, ಜೇಡರು ಸುತ್ತಿದ ನೂಲು, ಪಟ್ಟೆ G.). — ಸೀಳು ಆಗು. = ಸೀಳಾಗು. A splitting or division to take place, etc. ಸೀಳು ಆದರೂ ಆಳುವದು ಬಿಡ (Prv.). — ಸೀಳುದಾರಿ. A road that branches off, a bye-path (My.). — ಸೀಳುಹಾದಿ. = ಸೀಳುದಾರಿ. (My.; ವ್ಯಧ್ವ, ದುರಧ್ವ, ವಿಪಥ, etc. Si. 104).

ಸು su. = ಚು. See *e. g.* ಕೊಳ್ಳು, and *cf.* ಅಸು 2 (also *e. g.* in ಕರಸು 1 & 2).

ಸು su. 1. = ಸೂ, of which it may become a K. Tbh. *e. g.* in ಪ್ರಸು (ಪ್ರಸೂ).

ಸು su. 2. A prefix implying *good, well, excellent, excellently, beautiful, beautifully; excessive, excessively, much, very; readily, easily,* etc.

ಸುಕ suka. 1. Tbh. of ಶುಕ (ಕೀರ Šm. 78).

ಸುಕ suka. 2. Tbh. of ಸುಖ (ಪರಿಣಾಮ Šm. 78; My.).

ಸುಕನ್ದಕ su-kandaka. *An onion.*

ಸುಕರ su-kara. Easy to be done, practicable, feasible, attainable; easy to be managed, doing well; good, beautiful, etc.; doing good, charity, benevolence. See Kâvy. I, 1*a*, 3; Bp. 3, 69; 4, 3; J. 2, 33.

ಸುಕರತೆ su-karatĕ. Charity, benevolence (Čpr. 2, 51).

ಸುಕರೆ su-karĕ. *A tractable cow.*

ಸುಕಲ su-kala. 1. *One who has a great reputation for liberality both in giving and using.*

ಸುಕಲ sukala. 2. Tbh. of ಶುಕ್ಲ (G.).

ಸುಕಲಾಪ್ರವೀಣ sukalâ-praviṇa. Conversant with the beautiful (sixty-four) fine arts (Kk. 101).

ಸುಕಲೆ su-kalĕ. ಸುಕಲಾ. A beautiful fine art; an auspicious mark (J. 11, 25).

ಸುಕವಿ su-kavi. A good or excellent poet (Šmd. 92. 238; Čh. v. 15; Kâvy. III, 2, B, 81; Abh. P. 1, 31; Bp. 1, 20).

ಸುಕವೀನ್ದ್ರ sukavi-indra. A superior poet (J. 25, 6).

ಸುಕಾಣ sukâṇa. = ಚುಕ್ಕಾಣ, etc., ಸುಕಾಣು. (B. 3, 118).

ಸುಕಾಣು sukâṇu. = ಸುಕಾಣ. (B. 3, 117. 118).

ಸುಕಾರ su-kâra. The syllable ಸು (Šmd. 268. 274 Cm.; 284).

ಸುಕಾರ್ಯ su-kârya. A good work (Bp. 39, 69).

ಸುಕಾಲ su-kâla. A time of plenty (My.).

ಸುಕಾಲಿಗ sukâliga. A Lambâḍi (My.; Tĕ. ಸುಕಾಲಿ, a sort of gypsies).

ಸುಕೀರ್ತಿ su-kirti. Good report; celebration (ಅಕ್ಷರ, ಕೀರ್ತಿ Nn. 75; ಒಳ್ಳಿಹ ಕೀರ್ತಿ 146).

ಸುಕುಮಾರ su-kumâra. A beautiful youth; a good son (Bp. 3, 19. 41; 50, 3). 2, *very soft or tender, delicate, smooth.* 3, one of the guṇas in rhetoric (Kâvy. III, 1, A, 3. 15-17).

ಸುಕುಮಾರತೆ su-kumâratĕ. Beauty (Grj. 4, 57).

ಸುಕುಮಾರಿ su-kumâri. A beautiful, good daughter (Prll. 3, 23).

ಸುಕುಲ su-kula. A good or virtuous family. (My.).

ಸುಕುಲದೀಪಕ sukula-dîpaka. One who makes a good family illustrious (Bp. 24, 40).

ಸುಕೃತ su-kṛita. Done well or properly; well made, well constructed; treated with kindness; virtuous, pious; fortunate, auspicious. 2, any good or virtuous act, kindness, bounty, friendliness, aid; *virtue, moral merit* (ಪುಣ್ಯ, ಸುಕೃತಿ Nn. 68); fortune, auspiciousness; reward, recompense. ಸುಕೃತಕ್ಕೆ ಕಡಿಮೆ ಆದರೂ ದುಷ್ಕೃತಕ್ಕೆ ಕಡಿಮೆ ಇಲ್ಲ (Prv.). See Bp. 3, 69; 32, 62; 40, 66; 51, 26.

ಸುಕೃತಕರ್ಮಿ sukṛita-karmi. A person who performs good works (Bp. 54, 16).

ಸುಕೃತಿ su-kṛiti. Acting well or kindly; virtuous, pious, good; fortunate, *lucky*. 2, well-doing; kindness; virtue.

ಸುಕೇಶ su-kêśa. Having beautiful hair.

ಸುಕೇಶಿ su-kêśi. *N. of an Apsaras.*

ಸುಕ್ಕು sukku. 1. = ಸುರ್ಕು 1. To shrink, to shrivel up (Bp. 43, 84).

ಸುಕ್ಕು sukku. 2. = ಸುರ್ಕು 2, etc. Shrinkage, shrink; a wrinkle, fold, crease, indentation (Bp. 44, 26; My.; Tĕ. ಚುಕ್ಕು, ಸುಕ್ಕು). — ಸುಕ್ಕುಗಟ್ಟು. -ಕಟ್ಟು. To shrivel, to shrink; to grow wrinkled (My.; B. 5, 238).

ಸುಕ್ಷಾತ್ರತೇಜ su-kshâtra-têja. Fine lustre belonging to the military class (Bh. 1, 10, 2).

ಸುಕ್ಷೇತ್ರ su-kshêtra. An excellent field; an excellent place of pilgrimage (My.); etc. ನಕ್ಷತ್ರವಾದರೂ ಸುಕ್ಷೇತ್ರದಲ್ಲಿರ ಬೇಕು (Prv.).

ಸುಕ್ಷೇತ್ರತೆ su-kshêtratĕ. The state of having excellent places of pilgrimage (Čpr. 1, 75).

ಸುಕ್ಷೇಮ su-kshêma. Perfect health (Bp. 36, 44; My.).

ಸುಖ su-kha. = ಸುಕ 2, ಸೊಕ, ಸೊಗ. *Happiness, pleasure, delight, joy, comfort* (ಸೊಕ, ಸೊಗ Kk. 31; Šm. 76); ease, alleviation; easiness. 2, happy, joyful, delighted; agreeable, sweet; easy, practicable; meet, suitable. ಮಣಿಕು ಇಲ್ಲದ ಹೆಣ್ಣು ತಿಗಿನ್ನ ಮರದ ನೆರಳು ಸುಖ. — ಮೆಚ್ಚಿದವನಿಗೆ ಮಸಣವೇ ಸುಖ (Prvs.). — ಸುಖ ಕೊಡು. To give or afford pleasure (B. 4, 158). — ಸುಖಂಗೆಯ್. -ಂ-. To cause happiness or pleasure. ಸುಖಂಗೆಯ್ವುವಂ (ಶಿವಕಾರಿ Mr. 230). — ಸುಖದಿನ್ದ ಇರು. To be happy, etc. (B. 5, 128. 272). — ಸುಖನ್ತಳೆ. -ಂ-ತಳೆ. To get pleasure (Grj. 4, 86). — ಸುಖ ಪಡಿಸು. To cause to feel pleasure, to make happy (B. 4, 152). — ಸುಖ ಪಡು. To feel pleasure, to be happy (B. 3, 105; 4, 2). — ಸುಖ ಭೋಗಿಸು. = ಸುಖ ಪಡು. (B. 5, 58). — ಸುಖಮ್ಪಡೆ. -ಂ-ಪಡೆ. To get pleasure, to attain happiness. ಇರುಳಿನ ಚಕ್ರಾಹ್ವಯದ ಪೋಲಿರ್ದವಂ ಸುಖಮ್ಪಡೆದವನೆ? (Šmd. 134).

ಸುಖಕರ sukha-kara. Causing happiness or pleasure; doing anything easily, done easily. (My.).

ಸುಖಜೀವಿ sukha-jîvi. A happy person or being (My.).

ಸುಖತರ sukha-tara. Uncommonly or very pleasant or agreeable (Bh. 1, 8, 35).

ಸುಖತರಂಗಿಣಿ sukha-taraṅgiṇi. A river of joy (Grj. 2, after 106).

ಸುಖದ sukha-da. Giving or affording pleasure, etc. (Sk.; R.).

ಸುಖದುಃಖ sukha-duḥkha. Pleasure and pain. (Bp. 54, 13). ಸುಖದುಃಖ ತಿಳಿಯದ ಮನುಷ್ಯ ನಖಕ್ಕಿನ್ತ ಕಡೆ. — ಸುಂಕದವನ ಕೂಡೆ ಸುಖದುಃಖವೇ. — ಸುಂಕದವನ ಕೂಡೆ ಸುಖದುಃಖ ಹೇಳಿದರೆ ಕಂಕುಳಿಲ್ಲಿ ಏನು? ಅನ್ನನನ್ತೆ (Prvs.).

ಸುಖನಾಸಿ sukhanâsi. A small room in a temple in front of that wherein the idol is placed (Bp. 43, 41; My.).

ಸುಖಪ್ರದ sukha-prada. = ಸುಖದ. (My.).

ಸುಖಪ್ರಸವ sukha-prasava. = ಸುಖಪ್ರಸೂತಿ. (My.).

ಸುಖಪ್ರಸೂತಿ sukha-prasûti. An easy delivery or accouchement (Čpr. 3, after 92).

ಸುಖರೂಪ sukha-rûpa. Well, happy (ಕಲ್ಯಾಣ G.; Mhr.).

ಸುಖವರ್ಚಕ sukha-varčaka. *Natron, alkali.*

ಸುಖವಸತಿ sukha-vasati. A pleasant place of residence (My.).

ಸುಖವಸ್ತಿ sukha-vasti. A person sojourning at a place without the connection of an estate (B. 5, 120).

ಸುಖವಾಸಿ sukha-vâsi. A person who keeps himself from all work, and simply lives for his pleasure or convenience (My.).

ಸುಖಸನ್ದೋಹ್ಯೆ sukha-sandôhyĕ. Easily milked: *a tractable and gentle cow.*

ಸುಖಸನ್ನಿ sukha-sanni. Sanni arising from sexual intercourse (My.).

ಸುಖಸ್ಪರುಶವಾತ sukha-sparuša-vâta. A wind that is agreeable to the touch or refreshing (J. 19, 35).

ಸುಖಾನ್ತ sukha-anta. Ending in pleasure; friendly; pleasure (ಕಂ Mr. 498); subversive of pleasure.

ಸುಖಾವಹ sukha-âvaha. Bringing or conferring pleasure, delighting, pleasing. (My.).

ಸುಖಾಸನ sukha-âsana. A suitable or comfortable seat (Bp. 24, 22).

ಸುಖಿ sukhi. Possessing happiness or pleasure, happy, joyful, pleasant, comfortable, easy, enjoying comfort; a person who is happy, in good circumstances, etc. (Šmd. 109. 192; Bp. 40, 79; B. 5, 274). 2, a goat-herd (ಅಜಾಜೀವ, ಜಾಬಾಲ Mr. 239). 3, a religious ascetic.

ಸುಖಿಸು sukhisu. To feel pleasure, to be happy (B. 5, 54. 300).

ಸುಖೋದಯ sukha-udaya. The rising of pleasure (Čpr. 6, 86).

ಸುಖೋಪಭೋಗ sukha-upabhôga. Enjoyment or usufruct of pleasure (B. 4, 152).

ಸುಗತ su-gata. Well-gone; going well; passed, gone; well-bestowed. 2, *a Buddha* (ಬೌದ್ಧ Mr. 23).

ಸುಗತಿ su-gati. A fine, beautiful going or gait (Bp. 5, 24. 42; 17, 16. 21). 2, a good or happy condition (ಯೋಗ Mr. 514; Bp. 2, 29; 36, 28; 42, 8).

ಸುಗನ್ಧ su-gandha. Sweet-smelling, odoriferous, fragrant. 2, fragrance, odour, perfume (ಸುರಭಿ, ಒಳ್ಳಿಹ ಪರಿಮಳ Nn. 80). 3, sulphur.

ಸುಗನ್ಧತೈಲ sugandha-taila. Scented oil (My.).

ಸುಗನ್ಧಪಾಲ sugandha-pâla. N. of a plant (ಗೋಪಿ, ಶ್ಯಾಮೆ, ಅನನ್ತೆ, etc., ಸೊಗದಿ, etc. Si. 149; Tĕ. ಸುಗನ್ಧಿ, ಸುಗನ್ಧಪಾಲೆ, a plant and medical drug, Periploca indica).

ಸುಗನ್ಧಮುಸ್ತೆ sugandha-mustĕ. A herb growing in the Himâlaya, the Indian spikenard, Nardostachys jatamansi D. C. (St. & Pl.).

ಸುಗನ್ಧರಾಜ sugandha-râja. The tuberose, Polianthes tuberosa (My.). — ಸುಗನ್ಧರಾಜನ ಗೆಡ್ಡೆ. The medicinal root of the tuberose (My.).

ಸುಗನ್ಧವಾಚಿ sugandha-vâči. A tall perennial plant, the greater galangal, Alpinia galanga Sw. (St. & Pl.).

ಸುಗನ್ಧಾನಿಲ sugandha-anila. Fragrant air: fragrance (ಆಮೋದ, ಸೌರಭ್ಯ Mr. 50).

ಸುಗನ್ಧಿ su-gandhi. *Sweet-smelling*, redolent with perfumes. 2, virtuous, pious. 3, a perfume, fragrance. 4, *a drug and perfume* (= ಏಲವಾಲುಕ). 5, a kind of fragrant grass (both Cyperus rotundus and Scirpus kysoor). 6, N. of a town (Čpr. 8, after 9). 7, one who prepares perfumes (ಬುಕ್ಕಿಟ್ಟುಗಾರ G.). — ಸುಗನ್ಧಿಬಳ್ಳಿ. A twining shrub, the country sarsaparilla, Hemidesmus indicus R. Br. (St. & Pl.). — ಸುಗನ್ಧೀ ಹೂವು. (ಕಲ್ಹಾರ, ಸೌಗನ್ಧಿಕ G.).

ಸುಗನ್ಧಿಕ su-gandhika. Incense. 2, sulphur. 3, a sort of large rice. 4, the white lotus. 5, the red water-lily (ಕಲ್ಹಾರ, ಹಂಗಣಿಗಿಲ್ Mr. 420).

ಸುಗನ್ಧಿತೆ su-gandhitĕ. *Fragrance, agreeable scent, perfume.*

ಸುಗನ್ಧೆ su-gandhĕ. *The ichneumon plant* (= ರಾಸ್ನೆ).

ಸುಗಮ su-gama. Easy to be traversed or travelled over, easy of access; easy, practicable; plain, intelligible. ಪ್ರಸಿದ್ಧಕವಿಗಳ ಸುಗಮವಾಕ್ಯಂ (Kk. 100).

ಸುಗಹನ su-gahana. *Very thick or close, very impervious.*

ಸುಗಹನಾವೃತಿ sugahana-âvṛiti. An enclosure round a place of sacrifice to exclude profane access. (G.).

ಸುಗಾನ su-gâna. Good singing (ಅಣತಿ Čt. II, 110).

ಸುಗಿ sugi. 1. To tear off; to strip off; to plunder; to peel (ಸುಲಿಗೆ Šm. 80; Bp. 11 sum.; 11, 33. 36; 12, 11; *cf.* ಸುಲಿ 1, ಉಗಿ 1).

ಸುಗಿ sugi. 2. To fear (ಭಯ Šmd. Dh.; ಭಯವನ್ ಅನ್ Kk. 72; ಅಗಿ 90; ಸೆಡೆ, ಅಳ್ಕು, ಬೆದುರ್, ಬಳ್ಕು, ಸುರುಳ್, ಅಗಿ, ಭಯವನ್ ಅನ್ Šm. 40; ಅಂಜಿಕೆ 80; Čpr. 2, 52; 10, 60; Abh. P. 8, after 62; 13, 109; Grj. 4, 118; *cf.* ಉಗಿ 3).

ಸುಗುಡುತನ sugudutana. Desire, lust (Bp. 42, 17; Bh. 3, 14, 2). *Cf.* ಸೊಗಡು 2?

ಸುಗುಣ su-guṇa. Endowed with good qualities, possessed of merit; such a man. ಪುಲ್ಲಬೆಗಾರ್ತಿಯೆನೆ ಸುತ್ತಿ ಬರ್ಪಾಕೆಯೆನ್ದು, ಪೇಳ್ದಿರ್ ಸುಗುಣರು (Kk. 28). 2, a good quality (C.). See Čh. v. 56; Bp. 39, 69; 44, 31; B. 4, 186.

ಸುಗುಣನಿಧಿ suguṇa-nidhi. A receptacle or an ocean of good qualities (Bp. 30, 27; 53, 2).

ಸುಗುಣಿ su-guṇi. Rich in good qualities or virtues; a person rich in good qualities (My.).

ಸುಗುಣೆ su-guṇĕ. A female rich in good qualities (Bp. 41, 5).

ಸುಗೋಮಯ su-gômaya. Excellent cow-dung (Bp. 18, 34).

ಸುಗ್ಗ sugga. — ಸುಗ್ಗಂ (Šmd. 49).

ಸುಗ್ಗಲ suggala. — ಸುಗ್ಗಲದೇವಿ. N. (Bp. 51 sum.; 51, 2. 4. 10).

ಸುಗ್ಗಲೆ suggalĕ. — ದೇವಿಸುಗ್ಗಲೆ (Bp. 51, 63).

ಸುಗ್ಗಿ suggi. (Šmd. 49). The season of spring (from the middle of March to that of May, ಚೈತ್ರಮಾಸ Čt. I, 5; ಹೂವಿನ ಹಬ್ಬ, ಬಸನ್ತ, ವಸನ್ತ Šm. 20; Čpr. 6, 64; J. 10, 14; *cf.* T. ತುಳಿಕಾಲ, the season of spring?). ಸುಗ್ಗಿ ಬನ್ದುದು (ವಸನ್ತ Kk. 18). ಪ್ರಫುಲ್ಲಮಲ್ಲೀನವಪುಷ್ಪಮ್ ಒಗರದ ಕಮ್ಪುಗಳಾಗರಮ್ ಆಯ್ತು ಸುಗ್ಗಿಯೊಳ್ (Čpr. 7, 49). 2, the season of gathering a crop of any kind, especially the time of reaping the corn and grain, harvest (October-November, My.; ವಯ್ಯ್ರ ಬರುವ ಕಾಲ G.). ಅಶ್ವೀಜದ ಹುಣ್ಣಿನ ಸುಗ್ಗಿ ಆಶ್ವಿನ ಕಾರ್ತಿಕಗಳಲ್ಲಿ (B. 3, 115). ಒನ್ದು ಜೇನ ನೊಣವು ಒನ್ದು ಚಿಟ್ಟೆಗೆ, ನೀನು ಸುಗ್ಗಿಯೊಳಗೆ ನಮ್ಮ ಹಾಗೆ ಅನ್ನಸಂಗ್ರಹ ಯಾಕೆ ಮಾಡಿ ಕೊಳ್ಳಲಿಲ್ಲ? ಬೇಸಗೆಯನ್ನು ಹ್ಯಾಗೆ ಕಳದಿ? ಎನ್ದು, ಹೇಳಿತು (5, 86). 3, plenty (My.; Mhr. ಸುಗೀ, the period of the coming to maturity or of the abounding of the products of the earth, etc., season). 4, a feast (ಹಬ್ಬ Bbn. 13; Râm. 6, 44, 11). ಕತ್ತೆ ಬಲ್ಲದೇ ಛತ್ತದ ಸುಗ್ಗಿಯ?—ಸುಗ್ಗೀ ಮೇಲೆ ಕೊಳೆ, ಮಗ್ಗೀ ಮೇಲೆ ಲೆಕ್ಕ.—ಸುಗ್ಗಿಯಲ್ಲಿ ಸೊಕ್ಕಲಿಲ್ಲ, ಆಷಾಢದಲ್ಲಿ ಸೊರಗಲಿಲ್ಲ (Prvs.). — ಸುಗ್ಗಿಕಾಲ. = ಸುಗ್ಗಿ No. 2. (My.; B. 4, 2; 5, 86). ಸುಗ್ಗಿಕಾಲದಲ್ಲಿ ಸುಗ್ಗಿ ತಿನ್ದರೆ ಕಾತಿಕೆಕಾಲದಲ್ಲಿ ಜಗಲಿ ತಿನ್ದಾನೇ? (Prv.). — ಸುಗ್ಗಿಗೆಳೆಯ. Spring's friend, Kâma (ಮನ್ಮಥ Kk. 8; Šm. 7). — ಸುಗ್ಗಿವಕ್ಕಿ. -ಪಕ್ಕಿ. Spring's bird, the cuckoo (ಪಿಕ Šs.). — ಸುಗ್ಗಿವಡೆ. -ಪಡೆ. To obtain plenty of— (V. 23, after 13).

ಸುಗ್ಗಿ suggi. O. r. of ಪುಗ್ಗಿ, q. v.

ಸುಗ್ಗು suggu. Rice parched, ground and mixed with jaggory and cocoa-nut (My.). — ಸುಗ್ಗುಉಣ್ಡೆ. -ಉಣ್ಡೆ. A ball of suggu. (My.).

ಸುಗ್ರೀವ su-grîva. Handsome-necked. 2, N. of a monkey-king. (J. 13, 5. 8. 38).

ಸುಗ್ರೀವಾಜ್ಞೆ sugrîva-âjñĕ. Sugrîva's order: a very strict order (My.).

ಸುಂಕ suṅka. Tbh. of ಶುಲ್ಕ. Toll, duty, customs (ಶುಲ್ಕ Nr.; Nn. 125; Mr. 484; Bp. 27, 52; C.; Tĕ.; T. ಚುಂಗ). See Sp. s. ಕಂಕ. ಕಣ್ದರೆ ಸುಂಕ, ಕಾಣದಿದ್ದರೆ ಬಿಂಕ.—ಬಂಕಿ ಆದರೂ ಸುಂಕ ಆಡಿಲ್ಲಿಲ್ಲ.—ಬೋಳಿಗೆ ಸುಂಕವಿಲ್ಲ, ಸೂಳೆಗೆ ಕರುಣವಿಲ್ಲ.—ಮಂಕ ಮಗನಾದರೆ ಸುಂಕ ಕೊಡ ಬಾರದೇ?—ಯಾರಿಗೆ ಯಾರಿಲ್ಲ, ದಾರಿಗೆ ಸುಂಕವಿಲ್ಲ.—ಸರಕು ಒಪ್ಪಿಸಿದ ಮೇಲೆ ಸುಂಕವೇ?—ಹೇಲು ಒಪ್ಪಿಸಿದ ಮೇಲೆ ಸುಂಕ ಕೇಳುವದೇನು? (Prvs.). — ಸುಂಕದ ಬೊಂಕದೇವ. N. (Bp. 58, 8). — ಸುಂಕದವ. -ಅವ. A custom-house officer, a publican. ಸುಂಕದವ ಸುಳ್ಳ, ಕೋಮಟಿಗ (or ಬಣಜಿಗ) ಕಳ್ಳ.—ಸೂಳೆ ತಿರಿಗಿ ಕೆಟ್ಟಳು, ಸುಂಕದವ ತಿರುಗದೆ ಕೆಟ್ಟನು.—ಸುಂಕದವನ ಕೂಡೆ ಸುಖದುಃಖವೇ?—ಸುಂಕದವನ ಕೂಡೆ ಸುಖದುಃಖ ಹೇಳಿದರೆ ಕಂಕುಳಲ್ಲಿ ಏನು? ಅನ್ದನನ್ತೆ (Prvs.).

ಸುಂಕಿ suṅki. = ಸುಂಕ. ಬಣ್ಣವಾಳಸುಂಕಿಯ ಪಾರುಪತ್ಯದ ಹಾಗೆ (Prv.). — ಸುಂಕಿದೇವಯ್ಯ. N. (Bp. 58, 8).

ಸುಂಕಿಗ suṅkiga. Tbh. of ಶುಲ್ಕಿಗ. (ಶುಲ್ಕಿಗ Čt. I, 9; V. 6, 37; Râm. 5, 8, 52; see Sp. s. ಕಂಕ).

ಸುಂಕು suṅku. 1. = ಸುಕುರ್ 2, etc. A fold, a curl. — ಸುಂಕಿಡು. -ಇಡು. To curl (v. t., Ššv. 2, 68).

ಸುಂಕು suṅku. 2. = ಸೊಂಕು 2, etc. Touch. — ಸುಂಕುಗಾಳಿ. An infectious air (My.). — ಸುಂಕುರೋಗ. An infectious disease (My.).

ಸುಂಕು suṅku. Tbh. of ಶೂಕ. The bristle or beard of corn, an awn (ಕಂಠಾರು Mr. 372; Si. 305; My.).

ಸುಚರಿತ su-čarita. Good conduct. 2, well conducted, well behaved; well managed.

ಸುಚರಿತೆ su-čaritĕ. *A well conducted or faithful wife.*

ಸುಚರಿತ್ರ su-čaritra. Good conduct. 2, well conducted.

ಸುಚರಿತ್ರತೆ su-čaritratĕ. The state of being well conducted, etc. (Čpr. 5, 121).

ಸುಚರಿತ್ರೆ su-čaritrĕ. *A well conducted or faithful wife.*

ಸುಚಾರತ್ವ su-čâratva. = ಸುಚರಿತ No. 1. See Čh. s. ಸಾಹಿತ್ಯ.

ಸುಚಾರಿತ್ರ su-čâritra. A good or an excellent story (Bp. 27, 76; 45, 55).

ಸುಚಿ suči. Tbh. of ಶುಚಿ (Šmd. 335; My.). (ಅಮೇಧ್ಯದ) ರುಚಿ ಕಣ್ಡ ನಾಯಿ (ತಾನು) ಸುಚಿಯಾದರೂ ಬಿಡದು (Prv.).

ಸುಚಿತ್ su-čit. Good intellect (Bp. 28, 58).

ಸುಚಿತ್ತ su-čitta. A good mind (Bp. 27, 15).

ಸುಚಿತ್ತೆ su-čittĕ. A woman who has a good mind (Bp. 24, 1).

ಸುಚಿನ್ತ su-činta. A man without sorrowful thoughts (B. 4, 77).

ಸುಚೇಲಕ su-čêlaka. *Fine cloth.*

ಸುಜನ su-jana. A good or virtuous or benevolent man (ಬಲಿ, ಸಜ್ಜನ Nn. 16; ಸಜ್ಜನ, ಸುಹೃದ್ 95; see Šmd. 114; Kk. s. ಅಂಗೀಕರಿಸು; Bp. 21, 4); a gentleman. 2, good, virtuous, respectable; kind, benevolent.

ಸುಜನತೆ su-janatĕ. = ಸುಜನತ್ವ. (Čpr. 8, 76; 9, 111).

ಸುಜನತ್ವ su-janatva. Goodness, virtue, kindness, affability, gentlemanliness, kindness, benevolence, mildness (ಸಾಧು Šm. 99).

ಸುಜನಪ್ರಕೃತಿ sujana-prakṛiti. The disposition of proper men (ಸತ್ವ Mr. 502).

ಸುಜನೋತ್ತಂಸ sujana-uttaṁsa. A crest of respectable persons: N. of a Kannaḍa poet (Šmd. 4. 109. 112. 135. 164).

ಸುಜಾಣ su-jâṇa. Knowing, intelligent, well-informed, sharp, ready (Bp. 51, 44; Mhr.).

ಸುಜ್ಞ su-jña. Intelligent, well-informed (B. 4, 223; 5, 213).

ಸುಜ್ಞಾನ su-jñâna. Knowing, understanding, knowledge (ಜ್ಞಾನ Nn. 52; ಬ್ರಹ್ಮ ಜ್ಞಾನ 79; Bp. 37, 31; 50, 49; 57, 90).

ಸುಜ್ಞಾನದೂರ sujñâna-dûra. A man who is far from knowledge (Bp. 56, 44).

ಸುಜ್ಞಾನಿ su-jñâni. A well-informed, intelligent or wise person (Bp. 3, 23; 22, 53; 31, 1). ತನ್ನ ತಾನು ಅಱಿದರೆ ಸುಜ್ಞಾನಿ (Prv.).

ಸುಟಿ suṭi. Clever, able, powerful (My.; see ಚೂಟಿ).

ಸುಟ್ಟು suṭṭu. 1. P. p. of ಸುಡು 1.

ಸುಟ್ಟು suṭṭu. 2. To point at with the finger (ಅಂಗುಲಿದರ್ಶನ Šmd. Dh.; Čpr. 10, after 89; Abh. P. 7, after 82; 15, 24. 25; T. ಚುಟ್ಟು).

ಸುಟ್ಟು suṭṭu. 3. (fr. ಸುರುಟು). Contracting, etc. — ಸುಟ್ಟುವೆಪ್ಪಿಕ್ಕ. -ಂ. A kind of sensitive plant. ನಮಸ್ಕಾರಿ, ಗಣ್ಡಕಾರಿ, ಖದಿರಿ, etc. ಎನ್ದೊಡೆ ಮುಟ್ಟಿದರೆ ಮುರುಟುವ; ಸುಟ್ಟುವೆಪ್ಪಿಕ್ಕೆನ್ದೂ, ಎಬ್ಬರು (Nr.).

ಸುಟ್ಟುಮ್ಬೆ suṭṭumbĕ. The index or forefinger (Mr. 354; Tĕ. ಚುಟ್ಟುವ್ರೇಲು). ಹೆಬ್ಬೆಟ್ಟು ಸುಟ್ಟುವೆಪ್ಪ ಕೂಡಿ ಅಳದರೆ ಪ್ರಾದೇಶ ಎನಿಸುಗು (Nr.).

ಸುಟ್ಟುಮ್ಬೆಕಾಱ suṭṭumbĕ-kâṛa. A man who uses the forefinger or points at (Čpr. 8, after 44).

ಸುಟ್ಟುರೆ suṭṭurĕ. = ಸಣ್ಬರ, ಸುಟ್ಬರ, ಸುಣ್ಬುರ, ಸುಣ್ಬುರೆ, ಸೊಣ್ಬರ. Turning round, whirling: a whirlwind, cyclone (Čpr. 8, after 4; Abh. P. 14, 7; Rśv. 5, 45; Tĕ. ಸುಡಿಗಾಲಿ, ಸುರಗಾಲಿ; T. ಚುಱಿಕ್ಕಾಱ್ಱು, ಚೂಱಾವಳಿ, ಚೂಱಾವಳಿಕ್ಕಾಱ್ಱು, ಚೂಱ; Tĕ. ಚುಟ್ಟು, to go round; *cf.* ಸುಱ 1 & 3). — ಸುಟ್ಟುರೆಗಾಳಿ. A whirlwind, cyclone (ವಾತ್ಯೆ Hlâ.).

ಸುಡ suḍa. That burns: fire. — ಸುಡನಾಸ. A man who destroys fire, *i. e.* refuses to give it: a great miser (My.). — ಸುಡನಾಸಿ, Such a woman (My.).

ಸುಡಾಳ su-ḍâla. Great lustre (Prll. 3, 25; Mhr. ಸುಢಾಳ, lustrous, clear; of good form, fashion).

ಸುಡಿಸು suḍisu. To cause to burn, to burn, to burn up; to have burnt (My.; B. 3, 53; Č. Bp. 47, 22). ಉತ್ತ ಹೊಲ ಬಿತ್ತಿಸಿ ಕೊಣ್ಡೇತು, ಸತ್ತ ಹೆಣ ಸುಡಿಸಿ ಕೊಣ್ಡೇತು (Prv.).

ಸುಡು suḍu. 1. To burn (v. t.); to roast; to bake; to fire off, as a gun; to consume;— to be consumed by fire; to burn (v. i.); to be very hot; to be effected with a sensation of heat, to feel excess of heat; to be roasted; etc.; to be consumed (ದಾಹ Šmd. Dh.; ಚುರ್ಚು Kk. 15, Šm. 12. 86; C.; T., M. ಚುಡು; Tu. ಸುಡು; Tĕ. ಚೂಡು, ಜೂಡು; see ಚೂಪು 1; ಕುಪ್ಪಡಿಗೆ). P. p. ಸುಟ್ಟು (C.). ಎನಿತುಂ ಕಾಯ್ದುಂ ಬೆಣ್ಣೀರ್ ಮನೆ ಸುಡದು (Šmd. 216). ಸುಡುಗೆ! (282. 284). ಸುಟ್ಟಂ (282. 284). ಸುಟ್ಟ ಅಡಗು (ಭೂತಿ Hlâ.). ಬಱುಗೆಣ್ಡದೊಳು ಸುಟ್ಟ ಅಡಗು (ಭೂತಿ Mr. 217). ಸತ್ತವನ ಸುಡಲೆನ್ದು, ಒಟ್ಟಿದ ಕಟ್ಟಿಗೆ (ಚಿತೆ, etc.); ಕಟ್ಟಿಗೆಯಲ್ಲಿ ಚುಚ್ಚಿ ಸುಡುವ ಮಾಂಸ (ಶೂಲ್ಯ Nr.). ಸುಡುವುದು (ದಗ್ಧ, ದಹ್ಯ Nn. 33). ಸುಡಲ್ ಪಟ್ಟುದು (ಪ್ಲುಷ್ಟ, ಪ್ಲುಷ್ಟ, ಉಷಿತ, ದಗ್ಧ Si. 381); ಸುಡುವ ಪಾತ್ರಗಳ ತಳದ ಮಸಿ (ಅವಸ್ಕರ 449). ಪುಲ್ಲಿಕ್ಕೆ ಪೋಗೆ ಪಥಿಕರ್ ಮೆಲ್ಲನೆ ಸುಡಲಾಱದೆ, ಅಗ್ನಿ ಹಿಮಸಮಯಮಹೀವಲ್ಲಭನತ್ತಣಿನ್ ಅಗಿದು, ಎಂ ಪುಲ್ಲಂ ಕರ್ಚಿದುದೊ? (Rśv. 9, 27). ತಳಮಂ ಸುಡೆ ನೆಲನ್, ಅಡಿಯಿಡಲ್ ಅಳಮಲ್ಲದೆ ನಿನ್ದ ಸಿನ್ದುರಂಗಳ್ (5, 42). ಜವೆಗೋದಿಯ ಕಾಯಿಗಳನ್ನ ಸಹ ರೊಟ್ಟೀ ಮಾಡಿ, ತೋಡಿದ ಎರಡು ಕಲ್ಲುಗಳೊಳಗೆ ಹಾಕಿ, ಸುಡುತ್ತಾರೆ (B. 3, 112). ಅಪ್ಪು ತಿಮ್ಬುವವರ. . . . ರಕ್ತ ಮಾಂಸವೆಲ್ಲ ಸುಟ್ಟು, ಮೆಯ್ ಒಣಗಿ ಹೋಗುವದು (4, 41). ಈ ಮಾತು ಹೇಱಿದವರ ನಾಲಿಗೆ ಸುಡಲಿ! (5, 71). ಅಂಕೆ ಇಲ್ಲದ ಕಪಿ ಲಂಕೇ ಸುಟ್ಟಿತು.— ಬಿಟ್ಟ ಮನೆಗೆ ಸುಟ್ಟ ಒಕ್ಕಲು.—ಬೆಂಕಿ ಹಾಕಿದರೆ ನೆಂಕನ ಮನೆ ಸುಡದೇ?—ಬಂಗಿ ಸುಟ್ಟರೂ ಹಂಗು ಸುಡಲಿಲ್ಲ.—ಹೆಣ ಸುಟ್ಟರೂ ರುಣ ಸುಡಲಿಲ್ಲ (Prvs.). See Čpr. 8, 81; Bp. 32, 50; 36, 46; 50, 26. 32; 53, 52; 56, 34; Rśv. 5, 41; Bh. 1, 8, 64; J. 4, 23; 5, 40; 7, 64; 10, 16; B. 4, 62. — ಸುಡು ಸುಡು. rep. (Bp. 29, 29; 48, 9; J. 17, 54; Bh. 1, 8, 90).

ಸುಡು suḍu. 2. = ಸೊಡ, ಸೋಡ. Burning, etc. — ಸುಡುಗರ. An evil spirit that burns: ignis fatuus (V. 38, 91). — ಸುಡುಗಾಡ. ಸುಡುಗಾಡು-ಅ 3. N. of Šûdra and Hŏlĕya men (My.). 2, = ಸುಡುಗಾಡು. (B. 5, 236; ಪಿತೃಕಾನನ, ಶ್ಮಶಾನ G.). — ಸುಡುಗಾಡಿ. N. of Šûdra and Hŏlĕya women (My.). — ಸುಡುಗಾಡು. -ಕಾಡು. (Šmd. 204). A cemetery (ಶ್ಮಶಾನ, ಪಿತೃವನ Nr.; Si. 297; ಸೊಡಬಲಿ Čt. I, 13; C.). ನಾಡೆಲ್ಲ ಬಿಟ್ಟರೂ ಸುಡುಗಾಡು ಬಿಡದು.—ಸುಡುಗಾಡಿಗೆ ಹೋದ ಹೆಣ ತಿರುಗಿ ಬನ್ದೀತೇ?—ಸೂಳೆಗೆ ಕೊಟ್ಟ ಹಣ, ಸುಡುಗಾಡಿಗೆ ಹೋದ ಹೆಣ (Prvs.). — ಸುಡುಗಾಡುಕೆಲಸ. A disagreeable business (My.).

— ಸುಡುಗಾಡುಮಾತು. A disagreeable word (My.). — ಸುಡುಗಾಡುಸಿದ್ಧ. = ಸುಡುಗಾಡ No. 1. (My.). — ಸುಡುನುಡಿ. A word that burns, a very unkind word (Čpr. 8, after 79). — ಸುಡುಬಲಿ. = ಸೊಡಬಲಿ, q. v. — ಸುಡುಬಾಡು. (Šmd. 82). Roast meat (ಸುಣ್ಟಿಗೆ, ಕೋಲ್ಬುಸ Šs.; ಸುಣ್ಟಗೆ, ಕೊಟ್ಟಸ Šm. 32, o. r. ಸುಣ್ಟಿಗೆ).

ಸುಡುಕ suḍuka. Who has burnt. See ಬಾಲ-.

ಸುಡುವಿಕೆ suḍuvikĕ. Burning, etc. (ಓಷ, ಪ್ಲೋಷ Si. 389).

ಸುಡುಹ suḍuha. Burning, etc. (ಓಷ, ಪ್ಲೋಷ Nr.; ಭಂಜನ, ದಹನ Mr. 48).

ಸುಣ್ಟಗೆ suṇṭagĕ. (Šmd. 48). = ಸುಣ್ಟಿಗೆ. Roast meat (ಸುಡುಬಾಡು, ಕೊಟ್ಟಸ Šm. 32; ತೂಲ್ಯ, ಭಟಿತ್ರ Hlâ.; ಶೂಲಾಕೃತ, ಶೂಲ್ಯ, etc., ಕಟ್ಟಿಗೆಯಲ್ಲಿ ಚುಚ್ಚಿ ಸುಡುವ ಮಾಂಸ Nr.).

ಸುಣ್ಟರ suṇṭara. = ಸುಟ್ಟುರೆ, etc. — ಸುಣ್ಟರಗಾಳಿ. = ಸುಟ್ಟುರಗಾಳಿ. (My.; ಬಿರುಗಾಳಿ G.).

ಸುಣ್ಟಿ suṇṭi. Tbh. of ಶುಣ್ಠಿ (Šmd. 335. 338). Dry ginger; the common ginger, Zingiber officinale Rosc. (C.). See ಅಗುಳು-, ಕಲ್ಲು-, ಹಸಿ-. ರಾವಣನ ಹೊಟ್ಟೆಗೆ ಅರೆಕಾಸಿನ ಸುಣ್ಟಿ (Prv.). — ಸುಣ್ಟಿಹುಲ್ಲು. The roussa or ginger grass, Andropogon martini Roxb. (St. & Pl.).

ಸುಣ್ಟಿಗೆ suṇṭigĕ. = ಸುಣ್ಟಗೆ. (ತೂಲ್ಯ Mr. 217; ಸುಡುಬಾಡು, ಕೋಲ್ಬುಸ Šs.; see Šm. s. ಸುಡುಬಾಡು). 2, the act of burning or roasting: that which is chiefly taken for roasting on a spit, the heart (J. 22, 23). — ಸುಣ್ಟಿಗೆಯಡಗು. -ಅಡಗು. The flesh of the heart (ಹೃದಯಮಾಂಸ Bhn. 62, o. r. ಸುಣ್ಟಗೆ-; Bh. 1, 8, 7).

ಸುಣ್ಟುರ suṇṭura. = ಸುಣ್ಟರ, etc. — ಸುಣ್ಟುರಗಾಳಿ. = ಸುಣ್ಟರಗಾಳಿ. (J. 18, 85).

ಸುಣ್ಟುರೆ suṇṭurĕ. = ಸುಣ್ಟುರ, etc. (Rśv. 13, 78). — ಸುಣ್ಟುರೆಗಾಳಿ. = ಸುಣ್ಟುರಗಾಳಿ. (Rśv. 6, after 11).

ಸುಣ್ಡ suṇḍa. Tbh. of ಶುಣ್ಡ. A musk rat (My.; T. ಚುಣ್ಡನ್; see ಚುಂಚಲಿ, etc. s. ಚುಂಚು 1). — ಸುಣ್ಡಿಲಿ. -ಇಲಿ. = ಸೊಣ್ಡಿಲಿ. A musk rat (ಛುಚ್ಛುನ್ದರ, ಗನ್ಧಮೂಷಿಕೆ Hlâ.; My.).

ಸುಣ್ಡಲು suṇḍalu. = ಸೊಣ್ಡಲು, etc., ಸುಣ್ಡಿಲ್, ಸುಣ್ಡಿಲ, ಸೊಣ್ಡಲು, ಸೊಣ್ಡಿಲು, ಸೊಣ್ಡು. Tbh. of ಶುಣ್ಡಾರ. An elephant's trunk (My.). — ಸುಣ್ಡಲಿಲಿ. -ಇಲಿ. = ಸುಣ್ಡಿಲಿಲಿ. (My.).

ಸುಣ್ಡಾಲ suṇḍâla. = ಶುಣ್ಡಾಲ. An elephant (Bp. 18, 44).

ಸುಣ್ಡಿಲ್ suṇḍil. = ಸುಣ್ಡಲು, etc. (Bp. 22, 15; J. 7, 47; 11, 18). ಆನೆಯ ಸುಣ್ಡಿಲ ತುದಿ (ಪುಷ್ಕರ, ವಾರಣಹಸ್ತದ ಅಗ್ರ Nn. 27; ಕರಿಕರದ ಅಗ್ರ 72). — ಸುಣ್ಡಿಲ ಮೊಗ. Gaṇêśa (ವಿನಾಯಕ Kk. 5; ಬೆನಕ, ಕರಿಮೊಗ, etc. Šm. 4). — ಸುಣ್ಡಿಲಿಲಿ. -ಇಲಿ. = ಸೊಣ್ಡಿಲಿಲಿ. A musk-rat (ಛುಚ್ಛುನ್ದರ Mr. 164; My.).

ಸುಣ್ಡಿಲ suṇḍila. = ಸುಣ್ಡಲು, etc. (B. 5, 224).

ಸುಣ್ಡಿಸು suṇḍisu. To make evaporate, to reduce in boiling (My.).

ಸುಣ್ಡು suṇḍu. To evaporate (v. i., My.; T. ಚುಣ್ಡು).

ಸುಣ್ಡೆ suṇḍĕ. = ಸೊಣ್ಡೆ. The plant Solanum pubescens Lin. (My.; M. ಚುಣ್ಡ, T. ಚುಣ್ಡೈ).

ಸುಣ್ಣ suṇṇa. Tbh. of ಚೂರ್ಣ 1 (Šmd. 347; Mr. 265; Kk. 63; Šm. 66). Chunam, lime, quicklime (C.; J. 7, 29; 30, 35). ಸುಣ್ಣದ ಗಾರೆ ಮಾಡುವವನು (ಪಲಗಣ್ಡ, ಲೇಪಕ Si. 338). ಸುಣ್ಣವಿಲ್ಲದ ಎಲೆ, ಬಣ್ಣವಿಲ್ಲದ ಮದುವೆ, ಹೆಣ್ಣಿಲ್ಲದನ ಸಂಸಾರ ಮಳೆಯೊಳಗೆ ಎಣ್ಣೆ ಹೊಯಿದನ್ತೆ (Sp.). ಸುಣ್ಣವಿಲ್ಲದ ವೀಳ್ಯದ ಹಾಗೆ. — ಸುಣ್ಣವಿಲ್ಲವೆನ್ದು, ಬೆಣ್ಣೆ ತಿನ್ದ. — ಸುಣ್ಣ ಹಚ್ಚಿ ಕೊಣ್ಡರೆ ತಣ್ಣಗಾದೀತೇ? (Prvs.). — ಸುಣ್ಣಕಟ್ಟು. The fluid which gathers on the powder of dry ginger mixed with water, and is used medicinally (My.). — ಸುಣ್ಣಕಾಯಿ. A small metallic box for carrying lime in, to eat with betel leaf (My.). — ಸುಣ್ಣದ ಗೂಡು. A lime-kiln (My.). — ಸುಣ್ಣದವ. -ಅವ. A man who makes and sells chunam (My.). — ಸುಣ್ಣದ ಬೋಯಿ. = ಸುಣ್ಣದವ. (My.). — ಸುಣ್ಣಪಾದ. The basement of a pillar (My.).

ಸುಣ್ಣಗಾರ suṇṇa-gâra. A man who makes chunam (S. Mhr.).

ಸುತ suta. 1. Poured out; extracted, expressed. See ಅಭಿಸುತ.

ಸುತ suta. 2. Begotten, brought forth. 2, *a son.* 3, *a king.* ಸುತನಿಲ್ಲದವಳ ಭಾಗ್ಯ, ಮತವಿಲ್ಲದವನ ಘನತೆ. — ಪಿತಾ ಮಾತಾ ಮುನಿದ ಸುತನಿಗೆ ಗತಿ ಏನು? (Prvs.).

ಸುತತ್ವ su-tatva. A beautiful property. See s. ಸಾಹಿತ್ಯ.

ಸುತರಂಗೆ su-taraṅgĕ. She who has nice waves: the Ganges (J. 9, 24).

ಸುತರಾಮ್ su-tarâm. Better, more excellently; exceedingly; consequently (Sk.). 2, altogether, utterly; in all ways and respects (My.; Mhr.); never, by no means; not or none (My.; Mhr.).

ಸುತಲ su-tala. One of the seven divisions of the lower regions or regions under the earth peopled by the nâgas. (Mr. 32; J. 24, 12).

ಸುತಲಾಭ suta-lâbha. Acquisition of a son (J. 34, 42).

ಸುತಶ್ರೇಣಿ suta-śrêṇi. *The plant Salvinia cucullata* Roxb.

ಸುತಾತ್ಮಜ suta-âtmaja. A grandson.

ಸುತಾತ್ಮಜೆ suta-âtmajĕ. *A grand-daughter.*

ಸುತಾನ su-tâna. A nice tone (in music, J. 21, 58).

ಸುತಾಪಸಿ su-tâpasi. An excellent ascetic (ಒಳ್ಳಿಹ ತಪಸ್ವಿ Nn. 115).

ಸುತಾಹೃತಿ suta-âhṛiti. The act of taking away a son (Čpr. 5, 29).

ಸುತಿ suti. Tbh. of ಶ್ರುತಿ. The vêda (ವೇದ Šs.; Bp. 26, 49; 40, 10; 50, 69; 55, 43; 57, 6); a quarter tone or interval (Bp. 19, 10). — ಸುತಿಗುಡು. -ಕುಡು. To produce the quarter tones (Rśv. 5, after 55).

ಸುತೆ sutĕ. ಸುತಾ. *A daughter.*

ಸುತ್ತ sutta. (infinitive of ಸುತ್ತು 1). So that it, etc. is round about: around, about (J. 12, 10; C.). ಸುತ್ತ ಕೆದರುವ ಚಾಮರ (ಪ್ರಕೀರ್ಣಕ Mr. 265). 2, since, from (S. Mhr.; Tĕ. ಸುತೆ), *e. g.* ಅದು ಸುತ್ತ, thence, from that time. — ಸುತ್ತ ಬರು. To come round about. 2, to go against. ಈಗ ನಾನು ಹೋಗಿ ದಾಮೋದರನಿಗೆ ಕ್ಷಮಾ ಬೇಡಿ ಕೊಳ್ಳಬೇಕಾದರೆ ನನ್ನ ಜೀವದ ಸುತ್ತ ಬನ್ದದೆ (B. 4, 45). ಹಿರಿಯರೇ, ನಿಮಗೇನಾದರೂ ಕೆಟ್ಟ ಸುದ್ದಿ ತಿಳಿಸ ಬೇಕಾದರೆ ನನ್ನ ಜೀವದ ಸುತ್ತ ಬರುತ್ತದೆ; ಅದರೂ ಮಾಡ ತಕ್ಕದ್ದೇನದೆ? (4, 196). — ಸುತ್ತ ಮುತ್ತ. All around, completely around. ಸುತ್ತ ಮುತ್ತ ಇರುವವರು (ಪರೀವಾರ Si. 449). ಹೊಟ್ಟೆಗೆ ಇಲ್ಲದ್ದರಿನ್ದ ಮಕ್ಕಳು ಸುತ್ತ ಮುತ್ತ ನೆರದು, ಅಳುವವು (B. 5, 64). ಅವರು ಪಟ್ಟಣದ ಸುತ್ತ ಮುತ್ತ ಕೋಟೆಯನ್ನು ಕಟ್ಟುವಾಗ (5, 104). ಆ ಹುಡುಗರೆಲ್ಲರು ಅವನ ಸುತ್ತ ಮುತ್ತ ನೆರದವು (5, 127). — ಸುತ್ತ ಮುತ್ತ ಮನೆ. The surrounding or neighbouring houses (My.). — ಸುತ್ತ ಮುತ್ತಲು. = ಸುತ್ತ ಮುತ್ತ. (My.). ಸುತ್ತ ಮುತ್ತಲಿರುವ ಮೃಗಗಳೆಲ್ಲ ಗಧ್ಗದನೆ

ನಡುಗಿ (B. 5, 243). — ಸುತ್ತ ಮುತ್ತಲೂ. = ಸುತ್ತ ಮುತ್ತಲು. ದೊಡ್ಡ ಬೆಟ್ಟಗಳ ಬದಿಯಲ್ಲಿ ಸುತ್ತ ಮುತ್ತಲೂ ಸಮೀಪವಾಗಿರುವ ಚಿಕ್ಕ ಚಿಕ್ಕ ಕಲ್ಲುಗುಡ್ಡಗಳು (ಪಾದ Si. 116). — ಸುತ್ತ ಸುತ್ತಲುಂ. All around. ಸುತ್ತ ಸುತ್ತಲುಮ್ ಅನ್ಧಕಾರಮಾಗಿರುತಿರಲ್ (J. 26, 13). — ಸುತ್ತಾ. = ಸುತ್ತ. (My.). ಊರ ಸುತ್ತಾ ಸುತ್ತಿದರೂ ಊರ ಬಾಗ ಲಲ್ಲಿ ನುಸಿಯ ಬೇಕು (Prv.).

ಸುತ್ತಲ್ suttal. **ಸುತ್ತಲು.** Around, round about; the state of being round about. (T. ಚುಟ್ಟಿಲ್). ಮನೇ ಸುತ್ತಲಿನ ಗೋಡೆ or ಸುತ್ತಲ ಗೋಡೆ (My.). — ಸುತ್ತಲುಂ. -ಉಂ 1. = ಸುತ್ತಲೂ. ಸುತ್ತಲುಂ ದಿಗ್ವಿಜಯಮಂ ಮಾಡಿ (J. 29, 22). See J. 3, 18; 4, 19; ಸುತ್ತ-. — ಸುತ್ತಲೂ. -ಊ 7. All around (J. 13, 59; My.). ಕೋಟೇ ಸುತ್ತಲೂ ಅಗಿಯಲ್ ಪಟ್ಟು ನೀರು ನಿನ್ನ ಕನ್ದಕವು (ಜೇಯ, etc. Si. 91). ಸುತ್ತಲೂ ಇರುವ ಅರಸುಗಳಲ್ಲಿ ಬಲವನ್ತನು (ಅಧೀಶ್ವರ 256). ಪನಗಳು ಬಾರದನ್ತೆ ಸುತ್ತಲೂ ಗೂಟ ಗಳು ನೆಟ್ಟಲ್ (sic!) ಪಟ್ಟ ಗುಬ್ (457). — ಸುತ್ತಲೆ. -ಎ 3. Even around (G. 319). ಬಿಣ್ಣಿನ ಸುತ್ತಲೆ ಮಾರು ಮಾರುದ್ದ ಎಲೆಗಳು ಜೋತಾಡುತ್ತಿರುತ್ತವೆ (B. 2, 37). ಸೂರ್ಯನ ಸುತ್ತಲೆ ಸರ್ವಗ್ರಹ ಗಳು ತಿರುಗುತ್ತವೆ (5, 168).

ಸುತ್ತಾಲೆ suttu 2-ālĕ (*i. e.* ālaya). The surrounding wall of a temple (ಪ್ರಾಕಾರ My.).

ಸುತ್ತಿ sutti. Tbh. of ಶುಕ್ತಿ (Šmd. 349; II, 121; Kk. 82).

ಸುತ್ತಿಗೆ suttigĕ. A hammer (ಲೋಹಘಟಕ Mr. 363; C.; T. ಚುತ್ತಿ, ಚುತ್ತಿಯಲ್; M. ಚುತ್ತಿ, ಚುತ್ತಿಗೆ ತುತ್ತಿ; Tĕ. ಸುತ್ತೆ; Mhr. ಸುತಕೀ, an instrument for stone-splitters). ಸುತ್ತಿಗೆ ಯಿನ್ದ ಹೊಡೆದರೆ ಕಲ್ಲುಗಳು ಒಡೆದು ಚೂರು ಚೂರಾಗುವನ್ತೆ (B. 4, 96). ಅದು ಸುತ್ತಿಗೆಯಿನ್ದ ಸಾಗ ಬಡಿಯುವವಕ್ಕೆ ಬರುವದಿಲ್ಲ (4, 148). ಉಕ್ಕಿನ ತುಣ್ಡನ್ನು ... ಸುತ್ತಿಗೆಯಿನ್ದ ಹೊಡೆದು (4, 157). ಸೂಜಿಗಳನ್ನು ಸುತ್ತಿಗೆಯಿನ್ದ ಬಡಿದು, ಸರಳ ಮಾಡುತ್ತಾನೆ (4, 158). ಸುತ್ತಿಗೆ ಇಲ್ಲದ ಹರದ, ಅತ್ತಿಗೆ ಇಲ್ಲದ ಮಯ್ದುನ. — ಗುತ್ತಿಗೆ ಕೊಟ್ಟು ಹೋಯಿತು, ಸುತ್ತಿಗೆ ಮುಣುಗಿ ಹೋಯಿತು (Prvs.).

ಸುತ್ತಿಗೆ suttigĕ. Tbh. of ಸೂತ್ರಿಕೆ (Šmd. 345 Mdb.; 356).

ಸುತ್ತಿಸು suttisu. To cause to go round; to cause to wind or roll round or up; etc. (Rśv. 13, 82; My.).

ಸುತ್ತು suttu. 1. To surround, to encompass, to put around, to inwrap (ವೇಷ್ಟನ Šmd. Dh.; C.); to wind; to roll up; to make a coil of; to wrap up; to go or turn round; to go or walk about; to circumambulate (C.; Tĕ. ಚುಟ್ಟು; T., M. ಚುಟ್ಟು; M. also ಚುಟ). ಸಮುದ್ರದಿನ್ದೆ ಸುತ್ತಲ್ ಪಟ್ಟ ಭೂಮಿ (ಅರ್ಣವವೃತಧಾತ್ರಿ Šmd. 11 Om.). ಅಲ್ಲಿಯ ಪೆಣ್ದಿರನ್ ಅಗ್ನಿ ಸುತ್ತಿದಂ (145). ಸುತ್ತಲು ಪಟ್ಟುದು (ನಿವೃತ, ವೇಷ್ಟಿತ, ಪರಿವೃತ್ತ, ವಲಯಿತ, ಪರಿಕ್ಷಿಪ್ತ Hlâ.; ಪರಿಕ್ಷಿಪ್ತ, ನಿವೃತ Nr.). ಸುತ್ತಲ್ ಪಟ್ಟುದು (ವೇಷ್ಟಿತ, ವಲಯಿತ, ಸಂವೀತ, ರುದ್ಧ, ಆವೃತ Nr.). ಸುತ್ತಿ ಕೊಳ್ಳಲ್ ಪಟ್ಟುದು (ಪರಿಕ್ಷಿಪ್ತ, ನಿವೃತ Si. 377). ತಿರವ ಸುತ್ತೂಡು (ಉಷ್ಣೀಷ Mr. 469); ಪರೆಯದೆ ಸುತ್ತುತಿಹ ಕತ್ತಲೆ (ಅವತಮಸ, ಸನ್ತಮಸ 67). ನೆಯಿಗೆಯವರು ನೂಲು ಸುತ್ತುವ ಅರಟೆ (ತ್ರಸರ, ಸೂತ್ರವೇಷ್ಟನ Si. 396); ಲತಾಕಾರವಾಗಿ ಸುತ್ತಿ ಕೊಣ್ಡು ಪ್ರಾಣಿಹಿಂಸೆ ಮಾಡುವ ಮಹಾಮತ್ಸ್ಯ (ಗ್ರಾಹ, etc. 88); ಬಸುರೊಳಗೆ ಸುತ್ತಿ ಕೊಣ್ಡಿರುವ ಮಾವಿಚೀಲ (ಗರ್ಭಾಶಯ, etc. 194); ಜುಟ್ಟುಗಣ್ಟಿನ ಮೇಲೆ ಸುತ್ತಿ ಕೊಣ್ಡಿರುವ ಹುವ್ವಿನ ಹಾರ (ಆಪೀಡ, etc. 230). ರವಿಶಶಿವಂ ಜೋಡ್ಯವರ್ ಸದ್ವರೂಥಂಗಳೊಳ್ ಒಪ್ಪವೆಟ್ಟತ್ತು ಸುತ್ತುತ್ತೆ ಒಡವರೆ (Rśv. 6, 12). ಸುಣ್ಬುರೆಯನ್ತೆ ಸುತ್ತಿ, ಪತ್ತಿ, ಸಾಗಾನ್ತಕನನ್ತೆ ಪಾಟಿ ದುದು ತುಂಗತುರಂಗಮ್ ಇಳಾಧಿನಾಥನಾ (13, 78). ಕಾನನದೊಳು ಹರಿದಾಡುವ ಉರಗವು ಕಾಲಿಗೆ ಸುತ್ತಿದರೇನು? (Dp. 63, 3). ಕೊಂಕಣ ಸುತ್ತಿ, ಮಯ್ಲಾರಕ್ಕೆ ಹೋದ ಹಾಗೆ. — ಊರು ಮೂರು ಸುತ್ತು ಸುತ್ತಿದರೂ ಊರುಬಾಗಲಲ್ಲಿಯೇ ಹೋಬಿಡ ಬೇಕು (Prvs.). ಆನೆಯ ಸೊಣ್ಡಿಯು ಸುರಳೀ ಸುತ್ತುವದಕ್ಕೂ ನೆಟ್ಟಗೆ ಚಾಚುವದಕ್ಕೂ ಬೇಕಾದ ತ್ತ ಅಡಿಸುವದಕ್ಕೂ ಬರುತ್ತದೆ (B. 5, 238). See Šmd. 345; Čpr. 1, 107; 5, 51; Abh. P. 6, 57; Grj. 10, 98; Bp. 20, 21; 38, 15; 53, 16; Rśv. 6, after 11 twice; 6, after 115; 13, 91; J. 8, 39. — ಸುತ್ತಿ ಬರ್. To go round and come (Bp. 32, 28). 2, to surround. ಸುತ್ತಿ ಬರುವಿಕೆ (ಪರಿಸರ್ಪ, ಪರಿಕ್ರಿಯೆ Si. 394). 3, to go or move about. ಸುತ್ತಿ ಬಹ ಜೀವಂಗಳೆಲ್ಲ ಜಂಗಮಮುಕ್ಕು (Mr. 32). 4, to turn round, to wander, to rave. ಕಾಮನ ಗರವಟಗೆವರ್ಪನ್ತೆ ಸುತ್ತಿ ಬರ್ಪುವು ಗಿಳಿಗಳ್ (Šmd. 81 Mdb.). ಮಲ್ಲದಿಯೆನ್ದು ಸುತ್ತಿ ಬರ್ಪುದು (Šmd. I). — ಸುತ್ತು ಸುತ್ತು. rep. (Bp. 1, 36; 16, 61; 52, 12).

ಸುತ್ತು suttu. 2. That surrounds, encloses or is round about; an enclosure (Abh. P. 11, 85); the state of being surrounded; that of being round about (ವೇಷ್ಟಿತ, ಪರಿಕ್ಷಿಪ್ತ, ವಲಯಿತ Mr. 434; Čpr. 6, after 88; see ತೆರೆ-; ಉಗುರು-); circumferential extent, expansion, magnitude, compass (ಪರಿಣಾಹ, ವಿಶಾಲತೆ Hlâ.; ಪರಿಣಾಮ, ವಿಶಾಲತೆ Mr. 456; T., M. ಚುಟ್ಟು); a wind (of cloth) round (the body, Čpr. 6, 63); a coil, a roll, a cheeroot or cigar (My.; T. ಚುರುಟ್ಟು); a coiled metal ring (My.; Tĕ. ಚುಟ್ಟು; M. ಚುಟ್ಟು); a round, a walk round (My.; see Prv. s. ಸುತ್ತು 1); a turn (of the hand, *e. g.* in preparing a pill on a slab, My.). 2, the state of being circuitous: circuitous (My.); around, round about. Genitive ಸುತ್ತಣ. ಗಾಲಿಯ ಸುತ್ತಣ ಕಡೆ (ನೇಮಿ Nr.). ಸುತ್ತಣ ಸರಾತಿ ಪಟಿಭಿತ್ತಿ ಅಕ್ಕು (Mr. 288). ಬೆಸೆಗಳ ಸುತ್ತಣ ಅಮರರು (Bp. 37, 43). ಊರ ಸುತ್ತಣ ಬಯ್ಲು (ಸಂಸ್ತ್ಯಾಯ Si. 445). ಯಜ್ಞಶಾಲಾರಕ್ಷಣಾರ್ಥವಾಗಿ ಸುತ್ತು ಬರಲಿಕ್ಕಿದ ಬೇಲಿ (ಕುಷ್ಟಿ Nr.). ಮಾತ್ರೆಯೊನ್ದು ಸುತ್ತಿಗೆ ಒನ್ದು ವರಹಾ (Prv.). ಹಣ್ಣಿನ ಸುತ್ತು ಚಾಪತ್ರಿ ಇರುವದು (B. 3, 52). — ಸುತ್ತಂ. -ಅಂ 5. All around, completely around (Bp. 16, 20). — ಸುತ್ತರಿ. -ಅರಿ 5. To run or go around (the earth, B. 4, 68). — ಸುತ್ತಳತೆ. -ಅಳತೆ. Compass, perimeter, circuit, circumference (C.; B. 2, 23; 4, 146; ಪರಿಧಿ G.). — ಸುತ್ತಿರುಗು. (*i. e.* ಸುತ್ತು-ತಿರುಗು). To go around (the earth, B. 4, 68). — ಸುತ್ತಿಡ್. -ಇಡ್. To put round (Čpr. 7, 91; 10, 45; Abh. P. 11, 149). — ಸುತ್ತುಗಟ್ಟು. -ಕಟ್ಟು. To surround, to encompass, to encircle. ನಾಲ್ಕು ಕಡೆಯಿಂದ ಸುತ್ತುಗಟ್ಟಿದ ದಣ್ಡಿನ ಮುತ್ತಿಗೆ (ಆಸಾರ); ಏಳು ದ್ವೀಪಗಳನ್ನು ಸುತ್ತುಗಟ್ಟಿ ಕೊಣ್ಡ ಕೋಟೆ (ಚಕ್ರವಾಲ G.). 2, to be surrounded or encircled. ಪ್ರತಿ ಒನ್ದು ಮಹಾದ್ವೀಪವು ನಾಲ್ಕು ಕಡೆಗೂ ನೀರಿನಿನ್ದ ಸುತ್ತುಗಟ್ಟಿ ಕೊಣ್ಡಿರುವವಬನ್ದ (B. 4, 98). — ಸುತ್ತುಗೋಟೆ. -ಕೋಟೆ. A wall round a town (Bp. 26, 31). — ಸುತ್ತುಂಗಡಲು. -ಂ-ಕಡಲು. The ocean which surrounds. ಸುತ್ತುಂಗಡಲು ಹರಿದ ಕುಋವ (ಅನ್ತರೀಪ Hlâ.). — ಸುತ್ತುಝುಲ್ಲಿ. Tassels which surround (Rśv. 6, after 11). — ಸುತ್ತುತೆರೆ. -ತೆರೆ. A surrounding screen (ಅಪಟ Mr. 203). — ಸುತ್ತುಬೆಟ್ಟ. A surrounding mountain range (ಚಕ್ರವಾಲ, etc. Si. 114). — ಸುತ್ತು ಮುತ್ತ. = ಸುತ್ತು ಮುತ್ತಲು. (My.). — ಸುತ್ತು ಮುತ್ತಲು. = ಸುತ್ತು ಮುತ್ತಲೂ. (My.). — ಸುತ್ತು ಮುತ್ತಲೂ. All around (C.). ಹಿಮಾಲಯದ ಸುತ್ತು ಮುತ್ತಲೂ (B. 3, 114). — ಸುತ್ತು ಮುತ್ತು. = ಸುತ್ತು ಮುತ್ತಲೂ. (C.). 2, the state of being all around. ಯಾಲಕ್ಕಿಯ ಗಿಡಗಳು ಭರತಖಣ್ಡ

ವಲ್ಲಿಯೂ ಆದರ ಸುತ್ತು ಮುತ್ತಿನ ಸೆಕೆಯುಳ್ಳ ನಡುಗಡ್ಡೆಗಳಲ್ಲಿಯೂ ಹುಟ್ಟುತ್ತವೆ (B. 3, 29). ಸುತ್ತು ಮುತ್ತಿನ ಮನ್ದಿ ಓಡಿ ಬನ್ದು (3, 72). — ಸುತ್ತುವರ್. -ಬರ್. To come or go round about. Frequently ಸುತ್ತುವರೆ, so that it, etc. goes about, *i. e.* round about (Bp. 16, 9. 10; 38, 10; 60, 50). — ಸುತ್ತುವಳಯ. A surrounding enclosure, a compound, a wide compass (Râm. 1, 13, 9. 10; Bh. 1, 8, 70). — ಸುತ್ತುವಳೆಯ. Going or moving round in circles (? ತಿರುಪು Mr. 82). — ಸುತ್ತುವೀಳೆಯ. Betel leaves circularly put on a plate (My.). — ಸುತ್ತು ಹಾಕು. To put round; to surround. ಹದ್ದಿನ ಕಾಲಿಗೆ ಒನ್ದು ಹಾವು ಸುತ್ತು ಹಾಕಿತ್ತು (B. 2, 28). ಒನ್ದು ಇಲಿಯು ಒನ್ದು ತತ್ತಿಯ ಹತ್ತರ ಹೋದಿ ಮೆಯ್ಲಿ ಬಿದ್ದು, ತನ್ನ ಮೆಯ್ಯಿನ್ದ ಅದಕ್ಕೆ ಸುತ್ತು ಹಾಕಿತು (3, 21). — ಸುತ್ತೆಂ. I go round, I wander, I am bewildered (ಭ್ರಮೆಯೆಂ Śmd. 395 Cm.). — ಸುತ್ತೋಲೆ. -ಓಲೆ. (Śmd. 63). A coiled ôlĕ (?).

ಸುತ್ತುವಿಕೆ suttuvikĕ. Turning round, being giddy, etc. (ಭ್ರಮ, ಭ್ರಮಿ Sl. 389).

ಸುತ್ತ್ಲು suttlu. = ಸುತ್ತಲ್, etc. (My.).

ಸುತ್ಥಣೆಯ sutthaṇĕya. A term with ಥ[6] (Śmd. 28, o. rs. ಸುಥಣೆ, ಸತ್ಥಣೆ).

ಸುತ್ರಾಮ su-trâma. = ಸೂತ್ರಾಮ. Good protector: *Indra.*

ಸುತ್ವ sutva. 1. The syllable ಸು (Śmd. 268).

ಸುತ್ವ sutva. 2. An offerer of sôma juice. 2, *a student who has performed his ablutions* (subsequent or preparatory to a sacrifice).

ಸುದತಿ su-dati. A woman who has handsome teeth (Bp. 57, 7; J. 8, 17).

ಸುದನ್ತಿ su-danti. A female elephant with handsome tusks, that of the north-west quarter. See Mr. s. ದ್ವಿಪ.

ಸುದರಾಯಿಸು sudarâyisu. = ಸುಧಾರಿಸು. To rest, etc. (My.).

ಸುದರ್ಶನ su-darśana. Good looking, handsome. 2, *the discus of Vishṇu.* 3, easily seen. 4, a vulture. 5, the son of Haṁsadhvaja (J. 10, 44).

ಸುದಾ sudâ. = (ತುದಾ), ಸುದ್ದಾ, ಸುದ್ಧಾ, ಸುಧಾ. Together with, along with; also; even (My.; Tĕ. ಸುದ್ದಾ; Mhr. ಸುದ್ಧಾಂ).

ಸುದಾಮ su-dâma. One who gives liberally. 2, N. of a poor Brâhmaṇa who came to Dvârakâ to ask Kṛishṇa's aid, and was raised to wealth by him. (My.). 3, a cloud. 4, the sea. 5, a mountain. See ಸೌದಾಮಿನಿ.

ಸುದಾಯ su-dâya. A good gift; a special gift given on particular solemn occasions (*e. g.* a nuptial present, etc., Sl. 266).

ಸುದಾಸ್ su-dâs. A liberal man. 2, N. of a king at whose court both Vasishṭha and Viśvâmitra appear to have acted as family priests. See ವಸಿಷ್ಠ.

ಸುದಿನ su-dina. *A fine day,* auspicious day, happy day; *fine weather.*

ಸುದಿನಾಹ sudina-aha. *A day of fine weather, a fine day.*

ಸುದೀನ su-dîna. Very poor or miserable (Bp. 32, 62).

ಸುದೀಪ್ತಿ su-dîpti. Great splendour (Bp. 3, 6).

ಸುದುರ್ಲಭ su-durlabha. Very difficult to be attained, quite unattainable, very scarce or rare. (R.).

ಸುದುಶ್ಚರ su-duścara. Very difficult to be performed or attained; very arduous or painful. (R.).

ಸುದುಸ್ತರ su-dustara. Very difficult to be passed or crossed. (R.).

ಸುದೂರ su-dûra. *Very distant.*

ಸುದೃಢ su-dṛiḍha. Very firm or hard. (R.).

ಸುದೇಶ su-dêśa. A good country (My.).

ಸುದೇಶೀಯ su-dêśîya. Proper native dialect (Bhn. 2).

ಸುದೇಹ sudêha. A man who has a beautiful body (Bp. 44, 31).

ಸುದೈವ su-daiva. Good fortune (ಅದಿಷ್ಟ Cb.).

ಸುದ್ದ sudda. Tbh. of ಶುದ್ಧ. (My.; see Prv. s. ಕಚ್ಚೆ).

ಸುದ್ದಗೆ suddagĕ. Tbh. of ಶುದ್ಧಗೆ. Pure, unworked clay (My.).

ಸುದ್ದಯಿಸು suddayisu. Tbh. of ಶುದ್ಧಯಿಸು. (My.).

ಸುದ್ದಾ suddâ. = ಸುದಾ, etc. (B. 5, 61. 127).

ಸುದ್ದಿ suddi. Tbh. of ಶುದ್ಧಿ (Śmd. 385. 389). Purity, etc., etc. 3, clear or correct knowledge of circumstances;— circumstances that have come to light or become manifest: news, tidings, intelligence; rumour, talk (ವೃತ್ತಾನ್ತ G.; C.; Tĕ.; Râm. 3, 2, 17; 4, 3, 15; B. 2, 14; 3, 73. 83. 127; 4, 87; Sl. 282). ಬೇಹುಕಾರನಿನ್ ಅರಸಂ ಸುದ್ದಿಯಂ ಕೇಳಲ್ ಪಟ್ಟಂ (Śmd. 300). ಸುದ್ದೀ ತಿಳಿಸುವವನು (ಅಪಸರ್ಪ, ಚರ, ಸ್ಪಶ); ಮನ್ದಿ ಮಾತಾಡುವ ಸುದ್ದಿಯನ್ನು ವಾಸ್ತವಿಕವಾಗಿ ಹೇಳಿಕೋಣ (ಉದನ್ತ); ಮನ್ದಿ ಮಾತಾಡುವ ಸುದ್ದಿ (ಜನಶ್ರುತಿ); ಸುದ್ದೀ ತರುವ ಮನುಷ್ಯ (ವೈವಧಿಕ G.). ಸುದ್ದಿಯಲ್ಲಿ ಅದ್ದಿ ಹೋದರೂ ಮುದ್ದು ಮಾಡದೆ ರೋಗ ಹೋಗದು.— ದಣ್ಡಿನ ಸುದ್ದೀ ಕೇಳೋಕೆ ಚನ್ದ, ನೋಡೋಕೆ ಭಯ.— ಪಾಠಾ ಹೇಳುವವಗೆ ಕೋಟೆದ ಸುದ್ದಿ ಯಾಕೆ?— ಪೇಟೆಯಲ್ಲಿರುವವಗೆ ಬೇಟೆಯ ಸುದ್ದಿ ಯಾಕೆ?— ಬಾಳುವವನಿಗೆ ಹಾಳೂರ ಸುದ್ದಿ ಯಾಕೆ?— ಬಿಸಲಲ್ಲಿ ಹೋಗುವಾಗ ಹಸೇ ಸುದ್ದಿ ಯಾಕೆ?— ಸತ್ತ ಸುದ್ದಿಯನ್ನಾದರೂ ಸನ್ತೋಷದಿನ್ದ ಹೇಳು!— ಸುಲಿಸಿ ಕೊಳ್ಳ ಬಹುದು, ಸುದ್ದಿ ಹೇಳ ಕೂಡದು.— ಸುಳುವು ಹೇಳದವನ ಸುದ್ದಿ ಹೇಳ್ಯಾನೇ? (Prvs.). — ಸುದ್ದಿಗೇಳ್. -ಕೇಳ್. To ask for information (Abh. P. 10, 62).

ಸುದ್ಧಾ suddhâ. = ಸುದ್ದಾ, etc. (B. 5, 63. 76).

ಸುಧನ್ವ su-dhanva. A good archer. 2, N. of a son of Haṁsadhvaja (J. 10, 44; 11, 6, etc.).

ಸುಧರ್ಮ su-dharma. Keeping well to duty, attentive to duties; justice, virtue, morality (ವೃಷ, ಸದ್ಧರ್ಮ Nn. 16; ಧರ್ಮ 52).

ಸುಧರ್ಮೆ su-dharmĕ. *An assembly or council of the gods.*

ಸುಧಾ sudhâ. = ಸುದ್ದಾ, etc. (B. 5, 194. 280. 283. 304). See another ಸುಧಾ s. ಸುಧೆ.

ಸುಧಾಂಶು sudhâ-aṁśu. Nectar-rayed: *the moon.* 2, one of the tongues of Agni or fire (Mr. 46).

ಸುಧಾಂಶುವಲ್ಲಭ sudhâṁśu-vallabha. The moon looked upon as a husband (Rśv. 4, 14).

ಸುಧಾಕರ sudhâ-âkara. Mine of nectar: the moon (ಕುಮುದ, ಚನ್ದ್ರ Nn. 29; ಹಿಮ, ಚನ್ದ್ರ 46; ಚನ್ದ್ರ 69. 124. 150).

ಸುಧಾಕರಧರ sudhâkara-dhara. Śiva (Śśv. 4, 38).

ಸುಧಾನಿಧಿ sudhâ-nidhi. Nectar-receptacle: the moon (My. Amara).

ಸುಧಾಬ್ಧಿ sudhâ-abdhi. An ocean of nectar (Nn. 1).

ಸುಧಾಮ su-dhâma. N. of a mountain. 2, N. of a muni. 3, N. of a lôkapâla. 4, N. of a class of deities. See Râm. 1, 16, 16.

ಸುಧಾಮಯ sudhâ-maya. Consisting of nectar; made of plaster, etc.; a brick or stone building; a palace, mansion. (R.).

ಸುಧಾರಣೆ su-dhâraṇĕ. The state of being made straight, a revised, finished, polished, civilized or enlightened state (B. 4, 189. 208; Mhr. ಸುಧಾರಣಾ, adjusting, composing). 2, rest, repose; forbearance; getting through somehow or other, shift, making shift (My.).

ಸುಧಾರಿಸು su-dhârisu. = ಸುದರಾಯಿಸು. To adjust, to compose; to make straight; to train; to finish; to polish; to civilize, to enlighten (B. 5, 208. 224; Mhr. ಸುಧಾರಣೇಂ); to get straight, to become conformable, civilized or enlightened (B. 3, 110; 4, 73. 128. 130. 162; Mhr.). 2, to rest; to forbear; to manage or get through somehow or other (My.).

ಸುಧಾರುಗ್ಧರ sudhâruč-dhara. Śiva (V. 9, 127).

ಸುಧಾರುಚ್ sudhâ-ruč. -ರುಕ್. = ಸುಧಾಂಶು.

ಸುಧಾಶನ sudhâ-aśana. Whose food is nectar: a deity (Bp. 1, 41).

ಸುಧಾಶರನಿಧಿ sudhâ-śaranidhi. = ಸುಧಾಬ್ಧಿ. (Bp. 26, 11).

ಸುಧಾಸೂತಿ sudhâ-sûti. Born in the sea of ambrosia: the moon.

ಸುಧಾಸೂತಿಮೌಲಿ sudhâsûti-mauli. Śiva (J. 15, 15).

ಸುಧಿ su-dhi. ಸುಧೀ. Having a good understanding, *wise, clever, sensible; a wise or clever or intelligent man* (ವಿದ್ವಾಂಸ Mr. 223). 2, a good understanding, good sense, intelligence.

ಸುಧೀಮಣಿ sudhî-maṇi. A jewel of an intelligent man (Bp. 57, 54).

ಸುಧೀಮಾನ್ sudhî-mân. An intelligent, learned man (ವಿದ್ವಾಂಸ Mr. 223).

ಸುಧೀರ su-dhîra. Very firm or resolute; very courageous (Bp. 36, 4).

ಸುಧೃತಿ su-dhṛiti. Very firm or energetic (Bp. 5, 46).

ಸುಧೆ sudhĕ. ಸುಧಾ. = ಸೊದೆ. Well-being, welfare. 2, *the beverage or food of the gods, nectar, ambrosia;* the honey of flowers; milk; juice; water. 3, *lime, whitewash, mortar, plaster.* 4, *the milk-hedge plant, Euphorbia antiquorum.* 5, = ಅಲಸನ್ದೆ, q. v. 6, the plant Aletris hyacinthoides. 7, the emblic myrobalan (= ನೆಲ್ಲಿ). 8, the yellow myrobalan.

ಸುನತಿ sunati. = ಸುನ್ನತಿ. Circumcision (B. 4, 165; Mhr., H. ಸುನತ, ಸುನತಾ). ಸುನತೀ ಮಾಡಿಸಿ ಕೊಣ್ಡವನು (ಮುರ್ಬಲ Čb.).

ಸುನನ್ದೆ su-nandĕ. A delighting woman; N. of the daughter of a merchant (Čpr. 3, after 76); N. of a queen (J. 33, 43).

ಸುನಯ su-naya. Good conduct; good policy. (Čpr. 6, 17).

ಸುನಾದ su-nâda. A pleasant sound (Bp. 28, 5).

ಸುನಾಮ su-nâma. Well named; a good or nice name. 2, N. of a vṛitta (Čh.). — ಸುನಾಮವೆಱ್. -ಪೆಱ್. To get a nice name (Kk. 99).

ಸುನಾಯಾಸ suna (*i. e.* sunna)-âyâsa. Without trouble or difficulty, easily (My.; Tĕ.).

ಸುನಾಯಿ sunâyi. = (ಸನಾಯಿ), ಸೊನಾಯಿ. A sort of clarionet (Tĕ. ಸೊನಾಯಿ, ಸೊನ್ನಾಯಿ; R.).

ಸುನಾಯಿಸು sunâyisu. To explain, to tell (My.; Mhr. ಸುನಾವಿಣೇಂ).

ಸುನಾವಣೆ sunâvaṇĕ. = ಸುಲಾವಣೆ. Explaining; the reading and explaining (in a court) of a petition, etc. (My.; Br., Mhr. ಸುನಾವಣೀ).

ಸುನಾಸೀರ sunâsîra. *Indra.*

ಸುನಿಮೇಷ su-nimêsha. Beautiful twinkling of the eyes (J. 6, 25).

ಸುನಿಶ್ಚಿತ su-niśčita. *Well ascertained or determined, firmly decided,* resolved; commended, approved. (Čh. v. 163).

ಸುನಿಷಣ್ಣಕ su-nishaṇṇaka. *The potherb Marsilea quadrifolia.*

ಸುನೀತ su-nîta. Well-conducted, well-behaved; politic; N. of a king (J. 27, 42). 2, good conduct; good policy, prudence.

ಸುನೀತಿ su-nîti. Good conduct or behaviour; moral rectitude; good manners; just laws and rules; good policy. (Bp. 40, 86; Bh. 1, 8, 54).

ಸುನೀಲ su-nîla. Very black or blue.

ಸುನೀಲರತ್ನ sunîla-ratna. A fine sapphire (Nn. 2).

ಸುನುವಲಿ sunuvali. The potherb Marsilea quadrifolia (ವಿತುನ್ನ, ಸುನಿಷಣ್ಣಕ Nr.).

ಸುನ್ದರ sundara. *Beautiful, handsome,* lovely, charming, agreeable. 2, beauty (ಸೌನ್ದರ್ಯ Šmd. 190 Cm.; ರೂಪು, ಚೆಲುವು Nn. 70). 3, N. of a vṛitta (Čh.). 4, N. of a class of deities (ಸುರಜಾಲಭೇದ, ದೇವತೆಗಳ ಭೇದ 70).

ಸುನ್ದರತೆ sundaratĕ. Beauty (Čidakhaṇḍânubhava 1, 8).

ಸುನ್ದರಾಂಗಿ sundara-aṅgi. A woman with beautiful limbs (My.).

ಸುನ್ದರಿ sundari. *A beautiful woman;* a woman (ಕಾಮಿನಿ, ಸ್ತ್ರೀ Nn. 70; ಹೆಂಗೂಸು Mr. 301; see ವಾರ-).

ಸುನ್ದು sundu. 1. To lie with (ಮೈಥುನ Šmd. Dh.; see ಮಱಿಸುನ್ದು 1; *cf.* ಸುಳಿಲ್ 2; T. ತುನ್ನು, to come near, see ತೊಱೆ; ತುನ್ನು, to be thick together); to lie down, to repose, to sleep (ಶಯನ Šmd. Dh.; T. ತುಂಜು, to sleep; ತುಯಿಲ್, sleep).

ಸುನ್ದು sundu. 2. Coition. See ಮಱಿಸುನ್ದು 2, ಸೂಱು-.

ಸುನ್ನ sunna. Tbh. of ಶೂನ್ಯ (Šmd. II; Kk. 83; *cf.* ಸುನಾಯಾಸ; ಸೊನ್ನೆ 2).

ಸುನ್ನತಿ sunnati. = ಸುನತಿ. (Mg.; Br.).

ಸುನ್ನೆ sunyĕ. Tbh. of ಶೂನ್ಯ. The anusvâra or bindu (ಸೊನ್ನೆ Čb.).

ಸುಪಟ್ಟ su-paṭṭa. A fine badge of honor (Bp. 10, 42).

ಸುಪಥ su-patha. A good road; good course or way; good conduct. (Bp. 43, 58; 44, 38).

ಸುಪಥಿ su-pathi. *A good road.*

ಸುಪದ್ su-pad. A beautiful foot (Bp. 56, 7).

ಸುಪದವಿ su-padavi. Great dignity, high rank (Bp. 2, 24).

ಸುಪದಾರ್ಥ su-padârtha. A nice thing (Bp. 44, 60).

ಸುಪರ್ಣ su-parṇa. Well-winged: *Garuḍa.*

ಸುಪರ್ಣಕೇತು suparṇa-kêtu. *Vishṇu.*

ಸುಪರ್ಣಚಯನ suparṇa-čayana. A mound of earth in the form of a garuḍa (J. 34, 12).

ಸುಪರ್ಣವಾಹನ suparṇa-vâhana. Vishṇu or Kṛishṇa (J. 2, 42).

ಸುಪರ್ಣೆ su-parṇi. -ಣೀ. The mother of Garuḍa.

ಸುಪರ್ಣಿಜ suparṇi-ja. Garuḍa (Mr. 21).

ಸುಪರ್ಣೀತನುಜ suparṇî-tanuja. *Garuḍa.*

ಸುಪರ್ವ su-parva. *A god, a deity.*

ಸುಪರ್ವನಾಥ suparva-nâtha. Indra (Bp. 43, 42).

ಸುಪರ್ವಾಗ್ರಣಿ suparva-agraṇi. Śiva (Šsv. 4, 121).

ಸುಪಾತ್ರೆ su-pâtrĕ. A good or suitable vessel (ಕಟಾಹ, ಒಳ್ಳಿದ ಪಾತ್ರ, Nn. 107).

ಸುಪಾರ್ಶ್ವಕ su-pârśvaka. *The tree Ficus infectoria.*

ಸುಪ್ತ supta. Slept; sleeping, asleep; paralyzed, numbed; insensible. 2, sleep, deep or sound sleep. 3, one of the sanćâribhâvas (Kâvy. IV, 2, 16).

ಸುಪ್ತಿ supti. Sleep; sleepiness, drowsiness; numbness, etc. (ಶಯ್ಯೆ, ನಿದ್ರೆ Nn. 55). See ಒಱಗು 1. ಅಕ್ಷಿ ಮುದ್ರಿಸೆ ಸುಪ್ತಿ, ಬಱಬಿನೆನಹು ಸ್ವಪ್ನಮ್, ಅದಿೞ್ದೀಕ್ಷಿಸಲು ಜಾಗ್ರಂ (Mr. 317).

ಸುಪ್ತಿದೂರ supti-dûra. Far from sleep, knowing no sleep (Bp. 58, 40).

ಸುಪ್ಪತಿಗೆ suppatigĕ. = ಸುಪ್ಪತ್ತಿಗೆ. (My.).

ಸುಪ್ಪತ್ತಿಗೆ suppattigĕ. A sleeping mattress (My.; Śi. 230; Č. Bp. 47, 40; ತಲ್ಪ, ತಲಿನ Mr. 202; Mhr. ಸುಪೇತೀ, bedding).

ಸುಪ್ರತಾಪ su-pratâpa. Great glory or power (Bp. 5, 1).

ಸುಪ್ರತಿಭೆ su-pratibhĕ. Spirituous liquor. (R.).

ಸುಪ್ರತಿಷ್ಠೆ su-pratishṭhĕ. Good position; good reputation, fame; the establishment of a temple, idol, etc.; installation, consecration (Bp. 54, 1). 2, N. of a type of metres (Čh.; Mr. 362).

ಸುಪ್ರತೀಕ su-pratîka. Having a beautiful shape or form, handsome (Bp. 59, 34). 2, *the elephant of the north-east quarter.*

ಸುಪ್ರಬನ್ಧ su-prabandha. A fine literary composition (J. 4, 8).

ಸುಪ್ರಭ su-prabha. Very bright or splendid, brilliant.

ಸುಪ್ರಭಾತ su-prabhâta. Well dawned, well shone forth. 2, an auspicious dawn or day-break, a beautiful morning (V. 9, 24). 3, a kind of morning prayer (My.).

ಸುಪ್ರಭೆ su-prabhĕ. *One of the tongues of Agni or fire.*

ಸುಪ್ರಯೋಗ su-prayôga. Good application, good management. 2, *dexterity, expertness.* 3, close contact.

ಸುಪ್ರಯೋಗವಿಶಿಖ suprayôga-viśikha. A good marksman, a skilful archer. (G.).

ಸುಪ್ರಲಾಪ su-pralâpa. Discoursing well, *eloquence.*

ಸುಪ್ರಸನ್ನ su-prasanna. Well pleased, very gracious or favourable. (Bp. 2, 50; 36, 48).

ಸುಪ್ರಸಾದ su-prasâda. Extreme graciousness or kindness, great propitiousness. (Bp. 61, 80).

ಸುಪ್ರಸಾದಿ su-prasâdi. One who is fit to receive extreme kindness (Bp. 47, 37).

ಸುಪ್ರಸಿದ್ಧ su-prasiddha. Very well known very famous or celebrated; greatly adorned (Kâvy. III, 3, B, 159).

ಸುಪ್ರಾಸ su-prâsa. A kind of alliteration (Čh.).

ಸುಪ್ರೀತಿ su-prîti. An object of great favour or pleasure. (ನಾನಾರ್ಥರತ್ನಾಕರಂ) ಗಮಕೀಸನ್ತಾನಸುಪ್ರೀತಿ (Nn. 168).

ಸುಪ್ರೌಢಿ su-prauḍhi. Great skill (J. 34, 31).

ಸುಫಲ su-phala. Bearing good or much fruit, very fruitful, very fertile, very productive, very profitable. 2, good fruit; good reward (My.).

ಸುಫಲದಾತ suphala-dâta. One who gives good fruit or reward (Bp. 54, 15).

ಸುಬ suba. Tbh. of ಶುಭ (Śmd. 339 Mdb.; My.; see ಸುಬ್ಬ).

ಸುಬುದ್ಧಿ su-buddhi. Good understanding (ಶಾರದೆ Mr. 510; Bp. 40, 37). 2, of good understanding, wise, clever, intelligent, shrewd. 3, N. of a minister (J. 17, 13).

ಸುಬೆ subĕ. A province, a subhâ; the governor of a subhâ (Mhr., H. ಸುಭಾ).

ಸುಬೇದಾರ subê-dâra. The chief native officer of a talook (My.). 2, a native officer in the army (My.). See Prv. s. ಸೂಳೆ.

ಸುಬೇದಾರಿಕೆ subê-dârikĕ. The office of a subêdâra (My.).

ಸುಬೋಧನೆ su-bôdhanĕ. Good instruction (My.).

ಸುಬೋಧೆ su-bôdhĕ. N. of a vocabulary. See Nr. s. ಶೆಗ್ಗಡಮ.

ಸುಬ್ಬ subba. (Tbh. of ಶುಭ್ರ). The white one: the serpent Âdiśêsha (My.). — ಸುಬ್ಬಕ್ಕ. -ಅಕ್ಕ. N. (My.). — ಸುಬ್ಬಣ್ಣ. -ಅಣ್ಣ. N. (My.). — ಸುಬ್ಬಯ್ಯ. -ಅಯ್ಯ. N. (My.). — ಸುಬ್ಬರಾಯ. The âdiśêsha (My.); N. (My.). — ಸುಬ್ಬರಾಯಷಷ್ಠಿ. A ceremony on the sixth day of the bright half of the month of mârgaśira when people throw milk, etc. into snake-holes or offer presents to brahmaćâris in the name of subbarâya, and take only one meal (My.). — ಸುಬ್ರಾಯ. = ಸುಬ್ಬರಾಯ. (My.).

ಸುಬ್ಬಲು subbalu. Roughness (on the surface of cloth or the hairy skin of animals, My.).

ಸುಬ್ಬಲೆ subbalĕ. = ಸುವ್ವಲೆ, etc. (Bh. 3, 13, 17).

ಸುಬ್ರತ su-brata. = ಸುವ್ರತ. (Bp. 38, 6; 39, 29; 44, 6; 53, 45).

ಸುಬ್ರಮಣ್ಯ subramaṇya. Tbh. of ಸುಬ್ರಹ್ಮಣ್ಯ. A place of pilgrimage in South Canara where formerly Kârttikêya was worshipped, but which now is a place of worship of the serpent âdiśêsha (My.).

ಸುಬ್ರಹ್ಮಣ್ಯ su-brahmaṇya. Kârttikêya. 2, one the sixteen priests employed at a solemn sacrifice. 3, N. of a district.

ಸುಭಕ್ತಿ su-bhakti. Good or true devotion or piety (Bp. 40, 36; 43, 9; 47, 4).

ಸುಭಗ su-bhaga. = ಸೊಬಗು. Possessing good fortune, very fortunate or prosperous, happy, blessed, auspicious, highly favoured. 2, *beautiful, lovely, pleasing, charming, pretty.* 3, *beloved, liked, amiable.* 4, *respectable, illustrious.* 5, beauty, etc. (ಗಾಡಿ, ಚೊಕ್ಕಟು, ಸೊಬಗು, ಗರಗರಿಕೆ, ನಿಬತ Śm. 47).

ಸುಭಗತೆ su-bhagatĕ. Beauty, etc. (ಸೊಬಗು Kk. 54).

ಸುಭಗತ್ವ su-bhagatva. Beauty (Čpr. 7, 155); prosperity.

ಸುಭಗಾಸುತ subhagâ-suta. The son of a favourite or much-loved wife. 2, *the son of an honoured or honourable mother.*

ಸುಭಗೆ su-bhagĕ. ಸುಭಗಾ. A favourite wife. 2, an honoured or honourable mother.

ಸುಭಟ su-bhaṭa. A great warrior, a valiant man (ಶುಕ್ಲ Nn. 32; My.). 2, a good servant (My.).

ಸುಭದ್ರ su-bhadra. Very propitious or auspicious; very happy or fortunate. 2, N. of an elephant (Bp. 59, 33).

ಸುಭದ್ರಾಹರಣ subhadrâ-haraṇa. The seizure of Subhadrâ; N. of a work by Kâśirâja (Śmd. 408; the story is also in the âdiparva of the mahâbhârata).

ಸುಭದ್ರೆ su-bhadrĕ. ಸುಭದ್ರಾ. N. of the sister of Kṛishṇa and wife of Arjuna. She was forcibly seized and carried off by Arjuna from Dvârakâ after obtaining Kṛishṇa's leave. (J. 7, 24; 33, 3. 42).

ಸುಭಾನು su-bhânu. = ಸ್ವಭಾನು. The seventeenth year of the cycle of sixty (Sk.).

ಸುಭಾವ su-bhâva. Of good properties, good, virtuous, eminent, auspicious, etc. (Bp. 55, 1); that is good, etc. (ಶುಭ, ಮಂಗಲ, etc., ಒಳಿತು Mr. 26).

ಸುಭಾಷಿತ su-bhâshita. Spoken well or eloquently; speaking or discoursing well, eloquent. 2, a fine speech, eloquence; an elegant or accurate composition. (Abh. P. 6, 47). ಸುಭಾಷಿತವಿಲ್ಲದವ ಸಭಾನಾಯಕನಾದರೇನು? (Prv.).

ಸುಭಾಷೆ su-bhâshĕ. A good promise (Bp. 44, 70).

ಸುಭಿಕ್ಷ su-bhiksha. Good alms, successful begging. 2, abundance of food (especially that given as alms); an abundant supply of provisions, plentifulness and cheapness of the necessaries of life. (My.).

ಸುಭಿಕ್ಷೆ su-bhikshê. *The tree Grislea tomentosa.*

ಸುಭೈತ್ರ su-bhaitra. A ship (ಹಡಗು Nn. 119).

ಸುಮಂಗಲ su-maṅgala. Very auspicious, bringing good fortune (ಭದ್ರ, ಶುಭ Nn. 99).

ಸುಮಂಗಲಿ su-maṅgali. A woman who brings good luck. 2, a woman whose husband is alive (My.; see ದೀರ್ಘ-).

ಸುಮಂಗಲಿತ್ವ su-maṅgalitva. The state of a woman whose husband is alive (My.).

ಸುಮಂಗಲೀಪ್ರಾರ್ಥನೆ sumaṅgalî-prârthanĕ. A ceremony to appease the spirit of a deceased sumaṅgali (My.).

ಸುಮತ su-mata. Well or kindly disposed, friendly. 2, a good mind or disposition (Bp. 39, 58).

ಸುಮತಿ su-mati. A good mind or disposition, benevolence, kindness, friendship (Bp. 6, 8; 38, 31; Šmd. 277). 2, well or kindly disposed; one who is well or kindly disposed (Bp. 55, 39; 61, 9); very wise. 3, N. of a minister (J. 11, 27. 31. 33).

ಸುಮಧುರ su-madhura. Very sweet or saccharine; very sweet or pleasing, very gentle or soothing. (R.).

ಸುಮನ su-mana. Very charming, beautiful, handsome; one who has a good or virtuous mind or disposition (ಕಮನೀಯಸ್ವಾಂತ, ನಿರ್ಮಲಚಿತ್ತ Nn. 68). 2, a god, a deity (ದೇವವ್ರಾತ, ದೇವತೆಗಳು 68). 3, a flower (ಲತಾಂತ, ಪುಷ್ಪ 68). 4, *wheat.* 5, opulence, etc. (ಐಶ್ವರ್ಯ 68). 6, wind (ವಾತ, ವಾಯು 68). 7, the thorn-apple.

ಸುಮನಸ್ su-manas. Good-minded, well-disposed, benevolent; happy; well pleased, satisfied. 2, *a god, a deity.* 3, a learned man, a teacher; a student of the vêdas, etc. 4, *a flower.* 5, *great-flowered jasmine, Jasminum grandiflorum.*

ಸುಮನಸ su-manasa. Tbh. of ಸುಮನಸ್. A god, a deity (Mr. 3). 2, a flower (ಕುಸುಮ, ಪುಷ್ಪ, etc. 107; Bp. 33, 5). 3, N. of a son of Haṁsadhvaja (J. 10, 44).

ಸುಮನೆ su-manĕ. *Great-flowered jasmine.*

ಸುಮನೋಗಣಿಕೆ sumanas-gaṇikĕ. A whore of the gods (Bp. 41, 14).

ಸುಮನೋಜ್ಞ su-manôjña. Very agreeable to the mind, charming, fascinating, pleasing, lovely, beautiful (ಮನೋಹರ, ಕಮನೀಯ, etc. Mr. 107).

ಸುಮನೋನುರಾಗ sumanas-anurâga. Benevolent affection; redness of flowers (J. 30, 18).

ಸುಮನೋಬಾಣ sumanas-bâṇa. Kâma. 2, N. of a Kannaḍa poet (Šmd. 2).

ಸುಮನೋರಜಸ್ sumanas-rajas. *The pollen of a flower.*

ಸುಮನೋರತ sumanas-rata. Delighted in flowers; devoted to the gods (J. 2, 10).

ಸುಮನೋವಿಶಿಖ sumanas-viśikha. An arrow of flowers (My.). 2, Kâma (My.).

ಸುಮನೋಹರ su-manôhara. Very captivating or agreeable, very charming or pleasing, beautiful (J. 15, 11). 2, Šiva (Bp. 12, 47). 3, sumanas-hara, a seizer of the gods, a râkshasa (J. 15, 11). 4, a flower-gatherer (J. 15, 11).

ಸುಮಹತ್ su-mahat. Very great, very large or abundant, very numerous. (Bp. 43, 61).

ಸುಮಹತ್ವ su-mahatva. Great majesty or importance (Bp. 38, 74).

ಸುಮಾಣ್ಡವ್ಯ su-mâṇḍavya. The excellent ṛishi Mâṇḍavya (Mr. 258).

ಸುಮಾನ (su-mâna). = ಸುಮ್ಮಾನ. Pleasure, joy, delight (Bp. 3, 31; 6, 9; 16, 14; 36, 3; 50, 2. 42; 58, 18; My.; Tĕ. ಸುಮಾಳ). 2, delighted in, taking pleasure in (Bp. 8, 27; *cf.* ಸುಮನಸ್).

ಸುಮಾನಗಾಱ sumâna-gâṛa. A happy man (My.); a beau, a sensual man (My.).

ಸುಮಾನಗಾಱಿಕೆ sumâna-gâṛikĕ. A happy state (My.); lewdness (My.).

ಸುಮಾನಗಾರ್ತಿ sumâna-gârti. A happy woman (My.); a coquette, a sensual woman (My.).

ಸುಮಾರ sumâra. = ಸುಮಾರು, q. v. ನಿನ್ನೆ ಮಧ್ಯರಾತ್ರಿಯ ಸುಮಾರಕ್ಕೆ ಅದು ಆಯಿತು (B. 4, 52). ಮಧ್ಯರಾತ್ರಿಯ ಸುಮಾರಕ್ಕೆ ಅಲ್ಲಿಗೆ ಬನ್ದು (5, 49). ಈಗಿನಕ್ಕಿನ್ತಾ ಅವು ಬಹಳ ಸುಮಾರ ಆದಾವು (5, 111). ಒನ್ದು ದಿನ ಸಾಯಂಕಾಲದ ಸುಮಾರದಲ್ಲಿ (5, 164).

ಸುಮಾರು sumâru = ಸುಮಾರ. Number; numerical amount (Mhr., H. ಸುಮಾರ್). 2, excessiveness, immoderateness (Mhr., H.). 3, a conjectural estimate, conjecture or guess (C.; Mhr., H.). 4, nearness, aboutness (with application to time, space, objects or forms, and properties, C.; Mhr., H.); about (C.). 5, moderateness, reasonableness, tolerableness; middling, ordinary; mediocrity (C.; Mhr., H.). ನರಿಗಳು ಸುಮಾರು ಎರ್ಡೂವರೆ ಫೂಟು ನಿಡಿದು (B. 3, 74). ಅವು ಮಾಘಮಾಸದ ಸುಮಾರಿಗೆ ಹೂ ಬಿಡುತ್ತವೆ (4, 39). ಸನ್ ೧೮೦೦ನೇ ಇಸವಿಯ ಸುಮಾರಿನಲ್ಲಿ (4, 68). ಸನ್ ೧೬೫೦ನೇ ಇಸವೀ ಸುಮಾರಿನಲ್ಲಿ (5, 182).

ಸುಮಾರ್ಗ su-mârga. An excellent way or method (ಲೇಸಾದ ಕಾವ್ಯಮಾರ್ಗ Šmd. 4 Cm.).

ಸುಮಾಲತಿ su-mâlati. N. of a vṛitta (Čh.).

ಸುಮಾಲಿ su-mâli. Well-garlanded; N. of a râkshasa (Râm. 5, 5, 3).

ಸುಮಿತ್ರ su-mitra. Good friend; N. of several persons. See ತಿನಿ.

ಸುಮಿತ್ರಾತನುಜ sumitrâ-tanuja. Lakshmaṇa (J. 19, 18).

ಸುಮಿತ್ರೆ su-mitrĕ. -ತ್ರಾ. N. of one of the wives of Daśaratha (mother of Lakshmaṇa, etc.). (J. 18, 62).

ಸುಮಿತ್ರೋದಯ su-mitra-udaya. A good, beautiful sun-rise (J. 11, 47).

ಸುಮುಖ su-mukha. A good or beautiful mouth. 2, a handsome face. 3, a smile (ಸ್ಮೇರ, ನಗೆ Nn. 126). 4, having an excellent mouth, etc.; handsome-faced, lovely; pleasing, agreeable (Bp. 60, 47); joyful (37, 45). 5, a learned man (ಪಣ್ಡಿತ, ವಿದ್ವಾಂಸ 126; ಪಣ್ಡಿತ Mr. 528).

6, a son; a child (ತನೂಭವ, ಮಕ್ಕಳು 126; ಪುತ್ರ 528). 7, Garuḍa (ಸುಪರ್ಣ, ಗರುಡ 126; ಗರುಡ 528). 8, a high street (ರಾಜವೀಥಿ, ರಾಜಬೀದಿ 126). 9, ಪಣಭೇದ (Mr. 528).

ಸುಮುಖವೃತ್ತಿ sumukha-vṛitti. Pleasing conduct (Čpr. 2, 1).

ಸುಮುಖಿ su-mukhi. A handsome woman. 2, N. of a vṛitta (Čh.).

ಸುಮೇರು su-mêru. *The sacred mountain Mêru.*

ಸುಮ್ಪುರೆ (sumpu = šubha-urĕ ?). A term used in praising (ಕೊಣ್ಡಾಟದ ನುಡಿ Bhn. 38).

ಸುಮ್ಬ sumba. Tbh. of ಶುಮ್ಭ (Šmd. 339, o. r. ಸುಬ = ಶುಭ). = (ಜೋಲ), ಸೊಮ್ಬ. A dull, sluggish and stupid man (ನಾಮ್ಬ, ಅಲಸುಗೆಗಾಡಿ Šs.). *Cf.* ಸೋಮಾರಿ.

ಸುಮ್ಬಳ sumbaḷa. = ಸಿಮ್ಬಳ. — ಸುಮ್ಬಳದ ಹುಳು. A kind of worm or insect (S. Mhr.).

ಸುಮ್ಬಳ sumbaḷa. White arsenic (Mhr., H. ಸೋಮಲ). — ಸುಮ್ಬಳಕಾರ. White arsenic (S. Mhr.; B. 4, 124).

ಸುಮ್ಮ summa. = ಸುಮ್ಮಗೆ, etc., when preceding those terms. (T. ಚುಮ್ಮಾ, M. ಚುಮ್ಮೆ). — ಸುಮ್ಮ ಸುಮ್ಮಗೆ. rep. of ಸುಮ್ಮಗೆ. (My.). — ಸುಮ್ಮ ಸುಮ್ಮನೆ. rep. of ಸುಮ್ಮನೆ. (My.). ಸುಮ್ಮ ಸುಮ್ಮನೆ ಬಡಿದರೆ ನಿನಗೆ ಹ್ಯಾಗೆ ಸಿಟ್ಟು ಬರುವದೋ, ಹಾಗೆ ಆಕಳಿಗೂ ಬರುವದು (B. 2, 19). ಒಬ್ಬ ಗೃಹಸ್ಥನ ಕೂಡ ಸುಮ್ಮ ಸುಮ್ಮನೆ ಕಾಲ ಕೆದರಿ ಜಗಳಾ ತೆಗೆದು (2, 31). ಸುಮ್ಮ ಸುಮ್ಮನೆ ತನ್ನ ಜಾಣತನ ಮೆರೆಸ ಹೋದರೆ (3, 29). ಹುಲಿಯ ಹೊಟ್ಟೆ ತುಮ್ಬಿ ದಾಗ್ಯೂ ಸುಮ್ಮ ಸುಮ್ಮನೆ ಮೃಗಗಳನ್ನು ಕೊಲ್ಲುವದು (4, 37).

ಸುಮ್ಮಗೆ summagĕ. = ಸುಮ್ಮನೆ, q. v. (Šmd. 389. 397; My.). ಸುಮ್ಮಗಿದ್ದರೆ ಒಡವುಟ್ಟಿ (Prv.).

ಸುಮ್ಮನೆ summanĕ. = ಸುಮ್ಮಗೆ. Quietly; silently; quiet; silent (ಮೌನ, ಸುಮ್ಮಗೆ, ಉಸಿಕನೆ Šmd. 389; 109; C.; Mhr. ಸುಮುಸಾಮು); causelessly; without proper or just cause; without a particular cause; in an objectless manner, for nothing; uselessly; without the intention of getting labour done; without the intention of exacting remuneration (ಅಕಾರಣ, ಸುಮ್ಮಗೆ, ಬಿಡಿದೆ, ಅಲ್ಲವಚ್ 397; ಬಿಡಿದೆ 242 Cm.; ನೋಡಂ, ಬಾಡಂ Čt. I, 14; ಕೆಮ್ಮನೆ Čt. II, 79; C.). ಸುಮ್ಮನೆ ಇಹವನು (ತೂಷ್ಣೀಂಶೀಲ, ತೂಷ್ಣೀಕ Nr.). ಸುಮ್ಮ ನಿರ್ಪುದು (ಸಯ್ತು Šm. 63). ಮಾತಾಡದೆ ಸುಮ್ಮನಿಹಲ್ಲಿ (ಮೋನ, ತೂಷ್ಣೀರುತ Nn. 155). ಸುಮ್ಮನೆ (ಜೋಷ, ತೂಷ್ಣೀಂ Si. 469). ಮಾತಾಡದೇ ಸುಮ್ಮನೆ ಇರುವಿಕೆ (ಮೌನ, ಅಭಾಷಣ 247). ಸುಮ್ಮನೆ ಇರುವ ಸ್ವಭಾವವುಳ್ಳವನು (ತೂಷ್ಣೀಂಶೀಲ, ತೂಷ್ಣೀಕ 364). ಮಾನಸವೃತ್ತಿಗಳು ಕೊಬ್ಬಿ ತಲೆಗೆ ಏರಿದಾಗ ಏನೂ ತೋಚದೇ ಸ್ತಮ್ಭಿಸಿ ಸುಮ್ಮನೆ ಇರುವದು (ಪ್ರಲಯ, ನಷ್ಟಚೇಷ್ಟತೆ 73). ಕೆಲಸವಿಲ್ಲದೇ ಸುಮ್ಮನೆ ಇರುವಿಕೆ (ಕ್ಷಣ, ನಿರ್ವ್ಯಾಪಾರಸ್ಥಿತಿ 419). ಉಳಿವ ಎತ್ತಿನ ಬದಿಯಲ್ಲಿ ಅಭ್ಯಾಸಕ್ಕೋಸ್ಕರ ಸುಮ್ಮನೆ ಕಟ್ಟಲ್ಪಟ್ಟ ಎತ್ತು (ಪ್ರಾಸಂಗ್ಯ 320). ಚೇಲಿಂ ತೆಗೆಯಲ್ಕೆ ಸುಮ್ಮನೆ ಇಹುದೇ? (Šš. 85). ತುಟಿ ಸುಮ್ಮನಿದ್ದರೂ ಹೊಟ್ಟೆ ಸುಮ್ಮನಿರದು (Prv.). ಆ ಹುಡುಗನು ನೆಲ್ಲೀ ಕಾಯಷ್ಟು ಇದ್ದ ಬೆಲ್ಲಾ ತಕ್ಕೊಣ್ಡು, ಸುಮ್ಮನಾದನು (B. 2, 17). ನಾನು ನಿನಗೆ ಹೇಳಿದ್ದೆ ನಿನ್ನ ಪುಸ್ತಕವನ್ನಾಗಲಿ ಕಾಗದಗಳನ್ನಾಗಲಿ ತಕ್ಕೊಣ್ಡರೆ ನೀನು ಸುಮ್ಮನೆ ಇರುವಿಯೋ? (2, 29). ಚಿಕ್ಕನ್ದಿನಲ್ಲಿ ಮಕ್ಕಳು ಕೆಟ್ಟ ಕೆಲಸಗಳನ್ನು ಮಾಡಿದಾಗ ನೋಡಿ, ತಾಯಿ ತನ್ದೆಗಳು ಸುಮ್ಮನೆ ಬಿಟ್ಟರೆ ಮಕ್ಕಳಿಗೆ ಅವರೇ ದುಷ್ಟತನ ಕಲಿಸಿದ ಹಾಗೆ ಆಗುತ್ತದೆ (3, 43). ವೇಳೆಯನ್ನು ಸೋಮಾರಿತನದಲ್ಲಿ ಇಲ್ಲವೆ ಆಟದಲ್ಲಿ ಸುಮ್ಮನೆ ಕಳೆಯುವರು (4, 1). ಭಂಗಾರವನ್ನು ಪಾವು ಗುಂಜಿ ತೂಕ ಸಹ ಸುಮ್ಮನೆ ಯಾರೂ ಕಳೆಯುವದಿಲ್ಲ (4, 194). See Bp. 15, 6; 26, 58; 27, 8; 28, 35; 31, 5; 46, 79; 45, 35; 47, 9; 50, 22. 30; 58, 35; 61, 18; 6, 49; 21, 35; 26, 57; Dp. 16 palla. — ಸುಮ್ಮನಿರಿಸು. -ಇರಿಸು. To quiet (v. t.); to silence (J. 12, 3; C.). — ಸುಮ್ಮನೇ. -ಎ 2. = ಸುಮ್ಮನೆ (with emphasis). ದೈವವನ್ನು ನಮ್ಬಿ, ಸುಮ್ಮನೇ ಕೂಡ್ರಬಾರದು (B. 1, 17). ಸುಮ್ಮನೇ ಗಟ್ಟಿಯಾಗಿ ಕೂಗಿದನು (2, 34). ಅವರು, ಈ ಹುಡುಗ ಸುಳ್ಳನಿದ್ದಾನೆನ್ದು, ತಿಳಿದು, ಸುಮ್ಮನೇ ಹೋದರು (2, 34). ಸ್ವಾಮಿ, ಸುಮ್ಮನೇ ನಾನು ಹಾದೀ ಹಿಡಿದು ಹೋಗುತ್ತಿದ್ದೆನು (2, 47). ಎರಡನೆ ಪಶುಗಳ ಮರಿಗಳನ್ನು ಅಡುಗಳ ಮೊಲೆಗೆ ಹಚ್ಚಿದರೆ ಅವು ಸುಮ್ಮನೇ ಮೊಲೆ ಕುಡಿಸುವವು (3, 10). ಅವು ಅಲ್ಲಿ ಏನು ಮಾಡುತ್ತವೆ? ನೋಡ ಬೇಕೆನ್ದು, ಸುಮ್ಮನೇ ಒತ್ತಟ್ಟಿಗೆ ನಿನ್ತು ಕೊಣ್ಡನು (3, 20). ನಾಯಿ ಗುರ್ಗುರ್ಕಳ್ಳವರ ಧ್ವನಿ ಕೇಳಿದ ಕೂಡಲೆ ತಿಳಿದು, ಸುಮ್ಮನೇ ಇರುತ್ತವೆ; ಸಾಕಿದವನು ಎಷ್ಟು ಹೊಡಿದರೂ ಸುಮ್ಮನೇ ಹೊಡಿಸಿ ಕೊಣ್ಡು, ಮನಸ್ಸಿನೊಳಗೆ ಸಿಟ್ಟು ಸಹ ಹಿಡಿಯುವದಿಲ್ಲ (3, 40). ಕತ್ತೆಗಳು... ಸುಮ್ಮನೇ ಹಾದೀ ಹಿಡಿದು ಹೋಗುತ್ತವೆ (3, 48). ಕುದುರೆ ಸುಮ್ಮನೇ ಹತ್ತಗೊಟ್ಟಿತು (3, 125). ಸುಮ್ಮನೇ ಅದುವವರಲ್ಲಿ ಏನೂ ಅರ್ಥವಿಲ್ಲ (4, 175). ಸುಮ್ಮನೇ ದೇವರಿಗೆ ದೋಷ ಇಡ ಬೇಡ! (4, 178). See Bp. 47, 44. 57; 52, 8; 58, 56.

ಸುಮ್ಮಾನ (su-m-mâna). = ಸುಮಾನ. (ಆನನ್ದ G.; Bp. 48, 19; Bh. 1, 10, 24; 2, 13, 6; Râm. 6, 14, 33; J. 4, 7; 12, 5; 23, 51; 26, 57).

ಸುಮ್ಮಾನೆ summânĕ. A woman who delights or takes pleasure in (Grj. 3, after 91).

ಸುಯ್ suy. 1. = ಸುಯಿ, ಸೂಯ್ 1. To breathe; to sigh (ಉಚ್ಛ್ವಾಸ Šmd. Dh.; Čpr. 5, 51; 8, 22; Abh. P. 4, 54; Grj. 4, 67; Bp. 3, 17; 14, 17; 52, 12; Râv. 5, 32; V. 9, 81; J. 25, 61; Râm. 3, 2, 18; Č. Bp. 46, 20; see ಬಿಸುಸುಯ್ 1). P. p. ಸುಯ್ದು. ಸುಯ್ಕಲ್ (Šmd. 85). ಸುಯ್ಕಯ್ (86).

ಸುಯ್ suy. 2. = ಸೂಯ್ 2. Breath; a sigh (Čpr. 5, after 64; 5, 123; Grj. 4, 86; Râv. 4, 9; 5, 36. 118; V. 32, 10; Ššv. 2, 94; see ಎಳೆ-, ನಿಟು-, ನಿಡು-, ಬಿಸು-2). ಬಿರಯಿಗಳ ಸುಯ್ಗಳೊಡನೆಯೆ ಪಿರಿಯವು ದಿವಸಂಗಳ್ ಅದುವು (Šmd. 119). — ಸುಯ್ಗಮ್ಪು. -ಕಮ್ಪು. Fragrance of breath (Čpr. 1, 125; Grj. 7, 41). — ಸುಯ್ಯೆಲರ್. -ಎಲರ್. The air of breath, breath (Čpr. 5, 129; 7, 64. 118; 8, 48; Râv. 5, 32; J, 19, 18). — ಸುಯ್ಯೆಲರ್ಗಮ್ಪು. -ಕಮ್ಪು. = ಸುಯ್ಗಮ್ಪು. (Čpr. 1, 128). — ಸುಯ್ವೊಡರ್. -ಪೊಡರ್. Sighs to be manifested; to sigh (Čpr. 5, 132).

ಸುಯಿ suyi. = ಸುಯ್ 1. ಸುಯಿವ (J. 6, 2); ಸುಯಿದು (Dp. 32, 1).

ಸುಯಿದಾನ suyidâna. = ಸುವಿದಾನ. Tbh. of ಸಂವಿಧಾನ. Attention, protection, care (Grj. 3, after 119; Bp. 16, 14. 18; 27, 62; J. 5, 19); watch (J. 7, 3. 12. 13; 14, 3; 24, 29); a watchman (Bp. 16, 18).

ಸುಯಿದಾನಿ suyidâni. = ಸುವಿದಾನಿ. An attentive person; a watchman (Bp. 9, 46).

ಸುಯಿಲ್ suyil. = ಸುಯಿಲು, ಸುಯ್ಲು. Breath; a sigh (Grj. 1, 92; see ನಿಡು-).

ಸುಯಿಲು suyilu. = ಸುಯಿಲ್, etc. (Bp. 17, 19).

ಸುಯೋಧನ su-yôdhana. Fighting well: an epithet of Duryôdhana. (J. 2, 4. 17).

ಸುಯ್ಲು suylu. = ಸುಯಿಲ್, etc. (Abh. P. 4, 54; Bp. 35; 34; Râm. 6, 14, 20; Bh. 8, 23, 40; see ನಿಡು-).

ಸುರ sura. = ಸೂರ 2. *A god, a deity* (ಬಿಡುಗಣ್ಣವ, ಬೋಟಿಯ, ಅಗಸವಟ್ಟಿಗ, etc. Šm. 9). 2, the number 33 (ಮೂವತ್ತುಮೂಱ್ Mr. 348). 3, the sun. 4, the number 1 (Ch.). 5, N. of a certain metrical foot (Čh.). — ಸುರ

ವೆಣ್. -ವೆಣ್. An Apsara woman. ಹರಿಯೊಳ್ ನಾರದ ಮಸ್ಥಿ ವಾಳದಿ ಮಹಾ ಶಾಪಂಗಳಂ ತಾಳನೇ? ಸುರವೆಣ್ಣಿಸ್ಥಲೆ ಪುಷ್ಪದನ್ತ ವನ ದೊಳ್ ತಾಂ ಕ್ರೀಡರೂಪಾಗನೇ? (Sš. 63).

ಸುರಕರಿ sura-kari. An elephant of the gods (ಚೌಜನ್ತ Šm. 10; Šmd. 251).

ಸುರಕುಜ sura-kuja. = ಸುರತರು. (Bp. 31, 18; Šsv. 5, after 57).

ಸುರಕುಮಾರ sura-kumâra. A son of a god (Abh. P. 5, 54).

ಸುರಕ್ತಿ su-rakti. Attachment, love (Bp. 44, 65).

ಸುರಕ್ಷಿತ su-rakshita. Well preserved or protected, carefully guarded, well kept; safe and sound; the state of being safe and sound. (B. 4, 6; 5, 2. 90; My.).

ಸುರಕ್ಷೆ su-rakshě. Good protection (Bp. 61, 70).

ಸುರಗಂಗೆ sura-gangě. The celestial Ganges (Bp. 32, 35).

ಸುರಗಜ sura-gaja. An elephant of the gods. 2, Indra's elephant. (My.).

ಸುರಗಿ suragi. = ಸುರಯಿ. N. of a tree with very fragrant flowers (ನಾಗ Mr. 126; My.; Šsv. 2, after 42; 3, after 35). — ಸುರಗಿಯ ಮರ. = ಸುರಗಿ. ದೇವವಲ್ಲಭ, ಪುನ್ನಾಗ, ಪುರುಷ, ತುಂಗ, ಕೇಸರ ಎನ್ನೊಡೆ ಸುರಹೊನ್ನೆಯ ಮರ; ಸುರಗಿಯ ಮರನೆನ್ನೊ, ಕೆಲಮ್ಬರ್ ಎಮ್ಬರು (Nr.; *cf.* Ši. 127).

ಸುರಗಿ suragi. = ಸುರಿಗಿ, ಸುರಿಗೆ. Tbh. of ಕ್ಷುರಿಕೆ or ಛುರಿಕೆ. (ಕ್ಷುರಿಕೆ, ಅಸಿಧೇನುಕೆ, etc. Nr.; ಅಸಿಧೇನು, etc. Mr. 297; ಕಠಾರಿ Nn. 43; ಗೇಣ್ Čt. II, 21; ಗೇಣ್ Kk. 40, Šm. 43. 96; Grj. 7, 52; Bp. 33, 10; 34, 32; 60, 45; 61, 25; Šsv. 3, 26; Bh. 3, 13, 26; see ನಿಡು-). — ಸುರಗಿ ಚವುಡ. N. (Bp. 15, 27). — ಸುರಗಿಚವುಡಯ. N. (Bp. 47. 34). — ಸುರಗಿಚವುಡಯ್ಯ. N. (Bp. 33 sum.; 33, 5; 37, 7). — ಸುರಗಿಯ ಚವುಡದೇವ. N. (Bp. 33, 19). — ಸುರಗಿಯ ಚವುಡರಸ. N. (Bp. 8, 15; 33, 12). — ಸುರಗಿಯ ಚವುಡರಾಯ. N. (Bp. 33, 1; 58. 5).

ಸುರಗಿಕಾಱ suragi-kâṟa. One who carries a knife or dagger (Bp. 9, 47; V. 6, 41).

ಸುರಗಿರಿ sura-giri. The mountain Mâru (ಮೇರು, ಕನಕಾದ್ರಿ Mr. 29; ಪೊಮ್ಬೆಟ್ಟು, ರನ್ನದಪ್ಪಲ್ Šm. 10; Bp. 55, 23).

ಸುರಗುರು sura-guru. Preceptor of the gods: Bṛihaspati (Nn. 73; ಜೀವ 73). See Šmd. 133.

ಸುರಂಗ suranga. 1. = ಸುರಂಗೆ, ಸುರುಂಗೆ. A hole made by burglars in a house-wall, etc., a mine (Sk.; ಸನ್ಧಿ, ಕನ್ನ Mr. 226; Bp. 42, 22; My.; Mhr.; Tě. ಸೊರಂಗ). ಸುರಂಗಾ ಕೊಱದರೆ ಅವರಂಗದಾದಿಗೆ ಹೋಗ ಬಹುದೇ? (Prv.).

ಸುರಂಗ su-ranga. 2. A good colour, bright colour, brilliance (Bp. 4, 37). 2, great love (3, 26; 22, 58; 57, 52; 61, 21). 3, a fine stage or arena (12, 13).

ಸುರಂಗಿತ su-rangita. Well coloured or tinted, bright (Bp. 49, 33).

ಸುರಂಗಿದ su-rangi-da. A term used in sangîta (V. 11, 9).

ಸುರಂಗಿಸು su-rangisu. To shine (Bp. 18, 94; 35, 2; 38, 47; 43, 56; 46, 52).

ಸುರಂಗೆ surangě. = ಸುರಂಗ 1. A hole cut in a wall for the purpose of breaking into a house, etc. (Sk.).

ಸುರಚಾಪ sura-čâpa. A rainbow (Abh. P. 1, 64; Sš. 73).

ಸುರಚಿತ su-račita. Well prepared, strung together, fastened or placed in or on (Čh. v. 178).

ಸುರಜಾಲ sura-jâla. A host of gods, the gods (ದೇವತೆಗಳು Nn. 70).

ಸುರಜೈತ್ರ sura-jaitra. A conqueror or victor of the gods. See Šmd. s. ಜೇಳ್ 1.

ಸುರಜ್ಯೇಷ್ಠ sura-jyêshṭha. Oldest of the gods: *Brahmâ.*

ಸುರಂಜಿಸು su-ranjisu. To shine (Bp. 28, 25; 43, 57).

ಸುರಟಿ suraṭi. A tune so called (My.; Tě. ಸುರಟಿ, T. ಚುರಟಿ).

ಸುರಣ suraṇa. = ಸೂರಣ. An esculent root, Arum campanulatum; Dioscorea purpurea; elephant's-foot yam (Mhr.). — ಸುರಣಗಡ್ಡೆ. = ಸುರಣ. (ಅರ್ಶೋಘ್ನ, ಸೂರಣ G.).

ಸುರತ surata. 1. The town called Surat (B. 3, 20; 4, 28. 104). *Cf.* ಸೂರ್ತಿ; ಸೂರಟ.

ಸುರತ su-rata. 2. Much sported or dallied, playful; much enjoyed; compassionate, tender. 2, great delight or enjoyment. 3, *sexual intercourse, coition* (ಸುಸಿಲ್ Čt. II, 72; Kk. 30; Šm. 76). See ನೆರೆ 3.

ಸುರತಧ್ವನಿ surata-dhvani. Sound in coitu (ಅಳಸು Čt. I, 54; Kk. 35).

ಸುರತರವ surata-rava. = ಸುರತಧ್ವನಿ. (ಅಳಸು Šm. 76).

ಸುರತರಸ surata-rasa. Semen virile (ಶುಕ್ಲ Mr. 508).

ಸುರತರು sura-taru. *A tree of the gods, a tree of svarga* (ಸಗ್ಗದ ಮರ Šm. 10; see ದೇವತರು, ಪಾರಿಜಾತಕ). 2, N. of a vṛitta (Čh.). *Cf.* ಸುರಭೂಜ.

ಸುರತ್ನ su-ratna. A fine precious stone (ನೀಲ, ರತ್ನಭೇದ N. 30, o. r. ಒಳ್ಳಿಹ ರತ್ನ; ಮಣಿ, ರತ್ನಂಗಳು 67).

ಸುರಥ su-ratha. N. of a son of Hamsadhvaja (J. 10, 44; 13, 61).

ಸುರದೀರ್ಘಿಕೆ sura-dîrghikě. *The celestial Ganges.*

ಸುರದ್ರುಮ sura-druma. = ಸುರತರು No. 1. (Bp. 36, 49).

ಸುರದ್ವಿಷ್ sura-dvish. An enemy of the gods, *an Asura, a demon.*

ಸುರಧನು sura-dhanu. A rainbow (Čpr. 4, 42).

ಸುರಧಾಮ sura-dhâma. Heaven, svarga (ಚೈತ್ಯ Mr. 485).

ಸುರಧೇನು sura-dhênu. A cow of the gods, the fabulous cow of plenty yielding all desires (ಸಗ್ಗದುಱು Šm. 10; Bp. 55, 23; 60, 45).

ಸುರನಗರ sura-nagara. N. of a village in Mysore (J. 31, 79).

ಸುರನದಿ sura-nadi. The celestial Ganges (Šmd. 79. 286; Bp. 55, 23; J. 19, 35; ಸಗ್ಗವೊಱೆ Čt. II, 45).

ಸುರನಿಮ್ನಗೆ sura-nimnagě. *The celestial Ganges.*

ಸುರನಿಲಯ sura-nilaya. Heaven, svarga (My.).

ಸುರಪ sura-pa. Indra (ಮೆಯ್ಗಣ್ಣ Čt. II, 31; ಪಲಗಣ್ಣ, ಇನ್ದಿರ, etc. Kk. 11*a;* ಅರ್ಕ Mr. 503). 2, N. of a certain metrical foot (Čh.). — ಸುರಪಂ. The metrical foot ⏑ ⏑ — (Čh.).

ಸುರಪಕೀಲ surapa-kîla. N. of a mountain (= ಇನ್ದ್ರಕೀಲ, Bp. 13, 29).

ಸುರಪತಿ sura-pati. *Indra* (ಇನ್ದಿರ, ಬರ್ದಿಲಾಳ್ವ, ಸಗ್ಗಿಗರೆಱೆಯ, etc. Šm. 9). — ಸುರಪತಿ ಗಿರಪತಿ. reit. (Grj. 6, 38).

ಸುರಪದವಿ sura-padavi. The rank of the gods (Bp. 41, 16).

ಸುರಪರಿಪು surapa-ripu. Garuḍa (Mr. 21).

ಸುರಪರ್ಣಿ sura-parṇi. = ಸುರಹೊನ್ನೆ. The tree Rottleria tinctoria Roxb.

ಸುರಪರ್ಣಿಕೆ sura-parṇikě. = ಸುರಪುನ್ನಿಕೆ. *The tree Rottleria tinctoria* Roxb. (ಸುರಹೊನ್ನೆ Hlâ.).

ಸುರಪರ್ವತ sura-parvata. *The mountain Mêru.*

ಸುರಪಶುಧೇನು sura-pašu-dhênu. = ಸುರಧೇನು. (ಸುರಭಿ Mr. 29).

ಸುರಪಾಶೆ surapa-âšě. The quarter of Indra, the east quarter (ವಿಶಾಖ, ಮೂಡದಿಶ್ಕು Nn. 38).

ಸುರಪುನ್ನಿಕೆ sura-punnikĕ. = ಸುರಪರ್ಣಿಕೆ. (Bp. 26, 30; Sk. ಸುರಪುನ್ನಾಗ).

ಸುರಪುರ sura-pura. The capital of Indra. 2, = ಸುರನಗರ (J. 6, 55; 9, 34). 3, N. of a metrical foot (Čh.). — ಸುರಪುರಶ್ರೀಕಾನ್ತ. Vishṇu's idol at Surapura (J. 34, 41).

ಸುರಪುರಿ sura-puri. The capital of Indra. (My.).

ಸುರಪುರೋಹಿತ sura-purôhita. Bṛihaspati (J. 5, 32).

ಸುರಭಿ su-rabhi. Agreeable, charming, pleasing; handsome; *excellent*, celebrated, famous; good, virtuous; wise, learned. 2, *sweet-smelling, fragrant*. 3, *a fragrance, a perfume* (ಸುಗನ್ಧ, ಒಳ್ಳಿಹ ಪರಿಮಳ Nn. 30; ಗನ್ಧ Mr. 509). 4, beauty (ಸೌನ್ದರ, ಸೌನ್ದರ್ಯ 30, o. r. ಸುನ್ದರ; ಚೆಲುವು 509, o. r. ಚೆಲ್ವು). 5, a charming man; a wise man (ಮನೋಜ್ಞ, ಜ್ಞಾನಿ 30, o. r. ಜ್ಞಾನ). 6, Sarasvatî (ಭಾರತಿ, ಸರಸ್ವತಿ 30). 7, a man rich in virtues or excellences (ಗುಣಾಗ್ರಣಿ, ಗುಣಶ್ರೇಷ್ಠ 30). 8, *a cow* (ಪಶು 30; 509). 9, the fabulous cow of plenty (ಕಾಮಧೇನು 30; ಸುರಪಶುಧೇನು Mr. 29). 10, *spring* (ವಸನ್ತ 30). 11, Kâma (ಕನ್ತು, ಕಾಮನು 30). 12, a flower (ಲತಾನ್ತ, ಪುಷ್ಪ 30). 13, a forest (ವಿಪಿನ, ಅರಣ್ಯ 30, o. r. ಅರಣ್ಯ). 14, food (ಅನ್ನ, ಅಶನ 30). 15, spirituous liquor (ಮದ್ಯ, ಸುರೆ 30; ಸುರೆ 509). 16, *the gum olibanum tree, Boswellia thurifera* Roxb.; gum olibanum. 17, a strong-smelling potherb, mint, Mentha sativa Willd. (ಮರುಗ 30; 509; Mr. 129). 18, another sort of fragrant plant or perfume (ಗನ್ಧವತಿ, ಮುರ 129).

ಸುರಭಿಶರ surabhi-śara. Kâma (ಕಮ್ಮಂಗಣೆಯ Čt. II, 16).

ಸುರಭೀರಸೆ surabhî-rasĕ. = ಸುರಭಿ No. 16. (Colebr.).

ಸುರಭೂಜ sura-bhûja. = ಸುರತರು. (ಕಲ್ಪವೃಕ್ಷ Nn. 92).

ಸುರಮ surama. = ಸುರುಮ. Sulphuret of antimony used as a collyrium (ಯಾಮುನ, ಸೌವೀರ, ಸ್ರೋತೋಂಜನ G.; Mhr., H. ಸುರಮಾ).

ಸುರಮಹೀಜ sura-mahîja. = ಸುರತರು. 2, the number 5 (Bp. 5, 64; see ದೇವತರು).

ಸುರಯಿ surayi. = ಸುರಗಿ. (Ŏpr. 7, after 115; Rśv. 10, 2. 19; 10, after 31; V. 7, 14).

ಸುರರಮಣ sura-ramaṇa. Indra (Bp. 41, 18).

ಸುರರಾಜ sura-râja. Indra (Mr. 42; ದಿಶಾಧಿಪ 57; Ŏpr. 3, 105).

ಸುರರ್ಷಿ sura-ṛishi. *A ṛishi of the divine order, a divine sage*, as Nârada, etc.

ಸುರಲೋಕ sura-lôka. The world of the gods, *the heaven of Indra* (Abhâ. 1, 40).

ಸುರವರ sura-vara. Indra (Rśv. 9, 66; 12, 25. 26).

ಸುರವರ್ತ್ಮ sura-vartma. *The sky, the atmosphere*.

ಸುರವರ್ಧಕಿ sura-vardhaki. The carpenter of the gods, Viśvakarma (Ŏpr. 1, 134).

ಸುರವಲ್ಲಭ sura-vallabha. Śiva (Bp. 51, 34).

ಸುರವೈರಿ sura-vairi. An Asura, a Daitya (ಮಧು Mr. 509).

ಸುರಶತ್ರು sura-śatru. *An Asura, a demon*.

ಸುರಸ su-rasa. Well flavoured, juicy, savoury; sweet; elegant; a good rasa. 2, gum-myrrh. 3, Cassia bark. 4, fragrant grass. See ಸುರಸಾಲಯ.

ಸುರಸತಿ sura-sati. = ದೇವಸ್ತ್ರೀ, q. v. (ರಮ್ಭೆ, ದೇವಸ್ತ್ರೀಯರ್ Nn. 62).

ಸುರಸದ್ಮ sura-sadma. The abode of the gods, *the heaven of Indra*.

ಸುರಸರಿತ್ sura-sarit. River of the gods, *the Ganges*.

ಸುರಸಾಲಯ surasa-âlaya. The abode of all good rasas; an elegant abode (Śmd. 112).

ಸುರಸಿನ್ಧು sura-sindhu. = ಸುರಸರಿತ್. (Śmd. 67; Lilv. 3, 7).

ಸುರಸುನ್ದರಿ sura-sundari. A lovely celestial female, an Apsaras. (R.).

ಸುರಸೆ su-rasĕ. -ಸಾ. *A kind of plant* (= ರಾಸ್ನೆ). 2, the holy basil (ತುಲಸಿ, ಬಹುಮಂಜರಿ Mr. 129).

ಸುರಸ್ತ್ರೀ sura-strî. A celestial woman, an Apsaras. (R.).

ಸುರಹಯ sura-haya. Indra's horse (ಇನ್ದ್ರನ ಅಶ್ವ Mr. 41).

ಸುರಹರಿ sura-hari. N. of an author. ಸುರಹರಿಯ ಸುವಿಭಕ್ತಿ (Mr. 4).

ಸುರಹೊನ್ನೆ sura-honnĕ. Tbh. of ಸುರಪರ್ಣಿ (Śmd. 374). The tree Rottleria tinctoria Roxb. from which a yellowish dye is prepared (ಪುನ್ನಾಗ, ಸುರಪರ್ಣಿಕೆ Hlâ.; ಪುನ್ನಾಗ Mr. 126; Bp. 45, 37; V. 4, 86). ಸುರಹೊನ್ನೆಯ ಮರ (ದೇವವಲ್ಲಭ, ಪುನ್ನಾಗ, ಪುರುಷ, ತುಂಗ, ಕೇಸರ Nr.; *cf.* Si. 127). ಸುರಹೊನ್ನೆಯ ತರು ಪಮರುಗಳ್ಗೆ (Śmd. 75). 2, a middle-sized tree, the Alexandrian laurel, Calophyllum inophyllum Lin. (St. & Pl.; Tĕ. ಸುರಪೊನ್ನ).

ಸುರಳಿ suraḷi. = ಸುರುಳಿ, ಸುರುಳೆ. A coil, a roll (My.; T. ಚುರುಳ್ಳಿ, ಚುರುಳ್, ಚುರುಳ್ಳಿ; M. ಚುರುಳ; Mhr. ಸುರಳಿ). ನಾಯಿಗಳು ಮಲಗುವಾಗ್ಗೆ ತಮ್ಮ ಶರೀರವನ್ನು ಸುರಳಿ ಸುತ್ತಿ ಕೊಣ್ಡು ಮಲಗುತ್ತವೆ (B. 5, 28). ಆನೆಯ ಸೊಣ್ಡೆಯು ಸುರಳೀ ಸುತ್ತುವದಕ್ಕೂ ಬರುತ್ತದೆ (5, 238).

ಸುರಳಿತ suraḷita. Straight and smooth; fair and flowing; plain, regular; etc. (S. Mhr.; Mhr. ಸುರಳೀತ).

ಸುರಾಕಾರ surâkâra. Saltpetre or nitre (Mhr., H. ಸುರಾಖಾರ; R.; Tĕ. ಸುರೇಕಾರ).

ಸುರಾಘಟ surâ-ghaṭa. A vessel to hold spirituous liquor (My.).

ಸುರಾಚಾರ್ಯ sura-âčârya. Preceptor of the gods, *Bṛihaspati*.

ಸುರಾಜ su-râja. *A good king*.

ಸುರಾಡ surâḍa. Pleasure (? Râm. 3, 7, 39).

ಸುರಾದ್ರಿ sura-adri. The mountain Mêru (Bp. 8, 43).

ಸುರಾಧ್ವ sura-adhva. The sky (Śsv. 2, 38).

ಸುರಾಪಾನ surâ-pâna. The drinking of spirituous liquor. (My.). — ಸುರಾಪಾನ ಮಾಡು. To drink spirituous liquor (My.).

ಸುರಾಮಣ್ಡ surâ-maṇḍa. *The scum or froth of vinous liquor during fermentation, yeast, barm*.

ಸುರಾರಿ sura-ari. An Asura, a demon. (My.).

ಸುರಾಲಯ sura-âlaya. *The mountain Mêru*. 2, Indra's heaven.

ಸುರಾವಾಸ sura-âvâsa. Indra's heaven (ಸ್ವರ್ಗ Nn. 128).

ಸುರಾಷ್ಟ್ರ su-râshṭra. N. of the country Surat.

ಸುರಾಷ್ಟ್ರಜ surâshṭra-ja. Born or produced in Surat. 2, *a sort of fragrant earth* (= ತುವರಿಕೆ).

ಸುರಾಸುರ sura-asura. Gods and demons (J. 18, 52).

ಸುರಾಹಾರ sura-âhâra. Nectar, ambrosia (ಅಮೃತ Nn. 4; Mr. 29).

ಸುರಿ suri. 1. To flow, to pour (v. i.), to drop, as tears (Ŏpr. 5, 11; 10, 56; Râm. 5, 8, 89), as water from the eyes (Bp. 18, 46; 45, 54; 58, 23), as blood

(Bp. 22, 10; 38, 28; 46, 22; 57, 60; Rśv. 5, 119), as rain (Bp. 2, 12; 51, 24; 55, 13; 59, 43; Rśv. 8, 112), as a rain of flowers (Bp. 22, 57; 44, 72; 61, 64; J. 3, 28), as a rain of stones or hailstones (Bp. 61, 11; Čpr. 7, 5; 10, 51), as a rain of sparks (J. 8, 39), as milk (Bp. 48, 30; 60, 35), as a dhârĕ or stream of honey (Bp. 26, 44), as scum from the mouth (Bp. 51, 53), as live coals (Bp. 61, 39), as feces in purging (see Prv. s. ಬೊಡ ಬೊಡನೆ), etc. (ಗಲನ Šmd. Dh.; My.; T., M. ಚುರ, ಚೊರಿ; *cf.* ಚುರಿ, ತೊರೆ 1, ಸೋರ್ 1). ತೊಡೆ ಸಂಕಲೆಯಿಕ್ಕಿದ ಪೋಲ್ ಕುಡಿಯಲ್ಗೆಗಳಿನ್ದೆ ಸುರಿದುವು ಇರ್ಕೆಲಕೆ ಕರುಳ್ (Šmd. 132). ಗದಿ ಗದಿಸೆ ಕಣ್ಣೀರ್ ಸುರಿಯೆ ಚಿನ್ತಿಪ ಪಾರ್ವನ (229). ಆನೆಯ ಕೆಯ್ಯಿನ್ದ ಸುರಿವ ಶೀಕರವು (ಕರ ಶೀಕರ, ವಮಥು Nr.). ಸುರಿವ ಹನಿ (ಬಿನ್ದು Mr. 418). ಸುರಿವದು (ಸ್ನವ, ಸ್ರವ Si. 389); ಮಟಿ ಸುರಿಯುವ ಮುಗಿಲು (ಘನಾಘನ 485); ಮೂತ್ರ ಸುರಿಯದ ಕಷ್ಟವಾದ ತಡೆ (ಅಶ್ಮರಿ, ಮೂತ್ರಕೃಚ್ಛ್ರ 201); ರೋಗದಿನ್ದ ಕೊಳಿತು ನೀರು ಸುರಿಯುವ ಕಣ್ಣುಗಳುಳ್ಳವನು ಅಥವಾ ಕೊಳಿತು ನೀರು ಸುರಿಯುವ ಕಣ್ಣು (ಚುಲ್ಲ, ಚಿಲ್ಲ, ಪಿಲ್ಲ 202); ಜೊಲ್ಲುನೀರು ಸುರಿಯುವದಕ್ಕೆ ತಕ್ಕ ಬಾಯಿಯ ಅಂಚು (ಸೃಕ್ವನ್, etc. 214). ಆಸಾ ಗುಡಿಸು! ಅನ್ದರೆ ಬಸ ಬಸ ಸುರೀತೋ?—ಬೆವರು ಸುರಿದರೂ ಶೌರ್ಯ ಹೋಗಲಿಲ್ಲ.—ಬೊಡ ಬೊಡರೆ ಸುರಿಯುವವನು ಕಡ ಕಡನೆ ನಡದಾನೇ? (Prvs.). **2**, to cause to flow, to pour (v. t.), to drop (v. t.), to shower, to discharge, to throw in profusion, to pour out, to shoot out, to hurl, as water or other fluids (Čpr. 6, 48; Bp. 59, 15; Rśv. 11, 68; J. 11, 38), as tears (Čpr. 6, 91), as blood (Bp. 54, 44), as a rain of fruits (Čpr. 2, 86), as pus (Bp. 39, 64), as arrows (J. 12, 30), as food for a dog (Bp. 61, 20), as gold (Bp. 40, 13), as corn (Č. Bp. 42, 15), as pearls (Rśv. 8, 5; J. 17, 47. 48; Bh. 2, 13, 8), as bundles of grass, etc. (Rśv. 6, 116), as sticks, etc. (My.). ದಾರೆಯಿಟ್ಟು ಸುರಿವುದು (ಶ್ಚೋತ, ಪ್ರಾಘಾರ Nr.). ಬೀದೀಲಿ ಬೆಲ್ಲ ಸುರಿದು, ಹಾದಿಯವರ ಸಂಗಡ ಜಗಳಾಡಿದ ಹಾಗೆ.—ಬೊಗಳುವ ನಾಯಿಗೆ ದಡಿ ಸುರಿದ ಹಾಗೆ (Prvs.).

ಸುರಿ suri. 2. = ಸುರಿದು. P. p. of ಸುರಿ 1. — ಸುರಿ ತರ್. (*i. e.* ಸುರಿದು ಕೊಣ್ಡು ಬರ್). To flow, as juice from an elephant's temples (Čpr. 9, 90); to drop, as flowers from the head (Śśv. 1, 45).

ಸುರಿ suri. = ಸುರು 2. Tbh. of Sk. ಛುರೀ, a knife. ಸುರಿಯ ಕತ್ತಿ (ಛುರಿಕೆ, ಅಸಿಧೇನುಕೆ, etc., ಸೂರುಕತ್ತಿ, ಚೂರಿ, ಚಾಕು, ಸುರಿಗಿ ಕತ್ತಿ Si. 290).

ಸುರಿಗಿ surigi. = ಸುರಿಗೆ. See Si. s. ಸುರಿ.

ಸುರಿಗೆ surigĕ. = ಸುರಗಿ, etc. Tbh. of ಛುರಿಕೆ (Šmd. 340; ಕ್ಷುರಿಕೆ, ಅಸಿಧೇನು, etc. Hlâ.; ತಸ್ರಿಕೆ, ಪತ್ರ, ಅಸಿಧೇನು Mr. 297). ಸುರಿಗೆ ಮೊದಲಾದುದು ಕಯ್ಯಿಂ ಬಿಡಲ್ ಬಾರದುದು(ದು) ಅಮುಕ್ತಮೆಮ್ಬುದು (Hlâ.). See ಕಟ್ಟುಂಜುರಿಗೆ, ಕೆಯ್ಸುರಿಗೆ, ಪೊಂಜುರಿಗೆ.

ಸುರಿತಿ suriti. = ಸೂರತಿ, etc. Made or produced in Surat. ನವಿಲ ಗಱಿವೆರೆದ ಸೆರಗಿನಿನ್ದೆಸೆವ ತಳಿರ್ವಣ್ಣದ ಸುರತಿಯ ಸೆಲೆ (Râghĕ. 17, 65).

ಸುರಿಯುವಿಕೆ suriyuvikĕ. Flowing, etc. (ಸ್ನವ, ಸ್ರವ Si. 389).

ಸುರಿವು surivu. = ಸುರುವು. To pour (v. t.), etc. ಆ ರಸವನ್ನು ಒನ್ದು ಹರವಾದ ಹಲಿಗೆಯ ಮೇಲೆ ಸುರಿವಿ (B. 4, 225).

ಸುರಿಸು surisu. To cause to flow, to pour (v. t.), etc. (= ಸುರಿ 1 No. 2, q. v.). ಕಣ್ಣೀರು ಸುರಿಸುತ್ತ (B. 3, 34). See Bp. 57, 83; B. 4, 74. 201; 5, 58.

ಸುರು suru. A sound produced in burning. (Mhr. ಸುರಾಸುರ, imitation of the hissing of gunpowder under explosion). — ಸುರು ಸುರನೆ. rep. (Bp. 50, 37).

ಸುರು suru. 1. = ಶುರು, q. v. (My.).

ಸುರು suru. 2. = ಸುರಿ. A sword (Râm. 6, 30, 16).

ಸುರುಗು surugu. A withered dry portion of a plantain leaf (My.; Tĕ. ಸುರುಗು, to wither, fade; *cf.* ಸೊರಗು).

ಸುರುಂಗೆ surungĕ. = ಸುರಂಗ 1, etc. A hole made underground for military purposes, a hole dug through the walls of a building for the purpose of house-breaking; *a mine*, an excavation, a breach, *a subterraneous passage*.

ಸುರುಚಿರ su-ručira. Very bright, beautiful or pleasing (Čh. v. 178. 308; Bp. 3, 9; 6, 16; 38, 9).

ಸುರುಚಿರಾಂಗ surućira-anga. A tiger (ವ್ಯಾಘ್ರ Mr. 159).

ಸುರುಟು suruṭu. = ಸುರುಣ್ಟು. To become shrivelled or contracted, to coil or roll up (My.; T. ಚುರುಟ್ಟು, to involve, roll up).

ಸುರುಟು suruṭu. A military salute (My.; H.).

ಸುರುಣ್ಟು suruṇṭu. = ಸುರುಟು. To contract (v. i.), to shrivel, etc. (ಸಂಕೋಚನ Šmd. Dh.).

ಸುರುಮ suruma. = ಸುರಮ. (My.; Br., H. ಸುರುಮಾಯಿ).

ಸುರುವು suruvu. = ಸುರಿವು. ನೀರೆಲ್ಲ ಮತ್ತೊನ್ದು ಪೀಪಿನಲ್ಲಿ ಒಯ್ದು ಸುರುವುತ್ತಾರೆ (B. 4, 54).

ಸುರುಳ್ suruḷ. To contract (v. i.), to shrivel, to shrink (ಸಂಕೋಚನ Šmd. Dh.); to fear (ಭಯವನ್ ಅನ್ Kk. 72; ಸೆದೆ, ಅಳ್ಕು, ಸುಗಿ, ಬೆಮರ್, ಬಳ್ಕು, ಅಗಿ, ಭಯವನ್ ಅನ್ Šm. 40). ಸುರುಳ್ದಂ (Šmd. 49). See Čpr. 2, 42; Grj. 1, 89; 4, after 104; 6, 6. 7. — ಸುರುಳಿಸು. ಸುರುಳೆ ಇಸು. To shoot so that fear is produced (Čpr. 5, 109).

ಸುರುಳಿ suruḷi. = ಸುರಳಿ, etc. (My.; *cf.* ಕುರುಳ್ 1). ಸುರುಳಿಯಾದದ್ದು (ಸುಟಿ G.). — ಸುರುಳಿ ಮಾಡು. To make a roll or coil (My.). — ಸುರುಳಿ ಸುತ್ತು. To roll up, etc. (G. 418).

ಸುರುಳೆ suruḷĕ. = ಸುರುಳಿ, etc. ಸುರುಳೆಯೊಳಗಿನ ಸೂಜಿಗಳು (B. 4, 158). — ಸುರುಳೆ ಮಾಡು. To make a roll (B. 4, 158); to roll up (4, 157). — ಸುರುಳೆ ಸುತ್ತು. To roll up. (ಹಾಸಿಗೆಯು) ಸುತ್ತಿಟ್ಟ ಸುರುಳೆಯನ್ನು ಹಾಗೇ ಉರುಳಿಸಿ ಬಿಟ್ಟನು (B. 4, 154); to be coiled or curved. ಟಗರಿನ ಕೋಡುಗಳು ಕೆಳಗೆ ಬಾಗಿ ಸುರುಳೆ ಸುತ್ತಿರುತ್ತವೆ (8, 9).

ಸುರುಳ್ಚು suruḷču. To cause to contract, etc. (ಸಂಕೋಚನ Šmd. Dh.).

ಸುರೂಪ su-rûpa. Well-formed, handsome, beautiful. (My.).

ಸುರೂಪವೃತ್ತಿ surûpa-vṛitti. A beautiful state (Čpr. 6, 80).

ಸುರೆ surĕ. ಸುರಾ. *Spirituous liquor*, toddy (ಕಳ್ Šm. 112). ಸುರೆ ಕುಡಿಯುವವನಿಗೆ ಮಟಿ ಅಪ್ಪ್ಯೇದೇನು?—ಸೂರ್ಯನ ಮೇಲೆ ಸುರೇ ಚಲ್ಲಿದರೆ ಮೋಱೀ ಮೇಲೆ ಬೀಳುವದು (Prvs.). — ಸುರೆಗುಡುಹಿ. -ಕುಡುಹಿ. A drinker of spirituous liquor (Bh. 3, 20, 27).

ಸುರೇಖೆ su-rêkhĕ. A beautiful line or mark (Bp. 12, 45; 40, 20).

ಸುರೇನ್ದ್ರ sura-indra. Chief of gods: Indra.

ಸುರೇನ್ದ್ರಜಿತ್ surêndra-jit. *Garuḍa.*

ಸುರೇಭ sura-ibha. A celestial elephant, Indra's elephant (ಘನಾಘನ, ಐರಾವತ Nn. 15).

ಸುರೇಶ್ವರ sura-îśvara. Indra. (J. 13, 33). 2, Śiva.

ಸುಱ್ suṟ. The sound of a whirlwind (S. Mhr.). 2, the sound produced when supping liquids (My.). — ಸುಱ್ ಸುಱ್. rep. (C.).

ಸುಱ suṟa. 1. (ಸುರ). (= ತುಱ 2, ಸುಱ್ 3). — ಸುಱಸುಱಿಕೆ. A kind of Bryonia, the woolly cucumber plant (My.; ಕೊತುರುಬುಡಮೆ Si. 152).

ಸುಱ suṟa. 2. = ಸುಱ್ No. 2. — ಸುಱ ಸುಱ. rep. The repeated sound, or with the repeated sound, of suṟa in supping liquids (My.). — ಸುಱ ಸುಱನ್ತ ಕುಡಿ. To sup with the repeated sound of suṟa (My.). — ಸುಱ ಸುಱನೆ. With the repeated sound of suṟa (My.).

ಸುಱ suṟa. 3. P. p. of ಸುಱ್ 1, in ಸುಱ ಕೊಳ್ಳು (C.).

ಸುಱಿ suṟi. 1. To drink with a supping noise (C.; V. 40, 65. 69; Bh. 1, 10, 30; Tĕ. ಜುಱ್ರು; T. ಉಱಿಂಜು). ಜುಱು ಜುಱ್ಱನ್ದು ಸುಱಿವ್ವತ (Bp. 59, 19). ಸುಱಿದು, ಉಣ್ಣ ಬೇಕು; ಗೊಱಿದು, ಬುಲಗ ಬೇಕು (Prv.).

ಸುಱಿ suṟi. 2. P. p. of ಸುಱ್ 1, in ಸುಱ್ ಸುಱಿದು (Bp. 15, 26).

ಸುಱಿ suṟi. 3. (= ಸುಱ 1, etc.). — ಸುಱಿಮುಳ್ಳು. A prickly shrub, Zizyphus oenoplia Mill. (St. & Pl.).

ಸುಱು suṟu. P. p. of ಸುಱ್ 1, in ಸುಱು ಕೊಳ್ಳು (My.).

ಸುಱುಕು suṟuku. The sound produced by supping. 2, a sup (My.; Tĕ. ಜುಱ್ರುಜುಱ್ರುಕು, at every sup). See Prv. s. ಮುಱುಕು 2. — ಸುಱುಕಿಡು. -ಇಡು. To produce a supping sound, to sup (Śśv. 3, 55). — ಸುಱುಕೆನ್. -ಎನ್. = ಸುಱುಕಿಡು. (V. 40, 65).

ಸುಱ್ಱನೆ suṟṟanĕ. With the sound of hard breathing (V. 9, 81); with snorting (J. 13, 35).

ಸುರ್ಕು surku. 1. = ಸುಕ್ಕು 1. To contract (v. i.), to shrivel, to shrink; to fade; to curl (ಸಂಕೋಚ Śmd. Dh.; Rśv. 9, 17; 11, 125).

ಸುರ್ಕು surku. 2. = ಸುಕ್ಕು 2, ಸುಂಕು 1, ಸೊಕ್ಕು 1. Contracting, shrivelling, shrinking; a wrinkle; a curl. ದೇಹಸುರ್ಕು (ತೆರೆ Śm. 105). — ಸುರ್ಕುಗಿವಿ. -ಕಿವಿ. A contracted ear (Śśv. 3, 53). — ಸುರ್ಕುಗೊಳ್. -ಕೊಳ್. To shrivel (Rśv. 5, after 55). — ಸುರ್ಕುಗೊಳಿಸು. -ಕೊಳಿಸು. To shrink (v. t.), to lessen (Bp. 47, 12). — ಸುರ್ಕುಂಗುರುಳ್. -ಅಂ-ಕುರುಳ್. (Śmd. 203). Curled hair. — ಸುರ್ಕುವೆಟ್. -ಪೆಟ್. To contract (v. i.), to be coiled, to bend (Rśv. 9, 29). — ಸುರ್ಕುಸುರು. -ಉಸುರ್. Suppressed breath (Abh. P. 11, 88).

ಸುರ್ವು survu. Exuberance, luxuriance; a mass (Čpr. 8, after 44; *cf.* ಕೊರ್ವು 2, ತುಱುಗು 2, ಸೊರ್ಕು 2). — ಸುರ್ವುಗಿಡು. -ಕಿಡು. Luxuriance to be lost; to lose (one's) luxuriance (Čpr. 5, after 64). — ಸುರ್ವುಗೊಳ್. -ಕೊಳ್. To grow luxuriant (Čpr. 1, after 101).

ಸುಲ್ sul. = ಚುಲ್, etc. See ಸುಲಿ 4?

ಸುಲ್ sul. = ಸುಲು. Tbh. of ಸುಲ್ವ (Śmd. 368; ತಾಮ್ರ Śs.).

ಸುಲ sula. = ಸುಲಿದು. P. p. of ಸುಲಿ 1, in ಸುಲ ಕೊಳ್ಳು (B. 3, 127; 5, 104. 108. 185; My.).

ಸುಲಕ್ಷಣ su-lakshaṇa. A good mark or characteristic, an auspicious mark, a recommending feature, a virtue, a grace. 2, having beautiful or auspicious marks, having an auspicious name, fortunate, having graces and excellencies. (J. 4, 8).

ಸುಲಗ್ನ su-lagna. An auspicious time (My.).

ಸುಲಂಗಿ sulaṅgi. A mining crowbar (? Mhr. ಸುರಂಗೀ; *cf.* ಸೂಲಂಗಿ?). ಕಬ್ಬಿಣದ ಹೊಟ್ಟೇಲಿ ಸುಲಂಗಿ ಹುಟ್ಟಿದ ಹಾಗೆ (Prv.).

ಸುಲತಾನ sulatâna. = ಸುಲ್ತಾನ. A sultan (My.).

ಸುಲತಾನಿ sulatâni. Relating to a Sultan (My.; Tĕ. ಸುರತಾಣಿ, ಸುಲತಾಣಿ). — ಸುಲತಾನಿರೂಪಾಯಿ. A kind of Rupee (My.). — ಸುಲತಾನಿವರಹ. A kind of pagoda (My.). — ಸುಲತಾನಿಹಣ. A kind of fanam (My.). — ಸುಲತಾನಿಹರದಾರಿ. A kind of coss (My.).

ಸುಲದು suladu. = ಸುಲಿದು. P. p. of ಸುಲಿ 1 (My.). ಕುತ್ತಿಗೆ ಕೊಯ್ಯುವ ಊರಲ್ಲಿ ಸುಲದು ಬಿಟ್ಟವೇ ಗುಣ (Prv.).

ಸುಲಭ su-labha. = ಸುಲುಬು, ಸುಲು, ಸುಳುವು. Easy to be obtained or effected, easy of acquisition or attainment, easy of access, attainable, feasible, easy. 2, N. of a vṛitta (Čh.). 3, N. of a prince (J. 27, 5). — ಸುಲಭ ಬೀಳು. To become or be easy (B. 5, 100).

ಸುಲಲಿತ su-lalita. Sporting gracefully; greatly pleased or happy; very delicate or dainty; very pleasing, beautiful, charming, lovely, pure (ಪ್ರಹೃಷ್ಟ, ನಿರ್ಮಲ Nn. 79; Śmd. 98; Bp. 19, 44; J. 6, 6). 2, N. of a vṛitta (Čh.).

ಸುಲಾಲಿತ su-lâlita. Beauty, grace (Bp. 12, 44). — ಸುಲಾಲಿತೆ. A graceful woman (Grj. 3, after 91).

ಸುಲಾಲಿಸು su-lâlisu. To listen to very kindly, etc. ಸುಲಾಲಿಸುವುದು ಧರಣೀತಲದ ರಸಿಕರು! (Kk. 94).

ಸುಲಾವಣೆ sulâvaṇĕ. = ಸುನಾವಣೆ. (My.).

ಸುಲಿ suli. 1. (= ಸುಗಿ 1). To tear or strip off; to flay, to skin; to peel, to pare; to shell, as beans, etc.; to plunder, to rob (ಕವರ್, ಇಱ್, ಸೆಳೆ Śm. 68; ಸೆಳೆ 107; Bp. 35, 38; C.; M. ತೊಲಿ; Mhr. ಸೋಲಣೇಂ). P. ps. ಸುಲದು, ಸುಲಿದು. ಅವನನ್ನು or ಅವನ ವಸ್ತುಗಳನ್ನು ಸುಲಿದರು (My.). ಸುಲಿಯಲ್ ಪಟ್ಟ ಧಾನ್ಯ (ಮುದ್ಗ, ಅವಸಿತ Si. 306, sic!). ಹಲಿದ ಬುತ್ತಿಗೆ ಉಳ್ಳಿಗಡ್ಡೆ ಸುಲಿದನ್ತೆ (Prv.). ಸುಲಿದ ದಾಡಿಯ ಪಣ್ಣಿನನ್ದದಿ... ಸುಲಭಮಾಗಿರ್ದ ಲಲಿತಮಹ ಕನ್ನಡದ ನುಡಿ (Abhâ. 1, 5). ಪುಲಿಯ ತಲೆಯೊಡೆಯಿಟ್ಟು, ಸುಲಿದು ಚರ್ಮವ (Râghĕ. 17, 70). ಮೇಲಿನ ತೊಗಟೇ ಸುಲಿದು (B. 3, 114). 2, to be excoriated (Bp. 38, 56; My.).

ಸುಲಿ suli. 2. = ಸುಲಿದು. P. p. of ಸುಲಿ 1, in ಸುಲಿ ಸುಲಿದು (Bp. 35, 39).

ಸುಲಿ suli. 3. The state of being stripped, peeled, bare or uncovered. — ಸುಲಿವಲ್. An uncovered, shining tooth or such teeth (Abh. P. 3, 90; Bp. 3, 27; Rśv. 4, after 14; 5, after 19; 5, 51; J. 28, 9). — ಸುಲಿವಲ್ಲ. -ಪಲ್ಲ. The potherb Marsilea dentata (ವಿತುನ್ನ, ಸುನಿಷಣ್ಣಕ, ನೀರುಚಂಚಲಿ Si. 159).

ಸುಲಿ suli. 4. A cow; kine (ದನ Śm. 107; *cf.* ಸುಲ್? ತುಱು 2?).

ಸುಲಿಗೆ suligĕ. Plundering, robbery, pillage, booty (ಸುಗಿ Śm. 80; ಉಗಿ 81; C.). ಇಲ್ಲಿ ದೊರೆದ ಸುಲಿಗೆ

(B. 5, 69). ಸಿಕ್ಕ ಸುಲಿಗೆಯನ್ನು ಕೆಲವು ದಣ್ಣಿನ ಸಂಗಡ ಕೊಟ್ಟು (5, 69). ಬೀಜಗಳು ಸುಲಿಗೆಯಾಗಿ ಹೋಗ ಬಾರದೆನ್ದು, ಕಾವಲಕ್ಕಾಗಿ ಒಟ್ಟು ಶಸ್ತ್ರಧಾರಿಯನ್ನು ಕರ ಕೊಣ್ಡು ಹೋಗುತ್ತಾರೆ (5, 105). ಬಲಿ ಮುದ್ರೆ ಕೊಟ್ಟರೂ ಸುಲಿಗೆ ತಪ್ಪಲಿಲ್ಲ (Prv.). — ಸುಲಿಗೆಗೊಡು. -ಕೊಡು. To give as booty (Dp. 138, 5). — ಸುಲಿಗೆ ಮಾಡು. To rob, to plunder. ವಿಜಯನಗರಕ್ಕೆ ಹೋಗಿ, ಬೇಕಾದ ಹಾಗೆ ಸುಲಿಗೆ ಮಾಡಿ (B. 4, 10).

ಸುಲಿಸು sulisu. To cause to flay, etc., etc. (C.; Bp. 38, 15; B. 5, 108). ಸುಲಿಸಿ ಕೊಳ್ಳ ಬಹುದು, ಸುದ್ದಿ ಹೇಳಿ ಕೊಡದು (Prv.).

ಸುಲಿಹ suliha. Plundering, etc. (ಉಗಿಪದ Šmd. II).

ಸುಲು sulu. = ಸುಲಿದು. P. p. of ಸುಲಿ 1, in ಸುಲು ಕೊಳ್ಳು (My.; B. 5, 107).

ಸುಲು sulu. = ಸುಲ್. Tbh. of ಸುಲ್ವ (Šmd. 364. 368). ಸುಲುವೆನ್ದು, ಕಸುಪೊನ್ (364).

ಸುಲುಬ suluba. Tbh. of ಸುಲಭ. Easy to be effected, etc. (My.). 2, thin, as cloth, etc. (My.).

ಸುಲೋಚನ su-lôčana. Fine-eyed; causing to see well; spectacles (My.; Tē.).

ಸುಲೋಭ su-lôbha. N. of a prince (J. 27, 5).

ಸುಲ್ತಾನ sultâna. = ಸುಲತಾನ. (My.; Tē. ಸುಲ್ತಾನು).

ಸುಲ್ವ sulva. = ಶುಲ್ವ, ಸುಲ್, ಸುಲು.

ಸುವಚನ su-vačana. Good speech, *eloquence*.

ಸುವಯೋವಿದ su-vayas-vida. One who has attained the prime of life (ಪ್ರಾಯುದವ Mr. 310).

ಸುವರ್ suvar. = ಸ್ವರ್.

ಸುವರ್ಚಲ su-varčala. N. of a country. See ಸೌವರ್ಚಲ.

ಸುವರ್ಣ su-varṇa. Of a good or beautiful colour, brilliant in hue, bright, golden, yellow; of a good tribe or caste. 2, a good colour. 3, *gold* (ಚಿನ್ನ Nn. 10; ಭಂಗಾರ 44). 4, *a particular weight of gold* (about 175 grains troy). 5, a gold coin. 6, = ಚೂರ್ಣ 2 (My.). — ಸುವರ್ಣಪಟ್. A kind of cloth or garment. See Mr. s. ಪಟಭೇದ.

ಸುವರ್ಣಕ su-varṇaka. *The tree Cathartocarpus or Cassia fistula.*

ಸುವರ್ಣಕಾರ suvarṇa-kâra. *A goldsmith.*

ಸುವರ್ಣತಾಳ suvarṇa-tâḷa. A golden cymbal (Bp. 50, 14).

ಸುವರ್ಣನಾಭ suvarṇa-nâbha. = ಸ್ವರ್ಣನಾಥ. N. of a king (Čpr. 2, after 56).

ಸುವರ್ಣಪರ್ವತ suvarṇa-parvata. The mountain Mêru (My.).

ಸುವರ್ಣಮಾಲೆ suvarṇa-mâlĕ. N. of a queen (Čpr. 2, 11; 2, after 14).

ಸುವರ್ಣವಾದ suvarṇa-vâda. A good report (ಕೌಲೀನ, ಕಾಂಚನವಾದ Nn. 76).

ಸುವರ್ಣಾದಾಯ suvarṇa-âdâya. The land revenue which is paid in gold coins or money (My.).

ಸುವರ್ಣಾಮ್ಬರ suvarṇa-ambara. A garment of a beautiful colour (Šsv. 8, after 35).

ಸುವಲ್ಲಿ su-valli. *The medicinal plant Vernonia anthelminthica* Willd. (= ಅವಲ್ಗುಜ).

ಸುವಹೆ su-vahĕ. *The small tree Nyctanthes arbor tristis* Lin. 2, *the thorny shrub Mimosa octandra* Roxb. 3, *the shrub Cissus pedata* Lam.

ಸುವಾಂಛಿತ su-vâñčhita. What is greatly desired, desire (J. 15, 22).

ಸುವಾದ್ಯ su-vâdya. A good musical instrument (ಕರಥ, ಒಳ್ಳೆಹ ವಾದ್ಯ Nn. 161).

ಸುವಾರ suvâra. Tbh. of ಸೂಪಕಾರ. (Bh. 1, 6, 14).

ಸುವಾರಿ su-vâri. Good, fresh water (J. 17, 4).

ಸುವಾರ್ತೆ su-vârtĕ. Good news. (My.).

ಸುವಾಸ su-vâsa. An agreeable perfume, a fragrance. ಬಾಯಿಗೆ ಸುವಾಸವನ್ನು ತರುವ ತಾಮ್ಬೂಲ ಮುಸ್ತಾದದು (ಮುಖವಾಸನ G.).

ಸುವಾಸನೆ su-vâsanĕ. = ಸುವಾಸ. Fragrance (Bp. 33, 7; My.).

ಸುವಾಸಿಕ su-vâsika. Odoriferous (Mhr.; B. 3, 107).

ಸುವಾಸಿನಿ su-vâsini. = ಸವಾಷ್ಣಿ, ಸೊವಾಸಿಣಿ, ಸೋವಾಸಿಣಿ, ಸೋವಾಸಿನಿ. A female dwelling in a comfortable or respectable abode; *a woman married or single who resides in her father's house;* a half grown up girl; a term of courtesy for a respectable woman whose husband is alive (ಚಿರಣ್ಟಿ Amara; ಕಂಚುತ್ಪ್ರಾಢೆ Hlâ., Mr. 306; ಸೋವಾಸಿನಿ Hlâ. Cm.; ಅಯೆ Kk. 27).

ಸುವಿಚಾರ su-vičâra. Good or deliberate consideration, good thoughts. (B. 4, 17; My.).

ಸುವಿಟ su-viṭa. A clever paramour, etc. (J. 8, 22).

ಸುವಿತರಣ su-vitaraṇa. Great liberality (Bp. 5, 47).

ಸುವಿದ su-vida. An attendant on the women's apartments. See ಸೌವಿದ.

ಸುವಿದಾನ suvidâna. = ಸುಯಿದಾನ.

ಸುವಿದಾನಿ suvidâni. = ಸುಯಿದಾನಿ. An attentive person (Bp. 7, 5).

ಸುವಿದಿತ su-vidita. Well known or understood, etc. (Kâvy. II, 2, B, 3).

ಸುವಿದ್ಯೆ su-vidyĕ. Good knowledge (ಕಾಣ್ಡ, ಒಳ್ಳಿಹ ವಿದ್ಯೆ Nn. 116).

ಸುವಿಧಿ su-vidhi. A good rule or ordinance. 2, one of the feats of wrestlers (Čpr. 5, 77).

ಸುವಿಭಕ್ತಿ su-vibhakti. Good inflection of nouns and of the persons of a tense. See s. ಸುರಹರಿ.

ಸುವಿಶೇಷ su-višêsha. Great distinction or importance: good tidings, good news (T.; My.).

ಸುವಿಹರಿಸು su-viharisu. To roam; to divert one's self (J. 28, 54).

ಸುವಿಹಿತ su-vihita. Well placed or deposited; well furnished or appointed, well provided, well arranged, well supplied; well done, well performed. (Kâvy. V, 967).

ಸುವೃತ್ತ su-vṛitta. Well rounded, beautifully globular or round; a disk (ಬಿಮ್ಬ, ಅತಿಬಟ್ಟೆತು Nn. 69). 2, virtuous, good.

ಸುವೇಗ su-vêga. N. of a prince (J. 4, 26. 33, etc.; 8, 29).

ಸುವೇದಿಸು su-vêdisu. To become properly known (Bp. 39, 19).

ಸುವೇಲ su-vêla. Bowed or stooping greatly; humble, quiet. 2, N. of an aerial spirit (ಖಚರ Abh. P. 12, 39). 3, N. of a mountain.

ಸುವೇಲಾಚಲ suvêla-ačala. = ಸುವೇಲ No. 3. (Abh. P. 12, after 39).

ಸುವೇಷ su-vêsha. Well dressed, well clad. (R.).

ಸುವ್ಯಕ್ತ su-vyakta. Very plain, manifest. (Bp. 57, 66. 85).

ಸುವ್ಯಾಕುಲ su-vyâkula. Greatly perplexed or bewildered (Bh. 8, 19, 29).

ಸುವ್ರತ su-vrata. = ಸುಬ್ರತ. Strict in observing a religious vow or obligation; virtuous. 2, a good vow.

ಸುವ್ರತೆ su-vratĕ. A virtuous wife. 2, *a cow easily milked* or one of tractable disposition.

ಸುವ್ವಲೆ suvvalĕ. = ಸುಬ್ಬಲೆ, ಸುವ್ವಾಲೆ, ಸುವ್ವಿ q. v. (Bh. 3, 13, 17).

ಸುವ್ವಾಲೆ suvvâlĕ. = ಸುವ್ವಲೆ, etc. (My.; Tĕ.).

ಸುವ್ವಿ suvvi. = ಸುವ್ವಲೆ, etc. A chorus used by two or more women (whose husbands are alive) when gently beating wheat at the beginning of investiture with the sacrificial thread (muñji), marriages, etc. (My.), occasionally used also by other women when beating rice, etc. (Rśv. 5, 110; My.; Tĕ.). ಸುವ್ವಿ ಅನ್ನದರೆ ತಿಳಿಯದೇ ಒನಕೇ ರಾಗ? (Prv.). — ಸುವ್ವಿ ಹೇಳು. To perform that chorus (My.). — ಸುವ್ವಿ ಸುವ್ವಿ. rep. (My.).

ಸುಶಬಲ su-śabala. N. of a râkshasa (Č. Bp. 47, 21).

ಸುಶಬ್ದ su-śabda. A good or excellent term (Mr. 6).

ಸುಶವಿ su-śavi. = ಸುಷವಿ, etc. (Sk.; G.).

ಸುಶಿಕ್ಷಿತ su-śikshita. Well trained or taught, disciplined, well instructed, clever, skilful (ಚತುರ, etc., ಬಲ್ಲವ Mr. 224; B. 4, 189; 5, 274).

ಸುಶಿಕ್ಷೆ su-śikshĕ. Good instruction, training (B. 5, 196).

ಸುಶೀಮ su-śîma. = ಸುಷೀಮ. (Sk.; G.).

ಸುಶೀಲ su-śîla. Well-disposed, good tempered, having an amiable disposition. 2, excellence of temper or disposition (ಧಾತು, ಶೀಲ Nn. 82; Bp. 27, 16). See Bp. 54, 85; B. 5, 204). — ಸುಶೀಲೆ. A well-disposed, etc. female (Bp. 52, 4).

ಸುಶೀಲತೆ su-śîlatĕ. Excellence of temper or disposition, good morals, natural amiability. (My.).

ಸುಶೋಭಿತ su-śôbhita. Very handsome; elegantly embellished (Čb. 57; Mhr.).

ಸುಶ್ರಾವ್ಯ su-śrâvya. Distinctly audible; pleasing to the ear. (J. 1, 4).

ಸುಶ್ರುತ su-śruta. Well heard; versed in the vêdas. 2, N. of a purôhita (Čpr. 3, after 28).

ಸುಶ್ರೋಣಿ su-śrôṇi. Having beautiful hips. (J. 11, 7).

ಸುಶ್ಲೋಕ su-ślôka. Of good fame or reputation (Bp. 49, 2).

ಸುಷಮ su-shama (-sama). Very even; *very beautiful or handsome;* very pleasing; same, all. 2, a particular Jaina division of time (Abh. P. 1, after 67).

ಸುಷಮೆ su-shamĕ. *Exquisite beauty.*

ಸುಷವಿ su-shavi. = ಸುಶವಿ, ಸುಸವಿ. *The gourd Momordica charantia* Lin.

ಸುಷಿ sushi. 1. = ಸೂಷೆ. A mother (ಜನನಿ, ಮಾತೃ, ಅವ್ವೆ, etc., ತಾಯಿ Mr. 309, c. r. ತಾಯಿ).

ಸುಷಿ sushi. 2. = ಶುಷಿ. (Sk.).

ಸುಷಿರ sushira. = ಶುಷಿರ, ಸುಸಿರ. *Full of holes, perforated,* hollow. 2, *a hole, a cavity.* 3, *a wind-instrument.*

ಸುಷಿರೆ sushirĕ. *A sort of perfume* (= ನಟೀ, ನಲಿ).

ಸುಷೀಮ su-shîma. = ಸುಶೀಮ. *Cold, frigid.*

ಸುಷುಪ್ತಿ su-shupti (-supti). Deep sleep, profound repose. (Čpr. 3, 96).

ಸುಷುಮ್ನ sushumna. = ಸುಷುಮ್ನೆ. (Mr. 52).

ಸುಷುಮ್ನೆ sushumnĕ. *A particular artery or vessel of the body* (lying between the vessels called iḍâ and piṅgalâ, and supposed to be one of the passages for the breath or soul).

ಸುಷೇಣ su-shêṇa (-sêna). Having a good army: N. of a monkey-chief and doctor (J. 21, 9. 19). 2, *the prickly shrub Carissa carandas* Lin. (= ಕರಮರ್ದಕ).

ಸುಷೇಣಿ su-shêṇi. *The plant Ipomoea turpethum* R. Br. (Convolvulus t.).

ಸುಷೇಣಿಕೆ su-shêṇikĕ. *A kind of dark Ipomoea turpethum.*

ಸುಷ್ಠು sushṭhu. *Well, excellently, beautifully.* 2, *much, very, exceedingly;* truly.

ಸುಷ್ಮ sushma. = ಶುಲ್ಬ. A rope, a cord (Colebr.).

ಸುಸಂಸ್ಕೃತ su-saṁskṛita. Well perfected or completed, well polished, highly finished; *highly seasoned,* well-cooked.

ಸುಸಂಗ su-saṅga. Good company or society (My.).

ಸುಸಂಗೀತ su-saṅgîta. A good song (Nn. 2).

ಸುಸಮ su-sama. = ಸುಷಮ. (Colebr.).

ಸುಸರ su-sara. Going or passing easily or without trouble (Bp. 3, 85); going together, agreeing with one another (28, 37); an associate, a friend (38, 52); going away with ease, escaping (Râm. 5, 8, 63).

ಸುಸವಿ su-savi. = ಸುಷವಿ, etc. (Sk.; G.).

ಸುಸಾಧ್ಯ su-sâdhya. Easily to be accomplished or effected; easily attainable, attainable (Bp. 39, 19).

ಸುಸಿರ susira. Tbh. of ಸುಷಿರ. A hole (Čpr. 8, after 44).

ಸುಸಿಲ್ susil. 1. Morning-time, dawn, day-break (ಪ್ರಭಾತಕಾಲ Šmd. II; see ಜಂಪು 1).

ಸುಸಿಲ್ susil. 2. Sexual embrace (ಸಮ್ಭೋಗ Šmd. II; ಸುರತ Čt. II, 72, Kk. 30, Šm. 76; *cf.* ಕೂಸೆ 1, ಸುಸ್ಸು 1; see Čpr. 6, 84; 8, 78; Rśv. 2, after 8; 5, 101; 8, after 82; 11, 154; Šśv. 1, 40).

ಸುಸೂತ್ರ su-sûtra. Nicely strung: easily, without obstruction; easiness (My.; B. 4, 73. 133. 150).

ಸುಸ್ತಿ susti. Slowness, dilatoriness, delay (My.; Mhr., H. ಸುಸ್ತಾಈ, ಸುಸ್ತಿ); laziness (My.; Br.; Mhr., H.).

ಸುಸ್ತಿಗಾರ susti-gâra. A slow, dilatory man; a lazy man (My.).

ಸುಸ್ತು sustu. Languidness (My.).

ಸುಸ್ಥ su-stha. Well situated, being well or in good condition, in health, faring well, well off, happy.

ಸುಸ್ಥತೆ su-sthatĕ. The state of being well or well-established, health, welfare, happiness, good or easy circumstances. (Čpr. 4, after 18).

ಸುಸ್ಥಲ su-sthala. An excellent place (J. 19, 43).

ಸುಸ್ಥಿತಿ su-sthiti. Good condition, good circumstances or position, well-being, welfare; health. (Bp. 1, 25; 56, 3).

ಸುಸ್ಥಿರ su-sthira. Very firm or steady, stable; resolute, vigorous, etc. (ಸಾರ, ಸ್ಥಿರ Nn. 80; Mr. 365; Bp. 4, 44; 27, 28; 48, 21; Šm. 1). 2, ಮೋಕ್ಷ (ಸ್ಥಿರ Nn. 20).

ಸುಸ್ನಿಗ್ಧ su-snigdha. Very shining or resplendent (Bp. 17, 23).

ಸುಸ್ವಪ್ನ su-svapna. A good or lucky dream. (My.).

ಸುಸ್ವಭಾವ su-svabhâva. A good, amiable disposition (B. 4, 5; 5, 292; Čb. 90).

ಸುಸ್ವರ su-svara. A pleasant note, sound or tone (Bp. 3, 79); of a good musical sound, well-sounding, melodious. (B. 3, 12).

ಸುಸ್ವಾದನ su-svâdana. Nicely tasting, eating or drinking (Kk. 1, o. r. ಸುಸ್ವಾದಿತ).

ಸುಸ್ವಾದಿತ su-svâdita. Greatly relished; greatly pleased (see s. ಸುಸ್ವಾದನ).

ಸುಹವಿ su-havi. A good oblation (J. 19, 11).

ಸುಹಿತ su-hita. Very fit or suitable; salutary, beneficial, good; very friendly, affectionate (Bp. 4, 63; 41, 30); satiated, satisfied.

ಸುಹೃತ್ತು su-hṛittu. Tbh. of ಸುಹೃದ್. (My.).

ಸುಹೃದ್ su-hṛid. ಸುಹೃತ್. Having a kind heart, cordial, friendly, affectionate. 2, *a friend; an ally* (ಕೆಳೆಯ Hlâ.; Mr. 268); a well-disposed, good man (ಸಜ್ಜನ, ಪುಣ್ಯಜನ Nn. 95); an intelligent, wise man (ವಿದ್ವಾಂಸ Mr. 228).

ಸುಹೃದ su-hṛida. A friend. (R.).

ಸುಹೃದಯ su-hṛidaya. Good-hearted, well-disposed, affectionate. (My.).

ಸುಹೃದ್ಭಂಗ suhṛid-bhaṅga. Misfortune that befalls friends (J. 15, 38).

ಸುಹೃದ್ಭೇದ suhṛid-bhêda. The separation of friends. (My.).

ಸುಹೃದ್ಯ su-hṛidya. Cordial, tending to cheer (Bp. 26, 7).

ಸುಹೃಲ್ಲಾಭ suhṛid-lâbha. Acquisition of a friend or friends (My.).

ಸುಹೋತ್ರ su-hôtra. N. of several persons. See s. ಅತಿಥಿ.

ಸುಳ suḷa. Tbh. of ತೂಲ. See ತಿಸುಳ.

ಸುಳಿ suḷi. Tbh. of ತೂಲಿ. (ಈಶ್ವರ Šmd. I). See ತಿಸುಳಿ.

ಸುಳು suḷu. = ಸುಳುವು.

ಸುಳುವು suḷuvu. A sound, a noise (ಶಬ್ದ, ಸಪ್ಪಳ, ಉಲುಹು, ಕಟ್ಟುಲುಹು G.).

ಸುಳುವು suḷuvu. = ಸುಳು. Tbh. of ಸುಲಭ. Facility, lightness (My.; Tê.; T. ಚುಳುವು); refined, fine workmanship (My.; B. 4, 146); ingenuity (My.); cheapness (My.). — ಸುಳುವುಗೇಡಿ. -ಕೇಡಿ. A person devoid of ingenuity. ಸುಳುವುಗೇಡಿಯ ಕೆಯ್ಯಲ್ಲಿ ಸುಣ್ಣ ಕೊಟ್ಟರೆ ಬೆಣ್ಣೆಯೆನ್ನು ಬಾಯ್ಯಲ್ಲಿ ಹಾಕಿಕೊಣ್ಣ (Prv.).

ಸುಳ್ಳು suḷḷu. Falsehood, untruth, fiction; a lie (ವ್ಯಲೀಕ Si. 406; ಕೈತವ, ಕಪಟ 415; ಮೃಷಾ, ಅಲೀಕ Dhw.; C.; Tu.; M. ಚುಳ್ಳು, what is little, trifling, *cf.* ಪೊಳ್ಳು, etc.). ಒಳ್ಳೇ ಮಾತಿಗೆ ಸುಳ್ಳೇ ಪ್ರಧಾನ (Prv.). ಸುಳ್ಳೇ ಬೆದರಿಕೆ ಹಾಕುವದರಿಂದ..ಬಹಳ ಹಾನಿಯಾಗುವದು (B. 4, 72). See Prv. s. ಸುಳ್ಳ. — ಸುಳ್ಳ. -ಅ3. A liar (C.). ಸುಳ್ಳನ ಮಾತು...ಕೆಸರೊಳಗೆ ಮುಳ್ಳು ತುರಿದನ್ತೆ (Sp.). ಈ ಹುಡುಗ ಸುಳ್ಳನಿದ್ದಾನೆ (B. 2, 34). ಸುಳ್ಳನ ಮನೇಲಿ ಉಣ್ಣಲ್ಲಡೆ ಬದ್ಧವಲ್ಲ.—ಪೋಕನ ಮಾತು ಕಾಳು, ಸುಳ್ಳನ ಮಾತು ಪೊಳ್ಳು.—ಸರಸ ಇದ್ದವನ ಮನೆಗೆ ಬರಿಸುಳ್ಳ ಹೋದರೆ ಹೊಡಿಸಿ ಕೊಟ್ಟನನ್ತೆ ಒನ್ದು ಮೊಡಿ ಸುಳ್ಳ (Prvs.). See Prv. s. ಸಾವಿರ; B. 3, 96. — ಸುಳ್ಳಾಡು. -ಆಡು. To lie (My.; B. 2, 10). — ಸುಳ್ಳಾಸೆ. -ಆಸೆ. False hopes (My.). — ಸುಳ್ಳುಅರಸ. A counterfeit pretender to the throne (B. 5, 69). — ಸುಳ್ಳುಕಥೆ. A fable, a fiction, a fabrication (My.; B. 5, 127). — ಸುಳ್ಳು ಖರೆಯು. Falsehood or truth (B. 5, 132. 179). — ಸುಳ್ಳುಚಾಡಿ. False accusation, calumny (ಮಿಥ್ಯಾಭಿಶಂಸನ, ಅಭಿಶಾಪ Si. 56; My.). — ಸುಳ್ಳುಚಾಡಿಕಾಱ. A calumniator, a whisperer (ದ್ವಿಜಿಹ್ವ, ಸೂಚಕ Si. 440). — ಸುಳ್ಳುಜ್ಞಾನ. False opinion, false conception, error (ಮಿಥ್ಯಾಮತಿ G.). — ಸುಳ್ಳುತಪ್ಪು. A groundless fault. ಸುಳ್ಳುತಪ್ಪು ಹೊಱಿಸೋಣ (ಅಧ್ಯಾಖ್ಯಾನ G.). — ಸುಳ್ಳುತಿಳಿವಿಕೆ. = ಸುಳ್ಳುಜ್ಞಾನ. (ಅಜ್ಞಾನ, ಭ್ರಾನ್ತಿ G.). — ಸುಳ್ಳುತಿಳುವಳಿಕೆ. = ಸುಳ್ಳುತಿಳಿವಿಕೆ. (ಅವಿದ್ಯೆ, ಅಜ್ಞಾನ G.). — ಸುಳ್ಳುದತ್ತಪುತ್ರ. A feignedly adopted son (B. 4, 217). — ಸುಳ್ಳುದೆವ್ವ. A demon of lie (B. 5, 169). — ಸುಳ್ಳುದೇವ. A false deity. ಸುಳ್ಳುದೇವರಿಗೆ ಕಳ್ಳ ಪೂಜಾರಿ (Prv.). — ಸುಳ್ಳುನಿಮಿತ್ತ. A false cause, a false plea (B. 4, 196; My.). — ಸುಳ್ಳುನೆವನ. A false pretext or plea (B. 1, 14; My.). — ಸುಳ್ಳುಫಿರ್ಯಾದಿ. A false complaint, a false accusation (ಮಿಥ್ಯಾಭಿಯೋಗ G.; My.). — ಸುಳ್ಳುಪ್ರೀತಿ. False, insincere love (G. 383). — ಸುಳ್ಳುಭ್ರಾನ್ತಿ. Vain confusion or delusion (ಸಾಚೀಕೃತ G.). — ಸುಳ್ಳುಮನುಷ್ಯ. A fraudful man (B. 5, 222). — ಸುಳ್ಳು ಮಾಡು. To prove to be false or erroneous (My.; B. 5, 194). — ಸುಳ್ಳುಮಾತು. A lie, a falsehood (C.; B. 3, 96; 5, 9; ಗಾಳಿವಾತು G.). — ಸುಳ್ಳು ಮುಚ್ಚು. To hide a lie (B. 3, 96). — ಸುಳ್ಳುವಾರ್ತೆ. A false report (B. 5, 10). — ಸುಳ್ಳುಸಂಸಾರ. The illusive affairs of life, etc. ಜೊಳ್ಳು ಮನುಜರು ತಾವು ಸುಳ್ಳುಸಂಸಾರದೊಳು ಮುಳ್ಗಿದಿದು, ಮಾಯೆಯೆಮ್ಬವಳ ಬಲೆಯೊಳು ಹೊಳ್ಳ್ಯಾಡುತಿಹರು (Sp.). — ಸುಳ್ಳುಸಾಕ್ಷಿ. False witness (My.); a false witness (My.). — ಸುಳ್ಳು ಹೇಳು. To tell a falsehood, to lie (C.; B. 3, 78). ಸುಳ್ಳು ಹೇಳುವವನು (ಹುಸಿಗ G.). ನಾಳೆ ನಾಳೆ ಎನ್ನು, ಸುಳ್ಳು ಹೇಳಿ, ಹೋಳಿಗೆ ತಪ್ಪಿಸಿದಿ.—ಸಾವಿರ ಸುಳ್ಳು ಹೇಳಿ, ಒನ್ದು ಮದುವೆ ಮಾಡು (Prvs.).

ಸುಳ್ಳುಗಾತಿ suḷḷu-gâti. = ಸುಳ್ಳುಗಾರ್ತಿ. (My.).

ಸುಳ್ಳುಗಾಱ suḷḷu-gâṟa. A male liar (My.).

ಸುಳ್ಳುಗಾರ್ತಿ suḷḷu-gârti. A female liar (My.).

ಸುಳ್ಳುತನ suḷḷutana. Falsity, untruth (G. 511; My.). ಆ ಮತಗಳ ಸುಳ್ಳುತನವನ್ನು ಎರ್ನೆಸ್ಟನೆಯವರಿಗೆ ತೋಱಿಸ ಹತ್ತಿದನು (B. 5, 172).

ಸುಱಿ suṟi. 1. (= ತುಱಿ 4). To be turned round, to turn round (v. i.), to go round, to whirl, to revolve; to curl; to wander, to ramble, to roam, to move about; to move; to walk, to go; to be unsteady, to wave or fickle, to flicker, waver or fluctuate (ಭ್ರಮಣ Šmd. Dh.; ಬಟ್ಟನೆವರ್, ಸಂಚಲಿಸು; ಪರಿಭ್ರಮಣ Šm. 115; T. ಚುಱ, ಚುಱ್, ಚೂರ್, ಚುಱಿಲ್; Tu. ತುಳಿ, ಸುಳಿ; Tê. ಸುಡಿ; Čpr. 1, 137; 4, 32; 6, 48; Čh. v. 17; Abh. P. 9, 81; 12, 90; Bp. 4, 1; 15, 13; 22, 7; 25, 5; Bh. 1, 10, 23; 1, 12, 15; 6, 2, 2; Rsv. 13, 45; J. 3, 2. 3. 8. 25; 4, 70; 5, 57; 6, 8; 8, 6; 9, 23; 12, 15; 19, 5). ಅವರೊರ್ವ ವೃದ್ಧೆ ಅಲ್ಲದೆ ಹೇಱದ ಕೆಲಸವ ಮಾಡುವಳಾಗಿ ರಾಣಿವಾಸದೊಳು ಸುಱಿವಳು (ಅಸಿಕ್ನಿ Nr.). ಸುಱಿವ ಅನಿಲಂ (ವಾತಮಣ್ಡಲಿ Mr. 50). ಸುಱಿದು ಬಪ್ಪ ತೆಱಂ (ಬಟ್ಟನೆ, ತಿಟ್ಟನೆ, etc. Čt. I, 15). ಗಾಳಿ ಸುಱಿಯದ ಸ್ಥಲ (ನಿವಾತ Si. 428). ಅವನು ಹಾದೀ ಹಿಡಿದು ನಡಿಯುವಾಗ್ಯೆ ಅವನ ದೃಷ್ಟಿಯು...ಎಡ ಬಲದಲ್ಲಿರುವ ಹುಲ್ಲಿನ ಗಿಡಗಳ ಕಡೆಗೆ ಸಹ ಸುಱಿಯುತ್ತಿದ್ದಿಲ್ಲ (B. 5, 207). ಸಾಯುವವನ ಕಣ್ಣಿಗೆ ಸುಱಿದವನೇ ಜವರಾಯ (Prv.). ಎಲ್ಲರೂ ಹಿಂಯರೂ ಬಲ್ಲ ಗುರುವರುಗಳೂ; ಸಲ್ಲಳು ಮುನ್ದೆ ಸುಱಿದರೆ ಲೋಕದೊಳಗೆ ಬಲ್ಲವರಾರು? (Sp.). — ಸುಱಿದಾಟ. -ಆಟ. Roaming about. See Sp. s. ಅಳೆ 3. — ಸುಱಿದಾಡು. -ಆಡು. To turn round (v. i.); to move about (C.; Šsv. 1, 10). ಸುಱಿದಾಡುವ ಗುಂಗೀಹುಳ (ಭ್ರಮದ್ಭ್ರಮರ); ಸುಱಿದಾಡುವವಳು (ಸುತ್ತಿ ಬರ್ಪಾಕೆ G.).

ಸುೞಿ suḻi. 2. P. p. of ಸುೞ್ 1, in ಸುೞ್ ಸುೞಿದು (Čpr. 2, 14; Bp. 11, 41; 42, 16; 48, 24; Rēv. 6, after 11; 18, 85. 91). *Cf.* Mhr. ಸುಳಸುಳಣೇಂ, to swarm; to stir about busily.

ಸುೞಿ suḻi. 3. Turning round, whirling, curling, moving about, motion, waving (ಸುೞಿವ ಭಾವಂ Šmd. I; Ŏ. Bp. 42, 14). 2, a whirl, a whirlpool, an eddy (ಜಲಾವರ್ತ Šmd. Dh.; I; Šm. 115; ಆವರ್ತ Hlā.; ಆವರ್ತ, ಜಲಭ್ರಮ Mr. 415; ವರ್ತ್ಮ, ಆವರ್ತ Nn. 86; T. ಚುೞಿ; Tē. ಸುಡಿ; Čpr. 7, 91; Abh. P. 9, 81; Ŏ. Bp. 8, 8; J. 6, 3; 9, 24; 19, 5). ನೀರ ಸುೞಿ (ಆವರ್ತ Nr.). ಆಕೆಯ ಮ್ಬುದು ನವಿಯು,... ಮೋನ ಮೋಹವು ಸುೞಿಯು (Jns. 42, 63). 3, a curl (T. ಚುೞಿ; Tē. ಸುಡಿ). ಹುಬ್ಬುಗಳ ಮಧ್ಯದ ಸುೞಿ (ಊರ್ಣ Nr.; see Sl. 419). ಕುದುರೆಯ ಪುರ್ಬಿನೊಳು ಕದಪಿನೊಳು ಬೆನ್ನೊಳುರದೊಳು ಪೆಗಲೊಳುದರದೊಳ್ ತುದಿವೂಗು ತುದಿಗಿವಿಯ ಮೊದಲ್ಕಣ್ಣ ಕಡೆಗಳೊಳ್ ಮುಸ್ಕದೊಳು ತಿಗದೊಳು ಮೊದಲ ಬಾಲದೊಳು ಮೂಗಿನ ಕವ್ಪಿನೊಳು ಮೇಣ್ ಗುದದಗ್ರದೊಳ್ ಮಧ್ಯನೆತ್ತಿಯೊಳು ಜಾನು ಜಂಘೆಯೊಳು ಮೂತ್ರದ ನಾಳದೊಳು ಗಲ್ಲದೊಳು ನಿಜಾಸನದಿ ಸುೞಿ ಪುಟ್ಟಲ್ಕೆ ಕಷ್ಟಮುಕ್ಕುಂ (Mr. 280; see Mr. s. ದಶಧ್ರುವ, ದೇವಮಣಿ and ರೋಚಮಾನ). 4, the tender, still folded leaf of a plantain, cocoa or areca-nut tree (ಸಸಿಯ ಸುೞಿ Šmd. I; ಮೊಳೆ Šm. 115; C.; B. 2, 37; Sl. 128; Tē. ಸುಡಿ). 5, a vagrant, an idle or lazy man (ಕೆಲಸಗಳ್ಳ Šmd. I). 6, deception, deceit, fraud (My.; M. ಚುೞಿಪ್ಪ, whirl; wriggling, untruth ಸುೞಿಯಲ್ಲಿ ಬೀಳುವದು, ಸುೞಿಯಲ್ಲಿ ಸಿಕ್ಕಿಸಿ ಕೊಳ್ಳುವದು, ಸುೞಿಯಲ್ಲಿ ಹಾಕುವದು (My.). — ಸುೞಿಗಾಳಿ. A whirlwind (Čpr. 9, 5; Abh. P. 9, 17; Bp. 61, 66; Bh. 10, 7, 2; J. 10, 7, 8). — ಸುೞಿಗುಣ್ಡಿ. A whirlpool. ನೀರುಗಳ ಸುೞಿಗುಣ್ಡಿ (ಆವರ್ತ Sl. 82, *only* in Sl.). — ಸುೞಿಗುರುಳ್. -ಕುರುಳ್. Curled hair (Čpr. 6, after 64; 7, 71. 103; Bp. 4, 29; J. 6, 27; Šm. 118). — ಸುೞಿಗುರ್ಳ. -ಕುರ್ಳ. = ಸುೞಿಗುರುಳ್. (ಉಂಗ್ರಗೂದಲು Čb.). — ಸುೞಿಗೊಳ್. -ಕೊಳ್. To take the form of an eddy, *i. e.* a circular form (Abh. P. 9, 81); to encircle, to encompass (Bh. 8, 24, 48); to assemble (v. i.) and form a round body (8, 26, 58); to eddy (v. i., Grj. 2, after 106). — ಸುೞಿದಲೆ. -ತಲೆ. A head with curled hair (Bh. 1, 9, 12). — ಸುೞಿನಡೆ. One of the paces of a horse (ವಲ್ಗಿತ Sl. 274). — ಸುೞಿನಾಭಿ. An eddy considered as a navel (J. 25, 4); an eddy-like navel (28, 18). — ಸುೞಿನೆತ್ತಿ. The fontanel (My.). — ಸುೞಿಮುಂಗುರುಳು. A front curl (ಅಲಕ, ಚೂರ್ಣಕುನ್ತಲ Sl. 215). — ಸುೞಿಯೆಲೆ. -ಎಲೆ. = ಸುೞಿ No. 4. ಎಳೆವಾೞೆಯ ಸುೞಿಯೆಲೆಯ ತಳತಳಿವ ಮೇಲ್ಗಟ್ಟು (Čpr. 7, after 92). — ಸುೞಿವರ್. -ಬರ್. To wander, to roam (Čpr. 5, after 64). — ಸುೞಿವರ್ಕುೞ್. -ವರ್ಕುೞ್. = ಸುೞಿನಾಭಿ. (Šs.). — ಸುೞಿವಾೞೆ. -ಬಾೞೆ. The tender, still folded leaf of a plantain (Bh. 4, 4, 54). — ಸುೞಿಸುೞಿಗೊಳ್. -ಕೊಳ್. To assemble (v. i.) and form round bodies (Bh. 8, 21, 15).

ಸುೞಿವು suḻivu. = ಸುೞಹು, ಸುೞು, ಸುೞುವು, ಸುೞುಹು. Turning or moving about, motion, going, waving (Bp. 40, 75; Bh. 1, 16, 15; 8, 27, 8; ತಿರುಗಾಟ G.; My.; see ಸಸು-). 2, a flickering shine (ಚಂಚಲವಾದ ಪ್ರಕಾಶ G.): a transitory perception, a glimpse, a slight notice, a slight sign (My.). ತುಡುಗ ಆವ ಗವ ಗವ ತಿನ್ದು, ಹೊಲ ಕಾಯುವವರ ಸುೞಿವು ಕಣ್ಣ ಕೂಡಲೆ ಜೋಕದ ನಿಲುವು ಬಿದ್ದು, ಓಡಿ ಹೋಯಿತು (B. 3, 22).

ಸುೞಿಸು suḻisu. To cause to move or go (Bh. 8, 26, 6); to turn round (v. t., Rām. 4, 3, 9).

ಸುೞಿಹು suḻihu. = ಸುೞಿವು No. 1. (Grj. 3, after 69).

ಸುೞು suḻu. = ಸುೞಿವು No. 2. (My.).

ಸುೞುವು suḻuvu. = ಸುೞಿವು No. 1. (J. 2, 54). 2, = ಸುೞಿವು No. 2. (My.). ಕುದುರೆಗಳು ಏನಾದರೂ ಹೆದರಿಕೆಯ ಸುೞುವು ಕಣ್ಡರೆ (B. 3, 57). ಆ ಧ್ವನಿಯ ಸುೞುವು ಹಿಡಿದು, ಕುರುಡನು ತನ್ನ ಕೋಲು ಬಿಸಾಟಿದನು (3, 124). ಅವನು ದಾರಿಯಲ್ಲಿ ಒಬ್ಬರ ಸುೞುವಾದರೂ ಕಾಣದೆ (3, 126). ಸುೞುವು ಹೇೞಿದವ ಸುದ್ದಿ ಹೇೞ್ಯಾನೇ? (Prv.).

ಸುೞುಹು suḻuhu. = ಸುೞಿವು No. 1. (Bp. 25, 5).

ಸೂ sū. = ಸು 1. Bringing forth, bearing, producing. See *e. g.* ಜೀವ-, ಬ್ರಹ್ಮ-, ವೀರ-.

ಸೂಕರ sūkara. *A hog, a pig.* ನಾಕದ ಸನ್ತೋಷ ಸೂಕರಗೆ ತಿಳಿದೀತೇ? (Prv.).

ಸೂಕಳ sūkaḷa. = ಶೂಕಲ, etc. (ಸಿಲ್ಕಾದ ಕುದುರೆ Mr. 276).

ಸೂಕಳಿ sūkaḷi. (ಕೊಟ್ಟ Šm. 89).

ಸೂಕುಮ sūkuma. Tbh. of ಸೂಕ್ಷ್ಮ (Šmd. 336 Mdb.).

ಸೂಕುಳಿ sūkuḷi. (Šmd. 40). = ಸೂಕಳಿ (?).

ಸೂಕ್ತ su-ukta. Well spoken, well or properly said. 2, a vedic metrical prayer or hymn. (J. 8, 42; 27, 16). 3, a good word (ಚಲೋ ಮಾತು G.).

ಸೂಕ್ತಿ su-ukti. = ಸೂಕ್ತ. (Bp. 2, 11; 26, 49; 43, 74).

ಸೂಕ್ಷ್ಮ sūkshma. = ಸೂಕುಮ. *Subtile, minute, atomic; little, small; thin, fine, attenuated, delicate;* exquisite, refined; nice; sharp, acute; subtle, crafty, artful, sly, ingenious; exact, precise, accurate, correct. 2, an atom. 3, the subtile all-pervading soul, *the supreme soul.* 4, subtlety, minuteness; slyness, craft, ingenuity. 5, fraud, cheating. 6, fine thread, etc. 7, a particular figure of rhetoric, one of the vāstavas (Kāvy. III, 3, B, 3. 30-34). — ಸೂಕ್ಷ್ಮಕೆಲಸ. = ಸೂಕ್ಷ್ಮಕಾರ್ಯ. (My.).

ಸೂಕ್ಷ್ಮಕಾರ್ಯ sūkshma-kārya. A delicate work; a nice affair (My.).

ಸೂಕ್ಷ್ಮದರ್ಶಿ sūkshma-darśi. *Sharp-sighted,* eagle-eyed; of acute discernment; acute, quick, intelligent.

ಸೂಕ್ಷ್ಮದೃಷ್ಟಿ sūkshma-dṛishṭi. Sharp-sighted, etc. 2, sharp sight (My.); acute discernment (My.).

ಸೂಕ್ಷ್ಮದ್ವಾರಪ್ರವೇಶ sūkshma-dvāra-pravēśa. Entering a small, narrow passage. See ಸುಗುಳ್ಳು.

ಸೂಕ್ಷ್ಮಬುದ್ಧಿ sūkshma-buddhi. Sharp wit, acute intellect, mental acumen. ಸೂಕ್ಷ್ಮಬುದ್ಧಿಯುಳ್ಳವಂ (ಕುಶಾಗ್ರಮತಿ Mr. 242). 2, sharp-witted.

ಸೂಕ್ಷ್ಮಶರೀರ sūkshma-śarīra. The subtile body which is invested by and the pattern of the grosser material frame. (My.).

ಸೂಕ್ಷ್ಮಾಯಸದಾಹಾನ್ತಗಜಕ್ರೋಧವಸ್ತು sūkshma-āyasa-dāhānta-gajakrōdhavastu. See ಸಿಡಿ 1. 2. 6. 8.

ಸೂಗರಿಸು sūgarisu. = ಸೂಗುರಿಸು. To confuse, to bewilder (Bh. 8, 23, 40; *cf.* ಸೀಗುರಿಸು?).

ಸೂಗುರಿಸು sūgurisu. To wander, to grow

bewildered or confused (Grj. 6, 6). ಸೂಗುರಿಸಿದು ದೆನಲ್ ವಿಭ್ರಮ ಆದವುದ್ ಅದಕ್ಕುಂ (Čt. II, 89). *Cf.* ಸುಟ್ 1?

ಸೂಚಕ sûčaka. Indicative, indicating, making manifest; betraying, informing; that indicates, etc. (Šmd. 259); indication, intimation (J. 17, 50). 2, a piercer; a needle, any implement for perforating or sewing. 3, *an informer, a tale-bearer, a spy* (ಪೇಟ್ವಿನು, ಹೇಱುವನ್ಸಾವನು Nn. 122). 4, a teacher, an instructor (ಬೋಧಕ Mr. 526). 5, a festoon (ತೋರಣ 122). 6, a wood (ವನ, ಅಡವಿ 122; ವನ 526). 7, property, etc. (ವಿತ್ತ 526). 8, a dog (ಶುನಕ, ಶ್ವಾನ 122; ಶುನಕ 526). 9, a cat (ಬಿಡಾಲ, ಬೆಕ್ಕು 122; ಬೆಕ್ಕು 526). 10, a monkey (ಕಪಿ, ವಾನರ 122; ಕಪಿ 526). 11, Šiva (ತ್ರೈನೇತ್ರ, ಸದಾಶಿವ 122; ಈಶ 526).

ಸೂಚನ sûčana. The act of piercing or perforating, perforation. 2, pointing out, indicating, *indication, intimation.* 3, *informing against,* traducing, betraying. 4, indicating by signs or gestures, gesticulation. 5, hinting, hint. 6, *informing, information.* 7, teaching, showing, describing. 8, spying out, espying, seeing. 9, villainy, wickedness.

ಸೂಚನೆ sûčanĕ. = ಸೂಚನ. (ಸಂಜ್ಞೆ Nn. 99; C.). Also: an index, a summary, the contents of a chapter, etc. (*e. g.* in the Bp.; My.). — ಸೂಚನೆಗೆಯ್. To indicate, to point out (Kâvy. I, 5, 48).

ಸೂಚಿ sûči. = ಶೂಚಿ, ಸೂಜು, ಸೂಜೆ. Piercing, perforating. 2, *a needle.* 3, *the point of a blade of grass, the point of a bud, a bristle, a quill, the sharp point of anything.* 4, a kind of military array, a sharp file or column. 5, a cone, a pyramid. 6, gesticulation. 7, dramatic action. 8, an index, table of contents, catalogue, list. — ಸೂಚಿಕಲ್. A magnet, a loadstone (ಕಾಬೋರನ್ನ ಕಲ್ Čt. II, 117).

ಸೂಚಿಕಾವಾಯು sûčikâ-vâyu. Tbh. of ಸೂತಿಕಾವಾಯು, q. v. (My.).

ಸೂಚಿತ sûčita. Pierced. 2, pointed out, indicated, intimated, hinted; made known, indicated by signs or gestures, communicated, told; ascertained, known. (J. 29, 44).

ಸೂಚಿಮುಖ sûči-mukha. The point of a needle (Bp. 3, 30; 31, 4).

ಸೂಚಿಸು sûčisu. To point out, to indicate, to intimate, to hint; to show, to make manifest; to tell (Čpr. 7, 42. 79; Šmd. 122; Bp. 24, 44; 37, 14; J. 2, 55; C.; B. 3, 27; 4, 24. 219; 5, 219. 235; ತಿಳಿಸು G.). ಸೂಚಿಸುಗು, ಸೂಚಿಸುಂ (Šmd. 267). ಯೋಚಿಸಿದ ಹಾಗೆ ಸೂಚಿಸುವದು (Prv.).

ಸೂಚಿಸುವಿಕೆ sûčisuvikĕ. = ಸೂಚಿಸುಹ. ಹಸ್ತಾಭಿನಯಾದಿಗಳಿನ್ದ ಅರ್ಥವನ್ನು ಸೂಚಿಸುವಿಕೆ (ಸಂಜ್ಞೆ Si. 414).

ಸೂಚಿಸುಹ sûčisuha. Pointing out, indicating, etc. ಕೆಯ್ ಕಣ್ಣು ಮೊದಲಾದವಱಿನ್ದ ಅರ್ಥವ ಸೂಚಿಸುಹ (ಸಂಜ್ಞೆ Nr.).

ಸೂಚ್ಯ sûčya. *To be indicated or pointed out,* to be made known, communicable.

ಸೂಚ್ಯಗ್ರ sûči-agra. The point of a needle; *a thorn.* 2, needle-pointed, acuminated.

ಸೂಜಿ sûji. Tbh. of ಶೂಚಿ (Šmd. 338; ವಸನಬನ್ಧಿಕೆ Mr. 206; ಸೂಚಿ Si. 484; Bp. 23, 14; My.; B. 4, 149). ಸೂಜಿಯ ಕೊನೆ (ಕಣ್ಟಕ, ಸೂಚ್ಯಗ್ರ Si. 408). ಬಂಗಾರದ ಸೂಜಿಯೆನ್ತ್ರ, ಹಿಂಗದೆ ಕಣ್ಣು ಕುಕ್ಕಿ ಕೊಳ್ಳ ಬಹುದೇ? — ಸೂಜಿಗೆ ಸೂಜಿ ಮುತ್ತು ಕೊಟ್ಟ ಹಾಗೆ. — ಸೂಜಿಯಷ್ಟು ದಾರಿ, ಗುಡಾಣದಷ್ಟು ಹೊಟ್ಟೆ (Prvs.). — ಸೂಜಿಕಣ್ಣು. The eye of a needle (My.). — ಸೂಜಿಕಲ್ಲು. = ಸೂಜಿಗಲ್. (My.). — ಸೂಜಿಗಲ್. -ಕಲ್. = ಸೂಚಿಕಲ್. A loadstone, a magnet (ಕಬ್ಬಿನಗಲ್ Šs.). — ಸೂಜಿತಲೆ. The part of a needle that is above its eye (My.). — ಸೂಜಿತೂತು. = ಸೂಜಿಕಣ್ಣು. (My.). — ಸೂಜಿತೂಬು. = ಸೂಜಿತೂತು. (My.). — ಸೂಜಿಮಲ್ಲಿಗೆ. The eared jasmine, Jasminum auriculatum (Tĕ. ಸೂದಿಮಲ್ಲಿಕೆ; My.).

ಸೂಜೆ sûjĕ. = ಸೂಜಿ. (B. 4, 157 seq.). — ಸೂಜೇ ತಲೆ. = ಸೂಜಿ ತಲೆ. (B. 4, 171).

ಸೂಜ್ಞ sûjña. Tbh. of ಸುಜ್ಞ (B. 4, 109).

ಸೂಟಿ sûṭi. = ಚೂಟಿ. Smartness, quickness (ವೇಗಾರ್ಥಂ Bhn. 24; Bh. 1, 7, 2; 3, 7, 19; 3, 18, 39; 3, 19, 36; 9, 2, 42; 10, 1, 6). 2, a device, a scheme, an expedient (My.).

ಸೂಟೆ sûṭĕ. A torch of wisps, etc. (Mhr. ಚುಡೀ, ಚೂಡ; Tu. ತೂಟೆ, ಸೂಟೆ). ಸೂಟೇ ಬೆಳಕಿಗೆ ಚನ್ದ್ರಾವರಕ್ಕೆ ಹೋದ ಹಾಗೆ (Prv.).

ಸೂಡಗ sûḍaga. = ಸೂಡಿಗ. A bracelet (ಆವಾಪಕ, ಪಾರಿಹಾರ್ಯ, ಕಟಕ, ವಲಯ Nr.; Bp. 4, 36; T. ಚೂಡಗ, Tĕ. ಸೂಡಿಗ; T. ಚೂಲ್, ಚೂೞು, to environ, surround, encompass; see ಪೊಂಬೂಡಗ).

ಸೂಡಾಯ sûḍâya. = ಸೂಡಗ. (? Č. Bp. 47, 44).

ಸೂಡಿ sûḍi. = ಸೂಡು 2. A small bundle of grass (My.).

ಸೂಡಿಗ sûḍiga. = ಸೂಡಗ. (ಆವಾಪಕ, ಪಾರಿಹಾರ್ಯ, ಚೂಡಾಲು Si. 219).

ಸೂಡಿಸು sûḍisu. To cause to put on; to have put upon one's self (Abh. P. 3, 61).

ಸೂಡು sûḍu. 1. To put on the head, etc., as flowers, etc.; to receive, to obtain, etc. (ಪುಷ್ಪಧಾರಣ Šmd. Dh., Šm. 92; ತುಱುಬೂಡು Čt. I, 51; T. ಚೂಟ್ಟು, to put on; ಚೂಡು, to wear, bear; M. ಚೂಟ್ಟು, to put on the head; to tie a bundle like a hairlock; ಚೂಡು, to wear on the head). See Čpr. 8, 99; Abh. P. 3, 46; 16, after 42 twice; Bp. 1, 32; 2, 55; 24, 45; 54, 55; Šsv. 3, 9; 4, 109; J. 11, 41; 30, 18; 32, 9.

ಸೂಡು sûḍu. 2. = ಸೂಡಿ. A bundle, as of grass, etc. (ತೃಣಾದಿಪೂರ Šmd. Dh.; ತೃಣಪೂರ Šm. 92; B. 4, 54; T. ಚೂಡು, M. ಚೂಟ್ಟು).

ಸೂಡು sûḍu. 3. (fr. ಸುಡು, Šmd. 250). Burning; cauterization. — ಸೂಡಿಡು. -ಇಡು. To apply a hot iron for cauterization. ಆಲಿಗೆ (to the dog called Âli) ಸನ್ನಿ ಮಿಾಱಿದರೆ ಗೈಬುಗೆ (to the owner of the dog called Gaibu) ಸೂಡಿಟ್ಟರು (Prv.).

ಸೂತ sûta. 1. = ಸೂಲ 1. Born, engendered, produced; birth; child-bearing, bringing forth (ಸಮ್ಭವ, ಹುಟ್ಟುವುದು Nn. 32; ಹಡೆವುದು Mr. 529). 2, quicksilver (ಪಾದರಸ 32; ರಸ 529).

ಸೂತ sûta. 2. Impelled, sent, despatched; gone, departed. 2, *a charioteer* (ಸಾರಥಿ Nn. 32; Mr. 529). 3, a man of a mixed caste, *the son of a Kshatriya father and Brâhmaṇa mother.* 4, *a bard, an encomiast* (ವನ್ದಿವ್ರಾತ, ವನ್ದಿಜನಂಗಳ್ 32; ವನ್ದಿ 529). 5, *a carpenter.* 6, an owner of a carriage, or one who rides in a carriage, or a warrior who fights from a chariot (ರಥಿ, ರಥಿಕ 32). 7, a teacher of the purâṇas (ಪೌರಾಣಿಕ, ಪುರಾಣಿಕ 32). 8, making known

(ಅದೌಪುದು 529, o. r. ಅದುಪುದು). 9, power, strength (ಶಕ್ತಿ 32). 10, a fisherman (ಜಾಲಿ, ಜಾಲಿಗಾರ 32, o. r. ಬಲೆಯ ಬೀಸುವವನು). 11, a kind of fight or war (ಅಹವಾಂಗ, ಕಾಳಗದ ಭೇದ 32).

ಸೂತಕ sûtaka. Birth, production. 2, impurity from child-birth; the menses (ಪೊಲೆ, etc. Čt. II, 51). ನಡಿಯ ಸೂತಕ (ಋತು Nn. 133); ಸೂತಕವಾದ ಸ್ತ್ರೀ (ರಜಸ್ವಲೆ 91).

ಸೂತಕಾಗೃಹ sûtakâ-griha. = ಸೂತಿಕಾಗೃಹ. (Colebr.).

ಸೂತಕಿ sûtaki. = ಸೂತಕಿ. (ಸೂತಕವಾದ ಸ್ತ್ರೀ, ಪುಷ್ಪಳ Nn. 123; J. 5, 58). 2, one who has been defiled by the touch of the wife of another (J. 4, 4).

ಸೂತಕೆ sûtakĕ. ಸೂತಕಾ. = ಸೂತಿಕೆ.

ಸೂತಪುತ್ರ sûta-putra. Karṇa. (My.).

ಸೂತಿ sûti. Birth, production, delivery, child-bearing, bringing forth; offspring, progeny. See *e. g.* ಪ್ರ-, ಬಹು-.

ಸೂತಿಕಾಗೃಹ sûtikâ-griha. *A lying-in chamber.*

ಸೂತಿಕಾಭವನ sûtikâ-bhavana. *A lying-in chamber.*

ಸೂತಿಕಾವಾಯು sûtikâ-vâyu. = ಸೂಚಿಕಾವಾಯು. A wasting disease after child-birth (My.).

ಸೂತಿಕೃತಿ sûti-kriti. A midwife (ಸೂಲಗಿತ್ತಿ Mr. 308).

ಸೂತಿಕೆ sûtikĕ. ಸೂತಿಕಾ. A woman who has recently given birth to a child, a lying-in woman. See *e. g.* ನವ-, ಪ್ರ-.

ಸೂತಿಮಾಸ sûti-mâsa. The month of delivery, *the last month of gestation or pregnancy.* ಸೂತಿಮಾಸಂ ಹೊತ್ತಿನೊಳಗ ಕ್ಕ (Mr. 308).

ಸೂತೆ sûtĕ. A woman who has given birth to a child or one recently delivered. See ಚಿರ-.

ಸೂತ್ಥಾನ su-utthâna. Good effort or exertion, active effort. 2, *making good effort, clever.*

ಸೂತ್ಯೆ sutyĕ. *Expressing or drinking the sôma juice* (at a sacrifice).

ಸೂತ್ರ sûtra. = ಸೂಸ್ತ. *A thread, a string, a line, a cord;* fibre, wire; the sacrificial cord; the string or wire of a puppet or doll. 2, a short rule or precept, axiom, aphorism; any rule, law, canon, decree. 3, the art, trick, mystery, key, spring (of an ingenious piece of mechanism or a complicated business. See Čh. Šmd. 6. 61. 152; ಪಾಣಿನಿಯ-. — ಸೂತ್ರದ ಗೊಂಬೆ. A puppet moved by strings, etc. (My.).

ಸೂತ್ರಧಾರ sûtra-dhâra. A stage-manager, a director or principal actor who arranges the plot of a drama and takes a leading part in the prelude (ಭಾವ Hlâ. Cm.). 2, the holder and manager of the strings of puppets (Mhr.). See Čpr. 8, 93; Šiv. 4, 123. 3, a thread, etc. (ಧಾರ, ಸೂತ್ರ Nn. 12).

ಸೂತ್ರಧಾರಕ sûtra-dhâraka. = ಸೂತ್ರಧಾರ. (My.).

ಸೂತ್ರಧಾರಿ sûtra-dhâri. = ಸೂತ್ರಧಾರ. (My.).

ಸೂತ್ರನಾಭಿಬಳ್ಳಿ sûtra-nâbhi-baḷḷi. A small ornamental shrub, Rauwolfia serpentina Benth. (St. & Pl.).

ಸೂತ್ರಪ್ರವೇಶ sûtra-pravêśa. Threading. See ಕೋ 3, ಕೋಸು 1.

ಸೂತ್ರಯಂತ್ರ sûtra-yantra. A thread-mechanism (Râm. 1, 13, 10). 2, a shuttle. 3, a weaver's loom.

ಸೂತ್ರವೇಷ್ಟನ sûtra-vêshṭana. *A weaver's shuttle.*

ಸೂತ್ರಾಮ sûtrâma. = ಸುತ್ರಾಮ. (Sk.; Mr. 1*a*).

ಸೂತ್ರಾರ್ಥ sûtra-artha. The purport of a short rule. — ಸೂತ್ರಾರ್ಥವಪ್ಪಡಿ. -ಪಡೆ. To obtain or have the purport of an (introduced) short rule (Čh. v. 103).

ಸೂತ್ರಿಕ sûtrika. = ಸೂತ್ರಧಾರ No. 1. (Bp. 21, 81).

ಸೂತ್ರಿಕೆ sûtrikĕ. = ಸುತ್ತಿಗೆ. A thread, a string. See ಉರಃ-. 2, a kind of dish or cake.

ಸೂತ್ರಿಸು sûtrisu. To tie, to bind; to thread, to string; to bring about (Abh. P. 3, 89); to use strings (Bh. 1, 12, 15); to place a measuring line (ಮಾನಸೂತ್ರಸ್ಥಾಪನ Šmd. Dh.).

ಸೂದ sûda. Cooking; *a cook* (ಸೂಪಕಾರ, etc. Mr. 269). 2, *sauce, soup, seasoning.* 3, anything seasoned, a made dish. 4, destroying, destruction. 5, mud, mire. 6, sin.

ಸೂದಕರ್ಮ sûda-karma. A cook's work, cooking. (J. 26, 55).

ಸೂದನ sûdana. Destroying; *destruction, killing, slaughter.* See *e. g.* ನಮುಚಿ-, ಬಲ-, ಶಮ್ಬರ-.

ಸೂದಾಗಾರ sûda-âgâra. = ಸೂಜಾರ. A kitchen.

ಸುದಾಧ್ಯಕ್ಷ sûda-adhyaksha. *A superintendent of cooking, an overseer of the kitchen.*

ಸೂದಾರ sûda-âra. 1. Tbh. of ಸೂದಾಗಾರ. (Bh. 4, 4, 38).

ಸೂದ್ರ sûdra. Tbh. of ಶೂದ್ರ. (My.).

ಸೂದ್ರಗಿತಿ sûdra-giti. A sûdra woman (My.).

ಸೂದ್ರಿತಿ sûdriti. = ಸೂದ್ರಗಿತಿ. (My.). ಬೆಡ್ಡಿವರ್ ಮನೆಗೆತ್ತ ಮುಣ್ಣೆ ತೋರಣ ಯಾಕೆ? ಸದ್ದ ಸೂದ್ರಿತಿಯೊಡನಿರುವ ಬ್ರಾಹ್ಮಣಗೆ ಮಿನ್ನೂಟ ಯಾಕೆ? (Sp.).

ಸೂನ sûna. Born, produced. 2, blown, blossomed, budded. 3, bringing forth, parturition. 4, a blossom, a flower. See ಪ್ರ-.

ಸೂನಕ sûnaka. = ಸೂನ. See ಪ್ರ-.

ಸೂನಗಿ sûnagi. = ಸೂನಿಗಿ, ಸೂನುಗಿ. A kind of knife or sword (Bh. 7, 4, 10).

ಸೂನಂಗಿ sûnangi. = ಸೂಲಂಗಿ. (Tbh. of ತೂಳಿಕೆ). The flower-stalk of the sugar-cane (My.; Si. 164).

ಸೂನಿ sûni. A butcher. (R.).

ಸೂನಿಕ sûnika. = ಸೂನಿ. (Sk.).

ಸೂನಿಗಿ sûnigi. = ಸುನಗಿ, etc. (Bh. 3, 18, 29).

ಸೂನು sûnu. *A son;* a child, offspring; a daughter's son; a younger brother. 2, the sun. 3, *a daughter.*

ಸೂನುಗಿ sûnugi. = ಸೂನಗಿ, etc. — ಸೂನುಗಿಗತ್ತಿ. -ಕತ್ತಿ. = ಸೂನುಗಿ. (Râv. 6, after 11).

ಸೂನೃತ sûnṛita. Agreeable, *pleasant and at the same time true;* brisk, lively (ವಿವಕ್ಷಿತ, ಧೀರ Nn. 153; ಸಾಕ್ಷಾತ್, ದಿಟ 118).

ಸೂನೆ sûnĕ. 1. Any place where animals are killed or sacrificed; any place or utensil in a house where animals are liable to be accidentally destroyed (see ಪಂಚ-); *a slaughter-house, shambles.* 2, *the uvula or soft palate.*

ಸೂನೆ sûnĕ. 2. A daughter.

ಸೂನೆಗಾರ sûnĕ-gâra. A butcher (ವೈತಂಸಿಕ, ಕೌಟಿಕ, ಮಾಂಸಿಕ Nr.; ವೈತಂಸಿಕ, ಕೌಟಿಕ, ಸೌನಿಕ Hlâ., o. r. ಕೌಳಿಕ; Bp. 24, 21; 25, 31).

ಸೂನ್ಮದ su-unmada. Quite mad, crazy. (Colebr.).

ಸೂನ್ಮಾದ su-unmâda. = ಸೂನ್ಮದ. (Colebr.).

ಸೂಪ sûpa. = ಸೂವ. Sauce, condiment, soup, broth; split pease; a cook.

ಸೂಪಕಾರ sûpa-kâra. = ಸುವಾರ. *A cook* (ವಲ್ಲವ, ಸೂದ, ಭೂಪ ಗರ್ಗಳ ಅಡಿಗೆಯವಂ Mr. 269).

ಸೂಪಕಾರಕಿ sûpa-kâraki. N. of a plant (ಕೊಣ್ಣಸು Mr. 121, o. r. ಸೂಪಕಾರಿಕೆ).

ಸೂಪಧೂಪನ sûpa-dhûpana. Asa fetida. (R.).

ಸೂಪರ್ಲಕ್ಕಿ sûparlakki. Tbh. of ಶೂರ್ಪಣಖಿ. (My.).

ಸೂಪಶಾಸ್ತ್ರ sûpa-śâstra. A book on cookery (My.).

ಸೂಯ್ sûy. 1. = ಸುಯ್ 1. (Bp. 3, 13).

ಸೂಯ್ sûy. 2. = ಸುಯ್ 2. (J. 6, 32).

ಸೂಯ sûya. Expressing the sôma juice (as a sacrificial act, see ರಾಜ-).

ಸೂಯಾಣ sûyâṇa. Tbh. of ಶೂಚಯಾಣ (Šmd. 382).

ಸೂರ್ sûr. ಸೂರು. = ಚೂರು 2. (ವಲೀಕ, ನೀಪ್ರ, ಪಟಲ ಪ್ರಾನ್ತ Nr., Hlâ.; ವಲೀಕ Mr. 200; My.; Si. 111; *cf.* the T. s. ಸೂಡಗ). ಸೂರ್ಗಳ್ (Šmd. 51; V. 39, 18). — ಸೂರಪಟ್ಟಿ. A long piece of wood fastened to the border of a shelving roof (My.).

ಸೂರ sûra. *The sun* (ಪೊಟ್ಟು Čt. I, 31).

ಸೂರಣ sûraṇa. = ಚೂರ್ಣ 2, ಶೂರಣ, ಸುರಣ, ಸುವರ್ಣ No. 6. (Nr.; ಕನ್ದ, ಸಮ್ಮಿ Mr. 137; ಸುರಣಗಡ್ಡೆ G.). ಸೂರಣದ ಪಣ್ಣು (ತಾಟ್ Šmd. I).

ಸೂರತ sû (*i. e.* su)-rata. Well disposed towards, *compassionate, tender;* tranquil, calm.

ಸೂರತಿ sûrati. = ಸೂತಿ್ಱ, etc. (My.).

ಸೂರತೆ sûratĕ. *A tractable cow.*

ಸೂರಸೂತ sûra-sûta. Charioteer of the sun: *Aruṇa, the dawn.*

ಸೂರಿ sûri. *A wise or learned man* (ವಿದ್ವಾಂಸ Šmd. 133. 294 Cm.; Mr. 228). — ಸೂರಿಜನ. Scholars (Nn. 3; Bhn. 2).

ಸೂರಿಗೆ sûrigĕ. = ಸುರಿಗೆ. See ಮೊಗ-.

ಸೂರಿಪಾನ sûripâna. = ಸೂರೆಪಾನ, ಸೂರ್ಯಪಾನ. A round and perpendicular parasol or fan, carried before a prince or an idol (My.; Tĕ. ಸೂರೇಪಾನು, ಸೂರ್ಯಪಾನು).

ಸೂರಿಯ sûriya. Tbh. of ಸೂರ್ಯ. (Râm. 3, 12, 24). — ಸೂರಿಯಸೂನು. Sugrîva (Râm. 4, 4, 16).

ಸೂರು sûru. Tbh. of ಛೂರಿ. — ಸೂರುಕತ್ತಿ. (ಛುರಿಕೆ, ಅಸಿಧೇನುಕೆ, etc. Si. 290).

ಸೂರುಳ್ sûruḷ. 1. = ಸೂರುಳು 1. To swear, to utter a solemn declaration (ಶಪಥ Šmd. Dh.; T. ಚೂಳು ಱು, M. ಚುಱಿಱು; T. ಚೂಳ್, an oath). P. p. ಸೂರುಳ್ದು (Čpr. 8, after 60).

ಸೂರುಳ್ sûruḷ. 2. = ಸೂರುಳು 2. An oath (ಶಪನ, ಶ ಪಥ Nr.; ಪ್ರತ್ಯಯ Nr., Mr. 493; ಬಾಧ, ಛೃಶ Nn. 64; Čpr. 8, 61; see s. ಮಜ್ಜಾಸಾರ). — ಸೂರುಳಿಡು. -ಇಡು. To swear (Rśv. 11, 167).

ಸೂರುಳಿಸು sûruḷisu. To swear, to utter with a solemn declaration; to make a solemn promise (Abh. P. 15, after 72; Bp. 43 sum.; Rśv. 11, 166).

ಸೂರುಳು sûruḷu. 1. = ಸೂರುಳ್ 1. P. p. ಸೂರುಳಿದು (Bh. 1, 6, 3).

ಸೂರುಳು sûruḷu. 2. = ಸೂರುಳ್ 2. (ಸಿಂ, ವೆವಸ್ತೆ Nn. 150; ವೇಳೆ, ವ್ಯವಸ್ಥೆ 152, o. rs. ಪ್ರಮಾಣ, ಪ್ರಮಾಣು; ಸಮ್ಪ್ರಥ, ಛೃಶ 156; ಸಾಕ್ಷಿ, ವ್ಯವಸ್ಥಾಕರಣ 162, o. r. ಪ್ರಮಾಣ ಮಾಡುವುದು). ಸೂರುಳಿನಲ್ಲಿ (Nn. 150. 156). — ಸೂರುಳು ಮಾಡು. To swear (Bh. 1, 6, 7).

ಸೂರೆಪಾನ sûrĕpâna. = ಸೂರಿಪಾನ. (My.).

ಸೂಱಿ sûṟi. = ಸೂಱ್. — ಸೂಱ್ ಮಾಡು. = ಸೂಱ್ ಕೊಡು. (G. 340).

ಸೂಱೆ sûṟĕ. Plundering, pillaging, ransacking; plunder, spoil (Čpr. 7, 101; Bp. 36, 2; Bh. 2, 4, 12; My.; Tĕ. ಚೂಱ, T. ಚೂಱ್ಱೆ; *cf.* ಸುಲಿ 1). See ಕೆಯ್ಸೂಱ, ಬಲ್ಸೂಱ. ಕೊಳ್ಳಿಯವರು ಕೊಳ್ಳೆಗತ್ತರು, ಸೂಱೆಯವರು ಸೂಱೆಗತ್ತರು (Prv.). — ಸೂಱೆ ಕೊಡು. = ಸೂಱೆಗುಡು. ನೆಱೆ ಬಾಲಲೀಲೆಯ ಸೊಮ್ಮ ಸೂಱೆಯ ಕೊಡುತಲಿರ್ದಳು ಮಾಯೆ ಮೋಹಿನಿಗೆ (Prll. 3, 30). — ಸೂಱೆಗುಡು. -ಕುಡು. To give as spoil: to give lavishly, to lavish, to squander. ಎನಿತುಮ್ ಅನಿತುಮಂ ಧರ್ಮಜಂ ಸೂಱೆಗೊಟ್ಟಂ (Šmd. 73. 282). — ಸೂಱೆಗೊಡು. -ಕೊಡು. = ಸೂಱೆಗುಡು. (Bp. 54, 73; B. 5, 42). — ಸೂಱೆಗೊಳ್. -ಕೊಳ್. To plunder; to take or acquire by force (Bp. 4, 13; 24, 51; 25, 15; Rśv. 13, 25; J. 5, 50; 13, 44; Bh. 2, 4, 8). — ಸೂಱೆ ಮಾಡು. To plunder, to rifle, etc. (My.). — ಸೂಱೆಯಾಗು. -ಆಗು. To be plundered or ransacked. ಮೆದೇ ಹುಲ್ಲು ಸೂಱೆಯಾಗುತ್ತದೆ, ಹಿಡಿಹುಲ್ಲಿಗೆ ಒಪ್ಪಾಡುತ್ತಾನೆ. — ಊರೆಲ್ಲಾ ಸೂಱೆಯಾದ ಮೇಲೆ ಬಾಗಲು ಹಾಕಿದರು (Prvs.). — ಸೂಱೆಯೂಡು. -ಆಡು. = ಸೂಱೆಗೊಳ್. (J. 10, 53). — ಸೂಱೆವಿಡು. -ಬಿಡು. To give up to be plundered or ransacked (J. 8, 3). — ಸೂಱೆ ಹೋಗು. To be plundered. ತೋಱುವ ಕುಲಗಿರಿಯನ್ನೇಱ, ತಪದೊಳಗಿರ್ದು, ಬೇಱಕೊಣ್ಡು ಪಡವೆ ನಿಸಿದರೆ ಬೆಳೆದ ಹೊಲ ಸೂಱೆ ಹೋಹನ್ತೆ (Sp.). ಸೆಟ್ಟಿ ಶಿಸ್ತು ಮಾಡುವದಱೊಳಗೆ ಪಟ್ಣ ಸೂಱೆ ಹೋಯ್ತು. — ಸೂಱೆ ಹೋದರೂ ಮಾರಿ ಬಿಡಲಿಲ್ಲ (Prvs.).

ಸೂಱೆಕಾಱ sûṟĕ-kâṟa. A man who gives lavishly or bestows with profusion (Bh. 7, 2, 9).

ಸೂಱೆಗಾಱ sûṟĕ-gâṟa. A plunderer (Bh. 7, 17, 28; Dp. 138, 5).

ಸೂರ್ತಿ sûrti. = ಸುರಿತಿ, ಸೂರತಿ. Made or produced in Surat (My.; Tĕ.). *Cf.* ಸುರತ 1. — ಸೂರ್ತಿಮುತ್ತು. A fine pearl from Surat (My.). — ಸೂರ್ತಿರೂಪಾಯಿ. A Surat rupee (My.).

ಸೂರ್ಪ sûrpa. = ಶೂರ್ಪ. (ಮೊಱಸು Mr. 209).

ಸೂರ್ಪಕರಣ sûrpa-karaṇa. = ಶೂರ್ಪಕರಣ. See ಕೇಱು.

ಸೂರ್ಮ sûrma. = ಸೂರ್ಮಿ. (ಲೋಹದ ಪ್ರತುಮೆ Mr. 28).

ಸೂರ್ಮಿ sûrmi. *A brass or iron image, statue or pillar.*

ಸೂರ್ಯ sûrya. = ಸೂರಿಯ.. *The sun* (ನೇಸಱ್ Šmd. I; ಪಗಲ ಬೊಜಂಗ Čt. I, 46; ಪೊಟ್ಟು, ನೇಸಱ್, ಆಗಸವಣಿ, ಸೆಗಳಿಗದಿರ, etc. Šm. 14, Kk. 11*b*). 2, the sun reckoned as one of the twelve âdityas or emblems of the sun in the twelve months of the year; the sun moves through the sky in a chariot drawn by seven ruddy horses or mares (see ಸಪ್ತಾಶ್ವ). 3, N. of a peasant (Čpr. 5, 86-88). 4, N. of a metrical foot (Čh.). 5, the sun regarded as a planet. 6, the number 12. ಸೂರ್ಯನ ಮೇಲೆ ಸುರೇ ಚಲ್ಲಿದರೆ (or ಮಣ್ಣು ತೂಱದರೆ) ಮೋಱೆ ಮೇಲೆ ಬೀಱುವದು (Prv.).

ಸೂರ್ಯಕಾನ್ತ sûrya-kânta. Sun-crystal; *crystal* (ಸ್ಫಟಿಕ Hlâ.; ನೇಸಱುಗಲ್, ಬಿಸುಗಲ್ Šs.).

ಸೂರ್ಯಕಾನ್ತಿ sûrya-kânti. Sun-light, sun-shine. 2, the sun-flower, a native of tropical America, Helianthus annuus Lin. (St. & Pl.; Mhr. ಸೂರ್ಯಕಾನ್ತ).

ಸೂರ್ಯಗ್ರಹಣ sûrya-grahaṇa. A solar eclipse. (C.).

ಸೂರ್ಯಘಿಟಿಶಾಸಿಗಳ ಜಕ್ಕಣ್ಣ sûryaghiṭiśâsigaḷa jakkaṇṇa. N. (Bp. 56, 41).

ಸೂರ್ಯಚನ್ದ್ರವಾದ್ಯಗಳು sûrya-čandra-vâdyagaḷu. Two kinds of tabours of which the one is round like the sun and the other has the form of the half moon (My.).

ಸೂರ್ಯತನಯ sûrya-tanaya. Šani, the planet Saturn. 2, Yama (My.). 3, Karṇa. 4, Sugrîva. 5, Varuṇa.

ಸೂರ್ಯತನಯೆ sûrya-tanayĕ. Daughter of the sun: *the river Yamunâ.*

ಸೂರ್ಯನಕ್ಷತ್ರ sûrya-nakshatra. That nakshatra in which the sun happens to be. (R.).

ಸೂರ್ಯನಮಸ್ಕಾರ sûrya-namaskâra. Prostration (on Sunday) to a kind of altar (pîṭha) on which oblations are put in honour of the rising sun (My.).

ಸೂರ್ಯಪಾನ sûrya-pâna. Sun-drinking or enjoying. 2, the sun-flower (Z.). 3, = ಸೂರಿಪಾನ, q. v. (R.).

ಸೂರ್ಯಪುಟ sûrya-puṭa. An application of the sunbeams, a heating or drying (as of a chemical or medical preparation) by exposure to the sun (My.; Mhr.).

ಸೂರ್ಯಪುತ್ರ sûrya-putra. = ಸೂರ್ಯತನಯ. (My.).

ಸೂರ್ಯಬಿಮ್ಬ sûrya-bimba. The disk of the sun. (My.).

ಸೂರ್ಯಮಣ್ಡಲ sûrya-maṇḍala. The orb or disk of the sun. (My.).

ಸೂರ್ಯಲೋಕ sûrya-lôka. The world or heaven of the sun, a region or space supposed to exist round the sun, constituting a heaven of which the sun is regent. (My.).

ಸೂರ್ಯವಂಶ sûrya-vaṁśa. The family or race of the sun, the solar race of kings, the royal dynasty of Râmačandra, king of Ayôdhyâ. (My.).

ಸೂರ್ಯವೃಕ್ಷ sûrya-vṛiksha. The plant Calotropis or Asclepias gigantea (ಎಕ್ಕದ ಗಿಡ Si. 141).

ಸೂರ್ಯಸಿದ್ಧಾನ್ತ sûrya-siddhânta. A celebrated astronomical text-book. (My.).

ಸೂರ್ಯಾತಪ sûrya-âtapa. The heat or glare of the sun, sun-shine (ಬಿಸಿಲ್ Šm. 15).

ಸೂರ್ಯಾವರ್ತ sûrya-âvarta. The plant Cleome viscosa. 2, a kind of sun-flower, Helianthus indicus. (R.).

ಸೂರ್ಯಾಸ್ತ sûrya-asta. Sun-set. (My.; B. 5, 305).

ಸೂರ್ಯಾಸ್ತಮಯ sûrya-astamaya. Sun-set (My.).

ಸೂರ್ಯಾಸ್ತಮಾನ sûrya-astamâna. Sun-set (My.).

ಸೂರ್ಯೇನ್ದುಸಂಗಮ sûrya-indu-saṅgama. Conjunction of sun and moon, *the day of new moon.*

ಸೂರ್ಯೋದಯ sûrya-udaya. Sun-rise. (Bp. 37, 54; J. 7, 12; B. 5, 305).

ಸೂಲ್ sûl. = ಚೂಲ್ q. v., etc., ಸೂಲು 1. Pregnancy (especially of cows). ಹಲವು ಸೂಲಾವು (ಪರೀಪ್ಸುಕೆ, ಪ್ರತುರಪ್ರ ಸೂತಿ Hlâ.). ಹಲವು ಸೂಲಾಕಳು (ಪರೀಪ್ಸುಕೆ Mr. 181).

ಸೂಲ sûla. 1. Tbh. of ಸೂತ 1. Child-bearing, bringing forth (it may, however, be the genitive of ಸೂಲು 1 in B. 2, 37). ಬಾಣಿಯು ಒನ್ದೇ ಸೂಲ, ಒನ್ದೇ ಗೊನೆ ಈಯುತ್ತದೆ (the comma is in the print, B. 2, 37).

ಸೂಲ sûla. 2. Tbh. of ಶೂಲ (Šmd. 335 Mdb.; B. 2, 26).

ಸೂಲಗಾತಿ sûla-gâti. = ಸೂಲಗಿತ್ತಿ. (My.).

ಸೂಲಗಿತ್ತಿ sûla-gitti. A woman that assists other women in childbirth, a midwife (ಸೂತಿಕೃತಿ Mr. 308).

ಸೂಲಂಗಿ sûlaṅgi. = ಸೂನಂಗಿ. (My.). ಕಟ್ಟಿನಲ್ಲಿ ಸೂಲಂಗಿ ಹೊಂಟ ಹಾಗೆ (Prv.).

ಸೂಲಿ sûli. See ಬಿಳೇ ಸೂಲಿಗಿಡ.

ಸೂಲಿಕೆ sûlikĕ. Tbh. of ಶೂಲಿಕೆ. A spear, a spike (Bh. 6, 3, 20).

ಸೂಲು sûlu. 1. = ಸೂಲ್, etc. (My.). ಸೂಲು ತಪ್ಪಿದರೆ ಗೊಡ್ಡೇ? (Prv.). ಕತ್ತೆಗಳು ಸೂಲಿಗೆ ಒನ್ದೇ ಮರಿಯ ಕೊಡುವವು (B. 5, 17).

ಸೂಲು sûlu. 2. = ಉಸಲು, etc. Breath, etc. (Bh. 3, 19, 1; My.).

ಸೂಳೆ sûḷĕ. Tbh. of ಶೂಲೆ. (My.).

ಸೂವ sûva. Tbh. of ಸೂಪ (Šmd. 342).

ಸೂಷೆ sûshĕ. = ಸುಷಿ 1. A mother.

ಸೂಸಕ sûsaka. A trinket or other ornament for the forehead, a jewel or a golden or other trinket, etc. worn below the partition of the hair (ಪತ್ರಪಾಶ್ಯ, ಲಲಾಟಿಕೆ Nr.; T. ಚುಟ್ಟಿ, an ornament for the forehead; *cf.* ಸೂಡು 1). See Čpr. 6, 47; 7, after 92; Grj. 3, after 91; 10, 43; Bp. 4, 40; 5, 25; 12, 20; Râv. 8, after 5; 10, after 31; Râm. 1, 7, 14; 1, 18, 4.

ಸೂಸಲ್ sûsal. Breaking forth, appearance (of a smile, J. 30, 11); etc. 2, a kind of dish. ತಿಲೌದನ ಎನ್ದಡೆ ಎಳ್ಳ ಹುಗ್ಗೆ; ಸೂಸಲೆನ್ದು, ಎಳ್ಳುರು Nr.). — ಸೂಸಲಕಡುಬು. Rice flour pastry laid on a plantain or other leaf strewed with jaggory and sesamum powder, folded and boiled in steam; when ready and opened, it crumbles or falls into small pieces (My.).

ಸೂಸಿಕೆ sûsikĕ. The act of showing forth or exhibiting (Râm. 6, 55, 15).

ಸೂಸು sûsu. 1. To come forth, to break forth, to appear, to issue, as breath (Râv. 5, 117), as sweetness in singing (Šśv. 2, 40), as laughter or smiles (Bp. 33, 18; J. 11, 10; 19, 21), as sounds of joy (Bp. 37, 21), as sparks from a fiery arrow (J. 13, 12), as fire (Bh. 1, 20, 60), as lustre from the eyes of women (J. 33, 22), as brain out of the head (Abh. P. 13, 63); to flow, as tears (Čpr. 5, 131; Abh. P. 4, 25), as blood (Abh. P. 13, 47; Râv. 13, 96; J. 25, 40), as honey-drops from a lily (Abh. P. 4, 25), as a stream of water (J. 3, 9); to shower (v. i.), as a rain of gold or of nectar (Bp. 9, 33; 23, 41); to drop, as water-drops or hoar-frost (Râv. 9, 24. 29); to run over, as the water of a tank (Čpr. 5, 42), to be shed, to spill, as the water of a vessel (Bp. 10, 2); to be shed, thrown off or cast, to drop, as the tail-feathers of a peacock in a gale (Čpr. 2, 33), as points of the filament of flowers (Čpr. 8, 103); to fall out of, as an eye ball out of its orbit (Abh. P. 13, after 54); to get loose, as the pole of a carriage (Abh. P. 13, 69); to become disheveled, as hair (J. 23, 26); to go away or disappear, as desire or fatigue (Bp. 29, 18; 59, 15); to be scattered or fly about, as sparks (Bh. 1, 20, 61); to spread about (v. i.), as fame (Bp. 54, 84); to disperse (v. i., Bh. 3, 13, 25). ಇಕ್ಷೋರ್ಗಡಿಯಿಂ ತೀವಿ ನಾಲ್ದೆಸೆಗಂ ಸೂಸಿ (Šmd. 79). ಅಲಿವರಲ್ಗಳುಮ್ ಇನ್ದ್ರಗೋಪಮುಂ ಸೂಸಿದುವಶ್ರದಿಂ (142. 166). **2**, to emit, as the moon does ambrosia (Ššv. 1, 41), as a face does beams (Ršv. 6, 133), as sighs (J. 19, 17); to cause to break forth, to let appear, as the nectar of a smile (J. 15, 45); to cause to flow, as water (Abh. P. 1, 103), as honey (Ršv. 2, 89); to cause to fall, to shower (v. t.), as a rain of dust (J. 10, 8), as rain (J. 15, 17), as arrows (J. 22, 13); to sprinkle about, as water-drops (J. 19, 34); to let drop, as a loose hair-knot its flowers (Ršv. 7, 17; J. 11, 19); to scatter or throw about, as fibres of the lotus-stalk (Ršv. 6, after 24); to throw, as sêsĕ (J. 8, 12; ಪರಿತ್ಯಾಗ Šmd. Dh.; ಚೆಳೆಯು, ಸಿಮ್ಪಿಸು Kk. 69, Šm. 35; *cf.* ಸುರಿ 1). ಎತ್ತಂ ಸುಧಾಸೌಧಮಂ ಸೂಸುವ ಚನ್ದ್ರಂ ತಾನೆ ಪೇೞ್ ಪುಟ್ಟಿಸಿದನ್ ಅತಿಜಡಂ ಭಾನ್ದಸಂ (Šmd. 127). ಸೂಸುತುಂ ನವನವ್ಯಷ್ಟಜಲಂಗಳಂ (280). ಆಸನದಲಿ ಉಮ್ಬುವದು, ಸೂಸುವದು ಬಾಯಲ್ಲಿ (a syringe, Sp.). — ಸೂಸಾಟ. -ಆಟ. Being scattered, sprinkled, etc.; scattering, sprinkling, etc. (ಸೀಱುಮ್ಬುಳ್ Šs.; Kk. 51; Šm. 61; ಸಿಮ್ಪಿಸಿತು Šs.).

ಸೂಸು sûsu. 2. Being scattered, thrown about sprinkled, etc. (ಪಂಕೀರ್ಣ Čt. I, 83); the act of showing forth or exhibiting (Râm. 5, 16, 44); etc. — ಸೂಸುಗೂೞ್. -ಕೂೞ್. Boiled rice that is thrown about (Ršv. 5, after 114). — ಸೂಸುನೀರ್. Dropping water (Čpr. 2, 20). — ಸೂಸುವೆಳಗು. -ಬೆಳಗು. Spreading lustre (Ršv. 5, after 19).

ಸೂಸ್ತ್ರ sûstra. Tbh. of ಸೂತ್ರ. (My.; Tĕ.).

ಸೂಹು sûhu. = ಸೋ 2. To drive or scare away (My.). ಸೂಹಿತ್ತು (ಸೋದುದು Čt. II, 111).

ಸೂೞ್ sûḷ. ಸೂೞು. A loud sound, noise (*cf.* ಸುೞುವು; Mhr. ಸೂರ, a note in music; a tune; air breathed through the nostril). See Bp. 6, 10; 28, 46; Bh. 1, 8, 1; ನಿಡು-, ಲಗ್ಗೆ-. — ಸೂೞ್ಗೆಯ್. To make a loud sound, to noise (J. 12, 5). — ಸೂೞ್ಮಿಱ್. A loud sound or noise to come about (J. 4, 30).

ಸೂಳ sûḷa. 1. Tbh. of ಶೂಲ. See ಸೂಳಪಾಣಿ.

ಸೂಳ sûḷa. 2. = ಸೂಳೆ. — ಸೂಳಗೇರಿ. = ಸೂಳೆಗೇರಿ. (My.). ತಾನು ಗರ್ತಿ ಆದರೆ ಸೂಳಗೇರಿಯಲ್ಲಿ ಮನೆ ಕಟ್ಟು (Prv.).

ಸೂಳಗಾಱ sûḷa-gâṟa. = ಸೂಳೆಗಾಱ. (My.).

ಸೂಳಗಾಱಿಕೆ sûḷa-gâṟikĕ. = ಸೂಳೆಗಾಱಿಕೆ. (My.).

ಸೂಳಪಾಣಿ sûḷa-pâṇi. Tbh. of ಶೂಲಪಾಣಿ (Šmd. 376).

ಸೂಳಯಿಸು sûḷayisu. To make a loud sound (as certain musical instruments), to noise (Ršv. 6, after 11).

ಸೂಳಯ್ಸು sûḷaysu. 1. = ಸೂಳಯಿಸು, ಸೂಳವಿಸು 1. To noise, etc. (Grj. 10, after 79; J. 13, 18; Bh. 8, 23, 8).

ಸೂಳಯ್ಸು sûḷaysu. 2. = ಸೂಳವಿಸು 2. To beat (ಪೊಯ್ Bhn. 31; Bh. 8, 23, 3).

ಸೂಳವಿಸು sûḷavisu. 1. = ಸೂಳಯ್ಸು 1, etc. To noise (Bh. 3, 19, 43; 5, 11, 34; 6, 4, 101; 7, 10, 17; Râm. 5, 8, 88).

ಸೂಳವಿಸು sûḷavisu. 2. = ಸೂಳಯ್ಸು 2. To beat (Bh. 7, 10, 17; 8, 24, 49; 8, 26, 15).

ಸೂಳೆ sûḷĕ. = ಸೂಳ 2. Tbh. of ಶೂಲೆ. A harlot, a prostitute (ರೂಪಾಜೀವೆ, ವೇಶ್ಯೆ, ಗಣಿಕೆ, ಗಣ್ಯಾಂಗನೆ, ಕ್ಷುದ್ರೆ Hlâ.; ವೇಶ್ಯೆ Mr. 305; ಗಣಿಕೆ, ಕಾಮುಕಿ Nn. 98; ಭೋಗ, ಕಾಮುಕಿ 113; ಜೋಡಿ Bhn. 63; ಅಜ್ಜುಕೆ Si. 65; ವಾರಸ್ತ್ರೀ, ಗಣಿಕೆ, ವೇಶ್ಯೆ, ರೂಪಾಜೀವೆ 188; Č. Bp. 47, 12; Bp. 42, 13; 53, 12; Bh. 3, 19, 19; Râm. 1, 5, 27; J. 6, 35; C.; M. ಚೂಳೆ, T. ಚೂಳ್ಳೆ; according to Šmd. 140 it *might* be a true Draviḍa word; *cf.* ಸುನ್ದ 1?). ಸೂಳೆಯುಗರ್ or ಸೂಳೆಯುಗ್ಗ್ (Šmd. 140). ಸೂಳೆಯರ ಮೊತ್ತ (ಗಾಣಿಕ್ಯ Hlâ.). ಸೂಳೆಯರ ಗೃಹ (ವೇಶ್ಯಾಲಯ Mr. 198). ನಾಟ್ಯಭಾಷೆಯಲ್ಲಿ ಸೂಳೆ ಅಜ್ಜುಕೆ ಎನಿಸುಗು (Nr.). ಸೂಳೆಯರ ಪಾಳ್ಯ (ವೇಶ Si. 106); ಜನರಿನ್ದ ಬಹುಮಾನ ಕೊಡಲ್ ಪಟ್ಟ ನಟಿಯಾದ ಸೂಳೆ (ವಾರಮುಖ್ಯೆ 188); ಸೂಳೆಯರ ಗುಮ್ಪು (ಗಾಣಿಕ್ಯ 189); ಸೂಳೆಯರ ಅರೆತೊಡೆಗಳ ವರಿಗೂ ಮುಚ್ಚುವ ಬಟ್ಟೆ (ಚಣ್ಡಾತಕ 224). ಅತ್ತಿಗಿಡಕ್ಕೂವಿಲ್ಲ, ಕತ್ತೆಗೆ ಕೋಡಿಲ್ಲ, ಹತ್ತಿಯ ಹೊಲಕೆ ಗಿಳಿಯಿಲ್ಲ; ಸೂಳೆಗೆ ಸತ್ಯವಿಲ್ಲ (Sp.). ಆಲಕ್ಕೆ ಹೂವಿಲ್ಲ, ಸಾಲಕ್ಕೆ ಕೊನೆಯಿಲ್ಲ, ಜಾಲಿಯ ಗಿಡಕ್ಕೆ ಗನ್ಧವಿಲ್ಲ; ದೇವರು ಸೂಳೆಗಿಲ್ಲ (Sp.). ಸೂಳೆಗೆ ಕೊಟ್ಟ ಹಣ ಸುಡುಗಾಡಿಗೆ ಹೋದ ಹೆಣ. — ಸೂಳೆ ತಿಂಗಿ ಕೆಟ್ಟಳು, ಸುಂಕದವ ತಿರುಗದೆ ಕೆಟ್ಟನು. — ಸೂಳೆ ಬನ್ದರೆ ಅಮ್ಮಾ ಅನ್ದನ್ತೆ. — ಸೂಳೆ ಮುಪ್ಪಾಗಿ, ಶೀಲ ಹಿಡಿದು ಕೊಣ್ಡನ್ತೆ. — ಸೂಳೆ ಮುಪ್ಪಾಗಿ, ಕೊಟಿವಿತಿ ಆದಳು. — ಸೂಳೆ ಮುಪ್ಪಾಗಿ, ಜೋಗತಿ ಆದಳು. — ಸೂಳೆ ಯಾರಿಗೆ ಹೆಣ್ಡತಿ? ದೊರೆ ಯಾರಿಗೆ ಅಪ್ಪ? — ಸೂಳೇ ಕೆಯ್ಯಿನ್ದ ಜೋಳಾ ಕುಟ್ಟಿಸಿದ ಹಾಗೆ. — ಬಾಱಿಗೆ ಕಡಗು, ಸೂಳೆಗೆ ಬೆಡಗು. — ಬೋಱಿಗೆ ಸುಂಕವಿಲ್ಲ, ಸೂಳೆಗೆ ಕರುಣವಿಲ್ಲ. — ಸನ್ತೇ ಸೂಳೆಯ ನಚ್ಚಿ, ಮನೇ ಹೆಣ್ಡತಿಯ ಬಿಟ್ಟ. — ಸೂಳೆಯ ಬಾಗಲಲ್ಲಿ ಆನೆ ಕಟ್ಟಿದರೆ ಸಿದ್ಧ. — ಸೂಳೆಯ ಮಗ ಸುಬೇದಾರ, ಹಾದರಗಿತ್ತಿಯ ಮಗ ಹವಾಲ್ದಾರ (Prvs.). See Šmd. s. K. ಕೂರ್ಮ; Prvs. s. ತನ್ದೆ, ಮಗಳು, ಮಾತು. — ಸೂಳೆಕೇಳ. An associate of harlots (Čpr. 8, 53). — ಸೂಳೆಗೆಯ್. To have intercourse with harlots (Bp. 11, 50; 12 sum.; 12, 2. 3. 49. 50. 51; 28, 19; V. 9, 32. 33. 34). — ಸೂಳೆಗೆಯ್ತ. -ಕೆಯ್ತ. Intercourse with harlots, whoredom (V. 9, after 3). — ಸೂಳೆಗೇರಿ. -ಕೇರಿ. = ಸೂಳಗೇರಿ. A street or an abode of harlots (ವೇಶ, ವೇಶ್ಯಾಜನಸಮಾಶ್ರಯ Nr.; Čpr. 8, after 4 & 44; Râm. 5, 8, 72). — ಸೂಳೆಬೊಟ್ಟುಗಿಡ. A shrub or small tree, Pavetta indica L. (St. & Pl.). — ಸೂಳೆಮಗ. A whore's son (My.). 2, a dancing-master (My.). — ಸೂಳೆಮನೆ. A harlot's house (My.). ಸೂಳೆಯ ಮನೆ (Bp. 28, 16).

ಸೂಳೆಗಾಱ sûḷĕ-gâṟa. = ಸೂಳಗಾಱ. A horemonger (My.).

ಸೂಳೆಗಾಱಿಕೆ sûḷĕ-gâṟikĕ. = ಸೂಳಗಾಱಿಕೆ. Whoredom (My.).

ಸೂಳೆತನ sûḷĕtana. The state of a whore (Bh. 8, 5, 9).

ಸೂೞ್ sûḻ. ಸೂೞು. A time, a turn; a season (ಬಾರಿ Šmd. I; Čt. I, 45; M. ಚುಟಿಞ್ಞು, *cf.* ಸುೞ್ 1; Abh. P. 14, after 31); wandering about. ಈ ಸೂೞ್ ಎನ್ದು, ವರ್ತಮಾನವರ್ಷಂ (Šmd. 1). ಈ ಸೂೞಿನ (133). ಚಪಲತೆಯೊಳಂ ಪದನೆರಡು ಸೂೞ್ ಉಚ್ಚರಿಪುದು (230). ಮೆ ಎಮ್ಬುದಕ್ಕುಮ್ ಎಣಿಸುವ ಸೂೞೊಳ್ (242). ಛಲದಿಂ ಮುಯ್ಯೇೞ್ ಸೂೞ್ ಕ್ಷತ್ರಿಯರನ್ ಅಱಿಸಿ ಕೊನ್ದಿಕ್ಕಿದಂ ಜಾಮದಗ್ನ್ಯಂ (223). ಮನೆಯೊಳ್ ಸೂೞ್ ತಪಮ್ ಆಯ್ತು (265). ಎರಡು ಮೂಱು ಸೂೞು ನುಡಿವ ನುಡಿ (ಆಮ್ರೇ

ಡಿತ Hlś.). ಸೂಳ್ಗಳ್ (Grj. 10, 55). ಹಲವು ಸೂಳುದಳದೊಳ್ ಅಲುಬಿ ಸೆಳೆ ಸೆಳೆದೊಗೆದೊಡಂ ಬಿಳಿದಪುದೆ ಕಮ್ಬಳಿ? (Bp. 60, 48). ಸೂಳಂಗೆ (Bp. 60, 61); ಸೂಳಂಗೆ (18, 101). — ಸೂಳರಿ°. -ಅರಿ°. To know one's turn (Grj. 2, after 106; Rśv. 5, after 19; Śśv. 1, after 79); to know the proper moment (Abh. P. 1, 118; Rśv. 6, after 11); to know the time (in music, Rśv. 5, after 19). — ಸೂಳ ಸುಸ್ಗು. Coition by turns (Kâvy. II, 1, 24). — ಸೂಳಾಳ್°. -ಆಳ್°. The person who wandered about very much: king Naḷa (ನಳ Čt. I, 79). — ಸೂಳು ಗರೆ. -ಕರೆ. = ಸೂಳ್ಗರೆ, q. v. ಪುಯ್ಯಲ್ಗೆ ಕರೆವವಂ ಸೂಳುಗರೆವವನ್ ಎನಿಕು (Śm. 42). — ಸೂಳುನುಡಿ. Talking by turns: conversation (ಸಲ್ಲಾಪ Hlś., Mr. 88). — ಸೂಳುಪಾಡು. Challenge by turns (Râm. 4, 3, 9). — ಸೂಳುಪಾನ. Drinking by turns or repeatedly, carousing (ಮಧುಪಾನ, ಮಧುಕ್ರಮ Nr.). — ಸೂಳುಬಲ್ಪುಗೆ. Bravery by turns: repeated or incessant bravery (Râm. 4, 2, 25). — ಸೂಳುಮಾತು. Alternate or mutual speech (Bp. 22, 4). — ಸೂಳುರಿ. -ಉರಿ. Fire or wrath appearing from time to time (Bh. 2, 10, 28). — ಸೂಳುವಾತು. -ಮಾತು. = ಸೂಳುಮಾತು. (Râm. 6, 50, 12). — ಸೂಳ್ಗರೆ. -ಕರೆ. = ಸೂಳುಗರೆ. To call at (various) times: to make proclamation, to bear a verbal communication; to announce that a fight is acceptable or desired. ಸೂಳಾಯ್ತನೆನ್ದು, ಸೂಳ್ಗರೆವಂ (Śmd. I). ಸೂಳ್ಗರೆವನೆ ನಲ್ಕೆ ದೂಪವಂ (Čt. I, 45, o. r. ದೂಪಂ). — ಸೂಳ್ವರ್°. -ಬರ್°. To come for one's turn (in any affair, Čpr. 3, after 83; 8, after 94; Abh. P. 15, after 62). ಪೆಡಮೆಟ್ಟಿದೆ ಸೂಳ್ಗ ವನ್ದು ಇದಿರುದೆಲಿದಿಧಂ ಭುವನೈಕರಾಮನಾ (Śmd. 206). — ಸೂಳ್ಪಡೆ. -ಪಡೆ. To obtain by turns (Čpr. 8, 69). — ಸೂಳ್ಮಳೆ. Rains that fall by turns (Rśv. 8, 112). — ಸೂಳ್ಮಿಡಿ°. rep. (Abh. P. 7, 141).

ಸೂಳಾಯತ sûḷ-âyata. The business of a messenger (Bh. 3, 19, 19).

ಸೂಳಾಯ್ತ sûḷ-âyta. A caller at (various) times: a crier, one who makes proclamation; a messenger; a herald (ಸೂಳ್ಗರೆವಂ Śmd. I; Grj. 2, after 106; Bh. 3, 7, 99). ಅಯ್ತು, ಅಬ್ಬಿಯ ಗೂ ಡೆಸುವನ್ತೆ ಆಯ್ತು ಅರಮನೆಯೊಳಗೆ ಪುಗುವ ಪೊಱಮಡುವ ಜಳ ಮ್ಬ್ಯಾಯ್ತರ ಸೂಳಾಯ್ತರ ಕಲ್ಲಾಯ್ತರ ಕಡಂಗಾಯ್ತರ ಅಚ್ಚುಳಾಯ್ತರ ರಭಸಂ (Śmd. 285. 289).

ಸೃಕ್ಕ sṛikka. = ಸೃಕ್ವ. (Colebr.).

ಸೃಕ್ವ sṛikva. *The corner of the mouth* (ಕಟವಾಯಿ Mr. 818).

ಸೃಕ್ವಣಿ sṛikvaṇi. = ಸೃಕ್ವ. (Sk.).

ಸೃಗ sṛiga. *A short javelin or arrow.*

ಸೃಗಾಲ sṛigâla. = ಶೃಗಾಲ. (Sk.).

ಸೃಜ್ sṛij. Creating; a creator. See ವಿಶ್ವ-.

ಸೃಜಿಕಾಕ್ಷಾರ sṛijikâ-kshâra. = ಸರ್ಜಕಾಕ್ಷಾರ. (Colebr.).

ಸೃಜಿಯಿಸು sṛijiyisu. = ಸೃಜಿಸು. (Śśv. 1, 17).

ಸೃಜಿಸು sṛijisu. To let go, to let loose; to emit. 2, to create, to produce, to make (Râm. 3, 2, 17).

ಸೃಣಿ sṛiṇi. *A hook for driving an elephant.* 2, a hatchet (ಲೋಹಿತ, ಕೊಡಲಿ Nn. 86).

ಸೃಣಿಕೆ sṛiṇikĕ. *Saliva, spittle, slaver.*

ಸೃಣೀಕೆ sṛiṇikĕ. = ಸೃಣಿಕೆ. (Sk.; G.).

ಸೃತ sṛita. Gone, proceeded, flowed, moved. See ಪ್ರ-, ವಿ-, ಸಂ-.

ಸೃತಿ sṛiti. Gliding, going, proceeding; *a road, a path.* See ಕು-, ಪ್ರ-.

ಸೃಪಾಟ sṛipâṭa. *A kind of measure.*

ಸೃಪಾಟಿ sṛipâṭi. *A kind of measure.* 2, = ನದೀವಿಶೇಷ (Si. 497); = ನದಿ (G.).

ಸೃಪಾಟಿಕೆ sṛipâṭikĕ. The beak of a bird (Sk.). 2, = ಸೃಪಾಟಿ (G.).

ಸೃಮರ sṛimara. *A kind of animal;* a young deer; ದೊಡ್ಡ ಚವರೀ ಮೃಗ (Si. 170).

ಸೃಷ್ಟ sṛishṭa. Let go, let loose; emitted; given away; abandoned, left; emanated; created, made; joined, attached, connected; *abundant, much, many;* ornamented, adorned; *ascertained.* ಸೃಷ್ಟಪದಾರ್ಥಗಳು (B. 4, 94).

ಸೃಷ್ಟಣೆ sṛishṭaṇĕ. = ಸೃಷ್ಟನೆ. (My.).

ಸೃಷ್ಟನೆ sṛishṭanĕ. A making, fabrication, forgery, falsehood (My.). — ಸೃಷ್ಟನೆಪತ್ರ. A forged document (My.). — ಸೃಷ್ಟನೆಸಾಕ್ಷಿ. False witness (My.).

ಸೃಷ್ಟಿ sṛishṭi. = ಸಿಟ್ಟಿ. Letting go, letting loose, emission; giving away; emanation; *creation;* the expansion of Brahma constituting the universal system; nature, natural property or disposition. ಭ್ರಷ್ಟದೈವಕೆ ದಾಯ ಬಿಟ್ಟಲ್ಲಿ ಫಲವಿಲ್ಲ; ಸೃಷ್ಟಿಗೀಶ್ವರನ ಭಜಿಸಿದರೆ ಮುನ್ದಕ್ಕೆ ಇಷ್ಟಾರ್ಥವೀವ (Sp.). See Nn. s. ಸ್ವರ್ಗ 2.

ಸೃಷ್ಟಿಕರ್ತ sṛishṭi-karta. A creator, a maker (B. 4, 89. 144). ಸೃಷ್ಟಿಕರ್ತನಾದನಷ್ಟ ಬ್ರಹ್ಮನು (ಬ್ರಹ್ಮ, etc. Dhw.).

ಸೃಷ್ಟಿಸು sṛishṭisu. = ಸೃಜಿಸು. (Bp. 1, 13; 51, 49).

ಸೆಕಳೆ sĕkaḷĕ. = ಸಗಳೆ, ಸೆಗಳೆ, ಸೆಗಳಿಕೆ, ಸೆಗಳಿಗೆ, ಸೆಗಳು. Heat; hot vapour, steam (ಉಷ್ಣ, ಬಾಷ್ಪ Mr. 47).

ಸೆಕೆ sĕkĕ. = ಶಾಕ 2, ಸಕೆ, ಸಖೆ, ಸಾಕ, ಸೆಖೆ, ಸೆಗೆ, ಸೇಕ 1 q. v. (Partly Tbh. of ಶಿಖೆ and of Mhr., H. ಶೇಕ). Heat (My.; Bp. 17, 19; Rśv. 12, 18; Č. Bp. 19, 31; ಗ್ರೀಷ್ಮ, ಝಳ, ಉಷ್ಣ, ಗಮ್ಮ G.; Tś.). ಸೆಕೆಯು ಹವೆ (ಬಾಷ್ಪ, ಊಷ್ಮ Si. 439). ಸೆಕೆ ಹೆಚ್ಚಾಯಿತೆನ್ದು ಕಮ್ಬಳಿ ಹೊದ್ದು ಕೊಣ್ಡ (Prv.). — ಸೆಕೆನಾಡು. A hot country (B. 2, 2. 37. 51). — ಸೆಕೆಹಪ್ಪಳ. A kind of happaḷa (My.).

ಸೆಕ್ಕು sĕkku. = ಸೆರ್ಕು. To put in, to insert (Bp. 48, 25; Râm. 6, 45, 43; T. ಜೆರುಗು, ಜೊರುಗು).

ಸೆಕ್ಕೆ sĕkkĕ. Insertion: a joint (?). ತೊಡೆಯು ಸೆಕ್ಕೆ or ತೊಡೆಸೆಕ್ಕೆ (Śmd. 195).

ಸೆಕ್ಕೆ sĕkkĕ. = ಚಕ್ಕೆ, etc. A chip, etc. (Bp. 48, 25. 36. 88). ಯೂಪಸ್ತಮ್ಭದ ಸೆಕ್ಕೆ (ಸ್ವರು Nr.).

ಸೆಖೆ sĕkhĕ. = ಸೆಕೆ, etc. (ಊಷ್ಮ, ಬಾಷ್ಪ Hlś.; Bh. 4, 4, 55). ಬೆಣ್ಣೆ ಬೆಂಕಿಯ ಸೆಖೆಗೆ ತಣ್ಣಗಿರ ಬಲ್ಲುದೇ? ಹೆಣ್ಣಿದ್ದ ಮನೆಗೆ ಎಡ ತಾಕಿ, ಶಿವಯೋಗಿ ಮಣ್ಣುಮುಸಿಯಾದ (Sp.).

ಸೆಗಣ sĕgaṇa. = ಸಗಣ 1, etc. Cow-dung, etc. ಕಱುವಿನ ಸೆಗಣ (ಎರಣ Kk. 69).

ಸೆಗಣಿ sĕgaṇi. = ಸೆಗಣ, etc. ಕಱುವಿನ ಸೆಗಣಿ (ಎರಣ Ss.).

ಸೆಗಳ sĕgaḷi. = ಸೆಕಳೆ, etc. (ಜಳ, ಉಷ್ಣ Śm. 15). — ಸೆಗಳಿಗದಿರ. -ಕದಿರ. The hot-rayed, the sun (ಬೆಂಗದಿರ, etc., ಸೂರ್ಯ Śm. 14).

ಸೆಗಳಿಕೆ sĕgaḷikĕ. = ಸೆಕಳೆ, etc., ಸೆಗಳಿಗೆ. (Bh. 1, 5, 5).

ಸೆಗಳಿಗೆ sĕgaḷigĕ. = ಸೆಗಳಿಕೆ, etc. (ಉಮ್ಮೆ, ಝಳ Kk. 11 b; Bh. 6, 5, 34).

ಸೆಗಳು sĕgaḷu. = ಸೆಕಳೆ, etc. (Bh. 3, 19, 16).

ಸೆಗೆ sĕgĕ. = ಸೆಕೆ, etc. (G.; Tś.).

ಸೆಜ್ಜೆ sĕjjĕ. = ಸಜ್ಜೆ, etc. A tall and stout kind of grass cultivated for its grain, Holcus spicatus Roxb. (ಧಾನ್ಯ Šm. 87; Z.; My.).

ಸೆಜ್ಜೆ sĕjjĕ. = ಸಜ್ಜೆ, etc. Tbh. of ಶಯ್ಯೆ (Šmd. 357). A place of rest or repose, a bed (ಶಯ್ಯೆ, ಪಟ್ಟೆ Kk. 30; ಪಟ್ಟೆ, ಶಯ್ಯೆ Šm. 76; ಶಯ್ಯೆ 87; Čpr. 6, after 86; 8, 41). 2, a liṅga-box; a box in general (Bp. 3, 26; 18, 31; 22, 7; 38, 47; 43, 26. 83; 47, 46; 54, 69). ಸೆಜ್ಜೆಯ ಮನೆ (ಶಯನಸ್ಥಾನ, etc. Hlâ.; ಗರ್ಭಾಗಾರ, ವಾಸಗೃಹ Nr.). — ಸೆಜ್ಜೆತುಮ್ಬು. -ತುಮ್ಬು. A box to become full (Bp. 22, 9). — ಸೆಜ್ಜೆಮನೆ. = ಸಜ್ಜೆಮನೆ, ಸೆಜ್ಜೆವನೆ. A sleeping-apartment, a dormitory (ಪಕ್ಕೆ Šm. 79). — ಸೆಜ್ಜೆಮಾಡ. An upstair-room used for sleeping (V. 5, 7). — ಸೆಜ್ಜೆವನೆ. = ಸಜ್ಜೆವನೆ, ಸೆಜ್ಜೆಮನೆ. (Šmd. 337; Čpr. 7, after 69; 8, after 60 & 94; Grj. 2, after 106; Ršv. 11, after 1). — ಸೆಜ್ಜೆವಳ. (Šmd. 234). A guardian or superintendent of (a king's) sleeping-apartments; a man who has the charge of, or waits at, their door (ಶಯ್ಯಾಗೃಹ ರಕ್ಷಕ Ks.; ಸೆಜ್ಜೆವಾಗಿಲಾತ Kk. 37; ಸೆಜ್ಜೆವಾಗಿಲವ Šm. 46). — ಸೆಜ್ಜೆವಳ್ತಿ. (Šmd. 244. 246). A woman who is the superintendent of sleeping-apartments; etc. — ಸೆಜ್ಜೆವಳ್ಳಿ. = ಸೆಜ್ಜೆವಳ (Šmd. 234). — ಸೆಜ್ಜೆವಾಗಿಲವ. -ಬಾಗಿಲವ. = ಸೆಜ್ಜೆವಳ. (Šm. 46). — ಸೆಜ್ಜೆವಾಗಿಲಾತ. -ಬಾಗಿಲಾತ. = ಸೆಜ್ಜೆವಾಗಿಲವ. (Kk. 37).

ಸೆಜ್ಜಿರ sĕjjira. A bed (Čpr. 8, after 4; 8, 26).

ಸೆಟೆ sĕṭĕ. = ಸಟೆ 2, etc. To bend (v. i.). ಲಕ್ಷ್ಮಾ ಎಮ್ಬ ಪಾರಿವಾಳಗಳು ಎದೆ ಹಾಯಿಸಿ ಕೊಣ್ಡು, ಹಿಂಗಡಿಯನ್ನು ನಿಗರಿಸಿ ಕೊಣ್ಡು, ಹಿನಕ್ಕೆ ಸೆಟೆದಿರುತ್ತವೆ (B. 3, 114).

ಸೆಟ್ಟಿ sĕṭṭi. = ಸಟ್ಟಿ, etc. Tbh. of ಶ್ರೇಷ್ಠಿ. A respectful compellation for a banker, merchant or tradesman, and for certain men of the arts of industry (potters and oil-millers, My.); the head or chief of a caste (My.); etc. (Bp. 9, 8; 24, 22; B. 2, 25; Mhr. ಶೇಟ್). ಬಿದರುತಟ್ಟೇ ಮೂಟೆ ಪಾ ಕ್ಷಣ ಸೆಟ್ಟಿ ಅದಾನೇ? ಅನೆ ಮೆಟ್ಟಿದೇ ಸನ್ದು, ಸೆಟ್ಟಿ ಬಿಟ್ಟಲ್ಲೇ ಪಟ್ಟಣ. — ಸೆಟ್ಟಿ ಬಿಟ್ಟದೇ ಪಟ್ಣ. — ಸೆಟ್ಟಿಯ ಬಾಯಿ ಸತ್ತಲ್ಲದೆ ತಿಳಿಯದು. — ಸೆಟ್ಟಿ ಏನು ಮಾಡುತ್ತಾನೆ? ಅಳೆಯುತ್ತಾನೆ, ಹೊಯ್ಯುತ್ತಾನೆ. — ಸೆಟ್ಟಿ ಸಿಂಗಾರವಾಗುವಾಗ್ಗೆ ಪಟ್ಣವೆಲ್ಲಾ ಸೂರೆ ಹೋಯಿತು. — ಸೆಟ್ಟಿ ಸವಾಸೇರು, ಲಿಂಗ ಅದೀಸೇರು. — ಸೆಟ್ಟಿ ಹೆಡ, ಕುಮ್ಬಾರ ಜಾಣ. — ಪೇಟೆಗೆ ಚಟ್ಟಿ, ಪಟ್ಣಕ್ಕೆ ಸೆಟ್ಟಿ. — ಬಟ್ಟೆ ಸುಟ್ಟು ಹೋಯಿತೆನ್ದರೆ ಸೆಟ್ಟಿ ಬಿಟ್ಟಾನೇ? — ಚಟ್ಟಿ ಬಿಸಿಲಲ್ಲಿ ಬೆಯ್ಯುತ್ತದೆ ಎನ್ದು, ಸೆಟ್ಟಿ ಅತ್ತ ಹಾಗೆ. — ಬೆಟ್ಟಬೆನ್ನ ಅದರೆ ಸೆಟ್ಟಿಗೆ ಆಗದೇ? — ಲಾಭವಿಲ್ಲದೆ ಸೆಟ್ಟಿ ಹಳ್ಳಿಗೆ ಹೋಗ. — ವಟ್ಟಿ ಕೊಟ್ಟ ಏನಹಾ ಸೆಟ್ಟಿ ಬಿಡ (Prvs.). — ಸೆಟ್ಟಿ ಗಿಟ್ಟಿ. reit. ಸೆಟ್ಟೀ ಸಂಗಾ ಮಾಡು, ಗಿಟ್ಟೀ ಸಂಗಾ ಮಾಡ ಬಾರದು (Prv.).

ಸೆಟ್ಟಿತನ sĕṭṭitana. The state or business of a sĕṭṭi; headship in a caste (My.). ಕತ್ತೆ ಕಣ್ಡಿಗ ಹೊತ್ತರೆ ಸೆಟ್ಟಿತನಾ ಮಾಡೀತೇ? (Prv.).

ಸೆಡ sĕḍa. 1. = ಸಟ 2, ಸೆಡೆದು. P. p. of ಸೆಡೆ 1, in ಸೆಡ ಕೊಳ್ಳು (My.).

ಸೆಡ sĕḍa. 2. = ಸೆಡೆದು. P. p. of ಸೆಡೆ 2, in ಸೆಡ ಕೊಳ್ಳು (My.).

ಸೆಡಕು sĕḍaku. 1. = ಸಡಕು 2. (My.).

ಸೆಡಕು sĕḍaku. 2. Pride, haughtiness, arrogance (Dp. 161, 8; My.; see ಕೆಚ್ಚು 5; T. also ಚಳುಕ್ಕು).

ಸೆಡವು sĕḍavu. 1. (= ಸಟ 1). Pride (Dp. 161, 4).

ಸೆಡವು sĕḍavu. 2. The state of being crooked or bent (My.).

ಸೆಡು sĕḍu. To be sewn, stitched together or united; to sew, etc. (ಸ್ಯೂತ Šmd. Dh.; see ತಟ್ಟಿ, ತೆತ್ತು 2, ತೇಪೆ).

ಸೆಡೆ sĕḍĕ. 1. = ಸಟೆ 1, ಸಿಡೆ 1. To grow bulky or large, to increase (ಆಸ್ಥೌಲ್ಯ Šmd. Dh., o. r. ಸಿಡೆ; ಪೆರ್ಚುಗೆ Cm.; cf. ತಿಟ್ಟು 1, ತಿಣ, ತಿಣ್ಣ, ತೀವು; M. ತಿಣು, to become stout, corpulent, thick, stiff; cf. also ಚಣ್ಡು 1). 2, to grow puffed up or proud (My.). 3, to become stiff, as a limb, a rope, etc. (My.). 4, to become erect from cold, as the hair of the body (My.).

ಸೆಡೆ sĕḍĕ. 2. = ಸಟೆ 2, ಸೆಟೆ. To grow crooked or bent, to bend; to shrink, to contract (ವಕ್ರ Šm. 91; Abh. P. 1, 76; Grj. 3, 22; Ršv. 9, 25; My.; cf. ಸಿಡಿ 1 & 2; Tē. ತೆಟುಕು, shrinking, shrivelling; M. ಚೆಱುಗು, T. ಚುಱುಗು, to shrink, cf. ಕಿಱ್; ಸೇಡು 1).

ಸೆಡೆ sĕḍĕ. 3. (To shrink, to recoil?); to fear (ಭಯವನ್ ಆನ್ Kk. 72; ಅಳ್ಕು, ಸುಗಿ, ಬೆಮರ್, ಬಳ್ಕು, ಸುರುಳ್, ಅಗಿ, ಭಯವನ್ ಆನ್ Šm. 40; ಭೀರುತ್ವ 91; cf. ಸಿಗ್ಗು, ಗಿಲಿ 2, ಚಳಿ 1). See Abh. P. 7, 8; 9, 74; Grj. 4, 53; 9, after 58; Ršv. 6, 11; V. 9, 81; J. 28, 45; Bh. 3, 13, 16.

ಸೆಡೆ sĕḍĕ. 4. = ಸಟೆ 3. Crookedness. ನಾಯ ಬಾಲಸೆಡೆಯಂ ಕಟ್ಟಲ್ಕೆ ಚನ್ನಪ್ಪದೇ? (Šš. 85).

ಸೆಡೆ sĕḍĕ. 5. (= ಸಿಡಿ 7?). Fear, anxiety. — ಸೆಡೆಪಡು. -ಪಡು. To suffer fear, to undergo anxiety (Abh. P. 15, after 7).

ಸೆಡೆ sĕḍĕ. 6. N. of a plant (ಬಿಡೆ Mr. 134).

ಸೆಡೆ sĕḍĕ. 7. = ಸಿಡೆ 2. A vessel for the reception of liquids or grain (ರಸಧಾನ್ಯಾಕರ್ಷಣಪಾತ್ರ Šmd. Dh., o. r. ಸಿಡೆ).

ಸೆಡೆ sĕḍĕ. = ಚಡೆ. (S. Mhr.).

ಸೆಣಸು sĕṇasu. 1. = ಸಣಸು, ಸೆಳಸು 2. To be envious or jealous, to be filled with envious feelings (ಈರ್ಷೆ Šmd. Dh.; Čpr. 6, after 106; Abh. P. 5, 53; Grj. 4, 22; Bp. 42, 14; Ššv. 4, 122. 134; J. 4, 32; 7, 59; 14, 3; Abhâ. 2, 51); to envy (with accusative, Abh. P. 1, 95; 17, 2). ಬಿರುದರ್ಗೆ ಬಿರುದರ್ ಸೆಣಸುವರ್ (Šmd. 159). ಕಡುಗಲಿ! ಸೆಣಸುವ ಭಟರ್ ಆರ್ (177). See s. ಮಲೆ 3. Cf. ಕೆಣಕು? — ಸೆಣಸಾಟ. -ಅಟ. Unwillingness to be excelled. ಹುಲೀ ಕೂಡೆ ನರಿಗೆ ಸೆಣಸಾಟವೇ? (Prv.).

ಸೆಣಸು sĕṇasu. 2. Anger, wrath (ಕೋಪ, etc. Kk. 43; ಮುಳಿಸು, ಕಿಸುಗಣ್ಣು, ಬಿರಸೊರಸು, ಕಾಯ್ಪು, ಕಿನಿಸು, ಕನಲ್, ಮುನಿಸು, ಸೀತಡ್, ಕೋಪ Šm. 39; ದಣ್ಡಿ Bhn. 27; Čpr. 1, 57; Abh. P. 13, 24; Ššv. 4, 121; J. 10, 42; Bh. 1, 8, 1; T. ಚಿನ, ಚಿಱುಕ್ಕು, to be angry; ಚಿನ, anger, wrath; cf. ಕಿನಿಸು 1 & 2; ಸಿಟ್ಟು?).

ಸೆಣೆ sĕṇĕ. 1. To be or become angry (ಕ್ರೋಧ Šmd. Dh.; cf. ಸಣೆ 1).

ಸೆಣೆ sĕṇĕ. 2. = ಸಣೆ 2. To wash (My.).

ಸೆಣ್ಡಿಗೆ sĕṇḍigĕ. = ಸಣ್ಡಿಗೆ. (B. 2, 37). — ಸೆಣ್ಡಿಗೆಗುಮ್ಬಳಕಾಯಿ. = ಸಣ್ಡಿಗೆ-. (S. Mhr.).

ಸೆಣ್ಡು sĕṇḍu. = ಚೆಣ್ಡು, etc. A cluster, a tassel; a ball to play with (ಗೇಣ್ಡುಕ, ಕನ್ದುಕ Nr.; ಕರಗನ್ದುಗ

Ŏt. I, 104; *cf.* ಸೆಡು or ಸೆಡೆ 1). ವಾಲಪಾಕ್ಯೆ, ಪಾಂತಧ್ಯೆ ಎನ್ನೊಡೆ ಮುಡಿಯ ಮೇಗಣ ಮುತ್ತಿನ ಸೆಣ್ಣು; ಮುತ್ತಿನ ದಣ್ಣೆ ಎನ್ನೊ, ಎಪ್ಪರು (Nr.). — ಸೆಣ್ಣಾಡಿಸು. -ಆಡಿಸು. To play with as with a ball (Bp. 36, 48).

ಸೆದಗೆ sĕdagĕ. = ಸದೆ 3. Trash, etc. (V. 37, 92).

ಸೆದಗೆ sĕdagĕ. = ಸಿಡಿಗೆ 1. Tbh. of ಚಿತ್ಯೆ. A funeral pile (ಚಿತೆ, ಚಿತ್ಯೆ Hlâ.).

ಸೆನ್ದವ sĕndava. Tbh. of ಸೈನ್ಧವ (Šmd. 357).

ಸೆನ್ದು sĕndu. 1. = ಸಿನ್ದು. To rub out, etc. (T. ಚರ, to destroy = ಅರ್ 1; Tĕ. ಚೆರ, ruin; ಚೆರುಚು, to ruin; ಚೆರುಮು, to rub; *cf.* ಕಿರಿ 1, etc.).

ಸೆನ್ದು sĕndu. 2. Rubbing out, extinguishing, destroying, killing (ಒರಸು, ಹಿಂಸೆ Kk. 68; ಒರಸು Šm. 51). — ಸೆನ್ದುಗೋಲ್. -ಕೋಲ್. A stick to kill with (Čpr. 5, 53).

ಸೆನ್ದುರ sĕndura. Tbh. of ಸಿನ್ದೂರ (Šmd. 357; Čpr. 2, 32; 8, 26; 8, after 73).

ಸೆಮ್ಬೆ sĕmbĕ. (= ಸಮ್ಬೆ?). N. of a plant (ಪತ್ರಪತಿ Mr. 150).

ಸೆಯ್ sĕy. = ಸಯ್ 1.

ಸೆರಗು sĕragu. Calamity, evil, mischief (Tĕ. ಚಿಲುಗು, ಚೆರುಪು, ಸಿಲುಗು; see ಸಿಲುಕು 2); sin, crime (Abh. P. 9, 196; 10, 19; 11, 7. 92; 13, 12. 47. 57; 16, 9). — ಸೆರಗ. -ಅ 3. = ಸರಗ. A sinner (Šmd. 90 Mdb., o. r. ಸರಗ). 2, sin, crime (ಪಾತಕ Ŏt. I, 59, where probably ಪಾತಕ, or ಸೆರಗು, is meant).

ಸೆರೆ sĕrĕ. = ಸಾರೆ 2, ಸೇರೆ. The palm of the hand bent so as to receive or hold anything; a handful (My.; Bh. 2, 13, 50; B. 3, 59; Tĕ. ಚೇರೆ; T. ಚರಂಗಾಯ್, ಚೇರ್ಕೈ; see ಕಿಸುಸೆರೆ, ಮುಷ್ಟಿರೆ). ಅರ್ತ ಕಡಮ್ಬು ಬತ್ತಿದ ಕಾಲುಂ ಹುರಿಯುದಿಾದ ಅಟಿಾಮಿಳೆ ಎಸಳದ ಸೆರೆಯುಂ (Šmd. 286). ಸಣ್ಣಪನಾದರೂ ಚಿಮ್ಪಿಗ ಸೆರೆಯಡಿಾವೆ ಕಡಿಯದೆ ಬಿಡ.— ಸೆರೇ ವರಹ ಕೊಟ್ಟರೂ ಸೀರೇ ವ್ಯಾಪಾರ ಬೇಡ (Prvs.). — ಸೆರೆ ಬಿಗಿ. To join the two cup-palms for petition's sake (J. 18, 59). — ಸೆರೆವರಿ. -ವರಿ. To become a palm bent so as to receive anything (Abh. P. 4, 39; 11, 135). — ಸೆರೆವಿಡಿ. -ಪಿಡಿ. = ಸೆರೆ ಬಿಗಿ. (J. 19, 14). — ಸೆರೆವಿಡು. -ಬಿಡು. To let drop the (contents of a) palm (Šmd. 224).

ಸೆರೆ sĕrĕ. Tbh. of ತಿರೆ. (ನಾಳಿಪತ್ರ, ಸಿರೆ Hlâ. MS. 4, 98; Mr. 456). ಸರೆಯು ನರ (ಸ್ನಸಿ, ಸ್ನಾಯು, ತಿರೆ Hlâ.).

ಸೆಱಗು sĕṟagu. = ಸಱಗು, ಸಱಂಗು, ಸೆಱಂಗು. Either end of a piece of cotton or silk cloth used as a garment; the loose end of a garment; that end which is put over the shoulder or head; the ornamental colored cross stripes near each of the ends (ದಶೆ, ವಸ್ತಿ Nr.; ಅಂಚಲ Mr. 342; C.; Tĕ. ಚೆಱಂಗು; T. ಚಿಱಗು, a wing; see ಕಿಱ್); cover, protection, refuge (Abh. P. 13, 70; C.). See ಒಳ್ಳೆಱಗು, ಒಳಸೆಱಗು, ಕಡೆ-, ಕುಡಿ-, ತುದಿ-, ಮೇಲ್-; Čpr. 5, 22; Grj. 2, after 106; Bp. 47, 47; 52, 27; Râv. 13, after 71; Râghĕ. 17, 64. 65; J. 6, 55; 19, 16; 30, 29; Prll. 3, 29; B. 1, 25; 5, 159. ಮೇಲುದು ಕುಚದ ಮೇಲಿರ್ಪ ಸೆಱಗು (Šm. 71). ಸೀಱೆಯ ಸೆಱಗು (ಅಂಚಲ Hlâ.). ಗುಡಿಯ ಬೋದಿಗೆ ಕಲ್ಲು, ನಡುರಂಗ ತಾ ಕಲ್ಲು, ಕಡೆ ಮೂಲೆ ಸೆಱಗು ತಾ ಕಲ್ಲು; ವರವನು ಕೊಡುವಾತ ಬೇಱ್ (Sp.). ಶಿವಾ ಎನ್ದರೆ ಸೆಱಗು ಸುತ್ತಿ ಕೊಣ್ಣ, ಭವಾ ಎನ್ದರೆ ಭೈರವಾಸ ಹಱಿದು ಬಿಟ್ಟ (Prv.). — ಸೆಱಗೊಡ್ಡು. -ಒಡ್ಡು. = ಸಱಗೊಡ್ಡು. To take the end of one's garment that is thrown over the shoulder, down under the shoulder, put both hands under it and stretch it forth as a sign of very humble petition (Čpr. 6, 87; C.).

ಸೆಱಂಗು sĕṟaṅgu. = ಸೆಱಗು, etc. (Šmd. 48; Čpr. 4, 82; 10, 17; Bp. 11, 34; 14, 6; Šĕv. 1, 40; 3, after 35; see ಕಡೆ-, ನಡು-, ಮುಂಜೆಱಂಗು). ಮೇಲುದದ ಸೆಱಂಗನ್ ಓಸರಿಸುವಸ್ತ್ರಿರೆ (Šmd. 135).

ಸೆಱೆ sĕṟĕ. 1. To narrow, to contract, to confine: to harass (see Šš. s. ಬೇಡ 2; T. ಚೆಱ್, to narrow, to contract; to destroy; to kill; see s. ಕಿಱ್).

ಸೆಱೆ sĕṟĕ. 2. = ಸಱೆ. (fr. ಕಿಱ್, q. v.). Confinement, captivity, bondage; a hold, a prison (C.; T. ಚಿಱೈ; ಕಾರೆ Hlâ.; ಪ್ರಗ್ರಹ, ಉಪಗ್ರಹ, ಬನ್ದಿ Nr.; ಬಲ್ಬನ್ದಿ Ŏt. I, 29; Čpr. 5, 36; Abh. P. 14, 48; 14, after 79; Grj. 3, after 103; J. 2, 5; 8, 8; Sl. 322; see ಕೆಯ್-, ಪೆಣ್-). ಆ ಸಭೆಯವರು ಅವನನ್ನು ಕೆಲವು ದಿವಸದ ತನಕ ಸೆಱೆಯೊಳಗಿಟ್ಟು (B. 5, 176). ಸೆಱೆಯ ಮನೆ (ಕಾರೆ, ಬನ್ಧನಾಲಯ Nr.). ಸೆಱೇ ಮನೆಯಲ್ಲಿ ಬುತ್ತಿ ಬಿಚ್ಚಿದ ಹಾಗೆ (Prv.). — ಸೆಱೆಗಟ್ಟು. -ಕಟ್ಟು. To fetter, to take prisoner. (ಸಿಂಹಳನಂ) ಸೆಱೆಗಟ್ಟಿ, ತನ್ದಪೆಂ (Râv. 5, 130). — ಸೆಱೆಗೆಯ್. To confine, to hold fast or firm, to fetter (Čpr. 8, after 44; 10, 12; Abh. P. 1, 114; 9, after 191; Râv. 6, after 11; Šĕv. 2, 14; J. 3, 48). ಕುಳಂ ಪ್ರಾಸಮಾಗೆ ಪೇಳ್ದ ಕಬ್ಬಂ ಕ್ಷಳನಂ ಸೆಱೆಗೆಯ್ವುದಾಗಿ ಲಕಾರಮುಂ ವಿಕಲ್ಪಮುಂ ಮೂಡ ಬಾರದು (Šmd. 13). — ಸೆಱೆಗೊಳ್. -ಕೊಳ್. To take prisoner, to imprison, to shut up (Čpr. 4, 15; Abh. P. 15, 45; J. 29, 49). — ಸೆಱೆ ಬಿಡಿಸು. = ಸಱೆ-. To release from confinement or prison (Bp. 40, 45; My.). — ಸೆಱೆ ಬಿಡು. Captivity to cease (J. 31, 63). — ಸೆಱೆಮನೆ. = ಸಱೆ-. A prison (ಕಾರೆ, ಬನ್ಧನಾಲಯ Sl. 298; ಗುಪ್ತಿ 426; J. 31, 26; B. 2, 25; 5, 57. 106; C.). — ಸೆಱೆಮನೆಯೊಳಗೆ ಇರುವವನು (ಪ್ರಗ್ರಹ, ಉಪಗ್ರಹ, ಬನ್ದಿ Sl. 298). — ಸೆಱೆಯಾಗು. -ಆಗು. To be enclosed, to grow captive, to be made prisoner, to get into prison (Čpr. 3, 62; J. 17, 20; 27, 3). ಹೊಲೆಯರಿಾಳಿಗೆ (on account of—) ಒನ್ದು ಮನೆಯಾಳು ಸೆಱೆಯಾಯಿತು (Prv.). — ಸೆಱೆಯಿರ್. -ಇರ್. To be imprisoned or shut up (J. 18, 8). — ಸೆಱೆವನೆ. -ಮನೆ. = ಸೆಱೆಮನೆ. (Čpr. 10, 111). — ಸೆಱೆವಿಡಿ. -ಪಿಡಿ. To take prisoner (Grj. 4, after 70; Šĕv. 1, after 79; Bh. 2, 4, 12). — ಸೆಱೆಸಾಲೆ. A jail (ಕಾರಗೃಹ Mr. 197). — ಸೆಱೆ ಹಾಕು. To imprison (My.). — ಸೆಱೆ ಹಿಡಿ. = ಸೆಱೆವಿಡಿ. (C.; B. 4, 9. 217). — ಸೆಱೆ ಹಿಡಿಯುವಿಕೆ. Taking prisoner (ಪ್ರತಿಯತ್ನ Sl. 434).

ಸೆರ್ಕು sĕrku. = ಸೆಕ್ಕು. To shove in, to put in, to insert, to tuck (the end of a garment) into another (part of the) garment (ವಸ್ತ್ರಾನ್ತರಪ್ರವೇಶ Šmd. Dh.; M. ಚೆರುಡು, ಚೊರುಗು; see ಜುಚ್ಚು 1; *cf.* ಸಿಲುಕು 1).

ಸೆಲದಿ sĕladi. = ಸೆಲನ್ದಿ. A spider (Tĕ. ಚಲಿದಿ 2; T., M. ಚಿಲನ್ದಿ). — ಸೆಲದಿನೂಲ್. A spider's thread or web (Bp. 43, 38). — ಸೆಲದಿಪುಳು. A spider (Bp. 18, 19).

ಸೆಲನ್ದಿ sĕlandi. = ಸೆಲದಿ. (V. 9, 56; Šĕv. 2, 73).

ಸೆಲವು sĕlavu. Leave, permission, order (J. 10, 47; 12, 14; Tĕ.; Tĕ. also: expenses, charges; expenditure; dismissal; *cf.* ಸಲ್ 1). — ಸೆಲವುಗೊಳ್. -ಕೊಳ್. To get permission (J. 20, 56).

ಸೆಲೆ sĕlĕ. 1. Sound, noise; echo (M. ಚಿಲಪ್ಪು, ಚಿಲೆ; T. ಚಿಲ್ಮೆ; *cf.* ಕಿಲ್; T. ಚೆಲ್, a clap of thunder; *cf.* ಸೊಲ್ 1). ಶಬ್ದದಿನ್ದ ಹುಟ್ಟುವ ಸೆಲೆ (ಪ್ರತಿಶ್ರುತ್, ಪ್ರತಿಧ್ವಾನ Si. 60).

ಸೆಲೆ sĕlĕ. 2. A spring, a fountain-head (Tĕ. ಚೆಲೆ, ಸೆಲೆ; see ಚಲಮೆ). — ಸೆಲೆವೊಡೆ. -ಒಡೆ. A spring to be opened (Bp. 18, 63).

ಸೆಲೆ sĕlĕ. 1. Tbh. of ಶಿಲೆ (Šmd. 357; Abh. P. 12, 68).

ಸೆಲೆ sĕlĕ. 2. Tbh. of ಶಿರ No. 3. See ಚಿಟ್ಟ-.

ಸೆಲೆ sĕlĕ. 3. Tbh. of ಚೇಲ. Cloth. See Râghŏ. s. ಸುರಿತಿ.

ಸೆಲ್ಲೆಹ sĕllĕha. = ಸಲ್ಲೆಹ. ಸಲ್ಲೆಹದ ಕಟ್ಟಿಗೆ (ಶಲ್ಯ, ಶಂಕು Nr.).

ಸೆಳ sĕḷa. = ಸೆಳದು, etc. P. p. of ಸೆಳೆ 2, in ಸೆಳ ಕೊಳ್ಳು (My.) and ಸೆಳ ಸೆಳದು (Bp. 47, 47; 60, 48).

ಸೆಳತ sĕḷata. The act of pulling (My.). 2, spasm (of the muscles, My.). 3, the force or velocity of a stream (My.).

ಸೆಳದು sĕḷadu. = ಸೆಳೆದು. P. p. of ಸೆಳೆ 2. (C.; Dp. 32, 2; see ಸೆಳ-).

ಸೆಳವು sĕḷavu. The force or velocity of a stream (C.; B. 4, 38. 104).

ಸೆಳಸು sĕḷasu. 1. To cause to pull, etc. (My.).

ಸೆಳಸು sĕḷasu. 2. = ಸೀಱಸು 1. To be envious, etc. (J. 22, 35).

ಸೆಳಸು sĕḷasu. 3. To cause to cane or flog (My.).

ಸೆಳೆ sĕḷĕ. 1. A twig, a small branch, a stick, a staff, a rod, also one for training or punishing children (ಬಾಲಶಿಕ್ಷಾದಣ್ಡ Šmd. Dh., Šm. 114; Čpr. 8, 83; J. 10, 12; Bh. 1, 12, 8; Tĕ. ಸೆಲೆ; M. ಚಿಲ್ಲಿ, ಚಿಲ್ಲೆ, a small branch; Tu. ಗೆಲ್ಲು, a branch, twig; *cf.* ಚಳ್ಳು, ಸಟ್ಟೆ; ಕೆಲ್ಲೆ?). ಬಾರ ಸೆಳೆ (ಪ್ರಾಜನ, ತೋದನ, ತೋತ್ರ Nr.). ಸೆಳೆಗೆ ಜೆದರಿದ ಮಗು ಬಳೆಗೆ ಹೆದರೀತೇ? (Prv.). — ಸೆಳೆಗೊಮ್ಬು. -ಕೊಮ್ಬು. A slender branch (Šm. 118; Čpr. 7, 45; Grj. 8, after 108). — ಸೆಳೆಗೋಲ್. -ಕೋಲ್. A slender stick (Bp. 31, 4). — ಸೆಳೆನಡು. A waist like a small rod, a thin, delicate waist (Šm. 118; J. 8, 19; 26, 11). — ಸೆಳೆಮಿಂಚು. A rod-like lightning (Râv. 8, 4; Šŏv. 1, 46. 51). — ಸೆಳೆವಿಡಿ. -ಪಿಡಿ. To seize a small branch (J. 18, 25).

ಸೆಳೆ sĕḷĕ. 2. To cane, to beat or flog with a stick (My.; *cf.* ಚಿಡಿ 4?).

ಸೆಳೆ sĕḷĕ. 3. = ಸಳೆ. To draw or attract towards one's self, as a net (Bp. 27, 26), as a dear person (J. 18, 24; Bh. 1, 8, 61), as a military force (J. 18, 8), as the essence of poetical works (Čt. I, 1); to attract, to captivate, as people's eyes and mind (Bh. 1, 5, 8); to attempt to catch, as a reflected image (Prll. 3, 27); to take, as a drop (Râv. 8, 117), as a bow (J. 25, 31); to levy forcibly, as tribute (Bh. 2, 3, 7); to take away, to rob, as grass (Čpr. 8, after 4), as a sword (Šŏv. 8, 40), as a bow (Šŏv. 4, 59) and all sorts of things (Bh. 2, 3, 6); to remove, as pride (J. 18, 2); to pull or take off or remove forcibly, as the end of a woman's garment from her breast (J. 25, 3), as the folds of a garment tucked in (J. 26, 19); to pull from an inclosure or sheath, as an arrow (J. 13, 36; Râm. 8, 8, 69), as a sword (J. 23, 61); to pull, as an ear (Čpr. 5, 64), as hair (Čpr. 6, 29), as the branch of a tree (Râv. 9, 24); to pull up, to draw, as the reins (Râm. 3, 2, 22); to pull out, as pearls out of—(Râghŏ. 17, 72); to pull or bend upwards (J. 28, 46); to pull or shake about, as clothes in washing (Bp. 60, 48); to draw up or suffer spasms, as the muscles of a limb or a limb (My.); to rush, to move forward with impetuosity, as the water of a stream or river (J. 6, 3; 9, 28; ಆಕರ್ಷಣ Šmd. Dh., Šm. 114; ಉಚುರ್ Šm. 86; ಸುಲಿ 107; ಕವರ್, ಇದ್, ಸುಲಿ, ಪರಿಮುತ್ತೆ 63; ಪರಿಮುತ್ತೆ Kk. 71; ಈಟ್ Šmd. I; *cf.* ಚಳಕು 1 & 2. Remark: Si. 89, 273. 319. 320 uses it = ಎೞ್, to draw, as a carriage, etc., which is unwarrantable). P. ps. ಸೆಳದು, ಸೆಳೆದು. ಸೆಳದು ಕೊಣ್ಡರ್ಥಂ (ಇರ್ಕುಳಿಗೊಣ್ಡುದು Čt. II, 96). ಪರರರ್ಥವ ಸೆಳೆದು ಕೊಮ್ಬ ಪಾತಕತನಂ (Jm. 22).

ಸೆಳೆ sĕḷĕ. 4. = ಸೆಳೆದು. P. p. of ಸೆಳೆ 3, in ಸೆಳೆ ಸೆಳೆದು (J. 6, 3).

ಸೆಳೆ sĕḷĕ. 5. Pulling; pulling off; robbing. 2, the force of a stream or river (J. 25, 4; see ಎಡೆ-). — ಸೆಳೆಮಂಚ. (Šmd. 385, o. r. ತೂಗುಮಂಚ; Kk. 96). A cot that is pulled: a swinging cot (Čpr. 8, 8; Abh. P. 8, 75). — ಸೆಳೆಸೀರೆ. A woman's garment that is pulled off (Bh. 3, 2, 10). — ಸೆಳೆಸೂಱ್. Robbing and plundering (J. 10, 53).

ಸೆಳೆಯ sĕḷĕya. Tbh. of ಶಲ್ಯ 1 (?). See Mr. s. ಜಿಲಿ.

ಸೆಳ್ಳ sĕḷḷa. = ಚಳ್ಳೆ, etc. Cordia myxa Lin. ಸೆಳ್ಳದ ಮರ (ಶೇಲು, ಶ್ಲೇಷ್ಮಾತಕ, etc. Nr.).

ಸೆಳ್ಳು sĕḷḷu. = ಚಳ್ಳು, etc. — ಸೆಳ್ಳುಗುರ್. -ಉಗುರ್. (Čt. II, 68; Šm. 118). A long (but nice pointed) nail (of women, Grj. 2, 87; 5, 61; 5, after 76; J. 15, 43; Râm. 6, 10, 12). ಬೇಂಟೆಯು... ಸುಣ್ಣಬಟ್ಟಮೊಲೆಗಳ ಮೇಲೆ ಕಿನ್ನರಿಯನಿಟ್ಟು, ಸೆಳ್ಳುಗುರಿನ್ದಲಿ ಬಲಿದೊಲಿದು ಮಿಡಿದು (Râghŏ. 17, 66).

ಸೆಳ್ಳೆ sĕḷḷĕ. A wound made by scratching or a wale (ಚಿವುರ ಗಾಯ, ಬಾಸುಂಡೆ G. 504).

ಸೇಕ sêka. 1. = ಸೆಕೆ, etc. Heat (Čpr. 2, 74; Bp. 46, 31; Tĕ.; Mhr., H. ಶೇಕ, warming one's self before a fire; fomentation of a limb with heated cloths, leaves, etc.; warming or fomenting another; a little fire of sticks and rubbish for warming one's self). See ನಸು-.

ಸೇಕ sêka. 2. Sprinkling, besprinkling, moistening; aspersion; pouring out, effusion, emission; seminal effusion, impregnation; a libation, an offering; seminal fluid; a drop. See ಅಭಿಷೇಕ, ಉತ್ಸೇಕ, ನಿಷೇಕ.

ಸೇಕಡಾ sêkaḍâ. Per hundred; an aggregate of one hundred (My.; Mhr., H. ಶೇಂಕಡಾ).

ಸೇಕದಾರ sêkadâra. = ಶೇಕದಾರ. (My.; Si. 259).

ಸೇಕಪಾತ್ರ sêka-pâtra. A vessel for pouring out or holding water; *a baling-vessel, a bucket.*

ಸೇಕರಾವುತ sêka-râvuta. A boasting horseman (Mhr. ಶೇಖಿ, boasting, vaunting). ಸೇಕರಾವುತ ಎಲ್ಲಿ? ಗೋಕುಲಾಷ್ಟಮಿ ಎಲ್ಲಿ? (Prv.).

ಸೇಗುಡಸಿ sêguḍasi. = ಸೇಗುಡಿ, etc. (Z.).

ಸೇಗುಡಿ sêguḍi. = ಸೇಗುಡಿತೆ, etc. (Z.).

ಸೇಗುಡಿತೆ sêguḍitĕ. = ಸೇಗುಡಸಿ, ಸೇಗುಡಿ, ಸೇಗುಡುತೆ, ಸೇಗುರ್ಚಿ. A medical plant considered as one of the eight principal drugs (ಅಷ್ಟವರ್ಗ, ಮಧುರಕ, ಶೃಂಗ, ಪ್ರಸ್ವಾಂಗ, ಜೀವಕ Nr. *b*; ಸೇಗುಡುತೆ Nr. *a*).

ಸೇಗುಡುತೆ sêguḍutĕ. = ಸೇಗುಡಿತೆ, etc. (Nr. *a;* ತೃಷ್ಣೀವಿ Mr. 189, o. r. ಸೇಗುಡಿತೆ).

ಸೇಗುರ್ಚಿ sêgurči. = ಸೇಗುಡಿತೆ, etc. The shrub Cadaba indica Lam. (Z.).

ಸೇಚ sêča. = ಸೇಚನ. (Čpr. 6, 38). See ಅ-.

ಸೇಚಕ sêčaka. Sprinkling, a sprinkler; a cloud. (ಮೋಡ G.).

ಸೇಚನ sêčana. The act of sprinkling, watering, besprinkling, moistening, pouring out, shedding, aspersion, effusion; impregnating, engendering; dripping, oozing out. 2, *a baling-vessel, a bucket.* See ತಳಿ1, ತುಳುಕು1.—ಸೇಚನಂಗೆಯ್. -ಂ-. To sprinkle, to besprinkle (J. 19, 45; 34, 5).

ಸೇಚನಕ sêčanaka. = ಸೇಚನ. See ಅ-.

ಸೇಚನಿಕ sêčanika. The act of scattering or sprinkling (Čpr. 5, after 19).

ಸೇಚಿತ sêčita. Sprinkled, poured out, effused (Čpr. 1, 72).

ಸೇಡು sêḍu. 1. = ಸೇಱ್. (fr. ಸೆಡೆ 2). Bending, shrinking, contraction (Bh. 8, 9, 24). — ಸೇಡುಗೊಳ್. -ಕೊಳ್. To shrink, to contract (Čpr. 8, after 4; Grj. 9, after 58; Bh. 1, 19, 28; 3, 9, 23). ಅಡವಿಯೊಳು ಮರ್ ಹೊಡದು ಗಿಡ ಸೇಡುಗೊಣ್ಡನ್ನು, ಹುಡಿಯೊಳಗೆ ಕಮಲ ಬೆಳದನ್ನು ಜೆಣ್ಣಿನ ನುಡಿಯ ನೆಚ್ಚು! (Sp.). — ಸೇಡುಂಗೊಳ್. -ಂ-ಕೊಳ್. = ಸೇಡುಗೊಳ್. (Rāv. 9, 28). — ಸೇಡು ಪಡು. = ಸೇಲ್ಪಡು (Šmd. 28). To shrink, etc. — ಸೇಡುವಡೆ. -ಪಡೆ. = ಸೇಡುಗೊಳ್. (Rāv. 8, 125).

ಸೇಡು sêḍu. 2. = ಸಿಟ್ಟು. Anger, etc. (B. 4, 16).

ಸೇಣಿ sêṇi. Tbh. of ಶ್ರೇಣಿ (Šmd. 345 Mdb.; ಸಮೂಹ Ša.; ಜಂಗುಳಿ, ನರವಿ, ಗೊಣ್ಡಣಿ, ಪಿಣ್ಡು, etc., ಶ್ರೇಣಿಕೆ Kk. 17; ಪಿಣ್ಡು, ಒಟ್ಟಜೆ, ಕಿಕ್ಕಿರ್ಡ, ತಣ್ಡ, ತೊಪ್ಪೆ, etc., ಶ್ರೇಣಿಕೆ Šm. 54; ಬಿಣ್ಡ, ತೃಣ 96).

ಸೇತ sêta. Tbh. of ಶ್ವೇತ (Šmd. 368; Bp. 34, 6).

ಸೇತು sêtu. A ridge of earth, a mound, a bank, *a causeway,* a dike, a dam, any raised piece of ground separating fields; a landmark; *a bridge* (ವಾರಣ, ಕಟ್ಟೆ, Mr. 416; ವರಣ, ಕಟ್ಟೆ Hlâ.; ಕಟ್ಟೆ, ಆಲಿ Si. 104). 2, = ಸೇತುಬನ್ಧ (Šmd. 188). 3, *the tree Crataeva roxburghii* R. Br. or Tapia crataeva (ವಾಯುವರ್ಣ G.).

ಸೇತುಬನ್ಧ sêtu-bandha. The ridge of rocks extending from the south extremity of the Coromandel coast towards the island of Ceylon (supposed to have been formed by Hanumat as a bridge for the passage of Râma's forces against Râvaṇa, Sk.). 2, any causeway, bridge, etc.

ಸೇತುಬನ್ಧನ sêtu-bandhana. = ಸೇತುಬನ್ಧ No. 1. (My.).

ಸೇತುಯಾತ್ರೆ sêtu-yâtrĕ. A pilgrimage to the sêtubandhana (My.).

ಸೇತುವೆ sêtuvĕ. A bridge (My.; B. 4, 113. 204).

ಸೇತುಸ್ನಾನ sêtu-snâna. Bathing at sêtubandhana (My.).

ಸೇದಿ sêdi. (= ಚೇದಿ). — ಸೇದಿರಾಜ. N. (Bp. 27, 35).

ಸೇದು sêdu. 1. = ಸೇನ್ದು. To draw up water (from a well hand over hand by means of a rope, My.; Tĕ. ಚೇದು; T. ಚಾಮ್ಪು); to pull in (a string, as that of a paper kite, etc., My.; B. 4, 176); to draw in with the mouth, to drink (as blood, Bh. 8, 22, 48, or as another's life, Bh. 7, 1, 18); to snuff, to draw in with the breath (as snuff, the mucus of the nose, My.); to draw in (as breath, My.); to draw in a fluid (as roots, B. 3, 34); to draw or smoke (as a pipe, a shiroot, opium, etc., My.; B. 4, 40); to draw along, to drag (Bh. 3, 19, 46); to pull (as an elephant's trunk, J. 7, 47); to take away, to rob (as a cart, Râm. 1, 8, 31). 2, muscles, limbs or the tongue to draw up or suffer spasms (My.; ನಾಲಿಗೆ ಸೇದಿ ಹೋಗುವದು, not to be able to speak a word, My.); to thorb and pain (as a wound, etc. in which pus is forming, My.); to be contracted or shrunk (as the belly, B. 3, 123). ಸೇದುವ ಬಾವಿ (ಅನ್ಧು, ಪ್ರಹಿ, ಕೂಪ Si. 90); ಸೇದುವ ಬಾವೀ ದೆಸೆಯಿನ್ದ ನೀರೆತ್ತುವ ರಾಟೆ (843; see G. s. ರಾಟೆ). ನಾಸಿಕದಿ ಸೇದುವ ಅನಿಲಂ (ಪೂರಕ Mr. 58). ಅಂಗಿ ಕೊಟ್ಟು, ಬಂಗಿ ಸೇದಿ, ಮಂಗನಾದ.—ಸೇದಿದ ನೀರು ಹಾದೀಲಿ ಹಾಕ್ಯಾರೇ? (Prva.). (*Cf.* M. ತೇಗು, ತೇವು, to draw water, empty a well, bale out for irrigation).

ಸೇದು sêdu. 2. Drawing, etc. — ಸೇದುಬಾವಿ. A well for drawing water (My.). ಸೇದುಬಾವಿ ಕಣ್ಣು, ನಾಯಿ ಸನ್ತೋಷ ಪಟ್ಟ ಹಾಗೆ (Prv.).

ಸೇದೆ sêdĕ. Fatigue, weariness, distress (ಬಳಲ್ಕೆ Čt. I, 50; II, 37; Kk. 46; Šm. 59; Tĕ. ಶಾಡ, ಸೇದೆ).

ಸೇದ್ಯ sêdya. Cultivation, tillage, farming (Tĕ.; R.; *cf.* ಕೆಯ್ 2).

ಸೇನ sêna. 1. Tbh. of ಶ್ಯೇನ (Čpr. 6, 27).

ಸೇನ sa-ina. 2. Having a lord, possessing a master or leader (Sk.). 2, = ಸೇನಾ. (Sk.).

ಸೇನ sêna. 3. An officer who collects the revenue in a village (H. ಸೇನಾ).

ಸೇನಬೋವ sêna-bôva. = ಶಾನಭೋಗ, etc. The clerk of a village or of some villages (ಕಾಯಸ್ಥ, ಅಕ್ಷರಜೀವಕ Hlâ.; ಅಕ್ಷರಜೀವಿ, etc. Mr. 358; Bp. 9, 42).

ಸೇನಾಂಗ sêna-aṅga. *A component part of an army.*

ಸೇನಾಧಿಪತಿ sênâ-adhipati. The leader of an army, a general (ಪಡೆವಳ Kk. 37; ಸೇನಾನಿ, etc., ದಳವಾಯಿ Si. 279).

ಸೇನಾನಾಯಕ sênâ-nâyaka. = ಸೇನಾನಿ. See Mr. s. ಅಪ್ಪಾವಡ ಪ್ರಧಾನ.

ಸೇನಾನಿ sênâ-ni (*i. e.* nî). *The leader of an army, a commander, a general* (ಪಡೆವಳ Šm. 45). *Skanda,* the god of war.

ಸೇನಾಪತಿ sênâ-pati. An army-chief, a general (ಬಲಿ, ಚಮೂಪ Nn. 16; Čpr. 2, after 93).

ಸೇನಾಮುಖ sênâ-mukha. *A division or battalion of an army, a company consisting of three elephants, three chariots, nine horse and fifteen foot.*

ಸೇನಾರಕ್ಷ sênâ-raksha. Army-protector: *a guard, a sentinel.*

ಸೇನೆ sênĕ. ಸೇನಾ. = ಶಾನೆ, ಸಾನೆ. *A host, an army, an armed force* (ಪಡೆ Nn. 114. 127; Šm. 90).

ಸೇಂದು sêndu. (Šmd. 48). = ಸೇದು 1. To draw water out (of a well, ಜಲನಿಷ್ಕ್ರಮಣ Šmd. Dd.).

ಸೇಂದೂರ sêndûra. Tbh. of ಸಿಂದೂರ. (ನಾಗಸಮ್ಪಿಗೆ G.).

ಸೇಬು sêbu. An apple (My.; Sk. ಸೇವಿ; see H. s. ಸೀಬಿ).

ಸೇಮ sêma. Tbh. of ಕ್ಷೇಮ (Šmd. 346).

ಸೇರ್ sêr. = (ಸಾರ್ 1), ಸೇರು 1. To become or be close or near; to go to; to approach; to reach; to come; to belong to; to enter; to be included; to be connected with; to join; to side with, to join; to join, to have connection with (a female); to assemble, to meet, to be collected; to agree to, to concur with; harmony, concord or friendship to exist; to suit or agree with, as food; to be suitable or agreeable (ಸಾನುಮತ Šmd. Dh.; My. as ಸೇರು; T. ಚೇರ್, ಶೇರು; M., Tĕ. ಚೇರು); to obtain (Bp. 30, 14 as ಸೇರು). P. p. ಸೇರ್ದು (J. 31, 30).

ಸೇರಿಕೆ sêrikĕ. Meeting, union, etc. (ಮೇಲಕ, ಸಂಗ, ಸಂಗಮ Si. 398); agreement, etc.

ಸೇರಿಗೆ sêrigĕ. Being or coming near, approaching, etc. (ಉಪಸನ್ನ Mr. 457).

ಸೇರಿಸು sêrisu. To join (v. t.); to put together; to put to; to attach; to cause to reach or arrive at; to put into; to make enter; to insert: to fix; to assemble (v. t.). ನೃತ್ತ ಗೀತ ವಾದ್ಯಗಳು ಮೂಱನ್ನೂ ಸರಿಯಾಗಿ ಸೇರಿಸಿ ಏಕತಾಲದಲ್ಲಿ ಮುಕ್ತಾಯ ಗೊಳಿಸುವದು (ಏಕತಾಲ, etc. Si. 62); ಹಱಗೋಲು ಮುನ್ತಾದವು ಗಳನ್ನು ನಡೆಯಿಸಿ ದಡ ಸೇರಿಸಿ ತಕ್ಕ ಕೂಲಿ (ಅತರ 84); ಬೊಗ್ಗಿಸಿ ಸೇರಿಸಲ್ ಪಟ್ಟ ಅಂಗೆಯ್ಗಳು (ಅಂಜಲಿ 212); ಅನೇಕ ಪರಿಮಳ ವಸ್ತುಗಳನ್ನು ಸೇರಿಸಿ ಮಾಡಿದ ಧೂಪ (ವೃಕಧೂಪ 227); ಹೆಣವನ್ನು ಸುಡುವದಕ್ಕೆ ಸೇರಿಸಿದ ಕಟ್ಟಿಗೇ ಚಿತಿ (ಚಿತ, etc. 297); ಸೇರಿಸಲ್ ಪಟ್ಟದು (ಸಂಗೂಢ, ಸಂಕಲಿತ 879). ಇವನನ್ನು ಅರಮನೆಯಲ್ಲಿ ಸೇರಿಸ ಬಾರದು (B. 2, 8). ಹಲವು ಪ್ರಾನ್ತಗಳನ್ನು ತಕ್ಕೊಣ್ಡು, ತನ್ನ ರಾಜ್ಯಕ್ಕೆ ಸೇರಿಸಿದನು (4, 81). ವ್ಯಾಪಾರದೊಳಗೆ ಬಣ್ಡವಲವನ್ನು ಸೇರಿಸುವದು ಒನ್ದುವಿಧ ಉಱ್ಪು (5, 101). ಸಾಕಿದ ಮಗ ನಾಕ ಸೇರಿಸ್ಯಾನೇ? (Prv.). See Bp. 5, 42; 35, 54; 40, 40; 49, 15; Č. Bp. 42, 24.

ಸೇರು sêru. 1. = ಸೇರ್, q. v. P. p. ಸೇರಿ. ಒನ್ದು ಸರಮಾಗಿರ್ದ ಹಾರಂ ಕಣ್ಠಿಕೆ; ಅಲ್ಲಿ ಸೇರಿದ ಇಪ್ಪತ್ತೇೞು ತೋರಮುತ್ತಿನ ಸರಂ ನಕ್ಷತ್ರಮಾಲೆ ಎನಿಕ್ಕುಂ (Mr. 338); ದಣ್ಡೆ ನಿಡಿದಾಗಿರಲು ಸ್ರಗುವಕ್ಕು; ಸೇರಿಪ್ಪ ಕುಸುಮಮುಮ್ ಉತ್ತಂಸಮಕ್ಕುಂ (334). ಈ ಪ್ರಕಾರವಾಗಿ ಸ್ವರ್ಗಕ್ಕೆ ಸೇರಿದ ಪದಗಳ ಗುಮ್ಪು ಹೇೞಲ್ ಪಟ್ಟಿತು (Si. 28); ಬಹುಮನ್ದಿ ಸೇರಿ ಕರೆಯಿಸುವದು (ಸಂಹೂತಿ 55); ಹೆಣ್ಣು ಗಣ್ಡು ಸೇರಿ ಸೊಗಸಿನಿನ್ದ ಆಡುವಿಕೆ (ದ್ರವ, ಕೇಲಿ, ಕ್ರೀಡೆ, etc. 72); ದೋಣಿ ಮುನ್ತಾದವುಗಳಿನ್ದ ದಾಯ್ದು ಆಚೇ ದಡಕ್ಕೆ ಸೇರ ತಕ್ಕ ದುಸ್ತರಜಲವುಳ್ಳ ಹೊೞ್ ಮುನ್ತಾದವುಗಳು (ನಾವ್ಯ 88); ಈ ಪ್ರಾನ್ತಕ್ಕೆ ಸೇರಿದ ಭೂಮಿ (ಸೀಮೆ 113); ಒನ್ದಕ್ಕೊನ್ದು ಸೇರದೆ ಸಿಕ್ಕಿಲ್ಲದ ಕೂದಲು (ಶೀರ್ಷಣ್ಯ, etc. 216); ಬಣ್ಡಿಯ ಚಕ್ರದಲ್ಲಿ ಅಚ್ಚು ಸೇರುವ ಕಣ್ಣಿನ ಸುತ್ತು ಲೋಹದ ಬಳೆ (ನೇಮಿ, etc. 276); ಅನೇಕರು ಸೇರಿ ಸ್ತೋತ್ರ ಮಾಡುವವರು (ಚಾಕ್ರಿಕ, etc. 292); ಎರಡು ಸೇನೆಗಳೂ ದೊಮ್ಬಿಯಾಗಿ ಸೇರಿ ಹೋರಾಡುವ ಧ್ವನ್ದ್ವಯುದ್ಧ (ತುಮುಲ 294); ಮರಕ್ಕೆ ಸೇರದೇ ಇರುವ ಕಬ್ಬಿಣ ನೇಗಲು (ನಿರೀಶ, ಕೂಟಕ 303); ಒನ್ದಕ್ಕೊನ್ದು ಸೇರಿಕೊಣ್ಡು ಒತ್ತಾಗಿರುವನ್ಥಾದು (ಘನ, ನಿರನ್ತರ, ಸಾನ್ದ್ರ 871). ಸರ್ಪನ ಉೞ್ಪೆಡೆಯ ನೆರಳಲ್ಲಿ ಸೇರಿದ ಕಪ್ಪೆಯನ್ತೆ (Sp.). ಪಿತನೊಳಗೆ ಸೇರದಿಹ ಸುತನಿನ್ದ ಫಲವೇನು? (Dp. 167). ವಾರಿಯಿಲ್ಲದ ಊರ ಸೇರಿರ್ದ, ಫಲವೇನು? (167). ದುರ್ಜನರ ಸೇರದಿರು, ಮನವೆ! (172). ನನಗೆ ಒನ್ದೇ ಕಡೆ ಕೂತು ಕೊಣ್ಡು ಆಡುವದು ಸೇರುವದಿಲ್ಲ (B. 1, 16). ಗಣ್ಡುಗುಬ್ಬಿ ಹೊಱಗಿನ್ದ ಬನ್ದು, ಆ ಗೂಡು ಸೇರಿತು (2, 6). ದೊಡ್ಡಪ್ಪನೆಮ್ಬವನು ಪಟಿಂಗರೊಳಗೆ ಸೇರಿ (2, 25). ಅವರು ಒಬ್ಬರಿಗೊಬ್ಬರು ಸೇರದೆ, ದಿನಾಲು ತಮ್ಮ ತಮ್ಮೊಳಗೆ ಜಗಳಾಡುತ್ತಿದ್ದರು (2, 30). ಆ ಹುಚ್ಚುಮಱ್ಗೆ ಈ ರೀತಿ ಸೇರಲಿಲ್ಲ (2, 45). ಬೆಕ್ಕುಗಳಿಗೆ ಹೊಲಸುತನ ಸೇರುವದಿಲ್ಲ (3, 31). ಎರಡನೆಯವರು ನಮಗೆ ಸೇರದಿದ್ದರೆ ನಾವೂ ಎರಡನೆಯವರಿಗೆ ಸೇರುವದಿಲ್ಲ (3, 105). ಖಣ್ಡದೊಳಗೆ ಅನೇಕ ಸಣ್ಣ ದೊಡ್ಡ ದೇಶಗಳು ಸೇರಿರುತ್ತವೆ (4, 98). ನಾನು ಸಂಸಾರ ಬಿಟ್ಟು, ಅಡವಿ ಸೇರಿ, ಈ ಇಪ್ಪತ್ತು ವರ್ಷವಾಯಿತು (4, 170). ನೆಣ್ಟರ ಮನೆಯಲ್ಲಿ ಸೇರಿ ಕೊಣ್ಡು (4, 194). ಬೌದ್ಧಮತಕ್ಕೆ ಸೇರಿದಷ್ಟು ಜನರು ಬೇಱೆ ಯಾವ ಮತಕ್ಕೂ ಸೇರಲಿಲ್ಲ (4, 214). ಕೆಟ್ಟರೂ ಪಟ್ಟಣಾ ಸೇರ ಬೇಕು.— ತಾಯಿಗೆ ಸೇರದ್ದು ನಾಯಿಗೆ ಸಹ ಸೇರದು.— ಬೇಕು ಅನ್ದಾಕ್ಷಣ ನಾಕ ಸೇರುವನೇ?— ವಾಕ್ಚಾತುರ್ಯವಿದ್ದವನಾದರೆ ನಾಕ ಸೇರುವನೇ?— ಸೇರದ ಗಣ್ಡನಿಗೆ ಮೊಸರಲ್ಲಿ ಕಲ್ಲು (Prvs.). See Bp. 11, 10; 26, 50; 28, 37; 30, 14; 43, 7; 48, 18; Râv. 9, 28; J. 1, 5; 6, 42; 18, 23; Prv. s. ಹೋರು 1. — ಸೇರಗೊಡು. -ಕೊಡು. To allow to enter or come into (B. 2, 3; 5, 18). — ಸೇರು ಸೇರು. rep. (J. 25, 29).

ಸೇರು sêru. 2. Meeting, etc. — ಸೇರುಪಡಿ. Friendly intercourse (Râm. 6, 51, 84).

ಸೇರು sêru. 1. A seer, a measure of weight or capacity that varies in various parts of the country (C.; Tĕ.; T. ಚೇರ್; M. ಶೇರ್; Mhr., H. ಶೇರ; B. 4, 40. 71; 5, 102). ಸೇರು ರಾಜ, ಮಣ ಬಣ್ಣ.— ಸೇರು ಹೊಱದ ತ್ರಾಸು ಭಾರ ಹೊತ್ತೀತೇ?— ಸೇರು ಕಡಿಮೆ ಆದರೂ ಮಾಱಾಟದಲ್ಲಿ ಕಡಿಮೆ ಇಲ್ಲ (Prvs.). See Prv. s. ಸಟ್ಟೆ.

ಸೇರು sêru. 2. See Mr. s. ತತಮೂಲಿ.

ಸೇರುವಿಕೆ sêruvikĕ. Joining, etc. (ಸನ್ಧಿ, ಶ್ಲೇಷ Si. 390). ಹೆಣ್ಣುಪಶುವಿನ ಬಱ್ಗೆ ಗಣ್ಡುಪಶುವು ಕಾಮಾತುರವಾಗಿ ಸೇರುವಿಕೆ (ಪ್ರಜನ, ಉಪಸರ 396); ಸರಿಯಾಗಿ ಸೇರುವಿಕೆ (ಯೋಗ, ಸಂಗತಿ 410).

ಸೇರುವೆ sêruvĕ. = ಸೇರ್ವೆ. Connection (Râm. 1, 6, 48; Bh. 1, 8, 72); company (J. 6, 22); assemblage, mass (Bp. 26, 85). (Tĕ. ಚೇರುವ). 2, a herd of cattle (My.). See ಉಳಿತ; ಸನ್ದು ಸೇರುವೆ. — ಸೇರುವೆಯಾಗು. -ಆಗು. To be joined together (J. 6, 34).

ಸೇರುವೆಗಾಱ sêruvĕ-gâṟa. The native officer in charge of the public establishment for rearing cattle (My.).

ಸೇರೆ sêrĕ. = ಸೆರೆ, etc. (ಪ್ರಸೃತಿ Si. 212; My.; Bp. 12, 28; J. 6, 21). ವೇದಪಾಠಸಮಯದಲ್ಲಿ ದೇವರಿಗೂ ಗುರುಗಳಿಗೂ ನಮಸ್ಕಾರವಿನಯಭಾವಗಳನ್ನು ತೋಱುವದಕ್ಕೋಸ್ಕರ ಮುಗಿದ ಕೆಯ್ಗಳ ಸೇರೆ (ಬ್ರಹ್ಮಾಂಜಲಿ Si. 248). See ಒಚ್ಚೇರೆ.

ಸೇಱು sêṟu. = ಸೀಱು 2. To rail at, to scoff, to treat with derision or scorn (Bp. 36, 28; 45, 18).

ಸೇರ್ವೆ sērvĕ. = ಸೇರುವೆ No. 2. (My.). (T. ಚೇರ್ವೈ, mixture, commixture; a body of soldiers).

ಸೇರ್ವೆಗಾಱ sērvĕ-gāṟa. = ಸೇರುವೆಗಾಱ. (My.; T. ಚೇರ್ವೈಕ್ಕಾರನ್, a commander of a body of soldiers).

ಸೇಲೆ sēlĕ. = ಶೇಲೆ, ಸಾಲೆ 2, etc., ಸೆಲೆ 3. Tbh. of ಚೇಲ. Cloth, etc. (Bp. 21, 11; 23, 36; My.).

ಸೇವ sēva. (Šmd. 25). Tbh. of ಶೇವ (?).

ಸೇವಕ sēvaka. Serving; worshipping; practising; servile, dependent; (service, devotion). 2, *a servant, an attendant, a follower;* a worshipper, a votary (ಆಳ್ Šmd. Dh.; Šm. 115; ಗಜಜೀವ Mr. 157). Feminine ಸೇವಕಳು (B. 5, 286). ಸೇವಕನಿಗೆ ಲಾವಕತನವಿರ ಬಾರದು.— ತಾರತಮ್ಯವರಿ'ಯದವ ದೊರೆಯಲ್ಲ, ಮಾತು ಮೀಱಿ'ದವ ಸೇವಕನಲ್ಲ (Prvs.). — ಸೇವಕದ ಗೌರವ್ವೆ. N. (Bp. 59, 8).

ಸೇವಕಾವೃತ್ತಿ sēvaka-ā-vṛitti. The business or functions of a servant (My.).

ಸೇವಗೆ sēvagĕ. (Šmd. 25). = ಸಾವಿಗೆ, etc., ಸೇವಿಗೆ. Macaroni, vermicelli (Bp. 19, 65; Rām. 5, 8, 69).

ಸೇವಧಿ sēva-dhi. = ಶೇವಧಿ. (Sk.).

ಸೇವನ sēvana. 1. The act of following, serving, service; devotion or addiction to, being fond of, fondness for, using, practising, adopting, enjoying, taking, trying. — ಸೇವನ ಮಾಡು. To use, to enjoy, to take (B. 4, 25. 149).

ಸೇವನ sēvana. 2. *The act of sewing, darning, stitching:* a sack.

ಸೇವನೆ sēvanĕ. = ಸೇವನ 1. Service; devotion or addiction to, etc. (Čpr. 4, 8; 6, 86; Bp. 13, 10; 26, 47; My.).

ಸೇವನ್ತಿ sēvanti. = ಸಾಮನ್ತಿ, ಸಾಮನ್ತಿಗೆ, etc. A kind of jasmine, Jasminum auriculatum Vahl. (ಮಾಗಧಿ, ಯೂಥಿಕೆ Mr. 123; Sk. ಸೇಮನ್ತಿಕಾ, ಸೇಮನ್ತೀ, ಸೇವತೀ, the Indian white rose, Rosa glandulifera).

ಸೇವನ್ತಿಗೆ sēvantigĕ. = ಸೇವನ್ತಿ, etc. Jasminum auriculatum (ಮಾಗಧಿ, ಯೂಥಿಕೆ Hlā.; ಗುಜ್ಜಗೆ Šm. 26; Kk. 22; ಜಾತಿ Čt. I, 38; ಶತಪತ್ರ, ಮಾಗಧಿ Nn. 49). ಮಾಗಧಿ, ಗಣಿಕೆ, ಯೂಥಿಕೆ, ಅ ಮ್ಮಷ್ಠೆ ಎನ್ದಡೆ ಸೇವನ್ತಿಗೆ; ಅದು ಪೊಮ್ಬಣ್ಣಮಾದಡೆ ಹೇಮಪುಷ್ಪಿಕೆ ಎನಿಸುಗು (Nr.). See Grj. 5, 55; J. 3, 33; 8, 23. 2, the garden-flower Chrysanthemum indicum Lin. (My.; T. ಚಾಮನ್ತಿ; Tĕ. ಚೇಮನ್ತಿ, ಸೇಮನ್ತಿ, ಸೇವನ್ತಿ; M. ಜಾಮನ್ತಿ, ಚೆವ್ವನ್ತಿ, ಚೇಮನ್ತಿ; T. ಚೆವ್ವನ್ತಿ, Chrys. ind. with a red flower).

ಸೇವಳ sēvaḷa. = ಸೇವಾಳ. (G.).

ಸೇವಾವೃತ್ತಿ sēvā-vṛitti. The functions of service (My.).

ಸೇವಾಳ sēvāḷa. Tbh. of ಶೇವಾಲ. (ಪಾವಸೆ Šm. 35). — ಸೇವಾಳವೊತ್ತು. -ಂ-ಪೊರೆ. To be furnished with sēvāḷa (Abh. P. 5, 180; 12, 13).

ಸೇವಿ sēvi. Following, serving; practising, using; a servant. See ಸಂ-.

ಸೇವಿಗೆ sēvigĕ. = ಸೇವಗೆ, etc. (ಪಿಷ್ಟತನ್ತು Mr. 213, o. r. ಸೇವಗೆ; My.; Sk. ಸೇವಿಕಾ, a kind of sweetmeat).

ಸೇವಿತ sēvita. Followed; served, attended on; honoured, adored, worshipped; enjoyed, cherished, practised, used; infested or frequented by. (Mr. after 90).

ಸೇವಿಸು sēvisu. To serve, to honour, to worship (Šmd. 398; Ššv. 1, after 71; 1, 77; J. 4, 64; 5, 54; 14, 26; 19, 5; B. 4, 59; My.). 2, to enjoy, to use, to take, to eat or drink (Bp. 11, 11; 48, 78; 50, 4; 57, 78; 59, 11; J. 3, 8; My.; see Sp. s. ಬಯ್ಸಿ'ಡು).

ಸೇವೆ sēvĕ. ಸೇವಾ. *Service, attendance; worship, homage;* devotion or addiction to; use, practice, employment; resorting to, frequenting. ಸೇವೆಗಿಲ್ಲದ ಬಣ್ಣ, ಭಾವಕ್ಕಿಲ್ಲದ ಭಕ್ತಿ (Prv.). — ಸೇವೆಗೆಯ್. To use, etc. (V. 4, 16). — ಸೇವೆ ಮಾಡು. To do service, to serve. ನಿಮಗೆ ಮುನ್ನವೆ ಸೇವೆಯಂ ಮಾಡುವನು (Bp. 48, 28). ಮಾಡಿದ ಸೇವೆ ದಣ್ಣಕ್ಕೆ ಸಾಲದು (Prv.).

ಸೇವ್ಯ sēvya. To be served or obeyed, to be worshipped or honoured, honourable, worthy; to be practised, to be used or employed or enjoyed; to be taken care of or guarded. See Ŏpr. 2, 41; Šmd. 174. 192. 296; Ŏh. v. 128; Nn. 8; Bp. 8, 38; 58, 41. 2, *the root of Andropogon muricatus.*

ಸೇವ್ಯಮಾನ sēvyamāna. Being served or waited on, being attended on. (Čpr. 1, 50).

ಸೇಸ sēsa. Tbh. of ಶೇಷ (Šmd. 335).

ಸೇಸಿ sēsi. Tbh. of ಶೇಷಿ. See ವಿಜಯ-.

ಸೇಸೆ sēsĕ. = ಶಾಸೆ, ಸಾಸೆ. Tbh. of ಶೇಷ (Šmd. 335; Tĕ. ಶಾಸೆ, ಸೇಸ; My.). See Ršv. 8, 118; ವಿರ-. ಮದುವೆಗೆ ತನ್ದ ಅಕ್ಕಿ ಸೇಸೆಗೆ ತೀರಿ ಹೋಯಿತು (Prv.). — ಸೇಸಿಕ್ಕು. -ಇಕ್ಕು. To put or throw sēsĕ (Čpr. 6, 91; 7, 60. 121; Šmd. 68; Grj. 2, after 106). — ಸೇಸೆ ಆನ್. To receive sēsĕ (Abh. P. 6, 47; Grj. 10, after 79). — ಸೇಸೆ ಕೆಯ್ಕೊಳ್. = ಸೇಸೆ ಆನ್. (Č. Bp. 47, 5). — ಸೇಸೆ ತಳಿ. To strew or throw sēsĕ (Abh. P. 8, 46; J. 24, 72). — ಸೇಸೆದಳಿ. -ತಳಿ. = ಸೇಸೆ ತಳಿ. (J. 11, 6; 29, 41; 33, 23). — ಸೇಸೆ ಸೂಸು. = ಸೇಸೆ ತಳಿ. (J. 8, 12).

ಸೇೞ್ sēḻ. = ಸೇಡು 1. — ಸೇೞ್ಪಡು. = ಸೇಡು ಪಡು (Šmd. 28).

ಸೈ sey. say. = ಸಯ್.

ಸೈ sey. say. = ಸಯ್.

ಸೈಂಹಿಕೇಯ saiṁhikēya. (fr. ಸಿಂಹಿಕಾ). Siṁhikā's child: *Rāhu.*

ಸೈಕತ saikata. *Sandy; a sand-bank, an islet* (see Mr. s. ಪುಲಿನ).

ಸೈತವಾಹಿನಿ saitavāhinī. (fr. ಸಿತ-ವಾಹಿನೀ). *The river Bahudā.*

ಸೈತಾನ saitāna. Satan, the devil (My.; Mhr., H.).

ಸೈತ್ಯ saitya. Tbh. of ಶೈತ್ಯ. Prevalence of cold in the system. ಸೈತ್ಯವಾದವನಿಗೆ ಸೈತ್ಯವಾಗದೋ? (Prv.).

ಸೈದ್ಧಾನ್ತಿಕ saiddhāntika. (fr. ಸಿದ್ಧಾನ್ತ). One who knows the real truth. (Čpr. 1, 22. 26).

ಸೈನಿಕ sainika. (fr. ಸೇನಾ). Relating or belonging to an army, military, drawn up in martial array. 2, *a soldier.* 3, a body of forces in array. 4, N. of a vṛitta (Čh.).

ಸೈನ್ದವ saindava. Tbh. of ಸೈನ್ಧವ (Šmd. 339).

ಸೈನ್ಧವ saindhava. (fr. ಸಿನ್ಧು). = ಸನ್ದವ, ಸೈನವ. Produced or born in Sindh. 2, belonging to the sea, oceanic, marine, aquatic. 3, a man of the country of Sindh; the king of Sindh, Jayadratha (see ದುಷ್ಟಚತುಷ್ಟಯ). 4, the country of Sindh (ದೇಶ Nn. 28). 5, a horse bred in Sindh; *a horse* (ಅಶ್ವ, ಕುದುರೆ 23; ಅಶ್ವ Mr. 504). 6, *a kind of rock-salt* (ಲವಣ, ಉಪ್ಪು 23; ಲವಣ 504). 7, the moon (ಚನ್ದ್ರ, ಸೋಮನು 23; ಚನ್ದ್ರ 504). 8, a parrot (ಶುಕ, ಗಿಳಿ 23).

ಸೈನ್ಯ sainya. (fr. ಸೇನಾ). *A soldier.* 2, *an army.*

ಸೈರಣೆ sairaṇĕ. = ಸಯ್ರಣೆ.

ಸೈರನ್ಧ್ರಿ sairandhri. = ಸೈರಿನ್ಧ್ರಿ, ಸೈರೇನ್ಧ್ರಿ. A maid-servant or female attendant in the women's apartments; an independent female artizan working in another person's house; *a female perfumer, a toilet-woman* (ಗನ್ಧಕಾರಿಕೆ, ಗಟ್ಟಿವಳ್ತಿ Hlâ.; ಗಟ್ಟವಳ್ತಿ Mr. 304; see Nr. s. ಮಕರಿಕಾಪತ್ರ). 2, N. of Draupadî.

ಸೈರಿಕ sairika. (fr. ಸೀರ). Relating or belonging to a plough. 2, *a ploughman.* 3, a plough-ox.

ಸೈರಿನ್ಧ್ರಿ sairindhri. = ಸೈರಧ್ರಿ. (Colebr.).

ಸೈರಿಭ sairibha. *A buffalo.*

ಸೈರಿಸು sairisu. = ಸಯ್ರಿಸು.

ಸೈರೀಯಕ sairîyaka. *The shrub Barleria cristata.*

ಸೈರೇಯಕ sairêyaka. = ಸೈರೀಯಕ. (Sk.; ಗೋರಟೀ ಗಿಡ G.).

ಸೈಲು sailu. Slack, loose; not firm (B. 4, 92; 5, 298; Mhr. ಸೈಲ; *cf.* ಸಡ್ಲು 2).

ಸೈವ saiva. Tbh. of ಶೈವ (Šmd. 357).

ಸೈಲೇನ್ದ್ರಿ sailêndri. Tbh. of ಸೈರನ್ಧ್ರಿ. (J. 6, 50; Bh. 4, 1, 7).

ಸೊ sŏ. Tbh. of ಶ್ವ and ಸ್ವ. See ಸೊತನ್ತ್ರ, ಸೊತನ್ತ್ರಿಕೆ, ಸೊಪಚ, ಸೊಸಮುಯ.

ಸೊಂಯಿ sŏṁyi. = ಚುಂಯಿ, etc. (S. Mhr.).

ಸೊಕ sŏka. Tbh. of ಸುಖ (Šmd. 355, o. r. ಸೊಗ; Čt. II, 60; Kk. 31; Šm. 76; Čpr. 4, 30; 8, 78. 83).

ಸೊಕ್ಕು sŏkku. 1. = ಸುರ್ಕು 2, etc. A wrinkle, etc. (My.).

ಸೊಕ್ಕು sŏkku. 2. = ಸೊರ್ಕು 1. To become mad, intoxicated, infatuated or rutty; to grow stupefied, bewildered or confused; to grow proud or arrogant (C.; Tĕ. ಚೊಕ್ಕು; see s. ಜೊಂಗುಳಿ and ಜೊಮ್ಪಿಸು 2; Abh. P. 11, 23; Bp. 1, 34; 31, 13; 56, 21; 59, 20; J. 7, 31; 11, 23; 29, 10. 25; 31, 27; Abhâ. 2, 52). ಸೊಕ್ಕಿದಾತ (ಕ್ಷೀವ, ಮತ್ತ Hlâ.). ಸೊಕ್ಕಿದವಂ (ಮತ್ತ Mr. 246). ಸೊಕ್ಕಿದವನು (ಮೂರ್ಛಿತ); ಸೊಕ್ಕಿದವಳು (ವಾಣಿನಿ); ಇಕ್ಕಿದ ಮದದಿನ್ದ ಸೊಕ್ಕಿದ ಆನೆ (ಮದಕಲ, ಮದೋತ್ಕಟ Nr.). ಸೊಕ್ಕಿದ ಆನೆ (ಮದೇಭ Nn. 74); ಸೊಕ್ಕಿದವನು (ಉನ್ಮತ್ತ 115). ಸೊಕ್ಕಿದಂ (ಮೂರ್ಛಿ Bhn. 65). ಸೊಕ್ಕಿ ನಡೆಯುವ ಭೃತ್ಯನವ ಕ್ರೂರಕೃತ್ಯ (Dp. 54). ಸೊಕ್ಕಿದ್ದು ಉಕ್ಕುತ್ತದೆ, ಉಕ್ಕಿದ್ದು ಒಲೆಯಲ್ಲಿ ಹಾಯುತ್ತದೆ (Prv.). 2, to stupefy (My., in ಅಡಿಕೆ ಸೊಕ್ಕಿತು).

ಸೊಕ್ಕು sŏkku. 3. = ಸೊರ್ಕು 2. Infatuation, intoxication, rut; stupefaction, torpor, loss of consciousness (Čpr. 8, 78; *cf.* ಸೊಪ್ಪು 3); pride (Čpr. 5, 121; C.; T. ಚೊಕ್ಕು; Tĕ. ಚೊಕ್ಕು, ಸುಕ್ಕು, ಸೊಕ್ಕು). ಸೊಕ್ಕು ಬನ್ದರೆ ನೆತ್ತರ ಕುಡಿದಾನು, ಸಿಕ್ಕು ಬನ್ದರೆ ಮುಸರೆ ತಿನ್ದಾನು (Prv.). 2, a substance that produces torpor (Bp. 42, 17). — ಸೊಕ್ಕಡಿಕೆ. -ಅಡಿಕೆ. A stupefying areca nut (My.). — ಸೊಕ್ಕಾನೆ. -ಆನೆ. = ಸೊರ್ಕಾನೆ. An elephant in rut (J. 3, 24; 6, 39; 8, 20; 14, 6; 28, 2. 43). — ಸೊಕ್ಕಿಳಿ. -ಇಳಿ. To grow proud (Šmd. 204 Mdb.). — ಸೊಕ್ಕಿಳಿ. -ಇಳಿ. Pride to abate or be humbled. ಸೊಕ್ಕಿಳಿದವನು (ಅತ್ತಗನ್ಧ G.). — ಸೊಕ್ಕಿಳಿಸು. -ಇಳಿಸು. To abate or abandon pride (B. 5, 61). — ಸೊಕ್ಕುಗೋಗಿಲೆ. -ಕೋಗಿಲೆ. = ಸೊರ್ಕುಗೋಗಿಲೆ. A kôgilĕ in ecstasy (on account of the vernal season, Čt. II, 68). — ಸೊಕ್ಕುಜವ್ವನ. Mad, foolish, lusty youth (J. 6, 12; 16, 3; 28, 49). — ಸೊಕ್ಕುತಕ್ಕೆ. An embrace that causes stupor (J. 11, 17). — ಸೊಕ್ಕುದಕ್ಕೆ. -ತಕ್ಕೆ. = ಸೊಕ್ಕುತಕ್ಕೆ. (J. 15, 5). — ಸೊಕ್ಕುನೀರ್. The juice of rut, the ichor of a ruttish elephant (ಮದಜಲ ಕ್ಷ.; ಮದ, ದಾನ Si. 269). — ಸೊಕ್ಕು ಮಾಡು. To manifest pride, to become proud (B. 3, 93). — ಸೊಕ್ಕೇಳು. -ಏಳು. Pride or insolence to arise (B. 4, 133).

ಸೊಕ್ಕು sŏkku. 4. = ಸೊಂಕು 1. To touch, to come in contact with; to catch, to infect; to attack (Bh. 3, 13, 26). ಮದ ಸೊಕ್ಕಿದ ಆನೆ (ಪ್ರಭಿನ್ನ, ಗರ್ಜ, ಮತ್ತ Nr.).

ಸೊಕ್ಕು sŏkku. 5. = ಸೊಂಕು 2, etc. Touch; coitus (J. 26, 11).

ಸೊಕ್ಕುಹ sŏkkuha. Becoming or being mad, etc. (ಮಾದ, ಮದ Nr.).

ಸೊಗ sŏga. P. p. of ಸೊಗಸು 1, in ಸೊಗ ಸೊಗಸು (J. 3, 37).

ಸೊಗ sŏga. Tbh. of ಸುಖ (Kk. 31; Šm. 76; Šŝv. 3, after 35). — ಸೊಗವಡೆ. -ಒ-ಪಡೆ. To get joy (V. 23, 8).

ಸೊಗಡು sŏgaḍu. 1. = ಸೊವಡು. A sharp smell; smell in general (ಹಸುಕು, ನಾತ, ಸೊವಡು, ಕೂಡಿತ್ತಾದ ಗನ್ಧ Šm. 23, o. r. ಸೊಗಡ; J. 2, 24; 28, 2. 43; Bh. 3, 19, 37; *cf.* ಕವುರು?). — ಸೊಗಡುಗಮ್ಪು. -ಕಮ್ಪು. = ಸೊಗಡು. (J. 18, 25).

ಸೊಗಡು sŏgaḍu. 2. Touch, etc. ಒಬ್ಬ ತರುಣ ಸ್ತ್ರೀಯಳು ತನಗೆ ಔಷಧವ ಕೊಡುವದಕ್ಕೆ ಆ ವೈದ್ಯನನ್ನು ಕರಿಸಿದ್ದಡೆ ಅವನು ಅವಳ ಹತ್ತರ ಹೋದಾಗ ಅವಳ ಸೊಗಡಿನಿನ್ದ ಅವನಿಗೆ ಜ್ವರ ಹುಟ್ಟಿ ಬೇಗನೇ ತೀರಿದನು (B. 5, 210). — ಸೊಗಡುರೋಗ. A disease caused by contact; a contagious disease (ಸ್ಪರ್ಶ, ಅಣ್ಟು ರೋಗ G.).

ಸೊಗಡಿ sŏgadi. = ಸೊಗಡೆ, q. v.

ಸೊಗಡೆ sŏgaḍĕ. (Tbh. of ಸುಗನ್ಧಿ). — ಸೊಗಡೇ ಬೇರು. (ಗೋಪಿ, ಶ್ಯಾಮೆ, ಶಾರಿವೆ, ಅನನ್ತೆ, ಉತ್ಪಲಸಾರಿವೆ, ಸುಗನ್ಧಪಾಲ, ಸೊಗಡಿ Si. 149; ಶ್ಯಾಮೆ 443). 2, the medicinal shrub Withania somnifera Dunal. (St. & Pl.).

ಸೊಗಯಿಸು sŏgayisu. = ಸೊಗಸು 1. To shine, to be or look beautiful or handsome, to appear to advantage, to be pleasant or agreeable; to appear (ಶೋಭೆ Šmd. Dh.; ಶೋಭನವಾಗು 268; ಹಿತವಾಗು 268 Cm.; Čpr. 1, 69. 70. 105. 129. 135; 4, 72; Čh. v. 4; Rŝv. 2, 2; 5, 28; J. 1, 10; 3, 25; 28, 18; 29, 46; Râm. 1, 13, 9; Šm. 10. 11. 100). ಸೊಗಯಿಪುದು (ಇಷ್ಟ, ಸ್ವಾದು Nr.). ಗಬಗಬಿನೆ ಗುಬಿಗುಬಿ ಎನುತುಂ ಪರಿವವೊನಲ್ ಸೊಗಯಿಸುಗುಂ (Šmd. I; 65). ಸೊಗಯಿಸುಗುಮೆ ಪಲ್ಲಿಲಿವಾಯ್? (221). ಕಿವಿಗೆ ಸೊಗಯಿಸದ ಎಡೆಯೊಳ್ (268). ದಿವಿಜರ ದಿಟ್ಟಿಗೆ ಸೊಗಯಿಪುದು ಮುನ್ದೆ ಮನ್ದರಶೈಲಂ (266).

ಸೊಗಸ sŏgasa. = ಸೊಗಸು 2. (Bp. 47, 41).

ಸೊಗಸು sŏgasu. 1. = ಸೊಗಯಿಸು. (Bp. 37, 2; 42, 15; 45, 19; 47, 10; 50. 1; 51, 3; 53, 31; 59, 20; 61, 4; Prll. 3, 2; Râm. 1, 13, 7. 8; Bh. 1, 5, 5; J. 8, 31; 10, 42; 11, 18; 29, 35). ಸೊಗಸುವ ಗನ್ಧ (ಸುಗನ್ಧಿ); ಸೊಗಸುವ ಮಾತು (ಸಾನ್ತ್ವ); ಸೊಗಸುವುದಾಗಿ ಅಱಿಯ ಬಾರದ ಧ್ವನಿ (ಕಲ Nr.).

ಸೊಗಸು sŏgasu. 2. = ಸೊಗಸ. Shine; beauty, charm, excellence; agreeableness; happiness, pleasure, delight (ಅಲಮ್ಪು, ವಿಭವ Kk. 31; Šm. 76; My.; Tĕ. ಸೊಗಸು, ಸೊಗುಸು; T. ಜೊಗುಚು; M. ಜೊಕ್ಕ, ಜೊಂಗು; see s. ಜೊಕ್ಕ; *cf.* ಜೋಕೆ No. 2, ಸೊಮ್ಪು; also

ಚೂಪು 1?); beautifully (J. 8, 5). ಸೊಗಸಾದದು (ಸುನ್ದರ, ರುಚಿರ, ಸುಷಮ, ಸಾಧು, ಶೋಭನ, ಕಾನ್ತ, ಮನೋಹರ, ರುಚ್ಯ, ಮನೋಜ್ಞ, ಮಂಜು, ಮಂಜುಲ Si. 368). ಸೊಗಸಿನ ರುಚಿ (ಶೃಂಗಾರ, ರುಚಿ, ಉಜ್ಜ್ವಲ, ಶೃಂಗಾರರಸ 66); ಹೆಣ್ಣು ಗಣ್ಡು ಸೊಗಸಿನಿನ್ದ ಆಡುವಿಕೆ (ಪ್ರವ, ಕೇಲಿ, ಕ್ರೀಡೆ, etc. 72). ಸಲೆ ಸೊಗಸಿನಲಿ ಬೆಳವಲದೇಶ ಮೆರೆದಿಹುದು (Prll. 3, 1). ಆಲದ ಮರದ ನೆರಳಿನಿನ್ದ ಬಹು ಸೊಗಸು ಆಗುತ್ತದೆ (B. 2, 22). See Bp. 39, 25; Râm. 1, 18, 2; 2, 7, 4; 3, 2, 20; J. 3, 6. 30; 29, 49; 30, 19. — ಸೊಗಸುಗುನ್ದು. -ಕುನ್ದು. Pleasure to become less; to become deficient in pleasure (J. 18, 20). — ಸೊಗಸುಗೊಳಿಸು. -ಕೊಳಿಸು. To cause pleasure (J. 18, 32; 21, 58). — ಸೊಗಸುವಡೆ. -ಪಡೆ. To get pleasure (J. 11, 17). — ಸೊಗಸುವೀಡು. -ಬೀಡು. Pleasure-ground (J. 2, 11).

ಸೊಗಸುಗಾಱ sŏgasu-gâṟa. A beau, a gay man (My.; Si. 118; B. 3, 112; ಸವಿಗಾರ, ಸುಖವನ್ನು ಮಾಡಿ ಕೊಳ್ಳುವವನು G.).

ಸೊಂಕಿಲ್ sŏṅkil. Touching, touch (Čpr. 7, 94).

ಸೊಂಕು sŏṅku. 1. = ಸೋಕ್ಕು 4, ಸೋಕು 1. To touch, to come in contact with; to come near; to taint, to infect (ಸ್ಪರ್ಶನ Šmd. Dh.; Čpr. 6, 33; 7, after 70; 7, 94; 8, after 4; Bp. 35, 5; 38, 11; 39, 31; 40, 10; 55, 28. 35; 57, 16. 68; 58, 56; Bh. 8, 13, 16. 32; 6, 2, 2; Rêv. 4, 14; J. 3, 36; 8, 16; 11, 19; 21, 20; 30, 28; see ತಸಿ-; Tê. ಚೆನಕು, ಚೆನುಕು; *cf.* ತೊಡಕು). ಬಿಚ್ಚುಪ್ಪೆತ್ತಿಸೆವಱೊಯ ಸಜ್ಜುಳಮುನ್ ತೊಣ್ಣುಗೆಡೆವ ಶುಕಶಾರಿಕೆಯಂ ಸೊಙ್ಕಿ ಬಲವನ್ದು ತೀಡುವ ತೆಕ್ಕಣ ಗಾಳಿಯುಮ್ ಇವೇದುಮ್ ಮನಱಿಗ್ಗೊಳಿಸಿದುವೋ? (Šmd. 24). ಚಿತ್ತಭವಗ್ರಹದ ಸೊಂಕೆ (164).

ಸೊಂಕು sŏṅku. 2. = ಸುಂಕು 2, ಸೊಕ್ಕು 5, ಸೋಕು 2. Touching, touch, etc. (Čpr. 4, 78; 7, 78; 8, 56. 66; Abh. P. 7, 47; 9, 153; Šêv. 5, 54; J. 2, 16; 6, 32; 25, 51; My.; see ಮೆಯ್-). ವಾಯುವಿನ ಸೊಂಕಿನೊಳು ತೀಡೆನಿಕು (Šm. 94). — ಸೊಂಕುರೋಗ. An infectious disease (My.; T. ತೊತ್ತುವ್ಯಾಧಿ, ತೊಱ್ಱು-).

ಸೊಂಕುವಿಕೆ sŏṅkuvikĕ. Touching, etc. (ಸ್ಪೃಷ್ಟಿ, ಪೃಕ್ತಿ Si. 389).

ಸೊಜ್ಜಿಗೆ sŏjjigĕ. = ಸಜ್ಜಗೆ, etc. (My.).

ಸೊಟಕ್ sŏṭak. A sound produced in sneezing. — ಸೊಟಕ್ ಸೊಟಕ್. rep. (S. Mhr.).

ಸೊಟಕ sŏṭaka. = ಸಟುಕ, etc. (My.; Si. 310).

ಸೊಟ್ಟ sŏṭṭa. = ಚೊಟ್ಟ, etc., ಸೊಟ್ಟು. Crookedness, curvedness (ಅನೃಜು, ಡೊಂಕು, ಮುರಿ G.). — ಸೊಟ್ಟಗಾಲು. -ಕಾಲು. A bandy-leg (My.). — ಸೊಟ್ಟಗೆಯ್. -ಕೆಯ್. A crump hand (My.). — ಸೊಟ್ಟಗೆರೆ. A crooked line (B. 3, 97). — ಸೊಟ್ಟಬಾಯಿ. A wry mouth (My.). — ಸೊಟ್ಟಮೋಱೆ. A wry face (My.).

ಸೊಟ್ಟಗೆ sŏṭṭagĕ = ಚೊಟ್ಟಗೆ. Crookedly, crooked; crookedness (My.).

ಸೊಟ್ಟು sŏṭṭu. = ಸೊಟ್ಟ, etc., ಸೊರಟು (My.; ಅರಾಲ, ಡೊಂಕ G.). ರೋಗದಿನ್ದ ಬೆನ್ನು ಅಥವಾ ಮೋಱೆ ಸೊಟ್ಟು ಆದವ (ನ್ಯುಬ್ಜ G.). ಕೆಲವು ಜನರ ಕೆಯ್ ಕಾಲು ಸೊಟ್ಟಾಗುತ್ತವೆ (B. 4, 223). ಒಲೆ ಸೊಟ್ಟಾದರೆ ಒದನೆಕಾಯಿ ಬೇಯದೇ? (Prv.).

ಸೊಟ್ಟೆ sŏṭṭĕ. = ಸೊಟ್ಟ. (Tê.). ಸೊಟ್ಟೆಯಾಗಿರುವದು (ಅರಾಲ, ವೃಜಿನ, ಜಿಹ್ಮ, ಊರ್ಮಿಮತ್, ಕುಂಚಿತ, ನತ, ಆವಿದ್ಧ, ಕುಟಿಲ, ಭುಗ್ನ, ವೇಲ್ಲಿತ, ವಕ್ರ Si. 372); ಸೊಟ್ಟೆಯಾದ ಮರದ ಪಟ್ಟಿ (ವಕ್ರದಾರು 111); ಕಾಲು ಗುಣ್ಡಾಗಿಯೂ ಸೊಟ್ಟೆಯಾಗಿಯೂ ನಿಲ್ಲೋಣ (ಮಣ್ಡಲ 288). — ಸೊಟ್ಟೆಕೊಮ್ಬು. A bent horn. ಸೊಟ್ಟೆಕೊಮ್ಬಾಳಳು (ವಕ್ರಶೃಂಗೆ Si. 321).

ಸೊಡ sŏḍa. = ಸುಡು 2, etc. Burning. — ಸೊಡಬಲಿ. A cemetery (Čt. I, 13, o. r. ಸುಡುಬಲಿ). — ಸೊಡವಲಿ. -ಬಲಿ. = ಸೊಡಬಲಿ. (ಮಸಣವಟ್ಟೆ Kk. 78, o. r. ಸೋಡಬಲಿ).

ಸೊಡರ್ sŏḍar. = ಜೊಡರ್, ಸೊಡರು, ಸೊಡಲು. A lamp (ದೀಪ, ಪ್ರದೀಪ Nr.; Čpr. 1, 113; 4, 45; Abh. P. 3, after 75; 8, 149; Bp. 3, 6; 26, 26; 37, 25. 34; 51, 37; 60, 42; Rêv. 5, 52; J. 13, 59; 23, 50; 24, 50; 29, 10; 31, 62; T. ಸುಡರ್, Tu. ತುದರ್; *cf.* ಚೂಪು 1, ಸುಡು 1; see ಕಣ್ಬೊಡರ್, ತಳ್-, ತುಡು-, ತೂಗುಂ-, ಬಾನ-). ಗಾಳೀ ಸೊಡರ್ (Šš. 74). — ಸೊಡರಕ್ಕಿ. -ಅಕ್ಕಿ. Grains of rice charred at a lamp. (ತಿಳುವಿಗೆ) ಹೆಜ್ಜ ನೀರೆಱಿದು, ಇಟ್ಟು ತೊಟ್ಟಲೊಳ್, ಒಜ್ಜೆ ಬಿಗುದುಕುಲದಲಿ ತನುವನು ಮುಚ್ಚಿ, ಸೊಡರಕ್ಕಿಯಲಿ ಬೊಟ್ಟಿಟ್ಟು, ಒಲವಿನಲಿ ಹರಸಿ (Prll. 3, 26). — ಸೊಡರ್ಗಮ್ಪು. -ಕಮ್ಪು. The smell of a burning lamp (J. 33, 18). — ಸೊಡರ್ಗುಡಿ. -ಕುಡಿ. The end of the flame of a lamp (Čpr. 8, 99). — ಸೊಡರ್ವೆಳಗು. -ಬೆಳಗು. The light of a lamp (J. 29, 10).

ಸೊಡರು sŏḍaru. = ಸೊಡರ್. (Bp. 50, 54; J. 24, 26; Bh. 1, 16, 15; My.; ದೀಪ G.). See Sp. s. ಲಂಟ.

ಸೊಡಲು sŏḍalu. = ಸೊಡರು. ಸೊಡಲ ನಾತ (My.).

ಸೊಡ್ಡಳ sŏḍḍaḷa. = ಸೊಡ್ಡಾಳ. Šiva (Bp. 54, 3). — ಸೊಡ್ಡಳದೇವ. N. (Bp. 53, 15). — ಸೊಡ್ಡಳದೇವಬಾಚಯ್ಯ. N. (Bp. 9, 42). — ಸೊಡ್ಡಳದೇವಬಾಚರಸ. N. (Bp. 53, 31). — ಸೊಡ್ಡಳದೇವಬಾಚರಸಯ್ಯ. N. (Bp. 53, 1). — ಸೊಡ್ಡಳಬಾಚರಸ. N. (Bp. 54, 30). — ಸೊಡ್ಡಳಬಾಚಿದೇವಯ್ಯ. N. (Bp. 58, 1). — ಸೊಡ್ಡಳಬಾಚಿರಾಜ. N. (Bp. 47, 38; 54 sum.; 54, 34). — ಸೊಡ್ಡಳಲಿಂಗದೇವ. N. (Bp. 54, 27).

ಸೊಡ್ಡಾಳ sŏḍḍâḷa. = ಸೊಡ್ಡಳ. — ಸೊಡ್ಡಾಳದೇವ. N. (V. 37, 33).

ಸೊಣಕ sŏṇaka. = ಸೊಣಗ. (My.). — ಸೊಣಕಪ್ಪನಾಯಕ. The chief of father-dogs, a big dog. ಸೊಣಕಪ್ಪನಾಯಕರು ಬನ್ದರು; ನಡವೆಯಲ್ಲಿ ಕೂಡಿ ಕೊಣ್ಡು, ದಡಿಯಲ್ಲಿ ಚಚ್ಚಿದರು (Prv.).

ಸೊಣಗ sŏṇaga. Tbh. of ಶುನಕ (Šmd. 364; ಬೇರಡಿ Čt. II, 59; V. 38, 50. 55).

ಸೊಣಗು sŏṇagu. = ಸೊಣಗ. (ಬೇರಡಿ, ಜಾಯಿಲ, ಕುಕ್ಕುರ, ಶುನಿ Šš.).

ಸೊಣದುಹ sŏṇaduha. Retreating, taking flight (Tê. ಸುರುಗು, to take flight, retreat; ಜುಡುಗು, ಜುಣುಗು, ಸುಣುಗು, ಸುನುಗು, to retire, withdraw, retreat; T. ಚುಣಂಗು, to cringe, wheedle; to grow lean; *cf.* ಜುಣುಗು 1). ಯುದ್ಧದಲ್ಲಿ ಸೊಣದುಹ (ಪ್ರದ್ರಾವ, ಉದ್ದ್ರಾವ, ಸನ್ದ್ರಾವ, ಅಪಕ್ರಮ, etc. Nr.).

ಸೊಣೆ sŏṇĕ. To strike with the fingers, etc. (ಅಂಗುಲಿಪ್ರಹರಣ Šmd. Dh.). 2, to point at a person with both forefingers and then put them to the corners of the mouth, as a sign of mockery (My.; *cf.* ಸುಟ್ಟು 2?). (T. ಚುಣ್ಡು, to project marbles by a fillip; M. ಚೊಟ್ಟು, to rap with the knuckles, knock with the finger).

ಸೊಣ್ಟ sŏṇṭa. The hip, the loins, the waist (ಕಟಿ, ಶ್ರೋಣಿಫಲಕ Si. 208; ಮಧ್ಯಮ, ಮಧ್ಯ, ಅವಲಗ್ನ, ಡೊಂಕ, ನಡು 210; ಕಟ 414; ಮಧ್ಯ 447; My.; Tê. ತುಣ್ಟಿ, ತೊಣ್ಟಿ, the joint of the hip; plural ತುಣ್ಟ್ಲು, ತೊಣ್ಟ್ಲು, the hips or loins; T. ತುನ್ಡು, the back; *cf.* ತುಡು 1, ಡೊಂಕ). ಬೆಟ್ಟದ ಸೊಣ್ಟ (ಕಟಕ,

ನಿತಪ್ಪು, ಬೆಟ್ಟ ಪಿಱ್ Si. 115); ಕವಚವನ್ನು ತೊಟ್ಟವರು ಸೊಣ್ಟದ ಮಧ್ಯದಲ್ಲಿ ಬಲಕ್ಕಾಗಿ ಬಿಗಿದು ಕೊಳ್ಳುವ ತಂಗುಪಟ್ಟಿ (ಸಾರಸನೆ, ಅಧಿ ಕಾಂಗ 279). ಸೊಣ್ಟ ಮುಱಿದ ಮೇಲೆ ನೆಣ್ಟರಿಲ್ಲ, ಗಣ್ಟಲು ಮುಱಿದ ಮೇಲೆ ರಾಗವಿಲ್ಲ.—ಗಣ್ಟು ಪರರ ಕೆಯ್ಲಿ ಕೊಟ್ಟು, ಸೊಣ್ಟ ಮುಱಿಸಿ ಕೊಣ್ಡ.—ಬೆಟ್ಟಕ್ಕೆ ಹೋಗುವವನ ಸೊಣ್ಟದಲ್ಲಿ ಕುಡುಗೋಲು ಸಿಕ್ಕಿಸಿದ ಹಾಗೆ.—ಹನ್ನೆರಡು ವರ್ಷ ಸಾಧಕಾ ಮಾಡಿ, ಮನೆಯ ಮುದುಕೀ ಸೊಣ್ಟ ಮುಱಿದ ಹಾಗೆ (Prvs.).

ಸೊಣ್ಟರ sŏṇṭara. = ಸುಟ್ಟುರೆ, etc. — ಸೊಣ್ಟರಗಾಳಿ. = ಸುಟ್ಟುರೆಗಾಳಿ. (My.; G.).

ಸೊಣ್ಟಿ sŏṇṭi. Tbh. of ಶುಣ್ಠಿ. (My.; Tĕ.; Si. 335; see ಅಗುಳು-, etc.).

ಸೊಣ್ಡ sŏṇḍa. = ಸುಣ್ಡ, ಸೊಣ್ಡಿ, ಸೊಣ್ಡೆ. Tbh. of ಶುಣ್ಡ. — ಸೊಣ್ಡಿಲಿ. -ಇಲಿ. = ಸುಣ್ಡಿಲಿ. The musk shrew, Sorex myosurus (Bḍ.).

ಸೊಣ್ಡಲು sŏṇḍalu. = ಸೊಣ್ಡಿಲು. (My.).

ಸೊಣ್ಡಿ sŏṇḍi. = ಸೊಣ್ಡ, etc. (B. 5, 238). ಸೊಣ್ಡೀ ಇಲಿ (ಛುಚ್ಛುನ್ದರ, ದಿವಾನ್ಧಕ, ದೀರ್ಘತುಣ್ಡ G.).

ಸೊಣ್ಡಿಲು sŏṇḍilu. = ಸುಣ್ಡಲು, etc. (My.; Si. 269. 453). — ಸೊಣ್ಡಿಲಿಲಿ. -ಇಲಿ. = ಸುಣ್ಡಿಲಿಲಿ. (Mr. 278).

ಸೊಣ್ಡೆ sŏṇḍĕ. = ಸುಣ್ಡೆ. The plant Solanum pubescens Lin. (My.); the plant Solanum melongena (? ಚಿತ್ರಫಲ, ರುಚ, ಸಿಂಹಿಕೆ Mr. 130); the small tree or shrub Solanum verbascifolium Lin. (St. & Pl.).

ಸೊಣ್ಡೆ sŏṇḍĕ. = ಸೊಣ್ಡ, etc. (B. 4, 22). ಆನೆಯ ಸೊಣ್ಡೆಯ ತುದಿ (ಪುಷ್ಕರ); ಆನೆಯ ಸೊಣ್ಡೆ (ಹಸ್ತ G.).

ಸೊಣ್ಡ್ಲು sŏṇḍlu. = ಸೊಣ್ಡಿಲು, etc. (My.).

ಸೊತ sŏta. Tbh. of ಸ್ವತಃ. (My.).

ಸೊತನ್ತ್ರ sŏtantra. Tbh. of ಸ್ವತನ್ತ್ರ. (My.).

ಸೊತನ್ತ್ರಿಕೆ sŏtantrikĕ. Tbh. of ಸ್ವತನ್ತ್ರಿಕೆ. (Bp. 35, 26).

ಸೊತ್ತ sŏtta. = ಸೊತ್ತು, etc. (My.).

ಸೊತ್ತಿ sŏtti. = ಜೊತ್ತಿ. (My.).

ಸೊತ್ತು sŏttu. = ಜೊತ್ತು, etc., ಸೊತ್ತ. (My., T. ಜೊತ್ತು).

ಸೊತ್ತು sŏttu. (Tbh. of ಸ್ವತ್ವ). Property, goods (My.; Tĕ.).

ಸೊದೆ sŏdĕ. Tbh. of ಸುಧೆ (Šmd. 355; Nr.; Čt. II, 44; Kk. 10b; Grj. 2, 32). — ಸೊದೆವೆಳಗು. -ಬೆಳಗು. The whiteness of chunam-plaster (Čpr. 3, 81).

ಸೊನ sŏna. Tbh. of ಸ್ವನ (J. 3, 4).

ಸೊನಾಯಿ sŏnâyi. = ಸುನಾಯಿ. (Tĕ.; R.).

ಸೊನೆ sŏnĕ. The watery juice that exudes from the stalk of the mango fruit and of the fruit of the marking-nut tree (My.; Tĕ.; M. ಚುನೆ, to ooze out; see ಜನಿ, ಜನೆ, ಜಿನಿ).

ಸೊನ್ತ sŏnta. Tbh. of ಸ್ವನ್ತ. (My.; Tĕ., T.).

ಸೊನ್ದಿ sŏndi. A profligate or unchaste person (male, female, or neuter, Šmd. 109; ಸಿತಗ, ಪೊಲದಿ Šmd. II, o. r. ಸೊನ್ದೆ; cf. ಸುನ್ದು 1 & 2, and Sk. ಶುಣ್ಡ). See ಕಡುಸೊನ್ದಿ s. ಬಳ್ಕಪ್ಪುಯಲ್.

ಸೊನ್ನ sŏnna. = ಸೊನ್ನೆ 1. (ಸ್ವರ್ಣ G.).

ಸೊನ್ನಗಾಱ sŏnna-gâṟa. A goldsmith (My.; ಅಕ್ಕಸಾಲೆಯರವ, ಸ್ವರ್ಣಕಾರ, ಅಕ್ಕಸಾಲಿ G.; Mhr., H. ಸೋನಾರ).

ಸೊನ್ನಲಿಗೆ sŏnnaligĕ. (fr. ಸೊನ್ನೆ 2). = ಸನ್ನಲಿಗೆ. Roundness; what is round (ಬಟ್ಟಿತು Kk. 48, o. r. ಸನ್ನಲಿಗೆ). — ಸೊನ್ನಲಿಗೆಪುರ. N. (Bp. 5, 42; 10, 10). — ಸೊನ್ನಲಿಗೆಯ ಪುರ. = ಸೊನಲಿಗೆಪುರ. (Bp. 53, 27).

ಸೊನ್ನಾರ sŏnnâra. Gilt, gilding (My.; Mhr., H. ಸೋನೇರೀ, golden).

ಸೊನ್ನೆ sŏnnĕ. = ಸನ್ನೆ. A lever. — ಸೊನ್ನೆಕೋಲು. = ಸೊನ್ನೆ. (ಅಂಕೆ, ತಱುಮ್ಬು, ಸನ್ನೆಕೋಲು G.).

ಸೊನ್ನೆ sŏnnĕ. 1. = ಸೊನ್ನ. Tbh. of ಸ್ವರ್ಣ (Šmd. 356). Gold (ಸ್ವರ್ಣ Čt. I, 32; II, 59; ಸುವರ್ಣ Kk. 47; ಕನಕದ Šm. 68. 99). — ಸೊನ್ನೆವರದ. -ವರದ. A dealer in gold, a money-changer (ಚಿನ್ನವರದ Šs.; ಪೊಮ್ಬರದ Kk. 35; Šm. 67; V. 4, 80). — ಸೊನ್ನೆವೆಟ್ಟು. -ಬೆಟ್ಟು. The mountain Mêru (ಮೇರು Šs.). — ಸೊನ್ನೆವೆಟ್ಟುವಿಲ್ಲ. -ಬಿಲ್ಲ. Šiva (ಈಶ್ವರ Šm. 2).

ಸೊನ್ನೆ sŏnnĕ. 2. Tbh. of ಶೂನ್ಯ (Šmd. 19; Šs.; Kk. 48; Šm. 67). A cypher or dot representing the anusvâra (ಬಿನ್ದು, ಅನುಸ್ವಾರ Šmd. 19. 26; ಬಿನ್ದು Šm. 99); a cypher or zero (see Mr. s. ನಭ).

ಸೊನ್ನೆ sŏnnĕ. 3. Tbh. of ಸಂಜ್ಞೆ. (B. 3, 11; 5, 25). ಹೆಗ್ಗಳ ಎತ್ತಿಗೆ ಹರಿ! ಎನ್ನದ್ದು ಒನ್ದೇ ಸೊನ್ನೆ (Prv.).

ಸೊಪಚ sŏpača. Tbh. of ಶ್ವಪಚ. (Bp. 57, 2). — ಸೊಪಚಯ್ಯ. -ಅಯ್ಯ. N. (Bp. 25, 4; 57, 1).

ಸೊಪ್ನ sŏpna. Tbh. of ಸ್ವಪ್ನ. (My.).

ಸೊಪ್ಪಳ್ sŏppaḷ. = ಸೊಪ್ಪಳಿ, q. v.

ಸೊಪ್ಪಿ sŏppi. (= ಸೊಪ್ಪೆ?). — ಸೊಪ್ಪಿಯಲ್ಲಮದೇವ. -ಅಲ್ಲಮದೇವ. N. (Bp. 58, 12).

ಸೊಪ್ಪಿಸು sŏppisu. To cause to slacken, languish or sink away (J. 13, 50). ಸೊಪ್ಪಿಸಿಕ್ಕುಂ (Šmd. 269, adduced as a bad formation); ಸೊಪ್ಪಿಸಿದಂ (274).

ಸೊಪ್ಪು sŏppu. 1. To slacken: to repress, to check (ನಿವಾರಣ Šmd. Dh.).

ಸೊಪ್ಪು sŏppu. 2. Slackness; weakness; languishing, sinking away (cf. ಸೊಕ್ಕು 3; M. ಚುರುಗು, to be stupefied, slightly intoxicated, giddy; Tĕ. ಸೊರಗು, swoon, fainting; cf. also ಸೊರಗು). See ಗಱ್-. **2,** = ಬಹುರೇಷೆ, q. v. (Čt. I, 66). — ಸೊಪ್ಪಾಗು. -ಅಗು. To slacken (v. i., as cloth, paper, feathers, the lips, My.; Bh. 6, 4, 141; J. 11, 25); to lose cohesion (as a mark on the forehead, J. 10, 50); to grow weak (My.); to languish, to pine, to sink away, to droop (Abh. P. 4, 13; Grj. 4, 34). ಸೊಪ್ಪಾದಂ (ಅಡ್ಡಿದಂ); ಸೊಪ್ಪಾದುದು (ತೊಟ್ಟುಟಿ, ಕುಱಿಕಲ್ Šmd. I). — ಸೊಪ್ಪ ಸೊವಡು. reit. ಸೊಪ್ಪ ಸೊವಡಾಗು. -ಆಗು. = ಸೊಪ್ಪಾಗು. (V. 31, 19).

ಸೊಪ್ಪು sŏppu. 3. = ತೊಪ್ಪಲು, etc., ಸಪ್ಪು. Foliage; a vegetable, a herb, greens; covering, bark (C.; ತೊಪ್ಪಲು G.; Bp. 20, 14; 43, 36; 53, 43; M. ಚಪ್ಪ, ತೋಲ್). ಮರದ ಹೊಱಸೊಪ್ಪು (ತ್ವಚ್, ವಲ್ಕ, ವಲ್ಕಲ Hlâ.). ಮಾವಿನ ಸೊಪ್ಪು (Si. 112); ಸೊಪ್ಪಿನ ಕಾವು (ಕಡಪ್ಪು, ಕಲಪ್ಪು 310); ಸೊಪ್ಪಿನ ದಣ್ಟು (ನಾಡಿ 417); ಸೊಪ್ಪನುಟ್ಟ ಬೇಡನು (ಶಬರ 341). ಆನೆ ತಿನ್ನೋದು ಸೊಪ್ಪು, ಇಱುವೆ ತಿನ್ನೋದು ಸಕ್ಕರೆ (Prv.). — ಸೊಪ್ಪರೆ. -ಅರೆ. To crush like foliage (J. 22, 25). — ಸೊಪ್ಪುಕುಡುಗೋಲು. A small sickle or knife for cutting vegetables (My.). — ಸೊಪ್ಪುಗುಟ್ಟು. -ಕುಟ್ಟು. To beat the under-brush or bushes (for game). ಸೊಪ್ಪುಗುಟ್ಟುವುದು (ವಪ್ಪಕಂ Šm. 30). — ಸೊಪ್ಪುಗುಟ್ಟುಹ. -ಕುಟ್ಟುಹ. Beating the bushes (ವಪ್ಪಕ Šmd.

II). — ಸೊಪ್ಪುಮೇಲೋಗರ. Boiled and seasoned vegetables (My.). — ಸೊಪ್ಪುಸದೆ. Leaves and litter (My.). — ಸೊಪ್ಪು ಸೊಗಡು. reit. = ಸೊಪ್ಪು. (Bp. 16, 22; 48, 36). — ಸೊಪ್ಪು ಸೊಪ್ಪು. rep. (J. 28, 41).

ಸೊಪ್ಪುಳ್ söppuḷ. = ಸಪ್ಪುಳ್, etc., ಸೊಪ್ಪಳ್, ಸೊಪ್ಪುಳ. A sound, a noise (ಅಬ್ಬರ, ದನಿ, ಸರ, ಗಾವರ, ಗಾವಳಿ, ಉಲಿ, ಧ್ವಾನ Šm. 30; Kk. 25, o. r. ಸೊಪ್ಪಳ್; ದನಿ Kk. 94; J. 30, 29; Râm. 6, 53, 36).

ಸೊಪ್ಪುಳ söppuḷa. = ಸೊಪ್ಪುಳ್. (ಧ್ವನಿ G.).

ಸೊಪ್ಪೆ söppĕ. The straw of the various kinds of millet (B. 4, 42. 48; Tē. ಜೊಪ್ಪ).

ಸೊಬಗು söbagu. Tbh. of ಸುಭಗ (Šmd. 355). Beauty, charm, loveliness, etc. (ಚಕ್ಷುಷ್ಯ, ಸುಭಗ Hlâ.; ಗಾಡಿ, Čt. I, 14; ನೀಲಾಶ I, 77; ನಿಬತೆ, ಗಾಡಿ, ಸುಭಗತೆ Kk. 54; ಗಾಡಿ, ಚೊಕ್ಕ ಟು, ಗರಗರಿಕೆ, ನಿಬತೆ, ಸುಭಗ Šm. 47; Čpr. 5, 125. 134; 7, after 32; Grj. 4, 57; Prll. 3, 2. 4. 31; Bp. 26, 32; 44, 33; 50, 5; J. 2, 48; 6, 21; 28, 18; Čh. IV, 2, 60). ಸೊಬಗಿನಾಗರದ್ ಎಲ್ಲಿದಂ (Šmd. 136). ಸೊಬಗುಳ್ಳವಳೆ ಪೇಳ್! (174). ಸೊಬಗಿನಿದ ತತ್ಸಮಂ (Kk. 100). See Sp. s. ಹೀನತನ. — ಸೊಬಗ. -ಅ 3. = ಸಬಗ. A beautiful, charming, etc. man (Bp. 1, 33; Ršv. 13, 104). — ಸೊಬಗುವಡು. -ಪಡು. = ಸೊಬಗುವಡೆ. (J. 30, 17). — ಸೊಬಗುವಡೆ. -ಪಡೆ. To get beauty or charm (J. 6, 25). — ಸೊಬಗುವೆಚ್. -ಪೆಚ್. = ಸೊಬಗುವಡೆ. (Grj. 2, after 106; Bp. 11, 40).

ಸೊಮ್ಪಗೆ sömpagĕ. Nicely, beautifully; nice, etc. (My.; ಚನ್ನಾಗಿ G.).

ಸೊಮ್ಪು sömpu. = ಸಮ್ಪು. Beauty, elegance, charm, grace (C.; B. 3, 37; Grj. 10, 115; Bp. 6, 8; 32, 39; Ŏ. Bp. 5, 5; Šâv. 1, 10; 2, 61; J. 2, 65; 6, 19. 32; 15, 17; 17, 4; 29, 28; Bh. 1, 5, 8; Tē.; T. ತುಪ್ಪ; *cf.* ಸೊಗಸು 2). ಬೆಳಗೆಮ್ಪಿನ ಸೊಮ್ಪನ್ (o. r. ಪೆಮ್ಪನ್) ಆಳ್ದ ಬಾಯ್ದೆರ್ (Šmd. 78). ದೇಶೀಯಳಕಮರ್ದ ಸೊಮ್ಪು (Kk. 3). — ಸೊಮ್ಪುಗರೆ. -ಕರೆ. To shower beauty (Šâv. 2, after 42). — ಸೊಮ್ಪುದೀವು. -ತೀವು. Beauty to abound (J. 3, 24). — ಸೊಮ್ಪುದೋರಿಸು. -ತೋರಿಸು. To exhibit beauty (J. 6, 19). — ಸೊಮ್ಪುವಡೆ. -ಪಡೆ. To get beauty (Ršv. 10, after 29). — ಸೊಮ್ಪುವೆಚ್. -ಪೆಚ್. = ಸೊಮ್ಪುವಡೆ. (J. 3, 17).

ಸೊಮ್ಪುಳಿ sömpuḷi. Probably a mistake for ಪೊಮ್ಪುಳಿ, q. v. (ಚೆಮ್ಪು, ಅದಂ, ಅಧಿಕ, ಅಗ್ಗಳ, etc., ಅತಿಶಯ Šs.).

ಸೊಮ್ಬ sömba. = ಸುಮ್ಬ. (ಅಲಸ, ಶೀತಳ, ಮನ್ದ, ಜಡ, ಜಪ್ಪ, ಮನ್ಥರ Hlâ.; ಸಾಮ್ಬ, ಅಲಸುಗೆಗಾಱ Kk. 38; ಸಾಮ್ಬ, ಅಲಸುಗಾಱ Šm. 47).

ಸೊಮ್ಮು sömmu. (fr. ಸ್ವಂ). Own, one's own; property, wealth, riches (Prll. 3, 30; Bp. 31, 29; 47, 56; Bh. 1, 8, 55; V. 40, 27. 34; Tē.; T. ಚೊಂ).

ಸೊಯಂ söyam. Tbh. of ಸ್ವಯಂ. (Bp. 61 sum.; My.).

ಸೊಯಂವರ söyamvara. Tbh. of ಸ್ವಯಂವರ. (Râm. 3, 2, 17).

ಸೊರ söra. 1. Tbh. of ಸ್ವರ 2. (My.; Tē.).

ಸೊರ söra. 2. Tbh. of ಸುರ. (Ŏ. Bp. 33, 18).

ಸೊರಗು söragu. To wither, to grow dry or sapless (J. 19, 32); to languish, to sink away (Ŏ. Bp. 19, 31); to grow lean or meagre (C.; Tē. ಸುರುಗು, ಸೊರುಗು, ಸ್ರುಕ್ಕು; ಕೊರಗು G.; *cf.* ಸುಕ್ಕು 1, ಸುರುಗು, ಸೊಕ್ಕು 2, ಸೊರ್ಕು 1). ತುಡುಗ ಆವು, ನೀನು ಇಷ್ಟು ಯಾಕೆ ಸೊರಗಿದ್ದೀ? ಎನ್ದು, ಆ ಸಧ್ಯ ಆಕಳನ್ನು ಕೇಳಿತು (B. 3, 22). ಹೊಟ್ಟೆಯು ಸೊರಗಿ, ಎಲವಿನ ಪಂಜರ ಮಾತ್ರ ಉದಾಯಿತು (5, 94). ಮಗನಿಗೆ ಹುಚ್ಚು ಹತ್ತಿದ ಚಿನ್ತೆಯಿನ್ದ ಮಾತ್ರ ಬಹಳ ಸೊರಗಿದನು (5, 209).

ಸೊರಟ söraṭa. Tbh. of ಸೌರಾಷ್ಟ್ರ (Šmd. 356. 370).

ಸೊರಟು söraṭu. = ಸುಟ್ಟು 3, ಸೊಟ್ಟ, etc. The state of being contracted, shrivelled, as a leaf; that of being crooked, as a bamboo pole or wood (My.; see ಸುರುಟು, ಸುರುಣ್ಟು).

ಸೊರಟೆ söraṭĕ. N. of a plant (ಗೊರಟೆ Mr. 185).

ಸೊರಣೆ söraṇĕ. Tbh. of ಸ್ಮರಣ. (Ŏ. Bp. 19, 31).

ಸೊರಣ್ಟು söraṇṭu. (Šmd. 48). = ಸೊರಟು (?).

ಸೊರಹು sörahu. 1. (fr. ಸೊರ 1). To utter, to speak, to say (Bh. 3, 8, 15; 4, 3, 28; Râm. 4, 3, 9).

ಸೊರಹು sörahu. 2. Sounding, talking, prating, etc. — ಸೊರಹ. -ಅ 3. A loquacious man, etc. (ಗದಿಪ Šmd. I, o. rs. ಸ್ವರಹ, ಸ್ವರಹುವ).

ಸೊರಹುಗಾಱ sörahu-gâṟa. A talkative man, etc. (ಪ್ರಲ್ಲಗ Ŏt. I, 59).

ಸೊರೆ sörĕ. 1. = ಸೋರೆ 1. The bottle-gourd, Lagenaria vulgaris Ser. (ದುಗ್ಧಿಕೆ, ತುಮ್ಬಿ, ಅಲಾಬು Mr. 148; ಕಟಾಹ Nn. 107; when hollowed and dried, it is put also under the neck of a lute, Grj. 3, 98). See ಕಯ್ಪ-. — ಸೊರೆಗಟ್ಟು. -ಕಟ್ಟು. To fasten a gourd (to a lute, J. 22, 24).

ಸೊರೆ sörĕ. 2. The milk collected in the udder of cows or buffaloes (My.; see ತೊರೆ 1). — ಸೊರೆ ಬಿಡು. To let down that milk, to give milk (My.).

ಸೊರ್ಕು sörku. 1. = ಸೊಕ್ಕು 2. To grow intoxicated, etc.; to grow proud (ಉನ್ಮಾದ Šmd. Dh.; Ršv. 9, 51; Šâv. 2, 14).

ಸೊರ್ಕು sörku. 2. = ಸೊಕ್ಕು 3. Infatuation, etc.; torpor, etc.; pride (Šmd. 250; Čpr. 8, 69; Grj. 2, 106; Ršv. 5, 128; *cf.* ಸುರ್ಕು). 2, = ಸೊರ್ಕುಮರ್ದು (Ršv. 5, after 114). — ಸೊರ್ಕಱು. -ಅಱು. To lose (one's) pride (Grj. 6, 80). — ಸೊರ್ಕಾನೆ. -ಆನೆ. (Šmd. 93). = ಸೊಕ್ಕಾನೆ. — ಸೊರ್ಕುಗೆಸರ್. -ಕೆಸರ್. Musk (Ršv. 2, after 8). — ಸೊರ್ಕುಗೋಳಿಲೆ. -ಕೋಳಿಲೆ. (Šs.). = ಸೊಕ್ಕುಗೋಳಿಲೆ. — ಸೊರ್ಕುಮರ್ದು. A powder used to stupefy (beasts or birds, Ršv. 5, 52; T., M. ಚೊಕ್ಕು ಪೊಡಿ).

ಸೊರ್ಗ sörga. Tbh. of ಸ್ವರ್ಗ 1. (My.). ಸೊರ್ಗಕ್ಕೆ ಹೋದರೂ ಸೊಸೇ ಹಮ್ಬಲ ಬಿಡಲಿಲ್ಲ (Prv.).

ಸೊಲ್ söl. 1. = ಸೊಲ್ಲು 1. To say, to speak, to tell. (T. ಚೊಲ್ಲು, ಚೊಲ್ದು; M. ಚೊಲ್ಲು, ಚೆಲ್ಲು; Tē. ಚೆಪ್ಪು; *cf.* ಸೆಳೆ 1). ಸೊಲ್ವ (J. 28, 20).

ಸೊಲ್ söl. 2. = ಸೊಲ್ಲು 2. A word (Šmd. 389 Cm.; Ŏt. II, 97; Abh. P. 5, 9; Bp. 9, 9; J. 4, 4; 6, 18; 21, 4; T. ಚೊಲ್, ಸೋಲ್, ಸೋಲ್ದು; M. ಚೊಲ್; Tē. ಸೊಲ್ಲು).

ಸೊಲಗೆ sölagĕ. = ಸೊಲಿಗೆ, ಸೊಲ್ಲಗೆ, ಸೊಲ್ಲಿಗೆ. A measure of capacity, equal to one-fourth of a Kuḍava or of a balla (My.; Bp. 33, 13; Tē. ಸೋಲೆ; *cf.* Sk. ಷುಲುಕ). ಸೊಲಗೆ ಅಳೆಯಲಿಕ್ಕೆ ತಿಳಿಯದವ ಕಣ ಅಳೆಯುವನೇ? (Prv.).

ಸೊಲಿಗೆ sŏligĕ. = ಸೊಲಗೆ, etc. (My.; ನಿಕುಂಚಕ Sl. 329; ಆಢಕ G.). ಅಱುವತ್ತು ನಾಲ್ಕು ಸೊಲಿಗೆ (ಕುಲ್ಲು); ಮೂವತ್ತೆರಡು ಸೊಲಿಗೆ (ಭಾರ); ಹದಿನಾಱು ಸೊಲಿಗೆ (ತೂರ್ಪ G.).

ಸೊಲ್ಲಗೆ sŏllagĕ. = ಸೊಲಗೆ, etc. (ನಿಕುಂಚಕ Nr.; see Mr. s. ಪಾಗ).

ಸೊಲ್ಲಿಗೆ sŏlligĕ. = ಸೊಲಗೆ, etc. (Bp. 1, 28; 27, 52). — ಸೊಲ್ಲಿಗೆ ಪಾಲ್. A solligĕ-ful of milk (Bp. 58, 24).

ಸೊಲ್ಲಿಸು sŏllisu. To speak, to say, to tell (ಪೇೞ್ Šmd. 150. 385 Cm.; Čpr. 3, 62; Šm. 46); to cause one's self to be said, to be said (Šm. 49); to cause to speak, to have said or told. ಸೊಲ್ಲಿಸಿ ಭೇದವನ್ ಅಱಿದೊಡೆ ಕಿಱಿಯ ತಾನ್ ಎಲ್ಲರಿಗೆ ಹಿರಿಯ! (Sp.).

ಸೊಲ್ಲು sŏllu. 1. = ಸೊಲ್ 1. P. p. ಸೊಲ್ಲಿ. See Bp. 2, 29; 40. 89; 45, 41; 54, 34, 58, 32; 61, 8.

ಸೊಲ್ಲು sŏllu. 2. = ಸೊಲ್ 2. (Bp. 47, 32; My.). ಹಲ್ಲು ನಾಲಿಗೆಯಿಲ್ಲ, ಸೊಲ್ಲು ಸೋಜಿಗಮಲ್ಲ, ಕೊಲ್ಲದೆ ಮೃಗವ ಹಿಡಿಯುವದು ಲೋಕದೊಳಗೆಲ್ಲ ಠಾವಿಸೊಳು (a net, Sp.). — ಸೊಲ್ಲುವೆಣ್. -ವೆಣ್. Sarasvatī (ಶಾರದೆ Kk. 9). — ಸೊಲ್ಲು ಸೊಲ್ಲು. rep. (J. 16, 21). ಸೊಲ್ಲು ಸೊಲ್ಲಿಗೆ ನಲ್ಲನಾದರೆ ಸಾಯೋ ಪರಿಯನ್ತರ ಎಷ್ಟು ನಲ್ಲ ರೂ? (Prv.).

ಸೊವಡು sŏvaḍu. = ಸೊಗಡು 1. A sharp smell; smell in general (ಸೊಗಡು, ಹಸುಕು, ನಾತ, ಕೂರಿತ್ತಾದ ಗನ್ಧ Šm. 28, o. r. ಸೊಗಡ; ನಱು, ಸವುಸವ, ಮಗಮಗಿಸಿತು, ನಾಸ್ತ, ವಾಸನೆ Kk. 55, o. r. ನಾತ; ನಱು, ಸವುಸವ, ಕಮ್ಮು Čt. II, 45; Čpr. 9, after 102; Grj. 2, after 106; 9, 32; Šŝv. 3, 45). ಸೊವಡುವೊನ್ದು or ಸೊವಡೊನ್ದು (Šmd. 63. 67).

ಸೊವಾಸಿನಿ sŏvāsini. Tbh. of ಸುವಾಸಿನಿ. (ಸವಾಷ್ಟಿ G.).

ಸೊಸಣಿ sŏsaṇi. N. of a female daitya. ಕ್ಷೇತ್ರಪಾಲ, ವಣಾರ, ಭೈರವ, ಮಯ್ಲಾರ, ಬೆನಕ, ಕಾರ್ತಿಕೇಯ, ಭಗವತಿ, ಬಲಾರಿ, ಕಾಳಿ, ಮಹಾಕಾಳಿ, ಚಣ್ಡಿ, ಚಾಮುಣ್ಡಿ, ಮಾರಿ, ಮಸಣಿ, ಸೊಸಣಿ ಮೊದಲಾದ ವೈತ್ಯರಂಗಳ್ (Šâstrasâra in W. v. 1259).

ಸೊಸನ್ತ್ರ sŏsantra. Tbh. of ಸ್ವತನ್ತ್ರ. (My.).

ಸೊಸಮಯ sŏsamaya. Tbh. of ಸ್ವಸಮಯ. (Bp. 59, 52).

ಸೊಸಿ sŏsi. = ಸಸಿ 2. Young plants (My.).

ಸೊಸೆ sŏsĕ. Tbh. of ಸ್ನುಷೆ (Šmd. 368; Nr., Hlâ., Sl. 184; C.). Plurals ಸೊಸೆವಿರ್ (Šmd. 120), ಸೊಸೆನ್ದಿರು (C.; B. 2, 20), ಸೊಸೆಯರು (My.). ಅತ್ತೆಗೆ ಒನ್ದು ಮಾತು, ಸೊಸೆಗೆ ಪ್ರಾಣಸಂಕಟ.— ಒನ್ದು ಅತ್ತೇ ಕಾಲ, ಒನ್ದು ಸೊಸೇ ಕಾಲ.— ಅತ್ತೆಗೆ ಒನ್ದು ಕಾಲ, ಸೊಸೆಗೆ ಹಲವು ಕಾಲ.— ನಿಯಮಿಸಲಾಱದ ಸೊಸೆಗೆ ಪಾಯಸವೇ ಕಹಿ.— ಬಸವಾ! ಅನ್ದರೆ ಪಾಪ! ಅನ್ದರೆ ಸೊಸೆಗೆ ಮಜ್ಜಿಗೆನೀರು ತಾ! ಅನ್ದ.— ಬಸೇ ವಾಸನೆಯಲ್ಲಿ ಸೊಸೆಯು ಹ್ಯಾಗೆ ಆರ ತರೋದು?— ಮಗನಿಗೆ ಮೂವ ಸತ್ತರೇನು? ಸೊಸೆಗೆ ಅಪ್ಪ ಸತ್ತರೇನು?— ಸೊಸೆ ಸತ್ತರೆ ಶೋಭನ, ಮಗ ಸತ್ತರೆ ಮನೆ ಹಾಳು.— ಸೊಸೆಗೆ ಗೃಹಪ್ರವೇಶ, ಅತ್ತೆಗೆ ವರವಾಸ.— ಸೊಸೆಗೆ ಬಿಸಿ ಇಲ್ಲ, ಹನ್ದರಿಗೆ ಹಸಿ ಇಲ್ಲ.— ಸೊಸೆಗೆ ಬುದ್ಧಿ ಹೇೞ್, ಅತ್ತೆ ಅಗಸನ ಹತ್ರ ಹೋದನ್ತೆ.— ಸೊಸೆ ಬನ್ದರೇನು? ಅತ್ತೆ ಬನ್ದರೇನು? ಬಿಸಿನೀರಿಗೆ ಮಾತ್ರ ದರಿದ್ರ.— ಸೊಸೆ ಹೆತ್ತರೆ ಅತ್ತೆ ಕಾರಾ ಕುಡಿದ ಹಾಗೆ (Prvs.). See Prvs. ದೊಡ್ಡವ, ಮಗ 1, ಮಗಳ್, ಸೊರ್ಗ.

ಸೊಸ್ತ sŏsta. Tbh. of ಸ್ವಸ್ಥ. (My.; Dp. 1, 5).

ಸೊಳೆ sŏḷĕ. = ಸೊಳ್ಳೆ 1. (ಮೂಗಿನ ಸೊಳೆ, ಹೊಳ್ಳೆ B. 4, 88; ಮೂಗಿನ ಹೊಳ್ಳೆ G.).

ಸೊಳ್ಳೆ sŏḷḷĕ. 1. A nostril (My.; see ತೊಳ್ಳೆ; Tĕ. ಸೊಲ್ಲು, empty). See Prv. s. ಮೂಗು.

ಸೊಳ್ಳೆ sŏḷḷĕ. 2. A musquito (My.; T. ತುಳ್ಳಲ್). See ಕಾಡು-. ಸಮೂಥಿಯಲ್ಲಿಯೂ ಸೊಳ್ಳೆಕಾಟ (Prv.).

ಸೋ sô. 1. — ಸೋಹೊನ್ನೆ ಮರ. = ಮುತ್ತೀ ಮರ. (St. & Pl.).

ಸೋ sô. 2. = ಸೂಹು, ಸೋವು 1, ಸೋಹು 1. To drive off, to chase away, to scare away (Bp. 61, 90; Č. Bp. 11, 9; Rŝv. 5, 32; Šŝv. 3, 42; J. 3, 6; 15, 3; 28, 41; Tĕ. ಜೋವು). P. p. ಸೋದು (Čpr. 7, 110; Abh. P. 9, after 191). ಸೋದುದು (ಸೂಹಿತ್ತು Čt. II, 111). ಗಿಳಿ ಸೋವಾಕೆಗಳಿನ್ ಒಪ್ಪುಗುಂ ಕೆಲವೆಡೆಯೊಳ್ (Šmd. 231).

ಸೋಕು sôku. 1. = ಸೊಂಕು 1, etc. (Râm. 3, 2, 18; 8, 45, 36; Tĕ.). ಸೋಕಿದ ನಾಯಿ ಒಡೆಯನ ಗುಱುತ ಬಲ್ಲಿತೇ?— ತೊಡೇ ಸೋಕಿದ ನಾಯಿ ಒಡೆಯನ ಗುರ್ತ ಬಲ್ಲದೇ?— ಬೇಕಾದ್ದು ಇದ್ದರೂ ಸೋಕೋದು ತಪ್ಪಲಿಲ್ಲ (Prvs.).

ಸೋಕು sôku. 2. = ಸೊಂಕು 2, etc. (Râm. 6, 45, 36; Tĕ.). See ದೆವ್ವ-. — ಸೋಕುರೋಗ. = ಸೊಂಕುರೋಗ. (My.).

ಸೋಗಿಲ್ sôgil. A pouch formed by folding or doubling a part of one's cloth in front (ಮಡಿಲ್ Čt. II, 78; ತೆರೆವೊಡೆ, ಮಡಿಲ್ Šs., Kk. 49; ಪೊಡೆ, ಉಡಿಲ್, ಮಡಿಲ್ Šm. 71; Grj. 3, after 69).

ಸೋಗು sôgu. = ಸೋಗೆ 2 No. 1. (My.).

ಸೋಗು sôgu. = ಜೋಹ, ಜೋಹು. Tbh. of ಯೋಗ. An assumed character and guise, disguise (ಜೋಹ, ವೇಷ G.; Mhr. ಸೋಂಗ). ಬೋಯರ ಸೋಗಿನ್ದ ಮೇಣೆಗಳನ್ನು ಎತ್ತಿ ಕೊಣ್ಡು ಹೋಗ ಹತ್ತಿದರು (B. 5, 40). See Prv. s. ನೆತ್ತರುಕುರು. — ಸೋಗು ತೆಗೆದು ಕೊಳ್ಳು. To assume the character and guise of—. ಬೇನೆಯವನ ಸೋಗು ತೆಗೆದು ಕೊಣ್ಡಿದ್ದೇನೆ (B. 4, 76). — ಸೋಗು ಮಾಡು. To assume a false appearance. ಮನ್ತ್ರಿಯ ಕಡೆಯಿನ್ದ ಹಣವನ್ನು ಗಳಿಸ ಬೇಕೆನ್ದು, ಮಾಡಿದ ಕಪಟದ ಸೋಗು (ಕುಹನ); ಉಪಜೀವನದ ಸಲುವಾಗಿ ಜಡೆಗಳನ್ನು ಬೆಳೆಸಿ ಕೊಣ್ಡು ಸೋಗ ಮಾಡುವವ (ಧರ್ಮಧ್ವಜ G.). — ಸೋಗು ಹಾಕು. To put on the character and guise of—, to disguise one's self. ಅವನ ಮಗಳು ಸ್ತ್ರೀವೇಷವನ್ನು ಬಿಟ್ಟು, ಪುರುಷರ ಸೋಗು ಹಾಕಿ ಕೊಣ್ಡು (B. 5, 46). ತಾನು ದನಾ ಕಾಯುವವನ ಸೋಗ ಹಾಕಿ ಕೊಣ್ಡು (5, 186). ಅವನು ಕಿನ್ನರಿಯವರ ಸೋಗ ಹಾಕಿ ಕೊಣ್ಡು (5, 187). ಯಾರಿಗೂ ತಿಳಿಯಗೊಡದೆ ಕಪಟದಿನ್ದ ಸೋಗು ಹಾಕಿ ಕೊಣ್ಡು ಒಳಗೆ ಹೋಗೋಣ (ಅಜ್ಞವಸ್ಕನ್ದನ); ಹೆಂಗಸರ ಸೋಗು ಹಾಕಿ ಕೊಣ್ಡು ಕುಣಿದು ಉಪಜೀವಿಸುವವನು (ಜಾಯಾಜೀವ); ಸೋಗು ಹಾಕುವವ (ನರ್ಮಕೃತ್ G.).

ಸೋಗೆ sôgĕ. 1. A line (made with black pigment) proceeding from the outer corner of the eye (ಕಣ್ಣುದಿಗೆರೆ Šm. 82). — ಸೋಗೆಗಣ್ಣು. -ಕಣ್ಣು. An eye to the outer corner of which a line is put (Abhâ. 2, 79).

ಸೋಗೆ sôgĕ. 2. = ಕೋಕೆ, ಸೋಗು. The peculiar leaf of palms, sugar-cane and the screw-pine (ಅಡಕೆ ಮೊದಲಾದವಱ ಪತ್ರ Šm. 82; My.; T. ತೋಗೈ; B. 3, 45; 4, 122; Sl. 164; J. 3, 5; Rŝv. 5, 43; 10, after 31; *cf.* Mhr. ಸೋಗಾ, the skirt of a garment as trailing along or as hanging loosely). ಕುಱು ಕಬ್ಬಿನೊಳು ಪೊಕ್ಕು ಅಱುವದೇ ತನಿರಸವ ಹೊಱಗಣ ಸೋಗೆಯುಗಿವನ್ತೆ? (Sp.). **2,** a peacock's feather or feathers (Čpr. 2, 88; Abh. P. 7, 13; T. ತೋಗೈ). **3,** a peacock's tail (ಕಲಾಪ, ಬರ್ಹ Hlâ.; Mr. 169; T., M.). ನವಿಲ ಗಱಿಯ ಸೋಗೆ (ತಿಱುಣ್ಡ, ಪಿಚ್ಛ, ಬರ್ಹ Nr.). **4,** a ship's tail, *i. e.* its rudder. ನಾವೆಯ ಸೋಗೆ (ಅರಿತ್ರ, ಕೋಟಿಪಾತ್ರ Hlâ.) **5,** a peacock (ಗಣ್ಡುನವಿಲ್ Čt. II, 89; ಮೋರ, ನವಿಲ್ Kk. 24; ಮೋರ, ನವಿಲ್ Šm. 29; ನವಿಲ್ 82; Čpr. 2, 88; Abh. P. 7, 13; Šŝv. 1, 52;

J. 3, 25). ಕೇಗಿಡುದು ಸೋಗೆ (Šmd. 169). — ಸೋಗೆದುಡುಮ್ಮು. -ತುಡುಮ್ಮು. A tuṛumbu decorated with peacock-feathers; a peacock considered as a tuṛumbu (Ššv. 2, 61). — ಸೋಗೆನವಿಲ್. A peacock (Ŏpr. 2, 79; Abh. P. 1, after 107; 3, 92).

ಸೋಚ್ಚು sôĉĉu. Tbh. of ಶೋಧಿಸು (G.).

ಸೋಚ್ಛ್ರಯ sa-uĉĉhraya. *High, tall.*

ಸೋಜಿ sôji. = ಸಜ್ಜಿಗೆ, etc. Meal ground coarse, etc. (My.; Mhr.; H. ಸೂಜಿ).

ಸೋಜಿಗ sôjiga. = ಚೋಜಿಗ, q. v. (ಅಚ್ಚು, ಆಶ್ಚರ್ಯ G.; Č. Bp. 47, 9; Râm. 6, 12, 3; J. 7, 19; 15, 29; Dp. 169, 3; My.; B. 2, 28; 3, 84. 90; 4, 54; 5, 198; see Prv. s. ಸಾಯು).

ಸೋಟಾ sôṭâ. A club, a mace (My.; Mhr., H.).

ಸೋಟು sôṭu. 1. = ಚೋಟು. See ಮುಚ್ಚೋಟು.

ಸೋಟು sôṭu. 2. = ಸವಟು 1, etc. A spoon (My.).

ಸೋಟೆ sôṭĕ. The lower part of the cheek, opposite to the corner of the mouth (My.). — ಸೋಟೆಬಿರಿ. -ಬಿರಿ. = ಸೋಟೆಹರಿ. (My.). — ಸೋಟೆಬಿಚಿ. -ಬಿಚಿ. = ಸೋಟೆಹರಿಚಿ. (My.). — ಸೋಟೆಹರಿ. A man whose lower part of the cheek is torn (My.). — ಸೋಟೆಹರಿಚಿ. Such a woman (My.).

ಸೋಡ sôḍa. = ಸುಡು 2, etc. Burning, etc. — ಸೋಡಬಲಿ. A cemetery (ಮಸಣವಟ್ಟಿಗೆ Šmd. II; ಮಸಣವಟ್ಟ Kk. 78, o. r. ಸೊಡಬಲಿ). — ಸೋಡಬಲಿವನೆಯ. -ಮನೆಯ. Whose residence are cemeteries: Šiva (ಶಿವ Kk. 5; ಈಶ್ವರ Šm. 3).

ಸೋಡ sôḍa. ಸೋಡಂ. 1. Much, more, further (ಪಿರಿದುಂ, ಬಾಡಂ Šmd. 393; ಪಿರಿದುಂ, ಬಾಡಂ, ಉಣ್ಣವಳಿಯದು II). 2, in vain, causelessly (ಬಾಡಂ, ಬಱಿದು Šmd. 110; ಬಾಡಂ, ಸುಮ್ಮನೆ Ŏt. I, 14; ಬಾಡಂ, ಉಣ್ಣವಳಿಯದು, ಬಱಿದು Kk. 89).

ಸೋಡ sôḍa. 2. Letting go freely, setting at large (Mhr., H.). — ಸೋಡಪತ್ರ. A bill of divorce (S. Mhr.; Mhr. ಸೂಟಪತ್ರ). — ಸೋಡಮುಂಜಿ. The ceremony of loosening the string from the loins of a Brâhmaṇa, about sixteen years after binding it at the ceremony of investiture with the sacrificial thread (ಸಮಾವರ್ತನ Ŏb.; Mhr. ಸೋಡಮುಂಜ). ಸೋಡಮುಂಜಿಯಾದ ಬ್ರಹ್ಮಚಾರಿ (ಸ್ನಾತಕ G.).

ಸೋಡಿ sôḍi. (= ಚೋಡಿ 2). Remission of a debt, etc.; the sum remitted, abatement (My.; Mhr. ಸೂಟ). 2, release from bondage, freedom granted (My.; Mhr. ಸೂಟ).

ಸೋಢ sôḍha. Borne, suffered, endured; *patient, enduring.*

ಸೋಢೃ sôḍhṛi. One who bears or suffers; patient, enduring; able, powerful. (R.).

ಸೋಣಂಗಿ sôṇaṅgi. (= ಚೋಣಗಿ). — ಸೋಣಂಗಿನಾಯಿ. An Arab greyhound (My.; Tĕ. ಶೋಣಂಗಿ).

ಸೋಣಿ sôṇi. Tbh. of ಶ್ರೋಣಿ (Šmd. 345 Mdb.).

ಸೋತು sôtu. P. p. of ಸೋಲು 1.

ಸೋತ್ಕಂಠ sa-utkaṇṭha. Ardently longing, impatiently eager; regretful; bewailing, sorrowing. (ಅಬೋಣ G.).

ಸೋತ್ಪ್ರಾಸ sa-utprâsa. Excessive; exaggerated. 2, violent laughter. 3, *ironical exaggeration, sarcasm, sneering praise and covert censure* (ಬಯ್ಗುಳು, ಕುನ್ನ Hlâ.).

ಸೋತ್ಪ್ರಾಸಹಸಿತ sôtprâsa-hasita. *Sarcastic laughter.*

ಸೋದನೆ sôdanĕ. Tbh. of ಶೋಧನೆ (My.).

ಸೋದರ sa-udara. Born from the same womb, co-uterine. 2, *a co-uterine brother, a brother of whole blood, an own brother.* ಕಣ್ಣಿದ್ದಲ್ಲ ಕೇಳಿದ್ದಲ್ಲ ಗಣ್ಣನ ಸೋದರ (Prv.). — ಸೋದರಅತ್ತೆ. = ಸೋದರತ್ತೆ. (B. 4, 138). — ಸೋದರತ್ತಿ. -ಅತ್ತಿ. = ಸೋದರತ್ತೆ. (ಮಾತುಲಾನಿ Dhw.).—ಸೋದರತ್ತೆ. -ಅತ್ತೆ. A father's sister (My.); a mother's brother's wife (My.). ಸೋದರತ್ತೆಗೆ ಮೀಸೆ ಬನ್ದರೆ ಚಿಕ್ಕಪ್ಪ ಅನ್ನಿಸಿ ಕೊಳ್ಳಾಳೇ? (Prv.). — ಸೋದರತ್ತೆಮಗ. A father's sister's son (ಪೈತೃಷ್ವಸ್ರೇಯ Si. 189). — ಸೋದರದತ್ತಿಗೆ. -ಅತ್ತಿಗೆ. (Bp. 40, 46). — ಸೋದರಮಾವ. A mother's brother, a maternal uncle (My.; ಮಾತುಲ Mr. 313; Si. 192; ಮಾತುಲ, ತಾಯಿಯಣ್ಣ G.; B. 1, 25; 2, 35). ಅತ್ತೆಗೆ ಕುದುರೆ ಸೋದರಮಾವನೇ.—ದಣ್ಣೆನಲ್ಲಿಯೂ ಸೋದರಮಾವನೇ? (Prvs.).— ಸೋದರಮಾವನ ಮಗ. A maternal uncle's son (My.). — ಸೋದರಮಾವನ ಹೆಣ್ಣತಿ. The wife of a maternal uncle, a maternal aunt (ಮಾತುಲಾನಿ, ಮಾತುಲಿ Nr.). — ಸೋದರಸೊಸೆ. A man's sister's daughter (My.); a wife's brother's daughter (My.). — ಸೋದರಳಿಯ. -ಅಳಿಯ. A man's sister's son; a sister's son (ಭಗಿನೀಜ, ಸ್ವಸ್ರೀಯ Mr. 314; ಸ್ವಸ್ರೀಯ, ಭಾಗಿನೇಯ, ಒಡ ಹುಟ್ಟಿದವಳ ಮಗನು, ಅಕ್ಕನ ಮಗ, ತಂಗೀ ಮಗ Si. 192; My.); a wife's brother's son (My.).

ಸೋದರಿ sa-udari. A co-uterine sister (Bp. 14, 3). See ಶಿವ-.

ಸೋದರ್ಯ sa-udarya. *An own brother* (ಒಡ ಹುಟ್ಟಿದವನು Nr.; ಒನ್ದು ತಾಯಿಯ ಮಗ Si. 192).

ಸೋದಿಗೆ sôdigĕ. Payment: tax (? Bp. 27, 52; *cf.* ಶೋಧನ).

ಸೋದಿಸು sôdisu. Tbh. of ಶೋಧಿಸು. To clear away. ಕಸವಂ ಸೋದಿಸದೆ ಬಿತ್ತಿದೊಕ್ಕಲಿಗನ ಪೋಲ್ (Šmd. 267). 2, to search or examine (the bushes when hunting, Ššv. 3, 49); etc.

ಸೋದು sôdu. Tbh. of ಸ್ವಾದು. (Dp. 76, 2).

ಸೋನ sôna. Tbh. of ಶ್ವಾನ. See Sp. s. ಬರ್ 1.

ಸೋನೆ sônĕ. A thin, light, but long-continued rain, an incessant drizzle, an incessant rain (ತನ್ದಲ್ Ŏt. I, 101; II, 113; ಜಡಿ Šm. 93; Grj. 9, after 58; T. ಚೋನ್ನೆ, Tĕ. ಸೋನೆ; *cf.* ಜೋನಿ, ಸೊನೆ? ಸೋರ್ 1?), as of nectar (Bp. 28, 41), of arrows (Bh. 3, 19, 36; J. 22, 36), of sparks (8, 39), of dust (10, 8), or of pearls (33, 45). See ಬರ್-.

ಸೋನ್ಮಾದ sa-unmâda. Mad, insane (Colebr.).

ಸೋಪಸ್ಕರ sa-upaskara. = ಸೋಬಸ್ಕರ. Materials, provision, necessary articles (My.; Tĕ.).

ಸೋಪಸ್ಕಾರ sa-upaskâra. A measure or means, an act, item adopted toward the finishing of — (ಸಾಧನ G.; Mhr.).

ಸೋಪಹಾಸ sa-upahâsa. Accompanied with derisive laughter, *sneering, jocular, sarcastic.*

ಸೋಪಾನ sôpâna. *Stairs, steps, a staircase, a ladder* (ತೀರ್ಥ Nn. 48).

ಸೋಪು sôpu. (= ಸಬಾಪು). Anise-seed (My.; Tĕ.; T. ಚೋಂಬು; Mhr., H. ಶೇಪ, ಸೋಪ). — ಸೋಪುಗಿಡ. The potherb anise, Pimpinella anisum Lin. (St. & Pl.).

ಸೋಬತಿ sôbati. A companion, fellow; match, the man or fellow for (B. 2, 25; Mhr. ಸೋಬತಿ).

ಸೋಬತು sôbatu. Company, society (My.; Mhr. ಸೋಬತ).

ಸೋಬಸ್ಕರ sôbaskara. Tbh. of ಸೋಪಸ್ಕರ. (My.).

ಸೋಬಾನೆ sôbânĕ. Tbh. of ಶೋಭನ. A song used on festive occasions at the end of each foot of which sôbânĕ occurs as a chorus (My.; Tĕ.).

ಸೋಬೆ sôbĕ. Tbh. of ಶೋಭೆ. (My.; Tĕ.; T. ಶೋಭೈ, ಚೋಭೈ).

ಸೋಮ sôma. A climbing plant, Sarcostema viminalis (or S. acidum R. Br.; ವಲ್ಲಿ, ಲತಾಭೇದ Nn. 25; ವಲ್ಲಿ Mr. 506). 2, *the intoxicating juice of the above plant.* 3, the above plant or its juice personified and deified. 4, ambrosia, nectar (ಅಮೃತ 25; ಸುಧೆ 506). 5, water (ಅಮೃತ, ಉದಕ 25; ವಾರಿ 506). 6, *the moon* (ಶಶಿ, ಚನ್ದ್ರ 25; ಸೋಮನ್ 506). 7, air, wind (ಸಮೀರ, ವಾಯು 25; ಸಮೀರ 506). 8, Kubêra (ಕೌಬೇರ, ಕುಬೇರ 25). 9, Yama (ಕಾಲ, ಯಮ 25; ಅನ್ತಕ 506). 10, Śiva (ರುದ್ರ, ಈಶ್ವರ 25; ಸೋಮಧರ 506). 11, a sage; an assemblage of sages (ಮುನಿ, ಎತಿ 25; ಮುನಿಸ್ತೋಮ 506). 12, the ruler at the beginning of a yuga (ಯುಗದ ಆದಿಯ ಅವನಿಪ, ಯುಗದ ಆದಿಯ ಅರಸು 25). 13, N. (C.). 14, camphor (ಕರ್ಪೂರ 25; 506). 15, the plant Cocculus cordifolius Dc. (ಅಮೃತ, ಜೀವನ್ತಿ, ಗುಡೂಚಿ, ಅಮರವಲ್ಲಿ Mr. 145). 16, N. of a metrical foot (Čh.). 17, one of the vasus. — ಸೋಮಣ್ಣ. -ಅಣ್ಣ. N. (Bp. 9, 36). — ಸೋಮಪ್ಪ. -ಅಪ್ಪ. N. (C.). — ಸೋಮಬಳ್ಳಿ. A twining leafless shrub, Sarcostema brevistigma W. & A. (St. & Pl.). — ಸೋಮಯ. -ಅಯ. Śiva (Bp. 44, 6. 17); N. (My.). See ಸೌರಾಷ್ಟ್ರ-. — ಸೋಮವ್ವೆ. -ಅವ್ವೆ. N. See ವರದ-.

ಸೋಮಕ sômaka. N. of a demom who stole the vêdas (Bp. 54, 10; My.).

ಸೋಮಜ sôma-ja. Moon-born; *the planet Budha or Mercury.*

ಸೋಮದೈವತ್ಯ sôma-daivatya. *Having sôma as a deity, presided over by the moon.*

ಸೋಮಧರ sôma-dhara. Śiva (ಸೋಮ Mr. 506).

ಸೋಮಧಾರಿ sôma-dhâri. Śiva (Bp. 47, 11).

ಸೋಮನಾಥ sôma-nâtha. Śiva, or his liṅga (Bp. 43, 16. 18; 44, 4; 53, 25. 27). 2, N. of an author (Bp. 1, 16). 3, N. (Bp. 48, 4). See ಸಿರಿ-.

ಸೋಮನೇಮಾಚೂಡ sôma-nêma-â-čûḍa. Whose crest is the half moon: Śiva (Bp. 8, 36; 37, 30).

ಸೋಮಪ sôma-pa. *One who drinks the sôma juice;* a Brâhmaṇa (Mr. 240).

ಸೋಮಪಾ sôma-pâ. A drinker of sôma juice; *a Brâhmaṇa;* the performer of a sacrifice.

ಸೋಮಪಾನ sôma-pâna. The drinking of the sôma juice. (My.).

ಸೋಮಪೀತಿ sôma-pîti. *A drinker of the sôma juice.*

ಸೋಮಪ್ರಮಾಥಿ sôma-pramâthi. One who crushes the stalks of the sôma plant between stones, sprinkles them with water, and places them on a sieve or strainer (whence, after further pressure, the acid juice trickles into a vessel, ಸೋಮಲತೆಯನ್ನು ಕುಟ್ಟುವವನು ಮುನ್ತಾದವುಗಳ ಪ್ರಯತ್ನ ಚಾತುರ್ಯಗಳುಳ್ಳವನು Si. 235).

ಸೋಮಯಜ್ಞ sôma-yajña. = ಸೋಮಯಾಗ No. 1. ಸೋಮಯಜ್ಞ ಮಾಡಿದವನು (ದೀಕ್ಷಿತ G.).

ಸೋಮಯಾಗ sôma-yâga. A sôma sacrifice, an offering or libation of the sôma juice. 2, a great triennial sacrifice in which the sôma juice is drunk. (Si. 234; G. 554).

ಸೋಮಯಾಜಿ sôma-yâji. A sôma sacrificer, one who has performed a sôma sacrifice (ದೀಕ್ಷಿತ, ಸೋಮಯಾಗದಲ್ಲಿ ಕರ್ತನಾದವನು Si. 234); N. See Bp. 55, 16. 33; 56, 36; 57, 30; ಬಸವನ್ನ-.

ಸೋಮರಾಜಿ sôma-râji. *The plant Vernonia anthelmintica* Willd. See ಬಾವುಚಗೆ.

ಸೋಮರೋಗ sôma-rôga. A particular disease incidental to women. (Čb. 167).

ಸೋಮಲ sômala. Tbh. of ಸೋಮಾಲ. — ಸೋಮಲದೇವಿ. N. (Bp. 12, 43).

ಸೋಮಲತೆ sôma-latĕ. = ಸೋಮ No. 1. (Si. 235; G. 554).

ಸೋಮಲಾಂಛನ sôma-lâñčhana. Śiva (Bp. 25, 2).

ಸೋಮವಂಶ sôma-vaṁśa. The lunar dynasty or line of kings (in which came Yadu, Kṛishṇa, Bharata, Kuru, etc.). (My.).

ಸೋಮವತ್ sôma-vat. *Possessing sôma; lunar.*

ಸೋಮವಲ್ಕ sôma-valka. The tree Acacia catechu Willd. (= ಖದಿರ). 2, *another tree* (= ಕಟ್ಫಲ).

ಸೋಮವಲ್ಲರಿ sôma-vallari. *The plant Ruta graveolens* (or Asclepias acida R., or Cynanchum viminale). See ಹೊನ್ನಗನ್ನೆ s. ಹೊನ್.

ಸೋಮವಲ್ಲಿ sôma-valli. = ಸೋಮ No. 1. 2, *the shrub Cocculus cordifolius* DC.

ಸೋಮವಲ್ಲಿಕೆ sôma-vallikĕ. *The plant Vernonia anthelmintica* Willd.

ಸೋಮವಾರ sôma-vâra. Monday. (C.; Bp. 2, 51; B. 1, 7).

ಸೋಮವಾರವ್ರತ sômavâra-vrata. A kind of religious observance performed in the evening and consisting of the worship of Śiva and Durgâ preceded by fasting every Monday. (My.).

ಸೋಮಸೂತ್ರ sôma-sûtra. A channel for conveying the water with which a liṅga, or another idol, has been bathed. (My.).

ಸೋಮಾರಿ sômâri. A sluggard, an idler (C.; B. 3, 69; 4, 2; Tê.; T. ಚೋಮ್ಬೇರಿ; see ಜೋಬು).

ಸೋಮಾರಿತನ sômâritana. Sluggishness, laziness (C.; B. 4, 1. 194; T. ಚೋಮ್ಬೇರಿತ್ತನ).

ಸೋಮಾಲ sômâla. = ಸೋಮಲ. Resembling the moon, soft, bland, placid.

ಸೋಮಿ sômi. 1. A performer of a sôma sacrifice (Sk.).

ಸೋಮಿ sômi. 2. Tbh. of ಸ್ವಾಮಿ. (My.).

ಸೋಮೇಶ sôma-îśa. Śiva (Bp. 53, 17. 21; Mr. 1. 7). See ಸೌರಾಷ್ಟ್ರ-.

ಸೋಮೇಶ್ವರ sôma-îśvara. Śiva, or his liṅga (Bp. 51, 82; 53, 13. 19. 24; 57, 60. 64). 2, N. of a Kannaḍa poet. 3, N. See ಕೊಟ್ಟೂರ-. 4, sign for a long syllable (Čh.).

ಸೋಮೋದ್ಭವೆ sôma-udbhavĕ. *The river Narmadâ.*

ಸೋಯಿ sôyi. 1. = ಸೋವಿ. (Tbh. of ಸ್ವಾಮಿ). — ಸೊಯಿದೇವ. = ಸೋವಣ್ಣ. N. (Bp. 51, 78. 83). See ವೀರಗೆಲಸದ-.

ಸೋಯಿ sôyi. 2. Opportuneness of circumstances (ಅನುಕೂಲ Čb.; Mhr. ಸೋಈ).

ಸೋರ್ sôr. 1. = ಸೋರು 1. To drop, to drip, to trickle, to ooze, to flow, as cocoa-nut water (Čpr. 3, 15; J. 3, 27), as water drops (Čpr. 4, 46), as the juice of a ripe fruit (J. 3, 11), as ichor from an elephant's temples (Šśv. 3, 36. 57), as poetical essence (Mr. 2); to come forth, as entrails (Abh. P. 13, after 54; ಗಲನ Šmd. Dh.; M., T. ಚೋರು; T. ಚೋರಿ, rain; blood; ಶೋರ್ರೈ, blood; M. ಚೋರಿ, ಶೋರಿ, blood; *cf.* ಒಸರ್ 1, ಸುರಿ 1); to leak (C. as ಸೋರು). ಸೋರ್ವ (Čpr. 3, 15; Abh. P. 13, 54).

ಸೋರ್ sôr. 2. = ಸೋರು 2. Dropping, etc., leaking. — ಸೋರೋಡು. -ಓಡು. A leaking potsherd, *i. e.* one full of holes (Bp. 60, 46).

ಸೋರ್ sôr. 3. (= ಜೋಲ್ 1). To be or become loose or slack, etc. (ಜೋಲ್ Šm. 108; T. ಜೋರ್).

ಸೋರ್ sôr. 4. = ಸೋರ್. The state of being loose, dangling, etc. (ಜಂಗಳ, ಬದಲ್, ಸಿಡಿಲ್ದುದು Šm. 49).

ಸೋರ್ sôr. 5. (= ಸೋರ್ 3 ?). To become free from pride (ಗರ್ವಹೀನ Šmd. Dh.; Šm. 103; T. ಜೋರ್, to wither, fade away = ವಾಡು). ಸೋರ್ದರ್ಪಂ (Šmd. 50. 55). See ಒಳ್-.

ಸೋರ್ sôr. 6. To become wet or soaked (ನನೆ Šm. 103; *cf.* ತುಯ್ಯ್?). ಸೋರ್ದುರ್ (Čpr. 4, 46).

ಸೋರಿಸು sôrisu. = ಜೋರಿಸು. To cause to drop, trickle or flow (My.). ಜೊಲ್ಲು ಸೋರಿಸುತ್ತ ಮಾತಾಡು ವನ್ನ (ಅಮುಷ್ಟಿಕೃತ G.).

ಸೋರು sôru. 1. = ಜೋರು 1, ಸೋರ್ 1. To drop, etc. (C.), as tears (Râm. 5, 9, 8), as blood (B. 1, 10). P. p. ಸೋರಿ. ಸೋರುವ ಮನೆಯನ್ನೂ ಜೋರುವ ಹೆಣ್ಡತಿಯನ್ನೂ ದೂರ ಬಿಡ ಬೇಕು.—ಸೋರುವ ಮನೆಯೂ ಲೊಟಕುವ ಗಣ್ಡನೂ ಸರಿ.—ಸೋರುವ ಮನೆಯಲ್ಲಿ ಉಚ್ಚೆ ಹೊಯ್ದರೆ (or ನೀರು ಚೆಲ್ಲಿದರೆ) ಹಳ್ಳದ ಕೂಡೆ ಹಳ್ಳ (Prvs.). ಮದ ಸೋರುತ್ತಿರುವ ಆನೆ (ಪ್ರಭಿನ್ನ, ಗರ್ಜಿತ, ಮತ್ತŠi. 269); ಸೋರಿ ಹೋದದು (ಸ್ಕನ್ನ, ರೀಣ, ಸ್ರುತ, ಸ್ನುತ 379); ಸೋರಿ ಹೋಗುವಿಕೆ (ಶ್ಚ್ಯೋತ, ಪ್ರಾಘಾರ 390). ಮದ ವೇಱಿದಾಗ ಆನೆಗಳ ಗಣ್ಡಸ್ಥಲಗಳೊಳಗಿನ್ದ ಮದೋದಕವು ಸೋರುತ್ತದೆ (B. 4, 28; 5, 239). — ಸೋರಾಟ. -ಆಟ. Dropping, etc. (ಸ್ನವ, ಸ್ರವ Ši. 389).

ಸೋರು sôru. 2. = ಜೋರು 2, ಸೋರ್ 2. — ಸೋರು ಬಾರು. reit. = ಜೋರು ಬಾರು. (My.).

ಸೋರುಪ್ಪು (sôrâ-uppu). Nitre, saltpetre (C.; B. 4, 159; Tĕ.; Mhr., H. ಸೋರಾ; ಅಕ್ಷರುಚಕ G.).

ಸೋರುವಿಕೆ sôruvikĕ. = ಸೋರುಹ. (ಶ್ಚ್ಯೋತ, ಪ್ರಾಘಾರ Ši. 390). ವಸ್ತಿಗರ್ಭದೋಷದಿನ್ದ ರೇತಸ್ಸು ಕರಗಿ ತಡೆಯಿಲ್ಲದೇ ಸೋರುವಿಕೆ (ಮೋಹ 201).

ಸೋರುಹ sôruha. Dropping, etc. (ಸ್ರವ Nr.).

ಸೋರೆ sôrĕ. 1. = ಸೊರೆ 1. The bottle gourd (ತುಮ್ಬು, ಅಲಾಬು, ದುಗ್ಧಿಕೆ Hlâ.; My.; Tĕ.; occasionally stone-vessels are made in the form of a sôrĕ, see ಕಲ್ಲು-, ಹುರೋ-). ಕಕುಭ ಪ್ರಸೇವಕ ಎನ್ದೊಡೆ ವೀಣೆಯ ಗವಸಣಿಗೆ; ಸೋರೆಯುನ್ದೂ, ಎಮ್ಬರು (Nr.). ಸೋರೆಯೊಳಗೆ ಮುದ್ದ ತುಮ್ಬಿ, ಮೇಲೆ ಹೂಹಾರ ಗನ್ಧ ಧರಿಸಿದಸ್ತ್ರೀ (Dp. 30, 4). ಉಣ್ಡು ನಗದಿಹ ವೋಟೆ ಆಡುವೆ ಕಹಿಸೋರೆ (54, 4). — ಸೋರೆಕಾಯಿ. A fresh bottle gourd (My.). ಸೋರೆಕಾಯಿ ಆದರೆ ಹಾರೋರಿಗೆ ಆಗದೇ?—ಕುಮಾರರಾಮನು ಸೋರೆಕಾಯಿ ತಿನ್ದ ಹಾಗೆ (Prvs.). — ಸೋರೆಬುರುಡೆ. A bottle gourd deprived of its pulp and fried, when it is used as a vessel and for the lute and in swimming (My.). ಸೋರೆಯೂ ಬುರುಡೆಗಳು ಗೊಂಚೆಯ ಸರಳ್ಗಳ ಪಿಡಿದು,...ಬೇಗ್ಟೆಯಾಡುತ್ತಿರ್ದರು (Râghĕ. 17, 67).

ಸೋರೆ sôrĕ. 2. A kind of bird (Râv. 5, 59).

ಸೋರ್ sôr. = ಸೋರ್ 4. Being loose, etc. — ಸೋರ್ಮುಡಿ. A loose knot or braid of hair (Čpr. 10, 11; Abh. P. 8, 78. 108; 7, 18; Čt. II, 68. 98; V. 4, 18; J. 8, 18).

ಸೋರ್ಗಳ್ sôrgaḷ. ಸೋರ್ಗಳಿನ ಗಣಿಕರಕ್ಕು (Čt. I, 60).

ಸೋರ್ಚು sôrču. = ಸೋರಿಸು. To cause to drop, etc. (ಗಲನ Šmd. Dh.).

ಸೋಲ್ sôl. = ಸೋಲು 1. To be defeated or overcome, not to win (ಪರಾಜಯ Šmd. Dh.; T. ತೋರ್, ತೋಱ್; M. ತೋಲ್). P. ps. ಸೋಲ್ತು (Šmd. 288; Čpr. 1, 118; Râv. 13, 90; Bp. 27, 10), ಸೋಲ್ದು (J. 3, 7; 5, 60; 7, 44; 20, 31; 21, 1; 27, 51; Bh. 1, 8, 53). ಸೋಲ್ವನೇ? (J. 12, 36). ಸೋಲ್ಗುಂ (21, 14). ಸೋಲ್ತವಂಗೆ ರವಿ (ಗಣಂ) ಉಚಿತಂ (Mr. 365); ಸೋಲ್ತ ಜೊತ್ತು (ಅಭಿಷಂಗ 492). See Bp. 40, 6. 22; 50, 28. 2, to lose (v. t.), to forfeit (Bp. 44, 61. 65). — ಸೋಲ ನುಡಿವವನು. A man who is overcome in argument (ಅಧರ, ಹೀನವಾದಿ Hlâ.).

ಸೋಲ sôla. = ಸೋಲು 2. Defeat, loss (Čpr. 2, 19; 8, 70; 10, 6; Bp. 4, 16; 20, 28; 59, 11; 61, 58; Râm. 4, 8, 16; Râv. 13, 61; T. ತೋಲ್). ತನ್ನ ಸೋಲವ ನುಡಿದು ಕೊಮ್ಬಂ (ಅಧರ Mr. 237). ಸೋಲವಾಚ (ಮನ ನಟ್ಟುದು Čt. I, 47). See ಕಣ್-. — ಸೋಲ ಗೆಲ. Loss and gain, defeat and success (J. 11, 5; Dp. 67, 6). — ಸೋಲ ಗೆಲವು. = ಸೋಲ ಗೆಲ. (My.). — ಸೋಲವಪ್ಪುಡೆ. -ಂ-ಪಡೆ. To generate or cause defeat (Čpr. 6, 85).

ಸೋಲಿಸು sôlisu. To defeat, to overcome, to vanquish (ಅಪಜಯ Šmd. Dh.; Bp. 6, 4; 40, 62; 50, 22; Šâv. 4, 80; J. 12, 40; My.; B. 4, 37; 5, 246). ಸೋಲಿಸುದು (ಜಾಳಿಸಿತ್ತು Šm. 42; ಜಾಳಿಸಿತು Kk. 73).

ಸೋಲು sôlu. 1. = ಸೋಲ್. To be defeated, etc. P. p. ಸೋತು (Bp. 27, 29; 49, 23; 50, 39; C.). ಸೋತವನು (ಪರಾಜಿತ Nr.). ಸೋತ ವೇಳೆ (ಅಭಿಷಂಗ, ಸೋಲ್ಮೆ Nn. 122). ಕಾಳಗದಲ್ಲಿ ಸೋತು ಹೋಗುವಿಕೆ (ಪರಾಜಯ Ši. 296); ಸೋತು ಹೋದವನು (ಪರಾಜಿತ, ಪರಾಭೂತ 296). ಸೋಲುವಂ (J. 10, 49). ಸೋಲದೆ ಗೆಲವು ಆಗದು, ನೂಲದೆ ಬಟ್ಟೆ ಆಗದು.—ಗೆದ್ದರೆ ಹಲವರು ಗೆದ್ದರು, ಸೋತರೆ ಕೊಂಕಣಿಗರ ಗಣ್ಡು ಸೋತ.—ಗೆದ್ದರೆ ಕೆಯ್ ಕಾಲು, ಸೋತರೆ ಕಿವಿ ಮೂಗು.—ನೂತನವಾದದಕ್ಕೆ ಸೋತವನು ನಾತದ ವಸ್ತುವಿಗೆ ಸೋತಾನೇ?—ಮಗ ಸೋತರೂ ಬೀಜನ ಒಳವು ಕಲಿತ.—ಮಾತು ಬನ್ದಾಗ ಸೋತು ಹೋದವನೇ ಜಾಣ (Prvs.). ಸೋತ ಪುರುಕಿ (a female who has lost, My. in children's language). ಸೋತ ಪುರುಕಿಗೆ ಸೋರೆಕಾಯಿ, ಗೆದ್ದ ಪುರುಕಿಗೆ ಸಕ್ಕರೆ ಕಾಯಿ (Prv.). 2, to fail, to fall off in respect to vigour, etc. (Tĕ. ಸೋಲು). ನಿದ್ದೆಯ ಹೊತ್ತಾಯಿತೆನ್ದರೆ...ನರಗಳು ಸಡಿಲಾಗುತ್ತವೆ, ಗೋಣು ಸೋಲುತ್ತದೆ (B. 4, 134). 3, to lose (v. t.), to forfeit (Râm. 3, 2, 18).

ಸೋಲು sôlu. 2. = ಸೋಲ. (My.). — ಸೋಲು ಗೆಲವು. = ಸೋಲ ಗೆಲ. (J. 12, 26).

ಸೋಲುವಿಕೆ sôluvikĕ. = ಸೋಲುವೆ. (My.).

ಸೋಲುವೆ sôluvĕ. Defeat, losing, loss (ಅಭಿಷಂಗ, ಪರಾಭವ Nr.; T. ತೋಲ್ಪು, ತೋರ್ವೆ, ತೋಲ್ವೆ).

ಸೋಲೆ sôlĕ. The skin or slough of a snake; the coat of an onion (My.; *cf.* Mhr. ಸೋಲಣೇಂ = K. ಸುಲಿ 1).

ಸೋಲ್ಮೆ sôlmĕ. = ಸೋಲುವೆ. (ಅಭಿಷಂಗ, ಸೋತ ವೇಳೆ Nn. 122).

ಸೋಲ್ಲುಣ್ಠ sa-ulluṇṭha. *Irony, sarcasm, ridicule.*

ಸೋವತ sôvata. Prey (? Abh. P. 14, 201; 15, after 56).

ಸೋವಸೇಯ sôvasêya. Auspicious, fortunate, etc. (ಶಿವ, ಶುಭ, ಮಂಗಲ, etc. Mr. 26).

ಸೋವಾಸಿಣಿ sôvâsiṇi. Tbh. of ಸುವಾಸಿನಿ (Šmd. 355. 364; ಅಯ್ದೆ Šm. 73).

ಸೋವಾಸಿನಿ sôvâsini. (Šmd. 364). Tbh. of ಸುವಾಸಿನಿ (ಸುವಾಸಿನಿ Hlâ.).

ಸೋವಿ sôvi. (Šmd. 25). = Tbh. ಸೋವಿ? or = ಸೋವೆ?

ಸೋವಿ sôvi. = (ಸೋಮಿ 2), ಸೋಯಿ 1. (Tbh. of ಸ್ವಾಮಿ). — ಸೋವಣ್ಣ. -ಅಣ್ಣ. = ಸೋಯಿದೇವ. N. (Bp. 51, 76. 80. 82). — ಸೋವರಸ. -ಅರಸ. N. (Bp. 59, 7).

ಸೋವು sôvu. 1. = ಸೋ 2, etc. To drive off, etc. P. p. ಸೋವಿ (J. 6, 17; 28, 47). ನಾಯ್ಕು ಸೋವುವುದು (ಪಟು Šmd. I, o. r. — ಸೋವ್ವುದು).

ಸೋವು sôvu. 2. = ಸೋಹೆ. Trace, mark, sign (Tu.). ಸೋವು ತಿಳಿದ ಮಾವ ನೂಲು ಬಿಟ್ಟಾನೇ? (Prv.).

ಸೋವೆ sôvĕ. N. of a plant (ರಾವೆ Mr. 120).

ಸೋಷ್ಣ sa-ushṇa. Hot (Rŝv. 5, 32. 40).

ಸೋಸ sôsa. Tbh. of ಶ್ವಾಸ. (Bp. 42, 26; Bh. 3, 13, 38).

ಸೋಸು sôsu. 1. Tbh. of ಶೋಧಿಸು. (My.). ತಳ ಸೋಸದೆ ಮನೆ ಕಟ್ಟಿದರೆ (B. 3, 98). ಆ ಸತ್ತವೊಳಗೆ ಸೇರಿಗೆ ಎರಡುವರೆ ತೊಲೆಯಸ್ತು ತಿಳಿಸುಣ್ಣ ಕೂಡಿಸಿ, ಸೋಸಿ ತೆಗೆಯುವರು (4, 71). ಮನೇ ಕಟ್ಟುವದಕ್ಕಿನ್ನ ಮೊದಲು ಚನ್ನಾಗಿ ತಳಾ ಸೋಸ ಬೇಕಾಗುತ್ತದೆ (4, 120). ತಳ ಸೋಸುವದಕ್ಕಾಗಿ ನೆಲ ಅಗಿಯ ಬೇಕು (4, 151). ಕಲ್ಲೊಳಗಿನ್ದ ಕಬ್ಬಿಣ ಸೋಸಿ ತೆಗೆಯ ಬೇಕು (4, 152). ಕಬ್ಬಿಣವನ್ನು ಬಟ್ಟೆಯೊಳಗೆ ಹಾಕಿ, ಸೋಸ ಬೇಕು (5, 75). ಕಬ್ಬಿಣವನ್ನ ಕೊಲಿಮೆಯೊಳಗೆ ಹಾಕಿ ಸೋಸುವವರ ಶ್ರಮ (5, 128).

ಸೋಸು sôsu. 2. Tbh. of ಸಹಿಸು. To endure, to bear (Mhr. ಸೋಸಣೇಂ). ಎಲ್ಲರು ಸ್ವಲ್ಪ ಸ್ವಲ್ಪ ಕಷ್ಟ ಸೋಸುವದರಿನ್ದ ಬದಿಗಾಲದೊಳಗೆ ಎಲ್ಲರೂ ಬದುಕುವರು (B. 5, 103).

ಸೋಹ sôha. Tbh. of ಸೋಽಹಂ. The ego, the self; identity (Bp. 1, 68; 8, 57; 37, 53).

ಸೋಽಹಂ saḥ-aham. I myself; I am He (the universal soul).

ಸೋಹಮ್ಭಾವ sôham-bhâva. The conception or realization of He (the universal soul) being I, and of I being He, the personal verification of pantheism (My.; Mhr.).

ಸೋಹಲ sôhala. = ಜೋಹರ 2. (G.; Mhr. ಸೋಹಳಾ).

ಸೋಹು sôhu. 1. = ಸೋವು 1, etc. (Bp. 20, 14; Bh. 3, 13, 17; 7, 6, 81).

ಸೋಹು sôhu. 2. Beating, driving, chasing (Bh. 1, 7, 2; 3, 13, 25). — ಸೋಹುಮೃಗ. A hunting-animal (ಅಟ್ಟುಳಿ Mr. 380).

ಸೋಹೆ sôhĕ. = ಸೋವು 2. (Bh. 3, 13, 15; cf. ಜಾಡೆ?).

ಸೌ sau. For some words with this initial syllable in writ see ಸಂ, ಸವ, and ಸವು, e. g. ಸಂವರಣೆ = ಸೌರಣೆ, ಸವಲು = ಸೌಲು, ಸವುದೆ = ಸೌದೆ, ಸವುಸವ = ಸೌಸವ, ಸವುಲು = ಸೌಲು.

ಸೌಕರ್ಯ saukarya. 1. (fr. ಸೂಕರ). Hoggishness, swinishness. (My.).

ಸೌಕರ್ಯ saukarya. 2. (fr. ಸುಕರ). Easiness of performance, practicability, etc. (Sk.).

ಸೌಕುಮಾರತೆ saukumâratĕ. = ಸೌಕುಮಾರ್ಯ. (Grj. 7, after 11).

ಸೌಕುಮಾರ್ಯ saukumârya. (fr. ಸುಕುಮಾರ). Youthfulness, tenderness, delicacy; softness, fineness. — ಸೌಕುಮಾರ್ಯವೆತ್ತು. -ಪೆತ್ತು. To get tenderness, etc. (V. 25, after 13).

ಸೌಖ್ಯ saukhya. (fr. ಸುಖ). Pleasure, happiness, felicity, ease, comfort, enjoyment. (J. 2, 6; C.). — ಸೌಖ್ಯದಿನ್ದ ಇರು. To be happy, etc. (B. 4, 2).

ಸೌಖ್ಯತರ saukhya-tara. Uncommonly pleasant, very gratifying (Ch. v. 222; Bp. 40, 78).

ಸೌಗತ saugata. (fr. ಸುಗತ). A Buddhist. (ನಾಸ್ತಿಕ, ದೇವರಲ್ಲಿ ನಮ್ಬಿಕೆಯಿಲ್ಲದವನು G.).

ಸೌಗನ್ಧ saugandha. (fr. ಸುಗನ್ಧ). Possessing a fragrant odour, sweet-scented, fragrant; fragrance.

ಸೌಗನ್ಧಿ saugandhi. = ಸವುಂಗನ್ಧಿ. (fem.). That is sweet-scented or fragrant; sandal wood.

ಸೌಗನ್ಧಿಕ saugandhika. Fragrant. 2, a dealer in perfumes. 3, *sulphur*. 4, *the white water-lily* (ಚೆನ್ನಯ್ದಲ್ Hlâ.). 5, *a kind of fragrant grass* (= ಕತ್ತೃಣ).

ಸೌಗನ್ಧಿಸು saugandhisu. To possess a fragrant odour (Bp. 57, 35).

ಸೌಚಿಕ saučika. (fr. ಸೂಚಿ). *A tailor*.

ಸೌಜನ್ಯ saujanya. (fr. ಸುಜನ). Goodness, generosity, kindness, compassion, benevolence, clemency; friendship. (Bp. 24, 18; 47, 61; My.).

ಸೌಜನ್ಯವಿದೂರ saujanya-vidûra. Very far from kindness, etc., cruel (Šsv. 4, 127).

ಸೌಜ್ಞೆ saujñĕ. Tbh. of ಸಂಜ್ಞೆ. (Tĕ.; R.).

ಸೌದಾಮನಿ saudâmani. (fr. ಸುದಾಮನ್). *A particular kind of lightning; lightning.* 2, N. of an apsaras of Indra's heaven.

ಸೌದಾಮಿನಿ saudâmini. *A particular kind of lightning; lightning* (ಮಿಂಚು Mr. 48).

ಸೌದಾಸ saudâsa. (fr. ಸುದಾಸ). The first-born son of Nahusha (Abh. P. 2, 60).

ಸೌದೆ saudĕ. = ಸವುದೆ, etc.

ಸೌಧ saudha. (fr. ಸುಧಾ). = ಸವುಧ. *A plastered or white-washed mansion; any great mansion or house; a palace* (ಧವಳಾರ Hlâ.; ಸುಧಾಧವಲಿತ, ನೆಲೆಯ ತೀವಿದ ಉಪ್ಪರಿಗೆ Mr. 193; ಹರ್ಮ್ಯ, ಉಪ್ಪರಿಗೆ Nn. 94). 2, white, whiteness (ಅರ್ಜುನ, ಬಿಳಿದು 94); silver. 3, having nectar; nectar (ಪೀಯೂಷ, ಅಮೃತ 94). 4, truth, etc. (ನಿರುತ, ಸನಿನ, ನೇರಿತು 94). 5, mud (ಪಂಕ, ಕೆಸರು 94). 6, grass (ತೃಣ, ಹುಲ್ಲು 94).

ಸೌಧರ್ಮ saudharma. (fr. ಸುಧರ್ಮ). Heaven, svarga (Čpr. 3, 77).

ಸೌನನ್ದಕ saunandaka. N. of a sword (Čpr. 6, after 106).

ಸೌನಿಕ saunika. (fr. ಸೂನಾ). *A butcher*.

ಸೌನ್ದರ saundara. (= ಸೌನ್ದರ್ಯ). Beauty, loveliness, etc.; handsome, pleasing, etc. (ರಾಮ, ರೂಪು Nn. 24; ಸುರಭಿ, ಸೌನ್ದರ್ಯ 30; ಚೆಲುವು 43; ಮನೋಹರ, ಸೌಮ್ಯ, etc. Mr. 424; Čpr. 3, 37; 6, 5; Grj. 4, 43). 2, N. of three different vṛittas (Ch.). 3, the lapis lazuli (ವಾಲವಾಯಜ, ವೈಡೂರ್ಯ Mr. 101). 4, N. of a râkshasa (Bp. 18, 20). — ಸೌನ್ದರನಾಚಿ. N. (Bp. 60, 37). — ಸೌನ್ದರನಾಚಿದೇವ. N. (Bp. 60, 39). — ಸೌನ್ದರಪಾಣ್ಡ್ಯ. N. (Bp. 50, 31).

ಸೌನ್ದರಾಂಗಿ saundara-aṅgi. A beautiful woman (Ch. v. 86).

ಸೌನ್ದರಿ saundari. A beautiful woman (Čpr. 5, 122; 6, 96; Ch. v. 101; Bp. 28, 21; 31, 22). 2, N. of a vṛitta (Ch.). 3, sandal wood (ಚನ್ದನ Mr. 117, one MS. ಸವುಂಗನ್ಧಿ).

ಸೌನ್ದರಿಯ saundariya. Tbh. of ಸೌನ್ದರ್ಯ. (J. 11, 9; 26, 68).

ಸೌನ್ದರ್ಯ saundarya. (fr. ಸುನ್ದರ). Beauty, loveliness, gracefulness, elegance.

ಸೌನ್ದರ್ಯಶಾಲಿ saundarya-śâli. A person endowed with beauty (My.). Feminine ಸೌನ್ದರ್ಯಶಾಲಿನಿ (J. 27, 22).

ಸೌಪ್ತಿಕ sauptika. (fr. ಸುಪ್ತ). Connected with or relating to sleep. 2, *a night-attack, an attack on sleeping men* (ಬಿತ್ತರದಿ ಕವಿವ ಕಾಳಗಂ Mr. 286).

ಸೌಬಲ saubala. (fr. ಸುಬಲ). Śakuni, son of Subala. (R.).

ಸೌಭ saubha. N. of Hariśćandra's city. 2, N. of a town of the Śâlvas. See ಸೌಭನಗರ.

ಸೌಭದ್ರ saubhadra. (fr. ಸುಭದ್ರಾ). Abhimanyu, son of Subhadrâ. (R.).

ಸೌಭದ್ರೇಯ saubhadrêya. Abhimanyu. (R.).

ಸೌಭನಗರ saubha-nagara. N. of a town (J. 7, 29).

ಸೌಭರಿ saubhari. N. of a muni. (J. 10, 16 seq.). 2, N. of a country (Śi. 312).

ಸೌಭಾಗಿನೇಯ saubhâginêya. (fr. ಸುಭಗಾ). *The son of a favourite wife or of an honoured mother.*

ಸೌಭಾಗ್ಯ saubhâgya. (fr. ಸುಭಗ). Auspiciousness, good fortune, fortunateness, good luck; blessedness; beauty, grace, charm; the happy and joyous state of wife-hood (as opposed to widowhood, consisting in the privileges of using pigments, wearing ornaments, etc.). 2, the fourth of the astronomical yôgas. 3, minium or red lead. See Śmd. 408; Ćpr. 1, 126; 8, after 74; Bp. 9, 17; 39, 18; J. 1, 1.

ಸೌಭಾಗ್ಯವತಿ saubhâgya-vati. A woman possessing good fortune or blessedness; a married and unwidowed woman. (My.; B. 4, 37).

ಸೌಮಂಗಲ್ಯ saumaṅgalya. (fr. ಸುಮಂಗಲ). A very auspicious state (J. 5, 53).

ಸೌಮಿತ್ರಿ saumitri. (fr. ಸುಮಿತ್ರಾ). Lakshmaṇa, son of Sumitrâ and younger brother of Râma (J. 18, 4. 8. 57. 64).

ಸೌಮ್ಯ saumya. (fr. ಸೋಮ). *Belonging or relating to the moon, sacred to the moon;* resembling the moon. 2, *handsome, pleasing, good, mild, calm, gentle, soft, benign, placid* (ಚಾತ್ಯ, ಚೆಲುವನು Nn. 74); auspicious. 3, handsomeness (ಚೆಲುವಿಕೆ Nn. 103). 4, *Budha or the planet Mercury, son of the moon* (ಶಿಂಗಳಮಗ, ಬುಧ Śm. 17). 5, the forty-third year in the cycle of sixty (My.).

ಸೌಮ್ಯರೂಪ saumya-rûpa. A handsome, pleasing form (My.).

ಸೌಮ್ಯವತ್ಸರ saumya-vatsara. = ಸೌಮ್ಯ No. 5. (Bp. 61, 92).

ಸೌಮ್ಯವಾರ saumya-vâra. Wednesday. (My.).

ಸೌರ saura. (fr. ಸೂರ). Belonging or relating to the sun, solar. 2, a worshipper of the sun. 3, the planet Saturn. 4, a solar month. See Ćpr. 7, 66; 10, 68.

ಸೌರಣೆ saurapĕ. = ಸವರಣೆ, etc.

ಸೌರಭ saurabha. (fr. ಸುರಭಿ). Fragrant; fragrance. (Ćpr. 8, after 4; Bh. 1, 10, 23; Śm. 1). 2, a bull, an ox (ಗೋವ, ವೃಷಭ, ಬಸವ Nn. 53).

ಸೌರಭೇಯ saurabhêya. *A bull, an ox* (ಎತ್ತು Mr. 178).

ಸೌರಭೇಯಿ saurabhêyi. *A cow.*

ಸೌರಭ್ಯ saurabhya. = ಸೌರುಭ, ಸೌರುಭ್ಯ. *Fragrance* (ಪರಿಮಳ Nn. 119). 2, the aggregate of the (four) principal tastes (ಕಟ್ತಿಕ್ತಾಮ್ಲಕಷಾಯ, ಕಾರ ಕಹಿ ಹುಳಿ ಒಗರುಗಳೆಮ್ಬ ನಾಲ್ಕು ರಸಂಗಳು 119, o. r. ರುಚಿಗಳು; ಕಷಾಯ ಕಟು ತಿಕ್ತಗಳು Mr. 478). 3, a bull (ಗೋವು 119).

ಸೌರಮಾನ saura-mâna. Solar measurement of time (B. 5, 309. 310; My.).

ಸೌರಮಾನವರ್ಷ sauramâna-varsha. A solar year (B. 5, 309).

ಸೌರಮಾಸ saura-mâsa. A solar month. (B. 5, 309; My.).

ಸೌರಮ್ಭ saurambha. Tbh. of ಸಂರಮ್ಭ, q. v. (ಸಂರಮ್ಭ, ಸಂವೇಗ Mr. 438; ಪಡಪು Ćt. II, 44; J. 3, 41; 5, 17; 18, 19; Râm. 1, 16, 12).

ಸೌರಮ್ಭವತಿ saurambha-vati. A woman of pleasurable excitement, a charming woman (ಪಡಪುಗಾತಿ, ಜೊನಡುಗಾತಿ Śs.).

ಸೌರವರ್ಷ saura-varsha. = ಸೌರಸಂವತ್ಸರ. (B. 5, 309. 310; My.).

ಸೌರಸಂವತ್ಸರ saura-saṁvatsara. A solar year. (My.).

ಸೌರಸಂಕ್ರಾನ್ತಿ saura-saṅkrânti. Passage of the sun from one sign into another (B. 5, 309).

ಸೌರಾಷ್ಟ್ರ saurâshṭra. (fr. ಸುರಾಷ್ಟ್ರ). = ಸೊರಟೆ. Belonging or relating to the district of Surat. 2, the district or country of Surat. (Bp. 53, 11. 13; 57, 58-60; 58, 34; J. 27, 2; 28, 1). — ಸೌರಾಷ್ಟ್ರಸೋಮಯು. N. (Bp. 43, 31).

ಸೌರಾಷ್ಟ್ರಕ saurâshṭraka. *Bell-metal, brass* (ಕಂಚು Nn. 85).

ಸೌರಾಷ್ಟ್ರನಾಥ saurâshṭra-nâtha. The lord of Surat (Bp. 5, 42; 53, 26).

ಸೌರಾಷ್ಟ್ರಪತಿ saurâshṭra-pati. = ಸೌರಾಷ್ಟ್ರನಾಥ. (Bp. 43, 20; 53 sum.; 53, 17).

ಸೌರಾಷ್ಟ್ರಪುರ saurâshṭra-pura. The town of Surat (Bp. 43, 35).

ಸೌರಾಷ್ಟ್ರಪುರಪತಿ saurâshṭrapura-pati. The lord of the town of Surat (Bp. 43, 16).

ಸೌರಾಷ್ಟ್ರರಾಗ saurâshṭra-râga. N. of a tune (My.).

ಸೌರಾಷ್ಟ್ರಸೋಮೇಶ saurâshṭra-sômêśa. Sômêśa of Surat (Bp. 43, 17. 30. 70).

ಸೌರಾಷ್ಟ್ರಸೋಮೇಶ್ವರ saurâshṭra-sômêśvara. Sômêśvara of Surat (Bp. 44, 1).

ಸೌರಾಷ್ಟ್ರಾಧಿಪತಿ saurâshṭra-adhipati. = ಸೌರಾಷ್ಟ್ರನಾಥ. (Bp. 43, 18).

ಸೌರಾಷ್ಟ್ರಿ saurâshṭri. N. of a plant (ಹಿಣ್ಣುಳಿ Mr. 147, one MS. ಹಿಣ್ಣುಳಿಕೆ). 2, a sort of fragrant earth found in Surat.

ಸೌರಾಷ್ಟ್ರಿಕ saurâshṭrika. Belonging to Surat. 2, *a sort of poison.* 3, a kind of snake.

ಸೌರಾಷ್ಟ್ರೇಶ saurâshṭra-îśa. = ಸೌರಾಷ್ಟ್ರನಾಥ. (Bp. 43, 47).

ಸೌರಾಷ್ಟ್ರೇಶ್ವರ saurâshṭra-îśvara. = ಸೌರಾಷ್ಟ್ರೇಶ. (Bp. 43, 21).

ಸೌರಿ sauri. Tbh. of ಶೌರಿ (Śmd. 335; ಉಪೇನ್ದ್ರ Kk. 7; Śm. 5).

ಸೌರಿಕ saurika. 1. (fr. ಸೂರ). Celestial. 2, heaven, svarga. 3, the planet Saturn, śani. (G.).

ಸೌರಿಕ saurika. 2. (fr. ಸುರಾ). Spirituous, vinous. 2, a vender of spirituous liquor.

ಸೌರಿದ saurida. Tbh. of ಶೌರಿದ (Śmd. 335, o. r. ಶಾರಿದ).

ಸೌರಿಸು saurisu. = ಸವರಿಸು, etc.

ಸೌರುಭ saurubha. = ಸೌರುಭ್ಯ. (Bp. 58, 56).

ಸೌರುಭ್ಯ saurubhya. = ಸೌರಭ್ಯ, ಸೌರಭ. Fragrance, odour (ಆಮೋದ, ಸುಗನ್ಧಾನಿಲ Mr. 50).

ಸೌರ್ಯ saurya. Solar. (Čb. 145).

ಸೌಲಭ್ಯ saulabhya. (fr. ಸುಲಭ). Easiness of acquisition or attainment; feasibility, facility. (My.).

ಸೌವರ್ಚಲ sauvarčala. (fr. ಸುವರ್ಚಲ). = ಸಂಚಳ 2. *Sochal salt,* prepared by fusing fossil salt with myrobalan (ನೆಲ್ಲಿ). 2, *natron, alkali.*

ಸೌವರ್ಚಲವಣ sauvarča-lavaṇa. = ಸೌವರ್ಚಲ. (ಸೌವರ್ಚಲ, ಅಕ್ಷ, ರುಚಕ Si. 312; My.).

ಸೌವರ್ಣ sauvarṇa. (fr. ಸುವರ್ಣ). Made or consisting of gold, golden. (Bp. 4, 38; 56, 6; 57, 69).

ಸೌವಸ್ತಿಕ sauvastika. (fr. ಸ್ವಸ್ತಿ). Benedictive, salutatory. 2, *a family or domestic priest.*

ಸೌವಿದ sauvida. (fr. ಸುವಿದ). *A guard or attendant on the women's apartments.*

ಸೌವಿದಲ್ಲ sauvidalla. *A guard or attendant on the women's apartments.*

ಸೌವೀರ sauvîra. (fr. ಸುವೀರ). N. of a country in the west of India; a man of that country. 2, *sour gruel* (ಅಮ್ಬಲಿ Hlâ.; ಕಾಡಿ Šmd. Dh.; see ಧಾನ್ಯಾಮ್ಲ). 3, the fruit of the jujube (see ಬೋರೆ). 4, antimony.

ಸೌಶೀಲ್ಯ sauśîlya. (fr. ಸುಶೀಲ). Excellence of disposition, good morals. (Čpr. 1, 29).

ಸೌಷ್ಠವ saushṭhava. (fr. ಸುಷ್ಠು). *Excellence, superior goodness or beauty, great ability* (ಲೇಸಾಗಿರ್ಪುದು Hlâ.; ಲೇಸು Mr. 451). 2, excess. 3, lightness, suppleness, fleetness.

ಸೌಸವ sausava. = ಸವುಸವ.

ಸೌಸ್ಥೆ sausthĕ. Tbh. of ಸಂಸ್ಥೆ, q. v. A town (ಪುರ, ಪಟ್ಟಣ N. 162). 2, a sleeping-place, a bed (ಶಯ್ಯಾಸ್ಥಲ, ಹಾಸಿಕೆ 162, o. r. ಶಯನಸ್ಥಲ). 3, an ordinance, etc. (ಕಟ್ಟಳೆ 162, o. r. ಕಟ್ಟಳೆ ಮಾಡುವಲ್ಲಿ). 4, a thicket, etc. (ಪಲವು ಲತಾವೇಷ್ಟಗುಲ್ಮ, ಪಲವು ಬಳ್ಳಿಗಳು ಹಬ್ಬಿದ ಹೊದಱು 162, --ಹಬ್ಬಿದ ಮೆಳೆಗಳು). 5, swearing (ವ್ಯವಸ್ಥಾಕರಣ, ಸೂರುಳು 162, o. r. ಪ್ರಮಾಣವ ಮಾಡುವಲ್ಲಿ).

ಸೌಸ್ಥೋನ್ನತಿ saustha-unnati. Prosperity of living or business (Čpr. 1, 73).

ಸೌಹಾರ್ದ sauhârda. (fr. ಸುಹೃದ್). *Affection, friendship.*

ಸೌಹಿತ್ಯ sauhitya. (fr. ಸುಹಿತ). *Satiety, satisfaction;* fulness, completion; kindness, friendliness.

ಸೌಹೃದ sauhṛida. (fr. ಸುಹೃದ್). *Friendship.*

ಸೌಳು sauḷu. = ಸವುಳು.

ಸ್ಕನ್ದ skanda. Leaping; flowing. 2, *Kârttikêya,* the son of Šiva and god of war (ಗುಹ, ಸ್ವಾಮಿಕಾರ್ತ್ತಿಕ Nn. 144). 3, a minister, etc. (ಪ್ರಧಾನರ್, ಪ್ರಧಾನಪುರುಷರ್ 144); a prince, a king; a clever or learned man. 4, the body. 5, the bank of a river. 6, a kind of disease attacking children.

ಸ್ಕನ್ದಪಿತ skanda-pita. Šiva (Bp. 57, 23).

ಸ್ಕನ್ದಪುರಾಣ skanda-purâṇa. N. of one of the purâṇas, a fragment of which, the kâśîkhaṇḍa, gives a description of the liṅgas near Benares. (Bp. 43, 76).

ಸ್ಕನ್ಧ skandha. *The shoulder;* the neck and throat (ಶಿರೋಧರ, ಕೊರಳು Nn. 144 as ಸ್ಕನ್ದ). 2, *the part of the stem of a tree where the branches begin* (ಕುಜಾತದ ಕೊಟೆ, ಮರದ ಹೆಣೆ Nn. 144 as ಸ್ಕನ್ದ, o. r. ಎರಡು ಮರಗಳೊನ್ದಾಗಿ ಕೂಡಿದಲ್ಲಿ; probably ಹೆಣೆ 1 is meant); a large branch or bough. 3, a branch or department of human knowledge; a section, chapter, division of a book. 4, a body of men, horses and elephants (ಘೋಟಕಹಸ್ತಿಮರ್ತ್ಯಸಮುದಾಯಕ, ಕುದುರೆ ಆನೆ ಕಾಲಾಳ ಸಮೂಹ 144 as ಸ್ಕನ್ದ; ಆನೆ ಕುದುರೆ ಮಾನಿಸರ ಸಂಘಾತ Mr. 476 as ಸ್ಕನ್ದ); *a troop, multitude, quantity.* 5, the withers of an elephant (ಆಸನ Mr. 154). 6, a king, a prince; a wise man. 7, a sort of metre (*cf.* ಕನ್ದ).

ಸ್ಕನ್ಧಕ skandhaka. = ಸ್ಕನ್ಧ No. 7. A kind of metre (Ch.).

ಸ್ಕನ್ಧದೇಶ skandha-dêśa. Shoulder-region, the shoulder; *the part about the shoulders or withers of an elephant where the driver sits.*

ಸ್ಕನ್ಧಧಾನ skandha-dhâna. A royal city (ರಾಜಧಾನಿ Mr. 190).

ಸ್ಕನ್ಧವಾಹಕ skandha-vâhaka. Carrying on the shoulders: *an ox trained to carry burdens;* one broken in for the plough, etc. (ಹೂಡುವೆತ್ತು Hlâ.).

ಸ್ಕನ್ಧಶಾಖೆ skandha-śâkhĕ. *A principal branch, the forked branch which issues from the upper stem of a tree* (ಮರದ ಹೆಗ್ಗೊಮ್ಬು Hlâ.; ಮರನ ಹೆಗ್ಗೊಮ್ಬು Mr. 105).

ಸ್ಕನ್ಧಸ್ skandhas. = ಸ್ಕನ್ಧ. (Colebr.).

ಸ್ಕನ್ಧಾವಾರ skandha-âvâra. An army or a division of it attached to the person of a king. 2, *a royal capital, a royal residence.* 3, a camp.

ಸ್ಕನ್ಧಿಕ skandhika. = ಸ್ಕನ್ಧವಾಹಕ. *An ox trained to carry burdens;* etc. (ಹೂಡುವೆತ್ತು Mr. 179).

ಸ್ಕನ್ನ skanna. *Fallen,* fallen down, descended; oozed out, trickled down; emitted, sprinkled; gone; dried up. See ಪ್ರ-.

ಸ್ಕಮ್ಭ skambha. (= ಕಮ್ಬ). Support, prop, fulcrum, pillar. See ವಿಷ್ಕಮ್ಭ.

ಸ್ಕಾನ್ದ skânda. (fr. ಸ್ಕನ್ದ). Relating to Kârttikêya.

ಸ್ಕಾನ್ದಪುರಾಣ skânda-purâṇa. = ಸ್ಕನ್ದಪುರಾಣ. (Sk.; My.).

ಸ್ಖಲತ್ skhalat. Stumbling, tripping; blundering; faltering, stuttering; dropping, trickling. (A.).

ಸ್ಖಲನ skhalana. *The act of stumbling, slipping, tripping, falling, tottering; falling or deviating from the right course;* blundering, an error, a mistake, a blunder; blundering in speech or pronunciation; dropping, dripping, trickling, effusion, emission; dashing or clashing together, shock, collision; mutual striking or rubbing together. See ತಪ್ಪು 1.

ಸ್ಖಲಿತ skhalita. Stumbled, slipped tripped, fallen; dropped down (ಪ್ರಸ್ಕನ್ನ, ಡಿಳ್ಳಿಸಿದವಂ Mr. 300); shaking, tottering, unsteady; erring; stuttering, stammering, faltering, hesitating; agitated, disturbed; dropped, effused, emitted; trickling down; interrupted, stopped, obstructed; confounded; gone. 2, tumbling, falling; deviation from the right course; blunder, fault, error; deceit, treachery; *circumvention, strategem.*

ಸ್ಖಾಲಿತ್ಯ skhâlitya. The state of being fallen from, deviated from the right course, etc. (My.). See ಬುದ್ಧಿ-.

ಸ್ತ sta. Tbh. of ಸ್ಥ. (C.).

ಸ್ತನ stana. 1. = K. ತನ. See ದೊಡ್ಡಸ್ತನ.

ಸ್ತನ stana. 2. *The breast of a woman;* the nipple of the breast; an udder or dug or breast of any female animal.

ಸ್ತನನ್ಧಯ stana-n-dhaya. Breast-sucking; *a male infant.* Feminine ಸ್ತನನ್ಧಯೆ.

ಸ್ತನಪ stana-pa. Breast-sucking; *a male infant.*

ಸ್ತನಪಯೋಗನ್ಧಿ stana-payas-gandhi. The weed Alternanthera sessilis, used as a potherb (ಹೊನ್ನಗನ್ನೆ Mr. 185).

ಸ್ತನಪೆ stana-pĕ. *A female infant.*

ಸ್ತನಯಿತ್ನು stanayitnu. Thunder; *a thunder-cloud; a cloud.*

ಸ್ತನಿತ stanita. Thundering; *thunder.* See ಮೊಳಗು 2.

ಸ್ತನ್ಯ stanya. *Milk.* See ತೊರೆ 1.

ಸ್ತನ್ಯಪಾನ stanya-pâna. Drinking milk (My.).

ಸ್ತಪನ stapana. Tbh. of ಸ್ನಪನ. (My.).

ಸ್ತಬಕ stabaka. = ಸ್ತವಕ 1. *A cluster of blossoms,* a bunch of flowers, a nosegay, a tuft; a quantity, a multitude.

ಸ್ತಬ್ಧ stabdha. Fixed, firm, stiff, rigid, hard; immovable, motionless, numb, paralyzed; senseless, stupid, dull, insensible, indifferent; stopped, brought to a stand, blocked up; obstinate, stubborn, hard-hearted; coarse.

ಸ್ತಬ್ಧತ್ವ stabdhatva. *Fixedness, rigidity, immobility; stupor,* stubbornness.

ಸ್ತಬ್ಧರೋಮ stabdha-rôma. Stiff-bristled: *A boar, a hog.*

ಸ್ತಭ stabha. (= ಸ್ತುಭ). *A he-goat; a ram.* See ಹೋತ್ತು.

ಸ್ತಮ್ಬ stamba. 1. *A clump of grass, etc.; any clump or bunch or cluster;* a bush, a thicket; *a shrub.*

ಸ್ತಮ್ಬ stamba. 2. Tbh. of ಸ್ತಮ್ಭ. (C.).

ಸ್ತಮ್ಬಕರಿ stamba-kari. Forming clusters: *corn; rice* (ನೆಲ್ಲು Hlâ.).

ಸ್ತಮ್ಬಘನ stamba-ghana. = ಸ್ತಮ್ಬಘ್ನ. *A tool for cutting or eradicating clumps of grass, etc.*

ಸ್ತಮ್ಬಘ್ನ stamba-ghna. Clump-destroyer: *a tool for cutting or eradicating clumps of grass, etc.;* a sickle for cutting corn.

ಸ್ತಮ್ಬೇರಮ stambê-rama. Delighting in clumps of grass: *an elephant.*

ಸ್ತಮ್ಭ stambha. = (ಕಮ್ಬ), ಸ್ತಮ್ಬ 2. Fixedness, stiffness, rigidity (ಅನತ, ಬೆಟಿತಿಜನ್ಹಾಡು Nn. 76, o. r. ಬಾಗದುದು). 2, immobility; a prop, support, fulcrum. 3, *a pillar, a column, a post* (ಕಮ್ಬ 76); *a stem, a stock, a trunk.* 4, insensibility, stupor, stupefaction; numbness, paralysis, torpor; stupidity. 5, stoppage, obstruction, hindrance; suppression. 6, a particular faculty acquired by magical means, the supernatural suppression or arresting of any of the bodily feelings or forces of nature (ಪ್ರಕೃತಿ, ಶೀಲ 76). 7, a man (ಮನುಷ್ಯ, ಪುರುಷ 76). 8, a mountain (ಶಿಖರಿ, ಪರ್ವತ 76). 9, one of the sâtvikabhâvas (Kâvy. IV, 2, 17).

ಸ್ತಮ್ಭನ stambhana. The act of fixing firmly, making stiff or hard or rigid, making like a post; paralyzing, stupefying, stunning, benumbing; propping or supporting, holding upright; stopping, making immovable, hindering, arresting, bringing to a stand, obstruction, suppressing; stopping of hemorrhage, staunching the flow of blood. 2, = ಸ್ತಮ್ಭ No. 6. See ತಗೆ 1.

ಸ್ತಮ್ಭನಮನ್ತ್ರ stambhana-mantra. A mantra by which stambhana is produced (My.).

ಸ್ತಮ್ಭನೆ stambhanĕ. = ಸ್ತಮ್ಭನ. (My.).

ಸ್ತಮ್ಭಿಸು stambhisu. = ತಮ್ಭಿಸು. To fix firmly, etc.; to stop, etc. 2, to become fixed, immovable, etc. (Si. 73).

ಸ್ತರ stara. Spreading, extending, expanding; covering, etc.; anything spread; a bed, couch. See ಎಸ್ತರ, ಎಸ್ತರ, ಸಂಸ್ತರ.

ಸ್ತವ stava. Praising, celebrating, hymning; *praise, eulogium.*

ಸ್ತವಕ stavaka. 1. = ಸ್ತಬಕ. See Hlâ. a. ಹೂ 2.

ಸ್ತವಕ stavaka. 2. Praising; a panegyrist, praiser; praise, eulogium.

ಸ್ತವನ stavana. Praising; praise; a hymn. See ಸಂ-; Bp. 2, 35.

ಸ್ತವನೀಯ stavanîya. To be praised, praiseworthy, laudable. (Šmd. 301).

ಸ್ತಳ stala. Tbh. of ಸ್ಥಲ. (Nn. 31).

ಸ್ತಾನ stâna. 1. Tbh. of ಸ್ಥಾನ. (My.; Tĕ.).

ಸ್ತಾನ stâna. 2. Tbh. of ಸ್ನಾನ. (My.; Tĕ.).

ಸ್ತಾರ stâra. Spreading; covering. See ವಿ-.

ಸ್ತಾವ stâva. = ಸ್ತವ. See ಪ್ರ-, ಸಂ-.

ಸ್ತಾವಕ stâvaka. A praiser, panegyrist, eulogiser, flatterer. (R.).

ಸ್ತಿಕೆ stikĕ. Tbh. of ಸ್ಥಿಕೆ. See *e. g.* ದೊಡ್ಡ-, ಮಧ್ಯ-.

ಸ್ತಿಮಿತ stimita. = ತಿಮಿತ. Still, motionless, unmoved, steady, fixed, rigid, immovable, benumbed. 2, tender, soft; gratified, pleased. 3, *wet, moist;* moisture. See ತಡವು 1; Bp. 8, 41.

ಸ್ತಿಮಿತಭಾವ stimita-bhâva. The state of being still, motionless, etc. See ತಡವು 1.

ಸ್ತೀರ್ಣ stîrṇa. Spread, expanded, covered, strewn. See ವಿ-.

ಸ್ತುತ stuta. *Praised, eulogised,* hymned; flattered.

ಸ್ತುತಿ stuti. = ತುತಿ. *Praise, eulogy;* commendation, adulation, flattery. ಸ್ತುತಿ ತಿಳಿಯದವನಿಗೆ ಗತಿಯೇನು? (Prv.). — ಸ್ತುತಿಗೆಯ್. To praise, to laud (Abh. P. 5, after 6; Bp. 35, 5). — ಸ್ತುತಿವೆಡ್. -ವೆಡ್. To get praise (Bp. 38, 47).

ಸ್ತುತಿಪಾಠಕ stuti-pâṭhaka. *A panegyrist,* encomiast, bard, herald.

ಸ್ತುತಿಭೂಮಿ stuti-bhûmi. *A place at a sacrifice for priests to recite hymns.*

ಸ್ತುತಿಯಿಸು stutiyisu. = ಸ್ತುತಿಸು. To praise, to laud (Čpr. 7, 47); to hymn, to praise in song, to worship by hymns. ಯೋಗಂಗಳಲ್ಲಿ ಬ್ರಾಹ್ಮಣರು ನೆರೆದು ಸ್ತುತಿಯಿಸುವ ಠಾವು ಆವುದಾನೊ ಸ್ತುದ್ಬ್ಯು, ಅದು ಸಂಸ್ತಾವ (Nr.).

ಸ್ತುತಿಸು stutisu. = ತುತಿಸು, ಸ್ತುತಿಯಿಸು. (Bp. 19, 6; J. 11, 38; My.; B. 5, 204).

ಸ್ತುತ್ಯ stutya. To be praised, laudable, praiseworthy. (Bp. 8, 53; 17, 12; 38, 72).

ಸ್ತುಭ್ stubh. Stopping; one who stops; one who praises. See ಅನುಷ್ಟುಭ್, ತ್ರಿಷ್ಟುಭ್.

ಸ್ತುಭ stubha. (= ಸ್ತಭ). *A he-goat.*

ಸ್ತೂಪ stûpa. *A heap or pile of earth, any heap or pile or mound;* a Buddhist monument or tope, a kind of tumulus erected over sacred relics of Buddha.

ಸ್ತೃತ stṛita. Spread, spread out. See ವಿ-.

ಸ್ತೇನ stêna. *A thief, a robber.* See ಕಳ್ಳ 1.

ಸ್ತೇಮ stêma. (= ತೇಮ). *Wetness, moisture.*

ಸ್ತೇಯ stêya. *Theft, robbery;* anything stolen or liable to be stolen. See ಕಳ್ 2.

ಸ್ತೇಯಿ stêyi. A thief, a robber. (My.).

ಸ್ತೈನ್ಯ stainya. *Theft, thievery, robbery.*

ಸ್ತೋಕ stôka. (= ತೋಕ). *Little, small, short* (ಅಲ್ಪ Nn. 151; ಕಿರಿದು Mr. 537); few; low. 2, a small portion, a drop. 3, a kind of body (ತನುಭೇದ, ಶರೀರದ ಭೇದ 151, probably: the state of being little-bodied). 4, a tail (ಪುಚ್ಛ, ಬಾಲ 151). 5, offspring, children (ಪುತ್ರರು, ಮಕ್ಕಳು 151). 6, penance (ತಪ, ತಪಸ್ಸು 151). 7, the čâtaka bird (ಸ್ತೋಕಕ Mr. 171).

ಸ್ತೋಕಕ stôkaka. *The čâtaka bird, Cuculus melanoleucus.*

ಸ್ತೋತ್ರ stôtra. = ತೋತ್ತರ. *Praise, eulogium;* a hymn of praise, ode. See ವರ್ಣಿಸು. — ಸ್ತೋತ್ರಂಗೆಯ್. -ಂ-. To praise (Grj. 4, after 48).

ಸ್ತೋಭನ stôbhana. Celebration, glorification, praise.

ಸ್ತೋಭನಕಾರಿ stôbhana-kâri. Causing to praise, producing approbation (Kâvy. III, 3, B, 2).

ಸ್ತೋಮ stôma. = ತೋವು. Praise, eulogium; a hymn. 2, *a sacrifice, an oblation.* 3, *a heap, collection, assemblage, number, multitude, quantity, mass.*

ಸ್ತೌತ್ಯ stautya. (fr. ಸ್ತುತಿ). Praise, etc. (ವರ್ಣ, ಸ್ತುತಿ Nn. 71; ಸ್ತುತಿ 82. 89; ನುತ 142, o. r. ನುತಿ). 2, prayer (ಜಪ 52).

ಸ್ತ್ಯಾನ styâna. Collecting into a mass; *thickened, coagulated, congealed;* thick, bulky, gross; soft, bland, unctuous, smooth.

ಸ್ತ್ಯಾಯ styâya. Collecting into a mass, crowding together. See ಸಂ-.

ಸ್ತ್ರೀ strî. (Šmd. 103). *A woman,* a female; (a wife). 2, the feminine gender (Šmd. 108. 265; Kâvy. I, 2, 74-83; I, 5, 18-20). ಸ್ತ್ರೀಯರ್, ಸ್ತ್ರೀಯರ್ಗೆ or ಸ್ತ್ರೀಯರ್ಗ್ಗೆ (Šmd. 140). ಸ್ತ್ರೀಯ ಭಾಗ್ಯ ಪುರುಷನ ಲಕ್ಷಣ (Prv.). — ಸ್ತ್ರೀಯಳು. = ಸ್ತ್ರೀ. (B. 5, 158. 210. 275; see ಕುಲ-, etc.).

ಸ್ತ್ರೀತ್ವ strîtva. Womanhood (Abh. P. 7, 14). 2, feminineness, effeminacy. 3, *the feminine gender.*

ಸ್ತ್ರೀದಾನ strî-dâna. The gift of a woman (Grj. 3, 63).

ಸ್ತ್ರೀಧನ strî-dhana. A woman's peculiar property, *property belonging to a woman over which she has independent control.*

ಸ್ತ್ರೀಧರ್ಮ strî-dharma. The duty of a woman; the laws concerning women; menstruation.

ಸ್ತ್ರೀಧರ್ಮಿಣಿ strî-dharmiṇi. *A woman during menstruation.*

ಸ್ತ್ರೀನಪ್ strî-nap. The feminine and neuter gender; the state of (a word) being used both in the feminine and neuter gender (Šmd. 108).

ಸ್ತ್ರೀನಪುಂಸ strî-napuṁsa. = ಸ್ತ್ರೀನಪ್. (Šmd. 108. 109).

ಸ್ತ್ರೀಪಾಕ strî-pâka. Food dressed by a woman (My.).

ಸ್ತ್ರೀಪುಂಸ strî-puṁsa. Wife and husband, *man and wife.*

ಸ್ತ್ರೀಪುಂಧರ್ಮ strî-pun-dharma. The law (which regulates the duties) of man and wife, the mutual duties of husband and wife or of man and woman. (R.).

ಸ್ತ್ರೀಬುದ್ಧಿ strî-buddhi. The female understanding. (My.).

ಸ್ತ್ರೀರಂಜನ strî-rañjana. Delighting women: betel. (R.).

ಸ್ತ್ರೀರತ್ನ strî-ratna. A jewel or gem of a woman, an excellent woman. (My.).

ಸ್ತ್ರೀರಾಗ strî-râga. A female râga, a râgiṇî (Bp. 19, 18).

ಸ್ತ್ರೀರಾಜ್ಯ strî-râjya. The kingdom of women. (J. 16 sum.).

ಸ್ತ್ರೀಲಿಂಗ strî-liṅga. The female organ. 2, the feminine gender (Šmd. 108. 112. 119. 120. 126. 147. 184. 187).

ಸ್ತ್ರೀವಶ್ಯ strî-vaśya. Subduing or seducing a woman (My.).

ಸ್ತ್ರೀವಾಚಕ strî-vâčaka. A feminine noun (Šmd. 187; Kâvy. I, 2, 7-11).

ಸ್ತ್ರೀವೇಷ strî-vêsha. The guise of a woman (My.).

ಸ್ತ್ರೀಸಂಗ strî-saṅga. Attachment or addiction to women; intercourse with a woman. (My.).

ಸ್ತ್ರೀಸಂಗ್ರಹಣ strî-saṅgrahaṇa. The act of embracing a woman (improperly), adultery, seduction. (R.).

ಸ್ತ್ರೈಣ straiṇa. *Female, feminine.* 2, womanhood, feminineness. 3, the female sex. 4, the feminine gender (Kâvy. I, 2, 71-73 b; I, 4, 11. 12). 5, the nature of woman.

ಸ್ಥ stha. = ಸ್ತ. Standing, staying, abiding, being situated, living, existing, being. See *e. g.* ಅನೀಕ-, ಕುಲ-, ಸಮ್ಯೇತ್ತ. 2, a place, spot, ground.

ಸ್ಥಗನ sthagana. The act of covering or concealing, concealment. (R.).

ಸ್ಥಗಿತ sthagita. *Covered; concealed, hidden.* See ಸಂ-.

ಸ್ಥಂಡಿಲ sthaṇḍila. *A piece of ground (levelled, squared and prepared for a sacrifice,* ಬಹುವಿಧದಿ ಗೆಯ್ದ ನೆಳೆ Mr. 464). 2, a barren field. 3, a heap of clods. 4, a boundary, limit.

ಸ್ಥಂಡಿಲಶಾಯಿ sthaṇḍila-śâyi. *A devotee who sleeps on the bare ground* (or on the sacrificial sthaṇḍila, on account of a religious vow).

ಸ್ಥಪತಿ stha-pati. Ground-lord: *a sovereign, a chief, a king.* 2, *an architect.* 3, a master carpenter or mason. 4, *a performer of the bṛihaspatisava* (ಯಾಗಗೆಯ್ವಂ Mr. 261). 5, a guard or attendant of the women's apartments.

ಸ್ಥಪುಟ sthapuṭa. Being in contracted or difficult circumstances. 2, *unevenly raised,* elevated and depressed, bent down. See ವಿಷಮೋನ್ನತ.

ಸ್ಥಲ sthala. ಸ್ಥಳ. = ತಳ 2, ಸ್ತಳ. *Firm or dry ground, terra firma, dry land* (as opposed to water); *ground or land in general* (ನೆಲ Hlâ.). 2, a place, a spot, a site, a locality. 3, stead, place, lieu. 4, field, tract, district. 5, station. 6, a topic, a case, a subject (Bp. 26, 65; see ಷಟ್ಸ್ಥಲ). 7, shore, strand, beach. ಸ್ಥಳವಿಲ್ಲದವನಿಗೆ ನೆಲಿಲೇ ಆಸ್ಪದ (Prv.). 8, the number 18 (ಪದಿನೆಣ್ಟು Mr. 348).

ಸ್ಥಲಪಲ್ಲಟ sthala-pallaṭa. Change of place, transfer (My.). 2, confusion with regard to a place or places (My.).

ಸ್ಥಲವಂತಿಗ sthala-vantiga. A man belonging to a place, a resident (My.).

ಸ್ಥಲವಂದಿಗ sthala-vandiga. Tbh. of ಸ್ಥಲವಂತಿಗ. (My.).

ಸ್ಥಲವಾರ sthala-vâra. = ತಳವಾರ, etc. A man who screens or watches a place: a watchman, a beadle. See Mr. s. ಅಷ್ಟಾದಶಪ್ರಧಾನ.

ಸ್ಥಲವಾಸ sthala-vâsa. Place of residence (My.).

ಸ್ಥಲಶೃಂಗಾಟ sthala-sṛiṅgâṭa. *The herb Tribulus terrestris or lanuginosus* Lin. (ನೆಗ್ಗಿಲ್ Hlâ.).

ಸ್ಥಲಿ sthali. = ಸ್ಥಲ. *Firm or dry ground, etc., etc.* 2, a deity of the soil, local or tutelary divinity.

ಸ್ಥಲೀಕ sthalîka. = ಸ್ಥಲವಂತಿಗ. (Tĕ.; R.).

ಸ್ಥವಿರ sthavira. Fixed, firm, steady. 2, *old, aged* (ವೃದ್ಧ, ಹಳೆಯ ಹೋದವನು Mr. 310).

ಸ್ಥವಿಷ್ಠ sthavishṭha. (fr. ಸ್ಥೂಲ). *Largest, most bulky, very corpulent.*

ಸ್ಥವೀಯಸ್ sthavîyas. Larger, more bulky, uncommonly corpulent. (R.).

ಸ್ಥಳ sthaḷa. = ಸ್ಥಲ, q. v.

ಸ್ಥಾಣು sthâṇu. = ತಾಣು. Standing, firm, fixed, stable, immovable, motionless. 2, *Śiva* (ತ್ರಿನೇತ್ರ Nn. 162). 3, *a stake, a post.* 4, a peg, a pin; a pillar. 5, a branchless trunk or stem, *the trunk of a lopped tree* (ಕೊರಡು 162). 6, a spear, a dart. See Mr. 200 s. ಮುಣ್ಡಿಗೆ.

ಸ್ಥಾಣ್ಡಿಲ sthâṇḍila. *A devotee who sleeps on the bare ground* (or on ground prepared for a sacrifice).

ಸ್ಥಾತೃ sthâtṛi. Who or what stands or stays, standing. See ಅವ-.

ಸ್ಥಾನ sthâna. = ತಾಣ 2, etc., ಸ್ತಾನ 1. *Standing, staying;* stay, continuance, the state of being fixed or stationary; state, condition; *a stationary state or condition* (as one of the three aims or results of state policy, a kind of neutral or middle state characterized by neither loss nor gain, failure nor success). 2, halt. 3, *a place, a spot, a locality, a site.* 4, situation, position; office, rank, degree, dignity. 5, *an attitude of the body* (*e. g.* in shooting). 6, *proper or right place.* 7, the place or organ of utterance of any letter. 8, a dwelling-place, *an abode, a house;* a country, region, district; a town, city. 9, *interval, opportunity, leisure.* 10, an object. 11, likeness, resemblance. See Ĉh. III, 2, B, 54. 55; III, 3, B, 171. ಸ್ಥಾನವಿಲ್ಲದವನಿಗೆ ಮಾನವೆಲ್ಲಿ? (Prv.).

ಸ್ಥಾನಕ sthânaka. A place; an abode, see ಗೋ-; a situation. 2, *a basin or trench for water at the foot of a tree.*

ಸ್ಥಾನದ sthâna-da. Vishṇu (Ĉb.).

ಸ್ಥಾನದೀಪಿಕೆ sthâna-dîpikĕ. = ತಾಣದೀವಿಗೆ, q. v. (Śmd. 376; Ĉpr. 3, after 97).

ಸ್ಥಾನಪ್ರವೇಶ sthâna-pravêśa. Entering a place. See ಸಲ್ 1.

ಸ್ಥಾನಭ್ರಷ್ಟ sthâna-bhrashṭa. = ತಾಣಬಟ್ಟ. Fallen or removed from any place or station, ejected from an office, displaced, out of place.

ಸ್ಥಾನಭ್ರಷ್ಟತ್ವ sthâna-bhrashṭatva. The state of being fallen or removed from any place or station, etc. (My.).

ಸ್ಥಾನಮೃಗ sthâna-mṛiga. An alligator (ಮಸಳೆ); a fish (ಮೀನು); a tortoise (ಆವೆ); a crab (ಏಡಿ Ĉb.).

ಸ್ಥಾನವ್ಯಕ್ತಿ sthâna-vyakti. Clearing out of or leaving a place. See ಉಡು 1.

ಸ್ಥಾನವ್ಯಾಕುಲತೆ sthâna-vyâkulatĕ. Perplexity with regard to place or position (ತಬಿಕಬಿ Śmd. I).

ಸ್ಥಾನಸಂಗ್ರಹ sthâna-saṅgraha. Seizing or taking a place or position. See ಇಮ್ಬು ಕೆಯ್.

ಸ್ಥಾನಸ್ಥ sthâna-stha. Abiding in one place, *staying at home.*

ಸ್ಥಾನಾನ್ತರ sthâna-antara. Another place.

ಸ್ಥಾನಾನ್ತರಪ್ರಣೀತ sthânântara-praṇîta. Brought or conveyed to another place. See ಅಡಕು 1.

ಸ್ಥಾನಾಪಗಮನ sthâna-apagamana. Going away or departing from a place. See ತೆರಳು.

ಸ್ಥಾನಿಕ sthânika. Local, topical. 2, any one holding an official post. 3, a paid servant in a temple who assists the pûjâri (My.).

ಸ್ಥಾನೀಕ sthânîka. = ಸ್ಥಾನಿಕ No. 3. (My.).

ಸ್ಥಾನೀಯ sthânîya. Belonging or suitable to any place, prevailing in any place, local. 2, *a town.*

ಸ್ಥಾಪಕ sthâpaka. Causing to stand, establishing, founding; an establisher, a founder, an erector. See *e. g.* ಮೂಲ-, ಸ್ಥಿತಿ-.

ಸ್ಥಾಪತ್ಯ sthâpatya. *A guard of the women's apartments.*

ಸ್ಥಾಪನ sthâpana. = ತಾಪನೆ. The act of causing to stand, placing, fixing, establishing, erecting, founding, instituting; regulating, directing, appointing, arranging. See ಬೀಜ-, ಸಂ-; ನಡು 2. — ಸ್ಥಾಪನ ಮಾಡು. To establish, to found, etc. (B. 4, 138; My.).

ಸ್ಥಾಪನಾಚಾರ್ಯ stâpana-âĉârya. An âĉârya who establishes or has established (J. 2, 53; 34, 40).

ಸ್ಥಾಪನಿ sthâpani. *The plant Clypea hernandifolia* W. & A. See ಪಡವಲ 2.

ಸ್ಥಾಪನೆ sthâpanĕ. = ಸ್ಥಾಪನ. (Sk.; My.).

ಸ್ಥಾಪಿತ stâpita. Caused or made to stand, fixed, established, placed; set up, erected; founded, instituted; appointed; ordered, regulated, ordained; settled, ascertained, certain; firm, steady. (Bp. 46, 3; My.; B. 5, 301).

ಸ್ಥಾಪಿಸು sthâpisu. = ತಾಪಿಸು 2. To establish, to set up, to found, to institute, to erect; to place, to put, to locate, to set, to lay; etc. (ನ್ಯಾಸಕರಣ Śmd. Dh.; My.; B. 5, 172. 272. 302).

ಸ್ಥಾಪ್ಯ sthâpya. To be placed or deposited (adj.); to be fixed or established. 2, establishment (Bp. 54, 63). 3, the state of being established (57, 42). 4, an anchor (ನಂಗರ್ Mr. 407).

ಸ್ಥಾಮ sthâma. Fixity, stability. 2, *firmness, strength, vigour, power.*

ಸ್ಥಾಯಿ sthâyi. (= ತಾಯಿ, etc.). Standing, staying, being, situated; abiding, stopping, fixed, stationary, enduring, continuing, permanent, constant, lasting; steady, firm, unchangeable, invariable; a term used also in saṅgîta (J. 21, 57).

ಸ್ಥಾಯಿಭಾವ sthâyi-bhâva. A particular fixed or permanent condition of mind or body, *lasting feeling* (Kâvy. IV, 2, 15, as love, mirth, sorrow, etc. in poetical and dramatic composition, opposed to the vyabhiĉâri- or sañĉâri-bhâva; *cf.* ಸಾತ್ವಿಕಭಾವ).

ಸ್ಥಾಯುಕ sthâyuka. Stopping, stationary, steady, firm. 2, *the headman or overseer of a village.*

ಸ್ಥಾಲ sthâla. (= ಸ್ಥಾಲಿ). *A plate or dish;* a cooking-pot, caldron, or any culinary utensil. See ತಳಿಗೆ.

ಸ್ಥಾಲಿ sthâli. = ತಾಲಿ 1. *A pot,* a pan, a cooking-pot, caldron, kettle, boiler (ಚರು, etc. Mr. 209); a particular vessel used in the preparation of sôma.

ಸ್ಥಾಲೀಪಾಕ sthâlî-pâka. A particular religious act performed by a householder, a cooked offering of rice, etc. (My.).

ಸ್ಥಾಲೀಪುಲಾಕನ್ಯಾಯ sthâlî-pulâka-nyâya. Judging of the whole by a part, for the whole kettle is boiled if a morsel is (Tĕ.; R.).

ಸ್ಥಾವರ sthâvara. Standing still, *not moving, not having the power of motion, fixed to one spot, fixed, stationary, firm, stable, immovable;* real (such as land or houses). — ಸ್ಥಾವರಸೊತ್ತು. Immovable property, property which ought not to be alienated; real estate (My.).

ಸ್ಥಾವರಜಂಗಮ sthâvara-jaṅgama. Things stationary and movable or inanimate and animate; immovable and movable, as an article or property. (My.).

ಸ್ಥಾವಿರ sthâvira. *Old age.*

ಸ್ಥಾಸಕ sthâsaka. *Perfuming or smearing the body with fragrant unguents.*

ಸ್ಥಾಸ್ನು sthâsnu. Firm, stationary, immovable, stable; *durable, permanent, eternal.*

ಸ್ಥಿ sthi. = ಸ್ಥ. Standing, etc. See ಪರಮೇಷ್ಠಿ.

ಸ್ಥಿಕೆ sthikĕ. = ಸ್ಥಿತಿ. The state of standing or being.

ಸ್ಥಿತ sthita. Stood, stayed; standing; *risen, erect;* staying, resting, abiding; being, situated, existing; standing still, desisted, stopped; fixed, permanent, settled, steady, firm, immovable; steadfast; steady; being close at hand, ready. See ಅನುಸ್ಥಿತ, ವಚನೇ-, ಸಂ-; Kâvy. III, 3, B, 38.

ಸ್ಥಿತಿ sthiti. = ತಿತಿ 1. Standing, *staying, abiding, being* (ಇರವು Nn. 154); stay, residence; continuance in one state; stability, duration, continuance, fixedness, a firm position; continuance in life (of created things); *situation, state, position, condition* (ತನ್ನಿರವು, ವ್ಯವಸ್ಥೆ Mr. 486); good condition, well-doing, welfare; station, rank, dignity; permanence; continuance or steadfastness in the path of duty, *correctness of conduct,* propriety, good manners; *settled rule, sure or fixed decision,* ordinance, decree, axiom, maxim;— property, wealth (My.). ಸ್ಥಿತಿಯಿಲ್ಲದಿದ್ದರೂ ಗತಿಗೆಡ ಬಾರದು (Prv.). See Nn. s. ಸ್ವರ್ಗ 2.

ಸ್ಥಿತಿಕರ್ತ sthiti-karta. Who keeps created things alive or preserves them: Vishṇu (My.).

ಸ್ಥಿತಿಗತಿ sthiti-gati. State and course of life (B. 4, 59; My.).

ಸ್ಥಿತಿಚಿತ್ತಭ್ರಂಶ sthiti-ćitta-bhraṁśa. Loss of the stability or sound condition of the mind (as one of the sañćâri-bhâvas, Kâvy. IV, 2, 16).

ಸ್ಥಿತಿರೀತಿ sthiti-rîti. Conduct, carriage of a person; one's manners and morals (Mhr.; R.).

ಸ್ಥಿತಿವಂತ sthiti-vanta. A man possessing wealth (My.).

ಸ್ಥಿತಿಸ್ಥಾಪಕ sthiti-sthâpaka. Fixing in a (former) state or condition, having elastic properties, elastic. (B. 4, 140). 2, the capability of placing in or recovering a (previous) position or condition, elasticity.

ಸ್ಥಿರ sthira. = ತಿರ 2. *Firm, fixed, steady, steadfast; permanent, enduring, durable, lasting, imperishable, eternal* (ಸನಾತನ, ಅನಶ್ವರ Mr. 25); *immovable,* still, placid, calm, quiescent, cool, composed (ವಿಶ್ರಬ್ಧ, ಹದುಳವುಳ್ಳವಂ 236); constant, faithful, determined; certain, sure, convinced; firm, hard, solid, strong (ಬೋಳ, ಸ್ಥಿರ, ಸುಸ್ಥಿರ Nn. 20; ಸಾರ, ಸುಸ್ಥಿರ Nn. 80). — ಸ್ಥಿರಗೊಳಿಸು. -ಕೊಳಿಸು. To confirm, etc. (B. 5, 7). — ಸ್ಥಿರ ಪಡಿಸು. To make firm, to confirm, to strengthen, to corroborate (My.).

ಸ್ಥಿರಕುಕ್ಷಿ sthira-kukshi. A stone (ಪಾಷಾಣ, etc., ಕಲ್ Mr. 96).

ಸ್ಥಿರಜೀವಿ sthira-jîvi. The silk-cotton tree (ಶಾಲ್ಮಲಿ, ಎಲವ Mr. 119).

ಸ್ಥಿರಂಜೀವಿ sthira-ṅ-jîvi. Long-lived (My.).

ಸ್ಥಿರತನ sthiratana. = ಸ್ಥಿರತೆ. (ಸ್ಥೈರ್ಯ G.).

ಸ್ಥಿರತರ sthira-tara. More firm, etc.; *very firm or permanent, durable, eternal.*

ಸ್ಥಿರತೆ sthiratĕ. Firmness, stability, steadiness, steadfastness; fortitude. (Ćpr. 1, 59).

ಸ್ಥಿರತ್ವ sthiratva. = ಸ್ಥಿರತೆ. See ಅ-.

ಸ್ಥಿರಪ್ರೇಮ sthira-prêma. *Firm or steady in affection;* a firm friend.

ಸ್ಥಿರಬಣ್ಡವಲ sthira-baṇḍavala. Immovable stock, dead stock in trade (B. 5, 101).

ಸ್ಥಿರಬುದ್ಧಿ sthira-buddhi. Steady-minded, resolute, calm, dispassionate; sedate, sober. 2, steadiness of mind, staidness, sedateness (My.).

ಸ್ಥಿರವಾರ sthira-vâra. Saturday (My.).

ಸ್ಥಿರಾಯು sthira-âyu. Long-lived, long-lasting. 2, the silk-cotton tree. See Mr. s. ಮೋಚಕ.

ಸ್ಥಿರೆ sthirĕ. = ತಿರೆ. A strong-minded woman. 2, *the earth.* 3, *the plant Desmodium gangeticum* Dec.

ಸ್ಥು sthu. = ಸ್ಥ. Standing, etc. See ದುಷ್ಟು.

ಸ್ಥುರಿ sthuri. = ಸ್ಥೂರಿ. (Colebr.).

ಸ್ಥುಲ sthula. *A sort of long tent;* a tent (ಗುಡಿ Hlâ.).

ಸ್ಥೂಣೆ sthûṇĕ. *A post, a pillar.* 2, *an iron image, a statue.*

ಸ್ಥೂರಿ sthûri. A horse carrying loads on his back, a pack-horse; *a pack-bullock.*

ಸ್ಥೂಲ sthûla. = ತೂಳ. Strong, powerful; *stout, bulky, big, huge; great, large, thick* (ಬಲ, ದೊಡ್ಡಿತು Nn. 14); *fat, corpulent; clumsy,* coarse, gross, rough; not exact; doltish, stolid, thick-headed; *stupid, dull, ignorant.*

ಸ್ಥೂಲದಾರು sthûla-dâru. A cudgel; a palisade. See ತಟ್.

ಸ್ಥೂಲದೇಹ sthûla-dêha. The gross and material body (with which a soul clad in its subtile body is invested, opposed to liṅgaśarîra and sûkshmaśarîra). (My.).

ಸ್ಥೂಲಬುದ್ಧಿ sthûla-buddhi. Dull-witted, dull, stupid. 2, dulness, stupidity, dull sense (My.).

ಸ್ಥೂಲಲಕ್ಷ sthûla-laksha. *Munificent, liberal, generous.*

ಸ್ಥೂಲಲಕ್ಷ್ಯ sthûla-lakshya. *Munificent, etc.*

ಸ್ಥೂಲಶರೀರ sthûla-śarîra. = ಸ್ಥೂಲದೇಹ. (Sk.; My.).

ಸ್ಥೂಲಶಾಟಕ sthûla-śâṭaka. *Thick or coarse cloth.* See ಹುಟ್ಟಿಗೆ.

ಸ್ಥೂಲಸೂಕ್ಷ್ಮ sthûla-sûkshma. Mighty and subtile. 2, greatness and inferiority of position (My.); dulness and ingenuity (My.).

ಸ್ಥೂಲೋಚ್ಚಯ sthûla-uććaya. *Incompleteness,* deficiency, defect. 2, *the middle pace of elephants* (neither quick nor slow, ನಿಮ್ನೋಟಮಹ ಆನೆಯ ನಡೆ Mr. 158).

ಸ್ಥೆ sthĕ. Standing, etc. See ನಿಷ್ಠೆ.

ಸ್ಥೇಮ sthêma. Firmness, stability, fixedness. (G.).

ಸ್ಥೇಯ sthêya. To be placed or fixed (adj.); to be settled or determined. 2, *an arbitrator, a judge.*

ಸ್ಥೇಯಸ್ sthêyas. (fr. ಸ್ಥಿರ). Firmer; *very firm or stable, eternal, permanent.*

ಸ್ಥೈರ್ಯ sthairya. (fr. ಸ್ಥಿರ). Firmness, stability, fixedness, steadiness; continuance; firmness of mind, resolution, constancy, calmness; patience; hardness, solidity. (Bp. 7, 6; 22, 24; ಸ್ಥಿರತನ, ಕಸುವು, ಧೈರ್ಯ, ಶಾಂತಿ G.).

ಸ್ಥೌಣೇಯ sthauṇêya. *A vegetable perfume.*

ಸ್ಥೌರಿ sthauri. *A pack-horse.*

ಸ್ಥೌರೀಯ sthaurîya. A pack-bullock (ಹೇಱುದೆತ್ತು Mr. 179).

ಸ್ಥೌಲ್ಯ sthaulya. (fr. ಸ್ಥೂಲ). *Stoutness, bigness, largeness,* bulk, size, thickness, coarseness, grossness, denseness; doltishness, density of intellect. See ಬೀಗು 2.

ಸ್ಥೌಲ್ಯತ್ವ sthaulyatva. = ಸ್ಥೌಲ್ಯ. See ಬೀಗು 2.

ಸ್ನಪನ snapana. = ಸ್ನಪನ. Causing to bathe, bathing, ablution; washing, sprinkling, wetting. See ಮಿಾ 1.

ಸ್ನವ snava. *Oozing, dripping, trickling.*

ಸ್ನಸೆ snasĕ. *A tendon, a muscle.* See s. Tbh. ನರೆ.

ಸ್ನಾತ snâta. Bathed, washed, purified by ablution. 2, immersed: deeply engaged; see ನಿಷ್ಣಾತ. 3, one whose spiritual instruction is finished; an initiated householder.

ಸ್ನಾತಕ snâtaka. A Brâhmaṇa who has performed the ceremony of ablution required on his finishing his first âśrama or period of studentship as a brahmaĉâri and on becoming initiated into the second âśrama or order of a gṛihastha; *a Brâhmaṇa just returned from the house of his preceptor and become a married man or initiated householder.*

ಸ್ನಾನ snâna. = ತಾನ 2, ಸಾನ 3, ಸ್ತಾನ 2. *Bathing, ablution* (ಜಳಕ G.); dipping in water, wetting, purification by bathing, religious or ceremonial ablution; the ceremony of bathing or anointing an idol. ಸ್ನಾನ ತಪ್ಪಿದರೆ ಹೋಮದ ದಕ್ಷಿಣೆ ತಪ್ಪೀತೇ? (Prv.). — ಸ್ನಾನ ಮಾಡಿಸು. To bathe (v. t.), to wash, to cleanse. ಸಂಸ್ಕಾರಕ್ಕೋಸ್ಕರ ಸ್ನಾನ ಮಾಡಿಸಲ್ ಪಟ್ಟ ಶವ (Si. 357). — ಸ್ನಾನ ಮಾಡು. To bathe, to take a bath (Bp. 50, 2; My.; ಮಿಾ G.). ಸ್ನಾನ ಮಾಡಿದ (ಸ್ನಾತ G.). ಮರಣ ನಿಮಿತ್ತವಾಗಿ ಸ್ನಾನ ಮಾಡಿದವನು (ಆಪಸ್ನಾತ, ಮೃತಸ್ನಾತ Si. 357).

ಸ್ನಾನಘಟ್ಟ snâna-ghaṭṭa. Steps on the side of a river or large tank leading to the bathing place (My.).

ಸ್ನಾನಶಾಟಿ snâna-śâṭi. A small cloth put on by sannyâsis for bathing (My.).

ಸ್ನಾನೀಯ snânîya. *Fit for bathing or ablution, suitable for bathing.*

ಸ್ನಾಪನ snâpana. The act of causing to bathe; bathing, ablution (Bp. 18, 35).

ಸ್ನಾಯು snâyu. *A sinew, a tendon, a muscle.*

ಸ್ನಿಗ್ಧ snigdha. *Oily, oleaginous, unctuous,* greasy, fat, sticky, viscid, cohesive, adhesive; *emollient, smooth;* glossy, shining, resplendent; moist, wet; cooling; bland, kind, amiable; *attached,* loving, tender, affectionate, friendly, well affected; *a friend* (ಕೆಳೆಯ Mr. 268); lovely, agreeable; *coarse, thick, dense.*

ಸ್ನು snu. The level summit or edge of a mountain, *table-land.*

ಸ್ನುತ snuta. Trickled, dropped, *trickling, flowing, dropping, oozing.*

ಸ್ನುಷೆ snushĕ. = ಸೊಸೆ. *A daughter-in-law* (ಮಗನ ಹೆಣ್ತಿ Mr. 314).

ಸ್ನುಹ್ snuh. = ಸ್ನುಹಿ. *The milk-hedge plant, Euphorbia antiquorum.*

ಸ್ನುಹಿ snuhi. = ಸ್ನುಹ್. *The milk-hedge plant* (ಮುಣ್ಣುಗಳ್ಳಿ Mr. 136).

ಸ್ನೇಹ snêha. = ನೇಹ. Oiliness, unctuousness, fattiness, greasiness, lubricity, viscidity. 2, any unctuous or oleaginous substance, oil, grease, fat, an unguent. 3, a fluid of the body. 4, moisture. 5, blandness, tenderness, *love, affection, fondness,* attachment, friendship (ಉಟ್ಗ್ Ĉt. I, 45). See ಉಬ್ಬು, ಒಲವ್ 1, ಒ 4, ಕೂರ್ 2. ಸ್ನೇಹವೆಮ್ಬುವದು ದೋಣಿ ಬಣ್ಣಿಯ ಹಾಗಿರ ಬೇಕು (*i. e.* able to take in much). — ಬರೆಯುವವನ ಸಂಗಡ ದ್ವೇಷ, ದಾಯಾದಿಯ ಸಂಗಡ ಸ್ನೇಹ (Prvs.). — ಸ್ನೇಹ ಬೀಱು. Attachment or friendship to come into existence or originate. ಅವನಿಗೂ ಇವನಿಗೂ ಸ್ನೇಹ ಬಿತ್ತು (B. 5, 230; My.). — ಸ್ನೇಹ ಮಾಡು. To form affection for, to cultivate or court friendship. ಒಳ್ಳೇ ಹುಡುಗರ ಕೂಡ ಸ್ನೇಹ ಮಾಡ ಬೇಕು (B. 4, 1). ಧಾರ್ಮಿಕರ ಕೂಡ ವಿದ್ವಾಂಸರ ಕೂಡ ಮಾತ್ರ ಸ್ನೇಹ ಮಾಡುವನು (5, 167). ಬಣ್ಣನ ಸ್ನೇಹ ಮಾಡಿ, ಇದ್ದ ಬಣ್ಣ ಕಳ ಕೊಣ್ಡ. — ಬಣ್ಣನ ಸ್ನೇಹ ಮಾಡಿದರೆ ಬಂಗ ತಪ್ಪದು. — ಬುದ್ಧಿಯಿಲ್ಲದವನ ಸ್ನೇಹ ಇದ್ದ ಮಾನಕ್ಕೆ ಹಾನಿ (Prv.). 2, to love. ಅವನನ್ನು ಸ್ನೇಹ ಮಾಡು (My.).

ಸ್ನೇಹತನ snêhatana. Friendship (Ĉh. 66).

ಸ್ನೇಹಪಾತ್ರ snêha-pâtra. *An oil-vessel, a leather bottle for oil.* 2, a worthy object of affection.

ಸ್ನೇಹಿತ snêhita. Anointed. 2, loved, beloved. 3, a loved one, a friend (ಮಿತ್ರ, ಸಖ Mr. 311). Feminine ಸ್ನೇಹಿತೆ (My.). ಚನ್ನಾಗಿದ್ದರೆ ನೆಣ್ಟರು, ಕೆಟ್ಟರೆ ಸ್ನೇಹಿತರು. — ಬಾಳಿ ಬದುಕಿದರೆ ಅಕ್ಕ ತಂಗಿ, ಕೆಟ್ಟರೆ ಸ್ನೇಹಿತ (Prvs.).

ಸ್ನೇಹಿಸು snêhisu. To regard with affection, to love (My.; ಓ, ಕೂರ್ G.).

ಸ್ಪಂದ spanda. = ಸ್ಪನ್ದನ. See ಪರಿ.

ಸ್ಪನ್ದನ spandana. Throbbing, pulsation, palpitation, quivering, vibration, moving, motion; tremor, agitation; rapid motion, going. See ಅಳ್ಳಾಟ, ಕೆತ್ತು 2, ಮಿಸುಕು 1. 2, *a sort of tree* (*cf.* ಸ್ಯನ್ದನ).

ಸ್ಪರುಶ sparuśa. Tbh. of ಸ್ಪರ್ಶ. See ಸುಖಸ್ಪರುಶವಾತ, ಸ್ಪರುಶವೇದಿ.

ಸ್ಪರುಶನ sparuśana. Tbh. of ಸ್ಪರ್ಶನ. (Nn. 155; Bp. 35, 23).

ಸ್ಪರುಶವೇದಿ sparuśa-vêdi. = ಸ್ಪರ್ಶವೇದಿ. (My.).

ಸ್ಪರ್ಧಿ spardhi. Rivalling, emulating, competing; emulous, envious; proud, superb. See ಪ್ರ-.

ಸ್ಪರ್ಧಿಸು spardhisu. To contend or compete with, to contest, to vie with, to emulate, to rival; to be equal with; to envy; to challenge, to defy, to bid defiance to (J. 18, 3).

ಸ್ಪರ್ಧೆ spardhĕ. *Emulation, rivalry, competition;* envy, jealousy; defiance; equality with.

ಸ್ಪರ್ಶ sparśa. = ಪರಿಸ, ಪರುಷ 2, ಪರುಸ 1, ಸ್ಪರುಶ. Touching, touch, handling, contact; perception by touch, *the sense of touch;* the quality of tangibility; anything which touches or comes in contact; affection, morbid affection or influence, anything the contact or influence of which causes pain or disease, *disorder, sickness, morbid heat, fever.* See ಅಣ್ಣಾರು; Śmd. 2. — ಸ್ಪರ್ಶ ಮಾಡು. To touch; to come in contact with (My.). ಯಾವನಾದರೊನ್ನು ಬೇಙ್‌ ಹುಟಿ ಜೇಡಹುಟಿದ ಜಾಳಿಗೆಗೆ ಸ್ಪರ್ಶ ಮಾಡಿದ ಕೂಡಲೆ (B. 4, 112).

ಸ್ಪರ್ಶಕಾಲ sparśa-kâla. The time of an astrological conjunction (My.).

ಸ್ಪರ್ಶನ sparśana. = ಪರಿಸನ, ಪರುಷನ, ಸ್ಪರುಶನ. Touching, handling, taking hold of; touch, contact (see Mr. s. ನಿಗ್ರಹ; ಮುಟ್ಟುವ್ಪುದು, ಮುಟ್ಟುವುದು Nn. 155 as ಸ್ಪರುಶನ). 2, a battle (ರಣ, ಕಾಳೆಗ 155). 3, *air, wind.* 4, sense of touch; organ of sensation or feeling. 5, *gift, donation.*

ಸ್ಪರ್ಶನೀಯ sparśanîya. To be touched, fit to be touched, tangible, etc. (Čpr. 1, 107).

ಸ್ಪರ್ಶಮಣಿ sparśa-maṇi. A stone supposed to turn everything it touches to gold, the philosopher's stone. (My.).

ಸ್ಪರ್ಶವೇದಿ sparśavêdi. = ಪರಸು No. 2, ಪರುಷವೇದಿ, ಪರುಸವೇದಿ, ಸ್ಪರುಶವೇದಿ, (ಸ್ಪರ್ಶಮಣಿ, q. v.). The philosopher's stone (Bp. 19, 34; My.; Tê.).

ಸ್ಪರ್ಶಿಸು sparśisu. To touch (B. 4, 59; My.).

ಸ್ಪಶ spaśa. *A spy;* any secret messenger or emissary. See Nr. s. ಸನ್ನಾಹಬಡಿಸು. 2, *a fight, war, battle.*

ಸ್ಪಷ್ಟ spashṭa. Clearly perceived or discerned, distinctly visible, distinct, *clear, evident, manifest,* plain, apparent, intelligible; true, real.

ಸ್ಪಷ್ಟಾರ್ಥ spashṭa-artha. Clear in meaning, obvious, perspicuous, intelligible. 2, one of the pêḷikĕs (Kâvy. III, 2, B, 82 seq.).

ಸ್ಪಷ್ಟೇತರ spashṭa-itara. The reverse of clear: *indistinct, unintelligible.*

ಸ್ಪಾರ್ಶನಪ್ರತ್ಯಕ್ಷ spârśanapratyaksha. (fr. ಸ್ಪರ್ಶನಪ್ರತ್ಯಕ್ಷ). Tactile perception, perception by touch or feel. (R.).

ಸ್ಪೃಕ್ಕೆ spṛikkĕ. = ಪೃಕ್ಕೆ. *The plant Trigonella corniculata* Lin.

ಸ್ಪೃಶಿ spṛiśi. *The prickly nightshade, Solanum jacquini* Willd.

ಸ್ಪೃಷ್ಟ spṛishṭa. Touched, felt with the hand, handled; formed by complete contact of the organs of utterance; defiled. See ಕಾಷ್ಠ-.

ಸ್ಪೃಷ್ಟಿ spṛishṭi. *Touch, touching, feeling, contact.*

ಸ್ಪೃಹತೆ spṛihatĕ. = ಸ್ಪೃಹೆ. See ಸ-.

ಸ್ಪೃಹಯಾಲು spṛihayâlu. Wishful, desirous, eager for, covetous, cupidinous. (G.).

ಸ್ಪೃಹೆ spṛihĕ. *Desire, wish,* eager desire, longing; envy, covetousness. — ಸ್ಪೃಹೆವೆಟ್. -ಪೆಟ್. To get eager desire (Śêv. 4, 133).

ಸ್ಪ್ರಷ್ಟೃ sprashṭṛi. *Who or what touches* or affects or acts upon. 2, bodily pain or sickness; *morbid heat.*

ಸ್ಫಟ sphaṭa. *A snake's expanded hood.*

ಸ್ಫಟಿಕ sphaṭika. = ಪಟಿಕ 1, ಪಳಿಕು, ಪಳಿಕ, ಪಳಿಕು, ಪಳುಕು. *Crystal;* quartz (ತರಣಿಕಾನ್ತ, ಇನಾತ್ಮ Mr. 101).

ಸ್ಫಟಿಕಸುಲೋಚನ sphaṭika-sulôčana. Spectacles of crystal (My.).

ಸ್ಫಟಿಕಾದ್ರಿ sphaṭika-adri. N. of a mountain (Čpr. 10, 50); the mountain Kailâsa (Sk.).

ಸ್ಫಟಿಕೆ sphaṭikĕ. = ಪಟಿಕ 1, ಪಟಿಕ 2, ಪಟಿಕೆ 1. Sulphate of alumina, alum.

ಸ್ಫಟೆ sphaṭĕ. = ಪೆಡೆ, ಹೆಡೆ. *The expanded hood of a cobra* (ಪೆಡೆ Ŏt. II, 91; ಫಣ, ಪೆಡೆ Mr. 401).

ಸ್ಫರಣ spharaṇa. *Trembling, quivering, throbbing,* vibration. See ಜೊಳಹು 1.

ಸ್ಫಾಟಿಕ sphâṭika. (fr. ಸ್ಫಟಿಕ). Made of crystal, crystalline. (Rśv. 13, 92).

ಸ್ಫಾಟಿಕಗ್ರಾವ sphâṭika-grâva. Crystal stone: crystal (Čpr. 1, 137).

ಸ್ಫಾತಿ sphâti. Swelling, intumescence; *increase, growth.*

ಸ್ಫಾರ sphâra. 1. Throbbing, quivering, vibration; twanging. See ವಿ-.

ಸ್ಫಾರ sphâra. 2. Swelling, increase, enlargement; large, increased, expanded, spreading, great; abundant (ಸ್ಫೀತ, ಅತ್ಯನ್ತಘನ Mr. 437).

ಸ್ಫಿಕ್ಕೆ sphikkĕ. = ಪಿಕ್ಕೆ (Śmd. 358).

ಸ್ಫಿಚ್ sphič. = ಸ್ಫಿಜ್.

ಸ್ಫಿಜ್ sphij. ಸ್ಫಿಕ್. *A buttock,* hip.

ಸ್ಫಿರ sphira. Swollen, expanded; large; abundant, *much, many.*

ಸ್ಫೀತ sphîta. Swollen, enlarged, bulky, fat, big, large, thick (ಸ್ಫಾರ, ಅನನ್ತಘನ Mr. 437); abundant, much, many, numerous; successful, prosperous. See Bp. 19, 34; 45, 9; 61, 88.

ಸ್ಫುಟ sphuṭa. = ಪುಟ, (ಪೊಡ 2, ಹೊಡ 2). Burst, split open, broken, rent, torn, opened, expanded; *open, blossomed, blown;* clearly displayed, *clear; plain, distinct, manifest, evident.*

ಸ್ಫುಟನ sphuṭana. The act of breaking or rending suddenly, bursting, tearing open; disruption; breaking forth, expanding; opening, blossoming; becoming manifested or made public. See ಪೊಂಗು 1, ಬಿರಿ 1.

ಸ್ಫುಟಿತ sphuṭita. Burst, etc.; budded, blown, blossomed; made clear, manifested, spread out; torn, destroyed. (R.).

ಸ್ಫುರ sphura. Trembling, throbbing. 2, swelling. 3, coruscating. 4, a shield. (Colebr.).

ಸ್ಫುರಣ sphuraṇa. Trembling, throbbing, pulsation, vibration; vibrating motion, quivering or throbbing of parts of the body (as of the lips, etc.); springing or breaking forth, starting into view, expansion; flashing, coruscation, scintillation, twinkling, glittering, sparkling; flashing on the mind, rising to mind, suggesting itself. See ಪೊಡ್ಡಲಿಸು, ಪೊಡರ್; ಚಿತ್ತ-, ತರೀರ-; Bp. 61, 59; B. 4, 135; ಜೊಳಹು 1.

ಸ್ಫುರಣಿ sphuraṇi. A grindstone (ಸಾಣೆ Mr. 299).

ಸ್ಫುರತ್ sphurat. Trembling, etc.; becoming clear or manifest; flashing, glittering, sparkling; flashing vividly on the mind; swelling, expanding. See ವಿ-; Śmd. 73. 120.

ಸ್ಫುರಿತ sphurita. Trembling, heaving, throbbing, thrilling, palpitating; shaken, agitated; flashing, glittering, gleaming; swelled, swollen; starting into view. 2, a throb, throbbing, tremor, quivering or twitching of the eyelids, etc., agitation or emotion of mind, etc.; notoriety (Mr. 491). See Śmd. 81. 152. 394; Bp. 8, 7. 9; 34, 26; 40, 19; 43, 10; 57, 53; ವಿ-.

ಸ್ಫುರಿಸು sphurisu. To shine (J. 11, 9). 2, to rise to mind, to suggest itself (My.). See ವಿ-.

ಸ್ಫುರಿಸುವಿಕೆ sphurisuvikĕ. Rising to mind, etc. ಬುದ್ಧಿಯಲ್ಲಿ ಸ್ಫುರಿಸುವಿಕೆ (ವಶ, ಶಾನ್ತಿ, ಇಚ್ಛಾಯಿತವೃತ್ತಿವಿಶೇಷ Si. 388).

ಸ್ಫುಲಿಂಗ sphuliṅga. *A spark of fire* (ಕಿಡಿಯೇಟಾಗೆ Mr. 47).

ಸ್ಫೂರ್ಜಕ sphûrjaka. *A sort of ebony tree, Diospyros embryopteris* Pers.

ಸ್ಫೂರ್ಜಥು sphûrjathu. *A clap of thunder* (ವಜ್ರದ ನುಡಿ Mr. 44).

ಸ್ಫೂರ್ಜಿತ sphûrjita. Thundered; roar. See ವಿ-.

ಸ್ಫೂರ್ತಿ sphûrti. Throb, palpitation, tremor, trembling, shaking, vibration; spring, bound, start; breaking forth visibly, becoming evident or apparent, manifestation, expansion; glittering, shining; flashing on the mind. See ವಿ-; Si. 230.

ಸ್ಫೇಷ್ಠ sphêshṭha. (fr. ಸ್ಫಿರ). *Most abundant, very much or abundant.*

ಸ್ಫೋಟ sphôṭa. Breaking, splitting open, bursting, cracking; disclosure; destroying, killing. 2, a swelling, boil, tumor. See ಘುಃ-, ಪಾದ-, ಮುಕ್ತಾ-, ವಿ-, ಸಂ-.

ಸ್ಫೋಟಕ sphôṭaka. = ಹೋಳಿಗೆ 2, ಹೋಲಾಗೆ. One who bursts or splits open. 2, *a swelling, a boil, a tumor, a pustule, a blister, a pimple* (ಪಿಟಕ, etc. Mr. 384); small-pox (My.). 3, (if the meaning of ಅಂಗಾರಸ್ಫೋಟಕ in the text be correct,) a sort of cake.

ಸ್ಫೋಟನ sphôṭana. Breaking or splitting asunder, splitting, breaking, cleaving, cracking; opening, making clear, disclosing, manifesting; winnowing grain, etc.; cracking the finger-joints, snapping the fingers. See ಪ್ರ-; ಒಡೆ 1.

ಸ್ಫೋಟಿಸು sphôṭisu. To crack the finger-joints, to snap the fingers (Grj. 6, after 67).

ಸ್ಫೋಟೆ sphôṭĕ. The expanded hood of a snake. (R.).

ಸ್ಫೋರಣ sphôraṇa. = ಸ್ಫಾರ. (Sk.; G.).

ಸ್ಮಯ smaya. Smiling at anything, wonder, surprise, astonishment. See ವಿ-; Šmd. 131; Bp. 43, 80; 49, 37. 2, pride, conceit, arrogance.

ಸ್ಮರ smara. Remembrance, recollection; loving recollection, love. 2, *Kâma.*

ಸ್ಮರಗೃಹ smara-griha. = ಸ್ಮರಮನ್ದಿರ. (My.).

ಸ್ಮರಣ smaraṇa. = ನೆನಪು, ಸ್ಮರಣೆ. The act of remembering, recalling to mind, recollection, reminiscence; remembrance, retention in mind; thinking of or upon, being mindful of, bearing in mind; memory. 2, mental recitation of the names of a deity, calling upon a deity in supplication or adoration. 3, any act or thing to preserve the remembrance of, a memento. 4, tradition, traditional precept. 5, one of the upamĕs (Kâvy. III, 3, B, 61. 108 seq.). See Šmd. 203. 394; ಅವಧರಿಸು; ನೆನೆ 1.

ಸ್ಮರಣೆ smaraṇĕ. = ಸ್ಮರಣ. (ಹಾ, ನೆನವಲ್ಲಿ Nn. 140; ಹೇ, ಅಹೋ, ಹೋ, ಸಮ್ಬೋಧೆ Mr. 537; J. 5, 51). ಸ್ಮರಣೆ ತಪ್ಪಿದರೂ ಸಯ್ರಣೆ ಇರ ಬೇಕು (Prv.). 2, N. of a plant (see Mr. s. ತುಸ್ಸು).

ಸ್ಮರಧ್ವಜ smara-dhvaja. The penis. (R.).

ಸ್ಮರಮನ್ದಿರ smara-mandira. *Pudendum muliebre.*

ಸ್ಮರಸಖ smara-sakha. The moon. (My.).

ಸ್ಮರಹರ smara-hara. Kâma's remover or destroyer: *Šiva.*

ಸ್ಮರಿಸು smarisu. To remember, to recollect, to bear in mind, to think of, to be mindful of; to recite mentally the names of a deity, to think or call upon a deity in supplication or adoration (Bp. 3, 43; 45, 54; 51, 22; My.).

ಸ್ಮಾರ smâra. Recollection, remembrance. See ಅಪ-.

ಸ್ಮಾರ್ತ smârta. (fr. ಸ್ಮೃತಿ). Relating to memory. 2, recorded in the smṛitis, prescribed in the codes of traditional law, based on smṛiti; sanctioned by law, canonical, legal. 2, a Brâhmaṇa skilled in jurisprudence or traditional law; a Brâhmaṇa belonging to the sect of Šaṅkarâčârya, the teacher of the advaita vêdânta creed. 3, any act or rite enjoined by smṛiti. See ತ್ರಿಮತ. ಸ್ಮಾರ್ತರಿಗೆ ಸ್ವಾರ್ಥ ಹೆಚ್ಚು, ವೈಷ್ಣವರಿಗೆ ಉಷ್ಣ ಹೆಚ್ಚು. — ವೈಷ್ಣವರ ಮಕ್ಕಳಿಗೆ ಅಂಗಾರವೇ ಬಂಗಾರ, ಸ್ಮಾರ್ತರ ಮಕ್ಕಳಿಗೆ ಗನ್ಧವೇ ಚನ್ದ (Prvs.).

ಸ್ಮಾಲ್ ಷಿಪ್ smâl ship. A small ship (ಪೋತ, etc. Si. 85).

ಸ್ಮಿತ smita. Smiled; smiling. 2, *expanded, blown, blossomed.* 3, *a smile,* a gentle laugh. Feminine ಸ್ಮಿತೆ, she who smiles (A.).

ಸ್ಮೃತ smṛita. Remembered, recollected, called to mind; recorded, mentioned, said, declared; *termed, styled, named;* enjoined by smṛiti or traditional law.

ಸ್ಮೃತಿ smṛiti. *Remembrance, memory, reminiscence, recollection;* thinking of or upon. 2, what is remembered: tradition, law. 3, *the institutes or body of traditional or memorial law* (as handed down by Manu, Yâjṅavalkya, etc.); *any particular law-book or code of laws; any particular law or rule of law, canon, legal text; a passage in a work treating of law.* 4, pensive or loving recollection, desire, wish. 5, understanding. 6, a kind of sañčâribhâva (Kâvy. IV, 2, 16).

ಸ್ಮೃತಿಕರ್ತ smṛiti-karta. A legislator (My.).

ಸ್ಮೃತಿವಚನ smṛiti-vačana. A word or passage of a law-book (My.).

ಸ್ಮೇರ smêra. Smiling, laughing; a smile, a gentle laugh (ನಗೆ Nn. 126); expanded, opened, blown, blooming; proud; evident, apparent; appearance, manifestation. See Grj. 3, 117; J. 3, 18; 6, 46.

ಸ್ಯಚ syača. Spreading out, amplification, expansion (ಬಿತ್ತರ, ವ್ಯಾಸ, ಪ್ರಪಂಚ, ಹಿರಿದು ಮಾಡುವುದು Mr. 447).

ಸ್ಯದ syada. Rapid motion, *speed, velocity,* rush.

ಸ್ಯನ್ದ syanda. Trickling, flowing; *moving rapidly;* a chariot.

ಸ್ಯನ್ದನ syandana. Trickling, oozing, dropping; flowing; going or flowing swiftly; quick, expeditious, swift. 2, *a chariot, a car* (ರಥ Nn. 11). 3, water (ಉದಕ 11). 4, a river (ತರಂಗಿಣಿ, ನದಿ 11). 5, air, wind. 6, *the tree Dalbergia ougeinensis* Roxb. (ಕುಟಜ, ವೃಕ್ಷಭೇದ 11). 7, the tree Terminalia belerica Roxb. (ವೃಕ್ಷ, ತಾರೆಯ ಮರ Nn. 110).

ಸ್ಯನ್ದನಾರೋಹ syandana-ârôha. *A warrior who fights mounted on a chariot;* a charioteer (see Mr. s. ರಥಿಕ).

ಸ್ಯನ್ದಿ syandi. Trickling, oozing, dropping; flowing, rushing; going, moving. 2, a drop (Čpr. 7, after 77). See ನಿಷ್ಯನ್ದಿ.

ಸ್ಯನ್ದಿನಿ syandini. *Saliva.*

ಸ್ಯನ್ನ syanna. Flowed, trickled, dropped; *flowing, dropping, trickling.*

ಸ್ಯಮನ್ತಕ syamantaka. The jewel worn by Kṛishṇa (given to Satrâjit by the sun and transferred by him to his brother Prasêna, from whom it was taken by Jâmbavanta, and after much fighting and contention appropriated by Kṛishṇa). (My.; see Bhâgavata 10, 67).

ಸ್ಯಮೀಕ syamîka. A cloud. 2, an ant-hill. 3, a kind of tree. 4, time. (R.).

ಸ್ಯಾತ್ syât. It may be, perhaps, perchance (ಅನೇಕಾನ್ತ, ಏಕಾನ್ತವಲ್ಲದು; ಕ್ವಚಿದ್ಭೋಗ, ಅಲ್ಪಭೋಗ, ಅಲ್ಪಸುಖ; ಉಜ್ಜ್ವಲವಿದ್ಯಾದಿ ಸಮಸ್ತಕಳೆಗಳು, ಒಳ್ಳಿತ ವಿದ್ಯ ಮೊದಲಾದ ಕಳೆಗಳು Nn. 160).

ಸ್ಯಾದ್ವಾದ syât-vâda. Assertion of possibility. (My.).

ಸ್ಯಾದ್ವಾದಿಕ syât-vâdika. One who asserts possibility (ಮೋಕ್ಷ ಅದೆಯೋ? ಇಲ್ಲವೋ? ಎಮ್ಬ ವಿಷಯದಲ್ಲಿ ವಾದ ಮಾಡುವ ನಾಸ್ತಿಕ G.).

ಸ್ಯಾಲ syâla. = ಶ್ಯಾಲ. *A wife's brother.*

ಸ್ಯೂತ syûta. Sewn, stitched; joined; fabricated; pierced, penetrated. 2, *a sack, a bag*. See ಪೊಲ್ 1, ಸೆಡು.

ಸ್ಯೂತಿ syûti. Sewing, stitching; joining. 2, *needle-work*. 3, a sack. 4, lineage, family, offspring.

ಸ್ರಂಸನ sraṁsana. The act of falling; that of causing to fall, bringing down. See ಅಧಃ-.

ಸ್ರಂಸಿ sraṁsi. Falling down, slipping down; hanging down; being loosened. 2, *the pîlu tree* (see s. ಬಗನಿ).

ಸ್ರಗು sragu. Tbh. of ಸ್ರಜ್. ದಣ್ಡೆ ನಿಡಿದಾಗಿರಲು ಸ್ರಗುವಕ್ಕು (Mr. 384).

ಸ್ರಗ್ಧರೆ sraj-dharĕ. N. of a vṛitta (Čh.; Mr. 366).

ಸ್ರಗ್ವತಿ sraj-vati. Panicum italicum Lin. (ಕೊಲೆಲ Mr. 110).

ಸ್ರಗ್ವಿ sragvi. ಸ್ರಗ್ವಿನ್. Garlanded, wearing a garland, bearing a chaplet.

ಸ್ರಗ್ವಿಣಿ sragviṇi. N. of a vṛitta (Čh.).

ಸ್ರಗ್ವಿಸರ sraj-visara. A multitude of garlands (Čpr. 5, 119).

ಸ್ರಜ್ sraj. ಸ್ರಕ್. = ಸ್ರಗು, ಸ್ರಜ. *A chaplet, a wreath of flowers, a garland.*

ಸ್ರಜ sraja. Tbh. of ಸ್ರಜ್ (Šmd. 106).

ಸ್ರವ srava. = ಶ್ರವ 3. *Flowing, streaming, dropping, trickling, oozing.* 2, a drop. 3, a spring, fountain, torrent.

ಸ್ರವಣ sravaṇa. = ಶ್ರವಣ 1. Flowing, streaming, dripping, dropping, trickling, oozing. See ಒಟ[3] 1, ಒಸರ[6] 1.

ಸ್ರವತ್ sravat. Flowing, streaming, oozing, dripping, dropping, slipping away.

ಸ್ರವದ್ಗರ್ಭೆ sravat-garbhĕ. *A woman that miscarries*; a cow miscarrying by accident.

ಸ್ರವನ್ತಿ sravanti. *A stream, a river.*

ಸ್ರವಿಸು sravisu. To flow, to ooze, to drip, to drop (My.).

ಸ್ರಷ್ಟೃ srashṭṛi. (fr. ಸೃಜ್). One who lets emanate; a creator; an author; *Brahmâ; Šiva.*

ಸ್ರಸ srasa. Falling, falling down or asunder, etc. See ವಿ-.

ಸ್ರಸ್ತ srasta. *Fallen*, dropped, fallen down, fallen from; hanging down; loosened; let go, relaxed; separated. (Čpr. 10, 3).

ಸ್ರಾಕ್ srâk. (= ದ್ರಾಕ್). *Quickly, speedily, instantly.*

ಸ್ರಾವ srâva. Flow, flowing, oozing, dripping, dropping. See ಗರ್ಭ-, ನಿ-, ಪ್ರ-.

ಸ್ರುಕ್ಕು srukku. Tbh. of ಸ್ರುಚ್. (Sl. 241).

ಸ್ರುಚ್ sruč. ಸ್ರುಕ್. *A sort of ladle used for pouring clarified butter on a sacrificial fire.*

ಸ್ರುತ್ srut. Flowing, dripping, trickling, etc. See ಪರಿ-.

ಸ್ರುತ sruta. Flowed, trickled, *flowing, dropping, dripping*, fluid.

ಸ್ರುತಿ sruti. Flow, flowing, streaming, oozing. (R.).

ಸ್ರುವ sruva. *A sort of semicircular ladle used to pour clarified butter on a sacrificial fire;* a sôma ladle or spoon.

ಸ್ರುವಾವೃಕ್ಷ sruvâ-vṛiksha. *The plant Flacourtia sapida* Roxb.

ಸ್ರುವೆ sruvĕ. ಸ್ರುವಾ. *The plant Sanseviera roxburghiana* Schult. 2, the tree Boswellia thurifera.

ಸ್ರೋತ srôta. = ಸ್ರೋತಸ್. ಭೋರ್ಭೋರ್ರೆನೆ ಪಾಯ್ವುದು ಹಿಮನಗಕ್ಕೆ ಗಂಗಾಸ್ರೋತಂ (Šmd. 231 Mdb.).

ಸ್ರೋತಸ್ srôtas. *A natural stream of water, current, flow or course of water; a rapid stream, a torrent, a river.* 2, *an organ of sense.*

ಸ್ರೋತಸ್ವತಿ srôtas-vati. *A river.*

ಸ್ರೋತಸ್ವಿನ್ srôtas-vin. Having a stream or current.

ಸ್ರೋತಸ್ವಿನಿ srôtas-vini. *A river.*

ಸ್ರೋತೋಂಜನ srôtas-añjana. *Antimony.*

ಸ್ರೋತೋವಹೆ srôtas-vahĕ. A river. (Colebr.).

ಸ್ರೋಸ್ರನ್ದಲ್ srôsrandal. A river (Čpr. 5, 20).

ಸ್ವ sva. = ಸೊ. *Own, one's own.* 2, innate, native, natural, inherent, proper, peculiar, appropriate. 3, belonging to one's own family or tribe; *a kinsman.* 4, *self, one's own self, self-identity.*

ಸ್ವಂ svaṁ. = ಸೊಮ್ಮು. *Property, wealth, riches.*

ಸ್ವಕ svaka. *Own, one's own;* proper, peculiar.

ಸ್ವಕಪೋಲಕಲ್ಪಿತ sva-kapôla-kalpita. Invented in one's own cheek: apocryphal; a story made out of one's own head (Tĕ.; My.).

ಸ್ವಕರ್ತೃ sva-kartṛi. One who acts (or experiences) of his own accord or himself (Šmd. 272).

ಸ್ವಕಾರ್ಯ sva-kârya. One's own business or duty or function. (My.).

ಸ್ವಕೀಯ svakîya. Own, one's own; of one's own, belonging to one's self; belonging to one's own family. (Čpr. 4, 21; Bp. 39, 63; My.).

ಸ್ವಕೀಯಜನ svakîya-jana. Persons belonging to one's own family (My.).

ಸ್ವಕ್ಷೇತ್ರ sva-kshêtra. One's own place (My.). ನಕ್ಷತ್ರವು ಸ್ವಕ್ಷೇತ್ರದಲ್ಲಿರ ಬೇಕು (Prv.).

ಸ್ವಗ್ರಾಮ sva-grâma. One's own village. (My.).

ಸ್ವಂಗ svaṅga. Embracing, embrace. See ಅಭಿಷ್ವಂಗ, ಪರಿಷ್ವಂಗ.

ಸ್ವಚಿತ್ತ sva-čitta. One's own mind (Šmd. 267).

ಸ್ವಚ್ಛ su-ačča. = ಚೊಕ್ಕ. Very transparent or clear, pellucid, crystalline; white; pure, stainless, free from filth. (C.; B. 1, 24; 3, 32).

ಸ್ವಚ್ಛತನ svaččhatana. = ಸ್ವಚ್ಛತೆ. (B. 5, 204).

ಸ್ವಚ್ಛತೆ svaččhatĕ. Great transparency; great purity. (J. 3, 10; ವೈಶದ್ಯ Čb.).

ಸ್ವಚ್ಛನ್ದ sva-č-čhanda. One's own will, own choice, own fancy; independence. 2, *self-willed, independent,* uncontrolled; spontaneous; uncultivated, wild.

ಸ್ವಚ್ಛನ್ದಿ svaččhandi. Self-willed, wilful (Mhr.; B. 5, 24).

ಸ್ವಜನ sva-jana. One's own people. 2, *a kinsman, a relation.*

ಸ್ವಜಾತಿ sva-jâti. Own caste or tribe; *own kind or species.*

ಸ್ವತಃ svataḥ = ಸೊತ. Tbh. of ಸ್ವತಸ್. (My.; B. 4, 79. 184).

ಸ್ವತಃಪ್ರಮಾಣ svatas-pramâṇa. Self-proved, self-evident. (R.).

ಸ್ವತಸ್ಸಿದ್ಧ svatas-siddha. Self-accomplished, self-made; self-existent; self-proved, self-demonstrated. (B. 4, 107. 126; My.).

ಸ್ವತನ್ತ್ರ sva-tantra. = ಸೊತನ್ತ್ರ, ಸೊಸನ್ತ್ರ. Self-dependent, self-reliant, *independent,* free, absolute. 2, self-willed, unrestrained, unruly, libertine. 3, no longer subject to parents, of age. 4, independence, etc. — ಸ್ವತನ್ತ್ರದಿನ್ದ ಇರು. To be independent, free, etc. (B. 3, 113; 5, 265).

ಸ್ವತನ್ತ್ರಗಾಱ svatantra-gâṟa. An independent man (My.). Feminine ಸ್ವತನ್ತ್ರಗಾತಿ (My.).

ಸ್ವತನ್ತ್ರತನ svatantratana. = ಸ್ವತನ್ತ್ರತ್ವ. (ಯದೃಚ್ಛೆ, ಸ್ವಾತನ್ತ್ರ್ಯ, ಸ್ವೈರಿತೆ G.; B. 5, 95. 115).

ಸ್ವತನ್ತ್ರತ್ವ svatantratva. Self-dependence, self-reliance, independence; wilfulness. (My.; B. 5, 84).

ಸ್ವತನ್ತ್ರವೃತ್ತಿ svatantra-vṛitti. *Acting self-reliantly, independent action* (ಒಲಿದನ್ತೆ ನಡಹಂ Mr. 452).

ಸ್ವತನ್ತ್ರಾನ್ವಯ svatantra-anvaya. An independent character (in a sentence, Śmd. 174).

ಸ್ವತನ್ತ್ರಿಕೆ svatantrikĕ. = ಸೊತನ್ತ್ರಿಕೆ, ಸ್ವತನ್ತ್ರತ್ವ, q. v. (My.).

ಸ್ವತನ್ತ್ರೀಕ svatantrîka. Independent, free (B. 5, 108).

ಸ್ವತಸ್ sva-tas. *By one's self, in one's self, of one's self, of one's own accord, in one's own nature.*

ಸ್ವತಾ svatâ. = ಸ್ವತಸ್. (My.; B. 5, 87. 98; Mhr. ಸ್ವತಾಂ).

ಸ್ವತೇವ svatâ-iva. Of one's self indeed, of one's self, etc. (C.).

ಸ್ವತ್ತು svattu. (Tbh. of ಸ್ವತ್ವ). Property, wealth (My.; Sk. ಸ್ವವತ್, sva-vat, possessing property, wealthy).

ಸ್ವತ್ವ svatva. (= ಸೊತ್ತು, ಸ್ವತ್ತು). Independent being or condition. 2, own right or property, ownership, proprietorship, propriety, proprietary right. 3, selfness, individuality. (Śi. 243).

ಸ್ವದಕ್ಷಿಣೆ sva-dakshiṇĕ. A gift or donation one has a claim to. ಪ್ರದಕ್ಷಿಣೆಗೆ ಹೋಗಿ, ಸ್ವದಕ್ಷಿಣೆ ತಪ್ಪಿತು (Prv.).

ಸ್ವದನ svadana. *The act of tasting, eating.*

ಸ್ವದೇಶ sva-dêśa. Own country, native country. (My.; B. 4, 226; 5, 93. 301).

ಸ್ವಧರ್ಮ sva-dharma. Own duty; peculiar duty or occupation, office; the duties of one's own class or caste; peculiar property, peculiarity. ಸ್ವಧರ್ಮ ತಪ್ಪಿದರೂ ಅಧರ್ಮ ಮಾಡ ಬಾರದು (Prv.).

ಸ್ವಧಿತಿ svadhiti. *An axe.*

ಸ್ವಧೆ sva-dhĕ. ಸ್ವಧಾ. One's own condition or nature. 2, manner, habit, custom, usage. 3, the food or oblation offered to the pitṛis. 4, *an exclamation used on presenting an oblation to the gods or pitṛis.*

ಸ್ವನ svana. = ಸೊನ. *Sound, noise; voice, speech.*

ಸ್ವನತ್ svanat. Sounding, resounding. (R.).

ಸ್ವನಿತ svanita. Sounded, *sounding, making a noise; rustling.* 2, a thunder-clap.

ಸ್ವನಿತೆ svanitĕ. = ಸ್ವನಿತ No. 1. (Śi. 60).

ಸ್ವನಿಮಿತ್ತ sva-nimitta. Own, peculiar cause or motive (Kâvy. III, 3, B, 135).

ಸ್ವನ್ತ su-anta. 1. Ending in ಸು (Śmd. 283; Kâvy. I, 3, 35-40).

ಸ್ವನ್ತ su-anta. 2. Having a good end, terminating well.

ಸ್ವನ್ತ svanta. 3. = ಸೊನ್ತ. (Tbh. of ಸ್ವ). Own, belonging to one's self; proper, peculiar, etc. (C.; Tĕ.; M.). 2, the state or condition of belonging to one's self or being one's own. ಸ್ವನ್ತದವನು (My.).

ಸ್ವಪಕ್ಷ sva-paksha. *One's own side, own party.* 2, being on one's own side: a friend.

ಸ್ವಪತಿ sva-pati. Self-owner or possessor. See ಸ್ವಾಪತೇಯ.

ಸ್ವಪರಚಕ್ರಜ sva-para-čakra-ja. *Arising from the army of one's own prince or from that of an enemy.*

ಸ್ವಪರಭಾವ sva-para-bhâva. Regard to meum et tuum; distinguishing between one's own things and the things of others; respect of persons; distinguishing between one's own (relations, family, etc.) and the multitude (Mhr.; R.).

ಸ್ವಪ್ನ svapna. = ಸೊಪ್ನ. *Sleep, sleeping.* 2, a dream, dreaming (see Mr. s. ಸುಪ್ತಿ). ಸ್ವಪ್ನದಲ್ಲಿ ದಣ್ಣಿಗೆ ಏಟು, ಗೊಣ್ಣೆ ಹಿಡದ ಹಾಗೆ.— ಪೋಕನಿಗೆ ನಾಚ ಸಲ್ಲ, ಮೂಕನಿಗೆ ಸ್ವಪ್ನ ಸಲ್ಲ.— ಮೂಕನ ಸ್ವಪ್ನ ಹೇಳಲಿಕ್ಕೆ ತಿಳಿಯದು, ಹೇಳದೆ ತೀರದು.— ಹುಟ್ಟುಕುರುಡಗೆ ಸ್ವಪ್ನವಿಲ್ಲ, ಮುಟ್ಟು ತಿಳಿದವಗೆ ರೋಗವಿಲ್ಲ (Prvs.).

ಸ್ವಪ್ನಜ್ svapnaj. *Sleepy, drowsy,* sleeping, asleep.

ಸ್ವಪ್ನದೋಷ svapna-dôsha. Sleep-fault: pollutio nocturna. (R.).

ಸ್ವಪ್ನವಿಚಾರ svapna-vičâra. Interpretation of dreams. (R.).

ಸ್ವಪ್ನಸೃಷ್ಟಿ svapna-sṛishṭi. The creation of dreams or illusions in sleep. (R.).

ಸ್ವಪ್ನಾವಸ್ಥೆ svapna-avasthĕ. The state of dreaming; life as but a state of dreaming. (My.).

ಸ್ವಪ್ನೇನ್ದ್ರಿಯ svapna-indriya. Pollutio nocturna (My.).

ಸ್ವಪ್ರಕಾಶ sva-prakâśa. Self-resplendent, self-luminous, self-evident. (Abhâ. 1, 14).

ಸ್ವಪ್ರತಿಷ್ಠೆ sva-pratishṭhĕ. Self-esteem, self-opinion, self-worship (My.).

ಸ್ವಪ್ರಯೋಜನ sva-prayôjana. One's own object or purpose; one's own interest or profit (My.).

ಸ್ವಬನ್ಧ sva-bandha. One's own fetters. ನಿರ್ಬನ್ಧ ಮಾಡಿದವನ ಸ್ವಬನ್ಧ ಹೋದೀತೇ? (Prv.).

ಸ್ವಬುದ್ಧಿ sva-buddhi. One's own mind, intellect or judgment (My.; B. 1, 12).

ಸ್ವಭಾನು sva-bhânu. Self-luminous, self-shining. 2, = ಸುಭಾನು, the seventeenth year of the cycle of sixty (My.).

ಸ್ವಭಾವ sva-bhâva. Own state, *essential or inherent property, innate or peculiar disposition, natural state or constitution, natural temper, nature* (Kâvy. III, 3, B, 4; ಸಹಜ Śmd. 158 Cm.). ರತಿಸ್ಥಿತಿಯಿನ್ದ ಜೊತೆಗೆ ಪುಟ್ಟುವ ಮನವಿಕಾರಂ ಸ್ವಭಾವಮುಕ್ಕು, ಅದು ರಸಮೆನಿಕ್ಕು (Mr. 75). ಸ್ವಭಾವ ತಿಳಿದರೆ ಸಿಧಾಯಿಸ ಬಹುದು.— ಸ್ವರೂಪ ತಿಳಿದರೂ ಸ್ವಭಾವ ತಿಳಿಯಲಿಲ್ಲ (Prvs.).

ಸ್ವಭಾವತಃ svabhâva-taḥ. ಸ್ವಭಾವತಸ್. From natural disposition, by nature, naturally. (My.; B. 4, 37).

ಸ್ವಭಾವವಾದ svabhâva-vâda. The doctrine that the universe was produced and is sustained by the natural and necessary action of substances according to their inherent properties. (R.).

ಸ್ವಭಾವಸಿದ್ಧ svabhâva-siddha. Accomplished by one's own nature, natural, native, essential, spontaneous, not acquired. (My.).

ಸ್ವಭಾವಿಕ svabhâvika. = ಸ್ವಾಭಾವಿಕ. See ಅ-.

ಸ್ವಭಾವೋಕ್ತಿ svabhâva-ukti. Description of natural or innate peculiarities or properties. (Grj. 2, after 106).

ಸ್ವಭಾಷೆ sva-bhâshĕ. One's own language (My.; B. 5, 196. 275).

ಸ್ವಭೂ sva-bhû. ಸ್ವಭು. Self-existent; *Brahmâ;* Vishṇu; Śiva.

ಸ್ವಮಾಹಾತ್ಮ್ಯ sva-mâhâtmya. = ಸ್ವಪ್ರತಿಷ್ಠೆ. Self-greatness, self-esteem, etc. (My.).

ಸ್ವಯಂ svayaṁ. = ಸಯಂ, ಸೊಯಂ. *Self* (myself, himself, herself, itself, one's self, etc.); by one's self, spontaneously, of one's own self, of one's own accord.

ಸ್ವಯಂವರ svayaṁ-vara. = ಸೊಯಂವರ. Self-choice: the election of a husband by a princess or daughter of a kshatriya at a public assembly of suitors held for the purpose.

ಸ್ವಯಂವರೆ svayaṁ-varĕ. *A maiden who chooses her own husband at a public assembly.*

ಸ್ವಯಂಕರ್ತೃ svayaṁ-kartṛi. The agent indicated by a verb as doing (or experiencing) anything himself (Šmd. 273. 325).

ಸ್ವಯಂಕರ್ತೃಕ svayaṁ-kartṛika. = ಸ್ವಯಂಕರ್ತೃ. (Šmd. 273. 325).

ಸ್ವಯಂಕೃತ svayaṁ-kṛita. Self-formed, self-made, natural, spontaneous; done by one's self; done to or undertaken for one's self. (My.).

ಸ್ವಯನ್ದತ್ತ svayaṁ-datta. Self-given; a child who has given himself to be adopted by adoptive parents. (R.).

ಸ್ವಯಮೇವ svayaṁ-êva. Of one's own self or accord (My.).

ಸ್ವಯಮ್ಪಾಕ svayaṁ-pâka. Cooking one's food with one's own hand; cooking; the food dressed (My.; Mhr.).

ಸ್ವಯಮ್ಪಾಕಿ svayaṁ-pâki. A cook (My.).

ಸ್ವಯಮ್ಪ್ರಕಾಶ svayaṁ-prakâśa. That shines by his or its own light (Mhr.; R.).

ಸ್ವಯಮ್ಪ್ರಭೆ svayaṁ-prabhĕ. N. of an apsaras. (Râm. 4, 10 sum.).

ಸ್ವಯಮ್ಭು svayaṁ-bhu. = ಸಯಮ್ಭು. Self-existent; *Brahmâ.* (Bp. 57, 42).

ಸ್ವಯಾರ್ಜಿತ svayârjita. Tbh. of a ಸ್ವಯಮರ್ಜಿತ. Acquired by one's self (My.). *Cf.* ಸ್ವಾರ್ಜಿತ.

ಸ್ವಯಿರ svayira. Tbh. of ಸ್ವೈರ. (Nn. 101).

ಸ್ವರ್ svar. The sun. 2, the sky, ether;—*heaven,* the world of the gods, abode of the deities; the heaven of Indra and temporary abode of the virtuous after death. 3, the mystical word svar, represented as produced from the sâmavêda and being one of the vyâhṛitis.

ಸ್ವರ svara. 1. Tbh. of ಸ್ವರ್. Heaven (ತ್ರಿದಿವ, ಸ್ವರ್ಗ Nn. 84). 2, welfare, etc. (ಸಮ್ಪದ, ಐಶ್ವರ್ಯ 84). 3, final emancipation (ಅಮೃತ, ಮುಕ್ತಿ 84). 4, the mystical word svar (? ಪ್ರತ್ಯಾಭಿಹಾರ Mr. 500).

ಸ್ವರ svara. 2. = ಸರ 4, ಸೊರ 1. Sound, noise (ಘೋಷ Nn. 84; ಅನಕ್ಷರಧ್ವನಿ Mr. 500); *voice, articulate sound.* 2, tone, tune, music; *a primary musical sound, a note of the musical scale or gamut* (ಷಡ್ಜಾದಿಸಪ್ತಸ್ವರ 84; ಏಳು ನಾದ 500; see ಸಪ್ತಸ್ವರ; Sí. 61). 3, *an accent* (ಉದಾತ್ತಾದಿಮೂರುಸ್ವರ 84; ಉದಾತ್ತ ಅನುದಾತ್ತ ಸ್ವರಿತ ಎಮ್ಬ ರವ 500). 4, *a vowel* (Čh.; Šmd. 13. 43. 44. 62; Kâvy. I, 1a, 7-9; I, 1b, 1-5. 6-14; I, 2, 20-22; I, 3, 18-34. 69-74). 5, the (fifty-two) letters (ವರ್ಣಜಾಲ, ಅಕ್ಷರಂಗಳು 84; ಐಯ್ವತ್ತೆರಡು ಸಂಖ್ಯೆಯಕ್ಷರ 500). 6, the number 7 (ಏಳು Mr. 347). 7, nasal sound; snoring. ಊರಿಗೆ ದೊರೆಯು ರೂಪು, ನಾರಿಗೆ ಗುಣವು ರೂಪು, ಚಾರು ಕೋಗಿಲೆಗೆ ಸ್ವರ ರೂಪು, ಮನುಜಗೆ ಧೀರತ್ವ ರೂಪು (Sp.). — ಸ್ವರಗೆಯ್. To sound, to cry, to sing, etc. (J. 3, 28).

ಸ್ವರಕರಣ svara-karaṇa. = ಸರಕರಣ. Sounding, etc.

ಸ್ವರಗಾಱ svara-gâṟa. A man who intonates. ಸ್ವರಗಾಱ ಹಾಡಿದ್ದೇ ರಾಗ, ವೈದ್ಯಗಾಱ ಹೇಳಿದ್ದೇ ರೋಗ (Prv.).

ಸ್ವರಧಾತು svara-dhâtu. A base or verbal theme ending in a vowel (Šmd. 302).

ಸ್ವರಪ್ರಶ್ನೆ svara-praśnĕ. Inquiry into the future based on the sound of a person's breathing through the nose (My.).

ಸ್ವರಭಂಗ svara-bhaṅga. Interruption or indistinctness of utterance, broken articulation, cracking of the voice, hoarseness, fluttering of the voice, any defect in speaking, caused by emotion or morbid affections of the chest. (My.).

ಸ್ವರಭೇದ svara-bhêda. = ಸ್ವರಭಂಗ. 2, one of the sâtvika-bhâvas (Kâvy. IV, 2, 17).

ಸ್ವರಮಣ್ಡಲ svara-maṇḍala. A number of reeds joined together and played on with the finger (Tĕ.; R.).

ಸ್ವರಲೋಪ svara-lôpa. Elision of a vowel or of vowels (Kâvy. I, 1b, 1-5).

ಸ್ವರವಾದಿ svara-vâdi. = ಸರವಾದಿ, q. v.

ಸ್ವರಸನ್ಧಿ svara-sandhi. The junction or coalition of vowels. (My.).

ಸ್ವರಾಂಗ svara-aṅga. Having the body, form or character of a vowel (Šmd. 20).

ಸ್ವರಾನ್ತ svara-anta. Ending in a vowel; a term with a final vowel (Šmd. 104. 105. 138. 152).

ಸ್ವರಿತ svarita. Sounded; sounded as a note, pitched; articulated; accented; having the mixed or circumflex accent. 2, the third or mixed tone between high and low (which is thought to correspond with the circumflex accent, see s. ಸ್ವರ No. 3; Bp. 55, 51).

ಸ್ವರು svaru. *A slip of a wood from a sacrificial post.* 2, *a sacrifice.* 3, *a thunderbolt.* 4, *an arrow.*

ಸ್ವರುಚಿ sva-ruči. One's own taste or inclination, own wish. 2, following one's own likings and desires, *self-willed, uncontrolled, wilful.*

ಸ್ವರೂಪ sva-rûpa. = ಸರೂಪ. One's own form or shape; one's visage, features; natural state or condition, essential properties; *natural character or appearance,* true constitution or purpose; one's natural constitution, nature; peculiar aim. 2, having a like nature or character; similar, like, identical. 3, *pleasing, handsome.*

4, *wise, learned.* See Šmd. 9. 26. 142; Bp. 54, 58; 57, 60; ಪರಂಜ್ಯೋತಿ-. ಸ್ವರೂಪ ತಿಳಿದರೂ ಸ್ವಭಾವ ತಿಳಿಯಲಿಲ್ಲ.—ನರಕದ ಸ್ವರೂಪ ನಾಯಿ ಬಲ್ಲದು.—ನಿರೂಪ ಇದ್ದರೆ ಸ್ವರೂಪ.—ಮಠದ ಸ್ವರೂಪ ಕೋತಿ ಬಲ್ಲದೇ? (Prvs.).

ಸ್ವರೂಪಕಥನ svarûpa-kathana. Relation or description of natural character, etc. (Kâvy. II, 1, A, 29).

ಸ್ವರೂಪನಾಶನ svarûpa-nâśana. Disgrace (My.).

ಸ್ವರೂಪಭಂಗ svarûpa-bhanga. Disgrace (My.).

ಸ್ವರೂಪಹೀನ svarûpa-hîna. A disgraced man; disgrace (My.).

ಸ್ವರೂಪಾಭಾವ svarûpa-abhâva. Disfiguration. See ಅಬ್ 3.

ಸ್ವರೂಪಿ svarûpi. Having one's own form or character; having essential properties; identical. 2, that bears the natural form or qualities of; that is in the form of; that is a form. See Šmd. 2; Bp. 1, 35.

ಸ್ವರ್ಗ svar-ga. 1. = ಸಗ್ಗ 1, ಸೂರ್ಗ. *The heaven of Indra, the abode of the deities and of beatified mortals* (supposed to be situated on the mountain Mêru; ನಾಕ Nn. 154; ನಾಕ, ದೇವಾಗಾರ 71; ದೇವಲೋಕ 115; ನಾಕ, ಸುರಾವಾಸ 128; ದೇವಲೋಕ Hlâ. s. ಹೆಸರು). 2, happiness, joy (ಸುಖ 154). 3, that exists from eternity (ಅನಾದಿ 154; this may belong to ಸ್ವರ್ಗ 2). 4, N. of a metrical foot (Čh.). ಸ್ವರ್ಗದ ಬಾಗಲಿಗೆ ನರಕದ ನಾಯಿ.—ಸ್ವರ್ಗವೂ ತಪ್ಪಿತು, ದುರ್ಗವೂ ತಪ್ಪಿತು.—ಸ್ವರ್ಗವೆಮ್ಬುವದು ದುರ್ಗದ ಬಾಗಲೋ?—ತಾನು ಸಾಯ ಬೇಕು, ಸ್ವರ್ಗಾ ಪಡಿಯ ಬೇಕು.—ದೂಳಿ ದೂಪವಾದೀತೇ? ದೂಳಿಗೆ ಸ್ವರ್ಗವಾದೀತೇ?—ನರಕದ ಬಾಗಲಿಗೆ ಸ್ವರ್ಗದ ಪಾಲಕನೋ?—ನರಕದಲ್ಲಿ ಕರುಣವಿಲ್ಲ, ಸ್ವರ್ಗದಲ್ಲಿ ಮರಣವಿಲ್ಲ.—ನರಕದಲ್ಲಿ ಭೇದವಿಲ್ಲ, ಸ್ವರ್ಗದಲ್ಲಿ ರೋಗವಿಲ್ಲ (Prvs.). ಬಣ್ಣಿಸದೆ ಕರಣವನು, ದಣ್ಡಿಸದೆ ದೇಹವನು, ಉಣ್ಣುಣ್ಣು ಸ್ವರ್ಗವಯ್ದುಲ್ಕೆ ಅದೇನ್? ರಣ್ಡಾಳುತಾಳೆ? (Sp.). ಸಜ್ಜನರಿಗೆ ಸ್ವರ್ಗದ ಸುಖವೂ ದುಷ್ಟರಿಗೆ ನರಕದ ಬಾಧೆಯೂ ಕೇಡಿಲ್ಲದೆ ಉಣ್ಟಾಗುತ್ತವೆ (B. 5, 279).

ಸ್ವರ್ಗ svarga. 2. = ಸರ್ಗ (of which it is a wrong form). Creation (ಸೃಷ್ಟಿ Nn. 154). 2, nature; natural state (ಸ್ಥಿತಿ, ಇರವು 154).

ಸ್ವರ್ಗಕ svargaka. N. of a serpent (Bp. 46, 28).

ಸ್ವರ್ಗಮ svar-gama. Going to svar or the world of the gods: state of celestial felicity (Čpr. 4, 73).

ಸ್ವರ್ಗಲೋಕ svarga-lôka. The celestial region; the heaven of Indra. ಸ್ವರ್ಗಲೋಕದ ಪಾತರದವಳು (ಸ್ವರ್ವೇಶ್ಯೆ G.). ಸ್ವರ್ಗಲೋಕದ ಬಡಗಿ (ವಿಶ್ವಕರ್ಮ Nr.).

ಸ್ವರ್ಗಸ್ಥ svarga-stha. One who abides in heaven; a deity (ಸಗ್ಗಿಗ, ದೇವತೆ G.).

ಸ್ವರ್ಗೌಕಸ್ svarga-ôkas. Having an abode in heaven: *a god, a deity.*

ಸ್ವರ್ಣ svarṇa. (fr. ಸುವರ್ಣ). = ಸೊನ್ನ, ಸೊನ್ನೆ 1. *Gold;* a gold coin. ಸ್ವರ್ಣ ತಿನ್ದರೆ ಮರಣ ತಪ್ಪೀತೇ?—ಸ್ವರ್ಣದ ಪರೀಕ್ಷೆ ತಿಳಿಯದಿದ್ದರೆ ವರ್ಣದ ಪರೀಕ್ಷೆ ತಿಳಿಯದೇ?—ಪೂರ್ಣವಿದ್ದರೂ ಸ್ವರ್ಣದ ಬಯಿಕೆ ತೀರದು (Prvs.).

ಸ್ವರ್ಣಕಾರ svarṇa-kâra. = ಸೊನ್ನಗಾಱ. *A goldsmith.*

ಸ್ವರ್ಣಕ್ಷೀರಿ svarṇa-kshîri. *A kind of sôma or moon-plant with yellow juice.*

ಸ್ವರ್ಣಗಿರಿ svarṇagiri. The mountain Mêru (ಸುವರ್ಣಪರ್ವತ Čb.).

ಸ್ವರ್ಣದಿ svar-nadî. = ಸ್ವರ್ನದಿ. *The celestial Ganges.*

ಸ್ವರ್ಣಧೇನು svarṇa-dhênu. A cow of gold (Bp. 55, 14).

ಸ್ವರ್ಣನಾಭ svarṇa-nâbha. = ಸುವರ್ಣನಾಭ. (Čpr. 2, 58).

ಸ್ವರ್ಣಪುಷ್ಪಿ svarṇa-pushpi. *The pudding-pipe tree, Cassia fistula* Lin. (ಆರಗ್ವಧ, ರಾಜತರು, etc. ಕಕ್ಕೆ Mr. 114).

ಸ್ವರ್ಣಮಯ svarṇa-maya. Consisting of gold (My.).

ಸ್ವರ್ಧಾಮ svar-dhâma. The celestial abode, the heaven of Indra (J. 18, 3).

ಸ್ವರ್ಧುನಿ svar-dhuni. = ಸ್ವರ್ನದಿ.

ಸ್ವರ್ಧುನಿಜೂಟ svardhuni-jûṭa. Šiva (Šêv. 5, 2).

ಸ್ವರ್ನದಿ svar-nadi. = ಸ್ವರ್ಣದಿ. (ಸಗ್ಗಪೊನಲ್, ಸಗ್ಗಿಗದೊಱೆ, ಬಾನ್ದೊಱೆ Šm. 10).

ಸ್ವರ್ಭಾನು svar-bhânu. *Râhu.*

ಸ್ವರ್ಮಣಿ svar-maṇi. The sun (J. 20, 60).

ಸ್ವರ್ಲೋಕ svar-lôka. The celestial region, Indra's heaven. See Mr. s. ಲೋಕ.

ಸ್ವರ್ವೇಶ್ಯೆ svar-vêśyĕ. *A courtezan of heaven, an apsaras.*

ಸ್ವರ್ವೈದ್ಯ svar-vaidya. Physician of heaven: *either of the two aśvins.*

ಸ್ವಲ್ಪ su-alpa. = ಸಲುಪ, ಸ್ವಲ್ಪು. *Very small or little; little, minute, trifling, insignificant;* very few. 2, insignificance. ಸ್ವಲ್ಪದ ಅರಸನಿಗೆ ಅಲ್ಪದ ಪ್ರಧಾನಿ (Prv.). — ಸ್ವಲ್ಪ ಸ್ವಲ್ಪ. rep. (B. 5, 105. 171). — ಸ್ವಲ್ಪಹೊತ್ತು. A little while (My.).

ಸ್ವಲ್ಪಕ್ಷತ svalpa-kshata. A slight wound. See ಮುಸೆ 2.

ಸ್ವಲ್ಪದಣ್ಡ svalpa-daṇḍa. A small, short stick. See ಬಡಿ 3.

ಸ್ವಲ್ಪದಿವಸ svalpa-divasa. Very few days, a few days (My.).

ಸ್ವಲ್ಪದೂರ svalpa-dûra. A little way, not far (My.).

ಸ್ವಲ್ಪಮನುಷ್ಯ svalpa-manushya. An insignificant or mean man (My.).

ಸ್ವಲ್ಪವಿರಾಮ svalpa-virâma. A very short pause: a comma (B. 3, 5).

ಸ್ವಲ್ಪಶರೀರ svalpa-śarîra. *Having a very diminutive body, small in stature.*

ಸ್ವಲ್ಪಾಂಗುಲಿ svalpa-anguli. *A small finger.*

ಸ್ವಲ್ಪು svalpu. Tbh. of ಸ್ವಲ್ಪ. (B. 3, 45; 4, 147. 186. 212; G. 557. 561; Čb. 66. 167).

ಸ್ವವಶ sva-vaśa. Subject to one's own will, self-subdued, self-controlled; *ruled by one's own free will, independent, free.*

ಸ್ವವಿಕಲ್ಪ sva-vikalpa. One's own mistake, etc. (Kâvy. II, 1, A, 16-19).

ಸ್ವಶ್ಯಾಲಕ sva-śyâlaka. One's own father's sister's son (J. 13, 23).

ಸ್ವಶ್ರೇಯಸ sva-śrêyasa. One's own good fortune (Bp. 61, 81).

ಸ್ವಸ svasa. Females connected with one's self and other people (ಆತ್ಮೀಯಕಾಮಿನಿಮುಖ್ಯಪ್ರಜೆ, ತನ್ನ ಸಮ್ಬನ್ಧವಾದ ಸ್ತ್ರೀಯರು ಮೊದಲಾದ ಪ್ರಜೆಗಳು Nn. 167). 2, laughter, mirth (ಹಾಸ್ಯ 167).

ಸ್ವಸಮಯ sva-samaya. = ಸೊಸಮಯ. One's own congregation.

ಸ್ವಸೃ svasri. *A sister.*

ಸ್ವಸೇಯ svasêya. = ಸ್ವಸ್ರೀಯ. See ಪೈತೃಷ್ವಸೇಯ, ಮಾತೃಷ್ವಸೇಯ.

ಸ್ವಸ್ತ svasta. Tbh. of ಸ್ವಸ್ಥ. (My.). ಸ್ವಸ್ತವಿದ್ದವನ ಹಸ್ತ ನೋಡ ಬೇಕೇ?—ಪ್ರಸ್ತದ ಊಟಕ್ಕೆ ಹೋಗಿ, ಸ್ವಸ್ತವಿಲ್ಲದೆ ಬಿದ್ದ (Prvs.).

ಸ್ವಸ್ತಿ su-asti. Welfare, health, prosperity, blessing; joy, happiness, bliss (ಪುಣ್ಯ Nn. 138; Mr. 532); goodness

(ಒಳ್ಳು, ಒಳ್ಳಿತ್ತು 136; ಒಳ್ಳಿತು 532). 2, may it be well! hail! health! (ಆಶೀರ್ವಚ, ಹರಸುವುದು 138; ಆಶೀರ್ವಚ 532). 3, so be it! amen! (ಅವಧಿ, ಕಡೆ 138; ಪ್ರಾನ್ತ 532). 4, an auspicious particle used at the beginning (of a letter, etc., ಆದಿ 532, o. r. ಅಥಿ). 5, ಜಡನು (138). See Šmd. 158.

ಸ್ವಸ್ತಿಕ svastika. Any lucky or auspicious object; a kind of mystical mark (shaped like a Greek cross with the extremities of the four arms bent round in the same direction); a particular symbol made with ground rice and shaped like a triangle. See Mr. s. ರಂಗವಾಲಿ. 2, *a mansion, palace or temple of a particular shape.*

ಸ್ವಸ್ತಿಕಾಸನ svastika-âsana. A particular mode of sitting practised by yôgis. See ಆಸನ 2.

ಸ್ವಸ್ತಿಕೆ svastikĕ. The potherb Hingtsha repens (ಚಲಿಕೆ Mr. 149).

ಸ್ವಸ್ತಿವಾಚನ svasti-vâčana. Invocation of blessings by the repetition of certain mantras at marriage and other happy ceremonies (My.).

ಸ್ವಸ್ತ್ಯಯನ svasti-ayana. A prosperous journey; a means of attaining prosperity; the averting of evil by the recitation of mantras or performance of propitiatory rites. (R.).

ಸ್ವಸ್ತ್ಯಸ್ತು svasti-astu. May it be well! (J. 26, 28).

ಸ್ವಸ್ತ್ಯಾರವ svasti-ârava. The cry of "hail!" (Čpr. 10, 61).

ಸ್ವಸ್ತ್ರೀ sva-strî. One's own wife; a wife, a woman of a good family and respectable conduct (ತಳ್ಪ, ಕುಲಸ್ತ್ರೀ Nn. 118, o. r. ತನ್ನ ಸ್ತ್ರೀ).

ಸ್ವಸ್ಥ sva-stha. = ಸೊಸ್ತ, ಸ್ವಸ್ತ. Self-staying, self-abiding, relying upon one's self, confident, resolute, firm; self-sufficient, independent; contented. 2, well, healthy, comfortable, at ease, in health. 3, well-being, health (My.; B. 3, 28).

ಸ್ವಸ್ಥಚಿತ್ತ svastha-čitta. A sound mind (My.); a mind at ease (My.; ಅವ್ಯಗ್ರ Čb.).

ಸ್ವಸ್ಥತೆ svasthatĕ. Self-possession. 2, well-being, sound state, health (Sk.; My.; B. 5, 7. 70. 189).

ಸ್ವಸ್ರೀಯ svasrîya. (fr. ಸ್ವಸೃ). *A sister's son.* 2, a wife's brother, a brother-in-law (ಶ್ಯಾಲಕ, ಮಯ್ದುನ Nn. 124; ಮಯ್ದುನ Mr. 489). 3, a daughter's husband, a son-in-law (ಜಾಮಾತೃ, ಅಳಿಯ 124; ಮಗಳನಿತ್ತ ಅಳಿಯ 489). 3, sense of devotion, great devotion (ಭಕ್ತಿರಸ 124; ಅತಿಭಕ್ತಿ 489). 4, bewilderment, etc. (ವಿಮೋಹ, ಮೋಹ 124); loss of consciousness, fainting (ಮೂರ್ಛೆ, ಮರವು 124); ignorance (ಅಜ್ಞತೆ, ಅರಿಯದಲ್ಲಿ 124). 5, final emancipation (ಮುಕ್ತಿ, ಮೋಕ್ಷ 124; ಮುಕ್ತಿ 489).

ಸ್ವಸ್ರೀಯೆ svasrîyĕ. A sister's daughter (Colebr.).

ಸ್ವಹಸ್ತ sva-hasta. One's own hand (Sk.; My.; B. 4, 77). 2, own handwriting, autograph, signature.

ಸ್ವಾಗತ su-âgata. 1. Welcome, salutation, welcoming. See s. ಷೋಡಶೋಪಚಾರ. 2, N. of a vṛitta (Čh.).

ಸ್ವಾಗತ sva-âgata. 2. Come of one's self.

ಸ್ವಾಚ್ಛನ್ದ್ಯ svâčchandya. (fr. ಸ್ವಚ್ಛನ್ದ). The power of following one's own will or fancy, *own will, free choice, independence.*

ಸ್ವಾಚ್ಛ್ಯ svâčchya. (fr. ಸ್ವಚ್ಛ). Purity (Čpr. 5, 38).

ಸ್ವಾತನ್ತ್ರ್ಯ svâtantrya. (fr. ಸ್ವತನ್ತ್ರ). The power of following one's own will, freedom of will, independence; free will. (My.; ಸ್ವತನ್ತ್ರತನ G.).

ಸ್ವಾತಿ svâti. = ಸಾತಿ 1. An auspicious constellation; *the star Arcturus as forming the fifteenth lunar asterism.*

ಸ್ವಾತಿವರುಷ svâti-varusha. Rain that falls when the sun is in svâti (Bp. 51, 24).

ಸ್ವಾದ svâda. Taste, flavour, savour; tasting, eating, drinking; liking, relishing, enjoyment. (My.; Bp. 15, 26; B. 4, 71). ಸಾದಿದ ಹಿಟ್ಟಿಗೆ ಸ್ವಾದ ಹೋದೀತೇ? (Prv.).

ಸ್ವಾದನೀಯ svâdanîya. To be tasted; tasty, savory. (Čpr. 1, 107).

ಸ್ವಾದಿಸು svâdisu. To be sweet or pleasant to the taste (ಸವಿಯಾಗು G.).

ಸ್ವಾದು svâdu. = ಸೋದು. *Sweet, pleasant to the taste, savory, tasteful, dainty, delicate.* 2, *pleasing, agreeable, lovely, charming, handsome.* 3, flavour, sweetness, relish. 4, a particular perfume or fragrant substance.

ಸ್ವಾದುಕಣ್ಟಕ svâdu-kaṇṭaka. *The plant Flacourtia sapida* Roxb. 2, *the plant Asteracantha longifolia* Nees. 3, the herb Tribulus terrestris or lanuginosus (see ನೆಗ್ಗಿಲ್).

ಸ್ವಾದುಪನಸ svâdu-panasa. A sweet kind of jackfruit (ಬಕ್ಕೆಹಲಸು Šm. 26).

ಸ್ವಾದುರಸೆ svâdu-rasĕ. *A medicinal root* (= ವಾಯುಸೋಲಿ). 2, *spirituous liquor.*

ಸ್ವಾದ್ವಿ svâdvi. *A grape.*

ಸ್ವಾಧಿಷ್ಠಾನ sva-adhishṭhâna. One of the čakras or mystical circles of the body, the umbilical region. See s. ಚಕ್ರ.

ಸ್ವಾಧೀನ sva-adhîna. Self-subject, self-dependent; independent, uncontrolled, free. 2, in one's own power or subjection, dependent on or belonging to one's own side or party, one's own subject or dependent. 3, at the control of, under. 4, in the custody of. 5, self-dependence, etc. (Prv.). See Kâvy. III, 3, B, 171. ಬಾಧ್ಯನಾದರೂ ಸ್ವಾಧೀನ ಬರಲಿಲ್ಲ (Prv.). — ಸ್ವಾಧೀನ ಮಾಡು. To bring under the control, power or dominion of, to subject; to take possession of. ಅವರು ಆ ದೇಶವನ್ನು ತಮ್ಮ ಸ್ವಾಧೀನ ಮಾಡಿಕೊಣ್ಡು (B. 5, 187). ಆ ಹಡಗವನ್ನು ತಮ್ಮ ಸ್ವಾಧೀನ ಮಾಡಿಕೊಣ್ಡು (5, 201).

ಸ್ವಾಧ್ಯಾಯ sva-adhyâya. Going over any subject to one's self, self-reciting, self-reading, repeating or rehearsing to one's self; *repetition or study of the vêdas* (Bp. 53, 41). 2, *the vêdas.* 3, coitus (My.; see ಪೊಪ್ಪು-).

ಸ್ವಾಧ್ಯಾಯಿ svâdhyâyi. One who recites or repeats to himself, a repeater or student of the vêdas. (R.).

ಸ್ವಾನ svâna. *Sound, noise.*

ಸ್ವಾನುಭವ sva-anubhava. One's own personal experience or observation. (Abhâ. 1, 14; My.; ತನ್ನ ಅನುಭವ, ಮನಗಾಣೋಣ G.).

ಸ್ವಾನುಭಾವ sva-anubhâva. = ಸ್ವಾನುಭವ. (Dp. 8, 1).

ಸ್ವಾನ್ತ sva-anta. 1. Having the end in itself: *the mind.* (Bp. 31, 16; 36, 49; 61, 54). 2, one who has a mind—(Rŝv. 6, after 32).

ಸ್ವಾನ್ತ svânta. 2. Sounded, making a noise.

ಸ್ವಾನ್ತೋತ್ಪಲ svânta-utpala. The mind looked upon as a water-lily (Čpr. 2, 58).

ಸ್ವಾಪ svâpa. *Sleep;* sleeping; dreaming, a dream; sleepiness, sloth; loss of sensation; numbness.

ಸ್ವಾಪತೇಯ svâpatêya. (fr. ಸ್ವಪತಿ). *Property, wealth.*

ಸ್ವಾಪಹ sva-apaha. Keeping back or removing for one's self, taking away for one's self. ಪರವಸ್ತುಸ್ವಾಪಹ (ಪರರೊಡವೆಯನ್ ಅಪಹರಿಸುವವನು Nn. 151).

ಸ್ವಾಭಾವಿಕ svâbhâvika. (fr. ಸ್ವಭಾವ). Belonging to one's own nature, natural, native, peculiar, inherent, constitutional; spontaneous. (My.; B. 3, 104; 4, 16. 172).

ಸ್ವಾಮಿ svâmi. = ಸಾಮಿ 2, ಸಾಯಿ 2, ಸಾವಿ, ಸೋಮಿ 2, (ಸೋಯಿ 1, ಸೋವಿ). A proprietor, an owner. 2, *a master, a lord* (ಒಡೆಯ Bhn. 19); a sovereign, king, monarch; a guru; a husband; a learned Brâhmaṇa; etc. 3, Śiva's son *Skanda* (Mr. 13). — ಸ್ವಾಮಿಮರ. The redwood tree, Soymida febrifuga Juss. (St. & Pl.). — ಸ್ವಾಮಿರಾಯ. N. (My.; B. 3, 80).

ಸ್ವಾಮಿತ್ವ svâmitva. Ownership; mastership; lordship, sovereignty. (Kâvy. I, 2, 36-40; My.; B. 5, 95).

ಸ್ವಾಮಿದ್ರೋಹ svâmi-drôha. Hatred indulged against one's master, treachery to a master (My.).

ಸ್ವಾಮಿದ್ರೋಹಿ svâmi-drôhi. One who is treacherous to his master (My.). ಸ್ವಾಮಿದ್ರೋಹಿಯ ಮನೆಗೆ ಪಂಚಮಹಾಪಾತಕದ ಬಾಗಲು (Prv.).

ಸ್ವಾಮಿಪಾಲವಿವಾದ svâmi-pâla-vivâda. A dispute between a master and the servant who tends his cattle. (R.).

ಸ್ವಾಮಿಭಕ್ತಿ svâmi-bhakti. Devotedness to a master (My.).

ಸ್ವಾಮಿಸಮ್ಬನ್ಧ svâmi-sambandha. Association with, or concern of, ownership (Śmd. 161; Kâvy. I, 2, 36-40).

ಸ್ವಾಮ್ಯ svâmya. = ಸಾಮ್ಯ 2. Mastership, lordship, ownership; right or title to property; rule, supremacy, dominion. (My.).

ಸ್ವಾಯಮ್ಭುವ svâyambhuva. (fr. ಸ್ವಯಮ್ಭು). Relating to, or derived from, svayambhû; the son of svayambhû, epithet of the first Manu. (My.; see s. ವಿರಾಜ್).

ಸ್ವಾರ svâra. 1. Relating to sound or accent; sound. See ಅನು-.

ಸ್ವಾರ svâra. 2. = ಸವಾರ. (ಸಾದಿ G.; ರಾವುತ Čb.; B. 5, 247; Mhr., H.).

ಸ್ವಾರಸ್ಯ svârasya. (fr. ಸ್ವರಸ). Possession of natural savoriness, pathos, fire, nerve or excellence; goodness, excellence. (My.; see ಅ-).

ಸ್ವಾರಾಜ್ svârâj. (fr. ಸ್ವರ್-ರಾಜ್). The ruler of heaven: *Indra.*

ಸ್ವಾರಿ svâri. = ಸವಾರಿ 1. (My.; G. 266. 536; B. 5, 240).

ಸ್ವಾರೋಚಿಷ svârôchisha. (fr. ಸ್ವ-ರೋಚಿಸ್). N. of the second Manu. (My.).

ಸ್ವಾರ್ಜಿತ sva-arjita. Self-acquired, acquired by one's own efforts. (My.).

ಸ್ವಾರ್ಥ sva-artha. One's own object or aim or wish; own advantage or interest, self-interest; (selfishness);— one's own property or substance; own meaning, inherent or real meaning (of a word, etc.); similar or same meaning, a pleonasm; independence. (Śmd. 164; Kâvy. II, 2, B, 13; Bp. 46, 49; My.). ಸ್ವಾರ್ಥವಿದ್ದಲ್ಲಿ ಪ್ರೀತಿ ನಿಲ್ಲದು.—ಸ್ವಾರ್ಥವಿದ್ದವನ ಅರ್ಥ ವ್ಯರ್ಥವೇ ಸರಿ.—ಸಾಧನಾಗ ಬೇಕೆನ್ದು, ಸ್ವಾರ್ಥ ಮಾಡಿದರೆ ವ್ಯರ್ಥವೇ ಸರಿ.—ನಿರರ್ಥಕವಾದ ಕೆಲಸಕ್ಕೆ ಸ್ವಾರ್ಥ ಪಡೋದು ಯಾಕೆ?—ಭಾವಾರ್ಥವಿದ್ದರೂ ಸ್ವಾರ್ಥ ಬಿಡಲಿಲ್ಲ.—ವ್ಯರ್ಥವಾದದ್ದಕ್ಕೆ ಸ್ವಾರ್ಥ ಪಟ್ಟಾರೇ?—ಸ್ವಾರ್ತರಿಗೆ ಸ್ವಾರ್ಥ ಹೆಚ್ಚು, ವೃಷ್ಣಿವರಿಗೆ ಉಷ್ಣ ಹೆಚ್ಚು (Prvs.).

ಸ್ವಾರ್ಥಪರ svârtha-para. Intent on one's own object or advantage, self-interested, selfish. (R.).

ಸ್ವಾರ್ಥಬುದ್ಧಿ svârtha-buddhi. Selfishness (My.; B. 3, 105).

ಸ್ವಾರ್ಥಲೋಲುಪ svârtha-lôlupa. Greedy after one's own advantage, very self-interested or selfish (My.).

ಸ್ವಾರ್ಥೋಚ್ಚರಿತ svârtha-uččarita. A term that is uttered or used independently or by itself in its meaning (ತನ್ನರ್ಥದೊಳ್ ಸ್ವತನ್ತ್ರಂ Śmd. 261; ಸ್ವತನ್ತ್ರವಾಗಿ ತನ್ನರ್ಥದಲ್ಲಿ ಉಚ್ಚರಿಸಲ್ ಪಟ್ಟುದು Cm.).

ಸ್ವಾಶ್ರಿತ sva-âśrita. Dependent on one's self. (My.).

ಸ್ವಾಸ್ತ್ಯ svâstya. (fr. ಸ್ವ-ಅಸ್ತಿ). Land either liable to a trifling quitrent, or altogether exempt from tax (My.).

ಸ್ವಾಸ್ಥ್ಯ svâsthya. (fr. ಸ್ವಸ್ಥ). Self-reliance, self-dependence, self-possession, fortitude, resoluteness, firmness. 2, sound state, health, prosperity, happiness, comfortableness, competence. 3, complacency, contentment, satisfaction. (R.).

ಸ್ವಾಹಾದೇವಿ svâhâ-dêvi. The wife of Agni (My.).

ಸ್ವಾಹಾಪ್ರಿಯ svâhâ-priya. Agni. (R.).

ಸ್ವಾಹಾಭಿಧಾನ svâhâ-abhidhâna. The name of Svâhâ (J. 9, 3).

ಸ್ವಾಹಾಸ್ತನ svâhâ-stana. The breast of Svâhâ (Č. Bp. 32, 44).

ಸ್ವಾಹೆ svâhĕ. ಸ್ವಾಹಾ. *Svâhâ, the wife of Agni,* a daughter of Daksha (ಅಗ್ನಿಯ ನಾರಿ Mr. 46). 2, *an exclamation used in making oblations to the gods: hail! blessing!*

ಸ್ವಿದ್ svid. *Hey? what? can it be that?* (a particle of interrogation or inquiry, often implying doubt or surprise).

ಸ್ವಿನ್ನತೆ svinnatĕ. The state of perspiring (Čpr. 10, 42).

ಸ್ವೀಕರಣ svî-karaṇa. (= ಸ್ವೀಕಾರ, q. v.). Making one's own, appropriation; adopting; taking, accepting; assenting, agreeing; assent; promise. (Bp. 5, 17).

ಸ್ವೀಕರಿಸು svî-karisu. To make one's own, to take or receive as one's own, to adopt, to take, to accept (ಕೈಕೊಳ್ Śmd. 4; ಅಂಗೀಕರಿಸು Cm.; see 116); to espouse, to accept in marriage (Bp. 4, 2); to embrace, as a system of faith (B. 4, 81); to take up, as new manners (4, 189); to receive, as a letter (4, 87); to take upon one's self, to undertake; to admit, to assume (in argument); to assent, to agree to. See Čpr. 4, 1; Bp. 22, 64; 38, 33.

ಸ್ವೀಕಾರ svî-kâra. Making one's own, taking on one's self, appropriation; taking; adopting; assuming, assumption; claiming, claim; assent, agreement, consent; promise (ಅಧಾನ Śmd. 160; see ಕೈಕೊಳ್, ವರಯಿಸು); an admission, a confession (Mhr.). See ಪಕ್ಷ-, ಹಿತರಸ-.

ಸ್ವೀಕೃತ svî-kṛita. Appropriated, owned; accepted; admitted; acknowledged; adopted; claimed; agreed, assented to; promised (ಅಂಗೀಕರಿಸಲ್ ಪಟ್ಟ Śmd. 377 Cm.). See Čpr. 4, after 4; 9, 51; Bp. 29, 2; 36, 58; 38, 3.

ಸ್ವೀಕೃತಪುತ್ರ svîkṛita-putra. An adopted son (My.).

ಸ್ವೀಕೃತಾರ್ಥವರ್ಧನ svîkṛita-artha-vardhana. Thriving or succeeding in one's adopted object or affair. See ಕೊನೆ 1.

ಸ್ವೀಯ svîya. Own, relating or belonging to one's self; peculiar, characteristic. (My.).

ಸ್ವೇಚ್ಛಾಪ್ರದಾನ svêččhâ-pradâna. Giving away according to one's inclination or at one's pleasure. See ಬೀಡ್ 1.

ಸ್ವೇಚ್ಛಾಮರಣ svêččhâ-maraṇa. Death of one's own will. 2, dying at one's own will.

ಸ್ವೇಚ್ಛಾಮರಣಿ svêččhâ-maraṇi. One who has the power of fixing the time of his own death, an epithet of Bhîshma (J. 9, 30).

ಸ್ವೇಚ್ಛೆ sva-iččhĕ. ಸ್ವೇಚ್ಛಾ. One's own wish or will, own inclination; self-will, wilfulness (ಸ್ವೈರ, ತನ್ನಿಚ್ಛೆ Nn. 101; ಸ್ವೈರ Mr. 487). See Čpr. 5, 60; Bp. 41, 6; 43, 82; J. 8, 13.

ಸ್ವೇದ svêda. Sweating, perspiring; *sweat, perspiration;* warmth, heat; vapour. 2, one of the sâtvikabhâvas (Kâvy. IV, 2, 17).

ಸ್ವೇದಕರಣ svêda-karaṇa. Causing to sweat. See ಬೆಮರ್ಚು.

ಸ್ವೇದಜ svêda-ja. Sweat-produced, *engendered by heat and moisture, as insects and vermin.*

ಸ್ವೇದನ svêdana. Sweat, perspiration; sweating, causing to perspire; a diaphoretic, sudorific.

ಸ್ವೇದನಿ svêdani. *A frying-pan, an iron plate or pan for baking bread, etc.*

ಸ್ವೇದನಿಕೆ svêdanikĕ. = ಸ್ವೇದನಿ. *A frying-pan, etc.* (ಕಸ್ದು, ಕಾವಲಿ Mr. 211).

ಸ್ವೇದಬಿನ್ದು svêda-bindu. A drop of perspiration (Čpr. 6, 72).

ಸ್ವೇದಭಾವ svêda-bhâva. Sweating, perspiring. See ಬೆಮರ್.

ಸ್ವೈರ svaira. = ಸ್ವಯಿರ. *Following one's own fancy, self-willed, wilful.* 2, wilfulness, own inclination, self-will (ಸ್ವೇಚ್ಛೆ, ತನ್ನಿಚ್ಛೆ Nn. 101 as ಸ್ವಯಿರ; ಸ್ವೇಚ್ಛೆ Mr. 487; J. 3, 28). 3, slow, lazy (ಮಾನ್ದ್ಯ 101; ಮನ್ದ 487). 4, ಲಕ್ಷಣ (101).

ಸ್ವೈರತೆ svairatĕ. = ಸ್ವೈರಿತೆ. (Colebr.).

ಸ್ವೈರಿ svairi. ಸ್ವೈರಿನ್. *Self-willed; wanton.*

ಸ್ವೈರಿಣಿ svairiṇi. *A loose or unchaste woman, a wanton woman.*

ಸ್ವೈರಿತೆ svairitĕ. *Wilfulness, independence.*

ಸ್ವೋದರ sva-udara. One's own belly.

ಸ್ವೋದರಪೂರಕ svôdara-pûraka. *Filling or nourishing only one's own belly, selfishly voracious* (= ಕುಕ್ಷಿಮ್ಭರಿ).

ಹ್ H

ಹ್ h. The fifty-fourth letter of the Alphabet (Šmd. 12. 21). As an initial it is occasionally treated as a kind of spiritus lenis (see ಅ16, ಆ11, ಇ14, ಈ11, ಉ8, ಊ9, ಎ12, ಏ8, ಒ5, ಓ5, and *cf. e. g.* Sk. ಇಜ್ಜಲ = ಹಿಜ್ಜಲ). It often changes places with ಪ (Šmd. 190. 191). About its connection with ವ see *e. g.* ಉರುವು1, ಉಲುವು, ಎಡವು, ಕೆಡವು, ಕೊಡವು2, ತಡವು2, ಸೋವು1, (ಬಡಹ); and about that with ಬ see *e. g.* ಹೆಬ್ಬಸ್ದಿ, ಹೆಬ್ಬಾವು, ಹೆಬ್ಬುಲಿ, ಹೆಬ್ಬೆಗೆ, ಹೆಬೋಗಿ.

ಹ ha. 1. The letter ಹ್ pronounced with a short a, as is generally done at school. 2, the number 8 (Mr. 349).

ಹ ha. 2. = ಪ4 (see additions), (ವ4). A letter for the formation of verbal nouns. See *e. g.* ಇಕ್ಕುಹ, ಇರಿಸುಹ, ಇರುಹ, ಎಡಹುಹ, ಎಬಿಗುಹ, ಒದಹ, ಕುಟ್ಟುಹ, ಕೆಡಹ, ಕೆಡುಹ, ಕೊಡುಹ, ಕೊಳುಹ, ಜಬಿಹ, ಬೆಪ್ಪರಿಸುಹ, ನಡಹ, ನನೆಹ, ನುಡಿಸುಹ, ನುಡಿಹ, ನೆಗೆಹ, ನೆನಹ, ಸೋಯಿಸುಹ, ಪಡುಹ, ಪರೀಕ್ಷಿಸುಹ, ಪಿಡಿಹ, ಪುಟ್ಟುಹ, ಬರಹ, ಬರ್ಹ, ಬೆರಸುಹ, ಮುಬುಗುಹ, ಮಾಡುಹ, ಸವಿಹ, ಸಾಧಿಸುಹ, ಸಾಯಿಹ, ಸುಡುಹ, ಹುಟ್ಟಿಸುಹ, ಹುಟ್ಟುಹ.

ಹ ha. 1. Killing, destroying; removing, counteracting. See *e. g.* ಅಪ-, ವೀರ-, ವೃತ್ರ-.

ಹ ha. 2. *Verily, indeed,* manifestly, evidently, etc.

ಹಂ ham. A particle used in lofty or great questions (ಉನ್ನತಪ್ರಶ್ನೆ, ದೊಡ್ಡಿಹ ಪ್ರಶ್ನೆ Nn. 161; ಉನ್ನತಪ್ರಶ್ನೆ Mr. 532), great conceit (ಸಗರ್ವ, ಅತಿಗರ್ವ 161), option, etc. (ವಿಕಲ್ಪ 533), anger (Sk.), and courtesy or respect (Sk.).

ಹಂಸ hamsa. = ಅಂಸ 2, ಹಂಸೆ, etc. *A goose, a gander, a swan,* a flamingo, a duck (ಮರಾಲ, ಹಂಸೆ Nn. 8; ಹಂಸೆ Mr. 505). 2, the universal soul; the soul (ಆತ್ಮನು 8; ಆತ್ಮನ್ 505). 3, Šiva (ಕಾಮಾರಿ, ಶಿವ 8; ಸಲ್ಲಲಿತಶಿವ 505). 4, Brahmâ (ವಾರಿಜೋದ್ಭವ, ಬ್ರಹ್ಮ 8). 5, Vishṇu (ವಾರಿಜವಿಲೋಚನ, ವಿಷ್ಣು 8). 6, *the sun* (ವಾರಿಜಬಾನ್ಧವ, ಸೂರ್ಯ 8; ಅರ್ಕ 505). 7, the moon (ವಾರಿಜವೈರಿ, ಚನ್ದ್ರ 8; ಶಶಿ 505). 8, N. of a râkshasa (Bhâgavata 10, 25, 11. 35. 36). 9, Kâma. 10, an ascetic (ಮುನಿ, ಎತಿ 8). 11, an eminent or excellent man (ಮಹನ್ತ 505). 12, a strong or able man (ಬಲ್ಲಿದನ್ 505). 13, best, excellent; pre-eminence (ಮುಖ್ಯವು 8). 14, a lotus (ವಾರಿಜ, ತಾವರೆ 8). 15, pure (ಅಮಲ, ನಿರ್ಮಲ 8). 16, a ray of light (ಮರೀಚಿ, ಕಿರಣ 8; ಕಿರಣ 505). 17, the eye (ನೇತ್ರ, ಕಣ್ 8; ನೇತ್ರ 505). 18, a horse (ಹಯ, ಕುದುರೆ 8; ಅಶ್ವ 505). See Čh. v. 222. ಹಂಸನನ್ಥಾ ಪಕ್ಷಿ ಇಲ್ಲ, ಕಂಸನನ್ಥಾ ರಾಕ್ಷಸನಿಲ್ಲ (Prv.).

ಹಂಸಕ hamsaka. A goose, a gander, a flamingo. 2, *a tinkling ornament for the ankle of a woman, an anklet* (ಅನ್ದುಗೆ Hlâ.; ಸಿಂಜಿನಿ Mr. 344). 3, N. of a vṛitta (Čh.).

ಹಂಸಕಾನ್ತೆ hamsa-kântĕ. *A female goose or swan.*

ಹಂಸಕೂಟ hamsa-kûṭa. = ಅಂಸಕೂಟ. N. of one of the peaks of the Himâlaya. 2, the hump on the shoulder of an ox.

ಹಂಸಕೇತು hamsa-kêtu. = ಹಂಸಧ್ವಜ. (J. 17, 17. 45. 50).

ಹಂಸಕೇಲಿ hamsa-kêli. N. of a vṛitta (Čh.).

ಹಂಸಗತಿ hamsa-gati. Having a swan's gait. 2, N. of a vṛitta (Čh.).

ಹಂಸಗಮನೆ hamsa-gamanĕ. A woman moving gracefully like a swan (My.). 2, N. of Brahmâ's wife (My.).

ಹಂಸತೂಲ hamsa-tûla. The soft feathers or down of a goose. (J. 2, 64).

ಹಂಸತೂಲಿಕಾತಲ್ಪ hamsa-tûlikâ-talpa. The down bed of a goose (My.).

ಹಂಸಧ್ವಜ hamsa-dhvaja. N. of a king (J. 10, 37. 43. 49; 13, 12).

ಹಂಸನಾದ haṁsa-nâda. The cackling of a goose, cry of a goose or swan. (R.).

ಹಂಸಪದ haṁsa-pada. N. of a vṛitta (Ĉh.).

ಹಂಸಪಾದ haṁsa-pâda. = ಅಂಸಪಾದ. The foot of a goose. 2, a mark (+) which shows that something omitted in the line is inserted at the top (My.), at present represented also by a caret (∧). 3, *vermilion*.

ಹಂಸಪಾದಿ haṁsa-pâdi. The plant Cissus pedata Lam. (ಕೃತಮಣ್ಣಲಿ, ಮರಾಲಪದಿ, ತ್ರಿಪದಿ Mr. 141; ಗೋಧಾಪದಿ, etc. Si. 151). 2, a prostrate herb, Coldenia procumbens Lin. (St. & Pl.).

ಹಂಸಪಿಂಡ haṁsa-piṇḍa. = ಅಂಚೆವಿಂಡು. A flock of geese or swans.

ಹಂಸಮತ್ತ haṁsa-matta. N. of a vṛitta (Ĉh.).

ಹಂಸಮಾಲೆ haṁsa-mâlĕ. A flock of geese or swans. 2, N. of a vṛitta (Ĉh.).

ಹಂಸಯಾನೆ haṁsa-yânĕ. = ಹಂಸಗಮನೆ. (My.).

ಹಂಸರಥ haṁsa-ratha. Whose vehicle is a haṁsa: Brahmâ. (My.).

ಹಂಸರಾಜ haṁsa-râja. A king of geese. 2, N. of a Kannaḍa poet (Šmd. 377).

ಹಂಸಲೋಚನಶೋಭಿ haṁsa-lôĉana-śôbhi. Shining with haṁsas that form (a pond's) eyes; Vishṇu (J. 15, 12).

ಹಂಸವಾಹನ haṁsa-vâhana. Borne on a haṁsa: Brahmâ. (My.).

ಹಂಸಾವಳಿ (haṁsa-âvaḷi). N. of a kind of sirĕ (Bp. 11, 25).

ಹಂಸಿ haṁsi. A female goose. 2, N. of a vṛitta (Ĉh.).

ಹಂಸೆ haṁsĕ. = ಹಾಂಸೆ, etc. ಹಲ್ಲ ಮೇಲಿನ ಕೆಮ್ಮು, ಕಲ್ಲ ಮೇಲಿನ ಹಂಸೆ, ಮಲ್ಲಿಗೆಯರಳ ತನಿಗಮ್ಮು, ಹೊಸ ಮೋಹ ನಿಲ್ಲವು. ಸೋಜು! (Sp.).

ಹಂಸೆ haṁsĕ. = ಅಂಚೆ, ವಂಸೆ, ಹಂಸ. (ಮರಾಲ Nn. 8. 17; Mr. 173; ಸಾರಸ Nn. 56). ಹಂಸೇ ಹಾಗೆ ನಡೆಯಲಿಕ್ಕೆ ಹೋಗಿ, ಗುಬ್ಬಿ ಕುಪ್ಪಳಿಸಿ ಬಿದ್ದ ಹಾಗೆ (Prv.).

ಹಂಹೋ haṁ-hô. Ho! hollo!

ಹಃ haḥ. A word used in ಅತಿರೇಕ, in ಪೃಥಕ್ (ಬೇರು ಮಾಡು ವಲ್ಲಿ), and in ಪ್ರತಿಷ್ಠಿಸುವುದು (Nn. 163, o. r. ಒನ್ದೆ ಪ್ರತಿಷ್ಠಿಸುವಲ್ಲಿ, ಪ್ರತಿಟ್ಟಿಸುವಲ್ಲಿ, ಪ್ರತಿಷ್ಠಿಸುಹ).

ಹಕಾರ ha-kâra. The letter ಹ (Šmd. 11. 190).

ಹಕೀಕತು hakikatu. Account, statement; affairs, events, facts (My.; Mhr., H.). — ಹಕೀಕತುನಾಮೆ. A written account of occurrences (My.; Mhr., H.).

ಹಕೀಮ hakima. A physician (My.; Mhr., H.).

ಹಕ್ಕರಿಕೆ hakkarikĕ. = ಪಕ್ಕರಿಕೆ, etc. (ದಂತನ Mr. 292; Bp. 44, 51; Ĉ. Bp. 47, 44; J. 8, 38).

ಹಕ್ಕಱಿಕೆ hakkaṟikĕ. = ಹಗಜ್. The plant Chrysopogon aciculatus Trin. (Andropogon aciculatum Roxb.; ಶಂಖಿನಿ, ಚೋರಪುಷ್ಪಿ, ಕೇಶಿನಿ Si. 153). See ನಾಯಿ-, ಹಾಲು-. — ಹಕ್ಕಱಿಕೆಪಲ್ಯ. A milky herb, used as a vegetable, Lactuca remotiflora D. C. (Z.).

ಹಕ್ಕಲ hakkala. = ಹಕ್ಕಲು 1. ಗೋದಿ ಕೊಯ್ಯುವಾಗ ಬಡವರ ಹೆಂಗಸರು ತಮ್ಮ ಮಕ್ಕಳನ್ನು ಕರ ಕೊಣ್ಡು ಹೋಗಿ, ಹೊಲದೊಳಗೆ ಬಿದ್ದ ಹಕ್ಕಲವನ್ನು ಆರಿಸುತ್ತಾರೆ (B. 5, 295).

ಹಕ್ಕಲು hakkalu. 1. ಹಕ್ಕಲ್. = ಬಾಕಲು, ಹಕ್ಕಲ. Gleanings (of corn, My.; Tĕ. ಪಡಿಗೆ, ಪರಿಗೆ; see ಹೆಕ್ಕು 2; T. ಪೊಱುಕ್ಕು, to pick or peck up, from the ground, as grain, small stones, etc.). ಹಕ್ಕಲಿಲ್ಲದ ಒಕ್ಕಲಲ್ಲ, ಮಕ್ಕಳಿಲ್ಲದ ಭಾಗ್ಯವಲ್ಲ (Prv.). — ಹಕ್ಕಲಿನಾಯ್. -ಆಯ್. ಹಕ್ಕಲನಾಯು. = ಬಾಕಲಾಯು. To glean (My.). ಅರಣ್ಯನೀವಾರಭತ್ತದಿನ್ದಲೂ, ಹಕ್ಕಲನಾಯ್ದ ಭತ್ತದಿನ್ದಲೂ ಬದುಕುವುದು (ಮತ Nr.).

ಹಕ್ಕಲು hakkalu. 2. ಹಕ್ಕಲ್. = ಅಕ್ಕಲು, ಅಂಗಲ, etc. (Bh. 6, 4, 44; My.).

ಹಕ್ಕಳು hakkaḷu. = ಹಯ್ಯಳು. (My.).

ಹಕ್ಕಳೆ hakkaḷĕ. An incrustation, a crust or coat, as that of cow-dung smeared on a floor, of lime applied to a wall, of serum on a wound, of an exudation on the bark of a tree, etc. (S. Mhr.; T., Tĕ. ಪಕ್ಕು; *cf.* ಪರೆ 4, ಹಕ್ಕು); lac or stick-lac incrusting small sticks (ಲಕ್ತಿಕೆ Mr. 110, o. r. ಅಲಕ್ತಿಕೆ). — ಹಕ್ಕಳೆಯೇಱು. -ಏಱು. An incrustation to rise or come off (S. Mhr.).

ಹಕ್ಕಿ hakki. 1. = ಅಕ್ಕಿ 1, ಪಕ್ಕಿ 1, etc. A bird (ಪಕ್ಷಿ, etc. Hlâ.; J. 7, 59; C.). ಹಕ್ಕಿಯ ಮುಖ (ಚಂಚು, etc. Hlâ.). ಪಕ್ಕಿಯಱು ಗುಹಂ (ತೆಂಗುಹಂ Šmd. II). ಹಕ್ಕಿಯಿಲ್ಲದ್ದು ತೋಟವಲ್ಲ, ಮಕ್ಕಳಿಲ್ಲದ್ದು ಮನೆಯಲ್ಲ.— ರಾಗಿ ತಿನ್ದವ ರೋಗಿ, ಅಕ್ಕಿ ತಿನ್ದವ ಹಕ್ಕಿ (Prvs.). — ಹಕ್ಕಿಕೂದಲು. The plumage or down of a bird (My.). — ಹಕ್ಕಿಗಱ್. A quill (My.). — ಹಕ್ಕಿಗೂಡು. A bird's nest; a bird's cage (My.). — ಹಕ್ಕಿಸಿಕ್ಕೇ ಗಿಡ. (ಕೂರ್ಚಶೀರ್ಷ, etc. Si. 157).

ಹಕ್ಕಿ hakki. 2. = ಪಕ್ಕಿ 2. A manner, etc. — ಹಕ್ಕಿ ಬಿಕ್ಕಿ. reit. Wonderful ways: sleight of hand (My.).

ಹಕ್ಕು hakku. Crusted or dry mucus or rheum; a scab (My; see ಹಕ್ಕಳೆ). ಕಣ್ಣ ಹಕ್ಕು (ದೂಷಿಕೆ); ಕಣ್ಣ ಹಕ್ಕು ಮೊದಲಾದ ಮೆಯ್ಯ ಮಲಂ (ಕಿಟ್ಟ, ಮಲ Nr.). — ಹಕ್ಕುಗಟ್ಟು. -ಕಟ್ಟು. Such mucus, etc. to form or arise (My.).

ಹಕ್ಕು hakku. Right, title, a true, just, legal or prescriptive right or claim (My.; Mhr., H. ಹಕ್ಕ; B. 4, 12; 5, 263). 2, the share due (of the revenue or of the crops) of the hereditary district or village officers (My.; Mhr.). 3, province, peculiar business (My.; Mhr.).

ಹಕ್ಕುದಾರ hakku-dâra. The holder of a right, a man vested with any property, perquisite or privilege (My.); a holder of a share of the revenue or of the annual crops (My.; Mhr.).

ಹಕ್ಕುದಾರಿ hakku-dâri. = ಹಕ್ಕು. (My.).

ಹಕ್ಕುದಾರಿಕೆ hakku-dârikĕ. = ಹಕ್ಕುದಾರ. (My.).

ಹಕ್ಕೆ hakkĕ. = ಪಕ್ಕೆ 1, etc. A place for reposing, etc.; a bed (ಗವಿ, ಗರುಡಿ, ಗೊತ್ತು, ತಾಣ, ನೆಲೆ, ಪೊದಲ್, ಇಕ್ಕೆ, ಚಾವಡಿ, ಬೀಡು, ಇಮ್ಮು, ಅಡುಮ್ಬೊಲ, ಆಶ್ರಯ Šm. 58; ಗವಿ, ಗರುಡಿ, etc., ಆಶ್ರಯ Kk. 64; Bh. 3, 21, 48. 49; B. 4, 42. 43). ಇಕ್ಕೆ, ಹಕ್ಕೆ (ಶಯನಾಸನ Mr. 25). ಹಕ್ಕೆ, ಇಕ್ಕೆ (ಪೌಶೀರ, ಶಯನಾಸನ Hlâ.). ವನದ ಹಕ್ಕೆ (ಗೋಷ್ಠ, ಗೋಸ್ಥಾನಕ, ವ್ರಜ G.). — ಹಕ್ಕೆದಲೆ. -ತಲೆ. The chief place for wild beasts to rest (Ĉpr. 3, after 4).

ಹಕ್ಕೆ hakkĕ. = ಪಕ್ಕಿ 1, etc. ಹಕ್ಕೇ ಮೂಗು (ಚಂಚು, ತ್ರೋಟಿ, ಪಕ್ಷಿಯ ಮೂಗು, ಹಕ್ಕೇ ತುಟಿ Si. 178).

ಹಗ haga. = ಹಗೆಯ 2, etc. A hole in the ground (for storing grain), a subterraneous granary (ಕ್ಷಿತಿವ್ಯಧಾನ, ಗುಪ್ತಿ Nr.; My.; *cf.* ಪದಿ 3; ಪಳ್ಳ? ಅಗೆ 2? T. ಪ

ಯಮ್ಮು, a pit; ವಂಗು, a hole; ವಗುರ್, to divide, separate, *cf.* ಪಗದಿ?).

ಹಗರ hagara. = ಅಗುರ, ಹಗರು 1, ಹಸುರ, ಹಸುರು, ಹವುರ, ಹವುರು, ಹಾರ. The state of being light or not heavy, lightness; light (My.; *cf.* ಅಜ್ಜ 2); easy; (unimportant, mean).

ಹಗರಣ hagaraṇa. 1. (ಹಗಱಣ). = ಅಗರಣೆ, ಅಂಗರಣೆ, ಅಂಗ್ರಾಣೆ, ಹಗರಣೆ, ಹಂಗರಣೆ. Vain talk, chatter, babble (Č. Bp. 8, 12; Râm. 3, 4, 30; My.; see ಪಡಱು). ಹಗರಣ ಮಾಡದೆ ಹಾದರ ಬಾರದು (Prv.).

ಹಗರಣ hagaraṇa. 2. = ಹಗರ, q. v. (*only* in Śi.). (ಕ್ಷುಲ್ಲಕ Śi. 406; ಲಘು 412; see also 369).

ಹಗರಣಗಾತಿ hagaraṇa-gâti. A female chatter-box (My.).

ಹಗರಣಗಾಱ hagaraṇa-gâṟa. A male chatter-box (My.).

ಹಗರಣಗಿತ್ತಿ hagaraṇa-gitti. = ಹಗರಣಗಾತಿ. ಹಗರಣಗಿತ್ತಿಯ ಮೆಯ್ಯನ್ನು ತಗಣೆ ಕಡಿದರೆ, ಗುಡಾರ ಗಡತರ! ಗುಳ್ಳೆ ಎದ್ದಿತು! ಅನ್ದ ಹಾಗೆ.— ಹಗರಣಗಿತ್ತಿ ಹಬ್ಬ ಮಾಡಿದರೆ ಮನೇ ಗಣ್ಡಗೆ ಉಪವಾಸ (Prvs.).

ಹಗರಣಿಗ hagaraṇiga. A babbler, a tattler, etc. (ಕೊಱಚ Čt. I, 93; Bp. 51, 53).

ಹಗರಣಿಸು hagaraṇisu. To talk idly. ಹಗರಣಿಪ ಗೃಹಕಲಹಂ (Sarpabhûshaṇa in B. 5, 320).

ಹಗರತ್ವ hagaratva. Lightness; briskness. ಜೊಗರೀ ಹಾಗೆ ತಿರುಗಿದರೂ ಹಗರತ್ವ ಹೋಗಲಿಲ್ಲ (Prv.).

ಹಗರಣೆ hagaraṇĕ. (ಹಗಱಣೆ). = ಹಗರಣ 1, etc. (My.).

ಹಗರು hagaru. 1. = ಹಗರ, etc. (My.; ಸುಗಮ, ಸುಲಭ G.).

ಹಗರು hagaru. 2. = ಅಗರು, ಅದರು 4, ಅದುರು 4. The dandruff of the head (My.; T. also ಪೊಡುಗು).

ಹಗಱ್ hagaṟ. ಹಗಱು. = ಹಂಜಱ. A split of a bamboo. ಹಗರ್ಗಳ್ (Śmd. 53). ಹಗಱುಗಳನಿಕ್ಕಿ ಬಿಗಿದೊಡೆ ನಾಯ ಬಾಲಮದು ಬಱಿಕ ನೀಳಕೆ ಸಸಿನಮಹುದೇ? (Bp. 60, 48).

ಹಗಱೆ hagaṟĕ. = ಹಕ್ಕಱಿಕೆ. The grass Andropogon aciculatum Roxb. (ಶಂಱಿನಿ, ಚೋರಪುಷ್ಪಿ, ಕೇತಿನಿ, ನಱುವಂಚ Nr.). ಹಗಱೆ ಹೂದಿಂಗಳಕ್ಕಂ (Mr. 147).

ಹಗಲು hagalu. ಹಗಲ್. = ಅಗಲು 3, ಪಗಲ್. The daytime; a day; in the daytime, by day (ದಿವಸ, ದಿನ, etc. Hlâ.; ಅಹಸ್, ವಾಸರ Nn. 149; ಘಸ್ರ, ದಿನ, ಅಹನ್, ದಿವಸ, ವಾಸರ Śi. 37; C.; Bp. 57, 48; 61, 11. 12). ಹಗಲೆಸೆವ ದಮ್ಪತಿವಕ್ಕಿ (Bh. 1, 5, 9). ಹಗಲಿನಲ್ಲಿ (ದಿವಾ Śi. 472). ಕುರುಡ ಬಲ್ಲನೆ ಹಗಲನಿರುಳ? (Dp. 87). ಹಗಲು ಸತ್ತರೆ ಅಕ್ಕಿಯಿಲ್ಲ, ರಾತ್ರಿ ಸತ್ತರೆ ಎಣ್ಣೆಯಿಲ್ಲ.— ಹಗಲು ಕಾಡಿನಲ್ಲಿ ಮಾತಾಡ ಬೇಡ, ಇರುಳು ಮನೆಯಲ್ಲಿ ಮಾತಾಡ ಬೇಡ.— ಇರುಳು ಕಣ್ಡ ಬಾವಿಯಲ್ಲಿ ಹಗಲು ಬಿದ್ದ.— ಹಗಲೆಲ್ಲಾ ಹಾದರವಾಡಿ, ಇರುಳು ಗಣ್ಡನ ತಲೆಯ ಹೇನು ತೆಗದಳನ್ತೆ.— ತೊಗಲು ಸಡಲಿ ಮುಪ್ಪು, ಹಗಲು ಸಡಲಿ ಇರುಳು (Prvs.). — ಹಗಲಿನ ಹಾವಸೆ. (ಮಂಜಿನ ಸರಿ Bhn. 8). — ಹಗಲಿರುಳ್. -ಇರುಳ್. -ಇರುಳು. Day and night; a day and a night; days and nights; by day and by night (ದಿವಾರಾತ್ರಿ G.; Bp. 31, 25; 47, 10). ಹಗಲಿರುಳಿನ ಅಱುವತ್ತು ಗಱಿಗೆ (ಅಹೋರಾತ್ರ); ಹಗಲಿರುಳಾದಡೆ ಗಣರಾತ್ರ ಎಮ್ಬುದು, ಅಲ್ಲಿನ್ದ ಮೇಲೆ ಚಿರರಾತ್ರ ಎಮ್ಬುದು (Hlâ.). — ಹಗಲು ಇರಳು. (ಅಹರ್ನಿಶ G.). — ಹಗಲುಕೆಯ್ದೀವಿಗೆ. A lamp lighted in the daytime and carried before great persons (Bh. 1, 7, 26). — ಹಗಲುಗತ್ತಲೆ. -ಕತ್ತಲೆ. Darkness that comes about in the daytime (Bp. 58, 50; Bh. 8, 23, 35). — ಹಗಲುಗನ್ನ. -ಕನ್ನ. A hole in a wall made by burglars in the daytime (Bp. 31 sum.; 31, 14). — ಹಗಲುಗಳ್ಳ. -ಕಳ್ಳ. A man who robs in the daytime (My.). — ಹಗಲುದೀವಟಿಗೆ. A torch carried before idols and great men when going in procession in the daytime (My.). ಹಗಲುದೀವಟಿಗೆ ಕೊಟ್ಟವರು ಯಾರು? ಅನ್ದರೆ ನನ್ನ ಕೊನೇ ಹೊಲದ ಹರಳಪ್ಪ ನಾಯಕ! ಅನ್ದ ಹಾಗೆ (Prv.). — ಹಗಲುಬತ್ತಿ. A kind of firework (called Roman candles) which when lighted at night gives a brilliant white or blue or green or red flame (My.; Tĕ. ಪಗಲುವತ್ತಿ). — ಹಗಲುಮ್ ಇರುಳುಂ. By day and by night, day and night (Bp. 44, 7). — ಹಗಲುರಾತ್ರಿ. Day and night (My.). — ಹಗಲುಹಾವಸೆ. = ಹಗಲಿನ ಹಾವಸೆ. (Bh. 1, 5, 5). — ಹಗಲೂ ಇರುಳೂ. Day and night (B. 4, 108).

ಹಗಿನು haginu. = ಪಗಿನು, etc. Gum, etc. (ನಿರ್ಯಾಸ, ಕಷಾಯ Nr.; Bp. 43, 36). ಎಲವದ ಹಗಿನು (ಪಿಚ್ಛ, ಶಾಲ್ಮಲೀವೇಷ್ಟ Nr.). ಹಗಿನಿನಲ್ಲಿ (Nn. 83 s. ರಸ).

ಹಗುರ hagura. = ಹಗರ, etc. (My.; ಸುಲಭ, ಹವುರ G.). ಬಹಳ ಹಗುರ (ಲಘಿಷ್ಠ G.). ಕಪ್ಪುರ ನೀರಿಗಿನ್ತ ಹಗುರವಾಗಿರುವದಱಿನ್ದ ನೀರ ಮೇಲೆ ತೇಲುತ್ತದೆ (B. 4, 71). ಎಲ್ಲಕ್ಕೆ ಹುಲ್ಲು ಹಗುರಂ, ಹುಲ್ಲಿನ್ದಂ ಹಗುರವಾ ಬೂರಲಪರಳೆಯದು; ಹುಲ್ಲಿಂ ಬೂರಲಕಿನ್ದಂ ವಿಲ್ಲದೆಯೆಲ್ಲರನು ಬೇಡುವಾತನೆ ಹಗುರಂ (Subhâshita kandapadya).

ಹಗುರತನ haguratana. The state of being light (ಲಘಿಮ G.).

ಹಗುರು haguru. = ಹಗುರ, etc. (My.; ಲಾಘವ G.). ಅನ್ನದಿನ್ದ ನಮ್ಮ ಮೆಯ್ಯಲ್ಲಿ ಶಕ್ತಿ ಬರ ಬೇಕಾದರೆ ಅದು ಪಚನವಾಗಿ, ನಮ್ಮ ಹೊಟ್ಟೆಯಲ್ಲಿ ಅದಱ ರಸವಾಗಲಿಕ್ಕೆ ಬೇಕು; ಅದಕ್ಕೆ ಹಗುರಾದ ಅನ್ನವ (food) ಉಣ್ಣ ಬೇಕು, ಜಡ ಅನ್ನದ ರಸ ತೀವ್ರವಾಗುವದಿಲ್ಲ (B. 4, 32). ಹೊಗೆಯು ಹವೆಗಿನ್ತ ಹಗುರಿರುವದು (4, 61). ಕೆಲವು ತೀರ ಹಗುರಾದ ಧಾತುಗಳು (minerals) ಗೊತ್ತಾದವು (4, 96). ಮಹಾಸಾಗರದ ನೀರು ಉಪ್ಪಾಗಿರುವದಱಿನ್ದ ಸವಿನೀರಿಗಿನ್ತ ಹಗುರಿರುತ್ತದೆ (4, 101). ಮೀನುಗಳ ಹೊಟ್ಟೆಯೊಳಗೆ ಒನ್ದು ಚೀಲವಿರುತ್ತದೆ; ನೀರ ಮೇಲೆ ಬರುವಾಗ ಶರೀರವನ್ನು ಹಗುರು ಮಾಡುವದಕ್ಕಾಗಿ ಅವು ಈ ಚೀಲವನ್ನು ಉಬ್ಬಿಸುತ್ತವೆ (4, 118). ಸ್ವಲ್ಪ ಪ್ರಾಪ್ತಿಯುಳ್ಳ ಗೃಹಸ್ಥರ ಮನೆಗಳಲ್ಲಿ . . . ಏನಿಕೆ ಹಗುರ ಕೆಲಸಗಳನ್ನು ಮನೆಯ ಯಜಮಾನಳು ಮಾಡ ಬೇಕಾಗುತ್ತದೆ (B. 5, 287).

ಹಗೆ hagĕ. 1. = ಹಂಗೆ, ಹೆಂಗೆ 1, (ಹಿಂಗೆ). Manner, mode. See ಅ-, ಇ-, ಎ-, and *cf.* ಪಾಂಗು, ಬಗೆ 3.

ಹಗೆ hagĕ. 2. = ಪಗೆ. Hatred, enmity (ಕಾಕೋಲ, ವಿರೋಧ Nn. 97; ಕಲ್ಕ 105; C.). ಎನ್ತಪ್ಪನಾದರೂ ಮನ್ತ್ರಿಯಾ ಹಗೆ ಹೊಲ್ಲ; ಎನ್ತಕ್ಕುಮ್, ಅರಸು ಮುನಿದರೆಯಾ ಮನ್ತ್ರಿಯನ್ತಕನಕ್ಕು (Sp.). ಮನ್ತ್ರಿಯಾ ಹಗೆ, ನೃಪನ ಕಾನ್ತೆಯಾ ಸವಿಮಾತು, ಮನ್ತ್ರವಿಲ್ಲದನ ಗೆಳೆತನಗಳು ತನ್ನ ಮುನ್ತೆ ಕೊಲ್ಲುವವು (Sp.). ಹಗೆ ಮಾಡುವಿಕೆ (ಅವಮರ್ದ, ಪೀಡನ Śi. 296). **2,** an enemy (ಅಭಿಯಾತಿ, ಅರಾತಿ, ಅಮಿತ್ರ, ರಿಪು, ವಿರೋಧಿ, ಅರಿ, ಶತ್ರು, etc. Hlâ.; ರಿಪು, ವೈರಿ, ಶತ್ರು, ಅಮಿತ್ರ, ಅಹಿತ Nr.; ಅರಿ, ವಿರೋಧಿ, ಶತ್ರು, etc. Mr. 290; ಪತ್ರ, ವೈರಿ Nn. 39; ಕಣ್ಟಕ, ಅರಾತಿ 39; ಭೇದ, ಸಪತ್ನ 62; ಬಾಧ, ಅರಾತಿ 64, sic!; ರಿಪು 75; ವೇಗ, ಅರಾತಿ 97; ಅರಿ 112; Bp. 8, 25; 56, 16; Bh. 1, 8, 30. 31. 35. 48; B. 2, 36). ಹಗೆಗಳು ಇಲ್ಲದವರು (ಅಜಾತಶತ್ರು Nn. 74). ಹಗೆಯ ಕೆಯ್ಯಲ್ಲಿ ಪಿಡಿವಡೆದವನು (ಪುರಸ್ಕೃತ); ತಾನು ಹಗೆಯ ಮೇಲೆ (ದಣ್ಡನ್) ಎತ್ತಿ ಹೋಹಲ್ಲಿ ಹಿನ್ದೆ ರಾಜ್ಯವನುಪದ್ರವ ಮಾಡುವವನು (ಪಾರ್ಷ್ಣಿಗ್ರಾಹ); ಅವನೊಬ್ಬನು ಹಗೆಯ ಗೆಲಲು ಸಮರ್ಥನಾಗಿ ಇದಿರಾಗಿ ನಡೆವಾನು, ಆತನು ಅಭ್ಯ

ಮಿತ್ರ್ಯ, etc. ಎನಿಸುಗು (Nr.). — ಹಗೆಗೊಳ್. = ಪಗೆಗೊಳ್. (J. 9, 22). — ಹಗೆಗೊಳ್ಳುವಿಕೆ. -ಕೊಳ್ಳುವಿಕೆ. Becoming hostile, etc. (ಪರ್ಯವಸ್ಥೆ, ವಿರೋಧನ Si. 394). — ಹಗೆ ತೀರಿಸು. To satiate spite, to revenge one's self (My.). ಹಗೆ ತೀರಿಸಿ ಕೊಳ್ಳುವದು (ವೈರಶುದ್ಧಿ, etc. Si. 296); ಹಗೆ ತೀರಿಸಿ ಕೊಳ್ಳುವಿಕೆ (ನಿರ್ಯಾತನ 437). — ಹಗೆ ಮರಳಿಸು. To retaliate. ಹಗೆಯ ಮರಳಿಸುವುದು (ವೈರಶುದ್ಧಿ, etc. Nr.). — ಹಗೆಯ. -ಅ 3. = ಪಗೆಯ. (Râm. 4, 3, 24; ವೈರಿ G.). ಹಗೆಯರಿಬ್ಬರೊಳಗೆ ವಿರೋಧವ ಹುಟ್ಟಿಸುಹ (ಭೇದ Nr.). — ಹಗೆಯವ. -ಅವ. An enemy (My.; Bp. 61, 14; Si. 262. 282). ಹಗೆಯವನ ಚನ್ದ್ರತಾರಾಬಲ ಕೇಳಿದರೆ ಮಧ್ಯಾಹ್ನಕ್ಕೆ ಮರಣ.— ಹಗೆಯವರ ಮಕ್ಕಳನ್ನು ಸೆವದಲ್ಲಿ ಕೊನ್ದ ಹಾಗೆ.— ಹಗೆಯವರಿಲ್ಲವೆನ್ದು, ಆಯುಧ ಮಡೆಯ ಬಾರದು (Prvs.). — ಹಗೆ ಸಾಧಿಸು. To accomplish (the aim of) one's hatred or enmity, to revenge one's self, to retaliate. ಹಗೆಯ ಸಾಧಿಸುಹ (ವೈರಶುದ್ಧಿ, ಪ್ರತೀಕಾರ, ವೈರನಿರ್ಯಾತನ Nr.). — ಹಗೆ ಹರಿ. Enmity to go or end (J. 7, 53; 28, 42).

ಹಗೆಗಾಱ hagĕ-gâṟa. = ಪಗೆಕಾಱ. (My.).

ಹಗೆತನ hagĕtana. = ಪಗೆತನ. (ವೈರ, etc. Nr.; ವಿದ್ವೇಷ, ದ್ವೇಷ G.; Râm. 5, 8, 85; C.). ಶತ್ರುವಿನ ಹಗೆತನದ ಚಿನ್ತೆ (ದ್ರೋಹಚಿನ್ತನ); ಬಹಳ ಹಗೆತನ (ಅನುಶಯ G.). ಹಗೆಗಳಿದ್ದವರು ಹಗೆತನ ಬಿಟ್ಟು, ಗೆಳೆಯರಾಗುವರು (B. 2, 36). — ಹಗೆತನ ಮಾಡು. To be actuated by unfriendly feelings; to fall out with. ಒನ್ದು ದೇಶದವರು ಮತ್ತೊನ್ದು ದೇಶದವರ ಕೂಡ ಹಗೆತನ ಮಾಡುವದು (B. 4, 161). ಹಲವು ಕಾಲದ ಹಗೆತನ ಮಾಡಿ ಮಱುಗುಹ (ಅನುಶಯ Nr.). — ಹಗೆತನ ಮುರಿ (or ಮುಱಿ?). To retaliate. ಹಗೆತನವನ್ನು ಮುರಿಯೋಣ (ಪ್ರತೀಕಾರ G.).

ಹಗೆಯ hagĕya. 1. See s. ಹಗೆ 2.

ಹಗೆಯ hagĕya. 2. = ಅಗೆ 5, ಹಗ, ಹಗೇವು. (My.). ಹಗೆಯಡೊಳಗೆ ಬಿದ್ದ ನಾಯಿ ಹಾಕುವವರನ್ನಱಿಯದು, ತೆಗೆಯುವವರನ್ನಱಿಯದು (Prv.).

ಹಗೇವು hagêvu. = ಹಗೆಯ 2, etc. (My.; Si. 75). ಬಲ್ಲಿದವನ ಹಗೇವು ತೆಗೆಯೋ ಹೊತ್ತಿಗೆ ಬಡವನ ಪ್ರಾಣ ಹೋಯಿತು (Prv.). ಹಗೇವಿನಲ್ಲಿ (My.); ಹಗೇವಿನ (Si. 75).

ಹಗ್ಗ hagga. 1. = ಅಗ್ಗ 1. (My. occasionally).

ಹಗ್ಗ hagga. 2. = ಅಗ್ಗ 3. Tbh. of ಪ್ರಗ್ರಹ (Šmd. 366). A rope (ಪ್ರಗ್ರಹ Hlâ.; Mr. 475; Nn. 121; ಪ್ರಗ್ರಹ, ರಶ್ಮಿ Nr.; ಯೋಕ್ತ್ರ, etc. Hlâ.; ಯೋಕ್ತ್ರ Mr. 371; ಅಗ್ಗರಣೆ, ದಾಮು Kk. 70; ರಜ್ಜು, etc. Si. 343; C.). ಕಾತೀ ಹೊಸೆದು ಹಗ್ಗ ಮಾಡುತ್ತಾರೆ (B. 2, 42). ಹಗ್ಗ ಸುಟ್ಟರೆ ಹುರಿ ಹೋದೀತೇ?— ನುಗ್ಗಿದವನಿಗೆ ಹಗ್ಗ ತಪ್ಪೀತೇ?— ಮುಗ್ಗದ ಕುಣಿಯಲ್ಲಿ ಹಗ್ಗವಾದೀತೇ?— ಮುಗ್ಗ ನೇಯಲಿಕ್ಕೆ ತಿಳಿಯದಿದ್ದರೂ ಹಗ್ಗ ನೇಯಲಿಕ್ಕೆ ತಿಳಿಯದೇ? (Prvs.). ಬಲುಹುರಿಯ ಹಗ್ಗ (Bh. 1, 10, 27).

ಹಗ್ಗಿ haggi. Tbh. of ಅಗ್ನಿ (Šmd. 354; ಅಗಿನಿ, ಅಗ್ಗಿ, etc., ಅನಿಲ Šm. 11; ಕಿರ್ಚು Kk. 21).

ಹಗ್ಗು haggu. Low ground (My.; *cf.* T. ಪದಂಗು, a hole made in the ground, see ಹಱಿ 3).

ಹಂಕರಿಸು hankarisu. Tbh. of ಅಹಂಕರಿಸು. (Râm. 6, 12, 84).

ಹಂಕಾರ hankâra. Tbh. of ಅಹಂಕಾರ. (My.; Tĕ.). ಹಂಕಾರಕ್ಕೆ ಉದಾಸೀನವೇ ಮದ್ದು (Prv.).

ಹಂಗ hanga. The jay (Pr.), the Indian roller or jay (Gz.; ಚಾಷ, ಕಿಕೀದಿವ Si. 172; ಅಸಮಾಕ್ಷ Mr. 174; see ಹೊಂಗಾಗೆ). 2, the fork-tailed shrike (ಕಲಿಂಗ, ಭೃಂಗ, ಧೂಮ್ಯಾಟ Nr.). ಹಂಗಂ (Šmd. 148).

ಹಂಗಣೆ hangaṇĕ. = ಹಂಗಿಣೆ, ಹಂಗು, etc. (My.).

ಹಂಗರಕ hangaraka. = ಹೊಂಗರಕ. (St. & Pl.).

ಹಂಗರಣೆ hangaraṇĕ. = ಹಗರಣ 1, etc. (My.).

ಹಂಗರಲು hangaralu. = ಹಂಗರು, ಹನ್ದರು, etc. An evergreen shrub, Dodonaea viscosa Lin. (My., the ಬನದುಱುಬಿ of S. Mhr.); its leaves and wood are so dry that they easily burn when in the greenest state.

ಹಂಗರು hangaru. = ಹಂಗರಲು. (My.).

ಹಂಗಾಮಿ hangâmi. Entertained for the season or occasion (as a public servant), temporary, for the time being (My.; Br.; Mhr., H. ಹಂಗಾಮೀ). 2, relating to the season. — ಹಂಗಾಮಿಸಿಬ್ಬನ್ದಿ. A temporary establishment of clerks, etc. (My.).

ಹಂಗಾಮು hangâmu. 1. The season (as of the products of the earth); the time at which any thing or business is most abundant (My.; Mhr., H. ಹಂಗಾಮು).

ಹಂಗಾಮು hangâmu. 2. Uproar, tumult, riot; an assault, a setting upon with clamour and vociferation and furious manifestation (My.; Mhr., H. ಹಂಗಾಮಾ).

ಹಂಗಿಗ hangiga. (Šmd. 238). A man who is bound by some favor rendered, a man under obligation (Bp. 24, 64).

ಹಂಗಿಗೆ hangigĕ. A woman under obligation (Čpr. 5, 181).

ಹಂಗಿಣೆ hangiṇĕ. = ಹಂಗಣೆ, etc. (Si. 376).

ಹಂಗಿಸು hangisu. To remind a person of, or charge him with, neglecting his obligation or obligations (Bp. 12, 39; 18, 58; My.; Si. 78). ಹಂಗಿಸಿದರೂ ಮಂಗತನ ಬಿಡಲಿಲ್ಲ.— ಬೆಳೆ ಹೊಗಳಿಸಿ ಉಣ್ಣ ಬೇಕು, ಹಯನು (*i. e.* the haynu crop) ಹಂಗಿಸಿ ಉಣ್ಣ ಬೇಕು (Prvs.).

ಹಂಗು hangu. = ಪಂಗು q. v., (ಹಂಗಣೆ, ಹಂಗಿಣೆ). The state of being bound by some favor rendered, etc.; regard (Grj. 6, after 56; Bp. 3, 31; 10, 14; 11, 13; 61, 57; J. 24, 23; Bh. 3, 26, 5; C.). ಹಂಗಿನರಮನೆಗಿನ್ತ ಇಂಗಡದ ಗುಡಿ ಲೇಸು; ಭಂಗಬಟ್ಟುಮ್ಬ ಬಿಸಿಯನ್ನಕಿನ್ತಲು ತಂಗಳವೆ ಲೇಸು (Sp.). ತೆಂಗಿಗೂ ದೇವಗೂ ಹಂಗ ಮಾಡಲೆ ಬೇಕು; ತೆಂಗಿನ ಮೊದಲಿಗೆ ನೀರೆಱೆಯೆ ಕಡೆಯಲಿ ಹಿಂಗದೀವನ್ತೆ (Sp.). ಜೀವದ ಹಂಗು ತೊಱೆದು ಮಾಡಿದ ಸಾಹಸದ ಕೃತ್ಯ (ಅತ್ಯಾಹಿತ G.). ಆತನು ಹಲವು ಕಾಳಗಗಳಲ್ಲಿ ಜೀವದ ಹಂಗು ತೊಱೆದು ಕಾದಿ (B. 2, 10). ಈ ಗೃಹಸ್ಥನ ಹಾಗೆ ಲೋಕೋಪಕಾರದ ಸಲುವಾಗಿ ಜೀವದ ಮೇಲಿನ ಹಂಗ ತೊಱೆದವರು ಮತ್ತು ಯಾರೂ ಇರಲಿಕ್ಕಿಲ್ಲ (5, 164). ಹಂಗು ಹರಿದ ಮೇಲೆ ತೊಂಗೇನು? ತೊಡರೇನು?— ತೊಱೆದವನಿಗೆ ಬಱಿದ ಹಂಗೇನು?— ಉಣ್ಣದಿದ್ದು ಉಣ್ಣ ಹಾಗೆ ಹೋದರೆ ವೈದ್ಯನ ಹಂಗೇನು?— ತುಣ್ಣು ಪಿಣ್ಣ ಸಿಕ್ಕಿದ ಮೇಲೆ ಮುಣ್ಣೆಗೆ ಯಾರ ಹಂಗು? ಏನು?— ಬಂಗಿ ಕುಡಿಯುವವನಿಗೆ ಹಂಗು ಯಾರದು?— ಮಣೆಯಗಾಱನ ಹಂಗು ಹಣಗಾಱನಿಗೂ ಬೇಕು.— ಬಂಗಿ ಸುಟ್ಟರೂ ಹಂಗು ಸುಡಲಿಲ್ಲ.— ಲಿಂಗ ಹಱಿದ ಮೇಲೆ ಜಂಗಮನ ಹಂಗೇನು?— ವರದಿ ಹೇಳುವವನಿಗಾದರೂ ಹರದನ ಹಂಗು ಬೇಕು (Prvs.). — ಹಂಗಾಳು. -ಆಳು. A person under obligation. ಹಂಗಾಳಾದ ಮೇಲೆ ಮಂಗನ ಹಾಗೆ ಮಾಡ ಬೇಕು (Prv.). — ಹಂಗು ಗಿಂಗು. reit. (My.).

ಹಂಗುಳಿ hanguḷi. (= ಹಂಗುಳಿಗೆ). A kind of seat or couch (ಆಸನ್ದಿ Nr.).

ಹಂಗುಳಿಗೆ haṅguḷigĕ. A stool or a low table (ಕಾಲ್ಮಣೆ Čt. II, 92; *cf.* ಅಡ್ಡಣಿಗೆ?).

ಹಂಗೆ haṅgĕ. = ಹಸೆ 1. See ಅ-, ಇ-, ಎ-.

ಹಚ್ಚಕ haččaka. See ಪರಿಛಚ್ಚಕ s. ಹರಿ 4, ಪರೆಛಚ್ಚರ s. ಹರೆ 1.

ಹಚ್ಚಗೆ haččagĕ. = ಪಚ್ಚನೆ, etc., ಹಚ್ಚನೆ. Greenness; green; yellowish; greenly (C.). ಗಿಳಿಗಳು ಬಹುತರವಾಗಿ ಹಚ್ಚಗೆ ಇರುತ್ತವೆ (B. 2, 2). ಈ ದಿವಸದೊಳಗೆ ಅಡವಿಯೆಲ್ಲ ಹಚ್ಚಗೆ ಒಪ್ಪುತ್ತದೆ (3, 77). ತೋಳದ ಕಣ್ಣುಗಳು ಯಾಸಿಯಾಗಿ, ಗುಡ್ಡೆಗಳು ಹಚ್ಚಗೆ ಹೊಳೆಯುತ್ತವೆ (3, 84). ಎಳೇ ಹುಲ್ಲಿನಿಂದ ಹಚ್ಚಗಿರುವ ದೇಶ (ಶಾಡ್ವಲ Si. 102).

ಹಚ್ಚಡ haččaḍa. = ಪಚ್ಚಡ, q. v., etc., (ಹಚ್ಚವಡಿ). (ದುಪ್ಪಟಿ Mr. 342; ನೀಶಾರ G.; C.; see Nr. s. ಹಚ್ಚಡಿಕೆ; Bp. 47, 25. 47). ಮಂಜು ಗಾಳಿ ಇವುಗಳ ಬಾಧೆಯನ್ನು ಪರಿಹರಿಸುವ ಹಚ್ಚಡ ಮುಂತಾದ ವಸ್ತ್ರವಿಶೇಷ (ನೀಶಾರ Si. 224). ಹಚ್ಚಡವನ್ನು ಹೊದಿಸುವವನು (G. 308). ಹೊತ್ತು ಕೊಳ್ಳಲಿಕ್ಕೆ ಹಚ್ಚಡವಿಲ್ಲ (B. 3, 91). ಹಚ್ಚಡ ಹೊದಿಸಿದರೆ ಹುಚ್ಚು ಹೋದೀತೇ?—ಕಂಬಳಿಯವನ ಹೊಡದು, ಹಚ್ಚಡವನ ಹೆದರಿಸ ಬೇಕು (Prvs.).

ಹಚ್ಚಡಿಕೆ haččaḍikĕ. (Tbh. of Sk. ಪ್ರಚ್ಛಾದಿಕೆ, covering over, covering, enveloping, wrapping up, putting on). Covering, etc.; a cover, a wrapper; a cloth on which one lies down for sleeping and covers one's self with (ತಲ್ಪ, ಶಯನ Nr.). ನಿಚೋಲ ಪ್ರಚ್ಛದಪಟ ಎನ್ದೊಡೆ ಹಚ್ಚಡಿಕೆಯ ಸೀರೆ; ಹಚ್ಚಡ ಮೆನ್ದೊಡೆ, ಎಸ್ಪರು (Nr.).

ಹಚ್ಚಡಿಸು haččaḍisu. = ಪಚ್ಚಡಿಸು. ಹಚ್ಚಡಿಸುವಾಕೆ (ಪಚ್ಚಡತಿ Šmd. II).

ಹಚ್ಚನೆ haččanĕ. = ಹಚ್ಚಗೆ, etc. ಹಚ್ಚನೆಯ ವರ್ಣ (ಹರಿಣಿ, ಹರಿತ Nr.).

ಹಚ್ಚವಡಿ haččavaḍi. (= ಪಚ್ಚವಡ). A cover, a wrapper (ಪ್ರಚ್ಛದ, ಉತ್ತರಚ್ಛದ Hlā.).

ಹಚ್ಚಿಸು haččisu. 1. = ಹೊತ್ತಿಸು, (ಹಚ್ಚು 2), ಹತ್ತಿಸು 2, ಹೊತ್ತಿಸು 1. To kindle (v. t.), to light (My.).

ಹಚ್ಚಿಸು haččisu. 2. To cause to apply to, to have affixed or applied (My.; B. 3, 64). 2, to have planted (B. 3, 52. 79; 5, 203). 3, to put or join to (B. 4, 131).

ಹಚ್ಚಿಸು haččisu. 3. To mince, as vegetables (My.).

ಹಚ್ಚು hačču. 1. = ಅಚ್ಚು 2, (ಪತ್ತಿಸು, ಹತ್ತಿಸು 1). To apply to; to put to; to join, to affix, to attach; to fix (My.; B. 2, 80; 3, 30. 32. 36. 117. 125; 4, 21. 133; see ಪಟ್ಟು ಹಚ್ಚಿ ಕೊಳ್ಳು). ಮೈಗ್ಗೆ ಹಚ್ಚಿ ಕೊಳ್ಳುವದಕ್ಕಾಗಿ ತೇಯಿದ ಗನ್ಧ (ವರ್ಣಕ, ವಿಲೇಪನ Si. 229), ಹಚ್ಚಲಿಕ್ಕೆ ತಿಳಿಯದಿದ್ದರೆ ಮುಂಗೆಯ್ ಅಚ್ಚ ಕೊಣ್ಡ ಹಾಗೆ.—ಹಚ್ಚಿದೆಣ್ಣೆ ಬಚ್ಚಲ ಪಾಲು (Prvs.). See Prv. s. ಹೋಲು. 2, to put to (any work); to use or employ for (B. 3, 18; 5, 93. 97). 3, to supply with, to give (as a new book, B. 3, 1; 4, 1; as knowledge or information, ಗೊತ್ತು; ಗೊತ್ತು ಹಚ್ಚು also: to point out, B. 4, 20); to transfer (B. 5, 115). 4, to appoint (as a profession, etc., B. 4, 50. 178; 5, 144). 5, to plant (as trees, etc., B. 2, 22. 37; 3, 7. 13).

ಹಚ್ಚು hačču. 2. (= ಹಚ್ಚಿಸು 1). To kindle (v. t.), to light (My.; B. 3, 46; 4, 71. 215; see ಉರಿ-).

ಹಚ್ಚು hačču. 3. = ಹಂಚು 1, ಹೆಚ್ಚು 3. To cut into small pieces (J. 13, 18); to mince, as vegetables (My.).

ಹಚ್ಚು hačču. 4. = ಪಚ್ಚುಗೆ, etc. (ಏಕಾನ್ತ Čt. I, 89).

ಹಚ್ಚುವಿಕೆ haččuvikĕ. Applying to, etc. (ಸಮಾಲಮ್ಭ, ವಿಲೇಪನ Si. 397).

ಹಚ್ಚೆ haččĕ. 1. = ಅಚ್ಚೆ 2, ಪಚ್ಚೆ, ಹೆಚ್ಚೆ 1. Cane or ratan; tattoo. ಹಚ್ಚೆಯ ಮರ (ವಾನೀರ, ವಂಜುಲ, ವಿದುಲ, ವೇತಸ Hlā.). ಬಹಳವಾದ ಹಚ್ಚೆಯ ಭೂಮಿ (ವೇತಸ್ವತ್ Nr.). — ಹಚ್ಚೆ ಚುಚ್ಚಿಸು. To tattoo (My.). — ಹಚ್ಚೆತಿಲಕ. A tattooed perpendicular line on the forehead (My.). — ಹಚ್ಚೆಬೊಟ್ಟು. A tattooed round mark on the forehead (My.).

ಹಚ್ಚೆ haččĕ. 2. = ಹೆಚ್ಚೆ 2. A bamboo-split (My.).

ಹಜಂ hajaṁ. Concealment (My.; H.; ನಿಹ್ನವ Si. 458); digestion (My.).

ಹಜಾಮ hajâma. = ಅಜಾಮ. A barber (My.; Mhr., H.).

ಹಜಾಮತ್ hajâmat. Shaving (My.; Mhr., H.).

ಹಜಾರ hajâra. = ಅಜಾರ. A hall, a pavilion (Č. Bp. 47, 33; My.; Tĕ. ಹಾಜಾರ).

ಹಜೀರ hajîra. = ಹಾಜರು. (B. 5, 269; Mhr., H. ಹಜರ, ಹಾಜೀರ).

ಹಜೂರು hajûru. = ಹುಜೂರು. Royal presence, the presence of a superior authority, as of a judge, collector, etc.; the principal collector's office (My.; M.; Mhr., H. ಹುಜೂರ). — ಹಜೂರುಕಚೇರಿ. The principal collector's office (My.). — ಹಜೂರುಜಮಾಬನ್ದಿ. The yearly jamâbandi made by the principal collector (My.).

ಹಜ್ಜೆ hajjĕ. = ಪಜ್ಜೆ, etc. (Bh. 1, 5, 5; Tĕ.). — ಹಜ್ಜೆಗೊಳಿಸು. -ಕೊಳಿಸು. To cause to step (Rśv. 6, after 12).

ಹಂಚಿ hañči. (T. ಪಂಚಾಯ್, the general name of the genera of Cyperus or different grasses = ಕೋರೈ). — ಹಂಚಿಕಡ್ಡಿ. = ಹಂಚಿಹುಲ್ಲು. (My.; Si. 89. 165). — ಹಂಚಿಬರ್ಲು. A broom made of hañči grass (My.). — ಹಂಚಿಯೂಬು. -ಊಬು. An awn of hañči grass (My.). — ಹಂಚುಹುಲ್ಲು. = ಊಚಿಹುಲ್ಲು, ಊಬುಹುಲ್ಲು. (My.; ಭೂತಿಕ, ಭೂಸ್ತೃಣ Si. 405).

ಹಂಚಿ hañči. = ಪಂಚಿ. (Bp. 43, 8).

ಹಂಚಿಕೆ hañčikĕ. 1. Sharing, dividing, distributing (My.).

ಹಂಚಿಕೆ hañčikĕ. 2. = ಅಂಚಿಕೆ, ಹಂಚು 3. An expedient, a means, a scheme, a plan (C.; ಯುಕುತಿ, ಯುಕ್ತಿ, ಸಾಧನ, ಉಪಾಯ G.; B. 2, 38. 53; 3, 23; *cf.* ಪಸುಗೆ). — ಹಂಚಿಕೆ ತೆಗೆ. To devise a plan (B. 1, 16; 5, 219). — ಹಂಚಿಕೆ ಮಾಡು. To make use of an expedient; to form or devise a plan (B. 2, 30; 4, 175; 5, 191).

ಹಂಚಿಕೆಗಾರ hañčikĕ-gâra. A contriver, etc. (My.).

ಹಂಚಿಗ hañčiga. An elephant-driver (ಮಾವತಿಗ Čt. I, 18).

ಹಂಚು hañču. 1. = ಹಚ್ಚು 3, etc. ಮಾಂಸಮಂ ಹಂಚುಹುದು ಪಂಚೆನಿಕ್ಕುಂ (Mr. 380, o. rs. ಹಪ್ಪೆನಿಕ್ಕುಂ, ಹಪ್ಪೆನಿಕ್ಕುಂ).

ಹಂಚು hañču. 2. . ಅಂಚು 1, ಪಂಚು 1. To divide, to share, to distribute (C.). ಆ ಇಬ್ಬರು ಮಕ್ಕಳು ತಲೆಗೆ

ಅಯ್ದು ಸಾವಿರ ರೂಪಾಯಿ ಪಾಲು ಹಂಚಿ ಕೊಣ್ಡು, ಬೇಬೆಯಾದರು (B. 2, 25). ಮುನ್ತಾದವುಗಳನ್ನು ಸರಿಯಾಗಿ ಮೂಱು ಪಾಲು ಮಾಡಿ ಹಂಚಿ ಕೊಳ್ಳಿರಿ! (3, 15). ಇದ್ದ ವಸ್ತು ಒಡವೆಗಳನ್ನೆಲ್ಲ ಕದ್ದು ಕೊಣ್ಡು, ಹಂಚಿ ಕೊಳ್ಳುವದಕ್ಕೆ ಅಡವಿಯೊಳಗಿನದೊನ್ದು ದೇಗುಲದ ಹಾದೀ ಹಿಡಿದರು (3, 100). ಶ್ರೀಮನ್ತಜನರ ಬದುಕನ್ನು ಕಸ ಕೊಣ್ಡು, ಬಡವರಿಗೆ ಹಂಚಿ ಕೊಟ್ಟು (5, 89). ಅಣ್ಣ ತಮ್ಮನ್ದಿರಾದರೂ ಹಣ್ಣು ಹಂಚಿ ಉಣ್ಣುತ್ತಾರೆ.—ತಿರಿದುಮ್ಬುವದಕ್ಕೆ ಬೀದಿ ಹಂಚಿ ಕೊಣ್ಡ ಹಾಗೆ.—ಹಂಚಿದವನಿಗೆ ಹಲ್ಲು ಉದುಱಿಯಲಿಲ್ಲ.—ಹಂಚಿದವಗೆ ಹಲ್ಲು ಬಾಯಿ (ಉಱಿದವು, Prvs.).

ಹಂಚು hañču. 3. = ಹಂಚಿಕೆ 2. (Bp. 51, 54).

ಹಂಚು hañču. 4. = ಅಂಚು 2, ಹೆಂಚು. A tile; the half of a maḍakĕ used for eating and parching (My.). ಹಂಚಿನ ಓಡು (ಕರ್ಪರಾಂತ, ಶರ್ಕರೆ Nr.). ಸುರಿವ ಹಂಚು (ಅಮ್ಬರೀಷ Mr. 211). ಸುರಿಯುವ ಹಂಚು (ಅಮ್ಬರೀಷ, ಭ್ರಾಷ್ಟ್ರ Si. 308). ಮನೆಗಳ ಮೇಲೆ ಹಂಚು ಹಾಕುವದು (B. 3, 58). ಹಂಚು ಹೊಚ್ಚಿ, ಬೆಂಕಟ್ಟಿನ ಮೇಲೆ ತಲೆಹಂಚು ಹಾಕುತ್ತಾರೆ (4, 121). ಹಂಚಿಗೆ ಹಲ್ಲು ಕಿಸಿದರೆ ಕನ್ನಡಿ ಆದೀತೇ?—ಹಂಚು ಕಾಣದಿದ್ದವಳು ಕಂಚು ಕಣ್ಡರೆ ದಿನಕ್ಕೆ ಮೂರಾವರ್ತಿ ಬೆಳಗಿ ಉಣ್ಡಳು.—ಹಂಚಿನಲ್ಲಿ ಉಣುವವನಿಗೆ ಹರಿವಾಣವು ಯಾಕೆ?—ಪಂಚಮದ ಕನಿ ಹಂಚಿನಲ್ಲಿ ಉಣಿಸ್ಯಾನು (Prvs.). See Sp. s. ಸನ್ನುವಡೆ.

ಹಂಜರ hañjara. = ಪನ್ಜರ್, etc. (My.).

ಹಂಜರ hañjara. Tbh. of ಪಂಜರ (Šmd. 342; My.). — ಹಂಜರವಕ್ಕಿ. -ಪಕ್ಕಿ. Tbh. of ಪಂಜರಪಕ್ಷಿ (Šmd. 380).

ಹಂಜರಿಸು hañjarisu. Tbh. of ಪಸರಿಸು. (ಪಸರಿಸು Šm. 62; ಹಸರಿಸು Kk. 57).

ಹಂಜಱ hañjaṟa. = ಹಗಡ್. A bamboo-split (My.). — ಹಂಜಱಗೂಳಿ. -ಕೂಳಿ. A fishing-basket made of bamboo-splits (Rŝv. 5, after 114).

ಹಂಜಿ hañji. = ಪಂಜಿ. A ball or roll of cotton (ವರ್ತಿಕೆ Mr. 207; My.). 2, = ಪತ್ತಿ, q. v. (My.). ನೂತದ್ದೆಲ್ಲ ಹಂಜಿ, ಕಲಿತದ್ದೆಲ್ಲ ಗಂಜಿ (Prv.). — ಹಂಜಿಬತ್ತಿ. = ಹಂಜಿ. (My.).

ಹಂಜೇ hañjê. = ಅಂಜೇ. *A vocative particle used in addressing a female attendant or maid-servant* (in the drama).

ಹಟ haṭa. = ಅಟ 3. Tbh. of ಹಠ. Obstinacy; obstinate insisting upon (C.; Mhr.; B. 2, 49. 50). ನೀನು ಮೊಲೆ ಬೇಡಿ ಹಟ ಮಾಡಿದಾಗ (B. 1, 24). ಹಟ ಹಿಡಿಯುವವನಿಗೆ ಅನೇಕಪ್ರಕಾರದ ದುಃಖಗಳು ಉಣ್ಟಾಗುವವು (4, 190). ಹಟ ಮಾಡಿ, ಮಾಡಿ, ಮಠ ಮಾಱಿಸಿ ಕೊಣ್ಡ.—ಸಟವಿದ್ದವನಿಗೆ ಹಟವು ಯಾಕೆ? (Prvs.). — ಹಟತಟ. Obstinate insisting upon and contending for; importunity (S. Mhr.; Mhr. ಹಟತಟ). — ಹಟಮಾರಿ. An obstinate, stubborn person (My.; B. 2, 49; 4, 76). — ಹಟಮಾರಿತನ. Obstinacy, stubbornness (My.; B. 2, 50). — ಹಟವಾದಿ. An extremely stubborn person (My.; Mhr.). ಚಲವಾದಿಯು ಸಂಗಡ ಹಟವಾದಿ ಸೇರಿದ ಹಾಗೆ (Prv.).

ಹಟಗಾತಿ haṭa-gâti. An obstinate, stubborn female (My.).

ಹಟಗಾಱ haṭa-gâṟa. An obstinate, stubborn man (My.).

ಹಟಿಕೆ haṭikĕ. = ಹಟಿಗೆ, etc. See ಅಱವಟಿಕೆ.

ಹಟಿಗೆ haṭigĕ. = ಹಟಿಕೆ, ಹಟ್ಟಿಗೆ, etc. See ಅಱವಟಿಗೆ.

ಹಟ್ಟ haṭṭa. = ಅಟ್ಟ 3. *A market,* a movable market.

ಹಟ್ಟವಿಲಾಸಿನಿ haṭṭa-vilâsini. = ಅಟ್ಟವಿಲಾಸಿನಿ. Dallying in market-places: a wanton woman, a prostitute. 2, *a sort of perfume.*

ಹಟ್ಟಿ haṭṭi. = ಅಟ್ಟಿ 1, ಪಟ್ಟಿ q. v., ಪಟ್ಟಿ 3. (Bp. 60, 26. 29. 45; C.). ಜೀವಧನಂಗಳ ಹಟ್ಟಿ (ಗೋಸ್ಥಾನಕ Nr.). ಹಟ್ಟಿಯಂಗಳ (ಅಂಗಣ, ಚತ್ವರ, ಅಜಿರ Si. 110). See ತುಱು-. ಹಟ್ಟಿಗೆ ಗತಿಯಿಲ್ಲದವ ಮಠ ಕಟ್ಟ್ಯಾನೇ?—ಹಟ್ಟೀಲಿ ಹುಟ್ಟಿದ್ದಲ್ಲ, ಕ್ರಯಕ್ಕೆ ಕೊಣ್ಡದ್ದಲ್ಲ.—ಪರಮಗತಿಯೆಮ್ಬದು ನೆರಮನೇ ಹಟ್ಟಿಯೋ?—ಬಿಟ್ಟಿಯಾಳು ಆದರೆ ಹಟ್ಟಿ ಕಟ್ಟ ಬಾರದೇ?—ಮುಟ್ಟು ತಿಳಿದ ನಾಯಿ ಹಟ್ಟೀಲಿ ಇದ್ದೀತೇ? (Prvs.).

ಹಟ್ಟಿ haṭṭi. A petty market or fair (Sk.).

ಹಟ್ಟಿಕಾಱ haṭṭi-kâṟa. A herdsman (ಗೋಪಾಲ, etc. Nr.). ಹಟ್ಟಿಕಾಱರಿಪ ಹಳ್ಳಿ (ಘೋಷ Mr. 187).

ಹಟ್ಟಿಕೆ haṭṭikĕ. Tbh. of ಪಟ್ಟಿಕೆ (Šmd. 342).

ಹಟ್ಟಿಗೆ haṭṭigĕ. = ಪಟ್ಟಿಗೆ 2, ಹಟಿಕೆ, ಹಟಿಗೆ, (ಹಟ್ಟಿ), ಹಣ್ಟಿಗೆ, ಹೊಟ್ಟಿಗೆ. An abode. See ಅಱವಟ್ಟಿಗೆ.

ಹಟ್ಟು haṭṭu. P. p. of ಹಡು.

ಹಟ್ಟೆ haṭṭĕ. = ಪಟ್ಟೆ 2, etc. Silk, woven silk.

ಹಟ್ಟೆಗಾಱ haṭṭĕ-gâṟa. = ಪಟೆಗಾಱ. A silk-weaver. ಹಟ್ಟೆಗಾಱರ ಅಟ್ಟೆ (ತ್ರಸರ, ಸೂತ್ರಪ್ರವೇಷ್ಟನ Nr.).

ಹಠ haṭha. = ಹಟ. *Violence, force* (ಬಲುಹು Hlâ.). 2, obstinate insisting upon.

ಹಠಯೋಗ haṭha-yôga. A particular mode of abstract contemplation, forcing the mind to abstain from external objects (as by standing on one leg, holding up the arms, etc.). (My.).

ಹಠಾತ್ haṭhât. By force, forcibly, with precipitation, suddenly (My.). — ಹಠಾತ್ಕಾರ. Suddenness, etc. (My.).

ಹಡಕ haḍaka. = ಹಡುಕ. One who has or has had sexual intercourse. See ಕುಣ್ಡ-.

ಹಡಗ haḍaga. = ಹಡಗು, etc. (C.; B. 4, 228; 5, 128. 201). ಹಡಗದ ನಾಳ (ಅರಿತ್ರ, ಕಚ್ಛ G.). ಹಡಗದ ಮೇಲೆ ತೆಗದ ಉಪವಾಸ ಏಕಾದಶಿಗೆ ಸನ್ದಾಯ.—ಹಡಗ ಮುಱಿದು ಹೋಯಿತು, ಮಡದಿ ಬಿಟ್ಟು ಹೋದಳು.—ಹಡಗ ಹಡಪಲ್ಲ, ಮಡದಿ ರಾಣಿಯಲ್ಲ (Prvs.).

ಹಡಗು haḍagu. = ಪಡಗು, etc. A ship, etc. (ಯಾನಪಾತ್ರ, ಪೋತ Nr.; ಪೋತ, ವೈತ್ರ, ಪ್ರವಹಣ Mr. 407; ಶಾರದ, ವೈತ್ರ Nn. 28; ತಮ್ಪು, ಸುವೈತ್ರ 119; ಕೂಟ, ವೈತ್ರ 152; ನೌ, ತರಣಿ, ತರಿ Si. 88; ನಾವೆ, ಯಾನಪಾತ್ರ G.; C.; B. 3, 116). ಹಡಗಿನ ಮುಖ (ಕೋಟಿಪಾತ್ರ Mr. 408); ಹಡಗಿನ ಹಿನ್ದು (ಪುಕ್ಕಣ 408); ಹಡಗಿನ ಅಡಿಪ ಅಟ್ಟಣಂ (ತರ್ಪಣ 408); ಹಡಗಿನ ಇದ್ದೆಸೆ (ಮಂಗ, ಪುಲಿಂಗ 408). ಹಡಗು ನಡಿಸುವವನು (ಕರ್ಣಧಾರ, ನಾವಿಕ Si. 84); ಹಡಗು ನಡಿಸುವ ಗಡೆ (ನೌಕಾದಣ್ಡ, ಕ್ಷೇಪಣಿ 84). ಹಡಗುಗಳ ಭೇದ (ಪಾಱು Čt. I, 77).

ಹಡಗು haḍagu. See ಪಡಗು.

ಹಡಣ haḍaṇa. (Šmd. 109).

ಹಡತ haḍata. The act of bearing or bringing forth (My.).

ಹಡದಿ haḍadi. = ಅಡದಿ, etc. (S. Mhr.; Tĕ. ಪಡಿದೆ).

ಹಡದು haḍadu. = ಹಡೆದು. P. p. of ಹಡೆ.

ಹಡದೆ haḍadĕ. An annual allowance of grain or money to carpenters, washermen, barbers, etc., looked upon as their pay (My.).

ಹಡಪ haḍapa. = ಅಡಪ. A small bag, etc. (ಬಿತ್ತರದ ತಾಮ್ಬೂಲಸಂಗ್ರಹಂ Mr. 265; Bp. 1, 46; 12, 10). ಹಡಗ ಹಡಪಲ್ಲ, ಮಡದಿ ರಾಣಿಯಲ್ಲ (Prv.).

ಹಡಪಗಾಱ haḍapa-gâṟa. A barber (ನಾವಲಿಗ G.).

ಹಡಪವಳ haḍapa-vaḷa. = ಅಡಪವಳ. (Rŝv. 14, after 41).

ಹಡಪಾಳಿ hadapa-âḷi. A servant who prepares and furnishes the betel with its ingredients; a barber (ತಮ್ಮುಲಿ Ct. I, 25; ಅಡಪವಳ II, 117).

ಹಡಪಿಗ hadapiga. = ಅಡಪಿಗ. A man who carries his master's betel-nut pouch; a barber. (Bp. 47, 35; 59, 26).

ಹಡಬೆ hadabĕ. = ಅಡೆಬೆ. — ಹಡಬೆ ಬೀಳು. To go stray and be vicious, as cattle (My.).

ಹಡಲ haḍala. = ಪಡಲ, etc. Tbh. of ಪಟೋಲ. (ಕೋಶಾತಕಿ, ಪಟೋಲಿ Hlâ.; My.).

ಹಡಲಗೆ haḍalagĕ. = ಅಡ್ಲಿಗೆ q. v., ಹಡಲಿಗೆ, ಹಡ್ಲಿಗೆ, etc. Tbh. of ಪಟಲಕ (Śmd. 338). A flat round basket, etc. (My.).

ಹಡಲಿಗೆ haḍaligĕ. = ಹಡಲಗೆ, etc. (My.).

ಹಡಹು haḍahu. See ಪಡಗು.

ಹಡಿ haḍi. 1. = ಹಡೆ, etc. To get, etc. ಹಡಿಯಲ್ ಪಟ್ಟುದು (ಲಬ್ಧ, ಪ್ರಾಪ್ತ, ವಿನ್ನ, ಭಾವಿತ, ಅಸಾದಿತ, ಭೂತ Nr.). ದಳವೂ ದಪ್ಪವೂ ಅಗಲವೂ ಇರ ಬೇಕು, ಕಾಸು ಮೂರು ಕ್ರಯ ಹಡಿಯ ಬೇಕು (Prv.).

ಹಡಿ haḍi. 2. = ಪಡಿ 3. A door. ಹಡಿಗೆ ಅಡ್ಡಲಿಕ್ಕುವ ಅಗುಳು (ಅರ್ಗಲ Nr.).

ಹಡಿಕಿ haḍiki. 1. A woman who has been embraced sexually (My.).

ಹಡಿಕಿ haḍiki. 2. A stinkard, a stinker (Bp. 51, 53).

ಹಡಿಕೆ haḍikĕ. (Śmd. 248). A disagreeable smell, stench (Abhâ. 2, 82). — ಹಡಿಕೆನಾತ. Stench. ಮಡಿಯೊಳಗೆ ಇಟ್ಟರೂ ಹಡಿಕೆನಾತ ಹೋಗಲಿಲ್ಲ (Prv.). — ಹಡಿಕೆ ನಾರು. To stink (Bp. 32, 54).

ಹಡು haḍu. = ಪಡು 3. To embrace sexually. P. p. ಹಟ್ಟು (My.).

ಹಡುಕ haḍuka. = ಹಡಕೆ. (My.).

ಹಡುಕು haḍuku. (= ಹಡಿಕೆ). An ill smell (cf. ಹಸುಕು). — ಹಡುಕುನಾತ. Stench, as of drains, closets, bad sores, urine, the mouth, etc. (My.).

ಹಡೆ haḍĕ. = ಪಡೆ 1, q. v. To get; to incur, etc.; to acquire, to gain, to obtain; to obtain as price, to fetch;—to bear, to give birth to (C.); to generate, to procreate (Bh. 1, 8, 57). P. ps. ಹಡೆದು, ಹಡದು (Bp. 38, 73; 40, 27). ವರ್ಣಂಗಳ್ ಅಕಾರಾದ್ಯಾಪೂರ್ಣತೆಯನ್ ಆ ಳಕಾರವ್ಯರೆಗಂ ಹಡೆವುವು (Śmd. 11 Cm.). ಆವನಾನೊಬ್ಬನು ಹಡೆಯಲು ಪಟ್ಟ ವಿದ್ಯವನುಳ್ಳವನಾಗಿ, ಗುರುವಿನತ್ತಣಿನ್ದ, ಗೃಹಸ್ತನಾಗೆನ್ದು, ಹಡೆಯಲು ಪಟ್ಟ ಅನುಜ್ಞೆಯನುಳ್ಳ ಆತನು ಸಮಾವೃತ್ತನೆನಿಸುಗುಂ (Nr.). ಪುಣ್ಯವ ಹಡೆಯ ಬೇಕೆನ್ದು, ಮಾಡುವ ಉಪವಾಸಾದಿಕಂಗಳು (ನಿಯಮ, ವ್ರತ Nr.). ಹಡವಲ್ಲಿಯ ನಿವಾಸ (ಅರಿಷ್ಟ Mr. 198). ಆಕೆ ನಾಚ ಕೊಣ್ಡು, ಅಕ್ಕಗೆ ತಿಳುಹಿಸದೆ, ದಿನ ತುಮ್ಬಿದ ಬಳಿಕ ಯಾರಿಗೂ ತಿಳಿಯದ ಹಾಗೆ ಒನ್ದು ಕಡೆಗೆ ಹೋಗಿ, ಹಡೆದಳು (B. 5, 158). ಹಡದ ಸ್ತ್ರೀಯುಳ ಬಾಣತಿತನದ ಪಥ್ಯಕ್ಕೆ ಎನಿಕೆ ಹಣ ದೊರೆಯುವದು (5, 304). ಹಡದಷ್ಟೂ ಹಡದ್ದಕ್ಕೆ ಹೋಗಿ, ಕಡೆಗೆ ಬಡತನ ತಪ್ಪಲಿಲ್ಲ.—ಹಾವು ಹಡದಮ್ಮ ಬೇಲಿ ಹೊಕ್ಕಳು.—ಒಸು ಕಾಸು ಹಡೆಯುದು, ಜೋಗುಳ ಮುಗಿಲು ಮುಟ್ಟಿತು (Prvs.). See Bp. 26, 12. 19; 40, 45.

ಹಡೆಯುವಿಕೆ haḍĕyuvikĕ. = ಪಡೆಯುವಿಕೆ. Bearing, bringing forth, etc. (ಪ್ರಸೂತಿ, ಪ್ರಸವ, ಹೆರುವಿಕೆ Si. 390).

ಹಡ್ಲಿಗೆ haḍligĕ. = ಅಡ್ಲಿಗೆ, ಹಡಲಗೆ, etc. (My.).

ಹಡ್ಲು haḍlu. = ಅಚ್ಚಲ್ 2, etc. Mud (My.).

ಹಣ haṇa. (= ಹಣೆ 1?). — ಹಣಕಲ್ಲು. The coarse stones or particles that in winnowing appear on the mŏṟa (My.).

ಹಣ haṇa. = ಪಣ 2. Money (ಪಣ Nr.; C.); four aṇĕs and eight kâsus (My.); wealth. ಹಣದ ಬಡ್ಡಿ (ಅರ್ಥಪ್ರಯೋಗ Si. 299); ಹಣದ ಆಸ್ತಿ (ದ್ರವ್ಯ, ವಿತ್ತ, etc. 330). ಹಣಕ್ಕೊನ್ದೀಸವಿಷ್ಪಣಕ್ಕೊನ್ದು ಬೇಳೆಯು ತ್ರಿಣಯನ ಮಕುಟವಾದರಕ್ಕಸಾಲೆಯ ಟೊಣೆಯದೆ ಬಿಡನು (see Sp. s. ಟೊಣೆ). ಹೊನ್ನು ಹಣವುಣ್ಬೆನಗೆ, ಸಾಯಬಾರೆನು (Dp. 4). ಹಣದಿನ್ದ ಋಣ ಆಗುವದು, ಗುಣದಿನ್ದ ಮೋಕ್ಷ ಆಗುವದು.—ಹಣವುಳ್ಳವನ ಹೆಣ್ಡತಿಯಾದರೂ ಋಣವಿದ್ದಷ್ಟೇ ಸಿಕ್ಕೀತು.—ಹಣವಿದ್ದವನಿಗೆ ಗುಣವಿಲ್ಲ, ಗುಣವಿದ್ದವನಿಗೆ ಹಣವಿಲ್ಲ.—ಹಣವಿಲ್ಲದವನು ಹೆಣಕ್ಕಿನ್ತ ಕಡೆ.—ಹಣವೆನ್ದರೆ ಹೆಣ ಬಾಯ ಬಿಡುತ್ತದೆ.—ಹಣವಿದ್ದವಗೆ ತಿರುಪತಿ, ಋಣವಿದ್ದವಗೆ ಕಾವೇರಿ.—ಪಣ ಕಟ್ಟುವವನ ಹತ್ತರ ಹೆಣಗ ಬಹುದು, ಹಣ ಕೂಡಿಸುವವನ ಹತ್ತರ ನಿಲ್ಲಲಾಗದು.—ಪೆಟ್ಟಿಗೆ ತುಮ್ಬ ಹಣವಿದ್ದರೂ ಕಟ್ಟಿಗೆ ಹೊರ್ತು ಗತಿಯಿಲ್ಲ.—ಮಣಿವಿಲ್ಲದೆ ಕಣ್ಡಿಯಿಲ್ಲ, ಹಣವಿಲ್ಲದೆ ವರಹವಿಲ್ಲ.—ಬೊಕ್ಕಸದಲ್ಲಿ ಹಣ ಉಕ್ಕಿನ್ದರೆ ಅಕ್ಕ ಸಾಕ್ಯಾಳೇ?—ಕತ್ತೆ ಚಿತ್ರಗಾರನ ಮಿಣ್ಡ, ಹಣ ನೋಟಗಾರನ ಮಿಣ್ಡ, ಟಿಪಣಿ ಶಾಸಭೋಗನ ಮಿಣ್ಡ (Prvs.). ದೊಡ್ಡ ಮನಸುಳ್ಳವರೂ ಶ್ರೀಮನ್ತರೂ ಅವಳಿಗೆ ಬಹಳ ಹಣವನ್ನು ಇನಾಮು ಕೊಟ್ಟರು; ಅವಳ ದಯಗುಣಕ್ಕೂ ಶೂರತನಕ್ಕೂ ಮೆಚ್ಚಿ, ಕೆಲವರು ತಮ್ಮ ತಮ್ಮೊಳಗೆ ಪಟ್ಟಿ ಹಾಕಿ, ಆ ಹಣವನ್ನು ಆಕೆಗೆ ಮುಟ್ಟಿಸಿ ಕೊಟ್ಟರು (B. 5, 157). See Bp. 28, 5; 29, 15. — ಹಣವಡ್ಡ. -ಅಡ್ಡ. A haṇa and an aḍḍa, i. e. seven aṇĕs (My.). ಹಾದಿಜಗಳ ಹಣವಡ್ಡ (or ಹಣ ಹಾಗ), ಬೀದಿಜಗಳ ಮುಪ್ಪಾಗ.—ಪರೆಯಕ್ಕೆ ಹನ್ದಿ ಹಣವಡ್ಡ.—ಹಾದಿಜಗಳ ಹಣವಡ್ಡಕ್ಕೆ ಕೊಣ್ಡು ಕೊಣ್ಡರು (Prvs.).

ಹಣಕಿಸು haṇakisu. = ಅಣಕಿಸು, ಅಣಕಿಸು, ಹಣಿಕಿಸು. (My.).

ಹಣಕು haṇaku. = ಹಣಿಕು, etc. To look slyly, to pry. ಹಣೇಲಿಲ್ಲದ್ದು ಹಣಕಿದರೆ ಸಿಕ್ಕೀತೇ? (Prv.). — ಹಣಕಿ ನೋಡು. To peep, to look slyly. ಆ ಮುದುಕಿಯು ತೊಟ್ಟಿಲೊಳಗೆ ಹಣಕಿ ನೋಡಿ (B. 3, 51).

ಹಣಗಾತಿ haṇa-gâti. A wealthy woman (My.).

ಹಣಗಾರ haṇa-gâṟa. A wealthy man (My.). ಮಣಿಯಗಾರನ ಹಂಗು ಹಣಗಾರನಿಗೂ ಬೇಕು (Prv.). ಹಣಗಾರರಿರುವ ಸ್ಥಲ (ಹಮ್ಯ್ರ Si. 109).

ಹಣಜಿ haṇaji. = ಹಣಜೆ. See ಬಿಳೀ-.

ಹಣಜೆ haṇajĕ. N. of a plant (ಇಕ್ಕುಳಿಕೆ Mr. 110; T. ಅಣಿಚ್ಚಿ is = ನಾಗಮಲ್ಲಿಗೆ). — ಹಣಜೆಹುಲ್ಲು. A common grass, Setaria verticillata Beauv. (Z.).

ಹಣತೆ haṇatĕ. = ಪಣತೆ, etc. (My.).

ಹಣಬೆ haṇabĕ. = ಅಣಬೆ, etc. (My.).

ಹಣವನ್ತ haṇa-vanta. A rich man (My.; B. 3, 96).

ಹಣವು haṇavu. = ಹಣ. ಹಣವಿನ ಆಸೆ (Bp. 40, 56). ನಣ್ಟರು ಬಣ್ಟರು ಹಣವಿನ ಗಣ್ಟಿರುವ ತನಕ ಹೇಳಿದನ್ದದಿ ನಡೆವರು; ಗಣ್ಟಿಲ್ಲ ತೀರ್ದ ಮರುದಿವಸ ನಣ್ಟರೆ ಗಣ್ಟಲಿಗೆ ಗಾಣ (Subhâshita kandapadya).

ಹಣಾ haṇâ. (fr. ಹಣೆ 3). = ಹಾಣಾ. Beating. — ಹಣಾಹಣಿ. reit. Mutual beating (My.). — ಹಣಾಹಣಿಜಗಳ. A quarrel accompanied with mutual beating (My.).

ಹಣಿ haṇi. 1. = ಪಣೆ 2, ಹಣೆ 1. The upper part of the stem of a tree. ಹಣಿಯಿಲ್ಲದ ಮೆಳೆ ಬಳ್ಳಿ ಗಿಡುಗಳ್ (ಗುಲ್ಮ Nr.). — ಹಣಿಗೊಮ್ಬು. -ಕೊಮ್ಬು. The forked branch which issues from that part of the stem (ಸ್ಕನ್ಧಶಾಖೆ, ಶಾಲೆ Nr.).

ಹಣಿ haṇi. 2. = ಪಣಿ 1, etc. To twist, etc. (*only* in Si.). ಹಣಿಯಲ್ ಪಟ್ಟ ಜಡೆ (ವೇಣಿ, ಪ್ರವೇಣಿ Si. 216); ಕುರುಳು ಹಣಿದ ಜಡೆ (ಜಟಿ 415).

ಹಣಿ haṇi. 3. To beat (Grj. 2, after 106; Bh. 1, 6, 4; 8, 3, 8); to beat thin, to sharpen by beating, as a sickle (My.); to beat or cut off (Râm. 8, 7, 12). **2,** to be hurt (B. 4, 131; Mhr. ಹಣಣೇಂ, to strike, beat; to cut up; to kill).

ಹಣಿ haṇi. 4. = ಹಣೆ 3, etc. The forehead (ಗೋಧಿ G.; B. 3, 24).

ಹಣಿಕಿಸು haṇikisu. = ಹಣಿಕಿಸು, etc. (My.).

ಹಣಿಕು haṇiku. = ಇಣಿಕು, ಹಣುಕು, ಹಣಿಗು, ಹಣುಗು 1, ಹಣುಂಗು, ಹಕುಂಗು, ಹಿಣಿಕು. To look slyly, etc. ನೆನಪಿಲ್ಲದ ಕೆಲಸ ಹಣಿಕಿದರೆ ಆದೀತೇ? (Prv.). — ಹಣಿಕಿ ನೋಡು. = ಹಣಕಿ ನೋಡು, q. v. (My.; B. 5, 39).

ಹಣಿಗು haṇigu. = ಹಣಿಕು, etc. To look slyly, to lurk. ವ್ಯಾಘ್ರ ಹಣಿಗಿದರೆ ಹರಿಣಂಗೆ ಗೆಲವೇ? (Bh. 1, 8, 40).

ಹಣಿಗೆ haṇigĕ. = ಅಣಿಗೆ 1. A comb (ಕಂಕತ, ಕೇಶಮಾರ್ಜನ Hlâ.; ಪ್ರಸಾಧನಿ, ಕಂಕತಿಕೆ Nr.; ಕೇಶಮಾರ್ಜನಿ, ಕಂಕತ Mr. 208; My.). **2,** a comb, *i. e.* one of the clusters of fruits, round the fruit-stalk of a plantain (B. 2, 37). — ಹಣಿಗೆಯ. -ಅ 3. A man who makes combs for weavers (S. Mhr.).

ಹಣಿತೆ haṇitĕ. = ಪಣಿತೆ, etc. Tbh. of ಪ್ರಣೀತೆ. (Śmd. 345 Mdb.; My.; ಮಲ್ಲಿಕ Si. 497).

ಹಣಿದ haṇida. (fr. ಹಣಿ 3). Beating, thrashing; a blow, blows (Bh. 10, 4, 48; Râm. 6, 13, 35). — ಹಣಿದವಾಡು. -ಆಡು. To beat soundly, to thrash (Bh. 1, 8, 40; J. 18, 7; 25, 23).

ಹಣಿದ haṇida. (Tbh. of ಫಾಣಿತ). The inspissated juice of the sugar-cane; jaggory (ಫಾಣಿತ Hlâ.). ಕಾವಲಿಯಲಿ ಅಪವು (ಭಕ್ಷ್ಯಗಳು) ಅಯ್ದೆ ಹಣಿದವಕ್ಕುಂ (Mr. 213).

ಹಣಿಸು haṇisu. 1. To cause to sharpen by beating (My.).

ಹಣಿಸು haṇisu. 2. = ಹನಿಸು. ನೀರು ಹಣಿಸು (ಎಡ್ G.).

ಹಣು haṇu. = ಹಣ್ಣು 2. — ಹಣು ಹಪ್ಪಲು. = ಹಣ್ಣು ಹಪ್ಪಲ. (Bh. 8, 26, 8).

ಹಣುಗು haṇugu. 1. = ಹಣಿಗು, etc. To lurk, etc. (Bh. 2, 2, 105; 8, 13, 27).

ಹಣುಗು haṇugu. 2. Lurking. — ಹಣುಗುದಲೆ. -ತಲೆ. A head with a lurking expression (Râm. 6, 37, 15).

ಹಣುಂಗು haṇuṅgu. = ಹಣುಗು 1, etc. To lurk (Rśv. 5, 94).

ಹಣುಮಣಿಕ್ಯ haṇu-maṇikya. = ಹಲುಮಾಣಿಕ (s. ಹಲು 1). — ಹಣುಮಣಿಕ್ಯನ ಗಿಡ. A thorny shrub or tree, Flacourtia sepiaria Roxb. (Z.).

ಹಣೆ haṇĕ. 1. = ಪಣೆ 2, ಹಣಿ 1. The upper part of the stem of a tree. ಪ್ರಕಾಂಡ, ಸ್ಕಂಧ ಎಂದೆರಡೆ ಮರದ ಹಣೆ; ಮರದ ಹಣೆಯಿಂ ಕೆಳಗೆ ಪ್ರಕಾಂಡ ಎಂಬುದು (Hlâ.). See Nn. s. ಸ್ಕಂಧ.

ಹಣೆ haṇĕ. 2. = ಪಣೆ 3. A haunt or lair of wild beasts (ಮಿಗವಕ್ಕೆ Kp. 52; ಮಿಗಮಿರ್ಪ ತಾಣ Śm. 31; ಮಿಗ ದಾಣ 96; Rśv. 5, after 80).

ಹಣೆ haṇĕ. 3. = ಅಣೆ 2, ಪಣೆ 1, ಹಣಿ 4. The forehead (ಅಲಿಕ, ಲಲಾಟ, ಭಾಲ, ನೊಸಲು Mr. 318; ನೀಟಕ Hlâ.; ನೈಚಿಕ Mr. 179; ನೊಸಲ್ Śm. 96; ಲಲಾಟ, ಅಲಿಕ, ಗೋಧಿ Si. 214; Bp. 37, 14; 56, 6; J. 11, 41; B. 4, 83; C.). ಹಣೆಯ ಮೇಲೆ ಜೋಲಾಡುವ ಮುಂಗುರುಳು (ಭ್ರಮರಕ Si. 215); ಹಣೆಗೆ ಇಟ್ಟು ಕೊಳ್ಳುವ ತಿಲಕ (ತಮಾಲಪತ್ರ, etc. 226); ಆನೆಯ ಹಣೆ (ಅವಗ್ರಹ, ಲಲಾಟ 270); ಹಣೆಯ ಮೂಳೆ (ಶಂಖ 408). ಹಣೇಲಿಲ್ಲದ್ದು ಹಣಕಿದರೆ ಸಿಕ್ಕೀತೇ? — ಮಣೇಲಿ ಕುಣ್ದ್ರ ಲಿಕ್ಕೆ ಹಣೇಲಿಲ್ಲದವ ಸಿಂಹಾಸನ ಏರ್ಯಾನೇ? (Prvs.). — ಹಣೆಕಟ್ಟು. The form of the forehead (My.). — ಹಣೆಗೆ ಗಟ್ಟಿಸಿ ಕೊಳ್ಳು. To affix to one's forehead, *i. e.* to use (said contemptuously, My.). ಇನ್ನವನು ಈ ಸಾವುಕಾರನ ಬದುಕು ತಕ್ಕೊಂಡು, ಏನು ಹಣೆಗೆ ಗಟ್ಟಿಸಿ ಕೊಳ್ಳುವನೆಂಬುದನ್ನು ದಣಿಯರು ಆಲೋಚಿಸ ತಕ್ಕದಿತ್ತು (B. 4, 170). — ಹಣೆಗೆ ಬಡು ಕೊಳ್ಳು. = ಹಣೆಗೆ ಗಟ್ಟಿಸಿ ಕೊಳ್ಳು. (My.). — ಹಣೆಗೆ ಹೊಡ ಕೊಳ್ಳು. = ಹಣೆಗೆ ಬಡು ಕೊಳ್ಳು. (My.). — ಹಣೆಬರಹ. The writ on (a person's) forehead: destiny, fortune (C.). — ಹಣೆದಾರ. = ಹಣೆಬರಹ. (My.; ಪ್ರಾರಬ್ಧ Ch.). — ಹಣೆಬೊಟ್ಟು. An ornamental or sectarial round mark on the forehead (ಅಪಾಂಗ, ತಿಲಕ Si. 409). — ಹಣೆಪೊನ್ದು. -ಒನ್ದು (or ಪೊನ್ದು). To cause the forehead to join or touch another's feet (in greeting, Bp. 48, 30; 61, 60). — ಹಣೆಹಗ್ಗ. A rope tied to a bullock's forehead (by which it is guided, C.).

ಹಣ್ಟಿಗೆ haṇṭigĕ. = ಹಟ್ಟಿಗೆ, etc. See ಅಡವಣ್ಟಿಗೆ.

ಹಣ್ಡ haṇḍa. 1. = ಪಣ್ಡ. (Śmd. 342 Mdb.).

ಹಣ್ಡ haṇḍa. 2. (Tbh. of ಪಾಣ್ಡು?). — ಹಣ್ಡ ಬಣ್ಡ. reit. A certain colour of a pigeon (B. 3, 113).

ಹಣ್ಡಾ haṇḍâ. = ಅಣ್ಡೆ (see additions), ಹಣ್ಡೆ. A large metal pot or boiler, an open-mouthed metal vessel in general (My.; Mhr.), exceptionally made of glass (B. 4, 225 as ಹಣ್ಡೆ). Locative ಹಣ್ಡಾದಲ್ಲಿ (My.).

ಹಣ್ಡಿ haṇḍi. A small cooking pot (My.; Mhr. ಹಂಡೀ). — ಹಣ್ಡಿಬಾಕ. A man who eats his food from the haṇḍi in which it has been cooked: a voracious fellow (My.).

ಹಣ್ಡೆ haṇḍĕ. = ಹಣ್ಡಾ, etc. (My.; B. 4, 52). ಕಾಚಿನ ಹಣ್ಡೆ (G. 127); ಭಂಗಾರದ ಹಣ್ಡೆ (579). ಹಣ್ಡೆ ತುಪ್ಪ ನೀರು ಮಿನ್ದರೂ ಮುಣ್ಡೇ ಕೂದಲು ಬೆಳೆಯಲೇ ಇಲ್ಲ. — ಹಣ್ಡೆ ತುಪ್ಪದ ಮುಣ್ಡೆ ಉಣ್ಣದೆ ಬಿಡಳು. — ಹಣ್ಡೇ ನೀರು, ಮುಣ್ಡೇ ಅಡಿಗೆ. — ಹಣ್ಡೇ ಮಾಡಿ ದೇಡ, ಮುಣ್ಡೆಗೆ ಹಾಡಿ ಬೇಡ. — ಹಣ್ಡೆಯಲ್ಲಿ ಕರಿಯಲಿಲ್ಲ, ಹಿಣ್ಡಿನಲ್ಲಿ ಕೂಡಲಿಲ್ಲ (Prvs.).

ಹಣ್ಡೇ haṇḍê. (= ಹಂಜೇ). *A vocative particle used in addressing a female of inferior rank.*

ಹಣ್ಣಿ haṇṇi. = ಹಣ್ಣಿ. The sunflower, Heliotropium indicum Lin. (ಶ್ರೀಹಸ್ತಿನಿ, ಭೂರುಣ್ಡಿ Nr.).

ಹಣ್ಣು haṇṇu. 1. = ಪಣ್ಣು 1. To make ready, etc. (Bp. 60, 21; J. 7, 29; 18, 60). ಹಣ್ಣಿದ ಆನೆ (ಸಜ್ಜಿತ, ಕಲ್ಪಿತ Hlâ.). ಹಣ್ಣಿದುದು (ಆನೆ, ಸಜ್ಜಿತ, etc. Mr. 156); ಅತಿಯುದ್ಧಮಂ ಬಿಡದೆ ಹಣ್ಣಿರೆ (ದ್ಯೂತ 466). *Cf.* ಹನಿ 3.

ಹಣ್ಣು haṇṇu. 2. = ಪಣ್ 2, etc., ಹಣು. A ripe fruit, etc. (ಪ್ರಸೂನ, ಫಲ Si. 438; Bp. 18, 16; J. 6, 31; C.). ತತ್ಕಾಲದಲ್ಲಿ ಹಣ್ಣು ಬಿಟ್ಟಿರುವ ಮರ (ಫಲವತ್ Si. 120); ದ್ರಾಕ್ಷೇ ಹಣ್ಣಿನ ಹಣ್ಣ (ಮಾಧ್ವೀಕ 347); ಸಮ್ಪೂರ್ಣವಾಗಿ ಹಣ್ಣಿನ ಅವಸ್ಥೆಗೆ ಬನ್ದಿರುವದು (ನಿಶಿತ, ಕ್ಷುತ, ಶಾತ, ತೇಜಿತ 878). ಹಣ್ಣು ಹಾಡ್ ಹಾಲಲ್ಲಿ ಬಿದ್ದ ಹಾಗೆ. — ಹೋದರೆ ಒನ್ದು ಕಲ್ಲು, ಬನ್ದರೆ ಒನ್ದು ಹಣ್ಣು. — ಹಣ್ಣು

ತಿನ್ನುವ ಸುಣ್ಣಗೆ ಆದ, ಸಿಪ್ಪೆ ತಿನ್ನುವ ಸಿಕ್ಕಿ ಕೊಂಡ.—ಹಣ್ಣೆಸ್ತು, ಶಲಭ ದೀಪದ ಮೇಲೆ ಬಿದ್ದು ಸತ್ತ ಹಾಗೆ (Prvs.). ಹೆಣ್ಣನ್ನು ಹೊನ್ನನ್ನು ಹಣ್ಣಾದ ಮರಗಳನು ಕಣ್ಣಿಲಿ ಕಣ್ಡು, ಮನದಲ್ಲಿ ಬಯಸದಿಹ ಅಣ್ಣಂಗ ಳಾರು? (Sp.). ಹೊನ್ನು ಹಣ್ಣು ರಣವು ತೀರಿದಾ ಕ್ಷಣದಿ ಮಣ್ಣು ಪಾಲ್! (Sp.). — ಹಣ್ಣಿಗೆ ಹಾಕು. To put to ripen, to make ripe (G. 10). — ಹಣ್ಣುಗಾಯಿ. -ಕಾಯಿ. A ripe pod vegetable (My.). ಅವನನ್ನು ಹಣ್ಣುಗಾಯಿ ನೀರುಗಾಯಿ ಮಾಡಿದರು, they thrashed him soundly (My.). — ಹಣ್ಣುಬಾರು. -ಪಾರು. To become a ripe fruit or ripe (Si. 380). — ಹಣ್ಣುಮುದುಕ. A man broken and ripe with age, a very old man (My.). — ಹಣ್ಣುಮುದುಕಿ. Such a woman (My.). — ಹಣ್ಣುವರಿ. -ಹರಿ. To come up to maturity, to become ripe (B. 3, 37). — ಹಣ್ಣು ಹಪ್ಪಲ. = ಹಣ್ಣು ಹಪ್ಪಲು. (B. 3, 37). — ಹಣ್ಣು ಹಪ್ಪಲು. = ಹಣು ಹಪ್ಪಲು. reit. (Râm. 5, 8, 29; My.; B. 5, 296). — ಹಣ್ಣೆಲೆ. -ಎಲೆ. An old leaf, a full grown leaf. ಹಣ್ಣೆಲೆ ಉದುರುವಾಗ ಚಿಗುರೆಲೆ ನಗುವದು (Prv.).

ಹಣ್ಣುವ haṇṇuva. Making ready, equipping, etc. ಕಲ್ಪನೆ, ಸಜ್ಜನೆ ಎನ್ನೊಡೆ ಆನೆಯ ಹಲ್ಲಣಿಸುವುದು; ಹಣ್ಣುವವೆನ್ನೂ, ಎಮ್ಬರು (Nr.).

ಹಣ್ಣೆ haṇṇĕ. = ಅಣ್ಣೆ 4, ಹಣ್ಣಿ. The sunflower (ಸಿರಿಕನ್ನೆ, ಮಧುಮೂಲಿ Mr. 150; ಶ್ರೀಹಸ್ತಿನಿ, etc. Si. 138). 2, the kitchen herb Celosia albida (My.; T. ಪಣ್ಣೈ). ಹಣ್ಣೇ ಸೊಪ್ಪು ಬೇಯುವಷ್ಟರಲ್ಲಿ ಹದಿನೆಣ್ಟು ಮನಸು (Prv.).

ಹತ್ hat. An interjection of contemptuous or angry reproof (My.; Mhr.).

ಹತ hata. Struck, beaten; struck down, *killed, slain;* wounded, hurt; destroyed, ruined; impeded, checked; removed (Abh. P. 8, 60); *disappointed;* deprived of, bereft of, destitute of; miserable. 2, striking; killing; hurting.

ಹತಕ hataka. Miserable; *ill-bred, bad* (in general, ಕೆಟ್ಟವಂ Mr. 239).

ಹತಾಹತಿ hatâ-hati. Mutual striking (J. 27, 6. 10).

ಹತಿ hati. = ಅತಿ 2. Striking; killing; destroying; removing; a stroke, a blow. See *e. g.* ಉಪ-, ಪದ-, ಸಂ-; J. 3, 31; 12, 48.

ಹತೋಟಿ hatôṭi. = ಅತೋಟಿ. (Tbh. of ಹಸ್ತವರ್ತಿ?). Subjection, control (My.).

ಹತೋದ್ಧೂತ hata-uddhûta. Raised by striking or blows (J. 22, 1).

ಹತ್ತ hatta. = ಹಸ್ತ. The state of joining or fitting close; closely. 2, all, together. — ಹತ್ತ ಕಟ್ಟು. To tie tightly, as a necklace, etc. (My.). — ಹತ್ತಕ ಡಕು. An ear-ring which fits close to the ear (My.; Si. 218). — ಹತ್ತ ಕಾಸು. To heat thoroughly (My.). — ಹತ್ತ ಕೆಡು. To be completely ruined or spoiled (My.). — ಹತ್ತ ಬಡಿ. To beat all (fruits) off (from a tree); to strike off all (that is above the level of the top in measuring, My.). — ಹತ್ತ ಸೇದು. To draw up all things at once (My.). 2, to draw tightly (My.). — ಹತ್ತೊಟ್ಟೆ. -ಒಟ್ಟೆ. = ಹತ್ತಕಡಕು. (My.).

ಹತ್ತ hatta. Tbh. of ಹಸ್ತ (Šmd. 378). See ಗಳ-, ತೋರ-, ದು-, ದೂ-, ಪರ-, ಪದ-.

ಹತ್ತಡಿ hattaḍi. = ಅತ್ತರಿ, ಹತ್ತಣ್ಡಿ, ಹತ್ತರಿ, ಹತ್ರಿ. A carpenter's plane (My.).

ಹತ್ತಣ್ಡಿ hattaṇḍi. = ಹತ್ತಡಿ, etc. (S. Mhr.).

ಹತ್ತರ hattara. = ಅತ್ತರ, ಹತ್ತಿರ, ಹತ್ತಿರು, ಹತ್ತಿರೆ, ಹತ್ತಿಲೆ, ಹತ್ರ. The state of joining: nearness, proximity; near; close by; by (C.). ಅರಸಿರುವ ಪಟ್ಟಣದ ಹತ್ತರಲೇ ಇರುವ ಚಿಕ್ಕ ಊರು ಶಾಖಾನಗರ Si. 106); ಪರ್ವತಕ್ಕೆ ಹತ್ತರವಿರುವ ಕೆಳಗಣ ಭೂಮಿ (ಉಪತ್ಯಕೆ 116); ಒನ್ದಕ್ಕೊನ್ದು ಹತ್ತರ ವಾಗಿ ಪೋಣಿಸಲ್ ಪಟ್ಟಿರುವ ಮುತ್ತಿನ ದಣ್ಡೆಗಳು (ಹಾರ, ಮುಕ್ತಾವಲಿ 218); ಹತ್ತರವಲ್ಲದ್ದು (ದೂರ 372). ನಿನ್ನನ್ನು ಯಾರೂ ಹತ್ತರ ಬರ ಗೊಡುವದಿಲ್ಲ (B. 1, 6). ಹಾರುವನು ಅದರ ಹತ್ತರ ಬನ್ದು (2, 28). ನೋಡು, ನನ್ನ ಹತ್ತರ ಎನ್ಥಾ ಚೆಲೋ ಚೂರಿ ಅದೆ! (2, 28). ಆ ಕುರುಬನ ಹತ್ತರ ಹೋಗಿ (3, 124). ನನ್ನ ಹತ್ತರ ಏನೂ ಇಲ್ಲದ್ದರಿನ್ದ ಈಗ ಉಪವಾಸ ಸಾಯುತ್ತೇನೆ (3, 124). ತನ್ನ ಗುಡಸಲಿನ ಬಾಗಿಲ ಹತ್ತರ ಕೂತು ಕೊಣ್ಡು (4, 176). ಹತ್ತರಿದ್ದರೆ ಹೆಣ್ಡತಿ, ಬದಿಕಿದ್ದರೆ ಅಕ್ಕ, ಒಳತು ಕೆಟ್ಟರೆ ಗೆಳೆಯ.—ಮತ್ತನಾದವನ ಹತ್ತರ ಕತ್ತಿ ಇದ್ದರೇನು? (Prvs.). See Prvs. s. ಸಲ್ಲ. ಹತ್ತರದಲ್ಲಿ (ಸಾರಸ, ಸಮೀಪ, ಹತ್ತಿರೆ Nn. 56).

ಹತ್ತರಿ hattari. = ಹತ್ತಡಿ, etc. (My.).

ಹತ್ತಾಹತ್ತಿ hattâhatti. Tbh. of ಹಸ್ತಾಹಸ್ತಿ. Hand to hand fight (Bh. 4, 2, 62).

ಹತ್ತಿ hatti. 1. = ಅತ್ತಿ 2, ಪತ್ತಿ, etc. Cotton in the pod, or not cleared from the seed; cotton in general (ಪಿಚವ್ಯ, ಬಾದರ, ಕರ್ಪಾಸ Hlâ.; ಕಾರ್ಪಾಸ, ಪಿಚವ್ಯ, ಬಾದರ Mr. 128; ಪಿಚುಲ Nn. 107; ತೂಲ Čt. I, 79; C.; B. 4, 26). ಹತ್ತಿಯ ಗಿಡು (ತುಣ್ಡಿಕೇರಿ, ಸಮುದ್ರಾನ್ತೆ, ಕಾರ್ಪಾಸಿ, ಬದರೆ Nr.). ಹತ್ತಿಯಿನ್ದ ಆದ ಸೀರೆ (ಕಾರ್ಪಾಸ, ಬಾದರ Hlâ.). ಒಕ್ಕಲಿಗನು ಹೊಲದೊಳಗೆ ಹತ್ತೀ ಬಿತ್ತಿದನು; ಪಯ್ರು ಬೆಳೆದು, ಹತ್ತಿ ಒಡೆದ ಬಳಿಕ ಕೂಲಿಯ ಹೆಂಗಸರು ಹತ್ತೀ ಬಿಡಿಸಿದರು (B. 4, 178). ಹತ್ತಿ ನೂಲ ಬೇಕು, ಮುತ್ತಯ್ದೆ ಆಡ ಬೇಕು.—ಹತ್ತಿ ತೂಗುವಲ್ಲಿ ನೊಣಕ್ಕೆ ಉಪವಾಸ.—ಹತ್ತಿಗೂ ಮುತ್ತಿಗೂ ಹಾಕಿದ ಹಣ ಯಾತಕ್ಕೂ ಬಾರದು.—ಆದರೆ ಹೋದರೆ ಹತ್ತಿ ಬೆಳದರೆ, ಅಜ್ಜೀ, ನಿನಗೊನ್ದು ಪಟ್ಟೇ ಸೀರೆ.—ಹೊಲದ ಹತ್ತಿ ಹೊಲದಲ್ಲೇ! ನಿನಗೆ ಮೊಳ ಉದ್ದ, ನನಗೆ ಮಾರುದ್ದ! ಅನ್ದ ಹಾಗೆ (Prvs.). — ಹತ್ತಿಕಾಯಿ. An unripe cotton pod (My.). — ಹತ್ತಿಕಾಳು. Cotton seed (C.; B. 2, 19; 3, 17). — ಹತ್ತಿಗಿಡ. The Indian cotton plant, Gossypium herbaceum Lin. (ಕರ್ಪಾಸಿ G.; ತುಣ್ಡಿಕೇರಿ, etc. Si. 150; My.). — ಹತ್ತಿಗೇಡು. -ಕೇಡು. Ruin or waste of cotton. ಬತ್ತಿ ಹೆತ್ತುಪ್ಪವನು ಹತ್ತಿಸಿದ ಫಲವೇನು? ನಿತ್ಯ ನೆಲೆಗೊಳದೆ ಭಜಿಸುತಿರಲ್ ಆ ಪೂಜೆ ಹತ್ತಿಗೇಡೆನ್ದ (Sp.). — ಹತ್ತಿ ಬಿಡಿಸು. To pull off or pluck cotton (B. 4, 178); to dress cotton (My.). — ಹತ್ತಿಬೀಜ. = ಹತ್ತಿಕಾಳು. (My.). — ಹತ್ತಿಬೆಳೆ. A cotton crop (C.; B. 4, 26).

ಹತ್ತಿ hatti. 2. Nearness, proximity. ಹತ್ತಿಗೆ ಅಯ್ತನ್ದು (Bp. 46, 8). *Cf.* ಹತ್ತೆ.

ಹತ್ತಿಗ hattiga. A man who is near, a companion (Bh. 7, 5, 2).

ಹತ್ತಿರ hattira. = ಹತ್ತರ, etc. (ಆರಾತ್, ಸಮೀಪ Si. 467; ಅಭಿತಸ್, ಸಮೀಪ 470; Bp. 32, 28; J. 25, 58; 26, 21). ಸಮೀಪ ನಿಕಟ ಆಸನ್ನ ಸನ್ನಿಕೃಷ್ಟ, etc. ಎಮ್ಬಿವು ಹತ್ತಿರದ ಹೆಸರುಗಳು (371). ದೂರದಲ್ಲಿ ಇರ್ದುದಂ ಹತ್ತಿರಕ್ಕೆ ತರುಹ (ಪ್ರತ್ಯಾಹಾರ, ಉಪಾದಾನ); ಕಾನ್ತನ ಹತ್ತಿರ ಬಹ ಸಮಯದೊಳು ಸಮ್ಭ್ರಮದಿಂ ಮಾಡುವ ತೊಡಿಗೆಯ ಪಲ್ಲಟ (ವಿಭ್ರಮ Nr.).

ಹತ್ತಿರು hattiru. = ಹತ್ತರ, etc. ಹತ್ತಿರಿನ್ದ ಹೋಹದೆ ಇರುಹಂ (ಪರಿಸರ್ಯೆ, ಪರೀಸಾರ Nr.). ಹತ್ತಿರಿಗೆ (Bp. 18, 61; 26, 25; 32, 58; 44, 10).

ಹತ್ತಿರೆ hattirĕ. = ಹತ್ತರ, etc. (ಸಮುಯಾ, ನಿಕಷಾ, ಹಿರುಕ್ Nr.; ಸಾರಸ, ಸಮೀಪ, ಹತ್ತದಲ್ಲಿ Nn. 56; ಪಕ್ಷ, ಸಮೀಪ 112; Bp. 39, 39).

ಹತ್ತಿಲೆ hattilĕ. = ಹತ್ತರ, etc. ಸತ್ಯವೆಮ್ಬುದು ತಾನು ಹಿತ್ತಲದ ಗಿಡ, ನೋಡ! ಮುತ್ತಲ್ಲಿ ನೋಡಿಯದಿಪಿಸದೆ, ತಾನಿರ್ದ ಹತ್ತಿಲೇ ನೋಡ! (Sp.).

ಹತ್ತಿಸು hattisu. 1. = ಪತ್ತಿಸು, (ಹಚ್ಚು 1). To join (v. t.), to apply (Bp. 18, 60); to fix on (J. 4, 31); to cause to climb or ascend, to cause to mount or get upon (C.). ಇವನು ನನ್ನನ್ನು ತನ್ನ ಹೆಗಲ ಮೇಲೆ ಹತ್ತಿಸಿ ಕೊಣ್ಡನು (B. 3, 127).

ಹತ್ತಿಸು hattisu. 2. = ಹಚ್ಚಿಸು 1, etc. To kindle, to light, as fire, a light (My.). See Sp. s. ಹತ್ತಿಗೇಡು.

ಹತ್ತು hattu. 1. = ಪತ್ತು 1, q. v. To stick to, to adhere; to join (v. i.), to touch (5, 292); to join (one), to follow (J. 22, 36); to apply one's self to (B. 5, 189. 293); to touch, to reach, as a shore (4, 228); to get to: to be got, as a wound (5, 161); to hit, as a ball, etc. (5, 161). 2, to be reached, arrived at or found, as a road, etc. (B. 3, 126; 4, 33. 114). 3, to be required; to take; to suffice (B. 3, 121; 4, 48. 86. 152; 5, 102-124. 141. 171. 226. 306). 4, to be of effect on: to hurt, as strokes, etc. (B. 5, 250). 5, to begin (C.; B. 1, 6. 11. 21; 2, 13. 14; 3, 75. 124; 5, 271). 6, to take root, to fix the root, to begin to grow (C.; B. 2, 22). 7, to rise (Bp. 56, 38); to ascend, to climb, to mount, to scale (C.; B. 3, 15. 21). ನಿಜಗುಣಿಯು ತನಗೆ ಹತ್ತುವಷ್ಟು ರೊಟ್ಟೀ ಬುತ್ತಿ ಕಟ್ಟಿಸಿ ಕೊಣ್ಡಿದ್ದನು (B. 3, 121). ಆದದಿ ಬೆಳುವಣಿಗೆ ಪೂರ್ಣವಾಗಲಿಕ್ಕೆ ಅಯ್ದು ವರ್ಷ ಹತ್ತುವದು (4, 48). ಎಷ್ಟಾ ದೊಡ್ಡ ಮದಿ ಬರ ಹತ್ತಿತು! (1, 21). ಕಾಳಗದೊಳಗೆ ಕಡತ ಹತ್ತಿ (3, 124). ಬೊಂಗೆಗಳನ್ನು ಹಚ್ಚಿದರೆ ಹತ್ತುವವು (2, 22). ಕಾಳಗದ ಬಣ್ಡಿಯಂ ಹತ್ತಿ ಕೊಡಹಂ (ರಥಿಕ, ಸ್ಯನ್ದನಾರೋಹ Mr. 247). ಕುದುರೆಯನ್ನು ಹತ್ತುವ ಸವಾರ (ಅಶ್ವಾರೋಹ, etc. Si. 278). ತೆಂಗಿನ ಮರ ಯಾಕೆ ಹತ್ತುತ್ತಿ? ಅನ್ದರೆ ಚೆಕ್ಕಿಗೆ ಹುಲ್ಲು ಕೊಯ್ಯೋದಕ್ಕೆ ಅನ್ದ.— ನಡುಮರಾ ಹತ್ತಿ, ಬುಡಾ ಕಡಿದ.— ಬುಡ ಹತ್ತಲದ್‍ಯದವ ನಡು ಹತ್ತ್ಯಾನೇ?— ಮಠದ ಮಾಳಿಗೆಯೇಱದವ ಗಟ್ಟಾ ಹತ್ತ್ಯಾನೇ? (Prvs.). See Sp. s. ಹತ್ತವಿಡಿ. — ಹತ್ತಗೊಡು. -ಕೊಡು. To let mount (B. 3, 125; 5, 289). — ಹತ್ತಿದರೆ ಮುರುಟುಹ. A species of plant (ಶೀಕ್ರಿ, Mr. 145). — ಹತ್ತೊತ್ತು. -ಒತ್ತು. To press so as to join well, to press firmly (B. 3, 106; 4, 208); to suppress, as laughter (5, 143).

ಹತ್ತು hattu. 2. = ಪತ್ತು 2. Joining, etc.; climbing, scaling, etc. — ಹತ್ತುಗೋಟೆ. -ಕೋಟೆ. A fort for scaling (Ṡmd. 386). — ಹತ್ತಸರು. -ಎಸರು. The water in a cooking pot when so far evaporated that it is nearly exhausted and sticky, as a sign that the rice, etc. is completely done. ಹತ್ತಸರಿಗೆ ಬರು, to be nearly done, as rice (S. Mhr.); to be at the point to die (S. Mhr.).

ಹತ್ತು hattu. 3. = ಪತ್ತು 3, etc. Ten (ದಶ Mr. 347; Bp. 9, 21; 51, 68; J. 12, 34; 20, 50; 21, 19; 29, 22; C.). ಹತ್ತಬಲಿ (Bp. 35, 32; C.), ಹತ್ತಬಿ, ಹತ್ತಕ್ಕೆ (C.). ಹತ್ತು ಬೆರಳ್ (Bp. 53, 56). ಹತ್ತು ಬೆರಳಾರತಿ (48, 17). ಹತ್ತು ಕಡೆ (B. 4, 51). ಹತ್ತು ಮುಡಿ (5, 33). ಹತ್ತರ ಕೂಡ ಹನ್ನೊಂದು, ಪರಸೇ ಕೂಡ ಗೋವಿನ್ದ.— ಹತ್ತರ ಸಾವು ಮದುವೇ ಸಮಾನ.— ಹತ್ತಬಿ ಹಲ್ಲ ಕಡ್ಡಿ ಒಬ್ಬನ ತಲೀ ಹೊಱೆ.— ಹತ್ತು ಬುಟ್ಟು (i. e. men) ಒಟ್ಟಿಗೆ ಇರ ಬಹುದು, ಎರಡು ತುದುಬು (i. e. women) ಒಟ್ಟಿಗೆ ಇರ ಕೂಡದು.— ಹತ್ತು ದುಡಿಯುವದು ನನ್ನಿನ್ದ, ಮತ್ತೆ ಕೂಡುವವನು ನಿನ್ನಿನ್ದ.— ಹತ್ತು ಮನ್ದಿಯ ಮಾತು ಮೀಱಿ ಬೇಡ, ರಾಯರಿಗೆ ದೇವರಿಗೆ ಸುಳ್ಳಾಡ ಬೇಡ.— ಹತ್ತು ಮನ್ದಿಯ ಮಕ್ಕಳ ತಾಯಿಗೆ ಸತ್ತ ಮಗುವಿನ ನೆನಪು ಹೋಗದು.— ಹತ್ತು ಮನ್ದಿಯ ತಾಯಿ ಬೀದೀಲಿ ಬಿದ್ದು ಸತ್ತಳನ್ತೆ.— ಹತ್ತು ಮನ್ದಿಯ ತಾಯಿ, ಹೊಱಯಲ್ಲಿ ಬಿದ್ದು ಸಾಯಿ!— ಹತ್ತು ಹಡೆಯುವದಕ್ಕಿನ್ತ ಒನ್ದು ಮುತ್ತು ಹಡೆಯ ಬೇಕು.— ಹತ್ತು ಜನ ಎಮ್ಬುವದು ಮುತ್ತಿನ ಸಮಾನ.— ಹತ್ತು ಹಣ ಹೋದರೂ ವ್ಯವಂಗತಬ್ದು ನಿವರ್ತಿ ಆಯಿತು (Prvs.). See Prv. s. ಮಗುವು. — ಹತ್ತಕ್ಕೊನ್ದು ಬಿಡಗಡೆ. -ಒನ್ದು-. Release to one out of ten (My.). — ಹತ್ತತ್ತು. -ಅತ್ತು (i. e. ಹತ್ತು). Ten and ten (in a distributive sense (B. 4, 209). — ಹತ್ತನೆಯ. -ಅನೆಯ. Tenth. ಬಾಬುಣ್ಚೆನ್ದು, ಹತ್ತನೆಯ ತಲೆಯುಮಂ ನೇರ್ದಾರ್ಗಳ್ (Ṡmd. 288). ಹತ್ತನೇ ಅವಸ್ಥೆ ಸಮೀಪವಾಗಿ ಉಳ್ಳವನು (ದಶಮಿ, etc. Si. 196). — ಹತ್ತು ಅವತಾರ. The ten incarnations of Vishṇu (C.). Mr. enumerates them as follows: ಮತ್ಸ್ಯ, ಕೂರ್ಮ, ವರಾಹ, ನೃಹರಿ, ವಾಮನ, ಪರಶುರಾಮ, ಹಲಿರಾಮ, ರಾಮಚನ್ದ್ರ, ಬೌದ್ಧ, ಕೃಷ್ಣ (Mr. 19). — ಹತ್ತು ಹತ್ತು. Ten and ten (in distributive sense, J. 20, 50; 21, 19). 2, ten times ten. ಹತ್ತು ಹತ್ತುಗಳು ನೂಱು, ನೂಱು ಹತ್ತುಗಳು ಸಾವಿರ, ಸಾವಿರ ಹತ್ತುಗಳು ಅಯುತ, ಹತ್ತು ಅಯುತಗಳು ಲಕ್ಷ (Si. 327). — ಹತ್ತು ಹದಿನಯ್ದು. Ten or fifteen (B. 2, 37); etc. — ಹತ್ತು ಹದಿನಾಲ್ಕು. Ten or fourteen (B. 3, 40); etc. — ಹತ್ತು ಹನ್ನೆರಡು. Ten or twelve (B. 2, 37; 3, 11. 13. 118); etc. — ಹತ್ತೆಣ್ಟು. -ಎಣ್ಟು. (Ṡmd. 63). Ten or eight (B. 1, 19; 5, 125); etc. — ಹತ್ತೊಮ್ಬತ್ತು. -ಒಮ್ಬತ್ತು. Nineteen (C.). — ಹತ್ತೊಮ್ಬತ್ತು ಇಪ್ಪತ್ತು. Nineteen or twenty (B. 3, 100); etc.

ಹತ್ತು hattu. 4. = ಪೊತ್ತು 1, etc. To be kindled, etc. (My.). See Prv. s. ಬೇಗೆ.

ಹತ್ತು hattu. 5. = ಪೊತ್ತು 3, etc. To be burnt, as rice, etc., at the bottom of the cooking vessel, etc. (My.).

ಹತ್ತುಗೆ hattugĕ. = ಪತ್ತುಗೆ. Connection, tie (Ŏpr. 3, 32).

ಹತ್ತೆ hattĕ. Nearness, proximity; near. ಹತ್ತಗೆ ಅಯ್ತನ್ದು (Bp. 18, 51). *Cf.* ಹತ್ತಿ. — ಹತ್ತೆ ಬರ್. To come near (Bp. 61, 74). — ಹತ್ತೆವಿಡಿ. -ಹಿಡಿ. To keep near. ಚಿತ್ತವೃತ್ತಿಯನಱಿದು, ಹತ್ತೆವಿಡಿದೋಲಯ್ಸು! ಚಿತ್ತವ ಪಡೆದು ಮದವೇಱಿ ಮೊಲ ನಾಯಿ ಹತ್ತಿದನ್ತಕ್ಕು (Sp.). — ಹತ್ತೆ ಸಾರ್. To come near (Grj. 3, 78; Bp. 2, 21; 60, 50; J. 30, 23).

ಹತ್ತೇಹ hattĕha. Proximity: dearness, friendship (Bh. 1, 6, 46, c. r. ಹತ್ತೆಯ).

ಹತ್ಯ hatya. Killing, slaying. See ಗೋ-, ಪ್ರಾಣ-, ಭ್ರೂಣ-.

ಹತ್ಯಾದೋಷ hatyâ-dôsha. Sin or culpability of killing (J. 2, 24).

ಹತ್ಯಾರ್ hatyâr. An instrument, a weapon (ಆಯುಧ, etc. Si. 286; My.; Mhr., H. ಹತೇರ, ಹತ್ಯಾರ).

ಹತ್ಯಾರ hatyâra. = ಹತ್ಯಾರ್. (ಹೇತಿ Ŏb.; B. 5, 100. 101).

ಹತ್ಯೆ hatyĕ. ಹತ್ಯಾ. Killing, slaying, slaughter, murder. See ಬ್ರಹ್ಮ-.

ಹತ್ರ hatra. = ಹತ್ತರ, etc. (My.). ಸೊಸೆಗೆ ಬುದ್ಧಿ ಹೇಳಿ, ಅತ್ತೆ ಅಗಸನ ಹತ್ರ ಹೋದನ್ತೆ (Prv.).

ಹತ್ರಿ hatri. = ಹತ್ತರಿ, etc. (My.).

ಹತ್ವ hatva. The letter ಹ (Šmd. 341. 354. 369).

ಹದ hada. 1. = ಪದ, (ಹಸ). Proper or good state or condition; properness, propriety, proportionateness; proper way, way; the tempered state, or the tempering, or seasoning, of any food, etc.; (tanned state); the right degree of ripeness; sharpness (C.). ಹದ ಮಾಡಿದವನ್ನು (ಕ್ಷತ G.). ಈ ದೇಶದಲ್ಲಿ ಸಾಧಾರಣವಾಗಿ ಸಕ್ಕರೆ ಮಾಡುವ ಹದವು ಹ್ಯಾಗನ್ದರೆ (B. 3, 45). ನೀಲಿಯ ಮಾಡುವ ಹದವು ಬಹು ಸೋಜಿಗವಾದದ್ದು (4, 54). ಚಿನ್ನವನ್ನು ಶೋಧಿಸುವ ಹದ ಹ್ಯಾಗನ್ದರೆ (4, 105). ಕುಱಿ ಸತ್ತು ಮೂಱು ತಿಂಗಳಾಯಿತು, ತೊಗಲ ಹದಾ ನೋಡೆ!—ದೊಣ್ಣಪ್ಪನ ಕತ್ತಿ ಬೆಣ್ಣೆ ಕೊಯ್ಯುವಷ್ಟು ಹದವು (Prvs.). See ಎಳೆ-. ಹಾಲು ತುಪ್ಪ ಅನ್ನ ಮುನ್ತಾದವುಗಳನ್ನು ಬೆಂಕೀ ಕೆಣ್ಡದ ಮೇಲಿಟ್ಟು ಹದವಾಗಿ ಕುದಿಸುವದು (ಶೃತ Si. 380). — ಹದಕ್ಕೆ ಬರು. To arrive at or reach a proper state, etc. ತತ್ಕಾಲದಲ್ಲಿ ವಿಕಸಿತವಾಗ ತಕ್ಕಷ್ಟು ಹದಕ್ಕೆ ಬನ್ದ ಹುವ್ವಿನ ಮುಗ್ಗು (ಕುಟ್ಮಲ, ಮುಕುಲ Si. 124). — ಹದಗಳ್ಳೆ. An indurate lump or kernel in the flesh (My.). — ಹದಗೆಡಿಸು. -ಕೆಡಿಸು. To spoil the proper state, etc. ಹಲವು ಸಮುಗಾಱರು ಕೂಡಿ, ತೊಗಲು ಹದಗೆಡಿಸಿದರು (Prv.). — ಹದಗೆಡು. -ಕೆಡು. The proper state, condition or manner to be spoiled; to lose the proper state, etc. (used of food, rain, crop, work, words, etc., My.). — ಹದಗೆಯ್. To render proper, to make fit for use, etc. (Č. Bp. 47, 45). — ಹದಗೊಳಿಸು. -ಕೊಳಿಸು. = ಪದಗೊಳಿಸು. (Bp. 21, 29). — ಹದಪಡಿಕೆ. -ಅಡಿಕೆ. An areca nut that has the right degree of ripeness (My.). — ಹದ ಮಾಡು. = ಹದಗೆಯ್. (My.). — ಹದವಿಡು. -ಇಡು. To temper; to sharpen. ಹದವಿಡಲ್ ಪಟ್ಟುದು (ನಿಶಿತ, ಕ್ಷ್ಣುತ, ಶಾತ, ತೇಜಿತ Si. 378). — ಹದವಿಲ್. -ಬಿಲ್. = ಪದವಿಲ್. (Bh. 8, 10, 21, where ಹದವಿಲು). — ಹದ ವಿೞಿಸು. -ಇೞಿಸು. To boil or vaporize (a thing) so long till it reaches the proper state and then take it from the fire (My.).

ಹದ hada. 2. = ಹದಿ 4, etc. Ten. — ಹದನಾಲ್ಕು. Fourteen (ಈರೇೞು Čb.).

ಹದಗ hadaga. Tbh. of ಪತಂಗ 1. (T. ಪದಗ). ಹದಗದ ಹುೞು (ಪತಂಗ, ಶಲಭ Nr.).

ಹದಡು hadaḍu. = ಹದಿರ್ 3. The wrist (Bp. 46, 22). ಮುಂಗೆಯ್ಯಿಗಿನ್ದ ಕಿಱುಬೆರಳಿನ ತನಕ ಇರುವ ಹದಡು (ಕರಭ G.).

ಹದನ hadana. = (ಹದ 1), ಹದನು. Properness, etc. ಹದನವಿಲ್ಲದ ಕದನ ಮದನಗೂ ಅಸಾಧ್ಯ (Prv.). 2, sharpness; sharp (B. 1, 26; 3, 6; 4, 91; 5, 251). ಹದನ ಮಾಡಿದ್ದು (ತೇಜಿತ G.).

ಹದನು hadanu. = ಹದನ, (ಹಸನು). Properness, etc. ಸದೆ ಕೂಡಿಸಲಿಕ್ಕೆ ತಿಳಿಯದವ ಹದನಾದ ಕೆಲಸ ಮಾಡ್ಯಾನೇ? (Prv.). 2, proper way: way, manner; true state, real circumstances: circumstances (Bp. 1, 55; 22, 16; 28, 43; 35, 48. 54; 37, 15. 23; 40, 10; 48, 67; 49, 15; Č. Bp. 47, 17; Bh. 1, 8, 10. 78; J. 4, 52; 16, 38; 18, 58; 25, 57). 3, sharpness (B. 2, 3. 5; 4, 36).

ಹದರು hadaru. = ಅದರು 3, ಹದಿರ್ 1. (My.).

ಹದಿ hadi. 1. (fr. ಪುದಿ 1 through ಪೊದೆ 1). To lay stone or brick (as a cover or pavement). P. ps. ಹದಿದು, ಹದ್ದು (My.). ನೆಲಕ್ಕೆ ಕಲ್ಲು ಹದಿಯುತ್ತಾರೆ (My.).

ಹದಿ hadi. 2. A layer of stone or brick in the ground (My.). — ಹದಿ ಕಟ್ಟು. To lay a foundation (My.).

ಹದಿ hadi. 3. To uncover or open by digging, to make a hole by digging (? ಖನನವಿವರಣ Šmd. Dh.; T. ಪದಂಗು, a hole made in the ground; ಪಱಿ, to dig a hole in the ground; to dig for laying a foundation; *cf.* ಹಗ).

ಹದಿ hadi. 4. = ಪತ್ತು 3, etc. Ten. — ಹದಿನಾಲ್ಕನೆಯ. Fourteenth (B. 5, 301). — ಹದಿನಾಲ್ಕು. Fourteen (Bh. 1, 8, 9). — ಹದಿಮೂಱನೆಯ. Thirteenth (B. 5, 298). — ಹದಿಮೂಱು. Thirteen (B. 5, 309). — ಹದಿಮೂಱುಲಕ್ಷ. Thirteen lacs (B. 4, 81).

ಹದಿಗಿಸು hadigisu. = ಅದುಗಿಸು 1, ಹದುಗಿಸು. To compress: to cause to get bruised (My.). 2, to mollify by pressing, as fruits (My.).

ಹದಿಟೆ hadiṭĕ. Tbh. of ಪ್ರತಿಷ್ಠೆ (Šmd. 370).

ಹದಿನ್ hadin. = ಪತ್ತು 3, etc. Ten. — ಹದಿನಯ್ದು. Fifteen. ಹದಿನಯ್ದು ದಿನ (ಮಾಸಾರ್ಧ Nn. 112). ಹನ್ದಿ ಹದಿನಯ್ದು ಈದರೂ ಒನ್ದೂ ಹಯವಾಗಲಿಲ್ಲ (Prv.). — ಹದಿನಯ್ದು ನೂಱು. 1500 (B. 5, 271). — ಹದಿನಯ್ದು ಹದಿನಾಱು. Fifteen or sixteen (B. 3, 73). — ಹದಿನಾಱನೆಯ. Sixteenth (Si. 31; B. 3, 88). — ಹದಿನಾಱು. Sixteen (ಕಳೆ Mr. 348; Si. 195. 196). ಕುಣ್ಟಗೆ ಎಣ್ಟು ಚೇಷ್ಟೆ, ಕುರುಡಗೆ ಹದಿನಾಱು ಚೇಷ್ಟೆ (Prv.). — ಹದಿನಾಱು ಕರ್ಮ. Sixteen acts or duties (Bp. 3, 52). — ಹದಿನೆಣ್ಟು. Eighteen (Bp. 23, 21). ತೀರ್ಥ ಮನ್ತ್ರಿ ಮೊದಲಾದ ಹದಿನೆಣ್ಟು ಮನ್ತ್ರಿ ಪ್ರಧಾನರು (ಅಷ್ಟಾದಶಾಮಾತ್ಯರ್ Nn. 48); ಬ್ರಾಹ್ಮಣ ಮೊದಲಾದ ಹದಿನೆಣ್ಟು ಜಾತಿಗಳು (ದ್ವಿಜಾದಿಕುಲ 71; see ಪದಿನೆಣ್ಟು ವರ್ಣ); ಹದಿನೆಣ್ಟು ಜಾತಿಗಳು (ಜಾತಿಸಮೂಹ 78). ಹಣ್ಣೇ ಸೊಪ್ಪು ಬೇಯುವಷ್ಟರಲ್ಲಿ ಹದಿನೆಣ್ಟು ಮನಸು (Prv.). — ಹದಿನೆಣ್ಟು ಸಾವಿರ. 18000 (Bp. 50, 23. 42). — ಹದಿನೇೞು. Seventeen (Čh. v. 325).

ಹದಿಬತೆ hadibatĕ. Tbh. of ಪತಿವ್ರತೆ (Šmd. 345 & 380 Mḍb.).

ಹದಿಬತ್ತೆ hadibattĕ. Tbh. of ಪತಿಪತ್ನಿ (ಸಹಜಮುಳ್ಳ ಪೆಣ್ಡತಿ Čt. I, 81).

ಹದಿಬದೆ hadibadĕ. Tbh. of ಪತಿವ್ರತೆ (Šmd. 380; Čt. II, 44; Kp. 27; Šm. 78).

ಹದಿರ್ hadir. 1. ಹದಿರು. = ಹದರು, etc. A very young, quite unripe fruit (ಎಳೆಗಾಯಿ, ಮಿಡಿ, ಹೀಚು Šm. 22; My.; M. ಪಯಿಱ್ಱು; *cf.* ಪಯಿರ್, etc.; see ಎಳೆ-).

ಹದಿರ್ hadir. 2. ಹದಿರು. = ಹದನು. Way, manner. ಕುದುರೆಯಾ ಚದುರೆಯಾ ಹದಿರೆರಡುಮೊನ್ದಯ್ಯ! ಚದುರನೇಱಿದರೆ ಕುಣಿವದು, ಬೆಳ್ಳಾಳ ಬಿದಿರಿ ಹಾಕುವದು (Sp.).

ಹದಿರ್ hadir. 3. ಹದಿರು. (= ಹದಡು). The wrist (Râm. 3, 4, 30).

ಹದುಗಿಸು hadugisu. = ಹದಿಗಿಸು, etc. (My.).

ಹದುಗು hadugu. = ಪದುಗು. To bend (v. i.), etc. (My.).

ಹದುಳ haduḷa. = ಪದುಳ. Well-being, etc.; steadiness (ಶಿವ, ಭದ್ರ, ಕಲ್ಯಾಣ, ಮಂಗಲ, ಶುಭ, ಕುಶಲ, ಕ್ಷೇಮ, ಶಸ್ತ, etc. Nr.; ಕ್ಷೇಮ, ಕೂಟ Nr.). ಹದುಳವುಳ್ಳವಂ (ವಿಶ್ರಬ್ಧ, ಸ್ಥಿರ Mr. 286). ಕುದಿಯದಿಹ ಕೂೞಿಂಗೆ ಹದುಳದಮ್ಬುಲಿ ಲೇಸು! ಹೃದಯಶೂನ್ಯರುಗಳೊಲವಿನ್ದೆ ಬಲ್ಲರ ಕದನವೇ ಲೇಸು! (Sp.). See Bp. 37, 34; 41, 29; 53, 67.

ಹದುಳಿಗ haduḷiga. = ಪದುಳಿಗ. A happy man (Bp. 23, 42; Râm. 1, 14, 4; 6, 12, 10).

ಹದುಳಿದ haduḷida. (= ಹದುಳಿರ್ದ). A steady, reliable man (ವಿಶ್ರಬ್ಧ, ಸ್ಥಿರ Hlä.).

ಹದುಳಿರ್ haduḷir. = ಪದುಳಿರ್. To recover one's strength; to grow firm or steady (see ಹದುಳಿದ).

ಹದುಳಿರಿಸು haduḷirisu. To cause one's self to cheer up or recover one's strength: to become tranquil or calm (Bp. 55, 5).

ಹದುಳಿಸು haduḷisu. = ಪದುಳಿಸು, q. v. (Bp. 31, 26; 36, 1; 47, 22; Bh. 4, 2, 68; 5, 8, 103; 7, 1, 7; 8, 23, 17).

ಹದ್ದು haddu. 1. = ಪದ್ದು, etc. A kite; a hawk or falcon; a vulture (ದಾಕ್ಷಾಯ್ಯ, ಗೃಧ್ರ Nr.; ಪಕ್ಷಿಜ್ಯೇಷ್ಠ, ಗೃಧ್ರ Mr. 175; C.; B. 2, 28; see ಕಬ್ಬಾರೆ-, ಕರೇ-, ರಣಹಾಳಿ-, ಹಾಳಿ-). ಹದ್ದು ಹಾಬಿಲಿಕ್ಕು ಕೋಏ ಹೂಡಲಿಕ್ಕು ಜೋಡು. — ಮದ್ದು ಸುಡುವಲ್ಲಿ ಹದ್ದಿಗೇನು? — ವಿದ್ಯವಿಲ್ಲದವ ಹದ್ದಿಗಿನ್ತ ಕಡೆ. — ಸೀಸವನ್ನು ಇಲಿ ತಿನ್ದರೆ ತಿದ್ದಣ್ಣನ ಹದ್ದು ಕೊಣ್ಡು ಹೋಯಿತು. — ಹಾವು ಕೊನ್ದು, ಹದ್ದಿನ ಮುನ್ದೆ ಹಾಕಿದ ಹಾಗೆ (Prvs.).

ಹದ್ದು haddu. 2. P. p. of ಹದಿ 1. (My.).

ಹದ್ದು haddu. A limit, a border; the end or extremity of (ಅನ್ತರ, ಅವಧಿ Si. 458; My.; Mhr., H. ಹದ್ದ). — ಹದ್ದುಬಸ್ತು. Settlement or demarcation of boundaries (My.).

ಹನ್ han. = ಪತ್ತು 3, etc. Ten. — ಹನ್ನೆರಡನೆಯ. Twelfth (C.). — ಹನ್ನೆರಡು. Twelve (ರವಿ Mr. 347; B. 4, 125; C.; Bp. 5, 18). ಬೆರಳು ಹನ್ನೆರಡಾಗಲ್ ಒನ್ದು ಗೇಣ್ ಅಕ್ಕು (Mr. 325). ಮೇಷ ಮುನ್ತಾದ ಹನ್ನೆರಡು ರಾಶಿಗಳು (G. 440). ಹನ್ನೆರಡು ವರ್ಷ ರಾಮಾಯಣ ಕೇಳಿ, ರಾಮ ರಾಕ್ಷಸನೋ? ರಾವಣ ರಾಕ್ಷಸನೋ? ಎನ್ದು, ಕೇಳಿದ ಹಾಗೆ. — ಹನ್ನೆರಡು ವರ್ಷ ಸಾಧಕಾ ಮಾಡಿ, ಮನೆಯ ಮುದುಕೀ ಸೊಣ್ಣ ಮುಟಿದ ಹಾಗೆ. — ಮೂಡು ನಾಮದವ ಸ್ವರ್ಗಕ್ಕೆ ಹೋದರೆ ಹನ್ನೆರಡು ನಾಮದವ ಎಲ್ಲಿ ಹೋದಾನು? (Prvs.). — ಹನ್ನೆರ್ಡು = ಹನ್ನೆರಡು. (B. 5, 35). — ಹನ್ನೊನ್ದನೆಯ. Eleventh (B. 5, 298). — ಹನ್ನೊನ್ದು. Eleven (ರುದ್ರ Mr. 347). ಹನ್ನೊನ್ದು ಓದಿದ ಮೇಲೆ ಇನ್ನೊನ್ದು ಕೇಳ ಬೇಡ. — ಹತ್ತರ ಕೂಡ ಹನ್ನೊನ್ದು, ಪರಸೇ ಕೂಡ ಗೋವಿನ್ದ (Prvs.). — ಹನ್ನೆರಡು. = ಹನ್ನೆರಡು. (G. 209. 465). — ಹನ್ನೆರ್ಡು. = ಹನ್ನೆರಡು. (B. 5, 36. 41. 69. 285. 307).

ಹನಗಾಣಿ hanagāṇi. = ಹೊನ್ನಗನ್ನೆ s. ಹೊನ್, q. v. (Z.).

ಹನನ hanana. The act of striking, killing, destroying, slaughter, destruction; wounding, hurting, injuring. 2, multiplication. See ಸಂ-; ಇಚ್ಛ 4; Bh. 1, 8, 58.

ಹನಸು hanasu. (A saying, a diction): any vedic verse or stanza (My.; Tu. ಪಣ್, to say, tell, recite; *cf.* ಪನ್ನ, ಅನ್ 1).

ಹನಾಸು hanāsu. = ಅನಾಸು. (St. & Pl.).

ಹನಿ hani. 1. = ಪನಿ 1. To fall in drops, to drop (ಬಿನ್ದುಪತನ Śmd. Dh.; My.; Tu. ಪಣಿ, ಪನಿ, to drizzle).

ಹನಿ hani. 2. = ಪನಿ 2, etc. A drop (ವಿಪ್ರುಷ್, ಬಿನ್ದು Hlä.; ಬಿನ್ದು Nr.; C.; Tu. ಪಣಿ, dew; ಪನಿ, dew, drizzling rain). ಗಾಳಿಯಿಂ ಕೆದರಿದ ಹನಿ (ಸೀಕರ Hlä.). ಅತಿಗಾಳಿಯೊಳ್ ಕೆದರ್ದ ಹನಿ (ಶೀಕರ Mr. 44); ಆನೆಯ ಕರದಿಂ ಕೆದರ್ದ ಸಣ್ಣ ಹನಿ (ವಮಥು 156). ಕೆದೆವ ನಿರ್ಝರಜಲದ ಹನಿಗಳ್ (Rāghô. 17, 56). ಹನಿ ಕೂಡಿದರೆ ಹಳ್ಳ, ತೆನೆ ಕೂಡಿದರೆ ಭತ್ತ. — ಮಚೀ ಹನಿ ಬಿಟ್ಟರೂ ಮರದ ಹನಿ ಬಿಡಲಿಲ್ಲ. — ತನಿ ಕಾಡಿತೆನ್ದು, ಹನಿಗೆ ನಿತ್ತರೆ ಬಿಟ್ಟೀತೇ? (Prvs.). See Bp. 51, 24; B. 2, 49). — ಹನಿಯೋಗ. Joining or application of drops: presenting some tîrtha in temples. ಎನಿಯೋಗಕ್ಕೆ ಕಡಿಮೆಯಾದರೂ ಹನಿಯೋಗಕ್ಕೆ ಕಡಿಮೆಯಿಲ್ಲ (Prv.).

ಹನಿ hani. 3. To become mature, ripe or ready (*cf.* ಹದ 1, ಹಣ್ಣು 1). ಹನಿತುದು (ಪಕ್ವ, ಪರಿಣತ Nr.). ಹನಿತು ಬೀಳಲಾದುದು (ವಿನಾಶೋನ್ಮುಖ, ಪಕ್ವ Nr.).

ಹನಿಕಿಸು hanikisu. = ಹನಿಸು. (My.).

ಹನಿಕು haniku. = (ಹನಿ 1), ಹನುಕು. To fall in drops, to drop (My.).

ಹನಿಸು hanisu. = ಹಣಿಸು 2. To present a liquid: to pour, as water, etc. (ರಸದಾನ Śmd. Dh.; C.).

ಹನು hanu. Anything which destroys or injures. 2, *the jaw.* 3, *a kind of drug, a sort of perfume* (= ಹಟ್ಟವಿಲಾಸಿನಿ; ಉತ್ತರಿ Mr. 121).

ಹನುಕು hanuku. = ಹನಿಕು. (My.). — ಹನುಕಲು. Dropping: small or fine rain, drizzle (My.).

ಹನುಮ hanuma. Tbh. of ಹನುಮತ್. (J. 12, 51; 18, 43; 21, 10; My.). ಹನುಮನ ಮುನ್ದೆ ಹಾರೋ ಗುಬ್ಬಿಯೇ? (Prv.). — ಹನುಮನ ಹಕ್ಕಿ. The Mahratta woodpecker, Picus mahrattensis (Bd.; Gz.).

ಹನುಮತ್ hanu-mat. Having (large) jaws: N. of a monkey-chief, the ally of Râmaĉandra in his war with Râvaṇa, and son of the wind.

ಹನುಮನ್ತ hanu-manta. = ಅನುಮನ್ತ. Tbh. of ಹನುಮತ್ (Śmd. 108. 178; J. 18, 5; 19, 25; C.). — ಹನುಮನ್ತಜಯನ್ತಿ. The birthday of Hanumat, the day of full moon of the month ĉaitra (My.). — ಹನುಮನ್ತನ ತಾಲಿ. The square or round centre piece of a necklace, bearing the image of Hanumat (My.). — ಹನುಮನ್ತನ ಹಕ್ಕಿ. The hoopoe (S. Mhr.). — ಹನುಮನ್ತರಾಯ. King Hanumat. 2, N. (B. 5, 126). ಹನುಮನ್ತರಾಯ ಹಗ್ಗ ತಿನ್ದರೆ ಪೂಜಾರಯ್ಯ ಸಾವಿಗೆ ಬಯಸಿದನನ್ತೆ. — ಊರು ಸುಟ್ಟರೂ ಹನುಮನ್ತರಾಯ ಹೊರಗೆ. — ಮೊದಲು ದೇವರು ಮೂಲೇಲಿದ್ದರೂ ಹನುಮನ್ತರಾಯಗೆ ಬೀಪೋತ್ಸವವು (Prvs.).

ಹನೆ hanĕ. = ಹೊನೆ. — ಹನೆಮರ. A tall tree, Pterocarpus indicus Willd. (St. & Pl.).

ಹನ್ತ hanta. = (ಹತ್ತು 2), ಹತ್ತ. A stair, a step; a flight of stairs (My.; Si. 112). 2, closely (*only in Si.*). ಕೊರಳಲ್ಲಿ ಹನ್ತವಾಗಿ ಧರಿಸಲ್ ಪಟ್ಟ ಒಡವೆ (ಗ್ರೈವೇಯಕ, etc. Si. 218).

ಹನ್ತ hanta. 1. Tbh. of ಪನ್ಥ (Śmd. 342).

ಹನ್ತ hanta. 2. = ಪನ್ತ 1. A vow, etc. — ಹನ್ತ ಮುರಿ. To break or frustrate a vow, etc. (Bp. 56, 16).

ಹನ್ತ hanta. 3. *An interjection indicating grief* (ಶೋಕ Nn. 150; ಅತಿಶೋಕ Mr. 533), *compassion* (ಕರುಣ 150), *joy* (ಸಂಹರ್ಷ 538, o. r. ಸಂಘರ್ಷ), goodness, good luck or benediction (ಒಳ್ಳಿತು, ಒಳ್ಳಿತ್ತು 150), or dislike (ಜುಗುಪ್ಸೆ, ಹೇಸಿಕೆ 150). 2, *an inceptive particle.* 3, a certain member of the body (ಶರೀರವಿಭೇದ, ಶರೀರದ ಅವಯವದ ಭೇದ 150; *cf.* ಹನು ?).

ಹನ್ತವ್ಯ hantavya. To be struck or killed, deserving death. See ಅ-.

ಹನ್ತಿ hanti. = ಪನ್ತಿ, etc. A line, a row, etc. (ಪನ್ತೆ, etc. Śs.; Bh. 1, 7, 14; 1, 12, 16; Râm. 6, 12, 38; J. 12, 8). ಹನ್ತಿ ತಪ್ಪಿದರೆ ಊಟ ತಪ್ಪೀತೇ? (Prv.). See ಹರಿಬ 1. — ಹನ್ತಿಕುಂಟೆ. A kunṭĕ that is used on a threshing floor (S. Mhr.). — ಹನ್ತಿಗಟ್ಟು. -ಕಟ್ಟು. To form a row (Bh. 6, 9, 16). — ಹನ್ತಿದಾವಣಿ. A rope to which bullocks are tied in a row for treading out corn on a threshing floor (My.).

ಹನ್ತೃ hantṛi. A murderer, slayer; a destroyer. (R.).

ಹನ್ತೆ hantĕ. Pride (ಬಿಂಕ, ಗಬ್ಬು, ಮುರ್ಕು, ಗರ್ವ Kk. 57; ಹಮ್ಮು, etc., ಗರ್ವ Śs.; *cf.* ಪನ್ನ, ಪಪ್ಪ, ಹಮ್ಮು 2).

ಹನ್ದರ್ handar. = ಪನ್ದರ್ (Śmd. 191), etc. A pandal, etc.

ಹನ್ದರ handara. 1. = ಹನ್ದರ್, etc. (ಪನ್ದರ, ಚಪ್ಪರ Nn. 143; ಜನಾಶ್ರಯ, ಮಣ್ಡಪ G.; C.). ಹನ್ದರದ ಮೇಲ್ಕಟ್ಟು (ಪಂಚ್ಛದ G.). ದ್ರಾಕ್ಷೆಯ ಹನ್ದರವು ಎತ್ತರವಿದ್ದದರಿನ್ದ ಎಷ್ಟು ಜಿಗಿದಾಗ್ಯೂ ಗೊನೆಗಳು ಬಾಯಿಗೆ ನಿಲುಕಲಿಲ್ಲವು (B. 2, 16). ಮದುವೆ ಮುಂಚ ಮುನ್ತಾದ ಸಮಾರವ್ಭಗಳಲ್ಲಿ ಬಾಗಿಲುಗಳಿಗೂ ಹನ್ದರಗಳಿಗೂ ಮಾವಿನ ತೋರಣಗಳನ್ನು ಕಟ್ಟುವರು (2, 52).

ಹನ್ದರ handara. 2. = ಅನ್ದರ 2, ಹಂಗರು, ಹನ್ದರು. (My., not general).

ಹನ್ದರ handara. Tbh. of ಪಂಜರ 1. (My.).

ಹನ್ದರು handaru. = ಹನ್ದರ 2, etc. ಸೊಸೆಗೆ ಬಿಸಿ ಇಲ್ಲ, ಹನ್ದರಿಗೆ ಹಸಿ ಇಲ್ಲ (Prv.).

ಹನ್ದಿ handi. = ಪನ್ದಿ. A hog; a pig, a swine (ಕೋಲ, ಕ್ರೋಡ, ಶೂಕರ, ವರಾಹ, etc. Hlâ.; C.). ನೀರೊಳಗಣ ಹನ್ದಿ (ಶಂಕು Nr.). ಊರೊಳಗಿನ ಹನ್ದಿ (ವಿಟ್ಚರ, ಗ್ರಾಮ್ಯಶೂಕರ Si. 342). ಕಾಡ ಹನ್ದಿ (ಎಕ್ಕಲ Čt. II, 36). ಹನ್ದಿಯ ಮುಖ (ಪೋತ್ರ, ಸೂಕರಾಸ್ಯ Nn. 151; ಘೋತ್ರ Mr. 487). ಹನ್ದಿ ಇಟ್ಟಂ or ಹನ್ದಿಟ್ಟಂ (Śmd. 63). ಹರಿಯು ಹನ್ದ್ಯಾದನ್ದು ಹರನು ತಿರಿದುಣ್ಡನ್ದು ಹರನಜನ ತಿರವರಿದನ್ದು ಲಿಖಿತವನು ಬರೆದವರಾರು? (Śp.). ಹನ್ದಿಗೆ ಹಲವು ಮರಿ, ಸಿವನಿಗೆ (*i. e.* ಸಿಂಹನಿಗೆ) ಒನ್ದೇ ಮರಿ.—ಹನ್ದಿ ಹಾದವರಿಗೆ ಕಗ್ಗಲ್ಲು ಕಣ್ಡರೆ ಭಯ.—ಹನ್ದಿಗೆ ತೊಳದರೆ ಕೆಸರು ಬಿಡದು.—ಹನ್ದಿಯವರು ಪಾದರ ಮಾಡಿದರೆ ತಮಟೆಯವರು ದಣ್ಡಾ ತೆತ್ತರು.—ಹನ್ದಿ ಹದಿನಯ್ದು ಈದರೂ ಒನ್ದೂ ಹಯವಾಗಲಿಲ್ಲ.—ಹನ್ದೀ ಕೂಡ ಆಡಿ, ಕನ್ದ ಹೇಲು ತಿನ್ದನು.—ಹನ್ದೀ ಮೇಲೆ ಕೂತವ ಹೇಸಿಗೆಗೆ ಅಂಜ್ಯಾನೇ?—ವನ್ದನೆ ಮಾಡಿದರೂ ಹನ್ದೀ ಕಾಟ ಹೋಗಲಿಲ್ಲ.—ಬಿನ್ದಿಗೆ ಒಡದರೆ ಹನ್ದಿಗೆ ನೀರು ಎಲ್ಲಿ?—ಹರೆಯಕ್ಕೆ ಹನ್ದಿ ಹಣವಣ್ಣ.—ಹೇಲೋಕೆ ಕೂತಲ್ಲಿ ಹನ್ದೀ ಕಾಟ (Prvs.). — ಹನ್ದಿಕೀರೆ. = ಕಿರಕಸಾಲೆ. (St. & Pl.). — ಹನ್ದಿಕೀಲಿ. The small screech-owl, said to grunt like a pig (My.). — ಹನ್ದಿಗೀಲಿ. = ಹನ್ದಿಕೀಲಿ. (My.). — ಹನ್ದಿಜೋಗಿ. A class of low-caste jôgis who feed and sell pigs (My.). — ಹನ್ದಿಮೀನು. N. of a sweet-water fish (My.). — ಹನ್ದಿಯಗೆಡ್ಡೆ. A pignut (ಕಾಶೇರು, ಗಾಂಗೇಯ Nr.).

ಹನ್ದು handu. = ಹೆನ್ದು. To move, etc. (My.). ಜೊಪ್ಪೆ ಹನ್ದಿದರೆ ಇಪ್ಪೆ ಹಾಕುವದು ಬಿಟ್ಟೀತೇ? (Prv.). — ಹನ್ದಾಡು. -ಆಡು. To move about (ಅಲ್ಲಾಡು My.).

ಹನ್ದೆ handĕ. = ಪನ್ದೆ. A coward (ದರಿತ, ಭೀತ, ತ್ರಸ್ತ, ಭೀರು, ಕಾತರ Hlâ.; ಭೀರು, ಭೀತ Mr. 233; ಕರೇಣು 487; ಹೇಡಿ Śm. 96; Bh. 1, 6, 34). ಅರಸಂಗಮ್ ಅರಸಿಗಂ ಪುಟ್ಟಿದ (o. r. ಪುಟ್ಟಿ) ರಾಜಸುತನೆನಿಸಿ ಹನ್ದೆಯುಂ ಲೋಭಿಯುಂ (Śmd. 138).

ಹನ್ನ hanna. *Passed as excrement, evacuated, excreted;* excrement, ordure.

ಹಪ್ತೆ haptĕ. A stated period at which a portion of a sum due is to be paid; the portion so paid, an instalment (My.; G. 175; Mhr., H. ಹಪ್ತಾ).

ಹಪ್ಪಳ happaḷa. = ಪಪ್ಪಳ q. v., etc. (Râm. 5, 8, 69; C.; see Mr. s. ದುಗ್ಧಳ). ಹಪ್ಪಳಾ ತಿಮ್ಬುವವನಾದರೆ ಸಪ್ಪಳಾ ನುಂಗ್ಯಾನೇ?—ಹಪ್ಪಳಾ ಮುರಿಯೋಕೆ ದೊಗ್ಗಾಲು ಹಾಕ ಬೇಕೇ?—ತರಿಗು ತಿನ್ನುವವನ ಮನೆಗೆ ಹಪ್ಪಳಕ್ಕೆ ಹೋದರು. — ಹಪ್ಪಳಕಾರ. A spicy substance, or an alkali (soda), used in the preparation of happaḷas (My.; B. 4, 225). — ಹಪ್ಪಳದ ಎಲೆ. A thick-leaved half-shrubby erect herb, Bryophyllum calycinum Salisb. (Z.). — ಹಪ್ಪಳ ಸಣ್ಡಿಗೆ. = ಅಪ್ಪಳ ಸಣ್ಡಿಗೆ. Happaḷa and saṇḍigĕ. ಮನೇ ತಿಮ್ಬುವವನಿಗೆ ಕದ ಹಪ್ಪಳ ಸಣ್ಡಿಗೆ (Prv.).

ಹಪ್ಪಳಿಗೆ happaḷigĕ. = ಹಪ್ಪಳ. (Čpr. 8, 39).

ಹಪ್ಪು happu. A piece of flesh (see Mr. s. ಹಂಚು 1). ತನ್ದೆ ತಾಯಿಗಳ ಮಾತು ಕೇಳದ ಮಕ್ಕಳು ನಾಯಿಬಾಯಿಗೆ ಹಪ್ಪು (Prv.).

ಹಬಸಿ habasi. An Abyssinian (My.; B. 4, 46; 5, 248; Mhr., H. ಹಪಶೀ, ಹಬಶಿ).

ಹಬು habu. Tbh. of ಪ್ರಭು (Śmd. 345 Mḍb.).

ಹಬೆ habĕ. 1. Tbh. of ಪ್ರಭೆ (Śmd. 345; Čt. II, 55; ಕಳೆ, ಕದಿರ್, ಮಿನುಗು, ಮಿಂಚು, etc., ಕಾನ್ತಿ Śm. 15; Kk. 25).

ಹಬೆ habĕ. 2. = ಹವೆ 1. Vapour: hot vapour, heat (My.; *cf.* ಆವಿ 1). ಹಬೆಗೆ ತಾಳದೆ, ಉರಿಯೊಳಗೆ ಬಿದ್ದನನ್ತೆ (Prv.).

ಹಬ್ಬ habba. Tbh. of ಪರ್ವ. A festival, a feast, a holiday (ಉತ್ಸವ Si. 458; C.; Bp. 28, 22; 40, 35). ಹಬ್ಬ ಹಸನಾಗಿರಬೇಕು, ಹಾಲು ಉರಿಯ ಬೇಕು.—ಹಬ್ಬದ ಹೊತ್ತಿಗೆ ತಪ್ಪದೆ ಬನ್ದ.—ಹಬ್ಬ ಊಟ, ಜಾತ್ರೆ ನೋಟ.—ಹಬ್ಬ ತಪ್ಪಿದರೆ ಹೋಳಿಗೆ ತಪ್ಪೀತೇ?—ಹಬ್ಬದಲ್ಲಿ ಹರೀ ಗಣ್ಡನೇ?—ಹಬ್ಬದ ಊಟ, ಹರಿವಾಣದ ಎಳ್ಳ.—ಊರಿಗೆ ಹಬ್ಬವಾದರೆ ನಾಯಿಗೆ ಲೊಲ್ಲೊಟ್ಟೆ.—ಬೊಜ್ಜೆ ಮಾಡಿದರೆ ಹಬ್ಬ ಆದೀತೇ?—ಶಬ್ದ ಅರ್ಥ ತಿಳಿಯದಿದ್ದರೂ ಹಬ್ಬದ ಹೋಳಿಗೆ ತಿನ್ನಲಿಕ್ಕೆ ಕಡಿಮೆ ಇಲ್ಲ.—ಸಿಬ್ಬು ಇದ್ದವ ತುರಿಸಿ ಕೊಣ್ಡರೆ ಅದು ಒನ್ದು ಹಬ್ಬವೇ!—ಹಾಲಿದ್ದಾಗಲೇ ಹಬ್ಬ ಮಾಡು (Prvs.). See ಹೂವಿನ-. — ಹಬ್ಬಗುಳ್ಳ. A prickly shrub with yellow berries, the Indian nightshade, Solanum indicum Lin. (Z.). — ಹಬ್ಬದ ಹೂವು. The flower of Artemisia indica (ದವನ Kk. 23; Śm. 27). — ಹಬ್ಬ ಹಬ್ಬ. rep. (Bp. 42, 9). — ಹಬ್ಬ ಹುಣ್ಣಿವೆ. Feasts and full moons (My.).

ಹಬ್ಬಿಗ habbiga. A son-in-law, who is to be invited to every feast (ಅಳಿಯ Čt. I, 26).

ಹಬ್ಬಿಸು habbisu. To cause to spread or extend, etc. (Bp. 16, 20; My.).

ಹಬ್ಬು habbu. 1. = ಪರ್ಬು 1, etc. To spread (v. i.), to extend, etc.; to spread or run, as a creeper (C.; Bh. 1, 8, 1; 3, 13, 33). ಹಬ್ಬಿದ ಬಳ್ಳಿ (ವೀರುಧ್, ಗುಲ್ಮಿನಿ Nr.). ಹಲವು ಬಳ್ಳಿಗಳು ಹಬ್ಬಿದ ಹೊದರು (ಸಾಸ್ಥೆ Nn. 162). ಹಬ್ಬೋಣ (ಪ್ರಸರ B. 4, 97).

ಹಬ್ಬು habbu. 2. = ಪರ್ಬು 2, etc. The state of being spread, extended, lengthened or long. ಬೆಕ್ಕಿನ ಮೆಯ್ ಹಬ್ಬು (B. 3, 30). — ಹಬ್ಬುಗಿಡಿ. -ಕಿಡಿ. Sparks that spread (Râm. 4, 3, 9).

ಹಬ್ಬುಗೆ habbugĕ. = ಪರ್ಬುಗೆ. Spreading, extension, vastness (ವಿಸ್ತಾರ Nr.; Bh. 1, 8, 9; 1, 20, 56; 3, 11, 16; 6, 2, 6; J. 2, 1; 28, 46).

ಹಬ್ಬುವಿಕೆ habbuvikĕ. Spreading, etc. (My.; ಪರ್ಬುಗೆ G.).

ಹಬ್ಬೆ habbĕ. Cane, Calamus rotang, rattan (see T. & M. s. ಬೆತ್ತ; *cf.* ಅಬ್ಬೆ; ಪಚ್ಚೆ No. 8; ಪ್ರಬ್ಬಲಿ). ಹಬ್ಬೆಯ ಗಿಡು (ವೇತಸ, ರಥ, ಅಭ್ರಪುಷ್ಪ, ವಿದುಲ, ಶೀತ, ವಾನೀರ, ವಂಜುಲ Nr.). ನೀರೊಳಗಣ ಹಬ್ಬೆ (ಪರಿವ್ಯಾಧ, ವಿದುಲ, ನಾದೇಯಿ, ಅಮ್ಬುವೇತಸ Nr.). ಹಬ್ಬೇ ಗಿಡ (ವೇತಸ, etc., ಪ್ರಬ್ಬಲಿಜೆಟ್ಟು Si. 123).

ಹಮರಹ hamaraha. With (My.; H.).

ಹಮಾಂ hamâṁ. All, together. — ಹಮಾಂಕೋಮು. All the tribes, all classes (My.; H.). — ಹಮಾಂಜಿನಸು. All kinds of articles (My.; H.).

ಹಮಾಲ hamâla. A bearer (of a palanquin, etc.); a porter (B. 5, 256; Mhr., H.).

ಹಮೀರ hamîra. = ಅಮೀರ. An emir, a nobleman, a grandee; a valiant man (My.). ಹಮೀರನಾದ ವೀರನು (ಶೂರ, ವೀರ, ವಿಕ್ರಾನ್ತ Si. 288).

ಹಮೇಷಾ hamêshâ. Always, ever (My.; Br.; Mhr., H. ಹಮೇಶಾ).

ಹಮ್ಪ hampa. = ಪಮ್ಪ No. 2. N. of a Kannaḍa author (Šmd. 4).

ಹಮ್ಪು hampu. = ಹಪ್ಪು. See Mr. s. ಹಂಚು 1. Cf. ಪಮ್ಪ No. 1?

ಹಮ್ಪೆ hampĕ. = ಪಮ್ಪೆ, q. v. ಹಮ್ಪೆಗೆ ಹೋಗುವದಕ್ಕಿನ್ತ ಕೊಮ್ಪೆಯಲ್ಲಿ ಇರುವದು ಲೇಸು.—ಹಮ್ಪೆಗೆ ಹೋಗದಿದ್ದರೆ ಸಮ್ಪಿಗೆ ನೋಡ ಲಿಲ್ಲವೇ? (Prvs.). — ಹಮ್ಪಣ್ಣ. -ಅಣ್ಣ. N. (My.). — ಹಮ್ಪಯ್ಯ. -ಅಯ್ಯ. N. (My.). — ಹಮ್ಪೆಯಾಳ್ದ. -ಆಳ್ದ. N. of a Śivaliṅga at Hampĕ (Grj. 8, 47). — ಹಮ್ಪೆವಿರೂಪಾಕ್ಷ. = ಹಮ್ಪೆಯಾಳ್ದ. (My.).

ಹಮ್ಬಲ hambala. = ಪಮ್ಬಲ್ q. v., etc. (ಚಿನ್ತೆ G.; My.). ಆಹಾ! ಮಜಗಳನ್ನು ಹಮ್ಬಲದಿನ್ದ ಕಾಯುವ ಗುಣವನ್ನು ಗುಬ್ಬಿಗಳಲ್ಲಿ ಸಹ ದೇವರು ಇಟ್ಟು ಇಟ್ಟಿದ್ದಾನಲ್ಲವೇ? (B. 2, 6). ಹಮ್ಬಲ ಬಿಟ್ಟರೂ ಮಮತೆ ಬಿಡೋದಿಲ್ಲ.—ಸೊಗಸಿಕ್ಕೆ ಹೋದರೂ ಸೊಸೇ ಹಮ್ಬಲ ಬಿಡಲಿಲ್ಲ (Prvs.).

ಹಮ್ಬಲಿಸು hambalisu. = ಪಮ್ಬಲಿಸು, q. v. To feel desire, to long, etc. (C.; ಚಿನ್ತೆ ಮಾಡು, ದುಃಖಿಸು G.). ಹಮ್ಬಲಿಸುವನ್ತ (ಉತ್ಕ G.). ದಾರೀ ನಡೆದು, ದಣಿದು, ಮುನ್ದಕ್ಕೆ ಹೆಜ್ಜೆ ಇಡಲಾರದೆ, ಹಸಿವೆಯಿನ್ದ ಹಮ್ಬಲಿಸುತ್ತ ಒನ್ದು ಗಿಡದ ಕೆಳಗೆ ಕುಳಿತುಕೊಣ್ಡನು (B. 3, 125). ಅವ್ವಲಿಗೆ ಗತಿ ಇಲ್ಲದವನಿಗೆ ಹಮ್ಬಲಿಸುವದು ಯಾಕೆ?—ತಮ್ಮು ಒಳ್ಳೇದೇ, ಸರಿ; ನೆರಳಿಗೆ ಮಾತ್ರಾ ಹಮ್ಬಲಿಸಬೇಕು.—ನಿಮ್ಬೇ ಹಣ್ಣಾದರೆ ಹಮ್ಬಲಿಸಿದರೆ ಬನ್ದೀತೇ?—ಬಮ್ಬು ಹೊಯುವವನ ಸಂಗಡ ಹಮ್ಬಲಿಸಿದರೆ ಇಮ್ಬು ಸಿಕ್ಕೀತೇ? (Prvs.). ವೈಥುನನನ್ನು ಕುರಿತು ಹಮ್ಬಲಿಸಿ ಕೂಗಿ ಬೊಬ್ಬೆಯಿಡುವದು (ಅಕ್ರನ್ದನ Si. 57). See J. 19, 23; 24, 47; 26, 34. 2, to mind, to regard with attention, to heed (J. 28, 56).

ಹಮ್ಬಲು hambalu. = ಹಮ್ಬಲ, etc. (My.). ಅಮ್ಬು ತಾಗಿದರೂ ಹಮ್ಬಲು ಬಿಡಲಿಲ್ಲ.—ತುಮ್ಬಾ ಹೊಯ್ದರೂ ಹಮ್ಬಲು ಹೋಗದು.—ದೊಮ್ಬಿಗೆ ಹೋದವನು ಶರೀರದ ಹಮ್ಬಲು ಬಿಟ್ಟರೆ ಲೇಸು (Prvs.).

ಹಮ್ಬು hambu. = ಅಮ್ಬು 3. A creeper (ವಲ್ಲಿ Si. 480; My.); a rope (for hanging). ದೊಮ್ಬಿಸಾಕ್ಷಿ ಹಮ್ಬಿಗೆ ಕಾರಣ (Prv.).

ಹಮ್ಮದ hammada. Loss of consciousness or of the control of the mental functions, fainting, swooning, stupor, torpor (ಪರವಶ, ಮುಚ್ಚೆ, ಮೂರ್ಛೆ Šs.; Čpr. 5, after 19; cf. M. ಪರುಮ್ಬು, to be perplexed, ಪಮ್ಬರಿ, intoxication?). — ಹಮ್ಮದವೊಯ್ಗು. -ಒ-ಪೋಗು. To be stupefied, to faint, etc. (from fear, grief, etc., Grj. 1, after 131; 4, after 120; Râv. 5, after 55; Šâv. 2, 10; 4, 136). ಹಮ್ಮದವೊಯ್ದಂ (ಮೂರ್ಛೋಗದಂ Čt. II, 111).

ಹಮ್ಮಯಿಸು hammayisu. = ಹಮ್ಮಯ್ಸು. To faint, to swoon, to be stupefied, etc. (Bp. 13, 3; Râv. 13, after 104).

ಹಮ್ಮಯ್ಸು hammaysu. = ಹಮ್ಮಯಿಸು. (Râm. 3, 8, 71; J. 4, 22; 18, 54; 19, 16; 23, 51; 24, 44; 31, 53. 63).

ಹಮ್ಮಿಣಿ hammiṇi. = ಹಿಮ್ಮಣ್ಣಿ. A long and narrow money-bag or purse (B. 4, 169; Mhr. ಹಮಿಣೀ).

ಹಮ್ಮೀರ hammîra. N. of a country (Bp. 6, 19).

ಹಮ್ಮು hammu. 1. To make ropes (ರಜ್ಜುಕ್ರಿಯೆ Šmd. Dh.; T. ಪಮ್ಮು, to sew; ಪಮ್ಮ್ಬ, ಪಮ್ಮು, to tack, or pin, a seam before it is sewed).

ಹಮ್ಮು hammu. 2. Pride, conceit (ಬಿಡಿಕಿಷ್ಟದು Čt. I, 44; ಹನ್ತೆ, etc., ಗರ್ವ Šs.; C.; Bp. 1, 58; 30, 10; 42, 17; 46, 15; 55, 33; T. ಪಮ್ಮು, to extend = ಪರವು; to increase; to rise, to get up = ಎದು; cf. ಪರ್ಬು 1 & 2, and see ಹನ್ತೆ). ಹಮ್ಮು ಮುರಿದ ಮೇಲೆ ಗುಮ್ಮನಾದ.—ಹಮ್ಮು ಕಟ್ಟಿ ಕೊಣ್ಡು, ಹಮ್ಮು ಕಳ ಕೊಣ್ಡ.—ಬಿಮ್ಮಗೆ ಹಿಡಿದರೆ ಹಮ್ಮು ಹೋಗದೇ? (Prvs.).

ಹಮ್ಮುಗಾತಿ hammu-gâti. A proud woman (My.).

ಹಮ್ಮುಗಾಱ hammu-gâṟa. A proud man (My.).

ಹಮ್ಮುಗೆ hammugĕ. A rope, a band (Č. Bp. 41, 46; Bh. 3, 24, 25). ಹಮ್ಮುಗೆಯ ಕುಣಿಕೆಗಳು (ಸಂಕಟಿಕ Mr. 292).

ಹಯ್ hay. A child. (T. ಪಜ). See ಹಯ್ಯಳು.

ಹಯ haya. *A horse* (ಕುದುರೆ Nn. 8). 2, the number seven (that being the number of the horses of the sun, ಏಬು Mr. 347). See Prv. s. ಹನ್ದಿ.

ಹಯಗ್ರೀವ haya-grîva. N. of a daitya who seized and carried off the vêdas. (Bhâgavata 8, 23, 17). 2, N. of a form of Vishṇu.

ಹಯಘೋಷ haya-ghôsha. Neighing. See ಕಿಳಿಱ್.

ಹಯಜ್ಞತೆ haya-jñatĕ. Knowledge of horses and their management, horsemanship. (My.).

ಹಯತತಿ haya-tati. The number seven (Čh.).

ಹಯಧ್ವನಿ haya-dhvani. Neighing. See ಕಿಳಿರ್.

ಹಯನ hayana. *A covered carriage or palanquin* (ರಥದ ಹರಿ Hlâ.).

ಹಯನಿಕರ haya-nikara. The number seven (Čh.).

ಹಯನು hayanu. = ಪಯ 2, ಹಯ್ನ, etc. Milk and all that is made of milk, as curds, butter, etc. (My.). 2, a milch cow. See Sp. s. ಗೊಡ್ಡು. 3, water: the crop that is raised by means of tank water of which the planting begins in January (My.). See Prv. s. ಹೊಗದು. — ಹಯನುಗದ್ದೆ. Lands for raising the hainu crop (My.). — ಹಯನುಬತ್ತ. The paddy of the hainu crop (My.). — ಹಯನುಬೆಳೆ. The growing hainu crop (My.).

ಹಯಪರಿಕರ haya-parikara. A horse-girth. See ಬಿಗಿ.

ಹಯಪುಚ್ಛಿ haya-puĉĉhi. *The plant Glycine debilis* Lin.

ಹಯಪ್ರಾಸ haya-prâsa. A kind of alliteration (Čh.).

ಹಯಮಣ್ಡಲಿ haya-maṇḍali. A ring or circular motion of horses. See ವೇಡೆಯ.

ಹಯಮಾರ haya-mâra. *The fragrant oleander, Nerium odorum* Ait. See ಕಣಗಲು.

ಹಯಮಾರಕ haya-mâraka. *The fragrant oleander.* See ಕಣಗಿಲೆ.

ಹಯಮೇಧ haya-mêdha. The horse-sacrifice. (J. 2, 47. 55; 14, 31; 20, 2).

ಹಯರಕ್ಷೆ haya-rakshĕ. The guarding or watching of a horse or of horses (J. 10, 17).

ಹಯವದನ haya-vadana. (= ಹಯಗ್ರೀವ). N. of a form of Vishṇu (My.).

ಹಯವಾಹನ haya-vâhana. Rêvanta; Kubêra. (R.).

ಹಯವ್ರಾತ haya-vrâta. The number seven (Čh.).

ಹಯಾಗಮನ haya-âgamana. The arrival of a horse (J. 17, 19).

ಹಯಾರೂಢ haya-ârûḍha. Mounted on a horse; a horseman, a rider. (J. 7, 8; 29, 39; 31, 43).

ಹಯಾರೋಹ haya-âróha. *Mounted on horseback, a rider;* horsemanship, riding.

ಹಯಾರ್ಜುನರುಕ್ haya-arjuna-ruk. Shining like white horse (Bp. 38, 1).

ಹಯಿಲು hayilu. = ಅಯಿಲು q. v., ಅಯ್ಲು, ಹಯ್ಲು. Bewilderment, etc. (My.).

ಹಯಿವ hayiva. = ಹೈವ, q. v.

ಹಯ್ಕಳು haykaḷu. (fr. ಹಯ್). = ಹಕ್ಕಳು. Male or female children (My.; T. ಪಟಗಳ್; see ಪಸುಳೆ, etc.).

ಹಯ್ದ hayda. A boy (My.).

ಹಯ್ನ hayna. = ಹಯನು, ಹಯ್ನು. ದನ ಕರುಗಳು ಬಹಳ ಇದ್ದವು, ಹಯ್ನವೂ ಸಮೃದ್ಧಿಯಾಗಿತ್ತು (B. 4, 220). ಹಿಂದುಸ್ಥಾನದ ನೆರನಾಡುಗಳ ಕೆಲವು ಜನರಿಗೆ ಹಯ್ನವು ಬೇಕಾಗಿಲ್ಲ (5, 20).

ಹಯ್ನು haynu. = ಹಯ್ನ, etc. (C.). ಹೋಳಹಾ ಬೋಸಕ್ಕೆ ಬೇಳೆಯಾ ತೊಗೆಯಾಗಿ, ಕಾಟಿಮ್ಮೆ ಕಡಿದ ಹಯ್ನಾಗಿ, ಬೆಳವಲದ ಹವಣಂ ನೋಡು! (Sp.). ಆಕಳ ಹಯ್ನು ತುಸು, ಅದಾಗ್ಯೂ ಬಹು ಆರೋಗ್ಯವು (B. 1, 21).

ಹಯ್ಯಂಗವೀನ hayya-ṅ-gavîna. = ಹೈಯಂಗವೀನ, q. v. (ನವನೀತ, ಬೆಣ್ಣೆ Mr. 183).

ಹಯ್ಲು haylu. = ಹಂಬಲು, etc. (My.).

ಹರ hara. 1. (fr. ಹರೆ 1). Spread, extent: broadness, breadth (C.). ಆಲದ ಎಲೆಗಳು ಹರವಿರುವವಟ್ಟಂದ ಪತ್ರಾವಳಿಗೆ ಬರುತ್ತವೆ (B. 2, 22). ಒಣ್ಣೆಯ ಅಂಗಾಲು ಹರವಾಗಿ, ಬಹು ಮೆತ್ತಗೆ ಇರುತ್ತವೆ (3, 64). ಒಣ್ದು ಹರವಾದ ಹಲಿಗೆ (4, 225). **2,** spreading, becoming public. See ಹರವಡಿ.

ಹರ hara. 2. (fr. ಹರಿ 1). = ಹರಿ 3, ಹರು, ಹರ್. Running, etc.; flowing. — ಹರದಾರಿ. = ಅರದಾರಿ. The way or distance a man can run, three English miles (My.; B. 3, 65; ಕ್ರೋಶ G.; Tŝ. ಪರುಗು). ಎರಡು ಹರದಾರಿ (ಗವ್ಯೂತಿ G.); ನಾಲ್ಕು ಹರದಾರಿ (ಯೋಜನ G.). — ಹರದಾರಿಯಳತೆ. -ಅಳತೆ. The measure or distance of a haradâri (Bp. 26, 32). — ಹರನಾಳಿಗೆ. = ಹರಿ-. A gutter, etc. ನೀರ ಹರನಾಳಿಗೆ (ಕಾಪ್ಪಾಮ್ಬುವಾಹಿನಿ, ಪ್ರಣಾಲ G.).

ಹರ hara. 1. Bringing, conveying, carrying; taking, seizing; captivating; removing, taking away, depriving of; dividing; destroying; a seizer, etc. See ಕಾಮ-, ಪುರ-, ಪ್ರ-, ಪ್ರಾಗ್ರ-, ಪ್ರಾಣ-, ಮನೋ-, ವಾರ್ತಾ-, ಸನ್ದೇಶ-. 2, *Śiva.* 3, force, etc. (ಪ್ರಸರ, ಬಲುಹು Mr. 461; perhaps mistake for ಹಠ). 4, sign of a metrically long syllable (Čh.; Mr. 368). 5, the number eleven (Čh.). ಕರ್ಮದಿನ್ದವೆ ಹರನು ಚರ್ಮವ ತಾನುಟ್ಟನು, ಹೊಮ್ಮರಾಳನ್ ಅಜನ್ ಆದನು, ಗೋವಿನ್ದನ್ ಎಮ್ಮೆಯ ಕಾದಂ (Sp.). ಸಿರಿಯಿದ್ದವಗೆ ನರೆ ಬನ್ದರೆ ಹರನಾದಾನೇ? (Prv.).

ಹರ hara. 2. Tbh. of ಪರ 1. See ಹರವಸ.

ಹರ hara. 3. Every (My.; Mhr., H.).

ಹರಕತ harakata. = ಹರಕತ್ತು. ಹರಕತ ಮಾಡೋಣ (ವಾರಣ Čb.).

ಹರಕತ್ತು harakattu. Opposition; any measure or act in prevention; hindrance (My.; Mhr., H. ಹರಕತ).

ಹರಕಾರ harakâra. A courier (Mhr., H. ಹರಕಾರಾ; Br., R.).

ಹರಕೆ harakĕ. = ಪರಕೆ 1, etc. A blessing, a benediction (ಸ್ವಸ್ತಿ, ಆಶಿಸ್ Nr.; Bp. 4, 46; 5, 37; 32, 13. 43; 46, 17. 37; ಆಶಿಸ್, ಆಶೀರ್ವಾದ G.). **2,** a vow (My.; ದೇವರಿಗೆ ಬೇಡಿ ಕೊಣ್ಡು ಕುಟಿ ಕೋಟಿ ಮುನ್ತಾದದ್ದು ಕೊಡುವದು S. Mhr.). — ಹರಕೆ ಕಟ್ಟು. To tie money or ornaments in cloth coloured with turmeric and put them before an idol, vowed as a gift in case of delivery or recovery (My.). — ಹರಕೆ ಕೊಡು. To give a blessing, to bless (B. 5, 126. 165). 2, = ಹರಕೆ ತೀರಿಸು (My.). ಹರಕೆ ಕೊಟ್ಟರೂ ಹರಿಯೋದು ನಿಲ್ಲಲಿಲ್ಲ.—ದೊರಕವರೆ ಹರಕೇ ಕೊಡ ಬಹುದು (Prvs.). — ಹರಕೆಗೊಳ್. = ಪರಕೆಗೊಳ್. (Bp. 13, 7; 46, 43). — ಹರಕೆ ತೀರಿಸು. To make over to an idol what has been vowed (My.). — ಹರಕೆ ಮಾಡು. To make a vow, to vow (My.). — ಹರಕೆ ಹರಸು. = ಹರಕೆ ಮಾಡು. (My.).

ಹರಗಣ hara-gaṇa. A class of Kannaḍa metrical feet (Čh.).

ಹರಗಣೆ haragaṇĕ. The act of removing superfluous standing corn by means of the kuṇṭĕ (My.).

ಹರಗಿರಿ hara-giri. Kailâsa. (Bp. 44, 43; Bh. 1, 14, 5).

ಹರಗು haragu. 1. To do work with regard to corn (ಸಸ್ಯಕ್ರಿಯೆ Šmd. Dh.): to remove superfluous standing corn by means of the kuṇṭĕ (My.); to clean (a field) by removing the grass, weeds, etc. from it with the kuṇṭĕ before sowing (S. Mhr.). ಎತ್ತುಗಳನ್ನು ಹೊಲ ಹರಗುವ ದಕ್ಕೆ ಹಚ್ಚುತ್ತಾರೆ (B. 3, 18). ಅವರಿಗೆ ಹೊಲಾ ಹರಗುವದೂ ಬಿತ್ತುವದೂ ಅವಶ್ಯವಿಲ್ಲ (3, 111). ಅವರು ಅಲ್ಲಿಯ ಭೂಮಿಯನ್ನು ಹರಗಿ, ಆದಟಿಯೊಳಗೆ ಬಿತ್ತಲಾಗಿ (5, 129). ಹರಗದ ಹೊಲ (ಅಪ್ರಹತ); ಹರಗಿದ ಹೊಲ (ಕೃಷ್ಟ); ಮೂಱು ಸಾರೆ ಹರಗಿದ ಹೊಲ (ತ್ರಿಹಲ್ಯ G.).

ಹರಗು haragu. 2. The act of doing work with regard to corn, etc. — ಹರಗುಪಾಳ್. -ಬಾಳ್. (Šmd. I). The iron used for it.

ಹರಟು haraṭu. To talk idly, to prate, to blab (My.; T. ಅರಟ್ಟು, ಅಲಟ್ಟು).

ಹರಟೆ haraṭĕ. = ಅರಟೆ. Idle talk, prate, jabber, babble (C.; T. ಅಲಟ್ಟು; see ರಚ್ಚೆ). ಬಾಲಸನ್ಯಾಸಿಗೆ ಹಾದಿಹರಟೆ ಯಾಕೆ?—ಒರಟನಿನ್ದ ಹರಟೆ ಉಣ್ಟಾಗುವದು (Prvs.). ಹರಟೆಯಿನ್ದ ಹೊತ್ತು ಕಳದೆ ನಾ (Dp. 29, 2). — ಹರಟೆ ಕೊಚ್ಚು. = ಹರಟು. (B. 4, 49. 194; 5, 96). — ಹರಟೆಮಲ್ಲ. A male great prater, etc. (My.). — ಹರಟೆಮಲ್ಲಿ. A female great prater, etc. (My.).

ಹರಟೆಗಾಱ haraṭĕ-gâṟa. An idle talker, a tattler, a prater (My.).

ಹರಡಿ haraḍi. = ಹರಡು 3, etc. The protuberant ends of the radius and ulna above the wrist; the ankle; the wrist. (My.). **2,** a bracelet for the wrist composed of alternate gold and coral beads (My.). — ಹರಡಿಗುಜ್ಜು. = ಹರಡಿ No. 2. (My.).

ಹರಡು haraḍu. 1. = ಪರಡು 2, etc. To spread, etc. (v. t., ಪ್ರಸಾರಣ, ಪ್ರಸಾರ Šmd. Dh.; My.); to spread, etc. (v. i., My.). ಹರಡಿ ಕೊಳ್ಳುವದು (ವಿಸ್ತೃತ್ವರ, ವಿಸೃಮರ, ಪ್ರಸಾರಿ, ವಿಸಾರಿ Sï. 361); ಬಹಳವಾಗಿ ಹರಡಿ ಕೊಳ್ಳುವಿಕೆ (ಪ್ರಪಂಚ, ವಿಸ್ತರ 412).

ಹರಡು haraḍu. 2. = ಪರಡು 3. To scratch with the fingers or nails, to claw (ಅಂಗುಲಿಖನನ Šmd. Dh.).

ಹರಡು haraḍu. 3. = ಪರಡು 4, ಹರಡಿ, ಹರಡೆ 2. The ankle (ಶರೀರಾಂಗಭೇದ, ಗುಲ್ಫ Šmd. Dh.; ಘುಣ್ಟಕ, ಗುಲ್ಫ Hlâ., Mr. 332; Bp. 39, 34; My. exactly = ಹರಡಿ No. 1). ಪಾದದ ಹರಡುಗಳೆರಡೂ (ಘುಟಿಕೆ, ಗುಲ್ಫ); ಆ ಹರಡುಗಳೊಳಗಣ ಮಯಿ (ಪಾರ್ಷ್ಣಿ Nr.).

ಹರಡೆ haraḍĕ. 1. = ಪರಡೆ. The Numidian crane (ಕರ್ಕರೇಟು, ಕರೇಟು Nr.; ಗುಲ್ಫಿ Mr. 175; Bh. 1, 20, 53; 3, 4, 33; Tĕ. ಪೆಗ್ಗಡಿ). ಹರಡೇ ಹಕ್ಕಿ (ಲೋಹಪೃಷ್ಠ, ಕಂಕ Si. 172).

ಹರಡೆ haraḍĕ. 2. = ಹರಡಿ, etc. ಹೆಜ್ಜೇ ಹರಡೆ (ಘುಟಿಕೆ, ಗುಲ್ಫ Si. 207). **2,** = ಹರಡಿ No. 2 (S. Mhr.).

ಹರಡೆ haraḍĕ. = ಅರಳೆ, ಅಲ್ಡೆ, ಹರ್ಡೆ, ಹಲ್ಡೆ. The ink-nut tree (= ಅಣಿಲೆ My.; H.).

ಹರಣ haraṇa. 1. Taking; accepting, receiving; making an agreement (ಸಙ್ಕೀಕೃತ್ಯ, ಸಙ್ಕೀಕಾರ್ಯ, ಸನ್ಧಾನ ಮಾಡುವುದು Nn. 165). 2, seizing, carrying off or away, removing; *stealing;* withholding, annulling. 3, killing (ಕೊಲೆ 165). 4, disregarding; what is undesirable (ತನ್ನಿಚ್ಛೆಗಂ ಬಾರದುದು, ತನ್ನಿಚ್ಛೆಗೆ ಬಾರದ ಕಾರ್ಯ 165). 5, *a nuptial present.* 6, a gift to a student at his initiation.

ಹರಣ haraṇa. 2. Tbh. of ಪ್ರಾಣ (Šmd. 336; ಪ್ರಾಣ, ಜೀವ Nn. 165; Bp. 4, 63; 5, 66; 30, 24; 45, 3; B. 1, 25). ಹರಣ ಉಬ್ಬಿಯೋದಾದರೆ ಮರಣಕ್ಕೆ ಅಂಜೆನು.— ಪುರಾಣಾ ತಿಳಿದವನಾದರೆ ಹರಣ ಉಬ್ಬಿಸಲಿ! (Prvs.). — ಹರಣಕೆ ಹರಣಂ ತರ್. To give (one's) life for the life (of another, Bp. 13, 18). — ಹರಣ ಕೊಡು. To restore life (Bp. 46 sum.; 46, 78; 50, 61). 2, to give one's life (18, 13). — ಹರಣಂಗಳೆ. -ಂ-ಕಳೆ. To give up one's life, to die (Ššv. 3, after 85). — ಹರಣದ ಹರಣ. The life of life (Bp. 15, 81). — ಹರಣ ಪಡೆ. To obtain life (Bp. 32, 50; 37 sum.; 47 sum.; 50, 20). — ಹರಣವೀ. -ಈ. To restore life (Bp. 28, 68). — ಹರಣವೊದಗಿಸು. -ಒದಗಿಸು. To restore life (Bp. 54, 74). — ಹರಣ ಹಿಡಿ. To keep one's life, to remain alive (Bp. 42, 32).

ಹರಣದೇಹಾರ್ಥ haraṇa-dêha-artha. Life, body and property (Bp. 39, 17).

ಹರತಾಳ haratâḷa. Tbh. of ಹರಿತಾಲ. Yellow orpiment (Čb. 170; Mhr.).

ಹರತೆ haratĕ. (= ಹರಗಣೆ). The act of removing superfluous standing corn by means of the kuṇṭĕ (My.).

ಹರದ haradu1-a3. = ಪರದ. A dealer, a trader, a merchant (ಪಣ್ಯಾಜೀವ, ವಣಿಜ್, ಪ್ರಾಪಣಿಕ, ನೈಗಮ, ವೈದೇಹ Hlâ.; ವೈದೇಹಕ, ಸಾರ್ಥವಾಹ, ನೈಗಮ, ವಾಣಿಜ, ವಣಿಜ್, ಪಣ್ಯಾಜೀವ, ಪಣಿಕ, ಕ್ರಯವಿಕ್ರಯಿಕ Nr.; Bp. 8, 9; 25, 27; Râm. 5, 8, 49). ಪಡಿಯಾಸೆ ಹರದಂಗೆ, ನುಡಿಯಾಸೆ ವೇಶಿಗೆ, ಜೆಡೆಯಾಸೆ ಬೂದಿಗೊರವಗೆ, ಹಾದರಕೆಯೆಡೆಯಾಟವಾಸೆ (Sp.). ಹರದನ ಕುದುರೆಗೆ ಹದಳುಜೀನ.— ಹರದರ ಪರಾತ ಎನ್ದು, ಹರವಿಯಲ್ಲಿ ತಲೇ ಅಡಗಿಸಿದ ಹಾಗೆ.— ಬಾರದ ಬರಹ ಹರದರಲ್ಲಿ ಸಿಕ್ಕೀತೇ?— ಪಟಿಬಿ ಹೇಟುವ ಪನಿಗಾದರೂ ಹರದನ ಹಂಗು ಬೇಕು.— ಸುತ್ತಿಗೆ ಇಲ್ಲದ ಹರದ, ಅತ್ತಿಗೆ ಇಲ್ಲದ ಮಯ್ದುನ (Prvs.). — ಹರದನ ಹಳ್ಳಿ. N. of a village in Mysore (My.).

ಹರದಿಕೆ haradikĕ. Trade, traffic (ವಾಣಿಜ್ಯ, ವಣಿಜ್ಯೆ Nr.).

ಹರದು haradu. 1. Trade, traffic (ವಣಿಜ್ಯ, ವಾಣಿಜ್ಯ, ವಣಿಜ್ಯೆ Hlâ.; ವಾಣಿಜ್ಯ Mr. 346). See ಎಲೆವರದು. — ಹರದುಗೆಯ್. = ಪರದು-. To trade (ಬೇಹಾರವಂ ಮಾಡು Šmd. 240 Cm.).

ಹರದು haradu. 2. = ಹರೆದು. P. p. of ಹರೆ 1. (My.).

ಹರಪ್ರಿಯ hara-priya. Kubêra (Ŏpr. 9, 68).

ಹರಯ haraya. = ಹರೆಯ. Tbh. of ಪ್ರಾಯ (Šmd. 336).

ಹರವಡಿ hara1-paḍi1. The state of becoming public or manifest; manifestation; display, parade (ಗಾಬಣ, ಡೋಹಿಲ್, ಪ್ರಕಟ Kk. 52).

ಹರವರಿ hara1-pari3. = ಹರವಡಿ. (ಗಾರಣ, ಡೋಹಿಲ್, ಪ್ರಕಟ Šs.). ಹರಿಣಂಗಳ ಹರವರಿ (Čpr. 5, 45).

ಹರವಸ hara-vasa. Tbh. of ಪರವಶ (Šmd. 342). Loss of self-control or consciousness, etc. (ಮುಚ್ಛೆ, ಮೂರ್ಛೆ Kk. 81; ಮುಚ್ಚೆ, ಜೊಂಗುಳಿ, ಮೂರ್ಛೆ Šm. 56; Čpr. 6, 84; 8, 71).

ಹರವಿ haravi. = ಪರವಿ, ಹರಿಬಿ, ಹರಿವಿ, ಹರುಬಿ, ಹರುವಿ. An earthen water-vessel of the form of the kŏḍa, but larger (ಘಟ, ಕರೀರ Hlâ.; ಘಟ, ಕರಿರ Mr. 209; ಘಟ, ಪರವಿ Nr.; ಅಲಂಜರ G.; C.; Bp. 10 sum.; 14, 12; 22, 64; 30, 14; 38, 33; 51, 57; 55, 29; Bh. 1, 10, 25. 30). ಹರವಿಯ ಅನ್ನದಲ್ಲಿ ಒನ್ದು ಅಗಳು ನೋಡಿದರೆ ಸರಿ.— ಮುರುವಿಗೆ ಬಗೆ ಇಲ್ಲದಿದ್ದರೆ ಹರವಿಗೂ ದರಿದ್ರವೇ? (Prvs.). See Prv. s. ಹರದ.

ಹರವು haravu. (= ಹರಹು 1), ಹರ್ವು 1. To spread (v. i., My.). ಎಲ್ಲ ಕಡೆಯಲ್ಲಿಯೂ ಹರವಿ ಕೊಳ್ಳೋಣ (ಸಮ್ಮೂರ್ಛನ, ಅಭಿವ್ಯಾಪ್ತಿ Si. 387). ಹರವಿದನ್ತಾದ್ದು (ಕೀರ್ಣ, etc. Dhw.). **2,** to spread, to spread out (v. t., My.; B. 3, 106; 4, 158).

ಹರಸಮಯ hara-samaya. A šaiva congregation (Bp. 50, 22).

ಹರಸು harasu. = ಪರಸು, ಹರಿಸು. To bless (as a devotee blesses Šiva, Bp. 9, 36; as a yati a šivabhakta, 32, 14. 43; as a šivabhakta others, 32, 50; 46, 7. 10. 14. 15. 16; as Sîtâ Hanumat, Râm. 5, 8, 69; as parents their children, Prll. 3, 12. 26; Bh. 1, 10, 26; B. 1, 6; as a blind man his benefactor, B. 3, 124; as a king his relations, Bh. 2, 13, 10; see Bp. 32, 44; according to My. use the giver of a blessing always ought to be either older or of a higher position than the receiver of it). **2,** to make a vow (Bp. 48, 18; Bh. 1, 13, 3; ದೇವರಿಗೆ ಹರಸುವದು My.). ಹರಸೋದು ತಪ್ಪೋದಿಲ್ಲ, ತಿರಿದು ಮೈಯ್ಯೋದು ಹೋಗೋದಿಲ್ಲ.— ತನ್ನ ಕಾಲಿಗೆ ತಾನೇ ತರಣು ಮಾಡಿ ಹರಸಿ ಕೊಣ್ಡ ಹಾಗೆ (Prvs.). ಹರಸುವುದು (ಸ್ವಸ್ತಿ, ಆಶೀರ್ವಚ, ಆಶೀರ್ವಾದ Nn. 138).

ಹರಸು harasu. (= ಅರಸು?). — ಹರಸುಪಾದರೀ ಗಿಡ. (ಪಾಟಲಿ, ಅಮೋಘೆ, ಕೃಷ್ಣವೃನ್ತೆ, etc. Si. 134).

ಹರಹು harahu. 1. = ಪರಪು, (ಹರವು). To spread, to spread out or about (v. i. and v. t.; see Grj. 9, 62; Bp. 58, 50; Bh. 3, 23, 10). ಹರಹಿದನ್ತಾದು (ಪ್ರಸರ, ವಿಕೀರ್ಣ Nn. 108); ಹರಹಿದುದು (ವಿತಾನ, ಪ್ರಸರ 115). ಹರಹಲ್ ಪಟ್ಟುದು (ವಿಸ್ತೃತ, ವಿಸ್ತ್ರೃತ, ತತ); ಅಗಲಕ್ಕೆ ಹರಹಲು ಪಟ್ಟುದು

(ಪ್ರವೃದ್ಧ, ಪ್ರಸೃತ Nr.). ಗಿಡ ಮನೆ ನೀರು ಮುನ್ನಾದ ಎಲ್ಲ ವಸ್ತುಗಳ ಮೇಲೆ ನಾನು ಪ್ರಕಾಶವನ್ನು ಹರಹುತ್ತೇನೆ (B. 3, 27).

ಹರಹು harahu. 2. Spreading, extension, expanse, vastness (Bh. 1, 12, 6; 3, 11, 16; Râm. 4, 7, 9; J. 33, 4). — ಹರಹುಗೆಡು. -ಕೆಡು. To become devoid of extension (ಅವಕುಂಚಿತ, etc. Mr. 451).

ಹರಹು harahu. 3. (= ಪರಿವು, ಹರಿವು 1). Running, flowing, flow, current. ನೀರ ಹರಹು (ಅರ, ಧಾರೆ, ಪ್ರವಾಹ, ಓಘ, ವೇಣಿ Mr. 415). — ಹರಹುಬತ್ತು. -ಪತ್ತು. A current to be checked. ಹರಹುಬತ್ತಿದುದು, that by which a current is checked: a dam (ಅಧಾರ Mr. 416).

ಹರಳಿಗ haraḷiga. = ಪರಳಿಗ, q. v. (ಜಾರ Šmd. II).

ಹರಳು haraḷu. = ಪರಲ್, etc., ಹಳ್ಳು 1. A nodule, a pebble, a stone, grit (ಶರ್ಕರೆ Nr.; ಉಪಲ Nr.; My.; B. 4, 151). 2, that which bears kernels: the castor-oil plant, Palma Christi, Ricinus communis (My.). 3, the tree Terminalia tomentosa (? ಹೊನ್ನೆ Mr. 134). ಮೂತ್ರಪ್ರವಾಹದಿನ್ದ ಹರಳು ಬೀಳುವ ರೋಗ (ಅಶ್ಮರಿ, ಮೂತ್ರಕೃಚ್ಛ್ರ G.). ಮರುಳನ ಕಣ್ಣರೆ ಹರಳು ಚೆಲ್ಲ ಬೇಕು. — ಒರಳಲ್ಲಿ ಹರಳು ಹುರಿದರೆ ಅರಳು ಆದೀತೇ? (Prvs.). — ಹರಳಪ್ಪ. -ಅಪ್ಪ. = ಹರಳು No. 2 (playfully used). See Prv. s. ಹಗಲುದೀವಟಿಗೆ. — ಹರಳುಗಿಡ. = ಹರಳು No. 2. (ವ್ಯಾಘ್ರಪುಚ್ಛ, ಗನ್ಧರ್ವಹಸ್ತಕ, ಏರಣ್ಡ, ವರ್ಧಮಾನ, etc. Si. 134. 148). — ಹರಳುಗುಣಿಮಣೆ. A tablet with fourteen holes for a game played with pebbles, etc. (My.). — ಹರಳುಂಗರ. -ಉಂಗರ. A ring set with one or more precious stones (My.; Si. 220). — ಹರಳುಂಗುರ. -ಉಂಗುರ. = ಹರಳುಂಗರ. (Bh. 1, 6, 37). — ಹರಳು ಹರಳು. rep. (B. 3, 45; 4, 204). — ಹರಳೆಣ್ಣೆ. -ಎಣ್ಣೆ. Castor oil; lamp oil (as it is frequently used for burning in lamps, My.; Si. 134).

ಹರಳೆ haraḷĕ. = ಅರಳೆ 2, etc. (My.).

ಹರಳ್ಚು haraḷču. To cause hinderance or opposition to the eye, to annoy or trouble the eye (ನೇತ್ರವಿರೋಧಕರಣ Šmd. Dh.).

ಹರಾಬಿ harâbi. = ಅರಾಬಿ. Broad, etc. (My.; H.).

ಹರಾಮಿ harâmi. A wicked, vile woman (My.). 2, vile, base, villainous (Mhr., H. ಹರಾಮೀ).

ಹರಾಮು harâmu. Unlawful; wicked, wrong; vicious, vile (My.; Mhr., H. ಹರಾಮ); forbidden. — ಹರಾಮುಕುದುರೆ. A vicious or restive horse (My.).

ಹರಾಮುತನ harâmutana. Wickedness, etc. (My.).

ಹರಿ hari. 1. = ಪರಿ 1 q. v., etc. To run; to flow; etc. (ಧಾವನ Šmd. Dh.; Bp. 32, 20; 45, 28; 57, 2; J. 22, 36; 28, 16; Bh. 2, 4, 9. 11; C.). ಹರಿದು ಮುತ್ತುಹ (ಅಭ್ಯವಸ್ಕನ್ದನ, ಅಭ್ಯಾಸಾದನ); ಬೇಗದಿನ್ದ ಹರಿವಾತನು (ತರಸ್ವಿ, ತ್ವರಿತ, ವೇಗಿ, ಪ್ರಜವಿ, etc.); ಹರಿದು ಹೋಹಾತನು (ಅತಿಜವ, ಜಂಘಾಲ); ಒಬಿತು ಹರಿವ ಹಳ್ಳ (ಸ್ರೋತಸ್); ನೀರ ಹರಿಯಲೀಯದೆ ಕಟ್ಟಿದ ಕಟ್ಟೆ (ಆಧಾರ); ಉದಕ ಹರಿವ ಬಟ್ಟೆ (ಪ್ರಣಾಲಿ Nr.). (ಆನೆ) ಹರಿವುದು (ಸ್ಥೂಲೋಚ್ಚಯ); ಸುತ್ತುಂಗಡಲು ಹರಿದ ಕುಱುವ (ಅನ್ತರೀಪ Hlâ.). ಹಿಂದಿದ ಪಾಪವ ಮೂಡಿ, ಹರಿವ ನೀರೊಳು ಮುಬುಗೆ ಕರಗೊಡೇ ಪಾಪ? (Sp.). ನಿಲ್ಲದೆ ಅತಿ ಹರಿವವಂ (ಜಂಘಾಲ, ವೇಗಿ Mr. 234). — ಹರಿದಾಡು. -ಆಡು. To run about (in a battle, J. 25, 46); to move about (as blood in the body, B. 3, 35; 4, 133); to creep about (as a serpent, Dp. 63, 3; B. 3, 97; as an ant, B. 4, 64). ಹರಿದಾಡುವ ಮನಸು (ಚಿತ್ತವಿಭ್ರಮ G.). — ಹರಿಯಿಡಿ. -ಇಡಿ. To beat (another) so that he runs away, to defeat, etc. ಹರಿಯಿಡಿದುದು (ಎಬ್ಬಿಸಿದುದು, ಕಡೆಗಣಿಸಿದುದು, ಇದಿರುಸುನೂಕಿದುದು, etc., ಪ್ರತಿಹತ Šs.).

ಹರಿ hari. 2. = ಪರಿ 2. P. p. of ಹರಿ 1, in ಹರಿ ಹರಿದು (Bp. 32, 17; J. 26, 4). — ಹರಿ ತರ್. (*i. e.* ಹರಿದು ಕೊಣ್ಡು ಬರ್). = ಪರಿ ತರ್. (Bp. 5, 28; 20, 14; 22, 11; 44, 6; 46, 12; 53, 16; J. 28, 54; Bh. 1, 5, 21; 1, 10, 27). ಗಿರಿಯ ತುದಿಯಿನ್ದ ಒಸರಿ ಹರಿ ತಪ್ಪ ಹಳ್ಳ (ನಿರ್ಝರ Mr. 97).

ಹರಿ hari. 3. = ಪರಿ 3, ಹರ 2, ಹರು. Running; a run; going; flowing. See ಜಲ-; Hlâ. s. ಜಯನ. — ಹರಿಕಣಿ. = ಹರುಕಣಿ. A channel for (water) to run, a water-conduit (ಪಾನ, ಸಾರಣಿ Hlâ.); a water-trench. ಮರಕ್ಕೆ ನೀರೆರೆವ ಹರಿಕಣಿ (ಆವಾಲ, ಆಲವಾಲ Hlâ.). — ಹರಿಗೂಡು. -ಕೂಡು. To pay money for being ferried over a river. ಹರಿಗೂಡುವುದು (ಅತರ Hlâ.). — ಹರಿಗೊಳ್. -ಕೊಳ್. To run away (Bh. 4, 2, 19). — ಹರಿದಾರಿ. = ಹರದಾರಿ. (My.; Si. 105). — ಹರಿನಾಳಿ. A waste-pipe, a gutter, a channel (ಪ್ರಣಾಲಿ Hlâ.; Mr. 422). — ಹರಿನಾಳಿಗೆ. = ಹರನಾಳಿಗೆ, ಹರಿನಾಳಿ. (S. Mhr.). — ಹರಿಯನ್ತರ. -ಅನ್ತರ. The area of a run, *i. e.* of a haridâri (Bh. 2, 13, 32). — ಹರಿಯಿಡು. -ಇಡು. To run, to hasten (Čpr. 8, after 4). — ಹರಿಹಲಿಗೆ. A plank to the one end of which a rope is fastened and on which a boy sits and is pulled along (Bh. 1, 6, 2).

ಹರಿ hari. 4. = ಪರಿ 4, ಪರೆ 1, ಹರೆ 1 (occasionally in MSS. and prints). To spread (v. i.), etc.; to disperse; to go away; to end (Bp. 45, 3. 47; J. 17, 23; 27, 38). ಗುರುರಾಯನುಪದೇಶ ದೊರಕೊಣ್ಡಿತಾದಡೇ ಹರಿವುದು ಪಾಪವೆನ್ನೆನಲು ವಜ್ರದಿಂ ಗಿರಿಯ ಹೊಯಿದನ್ತೆ (Sp.). See Sp. s. ಕಜ್ಜ. — ಹರಿಧಚ್ಚಕ. (ಹರಿದ ಹಚ್ಚಕ). = ಹರೆಧಚ್ಚಕ. A straggling herb with bur-like flowers that stick to hands and clothes, Pupalia cappacea Moq. (? Z.).

ಹರಿ hari. 5. (= ಹರಿಬ 1). Spread, extent: a mass, a multitude, etc. (ಜಂಗುಳಿ, ಬಳಗ, ಬಮ್ಬಲ್, ಪಸರ, etc., ಶ್ರೇಣಿಕೆ Kk. 17).

ಹರಿ hari. Green, greenish yellow, yellow. 2, *reddish brown, bay, tawny.* 3, of a shining white colour, white, bright (ಧವಲ, ಬಿಳಿದು Nn. 10; ಶುಭ್ರ Mr. 495). 4, *the sun* (ಅರ್ಕ, ಸೂರ್ಯ 10). 5, *the moon* (ಚನ್ದ್ರ 10). 6, *a ray of light* (ಅಂಶು, ಕಿರಣ 10). 7, water (ವಾರಿ, ಉದಕ 10). 8, gold (ಸುವರ್ಣ 10). 9, *a horse* (ತುರಂಗಮ 10). 10, *a lion* (ಸಿಂಹ 10). 11, a parrot (ಶುಕ, ಗಿಳಿ 10; ಗಿಳಿ 495). 12, *a peacock.* 13, a pigeon (ಪಾರಾವತ, ಪಾರಿವಾಳದ ಹಕ್ಕಿ 10). 14, *an ape* (ವಾನರ, ಕಪಿ 10). 15, *a frog* (ಭೇಕ, ಕಪ್ಪೆ 10). 16, *a snake* (ಅಹಿ, ಸರ್ಪ 10). 17, the ocean (ಅಬ್ಧಿ 10). 18, a point of the compass (ದಿಕ್, ದಿಕ್ಕು 10). 19, an arrow (ಅಮ್ಬು, ಬಾಣ 10). 20, a treasury (ಕೋಶ, ಭಣ್ಡಾರ 10). 21, a cart, a waggon (ಶಕಟ, ಬಣ್ಡಿ 10). 22, *Indra* (ಬಿಡೌಜ, ಇನ್ದ್ರ 10). 23, *Vishṇu, Kṛishṇa* (ಕಮಲಾಕ್ಷ, ವಿಷ್ಣು 10). 24, Šiva (ಫಣೀನ್ದ್ರ 495). 25, Brahmâ. 26, *Yama* (ಯಮ 10). 27, *Vâyu* (ವಾಯು 10). 28, N. of the author of the girijâkalyâṇa (Grj. 10, 113. 114). 29, one of the divisions (varshas) into which the known continent is divided. 30, sign for a metrically short syllable (Čh.; Mr. 363). 31, the number eight (Čh.). See ಕವಿ-; Bp. 54, 43. ಹತ್ತು ಭವವನೆತ್ತಿ, ಎತ್ತು ಎಮ್ಮೆಯ ಕಾದು, ಮತ್ತು ಪಾಣ್ಡವರಿಗಾಳಾದ ಹರಿ

ಯು ತಾನೆತ್ತಣ ದೈವ? (Sp.). ನರಸಿಂಹನವತಾರ ಹಿರಿದಾದದದುಬುತ; ಉಗರಿನ್ದ ಶರಭ ಕೊಲ್ಲುವಾಗ ಹರಿಯೂರನದಾಯದನ್ದವಾದ (Sp.). ಹಿರಿಯ ಬೊಮ್ಮನು ಕೆಂಪ, ಕಿರಿಯ ಹರಿ ತಾ ಕರಿಗ, ಪುರಹರನು ಶುದ್ಧ ಧವಳಕನ್; ಇವರುಗಳು ಸರಿಯೆ ದೈವಕ್ಕೆ? (Sp.). — ಹರಿಗಳಪ್ಪಣ್ಣ. -ಅಪ್ಪಣ್ಣ. Appaṇṇa, the son of a certain Hari (Bp. 56, 55). — ಹರಿ ಗಿರಿ. reit. (Grj. 6, 38; Bp. 54, 5). — ಹರಿಬುಪ್ಪ. A meal on the fourth day of a marriage (of smârtas or mâdhvas) at which the son-in-law is looked upon as Vishṇu, is waited on only by his mother-in-law, plays tricks with his ĕnjal, etc. (My.).

ಹರಿಕಣ್ಠ hari-kaṇṭha. A peacock (ನವಿಲ್ Mr. 166).

ಹರಿಕಥೆ hari-kathĕ. The story of Vishṇu or Kṛishṇa (related with music and singing). ನರೀ ಕಥೆಯ ಮುನ್ದೆ ಹರಿ ಕಥೆಯೇ? (Prv.).

ಹರಿಕಾನ್ತ hari-kânta. The sapphire (ಅಸಿತಾಶ್ಮ, ನೀಲ Mr. 101).

ಹರಿಕಾಱ hari-kâṟa. = ಪರಿಕಾಱ. A runner, a courier (ಜಂಘಾಕರಿಕ, ಜಂಘಿಕ Nr.); a swift, fleet man (ಜಂಘಾಲ, ಜವನ, ವೇಗಿ Hlâ.; ವೇಗಾಯಿಲ Ŝs.). 2, a hawker, a chandler (ವಾರ್ತಾವಹ, ವೈವಧಿಕ Nr.). 3, a spy (ಉದಾಸ್ಥಿತ, ಚರಭೇದ Nr.).

ಹರಿಕೆ harikĕ. 1. = ಪರಕೆ 1, ಹರಕೆ. A vow (My.); etc. ನರಕದಲ್ಲಿ ಬೀಳುವವನು ಹರಿಕೆ ಹೇಳಿದರೆ ತಪ್ಪೀತೇ? — ತಿರಿಕೆಯ ಕೂಳು ತಿನ್ದು, ಹರಿಕೆಯ ಕೋಣನಾದ (Prvs.).

ಹರಿಕೆ harikĕ. 2. = ಹಲಕು 3, ಹಲಿಕೆ. A kind of harrow (ಕೋಟೀಶ, ಲೋಷ್ಟಭೇದನ Hlâ.; *cf.* ಹರಗು 1).

ಹರಿಗಣ hari-gaṇa. A class of pure Kannaḍa feet (Ćh.).

ಹರಿಗು harigu. = ಅರಗು 1, etc. A margin, etc. (Ŝi. 101; *only* in Ŝi.).

ಹರಿಗೆ harigĕ. = ಪರಿಗೆ, etc. Tbh. of ಫಲಕ. A shield (ಖೇಟಕ, ಫಲಕ, ಚರ್ಮ, ಆವರಣ Hlâ.; ಫಲಕ, ಫಲ, ಫರ, ಚರ್ಮ Nr.; ಫಲಕ, ಖೇಟಕ, etc. Mr. 292; ವಸು, ಖೇಟಕ Nn. 17; ಅಡ್ಡಣ Ćt. II, 38; Kk. 40; Ŝm. 43; Grj. 7, 52; Bp. 61, 25).

ಹರಿಗೆಕಾಱ harigĕ-kâṟa. A man who carries a shield (Grj. 6, after 56).

ಹರಿಚನ್ದನ hari-ćandana. *A sort of yellow sandal-wood* (ಬರ್ಬರ Mr. 335). 2, *one of the five trees of svarga* (see ದೇವತರು).

ಹರಿಣ hariṇa. *Greenish or yellowish white;* white. 2, *a deer, an antelope* (ಹುಲ್ಲೆ Mr. 162).

ಹರಿಣಧರ hariṇa-dhara. The moon (Bp. 5, 24).

ಹರಿಣಧರಧರ hariṇadhara-dhara. Ŝiva (Bp. 53, 46).

ಹರಿಣಪಕ್ಷ hariṇa-paksha. The light half of a month (Bh. 1, 3, 11).

ಹರಿಣಾಂಕ hariṇa-aṅka. The moon. (J. 25, 46). — ಹರಿಣಾಂಕಕುಲಜ. Arjuna (25, 46).

ಹರಿಣಿ hariṇi. *Greenish, green* (ಗಿಳಿ ಪಸುವ್ಪುಗಳ ಗಱಿಯನ್ತಪ್ಪ ವರ್ಣಂ Mr. 444). 2, *a female deer or antelope,* a doe (ಮೃಗ, ಎರಳೆ Nn. 95). 3, *a kind of woman.* 4, *a golden image* (ಪಾಂಚಾಲಿಕೆ, ಪುತ್ತಳಿ 95). 5, a heap, collection, multitude (ಚಯ, ಸಮೂಹ 95; *cf.* K. ಹರಿಬ 1). 6, roundness (ವೃತ್ತ, ಬಟುಹು, ವೃತ್ತಭೇದ 95).

ಹರಿಣೀಪ್ಲುತ hariṇî-pluta. N. of a vṛitta (Ćh.).

ಹರಿತ್ harit. *Green;* the colour green (ವರ್ಣ Nn. 93). 2, grass (ತೃಣ, ಹುಲ್ಲು 93). 3, beautiful (ರಮಣೀಯ, ಮನೋಹರ 93). 4, *a point of the compass, a quarter, region* (ದಿಕ್ಕು 93). 5, authority, etc. (ಅಧಿಕಾರ 93).

ಹರಿತ harita. *Green;* the colour green (ವರ್ಣ Nn. 60); grassy, verdant.

ಹರಿತಕ haritaka. A green vegetable, *a pot-herb.*

ಹರಿತಭಾವ harita-bhâva. Greenness. See ಪಸುರ್.

ಹರಿತಾಯಮಾನ haritâyamâna. Becoming green or verdant (Ćpr. 4, after 49).

ಹರಿತಾಲ haritâla. = ಅರದಳ, ಅರದಾಳ, ಅರಿದಳ, ಅರಿದಾಳ, ಹರತಾಳ, ಹರಿದಳ. *Yellow orpiment or sulphuret of arsenic, Arsenicum flavum* (ಹರಿತಾಲಕ, ಆಲ, etc., ಅರಿದಾಳ Nr.). 2, a kind of pigeon of a yellowish green colour.

ಹರಿತಾಲಕ haritâlaka. = ಹರಿತಾಲ. *Yellow orpiment.* 2, a kind of pigeon.

ಹರಿತಾಲಿ haritâli. *The grass Panicum dactylon* Lin. (or Agrostis linearis Retz., ದೂರ್ವೆ, ಕಱಿಕೆ Mr. 109).

ಹರಿದಶ್ವ harit-aśva. *The sun.*

ಹರಿದಳ haridaḷa. Tbh. of ಹರಿತಾಲ. (ಹರಿತಾಲಕ, etc. Ŝi. 333).

ಹರಿದಾಸ hari-dâsa. A slave or worshipper of Vishṇu; a celebrator of Vishṇu in his incarnations who relates his exploits with music and chanting (My.).

ಹರಿದ್ರ haridra. Yellow colour (ರಜನಿವರ್ಣ, ಪೀತ Mr. 444).

ಹರಿದ್ರಾಂಗ haridrâ-aṅga. A body to which turmeric is applied (J. 9, 42).

ಹರಿದ್ರಾಭ haridrâ-âbha. Resembling turmeric, *of a yellow colour, yellow.*

ಹರಿದ್ರಾರಾಗ haridrâ-râga. Turmeric-coloured. 2, *unsteady in affection or attachment* (like the colour of turmeric which does not last, ಸ್ಥಿರಮಿಲ್ಲದ ಸ್ನೇಹ ಮಾಡುವನು Hlâ.; *cf.* ಪೀತರಾಗ).

ಹರಿದ್ರು hari-dru. *A kind of turmeric, Curcuma aromatica.*

ಹರಿದ್ರೆ haridrĕ. ಹರಿದ್ರಾ. = ಅರಸಿನ, etc. *Turmeric, Curcuma longa* Lin. (ಅರಿಸಿನ Mr. 130; *cf.* ಪಳದಿ). 2, the ink-nut tree (ಜೀವಕ, ತಿವೆ, etc., ಅಣಿಲೆ Mr. 122).

ಹರಿದ್ವಾರ hari-dvâra. N. of a town and tîrtha where the Ganges finally leaves the mountainous districts for the level plains. (B. 5, 152; My.).

ಹರಿನನ್ದನ hari-nandana. Indra's son, Arjuna (J. 25, 46).

ಹರಿನಮುಚಿಭಿದ್ hari-namućibhid. The moon and Indra (Bp. 38, 1).

ಹರಿನಾದ hari-nâda. A lion's roar: a war-cry (J. 25, 46).

ಹರಿನಾಮ hari-nâma. The name or names of Vishṇu. See Prv. s. ಮೊರೋ.

ಹರಿನೀಲ hari-nîla. The sapphire (Ćpr. 1, 119).

ಹರಿನೀಲಮಣಿ harinîla-maṇi. = ಹರಿನೀಲ. (J. 26, 9).

ಹರಿನ್ಮಣಿ harit-maṇi. *An emerald* (ಪಚ್ಚೆ Hlâ.).

ಹರಿಪೀಠ hari-pîṭha. A throne (My.).

ಹರಿಪ್ರಾಸ hari-prâsa. A kind of alliteration (Ćh.).

ಹರಿಪ್ರಿಯೆ hari-priyĕ. *Lakshmî.*

ಹರಿಬ hariba. 1. (= ಹರಿ 5). A mass, a multitude, a number, a host, an assemblage (ಶ್ರೇಣಿ, ಹನ್ತಿ, ಸಾಲ್, ತೋಮ, etc., ಸಮೂಹ Ŝs.; Bh. 3, 19, 48. 45; 7, 1, 8).

ಹರಿಬ hariba. 2. (fr. ಹರಿ 1?). Business, affair, work, concern (Ćpr. 6, 36; Bh. 1, 5, 28; 4, 4, 45; 8, 3, 4; Râm. 4, 2, 25; J. 11, 12; 14, 4; 16, 26; 25, 46).

ಹರಿಬನ್ಧು hari-bandhu. Arjuna (ಫಲ್ಗುನ, etc. Mr. 264).

ಹರಿಬಿ haribi. = ಹರವಿ, etc. (My.).

ಹರಿಭಕ್ತ hari-bhakta. A worshipper of Vishṇu. (My.).

ಹರಿಮನ್ಥ hari-mantha. The tree Premna spinosa, the wood of which by attrition produces flame. See s. ಅತಿಮುಕ್ತಕ. 2, N. of a country.

ಹರಿಮನ್ಥಕ hari-manthaka. *The chick-pea, Cicer arietinum.*

ಹರಿಮಯ hari-maya. Made of, or full of, gold (J. 25, 46).

ಹರಿಯಕ್ಷ hari-aksha. = ಹರ್ಯಕ್ಷ. (ಸಿಂಹ Mr. 159; Râm. 6, 19, 17).

ಹರಿಯಣ hariyaṇa. = ಪರಿಯಣ, etc. A plate-like vessel of metal or wood (Bh. 4, 4, 37; Râm. 6, 55, 33). ಮರದ ಹರಿಯಣದೊಳ್ ಉಣ್ಬಂ (Śmd. 287).

ಹರಿಯಾಣ hariyâṇa. = ಹರಿಯಣ, etc. (Bp. 8, 14).

ಹರಿಯಿಸು hariyisu. = ಪರಿಯಿಸು. To cause to flow (My.).

ಹರಿಯುವಿಕೆ hariyuvikĕ. Running; flowing. ನೀರಿನ ಹರಿಯುವಿಕೆ (G. 319).

ಹರಿವಂಶ hari-vaṁśa. The family of Kṛishṇa. 2, N. of a poem in Saṁskṛita. 3, N. of a poem in Kannaḍa by Guṇavarma (Śmd. 144).

ಹರಿವತ್ hari-vat. *Indra.*

ಹರಿವರ hari-vara. N. of a vṛitta (Čh.).

ಹರಿವರುಷ hari-varusha. Tbh. of ಹರಿವರ್ಷ. (Čpr. 3, after 32).

ಹರಿವರ್ಷ hari-varsha. One of the divisions of the known continent.

ಹರಿವಾಣ harivâṇa. = ಅರಿವಾಣ, ಹರಿಯಣ, etc. (C.; B. 4, 74; Tĕ.). ಚಿನ್ನದ ಹರಿವಾಣವಾದರೂ ಮಣ್ಣಿನ ಗೋಡೆಗೆ ಒರಗಬೇಕು.— ಹಂಚಿನಲ್ಲಿ ಉಣುವವನಿಗೆ ಹರಿವಾಣವು ಯಾಕೆ?— ಹಬ್ಬದ ಊಟ, ಹರಿವಾಣದ ಏಳ್ಗೆ (Prvs.).

ಹರಿವಾಲುಕ hari-vâluka. *A perfume, the fragrant bark of Feronia elephantum.*

ಹರಿವಾಸರ hari-vâsara. Vishṇu's day, the eleventh or twelfth lunar day when upavâsa, etc. is performed (J. 29, 26; My.).

ಹರಿವಿ harivi. = ಹರವಿ, etc. (My.).

ಹರಿವಿಷ್ಟರ hari-vishṭara. A throne (My.).

ಹರಿವು harivu. 1. = ಪರಿವು. Running; flowing, streaming; current. ನದಿಯ ಹರಿವು (ಸ್ರೋತಸ್ Nr.).

ಹರಿವು harivu. 2. (fr. ಹರಿ 4). = ಹರೆವು. Spreading, extending; increase; dispersing; going away; end; ruin (Bp. 27, 2; J. 26, 58; Bh. 1, 8, 30. 55; 7, 1, 2). — ಹರಿವೊಲೆ. -ಒಲೆ. An extensive, long fire-place built in the ground (My.).

ಹರಿವೇಗ hari-vêga. The velocity of the wind (J. 46, 25).

ಹರಿಶರ hari-śara. Having Vishṇu for an arrow: Śiva. (Śêv. 4, 122).

ಹರಿಶ್ಚನ್ದ್ರ hari-ś-čandra. Having golden-coloured splendor. 2, N. of a king of the solar dynasty. See J. 2, 52; 11, 30; 18, 54; Mr. s. ಅಬುವರ್.

ಹರಿಸ harisa. = ಹರುಸ. Tbh. of ಹರ್ಷ. (ಸನ್ತಸ, ಸನ್ತೋಷ Śs.; see ಬೀಗು 2).

ಹರಿಸು harisu. 1. = ಹರಸು. To bless (B. 5, 190).

ಹರಿಸು harisu. 2. = ಅರಿಸು 3, ಪರಿಸು 1. To cause to run or flow (Bp. 21, 38; J. 4, 18. 27; 22, 25; Bh. 1, 10, 29; My.).

ಹರಿಸು harisu. 3. To cause to disperse, go away or end; to destroy. See *e. g.* ಸಾಲ-; Bp. 23, 22; 34, 31. 34; 54, 48; 57, 25. 28; Bh. 10, 6, 3.

ಹರಿಸು harisu. To remove, to take away, to carry off, etc.; to divide (ಭಾಗಿಸು Mr. 349). See *e. g.* ಅಪ-, ಪರಿ-, ಸಂ-.

ಹರಿಸೇವೆ hari-sêvĕ. Service or worship of Vishṇu. ಹಾರುವರ ಮನೇಲಿ ಹರಿಸೇವೆ ಆದರೆ ಮೂಟಿನಾಯಿಗೆ ಒಡ್ಯಾಟ (Prv.).

ಹರಿಹ hariha. Running; flowing, streaming; current. ತೊಱೆಯ ಹರಿಹ (ಓಘ, ಪ್ರವಾಹ, ವೇಣಿ, ಧಾರೆ, ಸ್ರೋತಸ್, ರಯ Hlâ.).

ಹರಿಹಯ hari-haya. *Indra.*

ಹರಿಹರ hari-hara. The remover of Vishṇu: Śiva (Bp. 54, 45; 57, 27. 23).

ಹರಿಹು harihu. Running, run, velocity; flying. ಛಣ್ಡಿಯ (*i. e.* ಬಣ್ಡಿಯ) ಹರಿಹು (ಜಯನ, ಪ್ರವಹಣ Mr. 284).

ಹರೀತಕಿ harîtaki. *The yellow myrobalan tree, Terminalia chebula* (ಅಣಿಲೆ Nn. 63, o. r. ಅಳಿಲೆ).

ಹರು haru. = ಹರ 2, etc. Running; flowing. — ಹರುಕಣಿ. = ಹರಿಕಣಿ. A channel to carry off water (ಯಾನ, ಸಾರಣಿ Mr. 422). — ಹರುದಾರಿ. = ಹರಿದಾರಿ. ಎರಡು ಹರುದಾರಿ (ಗೋರುತ G.).

ಹರುಬಿ harubi. = ಹರವಿ, etc. (My.).

ಹರುಬು harubu. Tbh. of ಪರ್ವ. A feast. ತಱುಬು ಇದ್ದರೆ ಹರುಬು ನಿನ್ನೀತೇ? (Prv.).

ಹರುವಿ haruvi. = ಹರುಬಿ, etc. (My.).

ಹರುವು haruvu. = ಹರ್ವು 2. A way, a means, an expedient (Bh. 1, 8, 21; 8, 26, 22; My.; Tĕ.).

ಹರುಷ harusha. Tbh. of ಹರ್ಷ. (ಹರ್ಷ Nn. 155; ಸನ್ತಸ Čt. II, 64; Bp. 44, 70; 47, 30). ಪುರುಷನಾದರೆ ಹರುಷ ಬೇಕು (Prv.). — ಹರುಷ ತಾಳ್. To get joy, to begin to rejoice (Bp. 37, 24). — ಹರುಷವಬ್ಬುಡು. -ಅಂ-ಪಡು. To experience or feel joy (Bp. 11, 15; 37, 51; 52, 40). — ಹರುಷವೊಬ್ಬಂ. -ಒಂ-. = ಹರುಷ ತಾಳ್. (Bp. 4, 58; 60, 33). — ಹರುಷವೊನ್ದು. -ಒನ್ದು. = ಹರುಷ ತಾಳ್. (Bp. 36, 30). — ಹರುಷ ಹೊದ್ದು. = ಹರುಷ ತಾಳ್. (Bp. 32, 45).

ಹರುಷಿತ harushita. Tbh. of ಹರ್ಷಿತ. (Bp. 5, 58. 70; 21, 6; 22, 63; see ರೋಮ-). Feminine ಹರುಷಿತೆ (44, 42).

ಹರುಸ harusa. Tbh. of ಹರ್ಷ (Śmd. 335. 336).

ಹರೆ harĕ. 1. = ಪರೆ 1, ಹರಿ 4. To spread (v. i.), to extend;—to disperse, to go away; etc. (Bp. 21, 41; Râm. 3, 2, 24; Bh. 1, 5, 5; 8, 26, 56; B. 3, 125). P. ps. ಹರದು, ಹರೆದು. ಹರೆವ ಕತ್ತಲೆ (ಕ್ಷೀಣತಮಸ, ಅವತಮಸ Nr.). ಹರೆದ ಕತ್ತಲೆ (ಅವತಮಸ, ಕಡಿಮೆಯಾದ ಕತ್ತಲೆ G.). — ಹರೆಧಚ್ಚಳ. (*i. e.* ಹರೆದ ಹಚ್ಚಳ). = ಹರಿಧಚ್ಚಳ. A creeping perennial herb, Blepharis molluginifolia Pers. (Z.).

ಹರೆ harĕ. 2. = ಪರೆ 2. To begin to shine, to dawn (C., as ಬೆಳಗು-, ರಕ್ತಿ-).

ಹರೆ harĕ. 3. Dawn, break of day (C.).

ಹರೆತನ harĕtana. = ಹರೆಯತನ. Youth (ತಾರುಣ್ಯ Čb.).

ಹರೆಯ harĕya. = ಹರಯ. Tbh. of ಪ್ರಾಯ. The time of youth, the prime of life, maturity (Grj. 4, 57; Bp. 3, 41;

9, 33; 40, 15. 75; C.; B. 3, 51; 5, 236. 298). ಹರೆಯದ ಎತ್ತು (ಅನರ್ಘ್ಯ, ಹೋರಿ, ಜಾತೋಕ್ಷ G.). See ಎಳೆವರೆಯ, ನಡುಹರೆಯ. ಹರೆಯ ಹೋದವಂ (ವೃದ್ಧ, ಸ್ಥವಿರ Mr. 310). ಹರೆಯಕ್ಕೆ ಹಸ್ತಿ ಹಣವಡ್ಡ.—ಹಾಗೆ ಕುಣಿಯುವ ಬಡ್ಡಿ ಹರೆಯಕ್ಕೆ ಬನ್ದರೆ ಬಿಟ್ಟಾಳೇ? (Prvs.). — ಹರೆಯದವ. -ಅವ. A young man (My.; B. 5, 147). — ಹರೆಯದವಳು. -ಅವಳು. A young woman (My.; ಯುವತಿ G.). — ಹರೆಯಬೋಗುಹ. -ಪೋಗುಹ. The passing away of the prime of life, growing old, etc. (ಜ್ಯಾನಿ, ಜೀರ್ಣ Nr.). — ಹರೆಯುಪ್ಪಡೆ. -ಂ-ಪಡೆ. To become ripe (Grj. 5, after 76). — ಹರೆಯಮ್ಪೋಗು. -ಂ-ಪೋಗು. The prime of life to pass away, etc. ಹರೆಯಮ್ಪೋದಾತ (ಪ್ರವಯಸ್, ಸ್ಥವಿರ, ವೃದ್ಧ, ಯಾತಯಾಮ Hlâ.). — ಹರೇದವ. (*i. e.* ಹರೆಯದವ). A young man (ಯುವ Čb.). — ಹರೇದವಳು. -ಅವಳು. A young woman (ಯುವತಿ Čb.).

ಹರೆವು harĕvu. = ಹರಿವು 2. Spreading; increase (see ಮುನಿಸು-); dispersion, going away; end.

ಹರೇಣು harêṇu. *A sort of drug or medicinal substance* (= ರೇಣುಕಾ). 2, *pease, pulse* (= ಕಳಾಯ; ಬಟಗಡ್ಲೇ ಕಾಯಿ G.).

ಹರೇತನ harêtana. = ಹರೆತನ. (ಪ್ರಾಯ Čb.).

ಹಱ haṟa. 1. = ಹಱದು, etc. P. p. of ಹಱ್ 1, in ಹಱ ಕೊಳ್ಳು (C.; B. 3, 37; 4, 78. 170; 5, 250).

ಹಱ haṟa. 2. = ಪಱ್ 4, etc. Flying; etc., etc. — ಹಱಗಲ್. -ಕಲ್. ಹಱಗಲು. = ಪಱುಗೋಲ್, etc. A round basket boat lined with leather, a boat made of wicker work covered with hides (My.). — ಹಱಗಲುಕಡ. A ferry for such a boat (My.). — ಹಱಗೋಲ್. -ಕೋಲ್. ಹಱಗೋಲು. = ಹಱಗಲ್. (My.; ಪೋತ G.; B. 5, 298). ಕೆಸರಿಗೆ ಹಱಗೋಲು ಬೇಕೇ? (Prv.).

ಹಱಕ haṟaka. 1. = ಹಱಕು, etc. Rent or tattered or toused state; a tatter, a rag. — ಹಱಕಬಟ್ಟೆ. A torn cloth (My.). — ಹಱಕ ಬಱಕ. reit. (My.).

ಹಱಕ haṟaku-as. 2. = ಅಱಕ 2. A man of whom anything is rent. See ಕಚ್ಚೆ-, ಸೋಟೆ-.

ಹಱಕಿ haṟaki. = ಅಱಕಿ, ಹಱ್ಕಿ. A woman of whom anything is rent. See ಕಚ್ಚೆ-, ಸೋಟೆ-.

ಹಱಕು haṟaku. = ಅಱಕು, ಪಱಕು, ಪಱುಕು, ಹಱಕ 1 q. v., ಹಱ್ಕು, ಹಱುಕು, ಹರ್ಕ. (C.). ಹಱಕಿನಲ್ಲಿ ಇಲಿ ಕಡಿಯಿತು (Prv.). ತಮ್ಮಾ, ಹೊದ್ದು ಕೊಳ್ಳುವ ನಕ್ಷ ಹಱಕ ದೋತರಾ ತನ್ದು ಕೊಡು (B. 3, 25). See Prv. s. ಮುಱಕ. — ಹಱಕುಅಱಿವೆ. A torn or tattered cloth. ಹಱಕುಅಱಿವೆಯ ತುಣುಕು (ಕರ್ಪಟ G.). — ಹಱಕುಜಾಜೀಮ. A tattered floor-cloth (B. 5, 126). — ಹಱಕುತೊಗಲು. Rent leather (Dp. 54). — ಹಱಕು ಪಱಕು. rep. — ಹಱಕು ಪಱಕುಬಟ್ಟೆ. A cloth quite torn or tattered (C.). — ಹಱಕುಪುಸ್ತಕ. A torn book (B. 4, 44). — ಹಱಕು ಮಾತು. A speech that lacks coherency (ಅಶ್ಲೀಲ, ಶಿಥಿಲಭಾಷಣ G.). — ಹಱಕುಮೊಱ. A worn out dust-fan (My.). — ಹಱಕುವಸ್ತ್ರ. = ಹಱಕುಅಱಿವೆ. (C.; B. 5, 76).

ಹಱತ haṟata. = ಹಱ್ತ, ಹರ್ತ. Cutting: sharpness (My.). ಹಱತವಾದ ಹದವುಳ್ಳ ಕೊನೆ (ತೀಕ್ಷ್ಣಾಗ್ರ Si. 306).

ಹಱದು haṟadu. = ಹಱ್ದು. P. p. of ಹಱ್ 1. (B. 1, 23). ಶಿವಾ ಎನ್ದರೆ ಸೆಱಗು ಸುತ್ತಿ ಕೊಣ್ಡ, ಭವಾ ಎನ್ದರೆ ಕ್ಷೌರವಾಸ ಹಱದು ಬಿಟ್ಟ (Prv.).

ಹಱಿ haṟi. 1. = ಅಱ್ 2, ಪಱ್ 1 q. v. To tear (v. t.), to rend, to break, to slit, etc.; to pluck (Grj. 2, after 106; Bh. 3, 13, 21; B. 3, 3; My.). ವಶಿಷ್ಠನ ಕೊರಳ ನೇಣ ಹಱಿದ ನದಿ (ವಿಪಾಶೆ Nr.). ಇಱಿದರೆಯು ಏಱಿಲ್ಲ, ಹಱಿದರೆಯು ಸೀಳಿಲ್ಲ (fire, Sp.). 2, to cut, as a knife, etc. (C.). ಹಱಿವ ಗರಗಸಿನಲ್ಲಿ ಶಿರವನೊಡ್ಡಲು ಬಹುದು (Dp. 172). 3, to be torn or rent; to be severed, to break (C.). ತಲೆ ಹಱಿದು ಆಡುವ ಅಟ್ಟ (ಕಬನ್ಧ Nr.). ಹಱಿಯೋ ಪರಿಯುನ್ತರ ಎಱೆಯ ಬಾರದು, ಮುಱಿಯೋ ಪರಿಯುನ್ತರ ಬೊಗ್ಗಿಸ ಬಾರದು.—ತೆಪ್ಪ ಹಱಿದರೆ ದೋಣಿ.—ತೆಪ್ಪ ಹಱಿದರೆ ಮುಪ್ಪಿನವನೇ ಸಾಯುವನೋ? (Prvs.). ಹಱಿದ ವಸ್ತ್ರಗಳನ್ನು ನೆಟ್ಟಗೆ ಮಾಡುತ್ತಾಳೆ (B. 5, 294). P. ps. ಹಱದು, ಹಱಿದು.

ಹಱಿ haṟi. 2. = ಪಱಿ 2, ಹಱ 1, etc., in ಹಱಿ ಹಱಿದು (My.).

ಹಱಿ haṟi. 3. = ಪಱಿ 3. Tearing, etc.; the state of being torn, etc. — ಹಱಿಗಲ್ಲು. -ಕಲ್ಲು. A slit or split stone (Râm. 6, 37, 15). — ಹಱಿಗವಿ. -ಕವಿ. A break-poet: a paltry poet (Čh. v. 19; Grj. 1, 30). — ಹಱಿದಲೆಯ. -ತಲೆಯ. (Šmd. 95). A man whose head has been severed from the body.

ಹಱಿ haṟi. 4. = ಹಱ 2, etc. — ಹಱಿಗಲ್. -ಕಲ್. ಹಱಿಗಲು. = ಹಱಗಲ್. (My.). — ಹಱಿಗೋಲ್. -ಕೋಲ್. ಹಱಿಗೋಲು. = ಹಱಿಗಲ್. (J. 12, 14; My.; ಉಡುಪ, ಪ್ಲವ, ಕೋಲ, ತೆಪ್ಪ Si. 84; ಪೋತ 422).

ಹಱಿಕಿ haṟiki. = ಹಱಕಿ. See *e. g.* ಕಿವಿ-.

ಹಱಿಕು haṟiku. = ಅಱಿಕು, ಹಱಕ 1, etc. — ಹಱಿಕ ಗಡ್ಡ. A toused, disheveled beard (Bp. 58, 49).

ಹಱಿತ haṟita. = ಹಱತ. (My.; ಕೋಣ, ಪಾಲಿ, ಅಶ್ರಿ, ಕೋಟಿ, ಅಂಚು, ಆಯುಧಗಳ ಬಾಯಿಧಾರೆ Si. 291). ಹಱಿತವಾಗಿರುವ ಆಯುಧಾದಿಗಳು (ತೀಕ್ಷ್ಣ 420).

ಹಱಿವು haṟivu. = ಪಱಿವು. Tearing, etc.; being rent or broken (Bh. 3, 13, 21).

ಹಱಿವೆ haṟivĕ. = ಅಱಿವೆ 4 (see corrections), ಹಱುವೆ, ಹಱುಹೆ, ಅರ್ವೆ. A common potherb, Amarantus oleraceus Willd. (C.). ಕಾಲಿನಲ್ಲಿ ಹಱಿವೆಯಾದರೂ ಹಾಕಬಾರದು (Prv.). — ಹಱಿವೆಪಲ್ಯ. = ಹಱಿವೆ. (C.). — ಹಱಿವೆಸೊಪ್ಪು. = ಹಱಿವೆಪಲ್ಯ. (C.).

ಹಱಿಸು haṟisu. To cause to tear or rend (My.).

ಹಱು haṟu. = ಪಱು, etc. — ಹಱುಗಲ್, -ಕಲ್. ಹಱುಗಲು. = ಹಱಿಗಲ್ (My.). ಹಱುಗಲಿಕ್ಕುವ ನೀರು (ನಾವ್ಯ); ಹಱುಗಲೇಱುವಾತ (ನಾವಾರೋಹ, ನಾವಿಕ Hlâ.). — ಹಱುಗೋಲ್. -ಕೋಲ್. = ಹಱುಗಲ್. (ನೌ, ತರಣಿ, ತರಿ Nr.). ಹಱುಗೋಲನೆ ಹೋಗಯಿಸಿ ಕೊಳುತಲಿ ತೊಱೆಯ ದಾಣ್ಟುವರೂ (Prll. 12, 14). — ಹಱುಗೋಲ್. -ಕೋಲ್. ಹಱುಗೋಲು. = ಹಱುಗೋಲ್. (Bp. 32, 38; My.).

ಹಱುಕು haṟuku. = ಅಱುಕು, ಹಱಕು, etc. — ಹಱುಕ ಗಡ್ಡ. = ಹಱಿಕ ಗಡ್ಡ. (Bp. 20, 11). — ಹಱುಕು ಕಿವಿ. A slit ear (My.). — ಹಱುಕು ತುಟಿ. A slit lip (My.). — ಹಱುಕು ಬಟ್ಟೆ. A torn or tattered cloth (My.; ನಕ್ತಕ, ಕರ್ಪಟ (Si. 228). — ಹಱುಕು ಮೂಗು. A rent nose (My.).

ಹಱುವೆ haṟuvĕ. = ಹಱಿವೆ, etc. (My.). See ಮರ-.

ಹಱುಹೆ haṟuhĕ. = ಹಱುವೆ, etc. See ಮರ-.

ಹಱೆ³ haṟĕ. = ಪಱೆ 1. A drum (Râm. 3, 6, 3; 11, 1, 16). ಹಱೆಯ ಧ್ವನಿ (ತೂರ್ಯರವ, ಆಡಮ್ಬರ Nr.). ಹಱೆಯ ಕಡುಹು (ದಣ್ಡ Mr. 525). (ಕೃಷ್ಣನ) ರವಮಿಕ್ಕುವ ಹಱೆ ದುನ್ದುಭಿಯೆನಿಕ್ಕು (Mr. 20).

ಹರ್ har. = ಹರ 2, etc. — ಹರ್ನಾಳಿಗೆ. = ಹರನಾಳಿಗೆ. (S. Mhr.).

ಹರ್ಕು haṟku. = ಹಱಕು, etc. ಪುರ್ಕು ಅನ್ದರೆ ಹರ್ಕು ಮುಚ್ಚೀ ತೇ? (Prv.).

ಹರ್ದೆ hardě. = ಹರಡೆ, etc. — ಹರ್ದೆಕಾಯಿಮರ. The ink-nut tree (St. & Pl.).

ಹರ್ತ haṟta. = ಹಱತ, etc. (My.).

ಹರ್ತ harta. Tbh. of ಹರ್ತೃ. See Bp. 54, 4; ವಿಶ್ವ-.

ಹರ್ತವ್ಯ hartavya. To be taken away or removed, etc. See ಪರಿ-.

ಹರ್ತೃ hartṛi. One who brings or conveys; one who takes or receives; one who seizes; a remover; a robber; a destroyer (My.).

ಹರ್ಮ್ಯ harmya. *A mansion, a palace,* any large building or residence of a man of wealth (ಸೌಧ, ಉಪ್ಪರಿಗೆ Nn. 94; ಮಾಡ Ćt. I, 67).

ಹರ್ಯಕ್ಷ hari-aksha. = ಹರಿಯಕ್ಷ. *A lion.*

ಹರ್ಱ್ haṟṟ. A sound made by monkeys from disgust or anger (Grj. 1, after 181; Rāv. 5, after 55; 9, 29). *Cf.* ಪಱ್.

ಹರ್ವು harvu. 1. = ಪರ್ವು 1, ಹರವು. (My., especially as v. t.).

ಹರ್ವು haṟvu. 2. = ಹರುವು. (My.).

ಹರ್ವೆ haṟvě. = ಹಱುವೆ, etc. ಪರ್ವಕಾಲದಲ್ಲಿ ಹರ್ವೆಸೊಪ್ಪು ತಿನ್ದರೂ ಗರ್ವ ಹೋದೀತೇ? (Prv.).

ಹರ್ಷ harsha. = ಪರುಸ 2, ಹರಿಸ, ಹರುಷ, ಹರುಸ. Bristling, erection (of the hair, etc.). 2, thrilling, thrill, rapture, *delight, glee, joy, pleasure, gladness.* See ಅಗಿ, ಅಮುಕುಳಿ.

ಹರ್ಷಗರ್ಭ harsha-garbha. Filled with joy (Ŏpr. 8, 84).

ಹರ್ಷಣ harshaṇa. Causing to bristle or stand erect; bristling, becoming erect. 2, causing delight, gladdening, delightful. 3, the fourteenth of the astronomical yŏgas. 4, a morbid affection of the eyes. See ರೋಮ-.

ಹರ್ಷಭಾವ harsha-bhâva. The state of being happy. See ಬೀಗು 2.

ಹರ್ಷಮಾಣ harshamâṇa. *Rejoicing, joyful, happy.*

ಹರ್ಷಾಬ್ಧಿ harsha-abdhi. An ocean of delight (My.).

ಹರ್ಷಾಶ್ರು harsha-aśru. Tears of joy (My.).

ಹರ್ಷಿತ harshita. = ಹರುಷಿತ. Bristled, become erect. 2, made glad or happy, gladdened, delighted, happy.

ಹರ್ಷಿಸು harshisu. To rejoice, to exult, to be glad or pleased (My.).

ಹರ್ಷೋತ್ಸವ harsha-utsava. Excess of happiness, abundance of joy (My.).

ಹಲ್ hal. = ಪಲ್, ಹಲು 1, ಹಲ್ಲು. A tooth (ದಶನ, ದ್ವಿಜ, ದನ್ತ, ರದ, ರದನ Hlâ., Mr. 318; ದನ್ತ, ದ್ವಿಜ Nr.; ದ್ವಿಜ, ದನ್ತ Nn. 36; ದನ್ತ, ದಶನ Nn. 81; Bp. 54, 52). ಆಱು ಹಲ್ಲ ಹೋರಿ (ಷೋಡಶ್, ಷಡ್ದಶನ Hlâ.). ಕಪ್ಪರದಲುಮ್ಬುರು, ಒಪ್ಪರದಿ ನಡೆವರು, ತಪ್ಪಿದರೆ ಹಲ್ಲ ಕಳೆವರು; ಮುಕಾತ್ಮರ ಒಪ್ಪವಂ ನೋಡು! (Sp.). — ಹಲ್ಕಡಿ. To grind or gnash the teeth (from anger or fear, My.). — ಹಲ್ಕುರು. A gum-boil (My.).

ಹಲ್ hal. A consonant. (My.). 2, the small oblique stroke at the root of a consonant, denoting that it has not the inherent short ಅ, or that it is but a half-letter (Mhr.). — ಹಲನ್ತ. -ಅನ್ತ. Ending in a consonant (My.). — ಹಲ್ಸನ್ಧಿ. The junction of consonants (in grammar, My.).

ಹಲ hala. 1. = ಪಲ 1, etc., ಹಲು 2. Much; many, etc. — ಹಲಬರ್. ಹಲಬರು. = ಪಲಬರ್, etc. Many or several persons (Bp. 38, 15; 44, 49; 56, 26; My.). — ಹಲರು. = ಪಲರ್, ಹಲಬರ್. (Bhâgavata 3, 2, 48). — ಹಲವಂಗ. -ಅಂಗ. = ಪಲವಂಗ. Various kinds or ways (Bp. 8, 44). — ಹಲವನಾಡು. -ಆಡು. To utter many words (Bp. 56, 19). — ಹಲವರ್. ಹಲವರು. = ಹಲಬರ್, etc. (C.; B. 2, 24). ಹಲವರ ಸಂಗ ಕಲಹಕ್ಕೆ ಕಾರಣ (Prv.). — ಹಲವರ್ಥ. -ಅರ್ಥ. Many meanings (Mr. 465 s. ಬೆಡಗು). — ಹಲವಿರುಳು. -ಇರುಳು. Many nights (ಗಣರಾತ್ರ Mr. 66). — ಹಲವು. = ಪಲವು, ಹಲ. (ಭೂಮನ್, ಪ್ರಾಯ Nr.; ನಾನಾ Nn. 162; Bp. 19, 42; ಅನೇಕ G.; C.). ಹಲವಾಣೆ (ಘಟೆ Hlâ.). ಹಲವನೀದ ಆಕಳ್ (ಪರೇಷ್ಟುಕೆ Nr.). — ಹಲವು ಕಾಲ. A long time (Bp. 57, 15). ಹಲವು ಕಾಲದ ಹಗೆತನ ಮಾಡಿ ಮಱುಗುಹ (ಅನುಶಯ Nr.). ಹಲವು ಕಾಲಕೆ ಹರಸಿ ಹೆತ್ತರು (Prll. 3, 12). — ಹಲವು ಕೆಲವು. Some, several (ಕೆಲ ಕೆಲವು Śmd. 47. 53 Cm.; ಕತಿಪಯ Ćt. I, 91). — ಹಲವು ಚಿತ್ತಾರ. Many pictures. ಹಲವು ಚಿತ್ತಾರ ಮಸಿ ನುಂಗಿತು (Prv.). — ಹಲವು ದೇವರು. Many gods. ಹಲವು ದೇವರನು ನಮ್ಬಿ, ಹಾರುನ ಕೆಟ್ಟ; ಹಾರುವನನ್ನು ನಮ್ಬಿ, ಹಲವರು ಕೆಟ್ಟರು (Prv.). — ಹಲವು ಧಾನ್ಯ. Many kinds of corn or rice; much corn or rice (ಬಹುಧಾನ್ಯ Nn. 132). ಹಲವು ಧಾನ್ಯಂಗಳ್ ಅಱುವತ್ತು ದಿವಸಕ್ಕೆ ದೆಳವವು (ಕೆಯ್ಗಳ್) ಷಷ್ಟಿಕ್ಯಮ್ ಎನಿಕ್ಕು (Mr. 94). — ಹಲವು ಪದ. Many feet or syllables, etc. ಸಮಾಸ ಹಿರಿದಾದ ಹಲವು ಪದಂಗಳು (ದಣ್ಡಕ Hlâ.). — ಹಲವು ಪದಾರ್ಥ. Many or several things, etc. ಹಲವು ಪದಾರ್ಥಂಗಳ್ ಒಬ್ಬುಳಿಗೂಡಿ ಕ್ರಿಯೆಯು ನುಡಿಹ ಎಮ್ಬುದಱಲ್ಲಿ ಚಟದ್ಬ ಮೆನಿಸುಗು (Nr.). — ಹಲವು ಪ್ರಕಾರ. Various manners or kinds. ಹಲವು ಪ್ರಕಾರವಮಾದುದು (ಉಚ್ಚಾವಚ, ನೈಕಭೇದ Nr.). — ಹಲವು ಬಗೆ. = ಹಲವು ಪ್ರಕಾರ. ಹಲವು ಬಗೆ ಅಮುದು (ಉಚ್ಚಾವಚ, etc. Si. 376). — ಹಲವು ಭಂಗ. Much discomfiture or trouble. ಹಾರುವಯ್ಯನ ಸಂಗ ಹಲವು ಭಂಗ (Prv.). — ಹಲವು ಮಕ್ಕಳು. Many children. ಹಲವು ಮಕ್ಕಳ ತನ್ದೆ (Sp.). ಹಲವು ಮಕ್ಕಳ ಬಳ್ಳಿ, the shrub Asparagus sarmentosus Lin. (St. & Pl.). — ಹಲವು ಮಾತು. Many words (Bp. 38, 24; 42, 37; J. 5, 62; 32, 17; Bh. 2, 13, 45). — ಹಲವು ಯೋಜನ. Many yŏjanas (Bh. 1, 8, 93). — ಹಲವು ಲೋಕ. Many worlds (J. 2, 59). — ಹಲವು ವರ್ಣ. Various colours; a variegated colour (ಶಬಲ Mr. 444). — ಹಲವು ಸಮಗಾಱರು. Many shoemakers. ಹಲವು ಸಮಗಾಱರು ತೊಗಲು ಹದಗೆಡಿಸಿದರು (Prv.). — ಹಲವುಸುರ್. -ಉಸುರ್. To utter many words (Bp. 27, 6; 40, 50; 45, 48). — ಹಲವು ಸೂಲ್. Many pregnancies. ಹಲವು ಸೂಲಾವು (ಪರೇಷ್ಟುಕೆ, etc. Hlâ.). ಹಲವು ಸೂಲಾಕಳು (ಪರೇಷ್ಟುಕೆ Mr. 181). — ಹಲವು ಸೂಡ್. Many times (Bp. 35, 11). — ಹಲವು ಹರವಿ. Many vessels (Bh. 1, 10, 25). — ಹಲವು ಹಳ್ಳ. Many brooks. ಹಲವು ಹಳ್ಳ ಕೂಡಿ ಒನ್ದು ಹೊಳೆ ಆಯಿತು (Prv.).

ಹಲ hala. 2. (= ಪಲ 2). — ಹಲ ಹಲ. rep. A sound to imitate idle clamour (My.).

ಹಲ hala. 1. = ಪಲ. (My.). ಹತ್ತು ಹಲ ತಾಮ್ರದೊಳು ನೀಲಂ (Mr. 60). ಹಲತೂಕ ಬೆಳ್ಳಿ (ಶತಮಾನ Si. 495). ತೊಲೆಯಿನ್ದ ಹಲವಾಗುತ್ತದೆ, ಹೊಲೆಯಿನ್ದ ಭ್ರಷ್ಟವಾಗುತ್ತದೆ (Prv.).

ಹಲ hala. 2. *A plough.* ನಿಲವಿಲ್ಲದೆ ಹಲದಿನ್ದ ಹೊಲದ ಉಕ್ಕೆ; ನಿಲ ನೋಡಿ, ಸಂಸಾರ.— ನೆಲಕ್ಕೆ ಹಲ, ರಾಜ್ಯಕ್ಕೆ ಬಲ (Prvs.). 2, ugliness, deformity (ವೈರೂಪ್ಯ).

ಹಲಕು halaku. 1. To climb a tree (ವೃಕ್ಷಾರೋಹಣ Śmd. Dh., o. r. ವೃಕ್ಷಾರೋಹ).

ಹಲಕು halaku. 2. A certain member of the body (ಶರೀರಾಂಗಭೇದ Šmd. Dh.); the lower part of the cheek (ಕಪಾಲದ ಕೆಳಗಿರುವ ಸ್ಥಾನ S. Mhr.; T. ಅಲಗು, the jaw-bones). See Râm. 6, 30, 30.

ಹಲಕು halaku. 3. = ಹಲಿಕೆ, q. v. (S. Mhr.).

ಹಲಗತ್ತಿ halagatti. A shrubby creeper (the seeds of which are clothed with a silky wool) of the family Asclepiadeae, perhaps Toxocarpus Kleinii Wight. and Arn. (Z.).

ಹಲಗೆ halagĕ. = ಪಲಗೆ, etc. Tbh. of ಫಲಕ (Šmd. 25. 191. 338; ಫಲಂಕ Nn. 184). A plank, etc. (My.). ನಸೆ ಇದ್ದ ಹಲಗೆ ಸಿಕ್ಕಿದರೆ ಹಸೆ ಯಾಕೆ? (Prv.). See Bp. 33, 18; 39, 62; 43, 3; Bh. 2, 13, 46; B. 5, 135. 2, a kind of tabor (S. Mhr.; Mhr. ಹಲಕೀ). — ಹಲಗೆಮಣಿದೊಟ್ಟಿಲ್. -ತೊಟ್ಟಿಲ್. A cradle with jewel-boards (Prll. 8, 27). — ಹಲಗೆಸೇರುವೆ. A ceiling of boards (My.).

ಹಲಗೆಕಾಱ halagĕ-kâṟa. A man who carries a shield (Bp. 16, 13).

ಹಲಚಿ halači. The state of being like a board: flatness (B. 3, 24. 108; 5, 21. 174. 258). — ಹಲಚಿಮೂಗಿನವ. A flat-nosed man (ಅವಟೀಟ G.).

ಹಲದಣ್ಡ hala-daṇḍa. The pole or shaft of a plough (ನೇಗಿಲ ಈಸು Nn. 7).

ಹಲದಿ haladi. = ಹಳದಿ, etc. Turmeric (Sk. ಹಲದ್ದಿ). — ಹಲದಿ ಅತವಿಟೆಣ್ಣೆ. A small tree, Erinocarpus nimmoanus Grah. (Z.).

ಹಲಧರ hala-dhara. Balarâma (J. 7, 2. 20).

ಹಲಪಿ halapi. A round potsherd used in the ಕುಣ್ಟಹಲಪಿಯಾಟ (S. Mhr.).

ಹಲಮುಖಿ hala-mukhi. N. of a vṛitta (Čh.).

ಹಲಸನ್ದಿ halasandi. = ಅಲಸನ್ದಿ, etc. (My.).

ಹಲಸನ್ದೆ halasandĕ. = ಹಲಸನ್ದಿ, etc. (My.).

ಹಲಸಿಗ halasiga. (fr. ಪಲಾಶ). A man who deals in medicinal leaves, a doctor (Šâstrasâra in W. v. 1647).

ಹಲಸು halasu. = ಹಳಸು. Tbh. of ಪನಸ. The jack tree (C.; Bp. 19, 66; ಪನಸ Mr. 119) and its fruit. ಹಲಸು ತಿನ್ದರೆ ಹೊಲಸು ಹೋದೀತೇ? (Prv.). ಅವ ಕಾಲದಲಾದಡೆಯು ಫಲಮಿಾವುತಿಹ ಹಲಸುಗಳು (Prll. 3, 8). — ಹಲಸಿನ ಮರ. The jack tree (C.). — ಹಲಸಿನ ಹಣ್ಣು. A ripe jack fruit (C.; B. 5, 142). ನಿನ್ನ ಸಾಲಕ್ಕೆ ನನ್ನ ಹಲಸಿನ ಹಣ್ಣು (Prv.).

ಹಲಹು halahu. To blame (?) or to destroy (? Râm. 6, 51, 10).

ಹಲಾ halâ. *A vocative particle used in addressing a female friend* (in theatrical language).

ಹಲಾಕು halâku. Oppressed, overcome, spent through sickness, labour, etc., ruined, destroyed, lost (My.; Tĕ.; T. ಅಲಾಕ್ಕು; Mhr., H. ಹಲಾಕ).

ಹಲಾನ್ವಿತವೃಷಭಯುಗ್ಮ hala-anvita-vṛishabha-yugma. A pair of oxen yoked to the plough. See ಅರ್ 4.

ಹಲಾಯಿಸು halâyisu. To shake (v. t., My.; H.).

ಹಲಾಯುಧ hala-âyudha. Plough-weaponed: *Baladêva, Balarâma* (ರಾಮ, ಬಲದೇವ Nn. 24). 2, Râmačandra (Abh. P. 12, 11). 3, N. of the author of the abhidhânaratnamâlâ. ಹಲಾಯುಧನ ವಿಸ್ತರದ ವಚನೋಕ್ತಿ (Mr. 4). 4, N. of a šivabhakta (Bp. 25 sum.; 25, 1; 37, 44). 5, = ಹಲಮುಖಿ (Čh.).

ಹಲಾಲ್ಖೋರ halâl-khôra. A sweeper (C.; Mhr., H.).

ಹಲಾಹಲ halâhala. = ಹಾಲಹಲ. *A sort of deadly poison.*

ಹಲಿ hali. 1. = ಹಲಿ 1. (fr. ಫಲಿ). The fruit or embryo. — ಹಲಿವುದು. -ಉದು. The embryo to leave, miscarriage to happen (S. Mhr.). ಹಲಿವುದಿಯೋಣ (ಗರ್ಭಪಾತ, ಗರ್ಭಸ್ರಾವ); ಹಲಿವುದಿದವಳು (ಸ್ರವದ್ಗರ್ಭ G.).

ಹಲಿ hali. 2. A ploughman, an agriculturist. 2, *Baladêva.* 3, a large plough; a ploughshare. 4, a furrow. 5, agriculture. 6, the poisonous plant Methonica superba.

ಹಲಿಕೆ halikĕ. = ಹರಿಕೆ 2, ಹಲಕು 3, ಹಲಿವೆ, q. v. A kind of harrow (ಕೋಟಿಕ Mr. 370).

ಹಲಿಗೆ haligĕ. = ಹಲಗೆ, etc. A plank, etc. (C.; Bh. 1, 10, 27; B. 4, 71. 121; Si. 276. 281. 290. 349. 461). 2, a kind of tabor (S. Mhr.; see s. ಪಂಚಮಹಾವಾದ್ಯ). — ಹಲಿಗೆಬೆಲ್ಲ. A small flat cake of jaggory cut off from a large one (My.).

ಹಲಿಪ್ರಿಯ hali-priya. *The tree Nauclea cadamba* Roxb.

ಹಲಿಪ್ರಿಯೆ hali-priyĕ. *Spirituous liquor.*

ಹಲಿರಾಮ hali-râma. Baladêva (Mr. 19).

ಹಲಿವೆ halivĕ. = ಹಲಕು 3, ಹಲಿಕೆ, ಹಲುಬೆ, ಹಲುವೆ. A thick lengthy piece of wood with teeth or a kind of harrow that is drawn over ploughed land to level it and to cover seed when sown (My.; Tĕ. ಪಲುಗೊಟ್ಟು. The meaning attached to the S. Mhr. ಹಲಕು is as follows: ಕೆಸರು ಮುನ್ತಾದ್ದು ತೆಗೆಯುವದಕ್ಕೆ ಹೊಟ್ಟು ಎಬಿಯುವ ಗೋರೇ ಪ್ರಕಾರ ಇರುವ ಒನ್ದು ಕಟ್ಟಿಗೆಯು ಸಾಮಾನು).

ಹಲು halu. 1. = ಹಲ್, etc. A tooth (Bh. 1, 8, 94). — ಹಲುಗಿರಿ. -ಕಿರಿ. = ಪಲ್ಗಿರಿ. To grin (Bp. 49, 21). — ಹಲುಗಿರಿಸು. -ಕಿರಿಸು. To cause to grin (J. 25, 39). — ಹಲುದಿನ್. -ತಿನ್. To gnash the teeth (Râm. 6, 39, 7). — ಹಲುದೆಗೆ. -ತೆಗೆ. To grin (Râm. 3, 4, 30). — ಹಲುಮೂಣಿಕ. = ಹಣುಮಣಿಕ್ಕ. A thorny shrub or tree, Flacourtia sepiaria Roxb. (or Flacourtia sapida, ಸ್ವಾದುಕಣ್ಟಕ, ವಿಕಂಕತ, ಸ್ರುವಾವೃಕ್ಷ, ಗ್ರನ್ಥಿಲ, ವ್ಯಾಘ್ರಪಾದ್ Nr.; ಘಳಘೋಣ್ಟೆ Mr. 115, sic!). — ಹಲುಮೂಣಿಕಮರ. (ಸ್ವಾದುಕಣ್ಟಕ, etc., ನಾಯಿಬೇಲ, ಹುಳೀ ಬೇಲ Si. 180). — ಹಲು ಮೊರೆ. = ಪಲ್ಮೊರೆ. To gnash or grind the teeth (Bh. 1, 10, 31). — ಹಲು ಹಲು ಹಳಚು. To strike the teeth together (Bh. 3, 10, 25).

ಹಲು halu. 2. = ಹಲ 1, etc. Much; many, etc. — ಹಲು ಮಕ್ಕಳ ತಾಯಿ ಬಳ್ಳಿ. A scandent thorny shrub, Asparagus racemosus Willd. (St. & Pl.). — ಹಲುವು. = ಹಲವು. (ಬಹು Nr.).

ಹಲುಬು halubu. = ಪಲುಮ್ಬು. To lament (Bp. 15, 21; Bh. 3, 27 sum.; J. 13, 56. 58; 19, 36; 20, 19. 20; 24, 1; 26, 34; 31, 61. 62).

ಹಲುಬೆ halubĕ. = ಹಲಿವೆ, etc. (My.).

ಹಲುವೆ haluvĕ. = ಹಲಿವೆ, etc. (My.).

ಹಲೆ halĕ. 1. = ಹಲಿ 1. ಅಕಸ್ಮಾತ್ ಹಲೆವುದಿದವಳು (ಅವತೋಕೆ G.).

ಹಲೆ halĕ. 2. ಹಲಾ. Water; spirituous liquor; the earth.

ಹಲ್ಕಾ halkâ. Light; unimportant, insignificant; of little or low estimation or influence (My.; Br.; Mhr., H. ಹಲಕಾ).

ಹಲ್ಡೆ haldĕ. = ಅರಳೆ, ಅಲ್ಡೆ, ಹರಡೆ, ಹರ್ಡೆ. (My.; H.).

ಹಲ್ಯ halya. To be ploughed or tilled, arable; *a ploughed field*, arable land. 2, ugliness; deformity.

ಹಲ್ಯೆ halyĕ. *A multitude of ploughs.*

ಹಲ್ಲ halla. = ಅಲ್ಲ 3. — ಹಲ್ಲ ಕಲ್ಲೋಲ. = ಅಲ್ಲ ಕಲ್ಲೋಲ. (My.; Tĕ.).

ಹಲ್ಲಕ hallaka. *A red water-lily, Nymphaea rubra.* See Nr. s. ಹುಟ್ಟು 1.

ಹಲ್ಲಣ hallaṇa. = ಪಲ್ಲಣ. (Śmd. 25). Tbh. of ಪಲ್ಯಯನ (Śmd. 351. 375; Nr.; Hlâ.; ಪಲ್ಲಣ, ನೀವಿ Nn. 105; Bp. 58, 33; J. 3, 33).

ಹಲ್ಲಣಿಸು hallaṇisu. 1. = ಪಲ್ಲಣಿಸು. ಆನೆಯ ಹಲ್ಲಣಿಸುವುದು (ಕಲ್ಪನೆ, ಸಜ್ಜನೆ Nr.).

ಹಲ್ಲಣಿಸು hallaṇisu. 2. To go on or advance without stopping (Bh. 3, 18, 32. 35; Mhr. ಹಾಲಣೇಂ, to move, to stir; to be agitated). ಹಲ್ಲಣಿಸಿತೆನಲ್ಕೆ ನಿಲ್ಲದಯಿದ್ದುದುವಕ್ಕುಂ (Bhn. 14).

ಹಲ್ಲರು hallaru. = ಹಲವರು s. ಹಲ 1. ಗೆದ್ದರೆ ಹಲ್ಲರು ಗೆದ್ದರು, ಸೋತರೆ ಕೊಂಕಣಿಗರ ಗಡ್ಡ ಸೋತ (Prv.).

ಹಲ್ಲಾ hallâ. An attack, onset (My.; Mhr., H.); escalade, scaling a fort (My.). — ಹಲ್ಲಾ ಏರು. = ಹಲ್ಲಾ ಹತ್ತು (My.). — ಹಲ್ಲಾ ಹತ್ತು. To scale, as a fort (My.).

ಹಲ್ಲಿ halli. 1. = ಪಲ್ಲಿ. **The small house-lizard, Lacerta gecko, Gecko swinhonis, Gecko subpalmatus** (Bd.; ಮುಸಲಿ, ಗೃಹಗೋಧಿಕೆ, Nr.; ಮುಸಲಿ, ಗೃಹಗೋಧಿಕೆ, etc. Mr. 166; ಮುಸಲಿ, etc., ಗವುಳಿ Si. 171; C.). ಹಲ್ಲಿ ಓಡೋದೇನು? ಬೆವರು ಸೋರೋದೇನು? — ಹಲ್ಲಿಸಕುನ. The omen occasioned by a lizard (My.).

ಹಲ್ಲಿ halli. 2. = ಹಲ್ಲೆ 1 No. 1, etc. (S. Mhr.).

ಹಲ್ಲಿ halli. 3. That has teeth (? or is it connected with ಹಲ್ಲೆ 1? or with ಹಲಿಕೆ?). See ಗೋಂ-.

ಹಲ್ಲು hallu. = ಅಲ್ಲು 3, ಹಲ್, etc. **A tooth** (ದ್ವಿಜ Si. 418; C.), **also of a saw** (B. 4, 131; C.); **a step of a ladder** (B. 4, 150; C.); **a spoke of a wheel** (S. Mhr.). ಹಲ್ಲಿನ (B. 4, 131). (ಕುದುರೆಯ) ಹಲ್ಲು ಕಪ್ಪಾಗಿರಲು ಹೊಲ್ಲ, ಬಿಳಿದಾಗಿರ್ಪ ಹಲ್ಲಾಗೆ ಪೂಜ್ಯಮದು, ಕೆಳಗಾಬು ಮೇಲಾಬು ಹಲ್ಲಿರಲು ಜಯಮುಕ್ಕು, ಹೆಚ್ಚು ಕುಸ್ತಾಗೆ ದನ್ತಾಧಿಕಂ ದನ್ತಹೀನಂ (Mr. 277). ಹಲ್ಲು ಇರುವಾಗಲೇ ಕಡ್ಲೆ ತಿನ್ನ ಬೇಕು. — ಹಲ್ಲು ಕಚ್ಚಿಕೊಣ್ಡು, ಅವಲಕ್ಷಣ ಅನ್ನಿಸಿ ಕೊಣ್ಡ. — ಹಲ್ಲುಗಳ ನಡುವೆ ನಾಲಿಗೆ ಸಿಕ್ಕಿರುವ ಹಾಗೆ. — ಹಲ್ಲು ಹೋದ ಮೇಲೆ ಕಲ್ಲು ಜಗಡೇನು ಅನ್ದ ಹಾಗೆ. — ಹಲ್ಲಿಗೆ ಹಬಿಯದ ಮೂಳೆ ಹತ್ತು ರುಪ್ಪಿಯ ಮಸಾಲೆ ಕೆಡಿಸಿತು. — ಬೆಣ್ಣೆ ತಿನ್ದು, ಹಲ್ಲು ಬಿದ್ದು ಹೋಯಿತನ್ತೆ. — ನಿಲಕಡೆ ಇಲ್ಲದವನಲ್ಲಿ ಊಟಕ್ಕೆ ಹೋಗಿ, ಇದ್ದ ಹಲ್ಲು ಉದುರಿಸಿ ಕೊಣ್ಡ. — ನುಂಗ ಬಾರದ ತುತ್ತೂ ತುಟ ಮೀಬಿದ ಹಲ್ಲೂ ಸಮ. — ಧರ್ಮಕ್ಕೆ ಕೊಟ್ಟ ಎಮ್ಮೆಯ ಹಲ್ಲು ಹಿಡಿದು ನೋಡಿದ (Prvs.). See ಪೊಳ್ಳು-. — ಹಲ್ಲ ಕಡ್ಡಿ. = ಹಲ್ಲುಕಡ್ಡಿ. ಹತ್ತಟಿ ಹಲ್ಲ ಕಡ್ಡಿ ಒಟ್ಟಿನ ತಲೇ ಹೊಟ್ (Prv.). — ಹಲ್ಲ ಪುಡಿ. = ಹಲ್ಲುಪುಡಿ. (G. 100). — ಹಲ್ಲು ಕಡಿ. To gnash the teeth (G. 322). — ಹಲ್ಲುಕಡ್ಡಿ. A tooth-pick (My.). — ಹಲ್ಲು ಕಿಸಿ. To grin (B. 2, 12). — ಹಲ್ಲುಗಿರಿ. -ಕಿರಿ. To grin (Abhâ. 2, 71). — ಹಲ್ಲುಗಿರಿಕು. -ಕಿರಿಕು. Grinning (Râm. 6, 37, 15). — ಹಲ್ಲು ತಿನ್ನು. To gnash the teeth (C.; B. 5, 139). — ಹಲ್ಲುನೋವು. The toothache (My.). — ಹಲ್ಲುನೋವುಮರ. A small tree, Wrightia tinctoria Br. (St. & Pl.). — ಹಲ್ಲುಪುಡಿ. Toothpowder (My.). — ಹಲ್ಲುಬೇನೆ. The toothache (ಅರ್ಬುದ G.). — ಹಲ್ಲುಬ್ಬ. -ಉಬ್ಬ. A man with prominent teeth (My.). — ಹಲ್ಲುಬ್ಬಿ. -ಉಬ್ಬಿ. A woman with prominent teeth (My.). ಹಲ್ಲುಬ್ಬಿ ನಕ್ಕರೂ ಕಾಣ ಬಾರದು, ಅತ್ತರೂ ಕಾಣ ಬಾರದು (Prv.). — ಹಲ್ಲುಮದ್ದುಗಿಡ. The tree Mimusops elengi Lin. (ಕೇಸರ, ವಕುಲ, ಪವಳದ ಹುವ್ವಿನ ಗಿಡ, ವಜ್ರದನ್ತಗಿಡ Si. 137). — ಹಲ್ಲುಮುರುಕ. A man with broken teeth (My.). — ಹಲ್ಲುಸೂಲೆ. The toothache (My.). — ಹಲ್ಲುಹುಳ. An insect that infests the teeth and causes the toothache (My.).

ಹಲ್ಲೆ hallĕ. 1. = ಆಲೆ 4, ಪಾಲೆ 3, ಹಲ್ಲಿ 2, ಹಾಲೆ 3. **The lobe of the ear** (My.). **2, the round flat part or blade attached to a handle and used in turning dôsĕs** (My.). **3, a horse- or bullock-shoe** (My.).

ಹಲ್ಲೆ hallĕ. 2. (Tu. ಪಲ್ಲೆ). — ಹಲ್ಲೆಕಾಯಿಬಳ್ಳಿ. An immense climbing shrub bearing pods of extraordinary size, Entada monastachya Dec. (or Entada scandens Benth., St. & Pl.; the shrub is called ಕಡಕತ್ತಿಕಾಯಿಬಳ್ಳಿ in My.).

ಹಲ್ಲೋಲ hallôla. = ಅಲ್ಲೋಲ. — ಹಲ್ಲೋಲ ಕಲ್ಲೋಲ. = ಅಲ್ಲೋಲ ಕಲ್ಲೋಲ. (Grj. 2, after 106).

ಹವ hava. 1. = ಹವಾ, q. v. (My.).

ಹವ hava. 2. *An oblation, an offering, a sacrifice,* a burnt-offering. See ಆಹವ 1.

ಹವ hava. 3. *Calling, call; challenging; order, command.* See ಆಹವ 2.

ಹವಣ್ havaṇ. = ಪವಣ್, ಹವಣು. Tbh. of ಪ್ರಮಾಣ. (Bp. 4, 51; 26, 15; 39, 58; 51, 75).

ಹವಣೆ havaṇi. Agreeable, good (?). ನವಣೆಯಾ ಬೋನಕ್ಕೆ ಹವಣೆಯಾ ತೊಗೆಯಾಗಿ ಕವಣೆಗಲ್ಲಷ್ಟು ಬೆಣ್ಣ್ಯಾಗೆ ಬೆಳವಲದ ಹವಣ ನೋಡು (Sp. in one MS.).

ಹವಣಿಕೆ havaṇikĕ. Due consideration, deliberation; contemplation; thought; desire (B. 3, 27; 4, 131). ಗೆದೆಯುವ ಹವಣಿಕೆ (ದೇವನ G.).

ಹವಣಿಗೆ havaṇigĕ. = ಪವಣಿಗೆ. (Bh. 7, 1, 4).

ಹವಣಿತು havaṇitu. That is well-measured, proper, agreeable, etc. ಹವಣಿತಾಗಿ ಬಾಡಿ'ಸುಹ (ಮಧ್ಯ Nr.).

ಹವಣಿತ್ತು havaṇittu. = ಹವಣಿತು. ನಗೆ ಹವಣಿತ್ತಾದೊಡೆ ವಿಹಸಿತಂ (Nr.).

ಹವಣಿಸು havaṇisu. = ಅವಣಿಸು. To make ready, to prepare (Grj. 4, 74; My.; Sk. ಪ್ರಮಾ); to arrange; to make concise. ಹವಣಿಸಲ್ (ಸಂಗ್ರಹ, ಸಂಕ್ಷೇಪ, ಸಮಾಹಾರ, ಅನುತ್ಕಟ Mr. 446). 2, to deliberate; to think; to desire (B. 1, 12; 2, 13. 15; 3, 38. 101; Sk. ಪ್ರಮಾ also: to form a correct notion of, to understand; to conjecture). ಯುದ್ಧ ಮಾಡುವದಕ್ಕಾಗಿ ಹವಣಿಸೋಣ (ಪ್ರತ್ಯುತ್ಕ್ರಮ); ಕೊಲ್ಲುವದಕ್ಕೆ ಹವಣಿಸುವವನನ್ನು ಜಯಿಸೋಣ (ಹಸ್ತವಾರಣ G.).

ಹವಣು havaṇu. = ಹವಣ್, etc. Measure; proper measure, manner or state, fitness, etc. (Bp. 16, 9; 44, 7. 40; Č. Bp. 47, 43; Râm. 3, 2, 22; 6, 30, 13; My.); making ready, preparing (My.). ನಡಿಕೆಗೆ ಹವಣಾಗಿ ತಿದ್ದಲ್ ಪಟ್ಟ ಎತ್ತುಗಳು ಕಟ್ಟ ತಕ್ಕ ಬಣ್ಡಿ (ಗನ್ತ್ರಿ, etc. Si. 275). ಹವಣಿಬಿದು ಮಾಂಸಮುಂ ತುಣ್ಡುಗೆಯ್ದು ಉಪ್ಪೂಡಿದವದಬಿಲ್ಲಿ ವಲ್ಲೂರಮೆನಿಸಿಕ್ಕು (Mr. 218). ದಾವಣಿ ಕಟ್ಟುವವನಿಗಾದರೂ ಹವಣು ಬೇಕು (Prv.).

ಹವನ havana. 1. The act of offering an oblation with fire; an oblation (to the gods), a burnt-offering, a sacrifice (ಅಗ್ನಿಗೆ ಕೊಡುವ ಆಹುತಿ G.; My.). ದವನದ ಹೂ ಅನ್ದಾಕ್ಷಣ ಹವನವಾದೀತೇ? (Prv.).

ಹವನ havana. 2. The act of calling; challenging.

ಹವಸು havasu. = ಹೌಸ, q. v. ಹವಸುಳ್ಳವ (ವಿಲಾಸಿ Ĉb.).

ಹವಳ havaḷa. = ಪವಳ. Coral (ಪ್ರವಾಲ Nr.; ವಿದ್ರುಮ Nn. 130; ಪ್ರವಾಲ Sl. 331; C.). ನೇವಳವಾದರೆ ಹವಳದ್ದು ಆದೀತೇ? (Prv.). — ಹವಳಕ್ರಿಮಿ. The coral polyp (C.; B. 4, 172). — ಹವಳದ ಹುಳು. = ಹವಳಕ್ರಿಮಿ (C.; B. 4, 171). — ಹವಳಪಾಟ್ಲೆ. A coral bracelet (C.). — ಹವಳಬಣ್ಡೆ. A coral rock (C.; B. 4, 171). — ಹವಳಮಲ್ಲಿಗೆ. A small tree with fragrant flowers, Nyctanthes arbor tristis Lin. (Z.; ಮನ್ದಾರ G.). — ಹವಳಸಬು'ಗನ್ಧಕ. A kind of brimstone (My.). — ಹವಳಾರತಿ. -ಆರತಿ. A waving-platter ornamented with coral (My.).

ಹವಳು havaḷu. = ಹವಳ. (ಪ್ರವಾಲ G.).

ಹವಾ havâ. = ಹವ 1, ಹವೆ 2. Air, wind; weather; climate (My.; B. 5, 206; Mhr., H.).

ಹವಾಲತೆ havâlatĕ. = ಹವಾಲ್ತೆ. Transfer; the transfer of a debt from the original debtor to one who becomes responsible for it to the creditor (My.; H. ಹವಾಲತ್).

ಹವಾಲದಾರ havâla-dâra. = ಹವಾಲುದಾರ. (B. 5, 106).

ಹವಾಲು havâlu. = ಹವಾಲೆ. Charge, trust, care; responsible custody: charge (to pay on account of) as committed (My.; Mhr., H. ಹವಾಲಾ).

ಹವಾಲುದಾರ havâlu-dâra. A non-commissioned officer in the native army under the subêdâra, corresponding with serjeant (My.; Mhr. ಹವಾಲದಾರ). 2, the chief of a company of armed men, peons, etc. (B. 5, 106; Mhr.). 3, the officer of a district under a subêdâra (Mhr.).

ಹವಾಲೆ havâlĕ. = ಹವಾಲು. (My.).

ಹವಾಲ್ತೆ havâltĕ. = ಹವಾಲತೆ. (My.).

ಹವಾಲ್ದಾರ havâl-dâra. = ಹವಾಲುದಾರ No. 1. (My.). See Prv. s. ಸೂಳೆ.

ಹವಿ havi. Tbh. of ಹವಿಸ್. (Bp. 39, 33). ಬೇಳ್ದ ಹವಿ (ಹುತ, ವಷಟ್ಕೃತ Hlâ.). — ಹವಿ ಕೊಡು. To offer a havi (Bp. 57, 18).

ಹವಿಪ್ರದಾನ havi-pradâna. The act of offering into fire or with fire. See ಬೇಳ್ 1.

ಹವಿರ್ಗೇಹ havis-gêha. *Any house or chamber in which an oblation is offered,* a sacrificial hall.

ಹವಿರ್ಭಾಗ havis-bhâga. A portion or share of the oblation (J. 5, 44. 45; 8, 42).

ಹವಿಷ್ಯ havishya. Anything fit for an oblation; clarified butter; wild rice; rice mixed with ghee; a hymn in praise of oblations. (G.).

ಹವಿಸ್ havis. = ಹವಿ. *Anything offered as an oblation with fire,* clarified butter, grain, milk, sôma, etc. (ಚರು, ಬೇಳ್ವ ತುತ್ತುಗಳು Mr. 260); an oblation or burnt-offering in general.

ಹವಿಸ್ಸು havissu. Tbh. of ಹವಿಸ್. (My.).

ಹವೀಕ havîka. = ಹೈಗ, q. v.

ಹವೀಜ havîja. (B. 4, 177).

ಹವುದಾ havudâ. = ಹೌದಾ, q. v. (My.).

ಹವುದು havudu. = ಅಹುದು, ಹೌದು. It becomes, it is; it is so; yes (My.). ಹವುದೆನ್ದರೆ ಬಯ್ಯುತ್ತಾನೆ, ಅಲ್ಲೆನ್ದರೆ ಹೊಡಿಯುತ್ತಾನೆ (Prv.).

ಹವುರ havura. ಹೌರ. = ಹಗರ, etc. (My.).

ಹವುರಗೆ havuragĕ. ಹೌರಗೆ. Lightly (My.; Ĉb. 99).

ಹವುರು havuru. ಹೌರು. = ಹಗುರ, etc. (B. 4, 148).

ಹವೆ havĕ. 1. = ಹಬೆ 2. (My.). ಸೆಕೆಯ ಹವೆ (ಬಾಷ್ಪ, ಊಷ್ಮ Sl. 439).

ಹವೆ havĕ. 2. = ಹವಾ. (B. 2, 49; 3, 86; 4, 26. 102).

ಹವೇಲಿ havêli. A large house, a villa, especially one of a râja (My.; Br.; Mhr., H. ಹವೇಲೀ).

ಹವ್ಯ havya. Fit to be offered in oblations. 2, *an oblation or offering to the gods.* ದ್ರವ್ಯವಿದ್ದವನಲ್ಲಿ ಹವ್ಯವಾದರೂ ಗವ್ಯಕ್ಕೆ ಮಾತ್ರ ಬಡತನ (Prv.).

ಹವ್ಯಕವ್ಯ havya-kavya. Oblations both to the gods and to the spirits of deceased ancestors. (My.).

ಹವ್ಯಪಾಕ havya-pâka. *An oblation* (of rice, barley, etc.) *cooked with butter and milk for presentation to the gods; the vessel in which such an oblation is prepared.*

ಹವ್ಯವಾಹ್ havya-vâh. *Agni, fire.*

ಹವ್ಯವಾಹನ havya-vâhana. Bearing oblations, conveying oblations; *Agni, fire.*

ಹವ್ಯವಾಹನಸಖ havyavâhanasakha. Wind (J. 13, 9).

ಹವ್ಯಾಸ havyâsa. Desire, lust; any longing or itching (My.; Mhr., H.).

ಹವ್ವ havva. = ಹವ್ವನೆ. ಈ ಅಕ್ರಾಳ ವಿಕ್ರಾಳ ರೂಪವನ್ನು ಕಣ್ದು, ಹವ್ವ ಹಾಬ್ ಮೂರ್ಛಿತಳಾದಳು (B. 5, 132). See B. 5, 155.

ಹವ್ವನೆ havvanĕ. = ಪವ್ವನೆ. Suddenly (ಆಕಸ್ಮಿಕ Ŝmd. 398). ಆ ನಿಮಿಷದಲಿ ಹೆಣ್ಣು ಹವ್ವನೆ ಹಾಬ್ (Bp. 15, 18). ಸರ್ವಜನಂ ಕಣ್ಡಾಗ ಹವ್ವನೆ ಹಾಬ್, ಮೂರ್ಛಿತನಾಗಿ, ಸತ್ತನು (46, 23). 2, oh! woe to me! (ಭಯಭಾವಿತ Ŝmd. 398).

ಹಸ hasa. (= ಹದ 1). Niceness, comeliness, charm, beauty; good manner, state or order; tillage; purity; ease (ಮನೋಹರ Ŝs.; ಅನು, ಲೇಸು, ಚೊಕ್ಕಳಿಕೆ, ಗಟ್ಟಿ, ಎಡ್ಡ, etc., ಮನೋಹರ Kk. 18; ಚೊಕ್ಕಳಿಕೆ, ಚೊಕ್ಕ, ರಯ್ಯ, ಲೇಸು, ಎಡ್ಡ, ಅನು, ಮನೋಹರ Ŝm. 55). — ಹಸಗೆಡು. -ಕೆಡು. Beauty to be lost (Bp. 39, 64). — ಹಸಂಗೆಡು. -ಂ-ಕೆಡು. Ease to be lost (V. 9, 100). — ಹಸ ಮಾಡು. To put in a proper state; to till; to clean, to purify (My.). ಕಾಯಿ ಹಸ ಮಾಡು (ಶೇಬು G.).

ಹಸ hasa. 1. Tbh. of ಪಶು. A cow (My.). ಕ್ಷೀರ'ಯುವ ಹಸಾ ಕೊಟ್ಟು, ಒಡೆಯುವ ಕತ್ತಿ ತನ್ದ ಹಾಗೆ (Prv.). — ಹಸ ಕರು. A cow and a calf (My.).

ಹಸ hasa. 2. *Laughter,* laughing, a laugh; derision.

ಹಸತ್ hasat. Laughing, smiling. See ಹಸನ್ಮುಖ.

ಹಸನ hasana. = (ಹದನ), ಹಸ q. v., ಹಸನು. (Bp. 22, 47; ಸ್ವಚ್ಛ Ĉb.; ನಿರ್ಮಲ G.). — ಹಸನ ಮಾಡು. = ಹಸ ಮಾಡು. To clean (B. 3, 83), etc. ಹಿಟ್ಟು ಹಸನ ಮಾಡು (ತೆಣ್ಣು); ಕಾಯಿಗಳನ್ನು ಹಸನು ಮಾಡೋಣ (ಶವ G.).

ಹಸನ hasana. Laughing, laughter, a laugh. See ನಗು; Ŝmd. 393; Bp. 37, 24.

ಹಸನಿ hasani. *A portable fire-place, a chafing dish.*

ಹಸನು hasanu. = (ಹದನು), ಹಸ q. v., ಹಸನ. Beauty, etc. (ಅನವಸ್ಕರ, ನಿರ್ಮಲ, ಅಮಲ, ಸ್ವಚ್ಛ, ನೈರ್ಮಲ್ಯ G.; My.; Bp. 28, 12; 40, 24; 46, 57; 61, 80; Bh. 1, 8, 48; Sl. 222). ಹಸನಾಗಿಡೆ ಬದುಕು (Dp. 4). ಮೊಸರು ಕಡೆಯಲು ಬೆಣ್ಣೆಯೊಸೆದು ತೋಱುವ ತೆಱದಿ ಹಸನುಳ್ಳ ಗುರೂಪದೇಶದಿಂ ಮುಕ್ತಿ ವಶವಾಗದಿಹುದೆ? (Sp.). ಹಸನಾದ ಹಲ್ಲು (G. 546). ಬಾದಾಮೀ ಚಿಪ್ಪು

ಸುಟ್ಟು, ಕರೆಬೂದಿ ಮಾಡಿ, ಅದರಿಂದ ಹಲ್ಲು ತಿಕ್ಕಿ ಕೊಳ್ಳುತ್ತಾರೆ; ಅದರಿಂದ ಹಲ್ಲು ಹಸನಾಗಿ, ಗಟ್ಟಿಯಾಗುವವು (B. 3, 20). ವ್ಯಸನವಿದ್ದವ ಹಸನು ಆಗನು.— ಹುಸಿ ಹೇಳಿದರೂ ಹಸನಾಗಿರ ಬೇಕು.— ಹಬ್ಬ ಹಸನಾಗಿರ ಬೇಕು, ಹಾಲು ಉಟಿಯ ಬೇಕು (Prvs.). — ಹಸನು ಮಾಡು. = ಹಸ ಮಾಡು. (My.). ಹಸನು ಮಾಡಿದ್ದು (ನಿಃಶೋಧ್ಯ); ಹಸನು ಮಾಡಿದ ಕಾಯಿ (ಪೂತ G.). ಬೆಕ್ಕು ಅಂಗಾಲಿನ್ದ ಮೆಯ್ಯನ್ನು ಹಸನು ಮಾಡಿ ಕೊಳ್ಳುತ್ತದೆ (B. 3, 31). ಒಬ್ಬನು ಒನ್ದು ಸಾರೆ ಹೊಲವನ್ನು ನೇಗಲ ಹೊಡಿದು ಹಸನು ಮಾಡಿ, ಬೀಜವನ್ನು ಬಿತ್ತಿದ ಬಳಿಕ (5, 115). ಮನೆಯ ಸಾರಿಸಿ ಹಸನು ಮಾಡಿ (5, 135). ಧಾಣ್ಯಗಳನ್ನು ತೊಳೆದು ಒರಸಿ ಹಸನು ಮಾಡಿ ಇಡುತ್ತಿದ್ದಳು (5, 283). ಮನೆಯೊಳಗಿನ ಸಾಮಾನುಗಳನ್ನು ಒರಸಿ ಹಸನು ಮಾಡುವ ಕೆಲಸ (5, 286).

ಹಸನ್ತಿ hasanti. *A portable fire-place, a chafing dish* (ಹಸನ್ತಿಕೆ, ಬೆಸಳಿಗೆ Mr. 210).

ಹಸನ್ತಿಕೆ hasantikĕ. = ಹಸನ್ತಿ. *A portable fire-place, etc.*

ಹಸನ್ಮುಖ hasat-mukha. A smiling countenance (My.).

ಹಸರ್ hasar. = ಹಸರು. — ಹಸರಾಣಿ. = ಹಸರ್ವಾಣಿ, etc. (My.). — ಹಸರಾಣಿಬಳ್ಳಿ. A creeping or twining weed, Convolvulus arvensis Lin. (Z.). — ಹಸರ್ವಾಣಿ. = ಅಸರಾಣಿ, ಹಸರಾಣಿ, ಹಸರುವಾಣಿ. Articles of trade that come from trees, creepers or vegetables, as leaves, fruit, etc. (My.). — ಹಸರ್ವಾಣಿಕನ್ತಾಯ. A tax levied on such articles (My.).

ಹಸರ hasara. = ಪಸರ. Tbh. of ಪ್ರಸರ (Šmd. 345 Mdb.).

ಹಸರಿಸು hasarisu. = ಪಸರಿಸು, etc. To spread (v. i.), to extend in all directions (ಹಂಬರಿಸು Kk. 57; Abhâ. 2, 74). ಹಸರಿಸಿಮುದು (ಸಮ್ಮೂರ್ಛನ, ಅಭಿವ್ಯಾಪ್ತಿ Nr.).

ಹಸರು hasaru. = ಪಸುರ್ 2 q. v., etc. **Green colour, etc.** (C.). ಕೆಮ್ಪುಗೂಡಿದ ಹಸರು (ಧೂಮಲ, ಧೂಮ್ರ Mr. 443). — ಹಸರುಕಾಯಿ. A green head of plants; an unripe fruit; a bud (ಕ್ಷಾರಕ, ಜಾಲಕ Si. 123). — ಹಸರುಗೆಮ್ಪು. -ಕೆಮ್ಪು. Reddish-brown (ಕಪಿಶ, ಶ್ಯಾವ Mr. 443). — ಹಸುರುನಾಗರಹಾವು. — The venomous snake Trimeresurus carinatus (Bḍ.). — ಹಸರುನೂಲಿಗ. A kind of green venomous coluber, Coluber gramineus Shaw, or Trimeresurus gramineus Günther (Bḍ.). — ಹಸರುನೆಲ. Ground covered with young green grass (ಶಾದ್ವಲ, ಹರಿತ Hlâ.). — ಹಸರುಬಣ್ಣ. The colour green (C.; Si. 51). — ಹಸರುಬಣ್ಣದ ಹಕ್ಕಿ. The green pigeon, Columba hurriala B. MSS. (ಹಾರೀತ Nr.). — ಹಸರುಬೆಳವ. The green pigeon (Bḍ.; Pr.). — ಹಸರುಮುಗ್ಗು. A tender flower-bud, an unblown flower (My.; ಕ್ಷಾರಕ, ಜಾಲಕ Si. 123; ಜಾಲ, ಕ್ಷಾರಕ 456). — ಹಸರುಮಲ್ಲಿಗೆ. A kind of jasmine. ಕಾಡಿನಲ್ಲಿ ಹುಟ್ಟುವ ಹಸರುಮಲ್ಲಿಗೆ (ಪೀತಮಾಗಧಿ, ಹೇಮಪುಷ್ಪಿಕೆ Si. 139). — ಹಸರುರತ್ನ. An emerald (ಮರಕತ Ŏb. 73). — ಹಸರುವಾಣಿ. = ಹಸರ್ವಾಣಿ, etc. (My.). — ಹಸರುಸಾಮನ್ತಿಗೆ. = ಹಸರುಮಲ್ಲಿಗೆ. (ಹೇಮಪುಷ್ಪಿಕೆ Si. 139). — ಹಸರುಹಾವು. Any snake of a green colour (C.).

ಹಸಲು hasalu. = ಅಸಲ್, ಅಸಲು. (My.). See Prv. s. ಮಲ್ಲಾಟ.

ಹಸಲೆ hasalĕ. = ಪಸಲೆ, q. v. (ಶಾದ, ಶಷ್ಪ Nr.).

ಹಸವು hasavu. = ಹಸಿವು, etc. **Hunger** (B. 5, 133).

ಹಸವು hasavu. = ಹಸುವು, etc. A cow (My.).

ಹಸಾದ hasâda. = ಪಸಾದ, etc. Tbh. of ಪ್ರಸಾದ. (Bp. 11, 29; 35, 56; 37, 3; 39, 41. 50; Bh. 1, 8, 78; 1, 9, 11; Râm. 4, 2, 12).

ಹಸಿ hasi. 1. = ಪಸಿ 3, etc. **Greenness; freshness; moisture** (of the ground, etc.); **rawness; the state of being not boiled or heated** (as milk or ghee); (green, etc.); **a substance that is green, fresh, moist, etc.** (ದ್ರವದ್ರವ್ಯ Šmd. Dh., Šm. 109; ಉನ್ನ, ಕ್ಲಿನ್ನ Hlâ., Mr. 448, but originally, and probably wrongly, ಹುಸಿ; C.). ಕೆರೆಯ ನೀರು ಕಾಲುವೆಗಳೊಳಗಿನ್ದ ಬಯಿಲು ಹಾಸಿದರೆ ಭೂಮಿಯು ಹಸಿಯಾಗಿ, ಬಿತ್ತಿದ ವಯ್ರಿಗೆ ಬಹಳ ಉಪಯೋಗವಾಗುವದು (B. 4, 184). ಸೊಸೆಗೆ ಬಿಸಿ ಇಲ್ಲ, ಹನ್ದರಿಗೆ ಹಸಿ ಇಲ್ಲ.— ಬಿಸಿಯಾದ್ದು ಆರಿಸ ಬೇಕು, ಹಸಿಯಾದ್ದು ಕಾಯಿಸ ಬೇಕು (Prvs.). — ಹಸಿಕಟ್ಟಿಗೆ. Green wood (My.). — ಹಸಿಗೋಡೆ. A mud wall that is not yet dry. ಹಸಿಗೋಡೆಗೆ ಕಲ್ಲು ಹೊಡದ ಹಾಗೆ (Prv.). — ಹಸಿಟ್ಟು. -ಇಟ್ಟು. Raw flour of râgi (My.). — ಹಸಿ ಬಿಸಿ. That is raw and that is boiled. ಹಸಿ ಬಿಸಿ ತಿನ್ನಲಿಕ್ಕೆ ಮನಸೇ ಪ್ರಧಾನ (Prv.). — ಹಸಿಬೆರಣಿ. Fresh cow-dung (My.). — ಹಸಿಮಜ್ಜಿಗೆ. (ತೀಮನ, ನಿಷ್ಠಾನ, ತೇಮನ, ಪಳಿದ್ಯ Si. 313). — ಹಸಿಮಳೆ. A rain that moistens the soil in a small degree, but does not wet it thoroughly (S. Mhr.). — ಹಸಿಮಾಂಸ. Raw flesh (My.). — ಹಸಿಯಕ್ಕಿ. -ಅಕ್ಕಿ. Raw rice. ರುಚಿಯಿಲ್ಲದಿದ್ದರೆ ಹಸಿಯಕ್ಕಿ ತಿನ್ನಾನು (Prv.). — ಹಸಿಯಡಿಕೆ. -ಅಡಿಕೆ. Green, unboiled areca-nuts (My.). — ಹಸಿಯ ತುರುಕ. A Turk full of freshness or vicious vigor (My.; Abhâ. 2, 58). — ಹಸಿಯ ದಡಿ. A green stick (Bp. 57, 37). — ಹಸಿಯ ಫಲ. A green unripe fruit (ಶಲಾಟು, ಆಮಫಲ Nr.). — ಹಸಿಯ ಮಾಂಸ. = ಹಸಿಮಾಂಸ. (G. 116). — ಹಸಿಯ ಮೆಣಸಿನ ಕಾಯಿ. A young green chilli pod (My.). — ಹಸಿಯ ರಸ. Immature juice (G. 113). — ಹಸಿಯಲ್ಲ. -ಅಲ್ಲ. Green ginger (ಆರ್ದ್ರಕ, ಶೃಂಗವೇರ Mr. 137). — ಹಸಿಯ ಸುಣ್ಟಿ. Green ginger (ಪಾಲಿ, ಆರ್ದ್ರಕ Nn. 31). — ಹಸಿಯ ಹೊಲೆಯ. An outcaste full of vicious vigor (Bp. 55, 18; 56, 49). — ಹಸಿಯೆಲೆ. -ಎಲೆ. A green young leaf. ಒಣಗಿದ ಎಲೆ ಉದುರುವಾಗ್ಗೆ ಹಸಿಯೆಲೆ ನಗಾಡುತ್ತದೆ (Prv.). — ಹಸಿಸುಣ್ಣ. Moistened lime (My.). — ಹಸಿಸೊಣ್ಟಿ. = ಹಸಿಯ ಸುಣ್ಟಿ. (My.; ಆರ್ದ್ರಕ, ಶೃಂಗವೇರ Si. 311). — ಹಸಿಹುರುಕು. Moist herpes (ಪಾಮ G.). ಹಸಿಹುರುಕು ಹತ್ತಿದವ (ಪಾಮನ G.). — ಹಸೀ ಕಾಯಿ. A green unripe fruit (ಶಲಾಟು G.; B. 4, 32). — ಹಸೀ ಬೇರು. A green, fresh root (B. 4, 71).

ಹಸಿ hasi. 2. = ಅಸಿ 5, etc., (ಹಸೆ). — ಹಸಿಕಲ್ಲು. = ಅಸಿಕಲ್ಲು. (My.). ಹಸಿಕಲ್ಲು ಗಾಳಿಗೆ ಹಾರಿದ ಹಾಗೆ (Prv.).

ಹಸಿ hasi. 3. = ಪಸಿ 1. **To hunger, to crave food** (ಕ್ಷುಧೆ Šmd. Dh.; ಕ್ಷುತ್ತು Šm. 109; C.; Bp. 8, 43; 14, 10. 17). P. ps. ಹಸಿದು, ಹಸ್ತು. ಹಸಿದಾತ (ಕ್ಷುದ್ವತ್, ಬುಭುಕ್ಷಿತ, ಪ್ಸಾತ, ಜಘತ್ಸು, ಕ್ಷುಧಿತ Hlâ.). ಹಸಿದವನು (ಕ್ಷುಧಿತ, etc.); ಹಸಿದಿರಲಾರದವನು (ಆದ್ಯೂನ, etc. Nr.). ಹಸಿದ ಕೋಡಿಯ ಮುನ್ದೆ ಕಾಯಿ ಒದಗಿತು.— ಹಸಿದ ಬೆಕ್ಕು ಹತ್ತಿಗೆ ಜಪ್ಪಿಸಿತು.— ಹಸಿದ ಹಾರುವನನ್ನು ತೊಡಗ ಬಾರದು, ಉಣ್ಡ ತುರುಕನನ್ನು ತೊಡಗ ಬಾರದು.— ಹಸಿದು ಹಣ್ಣು ತಿನ್ನು, ಉಣ್ಡು ಕಬ್ಬು ತಿನ್ನು.— ಹಸಿದು, ಹಲಸು; ಉಣ್ಡು, ಮಾವು.— ಹಸಿದು ಹೊಟ್ಟೆ ತೋರಿಸಿದರೆ ಮಸೆದು ಕತ್ತಿ ತೋರಿಸಿದ.— ನಾಯಿ ಹಸಿದಿತ್ತು, ಹಿಟ್ಟು ಹಳಸಿತ್ತು (Prvs.).

ಹಸಿಕೆ hasikĕ. (= ಹಾಸಿಕೆ No. 2). **A certain cloth of an ascetic.** ತಪಸ್ವಿಯ ಹಸಿಕೆ (ಪರ್ಯಸ್ತಿಕೆ, ಪರಿಕರ, ಪರ್ಯಂಕ Hlâ.).

ಹಸಿಗೆ hasigĕ. = ಪಸುಗೆ, etc. **Dividing, etc.** (Bh. 1, 8, 79); **division or sharing of the produce between the cultivator and landlord** (My.). — ಹಸಿಗೆಪಟ್ಟಿ. A list or account of the division of the produce (My.). — ಹಸಿಗೆಮುತ್ಸದ್ದಿ. A clerk who keeps the account of such divisions (My.).

ಹಸಿಗೆ hasigĕ. A toll (as of vegetable, grain) exacted by official personages from the venders (My.; Br. ಪಸಿಕೆ; Mhr. ಘಸಕಿ).

ಹಸಿತ hasita. Laughed, laughing, smiling; expanded, blossomed, blown (ವಿಕಸನ, ಜೃಂಭಿತ, etc. ಅರಳ್ದುದು Mr. 107); laughter, a laugh; smiling, a smile (ಮುಗುಳ್ನಗೆ Mr. 330). See ವಿ-; Bp. 6, 27; 28, 49.

ಹಸಿತಯಶಸ್ hasita-yaśas. Expanded, far-spread glory or fame (Kâvy. V, 18).

ಹಸಿಬೆ hasibĕ. = ಪಸುಬೆ, etc. (My.; Mhr. ಹಜಬೀ, a long and double money-bag). — ಹಸಿಬೆಚೀಲ. = ಹಸಿಬೆ. (My.).

ಹಸಿರು hasiru. = ಹಸರು, etc. (ಪಾಲಾಶ, ಹರಿತ್, ಶ್ಯಾಮ Mr. 448).

ಹಸಿವಿ hasivi. = ಪಸಿ 2, etc. Hunger (B. 3, 121; 5, 262).

ಹಸಿವು hasivu. = ಹಸವು, ಹಸಿವಿ, etc. Hunger (ಅಶನಾಯೆ, ಬುಭುಕ್ಷೆ, ಕ್ಷ, ಜಘುತ್ಸೆ, ಕ್ಷುತ್, ಕ್ಷುಧೆ Hlâ.; Nr.; Si. 317; Čpr. 3, 35; Bp. 9, 9; 24, 55; 27, 48; Bh. 1, 10, 32; My.; B. 4, 123). ಮಿಗಿರ್ದ ಹಸಿವು (ಕ್ಷುತ್, ಕ್ಷುಧೆ, ಬುಭುಕ್ಷೆ Mr. 235). ಪಶುವಿದ್ದರೆ ಪವಿತ್ರ, ಹಸಿವಿದ್ದರೆ ಊಟ (Prv.). — ಹಸಿವು ಗೊಳ್ಳು. -ಕೊಳ್ಳು. To get hungry. ಹಸಿವುಗೊಂಡವನು (ಬುಭುಕ್ಷಿತ, ಕ್ಷುಧಿತ, etc. Si. 358).

ಹಸಿವು hasivu. = ಹಸುವು, etc. A cow. ಹಸಿವಿನ ಹಾಲು etc. (ಗವ್ಯ Si. 315; *only* in Si.).

ಹಸಿವೆ hasivĕ. = ಹಸಿವಿ, etc. (My.; ಅಶನಾಯೆ G.). ಹಸಿವೆಗೆ ಬಾಯ್ಬುವಿ ಬೇಡ, ನಿದ್ದೆಗೆ ಹಾಸಿಗೆ ಬೇಡ (Prv).

ಹಸು hasu. = ಪಸು 2, etc. — ಹಸುಗೂಸು. -ಕೂಸು. = ಪಸುಗೂಸು. (My.). — ಹಸುಮಕ್ಕಳ್. -ಳು. Young children (ತರಳ, ಬಾಲಕರ್ Nn. 63; My.).

ಹಸು hasu. = ಪಸು. A cow (My.). ಒಳ್ಳಿಹ ಹಸು (ಗೋಮತಲ್ಲಿಕೆ Hlâ.). ಅಯು ಹಸುವಂ ಹಡ್ಗವ ಎಮ್ಬುದು (Hlâ.). ಬಂಜೆಹಸು (ವಶೆ Si. 460). See ಎಳಗನ್ನಿ-; Bh. 3, 13, 21.

ಹಸುಕು hasuku. A sharp smell (ನಾತ, ಸೊಪಡು, ಕೂರಿತ್ತಾದ ಗನ್ಧ Šm. 23), a disagreeable smell of certain leaves or unripe fruits (My.), the smell of raw meat, etc. (*cf.* ಹಡುಕು). ಅವುದೊನ್ದು ಹಸುಕು ನಾಱುವದುಣ್ಟು, ಅದು ವಿಸ್ರ ಆಮಗನ್ಧಿ ಎನಿಸುಗು (Nr.). — ಹಸುಕುನಾತ. = ಹಸುಕು. (My.).

ಹಸುಗೆ hasugĕ. = ಪಸುಗೆ, etc. (Bh. 1, 8, 64; 1, 10, 5).

ಹಸುಬ hasuba. = ಪಸುಬ, etc. (Šmd. 148; My.). — ಹಸುಬನ ಹಕ್ಕಿ. (ಹಾರೀತ, ಹಸರುಬಣ್ಣದ ಹಕ್ಕಿ Si. 177).

ಹಸುಬೆ hasubĕ. = ಪಸುಬೆ, etc. (My.).

ಹಸುಮ್ಬ hasumba. (Šmd. 48; not in Mdb. MS.). = ಹಸುಬ, etc. ಗಿಳಿ ಹಸುಮ್ಬಗಳ ಗಱಿಯನ್ತಪ್ಪ ವರ್ಣ (ಹರಿಣಿ Mr. 444).

ಹಸುಮ್ಬೆ hasumbĕ. (Šmd. 48). = ಹಸುಬೆ, etc.

ಹಸುರು hasuru. ಹಸುರ್. = ಪಸುರ್ 2 q. v., etc. Green colour, etc. (ಪಾಲಾಶ, ಹರಿತ, ಹರಿತ್ Hlâ.; ಹರಿತ Nr.; C.; B. 3, 30). ಹಸುರ ಶಾಕದ ಕಾವು (ಕದಪ್ಪು Šmd. 352 Cm.). ಹಸುರಾದ ಶಾಕವು (ಶಿಗ್ರು); ಹಸುರಾಗಿದ್ದ ಎವೆ (ತೋಕ್ಮ); ಬಾಲತೃಣ ತಿನ್ದ ಹಸುರಾಗಿರ್ದ ಭೂಮಿ (ಶಾದ್ವಲ Nr.). ಕೆಮ್ಪು ಹಸುರಪ್ಪದು (ಧೂಮ್ರ, ಧೂಮಲ Hlâ.). (ಕುದುರೆ) ನೆಱೆ ಹಸುರ್ (*i. e.* ಶ್ಯಾಮ, see Mr. s. ಹಸಿರು) ಇರಲ್ ಮುಂಜನಕ್ಕು (Mr. 276). ಹಸುರ ಕಡ್ಲೆ (ಮುದ್ಗ G.). — ಹಸುರಂಗಿ. -ಅಂಗಿ. A green coat or jacket (Bh. 8, 18, 19). — ಹಸುರಱ್. -ಅಱ್. Greenness or freshness to disappear (Bp. 18, 30). — ಹಸುರುಗುಪ್ಪಸ. -ಕುಪ್ಪಸ. A green bodice (Râghč. 17, 65). — ಹಸುರುಗೆಮ್ಪು. -ಕೆಮ್ಪು. Reddish-brown (ಕಪಿಶ, ಶ್ಯಾವ Mr. 448). — ಹಸುರುಬಣ್ಣ. A green colour (My.). — ಹಸುರುಬಳೆ. A wrist-ring of green glass (My.). — ಹಸುರುಭಾಲೆಕಚೇರಿ. The green spearmen's office (My.). — ಹಸುರುಬೆಳಕು = ಪಸುರ್ವೆಳಗು. (G.). — ಹಸುರುಬೆಳೆ. A green crop (G. 323). — ಹಸುರುಶಾಲೆ. A green garment of women. ಬಸುರು ಬನ್ದಾ ಕ್ಷಣ ಹಸುರುಶಾಲೆ ಸಿಕ್ಕೀತೇ? (Prv.). — ಹಸುರುಹಾವು. = ಹಸರುಹಾವು. (My.). — ಹಸುರು ಹಿಣ್ಡು. (Women) to express the juice of certain herbs with the hands upon the head of men to decoy or allure them (My.). — ಹಸುರುಹುಲ್ಲು. Green grass. ಹಸುರು ಹುಲ್ಲು ತಿನ್ನುವವಗೆ ಮೊಸರನ್ನ ಆಗದೇ? — ಮೊಸರು ಹುಳಿಯೆನ್ತ, ಹಸುರುಹುಲ್ಲು ಹಿಣ್ಡಿದನನ್ತೆ (Prvs.). — ಹಸುರೆಲೆ. -ಎಲೆ. A young green leaf or such leaves (ಪಲ್ಲವ G.). — ಹಸುರ್ಗನ್ನೆ. -ಕನ್ನೆ. A moderate-sized tree, Dalbergia lanceolaria (Van Someren).

ಹಸುವು hasuvu. = ಹಸ 1, ಹಸವು, ಹಸಿವು. Tbh. of ಪಶು. A cow (ಅನಡ್ವಿ Mr. 180; My.). ಹಸುವಿನ ಸಗಣಿ (ಗೋಮಯ, etc. Si. 315). ಹಸುವುಗಳು (Si. 460).

ಹಸುಳ hasuḷa. = ಪಸುಳ. A (male) child (Bp. 25, 16; B. 5, 4).

ಹಸುಳೆ hasuḷĕ. = ಪಸುಳೆ. (ಅರ್ಭಕ, ಅರ್ಭ Nr.; Bp. 11, 17; 24, 65; ಹೂಣೆ Bhn. 23). See Šmd. 109.

ಹಸುಳೆತನ hasuḷĕtana. = ಪಸುಳೆತನ. (Bh. 5, 1, 39).

ಹಸೆ hasĕ. = ಪಸೆ 1, (ಹಾಸೆ). A layer: a bed; a beautiful seat (Grj. 7, after 11; 10, after 97; J. 31, 18; 34, 38; My.; *cf.* ಅಸೆ); a spot on the ground decorated with flowers or colours (My.). ಹಾದರಗಿತ್ತಿಯ ಕಾಲು ಹಸೆಯ ಮೇಲೆ ನಿಲ್ಲದು. — ದಸೆ ಬರುವಾಗ್ಯೆ ಹಸೇ ಮೇಲೆ ರಕ್ತ ಬಿತ್ತು. — ನಸೆ ಇದ್ದ ಹಲಗೆ ಸಿಕ್ಕಿದರೆ ಹಸೆ ಯಾಕೆ? — ನೆಸೆ ಕೊಟ್ಟವನ ಹಸೆ ಕದ್ದು ಕೊಣ್ಡು ಹೋದ. — ಬಿಸಲಲ್ಲಿ ಹೋಗುವಾಗ ಹಸೇ ಸುದ್ದಿ ಯಾಕೆ? (Prvs.). — ಹಸೆಜಗಲಿ. An artificially raised spot to put the ornamented seat upon (My.). — ಹಸೆಮಣೆ. A plank used to form a hasĕ (My.); the ornamented seat itself (My.; ಆಸನ್ದಿ Si. 485).

ಹಸ್ತ hasta. = ಹತ್ತ. *The hand* (ಕರ, ಕೆಯ್ Nn. 19; ಕರ, ಕಯಿ, ಕೆಯ್ಮಿ 131). 2, *an elephant's trunk.* 3, an elephant (ಗಜ, ಆನೆ 131). 4, *a measure of length from the elbow to the tip of the middle finger.* 5, *the fore-arm, cubit.* 6, *the thirteenth lunar asterism* (ಋಕ್ಷಭೇದ, ನಕ್ಷತ್ರಭೇದ 131). 7, *quantity, abundance, mass* (at the end of compounds with words signifying "hair"; see ಕೇಶಹಸ್ತ and ಹಿಮ್ಮುಡಿ). 8, a bamboo (ತ್ವಕ್ಸಾರ, ಬಿದಿರ್ 131). 9, N. of a râkshasa (Abh. P. 13, 12). See Mr. s. ಕೋಪು and ನಾಟಕ. ಹಸ್ತದ ಗುಣ ಸ್ವಸ್ತವಾದ ಮೇಲೆ ನೋಡ ಬೇಕು. — ಸ್ವಸ್ತವಿದ್ದವನ ಹಸ್ತ ನೋಡ ಬೇಕು (Prvs.). — ಹಸ್ತಕಡಗ. A bracelet for the wrist (Bp. 61, 27; My.).

ಹಸ್ತಕ hastaka. A mass of hair (ತುಱುಬು Mr. 320). 2, a position of the hands. 3, a mate, an associate, the hand of (B. 4, 31; Mhr.).

ಹಸ್ತಕಂಕಣ hasta-kankaṇa. (Šmd. 386; Kk. 98). A bracelet for the wrist.

ಹಸ್ತಕೌಶಲ hasta-kauśala. Skilfulness of hand, manual dexterity.

ಹಸ್ತಕೌಶಲ್ಯ hasta-kauśalya. = ಹಸ್ತಕೌಶಲ. (My.).

ಹಸ್ತಕ್ರಿಯೆ hasta-kriyĕ. Any manual performance. (R.).

ಹಸ್ತಗತ hasta-gata. Gone into the hands of; come to hand, fallen into one's possession, procured, gained, obtained; fallen into the power, charge or care of. (My.; B. 5, 44; Mhr.).

ಹಸ್ತಗುಣ hasta-guṇa. Luck, quality of affecting, in a good or evil manner, the things touched, the works done, or the persons, business, etc. with whom or which connection is held, as supposed to inhere in every human agent:—the power or principle to which is referred, as the source and spring, the prosperousness or wretchedness, the successfulness or unsuccessfulness which attends and characterizes him through his course of life (Mhr.; My.).

ಹಸ್ತಚಾಪಲ್ಯ hasta-čâpalya. = ಹಸ್ತಕೌಶಲ. (Sk.; R.).

ಹಸ್ತತಲ hasta-tala. The palm of the hand.

ಹಸ್ತತಲಾಮಲಕ hastatala-âmalaka. An Emblic myrobalan fruit on the palm of the hand (Čpr. 3, 68).

ಹಸ್ತತಲಾಮಲಕನ್ಯಾಯ hastatalâmalaka-nyâya. The manner of an âmalaka on the palm of the hand, *i. e.* indisputable (My.).

ಹಸ್ತದೋಷ hasta-dôsha. A slip of the hand, a mistake committed by the hand. (My.).

ಹಸ್ತಪರೀಕ್ಷೆ hasta-parîkshĕ. Examination (of the lines) of the hand (by a chiromancer, My.).

ಹಸ್ತಬಿಮ್ಬ hasta-bimba. *Perfuming or smearing the body with unguents.*

ಹಸ್ತಭೂಷಣ hasta-bhûshaṇa. An ornament of the wrist, a bracelet (ಕಂಕಣ Nn. 45).

ಹಸ್ತಮರ್ದನ hasta-mardana. Crushing or bruising with the hand. See ಕಿಮುಚ್ಚು 1.

ಹಸ್ತಲಾಗ hasta-lâga. A respectful catch or hold of the hand of a râja to lead him (My.).

ಹಸ್ತಲಾಘವ hasta-lâghava. Lightness of hand, manual readiness, dexterity; sleight of hand, legerdemain. (My.).

ಹಸ್ತವರ್ತಿ hasta-varti. Being or remaining in the hand, seized, held, caught hold of. See ಹತೋಟಿ.

ಹಸ್ತವಾರಣ hasta-vâraṇa. Restraining the hand (of another); *warding off a blow.*

ಹಸ್ತವಿಭೂಷಣ hasta-vibhûshaṇa. = ಹಸ್ತಭೂಷಣ. (ಕಂಕಣ, ಮುಂಗೆಯ್ಯಲ್ಲಿ ಇಕ್ಕುವನ್ಥ ಆಭರಣ Nn. 127).

ಹಸ್ತವಿಮರ್ದನ hasta-vimardana. = ಹಸ್ತಮರ್ದನ. See ಕಿಮುಚ್ಚು 2.

ಹಸ್ತಶುದ್ಧಿ hasta-šuddhi. Successful practice, as that of a skilful physician (My.).

ಹಸ್ತಸೂಚನ hasta-sûčana. Indication by signs of the hand. See ಕೆಯ್ಸನ್ನೆ.

ಹಸ್ತಸೂತ್ರ hasta-sûtra. A bracelet worn on the wrist, *a cord used as an amulet worn round the wrist at nuptials,* etc. (ಮುಂಗೆಯ್ಯಲಿಹ ಸರ್ವಭೂಷಣಂ Mr. 340).

ಹಸ್ತಾಕ್ಷರ hasta-akshara. One's own sign manual, autograph signature, handwriting (ಕೆಯ್ಬರಹ G.; My.).

ಹಸ್ತಾನ್ತರ hasta-antara. That is in hand or charge: a treasury (My.).

ಹಸ್ತಾನ್ತ್ರ hasta-antra. = ಹಸ್ತಾನ್ತರ. ಹಸ್ತಾನ್ತ್ರ ಬಾಕಿಯಾದರೆ ಪುಸ್ತಕ ಏನು ಮಾಡೀತು? (Prv.).

ಹಸ್ತಾನ್ವೇಷಣ hasta-anvêshaṇa. Seeking for or searching with the hand or hands. See ತಡವು 3, ಸಿಡುಗು.

ಹಸ್ತಾಭರಣ hasta-âbharaṇa. Adorned with the nakshatra called hasta (J. 31, 10). 2, an ornament for the wrist, a bracelet (31, 10).

ಹಸ್ತಾಹಸ್ತಿ hastâ-hasti. Hand to hand (Sk.). See ಹತ್ತಾಹತ್ತಿ.

ಹಸ್ತಿ hasti. Having hands, having a trunk; *an elephant* (ಆನೆ Nn. 144). 2, N. of a king, the founder of Hastinâpura.

ಹಸ್ತಿತ hastita. Thrown. See ಅಸ-.

ಹಸ್ತಿದನ್ತ hasti-danta. The tusk of an elephant; ivory (My.; B. 4, 24).

ಹಸ್ತಿನಖ hasti-nakha. *A raised mound of earth or masonry protecting the access to the gate of a city or fort* (furnished with an inner staircase, etc., ಹೆಬ್ಬಾಗಿಲ ಕಟ್ಟು Hlâ.). See Nr. s. ಮುಣ್ಣು.

ಹಸ್ತಿನಾಪುರ hastinâ-pura. N. of a city founded by king Hasti (Hastin), the capital of the kings of the lunar race (about fifty-seven miles north-east of Delhi on the banks of a channel of the Ganges). (J. 2, 2. 4; 13, 7).

ಹಸ್ತಿನಾವತಿ hastinâ-vati. = ಹಸ್ತಿನಾಪುರ. (J. 2, 11. 13; 4 sum.; 24, 81).

ಹಸ್ತಿನಿ hastinî. *A female elephant.* 2, a woman of a particular class (having thick lips, thick hips, etc., Grj. 7, after 11).

ಹಸ್ತಿಪಕ hasti-paka. An elephant-driver or rider; *an elephant-keeper.*

ಹಸ್ತು hastu. P. p. of ಹಸಿ 3. (My.). ಹಸ್ತಿರುವವನು (ಕ್ಷುಧಿತ, etc. Si. 358). ಮಾತು ಕೊಣ್ಡು ಹೋದವ ಉಣ್ಡು ಬನ್ದ, ಮಾಣಿಕ್ಯ ಕೊಣ್ಡು ಹೋದವ ಹಸ್ತು ಬನ್ದ (Prv.).

ಹಸ್ತೋದಕ hasta-udaka. Hand-water, *i. e.* the water which at meals is poured upon the left hand that had been on the leaf-plate whilst the right was conveying some morsels of food to the mouth (My.).

ಹಸ್ತೋನ್ಮುಕ್ತಿ hasta-unmukti. Loosening from or with the hand. See ಪಿಲಿಲ್.

ಹಸ್ತ್ಯ hastya. Belonging to the hand, done with the hand, manual; given with the hand. (R.).

ಹಸ್ತ್ಯಾರೋಹ hasti-ârôha. *An elephant-rider, an elephant-driver.*

ಹಸ್ರು hasru. = ಹಸರು, etc. (My.). — ಹಸ್ರುಗಣೆ. N. of a plant (ಲಲಿತ Mr. 121).

ಹಹಹ ha-ha-ha. (= ಅಹಹ). Ha, ha, ha! (My.; Mhr.).

ಹಳ haḷa. (*Cf.* ಪಳಕನೆ). — ಹಳ ಹಳ. rep. Unsteady shine or motion (Bp. 5, 33). — ಹಳ ಹಳಿಕೆ. = ಹಳ ಹಳ. (Bh. 8, 23, 5; 8, 24, 58).

ಹಳಚಿಕೆ haḷačikĕ. Flash, glitter, shine (ತೊಳಗು, ಬೆಳಗು, Čt. 1, 23).

ಹಳಚು haḷaču. = ಪಳಚು, etc. To strike against, etc. (Bp. 51, 70; 61, 27; Bh. 4, 2, 56; 6, 3, 1; 8, 21 sum.; 8, 23, 10; 10, 7, 2; Râm. 3, 6, 14; 5, 9, 5; 6, 10, 9; see ಹಲು ಹಲು-).

ಹಳದಿ haḷadi. = ಅಳದಿ, ಪಳದಿ. The colour of turmeric, yellow, greenish yellow (ಅವದಾತ, ಪೀತ Si. 427; ಶ್ಯಾಮ, ಹರಿತ್ 448; C.; B. 1, 5). See ಅಚ್ಚೇ-. — ಹಳದಿಪಾವಟೆಮರ. A small cultivated tree, yielding a red dye, the Indian mulberry tree, Morinda citrifolia Lin. (St. & Pl.). — ಹಳದಿಬಣ್ಣದ ಹಾವು. The venomous snake Trimeresurus erythrurus (Bd.). — ಹಳದಿಯೆಮೆ. -ಎಮೆ. (ತೋಕ್ಷ್ಮ, ಹರಿತಯವ Si. 304). — ಹಳದಿವಣ್ಣ. -ಬಣ್ಣ. The colour yellow (Bp. 12, 17). — ಹಳದೀ ಗಿಡ. The long-rooted turmeric, Curcuma longa Lin. (St. & Pl.). — ಹಳದೀ ಗೋರಟೆ. (ಕುರಣ್ಟಕ, ವಜ್ರದನ್ತಿ, ಸಹಚರಿ G.). — ಹಳದೀ ಚನ್ದನ. (ಹರಿಚನ್ದನ Si. 228). — ಹಳದೀ ಚನ್ದನ. (ಕಾಲಾನುಸಾರ್ಯ G.). — ಹಳದೀ ನೀರುಳ್ಳಿ. (ಲಕಾರ್ಕ, ಮದ್ಯ್ರಮು, ಹರಿತಪಲಾಣ್ಡು Si. 159). — ಹಳದೀ ಬಣ್ಣ. The colour of turmeric (B. 3, 52; 4, 209; 5, 252; ಹರಿದ್ರಾಭ G.). ಹಳದೀ ಬಣ್ಣವುಳ್ಳದು (ಹರಿಣಿ, ಹರಿತ Si. 419). — ಹಳದೀ ಸಾಮನ್ತಿ. (ಪೀತಮಾಗಧಿ, ಹೇಮಪುಷ್ಪಿಕೆ Si. 139). — ಹಳದೀ ಸಾಮನ್ತಿಗೆ. = ಹಳದೀ ಸಾಮನ್ತಿ. (My.).

ಹಳದು haḷadu. = ಹಳದಿ. (ಅವದಾತ G.; B. 3, 99; Mhr. ಹಳದ).

ಹಳವಣ್ಡ haḷavaṇḍa. Inquietude; painful restlessness; great perturbation (S. Mhr.; Mhr. ಹಳಹಳ, ಹಳಹಾಳ).

ಹಳವಳಿಸು haḷavaḷisu. To become unquiet and anxious, to become painfully restless, to be greatly perturbed (Râm. 6, 47, 38; J. 18, 59; 21, 4; 23, 27; Mhr. ಹಳಹಳಣೇಂ).

ಹಳಸು haḷasu. = ಹಲಸು. (ಪನಸ, ಕಣ್ಟಕಿಫಲ Nr.).

ಹಳಹಳಿ haḷahaḷi. = ಹಳವಣ್ಡ. (ಉನ್ಮುಳ, ಚಿನ್ತೆ G.).

ಹಳಹಳಿಸು haḷahaḷisu. = ಹಳವಳಿಸು. (Bh. 3, 9, 25).

ಹಳಿ haḷi. (= ಹಳುಕು). A bit, a piece, a lump, as of sugar-candy or camphor (My.; cf. ಹಣಿ 3).

ಹಳಿಗ haḷiga. (ಹಳಿಗ?). (The cripple, cf. ಹೆಳವ? or the derided one, cf. ಹಳಿ 1?). The three-legged attendant of Śiva (ಭೃಂಗಿ Čt. I, 68).

ಹಳಿದಿಸು haḷidisu. = ಪಳಯಿಸು, etc. To lament.

ಹಳಿದಿಸುವ haḷidisuva. Lamentation (ವಿಲಾಪ, ಪರಿದೇವನ Nr.).

ಹಳುಕು haḷuku. (= ಹಳಿ). A bit, a piece, a lump (My.; Tē. ಪಲುಕು). See ತನಿ-; Râm. 6, 58, 88; Bh. 8, 24, 24. — ಹಳುಕುಬೆರಸು. -ಬೆರಸು. A bit, etc. to be mixed with (Bh. 21, 5).

ಹಳುಂಗು haḷuṅgu. = ಹಣಿಕು, etc. To look slily or cautiously, etc. (Grj. 1, after 131).

ಹಳುವರ haḷuvara. Tenderness, delicateness, leanness (Râm. 6, 51, 64; Mhr. ಹಳವಟ, ಹಳವಾರ).

ಹಳುವಾಯಿ haḷuvâyi. A mode in saṅgīta (Bp. 19, 15; V. 11, 9).

ಹಳ್ಳ haḷḷa. = ಪಳ್ಳ. Depth; etc. (C.; Bp. 44, 5; Râghŏ. 17, 56; Si. 83. 91. 112. 115). ಒನ್ದು ನಾಯಿ ಮಾಂಸದ ತರಣೆಯನ್ನು ಕಚ್ಚಿ ಕೊಣ್ಡು, ಹಳ್ಳಾ ದಾಟುವಾಗ (B. 2, 4). ಕುದಿಗಳಿಗೆ ಹಳ್ಳದ ನೀರು ಕುಡಿಸುತ್ತಿದ್ದನು (5, 45). ಗಿರಿಯ ತುದಿಯಿನ್ದ ಒಸರಿ ಹರಿ ತಪ್ಪ ಹಳ್ಳ (ನಿರ್ಝರ Mr. 97). ಒಣತು ಹರಿವ ಹಳ್ಳ (ಸ್ರೋತಸ್ Nr.). ಸೋರುವ ಮನೇಲಿ ಉಣ್ಣ ಹೊಯ್ದರೆ ಹಳ್ಳದ ಕೂಡೆ ಹಳ್ಳ.— ಹನಿ ಕೂಡಿದರೆ ಹಳ್ಳ, ತೆನೆ ಕೂಡಿದರೆ ಬತ್ತ (Prvs.). — ಹಳ್ಳ ಕೊಳ್ಳ. dupl. (My.). — ಹಳ್ಳ ಪಳ್ಳ. dupl. (My.).

ಹಳ್ಳಿ haḷḷi. = ಪಳ್ಳಿ 1. A settlement, etc. (Râm. 3, 2, 16; Bh. 1, 8, 93; C.). ಗೊಲ್ಲರ ಹಳ್ಳಿ (ಅಭೀರಪಲ್ಲಿ, ಘೋಷ); ಬೇಡರ ಹಳ್ಳಿ (ಪಕ್ಕಣ, ಶಬರಾಲಯ Nr.). ಹಟ್ಟಿಕಾರರಿಹ ಹಳ್ಳಿ (ಘೋಷ Mr. 187). ಹಳ್ಳೀ ಗವುಡನಿಗೆ ಹುಳ್ಳೀ ಕಜ್ಜಾಯ.— ಹಳ್ಳಿ ಹಾದಾದವರೇನು? ದಿಳ್ಳಿ ಪುಸ್ತಾದರೇನು?— ಹಳ್ಳೀ ಕುರುಬರಿಗೆ ಗಾಜೇ ಮಾಣಿಕ್ಯ.— ಹಳ್ಳೀ ದೇವರಿಗೆ ಕೊಳ್ಳಿಯೇ ದೀಪ.— ಬೆಳ್ಳುಳ್ಳಿ ಅವರೆ ಹಳ್ಳಿಯವಗೆ ಆಗದೇ?— ಲಾಭವಿಲ್ಲದೆ ಸೆಟ್ಟಿ ಹಳ್ಳಿಗೆ ಹೋಗ (Prvs.). — ಹಳ್ಳಿಗಾಡಿನವ. -ಅವ. A rustic (My.). — ಹಳ್ಳಿಗಾಡು. -ಕಾಡು. A hamlet surrounded by a forest, a hamlet without civilization (My.; Si. 113). — ಹಳ್ಳಿ ಪಳ್ಳಿ. dupl. (My.). — ಹಳ್ಳಿಸರಡು. N. of a plant (ಚೋರಪುಷ್ಪಿಕ Mr. 142).

ಹಳ್ಳಿಕಾತಿ haḷḷi-kâti. A female villager (Bh. 2, 2, 78).

ಹಳ್ಳಿಕಾಱ haḷḷi-kâṟa. A male villager (Râm. 3, 6, 8).

ಹಳ್ಳು haḷḷu. 1. = ಹರಳು, etc. (My.). — ಹಳ್ಳುಗುಣಿಮಣಿ. = ಹರಳುಗುಣಿಮಣಿ. (My.).

ಹಳ್ಳು haḷḷu. 2. = ಅಳ್ಳು 3, etc. — ಹಳ್ಳಯ್ಯ. -ಅಯ್ಯ. = ಅಳ್ಳಯ್ಯ. (Bp. 61, 1. 6). See ಎದಿಹೂಟಿ-.

ಹೞ haḻa. 1. = ಪೞ 2, etc. Oldness: old, etc. — ಹೞಗನ್ನಡ. -ಕನ್ನಡ. = ಪೞಗನ್ನಡ. (My.).

ಹೞ haḻa. 2. (ಹಳ). = ಪೞು 2. Weeds, useless shrubs (My.).

ಹೞಕು haḻaku. Decay; that is decayed or rotten, etc. (ಜೊಟ್ಟೆ Šmd. II).

ಹೞಚು haḻaču. = ಹೞಸು. (S. Mhr.).

ಹೞತು haḻatu. = ಹೞದು. (My.). ಹೊಸತು ಮೆಯ್ಯಲ್ಲಿ, ಹೞತು ಹಗ್ಗದಲ್ಲಿ (Prv.).

ಹೞದು haḻadu. = ಪೞದು, etc., ಹೞತು. That is old, etc. (ಜೀರ್ಣ, ಜರತ್, ಪುರಾಣ, ಪ್ರತ್ನ, ಪ್ರತನ, ಪುರಾತನ Hlâ.; ಅನವ್ಯ, etc. Mr. 485; ಪುರಾಣ, ಜರಠ Nn. 138; Bp. 32, 22; My.). ಹೞದಾದುದು (ಘನ, ಜರಠ Nn. 15; ಜರಠ, ಪುರಾಣ 146). ಹೞದಾದವಸ್ಥದ್ದು (ಜೀರ್ಣ, etc. Dhw.). ಹೞದಿನಲ್ಲಿ (Nn. 15). ಹೞದು ಮಾಟ ಹೊಸದಿಲ್ಲ, ಬಿಳಿದು ಮಾಟ ಬಣ್ಣವಿಲ್ಲ (Prv.).

ಹೞಬ haḻaba. An old man; an old inhabitant; an old servant; one of the ancients, an ancestor (My.; B. 4, 157. 217).

ಹೞಮೆ haḻamĕ. = ಪೞಮೆ (see additions). Antiquity, old times: an old traditional saying, a tradition (Râm. 6, 45, 39).

ಹೞಯಿಗೆ haḻayigĕ. = ಪೞಯಿಗೆ, etc. (ವೈಜಯನ್ತಿ, ಪತಾಕೆ, ಕೇತು, ಕೇತನ, ಧ್ವಜ Hlâ.). ಹೞವಿಗೆಯ ತಲೆಮೊಗದ ಕೆಳಗೆ ಕಟ್ಟಿದ ಕುಂಚ (ಉಚ್ಚೂಡ, ಅವಚೂಲ Hlâ.).

ಹೞವಿಗೆ haḻavigĕ. = ಹೞಯಿಗೆ, etc. (ಪತಾಕ, ಕೇತು, ಕೇತನ, etc. Mr. 287; ಟೆಕ್ಕೆ Čt. I, 53; Grj. 4, after 120; Bp. 56, 13. 17; 58, 49). — ಹೞವಿಗೆಗೋಲ್. -ಕೋಲ್. A flag-staff (Bh. 6, 5, 13).

ಹೞವು haḻavu. = ಹೞುವು, etc. (ಮಹಾರಣ್ಯ G.).

ಹೞಸು haḻasu. = ಪೞಸು, ಹೞಚು. To spoil (v. i.), to become foul or old (My.). ಹೞಸಿ ಹೋದದು (ಯಾತಯಾಮ, ಜೀರ್ಣ Si. 443). ನಾಯಿ ಹಸಿದಿತ್ತು, ಹಿಟ್ಟು ಹೞಸಿತ್ತು (Prv.). — ಹೞಸಲು. Spoiling: that which is spoiled (My., in ಹೞಸಲನ್ನ, ಹೞಸಲುಹಿಟ್ಟು).

ಹೞಿ haḻi. 1. = ಪೞಿ 1. To revile, etc. (C.; Bp. 59, 54; B. 1, 4; 2, 14; 3, 19; 4, 181). ಹೞಿವ ನುಡಿ (ದುರ್ವಿಗಾನ, ದ್ವಿತಯವಾಕ್ Mr. 86).

ಹೞಿ haḻi. 2. = ಪೞಿ 2, etc. Blame, rebuke, calumny, etc. (My.). — ಹೞಿ ಪೞಿ. dupl. (Abh. P. 16, 56).

ಹೞಿವು haḻivu. = ಹೞಿ 2, etc. (ಗರ್ಹ Nr.; Râm. 6, 58, 6.

108). ನೀನದು ದುಷ್ಟನು ಗರ್ವ್ವ ಎಮ್ಬುವು ಹಳಿವಿನೊಳ್ ಅಪ್ಪುವು (Nr.).

ಹಳಿಸು haḷisu. To cause to reprehend or chide, etc.; to cause one's self to be blamed or chidden, etc. (C., with ಕೊಳ್ಳು). ಹಳಿಸಿ ಕೊಳ್ಳುವನು (ಗರ್ಹ್ಯಾಧೀನ, ವಕ್ತವ್ಯ); ಹಳಿಸಿ ಕೊಳ್ಳು ನುಡಿಯ ನುಡಿವಂ (ಗರ್ಹ್ಯವಾದಿ, ಕದ್ವದ Nr.).

ಹಳುವ haḷuva. = ಪಳುವ, etc., ಹಳುವು. (J. 19, 7; 21, 4; Râm. 3, 2, 16; Bh. 1, 8, 93). ನೆಟಲು ಸೇರ ಬೇಕೆನ್ದು, ಹಳುವಕ್ಕೆ ಹೋದ ಹಾಗೆ (Prv.).

ಹಳುವು haḷuvu. = ಪಳು 1, etc., ಹಳವು, ಹಳುವ. A forest, a jungle (Bh. 1, 3, 21; 3, 5, 16; B. 2, 23; 3, 63; 4, 205).

ಹಳೆ haḷĕ. = ಪಳೆ, etc., ಹಳ 1. Oldness: old, etc. — ಹಳೆಗಂಚುಗನ್ನಡಿ. -ಕಂಚು-ಕನ್ನಡಿ. An old bell-metal mirror (Čpr. 9, 5). — ಹಳೆಗನ್ನಡ. -ಕನ್ನಡ. = ಹಳಗನ್ನಡ. — ಹಳೆಗನ್ನಡ ಲಿಪಿ. The old Kannaḍa character (Bp. 5, 53). — ಹಳೆಗ ರ್ನಾಟಕ. -ಕರ್ನಾಟಕ. A low class of Karṇâṭaka Brâhmaṇas (My.). — ಹಳೆಚಿನ್ದಿ. An old rag (My.). — ಹಳೆತರ. Old manner, etc. (ಜೀರ್ಣ G.). — ಹಳೆದಾರಿ. An old road (My.). — ಹಳೆನೀರು. Water not fresh, stale water (My.). — ಹಳೆಪೇಟೆ. N. (My.). — ಹಳೆಬಟ್ಟೆ. An old garment (My.). See Prv. s. ಹಾವು. — ಹಳೆಮಗ. A house-slave (My.). — ಹಳೆಮಾತು. An old, former word (My.). — ಹಳೆಯ. -ಅ 3. ಹಳಬ, q. v. (Bp. 59, 29). — ಹಳೆಯ ತುಱುಹಟ್ಟಿ. (ಗೋಷ್ಠೀನ Nr.). — ಹಳೆಯದು. -ಅದು. That is old, etc. (ಚಿರ, ಪೌರಾಣ Nn. 165). — ಹಳೆಯ ನೆಲ್ಲು. = ಪಳನೆಲ್, q. v. — ಹಳೆಯ ಸಾಲ. A debt contracted by one's deceased father (My.; Bp. 26, 61). — ಹಳೆಯ ಸೀರೆ. (ಪಟಚ್ಚರ Hlâ.; ಪಟಚ್ಚರ, ಜೀರ್ಣವಸ್ತ್ರ Nr.). ಮಾಸಿದ ಹಳೆಯ ಸೀರೆ (ನಕ್ತಕ, ಕರ್ಪಟ Nr.). — ಹಳೆಯೆತ್ತು. -ಎತ್ತು. An old bullock. ಹಳೆಯೆತ್ತು ಹೊಳೆಯಲ್ಲಿ ಹೊಡಿ ಹೋದು (Prv.). — ಹಳೆವಾತು. -ಮಾತು. = ಪಳೆವಾತು. A tradition, a legend (ಅನಾದಿವಾರ್ತೆ, ಐತಿಹ್ಯ Hlâ.). — ಹಳೆವಾರ್ತೆ. = ಹಳೆವಾತು. (Bp. 32, 22). — ಹಳೆ (*i. e.* ಹಳೆಯ) ಗಣ್ಡ. The old husband. ಹಬ್ಬದಲ್ಲಿ ಹಳೇ ಗಣ್ಡನೇ? (Prv.). — ಹಳೇದು. = ಹಳೆಯದು. (C.; ಪುರಾಣ, etc. Si. 374; B. 4, 187). — ಹಳೇ ನಾಣ್ಯ. An ancient coin (B. 5, 212). — ಹಳೇ ಬಟ್ಟೆ. = ಹಳೆಬಟ್ಟೆ. (ಪಟಚ್ಚರ Si. 223). — ಹಳೇ ರೊಟ್ಟಿ. Bread not fresh, stale bread (B. 3, 111).

ಹಳೆದು haḷĕdu. (ಹಳದು, etc.). That is old, etc. (C.; B. 3, 79. 111). ಹಳೆದಹುದು (ಪುರಾಣ, ಪ್ರತನ, ಪ್ರತ್ನ, ಪುರಾತನ, ಚಿರನ್ತನ Nr.).

ಹಳ್ಗಿ haḷgi. = ಪಳ್ಗಿ. The putting of full-grown fruits (cocoa-nuts and pods) into smoke for preservation (ಧೂಮದೊಳ್ ತಳಿಲಂ ಪೂಟ್ಟಿ ಕ್ರಿಯೆ Šmd. I, o. r. ಪೂಟ್ಟಿ).

ಹಾ hâ. *An interjection expressing grief* (ದುಃಖ Nn. 140), *pain, weariness,* disgust (ಹೇಯ, ಜುಗುಪ್ಸೆ 140), command (ಸಮ್ಬೋಧೆ, ಹೇಳುವುದು 140), remembrance (ಸ್ಮರಣೆ, ನೆನವುದು 104), laughter (ನಗೆ, ನಗುವುದು 104), stopping (ಹೋ ಎಮ್ಬುದು, ನಿಲ್ಲಿಸುವುದು 104), joy or surprise, and anger or reproach. See Grj. 8, 67; Bp. 11, 8; 14, 31; 28, 12; 36, 6; 45, 7; 46, 22; J. 13, 50. 53. 60. — ಹಾ ಹಾ. rep. (Grj. 8, 67; Bp. 45, 7). See ಹಾಹಾ separately. — ಹಾಹಾರವ. The sound of ಹಾ ಹಾ (Čpr. 5, 17; Bp. 46, 34).

ಹಾಂ hâṁ. = ಹಾಂವು, etc. (Bh. 8, 23, 40; C.).

ಹಾಂ hâṁ. Ah! yes! (B. 5, 144. 149. 150; Mhr.).

ಹಾಂವು hâṁvu. = ಹಾಂ, ಹಾವು. A snake (ಕುಮ್ಭೀನಸ, ವಿಷಧರ, ಸರೀಸೃಪ Čb.; C.).

ಹಾಂಸೆ hâṁsĕ. = ಪಾವಸೆ, etc., ಹಂಸೆ. (My.).

ಹಾಕಸು hâkasu. = ಹಾಕಿಸು. (C.). ಬೇಡಿ ಹಾಕಸಿ ಕೊಣ್ಡನ್ತವನು (ಶೃಂಖಲಿತ Dhw.).

ಹಾಕಿಸು hâkisu. = ಹಾಯ್ಕಿಸು. To cause to put, to have put (as big stones, etc. Bp. 16, 10; as a cloth, B. 5, 39), to have put or poured (as milk, B. 2, 13), to cause to put or establish (as a school, B. 5, 188. 302), to lay out, to plan, to plant (as a garden, Si. 118), etc. ಹೊಟಗೆ ಹಾಕಿಸಿ ಕೊಣ್ಡ (ಅವಕೃಷ್ಟ); ಹೊಟಗೆ ಹಾಕಿಸಿ ಕೊಣ್ಡವನು (ನಿಷ್ಕಾಸಿತ, ನಿಷ್ಕ್ರಾಮಿತ G.). See ಅಚ್ಚು.

ಹಾಕು hâku. = ಆಕು 1, ಹಾಯಿಕು, ಹಾಯ್ಕು. To put (as fishes into a basket, Si. 86; as the hand into the pocket, B. 3, 62; as money into a box, 4, 52; as medicine into a bottle, 4, 226); to put on (as clothes, B. 3, 32; as a turban, 8, 80; as ornaments, 5, 76); to put or establish (as a school, B. 5, 270; as a shop, 5, 273); to lay out, to plan, to plant (as a garden, Si. 118); to sow (ಪಾಲಿನಲ್ಲಿ ಹಱಿವೆಯಾದರೂ ಹಾಕ ಬಾರದು Prv.); to give (as bread to a cow, B. 2, 19; as rice, ನೂಕುವವನು ಹಾಕನು, ಚೋಕಿಯವನು ಕೊಡನು Prv.); to put or pour (as milk, Si. 241; as water, B. 5, 201); to cast or throw (as a mirror, B. 3, 82; as stones, etc., C.); to bring forth (as beasts bring forth young, C.); ಕನ್ದ ಹಾಕಿದ ಆಕಳು ಪೇಸಟ್ ಎನಿಸುಗು Nr.; ಅವತೋಕೆ ಎಮ್ಬುವದು ಕನ್ದು ಹಾಕಿದ ಹಸುವು Si. 321); to place or write (as numbers on the dial-plate of a clock, B. 3, 87); to apply (as the hand to a work, B. 5, 206; as the mind, ದ್ರವ್ಯ ಗಳಿಸುವದಕ್ಕೆ ಎನ್ದಿಗೂ ಮನಸು ಹಾಕುತ್ತಿದ್ದಿಲ್ಲ, 5, 206); to appropriate, to devote (as wealth, B. 5, 204); to put (as to school, B. 5, 269; as to learn any science, 5, 82. 214); to employ, to perform (as magical art, môha, G. 572; as spying, hŏnĕu, B. 3, 21). ಕೂಸಿಗೆ ಹಾಲು ಹಾಕುವ ಸಿಪ್ಪೆ (ಒಳಲೆ); ಮೆಯ್ಯೊಳಗೆ ಕವಚವನ್ನು ಹಾಕಿ ಕೊಣ್ಡವನು (ವ್ಯೂಢಕಂಕಟ); ಕವಚವನ್ನು ಹಾಕಿ ಕೊಣ್ಡವನು (ಸನ್ನದ್ಧ G.). ಹಾಕುವದಕ್ಕೆ ತೆಗಿಯುವದಕ್ಕೆ ಗವುಡನ ಕೋಳವೇ?— ಎಣ್ಣೆ ಹಾಕಿದರೆ ಕಣ್ಣಿಗೆ ಗುಣ, ಮಣ್ಣು ಹಾಕಿದರೆ ಬುಡಕ್ಕೆ ಗುಣ.— ಬರಹದಲ್ಲಿದ್ದ ಕರಿ ಮರಿ ಹಾಕೀತೇ?— ಮಾಡಿ ಮಾಡಿ ಮಡಕೆ ತುಮ್ಬುತ್ತಾನೆ, ನೋಡಿ ನೋಡಿ ಬಾಯಲ್ಲಿ ಹಾಕುತ್ತಾನೆ (Prvs.). Remark: ಹಾಕು is frequently used in a pleonastic manner, *e. g.* ನಾಯಿಗಳನ್ನು ಒನ್ದು ಗಿಡಕ್ಕೆ ಕಟ್ಟಿ ಹಾಕಿ, ಓಡಿ ಹೋದನು (B. 2, 53). ಅವನ್ನು ಹಿಡಿದು, ಚಾವಡಿಗೆ ಒಯ್ದು, ಕಟ್ಟಿ ಹಾಕಿದರು (3, 28). ಆನೆಯನ್ನು ಕಟ್ಟಿ ಹಾಕುವ ಲೋಹದ ಸರಪಣಿ (ಶೃಂಖಲ, etc. Si. 271); ದನಗಳನ್ನು ಕಟ್ಟಿ ಹಾಕುವ ಗೂಟ (ಶಿವಕ); ದನಗಳನ್ನು ಕಟ್ಟಿ ಹಾಕುವ ಕೊರಳ ಕುಣಿಕೆಹಗ್ಗ (323); ಅಟಿಸಿ ಹಾಕುವದು (ಪಮಾಪಣ, ಮಾರಣ, etc. 297).

ಹಾಕುವಿಕೆ hâkuvikĕ. Putting, throwing, etc. (ಕ್ಷಿಪೆ, ಕ್ಷೇಪಣ Si. 390). ಕಿಳಗೆ ತೆಗದು ಹಾಕುವಿಕೆ, ಮೇಲಕ್ಕೆ ಎಳೆದು ಹಾಕುವಿಕೆ (ನಿರ್ಹಾರ, ಅಭ್ಯವಕರ್ಷಣ 393); ಮೇಲಕ್ಕೆ ಹಾಕುವಿಕೆ (ಉತ್ಕ್ಷೇಪಣ 400); ಹುಟ್ಟೆ ಹಾಕುವಿಕೆ (ಪ್ರಸವ 458).

ಹಾಗ hâga. = ಪಾಗ, ಹಾಗು. One apĕ two kâsus (C.); one-fourth. ಕಡದು ಹಾಗ ಪಾಲು ನೀರು ಬೆರಸಿದ ಮಜ್ಜಿಗೆ (ತಕ್ರ, ಪಾದಾಮ್ಬು Si. 316). ಹಾಗದ ಕೋತಿ ಮುಪ್ಪಾಗದ ಬೆಲ್ಲ ತಿನ್ತು.— ಹಾಗದ ಕೋಡಿ ಮುಪ್ಪಾಗದ ಮೇವು ತಿನ್ತು.— ಹಾಗದ ಗೋಡಿ ಮುಪ್ಪಾಗದ ಬೆಲ್ಲ ತಿನ್ತು.— ಆಡು ಹಾಗ, ಕೂಲಿ ಮುಪ್ಪಾಗ.— ಊಟ ಹಾಗ, ಪಲಹಾರ ಮುಪ್ಪಾಗ.— ಭಾಗಾಕಾರಾ ತಿಳಿಯದಿದ್ದರೆ ಹಾಗದ ಲಕ್ಷಣ ತಿಳಿಯದೇ?— ಸಾವಿರ ತೂಕ ಚಿನ್ನಕ್ಕೆ ಹಾಗ ತೂಕ ಮಚ್ಚು.— ಸೂಜಿ ಚಿನ್ನವಾದರೆ ಹಾಗದ ಕಾಸು (Prvs.). See ನೆಲ-; Bp. 28, 5; 29, 15. 28; Prv. s. ಹಾಗಲವಾಡಿ.

ಹಾಗಲ್ hâgal. ಹಾಗಲು. = ಹಾಗಲ. A winding plant with bitter fruit, Momordica charantia Lin. (ಕರ್ಕೋಟಕಿ, ಪೀತಪುಷ್ಪ Mr. 146; ಕಾರವೇಲ್ಲ, ಕಟಿಲ್ಲಕ, ಸುಷವಿ Nr.; T. ಪಾಗಲ್, M. ಪಾವಲ್). See ಮಡುವಾಗಲ್.

ಹಾಗಲ hâgala. = ಹಾಗಲ್. (My.; Si. 160). — ಹಾಗಲಕಾಯಿ. The Momordica fruit (C.; ಕಟಿಲ್ಲಕ, ಸುಷವಿ G.). — ಹಾಗಲಗಿಡ. = ಹಾಗಲ. (ಕಾರವೇಲ್ಲ, etc. Si. 160; My.). — ಹಾಗಲಬಳ್ಳಿ. = ಹಾಗಲ. (C.). — ಹಾಗಲವಾಡಿ. -ಪಾಡಿ. N. of a place. ಹಾಗಲವಾಡಿಗೆ ಹೋದರೆ ಗೀದರೆ ಹಾಗಕ್ಕೊನ್ದೆಮ್ಮೆ ತನ್ದರೆ ಗಿನ್ದರೆ ನಿಮ್ಮವರಿಗೆ ಮಜ್ಜಿಗೆ ಕೊಟ್ಟೇಯಾ?— ಹಾಗಲವಾಡಿಸಂಸ್ಥಾನದ ಹಾಗೆ (Prvs.). — ಹಾಗಲಹಣ್ಣು. A ripe Momordica fruit (C.; B. 2, 38).

ಹಾಗು hâgu. = ಹಾಗ, etc. — ಹಾಗೂ ವೀಸ. A hâga and a vîsa, i. e. 1 apĕ 5½ kâsus (My.). ಬೇಗ ಮಾಡಿದವನಿಗೆ ಹಾಗೂ ವೀಸ.— ಮುಗ್ಗಿ ಬಾರದಿದ್ದರೆ ಹಾಗೂ ವೀಸ ಗುಣಿಸು! ಅನ್ದ.— ಬೀಗನ ಹತ್ತರ ಹೋಗಿ, ಹಾಗೂ ವೀಸ ಕೇಳಿದ ಹಾಗೆ (Prvs.).

ಹಾಗೆ hâgĕ. = ಅಹಗೆ, etc., ಹಾಂಗೆ. In that manner or way, thus, so; like; as; as if; likewise; so that; without cause, for nothing (ಪೋಲ್ Šmd. 19 Cm.; ವತ್, ವಾ, ಯಥಾ, ತಥಾ, ಇವ, ಏವಂ Si. 473). ಆಳಳ ಕೊಳಗು ಕುದುರೆಯ ಕೊಳಗಿನ ಹಾಗಲ್ಲ, ಸೀಳಿರುತ್ತವೆ (B. 1, 21). ಕಣಿಕೆ ನನ್ನ ಕೆಯ್ಗೆ ನಿಲುಕುವ ಹಾಗಿಲ್ಲ (2, 19). ಮನಸ್ಸಿಗೆ ಬನ್ದ ಹಾಗೆ ತುಟ್ಟಿ ಮಾಡುತ್ತಿದ್ದರು (3, 13). ಅವರ ದನಗಳಿಗೆ ಒನ್ದು ಕಡೆಯಲ್ಲಿ ಮೇವು ಸಿಕ್ಕದ ಹಾಗಾಯಿತು (4, 218). ತಕ್ಕ ಹಾಗೆ ಹುಟ್ಟುವಳಿ ಇಲ್ಲದ್ದರಿನ್ದ (5, 127). ನೀವು ಹೇಳಿದ ಹಾಗೆ (Bp. 14, 25). ಆ ವಿಮಲಸುಜ್ಞಾನಿ ಕೇಳದ ಹಾಗೆ ಕೇಳುತ್ತಾ (22, 53). ಕೊರತೆಯಾದ ಅರ್ಥವನ್ನು ಪೂರಯಿಸಿ ವಾಕ್ಯಸಮನ್ವಯ ಮಾಡಿ ಕೊಳ್ಳುವದಕ್ಕೆ ತಕ್ಕ ಹಾಗೆ ತನ್ದು ಇಟ್ಟು ಕೊಣ್ಡ ಪದ (ಅಧ್ಯಾಹಾರ, etc. Si. 48). ಬಳ್ಳಿಗಳಿನ್ದ ಹೊಚ್ಚಲ್ ಪಟ್ಟು ಮನೆಯ ಹಾಗೆ ಇರುವ ದೇಲಿ (ನಿಕುಂಜ, ಕುಂಜ 117). ತುಬುಬು ಮುನ್ತಾದ ಕೇಶಪಾತದ ನಡುವೆ ಕುಚಿಗೆ ಕಾಣದ ಹಾಗೆ ಮುಡು ಕೊಣ್ಡಿರುವ ಹುವ್ವಿನ ಸರ (ಗರ್ಭಕ 229). ಕತ್ತೆಯ ಹಾಗೆ ಹೊರಳಾಡಿ ಮೇಲಕ್ಕೆದ್ದು ಬನ್ದ ಕುದುರೆ (ಉಪಾವೃತ್ತ, etc. 274). ಹೇಳಿದ ಹಾಗೆ ಮಾಡುವವನು (ವಚನೇಸ್ಥಿತ, ಆಶ್ರವ 359). ಮನಸ್ಸು ಬನ್ದ ಹಾಗೆ ಎಲ್ಲಾ ಬಿಡಿ ಬಿಚ್ಚಲಾಗಿ ಇರುವದು (ಯದೃಚ್ಛ, etc. 386). ಹಾಲಾಗಿದ್ದದು ಉಪಾಧಿಯಿನ್ದ ಮೊಸರಾದ ಹಾಗೂ ಮಣ್ಣಾಗಿದ್ದದು ಮಡಿಕೆಯಾದ ಹಾಗೂ ಬೀಜವು ವೃಕ್ಷವಾದ ಹಾಗೂ ಒನ್ದು ಬಗೆಯಾಗಿದ್ದದು ಮತ್ತೊನ್ದು ಬಗೆಯಾಗುವ ವಿಕಾರವಿಶೇಷ (ಪರಿಣಾಮ 392). ಅದರ ಹಾಗೆ ಇರುವಿಕೆ (ಅನುಹಾರ, etc. 393). ಹೀಗಾಯಿತೋ? ಹಾಗಾಯಿತೋ? ಎನ್ನುವದು (ಕಿಂವದನ್ತಿ Dhw.). ಹಾಗೆ ಕುಣಿಯುವ ಬದ್ದಿ ಹರೆಯಕ್ಕೆ ಬನ್ದರೆ ಬಿಟ್ಟಾಳೇ?— ಬೀಗನ ಹತ್ತರ ಹೋಗಿ, ಹಾಗೂ ವೀಸ ಕೇಳಿದ ಹಾಗೆ (Prvs.). See Prv. s. ಹಾದಿಯವ. — ಹಾಗೂ. -ಊ 7. So also, likewise also; (and). ಅವನು ನಿನ್ನನ್ನು ಬಡಿಯುವದಿಲ್ಲ, ಹಾಗೂ ಅವನ ಸಿಟ್ಟು ಸಹ ಬೇಗ ಇಳಿಯುವದು (B. 3, 60). ತಿರಿಗಿ ಈ ಸ್ಥಳಕ್ಕೆ ತಾವು ಬರ ಬಾರದು, ಹಾಗೂ ನನಗೆ ಮೋರೆ ತೋರಿಸ ಬಾರದು (3, 67). ಇದು ಬಹಳ ಬೆಳೆಯುವದಿಲ್ಲ, ಹಾಗೂ ಬಹಳ ಸ್ಥಲಗಳಲ್ಲಿ ಬೆಳೆಯುವದಿಲ್ಲ (3, 107). ಎಲ್ಲ ಪ್ರಜೆಗಳು ಇವರ ಅಪ್ಪಣೆಯ ಮೇರೆಗೆ ನಡ ಕೊಳ್ಳ ತಕ್ಕದು; ಹಾಗೂ, ಇವರಿಗೆ ಕಲ್ಯಾಣವಾಗಲೆನು, ದಿನಾಲು ದೇವರನ್ನು ಬೇಡಿ ಕೊಳ್ಳ ತಕ್ಕದು (4, 3). ಆ ಖಣ್ಡದೊಳಗೆ ಈಗಿನಷ್ಟು ವಿದ್ಯೆಯೂ ಕಲಾಕೌಶಲ್ಯಗಳೂ ಎನ್ದಿಗೂ ಅಭಿವೃದ್ಧಿ ಹೊನ್ದುತ್ತಿದ್ದಿಲ್ಲ; ಹಾಗೂ ಅಲ್ಲಿಯವರು ಇಷ್ಟು ಉತ್ತಮಸ್ಥಿತಿಗೆ ಎನ್ದೂ ಬರುತ್ತಿದ್ದಿಲ್ಲ (4, 210). ಎತ್ತು, ಹಾಗೂ ಆಕಳ, ಶರೀರದಿನ್ದ ದೊಡ್ಡವಿದ್ದಾಗ್ಯೂ (5, 18). ಅವನು ತನ್ನ ಗ್ರನ್ಥದೊಳಗೆ ಹೊಟ್ಟೆ ಹಾಗೂ ಅವಯವಗಳ ಕಲ್ಪಿತಕಥೆಯಲ್ಲಿ ಸ್ಪಷ್ಟವಾಗಿ ಹೇಳಿದ್ದಾನೆ (5, 93). ಆ ವ್ಯಾಪಾರಕ್ಕೆ, ದಾಡಿಗೇ ಕೊಡೋಣ ಹಾಗೂ ದಾಡಿಗೇ ಇಸ ಕೊಳ್ಳೋಣ ಎನ್ದು, ಎನ್ನುತ್ತಾರೆ (5, 113). ಅವನು ಸುಮ್ಮನೇ ಹೊರಟು, ಸಂಕಟಗಳನ್ನು ಅನುಭೋಗಿಸುತ್ತ ಹಾಗೂ ಹೀಗೂ ಕಷ್ಟಬಡುತ್ತ ಪಟ್ಣಕ್ಕೆ ಹೋಗಿ ಮುಟ್ಟಿದನು (5, 69). — ಹಾಗೇ. -ಏ2. Even in that manner or so, etc.; without another cause or object. ಹಾಗೇ (without my ring) ನಿನ್ನ ಬೆರಳು ನೋಡಿ ಕೊಳ್ಳುತ್ತಿರು! (B. 3, 34). ಎಷ್ಟೋ ದೇಶಗಳ ಸ್ಥಿತಿಯೂ ಈ ಹೊತ್ತಿಗೂ ಹೀಗೇ ಉಣ್ಟು; ಅವುಗಳಲ್ಲಿ ಸುಲ ಕೊಳ್ಳುವವರು ಸುಲ ಕೊಳ್ಳುವದರ ಸಲುವಾಗಿ ನಾಲ್ಕೂ ಕಡೆಗೆ ಯಾವಾಗಲೂ ತಿರುಗುತ್ತಿರುತ್ತಾರೆ, ಅವರ ಅಂಜಿಕೆಯಿನ್ದ ಜನರು ಶಸ್ತ್ರಗಳನ್ನು ಹಿಡ ಕೊಣ್ಡು ಎಚ್ಚರದಿನ್ದ ಇರುವರು ಅಲ್ಲದೇ ಹಾಗೇ ತಿರುಗಾಡಿದರೆ ಬದುಕಿ ಬರುವ ಭರವಸವು ಅವರಿಗೆ ಇರುವದಿಲ್ಲ (5, 104). ಅನ್ದಿನಿನ್ದ ಅವರ ಕಡೆಗೆ ಬನ್ದ ಅಧಿಕಾರವು ಇನ್ದಿನ ತನಕ ಹಾಗೇ ಉಣ್ಟು (5, 188). ಎಣ್ಣೆ ಸೀಗೆಗೆ ಹ್ಯಾಗೋ, ಹಾಗೇ ಪ್ರೀತಿ (Prv.). — ಹಾಗೆಯೇ. -ಏ 2. = ಹಾಗೇ. (My.). ಬೇಗನೇ ಮಾಡಿದ್ದು ಹಾಗೆಯೇ ಹೋಗುವದು (Prv.). — ಹಾಗ್ಹಾಗೆ. = ಹಾಗೆ ಹಾಗೆ. ಹ್ಯಾಗೆ ಹ್ಯಾಗೆ ಭಯಗೊಮ್ಬುವ ಪ್ರಸಂಗಗಳು ಅವನಿಗೆ ಬರುವವೋ, ಹಾಗ್ಹಾಗೆ ಅವನು ಹೆಚ್ಚು ಧೈರ್ಯಗೊಳ್ಳುವನು (B. 5, 85).

ಹಾಂಗೆ hâṅgĕ. = ಹಾಗೆ, etc. (ಪೋಲ್ Šmd. 148 Cm.; ಅನ್ತಿರೆ 358; ಅನ್ತೆ 362 Cm.; Bp. 8, 44; 27, 36; 47, 70). ಇಚ್ಛೆ ಬನ್ದ ಹಾಂಗೆ (ಯಥೇಷ್ಟಂ Šmd. 140 Cm.). ರಸಮಿಲ್ಲದ ಹಾಂಗೆ ಅಟ್ಟ ಮದುರ (ಪಿಚ್ಛಿಲ); ಹೆಂಗೆ ಅಹುದು, ಹಾಂಗೆ ಎನ್ಬ ಅರ್ಥದಲ್ಲಿ ಯಥಾಸ್ವಂ ಯಥಾಯಥಂ ಎನಿಸುಗು (Nr.). — ಹಾಂಗೂ. = ಹಾಗೂ. ವಿಲಮ್ಬಿತ ಎಮ್ಬುವದು ಆಲಸ್ಯಕ್ಕೆ ನಾಮ, ಹಾಂಗೂ ಜೋಲು ಬಿದ್ದನ್ಥಾದ್ದಕ್ಕೆ ಸಹವಾಗಿ ಆಗುತ್ತದೆ (Dhw.).

ಹಾಚಿ hâći. = ಪಾಚಿ 1, etc. (ಜಲನೀಲಿ, ಶೈವಾಲ, ಶೈವಲ Si. 95).

ಹಾಜರಿ hâjari. = ಹಾಜರು, etc. Present (My.; Mhr., H. ಹಾಜೀರ). — ಹಾಜರಿಗೈರುಹಾಜರಿ. -ಗೈರು-. Present and absent (My.). — ಹಾಜರಿಗೈರುಹಾಜರಿಪಟ್ಟೆ. A list or roll of the names of the persons of an establishment used to ascertain who are present and who are absent (My.). — ಹಾಜರಿಜವಾಬು. A ready answer; a repartee; that answers readily (My.; Mhr., H. ಹಜೀರಜವಾಬ).

ಹಾಜರು hâjaru. = ಹಜೀರ, ಹಾಜರಿ. Present; ready (My.). — ಹಾಜರುಜಾಮೀನು. A security for the appearance of, bail (My.; Mhr., H. ಹಾಜೀರಜಾಮಿನ).

ಹಾಂಚೆ hâṁćĕ. = ಹಾಚೆ, etc. (G.).

ಹಾಟಕ hâṭaka. *Gold.* 2, the thorn-apple.

ಹಾಟಕಗಿರಿ hâṭaka-giri. Mêru (My.).

ಹಾಟಕೇಶ್ವರ hâṭaka-îśvara. N. of a liṅga at Śrîgiri (Bp. 53, 52); N. of a liṅga in pâtâlalôka (J. 24, 14). — ಹಾಟಕೇಶ್ವರಬೊಮ್ಮದೇವಯ್ಯ. N. (Bp. 58, 5).

ಹಾಟು hâṭu. (fr. ಹಡು). The emitted seminal fluid (My.).

ಹಾಡ hâḍa. = ಹಾಡು 2.

ಹಾಡಕಾಱ hâḍa-kâṟa. = ಹಾಡುಕಾಱ. ಸ್ವರ್ಗಲೋಕದ ಹಾಡಕಾಱ (ತುಮ್ಬುರ G.).

ಹಾಡಗ hâḍaga. = ಪಾಡಗ, (ಹಾಡಂಗ). N. of a plant (ಸಾರವತಿ Mr. 184).

ಹಾಡಂಗ hâḍaṅga. — ಹಾಡಂಗಮರ. The tree Cordia wulluchii G. Don. (Z.).

ಹಾಡಿಕೆ hâḍikĕ. Singing (ಗಾನ, ಸಂಗೀತ G.). ಬೀಡಿಕೆಯೆತ್ತು ಆದರೆ ಹಾಡಿಕೆಯಿಂದ ಬನ್ದೀತೇ?— ಹಾಡಿಕೆಯಿಲ್ಲದವನಾದರೆ ಹಾಡಿಕೆ ತಿಳಿಯುವದೇ? (Prvs.).

ಹಾಡಿಯ hâḍiya. = ಹಾಡಿಯ, etc. (Bp. 40, 35).

ಹಾಡಿಸು hâḍisu. = ಪಾಡಿಸು. To cause to sing (C.).

ಹಾಡು hâḍu. 1. = ಆಡು 4, ಪಾಡು 1. To sing (C.; Bp. 43, 32; 47, 39; 59, 24). ಹಾಡುವದು (ಗೀತ Sl. 64). ಹಾಡೋ ತಮ್ಮ! ಹೂಡೋ, ಬೊಮ್ಮ!— ಹಾಡಲಿಕ್ಕೆ ತಿಳಿಯದಿದ್ದರೆ ಓಡಲಿಕ್ಕೂ ತಿಳಿಯದೇ?— ಹಾಡಿದ್ದೇ ಹಾಡೋ, ಕಿಸಬಾಯಿದಾಸ!— ಹಾಡುವ ವರೆಗೂ ಹಾಡು! ಕಡೇಲಿ ಕಬಾ ಮುಚ್ಚಿ ಕೊಣ್ಡು ಹೋಗು!— ರೂಢಿಯಿಲ್ಲದ ಪದ ಹಾಡಿದರೆ ತಿಳಿದಾನೇ? (Prvs.). — ಹಾಡು ಹಾಡು. rep. (Bp. 35, 3). ಹಾಡುತ್ತಾ ಹಾಡುತ್ತಾ ರಾಗ, ಉಗುಳುತ್ತಾ ಉಗುಳುತ್ತಾ ರೋಗ (Prv.).

ಹಾಡು hâḍu. 2. = ಆಡು 5, ಪಾಡು 2, ಹಾಡ. Singing; a song (ಗೀತ, ಗಾನ Hlâ.; Mr. 75; Sl. 61; Bp. 55, 45; C.; B. 4, 136). ಗವುಡೀ ಹಾಡಿಗೆ ತವುಡೇ ತ್ಯಾಗ (Prv.). ರಾಗವಿಲ್ಲದ ಹಾಡು, ಭೋಗವಿಲ್ಲದ ಜನ್ಮ, ತ್ಯಾಗವಿಲ್ಲದನ ದೊರೆತನ ಹಾಋರ ಗೂಗೆಯನ್ತಕ್ಕ (Sp.). — ಹಾಡು ಹಾಡು. To sing a song (Bp. 22, 48).

ಹಾಡು hâḍu. 3. = ಪಾಡು 3, etc. Manner, mode (My.; B. 2, 30; 3, 7). 2, suffering, trouble (My.; B. 2, 12. 47).

ಹಾಡುಕಾಱ hâḍu-kâṟa. = ಹಾಡಕಾಱ, ಹಾಡುಗಾಱ, q. v. (ಗಾಯಕ G.). ಸ್ವರ್ಗಲೋಕದ ಹಾಡುಕಾಱ (ಗನ್ಧರ್ವ G.).

ಹಾಡುಗಾಱ hâḍu-gâṟa. = ಪಾಡುಂಗಾಱ, ಹಾಡುಕಾಱ, etc. A singer, a minstrel (My.; Sl. 292).

ಹಾಡುಗಾಱಿಕೆ hâḍu-gâṟikĕ. Singing (My.; ಗೀತ, ಗಾನ Sl. 61).

ಹಾಣಾ hâṇâ. = ಹಣಾ. (Mhr. ಹಾಣಣೇಂ, to strike, beat; *cf.* ಹಣಿ 3). — ಹಾಣಾಹಾಣಿ. (Śmd. 220, o. r. ಹಣಾಹಣಿ). Mutual or vehement beating (Bp. 21, 19). 2, a mêlée (ಬೆರಸಿರುವದು Bhn. 18; Bh. 6, 7, 15).

ಹಾತು hâtu. A hand (My.; Mhr. ಹಾತ). — ಹಾತುಬೇಡಿ. A handcuff, a manacle (My.; Mhr.).

ಹಾತೆ hâtĕ. = ಆತೆ. (My.). — ಹಾತೆಹುಳ. = ಆತೆಹುಳ. (My.).

ಹಾದರ hâdara. = ಪಾದರ. Adultery; fornication (C.). ಹಾದರದ ನಾರಿ (ಸ್ವೈರಿಣಿ, ಪುಂಶ್ಚಲಿ, etc. Mr. 304); ಹಾದರದ ಮನೆ (ಅಸತಿವಸನ 198). ಗಣ್ಡನು ಸಾಯದೇ ಇರುವಾಗಲೇ ಮಿಣ್ಡನ ದೆಸೆಯಿನ್ದ ಹುಟ್ಟಿಸಿಕೊಣ್ಡ ಹಾದರದ ಮಗನು (ಕುಣ್ಡ Sl. 193). ಹಾದರಕ್ಕೆ ಹುಟ್ಟಿದ ಮಗ ಹೊಯ್ಲಿಗೆ ಬಿದ್ದು ಸತ್ತ.— ಪಟ್ಟೆಗೆ ಮಯ್ಲಿಗೆ ಸಲ್ಲ, ಮುತ್ತಯ್ದೆಗೆ ಹಾದರ ಸಲ್ಲ.— ವಾದಾ ಮಾಡಿ, ಮಾಡಿ, ಹಾದರ ಕಲಿತು ಕೊಣ್ಡ.— ಹನ್ದಿಯವರು ಹಾದರ ಮಾಡಿದರೆ ತಮಟೆಯವರು ದಣ್ಡಾ ತೆತ್ತರು.— ಹಣವಿದ್ದವರು ಹಾದರ ಮಾಡಿದ್ದಕ್ಕೆ ಹಾದೀಲಿ ಹೋಗುವವರು ದಣ್ಡ ತೆತ್ತರು.— ಹೊನ್ನಿದ್ದಮ್ಮನ ತೊನ್ನು ಮುಚ್ಚಿತು, ಮಕ್ಕಳಿದ್ದಮ್ಮನ ಹಾದರ ಮುಚ್ಚಿತು (Prvs.). ಹಾದರದ ಕಥೆಯನ್ನು (the Râmâyaṇa) ಸೋದರರ ವಧೆಯನ್ನು (the Bhârata) ಆದರಿಸಿ, ಪುಣ್ಯಕಥೆಯೆನ್ದು ಕೇಳುವ ಮಾದಿಗರ ನೋಡು! (Sp.). See Prvs. s. ದಣ್ಡ and ಹಗರಣ 1. — ಹಾದರಗಟ್ಟು. -ಕಟ್ಟು. To accuse of adultery (My.). — ಹಾದರಗಳ್ಳ. -ಕಳ್ಳ. An adulterer (My.). — ಹಾದರದ ಮೊಟ್ಟೆ. A bundle of adultery, *i. e.* a place where adultery abounds (My.). — ಹಾದರವಾಡು. -ಆಡು. To commit adultery (Bp. 54, 40; My.). ಹಗಲೆಲ್ಲಾ ಹಾದರವಾಡಿ, ಇರುಳು ಗಣ್ಡನ ತಲೆಯ ಹೇನು ತೆಗದಳನ್ತೆ (Prv.).

ಹಾದರಗಿತ್ತಿ hâdara-gitti. An adulteress; a fornicatress (ಜೋಡೆ, ಬೆದೆಗಾರ್ತಿ, ಹಾಣ್ಬೆ, ಸಿತಗೆ, ಜಾರೆ Śm. 75; ಪುಂಶ್ಚಲಿ, ಧರ್ಷಿಣಿ, ಬನ್ಧಕಿ, ಅಸತಿ, ಕುಲಟೆ, ಇತ್ವರಿ, ಸ್ವೈರಿಣಿ, ಪಾಂಸುಲೆ Sl. 185; ಕುಲಟೆ Čb.; Bp. 40, 55; C.). ಹಾದರಗಿತ್ತಿಯ ಮಗನು (ಬಾನ್ಧಕಿನೇಯ, ಬನ್ಧುಲ, ಅಸತೀಸುತ, etc. Sl. 190). ಹಾದರಗಿತ್ತಿಯ ಕರೆ ಹನ್ದರದೊಳಗೆ, ಗರ್ತಿಯ ಕರೆ ಪತ್ರಾವಳಿ ತೆಗೆಯುವದಕ್ಕೆ.— ಹಾದರಗಿತ್ತಿಗೆ ಹದಿನೆಣ್ಟು ಹೆಸರು.— ಹಾದರಗಿತ್ತಿಯ ಕಾಲು ಹಸೇ ಮೇಲೆ ನಿಲ್ಲದು.— ಕಳ್ಳಗೆ ಕಡುನಾಲಿಗೆ, ಹಾದರಗಿತ್ತಿಗೆ ಹಲವು ನಾಲಿಗೆ.— ನಾಗರಪಂಚಮಿಯಾದರೆ ಹಾದರಗಿತ್ತಿಗೆ ಏನು?— ಸೂಳೆಯ ಮಗ ಸುಬೇದಾರ, ಹಾದರಗಿತ್ತಿಯ ಮಗ ಹವಲ್ದಾರ (Prvs.).

ಹಾದರತನ hâdaratana. Adultery (My.).

ಹಾದರಿ hâdari. = ಪಾದರಿ 1. Tbh. of ಪಾಟಳ (Śmd. 364 Mḍb.). — ಹಾದರಿಯ ಮರ. (ಪಾಟಲಿ, ಅಮೋಘೆ, etc. Nr.). 2, a large tree Mimusops kauki Lin. (St. & Pl., = ಪಾತಲಿಮರ). — ಹಾದರಿಯ ಹೂ. (ಧಾತಕಿ Nr.).

ಹಾದರಿಗ hâdariga. = ಪಾದರಿಗ. An adulterer; a fornicator; a paramour (ಜಾರ, ಉಪಪತಿ Hlâ.; Mr. 243; Bp. 11, 51; ಅನುಕ. ಕಾಮಾನ್ಧ, ವ್ಯಭಿಚಾರಿ G.).

ಹಾದರಿಗಿತಿ hâdariga-iti. (Śmd. 246). = ಹಾದರಗಿತ್ತಿ.

ಹಾದಿ hâdi. = ಪಾದಿ 1. A road, a way (ನ್ಯಗ್ರೋಧ, ಮಾರ್ಗ Nn. 42; ಅಯನ, ವರ್ತ್ಮ, ಮಾರ್ಗ, ಅಧ್ವ, ಪನ್ಥ, ಪದವಿ, etc. Sl. 104; Rśv. 9, 26; C.). ನೀರು ಹರಿಯುವ ಹಾದಿ (ಜಲಮಾರ್ಗ Sl. 82); ೪೦೦೦ ಹಸ್ತಪರಿಮಾಣವಾದ ಹಾದಿ (ನಲ್ವ 105); ಹಾದಿಗಳಿನ್ದ ಈಚೆಗೆ ಬರುವಿಕೆ (ಪ್ರವಹ 393). ಹಾದಿಯಾ ಕಲ್ಲಿಗೆಡೆ ಮಾಡಿ ನಮಿಸುವ ಮಾದಿಗರ ನೋಡು! (Sp.). ಅದೇ ಹಾದಿ ಹಿಡಿದು, ಗವಳಿಗರು ನೆರೆವೂರಿಗೆ ಹಾಲು ಮಾಱಲಿಕ್ಕೆ ಹೋಗುತ್ತಿದ್ದರು (B. 2, 13). ಸುಮ್ಮನೇ ನಾನು ಹಾದೀ ಹಿಡಿದು ಹೋಗುತ್ತಿದ್ದೆನು (2, 47). ಒಮ್ಮೆ ಬೆನ್ನ ಮೇಲೆ ಒಜ್ಜೆ ಹೇಱಿದ ಬಱಿಕ ಕತ್ತೆಗಳು ಸುಮ್ಮನೇ ಹಾದೀ ಹಿಡಿದು ಹೋಗುತ್ತವೆ (3, 48). ಒನ್ದು ಹಾಯಿದೇಗುಲದ ಹಾದೀ ಹಿಡಿದರು (3, 100). ಆತನನ್ನು ಹಾದಿಗೆ ತರ ಬೇಕೆನ್ದು, ನಿಶ್ಚಯ ಮಾಡಿ ಕೊಣ್ಡರು (4, 56). ನೀನು ಅವನ ಹಾದಿಗೆ ಹೋಗ ಬೇಡ (4, 139). ಆವರು ಅಗಸೆದಾಗಲಕ್ಕೆ ಬರಲಾಗಿ ಅಲ್ಲಿ ಒನ್ದು ಆನೆ ಹಾದೀ ಕಟ್ಟಿ ಕೊಣ್ಡು ನಿನ್ತಿತ್ತು (5, 48). ನಾನು ನನ್ನ ಚಲೋ ಹಾದಿಗೆ ತನ್ದೆನು, ನಾನು ಚಲೋ ಹಾದೀ ಹಿಡಿಯುವದು ನನ್ನಿನ್ದಾಗಲೊಲ್ಲದು; ಅಹಹಾ, ಏನು ಮಾಡಬೇಕು? (5, 197). ಹಾದೀ ನೆಟ್ಟಗೆ ಮಾಡಿಸುವದಕ್ಕೆ ಗೊತ್ತು ಮಾಡಿದ ಹಣಾ ಕೊಡ ಬೇಕಾಗುತ್ತದೆ (5, 300). ಹಾದಿಯಲ್ಲಿ ಹೋಗುವವನನ್ನು ಅಪ್ಪ! ಅನ್ದರೆ, ನೀನು ಯಾರಿಗೆ ಹುಟ್ಟಿದಿ, ಮಗನೆ? ಅನ ಹಾಗೆ.— ಬೋಧಕನಾದರೆ, ಸಾಧಕ ಮಾಡಲಿ! ಹಾದಿಗೆ ಏನು ಅಡ್ಡಿ?— ವೇದಾ ತಿಳಿಯದಿದ್ದರೆ ಹಾದಿ ತಿಳಿಯದೇ?— ಮಾದಿಗನ ಮನೇಲಿ ಪರಮಾನ್ನವಿದ್ದರೆ ಹಾದೀಲಿ ಹೋಗೋರಿಗೆ ಏನು?— ಸೇದಿದ ನೀರು ಹಾದೀಲಿ ಹಾಕ್ಯಾರೇ? (Prvs.). — ಹಾದಿಖರ್ಚು. The expenses of a journey, travelling expenses (B. 5, 159). — ಹಾದಿಗೊಳ್ಳು. -ಕೊಳ್ಳು. To commence to go, to go (My.). — ಹಾದಿಜಗಳ. A road-quarrel (in which one has no personal concern, My.). ಹಾದಿಜಗಳ ಹಣವದ್ದಕ್ಕೆ ಕೊಣ್ಡು ಕೊಣ್ಡರು (Prv.). — ಹಾದಿ ನಡೆ. To go along the road, to walk on a road (My.). ಹಾದಿ ನಡೆಯೋಣ (ಏತಿ Čb.). ವಾದಿಯ ಸಂಗಡ ವಾದಿಸಲು ಸಲ್ಲ, ಕುಣ್ಟನ ಕೂಡ ಹಾದಿ ನಡಿಯಲು ಸಲ್ಲ (Prv.). ನೀರಾಗೆ ನಡೆಯುವದು, ಮೃಗವು ತಾನಲ್ಲ; ಹಾಱಲಱಿಯದು, ಹಾದಿ ನಡೆಯುವದದಲ್ಲ (a boat, Bĕḍagučaupadi). — ಹಾದಿ ನೋಡು. To look out for, to wait for, to wait, to look forward to (My.). ನಿಮ್ಮ ಅಪ್ಪ ಬರುವ ತನಕ ನಾನು ಹಾದೀ ನೋಡುತ್ತೇನೆ (B. 2, 7). ಕುದುರೆಗಳು ತಮ್ಮಷ್ಟಕ್ಕೆ ತಾವೇ ನಿಲ್ಲುವ ಹಾದೀ ನೋಡ ಬೇಕು (4, 61). ಅಕ್ಕನು ತನ್ನ ಗೆಳತಿಯರನ್ನು ಕರೆ ಕಳಿಸಿ, ಅವರ ಹಾದೀ ನೋಡುತ್ತ ಕೂತಿದ್ದಾಳೆ (4, 137). ಶಾನ್ತಮನಸುಳ್ಳವರಾಗಿ ಸಾವಿನ ಹಾದೀ ನೋಡ ಹತ್ತಿದರು (5, 155). — ಹಾದಿಬಾಕ. A man who sits by the road-side (on festive occasions) and asks alms from them who pass by him (My.). — ಹಾದಿಯವ. -ಅವ. A man of the road, a wayfarer. ಬೀದೀಲಿ ಬೆಲ್ಲ ಸುರಿದು, ಹಾದಿಯವರ ಸಂಗಡ ಜಗಳಾಡಿದ ಹಾಗೆ (Prv.). — ಹಾದಿಹೋಕ. A man who goes on a road, a wayfarer. ಹಾದಿಹೋಕನ ತಲೆ ಕಟ್ಟೇ ದೇವರಿಗೆ ಪೂಜೆ (*i. e.* he is killed and offered to that deity as a nara-bali, a custom that prevailed in former times, Prv.).

ಹಾದಿಕಾಱ hâdi-kâṟa. A traveller (ಅಧ್ವಗ G.; C.; B. 2, 22; 3, 44; 4, 180).

ಹಾದು hâdu. P. p. of ಹಾಯು. (C.).

ಹಾನ hâna. The act of leaving or quitting. (Abh. P. 6, 66).

ಹಾನಿ hâni. Abandonment, relinquishment; neglect; loss, want, privation, absence; decrease, deficiency, diminution; detriment, damage, harm, destruction, extinction, hurt (ಅಪಹಾರ, ಅಪಚಯ Si. 392; Ch. v. 37; J. 7, 26; 10, 24; Bp. 40, 73; B. 4, 24). ಬುದ್ಧಿಯಿಲ್ಲದವನ ಸ್ನೇಹ ಇದ್ದ ಮಾನಕ್ಕೆ ಹಾನಿ. — ತನಗೆ ಬನ್ದ ಹಾನಿ ಅರ್ಥದಿನ್ದ ಹೋಯಿತು. — ಧ್ಯಾನಿಸಿ ಕೂತಾಗ್ಯೂ ಹಾನಿ ಬರುವದು ತಪ್ಪೀತೇ? (Prvs.).

ಹಾನು hânu. = ಅಹನು, ಆನು 4. See ಹಾನೆ; ಇದ್ದಾನು.

ಹಾನೆ hânu-ĕ. = ಆನೆ 1. See ಇದ್ದಾನೆ.

ಹಾನೆ hânĕ. = ಪಾನೆ. A pot. ಸತ್ತ ಎಮ್ಮೆಗೆ ಹಾನೆಹಾಲು, ಬೆತ್ತ ಎಮ್ಮೆಗೆ ಮೂನಹಾಲು (Prv.).

ಹಾನ್ತಿ hânti. — ಹಾನ್ತಿಹುಲ್ಲು. A common fodder-grass, Anthistiria ciliata Lin. (Z.). See ಮರ-.

ಹಾಪಿತ hâpita. Caused to be relinquished, made to give up; abandoned, left; omitted; lost. See ಪ್ರ-.

ಹಾಪೆ hâpĕ. = ಅಗಪೆ, etc. (My. among Brâhmaṇas who speak a corrupt Tamiḷ).

ಹಾಮಚಿ hâmači. — ಹಾಮಚಿಬಳ್ಳಿ. (ವಿಷ್ವಕ್ಸೇನಪ್ರಿಯೆ, ಘೃಷ್ಟಿ, ವಾರಾಹಿ, ವದರೆ, ವಾಚಿತೀಗೆ Si. 159).

ಹಾಯ್ hây. 1. = ಪಾಯ್ 1 q. v., etc. To jump over; etc., etc. (Bh. 1, 5, 9; 1, 8, 88. 93; 2, 13, 28; 8, 13, 25. 27. 30. 31. 33; J. 7, 45. 52; 28, 6). P. p. ಹಾಯ್ದು (exceptionally also in the common language). ಹಾಯ್ದಿತ್ತು (B. 3, 94). ಹೋಣಿ ಮುನ್ತಾದವುಗಳಿನ್ದ ಹಾಯ್ದು ಆಚೇ ದಡಕ್ಕೆ ಸೇರತಕ್ಕ ದುಸ್ತರಜಲವುಳ್ಳ ಹೊಟ್ ಮುನ್ತಾದವುಗಳು (ನಾವ್ಯ Si. 83); ಹೊಟ್ ಹಾಯ್ದು ದಾಟಿಸುವ ಹಡಗಿನವನಿಗೆ ಕೊಡುವ ಮಜೂರೀ ರೊಕ್ಕ (ಅತರ 84); ಕಡೆ ಹಾಯದ ದಾರಿ (ಅಪಥ, ಅಪಥ 105); ಹಾಯ್ದು ಓಡುವಿಕೆ (ವಲ್ಗಿತ 274); ಗೂಳಿ ಹಾಯ್ದು ಹಿಮ್ಮಾಲಿಸಿದ ಆಳಳು (ಸನ್ಧಿನಿ 321). ನೀರ ನಡೆ ಹಾಯ್ವ ತೆಪ್ಪ (ಉಡುಪ Mr. 416).

ಹಾಯ್ hây. 2. = ಪಾಯ್ 2, etc. Crossing; going; propriety: pleasurable, nice, pleasant (as a meal, a place, sleep, etc. My.). — ಹಾಯ್ಗಡ. -ಕಡ. A place where a river is forded (My.). — ಹಾಯ್ಬಿಡು. -ಬಿಡು. To let loose (Râm. 6, 19, 17).

ಹಾಯ್ hây. 3. A sail (My.; M. ಪಾ, ಪಾಯ್, a mat; a sail; a sheet of paper; T. ಪಾಯ್, a sail; a mat).

ಹಾಯನ hâyana. *A year.* 2, *a ray.* 3, *a sort of red rice.*

ಹಾಯಿ hâyi. 1. = ಹಾಯ್ 1, etc. P. p. ಹಾಯಿದು (My.; B. 5, 85).

ಹಾಯಿ hâyi. 2. = ಹಾಯ್ 2, etc. (Tĕ. ಹಾಯಿ = ಸುಖ, ಸೌಖ್ಯ). — ಹಾಯಿತೋರು. -ತೋರು. To appear, *i. e.* to be, agreeable. ಕಿವಿಗೆ ವ್ಯಕ್ತವಾಗಿ ಕೇಳ ಬಾರದೇ ಇದ್ದರೂ ಹಿತವಾಗಿ ಹಾಯಿತೋರುವ ನಾದ (ಕಲ Si. 61).

ಹಾಯಿಕು hâyiku. = ಹಾಕು, etc. (Bp. 43, 13; Râm. 5, 8, 72; 6, 10, 11; Bh. 1, 3, 15; 2, 12, 50; 8, 24, 24).

ಹಾಯಿಸು hâyisu. = ಪಾಯಿಸು, ಹಾಯ್ಸು, ಹಾಸು 3. To cause to go (B. 5, 300); to cause to go forward, to stretch forward, to extend (B. 3, 114; My.); to cause to pass over or cross (My.); etc.

ಹಾಯಿಸುವಿಕೆ hâyisuvikĕ. Causing to go, etc. See ಕಡೆ-.

ಹಾಯು hâyu. = ಹಾಯ್ 1, etc. P. p. ಹಾದು (C.). ಅಲ್ಲದ ಹುದೆಮ್ಪು ಅಜಾಣನೊಡನಾಟ ಕಲ್ಲು ಹಾದನ್ತೆ (Sp.). ಎಲೋ, ಹುಡುಗಾ! ನಿನ್ನ ಕೆಯ್ಯೊಳಗಿನ್ದ ನೆತ್ತರ ಹಾಯುತ್ತದೆ (B. 2, 47). ಆಡುಗಳು ಸಿಟ್ಟಿಗೆದ್ದು, ಅವರನ್ನು ಹಾಯುತ್ತವೆ (5, 24). ಹೋತಿನ ಕೋಡುಗಳು ಮೇಲ್ಗಡೆಗೆ ಹಾದಿರುತ್ತವೆ (3, 9). ಅವರಿಬ್ಬರು..ಒನ್ದು ತೋಟಕ್ಕೆ ಹೋಗಿ, ಅಲ್ಲಿಯ ಮಾವಿನ ತೋಪಿನೊಳಗಿನ್ದ ಹಾದು ಬರುತ್ತಿದ್ದರು (3, 37). ನಮ್ಮ ಬಾಗಿಲ ಮುನ್ದೆ ಹಾದು ಹೋಗುತ್ತಿದ್ದರು (3, 38). ಮೋಟ್ ನೀರ, ಉದ್ದಕ್ಕೆ ಹಾದಿರುತ್ತದೆ (3, 74). ಮೇಲಕ್ಕೆ ಹಾದ ಹೊಕ್ಕುಳ (ಗಣ್ಡುಪ); ವಾತದಿನ್ದ ಯಾವನ ಹೊಕ್ಕುಳ ಹಾದಿರುತ್ತದೋ, ಅವನು ತುಣ್ಡಿಲ (G.). ತಲೆ ಗಟ್ಟಿಯೆನ್ದು, ಕಲ್ಲು ಹಾಯ ಬಾರದು (Prv.). See Prv. s. ನಮ್ಮು. — ಹಾಹಾಟ. -ಆಟ. Mutual butting (My.); fording (My.). — ಹಾದಾಡು. -ಆಡು. To butt with horns (My.); to pass over, to cross (My.; B. 1, 16).

ಹಾಯುವಿಕೆ hâyuvikĕ. Passing over, etc. (ಉಡ್ಡೀನ Si. 178). See ಕಡೆ-.

ಹಾಯ್ಕಿಸು hâykisu. = ಹಾಕಿಸು. (Bp. 28, 27; J. 11, 33; see ಕೆಡೆ-).

ಹಾಯ್ಕು hayku. = ಹಾಕು. (Bp. 18, 14; 21, 35. 43; 22, 10; 24, 59; 30, 15; 32, 26; 42, 35; J. 10, 30; 13, 63; 14, 18; Bh. 2, 13, 46. 50). See ಇಟ್‌ಪಾಯ್ಕು.

ಹಾಯ್ಸು hâysu. = ಹಾಯಿಸು, etc. To cause to go or proceed, to drive (Bp. 21, 39); etc.

ಹಾರ್ hâr. = ಪಾರ್, ಹಾರು 1. To look for; to investigate, etc. 2, to desire (Grj. 9, after 58; Bp. 28, 34). ಆಸನ ಎನ್ದೊಡೆ ಶತ್ರುವನಾಕ್ರಮಿಸಲು ಸಮರ್ಥನಲ್ಲ ಎನ್ದು, ದೇಶಕಾಲಾದಿಗಳಂ ಹಾರುತ ದುರ್ಗಾದಿಗಳಂ ಹೊಕ್ಕಿರುವ ವಿಜಿಗೀಷುವಿನ ಸ್ಥಿತಿಯು (ಆಸನ Nr.). — ಹಾರ್ವ. = ಪಾರ್ವ, etc. A Brâhmaṇa (My.). ಪರ್ವಕಾಲದಲ್ಲಿ ಹಾರ್ವನಾದರೆ ಗರ್ವವು ಯಾಕೆ? — ಪೂರ್ವ ಹೇಳಿದರೆ ಹಾರ್ವ ಓಡ್ಯಾನು (Prvs.). See Sp. s. ಹೊಲೆ. — ಹಾರ್ವಿತಿ. = ಪಾರ್ವಿತಿ. A Brâhmaṇa woman (My.; see Sp. s. ತಿಳಿ 4).

ಹಾರ hâra. = ಹಗರ, etc. (Bh. 1, 7, 1; see ಕೆಯ್ಯಾರ No. 1).

ಹಾರ hâra. = ಅರ 3. Taking; conveying; seizing; carrying away or off; robbing; removing, depriving of; obtaining, holding, retaining; captivating, charming; throwing, casting; offering; loss, waste. 2, *a string of pearls; a necklace of sixty-four or hundred and eight strings;* any necklace. See Mr. s. ಏಕಾವಲಿ; Si. 217. 218. 230.

ಹಾರಕ hâraka. = ಹಾರಕು. The grain Paspalum scrobiculatum Lin. (ಉದ್ದಾಲ, ಕೋದ್ರವ Mr. 373; ಕೋರದೂಷ, etc. Si. 304). ಹಾರಕ ಬೆಳೆಯುವ ನೆಲ (ಕೌದ್ರವೀಣ Si. 301). — ಹಾರಕದಕ್ಕಿ. -ಅಕ್ಕಿ. = ಹಾರಕ. (My.).

ಹಾರಕ hâraka. Taking; bringing; conveying; seizing; etc. See ಮಣ್ಣ-.

ಹಾರಕು hâraku. = ಹಾರಕ. (ಕೋರದೂಷ, ಕೋದ್ರವ Nr.).

ಹಾರಕು ಬೆಳೆವ ಕೆಯಿ (ಕೌದ್ರವೀಣ Nr.). ಹಾರಕಿನ ಕೆಯಿ (ಕೌದ್ರವೀಣ Hlâ.). ಹಾರಕಂ ಬೆಳೆವ ಕೆಯ್ (ಕೌದ್ರವೀಣ Mr. 94).

ಹಾರಯಿಸು hârayisu. = (ಆರಯಿಸು), ಹಾರಯ್ಸು, ಹಾರವಿಸು. (My.).

ಹಾರಯ್ಕೆ hâraykĕ. (= ಆರಯ್ಕೆ, etc.). Wish, desire (ದೋಹದ, ಇಚ್ಛೆ, ಕಾಂಕ್ಷೆ, ಸ್ಪೃಹೆ, ಮನೋರಥ, ಕಾಮ, ಅಭಿಲಾಷ, etc. Si. 70; ತೃಷ್ಣೆ, ಸ್ಪೃಹೆ 420; ತ್ರಿಷ್ಣೆ, ಸ್ಪೃಹೆ 433). ಹಿತವಾಗಲಿವ್ವ ಹಾರಯ್ಕೆ (ಅತಿಸ್ 463).

ಹಾರಯ್ಸು hâraysu. = (ಆರಯ್ಸು), ಪಾರಯ್ಸು, ಹಾರಯಿಸು. To look for; to get a longing after; to desire. ಧನವನ್ನು ಹಾರಯ್ಸುವವಳು (ಇಚ್ಛಾವತಿ, ಕಾಮುಕಿ, ಭೋಗವನ್ನು ಬಯಸುವವಳು Si. 185); ಚೆನ್ನಾಗಿ ಹಾರಯ್ಸಲ್ ಪಟ್ಟದು (ಪ್ರಾರ್ಥಿತ, ಅರ್ಥಿತ, ಅಪೇಕ್ಷಿಸಲ್ ಪಟ್ಟದು 381). ಪರರ ದುಃಖವ ಕೇಳಿ, ಮನದಲಿ ಹಿರಿದು ಚಿಂತಿಸಿ, ಪರರ ಪದವಿಗೆ ಹರುಷ ಮಿಗೆ ಹಾರಯ್ಸಿ (Akrûranîti 32). See Grj. 4, after 104; 5, 81; Râm. 6, 14, 21; 6, 44, 52; J. 7, 40; 18, 5; 18, 9; 27, 18.

ಹಾರವ hârava. See s. ಹಾರು 2.

ಹಾರವ hâ-rava. The sound or cry of ಹಾ (Čpr. 5, 11. 12; Abh. P. 14, 101).

ಹಾರವಗಿತ್ತಿ hârava-gitti. See s. ಹಾರು 2.

ಹಾರವಲಯ hâra-valaya. An encircling necklace (J. 2, 8). 2, ಹಾ-ರವ-ಲಯ. destruction connected with the cry of ಹಾ (2, 8).

ಹಾರವಾಣ hâravâṇa. 1. Tbh. of ಪಾರಾವತ. (My.).

ಹಾರವಾಣ hâravâṇa. 2. = ಹಾರಿಯಾಳ q. v., etc. (My.).

ಹಾರವಿಸು hâravisu. = ಹಾರಯಿಸು, ಹಾರಯ್ಸು, etc. (Bp. 4, 18; 5, 42. 48; 12, 20. 23; 44, 15; 54, 65; 61, 64; Râm. 4, 2, 10; 5, 1, 5).

ಹಾರಹೂರೆ hârahûrĕ. *A grape* (ದ್ರಾಕ್ಷೆ Mr. 112).

ಹಾರಿ hâri. Taking; conveying; bringing; carrying away; removing, taking away; seizing, robbing; obtaining, acquiring; *captivating, charming, delighting; pleasant; agreeable, beautiful.*

ಹಾರಿಕೆ hârikĕ. She who brings, takes, seizes, removes, etc. See ಕುಟ್ಟ-.

ಹಾರಿದ್ರ hâridra. (fr. ಹರಿದ್ರಾ). *Yellow;* yellow colour.

ಹಾರಿಯಾಳ hâriyâḷa. = ಹಾರುವಾಣ 1, ಹಾರವಾಣ 2, ಹಾರಿವಾಳ, ಹಾರುವಾಣ, ಹಾಲಿವಾಣ. Tbh. of ಪಾರಿಭದ್ರ. — ಹಾರಿಯಾಳದ ಮರ. The coral tree, Erythrina indica Lam. (ಪಾರಿಜಾತಕ, ಪಾರಿಭದ್ರ, ಮನ್ದಾರ, ನಿಮ್ಬತರು Nr.).

ಹಾರಿವಾಳ hârivâḷa. = ಹಾರಿಯಾಳ, etc. The coral tree (ಮನ್ದಾರ, ಪಾರಿಭದ್ರಕ Hlâ.).

ಹಾರಿಸು hârisu. = ಹರಿಸು. See ಸಂ-.

ಹಾರೀತ hârîta. *A kind of pigeon of a yellowish green colour, Columba hariola Buch.* (ಹೊಱಸು Hlâ.).

ಹಾರೀತಕ hârîtaka. = ಹಾರೀತ. (Čpr. 6, after 86).

ಹಾರು hâru. 1. = ಹಾರ್, etc. (Bp. 3, 80; 11, 11; 35, 54). ಹಾರುವುದು (ಯಾಚನೆ, ಪ್ರಾರ್ಥನ Mr. 285). ಹಾರಿಬೇಡ್ಪವಂ (ಅರ್ಥಿ, ಯಾಚಕ, ಮಾರ್ಗಣಕ, ವನಿಪ Mr. 285). — ಹಾರುವ. = ಹಾರ್ವ, etc. A Brâhmaṇa (Bp. 57, 36; Râm. 5, 8, 49; C.; B. 2, 10). ಹಾರುವನಿಗೆ ಆಳಾಗ ಬೇಡ, ಗಾಣಿಗನಿಗೆ ಎತ್ತಾಗ ಬೇಡ. — ಕುದುರೇ ಹಿಂದ್ಗಿರ ಬೇಡ, ಹಾರುವನ ಮುನ್ದಿರ ಬೇಡ. — ಹಾರುವನ ಬದುಕು ಮಗನಿಗೆ, ಸಟ್ಟೆಯು ಬದುಕು ಅಳಿಯನಿಗೆ. — ಹಾರುವರ ಮನೇಲಿ ಹರಿಸೇವೆ ಆದರೆ ಮೂಡಿನಾಯಿಗೆ ಓಡ್ಯಾಟ. — ಹಾರುವನ ಮೋಱೆಯಾವದೂ ನೀರಿನಿನ್ದ ತೊಳೆಯುವಿದ್ದರೆ ನಾಚಿಕೆ ಇದ್ದೀತೇ? — ವೀರನ ಶೌರ್ಯ ಹಾರುವನ ಮೇಲೆಯೇ? — ಹೊಲೆಯನ ಪಾಯಸ ಹಾರುವನಿಗೆ ಯಾಕೆ? — ಹಸಿದ ಹಾರುವನನ್ನು ತೊಡಗ ಬಾರದು, ಉಣ್ಡ ತುರುಕನನ್ನು ತೊಡಗ ಬಾರದು. — ಹಲವು ದೇವರನ್ನು ನಮ್ಬಿ, ಹಾರುವ ಕೆಟ್ಟ; ಹಾರುವನನ್ನು ನಮ್ಬಿ, ಹಲವರು ಕೆಟ್ಟರು. — ಹಾರುವನಿದ್ದ ಊರು ಹಾಱು, ಏಡಿಯಿದ್ದ ಕೆಱೆ ಹಾಱು. — ಹಾರುವ ಮಾಡುವದು ಪಿಣ್ಡಕ್ಕೆ, ಹೊಲೆಯ ಮಾಡುವದು ಹೆಣ್ಡಕ್ಕೆ. — ಹಾರುವನ ಬೊಟ್ಟು ಹರದಾರಿ ದೂರ. — ಹಾರುವರ ಮನೆ ಜೋನಗಿತ್ತಿಗೆ ನೀರೇ ದಿಬ್ಬಣ (Prvs.). — ಹಾರುವಕುಲ. The Brâhmaṇa tribe or caste (Bp. 3, 80). — ಹಾರುವಗಚ್ಚೆ. -ಕಚ್ಚೆ. The end of a garment put into regular folds and tucked in behind, as is done by Brâhmaṇas (My.). — ಹಾರುವಗಿತ್ತಿ. = ಹಾರ್ವತಿ. A Brâhmaṇa woman (My.). — ಹಾರುವಯ್ಯ. -ಅಯ್ಯ. Mr. Brâhmaṇa (ದ್ವಿಜಾತಿ, ಭೂದೇವ, ಬ್ರಾಹ್ಮಣ, etc. Si. 232). ಹಾರುವಯ್ಯನ ಸಂಗ ಹಲವು ಭಂಗ (Prv.). — ಹಾರು ಹಾರು. rep. (Bp. 6, 26). — ಹಾರೋ. ಹಾರೋನು. = ಹಾರುವ. ಹಾರುವನು. (My.). ಸೋರೆಕಾಯಿ ಆದರೆ ಹಾರೋರಿಗೆ ಆಗದೇ? (Prv.). — ಹಾರೋಕುನ್ನಿ. A dog of a Brâhmaṇa, a mean Brâhmaṇa. ಹೋರನಿಗೆ ಸೇರಿ ಕೊಣ್ಡು, ಹಾರೋಕುನ್ನಿ ಸೋತು ಹೋದ (Prv.). — ಹಾರೋಗೇರಿ. -ಕೇರಿ. A street where Brâhmaṇas live (My.).

ಹಾರು hâru. 2. = ಪಾರು 1. Looking for; looking after; desiring. — ಹಾರ. -ಅ 3. = ಹಾರವ. See ಹಬ್ಬಾರ. — ಹಾರವ. -ಅವ. A Brâhmaṇa. ಆಧ್ಯಾಸವಿಲ್ಲದ ಹಾರವ ಅಗ್ನಿಕಾರ್ಯ ಮಾಡಿದರೆ ಗಡ್ಡ ಮೀಸೆ ಹೊತ್ತಿತು (Prv.). — ಹಾರವಗಿತ್ತಿ. A Brâhmaṇa woman. ಸೀರೆ ಆದರೆ ಹಾರವಗಿತ್ತಿಗೆ ಆಗದೇ? (Prv.). — ಹಾರವಯ್ಯ. Mr. Brâhmaṇa. ಆಸೆಗಾಱ ಹಾರವಯ್ಯ ಗೋಣಿಯೊಳಗೆ ಮೂಗಳ ಕಟ್ಟಿದ (Prv.).

ಹಾರು hâru. = ಪಾರು. See ಕವಳಿಗೆ-.

ಹಾರುವ hâruva. See s. ಹಾರು 1.

ಹಾರುವಗಿತ್ತಿ hâruva-gitti. See s. ಹಾರು 1.

ಹಾರುವಾಣ hâruvâṇa. = ಹಾರಿಯಾಳ, etc. (My.).

ಹಾರೆ hârĕ. = ಆರೆ 5. See ಇದ್ದಾರೆ.

ಹಾರೆ hârĕ. = ಪಾರೆ, etc. A crowbar (ಭೇದಿ Mr. 371; My.; Bp. 23, 34; Č. Bp. 47, 42); a short hoe (S. Mhr.; Tĕ. ಪಾರೆ). ಹಾರೆ ಮೋಟು, ಗುದ್ದಲಿ ಬೊಡ್ಡು, ಗೆಯ್ಯುವವಗೆ ಒಕ್ಕಿಯ್. — ರಾಯರ ಪಾದಪಾಣೆ! ಹಾರೆ ನುಂಗು! — ಹಾರೇ ಕೆಲಸ ನನ್ನಿನ್ದ ಎಡೆಯ, ಉದ್ದಿನ ದೋಸೆಗೆ ನಾನು ಒಡೆಯ (Prvs.). — ಹಾರೆಕಾಲು. The spoke of a wheel (My.). — ಹಾರೆಗಟ್ಟಿಗೆ. -ಕಟ್ಟಿಗೆ. A crowbar (ಅಯೋಮುಖ, ಶೂಲಿಕೆ Mr. 158).

ಹಾರೋ hârô. See s. ಹಾರು 1.

ಹಾಱ್ hâṟ. = ಹಾಱು 1, etc. ಹಾರ್ವುದು (Bp. 58, 86).

ಹಾಱಸು hâṟasu. = ಹಾಱಿಸು. (Čb. 25, 81).

ಹಾಱಿಕೆ hâṟikĕ. Jumping, a jump, etc. (Râm. 6, 30, 13; B. 4, 37. 212; ಲಂಘನ G.).

ಹಾಱಿಸು hâṟisu. = ಆಱಿಸು 2, ಪಾಱಿಸು. To cause to jump or jump over (My.; B. 5, 62); to cause to fly (My.); to cause to fly down, to throw (as a horse does a rider, My.; B. 4, 184); to remove (as a fault, My.; B. 4, 200); to cause to copulate (My.); to cause to explode, to discharge, to fire (as gunpowder or fire-arms, My.; B. 4, 200; 5, 112. 192).

ಹಾಱು hâṟu. 1. = ಆಱು 5, ಪಾಱು 1 q. v. To jump; to run; to run or go away; etc. (Bp. 28, 18;

36, 28; 46, 23; 52, 18; 56, 20; 59, 24; J. 20, 47; Bh. 2, 18, 44. 50; C.); to be discharged or fired (as fire-arms, My.). ಹಾಱುವುದು (ಡಯನ Hlâ.). ಕೆಳಯಿಕ್ಕೆ ಹಾಱುವ ಪಕ್ಕಿ (ಸಣ್ಡೀನ); ಮೇಲಕ್ಕೆ ಹಾಱುವ ಪಕ್ಕಿ (ಉಡ್ಡೀನ Nr.). ಹಾಱಿ ಬೀೞುವ ಮೀನು (ಪ್ರೋಷ್ಠಿ, etc. Si. 87); ಹಾಱುವ ಸ್ವಭಾವವುಳ್ಳವನು (ಉತ್ಪತಿಷ್ಣು, ಉತ್ಪತಿತೃ 360); ದನಗಳ ಮೇಲೆ ಗೂಳಿಗಳು ಹಾಱುವ ಸಮಯ ಗೂಳಿ ಬಸಱು ಮಾಡುವಿಕೆ (ಪ್ರಜನ, etc. 396); ಹಾಱಿ ಹೋಗುವದು (ಪ್ಲವಗ 410). ಆಱು ಬೆಟ್ಟವನೊಬ್ಬ ಹಾರಿ ಬಹುದೆನ್ದಲ್ಲಿ, ಹಾರಿ ಬಹುದೆನ್ದು, ಎನ ಬೇಕು; ಮೂರ್ಖನನು ಗೆಲ ಬಾರದಯ್ಯ! (Sp.). ನಿನಗೆ ಏನಾದರೂ ನೋವು ಆದಾಗ ಇಲ್ಲವೆ ಬೇನೆ ಬನ್ದಾಗ ನಿನ್ನ ತಾಯಿ ತನ್ದೆಗಳ ಹರಣ ಹಾಱುವದು (B. 1, 25). ಹಾಱುವ ಕಾಗೆ ಹೋರ್ಯಾಡಲಿಕ್ಕೆ ಬಲ್ಲಿತೇ (or ಬಲ್ಲದೇ)?—ಹಾಱುವ ಗುಬ್ಬಿಗೆ ಗೋಡಿ ಕಲ್ಲು ಕಟ್ಟಿದ ಹಾಗೆ.—ಗೋಡೇ ಹಾಱುವವ ಬೇಲಿ ಹಾರನೇ?—ಜಗಲೀ ಹಾರಿದವ ಗಗನಾ ಹಾಱ್ಯಾನೇ?—ನಡಕಟ್ಟು ಕಟ್ಟಿದರೆ ಮುದೂ ಹಾಱಿ ಹೋಗ ಬಹುದೇ?—ಪಾಗಾರ ಹಾರಿದವನು ಸಾಗರ ಹಾಱ್ಯಾನೇ?—ಬಾರಿ ಬಾರಿ ಬನ್ದವರು ಹಾಱಿ ಹಾಱಿ ಹೋಗರೇ?—ಮಱೆಗೆ ಹೆದಱಿ, ಹೊಱೇಲಿ ಹಾಱಿದ ಹಾಗೆ.—ತೀರದ ಕಾರ್ಯ ಹಾಱಿದರೂ ಆಗದು (Prvs.). ಗುಣ್ಡು ಹಾಱು (G. 184). — ಹಾಱಿ ತೆಗಸು. To cause or make (somebody) to open (a door) suddenly (Bp. 50, 19). — ಹಾಱಿ ತೆಗೆ. To cause (a door) to fly open (Bp. 28, 49; 43, 47); to open a door completely (My.). — ಹಾಱಿ ಬಡಿ. To open (a door) completely (My.). — ಹಾಱಾಡಿಸುವಿಕೆ. -ಆಡಿಸುವಿಕೆ. Causing to jump or move quickly about. ಕಣ್ಣುಹುಬ್ಬುಗಳನ್ನು ಹಾಱಾಡಿಸುವಿಕೆ ಮುನ್ತಾದದು (ಅಂಗಿಕ Si. 66). — ಹಾಱಾಡು. -ಆಡು. To jump about, to run about, to fly about, etc. (B. 2, 2. 5; 3, 10. 68; 5, 86). — ಹಾಱಾಡುವಿಕೆ. -ಆಡುವಿಕೆ. Flying about, etc. ಹಾಱಾಡುವಿಕೆ (ಪ್ರಡೀನ, ನೆಗೆಯುವಿಕೆ Si. 178). — ಹಾಱ್ಯಾಡು. -ಆಡು. = ಹಾಱಾಡು. (B. 3, 80). ಬೇಱೆ ಆದರೂ ಹಾಱ್ಯಾಡೋದು ತಪ್ಪಲಿಲ್ಲ (Prv.).

ಹಾಱು hâṟu. 2. = ಪಾಱು 2, ಹಾರ್. Running; jumping; flying; throbbing; copulating. See ಎದೆ-. — ಹಾಱುಗಾಲಿ. -ಕಾಲಿ. A woman who has feet that run about: a gad-about (My.). — ಹಾಱುಗುಪ್ಪೆ. -ಕುಪ್ಪೆ. A game at which boys form two parties each of which makes a heap of sand in its front, when one of a party is ordered to jump from one heap to the other; if he is not successful, one jumps on his shoulders and drives him about (My.; ಪಱಿಮಱಿ Kk. 71; ಪಱಮಱಿ Šm. 56, o. r. ಪರಿಮಱಿ). ಹಾಱುಗುಪ್ಪೆಯಾಟ ಆಡು, to play that game (My.). — ಹಾಱುಗೆಯ್ತು. -ಕೆಯ್ತು. Copulation, coitus (Čpr. 8, after 56). — ಹಾಱುಮೀನು. (ಪ್ರೋಷ್ಠಿ, ಶಫರಿ Si. 87).

ಹಾಱುವಿಕೆ hâṟuvikĕ. Jumping, leaping over, etc. (ಅತಿ, ಲಂಘನ Si. 467).

ಹಾರ್ hâṟ. = ಹಾಱು 2. — ಹಾರ್ಗುಪ್ಪೆ. -ಕುಪ್ಪೆ. = ಹಾಱುಗುಪ್ಪೆ. (Bp. 32, 37).

ಹಾರ್ದ hârda. (fr. ಹೃದ್). *Affection, love, kindness.*

ಹಾರ್ದಿಕ್ಯ hârdikya. A N. of Kṛitavarma. (J. 13, 35).

ಹಾರ್ಯ hârya. To be taken, to be taken away (adj.). See ಆ-, ಪರಿ-. 2, the dividend.

ಹಾರ್ವ hârva. See s. ಹಾರ್.

ಹಾರ್ವಿತಿ hârviti. See s. ಹಾರ್.

ಹಾರ್ಸ hârs. A horse (Si. 272).

ಹಾಲ್ hâl. = ಪಾಲ್ 1, ಹಾಲ, ಹಾಲು. Milk; the white juice of some plants; the juice of sugar-cane and that of a cocoa-nut; vaccine matter (My. as ಹಾಲು; ಊಧಸ್ಯ, ಕ್ಷೀರ, ದುಗ್ಧ, ಪಯಸ್, ಪೀಯೂಷ Hlâ.; Bp. 28, 65; 50, 35; 55, 15; 57, 80; 60, 49. 60). ಹಾಲಾ! ಅಮರ್ದಾ! ಇನಿದು, ಗಡಾ! (Šmd. 69). ನಾಗುಳ ಹಾಲ ಕಱೆವ ಆಕಳು (ದ್ರೋಣದುಘಾ); ನಿನ್ನೆ ಕಱೆದ ಹಾಲಿನ್ದಾದ ಬೆಣ್ಣೆ ತುಪ್ಪವು (ಹೈಯಂಗವೀನ Nr.). ಆವುಗಳು ಕಱವ ಹಾಲ್ (ಕ್ಷೀರ, etc. Mr. 182). — ಹಾಲ್ಕೊರಟೆಗಬಳ್ಳಿ. A climbing foetid milky herb, Daemia extensa R. Br. (St. & Pl.). — ಹಾಲ್ತುತ್ತ. = ಪಾಲ್ತುತ್ತ. (My.). — ಹಾಲ್ದೆನೆ. -ತೆನೆ. = ಪಾಲ್ದೆನೆ. (My.). — ಹಾಲ್ವಕ್ಕಿ. -ಹಕ್ಕಿ. = ಪಾಲ್ವಕ್ಕಿ, etc., ಹಾಲಕ್ಕಿ. (My.).

ಹಾಲ hâla. = ಹಾಲ್, etc. (B. 5, 247). — ಹಾಲವಕ್ಕಿ. -ಹಕ್ಕಿ. = ಹಾಲ್ವಕ್ಕಿ, etc. A small kind of owl of which the cry is ominous (Bḍ.).

ಹಾಲ hâla. (fr. ಹಲ). A plough. 2, Balarâma. (Colebr.).

ಹಾಲಹಲ hâlahala. = ಹಲಾಹಲ, ಹಾಲಾಹಲ No. 1. (Bp. 58, 55. 62).

ಹಾಲಹವಾಲು hâlahavâlu. Distressful condition; the woefulness of disgrace, fatigue, hunger, etc. (My.; Mhr., H.).

ಹಾಲಾಹಲ hâlâhala. = ಹಾಲಹಲ, etc. A sort of deadly poison (Bp. 58, 46. 64). 2, spirituous liquor. 3, *a kind of lizard* (*cf.* ಹಲ್ಲಿ 1).

ಹಾಲಿ hâli. (= ಹಾಲೆ 4?). — ಹಾಲಿಕಾಯಿ. The fruit of ಹಾಲಿಬಳ್ಳಿ (Z.). — ಹಾಲಿಬಳ್ಳಿ. A creeper common in hedges, Leptadenia reticulata Wight. (Z.).

ಹಾಲಿ hâli. A present; present (My.; Tš.; see ಹಾಲು).

ಹಾಲಿಕ hâlika. Relating to a plough, agricultural; *a ploughman, an agriculturist.*

ಹಾಲಿಗೆ hâligĕ. (Šmd. 25).

ಹಾಲಿವಾಣ hâlivâṇa. = ಪಾರುವಾಣ, etc. The coral tree (ಪಾರಿಭದ್ರ, etc. Si. 127; My.).

ಹಾಲು hâlu. = ಹಾಲ್, etc. Milk; etc. (C.; Bp. 14, 8; 28, 37; Bh. 1, 10, 25. 30; Si. 315). ಕುಡಿಯ ಹಾಲು (ಅವಿದೂಸ Hlâ.). ಆಕಳ ಹಾಲು ಮೊಸರು ಮೊದಲಾದವೆಲ್ಲಂ (ಗವ್ಯ); ಕಾಯ್ದು ಬಿಸಿಯಾಗಿರ್ದ ಹಾಲಿನಲ್ಲಿ ಆವುದಾನೊನ್ದು ಮೊಸರ ಹೊಯ್ದು ಪರಿತ್ತಣಿನ್ದ ಒಡೆದುದು (ಆಮಿಕ್ಷೆ, ಒಡೆ Nr.). ಹಾಲಿನ ಕಡಲು (ಕ್ಷೀರೋದ Si. 81). ಕಾಯಿಸಲ್ ಪಟ್ಟು ಬಿಸಿಯಾದ ಹಾಲಿನಲ್ಲಿ ಮೊಸರು ಸೇರಿ ಹೆಪ್ಪ ಕಟ್ಟಿ ಒಡದನ್ತೆ ಸಪ್ಪೆಯಾಗಿರುವದು (ಆಮಿಕ್ಷೆ 240). ಅರ್ಧಪಾಕವಾಗಿ ಕಾಯಿಸಿದ ಕಬ್ಬಿನ ಹಾಲು (ಫಾಣಿತ 312). ನಿನ್ನೆಯ ದಿನದಲ್ಲಿ ಆಕಳಿನ ದೆಸೆಯಿನ್ದ ಕಱೆದು ಹಿಣ್ಡಲ್ ಪಟ್ಟ ಹಾಲಿನಿನ್ದ ಹುಟ್ಟಿದ ತುಪ್ಪವೂ ಬೆಣ್ಣೆಯೂ (ಹೈಯಂಗವೀನ 316). ಅಱೆದ ಉಪ್ಪಿದ ಹಾಲಿನನ್ದದಿ ಸುಲಭವಾಗಿರ್ದ...ಕನ್ನಡದ ನುಡಿ (Abhâ. 1, 5). ಹಾಲಿನೂಟದ ಹಬ್ಬ (Dp. 4). ಕೊತ್ತಿ ಬಲ್ಲುದೆ ಹಾಲು ಮೀಸಲೆಮ್ಬುದನು? (Dp. 76). ಹಾಲಿಗಿನ್ತ ಕೆನೆ ರುಚಿ.—ಹಾಲಿದ್ದಾಗಲೇ ಹಬ್ಬ ಮಾಡು.—ಹಾಲು ಕಣ್ಡಲ್ಲಿ ಬೆಕ್ಕು, ಕೂಳು ಕಣ್ಡಲ್ಲಿ ನಾಯಿ.—ಆಕಳು ಕಪ್ಪಾದರೆ ಹಾಲು ಕಪ್ಪೇ?—ನೇಗಲು ಉತ್ತರೆ ಹೊಲ, ಹಾಲು ಇದ್ದರೆ ಗೋವು.—ಪೋಲೀ ದನಕ್ಕೆ ಹಾಲು ಹೆಚ್ಚು, ಕೂಲೀ ಮುಣ್ಡೆಗೆ ನಾಲಿಗೆ ಹೆಚ್ಚು.—ಬೆಳ್ಳಿ ಬೆಸಯ ಬೇಕಾದರೆ ಕಳ್ಳೀ ಹಾಲು ಬೇಕೇ?—ಪಾಲೀ ಹಾಗೆ ಬಲವನ್ತನಿಲ್ಲ, ಹಾಲಿನಕ್ಕಿನ್ತ ಸವಿಯಿಲ್ಲ.—ಹಾಲು ಹೊದ್ದವನಾದರೂ ಹಾಲು ಬಿಟ್ಟಾನೇ? (Prvs.). See ಮುಯ್ಲ-. — ಹಾಲ ಕಾಗದ. White paper (My.). — ಹಾಲಕ್ಕಿ. -ಅಕ್ಕಿ 1. = ಹಾಲುವಕ್ಕಿ, etc. A small owl, called pingalâ in Mahratta (Pr.). ಹಾಲಕ್ಕಿ ಆದರೆ ಹಾಲು ಕುಡಿದೀತೇ? (Prv.). — ಹಾಲನ್ನ. -ಅನ್ನ. Milk and boiled rice (My.). — ಹಾಲ ಮಣಿ. A common white glass-bead (My.). — ಹಾಲಿನವ. -ಅವ. A seller of milk, a milk-man (My.). — ಹಾಲುಕುಮ್ಬಳ. = ಹಾಲುಗುಮ್ಬಳ. (ಇಕ್ಷ್ವಾಕು G.). — ಹಾಲುಕುಱುಬ. A class of Kuṟubas who keep cattle, sell milk and cultivate the soil (My.). — ಹಾಲುಗಿಣ್ಣು. = ಗಿಣ್ಣು 1. (My.;

ಕೂರ್ಚಿಕೆ Si. 312). — ಹಾಲುಗುಮ್ಮಳ. -ಕುಮ್ಮಳ. (ಕಟುತುಮ್ಬಿ G.). — ಹಾಲುಘಣ್ಟಾಮಣಿ. (ಕ್ಷೀರಾವಿ, ದುಗ್ಧಿಕೆ Si. 146). — ಹಾಲುಣ್ಣೆ. -ಉಣ್ಣೆ. A wart (My.). — ಹಾಲುತೊಟ್ಟಿನ ಗಿಡ. (ಕ್ಷೀರಾವಿ, ದುಗ್ಧಿಕೆ Si. 146; My.). — ಹಾಲುತೊಟ್ಟಿಗಿಡ. = ಹಾಲುತೊಟ್ಟಿನ ಗಿಡ. (My.). — ಹಾಲುಬಳಪ. A milk-white superior kind of ಬಳಪ (for writing, My.). — ಹಾಲುಬಳ್ಳಿ. The creeper Argyrea malabarica Chois. (Z.). 2, = ರಾಜಾದನ, etc., ಹಾಲೆಯ ಗಿಡ, ಪಾಲೆ 2. (Si. 132). — ಹಾಲುಬೆಳ್ಳಿ. White, pure silver (My.; Tē. ಪಾಲಿವೆಣ್ಡಿ). — ಹಾಲುಮಡ್ಡಿ. A kind of incense (My.; ತುರುಷ್ಕ, ಪಿಣ್ಡಕ, ಸಿಹ್ಲ, ಯಾವನ, ತುರುಕಿನ ಮಡ್ಡಿಯೆಮ್ಬ ಧೂಪ, ಅನ್ದುಗಬೊಂಕ Si. 227). — ಹಾಲುಮೊಸರು. Excellent curds. ಅತ್ತೇ ಮನೆಗೆ ಮಜ್ಜಿಗೆನೀರು, ತವರ ಮನೆಗೆ ಹಾಲುಮೊಸರು (Prv.). — ಹಾಲುವಕ್ಕಿ. -ಹಕ್ಕಿ. = ಪಾಲ್ವಕ್ಕಿ q. v., etc., ಹಾಲಕ್ಕಿ. A small owl etc. (ಪಿಂಗಲಿ, ಭಾಸ, ಶಕುನ್ತ Mr. 174). — ಹಾಲುಸಮುದ್ರ. The milk-sea (G. 56). — ಹಾಲುಸೋರೆ. A sweet kind of sōrĕ fruit (My.). — ಹಾಲುಹಕ್ಕರಿಕೆ. A milky herb, Lactuca heyniana D. C. (Z.). — ಹಾಲುಹುರಳಿ. N. of a plant (ಕುಲಾಲಿ Mr. 148). — ಹಾಲೋಗರ. -ಓಗರ. Boiled rice mixed with milk (Dp. 55, 1). ಹಾಲೋಗರದ ಪಾಯಸ (ವ್ಯಂಜನ Mr. 215). ಲೋಗರ ಮನೇಲಿ ಎಮ್ಮೆ ಇದ್ದರೆ ತನ್ನ ಮನೇಲಿ ಹಾಲೋಗರಕ್ಕೆ ಕಡಿಮೆ ಏನು?— ರೋಗಿ ಬಯಸಿದ್ದು ಹಾಲೋಗರ, ವೈದ್ಯ ಹೇಳಿದ್ದು ಹಾಲೋಗರ (Prvs.).

ಹಾಲು hâlu. Now; current (Mhr., H. ಹಾಲ; Tē. ಹಾಲ್, ಹಾಲು). See ಸಾಲಿ-.

ಹಾಲುವಾಣ hâluvâṇa. 1. Tbh. of ಪಾರಾವತ. A dove (ಪಾರಾವತ, ಕಲರವ, ಕಪೋತ Si. 171; My.).

ಹಾಲುವಾಣ hâluvâṇa. 2. = ಪಾರುವಾಣ 1, etc. The coral tree (My.).

ಹಾಲೆ hâlĕ. 1. (= ಪಾಲೆ 1). (Tē. ಪಾಲ, milky; milk-white). — ಹಾಲೆಹಕ್ಕಿ. = ಹಾಲುವಕ್ಕಿ, etc. (My.).

ಹಾಲೆ hâlĕ. 2. = ಆಲೆ 6, ಪಾಲೆ 2 q. v. The tree Mimusops kauki (My.). 2, the tree Alstonia sholaris (St. & Pl.). See ಕಿರಿಯ-. — ಹಾಲೆಯ ಗಿಡ. = ಹಾಲೆಯ ಮರ. (ರಾಜಾದನ, etc. Si. 132). — ಹಾಲೆಯ ಮರ. = ಹಾಲೆ No. 1. ರಾಜಾದನ, ಫಲಾಧ್ಯಕ್ಷ, ಕ್ಷೀರಕೆ Nr.).

ಹಾಲೆ hâlĕ. 3. = ಪಾಲೆ 3, etc. The lobe of the ear (ಲಪ್ಪಿಕೆ, ಪತ್ರಾಶ್ರಯ Mr. 319; My.).

ಹಾಲೆ hâlĕ. 4. (= ಹಾಲಿ?). A species of creeper (? ಜಟೆ Mr. 110).

ಹಾಲೆ hâlĕ. 1. Tbh. of ಪಟೋಲ. A species of cucumber or gourd (ಕೋಶಾತಕಿ, ಪಟೋಲ Mr. 123; ಕಾಣ್ಡಿಗೆ 149).

ಹಾಲೆ hâlĕ. 2. The vinous juice of the palm, *spirituous liquor*.

ಹಾವ hâva. Calling, a call. 2, *any feminine or coquettish gesture tending to excite amorous sensations, blandishment, dalliance,* the airs and arts of lovers.

ಹಾವಡಿಗ hâvu-aḍiga. (Šmd. 289, o. r. ಪಾವಡಿಗ). = ಪಾವಡಿಗ, etc. A man who plays with snakes, a snake-catcher and exhibiter, a snake-charmer (ವ್ಯಾಲಗ್ರಾಹಿ, ಅಹಿತುಣ್ಡಿಕ Hlâ., Nr.; ಸರ್ಪತುಣ್ಡಿಕ Mr. 391; Râm. 5, 8, 50). ಹಾವಡಿಗನಿಗೆ ಹಾವಿನಿನ್ದಲೇ ಮರಣ.— ಲೇವಡೀ ರುಚಿ ಹಾವಡಿಗ ಬಲ್ಲನೇ? (Prvs.).

ಹಾವಭಾವ hâva-bhâva. Actions and postures expressive of sentiments, gestures and movements exhibiting the passions, gesticulation (Mhr.; J. 33, 22).

ಹಾವಸೆ hâvasĕ. = ಪಾವಸೆ, etc. The aquatic plant Vallisneria octandra, etc. (ಶೇವಾಲ, ಶೇವಲ, ಜಲಶೂಕ, ನೀಲಿಕೆ Hlâ., Nr., Mr. 421; ಶೇವಾಲ Kk. 13, Šm. 35; Bp. 20, 11; Bb. 1, 5, 5). ನೀರ ಹಾವಸೆ (Šmd. 162). ಹಾವಸೆ (o. r. ಪಾವಸೆ) ಕಿಡಲೊಡಂ ನೀರ್ ತಿಳಿದುದು (o. r. ತಿಳಿವುದು, 295).

ಹಾವಳಿ hâvaḷi. (fr. ಹಾಡು 3 No. 2 -ವಳಿ). Trouble, harass, annoyance, molestation (My.; B. 2, 18; J. 20, 47; 24, 24; 30, 38). ಜಗಣೇ ಉಪದ್ರಾ ನೋಡಲೋ? ಜಟೇ ಹಾವಳೀ ನೋಡಲೋ?— ರಾಯರು ಸತ್ತ ಹಾವಳಿ.— ಸನ್ತೆ ನೆರೆ ಯುವದಕ್ಕಿನ್ತ ಮುಂಚೆ ಗಣ್ಟುಗಳ್ಳರ ಹಾವಳಿ.— ಗಣ್ಡ ಇಲ್ಲದ ಗಯ್ಯಾಳಿ, ದಣ್ಡು ಇಲ್ಲದ ಹಾವಳಿ (Prvs.).

ಹಾವಾಡಿಗ hâvu-âḍiga. = ಹಾವಡಿಗ. (ಕೌಶಿಕ, ಸರ್ಪೋಪಜೀವಿ Nn. 10, o. r. ಹಾವಡಿಗ; ಕೌಶಿಕ, ವ್ಯಾಲಗ್ರಾಹಿ Si. 406; My.).

ಹಾವಿಗೆ hâvigĕ. = ಹಾವುಗೆ 1, etc. (ಅನುಪದೀನ, ಪಾದುಕ Mr. 205, o. r. ಹಾವುಗೆ; My.). ಮರದ ಹಾವಿಗೆ (ಪಾದುಕೆ, etc. Si. 344).

ಹಾವು hâvu. = ಆವು 4, ಪಾವು, ಹಾಂ, ಹಾಂವು. A snake, a serpent (ವಿಷಧರ, ದನ್ದಶೂಕ, ಪವನಾಶನ, ಸರ್ಪ, ಸರೀಸೃಪ, ಉರಗ, ವ್ಯಾಲ, ಭುಜಗ, ಭುಜಂಗ, ಕುಮ್ಭೀನಸ, ಪನ್ನಗ, ನಾಗ, ಭೋಗಿ, etc. Hlâ.; ಸರ್ಪ Nn. 55; Si. 78. 416; Bp. 48, 8; 51, 56; J. 7, 59; Bh. 1, 8, 35; 8, 23, 40. 41; C.; B. 2, 8. 26; 3, 97). See *e. g.* ಅರ-, ಅರೆವಾವು, ಊಸರವಳ್ಳಿಹಾವು, ದಾಸರಿ-, ನೀರಳೇ-, ಬಳೆವಡಕ-, ಬಿಲ್ಲುಬಿ-, ಹೆಬ್ಬಾವು, etc. ನಿಮಿರ್ದ ಹಾವು (ಆಶೀರ್ವಿಷ, ದೀರ್ಘಪೃಷ್ಠ); ತೆಕ್ಕೆಗಟ್ಟಿದ ಹಾವು (ಕುಣ್ಡಲಿ, ಚಕ್ರಿಗ); ಹಾವಿನ ಹೆಡೆ (ಫಣ, ಫಣೆ, ಫಟೆ); ಹಾವಿನ ವಿಷ (ಎಪ, ಗರಲ, ಗರ); ಹಾವಿನ ಒಡಲು (ಭೋಗ); ಹಾವಿನ ದಾಡೆ (ಆಶಿಸ್, ದಂಷ್ಟ್ರ); ಹಾವಿನ ಪೊರೆ (ನಿರ್ಲ್ವಯನಿ, ನಿರ್ಮೋಕ, ಕಂಚುಕ); ಉರ್ಚಿದ ಹೆರೆ (ಉಪಜಿಹ್ವೆ, ಉಪದೀಕೆ, ವಮ್ರಿ, ಉಪದೇಹಿಕೆ Hlâ.). ಹಾವಿನ ಪೆರೆ (ಕಂಚುಕ, ನಿರ್ಮೋಕ); ಪೆರೆ ಉಚ್ಚಿದ ಹಾವು (ನಿರ್ಮುಕ್ತ, ಮುಕ್ತಕಂಚುಕ); ಹಾವಿನ ಹೆಡೆ (ಸ್ಫಟ); ಹಾವುಗಳ ಅರಸು (ವಾಸುಕಿ Nr.). ಹಾವಿನ ಮುಖ (ಕೌಶಿಕ, ಅಹಿಮುಖ Nn. 10); ಹಾವಿನ ಪೆರೆ (ಮೂಲಿಕ, ನಿರ್ಮೋಕ 44; ಕವಚ, ಪರ್ಮರ 88). ಹಿರಿಯ ಹಾವು (ಅಜಗರ, etc. Mr. 400). ನಾಗಲೋಕದಲ್ಲಿರುವ ನರಾಕಾರದ ಹಾವುಗಳು (ನಾಗಗಳು Si. 76); ಹಾವುಗಳ ಊರು (ಭೋಗವತಿ 425); ಕಿವಿ ಹೊಗುವ ಹಾವು (ದೃಣಿ 435). ಹಾವಿಗೆ ಹಾಲೆರೆದರೆ ವಿಷ ಬಿಟ್ಟೀತೇ?— ಹಾವಿನ ಕೂಡೆ ಕಪ್ಪೆಗೆ ಸರಸವೇ?— ಹಾವು ಕಚ್ಚಿದಲ್ಲಿ ಹರಿಬಿಟ್ಟ ಒರಸಿದರೆ ಹೋದೀತೇ?— ಹಾವು ಕಚ್ಚಿ, ಬಣ್ಣಿ ಬಾಯಿ.— ಹಾವು ಕೊನ್ದು, ಹದ್ದಿನ ಮುನ್ದೆ ಹಾಕಿದ ಹಾಗೆ.— ಹಾವು ಮುಪ್ಪಾದರೆ ವಿಷ ಮುಪ್ಪೇ?— ಹಾವು ಹಡದಮ್ಮ ಚೇಳಿ ಹೊಕ್ಕಳು.— ಹಾವಡಿಗನಿಗೆ ಹಾವಿನಿನ್ದಲೇ ಮರಣ.— ಚೇಳಿನ ಮನ್ತ್ರವನ್ನರಿಯದವ ಹಾವಿನ ಹುತ್ತಕ್ಕೆ ಕೈಯ್ ಹಾಕಿದ ಹಾಗೆ.— ಮಗ್ಗುಲಲ್ಲಿರುವ ಹಾವು ಕಚ್ಚದೇ ಇದ್ದೀತೇ?— ಮೆಟ್ಟದಲ್ಲದೆ ಹಾವು ಕಡಿಯದು.— ಹಾವಿಗೆ ಸಿಕ್ಕಿ, ಸತ್ತವನಿಲ್ಲ; ಹಾವಿಗೆ ಸಿಕ್ಕಿ ಬದುಕಿದವನಿಲ್ಲ (Prvs.). See Prv. s. ಹುತ್ತ. — ಹಾವ ರಾಣಿ. = ಹಾವುರಾಣಿ. A kind of skink (ಉರಗತರ Mr. 165). — ಹಾವಿನಲ್ಲಮದೇವಿ. -ಅಲ್ಲಮ-. N. (Bp. 59, 8). — ಹಾವಿನ ಹಾಳು. N. of a town (Bp. 55, 26), of a village (My.). ಹಾವಿನ ಹಾಳಿ ಕಲಿದೇವ, N. (Bp. 55, 53). ಹಾವಿನ ಹಾಳಿ ಕಲ್ಲಯ್ಯ, N. (Bp. 9, 44; 58, 7). — ಹಾವುಕಣ್ಣಿನ ಗಿಡ. (ನಾಕುಲಿ, ನಕುಲೇಷ್ಟೆ, ಭುಜಂಗಾಕ್ಷಿ, etc. Si. 150). — ಹಾವುಬಡಿಗಿ. (ತಕ್ಷಕ Si. 405). — ಹಾವುಮೀನು. A kind of muscle shell (ದುರ್ನಾಮ, ದೀರ್ಘಕೋಶಿಕೆ Nr.); a kind of gymnotus (My.); a big leech (ದುರ್ನಾಮ, etc., ಹೆಜ್ಜಗಣೆ Si. 90); another water-animal (ಗ್ರಾಹ, ಅವಹಾ Si. 88). — ಹಾವುಮೆಕ್ಕೆ. Colocynth, Cucumis colocynthis Lin. (Citrullus colocynthis Schrad., ವಿಶಾಲೆ, ಇನ್ದ್ರವಾರುಣಿ Nr.; My.; Bh. 3, 17, 15; ಬಲಿಬನ್ಧಾಕ್ಷಿ, ವಾರುಣಿ Mr. 146). ಹಾವುಮೆಕ್ಕೇ ಗಿಡ (ವಿಶಲ್ಯ Si. 446). — ಹಾವುಮೆಕ್ಕೆಬಳ್ಳಿ. = ಹಾವುಮೆಕ್ಕೆ. (My.). — ಹಾವುರಾಣಿ. = ಹಾವರಾಣಿ. A kind of skink (My.), Mabouia quadrilineata

(Bḍ.); the skink Eumeces isodactylus (Bḍ.); the skink Eumeces taprobanensis (Bḍ.); the three-streaked tiliqua, Tiliqua trivittata (Bḍ.); the red-bellied tiliqua, Tiliqua rubiventris (Bḍ.); the beautiful tiliqua, Tiliqua pulchra (Bḍ.). ಹಾವುರಾಣಿ (ಸರಟ, ಕೃಕಲಾಸ Si. 170). — ಹಾವುರಾಣಿ. = ಹಾವುರಾಣಿ. (My.). — ಹಾವೇರಿ. -ಎರಿ. N. of a village (My.; B. 3, 30).

ಹಾವುಗಾರ hâvugâra. (= ಹಾವಡಿಗ, etc.). A snake-catcher and exhibiter, etc. (ವ್ಯಾಲಗ್ರಾಹಿ, ಗಾರುಡಿಗ G.).

ಹಾವುಗೆ hâvugĕ. 1. = ಅವಿಗೆ, ಅವುಗೆ, ಹಾವಿಗೆ, etc. Tbh. of ಪಾದುಕ (Ŝmd. 342. 352. 364 Mdb.). A shoe, etc. (ಪಾದುಕೆ, ಅನುಪದೀನ Hlâ.; ಪಾದುಕೆ Nr.; Bp. 12, 12; My.).

ಹಾವುಗೆ hâvugĕ. 2. (Tbh. of ಪಾತಕ?). Evil, wrong, wickedness, sin, guilt (?). See ಹಾವುಗೆಗಾರ.

ಹಾವುಗೆಗಾರ hâvugĕ-gâra. An evil-doer (?): the keeper of a gaming house (ಸಭಿಕ, ದ್ಯೂತಕಾರಕ Hlâ.).

ಹಾವೆ hâvĕ. = ಅಹವೆ, ಆವೆ 1. See ಇಡ್ಡಾವೆ.

ಹಾಶ hâŝa = ಹಾಶ. See ಹಾಸ 1.

ಹಾಸ hâsa. = ಹಾಸು 2. — ಹಾಸಗಲ್ಲು. -ಕಲ್ಲು. = ಹಾಸುಗಲ್ಲು. (My.; B. 4, 177).

ಹಾಸ hâsa. 1. Tbh. of ಹಾಶ (Ŝmd. 335) or ಪಾಶ (342). A tie, etc. (Rŝv. 5, after 85; Bh. 3, 13, 27).

ಹಾಸ hâsa. 2. *Laughing, laughter; mirth, merry-making, joy*; derision. See ಪನ್ನ-, ಪರಿ-, ಪ್ರತಿ-; Čpr. 2, 57; 5, 98; J. 2, 49; Kâvy. V, 70.

ಹಾಸಕ hâsaka. A laugher; one who causes laughter, a buffoon, etc. See ಪರಿ-.

ಹಾಸಂಗಿ hâsangi. = ಪಾಸಂಗಿ. Tbh. of ಪಾಶಕ. (ಅಕ್ಷ, ದೇವನ, ಪಾಶಕ Nr.; ಅಕ್ಷ, ದುನ್ದುಭಿ Nr.; ಅಕ್ಷರ Mr. 492; J. 6, 31; Bp. 43, 4; Bh. 2, 13, 33. 50). ನೆತ್ತದ ಹಾಸಂಗಿ (ಅಕ್ಷರ Nn. 134).

ಹಾಸರ hâsara. = ಹೇಸರ, q. v. — ಹಾಸರಕತ್ತೆ. = ಹೇಸರಕತ್ತೆ. ಬೇಸರಬೇಗೆನ್ನಾ, ಹಾಸರಕತ್ತೆ ಅಡಿಸಿದ. — ಬೇಸರಬಾಗುತ್ತದೆನ್ದು, ಹಾಸರ ಕತ್ತೇ ಮೇಲೆ ಸವಾರಿ ಮಾಡಿದನನ್ತೆ (Prvs.).

ಹಾಸಲ್ ಕಲಂ hâsal kalam. The produce or pith of speech: essence, substance, abstract; briefly, shortly (My.; H. ಹಾಸ್ಲಿ ಕಲಾಂ).

ಹಾಸಲು hâsalu. = ಹಾಸಿಲು. Revenue (Mhr., H. ಹಾಶೀಲ); postage (My.; Mhr., H.); custom, toll, duty (My.).

ಹಾಸಿಕೆ hâsikĕ. = ಪಾಸಗೆ, etc. A bed (ಶಯನ, ಔಶೀರ Nr.; ತಲ್ಪ, ಶಯನಸ್ಥಲ Nn. 118; ಪ್ರತ್ಯಕ್ಷ, ತಲ್ಪ 162; ಸಾಸ್ಥ, ಶಯ್ಯಾಸ್ಥಲ 162, o. r. ಶಯನಸ್ಥಲ). 2, (= ಹಸಿಕೆ), what is spread or thrown over anything, a cover (ಉತ್ತರಚ್ಛದ Mr. 203). See Bp. 43, 78; B. 5, 283.

ಹಾಸಿಕೆ hâsikĕ. = ಹಾಸ 2. Laughter, etc. (Colebr.).

ಹಾಸಿಗೆ hâsigĕ. = ಆಸಿಗೆ, ಹಾಸಿಕೆ, etc. A bed (ಶಯ್ಯೆ, ಶಯನೀಯ, ಶಯನ Si. 230; ತಲ್ಪ, ಶಯ್ಯೆ 439; ಔಶೀರ, ಶಯನ 458; J. 24, 5; C.; B. 1, 25; 4, 154). ಹಾಸಿಗೆಯ ಅರಳೆ (ಪಿಚು Si. 334); ದರ್ಭೆಯ ಹಾಸಿಗೆ (ಸಂಸ್ತರ 448). ಹಾಸಿಗೆ ಇದ್ದಷ್ಟು ಕಾಲು ಚಾಚ ಬೇಕು. — ಹಾಸಿಗೆ ಹಾಸಲಿಕ್ಕೆ ತಿಳಿಯದವಳು ದೋಸೆ ಮಾಡ್ಯಾಳೇ? — ದಾಸಿಗ ಆದರೆ ಹಾಸಿಗೆಯಲ್ಲಿ ಯಾಕೆ? — ವಾಸೀಲಿ ಸಿಕ್ಕುವ ಜೇನಸು ಹಾಸಿಗೆಯಲ್ಲಿ ಅದರೂ ಕೊಡ್ತಾನು. — ಹಸಿವೆಗೆ ದಾಯ್ಸುವಿ ಬೇಡ, ನಿದ್ದೆಗೆ ಹಾಸಿಗೆ ಬೇಡ (Prvs.).

ಹಾಸಿಲು hâsilu. = ಹಾಸಲು. (B. 4, 87).

ಹಾಸು hâsu. 1. = ಆಸು 4, ಪಾಸು 1. (Ŝmd. 191). To spread; to lay (C.; Bp. 29, 18; 52, 5). ಆನೆಯ ಮೇಲೆ ಹಾಸುವ ಚಿತ್ರಕಮ್ಬಲ (ಆಸ್ತರಣ, ಪರಿಸ್ತೋಮ, etc. Nr.). ಆ ಪಣ್ಡಿತನಿಗೆ ದಿನದಿನಕ್ಕೆ ಚನ್ನಾಗಿ ಜಾಡಿಸಿ ಹಾಸಿಗೆ ಹಾಸದಿದ್ದರೆ ನಿದ್ದೆ ಬರುತ್ತಿದ್ದಿಲ್ಲ (B. 4, 154). ತನ್ನ ಮನೆಯ ಮುನ್ದೆ ಕಟ್ಟೆಯ ಮೇಲೆ ಚಾಪೇ ಹಾಸಿ ಕೊಣ್ಡು (4, 183). ಕೆರೆಯ ನೀರು ಕಾಲುವೆಗಳೊಳಗಿನ್ದ ಒಯಿದು ಹಾಸಿದರೆ ಭೂಮಿಯು ಹಸಿಯಾಗಿ (B. 4, 184); ಕೊಡೋದು ಒನ್ದು ಕಾಸು; ಕೋಣೆ ತುಮ್ಬ ಹಾಸು! — ಹಾಸಿಗೆ ಹಾಸಲಿಕ್ಕೆ ತಿಳಿಯದವಳು ದೋಸೆ ಮಾಡ್ಯಾಳೇ? — ವಾಸ ತಪ್ಪಿದರೂ ಹಾಸಲಿಕ್ಕೆ ಸಿಕ್ಕಲಿಲ್ಲ (Prvs.). See Si. 223. 250. 271. ಬನ್ದವನೆ ತಾ ಹಾಸಿ, ನಿನ್ದವನೆ ತಾ ಪೊತ್ತು, ಬನ್ದವನೆ ಮೆಟ್ಟಿ ನಡೆವಾತನಿಗೆ ವಿಧಿ ಮುನ್ದೆ ಓಡುವವು (Sp.). — ಹಾಸು ಹಾಸು. rep. (B. 4, 154).

ಹಾಸು hâsu. 2. = ಆಸು 5, ಪಾಸು 2, ಹಾಸ. That is spread or laid flat: a bed (ತಲ್ಪ, ಶಲಿನ Hlâ.; ಶಯ್ಯೆ, ಶಯನೀಯ, ಶಯನ Nr.; ತಲ್ಪ Ŝm. 110; Bp. 12, 9; 39, 89; 43, 71; Bh. 1, 8, 6). ಹಾಸುವಿಲ್ಲದ ನಿದ್ರೆ, ಪೂಸುವಿಲ್ಲದ ಮಿಾಯು, ಹಾಸೆಯಿಲ್ಲದನ ಗೆಳೆತನ ಮೋಟಿಕೆಯ್ ಬೀಸಿ ಕರೆದನ್ತೆ (Sp.). 2, the threads which are extended lengthwise in the loom (and crossed by the woof), the warp (C.; T., M. ಪಾ, ಪಾವು; Tŏ. ಪಾಳ್, ಪೇಳ್). ನೂಲ ಹಾಸು (ತನ್ತ್ರ, ಸೂತ್ರವಾಪ Si. 453). 3, a chequered cloth or board for drafts, dice, etc. (My.). — ಹಾಸಚ್ಚುಗಲ್ಲು. -ಅಚ್ಚುಕಲ್ಲು. = ಪಾಸಚ್ಚು. A slab, an artificial flag (My.). — ಹಾಸಿಕ್ಕು. -ಇಕ್ಕು. To prepare the warp (My.). — ಹಾಸಿನ ನುಲಿ. The warp in a twisted state (My.). — ಹಾಸಿನ ಬಳ್ಳಿ. An extensive climber, Clematis gouriana Roxb. (Z.). — ಹಾಸುಗಲ್ಲು. -ಕಲ್ಲು. = ಹಾಸಗಲ್ಲು. A slab, an artificial flag (My.; ಪಾಸಚ್ಚು G.). — ಹಾಸುಗೆಯ್. To spread, to lengthen (Č. Bp. 53, 20). — ಹಾಸುನರಿ. (or ಹಾಸುನಟ್?). An instrument used in preparing the warp (S. Mhr.). — ಹಾಸುಬಳ್ಳಿ. = ಹಾಸುಗಲ್ಲು. (My.). — ಹಾಸುಮಣೆ. A frame used in preparing the warp (My.). — ಹಾಸು ಹೊಕ್ಕು. Warp and woof, i. e. close connection or fellowship (Bh. 1, 8, 84). — ಹಾಸು ಹೊಯ್ಯು. = ಹಾಸಿಕ್ಕು. (S. Mhr.). 2, to move one way and the other, to wag (the head, used e. g. of bears when rising, S. Mhr.; B. 3, 108; 5, 259).

ಹಾಸು hâsu. 3. = ಹಾಯಿಸು, etc. (My.).

ಹಾಸು hâsu. = ಪಾಸು. Tbh. of ಪಾಶ. A tie, a fetter, etc.; a tie for the neck of dogs (ಪಾಸು Čt. II, 59; ಕುಕ್ಕುರಗೊರಲ ಬನ್ಧನ Ŝm. 110; Bp. 34, 24; Č. Bp. 53, 20; J. 23, 41. 46; Bh. 3, 13, 21). — ಹಾಸುಗಳೆ. -ಕಳೆ. To remove a dog's tie (ತಿವಿ Ŝm. 31. 109). — ಹಾಸುಗೋಲ್. -ಕೋಲ್. A stick tied to a dog's neck by means of which the dog is fastened at home or led about (ಕೊಡತ Ŝm. 97).

ಹಾಸುಗೆ hâsugĕ. = ಹಾಸಿಕೆ No. 2. That is spread or thrown over anything, a cover (ಪ್ರವೇಣಿ, ಆಸ್ತರಣ Hlâ.).

ಹಾಸೆ hâsĕ. = ಹಸೆ, etc. A beautiful seat (My.).

ಹಾಸ್ತಿಕ hâstika. (fr. ಹಸ್ತಿನ್). An elephant-rider or driver. 2, *a herd of elephants.*

ಹಾಸ್ಯ hâsya. To be laughed at, laughable, ridiculous. 2, *laughter, laughing, mirth, the comic sentiment (rasa) in poetry* (Kâvy. IV, 1, 9. 30-34. 52. 57; ಸ್ಮಸ Nn. 167; ಸಬ್ಬುವ Čt. II, 104); jest, amusement. 3, ridicule, derision.

ಭಾವೆ ತಿಳಿಯದಿದ್ದರೂ ಹಾಸ್ಯಕ್ಕೆ ಕಡಿಮೆ ಇಲ್ಲ.— ವೇಷಕ್ಕೆ ತಕ್ಕ ಹಾಸ್ಯ, ದೇಶಕ್ಕೆ ತಕ್ಕ ಭಾಷೆ (Prvs.).

ಹಾಸ್ಯಗಾಱ hâsya-gâṟa. A jester, a buffoon, a merry-andrew; a derider, a mocker, a scoffer (C.; ಪರಿಹಾಸಕ G.).

ಹಾಸ್ಯರಸ hâsya-rasa. The sentiment of humour, sense of humour, comic vein. (My.).

ಹಾಸ್ಯವಾಚ್ hâsya-vâč. A ridiculous word (Čh. v. 40).

ಹಾಸ್ಯಾಸ್ಪದ hâsya-âspada. A laughing-stock, a butt for derision. (My.).

ಹಾಹಾ hâhâ. *An interjection expressing grief* (ಶೋಕ Nn. 153), *surprise*, pain (ಅಲ, ಆ 153, o. r. ಬೇಡ ಎಮ್ಬಲ್ಲಿ), and counteraction or opposition (ಪ್ರತಿಕ್ರಿಯಾರ್ಥ Mr. 533). 2, *a gandharva* (ಜೇವರಭೇದ, ಗನ್ಧರ್ವರ ಭೇದ 153). See ಹಾ ಹಾ s. ಹಾ; Bp. 48, 13; 50, 30.

ಹಾಹಾಕಾರ hâhâ-kâra. A general lamentation (J. 26, 63; My.; Mhr.).

ಹಾಹಾರವ hâhâ-rava. The sound or cry of ಹಾಹಾ (Bp. 37, 21).

ಹಾಹೆ hâhĕ. = ಪಾಪೆ, q. v. (Grj. 4, after 120; 7, after 11; Č. Bp. 47, 14). ಬಿರುದಿನ ಹಾಹೆ (ತೊಡರ್ Šm. 51). ಬಿರಿದಿನ ಹಾಹೆ (ತೊಡರ್ Kk. 67). ಕಣ್ಣ ಹಾಹೆ (ತಾರಕೆ, ಕಣ್ಣ ಬೊಮ್ಬೆ Nr.). 2, a sail (ಪಟ Mr. 408; *cf.* ಹಾಯ್3).

ಹಾಳಿ hâḷi. = ಹಾಳೆ 1, No. 2. A sheet of glass (B. 4, 225).

ಹಾಳಿ hâḷi. = ಹಾಳೆ. — ಹಾಳಹದ್ದು. = ಹಾಳೆಹದ್ದು. (ಗೃಧ್ರ, ಚಿಲ್ಲ G.).

ಹಾಳೆ hâḷĕ. 1. = ಹಾಳಿ. The broad spathe at the bottom of an areca-palm branch, used as a vessel, etc. (My.; Tě., Tu. ಪಾಲೆ; M. ಪಾಣು, ಪಾಳೆ; T. ಪಾಳೈ). 2, a sheet of paper, the leaf of a book, a sheet of glass, any broad leaf to eat from, etc. (My.). ಸೀರೆ ಇಲ್ಲವೆನ್ದು, ಹಾಳೆ ಉಟ್ಟು ಕೊಣ್ಡ ಹಾಗೆ.— ಸೋನೇ ಮಟೆ ಹಾಳೇಲಿ ಹಿಡಿದರೆ ಹಾನಿಗೆ ಹಾನಿಯೇ (Prvs.). See ಕಯಿ-.

ಹಾಳೆ hâḷĕ. 2. = ಆಳೆ. See ಇಡ್ಡಾಳೆ.

ಹಾಳೆ hâḷĕ. = ಹಾಳಿ. — ಹಾಳೆಹದ್ದು. The tawny eagle, Aquilla fulvescens (Bd.). See ರಣ-.

ಹಾೞ್ hâḻ. = ಪಾೞ್, ಹಾೞು, ಹಾಳು. Ruin; desolation; a waste. ಹಾೞಾಮದು (ಶೂನ್ಯ, ಇರಣ Nr.). — ಹಾೞ. -ಅ3. A ruined, miserable being. See ಹಾೞ್ಮನೆಹಾೞ. — ಹಾೞ್ಮನೆ. = ಪಾೞ್ಮನೆ. — ಹಾೞ್ಮನೆಹಾೞ. The miserable being at the houses in ruins: a dog that lives on stolen things or by stealth (ತುಡುಗುಣಿನಾಯ್ Šmd. I; ತುಡುಗುಣಿ Čt. II, 81); a dog in general (ಸೊಣಗ, ಸಾನ, ಕುಕ್ಕುರ, ನಾಯ್ Šm. 31).

ಹಾೞ hâḻa. = ಹಾೞ್, etc. — ಹಾೞಗೆಡಹು. -ಕೆಡಹು. To pull down and bring to ruin. ಆ ಭವ್ಯವಾದ ರಾಜಧಾನಿಯೊಳಗಿನ ಮನ್ದಿರಗಳನ್ನೂ ದೇವಾಲಯಗಳನ್ನೂ ಹಾೞಗೆಡಹಿ (B. 4, 10).

ಹಾೞತ hâḻata. = ಹಾೞ್ತ. Propriety, fitness; proper dimension; due proportion; the state of being suitable to or fitting, as a coat (My.; B. 4, 92. 141). ಹಾೞತ ತಿಳಿಯದ ಕೆಲಸಕ್ಕೆ ಮೂಳಪ್ಪ ಏನು ಮಾಡ್ಯಾನು? (Prv.).

ಹಾೞಿ hâḻi. = ಹಾೞ್. Regularity, regular or proper order, etc. (Bp. 26, 58; Bh. 7, 1, 26). — ಹಾೞಿಗೆಡು. -ಕೆಡು. Proper order or way to be lost (Bp. 26, 28).

ಹಾೞಿತ hâḻita. = ಹಾೞತ. ಬಾಲವಿದ್ದರೆ ತನ್ನ ಹಾೞ್ತಕ್ಕೆ ಬೀಸಿ ಕೊಳ್ಳುತ್ತದೆ (Prv.).

ಹಾೞು hâḻu. = ಹಾೞ್, etc. (C.). ಪಾಲು ಮಾಡಿದರೆ ಹಾೞು (Prv.). — ಹಾೞಾಗು. -ಆಗು. To go to ruin; to be destroyed; to become waste (Bp. 57, 47; 60, 17; 61, 8). ಸುಳ್ಳಿನಿನ್ದ ಹಣವನ್ತರಾದಾಗ್ಯೂ ಕಟ್ಟಕಡೆಗೆ ಅವರು ನಿಜವಾಗಿ ಹಾೞಾಗುವರು (B. 3, 96). ನಾಯಿ ಕೂಗಿದರೆ, ದೇವಲೋಕ ಹಾೞಾದೀತೇ?— ಲೋಕ ಹಾೞಾದರೆ ನಾಕ ಹಾೞಾದೀತೇ? (Prvs.). See Nr. s. ಹಾೞ್. — ಹಾೞುಅಡವಿ. A desert (B. 3, 66; 5, 36. 131). — ಹಾೞುಗೋಡೆ. A dilapidated wall. ಕತ್ತೆ ತಪ್ಪಿಸಿ ಕೊಣ್ಡರೆ ಹಾೞುಗೋಡೆ.— ಕತ್ತೆ ಸತ್ತರೆ ಹಾೞುಗೋಡೆ (Prvs.). See B. 2, 2; 3, 27. — ಹಾೞುತೋಟ. A waste, unproductive garden. ಹಾೞುತೋಟಕ್ಕೆ ನೀರು ಹಾಕಿ, ಬೀೞುಬಿಟ್ಟ ಬಿದ್ದು ಹೋಯಿತು (Prv.). — ಹಾೞುದೇಗುಲ. A temple in ruins (B. 3, 100). — ಹಾೞುಧಾನ್ಯ. Blighted or empty grain (ಪುಲಾಕ, ಕ್ಷುದ್ರಧಾನ್ಯ Hlâ.). — ಹಾೞುಬಟ್ಟೆ. A desolate road. ದೂರವಾಗಿಹ ಹಾೞು ಬಟ್ಟೆ (ಪ್ರಾನ್ತರ Nr.). — ಹಾೞುಬಾವಿ. A well out of repair and not used. ಹುಟ್ಟುಕುರುಡ ಹಾೞುಬಾವಿಯಲ್ಲಿ ಬಿದ್ದ ಹಾಗೆ (Prv.). — ಹಾೞು ಬೀೞು. = ಹಾೞಾಗು. (Bp. 23, 10). — ಹಾೞುಭೂಮಿ. Waste land (Dp. 148). — ಹಾೞುಮಣ್ಣು. Earth of ruined mud-forts, etc. deprived of all sterility (S. Mhr.). — ಹಾೞುಮನೆ. = ಹಾೞ್ಮನೆ. A dilapidated, desolate or empty house. ಜೋಟಿಗೆ ಹಾೞುಮನೆ ಆದರೇನು? ಕೂೞು ಸಿಕ್ಕಿದರೆ ಸರಿ (Prv.). — ಹಾೞು ಮಾಡು. To ruin; to destroy; to waste (C.; Bp. 52, 7; B. 3, 23; 5, 86). ಹಾೞು ಮಾಡುವದು (ಪ್ರಮಾಪಣ, ಸಂಜ್ಞಪನ, ಮಾರಣ, ಘಾತ, etc. Si. 297). — ಹಾೞುಮಾತು. A useless word (My.). — ಹಾೞುಮೋಱೆ. A forehead without a sectarian mark (My.). — ಹಾೞುಸ್ಥಲ. A desolate place (B. 5, 252). — ಹಾೞುಹರಟೆ. Idle, useless talk. ಬಾಲಸನ್ಯಾಸಿಗೆ ಹಾೞುಹರಟೆ ಯಾಕೆ? (Prv.). — ಹಾೞುಹುಲ್ಲು. Useless grass. ಹಾೞೀ ಗಿಡ ನಟ್ಟರೆ ಹಾೞುಹುಲ್ಲು ಆದೀತೇ? (Prv.). — ಹಾೞುಹೊಟ್ಟೆ. An empty stomach (My.); the bad, miserable belly (My.). — ಹಾೞೂರ್. -ಊರ್. -ರು. A desolate, deserted village, a village in ruins. ಜ್ಞಾನವಿಲ್ಲದನ ಕಾಯವು ಹಾೞೂರ ಸ್ಥಾನದಿಂ ಕಡೆಯೆ! (Sp.). ಧನ ಕನಕವುಳ್ಳನಕ ದಿನಕರನನ್ತಕ್ಕು; ಧನ ಕನಕ ಹೋದ ಮಱುದಿನ ಹಾೞೂರ ಶುನಕನನ್ತಕ್ಕು (Sp.). ರಾಗವಿಲ್ಲದ ಹಾಡು, ಭೋಗವಿಲ್ಲದ ಜನ್ಮ, ತ್ಯಾಗವಿಲ್ಲದನ ದೊರೆತನ ಹಾೞೂರ ಗೂಗೆಯನ್ತಕ್ಕು (Sp.). ಕಾಲಕೂಟದ (ಕಾಳ-) ವಿಷವು, ಚೇೞು, ನಮ್ಬಿದ ಹಗೆಯು, ಹಾೞೂರ ಜುಟಿಜ, ನಸುಗುನ್ನಿ, ತಿಗುಳರ ಗಾಳಿ ಬೇಡ (Sp.). ಹಾೞೂರಿಂಗೆ ಬೋೞುಸುತ್ತಿಗೆ.— ಬಾೞುವವನಿಗೆ ಹಾೞೂರ ಸುದ್ದಿ ಯಾಕೆ? (Prvs.).

ಹಾೞುತನ hâḻutana. = ಪಾೞ್ತನ. (My.).

ಹಿ hi. (= ಅಹಯ್, ಅಹಿ, ಇ 9, ಹೀ 2). Thou becomest or art. See ಇದ್ಧಿ.

ಹಿ hi. *For, because, on account of; assuredly, certainly; indeed, surely; but.*

ಹಿಂಸಕ himsaka. Injurious, detrimental, mischievous hostile, malignant, ferocious, savage. 2, a man who hurts, harms or injures (My.); one who murders, kills, slays or destroys (My.).

ಹಿಂಸಕಪ್ರಾಣಿ himsaka-prâṇi. A ferocious, noxious being or animal, a beast of prey (B. 5, 246).

ಹಿಂಸನ himsana. The act of hurting, injuring, injury; killing; slaying. See ಸಿ-.

ಹಿಂಸಾಕರ್ಮ himsâ-karma. Any injurious or hostile act. 2, *magic applied to the ruin or injury of an enemy, employment of spells and mystical texts* (especially those of the atharvavêda) *for injurious purposes*.

ಹಿಂಸಾಯಷ್ಟಿ himsâ-yashṭi. A staff that hurts (J. 30, 47).

ಹಿಂಸಾಲು himsâ-âlu. Disposed to injure, injurious, mischievous, hurtful, murderous. (R.).

ಹಿಂಸಿಸು himsisu. To hurt, to harm, to wound, to injure; to kill, to slay, to destroy (My.).

ಹಿಂಸೆ himsĕ. ಹಿಂಸಾ. Injuring, *injury, mischief*, hurt, harm, wrong. 2, molesting, annoying, harassing, tormenting (= ಪೀಡನ My.). 3, *killing, slaying, slaughter* (ಕೊಲೆ Hlâ.; Mr. 476; Nn. 116; ಒರಸು, ಸೆಸ್ಗು Kk. 68; ಗೋಮ್ಮಿರಿ 70; ಗೋಮ್ಮಿರಿ Ss.). 4, theft, robbery, spoliation (ಕಳವು 476; ತಸ್ಕರ, ಕಳವು 118). 5, a sword (ನಿಸ್ತ್ರಿಂಶ, ಖಡ್ಗ 118).

ಹಿಂಸ್ರ himsra. *Injurious, mischievous, hurtful, destructive, murderous; cruel*, fierce, savage; a man who kills or murders (ಕೊಲುವವನು Hlâ.; Mr. 286).

ಹಿಂಸ್ರಪಶು himsra-paśu. *A beast of prey.*

ಹಿಕ್ hik. = ಹಿಂದೆ, etc., ಹೆಕ್, ಹೆಗ 2. The state of being behind, etc. — ಹಿಕ್ಕಟ್ಟು. The backside or back part (ಹಿಂಗಡೆ, ಹಿನ್ನಿಲ್ G.) of a ship (B. 3, 118), of a carriage (4, 6); the state of being later, as rain (S. Mhr.). ಹಿಕ್ಕಟ್ಟಿನ ತಲೆ (ಪೆಡದಲೆ G.).

ಹಿಕಮತ್ತು hikamattu. Skill, cunning; art, trick (My.; Mhr., H. ಹಿಕಮತ). ದುಷ್ಟಾನನನ್ನು ಹಿಕಮತ್ತಿನಿಂದ ಜಯಿಸ ಬೇಕು (Prv.).

ಹಿಕಮತ್ತುಗಾರ hikamattu-gâra. A clever or cunning man (My.).

ಹಿಕ್ಕಲು hikkalu. A separation: a small branch-channel in gardens or rice-fields (My.).

ಹಿಕ್ಕು hikku. = ಪಿಕ್ಕು. To separate: to comb (C.; B. 1, 6). ಕೂದಲುಗಳನ್ನು ಹಿಕ್ಕೋಣ (ಕಂಕತ); ಕೂದಲುಗಳನ್ನು ಹಿಕ್ಕುವ ಆನೆಜಂತದ ಹಣಿಗೆ (ಪ್ರಸಾಧನಿ G.).

ಹಿಕ್ಕೆ hikkĕ. = ಪಿಕ್ಕೆ, etc. The dung of goats, sheep, deer, rats, etc. (Bp. 9, 12; Râghô. 17, 68; My.).

ಹಿಕ್ಕೆ hikkĕ. *Hiccough.*

ಹಿಕ್ಕೇರಿ hik-kêri. = ಇಕ್ಕೇರಿ. (My.).

ಹಿಗೆ higĕ. (ಹಗೆ 1, etc.). Manner. See ಇಹಿಗೆ.

ಹಿಗ್ಗ higga. = ಹಿಕ್, etc. — ಹಿಗ್ಗಾ ಮುಗ್ಗಾ. Backwards and forwards (My.).

ಹಿಗ್ಗಲಿಸು higgalisu. To separate or disjoin, as the legs, to straddle; to open wide, as an eye with the fingers; to open, as the mouth of a bag, of a bullock, or of the yôni (My.).

ಹಿಗ್ಗಿಸು higgisu. To separate or disjoin one from another, as two boards by inserting a chisel or as the double tail of a hasp (My.); to slacken, as the bandage of a bundle of wood (My.).

ಹಿಗ್ಗು higgu. (fr. ಹಿರಿ 2). To separate (v. i.), to be disconnected (as the cracked earth, J. 7, 46; as a cracked vessel, My.; as a dilapidated wall, My.). 2, to extend (v. i., as the skin of animals, My., B. 3, 64; as Indian rubber, My.). 3, to distend or swell (from joy), to grow elated, to begin to rejoice (C.; Bp. 15, 14; 25, 15; 27, 77; 28, 14; 30, 22; 32, 24; 47, 31; 49, 20; 57, 48; J. 8, 32; 18, 25; 24, 60; 28, 16. 19; Dp. 65 palla; B. 3, 6. 48. 126). ಹಿಗ್ಗಿದವ ಮುಗ್ಗ್ಯಾನು, ತಗ್ಗಿದವ ಜಯ್ಸ್ಯಾನು (Prv.).

ಹಿಂ hiṅ. ಹಿಜ್. = ಪಿಂ (ಪಿಜ್), etc. ಹಿಕ್, ಹಿನ್, etc. — ಹಿಂಗಚ್ಚೆ. -ಕಚ್ಚೆ. The end of a garment tucked behind into the waist-band (Bp. 27, 18). — ಹಿಂಗಟ್ಟು. -ಕಟ್ಟು. The place behind, the backside (Grj. 6, after 56). 2, the outside of the embankment of a tank (My.). — ಹಿಂಗಟ್ಟುಮುರಿ. The state of having the hands tied behind the back. — ಹಿಂಗಟ್ಟುಮುರಿ ಕಟ್ಟು. To tie the hands behind the back (My.). — ಹಿಂಗಡೆ. -ಕಡೆ. = ಹಿಂಗಡೆ. The backside, the place behind (ಪೆಡಮೆಟ್ಟು, ಪೆಡತು, ಪೆಡಗು, ಹಿನ್ನಿಲ್ Ss.; C.; Bp. 5, 44; B. 5, 249). — ಹಿಂಗಣ್ಣು. -ಕಣ್ಣು. The eyes behind: a summerset at which the heels turn backward (My.; *cf.* ಮುಂಗಣ್ಣು). — ಹಿಂಗತ್ತಲೆ. -ಕತ್ತಲೆ. The early dawn (My.). 2, the darkness that begins after the moon has set (My.). — ಹಿಂಗರಿ. The tail of a bird (B. 3, 114; 4, 191). — ಹಿಂಗಾರಿ. -ಕಾರಿ. = ಹಿಂಗಾರು. (S. Mhr.). — ಹಿಂಗಾರು. -ಕಾರು. The latter rain (My.). — ಹಿಂಗಾರುಪಯ್ರು. The latter growing crop (of navaṇĕ, kaḍalĕ, etc., My.). — ಹಿಂಗಾಲ್. -ಕಾಲ್. -ಲು. The hind leg of a quadruped (C.; B. 3, 11; 4, 99). ಆನೆಯ ಹಿಂಗಾಲ್ (ಅವರ Mr. 158). 2, the hind part of the foot (My.; Ŏ. Bp. 47, 14). — ಹಿಂಗೆಯ್. -ಕೆಯ್. The back of the hand (ಪೆಡಗೆಯ್ G.); the backside (My.).

ಹಿಂಗಡಿಸು hiṅgaḍisu. = ಪಿಂಗಡಿಸು, q. v. (Bp. 24, 21).

ಹಿಂಗಳ hiṅgaḷa. = ಇಂಗು, ಹಿಂಗು. — ಹಿಂಗಳದ ಗಿಡ. = ಇಂಗು. Ferula asafoetida (St. & Pl.).

ಹಿಂಗಿಸು hiṅgisu. = ಪಿಂಗಿಸು. To cause to go back, to remove, etc. (Bp. 26, 12; 51, 26); to cause to fail (ಅಗಲ್ Śmd. 176 Mdb. Cm.). ಬಡಿ ಹಿಂಗಿಸು, to remove one's hunger (My.).

ಹಿಂಗು hiṅgu. 1. = ಪಿಂಗು, q. v. To go back, etc. (Bp. 3, 44; 18, 58. 74; 24, 64; 31, 8; 36, 14; 43, 34; 54, 78; 55, 15; Bh. 1, 10, 37; 3, 17, 36; J. 26, 20; 30, 28). ಹಿಂಗಿದುದು (ಬಿಟ್ಟು ಹೋದುದು Bhn. 39). ಕಡೆಯ ಕಾಲಕೆ ತನ್ನ ದೃಢಬುದ್ಧಿ ಹಿಂಗುವವನ್ ಒಡೆಯನನು ಭಜಿಸಲಿಕೆ ಮನವಿಲ್ಲದಿಹನು (Dp. 148). ನಮ್ಮ ಬಡತನವೇನೂ ಹಿಂಗುವದಿಲ್ಲ (B. 4, 101). ತರ ಲಿಲ್ಲ, ಬರಲಿಲ್ಲ; ಬಡಿ ಹ್ಯಾಗೆ ಹಿಂಗೀತು?— ಬಂಗಾರದ ಸೂಜಿಯೆನ್ನ, ಹಿಂಗಡೆ ಕಣ್ಣು ಕುಕ್ಕಿ ಕೊಳ್ಳ ಬಹುದೇ? (Prvs.).

ಹಿಂಗು hiṅgu. 2. = ಇಂಗು 1. To be imbibed etc. (My.).

ಹಿಂಗು hiṅgu. = ಇಂಗು. *The plant Asafoetida, the resin of its root, Ferula asafoetida.* ಬಿಂಗಿಗೆ ಬದಲಾಗಿ ಹಿಂಗು ಹಚ್ಚಿದಂತೆ (Prv.).

ಹಿಂಗುನಿರ್ಯಾಸ hiṅgu-niryâsa. The concrete juice of Asafoetida. 2, *the nimb-tree, Azadirachta indica* Juss.

ಹಿಂಗುಪತ್ರಿ hiṅgu-patri. *A drug composed of a leaf resembling that of Asafoetida.*

ಹಿಂಗುರು hiṅguru. A kind of bird (Râv. 5, 59; Śšv. 3, 33).

ಹಿಂಗುಲ hiṅgula. A preparation of mercury with sulphur, *vermilion* (ಹಂಸಪಾದ, ಕುರುವಿನ್ದ, ಇಂಗಲೀಕ Mr. 102).

ಹಿಂಗುಲಿ hiṅguli. *The egg-plant, Solanum melongena.*

ಹಿಂಗುಲಿಕ hiṅgulika. = ಇಂಗುಲಿಕ, q. v.

ಹಿಂಗುಲು hiṅgulu. *Vermilion.*

ಹಿಂಗೂಲಕ hiṅgûlaka. = ಇಂಗುಲಿಕ, q. v.

ಹಿಚಿಕು hičiku. = ಹಿಸಿಕು, q. v. ಕರಡಿಗಳು ಅವರ ಕುತ್ತಿಗೆ ಹಿಚಿಕಿ (B. 3, 109; 5, 259).

ಹಿಚುಕು hičuku. = ಹಿಚಿಕು, ಹಿಸುಕು, etc. (ಅಪ್ಪಂಕು, ಒತ್ತು G.).

ಹಿಜರಾ hijarâ. = ಹಿಜರಿ. (Mhr., H.; R.).

ಹಿಜರಿ hijari. The Mahomedan era, commencing with the day after the flight of Mahomed, viz. on the 16th of July, 662 A. D. (My.; Br.; Mhr., H.).

ಹಿಜಾರ hijâra. = ಹಿಜಾರು, etc. (My.).

ಹಿಜಾರು hijâru. = ಇಜಾರ, ಇಜಾರು, ಹಿಜಾರ. (My.).

ಹಿಜ್ಜಲ hijjala. = ಇಜ್ಜಲ. The tree Barringtonia acutangula Gaertn. (Sk.; ತೊಱೆಗಣಗಿಲೆ Nr.; ನೀರ ಬೆತ್ತ G.).

ಹಿಂ hiṅ. ಹಿಞ್. = ಹಿನ್, ಹಿನ್ದೆ, etc. — ಹಿಂಜರಿ. To shrink back, to retreat, to withdraw, to recoil (My.; B. 8, 98). — ಹಿಂಜೋಲಿ. A backward motion (S. Mhr.).

ಹಿಂಚು hiṅču. 1. = ಪಿಂಚು. To be behind, etc. (Râghč. 17, 71; Bh. 8, 23, 10; My.). ಊಟಕ್ಕೆ ಮುಂಚು, ನೀರಿಗೆ ಹಿಂಚು. — ಊಟಕ್ಕೆ ಮುಂಚು, ಮೊಣಕ್ಕೆ ಹಿಂಚು. — ಊಟಕ್ಕೆ ಮುಂಚು, ದಣ್ಡಿಗೆ ಹಿಂಚು (Prvs.).

ಹಿಂಚು hiṅču. 2. = ಹಿನ್ದು. — ಹಿಂಚು ಮುಂಚು. The state of being behind or later and in advance or sooner (My.).

ಹಿಂಚೆ hiṅčĕ. = ಹಿನ್ದೆ. Afterwards (Bp. 36 sum.).

ಹಿಂಜರಿ hiṅjari. = ಪಿಂಜರಿ. Silver (ಬೆಳ್ಳಿ Čt. II, 80).

ಹಿಂಜೀರ hiṅjîra. *A rope or chain for fastening an elephant's foot.*

ಹಿಂಜು hiṅju. = ಪಿಂಜು 1. To separate, to disentangle, etc. (My.; B. 5, 122).

ಹಿಟ್ಟಗಾಣಿ hiṭṭagâṇi. A common creeping plant with sky-blue flowers, Commelina communis Lin. (Z.).

ಹಿಟ್ಟು hiṭṭu. = ಇಟ್ಟು, ಪಿಟ್ಟು, etc. Flour, meal (C.; B. 5, 134); powder. 2, porridge (especially of râgi, My.). 3, food (My.). ಜವೆಯ ಹಿಟ್ಟು (ಸಕ್ತು); ಮೊಸರಲ್ಲಿ ಕಲಸಿದ ಜವೆಯ ಹಿಟ್ಟು (ಕರಮ್ಭ, ದಧಿಸಕ್ತು); ಹಿಟ್ಟ ನಡುವ ಬಾಳಲಿ (ಖುಜೀಷ, ಪಿಷ್ಟಪಚನ Nr.). ಕುಂಕುಮ ಮುನ್ತಾದ ಅಂಗರಾಗದ ಹಿಟ್ಟು (ಚರ್ಚೆ, ಹೆಮ್ಮೆಂಚು ಪುಡಿ Si. 225); ಹಿಟ್ಟು ತೊಡಿಸುವ ಬಾಣಿ (ಋಜೀಷ, etc. 309); ಹಿಟ್ಟು ಮಾಡಲ್ ಪಟ್ಟದು (ಅವಧ್ವಸ್ತ, ಅವಚೂರ್ಣಿತ, ಪುಡಿಯಾಗುವ ಹಾಗೆ ಕುಟ್ಟಲ್ ಪಟ್ಟದು 379). ತಂಗಿ ಬಡವಳಾದರೆ ತಂಗಳ ಹಿಟ್ಟಿಗೆ ಗತಿಯಿಲ್ಲವೇ? — ಪೆಟ್ಟು ಕೊಟ್ಟಾಗ್ಯೂ ಹಿಟ್ಟು ಬೇಡೋದು ಬಿಡಲಿಲ್ಲ (Prvs.). — ಹಿಟ್ಟಡಿಗೆ. -ಅಡಿಗೆ. A cake (ಪೂಪ, ಅಪೂಪ, ಪಿಷ್ಟಕ, ಹಿಟ್ಟು ಕರಿಸಿ ಮಾಡುವ ದೋಸೆ ಎಲೆಯಪ್ಪ ಕಜ್ಜಾಯ ಮುನ್ತಾದದು Si. 314). — ಹಿಟ್ಟುಗಲ್ಲು. -ಕಲ್ಲು. Any soft kind of stone (My.). — ಹಿಟ್ಟು ಬಟ್ಟೆ. Food and raiment (My.). — ಹಿಟ್ಟುಬಳಪ. A soft kind of pot-stone (My.). — ಹಿಟ್ಟುಬಿಟ್ಟಿ. Forced labour for which some food is given, as when villagers are forced to drag an idol-car, etc.; food given by the gavuḍa or villagers to a peon who is sent on an errand (My.).

ಹಿಟ್ಟುಳಿ hiṭṭuḷi. N. of a plant (ಶಿಲಾಭೇದಿ Mr. 131).

ಹಿಡ hiḍa. 1. = ಹಿಡಿಕು, etc. A testicle. — ಹಿಡ ಬಡಿ. To castrate, to geld (by beating or compression, My.). — ಹಿಡ ಮಾಡು. = ಹಿಡ ಬಡಿ. (My.). — ಹಿಡವೊಡೆ. -ಒಡೆ. = ಹಿಡ ಬಡಿ. (My.).

ಹಿಡ hiḍa. 2. = ಪಿಡಿ 2, etc. P. p. of ಹಿಡಿ 1. — ಹಿಡ ಕೊಳ್ಳು. To seize, to lay hold on, etc. (C.; B. 2, 53; 3, 7. 71; 5, 12. 85. 104). — ಹಿಡ ತರಿಸು. = ಪಿಡಿ ತರಿಸು, ಹಿಡಿ ತರಿಸು. (My.; B. 5, 223). — ಹಿಡ ತರು. = ಪಿಡಿ ತರ್, ಹಿಡಿ ತರ್. To seize or take and bring (C.; B. 3, 108; 4, 79; 5, 258).

ಹಿಡಕ hiḍaka. A seizer. See ತಲೆ-.

ಹಿಡತ hiḍata. = ಹಿಡಿತ. The act of seizing or grasping; hold (My.). 2, parsimony; parsimonious (used of the hand, (My.).

ಹಿಡದು hiḍadu. = ಹಿಡಿದು. P. p. of ಹಿಡಿ 1. (My.). ಸ್ವಪ್ನದಲ್ಲಿ ದಣ್ಡಿಗೇ ಏಱಿ, ಗೊಣ್ಡೆ ಹಿಡದ ಹಾಗೆ (Prv.).

ಹಿಡಲು hiḍalu. = ಹಿಡ್ಲು. A broom (My.).

ಹಿಡಿ hiḍi. 1. = ಪಿಡಿ 1, q. v. To seize, etc., etc. (C.); to take, to remove (as a person who is at the point of death out of the house to a place before it, My.); to gain, obtain or have (value, as money, My.); to be able to be received (see Prvs.); to press, to shampoo (any limb, My.); to produce an effect on (as medicine, ರೋಗಕ್ಕೆ or ಅವನಿಗೆ ಔಷಧ ಹಿಡಿಯಿತು, My.); to agree with (ಆ ಊರಿನ ನೀರು ನನಗೆ ಹಿಡಿಯುವದಿಲ್ಲ, My.); to exact (as unpaid labour). ಬಿಟ್ಟಿ ಹಿಡಿಯುವದು (ವಿಷ್ಟಿ, ಆಜು Si. 79). ಫಲ ಹಿಡಿದ ಮರಂ (ಫಲಿನ); ಆನೆಯ ಹಿಡಿವ ಹಾವು (ವಾರಿ); ಇಲಿಯ ಹಿಡಿಯಲನುಗೆಯ್ವ ಬೆಕ್ಕು (ಜಾಹಕ, etc. Hlâ.). ಹಿಡಿಯಲೋಸ್ಕರ ಮಾಡಿದ ಕಪ್ಪುಗುೞಿ (ವಾರಿ); ಚಬ್ಬುತುೞಿ ಹಿಡಿವುದು (ಪ್ರಸರ, ವಿಸರ್ಪಣ); ಮೃಗಂಗಳ ಹಿಡಿವ ಬಲೆ (ವಾಗುರೆ); ಗಜಾದಿಗಳ ಹಿಡಿಯಲೆನ್ದು ಕಟ್ಟಿದ ಪಾಶಪಟ್ಟವಿಶೇಷಂಗಳು (ಕೂಟಯನ್ತ್ರ); ವಂಶ ಮೊದಲಾಗಿದ್ದದು ಹಿಡಿದು ಬಾಱಿಸುಹ (ಸುಷಿರ Nr.). ಹಿಡಿವುದು (ಗ್ರಹ, ಆಕರ್ಷಣ Nn. 33). ಹಿಡಿದು ಸೆಳೆವುದು (ಉತ್ಕರ್ಷ Šm. 86). ಬಗಸೆ ಹಿಡಿದ ಹಾಗೆ ಕೆಯ್ ಮುಗಿಯುವಿಕೆ (ಬ್ರಹ್ಮಾಂಜಲಿ Si. 248); ಅರಸುತನಕ್ಕೆ ಗುರ್ತಾಗಿ ಹಿಡಿಯ ತಕ್ಕ ಛೂಚಕ್ರ ಕೊಡೆ (ಛತ್ರ, etc. 268); ಮದ ಹಿಡಿದ ಆನೆ (ಮದೋತ್ಕಟ 269); ನಿಶಾನಿ ಹಿಡಿಯುವವನು (ಪತಾಕಿ, etc. 281). ರತ್ನಾದಿಗಳಿಗೆ ಬಯ್ರಗೆ ಹಿಡಿಯುವ (boring holes) ವಜ್ರಸಲಾಕಿ ಮುನ್ತಾದದು (ಆವಿಧ 399). ಆ ಪಾತ್ರೆ ಅಷ್ಟು ಹಿಡಿಯುವದಿಲ್ಲ (My.). ಮನೆಗೆ ಬೆಂಕಿ ಹಿಡಿಯಿತು (My.). ನನಗೆ ಚಳಿ ಹಿಡಿಯಿತು (My.). ಅವನಿಗೆ ಹುಚ್ಚು or ಅಮಲು ಹಿಡಿಯಿತು (My.). ನನಗೆ ಅಗತ್ಯ ಹಿಡಿಯಿತು (= ನನಗೆ ಬೇಕಾಯಿತು, My.). ಹಿಡಿದದು ತಪ್ಪಿತು, ಮುಟ್ಟಿದದು ಮುಱಿಯಿತು. — ಹಿಡಿಯುವದಕ್ಕೆ ಪಟ್ಟಿಲ್ಲ, ನಿಲ್ಲುವದಕ್ಕೆ ನೆಲವಿಲ್ಲ (or ಕೊನೆಯಿಲ್ಲ). — ದೆವ್ವ ಹಿಡಿದವಗೆ ದೈವದ ಯೋಚನೆ ಏನು? — ಸಂಚಿ ದೊಡ್ಡದಾದರೆ ಮಂಚ ಹಿಡಿದೀತೇ? — ತಱಿಗು ಮೊಱದಲ್ಲಿ ಹಿಡಿಯದು. — ಬ್ರಹ್ಮಾಣ್ಡವಾದನ್ನಾದ್ದು ಗುಡಾಣದಲ್ಲಿ ಹಿಡಿದೀತೇ? — ಮಾನದಲ್ಲಿ ಆನೆ ಹಿಡಿದೀತೇ? (Prvs.). See Bp. 28, 24; 36, 13; 40, 74; 42, 32; 51, 48; 53, 16. 49; J. 6, 31; 11, 2; Bh. 1, 8, 31. 74; 1, 10, 27. 37; 1, 20, 60; 3, 13, 30. ಸನ್ತೆಯೊಳಗೆ ತನ್ನ ಕುದುರೆಯನ್ನು ಮಾಱಲಿಕ್ಕೆ ಹಿಡಿಯಬೇಕೆನ್ದು, ಒಯ್ಯುತ್ತಿದ್ದನು (B. 3, 70). ಸಾಧಾಜೋಡುಗಳು ಎರಡು ರೂಪಾಯಿ ಹಿಡಿದು ಎಣ್ಟು ಹತ್ತು ರೂಪಾಯಿಾ ತನಕ ಇರುತ್ತವೆ (S,

103). ಕತ್ತಿಯನ್ನು ಒಡಿದು ಮಱುಯು ಹೊಱಗೆ ಬರಲಿಕ್ಕೆ ನಾಲ್ವತ್ತು ದಿವಸ ಹಿಡಿಯುವದು (4, 193). ಮುಪ್ಪುಯಿಯಿನ್ದ ಕಾಶಿಗೆ ಹೋಗುವದಕ್ಕೆ ಎಷ್ಟು ದಿವಸ ಹಿಡಿಯುತ್ತವೆ? (5, 227). ಸ್ವಲ್ಪ ಖರ್ಚು ಹಿಡಿಯುವ ಸಾಲೆಯೊಳಗೆ ಕಲಿಯುವದು (5, 271). ಈ ಹೆಣ್ಣುಹುಡುಗರ ಸಾಲೆಯೊಳಗಾದರೂ ಒನ್ದು ಹುಡುಗಿಗೆ ವರುಷವೊನ್ದಕ್ಕೆ ಇನ್ನೂಱು ರೂಪಾಯಿಗಳಿನ್ದ ಸಾವಿರ ಹದಿನಯ್ದು ನೂಱು ರೂಪಾಯಿಗಳ ಮಟ್ಟಿಗೆ ವೆಚ್ಚ ಹಿಡಿಯುತ್ತದೆ (5, 276). — ಹಿಡಿದಾಟ. -ಆಟ. Mutual seizing and pulling (My.). — ಹಿಡಿದಾಡು. -ಆಡು. To take and play (Bp. 14, 4). 2, to seize and pull one another (My.). — ಹಿಡಿ ಹಿಡಿ. rep. (Bp. 28, 9; 56, 28).

ಹಿಡಿ hiḍi. 2. = ಪಿಡಿ 2, etc. P. p. of ಹಿಡಿ 1, in ಹಿಡಿ ಹಿಡಿದು (Bp. 38, 38; 47, 32; 51, 71; My.; see Prll. s. ಅತಿಗ). — ಹಿಡಿ ಕೊಳ್ಳು. = ಹಿಡ ಕೊಳ್ಳು s. ಹಿಡ 2. ಗಟ್ಟಿಯಾಗಿ ಹಿಡಿಯನ್ನು ಹಿಡಿ ಕೊಳ್ಳುವದು (ಮುಷ್ಟಿಬನ್ಧ, ಸಂಗ್ರಾಹ Si. 391). — ಹಿಡಿ ತರಿಸು. = ಹಿಡ ತರಿಸು s. ಹಿಡ 2. (Bp. 55, 30). — ಹಿಡಿ ತರು. -ತರ್. = ಹಿಡ ತರು s. ಹಿಡ 2. (Bp. 9, 25; 14, 23; 60, 24; My.). ಹಿಡಿ ತನ್ದ ನಾಯಿ ಮೊಲ ಹಿಡಿದೀತೇ? (Prv.). ದುಷ್ಟಬಗ್ಗನ ಕೆಯ್ಯ ಮುಟ್ಟಿ ಹಿಡಿ ತರ ಬಹುದು (Dp. 172).

ಹಿಡಿ hiḍi. 3. = ಪಿಡಿ 3 q. v., ಹಿಡು 2. (My.; ತ್ಸರು, ಮುಷ್ಟಿ Hlâ.; ತ್ಸರು, ಖಡ್ಗಾದಿಮುಷ್ಟಿ Nr.; ಮುಷ್ಟಿಬನ್ಧ, ಸಂಗ್ರಾಹ Si. 391; Bp. 23, 9). ಖಡ್ಗದ ಹಿಡಿಯಲ್ಲಿ ಕಟ್ಟುವ ಸೂತ್ರ (ಮೇಖಲೆ Nr.). ಹಿಡಿ ಒಡಗೂಡಿದ ಮೊಣ (ರತ್ನಿ Si. 212); ಹಾಚಲ್ ಪಟ್ಟ ಕಿಱು ಬೆರಳುಳ್ಳ ಹಿಡಿಯಿನ್ದ ಒಡಗೂಡಿದ ಮೊಣ (ಅರತ್ನಿ 212); ಕತ್ತಿ ಮೊದಲಾದವುಗಳ ಹಿಡಿ (ತ್ಸರು 289); ಹಲಿಗೆಯ ಹಿಡಿ (ಸಂಗ್ರಾಹ 290). 6, a weapon of the athletae, etc. (= ವಜ್ರಮುಷ್ಟಿ No. 2, Bp. 31, 3). ಮುತ್ತಯ್ದೇ ಕೆಯ್ಯ ಭಿಕ್ಷ ಮೂಱು ಹಿಡಿ ಸಾಕು. — ಪಕ್ಕ ಎದ್ದರೆ ಹಕ್ಕಿ, ಹಿಡೀಲಿ ಕೊಟ್ಟ ರೊಕ್ಕಕ್ಕೆ ದುಃಖವೇನು? (Prvs.). — ಹಿಡಿಕಾಱು. A handful of grain. ಹಿಡಿಕಾಱಿಗೆ ಆಡಿ, ಪಡಿಕಾಱು ಕಳಕೊಣ್ಡ (Prv.). — ಹಿಡಿ ಕೆಯ್ಸು. = ಪಿಡಿ ಕೆಯ್ಸು. To cause a fist to be formed, to make a fist, to form into a fist, to close or clench. ಹಿಡಿ ಕೆಯ್ಸಿದ ಕೆಯ್ಯ ಕುಡಿತೆ (ಮುಷ್ಟಿ); ಹಿಡಿ ಕೆಯ್ಸಿದ ಮೊಣನು (ರತ್ನಿ Hlâ.). 2, to seize or grasp (Bp. 3, 25). — ಹಿಡಿಗವಡೆ. -ಕವಡೆ. A certain play with cowries (Bh. 1, 6, 1). — ಹಿಡಿಗೆಯ್. 1. To close or clench. ಬಲಿದು ಹಿಡಿಗೆಯ್ದ ಕೆಯ್ (ಮುಷ್ಟಿ Mr. 323). — ಹಿಡಿಗೆಯ್. -ಕೆಯ್. 2. The closed hand (J. 25, 54). — ಹಿಡಿಜೋಳ. = ದೊಡ್ಡ ಜೋಳ. (St. & Pl.). — ಹಿಡಿ ತುಮ್ಬು. So that the fist or hand is filled: a handful (B. 4, 127). ಹಿಡಿ ತುಮ್ಬು ಹಣ ಕೊಟ್ಟರೂ ನುಡಿ ಹಸನಾಗಿ (or ಚನ್ನಾಗಿ) ಇರ ಬೇಕು. — ಎಲ್ಲದಕ್ಕೆ ಬಡತನವಾದರೆ ಹಿಡಿ ತುಮ್ಬು ಗಡ್ಡಕ್ಕೂ ಬಡತನವೇ? (Prvs.). — ಹಿಡಿಮೃಗ. A beast that has been taught to seize wild animals (Bh. 3, 18, 21). — ಹಿಡಿಯಾಳ್. -ಆಳ್. A captive (Bh. 1, 19, 18). — ಹಿಡಿವಡೆ. -ಪಡೆ. To be seized, to be taken prisoner, to be brought into subjection (Bp. 18, 53; 53, 20). ಹಿಡಿವಡೆದವನು (ಅಭಿಪನ್ನ, ಅಭಿಗ್ರಸ್ತ Nr.). — ಹಿಡಿವರಹ. A handful of gold coins. ಬೊಡಿಯುವ ಗಣ್ಡನ ಹತ್ತರ ಹಿಡಿವರಹಾ ಇದ್ದರೇನು? (Prv.). — ಹಿಡಿವಿಡಿ. -ಪಿಡಿ. To seize firmly, to grasp (Ŏpr. 9, 12). — ಹಿಡಿಸರಳು. An instrument for boring holes (My.). — ಹಿಡಿಸೂಡಿ. A bundle of grass comprising only a handful. See Prv. s. ಹೊಲ 3. — ಹಿಡಿಸ್ಕ್ಯಾಲ. An auger, a drill (S. Mhr.; Tĕ. ಪಿಡಿಸಾನೆ). — ಹಿಡಿಹಿಡಿಕೆ. See Mr. s. ತ್ರಿಪತ್ರಿಣಿ. — ಹಿಡಿಹುಲ್ಲು. A handful of grass. ಮೆದೇ ಹುಲ್ಲು ಸೂಱ್ ಆಗುತ್ತದೆ, ಹಿಡಿಹುಲ್ಲಿಗೆ ಒದ್ದಾಡುತ್ತಾನೆ (Prv.). — ಹಿಡಿಹೆಬ್ಬಾರ. A Hĕbbâra who is only a handful, i. e. very insignificant. ಹಿಡಿಹೆಬ್ಬಾರನ ಕಾಲು ಹಿಡಿದಷ್ಟು ಗಾತ್ರ (Prv.).

ಹಿಡಿ hiḍi. 4. = ಪಿಡಿ 4. — ಹಿಡಿಯಾನೆ. -ಆನೆ. A female elephant (ಹಸ್ತಿನಿ, ವಶೆ Hlâ.; ಕರಿಣಿ, ಧೇನುಕೆ, ವಶೆ Nr.).

ಹಿಡಿ hiḍi. 5. = ಹಿಡಿಕು, etc. (Tĕ. ಪಿಡಿ). — ಹಿಡಿಹೋರಿ. A steer that has still its testicles (ಅಷಱಢ್ಯ Mr. 178).

ಹಿಡಿಕಿ hiḍiki. 1. A woman who seizes. See ತಲೆ-.

ಹಿಡಿಕಿ hiḍiki. 2. = ಹಿಡಿಕೆ. A handle, a hilt (B. 3, 11; 5, 25).

ಹಿಡಿಕು hiḍiku. = ಹಿಡ 1, ಹಿಡಿ 5, ಹಿಡಿಗು. A testicle. (T. ಪಿಡುಕ್ಕು, ಪುಡುಕ್ಕು). ಹಿಡಿಕು ಬಡಿದ ಎತ್ತು (ಜಾತೋಕ್ಷ Nr. a).

ಹಿಡಿಕೆ hiḍikĕ. = ಹಿಡಿಕಿ 2. The fist. ಹಿಡಿಕೆಯ ಹಿಡಿದು ಅಳೆದ ಮೊಣ (ಸರತ್ನಿ); ಹಿಡಿಕೆಯ ಹಿಡಿದು ಕಿಱುಕುಣಿಕೆಯ ಬಿಟ್ಟು ಅಳೆದ ಮೊಣ (ಅರತ್ನಿ Nr.). 2, a handle, a hilt (ಕಾವು G.). ಕತ್ತಿ ಕಠಾರಿ ಮುನ್ತಾದವುಗಳ ಹಿಡಿಕೆಗೆ ಕಟ್ಟಿದ ಬಾರು (ಮೇಖಲೆ G.).

ಹಿಡಿಗಲು hiḍigalu. A broom (My.).

ಹಿಡಿಗು hiḍigu. = ಹಿಡಿಕು, etc. ಹಿಡಿಗು ಬಡಿದ ಎತ್ತು (ಜಾತೋಕ್ಷ Nr. b).

ಹಿಡಿತ hiḍita. = ಹಿಡತ (My.).

ಹಿಡಿಮ್ಬ hiḍimba. A râkshasa slain by Bhîma. (Bh. 1, 9, 16. 19).

ಹಿಡಿಮ್ಬಕ hiḍimbaka. = ಹಿಡಿಮ್ಬ. (Bh. 1, 9, 16).

ಹಿಡಿಮ್ಬಾಪತಿ hiḍimbâ-pati. Bhîma. (ಭೀಮಸೇನ G.). 2, Hanumat.

ಹಿಡಿಮ್ಬಿ hiḍimbi. = ಹಿಡಿಮ್ಬೆ. (Bh. 1, 9, 16. 24).

ಹಿಡಿಮ್ಬೆ hiḍimbĕ. ಹಿಡಿಮ್ಬಾ. Hiḍimba's sister, who changed herself into a beautiful woman and married Bhîma. 2, the wife of Hanumat.

ಹಿಡಿಯಿಸು hiḍiyisu. = ಪಿಡಿಯಿಸು. To castrate, to geld. ಹಿಡಿಯಿಸಲ್ ತಕ್ಕ ಹೋರಿ (ಅಷಱಢ್ಯ Hlâ.).

ಹಿಡಿಯುವಿಕೆ hiḍiyuvikĕ. Seizing, etc. (Si. 392. 400. 434. 442).

ಹಿಡಿಸು hiḍisu. = ಇಡಿಸು 3, ಪಿಡಿಸು. To cause to seize, to cause to lay hold of or on (Bp. 29, 33; 60, 22); to cause to occupy (as a place of being) (39, 15); to cause one's self to occupy (as a place of being): to enter, to go into (C.); to make go into one's self: to hold, to have capacity for (as a vessel, a cart, a ship, C.); to make go into, to fill into; to cause to shampoo (My.). ಆ ಪಾತ್ರದೊಳಗೆ ನರಿಯ ಮೋಱೆ ಹಿಡಿಸಲಿಲ್ಲ (B. 3, 95). ಆ ಹಡಗುಗಳು ಸಾವಿರಾರು ಕಣ್ಡುಗ ಬಜ್ಜೆ ಹಿಡಿಸುವ ಹಾಗೆ ಇರುವವು (3, 117). ಒಳಗೆ ನಾಲ್ಕಾಱು ಜನರನ್ನೂ ಹೊಱಗೆ ಹತ್ತು ಹನ್ನೆರ್ಡು ಜನರನ್ನೂ ಹಿಡಿಸುವನ್ಥ ರಥಗಳು (5, 299). ಒನ್ದು ಹಡಗದೊಳಗೆ ಹಿಡಿಸುವ ಸರಕುಗಳನ್ನು ಎತ್ತುಗಳ ಮೇಲೆ ಹೇಱಿದರೆ ಬಹಳ ಎತ್ತುಗಳು ಬೇಕಾಗುವವು (4, 160). ಅವನ ತಲೆಯು ಗಗನಕ್ಕೆ ಮುಟ್ಟಿದರೂ ಅವನು ಉಡುಗಿದರೆ ಸಣ್ಣ ಪಾತ್ರೆಯೊಳಗೆ ಸಹಾ ಹಿಡಿಸುತ್ತಾನೆ (5, 142).

ಹಿಡಿಹ hiḍiha. Seizing, grasping, etc. (ಪೀಡನ, ಸ್ಪರ್ಶನ, ಗ್ರಹಣ, ನಿಗ್ರಹ Mr. 439).

ಹಿಡು hiḍu. 1. = ಪಿಡಿ 2, etc. P. p. of ಹಿಡಿ 1. — ಹಿಡು ಕೊಳ್ಳು. = ಹಿಡಿ ಕೊಳ್ಳು s. ಹಿಡಿ 2, etc. (B. 2, 32. 42; B. 4, 63. 176; 5, 240. 254). ಹಿಡು ಕೊಳ್ಳುವದು (ಗ್ರಹ, ಗ್ರಾಹ Si. 388).

ಹಿಡು hiḍu. 2. = ಹಿಡಿ 3, etc. Hold, etc.

ಹಿಡುವಳಿ hiḍu-vaḷi. Possession, ownership (of land, My.).

ಹಿಡುವಳಿದಾರ hiḍuvaḷi-dâra. A possessor, an owner (My.).

ಹಿಡುಹು hiḍuhu. The act of seizing, catching or hitting (used of an arrow, Bh. 7, 4, 42).

ಹಿಡ್ಲು hiḍlu. = ಹಿಡಲು. A broom (My.).

ಹಿಣನಿ hiṇani. = ಹಿಣಿ, etc. ಎತ್ತಿನ ಹಿಣನಿ (ಕಕುದ, ಕಕುದ್ Si. 430).

ಹಿಣಿ hiṇi. = ಇಣಿ, ಪಿಣಿಲ್ 2, ಹಿಣಿಲ್ 1, ಹಿಳಲು, ಹಿಳಿಲ್. A bull's or bullock's hump (ಅಂಸಕೂಟ, ಕಕುದ್ Hlâ.; M. ಪೂಙ್ಕು; T. ಪಿಙಲ್).

ಹಿಣಿಕು hiṇiku. = ಹಣಿಕು, etc. — ಹಿಣಿಕಿ ನೋಡು. = ಹಣಿಕಿ ನೋಡು. (My.).

ಹಿಣಿಲ್ hiṇil. 1. ಹಿಣಿಲು. = ಹಿಣಿ, etc. (ಕಕುದ, ಕಕುದ್ Nr.; ಕಕುದ Mr. 179). ಗೂಳಿಯು ಹಿಣಿಲು (ವೃಷಾಂಕ, ಕಕುದ್ Nr.). ಗೂಳಿಯ ಬೆನ್ನ ಹಿಣಿಲು (ಕಕುದ Nn. 143, o. r. ಹಿಳಿಲು).

ಹಿಣಿಲ್ hiṇil. 2. ಹಿಣಿಲು. = ಪಿಣಿಲ್ 1, ಹೆಣಿಲು, ಹೆರಲು, ಹೆರಳ್, ಹೆಳಲು. The string of a bow (Bh. 8, 22, 27); a braid of hair (ಕಚಬನ್ಧ Čt. I, 74; ಪಾಶ Mr. 320; Râm. 1, 16, 52); a peacock's tail (J. 13, 51). ಗಣ್ಡು ಡಿಗೆಮುಟ್ಟು, ಬಿಟ್ಟು ಹಿಣಿಲಂ (Šmd. 282, o. r. ಕಣ್ಡುಡಿಗೆ-). See ಜೆಳಿವಿಣಿಲು.

ಹಿಣ್ಟೆ hiṇṭĕ. = ಪೆಟ್ಟ, etc. A lump, a clod (My.).

ಹಿಣ್ಡಿ hiṇḍi. The oil-seed from which the juice has been expressed, the refuse of oil-seed, an oil-cake (ಪಿಣ್ಯಾಕ Nr.; ತೈಲಕ Mr. 378; C.; Bp. 24, 68; B. 2, 19). 2, a kind of chutney made of the emblic myrobalan (ನೆಲ್ಲಿ My.).

ಹಿಣ್ಡಿಲ hiṇḍila. A coiled serpent (ಜಿಹ್ಮಗ, ಕುಣ್ಡಲಿ, ಮುಂದ ಫಣಿ Mr. 400, o. r. in two MSS. ಹಿಣ್ಡಲ).

ಹಿಣ್ಡೀರ hiṇḍîra. *Cuttle-fish bone, Os sepiae.*

ಹಿಣ್ಡು hiṇḍu. = ಪಿಣ್ಡು. To press with the fist or between the palms of the hands, etc. in order to extract the juice, oil, etc., to squeeze out (ಮುಷ್ಟಿನಿಷ್ಪೀಡನ Šmd. Dh.; ನಿಷ್ಪೀಡನ Šm. 96; Č. Bp. 11, 11; My.); to wring, as a wet cloth (My.); to squeeze through (cloth, etc., My.); to squeeze or pinch, as the ears (My.); to extract, as milk, to milk (B. 1, 21; 4, 220; 5, 285); to give milk, as buffaloes, etc. (B. 1, 15. 18); to squeeze, to oppress with hardships, to harass (Bh. 1, 10, 31. 35; J. 31, 26). ದೊಣ್ಣೆ ಹಿಣ್ಡಿದರೆ ಎಣ್ಣೆ ಬೀಳುವದೇ?— ಮೊಸರು ಹುಳಿಯೆನ್ತ, ಹಸುರುಹುಲ್ಲ ಹಿಣ್ಡಿದನನ್ತೆ (Prvs.).

ಹಿಣ್ಡು hiṇḍu. = ಪಿಣ್ಡು, q. v. A collection, a multitude, etc. (ಗೋಸಮೂಹ Šmd. Dh.; ತುರುಮನ್ದೆ Šm. 96; ಕಲಾಪ, ಸಂಹತ Si. 489; Grj. 2, after 106; 6, after 56; Bp. 51, 54; Bh. 8, 13, 18; C.; B. 4, 87). ತುರುವಿನ ಹಿಣ್ಡು (ಗೋವೃನ್ದ, ಗೋಧನ, ಧನ Hlâ.). ವಾರಸತಿಯರ ಹಿಣ್ಡು (ಗಾಣಿಕ್ಯ Mr. 305). ಪಶುಗಳ ಹಿಣ್ಡು (ಸಮಜ Si. 318); ಗಿಡಿಗಳ ಹಿಣ್ಡು (ಶೌಕ 181); ಆನೆಗಳ ಹಿಣ್ಡು (ಹಸ್ತಿಕ 269); ಆಕಳ ಹಿಣ್ಡು (ಗೋಕುಲ, ಗೋಧನ 318); ಎತ್ತುಗಳ ಹಿಣ್ಡು (ಔಕ್ಷಕ 318); ಎಳೆಕರುಗಳ ಹಿಣ್ಡು (ವಾತ್ಸಕ 318). See Prv. s. ಹಣ್ಡೆ. — ಹಿಣ್ಡಾಕಳ್. -ಆಕಳ್. A herd of cows (J. 9, 19). — ಹಿಣ್ಡಿಗೆ ಬಿಗಿ. To fasten together into one mass (Bhaktisâra 85). — ಹಿಣ್ಡುಕಾವ. A number of small pieces of cloth. ದಣ್ಡಕೋಲಿನ ತುದಿಗೆ ಹಿಣ್ಡುಕಾವವ ಕಟ್ಟಿ, ಮುಕ್ತಿಯರ ಕಣ್ಡು ಭ್ರಮಿಸುವ ಯೋಗಿಗೆ ಮುಕ್ತಿ ಬೋಬೇಕೆ? (Sp.). — ಹಿಣ್ಡುಗಂಕಣ. -ಕಂಕಣ. = ಪಿಣ್ಡುಗಂಕಣ, q. v. (Šmd. 386; Kk. 98). — ಹಿಣ್ಡುಗಟ್ಟು. -ಕಟ್ಟು. To form a herd, to come together in crowds, etc. (B. 2, 2. 16; 3, 56. 67). — ಹಿಣ್ಡುಗಣೆ. -ಕಣೆ. A heap or number of arrows (J. 22, 20). — ಹಿಣ್ಡುಗೂಡು. -ಕೂಡು. To come together in crowds, to assemble in numbers, etc. (C.; B. 5, 105). — ಹಿಣ್ಡುವಲೆ. -ಬಲೆ. A variety of net (Bh. 3, 13, 23). — ಹಿಣ್ಡು ಹಿಣ್ಡು. rep. (Bp. 28, 21). — ಹಿಣ್ಡುಹೊಳಹು. The shine of a large number (Bh. 3, 18, 18). — ಹಿಣ್ಡೇಱ್. -ಏಱ್. To rise in numbers (Grj. 4, 45). — ಹಿಣ್ಡೊಡೆ. -ಒಡೆ. To separate from or leave the herd. ಹಿಣ್ಡೊಡದ ಆಕಳು ಕಣ್ಡ ಕಡೆ (Prv.).

ಹಿಣ್ಡುಳೆ hiṇḍuḷĕ. N. of a plant (ಸೌರಾಷ್ಟ್ರ Mr. 147, one MS. ಹಿಣ್ಡುಳಿಕೆ).

ಹಿಣ್ಡೆ hiṇḍĕ. Tbh. of ಪಿಣ್ಡ. — ಹಿಣ್ಡೆಕೂಟು. A meal at the sapiṇḍîkaraṇa (My.). ಹಿಣ್ಡೆಕೂಟು ಮುಣ್ಡೆಗೆ ಆದೀತೇ? (Prv.).

ಹಿಣ್ಡ್ಲಿ hiṇḍli. (= ಹಿಣ್ಡುಳೆ?). — ಹಿಣ್ಡ್ಲಿಕಾಯಿ. The fruit of a creeper of the cucumber tribe, perhaps Cucumis trigonus Roxb. (Z.).

ಹಿತ hita. Put, placed, laid, imposed; held, taken, seized. 2, *suitable, proper, fit,* worthy; advantageous, beneficial, profitable, useful, good; salutary, wholesome, agreeing with. 3, friendly, affectionate, kind. 4, a friend, a benefactor. 5, advantage, profit, benefit, service, good, welfare (ಪ್ರಯೋಜನ Nn. 84). ಹಿತವಂ (ತಕ್ಕಂ Kk. 38). ಪರಹಿತ ಮಾಡಿ, ತನ್ನ ಹಿತ ತಪ್ಪಿಸಿ ಕೊಣ್ಡ.— ಮದುವೇ ಮನೇಲಿ ಅನ್ನವಿಕ್ಕಿ, ಹಿತವ ಪಡದ ಹಾಗೆ (Prvs.). See Šmd. 158. 365; Bp. 38, 7; 40, 90; B. 4, 17; 5, 206.

ಹಿತಕರ hitakara. Doing what is fit or proper, doing a service, performing a kindness, friendly, favourable, beneficial; a benefactor. (Čh. v. 222; Bp. 40, 80).

ಹಿತಕಾರಕ hita-kâraka. Doing what is good, beneficial, salubrious, etc. (C.; B. 3, 37).

ಹಿತಕಾರಿ hita-kâri. Doing services, performing kindnesses or benefits, befriending, useful, beneficial, auspicious. (Bp. 16, 25; My.). ನಾರಿ ಪರಉಪಕಾರಿ, ನಾರಿ ಸ್ವರ್ಗಕೆ ದಾರಿ, ನಾರಿ ಸಕಲರಿಗೆ ಹಿತಕಾರಿ; ಮುನಿದರೇ ನಾರಿಯೇ ಮಾರಿ (Sp.).

ಹಿತಬಾರಿ hitabâri. = ಇತಬಾರಿ, q. v. (My.).

ಹಿತರಸಸ್ವೀಕಾರ hita-rasa-svîkâra. The making one's own of pleasant fluids. See ಹೀರ್ 1.

ಹಿತವತ್ hita-vat. Friendly, favourable, doing good, useful.

ಹಿತವನ್ತ hita-vanta. Tbh. of ಹಿತವತ್. One who confers benefits, a benefactor, a friend (C.; B. 5, 179). ತಾಯಿಗಿನ್ತ ಹಿತವನ್ತರಿಲ್ಲ, ಸಕ್ಕರೆಗಿನ್ತ ಸವಿಯಿಲ್ಲ (Prv.). Feminine ಹಿತವನ್ತೆ (My.).

ಹಿತಶತ್ರು hita-šatru. Hostile to the weal or advantage of (Mhr.); a secret enemy (My.).

ಹಿತಶತ್ರುತ್ವ hita-šatrutva. Secret enmity (My.).

ಹಿತಾವಹ hita-âvaha. Bringing benefit, etc., salutary, salubrious (B. 4, 31).

ಹಿತಾಶಂಸೆ hita-âšamsĕ. *Benediction.*

ಹಿತೈಷಿ hita-êshi. Wishing well, desiring another's welfare, kindly disposed, benevolent. (My.).

ಹಿತೋಪದೇಶ hita-upadêśa. Friendly advice, good counsel, salutary instruction. 2, N. of a popular collection of stories and fables. (C.; B. 4, 196).

ಹಿತ್ತಲ್ hittal. ಹಿತ್ತಲು. = ಪಿತ್ತಲ್, etc., ಹಿತ್ತಲ, ಹಿತ್ತಿಲ್. A back-yard (C.; Bp. 81, 5; B. 1, 9; 4, 25; Si. 118). ಹಿತ್ತಲ ಗಿಡ ಮದ್ದಲ್ಲ, ಮಕ್ಕಳ ಮಾತು ನಿಜವಲ್ಲ.—ಬಲವುಗಾತಿಗೆ ಮನೆಯೆಲ್ಲಾ ಹಿತ್ತಲು.—ಧರ್ಮಕ್ಕೆ ದಟ್ಟಿ ಕೊಟ್ಟರೆ ಹಿತ್ತಲಿಗೆ ಹೋಗಿ, ಮೊಳ ಹಾಕಿ ನೋಡಿದ (Prvs.). — ಹಿತ್ತಲ ಬಾಗಿಲ್. A back-yard gate (Bp. 61, 20). — ಹಿತ್ತಲ ಮನೆ. A building in the back-yard (Bp. 42, 31).

ಹಿತ್ತಲ hittala. = ಹಿತ್ತಲ್, etc. (ನಿಷ್ಕುಟ, ಪಿತ್ತಿಲ್ Nn. 142; ನಿಷ್ಕುಟ Mr. 480; B. 5, 135. 208).

ಹಿತ್ತಳಿ hittaḷi. = ಹಿತ್ತಳೆ, etc. (Si. 332).

ಹಿತ್ತಳೆ hittaḷĕ. = ಪಿತ್ತಲ 1, etc. Brass (ಆರಕೂಟ, ರೀತಿ Hlâ., Nr.; Si. 332).

ಹಿತ್ತಾಳಿ hittâḷi. = ಹಿತ್ತಳೆ, etc. (B. 1, 18; 4, 141; ಪುಷ್ಪಕ Mr. 527; ಆಕೂಟ G.). ಮೆಯ್ಯೆಲ್ಲ ಚಿನ್ನ, ಕಿವಿ ಮಾತ್ರ ಹಿತ್ತಾಳಿ (Prv.).

ಹಿತ್ತಾಳೆ hittâḷĕ. = ಇತ್ತಾಳೆ, ಹಿತ್ತಳೆ, etc. (ಪುಷ್ಪಕ, ರೀತಿಕೆ Nn. 128; ಆರಕೂಟ, ರೀತಿಕೆ Mr. 98, o. r. ಹಿತ್ತಾಳಿ; My.).

ಹಿತ್ತಿಲ್ hittil. ಹಿತ್ತಿಲು. = ಹಿತ್ತಲ್, etc., ಹಿತ್ತ್ಲು. (ನಿಷ್ಕುಟ Hlâ.).

ಹಿತ್ತ್ಲು hittlu. = ಹಿತ್ತಿಲ್, etc. (My.).

ಹಿದುಕು hiduku. 1. = ಪಿಸುಕು, etc., ಜಿದಕು 1. To squeeze the soaked pulse called avarĕ with the fingers and thus remove its skin (My.).

ಹಿದುಕು hiduku. 2. = ಜಿದಕು 2. The state of being freed from one's skin by squeezing (My.). — ಹಿದುಕವರೆ. -ಅವರೆ. = ಚಿದಕವರೆ. (My.).

ಹಿನ್ hin. = ಪಿಂ (ಪಿಙ್), etc., ಹಿಕ್, ಹಿಂ (ಹಿಙ್), ಹಿಂ (ಹಿಙ್), ಹಿನ್ದೆ, etc. — ಹಿನ್ತಿರಗು. = ಹಿನ್ತಿರುಗು. (Ch. 57). — ಹಿನ್ತಿರುಗು. = ಹಿನ್ದಿರುಗು. (My.). — ಹಿನ್ತೆಗೆ. = ಹಿನ್ದೆಗೆ. (My.). — ಹಿನ್ದಲೆ. -ತಲೆ. The hinder part of the head (My.). — ಹಿನ್ದಿರಿಗಿಸು. -ತಿರಿಗಿಸು. To turn back (v. t.); to turn round (v. t., My.). ರೂಪರಸಾದಿವಿಷಯಗಳ ಚೆಸೆಯಿನ್ದ ಕಣ್ಣು ಕಿವಿ ಮೊದಲಾದ ಇನ್ದ್ರಿಯಗಳನ್ನು ಹಿನ್ದಿರಿಗಿಸಿ ನಿಗ್ರಹಿಸುವಿಕೆ (ಪ್ರತ್ಯಾಹಾರ Si. 392). — ಹಿನ್ದಿರಿಗು. -ತಿರಿಗು. = ಪಿನ್ದಿರಿಗು. To turn back; to return; to turn round (My.). — ಹಿನ್ದಿರುಗು. -ತಿರುಗು. = ಪಿನ್ದಿರುಗು, ಹಿನ್ದಿರಿಗು. (My.). ಗಣಪತಿ ಹಿನ್ದಿರುಗಿ ನೋಡಲಾಗಿ (B. 4, 79). ಒನ್ದು ಹಾದಿಗೆ ಬೇಟೆ ಸಿಗದಿದ್ದರೆ ಸಿಂಹವು ಹಿನ್ದಿರುಗಿ, ತನ್ನ ಸ್ಥಳಕ್ಕೆ ಬರುವದು (4, 212). — ಹಿನ್ದಿರುಗುವಿಕೆ. -ತಿರುಗುವಿಕೆ. Turning back, etc. (ಸಾಧನ, ನಿವರ್ತನ Si. 437). — ಹಿನ್ದೆಗೆ. -ತೆಗೆ. = ಪಿನ್ದೆಗೆ. To draw back, to flinch (My.). ಯಾವ ಕಷ್ಟ ಬನ್ದರೂ ಹಿನ್ದೆಗೆಯನು (My.). — ಹಿನ್ದೆಸೆ. The direction that is behind (Bp. 25, 45; 27, 74; 39, 40; 42, 36. 84; 57, 88). — ಹಿನ್ನೆಲೆ. = ಪಿನ್ನೆಲೆ. Back ground (Bh. 3, 19, 12).

ಹಿನ್ತಾಲ hintâla. *The marshy date tree, Phoenix* (or Elate) *paludosa.*

ಹಿನ್ತಾಲಿ hintâli. The Talipot or fan-palm (ಕರತಾಳ, ಶ್ರೀತಾಳಿ Mr. 359).

ಹಿನ್ತೆ hintĕ. = ಪಿನ್ತು, etc., ಹಿನ್ದೆ. (Śmd. 285 Cm.).

ಹಿನ್ದ hinda. = ಹಿನ್ದು, etc. — ಹಿನ್ದಗಡೆ. -ಕಡೆ. Subsequent time; afterwards (ಅನು G.). ಹಿನ್ದಗಡೆಯಲ್ಲಿ (ಪಶ್ಚಾತ್); ಹಿನ್ದಗಡೆಯಲ್ಲಿ ಆಗುವ ಮನಸ್ಸಿನ ವಿಕಾರ (ಪಶ್ಚಾತ್ತಾಪ G.). ಮೊದಲು ಸುಳ್ಳು ಹೇಳಿ, ಹಿನ್ದಗಡೆ ಒಪ್ಪಿ ಕೊಳ್ಳುವದೇನು ಚನ್ದ? (B. 3, 83). ಇನ್ದಾದ್ದೊನ್ದು ಕೆಲಸ ಮಾಡುತ್ತೇನೆನ್ದು, ಮೊದಲು ಒಪ್ಪಿ ಕೊಣ್ಡು, ಹಿನ್ದಗಡೆಗೆ ಹೊತ್ತು ಬನ್ದಾಗ, ತನ್ನಿನ್ದಾಗದೆನ್ದು, ಹೇಳಿ ಬಾರದು (4, 34). — ಹಿನ್ದ ಹಿನ್ದಕೆ. (*i. e.* ಹಿನ್ದಕೆ ಹಿನ್ದಕೆ). rep. (Bp. 22, 81; J. 19, 29). — ಹಿನ್ದ ಹಿನ್ದಕ್ಕೆ. = ಹಿನ್ದ ಹಿನ್ದಕೆ. (Bp. 27, 18).

ಹಿನ್ದಲ hindala. = ಹಿನ್ದಳ. (My.).

ಹಿನ್ದಳ hindaḷa. = ಹಿನ್ದಣ s. ಹಿನ್ದು. (My.).

ಹಿನ್ದು hindu. = ಪಿನ್ದು q. v., etc., ಹಿಂಚು 2. That which is back (in place), behind, and previous, past; that which is afterwards or hereafter (ಪಿನ್ತು Śmd. 64; Bp. 24, 19); the direction behind; past time; subsequent time; behind, etc. Genitive: ಹಿನ್ದಣ (Bp. 57, 23; 61, 34; J. 2, 57; 7, 30; 13, 48; 15, 30; 19, 24; 25, 3. 16), ಹಿನ್ದಣದ (Bp. 4, 61), ಹಿನ್ದಲ, ಹಿನ್ದಳ, ಹಿನ್ದಿನ (My.); Dative: (ಹಿನ್ದಕೆ), ಹಿನ್ದಕ್ಕೆ (Bp. 22, 15; 44, 22; B. 2, 18; 3, 59; 4, 112. 126. 132; 5, 70. 206), ಹಿನ್ದಕೆ (Bp. 11, 20; 26, 29; 40, 8; J. 13, 35); Ablative: ಹಿನ್ದಿನ್ದ (B. 3, 23. 41. 42. 85; 4, 110), ಹಿನ್ದಿನ್ದ (B. 3, 71. 122), ಹಿನ್ದಿನಿನ್ದ (B. 4, 187; 5, 253). ಹಿನ್ದ ಸೆಳೆವುದು (ಪಾರ್ಷ್ಣಿ); ಪಡೆಯ ಹಿನ್ದಣ ಮೆಯ್ (ಪ್ರತಿಗ್ರಹ Hlâ.). ಸೇನೆಯ ಹಿನ್ದಿದ್ದ ಅರೆನೆಲೆ (ಪ್ರತಿಗ್ರಹ Nr.). ಹಿನ್ದಣ ಭಾಗ (ಪಾರ್ಷ್ಣಿ, ಪಿನ್ತು Nn. 154). ಹಡಗು ಮುನ್ದಕ್ಕೆ ಹಾಯುವನ್ತೆ ಕೆಳಗಡೆ ನೀರನ್ನು ಹಿನ್ದಕ್ಕೆ ತಳ್ಳುವ ಮರಮುಟ್ಟು (ನೌಕಾದಣ್ಡ Si. 84); ಹಿನ್ದಕ್ಕೆ ತಿರುಗದೇ ಇರುವವನು (ಅನಿವರ್ತಿ 292); ಬಚ್ಚಿಟ್ಟು ಕೊಣ್ಡದನ್ನು ಹಿನ್ದಕ್ಕೆ ಕೊಡುವಿಕೆ (ನಿರ್ಯಾತನ 437); ಕಳೆದ ವರುಷ ಪರುತ್ ಎಮ್ಬುದು, ಅದಕ್ಕಿನ್ತಲೂ ಹಿನ್ದಣ ಸಂವತ್ಸರ ಪರಾರಿ ಎಮ್ಬುದು (476); ಹಿನ್ದಣ ದಿನ (ಪೂರ್ವೇದ್ಯುಸ್ 477; ಹ್ಯಸ್ 477). ಹಿನ್ದ ಪಿಡಿವುದು (ಪಾರ್ಷ್ಣಿ Mr. 484). ಹಿನ್ದಿನವ (B. 4, 190). ಹಿನ್ದಕ್ಕೆ ಮುನ್ದಕ್ಕೆ (B. 3, 126). ಹಿನ್ದಕ್ಕೂ ಮುನ್ದಕ್ಕೂ (4, 158). ಕಣ್ಣಿಗೆ ಮುನ್ದು, ಕಡಿವಾಣಕ್ಕೆ ಹಿನ್ದು.—ಹಿನ್ದಕ್ಕೆ ಮುನ್ದಕ್ಕೆ ದಾಸಯ್ಯನಾದರೆ ತಿರುಮುನ್ತ್ರಾ ಹೇಡ್ಯಾನು.—ಹಿನ್ದಿನ ಭಿಕ್ಷೆ ಹೋಯಿತು, ಮುನ್ದಿನ ಕೋರಾನ್ನ ಹೋಯಿತು.—ಹಿನ್ದಿನಿನ್ದ ಆನೆ ಹೋಗ ಬಹುದು, ಮುನ್ದಿನಿನ್ದ ನುಸಿ ಹೋಗ ಬಾರದು (Prvs.). — ಹಿನ್ದಟ್ಟು. -ಅಟ್ಟು. To go or come after, to follow (My.). — ಹಿನ್ದಾಗು. -ಆಗು. To be or or remain behind; to flinch (My.). — ಹಿನ್ದಾಡು. -ಆಡು. To speak behind a person. See Prv. s. ಎದುರಿಗೆ ಆಡು. — ಹಿನ್ದಿಕ್ಕೆ ಕೊಳ್. -ಇಕ್ಕು-. To place behind one's self, to shelter, to protect (Bh. 6, 5, 30). — ಹಿನ್ದಿರಿಸು. -ಇರಿಸು. To place behind or back (Bp. 18, 5). — ಹಿನ್ದುಕಡೆ. = ಹಿನ್ದುಗಡೆ. (Si. 286). — ಹಿನ್ದುಗಡೆ. -ಕಡೆ. = ಪಿನ್ದುಗಡೆ. A place that is behind; subsequent time (My.). ಹಿನ್ದುಗಡೆಯಲ್ಲಿ (ಪಿನ್ತೆ Śmd. 52 Cm.). See Si. 110. 209. 284. — ಹಿನ್ದುಗಳೆ. -ಕಳೆ. = ಪಿನ್ದುಗಳೆ. To flinch (J. 23, 11); to transgress, to reject (27, 30). — ಹಿನ್ದುಗೊಳ್. -ಕೊಳ್. = ಪಿನ್ದುಗೊಳ್. To go or come after, to follow (Bp. 28, 57; J. 28, 6). — ಹಿನ್ದುಭಾಗ. A portion or part that is behind (Si. 285). — ಹಿನ್ದು ಮುನ್ದು. = ಪಿನ್ದು ಮುನ್ದು. That is behind and in front (Râm. 6, 50, 10). 2, the hind part being in front, reversed position, etc. (ವಿಪರೀತ, ಪರಾಚೀನ Mr. 487). ಹಿನ್ದು ಮುನ್ದಾದಾತನು (ಪರಾಙ್ಮುಖ, ಪರಾಚೀನ Nr.). ಹಿನ್ದು ಮುನ್ದಾಗುಹ (ವಿಪರೀತ, ಪರಾಚೀನ Hlâ.). ಹಿನ್ದು ಮುನ್ದಾದುದು (ವಿಪರೀತ Nn. 151). ದೂರವಾದ ಹಿನ್ದು ಮುನ್ದು ಯೋಚನೆಯುಳ್ಳವನು (ದೀರ್ಘದರ್ಶಿ Si. 233). ಎನ್ದೂ ಏರದ ರಾವುತ ಕುದುರೇ ಹಿನ್ದು ಮುನ್ದಾಗಿ ಏರಿದ (Prv.). — ಹಿನ್ದು ಮುನ್ದು ನೋಡು. To be circumspective or cautious, to hesitate (B. 5, 88. 55. 205). — ಹಿನ್ದು ಮುನ್ದು ನೋಡು. =

ಹಿನ್ದು ಮುನ್ದು ನೋಡು. (B. 5, 178. 246). ಹಿನ್ದು ಮುನ್ದೆ ನೋಡ ದವ (ಚಪಲ G.). — ಹಿನ್ದುಟು. -ಉಟು. To remain or stay behind (J. 10, 46; 11 sum.; 17, 30).

ಹಿನ್ದು hindu. = ಹಿನ್ದೂ. (Tbh. of ಸಿನ್ಧು). A Hindoo (C.; Mhr., H. ಹಿನ್ದು). — ಹಿನ್ದುಜನ. Hindoos (My.). — ಹಿನ್ದುದೇಶ. India (My.).

ಹಿನ್ದುಸ್ಥಾನ hindu-sthâna. North India; India (My.; B. 2, 41; 3, 58; 4, 114; 5, 160).

ಹಿನ್ದುಸ್ಥಾನಿ hindu-sthâni. Relating to North India: a language containing many Saṁskṛita terms, Saṁskṛita tadbhavas, Persian and Arabic words, etc. (C.; B. 4, 129).

ಹಿನ್ದೂ hindû. = ಹಿನ್ದು. — ಹಿನ್ದೂಜನ. = ಹಿನ್ದುಜನ. (B. 3, 41; 4, 205). — ಹಿನ್ದೂಮಹಾಸಾಗರ. The Indian ocean (B. 4, 101).

ಹಿನ್ದೆ hindĕ. = ಪಿನ್ದೆ, etc., ಹಿಕ್, etc., ಹಿಂಚೆ, ಹಿನ್ದ, ಹಿನ್ದು. The direction behind; past time; subsequent time; behind, after, toward the back part or rear, in the rear, at the back, backwards; in former times, ago; later in time, after, afterwards (ಪಶ್ಚಾತ್, ಅನು Si. 468; C.; Bp. 18, 53; 53, 17; 61, 57; J. 10, 33; 11, 2. 35; Bh. 1, 8, 20; 1, 10, 39). ತಾನು ಹಗೆಯ ಮೇಲೆ ಎತ್ತಿ ಹೋಹಲ್ಲಿ ಹಿನ್ದೆ ರಾಜ್ಯವನ್ ಉಪದ್ರವ ಮಾಡುವವನು (ಪಾರ್ಷ್ಣಿಗ್ರಾಹ Nr.). ಅಭಿಮುಖವಾಗದೇ ಹಿನ್ದೆ ತಿರಿಗಿದವನು (ಪರಾಙ್ಮುಖ, ಪರಾಚೀನ Si. 362); ಹಿನ್ದೆ ಸಂಗಡ ಹೋಗುವವನ್ಥಾದು (ಅನುಗ, etc. 374). ಆ ಬಾಯೀ ಎಲೆಗಳ ನಡುವೆ ಗಿಡದೊಳಗಿನ್ದ ಒನ್ದರ ಹಿನ್ದೆ ಒನ್ದು ಹೊಸ ಸುಟು ಏಳುತ್ತವೆ (B. 2, 37). ನಾನು ನಿಮ್ಮ ತಾಯಿ ತನ್ದೆಗಳ ಹಿನ್ದೆ ನಿಮ್ಮನ್ನು ಜೋಕೆ ಮಾಡಿ ದ್ದು ದೊಡ್ಡ ಮಾತಲ್ಲ (4, 200). ಎರಡು ಸಾವಿರದ ಮುನ್ನೂರು ವರ್ಷ ಗಳ ಹಿನ್ದೆ (4, 214). ಹಿನ್ದೆ ಬಯ್ಯ ಬಾರದು, ಮುನ್ದೆ ಹೊಗಳ ಬಾರ ದು.— ಹಿನ್ದೆ ಹೋದರೆ ಹೇಡಿ, ಮುನ್ದೆ ಬನ್ದರೆ ಗರ್ವಿ.— ಹಿನ್ದೆ ಮಟಿ, ಮುನ್ದೆ ಅರಿ (Prvs.). ನೀನು ಹೋಗು ಮುನ್ದೆ; ನಾನು, ಇದೇ, ನಿನ್ನ ಹಿನ್ದೆ ಬರುತ್ತೇನೆ (B. 4, 138). — ಹಿನ್ದೆ ಬೀಳು. To remain behind (My.); to become of less use (B. 5, 227). — ಹಿನ್ದೆ ಮುನ್ದೆ. = ಹಿನ್ದು ಮುನ್ದು. 3, backwards and forwards (Bp. 26, 30). — ಹಿನ್ದೆ ಮುನ್ದೆ ನೋಡು. = ಹಿನ್ದು ಮುನ್ದು ನೋಡು. (B. 3, 59; 4, 13. 37. 48; 5, 70). — ಹಿನ್ದೆಯಟ್ಟು. -ಅಟ್ಟು. To go or come after, to follow (Bp. 54, 38). — ಹಿನ್ದೆಯಾಡು. -ಆಡು. To backbite, to calumniate (My.). ಹಿನ್ದೆಯಾಡುವ ನುಡಿಯು ಘೋರವಿಷ, ಮನವೆ! (Dp. 172). — ಹಿನ್ದೆಯಿಟ್ಟು ಕೊಳ್ಳು. -ಇಟ್ಟು-. To place behind one's self (My.). — ಹಿನ್ದೆ ಹತ್ತು. To follow (Bp. 28, 9). — ಹಿನೆ ಹೋಗು. To go or come after (Bp. 56, 58).

ಹಿನ್ದೋಲ hindôla. A swing, a hammock. 2, one of the râgas (Ŏpr. 7, after 62).

ಹಿನ್ನಿ hinni. (= ಪಿನ್ನಿ?). The feathered part of an arrow (ಕರ್ತರಿ, ಪುಂಖ Nr.).

ಹಿಪ್ಪರಿಗೆ hipparigĕ. = ಹಿಪ್ಪಿರಿಗೆ. N. of a town (Bp. 24, 4).

ಹಿಪ್ಪಲಿ hippali. (Śmd. 49). = ಪಿಪ್ಪಲಿ (342; Hlâ.; ಕೃಷ್ಣ, ಮಾಗಧ Nn. 47; ಕಣೆ, ಕೃಷ್ಣ, ಮಾಗಧ Mr. 133; Si. 145). ಹಿಪ್ಪಲೀ ಬೇರು (ಶಿರ G.). — ಹಿಪ್ಪಲಿನೇರಳೆ. The mulberry, Morus Indica (My.). — ಹಿಪ್ಪಲಿಬಳ್ಳಿ. A shrubby climber, wild and cultivated, the long pepper, Piper longum Lin. (St. & Pl.; Z.).

ಹಿಪ್ಪಿ hippi. (fr. ಹಿಂಡು). = ಹಿಪ್ಪೆ 1, ಹೀಡೆ. (My.). ಮದ್ಯದ ಹಿಪ್ಪಿ (ಕಿಣ್ವ, ನಗ್ನಹು Si. 348); ಗಾಣದ ಎಳ್ಳುಹಿಪ್ಪಿ (ಪಿಣ್ಯಾಕ 406).

ಹಿಪ್ಪಿರಿಗೆ hippirigĕ. = ಹಿಪ್ಪರಿಗೆ. — ಹಿಪ್ಪಿರಿಗೆಕಲ್ಲಯ್ಯ. N. (Bp. 58, 12).

ಹಿಪ್ಪಿಲಿ hippili. = ಹಿಪ್ಪಲಿ. (R.).

ಹಿಪ್ಪೆ hippĕ. 1. = ಹಿಪ್ಪಿ, etc. The refuse or residue of what is squeezed out (Râm. 6, 46, 26; Tĕ. ಪಿಪ್ಪಿ; M. ಪೀರ; T. ತಿಪ್ಪಿ); the refuse or residue of what has been used in the manufacture of spirits. ಕಿಣ್ವ ನಗ್ನಹು ಎನ್ದಡೆ ಬೀಜಸಂಜ್ಞಕವಪ್ ಅಹ ಸುರಾರಮ್ಭದ್ರವ್ಯ; ಅದಬಿ ಹಿಪ್ಪೆಯೆನ್ದೂ, ಎಮ್ಬರು (Nr.).

ಹಿಪ್ಪೆ hippĕ. 2. = ಇಪ್ಪೆ 1. The tree Bassia latifolia (My.; ಮಧೂಕ, ಗುಡಪುಷ್ಪ, ಮಧುದ್ರುಮ, etc. Si. 127). ಹಿಪ್ಪೇ ಹುವ್ವಿನ ಹೆಣ್ಣು (ಮಧ್ವಾಸವ, etc. Si. 347).

ಹಿಮ್ him. = ಪಿಮ್, etc., ಹಿನ್ದು. — ಹಿಮ್ಬಲ. Help, refuge (My.). — ಹಿಮ್ಬಳೆ. A plain hollow silver ring worn by women on the wrist behind the kaḍaga (My.). — ಹಿಮ್ಬದಿ. The time afterwards (Râm. 4, 2, 40); the place behind, the rear (Râm. 6, 50, 12). — ಹಿಮ್ಭಾಗ. = ಹಿಮ್ಭಾಗ. (My.). — ಹಿಮ್ಬಾಗು. To bend backwards (v. i., Si. 288). — ಹಿಮ್ಭಾರ. Weight in the back part (of a cart, C.). — ಹಿಮ್ಬಾಲ. A hind tail: the state of being like a tail behind a person, following. — ಹಿಮ್ಬಾಲ ಮಾಡು. To follow. ಅವನ ಹಿಮ್ಬಾಲ ಮಾಡಿ ಕೊಣ್ಡು ಹೋದನು (My.). — ಹಿಮ್ಬಾಲಿಸು. To follow. ಅವನನ್ನು ಹಿಮ್ಬಾಲಿಸು (My.). ಹಿಮ್ಬಾಲಿಸಿ ಹೋಗು ಎಕೆ (ಸಾಧನ, ಅನುವ್ರಜ್ಯೆ Si. 437). — ಹಿಮ್ಬುಡ. The heel (ಪಾರ್ಷ್ಣಿ G.). — ಹಿಮ್ಬೆದೆ. = ಪಿಮ್ಬೆದೆ. (My.). — ಹಿಮ್ಭಾಗ. The hind part or portion (My.; B. 3, 99; 4, 82); the rear (J. 14, 12). — ಹಿಮ್ಮಡ. = ಹಿಮ್ಮಡಿ. (Râghĕ. 17, 74; B. 5, 297). — ಹಿಮ್ಮಡಿ. The heel (My.). ಹಿಮ್ಮಡಿಯ ಗೂಟ ಕಟ್ಟುವ ಸೂತ್ರ (Prv.). — ಹಿಮ್ಮಡು. = ಹಿಮ್ಮಡಿ. ಕಾಲ ಹಿಮ್ಮಡು ಒಡೆಯುವ ರೋಗ (ವಿಪಾದಿಕೆ G.). — ಹಿಮ್ಮಡಿ. = ಹಿಮ್ಮಡಿ. (My.). — ಹಿಮ್ಮು ಡಿ. A back knot of hair (ಹಸ್ತ, ಪಕ್ಷ, ಪಾಶ Hlâ.). — ಹಿಮ್ಮೆ ಟ್ಟಿಸು. To cause to turn back or retreat (My.). — ಹಿಮ್ಮೆ ಟ್ಟು. To step or go backwards, to turn back, to retreat, to flinch (ಪೆಡ ಮೆಟ್ಟು Kk. 70; Śm. 64). See Bp. 6, 7; 11, 3; 14, 7; 22, 33; Bh. 8, 23, 24; J. 5, 29; 7, 44; 11, 4; 16, 22). — ಹಿಮ್ಮೇಳ. The music and singing in the rear of a company of dancing girls (My.). ಹಿಮ್ಮೇಳ ಇದ್ದರೆ ಮು ಮ್ಮೇಳ, ಇಲ್ಲದಿದ್ದರೆ ಸಮ್ಮೇಳ (Prv.).

ಹಿಮ hima. = ಹಿವ. *Cold, frigid,* frosty, cool, dewy. 2, *frost, hoar-frost, ice, snow, dew, cold, coldness, coolness* (ಅಯ್ಕಿಲ್ Kk. 24; ಕುಳಿರ್, ಹಿವ, ಚಳಿ, ಅಯ್ಕಿಲ್ Śm. 16; ಕುಳಿ ರ್ 105; ತಿಶಿರ Nn. 46; ತುಷಾರ, ಮಂಜು 81). 3, the cold season, cold, winter. 4, the Himâlaya mountain (ಹಿಮಾ ಚಲ, ಹಿಮಪರ್ವತ 46; ಕುಭೃದ್ವಿಶೇಷ 81). 5, Śiva (ಶಂಕರ, ಈ ಶ್ವರ 46). 6, a king (ನೃಪ, ಅರಸು 46). 7, the moon (ಸು ಧಾಕರ, ಚನ್ದ್ರ 46). 8, nectar, etc. (ಅಮೃತ 46). 9, water (ಜಲ, ಉದಕ 46; ಅರ್ಣ, ಉದಕ 81). 10, camphor (ಘನಸಾರ, ಕರ್ಪೂರ 81). 11, white (ಶುಭ್ರ, ಬಿಳಿದು 46). 12, red (ಚಾಚು, ಕಾವಿ 81). 13, fame (ಕೀರ್ತಿ 46). 14, the state of being chief (ಮುಖ್ಯವು 46). — ಹಿಮಗದಿರ. -ಕದಿರ. The cool-rayed: the moon (ಚನ್ದ್ರ Śs.). — ಹಿಮನ್ದಳೆ. -ಂ-ತಳೆ. Snow to obtain or get (Bp. 1, 38).

ಹಿಮಕರ hima-kara. The moon (ಚನ್ದ್ರ Mr. 36; ಅಮೃತಕರ, ಚನ್ದ್ರಮ Nn. 35). 2, camphor.

ಹಿಮಕರಕಾನ್ತ himakara-kânta. = ಚನ್ದ್ರಕಾನ್ತ. (My.).

ಹಿಮಕರಭೂಷಣ himakara-bhûshaṇa. Śiva (Bp. 20, 38).

ಹಿಮಕಿರಣ hima-kiraṇa. The moon (Bp. 48, 43).

ಹಿಮಕಿರಣಕಾನ್ತ himakiraṇa-kânta. = ಹಿಮಕರಕಾನ್ತ. (Bp. 3, 12).

ಹಿಮಕಿರಣಶಕಲಾಭರಣ himakiraṇa-śakala-âbharaṇa. Śiva (Bp. 26, 45).

ಹಿಮಕೃತ್ hima-kṛit. The moon. 2, a certain metrical foot (Čh.).

ಹಿಮಗಿರಿ hima-giri. The Himâlaya mountain.

ಹಿಮಗಿರಿನನ್ದನೆ himagiri-nandanĕ. Pârvatî (Bp. 2, 37).

ಹಿಮಗು hima-gu. Cold-rayed: the moon. 2, the moon-stone (ಚನ್ದ್ರಕಾನ್ತ Mr. 102).

ಹಿಮಘರ್ಮ hima-gharma. A cold fever, ague (ಶೀತಜ್ವರ Mr. 387).

ಹಿಮಘೃಷ್ಟಿ hima-ghṛishṭi. Cool-rayed: the moon.

ಹಿಮಘೃಷ್ಟಿಶೇಖರ himaghṛishṭi-śêkhara. Śiva (Bp. 58, 15).

ಹಿಮಚೂರ್ಣ hima-čûrṇa. Camphor (Grj. 2, 89).

ಹಿಮನಗ hima-naga. The Himâlaya mountain.

ಹಿಮನಗಸುತೆ himanaga-sutĕ. -ಸುತಾ. Pârvatî.

ಹಿಮನಗಸುತೇಶ himanagasutâ-îśa. Śiva (Bp. 24, 52).

ಹಿಮನಗಾತ್ಮಜೆ himanaga-âtmajĕ. Pârvatî (Bp. 8, 30; 25, 48).

ಹಿಮಪ್ರಭ hima-prabha. The moon (Abh. P. 9, 74).

ಹಿಮಭಾನು hima-bhânu. The moon (Bp. 37, 31).

ಹಿಮವತ್ hima-vat. Having frost or snow, snowy, icy, freezing, snow-clad. 2, *the Himâlaya mountain.*

ಹಿಮವತ್ಪರ್ವತ himavat-parvata. = ಹಿಮೋತ್ಪರ್ವತ. The Himâlaya mountain (My.).

ಹಿಮವನ್ನಗ himavat-naga. The Himâlaya.

ಹಿಮವನ್ನಗಜೆ himavannaga-jĕ. Pârvatî (Bp. 8, 40).

ಹಿಮವಾರಿ hima-vâri. Dew-water: water distilled from various flowers (ಪನ್ನೀರ್ Mr. 336).

ಹಿಮವಾಲುಕ hima-vâluka. Camphor (ಚೀನಿ, ತುಹಿನ, ಪನ್ನೆ Mr. 336).

ಹಿಮವಾಲುಕೆ hima-vâlukĕ. *Camphor.*

ಹಿಮಸಂಹತಿ hima-saṁhati. *A mass of ice or snow.*

ಹಿಮಸಂಘಾತ hima-saṅghâta. *A mass of ice or snow.*

ಹಿಮಾಂಶು hima-aṁśu. Cool rayed: *the moon.* 2, camphor.

ಹಿಮಾಂಶುಶೇಖರ himâṁśu-śêkhara. Śiva. 2, sign for a metrically long syllable (Čh.).

ಹಿಮಾಚಲ hima-ačala. The Himâlaya mountain (ಹಿಮಪರ್ವತ Nn. 46, o. r. ಹಿಮಾದ್ರಿ).

ಹಿಮಾಚಲತನುಜೆ himâčala-tanujĕ. Pârvatî (My.).

ಹಿಮಾಚಲನನ್ದನೆ himâčala-nandanĕ. Pârvatî (Bp. 1, 62).

ಹಿಮಾದ್ರಿ hima-adri. The Himâlaya mountain (ಕುಲಪರ್ವತಕ್ಕು, etc. Ŏt. II, 10).

ಹಿಮಾನಿ himâni. *A mass of snow, a collection of ice and snow.*

ಹಿಮಾಲಯ hima-âlaya. Abode of snow: the Himâlaya mountain. (J. 2, 32; 5, 35).

ಹಿಮಾವತಿ himâ-vatî. *A kind of sôma or moon-plant.*

ಹಿಮಾಹ್ವಯ hima-âhvaya. Called after ice: camphor. (R.).

ಹಿಮಿಕೆ himikĕ. Hoar-frost, cold dew (ಮಂಜಿನ ಹನಿ G.).

ಹಿಮೆ himĕ. ಹಿಮಾ. The cold season, winter; etc.

ಹಿಮೋತ್ಪರ್ವತ himôtparvata. Tbh. of ಹಿಮವತ್ಪರ್ವತ. (My.).

ಹಿಮ್ಪು himpu. = ಪಿಮ್ಪು, etc. (Râm. 6, 55, 39).

ಹಿಮ್ಮಣ್ಣಿ himmaṇṇi. = ಹಮ್ಮಿಣಿ. (My.).

ಹಿಮ್ಮತ್ತು himmattu. Protection, patronage, aid (My.; Br.; Mhr., H. ಹಿಮಾಯತ್).

ಹಿಯ್ hiy. = ಹೀ 1, q. v. — ಹಿಯ್ಯಾಳ. -ಆಳ. A despicable being (Bh. 8, 15, 7). — ಹಿಯ್ಯಾಳಿಕೆ. = ಹೀಯಾಳಿಕೆ. (Râm. 6, 50, 12). — ಹಿಯ್ಯಾಳಿಸು. = ಹೀಯಾಳಿಸು. (My.).

ಹಿರಣ್ಮಯ hiraṇ (*i. e.* ಹಿರಣ್ಯ)-maya. Made of gold, *golden.*

ಹಿರಣ್ಯ hiraṇya. *Gold.* 2, *wealth, riches, property.* 3, N. of a khĕčara (Čpr. 5, 33. 90; 6, 28).

ಹಿರಣ್ಯಕ hiraṇyaka. N. (Śmd. 203). 2, = ಹಿರಣ್ಯಕಶಿಪು. See ಹಿರಣ್ಯಕಹರ.

ಹಿರಣ್ಯಕಶಿಪು hiraṇya-kaśipu. N. of a king of the daityas, whom Vishṇu as narasiṁha tore to pieces. (Č. Bp. 47, 8; Bhâgavata 7, 1, 34. 35).

ಹಿರಣ್ಯಕಹರ hiraṇyaka-hara. Vishṇu or Kṛishṇa (Mr. 18).

ಹಿರಣ್ಯಗರ್ಭ hiraṇya-garbha. *Brahmâ.*

ಹಿರಣ್ಯನಗರಿ hiraṇya-nagarî. N. of a town in svargalôka (Bh. 3, 12, 16).

ಹಿರಣ್ಯನಾಭ hiraṇya-nâbha. The mountain Mainâka. (My.).

ಹಿರಣ್ಯಬಾಹು hiraṇya-bâhu. Golden-armed: *the river Śôṇa.*

ಹಿರಣ್ಯಮಯ hiraṇya-maya. = ಹಿರಣ್ಮಯ. (My.).

ಹಿರಣ್ಯರೇತಸ್ hiraṇya-rêtas. *Agni;* Śiva.

ಹಿರಣ್ಯವಾಹ hiraṇya-vâha. The river Śôṇa. (My. Amara). 2, Śiva.

ಹಿರಣ್ಯಶ್ರಾದ್ಧ hiraṇya-śrâddha. Money distributed at a śrâddha (My.).

ಹಿರಣ್ಯಸುಬಾಹು hiraṇya-subâhu. = ಹಿರಣ್ಯಬಾಹು. (ಶೋಣನದಿ Mr. 414).

ಹಿರಣ್ಯಾಕ್ಷ hiraṇya-aksha. N. of a daitya, twin brother of Hiraṇyakaśipu; he was killed by Vishṇu in his varâhâvatâra. (Č. Bp. 47, 5; Bhâgavata 7, 1, 34).

ಹಿರಣ್ಯೆ hiraṇyĕ. *One of the seven tongues of fire* (Mr. 46).

ಹಿರಳೆ hiraḷĕ. = ಇಳ್ಳೆ, ಈಳೆ, ಪೇರೀಳೆ, ಹಿಳ್ಳೆ 2, ಹೀರುಳೆ, ಹೆರಳೆ, ಹೇರಳೆ, ಹೇರುಳೆ. A kind of bitter sour orange (ಕಂಚಿ My.; ಕಂಚೀ ಕಾಯಿ G.).

ಹಿರಿ hiri. I. = ಪಿರಿ. Extensiveness, etc., etc. — ಹಿರಿಕಿರಿಯರು. Old and young (My.). — ಹಿರಿದು. = ಪಿರಿದು. That is extensive, large, big, great, superior, etc., and of advanced age (ಬೃಹತ್, ಉರು, ಗುರು, ವಿಸ್ತೀರ್ಣ, ಪುರು, ಪೃಥು, ಮಹತ್, ವಿಶಾಲ, etc. Hlâ.; My.); extensively, greatly, much, etc. (Bp. 24, 54; 55, 4; 57, 32; 61, 64). ಹಿರಿದು ಸತ್ವ (J. 25, 52). ಹಿರಿದು ಪಾಪವ ಮಾಡಿ (Sp.). ಹಿರಿದಾಗಿ ಇರ್ಪುದು (ಕಾಮ, ಪ್ರಕಾಮ, ಪರ್ಯಾಪ್ತ, ನಿತಾನ್ತ, ಭೃಶ, ಅತ್ಯರ್ಥ, ಅತಿಮರ್ಯಾದ, ಅತಿವೇಲ); ಹಿರಿದಪ್ಪ ಹೆಮ್ಮೆ (ಪ್ರಭಾವತಿ); ಸಮಾಸ ಹಿರಿದಾದ ಹಲವು ಪದಂಗಳು (ದಣ್ಡಕ); ಹಿರಿದಾಗಿ ಪೇಳಿಸುವುದು (ಸವಿಸ್ತಾರಕರಣ); ಹಿರಿದು ಮಾಡುಹ (ವ್ಯಾಸ, ಪ್ರಪಂಚ, ವಿಸ್ತಾರ); ಹಿರಿದನೀವನು (ಸ್ಥೂಲಲಕ್ಷ, ಬಹುಪ್ರದಯಿ Hlâ.). ಹಿರಿದಾದ ದಾನ (ದಾನೋತ್ಕೃಷ್ಟ Nn. 142, o. r. ವೆಗ್ಗಳವಹ ದಾನ). ವರರ ದುಃಖವ ಕೇಳೆ, ಮನದಲಿ ಹಿರಿದು ಚಿನ್ತಿಸಿ (Akrûraniti 32). Plural ಹಿರಿಯವು. ಒಣ್ದಕ್ಕೊನ್ದು ಹಿರಿಯದಪ್ಪ ಮೀನು (ಚೀರಿಲ್ಲಿ, ತಿಮಿ, etc. Hlâ.). See Bp. 35, 38;

38, 28; 44, 61; 45, 7; Bh. 1, 8, 94. — ಹಿರಿದು ಕಿಱಿದು. That is old or young (Bp. 40, 15); that is big or small (B. 3, 89). — ಹಿರಿಬಸಳೇ ಬಳ್ಳಿ. A climbing potherb of two different species, Basella lucida or cordifolia Willd. (St. & Pl.). — ಹಿರಿಮಗ. An elder son; the eldest son (My.; B. 4, 3). Feminine ಹಿರಿಮಗಳು (My.). — ಹಿರಿಮಣಿ. A superior pupil, the monitor in a school (My.). — ಹಿರಿಮದ್ದಿನ ಗಡ್ಡೆ. A medicinal shrub, Withania somnifera Dunal. — ಹಿರಿಮೆಕ್ಕೇ ಗಿಡ. A climbing herb, Cucumis pubescens Willd. (St. & Pl.). — ಹಿರಿಯ. = ಪಿರಿಯ. 1, Genitive of ಹಿರಿ. 2, ಹಿರಿಅ 3, a great, eminent or noble man; a man more advanced in age, one who is older; an elder, a senior (ಉದಾತ್ತ, ಉದೀರ್ಣ, ಮಹಾತ್ಮ, ಉದಾರ Hlâ.; ಮಾರಿಷ Hlâ., Nr.). ನರ್ತನದ ಹಿರಿಯ (ಮಾರಿಷ Mr. 88). ತನ್ನಿನ್ದಲೂ ಹಿರಿಯನು (ಮೂಲಿಕ, ಅಗ್ರಜ Nn. 44, o. r. ತನ್ನಿನ್ದವೂ). — ಹಿರಿಯ ಅಕ್ಕನು. = ಹಿರಿಯಕ್ಕ. The eldest of the elder sisters (ಅತ್ತಿಕೆ Nr.). — ಹಿರಿಯ ಕಣಜ. A spacious corn-bin, etc. (Bp. 53, 18). — ಹಿರಿಯ ಕಳಿವಿಹಣ್ಣು. A large ripe Carissa berry (R.). — ಹಿರಿಯಕ್ಕ. = ಹಿರಿಯ ಅಕ್ಕನು. (My.). ಹಿರಿಯಕ್ಕನ ಚಾಳಿ ಮನೇ ಮಕ್ಕಳಿಗೆಲ್ಲ (Prv.). — ಹಿರಿಯಣ್ಣ. -ಅಣ್ಣ. The eldest of the elder brothers (My.). — ಹಿರಿಯ ತಳಿಗೆ. A large metal plate (ಸ್ಥಾಲ Nr.). — ಹಿರಿಯ ದುಪ್ಪಿ. (ರಾಮ Si. 170). — ಹಿರಿಯ ನಾಚಯ್ಯ. N. (Bp. 51, 65. 74). — ಹಿರಿಯ ಪೀಠ. A large pedestal or seat (Bp. 57, 58). — ಹಿರಿಯ ಬಸದಿ. A large Jaina temple (Bp. 52, 32). — ಹಿರಿಯ ಬಿಟ್ಟೇಱು. A large missile (ಬಿಜ್ಜಲಬಿಟ್ಟೇಱು Šmd. II). — ಹಿರಿಯ ಬೆಲೆ. High price or value. ಹಿರಿಯ ಬೆಲೆಯ ಸೀರೆ (ಮಹಾದಾನ Nr.). — ಹಿರಿಯ ಬೊಬ್ಬುಲಿಮರ. A tall Babool tree (Bp. 20, 10). — ಹಿರಿಯ ಭಕ್ತ. A senior devotee (Bp. 55 sum.; 55, 4. 57). — ಹಿರಿಯ ಭಕ್ತೆ. A senior female devotee (Bp. 57, 56). — ಹಿರಿಯ ಭವನ. A large mansion (Bh. 1, 8, 70). — ಹಿರಿಯ ಮಗ. = ಹಿರಿಮಗ. (B. 3, 15). Feminine ಹಿರಿಯ ಮಗಳು (B. 5, 158). — ಹಿರಿಯಯ್ಯ. -ಅಯ್ಯ. = ದೊಡ್ಡಪ್ಪ. (J. 27, 11). — ಹಿರಿಯರ್. ಹಿರಿಯರು. Eminent persons; elders; ancestors (Bp. 28, 47; 37, 8; 57, 8; J. 16, 28; My.). ಹಿರಿಯರಿಗೆ ಇದಿರಾಗಿ ಏಳುವುದು (ಅಭ್ಯುತ್ಥಾನ, etc. Nr.). ಹಿರಿಯರ ಹೇಳಿಕೆಯಿನ್ದ ನಮ್ಮ ತಕ್ಕ ಕಥೆ (ಐತಿಹ್ಯ Si. 236); ಹಿರಿಯರ ಬುದ್ಧಿ (ಅನುಭಾವ 459). ಕನ್ನಡದ ನುಡಿಯೆನ್ದು ಪೇಕ್ಷಿಸಲಿನ್ನು ಹಿರಿಯರಿಗುಚಿತಮ್ ಅಲ್ಲದು (Abhâ. 1, 4). ಬಲ್ಲೆನೆನ್ದೆಮ್ಬುವರೆಲ್ಲರು ಹಿರಿಯರೇ? ಸೊಲ್ಲಿಸಿ ಭೇದವನಱಿದೊಡೆ ಕಿಱಿಯ ತಾನೆಲ್ಲರಿಗೆ ಹಿರಿಯ! (Sp.). ಜಡೆಯುಳ್ಳ ಹಿರಿಯರಿಗೆ, ಹೆಡೆಯುಳ್ಳ ಸರ್ಪನಿಗೆ ನಡುಗುತ್ತ ನಮಿಸಿ ನಯದಿನ್ದೆಚ್ಚಱಿನು ಬಿಡದೆ ಕೊಡೆ ಭಕ್ತಿ (Sp.). — ಹಿರಿಯರುಗಳು. = ಹಿರಿಯರು. (ಆರ್ಯರು, ದೇವ ಭೂಮಿಜರು Nn. 78). — ಹಿರಿಯ ಲಿಂಗ. A big linga (Bp. 57, 58). — ಹಿರಿಯವ. -ಅವ. A man who is older (My.; G. 319). — ಹಿರಿಯ ಶೂಲ. A large pike or stake (Bp. 39, 51). — ಹಿರಿಯ ಹಬ್ಬ. A great festival (Bp. 28, 21). — ಹಿರಿಯ ಹಾವು. A large snake (ಅಜಗರ, ಶಯು, ವಾಹಸ, etc. Mr. 400). — ಹಿರಿಯಳು. An elder female; the oldest female (My.). ತನ್ನಿನ್ದಲು ಹಿರಿಯಳು (ಜ್ಯೇಷ್ಠೆ Nn. 128). — ಹಿರಿಯಾಳೆ. -ಆಳೆ. = ಹಿರಿಯಳು. (My.). — ಹಿರೋಡೆ. *i. e.* ಹಿರಿಯ ಓಡೆ. The French rocks (My.).

ಹಿರಿ hiri. 2. To separate into portions, to break up, to pull to pieces, to demolish (Bp. 27, 48; 49, 42. 46; 51, 52. 64; 53, 29; My.; T. ಪಿರಿ, to separate, disunite, disjoin, etc.; see ಪಿಕ್ಕು); to pull (a thing) out of (a bundle, fire, etc., My.; B. 2, 12); to pull from a sheath, to unsheathe (My.; B. 5, 47); to take from (a string, as a pearl or pearls, My.). 2, to be broken up or demolished (My.); to fall out of (a bundle, etc., My.); to fall from (a string, My.). ಚಿನ್ದ ಮನೆಗೆ (or ಮನೆಯಲ್ಲಿ) ಹಿರಿದದ್ದೇ ಲಾಭ (Prv.).

ಹಿರಿ hiri. 3. = ಹಿರಿದು. P. p. of ಹಿರಿ 2, in ಹಿರಿ ಹಿರಿದು (Bp. 27, 48; 49, 42; 51, 52. 67).

ಹಿರಿಯತನ hiriyatana. Exalted state or position, greatness, dignity (My.; B. 5, 219; Bp. 28, 33; 38, 22). — ಹಿರಿಯತನಗೆಡು. -ಕೆಡು. An exalted position to be lost (Bp. 56, 19).

ಹಿರುಕ್ hiruk. *Without, except.* 2, *in the midst of, amongst.* 3, *near.* 4, below.

ಹಿರೆ hirĕ. = ಹಿರಿ 1, etc. — ಹಿರೆಮಗ. = ಹಿರೆಯ ಮಗ. (My.). — ಹಿರೆಯ ಅಕ್ಕ. = ಹಿರಿಯ ಅಕ್ಕನು. (ಅತ್ತಿಕೆ G.). — ಹಿರೆಯ ಅಣ್ಣ. = ಹಿರಿಯಣ್ಣ. (ಅಗ್ರಿಯ, ಅಗ್ರೀಯ, ಜ್ಯೇಷ್ಠ G.). — ಹಿರೆಯ ಮಗ. = ಹಿರಿಯ ಮಗ. (B. 1, 1). — ಹಿರೆಹೆಣ್ಡತಿ. = ಹಿರೇ ಹೆಣ್ಡತಿ. The wife first married by a man (My.). ಹಿರೆಹೆಣ್ಡತಿ ಒಳ್ಳೆಯವಳೆನ್ದರೆ, ಕಿಱಿಯವಳು ಕೆಟ್ಟವಳೆನ್ದು, ಹೇಳ ಬೇಕಾ? (Prv.). — ಹಿರೇ ಅಣ್ಣ. = ಹಿರೆಯ ಅಣ್ಣ. (B. 2, 42). — ಹಿರೇ ಕಣಗಿನ ಮರ. A middle-sized tree, Garcinia xanthochymus Hook. f. — ಹಿರೇ ಕುದುರೆ. A big horse. ತಾನು ತಿಮ್ಬೋದು ಪಲ್ಲೇ ಸಪ್ಪು, ಹಿರೇ ಕುದುರೇ ಚೇಷ್ಟೆ (Prv.). — ಹಿರೇ ಬರಸ. Euphorbia hirta Willd. (Z.). — ಹಿರೇ ಮಗಳು. An elder daughter; the oldest daughter. ಎಮ್ಮೇ ಕಱು ಸಾಯ ಬೇಕು, ಹಿರೇ ಮಗಳ ಗಣ್ಡ ಸಾಯ ಬೇಕು (Prv.). — ಹಿರೇ ಮರ. A lofty tree, Ailanthus excelsa Roxb. (St. & Pl.). — ಹಿರೇ ರೋಗ. A dysenterical epidemic of cattle (S. Mhr.); a kind of leprosy (S. Mhr.). — ಹಿರೇ ಹೆಣ್ಡತಿ. = ಹಿರೆಹೆಣ್ಡತಿ. (Si. 183).

ಹಿರೆಯತನ hirĕyatana. = ಹಿರಿಯತನ. (My.; G. 485).

ಹಿರ್ರನೆ hirranĕ. Elatedly, greatly, in ಹಿರ್ರನೆ ಹಿಗ್ಗು (B. 3, 43. 80).

ಹಿಲಮೋಚಿಕೆ hilamôčikĕ. *The pot-herb Hingtsha repens* Roxb. (see Si. 162).

ಹಿಲ್ಲಿ hilli. = ಪೀಲಿ q. v., ಹೀಲಿ.

ಹಿವ hiva. Tbh. of ಹಿಮ (Šmd. 347; Šm. 16; ಕರ್ಪೂರ Čt. I, 49). — ಹಿವಗದಿರ. -ಕದಿರ. Cool-rayed: the moon (Kk. 44).

ಹಿಷಾರೆ hishârĕ. = ಇಷಾರೆ. (My.).

ಹಿಸಕು hisaku. = ಇಸಕು, ಇಸಿಕು, ಪಿಸುಕು, ಪಿಸುಂಕು, ಹಿಚಿಕು, ಹಿಚುಕು, ಹಿದುಕು 1, ಹಿಸಿಕು, ಹಿಸುಕು. To squeeze, to press, as a fruit; to press closely, as the throat; to knead; to shampoo (My.).

ಹಿಸಾಬು hisâbu. Numbers, practical arithmetic; computation, calculation; an account; a register of debts, costs, etc. (My.; Mhr., H. ಹಿಶೇಬ, ಹಿಶೋಬ, ಹಿಸಾಬ).

ಹಿಸಿ hisi. (= ಹಿಳಿ). To burst (v. i., as a jack fruit, a very tight jacket, My.; as a female breast, J. 11, 17); to crack (as a wall, a cooking vessel, My.). 2, to squeeze (a ripe fruit) so as nearly to separate (it) into two pieces (My.).

ಹಿಸಿಕು hisiku. = ಹಿಸಕು, etc. (My.; Si. 381).

ಹಿಸುಕು hisuku. = ಹಿಸಿಕು, etc. (My.).

ಹಿಸುಕುವಿಕೆ hisukuvikĕ. Squeezing, etc. (ಮರ್ದನ, ಸಂವಾಹನ Si. 395).

ಹಿಸುಣ hisuṇa. = ಪಿಸುಣ. Tbh. of ಪಿಶುನ (Śmd. 342. 364; Râm. 6, 44, 10).

ಹಿಸುಣಿಕೆ hisuṇikĕ. Slander, etc. (Bh. 6, 1, 19).

ಹಿಸ್ಸೆ hissĕ. A share, part (My.; Si. 380; Mhr., H. ಹಿಸ್ಸಾ).

ಹಿಸ್ಸೆದಾರ hissĕ-dâra. A shareholder (My.; Mhr., H. ಹಿಸ್ಸೇದಾರ).

ಹಿಹಿಹಿ hihihi. Imitation of the sound of giggling (My.; Mhr.).

ಹಿಳ hiḷa. A crack (ಮುರಬಿಡಿಕು Mr. 385, o. r. ಮುಡಬಿಡುಕು Mr. 385; see ಬೆಳವು).

ಹಿಳಲು hiḷalu. = ಹಿಣಿ, etc. A bull's or bullock's hump (My.; ವಹ, ವೃಷಸ್ಕನ್ಧಪ್ರದೇಶ Si. 319).

ಹಿಳಿ hiḷi. (= ಹಿಸಿ). To crack, to burst, to split (v. i., ದಲನಾರ್ಥ Śmd. Dh.; ಬಿರಿ Śmd. I; T. ಪಿಡ್, ಪಿಳ್, ಪಿಳ; see ಬೆಳವು). ಹಿಳ್ಳನೆ ಹಿಳಿದುದು (Śmd. Dh.). See Bh. 1, 20, 54. 57; 3, 2, 2.

ಹಿಳಿಗೆ hiḷigĕ. = ಪೆಡಗೆ, etc., ಹಿಳ್ಗೆ, ಹೆಳ್ಗೆ. Tbh. of ಪಿಟಕ (or ಪೇಟಕ, ಪೇಟಿಕೆ). A basket (ಕಾಣ್ಡಾಲ, ಪಿಟ Nr., o. rs. ಪಿಟಕ, ಪೇಟಕ).

ಹಿಳಿಲ್ hiḷil. ಹಿಳಿಲು. = ಹಿಳಲು, etc. (ಕಕುದ Nn. 148; My.).

ಹಿಳುಕು hiḷuku. = ಪಿಳುಕು, ಪಿಳ್ಳು q. v. (Bh. 6, 4, 141; 8, 28, 25. 44). ಅಮ್ಬಿನ ಹಿಳುಕು (ಪುಂಖ Nr.). ತೆತ್ತಿಸುವ ಹಿಳುಕು (ಕರ್ತರಿ, ಪುಂಖ Mr. 295).

ಹಿಳ್ಗು hiḷgu. = ಪಿಳಗು. To break, to crack, to burst (v. i., ಬಿರಿ, ಹಿಳಿ Śmd. I Mdb.).

ಹಿಳ್ಗೆ hiḷgĕ. = ಹಿಳಿಗೆ, etc. See s. ಹೆಳ್ಗೆ.

ಹಿಳ್ಳನೆ hiḷḷanĕ. With a cracking noise; crack! ಹಿಳ್ಳನೆ ಹಿಳಿದುದು (Śmd. Dh.).

ಹಿಳ್ಳಿ hiḷḷi. = ಹಿಳ್ಳೆ 1. A branch, a shoot, a rootlet. — ಹಿಳ್ಳಿಯೊಡೆ. -ಒಡೆ. Shoots to break forth. ಹಿಳ್ಳಿಯೊಡೆದು ಬೆಳೆದ ತೃಣಧಾನ್ಯಂಗಳು (ಗುಲ್ಮ Nr.).

ಹಿಳ್ಳೆ hiḷḷĕ. 1. = ಹಿಳ್ಳಿ. — ಹಿಳ್ಳೆವರೆ. -ವರೆ. Rootlets to spread. ಹಿಳ್ಳೆವರೆದ ಗಡ್ಡೆ (ಕರಹಾಟ Nr.).

ಹಿಳ್ಳೆ hiḷḷĕ. 2. = ಹಿರಳೆ, etc. (My.).

ಹಿಳ್ಳೆ hiḷḷĕ. 3. (= ಚಿಣಿ 1, etc.; cf. ಬೆಳವು?). — ಹಿಳ್ಳೆಕೋಲು. = ಚಿಣಿಕೋಲು. A small piece of wood or a piece of a stick used in the game of tip-cat (My.).

ಹಿಱಿ hiṟi. = ಪಿಱಿ. To squeeze out, to deprive of juice or moisture or essence, etc. (ರಸಮಂ ಹಿಣ್ಡು Śmd. I; ನಿರ್ದ್ರವೀಕರಣ Śmd. Dh.; Grj. 6, 5; 9, 18; 10, 74; J. 31, 26).

ಹೀ hî. 1. = ಹಿಯ್. (M. ಪೀ, excrements; fie, for shame = ಛೀ; cf. ಪೀ; vedic Sk. ಹೀಡ್, to blame, abuse, treat disrespectfully or with contempt; cf. Sk. ಹೀ). — ಹೀಗಳೆ. -ಕಳೆ. To scoff, to revile. ಹೀಗಳೆದು ಗೇಲಿಗೊಳಿಸುವಿಕೆ (ಅಚ್ಛುರಿತಕ, ಹಂಗಿಸಿ ನಗುವದು Si. 73). — ಹೀಗಳೆ. -ಕಳೆ. = ಹೀಗಳೆ. — ಹೀಗಳೆಯುವಿಕೆ. -ಕಳೆಯುವಿಕೆ. Scoffing, etc. (ಅವರ್ಣ, ಆಕ್ಷೇಪ, ನಿರ್ವಾದ, ಪರಿವಾದ, ಅಪವಾದ, ಉಪಕ್ರೋಶ, ಜುಗುಪ್ಸೆ, ಕುತ್ಸೆ, ನಿನ್ದೆ Si. 57). — ಹೀಯಾಳಿಕೆ. -ಆಳಿಕೆ. = ಹಿಯ್ಯಾಳಿಕೆ. Scoffing, etc. (ನಿನ್ದೆ, ಜಬ್ಬರೋಣ G.; not My.). — ಹೀಯಾಳಿಸು. -ಆಳಿಸು. To address with contumelious language, to treat with opprobrious and contemptuous language, to scoff, to revile (My.; B. 4, 34; ನಿನ್ದಿಸು G.). — ಹೀಹಾಳಿ. (ಹೀಯಾಳಿ). Scoffing: disrespectful, rough or cruel treatment (ಕಾಲ್ಗುದಿ' Bhn. 20; text corrupt, one MS. ಹೀಯಾಳಿ). — ಹೀಹಾಳಿಗೆಡಸು. -ಕೆಡಸು. To let fall or drop scoffing words, to scoff, to revile (Bh. 7, 1, 26). — ಹೀಹಾಳಿಸು. = ಹೀಯಾಳಿಸು. (Bp. 21, 28; Bh. 3, 18, 1).

ಹೀ hî. 2. = ಈ 7, (ಹಿ). See ಇದ್ದೀ (e. g. B. 1, 7. 15; 2, 48).

ಹೀ hî. *An interjection expressing surprise: ah! oh!,* and fatigue, despondency or sorrow: ah! alas! (Sk., Mhr. ಹೀಹೀ = ಹಿಹಿಹಿ, q. v.).

ಹೀಗ್ hîg. = ಪೀಕ್. — ಹೀಗ್ಜಾಲಿ. = ಪೀಕ್ಜಾಲಿ. (Z.).

ಹೀಗೆ hîgĕ. = ಇಹಗೆ, etc. In this manner, thus (ಇತ್ಥಂ Śmd. 385 Cm.; ಏವಂ Si. 469; C.; B. 1, 24; 2, 58). ಹೀಗ್ಯಾಕೆ? (B. 5, 146). ಇಷ್ಟು ಹೊತ್ತು ಹೀಗೆ ಅಭಿನಯಿಸ ಬೇಕೆಷ್ಟು ಗೊತ್ತು (ತಾಲ Si. 64); ಹೀಗೆ ನಡಕೊಳ್ಳ ಬೇಕೆನ್ದು, ಅಧಿಕಾರದಿನ್ದ ವಿಧಿಸಿ ಹೇಳುವಿಕೆ (ಆಜ್ಞೆ, etc. 265); ಹೀಗಾದೀತೆನ್ನು ಕಯಸ್ (ತಿಲ, ಹೀಗಷ್ಟೆ, ಹೀಗಲ್ಲವೆ 470). — ಹೀಗೆಯೆ. -ಎ 3. Even in this manner, in this very manner (ಏವಂ Si. 103. 189); ಹೀಗೆಯೆ ಸರಿ ಎನ್ನುವಿಕೆ (ಏವಂ 475). — ಹೀಗೆಯೇ. -ಏ 2. In this very manner; without a particular or plausible cause (B. 3, 126). ಇದು ಹೀಗೆಯೇ ಮಾಡ ಬೇಕೆನ್ನು ವೇಹೋಕ್ತವಾದ ವಿಧಾನ (ಕಲ್ಪ, etc. Si. 248). — ಹೀಗೇ. -ಏ 2. = ಹೀಗೆಯೇ. (B. 2, 28; 5, 104). ಇದು ಹೀಗೇ ಸರಿ ಎನ್ನು ನಿಶ್ಚಯ (ನೂನಂ Si. 469). ಹೀಗೇ ಬಾಯಾಡಿಸುವವಳು ಅವಲಕ್ಕೀ ಕಾಯಿ ಕಣ್ಡರೆ ಬಿಟ್ಟಾಳೇ? (Prv.). — ಹೀಗೋ. -ಓ 3. In this manner? thus? ಹಾಗೆ ಅಲ್ಲದಿದ್ದರೆ ಹಾಗೋ? ಹೀಗೋ? (ಆಹೋ, etc. Si. 472).

ಹೀಂಗೆ hîṅgĕ. = ಇಹಂಗೆ, etc., ಹೀಗೆ q. v. (ಇತ್ಥಂ Śmd. 61. 65 Cm.; My.).

ಹೀಚು hîcu. = ಈಚು 2, ಪೀಂಚು 2 q. v. (ಎಳೆಗಾಯಿ, ಪಿಂಡಿ, ಹಡಿರ್ Śm. 22; My.; B. 3, 90). — ಹೀಚುಗಾಯಿ. -ಕಾಯಿ. = ಹೀಚು. (G. 142).

ಹೀಜು hîju. 1. = ಈಜು 1. To swim (My.).

ಹೀಜು hîju. 2. = ಈಜು 2. Swimming (My.).

ಹೀಜು hîju. 3. = ಪೀಂಜು 1, etc. To rend (v. t., as cloth); to be rent (as cloth, My.).

ಹೀಡೆ hîḍĕ. = ಈಡೆ, ಹಿಪ್ಪಿ, etc. The refuse or residue of what has been squeezed out (My.).

ಹೀನ hîna. *Left, forsaken, relinquished, abandoned,* deserted, neglected; excluded, shut out from; deprived of, free from, devoid of, destitute of, without, bereft of; feeble; *deficient, defective,* faulty, inferior, insufficient; deducted, subtracted, minus; *mean, base, vile, bad, low; avaricious.* 2, a forsaken man, etc., etc.; that is bad, etc. (see *e. g.* ಒಳಿತು-). ಹೀನನ ಸಂಗ ಮಾನಿಗೆ ಆಗದು, ಮಾನಿಯ ಸಂಗ ಹೀನಗೆ ಆಗದು. — ಜೀನನ ಮನಸ್ಸು ಯಾವಾಗ್ಯೂ ಹೀನವೇ ಸರಿ. — ಬೋನವಾದರೆ ಹೀನನಿಗೆ ಆಗದೇ? (Prvs.). See ಗರ್ವ-, ನಿ-, ವಿಕ್ರಮ-, ವಿ-, ವೃದ್ಧಿ-. — ಹೀನಕೆಲಸ. A low occupation; a base act (My.).

ಹೀನಜಾತಿ hîna-jâti. Low-born, of low caste, outcast, degraded, vile (J. 10, 39). 2, a low caste (My.). 3, an inferior kind (My.).

ಹೀನತನ hînatana. Meanness, baseness. ಅನೆಗಂಜಕೆ ಯಾಕೆ?

ಶ್ವಾನಗೆ ಸೊಬಗು ಯಾಕೆ? ದಾಸಿಗೆ ದೀನತನ ಯಾಕೆ? ಜ್ಞಾನಿಗೆ ಹೀನತನ ಯಾಕೆ? (Sp.).

ಹೀನತೆ hînatĕ. = ಹೀನತ್ವ. The state of being deprived of or devoid of, etc. (Bp. 44, 65; see ಭಕ್ತಿ-, ವಿ-).

ಹೀನತ್ವ hînatva. Defectiveness, deprivation, destitution, the state of being without, absence of. See ವಿ-.

ಹೀನದಶೆ hîna-daśĕ. A hapless, miserable state (My.).

ಹೀನಯ್ಸು hînaysu. To degrade by contumelious language (My.).

ಹೀನವಾದಿ hîna-vâdi. *Overcome in argument, worsted, silenced; cast in law;* making a defective statement, insufficient or inadmissible (as a witness).

ಹೀನಸರ hîna-sara. Tbh. of ಹೀನಸ್ವರ, q. v.

ಹೀನಸ್ವರ hîna-svara. A defective or bad, disagreeable voice (My.; ಅಧ್ವಾನ, ಹೀನಸರ Nn. 164).

ಹೀನಾಂಗ hîna-aṅga. Deficient in limb, crippled, maimed, mutilated, imperfect, defective. (R.).

ಹೀನಾಯ hîna-âya. Defective gain: want (ಕೊರತೆ G.); dishonour (My.). ಅಪ್ಪ ಹೊಡದ್ದಕ್ಕಿನ್ತ ಅಕ್ಕ ಅನ್ದದ್ದು ಹೀನಾಯವಾಯಿತು (Prv.).

ಹೀನೋಪಮೆ hîna-upamĕ. N. of a simile (Kâvy. III, 3, B, 75 seq.).

ಹೀರ್ hîr. 1. = ಪೀರ್, ಹೀರು. To suck, etc. (ರಸಾಸ್ವಾದನ Śmd. Dh.; ಹಿತರಸಸ್ವೀಕಾರ Śm. 104). P. p. ಹೀರ್ದು.

ಹೀರ್ hîr. 2. (Tbh. of ಹೀರ?). An ornament (ಭೂಷಣ Śmd. Dh.; Śm. 104).

ಹೀರ hîra. A thunderbolt. 2, a diamond (Čpr. 7, 129). 3, a snake. 4, a necklace. 5, a lion. 6, Śiva. 7, N.

ಹೀರಕ hîraka. *A diamond.*

ಹೀರಾವಳಿ hîra-âvaḷi. A necklace of diamonds (Bp. 4, 37).

ಹೀರಿ hîri. 1. = ಈರಿ 1. See ಇಢ್ಢೀರಿ.

ಹೀರಿ hîri. 2. = ಹೀರೆ. ಹೀರೀ ಕಾಯಿ ಬಳ್ಳಿ (ಕೋಶಾತಕೀ G.).

ಹೀರು hîru. = ಹೀರ್ 1, etc. P. p. ಹೀರಿ (C.). ರಕ್ತವನ್ನು ನೊಯಿಸದನ್ತೆ ಹೀರಿ ಕೊಳ್ಳುಲುಳ್ಳ ಜನ್ತು (ರಕ್ತಪೆ, ಜಿಗಣಿ Si. 89); ಆನೆಗಳ ರಕ್ತವನ್ನು ಹೀರಲುಳ್ಳ ದೊಡ್ಡ ಜಿಗಣಿ (ದುರ್ನಾಮ, etc. 90). ಹೀರಿ ಕೊಳ್ಳುವದು (G. 298). ಬೇರುಗಳು ನೆಲದೊಳಗಿನ ರಸವನ್ನು ಹೀರಿ ಕೊಣ್ಡು (B. 3, 35). ಎಲೆಗಳು ತಮ್ಮ ಬೆನ್ನ ಮೇಲಿರುವ ಹಲವು ತೂತುಗಳಲ್ಲಿ ಹವೆಯೊಳಗಿನ್ದ ತಮಗೆ ಬೇಕಾದ ವಾಯುವನ್ನು ಹೀರಿ ಕೊಣ್ಡು (3, 36).

ಹೀರುಳೆ hîruḷĕ. = ಹಿರಳೆ, etc. See s. ಹೇರುಳೆ.

ಹೀರೆ hîrĕ. = ಈರೆ, ಹೀರಿ 2. The vegetable Luffa acutangula Roxb. or Cucumis acutangulus Lin. (C.; T. ಪೀರ್, ಪೀರ್ಕು; Tu. ಪೀರೆ; Tĕ. ಬೀರ; see Mr. s. ಜಾಲಿನಿ). ಕಾಡ ಹೀರೆ (ಭಾವಮಾರ್ಗವ, ಘೋಷಕ Nr.; ಘೋಷ, ಕೋಶಾತಕೀ Nr.). See ಕಯ್ಯೀರೆ, ತುಪ್ಪಹೀರೆ. — ಹೀರೇ ಕಾಯಿ. The fruit of the Luffa (ಘೋಷಕ, ಧಾಮಾರ್ಗವ, ಮಹಾಜಾಲಿ G.). — ಹೀರೇ ಬಳ್ಳಿ. A climbing herb whose half grown fruit is a very good vegetable, Luffa acutangula Roxb. (C.).

ಹೀಲ hîla. N. of a plant (ಬಂಗರಳೆ Mr. 119). 2, semen virile.

ಹೀಲಿ hîli. A peacock's tail (ಪ್ರಚಲಾಕ, ಶಿಖಣ್ಡ Hlâ.; Mr. 169; ಮುಲ, ಪೀಲಿ Nn. 22, o. r. ಹಿಲ್ಲಿ); a feather of a peacock's tail (Bp. 18, 2); an eye in a peacock's tail. ನವಿಲ ಹೀಲಿಯ ಕಣ್ಣು (ಪೀಲಿ, ಚನ್ದ್ರ Nn. 69).

ಹೀಹಾಳಿ hîhâḷi. See s. ಹೀ 1.

ಹು hu. 1. = ಪು 1. See *e. g.* ಕಡುಹು, ಕುಡುಹು, ತಗಹು, ತಿರುಹು 2, ಬಲುಹು.

ಹು hu. 2. = ಪು 2. See *e. g.* ಕೆಡಹು, ಕೊಡಹು, ತಡಹು 1, ತಿರುಹು 1, ಸಲಹು.

ಹುಂ huṁ. ಹುಮ್. An imitative sound expressive of remembrance, *doubt, interrogation,* assent, anger, aversion, reproach, fear. *Cf.* ಹೂಂ.

ಹುಕುಂ hukuṁ. A command, an order (My.; B. 5, 7; Mhr., H. ಹುಕೂಮು). — ಹುಕುಂ ನಾಮೆ. A written order (My.); a written award upon a suit settled; a decree (Mhr., H.).

ಹುಕ್ಕಾ hukkâ. A smoking apparatus, a hooka (My.; Mhr., H.).

ಹುಕ್ಕುಂ hukkuṁ. = ಹುಕುಂ. (My.; Si. 399).

ಹುಕ್ಕುಮು hukkumu. = ಹುಕ್ಕುಂ. (My.; B. 5, 159. 269).

ಹುಗಳು hugaḷu. = ಹುಗುಳು, etc. (My.).

ಹುಗಿ hugi. = ಉಗಿ 7. To inter, to bury (C.; *cf.* ಪುದಿ 1, ಪೂಣ್). ಹುಗಿದಿಟ್ಟ ದ್ರವ್ಯ (ಉಪನಿಧಿ G.). ಸಿಕ್ಕ ಬದುಕು ತಕ್ಕೊಣ್ಡು ಹೋಗಿ, ಒನ್ದು ಹೊಲದೊಳಗೆ ಹುಗಿದಿಟ್ಟರು (B. 3, 41). ನರಿಗಳು ಹುಗಿದ ಹೆಣಗಳನ್ನು ಕೆದಬಿ ತೆಗೆದು ತಿನ್ನುವವು (3, 75). ಆತನ ಪ್ರೇತವನ್ನು ಬಹುಸಮಾರಮ್ಭದಿನ್ದ ವಿಧಾನಪೂರ್ವಕವಾಗಿ ಹುಗಿದು (4, 215). ಅವರು ಅಂಜಿ ಕೊಣ್ಡು, ಹಣವನ್ನು ನೆಲದೊಳಗೆ ಹುಗಿದಿಡುವರು (5, 90).

ಹುಗಿತ hugita. = ಉಗಿತ. The act of burying or interring (My.).

ಹುಗಿಲು hugilu. To state of being rent or split (*cf.* ಉಗಿ 2). — ಹುಗಿಲುಗಳೆ. -ಕಳೆ. To split and remove (Bh. 1, 7, 3).

ಹುಗಿಸು hugisu. 1. = ಪುಗಿಸು, etc. To cause to enter (Bp. 43, 50; 45, 19).

ಹುಗಿಸು hugisu. 2. To cause to inter or bury (My.; B. 5, 55).

ಹುಗು hugu. = ಪುಗು 1, etc. To enter (Bp. 15, 10; 26, 58; 36, 52; 43, 40. 41. 44; 45, 27; 49, 8; 53, 48; 54, 8. 88; 57, 39; 58, 53; 60, 26; Bh. 3, 13, 26). P. p. ಹೊಕ್ಕು. ಕುಟಿ ಕಬ್ಬಿನೊಳು ಹೊಕ್ಕು (Sp.). ಉರಿ ಬನ್ದು ಬೇಲಿಯನು ಹರಿದು ಹೊಕ್ಕದ ಕಣ್ಡೆ (Sp.). ಹೊಕ್ಕನು ಕಾನನವನ್ ಅನಿಲಜನು (Bh. 3, 13, 24). (ಹೆಬ್ಬುಲಿ) ಭೀಮನ ಭೀತಿಯಲಿ ಹೊಕ್ಕುದು ಮಹಾಗಿರಿಗಹನಗಹ್ವರವ (3, 13, 31). ವನವೀಥಿಗಳ ವಳಯವ ಹೊಕ್ಕು ಮರಳಿದುದಿಲ್ಲ ವಿಹಗಗಳು (1, 5, 10). (ಭೀಮನ್) ಅಸುರನ ಹೊಕ್ಕು, ತಿವಿದನು (1, 10, 38). — ಹುಗು ಹುಗು. rep. (Bp. 53, 48).

ಹುಗುಳು huguḷu. = ಪುಗುಳ್, ಹುಗಳು. A blister, a vesicle, a boil, a sore (ಪಿಟಕ, ಸ್ಫೋಟಕ, ಗಣ್ಡ Hlâ.; ವಿಸ್ಫೋಟ, ಪಿಟಕ Nr.; ಹೋಳಿಗೆ Kk. 46; Bh. 1, 6, 14; My.). ಕಾಲ ಹುಗುಳು (ಪಾದಸ್ಫೋಟ, ವಿಪಾದಿಕೆ Nr.). — ಹುಗುಳೇಳು. -ಏಳು. Blisters or sores to arise (Bp. 13, 20. 21. 22. 24).

ಹುಗ್ಗಿ huggi. = ಪುಗ್ಗಿ q. v., etc. (Bp. 2, 53; 14, 13; 15, 25; 33, 17. 18; Bp. 38, 2; ಉಷ್ಣಿಕೆ, ಪಾಯಸ, ಯವಾಗು, ಶ್ರಾಣೆ G.; C.). ಯವೆಯ ಹುಗ್ಗಿ, a hodge-podge of barley (ಚಿಕ್ಕಸ Nr.). ಹುಗ್ಗಿ ತಿನ್ದಾ ಕ್ಷಣ ಮುಗ್ಗಿ ಬನ್ದ ಹಾಗಾಯಿತೇ? (Prv.). — ಹುಗ್ಗಿಯ ಮುಗ್ಗಳಪ್ಪೆ. N. (Bp. 59, 6).

ಹುಗ್ಗಿಗ huggiga. A proud, arrogant man (Bh. 3, 9, 36; 4, 9, 59; see ಪುಗ್ಗು).

ಹುಗ್ಗೆ huggĕ. = ಹುಗ್ಗಿ. ಎಳ್ಳ ಹುಗ್ಗೆ (ತಿಲೌದನ Nr.).

ಹುಂಕಾರ huṅ-kâra. Uttering a menacing sound; any roaring, bellowing. (J. 18, 36).

ಹುಚ್ಚಂಗಿ huccangi. = ಉಚ್ಚಂಗಿ, q. v. (My.). — ಹುಚ್ಚಂಗಮ್ಮ. -ಅಮ್ಮ. = ಹುಚ್ಚಂಗಿದುರ್ಗಿ. (My.). — ಹುಚ್ಚಂಗಿದುರ್ಗಿ. N. of a Durgi at Huccangi (My.).

ಹುಚ್ಚತನ huccatana. = ಹುಚ್ಚುತನ. (ಮರುಳ್ತನ G.).

ಹುಚ್ಚಿ hucci. = ಪೆಚ್ಚಿ, etc. A stupid or mad female (My.); N. (My.). ಹುಚ್ಚಿಗೆ ಅತ್ತೇ ಮನೆ ಏನು? ತವರ ಮನೆ ಏನು? (Prv.).

ಹುಚ್ಚು huccu. = ಪೆಚ್ಚು q. v., etc. Foolishness, folly, madness (ಉನ್ಮಾದ, ಚಿತ್ತವಿಭ್ರಮ Si. 70; B. 4, 183; C.); the state of growing wild, as plants; excess. ಹುಚ್ಚು ಹೋಯಿತು, ಒನಕೆ ತಾ! ಅನ್ನ.— ಹುಚ್ಚಿಲ್ಲ, ಬೆಪ್ಪಿಲ್ಲ, ತಿವಲೀಲೆ.— ಹುಚ್ಚು ಹೋಗದೆ ಮದುವೆ ಆಗದು, ಮದುವೆ ಆಗದೆ ಹುಚ್ಚು ಹೋಗದು.— ಮುಚ್ಚಿ ಇಟ್ಟರೆ ಹುಚ್ಚು ಹೋದೀತೇ?— ಹಚ್ಚಡ ಹೊದಿಸಿದರೆ ಹುಚ್ಚು ಹೋದೀತೇ?— ಬಿಚ್ಚಿ ಹೇಳಿದರೂ ಹುಚ್ಚು ಹೋಗದು (Prvs.).— ಹುಚ್ಚ. -ಅ 3. A stupid or mad man (C.; ಉನ್ಮತ್ತ G.); N. (C.). ಹೀಗೆ ಹುಚ್ಚನಂತೆ ತಿರುಗಾಡುವದು ತರವಲ್ಲ (B. 3, 125). ಇವನು ಎಲ್ಲಿಯೋ ಹುಚ್ಚ ಕಾಣಿಸುತ್ತಾನೆ (4, 53). ದುಃಖದಿಂದ ಅವನು ಹುಚ್ಚನಾಗಿ (5, 73). ಹುಚ್ಚ ಹೋದದ್ದೇ ದಾರಿ.— ಹುಚ್ಚಗೆ ನಚ್ಚ ಬಾರದು, ಪೆಚ್ಚಕ್ಕೆ ಕೊಚಿತ ಬಾರದು.— ಎಲ್ಲರೂ ನಕ್ಕರೆ ಹುಚ್ಚ ತಾನೂ ನಕ್ಕ.— ಸುಚ್ಚಾದರೂ ಹುಚ್ಚಗೆ ಬೇಕು (Prvs.). — ಹುಚ್ಚರಾಯ. Hanumat (My.); N. ಕೆಟ್ಟು ಮುದಿವಾದವರೆಲ್ಲಾ ಹುಚ್ಚರಾಯನ ಗುಡೀ ಸೇರಿ! (Prv.). — ಹುಚ್ಚಾಟ. -ಆಟ. Foolish behaviour, silly conduct (C.; B. 3, 72). — ಹುಚ್ಚುಕಗ್ಗಲಿ. (ಅರಿಮೇದ, ವಿಟ್ಖದಿರ Si. 134). — ಹುಚ್ಚುಕಟ್ಟು. = ಕಾಕಟ್ಟು. (My.). — ಹುಚ್ಚುಕುರಿಮರಿ. A foolish lamb (B. 2, 45). — ಹುಚ್ಚುಕೆಲಸ. A foolish business or work (My.). — ಹುಚ್ಚುಕೋಪ. Excessive anger (My.). — ಹುಚ್ಚುಗಾಳಿ. A violent wind (My.). — ಹುಚ್ಚುಗೊಳ್. -ಕೊಳ್. To become mad or bewildered (Abhâ. 2, 39). — ಹುಚ್ಚುತರ್ಕದ ಕಸ. The herb Heliotropum supinum Lin. var. malabarica (Z.). See ಬಿಳೀ-. — ಹುಚ್ಚು ತಿಳಿ. Madness to cease (My.). — ಹುಚ್ಚುತಿಳುವಳಿ. Foolish notions (My.; B. 5, 190). — ಹುಚ್ಚುತೊಂಡೆ. (ಕಾಕಾಂಗಿ, ಕಾಕನಾಸಿಕೆ G.). — ಹುಚ್ಚುನಾಯಿ. A mad dog (C.; B. 2, 53). — ಹುಚ್ಚುಪಡವಲ. (ಕುಲಕ, ಪಟೋಲ, ತಿಕ್ತಕ, ಪಟು Si. 161). — ಹುಚ್ಚು ಪ್ರಚ್ಚು. rait. (My.). — ಹುಚ್ಚುಪ್ರೀತಿ. Excessive love, silly affection (My.). — ಹುಚ್ಚು ಬಿಡಿಸು. To remove folly, etc. (B. 4, 57). — ಹುಚ್ಚುಬುದ್ಧಿ. A foolish mind; unreasonableness (My.). — ಹುಚ್ಚುಬೇವಿನಮರ. = ತುರಕಬೇವಿನಮರ. (St. & Pl.). — ಹುಚ್ಚುಮರಿ. A foolish young (B. 2, 45). — ಹುಚ್ಚುಮಳೆ. Excessive, heavy rain (My.). — ಹುಚ್ಚು ಮಾಡು. To make a fool of (another, My.). — ಹುಚ್ಚುಮುಂಡೆ. A foolish widow. ಹುಚ್ಚು ಮುಂಡೇ ಪ್ರಮಾಣ ಅವಲಕ್ಕೀ ಕೇಡು (Prv.). — ಹುಚ್ಚು ಸಪ್ಪೆ. The wild kind of the sword-bean, Canavalia ensiformis var. virosa W. & A. (Z.). — ಹುಚ್ಚುಸಾಸುವೆ. (ಕ್ಷವ, ಕ್ಷವಥುಜನನ, ರಾಜಿಕೆ, ಕೃಷ್ಣಿಕೆ, ಆಸುರಿ Si. 305). — ಹುಚ್ಚು ಹತ್ತು. Foolishness or madness to join (v. i.) or to seize (My. with dative; B. 2, 53). ಅವನಿಗೆ ಹುಚ್ಚು ಹತ್ತಿತು (B. 5, 209). — ಹುಚ್ಚುಹರಳು. (ವಿಶಲ್ಯ Si. 446). — ಹುಚ್ಚುಹಾರುವ. A foolish Brâhmaṇa (B. 4, 180). — ಹುಚ್ಚು ಹಿಡಿ. Foolishness or madness to seize (My. with dative; Dp. 20 palla). ನಿಮಗೆ ಹುಚ್ಚು ಹಿಡಿಯಿತೇನು? (B. 5, 94). ಹುಚ್ಚು ಹಿಡಿದವನು (ಉನ್ಮತ್ತ, ಉನ್ಮಾದವತ್ Si. 208); ಔಷಧಪ್ರಯೋಗದಿನ್ದ ಹುಚ್ಚು ಹಿಡಿದ ನಾಯಿ (ಅಲರ್ಕ 342). — ಹುಚ್ಚು ಹುಚ್ಚು. rep. Great excess (My.). — ಹುಚ್ಚೆಳ್ಳು. -ಎಳ್ಳು. = ಕಾಡೆಳ್ಳು. (St. & Pl.; ತಿಲಪಿಂಜ, ತಿಲಪೇಜ, ನಿಷ್ಫಲತಿಲ Si. 305). — ಹುಚ್ಚೇಱು. -ಏಱು. Madness to increase (My.). — ಹುಚ್ಚೋಟ. -ಓಟ. A very fast run (My.).

ಹುಚ್ಚುತನ huccutana. = ಪೆಚ್ಚುತನ, ಹುಚ್ಚತನ. Madness; foolishness (My.; B. 5, 209).

ಹುಜತ್ತು hujattu. Perverse wrangling, objecting; any such objection or difficulty made; any mean, unfounded, unreasonable pretence in endeavouring to shuffle off or decline (My.; Mhr., H. ಹುಜತ). 2, a government receipt (Mhr., H.).

ಹುಜೂರ್ hujûr. ಹುಜೂರು. = ಹಜೂರು, q. v. (B. 4, 20; My.).

ಹುಂಜ hunja. = ಉಂಜ, ಪುಂಜ, etc. A cock (My.; ಚರಣಾಯುಧ G.).

ಹುಂಜ hunja. = ಉಂಜ, ಪಿಂಜ. A quantity or skein of cotton yarn (My.; Tĕ., T. ಪುಂಜ).

ಹುಂಜು hunju. = ಹುಂಜ, etc. (My.). ಕೋಳೀ ಹುಂಜು (ಚರಣಾಯುಧ G.). — ಹುಂಜುದಡಿ. A kind of border of a cloth (B. 3, 103). — ಹುಂಜು ಹತ್ತು. = ಹುಂಜು ಹಾರು. (My.). — ಹುಂಜು ಹಾರು. A cock to tread (a hen, My.).

ಹುಟ್ಟ huṭṭa. 1. = ಪುಟ್ಟ, etc. See ಜೇನ-.

ಹುಟ್ಟ huṭṭa. 2. = ಹುಟ್ಟು 2, etc. — ಹುಟ್ಟಗಿವಡಿ. -ಕಿವಡಿ. = ಹುಟ್ಟುಕಿವುಡಿ. (B. 3, 50). — ಹುಟ್ಟಗುರಡ. -ಕುರಡ. = ಹುಟ್ಟುಕುರುಡ. (ಜಾತ್ಯಂಧ G.). — ಹುಟ್ಟನಡಿಗೆ. The natural paces of a horse (B. 3, 55). — ಹುಟ್ಟಾ. From one's very birth (B. 4, 153).

ಹುಟ್ಟಾವಳಿ huṭṭâvaḷi. = ಹುಟ್ಟುವಳಿ. (B. 5, 116. 127).

ಹುಟ್ಟಿ huṭṭi. = ಉಟ್ಟಿ 3, ಪುಟ್ಟಿ 3, ಹುಟ್ಟ 1, ಹುಟ್ಟು 4. A comb (of wax in which bees store their honey, Bh. 7, 7, 41; My.; see ಜೇನ-). (ದೇವರು) ಕೊಟ್ಟು ಬಹ ಕಾಲದಲಿ ಕೊಟ್ಟು ವೃಣ್ಣಲಟಿಯದೆ (ನೊಣ) ಹುಟ್ಟಿಯ ಒಳಗೆ ಜೇನಿಟ್ಟು ಪರರಿಂಗೆ ಕೊಟ್ಟು ಹೋದನ್ತೆ (Sp.).

ಹುಟ್ಟಿಗೆ huṭṭigĕ. (fr. ಉದು 1). = ಹುಟ್ಟುಗೆ. A man's raiment (Bp. 11, 33), a woman's cloth (ಸೀರೆ Śm. 72; Bp. 11, 33; ದುಗುಲ, ಪಟ್ಟಣಿಗೆ, ಉಳ್ಳುಡಿಗೆ, ವಸನ Ŝs.). ಉಡುವ ಹುಟ್ಟಿಗೆ (ಸ್ಥೂಲಶಾಟಕ Nr.). ಹುಲ್ಲುಂ (o. r. ಹಲ್ಲುಂ) ಹುಟ್ಟಿಗೆಯುಂ (Śmd. 84).

ಹುಟ್ಟಿಸು huṭṭisu. = ಪುಟ್ಟಿಸು. To cause to be born, to create, to produce, to originate (Bp. 40, 51; 50, 64; 54, 6; C.; B. 3, 54; 4, 35; 5, 30). ಗಣ್ಣನು ಸತ್ತ ಮೇಲೆ ಮಿಣ್ಣನ ಬೆಸೆಯಿನ್ದ ಹುಟ್ಟಿಸಿ ಕೊಣ್ಣ ಹಾದರದ ಮಗನು (ಗೋಳಕ Si. 193); ಕಡೆದು ಒರೆಗೊಣ್ಣ ಅಗ್ನಿಯುಂ ಹುಟ್ಟಿಸುವ ಮರ (ಅರಣಿ 239); ಯಾವನು ಬ್ರಾಹ್ಮಣಸ್ತ್ರೀಯಲ್ಲಿ ಶೂದ್ರನಿನ್ದ ಹುಟ್ಟಿಸಲ್ಪಟ್ಟನೋ, ಅವನು (ಚಣ್ಡಾಲ 337); ಇತರರನ್ನು ಸ್ವಾಧೀನ ಪಡಿಸಿ ಕೊಳ್ಳಲು ಆಶೆ ಹುಟ್ಟಿಸುವದಕ್ಕಾಗಿ ಕೊಡುವಿಕೆ (ವಿಲಮ್ಭ, etc. 397).

ಹುಟ್ಟಿಸುಹ huṭṭisuha. Creating, etc. ಜಗೆಯುರಿಬ್ಬರೊಳಗೆ ವಿರೋಧವ ಹುಟ್ಟಿಸುಹ (ಭೇದ Nr.).

ಹುಟ್ಟು huṭṭu. 1. = ಉಟ್ಟು 5, ಪುಟ್ಟು 1 q. v. To arise, to come into existence, to be born, etc. (ಅವತರಿಸು Śmd. 66 Cm.; ಉದಯಿಸುಗು 34 Cm.; Bp. 27, 16; 30, 28; 42, 5; 61, 37; Bh. 3, 8, 3; J. 10, 20; Dp. 4; C.; B. 2, 7; 4, 28). ಒಡ ಹುಟ್ಟಿದವನು (ಸೋದರ್ಯ, ಸಹಜ, etc.); ಆಗಳನ್ತೆ ಹುಟ್ಟಿದ ಕರು (ತರ್ಣಕ); ಬೆಟ್ಟದಲ್ಲಿ ಹುಟ್ಟಿದನ್ತಾ ಆ ಬಗನಿ (ಅಕ್ಷೋಟ, etc.); ಕಣೆಯಲ್ಲಿ ಹುಟ್ಟಿ ದೂರ್ವಾದಿರೂಪವಾಗಿ ಇಹುದು

(ಅಕೃತ); ಬತ್ತಿ ಹುಟ್ಟದ ಕೆಯಿ (ವೀಜಾಕೃತ, etc.); ಗುಬ್ಬಿಗೆ ಹುಟ್ಟದ ಗಣ್ಣು ಮುಚ್ (ಚಾಟಕ್ಕೆರ); ಕೆಚ್ಚನೆ ಅಪ್ಪ ಬನ್ದುಗೆ (ಹಲ್ಲಕ, etc.), ಅದು ಜಲದೊಳಾದಡೂ ಸ್ಥಲದೊಳಾದಡೂ ಹುಟ್ಟುವುದು (Nr.). ಹುಟ್ಟುವಾಗ ಬತ್ತಲೆ, ಸಾಯುವಾಗ ಕತ್ತಲೆ.— ಹುಟ್ಟುತ್ತಲೆ ನನ್ನ ಮಗ, ಉಡಿಗೆಜ್ಜೆ ಕಡ್ಡ.— ಹುಟ್ಟಲ್ಲ, ಸತ್ತಿಲ್ಲ, ಸುಡುಗಾಡು ಕಣ್ಡಿಲ್ಲ; ಮುಕ್ಕ ಪ್ಯಾಗೆ ತಿಳೀತು?— ಹುಟ್ಟದ್ದು ಹೊಲೆಯೂರು, ಬೆಳೆದದ್ದು ಮೊಲೆಯೂರು, ಇದ್ದದ್ದು ಈ ಊರು, ಎದ್ದದ್ದು ಕಾಡೂರು.— ಹುಟ್ಟದಾಗ ಅಣ್ಣ ತಮ್ಮ, ಬೆಳದಾಗ ದಾಯಾದಿ.— ಪುಣ್ಯ ಮಾಡದೆ ಕೆಟ್ಟ, ಹೆಣ್ಣು ಹುಟ್ಟಿ ಕೆಟ್ಟ (Prvs.). ಹುಟ್ಟುವದು (ಪ್ರಸೂನ, ಉತ್ಪತ್ತಿ Nn. 25; ಸೂತ, ಸಮ್ಭವ 32; ಉದ್ಭವ 82; ಭವ Bhn. 17). ಹುಟ್ಟುವಸ್ಥಾದು (ಭೂತ, ಜನಿತ Nn. 78; ಭಾವ, ಸಮ್ಭೂತ 100).

ಹುಟ್ಟು huṭṭu. 2. = ಪುಟ್ಟು 2 q. v., ಹುಟ್ಟ 2. Birth, etc. (ಉತ್ಪತ್ತಿ, ಜನ್ಮ G.; My.). ಸಾವು ಹುಟ್ಟುಗಳು (Bp. 54, 21). ಹುಟ್ಟುಗಳು (54, 34). See ಕಡೆ-. — ಹುಟ್ಟಟ್. -ಅಟ್. = ಹುಟ್ಟುಗೆಡು. (My.). — ಹುಟ್ಟುಕಿವುಡ. A male born deaf (My.). — ಹುಟ್ಟುಕಿವುಡಿ. A female born deaf (My.). — ಹುಟ್ಟುಕುರುಡ. A male born blind (My.). ಹುಟ್ಟುಕುರುಡಗೆ ಸ್ವಪ್ನವಿಲ್ಲ, ಮುಟ್ಟು ತಿಳಿದವಗೆ ರೋಗವಿಲ್ಲ.— ಹುಟ್ಟುಕುರುಡ ಹಾಲು ತಿಳು ಕೊಣ್ಡ ಹಾಗೆ.— ಹುಟ್ಟುಕುರುಡ ಹಾಯಿಬಾವೀಲಿ ಬಿದ್ದ ಹಾಗೆ (Prvs.). — ಹುಟ್ಟುಕುರುಡಿ. A female born deaf (My.). — ಹುಟ್ಟುಗುಣ. A natural or innate disposition. ಹುಟ್ಟುಗುಣ ಬಿಟ್ಟು, ಕೊಟ್ಟ ಗುಣ ಬನ್ದೀತೇ? (Prv.). — ಹುಟ್ಟುಗುರುಡ. -ಕುರುಡ. = ಹುಟ್ಟುಕುರುಡ. (Bp. 47, 65). — ಹುಟ್ಟುಗೆಡು. -ಕೆಡು. Birth, *i. e.* race or family, to be destroyed (Bp. 81, 22). — ಹುಟ್ಟುಚಾಳಿ. A natural habit. ಹುಟ್ಟುಚಾಳಿ ಗಟ್ಟ ಹತ್ತಿದರೂ ಬಿಡದು (Prv.). — ಹುಟ್ಟುಬಂಜೆ. A woman born barren (Dp. 84; My.). — ಹುಟ್ಟುಬುದ್ಧಿ. Natural perception or ideas, natural propensity, instinct (My.; B. 4, 119). ಹುಟ್ಟುಬುದ್ಧಿ ಸುಟ್ಟಲ್ಲದೇ ಹೋಗದು (Prv.). — ಹುಟ್ಟುಮಚ್ಚೆ. A natural mole or freckle (ಜಟುಲ, ಕಾಲಕ, ಪಿಪ್ಲ, ತಿಲಕ, ತಿಲಕಾಲಕ Si. 199). — ಹುಟ್ಟುಮನೆ. The house in which one has been born. ಹುಟ್ಟುಮನೆ ಏಕಾದಶಿ (on which strict fasting is observed), ಕೊಟ್ಟ ಮನೆ ಗೋಕುಲಾಷ್ಟಮಿ (on which during the night only a slight repast is taken, Prv.). — ಹುಟ್ಟೂರು. -ಊರು. A native place, birth-place (My.).

ಹುಟ್ಟು huṭṭu. 3. = ಉಟ್ಟು 2, ಪುಟ್ಟು 3. A wooden ladle or spoon; a paddle (ಖಜಿಕೆ, ದರ್ವಿ, etc. Mr. 205; ಪಾಣಿದಣ್ಡ, ಗಟ್ 416; My.; B. 5, 149. 156). ನಾವೆಯ ನಡಯಿಸುವ ಹುಟ್ಟು (ಅರಿತ್ರ, ಕೇನಿಪಾತಕ Nr.). ಹಡಗವನ್ನು ನಡೆಸುವ ಹುಟ್ಟು (ನೌಕಾದಣ್ಡ); ಹಡಗು ಸಾಗಿಸುವ ಹುಟ್ಟು (ಕ್ಷೇಪಣಿ G.). ಹುಟ್ಟು ಇರುವಾಗ ಕೆಯ್ ಸುಟ್ಟು ಕೊಳ್ಳ ಬೇಕೇ?— ಹುಟ್ಟು ಕೋಲುಕಾಣಿನದು, ಕಟ್ಟು ಸಾವಕಾಣಿನದು (Prvs.). ಅಟ್ಟಡಿಗೆಯ ರುಚಿಯನು ಹುಟ್ಟು ತಾ ಬಲ್ಲುದೇ? (Sp.). — ಹುಟ್ಟು ಹಾಕು. To use a paddle (with a boat, My.).

ಹುಟ್ಟು huṭṭu. 4. = ಹುಟ್ಟಿ, etc. See ಜೇನ-.

ಹುಟ್ಟುಗೆ huṭṭugĕ. = ಹುಟ್ಟಿಗೆ. (ಸೀರೆ Čt. II, 78).

ಹುಟ್ಟುವಳಿ huṭṭu-vaḷi. = ಹುಟ್ಟಾವಳಿ. Produce, the produce of a garden or field, that of any trade; the amount of an assessment (My.; B. 5, 85. 91. 304). ಲಾಭದ ಹುಟ್ಟುವಳಿ (ಪ್ರಾಪ್ತಿ Si. 424).

ಹುಟ್ಟುವಿಕೆ huṭṭuvikĕ. = ಹುಟ್ಟುಹ. (ಜನುಸ್, ಜನನ, ಜನ್ಮ, ಜನಿ, ಉತ್ಪತ್ತಿ, ಉದ್ಭವ Si. 47; ಅಭ್ಯುದಯ Čb.; B. 2, 22). ಮಕ್ಕಳು ಹುಟ್ಟುವಿಕೆ (ಪ್ರಜೆ Si. 418).

ಹುಟ್ಟುಹ huṭṭuha. = ಪುಟ್ಟುಹ. Coming into existence, springing up, being born, etc. ಮರಳಿ ಮರಳಿ ಹುಟ್ಟುಹ (ಪುನರ್ಭವ Nn. 114).

ಹುಡಕು huḍaku. = ಹುಡುಕು, etc. (My.; B. 5, 105; Mhr. ಹುಡಕಣೇಂ, to search). ಹುಡಕೋಣ (ಮೃಗ, ಮಾರ್ಗಣ Čb.).

ಹುಡಗ huḍaga. = ಹುಡುಗ, etc. (My.; Si. 196; ತರುಣ Čb.).

ಹುಡಗತನ huḍagatana. = ಹುಡುಗತನ. (My.; Si. 195).

ಹುಡಗಿ huḍagi. = ಹುಡುಗಿ, etc. (My.). ಸಣ್ಣ ಹುಡಗಿ (ಬಾಲೆ, etc. Dhw.).

ಹುಡದಿ huḍadi. A game at which boys push, shove and beat one another (often played in moonshine, S. Mhr.; Mhr. ಹುನ್ದಡಾ, ಹುನ್ದಡೀ, ಹುತುತು).

ಹುಡಿ huḍi. = ಪುಡಿ. Powder; dust; etc. (C.; B. 1, 18). ಹೂವಿನೊಳಗಿನ ಹಳದೀ ಬಣ್ಣದ ಹುಡಿ (ಬಣ್ಣು); ಹೂವಿನೊಳಗಿನ ಹುಡಿ (ಸುಮನೋರಜ G.). ಸಣ್ಣ ಹುಡಿ (ಧೂಳಿ, etc. Mr. 284). ಅಡವಿಯೊಳು ಮುಚ್ ಹೊಡದು ಗಿಡ ಸೇಡುಗೊಣ್ಡಸ್ತು, ಹುಡಿಯೊಳಗೆ ಕಮಲ ಬೆಳದಸ್ತು ಹೆಣ್ಣಿನ ನುಡಿಯ ನೆಚ್ಚು! (Sp.). — ಹುಡಿಗುಟ್ಟು. -ಕುಟ್ಟು. = ಪುಡಿಗುಟ್ಟು. To reduce to powder or dust by beating, etc. (Grj. 2, after 106; Bp. 51, 72; Bh. 8, 24, 45). ಹುಡಿಗುಟ್ಟದ ದೂಳಿ (ಚೂರ್ಣ, ಕ್ಷೋದ Nr.). — ಹುಡಿಮಣ್ಣು. Earth in a dry and fine state, dust (My.). — ಹುಡಿ ಮಾಡಿಸು. To have reduced to dust (Bp. 49, 42). — ಹುಡಿ ಮಾಡು. To reduce to powder or dust (Bh. 7, 7, 46; My.). — ಹುಡಿಯಾಗು. -ಆಗು. To be reduced to powder or dust (Bp. 28, 25). — ಹುಡಿ ಹುಡಿಗೆಯ್. = ಹುಡಿ ಹುಡಿ ಮಾಡು. (J. 25, 47). — ಹುಡಿ ಹುಡಿ ಮಾಡು. To reduce to very fine powder or dust (Bp. 45, 81; 52, 48; Bh. 2, 4, 6). — ಹುಡಿ ಹುಡಿಯಾಗು. -ಆಗು. To be reduced to very fine powder or dust (Bh. 3, 18, 38).

ಹುಡಿಕು huḍiku. = ಹುಡುಕು, etc. (Bp. 23, 9; B. 5, 140). ಹುಡಿಕಿ ನೋಡುವಿಕೆ (ಅನ್ವೀಕ್ಷಣ, ವಿಚಯನ, ಮಾರ್ಗಣ, ಮೃಗಣೆ, ಮೃಗ Si. 398). ಹಿಡಿಯುವುದು ಹೆಬ್ಬಾವು, ಪಡೆಯುವುದು ಪಡಿಬತ್ತ; ಹುಡುಕಿ ನೋಡುವುದು ವರಬೊಮ್ಮ, ಜೊಯಿಸಗೆ ಕೊಡುವದೊನ್ದಡಿಕೆ (Sp.). — ಹುಡಿಕಿ ತೆಗೆ. = ಹುಡುಕಿ ತೆಗೆ. (B. 5, 173. 174. 227).

ಹುಡಿಗಿ huḍigi. = ಹುಡುಗಿ, etc. (C.; B. 1, 6). ಚಿಕ್ಕ ಹುಡಿಗಿ (ವಾಸು, ಬಾಲೆ Si. 65); ಮದುವೆಯಿಲ್ಲದ ಎಣ್ಟು ವರುಷಗಳ ಹುಡಿಗಿ (ಕನ್ಯೆ, ಕುಮಾರಿ); ಮೆಯ್ ನೆಟಿಯದೇ ಇರುವ ಪ್ರಾಯದ ಹುಡಿಗಿ (ಗೌರಿ); ಹೊಸದಾಗಿ ಮೆಯ್ ನೆಟಿದ ಹುಡಿಗಿ (ಮಧ್ಯಮೆ, etc. 184); ಪ್ರಾಯದ ಹುಡಿಗಿಯರ ಗುಮ್ಪು (ಯೌವತ); ಮದುವೆಯಾಗದೆ ಹುಡಿಗಿಯಾಗಿರುವವಳು ಹೆತ್ತ ಮಗನು (ಕಾನೀನ 189); ಹೆಣ್ಣುಹುಡಿಗಿ (ಬಾಲೆ); ಪ್ರಾಯದ ಹುಡಿಗಿ (ತರುಣಿ 196).

ಹುಡಿಗೆ huḍigĕ. = ಹುಡುಗಿ, etc. (B. 2, 14).

ಹುಡು huḍu. Seeking (? see ಹುಡುಕುಳಿ).

ಹುಡು huḍu. *A ram.*

ಹುಡುಕಿಸು huḍukisu. To cause to seek (as a lost book, etc., My.). 2, to cause to search or examine (B. 4, 169).

ಹುಡುಕು huḍuku. = ಪುಡುಕು, ಹುಡಕು, ಹುಡಿಕು. To search or feel for with the hands (Bp. 50, 3; 51, 78); to go in search of, to seek, to seek for, to search for, to try to find (My.). 2, to search, to examine (see ಹುಡುಕಿಸು No. 2). ಇವ್ ವೆಗಳು ಯಾವಾಗಲೂ ಅಹಾರ ಹುಡುಕುತ್ತಿರುತ್ತವೆ (B. 2, 8). ದೋಷವನ್ನೇ ಹುಡುಕುವವನು (ದೋಷೈಕದೃಶ್, ಪುರೋಭಾಗಿ Si. 366); ಹುಡುಕಲ್ ಪಟ್ಟಿರುವದು (ಅನ್ವೇಷಿತ, ಗವೇಷಿತ, ಅನ್ವಿಷ್ಟ, ಮಾರ್ಗಿತ, ಮೃಗಿತ 383). — ಹುಡುಕಿ ತೆಗೆ. = ಹುಡಿಕಿ ತೆಗೆ. To seek and (after finding) to take (My.); to find (in arithmetic, My.); to discover (B. 4, 220. 222; 5, 177. 179. 181. 184. 189. 220. 224). ಅರ್ಥವನ್ನು ಹುಡುಕಿ ತೆಗೆಯೋಣ (ಸಾಧನ G.).

ಹುಡುಕುವಿಕೆ hudukuvikĕ. Seeking (ಮೃಗ Si. 409). ವಿಷಯಪ್ರಕಾರಗಳನ್ನು ಪರಿಭಾವಿಸಿ ಬೇಕಾದ ಬಗೆಗಳನ್ನು ಹುಡುಕುವಿಕೆ (ಉಪಾಧಿ 70); ಶ್ರಾದ್ಧಾದಿಗಳಲ್ಲಿ ನಿಮನ್ತ್ರಣಕ್ಕೆ ಯೋಗ್ಯನಾದ ಬ್ರಾಹ್ಮಣನನ್ನು ಶ್ರದ್ಧೆಯಿನ್ದ ಹುಡುಕುವಿಕೆ (ಪರ್ಯೇಷಣೆ, ಪರೀಷ್ಟಿ, ಅನ್ವೇಷಣೆ, ಗವೇಷಣೆ 245).

ಹುಡುಕುಳಿ hudu-kuli. (Šmd. 239; o. r. in Mdb. ಪಾಡುಕುಳಿ). A man who seeks (?).

ಹುಡುಕ್ಕ hudukka. A small hourglass-shaped drum (see ಪಂಚಮಹಾವಾದ್ಯ; Ĉpr. 3, after 94).

ಹುಡುಗ huduga. = ಉಡುಗ, ಹುಡಗ. A boy (to the age of about sixteen years, C.; B. 1, 18; Tĕ. ಬುಡತ, ಬುಡುತ, a little one or child; ಬುಡತಡು, ಬುಡುತಡು, a male child; see ಪುಟ್ಟ). ಪ್ರಾಯದ ಹುಡುಗನು (ವಯಸ್ಥ, ತರುಣ, ಯುವ Si. 196); ಹುಡುಗರ ಗುಮ್ಪು (ಮಾಣವ್ಯ 401); ಬಹಳ ಚಿಕ್ಕ ಪ್ರಾಯದ ಹುಡುಗ ಕನಿಷ್ಠ (416). ಹುಡುಗ ನೆಣ್ಣನಲ್ಲ, ಹುಲ್ಲು ಬೆಂಕಿಯಲ್ಲ.— ಹುಡುಗ ಪಿಣ್ಣನಲ್ಲ, ಗಿಡಗ ಪಕ್ಷಿಯಲ್ಲ (it being a ಹದ್ದು, Prvs.). 2, a child, whether male or female (S. Mhr.; B. 5, 276; see ಗಣ್ಡು-, ಹೆಣ್ಣು-). — ಹುಡುಗಾಟ. -ಆಟ. Boyish, futile play or behaviour (C.; B. 4, 111). — ಹುಡುಗಾಟಿಕೆ. -ಆಟಿಕೆ. = ಹುಡುಗಾಟ. (C.; B. 2, 34).

ಹುಡುಗತನ hudugatana. = ಹುಡಗತನ. Childhood (of males to the age of about sixteen years, My.). 2, boyish behaviour, boyishness, childishness (My.).

ಹುಡುಗಿ hudugi. = ಉಡುಗಿ, ಹುಡಗಿ, ಹುಡಿಗಿ, ಹುಡಿಗೆ. A girl (to the age of about sixteen years, C.; B. 5, 127. 276).

ಹುಡುಗು hudugu. 1. Boyishness. ಹುಡುಗು ಗಣ್ಡನಲ್ಲ, ಗುಡ್ಲು ಮನೆಯಲ್ಲ (Prv.). — ಹುಡುಗುದರಬಾರು. A boyish, unjust rule or government (My.).

ಹುಡುಗು hudugu. 2. = ಉಡಗು 1, etc. To sweep (B. 5, 283. 285).

ಹುಡುಗು hudugu. 3. Sweeping. — ಹುಡುಗು ಮಾಡು. To sweep (B. 5, 286).

ಹುಣ್ hun. = ಹುಣ್ಣು, etc.

ಹುಣಸೆ hunasĕ. = ಹುಣಿಸಿ, etc. (C.). ಹುಣಸೆ ಮುಪ್ಪಾದರೆ ಹುಳಿ ಮುಪ್ಪೇ?—ಗೆಣೆಗೆ ಗೆಣಸು ಬೇಡ, ಹುಣಸೆಗೆ ಹುಳಿ ಬೇಡ (Prvs.). — ಹುಣಸೆಕಾಯಿ. An unripe tamarind fruit (My.). — ಹುಣಸೆಕಾಯಿತೊಕ್ಕು. A kind of tamarind chutney (My.). — ಹುಣಸೆಗಿಡ. The tamarind tree (ಅಮ್ಲಿಕೆ G.). — ಹುಣಸೆಗೊಜ್ಜು. A thick mess of boiled or raw tamarind used as a condiment (My.). — ಹುಣಸೆಬೀಜ. A tamarind stone (My.). — ಹುಣಸೆಬೀಜದ ಸಟ್. A kind of paste made of tamarind stones and used by blanket-weavers (My.). — ಹುಣಸೆಮರ. = ಹುಣಸೆಗಿಡ. (My.). — ಹುಣಸೆಯ ಹಣ್. A ripe tamarind fruit (Bp. 18, 16). — ಹುಣಸೆಸಟ್. = ಹುಣಸೆಬೀಜದ ಸಟ್. (My.). — ಹುಣಸೆಸಾರು. A sauce made of tamarind (My.). — ಹುಣಸೆಹಣ್ಣು. = ಹುಣಸೆಯ ಹಣ್. (My.). — ಹುಣಸೆ ಹುಳಿ. Tamarind (My.). 2, tamarind dissolved in water (My.).

ಹುಣಿಚೆ hunicĕ. = ಹುಣಸೆ, etc. See ಹುಳಿ-.

ಹುಣಿಮೆ hunimĕ. = ಹುಣ್ಣಿಮೆ, etc. (My.; ಹುಣ್ಣಿವೆ G.).

ಹುಣಿಸಿ hunisi. = ಹುಣಿಸೆ, ಹುಣಸೆ, ಹುಣಚೆ, ಹುಣಸೆ. The tamarind, Tamarindus indica Lin. (ತಿನ್ತ್ರಿಣಿ, ಚಿಂಚ, ಅಮ್ಲಿಕೆ Nr.).

ಹುಣಿಸೆ hunisĕ. = ಹುಣಿಸಿ, etc. (C.). ದಾಣಸಿಗನಾದರೆ ಹುಣಿಸೆಯಿಲ್ಲದೆ ಅಟ್ಟಾನೇ? (Prv.). — ಹುಣಿಸೆಮರ. = ಹುಣಸೆಮರ. (C.; ತಿನ್ತ್ರಿಣಿ, etc. Si. 132; G.).

ಹುಣುಮೆ hunumĕ. = ಹುಣ್ಣಿಮೆ, etc. (My.).

ಹುಣ್ಡಿ hundi. (fr. ಉಣು, ಉಳ್ 1). A hamlet (My.).

ಹುಣ್ಡಿ hundi. = ಉಣ್ಡಿ. A bill of exchange (C.; B. 5, 221; Mhr. ಹುಣ್ಡೀ). — ಹುಣ್ಡಾವಳತ. -ಆಳತ. (i. e. ಆಡಳತ). Trade in bills of exchange (My.). — ಹುಣ್ಡಿಗಡಿಗೆ. A box for money received (in a temple or at a custom-house, My.). — ಹುಣ್ಡೀ ಕಾಗದ. = ಹುಣ್ಡಿ. (My.). — ಹುಣ್ಡೀ ಚೀಟು. = ಹುಣ್ಡಿ. (My.).

ಹುಣ್ಣ hunna. = ಹುಣ್ಣು. ಕಾಲಿಗೆ ಆದ ಹುತ್ತದ ಹುಣ್ಣ (ಶ್ಲೀಪದ G.).

ಹುಣ್ಣಮೆ hunnamĕ. = ಹುಣ್ಣಿಮೆ, etc., ಹುಣಿಮೆ, ಹುಣುಮೆ. Full moon (ಪೂರ್ಣಿಮೆ Nr.; Si. 39; J. 13, 57; 16, 3; My.).

ಹುಣ್ಣವೆ hunnavĕ. = ಹುಣ್ಣಿಮೆ, etc. (ಪೂರ್ಣಮೆ Šm. 19). ಚನ್ದ್ರಂ ಕುನ್ದಿದ ಹುಣ್ಣವೆ (ಅನುಮತಿ); ತುಮ್ಬಿದ ಹುಣ್ಣವೆ (ರಾಕೆ Hlā.).

ಹುಣ್ಣಿಮೆ hunnimĕ. = ಹುಣ್ಣಮೆ, etc. (My.; Ĉb. 114).

ಹುಣ್ಣಿವೆ hunnivĕ. = ಹುಣ್ಣಿಮೆ, etc. (C.; B. 2, 17; ರಾಕೆ G.). ಕಳೆಯಿಲ್ಲದ ಚನ್ದ್ರನಿನ್ದ ಕೂಡಿದ ಹುಣ್ಣಿವೆ (ಅನುಮತಿ G.).

ಹುಣ್ಣು hunnu. = ಉಣ್ಣು 2, ಪುಣ್, etc. A sore, an ulcer, an abscess; etc. (ಅರುಸ್, ವ್ರಣ Hlā.; ವ್ರಣ, ಈರ್ಮ, ಅರುಸ್ Nr.; Si. 200; C.; Tu. ಪುಣಿ). ಹುಣ್ಣಿನ ಹೊಕ್ಕು (ವಿಸ್ಫೋಟ, ಪಿಟಕ Si. 200); ತಿಕ್ಕೋವಸ್ಥದ ಬಟಿಯಲ್ಲಿ ಹುಟ್ಟುವ ಹುಣ್ಣು (ಭಗನ್ದರ 200); ಹುಣ್ಣು ಮಾಡುವದು (ಅರುಷ್ಕರ 458). ಆಸನದ ಹುಣ್ಣು (ಲೂತಿ Mr. 386). ಹುಣ್ಣು ಮಾದರೂ ಹುಣ್ಣಿನ ಕಲೆ ಮಾದೀತೇ?—ಹುಣ್ಣು ಮಾಯ ಬೇಕು, ಕಣ್ಣು ಬೆಳಗ ಬೇಕು.— ಅಂಗೆಯ್ಯುಣ್ಣಿಗೆ ಕನ್ನಡಿ ಯಾಕೆ?— ಖರ್ಜೂರ ಹಣ್ಣಾಗುವಾಗ್ಗೆ ಕಾಗೇ ಬಾಯಿಗೆ ಹುಣ್ಣು.—ನಾಯಿಹುಣ್ಣಿಗೆ ಬೂದಿಯೇ ಮದ್ದು (Prvs.). See ನಾರು-; Prv. s. ಬೆಂಕಿ. — ಹುಣ್ಣೆಮ್ಮೆ. -ಎಮ್ಮೆ. A female buffalo that has a sore or wound. ಹುಣ್ಣಿಮೆ ಆದರೆ ಹುಣ್ಣೆಮ್ಮೆ ಬಿಡ ಬಾರದೇ? (Prv.).

ಹುಣ್ಣುಮೆ hunnumĕ. = ಹುಣ್ಣಿಮೆ, etc. (My.). ಕಾಮನ ಹುಣ್ಣುಮೆಗೆ ಕಲಕ ನೀರು (Prv.).

ಹುಣ್ಣುವೆ hunnuvĕ. = ಹುಣ್ಣುಮೆ, etc. (My.).

ಹುಣ್ಮೆ hunmĕ. = ಹುಣ್ಣುಮೆ, etc. (My.).

ಹುಣ್ಯ hunya. = ಪುಣ್ಯ. (ಪುಣ್ಯ Ĉt. II, 58; *cf.* ಹೂನ್ಯ).

ಹುತ huta. 1. *Offered with fire, poured forth in the fire, burnt as an oblation, sacrificed.* 2, an oblation, a sacrifice.

ಹುತ huta. 2. Called, summoned, invited.

ಹುತಭುಕ್ಪ್ರಿಯೆ hutabhuk-priyĕ. *The wife of Agni.*

ಹುತಭುಜ್ huta-bhuj. ಹುತಭುಕ್. Oblation-eater: *Agni;* fire.

ಹುತವಹ huta-vaha. Oblation-bearer: *Agni;* fire (ಇನ್ಧನ, etc., ಅಡುಗಬ್ಬು Mr. 48). 2, N. of a metrical foot (Ĉh.).

ಹುತವಹಾಮ್ಬಕ hutavaha-ambaka. Šiva (Bp. 35, 44).

ಹುತವಹಾಹಾರ hutavaha-āhāra. Fire. (ಇನ್ಧನ, etc., ಅಡುಗಬ್ಬು Mr. 48).

ಹುತಾಶನ huta-aśana. Oblation-eater: *Agni*; fire. 2, N. of a metrical foot (Čh.).

ಹುತ್ತ hutta. = ಉತ್ತ 3, ಪುತ್ತ, etc. A white ant hill (ವಾಮಲೂರ, ನಾಕು, ವಲ್ಮೀಕ Nr.; ವಲ್ಮೀಕ Nn. 128; Si. 104; Bp. 18, 91; 44, 48; C.; B. 2, 9). ಹುತ್ತ ಬಡಿದರೆ ಹಾವು ಸಾಯುವದೇ?— ಗೆದ್ದಲು ಹುತ್ತವಿಕ್ಕಿ, ಹಾವಿಗೆ ಮನೆ ಮಾಡಿತು.— ಜೀವನ ಮನ್ತ್ರವನ್ನರಿಯದವ ಹಾವಿನ ಹುತ್ತಕ್ಕೆ ಕೈಯ್ ಹಾಕಿದ ಹಾಗೆ (Prvs.). See Dp. s. ಕಲಕು 1. — ಹುತ್ತದ ಹುಣ್ಣು. Elephantiasis. ಕಾಲಿಗೆ ಆದ ಹುತ್ತದ ಹುಣ್ಣು (ಶ್ಲೀಪದ G.).

ಹುತ್ತು huttu. = ಹುತ್ತ, etc. (ವಮ್ರಿಕೂಟ, ನಾಕು, ವಲ್ಮೀಕ, ವಾಮಲೂರ Hlâ.; ವಲ್ಮೀಕ Nn. 71; ವಾಮಲೂರ, ವಲ್ಮೀಕ Mr. 401; C.; B. 3, 67; Bb. 1, 20, 59. 60). — ಹುತ್ತನೇರಿಸು. -ಏರಿಸು. To make (one) ascend a white ant hill (in war, as a sign that his life is to be spared, Râm. 3, 6, 43). — ಹುತ್ತುಗಾಲ್. -ಕಾಲ್. A kind of elephantiasis (ಚರಣವಾಲ್ಮೀಕ Mr. 385).

ಹುದಿ hudi. = ಪುದಿ 1, q. v. To enter, etc. (Bh. 2, 13, 44; 3, 9, 24; Râm. 5, 8, 67).

ಹುದಿಗಿಸು hudigisu. = ಪುದುಗಿಸು q. v., etc. See Sp. s. ಟೊಣೆ 1.

ಹುದು hudu. = ಪುದು q. v., etc. (Bh. 1, 3, 6; M. ಪೊದು).

ಹುದುಗ huduga. A cover (ಗರ್ಭದೊಳಗಿನ ಶಿಶುವಿಗೆ ಸುತ್ತಿದ ಪರೆ, ಜರಾಯು G.).

ಹುದುಗಿಸು hudugisu. = ಹುದಿಗಿಸು, etc. (My.).

ಹುದುಗು hudugu. 1. = ಪುದುಗು. To be covered or hidden (Bh. 1, 15, 8); to hide (v. i.), to conceal one's self (3, 9, 24; 3, 13, 29. 33; 8, 23, 40; My.); to conceal, to guard (ಗೋಪನ Šmd. Dh.). ಹುದುಗಲ್ ಪಟ್ಟಿದು (ಸಂಗೂಢ, ಸಂಕಲಿತ Si. 379). See Rnč. s. ಅಮ್ಮು 1.

ಹುದುಗು hudugu. 2. Entering: joining, meddling (Bp. 40, 10); partnership (40, 44); guarding, protection (38, 73).

ಹುದುವು huduvu. = ಹುದು, etc. (Bh. 1, 3, 48; My.).

ಹುದ್ದೆ huddĕ. An office, a post (My.; B. 5, 268; Mhr., H. ಹುದ್ದಾ). — ಹುದ್ದೇದಾರ. One holding a public charge; an officer (My.; B. 5, 268; Mhr.). — ಹುದ್ದೇದಾರಿ. Relating to a huddêdâra; the business of a huddêdâra (My.; B. 5, 274).

ಹುನ್ನರ್ hunnar. = ಉನ್ನರ್. An art; a resource or power of skill; any ability (as subsisting in) for contriving, devising (My.; Mhr. ಹುನರ).

ಹುನ್ನರ್ಗಾಱ hunnar-gâṟa. An artful, skilful man (My.).

ಹುನ್ನಾರ್ hunnâr. = ಹುನ್ನರ್. (My.).

ಹುಬ್ hub. = ಹುವ್ವು, etc. A flower. — ಹುಬ್ಬಳ್ಳಿ. -ಹಳ್ಳಿ. N. of a town (C.; B. 3, 28. 103; 4, 28).

ಹುಬ್ಬು hubbu. = ಉಬ್ಬು, ಪುಬ್ಬು, etc. The eye-brow (ಭ್ರು Nr.; Si. 214; ಭ್ರೂ, ಬಿಲ್ಲಿ Mr. 317; C.; B. 4, 33; Bp. 46, 57; Râm. 6, 10, 11; J. 6, 17; 13, 51). ಹುಬ್ಬುಗಳ ಮಧ್ಯದ ಸುಟ್ (ಊರ್ಣ Nr.). — ಹುಬ್ಬಿಕ್ಕು. -ಇಕ್ಕು. = ಪುಬ್ಬಿಕ್ಕು. (My.). — ಹುಬ್ಬು ಗಣ್ಟಿಕ್ಕು. To knit the brows, to frown (My.; Si. 74. 214). ಹುಬ್ಬು ಗಣ್ಟಿಕ್ಕುವುದು (ಭೃಕುಟಿ, ಭ್ರುಕುಟಿ Hlâ.). ಹುಬ್ಬು ಗಣ್ಟಾಕ್ಕೊಳ್ಳಿಹ (ಭ್ರಕುಟಿ, ಭ್ರುಕುಟಿ, ಭ್ರೂಕುಟಿ Nr.). — ಹುಬ್ಬು ಗಣ್ಟು ಹಾಕು. = ಹುಬ್ಬು ಗಣ್ಟಿಕ್ಕು. (My.; B. 4, 56).

ಹುಬ್ಬೆ hubbĕ. = ಉಬ್ಬೆ, ಪುಬ್ಬೆ. Tbh. of ಪೂರ್ವೆ (Šmd. 356; C.). ಹುಬ್ಬೇ ಮಟ್ ಅಬ್ಬೇ ಹಾಲು (Prv.).

ಹುಮ್ಮಸ್ hummas. Pride, arrogance (My.; Tĕ. ಮುಮ್ಮುಸ್ಸು; *cf.* Mhr., H. ಹಿಮತ, ಹಿಮ್ಮತ, boldness, courage, spirit); joy (My.).

ಹುಮ್ಮೆನೆ hummĕnĕ. Scolding, etc. (ಜಂಕಣೆ Čt. I, 44; *cf.* Sk. ಹುಂ).

ಹುಯ್ huy. 1. = ಉಯ್ 4, etc. The husk of rice or corn. ಧಾನ್ಯದ ಹುಯ್ (ತುಷ Nr. *a*, ಉಯ್ Nr. *b*).

ಹುಯ್ huy. 2. = ಪುಯ್, etc. To beat, etc. (My.). P. ps. ಹುಯ್ದು, ಹೂದು (My.).

ಹುಯಿ huyi. = ಹುಯ್ 2, etc. P. p. ಹುಯಿದು (My.).

ಹುಯಿಲು huyilu. = ಪುಯ್ಯಲ್ 2, ಹುಯ್ಯಲ್ 1, ಹೊಯಿಲು 1. Vociferation, etc. — ಹುಯಿಲಿಡು. -ಇಡು. To cry or roar out (My.). — ಹುಯಿಲುತಮಟೆ. A loud-sounding tambourine (My.).

ಹುಯಿಸು huyisu. = ಹೊಯಿಸು, etc. To cause to beat, etc.; to cause to pour (My.). ಎಲೆಗಾಗಿ ಹಾಲಾ ಹುಯಿಸಿ ಕೊಣ್ಡ (Prv.).

ಹುಯ್ಯಲ್ huyyal. 1. ಹುಯ್ಯಲು. = ಹುಯಿಲು, etc. (Bp. 23, 29; 45, 48; 46, 36). — ಹುಯ್ಯಲಿಕ್ಕು. -ಇಕ್ಕು. = ಹುಯ್ಯಲಿಡು. (My.). ಕಳ್ಳಗೆ ಸನ್ನ ಕೊಟ್ಟು, ಒಡವೆಗೆ ಹುಯ್ಯಲಿಕ್ಕಿದ (Prv.). — ಹುಯ್ಯಲಿಡು. -ಇಡು. To cry or roar out (Bp. 14, 46).

ಹುಯ್ಯಲ್ huyyal. 2. = ಪುಯ್ಯಲ್ 1, etc., ಹೊಯಿಲು 2. Beating (Č. Bp. 8, 12).

ಹುರ hura. 1. = ಹುರಿ 2, etc. — ಹುರಕಡ್ಲೆ. = ಹುರಗಡ್ಲೆ. (G. 32). — ಹುರಗಡ್ಲೆ. -ಕಡ್ಲೆ. = ಹುರಿಗಡ್ಲೆ. (My.). — ಹುರಗಾಱು. -ಕಾಱು. = ಹುರಿಗಾಱು. (My.).

ಹುರ hura. 2. = ಹುರು. Roughness (see ಹುರಕು). — ಹುರ ಬರಕ್. reit. The state of having many inequalities on the surface, roughness (B. 4, 47; 5, 238). — ಹುರ ಬರಕು. = ಹುರ ಬರಕ್. (My.).

ಹುರ hura. Tbh. of ಪುರ 1. A town, etc. See ಗೋ-, ಜವ-.

ಹುರಕಲು hurakalu. = ಉರಿಕಲು, ಹುರಿಕಲು, ಹುರುಕಲು. Parched corn or pulse (mixed with salt, etc., My.).

ಹುರಕು huraku. = ಉರಕು, ಹುರುಕು. The state of the skin having many inequalities on its surface (from uncleanliness, etc.), roughness of the skin (My.). 2, a kind of herpes (S. Mhr.; see ಒಣ-). — ಹುರಕು ಬರಕು. = ಹುರ ಬರಕು. (My.).

ಹುರದು huradu. = ಹುರಿದು. P. p. of ಹುರಿ 1. (My.). ಹುರದ ಕಾಱು (ಲಾಜ G.). See Prv. s. ಕುರುಡ ಕುದುರೆ.

ಹುರಪಳಿಸು hurapaḷisu. To be singed, seared or parched (B. 3, 27; 5, 165; Mhr. ಹುರಪಳಣೇಂ).

ಹುರಮಂಜಿ huramañji. = ಹುರುಮುಂಜ. (S. Mhr.).

ಹುರಳಿ huraḷi. = ಉರಳಿ 2, etc., ಹುರುಳಿ, ಹುರ್ಳಿ, ಹುಳ್ಳಿ. The seed of the pulse Dolichos uniflorus Lam., horse-gram (C.). *Cf.* ಹುಲುವರ; see ಹಾಲು-; Prv. s. ಕುರುಡ ಕುದುರೆ.

ಹುರಿ huri. 1. = ಉರಿ 5, ಪುರಿ 1. To parch, as grain.

pulse, etc.; to roast, as coffee, pulse, etc. (ನಿರ್ಗ್ರವಳರಣ Šmd. Dh.; Râm. 5, 3, 75; C.). P. ps. ಹುರದು, ಹುರಿದು. ಹುರಿದ ಹಂಚು (ಭ್ರಾಷ್ಟ್ರ, ಅಮ್ಬರೀಷ Mr. 211). ಹುರಿಯುವ ಹಂಚು (ಅಮ್ಬರೀಷ, etc. Sl. 308); ಹುರಿದ ಬುರುಗಲು (ಧಾನೆ, ಭೃಷ್ಟಯವ 314). ಹುರಿಯಲಿಕ್ಕೆ ಜೋಳವಿಲ್ಲ, ಹೊಡೇವು ಕಟ್ಟೆಸಲಿಕ್ಕೆ ಓಡ್ಯಾಡುತ್ತಿದ್ದ.—ಬರಳಲ್ಲಿ ಹರಳು ಹುರಿದರೆ ಅರಳು ಆದೀತೇ?—ಉದ್ಯೋಗವಿಲ್ಲದ ತೊತ್ತು ಉದ್ದು ಹುರಿದು ತಿನ್ದಳು.—ಕಳ್ಳೇ ಸಂಗಡ ರಾಗಿ ಕೂಡಿ ಹುರಿದ ಹಾಗೆ (Prvs.).

ಹುರಿ huri. 2. = ಉರಿ 6, ಪುರಿ 2, ಹುರ 1. Parching, etc. — ಹುರಕ್ಕಿ. Parched rice (C.). — ಹುರಿಗಡಬು. -ಕಡಬು. = ಪುರಿಗಡಬು. (My.). — ಹುರಿಗಡಲೆ. -ಕಡಲೆ. Parched Bengal gram (Râm. 5, 8, 29; My.). — ಹುರಿಗಡ್ಲೆ. -ಕಡ್ಲೆ. = ಹುರಿಗಡಲೆ. (My.). — ಹುರಿಗಾವಲಿ. -ಕಾವಲಿ. A parching, roasting or frying pan (ಅಮ್ಬರೀಷ, ಭ್ರಾಷ್ಟ್ರ Hlâ.). — ಹುರಿಗಾಳು. -ಕಾಳು. = ಉರಿಗಾಳು, ಹುರಗಾಳು. Parched corn or pulse (mixed with salt, etc., My.). — ಹುರಿಮೆಣಸುಗಡಲೆ. - -ಕಡಲೆ. Parched Bengal gram mixed with chillies (Č. Bp. 47, 42). — ಹುರಿಯೋಡು. -ಓಡು. The half of an earthen pot used for parching, roasting or frying (ಸಿರಿವನ್ತಿಗೆ Šmd. II; Kk. 80; Šm. 51; My.). — ಹುರಿಸಕ್ಕರೆ. A kind of sugar (B. 3, 45). — ಹುರಿಹಂಚು. = ಹುರಿಯೋಡು. (ಅಮ್ಬರೀಷ, ಭ್ರಾಷ್ಟ್ರ Nr.; My.). — ಹುರಿಹಿಟ್ಟು. Flour made of parched paddy (My.). ಜೋಸರು ಬೆರಸಿ ಕಲಸಿದ ಹುರಿಹಿಟ್ಟು (ಕರಮ್ಬ Sl. 314).

ಹುರಿ huri. 3. = ಉರಿ 4, ಪುರಿ 3. Twisting; twisted state (Bp. 47, 80); twist, cord, twine, etc. (ಸುಲಿಕೆ Ŏt. I, 86; C.; B. 2, 26). ತುಮಬಿಲ್ಲದ ಒಡ್ಡನು, ಬಿಡಿಸಿಲ್ಲದ ಹುರಿಯು.—ಹಗ್ಗ ಸುಟ್ಟರೆ ಹುರಿ ಹೋದೀತೇ? (Prvs.). ಹುರಿಯ ಬಿಡ ಅಡಿಮಿಳಿ (Šmd. 286). — ಹುರಿಗಾತಿ. -ಕಾತಿ. A cord made of coir (B. 4, 121). — ಹುರಿಗೊಳಿಸು. -ಕೊಳಿಸು. To twist and fix (Bp. 18, 38). See another ಹುರಿಗೊಳಿಸು s. ಹುರಿ 4. — ಹುರಿನೂಲು. Twisted cotton threads (G. 337). — ಹುರಿ ಬಲಿ. To be well twisted (Bh. 4, 4, 10). See another ಹುರಿ ಬಲಿ s. ಹುರಿ 4. — ಹುರಿ ಮಾಡು. To twist (C.; B. 2, 2). — ಹುರಿ ಹೊಸೆ. To twist cords, etc. (My.).

ಹುರಿ huri. 4. = ಪುರಿ 4, etc. Strength, refreshment, spirit, courage, valour. — ಹುರಿ ಕಟಿಸು (i. e. ಕಟ್ಟಿಸು). To establish courage in one's self: to become courageous (Râm. 6, 11, 26; 6, 26, 30). — ಹುರಿಗೂಡಿಸು. -ಕೂಡಿಸು. To encourage (My.; G. 337). — ಹುರಿಗೂಡು. -ಕೂಡು. To become endowed with courage (Bh. 3, 26, 56). — ಹುರಿಗೊಳಿಸು. -ಕೊಳಿಸು. To strengthen, to nourish, to sustain (Bp. 51, 45); to encourage (My.). — ಹುರಿದುಮ್ಬಿಸು. -ತುಮ್ಬಿಸು. To encourage (My.); to stimulate (B. 5, 187; ಪ್ರೇರಿಸು G.). — ಹುರಿದುಮ್ಬು. -ತುಮ್ಬು. To become courageous (B. 4, 217). 2, to encourage (My.). — ಹುರಿ ಬಲಿ. Courage to grow firm (Râm. 4, 2, 25; Bh. 6, 7, 15). — ಹುರಿ ಮಾಡು. To encourage (My.). — ಹುರಿಯಾಗು. -ಆಗು. Strength to be created; to gain strength, to become strong. ನರಿ ಹುರಿಯಾದರೆ ಕರಿಯಾದೀತೇ? (Prv.). — ಹುರಿಯೇರು. -ಏರು. To increase in strength (Bh. 8, 21, 8); to grow spirited (8, 25, 3). — ಹುರಿಹಲ್ಲು. A firm, strong tooth. ಸುಂಕಿಗನು ಹುರಿಹಲ್ಲು (orig. ಹುರಿಹಲು) ಬಿಂಕಿನಾ ಬೆಲೆವೆಣ್ಣು ಕಂಕಿಯು ಸುಂಕ ನಸುಗುನ್ನಿ ಈ ಅಯು ಸೋಂಕಿದರೆ ಬಿಡವು (Sp.).

ಹುರಿ huri. 5. The back-bone, the spine (B. 4, 46. 82; 5, 248). ಬೆನ್ನ ಹುರಿಯ ಕೆಳಗೆ ಕೂಡಿದ ಮೂಳು ಎಲುವು (ತ್ರಿಕ); ಬೆನ್ನ ಹುರಿ (ವಂಶ, ಬೆನ್ನೆಲುವು G.).

ಹುರಿಕಲು hurikalu. = ಹುರಕಲು, etc. (My.).

ಹುರಿದಿಗ huridiga. = ಪುರುದಿಗ. An envious man (ಈರ್ಷ್ಯಾಳು, ಕುಹನ Hlâ.; Mr. 248).

ಹುರಿಡು huridu. = ಪುರುಡು 1, etc. See ಹುರಿದಿಗ.

ಹುರಿಯಿಸು huriyisu. To cause to parch, etc. (Bp. 27, 49; My.).

ಹುರಿಯೋ ಹುರಿ huriyô huri. An interjection used in hooting (Bh. 3, 1, 31; Mhr. ಹುರ್ಯೋ ಹುರ್ಯೋ, ಹುರರೇ ವಡಿಲ್).

ಹುರಿಸು hurisu. = ಹುರಿಯಿಸು. (My.).

ಹುರು huru. = ಹುರ 2. — ಹುರು ಬರಕು. = ಹುರ ಬರಕು. (C.; B. 1, 15; 4, 70).

ಹುರುಕಲು hurukalu. = ಹುರಕಲು, etc. (My.).

ಹುರುಕು huruku. = ಹುರಕು, etc. Roughness of the skin (My.). 2, a kind of herpes (B. 3, 80; T. ಪೊಡು, ಪೊಡುಗು, scab; see ಹಸಿ-). ಹುರುಕಿನ ಗುರುಳೆಗಳು (ವಿಚರ್ಚಿಕೆ G.). — ಹುರುಕ. -ಅ 3. A man whose skin is rough (from uncleanness, etc. (My.).

ಹುರುಡಿಸು hurudisu. = ಪುರುಡಿಸು q. v., etc. (Bp. 59, 3; My.). ಹುರುಡಿಪಾ ಸತಿಯ ಹೊಣೆಗಾರ್ತಿ (Kk. 28). ಹುರುಡಿಪ ಸತಿಯ ಹೊಣೆಗಾರ್ತಿಯಕ್ಕಂ (Šm. 73).

ಹುರುಡು hurudu. = ಪುರುಡು 1 q. v., etc. (Bh. 7, 5, 83; Râm. 4, 1, 10; My.).

ಹುರುಪು hurupu. = ಹುರುಕು No. 1. (My.). — ಹುರುಪ. -ಅ 3. = ಹುರುಕ. (My.).

ಹುರುಮಂಜಿ hurumañji. = ಹುರಮಂಜಿ, ಹೊರುಮಂಜಿ. A particular red ochre (My.; Mhr., H. ಹುರಮುಜಿ). — ಹುರುಮಂಜಿ ಬಣ್ಣ. The colour of that ochre (My.).

ಹುರುಳ್ hurul̤. ಹುರುಳು. = ಪುರುಳ್ 1, q. v. (Grj. 7, 32; Bh. 6, 4, 109; My.). ಅತ್ತೀ ಹಣ್ಣು ಕೆಮ್ಪಾದರೂ ಒಳಗೆ ನೋಡಿದರೆ ಹುರುಳಿಲ್ಲ (Prv.). — ಹುರುಳುಗಾಣ್. -ಕಾಣ್. To see what is true or good (Abhâ. 2, 84). — ಹುರುಳುಗೆಡಿಸು. -ಕೆಡಿಸು. To destroy the power of (Bh. 4, 4, 10; 8, 24, 11); to deprive of strength (Râm. 1, 5, 27).

ಹುರುಳಿ huruḷi. = ಹುರಳಿ, etc. (C.). ಹುರುಳಿ ತಿನ್ನುವವನಿಗೆ ಕಣ್ಣು ಹಿಡಿಯುವವರು ಮೂರು ಮನ್ದಿ (Prv.). See Prv. s. ಕುದುರೆ. — ಹುರುಳಿಕಟ್ಟು. The water in which horse-gram has been boiled (My.). — ಹುರುಳಿಯೆಸರು. -ಎಸರು. = ಹುರುಳಿಸಾರು. (My.). — ಹುರುಳಿಸಾರು. Seasoned broth or pepper-water of horse-gram (My.). ಹುರುಳಿಸಾರಿಗೆ ಹೋಗಿ, ಕುದುರೇ ಕ್ರಯ ಕೇಳಿದ ಹಾಗೆ (Prv.). — ಹುರುಳಿಹಾಲು. The white fermentation of steeped gram. ಹುರುಳಿಹಾಲಿಗೆ ಬನ್ದವಗೆ ಕುದುರೇ ಬೆಲೆ ಯಾಕೆ? (Prv.).

ಹುರೋ hurô. = ಹುರಿಯುವ of ಹುರಿ 1. ಹುರೋ ಮಡಿಕೆ (ಅಮ್ಬರೀಷ, ಭ್ರಾಷ್ಟ್ರ Sl. 308); ಹುರೋ ಸೋರೆ (ಅಮ್ಬರೀಷ, etc. 308).

ಹುರೋ hurô. (Hurra!). — ಹುರೋಯೆನ್. -ಎನ್. To cry out from joy (My.).

ಹುಱಲೆ huṟalĕ. = ಪುಱಲೆ, etc. (My.).

ಹುರ್ಬು hurbu. = ಪುರ್ಬು, etc. ಎರಡು ಹುರ್ಬಿನ ನಡು (ಕೂರ್ಚ Hlâ.).

ಹುರ್ಳಿ hurḷi. = ಹುರಳಿ, etc. (ಕುಲತ್ಥ G.; My.).

ಹುಲ್ hul. = ಪುಲ್, etc. Grass; straw (Bp. 28, 19; 60, 27; see ಕಱು-).

ಹುಲಬು hulabu. = ಹುಲುಬು. To come to light, to be detected (as a crime, S. Mhr.; see ಪೊಲಬು and ಪೊಲ್).

ಹುಲಸು hulasu. = ಹುಲುಸು. (My.).

ಹುಲಿ huli. 1. = ಪುಲಿ 1. A tiger (ವ್ಯಾಘ್ರ, ಪುಣ್ಡರೀಕ, ದ್ವೀಪಿ, etc. Hlâ.; ವ್ಯಾಘ್ರ, etc. Mr. 159; ಪುಣ್ಡರೀಕ, ಚಮೂರ Nn. 18; Bp. 18, 70; 42, 5. 12; Bh. 1, 8, 21. 53; 8, 13, 44; C.). ಹುಲಿಯ ಚರ್ಮದಲ್ಲಿ ಹೊದಸಲು ಪಟ್ಟ ರಥ (ದ್ವೈಪ, etc. Nr.). ಹುಲೀ ಕೂಡೆ ನರಿಗೆ ಸೆಣಸಾಟವೇ?— ಹುಲೀ ಬಣ್ಣಕ್ಕೆ ನರಿ ಮೆಯ್ ಸುಟ್ಟುಕೊಣ್ಡ ಹಾಗೆ.— ಬರುವಾಗ ಹುಲಿಯ ಹಾಗೆ, ಹೋಗುವಾಗ ಇಲಿಯ ಹಾಗೆ.— ಸಾವಿರ ಬೆಕ್ಕು ಕೂಡಿದರೆ ಒನ್ದು ಹುಲಿ ಆದೀತೇ?— ಜೇಲು ಬನ್ದರೆ ಹುಲಿಗೆ ಹೆದರ (Prvs.). — ಹುಲಿಕನ್ನಾಯ. = ಹುಲಿಕಲ್ಲು. (My.). — ಹುಲಿಕಲ್ಲು. = ಪುಲಿಕಲ್ಲು No. 2. A game with fifteen small stones and three big ones that represent tigers and to which small lost stones are given as tribute (My.). — ಹುಲಿಗಣ್ಣು. -ಕಣ್ಣು. A tiger's eye. — ಹುಲಿಗಣ್ಣಲಬು. -ಅಲಬು. The procumbent herb Crotolaria bifaria Lin. (Z.). — ಹುಲಿಗೂಡು. -ಕೂಡು. A tiger to join (v. i.). ಬಡವ ಬಟ್ಟೆಯ ಹೋಗಲೊಡನೆ ಸಂಗಡವೇಕೆ? ಬಡತನವೆಮ್ಬ ಹುಲಿಗೂಡಿ ಬರುವಾಗ ನುಡಿಸುವರಿಲ್ಲ (Sp.). — ಹುಲಿಗೆಟ್. -ಕೆಟ್. = ಪುಲಿಗೆಟ್. (Bp. 51, 81; 58, 21). — ಹುಲಿಗೆಟ್ಟಯರಸ. -ಅರಸ. Śiva (Bp. 44, 6). — ಹುಲಿಚರ್ಮ. = ಹುಲಿತೊಗಲು. (My.). — ಹುಲಿತೊಗಲು. A tiger's skin (My.). — ಹುಲಿದೊಗಲು. -ತೊಗಲು. = ಹುಲಿತೊಗಲು. (C.; B. 4, 37. 155). — ಹುಲಿಮನೆಯಾಟ. - -ಆಟ. = ಹುಲಿಕಲ್ಲು. (S. Mhr.). — ಹುಲಿಮರಿ. A young tiger. ಹುಲಿಮರಿ ಹುಲ್ಲು ಮೇದೀತೇ? (Prv.). — ಹುಲಿಮುಖ. = ಪುಲಿಮುಖ, q. v. (Râm. 1, 13, 2; 6, 11, 2). — ಹುಲಿಯುಗುರು. -ಉಗುರು. = ಪುಲಿಯುಗುರ್, q. v. (Prll. 3, 25; My.; B. 4, 38). — ಹುಲಿವೇಷ. The guise of a tiger. ನರಿ ಹುಲಿವೇಷ ಹಾಕಿ ಕೊಣ್ಡರೂ ನಾಡಿಗೋದು ಬಿಡಲಿಲ್ಲ (Prv.).

ಹುಲಿ huli. 2. = ಪೊರೆ 5. (?). See ನರ-. (Tĕ. ಪುಲಿಪಿರಿ, ಪುಲಿಪುಲಿ, a wart).

ಹುಲಿಗಲಿ huligali. = ಹುಲಿವಿಲಿ. (ತಿನಿಶ, ಸ್ಯನ್ದನ, ನೇಮಿ, ರಥದ್ರು, ಅತಿಮುಕ್ತಕ, ವಂಜುಲ Si. 127).

ಹುಲಿಗಿಲಿ huligili. = ಹುಲಿಗಿಲು, etc. (ಚಿರವಿಲ್ವ, etc. Si. 133; My.).

ಹುಲಿಗಿಲು huligilu. = ಪುಲಿಗಿಲ್, ಪುಲಿಂಗಿಲ್, ಹುಲಿಗಿಲಿ. The Indian beech, frequently planted on roadsides, Pongamia glabra Vent. (ಚಿರವಿಲ್ವ, ನಕ್ತಮಾಲ, ಕರಜ, ಕರಂಜ Nr.; ನಕ್ತಮಾಲ, ಕರಂಜ Mr. 128; M. ಪುಷ್ಪ).

ಹುಲಿಗೆ huligĕ. = ಹುಲಿಗಲಿ. (ತಿನಿಶ, etc. Si. 127).

ಹುಲಿವಿಲಿ hulivili. = ಹುಲಿಗಲಿ. The tree Dalbergia oujeinensis Roxb. (ತಿನಿಶ, ಸ್ಯನ್ದನ, etc. Nr.).

ಹುಲಿವೆ hulivĕ. The timber tree Terminalia paniculata (Van Someren; My.).

ಹುಲಿಸು hulisu. To increase in bulk, to thrive, to grow rich (as a crop, My.; cf. ಹುಲುಸು; ಪೊರೆ1?).

ಹುಲು hulu. = ಪುಲ್, etc., ಹುಲ್ಲು. Grass; straw (Bp. 16, 22; 48, 72). — ಹುಲುಗಚ್ಚು. -ಕಚ್ಚು. To gnaw grass (Bp. 32, 26). — ಹುಲುಗುಡಿಲ್. A grass-hut (Bp. 18, 7). — ಹುಲುಬೇಡ. An insignificant huntsman (Śś. 36). — ಹುಲುಮಣ್ಡಲಿಕ. A petty chief (Bp. 21, 40). — ಹುಲುಮನುಜ. An insignificant man (J. 18, 53). — ಹುಲುರಕ್ಕಸ. A contemptible demon (Bh. 1, 14, 5). — ಹುಲುವೂಟ. -ಊಟ. A trifling or mean meal (Bp. 61, 19). — ಹುಲುವೇಟ. A twist of grass (Bh. 6, 1, 8). — ಹುಲುಸರವಿ. A string of grass or straw (Bp. 16, 21). — ಹುಲುಸೂತ. A worthless charioteer (J. 13, 9).

ಹುಲುಗಿಲು hulugilu. — ಹುಲುಗಿಲುಹುಲ್ಲು. The reed Amphidonax karka Lindl. (St. & Pl.).

ಹುಲುಬು hulubu. = ಹುಲಬು. (S. Mhr.).

ಹುಲುವರ huluvara. Horse-gram (ಹುರುಳಿ Mr. 374, o. r. in two MSS. ಹುಲುವಗ; Tĕ. ಉಲವಲು, ಉಲುವಲು, horse-gram).

ಹುಲುಸು hulusu. = ಹುಲಸು. Increase in bulk, richness of a crop (Bh. 6, 8, 13; My.; cf. ಹುಲಿಸು); rich augmentation in bulk, as of rice when boiling (My.); thriving state (Bh. 10, 7, 53).

ಹುಲ್ಲಾಳೆ hullâḷĕ. — ಹುಲ್ಲಾಳೆಕಡ್ಡಿ. (ವೀರಣ, ವೀರತರ Si. 164). — ಹುಲ್ಲಾಳೆಬೇರು. (ಉಶೀರ, ಅಭಯ, ಲಾಮಜ್ಜಕ, etc. Si. 164).

ಹುಲ್ಲು hullu. = ಉಲ್ಲು, ಪುಲ್, etc. Grass; straw (ಶರ, ತೃಣ Nn. 35; ಹರಿತ್, ತೃಣ 93; ಪುಲು 123; ತೃಣ, ಅರ್ಜುನ Si. 165; C.). ಎಲ್ಲಾ ಹುಲ್ಲುಮವ್ ಅರ್ಜುನ ಎಮ್ಬುದು (Hlâ.). ಎಲ್ಲಕ್ಕೆ ಹುಲ್ಲು ಹಗುರಂ, ಹುಲ್ಲಿನ್ದಂ ಹಗುರವಾ ಬೂರಲದರಳೆಯದು; ಹುಲ್ಲಿಂ ಬೂರಲಕಿನ್ದಂ ನಿಲ್ಲದೆ ಎಲ್ಲರನು ಬೇಡುವಾತನೆ ಹಗುರಂ (Subhâshita kandapadya). ಹುಲ್ಲಿನ ಉರಿ ಕನಸಿನ ಸಿರಿ ನಿಲ್ಲದು.— ಹುಲ್ಲು ಕೊಡವಿದ ಉಣ್ಡು ಬನ್ದ, ಗೋಣಿ ಕೊಡವಿದವ ಹಸಿದು ಬನ್ದ.— ಲಾವಂಚವೂ ಹುಲ್ಲೇ, ಲಕ್ಷ್ಮೀಶ್ವರನೂ ಮನುಷ್ಯನೇ, ಆದರೆ ಭೇದವಿಲ್ಲವೋ?— ಹುಲಿಮರಿ ಹುಲ್ಲು ಮೇದೀತೇ? (Prvs.). See Prv. s. ತೆಂಗು 1. — ಹುಲ್ಲಡಕ. -ಅಡಕ. A heap of grass or straw (ತೃಣ್ಯೆ, ತೃಣ, ಸಂಹತಿ Si. 165). — ಹುಲ್ಲುಈಚಲ. A small herb, Curculigo brevifolia Ait. (Z.). — ಹುಲ್ಲುಕಟ್ಟು. A tie made of grass or straw (My.). — ಹುಲ್ಲುಕಡ್ಡಿ. A small piece of grass or straw (My.). — ಹುಲ್ಲುಕೆಲಸ. = ಹುಲ್ಲೊಕ್ಕಲ್. (My.). — ಹುಲ್ಲುಖಾಣ. Grass-fodder (Bp. 22, 27).— ಹುಲ್ಲುಗಟ್ಟಿ. -ಕಟ್ಟಿ. Grass and thorns (My.). — ಹುಲ್ಲುಗದ್ದೆ. A paddy-field overgrown with grass (B. 4, 79). — ಹುಲ್ಲುಗಾವಲು. -ಕಾವಲು. Pasture-lands belonging to government (My.). — ಹುಲ್ಲುಚಣ್ಡಿನ ಆಟ. A play with balls made of grass (S. Mhr.). — ಹುಲ್ಲುಚಾಪೆ. A grass-mat (My.). — ಹುಲ್ಲುತೆರಿಗೆ. A tax levied from those who bring their cattle to graze on government pasture-lands (My.). — ಹುಲ್ಲುಬಣಬೆ. A stack of hay or straw (My.). — ಹುಲ್ಲುಬನ್ನಿ. = ಹುಲ್ಲುತೆರಿಗೆ. (My.). — ಹುಲ್ಲುಮಣಿಯ. A man in charge of public straw (My.). — ಹುಲ್ಲುಮನೆ. A house with a roof of grass or straw (My.). — ಹುಲ್ಲುಮಾನು. (ನಲಮಾನ, ಚಲಿಚಮ Si. 87). — ಹುಲ್ಲುಮೂಟೆ. = ಹುಲ್ಲಡಕ. (ತೃಣ್ಯೆ Si. 165). — ಹುಲ್ಲುಮೆದೆ. = ಹುಲ್ಲುಬಣಬೆ. (My.; ತೃಣ್ಯೆ Si. 165). — ಹುಲ್ಲುರಾಶಿ. (ತೃಣ್ಯೆ Si. 165). — ಹುಲ್ಲುವಾಮೆ. (ತೃಣ್ಯೆ Si. 165). — ಹುಲ್ಲುಹೊರೆ. A load or bundle of grass or straw (My.; ತೃಣ್ಯೆ Si. 165). — ಹುಲ್ಲೊಕ್ಕಲ್. -ಒಕ್ಕಲ್. The act of bullocks treading out straw that has been thrashed (My.).

ಹುಲ್ಲೆ hullĕ. = ಪುಲ್ಲೆ. A male or female antelope or deer (ಏಣ, ಕುರಂಗ, ಹರಿಣ, ಮೃಗ Hlâ.; Mr. 162; ಮೃಗಿ, ಹರಿಣಿ Nr.; J. 28, 32; Bh. 8, 13, 29; Rághô. 17, 66. 68; My.). ಹುಲ್ಲೆಯ ಚರ್ಮ ಕೊಳಗು ಮೊದಲಾದವು (ಐಣೇಯ Nr.). ನೆಲ್ಲೀ ಕಾಯಿ ಹುಲ್ಲೆಗೆ ಆದೀತೇ? (Prv.). — ಹುಲ್ಲೆಕರು. = ಹುಲ್ಲೆ. (My.). — ಹುಲ್ಲೆಗರು. = ಹುಲ್ಲೆಕರು. (Si. 169).

ಹುವ್ವಾಡಿಗ huvvu-vâḍiga. (or huvvu-âḍiga?). = ಹೂವಾಡಿಗ. A florist, a dealer in flowers (ಮಾಲಾಕಾರ, ಮಾಲಿಕ Si. 249; My.).

ಹುವ್ವು huvvu. = ಉವ್ವು, ಊ 3, ಊವು, ಪುವ್ವು q. v., etc., ಹುಬ್. A flower, etc. (ಸುಮನಸ್, ಪುಷ್ಪ, ಪ್ರಸೂನ, ಕುಸುಮ Si. 124. 488; Bp. 22, 32; 58, 22; C.; B. 5, 76. 129). ಹುವ್ವು ಬಿಟ್ಟಿರುವ ಬಳ್ಳಿ (ವಲ್ಲರಿ, etc. Si. 122). — ಹುವ್ವರಿಸೆ. -ಅರಿಸೆ. (ಸೂದ, ಪೂಪ, ಕ್ರಮುಕ, ಬ್ರಹ್ಮಣ್ಯ, ಬ್ರಹ್ಮದಾರು (Si. 131; *cf.* ಹೂವರಸೆ). — ಹುವ್ವಿನ ಪಚ್ಚಡ. Muslin interwoven with flowers (My.).

ಹುಷಾರ hushâra. = ಹುಷಾರು. (Čb. 9. 73).

ಹುಷಾರಿ hushâri. Smartness, intelligence; wariness; smart, etc. (= ಹುಷಾರು, My.; Mhr., H. ಹುಶಾರೀ).

ಹುಷಾರು hushâru. Smart, sharp; attentive, alert, watchful; fresh, brisk (as through good feeding for a time); fresh-feeling (as after recovery or during convalescence, My.; Br.; Mhr., H. ಹುಶಾರ).

ಹುಸ್ hus. = ಉಸ್, etc. A sound used in scaring away animals (My.).

ಹುಸಿ husi. 1. = ಪುಸಿ 1, q. v. To become or prove untrue or false; etc. (ಅನೃತ Šmd. Dh.; Bp. 6, 2; 13, 16; 31, 23; My.). ಸತ್ಯರು ಹುಸಿದೊಡೆ, ಒತ್ತಿ ಹರಿದಡೆ ಶರಧಿ, ಉತ್ತಮರು ತಪ್ಪಿ ನಡೆದರೆ ಲೋಕವಿನ್ನೆತ್ತ ಬದುಕುವದು? (Sp.). See Sp. s. ಬಯ್ಗು.

ಹುಸಿ husi. 2. = ಪುಸಿ 2, q. v. A falsehood, a lie; etc. (ಅನೃತ, ಕೂಟ Nr.; ಅನೃತ, etc. Mr. 86; ಅಪಾಹ್ನ, ಪುಸಿ Nn. 158; Čpr. 3, 35; Bp. 56, 49; Bh. 1, 8, 48; Dp. 24, 4; My.). ಹುಸಿಯಾದೊಡೆ ದೇವರ ಪಾದದಾಣೆ! (Šmd. 120). ಹುಸಿಯೆ ಅಭಿಪ್ರಾಯಮಾಗಿ ನುಡಿವ ನುಡಿ (ಅಹತ, ಮೃಷಾರ್ಥಕ Nr.). ಬಲ್ಲೆನೆಮ್ಬುವ ಮಾತು ಎಲ್ಲವು ಹುಸಿ, ಕಾಣಿರೊ! ಬಲ್ಲರೆ, ಬಲ್ಲೆನೆನ ಬೇಡ; ಸುಮ್ಮನಿರ ಬಲ್ಲವನೆ ಬಲ್ಲ (Sp.). ಹುಸಿ ಹೇದ್ದರೂ ಹಸನಾಗಿರ ಬೇಕು (Prv.). — ಹುಸಿಗಾಯಿ. -ಕಾಯಿ. An unripe, unsubstantial fruit (My.). — ಹುಸಿಗುಣ್ಡು. A missing shot (S. Mhr.). — ಹುಸಿಗೆಯ್. -ಕೆಯ್. An impotent hand (Čpr. 4, 19). — ಹುಸಿನಗು. A false, hypocritical laugh (My.). 2, a gentle smile (My.). — ಹುಸಿನುಡಿ. A lie (ಅನೃತ Nr.). — ಹುಸಿಫಲ. Unsubstantial fruits that drop before ripening (My.). — ಹುಸಿಮದ್ದು. Badly charged and insufficient powder (My.). — ಹುಸಿಮಾತು. = ಹುಸಿನುಡಿ. (My.). — ಹುಸಿಯ ಹೊಲೆಯ. A lying Hŏlĕya (Bp. 55, 18). — ಹುಸಿಹೂ. A flower that drops without producing fruit (My.).

ಹುಸಿಗ husiga. = ಪುಸಿಗ. (ಸುಳ್ಳು ಹೇಳುವವನು G.).

ಹುಹು huhu. A cry expressive of shivering from cold (Rśv. 9, 22; My.; Tĕ. ಹೂಹೂ). *Cf.* ಉಹುಹು.

ಹುಳಕ huḷaka. See ದೊಡ್ಡ-, ಸಣ್ಣ-.

ಹುಳಿ huḷi. 1. To be or turn sour (T., M. ಪುಳಿ). ಹುಳಿತದು (ಶುಕ್ತ, ಅಮ್ಲ Si. 428).

ಹುಳಿ huḷi. 2. = ಪುಳಿ, etc., ಹುಳು. Acidity, sourness (ಅಮ್ಲ, ಅಮ್ಲ Nr.; Si. 50; ಅಮ್ಲ Nn. 119; ಅಮ್ಲ Mr. 218; C.); a sour substance (Bp. 28, 37). See Prvs. s. ಹುಣಸೆ. — ಹುಳಿಗುಡಿ. See Mr. s. ಘೋರಾಮ್ಲ. — ಹುಳಿಚಿಕ್ಕನಗಿಡ. = ಹುಳಿಹುಣಿಚೆಯ ಗಿಡ. (St. & Pl.). 2, a cultivated potherb, Rumex vesicarius Lin. (Z.). — ಹುಳಿತೇಗು. -ತೇಗು. Sour belching: the heart-burn (My.). — ಹುಳಿದೋಸೆ. A dôsĕ made of leavened dough (My.). See Prv. s. ಸಂಕ್ರಾನ್ತಿ. — ಹುಳಿಪದಾರ್ಥ. A sour substance (B. 4, 140). — ಹುಳಿಪಲ್ಯ. Boiled vegetables mixed with tamarind, etc. (My.). — ಹುಳಿಬೇಲ. (ಸ್ವಾದುಕಣ್ಟಕ, ವಿಕಂಕತ, ಸ್ರುವಾವೃಕ್ಷ, ಗ್ರನ್ಥಿಲ, ವ್ಯಾಘ್ರಪಾದ್ Si. 130). — ಹುಳಿಮರ. = ಹುಣಿಸೆಮರ. (St. & Pl.). — ಹುಳಿಮಾವು. A sour mango (My.). — ಹುಳಿಯನ್ನ. -ಅನ್ನ. Boiled rice mixed with tamarind, chillies, oil, etc. (My.). — ಹುಳಿಯಮ್ಬಕಳ. -ಅಮ್ಬಕಳ. = ಹುಳಿಯಮ್ಬಲಿ. (Bp. 15, 26). — ಹುಳಿಯಮ್ಬಲಿ. -ಅಮ್ಬಲಿ. An ambali mixed with any sour substance (My.; G. 107). — ಹುಳಿಸಾರು. Pepper-water (My.). ಹುಳಿಸಾರು ಮಾಡದವ ನಳಪಾಕ ಮಾಡ್ಯಾನೇ? (Prv.). — ಹುಳಿಸೊಪ್ಪು. Boiled vegetable-leaves mixed with tamarind, etc. (My.). — ಹುಳಿಹಚ್ಚೆ. (ಸಹಸ್ರವೇಧಿ, ಚುಕ್ರ, ಅಮ್ಲವೇತಸ, ಶತವೇಧಿ Si. 157). — ಹುಳಿಹಣ್ಣು. Ripe tamarind (My.); (ತಿನ್ತಿಡೀಕ, ಚುಕ್ರ, ವೃಕ್ಷಾಮ್ಲ Si. 310). — ಹುಳಿಹಚ್ಚೆ. Sorrel (ಸಹಸ್ರವೇಧಿ, ಚುಕ್ರ, ಅಮ್ಲವೇತಸ, etc. Nr.; Tĕ. ಪುಲ್ಲಚಿಪ್ಪ). — ಹುಳಿ ಹಿಡಿ. To turn sour, as milk or juice (My.). — ಹುಳಿಹುಣಿಚೆಯ ಗಿಡ. A troublesome weed, the yellow wood-sorrel, Oxalis corniculata Lin. (St. & Pl.). — ಹುಳಿಹುಳಿ. rep. (B. 1, 15).

ಹುಳು huḷu. = ಹುಳಿ 2. — ಹುಳುಗೋಳಿ. A climbing herb with fleshy stem and leaves, Vitis setosa Wall. (Z.). — ಹುಳುಚಿಕ್ಕನ ಗಿಡ. = ಹುಳಿಚಿಕ್ಕನ ಗಿಡ No. 2. See ಅಡವಿ-. — ಹುಳುಮಚ್ಚಗೆ. A fleshy leafless plant with quadrangular stems, Caralluma fimbriata Wall. (Z.).

ಹುಳ್ಳಿ huḷḷi. = ಹುರಳಿ, etc. (C.). See Prv. s. ಹಳ್ಳಿ.

ಹುಳ್ಳೆ huḷḷĕ. = ಪುಳ್ಳೆ q. v., etc. (ಏಧ, ತರ್ಪಣ, ಇನ್ಧನ, ಏಧಸ್, ಸಮಿಧ್, ಇಧ್ಮ Hlâ.).

ಹುೞ huḻa. = ಪುೞ 1, etc. A worm, etc. (Bp. 18, 40; C.; B. 2, 11; 3, 120). ಹುೞ ತಿನ್ದ ಅಕ್ಕಿ ಅದರೆ ಮನೆಗೆ ನೆನೆಯದೇ? (Prv.). — ಹುೞ ಹತ್ತು. To be attacked or injured by worms (B. 4, 72. 140). — ಹುೞ ಹುಪ್ಪಡಿ. reit. (C.).

ಹುೞಕಲು huḻakalu. = ಹುೞುಕಲು. (My.).

ಹುೞಕು huḻaku. = ಹುೞುಕು, etc. — ಹುೞಕುಗೋಡೆ. A wall of which the plaster is in a bad state (My.). — ಹುೞಕುನೆಲ. A floor that is out of repair (My.).

ಹುೞತು huḻatu. P. p. of ಹುೞ್ (My.).

ಹುೞವು huḻavu. = ಹುೞ, etc. ಹುೞವಿನ, ಹುೞವಿನಲ್ಲಿ (My.).

ಹುೞಿ huḻi. = ಪುೞ್, ಹುೞು 2. To get worm-eaten, to rot, to decay (Bp. 57, 48; My.). P. p. ಹುೞಿತು (My.).

ಹುೞು huḻu. 1. = ಉೞು 3, ಉೞು 4, ಹುೞ, etc. A worm, etc. (ಕ್ರಿಮಿ, ಕೀಟ, ನೀಲಂಗು, ಪುಲಕ Hlâ.; ನೀಲಂಗು, ಕ್ರಿಮಿ Nr.; ಕ್ರಿಮಿ Si. 221; ಕ್ರಿಮಿ, ತ್ರಸ Nn. 121). ಬೆವರಿನಿನ್ದ ಹುಟ್ಟಿದ ಹುೞುಗಳು (ಸ್ವೇದಜ Si. 376). — ಹುೞುಕಡಿ. = ಉೞುಕಡಿ. Ringworm (My.). — ಹುೞುಕಡ್ಡಿ. = ಉೞುಕಡ್ಡಿ, ಹುೞುಕಡಿ. (My.). — ಹುೞುಗಲಗುಹುಲ್ಲು. A reed, Amphidonax karka Lindl. (St. & Pl.). — ಹುೞು ಬೀೞು. Worms or insects to fall upon or attack. ಬೆಳೆಗೆ ಹುೞು ಬಿತ್ತು (My.).

ಹುೞು huḻu. 2. = ಹುೞ್, etc. ಹುೞುವುದು (Bp. 22, 18; Bh. 4, 4, 13). P. p. ಹುೞುತು (My.).

ಹುೞುಕಲು huḻukalu. = ಹುೞಕಲು. The state of being worm-eaten or decayed (My.).

ಹುೞುಕು huḻuku. = ಉೞುಕು, ಪುೞುಕು, ಹುೞಕು. The

state of being worm-eaten, decayed, etc.; baseness (Bh. 2, 13, 14; My.). ಹಣವಿದ್ದರೆ ಹುಳುಕು ಮುಚ್ಚುತ್ತದೆ (Prv.). — ಹುಳುಕುನೀತಿ. Unsound, base precepts (My.). — ಹುಳುಕುಮನಸ್ಸು. A corrupt, base mind (My.). — ಹುಳುಕುಮರ. A rotten tree (My.). — ಹುಳುಕುಮೋರೆ. A pock-marked face (Dp. 59, 1; My.). — ಹುಳುಕುಹಲ್ಲು. A carious tooth (My.).

ಹುಳಿತು hulutu. P. p. of ಹುಳು 2. (My.).

ಹೂ hû. 1. = ಪೂ 1. Flowers to be produced, etc. ಹೂತುದು (ಹೂ ಆದುದು Šs.).

ಹೂ hû. 2. = ಊ 3, etc., ಪೂ 2, etc., ಹುವ್ವು, etc., ಹೂವು. (Šmd. 95, o. r. ಪೂ). A flower, a blossom (ಪುಷ್ಪ, ಪ್ರಸವ, ಕುಸುಮ, ಪ್ರಸೂನಕ, ಸುಮನಸ್ Hlâ.; ಪ್ರಸೂನ, ಲತಾಂತ Nn. 25; Bp. 19, 65; C.; B. 3, 106; 4, 2); albugo (Bp. 18, 66; My.). ಹೂವಿನ ರಜ (ರಜಸ್, ಪರಾಗ); ಹೂವಿನ ಮಾಲೆ (ಸ್ರಜ್, ಮಾಲೆ, ಮಾಲ್ಯ); ತುರುಬಿನ ಹೂ (ಗರ್ಭಕ); ಜನ್ನವಿರದಂತೆ ಇಕ್ಕಿದ ಹೂವಿನ ಮಾಲೆ (ವೈಕಕ್ಷಕ); ಹೂವಿನ ತೊಡಮ್ಬೆ (ವೃಂತ); ಹೂವಿನ ಗೊಂಚಲು (ಸ್ತವಕ, ಗುಚ್ಛ, etc.); ಹೂವಿನ ತೋಟ (ಪುಷ್ಪವಾಟಿ); ಹೂವಿನ ಬಣ್ಣ (ಮಕರನ್ದ, ಮಧು); ಹೂವಿನ ಮುಗುಳು (ಕೋರಕ, etc.); ಕೊರಳಲಿ ಇಕ್ಕಿದ ಹೂವಿನ ಮಾಲೆ (ಪ್ರಾಲಮ್ಬಕ); ಹೂವಿನೆಲೆಯ ಆಕಾರದ ಭೇದದ ಮೊನೆಯ ಅಮ್ಬುಗಳು (ಅರ್ಧಚನ್ದ್ರ, etc.); ಚಣ್ಡಿಕೆಯಲ್ಲಿ ಮುಡಿದ ಹೂ (ಪ್ರಭ್ರಷ್ಟಕ); ಮುನ್ದಲೆಯ ಹೂ (ಲಲಾಮಕ); ಹೂವಾಗಿ ಕಾಯಿಹ ಮರಂ (ವಾನಸ್ಪತ್ಯ Hlâ.). ಹೂವಿನ ಮೂಳು (ಪರಾಗ, etc. Nr.). ಹೂವಿನ ಮೊಗ್ಗೆ (ಕುಟ್ಮಲ Nn. 52). ಹೂವಿನ ಗಿಡು (Bp. 38, 9). ಯಾತಬಿಡು ಹೂವೇನು? ನಾತರದು ಸಾಲದೇ? (Sp.). ಜೇನು ಬಲ್ಲುದೆ ಮುಡಿದ ಹೂವಿನಾ ಪರಿಮಳವ? (Dp. 76). ಹೂ ಮಾರುವ ಅಂಗಡಿಯಲ್ಲಿ ಹುಲ್ಲು ಮಾರುವನನ್ತೆ.— ಹೂ ಮಾರುವ ಊರಲ್ಲಿ ಹುರಿ ಮಾರಿ ಬಾರದು.— ಹೂವಿಗೆ ಬಡತನವಾದರೆ ಹೂಸಿಗೆ ಬಡತನವಿಲ್ಲ.— ಪರಿಮಳದ ಹೂ ಪರಿಮಳದಲ್ಲೇ ಇರ ಬೇಕು.— ಬಾಡಿದ ಹೂ ನಾಡಿನವರಿಗೆ ಯಾಕೆ? (Prvs.). — ಹೂಗಣ್ಣು. -ಕಣ್ಣು. Albugo (My.). — ಹೂಗಾಯ. = ಊಗಾಯ. A slight wound (My.). — ಹೂಗಿಡು. A flowering plant (Bp. 38, 10). — ಹೂಗೊಂಚಲ್. A flower-bunch (Bh. 7, 7, 43). — ಹೂಚವುರಿ. Flowers with some hair of the tail of the Bos grunniens. ಮಣ್ಡೆಯಲ್ಲಿ ಮುಡಿದ ಹೂಚವುರಿಗಳು (ಶೀರ್ಷಕ Mr. 334). — ಹೂಚೆಣ್ಡು. A bouquet (My.). — ಹೂಪಿಂಗಣ. A scarlet flower, the Indian shot, Canna indica Lin. (St. & Pl.). — ಹೂದಿಂಗಳು. (ಹಗಲ್ Mr. 147). — ಹೂದುರುಗಲು. -ತುರುಗಲು. A multitude of flowers (Râm. 6, 49, 35). — ಹೂದುರುಬು. -ತುರುಬು. A bundle of hair adorned with flowers (Râm. 1, 16, 52). — ಹೂದೋಟ. -ತೋಟ. A flower garden (Bp. 22, 7. 25; B. 3, 80). — ಹೂಬಣ್ಣ. Any light colour (My.). — ಹೂಬಾಣ. A kind of firework (My.). — ಹೂ ಬಿಡು. To produce flowers, to begin to blossom (C.; B. 3, 20. 106; 4, 27). — ಹೂಬಿಸಲು. A moderate evening sunshine (My.). — ಹೂಮಳೆ. A shower of flowers (Bp. 61, 64; Râm. 5, 9, 6); a flower-like, light rain (My.). — ಹೂಮಾಲೆ. A chaplet or garland of flowers. ಮಣ್ಡೆಯಲ್ಲಿಕ್ಕುವ ಹೂಮಾಲೆ (ಸ್ರಜ್, etc.); ತುರುಬಿನ ಮಧ್ಯದಲ್ಲಿಹ ಹೂಮಾಲೆ (ಗರ್ಭಕ); ಚಣ್ಡಿಕೆಯಲ್ಲಿ ಕಟ್ಟಿ ನೇಲುವ ಹೂಮಾಲೆ (ಪ್ರಭ್ರಷ್ಟಕ); ಬಯ್ತಲೆಯಲ್ಲಿ ನೇಲುವ ಹೂಮಾಲೆ (ಲಲಾಮಕ Nr.). ಕೋತೀ ಕೆಯ್ಯಲ್ಲಿ ಹೂಮಾಲೆ ಕೊಟ್ಟಹಾಗೆ (Prv.). — ಹೂ ಮುಡಿಸು. To tie flowers on the head. ಹೂಸದಿದ್ದರೆ ಹೂ ಮುಡಿಸಿದ್ದಕ್ಕಿನ್ತ ಹೆಚ್ಚು (Prv.). 2, to tie flowers on the head of a woman who has arrived at the fifth month of her first pregnancy (My.). — ಹೂವಂಗಿ. -ಅಂಗಿ. A cloth made of flowers to adorn a male idol (My.). — ಹೂವಂಗಿಸೇವೆ. Adoring an idol by adorning it with a cloth of flowers (My.). — ಹೂವರಸೆಮರ. -ಅರಸೆ-. The portia tree, Thespesia populnea Corr. (St. & Pl.; T. ಪೂವರಚು). — ಹೂವಾಗು. -ಆಗು. Flowers to be produced; to begin to blossom (see s. ಹೂ 1; B. 2, 51); albugo to be produced. — ಹೂವಿನ ಹಬ್ಬ. The season of spring (ಸುಗ್ಗಿ ಬನ್ದುದು, ಬಸನ್ತ, ವಸನ್ತ Kk. 18; ಸುಗ್ಗಿ, ಬಸನ್ತ, ವಸನ್ತ Šm. 20). — ಹೂವೀಳ್ಯ. Flowers and betel distributed by a muttaydĕ to appease the spirit of a deceased muttaydĕ (My.). — ಹೂಸರ. A flower-arrow, *i. e.* an arrow without power (Bh. 8, 26, 36). — ಹೂಸೀರೆ. A garment made of flowers for an idol of Durgâ or Lakshmî (My.). — ಹೂಹಚ್ಚಡ. Muslin interwoven with flowers (My.). — ಹೂಹಾರ. = ಹೂಮಾಲೆ. (Dp. 30, 4).

ಹೂ hû. 3. = ಹೂನು, ಹೂನ್ದು. A particle expressing consent or assent: yes, ah, well (My.; Mhr. ಹೂಂ; *cf.* ಹೂಂ). ಊಟ ಆನ್ದರೆ ಹೂ, ಓಟ ಅನ್ದರೆ ಊಹೂ (Prv.). — ಹೂಗುಟ್ಟು. -ಕುಟ್ಟು. To utter hû as a sign of consent or assent (My.).

ಹೂಗಾರ hû-gâra. A cultivator and seller of flowers (G. 27. 338. 342. 412. 576).

ಹೂಂ hûṅ. hum. = ಹೂಮ್. A particle used to express reproach (ತಿರಸ್ಕಾರ, ಜರೆವಲ್ಲಿ Nn. 154), menace, roaring, interrogation (ಕೇಳ್ವಲ್ಲಿ, ಒಬ್ಬರ ಮಾತುಗಳ ಕೇಳುವಲ್ಲಿ 154), and occurring in demoniacal incantations (ಗ್ರಹಾಂಗಮನ್ತ್ರವಿವರ, ಗ್ರಹವಿಷಯವಾದವನ್ನಾ ಮನ್ತ್ರಗಳ ವಿವರ 154). It is also used as a particle of assent (Sk.; see ಹೂ 3, and *cf.* ಹುಂ).

ಹೂಂಕರಣೆ hûṅ-karaṇĕ. The roaring of fire (Bh. 8, 25, 6).

ಹೂಂಕರಿಸು hûṅ-karisu. To cry out angrily or menacingly (Ŏ. Bp. 32, 39; 47, 37).

ಹೂಂಕಾರ hûṅ-kâra. The uttering of a sound of aversion (Bp. 5, 16); the roaring of warriors (Râv. 13, 76).

ಹೂಂಕೃತ hûṅ-krita. A (roaring) sound of brave or bold men (ಧೀರರೊಳ್ Mr. 39).

ಹೂಂಕೃತಿ hûṅ-kriti. An angry or menacing cry (Ŏ. Bp. 47, 36); the roaring of warriors (Bh. 8, 25, 7; 8, 26, 36).

ಹೂಜಿ hûji. = ಕೂಜ 1, ಹುಜೆ. A water-jug of earth or metal, a goglet (My.; B. 5, 142. 143. 296). ಚಿನ್ನದ ಹೂಜಿ (ಭೃಂಗಾರ, etc. Si. 268). ಓಜನ್ ಒಕ್ಕಲು ಅಲ್ಲ, ಹೂಜಿ ಭಾಣ್ಡದೊಳಲ್ಲ, ಗಾಜೊನ್ದು ಲೋಹದೊಳಗಲ್ಲ, ಅಮ್ಬಲಿ ಭೋಜನವೆ ಅಲ್ಲ (Sp.).

ಹೂಜೆ hûjĕ Envy, jealousy (see ಪುರುಡು 1, etc.).

ಹೂಜೆ hûjĕ. = ಹೂಜಿ, etc. (B. 3, 94). ಹೊನ್ನ ಹೂಜೆ (J. 34, 33). ಪೂಜೆ ಮಾಡಿದರೂ ಹೂಜೆ ಸಜ್ಜು ಆಗಲಿಲ್ಲ (Prv.).

ಹೂಜೆಗಾರ್ತಿ hûjĕ-gârti. An envious or jealous wife (ಪುರುಡಿಪ ಸತಿ Kk. 28; Šm. 73).

ಹೂಟ hûṭa. (fr. ಹೂಡು). Joining, uniting, tying to, yoking. ಹೂಟದ ಎತ್ತು (ಧುರ್ಯ Hlâ.). 2, arrangement: a plan, a means, an expedient, a scheme (ಉಪಾಯ My.). 3, ಹೆಟ್ಟ (Šm. 89).

ಹೂಟಗಾರ hûṭa-gâra. A contriver, a schemer, etc. (My.).

ಹೂಟಿ hûṭi. = ಹೂಟ No. 1. Tying to, yoking; the state of being yoked. See ಎಡ-. — ಹೂಟಗುಣಕು. The piece of wood that is inserted in the strap which is tied to the yoke of a cart (ಬಣ್ಡಿಯ ನಗಕ್ಕೆ ಕಟ್ಟುವ ಮಿಣಿಯಲ್ಲಿ ಸೇರಿಸಿದ ಕಟ್ಟಿಗೆಯ ತುಣ್ಡು S. Mhr.). — ಹೂಟೆ ಹಾಟು. Unyoking to take place (S. Mhr.).

ಹೂಡಿಸು hûḍisu. = ಪೂಡಿಸು. To cause to put to (Bp. 57, 80), etc.; to cause to put together, to have collected (Bh. 2, 4, 11); etc.

ಹೂಡು hûḍu. = ಊಡು 2, ಪೂಡು 1 q. v., etc. To join (v. t.), to unite; to put together, as stones for a fire-place; to join together, as dice (for a throw, Bh. 2, 13, 46); to yoke; to put oxen, horses, etc. to carts, etc. (C.; B. 2, 28; 5, 14); to tie or fix carts, etc. to oxen, etc.; to fix, as an arrow (J. 7, 62; 12, 89; 13, 42); to shut, as a door (J. 8, 48); to arrange, to make ready, to place properly, as cannons (B. 4, 217); etc. (ಯೋಜನ Šmd. Dh.). ಹೂಡುವ ಎತ್ತು (ಸ್ಕನ್ಧಿಕ, ಸ್ಕನ್ಧವಾಹಕ Hlâ.; Mr. 179). ರಥದ ಹೂಡುವ ಕುದುರೆ (ವಾಹನ, ಧೋರಣ, ಯುಗ್ಯ, ಯಾನ, ಪತ್ರ Hlâ.). ನೊಗನು ಹೂಡುವ ಎತ್ತು (ಯುಗ್ಯ); ಬಣ್ಡಿ ಹೂಡುವ ಎತ್ತು (ಶಾಕಟ); ರಥಕ್ಕೆ ಹೂಡುವ ಕುದುರೆ (ರಥ್ಯ Nr.). ಹಯದಿನ್ದ ಹೂಡಿದ ರಥ (ಅಶ್ವಸ್ಯ Mr. 284). ಉತ್ತಮವಾಜಿ (i. e. ವಾಜಿಯನ್ನು) ಹೂಡಲಿ ವರವರೊಳಕ್ಕೆ! (Râm. 3, 2, 19). ಹೂಡಿದನು ಹೊನ್ದೇರಿನಲಿ ಹಯವ (3, 2, 20). ಹೂಡು ಬಣ್ಡಿಯಂ! (Bh. 1, 10, 24). ಹೂಡಿದ ಹೋರಿಗಳ ಹೊಯ್ದು (1, 10, 29). ನೇಗಲಿಗೆ ಹೂಡಿದ ಎತ್ತು (G. 50). ಹೂಡಲಿಕ್ಕೆ ತಿಳಿಯದಿದ್ದರೆ ನೋಡಲಿಕ್ಕೂ ತಿಳಿಯದೇ?— ಹೂಡಿದರೆ ಒಲೆ, ಮಾಡಿದರೆ ಮನೆ, ಕೂಡಿದರೆ ಗಣ್ಡ.— ಆಗೋದು ಹೋಗೋದು ದೇವರಿಚ್ಛೆ, ಹೂಡೋದು ಬಿತ್ತೋದು ನನ್ನಿಚ್ಛೆ.— ಊರ ಮುನ್ದೆ ನೇಗಿಲ ಹೂಡಿದರೆ ಕಣ್ಡ ಕಣ್ಡವರಿಗೆ ಒನ್ದೊನ್ದು ಮಾತು.— ಫಲಾ ನೋಡದೆ ಕೆಟ್ಟಿತು, ಹೊಲಾ ಹೂಡದೆ ಕೆಟ್ಟಿತು.— ಹದ್ದು ಹಾಟಲಿಕ್ಕೂ ಕೋವಿ ಹೂಡಲಿಕ್ಕೂ ಜೋಡು.— ಹೂಡುವ ಎತ್ತು ಕೊಟ್ಟು, ಆಡುವ ಹೋರಿ ತನ್ದ.— ಹಟ್‌ಯೆತ್ತು ಹೊಟ್‌ಯಲ್ಲಿ ಹೂಡಿ ನೋಡು (Prvs.).

ಹೂಡೆ hûḍĕ. = ಹೂಡೇವು. A circular bastion-like structure of stones, etc. at some distance from a village in which peasants endeavoured to secure themselves in the time of a sudden attack from marauders (C.; Tĕ. ಊಡೆದು, T. ಊಡೈಯ; cf. ಹೂಡು and ಊಡು 3).

ಹೂಡೇವು hûḍêvu. = ಹೂಡೆ. (My.). ಹುಡಿಯಲಿಕ್ಕೆ ಜೋಳವಿಲ್ಲ, ಹೂಡೇವು ಕಟ್ಟಿಸಲಿಕ್ಕೆ ಓಡ್ಯಾಡುತ್ತಿದ್ದ (Prv.).

ಹೂಣ್ hûṇ. = ಹೂಣು. To bury one's self in or enter a mêlée: to enter with power or forcibly (ಸತ್ರಾಣದಿ ಒಳ ಹುಗು Bhn. 58). — ಹೂಣೆ ಹುಗು. To enter (a mêlée) so that one is as it were buried (in it), to enter (it) deeply (Bh. 2, 3, 40; 7, 5, 62; J. 12, 42; 20, 45; 23, 43).

ಹೂಣ hûṇa. A barbarian, a Hun (Sk.; ಕಾಡುಮನುಷ್ಯ G.); a European (My.).

ಹೂಣಭಾಷೆ hûṇa-bhâshĕ. European language (My.).

ಹೂಣಶಕ hûṇa-śaka. The era of Europeans (My.).

ಹೂಣಿ hûṇi. (= ಪೂಣ್ಕೆ). A vow (Bp. 17, 5).

ಹೂಣಿಕೆ hûṇikĕ. Valour, prowess (Bh. 9, 2, 15).

ಹೂಣಿಗ hûṇiga. A bold, daring, valorous man (ಸಾಹಸಿಗ Bhn. 18; Bh. 6, 7, 15; 7, 6, 62; 7, 10, 57; 7, 16, 18).

ಹೂಣಿಗತನ hûṇigatana. Prowess, bravery (Bh. 7, 16, 14. 25).

ಹೂಣಿಸು hûṇisu. 1. (= ಪೂಣಿಪು). To make one's aim; to offer as an aim (Bh. 1, 7, 6; 4, 3, 34); to fix the mind upon (with an evil design, Râm. 5, 1, 4). 2, to make a vow or vows (Ŏ. Bp. 38, 20; Râm. 5, 8, 37; 6, 30, 18).

ಹೂಣಿಸು hûṇisu. 2. A promise, a vow (ಪ್ರತಿಜ್ಞೆ Kk. 41; Šm. 38).

ಹೂಣಿಸು hûṇisu. 3. To cause to bury (My.).

ಹೂಣು hûṇu. = ಊಣು, ಪೂಣ್, etc. To bury (My.). — ಹೂಣಲಿಡು. -ಇಡು. To beat (enemies with so many weapons) that they are buried (under them, Ŏ. Bp. 42, 28). — ಹೂಣಿಸು. -ಇಸು. To bury (My.).

ಹೂತ hûta. Called, summoned, invited. See ಪುರು-.

ಹೂತಿ hûti. Calling; invocation; *calling defiantly, challenging*. See ಸಂ-.

ಹೂತು hûtu. 1. = ಪೂತು 1. P. p. of ಹೂ 1, q. v. (Bh. 8, 11, 16).

ಹೂತು hûtu. 2. P. p. of ಹೂಣು. (My.).

ಹೂದು hûdu. P. p. of ಹುಯ್ 2. (My.).

ಹೂನು hûnu. = ಹೂ 3. (S. Mhr.).

ಹೂನ್ದು hûndu. = ಹೂನು. (S. Mhr.).

ಹೂನ್ಯ hûnya. = ಪುಣ್ಯ, ಪೂಣ್ಯ, ಹುಣ್ಯ. (ಸಯ್ಪು, ಪುಣ್ಯ Šs.; Šm. 34).

ಹೂನ್ಯವನ್ತ hûnya-vanta. (Šmd. 242, o. r. ಪೂಣ್ಯವನ್ತ). A virtuous man, etc.

ಹೂಮ್ hûm. *A particle expressive of doubt or consideration, of interrogation,* of assent, of anger, menace, aversion, repulse, of reproach, contempt; a magical or mystical monosyllable. *Cf.* ಹುಂ, ಹೂ 3, ಹೂಂ.

ಹೂರ hûra. = ಪುರ, ಪೂರ, ಹೂರಣ 1. A stream, a river (ಹೊನಲ್ Kk. 13).

ಹೂರಣ hûraṇa. 1. = ಹೂರ, etc. (ಹೊನಲ್ Šs.).

ಹೂರಣ hûraṇa. 2. = ಹೂರ್ಣ. Tbh. of ಪೂರ್ಣ. The filling or stuffing of cakes. — ಹೂರಣಕಡಬು. A stuffed kaḍabu (C.). — ಹೂರಣಹೋಳಿಗೆ. A stuffed hôḷigĕ (My.).

ಹೂರಿಗೆ hûrigĕ. Tbh. of ಪೂರಿಕೆ, q. v. (Bp. 14, 11; 24, 55; Bh. 1, 15, 7; Râm. 5, 8, 69). ಬರಗದ ಅನ್ನ ತಿನ್ನುವವ ಹೂರಿಗೆ ಬಯಸಿದ ಹಾಗೆ.— ಬಯ್ರಿಗೆಯಿನ್ದ ಹೂರಿಗೆ ಆದೀತೇ?— ಹೋರುವ ಮುಣ್ಡೆ ಹೂರಿಗೆ ಬಿಟ್ಟಾಳೇ? (Prvs.).

ಹೂರ್ಣ hûrṇa. = ಹೂರಣ 2. (My.). ಪೂರ್ಣವಿಲ್ಲದಿದ್ದರೆ ಹೂರ್ಣ ಮಾಡ ಬಾರದೇ? (Prvs.).

ಹೂಲಿ hûli. N. of a straggling shrub (My.; ಶವಪ್ಸಾಸುಬಿನಿ Mr. 122). See ಎಲ-, ಕರೇ-. — ಹೂಲಿಬೆಣ್ಡು. An aquatic plant of which sun-hats are made, Aeshynomene aspera Lin. (Z.).

ಹೂಲಿ hûli. A popular commotion; an alarm, a clamorous stir, a row, a storm (Mhr. ಹೂಲ, ಹೂಳ). — ಹೂಲಿ ಎಬ್ಬಿಸು. To raise an alarm, etc. (B. 3, 126; G. 336. 548).

ಹೂವಡಿಗ hûv-aḍiga. = ಪೂವಡಿಗ. (My.).

ಹೂವಾಡಿಗ hû2-vâḍiga. (or hû2-âḍiga?). = ಹುವ್ವಾಡಿಗ. (My.).

ಹೂವಾಡಿಗಿತ್ತಿ hûvâḍiga-itti. A female florist (My.).

ಹೂವು hûvu. = ಹೂ 2, etc. A flower, etc. (C.; B. 3, 20; G. 441). ಹೂವಿನ ಗಿಡ (B. 2, 5). ಹೂವುಗಳು (3, 35). See Prvs. s. ನಾರು. — ಹೂವುಗಣ್ಣು. = ಹೂಗಣ್ಣು. (My.). — ಹೂವು ಬಿಡು. = ಹೂ ಬಿಡು. (My.).

ಹೂಸಕ hûsaka. Smearing, etc. (ತೊಡಹ Bhn. 26).

ಹೂಸರುಳಿ hûsaruḷi. = ಊಸರವಳ್ಳಿ, etc. (C.).

ಹೂಸರುಳ್ಳಿ hûsaruḷḷi. = ಹೂಸರುಳಿ, etc. (My.).

ಹೂಸು hûsu. 1. = ಪೂಸು 1, q. v. To smear, etc. ಮೆಯ್ಯ ಹೂಸಲೆನ್ದು, ಮಾಡಿದ ಗುಳಿಗೆ (ವರ್ತಿ Nr.). ಮೆಯ್ಗೆ ಎಣ್ಣೆ ಹೂಸಿ (B. 1, 24).

ಹೂಸು hûsu. 2. = ಊಸು 1, ಪೂಸು 3. To break wind downwards, to fart (ಅಧೋವಾಯು ಶಿmd. Dh.; C.). ಹೂಸದಿದ್ದರೆ ಹೂ ಮುಡಿಸಿದ್ದಕ್ಕಿನ್ತ ಹೆಚ್ಚು. — ಹೂಸದಿದ್ದರೆ ಹೂ ಕೊಟ್ಟಷ್ಟು ಫಲ. — ಹೂಸಿದ್ದಲ್ಲದೇ ನಾಚಿದ. — ಆನೆ ಹೂಸಿದ ಹಾಗೆ ದುಃಖಬ್ಬದೇ. — ಜಾತಿದ್ದವಗೆ ಹೂಸಿದಷ್ಟು ವಾಸಿ. — ಹೂಸಿದವಳು ಯಾರನ್ದರೆ ಮೂಸಿದ ಬಟ್ಟೆಯವಳೇ (Prvs.).

ಹೂಸು hûsu. 3. = ಊಸು 2. A fart (C.). ಕೆಮ್ಮಿನಿನ್ದ ಹೂಸು ಮರೆಸಿದ. — ಮೂಸಿ ನೋಡಿದರೆ ಹೂಸಿನ ನಾತ ಹೋದೀತೇ? — ಹೂವಿಗೆ ಬಡತನವಾದರೆ ಹೂಸಿಗೆ ಬಡತನವಲ್ಲ. — ತಂಬು ಊದಿದವಗೆ ಹೂಸಿನ ಪರವಿ ಏನು? (Prvs.). — ಹೂಸುದಗ್ಗಿ. -ತಗ್ಗಿ. A shrub or small tree, Clerodendron plomoides Lin. (Z.). — ಹೂಸುಲಕ್ಕಿ. = ಹೂಸುದಗ್ಗಿ. (Z.).

ಹೂಹೂ hûhû. *N. of a gandharva.*

ಹೂಹೆ hûhĕ. A child; a puppet (ಹಸುಳೆ Bhn. 23; Bh. 3, 15, 22; *cf.* ಹಾಹೆ).

ಹೂಹೆ hûhĕ. Tbh. of ಊಹ. (ಊಹ, ಊಹೆ, ತರ್ಕ, etc. Nr.; ನೂನಂ, ತರ್ಕ Nr.; Bh. 3, 7, 10; My.).

ಹೂಳ್ hûḷ. = ಪೂಳ್, etc. To bury, etc. P. p. ಹೂಳ್ದು (Bp. 29, 30; 55, 28).

ಹೂಳು hûḷu. = ಊಳು, ಹೂಳ್, etc. To cover; to bury (C.). 2, to sink into, as a foot, etc. into mud (My.). 3, to be filled up, as a channel (My.). P. p. ಹೂಳ್ (Bp. 32, 20), ಹೂತು (My.). ಚನ್ದನದ ಗಿಡವು ಹಳೆ'ದಾದ ಬಳಿಕ ಅದನ್ನು ಕಡಿದು, ಕೊರಡುಗಳನ್ನು ಮಾಡಿ, ನೆಲದೊಳಗೆ ಹೂಳುತ್ತಾರೆ (B. 3, 79). ಹೆಣ ಹೂಳ್ ಸುಡುವ ಸ್ಥಲ (ಶ್ಮಶಾನ, ಪಿತೃವನ Si. 297). ಕೊರಳ ಮಟ್ಟಿಗೂ ಹೂಳ್, ಮುಗಿಲ ಮಟ್ಟಿಗೂ ಹಾಱು! ಅನ್ದನ್ತೆ (Prv.). 4, to be filled into. ಕೌರಿಮರ್ಜನರಾದರವರಿಗೆ ಮೇಲೆ ಕೆಳಗೆನ್ನದಲೆ ಪೂರದಿ ಹೂಳ್ ತುಮ್ಬಿರುತಿಹುದು ಸರ್ವಾಂಗದಲಿ ವಿಷ (Jûs. 42, 72). — ಹೂಳ್'ಡು. -ಇಡು. To bury (Bp. 38, 1; My.).

ಹೃಚ್ಛಯ hṛid-śaya. Lying or abiding in the heart; *love, Kâma.*

ಹೃಚ್ಛಯ್ಯ hṛid-śayya. Abiding in the heart (Bp. 36, 4).

ಹೃಚ್ಛಲ್ಯ hṛid-śalya. Heart-spear: heart-piercing (Bp. 5, 2).

ಹೃಚ್ಛೂಲ hṛid-śûla. Heart-pang, any acute internal pain, pain in the chest. (J. 18, 57).

ಹೃಚ್ಛೋಕ hṛid-śôka. Heart-ache. (My.).

ಹೃಜ್ಜನನ hṛid-janana. Kâma (Mr. 22).

ಹೃಣೀಯೆ hṛiṇiyĕ. = ಋಣೀಯೆ. *Censure, reproach;* shame bashfulness.

ಹೃತ hṛita. Taken; taken away, seized; captivated; accepted; — that which is taken; a portion, share. See ಅ-, ಪರಿ-.

ಹೃತಿ hṛiti. Taking; taking away, seizure, robbing, robbery; destruction. See ಅಪ-, ಆ-.

ಹೃತ್ಕಮಲ hṛid-kamala. A lotus-like heart; the heart looked upon as a lotus (Grj. 3, 16. 33; Bp. 33, 6).

ಹೃತ್ಕಮ್ಪ hṛid-kampa. Heart-throb, tremor of the heart; anxiety, etc. (ಉತ್ಕಲಿಕೆ, ಉತ್ಕಣ್ಠೆ, etc., ಆತುರ Mr. 446).

ಹೃತ್ಕುಮುದ hṛid-kumuda. = ಹೃತ್ಕಮಲ. (J. 1, 1).

ಹೃತ್ತಾಪ hṛid-tâpa. Mental distress (My.).

ಹೃತ್ತು hṛittu. Tbh. of ಹೃದ್ (R.; G.).

ಹೃತ್ಪಯೋಜ hṛid-payôja. = ಹೃತ್ಕಮಲ. (Nn. 1).

ಹೃತ್ಪ್ರಮೋದ hṛid-pramôda. Mental delight (Čpr. 10, 61).

ಹೃತ್ಸಮುದ್ಭೂತ hṛid-samudbhûta. Heart-born: Kâma (Čpr. 5, 121).

ಹೃದ್ hṛid. (ಹೃತ್). *The heart; the mind,* the soul, the faculty or seat of thought and feeling; — the interior or the body, breast, chest, bosom.

ಹೃದ hṛida. Tbh. of ಹೃದ್ (R.; G.).

ಹೃದಯ hṛidaya. = ಹೆದೆಯ. *The heart; the mind,* the soul, the faculty or seat of thought and feeling; the interior of the body, breast, chest, bosom; *the interior or centre* or essence of anything; true knowledge; science.

ಹೃದಯಂಗಮ hṛidaya-ṅ-gama. Going to the heart, heart-stirring, thrilling, *affecting, touching, moving, dear, beloved; an apposite or appropriate speech* (ಮನಕ್ಕೆ ಬಹ ಮಾತು Nr.). See ಮನಮ್ಮುಗು; Kâvy. IV, 2, 59.

ಹೃದಯಭೇದಕ hṛidaya-bhêdaka. Heart-piercing, heart-rending (B. 4, 20).

ಹೃದಯವಲ್ಲಭ hṛidaya-vallabha. A dearly beloved husband or gallant (Bp. 42, 35).

ಹೃದಯಶೂನ್ಯ hṛidaya-śûnya. A heartless, unfeeling man. See Sp. s. ಹದುಳ.

ಹೃದಯಶೂಲ hṛidaya-śûla. = ಹೃಚ್ಛೂಲ. (My.).

ಹೃದಯಸ್ಥಾನ hṛidaya-sthâna. *The breast, the chest.*

ಹೃದಯಾನಿಲ hṛidaya-anila. The vital air of the interior (ಪ್ರಾಣ Mr. 51).

ಹೃದಯಾಲು hṛidaya-âlu. *Good hearted, affectionate, kind.*

ಹೃದಯೇಶ hṛidaya-îśa. Heart-lord, a husband; Vishṇu; — ಹೃದಯೇಶಂ, N. of a metrical foot (Čh.).

ಹೃದ್ಗತ hṛid-gata. Gone to the heart; seated in the heart; come to mind; conceived, designed; believed, cherished, feelingly remembered. (My.).

ಹೃದ್ಭವ hṛid-bhava. Kâma (Abh. P. 9, 82).

ಹೃದ್ಯ hṛidya. Proceeding from or produced in the heart, hearty, cordial; *dear to the heart, beloved, cherished, desired;* affectionate, kind; *pleasant, agreeable, charming;* savory.

ಹೃದ್ಯವಿದ್ಯ hṛidya-vidya. A man of pleasant knowledge. ಸಿರಿಯೊಳ್ಪಳೆ ಹೃದ್ಯವಿದ್ಯರಂ (Šmd. 109).

ಹೃದ್ಯಾರ್ಥ hṛidya-artha. *To the point, pertinent, congenial.*

ಹೃದ್ರೋಗ hṛid-rôga. Heart-disease, heart-ache, heart-burn; sorrow, grief, anguish. (My.).

ಹೃದ್ವಲ್ಲಭ hṛid-vallabha. A husband (Čpr. 8, 7).

ಹೃದ್ವೇಗ hṛid-vêga. Mental activity, mental effort (Čpr. 8, after 66).

ಹೃಲ್ಲೇಖ hṛid-lêkha. Heart impression: knowledge, reasoning. 2, heart-scratch: *heart-ache, heart-sorrow*, etc. (ವಿರಹ Hlâ.).

ಹೃಷಿತ hṛishita. = ಹೃಷ್ಟ. (Sk.; G.).

ಹೃಷೀಕ hṛishîka. *Any organ of sense.*

ಹೃಷೀಕಸಂಚಯ hṛishîka-sañčaya. The organs of sense collectively (Šiv. 2, 90).

ಹೃಷೀಕೇಶ hṛishîka-îśa. *Vishṇu or Kṛishṇa.*

ಹೃಷ್ಟ hṛishṭa. = ಹೆಟ್ಟು. Having the hair of the body bristling or thrilling (with delight or rapture), *enraptured, delighted, rejoiced, pleased, glad, joyous.*

ಹೃಷ್ಟತೆ hṛishṭatĕ. Delight, pleasure (J. 5, 72).

ಹೃಷ್ಟಮಾನಸ hṛishṭa-mânasa. *Rejoiced in mind, glad in heart, happy.*

ಹೆಕ್ hĕk. = ಹಿಕ್, etc., ಹೆಗ್ 2, ಹೆತ್. The state of being behind, etc. — ಹೆಕ್ಕತ್ತು. The back or nape of the neck (My.).

ಹೆಕ್ಕಳ hĕkkaḷa. The state of being or becoming large or of increasing (see ಪೆರ್ 1, etc.): flood-tide (of the sea, Râm. 1, 15, 48); excessive abundance; excellence (of power, Râm. 4, 8, 1; of a shower of flowers, 5, 9, 6; of swords, Bh. 3, 18, 35); inflation, conceit, pride (Bh. 8, 24, 50; J. 16, 31). *Cf.* ಹೆಗ್ಗಳ, etc. — ಹೆಕ್ಕಳವಿಕ್ಕು. -ಇಕ್ಕು. To employ a superabundance (of words, Grj. 1, 28).

ಹೆಕ್ಕಳಿಸು hĕkkaḷisu. = ಪೆರ್ಚಳಿಸು. To grow inflated, to act overbearingly, etc. (Bh. 4, 2, 56; Râm. 4, 6, 4; 6, 44, 31; J. 5, 29; 31, 27).

ಹೆಕ್ಕು hĕkku. 1. = ಹಿಕ್ಕು, etc. To comb (My.).

ಹೆಕ್ಕು hĕkku. 2. To pick up, to take up one by one (My.; M. ಪೆಱುಕ್ಕು; Tu. ಪೆಜ, ಪೆಚ್ಚು; see ಹೆಕ್ಕಲು 1; Prv. s. ಮಾಣಿಕ್ಯ); to pick off (Bh. 3, 21, 22).

ಹೆಗ್ hĕg. 1. = ಪೆಗ್, etc. Largeness, etc. — ಹೆಗ್ಗಜ್ಜುಗ. A large gajjuga (My.). 2, ಪಾಟಲಿ, ಅಮೋಘೆ, ಕಾಚಸ್ಥಾಲಿ, etc. (Si. 185). — ಹೆಗ್ಗಟ್ಟವತ್ತಿಗೆ. -ಕಟ್ಟವತ್ತಿಗೆ. A large hatchet of female demons (ಅಮ್ಮಂಗೊಡಲಿ Šmd. II; Kk. 77). — ಹೆಗ್ಗಟ್ಟು. -ಕಟ್ಟು. A strong band or knot (C.; B. 4, 122). — ಹೆಗ್ಗಡಜು. -ಕಡಜು. A big wasp (My.). ಅಲಿ, ಪ್ರುಣ, ವೃಶ್ಚಿಕ ಎನ್ನೊಡೆ ಜೇಯು; ಹೆಗ್ಗಡಜನನ್ನು, ಸುಟೋಢೆಯಲ್ಲಿ ಇದ್ದುದು (Nr.). — ಹೆಗ್ಗಡತಿ. -ಕಡತಿ. The wife of a headman or gavuḍa; a mistress (My.). ಹೆಣ್ಡತಿ ಹೆಗ್ಗಡತಿ ಆದರೆ ಗಣ್ಡ ಮೂದಿನಾಯಿಗಿನ್ತ ಕಡೆ (Prv.). — ಹೆಗ್ಗಡಿತಿ. -ಕಡಿತಿ. = ಹೆಗ್ಗಡತಿ. (My.; see Prv. s. ಗವುಡ). — ಹೆಗ್ಗಡೆ. -ಕಡೆ. = ಪೆಗ್ಗಡೆ, etc. A headman, a chief, a master (Bp. 9, 48; My.). 2, an epithet of the blanket-weavers and shepherds of the Kuruba caste (My.). — ಹೆಗ್ಗಣ. = ಪೆಗ್ಗಣ. A bandicoot (ಉನ್ದುರ, ಖನಕ Hlâ.; ಜೀರ್ಘಬೇಹ, ಮೂಷಿಕ Si. 170; Abhâ. 2, 72; C.). ಎಲ್ಲರ ಬಾಬ್ಗೆ ನೀರನೆಱಿದಾರುಂ ಕಾಣದೇ ಭಕ್ಷಿಪಾ ಗಣಿಕಂ ಹೆಗ್ಗಣಿಕಂ ಸಮಂ (Si. 94). ಹೆಗ್ಗಣ ಪರದೇಶಕ್ಕೆ ಹೋದರೂ ನೆಲಾ ಕೊಟಿಯೋದು ಬಿಡದು. — ಅರಮನೇ ಬತ್ತಕ್ಕೆ ಹೆಗ್ಗಣ ಗುದ್ದ್ಯಾಡಿದ ಹಾಗೆ. — ಹೆತ್ತವಳಿಗೆ ಹೆಗ್ಗಣ ಮುದ್ದು, ಕೂಡಿದವಳಿಗೆ ಕೋಡಗ ಮುದ್ದು (Prvs.). — ಹೆಗ್ಗತ್ತಲೆ. -ಕತ್ತಲೆ. Great darkness (My.; ಸನ್ತಮಸ Si. 76). — ಹೆಗ್ಗಳ್ಳ. -ಕಳ್ಳ. A great thief; a great idler. — ಹೆಗ್ಗಳ್ಳಎತ್ತು. A very lazy bullock. ಹೆಗ್ಗಳ್ಳಎತ್ತಿಗೆ ಹರಿ! ಎನ್ದದ್ದು ಒನ್ದೇ ಸೊನ್ನೆ (Prv.). — ಹೆಗ್ಗಾಡು. -ಕಾಡು. A large or thick forest (My.; ಮಹಾರಣ್ಯ, ಅರಣ್ಯಾನಿ Si. 118; ಕಾನ್ತಾರ 450). — ಹೆಗ್ಗಾಣ. A large oil-mill of stone worked by two oxen (My.). — ಹೆಗ್ಗಾಣಿಗ. A class of oil-men who work the hĕggâṇa (My.). — ಹೆಗ್ಗಾಜ. -ಕಾಜ. The king-crow (? ವ್ಯಾಘ್ರಾಟ, ಧರದ್ವಾಜ Hlâ.; ಭರದ್ವಾಜ Mr. 170; see ವಲಿಯ). — ಹೆಗ್ಗಾವಲಿ. -ಕಾವಲಿ. A large plate or pan for baking or frying (Bp. 45, 28). — ಹೆಗ್ಗಾಳೆ. -ಕಾಳೆ. A large metal horn (Č. Bp. 5, 7; Bh. 6, 2, 4; see ಬೊಗ್ಗು-). — ಹೆಗ್ಗಿಡ. A large, tall tree. ಕಾಡೆಲ್ಲ ಕಸುಗಾಯಿ, ನಾಡೆಲ್ಲ ಹೆಗ್ಗಿಡವು, ಆಡಿದ ಮಾತು ನಿಜವಿಲ್ಲ; ಮಲನಾಡ ಕಾಡು ಸಾಕು! (Sp.). — ಹೆಗ್ಗಿರಿ. A large mountain (Râm. 6, 45, 61). — ಹೆಗ್ಗುಣ್ಟೆ. -ಕುಣ್ಟೆ. A large bullock-hoe used in weeding and stirring crops in the field (My.). — ಹೆಗ್ಗುಮ್ಬಳ. -ಕುಮ್ಬಳ. A large pumpkin (Si. 161). — ಹೆಗ್ಗುರುಟಿಕೆ. -ಕುರುಟಿಕೆ. = ಹೆಗ್ಗುರುಟಿಗೆ. (ಮೂರ್ವೆ, etc. Si. 142). — ಹೆಗ್ಗುರುಟಿಗೆ. -ಕುರುಟಿಗೆ. The bow-string hemp, Sanseviera roxburghiana Schult. (ಮೂರ್ವೆ, ದೇವಿ, ಮಧುರಸ, ಮೋರಟೆ, ತೇಜನಿ, ಸ್ರವೆ, ಮಧೂಲಿಕೆ, ಮಧುಶ್ರೇಣಿ, ಧನುಃಶ್ರೇಣಿ, ಗೋಕರ್ಣಿ, ಪೀಲುಪರ್ಣಿ Nr.). — ಹೆಗ್ಗುಱುತು. = ಹೆಗ್ಗುರ್ತು. (My.). — ಹೆಗ್ಗುರ್ತು. A prominent sign or mark (My.; Si. 118). — ಹೆಗ್ಗುಳ್ಳ. A sort of prickly nightshade, Solanum jacquini Willd. and another sort (ವೃಹತಿ, ಕ್ಷುದ್ರವಾರ್ತಾಕಿ Nr.; ನಿದಿಗ್ಧಿಕೆ, ಸ್ಪೃಶಿ, ವ್ಯಾಘ್ರಿ, ವೃಹತಿ, ಕಣ್ಟಕಾರಿಕೆ, etc. Si. 144). ಹೆಗ್ಗುಳದ ಹಣ್ಣು (ವಾರ್ತಕ Nr.). — ಹೆಗ್ಗೂಗೆ. -ಕೂಗೆ. (ಮಣ್ಡೂಕಪರ್ಣಿ, ಪತ್ರೋರ್ಣ, etc. Si. 185). — ಹೆಗ್ಗೂಳಿ. A large bull (Bp. 32, 24). — ಹೆಗ್ಗೆಚ್ಚಲ್. -ಕೆಚ್ಚಲ್. A large udder. ಹೆಗ್ಗೆಚ್ಚಲಾವು (ಪೀನೋಧ್ನಿ, ಪೀವರಸ್ತನಿ Hlâ.). ಹೆಗ್ಗೆಚ್ಚಲ ಆಕಳು (ಪೀನೋಧ್ನಿ, etc. Si. 322). — ಹೆಗ್ಗೊಮ್ಬು. -ಕೊಮ್ಬು. A large, or the main, branch of a tree (Bh. 3, 1, 30). ಮರದ ಹೆಗ್ಗೊಮ್ಬು (ಸ್ಕನ್ಧಶಾಖೆ, ಶಾಲೆ Hlâ.; Mr. 105). ಹೆಗ್ಗೊಮ್ಬಾದರೂ ಸುಗ್ಗೇ ಮರದ್ದಾಗಮು (Prv.). — ಹೆಗ್ಗೊಮ್ಬೆ. -ಕೊಮ್ಬೆ. = ಹೆಗ್ಗೊಮ್ಬು. (My.). — ಹೆಗ್ಗೊಳ್ಳಿ. -ಕೊಳ್ಳಿ. A large fire-brand (Râm. 5, 8, 54). — ಹೆಗ್ಗೋರಟೆ. Globe amaranth, Gomphrena globosa Lin. (ಅಮ್ಲಾನ, ಮಹಾಸಹೆ Nr.). — ಹೆಗ್ಗೋರಟ್ಟೆ. (ಕುರವಕ Si. 189).

ಹೆಗ್ hĕg. 2. = ಹೆಕ್, etc. — ಹೆಗ್ಗತ್ತು. -ಕತ್ತು. The back or nape of the neck (ಅವಟು, ಘಾಟಿ, ಕೃಕಾಟಿಕೆ Si. 218; ವಹ 819).

ಹೆಗಲ್ hĕgal. = ಪೆಗಲ್, etc. The shoulder (Bp. 44, 7. 18; 47, 41; 50, 1. 13; Tu. ಪುಗೆಲ್, ಪುಗ್ಗೆಲ್); the shoulder or neck of an ox (ಸ್ಕನ್ಧದೇಶ, ವಹ Hlâ.); the withers of an elephant (ಸ್ಕನ್ಧ, ಆಸನ Hlâ.). ಗಜದ ಹೆಗಲ್ (ಸ್ಕನ್ಧ, ಆಸನ Mr. 154). — ಹೆಗಲ ಏಟ್ಟಣ್ಣ. N. (Bp. 56, 41). — ಹೆಗಲ್ಗೊಳಿಸು. -ಕೊಳಿಸು. To join the neck (of an ox) to, to yoke (an ox, Bp. 56, 6).

ಹೆಗಲು hĕgalu. = ಹೆಗಲ್, etc. (ಸ್ಕನ್ಧ, ಭುಜಶಿರಸ್, ಅಂಸ Si. 209; Râm. 3, 6, 5; C.; B. 3, 127). ಜೀವಧನವಿನ ಹೆಗಲು (ಸ್ಕನ್ಧಪ್ರದೇಶ, ವಹ Nr.). ಹೆಗಲಿಂಗೆ (Bp. 57, 33). — ಹೆಗಲಾಗು. -ಆಗು. The neck of oxen to swell (My.). — ಹೆಗಲುಬಡಿಕ. A shoulder-beater: a ruthless man (Râm. 4, 3, 3).

ಹೆಗ್ಗಣ hĕggaṇa. See s. ಹೆಗ್ 1.

ಹೆಗ್ಗಳ hĕggaḷa. = ಎಗ್ಗಳ, etc. (*cf.* ಹೆಕ್ಕಳ). ಹೆಗ್ಗಳದ ಭಾಗ್ಯವು ಗಬಿಗೇಲಿ ಹೋಗುವಾಗ (Dp. 38, 2).

ಹೆಗ್ಗು hĕggu. = ಎಗ್ಗು 2, etc. (My.).

ಹೆಂ hĕṅ. = ಪೆಂ (ಪೆಣ್), etc. A female; a woman. — ಹೆಂಗಳ್. Women (J. 3, 11; 30, 4. 5). — ಹೆಂಗಳು. = ಹೆಂಗಳ್. (Si. 109. 208. 410. 418. 422). — ಹೆಂಗಳ್ಳ. -ಕಳ್ಳ. A robber of females (Râm. 6, 47, 22). — ಹೆಂಗೂಸು. -ಕೂಸು. = ಪೆಂಗೂಸು, etc. A woman (ಭಾಮಿನಿ, ಅಂಗನೆ, ಸ್ತ್ರೀ, etc. Mr. 301, o. r. ಹೆಂಗುಸು; Bp. 20, 20). — ಹೆಂಗೊಲೆ. -ಕೊಲೆ. Murder of women (J. 16, 15).

ಹೆಂಗಸು hĕṅgasu. (abbreviation of ಹೆಂಗೂಸು). A female; a woman (ವಧು, ಸ್ತ್ರೀ Si. 483; ವನಿತೆ 426; C.). ತಮ್ಮಾ, ಆ ಹೆಂಗಸು ತಲೆಯ ಮೇಲೆ ಏನು ಹೊತ್ತು ಕೊಂಡು ಬರುತ್ತಾಳೆ? (B. 1, 1). ಅಬಿುವ ಹೆಂಗಸನ್ನೂ ನಗುವ ಗಣ್ಣಸನ್ನೂ ನಮ್ಬ ಬಾರದು. — ಗಣ್ಣಸು ಕೂತು ಕೆಟ್ಟನು, ಹೆಂಗಸು ತಿರಿಗಿ ಕೆಟ್ಟಳು (Prvs.). 2, a wife (in certain clear cases, C.). ಏಡ್ಯೆ ಕಲಿತ ಹೆಂಗಸು ತನ್ನ ಗಣ್ಣನನ್ನೂ ಮಕ್ಕಳನ್ನೂ ಯಾವಾಗಲೂ ಸನ್ತೋಷ ಪಡಿಸುವಳು (B. 3, 32). ಈಟಿಲ್ಲದವನಿಗೆ ಮಾಟಾದ ಹೆಂಗಸು (Prv.). Plural ಹೆಂಗಸರು (C.; B. 4, 165; 5, 140. 283). ಹೆಂಗಸರ ತಳ್ಳಿ ಕಾಲಿಗೆ ಬಿದ್ದ ಬಳ್ಳಿ. — ಹೆಂಗಸರ ಬಾಯಿಯಲ್ಲಿ ಮಾತು ನಿಲ್ಲದು, ಗಣ್ಣಸರ ಕೈಯಲ್ಲಿ ಕಾಸು ನಿಲ್ಲದು. — ಹೆಂಗಸರ ಬುದ್ಧಿ ಮೊಣಕಾಲಿನ ಕೆಳಗೆ (Prvs.).

ಹೆಂಗುಸು hĕṅgusu. (abbreviation of ಹೆಂಗೂಸು). = ಹೆಂಗಸು. (Bp. 24, 64; J. 7, 59; Bh. 4, 4, 88; see Mr. s. ಹೆಂಗೂಸು).

ಹೆಂಗೆ hĕṅgĕ. 1. = ಹಗೆ 1, etc. Manner, mode. See ಎಹೆಂಗೆ.

ಹೆಂಗೆ hĕṅgĕ. 2. = ಎಹಗೆ, etc. How? (Bp. 9, 25; 31, 8; 36, 13; My.). ಹೆಂಗೆ ಅಹುದು, ಹಾಗೆ ಎಮ್ಬರ್ಥದಲ್ಲಿ ಯಥಾಸ್ವಂ ಯಥಾಯಥಮ್ ಎನಿಸುಗು (Nr.).

ಹೆಚ್ಚಱ hĕččaṟa. = ಎಚ್ಚಱ, etc. (My.).

ಹೆಚ್ಚಱಿಕೆ hĕččaṟikĕ. = ಎಚ್ಚಱಿಕೆ. (Dp. 91, 1 seq.; My.; Tš.).

ಹೆಚ್ಚಱು hĕččaṟu. = ಹೆಚ್ಚಱ, etc. (My.).

ಹೆಚ್ಚಳ hĕččaḷa. Elation: pride, conceit (My.).

ಹೆಚ್ಚಳಿಸು hĕččaḷisu. To become elated: to begin to rejoice (J. 26, 19).

ಹೆಚ್ಚಿಕೆ hĕččikĕ. = ಹೆಚ್ಚಿಗೆ 1. (G. 580).

ಹೆಚ್ಚಿಗೆ hĕččigĕ. 1. = ಪೆರ್ಚುಗೆ 1, etc. Increase, growth, moreness, advancement, etc. ತನ್ನ ಹೆಚ್ಚಿಗೆಗೆ (ಪರರಿಂಗೆ) ಕೇಡ ಮಾಡಿ ಕೊಳ್ಳದೆ ಇರುಹ (ಸ್ಥಾನ Nr.). 2, greatly, to a great extent, much, more (C.; B. 2, 1; 3, 40; 4, 1. 16. 180; 5, 223. 283). 3, extra, beyond what is expected, appointed or due (C.; B. 3, 15). ಎಮ್ಬ ನೋಡಿದಾಗ್ಯೂ ಸಾಕಾಗದೆ, ಮತ್ತೂ ಹೆಚ್ಚಿಗೆ ನೋಡ ಬೇಕೆನ್ಬ, ಅಪೇಕ್ಷೆ ಹುಟ್ಟಿಸುವ ಒಡಿವೆ (ಅಸೇಚನಕ G.).

ಹೆಚ್ಚಿಗೆ hĕččigĕ. 2. A small flat square basket of bamboo (My.).

ಹೆಚ್ಚಿನತನ hĕččinatana. Increase, etc. (ಸಮುಚ್ಛ್ರಯ G.).

ಹೆಚ್ಚಿಸು hĕččisu. = ಪೆರ್ಚಿಸು, etc. To cause to increase or grow, to augment, to multiply, etc. (Bh. 1, 8, 18; C.). ತತ್ತ್ರುವನಾಕ್ರಮಿಸಲು ಸಮರ್ಥನಲ್ಲ ಎನ್ದು, ದೇಶಕಾಲಾದಿಗಳಂ ಹಾರುತೆ ದುರ್ಗಾದಿಗಳಂ ಹೆಚ್ಚಿಸುವ ವಿಜಗೀಷುವಿನ ಸ್ಥಿತಿಯು (ಆಸನ Nr.). ಹೆಚ್ಚಿಸಲ್ ಪಟ್ಟದು (ಗುಣಿತ, ಆಹತ, ಗುಣಿಸಲ್ ಪಟ್ಟದು Si. 377).

ಹೆಚ್ಚು hĕčču. 1. = ಎಚ್ಚು 3, ಪೆಚ್ಚು 1, ಪೆರ್ಚು 1 q. v. To increase (v. i.), etc. (Bp. 22, 33; 23, 4; 24, 46; 30, 7; 32, 44; 40, 41. 76; Bh. 1, 10, 32; 3, 13, 34; C.). ಹೆಚ್ಚಲು ಪಟ್ಟದು (ಪ್ರವೃದ್ಧ, ಪ್ರೌಢ Nr.). ತಿಮಿಂಗಿಲವೆಮ್ಬಾ ಮಾನು ತಿರಿಗಾಡಿದರೆ ಕಡಲುಕ್ಕಿ ನೀರು ಹೆಚ್ಚುವದು (Si. 88); ಶತ್ತ್ರುವಿಗಿನ್ತಲೂ ತಾನು ಹೆಚ್ಚಿರುವಿಕೆ (ವೃದ್ಧಿ 263); ಅಳತೆ ಹೆಚ್ಚಿದ ಧಾನ್ಯಾದಿಗಳು (ನಿದಿಗ್ಧ, ಉಪಚಿತ 377); ಹೆಚ್ಚಿರುವಿಕೆ (ಕಾಷ್ಠೆ, ಉತ್ಕರ್ಷ 416). — ಹೆಚ್ಚು ಹೆಚ್ಚು. (*i. e.* ಹೆಚ್ಚುತ್ತ ಹೆಚ್ಚು). (B. 5, 301; My.).

ಹೆಚ್ಚು hĕččụ. 2. = ಎಚ್ಚು 4, ಪೆಚ್ಚು 2, ಪೆರ್ಚು 2 q. v. Increase, etc., etc.; more, excessive, etc. (Bp. 23, 47; 40, 4; C.). ಹೆಚ್ಚು ನೀರಿಟೆಮು (Prll. 3, 26). ಪಿತೃವಾನಕ್ಕಿನ್ತಲೂ ದೇವಮಾನ ಹನ್ನೆರಡರಷ್ಟು ಹೆಚ್ಚು (Si. 44); ಮೇರೆದಪ್ಪಿ ಹೆಚ್ಚು ಮಾತಾಡುವಿಕೆ (ಅತಿವಾದ, etc. 57); ಹತ್ತಱಿನ್ದ ಹೆಚ್ಚು ಗುಣಿಸಲ್ ಪಟ್ಟ ದಶಕಸ್ಥಾನಗಳ ಲೆಕ್ಕಗಳು (ದಶಗುಣೋತ್ತರಂ 327); ನಾನು ಹೆಚ್ಚಾದವನು ಎಮ್ಬ ಚಿತ್ತೌನ್ನತ್ಯ (ಮಾನ, etc. 68); ಗುಣದಿನ್ದಲೂ ರೂಪದಿನ್ದಲೂ ಜಾತಿಯಿನ್ದಲೂ ಹೆಚ್ಚಾದವಳು (ವರಾರೋಹೆ, ಉತ್ತಮೆ, etc. 182); ಹೆಚ್ಚಾದ ಬಲ (ವಿಕ್ರಮ, ಅತಿಶಕ್ತಿತೆ 293); ಹೆಚ್ಚಾಗಿ ಬನ್ದ ಪ್ರಯೋಜನ (ಲಾಭ, ಅಧಿಕಫಲ 324); ಹೆಚ್ಚಾದದು (ಪ್ರಭೂತ, ಪ್ರಚುರ, ಬಹುಲ, ಸ್ಥಿರ, etc. 370); ಹೆಚ್ಚಾಗಿರುವಿಕೆ (ಉತ್ಕರ್ಷ, ಅತಿಶಯ 390). ನೀರು ಹೆಚ್ಚಾಗಿ ಹರಿಯುವದು (G. 97). ಸುಚ್ಚಾದರೂ, ಹೆಚ್ಚಿನ್ನ, ಭಾವಿಸ ಬೇಕು. — ಪೋಲೀ ದನಕ್ಕೆ ಹಾಲು ಹೆಚ್ಚು, ಕೂಲೀ ಮುಣ್ಡೆಗೆ ನಾಲಿಗೆ ಹೆಚ್ಚು. — ಬಣ್ಣರಲ್ಲಿ ತಣ್ಣೆ ಹೆಚ್ಚು, ನಣ್ಣರಲ್ಲಿ ಗರ್ವ ಹೆಚ್ಚು. — ಸ್ವಾರ್ತರಿಗೆ ಸ್ವಾರ್ಥ ಹೆಚ್ಚು, ವೈಷ್ಣವರಿಗೆ ಉಪ್ಪ ಹೆಚ್ಚು (Prvs.). — ಹೆಚ್ಚು ಕಡಮೆ. Increase and decrease; difference; inequality; variation; more or less, about (My.). ಯಜ್ಞದಲ್ಲಿ ಹೆಚ್ಚು ಕಡಮೆ ಬಾರದನ್ತೆ ಸರಿ ನೋಡುತ್ತ ಇರುವ ಋತ್ವಿಕ್ಕು (ಸದಸ್ಯ, ವಿಧಿದರ್ಶಿ Si. 237). — ಹೆಚ್ಚು ಕಡಿಮೆ. = ಹೆಚ್ಚು ಕಡಮೆ. (C.; ವೈಷಮ್ಯ G.). ಬಂಗಾರಕ್ಕೂ ಹಿತ್ತಾಳಿಗೂ ಹೆಚ್ಚು ಕಡಿಮೆ ಏನು? (B. 1, 19). ನಡತೆಗಳಲ್ಲಿ ತಕ್ಕ ಹೆಚ್ಚು ಕಡಿಮೆಗಳನ್ನು ಮಾಡಿದರೆ ಸಂಸಾರದೊಳಗಿನ ಹಲವು ತರದ ತಾಪವು ನಿವಾರಣವಾಗಿ, ಸುಖವಾಗುವದು (B. 4, 190). — ಹೆಚ್ಚು ಕುನ್ದು. = ಹೆಚ್ಚು ಕಡಮೆ. (Bp. 4, 45; 6, 1; 40, 61; 54, 11; Bh. 1, 8, 31). ಯಾಗವಿಧಾನದ ಹೆಚ್ಚು ಕುನ್ದುಗಳ ನೋಡುವವರು ಸದಸ್ಯರೆನಿಸುಗು (Nr.). See Mr. s. ಹಲ್ಲು. — ಹೆಚ್ಚುಗುಣಿಮಣಿ. = ಹರಳುಗುಣಿಮಣಿ. (My.). — ಹೆಚ್ಚು ಗುಣಿಸು. To multiply (My.). — ಹೆಚ್ಚುಗೊಳಿಸು. -ಕೊಳಿಸು. To increase (v. t., ವರ್ಧಿಸು, ಹೆಚ್ಚಿಸು G.; B. 5, 97. 98. 166). — ಹೆಚ್ಚುಗೊಳ್ಳು. -ಕೊಳ್ಳು. To increase (v. i., B. 5, 98). — ಹೆಚ್ಚು ತಿಳಿ. To know more (My.). 2, to estimate higher (B. 4, 199). — ಹೆಚ್ಚು ಪಾರುಪತ್ಯ. Unwarrantable, improper superintendence (My.). — ಹೆಚ್ಚುಮುಗ್ಗಿ. The multiplication-table that begins with 11×11 (My.; *cf.* ಸರಮುಗ್ಗಿ). — ಹೆಚ್ಚು ಮಾಡು. To increase (v. t., C.; B. 3, 124). — ಹೆಚ್ಚು ಹೆಚ್ಚು. rep. (B. 5, 117). — ಹೆಚ್ಚುಱು. -ಉಱು. To remain (B. 5, 85). — ಹೆಚ್ಚೆಚ್ಚು. -ಎಚ್ಚು. rep. ಹೆಚ್ಚೆಚ್ಚಿಗೆ, excessively (B. 2, 16).

ಹೆಚ್ಚು hĕčču. 3. = ಹಚ್ಚು 3, etc. To cut up small, to mince, as vegetables, the kernel of the cocoanut, sugar-cane, etc. (C.; B. 1, 8; 2, 5. 42; 4, 177); to cut into small pieces, as a body (J. 26, 67). ಹೆಚ್ಚಿದ ಪಲ್ಯಕ್ಕೆ ಸುಚ್ಚಿನ ಅನ್ನವೇ? (Prv.).

ಹೆಚ್ಚುಗಾರಿಕೆ hĕčč並-gārikĕ. Exaltation. ತನ್ನ ಹೆಚ್ಚುಗಾರಿಕೆಯ ಮಾತು ಹೇಳಿ ಕೊಳ್ಳುತ್ತಾನೆ (My.).

ಹೆಚ್ಚುಗೆ hĕččugĕ. = ಪೆಚ್ಚುಗೆ 1, etc. Increase, growth, augmentation, swelling, etc. (ವಿತಾನ, ಪೆರ್ಚುಗೆ Nn. 115; ಉತ್ಕರ್ಷ, ಉತ್ಕೃಷ್ಟ 141; ಅತಿ, ಪ್ರಕರ್ಷ Si. 467; Bh. 1, 8, 46). ಐಶ್ವರ್ಯದ ಹೆಚ್ಚುಗೆ (ಸಮೃದ್ಧಿಶೇಷ Nn. 84); ಜ್ಞಾನದ ಹೆಚ್ಚುಗೆ (ಜ್ಞಾನೋತ್ಕೃಷ್ಟತೆ 141).

ಹೆಚ್ಚುಲಿ hĕččuli. — ಹೆಚ್ಚುಲಿಹುಲ್ಲು. A grass often cultivated for its grain, Eleusine stricta Roxb. (St. & Pl.).

ಹೆಚ್ಚುವಿಕೆ hĕččuvikĕ. Increasing, etc. (ಸಮೃದ್ಧಿ G.; ಸ್ಫಾತಿ, ವೃದ್ಧಿ Si. 389).

ಹೆಚ್ಚೆ hĕččĕ. 1. = ಹಚ್ಚೆ 1, etc. Tattoo (My.).

ಹೆಚ್ಚೆ hĕččĕ. 2. = ಹಚ್ಚೆ 2. A bamboo-split (My.).

ಹೆಜ್ hĕj. = ಹೆಗ್ 1, etc. Largeness, etc. — ಹೆಜ್ಜಾಜಿ. Arabian jasmine, Jasminum sambac Ait. (ಸಪ್ತಲೆ, ನವಮಾಲಿಕೆ Si. 139). — ಹೆಜ್ಜಾಲಿ. A large babool tree. ಬಾಬಿಯ ಗಿಡದಡಿಯಲಿ ಹೆಜ್ಜಾಲಿಯ ಮರ ತಾನು ಹುಟ್ಟಿ ಬೆಳೆಯಲು ಮತ್ತಂ ಕೂಡಿರು ಹೆಚ್ಚಿದ ಹಾವಿಲಿ ಬಾಯುವವನ್ ಆಳಾಗ ಬಹುದೆ? (Subhāshita kandapadya). — ಹೆಜ್ಜಾವೆ. N. of a plant (ವೆಜನಿ Mr. 110, o. r. ಹೆಜ್ಜಾತಿ). — ಹೆಜ್ಜಿಗಣೆ. A large leech (My.; ದುರ್ನಾಮ, ದೀರ್ಘಕೋಶಿಕೆ Si. 90). — ಹೆಜ್ಜೇನು. Superior honey deposited in large combs (My.). ಸಜ್ಜನರ ಸಂಗಮದು ಹೆಜ್ಜೇನು ಸವಿದಂತೆ (Sp.).

ಹೆಜ್ಜೆ hĕjjĕ. = ಪಜ್ಜೆ, etc. A foot-step: a foot-print, the mark of a foot, track (Bh. 1, 5, 5; 3, 13, 15; C.; B. 3, 44). 2, the foot (ಪದ, ಅಂಘ್ರಿ Si. 481; C.; B. 3, 108; 5, 238. 258). — ಹೆಜ್ಜೆಯಳತೆ. -ಅಳತೆ. The measure of a foot (My.). — ಹೆಜ್ಜೆ ಹೆಜ್ಜೆ. rep. (J. 30, 28).

ಹೆಂಚು hĕñču. = ಹಂಚು 4, etc. A tile; etc. (My.; Si. 111; Tĕ. ಪೆಂಕು, ಪೆಂಚು, a potsherd). — ಹೆಂಚಿನ ಮನೆ. A house with a tiled roof (My.). — ಹೆಂಚುಹೊರು. A potsherd (ಶರ್ಕರೆ Si. 451). — ಹೆಂಚುಹೊದಿಕೆ. A tiled roof (Si. 111).

ಹೆಟ್ಟ hĕṭṭa. 1. Dregs of castor-oil (ಏರಣ್ಡಕಿಟ್ಟ Šm. 89). *Cf.* ಪೆಟ್ 2.

ಹೆಟ್ಟ hĕṭṭa. 2. (ಹೂಟ Šm. 89).

ಹೆಟ್ಟ hĕṭṭa. 3. = ಪೆಟ್ಟ, etc. A lump of earth, a clod (ಲೋಷ್ಟ Šm. 89).

ಹೆಟ್ಟ hĕṭṭa. 4. = ಎಟ್ಟ, etc. A bush-harrow (My.).

ಹೆಟ್ಟ hĕṭṭa. Tbh. of ಹೃಷ್ಟ (Šmd. 353).

ಹೆಟ್ಟಿಗೆ hĕṭṭigĕ. A stout beam (My.). ಬಟ್ಟತಲೆಯವ ನಾವರೆ ಹೆಟ್ಟಿಗೆ ಹೊತ್ತಾನೇ? — ಮಟ್ಟ ನೋಡ ಬೇಕಾದರೆ ಹೆಟ್ಟಿಗೆಯಿಸ್ಡ ಆಡೀತೇ? (Prvs.).

ಹೆಟ್ಟಿಗೆ hĕṭṭigĕ. = ಪೆಟ್ಟಿಗೆ, etc. A dove-cot (ಕಪೋತ, ವಿಟಂಕ Mr. 200).

ಹೆಟ್ಟು hĕṭṭu. 1. = ಪೆಟ್ಟು 1. To beat, to give a blow, as with the hand, a staff, a hammer, etc. (My.). ಬಿಟ್ಟರದು ಹಾರುವದು, ಗಿಡಗ ತಾನಲ್ಲ; ಏಟ್ಟರಿಗೆ ಹೆಟ್ಟುವದು, ಬೆರಣ ತನಗಿಲ್ಲ (an arrow, Bĕḍaguĉaupadi). 2, to push or put into, to insert (as a stone, etc. to shut a hole, etc.); to put (My.). ಅಟ್ಟ ಪಾಯಸದಲ್ಲಿ ಕೆರಾ ಹೆಟ್ಟಿದ ಹಾಗೆ. — ಅಗುಲು ನುಂಗಲಿಕ್ಕೆ ತೀರದವನ ಬಾಯಲ್ಲಿ ಕಡಬು ಹೆಟ್ಟಿದ. — ಉಮ್ಬುವದಕ್ಕೆ ಉಡುವದಕ್ಕೆ ಅಕ್ಕನ ಕರೆ, ಕೋಳಕ್ಕೆ ಹೆಟ್ಟುವದಕ್ಕೆ ಬಾವನ ಕರೆ! — ಮುಳ್ಳು ತೆಗದು, ಕೊಳ್ಳಿ ಹೆಟ್ಟಿದ ಹಾಗೆ (Prvs.). 3, to push the penis into the vagina (My.). — ಹೆಟ್ಟಾಟ. -ಆಟ. Mutual striking or pushing or wrangling. ಬಣ್ಣೆ ಬಸ್ಗಾಟ, ಹೇಲು ಹೆಟ್ಟಾಟ, ತಲೆಮೊಟ್ಟೆ ಪರಮ ಸುಖ. — ಮುಟ್ಟು ತಿಳಿದವನ ಸಂಗಡ ಹೆಟ್ಟಾಟ ಮಾಡ ಬಾರದು (Prvs.).

ಹೆಟ್ಟು hĕṭṭu. 2. = ಪೆಟ್ಟು 2, etc. A stroke, a blow (My.).

ಹೆಟ್ಟುಗೆ hĕṭṭugĕ. A female friend (ಗೆಳತಿ, ಸಖಿ Ŝt. I, 15; Kk. 29; Šm. 74); an affectionate or beloved woman, a wife (ಕಾಮಿನಿ Ŝt. II, 76; ವನಿತೆ Šs.; Bp. 11, 38; Šâstrasâra in W. v. 1565).

ಹೆಟ್ಟೆ hĕṭṭĕ. = ಪೆಟ್ಟೆ, etc. A lump of earth, a clod (ಲೋಷ್ಟಕ, ಲೋಷ್ಟ Hlâ.).

ಹೆಡ hĕḍa. = ಪೆಡ, etc., ಹೆಡ್ 1. The state of being behind, etc. — ಹೆಡಕಟ್ಟು. Hind-binding. — ಹೆಡಕಟ್ಟು ಕಟ್ಟು. To restrain by binding the arms to the back, to pinion (My.). — ಹೆಡಗುಡಿ. -ಕುಡಿ. Hind-point. — ಹೆಡಗುಡಿ ಕಟ್ಟು. To pinion (Râm. 6, 44, 11). — ಹೆಡತಲೆ. = ಪೆಡದಲೆ. The back of the head (Bp. 46, 13; Râm. 5, 8, 58; Dp. 4; C.). ಹೆಡತಲೆಯ ಕುಣಿ (ಅವಟು, ಘಾಟಿ, ಕೃಕಾಟಿಕೆ Nr.). ಹೆಡತಲೆಯೊಳಗಿರುವ ನರ (ಮನ್ಯೆ Si. 205). — ಹೆಡಮುರಿಕೆ. = ಹೆಡಮುರಿಗೆ. — ಹೆಡಮುರಿಕೆ ಬಿಗಿಸು. To cause to pinion (B. 4, 169). — ಹೆಡಮುರಿಗೆ. Turning round or twisting (the arms) to the back, pinioning (G. 577). — ಹೆಡಮುರಿಗೆ ಕಟ್ಟು. To pinion (B. 3, 126).

ಹೆಡ hĕḍa. = ಹೆಡಗೆ, etc., ಹೆಡೆ 2. Tbh. of ಪಿಟ. A basket, a box. — ಹೆಡಗೋಟೆ. -ಕೋಟೆ. = ಹೆಡಗೆಗೋಟೆ q. v., ಹೆಡೆಗೋಟೆ.

ಹೆಡಕು hĕḍaku. The back or nape of the neck (ಘಾಟೆ, ಅವಟು, ಕೃಕಾಟಿಕೆ Hlâ.; ಕೃಕಾಟಿಕ Mr. 327; ಹೆಕ್ಕತ್ತು G.; Râm. 5, 1, 2; 6, 39, 6; B. 4, 211); the hind part of a fort (Râm. 4, 6, 20).

ಹೆಡಗೆ hĕḍagĕ. = ಪೆಡಗೆ, etc. A basket (ಏಡಕ Mr. 208, o. rs. ಹೆಡಿಗೆ, ಹೆಡೆಗೆ; Bp. 28, 7; 49, 44; 56, 9; C.; B. 5, 185). — ಹೆಡಗೆಗೋಟೆ. -ಕೋಟೆ. (Šmd. 386, o. rs. ಹೆಡಗೋಟೆ, ಹೆಡೆಗೆ ಗೋಟೆ). A basket-like fort (?).

ಹೆಡಸು hĕḍasu. (= ಪೆಡಸು). Dandruff (S. Mhr.).

ಹೆಡಿಗೆ hĕḍigĕ. = ಹೆಡಗೆ, etc. (My.; ಕಾಣ್ಡಾಲ, ಪಿಟ Si. 307; see Mr. s. ಹೆಡಗೆ; Sp. s. ಕಣುಗಾಣ್). — ಹೆಡಿಗೆಗುಮ್ಮ. A basket considered as a devil. ರವಿ ಕಾಣದಮ್ಮ ಕವಿ ಕಣ್ಣ, ಕವಿ ಕಾಣದಮ್ಮ ಹೆಡಿಗೆಗುಮ್ಮ ಕಣ್ಣ (Prv.).

ಹೆಡೆ hĕḍĕ. 1. = ಎಡೆ 2, ಪೆಡೆ. The expanded hood of a cobra (ಸ್ಫಟ, ಫಣೆ Si. 78; Bp. 11, 12; 51, 59; 53, 48; Bh. 1, 20, 61; C.; B. 2, 8). ಹಾವಿನ ಹೆಡೆ (ಫಣ, ಫಣೆ, ಫಟಿ Hlâ.; ಸ್ಫಟಿ Nr.).

ಹೆಡೆ hĕḍĕ. 2. = ಹೆಡ, etc. — ಹೆಡೆಗೋಟೆ. -ಕೋಟೆ. (Kk. 99). = ಹೆಡಗೋಟೆ, etc.

ಹೆಡೆಗೆ hĕḍĕgĕ. = ಹೆಡಗೆ, etc. (Bp. 56, 12; Bh. 1, 10, 25; My.).

ಹೆಡ್ಡ hĕḍḍu-a 3. = ಎಡ್ಡ 2. A dull, stupid man, a fool (ಅಜ್ಞ, ಮೂಢ, ಯಥಾಜಾತ, ಮೂರ್ಖ, ವೈಧೇಯ, ಬಾಲಿಶ Nr.; ಗಾವಿಲ, ಗಾಮ್ಪ, ಎಗ್ಗ Šs.; C.; B. 3, 51). ಸಿರಿ ಭರವಶ್ಯಾಗಲು ಮಣಿಯದವನೆ ಜಾಣ; ಕೊಡಿಕೆಯಾಗೆ, ಯಾಕೊಡವೆನಗಿಲ್ಲೆನ್ನು, ಅಣಿಸುವವ ಹೆಡ್ಡ (Sp.). ಹೆಡ್ಡನಾದರೂ ದೊಡ್ಡವನೇ ಲೇಸು. — ದಡ್ಡನಿಗೆ ಹೆಡ್ಡನೆನ್ದರೆ ಮುದ್ದನಿಗೆ ಜಾಣಾ ಅನ್ದ ಹಾಗೆ. — ಜಾಣನಿಗೆ ಮೂದು ಕಡೆ, ಹೆಡ್ಡನಿಗೆ ಒನ್ದೇ ಕಡೆ (Prvs.). — ಹೆಡ್ಡದಾಮೋದರ. N. (Bp. 56, 33).

ಹೆಡ್ಡತನ hĕḍḍatana. = ಎಡ್ಡತನ 2. Stupidity, foolishness (ಮೆದೆ Šm. 99; My.). ಒಡ್ಡನ್ತಿ ಮಾಡಿದರೆ ಹೆಡ್ಡತನ ಹೋದೀತೇ? (Prv.). See Prv. s. ಮಹಾಲಕ್ಷ್ಮಿ.

ಹೆಡ್ಡತಿ hĕḍḍati. = ಎಡ್ಡತಿ. A stupid, foolish woman (My.).

ಹೆಡ್ಡಯ್ಸು hĕḍḍaysu. To flout, to treat with contempt (Râm. 3, 3, 23; Mhr. ಹೇಣ್ಣಾವಿಸೇಂ).

ಹೆಡ್ಡು hĕḍḍu. = ಎಡ್ಡು 2. Stupidity, foolishness (My.; see ಅತಿ-). — ಹೆಡ್ಡಾಟ. -ಆಟ. Stupid, foolish behaviour (My.). — ಹೆಡ್ಡಾಳು. -ಆಳು. A stupid, foolish person. ಹೆಡ್ಡಾಳಾದರೂ ಒಡ್ಡಾಳಾಗಿರ ಬೇಕು (Prv.).

ಹೆಡ್ಡೆ hĕḍḍĕ. = ಹೆಡ್ಡತಿ. (My.).

ಹೆಣ್ hĕṇ. = ಪೆಣ್, etc. A female; a woman (J. 2, 61). ಹೆಣ್ಣಾದೊಡಂ ಗಣ್ಡಾದೊಡಂ (Šmd. 148). ಹೆಣ್ಣಳ್ (Bh. 1, 8, 35). ಹೆಣ್ಣ ಕೊಟ್ಟ ಅತ್ತೆ (ಗೃಹಮಾತೆ Mr. 313); ಹೆಣ್ಣ ಕೊಟ್ಟವಂ (ವಧುತಾತ 313). — ಹೆಣ್ಣಂಚೆ. -ಅಂಚೆ. A female swan, a goose (ವರಲೆ, ವರಟೆ Hlâ.; ವರಟೆ Si. 175). — ಹೆಣ್ಣಾನೆ. -ಆನೆ. A female elephant (ಒಸೆ Šmd. 342; ಪಿಡಿ Čt. I, 102; ಪೆಣ್ಡನ್ತಿ, ಕರೇಣು Nn. 120; ಕರೇಣು Si. 420). — ಹೆಣ್ಣಾವೆ. -ಆವೆ. A female turtle (ಕೂರ್ಮಿ Nr.; ಕಮಠಿ, ಡುಲಿ Nr.; ಡುಲಿ Mr. 411). — ಹೆಣ್ಣೇವೆ. -ಏವೆ. = ಹೆಣ್ಣಾವೆ. (ಡುಲಿ Hlâ.). — ಹೆಣ್ಣೊಣ್ಟೆ. -ಒಣ್ಟೆ. A female camel (ಉಷ್ಟ್ರಿಕೆ, ಉಷ್ಟ್ರಿ Nn. 85).

ಹೆಣ hĕṇa. 1. = ಪೆಣ. A corpse; a carcass (ಪ್ರೇತ, ಪರೇತ, ಕುಣಪ, ಶವ Hlâ.; ಕುಣಪ, ಶವ Nr., Si. 297; ಪ್ರೇತ, ಕುಣಪ Mr. 395; ಮೃತ, ಕುಣಪ Nn. 11; Bp. 21, 17; 32, 58; 46, 36. 60. 78; 54, 74; C.). ಪ್ರಾಣ ತೊಲಗಿದ ಹೆಣನು ಕಚ್ಚಿ ಗಂಜಲು ಬಲುದೆ? (i. e. ಬಲ್ಲುದೆ? Dp. 87). ಹೆಣ ಸುಟ್ಟರೂ ರುಣ ಸುಡಲಿಲ್ಲ.— ಹೆಣ ಹೊಡವವನಿಗೆ ರೋಮ ಬಾಧಿಯೇ?— ಹೆಣದವರು ಹೆಣಕ್ಕೆ ಅತ್ತರೆ ಕೊರವ ಮುದ್ದಿಗೆ ಅತ್ತ.— ದಣು ಪಟ್ಟವನು ಹೆಣವಾದರೂ ಹೊಡಿಸೇ?— ನೊಣ ಕೂಡಿಸಿದ ಜೇನು ಮಣುವಾದರೆ ಹೆಣ ಹೊತ್ತವನಿಗೇನು?— ನೊಣ ಕೂತರೆ ವ್ರಣ ಹೊರ್ತು ಹೆಣ ಜೀವಿಸೀತೇ?— ಸಣಸುವವನಾದರೆ ಹೆಣ ನೋಡಿ ಹೆದರ್ಬ್ಯಾನೇ?— ಸುಡುಗಾಡಿಗೆ ಹೋದ ಹೆಣ ತಿರುಗಿ ಬನ್ದೀತೇ?— ರಾಯ ಸತ್ತರೂ ಹೆಣ, ನಾಯಿ ಸತ್ತರೂ ಹೆಣ.— ಹಣವೆನ್ದರೆ ಹೆಣ ಬಾಯ ಬಿಡುತ್ತದೆ.— ಹಣವಿಲ್ಲದವನು ಹೆಣಕ್ಕಿನ್ತ ಕಡೆ.— ಅಪ್ಪ ಇಲ್ಲದವನ ಹೆಣವ ಒಪ್ಪ ಮಾಡುವವರು ಯಾರು? (Prvs.). — ಹೆಣದತ್ತ. -ಅತ್ತ (i. e. ಅನ್ದವ). A good-for-nothing man; a coward (My.). — ಹೆಣದಿನುಹಿ. -ತಿನುಹಿ. A corpse-eater, a demon (Bh. 10, 3, 11). — ಹೆಣದೆಱಹು. -ತೆಱಹು. An open space between corpses (Bh. 10, 3, 14). — ಹೆಣಮಯ. Full of corpses (J. 27, 7). — ಹೆಣಮುಣ್ಡೆ. A good-for-nothing woman (My.). — ಹೆಣಬೋಣ್. A lifeless, spiritless, stupid fellow (My.).

ಹೆಣ hĕṇa. 2. P. p. of ಹೆಣೆ 1. — ಹೆಣಕೊಳ್ಳು. To intertwine (v. i., as creepers, snakes, etc., My.). 2, to plait, etc. (My.).

ಹೆಣಗಿಸು hĕṇagisu. = ಪೆಣಗಿಸು. To cause to fight (My.).

ಹೆಣಗು hĕṇagu. = ಪೆಣಗು. To wrangle, to quarrel, to fight, to strive (Bp. 18, 37; 58, 39; Bh. 2, 2, 97. 101. 105; J. 22, 29; C.; B. 3, 99). ಜುಣುಗುವವನ ಸಂಗಡ ಹೆಣಗ ಬಾರದು.— ಬೋಣಬೇ ಶಾಸ್ತ್ರಕ್ಕೆ ಹೆಣಗೋಬೇ ಅರ್ಥ.— ಪಣ ಕಟ್ಟುವವನ ಹತ್ತರ ಹೆಣಗ ಬಹುದು, ಹಣ ಕೂಡಿಸುವವನ ಹತ್ತರ ನಿಲ್ಲಲಾಗದು.— ಮಣಗದ ಮನುಷ್ಯ ಹೆಣಗಿದರೂ ಬಗ್ಗ (Prvs.). — ಹೆಣಗಾಟ. -ಆಟ. Quarrel, fight (My.). — ಹೆಣಗಾಡು. -ಆಡು. = ಹೆಣಗು. (C.; B. 2, 40).

ಹೆಣಿ hĕṇi. = ಹೆಣೆ 1, etc. To plait, etc. (My.).

ಹೆಣಿಕೆ hĕṇikĕ. = ಎಣಿಕೆ 2, ಹೆಣಿಗೆ. (My.).

ಹೆಣಿಗೆ hĕṇigĕ. Plaiting, etc.; that is plaited, etc. (My.). — ಹೆಣಿಗೆಕೆಲಸ. Work done by plaiting, etc. (My.); the art of plaiting, etc. (My.).

ಹೆಣಿಲು hĕṇilu. = ಹಿಣಿಲ್ 2, etc. A braid of hair, braided hair (Râm. 6, 58, 32).

ಹೆಣೆ hĕṇĕ. 1. = ಎಣೆ 2, ಪೆಣೆ 1, etc. To intertwine (v. t.), etc., to plait, as mats, baskets, etc.; to braid, as the hair; to work in meshes or knit, as nets; to rattan, as a chair (Bp. 47, 30; C.; B. 2, 42). P. ps. ಹೆಣದು, ಹೆಣೆದು, ಹೆಣ್ದು. 2, to intertwine (v. i.), to be joined, etc.

ಹೆಣೆ hĕṇĕ. 2. = ಎಣೆ 1, ಪೆಣೆ 2. Joining together; the state of being joined, etc. See Nn. 144 s. ಸ್ಕನ್ಧ No. 2. — ಹೆಣೆ ಕಟ್ಟು. To tie a row of cattle to the pillar in the middle of a threshing floor so as to tread out corn (My.).

ಹೆಣ್ಟ hĕṇṭa. = ಹೆಣ್ಟೆ 1, etc. — ಹೆಣ್ಟ ಹೊಡೆ. = ಹೆಣ್ಟೆ ಹೊಡೆ. (S. Mhr.).

ಹೆಣ್ಟೆ hĕṇṭĕ. 1. = ಎಣ್ಟ, etc. A bush-harrow. — ಹೆಣ್ಟೆ ಹೊಡೆ. = ಎಣ್ಟಾ ಹೊಡೆ, q. v. (My.).

ಹೆಣ್ಟೆ hĕṇṭĕ. 2. = ಪೆಣ್ಟ, etc. A lump of earth, a clod (ಲೋಷ್ಟ Nr., Si. 302; ಪೆಣ್ಟೆ Šs.; ಪೆಣ್ಟ Šm. 64; My.). ಮಣ್ಣಿನ ಹೆಣ್ಟೆ (ಲೋಷ್ಟ G.). 2, an unburnt brick (B. 4, 121). ಕೊಡಿಚೇ ಮೇಲೆ ಹೆಣ್ಟೇ ಹಾಕಿ, ಮೋಚೀ ಮೇಲೆ ಸಿಡಿಸಿಕೊಣ್ಡ (Prv.). — ಹೆಣ್ಟೆಗುದ್ದ. = ಹೆಣ್ಟೆಗೊದ್ದ. (My.). — ಹೆಣ್ಟೆಗೊಡತಿ. -ಕೊಡತಿ. A large wooden hammer for breaking clods in fields (My.); a kind of harrow (ಲೋಷ್ಟಭೇದನ, ಕೋಟಿಶ Nr.). — ಹೆಣ್ಟೆಗೊದ್ದ. A kind of lizard or chameleon (ಸರಟ, ಕೃಕಲಾಸ, ಓತಿಕ್ಯಾಟ Si. 170; My.).

ಹೆಣ್ಡ hĕṇḍa. 1. = ಪೆಣ್ಡ. A female, a woman; a wife. Plurals ಹೆಣ್ಡರು (C.), ಹೆಣ್ಡನ್ದಿರು (B. 4, 214), ಪೆಣ್ಡಿರ್, ಹೆಣ್ಡಿರು. ಹೆಣ್ಡರಿಲ್ಲದ ಮನೆ ದಣ್ಡು, ಗಣ್ಡರಿಲ್ಲದ ಮನೆ ಬಣ್ಡು.— ಪೇಣ್ಡಾರಿಯರು ಬರುವಾಗ ಹೆಣ್ಡರ ಗೊಡವೆ ಏನು?— ಮಕ್ಕಳಿಲ್ಲ ಮನೆವಾರ್ತೆ ಮಾಡಿದರೆ ಅಪ್ಪಗೆ ಯಾಕೆ ಇಬ್ಬರು ಹೆಣ್ಡರು? (Prvs.). ದಮ್ಪತಿಗಳೆನಲು, ಸತಿ ಪತಿಗಳೆನೆ ಹೆಣ್ಡಿರಿಂಗೆ ಪೆಸರೆಸಿಕ್ಕುಂ (Mr. 24). ಹೆಣ್ಡರಾ ಕೌತುಕವ ಗಣ್ಡರೂ ಬಲ್ಲರೇ? ಗಿಣ್ಡಿನೀರೊಳಗೆ ಕಿಱುಮೀನ ಹೆಜ್ಜೆಯನು ಕಣ್ಡಾತ ನಾರು? (Sp.). — ಹೆಣ್ಡರು ಮಕ್ಕಳು. A wife and children; wives and children (C.; B. 4, 153).

ಹೆಣ್ಡ hĕṇḍa. 2. (fr. ಹಿಣ್). Vinous liquor or toddy extracted from the wild date tree (My.; B. 2, 14), etc. (ಮೇದಕ, ಜಗಲ Nr.; ಸುರೆ, ಹಲಿಪ್ರಿಯೆ, ಹಾಲೆ, ಪರಿಸ್ರುತ್, ವರುಣಾತ್ಮಜೆ, ಗನ್ಧೋತ್ತಮೆ, ಪ್ರಸನ್ನೆ, ಇರೆ, ಕಾಮ್ಬರಿ, ಪರಿಸ್ರುತೆ, ಮದಿರೆ, ಕಶ್ಯ, ಮದ್ಯ Si. 347; ಸುರೆ, ವಾರುಣಿ 420; ಇರೆ 451). ಹೆಣ್ಡದ ಕಡಲು (ಸುರೋದ Si. 81); ಹೆಣ್ಡ ಮಾಱುವವನು (ಶೌಣ್ಡಿಕ, ಮಣ್ಡಹಾರಕ 339); ಹಿಪ್ಪೇ ಹುವ್ವಿನ ಹೆಣ್ಡ (ಮಧ್ವಾಸವ 347); ದ್ರಾಕ್ಷೇ ಹಣ್ಣಿನ ಹೆಣ್ಡ (ಮಾರ್ದ್ವೀಕ 347); ಅರೇ ಹುವ್ವು ಬೆಲ್ಲ ಕಲಗಚ್ಚು ನೀರಿನಿನ್ದ ಮಾಡಿದ ಹೆಣ್ಡ (ಮೈರೇಯ 348); ಪಕ್ವವಾದ ಕಬ್ಬಿನ ರಸದಿನ್ದ ಮಾಡಿದ ಹೆಣ್ಡ (ಆಸವ, ಶೀಧು, etc., ಸಾರಾಯಿ, ಕಳ್ಳು, ಬ್ರಾನ್ದಿ 348); ಹೆಣ್ಡ ಮಾಡುವದು (ಸನ್ಧಾನ, ಅಭಿಷವ 348); ಹೆಣ್ಡದ ಮೇಲಣ ತಿಳಿ (ಕಾರೋತ್ತಮ, ಸುರಾಮಣ್ಡ 348); ಹೆಣ್ಡ ಕುಡಿಯುವ ಬಟ್ಟಲು (ಚಷಕ

(848). ಹೆಣ್ಣ ಮಣ್ಣಿಗೆ ಏಟುಬಿದ್ದು ಕುಣ್ಣಿ ಒಡ ಕೊಣ್ಡರೆ ಇಬ್ಬದೀತೇ? (Prv.). — ಹೆಣ್ಣದ ತಿತ್ತಿ. A small liquor bottle made of one skin (My.). — ಹೆಣ್ಣದ ಪಕಾಲಿ. A large leather bag for carrying toddy on a horse or a donkey (My.). — ಹೆಣ್ಣದ ಬುರುಡೆ. A toddy bottle made of a sŏrĕkâyi (My.).

ಹೆಣ್ಡತಿ hĕṇḍati. = ಪೆಣ್ಡತಿ, etc. A wife (ದಾರ, ಕ್ಷೇತ್ರ, ಕಲತ್ರ, ಭಾರ್ಯೆ, ವಧು, etc. Hlâ., Mr. 306; ತಲ್ಪ, ದಾರ Nr., Si. 439; ದ್ವಿತೀಯೆ Hlâ.; ಭಾರ್ಯೆ, ಜಾಯೆ, etc. Dhw.; Bp. 47, 4; C.). ಹೆಣ್ಡತಿಯ ಒಡ ಹುಟ್ಟಿದ ಅಣ್ಣ ತಮ್ಮನ್ದಿರು (ಸ್ಯಾಲರು); ಸೋದರಮಾವನ ಹೆಣ್ಡತಿ (ಮಾತುಲಾನಿ, etc. Nr.). ಬಸುರಿ ಹೆಣ್ಡತಿ (ಗರ್ಭಿಣಿ, etc. Hlâ.). ಮಗನ ಹೆಣ್ಡತಿ (ಸ್ನುಷೆ Mr. 314). ಅಗ್ನಿಸಾಕ್ಷಿಕವಾಗಿ ಮದುವೆ ಮಾಡಿ ಕೊಣ್ಡ ಹೆಣ್ಡತಿ (ಪತ್ನಿ, ಪಾಣಿಗೃಹೀತಿ, ದ್ವಿತೀಯೆ, ಜಾಯೆ, etc. Si. 183). ಆ ಸಾಹೇಬನು ಏರ್ಡನೇ ಹೆಣ್ಡತಿಯನ್ನು ಮಾಡಿ ಕೊಣ್ಡನು (B. 5, 203). ಹೆಣ್ಡತಿ ಹೆಗ್ಗಡತಿ ಆದರೆ ಗಣ್ಡನ್ನು ಮೂದಿನಾಯಿಗಿನ್ತ ಕಡೆ.— ಕೆಯ್ಯಿಲ್ಲದ್ದರೆ ಅರ್ಥ, ಹತ್ತರಿದ್ದರೆ ಹೆಣ್ಡತಿ.— ನೂಲೋ ಹೆಣ್ಡತಿಯ ಬಿಟ್ಟು, ಹೇಲೋ ಮೂದಿಯ ತನ್ದ.— ಬಡವನ ಹೆಣ್ಡತಿ ಎಲ್ಲರ ಅತ್ತಿಗೆ.— ಮುದ್ದೆಲ್ಲಾ ಮೂದಿನೆಯ ಹೆಣ್ಡತಿಗೆ.— ಮಕ್ಕಳಿಲ್ಲದ ಹೆಣ್ಡತಿಗಿನ್ತ ಮರದ ನೆರಳು ಸುಖ.— ಶಾನಭೋಗನ ಸಮ್ಬಳ ಸನ್ತೋ? ಎನ್ದು, ಕೇಳ ಬೇಡ; ಹೆಣ್ಡತಿಯ ದೆಸೆಯವರು ಉಣ್ಡರೋ? ಎನ್ದು, ಕೇಳ ಬೇಡ.— ಸಾಯುವೆನೆನ್ದರೆ ಹೆಣ್ಡತಿ ಬಯ್ದಾಳು ಅನ್ದ ಹಾಗೆ.— ಸಾವಿರ ಕುದುರೆಗೆ ಸರದಾರನಾದರೂ ಮನೇ ಹೆಣ್ಡತಿ ಕಾಸ್ತಾರ.— ಸೋರುವ ಮನೆಯನ್ನೂ ಹೋರುವ ಹೆಣ್ಡತಿಯನ್ನೂ ದೂರ ಬಿಡ ಬೇಕು.— ಹತ್ತರಿದ್ದರೆ ಹೆಣ್ಡತಿ, ಬದಿಕಿದ್ದರೆ ಅಕ್ಕ, ಒಳತು ಕೆಟ್ಟರೆ ಗೆಣೆಯ.— ಸಂಗತೀ ಗುಣ ಸೋತು ನೋಡು, ಹೆಣ್ಡತೀ ಗುಣ ಹೇತು ನೋಡು.— ಸನ್ತೇ ಸೂಳೆಯು ಸಚ್ಚಿ, ಮನೇ ಹೆಣ್ಡತಿಯು ಬಿಟ್ಟಿ.— ಹೋರುವ ಹೆಣ್ಡತಿ, ಸಾರುವ ನೀರು ತ್ಯಜಿಸು.— ಮಕ್ಕಳಿಲ್ಲದವನಿಗೆ ಹೆಣ್ಡತಿ ಮುದ್ದು, ಹೆಣ್ಡತಿಯಿಲ್ಲದವನಿಗೆ ತಾನೇ ಮುದ್ದು (Prvs.).

ಹೆಣ್ಡೆ hĕṇḍĕ. 1. = ಎಣ್ಡೆ. Cowdung (ಗೋಮಯ Ŝs.; Tē. ಪೆಣ್ಡೆ, ಪೇಡ; T. ಪಿಟ್ಟೈ, a lump of beast's dung). — ಹೆಣ್ಡೆ ಮೂಗಕ್ಕಿ. -ಅಕ್ಕಿ. (ಪರೋಷ್ಣಿ, ತೈಲಪಾಯಿಕೆ Si. 175).

ಹೆಣ್ಡೆ hĕṇḍĕ. 2. = ಪೆಟ್ಟ, etc. A lump of earth, a clod (ಲೋಷ್ಟ Mr. 371; G. 57). — ಹೆಣ್ಡೆಗೊಡತಿ. -ಕೊಡತಿ. = ಹೆಣ್ಟೆಗೊಡತಿ. (S. Mhr.).

ಹೆಣ್ಣಿಗ hĕṇṇiga. = ಅಣ್ಣಿಗ. An impotent man; a coward (My.).

ಹೆಣ್ಣಿಗತನ hĕṇṇigatana. Impotency; cowardice (My.).

ಹೆಣ್ಣು hĕṇṇu. = ಪೆಣ್, etc. A female; a woman (Bp. 18, 91; C.; B. 5, 289). ಹೆಣ್ಣುಂ ಗಣ್ಡು ಸೇರಿ ಸೊಗಸಿನ್ದ ಆಡುವಿಕೆ (ದ್ರವ, ಕೇಲಿ, etc. Si. 72); ಸ್ವಯಂವರದ ಹೆಣ್ಣು (ಸ್ವಯಂವರೆ, etc. 183); ಒಳ್ಳೇ ಪ್ರಾಯದ ಹೆಣ್ಣು (ತರುಣಿ, ಯುವತಿ 184); ಕಾಮವುಳ್ಳ ಹೆಣ್ಣು (ಕಾಮಿನಿ 435). ಜೀವವಿಲ್ಲದ ಹೆಣ್ಣು ಗಜುಗ ಬೆಳೆದಾ ಕಣ್ಣು (Dp. 54). ಬೆಣ್ಣೆ ಬೆಂಕಿಯ ನೆರೆಗೆ ತಣ್ಣಗಿರ ಬಲ್ಲುದೇ? ಹೆಣ್ಣಿದ ಮನೆಗೆ ಎಡ ತಾಕಿ, ಶಿವಯೋಗಿ ಮಣ್ಣುಮುಸಿಯಾದ (Sp.). ಯಾತಗಣೆಯುದು ಚಿಗತು ಕಾತು ಫಲವಾದನ್ದು, ಹೋತು ಹೆಬ್ಬುಲಿಯ ನಿಬ್ಬದನ್ದು ಹೆಣ್ಣಿನ ಮಾತ ನೆಚ್ಚು! (Sp.). ಅಡವಿಯೊಳು ಮರ್ ಹೊಡದು ಗಿಡ ಸೇದುಗೊಣ್ಡನ್ದು, ಹುಡಿಯೊಳಗೆ ಕಮಲ ಬೆಳೆದನ್ದು ಹೆಣ್ಣಿನ ನುಡಿಯ ನೆಚ್ಚು! (Sp.). ಸುಣ್ಣವಿಲ್ಲದ ವೀಳ್ಯ, ಬಣ್ಣವಿಲ್ಲದ ಮದುವೆ, ಹೆಣ್ಣಿಲ್ಲದವನ ಸಂಸಾರ ಮಳಲೊಳಗೆ ಎಣ್ಣೆ ಹೊಯಿದನ್ತೆ (Sp.). ಹೆಣ್ಣಿಗೆ ಇಟ್ಟ ಬಂಗಾರ, ಗೋಡೆಗೆ ಹಚ್ಚಿದ ಸುಣ್ಣ.— ಹೆಣ್ಣಿನ ನೆಲೆ ಕುದುರೆಯ ನೆಲೆ ಯಾರಿಗೂ ಗೊತ್ತಿಲ್ಲ.— ಹೆಣ್ಣು ದೂರದಿನ್ದ ತರ ಬೇಕು, ದನ ಹತ್ತರದಿನ್ದ ತರ ಬೇಕು.— ಹೆಣ್ಣು ಬೊಮ್ಮಣ್ಣಗೆ, ಅಪರಾಧ ತಿಮ್ಮಣ್ಣಗೆ.— ಹೆಣ್ಣು ಹಡದವನ ಮನೆ ತಣ್ಣಗೆ, ಗಣ್ಡು ಹಡದವನ ಮನೆ ಸುಣ್ಣಗೆ.— ಹೆಣ್ಣು ಸೊಕ್ಕಿದರೆ ಮನೆಯಲ್ಲಿ ನಿಲ್ಲದು, ಎತ್ತು ಸೊಕ್ಕಿದರೆ ಹಟ್ಟಿಯಲ್ಲಿ ನಿಲ್ಲದು.— ಹೆಣ್ಣು ಕೊಟ್ಟೆಯೋ? ಬೆನ್ನು ಕೊಟ್ಟೆಯೋ?— ಹೆಣ್ಣು ತನ್ದಿಯೋ? ಮಣ್ಣು ತನ್ದಿಯೋ?— ಹೆಣ್ಣು ಒಳ್ಳೇದೇ ಸರಿ, ಕಣ್ಣು ಮಾತ್ರ ಕಾಣುವದಿಲ್ಲ.— ಹೆಣ್ಣು ಹೆತ್ತು ತಿಳಿಯ ಬೇಕು, ಗಣ್ಡು ತೆತ್ತು ತಿಳಿಯ ಬೇಕು.— ಹೆಣ್ಣಾದರೇನು? ಮಣ್ಣಾದರೇನು? ಪುಣ್ಯವಿನಹಾ ಸಿಕ್ಕದು.— ಎಣ್ಣೆದ್ದು ಮಣ್ಣು ಆಯಿತು, ಹೆತ್ತದ್ದು ಹೆಣ್ಣು ಆಯಿತು.— ಪುಣ್ಯ ಮಾಡದೆ ಕೆಟ್ಟೆ, ಹೆಣ್ಣು ಹುಟ್ಟಿ ಕೆಟ್ಟೆ.— ಪುಣ್ಯವಿಲ್ಲದೆ ಕಣ್ಣು ಕಿತ್ತಿಕೊಣ್ಡರೆ ಹೆಣ್ಣು ಸಿಕ್ಕೀತೇ?— ಬಡವಗೆ ಯಾಕೆ ಸಿರಿವನ್ತನ ಹೆಣ್ಣು? (Prvs.). ಹೆಣ್ಣನ್ನು ಹೊನ್ನನ್ನು ಹಣ್ಣಾದ ಮರಗಳನು ಕಣ್ಣಿಲಿ ಕಣ್ಡು ಮನದಲ್ಲಿ ಬಯಸದಿಹ ಅಣ್ಣಗಳಾರು? (Sp.). — ಹೆಣ್ಣಾಡು. -ಆಡು. A female goat (My.). — ಹೆಣ್ಣಾಳು. -ಆಳು. A kûli woman (C.). — ಹೆಣ್ಣು ಆವೆ. A female turtle (ಕಮಠಿ, etc. Si. 90). — ಹೆಣ್ಣುಎಕ್ಕೆಯ ಗಿಡ. The shrub Calotropis procera R. Br. (Z.). — ಹೆಣ್ಣುಎರುಬುಹುಳು. (ಶಿಲಿ, ಗಣ್ಡೂಪದಿ Si. 90). — ಹೆಣ್ಣುಏಡಿ. (ಕರ್ಕಟಿ G.). — ಹೆಣ್ಣುಒಣ್ಟೆ. A female camel (C.; B. 3, 66). — ಹೆಣ್ಣುಕಣೆ. The small roller in a sugar-mill (My.). — ಹೆಣ್ಣುಕಪ್ಪೆ. A female frog (ಭೇಕಿ, ವರ್ಷಾಭ್ವಿ Si. 90). — ಹೆಣ್ಣುಕರಡಿ. A she-bear (C.; B. 3, 109). — ಹೆಣ್ಣುಕರು. A female calf (G. 104). — ಹೆಣ್ಣುಕುಣಿಕೆ. The part of a clasp which is hooked on (My.). — ಹೆಣ್ಣುಕುದರೆ. A mare (ಅಶ್ವ G.). — ಹೆಣ್ಣುಕುದುರೆ. A mare (ಪ್ರಸು, ಅಶ್ವ Si. 463). — ಹೆಣ್ಣುಕೂಸು. A female child (My.). — ಹೆಣ್ಣುಕೋತಿ. A she-monkey (My.; Si. 52). — ಹೆಣ್ಣುಕೋಳ್. A hen (My.). — ಹೆಣ್ಣು ಗಣ್ಡು. A female and male; a female or male (B. 5, 291). — ಹೆಣ್ಣುಗಪ್ಪೆ -ಕಪ್ಪೆ. A she-frog (ಭೇಕಿ, etc. Nr.; ವರ್ಷಾಭ್ವಿ Hlâ.). — ಹೆಣ್ಣುಗರು. -ಕರು. A she-calf (C.; B. 5, 19). — ಹೆಣ್ಣುಗುಬ್ಬಚ್ಚಿ. = ಹೆಣ್ಣುಗುಬ್ಬಿ. (ಚಟಕೆ Si. 172). — ಹೆಣ್ಣುಗುಬ್ಬಿ. A female sparrow (B. 2, 6). — ಹೆಣ್ಣುಗೇಣ್ಡಾಮೃಗ. A female rhinoceros (B. 5, 250). — ಹೆಣ್ಣುಗೊರಳು. -ಕೊರಳು. A woman's voice (My.). — ಹೆಣ್ಣುಚಿಗರಿ. A female antelope (ಹರಿಣಿ G.). — ಹೆಣ್ಣುಜಲಪಕ್ಷಿ. A she-crane (ಲಕ್ಷ್ಮಣೆ Si. 175). — ಹೆಣ್ಣುತೋಳ. A she-wolf (B. 3, 86). — ಹೆಣ್ಣುದೇವತೆ. A female deity (My.). ಹೆಣ್ಣುದೇವತೆಯರು (ಮಾತಾಳಿ Nn. 136). — ಹೆಣ್ಣುನರಿ. A she-fox (B. 3, 75). — ಹೆಣ್ಣುನಾಯಿ. A bitch (ಶುನಕಿ, ಸರಮೆ Hlâ.; ಶುನಿ, ಸರಮೆ Nr.; B. 3, 40). — ಹೆಣ್ಣುನೀಲಿ. The common indigo shrub, Indigofera tinctoria Lin. (St. & Pl.). — ಹೆಣ್ಣುಪತಂಗ. (ಪತಂಗಿಕೆ, ಪುತ್ತಿಕೆ Si. 175). — ಹೆಣ್ಣುಪಶು. A cow (Si. 396). — ಹೆಣ್ಣುಪಾರಿವಾಳ. A she-pigeon (B. 3, 118). — ಹೆಣ್ಣುಬಾಳು. A woman's state of life (My.). — ಹೆಣ್ಣುಮಕ್ಕಳು. Female children (C.; B. 3, 32. 33; 4, 5; 5, 274); women (S. Mhr.; B. 5, 48). ಹೆಣ್ಣುಮಕ್ಕಳಿಗೆ ಹಾಡ ಕಲಿಸಿದವರಿಲ್ಲ, ನಾಯಿಗೆ ಬೊಗಳ ಕಲಿಸಿದವರಿಲ್ಲ (Prv.). — ಹೆಣ್ಣುಮಗಳು. A woman (B. 5, 156. 291). — ಹೆಣ್ಣುಮರಿ. A female young animal. ಗುಬ್ಬಿಗೆ ಹುಟ್ಟಿದ ಹೆಣ್ಣುಮರಿ (ಚಟಕೆ Nr.). — ಹೆಣ್ಣುಮೀನು. (ಪ್ರೋಷ್ಠಿ, ಶಫರಿ Hlâ.). ಮೀನಿನೊಳು ಹೆಣ್ಣುಮೀನು ಪ್ರೋಷ್ಠಿ, ಶಫರಿ Mr. 409). ಮದ್ದುಗರಮೆಮ್ಬ ಅಡುಬಾಡೆಯ ಹೆಣ್ಣುಮೀನು (ಶೃಂಗಿ Nr.). — ಹೆಣ್ಣುಮೇಕೆ. A she-goat (My.). — ಹೆಣ್ಣುವೇಷ. The apparel or guise of a woman (My.; Si. 64). — ಹೆಣ್ಣುಸಿಂಹ. A lioness (B. 4, 212). — ಹೆಣ್ಣುಸಿಹ್ವ. = ಹೆಣ್ಣುಸಿಂಹ. (B. 5, 242). — ಹೆಣ್ಣು ಸೋಗು. = ಹೆಣ್ಣುವೇಷ. ಹೆಣ್ಣುಸೋಗ ಹಾಕಿ ಕೊಣ್ಡು ಕುಣಿಯುವ ಪುರುಷನು (ಶೈಲಾಲಿ G.). — ಹೆಣ್ಣುಹನ್ದಿ. A sow (My.). — ಹೆಣ್ಣುಹುಡುಗ. A girl (B. 5, 276). ಹೆಣ್ಣುಹುಡುಗರು ಆಡುವ ಅಣ್ಣೆಕಲ್ಲು (G. 10). — ಹೆಣ್ಣುಹುಲಿ. A tigress (C.; B. 4, 37). — ಹೆಣ್ಣುಹುಲ್ಲೆ. A spotted doe (My.; Si. 168). — ಹೆಣ್ಣುಹುಳು. A female insect (B. 4, 113).

ಹೆಣ್ಣುಗ hĕṇ-uga. (Ŝmd. 240 Mdb.). A pimp.

ಹೆಣ್ಣುತನ hĕṇṇutana. = ಪೆಣ್ತನ. (Bh. 4, 4, 36).

ಹೆಣ್ದು hĕṇdu. P. p. of ಹೆಣೆ 1. (My.).

ಹೆತ್ hĕt. = ಹೆಚ್, etc., ಹೆದ್. — ಹೆತ್ತಪ್ಪ. -ಅಪ್ಪ. A grandfather (My.). — ಹೆತ್ತಮ್ಮ. -ಅಮ್ಮ. A grandmother (My.). — ಹೆತ್ತಯ್ಯ. -ಅಯ್ಯ. A grandfather (Bp. 32, 19). ಹೆತ್ತಯ್ಯಗೆ ಅಱಿಯದವ ಮುತ್ತಯ್ಯಗೆ ಬಲ್ಲನೇ? (Prv.). — ಹೆತ್ತವ್ವೆ. -ಅವ್ವೆ. = ಹೆತ್ತಮ್ಮ. (My.). — ಹೆತ್ತಾತ. -ತಾತ. = ಹೆತ್ತಪ್ಪ. (My.). — ಹೆತ್ತೇಗು. -ತೇಗು. The timber tree Nauclea cordifolia Roxb. (Z.).

ಹೆತ್ತು hĕttu. 1. P. p. of ಹೆಱ್ (ಹೆಱು) 1.

ಹೆತ್ತು hĕttu. 2. P. p. of ಹೆಱ್ (ಹೆಱು) 2.

ಹೆದ್ hĕd. = ಪೆರ್ 1, etc., ಹೆತ್, etc. — ಹೆದ್ದಟ್ಟು. -ತಟ್ಟು 3. Gross, superficial flatness. ಆ ಮರವನ್ನು ಹೆದ್ದಟ್ಟು ಕೆತ್ತು (My.). 2, superficiality (in ಹೆದ್ದಟ್ಟುಕೆಲಸ, My.). — ಹೆದ್ದನಿ. A loud voice (B. 51, 54; My.). — ಹೆದ್ದರೆ. An extensive barren tract (My.). — ಹೆದ್ದಾರಿ. A great road, a high-road (ನಿಗಮ, ಪೆರ್ವಟ್ಟೆ Nn. 40, o. r. ಹೆಬ್ಬಟ್ಟೆ; My.). ಉದ್ದ ಉರುಳಿದರೆ ಹೆದ್ದಾರಿ ದಾಟೀತೇ? (Prv.). 2, either head of two parties (My.). — ಹೆದ್ದಿಣ್ಣಿ. -ತಿಣ್ಣಿ. Much or excessive food (My.). — ಹೆದ್ದೀನಿ. -ತೀನಿ. = ಹೆದ್ದಿಣ್ಣಿ. (My.). 2, one who eats all kinds of food or is omnivorous (ಸರ್ವಾನ್ನೀನ, ಸರ್ವಭಕ್ಷಕ Hlâ.). — ಹೆದ್ದುಮ್ಮಿ. -ತುಮ್ಮಿ. A very large black bee (My.). — ಹೆದ್ದುಂಬೆ. -ತುಂಬೆ. A large tumbĕ plant (My.). — ಹೆದ್ದೆರೆ. -ತೆರೆ. A great wave, a billow (ಊರ್ಮಿ, ಉತ್ಕಲಿಕೆ, ಉಲ್ಲೋಲ, ಕಲ್ಲೋಲ, ಲಹರಿ Hlâ.; ಉಲ್ಲೋಲ, ಕಲ್ಲೋಲ Nr.). — ಹೆದ್ದಲೆ. -ತಲೆ. A large or principal head (Bp. 38, 59; 54, 6). — ಹೆದ್ದೊಡೆ. -ತೊಡೆ. = ಪೆರ್ದೊಡೆ. The thigh (ಊರು, ಸಕ್ಥಿ Hlâ.; ಊರು Nr.; Bh. 3, 13, 33). — ಹೆದ್ದೊಱೆ. -ತೊಱೆ. = ಪೆರ್ದೊಱೆ. A large stream or river (Bp. 32, 32; 60, 46; Râm. 5, 3, 75).

ಹೆದಱಿಕೆ hĕdaṟikĕ. Fear (C.; B. 3, 57. 85; 4, 18. 181; 5, 205).

ಹೆದಱಿಸು hĕdaṟisu. To frighten, to intimidate (C.; B. 4, 199). ಕಪ್ಪಳಿಯುವನ ಹೊಡದು, ಹಚ್ಚಡವವನ ಹೆದಱಿಸ ಬೇಕು (Prv.).

ಹೆದಱು hĕdaṟu. 1. (= ಬೆದಱ್ 1). To be alarmed or frightened, to fear (ಅಂಜು Śmd. 296 Cm.; Bp. 16, 1; 18, 46; 22, 1; 28, 55; 32, 26; 36, 1; 39, 35; 54, 38. 52; J. 16, 47; Bh. 1, 8, 2; C.; B. 3, 51). ಹೆದಱಿದವನು (ಕ್ಲೀಬ, ಆತಂಕಶರೀರ Nn. 146). ಹೆದಱುವವನು (ತ್ರಸ್ನು, ಭೀರು, ಭೀರುಕ, ಭೀಲುಕ Si. 360). ನರಹತ್ಯಕ್ಕೆ ಹೆದಱದವ ಕುಱೀ ಹತ್ಯಕ್ಕೆ ಹೆದಱ್ಯಾನೇ?— ಪ್ರಲಯಕ್ಕೆ ಹೆದಱದವ ಪಾಳ್ಯಕ್ಕೆ ಹೆದಱ್ಯಾನೇ?— ಮಱಿಗೆ ಹೆದಱಿ, ಹೊಟ್ಟೀಲಿ ಹಾಱಿದ ಹಾಗೆ.— ಮೂಸಿದ್ದಕ್ಕೆ ಹೆದಱದವಳು ಮುಸರೆಗೆ ಹೆದಱ್ಯಾಳೇ?— ಸಾವಿಗಂಜದವನು ನೋವಿಗೆ ಹೆದಱ್ಯಾನೇ?— ಸೆಳಿಗೆ ಹೆದಱದ ಮುಗು ಬಳೆಗೆ ಹೆದಱೀತೇ?— ಸಣಸುವವನಾದರೆ ಹೆಣ ನೋಡಿ ಹೆದಱ್ಯಾನೇ? (Prvs.).

ಹೆದಱು hĕdaṟu. 2. (= ಬೆದಱ್ 2). Alarm, fright, fear (J. 2, 59). — ಹೆದಱೆದೆ. -ಎದೆ. A timid heart (Bh. 3, 13, 38).

ಹೆದೆ hĕdĕ. = ಎದೆ 2, ಪೆದೆ. A bow-string (ತಿರು, ತಿರ್ವು, ಬಿಲ್ಲ ನಾರಿ Śm. 43; ಮೌರ್ವಿ, ಜ್ಯಾ, ಸಿಂಜಿನಿ, ಗುಣ Si. 288; Bp. 61, 25; J. 12, 41; 16, 14; 20, 14; Bh. 3, 13, 21). ಬಿಲ್ಲ ಹೆದೆ (ಜೀವ, ಮೌರ್ವಿ Nn. 73; ದಶ, ಮೌರ್ವಿ 27; ಗುಣ, ಮೌರ್ವಿ 78; ಸಿಂಜನಿ Mr. 294).

ಹೆದೆಯ hĕdĕya. Tbh. of ಹೃದಯ (Śmd. 353; ಎರ್ದೆ, ಹೃದಯ Śs.).

ಹೆದ್ದ hĕdda. = ಹೆದ್ದನ. A long and stout lever applied to the hind wheels of an idol-car in order to move it forwards (My.).

ಹೆದ್ದನ hĕddana. = ಹೆದ್ದ. (My.).

ಹೆನ್ hĕn. = ಪೆನು, ಪೆರ್ 1, etc. — ಹೆನ್ನರ. A principal artery (ಕಣ್ಡರೆ Mr. 398). ಕೊರಳ ಹೆನ್ನರ (ಕಣ್ಡರೆ Hlâ.).

ಹೆನ್ದ hĕnda. = ಪೆರ್ದ. Largeness, etc. (Bp. 23, 33).

ಹೆನ್ದು hĕndu. = ಹನ್ದು. To move (v. i.), to shake; to draw back (v. i., Bp. 29, 15; 38, 19; 41, 26; 44, 18; 50, 23; 54, 14; 56, 48; 59, 42).

ಹೆಪ್ಪು hĕppu. 1. = ಹೆಱ್ (ಹೆಱು) 2. To thicken, etc. (Si. 314; *only* in Si.).

ಹೆಪ್ಪು hĕppu. 2. (fr. ಹೆಱ್ 2). (Śmd. 191). A flux that is put into another to alter its form or state, especially into boiled milk to cause it to turn or curdle (for which purpose either curds or buttermilk of a previous day is used, My.; ಆಮಿಕ್ಷೆ Hlâ.; C.). ಕಣ್ಣುಗ ಹಾಲಿಗೆ ಒನ್ದೇ ಬೊಟ್ಟು ಹೆಪ್ಪು.— ತೊಪ್ಪೆ ಬರುವದೇ ಹೆಪ್ಪಿಗೆ? (Prvs.). See Sp. s. ಆಳೆ 3. ಕಾಯ್ದ ಹಾಲೊಳಗೆ ಮೊಸರು ಹಾಕಿ ಮಾಡಿದ ಹೆಪ್ಪು (ಆಮಿಕ್ಷೆ G.). — ಹೆಪ್ಪಾಗು. -ಆಗು. To be turned, as milk (My.); to congeal. — ಹೆಪ್ಪಿಡು. -ಇಡು. = ಹೆಪ್ಪು ಹಾಕು. (My.). — ಹೆಪ್ಪಿಡುವಿಕೆ. -ಇಡುವಿಕೆ. Throwing one flux into another to alter its form or state (ಆತಂಚನ, ಪ್ರತೀವಾಪ Si. 486). — ಹೆಪ್ಪು ಕಟ್ಟು. = ಹೆಪ್ಪಾಗು. ಕಾಯಿಸಲ್ ಪಟ್ಟು ಬಿಸಿಯಾದ ಹಾಲಿನಲ್ಲಿ ಮೊಸರು ಸೇರಿ ಹೆಪ್ಪು ಕಟ್ಟಿ ಒಡದನ್ತೆ ಸಪ್ಪೆಯಾಗಿರುವದು (ಆಮಿಕ್ಷೆ Si. 240). — ಹೆಪ್ಪು ಕೊಡು. To add one flux to another to alter its form or state. ಹೆಪ್ಪು ಕೊಡುಹಂ (ಆತಂಚನ, ಪ್ರತೀವಾಪ Nr.). — ಹೆಪ್ಪುಗೊಳ್ಳು. -ಕೊಳ್ಳು. To congeal (B. 2, 49). — ಹೆಪ್ಪು ಹಾಕು. To put in a flux to curdle or turn boiled milk (C.; B. 1, 15). ಹೆಪ್ಪು ಹಾಕಲಿಕ್ಕೆ ತಿಳಿಯದವಳು ಮೊಸರು ಕಡದಾಳೇ?— ಓಡಿ ಹೋಗುವ ಬಡ್ಡಿ ಹಾಲಿಗೆ ಹೆಪ್ಪು ಹಾಕ್ಯಾಳೇ? (Prvs.). ಹಾಲಿಗೆ ಹೆಪ್ಪು ಹಾಕೋಣ (ಆತಂಚನ G.).

ಹೆಪ್ಪು hĕppu. 3. Sod, sward, grass turf (My.).

ಹೆಬ್ hĕb. = ಪೆರ್ 1, etc. — ಹೆಬ್ಬಚ್ಚು. -ಅಚ್ಚು. A large mould or type (Bp. 40, 61). — ಹೆಬ್ಬಟ್ಟೆ. A high-road (ನಿಗಮ, ಪೆರ್ವಟ್ಟೆ Nn. 40, o. r. ಹೆದ್ದಾರಿ). — ಹೆಬ್ಬನ್ದಿ. -ಹನ್ದಿ. = ಪೆರ್ವನ್ದಿ. A large hog (Râm. 3, 3, 20. 22; Bh. 3, 13, 31). — ಹೆಬ್ಬರಿಸಿನ. -ಅರಿಸಿನ. (ಪೀತದ್ರು, ಕಾಲೀಯಕ, ಹರಿದ್ರವ, etc. Si. 146). — ಹೆಬ್ಬಱೆ. -ಪಱೆ. A large drum (Bp. 56, 14; Râm. 6, 26, 23; 6, 44, 51; 6, 45, 61; My.). — ಹೆಬ್ಬಲ್. -ಹಲ್. A large tooth (J. 28, 46). — ಹೆಬ್ಬಲ. = ಪೆರ್ಬಲ. A large force or army (Bh. 1, 8, 6; 6, 2, 6; Râm. 4, 3, 1). — ಹೆಬ್ಬಲಸು. -ಹಲಸು. The jungle jack-tree and its fruit, Artocarpus pubescens Willd. (St. & Pl.; My.). — ಹೆಬ್ಬಾಗಲು. = ಹೆಬ್ಬಾಗಿಲ್. See Prv. s. ನಡುವಿರುಳು. — ಹೆಬ್ಬಾಗಿಲ್. ಹೆಬ್ಬಾಗಿಲು. = ಪೆರ್ವಾಗಿಲ್. A large gate or door, the principal gate or door (ಪುರದ ಗೋಪುರ Hlâ.). ಹೆಬ್ಬಾಗಿಲ ಮುನ್ತು (ಮುಖ, ನಿಃಸರಣ Hlâ.). ಹೆಬ್ಬಾಗಿಲ ಇಕ್ಕೆಲದಲುಮ್ ಒಳಗಣ ಮೆಯ್ಯೊಳಂ ಸೋಪಾನಂ ಬೆರಸಿ ಮಾಡಿದ ಮಣ್ಣ ರಾಶಿ (ಹಸ್ತಿನಖ Nr.). ಕಿಟಿಕೆಯಿನ್ದ ನುಸುಳುವವ ಹೆಬ್ಬಾಗಿಲಿನ್ದ ಬಾರನೇ? (Prv.). — ಹೆಬ್ಬಾರ. -ಹಾರ. The head Brâhmaṇa of a caste (My.). 2, one of a class of vaishṇava Brâhmaṇas (My.). See ಹಿಡಿ-. — ಹೆಬ್ಬಾರವ. -ಹಾರವ. = ಹೆಬ್ಬಾರ No. 2. (My.). — ಹೆಬ್ಬಾರುವ. -ಹಾರುವ. = ಹೆಬ್ಬಾರವ. (My.). — ಹೆಬ್ಬಾರೆ. (-ಬಾರೆ = ಧಾರ?). — ಹೆಬ್ಬಾರೆಹುಲಿ. (ಶಾರ್ದೂಲ, ದ್ವೀಪಿ, ವ್ಯಾಘ್ರ, ದೊಡ್ಡ ಹುಲಿ Si. 167). — ಹೆಬ್ಬಾಱ್.

Vulgar form of ಹೆಬ್ಬಿಡ್ (My.). — ಹೆಬ್ಬಾವಲ್. A bat (ಜತುಕೆ, ಅಜಿನಪತ್ರೆ Nr. *b*). — ಹೆಬ್ಬಾವು. -ಹಾವು. = ಪೆರ್ಬಾವು. A large snake; the boa, Python reticulatus (Bḍ.; ತಿಲಿತ್ಸ, ಗೋನಾಸ, ವಾಹಸ, ಅಜಗರ, ಶಯು Hlâ.; ಅಜಗರ, ಶಯು, ವಾಹಸ Nr.; ಗೋನಾಸ, ತಿಲಿತ್ಸ, ಶಯು, ವಾಹಸ, ಪಾಸರಿಹಾವು Si. 77; C.; B. 2, 26). — ಹೆಬ್ಬಾವುಲ್. = ಹೆಬ್ಬಾವಲ್. (Nr. *a*). — ಹೆಬ್ಬಾಳ್. -ಆಳ್. A superior man, etc. (ಮಹೋತ್ಸಾಹ, ಮಹೋದ್ಯಮ, ಮಹೋಚ್ಛ್ರಯ, ಮಹಾಮನಸ್ Hlâ.). — ಹೆಬ್ಬಿದಿರ್. ಹೆಬ್ಬಿದಿರು. = ಪೆರ್ಬಿದಿರ್. A tall and thick bamboo (Bh. 1, 20, 57; My.). — ಹೆಬ್ಬುಡ. An extensive bottom (Râm. 6, 10, 28). — ಹೆಬ್ಬುರುಲಿ. The common Indian grey quail (Bḍ.; Pr.). — ಹೆಬ್ಬುಲಿ. -ಹುಲಿ. = ಪೆರ್ಬುಲಿ. A large, or royal, tiger (Râghô. 17, 74; Dp. 61, 4; C.; B. 5, 245). ನಾನು ಹುಲಿ ಆದರೆ ನನ್ನ ಅಣ್ಣ ಹೆಬ್ಬುಲಿ (Prv.). ಒಕ್ಕಲಿಗನೋದಲ್ಲ (*i. e.* ಒಕ್ಕಲಿಗನ ಓದು ಅಲ್ಲದ್ದು), ಬೆಕ್ಕು ಹೆಬ್ಬುಲಿಯಲ್ಲ, ಎಕ್ಕೆಯ ಗಿಡವು ಬನವಲ್ಲ; ಇವು ಮೂರು ಲೆಕ್ಕದೊಳಗಲ್ಲ (Sp.). — ಹೆಬ್ಬೆಟ್ಟ. = ಪೆರ್ಬೆಟ್ಟ. A great mountain (J. 6, 17; 23, 21). — ಹೆಬ್ಬೆಟ್ಟು. The thumb; the great toe (My.; Si. 211). — ಹೆಬ್ಬೆರಳು. = ಹೆಬ್ಬೆಟ್ಟು. (ಅಂಗುಷ್ಠ G.; Si. 211; C.). — ಹೆಬ್ಬೆರಗು. Great astonishment (Bp. 61, 28). — ಹೆಬ್ಬೆಸಲಾಟಿ. (? ಸಿದ್ಧ್ರಿ, ವದ್ಧ್ರಿ Hlâ.). — ಹೆಬ್ಬೆಳಸು. A large crop (Bh. 6, 8, 13). — ಹೆಬ್ಬೇವು. A kind of bêvu timber-tree (My.). — ಹೆಬ್ಬೊಗೆ. -ಹೊಗೆ. = ಪೆರ್ಬೊಗೆ. Excessive, dense smoke (Bp. 44, 21). — ಹೆಬ್ಬೊಟ್ಟು. = ಹೆಬ್ಬೆಟ್ಟು. (C.; B. 3, 44). ಹೆಬ್ಬೊಟ್ಟಿನ ಒತ್ತಿನ ಬೆರಳು (ತರ್ಜನಿ, ಪ್ರದೇಶಿನಿ); ಅಂಗುಷ್ಠತರ್ಜನ್ಯಾದಿಗಳೊಡನೆ ಕೂಡಿ ಅಳದರೆ ಕ್ರಮದಿಂದ ಪ್ರಾದೇಶಾದಿಸಂಜ್ಞೆಗಳಕ್ಕು, ಹೆಬ್ಬೊಟ್ಟು ಸುಟ್ಟುವೆಪ್ಪ ಕೂಡಿ ಅಳದರೆ ಪ್ರಾದೇಶ ಎನಿಸುಗು, ಆ ಹೆಬ್ಬೊಟ್ಟೂ ನಡುವಣ ಬೆರಳೂ ಕೂಡಿ ಅಳದಡೆ ತಾಲ ಎನಿಸುಗು, ಆ ಹೆಬ್ಬೊಟ್ಟು ಅನಾಮಿಕೆ ಕೂಡಿ ಅಳದೊಡೆ ಗೋಕರ್ಣ ಎನಿಸುಗು, ಆ ಹೆಬ್ಬೊಟ್ಟು ಕಿರುಕುಣಿಕೆಗೂಡಿ ಅಳೆವಲ್ಲಿ ವಿತಸ್ತಿ ಎನಿಸುಗು; ಹೆಬ್ಬೊಟ್ಟಿನ ಮೂಲಂ (ಬ್ರಹ್ಮತೀರ್ಥ Nr.).

ಹೆಬ್ಬು hĕbbu. (= ಹೆಬ್?). — ಹೆಬ್ಬುಗೆಣಸು. A kind of yam, Dioscorea atropurpurea Roxb. (St. & Pl.).

ಹೆಮ್ hĕm. 1. = ಪೆ‍ 1, etc. — ಹೆಮ್ಬೇಡಿ. -ಹೇಡಿ. A great coward (J. 17, 54). — ಹೆಮ್ಮರ. = ಪೆರ್ಮರ. A large tree. 2, the tree Calosanthes indica Blum. ಮಣ್ಡೂಕಪರ್ಣ, ಪತ್ರೋರ್ಣ, ನಟ, ದೀರ್ಘವೃನ್ತ, ಶೋಣಕ, etc. Nr.; Si. 135). 3, a lofty tree furnishing a fragrant resinous gum, Ailanthus malabarica D. C. (St. & Pl.). ಹೆಮ್ಮರನಿರ್ದೇನ್? ಅವದಿಂದ್ದಲೆತ್ತಲಹುದೇ? ಬಲ್ಭಾರಮಂ? ಸನ್ನೆ ಸಾವಿರ ಕಾಲಾಳಿನ ಸತ್ವಮ್, ಅಯ್! (Sš. 11). ಆಲಧೆಮ್ಮರನನ್ತೆ (*i. e.* ಆಲದ ಹೆ-) ಜೋಲು ಜೆಡೆಗಳ ಬಿಟ್ಟು, ನಾಲಿಗೆ ಸೌವ ಶುದ್ಧಿಯಲ್ಲ; ಮದ್ನಾಯ ಬಾಲದನ್ತಕ್ಕು (Sp.). See Bh. 1, 10, 37; 1, 20, 55; 3, 1, 30; 3, 9, 24; 3, 13, 32; Râm. 6, 10, 28; Prv. s. ಹಿರಿಜ. — ಹೆಮ್ಮಕ್ಕೆರು. = ಹೆಮ್ಮಕ್ಕೆ. (Si. 161). — ಹೆಮ್ಮರದುಮುಗಲ್. -ತುಮುಗಲ್. A mass of hĕmmaras (Bh. 3, 23, 10). — ಹೆಮ್ಮರೆ. = ಪೆರ್ಮರೆ. A large deer or doe. — ಹೆಮ್ಮರೆವಾಲ್. -ಪಾಲ್. Milk of a large doe (Bp. 13, 17). — ಹೆಮ್ಮಾರಿ. A very bad or wicked woman (Dp. 54, 4); Durgâ (My.). — ಹೆಮ್ಮಾರಿಮೊಗ. A face like that of Durgâ (C. Bp. 47, 14). — ಹೆಮ್ಮೀನ್. -ನು. A large fish; a sort of large fish (ಝುಷ Nr.; ವಾಗು, ಮದ್ಗು, ಶೃಂಗಿ Mr. 409). ಶೃಂಗಿ ಮದ್ಗುರವಾಗುಸ ನನ್ದ್ಯಾವರ್ತ ಈ ಆ ಮೊದಲಾಗುಳ್ಳುವು ಹೆಮ್ಮೀನು (Nr.). — ಹೆಮ್ಮುಷ್ಟಿಗೇ ಗಿಡ. (ವಲ್ಕಲ, ಶಕ್ರ, ಇನ್ದ್ರಜವ G.). — ಹೆಮ್ಮೆಕ್ಕೆ. A sort of cucumber, Cucumis madraspatanus (ಚಿತ್ರೆ, ಗವಾಕ್ಷಿ, ಗೋಡುಮ್ಬೆ Nr.). — ಹೆಮ್ಮೊರಡಿ. A large hillock (Râm. 6, 45, 61).

ಹೆಮ್ hĕm. 2. = ಪೆಣ್, etc. — ಹೆಮ್ಮಕ್ಕಳು. Women (Bh. 6, 7, 31).

ಹೆಮ್ hĕm. 3. A certain sound originating in the belly of a horse. — ಹೆಮ್ ಹೆಮ್. rep. (S. Mhr.).

ಹೆಮ್ hĕm. 4. = ಹೊಮ್ 1. — ಹೆಮ್ಮುಗುಳು. A medicinal garden plant with yellow heads of flowers, Spilanthes acmella Lin., var. oleracea Cl. (Z.; the name is also used for the wild-growing variety, Z.).

ಹೆಮಿಕೆ hĕmikĕ. = ಎಮಿಕೆ 2. (My.).

ಹೆಮ್ಪು hĕmpu. = ಪೆಮ್ಪು. Greatness, etc. (Grj. 2, after 106; 3, after 69; 7, 14; Bp. 36, 29; 38, 6; 46, 47; 47, 49; 53, 24; 59, 54; 61, 77; Râm. 6, 46, 2; 6, 50, 10). — ಹೆಮ್ಪುಡು. -ಅಡು. Grandeur to be lost (Râm. 6, 53, 67). — ಹೆಮ್ಪೇಱು. -ಏಱು. To grow, or begin to appear, grand (Grj. 5, 4).

ಹೆಮ್ಮೆ hĕmmĕ. = ಎಮ್ಮೆ 2, ಪೆರ್ಮೆ, q. v. Greatness, etc.; pride, vanity, self-conceit (ಪೆರ್ಮೆ Ĉt. II, 76; ಪ್ರಭುತೆ Mr. 459; ಲಲಾಮ 498; Bp. 30, 19; 42, 17; J. 32, 47; C. in the sense of "pride"; B. 2, 12. 39; B. 4, 9. 72); elation, joy. ಹಿರಿದಪ್ಪ ಹೆಮ್ಮೆ (ಪ್ರಭುತೆ, ಪ್ರಭವಿಷ್ಣುತೆ Hlâ.). ಹೆಮ್ಮೆಯುವನಿಗೆ ಒಮ್ಮಾನಕ್ಕಿಯೂ ದೊರಕದು (Prv.). — ಹೆಮ್ಮಡಿ. -ಅಡಿ. = ಪೆರ್ಮಡಿ. See ಭೂಪಾಲ-. — ಹೆಮ್ಮೆಗೊಳಿಸು. -ಕೊಳಿಸು. To elate, to fill with delight. (ಬಾಲೆ) ಒಮ್ಮೆ ಮಮಕಾರಾವನೀವನನ್, ಒಮ್ಮೆ ಮೋಹಿನಿದೇವಿಯನು, ಮತ್ತೊಮ್ಮೆ ತನ್ನುವನ್ ಆಡಿಸುವ ಕೆಳದಿಯರ ತಣ್ಣವನು ಹೆಮ್ಮೆಗೊಳಿಸುತ, ಸುಖದುಃಖವನು ಹೊಂದಿ ಹೊಮ್ಮುಸುತ (Prll. 3, 30). — ಹೆಮ್ಮೆಸಂಗಯ್ಯ. N. (Bp. 58, 2).

ಹೆಮ್ಮೆಗಾಱ hĕmmĕ-gâṟa. A proud, vain, conceited man (My.).

ಹೆರಲ್ hĕral. ಹೆರಲು. = ಎರಲ್ 2, ಎರಳ್ 2, ಹಿಣಿಲ್ 2, etc. A braid of hair (My.).

ಹೆರಸು hĕrasu. To cause to scrape, etc. (My.).

ಹೆರಳ್ hĕraḷ. ಹೆರಳು. = ಹೆರಲ್, etc. (My.). — ಹೆರಳುಬಂಗಾರ. A gold-ornament resembling a braid of hair and furnished with gĕjjĕs, worn over a braid of hair (My.). — ಹೆರಳು ಹಾಕು. To braid the hair (C.; B. 5, 288).

ಹೆರಳು hĕraḷu. ವೀಣೆಯ ಹೆರಳು (ಕಕುಭ, ಪ್ರಸೇವಕ); ವೀಣೆಯ ತನ್ತಿ ಹೆರಳು ಮೊದಲಾದ ಶರೀರ (ಕೋಲಮ್ಬಕ Si. 63).

ಹೆರಳೆ hĕraḷĕ. = ಹಿರಳೆ, etc. (My.; Si. 130). — ಹೆರಳೆಕಾಯಿ. (ಕಂಚೀ ಕಾಯಿ G.).

ಹೆರೆ hĕrĕ. 1. To scrape, as the surface of a wall, floor, fruit, bamboo-slit, etc. (Ĉ. Bp. 53, 20; My.; see s. ಯಮುಗೊಲೆ); to shave, as the head (My.); to make a pen or pencil (My.); to grub, as grass (My.; *cf.* ಪರಡು 1 & 3). ಹೆರೆಯಲಿಕ್ಕಿಲ್ಲವೆನ್ದು, ಗೊಡಟೆ ಹೆರದ ಹಾಗೆ (Prv.).

ಹೆರೆ hĕrĕ. 2. = ಎರೆ 5, ಪೆರೆ, etc. The slough of a serpent (ನಿರ್ಮೋಕ, etc. Mr. 400; ಕಂಚುಕ, ನಿರ್ಮೋಕ Nr.; C.; B. 2, 27). ಹಾವಿನ ಹೆರೆ (ನಿಲ್ವರ್ಯನಿ, ನಿರ್ಮೋಕ, ಕಂಚುಕ Hlâ.; ಮೂಲಿಕ, ನಿರ್ಮೋಕ Nn. 44; ಕವಚ, ಮರ್ಮರ 88). ಉರಗದ ಹೆರೆ (ಉಪಜಿಹ್ವೆ Hlâ.). ದೇಹದ ಎಣೆಗಳೆಯದೆ ಇಹ ಹೆರೆ (ಉಪಜಿಹ್ವೆ, ಉಪದೇಹಿಕೆ Mr. 401). ಹೆರೆ ಉಚ್ಚಿದ ಹಾವು (ನಿರ್ಮುಕ್ತ, ಮುಕ್ತಕಂಚುಕ Nr.). ಹೆರೆ ಹೋದ ಉರುಗನಾಗರಳ ತಾ ತಪ್ಪುವದೆ? ಪರಜ್ಞಾನಬೋಧೆಯದ್ಯುಪಾ ಗುರುಗಳು ಸಿರಿಯ ತೊಡದೇನು? (Sp.). ಹೆರೆಗೆ ಹೆದರದವ ಹಾವಿಗೆ ಹೆದರನೇ? (Prv.).

ಹೆರೆ hĕrĕ. 3. = ಎರೆ 1. Black grease for wheels (My.). — ಹೆರೆಗೊಮ್ಬು. -ಕೊಮ್ಬು. A horn or hollow piece of bamboo in which such grease is kept (C.).

ಹೆರೆಗೆ hĕrĕgĕ. — ಹೆರೆಗೆಹಾಲೆ. (ಶೃಂಗಿ, ವೃಷಭ, ವೃಷ Si. 150).

ಹೆಱ್ hĕṟ. ಹೆಱು. 1. = ಪೆಱ್ 1. To get, etc.; to bear, to give birth to (ಪ್ರಸವ, ಪ್ರಸೂತ Nn. 120; Bp. 57, 15; C.). P. p. ಹೆತ್ತು. ಹೆತ್ತ ಮನೆ (ಅರಿಷ್ಟಗೃಹ, ಸೂತಿಕಾಭವನ Hlâ.). ಹೆತ್ತವಳಿದ್ದ ಮನೆ (ಅರಿಷ್ಟ, ಸೂತಿಕಾಗೃಹ Nr.). ಮಕ್ಕಳನ್ನು ಹೆಱುವವಳು (ಜಾತಾಪತ್ಯೆ, ಪ್ರಜಾತೆ, ಪ್ರಸೂತೆ, ಪ್ರಸೂತಿಕೆ Si. 187). ಹೆತ್ತಾಕೆಯ ಹೊಟ್ಟೆ ಉರಿದರೆ (from sorrow) ನೆರೆಮನೆಯಾಕೆಯ ಒಲೆ ಉರಿಯಿತು.— ಹೆತ್ತವಳಿಗೆ ಹೆಗ್ಗಣ ಮುದ್ದು, ಕೂಡಿದವಳಿಗೆ ಕೋಡಗ ಮುದ್ದು.— ಹೆತ್ತ ತಾಯಿಂನ ತಿಮ್ಬುವವಳು ಅತ್ತೆಗೆ ಬಿಟ್ಟಾಳೇ?— ಹೆಣ್ಣು ಹೆತ್ತು ತಿಳಿಯ ಬೇಕು, ಗಣ್ಡು ತೆತ್ತು ತಿಳಿಯ ಬೇಕು.— ಹೆಱಬಾಱದವಳು ಹೆತ್ತರೆ ಮನೆಯೆಲ್ಲ ಹೇಲು.— ಪುತ್ರನಿಲ್ಲದಿದ್ದರೆ ಹೆಱಲಿಕ್ಕೆ ಕಡಿಮೆ ಯೇ?— ಆಱು ಹೆತ್ತವಳಿಗೆ ಮೂಱು ಹೆತ್ತವಳು ಮುಲುಕು ಕಲಿಸಿದಳನ್ತೆ.— ಹೊತ್ತು ಮಾಡಿದರೆ ತೊತ್ತು (*i. e.* ಸೂಳೆ) ಹೆತ್ತವಳಾದಾಳೇ? (Prvs.). — ಹೆತ್ತ ತಾಯಿ. = ಹೆತ್ತಮ್ಮ. (Bp. 61, 34; see Prv. above). — ಹೆತ್ತಮ್ಮ. -ಅಮ್ಮ. The mother who bore one. ಉತ್ತರೆಯು ಬಱತರೇ, ಹೆತ್ತಮ್ಮ ತೊಱೆದರೇ, ಸತ್ಯರೂ ತಪ್ಪಿ ನಡೆದರೆ ಲೋಕ ತಾನೆತ್ತ ಸೇರುವದು? (Sp.). — ಹೆತ್ತರು. = ಹೆತ್ತವರು. ಹಲವು ಕಾಲಕೆ (ಶಿಶುವಂ) ಹರಸಿ ಹೆತ್ತರು (Prll. 3, 12). — ಹೆತ್ತವ. -ಅವ. A father (My.). — ಹೆತ್ತವರು. -ಅವರು. Parents (C.). ಹೆತ್ತವರಿಗೆ ಮಕ್ಕಳು, ಬಿತ್ತಿದವರಿಗೆ ಬೆಳೆ, ಎತ್ತಿದಕ್ಕನ ಕೆಯ್ ಬಱಗೆಯ್.— ಬೆತ್ತದ ಪೆಟ್ಟು ಹೆತ್ತವರು ಹೊಡದರೆ ನೋಯದೇ? (Prvs.). — ಹೆತ್ತವಳು. -ಅವಳು. Also: the mother who bore one (My.). — ಹೆತ್ತವ್ವೆ. -ಅವ್ವೆ. = ಹೆತ್ತಮ್ಮ. (Bp. 15, 36). — ಹೆತ್ತಾತ. -ಆತ. = ಹೆತ್ತವ. ಹೆತ್ತಾತನ್ ಅರ್ಜುನನು, ಮುತ್ತಯ್ಯ ದೇವೇನ್ದ್ರ, ಮತ್ತೆ ಮಾತುಲನು ಹರಿಯಿರೆಯಭಿಮನ್ಯು ಸತ್ತನೇಕಯ್ಯ? (Sp.).

ಹೆಱ್ hĕṟ. ಹೆಱು. 2. = ಪೆಱ್ 2. To thicken, to congeal, as clarified butter or ghee and curds (C.; Te. ಪೇರು). P. p. ಹೆತ್ತು. ತುಪ್ಪಂ ಹೆಱಲು (ಶೀನ, ಸ್ತ್ಯಾನ Mr. 183). ಹೆತ್ತ ತುಪ್ಪ (ಶೀನ, ಸ್ತ್ಯಾನ Hlâ.). ಹೆತ್ತ ಮೊಸರು (My.). — ಹೆತ್ತುಪ್ಪ. = ಹೆತ್ತ ತುಪ್ಪ. Congealed ghee. ಬತ್ತಿ ಹೆತ್ತುಪ್ಪವನು ಹತ್ತಿಸಿದ ಫಲವೇನು? ನಿತ್ಯ ನೆಲೆಗೊಳದೆ ಭಜಿಸುತಿರಲಾ ಪೂಜೆ ಹತ್ತಿಗೇಡು (Sp.).

ಹೆೞ hĕḻa. = ಪೆೞ. Another, other (Bp. 40, 24; C.). ಹೆೞರ ವಶದಾತ (ಪರವತ್, ಪರಾಧೀನ, ನಿಘ್ನ, ಪರವಶ, etc.); ಹೆೞರಿಕ್ಕಿದ ಕೂೞನುಮ್ಬ (ಪರಾನ್ನ, ಪರಪಿಣ್ಡಾದ); ಇರ್ದ ಎಡೆಯಲಿರ್ದು ಹೆೞರ್ಗೆ ಮುನಿವವಂ (ಗೋಷ್ಠಶ್ವ Hlâ.). ಹೆೞರಿನ್ದ ಮೇಲೆಮ್ಬಂ (ಅಹಂಕಾರಿ Mr. 230); ಹೆೞರ್ ಅರಿಕ್ಕಿದುದ ತಿಮ್ಬವಂ (ಪರಾನ್ನ, ಪರೈಧಿತ, ಪರಪಿಣ್ಡ 251). ಹೆೞರ ಬುತ್ತಿಗೆ ಉಳ್ಳಿಗಡ್ಡೆ ಸುಲಿದನ್ತೆ.— ಹೆೞರ ಬಾಯಲ್ಲಿಕ್ಕುವದ ತನ್ನವರ ಕುಣ್ಡೆಲಿಕ್ಕಿದನ್ತೆ (Prvs.). — ಹೆೞವರು. -ಅವರು. Others (C.; B. 3, 7. 37. 105).

ಹೆೞಗು hĕḻagu. = ಹೊೞಗು, etc. Outer side; outside (My.; *cf.* ಹೆಱ್ 1).

ಹೆಱಿಗೆ hĕṟigĕ. Bringing forth, delivery (used only of women, My.; not of animals, as Si. 322 does). — ಹೆಱಿಗೆಕಾಲ. (A woman's) time of delivery (My.). — ಹೆಱಿಗೆತಿಂಗಳು. The last month of gestation (ಸೂತಿಮಾಸ, ವೈಜನನ Si. 146). — ಹೆಱಿಗೆಮನೆ. A lying-in chamber (My.).

ಹೆಱು hĕṟu. Bringing forth (?). — ಹೆಱುವ್ವಳಿ. -ಂ-. (Smd. 204). A ring that is worshipped in the room of delivery in order to accelerate it (?).

ಹೆಱುವಿಕೆ hĕṟuvikĕ. Bringing forth (ಪ್ರಸೂತಿ, ಪ್ರಸವ Si. 390; ಗರ್ಭಮೋಚನ 458).

ಹೆಱುಹ hĕṟuha. Bringing forth (ಪ್ರಸೂತಿ, ಪ್ರಸವ Nr.).

ಹೆಱೆ hĕṟĕ. 1. = ಹೆಡ, etc. The state of being back; backwards. — ಹೆಱದೆಗೆ. -ತೆಗೆ. To go or come back, to retreat (Bh. 7, 5, 44; Râm. 4, 6, 10; J. 22, 40). — ಹೆಱೆಸಾರ್. = ಹೆಱದೆಗೆ. (Bh. 8, 25, 18). — ಹೆಱೆ ಹಿಂಗು. = ಹೆಱದೆಗೆ. (Bp. 33, 8; J. 18, 31).

ಹೆಱೆ hĕṟĕ. 2. = ಪೆಱೆ. The crescent; the moon (Čpr. 9, 88). — ಹೆಱೆಗಾಣು. -ಕಾಣು. To see the moon (Râm. 1, 15, 43). — ಹೆಱೆದಲೆಯವ. -ತಲೆಯವ. = ಪೆಱೆದಲೆಯ. (Bp. 28, 26). — ಹೆಱೆಯಮ್ಬು. -ಅಮ್ಬು. = ಪೆಱೆಯಮ್ಬು. (ಅರ್ಧಚನ್ದ್ರ Hlâ.).

ಹೆರ್ hĕr. = ಪೆರ್ 1, etc. — ಹೆರ್ಬೊಗೆ. -ಹೊಗೆ. = ಪೆರ್ಬೊಗೆ. Excessive, dense smoke, a mass of smoke (ಧೂಮ್ಯಾ, ಧೂಮಸಂಹತಿ Hlâ.).

ಹೆಲ್ಲಣೆ hĕllaṇĕ. (= ಪೊಲ್ಲಣ). Badness, etc. (ನಿಟ್ಟುರ, ನಿಷ್ಠುರ Ss.). See Kk. 57 s. ನಿಟ್ಟುರ.

ಹೆಸರಣೆ hĕsaraṇĕ. Tbh. of ಪ್ರಸಾರಣಿ. The creeping plant Paederia foetida Lin. (ಸರಣೆ, ಪ್ರಸಾರಣಿ, ಕಟಮ್ಭರೆ, etc.; Nr.).

ಹೆಸರಿಸು hĕsarisu. = ಪೆಸರಿಸು. To name, etc. (Bh. 2, 13, 49).

ಹೆಸರು hĕsaru. ಹೆಸರ್. = ಪೆಸರ್ q. v., etc. A name, etc. (ಗೋತ್ರ, ನಾಮ Nn. 16; ಸಂಜ್ಞೆ, ನಿಜನಾಮ 99; ಸಮಾಹ್ವಯ, ಸಂಜ್ಞೆ 159; ನಾಮ 162; ಆಹ್ವಯ, ಆಖ್ಯೆ, ಆಹ್ವೆ, ಅಭಿಧಾನ, ನಾಮಧೇಯ, ನಾಮ Si. 55; ಸಂವಿದ್ 430; ಪ್ರಾದುಸ್ 470; Bh. 3, 13, 21; J. 18, 7; C.; B. 5, 64). ಇಂಗಿನೆಲೆಯ ಹೆಸರು ಕಾರವಿ ಬಾಷ್ಪಿಕೆ; ಬಡಗಿ ಅಕ್ಕಸಾಲೆ ಕಮ್ಮಾಱ ಕಲುಕುಟಿಗ ಕಂಚಗಾಱನೆಮ್ಬ ಆಯ್ವರ ಹೆಸರು ಕಾರು ಶಿಲ್ಪಿ (Nr.). ಪಾದ ದೇವ ಭಟ್ಟಾರಕ ಈ ಮೂಱುಂ ಹೆಸರ ಕಡೆಯೊಳು ಪೂಜಾವಚನ (Hlâ.). ಪಾತಕನ ಹೆಸರೆ ಮೂಱು ಲೋಕದೊಳಗೆ ಯಾತಕ್ಕು ಬೇಡ! (Sp.). ಹೆಸರು ಕ್ಷೀರಸಾಗರಭಟ್ಟ, ಮಜ್ಜಿಗೇ ನೀರಿಗೆ ತತ್ವಾರ (Prv.). ಹೆಸರ್ಲೆ (G. 332, My. as ಹೆಸರಲೆ). — ಹೆಸರಾಗು. -ಆಗು. To become noted or famous (C.; B. 2, 10; 4, 28. 30). — ಹೆಸರಿಕ್ಕು. -ಇಕ್ಕು. = ಹೆಸರಿಡು. (My.). — ಹೆಸರಿಗೆ ಬರು. = ಹೆಸರಾಗು. (C.; B. 2, 25). — ಹೆಸರಿಗೆ ಮಾತ್ರ. In name only (C.; B. 5, 64). — ಹೆಸರಿಡು. -ಇಡು. To put or give a name, to name (C.). ಅತಿಸನ್ತಸದೊಳ್ ಆತ್ಮಜೆಗೆ ಅಖಿಲವಿಭವದಿ ಹೆಸರನಿಟ್ಟನು, ಮಾಯೆಯೆಮ್ಬ ನವೀನ ನಾಮವನು (Prll. 3, 24). ದಾಸಿಯನ್ನು ಕರೆಯುವಾಗ, ಹಂಜೆಯೆನ್ದು, ಹೆಸರಿಡ ಬೇಕು (Si. 66). ಆ ತಿಂಗಳುಗಳಿಗೆ ಆ ನಕ್ಷತ್ರಗಳ ಹೆಸರುಗಳು ಇಡಲ್ ಪಟ್ಟಿವೆ (B. 5, 308). — ಹೆಸರು ಕಟ್ಟು. = ಹೆಸರಿಡು. (My.). ದ್ವೇಷದಿನ್ದ ಅನಿಷ್ಟವಾದ ಹೆಸರು ಕಟ್ಟಲ್ ಪಟ್ಟವನು (ಬ್ರಹ್ಮಬನ್ಧು, ಕರ್ಮಶೂನ್ಯನಾದ ಬ್ರಾಹ್ಮಣ Si. 433). — ಹೆಸರುಗೊಳ್. -ಕೊಳ್. -ಗೊಳ್ಳು. To get a name, to become famous or celebrated (Bp. 53, 39; My.). — ಹೆಸರು ಪಡೆ. = ಹೆಸರುವಡೆ. (My.). — ಹೆಸರು ಬೀೞು. A name to accrue to or be obtained (C.). ಈ ಹೆಸರು ಬೀೞಲಿಕ್ಕೆ ಕಾರಣವೇನಾಯಿತೆನ್ದರೆ (B. 4, 30). — ಹೆಸರುವಡೆ. -ಪಡೆ. To get a name; to become known, celebrated or praised (Bh. 1, 8, 48). — ಹೆಸರುವಾಸಿ. A good condition of name: fame, notoriety, reputation (My.; ಯಶಸ್, ಕೀರ್ತಿ, ಸಮಜ್ಞೆ Si. 56; ಪ್ರಥೆ, ಖ್ಯಾತಿ 389). ಹೆಚ್ಚಾದ ಹೆಸರುವಾಸಿ (ವಿಶ್ರಾವ, ಪ್ರತಿಖ್ಯಾತಿ 397). — ಹೆಸರು ಹೊನ್ದು. To get a name, to become noted or famous (C.; B. 4, 220). 2, to get the name of, to be called (My.). — ಹೆಸರು ಹೋಗು. A name to go or disappear (Bp. 36, 34; My.). 2, fame to spread about: to become noted or famous (My.).

ಹೆಸಱ್ hĕsaṟ. ಹೆಸಱು. = ಪೆಸಱ್, q. v. (ಮುದ್ಗ Nr.; Mr. 374; C.). ಹೆಸಱು ಬೆಳೆವ ಕೆಯ (ಮೌದ್ಗೀನ); ಕಾಡ ಹೆಸಱು (ಮುದ್ಗ

ಪರ್ಣ, ಕಾಕಮುದ್ಗ, ಸಹೆ Nr.). ಹೆಸಱ ಕೆಯಿ (ಮಾಧ್ಗೀನ Hlâ.). ಹೆಸಱ ಕೆಯ್ (ಮಾಧ್ಗೀನ Mr. 93). ಪುಟ್ಗಿಯೆನ್ನು, ಉದ್ದು ಕಡಲೆ ತೊವರಿ ಗೋದುವೆ ಹೆಸಱು ಮೊದಲಾದುವನಿಕ್ಕಿ ಅಟ್ಟ ಕೂಳ್ (Šmd. I). See ಕಾಡ-. — ಹೆಸಱುಕಾಳು. Green gram. See Prv. s. ಮುಣ್ಣಮೋಹು. — ಹೆಸಱುಗಿಡ. The hĕsaṛu plant (My.). — ಹೆಸಱುಬೇಳೆ. Split green gram (My.).

ಹೆಳಲು hĕḷalu. = ಹಿಣಿಲ್ 2, etc. A braid of hair (C.). — ಹೆಳಲುಬಂಗಾರ. = ಹೆರಳುಬಂಗಾರ. (My.). — ಹೆಳಲು ಹಾಕು. = ಹೆರಳು ಹಾಕು. (C.; B. 1, 6).

ಹೆಳ್ಗೆ hĕḷgĕ. = ಹಿಳಿಗೆ, etc., ಹೆಡಗೆ, etc. A basket: a snake-basket (ಹಾವುವೆಡಗೆ Ċt. I, 45, o. rs. ಹಿಳ್ಗೆ, ಹೇಳ್ಗೆ).

ಹೆಳ್ಳೆ hĕḷḷĕ. A lump of earth, a clod (ಹೆಟ್ಟ, ಹೆಣ್ಟೆ G.).

ಹೆಱವ hĕḷava. = ಪೆಱವ. A lame man, a cripple (ಖಂಜ, ಪಂಗು, ಶ್ರೋಣ Hlâ., Mr. 388; ಶ್ರೋಣ, ಪಂಗು Nr.; Bp. 42, 2; J. 17, 43; C.; B. 5, 278). ಕೆಯ್ಕಿಲ್ಲದ ಹೆಱವನು (ಕುರಕ, ಕುಣಿ Si. 198). ಹೆಱವನಿಗೆ ಭಾಗೀರಥಿಯೋ? ಕಳುವವಗೆ ಅರಮನೆಯೋ?— ಹೆಱವ ಹೆಮ್ಮರದ ಹಣ್ಣು ಬಯಸಿದರೆ ಗಾಳಿ ಗುದ್ದಿ, ಮೆಯ್ ನೋಯಿಸಿ ಕೊಣ್ಣ (Prvs.).

ಹೆಱವಿ hĕḷavi. = ಪೆಱವಿ. A lame, crippled woman (My.).

ಹೆಱವು hĕḷavu. The state of being lame or crippled (My.).

ಹೆಱೆ hĕḷĕ. (fr. ಹಿಱ್). = ಹೆಱವು. — ಹೆಱ್ಗಾಲ. -ಕಾಲ್-ಅ 3. A man who cannot use his feet. ಹೆಱ್ಗಾಲಂ (Šmd. 95, o. r. in Mḍb. ಹಿಱ್-). — ಹೆಱ್ಗಾಲಿ. -ಕಾಲಿ. A woman who cannot use her feet. ಹೆಱ್ಗಾಲಿ (Šmd. 198, o. r. in Mḍb. ಹಿಱ್-).

ಹೇ hê. = ಪೇ 1. Madness, etc.

ಹೇ hê. *A vocative particle: oh! ho!* a particle of respectful calling (Mhr.); a particle used in vociferating or challenging: hallo! ho there! an interjection expressing envy or ill-will or disapprobation.

ಹೇಕರಿಸು hê-karisu. ಹ್ಯಾಕರಿಸು. To neigh (as a horse, B. 3, 56. 57; 5, 13).

ಹೇಕುಳಿ hê-kuḷi. = ಪೇಂಕುಳಿ q. v., etc. ಹೇಕುಳಿಯುದು (ಅಲರ್ಕ Mr. 185). — ಹೇಕುಳಿಗೊಳ್. To become mad. ಮದ್ದಿನ್ದ ಮರುಳಾಗಿ ಹೇಕುಳಿಗೊಣ್ಡಿದ್ದ ನಾಯಿ (ಅಲರ್ಕ, ಯೋಗಿತ Nr.).

ಹೇಗ hêga. A mad, foolish man (Bp. 51, 19. 52).

ಹೇಗೆ hêgĕ. = ಎಂತೆ, etc. How? (Bp. 19, 32; 20, 26; 22, 54; 49, 12).

ಹೇಂಗೆ hêṅgĕ. = ಹೇಗೆ, etc. (Bp. 25, 22).

ಹೇಟು hêṭu. = ಏಟು 1. A blow (My.).

ಹೇಟೆ hêṭĕ. = ಹೇಣ್ಟೆ, ಹ್ಯಾಟೆ. A hen (of fowls, My.; T. ಪೇಡು, ಪೇಡೈ; see s. ಪೆಣ್).

ಹೇಡಿ hêḍi. = ಏಡಿ 2. (Šmd. 109). A timid person, a coward (ದರಿತ, ಕಾತರ, ತ್ರಸ್ತ, ಚಕಿತ Mr. 233; ಹನ್ದೆ, ಕೈತ್ಯಗೊಣ್ಡವ Šm. 96; J. 12, 18; C.; M. ಪೇಡಿಕ್ಕ, to be afraid; see ಅತಿಹೇಡಿ; ಪೋಟ 1); an effeminate man, a hermaphrodite (ಉಭಯವ್ಯಂಜನ, ಪೋಟಿ Hlâ.; ಕ್ಲೀಬ Si. 359). ಹೇಡಿ ಬಲ್ಲನೆ ರಣದ ಸಾಹಸದ ಶೌರ್ಯವನು? (Dp. 76). ಹೇಡಿಯ ಬೆನ್ನು ಕಟ್ಟಲು ಸಲ್ಲ, ಹೇಸಿಯ ನಿಬ್ಬಣಕ್ಕೆ ಹೋಗಲು ಸಲ್ಲ.— ಹೇಡಿ ಯುದ್ಧಕ್ಕೆ ಹೋಗ, ಬೋಡಿ ಕೆಲಸಕ್ಕೆ ಹೋಗ.— ಹಿನ್ದೆ ಹೋದರೆ ಹೇಡಿ, ಮುನ್ದೆ ಬನ್ದರೆ ಗರ್ವ (Prvs.).

ಹೇಡಿತನ hêḍitana. Cowardice (Râm. 6, 35, 26; My.). ಬೇಡಿ ಕೊಣ್ಡಷ್ಟು ಹೇಡಿತನ ಹೋಗಲಿಲ್ಲ (Prv.).

ಹೇಣ್ಟೆ hêṇṭĕ. = ಹೇಟೆ. (My.).

ಹೇತ್ hêt. A sound used in fields when scaring away birds (S. Mhr.).

ಹೇತಿ hêti. *A weapon.* 2, *light, splendor.* 3, *flame.* 4, *a ray of light.*

ಹೇತು hêtu. P. p. of ಹೇಲು 1.

ಹೇತು hêtu. Impulse, motive; *cause, ground, reason*, object, purpose; a logical reason, the reason for an inference; any logical deduction or argument, *proof:* reasoning, logic; excuse, sophistry; a particular figure of speech, a brief speech giving a reason; one of the vâstavas (Kâvy. III, 3, B, 21-29). See Šmd. 156. 158. 159. 268. 272. ಹೇತುವಿಲ್ಲದೆ ಮಾತು ಬಾರದು.— ಸರಸವಾದದ್ದೆಲ್ಲಾ ವಿರಸಕ್ಕೆ ಹೇತು (Prvs.).

ಹೇತುಕ hêtuka. Belonging to a motive or cause, causal, instrumental; causing, producing; cause, active cause, instrument. (Kâvy. IV, 2, 30).

ಹೇತುಕರ್ತೃಕ hêtu-kartṛika. The agent indicated by a verb as causing something to happen (Šmd. 325).

ಹೇತುಕ್ರಿಯೆ hêtu-kriyĕ. Causal action (ಕಾರಣಕ್ರಿಯೆ Šmd. 277 Cm.; ನಿಮಿತ್ತಮಪ್ಪ ಕ್ರಿಯೆ vritti).

ಹೇತುಗರ್ಭ hêtu-garbha. That has involved within itself its reason, meaning, etc.; that has some involved sense, as an act, etc. (Mhr.; R.).

ಹೇತುಪ್ರಯೋಗ hêtu-prayôga. Causal form (of verbs, Kâvy. I, 5, 44-46).

ಹೇತುಮತ್ hêtu-mat. = ಹೇತುವತ್. Having a reason or cause, proceeding from a cause; having a logical reason or the reason for an inference; accompanied by arguments; controverted by arguments.

ಹೇತುರೂಪಕ hêtu-rûpaka. One of the rûpakas (Kâvy. III, 3, B, 31 seq.).

ಹೇತುವತ್ hêtu-vat. = ಹೇತುಮತ್.

ಹೇತುವದಾಖ್ಯಾನ hêtuvat-âkhyâna. A branch of the hêtu in poetical composition (Kâvy. III, 3, B, 21).

ಹೇತುವೆ hêtuvĕ. = ಹೇತು. (G.; R.).

ಹೇತೂಪನ್ಯಾಸ hêtu-upanyâsa. The assignment of reasons or motives, statement of an argument. (R.).

ಹೇತೂಪಮೆ hêtu-upamĕ. One of the upamĕs or similes (Kâvy. III, 3, B, 68 seq.).

ಹೇದೆ hêdĕ. A demon (ಭೂತ Šmd. II; see s. ಪೇ 1; cf. ಪೇತು).

ಹೇನ್ hên. ಹೇನು. = ಪೇನ್ 2. A louse (ಮಸ್ತಕಮೃಗ, ಷಟ್ಪದ Mr. 166; ಯೂಕ G.; C.; ಲಿಕ್ಷೆ St. 485). ಹೇನಿನ ತತ್ತಿ (ಡಿಂಕ G.). ಹೇನು ಬಲ್ಲುದೆ ಮುಡಿದ ಹೂವಿನಾ ಪರಿಮಳವ? (Dp. 76). ಹೇನು ಕುಕ್ಕುವದಕ್ಕೆ ಅಮ್ಮು ಬೇಕೇ?— ಹೇನು ಬೆಳದರೆ ಆನೆ ಆದೀತೇ?— ಬೇನೆ ನಿತ್ತರೂ ಹೇನಿನ ಕಾಟ ನಿಲ್ಲಲಿಲ್ಲ.— ಹಗಲೆಲ್ಲಾ ಹಾದರವಾಡಿ, ಇರುಳು ಗಣ್ಡನ ತಲೆಯ ಹೇನು ತೆಗೆದಳನ್ತೆ.— ಸೀನಿದರೆ ಹೇನು ಹೋದೀತೇ? (Prvs.). (ಜೋಗಿ) ಜಡೆಯು ಕಟ್ಟಿದ ಮುನ್ನ ಒಡನೆ ಬನ್ದದು ಮಾರಿ; (ಆ ಮೇಲೆ) ಗುಡಿಗುಡಿಸಿ ಹೇನು (ಜಡೆಯಲ್ಲಿ) ಹರಿಯಲು, ಬೋಟಿಯ್ಕು ಕಡು ನಗುವನಯ್ಯ (Sp.).

ಹೇನೆ hênĕ. = ಏನೆ, (ಅಹೆಂ, ಅಹೆನೆ). See ಇದ್ದೇನೆ.

ಹೇಮ hêma. 1. *Gold.* 2, *a horse of a dark or brownish colour.* ತುರಗವರ್ಣಂ ಕರಿಬಾಗೆ ಹೇಮನಕ್ಕು (Mr. 275). ಹೇಮವಿ

ಲ್ಲದಿದ್ದರೆ ಕಾಮಕ್ಕೆ ಕಡಿಮೆಯೇ?—ಪ್ರೇಮದಿನ್ದ ಹೇಮ ಕೂಡಿಸಿ, ಹೋಮಕ್ಕೆ ತಣ್ಪೆ ತೀರಿಸಿದ.—ಕ್ಷೇಮವಿಲ್ಲದಿದ್ದರೂ ಹೇಮದ ಆಶೆ ಬಿಡ (Prvs.).

ಹೇಮ **hêma.** 2. (fr. ಹಿಮ). Winter; cold, the cold season. See ಹೈಮ 2.

ಹೇಮಕುಕ್ಷಿ **hêma-kukshi.** Having a golden belly: Brahmâ (Mr. 9).

ಹೇಮಕೂಟ **hêma-kûṭa.** Golden-peaked: *a mountain-range to the north of Himâlaya.*

ಹೇಮಗರ್ಭ **hêma-garbha.** = ಹಿರಣ್ಯಗರ್ಭ. Brahmâ (Bp. 46, 18).

ಹೇಮದುಗ್ಧ **hêma-dugdha.** A kind of sôma or moon-plant with yellow juice (= ಸ್ವರ್ಣಕ್ಷೀರಿ Sk.; ಹುಕುಳ, ಅಕ್ಕಿಹಡೆ Mr. 129). 2, the glomerous fig-tree.

ಹೇಮದುಗ್ಧಕ **hêma-dugdhaka.** *The glomerous fig-tree, Ficus glomerata* Roxb.

ಹೇಮನಗ **hêma-naga.** = ಹೇಮಾದ್ರಿ (?).

ಹೇಮನಗಧಾಮ **hêmanaga-dhâma.** Śiva (Śśv. 5, 25).

ಹೇಮನ್ತ **hêmanta.** *Winter, the cold season* (comprising the months saha and sahasya Mr. 70, from middle of November to middle of January; ಅಯ್ಯಿಲ್, ಮಂಜುಗಾಲ Čt. II, 85).

ಹೇಮಪರ್ವತ **hêma-parvata.** *The mountain Mêru.*

ಹೇಮಪುಷ್ಪ **hêma-purpa.** = ಹೇಮಪುಷ್ಪ. (Hlâ. MS.).

ಹೇಮಪುಷ್ಪ **hêma-pushpa.** *The tree Mesua ferrea* Lin. 2, the tree Michelia champaca Lin.

ಹೇಮಪುಷ್ಪಕ **hêma-pushpaka.** *The tree Michelia champaca* Lin.

ಹೇಮಪುಷ್ಪಿಕೆ **hêma-pushpikĕ.** *The golden or yellow jasmine.* See Nr. s. ಹೊನ್ನಿಣ್ಣ.

ಹೇಮಪ್ರಭ **hêma-prabha.** N. (Abh. P. 3, 57. 60).

ಹೇಮಮೃಗ **hêma-mṛiga.** A golden deer (being a transformation of the râkshasa Mârîča). (My.; *cf.* ಹೊಮ್ಮಿಗ).

ಹೇಮಲಮ್ಬ **hêma-lamba.** = ಹೇವಿಲಮ್ಬಿ. N. of the thirty-first year of the cycle of sixty.

ಹೇಮಾಂಗ **hêma-aṅga.** A golden body. 2, having a golden body: Garuḍa; a lion; the mountain Mêru; Brahmâ; Vishṇu. (R.).

ಹೇಮಾದ್ರಿ **hêma-adri.** *The mountain Mêru.*

ಹೇಮಾಮ್ಬರ **hêma-ambara.** A garment of yellow silk (J. 26, 69).

ಹೇಮಾಸನ **hêma-âsana.** A golden seat (Čpr. 5, 7).

ಹೇಯ **hêya.** To be gone. 2, to be left or abandoned, to be avoided; that is to be left or abandoned (ಸತ್, ಬಿಡುವುದು Nn. 84, o. r. ತೊಱೆದುದು; ಹೇಹ, ತೊಱವಿ, o. r. ತೊಱೆವುದು 95); that is very distant (ಅತಿದೂರ Nn. 137). 3, grief (ದುಃಖ 137). 4, anger (ನಿಷ್ಠುರ, ಕೋಪ 137). 5, option or volition (ಮನೋವಿಕಲ್ಪ, ಮನಸ್ಸಿನ ಸಂಕಲ್ಪ 137). 6, that is perceptible to the eye, etc. (ಪ್ರತ್ಯಕ್ಷ, ದೃಷ್ಟ 137). 7, that is near (ಆಸನ್ನ, ಸಮೀಪ 137). 8, an object of disease (Bp. 40, 78). 9, an object of sorrow (J. 23, 62). 10, dislike, etc. (ಹಾ, ಜುಗುಪ್ಸೆ Nn. 140). — ಹೇಯಬ್ಬಳವ. -ಉಳ್ಳವ. A disgusting man (ಅರೋಚಿ Śmd. 72 Cm.).

ಹೇರ್ **hêr.** = ಪೇರ್, etc. Largeness, etc. — ಹೇರಡವಿ. -ಅಡವಿ. = ಪೇರಡವಿ. A large forest or jungle (ಮಹಾರಣ್ಯ Nr.; Bh. 1, 5, 20; 6, 4, 107; J. 12, 15). — ಹೇರಾನೆ. -ಆನೆ. = ಪೇರಾನೆ. A large elephant (Bp. 26, 15; Bh. 2, 3, 42). — ಹೇರಾಳ್. -ಆಳ್. = ಪೇರಾಳ್. A great soldier (Bh. 3, 18, 33). — ಹೇರಿಟ್ಟಿ. -ಇಟ್ಟಿ. A large lance or spear (Č. Bp. 47, 37). — ಹೇರುರ. -ಉರ. = ಪೇರುರ. A large, broad chest (Č. Bp. 47, 14). — ಹೇರೊಡಲ್. -ಒಡಲ್. = ಪೇರೊಡಲ್. A large belly (Bp. 51, 54; J. 4, 46).

ಹೇರಕ **hêraka.** = ಹೇರಿಕ. *A spy, a secret emissary or agent* (Hlâ. MS. ಹೇರಿಳ).

ಹೇರಮ್ಬ **hêramba.** *Gaṇêśa.* 2, a buffalo.

ಹೇರಮ್ಬಜನಕ **hêramba-janaka.** Śiva (Śśv. 4, 102).

ಹೇರಳ **hêraḷa.** = ಹೇರಾಳ. Largeness, greatness, muchness, abundance; much, many (C.; ಬಹಳ G.; B. 4, 147).

ಹೇರಳೆ **hêraḷĕ.** (ಪೇರೀಳೆ s. ಪೇರ್), ಹಿರಳೆ, etc. (My.; ಐರಾವತ, ನಾರಂಗ Si. 130; ಕಿತ್ತಳೆ G.). See ಹೇರುಳೆ.

ಹೇರಾಸಿ **hê (*i. e.* hêr)-râsi.** A large heap: abundance, muchness (Râm. 6, 45, 61; My.). — ಹೇರಾಸಿ ಮಾರಾಸಿ. reit. (My.).

ಹೇರಾಳ **hêrâḷa.** = ಹೇರಳ. (Bp. 23, 33. 38; Bh. 1, 10, 21; 1, 12, 6; Râm. 6, 30, 14; J. 8, 27; 16, 42; Tĕ.; T. ಏರಾಳ). ಧಾರಾಳಿದ್ದವನ ಹತ್ತರ ಹೇರಾಳ ಕೇಳ ಬಹುದು (Prv.).

ಹೇರಿಕ **hêrika.** = ಹೇರಕ, ಹೇರಿಗ. A spy, etc.

ಹೇರಿಗ **hêriga.** Tbh. of ಹೇರಿಕ (Śmd. 337 Mdb., one MS. ಹೋರಿಕ=ಹೋರಿಗ; ಯಥಾರ್ಥವರ್ಣ, ಮನ್ತ್ರಜ್ಞ, ಸ್ಪಶ, ಹೇರಿಕ Hlâ.; ಸ್ಪಶ Nr.; ಯಥಾರ್ಥವರ್ಣ, ಪ್ರಣಿಧಿ, ಅಪಸರ್ಪ, ಚರ, ಸ್ಪಶ, ಚಾರ, ಗೂಢಪುರುಷ, ಬೇಹಿನವ Nr.; ಬೇಹಿನವ Śmd. II).

ಹೇರುಳೆ **hêruḷĕ.** = ಹೇರಳೆ, etc. A kind of lime or bitter, sour orange (ಕಂಚಿ Mr. 112, o. r. ಹೀರುಳೆ).

ಹೇಱ್ **hêṟ.** = ಹೇಱು 2, etc. ಹೇಗ್ಗಳ್ (Č. Bp. 47, 46).

ಹೇಱಿಸು **hêṟisu.** = ಪೇಱಿಸು 2, q. v. (My.; Bh. 2, 4, 8. 9).

ಹೇಱು **hêṟu. 1.** = ಪೇಱು 2 q. v. To lift up or take and put upon, etc. (C.; J. 13, 39). ಹೇಱುವ ಎತ್ತು (ಸ್ಥೂರಿ, ಪೃಷ್ಠವಾಹ್ಯ Hlâ.). ಹೇಱುವ ಕುದುರೆ (ಪೃಷ್ಠ್ಯ, ಸ್ಥೌರಿ); ಭಾರಕ್ಷಮಂಗಳಾಗಿ ಹೇಱುವ ಎತ್ತು (ಧುರ್ಯ, ಧೌರೇಯ, ಧುರೀಣ, ಧುರನ್ಧರ Nr.). ಹೇಱಿದೆತ್ತು (ಸ್ಥೌರೀಯ Mr. 179). ಅಲ್ಲಿಯ ಜನರು ಆಡುಗಳ ಮೇಲೆ ಸರಕುಗಳನ್ನು ಹೇಱಿ ಕೊಣ್ಡು (B. 3, 9). ಒಮ್ಮೆ ಅಡಿವೇ ಕತ್ತೆಗಳ ಬೆನ್ನ ಮೇಲೆ ಒಜ್ಜೆ ಹೇಱಿದ ಬಯಿಕ (3, 48). ಡೇರೆ ಗುಡಾರ ಮುನ್ತಾದ ದಣ್ಡಿನ ಸಾಮಾನುಗಳನ್ನು ಒಣ್ಟೆಗಳ ಮೇಲೆ ಹೇಱುತ್ತಾರೆ (3, 66). ನೆಲದ ಮೇಲೆ ಗದ್ದಿಗೇ ಕಲ್ಲುಗಳನ್ನು ಹಾಕಿ, ಅವುಗಳ ಮೇಲೆ ಕಮ್ಬಗಳನ್ನು ನಿಲ್ಲಿಸಿ, ಮೇಲೆ ಮಡಿಗೆಯನ್ನು ಹೇಱಿ, ಮೊದಲನೇ ಅನ್ತಸ್ತು ಮಾಡುವರು (4, 121). ಮೇಲೆ ಒನ್ದು ದಪ್ಪವಾದ ಹಲಿಗೆಯನ್ನು ಇಟ್ಟು, ಅದಱ ಮೇಲೆ ದೊಡ್ಡ ದೊಡ್ಡ ಒಜ್ಜೆಗಳನ್ನು ಹೇಱಿ (4, 158). — ಹೇಱಿಗೊಡು. -ಕೊಡು. To allow to put upon one's self. ಆನೆಗಳು ಒಜ್ಜೆಗಳನ್ನು ಹೇಱಿಗೊಡುತ್ತವೆ (B. 5, 239). — ಹೇಱಾಟ. -ಆಟ. The profession of loading, etc. ನೀರಾಟಕ್ಕೆ ಹೋಗಿ, ಹೇಱಾಟ ಕಳ ಕೊಣ್ಡ (Prv.).

ಹೇಱು **hêṟu. 2.** = ಪೇಱು 3, ಹೇಱ್. A load, especially a bullock-load (ಹೆರೆ Mr. 350; Bp. 9, 8; 23, 39; C.; Mhr. ಹೇಲ). ತಟ್ಟಹೇಱೆತ್ತು (ಪೌವಂಕ Mr. 350). ಹೇಱು ನುಂಗುವವ ಸೇರು ಬಿಟ್ಟಾನೇ?—ಹೇಱು ಒಪ್ಪಿಸಿದ ಮೇಲೆ ಸುಂಕ ಕೇಳುವದೇನು?—ಬಣ್ಡಿ ಬಣ್ಡಾಟ, ಹೇಱು ಹೆಟ್ಟಾಟ, ತಲೆಮೊಟ್ಟೆ ಪರಮಸುಖ.—ಸಾದುಎತ್ತಿಗೆ ಎರಡು ಹೇಱು (Prvs.).

ಹೇಱು **hêṟu. 3.** = ಪೇಱು 1. To spread about, to display (as beauty, Prll. 3, 31), to manifest (as grief, Bh. 1, 3, 3).

ಹೇಲನ hêlana. The act of disregarding, slighting, disrespect, contempt; sporting amorously. See ಅವಹೇಲನ.

ಹೇಲಿ hêli. The sun. (R.).

ಹೇಲಿಕೆ hêlikĕ. See ಪ್ರ-. (Cf. ಹೇಳಿಕೆ?).

ಹೇಲು hêlu. 1. = ಏಲು 1, ಪೇಲ್ 1, q. v. To void excrements, to cack (C.). P. p. ಹೇತು. ಹೇಲೋಕೆ ಕೂತಲ್ಲಿ ಹನ್ನೀ ಕಾಟ.— ಕತ್ತೆ ಬೆಲ್ಲಾ ಹೇತರೆ ಡೊಮ್ಬಗೆ ಯಾಕೆ ಬಿಕ್ಕೆ?— ವೃಕ್ಷ ದೊಡ್ಡದಾದರೂ ಪಕ್ಷಿ ಹೇಲದೆ ಬಿಡದು.— ನೂರೋ ಹೆಣ್ಣತಿಯ ಬಿಟ್ಟು ಹೇಲೋ ಮೂರು ಯ ತನ್ದ.— ಸಂಗತೀ ಗುಣ ಸೋತು ನೋಡು, ಹೆಣ್ಣತೀ ಗುಣ ಹೇತು ನೋಡು.— ಅಂಗಳದಲ್ಲಿ ಹೇತು, ಮಂಗಳಕಷ್ಟ ಅನ್ದ ಹಾಗೆ.— ಊತರೂ ನಾತ ಹೋದೀತೇ? ಹೇತದಕ್ಕಿನ್ತ ಹೆಚ್ಚು.— ದಣ್ಣಾ ತೆತ್ತವನೂ ಉಣ್ದು ಹೇತವನೂ ಒನ್ದೇ.— ನಡುಮನೇಲಿ ಹೇತು, ನಾತ ಬರುತ್ತೆ ಎನ್ದ.— ನಿಜವಾಗಿ ಸಾಯುವವನ ಹಾಗೆ ಮನೆ ಹುಪ್ಪು ಹೇತ.— ನೋತವಾದರೆ ಹೇತರೆ ತಪ್ಪೀತೇ?— ಭೂತ ಹೋದರೂ ಹೇತು ಕೊಳ್ಳೋದು ತಪ್ಪಲಿಲ್ಲ (Prvs.).

ಹೇಲು hêlu. 2. = ಏಲು 2, ಪೇಲ್ 2. Ordure; cacking (C.; Si. 205). ಹನ್ದೀ ಕೂಡಾಡಿ, ಕನ್ದ ಹೇಲು ತಿನ್ದ.— ಬಾಲನಾಗಿರುವಾಗ ಹೇಲು ತಿನ್ದರೆ ಪ್ರಾಯ ಬನ್ದ ಮೇಲೆ ತಿನ್ನ ಬಹುದೇ?— ಹೇಲು ಅಲ್ಲ, ಛಟ್ಟ ಹೇತದ್ದು.— ದಣ್ಣೆಗೇ ಮೇಲೆ ನಾಯಿ ಕುಣ್ಣಿಸಿದರೆ ಹೇಲು ಕಣ್ಣು, ಹಾರಿತು.— ಮಕ್ಕಳ ಹೇಲು ತಿನ್ನುವವಳು ತುಪ್ಪದ ಗಸಿ ಬಿಟ್ಟಾಳೇ?— ಮಂಗನ ಕೊನ್ದು, ಮೆಯ್ಗೆಲ್ಲಾ ಹೇಲು. — ಹೇಲುಕಸ. A common herb, a native of America, Ageratum conyzoides Lin. (Z.). — ಹೇಲು ಬರು. Cacking to come, a call of nature to happen. ಹೇಲು ಬನ್ದರೆ ಹುಲಿಗೆ ಹೆದರ (Prv.).

ಹೇಲೆ hêlĕ. *Disrespect, slight, contempt* (ಪರಿಭವ, ಜರಿವುದು Nn. 108). 2, *wanton sport, amorous dalliance,* manner or gesture of lovers, play, sport, pastime, pleasure, delight (ಸಿಂಗರ, ಶೃಂಗಾರ 108). 3, wealth, etc. (ಸಿರಿ, ಐಶ್ವರ್ಯ 108). 4, *opportunity, etc.,* facility, ease (ಪ್ರಸ್ತಾವ 108).

ಹೇವ hêva. Disgust at or repugnance to what is to offend one's sensibilities or moral feelings (Bp. 55, 15; Tĕ. ಏವ; see s. ಎದ್ರಾಸಿ). ಹೇವವಿಲ್ಲದ ಹೆಣ್ಣು ಗಜುಗ ಬೆಳದಾ ಕಣ್ಣು (Dp. 54). — ಹೇವಗೇಡಿ. -ಗೇಡ. An unblushing person. ಹೇವಗೇಡಿಗಳಿಗೆ ಬಾಯಿಯೇನು? ಪರಸೆಯೇನು? (Prv.).

ಹೇವ hêva. = ಹೇಹ, q. v. Sorrow, grief (Śêv. 4, 29; Râm. 3, 2, 26); sickness.

ಹೇವಮಾರಿ hêva-mâri. A person full of sickly or foolish obstinacy (Bh. 8, 8, 29).

ಹೇವರಿಸು hêvarisu. To feel aversion, to recoil, to shrink (Bh. 8, 25, 17; J. 2, 61; Tĕ. ಏವಗಿಂಚು).

ಹೇವಿಲಮ್ಬಿ hêvilambi. ಹೇವಿಳಮ್ಬಿ. Tbh. of ಹೇಮಲಮ್ಬ. (My.).

ಹೇವೆ hêvĕ. = ಏವೆ 1, (ಅಹೆವು, ಅಹೆವೆ). See ಇದ್ದೇವೆ.

ಹೇಷ hêsha. = ಹೇಷೆ. (Sk.; R.).

ಹೇಷಾರಸಿತ hêshâ-rasita. The loud sound of neighing (V. 5, 22).

ಹೇಷಿ hêshi. Neighing; a horse. (R.).

ಹೇಷಿತ hêshita. Neighing. See ಕಿಚಿಕಿಲ್.

ಹೇಷಿಸು hêshisu. To neigh (B. 5, 13).

ಹೇಷೆ hêshĕ. ಹೇಷಾ. *Neighing* (of horses), whinnying, braying.

ಹೇಷ್ಯ hêshya. Tbh. of ಏಷ್ಯತ್. A portent, an omen of ill, a sign of coming calamity (My.; Tĕ.).

ಹೇಸರ hêsara. = ಹಾಸರ. Tbh. of ವೇಸರ. A mule (Tĕ. ಏಸಡ, ವೇಸಡ; T. ವೇಚರಿ). — ಹೇಸರಕತ್ತೆ. = ಹೇಸರಗತ್ತೆ. (C.). — ಹೇಸರಗತ್ತೆ. -ಕತ್ತೆ. A mule (ಚಕ್ರಿಪತಿ, ವಾಜಿತರ Mr. 186; My.).

ಹೇಸಿ hêsi. A disgustful female (My.). ಹೇಸಿಯ ಪಾಪ ಸನ್ಯಾಸಿಗೆ ಹತ್ತಿತು.— ಹೇಸಿ ಮುಯ್ಯಿಗೆಗೆ ಅಂಜಳು, ನಾಸಿ ನಾಚಿಕೆಗೆ ಅಂಜಳು.— ಹೇಡಿಯ ಬೆನ್ನು ಕಟ್ಟಲು ಸಲ್ಲ, ಹೇಸಿಯ ನಿಬ್ಬಣಕ್ಕೆ ಹೋಗಲು ಸಲ್ಲ (Prvs.).

ಹೇಸಿಕತ್ವ hêsikatva. Disgust, etc. (Jńs. 42, 63).

ಹೇಸಿಕೆ hêsikĕ. = ಪೇಸಿಕೆ, ಪೇಸಿಗೆ. Aversion, disgust (ಜುಗುಪ್ಸೆ, ಘೃಣೆ Nr.; ಘೃಣೆ, ಜುಗುಪ್ಸೆ Nn. 104; ಜುಗುಪ್ಸೆ 150; C.); nastiness; a nasty, disagreeable object, an object that causes disgust (Bp. 40, 81; Abhâ. 2, 80; C.). — ಹೇಸಿಕೆಯ ನಾತ. A nauseous smell (Bp. 46, 59; My.). — ಹೇಸಿಕೆಯ ಮಾತು. A disgustful word (Bp. 40, 38; My.).

ಹೇಸಿಗೆ hêsigĕ. = ಹೇಸಿಕೆ. (C.). ದೊಡ್ಡವನು ಉಣ್ಡರೆ ಮುದ್ದು, ಬಡವನು ಉಣ್ಡರೆ ಹೇಸಿಗೆ.— ಪರಸೇ ಯಜಮಾನನೆನ್ದು, ಪರರ ಹೇಸಿಗೆ ತೆಗಸಿದ ಹಾಗೆ.— ಹನ್ದೀ ಮೇಲೆ ಕೂತವ ಹೇಸಿಗೆಗೆ ಅಂಜ್ಯಾನೇ? (Prvs.). — ಹೇಸಿಗೆಗಿಡ. A prickly shrub, native of America, now growing wild everywhere, Lantana aculeata Lin. (Z.). — ಹೇಸಿಗೆಗೊಳಿಸು. -ಕೊಳಿಸು. = ಹೇಸಿಗೆ ಮಾಡು. (My.). — ಹೇಸಿಗೆ ಮಾಡು. To soil, to dirty, to make filthy (My.).

ಹೇಸು hêsu. 1. = ಪೇಸು 1. To feel aversion, to have a dislike, to recoil (ಜುಗುಪ್ಸೆ Śmd. Dh.; Bp. 18, 34; 21, 19; 24, 55; 42, 9; 51, 43; 56, 18; 57, 78; J. 2, 60; 38, 45; 16, 15; 20, 54; Bh. 1, 8, 73; C. with dative). ಎಂಜಲಿಗೇ ಹೇಸದವಳು ತಂಗಳನ್ನಾ ಬಿಟ್ಟಾಳೇ?— ಏನೂ ಇಲ್ಲದವ ಯಾವದಕ್ಕೂ ಹೇಸ.— ಮಾಸಿದ್ದಕ್ಕೆ ಹೇಸದವಳು ಮುಸರೆಗೆ ಹೇಸ್ಯಾಳೇ? (Prvs.). — ಹೇಸಿ ಹೋಗು. To feel aversion (as the mind, My.).

ಹೇಸು hêsu. 2. = ಪೇಸು 2, ಹೇಸಿಕೆ. (My.). — ಹೇಸುಮಗ. A nasty son (My.). — ಹೇಸುಮಾತು. A disgustful word (My.). — ಹೇಸುಮುಣ್ಡೆ. A nasty widow (My.).

ಹೇಸುತನ hêsutana. Nastiness (My.).

ಹೇಹ hêha. = ಹೇಯ, ಹೇವ. That is to be left or abandoned (ಹೇಯ, ತೊರವ Nn. 93, o. rs. ತೊರೆವುದು, ಹೇವ). 2, grief (ದುಃಖ 93). 3, disease (ಗದ, ವ್ಯಾಧಿ 93). 4, a stupid man (ಮೂರ್ಖ, ಮೂಢ 93). 5, a flag (ಪತಾಕೆ 93). 6, calling (ಆಹ್ವಾನ, ಕರೆವುದು 93; cf. ಹಾವ).

ಹೇಳಿಗೆ hêḷigĕ. = ಪೇಳಿಗೆ, etc. A basket; a snake-basket (ಸರ್ಪಪರ್ಯಂಕ Mr. 391; Bh. 1, 8, 35; 8, 28, 39). ಪೀಳಿಗೆ ಗೊತ್ತಿಲ್ಲದಿದ್ದರೆ ಹೇಳಿಗೆ ಮುಚ್ಚ ಕೂಡದೇ? (Prv.).

ಹೇಳ್ಗೆ hêḷgĕ. = ಹೇಳಿಗೆ, etc. See ಹೆಳ್ಗೆ.

ಹೇಳಿಕೆ hêḻikĕ. = ಪೇೞಿಕೆ. Saying; telling, ordering (C.; B. 5, 150. 283); order, command (J. 30, 54; 32, 6; C.; B. 3, 108). ಹಿರಿಯರ ಹೇಳಿಕೆಯಿನ್ದ ನಮ್ಮ ತಕ್ಕ ಕಥೆ (ಐತಿಹ್ಯ Si. 236). — ಹೇಳಿಕೆಮಾತು. Rumour, hearsay (C.). ಹೇಳಿಕೆಮಾತಿಗೆ ಧರ್ಮರಾಯ ಮುನಿದ (Prv.).

ಹೇಳಿತು hêḻitu. (i. e. ಹೇಳಿದುದು). The condition of having been said. ಇವದೊಳ್ ಸಾಕಲ್ಯಸಂಜ್ಞೆ ಹೇಳಿತಿಲ್ಲನ ಬೇಡ (Śmd. 61 Cm.).

ಹೇಳಿವು hêḻivu. Rumour, report (ನಿರ್ವಾದ Nr.).

ಹೇಳಿಸು hêḻisu. = ಪೇೞಿಸು. To cause to say or tell, to have told, etc. (My.); to have one's self called, to be called (B. 5, 36); to have (or consider something) ordered to one's self, to make one's mind up for (4, 19). See Bp. 42, 4; 58, 28. ಬೆಸನ ಹೇೞಿಸಿ ಕೊಳುಹ (ಅನುಜ್ಞೆ Nr.). ತಂದೆಗೆ ಒಳ್ಳೆಯುವ ಎನ್ನ, ಹೇೞಿಸಿದ ಅಮ್ಬಿಗನ ಮಗ (Prv.).

ಹೇೞು hêḻu. = ಏಱು 8, ಪೇೞ್, ಪೇೞು. To say, to speak; to name; to mention; to adduce; to narrate, to relate; to tell; to order, to command (Bp. 5, 54. 55; 10, 4. 7; 11, 4. 5; 12, 29. 49; 13, 3; 14, 25; 22, 31. 52; 23, 6. 10; 24, 36. 58; 28, 10; 31, 12; 37, 37; 40, 9. 90; 41, 19; 50, 20; 53, 44; 55, 7. 35; 56, 26; Râm. 1, 13, 7; 3, 2, 22; Bh. 1, 19, 19; 2, 4, 7; 2, 13, 34. 46; C.; B. 2, 30). ಹೇೞ್ ಕಳುಹಿದ ಮಾತು (ಸನ್ದೇಶವಾಕ್, ವಾಚಿಕ); ಪೃಥ್ಗಂಗಳೆರಡುಂ ಶರೀರವನೂ ಆತ್ಮವನೂ ಹೇೞುವವು; ಮೂಲ್ಯ ದೊರಕದಿದ್ದಡೆ ಪ್ರತಿನಿಧಿ ಹೇೞುವ ಶಾಸ್ತ್ರವು (ಅನುಕಲ್ಪ); ಆವಳೊರ್ವ ವೃದ್ಧೆಯುಲ್ಲದೆ ಹೇೞಿದ ಕೆಲಸವ ಮಾಡುವಳಾಗಿ ರಾಣಿವಾಸದೊಳ್ ಸುೞಿವಳು (ಅಸಿಕ್ನಿ Nr.). ಲೋಕದ ವಸ್ತುಗಳ ಹೆಸರ ಹೇೞುವದು (ಲಿಂಗ Nn. 117); ಹೇೞುವದು (ಹಾ, ಸಮ್ಬೋಧೆ 140). ಇಲ್ಲದ ತಪ್ಪುಗಳನ್ನು ಮೇಲೆ ಹೊಱಿಸಿ ಹೇೞುವದು (ಮಿಥ್ಯಾಭಿಶಂಸನ, etc. Si. 56); ಕಣಿ ಮುನ್ತಾದ ಶಕುನಗಳನ್ನು ಹೇೞುವವಳು (ಎಪ್ರಶ್ನಿಕೆ, etc. 188); ಗೋತ್ರ ನಾಮ ಪ್ರವರಗಳನ್ನು ಹೇೞ್ ಕಾಲಿಗೆ ಎಱಗುವದು (ಅಭಿವಾದನ, etc. 249); ಆಲೋಚನೆಯನ್ನು ಹೇೞುವ ಮನ್ತ್ರಿ (ಮನ್ತ್ರಿ, etc. 257); ಹೇೞಿದ ಹಾಗೆ ಮಾಡುವವನು (ವಚನೇಸ್ಥಿತ, etc. 359); ಚಾಡಿ ಹೇೞುವವನು (ಕರ್ಣೇಜಪ, etc. 366); ಹೇೞಲ್ ಪಟ್ಟದು (ಉಕ್ತ, ಭಾಷಿತ, ಉದಿತ, ಜಲ್ಪಿತ, ಆಖ್ಯಾತ, ಅಭಿಹಿತ, ಲಪಿತ 383). ಹೇೞ್ ಕೊಟ್ಟ ಬುದ್ಧಿ, ಕಟ್ಟಿ ಕೊಟ್ಟ ಬುತ್ತಿ ಎಲ್ಲಿ ತನಕ ಬರುವದು?— ಹೇೞ್ ಕೊಟ್ಟರೆ ಬಾರದ ವಿದ್ಯೆ ಕೇಳಿ ಕಲಿತಾನೇ?— ಹೇೞಿದರೆ ತಾಯಿ ಸಾಯುತ್ತಾಳೆ, ಹೇೞದಿದ್ದರೆ ತನ್ದೆ ನಾಯಿ ತಿನ್ನುತ್ತಾನೆ.— ಹೇೞುವವರಿಗೆ ಸುದ್ದಿ, ಕೇಳುವವರಿಗೆ ಬುದ್ಧಿ.— ಹೇೞುವವರು ಹೆಡ್ಡರಾದರೆ ಕೇಳುವವರಿಗೆ ಮತಿ ಇಲ್ಲವೇ?— ದೊರೆ ಹೇೞಿದನೆನ್ದರೆ ಮರದ ಕಾಯಿ ಬಿದ್ದೀತೇ?— ಮಜ್ಜಿಗೆಗೆ ತಕ್ಕ ರಾಮಾಯಣ ಹೇೞಿದ.— ಮಣಿಯಗಾಱನಿಗೆ ದುಃಖ ಸುಖ ಹೇೞಿದರೆ ಮಣುವಿನ ಲೆಕ್ಕ ಬಿಟ್ಟಾನೇ? (Prvs.). ಮೂರ್ಖಂಗೆ ಬುದ್ಧಿಯನು ನೂರ್ಕಾಲ ಹೇೞಿದರೆ ಗೋರ್ಕಲ್ಲ ಮೇಲೆ ಮೞೆಗಱೆದರಾ ಕಲ್ಲು ನೀರ್ಕುಡಿಯಲಹುದೆ? (Sp.). ತನ್ದೆ ತಾಯಿಗಳ ಉಪಕಾರವನ್ನು ನೆನಸಿ, ಅವರು ಹೇೞಿದ ಹಾಗೆ ಕೇಳು! (B. 1, 25). ಆಕೆ ನನಗೆ ಹಬ್ಬಕ್ಕೆ ಒನ್ದು ಅಂಗೀ ಹೊಲಿಸಿ ಕೊಡುತ್ತೇನೆನ್ದು, ಹೇೞಿದ್ದಾಳೆ (1, 26). ಹಾವಿನ ಹೆಡೆಯಲ್ಲಿ ರತ್ನವಿದ್ದಾಗ್ಯೂ ಅದಱ ಸಮೀಪಕ್ಕೆ ಯಾರೂ ಹೋಗರು ಎನ್ದು, ಹೇೞಿದನು (2, 8). ಈ ಮಾತು ನೆನಪು ಇರಲಿ! ಎನ್ದು, ಹೇೞಿದನು (5, 10). — ಹೇೞಾಟ. -ಆಟ. Telling, ordering; talk (My.). ದಣೀ ಹೇೞಾಟ, ಬಡಗೀ ಮಾಡಾಟ (Prv.). — ಹೇೞ್ ಕಳಿಸು. ಹೇೞ್ ಕಳುಹಿಸು. To send word (My.) ತಾ ಹೋದರೆ ಮಜ್ಜಿಗಿಲ್ಲ, ಹೇೞ್ ಕಳಿಸಿದರೆ ಮೊಸರು ಕೊಟ್ಟಾರೇ? (Prv.). 2, to communicate intelligence. ಹೇೞ್ ಕಳುಹಿಸುವದು (ಸನ್ದೇಶ Dhw.). — ಹೇೞು ಹೇೞು. rep. (Bp. 37, 15; 41, 5; Râm. 3, 5, 4).

ಹೇೞುವಿಕೆ hêḻuvikĕ. Saying; telling; etc. ಸಮಾಧಾನವಾಗಿ ಒಡಮ್ಬಡಿಕೆ ಹೇೞುವಿಕೆ (ಸಾಮ Si. 263); ಹೀಗೆ ನಡಕೊಳ್ಳ ಬೇಕೆನ್ದು, ಅಧಿಕಾರದಿನ್ದ ವಿಧಿಸಿ ಹೇೞುವಿಕೆ (ನಿರ್ದೇಶ, etc. 265).

ಹೇೞ್ವಿಕೆ hêḻvikĕ. = ಹೇೞುವಿಕೆ. ಜನರ ಹೇೞ್ವಿಕೆ (ಕಿಂವದನ್ತಿ, ಜನಶ್ರುತಿ Si. 55); ಈ ಕೆಲಸಕ್ಕಿದೇ ಮೊದಲೆನ್ದು, ಹೇೞ್ವಿಕೆ (ಉಪಕ್ರಮ 442).

ಹೈ hay. *A vocative particle* (used in calling or vociferating): oh! ho! hallo! ho there! — ಹೈ ಹಸಾದ. Oh! kindness or welfare! (Bh. 1, 8, 78; Râm. 6, 20, 23; J. 16, 21).

ಹೈಗ haiga. = ಹವೀಕ. A class of smârta Brâhmaṇas, inhabitants of the Tuḷu country and of some western places in Mysore (My.).

ಹೈಡಿಮ್ಬ haiḍimba. Relating to Hiḍimba (Bh. 1, 9, 25).

ಹೈಡಿಮ್ಬಿ haiḍimbi. N. of a son of Ghaṭôtkača (J. 2, 44. 67; 4, 29).

ಹೈತಕ haitaka. (fr. ಪಿತ್ತ). Marks on the skin (gâdari) arising from bile (S. Mhr.).

ಹೈತಿಗ haitiga. Tbh. of ಪೈತೃಕ (Šmd. 338 Mḍb.).

ಹೈತಿಗೆ haitigĕ. = ಹೈತಿಗ. (Šmd. 338).

ಹೈದಕ haidaka. = ಹೈತಕ. (S. Mhr.).

ಹೈದರ್ haidar. N. of Tippu Sultan's father (B. 5, 160). — ಹೈದರಾಬಾದು. -ಆಬಾದು. The country and town of the Nijâm (My.; B. 3, 30).

ಹೈನ hayna. = ಹಯ್ನ q. v., etc.

ಹೈನು haynu. ಹಯ್ನು q. v., etc.

ಹೈಮ haima. 1. (fr. ಹೇಮ 1). *Golden, made of gold;* of a golden, yellow colour.

ಹೈಮ haima. 2. (fr. ಹೇಮ 2). Wintry, cold, frigid, freezing; hoar-frost, dew. See ಕುಳಿರ್.

ಹೈಮನ haimana. Wintery, cold; winter, the cold season. (R.).

ಹೈಮನ್ತ haimanta. (fr. ಹೇಮನ್ತ). Wintery, cold; the winter season, the cold season. (My.).

ಹೈಮವತ haimavata. (fr. ಹಿಮವತ್). Snowy, covered with snow; belonging to the Himâlaya mountains. (Čpr. 3, after 32). 2, Bhâratavarsha or India. (My.).

ಹೈಮವತಿ haimavati. *Pârvati.* 2, *a kind of white orris root* or vačĕ. 3, *a kind of sôma or moon-plant with yellow juice.* 4, *yellow myrobalan.* 5, the Ganges.

ಹೈಮಾಮ್ಬರ haimâmbara. (fr. ಹೇಮಾಮ್ಬರ). Kṛishṇa (J. 25, 2).

ಹೈಯಂಗವೀನ hayas-ṅ-gavîna. = ಹಯ್ಯಂಗವೀನ. *Clarified butter prepared from yesterday's milking* (ಹೊಸತುಪ್ಪ Hlâ.). 2, *butter prepared only a day before it is used, fresh butter* (ನವನೀತ, ಬೆಣ್ಣೆ Mr. 183).

ಹೈರಣ್ಯ hairaṇya. (fr. ಹಿರಣ್ಯ). Gold (ಗಾಂಗೇಯ, ಭಂಗಾರ Nn. 44).

ಹೈರಣ್ಯನಗರಿ hairaṇya-nagari. N. of a town (Bh. 3, 12, 7).

ಹೈರಣ್ಯವತ hairaṇyavata. N. of a division of the world (Čpr. 3, after 32).

ಹೈರಾನು hairânu. Distressful condition, bewilderment, confusion, perturbation, trouble (My.; Mhr., H. ಹೈರಾಣ, perturbed, etc.).

ಹೈರೋಡ್ hay-rôḍ. A high-road (My.; ಘಣ್ಟಾಪಥ, etc., ಅಗಲವಾದ ದಾರಿ Si. 105).

ಹೈವ haiva. (= ಹೈಗ?). N. of a tribe (ಹೈವಳ Mr. 382).

ಹೈವಳ haivaḷa. = ಹೈವ, q. v.

ಹೊ hŏ. = ಹೋ 2. A particle used in astonishment (My.) and in the endeavour of stopping people or animals (My.). — ಹೊ ಹೊ. rep. (My.).

ಹೊಕ್ಕರಣೆ hŏkkaraṇĕ. = ಒಕ್ಕರಣೆ. Tbh. of ಪುಷ್ಕರಿಣಿ (Šmd. 350. 365; Nr.; Hlâ.; Râm. 1, 7, 6).

ಹೊಕ್ಕರಿ hŏkkari. Spitting out, vomiting (Râm. 6, 39, 16; *cf.* ಒಕ್ಕರಿಸು).

ಹೊಕ್ಕಲ hŏkkala. = ಒಕ್ಕಲ್ 1. ನೆಣ್ಟ ನೆಣ್ಟಗೆ ಮಾರಿ, ಕುಣ್ಟೆತ್ತು ಹೊಕ್ಕಲಕ್ಕೆ ಮಾರಿ (Prv.).

ಹೊಕ್ಕಳಿ hŏkkaḷa. = ಪೊಕ್ಕಳು, etc. (My.).

ಹೊಕ್ಕಳು hŏkkaḷu. = ಪೊಕ್ಕುಳ್, etc. The navel (ನಾಭಿ Si. 441; My.). — ಹೊಕ್ಕಳುಕುಡಿ. The navel-string or umbilical cord (My.). — ಹೊಕ್ಕಳುಬಳ್ಳಿ. = ಹೊಕ್ಕಳುಕುಡಿ. (My.).

ಹೊಕ್ಕು hŏkku. 1. A boil, etc. (ವಿಸ್ಫೋಟ, ಪಿಟಕ Si. 200; *only* in Si.).

ಹೊಕ್ಕು hŏkku. 2. The threads that cross the warp in weaving, the woof of a loom (My.; see ಹಾಸು).

ಹೊಕ್ಕು hŏkku. 3. = ಪೊಕ್ಕು. P. p. of ಹೊಗು.

ಹೊಕ್ಕುಳಿ hŏkkuḷa. = ಹೊಕ್ಕುಳು, etc. (G. 79. 173. 193. 286. 346).

ಹೊಕ್ಕುಳು hŏkkuḷu. ಹೊಕ್ಕುಳ್. = ಹೊಕ್ಕಳು, etc. (My.; ನಾಭಿ Si. 485; Tĕ. ಪೊಕ್ಕಿಲಿ; see ಬುಗುಡುಹೊಕ್ಕುಳ್). ಹೊಕ್ಕುಳು ಬುಗುಡುಳ್ಳವನು (ತುಂಡಿಲ, ತುಂಡಿ Nr.). 2, the perpendicular dash put under a letter to make it an aspirate, *e. g.* ದ the aspirate ಧ (My.; Tĕ. ಪೊಕ್ಕಿಲಿ).

ಹೊಗರು hŏgaru. = ಪೊಗರ್, q. v. Shine, etc. (Grj. 3, after 69; Râm. 1, 5, 30; 6, 10, 12; Bh. 7, 3, 72). — ಹೊಗರಲಗು. -ಅಲಗು. A shining blade (J. 13, 18). — ಹೊಗರೆತ್ತು. -ಎತ್ತು. To exhibit brightness or intensiveness (Grj. 7, after 11). — ಹೊಗರೇಳು. -ಏಳು. Lustre to rise; to become full of lustre (Bh. 8, 13, 22). — ಹೊಗರೊಗು. -ಒಗು. = ಪೊಗರೊಗು, q. v. (Bh. 6, 3, 20; J. 13, 20; Râm. 6, 13, 6).

ಹೊಗಳತೆ hŏgaḷatĕ. = ಪೊಗಳ್ತೆ. Praising, praise (ಸ್ತವ, ಸ್ತೋತ್ರ, ಸ್ತುತಿ, ನುತಿ Nr.; Bp. 47, 38).

ಹೊಗಳಿಕೆ hŏgaḷikĕ. = ಪೊಗಳ್ಕೆ, q. v. (My.; Tĕ. ಪೊಗಡಿಕ).

ಹೊಗಳಿತು hŏgaḷitu. = ಪೊಗಳ್ದು, ಹೊಗಳ್. P. p. of ಹೊಗಳು 1 (ಹೊಗಳ್, Râm. 5, 1, 7).

ಹೊಗಳಿಸು hŏgaḷisu. = ಪೊಗಳಿಸು. To cause to praise (My.). ಬೆಳೆ (*i. e.* the first crop) ಹೊಗಳಿಸಿ ಉಣ್ಣಬೇಕು, ಹಯನು (the second or haynu crop) ಹಂಗಿಸಿ ಉಣ್ಣಬೇಕು (Prv.).

ಹೊಗಳು hŏgaḷu. 1. = ಪೊಗಳ್ 1, etc. To praise (Bp. 4, 36; Bh. 2, 13, 28; C.). ಹೊಗಳಲ್ ಪಟ್ಟದು (ಈಡಿತ, ಈಲಿತ, ಶಸ್ತ, ಸ್ತುತ, etc. Si. 384). ಹೊಗಳಿದಷ್ಟೂ ಮಗಳು ಜಗಳಾಡೋದು ಬಿಡುವದಿಲ್ಲ.—ಬಗಳೋನು ಹೊಗಳಿಯಾನು, ಹೊಗಳೋನು ಬಗಳನು.—ಬೊಗಳುವವನ ಹೊಗಳಿದರೆ ಬಿಟ್ಟಾನೇ?—ಹಿಂದೆ ಬಯ್ಯ ಬಾರದು, ಮುಂದೆ ಹೊಗಳ ಬಾರದು (Prvs.).

ಹೊಗಳು hŏgaḷu. 2. = ಪೊಗಳ್ 2. Praise; renown. ದೂರಿನ್ನು ಎದುರಿಗಾಡು, ಹೊಗಳಿನ್ನು ಹಿನ್ನಾಡು (Prv.).

ಹೊಗಿಸು hŏgisu. = ಪೊಗಿಸು, etc. To cause to enter (Râm. 3, 7, 52; Bh. 1, 8, 83; Bhâgavata 10, 18, 2; C.; B. 5, 43).

ಹೊಗು hŏgu. = ಪೊಗು 1, etc. To enter in, to enter (Bp. 14, 6. 38; 56, 14; Bh. 1, 8, 19. 91; 1, 10, 32; 7, 4, 2; Râm. 6, 39, 18; J. 8, 39; 12, 42; 13, 55). P. p. ಹೊಕ್ಕು. ಹೊಕ್ಕರು ಪಡುವವನು (Bh. 1, 8, 93). ಕಿವಿ ಹೊಗುವ ಹಾವು (ದ್ವಣಿ Si. 485). ತಪನ ಮಾಡುವೆನೆನ್ನು, ಗುಹೆಯ ಹೊಕ್ಕಿರ ಬೇಡ! ತಪದಲ್ಲಿ ಕುಪಿತ ಬಿಡದಿರಲು ತಪವಾತಪತಾಪ ಕಣ್ಕೆ? (Sp.). ಹೊಕ್ಕ ಮನೆ ಹಾಳು, ಇದ್ದ ಮನೆ ಬೋಳು.—ಹಾವು ಹಡದಮ್ಮ ಬೇಲಿ ಹೊಕ್ಕಳು (Prvs.).

ಹೊಗೆ hŏgĕ. 1. = ಪೊಗೆ 1. To smoke, to emit smoke (ಧೂಪಧೂಮನಿರೋಧಕ್ರಿಯೆ Šmd. Dh.; Râm. 3, 6, 50; 3, 7, 13; My.). P. ps. ಹೊಗದು, ಹೊಗೆದು. 2, to create smoke (Bh. 1, 8, 30). 3, to be kindled into anger, to look sullen (as the face, Bh. 1, 8, 91).

ಹೊಗೆ hŏgĕ. 2. = ಪೊಗೆ 2. P. p. of ಹೊಗೆ 1. in ಹೊಗೆ ಹೊಗೆದು (J. 8, 39).

ಹೊಗೆ hŏgĕ. 3. = ಪೊಗೆ 3. Smoke (ಧೂಮ Šmd. Dh.; Bp. 44, 27; 57, 16; Bh. 1, 20, 56; J. 8, 39; C.); steam, vapour (My.). ಹೊಗೆಯೊಳಾಡುವ ಹಕ್ಕಿ (ಕಲಿಂಗ, ಭೃಂಗ, ಧೂಮ್ಯಾಟ Nr.). ಬಿಸಿಲು ಸೆಕೆ ಮುನ್ನಾದವುಗಳಲ್ಲಿ ಹೊಗೆ ಹೊಡಿಸುವನ್ತೆ ಒಣಗಿಸಿ ಕಾಯಿಸಲ್ ಪಟ್ಟನ್ಥಾದು (ಸನ್ತಾಪಿತ, ಸನ್ತಪ್ತ, ಧೂಪಾಯಿತ, ಧೂಪಿತ Si. 382). ಹೊಗೆ ಇದ್ದಲ್ಲಿ ಬೆಂಕಿ, ತಗ್ಗು ಇದ್ದಲ್ಲಿ ಚಳಿ.—ಬೇಗೆ ಹತ್ತಿದ್ದಲ್ಲಿ ಹೊಗೆಗೆ ನಿಮಿತ್ತ ಕೇಳ ಬೇಕೇ? (Prvs.). — ಹೊಗೆಕಡ್ಡಿ. The ribs or veins in a leaf of tobacco (My.). — ಹೊಗೆಕಂಡಿ. An opening to let out smoke (My.). — ಹೊಗೆ ಕೊಡು. To apply smoke to (My.). 2, to overlay with a very thin covering of gold or silver by a chemical process (My.). — ಹೊಗೆಬಂಡಿ. A railway carriage (C.; B. 4, 103. 164). — ಹೊಗೆಬತ್ತಿ. A cheroot, a cigar (My.). — ಹೊಗೆಸುತ್ತು. = ಹೊಗೆಬತ್ತಿ. (My.). — ಹೊಗೆಸೊಪ್ಪಿನ ಗಿಡ. The tobacco plant, Nicotiana tabacum Lin. (My.). — ಹೊಗೆಸೊಪ್ಪು. Tobacco (My.). — ಹೊಗೆಹಡಗ. A steamer (B. 4, 104. 164; My. as ಹೊಗೆಹಡಗು). — ಹೊಗೆ ಹಾಕು. To create smoke (My.). ಹೋಗು ಅನ್ನಲಾರದೆ, ಹೊಗೆ ಹಾಕು!—ಹೋಗ ಬೇಡ! ಹೊಗೆ ಹಾಕುತ್ತೇನೆ (Prvs.). — ಹೊಗೆಹುಡಿ. Powder made of the veins of tobacco leaves, taken with betel leaves, etc. (My.).

ಹೊಂ hŏṁ. = ಪೊಂ (ಪೊನ್), etc. Gold; a gold coin. ಹೊಂಗಳ್ (Bp. 28, 85; 28, 15. 16). — ಹೊಂಗಟ್ಟು. -ಕಟ್ಟು. A golden ferrule (Bp. 61, 26). — ಹೊಂಗಠಾರಿ. -ಕಠಾರಿ. A golden dagger (Bp. 26, 12). — ಹೊಂಗಂಟೆ. A golden bell (V. 58, 69). — ಹೊಂಗಮ್ಬುಗೆ. -ಕಮ್ಬುಗೆ. A golden kambugĕ (Bh. 6, 3, 20). — ಹೊಂಗರಿ. A gold-coloured feather (Bh. 3, 13, 22). — ಹೊಂಗಲಸ. -ಕಲಸ. A gold pinnacle (Râm. 1, 7, 14; J. 21, 21); a gold vase or pot (Bh. 10, 4, 15). — ಹೊಂಗಾಗೆ. -ಕಾಗೆ. The blue jay, Coracias indica (ಕಿಕೀದಿವ, ಚಾಷ Nr.). — ಹೊಂಗೆಜ್ಜೆ. A small spherical bell of gold (J. 5, 11; Bh. 1, 12, 12). ಹೊಂಗೆಜ್ಜೆ ಮುಂಗಕ್ಕೆ ಯಾಕೆ? (Prv.). — ಹೊಂಗೆಲಸ. -ಕೆಲಸ. Work in gold (Bh. 10, 4, 14). — ಹೊಂಗೇದಿಗೆ. -ಕೇದಿಗೆ. A gold-coloured kĕdigĕ (J. 3, 35). — ಹೊಂಗೇಸರ. -ಕೇಸರ. Gold-coloured filament (J. 15, 10). — ಹೊಂಗೊಪ್ಪರಿಗೆ. -ಕೊಪ್ಪರಿಗೆ. A golden kŏpparigĕ (Bh. 1, 12, 16; 10, 4, 15). — ಹೊಂಗೊಮ್ಬು. -ಕೊಮ್ಬು. A golden branch (Bh. 6, 4, 88). — ಹೊಂಗೋಟೆಕೊನೆ. -ಕೋಟೆ-ತನೆ- ಕೊನೆ. The point of a merlon of a gold fort (J. 8, 21).

ಹೊಂಗರ hŏṅgara. = ಪೊಂಗರ. The Indian coral tree, planted as a support for betel pepper, Erythrina indica Lam. (St. & Pl.).

ಹೊಂಗರಕ hŏṅgaraka. = ಹಂಗರಕ, ಹೊಂಗರ. (St. & Pl.). ಡಂಗುರಾ ಹೊಡದರೆ ಹೊಂಗರಕನ ಮರ ಕೇಳೀತೋ?—ರಂಗೋಲಿ

ಹಾಕಲಿಕ್ಕೆ ತಿಳಿಯದಿದ್ದರೂ ಹೊಂಗರಕನ ಕೆತ್ತೆ ತೆಗೆಯಲಿಕ್ಕೆ ತಿಳಿಯದೇ? (Prvs.).

ಹೊಂಗಿಯ hŏṅgiya. = ಹೊನಗ್ಯಾ. The leopard cat, Felis bengalensis (Gz.).

ಹೊಂಗು hŏṅgu. = ಪೊಂಗು 1. To swell; to boil over (Bp. 44, 27; 59, 1); to boil, to suffer boiling (Grj. 9, 21); to be elated, to exult, to be overjoyed (Grj. 3, 7; Bp. 24, 16; 26, 12; Bh. 1, 4, 25; 7, 1, 22).

ಹೊಂಗೆ hŏṅgĕ. = ಒಂಗೆ. The tree Dalbergia oujeinensis Roxb. (ತಿನಿಶ, ಸ್ಯನ್ದನ, ನೇಮಿ, ರಥದ್ರು, etc., ಹುಲಿಗಲಿ Si. 127). 2, the Indian beech, Pongamia glabra Vent. (ಚಿರವಿಲ್ವ, ನಕ್ತಮಾಲ, ಕರಜ, ಕರಂಜಕ, ಹುಲಿಗಲಿ Si. 133; St. & Pl.). 3, the tree Xantochymus pictorius Roxb. (ಕಾಲಸ್ಕನ್ಧ, ತಮಾಲ, ತಾಪಿಚ್ಛ Si. 138). ಮಂಗನ ಪಾರುಪತ್ಯ ಹೊಂಗೇ ಮರದ ಮೇಲೆ (Prv.). — ಹೊಂಗೆಯೆಣ್ಣೆ. -ಎಣ್ಣೆ. Oil made from hŏṅgĕ seeds (My.).

ಹೊಚ್ಚಿಸು hŏččisu. = ಹೊದ್ದಿಸು 2. To cause to put on (My.). 2, to put on, as tiles or grass on a roof (with dative, My.); to put on (another), as a kambaḷi or duppaṭi (with dative, My.).

ಹೊಚ್ಚು hŏčču. = ಪೊದಿಸು, etc. To put on, as tiles (C.; B. 4, 122); to cover (My.). ಬಳ್ಳಿಗಳಿನ್ದ ಹೊಚ್ಚಲ್ಪಟ್ಟು ಮನೆಯ ಹಾಗೆ ಇರುವ ಬೇಲಿ (ನಿಕುಂಜ, ಕುಂಜ, ಲತಾಗೃಹ Si. 117). 2, to hide one's self, to enter deeply (J. 13, 18).

ಹೊಂಚಿಕೆ hŏñčikĕ. Lurking; etc. (Si. 288).

ಹೊಂಚು hŏñču. 1. = ಅಂಚು 3, ಪೊಂಚು. To look after, to wait for expectantly (Bh. 1, 19, 20); to exert one's self secretly, not publicly (ಸಂಕೇತೋದ್ಯೋಗ Šmd. Dh.); to inspect narrowly, to espy (J. 16, 7; Râm. 6, 50, 28); to keep out of sight, to lurk (J. 15, 18; 26, 10); to lie hid, to lie in wait, to be on the look-out, as robbers, thieves or animals (My.; Si. 260); to spy (v. i., My.).

ಹೊಂಚು hŏñču. 2. Lying hid, etc. — ಹೊಂಚುಜಾಗ. A concealed place in which robbers or thieves lie hid (My.). — ಹೊಂಚು ನೋಡು. To spy clandestinely (My.). — ಹೊಂಚು ಹಾಕು. To lie in wait, to be on the look-out (C.; B. 3, 31. 67; 5, 31).

ಹೊಂಚುಗಾಱ hŏñču-gâṟa. A man who lies in wait or is on the look-out; a spy (My.).

ಹೊಂಚುವಿಕೆ hŏñčuvikĕ. = ಹೊಂಚಿಕೆ. Being on the look-out for, etc. ದಣ್ಡಿಸೊಡನೆ ಟಾಣ್ಯ ಹಾಕಿ ಸಮಯ ಹೊಂಚುವಿಕೆ (ಆಸನ Si. 262).

ಹೊಟಲ hŏṭala. — ಹೊಟಲಕೆಱ್. N. of a town (Bp. 51, 1. 3. 52. 62).

ಹೊಟ್ಟ hŏṭṭa. A deaf man (My.; T. ಪೊಟ್ಟೆ, blindness).

ಹೊಟ್ಟಿಗೆ hŏṭṭigĕ. = ಹಟ್ಟಿಗೆ, etc. See ಅಱ-.

ಹೊಟ್ಟು hŏṭṭu. = ಪೊಟ್ಟು. Chaff (ಬುಸ or ಬುತ, ಕಡಂಗರ Hlâ.; Mr. 372; C.; G. 366); husk of rice or corn (ತುಷ, ಧಾನ್ಯತ್ವಚ್, ಸಿಪ್ಪೆ Si. 306; C.); a pod emptied of its contents (My.; ಶಮಿ, ಶಿಮ್ಬಿ, ಸಿಪ್ಪೆ Si. 306). ಹೊಟ್ಟು ಕುಟ್ಟಿ, ಕೆಯ್ಯೆಲ್ಲ ಗುಳ್ಳೆ (Prv.). — ಹೊಟ್ಟುಗುಟ್ಟು. -ಕುಟ್ಟು. To utter chaff, to speak nonsense (Bh. 4, 2, 54).

ಹೊಟ್ಟೆ hŏṭṭĕ. 1. A cover, a lid (*cf.* ಪೊದೆ 1, etc.?). ಕಣ್ಣ ಹೊಟ್ಟೆ (ನೇತ್ರಚ್ಛದ, ವರ್ತ್ಮ Nr.).

ಹೊಟ್ಟೆ hŏṭṭĕ. 2. = ಪೊಟ್ಟೆ 1, etc. A hole in a tree Nn. 43, as o. r. of ಹೋಟೆ in one MS.). — ಹೊಟ್ಟೆಜಾಲಿ. A babool tree full of holes. (See Sp. s. ಗಿಜವಾಯಿ, o. r. ಪೊಳ್ಳುಜಾಲಿ).

ಹೊಟ್ಟೆ hŏṭṭĕ. 3. = ಪೊಟ್ಟೆ 2, etc. The belly (ಜಠರ, ಉದರ, ತುನ್ದ, ಕುಕ್ಷಿ, ಗರ್ಭ Hlâ.; Mr. 327; ಪಿಚಣ್ಡ, ಕುಕ್ಷಿ, Nr.; Si. 209; ಗರ್ಭ Si. 441; ಕುಕ್ಷಿ Nn. 5; ಉದರ 64; C.); the body of a vessel (C.; B. 3, 94). ಹೊಟ್ಟೆಯೊಳಗಣ ಶಿಶು (ಭ್ರೂಣ, ಗರ್ಭ Nr.). ಹೊಟ್ಟೆಯಿನ್ದ ಹುಟ್ಟಿದ್ದೂ ಬೆನ್ನಿನಲ್ಲಿ ಬಿದ್ದದ್ದೂ ನೋಡ ಬೇಕು.—ಹೊಟ್ಟೇ, ನಿನ್ನಿನ್ದ ಕೆಟ್ಟೆ.—ಸೂಜಿಯಷ್ಟು ಬಾಯಿ, ಗುಡಾಣದಷ್ಟು ಹೊಟ್ಟೆ.—ಕಣ್ಣು ಕಾಣದ ಹೊಟ್ಟೆಗೆ ಮಣ್ಣೇನು? ಮಸಿಯೇನು?—ತುಟಿ ಸುಮ್ಮನಿದ್ದರೂ ಹೊಟ್ಟೆ ಸುಮ್ಮನಿರದು.—ಎಲ್ಲಿಗೆ ಹೋದರೂ ಹೊಟ್ಟೆ ಬಿಡದು.—ಪೆಟ್ಟು ಬೆನ್ನು ತಿನ್ನುತ್ತದೆ, ಹೊಟ್ಟೆ ಅನ್ನ ತಿನ್ನುತ್ತದೆ.—ರಾವಣನ ಹೊಟ್ಟೆಗೆ ಅರಕಾಸಿನ ಮಜ್ಜಿಗೆಯೋ? (Prvs.). See Bp. 9, 8; 50, 11; 55, 17; 59, 4. 17. — ಹೊಟ್ಟುರಕ. -ಉರಕ. An envious man (My.). — ಹೊಟ್ಟುರಕಿ. -ಉರಕಿ. An envious woman (My.). — ಹೊಟ್ಟುರಿ. -ಉರಿ. Envy (My.). — ಹೊಟ್ಟೆ ಕಟ್ಟು. 1. To restrain the appetite, to live very frugally (My.). ಮೊಟ್ಟೆ ಕಟ್ಟಲಿಕ್ಕೆ ತಿಳಿಯದವ ಹೊಟ್ಟೆ ಕಟ್ಟ್ಯಾನೇ? (Prv.). 2, constipation to take place (with dative of person, My.). — ಹೊಟ್ಟೆಕಟ್ಟು. 2. Constipation (My.). — ಹೊಟ್ಟೆಕಡತ. Gripe in the intestines (B. 2, 25). — ಹೊಟ್ಟೆಕಡುಬು. A kind of filled cake (My.). — ಹೊಟ್ಟೆಕಱಿತ. Purging (My.). — ಹೊಟ್ಟೆ ಕಱ್. The bowels to purge (My.). — ಹೊಟ್ಟೆಕಿಚ್ಚು. Envy (ಅಕ್ಷಾನ್ತಿ, ಈರ್ಷ್ಯೆ Si. 68; ಅಸೂಯೆ G.; C.; B. 4, 51). ಹೊಟ್ಟೆಕಿಚ್ಚಿನವ (G. 40. 117). ಹೊಟ್ಟೆಕಿಚ್ಚು ಮಾಡು (G. 40). — ಹೊಟ್ಟೆಖರ್ಚು. Expense for food (B. 5, 270). — ಹೊಟ್ಟೆಗಯ್. -ಅಯ್. To agree with the stomach (Bp. 14, 9). — ಹೊಟ್ಟೆಗಿಚ್ಚು. -ಕಿಚ್ಚು. = ಹೊಟ್ಟೆಕಿಚ್ಚು. (My.). — ಹೊಟ್ಟೆಗಿಲ್ಲದೆ. -ಇಲ್ಲದೆ. There being nothing (or no food) for the stomach. ಎರಡು ದಿವಸದಿನ್ದ ಹೊಟ್ಟೆಗಿಲ್ಲದೆ ಉಪವಾಸ ಸಾಯುತ್ತೇನೆ (B. 4, 2). ಇದ್ದ ಹಣ ತೀರಿದ ಕೂಡಲೇ ಹೊಟ್ಟೆಗಿಲ್ಲದೇ ಸಾಯುವ ಪ್ರಸಂಗ ಬರುವದು (5, 90). ಕಡೆಗೆ ಹೊಟ್ಟೆಗಿಲ್ಲದೆ ಸತ್ತು ಹೋಗುತ್ತಾರೆ (5, 103). ಹೊಟ್ಟೆಗಿಲ್ಲದ ಶಾನಭಾಗ (or ಸೆಟ್ಟಿ) ಹಟೀ ಕಡತ ಹುಡುಕಿದ ಹಾಗೆ.—ಹೊಟ್ಟೆಗಿಲ್ಲದ್ದೇ ಏಕಾದಶಿ (Prvs.). — ಹೊಟ್ಟೆಗೆ ಬರು. Pregnancy to take place (My.). — ಹೊಟ್ಟೆಗೆ ಹಾಕು. To give to eat (C.; B. 2, 24. 38; 5, 141); to administer medicine for alluring or killing (My.). — ಹೊಟ್ಟೆಗೋದಿ. A kind of good wheat the grain of which is thick (My.). — ಹೊಟ್ಟೆ ಜಾಡಿಸು. = ಹೊಟ್ಟೆ ಕಱ್. (C.; B. 4, 41). — ಹೊಟ್ಟೆ ತುಮ್ಬ. So that the belly becomes full, till the stomach is filled (C.; B. 5, 206). — ಹೊಟ್ಟೆ ತುಮ್ಬು. The belly to be filled (Bp. 33, 18; My.). ಹೊಟ್ಟೆ ತುಮ್ಬಿದ ಮೇಲೆ ಹುಗ್ಗಿ ಮುಳ್ಳು ಮುಳ್ಳು.—ಪಟ್ಟೆ ತುಮ್ಬಿದರೂ ಹೊಟ್ಟೆ ತುಮ್ಬಲಿಲ್ಲ.—ಬೊಟ್ಟು ಸೀಪಿದರೂ ಹೊಟ್ಟೆ ತುಮ್ಬೀತೇ? (Prvs.). 2, to fill the belly (C.; B. 1, 10; 2, 48). — ಹೊಟ್ಟೆ ನುಲಿ. The belly to gripe (My.). — ಹೊಟ್ಟೆನೋವು. A pain in the belly or stomach (My.). — ಹೊಟ್ಟೆಪಾಡು.

Obtaining for the body: means of subsistence (My.). — ಹೊಟ್ಟೆ ಬರು. The belly to grow big (from gluttony, My.). — ಹೊಟ್ಟೆಬಾಕ. A male glutton (My.). Feminine ಹೊಟ್ಟೆಬಾಕಳು (My.). — ಹೊಟ್ಟೆಬಾಕತನ. Gluttony (My.). — ಹೊಟ್ಟೆಬೇನೆ. Belly-ache (ಗುದಶೂಲ Mr. 386). — ಹೊಟ್ಟೆಯಚ್ಯುತದೇವ. -ಅಚ್ಯುತ-. N. (Bp. 56, 34). — ಹೊಟ್ಟೆಯ ಮೇಲೆ ಬಡಿ. To beat upon (another's) belly: to take away the means of subsistence (My.). — ಹೊಟ್ಟೆಯಿಬ್. -ಇಬ್. Premature birth or miscarriage to happen (used only of cattle, My.). ಹೊಟ್ಟೆಯಿಬಿದ ಆಕಳು (ಅವತೋಕೆ, ಸ್ರವದ್ಗರ್ಭ Si. 321). — ಹೊಟ್ಟೆಯುರಿ. -ಉರಿ. 1. The belly to burn from sickness or distress (My.). — ಹೊಟ್ಟೆಯುರಿ. -ಉರಿ. 2. Burning of the belly from sickness or distress (My.). ಕಣ್ಣಿರೆ ಕಣ್ಣುರಿ, ಕಾಣದಿದ್ದರೆ ಹೊಟ್ಟೆಯುರಿ (Prv.). — ಹೊಟ್ಟೆಯೊಳಗೆ ಬೇಳೆ ಬೀಳು. Envy to be produced (My.); sorrow to be produced (My.). — ಹೊಟ್ಟೆಯೊಳಗೆ ಹಾಕು. To put into one's belly: to keep to one's self, to conceal and forgive (B. 4, 16. 201). — ಹೊಟ್ಟೆಶೂಲೆ. = ಹೊಟ್ಟೆನೋವು. (My.). — ಹೊಟ್ಟೆ ಸಾಗಿಸು. = ಹೊಟ್ಟೆ ಹೊರೆ. (B. 1, 10; 5, 99). — ಹೊಟ್ಟೆಹಾಬಿ. A man whose belly is always in an empty state, one who can always eat, a glutton (My.). — ಹೊಟ್ಟೆಹಾಬಿತನ. Gluttony (My.). — ಹೊಟ್ಟೆಹೊರಕ. A man who cares only for sustaining or nourishing his belly (My.). — ಹೊಟ್ಟೆ ಹೊರೆ. To sustain or nourish the belly, to support life (My.). ಪೋಷ್ಯವರ್ಗವನ್ನು ಬಿಟ್ಟು ತನ್ನ ಹೊಟ್ಟೆ ಹೊರ ಕೊಮ್ಬುವವನು (ಆತ್ಮಮ್ಭರಿ, ಕುಕ್ಷಿಮ್ಭರಿ Si. 358). ತನ್ನ ಹೊಟ್ಟೇ ತಾನು ಹೊರೆಯದವ ಮುನ್ನಾರ ಸಲಹುವನು? (Prv.).

ಹೊಟ್ಟೆಗ hoṭṭĕga. A gorbellied, corpulent man (ಪಿಚಣ್ಡಿಲ, ಬೃಹತ್ಕುಕ್ಷಿ, ತುನ್ದಿಲ, ಉದರಿಲ Hlâ.; ತುಣ್ಡಿಲ Mr. 388).

ಹೊಟ್ರೆ hoṭrĕ. = ಪೊಟ್ಟರೆ, q. v., etc. (My.).

ಹೊಡ hoḍa. 1. = ಪೆಡ, etc., ಹೆಡ, ಹೊಡೆ 7. The state of being behind, etc. — ಹೊಡ ಮಗುಚು. To turn backwards (v. i., Bp. 46, 22).

ಹೊಡ hoḍa. 2. = ಪೊಡೆ 4, ಹೊಡೆ 4. Extension, etc. — ಹೊಡಗುಳು. -ಕುಳು. Extension-seizure: expansion, prolixity, diffuseness (Bh. 5, 11, 39; 6, 4, 28).

ಹೊಡ hoḍa. 3. Beating. — ಹೊಡಚೆಣ್ಡು. N. of a play at which balls are struck with a stick (My.; Bh. 1, 8, 8).

ಹೊಡ hoḍa. 4. = ಹೊಡದು, ಹೊಡೆ 2, ಹೊಡೆದು. P. p. of ಹೊಡೆ 1, in ಹೊಡ ಕೊಳ್ಳು (C.; B. 2, 45; 5, 114) and in ಹೊಡ ಹೊಡದು (Bp. 21, 48; J. 22, 44). ಹೊಡ ಕೊಳ್ಳು also: to take away, to carry off; to rob (My.).

ಹೊಡ hŏḍa. 1. = ಪೊಡ 1 q. v., ಹೊಡೆ. — ಹೊಡ ಮಡು. = ಪೊಡಮಡು, q. v. (Bp. 12, 28; 18, 24). — ಹೊಡವಡಿಕೆ. -ಮಡಿಕೆ. = ಪೊಡವಡಿಕೆ, q. v. (ನಮಸ್ಯೆ, ವನ್ದನೆ Hlâ.). — ಹೊಡವಡು. -ಮಡು. = ಪೊಡವಡು. To take leave in going away (ಉದ್ಯಾನ, ನಿಃಸರಣ Nr.; is ಹೊಡಿವಡು meant?).

ಹೊಡ hŏḍa 2. = ಪೊಡ 2, q. v. — ಹೊಡಕರಿಸು. = ಪೊಡಕರಿಸು. To make one's appearance, etc. (Râm. 3, 6, 50; 6, 11, 10; 6, 20, 5; 6, 30, 14; J. 28, 17; 29, 28); to make one's appearance (amongst a host and come to a mêlée with it, ತಾನು ಬೆರಸು Bhn. 16; Bh. 6, 8, 18).

ಹೊಡಕು hoḍaku. See Bhn. 16 s. ಕೋಟೆ 1.

ಹೊಡಕೆ hoḍakĕ. The elephant grass (My.).

ಹೊಡಗು hoḍagu. = ಗೊಡಸು, ಗೊಡುಸು. A hole (My.).

ಹೊಡತ hoḍata. Beating; a stroke, a blow (Bp. 52, 9; C.; B. 2, 31. 48; 4, 37. 212; Si. 380).

ಹೊಡದು hoḍadu. = ಹೊಡೆದು. P. p. of ಹೊಡೆ 1. (Bp. 9, 13; 45, 10; 49, 42; 50, 60; C.).

ಹೊಡಸು hoḍasu. = ಪೊಡಸು, etc., ಹೊಡಿಸು. To cause to beat or strike, etc. (Bp. 38, 57; 54, 46; My.). ಬಮ್ಮುಟಗೆಯಿನ್ದ ಹೊಡಸಿ ಕೊಳಲ್ ತಕ್ಕವನು (ಕಶ್ಯ, ಕಶಾರ್ಹ Nr.).

ಹೊಡಹ hoḍaha. One who beats. ಕಾಳಗದ ಬಣ್ಡಿಯಂ ಹತ್ತಿ ಹೊಡಹಂ (ಸ್ಯನ್ದನಾರೋಹ, ರಥಿಕ Mr. 247).

ಹೊಡಿ hoḍi. = ಹೊಡೆ 1, etc. To beat, etc. (C.). ಅರಸಿನ ಮುದ್ರೆ ಹೊಡಿಯಲ್ ಪಟ್ಟ ಬೆಳ್ಳಿ ಭಂಗಾರದ ನಾಣ್ಯಗಳು (ರೂಪ್ಯ Si. 330); ಕೆಯ್ತಾಳ ಹೊಡಿಯುವನು (ಪಾಣಿವಾದ, etc. 340); ಕುದುರೆ ಮೊದಲಾದವುಗಳ ಹೊಡಿಯುವ ಚಾಟಿಕೋಲು (ಕಶೆ 344); ಹೊಡಿಯಲ್ ಪಟ್ಟದು (ಆಹತ 377). ಹೊಡಿಯ ಬೇಕೆಮ್ಬುವಗೆ ಕೂತ ಮಣೆಯೇ ಕೊರಡು.— ಮಾಡುವವರ ಮುನ್ದೆ, ಹೊಡಿಯುವವರ ಹಿನ್ದೆ ನಿಲ್ಲ ಬೇಕು.— ಹವುದೆನ್ದರೆ ಬಯ್ಯುತ್ತಾನೆ, ಅಲ್ಲೆನ್ದರೆ ಹೊಡಿಯುತ್ತಾನೆ (Prvs.).

ಹೊಡಿಸು hoḍisu. = ಹೊಡಸು, etc. (C.; B. 3, 40. 49; 4, 20; 5, 28. 222). ಹೊಡಿಸಿ ಕೊಣ್ಡನ್ತೆ (ಹತ G.).

ಹೊಡೆ hoḍĕ. 1. = ಪೊಡೆ 1, q. v., etc. To strike, etc. (Bp. 21, 42; 50, 6; 52, 8; 57, 37; J. 11, 38; Bh. 1, 8, 8; 1, 10, 37; C.; B. 4, 157); to devour, to eat (Bh. 1, 10, 30; My.). P. ps. ಹೊಡದು q. v., ಹೊಡೆದು. ಅಶ್ವಾದಿಗಳ ಹೊಡೆವ ಸಟ್ಟೆಳ (ಕಶೆ Nr.). ಕೆಲವು ಆಡುಗಳನ್ ಬರ್ದೋಟ್ಟುಲಿಯ ಮರನಿಪ್ಪ ನೆಪ್ಪಿಗೆ ಆತನು ಹೊಡೆದು (Bp. 20, 14). ಹೊಡೆವ ಗಾಳಿ (22, 8). ತಲೆಯಂ ಹೊಡೆದು (28, 24). ಹೊಡೆವ ಸಿಡಿಲ್ (Bh. 1, 8, 31). ಅಡವಿಯೊಳು ಮಟ್ ಹೊಡದು (see Sp. s. ಸೇಡುಗೊಳ್). ಬೆತ್ತದ ಪೆಟ್ಟು ಹೆತ್ತವರು ಹೊಡದರೆ ನೋಯದೇ? (Prv.). — ಹೊಡದಾಟ. -ಆಟ. Beating, striking; mutual beating, fighting (ಪ್ರಹಾರ G.; C.; B. 5, 1). — ಹೊಡದಾಡು. -ಆಡು. To beat; to beat mutually, to fight (C.; B. 1, 16).

ಹೊಡೆ hoḍĕ. 2. = ಹೊಡ 4, etc., in ಹೊಡೆ ಹೊಡೆದು (B. 4, 97).

ಹೊಡೆ hoḍĕ. 3. The principal top-beam in a roof (My.).

ಹೊಡೆ hoḍĕ. 4. = ಪೊಡೆ 4, ಹೊಡ 2. Extension, etc. — ಹೊಡೆಗೆಡಹು. -ಕೆಡಹು. To throw down to the full length or headlong (Bp. 37, 70). — ಹೊಡೆಗೆಡೆ. -ಕೆಡೆ. = ಪೊಡೆಗೆಡೆ, q. v. (Bp. 2, 14).

ಹೊಡೆ hoḍĕ. 5. — ಹೊಡೆ ಮರಳು. To grow (ಬೆಳೆ Bhn. 16; see another ಹೊಡೆ ಮರಳು s. ಹೊಡೆ 7).

ಹೊಡೆ hoḍĕ. 6. = ಪೊಡೆ 3, No. 3. An ear of corn just before fully shooting forth; the calyx of the kêdagĕ just before fully opening (C.; ಕೇದಗೇ ಹೊಡೆ G. 347). 2, = ಹೊಡೆಹುಲ್ಲು (ನೀವಾರ Mr. 372). — ಹೊಡೆಜಾಲಿ. A shrub or low tree with very large white spines, Acacia latronum Willd. (Z.; *cf.* ಹೊಟ್ಟೆಜಾಲಿ s. ಹೊಟ್ಟೆ 2?). — ಹೊಡೆಯಕ್ಕಿ. -ಅಕ್ಕಿ. Rice of not fully grown grain. — ಹೊಡೆಯಕ್ಕಿದುಯ್ಯಲು. -ತುಯ್ಯಲು. A dish made of not fully grown rice-grain, etc. (Bp. 18, 17). — ಹೊಡೆ ಹಾಯು.

An ear of corn to begin to shoot forth (C.). — ಹೊಡೆ ಹುಲ್ಲು. Grass which bears ears (ತೃಣಧಾನ್ಯ, ನೀವಾರ Hlâ.).

ಹೊಡೆ hŏḍĕ. 7. = ಬೊಡ 1, etc. — ಹೊಡೆ ಮರಳು. To turn backwards (v. i., Bh. 6, 7, 18).

ಹೊಡೆ hŏḍĕ. = ಹೊಡ 1, etc. Tbh. of ಪುಟ. A cover, a wrapper. See ಕೆಯ್ಹೊಡೆ.

ಹೊಣಕೆ hŏṇakĕ. = ಪೋಣರ್ಕೆ. Fighting; a fight (Bh. 1, 6, 1; J. 10, 42).

ಹೊಣಿ hŏṇi. An imitative sound used where fighting takes place (ಕಾದುವೆಡೆ Ŏt. I, 37).

ಹೊಣೆ hŏṇĕ. = ಪೊಣೆ. Bond, bail; a bondsman, a surety, a bail (ಪ್ರತಿಭು, ಲಗ್ನಕ Hlâ.; ಲಗ್ನಕ, ಜಾಮೀನ G.; Bp. 27, 54; C.). ಮುಂಚಕ್ಕೆ ಮಣೆ ಯಾಕೆ? ಲಂಚಕ್ಕೆ ಹೊಣೆ ಯಾಕೆ? — ಬೋಣಿಗೆ ಹೋದರೂ ಹೊಣೆ ತಪ್ಪದು (Prvs.). See Sŏ. s. ಬೇಡ 2. — ಹೊಣೆಯಾಗು. -ಆಗು. To become bail, to give security for (ಜಾಮೀನ ಆಗು G. 64). ತೆಱಲಾವರೆ ಹೊಣೆಯಾಗು!

ಹೊಣೆಕಾಱ hŏṇĕ-kāṟa. A surety, a security, a bail (ಪ್ರಲಗ್ನಕ, ಪ್ರತಿಭು Mr. 288).

ಹೊಣೆಗಾಱ hŏṇĕ-gāṟa. = ಹೊಣೆಕಾಱ. (ಪ್ರತಿಭು, ಲಗ್ನಕ Nr.; ಲಗ್ನಕ, etc., ಜಾಮೀನ್ದಾರ Śi. 849; Bh. 1, 9, 11; C.).

ಹೊಣ್ಟು hŏṇṭu. = ಹೊಱಟು. P. p. of ಹೊಱಡು. (Bp. 26, 31; My.).

ಹೊಣ್ಡ hŏṇḍa. A pit, a hole; an aritificial pond; deepness, as of a well (My.; ಊರವರು ಬಱಸುವ ನೀರಿನ ಸಣ್ಣ ಕೆಱೆ G.). ನೀರಿನ ಹೊಣ್ಡ (ಕಟ್ಟೆ, ಕುಣ್ಡ G.).

ಹೊಣ್ಡೆ hŏṇḍĕ. — ಹೊಣ್ಡೆಮರ. The small tree Cerbera Odollam Gaert. (St. & Pl.).

ಹೊತ್ತಗೆ hŏttagĕ. Tbh. of ಪುಸ್ತಕ (Śmd. 95. 849).

ಹೊತ್ತಱು hŏttaṟu. = ಪೊತ್ತಱ್, etc. At day-break (Bp. 29, 29).

ಹೊತ್ತಾಱೆ hŏttāṟĕ. = ಪೊತ್ತಱ್, etc. Day-break; at day-break (C.; ಮುಂಜಾನೆ, ಪ್ರಾತಃಕಾಲ G.). ಹೊತ್ತಾಱೆಗೆ (My.). See Sp. s. ಬಯ್ಯು.

ಹೊತ್ತಿಗೆ hŏttigĕ. = ಹೊತ್ತಗೆ. (Bp. 57, 29; B. 4, 188).

ಹೊತ್ತಿಸು hŏttisu. 1. = ಪೊತ್ತಿಸು, etc. To kindle, to light (as fire or a lamp, Bp. 16, 25; C.; B. 4, 157; 5, 186).

ಹೊತ್ತಿಸು hŏttisu. 2. = ಹೊದ್ದಿಸು 2. To put on one's self, to assume (Bh. 10, 8, 10).

ಹೊತ್ತಿಸು hŏttisu. 3. To cause to burn at the bottom of the cooking vessel, to bake too much (as bread, B. 5, 186).

ಹೊತ್ತು hŏttu. 1. = ಪೊತ್ತು 1, etc. To be kindled, etc. (Bp. 56, 35; Bh. 8, 26, 7; My.). ಮಂಕುಮೂಱ್ ಅದರೆ ಬೆಂಕಿ ಹೊತ್ತದೇ? — ಮದ್ದನಾದರೆ ಗಡ್ಡ ಹೊತ್ತದೇ? — ಅಭ್ಯಾಸವಿಲ್ಲದ ಹಾರವ ಅಗ್ನಿಕಾರ್ಯ ಮಾಡಿದರೆ ಗಡ್ಡ ಮೀಸೆ ಹೊತ್ತಿತು (Prvs.).

ಹೊತ್ತು hŏttu. 2. = ಒತ್ತು 6, ಪೊತ್ತು 2, etc. The sun (C); time (C.; ಕಾಲ Śi. 455); a day (in ಈ ಹೊತ್ತು, C.; B. 4, 20). ಈ ಹೊತ್ತಿಂಗೆ (Bp. 42, 33). ಬಯ್ಗಿನ ಹೊತ್ತು (ಸಾಯಂ); ಹೊತ್ತು ಹೀವುವುದು (ಸೂತಿಮೂಸ, ವೈಜಸನ Hlâ.). ಹದಿನೆಣ್ಟು ಬಾರಿ ಎದೆಯಿಕ್ಕುವಷ್ಟು ಹೊತ್ತು (ಕಾಷ್ಠೆ); ತಕ್ಕ ಹೊತ್ತು (ಪ್ರಸ್ತಾವ, ಅವಸರ Nr.). ಕೊಟ್ಟ ಸಾಲನ ಕೇಳ ಹೊತ್ತನಱ್ಯೆ (Dp. 4). ಮೃತ್ಯು ಬಲ್ಲಳೆ ವೇಳ್ಯ ಹೊತ್ತೆಮ್ಬುದ? (76). ಸೋಲ್ತ ಹೊತ್ತು (ಅಭಿಷಂಗ Mr. 492). ಹೊತ್ತಿಗೆ ಒದಗಿದವನೇ ನೆಣ್ಟ, ಕೆಲಸಕ್ಕೆ ಒದಗಿದವನೇ ಬಣ್ಟ (Prv.). See Bp. 14, 9; 22, 7; J. 20, 23; Bh. 2, 13, 48; B. 2, 34. 40. 45; 3, 17; 5, 100. 242. 294. — ಹೊತ್ತಿಱ್. -ಇಱ್. The sun to go down lower and lower (afternoon, My.). — ಹೊತ್ತು ಕಳೆ. = ಹೊತ್ತುಗಳೆ. (C.; B. 4, 2). — ಹೊತ್ತುಗಳೆ. -ಕಳೆ. = ಪೊತ್ತುಗಳೆ. To spend time; to lose time (J. 14, 4; 30, 26; C.; B. 1, 12; 3, 68. 77. 95; 5, 293). ಹೊತ್ತುಗಳೆಯೋಣ (ಯಾಪನ G.). — ಹೊತ್ತು ಮಾಡು. To delay, to procrastine, to be dilatory (My.). — ಹೊತ್ತು ಮೀಱು. Time to be passed (for doing any business, My.). ಹೊತ್ತು ಮೀಱಿದರೆ ಹೊತ್ತು ಹೆತ್ತವಳಾದಾಳೇ? (Prv.). — ಹೊತ್ತು ಮುಡುಗು. The sun to set (C.). — ಹೊತ್ತು ಮೂಡು. The sun to rise (C.). — ಹೊತ್ತು ಸಾಧಿಸು. To obtain or seize the proper moment; to look out or watch for an opportunity (B. 4, 20. 42. 80; My.). — ಹೊತ್ತು ಹುಟ್ಟು. The sun to rise (My.). — ಹೊತ್ತು ಹೊತ್ತಿಗೆ. From time to time (J. 26, 6; C.; B. 1, 12; 3, 21; 4, 24). — ಹೊತ್ತೇಱು. -ಏಱು. The sun to rise higher and higher (before noon, My.). ನಚ್ಚಿದನ್ದರಸಿನಾ ಇಚ್ಛೆಯನ್ತಿರುವದದು ಒಚ್ಚೊತ್ತು ತಪ್ಪಿ ನಡೆದರೆ ಹೊತ್ತೇಱ್ ಕಿಚ್ಚು ಕಾದನ್ತೆ (Sp.). — ಹೊತ್ತೊತ್ತಿಗೆ. -ಒತ್ತಿಗೆ. = ಹೊತ್ತು ಹೊತ್ತಿಗೆ. (B. 2, 45).

ಹೊತ್ತು hŏttu. 3. = ಪೊತ್ತು 3, etc. To be burnt at the bottom of the cooking vessel, etc. (C.). ಅವಳು ಆ ಹೊತ್ತಿದ ರೊಟ್ಟಿಗಳನ್ನು ನೋಡಿ (B. 5, 186). ಹೊತ್ತಿದ ಅನ್ನ (ಭಿಸ್ಸಟ G.).

ಹೊತ್ತು hŏttu. 4. That is burnt at the bottom of a cooking vessel, etc. (ದಗ್ಧಿಕೆ, ಸುಟ್ಟ ಅನ್ನ G.).

ಹೊತ್ತು hŏttu. 5. = ಒತ್ತು 7, ಪೊತ್ತು 4. P. p. of ಹೊಱು. (C.). — ಹೊತ್ತು ಬರ್. To take upon the head and come (Bp. 32, 56). — ಹೊತ್ತು ಹಾಯ್ಕು. To carry on the head and put or throw down (Bp. 49, 44).

ಹೊತ್ತು hŏttu. 6. = ಹೊದ್ದು 1, etc. P. p. of ಹೊದೆ 1. — ಹೊತ್ತು ಕೊಳ್ಳು. To put on, as clothes (B. 3, 91; 5, 88. 260. 297).

ಹೊತ್ತುಣ್ಟಲೆ hŏttuṇṭalĕ. At day-break (My.), early (B. 1, 21).

ಹೊತ್ತುಣ್ಟ್ಲೆ hŏttuṇṭlĕ. = ಹೊತ್ತುಣ್ಟಲೆ. (My.).

ಹೊತ್ಥಱು hŏtthaṟu. = ಪೊತ್ತಱ್, etc. The break of day. ಹೊತ್ಥಱ್‌ನಲ್ಲಿ ಪ್ರಗೇ ಪ್ರಾತರ್ ಎನಿಸುಗು (Nr.).

ಹೊದಕುಳಿ hŏdakuḷi. = ಪೊದಕುಳಿ. Affliction, etc. (ಸನ್ತಾಪ Bhn. 64). — ಹೊದಕುಳಿಗೊಳ್. -ಕೊಳ್. = ಪೊದಕುಳಿಗೊಳ್. (Bp. 53, 67; J. 8, 40; Bh. 1, 8, 3).

ಹೊದಕೆ hŏdakĕ. = ಪೊದಕೆ, etc. A cover, a covering, a wrapper (ಪ್ರಾವಾರ, ಕಮ್ಬಳ Nr.; Bp. 55, 11; C.; B. 5, 254). ಹೊದಕೆಯ ಸೀರೆ (ನಿವೀತ, ಪ್ರಾವೃತ Nr.). **2,** a thatch, a roof. ಮನೆಯ ಹೊದಕೆ (ಆಚ್ಛಾದನ, ವಲಭಿ Hlâ.).

ಹೊದಗಿಸು hŏdagisu. = ಪುದುಗಿಸು q. v., etc. (My.).

ಹೊದರು hŏdaru. (= ಪೋರ್ 3, etc.). The hollow of a tree (B. 2, 2; 3, 74); a hole in the ground (4, 192).

ಹೊದಱು hŏdaṟu. ಹೊದಱ್. = ಪೊದಱ್, etc. A bush, etc. (ಉಲಪ, ಸ್ತಮ್ಬ, ಗುಲ್ಮ, ವೀರುಧ್, ವಿಟಪ Hlå.; Bh. 1, 20, 27. 55. 60; 3, 13, 26. 33; Šm. 85; My.). ನೆಯ್ಗೆಗೊಣ್ಡಿರ್ದ ಹೊದಱ್ (ಗುಲ್ಮ, ವೀರುಧ, etc. Mr. 108). ಲತೆಯು ಹೊದಱು (ಗುಂಜ, ಲತಿಕಾಸಮೂಹ Nn. 133); ಹಲವು ಬಳ್ಳಿಗಳು ಹಬ್ಬಿದ ಹೊದಱು (ಪಲವು ಆವೇಷ್ಟಗುಲ್ಮ, ಹಬ್ಬಿದನ್ತಾ ಮೆಳೆಗಳು 162). 2, a mass, a large number, a host, a herd (Bh. 6, 2, 4; 7, 17, 25). — ಹೊದಱಿಕ್ಕು. -ಇಕ್ಕು. To form a herd (Bh. 3, 13, 16). — ಹೊದಱುಗಟ್ಟು. -ಕಟ್ಟು. To form a mass, to assemble (v. i., Bh. 6, 7, 7). — ಹೊದಱುಡಿವಿ. -ತಿವಿ. A great striking or cuffing (Râm. 4, 3, 9). — ಹೊದಱೇಱು. -ಏಱು. To grow massive, numerous or abundant, to crowd (Râm. 1, 7, 14; 5, 9, 15; 6, 45, 3; Bh. 2, 2, 103).

ಹೊದಱಿತೆ hŏdaṟĕ. = ಹೊದಱು. (Si. 305; *only* in Si.).

ಹೊದಸು hŏdasu. = ಪೊದಿಸು, etc. To put over; to put on; to cover; etc. (My.). ಹುಲಿಯ ಚರ್ಮದಲ್ಲಿ ಹೊದಸಲು ಪಟ್ಟ ರಥ (ದ್ವೈಪ, ವೈಯಾಘ್ರ, Nr.).

ಹೊದಿ hŏdi. = ಪೊದೆ 1, etc. To put on, as a cloth (Bp. 47, 47); etc. ಹೊದಿಯುವ ಬಟ್ಟೆ (ನಿವೀತ, ಪ್ರಾವೃತ Si. 222).

ಹೊದಿಕೆ hŏdikĕ. = ಹೊದಕೆ, etc. A cover, etc. (My.; ಅನ್ತರ್ಧಿ, ವ್ಯವಧೆ, ಅಪವಾರಣ, ಆಪಿಧಾನ, etc. Si. 31). ಹುಲಿಯ ತೊಗಲು ಹೊದಿಕೆಯುಳ್ಳ ರಥ (ದ್ವೈಪ, etc. Si. 275); ಮರದ ಹಲಿಗೆ ಹೊದಿಕೆಯುಳ್ಳ ಬಣ್ಡಿ (ದಾರವ 276); ಗುಡಾರ ಮುನ್ತಾದ ಹೊದಿಕೆ (ಪರೀವಾಪ 439). 2, a roof. ಮನೇ ಹೊದಿಕೆ (ಛದಿಸ್, ಪಟಲ Si. 457).

ಹೊದಿಸು hŏdisu. = ಹೊದಸು, etc. (Bp. 15, 21; C.). ಬಿಳಿಯ ಕಮ್ಬಳಿಯಿನ್ದ ಹೊದಿಸಿದ ರಥವು (ಪಾಣ್ಡುಕಮ್ಬಲಿ Nr.). ಕಮ್ಬಳಿಯಿನ್ದ ಹೊದಿಸಲ್ ಪಟ್ಟ ತೇರು (ಕಾಮ್ಬಲ); ಬಟ್ಟೆಯಿನ್ದ ಹೊದಿಸಲ್ ಪಟ್ಟ ತೇರು (ವಾಸ್ತ್ರ Si. 276); ಹೊದಿಸಲ್ ಪಟ್ಟದು (ಛನ್ನ, ಛಾದಿತ 361). ಹಚ್ಚಡವನ್ನು ಹೊದಿಸುವವನು (G. 308). ತನಗೇ ಇಲ್ಲದವಳು ಮಕ್ಕಳಿಗೇನು ಹೊದಿಸ್ಯಾಳು? — ಹಚ್ಚಡ ಹೊದಿಸಿದರೆ ಹುಚ್ಚು ಹೋದೀತೇ? (Prvs.).

ಹೊದೆ hŏdĕ. 1. = ಪೊದೆ 1, etc. To put on; to put over; to wrap round; to cover (ಆಚ್ಛಾದನ Šmd. Dh.; ಆವರಣ Šm. 98; Bp. 42, 4; My.). P. ps. ಹೊದದು, ಹೊದೆದು, ಹೊದ್ದು, ಹೊತ್ತು. ಶಾವಿಯ ಹೊದೆದು ಹೋದಾತ ಯೋಗಿಯೆನ ಬೇಡ (Sp.). ಮೆಯ್ ಮೇಲೆ ಹೊದ್ದಿರುವ ವಸ್ತ್ರ (ಪ್ರಾವಾರ, etc. Si. 224). ಶಾಲು ಹೊದ್ದವನಾದರೂ ಹಾಲು ಬಿಟ್ಟಾನೇ? — ಅಂಗಡೀ ಮಾಱ್, ಗೊಂಗಡೀ ಹೊದ್ದ (Prvs.). — ಹೊದ್ದುಕೊಳ್ಳು. To put on, etc. (C.; B. 2, 33; 3, 25; 4, 135). ಹೊದ್ದುಕೊಮ್ಬ ಸೀರೆ (ಪ್ರಾವಾರ, etc. Nr.).

ಹೊದೆ hŏdĕ. 2. = ಪುದೆ, etc. A quiver (ಶರಕೋಶ Šmd. Dh.; ಡೊಣೆ Šm. 98; Bh. 3, 13, 22). ಕಣೆಯ ಹೊದೆ (ಡೊಣೆ, ಬತ್ತಳಿಕೆ, ಮೂಡಿಗೆ Kk. 40). 2, a bush, a thicket (My.; ಕುಂಜ Si. 413; ಗುಲ್ಮ, ಸ್ತಮ್ಬ 442). — ಹೊದೆಯೊತ್ತು. -ಒತ್ತು. A quiver's hold (ತೂಣ, ಶರಾತ್ರಯ, ಶರಧಿ, etc., ಡೊಣೆ Mr. 295).

ಹೊದ್ದಿಕೆ hŏddikĕ. 1. = ಒದ್ದಿಕೆ, ಪೊರ್ದುಗೆ, etc. Joined state, union; concord, friendship (My.).

ಹೊದ್ದಿಕೆ hŏddikĕ. 2. = ಹೊದಿಕೆ. A cover, a wrapper (My.).

ಹೊದ್ದಿಗೆ hŏddigĕ. = ಪೊರ್ದುಗೆ, etc. Union (see Nn. 105 s. ಹೊದ್ದುಗೆ). 2, that is joined to or appended: an appendage, something subordinate or inferior (ಉಪಸರ್ಜನ, ಉಪಾಗ್ರ Mr. 451).

ಹೊದ್ದಿಸು hŏddisu. 1. = ಪೊರ್ದಿಸು. To join (v. t., Bh. 6, 7, 21); to put to, to affix, to attach (J. 30, 50). ಲೋವೆಯ ಹೊದ್ದಿಸಿದ ಡೊಂಕ ಮರಂ (ಗೋಪಾನಸಿ Nr.).

ಹೊದ್ದಿಸು hŏddisu. 2. = ಹೊಚ್ಚಿಸು, ಹೊತ್ತಿಸು 2. To put on, as cloth, tiles, etc. (My.).

ಹೊದ್ದು hŏddu. 1. = ಪೊದ್ದು 1, ಹೊತ್ತು 6, ಹೊದೆದು. P. p. of ಹೊದೆ 1.

ಹೊದ್ದು hŏddu. 2. = ಪೊದ್ದು 2, etc. To join (v. i.); to come in contact with; to go or come near; etc. (Bp. 29, 7; 32, 45; 48, 32; 52, 23; 55, 7; 61, 37; Bh. 1, 8, 93; 6, 7, 21; Râm. 6, 45, 3; J. 6, 47; 22, 29; 25, 55). ಇದಱೊಳ್ ಪೆಱರನ್ ಅಭಿವಂಚಿಸುವ ಮಱೆಯ ಶಬ್ದ ಹೊದ್ದಿರಲ್ (Mr. 5). ತನ್ನ ತಾನಱಿವವನ ಮುನ್ನ ಹೊದ್ದದು ಮಾಯೆ; ಉನ್ನತವಪ್ಪ ಗಜವೇಱ್ ಬಪ್ಪವನು ಕುನ್ನಿಗಂಜುವನೆ? (Sp.). ಮುತ್ತು ನೀರಲಿ ಹುಟ್ಟಿ, ಮತ್ತೆ ನೀರಪ್ಪದೇ? ಸತ್ಯವನಱಿದ ಜ್ಞಾನಿ ಸಂಸಾರವನು ಮತ್ತೆ ಹೊದ್ದುವನೆ? (Sp.).

ಹೊದ್ದುಗೆ hŏddugĕ. = ಪೊರ್ದುಗೆ, etc. Union, etc. (ಸಂಹರ, ಪೊರ್ದುಗೆ Nn. 105, o. r. ಹೊದ್ದಿಗೆ).

ಹೊನ್ hŏn. = ಪೊನ್, etc. Gold (ಹೇಮ, ಸ್ವರ್ಣ, ಜಾತರೂಪ, ಸುವರ್ಣ, ಭರ್ಮ, etc. Hlå.; ಕಲಧೌತ Hlå.; ಸ್ವರ್ಣ, etc. Mr. 199; Čpr. 6, 32; Bp. 45, 37; 55, 14; 58, 31; Bh. 2, 13, 46); a gold coin, the half of a varaha (1 Rupee 7 As. 4 cash, My. as ಹೊನ್ನು; Bp. 28, 5. 12; 29, 15; 40, 35). ಹೊನ್ನುಳ್ಳವಂ (ಧನವತ್, ಅಸ್ತಿಮತ್ Hlå.; ಧನಾಢ್ಯ Mr. 237). ಹೊನ್ನ ಪ್ರತಿಮೆ (ಹರಿಣಿ, ಹಿರಣ್ಮಯಿ); ಹೊನ್ನು ಬೆಳ್ಳಿಯುಂ (ಅಕುಪ್ಯ Hlå.). ಹೊನ್ನನೂ ಬೆಳ್ಳಿಯನೂ ಅಚ್ಚಾಗಿ ಬಿಟ್ಟಡೊಡೆ ರೂಪ್ಯ ಎನಿಸುಗು (Nr.). ಹೊನ್ನಂ ಕುಡುವೆಡೆಗೆ ಕಲ್ಪತರು (Šmd. 75). ಹೊನ್ನ ಬಯಕೆ (ನಿಕ್ಷೇಪ, ಉಪನಿಧಿ Mr. 56). — ಹೊನಗನೆ. = ಹನಗಾಣೆ, ಹೊನಗನ್ನೆ, ಹೊನಗೊನೆ, ಹೊನ್ನಗನ್ನೆ q. v., ಹೊನ್ನಗೋನೆ. (My.; ಬ್ರಾಹ್ಮಿ, etc. Si. 156). — ಹೊನಗನ್ನೆ. = ಹೊನಗನೆ, etc. (G.). — ಹೊನಗೊನೆ. = ಹೊನಗನೆ, etc. (My.). — ಹೊನ್ದಳಿಗೆ. -ತಳಿಗೆ. = ಪೊನ್ದಳಿಗೆ. A gold plate (Râm. 1, 17, 22; 3, 6, 58). — ಹೊನ್ದಾವರೆ. -ತಾವರೆ. = ಪೊನ್ದಾವರೆ. A gold-coloured lotus (Grj. 2, 68). — ಹೊನ್ದೇರ್. -ತೇರ್. -ರು. = ಪೊನ್ದೇರ್. A gilt chariot (Bh. 3, 18, 41; J. 12, 15; Râm. 3, 2, 20). — ಹೊನ್ದೊಡವು. -ತೊಡವು. = ಪೊನ್ದೊಡವು. A gold ornament (Čpr. 6, 96). — ಹೊನ್ದೋಣಿ. A golden trough (Râm. 1, 13, 10). — ಹೊನ್ನ. -ಅ 3. = ಪೊನ್ನ. N. of a Kannaḍa author (Šmd. 4); N. (C.; B. 4, 75). — ಹೊನ್ನಗನ್ನೆ. -ಕನ್ನೆ. = ಹೊನಗನೆ, etc. A common weed, used as a potherb, Alternanthera sessilis R. Br. (C.; ಬ್ರಾಹ್ಮಿ, ಮತ್ಸ್ಯಾಕ್ಷಿ, ಸೋಮವಲ್ಲರಿ, ವಯಃಸ್ಥೆ Nr.; ಸ್ತನಪಯೋಗಣ್ಡಿ Mr. 135; T. ಪೊನ್ನಾಂಗಣಿ; Tu. ಪೊಣಂಗಣೆ, ಪೊನ್ನಾಂಕಣ್ಣಿ). — ಹೊನ್ನ ಗುಬ್ಬಿ. A golden knob or head (Grj. 6, after 56). — ಹೊನ್ನಗೋನೆ. = ಹೊನ್ನಗನ್ನೆ. (My.). — ಹೊನ್ನಣ್ಡೆ. -ಅಣ್ಡೆ. A golden boiler (Râm. 1, 16, 58). — ಹೊನ್ನ ತನ್ದೆಗಳ್. N. (Bp. 58, 8). — ಹೊನ್ನದೇವ. N. (Bp. 9, 41). — ಹೊನ್ನಧೇನು. A cow of gold (Bp. 55, 15). — ಹೊನ್ನನ್ದಣ. -ಅನ್ದಣ. = ಪೊನ್ನನ್ದಣ. A golden palankeen (Râm. 1, 16, 13). — ಹೊನ್ನ ಪುತ್ಥಳಿ. A golden puppet (Bp. 12, 6). — ಹೊನ್ನಪ್ಪ. -ಅಪ್ಪ. N. (C.). — ಹೊನ್ನ ಬಟ್ಟಲ್. A gold cup (Bp. 50, 4). — ಹೊನ್ನಮ್ಮ. -ಅಮ್ಮ. N. (My.). — ಹೊನ್ನಯ್ಯ. -ಅಯ್ಯ. N. (Bp. 45, 37; My.). — ಹೊನ್ನವರೆ. -ಅವರೆ. A common shrub with clusters of yellow flowers, Cassia auriculata Lin. (Z.). — ಹೊನ್ನಾ

ಯುಗ. -ಆಯುಗ. A gold sword-handle (Râm. 3, 6, 5; Bh. 3, 10, 7). — ಹೊನ್ನಾರತಿ. -ಆರತಿ. A waving-platter filled with gold, or a gold waving-platter (Bp. 12, 35). — ಹೊನ್ನಾವರಿಕೆ. -ಆವರಿಕೆ. = ಹೊನ್ನವರೆ. (My.). 2, a tall tree, Acacia xylocarpa Willd. al. Xylia dolabriformis Bent. (St. & Pl.). — ಹೊನ್ನೂವು. -ಊವು. A round gold plate on which there is the form of a flower and from which pearls pendulate; by a gold stalk it is fastened to the upper part of the ear (My.).

ಹೊನಗ್ಯಾ hŏnagyâ. = ಹೊಂಗಿಯು. (S. Mhr.).

ಹೊನಲ್ hŏnal. ಹೊನಲು. = ಪೊನಲ್. A stream (ಪುರ Šm. 35; ಹೂರ Kk. 13; ಹೂರಣ Šs.; as of blood, Bp. 33, 20; J. 7, 43; Râm. 6, 30, 40; as of poison, Bh. 2, 14, 61; as of molten lac, Bh. 1, 8, 88; as of a shower of flowers, Râm. 5, 9, 6); current (as of a stream, Bp. 20, 22). ಹೊನಲನ್ ಇಬ್ಬಗೆ ಮಾಡುವ ಕಡಲು (ಕೂಪಕ, ವಿದಾರಕ Nr.). ಕಾಡ ಹೊನಲ್ (ಕಾಬ್ಬುರ Šs.).

ಹೊನಹು hŏnahu. (= ಒನಪು; cf. ಪದಪು). Charm, etc.

ಹೊನಹುಗಾರ್ತಿ hŏnahu-gâṛti. A charming woman (ಪದಪುಗಾರ್ತಿ, ಸೌರವ್ಯವತಿ Šs.; ಪದಪುಗಾರ್ತಿ Kk. 29; Šm. 74).

ಹೊನೆ hŏnĕ. = ಹನೆ. A large forest tree, Pterocarpus marsupium; (it stains yellow if wetted; the bark when wounded yields a red gum resin, the Kino, Van Someren).

ಹೊಂತ hŏnta. Tbh. ಪನ್ಥ. A path, a way (Tĕ. ಪೊಂತ).

ಹೊಂತಕಾಱ hŏnta-kâṛa. A man fertile in ways or expedients, a clever, able man (Bp. 37, 19).

ಹೊಂತಕಾಱ್ hŏnta-kâṛi. = ಹೊಂತಕಾಱ. (Bh. 7, 4, 12).

ಹೊಂತಗಾಱ hŏnta-gâṛa. = ಹೊಂತಕಾಱ. (My.).

ಹೊಂದರಿ hŏndari. = ಒಂದರಿ, etc. (My.).

ಹೊಂದಸು hŏndasu. = ಹೊಂದಿಸು. ಹೊಂದಸೋಣ (ಸಾಧನ Čb.).

ಹೊಂದಿಕೆ hŏndikĕ. = ಒಂದಿಕೆ, etc., ಪೊರ್ದುಗೆ, etc. Joining, fitting, combination; fitness; intimacy, friendship, good terms (My.). ನ್ಯಾಯನೀತಿಯನ್ನು ಹೇೞ್ ಹೊಂದಿಕೆ ಮಾಡುವಿಕೆ (ನಯ, ನಾಯ Si. 389); ಹೊಂದಿಕೆ ಮಾಡುವ ಸರಿಯಾದ ತಿಳುವಿಕೆ (ಯುಕ್ತಿ 410).

ಹೊಂದಿಗೆ hŏndigĕ. = ಒಂದಿಗೆ, etc., ಹೊಂದಿಕೆ. (My.).

ಹೊಂದಿಸು hŏndisu. = (ಒಂದಿಸು), ಪೊರ್ದಿಸು, ಹೊಂದಸು. To join (v. t., as limbs for greeting, Bp. 58, 58; as planks, C.; B. 4, 121); to attach (as copper plates to a ship, C.; B. 4, 140); to collect, to procure (as money, My.); to make fit or proper (as a price, My.); to settle (as a bargain, My.); to cause to obtain (Si.). ಹೊಂದ ತಕ್ಕದನ್ನು ಹೊಂದಿಸಿ ಕೊಡುವ ಸಯುಕ್ತಿಕವಾದ ಕೃತ್ಯ (ಉಪಾಯ Si. 263).

ಹೊಂದಿಸುವಿಕೆ hŏndisuvikĕ. Causing to obtain, etc. (Si. 387. 389).

ಹೊಂದು hŏndu. 1. = ಪೊರ್ದು 1, q. v., etc. To join, (v. i.); to touch (as sin, Bp. 55, 7; My.); to go nigh, to approach (Bp. 22, 28; My.); to join, to associate one's self to, to attach one's self to (Bp. 48, 15; My.); to agree, fit or suit (ಈ ಮಾತು ಅದಕ್ಕೆ or ಅಲ್ಲಿಗೆ ಹೊಂದುವದಿಲ್ಲ, My.); to be on agreeable, good terms (ತಮ್ಮ ತಮ್ಮೊಳಗೆ ಹೊಂದಿದರೆ ಸಂತೋಷದಿಂದ ವ್ಯವಹಾರ ಮಾಡ ಬೇಕು B. 5, 85; ಅವರಿಬ್ಬರಿಗೆ ಹೊಂದುವದಿಲ್ಲ, those two do not agree together, My.); to devolve on (as work; ಈ ಕೆಲಸ ನಿನ್ನ ಹೊಂದಿ ಅದೆ, My.). 2, to obtain, to get (C.; B. 4, 175; 5, 40); to experience (as joy, grief, My.); to suffer (as misfortune, loss, death, My.). ಹೊಂದದೆ ಇರುವ ಮಾತು (ಅಬದ್ಧ, ಅನರ್ಥ Si. 59); ವೇದಾಧ್ಯಯನವನ್ನು ಮಾಡಿದ ಮೇಲೆ ಮದುವೆಯಾಗುವದಕ್ಕೆ ಗುರುವಿನಿಂದ ಅಪ್ಪಣೆಯನ್ನು ಹೊಂದಿದವನು (ಸಮಾವೃತ್ತ, ಲಬ್ಧಾನುಜ್ಞ 235); ಪಿತೃತ್ವವನ್ನು ಹೊಂದಿದವರು ತೃಪ್ತಿ ಪಡುವದಕ್ಕೋಸ್ಕರ ಮಾಡಲ್ ಪಡುವ ದಾನ (ನಿವಾಪ, ಪಿತೃದಾನ 243); ಹೊಂದ ತಕ್ಕದನ್ನು ಹೊಂದಿಸಿ ಕೊಡುವ ಸಯುಕ್ತಿಕವಾದ ಕೃತ್ಯ (ಉಪಾಯ Si. 263); ಕೇಳುವವರಿಂದ ಹೊಂದಲ್ ಪಟ್ಟದು (ಯಾಚಿತಕ 300); ವೃದ್ಧಿ ಹೊಂದುವ ಸ್ವಭಾವವುಳ್ಳವನು (ವರ್ಧಿಷ್ಣು, ವರ್ಧನ 360); ಆಪತ್ತು ಹೊಂದಿದವನು (ಆಪನ್ನ, ಆಪತ್ಪ್ರಾಪ್ತ 364); ಹೊಂದಲ್ ಪಟ್ಟದು (ಪ್ರಾಪ್ತ, ಪ್ರಣಿಹಿತ 377); ಹೊಂದ ತಕ್ಕದು (ಪ್ರಾಪ್ಯ, ಗಮ್ಯ, ಸಮಾಸಾದ್ಯ 379); ಹೊಂದಲ್ ಪಟ್ಟಿರುವದು (ಲಬ್ಧ, ಪ್ರಾಪ್ತ, ವಿನ್ನ, ಆಸಾದಿತ, etc. 383).

ಹೊಂದು hŏndu. 2. = ಪೊಂದು 3. To die (ಮರಣ Šmd. Dh.).

ಹೊಂದುಗೆ hŏndugĕ. = ಪೊರ್ದುಗೆ, etc. Joining, etc. ಹೊಂದುಗೆಯಾಗದಿರ್ (ಅಗಲ್ Šmd. 176 Cm.).

ಹೊಂದುವಿಕೆ hŏnduvikĕ. Joining, etc.; obtaining. ಮನಸ್ಸಿನಲ್ಲಿರುವ ದ್ವೇಷವನ್ನು ಸಮಯ ಸಿಕ್ಕಿದಾಗ ಕೆಲಸದಿಂದ ತೋರಿಸಿ ತೃಪ್ತಿ ಹೊಂದುವಿಕೆ (ವೈರಶುದ್ಧಿ, etc. Si. 296).

ಹೊನ್ನಿ hŏnni. (fr. ಹೊನ್). N. of men. 2, N. of women (My.). — ಹೊನ್ನಿತಂದೆ. N. of a man (Bp. 47, 37). — ಹೊನ್ನಿದೇವ. N. of a man (Bp. 44, 4). — ಹೊನ್ನಿಪಲ್ಯ. A common weed used as a vegetable, Celosia argentea (Z.).

ಹೊನ್ನು hŏnnu. = ಹೊನ್, q. v. Gold, etc. (Bp. 29, 32; C.). ಹೊನ್ನು ಬೆಳ್ಳಿಗಳನು ಕರಗಿಸಿ ಮಾಡಿದದು (ಕೃತ Nr.). ಮುನ್ನ ಮಾಡಿದ ಪಾಪ ಹೊನ್ನಿಲೇ ಪೋಪುದೇ? ಹೊನ್ನಿನ ಪುಣ್ಯಾಮದು ಬೇಱ (Sp.). ಹೊನ್ನು ಹಣ್ಣಿನ ರಿಣವು ತೀರಿದಾಕ್ಷಣದಿ ಮಣ್ಣುಪಾಲ್ (Sp.). ಹೊನ್ನು ಹಣವುಳ್ಳವನಿಗೆ (Dp. 4). ಹೊನ್ನಿದ್ದಮ್ಮನ ತೊನ್ನು ಮುಚ್ಚಿತು, ಮಕ್ಕಳಿದ್ದಮ್ಮನ ಹಾದರ ಮುಚ್ಚಿತು.—ಹೊನ್ನುಳ್ಳವನಿಗೆ ಮಾನ ಉಣ್ಟು.—ಬಿನ್ನವತ್ತಳೆ ಬರದರೆ ಹೊನ್ನು ಬಂದ ಹಾಗಾಯಿತೇ?—ಬೆನ್ನು ಬಿಡದ ಪಿಶಾಚ ಹೊನ್ನು ಕೊಟ್ಟರೆ ನಿತ್ತೀತೇ?—ಭಿನ್ನವಾದ ಗಡಿಗೆ ಹೊನ್ನು ಕೊಟ್ಟರೆ ಸಮನಾದೀತೇ?—ಸಲ್ಲದ ಹೊನ್ನಿಗೆ ವಟ್ಟವಿಲ್ಲ (Prvs.). See ಕಳ್ಳ-. — ಹೊನ್ನುಬಾಕಿ. A woman who longs only for money (Bp. 40, 55).

ಹೊನ್ನೆ hŏnnĕ. (fr. ಹೊನ್). = ಪುನ್ನಿಕೆ, ಪೊನ್ನೆ. The tree Terminalia tomentosa W. & A. (ಪೀತಸಾಲ, ಅಸನ Hlâ.; Mr. 114). 2, = ಶಾಲಪರ್ಣಿ (Mr. 131; mistake for ಸುರಪರ್ಣಿ?). 3, = ಹರಳು. (Mr. 134). See Bp. 45, 37; Râghŏ. 17, 54, where ಹೊನ್ನೆ is different from ಸುರಹೊನ್ನೆ). —ಹೊನ್ನೆಯ ಮರ. The tree Terminalia tomentosa W. & A. (ಜೀವಗ Šmd. 338; ಪೀತಸಾಲಕ, ಸರ್ಜಕ, ಅಸನ, ಪ್ರಿಯಕ, ಜೀವಕ Nr.; Si. 132). 2, a large timber tree yielding a red dye, Rottleria tinctoria Roxb. (St. & Pl.; M. ಪುನ್ನೆ, Tĕ. ಪೊನ್ನೆ; Sk. ಪುನ್ನಾಗ; S. Mhr. ರಕ್ತದ ಹೊನ್ನೇ ಮರ; see ಸುರ

ಹೊನ್ನೆ No. 1). — ಹೊನ್ನೆಹುಳು. The fire-fly (ಇನ್ದ್ರಗೋಪ, ಖದ್ಯೋತ, ಜ್ಯೋತಿರಿಂಗಣ, ತಮೋಮಣಿ G.).

ಹೊಪ್ಪಳ hŏppaḷa. (fr. ಪೊಸು 2). A blister occasioned by a burn (My.).

ಹೊಪ್ಪಳಿಸು hŏppaḷisu. To blister (v. i., Grj. 9, after 27; My.).

ಹೊಪ್ಪೆ hŏppĕ. Either of the two divisions (whether equal or not) into which a nut or fruit is broken, slit or cut (My.; cf. the terms s. ಪೋಳ್).

ಹೊಮ್ hŏm. 1. = ಪೊಮ್ 1, etc., (ಹೆಮ್ 4). Gold. — ಹೊಮ್ಬಟ್ಟಲ್. = ಪೊಮ್ಬಟ್ಟಲ್. A golden cup (Bp. 50, 12). — ಹೊಮ್ಬಣ್ಣ. = ಪೊಮ್ಬಣ್ಣ. (Śmd. 193). A yellowish, brown or tawny colour (ಕದ್ರು, ಪಿಂಗಲ Nr.; ಬಭ್ರು, ಕಾಂಚನವರ್ಣ Nn. 125; J. 25, 5). ಕಪ್ಪು ಬೆರಸಿದ ಹೊಮ್ಬಣ್ಣ (ಕಡಾರ, ಕಪಿಲ, ಪಿಂಗ, ಪಿಶಂಗ, ಕದ್ರು, ಪಿಂಗಲ); ಬಿಳಿದು ಬೆರಸಿದ ಹೊಮ್ಬಣ್ಣ (ಪಿಂಗ, ಪಿಶಂಗ, etc. Nr.). ಹೊಮ್ಬಣ್ಣದ ಗೋರಟಿಗೆ (ಸಹಚರಿ, ಪೀತಝಿಂಟಿ Hlâ.). ಸೇವನ್ತಿಗೆ ಹೊಮ್ಬಣ್ಣಮಾಡೊಡೆ ಹೇಮಪುಷ್ಪಿಕೆ ಎನಿಸುಗು (Nr.). — ಹೊಮ್ಬರಣಿ. A gold jar or vase (Bh. 8, 21, 4). — ಹೊಮ್ಬರಹ. A golden writ (Bh. 1, 12, 13; 8, 21, 12; 8, 23, 10). — ಹೊಮ್ಬಟ್. -ಪಟ್. 1. A kind of gold cloth (Bh. 10, 4, 14). — ಹೊಮ್ಬಟ್. 2. To gild (Bh. 6, 4, 35). — ಹೊಮ್ಬಾಳೆ. = ಪೊಮ್ಬಾಳೆ. A kind of plantain (B. 2, 38). 2, the half-opened flower-sheath of the cocoa and betel-nut tree (My.). ಕಾಡಲ್ಲಿ ಹೊಮ್ಬಾಳೆ ಬಯಸಿದ ಹಾಗೆ (Prv.). — ಹೊಮ್ಬಾಳೆಕುಸುರಿ. The very young nuts of the hŏmbāḷĕ (My.). — ಹೊಮ್ಬೆಸುಗೆ. Gold soldering (Râm. 1, 13, 9). — ಹೊಮ್ಮಣ್. Gold dust (Bp. 23, 39). — ಹೊಮ್ಮರಾಲ. A gold-coloured goose. ಕರ್ಮದಿನ್ದವೆ ಹರನು ಚರ್ಮವ ತಾನುಟ್ಟನು, ಹೊಮ್ಮರಾಲನ್ ಅಜನಾದನು, ಗೋವಿನ್ದನ್ ಎಮ್ಮೆಯ ಕಾಪಂ (Sp.). — ಹೊಮ್ಮಳೆ. = ಪೊಮ್ಮಳೆ. (Râm. 3, 8, 14. 37, etc.; J. 18, 4; see ಹೇಮವೃಷ್ಟಿ). Cf. ಹೊಮ್ಮೃಗ. — ಹೊಮ್ಮಳೆ. = ಪೊಮ್ಮಳೆ. A shower of gold (Bp. 9, 38; 57, 83). — ಹೊಮ್ಮಾಡ. A golden self-moving car (Bp. 27, 6; 34, 29). 2, = ಪೊಮ್ಮಾಡ. — ಹೊಮ್ಮಿಳೆ. A gilt leather-rope (Ŏ. Bp. 41, 46). — ಹೊಮ್ಮುಗುಳು. = ಹೆಮ್ಮುಗುಳು. A medicinal garden plant with yellow heads of flowers, Spilanthes acmella Lin. var. oleracea Clarke.; the name is also used for the wild-growing variety (ವಸುಜಾಲಕ Mr. 141; My.). — ಹೊಮ್ಮುಡಿಗೆ. A golden quiver (Bh. 8, 25, 4). — ಹೊಮ್ಮೃಗ. = ಹೊಮ್ಮಳೆ. (Râm. 6, 51, 84).

ಹೊಮ್ hŏm. 2. = ಪೊಮ್ 2. — ಹೊಮ್ಮುಟ್. = ಪೊಮ್ಮುಟ್, q. v. (Râm. 6, 45, 3; 6, 52, 6; Bh. 1, 18, 61; 6, 6, 34).

ಹೊಮ್ಮಿಸು hŏmmisu. To cause to rise, etc. See ಹೊಮ್ಮು.

ಹೊಮ್ಮು hŏmmu. = ಪೊಣ್ಮು, etc. To rise, to break out, to come forth (as chicken-pox, small-pox or vaccine-pox, My.); to egress (Râm. 6, 14, 21). See ಹೊಣ್ಮು.

ಹೊಯ್ hŏy. 1. = ಪೊಯ್ 1, etc., ಹೊಯ್ಯು. To beat, etc.; to cast, to pour (Bp. 37, 44; 45, 6; 50, 7; 52, 9. 10; 61, 28; J. 20, 51, 26, 6; Bh. 1, 5, 8; 1, 10, 29; 2, 4, 6. 8; 2, 13, 47. 48; 3, 13, 34; C.; B. 1, 28). ಕಾಯ್ದು ಬಿಸಿಯಾಗಿರ್ದ ಹಾಲಿನಲ್ಲಿ ಅವುದಾನೊನ್ದು ಮೊಸರ ಹೊಯ್ದುದರಿನ್ದ ಚೆನ್ನ ಒಡೆದುದು (ಅಮಿಕ್ಷೆ Nr.). ಭುಜವ ಹೊಯ್ (ಬಾಹುಸ್ಫಾಳಿಸು Bhn. 32). ಅಬುಗಾಲ ಮಳೆ ಹೊಯ್ದರೂ ಮುತ್ತುಗಕ್ಕೆ ಮೂರೇ ಎಲೆ. — ತುಮ್ಬಾ ಹೊಯ್ದರೂ ಹಪ್ಪಳು ಹೋಗದು. — ದಿಣ್ಣೇ ಮೇಲೆ ಮಳೆ ಹೊಯ್ದರೆ ಹಳ್ಳಕ್ಕೆ ಬರುವದು. — ಸೋರುವ ಮನೇಲಿ ಉಜ್ಜೆ ಹೊಯ್ದರೆ ಹಳ್ಳದ ಕೂಡೇ ಹಳ್ಳ (Prvs.). — ಹೊಯ್ದಾಡು. -ಆಡು. = ಪೊಯ್ದಾಡು. (Bh. 1, 10, 37; My.). 2, to pour about (My.).

ಹೊಯ್ hŏy. 2. = ಹೊಯ್ದು. P. p. of ಹೊಯ್ 1, in ಹೊಯ್ ಕೊಳ್ಳು (My.). See Dp. s. ಬುಗ್ಗಿ.

ಹೊಯ್ hŏy. 3. = ಪೊಯ್ 2, etc. A stroke, a blow (Bh. 1, 10, 86); casting, etc. ಹೊಯ್ಕುಪ್ಪು. A club for beating (Bh. 1, 7, 16). — ಹೊಯ್ಕೆಯ್. = ಹೊಯಿಕೆಯ್, q. v. (Bh. 2, 13, 27). — ಹೊಯ್ಗಡುಬು. -ಕಡುಬು. = ಹೊಯಿಗಡುಬು, q. v. (My.). — ಹೊಯ್ನೀರ್. = ಪೊಯ್ನೀರ್. Water that is poured (My.). — ಹೊಯ್ಹಾಲು. Milk that is poured or put (into the mouth of children, My.).

ಹೊಯಿ hŏyi. 1. = ಒಯಿ 2, ಹೊಯ್ 1, etc. To beat, etc.; to cast (as types, C.; B. 4, 209), to pour. P. p. ಹೊಯಿದು. See Sp. s. ಹರಿ 4; Bp. 21, 10; 37, 42. 44. ಬಯ್ದು ಬಾಯಿಗೆ ಹೊಯಿದ ಪೆಟ್ಟು. — ಮಣ್ಣು ಹೊಯಿದು ಅಪ್ಪಲಿ ಕಾಸಿದರೆ ಉಪ್ಪೋಕಾದೀತೇ? (Prvs.). — ಹೊಯಿದಾಟ. -ಆಟ. Beating, etc. (ಹೊಡದಾಟ G. 580). — ಹೊಯಿದಾಡು. -ಆಡು. = ಹೊಯ್ದಾಡು. (Bhâgavata 3, 2, 48; G. 219). — ಹೊಯಿ ಹೊಯಿ. rep. (Bp. 37, 42).

ಹೊಯಿ hŏyi. 2. = ಹೊಯ್ 3, etc. Beating; casting; pouring. — ಹೊಯಿಕೆಯ್. = ಹೊಯ್ಕೆಯ್. Casting or moulding-work: a cast (of something else), a counterfeit, a likeness; likeness (ಸರಿ, ಜೋಡೆ, ಪಡಿ, ಪಾಸಟಿ, ಎಣೆ, ಹೋಲಿಕೆ, etc., ಸಮಾನ Ss.). — ಹೊಯಿಗಡುಬು. -ಕಡುಬು. = ಹೊಯ್ಗಡುಬು. A cake of which the dough is poured into a vessel and boiled in steam (Ŏ. Bp. 47, 42). — ಹೊಯಿಗಲವು. (-ಕಲವು?). See Mr. 216 s. ಕ್ಷೀರಸ.

ಹೊಯಿಗೆ hŏyigĕ. Sand (My.; cf. ಪುದಿಲ್?). ಹೊಯಿಗೇಲಿ ಬರೆದು, ಉದೀಲಿ ಹಾಕಿ ಕೊಣ್ಡ ಹಾಗೆ (Prv.).

ಹೊಯಿತ hŏyita. Beating; a stroke, a blow (My.).

ಹೊಯಿಲು hŏyilu. 1. = ಕುಯಿಲು, etc. Calling out, vociferation; noise (My.).

ಹೊಯಿಲು hŏyilu. 2. Beating, etc.; a stroke, a blow (Bp. 52, 9. 20; My.; see ಜಬು-); the beating, i. e. the current or flow of a river or stream (My.).

ಹೊಯಿಸಣ hŏyisaṇa. N. of a country. (ಕುದುರೆ) ಹೊಯಿಸಣದೊಳ್ ಉದಿಸಿರಲ್ (ಘೂಮಿಜ Mr. 282).

ಹೊಯಿಸು hŏyisu. = ಪೊಯಿಸು, etc. To cause to beat (as a drum, etc., My.); to cause to cut off (as a head, C.; B. 4, 80); to cause to beat, i. e. to cause to create (as a sound, Bp. 26, 22); to cause to cast or pour (My.).

ಹೊಯ್ಯು hŏyyu. = ಹೊಯ್ 1, etc. ಹೊಯ್ಯುವದು (O.). ಸೆಟ್ಟಿ ಏನು ಮಾಡುತ್ತಾನೆ? ಅಳೆಯುತ್ತಾನೆ, ಹೊಯ್ಯುತ್ತಾನೆ (Prv.).

ಹೊಯ್ಲು hŏylu. = ಪೊಯಿಲ್, etc., ಹೊಯಿಲು 2. Beating (as of a drum, Râm. 3, 68); a stroke, a blow (Bp. 50, 6. 7; 52, 10. 13. 16. 18; Bh. 1, 19, 19; 3, 19, 50; 5, 3, 99). ಹಾದರಕ್ಕೆ ಹುಟ್ಟಿದ ಮಗ ಹೊಯ್ಲಿಗೆ ಬಿದ್ದು ಸತ್ತ (Prv.).

ಹೊಯ್ಸು hŏysu. = ಹೊಯಿಸು, etc. To cause to beat (as a drum, Râm. 1, 13, 12; 5, 1, 5); to cause to beat or cut in, to cause to engrave (Bp. 59, 56); to cause to cast or pour (55, 14).

ಹೊರ hŏra. 1. P. p. of ಹೊರೆ 1, in ಹೊರ ಕೊಳ್ಳು. (C.; B. 4, 199).

ಹೊರ hŏra. 2. = ಪೊರೆ 4, etc. Joining, etc. See ಹೊರ ಕುಳಿ.

ಹೊರಕ hŏraka. One who nourishes. See ಹೊಟ್ಟೆ-.

ಹೊರಕುಳಿ hŏra-kuḷi. A person who joins others, *i. e.* depends on others (for his sustenance, ಪರಜಾತ, ಪರ್ಶ್ರಿತ Hlâ.).

ಹೊರಜಿ hŏraji. = ಹೊರಜೆ, ಹೊರ್ಜಿ. A stout and long rope used in drawing an idol-car on festive occasions (My.).

ಹೊರಜೆ hŏrajĕ. A cord put round the neck of an elephant, etc. (Č. Bp. 47, 44; T. ಪುರಜ್ಜೆ, ಪುರೋಜ್ಜೆ).

ಹೊರಟು hŏraṭu. = ಹೊರಡು 2. A hump (Bp. 50, 31; *cf.* the terms s. ಪೊಮ್ 2; T. ಪೊದುಲ್, greatness = ಪೆರುಮೈ). — ಹೊರಟ. -ಅ 3. A hump-backed man. — ಹೊರಟಪಾಣ್ಡ್ಯ. N. (Bp. 50, 31). — ಹೊರಟ ಬೆನ್ನು. A back with a hump (Bp. 20, 11; 50, 31).

ಹೊರಡು hŏraḍu. 1. = ಪೊರಳ್, etc. To roll; to welter; to cause to roll, etc. (ಪರಿಲುಠನ, ಪರಿಲುಠನಮೆನ್ನುದ, ಪೊರಳ್ಚುವುದು Šmd. Dh.).

ಹೊರಡು hŏraḍu. 2. = ಹೊರಟು. A hump. ಗಡು ಎನ್ದೊಡೆ ಕುಬ್ಜ, ಬೆನ್ನ ಹೊರಡುಂ (Nr.).

ಹೊರದು hŏradu. = ಹೊರೆದು. P. p. of ಹೊರೆ 1. (My.).

ಹೊರಸು hŏrasu. A cot, a couch (ಖಟ್ವ Mr. 202; B. 2, 30; 4, 75). ಎದ್ದಿನ್ತು, ಹೊರಸಿನ ನೆಯ್ಗೆಯ ಊಕೆಯ ಸುಲಿಯುಮ್ ಅಕ್ಕುಂ (Šmd. I).

ಹೊರಳಿ hŏraḷi. = ಪೊರಳಿ. A heap, a mass, an assemblage (ಸಮೂಹ Šs.; ಮೊಕ್ಕಳ, ಒಬ್ಬುಳಿ, ಒಟ್ಟಿಲ್, ಒಗ್ಗುರ್, etc. Kk. 17; ಗೊನ್ದಣಿ, ತೆರಳ್ಕೆ, ಸಾಲ್, ಒಬ್ಬುಳಿ, ಬಳಗ, ಮೊತ್ತ, etc., ಶ್ರೇಣಿಕೆ Šm. 54; Bp. 58, 50; Bh. 1, 20, 55. 60; J. 13, 12). — ಹೊರಳಿಗಟ್ಟು. -ಕಟ್ಟು. A mass to be formed: to assemble (Bh. 6, 7, 19). — ಹೊರಳಿಗಿಡಿ. -ಕಿಡಿ. Amassed sparks (Bh. 8, 25, 12). — ಹೊರಳಿಗೆಡು. -ಕೆಡು. To disperse (v. i., Bh. 3, 18, 42). — ಹೊರಳಿವೆಣ. -ಹೆಣ. Amassed corpses (Râm. 6, 30, 8).

ಹೊರಳಿಸು hŏraḷisu. = ಪೊರಳ್ಚು, ಹೊಳ್ಳಿಸು. To cause to roll, etc., to roll about (C.); to have rolled (My.). ತುಪ್ಪದಲ್ಲಿ ಕರದು ಸಕ್ಕರೆಯಲ್ಲಿ ಹೊರಳಿಸಿದ ಗೋದಿಯ ತುಕಡಿಗಳ ಚೂರು (Čb. 136).

ಹೊರಳು hŏraḷu. = ಪೊರಳು, etc., ಹೊಳ್ಳು 2. To roll; to welter, to wallow (Bp. 45, 27; 49, 26; 52, 15; Bh. 4, 4, 15; 6, 8, 12; Râm. 6, 30, 14; J. 8, 40; C.; B. 4, 82). ಉಪ್ಪಿನವ ಕೆಟ್ಟೆನೆನ್ದರೆ ತೆಂಗಿನ ಕಾಯಿಯವ ಹೊರಳಿ ಹೊರಳಿ ಅತ್ತ.—ಕತ್ತೆ ತಿನ್ದು ಹಾಡಿ, ಹೊರಳಿಯೂ ಹಾಡಿ (Prvs.). ನೆಲದಲ್ಲಿ ಅಡಿಗಡಿಗೆ ವೆಲ್ಲಹಿಸುವಲ್ಲಿ ಉಪಾವೃತ್ತ ಉಚಿತ ಎನಿಸುಗು, ಇದು ಹೊರಳುವುದು (Nr.). — ಹೊರಳಾಡು. -ಆಡು. To roll about; to welter, to tumble about (as a horse, a donkey, etc., C.; Si. 274; B. 3, 24; 4, 47). — ಹೊರಳ್ಯಾಡಿಸು. -ಆಡಿಸು. To cause to roll about, etc. (G. 98). — ಹೊರಳ್ಯಾಡು. -ಆಡು. = ಹೊರಳಾಡು. (G. 78; Čb. 89; B. 5, 21. 250).

ಹೊರಳುವಿಕೆ hŏraḷuvikĕ. Rolling, etc. (G. 580).

ಹೊರಳೆ hŏraḷĕ. 1. = ಹೊಳ್ಳೆ 1. A nostril (B. 3, 65; 4, 22; see ಪುರೆ).

ಹೊರಳೆ hŏraḷĕ. 2. Money of one head of accounts transferred to another in order to be returned (My.).

ಹೊರಿಕೆ hŏrikĕ. = ಪೊರೆ 5, etc., ಹೊರಿಗೆ. The scale or coat of an onion; a thin layer or scale of a stone, a lamina, a stratum, a layer (My.).

ಹೊರಿಗೆ hŏrigĕ. = ಹೊರಿಕೆ, etc. (My.; Râm. 3, 6, 8).

ಹೊರಿಸು hŏrisu. = ಪೊರೆಯಿಸು. To have one's self nourished, to depend on somebody for one's sustenance. ದೈವಮ್ಪೊರಿಸಿ (*i. e.* ದೈವಂ ಪೊರಿಸಿ) ಇರ್ಪವನು (ಯದೃಚ್ಛಿಕ, ದೈವಪರ Hlâ.). 2, to cause to nourish.

ಹೊರುಕುಳಿ hŏrukuḷi. = ಪೊರ್ಕುಳಿ, q. v.

ಹೊರುಮಂಜ hŏrumanja. = ಹುರುಮಂಜ, etc. (S. Mhr.).

ಹೊರೆ hŏrĕ. 1. = ಪೊರೆ 1, q. v. To nourish, etc. (ಪೋಷಣ Šm. 103; Bh. 1, 10, 5. 15; C.); to invigorate, to refresh (Bh. 1, 5, 10). ತನ್ನ ಒಡಲ ಹೊರೆವಾತನು (ಆತ್ಮಮ್ಭರಿ, ಕುಕ್ಷಿಮ್ಭರಿ); ಹೊರೆವಾತನು (ಪೋಷ್ಟೃ, ಭರ್ತೃ); ಹೊರೆಯಲ್ ಪಟ್ಟುದು (ಪುಷ್ಟ, ಪುಷಿತ Nr.). ತನ್ನ ಬಸಿಱ ಹೊರೆವವ (ಆದ್ಯೂನ, ಔದರಿಕ Hlâ.). ತನ್ನ ಹೊಟ್ಟೆ ಹೊರ ಕೊಮ್ಬುವವನು (ಆತ್ಮಮ್ಭರಿ, etc. Si. 358; see ಹೊರ ಕೊಳ್ಳು s. ಹೊರ 1). ತನ್ನ ಹೊಟ್ಟೇ ತಾನು ಹೊರೆಯದವ ಮುನ್ನಾರ ಸಲಹುವನು? (Prv.).

ಹೊರೆ hŏrĕ. 2. = ಪೊರೆ 3, q. v. To join (v. i.); to come near; to come upon (Bh. 1, 8, 73; Râm. 6, 50, 10);—to join (v. t.), to apply to, to put to (Râm. 1, 13, 5). ಸೀರೆಯು ಹೊರೆವ ಚೂರ್ಣ (ಪಿಷ್ಟಾತ, ಪಟವಾಸಕ Nr.). See ಹೊಲೆ-.

ಹೊರೆ hŏrĕ. 3. = ಪೊರೆ 4, etc. Joining; a joining, a web or piece of cloth (B. 3, 103); nearness, neighbourhood, vicinity (ಸನಿಹ Šm. 103; Bp. 28, 18; 50, 20; Bh. 10, 3, 7; J. 7, 62); side (ಪಕ್ಕ Šm. 103). ಊರ ಹೊರೆ (ಗ್ರಾಮಾನ್ತಿಕ, ಉಪಶಲ್ಯ, ಪರ್ಯನ್ತ, ಪರಿಸರ, ಕಟ Hlâ.).

ಹೊರೆ hŏrĕ. 4. = ಪೊರೆ 5, etc. The skin or slough of a serpent (My.; Si. 77. 78); a layer or coat of a plantain tree (Bp. 35, 38; My.); a fold (ಪದರ Šm. 103).

ಹೊರೆ hŏrĕ. 5. = ಪೊರೆ 7. Wrongness, fault, deceit (Bp. 40, 60; Bh. 1, 8, 76). — ಹೊರೆ ಹೊಗು. To feel a choking sensation (Bh. 7, 1, 39).

ಹೊರೆ hŏrĕ. 6. = ಪುರಿ, 4, etc. Invigoration, spirit, courage, etc. (Bh. 8, 5, 10; 8, 21, 3. 5; 8, 23, 4). — ಹೊರೆಗುನ್ದು. -ಕುನ್ದು. To become spiritless or discouraged (Bh. 1, 14, 25). — ಹೊರೆಯೇಱು. -ಏಱು. To grow full of spirit, etc. (Bh. 6, 6, 34; 8, 21, 4).

ಹೊರೆಹ hŏrĕha. Nourishing: invigorating, reviving. ಕಟ್ಟ ಗನ್ಧವ ಹೊರೆಹ (ಪ್ರಬೋಧನ, ಅನುಬೋಧ Nr.).

ಹೊಱ hŏṟa. = ಪೊಱ 2. The outside; outside; to the ousido; forth. Datives ಹೊಱಕ್ಕೆ (My.; Si. 85. 393), ಹೊಱಯಿಕೆ (Bp. 33, 19). — ಹೊಱಉಸುಲು. Breath exhaled (S. Mhr.). — ಹೊಱಕಡೆ. The outside. ಪುಷ್ಪಮಾಲಿಕೆ ತಳಿರು ತೋರಣ ಮಾವಿನ ಸೊಪ್ಪು ಮುನ್ತಾದವುಗಳನ್ನು ಕಟ್ಟುವದಕ್ಕೋಸ್ಕರ ಬಾಕಲ ಹೊಱಕಡೆಗೆ ಕಾಣುವನ್ತೆ ಎರಡು ಕಮ್ಬುಗಳನ್ನು ಕಟ್ಟಿಲ್ ಪಟ್ಟ ದ್ವಾರಬನ್ಧನದ ಚೌಕಟ್ಟು (ತೋರಣ, ಬಹಿರ್ದ್ವಾರ Si. 112). 2, a public privy (My.). 3, evacuation of the bowels (My., in ಹೊಱಕಡೆಯಾಗು). — ಹೊಱಕೂಟ. An outer or other connection, etc. (ಅನ್ತರ Mr. 581; Nn. 77). — ಹೊಱಕೆಯ್. The outside (Bh. 8, 25, 4; My.). 2, another hand (Bp. 15, 10). 3, the upper part of the hand (Bp. 21, 43). — ಹೊಱಗಡೆ. -ಕಡೆ. The outside (C.; B. 5, 261). — ಹೊಱಗರಿ. -ಕರಿ 4. To go far outside: to jut, to project (Bp. 20, 12). — ಹೊಱಗುಡಿ. A tent that is outside (a wood, Bh. 3, 18, 34). — ಹೊಱಗೆಡವು. -ಕೆಡವು. To throw to the outside: to allow to burst forth or come out (as a laugh or fear (B. 5, 143. 164). — ಹೊಱ ಚೆಲ್ಲು. To pour out (My.). 2, to flow over, to be spilt (C.; G. 67). — ಹೊಱತನಕ. So far as the outside (B. 3, 34). — ಹೊಱದವಡೆ. The outer side of the lower cheek (My.), or of the jaws (Si. 214). — ಹೊಱ ನೂಂಕು. To push outside, to remove (Bp. 21, 30). — ಹೊಱ ಪಡಿಸು. To make public (My.). — ಹೊಱ ಪಡು. To become public (My.). — ಹೊಱಪಾಳೆಯ. A camp that is outside (C. Bp. 42, 13; Bh. 3, 18, 34). — ಹೊಱಬಾಗಿಲು. The outer door or gate (My.; Si. 112; ಅಲಿನ್ದ, ತೋರಣ G.). — ಹೊಱದಾಣ. The outside (Bh. 3, 17, 42). — ಹೊಱ ಬೀಯು. To come forth (B. 3, 31. 36. 68. 75; 4, 22. 40. 49. 113. 119); to sally; to escape (Bh. 1, 3, 21). 2, to come out, to become public (My.), to be detected (My.; G. 226). — ಹೊಱಮಗ್ಗುಲು. The outside (C.; B. 4, 70). — ಹೊಱಮಟ್ಟ. The outer space about (a house, etc., My.). — ಹೊಱಮುಡಿಸು. -ಪಡಿಸು. = ಪೊಱಮುಡಿಸು, q. v. (Bp. 50, 21. 22). — ಹೊಱ ಮಱಿ. -ಪಱಿ. To flow forth (Bh. 3, 19, 12). — ಹೊಱಮಿಂಚು. = ಪೊಱಮಿಂಚು, q. v. (My.). — ಹೊಱಮುಚ್ಚಕ. A small annual plant, Biophytum sensitivum D. C. (Z.). — ಹೊಱ ಮೆಯ್. = ಪೊಱಮೆಯ್. The outside (C.; B. 4, 140). — ಹೊಱವಡಿಸು. -ಪಡಿಸು. = ಹೊಱಮುಡಿಸು, etc. (Bp. 42, 19; 43, 52). ಹೊಱವಡಿಸಲು ಪಟ್ಟವನು (ನಿಃಕಾಸಿತ, ಅವಕೃಷ್ಟ Nr.). — ಹೊಱವಡು. -ಪಡು. = ಪೊಱಮಡು, q. v. (Bp. 18, 53). P. ps. ಹೊಱವಟ್ಟು, ಹೊಱವಣ್ಟು (Bp. 12, 48; Râm. 4, 3, 4. 5). ಕೂಪಾದಿಗಳಿನ್ದ ಉದಕ ಹೊಱವಟ್ಟು ಚಕ್ರಾಕಾರದಿನ್ದ ಎಲ್ಲಾ ದೆಸೆಯಲ್ಲಿ ಪಸರಿಸುತ್ತಿದ್ದದು (ಚಕ್ರ, ಪುಟಭೇದ, ಮೊರಹು Nr.). — ಹೊಱವಣ್ಡಿಸು. = ಹೊಱವಡಿಸು, etc. ಬಣ್ಡಿಯನ್ ಊರ ಹೊಱವಣ್ಡಿಸಿದಂ (Bh. 1, 10, 29). — ಹೊಱ ವಳಯ. = ಹೊಱ ವಳೆಯ, etc. (Râm. 6, 13, 3; Bh. 1, 6, 1). — ಹೊಱ ವಳೆಯ. = ಪೊಱ ವಳೆಯ. Environs, surroundings; the state of being about in a circle. ಹೊಱವಳೆಯದ ಕಾವಲವನು (ಪರಿಘಿಸ್ಥ, ಪರಿಚರ Nr.). — ಹೊಱವಾಱ್. = ಪೊಱವಾಱ್, etc. A buttock; the posteriors, the buttocks (ನಿತಮ್ಬ Nr.). ಹೊಱವಾಱಲಿ ಇದ್ದ ಕುಣಿಕೆಗಳೆರಡು (ಕುಕುನ್ದರ Nr.). — ಹೊಱವುಕ್ಕಡ. -ಉಕ್ಕಡ. A guard-house outside a town or near the borders of a country (My.). — ಹೊಱ ಶೂಲ. A stake outside (the town, Bh. 6, 1, 7). — ಹೊಱ ಸುತ್ತು. = ಹೊಱ ವಳೆಯ. (My.; G.). — ಹೊಱ ಸೂಸು. = ಪೊಱ ಸೂಸು, q. v. (Bh. 1, 20, 60). — ಹೊಱಸೊಪ್ಪು. The outer foliage; the rind. ಮರದ ಹೊಱಸೊಪ್ಪು (ತ್ವಚ್, ವಲ್ಕ, ವಲ್ಕಲ Hlâ.). — ಹೊಱ ಹೊಮ್ಮಿಸು. To cause to arise, come forth or spring up; to produce or create. (ಬಾಲೆ) ತನ್ನ ಮನದ ಆದಿಸುವ ಕೆಳದಿಯರ ತಣ್ಣವನು ಹೆಮ್ಮೆಗೊಳಿಸುತ, ಸುಖಮುಖವ ಹೊಱ ಹೊಮ್ಮಿಸುತ (Prll. 3, 30). — ಹೊಱ ಹೊಮ್ಮು. To rise; to come forth; to break out (as chicken-pox, etc., My. = ಹೊಮ್ಮು); to sprout, to shoot. ಹೊಸತಾಗಿ ಹೊಱ ಹೊಮ್ಮಿದ ಪತ್ರ ಪುಷ್ಪ ಫಲಾದಿಗಳ ಗೊಂಚಲು (ವಲ್ಲರಿ, ಮಂಜರಿ Nr.). — ಹೊಱ ಹೊಱಗೆ. rep. (Bp. 25, 27. 31; 26, 22; 28, 26). — ಹೊಱ ಹೊಱಡು. To go forth, to egress (C.; Bp. 26, 31; B. 5, 59. 144. 262). — ಹೊಱಾಯ. -ಆಯ. = ಹೊಱಮಟ್ಟ. (My.).

ಹೊಱಗು hŏṟagu. = ಪೊಱಗು, etc., ಹೆಱಗು, ಹೊಱಗೆ, ಹೊಱಚ್ಚು. The outside (Bp. 37, 46; 60, 6). Declension: ಹೊಱಗಣ, ಹೊಱಗಿನ, ಹೊಱಗಿನ್ದ (C.; B. 2, 6), ಹೊಱಗಿನಿನ್ದ (C.; B. 4, 83). ಬಾಗಿಲ ಹೊಱಗಣ ತೋರಣ (ತೋರಣ, ಬಹಿರ್ದ್ವಾರ); ಹೊಱಗಣ ಬಾಗಿಲೆನ್ದೂ, ಎಮ್ಬರು (Nr.). ಮಣಿಕಟ್ಟು ತೊಡಗಿ ಕಿಱು ಕುಣಿಕೆಪರ್ಯನ್ತಮಾಗಿ ಉಳ್ಳ ಕೆಯ್ಯ ಹೊಱಗು (ಕರಭ, ಮೇಗೆಯ್ Nr.). ಕುಣಿಕಬ್ಬಿನೊಳು ಹೊಕ್ಕು ಅದಾವದೇ ತನಿರಸವ, ಹೊಱಗಣ ಸೋಗೆ ಅಗಿವನ್ತೆ? (Sp.). ಹೊಱಗಿನ ಕಳ್ಳನನ್ನು ಹಿಡಿಯ ಬಹುದು, ಒಳಗಿನ ಕಳ್ಳನನ್ನು ಹಿಡಿಯಲಾಗದು (Prv.). — ಹೊಱಗತ್ತ ನೂಂಕು. -ಅತ್ತ-. To push far away (Bp. 18, 34). — ಹೊಱಗಿನ ಆಚರಣೆ. External practice or observance of established rules (B. 5, 279). — ಹೊಱಗಿನ ಸಾಲ. A loan taken from strangers (My.); a loan taken by strangers (My.).

ಹೊಱಗೆ hŏṟagĕ. = ಪೊಱಗೆ. etc. The outside (Bp. 57, 32); outside, without (Bh. 1, 3, 70; 2, 13, 32; ಬಹಿಸ್, ಬಾಹ್ಯ Si. 475; C.). ಅಗ್ನಿಗಳ್ ಅಸುವಱಿಯೆ ಹೊಱಗೆ ಹಾಕುವರು (Dp. 1). ಬೆಕ್ಕು ಪಂಜರವನ್ನು ಬೇಕಾದಾಗ ಹೊಱಗೆ ತೆಱೆಯುವವು (B. 3, 30). ಒಳಗಿನ ಹತ್ತಿ ಹೊಱಗೆ ಬರುತ್ತದೆ (4, 27). ಹೊಱಗೆ ಹೋಗುವ ಮಾರಿ ನನ್ನ ಮನೇ ಹೊಕ್ಕು ಹೋಗು! ಅನ್ದ ಹಾಗೆ.— ಹೊಱಗೆ ಥಕ್ಕ, ಒಳಗೆ ಕತ್ತಿ.— ಹೊಱಗೆ ನೋಡಿದರೆ ಕೋಟೆ, ಒಳಗೆ ನೋಡಿದರೆ ಹೋಟೆ (Prvs.). ಊರ ಹೊಱಗೆ, ಮನೆಯ ಹೊಱಗೆ, etc. (C.). — ಹೊಱಗಾಗು. -ಆಗು. = ಪೊಱಗಾಗು. To become or be outside: to be excluded. ಆಕಾಶ ಹೊಱಗಾದ ಪಂಚಭೂತ (ಅಮ್ಬರವರ್ಜಿತಪಂಚಭೂತ Nn. 82). 2, to become free or exempt from, to be liberated from (as from trouble, offence, etc., My.). 3, to be absent or fail. ಶ್ರೀಗುರುಸ್ಥಿರಭಕ್ತಿಯಿದು ಹೊಱಗಾಗಿ ಕೋಟಿವಿಧಂಗಳಿಂ ಶ್ರುತಿಯೋಗದಲಿ ಪರಭಕ್ತಿಯಂ ಮಾಡಿದೊಡೆ ನಿಷ್ಫಲವು (Bp. 39, 24). 4, to have to go to some outer part of the house: (a woman) to get her courses (My.). — ಹೊಱಗಿಕ್ಕು. -ಇಕ್ಕು. To put out of anything; to put outside, to put out of caste (Bp. 18, 10; My.); to treat contemptuously. ಹೊಱಗಿಕ್ಕಲು ಪಟ್ಟವನು (ಅಪಧ್ವಸ್ತ, ಧಿಕ್ಕೃತ, etc. Nr.). — ಹೊಱಗೆಱೆ. -ಎಱೆ. To drag outside (Bp. 28, 27).

ಹೊಱಚ್ಚು hŏṟaccu. = ಹೊಱಗು, etc. — ಹೊಱಚ್ಚಾಗಿ ಬರು. To come outside or round (a village, etc., without touching it, My.).

ಹೊಱಟು hŏṟaṭu. = ಹೋಱ್ಟು. P. p. of ಹೊಱಡು. (C.).

ಹೊಱಡಿಸು hŏṟaḍisu. To cause to go outside or out of; to turn out; to cause to start (My.). ಹಡಗಿನೊಳ ಹೊಕ್ಕು ಬರುವ ನೀರನ್ನು ಹೊಱಕ್ಕೆ ಹೊಱಡಿಸುವ ಪಾತ್ರ (ಸೇಕಪಾತ್ರ, etc. Si. 85).

ಹೊಱಡು hŏṟaḍu. To go outside or out of; to come forth; to egress; to set out; to start; to come forth or appear, as a boil (My.). P. ps. ಹೊಱಟು, ಹೊಣ್ಟು. ವೇದಪಾಠಸಮಯದಲ್ಲಿ ಬಾಯಿನ್ದ ಹೊಱಡುವ ತುನ್ತುಱುಗಳು (ಬ್ರಹ್ಮಬಿನ್ದು Si. 248); ಯಾವವನು ಹಗೆಯವರನ್ನು ಗೆಲ್ಲುವದಕ್ಕಾಗಿಯೇ ಬಹಳವಾಗಿ ಹೊಱಡುತ್ತಾನೋ, ಅನ್ಥಾವನು (ಅಭ್ಯಮಿತ್ರ, etc. 282); ಜಯಾರ್ಥವಾಗಿ ಹೊಱಟ ಅರಸಿನ ಪ್ರಯಾಣ (ಯಾತ್ರೆ, etc. 291); ದಣ್ಡು ಠಾಣ್ಯದ ಸ್ಥಲ ಬಿಟ್ಟು ಹೊಱಟದು (ಪ್ರಚಕ್ರ 291); ಹೊಱಡ ಹಾಕಲ್ ಪಟ್ಟವನು (ನಿಷ್ಕಾಸಿತ, ಅವಕೃಷ್ಟ 364); ಒನ್ದಱಿನ್ದ ಈಚೆಗೆ ಹೊಱಟದು (ಉದ್ವಾನ್ತ, ಉದ್ಗತ 380); ಬಿಸಿಲು ಸೆಕೆ ಮುನ್ತಾದವುಗಳಲ್ಲಿ ಹೊಗೆ ಹೊಱಡುವನ್ತೆ ಒಣಗಿಸಿ ಕಾಯಿಸಲ್ ಪಟ್ಟನ್ಥಾದು (ಸನ್ತಾಪಿತ, ಸನ್ತಪ್ತ, etc. 382). ರಾಯನು ತನ್ನ ಓಲಗದಲ್ಲಿ ಕುಳಿತಾಗ ಮಾತಿಗೆ ಮಾತು ಹೊಱಟು (B. 3, 49). ಊರು ಮೂಱು ಸುತ್ತು ಸುತ್ತಿದರೂ ಊರ ಬಾಗಲಲ್ಲಿಯೇ ಹೊಱಡ ಬೇಕು (Prv.).

ಹೊಱಡುವಿಕೆ hŏṟaḍuvikĕ. Going outside, etc. ದಣ್ಡೆತ್ತಿ ಯುದ್ಧಕ್ಕೆ ಹೊಱಡುವಿಕೆ (ಯಾನ Si. 262); ಶತ್ರುಗಳೆದುರಾಗಿ ದಣ್ಡೆತ್ತಿ ಕಾಳಗಕ್ಕೆ ಹೊಱಡುವಿಕೆ (ಅಭಿಷೇಣನ 391); ಹೊಱಕ್ಕೆ ಹೊಱಡುವಿಕೆ (ಪ್ರವಹ, ಬಹಿರ್ಗಮನ 393).

ಹೊಱತು hŏṟatu. = ಹೊರ್ತು. That is outside, that is excepted: being left alone; being not that; being not present; except; without. ಈ ಮಾತು ಹೊಱತು ಬೇಱೆ ಯಾವದಾದರೂ ಹೇೞು! (My.). ಚವರ್ಗ ಟವರ್ಗಂಗಳ್ ಹೊಱತಾಗೆ (ಚಟವರ್ಗಮ್ ಉೞಿಯೆ Śmd. 78 Cm.). ಕಡೆಗೋಲು ಹೊಱತಾಗಿ ಬೆಣ್ಣೆ ತೋಱುವದೇನೊ? (Dp. 148). ಅವನ ಬಾಯ್ಯಲ್ಲಿ ಕೆಟ್ಟ ಮಾತೇ ಹೊಱತು ಒಳ್ಳೇ ಮಾತು ಬರುವದಿಲ್ಲ (My.).

ಹೊಱಬಿಗ hŏṟabiga. = ಪೊಱಬಿಗ. (Bh. 10, 6, 9; J. 28, 10).

ಹೊಱಮೆ hŏṟamĕ. That is outside or in the rear. ಸೇನೆಯ ಹೊಱಮೆ (ಪ್ರತಿಸರ Nr.).

ಹೊಱಸು hŏṟasu. A kind of pigeon (ಜೀವಂಜೀವ, ಕಪಿಂಜಲ, ಚಕೋರ, ಹಾರೀತ, ವಂಜುಲ, ಕಪೋತ Hlâ.; ಕಪೋತ, ಚಕೋರ, ಜೀವಿ, ಹಾರೀತ, ಕಪಿಂಜಲ Mr. 172). *Cf.* T. ಪುಱವ, ಪುಱವು, ಪುಱಾ, a dove.

ಹೊಱಿಗೆ hŏṟigĕ. = ಪೊಱಿಗೆ, (ಹೋಱೆ). Business, work (Bh. 5, 4, 118; 6, 6, 19; 7, 1, 5; 8, 26, 3; C.).

ಹೊಱಿಗೆವಾಳ hŏṟigĕ-vâḷa. A servant (Râm. 5, 1, 34; 6, 50, 31).

ಹೊಱಿಸು hŏṟisu. = ಒಱಿಸು, ಪೊಱಿಸು. To put on the head (of another, My.), to put on (another, Râm. 5, 8, 53); to cause to carry, to have carried (C.); to lay on, to impose (as a business, My.); to impute (as blame, crime, etc., My.). ಒಬ್ಬ ಸೇವಕನ ತಲೆಯ ಮೇಲೆ ಪರಿ ಪರಿಯ ಅನ್ನವನ್ನು ಹೊಱಿಸಿ ಕೊಣ್ಡು ಸಂಗಡಲೇ ಬನ್ದು (B. 4, 77). ಇಲ್ಲದ ತಪ್ಪಗಳನ್ನು ಮೇಲೆ ಹೊಱಿಸಿ ಹೇೞುವದು (ಮಿಥ್ಯಾಭಿಶಂಸನ, ಅಭಿಶಾಪ Si. 56); ಅಪನಿನ್ದೆಯನ್ನು ಹೊಱಿಸಿ ಅಪಕಾರ ಮಾಡುವಿಕೆ (ನಿಕಾರ, ವಿಪ್ರಕಾರ 392). ತಪ್ಪ ಹೊಱಿಸೋಣ (ಆರೋಪಣ G.). ಅವನ ಮೇಲೆ ತಪ್ಪು ಹೊಱಿಸಿದನು (My.). ಅವಳಿಗೆ ಮಾತು ಹೊಱಿಸುತ್ತಾರೆ (B. 2, 292).

ಹೊಱು hŏṟu. ಹೊಱ್. = ಪೊಱ್, ಪೊಱು. To take upon or bear on the head, to carry on the head, etc.; to carry about (in the heart, as another's dear feet, Bp. 36, 31); to take upon one's self (as a vow, 27, 62), to impute or attribute to one's self (as a fault, 39, 32); to assume or adopt (as a name, 54, 45); to obtain or fetch (as price, see Mr. below);—to come upon (somebody, as a fault, *e. g.* ಅವನ ಮೇಲೆ ತಪ್ಪು ಹೊತ್ತಿತು, My.); —to impute (to another, see ಅಪರಾಧ-). P. p. ಹೊತ್ತು (q. v.; C.). ಹೊತ್ತ ಬೆಲೆ (ವೇತನ, ಮೌಲ್ಯ, ಕ್ಲಪ್ತ Mr. 346). ಮನುಷ್ಯರ ಹೊಱುವವಂ (ನಹಿಕ Mr. 381). ಚನ್ನಾಗಿ ಹೊಱಲುಳ್ಳ ಕುದುರೆ (ವಿನೀತ, etc. Si. 272). ಆ ಹೆಂಗಸು ತಲೆಯ ಮೇಲೆ ಏನು ಹೊತ್ತು ಕೊಣ್ಡು ಬರುತ್ತಾಳೆ? (B. 1, 1). ಅಡವಿಯೊಳಗಿಹ ವೇಣು ತಿದ್ದಿದರೆ ಮೆಯ್ಗೊಟ್ಟ ಕಡುಹುಳ್ಳ ದೊರೆಗಳನ್ನು ಹೊಱವುತ (an unwarrantable form for ಹೊಱುತ) ಇಹುದು (Dp. 148). ಹೊಱ ಬಲ್ಲವನಿಗೆ ಆಳು ಬೇಡ, ಅಡ ಬಲ್ಲವನಿಗೆ ಹೆಣ್ಡತಿ ಬೇಡ.—ಮಣ್ಣು ಹೊಱುವವನು ತಲೆಗೆ ಬೆಣ್ಣೆ ಹಚ್ಚ ಕೊಣ್ಡನ್ತೆ.—ಲೆಕ್ಕದಿನ್ದ ಹೊತ್ತದಕ್ಕೂ ಮುಪ್ಪಿನಿನ್ದ ಸತ್ತದಕ್ಕೂ ದುಃಕ್ಕವೇನು?—ಬತ್ತ ಕತ್ತೆ ಹೊತ್ತರೆ ಅತ್ತೆ ಅಡಿಗೆ ಮಾಡಳೇ?—ಛರದಿನ್ದೆ ಹೋಗುವವನ ಸಂಗಡ ಹೊಱೇ ಹೊತ್ತಿಯಾ? ಅನ್ದ.—ಬಾವನಾದರೆ ಬಾರವಾದ ಹೊಱೆ ಹೊತ್ತಾನೇ? (Prvs.). See Bp. 10 sum.; 10, 6; 18, 51; 21, 8; 29, 18. 20; 30, 4; 44, 5; 50, 35; 55, 28; 57, 32.

ಹೊಱೆ hŏṟĕ. = ಪೊಱೆ. A load (for the head, as of wood, Bp. 30 sum.; 30, 4; 38, 57; C.; B. 2, 30; as of leaves, B. 4, 42; etc.), a burden (in general). 2, the burden: bulk, etc. (ಮಾತ್ರೆ, ಪೊಱೆ Nn. 157). ತಲೆಹೊಱೆ (ವಿವಧ, ವೀವಧ, ಭಾರ, ಪರ್ಯಾಹಾರ Hlâ.). ಬಣ್ಡಿಯ ಹೊಱೆ (ಆಚಿತ, ಶಾಕಟಭಾರ Nr.). ಹೊಱೆಯ ಹೊತ್ತು ಬದುಕುವವನು (ಭಾರೋಪಜೀವಿ Nn. 86). ಹೊಱೆ ಹೊತ್ತವನ ತುಱೆ ಮಱೆಯಾದರೆ ಹೋದೀತೇ?—ಒಱೇ ಮಾತಿನವ ಹೊಱೆ ಹೊತ್ತಾನೇ?—ಹತ್ತಱ ಹಲ್ಲ ಕಡ್ಡಿ ಒಬ್ಬನ ತಲೇ ಹೊಱೆ (Prvs.; see Prvs. s. ಸವದೆ, ಸವುದೆ & ಹೊಱು). ಹೊಱೆಯನ್ನು ಹೊಱುವ ಕರ್ಣಾಶ್ವ (ಪೃಷ್ಠ್ಯ, etc. Si. 273); ಹೊಱೆಯನ್ನು ಹೊಱುವದಕ್ಕೆ ತಕ್ಕ ವಯಸ್ಸುಳ್ಳ ಚಲುವಾದ ಹೋರಿ (ಜಾತೋಕ್ಷ 319). See Sarpabhûshaṇa s. ಮನ್ದರ.—ಹೊಱೆಗಟ್ಟು. -ಕಟ್ಟು. To tie into a load, to make a bundle of (Bp. 21, 3).—ಹೊಱೆಗಡಿ. -ಕಡಿ. To cut down to the full extent (Bh. 7, 17, 25).—ಹೊಱೆಯಾಳು. -ಆಳು. A porter, a carrier (Râm. 1, 16, 10).

ಹೊಱೆಕಾಱ hŏṟĕ-kâṟa. A porter (ಭಾರವಾಹ, ಭಾರಿಕ Nr.).

ಹೊರ್ಜಿ hŏrji. = ಹೊರಜಿ, etc. (My.).

ಹೊರ್ತು hŏṟtu. = ಹೊಱತು. (C.; ಋತೇ, ವಿನಹ G.). ಇದಱ ಹೊರ್ತು ಓದುವ ಪುಸ್ತಕದೊಳಗಿನದೊನ್ದು ಪುಟ ಹಱದಿತ್ತು (B. 1, 23). ಇದಱ ಹೊರ್ತು ಮತ್ತೇನಾದರೂ ನಿನಗೆ ನೆನಪುಣ್ಟೋ? (3, 2). ಹಕ್ಕಿಗಳ ಹೊರ್ತು ಎರಡನೇ ಪ್ರಾಣಿಗಳಿಗೆ ಹೋಗಲಿಕ್ಕೆ ಬಾರದ ಗುಡ್ಡದ ತುದಿಯ ಮೇಲೆ ಸಹಾ ಆಡುಗಳು ಏಱುತ್ತವೆ (3, 10). ಕಬ್ಬಿನ ರಸದ ಹೊರ್ತು ತಾಳೇ ಮರದ ರಸದಿನ್ದಲೂ ಸಕ್ಕರೆಯನ್ನು ಮಾಡುತ್ತಾರೆ (8, 47). ಯಾರಾದರೂ ಬನ್ದು, ಈ ಮನೆ ತನ್ನಿನ್ದ ತಾನೇ ಆಗಿದೆ ಹೊರ್ತು ಮನುಷ್ಯನಿರ್ಮಿತವಲ್ಲೆನ್ದು, ಹೇೞಿದರೆ ಸ್ವಲ್ಪವಾದರೂ ಅದನ್ನು ನಮ್ಬುವರೋ? (4, 58). ಚಿನ್ನವು ಸ್ವತಃಸಿದ್ಧಪದಾರ್ಥವೇ ಹೊರ್ತು ಮನುಷ್ಯನ ಕೃತಿಯಿನ್ದ ಉಣ್ಟಾಗದು (4, 107). ಮೂಱು ನಾಲ್ಕು ಗೞಿಗೆ ತೋಟದೊಳಗೆ ಓಡಾಡದ ಹೊರ್ತು ನನಗೆ ಹಸಿವೆಯಾಗುವದಿಲ್ಲ (4, 186). ಅನೇಕ ಜನರು ಚೆಲೋ ವಸ್ತ್ರಗಳನ್ನೂ ಮನೋಹರವಾದ ಪದಾರ್ಥಗಳನ್ನೂ ದೊರಕಿಸುವ ಸಲುವಾಗಿಯೇ ಬಹಳ ಕಷ್ಟ ಪಟ್ಟು ದ್ರವ್ಯಸಂಗ್ರಹ ಮಾಡುತ್ತಾರೆ ಹೊರ್ತು ಕದನ್ನ ಉರಟೆ ಅಱಿವಿಗೋಸ್ಕರವಾಗಿ ಅಲ್ಲ (5, 76). ಆ ಪದಾರ್ಥಗಳು ಕಷ್ಟದ ಹೊರ್ತು ದೊರೆಯುವದಿಲ್ಲ (5, 77). ಕಾಱುಗಳನ್ನು ಸನ್ತೆಯೊಳಗೆ ಮಾಱುತ್ತಿರಲಾಗಿ ಬರುವಷ್ಟೇ ಬೆಲೆ ಬರುವದೇ ಹೊರ್ತು ಅದಱೊಳಗೇನೂ ಹೆಚ್ಚು ಕಡಿಮೆ ಆಗಲಿಕ್ಕಿಲ್ಲ (5, 121). ಆ ನಡುಗಡ್ಡೆಯಲ್ಲಿ ತೆಱಗೇ ಹೊರ್ತು ಬೇಕಾದಷ್ಟು ಭೂಮಿ ಹಾಗೆ ದೊರೆಯುತ್ತದೆ (5, 127). ಕಾಱನ್ನು ಅರೆಯುವ ಕೆಲಸವು ಅವನ ಹೊರ್ತು

ಎರ್ಡನೆಯವರಿನ್ದ ಆಗುತ್ತಿದ್ದಿಲ್ಲ (5, 129). ಕೆಲಸದ ಹೊರ್ತು ಮತ್ತೇನೂ ನನಗೆ ಬೇಕಾಗಿಲ್ಲ (5, 132). ಇನ್ಥಾ ಮಾತುಗಳು ವಿದ್ವಾಂಸರ ಹೊರ್ತು ಉದಾಸೀಯವರಿಗೆ ತಿಳಿಯುವದಿಲ್ಲ (5, 169). ದೀಕ್ಷೆ ಮಾಡಿದ ಹೊರ್ತು ಮೋಕ್ಷ ಬರಲಿಕ್ಕಿಲ್ಲ.— ನೀರು ಹಳ್ಳಕ್ಕೆ ಹೋದೀತೇ ಹೊರ್ತು ದಿಣ್ಣೆಗೆ ಹೋದೀತೇ?— ನೊಣ ಕೂತರೆ ವ್ರಣ ಹೊರ್ತು ಹೆಣ ಜೀವಿಸೀತೇ?— ಪಾಯಸವಾದರೂ ಆಯಾಸದ ಹೊರ್ತು ಸಿಕ್ಕದು.— ಪಿರಿಯಾದಿ ಮಾಡದ ಹೊರ್ತು ದಾಯಾದಿ ಕೇಳ.— ಪೆಟ್ಟಿಗೆ ತುಮ್ಬ ಹಣವಿದ್ದರೂ ಕಟ್ಟಿಗೆ ಹೊರ್ತು ಗತಿ ಇಲ್ಲ.— ಭೂತವಾದರೂ ಭಕ್ತಿಗೆ ಹಾಕಿದ ಹೊರ್ತು ಭೀತಿ ತಪ್ಪದು.— ತೊಟ್ಟಿಲೊಳಗಣ ಕೂಸಾದರೂ ಅತ್ತ ಹೊರ್ತು ಹಾಲು ಕೊಡರು (Prvs.). — ಹೊರ್ತು ಮಾಡು. To except, to exempt (ವಿನಾಯಿಸು, ಬಿಡು G.).

ಹೊರ್ದುಗೆ hordugĕ. = ಪೊರ್ದುಗೆ, etc. Joining; that is appended: something subordinate or inferior (ಉಪಾಙ್ಗ, ಉಪಸರ್ಜನ Hlâ.).

ಹೊಲ್ hŏl. = ಪೊಲ್ 2, q. v. Meanness, badness, etc. ಹೊಲ್ಲಾಗಿ ನುಡಿವವಂ (ಕಷ್ಟದ, ಗರ್ಹ್ಯವಾದಿ Hlâ.; ಗರ್ಹ್ಯವಾದಿ Mr. 240). ಬ್ರಾಹ್ಮಣಿಕೆ ಹೊಲ್ಲ ಕೆಯ್ವುದು (ಅಬ್ರಹ್ಮಣ್ಯ, ಅವಧ್ಯ Hlâ.). — ಹೊಲ್ಲಂ. -ಅಂ. = ಪೊಲ್ಲಂ. A mean, bad man. ಇಲ್ಲದ ಕಾಲಕ್ಕೆ ತಾ ಹೊಲ್ಲನವ ಜನರಿಂಗೆ; ಅಲ್ಲದ ಗುಣವುಳ್ಳ ಅರಸಿಂಗೆ, ಸಾಲಕ್ಕೆ ಕಳ್ಳೆದೆಯು ಬೇಕು (Sp.). — ಹೊಲ್ಲಹ. -ಅಹ. Mean, bad, improper, disagreeable, etc. (Bp. 18, 40; 21, 14). ಹೊಲ್ಲಹ ನಾತ (ದುರ್ಗನ್ಧ); ಹೊಲ್ಲಹ ಬಟ್ಟೆ (ಕಾಪಥ, ವಿಪಥ, etc. Nr.). ಹೊಲ್ಲಹ ವಸ್ತು (ಅರ್ವ, ಅಣಕ, ವಪಸದ, ಅಧಮ Hlâ.). — ಹೊಲ್ಲಹವನು. -ಅವನು. A mean, contemptible man (ಕಟ್ವರ, ಕುತ್ಸಿತ Hlâ.).

ಹೊಲ hŏla. 1. = ಹೊಲೆ, etc. — ಹೊಲಗೇರಿ. -ಕೇರಿ. = ಹೊಲೆಗೇರಿ. (My.). ಊರಿದ್ದ ಕಡೆ ಹೊಲಗೇರಿ.— ಊರು ಬಿಟ್ಟು, ಹೊಲಗೇರಿಯಲ್ಲಿ ತಂಗಿದರು (Prvs.).

ಹೊಲ hŏla. 2. = ಹೊಲಿದು. P. p. of ಹೊಲಿ, in ಹೊಲ ಕೊಳ್ಳು (C.; B. 5, 124).

ಹೊಲ hŏla. 3. = ಪೊಲ. A plough-field; a corn land (ವಲಜ, ಕ್ಷೇತ್ರ Si. 418; C.; Bp. 18, 12. 70; 60, 22. 23; Bh. 1, 8, 48; 3, 13, 16); etc. ಹೊಲ ಬಲ್ಲದುದು (ಕಿಲ, ಸವ್ಯಾಪ್ಯ Nr.). ಹೊಲಕ್ಕೆ ಹೋದರೆ ಹುಲಿಯ ಕಾಟ, ಮನೆಗೆ ಬನ್ದರೆ ನುಸಿಯ ಕಾಟ.— ಹೊಲ ಹಚ್ಚಗಾಯಿತು, ಒಡೆಯನ ಕಣ್ಣು ಕೆಮ್ಪಗಾಯಿತು.— ಹೊಲವೆಲ್ಲ ಹಾಳಾಯಿತು, ಹಿಡಿನೂಡಿಗೆ ಬಡಿದಾಟ.— ಹೊಲೆಯನ ನಮ್ಬಿ ಹೊಲವ ಹೊಗ ಬಾರದು, ಕುಳ್ಳನ ನಮ್ಬಿ ನೀರಿಗಿಳಿಯ ಬಾರದು.— ಹೊಲದ ಹತ್ತಿ ಹೊಲದಲ್ಲೇ! ನಿನಗೆ ಮೊಳ ಉದ್ದ, ನನಗೆ ಮೂರು ಉದ್ದ ಅನ್ದ ಹಾಗೆ.— ಹೊಲಾ ಬಿತ್ತಿ ನೋಡು, ನೆಲಾ ಸಾರಿಸಿ ನೋಡು!— ನೇಗಲು ಹುತ್ತರ ಹೊಲ, ಹಾಲು ಇದ್ದರೆ ಗೋವು.— ಪೋಲಿಯವನ ಹೊಲಕ್ಕೆ ಬೇಲಿ ಉಣ್ಟೇ?— ಫಲಾ ನೋಡದೆ ಕೆಟ್ಟಿತು, ಹೊಲಾ ಹೂಡದೆ ಕೆಟ್ಟಿತು.— ಬೇಲಿ ಎದ್ದು ಹೊಲ ಮೇಯುವಾಗ್ಗೆ ಕಾಯೋದು ಯಾರು? (Prvs.). — ಹೊಲ ಮಾಡು. To till the ground (C.; B. 5, 81). ಹೊಲ ಮಾಡುವವ (ಕರ್ಷಕ G.). — ಹೊಲದವರೆ. -ಅವರೆ. = ಅವರೆಬಳ್ಳಿ. (St. & Pl.). — ಹೊಲಮೇರೆ. A boundary, a limit (ಅವಧಿ, ಮರ್ಯಾದೆ, ಸೀಮ, etc. Hlâ.; ಸೀಮೆ, ಆಘಾಟ Mr. 188). — ಹೊಲಹೊಲಸದಟಿಕ. (Râm. 5, 8, 50; ತಟಿಕ, a cutter?).

ಹೊಲಗೆ hŏlagĕ. = ಹೊಲಿಗೆ. (C.; B. 5, 294).

ಹೊಲತಿ hŏlati. = ಪೊಲತಿ. A low-caste woman (Bp. 57, 57; My.).

ಹೊಲಬಿಗ hŏlabiga. = ಪೊಲಮ್ಬಿಗ. A circumspective, clever man (Bp. 85, 85).

ಹೊಲಬು hŏlabu. = ಪೊಲಬು. A way; a manner, a mode, a circumstance (Bp. 25, 7; Râm. 3, 2, 20; Abhâ. 1, 31); proper manner. ಹೊಲಬನರಿಯದ ಮಾತು ತಲೆಬಾಗಿಯೆದ್ದನ್ತೆ, ಹೊಲಬರಿತು ಬನ್ದ ನುಡಿದರೆ ಆ ಮಾತು ಫಲಪಕ್ವದನ್ತೆ (Sp.). ಹೊಲಬನರಿಯದ ಗುರುವು, ತಿಳಿಯಲರಿಯದ ಶಿಷ್ಯ, ನೆಲೆಯನಾರಯ್ಯುದುಪದೇಶಮ್ ಅನ್ಧಕನು ಕೊಳನು ಹೊಕ್ಕನ್ತೆ (Sp.). — ಹೊಲಬುಗಿಡು. -ಕಿಡು. = ಪೊಲಮ್ಬುಗಿಡು. The way (or direction) to be lost; to become bewildered (ದಿಗ್ಭ್ರಮಣ Śmd. Dh.). — ಹೊಲಬುಗೆಡಿಸು. -ಕೆಡಿಸು. To destroy the ways or rules: to transgress ad libitum (Bh. 5, 8, 14). — ಹೊಲಬುಗೆಡು. -ಕೆಡು. = ಹೊಲಬುಗಿಡು. (Bp. 40, 26). — ಹೊಲಬುದಪ್ಪು. -ತಪ್ಪು. = ಪೊಲಮ್ಬುದಪ್ಪು. (Dp. 158, 1).

ಹೊಲಸ hŏlasa. = ಹೊಲಸು. (B. 5, 83. 205. 292).

ಹೊಲಸತನ hŏlasatana. = ಹೊಲಸುತನ. (B. 5, 31).

ಹೊಲಸು hŏlasu. = ಪೊಲಸು. Nastiness; nasty matter, filth, impurity; dirtiness; nasty (ಅವಕರ, ಕಚ್ಚರ, ಮಲಿನ G.; C.; B. 1, 6; 3, 32; 4, 24. 225. 226; Dp. 54); disagreeableness (disagreeably, Bp. 4, 25). ಹಡಗದೊಳಗಿನ ಹೊಲಸು ತೆಗೆಯುವದಕ್ಕೆ ಮಾಡಿದ ಕಟ್ಟಿಗೆಯ ಗೋರೆ (ಅಭ್ರಿ); ಹೊಲಸು ನಾರುವ ಹೆಣ (ಕುಣಪ G.). — ಹೊಲಸುಮಾತು. An obscene word (My.).

ಹೊಲಸುತನ hŏlasutana. The state of being nasty, impure, etc. (C.; B. 3, 31).

ಹೊಲಿ hŏli. = ಪೊಲ್ 1. To sew (Bp. 18, 29; 28, 8; Č. Bp. 47, 46; C.; B. 5, 275). ಪಾದರಕ್ಷೆಗಳನ್ನು ಹೊಲಿಯುವವನು (ಪಾದೂಕೃತ್, etc. Si. 333); ದಾರದಿನ್ದ ಹೊಲಿಯಲ್ ಪಟ್ಟದು (ಊತ, ಸ್ಯೂತ, ಉತ 332). ಹೊಲಿಯುವವನ ಬಲಕ್ಕಿರ ಬೇಡ, ಅಯಿವವನ ಎಡಕ್ಕಿರ ಬೇಡ (Prv.). ಹೊಲಿಯೋಣ (ಸೇವನ G.).

ಹೊಲಿಗೆ hŏligĕ. = ಪೊಲಿಗೆ, ಹೊಲಿಗೆ. Connection (Čh. v. 19); sewing; needle-work (C.; B. 5, 146. 277). ಊತ ಸ್ಯೂತ ಎಮ್ಬಿವು ನೂಲನೆಯ್ಗೆಯಲ್ಲಿಯೂ ಹೊಲಿಗೆಯಲ್ಲಿಯೂ ವರ್ತಿಸುಗು (Nr.).

ಹೊಲಿಸು hŏlisu. To cause to sew, to have sewed (C.; B. 1, 26; 2, 7).

ಹೊಲು hŏlu. P. p. of ಹೊಲಿ, in ಹೊಲು ಕೊಳ್ಳು (My.).

ಹೊಲೆ hŏlĕ. = ಪೊಲೆ q. v., ಹೊಲ 1. The lochia (ರಜಸ್, ಪುಷ್ಪ, ಆರ್ತವ, ಮುಟ್ಟು Si. 188; My.). ಹೊಲೆ ಕೆಡಲು (ನಿಷ್ಕಲೆ Mr. 302). ಹೊಲೆಯಾದವಳು (ರಜಸ್ವಲೆ, ಸ್ತ್ರೀಧರ್ಮಿಣಿ, ಮಲಿನಿ, ಪುಷ್ಪವತಿ, ಹುತುಮತಿ, ಉದಕ್ಯೆ Si. 188); ಹೊಲೆ ನಿನ್ತು ಹೋದ ಮುದುಕಿಯನ್ನಾವಳು (ನಿಷ್ಕಲೆ, ವಿಗತಾರ್ತವೆ 188); ಹೆಂಗಳ ಹೊಲೆ (ರಜಸ್ 464). **2,** taint, pollution, defilement; impurity; meanness, etc. (C.). ಮುಟ್ಟಾದ ಹೊಲೆಯೊಳಗೆ ಹುಟ್ಟೋದು ಜಗವೆಲ್ಲ; ಮುಟ್ಟ ಬೇಡೆನ್ನು, ತೊಲಗುವ ಹಾರ್ವ ತಾ ಹುಟ್ಟಿದನೆಲ್ಲಿ? (Sp.). ಎಂಜಲು ಹೊಲೆಯಿಲ್ಲ, ಸಂಜೆಗತ್ತಲೆಯಿಲ್ಲ, ಅಂಜಿಕೆಯೆಮ್ಬ ಭಯವಿಲ್ಲ ಜ್ಞಾನವೆಮ್ಬ ಅಂಜನವಿರಲು (Sp.). ಜಂಗಮಕ್ಕೆ ಕುಲವಿಲ್ಲ, ಗಂಗೆಗೆ ಹೊಲೆಯಿಲ್ಲ.— ತೊಲೆಯಿನ್ದ ಹಲವಾಗುತ್ತದೆ, ಹೊಲೆಯಿನ್ದ ಭ್ರಷ್ಟವಾಗುತ್ತದೆ.— ನೆಲೆಯಿಲ್ಲದವನ ಮಾತು ಹೊಲೆಗಿನ್ತ ಹೆಚ್ಚು (Prvs.). — ಹೊಲೆಗಲಸು. -ಕಲಸು. To have one's self intermixed with pollution (of caste), to be defiled (Bp. 55, 6; 57, 88). 2, to defile (55, 9. 12). — ಹೊಲೆಗಿನ್ನರಿ. -ಕಿನ್ನರಿ. A vulgar lute, a lute of the Čaṇḍâlas (ಚಾಣ್ಡಾಲಿಕೆ, ಕಣ್ಡೋಲವೀಣೆ, ಚಣ್ಡಾಲವಲ್ಲಕಿ Nr.). — ಹೊಲೆಗೆಡು. -ಕೆಡು. To be ruined by any pollution (as a house, My.). — ಹೊಲೆಗೇರಿ. -ಕೇರಿ. = ಹೊಲಗೇರಿ. A street of pollution or filth: a street or place where outcasts or Hŏlĕyas live (Bp. 30, 28; 49, 30; C.).

— ಹೊಲೆಪಾಟು. A bad state or mode. See Sp. s. ಮೆಳೆ. — ಹೊಲೆಮನ. An impure, base mind (Abhâ. 2, 82). — ಹೊಲೆಮನೆ. A room appropriated to a woman in her courses (My.); a lying-in chamber (My.). — ಹೊಲೆಯ. -ಅ 3. = ಪೊಲೆಯ, q. v. A low-caste man, a Hŏleya (ದಿವಾಕೀರ್ತಿ Hlâ., Mr. 479; ಚಣ್ಡಾಲ, ಪ್ಲವ, ಮಾತಂಗ, ದಿವಾಕೀರ್ತಿ, ಜನಂಗಮ, ನಿಷಾದ, ಶ್ವಪಚ, ಅನ್ತೇವಾಸಿ, ಚಾಣ್ಡಾಲ, ಪುಕ್ಕಸ Nr.; ದಿವಾಕೀರ್ತಿ, ಪೊಲೆಯ Nn. 152; Bp. 21, 44; 56, 49. 50; Bh. 8, 25, 40; 6, 3, 48; Dp. 24; C.; B. 5, 123). ಕೊಲುವ ಕೈಯ್ಯೊಳು ಪೂಜೆ, ಮೆಲುವ ಬಾಯೊಳು ಮನ್ತ್ರ; ಸಲೆ ಪಾಪವೆರೆದ ಮನದೊಳು ಪೂಜಿಪನು ಹೊಲೆಯಗು ಕಷ್ಟ (Sp.). ಹೊಲೆಯನ ಪಾಯಸ ಹಾರುವನಿಗೆ ಯಾಕೆ? — ಹೊಲೆಯನ ನಪ್ಪಿ ಹೊಲವ ಹೊಗ ಬಾರದು, ಕುಳ್ಳನ ನಪ್ಪಿ ನೀರಿಗಿೞಿಯ ಬಾರದು. — ಹೊಲೆಯನ ಇಷ್ಟ ಉಪ್ಪಿನ ಕಾಯಿಯ ಕೇಡು. — ಹೊಲೆಯ ಹೊತ್ತು ಅೞಿಯ, ಕಬ್ಬಲಿಗ ಕಾರ್ಯ ಅೞಿಯ. — ಹಾರುವ ಮಾಡುವದು ಪಿಣ್ಡಕ್ಕೆ, ಹೊಲೆಯ ಮಾಡುವದು ಹೆಣ್ಡಕ್ಕೆ (Prvs.). — ಹೊಲೆಯರ ಕಾಗೆ. A raven (Pr.). — ಹೊಲೆಯರ ಹೊಲೆಯ. A very low Hŏleya (Bp. 56, 48). — ಹೊಲೆಯವ. -ಅವ. A nasty man (My.). 2, a Hŏleya (ಚಣ್ಡಾಲ, etc. Si. 341; ಮಾತಂಗ 409). — ಹೊಲೆಯಾಗಿರು. -ಆಗಿ-ಇರು. (A woman) to be in (her) courses (My.). — ಹೊಲೆಯಾಳು. -ಆಳು. A low-caste servant. ಹೊಲೆಯಾಳಿಗೆ ಒನ್ದು ಮನೆಯೊಳು ಸೆೞೆಯಾಯಿತು (Prv.). — ಹೊಲೆಯೂರು. -ಊರು. A nasty village (i. e. the yôni). See Prv. s. ಹುಟ್ಟು 1. — ಹೊಲೆ ಹೊರೆ. Impurity to be attached (Bh. 6, 3, 48).

ಹೊಲ್ಲ hŏlla. 1. = ಪೊಲ್ಲ. Meanness, impropriety, etc. (Bp. 40, 47. 49; Bh. 7, 1, 9). ಆಳ ಹೊಲ್ಲ ಆಡಿನ, ಕೆಳೆ ಹೊಲ್ಲ ಕೋಡಗನ, ಅಱು ಕೋಪವೋಪರೊಳೆ ಹೊಲ್ಲ, ಮೂರ್ಖನ ಗೆಳೆತನ ಹೊಲ್ಲ (Sp.). ಬೇಡಂಗೆ ಕೊಡೆ ಹೊಲ್ಲ, ಆಡಿಂಗೆ ಮಱೆ ಹೊಲ್ಲ, ಬೇಡುಮ್ಬವಂಗೆ ಬಱಿ ಹೊಲ್ಲ, ದ್ವಿಜನಿಗೆ ನಾಡ ನುಡಿ ಸಲ್ಲ (Sp.). ಆಡಿ ಹುಸಿಯಲು ಹೊಲ್ಲ, ಕೂಡಿ ತಪ್ಪಲು ಹೊಲ್ಲ, ಕಾಡುವ ನೆಣ್ಟ ಬರ ಹೊಲ್ಲ, ಮಾನಿನಿಗೆ ನಾಡ ಮಾತ್ಹೊಲ್ಲ (Sp.). ಅಱಿವು ಇರದಿರೆ ಹೊಲ್ಲ, ಕರಿಯು ಬೆಡಬಿಲು ಹೊಲ್ಲ, ಅಱಿಯದೂರೊಳಗಿರ ಹೊಲ್ಲ, ದೊರೆಗಳಿಗೆ ಸರಿಮಾತು ಹೊಲ್ಲ (Sp.). ಎನ್ತಪ್ಪನಾದರೂ ಮನ್ತ್ರಿಯಾ ಹಗೆ ಹೊಲ್ಲ; ಎನ್ತಕ್ಕಮ್ ಅರಸು ಮುನಿದರೆ ಆ ಮನ್ತ್ರಿಯನ್ತಕನಕ್ಕು (Sp.).

ಹೊಲ್ಲ hŏlla. 2. (fr. ಪೊಲ್ 1 = a ಹೊಲ್). Joining, uniting (T. ಪುಲ್ಲಲ್). — ಹೊಲ್ಲಾಹೊಲ್ಲಿ. (Śmd. 220, o. r. in Mḍb. MS. ಹೊಲ್ಲಾಹೊಲ್ಲ). A close fight.

ಹೊಲ್ಲಮೆ hŏllamĕ. = ಪೊಲ್ಲಮೆ, etc. Badness, etc. (ಪ್ರತ್ಯವಾಯ Hlâ.).

ಹೊಲ್ಲಯಿಸು hŏllayisu. To join (v. t.?). ಹೊಲ್ಲಯಿಸಿದಂ or ಹೊಲ್ಲೈಸಿದಂ (Śmd. 189).

ಹೊಲ್ಲವೆ hŏllavĕ. = ಹೊಲ್ಲಮೆ, etc. (ಅಪಕಾರ, ದ್ರೋಹ Hlâ.).

ಹೊಲ್ಲಹ hŏllaha. = ಹೊಲ್ಲಹು, ಹೊಲ್ಲೆಹ, ಹೊಲ್ಲೆಹು. Badness, impropriety, contumeliousness; reproach, blame. ಇಲ್ಲದ ಹೊಲ್ಲಹವನ್ ಇಕ್ಕುವ (ಮಿಥ್ಯಾಭಿಯೋಗ, ಅಭ್ಯಾಖ್ಯಾನ Nr. *a*). (For another ಹೊಲ್ಲಹ see s. ಹೊಲ್).

ಹೊಲ್ಲಹು hŏllahu. = ಹೊಲ್ಲಹ, etc. ಇಲ್ಲದ ಹೊಲ್ಲಹಂ ಮೇಲಿಕ್ಕಿ ನುಡಿಪ (ಮಿಥ್ಯಾಭಿಶಂಸನ, ಅಭಿಶಾಪ Nr. *a*).

ಹೊಲ್ಲಿಯ hŏlliya. (ಹೊಲ್ಲೆಯ). = ಪೊಲ್ಲೆಯ. See Kk. s. ಪೊಲ್ಲಣ.

ಹೊಲ್ಲೆಹ hŏllĕha. = ಹೊಲ್ಲಹ, etc. (ವಾರ್ತೆ Nn. 138; Bp. 38, 32; 47, 44; 51, 50; Bh. 2, 13, 35). — ಹೊಲ್ಲೆಹಗೆಯ್. To perpetrate bad, savage actions. ಹೊಲ್ಲೆಹಗೆಯ್ವವನು (ನೃಶಂಸ, ಕ್ರೂರಕರ್ಮಕೃತ್ Hlâ.).

ಹೊಲ್ಲೆಹು hŏllĕhu. = ಹೊಲ್ಲಹ, etc. (Bh. 1, 8, 59; 3, 1, 28). ಇಲ್ಲದ ಹೊಲ್ಲೆಹನ್ ಇಕ್ಕುಹ (ಮಿಥ್ಯಾಭಿಯೋಗ, etc. Nr. *b*). ಹೊಲ್ಲೆಹ ಚರ್ಮ (ತಿಪಿವಿಷ್ಟ Hlâ.) ಇಲ್ಲದ ಹೊಲ್ಲೆಹಂ ಮೇಲಿಕ್ಕಿ ನುಡಿಹ (ಮಿಥ್ಯಾಭಿಶಂಸನ Nr. *b*).

ಹೊಸ hŏsa. 1. = ಒಸ, ಪೊಸ, q. v. Newness, freshness, etc. (Bp. 48, 24; 47, 10; C.; B. 2, 4. 22. 37; ಅಪೂರ್ವ ಅಭಿನವ G.). — ಹೊಸ ಅಗಸ. A new washerman. ಹೊಸ ಅಗಸ ಗೋಣೀ ಒಗದ (Prv.). — ಹೊಸ ಅತ್ತೆ. A new mother-in-law. ಹೊಸ್ತಲು ದಾಟುವಾಗಲೇ ಹೊಸ ಅತ್ತೆಯನ್ನ ತರ ಬೇಕನ್ದ ಹಾಗೆ (Prv.). — ಹೊಸ ಒಲುಮೆ. New or novel love (Bp. 27, 7). — ಹೊಸ ಕಣೆ. A new arrow (J. 18, 20). — ಹೊಸ ಗತಿ. A novel way (J. 22, 46). — ಹೊಸ ತುಪ್ಪ. Fresh ghee (ಹೈಯಂಗವೀನ Hlâ.). — ಹೊಸ ನೀರು. Fresh water, *i. e.* water lately come into a tank or to-day brought home (C.). ಹೊಸ ನೀರು ಬನ್ದು, ಹೞೆ ನೀರು ಕೊಚ್ಚಿ ಕೊಣ್ಡು ಹೋಯಿತು (Prv.). — ಹೊಸ ಪೇಟೆ. A new market-place; N. (My.). — ಹೊಸ ಬಟ್ಟೆ. New cloth (ಅನಾಹತ, etc. Si. 221). — ಹೊಸ ಬೆಣ್ಣೆ. Fresh butter (Bp. 42, 2). — ಹೊಸ ಮಡಿ. Newly washed clothes (Bp. 21, 9). — ಹೊಸ ಮಡಿಕೆ. A new vessel (Bp. 55, 29). — ಹೊಸ ಮನೆ. A new house (Dp. 4). ಹೊಸ ಮನೆ ಹೊಗುತ್ತಾ ಕಾಗೆ (that has a bad omen) ಕೊಂಕುಬಿಲ್ಲಿ ಇಟ್ಟು ಕೊಣ್ಡ ಹಾಗೆ (Prv.). — ಹೊಸ ಮಸೆ. = ಪೊಸ ಮಸೆ, q. v. (Bh. 6, 2, 6). — ಹೊಸ ಮಾತು. A new word; news (My.). — ಹೊಸ ಮೋಹ. New (not old) love. ಹಲ್ಲ ಮೇಲಿನ ಕೆಮ್ಪು, ಕಲ್ಲ ಮೇಲಿನ ಹಂಸೆ, ಮಲ್ಲಿಗೆಯರಳ ತನಿಗಮ್ಪು, ಹೊಸ ಮೋಹ ನಿಲ್ಲವು; ನೋಡು! (Sp.). — ಹೊಸ ರೊಟ್ಟಿ. Fresh bread (B. 3, 111). — ಹೊಸ ವರ. A new gift (Bp. 23, 13). — ಹೊಸ ವಸ್ತ್ರ. New cloth (ನೂತನಾಮ್ಬರ Nn. 27). — ಹೊಸ ವೈದ್ಯ. A new doctor. ಹೊಸ ವೈದ್ಯನಿಗಿನ್ತ ಹೞೇ ರೋಗಿ ವಾಸಿ (Prv.). — ಹೊಸ ಸೀರೆ. New cloth, a new garment (ಅಹತ Hlâ.; ಅನಾಹತ, ನವಾಮ್ಬರ, etc. Nr.). — ಹೊಸ ಹೊಸ. rep. (B. 2, 22. 40; 3, 90).

ಹೊಸ hŏsa. 2. P. p. of ಹೊಸೆ 1, in ಹೊಸ ಹೊಸದು (Bp. 14, 17; 18, 28).

ಹೊಸ hŏsa. 3. P. p. of ಹೊಸೆ 2, in ಹೊಸ ಹೊಸದು (Bp. 16, 21; 57, 18).

ಹೊಸಕು hŏsaku. = ಉಸಿಕು, ಉಸಿಗು, ಉಸುಕು 2, ಒಸಗು, ಹೊಸಗು. To rub anything between the hands or with the foot (My.; *cf.* ಹೊಸೆ 1).

ಹೊಸಗು hŏsagu. = ಹೊಸಕು, etc. (My.).

ಹೊಸಗೆ hŏsagĕ. 1. = ಒಸಗೆ 1, ಒಸಿಗೆ, ಪೊಸಗೆ, ಹೊಸಿಗೆ 1. Joy; etc. (My.). 2, = ಋತುಶಾನ್ತಿ (My.).

ಹೊಸಗೆ hŏsagĕ. 2. = ಒಸಗೆ 2, ಹೊಸಿಗೆ 2. Report, news, tidings (My.).

ಹೊಸತಿಲು hŏsatilu. ಹೊಸತಿಲ್. = ಪೊಸನ್ತಿಲ್, etc. A door-sill, a threshold (ಗೃಹಾವಗ್ರಹಣಿ, ದೇಹಲಿ Hlâ.; ದೇಹಲಿ Mr. 199). — ಹೊಸತಿಲುಗನ್ನ. -ಕನ್ನ. A hole made by burglars under a threshold (Bp. 31, 5).

ಹೊಸತು hŏsatu. = ಪೊಸತು 1, etc. That which is new, fresh, novel, etc.; newness, etc. (ನವ್ಯ, ನವ, ನವೀನ, ನೂತನ, ಅಭಿನವ, ನೂತ್ನ Hlâ.; Bp. 25, 27; 26, 58; 32, 22; 38, 52; 47, 18; 60, 19; Bh. 6, 2, 1; My.). ಹೊಸತಾಗಿ ಮೂಡಿದ ಮೊಳೆ (ಅಂಕುರ); ಹೊಸತಾಗಿ ಹೊಱ ಹೊಮ್ಮಿದ ಪತ್ರ ಪುಷ್ಪ ಫಲಾದಿಗಳ ಗೊಂಚಲು (ವಲ್ಲರಿ, ಮಂಜರಿ Nr.). ಹೊಸ

ತಾಗಿ ಮಲತ ಮೊಳಕೆ (ಅಂಕುರ Si. 119); ಹೊಸತಾದದು (ಶಾರದ 431). ಹೊಸತು ಮೆಯ್ಯಲ್ಲಿ, ಹದಿತು ಹಗ್ಗದಲ್ಲಿ (Prv.). — ಹೊಸತು ಹೊಸತು. rep. (Bp. 8, 43).

ಹೊಸದು hŏsadu. 1. = ಹೊಸತು, etc. (ಪ್ರತ್ಯಗ್ರ, ಅಭಿನವ, ನವ್ಯ, etc. Si. 374; C.). ಹದಿದು ಮಾಡಿ ಹೊಸದಿಲ್ಲ, ಬಿಳಿದು ಮಾಡಿ ಬಣ್ಣವಿಲ್ಲ (Prv.). — ಹೊಸ ಹೊಸದು. rep. (B. 5, 269). ಆಗಾಗ್ಗೆ ಹೊಸ ಹೊಸದಾಗಿ ಪ್ರಕಾಶಿಸುವ ಪ್ರಜ್ಞೆಯುಳ್ಳವನು (ಪ್ರಗಲ್ಭ, etc. Si. 359).

ಹೊಸದು hŏsadu. 2. P. p. of ಹೊಸೆ 1, in ಹೊಸ ಹೊಸದು. See Bp. s. ಹೊಸ 2.

ಹೊಸದು hŏsadu. 3. P. p. of ಹೊಸೆ 2 (My.; see Bp. s. ಹೊಸ 3).

ಹೊಸಬ hŏsaba. = ಪೊಸಪ್ಪ. A new man (Bp. 21, 20; C.; B. 4, 157; 5, 48).

ಹೊಸಬಿಗ hŏsabiga. A wonderful man (Bh. 7, 4, 2).

ಹೊಸಲು hŏsalu. = ಒಸಲು, ಹೊಸತಿಲು, etc. (My.).

ಹೊಸಿಗೆ hŏsigĕ. 1. = ಹೊಸಗೆ 1, etc. Joy; etc. (My.). — ಹೊಸಿಗೆಪ್ರಸ್ತ. = ಋತುಶಾನ್ತಿ (My.). — ಹೊಸಿಗೆಬಾಗಿಣ. Distribution of cakes at the ಋತುಶಾನ್ತಿ (My.).

ಹೊಸಿಗೆ hŏsigĕ. 2. = ಹೊಸಗೆ 2, etc. Report, etc. (My.).

ಹೊಸಿಲು hŏsilu. = ಹೊಸಲು, etc. (My.).

ಹೊಸೆ hŏsĕ. 1. = ಪೊಸೆ 1. To churn; to rub, to generate fire by friction. P. ps. ಹೊಸದು, ಹೊಸೆದು. ಕಿಚ್ಚ ಹೊಸೆವ ಕೋಲು (ಅರಣಿ Hlâ.). ಯೊಗಾಗ್ನಿಯ ಹೊಸೆವ ಮರಂ (ಅರಣಿ Nr.). ಹೊಸವ ಕೋಲ್ (Bp. 18, 28). ಹಸಿಯ ಸಮಿಧೆಯ ತನ್ದು ಹೊಸದರುಟ್ಟೇ ಕಿಚ್ಚು? ವಿಷಯಗಳುಳ್ಳ ಮನುಜಂಗೆ ಗುರುಕರುಣ ವಶವರ್ತಿಯಹುದೇ? (Sp.).

ಹೊಸೆ hŏsĕ. 2. = ಪೊಸೆ 3. To twist, etc. (C.; Bp. 42, 2; B. 3, 42). P. ps. ಹೊಸದು, ಹೊಸೆದು, ಹೊಸ್ತು.

ಹೊಸ್ತಲ hŏstala. = ಹೊಸ್ತಲು. (G. 72. 189. 270. 499).

ಹೊಸ್ತಲು hŏstalu. = ಹೊಸತಿಲು, etc. (B. 4, 199). ಬಾಗಿಲ ಹೊಸ್ತಲು (ಗೃಹಾವಗ್ರಹಣಿ, etc. Si. 110). ಹೊಸ್ತಲು ದಾಟುವಾಗಲೇ ಹೊಸ ಅತ್ತೆಯನ್ನ ತರ ಬೇಕನ್ದ ಹಾಗೆ (Prv.).

ಹೊಸ್ತಿಲು hŏstilu. ಹೊಸ್ತಿಲ್. = ಹೊಸತಿಲು, etc. (ಗೃಹಾವಗ್ರಹಣಿ, ದೇಹಲಿ Nr.; J. 5, 68; My.). ಪ್ರಸ್ತಪ್ರಯೋಜನ ಎದ್ದರೆ ಹೊಸ್ತಿಲಲ್ಲೇ ಕಾಣುವದು (Prv.).

ಹೊಸ್ತು hŏstu. 1. = ಹೊಸತು, etc. That is new, etc.; newness, etc. (My.; ಪ್ರತ್ಯಗ್ರ, etc. Si. 374). ಹೊಸ್ತಾಗಿ ಧ್ದದು (ನೂತನ, etc. Dhw.). ಹೊಸ್ತಿನಲ್ಲಿ ಅಗಸ ಗೋಣೀ ಒಗದ, ಹದಿವಾದರೆ ಬಟ್ಟೆ ಒಗೆಯುವದೇ ಪ್ರಯಾಸ (Prv.; *cf.* the Prv. s. ಹೊಸ ಅಗಸ).

ಹೊಸ್ತು hŏstu. 2. P. p. of ಹೊಸೆ 2. (My.; Si. 381).

ಹೊಳ hŏḷa. = ಹೊಳದು, ಹೊಳೆದು. P. p. of ಹೊಳೆ 1, in ಹೊಳ ಹೊಳೆ (Bp. 27, 23; Râm. 3, 6, 43; Bh. 1, 17, 10; J. 2, 40; 6, 10; 11, 10; 15, 10).

ಹೊಳಕಿಸು hŏḷakisu. To cause to appear (Râm. 6, 54, 27.).

ಹೊಳಕು hŏḷaku. 1. To make one's appearance, to appear, to become manifest (Bh. 1, 7, 32; Râm. 3, 6, 43. 58; 8, 7, 15; 6, 11, 2; 6, 30, 14; 6, 50, 28).

ಹೊಳಕು hŏḷaku. 2. Lustre, shine (*cf.* ಪೊಚಿಕುಗಿ). ಬೆಳಕು ಇಲ್ಲದೆ ಹೊಳಕು ಕಣ್ಡೀತೇ? (Prv.).

ಹೊಳಚು hŏḷaču. To pare off (Bp. 43, 25; see s. ಉಳಿ 4).

ಹೊಳತ hŏḷata. Lustre, shine (My.).

ಹೊಳದು hŏḷadu. = ಹೊಳೆದು. P. p. of ಹೊಳೆ 1. (Bp. 27, 23; 25, 5).

ಹೊಳಪಿಸು hŏḷapisu. 1. = ಪೊಳಯಿಸು, ಹೊಳಿಸು. To brandish (as a sword, My.).

ಹೊಳಪಿಸು hŏḷapisu. 2. To make bright, to scour, to furbish (My.).

ಹೊಳಪು hŏḷapu. = ಪೊಳಪು 1, etc. Radiance, etc. (C.; B. 4, 124. 225). ಬಹಳ ಹೊಳಪು (ಸುಷಮೆ, ಪರಮಶೋಭೆ Si. 32).

ಹೊಳಲೆ hŏḷalĕ. = ಒಳಲೆ. (My.).

ಹೊಳವು hŏḷavu. = ಹೊಳಪು. (My.).

ಹೊಳಸು hŏḷasu. = ಪೊಳಯಿಸು, etc. To cause to roll, to cause to welter (Bh. 3, 18, 14); to cause to move about or to and fro (6, 3, 2).

ಹೊಳಹು hŏḷahu. 1. = ಪೊಳಪು, etc. Radiance, etc. (ಸ್ಫುರಣ, ಸ್ಫರಣ Nr.; Râm. 3, 4, 25; J. 12, 20; 30, 10; Bh. 1, 15, 19; 6, 2, 6). — ಹೊಳಹುಗಿಡು. -ಕಿಡು. Radiance to be destroyed: to become gloomy (ನಿಷ್ಪ್ರಭ Nr.). — ಹೊಳಹುನುಡಿ. Bright, cheering speech (ಶಾನ್ತ Mr. 84).

ಹೊಳಹು hŏḷahu. 2. = ಪೊಳಪು 2. A swing, a hammock (ಪ್ರೇಖ, ಪೊಳಪು Nr. 129).

ಹೊಳಹು hŏḷahu. 3. The neck of a lute. ವೀಣೆಯ ಹೊಳಹು (ಪ್ರವಾಲ, ವಿಪಂಚಿ Nn. 7).

ಹೊಳಿವಿಕೆ hŏḷivikĕ. Shining, shine (Čb. 106).

ಹೊಳಿಸು hŏḷisu. = ಹೊಳಪಿಸು 1, etc. ಕತ್ತಿಯನ್ನು ಹೊಳಿಸು (ಝುಳಿಪಿಸು G.).

ಹೊಳೆ hŏḷĕ. 1. = ಪೊಳೆ 1. To be radiant or bright, to shine (Bp. 18, 2; 26, 18; 32, 6; 61, 66; Râm. 1, 13, 6; 6, 30, 9; Bh. 4, 4, 36; 6, 3, 18; J. 18, 51; C.; Si. 176; B. 1, 18). P. ps. ಹೊಳದು q. v., ಹೊಳೆದು. ಹೊಳವ ಅರಳೆಲೆ (Prll. 3, 25).

ಹೊಳೆ hŏḷĕ. 2. = ಪೊಳೆ 2. To roll: to fail (as a promise, J. 4, 2).

ಹೊಳ್ಳಿಸು hŏḷḷisu. = ಹೊರಳಿಸು, etc. To cause to roll (v. t., My); to roll (v. t., My.). 2, to cause to escape one's grasp (Bh. 6, 4, 34; 7, 4, 54).

ಹೊಳ್ಳು hŏḷḷu. 1. = ಪೊಳ್ಳು, q. v. Hollowness; etc. 2, a worthless person (Bp. 21, 40; 56, 20). ಮನದ ಹೊಳ್ಳು (Bh. 1, 19, 23. 25). — ಹೊಳ್ಳಾಗು. -ಆಗು. To become worthless or vain (as abstract meditation, Bh. 3, 5, 21); to become hollow or empty (My.). — ಹೊಳ್ಳಿಡಿತ. -ಇಡಿತ. The dealing out of harmless blows (Bh. 1, 13, 5). — ಹೊಳ್ಳುಕಣೆ. A hollow, strengthless arrow (Bh. 8, 23, 44). — ಹೊಳ್ಳುಗಳೆ. -ಕಳೆ. = ಪೊಳ್ಳುಗಳೆ. To despise, to scorn. ಜಳ್ಳು ಮಾತಿನಿನ್ದ ಹೊಳ್ಳುಗಳೆಯುತ್ತಾನೆ (Prv.). 2, deprive of strength (Bh. 8, 23, 19). — ಹೊಳ್ಳುವಾತು. -ಮಾತು. = ಪೊಳ್ಳು ಮಾತು. An empty, vain word (Bh. 8, 22, 27). — ಹೊಳ್ಳು ಪಾಱು. -ಪಾಱು. To run about to no purpose (Bh. 1, 14, 34); to fly fruitlessly (8, 25, 17). — ಹೊಳ್ಳೆದೆ. -ಎದೆ. Cowardice (J. 23, 10). — ಹೊಳ್ಳೆಳ್ಳು. -ಎಳ್ಳು. Barren sesamum (ತಿಲಪಿಂಜ, ತಿಲಪೇಜ, ವಣ್ಣತಿಲ Hlâ., Nr.).

ಹೊಳ್ಳು hŏḷḷu. 2. = ಹೊರಳು, etc. To roll, etc. (My.). — ಹೊಳ್ಳ್ಯಾಡು. -ಆಡು. To roll about (v. i.), etc. ಜೊಳ್ಳುಮನುಜರು ತಾವು ಸುಳ್ಳುಸಂಸಾರದೊಳು ಮಳ್ಳಿಡಿದು, ಮಾಯೆಯೆಮ್ಬುವಳ ಬಲೆಯೊಳು ಹೊಳ್ಳ್ಯಾಡುತಿಹರು (Sp.).

ಹೊಳ್ಳುಗ hŏḷḷuga. = ಹೊಳ್ಳೆಗ. A man destitute of strength, a weak man (Bh. 8, 24, 40).

ಹೊಳ್ಳೆ hŏḷḷĕ. 1. = ಹೊರಳೆ 1. A nostril (C.; B. 4, 88).

ಹೊಳ್ಳೆ hŏḷḷĕ. 2. = ಒಳ್ಳೆ 2. — ಹೊಳ್ಳೆಹಾವು. A kind of amphisbaena (My.).

ಹೊಳ್ಳೆಗ hŏḷḷĕga. = ಹೊಳ್ಳುಗ. (J. 4, 21).

ಹೊೞಲ್ hŏḻal. ಹೊೞಲು. = ಪೊೞಲ್, etc. A town (Bp. 40, 36; 57, 47; Râm. 3, 2, 16; 6, 53, 6).

ಹೊೞೆ hŏḻĕ. = ಪೊೞೆ 1. A river (ನದಿ Nn. 11, 40; C.). ಹೊೞೆಯ ವೇಗ (ಸ್ರೋತಸ್ Si. 465). ಹೊೞೆಯ ನೀರಿಂ ಬೆಳವ ಮಹಿ (ನದೀ ಮಾತೃಕ Mr. 94). ಹೊೞೆ ದಾಟಿದ ಮೇಲೆ ಅಮ್ಬಿಗನ ಮಿಣ್ಡ. — ಹೊೞೆಗೆ ಹಾಕುವದಾದರೂ ಅಳೆದು ಹಾಕ ಬೇಕು. — ಹೊೞೆಗೆ ಇೞಿದ ಮೇಲೆ ಚಳಿಯೇನು? ಮೞೆಯೇನು? — ಹೊೞೆಗೆ ನೆನೆಯದ ಕಲ್ಲು ಮೞೆಗೆ ನೆನದೀತೇ? — ಹೊೞೇ ಪರ್ಯನ್ತರ ಓಟ, ದೊರೇ ಪರ್ಯನ್ತರ ದೂಱು. — ಹೊೞೆ ಮೂಗಾವದ, ಅನ್ನ ಕೆರಾ ಕಳಕುವದು ಶ್ಯೇ? — ಹೊೞೇ ನೀರಿಗೆ ದೊಣ್ಣಪ್ಪನಾಯಕನ ಅಪ್ಪಣೆಯೇ? — ಮೞೆಗೆ ಹೆದಱಿ, ಹೊೞೇಲಿ ಹಾಱಿದ ಹಾಗೆ (Prvs.). ಹೊೞೆಯ ನೀರೊಬ್ಬನೇ ಅಳೆಯ ಬಹುದೆನ್ದರೇ ಅಳೆಯ ಬಹುದೆನ್ದು ಎನ ಬೇಕು; ಮೂರ್ಖನ ಕಳೆಯಲಳವಲ್ಲ (Sp.). — ಹೊೞೆಚುಳ್ಳಿ. A spinous shrub growing in salt marshes, the holly-leaved acanthus, Acanthus ilicifolius Lin. (St. & Pl.). — ಹೊೞೆನೆಕ್ಕಿಮರ. = ನಾಱುವೆಬ್ಬೇಳಿಮರ. (St. & Pl.). — ಹೊೞೆದಾಸಾಳದ ಮರ. A valuable timber tree with showy purple flowers, Lagerstroemia flos reginae Retz. (Z.). — ಹೊೞೆ ಹಳ್ಳ. dupl. (G. 106; 5, 298).

ಹೋ hô. 1. = ಪೋ, q. v. Going, etc. — ಹೋಗಾಲ. -ಕಾಲ. The time of going or going away: death (My.).

ಹೋ hô. 2. = ಹೊ. A common particle used in stopping (ನಿವಾರಣಾರ್ಥ Śmd. 393; ಹಾ, ನಿಲಿಸುವದು, ಬೇಡೆಮ್ಬುದು Nn. 140; Bp. 9, 32; 55, 52; Śśv. 1, after 79), in rejoicing (Bp. 17, 14), in fear (26, 28), in pain (38, 10) or sorrow (50, 7). — ಹೋಯೆನ್. -ಎನ್. To utter ಹೋ (Bp. 28, 60. 63). — ಹೋ ಹೋ. rep. (Bp. 8, 17; 22, 30; 44, 10; 52, 13).

ಹೋ hô. A particle used in calling (Sk.; ಸಮ್ಬೋಧೆ Mr. 537), challenging (Sk.), surprise (Sk.), and remembering (ಸ್ಮರಣೆ 537).

ಹೋಕ hôka. = ಪೋಕ, q. v. A goer, etc. See ತಲೆ-, ತಿಣ್ಡಿ-, ದಾರಿ-, ಹಾದಿ-.

ಹೋಕು hôku. The state of anything being gone: a defect, a fault (My.; T. ಪೋಕ್ಕು). ಹೋಕಿಲ್ಲದ ಕೆಲಸ ನಾಣವಲ್ಲಿಯೂ ಬೇಕು (Prv.).

ಹೋಕೆ hôkĕ. Going: a way, a passage, a means (My.; Tĕ. ಓಕೆ, ಪೋಕು, ಪೋಕೆ; T. ಪೋಗ್ಕೈ; M. ಪೋಕ್ಕು).

ಹೋಗಿಸು hôgisu. = ಪೋಗಿಸು. To cause to go, etc. (My.).

ಹೋಗು hôgu. 1. = ಪೋಗು 1 q. v., etc. To go; etc. (C.); to go on (Bp. 50, 49); to go near, to embrace sexually (see Sp. below). ಹೋಗ ಬಾರದುದು (ಗಹನ, ಕಲಿಲ); ಹೋಗ ಬಾರದ ಬಟ್ಟೆ (ಕಾನ್ತಾರ, ದುರ್ಗ Nr.). ಹೋಗ ಬಾರದನ್ತಾದು (ಅಕ್ಷರ, ಅಸಂಗತ Nn. 75). P. p. ಹೋಗಿ (C.); relative P. p. ಹೋದ; relative present participle ಹೋಗುವ (C.), ಹೋಪ (Bp. 28, 37; 45, 34), ಹೋಪ q. v.; 3rd person singular imperfect ಹೋಯಿತು (C.), ಹೋಯಿತ್ತು (Bp. 14, 9), ಹೋಯ್ತು (C.); 3rd person imperative ಹೋಗಲಿ (Bp. 51, 30; C.); 2nd person plural imperfect once ಹೋದಿಹಿರ್ (Bp. 23, 36, instead of the old form ಹೋದಪಿರ್). In *common* language ಹೋಗು is frequently joined to a P. p. ಅವದಿರು ಬೆನ್ದು ಹೋದರು (Bh. 1, 8, 89). ಎಚ್ಚರಿಕೆ ತಪ್ಪಿ ಹೋಗುವದು (ಪ್ರಮಾದ, etc. Si. 71); ಹಡಗು ದಾಟಿ ಹೋದದು (ಅತಿನೌ 85); ರೋಗದಿನ್ದ ದುರ್ಬಲನಾಗಿ ಬೊಗ್ಗಿ ಹೋದವನು (ನ್ಯುಬ್ಜ 203); ಸತ್ತು ಹೋದವನು (ಮೃತ 243); ಸೋತು ಹೋದವನು (ಪರಾಜಿತ, etc. 296); ಸೀದು ಹೋದ ಅನ್ನ (ಭಿಸ್ಸಟೆ, etc. 315); ಕಳದು ಹೋದದು (ಪ್ರಾಕ್ 475). — ದಾಸಿಯನು ಹೋಗುವಗೆ ವೀಸ ಹತ್ತದು ಕೆಯ್ಗೆ, ಹೇಸಿ ತೊಲಗುವಳು ಜಯಲಕ್ಷ್ಮಿ, ಆಯುಷ್ಯ ನಾಶವಾಗುವದು (Sp.). ಹೋಗು! ಅಮ್ಬೋದಿಲ್ಲ, ಹೊಗೆ ಹಾಕುತ್ತೇನೆ. — ಹೋಗದಿದ್ದ ಊರಿಗೆ ಆಗದಿದ್ದ ಚೀಟು. — ಹೋದ ಪುಟ್ಟ, ಬನ್ದ ಪುಟ್ಟ, ಪುಟ್ಟನ ಕಾಲಿಗೆ ನೀರಿಲ್ಲ. — ಹೊದರೆ ಕಾಸಿ, ಇಲ್ಲದಿದ್ದರೆ ಗಾಸಿ, ಇದ್ದರೆ ವಾಸಿ. — ಹೋದರೆ ಒನ್ದು ಕಲ್ಲು, ಬನ್ದರೆ ಒನ್ದು ಹಣ್ಣು. — ಹೋದ ಒಡವೆ ಹೊಱಡದು. — ಹೋದೆಯಾ, ಪೀಡೆ? ಅನ್ದರೆ ಬನ್ದೆ ಬೆಳಕಿನ ಕಣ್ಡೆಯಿನ್ದ. — ಭ್ರಾನ್ತಿ ಹೋದರೂ ಭಯ ಹೋಗಲಿಲ್ಲ. — ಮುಚ್ಚಿ ಇಟ್ಟರೆ ಹುಚ್ಚು ಹೋದೀತೇ? — ಮುಳ್ಳುಮೊನೆಯಷ್ಟು ಆಸ್ಪದ ಕೊಡದವನ ತಳ್ಳಿಗೆ ಹೋಗ ಬೇಡ. — ಮಾತು ಬನ್ದಾಗ ಸೋತು ಹೋದವನೇ ಜಾಣ (Prvs.). — ಹೋಗಗೊಡು. -ಕೊಡು. To allow or permit to go (C.; B. 5, 85. 194). — ಹೋಗ ಬರು. To go and come (B. 5, 226). — ಹೋಗ ಬಿಡು. To let go (Bp. 59, 13; 60, 15. 25). — ಹೋಗಲಾಡಿಸು. -ಆಡಿಸು. To remove; to make away with, to destroy, to kill; to dissipate (My.; Si. 225. 297. 352). ಇದ್ದದ್ದು ಹೋಗಲಾಡಿಸಿದ್ದಲ್ಲದೆ ಕಲಿತ ಬುದ್ಧಿಯಲ್ಲಾ (Prv.). — ಹೋಗಲಾಡು. -ಆಡು. To let go; to lose; to dissipate; to retract (a word), to fail in (a promise, My.). — ಹೋಗಲೀಸು. -ಈಸು. = ಹೋಗಗೊಡು. (My.). — ಹೋಗ ಹೋಗು. = ಹೋಗು ಹೋಗು. (Bp. 18, 4; B. 5, 305). — ಹೋಗಾಡಿಸು. -ಆಡಿಸು. = ಹೋಗಲಾಡು. (My.). ಮಕ್ಕಳ್ಗೆ ಹೋದ, ಮದೀನಕ್ಕೆ ಹೋದ, ಇದ್ದ ಮಕ್ಕಳನ್ನು ಹೋಗಾಡಿಸಿ ಬನ್ದ (Prv.). — ಹೋಗಾಡು. -ಆಡು. To throw away, to scatter, to squander, to dissipate (ಪ್ರಮೂದಿತ್ಯಜನ Śmd. Dh.; My.; Mhr. ಹೋಗಾಡಣೇಂ). ಉದ್ದುರುಟು ಮಾತಾಡಿ, ಇದ್ದವನು ಹೋಗಾಡಿ, ಉದ್ದ ಮರದ ತುದಿಯನೇಱಿ, ಕೆಯ್ ತಪ್ಪಿ ಬಿದ್ದು ಸತ್ತನ್ತೆ (Sp.). 2, to abandon, to quit. ಒಡಲ ಹೋಗಾಡಿದರು (*i. e.* -ರೂ), ನುಡಿ ನೀಗಾಡಿದರು (*i. e.* -ರೂ), etc. (see Sp. s. ನೀಗಾಡು). 3, to lose (Bp. 21, 47; 22, 40; 42, 28; 54, 39. 41; 58, 44). 4, to discharge (as an obligation, Bh. 8, 24, 42). — ಹೋಗು ಹೋಗು. rep. (Bp. 12, 3; 28, 10; 37, 13; 60, 6; B. 3, 100; 4, 5. 67. 150. 218).

ಹೋಗು hôgu. 2. = ಪೋಗು 2. Going; not coming about, failure. See ಆಗು-. — ಹೋಗೊಲೆ. -ಒಲೆ. = ಕೋಡೊಲೆ. (My.).

ಹೋಗುವಿಕೆ hôguvikĕ. Going, etc. (Si. 195. 264.

296. 390. 393. 395. 398. 399. 416; B. 5, 309). ತೀರಿ ಹೋಗುವಿಕೆ (ಸಾತಿ Śi. 424); ಆಗಿ ಹೋಗುವಿಕೆ (ಅರ್ಥ, ನಿವೃತ್ತಿ 429); ಕಾಣ ಬಾರದೇ ಹೋಗುವಿಕೆ (ಅಸ್ತ, ಅದರ್ಶನ 475).

ಹೋೞಿ hôḷi. = ಪೋೞಿ. Resemblance, likeness, similarity (ಸರಿ, ದೊರೆ, ಪಾಸಟಿ, ಜೋಡು, ಹೊಯಿಕೆಯ್, ಸಂಗಡ, etc., ಸಮಾನ Ks.).

ಹೋೞೆ hôḷĕ. = ಪೋೞೆ. The hollow of a tree (see Nr. s. ಪೋೞೆ and ಹೋೞಿಲ್); a hollow, empty state (My.). ಹೊರಗೆ ನೋಡಿದರೆ ಕೋಟೆ, ಒಳಗೆ ನೋಡಿದರೆ ಹೋೞೆ (Prv.). ಮರದ ಹೋೞೆ (ನಿಷ್ಕುಹ G.).

ಹೋತ hôta. = ಪೋತ, etc., ಹೋತು q. v., ಹೋನ್ತು. (My.; ಸ್ತುಭ, etc. Śi. 323; see ತಿಣ್ಣೆ-). ಹೋತನಿಗೆ ಗಡ್ಡವೇ ಸಾಕ್ಷಿ.— ಮಾರಿಯ ಕಣ್ಣು ಹೋತನ ಮೇಲೆ.— ಮಾರಿಯ ಮನೆಗೆ ಹೋತ ಕನ್ನಾ ಕೊಟ್ಟದ ಹಾಗೆ (Prvs.).

ಹೋತ hôta. Tbh. of ಹೋತೃ. See ಮೇಥೋ-.

ಹೋತಾರ hôtâra. Tbh. of ಹೋತೃ (Śmd. 104).

ಹೋತು hôtu. = ಹೋತ, etc. A he-goat (ಸ್ತುಭ, ಸ್ತಭ, ಛಾಗ, ವಸ್ತ, ಛಗಲಕ, ಅಜ Nr.; ಸ್ತಭ, ಛಾಗ, etc. Mr. 184; ಅಜ Nn. 47; Ś. Mhr.; B. 3, 9; 5, 28; see Sp. s. K. ಯಾತ). ಹೋತಿನ ಗಡ್ಡ ನೂತನವನ್ನು, ಕೊಯಿದರೆ ಕೋತಿ ಅದೀತೇ? (Prv.).

ಹೋತೃ hôtṛi. = ಹೋತ, ಹೋತಾರ. An offerer of an oblation or burnt-offering; *a priest who at sacrifice invokes the gods or recites the hymns of the ṛigvêda, a priest conversant with the ṛigvêda.*

ಹೋತ್ರ hôtra. Anything intended or fit for offering with fire (generally clarified butter); the clarified butter so offered; an oblation with fire, a burnt-offering, a sacrifice. See ಏಕಿ-.

ಹೋತ್ರಿ hôtri. A sacrificing priest; the priest who offers the oblation. See ಅಗ್ನಿ-.

ಹೋದ hôda. = ಪೋದ. Relative P. p. of ಹೋಗು 1.

ಹೋನ್ತು hôntu. = ಹೋತು, etc. A he-goat (ಅಜ, ಸ್ತುಭ, ವಸ್ತ, ಛಾಗ, ಛಗಲಕ, ಛಗ Hlâ.).

ಹೋಬಳಿ hôbaḷi. A division of a talook (My.). — ಹೋಬಳಿಶಾನಭೋಗ. The accountant of a hôbaḷi (My.).

ಹೋಬಳಿದಾರ hôbaḷi-dâra. A chief of armed peons (My.; T. ಓವ್ವದ್ಯ = ಕಾವಲ್, custody).

ಹೋಮ hôma. = ಓಮ, etc. (My.).

ಹೋಮ hôma. The act of making an oblation to the gods by casting clarified butter into the fire, accompanied with reciting mantras; an oblation of clarified butter, an oblation with fire, a burnt-offering; *a sacrifice.* ಹೋಮಕ್ಕೆ ಹೋದಲ್ಲಿಯೂ ನಾಮ ಹಚ್ಚಿ ಕೊಳ್ಳ ಬೇಕೋ?— ಹೋಮ ತಿಳಿಯದಿದ್ದರೆ ಹೋಳಿಗೇ ಊಟ ಉಣ್ಣಲಿಕ್ಕೆ ತಿಳಿಯದೇ?— ಕ್ಷೇಮಾನದಿಂದ ಹೋಮಾ ಮಾಡಿ, ಗುಮಾನ ಪಟ್ಟ.— ನೇಮವಿದ್ದರೆ ವ್ರತ, ಹೋಮವಿದ್ದರೆ ಕೋಭನ.— ನೇಮ ಹೆಚ್ಚಿ, ಹೋಮ ಮಾಡ್, ಶ್ವಾನನ ಹಾಗೆ ತಿರುಗಾಡುವದಾಯಿತು.— ಪ್ರೇಮದಿನ್ದ ಹೇಮ ಕೂಡಿಸಿ, ಹೋಮಕ್ಕೆ ತಪ್ಪಿ ತೀರಿಸಿದ.— ಸ್ನಾನ ತಪ್ಪಿದರೆ ಹೋಮದ ದಕ್ಷಿಣೆ ತಪ್ಪೀತೇ? (Prvs.). — ಹೋಮ ಹವನ. dupl. (My.).

ಹೋಮಕರಣ hôma-karaṇa. The act of making a hôma. ನಾಮಕರಣ ಇದ್ದಲ್ಲಿ ಹೋಮಕರಣ (Prv.).

ಹೋಮಕುಣ್ಡ hôma-kuṇḍa. A hole in the ground for receiving the consecrated fire for an oblation. (My.).

ಹೋಮಧೇನು hôma-dhênu. A cow the milk of which is used for oblations (ಮಾಹೇಯಿ Hlâ.; Mr. 180).

ಹೋಮಶಾಲೆ hôma-śâlĕ. A chamber or place for keeping the sacred fire for oblations. (My.).

ಹೋಮಾಗ್ನಿ hôma-agni. Sacrificial fire, the fire for an oblation. (My.).

ಹೋಮಾನಲ hôma-anala. = ಹೋಮಾಗ್ನಿ. (Râm. 1, 16, 47).

ಹೋಯಿತು hôyitu. = ಹೋಯಿತ್ತು, ಹೋಯ್ತು. Third person neuter singular of the imperfect of ಹೋಗು 1. (Bp. 50, 40; 55, 6. 15; C.).

ಹೋಯಿತ್ತು hôyittu. = ಹೋಯಿತು, etc. (Bp. 14, 9).

ಹೋಯ್ತು hôytu. = ಹೋಯಿತು, etc. (C.).

ಹೋರಿ hôri. A bull calf, an uncastrated young male of the ox kind, a young bull (ತರ್ಣಕ, ವತ್ಸ Hlâ.; Bp. 4, 53; C.; B. 3, 17; Tu. ಬೋರಿ). ಹಿಡಿಯಿಸಲ್ ತಕ್ಕ ಹೋರಿ (ಅರ್ಪಭ್ಯ); ಆಱು ಹಲ್ಲ ಹೋರಿ (ಷೋಡತ್, ಷಡ್ದದಶನ Hlâ.). ತಿದ್ದಲ್ ಆದ ಹೋರಿ (ದಮ್ಯ, ವತ್ಸತರ); ಗೂಳಿಯಾಗಿ ಮುದ್ರಿಸುವದಕ್ಕೆ ತಕ್ಕ ಹೋರಿ (ಆರ್ಷಭ್ಯ, ಷಣ್ಡತಾಯೋಗ್ಯ); ತಿದ್ದಲೆನ್ದು, ನೊಗದ ಕೆಲದಲ್ಲಿ ಕಟ್ಟಿದ ಹೋರಿ (ಪ್ರಷ್ಠವಾಹ್, ಯುಗಪಾರ್ಶ್ವಗ); ಮೂಗುನೇಣ್ ಇಕ್ಕಿದ ಹೋರಿ (ನಸ್ತಿತ, ನಸ್ಯೋತ Nr.). **2,** a bullock (Bp. 56, 28; Bh. 1, 10, 29; ಆರ್ಷಭ್ಯ, ಹರೆಯದ ಎತ್ತು G.). ಉತ್ತಮದ ಹೋರಿ (ಧೌಮ್ಯ Mr. 179). ಹೋರಿ ನೆಚ್ಚಿ ಹೊಲ ಮಾಡ ಬಾರದು, ಪೋರಿ ನೆಚ್ಚಿ ಬೇಜ್ ಆಗ ಬಾರದು.— ಹೋರಿ ನಡೆಯದಿದ್ದರೆ ದಾರಿ ಉದ್ದ ಅನ್ದ ಹಾಗೆ (Prvs.). See ಎಮ್ಮೆಪೋರಿ, ಕಱುಹೋರಿ, ಗೂಳಿಹೋರಿ, ತಿರ್ಮಮ್ಮೋರಿ, ಬಲುಹೋರಿ, ಹಿಡಿಹೋರಿ. — ಹೋರಿಗಱು. -ಕಱು. A bull calf (Śi. 319). — ಹೋರಿಯಡಿ. -ಅಡಿ. Cowdung (ಗೋಮಯ Śm. 33).

ಹೋರಿಕ hôrika. ಹೋರಿಗ hôriga. See s. ಹೇರಿಗ.

ಹೋರಿಸು hôrisu. = ಪೋರಿಸು, q. v. (My.).

ಹೋರು hôru. 1. ಹೋರ್. = ಓರು 1, ಪೋರ್ 1. To wrestle; to fight; to altercate (Bp. 18, 11; 21, 36; 58, 34; J. 10, 31; 18, 55; 22, 29; My.). ಹೋರಿ ಬಾಯಿವ ದಕ್ಕಿನ್ತ ಸೇರಿ ಬಾಱ ಬೇಕು.— ಹೋರುವ ಮುಣ್ಡೆ ಹೂರಿಗೆ ಬಿಟ್ಟಾಳೇ?— ಹೋರುವ ಹೆಣ್ಡತಿ, ನಾಱುವ ನೀರು ತ್ಯಜಿಸು!— ಸೋರುವ ಮನೆಯನ್ನೂ ಹೋರುವ ಹೆಣ್ಡತಿಯನ್ನೂ ದೂರ ಬಿಡ ಬೇಕು (Prvs.). — ಹೋರಟೆ. -ಅಟೆ. Fight, strife; a fight, a battle, a combat (ಪೋರ್ಕೆ Bhn. 25, c. r. ಹೋರ್ಕೆ; Čpr. 3, 55; Râm. 4, 2, 36; 6, 50, 21; Bh. 1, 3, 2; 9, 2, 15; J. 22, 7). — ಹೋರಾಟ. -ಆಟ. Mutual fight (with the hands); strife, contention, altercation (My.; ಹೋರಟೆ, ಜಗಳ G.). ತೇರಾಟಕ್ಕೆ ಹೋಗಿ, ಹೋರಾಟಾ ಮಾಡಿ ಕೊಣ್ಡ.— ನೀರುಳ್ಳಿಯವನ ಸಂಗಡ ಹೋರಾಟಕ್ಕೆ ಹೋದರೆ ಮೋಱಿಲ್ಲ ನಾಱದೇ?— ಮರಾಟರ ಹತ್ತರ ಹೋರಾಟ ಸಲ್ಲ (Prvs.). ಹೋರಾಡು. -ಆಡು. To wrestle, to fight; to altercate (My.). ಎರಡು ಸೇನೆಗಳೂ ಒಮ್ಮೆಯಾಗಿ ಸೇರಿ ಹೋರಾಡುವ ದ್ವನ್ದ್ವಯುದ್ಧ (ತುಮುಲ Śi. 294). — ಹೋರ್ಯಾಡು. -ಆಡು. = ಹೋರಾಡು. (My.). ಹಾಱುವ ಕಾಗೆ ಹೋರ್ಯಾಡಲಿಕ್ಕೆ ಬಲ್ಲಿತೇ (or ಬಲ್ಲದೇ Prv.).

ಹೋರು hôru. 2. = ಪೋರ್ 3, (ಹೊದರು). A hole (B. 4, 91; ತೂತು G.).

ಹೋರುಕುಳಿ hôru-kuḷi. = ಪೋರ್ಕುೞಿ, q. v.

ಹೋರೆ hôrĕ. ಹೋರಾ. (fr. the Greek). The rising of a zodiacal sign; part of the duration of a sign; an hour; a mark, line; a particular scientific work or science. (My.).

ಹೋಱೆ hôṟĕ. (= ಹೊಱಗೆ). Business, work (My.).

ಹೋಱೆಗ hôṟĕga. A servant (Śâstrasâra in W. v. 1297; Bh. 1, 13, 5).

ಹೋಱೇವು hôṟêvu. = ಹೋಱ್. ಹೋಱೇವು ಇಲ್ಲದೆ ಮಠಕ್ಕೆ ಹೋದರೆ ಮಠಪತಿ ಮೂಱು ಬೊಟ್ಟು ವಿಭೂತಿ ಹಚ್ಚಲಿಕ್ಕೆ ಬನ್ದ.— ಹೋಱೇವು ಇಲ್ಲದೆ ಹೊಱ ಗೋಡೆ ಸಾರಿಸಿದರು (Prvs.).

ಹೋರ್ಕೆ hôrkĕ. = ಪೋರ್ಕೆ, q. v.

ಹೋಲ್ hôl. = ಪೋಲ್ 1, etc. To be like, to resemble. ಹೋಲ್ತೆ (Dp. 67, 3. 5).

ಹೋಲಿಕೆ hôlikĕ. = ಪೋಲ್ಕೆ. Resemblance, similitude, likeness (ಉಪಮೆ, ಉಪಮಾನ Nr.; ಸಾಮ್ಯ Nr.; ಉಪಮೆ Dhw.; My.). ಕಿವುಡನಿಗೂ ಮೂಗನಿಗೂ ಹೋಲಿಕೆ ಆದವನು (ಅನೇಡಮೂಕ Si. 363). See Prv. s. ಮಾತು.

ಹೋಲಿಸು hôlisu. = ಪೋಲಿಸು, etc. To cause to resemble; to make analogous; to compare (Bp. 25, 11; 26, 41; 30, 6; 34, 10; 37, 67; 50, 35; 54, 12; J. 17, 59). ಒನ್ದನ್ನು ಒನ್ದಕ್ಕೆ ಹೋಲಿಸು, or ಒನ್ದನ್ನು ಒನ್ದಱ ಸಂಗಡ ಹೋಲಿಸು (My.).

ಹೋಲು hôlu. = ಹೋಲ್, etc. (Bp. 38, 61; 40, 13; 55, 18; Bh. 4, 4, 83. 84; 8, 4, 31; C.). ತನ್ದೆಯ ಹೋಲುವಾತನು (ಪಿತೃಸನ್ನಿಭ, etc. Nr.). ಅರಿಸಿನಪಚ್ಚೆಯನ್ನು ಹೋಲಿ ಹೆಣ್ಣುಕೋತಿಯ ಮುಖದನ್ತೆ ಕೆಮ್ಪಾದ ಬಣ್ಣ (ಶ್ಯಾವ, ಕಪಿಶ Si. 52); ತನ್ದೆಯನ್ನು ಹೋಲಿದವನು (ಮನೋಜವ, ಪಿತೃಸನ್ನಿಭ 355). ತನ್ದೆಯನ್ನು ಹೋಲು, ತನ್ದೆಗೆ-, or ತನ್ದೆಯೊಡನೆ- (My.). ಕೂಸು ಕಾಸು ಹೋಲದು, ಜೋಗುಳ ಮುಗಿಲು ಮುಟ್ಟಿತು (Prv.). ಹುಲಿಯ ಆಕಾರವು ಸ್ವಲ್ಪ ಸಿಂಹನನ್ನು ಹೋಲುತ್ತದೆ (B. 4, 35). ತುಳುವು ಮಲೆಯಾಳ ಲಿಪಿಯನ್ನು ಹೋಲುತ್ತದೆ (4, 130). ಹಾಲುಮ್ಬ ಹಂಸವನು ಹೋಲಬಲ್ಲನೆ ಯೋಗಿ? ಮೇಲಣ ಪಥವನಱಿಯದೊಡೆ ಗಿಣಿಯೋದಿ ಕಾಱುಗೆಡದನ್ತೆ (Sp.).

ಹೋಲುವಿಕೆ hôluvikĕ. = ಹೋಲಿಕೆ. (B. 3, 47; 5, 15). ಸರಿ ಹೋಲುವಿಕೆ (ಅನುಹಾರ, ಅನುಕಾರ Si. 393).

ಹೋಲುವೆ hôluvĕ. = ಪೋಲ್ವೆ. Resemblance, etc. (ಅನುಹಾರ, ಅನುಕಾರ Nr.; ಪ್ರಕಾರ, ಸಾದೃಶ್ಯ Nr.).

ಹೋಲ್ವಿಕೆ hôlvikĕ. = ಹೋಲುವಿಕೆ. (ಪ್ರಕಾರ, ಸಾದೃಶ್ಯ Si. 448; ಅನು, ಸಾದೃಶ್ಯ 468; ಉಪಮೆ 469).

ಹೋಷು hôshu. Ardour, eagerness; consciousness, as opposed to insensibility (Mhr., H. ಹೋಷ; R.).

ಹೋಸ್ hôs. = ಉಸ್, etc. A sound used in scaring away animals (My.).

ಹೋಹ hôha. Relative present participle of ಹೋಗು 1 (Bp. 5, 36). ಹೋಹೆ (2nd person singular of the future, Bp. 44, 68); ಹೋಹದು (46, 47); ಹೋಹುದು (28, 16; 32, 13; 41, 17; 44 sum.; 44, 48; 46, 13. 47; Bh. 4, 6, 25), ಹೋಹಳ್ (11, 33), ಹೋಹಿರ್ (56, 24), ಹೋಹರ್ (18, 91), ಹೋಹವು (17, 4; 5, 35; 60, 24). ಹೋಹಂ (let us go, 47, 50). ಮುನ್ದೆ ಹೋಹವನು (ಪುರೋಗ, ಅಗ್ರಸರ, etc.); ಮೆಲ್ಲಗೆ ಹೋಹವನು (ಮನ್ದಗಾಮಿ, ಮನ್ಥರ); ಹರಿದು ಹೋಹಾತನು (ಅತಿಜವ, ಜಂಘಾಲ); ಸ್ವದೇಶದಿನ್ದ ಪರದೇಶಕ್ಕೆ ಹೋಹುದು (ಬಹಿರ್ಗಮನ); ತಾನು ಹಗೆಯ ಮೇಲೆತ್ತಿ ಹೋಹಲ್ಲಿ ಹಿನ್ದೆ ರಾಜ್ಯವನುಪದ್ರವ ಮಾಡುವವನು (ಪಾರ್ಷ್ಣಿಗ್ರಾಹ Nr.). ಹೋಹವು (ಪೋಪುವು Šmd. 195 Mdb. Cm.). ಕಾಲವು ಅತಿಗಳದು ಹೋಹಲ್ಲಿ ಕಾಲಾತಿಕ್ರಮ Nn. 182); ಕಾಳಿಗಕ್ಕೆ ಹೋಹಲ್ಲಿ (ಸಮರಪ್ರವೇಶ 151). ಹೋಹಾಗ (Bp. 12, 7; Singirâja 28, 32). See Sp. s. ಮಡದಿ.

ಹೋಹು hôhu. = ಪೋಪು. To be zealously active in going, to be willing to go. ಹತ್ತಿರಿನ್ದ ಹೋಹದೆ ಇರುಹಂ (ಪರಿಸರ್ಯೆ Nr.).

ಹೋಳ hôḷa. N. of a ṛishi (J. 33, 39).

ಹೋಳಕ hôḷaka. The painted sand-grouse, Pterocles fasciatus (Bḍ.; Mhr. ಹೋಲಾ, a bird, ringed turtle). See ಕಲ್ಲು-.

ಹೋಳಿ hôḷi. N. of a female demon (râkshasî), a paramour of Kâma (Mhr.; My.); the hôḷî festival observed on account of her death for the last three or four days terminating with the full moon of the phâlguna month when Kâma is burnt in effigy (My.; see ಕಾಮನ ಸುಡುವದು); the red liquid (ಓಕಳಿ) sprinkled at that festival. *Cf.* Sk. ಹೋಲಾಕಾ, ಹೋಲೀ. — ಹೋಳಿಯಾಡು. -ಆಡು. To sprinkle or squirt ôkaḷi upon one another at the hôḷî feast. ಹೋಳಿಯಾಡದಿದ್ದರೆ ಹೋಳಿಗೇ ತಿನ್ನ ಬಾರದೇ? (Prv.). — ಹೋಳಿಹಬ್ಬ. The hôḷî feast (C.). — ಹೋಳಿಹುಣ್ಣಿವೆ. The full moon of ಫಾಲ್ಗುನ (C.; B. 2, 51; *cf.* ಕಾಮನ ಹುಣ್ಣಿಮೆ).

ಹೋಳಿಕೆ hôḷikĕ. = ಹೋಳಿಗೆ 1. ಹೋಳಿಕೆಯೂ ನಾಲಿಗೆಯೂ ಸಮನಾಗಿರ ಬೇಕು (Prv.).

ಹೋಳಿಗೆ hôḷigĕ. 1. = ಪೋಳಿಗೆ. Tbh. of ಪೋಲಿಕೆ. A kind of cake (ಪೂಪ, etc. Si. 314; G.; C.). ಯಾಗಾರ್ಥಮಹ ಹೋಳಿಗೆ (ಪುರೋಡಾಶ Nr.). ಹೋಳಿಗೆ ಹುಗ್ಗಿ ಎಡೆ ಮಾಡಿದರೆ ಜೋಳದ ಗುಗ್ಗರಿ ಬೇಡುತ್ತಿದ್ದ.— ನಮ್ಮ ಮಗ ಇಪ್ಪತ್ತು ಹೋಳಿಗೆ ತಿನ್ದಾನೆನ್ದರೆ ಹಾಕುವವರು ಯಾರು?— ನಾಯಿಯ ಬೊಜ್ಜಕ್ಕೆ ಅಮೇಧ್ಯದ ಹೋಳಿಗೆ.— ನಾಳೆ, ನಾಳೆ! ಎನ್ದು, ಸುಳ್ಳು ಹೇಳಿ, ಹೋಳಿಗೆ ತಪ್ಪಿಸಿದಿ.— ನಾಳೆ ಮಾಳಹಬ್ಬ, ಹೋಳಿಗೆ ಬೇಕಾದಷ್ಟು.— ನೆರಮನೇ ಹೋಳಿಗೆಗೆ ತುಪ್ಪಾ ಕಾಯಿಸಿದ ಹಾಗೆ.— ಪೀಳಿಗೆ ತಿಳಿಯದಿದ್ದರೆ ಹೋಳಿಗೆ ತಿನ್ನಲಿಕ್ಕೆ ಏನು?— ತಬ್ಬದ ಅರ್ಥ ತಿಳಿಯದಿದ್ದರೂ ಹಬ್ಬದ ಹೋಳಿಗೆ ತಿನಲಿಕ್ಕೆ ಕಡಿಮೆ ಇಲ್ಲ.— ಹಬ್ಬ ತಪ್ಪಿದರೆ ಹೋಳಿಗೆ ತಪ್ಪೀತೇ?— ಹೋಮ ತಿಳಿಯದಿದ್ದರೆ ಹೋಳಿಗೇ ಊಟಾ ಉಣ್ಣಲಿಕ್ಕೆ ತಿಳಿಯದೇ?— ಹೋಳಿಯಾಡದಿದ್ದರೆ ಹೋಳಿಗೇ ತಿನ್ನ ಬಾರದೇ?— ಕೋಱಿಯಾಗಲಿ ಹೋಳಿಗೆಯಾಗಲಿ ಪೋಲಿ ಮಾಡುವವನಗೆ ಬೇಡೆನ್ದಿಲ್ಲ (Prvs.). ತುಪ್ಪವನ್ನೂ ಕಸಕಸಿಯನ್ನೂ ಹಚ್ಚಿ ಬೆಯಿಸಿದ ಹೋಳಿಗೆ (G. 85); ಅಕ್ಕಿಯ ಹಿಟ್ಟಿನ ಹೋಳಿಗೆ (ಅಪೂಪ G.). — ಹೋಳಿಗೆಹಂಚು. An iron plate to bake a hôḷigĕ on (My.).

ಹೋಳಿಗೆ hôḷigĕ. 2. = ಹೋೞಗೆ (Šmd. 31). Tbh. of ಸ್ಫೋಟಕ (Šmd. 31. 358). A blister, etc. (ಹುಗುಳು Kk. 46).

ಹೋೞ್ hôḻ. = ಪೋೞ್, etc. To cleave, etc. P. p. ಪೋೞ್ದು (Bp. 52, 23).

ಹೋೞಲ್ hôḻal. ಹೋೞಲು. = ಪೋೞಲ್. The hollow of a tree (ನಿಷ್ಕುಹ, ಕೋಟರ Nr.; Mr. 105). ಮರದ ಹೋೞಲು (ನಿಷ್ಕುಟ, ಕೋಟರ Hlâ.; ನಿಷ್ಕುಟ, ಕೋಟರ Nn. 142, o. r. ಹೋೞಟ). **2,** a hollow, a pitfall, a trap (ಬೋನು Mr. 380).

ಹೋೞಗೆ hôḻigĕ. = ಹೋಳಿಗೆ 2, q. v.

ಹೋೞಿದು hôḻidu. = ಹೋೞ್ದು. P. p. of ಹೋೞ್. (Bp. 58, 71).

ಹೋೞಿಸು hôḻisu. To cause to split, etc. (Bh. 6, 4, 86).

ಹೋೞು hôḻu. 1. = ಹೋೞ್, etc. (ತುಣ್ಡು ಮಾಡು G.).

ಹೋೞು hôḻu. 2. = ಪೋೞ್ 2, etc. A split, a piece, a slice, a part (C.; ತುಣ್ಡು G.). — ಹೋೞ ಮೆಯ್. One division or side of the body (B. 3, 21). — ಹೋೞುಗಳೆ. -ಆಳೆ. To be divided into parts (Râm. 3, 6, 13). — ಹೋೞು

ಮಾಡು. To split, to divide into pieces or parts (as fruits or nuts, C.; B. 1, 8; 2, 42).

ಹೌ hau. For some Kannaḍa and foreign words with this initial syllable in writ see ಹವು.

ಹೌದ hauda. A basin made for the water of a jet-d'-eau: an uncovered receptacle of masonry for water: a basin or tank; a reservoir (Mhr., H.). ನೀರಿನ ಹೌದ ಮುನ್ತಾದವು (ಆಶಯ G.).

ಹೌದಾ haudâ. = ಹವುದಾ, ಹೌದೆ. An uncovered box or chair upon an elephant, for the convenience of the riders (My.; Mhr.).

ಹೌದು haudu. = ಹವುದು, etc. (C.; B. 1, 25; 4, 168; 5, 137). ಹೌದು, ಬಸವಾ, ಹೌದು; ಅಲ್ಲ, ಬಸವಾ, ಅಲ್ಲ (Prv.).

ಹೌದೆ haudĕ. = ಹೌದಾ. ಸವುದೇ ಹೊಟೆ ಹೊತ್ತು ಕೊಣ್ಣು, ಹೌದೇಲಿ ಕೂತ ಹಾಗೆ (Prv.).

ಹೌರ haura. = ಹವುರ, etc.

ಹೌವು hauvu. Earnest desire; earnest hope (B. 4, 62; Mhr., H. ಹಾವ, ಹಾಂವ).

ಹೌಸ hausa. = ಹವಸು. Inordinate desire; ambition, eagerness, lust, fire (My.; Mhr., H.).

ಹ್ನವ hnava. Secreting, hiding, concealment; a denial. See ಅಪ-, ನಿ-.

ಹ್ನುತಿ hnuti. = ಹ್ನವ. See ಅಪ-.

ಹ್ಯಸ್ hyas. *Yesterday.*

ಹ್ಯಸ್ತನ hyastana. Hesternal, belonging to yesterday.

ಹ್ಯಸ್ತನದಿನ hyastana-dina. *Yesterday.*

ಹ್ಯಾಗೆ hyâgĕ. = ಎಹಗೆ, etc. In what manner? how? (C.; Śmd. 14 Cm.; Si. 469. 470. 474; B. 1, 24; 4, 174; 5, 128). — ಹ್ಯಾಗನ್ದರೆ. -ಅನ್ದರೆ. If one says (or asks) how? 2, if I say (or tell) how? *i. e.* that is to say, namely (C.; B. 4, 215; 5, 38. 95; Si. 274. 315. 401. 403). — ಹ್ಯಾಗಾದರೂ. -ಆದರೂ. Somehow; in one way or another (C.). ಆ ಹುಡುಗನು ಹ್ಯಾಗಾದರೂ ಮಾಡಿ, ದಡಕ್ಕೆ ಬನ್ದು ಹತ್ತಿದನು (B. 4, 39). ಏನಾದರೂ ಮಾಡಿದರೆ ಹ್ಯಾಗಾದರೂ ಆಗುವದು (Prv.). — ಹ್ಯಾಗೂ. -ಊ 7. = ಹ್ಯಾಗಾದರೂ. (My.). ಬರೆಯಲಿಕ್ಕೆ ಹ್ಯಾಗೂ ಬರೆಯ ಬಹುದು, ಸುಡೋದು ಹ್ಯಾಗೆ? (Prv.). 2, however, at all events (C.). ಹ್ಯಾಗೂ ಹಬ್ಬದೊಳಗೆ ಅಯ್ದು ದಿನ ಸಾಲೆ ಇರುವದಿಲ್ಲ (B. 1, 25). — ಹ್ಯಾಗೆ ಹ್ಯಾಗೆ. rep. (B. 5, 57).

ಹ್ಯಾಂಗೆ hyângĕ. = ಹ್ಯಾಗೆ, etc. (C.).

ಹ್ಯಾಟೆ hyâṭĕ. = ಹೇಟೆ, etc. (My.).

ಹ್ರಣೀಯೆ hraṇiyĕ. = ಹೃಣೀಯೆ. (Colebr.).

ಹ್ರದ hrada. 1. A ray of light. See ಶತಹ್ರದೆ.

ಹ್ರದ hrada. 2. A large or deep piece of water, *a lake, a pool* (ತೋಯಾಶಯ, ಮಡು Hlâ.; Mr. 416).

ಹ್ರದಿನಿ hradini. 1. Lightning.

ಹ್ರದಿನಿ hradini. 2. *A river.*

ಹ್ರಸಿಷ್ಠ hrasishṭha. (fr. ಹ್ರಸ್ವ). *Shortest, smallest.*

ಹ್ರಸ್ವ hrasva. *Short, small, little,* dwarfish. 2, prosodically or metrically short. 3, a dwarf. 4, a short vowel, a vowel containing only one mâtrâ. See Śmd. 14. 17. 19. 150. 213. 222. 223. 236. 275. 285. 289. 355. 358; Kâvy. I, 1a, 10. 11; I, 2, 47-49. 84-89; I, 3, 64-74; I, 4, 13. 14. 19. 21.

ಹ್ರಸ್ವಗವೇಧುಕೆ hrasva-gavêdhukĕ. *The plant Uraria lagopodioides* Dec.

ಹ್ರಸ್ವತೆ hrasvatĕ. Shortness (of a vowel, Śmd. 188. 284. 364. 379).

ಹ್ರಸ್ವತ್ವ hrasvatva. = ಹ್ರಸ್ವತೆ. (Śmd. 189. 365 Cm.).

ಹ್ರಸ್ವಮೂರ್ತಿ hrasva-mûrti. Short in stature, small in figure, dwarfish. (R.).

ಹ್ರಸ್ವಾಕ್ಷರ hrasva-akshara. A short letter, a letter with a short vowel (Śmd. 71).

ಹ್ರಸ್ವಾಂಗ hrasva-aṅga. *N. of a medicinal plant* (= ಜೀವಕ).

ಹ್ರಸ್ವಿ hrasvi. A small bird (ಕಿರುಪಕ್ಷಿ Mr. 175).

ಹ್ರಾದ hrâda. *Noise, sound.*

ಹ್ರಾದಿ hrâdi. ಹ್ರಾದಿನ್. Making a sound or noise.

ಹ್ರಾದಿನಿ hrâdini. *Indra's thunderbolt.* 2, *lightning.* 3, a river.

ಹ್ರಾಸ hrâsa. Sound, noise. 2, shortening, diminution, abatement, decrease, decline, deterioration, detriment; paucity, scarcity. (R.).

ಹ್ರೀ hrî. *Shame, bashfulness, modesty.*

ಹ್ರೀಣ hrîṇa. *Ashamed, bashful, modest,* shy, timid.

ಹ್ರೀತ hrîta. *Ashamed, bashful, modest.*

ಹ್ರೀವೇರ hrîvêra. *A kind of Andropogon, a drug and perfume* (ಕರಿಯ ಬಾಳ Hlâ.).

ಹ್ರೀವೇಲ hrîvêla. = ಹ್ರೀವೇರ. (Sk.).

ಹ್ರೇಷೆ hrêshĕ. *Neighing* (of a horse).

ಹ್ಲನ್ನ hlanna. Glad, pleased, delighted, happy. See ಪ್ರ-.

ಹ್ಲಾದ hlâda. Pleasure, joy. See ಪ್ರ-.

ಹ್ಲಾದಿನಿ hlâdini. = ಹ್ರಾದಿನಿ. Indra's thunderbolt. 2, *lightning.* 3, *the gum olibanum tree, Boswellia serrata* (= ಗುಗ್ಗುಳ).

ಹ್ವ hva. Crooked, curved, bent. See ಪ್ರ-.

ಹ್ವರ hvara. (ಹ್ವರಸ್). Crookedness; the state of being bent (towards). See ಉಪ-.

ಹ್ವಲ hvala. Moving, shaking, trembling. See ವಿ- (for which *cf.* also ಹ್ವರ).

ಳ್ Ḷ

ಳ್ ḷ. The fifty-fifth letter of the Alphabet (Šmd. 11. 12. 21). It forms the final of many words, *e. g.* ಒಳ್, ತಳ್ (Mḍb. ತಳ್), ಎಡುಳ್, ಕರುಳ್, ಕುರುಳ್, ತಿರುಳ್, ಮುಗುಳ್ (59), ಮುಳ್ (139), ಸುಸುಳ್, ಬಗುಳ್, ಬೇಳ್, ಮಸುಳ್, etc. About its reduplication when final see 84. 205. 214. It takes the place of ಟ್ (31) and ಡ್ (29. 397), and changes into ಣ್ (ಉಣ್ಬು fr. ಉಳ್, ಕೊಣ್ಡು fr. ಕೊಳ್, 291. 292); *cf.* ಮುಣಲ್ = ಮುಳಲ್. In the Kannaḍa of the present day it represents also the ancient letter ೞ್. *Cf.* also the different forms of ಲೋಳೆ.

ಳ ḷa. The letter ಳ್ pronounced with a short a, as is generally done at school. 2, the number 9 (Mr. 349).

ಳ ḷa. A very common substitute for Saṁskṛita ಲ್, when it is called *kshaḷa* (Šmd. 12. 13. 44. 45). This kshaḷa changes places with the ancient letter ೞ್ in several words (30).

ಳಕಳ್ ḷakaḷ. ಳಕಳ್. (Šmd. 139).

ಳಕಾರ ḷa-kâra. The letter or syllable ಳ್ (Šmd. 11. 12. 25).

ಳತ್ವ ḷatva. = ಳಕಾರ. (Šmd. 361. 369).

ಳಾನ್ತ ḷa-anta. A term with final ಳ್ (Šmd. 53. 332).

ಳಾಳ ḷâḷa. = ಲಾಳ.

ಳಾಳಲಿಪಿ ḷâḷa-lipi. The Lâḷa character (Bp. 5, 53).

ಳೊಳ್ ḷŏḷ. 1. = ಲೊಳ್ 1, etc. — ಳೊಳ್ಳೊಟ್ಟೆ. = ಲೊಳ್ಳೊಟ್ಟೆ, etc. (My.).

ಳೊಳ್ ḷŏḷ. 2. = ಲೊಳ್ 2. — ಳೊಳ್ ಳೊಳ್. A sound to imitate the barking of dogs (C.).

ಳೊಳ ḷŏḷa. = ಲೊಳ. A term to imitate the murmuring of running water and the sound of the water in a cocoa-nut when shaken. — ಳೊಳ ಳೊಳ. rep. (My.).

ೞ್ Ḻ

ೞ್ ḻ. The fifty-sixth letter of the Alphabet. At present it is obsolete, and usually represented by ಳ್. The many Kannaḍa words in which it ought to occur, are enumerated in Šmd. 32-37. It arises from ಟ್ (30), ದ್ (30), ಡ್ (28. 140. 217. 222. 275), ತ್ (30), ರ್ (30), and the so-called kshaḷa (30). When it began to fall into disuse, its substitute became ರ್ (ಱ); see Šmd. 50, and *e. g.* ಅೞ್, ಅರ್ದು, ಆರ್ದು 1, ಎರ್ದು, ಬಿರ್ದು 2. In course of time the ರ್ was converted into the letter it preceded, *e. g.* ಅರ್ದು became ಅದ್ದು, ಎರ್ದು ಎದ್ದು, ಬಿರ್ದು ಬಿದ್ದು, (ಎರ್ಬಿಸು ಎಬ್ಬಿಸು); *cf.* ಎೞ್ತು = ಎತ್ತು; ಎೞ್ಚರ್ = ಎಚ್ಚರ್. See also s. ಸ್. (In T. and M. the ೞ್ is still in common use).

ೞಕಾರ ḻa-kâra. The letter or syllable ೞ್ (Šmd. 11. 58. 217; Kâvy. I, 3, 98-103).

ೞಾನ್ತ ḻa-anta. A term with final ೞ್ (Šmd. 330).

ADDITIONS.

ಅಕ್ a-k. 1. *Add:* ಅಕ್ಕರೆ. That bank or side of a river (My.; *cf.* ಇಕ್ಕರೆ s. ಇ 3).

ಅಕೈತವ a-kaitava. Free from deceit or fraud (J. 10, 41).

ಅಕ್ಕಸಾಲೆ akka2-sâlĕ. — ಅಕ್ಕಸಾಲೆಯ. *Add:* ಅಕ್ಕಸಾಲೆಯವರ. -ಅವ. = ಅಕ್ಕಸಾಲೆಯ. (ಸೊನ್ನಗಾರ, etc. G.).

ಅಕ್ಕಳೆ akkaḷĕ. A cockroach (Tu. ಎಕ್ಕಲು, ಎಕ್ಕಲೆ). — ಅಕ್ಕಳೆಹುಳು. A cockroach (My.).

ಅಕ್ಕಿ akki. — ಅಕ್ಕಿಗಚ್ಚು. *Add as the first meaning:* Water in which raw rice has been washed, used, when sweet, as a drink and medicine (C.).

ಅಕ್ಕು akku. 4. — ಅಕ್ಕಾಡು. *Add:* to perish; to lose one's strength. *After* Râm. 5, 8, 74 *insert:* Bh. 3, 6, 18; 8, 12, 47.

ಅಕ್ರಾಳ akrâḷa. — ಅಕ್ರಾಳವಿಕ್ರಾಳ. Frightful, hideous (Mhr., also ಅಕರಾಳವಿಕರಾಳ; *cf.* Sk. ಕರಾಲ). See s. ಹವ್ವ.

ಅಕ್ಷಯತೃತೀಯೆ akshaya-tṛitîyĕ. = ಅಕ್ಷತೃತೀಯೆ, ಅಕ್ಷತದಿಗೆ (s. ಅಕ್ಷ). A festival, the third day of the bright half of the month vaiśâkha, which is the first day of the satyayuga; the fruits of meritorious actions performed on this day are permanent. (My.).

ಅಕ್ಷುದ್ರ a-kshudra. (= ಅಕ್ಷುಲ್ಲಕ?). Not small; not mean or base.

ಅಕ್ಷೂಣ a-kshûṇa. Unbroken, uncurtailed, whole, sound (Čpr. 3, after 102; 4, after 88; 6, 104).

ಅಗ a-ga. 2. *Add:* 4, N. (J. 20, 27).

ಅಗಡು agaḍu. *Add:* (= ಅಸಡು). — ಅಗಡುದನ. Vicious cattle (Râm. 4, 8, 8). — ಅಗಡುಮೋಱೆ. A savage face (Râm. 6, 13, 6).

ಅಗಡುತನ agaḍutana. *After* J. 20, 8 *add:* Râm. 6, 4, 39.

ಅಗಲ್ agal. *Add to No. 5:* Čpr. 6, 55.

ಅಗಲ agala. *Read:* = ಅಕ್ಕಲು, ಅಗಲು 2, ಅಗಳ, ಅಂಗಲ, ಅಂಗಲು, ಹಕ್ಕಲು 2.

ಅಗಲ್ಕೆ agalkĕ. *Add:* ಅಗಲ್ಕೆಗಿಚ್ಚು. -ಕಿಚ್ಚು. The fire (*i. e.* affliction) of separation (Čpr. 8, 4).

ಅಗಲ್ಚು agalču. *Add:* See Čpr. 5, 10.

ಅಗಳಿ agaḷi. Exceeding of bounds, surpassing, greater or larger (Mhr. ಅಗಳೀ). — ಅಗಳಿಚಲ್ಣ. A sort of wide breeches that reach to the knees, worn by peasants (S. Mhr.).

ಅಗಳು agaḷu. *Add:* See Prv. s. ಸರಿ 4.

ಅಗು agu. 2. *Read:* (My.; Tĕ.).

ಅಗುರ್ವಿಸು agurvisu. *Insert before* Abh. P. 3, 54: Čpr. 4, 46; 5, 10.

ಅಗುರ್ವು agurvu. *Insert before* Abh. P. 7, 114: Čpr. 4, 44. 48; 5, 46; 6, 4; 10, 65. 86. — ಅಗುರ್ವಡೆ. *Add:* See Čpr. 5, after 64. — ಅಗುರ್ವವೆಱ್. -ಪೆಱ್. = ಅಗುರ್ವಡೆ. (Abh. P. 7, after 114).

ಅಗೌಕಸ aga-ôkasa (*i. e.* ôkas). Whose home are trees: a monkey (Śśv. 3, 34).

ಅಗ್ಗರಣೆ aggaraṇĕ. *Add:* See Čpr. 9, after 102.

ಅಗ್ಗಿ aggi. — ಅಗ್ಗಿಮೊಗ. *After* A fire-face *insert:* ; a deity (Śśv. 5, 9).

ಅಗ್ಗ್ರಾಣೆ aggrâṇĕ. = ಅಗ್ಗರಣೆ, ಒಗ್ಗರಣೆ. (My.).

ಅಗ್ನಿಹೋತ್ರ agni-hôtra. *Add:* 2, the sacred fire (Sk.; Si. 24).

ಅಂಕಪೀಠ aṅka-pîṭha. The thigh regarded as a seat (Śśv. 1, 76).

ಅಂಕುಶ aṅkuśa. *Add:* 2, a certain feat of wrestlers (Čpr. 5, 77).

ಅಂಗ aṅga. 1. — ಅಂಗವಟ್ಟ. *Add:* Bh. 4, 4, 7. — ಅಂಗವಡೆ. -ಪಡೆ. To get or assume a body (Śśv. 1, after 79).

ಅಂಗಪ್ರತ್ಯಂಗ aṅga-pratyaṅga. The major and minor members of the body (Čpr. 3, after 102; 4, after 88).

ಅಂಗಯ್ಸು aṅgaysu. *Add:* Bh. 3, 18, 43.

ಅಂಗಾರಸ್ಫೋಟಕ aṅgâra-sphôṭaka. *Add:* Or perhaps: a blister occasioned by the touch of a live coal.

ಅಂಗುಲಿಕ aṅgulika. = ಅಂಗುಲ. (J. 5, 65; Sk. ಅಂಗುಲಕ).

ಅಂಘಸ್ aṅghas. = ಅಂಹಸ್. (Sk.).

ಅಂಘ್ರಿ aṅghri. = ಅಂಹ್ರಿ. (Sk.).

ಅಚಿಂತ್ಯ a-čintya. *Add:* Abh. P. 16, after 18.

ಅಚ್ಚ ačča. 1. — ಅಚ್ಚಗನ್ನಡ. *After* (Śmd. 44. 45. *insert:* 98. — ಅಚ್ಚಪಣ್. A fine ripe fruit (Śśv. 1, 51).

ಅಚ್ಚರಸಿ aččarasi. *Before* Rśv. 2, 22 *insert:* Čpr. 4, 67. 79. 83.

ಅಚ್ಚರಿ aččari. 1. — ಅಚ್ಚರಿವಡು. *Add:* Čpr. 9, 6. — ಅಚ್ಚರಿವೀಱು. -ಬೀಱು. To spread surprise (Śśv. 5, 58). — ಅಚ್ಚರಿವೆಱ್. -ಪೆಱ್. To become or be surprised (Abh. P. 12, 96).

ಅಚ್ಚರ್ಯ aččarya. *Add:* Dp. 116, 28.

ಅಚ್ಚಿ ačči. 4. = ಹಚ್. A sound made in sneezing (C.).

ಅಚ್ಚಿಗ aččiga. *Add:* Čpr. 8, after 65; Abh. P. 12, 96; Śśv. 4, 17; J. 27, 29.

ಅಚ್ಚು ačču. 1. — ಅಚ್ಚೊತ್ತು. *Before* Abh. P. 14, 70 *insert:* Čpr. 8, 80.

ಅಚ್ಚು ačču. 2. *Add:* Dp. 116, 5.

ಅಚ್ಯುತಕಲ್ಪ ačyuta-kalpa. N. of a certain region (Abh. P. 16, after 78; 16, 75).

ಅಜ aja. *Add:* No. 2.

ಅಜಜ aja1-ja. Nârada (V. 7, 58).

ಅಜಭೇದನ aja2-bhêdana. A wolf (Śśv. 3, 34).

ಅಜಿ aji. — ಅಜಗಿಜ. *Add:* See Bh. 6, 7, 17.

ಅಜಿತಂಜಯ ajita-ṅ-jaya. N. of a king (Čpr. 4, 88; 5, after 2).

ಅಜಿತಸೇನ ajita-sêna. N. of the son of Ajitañjaya (Čpr. 4, 88; 6, after 25).

ಅಜಿತಸೇನೆ ajita-sênĕ. N. of the wife of Ajitañjaya (Čpr. 4, 88; 5, 11).

ಅಜೀರ್ತಿ a-jîrti. Indigestion (J. 12, 45; My.).

ಅಂಚೆ añcĕ. — ಅಂಚೆವಣ. *Add:* Čpr. 1, after 101.

ಅಂಜಲಿಪುಟ añjali-puṭa. *Add:* Ššv. 1, after 79.

ಅಂಜೆ añjĕ. *Add:* The word very probably is ಅಂಚೆ; see Mr. s. ಕುಸುರಿ.

ಅಟ aṭa. 1. — ಅಟಮಟ. *Insert* Râm. 3, 6, 45 *before* My.

ಅಟಿಸು aṭisu. *Add:* = ಅಡಿಸು 2, etc.

ಅಟೆ aṭĕ. *Insert* ಅಡಣೆ *after* ಅಡ 1.

ಅಟ್ಟ aṭṭa. 1. *Add:* See ಒತ್ತಟ್ಟ.

ಅಟ್ಟ aṭṭa. 2. — ಅಟ್ಟಮಿರ್. -ಇರ್. To be haughty or conceited (or backward, reserved, coy, V. 14, 110).

ಅಟ್ಟಳೆ aṭṭaḷĕ. *Add:* Čpr. 1, 112.

ಅಟ್ಟುಳಿ aṭṭuḷi. 1. *Add:* Dp. 122 pallavi.

ಅಟ್ಟೆ aṭṭĕ. 3. *Add:* 2, the body (Ršv. 5, 95. 117; My.).

ಅಡ aḍa. 1. *After* ಅಡಿಗ 1 *insert:* ಉಗ್ಗಡ, ತೂಂಕಡ.

ಅಡ aḍa. 4. — ಅಡಪಡಿಸು. *Add:* See Čpr. 6, after 40.

ಅಡ aḍa. 6. — ಅಡಗೊಟ್ಟು. -ಕೊಟ್ಟು. To cut down in fronting (others, Bh. 7, 3, 76). — ಅಡತರ. An inferior kind or state: dejection (Bh. 8, 19, 42). — ಅಡುಬು. *To* ಅಡುರ್ತು *add:* Čpr. 5, 10. 69; 10, after 86.

ಅಡಕ aḍaka. *Add:* 11, a compact (in ಕಟ್ಟಡಕ).

ಅಡಕಿಲ್ aḍakil. 1. — ಅಡಕಿಲ್ಗೊಳ್. -ಕೊಳ್. One to be piled upon another (Čpr. 1, 76. 182). — ಅಡಕಿಲ್ವೊಟ್ಟು. -ಬೊಟ್ಟು. A raised ornamental mark on the forehead (Čpr. 6, 66).

ಅಡಕು aḍaku. 1. *Add after* See: Râm. 1, 5, 29.

ಅಡಂಗು aḍaṅgu. 1. *Add after* See: ಒಳಡಂಗು Čpr. 4, 46; 5, 43.

ಅಡಣೆ aḍaṇĕ. = ಅಟೆ, etc. See ಉಗ್ಗಡಣೆ.

ಅಡಪವಳ aḍapa-vaḷa. *Add:* Čpr. 7, 86.

ಅಡಪು aḍapu. 2. *Add:* 2, a certain attitude in dancing (Ršv. 5, after 19).

ಅಡರ್ಪು aḍarpu. *Read:* (Šmd. 50). (Union): an accumulation, a heap, a mass (Ššv. 1, 34). 2, foundation, basis (for the mind, Ššv. 1, after 81). 3, confidence, trust, faith (ಅಂಕೆ, ನೆಮ್ಮುಗೆ Kk. 74; Šm. 66; *cf.* ಅಡ 6). 4, a true representation, an image (Ššv. 4, 38). *Cf.* ಅಡಪು 2.

ಅಡವಿ aḍavi. — ಅಡವಿದಾಣ. -ತಾಣ. A jungly place (J. 12, 42).

ಅಡಿ aḍi. 2. — ಅಡಿಗುಟ್ಟು. -ಕುಟ್ಟು. To strike, *i. e.* to shampoo, the feet (Čpr. 6, after 86). — ಅಡಿದಳಿರ್. -ತಳಿರ್. The feet regarded as young shoots (Abh. P. 1, 76). — ಅಡಿಬೀಳ್. To fall under or into (Dp. 14, 3).

ಅಡಿಕು aḍiku. = ಅಡಕು 1. (Râm. 6, 5, 17).

ಅಡಿಸು aḍisu. *Add:* 1.

ಅಡಿಸು aḍisu. 2. = ಅಟಿಸು, ಅಣಿಸು, (ಆಡಿಸು). Verb of ಅಡ 1. See ಅರ್ಬಡಿಸು, ಉಗ್ಗಡಿಸು.

ಅಡುರ್ತು aḍurtu. See ಅಡುಬು s. ಅಡ 6.

ಅಡ್ಡ aḍḍa. 1. *After* ಅಡ್ಡ 3 *insert:* ಎಡ್ಡ 4. — ಅಡ್ಡತರಕ್ಕೆದರ್. -ತರ್. To bring (back) to the cross (or side) position (Čpr. 3, 51). — ಅಡ್ಡನಗೆ. *Add:* Râm. 2, 2, 43. — ಅಡ್ಡಮ್ಬರಿ. -ಂಬರಿ. To run across or over (Čpr. 1, 80).

ಅಡ್ಡ aḍḍa. 3. *Add:* Dp. 145, 4.

ಅಡ್ಡಯ್ಸು aḍḍaysu. *Add:* Bh. 2, 1, 75.

ಅಣಲ್ aṇal. 3. ಅಣಲು. = (ಅನಲು), ಅಬಲ್ 2. Heat (My.).

ಅಣಸು aṇasu. *Add to* No. 1: V. 5, after 14.

ಅಣಿ aṇi. 2. *To No. 2 add:* Dp. 134, 1; 136, 7; 142, 1; 170, 2; *and to No. 3 add:* See ಪೇರಣಿ, ಬಿಲ್ಲಣಿ.

ಅಣಿ aṇi. 3. *After* = ಅಣೆ 5, etc. *add:* ಅಣಿ 4; *and insert* ಉರಟಣಿ *before* ಉರವಣಿ.

ಅಣಿ aṇi. *Put a full stop after* = ಅಣಿ.

ಅಣಿಲ್ aṇil. *Add:* Tu. ಜಣಿಲ್.

ಅಣಿಸು aṇisu. (fr. ಅಣೆ 5). = ಅಡಿಸು 2, etc. See ಉರವಣಿಸು.

ಅಣುಗು aṇugu. Affection, tender liking, love (*cf.* ಅಳುಪು 2, ಅಮುಗು 2). ಎನ್ನಣುಗಿನಗ್ರತನೂಜಂ (Čpr. 5, 10).

ಅಣೆ aṇĕ. 3. *Add:* See Čpr. 10, after 81; Bh. 7, 3, 76; Dp. 84, 3 (where the meaning may be "to remove").

ಅಣ್ಟಲು aṇṭalu. = ಅಣ್ಟುರು? — ಅಣ್ಟಲವಾಱು. -ಪಾಱು. To run so as to touch, to run up to (or ಅಣ್ಟಲವಾರು. -ಬಾರು, to tremble for fear that one might come in contact with, Râm. 6, 19, 30).

ಅಣ್ಟು aṇṭu. 2. — ಅಣ್ಟುಪುರುಲೆ. Spear grass (Mr. H. Haigh).

ಅಣ್ಡಲೆಯಿಸು aṇḍalĕyisu. To harass (Čpr. 1, 106).

ಅಣ್ಡು aṇḍu. 1. — ಅಣ್ಡುಗೊಳ್. *Add after* (Grj. 1, 104): to go near, to approach (Ššv. 4, after 6; 4, 10. 11).

ಅಣ್ಡೆ aṇḍĕ. A cooking-pot; an open-mouthed metal vessel in general (Mhr. ಹಣ್ಡಾ). See ಹೊನ್ನಣ್ಡೆ.

ಅಣ್ಣೆ aṇṇĕ. 1. — ಅಣ್ಣೆವಾಲ್. *Add:* V. 9, 82.

ಅಣ್ಪು aṇpu. 1. *Add:* Čpr. 6, 92; J. 6, 12.

ಅಣ್ಮು aṇmu. 1. *To* ಅಣ್ಮಾಣ್ಮು *add:* Abh. P. 10, 53.

ಅಣ್ಮು aṇmu. 2. *Add:* Čpr. 10, after 94; 10, 97.

ಅತನು a-tanu. *Add:* Čpr. 1, 77; 4, 42.

ಅತನುಹರ atanu-hara. He who removes Kâma: Šiva (Ššv. 4, 81).

ಅತಿಕ್ರಮ ati-krama. *Add:* See Nr. s. ಎಡೆವಿಡು s. ಎಡೆ 1.

ಅತಿಕ್ರಾನ್ತ ati-krânta. Passed, elapsed (Abh. P. 15, after 16).

ಅತಿತರ ati-tara. *Add:* See Čpr. 5, 96.

ಅತಿಪಾತ ati-pâta. *Add:* See Nr. s. ಎಡೆವಿಡು s. ಎಡೆ 1.

ಅತಿರಥ ati-ratha. *Add:* Čpr. 10, 75; Abh. P. 13, 72.

ಅತಿರಸ ati-rasa. *To* No. 2 *add:* V. 9, 78.

ಅತಿರಾಗ ati-râga. Excessive affection, etc. (Čpr. 4, 18).

ಅತಿರಾಗತೆ ati-râgatĕ. The state of being very red, full of feeling or passion, etc. (Čpr. 7, 96. 147).

ಅತುಚ್ಛ a-tuččha. Not small, great (Čpr. 5, 18).

ಅತ್ತ atta. 3. = ಅನ್ಥವ. See ಹೆಣವತ್ತ.

ಅಡಟು adaṭu. 3. *Before* Č. Bp. 47, 10 *insert:* Grj. 5, 89.

ಅಡಟುತನ adaṭutana. = ಅಡಟು 3. (Râm. 5, 8, 28).

ಅದವು adavu. — ಅದವಡಿಲ್. *Add:* Čpr. 9, 74.

ಅದಿರ್ adir. 1. *Add:* See Čpr. 4, 46.

ಅದಿರ್ adir. 2. — ಅದಿರ್ಗನ್ತಿ. *Add:* Grj. 7, after 84; 7, 86. 88.

ಅದಿರ್ಪು adirpu. 1. To frighten (Čpr. 2, after 49; 5, 19; Abh. P. 10, after 156).

ಅದಿರ್ಪು adirpu. *Put No.* 2 *to it.*

ಅದೃಶ್ಯಾಂಜನ adṛiśya-añjana. An ointment which renders invisible (Čpr. 8, 20).

ಅದೆ adĕ. 4. *Add to No. 2:* Dp. 18 pallavi.

ಅದ್ದರಿಸು addarisu. (fr. ಅದ್ರು). To make tremble, to frighten (My.).

ಅದ್ದಲಿಸು addalisu. = ಅದ್ದರಿಸು. (Râm. 2, 3, 42; 6, 88, 12).

ಅದ್ದಿಸು addisu. = ಅದ್ದಾಯಿಸು. (Râm. 6, 38, 15).

ಅದ್ರಿಜಾತೆ adri-jâtĕ. = ಅದ್ರಿಜೆ. See Nn. 18 s. ಸತ್ವ 1.

ಅದ್ರಿಮಥನ adri-mathana. Indra (or Skanda, J. 2, 41; see ಕ್ರೌಂಚದಾರಣ).

ಅಧಃಕರಿಸು adhaḥ-karisu. To put down, to cast down, to lower (Grj. 2, after 106).

ಅಧಃಕೃತ adhaḥ-kṛita. Put down, cast down. (Čpr. 3, after 9).

ಅಧರತೆ adharatĕ. The state of being lower (Čpr. 3, after 9).

ಅಧಿಕಪ್ರಸಂಗ adhika-prasaṅga. Meddling, officious interposition, impertinence (Tĕ., My.).

ಅಧಿಕಪ್ರಸಂಗಿ adhika-prasaṅgi. An impertinent fellow (Tĕ., My.).

ಅಧಿತ್ಯಕ adhityaka. *Add:* Śmd. 102.

ಅಧಿದೇವ adhi-dêva. A presiding or tutelary male deity. See ಅಧಿದೈವತ.

ಅಧಿಭೂತ adhi-bhûta. The spiritual or fine substratum of material or gross objects; the supreme soul; nature; (a master; a being). See ಅಧಿಭೌತಿಕ. Feminine ಅಧಿಭೂತೆ; see ರಸಾಧಿಭೂತೆ.

ಅಧಿರಾಜತ್ವ adhi-râjatva. Supremacy, imperial dignity (Râm. 2, 2, 41).

ಅನತಿದೂರ an-atidûra. A small distance (Čpr. 5, after 109).

ಅನಭಿಜ್ಞಾತ an-abhijñâta. Not perceived, unknown (Čpr. 6, 21).

ಅನಾದಿ an-âdi. *Add:* See s. ಸ್ವರ್ಗ 1.

ಅನಾಧಾರತೆ an-âdhâratĕ. *Add:* See Čpr. 5, 37.

ಅನಾಯುಧ an-âyudha. Weaponless; having no implements. See Čpr. 5, 75.

ಅನಾಹುತ an-âhuta. Not sacrificed; uninvited; unexpected. 2, calamity, loss, damage, ruin (My.; Kôṅkaṇi ಅನಾವತ).

ಅನಿನ್ದಿತ a-nindita. Irreproachable, not despised, pious, virtuous. (Grj. 7, 20).

ಅನಿರನ್ತರ a-nirantara. Not continuous, etc.; not constant, not incessant (Čpr. 1, 114).

ಅನುಕರಿಸು anu-karisu. *Add:* Čpr. 5, 124; Abh. P. 11, after 82.

ಅನುಗಡಿಸು anu-gaḍisu. 2. To stroke, to rub lengthwise; to strike;—to push back, to slight (Bh. 5, 8, 41).

ಅನುಜಾಯಿ anu-jâyi. A mode in saṅgîta (V. 11, 9).

ಅನುದ್ಗತ an-udgata. Not risen, etc. — ಅನುದ್ಗತವೃತ್ತಿ. A mode in saṅgîta (V. 11, 9).

ಅನುಪಮಾನ an-upamâna. = ಅನುಪಮ. (Čpr. 2, 88).

ಅನುಭವಿಸು anu-bhavisu. *Add:* 2, to enjoy carnally (Abhâ. 2, 90. 98; My.).

ಅನುರಕ್ತತೆ anu-raktatĕ. = ಅನುರಾಗತೆ. (Čpr. 4, 28; 8, 16).

ಅನುರಾಗತೆ anu-râgatĕ. Attachment, affection, love; passion (Rŝv. 11, 94).

ಅನುವಶ anu-vaśa. Obedience to the will of another; obedient to the will of another (Abh. P. 16, after 89).

ಅನುವಿಸು anuvisu. *Add:* Abh. P. 10, 218.

ಅನುಸನ್ಧಾನ anu-sandhâna. *Add:* the act of fixing (an arrow on a bow-string, Grj. 8, after 45).

ಅನುಸರಿಸು anu-sarisu. *Add:* See Dp. 159 pallavi; 159, 8. 14.

ಅನ್ತಃಕರಿಸು antaḥ-karisu. To inclose, to comprise (Čpr. 5, 8).

ಅನ್ತರ antara. *Add:* 30, the story of a building. See ದೊಡ್ಡ ಅನ್ತರ.

ಅನ್ತರ್ದಾಹಕ antar-dâhaka. A man who causes internal heat (Bh. 2, 1, 60).

ಅನ್ತರ್ಧಾನ antar-dhâna. *Add:* Grj. 8, 35.

ಅನ್ತಸ್ಥ anta-stha. *Add:* Bh. 4, 2, 50.

ಅನ್ತೆ antĕ. 1. *Put a full stop after* said.

ಅನ್ದ anda. — ಅನ್ದವಡು. *Add:* Bh. 8, 19, 23.

ಅನ್ದು andu. 3. *Add:* See Grj. 5, 87.

ಅನ್ಧಸುಲೋಚನೆ andha-sulôčanĕ. N. (Čpr. 5, 82).

ಅನ್ಯಪುಟ್ಟ anya-puṭṭa. Tbh. of ಅನ್ಯಪುಷ್ಟ. (Čpr. 5, 98; Grj. 7, 41).

ಅಪ apa. 2. — ಅಪಪ. *Add:* *Cf.* Mhr. ಹಪಾಪ, *and put a dash before* ಅಪಾ.

ಅಪಗತತನ್ದ್ರ apagata-tandra. Remote from or without lassitude or fatigue (Čpr. 6, 6).

ಅಪಚಯ apa-čaya. *Add to No. 2:* See Grj. 5, 51; 8, after 20; ಪುಣ್ಯಾಪಚಯ.

ಅಪದೆಸೆ apa-dĕsĕ. *Add:* pitiful state (Bh. 8, 19, 37).

ಅಪರಂಜಿ (apa-rañji). *Add:* Abhâ. 8, 9.

ಅಪರಾಂಗ apara-aṅga. The hind part, the back (Rŝv. 5, 92).

ಅಪರಾಜಿತೆ a-parâjitĕ. N. of one of the wives of Daśaratha (Abh. P. 7, 14).

ಅಪರ್ಯುಷಿತ a-paryushita. Not stale; fresh (My.).

ಅಪವರ್ತನ apa-vartana. Turning away; taking away; transferring from one place to another;—abbreviation, abridging;—reduction of a fraction to its lowest terms (My.);—division without remainder (My.);—divisor.

ಅಪಸಾರಿತ apa-sârita. Removed, put away, thrown aside. (Abh. P. 1, 62).

ಅಪಹ apa-ha. *Add:* removing.

ಅಪಹರಿಸು apa-harisu. *Add:* Čpr. 5, 133.

ಅಪಹಾರಿ apa-hâri. One who takes away, etc. (Šśv. 1, 75).

ಅಪಾರ್ಥ apa-artha. *Add:* ಅಪಾರ್ಥಂ, without any object, vainly (Šśv. 4, 91).

ಅಪೂಟ (a-pûṭa). Entire, whole (S. Mhr.; Tu. ಅಪೂಟು; see ಪೂಟು 1).

ಅಪೂರ್ವತರ apûrva-tara. Uncommonly wonderful, quite new (Šśv. 1, after 79).

ಅಪೂರ್ವಿಗ apûrviga. Tbh. of ಅಪೂರ್ವಿಕ. One who has not formerly come (Grj. 9, 90).

ಅಪ್ಪಯಿಸು appayisu. *Add:* Čpr. 5, after 121.

ಅಪ್ಪಯ್ಸು appaysu. *Add:* Čpr. 4, 4; 10, after 126.

ಅಪ್ಪಳಿಸು appaḷisu. *Add:* Čpr. 10, 97.

ಅಪ್ಪು appu. 1. — ಅಪ್ಪಿ ತಪ್ಪು. To become connected with and to fail. ಅಪ್ಪಿ ತಪ್ಪಿ ಒಮ್ಮೆ ಮಾಡಿದನು, he did (so) occasionally (S. Mhr.).

ಅಪ್ಪು appu. 3. — ಅಪ್ಪು ಕೆಯ್. *Add:* Abh. P. 1, after 71; 6, after 40.

ಅಪ್ರಮತ್ತ a-pramatta. Not careless, careful, attentive, vigilant, sober. (Čpr. 6, after 13).

ಅಪ್ರಮತ್ತತೆ a-pramattatĕ. The state of being careful, etc. (Čpr. 10, 100).

ಅಬ್ಜಜಾಂಡ abjaja-aṇḍa. = ಅಬ್ಜಭವಾಂಡ. (Šśv. 1, 71).

ಅಬ್ಜಿನೀಕಾಂತ abjinî-kânta. = ಅಬ್ಜಿನೀವರ. (Šśv. 1, 83).

ಅಬ್ದಕಾಲ abda-kâla. The rainy season (Čpr. 4, 29).

ಅಬ್ಬರ abbara. 2. *After* ಅಮ್ಮು 2 *insert:* , ಅಳಿಪು 1.

ಅಬ್ಬರಣೆ abbaraṇĕ. *Add:* Râm. 6, 13, 2.

ಅಬ್ಬು abbu. = ಅಮ್ಬು 3, ಹಬ್ಬು 2, ಹಮ್ಬು. Extension, largeness (J. 6, 27).

ಅಬ್ಬೂಜಿ abbûji. *Add: Cf.* ಬೂಜಿ, etc.

ಅಭಿಘರಿಸು abhi-gharisu. To cause to trickle down, to sprinkle, to drop upon (as ghee), to besprinkle (Dp. 170, 1).

ಅಭಿಜಾತತೆ abhi-jâtatĕ. Nobility; fitness, propriety. (Čpr. 5, 121).

ಅಭಿಜ್ಞಾತ abhi-jñâta. Recognized, perceived, known, recollected, acknowledged. See ಅನಭಿಜ್ಞಾತ.

ಅಭಿದ್ಯೋತಿಸು abhi-dyôtisu. To become manifest or appear clearly (Čpr. 9, 130).

ಅಭಿನಮಿಸು abhi-namisu. To bow, to bend, to salute (J. 21, 50; 28, 18).

ಅಭಿನಯಿಸು abhi-nayisu. *Add:* Čpr. 4, 67.

ಅಭಿನಿವೇಶ abhi-nivêśa. Application, perseverance, intentness, study, affection, devotion; determination; tenacity, adherance. (Čpr. 9, 120).

ಅಭಿಭವಿಸು abhi-bhavisu. To overcome, to overpower; to attack; to humiliate (Abh. P. 14, 92).

ಅಭಿರಾಮ abhi-râma. *Add:* Abh. P. 15, 50.

ಅಭಿವಾಸಿಸು abhi-vâsisu. To perfume (Čpr. 1, 123).

ಅಭೀಕ್ಷಿಸು abhi-îkshisu. *Add:* Čpr. 5, 122.

ಅಭೀರಪಲ್ಲಿ abhîra-palli. = ಆಭೀರಪಲ್ಲಿ. See Nr. s. ಹಳ್ಳಿ.

ಅಭ್ಯಮಿತ್ರೀಣ abhi-amitrîṇa. A soldier who faces the enemy valiantly. (Čpr. 10, after 55).

ಅಭ್ಯರ್ಥನ abhi-arthana. Petition, request; wish, desire (Šśv. 4, 70).

ಅಭ್ಯವಹೃತಿ abhi-avahṛiti. Eating; food (Abh. P. 7, after 47).

ಅಭ್ಯಾಗತ abhi-âgata. *Add:* Abh. P. 7, after 47.

ಅಭ್ರಂಕಷ abhra-ṅ-kasha. *To No.* 1 *add:* Čpr. 1, 121.

ಅಭ್ರಮೂಪತಿ abhramû-pati. = ಅಭ್ರಮುವಲ್ಲಭ. (Čpr. 5, after 42).

ಅಭ್ರಾಗಮ abhra-âgama. Approach of clouds: the rainy season (Čpr. 4, 43).

ಅಮರಗೆ amara-gĕ. River of the gods: the Ganges (Čpr. 10, 28).

ಅಮರಾಯಿ amarâyi. A mango-grove (My.; Mhr. ಅಮ್ಬರಾಈ, ಅಮರಾಈ).

ಅಮರ್ತ್ಯತೆ a-martyatĕ. Immortality. (Čpr. 4, 90).

ಅಮೀರ amîra. *Add:* = ಹಮೀರ.

ಅಮೃತಮಹಾಲು amṛita-mahâlu. The government department for rearing cattle (Mr. H. Haigh; ಸರಕಾರದವರು ಕಾಡಿನಲ್ಲಿ ದನಗಳನ್ನಿಟ್ಟು ಕಾಪಾಡುವ ಸ್ಥಳ, Râmasvâmi śâstri).

ಅಮ್ಬು ambu. 1. — ಅಮ್ಬುಗಣ್ಡಿ. -ಕಣ್ಡಿ. A port or embrasure through which arrows are shot (Čpr. 5, 105). — ಅಮ್ಬುವೀಡು. -ಬೀಡು. A shooting of arrows (Čpr. 6, after 39).

ಅಮ್ಬು ambu. 3. *Read:* = ಅಬ್ಬು, ಹಬ್ಬು 2, ಹಮ್ಬು.

ಅಮ್ಬು ambu. — ಅಮ್ಬುರಿವಿಡು. *Add:* to flow (Abh. P. 6, 49; 13, 47).

ಅಮ್ಬುಚರ ambu-čara. *Add:* a fish (Šśv. 1, 33).

ಅಮ್ಬುಜಾಕ್ಷ ambuja-aksha. Lotus-eyed: Râma (Râm. 3, 4, 25), etc.

ಅಮ್ಮ amma. — ಅಮ್ಮಣ್ಣಿ. *Add:* a grandmother (Mr. E. Rice).

ಅಮ್ಮಿ ammi. *Add:* 1.

ಅಮ್ಮಿ ammi. 2. (fr. ಅರೆ 2). (= ಉಮ್ಮೆ, q. v.). Grinding, bruising; — a stone to grind or bruise things upon. — ಅಮ್ಮಿಕಲ್ಲು. A stone to grind or bruise things upon (My.); a stone used to remove juice (ರಸಪಾರಿ Mr. 206, o. r. in one MS. ಉಮ್ಮೆಕಲ್).

ಅಮ್ಮು ammu. 1. *Add:* Bh. 4, 4, 2; 4, 11, 11; Râm. 3, 8, 22; 6, 51, 10; J. 30, 23.

ಅಯ್ ay. 5. — ಅಯ್ಸರಲು. *Add:* Čpr. 2, 9.

ಅಯಿಲು ayilu. *Read:* = ಅಯ್ಲು, (ಅರುಲು), ಹಯಿಲು, ಹಯ್ಲು.

ಅಯ್ಮೊಗ aymŏga. In the prints of J. 23, 40 this word probably is a mistake for ಎಯ್ಮೊಗ, a porcupine (see ಎಯ್ಯ ಮೃಗ s. ಎಯ್ 2).

ಅಯ್ಯಂಗಾರ್ ayyaṅgâr. *Add:* See Prv. s. ಕೊಮ್ಬು 2.

ಅರಗು aragu. 1. *After* ಅರುಗು *add:* , ಹರಿಗು.

ಅರಣೆ araṇĕ. 2. = ಅರಳೆ 3 (?). See Čpr. 1, 134.

ಅರದ arada. *Add:* 2, a chariot (Čpr. 10, after 86; Tĕ.).

ಅರದಾಪರದಾ aradâ-paradâ. Importunity (Mr. H. Haigh).

ಅರಲ್ aral. 2. — ಅರಲಮ್ಬು. -ಅಮ್ಬು. Who has flowers for arrows: Kâma (Čpr. 8, after 4; V. 5, after 14).

ಅರಸು arasu. — ಅರಸುಗೆಯ್. To make the king, *i. e.* to rule (Čpr. 2, 53; 4, after 28).

ಅರಸುತನ arasutana. — ಅರಸುತನಗೆಯ್. To rule (Abh. P. 10, 173).

ಅರಳಿ araḷi. 1. *After* ಅರಿಸೆ *insert:* , ಅರುಳಿ.

ಅರಳು araḷu. 3. — ಅರಳೇಱು. -ಏಱು. To become like parched grain (Grj. 9, 21).

ಅರಳೆ araḷĕ. 1. — ಅರಳೆಲೆ. *Add:* Abh. P. 3, 141.

ಅರಿ ari. 2. — ಅರಿವೊಯ್ಲು. -ಹೊಯ್ಲು. = ಅರಿಹೊಯ್ಲು. (Bh. 6, 7, 17). In Čpr. 5, 104 the term appears as ಅರೆವೊಯ್ಲು.

ಅರಿ ari. 5. *Add* No. 1 *to* ಹರಿ, *and after* ಮುಸ್ತರಿ *insert:* , ಸುತ್ತರಿ (s. ಸುತ್ತು 2).

ಅರಿಸು arisu. 1. *Add:* See Abh. P. 3, 156.

ಅರುಳಿ aruḷi. = ಅರಳಿ 1. (Šâv. 3, 32).

ಅರೆ arĕ. 6. — ಅರೆನೆಲೆ. *Add:* Čpr. 10, after 94.

ಅರೆ arĕ. 7. — ಅರೆಕಾಲ್. *Add:* ಅರೆಕಾಲು. — ಅರೆಗುನ್ದು. -ಕುನ್ದು. To become a little less (J. 11, 37). — ಅರೆಗೆಲಸಿ. One who has not finished his work (Râm. 2, 2, 37). — ಅರೆದಿಟ್ಟಿ. A half-opened eye (Râm. 2, 2, 38). — ಅರೆವೆಱೆಯ. -ಪೆಱೆ-ಅತ. Šiva (V. 5, 13).

ಅರೆ arĕ. 1. — ಅರೆನೇಱಿಲ್ವಣ್. -ವಣ್. A ripe rose-apple (Šâv. 3, 7).

ಅಱ್ aṟ. 2. *Add:* ಅಱತೆರ್ (Čpr. 7, 48).

ಅಱ aṟa. 2. *Add:* Čpr. 3, 78; 4, 17; 10, 122.

ಅಱಚು aṟaču. *Add:* Râm. 6, 19, 30.

ಅಱಮ್ಬಂ aṟambam. In a drying up or exhausting manner (? Čpr. 4, 48).

ಅಱಿ aṟi. 2. Knowledge, etc. — ಅಱಿವರುಳ್. -ಮರುಳ್. A person bewildered by knowledge (Čpr. 4, 59).

ಅಱಿಕೆ aṟikĕ. 1. *Add:* See Bh. 4, 4, 10; Sp. s. ಸರಿರಾಜ್ಯ (under ಸರಿ 4); Abhâ. 2, 28.

ಅಱಿಕೆಕಾಱ aṟikĕ-kâṟa. A man who knows (Râm. 6, 14, 22).

ಅಱಿತ aṟita. — ಅಱಿತ ಗಿಱಿತ. reit. (Bh. 1, 5, 15).

ಅಱಿಯಮೆ aṟiyamĕ. *Add:* Čpr. 4, 2; Abh. P. 8, 45; 11, 54.

ಅಱಿವು aṟivu. *Add:* Čpr. 6, 84.

ಅಱಿವೆ aṟivĕ. 4. = ಹಱಿವೆ (the plant, My.).

ಅಱೆ aṟĕ. 5. — ಅಱೆಯಟ್ಟು. *Add:* Abh. P. 7, 58.

ಅರ್ತಿಗ artiga. A man who loves or desires (Abh. P. 7, 9. 11).

ಅರ್ಥಿತ arthita. Asked, desired, requested; wish, desire, supplication. See ಪ್ರಾರ್ಥಿತ.

ಅರ್ದಿಸು ardisu. To distress, to torment, to hurt, to kill (Šâv. 5, 50).

ಅರ್ದು ardu. *Add the number* 1.

ಅರ್ದು ardu. 2. = ಅದ್ದು 2, etc. To plunge (v. i.), to dive (Čpr. 5, after 89).

ಅರ್ಧರಥ ardha-ratha. *Dele* (R.). *and add:* (Čpr. 10, 75; Abh. P. 13, 72).

ಅರ್ಬಿ arbi. *Add:* = ಅರ್ವಿ.

ಅರ್ಭ arbha. = ಅರ್ಭಕ. A child. See Nr. s. ಹಸುಳೆ.

ಅರ್ವಿ arvi. = ಅರ್ಬಿ. (Čpr. 10, 82).

ಅಲಂಕೃತಿ alam-kṛiti. — ಅಲಂಕೃತಿವಡೆ. -ಪಡೆ. To be decorated (Šâv. 1, 55).

ಅಲತಿಕೆ alatikĕ. *Add:* V. 4, 43.

ಅಲಪ alapa. (fr. ಅಲೆ 1). Moving about, motion, stir (Čpr. 1, 94; 2, after 93).

ಅಲಮ್ಪು alampu. *Add:* Čpr. 10, 7.

ಅಲರ್ alar. 2. — ಅಲರಮ್ಬು. *Add:* V. 4, 106. — ಅಲರ್ವಿಲ್. -ಬಿಲ್. A bow of flowers (Čpr. 6, 67; V. 4, 85). — ಅಲರ್ವೊನ್. -ಪೊನ್. A flower regarded as gold (Šâv. 2, after 42).

ಅಲರ್ಕೆ alarkĕ. = ಅಲರಿಕೆ. Blooming, etc.; vigor (Čpr. 8, 98).

ಅಲರ್ಚು alarču. *Add:* Čpr. 9, 81; Abh. P. 3, 157; 9, 16.

ಅಲುಪ್ತ a-lupta. Not cut off, undiminished; permanent, constant (Šâv. 1, after 81).

ಅಲೆ alĕ. 2. *Add as No. 1:* Moving (see ಕಣ್ಣಲೆ 2).

ಅಲ್ಪತೆ alpatĕ. Smallness, minuteness; inferiority, insignificance. (Čpr. 8, 12).

ಅಲ್ಲ alla. 1. *Add:* ಆಳಳ ಕೊಳಗು ಕುದುರೆಯ ಕೊಳಗಿನ ಹಾಗಲ್ಲ, ಸೀಳಿರುತ್ತವೆ (B. 1, 21). See Sp. s. ಹೂಜ, ಹೆಬ್ಬುಲಿ and ಹೊಱ; Prv. s. ಹೂಸು 3; B. 5, 76 s. ಹೊತುರ್; J. 6, 6.

ಅಲ್ಲದೆ alladĕ. *Add:* See Nr. s. ಕಾಳೆಗ.

ಅಲ್ಲು allu. 2. *To* ಅಲ್ಲಾಡು 1, *No. 2 add:* J. 28, 21.

ಅಲ್ಲೋಲ allôla. *Add:* = ಹಲ್ಲೋಲ.

ಅವಕ್ರಿಯೆ ava-kriyĕ. = ಅಪಕಾರ. (Čpr. 8, after 89).

ಅವಗಡಿಸು ava-gaḍisu. 1. *Add:* = ಅವಗಳಿಸು, *and add:* Bh. 3, 10, 39.

ಅವಗಯ್ಸು avagaysu. = ಅವಗಯಿಸು. (Čpr. 1, 97).

ಅವಗಳಿಸು ava-gaḷisu. = ಅವಗಡಿಸು 1. (Abhâ. 2, 47).

ಅವಗಾಹ ava-gâha. 1. — ಅವಗಾಹಮ್ ಇರ್. To plunge or dive into (Šâv. 2, 100).

ಅವಘಟಿತ ava-ghaṭita. An impediment (Abh. P. 5, 75).

ಅವಚಯ ava-čaya. Gathering, especially flowers, etc. (Čpr. 1, after 81).

ಅವಟಯ್ಸು avaṭaysu. = ಅವಟಯಿಸು. (Čpr. 2, 9).

ಅವಡು avaḍu. = ಅವುಡು 1. (Bh. 3, 19, 43).

ಅವಧ್ಯ a-vadhya. *Add:* See Hlâ. s. ಅಬ್ರಹ್ಮಣ್ಯ.

ಅವನಿ avani. — ಅವನಿದಾತ್ಕಾರಿ. *Add:* ಅವನಿ-ದ (earth-giver) -ಅತ್ಕಾರಿ.

ಅವರಂಗಬಾದು avarangabâdu. The town of Aurungabad. See Prv. s. ಸುರಂಗ.

ಅವಿರಹಿ a-virahi. A person not separated from his beloved ones, etc. (Čpr. 2, 50).

ಅವುಂಕಿಸು avuṅkisu. *Add:* Bp. 39, 35.

ಅವುಂಕು avuṅku. 1. *Add:* Čpr. 10, 73.

ಅವುಟು avuṭu. *Add:* See Prv. s. ಸವುಟು.

ಅವುಡಲ avuḍala. *After* ಅವುಡ್ಡು *insert:* ಊಡಲು.

ಅವುಡು auḍu. 1. *Add:* = ಅವಡು.

ಅವೇತ avêta. Gone away, past. 2, joined with. See ಸಮವೇತ.

ಅವ್ರತಿಕ a-vratika. A man who does not observe religious rites or obligations, etc. (Abh. P. 7, 51).

ಅವ್ವಳಿಸು avvaḷisu. *Add:* Čpr. 1, 123.

ಅಷ್ಟಗುಣ ashṭa-guṇa. Eight-fold; the eight qualities. (Čpr. 9, after 56).

ಅಷ್ಟಾಕ್ಷರಿ ashṭa-akshari. A (vaishṇava) mantra consisting of eight syllables, either ಓಂ ನಮೋ ನಾರಾಯಣಾಯ, or ಓಂ ನಮೋ ವಾಸುದೇವಾಯ (C.).

ಅಷ್ಟಿ ashṭi. *Add:* 2, pervasion; accumulation. See ಸಮಷ್ಟಿ.

ಅಸ asa. 3. — ಅಸ ಕಳ್. *Add:* to go beyond (Abh. P. 13, after 109).

ಅಸ asa. 4. — ಅಸವಸ. *Add:* Čpr. 9, after 102.

ಅಸದಳ asadaḷa. *Add:* Čpr. 9, 38.

ಅಸಮಾಸ್ತ್ರ asama-astra. Having an odd number (*i. e.* five) of arrows: Kâma (Čpr. 6, 67).

ಅಸಲ್ asal. *Add:* = ಹಸಲು.

ಅಸಿದನೆ asidu-anĕ. 1. Thinly, minutely, nicely (Čpr. 8, after 4; 8, after 44).

ಅಸು asu. — ಅಸುಂಗೊಳ್. *Add:* Čpr. 10, 30.

ಅಸುಕೆ asukĕ. — ಅಸುಕೆದಳಿರ್. -ತಳಿರ್. = ಅಸುಗೆದಳಿರ್. (Čpr. 6, after 64).

ಅಸುರ asura. *Add:* 4, a Bael leaf or Bael leaves (ಬೆಲ್ಲವತ್ತ Mr. 117).

ಅಸೆ asĕ. 2. = ಪಸೆ 1, ಹಸೆ. — ಅಸೆಮಣೆ. = ಹಸೆಮಣೆ. (Dp. 116, 4).

ಅಸ್ತು astu. = ಅಸಿದು (s. ಅಸಿ 6, My.).

ಅಸ್ತುಕಾರ astu-kâra. Assenting, agreeing, consent (My.). ಅಸ್ತುಕಾರ ಪಡಿಸು, ಅಸ್ತುಕಾರ ಪಡು (My.).

ಅಸ್ಪೃಶ್ಯ a-spṛiśya. Not to be touched, intangible. (Abh. P. 9, 178).

ಅಸ್ಪೃಷ್ಟ a-spṛishṭa. Untouched. (Čpr. 5, after 22).

ಅಸ್ವಸ್ಥ a-svastha. Not in good health, not one's self, sick. (My.).

ಅಳ್ aḷ. 2. — ಅಳ್ದಳಿರ್. -ತಳಿರ್. Shaking young foliage (Čpr. 7, 99). — ಅಳ್ದೆರೆ. -ತೆರೆ. An oscillating wave (Čpr. 7, 84).

ಅಳ aḷa. 2. — ಅಳವಡಿಸು. *Add:* Čpr. 9, 96. — ಅಳವಡು. -ಪಡು. To break power (Čpr. 10, after 94). — ಅಳವಾಱು. -ಆಱು. Strength to be dried up or go out (Čpr. 8, 78; Šsv. 1, 44).

ಅಳಂಕೆ aḷaṅkĕ. = ಅಳ್ಕೆ (?). — ಅಳಂಕೆಗೊಳ್. -ಕೊಳ್. To embrace (? Čpr. 7, 37).

ಅಳಱ್ aḷaṟ. 1. *Add:* See Čpr. 6, 84; Šsv. 3, 39.

ಅಳಲೆ aḷalĕ. — ಅಳಲೆಕಾಯಿಪಂಡಿತ. A doctor who knows only one or two common remedies for all diseases and who therefore for whatsoever disease prescribes ಅಳಲೆಕಾಯಿ (Mr. E. Rice); a quack doctor (Mr. H. Haigh).

ಅಳವಿ aḷavi. — ಅಳವಿದಪ್ಪು. -ತಪ್ಪು. To go beyond the proper bounds, to grow excessive (Čpr. 5, after 19).

ಅಳಿ aḷi. — ಅಳಿವಣ್ಣ. -ಬಣ್ಣ. The colour of the black humble bee, a black colour (Sp. in W. v. 1105).

ಅಳಿಪು aḷipu. 2. *Add:* See Abh. P. 3, 77; Šsv. 3, 36; ಮಯ್ಯಳಿಪು.

ಅಳಿಲ್ aḷil. The state of being slack or loose (J. 10, 50; *cf.* M. s. ಅಳಳ).

ಅಳಿಸು aḷisu. 3. = ಅಳಿಪು 1. See ಓಸುರಳಿಪಂ s. ಓಸುರ್ 2.

ಅಳುಪು aḷupu. 1. *Add:* Râm. 3, 8, 21; Abhâ. 2, 39.

ಅಳುರ್ಕೆ aḷurkĕ. *Add:* Čpr. 10, 92; Abh. P. 7, 58; 11, after 103; Šsv. 1, 34; 4, 38. 91.

ಅಳ್ಳು aḷḷu. 1. — ಅಳ್ಳಿಱ್. *Add:* Abh. P. 13, after 26.

ಅಳ್ಳೆ aḷḷĕ. 2. — ಅಳ್ಳೆಗುತ್ತು. -ಕುತ್ತು. Striking the aḷḷĕs (Râm. 6, 26, 28).

ಅೞಲ್ aḻal. 2. *After* ಅೞಲು 2 No. 3 *insert:* ಅೞಲ್ 3. — ಅೞಲುರಿ. -ಉರಿ. Grief-fire: excessive grief (Šsv. 1, 32). — ಅೞಲೊಸಗೆ. -ಒಸಗೆ. Sorrow and joy (Čpr. 5, 31).

ಅೞಲ್ಚು aḻalču. *Add:* Čpr. 5, 10.

ಅೞೀಕ aḻika. *Add:* 2, a good-for-nothing man Čpr. 6, 39).

ಅೞೀಪು aḻipu. 2. *To* Ruin, destruction *add:* (Abh. P. 15, 50).

ಅೞ್ಕಜ aḻkaja. — ಅೞ್ಕಜಪ್ಪುಡು. *Add:* V. 8, after 3.

ಅೞ್ಕಱ್ aḻkaṟ. 2. *Add:* Čpr. 1, 86.

ಅೞ್ಕು aḻku. 1. — ಅೞ್ಕಾಡು. *Add:* Čpr. 5, after 109; 10, after 87; 10, 98; Šsv. 2, 17.

ಅೞ್ದು aḻdu. 2. *Add:* Čpr. 7, 140.

ಅೞ್ವು aḻvu. 1. *Add:* to burn excessively (Abh. P. 7, 94).

ಆಕರುಸನ âkarusana. *Add:* Čpr. 6, 63.

ಆಕರ್ಣನೀಯ â-karṇaniya. To be heard or listened to (adj. Čpr. 1, 107).

ಆಕಳಿ âkaḷi. = ಆಯ್ಕುಳಿ. The residue (of fruits, betel-leaves, beasts, etc.) left after the best ones have been selected (My.).

ಆಕಳಿಸು â-kaḷisu. ಆಕಲಿಸು. (fr. ಆಕಲನ). To lay hold of, to seize; to bind, to confine (Čpr. 5, 18).

ಆಕುಲತೆ â-kulatĕ. = ಆಕುಲತ್ವ. See Čpr. 5, after 19; ಬನ್ಧನಾಕುಲತೆ.

ಆಕೃಷ್ಟ â-kṛishṭa. Drawn, pulled, attracted. (Čpr. 10, 1).

ಆಕ್ಷಿಪ್ತ â-kshipta. *To* reviled, abused *add:* (ಹತಕ, ಕೆಟ್ಟವಂ Hlâ. MS.).

ಆಗುಳಿಸು âguḷisu. *Add:* Čpr. 6, 23.

ಆಘ್ರಾಣಿಸು â-ghrâṇisu. *Add:* Dp. 14, 5.

ಆಂಕೆ âṅkĕ. *Add:* See Čpr. 5, 36. — ಆಂಕೆಗೆಯ್. To lean or bend to (v. t., Šsv. 4, 134). — ಆಂಕೆಯಾಳ್. -ಆಳ್. A soldier that meets (in opposition or encounters, Čpr. 5, 105).

ಆಚ âča. *Add:* Šâv. 3, 32.

ಆಟಿಕೆ âṭikĕ. *Add:* ಏಟಾಟಿಕೆ.

ಆಟಿಸು âṭisu. *Add:* Abh. P. 12, 17.

ಆಡಿಗ âḍiga. *Add: Cf.* ಹೂವಾಡಿಗ?

ಆಡಿಗಾಱ âḍi-gâṟa. = ಆಡಿಗ. See Dp. 159, 10.

ಆಡಿತನ âḍitana. *Add:* ಒಡನಾಡಿತನ.

ಆಡು âḍu. 2. — ಆಡುಮ್ವೊಲ. *Add:* Râm. 2, 2, 36; Ŏpr. 2, 79.

ಆಣ âṇa. (fr. ಆಳ್ 1). Holding; hold (in ಒಡ್ಡಾಣ?).

ಆಣತಿ âṇati. *Add:* Ŏpr. 10, 36.

ಆಣಿ âṇi. 4. = ಅಣಿ 3. See ಉರುಟಾಣಿ.

ಆಙ್ಕೆ âṅkĕ. (= ಆಳಿಕೆ 1, ಆಳ್ಕೆ). Rule, authority (Čpr. 6, 88).

ಆತುರಿಯ âturiya. = ಆತುರ. (Bh. 2, 1, 59).

ಆತ್ಮಜ್ಞತೆ âtma-jñatĕ. Knowledge of the universal soul;— self-knowledge, true wisdom (Čpr. 2, 32).

ಆತ್ಮವಿಗುಪ್ತ âtma-vi-gupta. Hidden in self (Šâv. 4, 98).

ಆತ್ರೇಯ â-trêya. *Add to No.* 3: Čpr. 1, 33.

ಆದಲೆ (â 13-talĕ). *Add:* Ŏpr. 1, after 125; 8, after 42.

ಆದಿಕಮಠ âdi-kamaṭha. The tortoise supposed to uphold the world. — ಆದಿಕಮಠಪ್ಪುರಂ. -ಂ-ಬರಂ. Down to the âdikamaṭha (Šâv. 1, 54).

ಆಧ್ಯಾತ್ಮಿಕ âdhyâtmika (fr. ಅಧ್ಯಾತ್ಮ). Relating to self; relating to the senses, organs or faculties, by which the objects of human cognizance are apprehended (Mhr.); relating to the supreme soul or spirit; spiritual. (My.; see s. ತಾಪತ್ರಯ).

ಆನ್ ân. 2. *Add:* Čpr. 10, 98, 99.

ಆನನ್ದಬಾಷ್ಪ ânanda-bâshpa. Tears of joy (Šâv. 1, after 79).

ಆನಿಲ ânila. *Add to No. 1:* ; wind (Mr. 53).

ಆನೆ ânĕ. 2. — ಆನೆವರಿವರಿ. -ಪರಿ-ಪರಿ. To run after the manner of elephants (Bh. 2, 1, 76; 5, 3, 104).

ಆಪನ âpana. *Add:* 2, pepper (ಆರೆ Šmd. Dh.).

ಆಪಾದನ â-pâdana. *Add:* Ŏpr. 6, 44.

ಆಬ್ರ âbra. = ಅಮ್ಬ್ರ. See Prv. s. ಚೋಟಗಿತ್ತಿ.

ಆಯತಿಕೆ âyata-ikĕ. — ಆಯತಿಕೆಬನ್ಧ. One of the feats of wrestlers (Šâv. 4, 75).

ಆಯಾತ â-yâta. Come, arrived, approached, attained. (Čpr. 1, 141).

ಆಯುಧಶಾಲೆ âyudha-šâlĕ. *Add:* Bh. 8, 8, 7.

ಆಯ್ಕುಳಿ ây3-kuḷi. *Before* ಆಯಿಕುಳಿ *insert:* ಆಳಿ.

ಆರತಿ ârati. 2. — ಆರತಿವೆಳಗು. -ಬೆಳಗು. The shine of a waving-lamp (Râm. 3, 6, 58).

ಆರನಾಲಾಮ್ಬು âranâla-ambu. = ಆರನಾಲ. (V. 6, 80).

ಆರರ ârara. = ಆರ 1. A place (My.). 2, = ಅರರ. A door (My.).

ಆಱೆಕಾಱ âṟĕ-kâṟa. *Add:* Čpr. 9, after 102; Grj. 6, after 56.

ಆಱೀಕೆ âṟikĕ. *Add:* ಉಸುರಾಱಿಕೆ.

ಆಱಿಲ್ âṟil. (?). ಅತ್ತಾಱಿಲನೆತ್ತುವನ್ನತಿಯಿದಾನ್ ಅಱಿವಾ ನೆಯೊಳ್ ಇಲ್ಲದೆಲ್ಲಿಯುಂ (Čpr. 9, 94).

ಆಱಿಸು âṟisu. 1. *Add:* Ŏpr. 5, 41.

ಆಱು âṟu. 1. *Insert after* Tu.: ; Tu. also ಆಱು, *and before* Bp. 1, 25: Čpr. 4, 40.

ಆಱು âṟu. 5. *Add:* J. 11, 38.

ಆರ್ತ್ವಿಜ್ಯ ârtvijya. *Add:* J. 16, 29.

ಆರ್ಬು ârbu. — ಆರ್ಬಟಿಸು. *Add:* Č. Bp. 31, 8. 11. 51.

ಆರ್ಮ ârma. (?). See Čpr. 1, 8; 4, after 60.

ಆಲಿ âli. 2. — ಆಲಿನೀರ್ವನಿ. -ಪನಿ. A tear (Čpr. 5, 131).

ಆಲಿಕೆ âlikĕ. (= ಆಲುಕೆ?). The vessel by means of which another vessel is filled (My.).

ಆವಗೆ âvagĕ. = ಆವಿಗೆ, etc. (Čpr. 9, 80).

ಆವರಿಕೆ âvarikĕ. *Add:* 1, *and:* See Prv. s. ಸಜ್ಜಿಗೆ.

ಆವರಿಕೆ âvarikĕ. 2. = ಆವರಿ. Covering, enclosing. See ನೀರಾವರಿಕೆ.

ಆವಿಷ್ಕೃತ âvis-kṛita. *Add:* Čpr. 1, 126 (originally ಆವಿಃಕೃತ).

ಆಶಾತ್ವ âšâtva. The state of hoping or expecting (to get the object hoped for, Ŏpr. 8, 2).

ಆಶ್ರಿತವತ್ಸಲ âšrita-vatsala. Affectionate towards dependants. 2, love shown to dependants (Mr. H. Haigh; ಕಷ್ಟ ಪಡುವವರಲ್ಲಿಯ ಪ್ರೀತಿಯು Râmasvâmi šâstri).

ಆಶ್ವಮೇಧಿಕ âšvamêdhika. (fr. ಅಶ್ವಮೇಧ). (A story) belonging to the horse-sacrifice (J. 2, 2).

ಆಸ âsa. Impossible (= ಅಸಾಧ್ಯ My.; see Prvs. s. ತುಟಾರ and ಮನೆ).

ಆಸ âsa. 2. *Add:* ಸಿಂಹಾಸ.

ಆಸ್ವ â-sva. One who has property or possessos (Čpr. 2, after 52).

ಆಹತ â-hata. *Add:* 8, one of the feats of wrestlers (Šâv. 4, 75).

ಆಹಾರ್ಯಕ â-hâryaka. The ornamentative part of the drama, the dress, decorations, etc. (Čpr. 5, after 51).

ಆಹೃತಿ â-hṛiti. *Add:* taking away, robbing (see ಸುತಾಹೃತಿ).

ಆಳ್ âḷ. 2. — ಆಳ್ವಸ. *Add:* Ŏpr. 6, after 106.

ಆಳತಿ âḷati. *Add:* Čpr. 7, 97.

ಆಳು âḷu. 2. — ಆಳುಕೂಗಿನ ಹಕ್ಕಿ. = ಹಾಲುಹಕ್ಕಿ, q. v. (My.).

ಇಂ im. 7. = ಇನು, ಇನ್ನು. An ablative particle: from that place or time, thence (put to the past relative participle). ನೆಗಟ್ದಿಂ ಬಱಿಕ್ಕೆ (Ŏpr. 9, 130). ಕಳಿದಿಂ ಬಱಿಯಂ (Abh. P. 1, after 67). ಅರ್ಚಿಸಿದಿಂ ಬಱಿಕ್ಕ (15, after 9). ಪೋದಿಂ ಬಱಿಯಂ (15, after 10). ಅಱ್ದಿಂ ಬಱಿಯಂ (16, after 8).

ಇಕ್ಕಲಿಸು ikkalisu. To join, to be joined (Bh. 3, 19, 26; 5, 2, 4; *cf.* ಇಱ 1, ಇಱುಕು 2, etc.).

ಇಕ್ಕೆ ikkĕ. 4. = ಪಿಕ್ಕೆ, etc. Dung (Dp. 173, 2).

ಇಙ್ಗಳ iṅgaḷa. 2. *Add:* Šâv. 3, 32.

ಇಚ್ ič. — ಇಚ್ಚಟಿ. -ಸಟ. A two-fold, *i. e.* very great, rogue (? Bh. 3, 19, 46).

ಇಜ್ಜಲ ijjala. *Add:* = ಹಿಜ್ಜಲ.

ಇಟ್ಟಳ iṭṭaḷa. *To No. 1 add:* Čpr. 5, 104, *and to No. 2:* Čpr. 9, 93.

ಇಟ್ಟು iṭṭu. 1. — ಇಟ್ಟಡೆ. *Add to No. 1:* Čpr. 6, 32.

ಇಡಱು iḍaṟu. *Add:* = ಎಡಱು 4, etc.

ಇಡಿ iḍi. 3. *To No. 1 add:* J. 15, 9.

ಇಡಿಕೆ iḍikĕ. The state of being joined; excess. See ಮುಂಜಿಡಿಕೆ.

ಇಡಿಸು iḍisu. 2. *Add:* Čpr. 5, 105.

ಇಡು iḍu. 2. — ಇಡುಗಾಯಿ. -ಕಾಯಿ. Cocoanuts broken on a stone before a temple as an offering to the deity (Mr. H. Haigh; ತೆಂಗಿನ ಕಾಯಿಯನ್ನು ಚೂರು ಹೊಡೆಯುವದು, Râmasvâmi śâstri). — ಇಡುವಲೆ. -ಬಲೆ. A kind of net (Śšv. 3, 24).

ಇಡುಕು iḍuku. 1. — ಇಡುಕುಱು. = ಇಡುಕಿಱು. (Čpr. 8, after 4).

ಇಡುಕು iḍuku. 2. *Add:* Râm. 3, 6, 57.

ಇಡ್ರು iḍru. = ಇಡರು. (My.).

ಇತ್ it. — ಇತ್ತಡ. *Add:* Râm. 3, 9, 4. — ಇತ್ತಿಗ. *Add:* Bh. 2, 13, 50.

ಇತು itu. *Add:* **3,** = ಇದು 2, in ಪೊಗಱ್ತು, q. v.

ಇದು idu. *Add:* **1.**

ಇದು idu. 2. = ಇತು No. 3. An anomalous termination of the past participle instead of ದು 2 (on ಇ 4), *e. g.* ಕೇಳಿದು (= ಕೇಳ್ದು, Râm. 3, 8, 71; 3, 9, 4; 6, 40, 10), ಚಾಚಿದು (= ಚಾಚಿ, Râm. 6, 51, 5), ತೂಳಿದು (= ತೂಳ್ದು, Abhâ. 12, 59), ಬದಿಲಿದು (= ಬದಿಲ್ದು, Râm. 2, 7, 3; ಮರಳಿದು (= ಮರಳ್ದು, Bh. 2, 4, 12); ಸಾರಿದು (= ಸಾರ್ದು, Bh. 1, 14, 3. 20); ಸೀಳಿದು (= ಸೀಳ್ದು, Bp. 45, 27; 49, 10; Bh. 4, 10, 36); ಸೂರುಳಿದು (= ಸೂರುಳ್ದು, Bh. 1, 6, 3); ಹೋರಿದು (= ಹೋರ್ದು, Bh. 1, 14 sum.; 7, 4, 42); and ಹೋೞಿದು (= ಹೋೞ್ದು, Bp. 53, 71).

ಇದ್ದು iddu. *After* B. 3, 19 *add:* It may be specially remarked that the subjunctive mood which appears in B. 1, 20, is used there in the sense of the present, viz. ನನಗೆ ಬರೆಯಲಿಕ್ಕೆ ಬರುತ್ತಿದ್ದರೆ ನಾನೂ ನಿನ್ನ ಕೂಡ ಬರೆಯುತ್ತಿದ್ದೆನು, if I could write, also I would have written with you (*i. e.* would write with you, on the coming feast-day). See also 1, 26.

ಇನಿ ini. — ಇನಿವಾಲ್. -ಪಾಲ್. Sweet, delicious milk (V. 9, 90). — ಇನಿವಿರಿ. *Add:* Čpr. 5, 83.

ಇನಿತ್ತು inittu. *Add:* Čpr. 3, 62.

ಇನಿಸು inisu. *Add:* Abh. P. 3, 49. 50.

ಇನ್ತಱು intaṟu. (= ಅನ್ತಱು). ಇನ್ತಱನ್ದಂ, subsequently, in consequence (Čpr. 9, 119).

ಇನ್ದಿರೆ indirĕ. — ಇನ್ದಿರೆಯರಸ. -ಅರಸ. Vishṇu (Dp. 122, 21).

ಇನ್ದೊಳ indôḷa. (= ಇನ್ದೋಳ. Tbh. of ಹಿನ್ದೋಲ?). ಇನ್ದೊಳದ ಸುಜ್ಜನಿ (Čpr. 6, 64). If ಇನ್ದೊಳ were a Tbh. of ಹಿನ್ದೋಲ, the ಇನ್ದೊಳಂ, ಇನ್ದೋಳಂ in page 143 of the Šabdamaṇidarpaṇa probably would be the same word.

ಇನ್ದೋಳ indôḷa. (= ಇನ್ದೊಳ; Šmd. 143).

ಇನ್ದ್ರನನ್ದನ indra-nandana. = ಇನ್ದ್ರಜ. (Ršv. 13, 60).

ಇನ್ನಂ innaṁ. 1. *Add:* Plural ಇನ್ನರ್ (Abh. P. 11, 9).

ಇನ್ನು innu. *Add before* ಇನು: ಇಂ 7. It is most probable that in the ancient language there was no ಇನ್ನು, the double ನ್ happening on account of ಇಂ 7 being followed by a vowel.

ಇಮ್ im. 1. — ಇಮ್ಮೊನೆಗಾಣ್. -ಮೊನೆ-ಕಾಣ್. To show, or have, two points (Čpr. 10, 80).

ಇಮ್ im. 2. — ಇಮ್ಬಿರಿ. To grow nicely or well enlarged (Čpr. 4, 48).

ಇಮ್ಬು imbu. 1. — ಇಮ್ಬಱ್. -ಅಱ್. To know or observe a pleasing manner (V. 9, 9). — ಇಮ್ಬುಗಿಡು. -ಕಿಡು. Beauty to be lost: to lose beauty (Čpr. 9, 5).

ಇರಸು irasu. *Add: Cf.* ಎರಕೋಲು s. ಎರ 3, and the T. s. ಎರೆ 1 No. 1.

ಇಱಿ iṟi. 1. *After* ಮುನ್ನಿಱ್ *add:* ಸುತ್ತಿಱ್.

ಇಱಿ iṟi. 3. — ಇಱಿಗೆಲಸ. -ಕೆಲಸ. The business of piercing, etc. (Bh. 4, 3, 12).

ಇಱಿತ iṟita. *Add:* See ಉಬ್ಬಿಱಿತ, ಬೊಬ್ಬಿಱಿತ, ಪೊಳ್ಳಿಱಿತ.

ಇಱುಮ್ಬು iṟumbu. *To No. 1 add:* closeness (Ššv. 3, after 35).

ಇರ್ ir. 1. — ಇರ್ಬಾಯು. -ಬಾಯ್ -ಅ 3. = ಇರ್ಬಾಯಿಹಕ್ಕಿ (or the ಭೇರುಣ್ಡ, Ššv. 3, 33). — ಇರ್ಮಡಿಕೆ. = ಇಮ್ಮಡಿಕೆ. (V. 9, after 71). — ಇರ್ಮಡಿಸು. *Add:* See ಪಡಿರ್ಮಡಿಸು s. ಪಡಿ.

ಇರ್ಕು irku. 5. — ಇರ್ಕು ಪಡು. To be straitened or distressed (Čpr. 5, 81).

ಇರ್ಕೆ irkĕ. — ಇರ್ಕೆವೆಟ್ಟು. -ಬೆಟ್ಟು. A mountain of resort (Čpr. 8, after 4).

ಇಲಾಚಿ ilâĉi. *Add:* See Mr. s. ಎಲಚಿ.

ಇಲಿ ili. 2. — ಇಲಿಕತ್ತರಿ. A kind of mouse or rat-trap (My.).

ಇಸು isu. 2. *Dele* only in P., *and at the end add:* ಹುಗಲಿಸದೆ (Bp. 58, 53).

ಇಸು isu. 3. *After* ಏಯ್ *insert:* ಏಸು 1.

ಇಳಿದು iḷidu. The state of wasting away, diminution, decay, etc. (ಕ್ಷೀಣ; see s. ಇಳಿದಳಿಯು). — ಇಳಿದಾಗು. -ಆಗು. To grow worn out, to grow wan (Čpr. 9, 5).

ಇೞ್ iḻ. *To* ಇೞ್ದು *add:* Čpr. 5, 110.

ಇೞಿ iḻi. 4. — ಇೞ್ ಕೆಯ್. *Add:* to put into shade (Abh. P. 16, 26). See Čpr. 2, 42).

ಇೞಿಕೆ iḻikĕ. — ಇೞ್ಕೆಗೆಯ್. *Add:* Grj. 2, after 106.

ಇೞಲ್ iḻil. Diminution, decrease, decline (Čpr. 7, 150).

ಇೞಿಸು iḻisu. 2. *After* ಇೞಿಸುನೂಂಕು *add:* See ಹರಿಯಿಡಿ (s. ಹರಿ 1).

ಈ î. 7. *After* ಇ 9, *No. 2 insert:* ಹಿಂ 2.

ಈಗಡು î-gaḍu. 1. *Add:* ಈಗಡಿನ (Čpr. 9, 119).

ಈಡು îḍu. 1. — ಈಡಿಱ್. *Add:* Čpr. 5, after 64; 8, after 4.

ಈಡು îḍu. 3. — ಈಡಱ್. *Add:* to pain (the mind) greatly (Bh. 3, 19, 37). — ಈಡೊರಸು. -ಒರಸು. To rub well (Čpr. 5, 63).

ಈರ್ îr. 1. — ಈರೊಡ್ಡು. -ಬಡ್ಡು. Two or both hosts (Ŏpr. 10, after 74; 10, 83).

ಈರಿ îri. 1. *After* ಇಹಿರ್ *add:* ಹೀರಿ 1.

ಈಱ್ îḻ. *Add:* See V. 4, 95; 6, 8; Šâv. 4, 60. 115.

ಉಕ್ಕವಿಸು ukkavisu. (?). (Čpr. 9, 106).

ಉಕ್ಕಿಸು ukkisu. *Add:* to cause to rise (as the sea, Ŏ. Bp. 31, 52).

ಉಗಿಸು ugisu. *Add:* = ಒಗಿಸು 2.

ಉಗು ugu. 2. — ಉಗು ತರ್. *Add:* Čpr. 9, 76.

ಉಗುೞ್ uguḷ. 2. *Add:* Šâv. 3, 45.

ಉಗುೞ್ uguḷ. 3. P. p. of ಉಗುೞ್ 1. — ಉಗುೞ್ತರ್. To emit, to let drop (Ŏpr. 10, 11).

ಉಗ್ಗಡಿಸು uggaḍisu. (Tbh. of ಉದ್ಘಟಿಸು). To rub over, to make smooth, to even. ನೆಲನನುಗ್ಗಡಿಪ (Čpr. 6, after 86). ನೆಲನುಗ್ಗಡಿಪನ್ತೆ (10, 9).

ಉಗ್ಗಿ uggi. 2. *Add:* Dp. 170, 4.

ಉಗ್ರಕರ ugra-kara. The sun (Ŏpr. 5, 50).

ಉಚ್ಚಲಿಸು ud-čalisu. *Add:* See Ŏpr. 5, after 39.

ಉಚ್ಚಾರಿಸು ud-čârisu. To utter, etc. (Râm. 3, 8, 70).

ಉಚ್ಚು uččn. 1. *Put the number* 1 *to* ಉಚುಱ್.

ಉಚ್ಛೇತ್ತಿ ud-čhêtti. Cutting off or out, extirpation, destruction (Čpr. 4, 92).

ಉಚ್ಛ್ವಾಸ uččhvâsa. *Put the No. 1 to the last word* ಸುಯ್.

ಉಜ್ಜಳಿಕೆ ujjaḷikĕ. Splendor, radiance, beauty (Čpr. 4, 85).

ಉಜ್ಜಳಿಸು ujjaḷisu. To blaze up, to flame; to shine (Čpr. 1, 73; 8, 79).

ಉಜ್ಜುಗಿಸು ujjugisu. *Add:* Ŏpr. 8, after 71.

ಉಜ್ಜೃಮ್ಭಿಸು ud-jṛimbhisu. To gape; to open; to become visible, to come forth; to expand, to open, to blow (Ŏpr. 7, after 62).

ಉಂಚ uñča. *Add:* See ಉರುವಕ್ರ.

ಉಡಿ uḍi. 1. *Add:* Ŏpr. 5, after 39 & 64; 10, 11.

ಉಡಿ uḍi. 2. — ಉಡಿಗಟ್ಟು. -ಕಟ್ಟು. To tie fragments, *i. e.* to restore to a good state, to repair (Ŏpr. 5, 58).

ಉಡುಗು uḍugu. 1. *Add:* Ŏpr. 5, 19. 99.

ಉಡುಪೋದಯ uḍupa-udaya. Moon-rise (Čpr. 6, 93).

ಉಡೆ uḍĕ. 1. — ಉಡೆವಣಿ. *Add:* Abh. P. 3, 130.

ಉಡೆ uḍĕ. 2. *After* ಉಳ್ಳುಡೆ s. ಉಳ್ 2 *add:* ಗಟ್ಟುಡೆ, ತಳಿರುಡೆ, ಬೀಱುಡೆ.

ಉಣ್ಡಿಗೆಕಾಱ uṇḍigĕ-kâṟa. A man who stamps or impresses (V. 6, 41).

ಉಣ್ಡೆ uṇḍĕ. — ಉಣ್ಡೆಗಡುಬು. -ಕಡುಬು. A kind of kaḍubu. See Prv. s. ಬೆಣ್ಣೆ.

ಉತುಂ utum. *Add immediately after it:* (fr. ಉಱು).

ಉತ್ಕಟಿಸು utkaṭisu. *Add:* 2, to become furious (Šâv. 3, 63).

ಉತ್ಕಣ್ಠತೆ ut-kaṇṭhatĕ. The state of longing for a beloved person or thing, etc. (Čpr. 8, 74).

ಉತ್ಕಮ್ಪಿ ut-kampi. Trembling; agitating, causing to tremble. (Ŏpr. 2, 59).

ಉತ್ಕ್ಷೇಪಣ ut-kshêpaṇa. Throwing upwards, tossing; sending, sending away; vomiting; etc. See Si. s. ಪಾಕುವಿಕೆ.

ಉತ್ತಮತೆ uttamatĕ. Excellence, superiority; goodness. (Ŏpr. 9, 105).

ಉತ್ತರಕ್ಷಣ uttara-kshaṇa. The next moment (My.).

ಉತ್ತರಾಯಿ uttarâyi. Discharged from the obligation (of a favour, etc.; Mhr. ಉತರಾಈ; Bh. 4, 2, 50. 51).

ಉತ್ತರಿಸು uttarisu. 2. *Add:* Ŏpr. 5, after 44.

ಉತ್ತರೋತ್ತರತೆ uttara-uttaratĕ. Constant continuation, succession (Ŏpr. 4, 25).

ಉತ್ತವಳಿಸು uttavaḷisu. To make efforts, to strive, to struggle (? Ŏpr. 3, 47).

ಉತ್ತಾರ ud-târa. *To the meaning of No. 4. add:* (My.).

ಉತ್ತಾರಕ ud-târaka. *Add:* Râm. 3, 3, 70.

ಉತ್ಸಾಹಿಸು utsâhisu. *Add:* Bh. 2, 12, 38.

ಉದಕ udaka. *Add:* = ಉದುಕ, *and as No. 2 add:* broth, pepper-water (My.).

ಉದುಕ uduka. Tbh. of ಉದಕ. (My.).

ಉದುಗರಿಸು udugarisu. Tbh. of ಉದ್ಗರಿಸು. (Râm. 3, 5, 9).

ಉದುಭವಿಸು udubhavisu. *Add:* J. 11, 14.

ಉದ್ಘಟಿಸು ud-ghaṭisu. *Add:* = ಉಗ್ಗಡಿಸು, *and as No. 2 add:* to rub over, to stroke.

ಉದ್ದ udda. — ಉದ್ದಂಙ. -ಅಂಙ. Having long thighs (? Ŏpr. 5, 55).

ಉದ್ದಾಮತೆ uddâmatĕ. The state of being unrestrained, etc. (Ŏpr. 7, 79).

ಉದ್ಧವ ud-dhava. *Add:* 3, N. of a messenger (Čpr. 6, after 18).

ಉದ್ಭ್ರಾಮ್ಯತ್ ud-bhrâmyat. Whirling, flourishing (Čpr. 5, 56).

ಉದ್ಯಾನಮಹತ್ತರ udyâna-mahattara. The overseer of a garden, a gardener (Čpr. 2, 87).

ಉದ್ವೇಜಿಸು ud-vêjisu. To hurt the feelings, etc. (Ŏpr. 4, 21).

ಉನ್ನಾಳ ud-nâḷa. Having high stalks (Ŏpr. 7, 60).

ಉನ್ನಿದ್ರತೆ ud-nidratĕ. Sleeplessness. (Čpr. 5, 124).

ಉನ್ಮಕರನ್ದ ud-makaranda. Excellent nectar or honey of flowers (Šâv. 2, 47).

ಉನ್ಮೃಗ ud-mṛiga. A large wild beast. See ಯುಥೋನ್ಮೃಗ.

ಉಪಕರಿಸು upa-karisu. *Add:* to prepare; to furnish with (Râm. 3, 2, 20).

ಉಪಚೀಯಮಾನ upa-čîyamâna. Being collected or filled. (Ŏpr. 2, after 21).

ಉಪಜಾಪ್ಯ upa-jâpya. To be whispered into the ears of another (adj.; Čpr. 8, 89).

ಉಪಢೌಕಿತ upa-ḍhaukita. Gone to; brought near; presented as an offering, offered as a respectful gift; carried out, accomplished; a respectful offering or present. (Čpr. 6, 31).

ಉಪದೇಶ upa-dêša. — ಉಪದೇಶಂಗುಡು. -ಂಕುಡು. To give instruction, to teach; to prescribe (Čpr. 5, 118).

ಉಪಪ್ರದಾನ upa-pra-dâna. Delivering over, presenting; a present, a bribe. (Čpr. 9, 119).

ಉಪಲಾಲಿಸು upa-lâlisu. *To No. 2 add:* Bh. 3, 2, 6.

ಉಪಶಮಿಸು upa-šamisu. *Add:* 2, to calm, to mitigate, to make quiet, to bring to an end (Ššv. 4, after 24).

ಉಪಶಾನ್ತಿ upa-šânti. *Add:* Čpr. 7, 22.

ಉಪಹತಿ upa-hati. — ಉಪಹತಿಗೆಯ್. To do harm to (Ššv. 4, after 24).

ಉಪಾಂಶುತೆ upâṁšutĕ. The sate of uttering prayers in a low voice (? Čpr. 9, 119).

ಉಪಾಯನ upa-ayana. — ಉಪಾಯನಂಗೆಯ್. -ಂ-. To make a present, to present (Ššv. 2, after 42).

ಉಪ್ಪಯಣ uppayaṇa. This word probably is formed of ಉಱು 3, abandoning, and ಪಯಣ; if so, it ought to appear in large type.

ಉಪ್ಪರ uppara. — ಉಪ್ಪರಗುಡಿ. *Add:* See Čpr. 7, after 81. — ಉಪ್ಪರವಟ್ಟ. -ಪಟ್ಟ. Grand state (? Čpr. 1, 106).

ಉಬ್ಬಣ ubbaṇa. *To No. 2 add:* Bh. 8, 19, 38.

ಉಬ್ಬರ ubbara. — ಉಬ್ಬರಗಿಡಿ. -ಕಿಡಿ. Abundant sparks (Bh. 6, 2, 6). — ಉಬ್ಬರವ್ಬರಿ. -ಂ-ಪರಿ. To flow abundantly (Čpr. 2, 84).

ಉಬ್ಬಸ ubbasa. *Add:* Bh. 2, 1, 77; 5, 3, 102.

ಉಬ್ಬಾಳು ubbâḷu. = ಉಬ್ಬು 2. (Râm. 6, 24, 1; 6, 50, 12).

ಉಬ್ಬಿ ubbi. A female who has something prominent or projecting. See ಹಲ್ಲುಬ್ಬಿ.

ಉಬ್ಬು ubbu. 2. — ಉಬ್ಬ. -ಅ3. A male who has something prominent or projecting. See ಹಲ್ಲುಬ್ಬ. — ಉಬ್ಬಿಱಿತ. -ಇಱಿತ. Excessive stabbing (Râm. 6, 19, 30).

ಉಬ್ಬೆ ubbĕ. 1. *Add:* Bh. 3, 19, 1.

ಉಮುಳ್ umuḷ. (= ಉಗುಳ್ 1). See Čpr. 9, 129.

ಉಮ್ಬ umba. *Add No.* 1.

ಉಮ್ಬ umba. 2. That is eaten (= ಉಮ್ಬ ಕೂಳ್, Šâstrasâra in W. v. 1258).

ಉಮ್ಮಚ್ಚ ummačča. (?). See Čpr. 6, after 13.

ಉಮ್ಮೆ ummĕ. *Add:* (= ಅಮ್ಮ 2).

ಉಯ್ uy. 1. *Add the number* 1 *to* ಒಯ್.

ಉರ ura. 3. = ಉರಿ 2, etc. — ಉರಕೊಳ್ಳಿ. A flaming firebrand (Abh. P. 4, 39). — ಉರಗೊಳ್ಳಿ. -ಕೊಳ್ಳಿ. = ಉರಕೊಳ್ಳಿ. (My.). 2, a passionate person (My.).

ಉರಕ uraka. A man who burns or suffers from excess of heat. See ಹೊಟ್ಟುರಕ s. ಹೊಟ್ಟೆ 3.

ಉರಕಿ uraki. A woman who burns or suffers from excess of heat. See ಹೊಟ್ಟುರಕಿ s. ಹೊಟ್ಟೆ 3.

ಉರವಣಿ ura1-aṇis. 1. *Add:* Čpr. 10, 70.

ಉರಿ uri. 2. *Insert* ಉರ 3 *before* ಉರು 2. — ಉರಿಗೊಳ್ಳಿ. -ಕೊಳ್ಳಿ. = ಉರಗೊಳ್ಳಿ. (My.). — ಉರಿವೆಳಗು. -ಬೆಳಗು. Blazing shine (V. 10, 12).

ಉರಿಚು uričn. *Add the number* 1 *to* ಉರ್ಚು.

ಉರಿಪ uripa. = ಉರಿಪು 2, etc. Burning; heat (Ššv. 3, after 35).

ಉರುಬು urubu. To blow strongly with the mouth (ಊದು My.). ಕುಟ್ಟಿಲಾಬಿದ ಬಡ್ಡಿ ಉರುಬಿ ಉರುಬಿ ನೋಡಿದಳು (Prv.).

ಉರುಲ್ urul. Mr. 370 (My. MS.) has ಉಱುಲ್ (ತನ್ತ್ರಿ, ಹುಲ್ಲು, instead of ಉರುಲ್). This form of the word may have existed at Mr.'s time, and if so, would connect the word clearly with M. ಉಱ s. ಉರಲ್ 1.

ಉರುಳ್ uruḷ. 1. — ಉರುಳಿಸು. ಉರುಳಿ-ಇಸು. To shoot arrows so that (an opponent) is overturned (Čpr. 5, 109).

ಉರುಳಿ uruḷi. *Add:* See ನಂಜುರುಳಿ; *and add:* 4, the state of being round or curled. — ಉರುಳಿಗುರುಳ್ -ಕುರುಳ್. A lock, a ringlet of hair (Čpr. 3, 60).

ಉರುಳಿಗ uruḷiga. N. of a bird (Ššv. 3, 33).

ಉರುಳಿಚು uruḷiču. *Add:* Râm. 5, 9, 4.

ಉರುಳ್ಚು uruḷču. *Add:* Čpr. 5, 36.

ಉರೋಬನ್ಧ uras-bandha. A certain feat of wrestlers (Ššv. 4, 75).

ಉಱಿಳಿ uṟaḷi. *Add:* Ššv. 2, after 42.

ಉಱು uṟu. *Add the number* 1 *to it, and add:* Čpr. 1, 48; ಬೆಕ್ಕಸಮುಱು, ಭಯಮುಱು, ವಿಸ್ಮಯಮುಱು.

ಉಱು uṟu. 2. Being, state; occasion (Čpr. 9, 13).

ಉಱುಕು uṟuku. — ಉಱುಕುಗೊಳ್. *Add:* to be obstinate (Bh. 4, 10, 40).

ಉರ್ಚು urču. *Add the number* 1 *to it.*

ಉರ್ಚು urču. 2. To burn, to glow (Abh. P. 7, 103).

ಉರ್ತು urtu. *Add to* ಅಡುಱು: s. ಅಡ 6.

ಉರ್ಬು urbu. 2. *Add as a new meaning:* mass, great multitude (Abh. P. 14, 7). — ಉರ್ಬಱ್. -ಅಱ್. Swelling to disappear: flood or the flowing in of waters to cease: to begin to ebb (V. 9, 24).

ಉರ್ವಿಸು urvisu. *Add:* Čpr. 9, 78.

ಉರ್ವೀರುಹ urvî-ruha. A tree. See ವಿಷೋರ್ವೀರುಹ.

ಉರ್ವೀಶ್ವರ urvî-îšvara. A king.

ಉರ್ವೀಶ್ವರೀಯ urvîšvarîya. Relating or belonging to the king (Čpr. 10, 22).

ಉರ್ವು urvu. 1. *Add:* See ಪುರ್ವುರ್ವು.

ಉರ್ವು urvu. 2. — ಉರ್ವೆಱ್. -ಎಱ್. To rise, to go upward (Čpr. 5, 42). Čpr. MS. 4, 47 has ಉರ್ವೆರ್ದು instead of ಉರ್ವೆದ್ದು.

ಉಲಿಪು ulipu. *Add:* Čpr. 3, 48; Ššv. 3, 49.

ಉಲ್ಲಪನ ud-lapana. Speaking loud; sounding (Čpr. 5, 113).

ಉಷೆ ushĕ. 2. *Add:* See ಸೀತನೆ (s. ಸೀ 3).

ಉಸಿರ್ usir. 2. *After* ಉಸುರು 2 *add:* ಸೂಲು 2. — ಉಸಿರಿಡು. -ಇಡು. = ಉಸುರಿಡು. (Ššv. 4, 88).

ಉಸುರ್ usur. 2. — ಉಸುರಾಱಿಕೆ. -ಆಱಿಕೆ. Dried-up state of respiration: exhaustion (Râm. 6, 24, 18).

ಉಳ್ uḷ. 2. — ಉಳ್ಳಲರ್. *Add:* Ššv. 4, 90; V. 9, 8.

ಉಳಿ uḷi. 4. *Add: Cf.* ಹೊಳಚು.

ಉಳ್ಕು uḷku. 3. *Add:* Čpr. 6, 16; Ššv. 4, 71.

ಉಳ್ಕೆ uḷkĕ. The state of being. See s. ಸತ್ವ 1.

ಉೞಿ uḻi. 2. *After* ಅರೆ ಉೞಿ *add:* ಪಿಱಿಪ್ಪುೞಿ. — ಉೞಿಗಾಲ. -ಕಾಲ. Time of (continually) remaining or staying

(Sp. in W. v. 1108). — ಉಳಿನಿರ್ಝರ. *Add:* A constant descent of water, a waterfall. — ಉಳಿವೆಳಗು. -ಬೆಳಗು. Remaining light (Ššv. 4, 114).

ಉಳುಮೆ uḷumĕ. *Add the number* 1.

ಉಳುಮೆ uḷumĕ. 2. = ಉಳವೆ. (My.).

ಉಳ್ಗು uḷgu. *Add:* Ŏpr. 6, after 106, *and add: Cf.* ಒಗುರ್ No. 2.

ಊಟ ûṭa. In Dp. 54, 8 ಕಾಲಕೂಟ *may be read instead of* ಕಾಟ ಕೂಟ.

ಊಡಿಸು ûḍisu. *Add:* to cause to relish (Ŏpr. 5, 63).

ಊಡು ûḍu. 2. *Add to No. 2:* Ŏpr. 5, 48; 6, after 86.

ಊಣ್ಟ ûṇṭa. = ಊಟ. See ನೀರೂಣ್ಟ.

ಊದು ûdu. 2. *To No. 1 add:* (Ššv. 2, *after* 42).

ಊರ್ಮಿ ûrmi. *Add:* 4, human infirmity (as grief, illusion, hunger, thirst, decay, death). See ಷಡೂರ್ಮಿ.

ಊಸರವಳ್ಳಿ ûsaravaḷḷi. *Add: Cf.* ಒಳ್ಳಿ 2.

ಋಕ್ಷ ṛiksha. *Add:* 4, N. of a mountain. See ಸಪ್ತಕುಲಾಚಲ.

ಋಕ್ಷರಾಜ ṛiksha-râja. N. of the father of Vâli and Sugrîva (Râm. 4, 2, 15. 18).

ಋಕ್ಷಾಜಿನ ṛiksha-ajina. A bear-skin (Čpr. 4, 31).

ಋತುಷಟ್ಕ ṛitu-shaṭka. The six seasons (Ŏpr. 2, after 61).

ಎ ĕ. 13. *Read:* = ಏ 7, ಪೆ 2.

ಎಕ್ಕ ĕkka. 1. *Add:* Ššv. 3, 32.

ಎಕ್ಕತುಳ ĕkka-tuḷa. *Add:* Čpr. 10, 83.

ಎಕ್ಕಲ ĕkkala. Alone, solitary (Čpr. 7, 97; Mhr. ಏಕಲಾ).

ಎಕ್ಕೆ ĕkkĕ. *Add:* Abh. P. 7, 106.

ಎಗ್ಗ ĕgga. *Add:* Ŏpr. 10, 109. 110.

ಎಗ್ಗು ĕggu. *Add:* Ŏpr. 5, 111.

ಎಚ್ಚಱ್ ĕččaṟ. 1. *Add:* Čpr. 8, 71.

ಎಚ್ಚಱ್ ĕččaṟ. 2. *Read:* = ಎಚ್ಚಱು, ಎಚ್ಚಱು 2, ಪೆಚ್ಚಱು, ಹೆಚ್ಚಱು, ಹೆಚ್ಚಱು.

ಎಚ್ಚು ĕčču. 2. *Add:* = ಎರ್ಚು 2.

ಎಚ್ಚು ĕčču. 5. = ಎಸು 1. (Ŏpr. 10, 80).

ಎಂಜಲಿಸು ĕñjalisu. *Add:* Ŏpr. 10, 111.

ಎಟ್ಟ ĕṭṭa. *Read:* = ಎಟ್ಟವೆ, ಹೆಟ್ಟ 4, ಹೇಣ್ಟ, ಹೆಜ್ಜೆ 1.

ಎಡ ĕḍa. 1. — ಎಡದೆಬಿಪು. -ತೆಬಿಪು. = ಎಡದೆಬಿಹು, etc. (Ŏpr. 8, 103). — ಎಡವರಿಸು. -ಪರಿಸು. To cause one's self to run from a place: to run away, to retreat (Bh. 3, 19, 36).

ಎಡ ĕḍa. 2. — ಎಡಗೆಯ್ಜಾತಿ. *Add:* According to Mr. E. Rice all mâdigas from the ಎಡಗೆಯ್ಜಾತಿ are ಎಡಗೆಯ್ಯವರು. See ಬಲಗೆಯ್ಯವ (s. Additions). — ಎಡಗೋಲು. -ಕೋಲು. The left, *i. e.* to the left, of the pole of a cart, as an ox (My.). — ಎಡವಕ್ಷ. -ಪಕ್ಷ. The left side (V. 7, 30).

ಎಡ ĕḍa. 3. — ಎಡಬಿಲ್. A middle-born, *i. e.* second, son or daughter (My.). — ಎಡವಟ್ಟು. -ಪಟ್ಟು. *Add:* Abhâ. 3, 9.

ಎಡ ĕḍa. 4. = ಎಣೆ 1, etc. (*cf.* ಇಡಿ 1). A couple, etc. — ಎಡವಕ್ಕಿ. -ಪಕ್ಕಿ. = ಎಣೆವಕ್ಕಿ. (Abh. P. 4, 6).

ಎಡಪು ĕḍapu. *Add:* Abh. P. 9, 7.

ಎಡಮ್ಬಡಂ ĕḍambaḍam. (?). (Čpr. 6, 87).

ಎಡೆ ĕḍĕ. 1. — ಎಡೆಗಜ್ಜ. -ಕಜ್ಜ. Work at the place or at the places (V. 5, 80). — ಎಡೆಗಣೆ. -ಕಣೆ. A counter-arrow (J. 12, 39). — ಎಡೆಗಲಿಸು. -ಕಲಿಸು. To join at a place: to join together (v. t., Ŏpr. 6, after 64). — ಎಡೆಗುತ್ತು. *Add:* Čpr. 8, after 79. — ಎಡೆ ಮುಗಗು. *Add:* Ŏpr. 5, after 39. — ಎಡೆಮಾತು. An evasive word (Ŏpr. 6, 24). — ಎಡೆವಟ್ಟೆ. -ಬಟ್ಟೆ. The midway (V. 6, after 8). — ಎಡೆವೆರಲ್. -ಬೆರಲ್. The middle finger (Čpr. 6, 62).

ಎಡೆ ĕḍĕ. 3. (= ಅಡೆ 5 ?). To be got (?). See Prv. s. ಹಾರೆ. If ಎಡೆ were = ಅಡೆ 5, the ಎಡೆಯ s. ಹಾರೆ would be = ಎಡೆಯದು, *i. e.* ಅಡೆಯದು.

ಎಡ್ಡ ĕḍḍa. 3. *Add:* Čpr. 8, 30; Abh. P. 3, 89.

ಎಣಿಕೆ ĕṇikĕ. — ಎಣಿಕೆದಪ್ಪು. -ತಪ್ಪು. Consideration to fail: to be inconsiderate (Ŏpr. 8, after 79).

ಎಣೆ ĕṇĕ. 1. *Read:* = (ಎಡ 4), ಎಣ, (ಪೆಣೆ 2), (ಹೆಣೆ 2).

ಎಣ್ಣು ĕṇṇu. *Add:* Dp. 126, 1.

ಎಣ್ಣೆ ĕṇṇĕ. — ಎಣ್ಣೆಗಟ್ಟು. A (hair-)knot to which oil is applied (Ššv. 3, 10).

ಎತ್ತು ĕttu. 1. *Add:* B. 1, 24.

ಎತ್ತು ĕttu. 2. — ಎತ್ತುಗುಡಿ. -ಕುಡಿ. A raised point (Bh. 8, 3, 6).

ಎಬ್ರಾಸಿ ĕbrâsi. *After* ಏಸಿಕೆ *Add:* ಏವ, ಜೇವ.

ಎನಸು ĕnasu. 2. *Add:* ಎನಸುಂ (Čpr. 7, 94; 10, 11).

ಎಮ್ ĕm. 2. *To* ಎಪ್ಪತ್ತು *add:* ಎಪ್ಪತ್ತು ನಾಲ್ಕು ಬಿನ್ನಣಂ (Ŏpr. 5, after 76).

ಎಮೆ ĕmĕ. — ಎಮೆ ಇಕ್ಕು. *Add:* Ŏpr. 4, 91.

ಎರಲೆ ĕralĕ. — ಎರಲಕ್ಕಿ. -ಅಕ್ಕಿ. An antelope's eye (Čpr. 8, after 72).

ಎರಳ್ ĕraḷ. — ಎರಟ್ಟಿಸಿ. *Add:* Ŏpr. 5, 42.

ಎರೆ ĕrĕ. 1. *Add:* = ಪೆರೆ 3.

ಎಱಕ ĕṟaka. 2. *Add:* Ŏpr. 5, 22.

ಎಱಕೆ ĕṟakĕ. 2. — ಎಱಕೆವೆಟ್ಟು. -ಬೆಟ್ಟು. A wing-hill: a hill near a mountain (Ŏpr. 10, 82).

ಎರ್ ĕr. (fr. ಎರು). The state of being all or one mass. — ಎರ್ಗೆಯ್ಯು. To make or collect into a mass, to pile (Ŏpr. 9, after 102).

ಎರ್ಚು ĕrču. *Add the number* 1.

ಎರ್ಚು ĕrču. 2. = ಎಚ್ಚು 2. (V. 5, after 14).

ಎರ್ದೆ ĕrdĕ. — ಎರ್ದೆಗಿಚ್ಚು. -ಕಿಚ್ಚು. Heart-fire (heart-sorrow, Ŏpr. 5, 10). — ಎರ್ದೆಗಿಡಿಸು. -ಕಿಡಿಸು. To cause the heart to fail, to disconcert (Ŏpr. 8, 74).

ಎಲೆ ĕlĕ. 2. — ಎಲೆದುಱುಗಲ್. -ತುಱುಗಲ್. A mass of leaves (Ššv. 3, after 35). — ಎಲೆವಱೆ. -ಮಱೆ. Concealment by leaves (Čpr. 7, 105). — ಎಲೆವಿಜ್ಜಣಿಗೆ. -ಬಿಜ್ಜಣಿಗೆ. A fan of leaves (Ŏpr. 5, 131; 8, 91).

ಎಲ್ಲೆ ĕllĕ. *Add:* Bh. 3, 18, 35.

ಎಸಕ ĕsaka. *Add:* Ŏpr. 1, 41; 7, after 62; Ššv. 4, 90.

ಎಸಡಿ ĕsaḍi. *Add:* Abh. P. 15, after 37.

ಎಸರ್ ĕsar. *After* ನೀರೆಸರ್ *add:* , ಹತ್ತಿಸರು.

ಎಸಪ್ಪುಡು ĕsarpuḍu. (?). (Čpr. 5, 27).

ಎಹಗೆ ĕ11-hagĕ1. *After* ಹೇಗೆ *insert:* , ಹೇಂಗೆ.

ಎಳ ĕḷa. — ಎಳವರ್ದುಗೆ. -ಬರ್ದುಗೆ. Childly proficiency (V. 2, 2).

ಎಳೆ ĕḷĕ. 2. — ಎಳೆಗಣ್. -ಕಣ್. A delicate, fine eye (J. 30, 22). — ಎಳೆಗಣ್ಣಡವಕ್ಕಿ. -ಕಣ್ಣಡವಕ್ಕಿ. A young parrot (V. 2, 31). — ಎಳೆಗಬುಂಕೆ. -ಕಬುಂಕೆ. Tender Hurialle grass (Čpr. 8, after 4). — ಎಳೆಗಾರ್. -ಕಾರ್. The newly arrived rainy season (Čpr. 4, 38). — ಎಳೆಗೊಂಗು. *Add:* Čpr. 1, after 101; 5, 132. — ಎಳೆನೀರ್. = ಎಳೆನೀರು. (Čpr. 10, 54). — ಎಳೆಮುತ್ತು. *Add:* Šsv. 5, 7. — ಎಳೆಯಂಚೆ. -ಅಂಚೆ. A young goose or swan (V. 9, 25). — ಎಳೆಯಮ್ಬಿಲ. -ಅಮ್ಬಿಲ. Weak, watery gruel (V. 2, 13). — ಎಳೆವಲಸು. -ಪಲಸು. A young jack tree (Čpr. 7, 86). — ಎಳೆವಸಿಱ್. -ಬಸಿಱ್. A delicate womb (Abh. P. 3, 100. 101). — ಎಳೆವಳಿಕು. -ಪಳಿಕು. Fine crystal (Čpr. 1, 111). — ಎಳೆವಳುಕು. -ಪಳುಕು. = ಎಳೆವಳಿಕು. (Šsv. 5, 3).

ಎಱ್ ĕḻ. 3. — ಎಱ್ತಿರ. *Add:* Čpr. 5, 81.

ಎಱತು ĕḻatu. — ಎಱತಟ. *After* Dragging-play *add:* decoy (Râm. 4, 1, 14), *and after* fainting *add:* (Râm. 3, 8, 69).

ಎಱಲ್ ĕḻal. *Add the number* 1, *and before* Grj. 2, after 106 *insert:* Čpr. 10, 82.

ಎಱಲ್ ĕḻal. 2. P. p. of ಎಱಲ್ 1. — ಎಱಲ್ತರ್. To hang down (Čpr. 4, 47).

ಏಕವಾರ êka-vâra. (ಏಕವಾರಂ). *Only once, at once, at one time, suddenly.*

ಏಕಾಹಿಕ êkâhika. Occurring daily, unremitting (as fever, My.).

ಏಣೀಸಮೂಹ êṇî-samûha. A herd of antelopes (Čpr. 1, 137).

ಏಱಿಸು êḻisu. *Add:* Čpr. 6, 67. 77.

ಏಱು êḻu. 1. — ಏಱಾಟಕೆ. -ಆಟಕೆ. = ಏಱಾಟ. (Râm. 6, 30, 30).

ಏಱು êḻu. 2. *Add:* greatness, grandeur. See ಮಣಿಯೇಱು. — ಏಱುಜವ್ವನ. = ಏಱುಂಜವ್ವನ. (Šsv. 3, after 35).

ಏಱು êḻu. 5. *Add:* Čpr. 8, after 44; Râm. 6, 19, 30.

ಏಲವಾಲುಕ êlavâluka. *Add:* See ಕಳ್ಳಂಗಡಲೆ.

ಏವ êva. *Add:* = ಜೀವ; *and add:* Abh. P. 6, 2.

ಏವಯ್ಸು êvaysu. To be disgusted or vexed (Čpr. 3, 47; 5, after 64; Tĕ. ಏವಗಿಂಚು).

ಏಸು êsu. 2. — ಏಸುವೆಸ. -ಬೆಸ. Shooting-performance (Čpr. 6, 80). — ಏಸುವೆಸನ. -ಬೆಸನ. Order to shoot (Čpr. 5, 113).

ಏಳಿದ êḷida. — ಏಳಿವಂಗೆಯ್. *Add:* Čpr. 9, after 108.

ಏಳಿಸು êḷisu. *Add:* Čpr. 10, 5. 26.

ಏೞು êḻu. 1. *To* ಎಮ್ಬ *add:* Bp. 32, 45. 58; 61, 37.

ಒಕ್ಕಣೆ ŏkkaṇĕ. *Add:* Dp. 130, 73.

ಒಕ್ಕಲಿಗ ŏkkaliga. *Add:* Čpr. 5, 86.

ಒಕ್ಕಲ್ತನ ŏkkaltana. = ಒಕ್ಕಲತನ. (Čpr. 5, 86).

ಒಗತನ ŏgatana. *Add:* Dp. 95 pallavi.

ಒಗಿಸು ŏgisu. *Add the number* 1.

ಒಗಿಸು ŏgisu. 2. = ಉಗಿಸು. To cause to become loose, to cast (as a slough, Čpr. 9, 71).

ಒಗ್ಗರಿಸು ŏggarisu. *Add:* Dp. 135 *a*, 16; 170, 7.

ಒಗ್ಗು ŏggu. 2. — ಒಗ್ಗುಗೆಡು. -ಕೆಡು. An assemblage to be destroyed: to part, to become separated (Grj. 6, after 56).

ಒಗ್ಗು ŏggu. 3. *Add:* to turn or lead towards (Čpr. 9, after 102).

ಒಚ್ ŏč. — ಒಚ್ಚೞಿಗು. *Add:* Čpr. 3, 45; 6, 8.

ಒಚ್ಚ ŏčča. (= ಅಚ್ಚ 1 ?). (Râm. 3, 6, 55).

ಒಚ್ಚತ ŏččata. *Add:* Čpr. 10, 114; Šsv. 2, 89. 91; Bh. 7, 3, 76. — ಒಚ್ಚತಂಗುಡು. -ಂ-ಕುಡು. To give pleasure (Čpr. 8, after 72).

ಒಚ್ಚು ŏčču. (= ಒಬ್ಬಿಸು). To join (v. t., Râm. 3, 6, 55; ವಚ್ಚು in the print).

ಒಜ್ಜರ ŏjjara. *Add:* Čpr. 7, after 81 (where it appears to be = ಬಗರಗೆ 2), *and before* ವಜ್ಜರಕ್ಕೆ *insert:* , ವಜ್ಜರ. *Add also: Cf.* ಓಜರ.

ಒಟ್ಟಯಿಸು ŏṭṭayisu. *Add:* to pile up (Čpr. 5, after 64).

ಒಟ್ಟಳ ŏṭṭaḷa. Tumult (Čpr. 5, 104).

ಒಟ್ಟಿಲ್ ŏṭṭil. = ಒಟ್ಟಜಿ. *Add:* Čpr. 9, 80.

ಒಟ್ಟು ŏṭṭu. 1. *To No. 1 add:* Šsv. 2, 58.

ಒಟ್ಟು ŏṭṭu. 2. — ಒಟ್ಟುಗಿಚ್ಚು. -ಕಿಚ್ಚು. Accumulation or mass of fire (Râm. 6, 4, 31).

ಒಡತಿ ŏḍati. *Add:* Dp. 130, 26.

ಒಡನ್ ŏḍan. — ಒಡನಾಡಿ. *Add:* Čpr. 5, 122.

ಒಡಮ್ ŏḍam. — ಒಡಮ್ಬಡು. 2. *Add:* Čpr. 7, after 77.

ಒಡಮೆ ŏḍamĕ. *Add:* Čpr. 5, after 86.

ಒಡರಿಸು ŏḍarisu. *Add:* Čpr. 5, 104; 8, after 79; 9, 114. 119.

ಒಡರ್ಚು ŏḍarču. *Add:* Čpr. 6, 80.

ಒಡಲ್ ŏḍal. — ಒಡಲ್ಗೊಡು. -ಕೊಡು. To present the body (Čpr. 4, 47).

ಒಡೆ ŏḍĕ. 1. — ಒಡೆಯಿಳ್ಕು. *Add:* Čpr. 5, after 41.

ಒಡೆ ŏḍĕ. 2. — ಒಡೆ ತುಱ್. To crush by trampling on (Bh. 5, 3, 33). — ಒಡೆ ಹಾಯ್. To pass over so as to crush (Bh. 5, 3, 104).

ಒಡೆಯ ŏḍĕya. *Add:* Dp. 64, 3; 98 pallavi; 109, 3; 115, 9; 135*a*, 6. 17.

ಒಡ್ಡು ŏḍḍu. 4. — ಒಡ್ಡಾಳು. -ಆಳು. A massive, stout person. See Prv. s. ಹೆಡ್ಡಾಳು. — ಒಡ್ಡುಗಲ್. -ಕಲ್. = ಒಡ್ಡುಂಗಲ್. (Čpr. 5, 104). — ಒಡ್ಡುಂಗಲ್. *Add:* Šsv. 3, after 35. — ಒಡ್ಡೋಲಗ. *Add:* Čpr. 2, 59.

ಒಣ ŏṇa. 2. — ಒಣವಡಿ. A gift of dried, *i. e.* uncooked, rice (Mr. H. Haigh). 2, = ಒಳವಡಿ, ತೂಕದ ಕಮ್ಮಿಯಾದ ಭಾಗ (Râmasvâmi šâstri).

ಒಣರ್ ŏṇar. *Add:* Čpr. 10, 56.

ಒತ್ತರಿಸು ŏttarisu. *Add:* Čpr. 8, 79.

ಒತ್ತು ŏttu. 5. — ಒತ್ತು ಬರ್. To come near: to afford help (Ššv. 4, 106).

ಒತ್ತು ŏttu. 6. *Add No. 2 to* ಜೊತ್ತು.

ಒತ್ತು ŏttu. 7. *Add No. 5 to* ಜೊತ್ತು.

ಒದವು ŏdavu. *Add the number* 1.

ಒದವು ŏdavu. 2. Getting, obtainment (Čpr. 1, 107).

ಒನ್ದಿಗ ŏndiga. A man who is together with or has. See ಮಕ್ಕಳೊನ್ದಿಗ.

ಒನ್ದುಗೆ ŏndugĕ. Union, combination; getting (Čpr. 5, after 19).

ಒಪ್ಪರ ŏppara. *Add the number* 1.

ಒಪ್ಪರ ŏppara. 2. (ŏppu2-ara, *i. e.* âra 1?). (Quite properly); propriety. See Sp. s. ಜಲ್.

ಒಪ್ಪು ŏppu. 2. — ಒಪ್ಪಕೆಯ್ಯಿಡು. -ಡಿಡು. To agree (Dp. 154, 7).

ಒಮ್ ŏm. — ಒಮ್ಬತ್ತು ಪಣದವರು. The left-hand castes (Mr. E. Rice). See ಜದಿನೆಣ್ಟು ಪಣದವರು (s. Additions).

ಒರಲೆ ŏralĕ. N. of a bird (Ššv. 3, 33).

ಒರೆ ŏrĕ. 3. *To No. 1 add: cf.* ಪೊರೆ 3, *and to No. 5 add:* Ššv. 2, after 42.

ಒರೆ ŏrĕ. 4. — ಒರೆಕಲ್ = ಒರೆಗಲ್. (Čpr. 1, 46).

ಒರೆಪ ŏrĕpa. Applying to, rubbing on (Čpr. 1, 46).

ಒಱಲಿಕೆ ŏṟalikĕ. Crying from pain, screaming. See ಕಟ್ಟೊಱಲಿಕೆ.

ಒರ್ ŏr. — ಒರ್ಗುಡಿಸು. *Add:* V. 7, 56. — ಒರ್ಸರ. -ಸರ. A wreath (V. 4, 86).

ಒರ್ಪು ŏrpu. 1. *Add:* Čpr. 7, 140.

ಒಲ್ ŏl. 3. Pleasure, delight. — ಒಲ್ಲಮ್ಪಾಲ್. -ಅಂ -ಪಾಲ್. Delightful milk (Čpr. 4, 48; *cf.* Šmd. sûtra 172).

ಒಲಹು ŏlahu. *Add:* Bh. 3, 19, 1.

ಒಲುವೆ ŏluvĕ. *After* ಪಂಜು *add:* , *and* ಸಿದಿಗೆ 2

ಒಲೆ ŏlĕ. 2. *To No. 4 add:* to cause to go to one side (Bh. 5, 3, 103).

ಒಲ್ಲನೆ ŏllanĕ. *Add:* Abh. P. 13, after 84.

ಒಲ್ವು ŏlvu. = ಒಲವು. (Čpr. 8, 30).

ಒಸಗೆ ŏsagĕ. 1. *Add:* Čpr. 5, 31. 66.

ಒಸಗೆ ŏsagĕ. 2. *Add: Cf.* T. ವದಿಂಗು, to speak.

ಒಸಯಿಸು ŏsayisu. To grow joyful, to be delighted (? Čpr. 7, after 94).

ಒಸರ್ ŏsar. 3. P. p. of ಒಸರ್ 1. — ಒಸರ್ತರ್. To drip (v. l., Čpr. 123).

ಒಳ್ ŏḷ. 2. — ಒಳ್ಗಾಸೆ. -ಕಾಸೆ. A nice cloth to gird the loins (Č. Bp. 31, 9). — ಒಳ್ದಳಿರ್. -ತಳಿರ್. Beautiful young foliage (V. 4, 84). — ಒಳ್ಪರಿಜು. A beautiful form (Ššv. 5, 9). — ಒಳ್ಮಿಂಚು. Fine, bright lightning (Ššv. 5, 8). — ಒಳ್ಸರಲ್. -ಸರಲ್. A fine stone (Čpr. 6, 49). — ಒಳ್ವಳೆ. -ಬಳೆ. A nice ring (Ššv. 3, 10).

ಒಳ್ ŏḷ. 3. — ಒಳ್ಕೊಳ್. To undertake (Čpr. 2, 85). — ಒಳ್ಕೊಡೆ. *Add:* See Čpr. 4, 47.

ಒಳ ŏḷa. 1. — ಒಳಕೆಯ್. 1. *Add:* the inside (My.). — ಒಳ ಕೆಯ್. 2. *Add:* Čpr. 1, after 101; 1, 122. 189; 2, 2. 6. 65; 4, 85; 6, after 13. — ಒಳ ತೊಡಕು. Entanglement in or among (see s. ಬಿರಲುಡಾಳಿ). — ಒಳ ಪುಗು. *Add:* Čpr. 5, after 39. — ಒಳ ಪೊಯ್. To pour or cast into (Čpr. 1, after 101). — ಒಳ ಸೋರ್. *Add:* See Čpr. 5, 19; 6, 80; 7, 77; Abh. P. 11, after 51; Ššv. 4, 115. — *After* (Bp. 51, 80) *add:* Dative also ಒಳಹಿಂಕೆ (Dp. 102, 3).

ಒಳಗು ŏḷagu. *Add:* Čpr. 5. 42. — ಒಳಗಾಱು. -ಆಱು. The interior to dry: to wither in the mind, to languish (V. 31, 33; Ššv. 4, 91). — ಒಳಗುದೋಱು. *Add:* Bh. 5, 3, 49. — ಒಳಗು ಮಾಡು. To subdue, to put into shade (Čpr. 1, 130).

ಒಳತು ŏḷatu. *Add:* See Prv. s. ದೆಣ್ಣತಿ.

ಒಳಱು ŏḷaṟu. *Add:* Čpr. 5, 76.

ಒಳಲೆ ŏḷalĕ. *Add:* = ಜೊಳಲೆ.

ಒಳು ŏḷu. 1. — ಒಳುಗನ್ನಡ. -ಕನ್ನಡ. Good or true Kannaḍa (Subhâshitanîtikanda).

ಒಳ್ತು ŏḷtu. = ಒಳ್ತು, etc. (V. 4, 28).

ಒಳ್ಪು ŏḷpu. *Add:* Čpr. 2, 65; 5, 115.

ಓ ô. 2. *After* Prv. s. ಕೊಳ್ಳು 1 *add:* ; Dp. s. Tbh. ಅಕ್ಕಸ.

ಓ ô. *Add:* See Dp. 71.

ಓಕುಳಿ ôkuḷi. — ಓಕುಳಿ ಆಡು. *Add:* Čpr. 5, 66.

ಓಗಟೆ ôgaṭĕ. *Add:* See Mr. s. ಪ್ರವಲ್ಲಿಕೆ.

ಓಗಡಿಸು ôgaḍisu. *Add:* Čpr. 9, 81.

ಓಜ ôja. *Add:* In the Bombay Indian Antiquary (November, 1891, p. 393, note 23) Dr. E. Hultzsch remarks that the intermediate Pâli form *upajjha* proves that *ôja* must be derived from the Saṁskṛita *upâdhyâya*.

ಓಜರ ôjara. *A mistake for* ಒಜ್ಜರ. See J. 33, 8.

ಓರ್ ôr. 1. — ಓರನ್ದ. -ಅನ್ದ. One, or a, mode or way (Čpr. 4, 47). — ಓರೊಮ್ಮೆ. *Add:* Čpr. 9, after 56.

ಓರಣಿಸು ôraṇisu. *Add:* Bh. 7, 7, 44.

ಓಲಗ ôlaga. — ಓಲಗಸಾಲೆ. = ಓಲಗಶಾಲೆ. (Čpr. 5, after 112).

ಓಲಗಿಸು ôlagisu. *Add:* Čpr. 3, 90.

ಓವರಿ ôvari. *Add:* Čpr. 1, 120; 8, after 64.

ಓೞ್ ôḻ. = ಓಜು 2, etc. See ತಲೆಯೋೞ್.

ಔದ್ಧತ್ಯ auddhatya. *Add:* Čpr. 4, 11.

ಔಮ್ಯ aumya. (fr. ಉಮಾ). A field of flax (Čpr. 1, 89).

ೞ ṟh. *Read:* or ೞ (*i. e.* the K. consonant ೞ in Čpr., Hlâ. and Abh. P. MSS.) or ಞ (in Vôpadêva's grammar). *After* ತೇಜಃಪ್ಟ್ರಾ *insert:* ದುಷ್ಪ್ರಿಣಾಮು, ದುಷ್ಪ್ರೇರಣೆ, ನಿಷ್ಪನ್ನ.

ಕ್ k. *Add:* About the very frequent dialectical interchange of ಕ and ಚ (or ಸ) see *e. g.* ಕಿಸು 2, ಕಿಟು, ಕಿವಿ, ಕೆಯ್ 2, etc.

ಕಕ್ಕಡೆ kakkaḍĕ. 1. *Add:* Grj. 6, after 56.

ಕಕ್ಕು kakku. 1. — ಕಕ್ಕನ್ದಡ. *Add:* V. 4, 33.

ಕಖ್ಖವಡ kakhkhavaḍa. A certain feat of wrestlers (Čpr. 5, 77).

ಕಚ್ kač. *Read:* = ಕಚಿ, ಕಸ್.

ಕಚಕ್ಕನೆ kačakkanĕ. *Read:* = ಕಚ್ಚನೆ, ಕಿಸಕ್ಕನೆ 2.

ಕಚಾಕಚಿ kačâkači. *Add:* 2, hair against hair, pulling each other's hair (Sk.; Čpr. 10, 70).

ಕಚ್ಚುಟ kaččuṭa. *Add:* Čpr. 6, 8.

ಕಟಕಿ kaṭaki. *Add:* See ಸುಣ್ಣಟಕಿ.

ಕಟೂಕ್ತ kaṭu-ukta. = ಕಟೋಕ್ತಿ. (Čpr. 5, 106).

ಕಟ್ಟಣೆ kaṭṭaṇĕ. (= ಕಟ್ಲಣೇಲ?). (V. 8, 43).

ಕಟ್ಟು kaṭṭu. 1. — ಕಟ್ಟರಿಕೆ. -ಅರಿಕೆ. A daring, fierce, wild understanding (Ššv. 5, 19). — ಕಟ್ಟಳವಿ. -ಅಳವಿ. Great power, etc. (Bh. 3, 19, 23). — ಕಟ್ಟಾಯ. *Add:* Čpr. 6, 39. — ಕಟ್ಟಾಳ್. *Add:* Čpr. 10, after 85. — ಕಟ್ಟಿಬುವೆ. -ಇಬುವೆ. = ಕಟ್ಟಬುವೆ. (Bh. 2, 1, 75). — ಕಟ್ಟೊಬಿಲಿಕೆ. -ಒಬಿಲಿಕೆ. Excessive screaming (Râm. 6, 24, 15).

ಕಟ್ಟು kaṭṭu. 3. *Add:* checkmate (My.).

ಕಟ್ಟೆ kaṭṭĕ. 1. *Before* Mr. 416 *insert:* ಸೇತು, ವಾರಣ. *Add:* See ಪೊಂಗಟ್ಟೆ.

ಕಡಕ kaḍaka. = ಕಡಿಕ. That cuts. See ಮರಗಡಕ.

ಕಡಂಗು kaḍaṅgu. 1. *Add:* Čpr. 5, 42.

ಕಡತಿ kaḍati. (fr. ಕಡೆ 1). = ಕಡಿತಿ. A woman of a side or position. See ಹೆಗ್ಗಡತಿ.

ಕಡಪ kaḍapa. (?). (Čpr. 1, 134).

ಕಡಬು kaḍabu. *Add:* See ಪುರಿಗಡಬು.

ಕಡಹ kaḍaha. 1. *Add:* Râm. 6, 5, 19.

ಕಡಿ kaḍi. 7. *Add:* Čpr. 5, after 39. — ಕಡಿಗಡಿ. -ಕಡಿ. A cut-off piece. — ಕಡಿಗಡಿಯ. -ಅರಿ. One who is a cut-off piece (Abh. P. 15, 60). — ಕಡಿಗೊಮ್ಮುಗೊಳ್. -ಕೊಮ್ಮು-ಕೊಳ್. To lay hold of cut-off pieces of branches (Čpr. 5, after 64).

ಕಡಿತಕಾಱ kaḍita-kâṟa. One who cuts or hews (Bh. 6, 4, 107).

ಕಡಿತಲೆ kaḍitalĕ. *Add:* Bh. 6, 4, 35.

ಕಡಿತಿ kaḍiti. = ಕಡತಿ. See ಹೆಗ್ಗಡಿತಿ.

ಕಡಿದು kaḍidu. *Add:* See ಕಡುಗಡಿದು.

ಕಡು kaḍu. 1. — ಕಡುಗಡಿದು. -ಕಡಿದು. Very great or large (Čpr. 5, 41). — ಕಡುಗನ್ನಿ. *Add:* Čpr. 5, 15. — ಕಡುಗನ್ನಿತನ. Excessive fondness (Čpr. 8, after 4). — ಕಡುಗಮ್ಮು. *Add:* Čpr. 5, after 64. — ಕಡುಗೆಚ್ಚಲ್. -ಕೆಚ್ಚಲ್. A big, or full, udder (Čpr. 4, 48). — ಕಡುಗೆಮ್ಮು. *Add:* Čpr. 5, 48. — ಕಡು ಮುಳಿ. *Add:* Čpr. 5, after 106. — ಕಡುವಱ. -ಮಱ. A heavy rain (Bh. 3, 9, 26). — ಕಡುವಿನ್ನಣ. -ಬಿನ್ನಣ. Great skill (Abh. P. 10, 22). — ಕಡುವೆಂಕೆ. -ಬೆಂಕೆ. Excessive heat (Čpr. 5, 51). — ಕಡುವೆಟ್ಟಿತು. *Add:* Abh. P. 1, 76.

ಕಡುಬು kaḍubu. *Add:* ಉಣ್ಣೆಗಡುಬು, ಸೂಸಲ-.

ಕಡೆ kaḍĕ. 1. — ಕಡೆಗಣಿಸು. *Add:* Abh. P. 12, 84. — ಕಡೆಗೆನ್ನೆ. -ಕೆನ್ನೆ. The end, or side, of the cheek. See s. ಬಾನಲ್. — ಕಡೆಯಯ್ದಿಸು. -ಅಯ್ದಿಸು. To bring to an end, to finish (Čpr. 8, after 71). — ಕಡೆಯಯ್ದು. -ಅಯ್ದು. To come to a close, to end (Čpr. 10, 125). — ಕಡೆವಾಯ್. 2. *Add:* Čpr. 5, 64. — ಕಡೆಸೆಱಗೆಯ್. To make or create a final restraint or stop (Čpr. 5, 104).

ಕಡ್ಡತನ kaḍḍatana. (fr. ಕಡ್ಡ 1). The state of being bold, etc. (Râm. 2, 2, 43).

ಕಡ್ಡಾಯ kaḍḍâya. *Add:* Dp. 145, 4; 148, 8.

ಕಣ್ kaṇ. 1. — ಕಣ್ಣೆಂಚಲ್. *Add:* V. 9, 74. — ಕಣ್ದುಮ್ಬು. -ತುಮ್ಬು. The eye to be employed to its full extent or scrutinously (V. 5, after 22). — ಕಣ್ದೊಡಲ್. -ತೊಡಲ್. 2. Perplexed, puzzled sight (Čpr. 10, 82). — ಕಣ್ಬಸ. Eye-power: the faculty of vision (Čpr. 5, 78). — ಕಣ್ಬೇಟ. *Add:* Čpr. 5, 120. — ಕಣ್ಬೊಳಪು. -ಪೊಳಪು. = ಕಣ್ಬೊಳಪು. (Čpr. 10, 14). — ಕಣ್ಮಲರ್. 2. *Add:* Čpr. 2, 79. — ಕಣ್ಮಲೆ. *Add:* Čpr. 4, 71.

ಕಣಲಿಗೆ kaṇaligĕ. See Râm. 6, 44, 8.

ಕಣಿ kaṇi. 6. See ಮುಂಕಣಿ.

ಕಣಿಲೆ kaṇilĕ. = ಕಱಿಲೆ, etc., q. v. (Dp. 170, 2).

ಕಣ್ಚು kaṇču. 2. Sight, look. See ಕಿಸುಗಣ್ಚು 2.

ಕಣ್ಟಕಿಫಲ kaṇṭaki-phala. = ಕಣ್ಟಕಫಲ. See Nr. s. ಹಲಸು.

ಕಣ್ಟಳಿಸು kaṇṭaḷisu. *Add:* Čpr. 2, 42.

ಕತಕ kataka. 1. *Add:* Čpr. 7, 3.

ಕತಕ kataka. 2. *Add:* = ಗದಕ.

ಕತ್ತರವಾಣಿ kattaravâṇi. ಕತ್ತರವಾಣಿಯೊಳ್ ಎಱಗುವ ಚಿತ್ತದೆ ಕವಿತಪ್ಪ ಜಲವಿಹಂಗಳ ಪೋಲ್ ಎತ್ತಂ ಕವಿ ತನ್ನುವು ಭೂಭೃತ್ತನಯಂಗಾಗಿ ಖಚರರ್ ಎಚ್ಚ ಶರಂಗಳ್ (Čpr. 6, 33).

ಕತ್ತರಿಸು kattarisu. *Add:* Čpr. 6, 63.

ಕತ್ತಳಿಕೆ kattaḷikĕ. (?). ಓರೆಯಿನ್ದಿಡುವ ಅರೆವೊಯ್ಲು (or ಅರಿವೊಯ) ಕತ್ತಳಿಕೆ (Čpr 5, 104).

ಕತ್ತಿಗೆ kattigĕ. *Add:* Čpr. 5, 36.

ಕದ kada. 2. — ಕದಕ್ಕಡಿಸು. *Add:* Čpr. 10, 11.

ಕದಡಿ kadaḍi. = ಕರಡಿ 1. A bear (Bh. 3, 13, 16).

ಕದಮ್ಪು kadampu. *Add:* Čpr. 3, 51.

ಕದಳ್ kadaḷ. Tbh. of Sk. ಕದಲ, a plantain tree (?). See J. 21, 11.

ಕದುಪು kadupu. *Add:* Čpr. 7, after 81.

ಕದುಬು kaḍubu. *Add:* *Cf.* ಗದಮು.

ಕನಕಪ್ರಭಮಹಾರಾಜ kanaka-prabha-mahârâja. King Kanakaprabha (Čpr. 2, after 21).

ಕನಕಪ್ರಭೆ kanaka-prabhĕ. N. of a woman (Čpr. 5, after 121).

ಕನರ್ kanar. 2. — ಕನರ್ಗೊನರ್. -ಕೊನರ್. An acrid, bitter young shoot (Čpr. 2, 84).

ಕನಲ್ kanal. 1. *To* P. p. ಕನಲ್ದು *add:* Čpr. 5, 10.

ಕನಲ್ kanal. 2. — ಕನಲ್ಗಿಡಿ. -ಕಿಡಿ. A fiery spark (Čpr. 5, 104).

ಕನ್ದಿಸು kandisu. *Add:* Čpr. 1, *after* 101.

ಕನ್ದು kandu. 6. — ಕನ್ದೊಗೆ. -ಒಗೆ. Discoloration by scorching to be produced (Čpr. 5, 132).

ಕನ್ನಡಿಸು kannaḍisu. 1. *Add:* Čpr. 1, 132.

ಕನ್ಯಾಕೆ kanyâkĕ. = ಕನ್ನಕೆ. (Sk.).

ಕಬಲಿತ kabalita. Swallowed as a mouthful, eaten (Čpr. 2, after 52).

ಕಮನೀಯತೆ kamanîyatĕ. Loveliness, beauty; desirableness. (Čpr. 6, 58).

ಕನ್ನೆ kannĕ. *Add:* ಹಸುಗಣ್ಣೆ.

ಕಬ್ಬಿ kabbi. *Add:* Grj. 6, after 56.

ಕಮ್ಬಳ kambaḷa. 2. A buffalo-race (Tu.). See Prv. s. ವಣ್ಣಾರ.

ಕಮ್ಬಿ kambi. 4. See ಜೊಯ್- s. ಜೊಯ್ 3.

ಕಮ್ಮರಿ kammari. (ಕಮ್ಮರೆ?). — ಕಮ್ಮರಿಯೋಜ. -ಓಜ. (Čpr. 10, 124).

ಕಯ್ಪೆ kaypĕ. *Add:* Abh. P. 7, 126.

ಕರ kara. 4. — ಕರಕರ. *Add:* Râm. 6, 12, 4.

ಕರಗು karagu. *Add:* Čpr. 4, 51.

ಕರಂಜಿ karañji. = ಕರಜಿ, etc. — ಕರಂಜಕಾಯ್. = ಕರಜಕಾಯಿ. (V. 9, 78).

ಕರಣೆ karaṇĕ. *Read:* = ಕಣ್ಣೆ, ಗರಣೆ.

ಕರಹ karaha. = ಕರಗ. Tbh. of ಕರಕ. (Cpr. 6, after 86).

ಕರಿ kari. 3. — ಕರಿಯಾಲಿ. *Add:* V. 3, 5.

ಕರಿ kari. 4. See ಹೊಂಬಗರಿ.

ಕರಿ kari. *Add:* 3, N. of a tree (ತಗ್ಗಿ Mr. 118).

ಕರಿಂಕು kariṅku. — ಕರಿಂಕುವಿಡ್. -ಬಿಡ್. To grow scorched, etc. (Čpr. 5, 132).

ಕರೆ karĕ. 6. *Add:* Čpr. 6, 63; ಮೀಗರೆ.

ಕರೆ karĕ. 9. = ಕರೆ 4. Calling, etc. See ನೆರೆಕರೆ s. ನೆರೆ 3; (ಗೋಗರೆ?).

ಗರೆತ karĕta. Calling, sounding. See (ಗೋಗರೆತ), ವಡಗರೆತ s. ವಡ 1.

ಕಱಿ kaṟi. 2. — ಕಱಿಗನ್ದು. -ಕನ್ದು. Black colour to fade (V. 29, 26). — ಕಱಿಗಲ್. -ಕಲ್. A black stone (Čpr. 9, 80).

ಕಱು kaṟu. 2. See ಕಱುತ್ತು, which appears to be its P. p. The meaning is not clear. T. ಕಱು (P. p. ಕಱುತ್ತು) means: to grow or turn black; to grow angry. Of this the second meaning is perhaps connected with that of K. ಕಱು, but is not identical.

ಕಱುತ್ತು kaṟuttu. (P. p. of ಕಱು 2). See Čpr. 5, 86; 6, 28; Abh. P. 3, 50; 4, 17; 5, 98; 9, 104; 13, 51. 90; Grj. 1, 99. 110; 2, 88; Rśv. 6, 82; 8, 105; Śâv. 3, 50; 4, 6. 10.

ಕರ್ kar. 1. — ಕರ್ಬುನ. *Add:* Čpr. 5, 69. — ಕರ್ಬೊನ್. *Add:* Čpr. 6, 13. — ಕರ್ಬಿಸಿಲ್. -ಬಿಸಿಲ್. Gloomy sunshine (Čpr. 9, 78). — ಕರ್ಪೊಗೆ. -ಪೊಗೆ. Black smoke (Čpr. 8, 19).

ಕರ್ಕಡೆ karkaḍĕ. *Add:* Čpr. 10, 80.

ಕರ್ತರಿ kartari. *Add:* 4, one of the feats of wrestlers (Čpr. 5, 77).

ಕರ್ದುಂಕು karduṅku. *Add:* Čpr. 5, after 89.

ಕರ್ಪಡ karpaḍa. *Add:* See ಹರಿಗಪರಡ.

ಕರ್ಪು karpu. *Add:* Čpr. 3, 85. — ಕರ್ಪುವೆಟ್. -ವೆಟ್. To grow black, etc. (Čpr. 6, 61).

ಕರ್ಬು karbu. *Add:* See ಬೆಳ್ಗರ್ಬು.

ಕರ್ವುರ karvura. = ಕರ್ಬುರ. (Grj. 4, 31).

ಕಲಂಕು kalaṅku. *Add:* See ನಸು-; Abh. P. 5, 98.

ಕಲುಹೆ kaluhĕ. *Add:* Bh. 3, 19, 21.

ಕಲ್ಪಿ kalpi. *Add:* Čpr. 7, 140.

ಕವಡಿಕೆ kavaḍikĕ. 2. *Add:* See ಪೊಂಗವಡಿಕೆ.

ಕವಡು kavaḍu. 1. *Add:* Râm. 2, 2, 43.

ಕವತೆ kavatĕ. 1. *Add:* Râm. 6, 19, 30.

ಕವಲ್ kaval. 2. — ಕವಲ್ತಲೆ. -ತಲೆ. The head of a bifurcation (Čpr. 8, after 4).

ಕವಲು kavalu. — ಕವಲುಮನ. A mind divided into two (Dp. 159, 7).

ಕವ್ವರೆ kavvarĕ. — ಕವ್ವರೆಗೊಳ್. *Add:* Čpr. 5, after 64.

ಕಸರಿಕೆ kasarikĕ. *Add:* Bh. 4, 4, 55.

ಕಳ್ kaḷ. 2. To ಕಳ್ದು *add:* Čpr. 5, after 86.

ಕಳ kaḷa. 3. — ಕಳವಳಿಕೆ. *Add:* Râm. 6, 24, 16. — ಕಳವಳಿಸು. *Add:* Čpr. 8, after 79.

ಕಳ kaḷa. 2. = ಕಲ 1, No. 3. — ಕಳಭಾಷಿಣಿ. A woman who speaks sweetly (Čpr. 3, 62).

ಕಳಕಳ kaḷakaḷa. — ಕಳಕಳಿಸು. To clamour, etc. (Čpr. 5, after 39 & 64).

ಕಳಚು kaḷaču. *Add to No. 4:* to be removed (Bh. 8, 5, 10) *and:* See ಪೂಗಳಚು.

ಕಳಸ kaḷasa. — ಕಳಸಮೆತ್ತಿಬ್. -ಪೊಟ್. To carry a water-vessel (V. 9, after 21).

ಕಳಹು kaḷahu. 1. *Add: Cf.* ಕಱಪು and Tu. ಕಡಪುಡುನಿ.

ಕಳಿ kaḷi. 3. — ಕಳಿವಣ್. *Add:* Jnv. 2, 16.

ಕಳಿಂಗ kaḷiṅga. The black-bird, a singing bird with a fine note, Merula musica (Coorg).

ಕಳ್ಳ kaḷḷa. 1. — ಕಳ್ಳಹಣ. A counterfeit coin (Abhâ. 3, 9).

ಕೞಲ್ kaḻal. 5. *Add:* Čpr. 8, after 67.

ಕೞಲ್ಚು kaḻalču. *Add:* Čpr. 6, 86.

ಕೞಿ kaḻi. 1. *Add:* See ಪಱುಗಣ್.

ಕೞಿಪು kaḻipu. To cause to go away, to remove (Čpr. 5, 51); to pass or move over, to cross (6, after 88).

ಕಲ್ಕೞ kalkaḻa. (= ಕಡಿಕೞ s. ಕಡ 1). — ಕಲ್ಕೞಗಬಿಲ್. -ಕಬಿಲ್. To get quite out of the original position (Čpr. 10, after 86).

ಕಲ್ತಲಿಸು kaltalisu. *Add:* Čpr. 7, 106.

ಕಾಕತಾಳೀಯ kâka-tâḷîya. = ಕಾಕತಾಳಿನ್ಯಾಯ. (Čpr. 1, 48; 7, 22; Sk.).

ಕಾಕು kâku. — ಕಾಕುಮೃಗ. A perverse brute (Bh. 3, 8, 21).

ಕಾಕೋದರಾದ್ರೀಶ kâkôdara-adri-îśa. Vishṇu (Dp. 61, pallavi).

ಕಾಂಜಿಕ kâñjika. *Add:* See Šmd. s. ತಿಳಿ 4.

ಕಾಡು kâḍu. 2. *Read:* T. also ಕಡ, ಕಡಮ, ಕಡ್ಡಿ. — ಕಾಡಪಾಪ. The Loris or sloth monkey (My.).

ಕಾಣಿಕೆ kâṇikĕ. *Add:* Râm. 4, 1, 22; Dp. 135*a*, 20; 140, 11. 14. 20. See ಪಾದಗಾಣಿಕೆ.

ಕಾಣ್ಕೆ kâṇkĕ. *Add:* Čpr. 5, 90.

ಕಾತಿಕೆ kâtikĕ. N. of the month of âshâḍha (June-

July, Tu. ಕಾರ್ತೆಲ್) when the horse-radish (ನುಗ್ಗೆ) is scarce. See Prv. s. ನುಗ್ಗಿಕಾಲ.

ಕಾಬ kâba. = ಕಾವ. (Bh. 3, 7, 3; 3, 8, 8; 7, 7, 28).

ಕಾಯ್ kây. 4. — ಕಾಯ್ದುಬುಗಲ್. -ತುಬುಗಲ್. A mass of unripe fruits (Abh. P. 12, 9).

ಕಾರ್ kâr. 1. — ಕಾರಡವಿ. -ಅಡವಿ. A dark jungle (Dp. 160, 1). — ಕಾರೊಱ್. -ಒಱ್. A black scabbard (V. 4, 103).

ಕಾರಣೆ kâraṇĕ. *Add:* = ಗಾರಣೆ; *and add:* Râm. 6, 55, 12.

ಕಾರೆ kârĕ. = ಕಾರಿ 2, etc. See ಮುಂಗಾರೆ.

ಕಾಱೆ kâṟĕ. See ಕೆಂಗಾಱೆ.

ಕಾಲ್ kâl. 1. — ಕಾಲ್ಗಾಪು. *Add:* Čpr. 10, after 85. — ಕಾಲ್ದುಱ್ 2, 1. *Add:* Bh. 5, 11, 40; see ಹೀಱಾಳಿ. — ಕಾಲ್ಪೊಱ್. -ಪೊಱ್. = ಕಾಲ್ಲೊಱ್. (Čpr. 5, after 39).

ಕಾಲ್ kâl. 2. *Add:* V. 4, 16. 23.

ಕಾಲ್ kâl. *Add:* ಮುತ್ತುಂಗಾಲ್.

ಕಾಲಯುಕ್ತಿ kâla-yukti. The fifty-second year of the cycle of sixty (My.).

ಕಾಲಶೇಯ kâlaśêya. (fr. ಕಲಶಿ). *Buttermilk.*

ಕಾಲಾವಧಿ kâlu1-âvadhi. (*i. e.* a wrong form of ಅವಧಿ). Scaffolding (My.).

ಕಾಲಿಮ kâlima. Blackness. (Čpr. 4, 43).

ಕಾಲು kâlu. 1. — ಕಾಲುಕಣ್ಣಿ. 1. *Add:* Bh. 5, 3, 47. — ಕಾಲುನಡೆ. *Add:* 2, a cow (My.).

ಕಾಲೋದಕ kâla-udaka. N. of a dark piece of water; N. of an ocean. See Čpr. 1, 72; 1, after 73; 10, after 105.

ಕಾವ kâva. *Add:* = ಕಾಬ.

ಕಾವಣ kâvaṇa. *Add:* Čpr. 8, after 73; V. 4, 50.

ಕಾವು kâvu. 2. *Add:* Čpr. 1, 93, *and:* Mhr. ಶಾಪ್ಪು.

ಕಾಶ್ಮರ್ಯ kâśmarya. = ಕಾಶ್ಮರಿ. See Nr. s. ಸೀವನ್ನಿ.

ಕಾಸಿ kâsi. 1. *Put a dash before* ಕಾಸಿದಾವಳಿ.

ಕಾಹುರ kâhura. *Add:* 2, an excited, bewildered man (Bh. 2, 1, 60).

ಕಾಱ್ kâḻ. 1. — ಕಾಱ್ಪಂದಿ. A wild boar, a wild hog (Č. Bp. 31, 49). — ಕಾಱ್ಪುರ. *Add:* Čpr. 5, 123.

ಕಾಳು kâḷu. 1. — ಕಾಳುಗೆಡೆ. *Add:* See Sp. s. ಹೋಳು.

ಕಿಂಕಲ kiṅkala. *Add:* (fr. ಕಿಱ್).

ಕಿಡಿ kiḍi. 1. — ಕಿಡಿವಣ್ಣ. -ವಣ್ಣ. A sparkling colour (Čpr. 9, 94).

ಕಿಡು kiḍu. 2. — ಕಿಡು ತರ್. To approach (Čpr. 4, 2).

ಕಿನಿಸು kinisu. 2. *Add:* *Cf.* ಸೆಣಸು 2.

ಕಿನ್ತುಘ್ನ kintu-ghna. The eleventh of the periods called karaṇas. (My.).

ಕಿರಿಕು kiriku. Displaying or showing the teeth. See ಹಲ್ಲುಗಿರಿಕು.

ಕಿರಿಸು kirisu. To cause to display or show the teeth. See ಹಲುಗಿರಿಸು.

ಕಿಱಿ kiṟi. — ಕಿಱಿದನ್ತರ. -ಅನ್ತರ. A small distance (Čpr. 6, after 88). — ಕಿಱಿದು. (Čpr. 10, 98).

ಕಿಱು kiṟu. 1. — ಕಿಱುವೆಂಟೆ. -ವೆಂಟೆ. A very small pond (V. 8, 10).

ಕಿಲಕಿಂಚಿತ kila-kiñčita. *Add:* Čpr. 5, 121.

ಕಿವಿ kivi. *Add:* Tu. also: ಕೆರಡು. — ಕಿವಿಗುಡಿತೆ. -ಕುಡಿತೆ. The ear considered as a cup (Čpr. 7, 16).

ಕಿವುಡು kivuḍu. — ಕಿವುಡುವಡಿಸು. -ಪಡಿಸು. To make deaf (Čpr. 5, 45).

ಕಿಶೋರ kiśôra. *Add:* 2, the young of any animal; *and after* ಕುಡ್ವಾಲ- *add:* , ಮರ್ಕಟ.

ಕಿಸರು kisaru. *Read:* = ಕಿಸುರು, ಗೀಱು 2.

ಕಿಸು kisu. 2. — ಕಿಸುಗಣ್ಣು. 1. *Add:* Čpr. 8, after 44; 10, 117.

ಕಿಸು kisu. 3. *Add:* = ಗಿಸು.

ಕಿಸುರ್ kisur. 2. — ಕಿಸುವೇರ್. -ಬೇರ್. A disgustful root (Čpr. 8, 19).

ಕಿೞ್ kiḻ. 1. — ಕಿೞ್ತಲೆ. The head downwards. — ಕಿೞ್ತಲೆ ಕೆಳಗಣ್ತಲೆ. reit. (Čpr. 5, 102).

ಕೀಱ kiṟa. A screamer or screecher. See ಹಕ್ಕಿ-.

ಕೀಱಿಸು kiṟisu. To raise a painful cry (Râm. 6, 19, 29).

ಕೀಱು kiṟu. 1. *Read:* (= ಚೀಱ್, etc., ಸೀಱು 4).

ಕೀಱು kiṟu. 2. *Add:* = ಸೀಱು 2; *and:* Čpr. 10, after 99; *and: cf.* ಚೀಱು 3.

ಕೀಸು kîsu. 3. *Add:* (ಗೀಱು 2).

ಕೀೞ್ kîḻ. 1. — ಕೀೞ್ನೋಟ. A downcast look (Bh. 3, 19, 1).

ಕುಂಸಲ್ kumsal. "Council" (My.).

ಕುಕ್ಕುಡಿಗ kukkuḍiga. (?). (Čpr. 10, 79).

ಕುಕ್ಕುರಿಸು kukkurisu. It ought to be ಕುಕ್ಕುಱಿಸು; see Čpr. 10, 86. *For* Bh. 8, 26, 16 *read* Bh. 8, 26, 16. 44).

ಕುಗ್ಗು kuggu. 2. A becoming low, etc. (Dp. 65, pallavi).

ಕುಜ್ಜೆ kujjĕ. *Add:* Tu. ಗುಜ್ಜೆ.

ಕುಂಜು kuñju. *Add:* *Cf.* ಕೊಣಕು 1.

ಕುಟ್ಟು kuṭṭu. 1. *After* See *add also:* ಅಡಿಗುಟ್ಟು, ಮುರುಳುಗುಟ್ಟು.

ಕುಡಿ kuḍi. 5. *Add:* = ಗುಡಿ 2. — ಕುಡಿನೋಟ. *Add:* Bh. 7, 5, 2.

ಕುಡು kuḍu. 2. *Add:* *Cf.* ಕೊಡತಿ.

ಕುಡು kuḍu. 3. — ಕುಡುಮಿಂಚು. *Add:* Čpr. 4, 46; 9, 92. — ಕುಡುವುರ್ಬ. *Add:* Čpr. 6, after 64.

ಕುಡುಕು kuḍuku. 3. *Add:* See Čpr. 8, after 4 (where it means "food, aliment").

ಕುಡುಹಿ kuḍuhi. A drinker. See ಸುರೆಗುಡುಹಿ.

ಕುಣಿಕೆ kuṇikĕ. 2. *Add:* *Cf.* ಗೊಣಸು.

ಕುಣ್ಟಿಸು kuṇṭisu. To grow blunt, to be impaired in force (Râm. 6, 24, 17).

ಕುಣ್ಟೆ kuṇṭĕ. 1. *After* is simply used for removing weeds *add:* , etc.

ಕುಣ್ಟೆ kuṇṭĕ. 3. = ಕೊಳ್ಳು. See Prv. s. ಮನೆ.

ಕುತೂಹಲಿತ kutûhalita. Curious, wonderful (Čpr. 10, after 2).

ಕುತ್ತ kutta. *Add:* See Čpr. 8, after 67.

ಕುತ್ತಿಗೆ kuttigĕ. 2. (= ಕುತ್ತುಗೆ). The act of beating. See ತಲೆಗುತ್ತಿಗೆ.

ಕುತ್ತು kuttu. 2. *Add:* Dp. 127, 7.

ಕುತ್ತು kuttu. 3. — ಕುತ್ತುಂಗಱ್. *Add:* a beating, stabbing or pricking leaf of the kuravaka or of the kêtaki (Čpr. 7, after 115; Abh. P. 2, after 13).

ಕುದು kudu. = ಕುದಿ 2. See ಕುದುಗುಳಿ.

ಕುದುಕು kuduku. 1. *Add: Cf.* ಗುದಿ 4.

ಕುದುಗುಳಿ kudu-guḷi. An angry person (Čpr. 5, 5).

ಕುದುರೆ kudurĕ. — ಕುದುರೆಗಾಹು. -ಕಾಹು. = ಕುದುರೆಗಾವಲ್. (J. 4, 13).

ಕುದುರೆಗಾಱ kudurĕ-gāṟa. *Add:* Bh. 3, 19, 11.

ಕುದೆ kudĕ. *Add: Cf.* ಗೊಱೆ 1.

ಕುನ್ದ kunda. 2. (= ಕುನ್ದು 2). — ಕುನ್ದಗಾಲು. A maimed foot: limping, halting (ಕುಣ್ಟಿ ಕೊಣ್ಡು ನಡೆಯುವದು, Râmasvâmi śâstri).

ಕುನ್ದಣ kundaṇa. *Add:* Dp. 118, 1.

ಕುನ್ದಣಿಗೆ kundaṇigĕ. *Add:* See Sp. in W. v. 1102.

ಕುಪ್ಪ kuppa. 2. (?). See Čpr. 7, 63.

ಕುಪ್ಪರಿಸು kupparisu. 1. *Add:* Râm. 6, 5, 18.

ಕುಪ್ಪಳಿಸು kuppaḷisu. 1. (ಕುಪ್ಪಱಿಸು). See Čpr. 7, 71.

ಕುಪ್ಪಿಗೆ kuppigĕ. What in Râm. 6, 44, 8?

ಕುಪ್ಪು kuppu. 3. *Add:* 2, a ball of clay (My.). See ಒಲೆ ಗುಪ್ಪು.

ಕುಪ್ಪೆ kuppĕ. 1. *Add:* Čpr. 5, 53.

ಕುಮ್ಬೆ kumbĕ. *Add:* 2, a parapet (Mr. E. Rice).

ಕುಮ್ಭ kumbha. *Read:* = ಕುಮ್ಬ 2, ಗುಮ್ಬ.

ಕುಯ್ kuy. *Add:* Dp. 80, 3.

ಕುಯೋನಿ ku-yôni. A base womb, the womb of a low woman. (Čpr. 7, 21. 22).

ಕುರವ ku-rava. A bad or harsh sound. 2, perhaps a mistake for ಕುರರ (Čpr. 5, after 39).

ಕುರುಣೆ kuruṇĕ. Tenderness (T. ಕುರುಳೈ). — ಕುರುಣೆವಱ್. -ಮಱ್. A tender, feeble young one (Čpr. 8, after 4).

ಕುರುಧರೆ kuru-dharĕ. See Čpr. 1, 78; 3, 12.

ಕುರುಳ್ kuruḷ. 1. *After* Tĕ. ಕುರುಲು *insert:* Tu. ಕುರುವ್ವೆಲ್.

ಕುಱಿ kuṟi. 3. — ಕುಱಿಗೊಯ್. -ಕೊಯ್. To slaughter or kill sheep (Dp. 156, 4). — ಕುಱಿದಱ್. 2. *Add:* Čpr. 10, after 74.

ಕುಱುಕು kuṟuku. *After* (Śmd. 48) *insert:* , ಕೊಱಕು, etc.

ಕುಱುಪು kuṟupu. — ಕುಱುಪುಗೊಳ್. -ಕೊಳ್. = ಕುಱುಪೊನ್ದು. (Č. Bp. 81, 53).

ಕುಱುಬ kuṟuba. 1. *Add:* See ನೊಣಬ, ಸಾದಕುಱುಬ, and ಹೆಗ್ಗಡೆ.

ಕುಲ್ kul. = ಕೊಲ್ 2, etc. See ಪಱುಗುಲ್.

ಕುಲತ್ಥ kulattha. A kind of pulse, Dolichos uniflorus. See ಹುಳಿಗ, and *cf.* ಕುಳ್ಥಿ.

ಕುಲಧರ kula-dhara. See Abh. P. 1, 69; 1, after 70. — ಕುಲಧರಾವತಾರ. -ಅವತಾರ. (1, after 68).

ಕುಲಾಲಿ kulâli. *After* o. r. -ಕುರಳಿ *put:* Mr. 148.

ಕುಲಿಕ kulika. *Add:* = ಗುಳಿಕ.

ಕುಲ್ಯ kulya. *Add:* 2, a measure of eight drôṇas. See ಸೊಲಿಗೆ.

ಕುಸಿ kusi. 2. *Add:* Čpr. 4, 47.

ಕುಸುಂಕುರ್ kusuṅkur. (?). (Čpr. 8, after 101).

ಕುಸುಮಿಸು kusumisu. To flower (Čpr. 2, 82).

ಕುಳಿರ್ kuḷir. 1. *Add:* See Čpr. 9, 78.

ಕುಳಿರ್ kuḷir. 3. — ಕುಳಿರ್ವೆಳಲತೆವನೆ. -ಬೆಳ-. A cool white arbour (Čpr. 5, 131).

ಕುಳು kuḷu. *Add:* See ಕೊಡಗುಳು s. ಕೊಡ 2.

ಕುೞಿ kuḻa. 1. *Add: Cf.* ಗುಂಚು 2.

ಕೂಟಪಾಲಕ kûṭa-pâlaka. A bilious fever, fever, as a disease happening to elephants;—a potter's kiln. See Čpr. 6, 19.

ಕೂಣ್ಟಣಿ kûṇṭaṇi. *Add:* Čpr. 8, after 64.

ಕೂತು kûtu. 1. *Add: Cf.* ಗುದಿ 4.

ಕೂದಲ್ kûdal. *After* M. ಕೂನ್ದಲ್ *add:* ; Tu. ಕುಜಲ್.

ಕೂನಿ kûni. 1. *Add:* = ಗೂನಿ.

ಕೂರಿಸು kûrisu. 1. *Add:* Čpr. 8, after 61.

ಕೂರ್ಪು kûrpu. 1. *Add:* Čpr. 10, after 94.

ಕೂರುಮ kûruma. *Add:* Râm. 6, 4, 31.

ಕೂಸು kûsu. *After* ಪಸು- *add:* ಪೆಣ್-.

ಕೂಸುತನ kûsutana. *Add:* ಗಣ್ಡುಗೂಸುತನ, in which the meaning is "the state of being a person".

ಕೂೞತನ kûḻatana. *Add:* Dp. 107, 2.

ಕೃತಕ kritaka. *Read:* = ಕತಕ 2, ಗದಕ.

ಕೃತಕೃತ್ಯತೆ krita-krityatĕ. The full discharge of any duty or realisation of any object, accomplishment, attainment, success. (Čpr. 5, 27; 6, 80).

ಕೃತಿ kriti. — ಕೃತಿವೇೞ್. -ವೇೞ್. To (compose and) recite a literary work (Čpr. 1, 49).

ಕೃಷ್ಣಲೋಹ krishṇa-lôha. Iron. ಅಯಸ್ಕಾನ್ತದ ಬಱಿವಿಡಿದ ಕೃಷ್ಣಲೋಹದ ತೆಱದಿಂ (Čpr. 7, 21).

ಕೆಚ್ಚು keččŭ. 4. — ಕೆಚ್ಚುಮನ. A firm, courageous disposition (Bh. 7, 3, 76).

ಕೆಚ್ಚು keččŭ. 5. *For cf.* ಸಡಕು *read: cf.* ಸಡಕು 2.

ಕೆಡಸು kĕḍasu. = ಕೆದಪು. See ಹೀಡಾಳಿಗೆಡಸು.

ಕೆಡಹು kĕḍahu. *Add:* Dp. 14, 8.

ಕೆಡೆ kĕḍĕ. 1. *Read:* = ಕಡೆ 6, ಗಡೆ 2; *and after* ಬೂತು-, *add:* ಬೆಳ್ಳಂ-.

ಕೆಡೆ kĕḍĕ. 3. — ಕೆಡೆನುಡಿ. 1. *Add:* Dp. 151, 5.

ಕೆಣಕು kĕṇaku. *For cf.* ಸೆಣಸು *read: cf.* ಸೆಣಸು 1.

ಕೆನ್ kĕn. — ಕೆನ್ದಳಿರ್ವಸೆ. -ಪಸೆ. A bed of red young leaves

(Čpr. 5, 131). — ಕೆನ್ನಂಗು. -ತೆಂಗು. = ಚೆನ್ನಂಗು. (My.). — ಕೆನ್ನಾಯಿ. A red, wild jungle-dog (My.).

ಕೆಬ್ಬೆ kĕbbĕ. 1. — ಕೆಬ್ಬೆರೋಗ. Mildew (My.).

ಕೆಮ್ kĕm. — ಕೆಮ್ಬಸಿಲ್. *Add:* Čpr. 6, 58. — ಕೆಮ್ಬೆರಲ್. *Add:* Čpr. 6, 62.

ಕೆಯ್ kĕy. 3. *Add:* 7, side (see ಹಿಂಗೆಯ್, ಹೊಱ-). — ಕೆಯ್ಗಪ್ಪು. -ಕಪ್ಪು. A small mace (? Râm. 6, 55, 11). — ಕೆಯ್ಗೋಲು. -ಕೋಲು. A walking stick (Dp. 113, 2). — ಕೆಯ್ನೀರ್. Hand-water, water for the hand (Čpr. 6, 72). — ಕೆಯ್ಪೊಡೆ. *Add:* Čpr. 1, 106. — ಕೆಯ್ಮಿಗು. *Add:* Čpr. 6, 72; 9, 106. — ಕೆಯ್ಮಾಱು. *Add:* Čpr. 9, 94. — ಕೆಯ್ಯಾರ್. *Add:* Čpr. 10, 83. — ಕೆಯ್ವತ್ತಿ. -ಬತ್ತಿ. A wick or candle in the hand (Abhâ. 12, 44). — ಕೆಯ್ವತಿಸು. *Add:* 3, to come about, to arrive, to be got (Bh. 10, 8, 10). — ಕೆಯ್ವಾರ. 2. *Add:* Čpr. 2, 72. — ಕೆಯ್ವಾಱಿ. An eulogist (Râm. 6, 53, 37). — ಕೆಯ್ವಿಡಿ. -ಪಿಡಿ. 2. See Čpr. 5, 63. — ಕೆಯ್ಸಾರ್. *Add:* Bh. 10, 8, 10.

ಕೆಯ್ kĕy. 4. *Add:* *Cf.* ದೆಸಿ (ದೇಸಿ). — ಕೆಯ್ಗೆಯ್. *Add:* Čpr. 7, after 151. — ಕೆಯ್ಗೆಯ್. 2. Trimming-work, decoration (Čpr. 7, after 151).

ಕೆಯ್ kĕy. 5. *Add:* *Cf.* also ತಳ 6, ತನೆ 1.

ಕೆಯ್ kĕy. 6. Work. See ಕೆಯ್ಗೆಯ್ 2 s. ಕೆಯ್ 4, ಹೊಯ್ಕೆಯ್, ಹೊಯಿ-.

ಕೆಯ್ತ kĕyta. *Add:* ಪಾಱುಗೆಯ್ತ, ಸೂಳೆಗೆಯ್ತ.

ಕೆಯ್ಮೆ kĕymĕ. *Add:* Râm. 1, 5, 29.

ಕೆಯ್ಸು kĕysu. *Add:* ; to make, to do, etc.; *and after* See *add:* ಎಳೆಯ್ಸು, ಬಲಂಗೆಯ್ಸು.

ಕೆರಣ್ಟು kĕraṇṭu. 2. The act of scratching. — ಕೆರಣ್ಟದಲೆ. -ತಲೆ. A head full of scratches (V. 11, 60).

ಕೆಲೆ kĕlĕ. *Add:* See ರಚ್ಚಗಲೆ.

ಕೆಸಱು kĕsaṟu. *Add:* See ಚಳಿಯ 2.

ಕೆಳ kĕḷa. — ಕೆಳನ್ದಲೆ. -ಂ-ತಲೆ. = ಕಿಱ್ತಲೆ, q. v.

ಕೆಳಮು kĕḷamu. (= ಕೆಳವು?). The state of being adequate to the end proposed, sufficiency (?). ಆತ್ಮಜ್ಞತೆಗೆ ನೋಱ್ಪುದದು ಕೆಳಮೆ ವಲಂ! (Čpr. 2, 32; T. ಕೆಱುಮು, ಕಱುಮು, to be full; to learn; to be sufficient; to germinate; see s. ಕೆಯ್ 5).

ಕೇಣ್ kêṇ. 2. — ಕೇಣಿಗೊಳ್. *Add:* 2, to hold in play (Bh. 7, 4, 19).

ಕೇರಲ kêrala. *Add:* Čpr. 7, 41.

ಕೇಱು kêṟu. *Add:* = ಗೇಱು.

ಕೇವಣ kêvaṇa. *Add:* Čpr. 6, after 64.

ಕೇಳ kêḷa. *Strike the sign of interrogation, and add:* See ಸೂಳೆ-.

ಕೊಕ್ಕರಿಕೆ kŏkkarikĕ. A starting or falling back, recoil; aversion (Čpr. 9, 112; 10, 108).

ಕೊಗ್ಗಿ kŏggi. See Čpr. 6, after 64.

ಕೊಂಗ kŏṅga. *Read:* = ಕೊಗ್ಗ, ಜಂಗ, etc.

ಕೊಚ್ಚು kŏččĭu. 2. *Add:* Bh. 7, 3, 76.

ಕೊಚ್ಚು kŏččĭu. 7. = ಕೊಡಱು. To remove, to take away. See Prv. s. ಹೊಸ ನೀರು.

ಕೊಂಚ kŏñča. *Add:* 2, a low, mean man. See Prv. s. ಲಂಚ.

ಕೊಡ kŏḍa. 1. — ಕೊಡಗೂಸುತನ. -ಕೂಸುತನ. The state of being a maiden (Čpr. 8, 50).

ಕೊಡಗು kŏḍagu. *Read:* (fr. ಕುಡು 3 ? or fr. ಕುಡಿ 5 ?).

ಕೊಡಲು kŏḍalu. = ಕರುಳ್, etc. (My.; Bh. 8, 24, 7; T. ಕುಡಲ್).

ಕೊಡುವಳಿ kŏḍu2-paḷi. Giving (in marriage, etc., My.).

ಕೊಡೆ kŏḍĕ. 1. — ಕೊಡೆಯೆಲೆ. -ಎಲೆ. A leaf (of the lotus) that resembles an umbrella (Čpr. 5, after 39).

ಕೊಣ್ಟು kŏṇṭu. *Read:* = ಕುಣ್ಟ 3, (ಕೊರಡು).

ಕೊತ್ತಳ kŏttaḷa. *Add:* Čpr. 5, 105.

ಕೊತ್ತು kŏttu. 2. *Read:* *cf.* ಗುತ್ತಿ, ಗೊನೆ.

ಕೊನ್ತಗಾಱ kŏnta-gâṟa. = ಕೊನ್ತಕಾಱ. (Grj. 6, after 56).

ಕೊರಗು kŏragu. 1. *Add:* Čpr. 9, 58.

ಕೊರೆ kŏre. 1. *Add:* Mhr. ಘೋರಣೇಂ.

ಕೊಱಚು kŏṟaču. — ಕೊಱಚ. *Add:* a babbler.

ಕೊರ್ವಿಸು kŏrvisu. = ಕೊಬ್ಬಿಸು. To cause to increase, etc. (Čpr. 5, 113).

ಕೊಲ್ kŏl. 2. *Read:* = ಕಲ್ 3, ಕುಲ್, ಕೋಲ್ 3.

ಕೊಲಪ kŏlapa. A certain class of people (Râm. 5, 8, 51).

ಕೊಲೆ kŏlĕ. — ಕೊಲೆಗಡಿಗ. *Add:* Bh. 7, 3, 76.

ಕೊಲೆಗಾಱ kŏlĕ-gâṟa. *Add:* Râm. 6, 12, 4.

ಕೊಸರು kŏsaru. 2. *Add:* Râm. 6, 45, 28.

ಕೊಸೆ kŏsĕ. 3. The penis (ಶಿಶ್ನ, according to the late Śrînivâsa Âčâri; Tĕ.: the tip or end). **2,** = ಬಲ or ಕೊಬ್ಬು (according to the same authority).

ಕೊಳ್ kŏḷ. 1. — ಕೊಣ್ಡಾಟ. *Add:* Čpr. 8, 53.

ಕೊಳ kŏḷa. — ಕೊಳಗಾಹಿ. -ಕಾಹಿ. The watchman of a tank (Bh. 3, 10, 52).

ಕೊಳರ್ kŏḷar. — ಕೊಳರ್ವಕ್ಕಿ. *Add:* Bh. 3, 10, 53.

ಕೊಳ್ಳ kŏḷḷa. 1. *Add:* See Mr. s. ತಲ್ಲ.

ಕೋಟಲೆ kôṭalĕ. *Add:* Čpr. 8, 55. 81.

ಕೋಟಿಮತ್ kôṭi-mat. Furnished with a point. (Čpr. 6, 5).

ಕೋಡು kôḍu. 4. *After* Bp. 24, 45 *add:* ; see Šmd. s. ತಿದರ್ 1.

ಕೋಡು kôḍu. 5. *To No. 2 add:* *cf.* ಕೊಟ್ಟು 1. — ಕೋಡುಂಗಲ್. -ಂ-ಕಲ್. = ಕೋಡುಂಗಲ್ಲು. (Čpr. 5, after 76; 10, 82).

ಕೋರಯ್ಸು kôraysu. (= ಕೋರಯಿಸು). (To be dazed or dazzled): to be confused or bewildered (Čpr. 10, 60).

ಕೋಱಿಕೆ kôṟikĕ. *Add:* Dp. 51, 1.

ಕೋಲ್ kôl. 2. ಕೋಲು. — ಕೋಲುಗುರು. The huge teacher (of the Pâṇḍus), Drôṇa (Bh. 7, 18, 46); the word might be referred also to ಕೋಲು, and mean "arrow-teacher").

ಕೋಲುಗಾಱ kôlu-gâṟa. = ಕೋಲುಕಾಱ. (Dp. 145, 1).

ಕೋಳು kôḷu. — ಕೋಳು ಹೋಗು. = ಕೋಳುಹೋಗು. (Bh. 8, 8, 21).

ಕೌಲವ kaulava. The third karaṇa. or astronomical period. (My.).

ಕ್ಷಮ kshama. *Add:* 8, friendly; favourable; — bearable, tolerable. See ಸಹನಶೀಲ.

ಕ್ಷಮತ್ವ kshamatva. = ಕ್ಷಮತೆ. See s. ಸಯ್ರಿಸು.

ಕ್ಷಮಿಸು kshamisu. *After* ಅಪರಾಧ- *put:* ತಪ್ಪು-, *and add:* See Bh. 8, 6, 80; Dp. 120, 2. 6; 150, 1.

ಕ್ಷಮೆ. kshamĕ. *Add:* See ಸಯ್ರಣೆ, *and* B. 4, 45 s. ಸುತ್ತ.

ಕ್ಷರತ್ ksharat. Flowing, streaming, dropping, melting away, etc. (Čpr. 9, 100).

ಕ್ಷಿತಿವ್ಯುದಾಸ kshiti-vyudâsa. A cave within the earth. See Nr. s. ಹಗ.

ಕ್ಷುದ್ರ kshudra. *Add:* = ಚುದ್ರ.

ಕ್ಷೂಣ kshûṇa. = ಕ್ಷುಣ್ಣ. See ಅ-.

ಖಜ್ಜೆಯ khajjĕya. A churning-stick; a ladle (? Čpr. 6, after 86).

ಖಟತ್ಕಾರ khaṭat-kâra. The sound of tramping or trampling (Čpr. 10, 67).

ಖಣ್ಡ್ರಿಸು khaṇḍrisu. *Add:* Dp. 94.

ಖಪುಷ್ಪ kha-pushpa. A flower in the sky (a term for anything impossible, Čpr. 8, 14).

ಖೊಪ್ಪರ khŏppara. *Add:* As in Mr. 299 ಖೊಪ್ಪರ ದಣ್ಡೆ immediately stand before ಧಾಳ ಕಾಲಾಸ, it is possible that ಖೊಪ್ಪರ and ದಣ್ಡೆ mean "the staff or pole of a banner".

ಗ್ g. *Add: Cf.* also ಗೇಕು = ಜೇಕು.

ಗಂಗಾದ್ವಾರ gaṅgâ-dvâra. The door of the Ganges: the place where the Ganges enters the plains. (Čpr. 1, after 129).

ಗಂಗೆವಾಳ (gaṅgĕl-bâḷa). Long hair, a long tail (? Bh. 6, 4, 35).

ಗಜ gaja. — ಗಜಬಜ. *Add:* Bh. 8, 10, 52; 8, 9, 38. — ಗಜಬಜಕೆ. = ಗಜಬಜ. (Bh. 8, 25, 9).

ಗಜಱು gajaṟu. 1. *Add:* Čpr. 10, 102; Bh. 8, 25, 9.

ಗಟ್ಟಿ gaṭṭi. — ಗಟ್ಟಿಮುಟ್ಟು. Firm, hard, certain (S. Mhr. according to Z.).

ಗಡಣಿಸು gaḍaṇisu. *To No. 2 add:* Čpr. 5, 105. 123; 8, 108.

ಗಡಿ gaḍi. 3. *Add:* Čpr. 4, 8; Abh. P. 4, after 53.

ಗಡಿಸು gaḍisu. 2. *Before* ಅವಗಡಿಸು 1 *put:* ಅನುಗಡಿಸು.

ಗಡುಬ gaḍuba. *Add:* Dp. 145, 2.

ಗಣ್ಟಲ್ gaṇṭal. *Add:* Čpr. 4, 47.

ಗಣ್ಡ gaṇḍa. — ಗಣ್ಡಗೂಸುತನ. Manliness (Čpr. 8, after 67).

ಗಣ್ಡಿಕೆ gaṇḍikĕ. *Before* ಬಲ್ಲಣ್ಡಿಕೆ *insert:* ಪೋಗಣ್ಡಿಕೆ.

ಗಣ್ಡು gaṇḍu. — ಗಣ್ಡುಡಿಗೆ. -ಉಡಿಗೆ. = ಗಣ್ಡುಡೆ (?). ಗಣ್ಡುಡಿಗೆಯುಟ್ಟು, ಬಿಟ್ಟು ಹಿಣಿಲಂ (Šmd. 282, o. r. ಕಣ್ಡುಡಿಗೆ-). — ಗಣ್ಡುವೆಸ. -ಬೆಸ. A firm injunction (? Čpr. 8, 68).

ಗದ gada. — ಗದಬಡಿಸು. To tremble (? Râm. 6, 24, 17; but perhaps from Mhr. ಗದಮುದಣೇಂ, to be sultry and oppressive; to swelter).

ಗದಗದಿತ gadagadita. Tbh. of Sk. ಗದ್ಗದಿತ. Stammered, sobbed; stammering, etc. (Râm. 2, 2, 24).

ಗದಡು gadaḍu. *Add:* See ಸಾಸಿವೆ-.

ಗನ್ಧಿಕಾಱ gandhi-kâṟa. A seller of perfumes and medical drugs (Dp. 145, 15).

ಗನ್ನ ganna. — ಗನ್ನಗತಕ. *Add:* Bh. 5, 8, 5. 26.

ಗಭಸ್ತಿಮತ್ gabhasti-mat. Shining; the sun. See ದ್ವಾದಶಾದಿತ್ಯ.

ಗಮ gama. — ಗಮಸಾಲೆ. A kind of fragrant rice (My.).

ಗರ gara. *After* ಗರಗರಿಕೆ *put:* ಸಗರ 1.

ಗರುವತನ garuvatana. The state of being proud or arrogant (Dp. 128, 2).

ಗಱಿ gaṟi. *Add:* the leaf of a flower (My.).

ಗರ್ಭದೀಕ್ಷೆ garbha-dîkshĕ. The rite of a husband's keeping the head unshaven during his wife's pregnancy (C.).

ಗವ gava. *Add:* (= ನವ 2).

ಗರ್ವೀಕರಿಸು garvîkarisu. To be or become proud or haughty (Bh. 5, 3, 6).

ಗಲ್ಲಿಸು gallisu. *Add:* Dp. 155, 3.

ಗಸಣಿ gasaṇi. (Tbh. of ಘರ್ಷಣೆ?). Pounding, etc. (?). — ಗಸಣಿಮುಗಿಲ್. A pounding, vehement rain (?). See Râm. 4, 6, 6.

ಗಳ gaḷa. — ಗಳಹತ್ತು. *Add:* Ššv. 4, 75.

ಗಳಹತನ gaḷahatana. = ಗಳಹು 2. (Bh. 8, 10, 38).

ಗಳಿಯಿಸು gaḷiyisu. *Add:* Čpr. 7, 118.

ಗಾಡಿಸು gâḍisu. *Add to No. 2:* Bh. 8, 10, 52; 8, 25, 9.

ಗಾಢಿಕೆ gâḍhikĕ. (= Sk. ಗಾಢತ್ವ). Intensity, closeness; firmness, hardness; excess. See ಸ-.

ಗಾಣ gâṇa. 1. *Add:* Čpr. 7, 97.

ಗಾದಿಗೆ gâdigĕ. *Add:* See ನಿಗಾದಿಗೆ.

ಗಾಱುಹಸ್ತ್ಯ gâṟuhastya. Tbh. of ಗಾರ್ಹಸ್ಥ್ಯ. (Bh. 5, 3, 34).

ಗಾಱು gâṟu. — ಗಾಱುಗತ್ತಲೆ. -ಕತ್ತಲೆ. Excessive darkness (Dp. 128, 8).

ಗಾರ್ಹಸ್ಥ್ಯ gârhasthya. *Add:* = ಗಾಱುಹಸ್ತ್ಯ.

ಗಾಹು gâhu. — ಗಾಹುಗತಕ. *Add:* Bh. 2, 12, 38.

ಗಾಳಿ gâḷi. — ಗಾಳಿಗೋಪುರ. *Add:* Dp. 148, 6.

ಗಿಲಿ gili. 2. *For cf.* ಸಿಡಿ *read: cf.* ಸಿಡಿ 8.

ಗಿಲ್ಲು gillu. = ಗಿಲ್ಕು, q. v. (Bangalore).

ಗಿಳಿ giḷi. — ಗಿಳಿವಣ್ಣ. -ಬಣ್ಣ. The colour of the parrot: green colour (Sp. in W. 1105).

ಗೀಟು gîṭu. 2. *After* ಗಿಟ್ಟು, etc. *add:* , (ದೀಟು 1).

ಗೀರ gîra. An imitative sound. — ಗೀರಗುಟ್ಟು. -ಕುಟ್ಟು. To breathe heavily or heavingly, as children do when their nose does not afford a free passage for the breath (My.).

ಗೀಱಿ gîṟa. = ಗೀಱು 2, ಸೀಱಿ. (S. Mhr.).

ಗೀಳ್ gîḷ. *After* ಚೀಳ್ *add:* , ಸೀಳ್ 3.

ಗುಜು guju. — ಗುಜುಗುಜು. *Add:* Râm. 2, 2, 26. — ಗುಜುಗುಜುಗೊಳ್. -ಕೊಳ್. = ಗುಜುಗುಜಿಸು. (Čpr. 10, 102).

ಗುಜ್ಜು gujju. 2. — ಗುಜ್ಜುಗೊಳ್. -ಕೊಳ್. To become small, to shrink (Čpr. 8, 73).

ಗುಂಜು guñju. 3. *To No. 2 add:* = ಜುಂಗು.

ಗುಡಿ guḍi. 1. — ಗುಡಿಗಟ್ಟು. *Add:* Čpr. 8, after 4.

ಗುಡಿ guḍi. 2. *After* Rśv. 13, 50 *add:* ; T., M., Tē., Tu. ಕೊಡಿ).

ಗುಡು guḍu. 3. = ಸುಡುಗು 4. — ಗುಡುಗುಟ್ಟು. -ಕುಟ್ಟು. = ಗುಡುಗು 3. See Prv. s. ಬಡಿವಾರ.

ಗುಣ್ಡಿ guṇḍi. — ಗುಣ್ಡಿವುಗು. -ಪುಗು. To enter a pit or pool (Čpr. 7, 139).

ಗುಣ್ಡು guṇḍu. 2. — ಗುಣ್ಡಂಚು. -ಅಂಚು. The round (coloured) border of a dôtra (My.).

ಗುನಗು gunagu. (= ಬುನಗು). The rear (My.).

ಗುಮ್ಮು gummu. 1. *Add:* Râm. 6, 5, 19.

ಗುಮ್ಮು gummu. 5. — ಗುಮ್ಮಿಡು. -ಇಡು. = ಗುಮ್ಮಿಕ್ಕು. (Râm. 6, 39, 6).

ಗುಲ್ಫ gulpha. *For* ಹರಡು *read:* ಹರಡು 3.

ಗುಳಿ guḷa. 1. *Add:* Čpr. 10, 82.

ಗುಳು guḷu. 3. — ಗುಳುಗುಡಿಸು. *Add:* Čpr. 10, after 94.

ಗೂದೆ gûdĕ. 2. *Add:* Mhr. ಗುಳೀ, the rectum protruding at stool.

ಗೂರ್ಣಿಸು gûrṇisu. 1. *Add:* Abh. P. 12, 18.

ಗೃದ್ಧ griddha. Desirous of, eagerly longing for. (Čpr. 10, 87).

ಗೆಣ್ಟು gĕṇṭu. *Add:* See Šmd. 215 s. ಮುಗುಳ್.

ಗೆಲ್ gĕl. 1. — ಗೆಲಿವರ್. *Add:* Čpr. 10, 14.

ಗೆಲಿ gĕli. *Add:* Dp. 14, 7.

ಗೆಲ್ಲು gĕllu. *Add:* P. p. ಗೆದ್ದು, q. v.

ಗೊಗ್ಗರ gŏggara. (= ಕೋಗರೆ). A loud bellow. ಆ ನಾಯಿಗಳು... ಗೊಗ್ಗರವಾದ ಧ್ವನಿಯಿನ್ದ ಒನ್ದೇ ಸವನೆ ಒದರುತ್ತವೆ (Kanarese Fifth Reading Book, Department of Public Instruction, Bombay, Mangalore, 1885, p. 18).

ಗೊಡ್ಡು gŏḍḍu. — ಗೊಡ್ಡ. -ಅ 3. A useless man. ಪಾಡ್ತಿನದ ಮಾನಸರಂ ಸುಡು ಸನ್ದ ಗೊಡ್ಡರಂ! (Čpr. 8, 81).

ಗೊಣ್ಡೆಯ gŏṇḍĕya. *Add:* Bh. 6, 4, 35.

ಗೊಱೆ gŏṟĕ. = ಕೊರೆ 1. To snore. See Prv. s. ಸುಖ 1.

ಗೋಚರಿಸು gôcarisu. *Add:* Râm. 2, 2, 26.

ಗೋಣ್ gôṇ. — ಗೋಣ್ಮುರಿಗೆ. -ಮುರಿಗೆ. = ಗೋಣ್ಮುರಿ 2. (Čpr. 10, 70).

ಗೋನಾಳಿ gônâḷi. *Add:* Bh. 4, 4, 54; Râm. 2, 2, 38.

ಗೋನ್ದೆ gôndĕ. *Add:* See Čpr. 2, 24; ಪಟಿ-.

ಗೋರೆ gôrĕ. *Add:* See ಹಲಿವೆ.

ಗೋವತಿ gôvati. (fr. ಗೋವ 1). A herds-woman (Šâstrasâra in W. v. 1259).

ಗೋಸಗೆ gôsagĕ. A mistake for ಗೋಸನೆ? See Čpr. 8, 98.

ಗೋಳೆ gôḷĕ. The upper part of bamboos, etc. (My.).

ಗ್ರಹಣಿ grahaṇi. *Read:* Diarrhoea, dysentery (ಪೆರ್ಚುಲ Mr. 387; My.), *and dele:* or small-pox or a sort of insanity (ಸೀತಳ, ಸನ್ನಿ Mr. 387).

ಘನ ghana. *Add:* See Mr. s. ಸಾರಂಗ.

ಘರ್ಮರ್ತು gharma-ṛitu. The hot season (Čpr. 10, 28).

ಘಳಘೋಣ್ಟೆ ghaḷaghôṇṭĕ. See s. ಹಲುಮಾಣಿಕ.

ಘಾಟನ ghâṭana. (= ಘಟ್ಟನ?). See ಸಂ- (*in* Additions).

ಘಾಣ್ಟಿಕ ghâṇṭika. (fr. ಘಣ್ಟಾ). A bell-ringer; *a man who rings a bell and proclaims aloud* (ಚಕ್ರಿಕ, ಗಣ್ಟೆಯ ಬಾರಿಸಿ ಸಾಱುವವನು Nr.).

ಘಾತಕತನ ghâtakatana. Mischievousness (Dp. 57, 1).

ಘಾತಾಳಿ ghâtâḷi. *Add:* Râm. 2, 2, 38.

ಘಾರಾಘಾರಿ ghârâghâri. *Add:* Grj. 6, after 56.

ಘಾಸಿ ghâsi. *Add:* Bh. 4, 2, 62.

ಘುರು ghuru. — ಘುರು ಘುರು. *Add:* Abh. P. 4, 108.

ಘೂರ್ಣಿಸು ghûrṇisu. *Add:* See ವಿ-.

ಘೃತಪಾಕ ghṛita-pâka. Dressing with clarified butter, an article of food boiled or fried in ghee (My.).

ಘೃಷ್ಟಿ ghrishṭi. *Add:* 4, a ray (My. Amara; see ಹಿಮು-).

ಚಕ್ಕ čakka. 2. *Add:* = ಸಕ್ಕ.

ಚಕ್ರಿಕ čakrika. *A bard who chants in chorus, ringing a bell in presence of idols.* See Nr. s. ಘಾಣ್ಟಿಕ.

ಚಟ್ಟ čaṭṭa. 2. *To* Mhr. ಸಾಟ *add:* , ಸಾಠಾ.

ಚಟ್ಟು čaṭṭu. 2. *Add: Cf.* ಸವಟು 2.

ಚಡಿಸು čaḍisu. = ಚಣ್ಡಿಸು. See ಸಮ-, s. ಸಮ 1.

ಚಣ್ಡು čaṇḍu. 1. *Add: Cf.* ಸಡೆ 1.

ಚತುರ čatura. *After* ಚದುರು *add:* , ಚೆದುರು.

ಚತುರ್ದಶಮನು čaturdaša-manu. *Add:* Abh. P. 1, 69.

ಚನ್ čan. 2. *Add: Cf.* also ಚೆಸಿ (ಚೇಸಿ).

ಚನ್ದಾವರ čandâvara. N. of a small town near Honnâvara in North Canara. See Prv. s. ಸೂಟೆ.

ಚನ್ದ್ರ čandra. 1. — ಚನ್ದ್ರಮಲ್ಲಿಗೆ. The red jasmine (a plant whose flower blooms only in the evening, Mr. H. Haigh; ಕೆಮ್ಪುಗಿರುವ ಒನ್ದು ಬಗೇ ಹುವ್ವು, Râmasvâmi šâstri).

ಚನ್ದ್ರಹಾಸ čandra-hâsa. *To No. 3 add:* Dp. 151, 10.

ಚನ್ದ್ರೋಪಲ čandra-upala. The moon-gem. (Bh. 1, 20, 54).

ಚರ್ಮ čarma. *Read:* = ಚಮ್ಮ, ಸಮ 2, ಸಮ್ಮ.

ಚರ್ಮಪಟ್ಟಿಕೆ čarma-paṭṭikĕ. *Read:* = ಚಮ್ಮಟ್ಟಿಗೆ, ಸಮಟಿಗೆ.

ಚಲದಿ čaladi. *Add: Cf.* ಸರದಿ 2.

ಚಳಿಯಿಸು čaḷiyisu. = ಚಳಿಸು. To cause to lose one's power or greatness, to humble (Abh. P. 13, 133).

ಚಳ್ಳು čaḷḷu. *Add:* Tu. ಗೆಲ್ಲು, a branch, twig, *and add: cf.* ಸಬ್ಬಿಗೆ; see s. ಸೆಳೆ 1.

ಚಾಪು čâpu. *Add:* = ದಾಪು.

ಚಾರುತ್ವ čârutva. Loveliness, beauty. (Čpr. 10, after 17).

ಚಾಲನಿ čâlani. *Add: Cf.* ಸಾಣಿಗೆ.

ಚಾಳಿಸು čâḷisu. *Add:* Čpr. 10, 5.

ಚಾಳಿಸು čâḷisu. 1. *Add:* = ಸಾಚಿಸು, *and add:* See Dp. 185*b*, 9.

ಚಾಳು čâḷu. = ಚಾಲು. (Dp. 127, 3).

ಚಿಕ್ಕ čikka. *Add:* Regarding the T. *cf.* ಚಿಗಿಲ್ 2.

ಚಿಗುರು čiguru. 2. — ಚಿಗುರುದೋಱು. -ತೋಱು. Shoots to appear: to shoot, to sprout (Râm. 2, 4, 19).

ಚಿಟ್ಟು ciṭṭu. 1. *Add: Cf.* ಸಿಡಿ 1.

ಚಿಟ್ಟು ciṭṭu. 2. *Add: Cf.* ಸಿಡಿ 6.

ಚಿಟ್ಲಿಸು čiṭlisu. *Read:* (= ಸಿಡಿಸು, ಸಿಡ್ಲಿಸು).

ಚಿತ್ಯೆ čityĕ. *Add:* = ಸಿದಿಗೆ 1.

ಚಿನುಮಯ činumaya. *Add:* Dp. 90, 2; 96, 5; 107, pallavi.

ಚಿಂತಿತಾರ್ಥ čintita-artha. That which is thought about or desired (Dp. 157, pallavi).

ಚಿನ್ನವಾರಿಕೆ činna-vârikĕ. The business of a shroff (Dp. 107, 2).

ಚಿಪ್ಪಳು čippaḷu. Pinching a person's ear or other limb with a cracked cocoanut shell: pinching, teasing, tormenting (Tu.). — ಚಿಪ್ಪಳು ಹಾಕು. To pinch, to tease, to torment (Tu.). — ಚಿಪ್ಪಳೇಱಿಸು. -ಏಱಿಸು. = ಚಿಪ್ಪಳು ಹಾಕು. (Dp. 145, 2).

ಚಿಬ್ಬು čibbu. *After* ಸಿಬ್ಬು *insert:* , ಸಿಬ್ಬು.

ಚಿಂಪಿ čimpi. *Put* ಸಿಮ್ಪು *in paranthesis.*

ಚಿಮ್ಮು čimmu. 1. *Add:* Bh. 3, 19, 21.

ಚಿರಂಟಿ čiranṭi. *Add:* See ಮುತ್ತಯ್ದೆ.

ಚಿರತೆ čiratĕ. Long duration. (Čpr. 10, 110).

ಚಿರಿಚು čiriču. *Add: Cf.* Tu. ತಲ್.

ಚೀರ čîra. *Add:* = ಸೀರೆ.

ಚೀರಣ čîraṇa. *Read:* = (ಚಾಣ), ಚೀರ್ಣ, ಚೀರ್ಣ, ಸೀರಣ, ಸೀರ್ಣ.

ಚೀಱ್ čîṟ. *Read:* = ಕೀಱು 1, ಚೀಱು 1, ಸೀಱು 4.

ಚೀಱಿಕೆ čîṟikĕ. Screaming, etc. (Râm. 6, 19, 29).

ಚೀಱು čîṟu. 3. *Add:* = ಸೀಱು 3.

ಚೀಳು čîḷu. To scream (Dp. 127, 3).

ಚುಂಯಿ čuṁyi. *Read:* = ಚುಯ್, ಚೊಂಯಿ, ಸೊಂಯಿ.

ಚುಲ್ čul. *For* ಸಲ್ *read* ಸಲ್ 2.

ಚೂಟಿ čûṭ. Remission (from study, labour, service); leave or liberty granted (My.; Mhr., H. ಸುಟೀ; Mhr. ಸೂಟ, remission (of a debt, etc.): the sum remitted, abatement;—release from bondage, freedom granted; see s. ಸೋಡ 2).

ಚೂಡಕ čûḍaka. A gold ornament worn by women (especially when married and their husband is alive) on their braided hair (C.; Dp. 122, 21).

ಚೂಪು čûpu. 1. *Add:* Tu. ತೋಜ್ಪು, to point at, aim.

ಚೂರ್ಣ čûrṇa. 2. *Read:* = ಸುವರ್ಣ, ಸೂರಣ.

ಚೂರ್ಣಿ čûrṇi. *Read: the picking out or selection of an unanswerable argument.*

ಚೆಯ್ čĕy. 2. *Read:* = ಸಯ್ 1, ಸೆಯ್.

ಚೆರುಕು čĕruku. *Read:* (Tĕ. ಚೆರುಕು, ಚೆಱುಕು).

ಚೈತನ್ಯ čaitanya. *Add:* See Nn. 99 s. ಸಂಜ್ಞೆ.

ಚೋವ čôva. See Čpr. 9, after 102.

ಛತ್ರಶಾಖೆ čhatra-śâkhĕ. See ಸಿಂಗಳೀಸರಿ.

ಜಕ್ಕ jakka. 1. — ಜಕ್ಕನೊಬಿಲಿ. *Add:* Grj. 6, after 56.

ಜಗಳ jagaḷa. — ಜಗಳಗಂಟು. A knot of quarrel. — ಜಗಳಗಂಟಿಕ್ಕು. -ಇಕ್ಕು. To create a quarrel (Dp. 157, 2).

ಜಗ್ಗು jaggu. 1. *To No. 1 add:* ; to sink, to be diminished, to grow less (as the water of a river, My.; Tĕ. ಸಗ್ಗು, ಸ್ರಗ್ಗು).

ಜಂಗು jaṅgu. 1. Rust of iron: of brass or copper (Mhr., H.). ಬಂಗಾರ ಬಹಳ ಜಡ; ಅದು ಜಂಗು ತಿನ್ನುವದಿಲ್ಲ. ತಮ್ಬಿಗೆಯ ನ್ನು ದಿನಾಲು ಬೆಳಗುವದರಿಂದ ಜಂಗು ಹತ್ತುವದಿಲ್ಲ (B. 1, 25, edition of 1886).

ಜಂಗು jaṅgu. 2. To become rusty, to grow covered with verdigris (Mhr. ಜಂಗಣೇಂ). ನನ್ನ ತಮ್ಬಿಗೆ ಎಲ್ಲಿ ಜಂಗುತ್ತದೆ? (B. 1, 25, edition of 1886).

ಜಂಗು jaṅgu. *Add: No.* 3.

ಜಂಗುಳಿ jaṅguḷi. *Add:* Čpr. 10, after 87.

ಜಂಜಡ jañjaḍa, *Add:* Râm. 2, 2, 26; Bh. 3, 14, 15.

ಜಟೆ jaṭĕ. *Add:* , ಸಟೆ 2.

ಜಡಿ jaḍi. 6. *Read: cf.* ಕಸಿ 3, ಸರಿ 4.

ಜಡೆ jaḍĕ. — ಜಡೆಬಂಗಾರ. The flowery gold ornament tucked along the braid of hair of a female (C.).

ಜನ್ತೆ jantĕ. — ಜನ್ತೆಕುಣ್ಟೆ. = ಹನ್ತಿಕುಣ್ಟೆ. (S. Mhr.).

ಜನ್ತ್ರಿ jantri. An index; a table of contents (My.; Mhr. ಜನ್ತ್ರೀ); any string of annals, memoirs (Mhr.).

ಜಮ್ಪು jampu. 2. *Add: Cf.* K. ಜೊಮ್ಪು.

ಜಮ್ಬಾಸವಾರಿ (jamba 2-savâri). Pomp-ride: the state procession of a râja on the vijayadaśamî (My.).

ಜಯೆ jayĕ. ಜಯಾ. *Add:* 3, the third, eighth, or thirteenth lunar day (tithi). (My.).

ಜರಗಿಸು jaragisu. *Put* ಸರಕಿಸು, ಸರಿಕಿಸು, ಸರುಕಿಸು *in parenthesis.*

ಜರಗು jaragu. 1. *Put* ಸರಕು 1, ಸರುಕು *in parenthesis.*

ಜರಿ jari. 1. *Read:* = ಸರಿ 1.

ಜರಿ jari. 3. *Read:* = ಸರಿ 2, etc.

ಜರಿ jari. *Add:* = ಸರಿಗೆ No. 3.

ಜರುಗು jarugu. 1. *Add:* Râm. 6, 5, 19.

ಜರುಹು jaruhu. *Add:* Bh. 3, 14, 10.

ಜಲ್ಲಿ jalli. 3. *Add:* See ಪಕ್ಕಜಲ್ಲಿ.

ಜವಳ javaḷa. *Add:* = ಸವಡ.

ಜವುಗು javugu. — ಜವುಗೇಳಿಸು. -ಏಳಿಸು. To make morassy (Čpr. 10, 58).

ಜಾಗ jâga. *Add:* an emerald. See ಪೊಸ.

ಜಾಗು jâgu. 2. *Add: Cf.* ಸಾವಗಿಸು 2.

ಜಾತೋಕ್ಷ jâta-uksha. *Add:* See Nr. s. ಹಿಡಿಕು.

ಜಾಹಗೀರು jâhagîru. = ಜಹಗೀರು. (My.).

ಜಾಳು jâḷu. — ಜಾಳುನುಡಿ. *Add:* Bh. 2, 1, 60.

ಜಿನುಂಗು jinuṅgu. 2. *Add:* Grj. 9, after 58.

ಜುಂಜು juñju. 3. = ಜುಂಜುರು, (ಗುಂಜು 3). — ಜುಂಜುದಲೆ. -ತಲೆ. = ಜುಂಜುರುದಲೆ. (Č. Bp. 31, 9).

ಜುಣುಗು juṇugu. 1. *Add:* See ಸೊಣಜುಣ.

ಜುಱು juṟu. The sound produced when a liquid is supped (see s. ಸುಱ್ 1). — ಜುಱು ಜುಱ್ಱು. rep. ಜುಱು ಜುಱ್ಱೆನ್ದು ಸುಱಿವುತ (Bp. 59, 19).

ಜೂಡಿ jûḍi. *Add: Cf.* ಸೋಡಿ; ಚೂಟ್ (s. Additions).

ಜೂಪಱ jûpaṟa. *Add: Cf.* ಸೀವರ.

ಜೆಂಗಿ jeṅgi. *Add: Cf.* ಜಂಗು.

ಜೇಗಣ್ಟೆ jêgaṇṭĕ. = ಜೇಗಟೆ, etc. (Dp. 140, 6).

ಜೇವಣಿ jêvaṇi. (= ಜೀವನಿ?). See ಮಱು-.

ಜೋರು jôru. 1. *For* ಸೋರು *read:* ಸೋರು 1.

ಜೋರು jôru. 2. *Add:* = ಸೋರು 2.

ಜೋಳಿ jôḷi. *Add:* See ಸಮು-.

ಜೋಳಿಸು jôḷisu. *Add:* Grj. 6, after 56.

ಜ್ಞಾನತೆ jñânatĕ. = ಜ್ಞಾನ. See ಮಿಥ್ಯಾ-.

ಝಳಪ jhaḷapa. Glitter, shine (Bh. 6, 2, 6).

ಟಂಕೆ ṭaṅkĕ. *Add:* See ತಡೆ.

ಟವುಳಿಕಾಱ ṭavuḷi-kâṟa. *Add:* Bh. 2, 1, 60.

ಟವುಳಿಗಾಱ ṭavuḷi-gâṟa. = ಟವುಳಿಕಾಱ, etc. (Dp. 22, 2).

ಠಾಯ ṭhâya. = ಠಾಯೆ. (Bh. 5, 3, 96).

ಡಗೆ ḍagĕ. 2. *Add:* Bh. 7, 7, 52. 68.

ಡಮ್ಬಕತನ ḍambakatana. The state of possessing pride, etc. (Dp. 37, 1).

ಡಾಳಿಕೆ ḍâḷikĕ. = ಡಾಳ. — ಡಾಳಿಕೆಗುನ್ದು. -ಕುನ್ದು. Lustre, etc. to fade (Râm. 4, 6, 9).

ಡಿಳ್ಚು ḍiḷcu. = ಡಿಳ್ಳಿಸು. ಡಿಳ್ಚಿಯಾಱಿದಪೆ (V. 29, 26).

ಡೆಣ್ಡಣಿಸು ḍĕṇḍaṇisu. *Add:* Bh. 3, 10, 38.

ಡೊಗ್ ḍŏg. = ಡೊಂಕು 2. — ಡೊಗ್ಗಾಲು. -ಕಾಲು. A bent leg. See Prv. s. ಹಪ್ಪಳ.

ಡೊಮ್ಬಿಗಾಱ ḍŏmbi-gâṟa. = ದೊಮ್ಬಗಾಱ. (Dp. 142, pallavi).

ಢವಳ ḍhavaḷa. A deranged, disorderly man (Bh. 2, 1, 60; Mhr. ಢವಳಾ, confusion, disorder).

ಢಾಳು ḍhâḷu. — ಢಾಳ. *Add:* Bh. 2, 1, 60.

ತಂ tam. = ತನ್ 2, etc. He, etc. ತಂ ತಿರುಗಿ ನೋಡಿದಂ (J. 4, 16).

ತಕ್ಕಿಸು takkisu. = ತಕ್ಕೈಯ್ಸು, etc. (Râm. 6, 45, 28).

ತಕ್ಕು takku. 1. *Add:* Čpr. 10, 83.

ತಗಹು tagahu. 2. *Add:* Râm. 2, 2, 33.

ತಗೆ tagĕ. 1. *Add:* Čpr. 9, after 102; 10, 30. 84.

ತಗ್ಗು taggu. 2. *Add:* Dp. 65, pallavi.

ತಂಕ taṅka. = ತನ್ನ, etc. See Prv. s. ಸನಿ 2.

ತಟ್ಟಿ taṭṭi. *Add: Cf.* also ಸೆಡು.

ತಡ taḍa. 1. — ತಡಮ್ಬೋಯ್. *Add:* Čpr. 10, 83.

ತಡ taḍa. 5. — ತಡವರಿಸು 1. *Add:* Bh. 2, 12, 38.

ತಡಹು taḍahu. 1. *Add:* Bh. 8, 7, 28.

ತಣ್ಡಸ taṇḍasa. *Add: Cf.* ಸಣ್ಡಿಶ.

ತತ್ತವಣೆ tattavaṇĕ. Probably a kind of Tbh. of ತತ್ತ್ವ. (Bh. 5, 3, 76).

ತಡೆ taḍĕ. *Add:* See s. ಟಂಕೆ.

ತನ್ tan. 2. *Add:* = ತಂ.

ತನಿ tani. — ತನಿಸುಸಿಲ್. A full coitus (Šśv. 3, after 35).

ತಪ್ಪು tappu. 2. — ತಪ್ಪಾಡು. -ಆಡು. To utter falsehood, to lie. See Sp. s. ಸಪ್ಪಗೆ.

ತಮ್ಪು tampu. *Add:* See ಮಲಯಜದಮ್ಪು.

ತಮ್ಬಿಸು tambisu. *Add:* Tbh. of ಸ್ತಮ್ಭಿಸು.

ತರಿ tari. *Add No.* 1.

ತರಿ tari. 2. Wet land (My.; H.).

ತಲೆ talĕ. — ತಲೆಗಟ್ಟು. -ಕಟ್ಟು. *Add:* 2, = ತಲೆಕಟ್ಟು No. 3. (Dp. 154, 2). — ತಲೆದೂಗಿಸು. *Add:* Čpr. 9, 60. — ತಲೆ ಮಡು. *Add:* Čpr. 10, 88. — ತಲೆವತ್ತು. -ಪತ್ತು. To seize or attack the head (Čpr. 10, 70; *cf.* ತಲೆವೊತ್ತು).

ತವಕಿಗ tavakiga. *Add:* Bh. 8, 8, 31.

ತವು tavu. 3. P. p. of ತವು 1. — ತವು ತರ್. To waste away, to perish (Čpr. 9, 79).

ತಳ taḷa. 1. — ತಳತನ್ತ್ರ. *Read:* The army under one's hand or command (Čpr. 10, after 94). — ತಳಪಟ. *Add:* Bh. 7, 18, 46. — ತಳವರ್ಗ. The action at hand: the available form of action (Čpr. 10, after 94).

ತಳಪ taḷapa. *Add:* Bh. 6, 2, 6; Râm. 6, 44, 8.

ತಳರು taḷaru. = ತಳರ್ 1. P. p. ತಳರಿ (Č. Bp. 31, 25).

ತಳಿ taḷi. 1. *To No. 2 add:* Bh. 6, 7, 17.

ತಳಿಪ taḷipa. Sprinkling. See ಪನ್ನೀರ್ತಳಿಪ.

ತಳಿಸು taḷisu. 2. *Add:* Dp. 106, 9.

ತಳಿಸು taḷisu. 3. To cause to appear. See ಸಮು-.

ತಾಕುಳ tâkuḷa. *Add to* J. 27, 7: , o. r. ರಾಕುಳ.

ತಾಗಡಿಗ tâgaḍiga. A man full of ardour or passion (*cf.* ತಾಗುಳ). See ರಣದಾಗಡಿಗ.

ತಾಗು tâgu. 4. — ತಾಗು ಬಾಗು. *Add:* Bh. 5, 3, 49.

ತಾನ್ದೂಳಿಸು tândûḷisu. = ತಾನ್ದೂರಿಸು, q. v.

ತಾರಕಿತ târakita. Starry, star-spangled. (Čpr. 10, 49).

ತಾರಯ್ಸು târaysu. *Add:* Čpr. 10, 86.

ತಾಱ್ tâṟ. 1. ತಾಱು. *Add:* Bh. 1, 19, 38.

ತಾಱು tâṟu. 1. *Add:* Čpr. 9, 80.

ತಾಳವಟ್ಟ tâḷavaṭṭa. *Add:* Čpr. 9, after 102.

ತಿಗುಳ tiguḷa. *Add:* See Prv. s. ನೆತ್ತಿ.

ತಿಟ್ಟು tiṭṭu. 1. *Add: Cf.* ಸಿಡೆ 1.

ತಿನಿಹು tinihu. Food (Bh. 10, 3, 13).

ತಿನುಹಿ tinuhi. An eater. See ಜೇಣದಿನುಹಿ.

ತಿಮುರು timuru. = ತಿಸುರು 1, ತಿಮಿರು 1, ತಿವುರು. (Dp. 116, 10. 12. 13. 15. 17. 19. 22. 24. 25. 27. 32).

ತಿರಳು tiraḷu. *Add: Cf.* ಜೇಗು?

ತಿರು tiru. 1. — ತಿರುವಾಯ್. *Add:* Abh. P. 5, 98.

ತಿರುಪು tirupu. 1. *Add:* See Mr. s. ಸುತ್ತುವಳೆಯ, and ಕೊಮ್ಪು ತಿರುಪು.

ತಿವುರು tivuru. = ತಿಮುರು, etc. (Dp. 130, 47. 48. 50).

ತೀಡು tîḍu. 1. *Add:* Čpr. 9, after 102.

ತುಚ್ಛೀಕರಿಸು tuččhî-karisu. To consider as vain or idle, to despise, to contemn (My.).

ತುಚ್ಛೀಕಾರ tuččhî-kâra. The act of considering as vain or idle, contempt (My.).

ತುಟ್ಟ tuṭṭa. — ತುಟ್ಟ ತುದಿ. *Add:* Râm. 6, 4, 31.

ತುಟ್ಟಿಸು tuṭṭisu. *Add:* Râm. 6, 4, 31.

ತುಡಿಕೆ tuḍikĕ. *Add: Cf.* the terms s. ತೋಟ.

ತುಡುರು tuḍuru. To frighten away (S. Mhr. according to Z.).

ತುತ್ತು tuttu. 2. — ತುತ್ತುಗೊಳ್. *Add:* J. 12, 39 (a Bangalore print has ಮುತ್ತುಗೊಳ್).

ತುಯ್ಯಲ್ tuyyal. ತುಯ್ಯಲು. *Add:* See ಜೋಡೆಯಕ್ಕಿದುಯ್ಯಲು s. ಜೋಡೆ 6.

ತುರಂಗಿ turaṅgi. *Add:* Čpr. 10, 81; 10, after 86.

ತುೞಿ tuḻi. 4. *Read:* (= ಸುೞಿ 1).

ತುೞಿಲ್ tuḻil. 2. — ತುೞಿಲ್ಲಲ್. *Add:* Čpr. 10, 97.

ತೂಳ್ tûḷ. *Add:* Č. Bp. 31, 10.

ತೂಳ tûḷa. (= ತೂಳಿ, etc.). See Č. Bp. 31, 55.

ತೂಳು tûḷu. 2. *To No. 3 add:* Râm. 4, 1, 22.

ತೂಳ್ದು tûḷdu. *Add:* Čpr. 10, 89.

ತೆಕ್ಕು tĕkku. 2. *To No. 2 add:* Râm. 3, 7, 41.

ತೆಕ್ಕೆ tĕkkĕ. 2. *Add:* Čpr. 10, after 87.

ತೆಗದು tĕgadu. *Add:* Bp. 3, 34.

ತೆಗಹು tĕgahu. *Add:* See ಬಿಸಿಲುದೆಗಹು.

ತೆಗೞ್ tĕgaḻ. 2. *Add:* See Mr. s. ಸಮ್ಬಾಧ.

ತೆತ್ತಿಗ tĕttiga. *To No. 2 add:* Bh. 7, 5, 2.

ತೆತ್ತಿಸು tĕttisu. 2. *Add:* Râm. 6, 19, 27.

ತೆಬ್ಬರಿಸು tĕbbarisu. (?). (Čpr. 10, 73).

ತೆಮ್ಬು tĕmbu. — ತೆಮ್ಬಲರ್. *Add:* Čpr. 2, 72.

ತೆಱ tĕṟa. 1. — ತೆಱಙ್ಗಿಱಿ. -ಅಱಿ. To turn about in (various) ways or dexterously (Čpr. 10, 84).

ತೆಱಪು tĕṟapu. — ತೆಱಪುವಡೆ. -ಪಡೆ. To gain room (Čpr. 10, after 74).

ತೆಱೆ tĕṟĕ. 3. *Add:* See ಬಾಯ್ದೆಱೆ 2, ಮುಡಿದೆಱೆ (s. ಮುಡಿ 2).

ತೆಲುಂಗ tĕluṅga. *Add:* Grj. 2, after 106.

ತೆವರು tĕvaru. 2. *Add:* Râm. 2, 2, 25; Č. Bp. 31, 50.

ತೇಪೆ têpĕ. *Add: Cf.* ಸೆಪು.

ತೇರ್ têr. *Add:* J. 6, 30 (in chess).

ತೈತಿಲ taitila. N. of the fourth karaṇa or astronomical period. (My.).

ತೊಂಗು toṅgu. 2. Suspension, suspense. See Prv. s. ಹಂಗು.

ತೊಂಚ tŏnča. — ತೊಂಚ ಹಂಚ. Tauntingly. (Dp. 95, 3).

ತೊಡಗು tŏḍagu. 1. *Add:* 4, = ತೊಡರು 1, No. 4. See Prv. s. ಹಸಿ 3.

ತೊಱೆ tŏṟĕ. 1. *Add: Cf.* ಸೊಱೆ 2.

ತೊಳೆ tŏḷĕ. 2. *Add:* Čpr. 5, 28.

ತೊೞಲ್ tŏḻal. 2. Moving round, getting perplexed, etc. See ಕಲಙ್ಕುೞಲ್ 2 (*in* Additions).

ತೋಯಭೃತ್ tôya-bhṛit. Water-bearing: a cloud (Čpr. 9, 76).

ತೋರ tôra. *Add: Cf.* ತೊರೆ 2. — ತೋರಗಿಡಿ. -ಕಿಡಿ. A large spark (Čpr. 10, 85). — ತೋರಗೊಮ್ಬು. -ಕೊಮ್ಬು. A large branch (Čpr. 9, after 102).

ತೋಱ್ tôṟ. *To* ತೋಱ್ಪ *add:* Čpr. 1, 46.

ತೋಹು tôhu. 1. *Add:* Bh. 3, 19, 1.

ತೋಹು tôhu. 2. *To No. 1 add:* Bh. 5, 3, 47.

ತೋಳ್ tôḷ. — ತೋಳ್ವೆರಗು. *Add:* Expedition of the arms *(and dele the sign of interrogation).*

ದಟ್ಟವಿಸು daṭṭavisu. = ದಟ್ಟಯಿಸು. (Râm. 6, 4, 31).

ದಣ್ಡಾದಣ್ಡಿ daṇḍâ-daṇḍi. Stick against stick: single-stick, cudgelling, fighting with sticks and staves. (Čpr. 10, 70).

ದಣ್ಡೆ daṇḍĕ. 1. — ದಣ್ಡೆವಲಗೆ. (?). (Bh. 6, 4, 36).

ದನಿ dani. — ದನಿಗೆಡು. -ಕೆಡು. The voice to be spoiled: to become hoarse, etc. (My.).

ದನ್ದುಗ danduga. *Add:* busy preparation, bustle (Abh. P. 13, after 11). — ದನ್ದುಗಬಡಿಸು. -ಪಡಿಸು. To trouble, to annoy (Dp. 149, 10).

ದಯ daya. — ದಯದೋಱು. -ತೋಱು. To show compassion, etc. (Dp. 154, 8).

ದಾಸ್ಯ dâsya. Servitude, slavery, service. (My.; see ನವವಿಧಭಕ್ತಿ).

ದಾಹಾನ್ತ dâha-anta. The end of burning, of desire, or of thirst. See ಸಿಡಿ 6.

ದಾೞಾ dâḻâ. — ದಾೞಾಡೂಳಿ. *Add:* Râm. 6, 19, 28.

ದಾೞಿಗಾಱ dâḻi-gâṟa. A revolter (a brief history of the Indian People, Department of Public Instruction, Bombay, p. 134).

ದಿಗಿಲು digilu. — ದಿಗಿಲುಗೊಳಿಸು. -ಕೊಳಿಸು. To alarm, to fill with anxiety (Dp. 138, 8).

ದಿಣ್ಡೆಕಾಱ diṇḍĕ-kâṟa. A rude, naughty fellow (Dp. 48, 1).

ದೀಹ dîha. *Add:* Bh. 3, 13, 16.

ದುಡ್ಡು duḍḍu. *Add:* Dp. 145, 4.

ದುಣ್ಡಿ duṇḍi. = ದುಣ್ಡು. A round stone, a bowlder (S. Mhr.).

ದುನ್ದುಗಾಱಿಕೆ dundu-gâṟikĕ. *Insert after* My. *in the parenthesis:* a brief history of the Indian People, Department of Public Instruction, Bombay, p. 132.

ದುಮುಕು dumuku. *Add:* Dp. 77, 4.

ದುರಭಿಹಿತ dur-abhihita. An unfriendly declaration or statement (Čpr. 9, after 108).

ದುರ್ವ್ಯಾಳಪತಿ dur-vyâlapati. A wicked big snake (J. 24, 20).

ದುಷ್ಮಾನ dushmâna. An enemy; the public foe (Mhr., H. ದುಶಮನ). See Prv. s. ಹಿಕಮತ್ತು.

ದೂವೆ dûvĕ. 1. — ದೂವೆದೊತ್ತು. -ತೊತ್ತು. A female scullion (Čpr. 10, 128).

ದೃಪ್ಯತ್ dṛipyat. Being proud or arrogant. (Čpr. 10, 58).

ದೆಸೆ dĕsĕ. 2. — ದೆಸೆ ಬಿಡ್ವಂ. *Cf.* Čpr. 10, 89. — ದೆಸೆವಲಿಗೆಯ್. -ಗೆಯ್. To make a dĕsĕbali: to kill (Čpr. 9, after 102).

ದೇಶ dêśa. — ದೇಶದ ಪೇಟೆ. A section or faction of a native town connected with the ಹದಿನೆಣ್ಟು ಪಣವದವರು or Right hand Castes (Mr. E. Rice). *Cf.* ನಗರ್ತಪೇಟೆ (s. Additions).

ದೊಡ್ಡಿದ **dŏḍḍida.** A great man (Râm. 2, 2, 43).

ದೊಣ್ಡೆ **dŏṇḍĕ.** *Add:* Bh. 8, 8, 8.

ದೊನ್ನೆ **dŏnnĕ.** *Add:* Dp. 185*a*, 22.

ದೊಮ್ಮಳಿಸು **dŏmmaḷisu.** *Add:* = ದೊರ್ಮುಳಿಸು.

ದೊರ್ಮುಳಿಸು **dŏrmaḷisu.** = ದೊಮ್ಮಳಿಸು. ಆ ಸಮಯದೊಳ್ ಅಗ್ನಿಶಿಖಾಮುಖಕ್ಕೆ ದೂರಮ್ ಅಪ್ಪ ಬಕ್ಕಟಬಯಲ್ದಾಣದೊಳ್ ದೊರ್ಮುಳಿಸಿ ನಿನ್ದ ಬಹುಜನಂಗಳ್ ಉಮ್ಮಳಿಸಿ, ತಮ್ಮೊಳ್ ಇನ್ತೆನ್ದರ್ (Abh. P. 11, after 155).

ದೋರ್ಭಂಗ dôr-bhaṅga. Destruction of the arm (Abh. P. 8, 29).

ದೋಹಿಲ್ **dôhil.** *Add:* See ಹರವರಿ.

ದ್ವಿತಯವಾಕ್ dvitaya-vâk. Abuse. See s. ದುರ್ವಿಗಾನ and ಜಬ್ 1.

ದ್ವಿಷತೆ dvishatĕ. Hostility, enmity, hostile behaviour, hating. (Bh. 5, 3, 71).

ದ್ವೀಪ dvîpa. *Add:* 3, a place of refuge, shelter. See ತಮ್ಮು-.

ಧಗ dhaga. — ಧಗದ್ಧಗಿಸು. -ಂಧಗಿಸು. = ಧಗಧಗಿಸು. (Śâstrasâra in W. v. 1258).

ಧಣುವಟ್ಟ dhaṇuvaṭṭi. = ದಣಾವಟ್ಟ, ಧನುವಟ್ಟ. (Bh. 3, 6, 29).

ಧರ್ಮ dharma. *Add:* Dp. 19, 3; 28, pallavi; 28, 3; 26, 1; 41, pallavi; 55, 1; J. 17, 13.

ಧುರ್ಯ dhurya. *For* ದೊರೆ, ಧೂರ್ಯ *read:* = ದೊರೆ, ಧೂರ್ಯ.

ನಗರಶೋಧನೆ nagara-śôdhanĕ. = ನಗರಶೋಧನ. (J. 8, 22).

ನಗರ್ತ nagarta. — ನಗರ್ತಪೇಟೆ. A section or faction of a native town connected with the ಒಮ್ಬತ್ತು ಪಣವದವರು or Left-hand Castes (Mr. E. Rice). *Cf.* ದೇಶದ ಪೇಟೆ (s. Additions).

ನಗೆ **nagĕ. 3.** — ನಗೆಹೆಣ್ಣು. = ನಗೆವೆಣ್. (Dp. 95, 2).

ನಗ್ಗು **naggu. 1.** *Add:* ; for T. ನೆರಿ see ನೆಗ್ಗು 2.

ನಟಕು **naṭaku.** *Read:* = ನಟಿಕೆ q. v., ನಟುಕು, ಲೊಟಿಕ್.

ನಡೆವಳಿತ **naḍĕ-paḷita.** = ನಡೆವಳಿತ. (My.).

ನನೆ **nanĕ. 4.** — ನನೆವಿಲ್ಲ. *Add:* Abh. P. 7, 131.

ನಮಕ್ namak. Salt (Mhr., Persian ನಿಮಕ್). — ನಮಕ್ ಹರಾಂ. Ungrateful (My.; Mhr. ನಿಮಕಹರಾಮ).

ನಮುಚಿಭಿದ್ namuči-bhid. = ನಮುಚಿಸೂದನ. See ಹರಿ-.

ನರ nara. — ನರಗುರಿ. -ಕುರಿ. Man considered as a sheep (Abhâ. 2, 1. 22).

ನರಾನ್ತಕ nara-antaka. N. of a râkshasa. (Râm. 6, 30, 30).

ನರ್ಚು **narču. 2.** = ನಚ್ಚು 2, etc. (Čpr. 10, 56; Abh. P. 10, 219).

ನರ್ಮಕೃತ್ narma-kṛit. A jester; a mime (ಸೋಗು ಹಾಕುವವ G.).

ನಾಗಗಿರಿವಾಸ nâga-giri-vâsa. (= ಫಣಿಗಿರಿವಾಸ). Krishṇa (Dp. 143, 7).

ನಾಟಿ **nâṭi.** *Read:* = ನಟ್ಟ 2, ನೇಜಿ.

ನಾಡಾಡಿ **nâḍu-âḍi.** *Add:* Bh. 3, 13, 41.

ನಾಮ nâma. *Add:* See Dp. 121, 1 seq.

ನಿಡು **niḍu.** — ನಿಡುಸುರಗಿ. A long knife, a sword (ಗೇಣ್ Čt. I, 3).

ನಿಪ್ಪಸರ (nip-pasara?). *Add:* Dp. 189, 2.

ನಿರಪೇಕ್ಷೆ nir-apêkshĕ. *Add:* Čpr. 1, 46.

ನಿರವಿಸು niravisu. *Add:* Čpr. 6, after 64.

ನಿರಾಳ nirâḷa. *Add:* Abhâ. 12, 59.

ನಿರ್ಮಮತೆ nir-mamatĕ. Unselfishness, disregard of worldly interests, indifference towards. (Abhâ. 12, 61).

ನಿರ್ವಹಿಸು nir-vahisu. *Add:* to make an end of (Bh. 5, 3, 82).

ನಿವಡಿಸು nivaḍisu. *Add:* Bh. 5, 3, 33.

ನಿವರ್ತಿ ni-varti. *Add:* See Prv. s. ಹತ್ತು 3.

ನಿಸ್ಸಾಳ nissâḷa. *Add:* Čpr. 10, 67; Bh. 8, 25, 9.

ನೀಚಕಿ nîčaki. *Add:* the forehead (ಹಣೆ Hlâ.).

ನೀತಿ nîti. *Add:* Bh. 5, 3, 1 seq.; J. 17, 33; 21, 27; 30, 48; Dp. 64, 3; 70, 7; 112, 6; 159, 6. 11; B. 1, 14 (Mangalore, 1856).

ನೀತಿಪಥ nîti-patha. The path of justice (J. 17, 13).

ನೀರ್ **nîr.** — ನೀರಿಳಿ. *Add:* 3, water to descend, *i. e.* urine to be discharged in excess (in diabetes, My.). — ನೀರ್ದೆಗೆ. *Add:* Grj. 2, after 106.

ನುಗ್ಗು **nuggu. 3.** — ನುಗ್ಗು ಮಾಡು. To crush, etc. (Čpr 9, after 102).

ನುಸುಳು **nusuḷu. 2.** — ನುಸುಳುಗಣ್ಡಿ. *Add:* Bh. 5, 3, 47.

ನೃಪಕೂಟ nṛipa-kûṭa. *Add:* See the other reading s. ಸನ್ಧಿ.

ನೆಕ್ಕರ **nĕkkara.** N. of a village near Kâsaragôḍu in South Canara (Dp. 180, 73).

ನೆಗಹು **nĕgahu. 2.** *Add:* 2, elation (Bh. 3, 2, 2).

ನೆರಹು **nĕrahu.** *Add:* Râm. 2, 2, 41 (to make preparations).

ನೆಱೆ **nĕṟĕ. 3.** — ನೆಱೆ ಕೊಳ್ 2. (ನೆಱೆ is here perhaps = ನೆಱ 1).

ನೈವೇದ್ಯ naivêdya. *Add:* Dp. 135*a*, 17; 168, 5.

ನೊರಜು **nŏraju.** *Add:* Bh. 3, 19, 24.

ಪ **pa. 4.** = ಹ 2. An afix to form nouns. See ಬರಪ, ಬರಿಪ, ಬಱಪ.

ಪಕ್ಕ pakka. *Add:* 7, seed, as that of the tamarind (S. Mhr. according to Z.). — ಪಕ್ಕವೆಟ್ಟು. -ಬೆಟ್ಟು. A hill at the side or foot of a mountain (Čpr. 10, after 87).

ಪಕ್ಕರಗೆ pakkaragĕ. = ಪಕ್ಕರಕೆ, etc. See ಪೊಮ್ಪಕ್ಕರಗೆ s. ಪೊಮ್ 1.

ಪಕ್ಕಿ pakki. 2. = ಹಕ್ಕಿ 2.

ಪಗರು **pagaru.** The wrist or the lower part of the palm of the hand (V. 31, after 23; Z.). See s. ಹದಡು (*in* Additions).

ಪಗರಣ pagaraṇa. *Add:* = ಹಗರಣ (see Additons).

ಪಚ್ಚಳ pačćaḷa. = ಪಚ್ಚಳ 1? *See* Čpr. 10, 79.

ಪಚ್ಚೆ **paččĕ.** *After* ಹಸಿ 1 *put:* ಹಸು.

ಪಂಚು **pančŭ. 2.** *Add:* See Mr. s. ಹಂಚು 1.

ಪಟಲಕ paṭalaka. *Before* (ಪಟ್ಟಳಿಗೆ) *put:* ಅಡ್ಲಿಗೆ.

ಪಟ್ಟು paṭṭu. 2. *To No. 1 add:* See Prv. s. ಹಿಡಿ 1.

ಪಟ್ಟಿ paṭṭĕ. 2. *After* etc. *add:* , ಹಟ್ಟೆ.

ಪಡಕ paḍaka. *After* ಆಸೆ ಬಡಕ *put:* , ಸಾಲುಬಡಕ.

ಪಡಗ paḍaga. (Tbh. of ಪತಾಕೆ). A flag, a banner (Čpr. 10, after 86; Tĕ. ಪಡಗೆ).

ಪಡಲ್ paḍal. 1. — ಪಡಲಿಡು. *Add:* Čpr. 10, after 86.

ಪಡಿ paḍi. 1. *Add:* See ಸೇರು, ಹರವಡಿ.

ಪಡೆ paḍĕ. 1. *Add:* Grj. 2, after 106.

ಪಣತೆ paṇatĕ. *Read:* = ಪಣಿತೆ, ಹಣತೆ, ಹಣಿತೆ.

ಪಣಿದ paṇida. = ಹಣಿದ. — ಪಣಿದಮ್ಪೊಯ್. -೦-ಪೊಯ್. To beat soundly (Čpr. 10, 81).

ಪಣೆ paṇĕ. 2. *Add:* Čpr. 10, 69.

ಪಣೆ paṇĕ. 5. *Add:* *Cf.* ಅಣೆ 3 (to strike).

ಪಣ್ಟಿಸು paṇṭisu. *Add:* Bh. 5, 3, 93.

ಪಣ್ಣು paṇṇu. 1. *Add:* = ಹಣ್ಣು 1.

ಪತ್ತಿಸು pattisu. *Add No.* **1.**

ಪತ್ತಿಸು pattisu. 2. = ಪೊತ್ತಿಸು, etc. To kindle, etc. (Bp. 1, 35).

ಪತ್ತು pattu. 3. *After* ಹತ್ತು 3 *insert:* ಹದ 2.

ಪತ್ತು pattu. 5. = ಪೊತ್ತು 1, etc. See ಪತ್ತಿಸು 2.

ಪತ್ತುಗೆ pattu-gĕ. *Read:* = ಪತ್ತಿಗೆ, ಹತ್ತುಗೆ.

ಪತ್ತೆ pattĕ. = ಹತ್ತೆ. Infinitive of ಪತ್ತು 1: so that it joins: near. — ಪತ್ತೆ ಸಾರ್. To come near (Čpr. 9, after 96; 10, after 94 & 99).

ಪದಪು padapu. *Add:* *Cf.* ಪೊನಪು.

ಪದಱು padaṟu. *Add:* Dp. 42, 1, *and add:* *Cf.* ಹಗರಣ 1.

ಪದ್ದು paddu. *Add:* Čpr. 10, 88.

ಪನ್ pan. 2. — ಪನ್ನೆರಡರ್. *Add:* Čpr. 10, 111.

ಪನ್ತ panta. 1. *Read:* = ಪನ್ಥ, ಹನ್ತ 2.

ಪನ್ಥ pantha. *Read:* = ಹನ್ತ 1, ಪೊನ್ತ.

ಪನ್ನ panna. *Add:* *Cf.* ಪಪ್ಪ, ಹಮ್ಮು 2.

ಪನ್ನ panna. 1. *Add:* 4, an ashṭaka of the ṛigvêda (My.; Tĕ. a verse in a chapter of the vêda).

ಪಯ paya. 2. *Add:* = ಹಯನು.

ಪರಡು paraḍu. 4. *Read:* = ಹರಡಿ, ಹರಡು 3, ಹರಡೆ 2.

ಪರಿ pari. 4. *After the parenthesis add:* , ಹರಿ 4.

ಪರೀವಾರ parî-vâra. = ಪರಿವಾರ. See Śi. 449 s. ಸುತ್ತ ಮುತ್ತ.

ಪರುಟವ paruṭava. *Add:* Râm. 6, 55, 12.

ಪಱಿ paṟi. 6. *Add:* See s. ಪೊಲೆ.

ಪಱಿವು paṟivu. *Add:* = ಹಱಿವು.

ಪರ್ಬು parbu. 1. *Read:* = ಪರ್ವು 1, ಹಬ್ಬು 1, ಹರ್ವು 1.

ಪರ್ಬು parbu. 2. *Read:* = ಪರ್ಬುಗೆ, ಪರ್ವು 2, ಹಬ್ಬು 2.

ಪರ್ಯಸ್ತಿಕೆ pari-astikĕ. *A cloth worn round the loins.* See Ilâ. s. ಹಸಿಕೆ.

ಪರ್ವ parva. *After* ಹಬ್ಬ *put:* , ಹರಬು.

ಪರ್ವು parvu. 2. *Read:* = ಪರ್ಬು 2, ಹಬ್ಬು 2.

ಪಲ pala. 1. *Read:* = ಪಲವು (Śmd. 211), ಹಲ 1, ಹಲತು, ಹಲು 2.

ಪಲ pala. 2. *Add:* (= ಹಲ 2).

ಪಲ pala. *Add:* = ಹಲ 1.

ಪಲ್ಲಣಿಸು pallaṇisu. *Add:* = ಹಲ್ಲಣಿಸು 1.

ಪವಣಿಗೆ pavaṇigĕ. *Add:* = ಹವಣಿಗೆ.

ಪವಣಿಸು pavaṇisu. To form a correct notion of, to know well (Čpr. 10, 25).

ಪವಿತ್ರೀಕರಿಸು pavitrî-karisu. To purify, to cleanse (Čpr. 9, after 56).

ಪವುತಿ pavuti. *Read:* = ಪಾತಿ. Deceased, defunct (My.; Br., H. ಫವುತಿ).

ಪಸದನ pasadana. — ಪಸದನಂಗೊಳಿಸು. -ಗೊಳಿಸು. To decorate (Râv. 13, after 59).

ಪಸುಳ pasuḷa. *Read:* = ಪಸುಳೆ, ಹಸುಳ, *and add:* *Cf.* ಹಯ್, etc.

ಪಸುಳೆತನ pasuḷĕtana. *Add:* = ಹಸುಳೆತನ.

ಪಸೆ pasĕ. 1. *Read:* = ಅಸೆ 2 (see Additions), ಹಸೆ.

ಪಳಕನೆ paḷakanĕ. *Add:* *Cf.* ಹಳ, ಹಳಚಿಕೆ.

ಪೞಮೆ paḻamĕ. = ಹೞಮೆ. Antiquity, old times: an old traditional saying, a tradition (My.; M., T.).

ಪೞಿ paḻi. 2. *Read:* = ಪೞುವು, ಹೞಿ 2, ಹೞುವು.

ಪೞಿ paḻi. 3. *Add:* *Cf.* ಹಣೆ 3?

ಪೞು paḻu. 1. *Read:* = ಪೞುವ, ಹೞುವ, ಹೞುವು.

ಪೞು paḻu. 2. *Read:* = ಪೞಿ 5, ಹೞು 2.

ಪೞೆ paḻĕ. — ಪೞೆವುಣ್ಣಲೆ. -ಪುಣ್-ಕಲೆ. The scar of an old wound (Čpr. 10, 62).

ಪಾಂಗು pâṅgu. *Add:* *Cf.* ಹಗೆ 1, etc.

ಪಾಜಿ pâji. *Add:* See Dp. 149, 1.

ಪಾಟಲಿತ pâṭalita. *Add:* Čpr. 1, after 101.

ಪಾಡು pâḍu. 2. *Add:* See ಸೂಱು-.

ಪಾಡ್ಯ pâḍya. *Read:* = ಪಾಡಿಯ, ಪಾಡಿವ, ಹಾಡಿಯ.

ಪಾತಿವ್ರತೆ pâtivratĕ. *Add:* See Râm. 2, 2, 44 (where ಪಾತಿ ವ್ರತೆಯರು).

ಪಾಣೆ pâṇĕ. *Add:* = ಹಾಣೆ.

ಪಾಪ pâpa. *Add:* See ಕಾಡ-.

ಪಾಪ pâpa. — ಪಾಪ ತಿದ್ದು. To rectify sin (Dp. 150, 5).

ಪಾಪಕ pâpaka. Bad, evil, wicked; evil, wrong, wickedness, sin. See ಹಾವುಗೆ 2.

ಪಾಪಕ್ಷಯ pâpa-kshaya. *Add:* See W. v. 1256; (Vivêkačintâmaṇi, Madras, 1867, p. 422).

ಪಾಪನಾಶನ pâpa-nâśana. Destruction or removal of sin (Dp. 130, 53). 2, a remover of sin (134, 11).

ಪಾಪನಿವರ್ತಕ pâpa-nivartaka. Abolishing or removing sin (Vivêkačintâmaṇi p. 515).

ಪಾಪಪರಿಹಾರ pâpa-parihâra. Taking away or removing sin (C.; see Bp. 60, 57).

ಪಾಪಮುಕ್ತಿ pâpa-mukti. Liberation from sin, remission of sin (Vivêkačintâmaṇi p. 422).

ಪಾಪವಿಮುಕ್ತ pâpa-vimukta. Freed from sin, liberated from all crime (Vivêkacintâmaṇi p. 499).

ಪಾಯ್ pây. 2. *Before* ಪಾಯಿ 2 *insert:* ಪಾಯ್ 2.

ಪಾಯಕು pâyaku. = ಪಾಕು 1. (Bh. 6, 8, 52).

ಪಾರ್ pâr. *Read:* = ಹಾರ್, ಹಾರು 1.

ಪಾರು pâru. 1. *Read:* = ಪಾರ್, ಹಾರು 2.

ಪಾರು pâru. *Add:* = ಹಾರು.

ಪಾರುವಾಣ pâruvâṇa. 1. *Read:* = ಹಾರವಾಣ 2, ಹಾರಿಯಾಳ, ಹಾರಿವಾಳ, ಹಾರುವಾಣ, ಹಾಲಿವಾಣ, ಹಾಲುವಾಣ 2.

ಪಾರ್ವಿತಿ pârva-iti. *Add:* = ಹಾರ್ವಿತಿ.

ಪಾಲ್ pâl. 1. *Add:* See T., M. s. ಪೀರ್.

ಪಾಸು pâsu. 1. *After* T. ಪಾವು *put:* , M. ಪಾಗು. .

ಪಾೞ್ pâḻ. — ಪಾೞಿಪ್ಪಡು. -೦-ಪಡು. To get ruined, to perish (Čpr. 10, 55).

ಪಾೞಿ pâḻi. *Add:* = ಹಾೞಿ.

ಪಿಕ್ಕು pikku. *Read:* = (ಪಿಂಜು 1), ಪಿಕ್ಕು, ಹೆಕ್ಕು 1. *Add:* See ಪಿರಿ 2.

ಪಿಂಚನ್ pinčan. "Pension" (My.). — ಪಿಂಚನ್ದಾರ. A male pensioner (My.). — ಪಿಂಚನ್ದಾರಳು. A female pensioner (My.).

ಪಿಟ piṭa. *Read:* = (ಪೆಟ್ಟ), ಹೆಡ, ಹೆಡೆ 2.

ಪಿಣ್ಡ piṇḍa. *Read:* = ಪಿಣ್ಣು, ಹಿಣ್ಣು, ಹಿಣ್ಡೆ.

ಪಿಣ್ಡಿವಳ piṇḍivaḷa. = ಪಿಣ್ಡಿವಾಳ, etc. (Ŏpr. 10, 80).

ಪಿನ್ pin. — ಪಿನ್ತೊಡೆ. -ತೊಡೆ. The hind thigh (Čpr. 10, 86).

ಪಿಮ್ಪು pimpu. *Read:* = ಪೆಮ್ಪು, ಹಿಮ್ಪು.

ಪಿರಿಕಿ piriki. *Read:* = ಪಿರಿಕೆ, ಫಿರಕಿ.

ಪಿರಿಕೆ pirikĕ. = ಫಿರಕಿ, etc. (My.).

ಪಿಸಿ pisi. 2. = ಪಿಸುಕು 2. To tear, to unravel (S. Mhr. according to Z.; *cf.* ಹಿಸಿ).

ಪಿಸುಕು pisuku. *Add No.* 1.

ಪಿಸುಕು pisuku. 2. = ಪಿಸಿ 2. (S. Mhr. according to Z.).

ಪಿೞಿ piḻi. *Add:* Ŏpr. 10, 97.

ಪಿೞ್ಕೆ piḻkĕ. *Read:* = ಇಱ್ಕೆ 4, ಪಿಕ್ಕೆ, ಹಿಕ್ಕೆ.

ಪುಗು pugu. 2. — ಪುಗು ತರ್. *Add:* Čpr. 9, 108.

ಪುಟ puṭa. *Read:* = ಪೊಡ 1, ಹೊಡ 1, ಹೊಡೆ.

ಪುಟ್ಟ puṭṭa. *Add:* N. (see Prv. s. ಹೋಗು 1).

ಪುಟ್ಟ puṭṭa. *Read:* See ಅನ್ಯ-, ಪರ-.

ಪುಣ್ pun. — ಪುಣ್ಪೊಲಸು. -ಪೊಲಸು. Nasty stuff of a wound (Ŏpr. 10, 108).

ಪುಣಿಸೆ puṇisĕ. *Read:* = ಹುಣಸೆ, ಹುಣಿಸಿ, ಹುಣಿಸೆ.

ಪುಣ್ಣಮೆ puṇṇamĕ. *After:* = ಪುಣ್ಣಿವೆ, *insert:* , ಹುಣಿಮೆ, ಹುಣುಮೆ.

ಪುಣ್ಯಾಹವಾಚನ puṇyâha-vâčana. *Add:* the consecration or hallowing of a house; a ceremonial purification (Tĕ.); the purification of a house or temple after defilement or before use (Mr. E. Rice).

ಪುದಿ pudi. 1. *Add:* Ŏpr. 10, 58. 60. 69. 98.

ಪುನ್ನಾಗ pun-nâga. *Add to No. 5:* See s. ಹೊನ್ನೆಯ ಮರ 2.

ಪುಯ್ಯಲ್ puyyal. 1. *Read:* = ಪುಯಲ್, ಹುಯ್ಯಲ್ 2.

ಪುಯ್ಯಲ್ puyyal. 2. *Read:* = ಹುಯಿಲು, ಹುಯ್ಯಲ್ 1.

ಪುರಿ puri. 4. *Read:* = ಪೊರೆ 2, ಹುರಿ 4, ಹೊರೆ 6.

ಪುರುಳ್ puruḷ. 1. *After* of a tree *put:* , etc.

ಪುಱುಲೆ puṟulĕ. *Read:* = (ಪುರುಲೆ 2), ಪುಱುಲೆ, ಪೊಱಲೆ, ಹುಱಲೆ.

ಪುಲ್ pul. *Read:* = ಪುಲು, ಪುಲ್ಲು, ಹುಲ್, ಹುಲು, ಹುಲ್ಲು.

ಪುಲಿ puli. 1. *Add:* *Cf.* ಪೊಲಿ?

ಪುಸ್ pus. *Add:* See Prv. s. ಹಳ್ಳಿ.

ಪೂಟು pûṭu. *Add No.* 1.

ಪೂತು pûtu. 1. *Add:* = ಹೂತು 1.

ಪೂರ್ಣ pûrṇa. *Add:* 8, the vital air that moves continually (ಅನವರತಂ ಸಂಚರಿಸೆ Mr. 58).

ಪೂೞ್ pûḻ. *Read:* = ಪೂೞು, ಹೂಣ್, ಹೂಣು, ಹೂೞ್, ಹೂೞು.

ಪೆಟ್ಟ pĕṭṭa. *Read:* = ಪೆಟ್ಟ, ಪೆಣ್ಟೆ, ಹೆಟ್ಟ 3, ಹೆಟ್ಟಿ, ಹೆಣ್ಟೆ 2, ಹೆಣ್ಡೆ 2, ಹೆಳ್ಳೆ.

ಪೆಟ್ಟಿಗೆ pĕṭṭigĕ. *Read:* = ಪೆಟ್ಟಿಯ, (ಪೆಡಗೆ), ಪೇಳಿಗೆ, ಹೆಟ್ಟಿಗೆ, ಹೇಳಿಗೆ, ಹೇಳ್ಗೆ.

ಪೆಡ pĕḍa. *Read:* = ಪಿಂ (ಪಿಱ್), etc., ಹೆಡ, ಹೆಱ್ 1, ಹೊಡ 1, ಹೊಡೆ 7. — ಪೆಡಗುಡಿಗಟ್ಟು. -ಕಟ್ಟು. = ಹೆಡಗುಡಿ ಕಟ್ಟು. To pinion (Č. Bp. 31 sum.; 31, 52).

ಪೆಡಗೆ pĕḍagĕ. *Read:* = ಎಡಗೆ, ಎಡಿಗೆ, ಪೆಟ್ಟಿಗೆ, etc., ಪೇಳಿಗೆ, ಹಿಳಿಗೆ, ಹಿಳ್ಗೆ, ಹೆಸಗೆ, ಹೆಡಿಗೆ, ಹೆಡೆಗೆ, ಹೆಳ್ಗೆ, ಹೇಳಿಗೆ, ಹೇಳ್ಗೆ.

ಪೆಣ್ pĕṇ. *After* ಹೆಣ್ಣು *add:* , ಹೆಮ್ 2.

ಪೆಣೆ pĕṇĕ. 1. *Read:* = ಎಣೆ 2, ಹಣೆ 2, ಹೆಣ, ಹೆಣೆ 1.

ಪೆಣೆ pĕṇĕ. 2. *Read:* = ಎಣೆ 1, ಹೆಣೆ 2.

ಪೆಣ್ಡ pĕṇḍa. *Add:* = ಹೆಣ್ಡ 1.

ಪೆಮ್ಪು pĕmpu. *Read:* = ಪಿಮ್ಪು, ಹಿಮ್ಪು, ಹೆಮ್ಪು.

ಪೆರಪರಿಸುಹ pĕraparisuha. (fr. ಪರ್ಪರಿಕೆ). Becoming rough or unsmooth (?). ಮೆಯ್ಯ ಬೆಜ್ಜಿ ಪೆರಪರಿಸುಹಂ (ಸಂಘರ್ಷ Mr. 463).

ಪೆರ್ pĕr. 1. — ಪೆರ್ದೊಣೆ. *Add:* Ŏpr. 9, 93. — ಪೆರ್ಬಡಿಕೆ. *Add:* excessiveness (V. 31, 56).

ಪೇ pê. 1. *Add:* *Cf.* ಹೇಡಿ.

ಪೇಱು pêṟu. 1. *Read:* = ಪೀಱ್ (ಪೀಱು), ಹೇಱು 3; *and add:* Bp. 36, 28; Č. Bp. 31, 4.

ಪೇಱು pêṟu. 2. *Add:* V. 6, after 8.

ಪೇಱು pêṟu. 3. *Read:* = ಹೇಱ್, ಹೇಱು 2.

ಪೇವಡಿ pêvaḍi. A kind of yellow paint (S. Mhr.; Mhr.).

ಪೊಕ್ಕುೞ್ pŏkkuḻ. *Before* ಪೊಕ್ಕುೞು *insert:* , ಪೊಕ್ಕುೞ.

ಪೊಗೞ್ pŏgaḻ. 2. *Add:* = ಹೊಗೞು 2.

ಪೊಗೞ್ತೆ pŏgaḻtĕ. — ಪೊಗೞ್ತೆವೆಱ್. -ಪೆಱ್. = ಪೊಗೞ್ತೆವಡೆ. (Abh. P. 7, 130).

ಪೊಂ pŏn. ಪೊಱ್. — ಪೊಂಗೇದಗೆ. *Add:* Abh. P. 2, after 13.

ಪೊಂಗು pŏṅgu. 1. *Add:* = ಹೊಂಗು, *and add:* Čpr. 4, 47.

ಪೊಡ pŏḍa. 2. *Add:* = ಹೊಡ 2.

ಪೊಡರ್ಪು pŏḍarpu. *Add:* Ŏpr. 8, 68.

ಪೊಡೆ pŏḍĕ. 3. *Read:* = ಪೊಟ್ಟೆ 2, etc., ಹೊಡೆ 6.

ಪೊಡೆ pŏḍĕ. 4. *Add:* = ಹೊಡ 2, ಹೊಡೆ 4.

ಪೊಣರ್ಕೆ pŏṇarkĕ. *Add:* = ಪೊಣಕೆ.

ಪೊತ್ತಿಸು pŏttisu. *Read:* = ಪತ್ತಿಸು 2, ಹಚ್ಚಿಸು 1, ಹಚ್ಚು 2, ಹತ್ತಿಸು 2, ಹೊತ್ತಿಸು 1.

ಪೊತ್ತು pŏttu. 1. *Read:* = ಪತ್ತು 5, ಹತ್ತು 4, ಹೊತ್ತು 1.

ಪೊನ್ pŏn. *After:* ಪೊಮ್ 1 *insert:* , ಹೆಮ್ 4, *and add: Cf.* ಪೊಗರ್.

ಪೊನ್ನ pŏn-a 3. *Add:* = ಹೊನ್ನ (s. ಹೊನ್).

ಪೊಮ್ pŏm. 1. — ಪೊಮ್ಮಱ್. *Add:* Dp. 101, 8.

ಪೊಮ್ pŏm. 2. *Add:* = ಹೊಮ್ 2, *and add: Cf.* ಹೊಪ್ಪಳ.

ಪೊಯ್ pŏy. 2. *Add:* = ಹೊಯ್ 3, ಹೊಯಿ 2.

ಪೊಯಿಸು pŏyisu. *Read:* = ಪೊಯ್ಯಿಸು, ಹುಯಿಸು, ಹೊಯಿಸು, ಹೊಯ್ಯಿಸು.

ಪೊರೆ pŏrĕ. 4. *Read:* ಹೊರ 2, ಹೊರೆ 3.

ಪೊರೆ pŏrĕ. 5. *After* ಹೆರೆ *insert:* , ಹೊರಿಕೆ, ಹೊರಿಗೆ.

ಪೊಱಗು pŏṟagu. *After* ಪೊಱಗೆ (145) *insert:* , ಹೆಱಗು.

ಪೊಱಬಿಗ pŏṟabiga. *Add:* = ಹೊರಬಿಗ.

ಪೊಱಿಸು pŏṟisu. *Read:* To cause to take upon the head; to cause to carry, to have carried; to put upon; to impose, as a charge; to impute, as a blame, etc.

ಪೊರ್ದುಗೆ pŏrdugĕ. *Read:* = ಹೊದ್ದಿಕೆ 1, ಹೊದ್ದಿಗೆ 1, ಹೊದ್ದುಗೆ, ಹೊದ್ದಿಕೆ, ಹೊನ್ದಿಗೆ, ಹೊನ್ದುಗೆ, ಹೊರ್ದುಗೆ.

ಪೊಲಮ್ಬಿಗ pŏlambu-iga. *Add:* = ಹೊಲಬಿಗ.

ಪೊಸನ್ತಿಲ್ pŏsantil. *After* ಹೊಸಲು, *insert:* , ಹೊಸಿಲು.

ಪೊಳಪು pŏḷapu. 1. *After* ಹೊಳಪು, *insert:* , ಹೊಳವು.

ಪೊಳಯಿಸು pŏḷayisu. *Read:* = ಹೊಳಪಿಸು 1, ಹೊಳಸು.

ಪೊಳೆ pŏḷĕ. 2. *Add:* = ಹೊಳೆ 2.

ಪೊೞಕು pŏḻaku. *Add: Cf.* ಹೊಳಕು 2.

ಪೊೞ್ತು pŏḻtu. *Read:* see ಪೊಗ್ಗು, ಪೊದರ್.

ಪೊೞ್ pŏḻ. *Add:* Č. Bp. 81, 10, *and add: Cf.* ಹೊಪ್ಪೆ.

ಪೌರೋಹಿತನ paurôhitana. = ಪೌರೋಹಿತ್ಯ. (Bh. 5, 3, 86).

ಪ್ರವೇಶಿಸು pravêśisu. *Add in the parenthesis:* A brief history of the Indian People (Bombay, Department of Public Instruction, Mangalore 1885), pages 113. 119. 124. 129. 130. 136.

ಪ್ರೀತಿಕರ prîti-kara. Causing pleasure; inspiring love or affection; pleasing, agreeable. (Dp. 103, 1).

ಫಣಿಗಿರಿವಾಸ phaṇi-giri-vâsa. (= ನಾಗಗಿರಿವಾಸ). Krishṇa (Dp. 134, 1).

ಬಗ್ಗುರಿ bagguri. (= ಬಗ್ಗರಿ?). See Č. Bp. 81, 11.

ಬಚ್ಚಾಲು baččâlu. Tbh. of ಬಟ್ ಚಾಲು (s. ಬದ, C.; Br.).

ಬಟ್ಟೆ baṭṭĕ. 2. — ಬಟ್ಟೆಗುತ್ತ. -ಕುತ್ತ. = ಬಟ್ಟೆಗುತ್ತೆ. (Râm. 2, 2, 39).

ಬಡಿ baḍi. 3. — ಬಡಿಗಲ್ಲು. *Add:* Dp. 14, 3; *and after* bandicoots *add:* or mice.

ಬಡಿಗೆಕಾಱ baḍigĕ-kâṟa. A staff-bearer (Grj. 6, after 56).

ಬಡಿಸು baḍisu. 2. *Add:* Bh. 8, 8, 8.

ಬದ್ದುಗೆ baddugĕ. *Add:* Bh. 6, 4, 85.

ಬನ್ದುಗೆ bandugĕ. *Add:* See Nr. s. ಹುಟ್ಟು 1.

ಬಮ್ಬಲ್ bambal. — ಬಮ್ಬಲ್ವರಿಯಿಸು. -ಪರಿಯಿಸು. To cause to run en masse or in a body (Ŏpr. 9, 96).

ಬಲ bala. — ಬಲಗೆಯ್ಯವನು. *Add:* According to Mr. E. Rice all hŏlĕyas are ಬಲಗೆಯ್ಯವರು, and all mâdigas ಎಡಗೆಯ್ಯವರು. *Cf.* ಒಮ್ಬತ್ತು ಪಣದವರು and ಹದಿನೆಣ್ಟು ಪಣದವರು (s. Additions).

ಬರ್ bar. 1. — ಬರ ಸೆಳೆ. *Add:* Râm. 4, 1, 28.

ಬಱ baṟa. — ಬಱ ಸಿಡಿಲ್. *Add:* Ŏpr. 19, after 87.

ಬರ್ದು bardu. 1. *Add:* Čpr. 10, 113.

ಬರ್ದು bardu. 3. *Add: Cf.* ಎಳವರ್ದು.

ಬವಣಿ bavaṇi. — ಬವಣಿಬಡು. -ಪಡು. To whirl, to be confused, etc. (Abhâ. 2, 47).

ಬಳೆ baḷĕ. 1. *In the note read:* Čpr. MS.

ಬಳ್ಕು baḷku. *Add:* Čpr. 10, 11.

ಬಳ್ವಳ baḷvaḷa. = ಬಳ್ವಳ. (Ŏpr. 5, 128).

ಬೞಚು baḻaču. 2. *Add:* Bh. 5, 3, 83.

ಬೞಲಿದು baḻalidu. *Add:* See ಇದು 2.

ಬೞಿ baḻi. 3. *Add: Cf.* ಬಗುರ್; T. ವಱಿಂಗು, to speak.

ಬಾಜಿಸು bâjisu. *Add:* Čpr. 9, after 56.

ಬಾಡು bâḍu. 3. Withering, etc. — ಬಾಡುಮೋಱ್. A downcast face (Bh. 3, 10, 88).

ಬಾಯ್ bây. — ಬಾಯ್ಸವಿ. *Add:* See Prv. s. ಹಸಿವೆ.

ಬಾರ bâra. *Add No.* 1.

ಬಾರ bâra 2. = ಬರಹ. (My.; see ಹಣೆ-).

ಬಾರಿಸು bârisu. 2. *Add:* Râm. 6, 35, 36.

ಬಾಳ bâḷa. 3. *Add:* Dp. 135*b*, 9.

ಬಾೞ್ bâḻ 2. — ಬಾೞ್ಗಿಟ್ಟು. *Add:* Ŏpr. 9, after 102. — ಬಾೞ್ದಲೆ. *Add:* Č. Bp. 81, 14.

ಬಾೞ್ವೆ bâḻvĕ. — ಬಾೞ್ವೆಗಿಡಿಸು. -ಕೆಡಿಸು. To ruin welfare (Č. Bp. 31, 10).

ಬಿಂಕ binka. *Add:* Abh. P. 7, 131.

ಬಿಚ್ಚಟ biččaṭa. *Add:* Ŏpr. 9, after 103; 10, 53. 84.

ಬಿಚ್ಚಲಿಸು biččalisu. *Add:* Ŏpr. 10, 82.

ಬಿಜ್ಜರ bijjara. (fr. ಬಿರಿ 1). — ಬಿಜ್ಜರಂ. With a burst, etc. (Ŏpr. 9, 76).

ಬಿದ್ದ bidda. 2. — ಬಿದ್ದಮ್ವಿಬ್ಬಟ್. -ಂ-. To be penetrated (Ŏpr. 10, 30).

ಬಿಮ್ಮು bimmu. *Add:* Abhâ. 7, 14; 11, 29.

ಬಿಱು biṟu. 1. — ಬಿಱುವಟ್. *Add:* Râm. 4, 6, 6.

ಬಿರ್ಚು birču. 1. *Add:* Ŏpr. 10, 108.

ಬಿರ್ದು birdu. 1. *Add:* Ŏpr. 10, 88.

ಬಿಲ್ bil. 2. — ಬಿಲ್ಲವಿತ್ತಿಗ. -ಬಿತ್ತಿಗ. A clever archer (Čpr. 10, 71). — ಬಿಲ್ವಡೆ. *Add:* Čpr. 10, 68.

ಬಿಲು bilu. — ಬಿಲುಹಿಣಿಲ್. The string of a bow (Bh. 8, 22, 27).

ಬಿಲ್ಲೆ billĕ. — ಬಿಲ್ಲೆಹೆಂಚು. Small common tiles (My.).

ಬಿಸಟ bisaṭa. = ಬಿಸುಟು, etc. — ಬಿಸಟಮ್ಬರ್. -೦-. To come ad libitum (Čpr. 9, 69). — ಬಿಸಟಮ್ಬರಿಯಿಸು. -೦-ಪರಿಯಿಸು. = ಏಸಟಮ್ಬರಿಯಿಸು. (Čpr. 10, 95).

ಬಿಸವನ್ದ bisavanda. *Add:* Čpr. 10, 119.

ಬಿಸಿಲ್ bisil. ಬಿಸಿಲು. — ಬಿಸಿಲುವಟಿ. -ಮಟಿ. Rain intermixed with sunshine (Râm. 4, 6, 6).

ಬಿಸುಪು bisupu. *Add:* V. 29, 26; Č. Bp. 31, 4.

ಬೀಡು bîḍu. 2. *To* discharging (an arrow) *add after* Abh. P. 9, 63: see ಅಮ್ಬುವೀಡು.

ಬೀಡೆ bîḍĕ. *Add:* Čpr. 9, 67. — ಬೀಡೆವಿರಿ. *Add:* Abh. P. 7, 88.

ಬೀಯ bîya. *Add:* Bh. 8, 10, 38.

ಬೀರ bîra. — ಬೀರಗಜ್ಜೆ. *Add:* Čpr. 9, 92.

ಬೀೞ್ bîṟ. ಬೀೞು. 1. *Add:* Čpr. 10, 14.

ಬೀೞ್ bîṟ. ಬೀೞು. 2. *Add:* extensiveness, largeness. — ಬೀೞಳವಡು. -ಅಳವಡು. Largeness to come about: to be large (Čpr. 9, 94).

ಬೀಸರ bîsara. — ಬೀಸರವ್ಪೋಗು. -೦-ಪೋಗು. To end (Šsv. 5, after 19).

ಬೀಸು bîsu. 2. — ಬೀಸುಹೂರಿಗೆ. A sort of cake (Dp. 170, 5).

ಬೀೞ್ bîḷ. ಬೀೞು. 1. — ಬೀೞು ಕೆಡಹು. = ಬೀೞಗೆಡಹು. (Râm. 6, 19, 27).

ಬೀೞಲ್ biḷal. *Add:* Čpr. 10, 69.

ಬು bu. *Add:* *Cf.* ಭು. — ಬು ಬು. rep. (Šsv. 4, after 24).

ಬುಡ buḍa. *After* from the spout of a vessel *insert:* or by purging (see Prv. s. ಬೊಡ ಬೊಡನೆ).

ಬುತ್ತಿ butti. *Add:* Čpr. 10, 111.

ಬೂಜು bûju. *Add:* *Cf.* ಅಬ್ಬೂಜ.

ಬೂರಲ bûrala. = ಬೂರಗ, etc. See s. ಹಗುರ.

ಬೃಹಸ್ಪತಿ bṛihas-pati. *Read:* = ಬೇಸ್ತ, ಬೇಸ್ತು, ಬ್ರಹಸ್ಪತಿ.

ಬೃಹಸ್ಪತಿವಾರ bṛihaspati-vâra. *Read:* = ಬೇಸ್ತವಾರ, ಬೇಸ್ತುವಾರ, ಬೇಸ್ತ್ವಾರ.

ಬೆಕ್ಕನೆ bĕkkanĕ. Amazingly (Dp. 144, 6).

ಬೆಕ್ಕಸ bĕkkasa. — ಬೆಕ್ಕಸಮುೞು. *Add:* Čpr. 9, 69.

ಬೆಂಕೆ bĕṅkĕ. *After* See *insert:* ಕಡುವೆಂಕೆ.

ಬೆಟ್ಟ bĕṭṭa. 1. *After* cf. ಬಿಜ್ಜೆ *add:* and see s. ಬಿಱುಸು.

ಬೆಟ್ಟ bĕṭṭa. 2. — ಬೆಟ್ಟಬೇಸಗೆ. *Add:* Čpr. 9, 78.

ಬೆತ್ತ bĕtta. — ಬೆತ್ತಗಣ್ಣೆವಲೆ. -ಕಣ್ಣೆವಲೆ. A variety of ಕಣ್ಣೆವಲೆ (Čpr. 5, 58).

ಬೆದಱ್ bĕdaṟ. 2. — ಬೆದರ್ವಱ. -ಮಱ. A shocking rain (Râm. 4, 6, 6).

ಬೆಬ್ಬಳಿಸು bĕbbaḷisu. (ಬೆಬ್ಬೞಿಸು). = ಬೆಬ್ಬರಿಸು. (V. 31, after 28).

ಬೆಮರ್ bĕmar. 3. — ಬೆಮರ್ಸಾಲೆ. = ಬೆವರುಸಾಲೆ. (My.).

ಬೆರಸು bĕrasu. 1. *After* Prv. s. ಸರಸ *add:* , ಹಾಣಾಹಾಣಿ, ಜೊತಕರಿಸು.

ಬೆಲಗಸೆ bĕlagasĕ. (?). ಬೆಲಗಸೆಯಿನ್ದಮ್ ಈವ ಘನಸಾರದ ಡಾಯಿನಂ (Čpr. 8, 47).

ಬೆಸ bĕsa. = ಬೆಸಗೆ, etc. Soldering; compactness. See ಮೆಯ್ವೆಸ.

ಬೆಸಲೆ bĕsalĕ. *Add:* Čpr. 10, after 30.

ಬೆಸು bĕsu. *Add:* Râm. 4, 6, 6.

ಬೆಸುಗೆ bĕsugĕ. *To No. 1 add:* Râm. 4, 6, 6.

ಬೆಹಣಿತನ bĕhaṇitana. Harmoniousness, harmony (? Čpr. 10, 86).

ಬೆಳ್ bĕḷ. 1. — ಬೆಳ್ಗಾಲ. -ಕಾಲ. (? Čpr. 9, after 102). — ಬೆಳ್ಗೊಡೆ. *Add:* Čpr. 10, 119. — ಬೆಳ್ಮೃಗ. *Add:* Čpr. 10, 99. — ಬೆಳ್ಸುಱುಯೋಲೆ. -ಸುಱು-ಓಲೆ. An ear-ornament consisting of a white leaf-fold (Čpr. 10, 45). — ಬೆಳ್ಳರಳೆ. -ಅರಳೆ. (? Abh. P. 15, 60). — ಬೆಳ್ವಾಳ್. *Add:* See Čpr. 10, 99.

ಬೆಳರ್ bĕḷar. 2. — ಬೆಳರ್ಗೆಮ್ಪು. *Add:* Čpr. 9, 94.

ಬೆಳ್ಳಿ bĕḷḷi. *Add:* Tu. ಬೊಳ್ಳಿ.

ಬೇಗೆ bêgĕ. — ಬೇಗೆವೋಗು. -ಪೋಗು. To be consumed by wild fire (Čpr. 9, 75).

ಬೇಣ್ಟೆಗಾರ್ತಿ bêṇṭĕ-kâṟti. = ಬೇಟೆಕಾತಿ. (Grj. 2, 88).

ಬೇಪಾರಿ bêpâri. Tbh. of ವ್ಯಾಪಾರಿ. (Mhr.).

ಬೇರ್ bêr. — ಬೇಱು. *Read:* A root to descend: to root.

ಬೇರ bêra. 3. Tbh. of ವಿಗ್ರಹ. Figure, image (My.; Tŏ.).

ಬೇಸ್ತ bêsta. Tbh. of ಬೃಹಸ್ಪತಿ.

ಬೇಸ್ತು bêstu. = ಬೇಸ್ತ.

ಬೇಸ್ತುವಾರ bêstu-vâra. = ಬೇಸ್ತ್ವಾರ. (My.).

ಬೇಳ್ bêḷ. 3. — ಬೇಳಾಗು. *Add:* Čpr. 10, 55.

ಬೇೞುವ bêḷuva. = ಬೇಡುವ. (Dp. 145, 1).

ಬೊಟ್ಟು bŏṭṭu. 2. *Add:* See Prv. s. ಹಾರುವ.

ಬೊಮ್ಬಾಳ bŏmbâḷa. Huge, vast; large; lavish; streaming with;—loud (as sound, Bh. 5, 3, 96; Mhr. ಬಮ್ಬಾಳ).

ಬೋಳವಿಸು bôḷavisu. *Add:* Râm. 6, 50, 12.

ಬೋೞ bôḷa. *Read:* = ಬಾಳ 2, ಬೋೞು.

ಬೋೞು bôḷu. — ಬೋೞುಸುತ್ತಿಗೆ. A hammer without a handle. See Prv. s. ಹಾಯೂರು.

ಭಯಭಾವಿತ bhaya-bhâvita. Manifestation of fear. See Šmd. 398 s. ಹವ್ವನೆ.

ಭಾಂಕಾರ bhâṅ-kâra. A sound imitating that of the nissâḷa (Čpr. 10, 67).

ಭಾನುಸುತ bhânu-suta. = ಭಾನುತನುಜ. (Bh. 8, 8 sum.).

ಭಾಸ್ಕರ bhâs-kara. *Add:* 5, the air that is drawn up into the right nostril (Mr. 53).

ಭೀಮ bhîma. *Add:* 11, N.

ಭೂಗೃಹ bhû-gṛiha. An underground room. (Čpr. 10, 28).

ಭೂತಬಲಿ bhûta-bali. *Add:* Bh. 8, 8, 8.

ಭೃಂಗೀಶ bhṛiṅgi-îśa. *Read:* s. ಅಡ್ಡಣಿಗೆ No. 1.

ಭೇದಿಸು bhêdisu. *Add to No. 2:* to discern, to perceive (Bh. 8, 13, 15).

ಭ್ರಮಿಯಿಸು bhramiyisu. *Add:* Čpr. 10, 44.

ಮಗ್ಗಿಸು maggisu. *Add:* = ಮುಗ್ಗಿಸು.

ಮಗ್ಗು maggu. 1. *After* to be destroyed (T. ಮಂಗು); *add:* to shrink or shrivel, as grain or pulse exposed to the sun's rays (My.); *and after* to become strengthless, *insert:* as men.

ಮಂಕು maṅku. *Add:* Dp. 14, 1.

ಮಜ್ಜ majja. *Add:* = ಮುಜ್ಜೆ.

ಮಣ್ಡಲಿಸು maṇḍalisu. *Add:* Čpr. 1, 93; 9, 81.

ಮಣ್ಡಿ maṇḍi. 1. *Read:* (= ಮುಳಿಗೆ, etc.).

ಮಣ್ಡಿಸು maṇḍisu. *Add:* Bh. 6, 8, 52.

ಮಣ್ಡೆ maṇḍě. *Add:* Tu. ಮಣ್ಡೆ, the skull; the head.

ಮದಗ madaga. *Add:* Dp. 154, 2.

ಮದವಳಿಗ mada-vaḷiga. *Add:* Č. Bp. 36 sum.

ಮದಿಲ್ madil. *Add:* (fr. ಮದ್ 1 & 2 ?).

ಮನೋಹರ manas-hara. *Add to No. 2:* Dp. 170, 6.

ಮನ್ತಾನಸ್ತ mantâna-sta. = ಮನೆತನಸ್ತ. See Prv. s. ಸನ್ತಾನ.

ಮನ್ತ್ರಿತ mantrita. Spoken, consulted, deliberated; advised; consecrated with mantras, enchanted, charmed. (J. 34, 1).

ಮನ್ದಾನಿಲರಗಳೆ mandânila-ragaḷě. N. of a metre (Čpr. 4, 63 seq.).

ಮನ್ದಿವಾಳ mandivâḷa. *Add:* Dp. 136, 6.

ಮನ್ದು mandu. *Add:* *Cf.* T. ಮನ್ದು, an open common-field.

ಮನ್ನಿಸು mannisu. 1. *Add:* Dp. 60, pallavi.

ಮಯಿಲಿಗೆ mayiligě. = ಮಯ್ಲಿಗೆ. (Dp. 106, 9).

ಮರಳಿಚು maraḷiču. = ಮರಳ್ಚು. (Bh. 8, 9, 38).

ಮರಳು maraḷu. 4. *Add:* ಮರಳಿನಲ್ಲಿ ಬರೆದು, ಮುಳ್ಳಿನಲ್ಲಿ ಕಟ್ಟಿ ಕೊಣ್ಡ ಹಾಗೆ (Prv.).

ಮರಿಚ mariča. *Read:* = ಮೆಣಸು, ಮೆಱಿಸು (ಮೆಳಸು).

ಮರುಳ್ maruḷ. 2. — ಮರುಳಾಡಿಸು. -ಆಡಿಸು. To cause to act foolishly, etc. (Dp. 102, pallavi).

ಮಱಿ maṟa. 2. — ಮಱಸಿಲ್. = ಮಱಸಲ್, etc. (My.).

ಮಲ್ mal. = ಮಲ 1, etc. — ಮಲ್ಮಲ. = ಮಲಮಲನೆ. (W. v. 1238).

ಮಸಣಿಸು masaṇisu. (To become a member of the cemetery, *i. e.*), to die (S. Mhr. according to Z.).

ಮಸೆ masě. 1. *To No. 2 add:* Čpr. 5, 63.

ಮಸೆ masě. 2. — ಮಸೆಗಾಱ್. *Add:* Bh. 8, 19, 38.

ಮಹತ್ತರ mahat-tara. *After* See *insert:* ಉದ್ಯಾನ-.

ಮಹಾಲಯ mahâ-âlaya. *Read:* = ಮಹಲ, ಮಹಲು 1, ಮಹಳ 1, (ಮಾಳ 1 ?).

ಮಱ್ಗಿಸು maḷgisu. *Add:* = ಮಗ್ಗಿಸು.

ಮಾರ್ಗಣಕ mârgaṇaka. A beggar, solicitor, mendicant. See Mr. s. ಹಾರು 1.

ಮಾಹೇನ್ದ್ರಿ mâhêndri. (fr. ಮಹೇನ್ದ್ರ). The energy of Indra. See Mr. s. ಸಪ್ತಮಾತೃಕೆ.

ಮಿಣ miṇa. *Before* ಮಿನು *insert:* = .

ಮಿಣ್ಡಿ miṇḍi. *Add:* Dp. 127, 2.

ಮಿಣ್ಣಗೆ miṇṇagě. Gently (? Dp. 135*a*, 5).

ಮಿಣ್ಣನೆ miṇṇaně. = ಮೆಲ್ಲಗೆ (Dp. 130, 21).

ಮಿತಿ miti. — ಮಿತಿಗಟ್ಟು. -ಕಟ್ಟು. To determine the quantity; to arrange (Dp. 106, 16).

ಮಿಮ್ mim. 1. — ಮಿಮ್ಮುಲಿಗ. *Add:* Râm. 3, 7, 41.

ಮಿಸಲ್ misal. ಮಿಸಲು. *Add:* Dp. 102, 1. 2; Bh. 8, 8, 8.

ಮುಕ್ಕು mukku. 1. *Add:* Dp. 18, 1.

ಮುಕ್ಕುಱಿಕು mukkuṟiku. 1. *Add:* Bh. 8, 9, 38.

ಮುಗ್ಗು muggu. 2. *Add:* Falling, sinking (Dp. 65, pallavi).

ಮುಂ muṅ. ಮುಬ್. — ಮುಂಗಡ. *Add:* Dp. 145, pallavi.

ಮುಚ್ಚು muččů. 2. — ಮುಚ್ಚು ಮಱ್. *Add:* Dp. 135*a*, 7.

ಮುಚ್ಚುಱು muččuṟu. -ಱ್. *Add:* P. p. ಮುಚ್ಚುತ್ತು (Ŝmd. II).

ಮುಡಿ muḍi. 1. *Add:* Čpr. 6, after 86.

ಮುಡುಪು muḍupu. 1. *Add:* Dp. 134, 23; 140, 17.

ಮುಣ್ಡ muṇḍa. — ಮುಣ್ಡ ಬೋಳು. *Add:* Dp. 47, 2.

ಮುನ್ mun. 2. *Add:* See ಮುನ್ನಿನ s. ಮುನ್ನ.

ಮುರಿವು murivu. *Add:* Râm. 2, 2, 24.

ಮುಱುಕು muṟuku. 4. *Read:* = ಮುಱುಕ 2, ಮುಱಿಕು, ಮುಱುಕ 2.

ಮೆಡಿಸು mêḍisu. = ಮೆಡು. (S. Mhr. according to Z.).

ಮೆಡು mêḍu. = ಮೆಟ್ಟು 1. To put on, as a shoe, etc. (S. Mhr. according to Z.).

ಮೆಯ್ mêy. — ಮೆಯ್ಗುರುಹು. -ಕುರುಹು. The sign or characteristic of bodies (Bh. 4, 10, 16). — ಮೆಯ್ಗೊಳ್. -ಕೊಳ್. To take a body, to be embodied (Bh. 5, 4, 13). — ಮೆಯ್ಸೆಸ. -ಬೆಸ. The compactness, firm build or strength of the body (Čpr. 10, 84).

ಮೇ mê. 2. *After* ಮೇಗಾವಲು *put:* -ಕಾವಲು.

ಮೇಣ mêṇa. *After* ಮೇಣಗಪ್ಪಟ *put:* -ಕಪ್ಪಟ.

ಮೊಗೆ mŏgě. 1. *Add:* Dp. 155, pallavi.

ಮೊಣ್ಡು mŏṇḍu. — ಮೊಣ್ಡುಗಳ್ಳಿ. -ಕಳ್ಳಿ. = ಮುಣ್ಡುಗಳ್ಳಿ. (My.).

ಮೊದಲ್ mŏdal. *Before* ಮುದಲು *insert:* =.

ಮೋಡಿ môḍi. *Add:* Râm. 4, 1, 5.

ಮೋತೆ môtě. — ಮೋತೆಗಾಯಿ. *Add:* (My.).

ಮೋದು môdu. 1. *Add:* Čpr. 10, 86.

ಮೋಱೆ môṟě. *Add:* = ಮೂಱ್; *and add:* Tu. ಮೋಱೆ.

ಮೋಸ môsa. — ಮೋಸ ಹೋಗು. *Add:* Dp. 14, 1; 102, 2.

ಮೋಳ môḷa. *Add:* = ಮೋಡ. (Tbh. of ಮೂಢ).

ಮ್ಲೇಚ್ಛ mlêččha. *Read:* a Mahomedan.

ಯಾಸೆ yâsě. *Put* (*before* Tbh.

ಯುಕ್ತಿ yukti. *Before* ಯುಕುತಿ *insert:* ಯುಗುತಿ.

ಯೋಗ್ಯತ್ವ yôgyatva. = ಯೋಗ್ಯತೆ. (Čpr. 10, 18).

ರಕ್ಷೆ rakshĕ. *Add:* ರಕ್ಷಾ.

ರಂಗು rangu. — ರಂಗಾಗು. -ಆಗು. = ರಂಗಿಸು. To grow passionate (S. Mhr.).

ರಚಯಿಸು raćayisu. *Add:* V. 9, after 21.

ರಣ raṇa. — ರಣಭೀರು. A man afraid of war (Bh. 8, 8, 30). — ರಣರಭಸಿಗ. A man impetuous in battle (Râm. 6, 19, 19).

ರಥಾಂಗಧರ rathânga-dhara. *Add:* See Čpr. 7, 37.

ರಥಿನಿ rathini. A number of carriages or chariots. (Čpr. 10, 21).

ರಭಸಿಗ rabhasiga. A man who is violent, impetuous, etc. See ರಣ-.

ರಮಣೀಯತೆ ramaṇîyatĕ. Pleasantness, agreeableness, delightfulness, beauty, charm. (Čpr. 10, after 59).

ರಸದಾಳಿ rasa-dâḷi. — ರಸದಾಳಿಕಟ್ಟು. *Add:* Dp. 27, 2.

ರಸುಮೆ rasumĕ. *Add:* Râm. 6, 24, 16.

ರಾರಾಜಿಸು rârâjisu. *Add:* Čpr. 10, 16.

ರಿನ್ದ rinda. Angry; petulant (Mr. H. Haigh, H.).

ರೀಪರ್ rîpar. ರೀಪಾರ್ rîpâr. Lath-work or lathing of a roof (Mhr.; Mhr. ರೀಪ, a lath).

ರೂಕ್ಷ rûksha. *Add:* Čpr. 10, after 86.

ರೇಕು rêku. *After* instead of *insert:* chemically.

ರೇಚ rêća. — ರೇಚಯ್ಯ. *After* Bp. 9, 37 *add:* ; Tĕ. ರೇಚು, a sort of ounce or lynx.

ರೇಷ್ಟ್ರ rêshṭra. (= ರೊಪ್ಪ?). Bother, trouble (Mr. H. Haigh).

ಱಂಚೆ ṟańćĕ. *Add:* Grj. 6, after 56.

ಱೋಡು ṟôḍu. — ಱೋಡಾಡು. *Add:* Čpr. 10, 7.

ಲಕ್ಷುಮಿ lakshumi. Tbh. of ಲಕ್ಷ್ಮೀ. (Dp. 130, 71; 134, 12).

ಲಗ್ಗೆ laggĕ. 2. *Instead of* Č. Bp. sum. *read:* Č. Bp. 42 sum.

ಲಟಕಟಿಸು laṭakaṭisu. *Add:* Bh. 8, 12, 40.

ಲಣ್ಡತನ laṇḍatana. Knavery (Dp. 24, 2).

ಲತಾರ್ಕ latâ-arka. *A green onion.*

ಲಲಿತರಗಳೆ lalita-ragaḷĕ. A kind of metre (Čpr. 6, 102 seq.).

ಲಾಗುವೇಗ lâgu-vêga. Excessive impetuosity or force (Bh. 5, 3, 103).

ಲೇಖೆ lêkhĕ. *Add:* ಲೇಖಾ.

ಲೋಲತೆ lôlatĕ. *Add:* Čpr. 10, 4.

ವಕನ್ಯಾಯ vaka-nyâya. The crane's way: cunning, hypocrisy (the crane stationing itself cunningly by a pool apparently absorbed in meditation till it sees a fish on which to dart; Čpr. 1, 48).

ವಜ್ರಾಂಗಿ vajra-angi. *Add:* Dp. 19, 6.

ವಟ್ಟ vaṭṭa. *Add No.* 1.

ವಟ್ಟ vaṭṭa. 2. (Tbh. of ವರ್ತ). See ಅಲ-, ತಾಳ-.

ವಟ್ಟಾವಟ್ಟ vaṭṭâvaṭṭa. (?). (Bh. 5, 3, 104).

ವಣಾರ vaṇâra. See s. ಸೊಸಣಿ.

ವಮ್ರಿ vamri. *Add:* See Hlâ. s. ಉಚ್ಚುರ, and observe that ಉಪದೇಹಿಕೆ appears also as ಉಪಜಿಹ್ವೆ, q. v.

ವಯೋಧಿಕ vayas-adhika. *Add:* Čpr. 10, after 86.

ವರಿಸು varisu. *Add:* J. 5, 24. 25. 28-39. 42.

ವಲಿ vali. 1. *Add as No. 1:* Tax, etc.

ವಾರಿಜಾಕ್ಷ vârija-aksha. *Add:* Dp. 102, 4.

ವಾರುವ vâruva. *Add:* Čpr. 3, 51.

ವಾಲಖಿಲ್ಯ vâla-khilya. *Add:* See Abh. P. 7, after 116.

ವಿಗಡಿಸು vigaḍisu. *To No. 2 add:* Bh. 2, 1, 38.

ವಿಗ್ರಹ vi-graha. *Read:* = ಬೇರ 3, ಬಿಗ್ರ.

ವಿಘಾತಿಸು vighâtisu. To strike down, to destroy, to afflict, etc. (Dp. 114, 6).

ವಿತಾಳಿಸು vitâḷisu. *Add:* Bh. 5, 3, 29.

ವಿಬಾಡಿಸು vibâḍisu. *Add:* Bh. 5, 3, 41; 8, 26, 39.

ವಿಭಣ್ಡಿ vibhaṇḍi. (?). (Râm. 6, 19, 27).

ವಿಲುಲಿತ vi-lulita. *Add:* Čpr. 6, after 87.

ವಿವಿಕ್ತ vi-vikta. *Add:* See ತೊಲಗು.

ವಿಸಟ visaṭa. *Read:* = ಬಿಸಟು, ಬಿಸುಟು.

ವಿಸ್ಮಯ vi-smaya. — ವಿಸ್ಮಯಮ್ ಉಱು. *Add:* Čpr. 9, 95.

ವಿಸ್ಮಾಪನ vi-smâpana. Causing wonder or surprise, exciting astonishment. See ಬಿಸವಣ್ಣ.

ವೇಡೆಯ್ಸು vêḍaysu. *Add:* Bh. 2, 1, 75.

ವೇಡೆ vêḍĕ. 2. *Add:* Bh. 5, 3, 47.

ವೇಷ್ಟಿಸು vêshṭisu. *Add:* Čpr. 10, 9.

ವ್ಯವಹರಣೆ vi-ava-haraṇĕ. = ವ್ಯವಹರಣ. (Râm. 2, 2, 26).

ಶಬ್ದಾನುಶಾಸನ śabda-anuśâsana. *To No. 3 add:* This grammar was completed by Bhaṭṭâkalanka in 1604 A. D.

ಶರ್ಕರೆ śarkarĕ. *Add:* ಶರ್ಕರಾ.

ಶಲ್ಯಹ śalyaha. *Read:* ಶಲ್ಯ 1.

ಶಾಲಿನಿ śâlini. *Add to No 1:* ; a woman who is endowed with (J. 27, 22).

ಶುಚಿತೆ śućitĕ. = ಶುಚಿತ್ವ. (Čpr. 10, 110).

ಶುಷ್ಯತ್ śushyat. Becoming dry, drying up. (Čpr. 9, 83).

ಶೈಲಿ śaili. A short explanatory rule; a special or particular interpretation (Sk.). 2, a way, style, fashion (Mhr.; Mysore print).

ಶ್ಯೋತ śyôta. = ಶ್ಚೋತ.

ಷಡೂರ್ಮಿ shaḍ-ûrmi. The six human infirmities (Abhâ. 12, 61).

ಷಡ್ಬಲ shaḍ-bala. Six powers (Čpr. 9, after 117).

ಸಂವ್ಯಾನ saṁ-vyâna. A covering; cloth, clothes, garment; an upper garment. (Čpr. 10, 34).

ಸಂಸ್ಮಾರಕತ್ವ saṁ-smârakatva. Reminding, putting in mind (Čpr. 9, 117).

ಸಕಳೆ sakaḷĕ. = ಸೆಕೆ, etc. (Râm. 6, 4, 31).

ಸಖತನ sakhatana. = ಸಖತ್ವ. (Dp. 99, 1).

ಸಗಾಢ sa-gâḍha. *Add:* Bh. 8, 26, 44.

ಸಗಾಢಿಕೆ sa-gâḍhikĕ. *Add:* Grj. 6, after 56.

ಸಂಕೆ sanka. 1. *Add:* Čpr. 10, 14.

ಸಂಕಲೆ sankalĕ. *Add:* Čpr. 10, 74.

ಸಂಕೃತ san-krita. = ಸಂಸ್ಕೃತ. (Čpr. 9, 131).

ಸಂಗಳಿಸು san-gaḷisu. *Add:* See Čpr. 5, 48. 64; 7, 140.

ಸಂಘರ್ಷ san-gharsha. *Add:* See ಹೆರವರಸುಹ (s. Additions).

ಸಂಘಾಟನ san-ghâṭana. = ಸಂಘಟ್ಟನ (?). See Grj. 2, after 106.

ಸಂಜನಿಸು san-janisu. *Add:* Râm. 2, 2, 41.

ಸಂಜೆ sanjĕ. — ಸಂಜೆಗೆಮ್ಮು. *Add:* Čpr. 10, 59.

ಸಟ **sața. 1.** *Add:* It is possible that this word is not Kannaḍa, but a Tbh. of ಶಠ. See also ಇಚ್ಚಟ (s. Additions).

ಸಟತನ **saṭatana.** *Add:* It is possible that this word is not Kannaḍa and its meaning is the same as that of ಶಠತ್ವ, coming from ಸಟ 1.

ಸಡಗರ **saḍagara. 2.** *Add:* Dp. 130, 22. 52; 151, 5.

ಸಡ್ಡಕ **saḍḍaka.** *Add:* = ಷಡ್ಡಕ.

ಸಣಿ **saṇi.** = ಸಣೆ 2. (?). See Dp. 95, 2.

ಸತ್ಯ satya. *Read:* ನಿಶ್ಚುವ, ನನ್ನಿ, ನಿಸದ 64.

ಸತ್ಯಯುಗ satya-yuga. = ಸತ್ಯ No. 7. See ಅಕ್ಷಯತೃತೀಯೆ (s. Additions).

ಸಥಿ sathi. *Read:* Tbh. of Mhr. ಸತ್ತ, q. v. above.

ಸನ್ದಿಸು sandisu. *To No. 2 add:* Čpr. 10, 9.

ಸನ್ನಿಪಾತ san-ni-pâta. *Add:* Čpr. 10, 116.

ಸಪ್ತಮದ sapta-mada. *Add:* In the number for October (p. xxxv) of the Mysore ಕರ್ಣಾಟಕ ಕಾವ್ಯಮಂಜರಿ the following verse is quoted from Pampa's Râmâyaṇa:

ಕುಲಮದಮೊನ್ದು ರೂಪಮದಮೊನ್ದು ವಯೋಮದಮೊನ್ದು ತನ್ನ ದೋ |
ರ್ಬಲಮದಮೊನ್ದು ಜಾತಿಮದಮೊನ್ದು ಕಲಾಮದಮೊನ್ದು ದೇವತಾ ||
ಬಲಮದಮೊನ್ದು ರಾಜ್ಯಮದ ಮೊನ್ದಿನಿತಲ್ಲದೆ ದೇಹಿ ರಾಗಮು |
ಗ್ಗಲಿಸಿದ ದೋಷದೃಷ್ಟಿವಿಷಯಾತುರರ್ ಎಂ ಗಡ ಮುನ್ದುಗಾಣ್ಬರೇ? ||

ಸಪ್ತಲೆ saptalĕ. *Add No. 2, before* the soup-nut plant.

ಸಪ್ತವ್ಯಸನ sapta-vyasana. *Add:* V. 5, after 39.

ಸಪ್ತಾಂಗ sapta-aṅga. *Add:* See Čpr. 10, after 125.

ಸಮ **sama.** — ಸಮಕಟ್ಟು. 1. *Add:* Čpr. 5, 53.

ಸಮನ್ತು samam-tu. *Add:* Čpr. 6, 82.

ಸಮರಥ sama-ratha. *Add:* Čpr. 10, 75; Abh. P. 13, 72.

ಸಮವಾಯಿ sam-avâyi. *Add:* Čpr. 9, after 128.

ಸಮಾಹೃತ sam-âhṛita. *Add:* Čpr. 10, 9.

ಸಮಿನ್ಧನ sam-indhana. *Put* 2, *before* fuel, firewood.

ಸಮುಜ್ಜ್ವಲತ್ sam-ujjvalat. Shining very brightly. (Čpr. 10, 28).

ಸಮುತ್ಪ್ಲುತ sam-ut-pluta. Jumping or leaping up or upwards (Čpr. 9, 78).

ಸಯ್ **say. 1.** *Add:* = ಚೆಯ್ 2. — ಸಯ್ಗೆಡಹು. -ಕೆಡಹು. = ಸಯ್ಗೆಡಪು. (Bh. 3, 19, 22).

ಸರತಿ sarati. *Add:* Dp. 101, 2.

ಸರದ sarada. *Add:* Čpr. 10, 50.

ಸರಿ **sari. 5.** *Add:* Čpr. 5, 126.

ಸಲುಗೆ **salugĕ.** *Add:* Dp. 67, 2.

ಸಲ್ಲತೆ sat-latĕ. A beautiful creeper (Dp. 82, 2).

ಸವಗ savaga. 1. *Add:* Bh. 3, 19, 36.

ಸವರು **savaru. 1.** *Add:* See Bh. 4, 10, 36; Č. Bp. 31, 50. 52. 58.

ಸವಿ **savi. 4.** — ಸವಿಗೊಳ್. *Add:* Dp. 25, 3.

ಸಾಣೆ sâṇĕ. — ಸಾಣೆ ಹಿಡಿಸು. *Add:* 2, to grind, to sharpen (see G. s. ಸಿಕಲಗಾರ).

ಸಾಯು **sâyu.** *Put a dash after the* Prv. ಸತ್ತ (*i. e.* ಸತ್ತವನ) ಮುಖ್ಯ ಎತ್ತ ಬಿದ್ದರೇನು?

ಸಾರಿತ sârita. Caused to go, pushed, etc. See ಅಪ- (s. Additions).

ಸಾರಣೆ **sâraṇĕ.** *Add:* Râm. 6, 55, 12.

ಸಾರಿಸು **sârisu.** *Add as No. 1:* = ಸಾರ್ಚು No. 1. See Râm. 6, 55, 11.

ಸಾಲ **sâla.** — ಸಾಲ ತಿದ್ದು. *Add:* Dp. 24, 2.

ಸಾಳಗ sâḷaga. *Add:* Bh. 5, 3, 96.

ಸಿಂಹಾಣ simhâṇa. *After* ಶಿಂಹಾಣ *insert:* ಶಿಂಘಾಣ.

ಸಿಂಗರಿಗ singara-iga. *Add:* Č. Bp. 37 sum.

ಸಿಚ sića. *Add:* See s. ಕರೆ 6.

ಸಿಡುಕು **siḍuku. 2.** *Add:* Dp. 135*a*, 6.

ಸಿದುಗು **sidugu.** *After* = ಅನ್ವೇಷಿಸು *insert:* , *cf.* ಬಿದಕು 2.

ಸಿನ sina. See G. s. ಬಾವಟೆ. It is evidently a mistake for ಸಿನ್ಧ.

ಸಿರಿ siri. — ಸಿರಿಮಂಚ. A splendid bed (Grj. 2, after 106). — ಸಿರಿಮುಡಿ. A beautiful braid of hair (J. 34, 1. 2).

ಸೀಳಿಸು **sîḷisu.** *Add:* Č. Bp. 31, 55.

ಸುಕು **suku.** = ಸುಗ್ಗು. — ಸುಕಿಸುಣ್ಣೆ. -ಉಣ್ಣೆ. = ಸುಗ್ಗಿಸುಣ್ಣೆ. (Dp. 170, 6; *cf.* Tĕ. ಸುಕಿಯೆ, ಸುಖಿಯೆ, ಸುಗಯೆ, a sort of cake).

ಸುತ್ತು **suttu. 2.** — ಸುತ್ತುವೇಲಿ. -ವೇಲಿ. A surrounding hedge (V. 4, 33).

ಸುಧಾಧವಲಿತ sudhâ-dhavalita. Whitewashed, plastered, stuccoed. 2, = ಸೌಧ, q. v.

ಸುಧಾರಿಕೆ su-dhârikĕ. = ಸುಧಾರಣೆ. Forbearance (ಕ್ಷಮೆ G., where ಸುಥಾರಿಕೆ is wrong).

ಸುಬಲ su-bala. Very powerful. 2, N. of a king of Gândhâra. See ಸೌಬಲ.

ಸುಯಿದಾನ suyidâna. *Add:* Bh. 5, 3, 50.

ಸುರುಟು **suruṭu.** *Add No.* 1.

ಸುರುಟು **suruṭu. 2.** A roll (Dp. 134, 7).

ಸುರೆ surĕ. *Add:* See s. ಆಸವ, ಕಳ್ಳು 1 and ಹೆಣ್ಣ 2.

ಸುವೀರ su-vîra. Having many heroes; having excellent offspring; an eminent hero; etc.; N. of a people. See ಸೌವೀರ.

ಸುಸಿಲ್ **susil. 2.** *Add:* See ತಸಿ-.

ಸುಳಿ **suḷi. 3.** — ಸುಳಿದಾಟಿ. = ಸುಳಿವಾಟಿ. (Dp. 170, 1).

ಸುಳಿಸು **suḷisu.** *Add:* Č. Bp. 31, 25.

ಸೂಟಿ **sûṭi.** *Add:* Grj. 6, after 56; Č. Bp. 31, 25; Bh. 2, 1, 76; 5, 3, 104.

ಸೂಡಗ **sûḍaga.** *Add:* *Cf.* Sk. ಚೂಡ, a kind of bracelet.

ಸೂತನನ್ದನ sûta-nandana. = ಸೂತಪುತ್ರ. (Bh. 3, 18, 5).

ಸೂಸಕ **sûsaka.** — ಸೂಸಕವಿಡಿ. -ಂಪಿಡಿ. To seize the sûsaka (Čpr. 9, after 95).

ಸೃಷ್ಟಿಪಾಲಕ sṛishṭi-pâlaka. The protector or cherisher of the universe (Dp. 150, 4).

ಸೆಕಳೆ sĕkaḷĕ. *Add:* = ಸಕಳೆ (see Additions).

ಸೆಟ್ಟಿ sĕṭṭi. *Put a dash after* ಆದಾನೇ? *of the first proverb.*

ಸೆಟ್ಟಿಗಾರ sĕṭṭi-gâra. = ಸೆಟ್ಟಿ (?). (Dp. 137, 4).

ಸೇರುವೆ **sêruvĕ.** *Add:* See Dp. 130, 58.

ಸೇವಣ sêvaṇa. N. of a country (Râm. 6, 5, 16).

ಸೊಪ್ನ sŏpna. *Add:* Dp. 102, 4.

ಸೊಮ್ಪು sŏmpu. — ಸೊಮ್ಪುಬಿ°. -ಅಬಿ°. Beauty or charm to be lost (Dp. 14, 5).

ಸೋಮವಾರ sôma-vâra. *Add:* See Dp. 164, 1.

ಸೋಱು sôṟu. 1. *Add:* Dp. 158, pallavi.

ಸೋಹೆ sôhĕ. *Add:* Bh. 2, 12, 38.

ಸ್ಥೌಲ್ಯತ್ವ sthaulyatva. *Read:* See ಬೀಗು 2, where Šm. 82 has ಸ್ಥೌಲ್ಯತ್ವ.

ಸ್ನಾನ snâna. *Add:* See Dp. 9, 1 seq.; 15, 1 seq.

ಹ ha 2. *Add:* ಹೊಡಹ, ಹೊರಹ.

ಹಗರಣ hagaraṇa. 1. *Add:* Dp. 18, pallavi; 52, 4.

ಹಗರಣ hagaraṇa. = ಪಗರಣ. (Râm. 8, 4, 30).

ಹಚ್ hač. = ಅಜ್ಜೆ 4. A sound made in sneezing.

ಹಚ್ಚಿಸು haččisu. 1. *Add:* = ಪತ್ತಿಸು 2. (see Additions).

ಹಂಜಿ hañji. *Add:* Dp. 84, 3.

ಹಣಿ haṇi. 3. *Add: Cf.* ಪಱಿ 3?

ಹಣಿದ haṇida. *Add:* = ಪಣಿದ, *and in the parenthesis put:* Bh. 8, 8, 8.

ಹಡಡು hadaḍu. *Add:* ಹಡಡು, according to G.'s definition of ಕರಭ, is "the metacarpus"; the Bp. leaves it doubtful. V. that has the Bp.'s story, uses, instead of ಹಡಡು, ಪಗರು (31, after 23), which appears to be a term of dubious character. ಹರಡಿ, ಹರಡು 8 and ಹರಡೆ 2 may be compared. ಹಡಿರ್ 3 could also mean "the metacarpus".

ಹದಿನ್ hadin. — ಹದಿನೆಣ್ಟು ಪಣದವರು. The right-hand castes (Mr. E. Rice). *Cf.* ಒಮ್ಬತ್ತು ಪಣದವರು (s. Additions).

ಹನಸು hanasu. *Read: cf.* ಪನ್ನ 2 (s. Additions), ಅನ್ 1.

ಹಮ್ಬೆ hambĕ. The core or interior stalk of the plantain tree, of which curries and other things are made (Tu.; Dp. 170, 1).

ಹಮ್ಮೀರ hammîra. *Add:* Grj. 2, after 106.

ಹಮ್ಮು hammu. 1. *Add:* See Râm. 6, 19, 27.

ಹರಡಿ haradi. = ಹರಿಡಿ. (fr. ಹೃದ್ಯೆ, she who is dear, etc.?). A woman; a bride; a wife (Dp. 116, 31; 128, 4).

ಹರಣ haraṇa. 2. — ಹರಣಪ್ಪಡೆ. -ಂ-ಪಡೆ. To obtain or restore life (V. 31, after 24).

ಹರಿದಾಸ hari-dâsa. *Add:* Dp. 63, 1 seq.

ಹರಿದಿ haridi. = ಹರಡಿ. (Dp. 116, 31).

ಹರಿದಿನ hari-dina. = ಹರಿವಾಸರ. (Dp. 185*a*, 13. 20).

ಹರಿದಿವಸ hari-divasa. = ಹರಿದಿನ. (Dp. 185*a*, 14).

ಹರೆ harĕ 1. — ಹರೆಗಡಿ. (*i. e.* ಹರೆಯ ಕಡಿ). = ಪರೆಗಡಿ, q. v. (Bh. 2, 1, 77; 8, 10, 38). — ಹರೆಗಡಿಸು. (*i. e.* ಹರೆಯ ಕಡಿಸು). To have (a multitude) cut so that it disperses (Bh. 5, 3, 102).

ಹಸೆ hasĕ. — ಹಸೆಮಣೆ. *Add:* Dp. 130, 44.

ಹಳ haḷa. — ಹಳ ಹಳಿಕೆ. *Add:* Râm. 6, 19, 28.

ಹಲಸು haḷasu. *Add:* Dp. 135*b*, 2; 158, 3.

ಹಾಡುಗ hâḍuga. (fr. ಹಡು in the sense of "to settle"). A settler: an inhabitant (Bh. 3, 19, 2).

ಹಾಣಾ hâṇâ. — ಹಾಣಾಹಾಣಿ. *Add:* Bh. 9, 2, 15.

ಹಾತೊರಿ hâtŏri. To long for (S. Mhr. according to Z., who thinks the word is a corruption of ಆತುರಿಸು).

ಹಿಕ್ಕಳ hikkaḷa. (fr. ಹಿಕ್ಕು = ಹಿಗ್ಗು 1, No. 3). Swell, elation, intensity (Râm. 6, 35, 60).

ಹಿಗ್ಗು higgu. *Add No.* 1.

ಹಿಗ್ಗು higgu. 2. Swell, elation, joy (Dp. 65, pallavi; Bombay, Aṅkalipi, p. 23).

ಹಿಟ್ಟು hiṭṭu. — ಹಿಟ್ಟುಗುಟ್ಟು. -ಕುಟ್ಟು. To bruise or break into fine parts, to pound (Bh. 2, 1, 76).

ಹಿತಕಾರಿ hita-kâri. *Add:* Râm. 6, 44, 31.

ಹಿನ್ದು hindu. — ಹಿನ್ದುಗಳೆ. *Add:* Dp. 103, 2.

ಹಿನ್ದೋಲ hindôla. *Add:* (= ಇನ್ದೋಳ).

ಹಿರಿ hiri. 1. — ಹಿರಿಮದ್ದಿನ ಗಡ್ಡೆ. *After* Withania somnifera Dunal. *put:* (St. & Pl.).

ಹಿರೆ hirĕ. — ಹಿರೇಕಣಿಗಿನ ಮರ. *After* Garcinia xanthochymus Hook. f. *put:* (St. & Pl.).

ಹಿಳುಕು hiḷuku. *Add:* Bh. 8, 10, 38.

ಹೀ hî. 1. — ಹೀಹಾಳಿ. *Add:* Bh. 8, 11, 39.

ಹೀನ hîna. — ಹೀನಚಾಳಿ. A base practice or habit (My.). — ಹೀನಸುಱಿ°. A bad, disfiguring curl (or vile deceit). ಹೀನಸುಱಿ ಬೋಳಿಸಿದರೆ ಹೋದೀತೇ? (Prv.).

ಹೀಲಿ hîli. *Add:* = ಪೀಲಿ.

ಹುಟ್ಟು huṭṭu. 2. *Add:* ಜುಟ್ಟು ಕಿತ್ತರೂ ಹುಟ್ಟು ಬಿಡ (Prv.).

ಹುದಿ hudi. *Add:* Dp. 115, 2 (to cover, to hide).

ಹುಱಿಗೆ huṟigĕ. (ಹುರಿಗೆ). = ಹೊಱಿಗೆ (?). See Râm. 4, 3, 3.

ಹುಲು hulu. — ಹುಲುನಾಯಕ. A petty, or contemptible, leader or chief (Bh. 3, 19, 2).

ಹುಸಿಕ husika. = ಹುಸಿಗೆ, etc. (Dp. 115, 3).

ಹುಳಿ huḷi. 2. — ಹುಳಿಗಲಿಸು. -ಕಲಿಸು. To mingle an acid with (Abhâ. 11, 16). — ಹುಳಿಗೂಡು. -ಕೂಡು. To add a sour substance (Dp. 170, 1).

ಹುಲಿತು huḷutu. *Add:* Dp. 17, 5 (having become mangy).

ಹೂಂಕೃತ hûṅ-krita. *Add:* Bh. 9, 2, 15.

ಹೆಕ್ಕೆ hĕkkĕ. Tbh. of ಶ್ಲಿಕ್ಕೆ. (Šmd. 358).

ಹೆಡ hĕḍa. — ಹೆಡಗೆಯ್°. -ಕೆಯ್°. The arms backward. — ಹೆಡಗೆಯ್ ಕಟ್ಟು. To pinion (Dp. 89, 2).

ಹೆಮ್ hĕm. 4. — ಹೆಮ್ಮಱಿ°. = ಹೊಮ್ಮಱಿ°. (Râm. 4, 1, 14).

ಹೆರೆ hĕrĕ. 1. *Add:* Dp. 170, 3.

ಹೆರೆ hĕrĕ. 3. Refined crystals, as of salt. ಉಪ್ಪಿನ ಹೆರೆ (Dp. 170, 2).

ಹೇಡಿ hêḍi. *Add:* Dp. 24, 2; 159, 15.

ಹೇವ hêva. *Add:* = ಏವ.

ಹೊಟ್ಟ hŏṭṭa. *Add:* Tu. ಪೊಟ್ಟು, dumb.

ಹೊಟ್ಟು hŏṭṭu. — ಹೊಟ್ಟುಗುಟ್ಟು. *Add No.* 1. — ಹೊಟ್ಟು ಗುಟ್ಟು. 2. To reduce to chaff (Bh. 5, 3, 104).

ಹೊಡ hŏḍa. 2. — ಹೊಡಕರಿಸು. *Add:* Bh. 3, 6, 80; Dp. 154, 8.

ಹೊಣಿ hŏṇi. *Add: Cf.* ಹಣಿ 3?

ಹೊಣೆ hŏṇĕ. *Add:* Dp. 110, 2.

ಹೊಣ್ಡ hŏṇḍa. *Add:* Dp. 151, 6.

ಹೊದಕುಳಿ hŏdakuḷi. — ಹೊದಕುಳಿಗುಟ್ಟು. -ಕುಟ್ಟು. To be greatly grieved (Râm. 2, 2, 39).

ಹೊದಸು hŏdasu. *Add:* Râm. 2, 2, 27.

ಹೊಮ್ಪು hŏmpu. Rising, swelling. — ಹೊಮ್ಪು ತಿರುಪು. Swelling and returning (or ebbing, Bh. 5, 3, 95).

ಹೊರವು hŏravu. A joining: luxuriance. ಬೆಳೆ ಹಣ್ಣು ಕಾಯಿ ಮರ etc. ಹೊರವಾಗಿದೆ or ಹೊರವಾಗಿ ಬೆಳೆದದೆ (My.).

ಹೊಱತು hŏṟatu. *Add:* Dp. 52, 2; 145, 8; 151, 11; 156, 3; 169, 5.

ಹೊಲಬು hŏlabu. — ಹೊಲಬುಗೆಡು. *Add:* Bh. 5, 41, 13. — ಹೊಲಬುದಪ್ಪು. *Add:* Dp. 146 pallavi; 155, 5.

ಹೊಳಚು hŏḷaču. *Add:* 2, to peep, to stare (Dp. 107, 3).

ಹೊಳಹು hŏḷahu. 1. *Put No.* 1 *to* ಪೊಳಪು.

ಹೊಳ್ಳಿಸು hŏḷḷisu. *Add:* Bh. 4, 10, 35.

ಹೊಳ್ಳು hŏḷḷu. — ಹೊಳ್ಳುವಾತು. *Add:* Bh. 8, 19, 38.

ಹೊಳ್ಳೆಯ hŏḷḷĕya. This appears to be a mistake for ಹೊಲ್ಲೆಯ (ಹೊಲ್ಲಿಯ) in Bh. 4, 10, 35.

ಹೋಟ್ರೆ hôṭrĕ. = ಹೊಟ್ರೆ, etc.

ಹೋಱಿದು hôṟidu. = ಹೊರ್ದು, ಹೋಱಿ. P. p. of ಹೋಱ್, ಹೋಱು 1. (Bh. 1, 14 sum.; 7, 4, 42).

ಳಳ ḷa-ḷa. — ಳಳ ಪಡು. To move about (ಸರದಾಡು Ŏb.; it is an expression that has been taken from R.).

CORRECTIONS.

ಅ a. 16. *For* ಅಱಿವೆ *read* ಅಱಿವೆ 4, *and for* ಅಸೆ 1 *read* ಅಸ.

ಅಂಹತಿ aṁhati. *For* illess *read* illness.

ಅಕ aka. *The numbers for* ಅಕ 1 and ಅಕ 2 *ought to be smaller.*

ಅಕೊ akŏ. *For* k2 *read* ka 2.

ಅಕ್ಕಲು akkalu. *For* ಹಕ್ಕಲ್ *read* ಹಕ್ಕಲು 2.

ಅಕ್ಕಳಿಸು akkaḷisu. 1. *Dele it.*

ಅಕ್ಕಳಿಸು akkaḷisu. 2. *Dele the number* 2 *after it.*

ಅಕ್ಕಿ akki. 1. *For* ಹಕ್ಕಿ *read* ಹಕ್ಕಿ 1.

ಅಕ್ಕುಳಿಸು akkuḷisu. 1. *For* ಅಕ್ಕಳಿಸು 2 *read* ಅಕ್ಕಳಿಸು.

ಅಕ್ಕೆ akkĕ. 1. *Dele the number* 1 *after* ಅಕ್ಕೆ.

ಅಕ್ಷತೃತೀಯೆ aksha-tṛitîyĕ. *Dele the meaning given, and put instead:* Tbh. of ಅಕ್ಷಯತೃತೀಯೆ. (My.).

ಅಗಚು agaču. — ಅಗಚಾಟಲು. *For* Straight *read* Strait.

ಅಗರಣೆ agaraṇĕ. *Dele* Upbraiding.

ಅಗರು agaru. *For* ಹಗರು *read* ಹಗರು 2.

ಅಗಲ್ agal. *For* ಅಟ್ಟೆಯಿನಮ್ *read* ಅಟ್ಟೆಯಿನ್ದಮ್.

ಅಗುನ್ದಲೆ agundalĕ. *For* ಅಗುನಲೆವಡೆಯೆ *read* ಅಗುನ್ದಲೆವಡೆಯೆ, *and for* ಕವೀನ್ದ್ರವನ್ದಂ *read* ಕವೀನ್ದ್ರವೃನ್ದಂ.

ಅಗುರ್ವು agurvu. *For* ಒಳಕೊಣು *read* ಒಳ ಕೊಣ್ಡು.

ಅಗುಸೆ agusĕ. *For* (My) *read* (My.).

ಅಗುಳು aguḷu. *Dele the sign of interrogation after* ಅವುಡು 3.

ಅಗುೞ aguḻi. *For* ಘನದ *read* ಘನದ.

ಅಗೆ agĕ. 5. *For* ಹಗೆಯು *read* ಹಗೆಯು 2.

ಅಗ್ಗ agga. 1. *For* ಹಗ್ಗ *read* ಹಗ್ಗ 1, *and for* Prv. s. ಪೆಗ್ಗು 1 *read* Prv. s. ಪೆಗ್ಗು.

ಅಗ್ಗ agga. 3. *For* ಹಗ್ಗ *read* ಹಗ್ಗ 2.

ಅಗ್ಗಿಟಿಗೆ aggiṭigĕ. *For* ಅಗ್ಗಿಟಿಕ *read* ಅಗ್ಗಿಟಿಕೆ.

ಅಂಗಯ್ಸು aṅgaysu. *For* (J. 20. 29) *read* (J. 20, 29).

ಅಂಗೀಕರಣ aṅgî-karaṇa. *For* ಒಪ್ಪ ಕೆಯ್ *read* ಅಪ್ಪ ಕೆಯ್.

ಅಂಗೋಟೆ aṅgôṭĕ. *Dele it.*

ಅಚ್ಚačča. 1. *For* ಅಚಬಣ್ಣ *read* ಅಚ್ಚಬಣ್ಣ, *and for* (My) *read* (My.).

ಅಚ್ಚಿ ačči. 3. *For* R. *read* My.

ಅಚ್ಚು aččn. 2. *For* ಹಚ್ಚು *read* ಹಚ್ಚು 1.

ಅಚ್ಚುಳಾಯ್ತ aččuḷa-âyta. *For* ಅಧ್ಧಿಯೆ *read* ಅಬ್ಧಿಯೆ.

ಅಚ್ಚೆ aččĕ. 2. *For* = ಹಚ್ಚೆ *read* = ಹಚ್ಚೆ 1.

ಅಂಚಿಕೆ aṅčikĕ. *For* ಹಂಚಿಕೆ *read* ಹಂಚಿಕೆ 2.

ಅಂಚು aṅču. 1. *For* ಹಂಚು *read* ಹಂಚು 2.

ಅಂಚು aṅču. 2. *For* ಹಂಚು *read* ಹಂಚು 4.

ಅಂಚೆದಾರ aṅčĕ-dâra. *Dele it.*

ಅಟ aṭa. 5. *For* ನಗ್ನಾಟ ವ್ಯಾಘ್ರಾಟ *read* ನಗ್ನಾಟ, ವ್ಯಾಘ್ರಾಟ.

ಅಟ್ಟ aṭṭa. 2. *For* Čt. 2, 48 *read* Čt. II, 48, *and for* na upper *read* an upper.

ಅಟ್ಟು aṭṭu. 2. *For* ಅಟ್ಟುವ್ಪುಱ *read* ಅಟ್ಟುವ್ವುಱ.

ಅಡವಿ aḍavi. *For* ಅಡವಿಯ ಲಕ್ಕಿ *read* ಅಡವಿಯ ಲಕ್ಕಿ.

ಅಡಿಕ್ aḍik. *For* (My.) *read* (My. occasionally).

ಅಡಿಗು aḍigu. *For* ಅಡಗಿದ *read* ಅಡಿಗಿದ.

ಅಡು aḍu. 4. *For* ಅಡವುಗ್ಗಿ *read* ಅಡುವುಗ್ಗಿ.

ಅಡ್ಡ aḍḍa. 1. *Under* ಅಡ್ಡಣಿ *for* (B.) *read* (R.). *For* ಅಡ ತೊಡರು *read* ಅಡ್ಡ ತೊಡರು.

ಅಡ್ಡಣಿಗೆ aḍḍaṇigĕ. 1. *Dele the No.* 1.

ಅಡ್ಡಿ aḍḍi. *For* ಅಡಿ ಯಾಗು *read* ಅಡ್ಡಿ ಯಾಗು.

ಅಡ್ಲಿಗೆ aḍligĕ. *Put it and the English in small type.*

ಅಣೆ aṇĕ. 2. *For* ಹಣೆ *read* ಹಣೆ 3.

ಅಣೆ aṇĕ. 4. *Dele* ಪಣೆ 5.

ಅಣೆ aṇĕ. 5. *Dele* ಮೊಱಪಣೆ.

ಅಣ್ಟು aṇṭu. 2. *Put a full stop after* (Tĕ.).

ಅಣ್ಡೆ aṇḍĕ. 2. *Dele* etc. , *and dele* ಚೊಪ್ಪರದ ಅಣ್ಡೆ (? Mr. 299). See ಹೊನ್ನಣ್ಡೆ.

ಅಣ್ಣ aṇṇa. 1. *For* ಒಡನೋಡಿದೆವು *read* ಒಡನೋದಿದೆವು.

ಅಣ್ಮು aṇmu. 2. *For* ಆಣ್ಮ *read* ಆಣ್.

ಅತಿವಕ್ತೃ ati-vaktṛi. *Put it before* ಅತಿವರ್ತಿ.

ಅತ್ತರ್ attar. *Put it before* ಅತ್ತರ.

ಅತ್ತಿ atti. 2. *For* ಹತ್ತಿ *read* ಹತ್ತಿ 1.

ಅತ್ತೆ attĕ. *For* (C). *read* (C.). —

ಅದರು adaru. 3. *For* Unripe state of fruits (My.) *read* A very young, quite unripe fruit (My.).

ಅದಿರ್ adir. 2. *For* ಮುಗುಳುದು *read* ಮುಗುಳ್ದುದು.

ಅದುರು aduru. 4. *For* ಹಗರು *read* ಹಗರು 2.

ಅದ್ಗಣಿ adgaṇi. *For* goldsmiths' *read* goldsmiths.

ಅಧೋಲೋಕ adhaḥ-lôka. *For* Nn. 23 *read* Nn. 22.

ಅನನ್ತ an-anta. *Put* ಅನನ್ತನ ವ್ರತ *before* ಅನನ್ತಯ್ಯ *with a dash after it.*

ಅನಿತು anitu. *For* ಅಯ್ದು ಪೇೞ್ದಂ (281) *read* ಆಯ್ದು ಪೇೞ್ದಂ (231).

ಅನ್ತರ antara. *For* See ವೃತಿ *read* See ವ್ಯತಿ , *and for* ಅನ್ತತರಲೆ *read* ಅನ್ತರಲೆ.

ಅನ್ತರದಾಮರೆ *For* antara-dâmarĕ *read* antara-tâmarĕ.

ಅನ್ತಱು antaṟu. *For* ಅನಱ್ದಂ *read* ಅನ್ತಱ್ದಂ ; *and for* ಅನ್ತಱ್ದೆ *read* ಅನ್ತಱ್ತೆ.

ಅನ್ತರ್ವಸಿಕ antar-vasika. *Put a dash after* o. r. ತೆತ್ತು.

ಅನ್ತಾ antâ. 2. *For* ದಣು *read* ದಣ್ಡು.

ಅನ್ತೇವಾಸಿ antê-vâsi. *Put a* Čâṇḍâla *in italics.*

ಅನ್ದ anda. *Under No. 4 for* ಒನು ಜಾತಿಗೆ *read* ಒನ್ದು ಜಾತಿಗೆ.

ಅನ್ದು andu. 1. *For* ಓತ್ತಮ್ ಅದನು *read* ಓತ್ತಮ್ ಅದನ್ದು.

ಅನ್ದು andu. 3. *For* ಅನು ವದಿಲ್ಲ *read* ಅನ್ದು ವದಿಲ್ಲ.

ಅಪರಾಧ apa-râdha. *Put* ಅಪರಾಧ ಕ್ಷಮಿಸಿ ಬಿಡು *and* ಅಪರಾಧ ಕ್ಷಮಿಸು *after* ಅಪರಾಧ ಕೊಡು.

ಅಪ್ಪ appa. 1. *For* ಇವು ಶುದವಪ್ಪ *read* ಇವು ಶುದ್ಧವಪ್ಪ.

ಅಪ್ಪಣೆ appaṇĕ. *For* ಸೆಬೆಯಲ್ಲಿಡ ಬೇಕೆನು *read* ಸೆಬೆಯಲ್ಲಿಡ ಬೇಕೆನ್ನು.

ಅಬುಗು abugu. *For* ಅವುಗು *read* ಅವುಗು 1.

ಅಬ್ಬರ abbara. 1. *For* ದುಗುನ ಪಾಯಿಕು *read* ದುಗನ ಪಾಯಿಕು.

ಅಭ್ಯುದಿತ abhi-udita. *For* ಹೇಬಿದು *read* ಹೇಬಿದ್ದು.

ಅಮ್ am. *For* See ಅವ್ಪ *read* See ಅಮ್ಪ 1.

ಅಮ ama. *For* ಮೊ 4 *read* ಮೊ 3.

ಅಮರೆ amarĕ. *Dele* ಆವರಿ.

ಅಮರ್ಚು amarču. *For* ಅಮರ್ಚ ಸಿನ೦ *read* ಅಮರ್ಚಿ ಸಿದ್ಧಂ, *and for* ಚಿನ್ನಕಿಯನ್ *read* ಚಿನ್ನಕ್ಷಿಯನ್.

ಅಮಿಕು amiku. *For* (My) *read* (My.).

ಅಮುಷ್ಯಾಯಣ *For* amushya-ayaṇa *read* amushya-ayana.

ಅಮ್ಬು ambu. 1. *For* ಮಾಣ್ಡೆ ಇರದೆ *read* ಮಾಣ್ದು ಇರದೆ.

ಅಮ್ಬ್ಲ amblа. *For* ಅಮ್ಲ *read* ಅಮ್ಲ್ಲ.

ಅಮ್ಮು ammu. *Add* No. 1 ; *and dele the half paranthesis after* Bb. 8, 22, 42.

ಅಯ್ಕಿಲ್ aykil. *For* ಅಯ್ಕಿಲ್ಗಳಿಂ *read* ಅಯ್ಕಿಲ್ಗಳಿಂ.

ಅಯ್ದು aydu. 2. *For* ಅಯದಿಲ್ಲಿ *read* ಅಯ್ದುದಿಲ್ಲಿ.

ಅರ ara. 2. *For* ಅರೆ 8 *read* ಅರೆ 7.

ಅರಿ ari. 1. *Dele* = ಹರಿ.

ಅರಿ ari. 2. *For* ಅರಿಬೊಯ್ಲು. -ಹೊಯ್ಲು *read* ಅರಿಬೊಯ್ಲು. -ಪೊಯ್ಲು.

ಅರಿ ari. 5. *For* ಹರಿ *read* ಹರಿ 1.

ಅರಿವೆ arivĕ. *Dele it.*

ಅರಿಸು arisu. 3. *For* ಹರಿಸು *read* ಹರಿಸು 2.

ಅರೆ arĕ. 2. *For* ತುಣ್ಡಾ ಕತ್ತರಿಸಿ *read* ತುಣ್ಡಾಗಿ ಕತ್ತರಿಸಿ.

ಅಱ್ aṟ. 1. *For* ಕಿಱದಿನಲ್ಲಿ *read* ಕಿಱದಿನಲ್ಲಿ.

ಅಱಕ aṟaka. 2. *For* ಹಱಕ *read* ಹಱಕ 2.

ಅಱಿಕೆ aṟakĕ. 1. *For* ಅಱಕೆಕಾಱ *read* ಅಱಿಕೆಕಾಱ.

ಅಱಿ aṟi. 2. *Change the No.* 2 *into No.* 3 *(on account of* ಅಱ 2 *in* Additions*), and for* ಹಱ *read* ಹಱ 1.

ಅಱಿಕೆ aṟikĕ. 1. *For* J. 26, 57 *read* J. 26, 67.

ಅರ್ಬಿ arbi. *Dele the meaning given, and read:* A remaining, *i. e.* constant, descent of water, a waterfall (ಉಱನಿರ್ಝರ Śmd. II; T. ಅರುವಿ, Tu. ಅರ್ಬಿ). See ಜೇರರ್ಬಿ.

ಅಲ್ al. 1. *For* That place, that direction *read* Place, direction, *and for* that state *read* state.

ಅಲ ala. 3. *Dele* or ಗಣಸು?, *and dele* or ಗಣಿಸು?

ಅಲರು alaru. 2. *For* ಬಿಲುಗಾರ *read* ಬಿಲುಗಾಱ.

ಅಲುಗು alugu. 1. *For* (ಎಲುಗು?) *read* (ಎಲುಗು).

ಅಲ್ಲಿ. *For* alli. = ಅಲಿ 2, etc. Locative of ಅಲ್ 1 *read:* a12-al1-i12. = ಅಲಿ 2, etc. , *and for* in *read* In.

ಅಲ್ಲೋಲ allôla. *Dele the full stop after* ಆಗಿತ್ತು.

ಅವಣಿಸು avaṇisu. *Put it in small type.*

ಅವತಾರ ava-târa. *For* ಆದಿವೃಷಭೇನ್ದ್ರಾವತಾರ *read* ಆದಿವೃಷಭೇನ್ದ್ರಾವತಾರ.

ಅವನಿಪತಿ avani-pati. *For* ಪವನಿಪ *read* ಅವನಿಪ.

ಅವರೋಧನ ava-rôdhana. *For* 3, *read* 2, .

ಅವು avu. 4. *For* ನುಂಗುವುವುಮ್ ಒಳವು ದಧಿಯೊಳೆ ಮಹಾಮುಕ್ಯಂಗಳ್? (292) *it is preferable to read* ನುಂಗುವುವುಮ್ ಒಳವು ಉದಧಿಯೊಳೆ ಮಹಾಮುತ್ಯಂಗಳ್! (292).

ಅಷ್ಟಾದಶಜಾತಿ ashṭâdaśa-jâti. *For* ಗಂಗಡಿಕಾರ *read* ಗಂಗಡಿಕಾಱ.

ಅಷ್ಟಾದಶಪ್ರಧಾನ ashṭâdaśa-pradhâna. *For* ಅನ್ತಸಿತ *read* ಅನ್ತಸ್ಥಿತ.

ಅಸಿ asi. 5. *For* ಹಸಿ *read* ಹಸಿ 2.

ಅಸಿಪರ್ಣಿ asi-parṇi. *Dele* perhaps = ಕಾರೆ, *and put instead* ; see ಗೋಣು.

ಅಸುರ್ asur. 2. *For* ಉಸರು *read* ಉಸುರು.

ಅಹ aha. *For* ಏಱು ತಲೆಗಗಡವನ್ನಬರ *read* ಏಱು ತಲೆಗಡವನ್ನಬರ.

ಅಳ್ aḷ. 4. *For* (ವಳ್ 2) *read* (ವಳ್).

ಅಳೆ aḷĕ. 3. *For* See ಕಟ್ಟಳೆ s. ಕಟ್ಟು 5 *read* See ಕಟ್ಟಳೆ 2 s. ಕಟ್ಟು 1.

ಅಳ್ಕೆ aḷkĕ. *Dele the comma after* ಆಲಿಂಗನ.

ಅೞಿ aḻi. 2. *Dele* (J. 13, 24).

ಅೞ್ಕು aḻku. 1. *Dele the dash before* ಶ್ರೀ.

ಆ â. 4. *For* ಪುಲ್ಲೆ ಬನುವು *read* ಪುಲ್ಲೆ ಬನ್ದುವು.

ಆಕರ್ಷ â-karsha. *Under No.* 6 *for* ವೈತಿಕ *read* ವೈತಿಕ.

ಆಕೆ âkĕ. 1. *For* ಘುಲ್ಲುಳ್ಳುಲ್ಲಿನೆ *read* ಗುಲ್ಲುಗ್ಗುಲ್ಲಿನೆ.

ಆಗು âgu. 1. *At the bottom of p.* 146, *first column, for* ಅಂಗಳದಲಾಗಲಿ *read* ಅಂಗಳದಲ್ಲಾಗಲಿ.

ಆಗುಹ âguha. *For* ಹಿನು *read* ಹಿನ್ದು.

ಆಟಿಕೆ âṭikĕ. *Dele* ಪಮ್ಮಾಟಿಕೆ.

ಆತ್ಮ âtma. *Last line of the bottom, for* ಪವಿತ *read* ಪವಿತ್ರ.

ಆದಾನು *For* â-dânu *read* âdânu.

ಆಧಾರ â-dhâra. *For* Mr. 4, 16 *read* Mr. 416.

ಆನ್ದೆಗ ândĕga. *For* ಹಸ್ತಿಕೀರ *read* ಹಸ್ತಿಕೀಱ.

ಆಯುರ್ವೃದ್ಧಿ âyus-vṛiddhi. *Read* = ಆಯುರ್ವರ್ಧನ.

ಆರೆ ârĕ. 3. *For* ಪಾರೆ *read* ಪಾರೆ 2.

ಆಱ್ âṟ. 2. *For* ಇರಲಾರದು *read* ಇರಲಾಱದು.

ಆೞು âḻu. 5. *For* ಹಾೞು *read* ಹಾೞು 1.

ಆರ್ತ ârta. *At the head of p.* 167 *for* **ಅರ್ತ** *read* **ಆರ್ತ.**

ಆಲ âla. 1. *For* ಅಲೆ 1 *read* ಆಲೆ 1.

ಆಲ âla. 2. No. 3 *for* large extensive *read* large, extensive.

ಆಲಿಸು âlisu. *For* ಅರ್ಥದಿನೆ *read* ಅರ್ಥದಿನ್ದೆ.

ಆಲೆ âlĕ. 1. *For* ಆಲ 2 *read* ಆಲ 1.

ಆಲೆ âlĕ. 4. *For* ಹಲ್ಲೆ *read* ಹಲ್ಲೆ 1.

ಆಲೆ âlĕ. 6. *For* ಹಾಲೆ *read* ಹಾಲೆ 2.

ಆವರಿ âvari. *For* = ಆವರೆ, etc. *read* = ಆವರಿಕೆ 2. Covering, enclosing. See ನೀರಾವರಿ.

ಆವರಿಕೆ âvarikĕ. *Add No.* 1, *and for* ಆವರಿ, etc. *read* ಆವರೆ, etc.

ಆವಿಗೆ âvigĕ. *For* ಹಾವಗೆ *read* ಹಾವುಗೆ 1.

ಆವೇಶಿಕೆ. *For* â-vêsiki *read* â-vêśiki.

ಆಸು âsu. 4. *For* ಹಾಸು *read* ಹಾಸು 1.

ಆಸು âsu. 5. *For* ಹಾಸು *read* ಹಾಸು 2.

ಆಸ್ಥೌಲ್ಯ âsthaulya. *For* ನೆಡೆ *read* ನೆಡೆ 1.

ಆಹಾರ â-hâra. *For* ಕೊಣು ಕೊಣ್ಣು *read* ಕೊಣ್ಣು ಕೊಣ್ಣು.

ಆಹಾರಿಸು âhârisu. *Dele it.*

ಆಳೆ âḷu4-ĕ3. *For* ಹಾಳೆ *read* ಹಾಳೆ 2.

ಇಂ im. 4. *For* ನಿಂ ಮುಂಚಿದಯ್ *read* ನೀಂ ಮುಂಚಿದಯ್, *and for* ದ 2, ರ 2, etc. *read* ದ 2, ಱ 2, etc.

ಇಕ್ ik. *At the bottom for* ಅಲಿನ *read* ಅಲಿನ್ದ.

ಇಕ್ಕರಿಸು ikkarisu. 2. *For* ಸಿಡಿಲಿತು *read* ಸಡಿಲಿತು.

ಇಕ್ಕು ikku. 2. *At the bottom, for* ಮುದದಿನ *read* ಮುದದಿನ್ದ.

ಇಂಗು iṅgu. 1. *For* ಹಿಂಗು *read* ಹಿಂಗು 2.

ಇಡಿ iḍi. 1. *Dele* J. 15, 9.

ಇದ್ದಲ್ iddal. *For* ಚಾರುಚನ್ದ್ರೋತ್ಪಲ *read* ಚಾರುಚನ್ದ್ರೋಪಲ.

ಇನ್ತಾ 1. *For* im4-tâ5 *read* im4-tâ3.

ಇನ್ದವು indavu. *For* ನಿಶ್ಚಯದಿನವು *read* ನಿಶ್ಚಯದಿನ್ದವು.

ಇಪ್ಪೆ ippĕ. 1. *For* ಹಿಪ್ಪೆ *read* ಹಿಪ್ಪೆ 2.

ಇಮ್ im. 1. *For* twice *read* twice.

ಇರ್ ir. 1. *For* ಪ್ರೀತಿಯಿನ *read* ಪ್ರೀತಿಯಿನ್ದ, *and for Cf.* ಇಱು *read Cf.* ಇಱು 1.

ಇರುಳ್ iruḷ. *For* ಇರುಳರಸ (s. ಇರುಳಾಳ್ಕೃ) *read* ಇರುಳರಸ.

ಇಸು isu. 2. *Dele* only in P.

ಈಚಲ್ îcal. 1. *For Cf.* ಈದಿ *read Cf.* ಈಡಿ.

ಈನ್ în. 2. *After* ಈನ್ದೋಳ್ *for* (Śmd. 214. 143, or ಇನ್ದೋಳ್) *read* (Śmd. 214, or ಇನ್ದೋಳ್), *and after* ಈನ್ದೋಳ *for* (Śmd. 214. 143, or ಇನ್ದೋಳ) *read* (Śmd. 214, or ಇನ್ದೋಳ).

ಈರ್ îr. 1. s. ಈರಾಱು, *for* ಅನ *read* ಅನ್ದ.

ಈಱಿಗೆ *For* îḻigĕ, *read* îḻigĕ.

ಉಗಿ ugi. 8. *For* ಉಗ *read* ಉಗ 1.

ಉಚ್ಚಣ್ಡ ud-caṇḍa. *For* ಎಱಗಟ್ಟೆ *read* ಎಱಗಟ್ಟಿ.

ಉಡಗು uḍagu. 1. *For* ಹುಡುಗು *read* ಹುಡುಗು 2.

ಉಡಿ uḍi. 1. *For* ಮುಱು? *read cf.* ಮುಱು 1 & 3 with ಮೋಟನ.

ಉಣಿಸಿಗ uṇisiga. *For* ಅಮುದುಣಿಸಿಗ *read* ಅಮುರ್ದುಣಿಸಿಗ.

ಉತ್ಕಲಿ utkali. *For* ಮೆರೆಕೋಲು *read* ಮೆಱೆಕೋಲು.

ಉದ್ದ udda. s. ಉದ್ದಳತೆ *for* ಉನ್ನತೆ *read* ಉನ್ನತೆ.

ಉದ್ದಿತ್ತು uddittu. *For* ಉದಿತು *read* ಉದ್ದಿತು.

ಉದ್ಭವಕರ *(p. 229 above). For it read* ಉದ್ಭವಕರ.

ಉನ್ನತ ud-nata. *For* ಉನ್ನತದ *read* ಉನ್ನತದ.

ಉನ್ನದ್ಧ ud-naddha. *For* ಸಮುನದ್ಧ *read* ಸಮುನ್ನದ್ಧ.

ಉಪ್ಪಯಣ uppayaṇa. *For* ಉತ್ಪಯಣ? *read* ಉಚ್ಛಯಣ, *and dele the sign of interrogation before* ನಿರ್ಯಾಣ.

ಉಪ್ಪರ uppara. *After* ಉಪ್ಪರಗುಡಿ *dele* -ಗುಡಿ.

ಉಪ್ಪು uppu. 1. *For* ಉಪ್ಪುಪು *read* ಉಪ್ಪುಪ್ಪು.

ಉಬ್ಬಟೆ ubbu2-aṭĕ. *Add No. 1.*

ಉಬ್ಬಲು ubbalu. *For* ಗುುಯ್ *read* ಗುುಯಿ, *and for* ಹುುಯ್ *read* ಹುುಯ್ 1.

ಉರಕು uraku. *Dele* Itch.

ಉರ್ಬು urbu. 3. *For* ಉಬ್ಬಟೆ *read* ಉಬ್ಬಟೆ 1.

ಉರ್ವಿನಂ urvinaṁ. *Put it before* ಉರ್ವಿಪ.

ಉಸಕು usaku. *Put it before* ಉಸಕ್ಕನೆ.

ಉಱಿತೆ uḻatĕ. *Put it before* ಉಱಿದು.

ಉೞಿಗ uḻiga. 1. *For* ದಣ್ಣುಬಿಗ *read* ದಣ್ಣುಱಿಗ.

ಊಕೆ ûkĕ. 2. *For* ಒಯರ್ *read* ಒಯ್ದರ್.

ಊತ ûta. 2. *For* ಊದು 4 *read* ಊದು 3.

ಊರ್ ûr. *For* ಕಱುಬರ್ ಇರ್ದ ಉರ್ಗಿನ್ದೆ *read* ಕಱುಬರ್ ಇರ್ದ ಊರ್ಗಿನ್ದೆ.

ಊರು ûru. *Second column at the top, for* ನನ್ನಲ್ಲಿ ಬನ್ದು *read* ನನ್ನಲ್ಲಿ ಬನ್ದು.

ಋಚ್ ṛic. *For* ಋಕ್ಕು 1 *read* ಋಕ್ಕು.

ಎಕಾರ ĕ-kâra. ಎಕಾರವಿಧಿ. ĕkâra-vidhi. ಎಕಾರಾನ್ತ ĕkâra-anta. *Put all in large type.*

ಎಕ್ಕ ĕkka. 2. *For* ಯಕ್ಕ No. 3 *read* ಯಕ್ಕ No. 2.

ಎಕ್ಕೆ ĕkkĕ. *For* ಯಕ್ಕ No. 2 *read* ಯಕ್ಕ No. 1.

ಎಗಚಿ ĕgaci. *For* ರೇಗು 6 *read* ರೇಗು 2.

ಎಚ್ಚಱಿ ĕccaḻa. *For* ಎಚ್ಚರದಪ್ಪ *read* ಎಚ್ಚಱದಪ್ಪ.

ಎಚ್ಚು ĕccu. 3. *For* ಹೆಚ್ಚು *read* ಹೆಚ್ಚು 1.

ಎಚ್ಚು ĕccu. 4. *For* ಹೆಚ್ಚು *read* ಹೆಚ್ಚು 2.

ಎಜ್ಞ ĕjña. *For* ಯಜ *read* ಯಜ್ಞ.

ಎಟ್ಟು ĕṭṭu. 2. *For* ಹೆಟ್ಟು *read* ಹೆಟ್ಟು 2.

ಎಡೆ ĕḍĕ. 1. s. ಎಡೆವಱ *for* ವೀತರಾಗ *read* ಪೀತರಾಗ.

ಎಡೆ ĕḍĕ. 2. *For* ಹೆಡೆ *read* ಹೆಡೆ 1.

ಎಣೆ ĕṇĕ. 2. *For* ಹೆಣೆ *read* ಹೆಣೆ 1.

ಎಣ್ಡೆ ĕṇḍĕ. *For* ಹೆಣ್ಡೆ *read* ಹೆಣ್ಡೆ 1.

ಎರೆ ĕrĕ. 1. *For* ಎರೆಯುಳ್ಳದೊನು *read* ಎರೆಯುಳ್ಳದೊನ್ದು, *and for* ಅಡಂಗವೊಯು *read* ಅಡಂಗವೊಯ್ದು.

ಎರೆ ĕrĕ. 4. *For* ಎಡೆವರ್ಗೆ *read* ಎರೆವರ್ಗೆ.

ಎರೆ ĕrĕ. 5. *For* ಹೆರೆ *read* ಹೆರೆ 2.

ಎರ್ದೆ ĕrdĕ. *For* ಬಿನವಿಸುವಿನೆಗಮ್ *read* ಬಿನ್ನವಿಸುವಿನೆಗಮ್.

ಎಸಗು ĕsagu. 2. *For* ಪುಸಿ 2 *read* ಪುಸಿ 1.

ಎಹಗೆ ĕll-hagĕ1. *For* ಹೆಂಗೆ *read* ಹೆಂಗೆ 2.

ಎಹೆಂಗೆ. *For* ĕll-hĕṅgĕ *read* ĕll-hĕṅgĕ 2.

ಎಳ ĕḷa. *For* ಎಳೆನೀರ್ಗಳ್ *read* ಎಳನೀರ್ಗಳ್.

ಎಳೆ ĕḷĕ. 2. *For* ಎಳೆಮೊಗರು. A delicate bud *read* ಎಳೆ ಮೊಗರು (or ಎಳೆಮೊಗಱು). A delicate, very small fruit.

ಎಱಿಸು ĕḻasu. *For* Bh. 4, 4, 39 *read* Bh. 4, 4, 59.

ಏಕಗ್ರೀವ. *For it read* ಏಕಗ್ರೀವ.

ಏಲ ĕla. *In page* 293 *for it read* ಏಲ.

ಏವ êva. *For* Abh. 10, 209 *read* Abh. P. 10, 209.

ಏೞ್ êḻ. 1. *Read* Bp. 31, 10; 42, 2, *and dele* 12, 44; 32, 45; 37, 42; 61, 37, *and* s. ಏೞ್ಹೇಱ್ *dele* 5, 6.

ಏೞು êḻu. 1. *After* See Bp. 16, 29 *dele* 18, 63, and 48 sum.

ಐಂಗುದ aiṅguda. *For* (fr. ಇಂಗುಡ) *read* (fr. ಇಂಗುದ).

ಐಲೇಯ ailêya. *For* (= ಏಲವಾಲು) *read* (= ಏಲವಾಲುಕ).

ಒ ŏ. 5. *Dele* (ಬನಪ್ಪು).

ಒಚ್ಚಯ ŏccaya. *Dele* ಒಚ್ಚಿಯು, *and for* (ಬಚ್ಚ) *read* (ಬಚ್ಚ 1).

ಒಜ್ಜೆ ŏjjĕ. *Dele* ವಜ್ಜ.

ಒಟ್ಟಿಲ್ ŏṭṭil. 1. *Dele it.*

ಒಟ್ಟಿಲ್ ŏṭṭil. 2. *Dele the No.* 2, *and after* Śm. 54 *put:* ; ಶರೆ Mr. 350.

ಒಡ ŏḍa. 1. s. ಒಡ ಹುಟ್ಟು 1 *for* ತನ್ನೆಯ ಒಡ ಹುಟ್ಟಿದವನು *read* ತನ್ನೆಯ ಒಡ ಹುಟ್ಟಿದವನು.

ಒಡೆ ŏḍĕ. 1. *For* ಹಿಣ್ಣನ್ ಬಡೆದ ಎಕ್ಕಲಂ *read* ಹಿಣ್ಣನ್ ಒಡೆದ ಎಕ್ಕಲಂ.

ಒದಱು ŏdaṟu. 1. *Put a semicolon after* which is suddenly pulled.

ಒದ್ದಿಕೆ ŏddikĕ. *For* ಪೊದ್ದಿಕೆ *read* ಪೊದ್ದಿಕೆ 1.

ಒನ್ದು ŏndu. 2. s. ಒನ್ದಾಗು *for* ಚನ್ದ್ರ ಸೂರ್ಯರ್ಕಳನ್ *read* ಚನ್ದ್ರ ಸೂರ್ಯರ್ಕಳನ್. — s. ಒನ್ದಾನೊನ್ದು. *For* ಒನಾನೊನ್ದು *read* ಒನ್ದಾನೊನ್ದು.

ಒಪ್ಪ ŏppa. *For* ಒಪ್ಪಂಗುನ್ದು. -ಂಕುನು *read* ಒಪ್ಪಂಗುನ್ದು. -ಂಕುನ್ದು.

ಒಪ್ಪು ŏppu. 1. *For* ಭಾಸುತರ *read* ಭಾಸುರತರ.

ಒಯಿ ŏyi. 2. *For* ಪೊಯಿ *read* ಪೊಯಿ 1.

ಒರಸು ŏrasu. 2. *Put* ಸೆನ್ದು Śm. 51 *in the following parenthesis after* Śs.

ಒರ್ವ ŏrva. *For* ಲಕ್ಷ್ಮೀಶನೆಮ್ಬ *read* ಲಕ್ಷ್ಮೀಶನೆಮ್ಬ.

ಒಲೆ ŏlĕ. 1. *For* ಒಲಿ 1 *read* ಒಲಿ.

ಒಸಿ ŏsi. *For* ವಸಿ *read* ವಸಿ 2.

ಒಳ ŏḷa. 1. *At the bottom for* ಕುನು ಏಕೆ *read* ಕುನ್ದು ಏಕೆ.

ಒಳಿಱ್ ŏḷiṟ. *Put it after* ಒಳಿತು.

ಒಳ್ಳೆ ŏḷḷĕ. 2. *For* ಪೊಳ್ಳೆ *read* ಪೊಳ್ಳೆ 2.

ಓ ō. 3. *For* ಇನೆ ಕೋಣ್ಬೆ *read* ಇನ್ದೆ ಕೋಣ್ಬೆ.

ಓಲಗ ōlaga. 1. *For* ಒಲಗಂ ಪರಿ *read* ಓಲಗಂ ಪರಿ.

ಕಕ್ಕು kakku. 1. *For* ಕಕ್ಕುದಱ್. -ತಱ್ 3 *read* ಕಕ್ಕುದಱ್. -ತಱ್ 4.

ಕಟಾಕ್ಷ kaṭāksa. *For* ಕಟಾಕ *read* ಕಟಾಕ್ಷ.

ಕಟ್ಟಿಸು kaṭṭisu. *The meanings in small type are to appear in large type.*

ಕಡಮೆ kaḍamĕ. *On page* 342 *for* ಮುದಿತನದಿನ *read* ಮುದಿತನದಿನ್ದ.

ಕಡು kaḍu. 1. *For* ಕೆಡಿ 1 *read* ಕೆಡಿ.

ಕಡೆಯ kaḍĕya. *Dele the comma after* ಹಂಸಕ.

ಕಡ್ಲೆ kaḍlĕ. *For* ಕಡ್ಲೇ ತಿನು *read* ಕಡ್ಲೇ ತಿನ್ನು.

ಕಣ kaṇa. 3. *Dele* ಜಂ, ಜಣ.

ಕಣಿ kaṇi. 5. *For* ವರುಸದ *read* ವರುಷದ.

ಕಣಿಸು kaṇisu. *Dele* ಕಿಸುಗಣಿಸು.

ಕಣ್ಠ kaṇṭha. *For* ಕಣ್ಬ *read* ಕಣ್ಬ 1.

ಕಣ್ಠಿಕೆ kaṇṭhikĕ. *For* ಒನು ಸರಮ್ *read* ಒನ್ದು ಸರಮ್.

ಕಣ್ಣು kaṇṇu. *For* ಗಣ್ಣುಗೊಮ್ಬೆ *read* ಕಣ್ಣುಗೊಮ್ಬೆ, *and* (s. ಕಣ್ಣುಪಟ್ಟು) *for* alley *read* allay.

ಕದ್ kad. *For* ಕನ್ದಾಡಿ *read* ಕದ್ದಾಡಿ.

ಕದಪು kadapu. *Dele* ಗವಡೆ?

ಕದಮ್ಬ kadamba. *For* ಕದಮ್ಬ *read* ಕದಮ್ಬ.

ಕನಸು kanasu. *For* ಮುರುವ *read* ಮುಱುವ, *and dele* (sees in his dream).

ಕನ್ನಡಿ kannaḍi. *Dele* ಮೂಗು-.

ಕಪಾಲಿಕೆ kapālikĕ. *For* ಕಪಾಲ *read* ಕಪಾಲ 1.

ಕಮ್ಬಿ kambi. *For* the guava tree *read* the tree Gardenia gummifera.

ಕರ kara. 1. *For* ಅಯೆ *read* ಅಯ್ದೆ.

ಕರಣ karaṇa. 2. *For* ಸಾವದ್ಯ *read* ಸಾವಧ್ಯ.

ಕರಿ kari. 3. *Put* ಕರಿಯ ತಿಗಡೆ *after* ಕರಿಯ ಜೀರಗೆ.

ಕರು karu. 3. *Dele it.*

ಕರುತ್ತು karuttu. *Dele it.*

ಕರೆ karĕ. 1. *On page* 376 *for* ಓ ಎನು *read* ಓ ಎನ್ನು.

ಕಱೆ kaṟĕ. 3. *For* ಹೈಯು *read* ಹೈಯಂಗವೀನ, *and for* ಬಿಸಿಲ್ಗಱ್ *read* ಬಿಸಿಲ್ಗಱ್.

ಕರ್ಕು karku. 2. *For* ಕರಕು 1 *read* ಕರಕು.

ಕರ್ಚಿ. *For* karci *read* karči.

ಕರ್ಪೂರ karpûra. *Read:* A kind of aromatic paččĕ.

ಕಲಭ kalabha. *For* ವಲ್ಲ ಮುಱ್ *read* ಪಲ್ಲಮುಱ್.

ಕಷ್ಟ kashṭa. *For* 5, *read* 3, .

ಕಳೀಜ kaḷīja. *Put it after* ಕಳಹಿಸು.

ಕಳ್ಳ kaḷḷa. 1. *For* ಸ್ತೇನ *read* ಸ್ತೇನ, *and* s. ಕಳ್ಳದಾಱ್, *for* ವಱುದುಱ *read* ದಱುದುಱ.

ಕಲ್ಲಲ್ kaḷal. 3. *For* ಕಱಲುದೆನ *read* ಕಱಲ್ದುದೆನೆ.

ಕಾ kā. 2. *For* etc. *read* etc.

ಕಾಗಿ kāgi. s. ಕಾಗಿನೇಱಳೆ, *for* ಭೂಮಿಜಮ್ಬ್ಬೂಕ *read* ಭೂಮಿಜಮ್ಬುಕ.

ಕಾಟ kāṭa. 4. *Dele* = ಕೇರ, etc.; *and read:* Just then, afterwards (S. Mhr.; Tĕ. ಕಾಡೆ, at, near, by; *cf.* ಕೇರ, ಕೇಸ).

ಕಾಡಿಗೆ kāḍigĕ. *For cf.* ಕಾಲಿಕೆ, ಕಾಳಿಗ *read cf.* ಕಾಲಿಕೆ, ಕಾಳಿಕ.

ಕಾಡು kāḍu. 2. s. ಕಾಡ ಹೆಸಱು *for* ಮುಯಷ್ಟಕ *read* ಮಯಷ್ಟಕ.

ಕಾಣ್ಮೆ kāṇmĕ. *Dele the sign of interrogation before* ಬಲ್ಲಾತನ.

ಕಾರಣೆ kāraṇĕ. *For* ಕಾರಣ No. 3 *read* ಕಾರಣ 1 No. 3.

ಕಾರಾಗಾರ. *For* kārā-agāra *read* kārā-āgāra.

ಕಾಸು kāsu. 2. *For* ಕೊಡೆಯಾಲ *read* ಕೊಡೆಯಾಳ.

ಕಾೞು kāḻu. 1. *Put* ಕಾೞುದಾದ್ಧ *after* ಕಾೞುಬ್ಬೈರವ.

ಕಿಚಿ kiči. *For* ಕಚಗುಟ್ಟು *read* ಕಿಚಿಗುಟ್ಟು.

ಕಿತ್ತು kittu. 3. *For* Tbh. ಜಡಿ 2 *read* Tbh. ಜಡಿ 3.

ಕಿಱಿಕು kiṟaku. *For* ಗಿಱಕು *read* ಗಿಱಕು 2.

ಕಿಲ್ kil. *For* ಕಿಲಿ 1 & 2 *read* ಕಿಲಿ.

ಕಿಲಿ kili. *Dele* (ಲಿಕಿ 2).

ಕುಂ kuṁ. *For* ಗು 1, ಗುಂ *read* ಗು 2, ಗುಂ 1.

ಕುಚ್ಚು kuččcu. *For* ಗುಚ್ಚ, ಗುಂಜ *read* ಗುಚ್ಛ, ಗುಂಫ.

ಕುಡಿ kuḍi. 5. *Dele* 2, a flag, a banner (Tu., T., M., Tĕ. ಕೊಡಿ; see ಉಪ್ಪರಗುಡಿ, ಮೇಲುಗುಡಿ).

ಕುಣಿಕೆ kuṇikĕ. *For* ಗುಳಿಕೆ 1 *read* ಗುಳಿಗೆ 1.

ಕುಣ್ಟಿ kuṇṭi. *Dele* See Prv. s. ಮನೆ.

ಕುತಪ kutapa. *For* ವ್ರತಹೀನ *read* ವ್ರತಹೀನ.

ಕುಪ್ಪು kuppu. 3. *For* ಗುಪ್ಪು *read* ಗುಪ್ಪು 1.

ಕುಲ್ಲಾ kullā. *For* ಕುಲ್ಲಾ *read* ಕುಲಾ.

ಕುವರ kuvara. 2. *For* ಗುಬುರು *read* ಗಬುರು 2,

ಕುಸುರಿ kusuri. *For* ಅಂಜೆ 1 *read* ಅಂಜೆ.

ಕೂಗುರಿ kûguri. *For* ಕೂಗುರೆ ಅವರೆಗಳು *read* ಕೂಗುರಿ ಅವರೆಗಳು.

ಕೂಚು kûču. 1. *For* ಗುಜ್ಜು 1 *read* (ಗುಜ್ಜು 1).

ಕೂಸು kûsu. *For* ಕಾಸು ಹೇಲದು *read* ಕಾಸು ಹೋಲದು.

ಕೆಡೆ kĕḍĕ. 1. *For* ನಿರ್ಜರಜಲದ ಹನಿಗಳ್ *read* ನಿರ್ಝರಜಲದ ಹನಿಗಳ್.

ಕೆಯ್ kĕy. 3. *Put* ಕೆಯ್ವತ್ತಿಸು *before* ಕೆಯ್ವರ್.

ಕೆಯ್ kĕy. 4. *For* (ಸಯ್) *read* (ಸಯ್ 1).

ಕೇಳ kêḷa. *Dele the sign of interrogation in the parenthesis.*

ಕೊಡಲಿ kŏḍali. *For* ಗಣ ಕೊಡಲಿ *read* ಗಣ್ಡಕೊಡಲಿ.

ಕೊಡೆ kŏḍĕ. 1. *For* ಕಾಸು ಇದರೆ *read* ಕಾಸು ಇದ್ದರೆ.

ಕೊರಕಂಬಿ. *For* (kŏra.) *read* (kŏra-).

ಕೊಳಿಸುವಿಕೆ kŏḷisuvikĕ. *Dele* ಸಿದ್ಧಾನ್ತ-.

ಕೊಱಕು kŏṟaku. — ಕೊಱಕುಮುಂಡಲ. *For* Duboia *read* Daboia.

ಕೋಱು kôṟu. 2. *Dele* (= ಜೂಱು), *and dele also* ನಾಲ್ಗೋಱು, ಮುಕ್ಕೋಱು.

ಕೋಱೆ kôṟĕ. *For* = ಕೋಱ *read* = ಕೋಱು.

ಕ್ಷಮೆ kshamĕ. *For* ಸುದಾರಿಕೆ *read* ಸುಧಾರಿಕೆ.

ಕ್ಷೀರಿಕೆ kshîrikĕ. *For* ಪಾಲೆಕಾಯಿಚೆಟ್ಟು *read* ಪಾಲೆ 2.

ಗಜಿಗ gajjiga. *Read* **ಗಜ್ಜಿಗ gajjiga.**

ಗಜ್ಜು gajju. *For* = ಗೊಜ್ಜು *read* (= ಗೊಜ್ಜಿ).

ಗಣ್ಡು gaṇḍu. *Put* ಗಣ್ಡುಗಿಡು *before* ಗಣ್ಡುಗುಬ್ಬಚ್ಚಿಪಿಳ್ಳೆ.

ಗದು gadu. *For* ಗುದುವು *read* ಗದುವು.

ಗಳ gaḷa. 1. *Put* ಗಳಗಳಗೆ *after* ಗಳಗಳನೆ.

ಗಱೆ gaṟĕ. *Put* ಗಱವಡು *after* ಗಱಗೂಸಾಡು.

ಗಾಂಗೇಯ gâṅgêya. s. *No. 6, for* ಹಿರಣ್ಯ *read* ಹೈರಣ್ಯ.

ಗಾಸ gâsa. *For* ಮನೆ *read* ಮಣಿ.

ಗೀಳು gîḷu. 2. *For* ಸೀಳು *read* ಸೀಳು 1.

ಗುಚ್ಚು guččuu. *For* ಚುಚ್ಚು 3 *read* ಚುಚ್ಚು 4.

ಗುಡ್ಡ guḍḍus-as. 1. *For* ಬಿದಿಲು *read* ಬೀದಿಲು.

ಗುತ್ಸಕ gutsaka. *For* ಗುಚಕ *read* ಗುಚ್ಛಕ.

ಗುಲ್ gul. *For* ಗುಲ್ಲುಗಲ್ಲನೆ *read* ಗುಲ್ಲುಗುಲ್ಲನೆ.

ಗೊಡ gŏḍa. *For* ಗೊಡ ಗೊಡ ಎನ್ನು *read* ಗೊಡ ಗೊಡ. rep.

ಗೊಡ್ಡು gŏḍḍu. *For* Albissia *read* Albizzia.

ಗ್ರಹಣಿ grahaṇi. *Dele* or small-pox, or a sort of insanity.

ಘಣ್ಮೆನೆ ghaṇmĕnĕ. *For* ಘಮ್ಮೆನೆ *read* ಘಮ್ಮೆನೆ.

ಘನ ghana. *For* ಸಾಧ್ಯ Mr.; 510 *read* ಸಾಧ್ಯ Mr. 510.

ಘೋಟಾರೂಢ ghôṭa-ârûḍha. *For* house *read* horse.

ಚಚ್ಚು čaččuu. *For* ಸದೆ *read* ಸದೆ 1.

ಚಣ್ಡು čaṇḍu. 1. *For* see T. ತತ್ತಿ *read* see T. s. ತತ್ತಿ.

ಚನ್ದ čanda. 3. *Put a comma after* ಛನ್ದ.

ಚಮತ್ಕರಿಸು čamat-karisu. *For* to be astonished *read* to grow wanderful; to cause surprise.

ಚರ್ಮಣ čarmaṇa. *For* ವಾಗ್ನಿ, *read* ವಾಗ್ಮಿ.

ಚಲದಿ čaladi. *Dele* = ಸೆಲದಿ.

ಚಲಮೆ čalamĕ. *Put it before* ಚಲವಾದಿ, *and for cf.* ಸಲೆ *read cf.* ಸೆಲೆ 2.

ಚಲಿಸು čalisu. *Dele* = ಚಿಲಿಸು.

ಚಲ್ಲಿ čalli. *For* ಝುಲ್ಲೀ *read* ಝಿಲ್ಲೀ.

ಚವು čavu. 2. *Read* = ಸಬ 2, ಸಬು, ಸಬ್ಬು 1.

ಚಾಚು čâču. *For cf.* ಸಯ್ *read cf.* ಸಯ್ 1.

ಚಾಲಕ್ čâlak. *Put it before* ಚಾಲತಿ.

ಚಿಕ್ಕ čikka. *Dele cf.* ಚೆಂಗು 3.

ಚಿಂಚೆ čiñčĕ. *For* ಚೆಂಚೆ 2 *read* ಚೆಂಚೆ.

ಚಿದಕು čidaku. 1. *For* ಹಿದಕು 1 *read* ಹಿದುಕು 1.

ಚಿದಕು čidaku. 2. *For* ಹಿದಕು 2 *read* ಹಿದುಕು 2.

ಚುಚುನ್ದರಿ čučundari. *For* ಛುಛುನ್ದರಿ *read* ಛುಚ್ಛುನ್ದರ.

ಚುಱಚಿ čuṟači. *Put a comma after* ಚೇಱು.

ಚೆಟ್ಟು čĕṭṭu. 1. *Dele* ಪಾಲೆಕಾಯಿ-, *and for* ವಾಯಿನ್ಗ- *read* ವಾಯಿಣ್ಗ-.

ಚೆಯ್ čĕy. 2. *For* ಸಯ್ *read* ಸಯ್ 1.

ಛೂರಿ čhûri. *Put it after* ಛುಲುಮ್ಮೆನೆ.

ಜಂಘಾನಿಲ jaṅghâ-anila. *Dele it.*

ಜಡಿತ jaḍita. *Put it in big type.*

ಜಡ್ಡು jaḍḍu. 2. *For* ಜಡ್ಡು 4 *read* ಜಡ್ಡು 3.

ಜಪೆ japĕ. *For* ಜವೆ *read* ಜವೆ 1.

ಜರಠ jaraṭha. *For* ಹಳವಾದುದು *read* ಹಳದಾದುದು.

ಜರಡು jaraḍu. *For* ಜಾಳ್ *read* ಜಾಳು.

ಜಱಹ jaṟaha. *For* ಜರಹಕ್ಕೆ *read* ಜಱಹಕ್ಕೆ.

ಜಲಕ್ಷಾಲನ jala-kshâlana. *For* To wash or cleanse *read* Washing or cleansing.

ಜವಳಿ javaḷi. *For* ಸವಡಿ *read* ಸವಡಿ 1.

ಜವಳಿವದ್ದಳೆ. *For it read* ಜವಳಿಮದ್ದಳೆ.

ಜವ್ವನಿ javvani. *Dele* See ಜಕ್ಕ-.

ಜಿಗಿಲ್ jigil. 2. *For* ಕ್ಲೇಶ *read* ಸಂಕ್ಲೇಶ.

ಜುಮ್ jum. *For* ಜುಮ್ಮ್ *read* ಜುಮ್ಮು, *and for* (ಜೋಗು) *read* (ಜೋಗು 2).

ಜುರು juru. *Dele* ಜುರು ಜುರ್ರು.

ಜುಲಮಾನ julamâna. *For* ಜುರಮಾನ *read* ಜುರಮಾನು.

ಜೆಮ್ಬಾಳಿ jĕmbâḷi. *For* ಜೆಮ್ಮಾಳಿಹುಡಿ *read* ಜೆಮ್ಬಾಳಿಹುಡಿ.

ಜೆಱೆ jĕṟĕ. *For* (ನಿದ್ದಿಸು (G.). *read* (ನಿದ್ದಿಸು G.).

ಜೇನ್ jên. *For cf.* ಸೀ *read cf.* ಸೀ 1.

ಜೋಬ jôba. *For* ಸುಪ್ಪ *read* (ಸುಪ್ಪ).

ಜೋಸರಗಿತಿ jôsaragiti. *For* ಜೋಸರಗಿತಿ *read* ಜೋಸರಿಗಿತಿ.

ಝುಲಮ್ಮೆನೆ jhalammĕnĕ. *For* = ಝುಲಮ್ಮೆನೆ *read* = ಝುಳಮ್ಮೆನೆ.

ಠಾವಿಕೆ ṭhâvikĕ. *Put it after* ಠಾಯಿ.

ಡಬ್ಬನೆ ḍabbanĕ. *For* = (ದಬ್ಬನೆ) *read* (= ದಬ್ಬನೆ).

ತಗುಣೆ taguṇĕ. *For* ನಮ್ಮುವದು *read* ನಮ್ಬುವದು.

ತಗ್ಗಚ್ಚಿ taggačči. *For* ತಗರ್ಚಿ *read* ತಗರ್ಚೆ.

ತಡ taḍa. 1. *For* see s. ಪುಸಿ 2 *read* see s. ಪುಸಿ 1.

ತಣ್ಡಕ taṇḍaka. *For* (*cf.* ದಣ್ಡಕ) *read* (*cf.* ದಣ್ಡಕ).

ತಣ್ಡೋ taṇḍô. *For* ಮುಣೋ *read* ಮುಣ್ಡೋ.

ತತ್ತರ tat-tara. *After* (Grj. 6, 5) *put*: . —

ತದೆ tadĕ. *For* ಸದೆ *read* ಸದೆ 1.

ತನಿ tani. 2. *For* ತನಿ ಸೋಂಕು (or -ಸೊಂಕು) *read* ತನಿ ಸೊಂಕು.

ತನ್ದು tandu. 1. *For* ತರು *read* ತರು 1.

ತನ್ದೆ tandĕ. *For* ತನ್ದೆವಾಡಿ *read* ತನ್ದೆವಾಎ.

ತನ್ನ್ tann. *For* ತನ್ನ ಮುನೆ ಉಪ್ಪು *read* ತನ್ನ ಮುನ್ದೆ ಉಪ್ಪು.

ತರ್ tar. *For* (ತಾ) *read* ತಾ 2, *and for* ಮನನರ್ *read* ಮನನ್ದರ್.

ತರ tara. 1. *Dele* (ತೆರ).

ತಲ್ಲಣ tallaṇa. *For* ತಲ್ಲಳ *read* ತಲ್ಲಱ.

ತವೆ tavĕ. 1. *For* ಸವೆ *read* ಸವೆ 2.

ತಳ taḷa. 2. *For* ದಳ 2 *read* ದಳ್ 2.

ತಳೆ taḷĕ. 1. *For* ಬಾನ್ದೊಱೆದಳೆ *read* ಬಾನ್ದೊಱೆದಳೆ.

ತಾೞ್ tāḻ. 3. *For cf.* ಸಾೞ್ *read cf.* ಸಾಱು 1.

ತಾಳವಟ್ಟ (tāḷa-varta). *Dele* Abh. P. 13, after 54.

ತಾಳ್ಮೆ tāḷmĕ. *For* ಸುದಾರಿಕೆ *read* ಸುಧಾರಿಕೆ, *and for* ತಾಳೆ ಇದ್ದ *read* ತಾಳ್ಮೆ ಇದ್ದ.

ತಾಱು tāṟu. 2. *For* ಕಡೆದ *read* ಕಡಿದ.

ತಿಗುರು tiguru. 1. *For* ಮೆಯೆ *read* ಮೆಯ್ಗೆ.

ತಿರುಗು tirugu. *For* ಹೆಂಗಸು ತಿರಿಗಿ *read* ಹೆಂಗಸು ತಿರುಗಿ.

ತೀರ್ಣ tîrṇa. *For* ಉತ್ *read* ಉತ್-.

ತುಯ್ಯಲ್ tuyyal. *Dele* (ದುಯ್ಯಲು).

ತುೞಿ tuḻi. 2. *For* Tĕ. ದುರಿದೆ *read* Tĕ. ದುಱಿದೆ.

ತುಱು tuṟu. 2. s. ತುಱುಮನ್ದಿ *for* o. r. -ಮನೆ *read* -ಮನ್ದೆ.

ತುೞಿಲ್ tuḻil. 3. *For* ಮಡ 1 *read* ಮಡಿ.

ತೆಳ್ಳಗೆ tĕḷḷagĕ. *For* ಪೇಲನ *read* ಪೇಲವ.

ತೊಱೆ tŏṟĕ. 3. *For* (ಸಿನ್ಧು, ವೈತರಣಿ) *read* (ಸಿನ್ಧು, ವೈತರಣಿ).

ತೊಳ್ಳೆ tŏḷḷĕ. *For* (ಸೊಳ್ಳೆ) *read* (ಸೊಳ್ಳೆ 1).

ತ್ರಾಸ trâsa. *For* ಶಾನ್ತಿ ಕೆಟ್ಟಲಿ *read* ಶಾನ್ತಿ ಕೆಟ್ಟಲ್ಲಿ.

ದನ್ತಿ danti. *For* ಕರೇ ಊಮ್ಮತ್ತ *read* ಕರೇ ಉಮ್ಮತ್ತ.

ದಾಕ್ಷಿಣ್ಯವನ್ತ dâkshiṇya-vanta. *For* ದಾಕ್ಷಿಣಗಾಱ *read* ದಾಕ್ಷಿಣ್ಯಗಾಱ.

ದಾಱೆ dâṟĕ. 1. *For* ಪ್ರಾಧಾರ *read* ಪ್ರಾಘಾರ.

ದಾವಣಿ dâvaṇi. 1. *For* ಹವಣ *read* ಹವಣು.

ದಿಗಿಸು digisu. *For* ದಿಂಗಿಂಚು *read* ದಿಗಿಂಚು.

ದುಃಸನ್ಧಾನ. *For* duḥ-santâna *read* duḥ-sandhâna.

ದುರದೃಷ್ಟ dur-adṛishṭa. *For* ತುನಿ ಸುರತನ್ಯಾಯದೆ *read* ತುನಿ ಸುರತ ನ್ಯಾಯದೆ.

ದೂದವ dûdava. *For* A go-between, a gossip *read* A messenger, an envoy.

ದೇವ dêva. *On page 804 at the bottom for* ಮುನೆ *read* ಮುನ್ದೆ.

ದೊಣ್ಣೆ dŏṇṇĕ. *For* ತೊಣೆಕೇತ *read* ತೊಣ್ಣೆಕೇತ.

ಧನ್ಯ dhanya. *Put all the meanings of No. 3 in common type.*

ನಗೆವಡಿ. *For* nagĕ-vaḍi *read* nagĕ-paḍi 1.

ನಗೆವಳಿ. *For* nagĕ-vaḷi *read* nagĕ-paḷi.

ನಟ naṭa. *For* ಲಟ *read* ಲಟ 1.

ನಱು naṟu. *For* Čt. 45 *read* Čt. II, 45.

ನವಲ್ naval. *For* ಚನಕ *read* ಚನ್ದ್ರಕ.

ನಾಗಲೋಕ nâga-lôka. *For* ನಾಗವಾಸವಿದ ವರು *read* ನಾಗವಾಸ ವಿದ್ದವರು.

ನಿಮಿರ್ಚು nimirču. *For* ನಿರ್ಮಿಚಿದಗೆ *read* ನಿಮಿರ್ಚಿದಗೆ.

ನಿಸ್ಥೆ ni-sthĕ. *Observe that the numbers are out of order.*

ನೀಡು nîḍu. 2. *For* Šmd. 291 *read* Šmd. 391.

ನೀೞ್ nîḻ. *For* ಬರ್ಚುಡಿತನೀರ್ಗೆ *read* ಬರ್ಚುಡಿತನೀರ್ಗೆ.

ನೆನೆಯುವಿಕೆ nĕnĕyuvikĕ. *For* ಮುನ್ದಾದವುಗಳಲ್ಲಿ *read* ಮುನ್ನಾದವುಗಳಲ್ಲಿ.

ನೆವ nĕva. *For* ಒನ್ದಬಿನ್ದು *read* ಒನ್ದಬಿನ್ನು.

ಪ್ p. *Read:* it becomes ಬ್, *e. g.* in ಮನಮ್ಬುಗು (3), ಕಣ್ಬನಿ, ತಣ್ಬುಱಲ್ (78), ಆಡುಮ್ಬೊಲಂ, ಮಿಂಚುಮ್ಬುಬು (204), ವಿಗಾನಮ್ಬುಬು (205); and ವ್, *e. g.* in ಬಗೆವುಗು (3), ಎಳೆನೀರ್ವೊನಲ್, ಎಳವೆಱ (81), ತಮುರೂಗೆವೋಗು (82), ಮಂಗಳವಱ (207).

ಪಚ್ಚುಗೆ paččugĕ. *For* ಹಚ್ಚು 1 *read* ಹಚ್ಚು 4.

ಪಚ್ಚೆ paččĕ. *For* ಹಚ್ಚೆ *read* ಹಚ್ಚೆ 1.

ಪಂಚಸೂನಂಗಳ್ pañča-sûnangaḷ. *Instead of it read:* ಪಂಚಸೂನೆಗಳ್ pañča-sûnĕgaḷ.

ಪಂಚು pañču. 1. *For* ಹಂಚು *read* ಹಂಚು 2.

ಪಟೋಲ paṭôla. *For* ಪೊಟ್ಲ *read* ಪೊಟ್ಲ 2, *and for* ಹಾಲೆ *read* ಹಾಲೆ 1.

ಪಟ್ಟಿ paṭṭi. *For* ಗೋಷ್ಠ *read* ಘೋಷ.

ಪಟ್ಟೆ paṭṭĕ. 3. *For* ಮುಸಣವಟ್ಟೆ *read* ಮುಸಣವಟ್ಟೆ.

ಪಡಲಿಗೆ paḍaligĕ. *For it read:* ಪಡಲಗೆ paḍalagĕ.

ಪಣ್ paṇ. 2. *For* ಹಣ್ಣು *read* ಹಣ್ಣು 2.

ಪಣವಧೂಟಿ paṇa-vadhûti. *For it read:* ಪಣವಧೂಟಿ paṇa-vadhûṭi.

ಪತ್ತಿ patti. *For* ಹತ್ತಿ *read* ಹತ್ತಿ 1.

ಪತ್ತಿಸು pattisu. 1. *Read:* = ಹತ್ತಿಸು 1, (ಹಚ್ಚು 1), *and for* 7 after 92 *read* 7 after 96; *and dele* Bp. 1, 85.

ಪತ್ತು pattu. 1. *Dele* to take effect, as fire, or fire or light to catch or be kindled, *and for* uḷ *read* in.

ಪತ್ತು pattu. 3. *For* ಹದಿ *read* ಹದಿ 4.

ಪತ್ರವಲ್ಲಿ patra-valli. *For* ಕೊರಳ್ಗಗಳಲ್ಲಿ *read* ಕೊರಳ್ಗಳಲ್ಲಿ.

ಪದ pada. *For* ಹದ *read* ಹದ 1.

ಪದಿರ್ padir. *Dele* ಹದಿರ್.

ಪದೆ padĕ. 3. *For* ಪದವೆಱ್ *read* ಪದೆವೆಱ್.

ಪದ್ದು paddu. *For* ಹದ್ದು *read* ಹದ್ದು 1.

ಪನ್ದರ್ pandar. *For* ಹನ್ದರ *read* ಹನ್ದರ 1.

ಪರದು paradu. 3. *For* ಹರದು *read* ಹರದು 1.

ಪರಿಯಂಕರಾಱ. *For it read* ಪರಿಯಂಕೆಕಾಱ.

ಪರಿಸು parisu. 1. *For* ಹರಿಸು *read* ಹರಿಸು 2.

ಪರೇಷ್ಟುಕೆ parêshṭukĕ. *For* ಸೂಱಾಕಳು *read* ಸೂಲಾಕಳು.

ಪೞಿ paḻi. 1. *For* ಅೞ್ 2 *read* ಅೞ್ 3.

ಪರ್ಯುಪ್ತಿ. *For* pari-vapti *read* pari-upti.

ಪಲ್ pal. *For* ಹಲು *read* ಹಲು 1.

ಪಲ್ಲಿ palli. *For* ಹಲ್ಲಿ *read* ಹಲ್ಲಿ 1.

ಪವಿತ್ರ pavitra. *For* ಸಾದ್ಗುಣ *read* ಸಾದ್ಗುಣ್ಯ.

ಪವಿಮೂರ್ತಿ pavi-mûrti. *For* ಶಾಣೇರಿ *read* ಶಾಣ್ಡೇರಿ.

ಪಶು paśu. *For* ಹಸು, ಹಸಿವು *read* ಹಸ 1, ಹಸವು.

ಪಸಿ pasi. 1. *For* ಹಸಿ 1 *read* ಹಸಿ 3.

ಪಸುಗೆ pasu-gĕ. *For* Čpr. 8, after 87; *read* Čpr. 8, after 67.

ಪಳ paḷa. 2. *For* ಹಳ *read* ಹಳ 1.

ಪೞಿ paḻi. 1. *For* ಹೞ್ *read* ಹೞ್ 1, *and for* upraid *read* upbraid.

ಪಾಂಚಜನ್ಯ pâñčajanya. *For* 8, *read* 3, .

ಪಾತಾಲ pâta-âla. *For* ಭೋಗವತಿ *read* ಭೋಗಾವತಿ.

ಪಾದ pâda. s. ಪಾದಗಾಣಿಕೆ *for* gurn *read* guru.

ಪಾದುಕ pâduka. *For* ಹಾವುಗೆ *read* ಹಾವೃಗೆ 1.

ಪಾನೀಯದ್ವಾರ pânîya-dvâra. *For* ಪಣಿಯುಬಾರ *read* ಪಾಣಿಯುಬಾರ.

ಪಾಯ್ pây. 1. *For* ಹಾಯ್ *read* ಹಾಯ್ 1.

ಪಾರಾವತ pârâvata. *For* ಹಾರವಾಣ *read* ಹಾರವಾಣ 1, *dele* ಹಾಲಿವಾಣ, *and for* ಹಾಲುವಾಣ *read* ಹಾಲುವಾಣ 1.

ಪಾಱು pâṟu. 1. *For* ot jump *read* to jump.

ಪಾಲೆ pâlĕ. 3. *For* ಹಲ್ಲೆ *read* ಹಲ್ಲೆ 1.

ಪಾವಸೆ pâvasĕ. *For* ಪಾಚಿ *read* ಪಾಚಿ 1.

ಪಿಚ್ಚವಣಿಗ picča-vaṇiga. *For* south-eastern *read* south-western.

ಪಿಚ್ಛನ್ದ piččhanda. *For* ಪಿಚ್ಛನ *read* ಪಿಚ್ಛನ್ದ.

ಪಿಂಚು piñču. *For* ಹಿಂಚು *read* ಹಿಂಚು 1.

ಪಿಂಜು piñju. 1. *For* (ಹೀಜು 2) *read* (ಹೀಜು 3).

ಪಿಡಿ piḍi. 2. *Read:* = ಪಿಡಿದು, ಹಿಡ 2, ಹಿಡಿ 2, ಹಿಡು 1.

ಪಿನ್ದೆ pindĕ. *For* ಮುನೆ *read* ಮುನ್ದೆ.

ಪಿಶುನ piśuna. *Read:* = ಪಿಸುಣ್, ಪಿಸುಣ, ಹಿಸುಣ.

ಪಿಸುಕು pisuku. *For* ಹಿದುಕು *read* ಹಿದುಕು 1.

ಪಿೞಿ piḻi. *Dele* (see Bh. s. ಹಿೞ").

ಪೀರ್ pîr. *Read:* = ಹೀರ್ 1, ಹೀರು.

ಪುಗು pugu. 1. *For* ಪ್ರಮುದವನ *read* ಪ್ರಮದವನ.

ಪುಟ್ಟಿ puṭṭi. 3. *For* ಹುಟ್ಟಿ 1 *read* ಹುಟ್ಟಿ.

ಪುಣ್ಡರ್ಯ puṇḍarya. *For* ಪೌಣ್ಡರೀಕ *read* ಪೌಣ್ಡರೀಕ.

ಪುಣ್ಯ puṇya. *For* ಕಣ್ಣು ಕಿತ್ತು ಕೊಣ್ಡರೆ *read* ಕಣ್ಣು ಕಿತ್ತಿ ಕೊಣ್ಡರೆ.

ಪುತ್ರಿಕೆ putrikĕ. *For* ನೃಪಗೆ ನಿನು *read* ನೃಪಗೆ ನಿನ್ದು.

ಪುದುಗಿಸು pudugisu. *Dele* ಪುದಿಗಿಸು, ಪೊದಗಿಸು, ಪೊದಿಗಿಸು.

ಪುದುಗು pudugu. *For* ಹುದುಗು *read* ಹುದುಗು 1.

ಪುದುರು puduru. *Dele* etc.

ಪುದೆ pudĕ. *For* ಪೊದೆ *read* ಪೊದೆ 2.

ಪುಯ್ puy. *For* ಹುಯ್ *read* ಹುಯ್ 2, *for* ಹೊಯ್ *read* ಹೊಯ್ 1, *and for* ಹೊಯಿ *read* ಹೊಯಿ 1.

ಪುಯ್ಯಲ್ puyyal. 1. *For* ಪುಯ್ಯಲ್ಗೆ ಪೋದಂ *read* ಪುಯ್ಯಲ್ಗೆ ಕರೆವಂ.

ಪುರುೞ್ puruḻ. 1. *For* ಪುರುಗ್ಗೞ್ *read* ಪುರುೞ್ಗೞ್.

ಪುಲಿ puli. 1. *For* ಹುಲಿ *read* ಹುಲಿ 1.

ಪುೞ puḻa. 1. *For* ಹುೞು *read* ಹುೞು 1.

ಪೂರ್ಣ pûrṇa. *For* ಪೂರಣ *read* ಪೂರಣ 2.

ಪೆಡೆ pĕḍĕ. *Read:* = ಹೆಡೆ 1.

ಪೆಣ pĕṇa. *Read:* = ಹೆಣ 1.

ಪೆತ್ತು pĕttu. *Read:* = ಹೆತ್ತು 1 and 2.

ಪೆರೆ pĕrĕ. *For* ಹೆರೆ *read* ಹೆರೆ 2.

ಪೆಱ್ pĕṟ. ಪೆಱು. 1. *For* ಉಪಲಬಿ *read* ಉಪಲಬ್ಧಿ.

ಪೆಱೆ pĕṟĕ. *Read:* = ಹೆಱೆ 2.

ಪೆರ್ pĕr. 1. *For* ಹೆರ್ *read* ಹೆರ್ 1, *and for* ಹೆಮ್ *read* ಹೆಮ್ 1.

ಪೆರ್ಚುಗೆ pĕrčugĕ. 1. *For* ಹೆಚ್ಚಿಗೆ *read* ಹೆಚ್ಚಿಗೆ 1.

ಪೊಟ್ಟೆ pŏṭṭĕ. 2. *For* ಹೊಟ್ಟೆ *read* ಹೊಟ್ಟೆ 3.

ಪೊಡೆ pŏḍĕ. 1. *For* ಹೊಡೆ *read* ಹೊಡೆ 1.

ಪೊತ್ತಿಯ pŏttiya. *For* (ಪೊತ್ತಿ 1?) *read* (ಪೊತ್ತಿ?).

ಪೊತ್ತು pŏttu. 4. *Read:* = ಹೊತ್ತು 5.

ಪೊದೆ pŏdĕ. 1. *For* ಹೊದೆ *read* ಹೊದೆ 1.

ಪೊದ್ದಿಸು pŏddisu. *Read:* = ಹೊದ್ದಿಸು 1.

ಪೊನ್ pŏn. *For* ಹೊಮ್ *read* ಹೊಮ್ 1.

ಪೊಯ್ಲು pŏylu. *For* ಹೊಯಿಲು *read* ಹೊಯಿಲು 2.

ಪೊರೆ pŏrĕ. 3. *For* ಪಂಚಮ್ಬರೆ *read* ಪಂಚಮುಬ್ಬರೆ.

ಪೊಱ pŏṟa. 2. — ಪೊಱಮಡು. *Add:* (The form of ಹೊಱವಣ್ಡು has been only presumed from ಹೊಱವಣ್ಡಿಸು).

ಪೊಱಿಸು pŏṟisu. *Dele* to lade, to load.

ಪೊಲ್ pŏl. 1. *Dele* ಹೊಲೆ 1.

ಪೊಲ pŏla. *For* ಹೊಲ *read* ಹೊಲ 3.

ಪೊಲೆ pŏlĕ. *Read:* = ಹೊಲೆ.

ಪೊಲ್ಲ pŏlla. *Read:* = ಹೊಲ್ಲ 1.

ಪೊಸ pŏsa. *Read:* = ಹೊಸ 1.

ಪೊಸತು (pŏsa-atu). 1. *For* ಹೊಸದು *read* ಹೊಸದು 1, *and for* ಹೊಸ್ತು *read* ಹೊಸ್ತು 1.

ಪೊಳೆ pŏḷĕ. 1. *Read:* = ಹೊಳೆ 1.

ಪೊಳ್ಳು pŏḷḷu. *Read:* = ಹೊಳ್ಳು 1.

ಪೋರ್ pôr. 2. *Dele* ಹೋರು 2.

ಪೋಲಿಕೆ pôlikĕ. *For* ಹೋಳಿಗೆ *read* ಹೋಳಿಗೆ 1.

ಪೋಳಿಗೆ pôḷigĕ. *Read:* = ಹೋಳಿಗೆ 1.

ಪ್ರಸೇವ pra-sêva. *For* Nr. 2, *read* No. 2.

ಪ್ರಹೇಲಿಕೆ pra-hêlikĕ. *For* ಪ್ರವಹ್ಲೀಕೆ *read* ಪ್ರಹ್ವಲೀಕೆ.

ಪ್ರಾಣ pra-ana. *For* ಹರಣ *read* ಹರಣ 2.

ಬಕ್ಕುಡೆ bakkuḍĕ, *Read:* = ಬಕ್ಕುಡಿ 2.

ಬಗರಿ bagari. *For* = ಬುಗರಿ 1 *read* = ಬುಗರಿ.

ಬಡ baḍa. 2. s. ಬಡ ಬಾಸೆ *for* ತೆಳುವಾಸಿ *read* ತೆಳುವಾಸೆ.

ಬಡಿ baḍi. 4. *For* ಬರಿ 2 *read* ಬರಿ 1.

ಬಣಮ್ಬೆ baṇambĕ. *Before* ಬಣಬೆ *put:* =

ಬದನೆ badanĕ. 1. *For* ಪೊಗರು *read* ಪೊಗಱು-.

ಬದಲ್ badal. *For* ಹನ್ನೆರಡು ಮೈಲುಗಳ *read* ಹನ್ನೆರಡು ಮಯ್ಲುಗಳ.

ಬದ್ದಿಗ baddiga. *Dele* See ನೆರೆವದ್ದಿಗ s. Additions.

ಬನ್ದಿ bandi. 1. *For* ಬನೀವಾನ *read* ಬನ್ದೀವಾನ, *and for* ಬನಿ ಪಿಡಿ *read* ಬನ್ದಿ ಪಿಡಿ.

ಬರ್ bar. 1. *Put a full stop after* to suffice for, *and for* ಬಸ್ದಿತು *read* ಬನ್ದಿತು.

ಬರೆ barĕ. 1. *For* (ಜ್ವಲಿಕಾರಕ 201) *read* (ಜ್ವಲಿತಾಂಕ 201).

ಬಱಟಿ baṟaṭi. *For* ಪೊಸೆ ದಿನಪಂಚಕದೊಳ್ *read* ಪೂಸೆ ದಿನಪಂಚಕದೊಳ್.

ಬರ್ಬೂರ barbûra. *For* ಬಬ್ಬುಳಿ 1 *read* ಬಬ್ಬುಳಿ.

ಬಸುಱ್ basuṟ. s. ಬಸುಱು ನಿಲ್ *for* ನಿನ ಬಸುಱು *read* ನಿನ್ದ ಬಸುಱು.

ಬಹ baha. *For* ಮೊಱದಿನ ಕತ್ತಲೆಯನ್ನು *read* ಮೊಱದಿನ್ದ ಕತ್ತಲೆಯನ್ನು.

ಬಹಳ bahaḷa. *Read:* See Nr. s. ಬಳ್ಪು.

ಬಳೆ baḷĕ. *For* ಬಳೆಗಳ್ ಗುಲ್ಲುಗಲ್ಲೆನೆ *read* ಬಳೆಗಳ್ ಗುಲ್ಲುಲ್ಲುಗಲ್ಲೆನೆ.

ಬಳ್ಳಿ baḷḷi. *Add:* 2, a series (in algebra, Mhr. ವಲ್ಲೀ); a series of the simple and compound letters of the alphabet (B. Aṅkalipi 18, seq.; B. 1, 17).

ಬಳ್ bal̤. *For* ಬಾಟ್ಟಿ ಬಾಟ್ಟಿಡಿನಿತಿಲ್ಲದ *read* ಬಾಟ್ಗಿ? ಬಾಟ್ಟಿಡಿನಿತಿಲ್ಲದ (*i. e.* ಬಾಟ್ಟಿಡೆ ಇನಿತು ಇಲ್ಲದ).

ಬಳಿ bal̤a. 1. *For* = ಬಟ್ 2, etc. *read* = ಬಟ್ 1, etc.

ಬಳಿ bal̤i. 1. *Read* = (ಬರಿ 2), ಬಲಿ 2, ಬರಿ 1, ಬಯಿ 1.

ಬಳಿ bal̤i. 2. *Read* = ಬರಿ 2, ಬಲಿ 3, ಬಟ್ಗೆ, ಬಟ್ಟು.

ಬಳಿಯು bal̤u. 1. *Read* = ಬಟ್ 1, etc.

ಬಾಕಲು bâkalu. *Read* = ಹಕ್ಕಲು 1.

ಬಾಚಲ bâčala. *Put dash after it.*

ಬಾಚಿಗ bâčiga. *For* ಬಾಸಿಗ *read* ಬಾಸಿಗ 2.

ಬಾದಿ bâdi. 2. *For* ಡೇಣ *read* ಡೇಣ 1.

ಬಾನೆ bânĕ. *For* s. ಬಟ್ಯೊಡಲ *read* s. ಬಟ್ಯೊಡಲು.

ಬಾಲ bâla. *For* ತನ್ನ ಹಾಳಿತಕ್ಕೆ *read* ತನ್ನ ಹಾಟ್ತಕ್ಕೆ.

ಬಾಸೆಗ bâsĕ-ga. *For* ಬಾಸಿಗ *read* ಬಾಸಿಗ 2.

ಬಾಟ್ bâl̤. 2. *For* ಬಾಟ್ಟಿಡಿನಿತಿಲ್ಲದ *read* ಬಾಟ್ಟಿಡಿನಿತಿಲ್ಲದ (*i. e.* ಬಾಟ್ಟಿಡೆ ಇನಿತು ಇಲ್ಲದ).

ಬಿಗಿ bigi. 3. *Put* ಬಿಗಿ ಮಾಡು *before* ಬಿಗಿಯಾಗು.

ಬಿಗಿತು bigitu. *For* ಬಿಗಿ *read* ಬಿಗಿ 1.

ಬಿಚ್ಚು biččn. 1. *For* ಬಚ್ಚ ಹೇಱು *read* ಬಿಚ್ಚಿ ಹೇಱು.

ಬಿದ್ದುನ bidduna. *Read* = ಬಿದ್ದಿನ 1.

ಬರಹಿ barahi. (*after* ಬಿರಹ p. 1120). *For it read* ಬಿರಹಿ.

ಬೀಟ್ bîl̤. ಬೀಯಿ. 2. *Dele* See Prv. s. ತಾನು.

ಬೀಟ್ bîl̤. ಬೀಯಿ. 3. *For* Abh. 7, after 84, *read* Abh. P. 7, after 84.

ಬುಗಡಿ bugaḍi. *For* See Prvs. s. ದಗಡಿ and ಬೇಗಡೆ 1 *read* See Prv. s. ಬೇಗಡೆ 1.

ಬುಡ buḍa. *For* ಸವಿಯೊನೇ *read* ಸವಿಯೊನ್ದೇ.

ಬೃನ್ದ bṛinda. *For* ಬಿನ *read* ಬಿನ್ದ.

ಬೆಚ್ಚಳಿಸು bĕččal̤isu. *Put a comma after* transitive.

ಬೆಚ್ಚು bĕččn. 2. *Read* a scare-crow.

ಬೆಟ್ಟ bĕṭṭa. 1. *For* ಗ್ರಾವೆ *read* ಗ್ರಾವ.

ಬೆಡಗು bĕḍagu. *For* ಬೀಳದೆ *read* ಬೀಱದೆ.

ಬೆರ್ಚು bĕrču. 1. *For* ಅಂಜಿಮೆ *read* ಅಂಜಿಮೆ.

ಬೆಸೆ bĕsĕ. 1. *Dele* See *before* ಬೇಗಡೆವೆಸೆ, *and put* ಬೇಗಡೆವೆಸೆ *under No.* 1 *just after* ಪೊವ್ವೆಸೆ.

ಬೇಡ bêḍa. 1. *Dele* ಮ್ಲೇಚ್ಛ *after* J. 28, 52.

ಬೇಳ್ bêl̤. 3. *For* ಬೆಟ್ಯಯಾಟ್ಟಾಳ *read* ಬೆಟ್ಯಯಾಟ್ಟಾಳ.

ಬೊಕ್ಕೆ bŏkkĕ. 1. *For* ಹಣೀ *read* ಹಣ್ಣೇ.

ಬೊಗುಳು bŏgul̤u. 1. *For* ಬೊಗಳು *read* ಬೊಗಳು 1.

ಭಕ್ತ ಸಿಕ್ಥಕ bhakta-sikthaka. *For* A lump or *read* A lump of.

ಭಾಗಿನೇಯ bhâginêya. *For* (fr. ಭಾಗಿನಿ) *read* (fr. ಭಗಿನಿ).

ಭಾವ bhâva. 1. *For* ಭಾವ ಮಯ್ದನ್ದರು. = ಬಾವ ಮಯ್ದನ್ಷರು *read* ಭಾವಮಯ್ದನ್ದರು. = ಬಾವಮಯ್ದನ್ಷರು.

ಭೂತಸಂಜ್ಞೆ. *Read* bhûta-sanjñĕ.

ಭೂಭುಜ bhûbhuja. *For* ಭೂಭೂಜ್ *read* ಭೂಭುಜ್.

ಭೃಂಗ bhṛinga. *The last two numbers ought to be* 9, *and* 10,.

ಮಖ್ತೇಸರ makhtêsara. *For* = ಮೊಕ್ತೇಸರ, etc. *read* = ಮೊಕ್ತೇಸರ.

ಮಗುಟ್ magul̤. *For* see Nr. s. ಮರಳ್ *read* see Nr. s. ಮರುಳು 1.

ಮಂಜಿ manji. 2. *For* ಮರುಗು 2 *read* ಮರುಗು.

ಮಡಿಗೆ maḍigĕ. 1. *Dele* (= ಮಣ್ಡಿಗೆ?).

ಮಣಲ್ maṇal. *For* ಮರಲ್, ಮಲರ್ *read* ಮರಲ್ 2, ಮಲರ್ 2.

ಮಣ್ಡಲಿ manḍali. Put *a particular kind of snake* in common type.

ಮತ್ಸ್ಯಕೇಶ್ವರ. *For* matyaka-îśvara *read* matsyaka-îśvara.

ಮದು madu. *For* Prv. s. ಮದುವೆ *read* Prvs. s. ಮದುವೆ and ಮದುವೆಪಪ್ಪರ.

ಮಧು madhu. *Read* = ಮದು 1.

ಮನ mana. 2. s. ಮನವೊಲಿ, *for* -ಒಲಿ *read* -ಒಲಿ.

ಮಯ್ಮೆ maymĕ. *For* (= ಮಯ್ಮ) *read* (= ಮಯ್ಯು).

ಮರೆ marĕ. *Put* ಹಿರಿದಹ ಮರೇ ಮೃಗ (ರಾಮ 170) *before* ಮರೆಯ ಅಡಗು.

ಮಲ mala. 3. *Put a full stop after* ಮಲದನ್ದೆ *instead of the comma.*

ಮಲಗು malagu. 1. *For* ವ್ರತದ ವಶದಿನ *read* ವ್ರತದ ವಶದಿನ್ದ.

ಮಲ್ಲಳಿ mallal̤i. *For* ಅಲರ್ *read* ಅಳಲ್.

ಮಸಿ masi. *For* Bp. 1, 14 *read* Bp. 44, 1.

ಮಸುಳು masul̤u. *Put a full stop after* P. p. ಮಸುಳಿ.

ಮಸ್ಕು masku. *For* ಮಸಕ *read* ಮಸಕ 2.

ಮಹರಾಜ maha-râja. *For* ಮಹಾರಾಜ *read* ಮಹಾರಾಜ.

ಮಹಾಶೇಷ mahâ-śêsha. *For* ಧರಣೀನ್ದ *read* ಧರಣೀನ್ದ್ರ, *and dele the comma after* ಪೊತ್ತಿರುವವನಾದರೆ.

ಮಾಂಸಲ mâmsala. *For browny, read brawny.*

ಮಾಜು mâju. 1. *For* to, conceal *read* to conceal, *and for* M, ಮಾಯು *read* M. ಮಾಯು.

ಮಾನಸಿ mânasi. *Put a semicolon after* with a mind, *and dele the semicolon after* (Tbh. of ಮಾನುಷಿ).

ಮಾನ್ಯ mânya. *For* ಬರ್ರಿಯುವ ಮಾನ್ಯ *read* ಬರೆಯುವ ಮಾನ್ಯ.

ಮಾರಿ mâri. *For* ಮುಡುಗು- *read* ಮುಡುಕು-.

ಮಾರ್ಜನಿ mârjani. *For* ಸ- *read* ಸಮ್-.

ಮಾರ್ಮ mârma. *For* (ಮಾರ್ಫ) *read* (ಮಾರ್ಪ).

ಮಾಲೀದಿ mâlîdi. *For* ಚೂಱು *read* ಚೂರು.

ಮಾವಟಿಗ. *For* mâ-v-âṭiga *read* mâ-v-aṭiga.

ಮಾಸಾರ್ಧ mâsa-ardha. *For* ಹದಿನಯು *read* ಹದಿನಯ್ದು.

ಮಾಹಾತ್ಮ್ಯೆ mâhâtmyĕ. *Read* = ಮಾಹಾತ್ಮ್ಯ.

ಮಾಳ mâl̤a. 1. *Read* (= ಮಹಳ 1? Mhr. ಮಾಳ, a loft).

ಮಾಳಿಗೆ mâl̤igĕ. *For* ಕುಮ್ಬೀ ಮೇಲೆ *read* ಕುಮ್ಬೇ ಮೇಲೆ.

ಮಿಂಚು minču. 2. *For* ಕೆಯ್ದಾವಿಗೆಯೋಲ್ *read* ಕೆಯ್ದಾವಿಗೆ ಯೋಲ್.

ಮಿಟ್ಟೆ miṭṭĕ. 2. *For* or jutting out (T.) *read* or jutting out (Tĕ.).

ಮಿನು minu. *For* ಮಿನು ಮಿನುಪು. Great sparkling, etc. etc. *read* ಮಿನು ಮಿನುಗು. To shine brightly. Present relative participle ಮಿನು ಮಿನುಪ (*cf.* ಮಿಸುಪ). ಮಿನು ಮಿನುಪ ಯೋಗವಟ್ಟಿಗೆ (Kk. 33).

ಮಿಸುಗು misugu. 1. *For* ಮಿಸುಗುವ ಅಱು *read* ಮಿಸುಗುವ ಅಱಿ.

ಮುಗಿಲ್ mugil. *For* ಮುಗಿಲೊಡು *read* ಮುಗಿಲೊಡ್ಡು.

ಮುಗುಳ್ mugul̤. *For* ಪಿಟಕ 384 *read* ಪಿಟಕ Mr. 384, *and for* ಸ್ಮಿತ, Hlâ. *read* ಸ್ಮಿತ Hlâ.

ಮುಂಗುಲಿ munguli. *For* 24. 34 *read* 24, 34.

ಮುಚ್ಚಳ muččal̤a. *For* s. ಉತ್ಪುಟ *read* s. ಕರದೋಣ.

ಮುಚ್ಚು muččn. 2. *For* Ram. *read* Râm.

ಮುಚ್ಚುಱು muččuṟu. *For* Šmd. 2 *read* Šmd. II.

ಮುಟ್ಟು muṭṭu. 1. *For* Bp. 21, 10 *read* Bp. 21, 20, *and for* ಮುಟ್ಟು. = ಮುಟ್ಟ *read* ಮುಟ್ಟ. = ಮುಟ್ಟ.

ಮುಟ್ಟು muṭṭu. 4. *Read:* (= ಮೋಪು No. 4).

ಮುಡಿ muḍi. 2. *The* ಮುಡಿಗಟ್ಟು *put to* ಮುಡಿ ಕಟ್ಟು 1 *is to be put to* ಮುಡಿಕಟ್ಟು 2; *and for* ಮುಡಿಬಳೆ. = ಮುಡಿ 3 *read* ಮುಡಿಬಳೆ. = ಮುಡಿ No. 4.

ಮುಣ್ಡಾಸ muṇḍâsa. *For* 5. 123 *read* 5, 123.

ಮುಣ್ಡು muṇḍu. *For* ಪ್ಲವ ಎನು *read* ಪ್ಲವ ಎನ್ದು.

ಮುಣ್ಡೆ muṇḍĕ. *For* s. ಮೂಡ 1 *read* s. ಮೂಡ.

ಮುತ್ತು muttu. 1. *For* ಮುಕ್ಕುಟ *read* ಮುಕ್ಕುಟಕು.

ಮುತ್ತು muttu. *For* ತೊತಿಗೆ ಯಾಕೆ *read* ತೊತ್ತಿಗೆ ಯಾಕೆ.

ಮುದಿಷ್ಟ mudishṭa. (?). *For* ಕಿಡುಕಸಾಲೆ *read* ಕಿಡುಕುಸಾಲೆ.

ಮುದ್ದತು muddatu. *For* Čb. 9, 68 *read* Čb. 9. 68.

ಮುದ್ದೆ muddĕ. *For* ಮದ್ಯ ಮಾಡವದಕ್ಕೆ *read* ಮದ್ಯ ಮಾಡುವದಕ್ಕೆ.

ಮುದ್ರೆ mudrĕ. *For* ಮುಧ್ರೆಯುಂಗುರ *read* ಮುದ್ರೆಯುಂಗುರ.

ಮುನ್ mun. 1. *For* ete. *read* etc.

ಮುನಿ muni. 1. *For* ಇದಿಡೆಯಲಿರ್ದು *read* ಇರ್ದೆಡೆಯಲಿರ್ದು.

ಮುನಿ muni. 2. *For* ಮುಟ್ಟರೆ *read* ಮುಟ್ಟಿದರೆ.

ಮುನ್ತು muntu. s. ಮುನ್ತೆ No. 2, *for* Sp. s. ಸವಿಮಾತು *read* Sp. after No. 3.

ಮುನ್ದು mundu. 2. s. ಮುನ್ದುವರಿ *for* B. 5, 385 *read* B. 5, 285; s. ಮುನ್ದೂಟ *for* for cart *read* for a cart; s. ಮುನ್ದೆ *for* ಅಗ್ರತತಿ *read* ಅಗ್ರತತಿ, *and for* ಮನರಕ್ಷೆಲಂ *read* ಮುನ್ದರಕ್ಷೆಲಂ.

ಮುನ್ದೆ mundĕ. 1. *For* ಮುನ್ದು 1 *read* ಮುನ್ದು 2.

ಮುನ್ನ munna. *For* ನಿಜಯಂ ಜಗಕೆ *read* ನಿಜಯಮಂ ಜಗಕೆ.

ಮುಮ್ mum. 1. *For* ಮುಮ್ಮಾಱು 3, ಮುಮ್ 2 *read* ಮುಮ್ಮಾಱು s. ಮುಮ್ 2.

ಮುರಜ muraja. *For* one of viččhittičitras *read* one of the viččhittičitras.

ಮುರಿ muri. 1. *For* ಜಪ್ಪಗ *read* ಜಪ್ಪಗ.

ಮುರಿ muri. 3. *For* on wrist *read* on the wrist.

ಮುರುದಾಸಿಂಗಿ murudâ-singi. *For it read* ಮುರುದಾರಸಿಂಗಿ murudâra-singi.

ಮುರುವು muruvu. *For* (Prvs.) *read* (Prv.).

ಮುಱಿವ muṟava. *For* ತಾಳೆ ಹಣ್ಣು *read* ತಾಳೆಹಣ್ಣು.

ಮುಱಿಸು muṟisu. *For* ಜೂಱು ಜೂಱು *read* ಚೂರು ಚೂರು.

ಮುಱುಕು muṟuku. 1. *For* ಚೂಱುಗಳು ಛಿತ್ತ, ಶಕಲ, ಖಣ್ಡ, ಅರ್ಧ Si. 32) *read* ಚೂರುಗಳು (ಛಿತ್ತ, ಶಕಲ, ಖಣ್ಡ, ಅರ್ಧ Si. 32).

ಮುಲುಕು muluku. 1. *For* ಮುಱಿಕಿಲ್ 2 *read cf.* ಮುಱಿಕಿಲ್ 2.

ಮುಸುಕಿ musuki. *Put it in small type.*

ಮುಸುಗು musugu. *For* Sarvabhûshaṇa *read* Sarpabhûshaṇa.

ಮುಸುಟೆ musuṭĕ. *Put* (*before* ಮುಕ್ಕುಗಣ್ಣೆ.

ಮುಸ್ತೈದು mustaidu. *For* ಮಾಡಿದು *read* ಮಾಡಿದ್ದು.

ಮುಳ್ಳು muḷḷu. *For* ಮುಳ್ಳಪಣ್ಣಿ *read* ಮುಳ್ಳ ಪಣ್ಣಿ, *and for* ಮುಳ್ಳುಹನಿ *read* ಮುಳ್ಳುಹಣ್ಣಿ.

ಮುೞುಕ muḻuka. *For* ಮುೞುಕ *read* ಮುೞುಕ.

ಮುೞುಗು muḻugu. 1. *For* 52, 15. 7 *read* 52, 15. 17.

ಮೂ mû. 1. s. ಮೂಗೋಱು *for* ಮುಕ್ಕುಪೆ *read* ಮುಕ್ಕುಪ್ಪೆ; s. ಮೂಜಗ *for* ಮೂಜಮೊಡೆಯ *read* ಮೂಜಗಮೊಡೆಯ; s. ಮೂವಡಿ *for* ಬಕಾರಿಯುಂ *read* ಬಕಾರಿಯಿಂ, *and* s. ಮೂವಡಿಸು *for* -ವಡಿಸು *read* -ಮಡಿಸು.

ಮೂಗತನ mûgatana. *Dele the* — .

ಮೂಡಿ mûḍi. *For* ಮೊಡ 1 *read* ಮೊಡ.

ಮೂಡು mûḍu. 2. *For* ಮೊಡ 1 *read* ಮೊಡ.

ಮೂಱು mûṟu. *Read:* ಮೂಱಣ (Čh. v. 326); s. ಮೂಱು ವಿಧ *for cf.* ಮೂಱು ವಿಧಿ *read cf.* ಮೂವಿಧಿ; *put* ಮೂಱುಂ ಸೂಟ್ *before* ಮೂಱು ಕಟ್ಟು; *and for* ಮೂಱಿಲಿಗಣ್ಣೆ. -ಎಲೆ-. *read* ಮೂಱಲಿಗಣ್ಣೆ. -ಎಲೆ-ಕಣ್ಣೆ.

ಮೂರ್ಛೆ mûrčhĕ. *For* ಮೂರ್ಛಾ *read* ಮೂರ್ಛಾ.

ಮೂಲವ್ಯಾಧಿ mûla-vyâdhi. *For* ಅರ್ಶಸ್ *read* ಅರ್ಶಸ್.

ಮೃದು mṛidu. *Put a coma after* ಮೆದು.

ಮೆಕ್ಕಾ. *For* mêkkâ *read* mĕkkâ.

ಮೆಚ್ಚು mĕčču. 3. *For* Bhn. 58. ಮಚ್ಚು *read* Bh. 5 s. ಮಚ್ಚು.

ಮೆಟ್ಟು mĕṭṭu. 2. *For* Grj. 10, after 82, 10, 85 *read* Grj. 10, after 82; 10, 85.

ಮೆತ್ತು mĕttu. *Put* to cover *in big type.*

ಮೆದಳು. *For* mâdaḷu *read* mĕdaḷu.

ಮೆಯ್ mĕy. ಮೆಯ್ಯ ಹಾಸಲೆನ್ದು *read* ಮೆಯ್ಯ ಹೂಸಲೆನ್ದು.

ಮೆಱವಣಿಗೆ. *For* mĕṟa-vaṇgĕ *read* mĕṟa-vaṇigĕ.

ಮೆಱೆ mĕṟĕ. 1. *For* ಮೆಱಗು ಸುಮ್ಮನೆ *read* ಮೆಱಗುಂ ಸುಮ್ಮನೆ.

ಮೆಲ್ mĕl. 1. *For* ಮೆಲ್ಲನೆಲು *read* ಮೆಲ್ಲನಲು.

ಮೆಲ್ mĕl. *Dele the full stop after* sweet sound , *and* s. ಮೆಲ್ವಾಸು *take* J. *and put it before* 11, 24.

ಮೆಲ್ಲನೆ mĕl-anĕ 1. *For* ಪೊರಪೊಣ್ಮುವುದು *read* ಪೊಱ ಪೊಣ್ಮುವುದು , *and for* 57. 75. 82 *read* 57, 75. 82.

ಮೆಲ್ಲು mĕllu. *For* ಮೆಲ್ *read* ಮೆಲ್ 1.

ಮೆಳೆ mĕḷĕ. *For* ಉಚ್ಚಿಷ್ಟಮಾಗಲು *read* ಉಚ್ಛಿಷ್ಟವಾಗಲು, *and dele the comma after* ಕೂಡಲಿಕ್ಕೆ.

ಮೆೞಸು mĕḻasu. *For* ಕಳಿರ *read* ಕಱಿರ.

ಮೇಗು mêgu. *For* ಮೇಲ್ 1 *read* ಮೇಲ್.

ಮೇಟಿ. *For* mêṭi *read* mêṭi ; *and put a semicolon after* ಮೇಧಿ.

ಮೇಠಿ mêṭhi. *For* ಮೆಟಿ *read* ಮೇಟಿ.

ಮೇಣ mêṇa. *For* Bees, wax *read* Bees-wax.

ಮೇದಿನೀಶ. *For* mêdini-îśa *read* mêdinî-îśa.

ಮೇದಿನೀಶ್ವರ *For* mêdini-îśvara *read* mêdinî-îśvara.

ಮೇಧ್ಯ mêdhya. *For* fresh *read* free.

ಮೇಲ್ mêl. *For* ಕೆಳಗಂ ನೋಡುವನು ಅನಿಲಂ *read* ಕೆಳಗಂ ನೋಡುವುದು ಅನಿಲಂ , *for* ಗೋಧೀ ರೊಟ್ಟ *read* ಗೋಧೀ ರೊಟ್ಟಿ, *and* (s. ಮೇಲ್ತರ) *for* B. 162 *read* B. 4, 162.

ಮೇಲು mêlu. s. ಮೇಲುಗುಡಿ *dele* -ಕುಡಿ *for* ಗುಡಿ. (*as* ಗುಡಿ, *not* ಕುಡಿ, *means* "banner" *in K.*).

ಮೇಲುದು mêl-udu. *Put* the end of a female's garment that is laid over or covers the breast *in big type.*

ಮೇಳಮ್ಬ mêḷamba. *After* ಬವರ, etc. *put a comma.*

ಮೊಗ mŏga. *For* Sarvabhûśaṇa *put* Sarpabhûshaṇa, *for* ಮೊಗ ಚಿಟ್ಲಿಸು. = ಮೊಗ ಸಿಣ್ಡಿಸು *read* ಮೊಗ ಚಿಟ್ಲಿಸು. = ಮೊಗ ಸಿಣ್ಡಿಸು, *and for* ಮೊಗಮ್ಬುಗು *read* ಮೊಗಮ್ಬುಗು.

ಮೊಗೆ mŏgĕ. 1. *Dele cf.* ಸುಗಿ 2.

ಮೊಟ್ಟೆ mŏṭṭĕ. *At the end dele* See Bp. 21, 15; 29, 18.

ಮೊಣ್ಡು mŏṇḍu. *For* ಮೊಟ್ಟ 1 *read* ಮೋಟ 1.

ಮೊಣ್ಡು mŏṇḍu. *For* ಮೊಣ್ಡು ಕೆಯ್. = ಮೊಣ್ಡು ಕೆಯ್ಯಿ *read* ಮೊಣ್ಡುಕೆಯ್. = ಮೊಣ್ಡುಕೆಯಿ.

ಮೊತ್ತ mŏtta. 1. *Put a comma before* ಶ್ರೇಣಿಕೆ ; *for* Tĕ. ಮೊತ್ತ, bulk, lump *read* T. ಮೊತ್ತ, bulk, lump, *and for* ಮುಟುದು *read* ಮುಟಿದು.

ಮೊದಲ್ mŏdal. *For* ಅರಮನೆ ಬೇಗುಳಂಗಳಂ ಪ್ರಸಾದ ಎಮ್ಬುದು *read* ಅರಮನೆ ಬೇಗುಲಂಗಳಂ ಪ್ರಾಸಾದ ಎಮ್ಬುದು.

ಮೊದಲು mŏdalu. *For* ಅನ್ದಿನ ದಿವಸ ಮೊದಲ್ಗೊಂಡು *read* ಅನ್ದಿನ ದಿವಸ ಮೊದಲು ಗೊಣ್ಡು.

ಮೊರೆ mŏrĕ. 1. *For* ಮೊರವದವುಡೆ *read* ಮೊರವ ದವುಡೆ.

ಮೊಸರ್ mŏsar. *For* (ಅಮಿಕ್ಷೆ, ಒಡೆ, ಒಟಳ) *read* (ಅಮಿಕ್ಷೆ, ಒಡೆ, ವಟಳ).

ಮೊೞ mŏḻa. *For* ಮೋೞ 1 *read* ಮೋೞ.

ಮೊೞಗು mŏḻagu. 1. *For* M. ಮುದಿಙ್ಙು *read* M. ಮುಟಿಙ್ಙು.

ಮೋಕ್ಷ môksha. *For existance read existence.*

ಮೋಚೆ môčĕ. *Read:* (Musa sapientum Roxb.).

ಮೋಪು môpu. *Dele the full stop before* firmness *and put a semicolon instead of it.*

ಮೋಸುಗಾೞಿ môsu-gâḻa. *Read:* (G. 174. 229).

ಮೋಹ môha. *The second No.* 2 *ought to be No.* 3; *and for* to become full of affection *read* to become full of affection.

ಮೋಹಿತ môhita. *Put a comma after* deluded.

ಮೌಂಜಿ. *For* maunji *read* mauñji.

ಯ್ y. *Put a semicolon after* ಯಮಲ = ಜವಳ್.

ಯಕ್ಕ yakka. *For* ಎಕ್ಕ ಹುಟ್ಟಿಸು *read* ಯಕ್ಕ ಹುಟ್ಟಿಸು.

ಯಜಮಾನ yajamâna. *For* Feminine *read* Feminine.

ಯಜುರ್ವೇದ. *For* yajur-vêda *read* yajus-vêda.

ಯತ್ಕಿಂಚಿತ. *Dele the comma after* yat-kiñčita *and put a full stop in its stead.*

ಯಥಾಶಕ್ತಿಸಾಗಮಾನ yathâśakti-sâgamâna. *Dele the full stop after* sâgamâna; *and dele the* (*after* on the pile, *and put a comma in its stead.*

ಯದುನೃಪಾಲ. *For* yadu-nripâla *read* yadu-nṛipâla.

ಯದೃಚ್ಛೆ yad-ṛiččhĕ. *For* ತನ್ನ ಇಚ್ಛೆ *read* ತನ್ನ ಇಚ್ಛೆ.

ಯಭನ yabhana. *Put a full stop before the parenthesis.*

ಯಭಸ್ವ yabhasva. *Read:* Know carnally! (My.).

ಯವೆ yavĕ. *For* ಯವೆ ಗೋಧಿ *read* ಯವೆ ಗೋಧಿ.

ಯಷ್ಟಿಕೆ yashṭikĕ. *For* ಏ- *read* ಏಕ-.

ಯಾಕೆ yâkĕ. *Dele* My.;

ಯಾತ yâta. *Put* (*after* goad; *and for* ಒದುವುದು *read* ಒದೆವುದು.

ಯಾದಸಾಮ್ನಾಥ. *For* yadasâm-nâtha *read* yâdasâm-nâtha, *and for* sea-animal *read* sea-animals.

ಯಾದಸಾಮ್ಪತಿ. *For* yadasâm-pati *read* yâdasâm-pati.

ಯೆಂಗಿ. *For* yengi *read* yĕngi.

ಯೆಸನ. *For* yesana *read* yĕsana.

ಯೇರಣಿಗ *For* yĕraṇiga *read* **yêraṇiga.**

ರಕ್ಷಣ rakshaṇa. *For* ಸಾಕು 2 *read* ಸಾಕು 1.

ರಂಗಭೂಮಿ raṅga-bhûmi. *For* ನೈಪಥ್ಯ *read* ನೈಪಥ್ಯ.

ರಂಗವಲಿ raṅga-vali. *For* ಮೂಸರಂ *read* ಮೂಸರಮ್.

ರಜತಾಚಲ rajata-ačala. *Dele* =.

ರಜನೀಸಂಚರ. *For* ralanî-sañčara *read* rajanî-sañčara.

ರಂಜಿಸು rañjisu. *For* the passions of feelings *read* the passions or feelings.

ರಡ್ಡಿ raḍḍi. *For* ಇರೆಟಿ *read* ಇರೆಟ್ಟಿ.

ರಣ್ಡೆ raṇḍĕ. *For* ಒಣ್ಡೆಯೊಡೆಯು ಬಡುದು *read* ಒಣ್ಡೆ ಒಡೆಯ ಬಡುದು.

ರತೋತ್ಕಣ್ಠೆ rata-utkaṇṭhĕ. *For* 64 *read* 54.

ರಮಣ ramaṇa. *For* ರಮಣೀಯಕ *read* ರಾಮಣೀಯಕ.

ರಮ್ಪಿಗೆ rampigĕ. *For* ಅಬ್ 2 *read* ಅಬ್ 3.

ರವಳಿ ravaḷi. *For cf.* ರವ್ಪ *read cf.* ರವ್ಪು.

ರವುಡಿ ravuḍi. *Dele it.*

ರವೆ ravĕ. *Read:* Tĕ. ರವೆ, ಬವೆ.

ರಸದಾಳಿ rasa-dâḷi. *Put* ರಸದಾಳಿಕಬ್ಬು *before* ರಸದಾಳಿಗವುರ್.

ರಸವತಿ. *For* rasavati *read* rasa-vati.

ರಸಸಿನ್ದೂರ rasa-sindûra. *For* cinnabara *read* cinnabar.

ರಾಕ್ಷಸ râkshasa. *For* rapc *read* rape.

ರಾಘವ râghava. *For* Čh. 56 *read* Čh. v. 56.

ರಾಜವೀಜಿ. *For* râjaviji *read* râja-viji.

ರಾಜಿ râji. 1. *For A strip read: A stripe.*

ರಾಟಣ râṭaṇa. *Read:* a water-wheel.

ರಾತ್ರಿಕಾಲ *For* râtrikâla *read* râtri-kâla.

ರಾಧಾಸುತ. *For* radhâ-suta *read* râdhâ-suta.

ರಾಮೇಶ್ವರ. *For* râmêśvara *read* râma-îśvara.

ರುಚಿ ruči. *Correct the irregularities in the leading numbers.*

ರುಚಿಕರ ruči-kara. *For* No. 6 *read* No. 5.

ರುಹ ruha. *Dele* ರಸಾಲ-.

ರೂಢಿ rûḍhi. *For* Kâvy. VI, 1 *read* Kâvy. V, 1.

ರೂಪ rûpa. *For* ರೂಪುವೆಬ್ಬಿಜ್ *read* ರೂಪವೆಬ್ಬಿಜ್.

ರೋಮಿ rômi. *For* ಚಮುರೀಮೃಗ *read* ಚಮುರಿಮೃಗ.

ರೌಕುಳ raukuḷa. *Dele the semicolon after* J. 27, 7, *and put a comma in its stead.*

ಱ್ ṟ. *For* ಱೂಢಿ *read* ಱೂಢಿ, *and for* ಱಣ 2 *read* ಱಣ.

ಱಾಟಾಳ ṟâṭâḷa. *Dele the comma after* ಘಟಿಯನ್ತ್ರ.

ಲಕಡಿ lakaḍi. *For* Mr. *read* Mhr.

ಲಕ್ಕಿ lakki. *Put a semicolon after* o. r. ಲೊಕ್ಕಿ.

ಲಕ್ಷ್ಮೀಲೋಲ. *For* lakṣmî-lôla *read* lakshmî-lôla.

ಲಗಳ lagaḷi. *Dele it.*

ಲತಿಕಾಗೃಹ latikâ-gṛiha. *Put a full stop after* = ಲತಾಗೃಹ.

ಲಟೆ latĕ. *For* Šmd. 89 *read* Šm. 89, *and for* Šmd. 83 *read* Šm. 83.

ಲಮ್ಬಳ. *For* lambaḷa. 1. *read* lambaḷa. 1.

ಲಯ laya. *Dele*) *after* Hlâ., *and* (*before* Mr.

ಲವ lava. *For* a tittle *read* a little.

ಲವಂಗ lavaṅga. *For* ಲವ No. 8 *read* ಲವ No. 7, *and s.* ಲವಂಗಮಾಸರಿಹುಲ್ಲು *for* Pancicum *read* Panicum.

ಲಾಲ್ lâl. *For* ಅಲ್ತಿಗುಡು *read* ಅಲ್ತಿಗುಡು.

ಲಾವ lâva. *For* Bd. *read* Bḍ.

ಲಾವಣಿ lâvaṇi. 2. *For* A *read* An.

ಲಿಂಗ liṅga. *For* keypiḍi *read* kĕypiḍi, *and instead of the semicolon put a full stop after the first proverb.*

ಲಿಂಗವನ್ತ liṅga-vanta. *For* Gâṇigâs *read* Gâṇigas, *for* Gouḍas *read* Gavuḍas, *and for* Čâlokyas *read* Čâlôkyas.

ಲಿಮ್ಬೆ limbĕ. *Put it in big type.*

ಲೆ. *For* 12-ಕೆ *read* 12-ಕೆ3.

ಲೇಸು lêsu. *For* ಲೇಸಂ (2, 3, 13) *read* ಲೇಸಂ (23, 13).

ಲೊಟ್ಟೆ lŏṭṭĕ. 2. *Put*) *after* T. ಉಲೊಡಕ್ಕು, *and read:* See ಲೊಟ ವಟ No. 2 and ಲೊಟ್ಲೊಟ್ಟೆ.

ಲೋಕಾಲೋಕ lôka-alôka. *Put No. 2 before the meaning that appears in italics.*

ಲೋಡಿಗೆ lôḍigĕ. *Dele* No. 1.

ವ್ V. *Put the* with *in* with ಪ್ (or ಬ್) *in italics, and for* ಬಿಙುವೊಯಲ್ *read* ಬಿಙುವೊಯ್ಯು.

ವಚನೀಯತೆ vačanîyatĕ. *Put a semicolon after* report.

ವಟಾರ vaṭâra. *For* ವಾಟ1-ಆರ 7 *read* ವಾಟ-ಆರ 7.

ವಟುತನ vaṭutana. *Dele the full stop before the parenthesis.*

ವಡಂಗ vaḍaṅga. *For* ವಾಯ *read* ವಾಯು-.

ವಡಿಗ vaḍiga. *Read:* (= ಬಡಿಗ). *Add:* If the literal meaning of ವಡಿಗ be "one who puts or gives", compare ಬಡಿಸು 2, ಬಡು 2.

ವಣಿಗೆ vaṇigĕ. *Dele* ವಳಿಗೆ.

ವನ vana. *For* a grave *read* a grove.

ವನೇಚರ vanê-čara. *Put a full stop before* (Šmd. 144).

ವನ್ತಿ vanti. *For* ಬನ್ತು *read* ಬನ್ತು 2.

ವನ್ದರಿ vandari. *Put it in large type.*

ವನ್ದರೆ vandarĕ. *Put it in large type.*

ವರ್ಷಭೇದ varsha-bhêda. *For* ಜಿನುಗು 3 *read* ಜಿನುಗು 2.

ವರ್ಷಾಭ್ವಿ. *For* varshâ-abhvi *read* varshâ-bhvi.

ವಲ್ಕಿನಿ valkini. *Read:* said to be of cooling properties.

ವಲ್ಗು valgu. *Dele* ವಲ್ಗು *in the parenthesis.*

ವಾಕ್ಯವೇಷ್ಟನ vâkya-vêshṭana. *For* saṁskrita *read* saṁskṛita.

ವಾಂಛಿಸು. *For* vâñčhisû *read* vâñčhisu.

ವಾಟ vâṭa. 2. *For* T., M. ವಾಟ *read* T., M. ವಾಟ್ಟ.

ವಾಟಿಕೆ vâṭikĕ. *For* ವೃಕ್ಷ *read* ವೃಕ್ಷ-.

ವಾಟೆ vâṭĕ. 1. *Read:* = ಓಟೆ 2, *q. v.*

ವಾಡ vâḍa. *Put it in large type.*

ವಾಡಿಕೆ vâḍikĕ. *Read:* (fr. ಬಡು 1).

ವಾಣೀಶ. *For* vâṇi-îśa *read* vâṇî-îśa.

ವಾಣೀಶ್ವರ *For* vâṇi-îśvara *read* vâṇî-îśvara.

ವಾಪನ vâpana. 1. *For* ಪಾಪ *read* ವಾಪ.

ವಾಯುವಳಂಗ. *For* vêyu-vaḷaṅga *read* vâyu-vaḷaṅga.

ವಾರ vâra. 2. *For cf.* ಆರ್ 7? *read cf.* ಆರೆ 7? or ಓರಗೆ?

ವಾರಗಿತ್ತಿ *For* vâra-gitti *read* (vâragĕ-itti).

ವಿಕಾಶ vi-kâśa. *Put a comma after* as a flower.

ವಿಕಿರತ್. *Read:* vi-kirat.

ವಿಕೀರ್ಣ vi-kîrṇa. *For* ಕೆದಱ್ 1 *read* ಕೆದಱು 1.

ವಿಕ್ರಾನ್ತ vi-krânta. *Put a comma after mighty.*

ವಿಗಡ vigaḍa. *Put a semicolon after* Bp. 5, 40.

ವಿಘ್ನ vi-ghna. *Dele* See ವ್ಯಪಾಯ.

ವಿಚಾರಿಸು vi-čârisu. *Dele* 27 *after* Bp. 34, 8.

ವಿಜೃಮ್ಭಣ vi-jṛimbhaṇa. *For* exhibit courage *read* exhibiting courage.

ವಿಜ್ಞಾಸಾರ *Read:* vijñâ (*i. e.* ವಿಜ್ಞ) -sâra.

ವಿತಾಳಿಸು vitâḷisu. *For* Râm. 6, 50, 5, 18 *read* Râm. 6, 50, 5. 18.

ವಿದರ. *Read:* vi-dara.

ವಿಧೆ vi-dhĕ. *Read:* (= ಬೆಸ 1).

ವಿಪರ್ಯಯ vi-pari-aya. *Put a dash after* exchange, barter.

ವಿಪುಲಾಧಿನಾಯಕ vipulâ-adhinâyaka. *Dele the full stop after* Vipulĕ.

ವಿಭೇದಕ vi-bhêdaka. *Read:* or pierces.

ವಿಮಯ vi-maya. *For* (ವಿಮೇಯ) *read* (= ವೈಮೇಯ).

ವಿಮಾನ vi-mâna. 2. *For* as conveyance *read* as a conveyance.

ವಿರೋಕ vi-rôka. *Put a semicolon after* Shining.

ವಿಲೋಲತೆ vi-lôlatĕ. *For* Bp. 3, 33 *read* 2, 33.

ವಿವನ್ಧ vivandha. *For* Tbh. of ವಿವಧ *read* = ವಿವಧ, q. v.

ವಿಶ್ವಾಮಿತ್ರದರ್ಭೆ viśvâmitra-darbhĕ. *Dele the comma after* darbha grass.

ವಿಶ್ವಾಮಿತ್ರಸೃಷ್ಟಿ viśvâmitra-sṛishṭi. *Dele* (*before* the ass.

ವಿಷಮಾಯುಧ vishama-âyudha. *For* Kama *read* Kâma.

ವಿಷು vishu. *Dele the full stop after* = ವಿಷುವ.

ವಿಷ್ಣುಕಾನ್ತಿ vishṇu-kânti. *For* on road-side *read* on road-sides.

ವಿಸಾರಿ vi-sâri. *Put a semicolon before* gliding along.

ವಿಸ್ಫುಲಿಂಗ vi-sphuliṅga. *Put a full stop before* (Bp. 53, 52).

ವಿಹಗ viha-ga. *Read:* 2, a cloud.

ವಿಹಂಗರಾಜರಥ. *For* vihaṅga-râja-ratha *read* vihaṅgarâja-ratha.

ವಿಹಾರ vi-hâra. *Read:* a Buddhist or Jaina temple or convent.

ವೀಕ್ಷಣ vi-îkshaṇa. *Put a comma before* sight.

ವೀಧ್ರ vidhra. *For* (*cf.* ಬಿಳ್) *read* (*cf.* ಬಿಳಿ).

ವೀಸ vîsa. *For* Tu. ವಿಸ, ವೀಸು *read* Tu. ವೀಸ, ವೀಸು.

ವೃತ vṛita. 1. *For* ಸುತ್ತಿ *read* ಸುತ್ತಿದ.

ವೃಷಾಕಪಾಯಿ vṛishâkapâyi. *For* vṛisâkapi *read* vṛishâkapi.

ವೆಗ್ಗಳತನ vĕggaḷatana. *Put a full stop after* ವೆಗ್ಗಳಿಕೆ.

ವೆಂಕ vĕṅka. *Put a full stop after* ವೆಂಕಟ.

ವೆಡ್ಡಯ್ಸು vĕḍḍaysu. *Put it in small type.*

ವೇಂಗಿ vêṅgi. *For* Tê. *read* Tĕ.

ವೇದ vêda. *Dele* See Prv. s. ಗಾದೆ.

ವೇದನೆ vêdanĕ. *Dele No.* 1.

ವೇಷ vêsha. *For* ಯೂಸ *read* ಯೂಸ 2.

ವೈಖರಿ vaikhari. *Dele the* T. *before* Tĕ.

ವೈಹಾಯಸ vaihâyasa. *Read:* (fr. ವಿಹಾಯಸ್).

ವ್ಯವಚ್ಛೇದ vi-avaččhêda. *For* deviding *read* dividing.

ವ್ಯುತ್ಕ್ರಮಣ vi-utkramaṇa. *Read:* (Kâvy. III, 3, B, 16).

ವ್ಯೂಹ vi-ûha. *For* ಪಡಯೊಡ್ಡು *read* ಪಡೆಯೊಡ್ಡು.

ವ್ಯೋಮ vyôma. *Read:* (= ವೇಮ).

ಶಂಕುಯನ್ತ್ರ. *For* saṅku-yantra *read* śaṅku-yantra.

ಶಣ್ಢ śaṇḍha. *Read:* a bull at liberty.

ಶಪಿಸುವಿಕೆ. *Read:* śapisuvikĕ.

ಶಬ್ದಗ್ರಹ śabda-graha. *For the air read the ear.*

ಶಬ್ದಮಂಜರಿ śabda-mañjari. *For* ಕರ್ಣಾಟಕಶಬ್ದಮಂಜರಿ *read* ಕರ್ಣಾಟಶಬ್ದಮಂಜರಿ.

ಶಬ್ದಾರ್ಥ śabda-artha. *Read:* (ಅರ್ಥ, ಶಬ್ದನಿರೂಪಣ Nn. 156).

ಶಮ್ಬರ śambara. *Read:* = (ಶಬರ), ಸಮ್ಬರ 1.

ಶಯ śaya. *Read:* (*cf.* ಕಯ್ 3, ಕೆಯ್ 3).

ಶರಜನ್ಮ śara-janma. *Read:* in a thicket of reeds.

ಶಶಿಪುರಾಧೀಶಸೋಮೇಶ śaśipura-adhîśa-sômêśa. *Put a full stop before* N.

ಶಾಕ. *For* śâke, 2 *read* śâka. 2.

ಶಾನ್ತಿ śânti. *Read:* *indifference.*

ಶಾರಿದ śârida. *For* Mdb. *read* Mḍb.

ಶಾಲಪರ್ಣಿ. *For* śâlaparṇi *read* śâla-parṇi.

ಶಾಲು śâlu. *For* also ಜೋಡಿ *read* also ಜೋಡಿ.

ಶಾಲ್ಮಲೀವೇಷ್ಟ śâlmalî-vêshṭa. *Put the English meaning in italics.*

ಶಿಖರಿ śikhari. *For* (see ಉತ್ಪುಟ) *read* (see ಕರಟೋಲ).

ಶಿಖಿ śikhi. *For* (ಸೀಸಕ 1) *read* (ಸೀಸಕ 4).

ಶಿರ śira. *For* ಶಿರದೊಳ್ ಆನ್ *read* ಶಿರದೊಳ್ ಆನ್.

ಶಿರಸಾ śirasâ. *For* porfound *read* profound.

ಶಿವ śiva. *For* ಭೈರವಾಸ ಹರದು ಬಿಟ್ಟ *read* ಭೈರವಾಸ ಹರಿದು ಬಿಟ್ಟ.

ಶಿಶ್ವಿದಾನ śiśvidâna. *Put it after* ಶಿಶ್ರೂಷೆ.

ಶೀಘ್ರುಗಾಮಿ. *For* śighragâmi *read* śighra-gâmi.

ಶೀತಾಂಶು. *For* śita-amśu *read* śita-amśu.

ಶುಚಿರೋಚಿಸ್ śuči-rôčis. *Put a full stop after* The moon.

ಶೂದ್ರತ್ವ. *For* śudratva *read* śûdratva.

ಶೃಂಗಾರಿತ śringârita. *Dele* (Bp. 44, 70).

ಶೃಂಗಿಣಿ śringiṇi. *Put* A cow *in italics.*

ಶೇಷಕರಣ śêsha-karaṇa. *For* leave remaining *read* saving, etc.

ಶೈತ್ಯ śaitya. *For* ಕೊಟ್ಟ *read* ಕೋಟಿ.

ಶ್ಯಾಮ śyâma. *For* ಸಾವೆ *read* ಸಾವೆ 1.

ಶ್ರವಣ śravaṇa. 2. *For* See Prvs. *read* See Sp.

ಶ್ರೀಮಾನಿನೀಶ. *Read:* śrîmâninî-îśa. Vishṇu, one of the attendants on Śiva.

ಶ್ರೀಮುದ್ರೆ śrî-mudrĕ. *Put a comma after* of a śankha.

ಶ್ರೀಸತೀಶ. *For* śrisati-iśa *read* śrîsatî-îśa.

ಷಟ್ಕರ್ಮ shaṭ-karma. *For* yâčnyĕ *read* yâčňĕ.

ಷಡ್ಗ್ರಂಥ shaḍ-grantha. *Dele the comma after* shrub.

ಷಷ್ಠಿ shashṭhi. *For* ಚಟ್ಟ *read* ಚಟ್ಟ 1.

ಸಂ. *Read* saṁ *instead of* sam.

ಸಂವರ್ತನ saṁ-vartana. *For* ಪ್ರಲಯ *read* ಪ್ರಳಯ.

ಸಂಸರ್ಗಾಭಾವ saṁsarga-abhâva. *For it read* ಸಂಸರ್ಗಾಭವ saṁsarga-abhava.

ಸಂಹತಜಾನುಕ saṁhata-jânuka. *For Knock-need read Knock-kneed.*

ಸಂಕು sanku. 1. *For* ಗಿರ್ವಣ್ಣಿಯುಂ *read* ಗಿರ್ವಣ್ಣಿಯುಮ್.

ಸಂಕೆ sankĕ. 2. *For* ಬಧು *read* ವಧು.

ಸಂಖ್ಯಾವಾಚಿ sankhyâ-vâči. *For* ಏಳೆಸ್ಟು *read* ಏಟಿಸ್ಟು.

ಸಂಗ san-ga. 2. — ಸಂಗವ್ವೆ. -ಅವ್ವೆ. *For* see ಏರ- *read* See ಏರ-.

ಸಜ್ಜರಸ sajjarasa. *Dele the comma before* Nr.

ಸಜ್ಜೀಕಾರ sajjîkâra. *For* ಸರ್ಜಕಾಕ್ಷಾರ *read* ಸರ್ಜಕಾಕ್ಷಾರ.

ಸಣ್ಣಿಸು saṇṇisu. *For* affer *read* after.

ಸತ್ವ satva. 1. *For* ಅಳ Bhn. 29. 29 *read* ಅಳ Bhn. 29.

ಸದ್ sad. *For* = ಸತ್ *read* ಸತ್.

ಸದೃಶಾರ್ಥತೆ sadriśa-arthatĕ. *For* ತೇಂಗು 1 *read* ತೇಂಗು 2.

ಸದ್ದು saddu. *For* ಸದು ಕೇಳಿದರೆ *read* ಸದ್ದು ಕೇಳಿದರೆ.

ಸದ್ಯಕ್ಷಾರ sadyakshâra. *Read* (= ಸಜ್ಜೀಕಾರ).

ಸಧ್ರ್ಯಚ್ sadhryač. *For* ಸಧ್ರ್ಯಯಂಚ್, ಸಧ್ರ್ಯಯಕ್ *read* ಸಧ್ರ್ಯಂಚ್, ಸಧ್ರ್ಯಕ್.

ಸನದು sanadu. *After* B. 5, 231, *dele* My.

ಸನ್ತಸ santasa. s. ಸನ್ತಸಪ್ಪಡಿಸು *for* Čpr. 2, after 96 *read* Čpr. 2, after 91.

ಸನ್ತೆ santĕ. 1. *For* ಮೂಲಿ ಮೊಲಿ *read* ಮೂಲಿ ಮೊಲಿ.

ಸನ್ದಯ sandaya. *For* T. ಚಿನ್ದಯ *read* T. ಚನ್ದಯ.

ಸನ್ದರಿ sandari. *For* ಗೊನಿ *read* ಗೊಡ್ಡಿ.

ಸನ್ದು sandu. *For* ಸನು ಕೂಡಿಸು *read* ಸನ್ದು ಕೂಡಿಸು, *and for* ಘಾಸಿನ್ಥೊನಿಸ್ನು *read* ಘಾಸಿನ್ಥೊನ್ದಿಸ್ನು.

ಸನ್ದೋಹನ sam-dôhana. *For* ಸನ್ದೋಹನ No. 2 *read* ಸನ್ದೋಹ No. 2.

ಸನ್ಧಿ sam-dhi. *For* ಸನಿ *read* ಸನ್ಧಿ.

ಸನ್ನದ್ಧ. *For* sâm-naddha *read* sam-naddha.

ಸನ್ನಿ sanni. *Dele* ಗ್ರಹಣಿ.

ಸಪರ್ಯ saparya. *For* Bp. 39, 27, 53 *read* Bp. 39, 27. 53.

ಸಪ್ತಮಾತೃ. *For* sapata-mâtṛi *read* sapta-mâtṛi.

ಸಪ್ತಲೆ saptalĕ. *Before* the soap-nut plant *put* 2, .

ಸಪ್ಪಳ sappaḷa. *Dele the dash after* A sound of noise to be produced.

ಸಮಾಸಪ್ರಾಸ samâsa-prâsa. *For it read* ಸಮಾಸಪ್ರಾಯ samâsa-prâya.

ಸಮಿನ್ಧನ sam-indhana. *Before* fuel, firewood *put* 2, .

ಸಮುಚ್ಚ sam-ućča. *Put it before* ಸಮುಚ್ಚಯ.

ಸಮುನ್ನತ sam-unnata. *For* 38. 49 *read* 38, 49.

ಸಮೃದ್ಧಿ sam-ṛiddhi. *For* ihriving *read* thriving.

ಸಮ್ಪಿಗೆ. *For* sampige *read* sampigĕ, *and for* ಅರ್ಥಗಳಿಗೆ *read* ಅರ್ಥಗಳಿಗೆ.

For ಸಂಪೂರ್ಣತನ, ಸಂಪೂರ್ಣತ್ವ, ಸಂಪೂರ್ಣೇನ್ದು *read* ಸಮ್ಪೂರ್ಣತನ, ಸಮ್ಪೂರ್ಣತ್ವ, ಸಮ್ಪೂರ್ಣೇನ್ದು.

ಸಮ್ಪೂರ್ತ sam-pûrta. *For* Čh. *read* Kâvy.

ಸಮ್ಮತಿ sam-mati. *Put a full stop before the parenthesis.*

ಸಮ್ಮುಖ sam-mukha. *Put a full stop after* in the presence of.

ಸಮ್ಮೂರ್ಚ್ಛನ sam-mûrččhana. *For it read* ಸಮ್ಮೂರ್ಛನ sam-mûrčhana.

ಸರಲದ್ರವ sarala-drava. *For Picus read Pinus.*

ಸರಿ sari. 6. *For* That fallen down *read* That has fallen down.

ಸರಿ sari. 1. *For* Šm. *read* Šs.

ಸರ್ವರ್ತುಕ sarva-ṛituka. *For* habitable in *read* habitable in —.

ಸವಣ savaṇa. 1. *Dele the full stop before* (Šmd. 346).

ಸವರಣೆ savaraṇĕ. *Read:* = ಸಂವರಣೆ 2, ಸೌರಣೆ.

ಸಸಿನ sasina. *For* (fr. ಸಯ್) *read* (fr. ಸಯ್ 1), *and for* ಸಸಿನಮಾಡು *read* ಸಸಿನಮಾಡುದು.

ಸಸೀಮ sa-sîma. *For Conterminous read conterminous.*

ಸಸ್ಯಾದ್ಯುತ್ಪಾಟನ sasya-âdi-utpâṭana. *For* of corn *read* of corn, etc.

ಸಹಸಿತನ sahasitana. *For* (Grj. 2, after 105) *read* (Grj. 2, after 106).

ಸಹಸ್ರಲೋಚನ. *For* sahasa-lôčana *read* sahasra-lôčana.

ಸಾಂಯುಗೀನ. *For* samyugina *read* sâmyugina.

ಸಾಜ. *For* jâja *read* sâja.

ಸಾಧನ sâdhana. *For* ಕುಠಾರಾದಿಯುಪಕರಣ *read* ಕುಠಾರಾದಿಯುಪಕರಣ.

ಸಾಮಗ್ರಿ sâmagri. *For* year *read* gear.

ಸಾಮಾನು sâmânu. *For* ಸಮಾನ *read* ಸಾಮಾನ.

ಸಾಮಾನ್ಯಖಣ್ಡ sâmânya-khaṇḍa. *For it read* ಸಾಮಾನ್ಯಕಾಣ್ಡ sâmânya-kâṇḍa.

ಸಾಮ್ಯ sâmya. 1. *For* Kâvy. III *read* Kâvy. III.

ಸಾಮ್ಯ sâmya. 2. *For* pùjâris *read* pûjâris.

ಸಾರ್ sâr. 1. *For* ಅತ್ತಿತ್ತಿತ್ತುತ್ತಂ *read* ಅತ್ತಿತ್ತಿತ್ತುತ್ತತ್ತಂ.

ಸಾರ sâra. *Read* 21, propriety, fitness.

ಸಾರಿ sâri. *Dele* ಮುಚ್ಚಾರಿ.

ಸಾರ್. *For* sâr. 2 *read* sâṟ. 2.

ಸಾರ್ವಭೌಮಕ. *For* sarvabhaumaka *read* sârvabhaumaka.

ಸಾಲ sâla. 2. *For* (fr. ಸಾಲಿ 1) *read* (fr. ಸಾಲಿ 3).

ಸಾಲಗಾತಿ. *For* sala-gâti *read* sâla-gâti.

ಸಾಲಬಡಕ. *For* sâlabaḍaka. -ಪಡಗ *read* sâla-paḍaka.

ಸಾಲಿಗ sâla-iga. *For* ಸಾಲಿಗಾರ್ *read* ಸಾಲಿಗರ್.

ಸಾಲು sâlu. 1. *For* ಹೊರಡುವದಿಲ್ಲ *read* ಹೊಡಿಡುವದಿಲ್ಲ.

ಸಾವಗಿಸು sâvagisu. 2. *Before* ಸಯ್ಯು *put* (.

ಸಾಸಿಗ sâsiga. *For* G. 1, 108 *read* Grj. 1, 108.

ಸಿಂಹಪುಚ್ಚಿ simha-pučči. *For it read* ಸಿಂಹಪುಚ್ಛಿ simha-puččhi.

ಸಿಂಹಾಗಾರ simha-âgâra. *For* (Šmd. 288) *read* (Šmd. 383).

ಸಿಕ್ಕು sikku. 1. *For* (1, 8, 21) *read* (Bh. 1, 8, 21).

ಸಿಗು sigu. *For* ಕೆಯ್ಗೆ ಸಿಗ್ಗುವದಿಲ್ಲ *read* ಕೆಯ್ಗೆ ಸಿಗುವದಿಲ್ಲ.

ಸಿಡಿ siḍi. 6. *Put a semicolon before* hopelessness, despair *(instead of the full stop)*.

ಸಿಡುಕು siḍuku. 2. *For* ಸಿಡುಕ. -ಅ *read* ಸಿಡುಕ. -ಅ 3.

ಸಿತರೋಚಿ. *For* sita-rôči *read* sita-rôči.

ಸಿತೇತರ. *For* sia-itara *read* sita-itara.

ಸಿದಿಗೆ sidigĕ. *For* ಸಿದಿಗೆ ಹೆಣದನ್ತೆ *read* ಸಿದಿಗೆಹೆಣದನ್ತೆ.

ಸಿದ್ಧ siddha. s. No. 20 *for* characterized the eight siddhis *read* characterized by the eight siddhis.

ಸಿದ್ಧಿ siddhi. *For* = ಸಿದ್ಧಿ *read* = ಸಿದ್ಧಿ 2.

ಸಿಧ್ಮಲ. *For* sdhmala *read* sidhmala.

ಸಿಮ್ಪಿ simpi. *After* ಚಿಪ್ಪು *put* G.

ಸಿಮ್ಬಿ simbi. *For* the grouud *read* the ground.

ಸಿವುಡು sivuḍu. *For* A pad, etc. *read* A pad etc.

ಸೀ sî. 1. — ಸೀಕರಣೆ. *For* manges *read* mangoes.

ಸೀಗೆ sîgĕ. *For* ಶಾತಲಿ G. *read* ಸಾತಲಿ G.

ಸೀತಳ sîtaḷa. *Dele* ಗ್ರಹಣಿ.

ಸೀತೆ sîtĕ. *For* Šmd. 68, 155 *read* Šmd. 68. 155.

ಸೀರ್ sîr. *Dele Cf.* ಈರ್ 3.

ಸೀಱು sîṟu. 2. *Put* to rail at, etc. *in large type.*

ಸೀಳ್ sîḷ. 1. *For* to come into *read* to come in two.

ಸುಂಕ suṅka. *For* ಮುಂಕಿ ಮುಗನಾದರೆ *read* ಮುಂಕೀ ಮುಗನಾದರೆ.

ಸುಟ್ಟುಮ್ಬೆ suṭṭumbĕ. ಸುಟುಮ್ಬೆಕಾಱ suṭṭumbĕ-kâṟa. ಸುಟ್ಟುರೆ suṭṭurĕ. *These words and their meanings are to be put in large type.*

ಸುದಾರಿಕೆ sudârikĕ. *For* s. ಕ್ಷಮೆ *and* ತಾಳ್ಮೆ *read* ಸುಧಾರಿಕೆ.

ಸುನ್ನತಿ sunnati. *For* Mg. *read* My.

ಸುಪ್ರಸಿದ್ಧ su-prasiddha. *Put a comma after* very well known.

ಸುಭಿಕ್ಷೆ. *For* su-bhikshê *read* su-bhikshĕ.

ಸುಮಾರು sumâru. *For* ಘೂಟು *read* ಘೂಟು.

ಸುಮ್ಮನೆ summanĕ. *For* ಸುಮ್ಮನೇ ಅಯಿವವರಲ್ಲಿ *read* ಸುಮ್ಮನೇ ಅಯಿವವಱಲ್ಲಿ.

ಸುರಗಿ suragi. — ಸುರಗಿಚವುಡಯ. *For* (Bp. 47. 34) *read* (Bp. 47, 34).

ಸುರಣ surana. *For* elephant's-foot yam *read* elephant's foot-yam.

ಸುರತ su-rata. 2. *For* See ಸೆರೆ 3 *read* See ಸೆರೆ 1.

ಸುರಿ suri. 1. *For* (ಅತ್ಮರಿ, ಮೂತ್ರಕೃಚ್ಛ್ರ 201) *read* (ಅತ್ಮರಿ, ಮೂತ್ರಕೃಚ್ಛ್ರ 201).

ಸುರ್ಕು surku. 2. — ಸುರ್ಕುಸುರು. *For it read* ಸುರ್ಕುಸುರ್.

ಸುವಾಸಿನಿ su-vâsinî. *For* ಅಯೆ *read* ಅಯ್ದೆ.

ಸುೞಿ suḻi. 1. *After* ಸಂಚಲಿಸು *insert* I.

ಸುೞಿ suḻi. 3. s. No. 6 *after* wriggling, untruth *put*), *and* s. ಸುೞಿಗಾಳಿ *dele* J. 10, 7, 8.

ಸೂಚಿಸು sûčisu. *For* ಸೂಚಿಸುಗು *read* ಸೂಚಿಸುಗುಂ.

ಸೂಟಿ sûṭi. *Put its second meaning also in large type.*

ಸೂತ್ರ sûtra. *After* a complicated business *put*), *and after* See Čh. *put a semicolon.*

ಸೂದಾರ. *For* sûda-âra. 1 *read* sûda-âra1.

ಸೂೞೆ sûḻĕ. — ಸೂೞ್ ಹೋಗು. *For* ವದವೆನಿಸಿದರೆ *read* ಪದವೆಣಿಸಿದರೆ.

ಸೂಲ್ sûl. *For* ಪ್ರತುರಪ್ರಸೂತಿ *read* ಪ್ರಚುರಪ್ರಸೂತಿ.

ಸೂಳೆ sûḷĕ. *For* ಗಣ್ಯಾಂಗನೆ *read* ಪಣ್ಯಾಂಗನೆ.

ಸೂಲಿಕೆ. *For* sûlikê *read* sûlikĕ.

ಸೂಸಲ್ sûsal. *Dele*) *after* Nr., *and put a comma after* other leaf.

ಸೆಜ್ಜೆ sĕjjĕ. *For* ಸೆಜ್ಜೆವಾಲಿಲಾತ *read* ಸೆಜ್ಜೆವಾಗಿಲಾತ.

ಸೆಟೆ sĕṭĕ. *For* ಹಿನಕ್ಕೆ *read* ಹಿನ್ದಕ್ಕೆ.

ಸೆಟ್ಟಿ sĕṭṭi. *For* ಕುಮ್ಬಾರ ಜಾಣ *read* ಕುಮ್ಬಾಱ ಜಾಣ.

ಸೆಱಗು sĕṟagu. *For* ಸೀಱ್ಯ ಸೆಱಗು *read* ಸೀರೆಯ ಸೆಱಗು.

ಸೆಲದಿ sĕladi. *For* Tĕ. ಚಿಲಿದಿ 2 *read* Tĕ. ಚಿಲಿದಿ.

ಸೆಳ sĕḷa. *For* P. p. of ಸೆಳೆ 2 *read* P. p. of ಸೆಳೆ 3.

ಸೆಳದು sĕḷadu. *For* P. p. of ಸೆಳೆ 2 *read* P. p. of ಸೆಳೆ 3.

ಸೇದು sêdu. *For* to thorb and pain *read* to throb and pain.

ಸೇನಾಂಗ. *For* sêna-aṅga *read* sênâ-aṅga.

ಸೇನ್ದು sêndu. *For* Šmd. Dd. *read* Šmd. Dh.

ಸೇರಿಸು sêrisu. *For the colon after* to insert *put a semicolon* , *and for* ದಡ ಸೇರಿಸಿ ತಕ್ಕ *read* ದಡ ಸೇರಿಸ ತಕ್ಕ.

ಸೇರು sêru. 1. *For* ಕಬ್ಬಿಣ ನೇಗಲು *read* ಕಬ್ಬಿಣದ ನೇಗಲು.

ಸೇರೆ sêrĕ. *Dele the* (*before* Si. 248.

ಸೈನ್ಧವ saindhava. *For* ಸೈನವ *read* ಸೈನ್ಧವ.

ಸೊಕ್ಕು sŏkku. 3. *For cf.* ಸೊಪ್ಪು 3 *read cf.* ಸೊಪ್ಪು 2.

ಸೊಗಸು sŏgasu. *Put* beautifully *in large type.*

ಸೊತ್ತು sŏttu. *For the comma after* My. *put a semicolon.*

ಸೊನ್ನೆ sŏnnĕ. *For* ಸನ್ನೆಕೊಲು *read* ಸನ್ನೆಕೋಲು.

ಸೊಪ್ಪು sŏppu. 2. *For* ಕುಟುಕಲ್ *read* ತುಟುಕಲ್.

ಸೊರಟಿ sŏraṭĕ. *For* ಗೊರಳೆ *read* ಗರಳೆ.

ಸೊಲಗೆ sŏlagĕ. *For* ಕಣಿ ಅಳಿಯುವನೇ? *read* ಕಣ್ಣಿ ಅಳಿಯುವನೇ?

ಸೊಲ್ಲು sŏllu. 1. *For* 40. 89 *read* 40, 89.

ಸೋಮಕ sômaka. *For* demom *read* demon.

ಸೋಮಯಾಜಿ sôma-yâji. *For* ಬಸನ್ತ- *read* ವಸನ್ತ-.

ಸೋಯಿ sôyi. 1. — *For* ಸೊಯಿದೇವ *read* ಸೋಯಿದೇವ.

ಸೋರೆ sôrĕ. 1. — ಸೋರೆಬುರುಡೆ. *For* tried *read* dried.

ಸೌವೀರ sauvîra. *Put* the fruit of the jujube *in italics.*

ಸ್ತನಿತ stanita. *For* ಮೊಡಗು 2. *read* ಮೊಡಗು 1 & 2.

ಸ್ಥಲವನ್ತಿಗೆ sthala-vantigĕ. Possession or ownership of a place. *(Insert this after* ಸ್ಥಲವನ್ತಿಗ).

ಸ್ನೇಹ snêha. *For* (Prv.) *read* (Prvs.).

ಸ್ಪರ್ಶವೇದಿ. *For* sparśavêdi *read* sparśa-vêdi.

ಸ್ಫುರಣ sphuraṇa. *For* caruscation *read* coruscation.

ಸ್ವರೂಪ svarûpa. *For* ಸರೂಪ *read* ಸರೂಪ 2.

ಹ್ h. It often changes places with ಪ (Śmd. 190. 191). About its connection with ಽ *has to appear in large type.*

ಹಕ್ಕಿ hakki. 1. *Dele* ಪಕ್ಕಿಯೆಣಗುಹಂ (ತೆಂಗುಹಂ Śmd. II).

ಹಕ್ಕೆ hakkĕ. *For* ಜಾತೀರ *read* ಚಿತೀರ.

ಹಗರ hagara. *For* ಹಾರ *read* ಹೌರ.

ಹಗೆತನ hagĕtana. — ಹಗೆತನ ಮುರಿ. *For* (or ಮುಱಿ) *read* (or ಮುಱ್).

ಹಚ್ಚಕ haččaka. *For* ಹರಿಥಚ್ಚರ *read* ಹರಿಥಚ್ಚಕ.

ಹಚ್ಚಡಿಕೆ haččadikĕ. *For* ಪ್ರಚ್ಛದಪಟ *read* ಪ್ರಚ್ಛದಪಟ.

ಹಚ್ಚು haččŭ. 1. *For* ಪತ್ತಿಸು *read* ಪತ್ತಿಸು 1, *and after* ಎಲೇವನ Śi. 229) *put a full stop instead of the comma.*

ಹಂಚಿ hanči. — *For* ಹಂಚುಹುಲ್ಲು *read* ಹಂಚಿಹುಲ್ಲು,

ಹಣಿತೆ haṇitĕ. *For* ಮಲ್ಲಕ *read* ಮಲ್ಲಿಕೆ.

ಹಣ್ಣು haṇṇu. 2. *For* ಮಾರ್ದ್ವೀಕ *read* ಮಾರ್ದ್ವೀಕ.

ಹತ್ತ hatta. *For* all, together *read* all together.

ಹತ್ತರ hattara. *Put* (*after* ಚಿಕ್ಕ ಊರು.

ಹತ್ತಿರೆ hattirĕ. *For* ಹತ್ತದಲ್ಲಿ *read* ಹತ್ತರದಲ್ಲಿ.

ಹತ್ತಿಸು hattisu. 1. *For* ಪತ್ತಿಸು *read* ಪತ್ತಿಸು 1.

ಹತ್ತು hattu. 1. *For* to touch (5, 292) *read* to touch (Bp. 5, 292), *and* s. *No. 3 for* 5, 102-124 *read* 5, 102. 124.

ಹತ್ತು hattu. 3. *For* ಹತ್ತರ ಕೂಡ *read* ಹತ್ತಱ ಕೂಡ, *for* ಹತ್ತರ ಸಾವು *read* ಹತ್ತಱ ಸಾವು, *for* Ten and ten (in a distributive sense (B. 4, 209) *read* Ten and ten (in a distributive sense, B. 4, 209), *and* s. ಹತ್ತು ಹತ್ತು *for* in distributive sense *read* in a distributive sense.

ಹನಿ hani. 2. *Dele*) *after* B. 2, 49.

ಹನೆ. *For* banĕ *read* hanĕ.

ಹನ್ದಿ handi. *For* ಎಟ್ಟರ *read* ಎಟ್ಟರ

ಹಯಾರ್ಜುನರುಕ್ haya-arjuna-ruk. *For* Shining like white horse *read* Shining like a white horse.

ಹರಗಿರಿ haragiri. *Dele the full stop after* Kailâsa.

ಹರದ haradu1-a3. *For* ಪಣಿಕ *read* ಆಪಣಿಕ, *and for* ಪರಿದಿ *read* ವರದಿ.

ಹರಸು harasu. *For* ಹರಿಸು *read* ಹರಿಸು 1, *and for* Sita *read* Sîtâ.

ಹರಿಕಾಱ hari-kâṟa. *For* ಜಂಘಿಕ *read* ಜಾಂಘಿಕ.

ಹರುಷ harusha. *For* ಹರುಷಮ್ಬೊರು, -೦- *read* ಹರುಷಮ್ಬೊರು. -೦-ಪೊಱು.

ಹಱಿ haṟi. 1. *For* ಅಱ್ 2 *read* ಅಱ್ 3 (see ಅರಿ 2 s. Additions).

ಹಱಿವೆ haṟivĕ. *For* (see corrections) *read* (see Additions, *and for* ಅವೆರ್ *read* ಹವೆರ್.

ಹಱುಕು haṟuku. *Dele* (*before* Śi. 228.

ಹಱ್ಱ್ haṟṟ. *For Cf.* ಪಱ್ *read Cf.* ಪಱ್ಱ್.

ಹಲ್ಲಾ hallâ. *For* ಹಲ್ಲಾ ಎರು *read* ಹಲ್ಲಾ ಏಱು.

ಹಲ್ಲು hallu. *In* Prv. *for* ಹಲ್ಲು ಜಗದೇನು *read* ಹಲ್ಲು ಜಗಿದೇನು.

ಹವ್ಯವಾಹನಸಖ. *For* havyavâhanasakha *read* havya-vâhana-sakha.

ಹಸನ hasana. *For* ಹಸನು ಮಾಡೋಣ *read* ಹಸನ ಮಾಡೋಣ.

ಹಸರ್ hasar. *For* ಹಸರ್ವಾಣಿಕನ್ಯಾಯ *read* ಹಸರ್ವಾಣಿಕನ್ಯಾಯ.

ಹಸುರು hasuru. *For* ತೋಕ್ಷ್ಮ *read* ತೋಕ್ಮ.

ಹಸ್ತ hasta. *For* ತ್ವಕ್ಸಾರ *read* ತ್ವಕ್ಸಾರ.

ಹಳುಕು haḷuku. *For* Bh. 21, 5 *read* Bh. 8, 21, 5.

ಹಳ್ಳು haḷḷu. 2. *For* See ಎಱಹೂಟ *read* See s. ಎಱಹೂಟ.

ಹಱಯಿಗೆ haḻayigĕ. *For* ಹಱಿವಿಗೆಯ *read* ಹಱಯಿಗೆಯ.

ಹೞೆ haḻĕ. *For* ಜೀರ್ಣ *read* ಜೀರ್ಣ, *and for* ಹೞ್ (*i. e.* ಹೞೆಯ) *read* ಹೞ್‌ (*i. e.* ಹೞೆಯ).

ಹೞೆದು haḻĕdu. *For* (ಹೞದು, etc.) *read* (= ಹೞದು, etc.).

ಹಾ hâ. *For* 104 *read* 140 , *and for* ನಿಲ್ಲಿಸುವುದು *read* ನಿಲಿಸುವುದು.

ಹಾಕು hâku. *Dele*) *after* (as beasts bring forth young, C., *for* ಮರಿ ಹಾಕೀತೇ *read* ಮಱ ಹಾಕೀತೇ, *and for* ಪಮಾಣ *read* ಪ್ರಮಾಣ.

ಹಾಜರಿ hâjari. *For* ಹಜೀರಜವಾಬ *read* ಹಾಜೀರಜವಾಬ.

ಹಾದರಿಗ hâdariga. *Dele the full stop after* ಅನುಕ *and put a comma in its stead.*

ಹಾದಿ hâdi. *For* ೪೦೦೦ *read* ೪೦೦, *and in the proverb for* ಅನ ಹಾಗೆ *read* ಅನ್ನ ಹಾಗೆ.

ಹಾಯು hâyu. *For* ಮೋಱ್ ಸೀರ *read* ಮೋಱ್ ಸೀಱ.

ಹಾಯ್ಕು. *For* hayku *read* hâyku.

ಹಾರು hâru. 1. *For* ಹರದಾರಿ ದೂರ *read* ಹರದಾರಿ ದೂರ.

ಹಾರು hâru. 2. *For* ಗೋನಿಯೊಳಗೆ *read* ಗೋಸಿಯೊಳಗೆ.

ಹಾರೆ hârĕ. *For* ಪಾರೆ, etc. *read* ಪಾರೆ 2, etc.

ಹಾಱಸು hâṟasu. *For* (Čb. 25, 81) *read* (Čb. 25. 81).

ಹಾಲಿ hâli. *For* A present *read* At present.

ಹಾಲೆ hâlĕ. 2. *Put* (*before* ರಾಜಾದನ, ಫಲಾಧ್ಯಕ್ಷ.

ಹಾವು hâvu. *For* ಜಹ್ವಗ *read* ಜಹ್ಮಗ, *for* ವರ್ಮರ *read* ಮರ್ಮರ, *for* ಬಱದಾಯಿ *read* ಬಱದಾಯಿ, *and for* ಅವಹಾ *read* ಆವಹಾರ.

ಹಾವುಗಾಱ *For* hâvugâṟa *read* hâvu-gâṟa.

ಹಾಱು hâṟu. *For* deprived of all sterility *read* deprived of all fertility.

ಹಿಂಸಕ himsaka. *Put a comma after* mischievous.

ಹಿಂ him. *For* The state of having the hands tied behind the back *read* The state of having the hands turned round (and tied) behind the back.

ಹಿಟ್ಟು hiṭṭu. *For* ಹಿಟ್ಟ ನಡುವ *read* ಹಿಟ್ಟನಡುವ.

ಹಿಡತ hiḍata. s. No. 2 *dele the* (*before* My.

ಹಿಡಿಸು hiḍisu. *For* (as a place of being) (39, 15) *read* (as a place of being, 39, 15).

ಹಿಣಿಲ್ hiṇil. 1. *For* ವೃಷಾಂಕ *read* ವೃಷಾಂಗ.

ಹಿಣಿಲ್ hiṇil. 2. *For* ಗಣ್ಣುಡಿಗೆವುಟ್ಟು *read* ಗಣ್ಣುಡಿಗೆಯುಟ್ಟು, *and put* See ಬೆಳೆವಿಣಿಲು *at the end of* ಹಿಣಿಲ್ 1.

ಹಿತಕರ. *For* hitakara *read* hita-kara.

ಹಿತ್ತಲ್ hittal. *For* ete *read* etc.

ಹಿತ್ತಾಳಿ hittâḷi. *For* ಆಕೂಟ *read* ಆರಕೂಟ.

ಹಿದುಕು hiduku. 1. *For* ಪಿಸುಕು *read* ಪಿಸುಕು 1 (see Additions).

ಹಿನ್ದ hinda. *For* ಹಿನಗಡೆಯಲ್ಲಿ *read* ಹಿನ್ದಗಡೆಯಲ್ಲಿ.

ಹಿನ್ದೆ hindĕ. *For* ಹಿನೆ ಹೋಗು *read* ಹಿನ್ದೆ ಹೋಗು.

ಹುಟ್ಟು huṭṭu. 1. *For* ಉದಯಿಸುಗು *read* ಉದಯಿಸು.

ಹುಡಿಕು huḍiku. *For* ಹುಡುಕಿ *read* ಹುಡಿಕಿ.

ಹುಡುಗ huḍuga. *For* ಕನಿಷ್ಠ (416) *read* (ಕನಿಷ್ಠ 416).

ಹುಣ್ಡಿ huṇḍi. *For* (fr. ಉಱು, ಉಳ್ 1) *read* (fr. ಉಱು or ಉಳ್ 1).

ಹುತವಹಾಹಾರ hutavaha-âhâra. *For* Fire *read* Fire-wood.

ಹುಲ್ಲು hullu. *For* ಹುಲ್ಲು ಕೊಡವಿದ *read* ಹುಲ್ಲು ಕೊಡವಿದವ, *and for* ತೃಣ, ಸಂಹತಿ *read* ತೃಣಸಂಹತಿ.

ಹುವ್ವು huvvu. *Dele* (*before* Si. 131.

ಹೂ hû. 2. *For* (ಗರ್ಧಕ) *read* (ಗರ್ಭಕ), *and for* ಚೆಣ್ಡಿಕೆಯಲ್ಲಿ ಮೂಡಿದ ಹೂ *read* ಚೆಣ್ಡಿಕೆಯಲ್ಲಿ ಮುಡಿದ ಹೂ.

ಹೂಜಿ hûji. *For* ಹುಜೆ *read* ಹೂಜೆ.

ಹೂರ್ಣ hûrṇa. *For* (Prvs.) *read* (Prv.).

ಹೃದ್ hṛid. *For* the interior or the body *read* the interior of the body.

ಹೃದ್ವಲ್ಲಭ. *For* hrid-vallabha *read* hṛid-vallabha.

ಹೆಡೆ hĕḍĕ. 1. *For* ಪೆದೆ *read* ಪೆಡೆ.

ಹೆಣ hĕṇa. 1. *For* ಹೆಣ ಹೊಱುವವನಿಗೆ *read* ಹೆಣ ಹೊಱುವವನಿಗೆ, *and for* ಕೊರವ *read* ಕೊಱವ.

ಹೆಣ್ಡ hĕṇḍa. 1. *For* ಸತಿ ಪತಿಗಳೆನೆ ಹೆಣ್ಡರಿಗೆ ಪೆಸರೆನಿಕ್ಕುಂ *read* ಸತಿ ಪತಿಗಳೆನೆ ಗಣ್ಡ ಹೆಣ್ಡರಿಗೆ ಪೆಸರೆನಿಕ್ಕುಂ.

ಹೆಣ್ಡ hĕṇḍa. 2. *For* ಕಾಮ್ಬುರಿ *read* ಕಾದಮ್ಬರಿ. *For* (ಮಾಧ್ವೀಕ 347) *read* (ಮಾಧ್ವೀಕ 347).

ಹೆಣ್ಣು hĕṇṇu. *For* ಹೆಣ್ಣಿದ ಮನೆಗೆ ಎಡ ತಾಕಿ, ಶಿವಯೋಗಿ. ಮಣ್ಣುಮುಸಿಯಾದ *read* ಹೆಣ್ಣಿದ್ದ ಮನೆಗೆ ಎಡ್ಡ ತಾಕಿ, ಶಿವಯೋಗಿ ಮಣ್ಣುಮುಸಿಯಾದ, *and after* ಮಿಾನಿನೊಳು ಪೆಣ್ಣು ಮಿಾನು *put* (.

ಹೆತ್ hĕt. *For* ಹೆಕ್ *read* ಹೆಗ್ 1.

ಹೆದ್ hĕd. *For* B. 51, 54 *read* Bp. 51, 54.

ಹೆಮ್ hĕm. 1. *Dele the sign of interrogation after* ಅದಱ ನ್ದಲೆತ್ತಲಹುದೇ, *for* ಜೋಲು ಜಡೆಗಳ *read* ಜೋಲುಜಡೆಗಳ, *and for* ಮದ್ದುಗರವಾಗುಸ *read* ಮದ್ದುಗರ ವಾಗುಸ.

ಹೆರೆ hĕrĕ. 2. *For* ಉರುಗನಾಗರಳ *read* ಉರುಗನಾ ಗರಳ.

ಹೆಱ್ hĕṟ. 1. *For* ಹೆತಾತನ್ *read* ಹೆತ್ತಾತನ್.

ಹೆಸರಣೆ hĕsaraṇĕ. *Dele the semicolon before* Nr.

ಹೇರಳೆ hêraḷĕ. *Put* = *after it.*

ಹೇಱು hêṟu. 1. *For* ಹೇರಿದೆತ್ತು *read* ಪೇಱಿದೆತ್ತು.

ಹೇಸಿಕೆ hêsikĕ. *For* ಪೇಸಿಗೆ *read* ಹೇಸಿಗೆ, *and for* ಘಣೆ *read* ಘೃಣೆ.

ಹೈನು haynu. *Read:* = ಹಯ್ನು q. v., etc.

ಹೊಗು hŏgu. *Put a full stop before* ಕಣ್ಣ್ಗೆ?

ಹೊಗೆ hŏgĕ. 2. *For* ಹೊಗೆ 1. in *read* ಹೊಗೆ 1, in.

ಹೊಟ್ಟೆ hŏṭṭĕ. 2. *Put* (*before* Nn. 43.

ಹೊಡೆ hŏḍĕ. 1. — ಹೊಡದಾಡಿಕೆ. -ಆಡಿಕೆ. = ಹೊಡದಾಟ.

ಹೊಣೆ hŏṇĕ. *After* ತೆಱಲಾಪರೆ ಹೊಣೆಯಾಗು! *put:* (Prv.).

ಹೊನ್ತ hŏnta. *For* Tbh. ಪನ್ಥ *read* Tbh. of ಪನ್ಥ.

ಹೊಯ್ hŏy. 1. *For* J. 20, 51, 26, 6 *read* J. 20, 51; 26, 6.

ಹೊರೆ hŏrĕ. 6. *For* = ಪುರಿ, 4 *read* = ಪುರಿ 4.

ಹೊಱಗು hŏṟagu. *For* ಹೊಱಚ್ಚು *read* ಹೊಱಚ್ಚು.

ಹೊಱಗೆ hŏṟagĕ. *For* ಪೊಱಗೆ. etc. *read* ಪೊಱಗೆ, etc., *and for* ಬಾಹ್ಯ *read* ಬಾಹ್ಯ.

ಹೊಱೆ hŏṟĕ. *For* ಕರ್ಣಾಶ್ವ *read* ಕರ್ಣಾಟಾಶ್ವ.

ಹೊಲ hŏla. 3. *For* ನೇಗಲು ಹುತ್ತರೆ *read* ನೇಗಲು ಉತ್ತರೆ.

ಹೊಲೆ hŏlĕ. *For* See Sp. s. ಮೆಳೆ *read* See Sś. s. ಮೆಳೆ, *and* s. ಹೊಲೆಯೊಳು *for* ಮನೆಯೊಳು *read* ಮನೆಯಾಳು.

ಹೊಸ್ತು hŏstu. 1. *For* ಓಗದ *read* ಒಗದ.

ಹೊಳ hŏḷa. *For* ಹೊಳ 1 *read* ಹೊಳೆ 1.

ಹೊಳದು hŏḷadu. *For* Bp. 25, 5 *read* Bp. 35, 5.

ಹೊಳಹು hŏḷahu. 2. *For* ಪ್ರೇಖ *read* ಪ್ರೇಂಖ.

ಹೊಳ್ಳು hŏḷḷu. 1. *For* deprive of strength *read* to deprive of strength.

ಹೊೞೆ hŏḻĕ. *For* Nn. 11, 40 *read* Nn. 11. 40.

ಹೋರಿ hôri. *For* ಷಣ್ಡದಶನ *read* ಷಣ್ಡತನ.

ಹೋಹ hôha. *For* ಹೋಹಳ್ (11, 33) *read* ಹೋಹಳ್ (Bp. 11, 33), *for* ಪಾರ್ಷ್ಣಿಗ್ರಾಹ *read* ಪಾರ್ಷ್ಣಿಗ್ರಾಹ, *and for* Nn. 132) *read* (Nn. 132).

ಹೋೞ್ hôḻ. *For* = ಪೋೞ್, etc. *read* = ಪೋೞ್ 1, etc., *and for* ಪೋೞ್ದು *read* ಹೋೞ್ದು.